D1708822

Thesaurus linguæ Latinæ compendiarius: or, a compendious dictionary of the Latin tongue, designed for the use of the British nations: in three parts. Volume 2 of 2

Robert Ainsworth

ECCO

Eighteenth Century Collections Online Print Editions

Gale ECCO Print Editions

Relive history with *Eighteenth Century Collections Online*, now available in print for the independent historian and collector. This series includes the most significant English-language and foreign-language works printed in Great Britain during the eighteenth century, and is organized in seven different subject areas including literature and language; medicine, science, and technology; and religion and philosophy. The collection also includes thousands of important works from the Americas.

The eighteenth century has been called "The Age of Enlightenment." It was a period of rapid advance in print culture and publishing, in world exploration, and in the rapid growth of science and technology – all of which had a profound impact on the political and cultural landscape. At the end of the century the American Revolution, French Revolution and Industrial Revolution, perhaps three of the most significant events in modern history, set in motion developments that eventually dominated world political, economic, and social life.

In a groundbreaking effort, Gale initiated a revolution of its own: digitization of epic proportions to preserve these invaluable works in the largest online archive of its kind. Contributions from major world libraries constitute over 175,000 original printed works. Scanned images of the actual pages, rather than transcriptions, recreate the works ***as they first appeared.***

Now for the first time, these high-quality digital scans of original works are available via print-on-demand, making them readily accessible to libraries, students, independent scholars, and readers of all ages.

For our initial release we have created seven robust collections to form one the world's most comprehensive catalogs of 18th century works.

Initial Gale ECCO Print Editions collections include:

History and Geography
Rich in titles on English life and social history, this collection spans the world as it was known to eighteenth-century historians and explorers. Titles include a wealth of travel accounts and diaries, histories of nations from throughout the world, and maps and charts of a world that was still being discovered. Students of the War of American Independence will find fascinating accounts from the British side of conflict.

Social Science

Delve into what it was like to live during the eighteenth century by reading the first-hand accounts of everyday people, including city dwellers and farmers, businessmen and bankers, artisans and merchants, artists and their patrons, politicians and their constituents. Original texts make the American, French, and Industrial revolutions vividly contemporary.

Medicine, Science and Technology

Medical theory and practice of the 1700s developed rapidly, as is evidenced by the extensive collection, which includes descriptions of diseases, their conditions, and treatments. Books on science and technology, agriculture, military technology, natural philosophy, even cookbooks, are all contained here.

Literature and Language

Western literary study flows out of eighteenth-century works by Alexander Pope, Daniel Defoe, Henry Fielding, Frances Burney, Denis Diderot, Johann Gottfried Herder, Johann Wolfgang von Goethe, and others. Experience the birth of the modern novel, or compare the development of language using dictionaries and grammar discourses.

Religion and Philosophy

The Age of Enlightenment profoundly enriched religious and philosophical understanding and continues to influence present-day thinking. Works collected here include masterpieces by David Hume, Immanuel Kant, and Jean-Jacques Rousseau, as well as religious sermons and moral debates on the issues of the day, such as the slave trade. The Age of Reason saw conflict between Protestantism and Catholicism transformed into one between faith and logic -- a debate that continues in the twenty-first century.

Law and Reference

This collection reveals the history of English common law and Empire law in a vastly changing world of British expansion. Dominating the legal field is the *Commentaries of the Law of England* by Sir William Blackstone, which first appeared in 1765. Reference works such as almanacs and catalogues continue to educate us by revealing the day-to-day workings of society.

Fine Arts

The eighteenth-century fascination with Greek and Roman antiquity followed the systematic excavation of the ruins at Pompeii and Herculaneum in southern Italy; and after 1750 a neoclassical style dominated all artistic fields. The titles here trace developments in mostly English-language works on painting, sculpture, architecture, music, theater, and other disciplines. Instructional works on musical instruments, catalogs of art objects, comic operas, and more are also included.

A a, Lat ab A, *a* Græc Nam formas litera rum veteres Græcas pene easdem fuisse, quæ suo tempore fu erunt Latina, testa tur *Plinius* 7, 58 Hanc vocalem ut in suavissimum notat *Cicero* in *Orat* 49, quod tamen ne crebra ejus repetitione nec plen ... um, nam in ea sæpius iterati ... sonita em ... etiam M... nus C... Sæpe autem ... atque ... mutatur, ... longas, ... correptas, ... forte ... cum hoc commune ... cum reliquis vocalibus, ... & confo... nih l hinc a pr ma litera ... mitate insecutere videtur

A *a preposition of the same sig nification, made from and for the better sound used before conso nants instead of*

Ab [ex ἀπὸ, quæ, recisâ ὃ, & te nu in suum mediam conversâ, e mutarunt] *a prep governing an ablative case*

☞ *It is used always before vowels, and frequently, especially by Livy and Cicero, before all con sonants, as* j, x, *and* s, *but not ex cepted*

It has a great variety of signi fications (1) From (2) By *after a verb active, passive, or neu ter, denoting the efficient cause* (3) By reason of (4) After, next (5) At (6) In (7) *The term* from (8) For that reason (9) Out of (10) From [*ever since*] (11) A gainst (12) For [*as to, in re spect to*] (13) After, from the time that, *or* next to (14) For, on our side *or* party (15) On (16) With (17) In comparison of (18) As far as from *or* hard by (19) Towards *an object* (20) *The moving cause,* for, out of, by rea son of (21) *The part affected* (22) *A relation to the subject,* as to, as for (1) A rebus gerendis senectus abstrahit, *Cic* (2) Lau datur ab his, culpatur ab illis, *Hor* Mars communis sæpe spoliantem & exultantem evertit, & perculit ab abjecto, *Cic Mil* 21 Caput à sole dolet, *Plin* 24, 5 Cum Mar cellus perit ab Hannibale, *Id* 11, 37

☞ *But the ablative after verbs passive doth not always note the efficient cause, but sometimes the term* from whom, *or* what, *as,* A me diligentia expectatur, *Cic my diligence is expected, or diligence is expected from* [*not by*] *me*

(2) Scipio avidior erat certami nis à spe, quam successus rerum au gebat, *Liv* (4) Alter ab illo, *Vir* (5) Ab ostio omnia isthæc aud ... *Plaut* (6) Stare a mendacio, *Id* (7) A labore ad libidinem, *Ter* (8) Id ab re interregnum appella tu, *Liv* (9) A Germania rever sus, *Id* (10) A puero, *Cic* (11) Defendo a frigore myr os, *Virg* (12) A me pudica est *Plaut* (13) Sc pionis classis quadragesimo die à securi navigavit, *Plin* 16, 39 *from the time it was cut down by the ax* (14) A me stat A no bis facit Dico ab reo, *Cic* (15) A parte aquilonis, *Plin* (16) A po tu prandium incipiunt, *Id* (17) Ab illo figet, *Gell* (18) Flavius supplementum ab Roma abduxe rat, *Liv* (19) Ab innocentiâ cle mentissimus, *Cic* (20) Ab amore scribo, *Balbus Cic* (21) Doleo ab oculis, *Plaut* Ab animo pe rit, *Plin* (22) Invictus à labore, *Cic*

More particular uses

A *or* ab *is elegantly used before a person to signify his house, or some other adjunct* Ab se egredi tur foras, *Plaut from his own house* Aqua à fabro ferri 10 post c b m data, *Cels from the smith's forge*

A *or* ab *after the verbs* do, sol vo, numero, repræsento, lego, *&c indicates the person by whose hands, as,* Dabo tibi ab trapezita viaticum, *Plaut out of the bank er's hands* Fratri laborat ut sibi ab Egnatio solvat, *Cic by his hands* A mente ... *Id out of my own pocket* A me ... *Cic to shall tell him from me* A matre illuc venio, *Plaut Mil* 4, 7 16 *I come on account of ... mother, or ... her mother* Sinus ab ... quo, *Hor* ... 129 *one that is made wise by the misfortunes of another*

☞ *This preposition is elegantly used as a circumstance on of an adj or a gen case, as,* A nobis crepue re fores, *Ter* ... nostra, *our doors* Pastor ad Amphyrsio, ... Am phrysius *the Amphrysian shepherd* Illa ab illo [*se illius*] animadver tenda injuria est, *Ter this and its foul carriage of his*

☞ *This observation seems in some measure to explain the ellip sis in these following forms, and many more of the like kind,*

Ab actis, *a public notary*

A cubiculis, *a chamberlain,*

A manu, *a clerk, or secreta ry*

A pedibus, *a footman,*

A rationibus, *an accountant,*

A studiis, *a director of one's stu dies*

For by adding minister, servus, libertus, *or some such word (rela tions being frequently suppressed) it is* minister a manu, servus à cubi culis, *&c which, according to the said observation, being turned in to an adjective, or a gen case, will be* minister amanuensis, *or* manus, servus cubicularius, *or* cubiculi

☞ *It is sometimes used before words not casual, as,* A pridie Idus Septembris, *from the 12th*

☞ *It seems sometimes redun dant, as,* A metu infamiæ, *Tac for fear of* Sometimes *deficient,* Modo pecorum barba is trahebatur, *Id by the barbarians*

Abs, *of, or from* ☞ *This prepo sition, as Cicero acquaints us, was rarely used in his time, except in books of accompts, and not all nei ther It stands alone before no let ters but* q *and* t, *as,* abs quivis abs te, *Ter In composition also be fore* c, *as,* abscedo, abscondo

A memorial distich for the use of a *or* ab *in composition*

Ab (1) removet, (2) privat, (3) permutat, (4) separat, (5) auget
(4) Abscindens, (1) abigens, (3) abolescens, (5) abnegat, (2) amens

☞ A *in composition is only used before* m *and* v, Ab *before vowels and* d, f, h, j, l, n, r, s *Before* g *on ly in* abgrego, *and* p *in* abpatruus *In* aufero *and* aufugio, *ab is chang ed into* au, *Cic in Oratore* 47

† Ăbactor, ōris m verb *A steal er, or driver away of cattle,* Me um verò Bellerophontem, abacto rem indubitatum, cruentumque percussorem criminantes, ad casas interim suas vinctum perducunt, *Apul Met* 7, p 228

Ăbactus, a, um, part [ex abi go] *driven away,* (1) *by force,* (2) *stealth,* (3) *or otherwise* (4) *Forced to leave* (5) Fig *passed o ver* (1) Greges nobilissimarum e quarum abactæ, *Cic* (2) Compe tum abactos furtos fures, *Plin* (3) Nec dum omnis abacta pauperies epulis regum, *Hor* (4) Abacti sunt magistratu, *Fest* (5) Medio jam noctis abactæ curriculo, *Virg* Sedet intus abactis ferrea lux oculis, *Stat Th b* 1, 105

Ăbactus, ûs m verb *A driving away, by force* ... abactus hospi tum exerceret *Plin in Paneg*

Ăbăcŭlus, i m dim *seq Aba cus A counter to number with as some think, or, as others a table, or chess-man,* Plin 36 26

Ăbăcus, i m [ex ἄβαξ] *Any flat, as a desk, or cupboard,* Juv *A bench, table, or other table, used for accompts by mathematicians,* Pers *A square table, or stone on the chapiter of pillars,* Vitr *The board on which they played at chess, cockall, tables, &c* ¶ Aba cus solis, *the compass of the sun's body,* Aftion

Ăbălienātio, ōnis f verb forense vocab *An alienating, a making over to another by sale, contract, or otherwise,* Cic *Top* 5 ubi ex vet juris definit

Ăbălienātus, a, um, part (1) E *stranged, separated cut off* (2) *Rendered useless, and inservice able* ☞ § Suspicientem te ab fi ... alienatum epistola tua retinuisti, *Cic Fam* 1, 7 Abalienati sunt fere lere istius a nobis leges amissimi *Id Verr* 4, 27 § Abalienati jure *cut off from the privilege* (2) Medici abalienata morbis mem bra præcidunt, *Quint Inst* 8 ...

Ăbălieno, as act (1) *To throw or cast off* (2) *To dispose of, give, or sell away* (3) *to estrange, or lose one's favour* (1) Ita nos abaliena vit, *Ter Heaut* 5 2 26 (2) Agro vectigales P R abalienare, *Cic* (3) ☞ Quos retinere potuerunt in videndo abalienârunt, *Id* Mors sola animum meum à te aliena bit, *Plaut Curc* 1, 3, 18 *nothing but death itself shall wean my af fections from you*

Abalienor, aris pass *To be dis posed of, &c* Neque enim indig na patientium modo abalienaban tur animi, sed cæterorum etiam, *Liv* 26, 38

† Abambulo, as *Fest To walk away*

† Abamĭta, æ f Soror abavi *A great grandfather's father's si ster, Dig*

* Abaptus, a, um *Not tinctur ed, coloured,* or *dipped*

* Abaptistum, i n Terebella, quâ utuntur medici *A surgeon's trepan, Cels*

Ăbăvia, æ f *A great grandfa ther's, or great grandmother's mother,* Justinianus

† Ăbăvunculus, i m Frater ab aviæ *A great grandfather's fa ther's brother, Dig*

Ăbăvus, i m *A great grandfa ther's father* Jam duorum aba vorum quam est illustre nomen, *Cic de Clar Orat* 58

|| Abbas, ătis m vox Syr Mo nachorum præses *An abbot From hence,*

|| Abbătia, æ f *An abacy*

|| Abbătissa, æ f *An abbess*

† Abbrĕviātio, ōnis f prolap

† Abbrĕviātūra, æ f ... La tinitatis voce *Short writing*

† Abbrĕvio, as Veg *To shorten, or abridge* Pro quo Latinius, ... eton.us, *Tit* ... excipere, *Cic* ... scribere, ... contrahere in pauca, in compen dium redigere, brevi complecti, *Idem*

† Abdĭcaria propositio, *i e* ne gans, *Apul*

Abdĭcātio, ōnis f verb (1) *A disowning, or renouncing* (2) *An abrogating or laying aside* (1) Abdicatio Postumi Ag ippa post adoptionem, *Plin* 7 45 (2) A ... usque post triumph im ... catione dictaturâ, terror & ... gum & animi ... hono rem, *Liv* 6, 16

† A dicator, oris m verb ...

Abdĭcātus, a, um part *Renoun ced, resigned* Senatu decreto, ut ... cato magistratu, lentu lus, ... custodiis haberentur, *Sall Bell Ca til* 48

Abdĭco, as act (1) *To abjure, or renounce* ... Adopo ... (2) *To ab rogate, or annul* (3) ... (4) A ... (5) *To lay it down* (5) *To ha e a na tural aversion* (1) ... fugit, & Factis ... *Ov* ... 6 1 9 (2) Legem ... tribus, *Plin* (3) ... cat *Arg* ... totum ... abdicavit *Plin* ... (4) Abdicat se consulatu, dictatu ra, *Liv* (5) Furtis manifesto abdicat ignes crepitu, *Plin* 15 ... Abdicare cibum aliquem, *Plin* ... *to forbid the use of it* Ab dicare aurum ... *Id* 33, 1 *to banish gold out of human society*

Abdĭco, ĕre, xi, ctum act vocab augur & forense *To refuse, as their meat* (*properly of fowls*) Met *To bode ill, to foretok* (2) *To give the cause against one in law* (1) Cum aves abdixissent, *Cic* (2) Virginius cum animadvertisset Ap Claudium contra jus vindicias filiæ suæ à se abdixisse, *Pompon* JC ☞ Addico, *Liv*

† Abditāmentum, i n *Subtrac tion of money* ‡ Subductio, *Cic* ☞ Additamentum, *Id*

† Abditè, *Secretly* Abdite latere, *To lurk secretly,* Cic Verr 2, 73

Abditivus, a, um part *Conceal ed, clandestine,* Plaut in Prol Pœn 65 *Also abortive,* Fest

Abditus, a, um part & adj *Re moved, hidden, secret concealed, private* Sub terram abditus, *Cic* T Q 2, 25 Lucretia cultrum, quem sub veste abditum habebat, eum in corde defigit, *Liv* ... 58 ☞ Retrusus, opertus, *Id* † Ab di tior, comp † Abditissimus, *sup Aug*

Abdo dere, didi, ditum act (1) *To remove, to separate* (2) Abdere se, *to hide, retire, or withdraw himself* (1) Et procul arden es hinc, precor, abde faces, *Tib* 2, 1, 82 (2) Abdo me in bibliothecam, *Cic Fam* 7 28

ABDOMEN, inis, n [ex abdo] (1) *The fat of the lower part of the belly, the paunch* (2) Synec *The belly* (3) Meton *Gluttony, fortishness* (4) *A sow's udder* (1) Cels 4 1 (2) Montani venter ad est abdomine tardus, *Juv* 4, 107 (3) Abdominis voluptates, abdo men insaturabile, *Cic* (4) ☞ An tiqui sumen vocabant abdomen, *Plin* 11, 94 *edit Hard*

Abdor, ... itus pass *To be remov ed, &c Plin*

Abdūco, ĕre xi ctum act [ex ab, & duco] (1) *To take away,* o.

A, a, Lat ab A, α Græc Nam formas literarum veteres Græcas pene easdem fuisse, quæ suo tempore fuerunt Latinæ, testatur *Plinius* 7, 58 Hanc vocalem ut insuavissimum notat *Cicero* in *Orat* 49, quod tamen de crebra ejus repetitione accipiendum, nam in ea sæpius iterata asperitatem notavit etiam Martianus Capella Sæpe quidem in al as atque alias vocales mutatur, tam longas, quam correptas, aliquando forte suavioris soni causa, sed cum hoc commune habeat cum reliquis vocalibus, imo & consonis, nihil hinc e primæ literæ dignitate abscedere videtur

A, *a preposition of the same signification, made from, and for the better sound used before consonants instead of*

Ab [ex ἀπὸ, quæ, recisâ b, & tenui in suam mediam conversâ, emergit ab] *a prep governing an ablative case*

☞ *It is used always before vowels, and frequently, especially by* Livy *and* Cælius, *before all consonants, if* v, x, *and* z, *be not excepted*

It has a great variety of significations (1) From (2) By, *after a verb active, passive, or neuter, denoting the efficient cause* (3) By reason of (4) After, next (5) At (6) In (7) *The term* from (8) For that reason (9) Out of (10) From [*ever since*] (11) Against (12) For [*as to, in respect to*] (13) After, from the time that, *or* next to (14) For, on our side, *or* party (15) On (16) With (17) In comparison of (18) As far as from *or* hard by (19) Towards *an object* (20) *The moving cause*, for, out of, by reason of (21) *The part affected* (22) *A relation to the subject*, as to, as for (1) A rebus gerendis senectus abstrahit, *Cic* (2) Laudatur ab his, culpatur ab illis, *Hor* Mars communis sæpe spoliantem & exultantem evertit, & perculit ab abjecto, *Cic Mil* 21 Caput a sole dolet, *Plin* 24, 5 Cum Marcellus periit ab Hannibale, *Id* 11, 37

☞ *But the ablative after verbs passive doth not always note the efficient cause, but sometimes the term* from whom, *or* what, *as*, A me diligentia expectatur, *Cic* *my diligence is expected*, or *diligence is expected from* [*not by*] *me*

(3) Scipio avidior erat certaminis a spe, quam successus rerum augebat, *Liv* (4) Alter ab illo, *Vir* (5) Ab ostio omnia isthæc audivi, *Plaut* (6) Stare a mendacio, *Id* (7) A labore ad libidinem, *Ter* (8) Id ab re interregnum appellatur, *Liv* (9) A Germania reversus, *Id* (10) A puero, *Cic* (11) Defendo a frigore myrtos, *Virg* (12) A me pudica est *Plaut* (13) Scipionis classis quadragesimo die a securi navigavit, *Plin* 16, 39 *from the time it was cut down by the ax* (14) A me stat A nobis facit Dico ab reo, *Cic* (15) A parte aquilonis, *Plin* (16) A potu prandium incipiunt, *Id* (17) Ab illo friget, *Gell* (18) Flavius supplementum ab Roma abduxerat, *Liv* (19) Ab innocentia clementissimus, *Cic* (20) Ab amore scribo, *Balbus Cic* (21) Doleo ab oculis, *Plaut* Ab animo perit, *Plin* (22) Invictus a labore, *Cic*

More particular uses

A or ab *is elegantly used before a person to signify his house, or some other adjunct* Ab se egreditur foras, *Plaut from his own house* Aqua a fabro ferrario post cibum data, *Cels from the smith's forge*

A or ab *after the Verbs* do, solvo, numero, repræsento, lego, &c *indicates the person by whose hands, as*, Dabo tibi ab trapezita viaticum, *Plaut out of the banker's hands* Frater laborat ut tibi ab Egnatio solvat, *Cic by his hands* A me numerabo, repræsentabo, *Id out of my own pocket* A me nec illi dices, *Cic you shall tell him from me* A matre illius venio, *Plaut Aul* 4, 7 16 *I come on account of her mother, or in her mother's* [illegible] Sanus ab aliquo, *Hor* [illegible] 129 *one that is made wise by the misfortunes of another*

☞ *This preposition is elegantly used as a circumlocution of an adj or a gen case, as*, A nobis crepuere fores, *Ter i e* nostræ, *our doors* Pastor ad Amphryso, *i e* Amphrysius, *the Amphrysian shepherd* Illa ab illo [*sc* illius] animadvertenda injuria est, *Ter this undutiful carriage of his*

☞ *This observation seems in some measure to explain the ellipsis in these following forms, and many more of the like kind*,

Ab actis, *a public notary*

A cubiculis, *a chamberlain*,

A manu, *a clerk*, or *secretary*,

A pedibus, *a footman*,

A rationibus, *an accountant*,

A studiis, *a director of one's studies*

For by adding minister, servus, libertus, *or some such word (relations being frequently supprest) it is* minister a manu, servus a cubiculis, &c *which, according to the said observation, being turned into an adjective, or a gen case, will be* minister amanuensis, *or* manus, servus cubicularius, *or* cubiculi

☞ *It is sometimes used before words not casual, as*, A pridie Idus Septembris, *from the 12th*

☞ *It seems sometimes redundant, as*, A metu infamiæ, *Tac for fear of* Sometimes *deficient*, Modo pecorum barbaris trahebatur, *Id by the barbarians*

Abs, *of, or from* ☞ *This preposition, as* Cicero *acquaints us, was rarely used in his time, except in books of accompts, and not all neither It stands alone before no letters but* q *and* t, *as*, abs quivis abs te, *Ter In composition also before* c, *as*, abscedo, abscondo

A memorial distich for the use of a *or* ab *in composition*

Ab (1) removet, (2) privat, (3) permutat, (4) separat, (5) auget
(4) Abscindens, (1) abigens, (3) abolescens, (5) abnegat, (2) amens

☞ A *in composition is only used before* m *and* v Ab *before vowels and* d, f, h, j, l, n, r, s *Before* g *only in* abgrego, *and* p *in* † abpatruus *In* aufero *and* aufugio, ab *is changed into* au, *Cic* in *Oratore* 47

† Abactor, ōris m verb *A stealer, or driver away of cattle*, Meum verò Bellerophontem, abactorem indubitatum, cruentumque percussorem criminantes, ad casas interim suas vinctum perducunt, *Apul Met* 7, p 228

Abactus, a, um, part [*ex* abigor] *driven away*, (1) *by force*, (2) *stealth*, (3) *or otherwise* (4) *Forced to leave* (5) *Fig passed over* (1) Greges nobilissima um equarum abactæ, *Cic* (2) Compertum abactos furtos sues, *Plin* (3) Nec dum omnis abacta pauperies epulis regum, *Hor* (4) Abacti sunt magistratu, *Fest* (5) Medio jam noctis abactæ curriculo, *Virg* ✠ Sedet intus abactis ferrea lux oculis, *Stat Theb* 1, 105

Abactus, ūs m verb *A driving away by force* Cum abactus hospitum exercerent *Plin in Paneg*

Abacŭlus, i m dim *ꝛ seq* Abacus *A counter to number with, as some think*, or, *as others, a table, or chess-man*, *Plin* 36 26

Abăcus, i m [ex ἄβαξ] *Any flat, as a desk, or cupboard*, Juv *A bench, slate, or other table, used for accompts by mathematicians*, Pers *A square table, or stone on the chapiter of pillars*, Vitr 13 1 *The board on which they played at chess, cockall, tables*, &c ¶ Abacus solis, *the compass of the sun's body*, Astron

Abalienātio ōnis f verb forense vocab *An alienating, a making over to another by sale, contract, or otherwise*, Cic *Top* 5 ubi ex vet jure definit

Abalienātus, a, um, part (1) *Estranged, separated, cut off* (2) *Rendered useless, and unserviceable* ✠ § Suspicantem te ab se abalienatum epistolâ tuâ retinuisti, *Cic Fam* 1, 7 Abalienati sunt scelere istius a nobis reges amicissimi, *Id Verr* 4, 27 § Abalienati jure, *cut off from the privilege* (2) Medici abalienata morbis membra præcidunt, *Quint Inst* 8 3

Abalieno, as act (1) *To throw, or cast off* (2) *To dispose of, give, or sell away* (3) *To estrange, or lose one's favour* (1) Ita nos abalienavit, *Ter Heaut* 5 2 26 (2) Agros vectigales P R abalienare, *Cic* (3) ✠ Quos retinere potuerunt invidendo abalienârunt, *Id* Mors sola animum meum a te alienabit, *Plaut Curc* 1, 3, 18 *nothing but death itself shall wean my affections from you*

Abaliēnor, aris pass *To be disposed of*, &c Neque enim indigna patientium modo abalienabantur animi, sed cæterorum etiam, *Liv* 26, 38

† Abambŭlo, as Fest *To walk away*

† Abămita, æ f Soror abavi *A great grandfather's father's sister*, Dig

• Abaptus, a, um *Not tinctured, coloured, or dipped*

• Abaptistum, i n Terebella, quâ utuntur medici *A surgeon's trepan*, Cels

Abăvia, æ f *A great grandfather's, or great grandmother's mother*, Justinianus

† Abăvuncŭlus, i m Frater abavi *A great grandfather's father's brother*, Dig

Abăvus, i m *A great grandfather's father* Jam duorum abavorum quàm est illustre nomen, *Cic* de *Clar Orat* 58

|| Abbas, ātis m vox Syr Monachorum præses *An abbot From hence*,

|| Abbātia, æ f *An abacy*

|| Abbātissa, æ f *An abbess*

† Abrĕviātio, ōnis f } prolap
† Abbrĕviatūra, æ f } sæ Latinitatis voce *Short writing*

† Abbrĕvio, as Veg *To shorten, or abridge* Pro quo Latinis, *Suetonius*, *Tit* 3, notis velocissimè excipere, *Cic* 13 *Att* 32 διὰ σημείων scribere, ‡ Contrahere consere rem in pauca, in compendium redigere, brevi complecti, *Idem*

† Abdĭcaria propositio, *i e* negans, *Apul*

Abdĭcātio, ōnis f verb (1) *A disowning, or renouncing* (2) *An abrogating or laying aside* (1) Abdicatio Postumi Agrippæ post adoptionem, *Plin* 7, 45 (2) Amatusque post triumphum abdicatione dictaturæ, terror & linguam & animos liberaverat hominum, *Liv* 6, 16

† Abdĭcātor, ōris m verb & Abdicatrix, icis f *A renouncer*, ‡ Qui vel quæ abdicat

Abdĭcātus, a, um part *Renounced, resigned* Senatus decernit, ut abdicato magistratu, Lentulus, itemque cæteri, in liberis custodiis habeantur, *Sall Bell Catil* 48

Abdĭco, as act (1) *To disown, or renounce* ✠ Adopto, (2) *To abrogate, or annul* (3) *To reject or refuse* (4) Abdicare se magistratu, *to lay it down* (5) *To have a natural aversion* [illegible] fugit, & factis abdicat [illegible] *Ov* Ep 6, 128 (2) Legem [illegible] abdicaverunt tribus, *Plin* (3) Gene[illegible] abdicat *Arg And Ter* [illegible] totum ea abdicavit, *Plin* [illegible] (4) Abdicat se consulatu, dictaturi, *Liv* (5) Laurus manifesto abdicat ignes crepitu, *Plin* 15 30 Abdicare cibum aliquem, *Plin* 20, 3 *to forbid the use of it* Abdicare aurum e vita, *Id* 33, 1 *to banish gold out of human society*

Abdīco, ĕre, xi, ctum act vocab augur & forense *To refuse, as their meat* (*properly of fowls*) Met *To bode ill, to forebode* (2) *To give the cause against one in law* (1) Cum aves abdixissent, *Cic* (2) Virginius cum animadvertisset Ap Claudium contra jus vindicias filiæ suæ a se abdixisse, *Pompon JC* ✠ Addico, *Liv*

† Abdĭtāmentum, i n *Subtraction of money* ‡ Subductio, *Cic* ✠ Additamentum, *Id*

† Abdĭtè, *Secretly* Abdite latere, *to lurk secretly*, Cic Verr 2, 74

Abdĭtīvus a, um part *Concealed, clandestine*, Plaut in Prol Poen 65 *Also abortive*, Fest

Abdĭtus, a, um part & adj *Removed, hidden, secret, concealed, private* Sub terram abditus, *Cic* N Q 2, 25 *Lucretia* cultrum, quem sub veste abditum habebat, eum in corde defigit, *Liv* 1, 58 = Retrusus, opertus, *Id* † Abditior, comp ‡ Abditissimus, sup *Aug*

Abdo, dĕre, dĭdi, dĭtum act (1) *To remove, to separate* (2) Abdere se, *to hide, retire, or withdraw himself* (1) Et procul ardentes hinc, precor, abde faces, *Tib* 2, 1, 82 (2) Abdo me in bibliothecam, *Cic Fam* 7, 28

ABDŌMEN, ĭnis, n [ex abdo] (1) *The fat of the lower part of the belly, the paunch* (2) Synec *The belly* (3) Meton *Gluttony, sottishness* (4) *A sow's udder* (1) Cels 4 1 (2) Montani venter adest abdomine tardus, *Juv* 4, 107 (3) Abdominis voluptates, abdomen insaturabile, *Cic* (4) = Antiqui sumen vocabant abdomen, *Plin* 11, 84 *edit Hard.*

Abdor, i, itus pass *To be removed*, &c *Plin*

Abdūco, ĕre, xi ctum act [ex ab, & duco] (1) *To take away, or* [illegible]

a ong with him (2) *To carry off, have, or possess a thing* (3) *To take by force* (4) *To remove from, or withdraw* (1) Ab aratro ab duxerunt Cincinnatum, ut dicti- tor esset, *Cic Fin* 2, 1 (2) A me capreolos abducere Thestylis orat *Virg Ecl* 2, 43 (3) § Abducere in servitutem, *Cæs* 1 *B G* (4) Abducere animum a sollicitudin, *Cic Fam* 4, a studio *Ter Hec Prol* 2, 11 ab officio, *Cic* ...

Abducor, i, ctus pass (1) *To be led away* (2) Met *To be induced, or prevailed upon* (1) Liberi in servitutem abduci non debuerunt, *Cæs B G* ... relig- ... ad mei ... quæstum, *Cic* de *Liv* 1, 41 (2) Non abducar, ut credam, *Cic*

Abductus, a, um part (1) *Separated, taken at* ... (2) *Distant, at a distance* (1) Abductus ... *Val Fl* 4, 677

† Abecedarius, ... *An a b c teacher, or learner*

Abedo, ere, ... act *To eat up, to devour* ... *Tac Ann* 15, 5, ...

† Abemo, ... [ex ab, & emo] ant pro accipio *To take away* ... † Adimo

Abeo, ire, ivi ... neut [ex ab & eo] (1) *To depart, to go away* (2) *To go, or come* (3) Met *to spring* (4) *To be changed into* (5) *To go off, to escape* (1) Recte, in quit, abeo, *Ter* (2) Abire sub jugum, *Liv* ... *Ter* (3) Abeunt sursum radices, *Cato* (4) In villos abeunt vestes, *Ov* (5) Non hoc tibi sic abibit, *Cic* ¶ Abiit in ora hominum, *it is the general discourse*, *Liv*

Abequito, as neut [ex ab, & equito] *To ride away* Prætores ... abequitarunt Syracusas, *Liv* 24 ... Vix a b occ

Aberrans, tis *Going aside, or away, wandering from* Studium ... communi utilitate aberrans, *Cic Leg* 6

Aberratio, onis f verb *A going out of the way, a wandering* Met *A refreshing, intermission, or respite* ... molestiis nullam habemus, *Cic Fam* 15, 18 Aberratio a dolore *Id Att* 12, 38

Aberro, as neut (1) *To wander, or lose the way* (2) *To make a digression* (3) *To mistake* (4) *To differ* (5) *To have a respite* (1) Puer ... aberravit a patre, *Plaut* (2) Redeat unde aberravit oratio, *Cic* (3) Aberrare a regula vitæ, *Id* (4) Aberrant inter se orationes, *Liv* (5) ⁂ Scribendo dies totos nihil equidem levor, sed aberro, *Cic* ...

Abfore, *the Infinitive of* absum] *To be wanting, or hinder* Nihil ... abfore ... credunt, *Virg*

Abfuturus, a, um *To be about to be absent, to be of no service to* ... dixit, ... Romani ... abfuturum, *Cæs B G* ... 6

† Abgrego, as, act *To part, or separate from the flock*, *Fest*

Abhinc adv [ex ab, & hinc] (1) *Ago, since* (2) *Hence, in time to come* (1) Abhinc triennium, *Ter* Abhinc quindecim annis, *Cic* (2) Repromittis tu abhinc triennium Roscio, *Id* Sed raro in hac ... ione occ

Abhorrens, tis part (1) *Differing* (2) Adj *Unfit, unsuitable, senseless* (1) Cultus paululum a privato abhorrens, *Curt* (2) = Ab surdæ, & abhorrentes lachrymæ, *Liv* 10

Abhorreo, ere, ui, sup car neut (1) *To dislike, to have an antipathy, or aversion, to abhor* (2) *To differ* (3) *To be disagreeable* (1) § Abhorrere a nuptiis, *Ter* § Pu milos, & distortos abhorruit, *Suet* in *Aug* § Abhorret voluntas, & abhorreo voluntate, *Cic* (2) § Abhorrent moribus nostris, *Curt* 7, 8, 11 (3) = Tantum abhorret, & mutat, *Catul*

† Abhorresco, ere, ejusdem sign non ... Lactantius tamen ... auctorem

Abjecte, adv qual ius, comp *Meanly, poorly, sorrily, fearfully* = Ne quid abjecte, ne quid timide faciamus, *Cic* = Quo secundus & abjectius nati sunt, *Dial de O rat*

Abjectio, onis f verb (1) *A taking away* Met *Despondency, dejectedness* ⁂ Abjectio, adjectio, literarum mutatio, *Ad Her* (2) = Debilitatio, atque abjectio animi *Cic*

Abjectus, a um part (1) *Cast off, or laid aside* (2) *Thrown out, exposed* (1) Ab ... toga ... pueri pedes abjecit, *Cic* (2) § Abjecta extra vallum corpora ostentui *Tac*

Abjectus, a, um, nomen ex par ... comp ... simus, sup (1) *Careless* (2) *Dispirited, dejected, drooping, disheartened* (3) *Low creeping, mean, contemptible* (1) Abjectus homo sui incurius religuis ... contemptibilem facit, *Cic* (2) ⁂ Abjectum me ... senatum ad aliquam spem libertatis erexi *Id* (3) = Humilis, & abjecta oratio *Id* Animus abjectior, *Id* § Cum genit Abjectiores animi, *Liv* Abjectissimus homo *Val Max* Abjectissimum negotium, *Id*

Abiegnus, a, um adj *Made of fir* Læserat abiegni venter apertus equi ... pro qui ... aliis locis, formam trisyllaba habet

Abiens, euntis part [ex abeo] (1) *Departing from, relinquishing, giving up* (2) Adj *Swift, posting* (3) Met *Declining* (1) Abiens magistratu, *Cic* (2) Abeunte curru, *Hor* (3) Propter abeuntibus annis, *Stat*

ABIES, etis f (1) *A fir tree* (2) Meton *A ship* (3) Synec *A plank, or board* (4) Secta intexunt abiete costas, *Virg* (2) Labitur uncta vadis abies, *Id* (3) Plaut Sed in oratione soluta hunc usum improbat Quint 8 6

† Abietarius, i m *A timber-merchant, a carpenter* In versione S S Bibb † Faber lignarius

Abigendus, a um part [a seq abigo] *To be driven away, discarded* O vir colloquio non abigende Deum! *Ov*

† Abigeus i m † Abactor, † Abigator, † Abigeator *A driver away, or stealer of cattle*, in Libb JCC quibus Abactor præcipuæ notæ esse videtur

Abigo, ere, egi, actum act (1) *To drive away* [chiefly hurtful things, as flies from the face, birds from the corn, &c] (2) *To send away* (3) *To hinder from* (4) *To drive away cattle by force, or theft*, (5) *without force*, or *theft* (6) Met *To expel, cast off* (as grief, weariness, &c) (1) Abigat moto noxias aves panno, *Mart* (2) Abigam hunc rus, *Ter Adel* 3 3 47 (3) § Abigam jam ego illum advenientem ab ædibus, *Plaut* (4) Omne instrumentum diripuit, familiam abduxit, pecus abegit, *Cic* (5) § Greges abiguntur ex Apulia in Samnium æstivatum, *Var* (6) Abigunt suorum fastidium, *Plin* Abige abs te lassitudinem, *Plaut* ¶ Abigere partum, *Cic to procure abortion*

Abigor, i, actus pass *To be led or driven away*, Varr

Abjiciendus, a, um part *To be thrown away* Met *Slighted*, &c Abjicienda est fama ingenii, *Cic*

Abjicio, ere, jeci, ectum act [ex ab, & jacio] (1) *To throw, or cast away* (2) Met *To lessen, or undervalue* (3) *To throw, or fling* (4) Met *To slight, or neglect* (5) *To leave off, to renounce* (1) Arma abjicere, *Cic* (2) = Sic te abjicies, & prosternes, ut ... &c *Id in Parad* (3) Cleombrotus se in mare abjecit, *Id* (4) Ne me existimes curam R P abjecisse, *Id* (5) = Relinquunt & abjiciunt ob ... *Id*

Abjicior, i, ectus pass *To be cast away*, &c *Cic*

Abitio onis f verb [ex abeo] (1) *A departing, or going away* (2) *Death* (1) Propter eam hæc tu ... atque abitio evenit, *Ter* (2) Apud antiquos per Euphemismum

Abitur, impers *It is departed*, *Plaut*

Abitus, us m verb [ex abeo] (1) *A going away* (2) Met *A ceasing* (1) Abitus hirundinum, *Plin* (2) Abitus importunissima pestis *Cic*

Abjudica us, a, um part *Given away by judgment*, Liv a seq

Abjudico, as act [ex ab, & judico] (1) *To give away a cause, to give money, lands, &c by sentence, or verdict, from one to another* (2) *To deny, to judge the contrary* (3) *To reject* (1) ⁂ Judicabit Alexandriam regis esse, a P R abjudicabit, *Cic* (2) Ratio nem veritatis ab ordine senatorio abjudicare, *Id* (3) Ubi plus mali quam boni, repe io, id totum abjudico, *Id* ¶ Abjudicare sibi libertatem, *to shew himself unworthy of it*

Abjudicor, aris pass *Cic*

† Abjugo, as denom [ex ab, & jugum] *To unyoke* Met *To separate* Pac *ap* Non † Abjungo

Abjunctus, a, um part *Unyoaked* Abjuncto levare equos, *Prop*

Abjungo, ere, xi, ctum act [ex ab, & jungo] (1) *To unyoke* Met *To separate, or remove* (2) Ab ... ingenio se ... aliqui ... *to disuse or be far from using it* (1) Arator abjungens juvencum, *Cic* (2) Quod se ab hoc dicendi genere abjunxerit, *Id*

Abjungor, i, ctus pass *To be unyoaked* Met *To be parted, or separated* Lachrymor, quando aspicio hunc qui abjungitur, *Plaut*

† Abjurasso, *pro* abjuravero, *ab* Abjuro, *Plaut*

Abjuratus, a, um part [a seq abjuro] *Kept contrary to justice, denied by a false oath* Abjuratæ rapinæ, *Virg* ... boves, quas Cacus abegerat

Abjuro, as act *To deny a thing* (1) *with an*, or (2) *upon, oath* (1) Qui abjurant, si quid creditum est, *Plaut* (2) Quique in jure abjurant pecuniam, *Id* † Abjurare mulierem apud canonistas est juramento repudiare, *Steph*

† Ablacto in vers Bibb *pro* a lacte depello, *To wean*

† Ablactor, † Ablactatus, † Ablactatio, eadem auctoritate nitun tur

Ablaqueatio, onis verb f *A laying open the roots of vines, or other trees* Myrrha gaudet rastris, & ablaqueationibus, *Plin*

Ablaqueandus, a, um part *To have the root laid bare* Priusquam frigora invadant, vitis ablaqueanda est, *Plin*

Ablaqueatus, a, um part *Having the roots laid open* Ablaqueata vitis, *Plin*

Ablaqueo, as act Vossius laqueum derivari vult, ut sit quasi ablacuo *To lay bare the roots* Circum oleas autumnitate ablaqueato, *Cato*

Ablaqueor, aris pass *To be laid bare* Quæ ablaqueantur celeriora neglectis *Plin* 16, 27

† Ablativus casus, qui modo Sextus, modo Latinus a Varrone appellatur, ut & Comparativus Prisciano, analogice formatur ex Ablatus participio ex Auferor *The ablative case* Gloss ... Græc

† Ablator, oris m verb [ab aufero] olim nuncupatus ... temporibus S Augustini, & Sedulii *A taker, or bearer away*, † Qui aufert

† Ablectus, a, um part [ex ab, & lego, is] antiquè pro electus, egregius *Fine, neat, curious* Ab lecta ædes, *Plaut*

Ablegandus, a, um part [ab ablegor] *To be sent away* Aliquo mihi est hinc ablegandus *Ter Hec* 3 3

Ablegatio, onis f verb [ex ablego, as] *A sending out of* Ablegatio ab urbe, *Liv*

Ablegatus, a, um part (1) *Sent out of the way* (2) *Laid aside* (1) = Remoto, atque ablegato viro, *Cic* (2) Vid Ablego, N° 3

† Ablegmina, um pl ex Ablego, is, e ... separo *Choice parts of the sacrifice*, *Fest*

Ablego, as act [ex ab, & lego, as] (1) *To send one out of the way who hinders a design* (2) *To drive away cattle to their pastures* (3) Met *To lay aside* (1) Subcustodem suum foras ablegavit, dum capse huc transit, *Plaut Mil* 3 2 54 (2) Itaque cum ablegabuntur [boves] in ea loca perducendi sunt, &c *Col* (3) = Dimisso, & ablegato consilio, *Cic*

Ablepsia, vel potius ἀβλεψία, ut scripsit Suetonius *Blindness of mind, want of foresight*

Abligurio, ire, ivi, itum act [ex ab, & ligurio] *To spend, or waste in eating and drinking* Patria ... in qui abligurie... bona, *Ter* Unde

† Abligurritio, onis f verb *A prodigal spending in good cheer* Jul Capitol

† Abligurritor, oris m verb *A riotous person*, Amb † Nepos helluo

Abloco, as, act [ex ab, & loco] *To let out for hire* Domum suam in reliquam anni partem ablocavit, *Suet Vitell* 7

Abludo ere, si, sum neut [ex ab, & ludo] *To be unlike* Hæc a te non multum abludit imago, *Hor* ⁂ Alludo Raro occ

Abluo, ere, ui, utum act [ex ab, & luo] (1) *To wash away* (2) *To expiate, or purify* (3) Met *To remove* (4) *To blot out* (1) Terra congesta pluviis non abluitur, *Plin* (2) Donec me flumine vivo abluero, *Virg* (3) Terra nigras sibi abluit umbras, *Lucr* (4) Maculam abluere, *Plin* perjuria, *Ov* perfida verba, *Id*

Abluor, i, utus pass (1) *To be washed clean* (2) Met *To be blotted out, or taken away* (1) Ita jactantur fluctibus, ut nunquam abluan tur

tur, *Cic* de parricidis (2) Perturbatio animi piatione ablui- tur, *Id*

Ablūtio, ōnis f verb *A washing*, or *purifying* Superis sacra facturus corporis ablutione purgatur, *Macr*

Ablūtus, a, um, part [ex abluor] *Washed* Ova abluta condunt in furfures, *Plin*

† Ablŭvium, *pro* diluvio Abevium nimis licenter dixit, teste *Gell*

† Abmātertera, æ f *The great grandmother's mother's sister*

† Abnuto, verbum ... *To refuse* Ob hæc dona quæ abnuit, *Plin*

Abnueo, as act *To swim away* Celere ... Raro occ

† Abnēco, āre, ui, ctum act *To kill* ... puerum ... *Plaut*

Abnĕgo, as act (1) *To deny* (2) *To go back from his word* (3) *To refuse* (1) Abnegat vitam producere, *Virg* (2) Nec depositum ... abnegarent *Plin* (3) Rex tibi conjugium abnegat, *Virg* (4) Jupiter abnegat imbrem, *Col*

Abnĕpos, tis m *A great grandchild's grandson*, Suet

Abneptis is f *A great grandchild's granddaughter*, *Id*

Abnocto, as neut [ex ab, & nox] *To lie out a nights*, Sen Raro occ

Abnōdo, as, act [ex ab, & nodus] *To cut the knots from trees* Vites diligenter imputant, & abnodant, *Col*

Abnormis, e adj [ex ab, & norma] *Irregular, singular* Rusticus, abnormis, sapiens, *Hor Son crassa Minerva*

† Abnueo Ennius, *fr*

Abnuo, ĕre, ui, utum act [ex ab, & nuo] (1) *To deny*, or *refuse*, *properly with the head*, or *gesture* (2) Simply *to deny* (3) *To hinder* (4) *To render impossible* (1) Ubi cœnantes ... illi abnuunt, *Plaut* (2) Intelligas quid quisque concedat, quid abnuat, *Cic* (3) Abnuerant bello Italiam concurrere Teucris, *Virg Æn* 10 (4) Abnuit locus impetum, *Tac*

Abnuendus, a, um part *To be refused*, *Sen*

† Abnutivus, a, um *Negative*, *Up JCC*

† Abnūto, as freq [ex abnuo] *To forbid often by signs* Quid mi abnutas? *Plaut* But *Cic* de Orat 3 41 *dislikes this word* ‖ Veto, prohibeo, absterreo

Ăbŏleo, ēre, ui, & ēvi, itum act [ex ab, & oleo] (1) *To take away* (2) *To consume* (3) *To remove* (4) *To wash away* (1) Crebro potu coquitur, deinde omnis odor aboletur *Plin* (2) Corpus non igne abolitum, ut Romanis mos est, *Tac* 1 16 (3) Sed ditionem fœminarum, & priorum infamiam abolere, *Plin* (4) Met dolorem, iram, crimen, ... abolere (5) Nec viscera quisquam, aut undis abolere potest aut vincere flamma, *Virg Geor* 3 sed que nec lavari, nec coqui potenrunt, *Serv*

Ăbŏleor, ēri, itus, pass *Plin*

Ăbŏlesco, ĕre, ēvi, itum neut (1) *To perish away* (2) *To cease* (3) *To be extinct* (1) Siccitatibus [vinea] non abolescit, *Col* 3 2 (2) Nec tanti abolescet gratia facti, *Virg Æn* 7 (3) Cujus rei prope jam memoria aboleverat, *Liv* 3 55

Ăbŏlĭtio, ōnis f verb *An abolition*, or *cancelling* Abolitio legis *Suet Aug* 31

Ăbŏlĭtus, a, um part [ab aboleor] (1) *Ruinous* (2) *Antiquated* (1) Abolitas vetustate ædes dedi-cavit, *Tac* 1 2 *An* (2) = Abolita, atque abrogata retinere, *Quint* 1 10

Ăbolla, æ f *A senator's robe*, Juv Sat 3 *A soldier's coat*, Mart *A philosopher's cloke* Juv Sat 3

Ăbōmĭnandus, a, um part [ab abominor, pass] *To be recounted as ominous*, or *unlucky*, *to be abominated*, or *detested* Licinius tertia clade abominandus cum cuncta fecit, *Plin*

† Abōmĭnātio † Abominamentum ‡ Res detestabilis, ‡ abominandi

Abōmĭnātus, a, um part (1) *Shunning as ominous*, or *unlucky* (2) Also *counted ominous* Hannibal Afri cum repetens cum audisset locum *Sepulchrum* ... appellari, ubi consensurus erat, abominatus, prætervehi jussit gubernatore, *Id* Lep tum appulit, *Liv* (2) Abominati semimares, *Id*

Abōmĭnor, āris pass denom [ex ab, & omen] (1) *To deprecate as ominous* (2) *To detest* Hoc regum initium ne tut moderate perfectum est, ut (quod abominor) in te ruere *Curt* (quod omen Dii avertant) ... (2) *Plin* 17 5

† Abōmĭnōsus, & † Abominabilis *Abominable, unlucky* ‡ Abominandus

Abŏrīgĭnes *Antient people of Italy*, ... *incorporated with the Romans*, Liv ... *for the first inhabitants of a country*

† Abŏrior, oriri, ortus 3 & 4 conj (1) ... *to die, or be extinct*, ... *Pis of Otter* (2) *To be born before the time, to miscarry* ... (1) Metu infiniturni lingua, & vox aboritur *Lucr* 3 156 Quod (cum pace doctissimorum virorum dictum velim) ... qui quidem sensus Poeticæ ... diorum videtur Translate dicitatior, sed Metaphoram a primæva vocis significatione ... contendo (2) Fœtus quoque ipsi ibo ... *Id*

Ăbortio, ōnis f verb *A casting beyond*, *a miscarrying* Hæc pecuniæ merces abortionis appellandæ est *Ci*

Ăborto, as neut *To miscarry* Ne dum exsilire velit, prægnans abortet, *V*

Ăbortīvum, i n (1) *Abortion* (2) ... *which causes abortion* (1) Evanescit quodam abortivo, *Ju* 18 17 (2) Abortivo non est opus, *Ju* 6

Ăbortīvus, a, um adj *Abortive, born before the time* Quos abortivos vulgus vocabat *Suet Aug* 35

† Ăbortus, a, um part *Ne risen* Exoriri aborta sidera, *Stat* recte ... Eborta

Ăbortus, us m verb [ex aborior] (1) *A miscarrying* Uno abortu duodecim puerperia egesta, *Plin* (2) *It is also said of trees* Arborum etiam abortus invenimus, *Plin* ¶ Abortum facere, (1) *To miscarry* (2) *To cause a miscarriage* (3) Met *To suffer abortion, to come to nothing* (1) Neptis tua abortum fecit, *Plin* (2) Cyperi potio fœminis abortus facit, *Id* (3) Stoici parturiunt adversus libros meos, & subinde abortus faciunt, *Id* ¶ Abortum pati, *to cast the young* Equæ, si fuit gravidæ, abortum pati, *Plin* ¶ Abortum inferre, *to cause miscarriage* Tonitrus solitariis ovibus abortum inferunt, *Id*

*Abra, æ f *A waiting gentle-woman*

Abrādo ĕre, si sum act [ex ab, & rado] (1) *To scrape*, or *shave off* (2) *To cut*, or *chop off* (3) Met *To get from another* (1) Barba abraditur, præterquam in superiore labio, *Plin* (2) Acuta dolabra abradere, *Col* (3) Cui aliquid abradi potest, *Ter*

Abrādor, i, sus pass *To be shaven off*, *Ter* Met *to be extorted from a man*, *to be taken away* ‖ Abrado, *Nc* 3

Abreptus, a, um part [ex abripior] *Snatched*, *taken away* A conjuge ab eptus, *Cic*

Abripio, ĕre, ui, reptum act [ex ab, & rapio] (1) *To snatch away* (2) Met *to carry away by force* (1) § Abripere aliquem in vincula, *Liv* (2) Æstus ... procul a terra abripuit, *Liv*

Abripior, i, eptus pass *To be dragged away* Abripi in cruciatum, *Ter*

Abrōdo, ĕre, si, sum act [ex ab, & rodo] *To gnaw off* Vipera maris caput abrodit fœmina, *Plin* ... *Pl*

Abrŏgātio, onis, f verb *An abrogating*, or *repealing of a law* Neque enim ulli [legi] est, quæ non ipsa se sepiat difficultate abrogationis, *Cic* ✕ Rogatio, *Id*

Abrŏgātus, a, um part [a leg abrogor] (1) *Taken away*, *abrogated*, *repealed* (2) *Made void* (1) Imperium abrogatum, *Cic pro domo*, N° 31 (2) ✕ Cui legi abrogatum, vel derogatum sit, *Id*

Abrŏgo, as act [ex ab, & rogo] (1) *To abolish*, *repeal* (2) *To revoke* (1) § Abrogare legem, vel legi, *Cic* Lex illa neque tolli, nec quicquam abrogari potest, *Id* (2) Fidem ... abrogavit, *Plin* ¶ Abrogare multam *to take off a fine* ¶ Abrogare alicui fidem, *To not to be believed*, &c *Cic*

Abrŏgor, āris pass *To be repealed*, &c *Cic*

Abrŏtŏnītes, a m *Southernwood wine* Col

Abrŏtŏnum, i, n *The herb Southernwood*, Plin

Abrumpo, ĕre, rūpi, ruptum act [ex ab, & rumpo] (1) *To break*, or *throw off* (2) *To cut off* (3) *To break off* or *leave* (1) Abrumpere vincula, *Liv* Abrumpere nubem ardebant, *Virg* (2) Seneca venas crurum, & poplitum abrupit, *Tac* (3) Abrumpe, si quæ te retinent, *Cic* § Abrumpere aliquo ex re Aliquo, *Plin* ... ab aliquo, *Cic* Abrumpere dissimulationem, *Tac* fas omne *Vi* fata, sed fidem, *Tac* moram, *Sen* noctem, *Id* patientiam, *Tac* somnos, *Virg*

Abrumpor, i, ruptus pass *To be broken*, &c Abrumpuntur ordines, *Tac*

Abrupte, adv [ex abruptus] (1) *Abruptly*, *without order* (2) *Inconsiderately* (1) Nec abrupte, nec unde libuit, *Quint* (2) Non abrupte agendum, *Just*

Abruptio, ōnis f verb (1) *A breaking* (2) Met *a breaking off*, *a divorce* (1) Abruptio corrigiæ, *Cic* (2) Abruptio matrimonii, *Id*

Abruptum, i n *A steep place* or *precipice* Cœli abrupta, *Stat* Charybdis sorbet in abruptum fluctus, *Virg*

Abruptus, a, um, part [ex abrumpor] Item, adj or, comp issimus, sup (1) *Broken off*, (2) or *from* (3) *Cut off* (4) *Steep, rough, craggy* (5) Met *Abrupt, without preamble*, or *preface* (6) *Not well compact*, or *joined together* (7) *Rash*, *hasty* (1) Abrupti fluctus relinquunt, *Ov* (2) Abrupti nubibus ignes, *Luc* (3) Abrupta cruor e cervice profusus *Ov* Ripæ abruptissimæ, *Plin* Caucasus abruptior, *Tac* (5) Abruptum initium, *Quint* (6) Abruptum sermonis genus Sallustii, *Id* (7) Abruptum ingenium, *Sil Ital*

Abscēdĭtur, impers *It is departed*, *Li*

Abscēdo, ĕre, cessi, cessum neut [ex abs, & cedo] (1) *To depart*, (2) *To be taken away* (3) *To cease*, or *leave off* (4) *To fester* (5) Also *to fall in* ... (1) Ni procul abscedat, *Ov* (2) ✕ Decem minæ abscedent, non accedent, *Plaut* (3) Irrito incœpto abscedere, *Liv* (4) Pallida nonne vides abscessisse mihi? *Ov* ... (5) Malum ... supplementum omne quod abscedit, *Cels* § Abscedere ab aliquo, dicitur, incepto, de pecunia, *Plin* Item cum adverbb hinc, illinc, inde Abscedit ira, ægritudo, &c

Abscessio, idem quod Abscessus, *Cic* ✕ Accessio, *Id*

Abscessus, us m verb (1) *A recess*, *a departing from* (2) Also *an imposthume* (1) Longinquo solis abscessu *Cic* (2) Prodest impositum minutis, majoribusq abscessibus, *Cels*

Abscīdo, ĕre, di, sum act [ex abs, & cædo] *To cut off* Abscidit vultus ensis uterque sacros, *Mart* Raro occ

Abscindo, ĕre, scidi, ssum act [ex ab, & scindo] (1) *To cut off* (2) *To tear off* (3) *To put to an end* (1) Ego tibi iecti tam linguam abscindam, *Plaut* (2) Tunicam ejus a pectore abscidit, *Cic* (3) Sic fata querelas abscidit *Val Flac*

† Abscio *To forget* voc inusit Abscise, vel ... Abscise, hoc e toscindo, illud ex abscindo *shortly in few words* ¶ Si verba numeres brevius, & abscise, *Val Max* Aut, *Precisely*, ... abscisio quâ ... auctoritate ... *Ci*

Abscissio onis f verb *cutting short*, *a figure in rhet* Auct ad Her 4 53

Abscissior compar *Shorter*, Met *severer* Abscissior justitia d vum, & crucem usque, *Val Max*

Abscissus, a, um part [ex abscindor] (1) *Cut off*, (2) *Parted* (1) Caput abscissum, *Hor* (2) Abscissi a continenti insula, *Plin* Item, nomen *Broken*, *rough*, *craggy*, *steep* = Nec ferme quicquam satis arduum, aut abscissum erit, quod hosti aditum, ascensumve difficilem præberet, *Liv* Item, Met (1) *Cut short*, *almost desperate* (2) *Sharp*, *severe* (3) *Short* (1) ✕ Abscissis rebus essterent se aliquando, *Cic* (2) Abscisso castigationis genere munitus disciplina indiget, *Virg* (3) = Alia brevia, & abscissa sunt, *Quint*

Abscondĭtus, a, um, & Absconsus, sed illud usitatius part *Hidden*, *covered* = Non obscurum, opinor, neque absconditum, *Cic*

Abscondo, ere, di & didi, ditum & sum act [voc decomp ex abs con, & do] (1) *To hide*, *keep close*, (2) Fig *To leave behind* Aurum absconderit, *Plaut* Fumus absconderat cœlum, *Curt* (2) Absconditur arces, *Virg*

Abscondor, i, ditus, & sus pass *To be hidden* or *darkened*, *to be out of sight* Ante tibi Eoæ Atlantides absconduntur, *Virg*

Absens, tis part [a verbo absum] (1) *Absent*, propriè de personis (2) *Absent*, *out of sight*, *distant*, figurate de rebus (1) Absens, absentem, auditque, videtque, *Vir* (2) Absentem rusticus urbem tollit in astra levis, *Ho* ¶ Absente nobis, pro absentibus, ... or ...

e, being absent, dixerunt *Plaut* & *Ter*

Absilio, ire, ui, sup inusit neut [ex ab, & salio] (1) *To leap*, (2) *or fly away* (2) Al tuum ge nus, itque (1) ferarum procul absiliebat, *Luc*

Absimilis, e adj (ubi *A* privandi sign fic habet) *Very unlike* § Non absimilis bitumini, *Col* ☞ Prestat plurimum quæ habet nat dissimilis negantes, haud, non, nec, neque

Absinthites, æ, m Sed per Syn tic m,n f vinum, teste Steph Absinthiten sic condire oportet *Hom* Col 12 35

ABSINTHIUM, & absinthium i n (1) *Worm wood* (2) Met *A wholesome bitterness* (1) Perpotet amarum absinthi laticem *Lucr* (2) ※ Verebatur ne] bis eius p trum mellis, & absinthii multum habebet, *Quint*

ABSIS, *vide* APSIS

Absistitur, impers Si non ab sisteretur bello, *Liv*

Absisto, ere, abstiti neut [ex ab, & sisto] *To desist from any place, or thing* (2) *To cease* (1) Si absistere turre vellent *Liv* (2) Ab sistere movere *Virg* § Absistere luco, *Virg* bello *Liv* suo ore, imperio, opinione, obsidione pu, na, spe, *Liv* ab jole *Plin* Cum infinit Cum laudi absisteret petere, *Liv*

Absolvo, ere, vi, lutum act (1) *To acquit, discharge*, or *release*, *to finish*, or *accomplish* ※ Damno, postulo (2) *To unravel*, or *finish* (3) *To discharge* (4) *To confine*, or (5) *To dispatch*, or *dismiss* (1) § Absolvere injuriarum improbitatis, majestatis, *Cic* suspicione, *Liv* de prævaricatione quumque alicui, *Cic* copiose, multis, omnium sententiis, *Id* (2) = Dialogos confeci, & absolvi, *Cic* = Vitam beat in perficiunt & absolvunt, *Id* Absolvere bellum, *Id* (3) pensum *Vir* promissum, *Id* (4) Quid totum absolvi tus orbem? *Luc* 7 176 (5) Ego id forum bo ut hunc absolvam, *Ter*

Absolvor, vi absolutus pass *To be acquitted, discharged*, &c *Cic*

Absolute adv *Perfectly, completely* = Undique perfecte, & absolute *Suet* de G im 4

Absolutio, onis f verb *A discharging*, or *acquitting* Absolutio majestatis, *Cic* Ampio, 2 11 2

Absolutissime, adv sup *Most perfectly*, or *absolutely* Ut absolutissime utamur, *ad Her*

Absolutorium, i n *A Cir* Absolutorium ejus mihi dictum, *Plin* 18 6

Absolutorius, a, um adj *Pertaining to clearing* ※ Absolutoriam, & damnatoriam tabulam dedit, *Suet* 4 8 3

Absolutus, a, um part [ex absolvor] (1) *Acquitted, discharged, cleared* Item, adj or, comp issimus, sup (2) *Perfect, consummate* (1) Capitis absolutus *Nep* (2) = Absoluta, & perfecta elegantia, *Plin* = Quo sit ut illum veram, & absolutam eloquentiam nemo consequatur, *Cic* Quo opere nullum absolutius, *Plin* Exornet o absoluti luna, *ad Her*

Absonus, a, um adj [ex ab, & sonus] (1) *Harsh in sound* (2) *Irregular* (3) Met *Unsuitable, disagreeable* (1) Vox extra modum absona (2) Absona tecta *Luc* (3) § Fortunis absona dicta, *Hor*

Absorbeo, ere, ui, & psi, ptum act [ex ab, & sorbeo] *To sup up, to swallow* (2) *To lay under water* (3) Met *To carry away violently, as with a stream* (1) Araneus omnem humorem absorbet, *Plin* (2) Palus absorbuit tecta ferarum, *Luc* (3) Nec æstus nos consuetudinis absorbeat, *Cic*

Absque præp regit abl ¶ Absque hoc esset *but for him*, *Plaut* Absque foret te *but for you*, *Id* Quam fortunatus cæteris sum rebus, absque una hac foret! *except in this one*, *Ter*

☞ ...

Absterreo, ere, ui, itum act [ex abs, & terreo] (1) *To frighten from* (2) *To deter* (3) *To hinder*, or *forbid* (1) Qui Chremetem absterreant, *Ter* (2) § Absterrere de rumeri o animos, *Plaut* (3) Quoniam natura absterruit rictum, *Luc*

Absterfus, a, um part *Wiped off*, *cleansed* ...

Abstinendus, a, um part *To be kept from*, or *hindered* Quibus cibis abstinenda sunt aves, *Col*

Abstinens, tis adj ex part or, comp issimus, sup *Temperate, forbearing* abstinent Homo munifice abstinens, *Cic* Abstinentes oculi, & manus, *Id* Abstinentior ceremoniis, *Ass* § Abstinentissimus vini, & somni, *Col*

Abstinenter, adv *Modestly, harmlessly* = Postquam Prætor est factus [Sillustius] modeste se gessit, & abstinenter, *Cic*

Abstinentia, æ, f [ex abstinens] *A abstaining from, abstinence, innocence, fee-free* = Cum strenuo virtute, cum modesto pudore, cum innocente abstinentia certabat, *Sal*

Abstineo, ere, ui, abstentum act tenere, & cohibere (1) *To abstain from* (2) *To keep from* (1) § Sese cibo abstinuit, *Cæs* (2) Non manum abstinet *Plaut* § Præter suum accusat regit ablat cum præp vel sine illa frequentius Abstinere manum ab adeo culpa, *Plaut* injuria, *Cic* prætio, pugna, seditionibus, *Liv* tactu, *Vir* verbis, *Plin* Cum infin Dum mihi abstineant invidere, *Plaut*

Absto, stare, stiti, itum neut *To stand at a distance* Si longius abstes, *Hor* in Arte Poetic

Abstraho, ere, xi, ctum act [ex abs, & traho] (1) *To drag away* (2) *To separate* (3) *To free* (4) *To abstract* (5) *To draw away* (1) Istam psaltriam mecum rus abstraham. *Verba nati senis apud Ter* (2) Ut me a Glycerio miserum abstrahat, *Id* (3) Abstrahere civitatem a servitio, *Cic* (4) Ut cum vis quædam a sensu mentis abstraxisse videretur, *Cic* (5) Pompejum gloriæ cupiditas ad bellicas laudes abstraxit, *Id* § Præter acc regit abl cum præp aut vice ejus adverbium loci sumit

Abstrictus, a, um part [ex abstringor inusit] *Untied, unloosed* Tanquam laxarunt elatum pedem abstricto nodo, *Luc* Raro occ

Abstrudo ere si, sum act [ex abs, & trudo] (1) *To conceal*, or *hide* (2) Met *To cast away*, or *banish* (1) Euclio fodit auro, abstrudit foris, *Plaut* Natura veritatem in profundo penitus abstrusit, *ap Cic* (2) Abstrudere tristitiam, *Tac*

Abstrusus, a, um part *Concealed, hidden* Quærit pars semina flammæ abstrusa in venis silicis *Virg* Adj ex part or, comp (1) *Secret, inward, deep* (2) *Reserved*, (3) Refertur etiam ad animum (1) Patefacio vobis abstrusas insidias, *Cic* Abstrusior disputatio, *Id* (2) Abstrusus homo dixit *Tac* lib 1 *Ann* (3) Abstrusus animi dolor, *Cic*

Abstuli, præt ex Aufero, quod vide

Absum, esse, fui, futurus neut [ex ab, & sum] (1) *To be absent*, or *away* (2) *To be wanting* (3) *To be far from* (1) Domini nobis absunt, *Ter* § A b st gratantibus Pelion, *Ov* (2) At ... ¶ Abest ab hac laude *Cic* ¶ Abfit verbo invidia, *Liv* *I take it not* ... *without disparagement to any body* ¶ Antonio obsui, *I defended not being*, *Cic*

† Absumedo, inis, f *A wasting*, or *spending*, *Plaut* sed ludens suo more

Absumo, ere, psi, tum act [ex ab, & sumo] (1) *To consume*, or *destroy* (2) *To spend*, or *waste utterly* (1) Absumere reliquias pugnæ, *Liv* (2) Absumere vinum, *Ter*

Absumor, i, ptus pass *To be utterly destroyed, to perish* Absumi fame, ferro, veneno, *Liv* clade, *Cic* morte, *Col* Met curam, ter luce, *V.l Flacc* Qui credunt dentes in cornua absumi, *Plin*

Absumptus, a, um part [ex absumor] *Lost, gone, undone* Sin absumpta salus, *If our support (or Hero) be lost*, *Virg* Ariobarzane fortuita morte absumpto, *Ariobarzanes dying suddenly*, *Tac* Absumpti sumus *We are ruin'd*, *Plin*

Absurde, adv qual *Foolishly, absurdly, in an odd manner to reason* Absurde facis, qui angas te animi, *Plaut*

Absurdus, a, um adj [ex ab, & surdus] Ab quo aurem avertas, & surdus esse malis or, comp issimus, sup (1) *Harsh, grating, unpleasant* (2) *Absurd, silly, incoherent* (1) Absurdus sonus, *ap Cic Div* 25 Oculis animisque hominum absurdum, *Cic* (2) = Pravum, ineptum, absurdum, atque alienum a reliqua vita, *Ter* Nihil absurdius, *Cic* Absurdissima mandata, *Id*

Abs erto pro aperto, *Plaut*

Abundans tis part [ex abundo] & aliquando adj (1) *Abounding, rich* (2) *Great, vast* (3) *Copious* (1) Abundans pecunia homo, *Cic* (2) Excitabatur homo ab homine abundanti doctrina, *Id* (3) ※ Non erat abundans, non inops tamen oratio, *Id*

Abundanter, adv qualit ius, comp *Largely, abundantly copiously* = De qua copiose, & abundanter, *Cic* ※ Aliis abundantius occurrunt, aliis angustius, *Cic*

Abundantia, æ f *Plenty, abundance* Abundantia rerum omnium, *Cic* Abundanti fœminarum, *hæ mensis*, *Plin*

Abundatio, onis f verb idem, *Plin*

Abunde, adv quant *Enough in confluence* Abunde magna præsidii, *Sall* § Terrorum, & fraudis abunde est, *Virg*

Abundo as neut (ex ab & unda) (1) *To overflow* (2) Met *To be rich* (3) Also, *to be well stored* (1) Incertis in mensibus amnis abundans exit, *ir* (2) Cajetam, siquando abundare cœpero, ornabo, *Cic* (3) Villa abundat porco, agno, hœdo, &c *Id* Amore abundas, *Ter* ※ Deficio, *Cic* Egeo, *Id* § Regit abl & nonnunquam gen Abundare sapientia, audacia, familiaritatibus, *Cic* copia frumenti, *Cæs* irri, barbarie, *Ov* rerum, *Luc*

Ab olo, as neut *To destroy* ☞ Semel duntaxat scripsit *Cic* 2 de Finibus *ubi tamen alii legunt* avolant

Abusio, onis f verb. *An applying to another use, an abuse* Vini abusio, *Cic*

Abusque, pro usque ab, voc poet *From as far as* Siculo prospexit abusque Pachino, *Vir* § Regit abl quem tamen aliquando sequitur, *ut*, Oceano abusque *Tac* 1 15

Abusus, us m verb *An applying to another use, an abuse* ※ Usus non abusus, legatus est, *Cic*

Abutendus, a, um, part *To be abused* Adeo abutendum se permisit, ut vix sibi ipse constaret, *Suet*

Abutor, i, usus dep [ex ab, & utor] Re aliqua perperam, aut nimis licenter uti, vel aliorsum quam natura comparatum fuit, vel utenda esset ex mandato, aut voluntate alterius, sive in bonam, sive in malam partem (1) *To use contrary to the nature, or first intent of any thing, whether for the better, or worse* (2) *But is most frequently used in a bad sense* *To apply to a wrong end, to abuse* (3) Also, *to se* § Sagacitate canum ad utilitatem nostram abutimur, *Cic* (2) Abuti, & perdere pecuniam, *Suet* Ubi abusus sis muliere, *Ter* § Met Abuti patientia, gloria nominis, facultate alicujus, fortunis hominum, ignoratione alicujus, nomine alieno, otio & literis, regno & licentia, *Cic* (3) § Donec omnem cæsum cum melle abusus eris, *Cato*

† Abutor passive dixerunt veteres Utile utamur potius, quam ab rege abutamur, *Af*

* Abyssus, i f *A gulf, a bottomless pit*, ap scriptores ecclesiasticos

Ac, conjunctio copulativa, pro &, vel atque, sed habet alios usus (1) *And* (2) *And indeed* (3) Ac non, *neither* (4) *Than* (5) *As* Parce ac duriter vitam agebat, *Ter* (2) Faciam tibi boni aliquid, ac lubens, *Ter* (3) Ac non, quin ades præsens, dico hoc, *Id* (4) *After words, or adverbs of contrariety or contrariety* (5) Ne sim salvus, si aliter scribo, ac sentio, *Cic* (5) Est animus erga te idem, ac fuit, *Ter*

Acacia, æ f *A kind of thorn*, *Plin* 24 12

Academia, æ, f. ἀκαδημία *A place in the Suburbs of Athens, so named for Plato's school, called so from Academus, or Ecademus, a Noble* ...

man Hence all great schools were called by that name An university Atque Academiam celebratam nomine villam, Laurea Ciceronis libertus ap Plin Unde

Academicus, a, um, adj One of this school, Cic || An academian, a member of an university

Acalanthis idis f A linnet, or some such little singing bird Virg Vid Acanthis

Acanthice, es f The gum of the herb helxine, described by Pliny, l 21 c 16

Acanthinus, a, um adj Of, or like branch ursine, or (as others) brank-ursine, or bearsfoot, Plin 25 7

* Acanthion, i, n A kind of thorn, Plin 24 12

Acanthis, idis f (1) A little bird that sings very loud, perhaps a linnet, goldfinch, or nightingale (2) Also the herb groundsel (1) Resonant, & acanthide dumi, Virg Geor 3 338 ubi al Acalanthide, & acalanthid (2) ‡ Lat Senecio

Acanthus, i m The herb branch-ursine, bearing leaves like a goat's hor, or (according to others) brank-ursine, or bearsfoot, from its bigginess, Vit In form of its leaves often adorned the chapiters of pillars

* Acapna, orum, pl n ἄκαπνα, sine fumo Dry wood, small coal, or dead coal, Mat 13 15 in lemmate

Acarne, es f A kind of sea fish, Plin

* Acaron, i n & acaros, i f Wild myrtle Plin ‡ Lat ruscus

* Acatalectus & Acatalecticus versus, Gram A verse having its full number of syllables ✕ Catalecticus, wanting a syllable

* Acatalepsia, æ, ut Cic scripsit, ἀκαταληψία, Incomprehensibility

Acatium, i n A pinnace, or small barge, Plin

Accanto, as act [ex ad, & canto] To sing to, or by § Magni tumulis accanto magistri, Stat Vix al rep

Acceditur impers It is approached, Cic pro Cæcin

Accedo, ĕre, ssi, ssum neut [ex ad & cedo] (1) To arrive at (2) To go or come to (3) To be added, or increased (4) To assent (1) Ipse ad oppidum accedere noluit, Cic (2) Obstitit ne in ædes accederes, Id (3) Accessit mihi hoc ad labores reliquos, Id (4) Accessit animus ad meam sententiam, Plaut Aul 2 8 § In primo sensu, Accedere ad aliquem, Plaut in oppidum Cic scopulos, Virg mœnibus, Liv huc, prope, propius In secundo, fere cum Prap In tertio non legitur, nisi in tertia persona, absolute, vel cum dat vel acc cum præp ad In quarto, fere habet dat in acc cum præp Ad

Acceleratio, onis f verb An hastening Continuatio est orationis cum incredibili acceleratione clamosa, ad Her

Accelero, as act [ex ad, & celero] (1) To hasten (2) Et aliq neut to make haste (1) Iter accelerat, Cæs (2) Si accelerare volent, ad vesperam consequentur, Cic

Accendo, ĕre, di, sum act [ex ad, & cando] (1) To set on fire (2) To light up (3) Met to incense (4) To increase (5) To make bright, to brighten (1) Accendit ceterum Fabianus ne, at, Cic (2) Deus pie solem quasi lumen accendit, Cic (3) Civitatem accendere cantu, Virg (4) Accendere pretium victum, Plin 8 25 (5) Clypeum accendere auro Sil § Accendere lumen de lumine Enn ap Cic Pam adlus mellos Virg ad pellendos Siculos Romanos, Liv ad amorem, Cic animum stimulis.

Accendor, di, sus, pass (1) To be kindled (2) Met To be encouraged (1) Lumen accenditur antequam tetigit flammam, Lucr (2) Si hæc accendi aut commoveri apte possent, Cic

Accenseo, ēre, ui, sum, (& forte situm, unde accensitus) act [ex ad, & censeo] To add to, to reckon among Eadem ætas Lycurgum sacro illi numero accensuisset, Sen

|| Accensor, oris m verb [ab accendo] An encourager, Gloss vet & vide Accensus

Accensus, a, um part [ab accendor] (1) Set on fire, lighted (2) Met being d, inflamed, exalted (1) ✕ Ego faces jam accensas extinxi Cic (2) Sic accensi profatur, Virg

Accensus i m [ex ad, & censeo] Accensi dicti quia ad censum ascripti Soldiers put in the room of those that died, or were slain, Fest Also supernumerary officers, Veget & Ascon

Accensus i m [quod ab accendo dictum videtur] A publick officer appointed to call courts, or other assemblies, an usher, a crier, beadle, sergeant &c Some confound him with the lictor, who may be better informed by Livy ✕ Consulis non vero singuli accensi apparebant, penes præfectum juris viri fasces erant [G Qui solent acceni ac ... bus, ... ad ... Lips El lib 1 cap 23

|| Accentiuncula æ f dim A small accent Gell

|| Accentus us m verb [ab accino] Legitima pronunciatio vel ratio, qua syllaba vel attollitur vel deprimitur, quæ quidem est triplex, per acutum, gravem & circumflexum, vel, ut Cic vocat, inflexum, quem etiam Latinus vocat accentum sonum vocis An accent Vide Dio lea l 2 de Accent

† Accepio pro accepero, Pacuv

|| Acceptabilis, e adj Acceptable, Bibb ‡ Gratus, acceptus

|| Acceptilatio, onis f verb A verbal discharge of a verbal obligation as if it was performed, ap JCC ‡ Relatio in acceptum

Acceptio, onis f verb (1) A taking (2) A granting, or allowing a proposition (3) A sense, or notion (1) Neque donatio, neque deditio sine acceptione intelligi potest, Cic (2) Auct (3) Sic this, p 18 ex edit Gesn

Accepto, as freq [ab accipio] (1) To take, or receive (2) To admit to (1) Argentum accepto, expenso & cui dedit dato, Plaut Pseud 2 2 32 (2) Acceptare jugum, Sil 7 31

Acceptor, oris verb m (1) A receiver, an approver (2) An hawk (1) Illorum verbis falsis acceptor fui, Plaut Trin 1 2 167 (2) Rostrum acceptoris & ungues, Lucil

Acceptrix, icis f verb A receiver, a taker ✕ Nusquam apparet neque dator, neque acceptrix Plaut Truc 2 7 18

Acceptum, i n part substantive posit A thing received, or taken A receipt, chiefly of money ✕ Ut par sit ratio acceptorum, & datorum, Cic To balance the account ✕ Accepti, & expensi tabula, Journals, books of debtor and creditor ✕ Acceptum refero, I make my account debitor Expensum fero, I make it creditor, Cic

Acceptus, a, um part (1) Received (2) Met treated, entertained (3) Submitted to (1) Proscit acceptas tabellis, Ov (2) Indignis cum egomet sim acceptus modis, Ter (3) Lex est accepta, Hor in Art Poet ¶ Acceptum refero

alicui aliquid, I impute it to him, I may thank him for it, (1) good, or (2) bad (1) Acceptum vitam refert clementiæ tuæ, Cic (2) Omnia mala accepta referimus Antonio, Id

Acceptus, a um adj ex part or, comp issimus, sup (1) Beloved (2) Acceptable, welcome, grateful (1) Plebi acceptus erat, Cæs (2) Acceptior plebi oratio, Liv. Acceptissima munera, Ov

Accersio, ire, ivi, itum act [re Acc ... us arcessio] (1) To fetch, or send for (2) To try, or endeavour to be (1) § Alios ad se accersiri jubet, Cæs B G 5 11 (2) § Quidam civitatis accersierunt, Cic uti aliqui legunt

Accersitor, oris m verb [re ctius Arcessitor] A caller, or sender for Nemo accersitor ex proximo, Plin Ep 5 6 sub fin

Accersitus, a, um part [radi ... (rectius arcessitus) (1) Fetch'd (2) Met Farfetch'd (3) Affected, unnatural (1) Accersita ad mortem, Liv (2) Cavendum est ne accersitum dictum putetur, Cic (3) Commentitio accersiti, ...

Accersitus, us m verb A calling, or sending for Ad cum ipsius rogatu, accersituque veni, Cic

Accerso ĕre, ivi itum act [sed rectius arcesso] [ab ar ... pro ad, ... cio, ...] (1) To call, and consequently (2) To accuse, quia reus in ius vocatur (3) To procure (1) Cum ab aratro accersebantur consules, Cic (2) Accersere [crimine] ambitus, (3) ✕ = Ut cum virtute fortuna potueris, ultro accersis, & attrahis, Cic § Accersere aliquem ad se, Cic auxilia ex aliquo, Cæs Accersi in ... tre ad rem divinam, ... mercede, Cæs In secundo sensu, ... liquem criminie, ambitus, Cic In tertio, orationi splendorem, Id

Accersor, ... itus pass (rectius arcessor) To be sent for Cupio accersi, Ter

[G Hi vocem non esse ... sed posterioribus ... arcesso corruptam contendit Vossius, ...

Accessio, onis f verb (1) An addition, or increase (2) Interest of money (3) An ... a bout ... or ... (4) ... (5) ... fit (of a ague) (1) Accessio rerum, Cic de ... fortunæ & dignitatis, Id Cic ... (2) Ad singula medimna multi ... mul ... quinque accessio cogebantur dare, Id (3) Hanc Sciurus demolitus accessionem ... adibus, Id (4) Accessiones fide ... sores, Paul (5) Cels

Accessor, oris m verb [ex ad & cedo] He who comes to, or makes one among others ✕ Non accessor pompæ, sed auctor, ... 7 1 Al legunt Accensor, sed, pu o, male

Accessus, a, um part [ab accedor] Approach, accession Non accessa flumina, Ov inaccessible rivers

Accessus, us, m verb (1) Approaching, or coming to (2) A recess, or leave to approach, ... (3) ... (1) Accessus ad urbem tui metuendus, Cic (2) Da, precor, accessum, Ov (3) ✕ Ut accessu & recessu suo solis lumen accipit, Plin (4) § ✕ Bestiis natura dedit cum quodam appetitu accessum ad res salutares, a pestiferis recessum, Cic [G With a gen it has elegant significations, ... ✕ Accessus, & recessus luna, The increase and

...ane, Cic solis, & stellarum, the rising and setting Id mutis, the tide, Id febris the fit Plin ✕ Accessus & defectus diurni, Capell

Accidentia æ f verb [ab accido] A p... or ... Lussu ... ro illam natura accidentium, Plin

Accidens tis part subst in the posit An accident ap Dial Cic vocat accidentia res attributas Quin habet in plur l 5 c 10

|| Accidentia, arum ... ... orationis, The accidents ... Hinc Cicero ... nominibus ... teste Cisiano, vocat Accidentia verbi Quint

|| Accidentia, um pl n Accidents, misfortunes ✕ Non prosperis mollior, non accidentibus fractior, Quint ‡ Res adversæ, Cic

Accido, ĕre, i, sup ... neut [ex ad pro juxta, & cado] (1) To fall near, or before (2) To fall (3) To come to (4) To happen to (1) Ad genua accidit, Ter (2) Cum ... accidit ... (3) Ad aures accidit regis, Liv (4) Nov accidit novum, inquam mihi, Id ¶ Si quid pupillo accidisset Cic If he had died Quintum accidat ...

Accido, ĕre, di, sum act [ex ad, & cado] To cut near It ... ut ... Vestimentorum ... Liv

Accindus, a, um, part To be sent for Aruspices ex Etruria accendi Cic

Accio, ĕre, ivi, itum act To send for, or fetch Onerarium ... accio ...

Accinctus, a, um part [ab accingor] (1) Girded to (2) Furnished with (3) Prepared for (1) Accinctus ensis lateri, S... (2) Accinctus flagello Ov (3) Minus accinctus in usu tert an mus quælcunque vices Sil 1 Inch

Accingo, ĕre, xi, ctum act (1) To gird to, to prepare for (2) To address himself unto (1) Ensem accingere, Stat (2) Accingunt operi, Virg (3) Ut se accingat ... juvene putem ... rum ... Liv

Accingor, gi, ctus pass To be girt, prepared for, or furnished Facious puo ... accingitur ... Virg Magicas accingier artes Id

† Accio, ire, ivi, itum [ex ad, & cio] To fetch, or send for Terent cod habent Lexica, sed ... Auct hinc tamen Accentus

Accio, ire, ivi, itum act [ex ad, & cio] (1) To send for, to call on (2) Met to get ... (1) Is ... accio ... Cic (2) Nisi voluptatem accierit, Cic

Accipiendus, a, um part To be taken, received, or obeyed Vid seq Accipio, No 9

Accipio, ĕre, cepi, ptum act [ex ad, & capio] (1) To take, or receive (2) To undertake (3) To learn (4) To hear of (5) To ... or ... in (6) To ... (7) To ... to entertain (8) To treat ... (9) To ... (10) ... (11) To get, or ... (12) To ... or ... (1) A ... pecuniam accepisti Cic (2) Accepta Rem pub ... Ter (3) Primus magistris accepere artes, Ov (4) Accipe ... Ter (5) Accipiunt animum ... Virg (6) Accipe injuriam, ... contumeliam, detrimentum, dolorem, plagam, Cic ... injuria, clade, &c affectus sunt (7) Nostram nunc accipe mentem, Virg (8) A capite hominem nemo melius, Ter (9) In prima parteparentes ad imperia aeque pareant, *Ter* (10) Imperat ut decumas aptas ab hoc accipiant *Cic* (11) Accipit nomina fortunæ et fratrum, *Mart* (12) Ut tu mihi dubie prætereas esset, si locu... sit recipere eius nomen vellet, *Ter*

Accipiter, tris m [a accipio] (1) *A hawk* (2) Met *An extortioner, a briber* (1) Accipiter rep... sagittat columbis, *Ov* (2) Accipiter pecuniam, *Plaut*

|| Accipitrarius, i m [ex acci piter] *A falconer* Jun

Accipitrina, æ f *The herb hawkweed*, Apul

Accisinus, i m *A drinking, or feigned refusal*, Varr

Accisio, is f ... [ab Acc] n... quidam mulieres *To trip, to* ... Varr

Accisus, a, um part [ex accido] (1) *Cut* ... (2) Met ... *or half dead* ... Accisis crinibus pellit uxorem domum, *Cic* (2) Accisæ ... opes, *Hor* ... 125 (3) Acci... Cumulo Vellierum res *Liv*

Accito, as freq [ex ad, & cito, ...] *To call, or send for often*, Lucr

Accitus, a, um part [ex acci...] *Sent for* Accita Vitellio auxilia, *Tac*

Accitus, us m verb *A sending* ... Accitu ... venit, *Ter* ... An 1 681

Acclamatio, onis f verb *A calling* ... *crying* ... Cic Sometimes *a crying against* ... Id

Acclamito, as freq *To call, or cry often* Plaut Raro occ

Acclamo, as [ex ad & clamo] (1) *To shout, to cry, by way of honour* ... (2) Sometimes *to cry out against* (1) Populus cum ... acclamavit ita esse, *Liv* (2) Id ... *Ter*

Acclinatus, a, um part *Leaning, bent forward* § Acclinatus ... navis exonerabat alvum, *Petr*

Acclinis, e adj (1) *Leaning on, inclining forward* (2) Met *Prone or inclined to* (1) § Arboris acclinis trunco *Virg* (2) Acclinis falsis animus, *Hor*

Acclino, as neut [ex ad, & antiq clino] (1) *To lean, or bend forward* (2) Met *to consent, to incline to* (1) Se acclinavit ad illum, *Ov Met* 5 72. (2) Acclinare ad causam Senatus, *Cic*

Acclivis, e adj [ex ad, & clivus] *Up hill, steep, rising, ascending* Acclivis aditus, *Cæs*

Acclivus, a, um. *Steep* Acclivus limes, *Ov Met* 2 19

Acclivitas, atis f. *A bending upwards, steepness* Pari acclivitate collis nascebatur, *Cæs*

Accola, æ c g *A borderer, one inhabitant* Pastor accola ejus loci, *Liv*

Accolens, tis part *Bordering, neighbouring* Qua sylvestria sunt accolentium, *Plin*

Accolo, ere, ui, act [ex ad, & colo] *To dwell near* Qui Tyberinum accolunt, *Liv*

Accommodate, adv *Aptly, fitly* Accommodate ad veritatem dicere, *Cic* Superl Vivere ad naturam accommodatissime, *Id.*

Accommodatio, onis f verb *A fitting, suiting, fashioning* ... tiarum id inventionem accommodatio, *Cic*

Accommodatus, a, um part & ... or, comp, ssimus, sup (1) *Fitted, designed for.* (2) *Proper, able* (3) *Like* (1) § Accommodata ad persuadendum oratio, *Cic* (2) § Res alendo surculo accommodatissimæ, *Col* = Reliqua ... opportuniora, & accommodatiora, *Cæs* B G ... 13 (3) Accommodatio ... plandum ... *Plin*

Accommodo, as act [ex ad, & commodo] (1) *To fit, or put to, or suit* (2) *To apply* (3) *To suit* (4) *To lend* (5) *To adhere to* (1) Lateri Argivum accommodat ensem, *Virg* (2) Accommodare curam ... *Quint* (3) In plures causas accommodari potest, *Cic* (4) Aptagite, inquit, aures accommodate, *Hor* (5) Quod se Sejuro non accommodassent, *Suet* lib 18

Accommodor, ari, pass *To be suited,* &c

Accommodus, a, um Idem quod accommodatus *Apt, suitable*, Vir

Accredo, ere, didi, itum act *To give credit to, to consent to, to believe* Tibi nos accredere par est *Hor*

† Accreduas, unt *pro* accredas, *Plaut*

Accrementum, i n verbo *An increase, a growth* Plin 9 2

Accresco, ere, vi, tum neut [ex ad, & cresco] (1) *To grow* (2) Met *To increase* (1) Jamque pectori usque accrevit [cespes], *Tac* (2) Cum ... accrevit simul [timerium] *Ter*

Accretio, onis f verb *An increasing* ... Accretio, & diminutio luminis, *Cic*

Accubans, tis part (1) *Lying down, or sitting at table* (2) ... (1) § Hæc templi accubans apud Veterum, *Cic* (2) § Theatrum Tarpeio monti accubans, *Id*

Accubatio, (al leg unt Accubitio) onis f verb *A lying down, or sitting at table* Accubatio epularis, *Cic de Sen* 13

Accubitorius, a, um adj *Of sitting down* Accubitoria vestimenta, *Petr*

Accubitus, ûs m verb *A sitting down to table* Plenis hominum tricliniis accubitu, *Plin* Ab

Accubo, are, ui, itum neut [ex ad & cubo] *To sit, or lie by, to lie down at table* Ut deinceps qui accubarent, canerent ad tibiam clarorum virorum laudes, *Cic*

Accudo, ere, di, sum, act [ex ad, & cudo] *To coin more* Extat apud Plaut Met Tres minas accudere possum, ut viginti fiant Raro occ

Accumbo, ere, ui, itum neut [ex ad, & cumbo] *To lie down, to sit down at meat* Both these significations are exemplified by Plautus in one sentence ... *ubi lectus est stratus*

Accumulatio, onis f verb *An heaping*, Plin

Accumulatissime, sup adv *Most abundantly, most liberally*, ad Her 1 1 sub fin

Accumulator, oris m verb *An heaper up* Opum accumulator, *Tac*

Accumulatus, a um part. *Heaped up, stored*, Plin

Accumulo, as denom [ab ad, & cumulus] (1) *To add one heap to another* (2) Met *To multiply, or increase* (1) = [Pecuniæ acervos] auget, addit, accumulat, *Cic* (2) Accumulat curas filia parva meas, *Ov* ¶ Accumulare terram, *To heap up earth at the roots of trees*, Plin § Accumulare animam donis, *Vir*

Accurate, adv qual ius, comp issime, sup (1) *Cautiously* (2) *Diligently* (3) *Neatly* (1) Saltem accurate, ut metui videar, *Ter* (2) Accurate tenent, accurateque defendunt, *Cic.* (3) Accuratius ædificare, *Cæs* (2) Accuratissime tutari causam, *Cic*

Accuratus, a, um part *vel potius* adj or, comp ssimus sup (1) *Performed with care* (2) *Choice, accurate, exquisite* (1) Accurata oratio, *Cic* (2) Delectum accuratiorem habere, *Liv* Accuratissima diligentia *Cic*

Accuratio, onis f verb *Carefulness, diligence* In componendis rebus, mira accuratio, *Cic*

Accuro, as act *To take care of, to look to* Omnes res accuro, *Ter* Accurate hospites *Pl*

Accurritur, impers Accurritur ab universis, *They all run*, Liv

Accurro, ere, ri, sum neut *To run to* Accurrit Romam dictator, *Cic* § Accurrere ad aliquem *Ter* In Tusculanum, *Cic* Trepidus, *Stat* huc, *Ter*

Accursus, us m verb *A running to, a concourse* Accursu multitudinis protectus est, *Tac*

Accusabilis, e adj *To be accused, blame worthy* § Quorum omnium accusabilis est turpitudo, *Cic*

Accusandus, a, um part *To be accused*, Cic

Accusans, tis part *Accusing*, Cic

Accusatio, onis f verb *An accusation, an accusing, or blaming* ♓ Ex accusatione, & defensione constat ... judiciorum, *Cic*

|| Accusativus casus, qui, & Incusativus vel Causativus, quin & Laudativus dicitur, ut per quem vel accusamus, vel laudamus *The accusative case* G am

Accusator, oris m verb *An accuser* Accusator acer & acerbus, *Cic*

Accusatorie, adv qual *With the anger, or mind, of an accuser* ♓ Ne quis hoc me magis accusatorie quam libere dixisse arbitretur, *Cic*

Accusatorius, a, um adj *Of, or belonging to an accuser* Non accusatorio animo adductus, *Cic*

Accusatrix, icis f *A female accuser*, Plaut

Accusatus, a, um part *Accused, blamed, impleaded*, Cic

Accuso, as act [ex ad & causa, non (ut Priscianus) a cudo] (1) *To accuse in judgment* (2) *To blame, or reprimand* (1) Certis, propriisque criminibus accusabo, *Cic* (2) ♓ Primum me tibi excuso in eo ipso in quo te accuso, *Id*

* Acedia, æ f *Sloth, negligence*

Aceldama, (Syr) *A field of blood*

† Aceo, ere neut *To be sour*, Cato Hinc Acesco, quod vide

* Acephalus ἀκέφαλος *Without head, or beginning* Versus acephali, *Hermog* ex *Plin*

ACER, acris, n *A maple-tree* At nuper vile fuistis acer, *Ov*

ACER, acris, e adj (1) *Sharp, sour* (2) Met *courageous, brisk* (1) = Acer, & acidus succus, *Vitr* Acri aceto linito, *Col* (2) Armis acer, *Virg* Cursu acer, *Id* † Legitur, & Acris in masc ap Enn unde In comp Acrior, us Acriore anibi tu exasperant Ex Acerrimus i, um sup Acerrimum acetum, *Cels*

Acerbe, adv qual ius, comp issime, sup *Sharply, severely, cruelly, bitterly*, Cic frequenter

Acerbitas, atis f (1) *Sharpness, sourness* (2) Met *Grief, anguish, sorrow, affliction*. In proprio sensu raro, translato autem ubique fere occurrit apud Cic

|| Acerbitudo, inis *Gell* Id quod acerbitas

Acerbo, as act (1) *To aggravate, or heighten* (2) *To enrage* (1) Formidine crimen acerbat, *Virg* (2) Vulnus acerbat, *Claud*

ACERBUS, a, um adj (1) *Unripe, sour* (2) Met *Sad* (3) *Vexatious, satirical* (4) *Pinching* (5) *Harsh, unpleasant* (1) Uva acerba ... (2) Funus acerbum, *Virg* ... 6 429 (3) ... Hostes acerbi, ... (5) ... *Hor.* ... acerbus horror, *Luc*

Acernus, a, um adj [ab acer] *Of maple* ... Trabes acerna, *Vir*

Acerosus, a, um adj [ex acus, ...] *Full of chaff, or stuff* ... Far ... cerosum, *Luc*

ACERRA, æ f *A censer* Plena ... supplex veneratur acerra, *Virg*

Acerrime, adv sup [ab acriter] *Very sharply, vigorously*, Cic

* Acersecomes, æ, m ἀκερσεκόμης *with long hair, unshorn, an epithet of Apollo* Also ... Sic Domino tribunal ... accersecomes, *Juv*

Acervalis, e adj *Heaped up together* Argumentationes acervales ... Chrysippi σωρείτας, *Cic de Div* 2 17 v Sorites

Acervatim adv (1) *By heaps* (2) Met *Promiscuously, without order* (1) Acervatim mortes accumulat, *Lucr* l 6 (2) Acervatim reliqua dicam, *Cic* pro *Cluent*

Acervatio onis f verb *An heaping up, laying one thing upon another* ♓ Cibus utilissimus simplex, acervatio saporum pestifera, *Plin* ab

Acervo, as act (1) *To heap up* (2) Met *To lay or heap together* (1) Octoginta simul acervat bulbos, *Plin* (2) Plura undique acervabimus, *Id*

Acervor, aris pass *To be heaped up* Nec verbi modo, sed sensus acervantur, *Quint*

ACERVUS, i m (1) *An heap* (2) Met *An accumulation* (1) Non æris acervus, & auri *Hor* (2) Quantos acervos facinorum reperietis? *Cic*

Acesco, ere incept [ab aceo] *To grow sour* Quodcunque infundis acescit, *Hor*

Acetas, is f *Green shoots, or vine-tops*, Plin

Acetabulum, i n [ab acetum] *A saucer, or little dish*, Plin *A measure of two ounces and an half*, Cels *In man the joint of bones*, Plin 28. 11 *The cley in lobsters, crabs, and other fishes of that sort*, Plin 9 30 Also *juglers cups, or boxes*, Sen 1 6. Item *The herb pennywort*, Calep ... test.

Acetaria, orum pl n *A sallet* In acetariis sumpta (portulaca) stomachum corroborat, *Plin* 20 20 Also *in acea ...*, Id

Acetum, i n [ab acer] (1) *Vinegar* (2) Met *Raillery, sharpness* (3) *Gall or indignation* (1) Acre potet acetum, *Hor* (2) Italo perfusus aceto, *Id* (3) Nunc experiar sitne acetum tibi cor acre in pectore *Plaut* Al legunt *peracre*.

Achates, æ m *Achat, or Agat*, Plin 37 10

* Acheron, & acheruns, tis, m. [ἄχος ... ῥέω] (1) *One of the rivers in hell, but often put for the* (2) *Grave*, (3) *Hell*, (4) *Perdition, destruction* (1) Acherontis adulti portitor, *Luc* (2) Corpora terræ mandemus, qui solus honos Acheronte sub imo est, *Virg* (3) Perrupit Acheronta Herculeus labor, *Hor* (4) Ulmorum Acheruns, *Plaut*

Acherontius, a, um part *Of Acheron* Regiones colere mavellem Acheronticas, *Id*

* Achetæ, arum, pl f *A sort of grashoppers*, Plin 11 26

Achilleum, i n *A sort of spunge*, Plin 9 45

Achras, ădis f *A wild pear-tree* Col

* Achne, es f ἄχνη, *Chaff, dew, froth* &c [illegible] fed nullo, quod sciam, idoneo auctore

|| Acicŭla, æ, f dim [ab acus] *A pin, or small needle* Idoneus auct desideratur

Acĭdulus, a, um adj dim *Somewhat sour* or *tart*, Plin

Acĭdus, a, um part [ab aceo] *Sour* (1) Sive natura (2) Sive [illegible] (1) § Nonnullæ acidæ venæ f[ontium], *Vitr* (2) Vinum acidum, *Pl* 10 70

ACIES, ei f (1) *The sharp edge, or point of any thing* (2) *The sight of the eye* (3) *An army in battle array* (4) *A battalion* (5) *A battle* (6) Met *Sharpness of any thing* (7) *Quickness of apprehension* (1) Acies falcis, [illegible] ferri *Plin* securium, *Cic* [illegible] (2) [illegible] ut fugiat aciem *Cic* (3) Acies est instructa [illegible] cohortium, [illegible] (4) Acie in prœlia [illegible] (5) Quem exitum [illegible] habitura est nemo divinare potest, *Cic* (6) Hebescere patimur aciem horum auctoritatis *Id* (7) Intelligentia est mentis acies, *Hor*

Acin[ac]es, is n *A Persian* [illegible] *scimitar* Medus [illegible]

Acin[ac]ŭlus, a, um adj (1) [illegible] (2) or *the kernels* (1) Columnini [illegible] *Plin* (2) Alii [illegible] men acinosum, *Id*

Acinus, i m & Acinum, i n ut & Acina, æ f *The stone of grapes, elder berries,* &c Vina generi [illegible] *Col* Acina arida [illegible] *Cic* Ebriosi acina, *Cat* [illegible] ep 27

Acipenser, ĕris m, & Acipensis, is m *A noble fish, taken commonly for a sturgeon* Apud antiquos piscis nobilissimus habitus [illegible]

Aclis, idis f *A kind of short dart*, Vir

* Acœtus, ἄκοιτος, sine lecto, *Without bed, or bedding*, Plin

* Acolastus, i m *Incorrigible, unruly*, Gell Lat Effrenis

|| Acoluthi, *vel* Acolythi, orum, [illegible] *Deacons waiting on priests*

ACONITUM, i n [ab ἀκόνη, cautes] *Wolfsbane, monkshood* [illegible] *the description in Plin* l 27 c 3 *It is used also for poison* Miscent aconita novercæ, *Ov*

* Acopa, orum n Plin *Medicines against weariness* Leg &

* Acopum, i n [ab α priv & κόπος, labor] *Plin*

Acor, ōris m [ab aceo] *Sharpness, sourness*, Quint

Acorum, i n & Acorus, i m *A sweet cane*, or, as some, *the herb galingale*, Plin

Acquiesco, ĕre, ēvi, ētum neut [ex ad, & quiesco] (1) *To be easy in bed* (2) Met *To delight in* (3) *To assent, or be satisfied with* (4) *To be eased* (1) Desiderato acquiescimus lecto, *Catull* (2) Senes in adolescentium charitate acquiescimus, *Cic* (3) Qui hoc d versorio sermonis libenter acquiturum te esse dicebas, *Id* (4) Lectis tuis literis aliquantum acquievi, *Id*, § Absolute In re aliqua vel homine, *Cic* Alicui rei, acquiescens spei blandæ, *Sen*

Acquiro, ĕre, sivi, situm act [ex ad, & quæro] *To get, purchase, or obtain, either* (1) *good, or* (2) *ill* (3) *To add* (1) Acquirere amicos, dignitatem, fidem, gratias, [illegible], *Cic* vires, *Vir* studia vulgi, *Tac* (2) inimicitias, *Plaut* (3) Ad gloriam aliquid acquirere, *Cic*

Acquiror, i, situs pass *To be obtained, or added*, Plin

Acredŭla, æ f *A wood-lark, or, as some, a nightingal*, Cic

Acrimōnia, æ f [ab acer] (1) *Sharpness, soreness* (2) Met *Earnestness, vehemence* (3) *Liveliness, briskness* (1) Si ulcus acrimoniam ejus non ferat, *Cato* (2) Licentius [illegible] acrimoniæ habere, *Cic* (3) ♃ Convenit in vultu pudorem, & acrimoniam esse, *Cic*

Acrior us comp *Sharper, sowrer* *Vid* Acer

Acriter, acrius, acerrime adv [ab acer] (1) *Valiantly, stoutly* (2) *Earnestly, sharply* (3) *Curiously* (4) *Deeply, intensely* (5) *Sorely* (6) *Stiffly* (1) Acriter ostenderet [illegible] mortis, *Cic* (2) Acriter dixerat accusator, *Id* (3) Acerrime scripta emendare, *Plin* (4) Acriter cogitare, *Cic* (5) Acerrime [illegible] cadere, *Id* (6) Acriter oculis solem intueri, *Id*

Acritūdo, inis f [ex acer] *Sharpness*, Vitr

* Acroāma, ătis n [ἀκρόαμα,] [illegible] (1) *An interlude* [illegible] *a consort of music* (2) *A[n] [illegible]* (1) Festivum acroama, *Cic* Idem [illegible] Archia [illegible] de Themistocle (2) = Acroamata, & histriones, *Sic* in *Ag* 71 ♃ — Hic ipse ludius [illegible] solum spectator sed actor, & acroama, *Cic* [illegible]

* Acroăsis, is f *An audience*, Cic

* Acrostichis, is f *An acrostick*

* Acroterium, i n ἀκρωτήριον *The extremity of any thing, as the [illegible] ends, toes, pinnacles, [illegible] ments of buildings, the trimming or garniture of ships*, Vitr

* Acta, æ f *A shore, or place [illegible]* Vir Æn 5 613

Acta, ōrum, plur n [ex ago] (1) *Acts* (2) *Great exploits* (3) *Common pleas* (4) *Chronicles* (5) *Journals, registers, or [illegible] of the common-council* (1) Vitæ quæ [illegible] ritis acta meæ, *Ov* (2) Condere Cæsaris acta *Id* (3) Armorumque decus præcedet fortibus actis, *Cic* (4) Quam longi temporis acta canam, *Ov* (5) Non diurna actorum scriptura reperio, [illegible] alia diurnis urbis actis mandantur, *Id*

Actio, ōnis f verb [ex ago] (1) *An action, or operation* (2) *Acting, as of a play* (3) *An action at law, a process* (4) *The action of an orator* (1) — Actio quam vulgo dicimus operationem, *Cic* (2) Actio fabulæ, *Id* (3) Actio est in auctorem præsentem his verbis, &c *Id* Dare actionem, *Id* Habere actionem, *Id* postulare, *Id* (4) Dominatur actio in dicendo, *Cic*

Actĭto, as freq [ab ago] *To plead, to act* Pontidius multas causas actitavit, *Cic* Raro occ

Active, adv *Actively*, Gram

Actīvus, a, um adj Quint *Quick, active* || Vox activa, *The active voice* Gram

Actor, ōris m verb [ex ago] (1) *An actor, agent, or doer* (2) *A bailiff, or comptroller* (3) *An actor in a play* (4) *A pleader at the bar* (1) Auctor, & actor illarum rerum fuerat, *Cic* (2) Col 1 7 (3) In theatro malos actores perpeti, *Cic* (4) Actor causarum mediocris, *Id*

Actuariŏlum, i n dim *ab*

Actuarium, i n *A pinnace, a small barge*, Cic *Vide* Actuarius, a, um

Actuarius, i m *A notary, or clerk*, Suet Cæs 55

Actuarius, a, um adj *Light, nimble*. Actuariæ naves, *Cæs* Actuaria navigia, *Id* *Pinnaces, fly-boats*

Actum est, imperf [ab ago] *All is over, [illegible], undone* § Absolute Actum est, siquidem hæc vera prædicat, *Ter* Actum de isto est, *Cic* Item in alio sensu cum [illegible] & præp *Cum* Bene actum est mecum tecum secum, cum patre, *Id*, &c *[illegible]*

Actuōse, adv qual *Earnestly, actively* Non actuose, [illegible]

Actuōsus, a, um adj [ex actus] or comp *Active, brisk* [illegible] Virtus actuosa, *Cic* de *N D* = Animi mobilitas, & actuosior, *Sen* ♃ Quietus

Actus, a, um part [ex ago] (1) *Done* (2) *Led* (3) *Driven* (4) *Used* (5) *Often, or driven* (6) *[illegible]* (1) Actis his rebus *Cic* (2) Honestissime acta vita, *Id* (3) Ventis [illegible], *Vir* (4) Situs [illegible] omnibus ventis, *Vir* (5) Actus in parietes palus, *Col* (6) Rems [illegible], *Cic*

Actus, us m verb *An act, or deed*, (1) *Voice, or* (2) *Act* (3) *An act of a play* (4) *Motion* (5) *Leading* (6) *A road* (7) *A measure of land* [illegible] 120 *foot square* (8) *[illegible] for an [illegible]* (1) Nec solum in rectis [illegible] (2) Primis actibus, *Cic* (3) Fabulæ actus [illegible] compositæ, *Quint* (4) Fabulæ rerum eventorumque habet varios actus *Cic* (5) Actus forensis, *Quint* (6) Ap JCC (7) *Varro* (8) Secundum [illegible] Servius alter, sed non est [illegible]

Actūtum, adv [ab actu] *Quickly, presently, by and by* Aperite aliquis actutum ostium, *Ter*

Acŭleātus, a, um adj [ab aculeus] (1) *Having a sting, a prickle or sharp point* (2) Met *Biting, sharp* (1) De herbis, foliis, & seminibus aculeatis consule Plin l 10 32 & l 11 5 (2) Aculeatæ [illegible] literæ, *Cic*

Acŭleolus, i m dim *A little sting, or sharp point*, Mart 8 41 [illegible] aliqui legunt *ab*

Acŭleus, i m (1) *A sting* (2) *A prickle, as in thorns, [illegible], hedgehogs,* &c (3) Met *Sharpness, sourness, piercing, biting* (1) Nec pas aculeis uti videmus, *Cic* (2) Væ aculeatus, *Cic* (3) Aculei disputandi, severitatis, solicitudinum domesticarum, *Cic*

Acūmen, inis n verb [ab acuo] (1) *The point or edge of any thing* (2) Met *Sharpness* (3) *Cunning* (4) *Smartness* (5) *Subtilty* (6) *Quickness of relish* (1) Alia acumine excavant, *Plin* 10 71 (2) Epicurus sine acumine ullo, *Cic* (3) Nota refert meretricis acumina, *Hor* (4) Sub acumen styli subeunt necesse est, *Cic* (5) Acumen dialecticorum, *Id* (6) Acumen saporis, *Plin* 14 20 Hinc

Acūmĭnātus, a, um adj *Pointed, sharp* Acuminatum lura cornu, *Pl* 18 35

Acuens, tis part *Whetting, sharpening*, Cic *ab*

Acuo, ĕre, i, tum denom [ex acus] (1) *To whet* (2) *To point* (3) Met *To improve* (4) *To provoke* (1) Quoties falcem acueris pelle aciem detergito, *Col* (2) Acuere sagittas cote, *Hor* (3) Illos fatetas acuet, *Ter* (4) Ad crudelitatem te acuet oratio, *Cic*

|| Acupictor, *A worker with a needle*, Litt Unde non dicit

|| Acupictus, *Worked with a needle* Litt qua auct ipse viderit. ‡ Acu pictus

|| Acupingo, *To embroider*, Litt pro quo citat Ov sed potius ille divise scribere, prout habent opt Edd

Ăcus, ĕris n [ἄχυρον, ἄχος] *Chaff*, Vir pro quo etiam legitur

Acus, is f *Chaff* Durissimæ acus rejecta separatæque erunt, *Col*,

Ăcus, us f [ab ἀκίς, cuspis] (1) *A needle* (2) *A bodkin, or crisping pin* (1) Vulnus acu punctum, *Cic* (2) Figitur acu, [illegible] sustinetque comas, *Mart* ¶ Rem acu tetigisti, *Plaut* *You have hit the nail on the head*

Acus, i m *A long smooth fish*, Mart 10 3

Acūte, adv [illegible] comp illime sup *Sharply, [illegible], acutely* Acute respondere cuium [illegible] tractare, acutissime cogitare, *Cic*

Acūtulus, a, um adj dim *Somewhat sharp, [illegible]*, & acutulæ conclusiones, *Cic* *ab*

Acūtus, a, um adj ex part or, comp issimus sup (1) *Made sharp* (2) *Tart* (3) Met *Ingenious* (4) *Acute* [illegible] (5) *Cunning* (6) *Shrill* (7) *Scorching* (1) Cui tela acutus, *Id* (2) Si [illegible] o o (5) ♃ In Athenis homo cum summa [illegible] quam eruditus, *Cic* (4) ♃ Alii acutis morbis, alii tet vetustis medendum, *Cels* (5) Color acutus (6) ♃ Ab acutissimo ad gravissimum sonum, *Cic* (7) Sol acutus, *Hor*

* Acyrologia, ἀκυρολογία, *An impropriety in speech*, [illegible], *Peat*

Ad præp [ex Heb עד] (1) *To*, (2) *Before* (3) *At* (4) *[illegible] partly of* (5) *Until* (6) *For the dative case* (7) *Near to* (8) *Towards* (9) *In* (10) *Against* (11) *After* (12) *For* (13) *Into* (14) *By, according to* (15) *With regard to* (16) *Until, till* (17) *In order for* (18) *For the sake of* (19) *At, or upon* (20) *For an adverb of the same use or with [illegible] which it is joined* (21) *About, no, or less* (1) Mater ad me literas misit, *Cic* (2) Sic agi solet ad judicem, *Id* (3) Ad portam expectare dicunt, *Id* (4) Nihil ad unum equitatum, *Id* (5) Ad lucem dormire, *Id* (6) Ad unum fidem te dabo, *Plaut* (7) Hodie Vettes ad Messanam venit, *Cic* (8) Quasi de improviso respice ad eum, *Ter* (9) Statuæ quæ ad impluvium tuum stant, *Cic* (10) Clypeos ad tela sinistris objiciunt, *Vir* (11) Quid interest utrum nunc veniam an ad decem annos? *Cic* (12) Ut esse ad memoriam sempiternam *Id* (13) Ad hæc mala hoc mihi accedit etiam, *Ter* (14) Ad perpendiculum columnas exigere, *Vitr* (15) Vidi forum comitiumque adornatum ad speciem magnifico ornatu, ad sensum cogitationemque acerbo, & lugubri, *Cic* (16) Ad horam nonam in anchoris expectavit, *Cæs* (17) Quo solitus claudere ad dies festos, ad hospitum adventum, *Cic* (18) Panditur ad nullos janua dura preces, *Prop* (19) Quin ad diem veniam, *Cic* (20) Ad fidem assimare, *Liv* fideliter, *Liv* Ad postremum, summum, ad plenum, ad quid, *h e* postremo, summatim, plene, quare (21) Quasi talenta ad XV coegi, *Ter* ☞ Ad in composition commonly signifies nearness, as adeo, adjicio, adjungo, &c *sometimes increase, as* adamo, adbibo Ad in composition changes its d into the first letter of the same, beginning with c, f, g, l, n, p, r, s, t, *as* accurro,

accurro, afficio, aggero, &c But [illegible] *double the* [illegible] [illegible], accurro, adeo, &c

Adactio, ōnis, f [ab adigo] *A forcing*, [illegible] Adactio juris jurandi, *L* 22 38

Adactus, a, um part [ex adigo] (1) [illegible] (2) Met [illegible] Adactus [illegible] nequit, [illegible] (3) A lacte [illegible] § Tegmen [illegible] 18 & cum acc [illegible] [illegible]

|| Adæquatio, ōnis f verb *An equalling* [illegible]

Adæquatus, a, um part [illegible] Cum familiari nostro est adæquatus *Cic*

Adæque, adv quant *Equally*, [illegible] Adæque miser [illegible]

Adæquo, as act [ex ad, & æquo] *To equalize* [illegible] § Adæquo [illegible] [illegible] Q Fratr 1 6 adæqua [illegible] cum omni [illegible], *Id*

|| Adæstuo, [illegible] verb *The* [illegible], ap JCC

|| Adæro, [illegible] JCC

Adæstuo, as neut [ex ad, & æstuo] *To* [illegible], *or* [illegible] Adæstuat amnis, *Stat*

Adaggĕro, as act [ex ad, & aggero] *To heap, or lay* [illegible] Terram circa arborem adaggerato, *Col*

Adamantinus, [illegible] *A* [illegible] Vetus est [illegible] mes, & n [illegible] bilem in nasum [illegible], *Plaut* [illegible]

|| Adamo, [illegible]

Adamantæus, a, um adj *Hard as adamant* Adamantæus Vulcanum [illegible] 10

Adamantinus, a, um adj *Hard as adamant* [illegible] adamantina *Hor Carm* 1 6

Adamantis, idis f *An herb so called* Plin

Adămo, as act [ex ad, & amo] (1) *To love greatly* (2) *Honey* (1) Firm [illegible] quam adamaverunt pugnaculum [illegible], *Ci* (2) Matres [illegible] tanquam adamaverint, [illegible] *Quint*

ADAMAS, antis m *An hard stone of which Pliny* [illegible] 6 *kind*, [illegible] Solido adamante columnæ, *Vir*

Adăpĕrio, ire, ui, tum act [ex ad, & aperio] (1) *To lay open* (2) *To disclose* (3) *To uncover* (1) Adaperit interanea hominum [illegible], *Plin* (2) Nubes discussæ adaperuere cœlum, *Idem* (3) Adaperire caput, *Val Max* Unde

Adăpertilis, le adj *Which may be opened*, *Ov Trist* 3 11 55

Adăpertus, a, um part Adaperta [illegible], *Col*

Adaquo, as *To water*, *Suet in Galb* 7 *Plin* 17 7

Adāreo, *To be dry*, *Cato de R R* Raro occ

Adauctus, a, um part *Increased* Nostra antiqua duritia adaucta, *Ter*

Adauctus, ūs m verb *An encreasing*, Lucr [illegible]

Adaugeo, ēre, xi, ctum [ex ad, & augeo] act *To aggravate, to enhance, to increase* = Aliis nefarius cumulant, & adaugent *Cic* Adaugere, & extenuare contraria, *Id* Hinc

Adaugesco, incept *To be increased* [illegible] nequ adaugescit quicquam, nec decrescit inde, *Lucr*

Adbibo, ere, itum act [ex ad, & bibo] (1) *To drink hard* (2) Met *To* [illegible] (1) Is ubi adbibit plus paulo, *Te* (2) Adbibe puro pectore verba puer *Hor*

Adcredo, ere, didi, ditum act *To believe* [illegible] Credo [illegible] adcredere possis, *Luc* Vid Accredo

Adcresco, ēre, crēvi neut [ex ad, & cresco] *To be added*, Hist [illegible] Vid Accresco

Addecet impers idem quod [illegible] Decet *It becomes* Probam nihil habere addecet clam viro, *Plaut* Raro occ

Addenseo, ēre, ui, act [ex ad, & denseo] *To close together* Extremi addensent acies, *Vir Æn* 10 [illegible] Raro occ [illegible]

Addensor, [illegible] densitate cœlum [illegible] *To thicken* [illegible] addensari sub [illegible] Raro occ

Addīco, ĕre, xi, ctum act [ex ad, & dico] (1) *To approve* [illegible] (2) *To yield, and* [illegible] (3) [illegible] (4) *To give* [illegible] (5) *To* [illegible] (6) *To* [illegible] (7) Met *To devote, or be* [illegible] (8) *To condemn* (1) Aves semel, atque iterum non addixerunt, *Li* (2) Fundum addicitur [illegible], *Cic* Abdico (3) Amplissima prædia nummo addixit, *Cic* [illegible] (4) Crudeles suos addicere animos, *Ov* (5) Addicit Prætor [illegible] totum tibi, *Plin* (6) Addicitur [illegible] H S DLX &c *Cic* (7) Senatus cui me semper addixi, *Id* (8) Addicere morti, *Id Off* 3 10

Addictio, ōnis f verb *A valuing, or setting to sale*, Cic [illegible]

Addictus, a, um part (1) *Devoted* [illegible] (2) *Very much obliged* (3) *Condemned* (4) *Given in bondage to his creditor* (1) Quantum addictus? *Cic* 3 Off (2) = Nunc tibi addictum, deditum obstrictum habebis, *Id* (3) Qui morti addictus esset *Id* (4) Quint 7 [illegible]

Addisco, ere, didici act [ex ad, & disco] (1) *To learn more* (2) *To* [illegible] (1) Quid quod etiam addiscunt aliquid? *Cic de Sen* (2) addiscis Mile [illegible], *Stat*

Additamentum, i n verb (1) *An addition, or accession* Prætèr nomen nihil est additamenti, *Cic*

Additio, ōnis f verb *An adding*, [illegible] Figurarum additio, & detractio, *Quint* 9 3 Raro occ

Additus, a, um part *Added* Flumen gentibus additum victis, *Hor* ¶ Addito tempore, *Tac* *Sometimes* [illegible] Addito ut, [illegible] *besides* Vide Addo

Addivino, as act [ex ad, & divino] *To conjecture* Plin 35 10 Raro occ

Addo, ere di, itum act [ex ad, & do] (1) *To give over* [illegible] (2) *To add by way* [illegible] (3) *To give* (1) Eis quæ accessere tibi addam dono gratis, *Plaut* (2) Addere in potu, *To put into drink*, Plin [illegible], *To encourage*, *Cic* [illegible] equo *Hor To set spurs to a horse* [illegible], *Ter to fly* [illegible] gradum, *Plin to go faster* in spatia *To go gallop* [illegible] dono, *Pa* *to give over and above* Adde huc, *Liv* Adde quod, *Ov Besides this* (3) Adde manus in vincla meis *Ov* hoc est, *dato* Syntaxin ex adductis auctoribus petis

Addoceo artes, *Hor* 1 1 ep 5. Sunt tamen qui legunt *to doce*

Addŭbitātus, a, um, part *Doubted* Raro occ Legitur apud Cic [illegible] Offic c 24

Addŭbito, as neut [ex ad, & dubito] *To be in some doubt* Addubito quid potius, aut quomodo dicam, *Cic in Orat* c 10

Adduco, ĕre, xi, ctum act [ex ad, & duco] (1) *To lead unto*, (2) Met *To prevail with*, *to engage, or persuade, to induce* (3) [*of things*] *To bring* (4) *To* [illegible], *or draw closer* (5) *To* [illegible] (6) *To* [illegible] (1) Ad prandium me adduxit *Ter* (2) Hunc ad arbitrium meum non potui adducere, *Cic* (3) Adducere rem ad minus *Ter* (4) Adducere [illegible], habenas, *Vo* [illegible] (5) Ad lacit [illegible] (6) Macros adducerit [illegible] Prater [illegible] § Prater [illegible] [illegible] sæpe [illegible] cum [illegible], vel *in*, in [illegible] secund & [illegible]

Adducor, i, ctus [illegible] *To be* [illegible], or *brought*, *To be induced*, &c [illegible] Hinc

Adductus, a, um part *Brought*, [illegible], *constrained*, &c Vid Adduco

Adĕdo, ĕre, edi, ēsum, ēdi, ēsum, [illegible] [ex ad, & edo] *To devour, or eat* [illegible] Favos [illegible] adedit [illegible], *Virg Georg* 4 242 Raro occ

Ademptio, ōnis f verb [ex adimo] *A taking away* Ademptio civitatis *Cic* [illegible]

Ademptus, a, um part (1) *Taken away* (2) *Lost* (3) *Dead* (1) Conditio mortis adempta est, *Virg* (2) Lumen ademptum, *Id* (3) Ademptus Hector, *Hor*

Adeo, adv quant *vel potius intent* (1) *So* (2) *To that* [illegible] (3) *And therefore* (4) *Much more* (5) *At this time* (6) *Very much* (7) *Indeed* (8) *In so much that* (9) Atque adeo, *but rather, or more* (10) Adeo non *So far from* (1) Adeo mihi invitus est Lepidus, *Cic* (2) Adeo res redit, *Ter* (3) Propera adeo puerum tollere, *Id* (4) Superiorum quoque, adeo & qualium impatientissimus, *Tac* (5) Atque adeo longum est nos expectare, *Id* (6) Nec me adeo fallit, *Vir* (7) Neque adeo injuria, *Ter* (8) Adeo ut spectare omnes postea [illegible], *Pl* (9) [illegible] uteque adeo in [illegible] dictis, *Id* (10) Adeo non fugere quent, *Plin*

Adĕo, ire, ivi & ii, itum neut [ex ad, & eo] (1) *To go to* (2) *To come to* (3) *To address to* (4) *To undergo* (5) *To be exalted* [illegible] (6) *To go upon*, or *enter* [illegible] (1) Tribunum aliquem censeo adeant (2) Adi ad me vicissim, *Plaut* (3) Moris tum erat quinquam præsentem scripto adire, *Tac* [illegible] 4 (4) Adire discrimen capitis, *Ter* (5) Tam, qui sidera adibam, *Vir* (6) Causas, & publicas, & privatas, adire cœpimus, *Ci*

Adeor, iri, itus pass *To be gone unto, undergone*, &c *It is scarcely read but in the third persons* Ad quos sic adibatur, *Cic* Periculi adeunt in prælis, *Id*

Adeps, ipis m & f sed sæpius m [ab adipiscor, q adeptus, cum sit extremum] *Fat, grease, tallow* ¶ Adipes tenuare, *Quint To make leaner* Quomodo adipem [illegible] *Plin* [illegible] adipem, se bum, & pingue [illegible] 11

37 *Cæteri tamen his voces sine* [illegible] confusum

Adeptio, ōnis f verb [ex adipiscor] *A getting, or acquisition* Depulsio mali, & adeptio boni, *Cic* 2 de *Fin* 11

Adeptus, a, um part [ex adipiscor] (1) *Having got, or gained*, or (2) *Come to* [illegible] (1) Jam multis [illegible] ejus adeptis, *Plin* Arbor vetusta tem adepta, *Col* (2) Palmæ adeptæ, *Ov Trist* 14 el 7 § Regit acc & more Græc gen

Adæquito, as act [ex ad, & equito] *To ride up to* Quo tam proxime adequitasset *L* § Collinæ portæ adequitans Hannibal, *Plin*

Adĕsus, a, um adj ex part (1) *Eaten* (2) Met [illegible] (1) [illegible] *Liv* 1 (2) Adesa pecunia, *Cic*

Adfatim *vide* Affatim
Adfectio } *Vid* { Affectio
Adfectus, } { Affectus,
Adfero } { Affero
Adfirmo, *vid* Affirmo

Adfringo, & adfrango, ere, egi, actum act [ex ad, & frango] *To break, or dash against* § Adfringunt postibus ungues, *Stat Theb* 16 17 *Vid* Affrango Regit acc cum dat

Adgĕmo, ĕre, ui, itum act [ex ad, & gemo] *To groan, or sigh* [illegible], *Ov* [illegible] A gemo

Adgubernans, tis part [q ex adguberno] *Governing, directing* Adgubernante fortuna, *Flo* 2 8 [illegible] § Adgubernans [illegible] pedibus, [illegible], *Id* [illegible] 5 16 Raro occ

Adhæreo, ere, si, sum neut [ex ad, & hæreo] *To stick to, to keep close to* Lateri adhærere, *Li* *To sit on one's skirts* In me omnia tela adhæserunt, *Cic* § Adhærere lateri, in aliqua re, *Cic* ad [illegible], & subter caudam, *Cic*

Adhæresco, ĕre idem quod Adhæreo, *Cic* Synt quoque eadem

|| Adhæse adv *Stammeringly*, Gell [illegible] Titubanter

Adhæsio, ōnis f verb *A conplying, or joining* Adhæsiones inter se, *Cic* [illegible] de *Fin* c 6 Raro occ

Adhæsus, us, m verb *ad* Membrorum adhæsus, *Lucr* Raro occ

Adhālo, as act [ex ad, & halo] *To breath upon*, *Plin* Raro occ

Adhāmo, as denom [ex ad, & hamus] *To fish for* Met *To hook to* [illegible] Adhamare honores, *Cic* Raro occ

Adhibendus, a, um part *To be* [illegible], &c Adhibendi est præparatio, *Cic*

Adhibeo, ēre, ui, itum act [ex ad, & habeo] Jam de personis quam [illegible] (1) *To call, or send for* (2) *To admit* (3) *To use, or apply* (1) Adhibere medicum *Cic* (2) Principes civitatis adhibebat, *Id* (3) Manus medicas ad vulnera, *Vir* ☞ *The signification of this verb often depends on the following noun, as* Adhibere auxilium, *Cic To help* blanditias, *Ov To flatter* cibum, & potum, *Cic To eat and drink* consolationem, *Id To comfort* crudelitatem, *Id To be cruel* consuetudinem, *Id To accustom* So Cicero has contentionem, curationem, diligentiam, delectum, fidem, fraudem, calumniam, *and many others* § Regit acc cum dat vel vice ejus adv loci, sæpe etiam alt acc cum præp *Ad*, vel abl cum *In*

Adhibeor, eri, itus pass *To be called, or sent for, to be applied*, &c

Cum

Cum ad amici pericula depellenda adhiberer, *Cic*

Adhibitus, a, um part *Used, mixed* &c Adhibita est an ei re summa a nobis moderatio *Cic*

Adhinnio, ire, ivi, itum neut [ex ad, & hinnio] (1) *To neigh after* (2) Met *To exult*, or ep... (1) § Equus visæ semper adhinnit equæ *Ov* (2) Sic ad hanc orationem adhinnit, *Cic*

Adhorresco, ĕre, ui neut *To ... at* Flavis Tiberinus ad horruit undis *Ov* *Nisi forte lego* ... adhorruit Raro occ

Adhortatio, ōnis f verb *Counsel* or *persuasion* Omissi nostra adhortatione *Cic*

Adhortator, ōris m verb *An encourager* Adhortator operis, *Liv* 2 58

Adhortor, āris dep [ex ad, & hortor] *To counsel, advise*, or *encourage* Locus ipse ad bellum faciendum adhortatur, *Cic*

Adhuc, adv [ex ad, & huc] (1) *Hitherto* (2) *As yet* (3) *Besides* (1) Adhuc tranquilla res est, *Ter* (2) Alto adhuc meridie, *Plin* (3) Nisi quid adhuc vultis, *Cic*

Adjăceo, ēre, neut [ex ad, & jaceo] *To be contiguous*, or *border upon* Tuscus ager Romano adjacet, *Liv* Adjacere mari, *C Nep*

* Adiantum, i n *The herb maidenhair*

Adjectio, ōnis f verb [ex adjicio] *An addition*, or *augmentation* Res Romana adjectione populi Albani aucta est *Liv*

Adjectivus, a, um adj *Added*, or *adjoined to* adjunct Adjectivum Græci ἐπίθετον vocant, *Macr* Nomen adjectivum, *a Noun adjective*, ap Gram

Adjectus, ūs m verb *A putting to*, ... ✱ Cum eorum adjectus, aut exemptus, *Vitr* 9 9

Adjectus, a, um part [ab adjicio] *Added*, or *put to* § Britanni adjecti imperio, *Hor*

Adigo, ĕre, ēgi, actum act [ex ad, & ago] (1) *To drive* (2) *To bring to* (3) Met. *To force* (1) Ad ligere oves, *Plaut* (2) Dum adiguntur naves, *Tac* (3) Vulnus per galeam adegit, *Id* Met Tu, homo, adiges me ad insaniam, *Ter*

Adigor, i, actus pass. *To be driven, forced*, &c

Adjicialis cœna, [quod se adjiceretur publicæ lætitiæ, vel potius, quod multa ultra justi ferculi adjicerentur] *A noble entertainment, a regale*, or *splendid supper*, Plin

Adjicio, ĕre, ēci, ectum act [ex ad, & jacio] (1) *To cast unto* (2) *To add* (3) Met *To apply* (4) *To cast upon* (1) Longius aberant quam quo telum adjici posset, *Cæs* 2 B G (2) Adjicere exabundanti, *Quint* (3) Adjicere animum, *Ter* (4) Oculum hæreditati adjecit, *Cic* *He coveted it*

Adimo, ĕre, ēmi, emptum act.[ex ad & emo] (1) *To take away* (2) *To free from* (3) *To keep from* (1) § Hanc nisi mors mihi adimet nemo, *Ter* (2) Adimis leto, *Hor* (3) Illi aditum litoris Syracusani ademerunt, *Cic*

Adimpleo, ēre, ēvi, tum act *To fill*, *Plin* Raro occ

Adindo, ĕre act *To put in* Subscudes ligneas adindito, *Cato*

† Adinstar, idem quod Instar

Adinvenio, ire, i, tum act *To invent*, or *contrive* Unde

Adinventus, a, um part *Invented*, *Cic*

Adipātum, i n [ab adeps] *Fat* ... Fervent adipata veneno, *Juv*

Adipiscor, i, adeptus comm (1) *To get, to obtain* (2) *To arrive at* (3) *To overtake* (4) *To be attained* (1) Adipisci honores, *Cic* (2) Senectutem, *Id* (3) *Plaut* Epid (4) Non ætate, verum ingenio adipiscitur sapientia, *Plaut*

* Adipsos, [ab α priv & δίψα sitis quod sitim sedet] ... *Plin* *Also a kind of green palm-tree, of the smell of a quince*, Id

† Aditio ōnis f verb *A going to*, Plaut ↓ Aditus

Aditūrus, a, um part [ex adeo] Epulas aditurus eidem, *Ov*

Aditur, Aditum est imp *They go to, they went to* Sol aditus ait, *Ov* ...

Aditus, a, um part *Gone to*

Aditus, ūs m verb (1) *A way*, or *passage* (2) *An access*, or *recourse to* (3) *An avenue* (4) Met *a method, way* or *means* (1) Duo sunt aditus in Ciliciam ex Syria, *Cic* (2) Difficilior ad Antonium aditus esse dicitur *Id* (3) Ex omni aditu, *Id* (4) Non est ei aditus ad honores, *Id*

Adjudico, as act [ex ad, & judico] (1) *To give sentence in behalf of* (2) Met *To attribute*, or *impute* (3) *To determine*, or *resolve* (1) Populo Romano adjudicabit, *Cic* (2) Mihi salutem imperii adjudicant, *Id* (3) Adjudicato cum utro hanc noctem sies, *Plaut*

Adjŭgo, as denom [ex ad, & jugum] *To join*, or *couple together* Adjugare vitem, *Plin*

Adjūmentum, i n verb [ex adjuvo] *Help, aid, assistance, furtherance* Nihil aderit adjumenti ad pulchritudinem, *Ter* Adjumento esse in causis, *Cic*

Adjunctio, ōnis f verb (1) *A conjunction* (2) *An addition* (1) Nulla potest esse hominum ad hominem natura adjunctio, *Cic* (2) ✱ Sunt quædam nece situdines cum adjunctione, quædam simplices, *Id*

Adjunctor, ōris m verb *He who joins* Ille Galliæ ulterioris adjunctor, *Cic*

Adjunctum, voc dialect *An adjunct, something applied to a subject*, Gell.

Adjunctus, a, um part [ab adjungor] (1) *Yoked, joined* (2) *Annexed* (3) *Adjacent, contiguous* (4) Adj *Nearly related* (1) Adjunctæ aves, *Ov* (2) Metus ad gratiam adjunctus, *Cic* (3) ═ Fundo uxoris continentia, prædia, atque adjuncta, *Cic* (4) ═ Adjunctiora causæ & propiora, *Id*

Adjungo, ĕre, xi, ctum act [ex ad, & jungo] (1) *To join to* (2) *To associate* (3) *To apply* (4) *To bring over*, or *reconcile* (5) *To procure* (6) Adjungere se, *To take part with* (7) *To encrease*, or *enlarge* (8) *To take in alliance* (9) *To yoak* (10) *To fasten* (1) Juris scientiam eloquentiæ adjunxit, *Cic* (2) Adjungere se ad aliquem, *Id* (3) animum ad aliquod studium, *Ter* (4) animos hominum ad nostros usus, *Cic* (5) benevolentiam hominum sibi, *Id* (6) se ad causam alterius, *Cic* (7) dignitatem, & decus alicui, *Id* (8) generum, *Virg* (9) tauros aratro, *Tibull* (10) vitem palis, *Id*

† Adjurgium, i n idem quod Jurgium, *Plaut*

† Adjurgo, as *To chide*, Plaut ↓ Objurgo

Adjuro, as [ex ad, & juro] (1) *To swear solemnly* (2) *To adjure*, or *compel another to swear* (1)

Per omnes tibi adjuro deos, *Ter* (2) *Id Dec* ...

Adjutans, tis part *Assisting*, *Ter* ab

Adjūto, as freq [ab adjuvo] *To aid* or *help* Adjutare opor tet, *Ter*

Adjūtor, āris pass *To be helped* Adjutamur enim dubio procul, *Hor*

Adjūtor, ōris m verb [ex adjuvo] ... *a helper* Adjutor his contra patriam inventus est nemo, *Cic* § Adjutor honoris, *Cic* ad aliquid, *Cic* in re aliqua, *Id*

Adjutōrium, i n *Help*, or *succour*

Adjutrix, icis f *She*, or ... *that helpeth* (1) Adjutrices in peccato ... (2) Adjutatio ... adjutrix *Cic*

Adjūtus, a, um part [a adjuvor] *Helped, assisted*, *Ov*

Adjŭvo, as, act [ex ad, & juvo] *To assist*, or *help* Fortes fortuna adjuvat, *Ter*

Adlĭbĕro, *vid* Allibero

‖ Adlectio, ōnis f verb *A choosing of new officers, a recruiting*, Jul Cap &

Adlectus, a, um *Added by choice* Liv

Adlĕvātus, a, um part *Lifted* or *raised up, eased*, Cic

Adlevo *vide* Allevo

Adlocutio ōnis f verb (1) *A discourse* (2) *Speaking kindly to* (1) Mutat personam, vertit adlocutionem, *Plin* (2) Quotidianâ adlocutione operis et at homini ad consolandos suos, ...

Adlubesco, *vid* Allubesco

Adlūdor, ... *To* ... Horum ... defectionem ... existimabit, *Cic* Raro occ

Admetior, iri, mensus dep *To measure out*, *Cic*

Adminiculātus, a, um part *Propped* Vites adminiculatæ fulcis, *Plin*

Adminiculo, as *Col* & *Cato* ap *Varr* sed usitatius

Adminiculor, āris dep *To prop*, or *support*, Cic Met *To aid*, or *assist*, Id

Adminiculum, i n q admanu culum (1) *A prop*, or *stay* (2) Met *A support, aid* (1) Vites claviculis adminicula apprehendunt, *Cic* (2) Hinc partem explorimus nullis adminiculis, *Id*

Administer, tri m (1) *A servant, an officer* (2) *An assistant, a manager* (1) Administri & satellites S Nævii, *Cic* (2) Administri audaciæ, libidinis, cupiditatum alicujus, *Id*

Administra, æ *An assistant female* Administra, & comes virtutis ars, *Cic*

Administratio, ōnis f verb *The management*, or *care of affairs* ...

Administratus, a, um adj *Practical* Quint Raro occ

Administrator, ōris m verb (1) *One that serves, an attendant* (2) *A General of an army* (1) Itaque nec pulchros illos administratores aspiciebat, *Cic* (2) ═ Imperator, & administrator belli, *Id* de Orat

Administro, as denom (1) *To serve up* (2) *To manage* (3) *To rule*, or *govern* (4) *To command* (1) Administrare pocula Jovi, *Cic* (2) omnia mirabiliter, *Id* (3) provinciam, *Id* (4) bellum, *Id*

Admīrābilis, e adj [ex admiror] *Wonderful, admirable*, Cic &c

Admirābilitas, idem quod admiratio, *Cic*

Admirābiliter, adv qual (1) *Wonderfully* (2) *Excellently* (1) Nimis admirabiliter, *Cic Tusc* 36

(2) Mundus consilio admirabiliter administratur *Id*

Admīrātio, ōnis f verb *Wonder, admiration* Cic

* Admirator ōris m verb *An admirer*, Quint Raro occ

Admiror, āris dep [ex ad, & miror] (1) *To wonder* (2) *To value* or *esteem* (1) Dedi ... admiraris, (2) Nec ... datus, nec admiratus ... illum hominis, *Id*

Admisceo, ēre u mistum, et mixtum act [ex ad, & misceo] (1) *To mingle with* (2) Admiscere se, *To meddle with* (1) Deus bonis omnibus mundum explevit, nihil mali admiscuit, *Cic* (2) Ne te admisceas, *Ter*

Admisceor, ēri, mistus, & mixtus pass (1) *To be mingled* (2) *be partaker with* or *concerned in* (1) § Versus admiscentur orationi *Cic* (2) Admisceri ad aliquod consilium *Id*

Admissarius equus, *A stallion*, Plin Item

Admissarius, i m *A whoremaster*, Cic

Admissio ōnis f verb *Admittance* or *access*, Plin jun *Also joining with* Admissura, *Varro*

Admissum, i n subst ex part *A crime*, or *fault* Quod tantum admissum, quæ sit vindicta docebo, *Ov*

Admissura, æ f *The putting together the male and female the time and act of engendring*, Var

Admissus, a um part (1) *Admitted* (2) Ad *Swift, upon the gallop* (1) Irrupisse non admissus videbatur, *Cic* (2) Admisso fugiunt vestigia passu *Ov*

Admistio, *vel* Admixtio, ōnis f verb *mixing or mingling* Cic

Admistus, *vel* Admixtus, a um part [ab admisceor] *Mixed*, or *mingled* § Regit dat vel abl *Cic*

Admitto, ĕre, misi ssum act [ex ad, & mitto] (1) *To admit* (2) *To commit* (3) *To gallop* (4) *To put* (*the male to the female*) (5) *To inoculate*, or *ingraft* (6) *To allow*. (1) Admittere in cubiculum, *Cic*. (2) Delictum in se admittere, *Ter* (3) equum, *Cic* (4) Admittere marem ad conjunctionem (5) Plin 17 18 (6) Si verum admittitis, *Hor*. ¶ Admittunt ... *give a good omen*, Liv

Admittor, i, ssus pass Cic *To be admitted, committed*, &c

Admodum, adv [ex ad, & modus] (1) *Very* (2) *Greatly, very much* (3) *Yes, truly* (4) *For the superlative degree* (5) *As yet, for some time* (1) Admodum anus *Ter* (2) Qui me admodum diligunt, *Cic* (3) Ædes ab eo receptas? Admodum, *Plaut* (4) Per ... plurimas, *Cic* Nuper admodum, *Id* (5) Prætextatus admodum puer, *Flor* ☞ *Invenitur* ... *habere videtur*

Admoneo, ēre, ui, itum act (1) *To put in mind* (2) *To admonish, to warn either by fair, or foul means* (3) *To require* (1) Me locus ipse admonet, *Cic* (2) Amicis sine admonere *Id* Admonere flagello *Col* (3) Admonere aliquem, *Id* § Admonere aliquem aliquâ, de re aliquâ, rei alicujus, ad aliquid, facere, vel ut faciat

Admoneor, ēri, itus pass *To be put in mind, warned*, &c Admonemur multa ostentis, *Cic*

Admonitio, ōnis f verb *Advice, counsel, warning* ¶ Admonitio morbi, *The ... of a distemper*, Plin

Admonitor, ōris m verb *He who adviseth, warns, or admonisheth*, Cic

Admonitum, i n Cic & } *Counsel,*
Admonitus, us m, *Id.* } *advice*

Admonĭtus, a, um part [ab admoneor] *Warned, advertised, admonished* Cic

Admordeo, ēre, di, sum act [ex ad & mordeo] (1) *To bite hard*, or *gnaw* (2) Met *To bite*, or *cheat one* (1) Admorsu signata in tirone cicatrix *Vir* 2 *Geor* 379 (2) Jam admordere hunc mihi libet *Plaut* Raro occ

Admorsus, a, um part *Bitten, gnawed* Brachia admorsa colubris *Prop*

Admotio, ōnis f verb *A ragging, moving* Admotio digitorum, *Ci*

Admotus, a, um part *Applied to, or put upon* Aspide ad corpus admota, *Cic* *Also* adj *Close near, touching*, = Admotus, & continuus, *L*

Admŭtus, ûs m verb *A moving* Plin

Admoveo, ēre, vi tum act [ex ad, & moveo] (1) *To bring to*, or *close* (2) *To put to* (3) *To apply* (4) *To lay upon* (5) *Of a physician, to use the remedial arts* (1) Admovere exercitum ad urbem, *Liv* (2) fasciculum ad nares *Cic* (3) se ad aliquid, *Id* (4) manum nocentibus, *Liv* (5) cruciatum, *Cic* curationem, *Id* medicinam, stimulos *To to meet cure*, &c *Id*

Admoveor, ēri, tus *To be brought*, &c Cruciatus admovebantur, *Cic.*

Admūgio, ire, ivi, itum neut [ex ad, & mugio] *To low, or bellow*, Ov cum dat

Admurmuratio, ōnis f verb *A humming, or murmuring, in sign of approbation*, Cic

Admurmuro, as neu (1) *To murmur at*, or (2) *Hiss at, to shew approbation, or dislike, by an hum* (1) Cic Att 1 8 (2) Id 7 Ver 41

Admūtilo, as act [ex ad, & mutilo] *To lame*, or *maim*, Plaut

Adnascor, *vide* agnascor

Adnātu, *vide* agnati

Adnato, as freq [ab adno] *To swim to* Uni insulæ crocodili non adnatant, *Plin*

Adnāvigo, as act [ex ad, & navigo] *To sail to*, Plin

Adnecto, *vide* Annecto.

Adnĕpos, ōtis m *A great grandchild's grandson*, In Grut inscript sæpe occ

† Adnicto, as *To wink at*, Nav

Adnisus, *vel* adnixus, a, um part [ab adnitor] (1) *Striving*, or *pushing* (2) *Leaning upon* (3) Met *Endeavouring* (1) Cymothoe simul, & Triton adnisus, *Virg* (2) Adnixi hastis, *Id* (3) Patres hoc idem adnisi, *Liv*

Adnoto, *vide* Annoto

Adnubilo, as act *To darken*, or *overcast*, Stat

Adnutrio, ire, ivi, itum act *To nourish near to* Plin Raro occ

† Adobruo ĕre, ui, tum act *To cover over*, Col

Adŏleo, ēre, ui & ēvi, ultum act [ex ad, & oleo, i e cresco] (1) *To grow, or increase* (2) *To worship by burnt offerings* (3) *To burn* (1) Serv ad Adolesco Nº (1) (2) Flammis adolere penates, *Virg* (3) Adolebunt cinnama flammis, *Ov*

Adoleor, ēri pass *To be burnt*, or *sacrificed*, *Plin*

Adŏlescens, tis c g verb [ex adolesco, quod apud antiq sonabat adcresco, teste Festo] *A young man, or woman, till arrived at full growth, but Roman writers use it of persons at 40, as Vossius has observed*

Ădŏlescentia, æ f *The age succeeding childhood, Youth* Studia adolescentiam alunt, *Cic*

Adolescentŭla, æ f dim *A young woman, a damosel* En reliquit filiam adolescentulam, *Ter*

Ădolescentŭlus, i m dim *A youth, a stripling*, Ter Eun 5 4 9

Ădolescenturio, ire, iv neut *To act like a boy* Adolescenturire incipiunt, *Quint* 2 2

Ădolesco, ĕre, evi incept neut (1) *To grow, or increase*, [properly *said of men*,] (2) *but is us'd at large* (3) *To burn, or blaze* (1) Quam petulanti pueritia adolevisset *Cic* (2) Adolescit ratio, cupiditas, *Cic* jus legatorum, auctoritas, lex majestatis, *Ver* *Tac* (3) Adolescunt ignibus aræ, *Vir*

Adopĕrio, ire, ui, tum act [ex ad & operio] *To cover all over*, cujus verbi vix extat exemplum nisi in part pass

Adopertus, a, um part (1) *Hid, covered* (2) *Closed* (1) Æthera adopertus nubibus, *O* (2) Lumina adoperta somno, *Id*

† Adopinor, aris dep *To suppose*, Luci 4 814 vix alibi

Ădoptātissimus a, um sup [ab adoptatus] *Much desired, or long'd for* Lætat ap Cic Ep Fam 1 16 21 Nescio an alibi

Adoptatitius, i m *The son of one adopted* Fest Also *he that is adopted*, Plaut

Ădoptio, ōnis f verb (1) *Adoption, a taking for his child* (2) *A grafting* (1) Jus adoptionis, *Cic* (2) *Plin* 1 16 in proœmio

Adoptivus, a, um adj *Belonging to adoption* Met *Ingrafted.* Cognitis a facris *Cic* Fecit adoptivi nobilitate potens, *Ov*

Ădopto, as act [ex ad, & opto] (1) *To adopt, or take for a son* (2) *To put himself into such an order* (3) *To assume, or take* (4) *To call by one's own name* (5) *To be ingrafted into* (1) Adoptare pro filio, *Plaut* (2) Qui se Cæsaris libertis adoptasset, *Plin* (3) Aliquod tibi nomen adopta, *Mart* (4) Artemisia adoptavit herbam, quæ antea Parthenis vocabatur, *Plin* (5) Facianum ramus adoptet, *Ov*

ĂDOR, ŏris, & oris n [dict ab adurendo] *A fine corn used in sacrifice*, unde, Adorea liba, *Vir* *Fine cakes* Also *course corn*, Hor Serm 2 Sat 6 89

Adŏrātio, ōnis f verb. *Adoration, worship*, Plin 28 2

Ădōrea, æ f *A distribution of corn by way of reward for service done, whence, by a metonymy, it is put for praise or reward* = Gloriam denique ipsam a farris honore adoream appellabant, *Plin.*

Ădōreus, a um adj *Made of fine wheat* Adorea liba, *Vir*

Ădōreum, i n [sc far] *Fine corn*, Plin

Adŏrior, iris, *vel* ĕris, iri, ortus dep [ex ad, & orior] (1) *To assault* (2) *To accost* (3) *To attempt* (1) Ne vis aliqua civitatem adoriretur, *Liv* (2) Adortus est fratrem jurgio apud forum *Ter* (3) Hi dominam Ditis thalamo deducere adorti, *Vir*

Adornātus, a, um part [ab adornor] *Prepared, accoutred* Equos venatui adornatos jussere, *Tac*

Adorno, as act [ex ad, & orno] (1) *To adorn* (2) *To prepare* (3) *To rig, or equip* (4) *To go about a thing* (5) *To set off, or commend* (1) = Composit adornavitque jubam, *Stat* (2) Adornare testium copiam, *Cic* (3) naves, *Cæs* (4) Continuo hæc adornant ut lavent, *Ter* (5) Adornare verbis benefacta, *Plin*

Ădōro, as act. [ex ad, & oro] (1) *To honour* (2) *To adore by prayer, or otherwise* *To use any religious adoration* (3) *To salute* (1) Cytharam a judicibus delatam adoravit Nero *Suet* (2) Ut large Deos adoraret, *Plin* Prece numen adora, *Vir* Affata que deos, & sanctum sydus adorat *Id* (3) Nec decrat adorare vulgum, *Tac*

Adorsus a, um part [ex ado rior, *el*, ut alii, *ab* adordior] *Undertaken, begun*, Ov

Ădortus, i m part [ab adorior] *A setting upon, an accosting* Adortus jurgio fratrem *Ter*

Adploro is act [ex ad, & ploro] *To bewail, or grieve*, Sen cujus part Adplorans, extat apud Hor nescio an alibi

Adpluo, } *vide* { Appluo
Adpolco, } { Appolco
Adprecor, } *vide* { Apprecor
Adprime, } { Apprime

Adremigo as act [ex ad, & remigo] *To row unto* § Cretes portibus suis adremigaverunt, *Flor* 7 3

Adrēpo, ĕre, psi, ptum act [ex ad, & repo] (1) *To creep to, or into* (2) Met *To insinuate or creep into* (1) Ne lacerta quæ adrepere ad columbulas possit, *Plin* (2) § Adrepere ad amicitiam alicujus, *Cic* animis hominum, *Tac* 3 *Ann*

Adsignifico, as act *To signify over and above* Var

Adsitus, a, um part [ex adsero] *Planted by, or near*, Hor

Adsum, es, fui, esse, futurus neut [ex ad, & sum] (1) *To be present* (2) *To come* (3) *To be joined in commission with* (4) *To stay* (5) *To be* (6) *To be added* (7) *To be ready* (8) *To be attentive* (9) *To assist* (10) *To be an advocate in a trial* (11) *To be of good courage* (12) *To be urgent* (1) Imperator non adest ad exercitum, *Plaut* (2) Adest ex Africa, *Id* (3) Adesse judici, *Cic* pro *Quint* 2 (4) Illic adesto, *Plaut* (5) Quis enim modus adsit amori? *Vir* (6) Nihil adeat adjumenti ad pulchritudinem, *Ter* (7) Dona adsunt tibi, *Ter* (8) Adeste cum silentio, *Plaut* (9) Adero tuis rebus difficillimis, *Cic* (10) Patrei liberis suis adest, *Id* (11) *Cic* (12) — aderat, instabat, *Flor* 5 6

Advectio, ōnis f verb [ex adveho] *A bringing, or carrying to*, Plin

Advectitius a, um adj *Brought, or imported, foreign*, Sall

Advecto as freq [ab adveho] *To carry often to*, Tac

Advectus, ûs verb Idem quod Advectio, *Tac*

Advectus, a, um part *Brought, or carried to* ab

Adveho, ĕre, xi, ctum act [ex ad, & veho] (1) *To import, or* (2) *export* *To carry over, or land* (1) Advehere ex India, *Plin* (2) trans mare, *Id* equo, *Cic* navi, *Plin*

Advēlo, as act [ex ad, & velo] *To cover*, Vir

Advena, æ c g [ex ad, & venio] *A stranger, a foreigner, Chiefly, yet as an ad* Advenæ volucres, *Ter* Exercitus advena, *Vir* Gens advena, *Id.*

Advĕnerātus, a, um part *Having worshipped*, Sil ex

Advĕneror, aris dep *To adore, or worship* Adveneror Minervam, *Vir*

Advĕniens tis part *Coming to, flowing in*, Cic ex

Advĕnio ire, vēni, tum neut [ex ad, & venio] (1) *To come to* (2) *To come* (3) *To accrew* (1) Advenire urbem, *Ov* (2) pace *Id* (3) Per me quanta advenit calamitas, *Plaut*

Adventans, tis part [ab advento] *Approaching, coming on*, Cic

Adventitius, a, um adj (1) *Coming by, or from, some other person, or* (2) *thing* (3) *Extraordinary.* (4) *Foreign* (1) Adventitia pecunia petitur ab eo, cui sua non redditur, *Cic* (2) Fructus prædiorum adventitii *Liv* (3) Adventitia visione pulsari, *Cic* (4) Adventitiis copiis juvari, *Id*

Advento, as freq [ab advenio] (1) *To come* (2) *To approach, or draw near* (1) § Si ante mors adventet *Cic* (2) Adventare portis, sub locum, *vel* ad locum, *Tac*

Adventor, oris m *A guest*, or *customer*, Plaut

Adventōrius, a, um adj *Belonging to coming home, congratulatory* Adventoria epistola, *Mart* cœna, *Auf*

Adventus, us m verb *A coming, an arrival* Adventus malorum, *Cic* in urbem, & ad urbem, *Id*

|| Adverbialiter, *After the manner of an adverb* ab

|| Adverbium, ii n [quasi ad verbum] *An adverb, the quality chiefly of the verb, as the adjective is of the substantive*, Prisc

Adverbĕro as act *To beat far, or strongly* Stat Raro occ

Adversa, ōrum pl n *Affliction, misery, misfortune*, *Cic*

Adversans, tis part *Contradicting, thwarting, repugnant*, Cic

Adversārius, ii m & Adversaria, æ f *An enemy, or adversary*, Cic

Adversaria, ōrum pl n [quasi adversa paginâ scripta, Vide Vossii etym] *A note-book, a book of memoirs, loose papers*

Adversātor, ōris m *An opposer* Raro occ Hinc tamen

Adversatrix, icis f *She that stands in opposition*, Ter

Adversior, ius comp *More thwarting, or cross*, Plin

Adversissimus, a, um sup *Very thwarting, or cross*, Cæs

Adversitas, atis. f *Difference, contrariety*, Plin

Adversor, āris dep *To oppose, oppugn, or thwart*, Cic § Regit aliquando acc. sæpius autem dat

Adversum, i n *Adversity* Si quid adversi evenerit, *Ter* Sæpius legitur in plur

Adversum, præp (1) *Against*, (2) *Towards* (3) *To* (1) Adversum se mentiri, *Plaut* (2) Pietas adversum deos, *Cic.* (3) De illa adversum hunc loqui, *Ter* *Also* adv (1) *Towards one* (2) *For* contra, *or* obviam (1) Tendere adversum, *Vir.* (2) Neque servulorum quisquam qui adversum ierant, *Ter*

Adversus, a, um part (1) *Opposite* (2) *over against* (3) *Right forwards* (1) ♓ Aversus (1) Septentrio adversus austro, *Plin* 2 ob (2) Adversa inter se folia, *Id* (3) Solem adversum intueri *Cic* item adj (1) *Unfortunate*, (2) *Unseasonable* (3) *Evil* (4) *Displeased* (1) Bellum adversum, *Cic* (2) Tempore anni adverso, *Cic* (3) Fama adversa, *Liv.* (4) Animus ad consilia capere, *Tac*

Adversus, præp & adv. idem quod Adversum.

Adverto, ĕre, ti, sum act [ex ad, & verto] (1) *To turn to* *To bring before.* (2) Met *To turn, or apply*

apply the thoughts to any thing, or *person* (3) Cum præp In, *to punish* (1) Pedem advertere ripæ, *Vir* (2) Non adverti primo, *Ter* (3) Ut in Sejani liberos adverteretur, *Tac*

Advesperascit, imp *It grows late* Jam advesperascit, *Ter*

Advigilo, as neut [*ex* ad & vigilo] (1) *To keep watch and ward* (2) Met *To take care*, or *pains* (1) Advigilanti regum somnis pi li, *Stat* (2) Credo, si advigilaveris, ex unis geminas conficies nuptias, *Ter*

Ădūlātio, ōnis f verb *Fawning*, (*properly of dogs*) Cic. Met *Flattery*, Id

Adulātor, ōris m verb *A flatterer, one who fawns*, or *cringes*, Cic

Ădūlātōrius, a, um adj *Wheedling, fawning*, Tac ex

Adulor, āris dep. & interdum pass † int Adulo [Ex variis, & incert hujus voc etymis, ab αἰκάλλω Dor pro ἡδυλίζω, verisimilium puto] *To be sweet upon*, (*as we say*) *To fawn*, (*properly of dogs*) Met *To flatter*, or *cringe* § Adulari aliquem, *Cic* alicui, *Quint* Nec adulari nos sinemus, *Cic*

ADULTER, i m (propriè adj est [...] usurp) Adultera, æ f & Adulterum, i n [ex ad, & alter, quod ille ad alteram, hæc ad alterum se conferat] (1) *An adulterer, an adulteress, a whoremaster, a whore* Also (2) *Debauched* (3) *Mix'd* (1) Adulter sororis Clodius, *Cic* Turpis adultera, *Ov* (2) Mens adultera *Id* (3) Minium adulterum, *Plin*

Adulterātus, a, um adj ex part [ab adulteror] *Debauched, defiled, adulterated, sophisticated*, or *mixt*. Plin ✠ Sincerus

Ădultĕrīnus, a, um adj (1) *Bastard* (2) *False* (3) *Counterfeit* (1) Plin 10 3 (2) Adulterina clavis *Sall* (3) ✠ Nummos adulterinos pro veris accipere, *Cic*

Ădultĕrium, i n *Adultery*, [*properly of married people*] *Whoredom* Also Met *Falsifying* Adulterium committere, *Quint* ¶ Adulteria arborum, *Plin*

Adultĕro, as denom [ab adulter] (1) *To debauch*, or *commit adultery with* (2) Met *To mix*, or *counterfeit* (3) *To corrupt* (1) Compertum adulterare matronas, *Suet* (2) Piper longum adulteratur Alexandrino sinapi, *Plin* (3) Neque adulterari pecuniâ possit, *Cic* pro *Cæcin*

Adulteror, āris dep Idem quod Adultero, *Cic* Et passiva si nuf Adulteretur & columba milvio, *Hor* Vid & Adultero

Adultior, & ius comp. *More ripe* ab

Ădultus, a, um part [ab adolesco] *Sæpius* adj (1) *Grown up* (2) *Stout, strong* (3) *Come to the height* (1) Adulta ætatis, *Cic* (2) Urbs adulta, *Id.* (3) Æstas adulta, *Midsummer*, Tac Nox adulta, *Midnight*, Id

Adumbrātim, adv quasi *Somewhat obscurely*, Lucr

Adumbratio, ōnis f verb *A sketch*, or *shadowing out a thing* *A rough draught* ✠ Rei si non perfectio, at conatus tamen, atque adumbratio *Cic*

Adumbrātus, a, um part [a seq adumbro] (1) *Shadowed out* (2) *Counterfeited* (3) *Feigned* (1) Adumbratur intelligentia, *Cic* de *Legibus* (2) Adumbrata lætitia, *Id* (3) — Fictis, & adumbratis loci plurimum est, *Cic*

Adumbro, as act denom [ex ad, & umbra] (1) *To shade from heat* (2) *To draw*, or *express a thing, to take a sketch* (3) Met *To shadow out, to imitate*, or *represent* (1) Sub ortu caniculæ vites adumbrabat, *Col* (2) Quis pictor omnia adumbrare didicit? *Quint* (3) = Fictos luctus imitari atque adumbrare dicendo, *Id*

Ădunci̇tas, ātis f *Hookedness, crookedness*, Cic

Aduncus, a, um adj [ex ad, & uncus] *Hooked, crooked, wreathed*, Ov

‖ Ădūno, as act [ex ad, & unus] *To unite*, or *make one* *To join together* Vix legitur nisi in

Ădūnātus, a, um part *Joyned, assembled*, Just

Advocātio, ōnis f verb [ab advoco] (1) *The office of patrons*, and *advocates* (2) *Their plea*, or *defence* (3) Also *the advocates themselves* (4) Met *A consultation* (1) Cic *pro* Syllâ, 61 (2) Multos advocatione, plures consilio juvit *Plin* ep 22 (3) Virginius filiam, cum ingenti advocatione in forum adducit *Liv* (4) In senatu quotidie advocationes fiunt, *Cic* 3 *Ver*

Advocātus, i m subst *ex* part (1) *An advocate*, or *friend, who solicites*, or *pleads for another* (2) *A lawyer*, or *counseller, a patron* (1) Hi volo me advocatus, *Ter*. Venit cum advocatis suis, sed armatis, *Cic* (2) Quod si scribere oblitus es, minus multi jam te advocato causâ cadent, *Cic* Consul de pecuniis repetundis Catilinæ fuit advocatus, *Id*

Advoco, as act [ex ad, & voco] (1) *To call*, or *send for friends* (2) *To assist, plead for*, or *advise one* (3) *To call* (4) *To summon together* (5) *To call in*, or *convene*, (6) *To allure* (1) Vos boni advocat, *Cic* (2) Liv 1 . A U C 250 (3) Advocare ad concionem, *Id* (4) Vires omnes advoca, *Sen* in *Medea* (5) Secretas advocat artes, *Ov* (6) Vide Plin ult Ep 1 1

Advŏcor, āris, pass (1) *To be summoned*, or *called for* (2) *To be retain'd as a counsel in a cause* (3) *Sent for, as a physician* (1) Advocari ad concionem, (2) advocari causæ, *Quint* (3) Advocari ægro, *he ad ægrum*, *Ov*

Advŏlatus, us f verb *A flying to*, Cic

Advŏlo, as neut [ex ad, & volo] (1) *To fly to* (2) Met *To make hast* *To go or come quickly* (1) Aves advolant, *Cic* (2) Advolare in auxilium, *Plaut* § Regit dat vel acc cum præp vel sine eâ

Advolvo, ĕre, vi, lutum act [ex ad, & volvo] (1) *To roll to*, or *before* (2) Met *To toss up* (1) Advolvêre focis ulmos, *Vir* (2) Clamor advolvitur astris, *Stat*

Advolūtus, a, um part (1) *Rolled to* (2) *Prostrate*, or *fallen down* (1) Ad ignem advolutus, *Plin* (2) Genibus advolutus, *Liv*

Adurgens, tis part *Pursuing* Remis adurgens Cæsar *Hor* &

Ădurgendus, a, um part *To be forced* Digito adurgendus est dens in locum prioris natus, *Cels* Sed

Adurgeo, ēre, si act Supercilium aut ritate solam utitur

Aduro, ĕre, ssi, stum act [ex ad, & uro] (1) *To burn*, or *scorch* (2) *To pinch as with cold* (3) *To chafe*, or *gall, as with riding*, or *otherwise* (4) Met *To burn, as love does* (1) Rapidive potentia solis acrior, aut (2) Boreæ penetrabile frigus adurat, *Vir* (3) Aduruntur etiam femina equitatu, *Plin* (4) — ignis non erubescendis adurit ignibus, *Hor*

Aduror, i, ustus pass *To be scorched*, or *pinched*, &c *Plin*.

Ădusque, [usque ad] *Unto, even to, until*, Vir Voc poeticum

Ădustio, ōnis f verb [ex aduro] *A parching, pinching*, or *fretting*, Plin 4 20

Adustior, & ius comp *More sunburnt*, or *parched*, Liv ab

Ădustus, a, um part *Burned parched, nipped, frost-bit* Plin

* Adytum, i n ἄδυτον [i e locus ad quem non datur aditus Latine vero aliquoties penetrale dicitur] *The most secret, and sacred place of the Temple*, Vir

A ante E, vel Æ

Æcere, *vide* Ecce re

Æpol, *vide* Edepol

ÆDES, vel potius Ædis is f [ex αἴθω, idem aut, sin e minus placuerit etymon, ideas Gl Vossium, qui e penu multa tibi depromet] (1) *An house*, or (2) *Temple* (*for ædis, in the singular number signifies also a private house tho' rarely*) (3) Poetice, *A beehive* (4) *A chamber* (1) Omne ædificium ædis dicitur, *Serv* in 2 Æn (2) Primis intravimus ædes, *Ov* (3) Vir. Georg 92 (4) Proximi foribus ædis in qua rex requiescebat *Curt* 1 8 ¶ Ædes inscripsi mercede *Ter* *I set a bill over the door*

Ædicula, æ f dim [ab ædis] *A little chapel* *The shrine*, or *cell where the statue of the god stood* *A little house* Vide Cic *pro* domo sua 108 & Plin 36 6

Ædificātio, ōnis f verb [ex ædis & facio] (1) *The act of building* (2) *A building* (1) Ædificatio me non movet, *Cic* (2) Immensa, & intolerabilis ædificatio, *Id*

Ædificatiuncula, æ f dim *A small building*, Cic

Ædificātor, ōris m *A builder, a founder*, Juv

Ædificium, i n *An edifice, any house*, or *building*, Liv

Ædifico, as act [ex ædis, & facio] (1) *To build* (2) Met *To erect*, or *frame* (3) *To create* (4) *To make* (1) Ædificare porticum classem, navem, carcerem, *Cic* (2) rempublicam, *Id* (3) mundum, *Id* (4) Specus ædificant nisi, *Plin*

Ædilis, is m *An Ædile or officer who took care of the repair of temples, and other buildings, and to see the streets and conduits were kept neat and clean, to take care of weights and measures, to provide for solemn funerals, and plays* Also *to regulate the price of corn, and victuals*, &c Adi Lips & Rosinum ☞ *This officer was sometimes a senator, who was call'd* Curulis, *a sella curuli, but when without this adjunct, and spoke of a plebeian, it signifies a meaner officer, especially in the boroughs of* Italy Pannosus vacuis ædilis Ulubris, *Juv* Sat 10 5

Ædīlitas, ātis f *The office of the Ædile*, Suet

Ædīlĭtius, a um adj *Belonging to the Ædile* Ædilitius homo, *Cic* Ædilitia repulsa, *Id* Ædilitium munus, *Id*

Æditimus, & Æditur, i m *A kind of overseer*, or *church-warden*, Cic

* Aedon, ōnis m ἀηδών *A nightingale*

ÆGER, ra um adj Vox, si qua alia, incerti etymi (1) *Sick* (2) *Diseased* (3) *Weak* (4) *Difficult* (5) *Lame* (6) *Pensive* (7) *Grieved for* (8) *Doubtful*, or *uncertain* (1) Æger morbo gravi, *Cic*. (2) Senectus ægra, *Ov* (3) Balatus ægri, *Id* (4) Anhelitus æger, *Vir* (5) Æger pedibus, *Stat* (6) animus æger, *Ov* (7) Invidia læti ægri, *Stat* (8) Consilii æger, *Id*

Ægerrime, adv sup [ab ægre] *Very hardly, with great difficulty*

* Ægithus, i m [ab αἰγιθαλ⊙] *A bird*, or *hawk*, Plin

* Ægilopa, æ f *A fistula in the corner of the eye*, otherwise called *Fistula lachrymalis* ex

* Ægilops, ōpis m [ex αἴξ, capri, & ὤψ, visus] *A kind of bulbous root*, Plin, *Darnel, cockle*, or *weed among corn*, Id *The same with Ægilopa*, *Cels*

* Ægis, ĭdis, vel ĭdos f αἰγίς, [ab αἴξ capri] *A kind of shield made at first (as it should seem) of goats skin, afterwards of brass, belonging only to Jupiter and Pallas, made terrible by a Gorgon's head upon it* *Hyginus tells us it was made of the skin of the she goat, which nursed Jupiter, and that he first used it against the Titans*

* Ægithus, i m *A bird at enmity with the ass*, Plin

* Ægloga *vide* Ecloga.

* Ægocephalus i m *A bird without a spleen*, Plin

* Ægoceros, otis m αἰγὸς κέρας, *The sign Capricorn*, Luci

* Ægophthalmos i m quod αἰγὸς ὀφθαλμός *A precious stone, like a goat's eye*, Plin

Ægre adv quasi ius, comp. errime, sup. [ab æger] (1) *Grievously* (2) *Vexatiously* (3) *With much ado difficultly* (1) Ægrè alicui facere *Ter* (2) Id ægre tulit, *Id* (3) Inveterata vitia ægrius depelluntur, *Cic*

Ægresco, ĕre denom [ab æger] (1) *To be sick* (2) *To be grieved* (1) Corvi ægrescunt sexagenis diebus *Plin*. (2) Animus ægrescit, *Lucr*

Ægrimonia, æ f [ab æger] *Sorrow, grief, sadness* Ferrem graviter, si nova ægrimoniæ locus esset, *Cic*

Ægritūdo, dinis f *Bodily sickness*, but chiefly used for *sorrow, care, anxiety, discomfort*, &c Elephanti fessi sunt ægritudine, quando & illas moles infestant morbi, *Plin* 28 6 Translatæ signif exempla sunt passim obvii

Ægrotātio, ōnis f verb (1) *Sickness of body*, or, (2) Met *of mind* Utrum quod minus noceant (2) animi ægrotationes quam (1) corporis, *Cic* 3 *Tusc*

Ægroto, as neut [ab æger] (1) *To be sick*, or *ill* (2) Met *To be corrupted*, (3) or *depraved* (1) Apud hunc ægrotavit, *Cic* (2) Ægrotant, & poma ipsi per se sine arbore, *Plin* (3) Quo me ægrotare putes animi vitio, *Hor*

Ægrotus, a, um adj (1) *Sick, ill*, (*in body*) (2) Met *In a languishing condition* (1) Quod ipsi fuit erat fortis ægroti accipere medicinam, *Cic* (2) Hoc remedium est ægrotæ, ac prope desperatæ reipub *Id*

Æmula, æ f *A she rival*, Ov

Æmulandus, a, um part [ab æmulor] *Worthy to be imitated*, Plin.

Æmŭlatio, ōnis f verb (1) *Emulation, either in a good or bad sense* (2) *Imitation with a desire to excel, whence, by a metonymy, it is put for* (3) *hatred, and contention, the sad effects, where one party cannot obtain his desire* (1) Æmulatio dupliciter dicitur, & in laude, & in vitio, *Cic* 4 *Tusc* 26 (2) Æmulatio alit firmiores profectus in literis, *Quint* (3) = Æmulationem profecto atque odium esse id crimen afferri, *Liv*

Æmŭlātor, ōris m verb *A rival, an imitator*, Cic *for which is more frequently used*

Æmulus, a, um (for 'tis rarely read adj the least after their) (1) Emulous (2) Vying with (3) Subst a, or competitor, one that is striving with another (1) Æmulus studiorum, & laborum, Cic (2) Tibicina æmula Berecyntia, Hor (3) Miles parti adductum ante oculos, æmulum Ter

Æmulātus, us m verb idem quod Æmulatio, Tac

Æmulor, āris dep (1) To use endeavours to excel another, or to vie with, or rival, much another pro-, which being unsuccessful, often causes the defeated person to envy the other, when this word signifies (2) To envy, or grudge (1) Quoniam æmulari non potes nunc invides, Plaut (2) Ut omnes facilius laudare possint quam æmulari, Cic § Absolute, Cic, Cum acc Vitem æmularetur ulmus, Plin Cum dat Pat on veteribus æmulantur, Quint Cum abl cum præp Ne mecum æmuletur, L

Æneator, ōris m [ab æneus] A trumpeter, Suet

Æneus, a, um [ab aheneus idem] Brazen, made of brass, Cic

Ænigma, ătis n αἴνιγμα quod ab αἶνος, fabulosa oratio, Cic A riddle, or obscure speech, a riddle, or dark sentence

Ænobarbus, vel aenobarbus, Fem nomen Vide propria

Aenus, a, um idem quod Aeneus

* Æolipylæ ārum f pl αἰολοι πύλαι, Pipes to let out the smoak, Vitr

Æquābĭlis, e adj [ab æquo] (1) Equal, or like (2) Always in the same strain, or manner (3) Also, agreeing, or consistent (1) = Par est quod inter omnes æquabile est, Cic (2) = Æquabile, & temperatum orationis genus, Id (3) Civis, senator, maritus, gener, amicus cunctis vitæ officiis æquabilis, Tac

Æquābĭlĭtas, ātis f Evenness of temper, steadfastness, modesty, equality Æquabilitas universæ vitæ, Cic juris, Id moris, Id Hinc

Æquābĭlĭter, adv qual Evenly, equally, constantly, Cic

Æquævus, a, um Of the same age Virg

Æquālis, e adj [ab æquo] (1) Equal (2) Of the same age, shape, or stature, a partner It is said also of (3) brutes, and (4) inanimates (1) Ne non æqualis ab omni parte foret, Ov (2) Sæpe interfui querelis meorum æqualium, Cic (3) Plin 9 53 (4) Sacrificium æquale huic urbi, as old as this city, Cic

Æquālĭtas, ātis f Equality, likeness, Cic

Æquālĭter, adv Equally, neither more nor less, Cic

Æquănĭmĭtas, ātis f Evenness of temper, patience, good humour, favour Ter

Æquănĭmĭter, adv Contentedly, patiently, Macr

Æquātio, onis f verb [ab æquo] An equation, equality, or making even, a laying even with, Cic

|| Æquātor, ōris m The equator, or equinoctial line, Astron

Æquātus, a, um part [ab æquo] Made equal, matched, Virg

Æque, adv qual [ab æquus] (1) So (2) As well (3) Alike (1) Nihil est æque quod faciam lubens, Ter (2) Miser æque atque ego, Id (3) Adverte animum, ut æque mecum hæc scias, Id

Æquĭlĭbris, e adj [ex æquus, & libra] Of the same weight, or level, Vitr Hinc

Æquĭlĭbrĭtas, ātis f Equality in weight Cic &

Æquĭlĭbrium, i n An even poise, level Sen

Æquĭnoctĭālis, e adj Equinoctial, belonging to the equinox, Plin ib

Æquĭnoctium, i n [quod ab æquus & nox] The vernal, or autumnal equinox when the days and nights are of the same length, Cæl

Æquĭpărābĭlis, e adj Which may be equalled, Plaut &

Æquĭpărātio, ōnis f verb A equality, or likeness, apud neminem, quod sciam, nisi Gell

Æquĭpăro, as act [ex æquus, & paro] (1) To equal (2) To vie with, to compare (1) Æqui patris voce magistrum Vir (2) Mars haud ausit æquiparare suas virtutes ad tuas, Plaut

† Æquĭpollĕo, ēre neut To be of the same force or value ‡ Æquo, ex æquo Hinc

† Æquĭpollentia æ f Of the same force, or import ‡ Pari virtute, Cic

Æquĭpondium, i n [ex æquus & pondus] A counter-poise, the same weight Aurum dedi ad argenti æquipondium, Vitr

Æquissimus a, um sup [ab æquus] Most just, or equal Most patient, or contented Cic

Æquĭtas, ātis f [ab æquus] Equity, equality, evenness of temper, justice, lenity, Cic

Æquĭvălĕo, ēre neut To match, or equal Semel apud auct carm de Philomela

|| Æquĭvŏcātio, ōnis f verb A doubtful meaning, an equivocation ‡ Amphibolia, Quint Captiosi sermonis ambiguitas, Cic

|| Æquĭvŏce, adv Captiously, doubtfully, ambiguously, equivocally, by a name common to divers things ‡ Captiose, ambigue, Cic

|| Æquĭvŏcus, a, um adj Equivocal, doubtful, of an indefinite signification Ap Dialect ut priores ‡ Ambiguus, captiosus, Cic

Æquo, as denom [ab æquus] (1) To equal, or lay flat, and level (2) To equalize (3) To represent (4) To divide into equal parts (5) To compare (1) Æquare aream cylindro, Vi (2) Animum natalibus æquas, Ov (3) Æquant imitamine formas, Id (4) Laborem partibus justis æquare, Vir (5) Ne æquaveritis Hannibali Philippum, Liv § Ab adductis locis petenda est

Æquor, āris pass To be levelled, &c Cic Vide Æquo

Æquor, ŏris n [ab æquus] Any plain, or level superficies, and by a syncope of (1) earth, (2) sea, or (3) Air (1) Babylonii in camporum patentium æquoribus habitant, Tr (2) Vastum maris æquor arandum, Vir (3) Aspice bis senos volitantes æquore cygnos, Id

Æquŏreus, a, um adj [ab æquor] Belonging to any plain, or level, but chiefly of the sea, Virg

Æquum, i n Reason, equity, justice Vir ab

ÆQUUS, a, um adj ab εἰκὸς Dor εἰκὸς (1) Level, even (2) Met Equal (3) Just, or impartial (4) Kind (5) Not taking ill, or blaming (6) Contented, or patient (7) Moderate, friendly (1) Facilis in æquo campi victoria, Liv (2) Utinam mihi esset pars æqua amoris tecum, Ter (3) Cic ad Q fratrem, l 2. 16 (4) Nemo fere est quin sibi se æquiorem in judiciis quam reo præbeat, Cic (5) Quo æquior sum Pamphilo, Ter (6) = Quibus ego, facile, & æquo animo carebam, Cic (7) Lucr. 5 v 225 ♓ Me tibi esse amicissimum æqui, & iniqui intelligunt, Cic

Aer, is m [ab אור lux, vel ἄημι, spiro] in acc aera, pl aeres, Vitr ‡ The air, or atmosphere, breath, or weather

ÆRA, a f A kind of weed amongst corn, darnel tares, Plin Also a mark upon money to shew the value, Æra numeri subducta improbe, Lucil || Also some remarkable period from which chronologers reckon

Æramentum i n Any thing made of brass, or copper, Plin

Ærāria, æ f sc fodina A brass or copper mine, Plin

Ærārium, i n substantive Cæs The treasury or exchequer Sanctius ærarium, Liv Not to be opened till some extraordinary emergency

Ærārius, a, um adj [ab æs] Belonging to brass, or copper Ærarius (faber) A copper-smith, or brasier, Plin ¶ Tribuni ærarii, Receivers general, Liv Ærarius scriba, A clerk of the exchequer, Cic Inter ærarios referre, to disfranchise, or take away the privilege of a citizen

Ærātus, a, um adj Cover'd with brass, or made of brass Homo æratus, A bankrupt, Cic

Æreus a um adj Made of brass, or copper Virg

Aereus, & aerius, a, um adj [ab aer] Airy, high lofty, Virg

✤ Ærĭfer, a, um [ex æs, & fero] Bearing brass, or Timbrels of brass, Ov

Ærĭfŏdīna, æ f A brass mine, Varr

✤ Ærĭpes, pĕdis c g Brazen-footed Ov

✤ Aeripes, pĕdis c g [ex aer, & pes] Nimble, swift of foot Æripes cerva, per Sync Vir pro aeripes

✤ Ærĭsŏnus, a, um adj [ex æs, & sono] Sounding or ringing like brass Ærisona lugentia flumina Nili, Stat

Æro, onis m ἀπὸ τοῦ αἴρειν (1) A mat to lie on (2) A sort of basket (1) Æronibus ex ulva palustri factis, Vitr (2) Æronibus clusum frumentum, Plin

* Aeromeli n Honey dew, manna, Plin

Ærōsus, a, um adj [ab æs] (1) Full of brass (2) Mixt with brass (1) Ærosa Cyprus, Plin (2) Ærosum aurum, Id Ærosus lapis, Id

Ærūgĭnōsus, a, um adj Rusty, canker'd, eaten with rust, Sen ab

Ærūgo, inis f (1) Rust, (properly of brass) (2) Licentia poet Biting language (3) Met Too mildew, or blight of corn (1) Æris æruginé infirmati, Col (2) Hæc est ærugo mera, Hor 1 Serm 4 10 (3) Theophr qui ἐρυσίβην vocat

ÆRUMNA, a f Probably it was us'd at first for a pitchfork, on which they hang'd burdens, in which sense its diminutive Ærumnula is read in Plautus, whence, by a meton it is used for toil, hard labour, and by consequence, affliction, wretchedness, anguish, any thing that is grievous Cicero defines it, ægritudo laboriosa, 4 Tusc 18

Ærumnābĭlis, le adj Lucr. idem quod

Ærumnōsus, a, um adj ssimus, sup Wretched, calamitous, miserable = Ærumnosa, & miseriarum compos mulier Plaut Ærumnosissimi omnium Terentia, Cic

ÆS, æris n de cujus etymo nihil certi habetur. Properly brass, or copper, of which Pliny reckons 3 kinds, regulare, malleable, coronarium, drawn into thin plates, and caldarium, cast, l 34 c 8 Also sometimes taken for iron and gold, Cæs It is often, by a metonymy, used for beaks of ships, statues, helmets or other things, made of, or adorned with it, but chiefly money, called also pecunia, a pecude because Servius Tullius who first coined it, stamp'd the figure of an ox or sheep upon it ¶ Æs dirutum miles, One that for misdemeanor had forfeited his pay, Cic ¶ Æs alienum dissolvere, To pay his debt ¶ Excudere æra spirantia To make brazen statues to the life, Vir ¶ Æra singula, The particulars of an account, Cic

* Æsălon, ōnis m A kind of hawk, a merlin, a hobby, Plin &

* Æsălus, i m Idem

* Æschynomene, es f The sensible plant, shrinking at the touch Plin

Æsculētum, } See them with E,
Æsculeus, } which is the truer writing, if a
Æsculinus, } constant etymology
Æsculus, } may be pleaded in bar of Servius's argument from use alone

Æstas, ātis f [ab æstu, Var potius ab אש ignis, ignea] Summer, which (according to the antient division of the year into two parts only) began at the vernal, and ended at the autumnal equinox Vide Virg Geor 3 296 & ibi Serv Sync A yet Vide eundem Æn 1 in fine Poetice, The air, Vir Geor 1 59 According to the latter division, of the four seasons of the year ¶ Ineunte æstate In the first month, Cic adulta, In the second month, or at midsummer, Tac præcipite, In the last month, or end of summer, Id ☞ Hæc loquuntur de ratione æstatis tantum temporis

Æstates, plur Heats, freckles, Plin

† Æsti, in gen pro Æstus, Pac

✤ Æstĭfer, a, rum [ex æstus & fero] Sultry, which either bringeth heat, as Cancer æstifer, Sil or suffers and receives heat, as Campi æstiferi, Id

|| Æstĭfluus, a, um [ex æstus, & fluo] Ebbing and flowing, Aus ‡ Reciprocans, Plin

Æstĭmābĭlis, e adj Quod aliquod pondus habeat dignum æstimatione, Cic That may be steemed, or valued, estimable, easie to be valued worthy to be esteemed

Æstĭmandus, a, um part To be rated, valued, or esteemed, Cic

Æstĭmātio, ōnis f verb (1) A valuing, or setting a price (2) A computation, or reckoning (1) Militibus aqua facta æstimatione pro his rebus solvit, Cæs (2) Æstimatione quietis nocturnæ dimidio quisque spatio vitæ suæ vivit, Plin

Æstĭmātor, ōris m verb. (1) A prizer, valuer, or rater (2) An arbitrator, an umpire, a considerer, a judge (1) Æstimator frumenti, Cic (2) = Æquissimus rerum æstimator, & judex, Id ¶ Æstimator sui immodicus, A self-conceited man, Curt

|| Æstĭmātōrius, a, um Belonging to prizing, or valuing § Actio æstimatoria, An action to recover a thing again as good as it was, or its worth Ulp

Æstĭmātus, a, um part (1) Valued, rated (2) Esteemed, prized (1) Ego te æstimatum huic dedi viginti minis, Plaut (2) Cic

† Æstĭmia, æ f The rate, or valuation of a thing, Fest ‡ Æstimatio

† Æstĭmium, i n An estimate, or value, Hyg Front ‡ Æstimatio

ÆSTIMO, as act [ab æs, & τιμῶ] (1) To value, or set a price upon (2) To esteem, value, or regard

gard (3) *To make a judgment of* (1) = Hæc expendite, atque æstimate pecuniâ, *Cic* (2) Neque quod dixi flocci æstimas, *Plaut* (3) Sic est vulgus, ex veritate pauci, ex opinione multa æstimat, *Cic* ¶ Tanti litem æstimat, *He brings in so much costs and damage*, Cic § Benè, carius, pluris, minoris, &c aliquem, aliquid, de aliquo, æstimo, *Id*

Æstimor, āris pass *To be esteemed, valued*, &c

Æstiva, ōrum pl n sc loca, tempora, aut castra (1) *A fold, grotto, or shade for cattle* (2) *A country-seat, or pleasure house* (3) *Summer quarters for soldiers* (1) Umbrosi patuere æstiva Lycæi, *Sta* sc loca (2) Ea [urbs Ecbatana Parthicis regibus] æstiva agentibus sedes est *Curt* 5 8 sc tempora (3) Nulla mihi ex æstivis gratulatio, *Cic* sc castris

Æstivālis, le adj Æstivalis circulus, *The tropic of Cancer, where the sun is at the highest point in the zodiac, and makes the longest day in the northern hemisphere*, Hygin

|| Æstivātio, onis f *A dwelling in a place in summer*, Litt sine auct

Æstive, adv *Thinly, summer like, as in summer* Viaticati admodum æstive sumus, *Plaut*

Æstivo, as denom [ab æstas] Per æstatem maneo (1) *To be in the summer-time* (2) *To retire to a country house, or seat* (1) ✠ Greges in Apulia hybernabant, qui in Reatinis montibus æstivabant, *Var* (2) Tusculum, ubi æstivare consueverat, avexit, *Suet Galb* 4

Æstivus, a, um adj [ab æstas] *Pertaining to summer*, Canis æstivus, *The Dog-star*, Tibul ¶ Æstiva animalia, *Fleas and lice*, Plin 9 47 ¶ Æstivum aurum, *A slight ring for summer's wear*, Juv

Æstrum, i n *The gad-fly* Vid Oestrum

Æstuabundus, a, um *Sweating out, transpiring*, Pallad 11 17 15

Æstuans, tis part (1) *Scorching, glowing hot, sultry*, &c (2) Met *Boiling with any passion, stirred up* (1) Uvæ ab æstuante sole protegantur, *Col* (2) Animo æstuante reditum ad vada tetulit, *Catul*

Æstuarium, i n [factum ab æstus *Cels*] *A frith, an arm of the sea, a place over-flowed with sea-water, over which the tide goes, a meer, or marsh, full of salt water, any ditch, or pit, where the sea flows in*

Æstuatio, ōnis f verb *An boiling* Met *A fervent, or earnest desire*, Plin 18 3. sed locus suspicione non vacat, cum tres libri Mss habeant ex ... pro ... tione, teste Harduino

Æstuo, as neut [ab æstu] Duo sign ardorum, & motum, qualis est in æstu maris (1) *To be very hot, to be all in a heat, to swelter* (2) *To sweat forth* (3) *To boil over* (4) *To rage, and storm, as the sea* (5) Met *To be straitened, and want room to sweat, puff, and blow, for want of room* (6) Met *To fret, to be vexed, or chafe, to be in a quandary, to be hot in love with a restless passion*, &c (1) Ignis æstuat, *Vir* ... *Prop* ... *Cic* (2) Tepefactus in ossibus humor æstuat, *Vir* (3) Vasta voragine gurges æstuat, *Id* (4) Æstuat ... fretum, *Luc* (5) Æstuat infelix angusto in limite mundi, *Juv* de Alexandro (6) Æstuat ira, dubitatione, dolore, invidia, pudore ap probatos auctores inveniuntur

Æstuōsius adv *More hotly* Munus exarsit æstuosius, *Hor Epod* 3

Æstuōsus, a, um adj ssimus, sup *Very hot, scalding hot, boiling, rising with surges* Æstuosa, & pulverulenta viâ iter conficiebam *Cic* Æstuosissimi dies circa canis ortum, *Plin* Freta æstuosa *Hor*

ÆSTUS, us m [ab אש [esh] ignis, & Chald אשתא [eshta] unde & αἴθω] (1) Properly *any burning, scorching heat, hot weather, the hot steam of an oven, or furnace, the burning of a fever* (2) *A boisterous motion, as the boiling of the sea, when it ebbs and flows, or rises in surges and waves, the tide, or eddy; a torrent, or stream* The metaphorical signification is taken sometimes from the former, as Ulceris æstus, *Cic* *An inflammation* sometimes from the latter, as, Explica æstum meum, *i e* fluctuationem, *my doubt*, Plin Met *Any distemper of the mind, and the sway of unruly passions*, as (3) *Anger*, (4) *Love* (5) *Ambition* &c (1) ✠ Nec calidos æstus tuemur, nec frigora quimus usurpare oculis *Lucr* ✠ Æstibus in mediis umbrosam exquirere vallem, *Vir* Furit æstus ad auras, *Id* = Homines ægri cum æstu febrique jactantur, *Cic* (2) Fervit æstu pelagus *Id ex ant Poeta* Æstu secundo Locros trajecit, *Liv* (3) Irarum fluctuat æstu, *Vir* (4) Validum mentem collegit ab æstu, *Ov* (5) Hunc absorbuit æstus quidam gloriæ, *Cic* § Æstus marinus, *Plin* marinus, *sive* maritimus, *Cic* *The ebbing, and flowing of the sea* ¶ Æstus accedit, affluit, intumescit, inundat, *Plin* *The tide comes in*, decedit, reciprocat, remeat, resedet, *it goes out*, Id ¶ Æstus maris modicus, mitior, *A neap tide* fervens, exundans, *a spring tide*, Plin ¶ Æstus consuetudinis, *The force, and sway of custom*, Cic ¶ Æstus multulentus, *The fretting, or fermenting of wine*, Plin

Ætas, ātis f qu Ævitas, [ab ævum quod ab αἰών, inserto digam Æolico] (1) *An age, or the dimension of a man's life* (2) *An age, or 100 years* (3) *Time* (4) *An age, or generation of men* (5) *A proper season* (6) *A year* (7) *A long indefinite space of time* (8) *A day* (9) *The several stages of life, as infancy youth*, &c (1) In ætate hominum pluriinæ fiunt transennæ, *Plaut* (2) Tertiam enim jam ætatem hominum vivebat, (Nestor), *Cic* (3) Hoc actum circa urbis captæ ætatem, *Plin* Ætas attulit auxilium, *Virg* (4) Cum subit illa nemus quod nulla ceciderat ætas, *Ov* (5) Sua cuique ætas vino gratissima, *Plin* (6) At tribus exactis, ubi quarta accesserit ætas, *Vir* ☞ *Alii legunt* Æstas Ætatem vix decimam ingressus *Vir* (7) Ut tibi superstes uxor ætatem siet, *Plaut* (8) Quid crastina volveret ætas scire nefas homini, *Stat* (9) Nihil semper floret, ætas succedit ætati, *Cic*

Ætatem, *i* omnem ætatem, adverbialiter positum *A long while, an age* Jamdudum ætatem *A great while ago, long since*, Ter

Ætātula æ f dim [ab ætas] *Youth, childhood*, illo *by way of soothing for* ætas In munditiis, mollitiis, deliciisque, ætatulam agitis *Plaut*

Æternĭtas, ātis f [ab æternus] *Eternity, time without beginning or end* Ab omni æternitate repetitum *Cic* Donare æternitatem alicui, *Id* *To eternize, or immortalize one*

Æterno, adv [ab æternus] *For ever, always, continually* Viret æterno fraxinus, *Plin* 2 107 Raro occ

✠ Æterno, as act voc Poet *To eternize, or perpetuate*, Hor Carm 4 14

Æternum, adv pro in æternum (1) *Continually* (2) *To the end of the world* (3) *For ever and ever* (1) Æternum frangenda bidentibus gleba, *Virg* (2) Æternum locus Palinuri nomen habebit, *Id* (3) Sedet æternumque sedebit infelix Theseus, *Id*

Æternus a, um adj [contr pro æviternus, ab ævum, nam ævum proprie æternitatis est, *Serv*] or, comp (1) *Eternal* (2) *Continual, perpetual* (3) *Lasting, of long continuance* (1) Quo vitam dedit æternam? *Virg* (2) Ver erat æternum *Ov* (3) Domine spero æternam inter nos gratiam fore *Ter* Nullum æternius lignum, *Plin*

* Æthāliones um pl m. *Grasshoppers*, Cæl

ÆTHER, ĕris m cat pl in acc æthera, *&* æthĕrem [ab αἴθω, ardeo, splendeo] (1) *The pure air* (2) *The sky, the firmament, the whole Region of the air, fire, and light above us* The Poets use it for (3) *Heaven*, and (4) *Jupiter* (5) *The weather* (1) ✠ Ex aquâ oritur aer ex aere æther, *Cic* (2) Aërem amplectitur immensus æther qui constat ex altissimis ignibus, *Cic* (3) Sic habsentes terras, & te desideret æther, *Ov* (4) Providus æther noluit hunc uno titulos auferre labori, *Claud* Tum pater omnipotens fœcundis imbribus æther conjugis in lætæ gremium descendit *Vir* (5) Innubilus æther, *Lucr*

Æthereus, a, um & Æthĕrius [ab αἰθέριος] (1) *Ethereal, airy* (2) *Heavenly, celestial, divine* (1) Vir Æn 6 536 (2) Domus ætherea, *Hor* Locus æthereus, *Cic* Pater æthereus, [Jupiter] *Mart* ¶ Ætherea terra, *The moon, the world in the moon*, Macr § Aurâ ætherea vesci *To live, to breath*, Vir ¶ Ars ætherea, *Divination*, Stat

* Æthiopis, ĭdis f *An herb growing in Ethiopia, like lettice, with which inchanters used to open locks, and dry up rivers*, &c Plin

* Æthiops, ŏpis m *A black-moor*, Vid Propr

† Æthiopus, *Lucil* idem

✠ Æthra, æ f fict [ex acc æthera, per contr æthra] *The clear sky, or air, the heaven* Vir Æn 12 247

* Ætiologia, æ f [ex αἰτία, & λόγος, causæ redditio] *A figure in Rhet* Quint *A shewing of a cause, or reason*, as Ne dubita, nam vera vides, *Vir*

* Ætia, orum n pl rectius *aitia* *A book written by Callimachus concerning the causes and grounds of religious rites and customs among the Greeks* Legas, *aitia* Callimachi, *Mart* 10 4 qui, & Propertius voc Somnia Callimachi, 2 25

Ætites, æ m more Græco, & more Latino, scrib & Aëtites, *aëtitas*, [ab ἀετός, aquila] *The eagle-stone, found in the eagle's nest of the bigness of an egg, with another stone loose in it, good for women in hard labour*

|| Ævintegri Dii, *Serv* [ab ævo integro, quia perfecta eorum ætas] *Immortal, without decay*

† Ævitas, ātis f *Age, eternity* Ævitatem in tali lege servanto, *Cic de L* 3 3

Æviternus, a, um *Eternal*, Apul

Ævum, i n [ex αἰὼν qu αἰεὶ ὤν, interpositione τοῦ digam Æolic] (1) *Eternity* (2) *An age the life of man* (3) *Time* (4) Met *An action done in time* (5) *One's age* (6) *Syn* *old age* (1) Aguntur ævum cum diis in cœlo, *Cic* (2) Vive memor quam sis ævi brevis, *Hor* (3) Ævo sequenti, *Virg* i e accessu temporis *Serv* (4) Veteris non inscius ævi *Ov* (5) Meum si quis te percontabitur ævum, *Hor Ep* 1 ult (6) Frigidus ævo Laomedontiades *Juv*

† Ævus, i m pro ævum Ævus vitalis, *Plaut* Pœn 5 4 14 ‡ Vita vitalis, *Cic*

A ante F

Afer, fra, frum *Of Africk* V Propr

Affābĭlis, e adj [ex ad & fari] *Affable, easie to be spoken to, courteous, complaisant* = Omnibus affabilis, & jucundus *Cic*

Affabilitas ātis f *Courtesy, affability, kindness, gentleness, easiness of address* = Conciliat animos comitas, affabilitasque sermonis, *Cic Off* 2 14

|| Affabiliter adv *Courteously, lovingly, kindly*, Macr. ‡ Comiter, benigniter, *Cic*

Affabre vel adfabre, adv [qu ab adj affaber] *Cunningly, workmanlike, ingeniously, artificially, handsomely, curiously* Affabre, & antiquo artificio, *Cic Verr* 2 5

† Affabrum dixere veteres teste Festo *Curiously, or neatly wrought*, ‡ pro affabre factum

|| Affabulātio, onis f verb [tanquam ab affabulor] *The moral of a fable shewing the use and drift of it, the application of a story* ‡ Fabulæ doctrina

|| Affāmen, ĭnis neut [ab affari] *A speaking to one, an address*, Apul ‡ Affatus *Vir*

Affania, ārum f de et, mo parum constat *Idle tittle tattle, a tale of a tub, trifling stories* Apul

Affāri, *vel* āre, affatus, affari [ex inusit affor] (1) *To speak to, to commune with* (2) *To call* (3) *To intreat* (1) Tum sic affari, & curis his demere dictis, *Vir* (2) Id Æn 2 700. interp Serv (3) Hostem supplex affare superbum, *Id*

Affătim, adv quant [ab ἀφατος abunde] *Abundantly, to the full, enough in sufficience* Sum & substantive cum gen ut, Affatim lignorum, *Timber enough*, Liv Divitiarum affatim *Abundance of wealth* Plaut Aliorum est affatim qui faciunt, *There are enough besides* Id

Affātus, a, um part [ab affari] *Speaking, or being spoken unto*, Vir

Affātus, us m verb [ab affari] *A speaking unto, or talking to* Fall, *discourse*, Vir Æn 4 284

Affectans, tis part *Affecting*, Ov

|| Affectāte, adv [ab affectatus] *Affectedly, with affectation, and too much curiosity* Quint ap Litt quæ utinam & monstrâsset l cum ‡ Cum affectatione

Affectātio ōnis f verb (1) *Affectation, curiosity, affectedness, over much care, and diligence, over doing* (2) Also, in a good Sense, *Love, affection* (1) Nihil odiosius affectatione, *Quint* 1 11 (2) Sen ep 89 ubi PHILOSOPHIAM, *sapientiæ amorem*, & affectationem, definit

Affectātius, adv comp [qu ab affectate] *More affectedly* Quint

Affectātor, ōris m verb *An affected person, one that over curiously*

ously affects a thing, one who aspires to, and has a design upon, a thing, ‖ Affectator imperii, *Flor One who seeks to make himself king*

Affectātus, a, um part (1) *Affected, over-curiously done* (2) Also, in a good sense, *desired, sought for, endeavoured after* (1) Affectata oratio, *An affected way of speaking,* Quin (2) ⁑ Affectata illis castitas, tibi ingenita, & innata, *Plin jun* ☞ Prestat cum Cicerone dicere De homine [stu]diis, nimis [ ] De re affectatus, nimis [ ]

Affectio, onis f verb [ab afficio] (1) *An affection of the mind, or body, the state, or natural disposition of any thing Passion, desire [ ] ing* (2) *Love affection* (1) Affectio est animi, aut corporis, ex tempore aliqua de causa commutatio, ut est lætitia, cupiditas, metus, morbus, *&c* def Cicerone (2) Simiarum generi præcipua erga fœtum affectio, *Plin* ¶ Affectio astrorum, *A correlation,* Cic

Affecto as freq [ab afficio] *To affect, desire, or hanker after, to seek for over much, earnestly to endeavour, or follow after* In (1) bonâ, (2) mediâ, & (3) in [malâ] notione (1) Viam affectat Olympo *aspires to divinity,* Vir (2) Affectat iter *purposes b,* Cic (3) Ut me defrudes eam affectas viam, *you go about,* Plaut

Affector ātus pass *To be affected, or desired,* Plin

† Affector ārus dep Affectatus est regnum, *Var* ‡ Affecto

‖ Affectuōsus a, um *Full of affection, affectionate kind, pathetical* Piam affectuosamque rem fecisse, *Macr* ‡ Affectu plenus

Affectus a, um part [ab afficior] sed & adjectivi naturam sæpe induit [ ]imus, sup (1) *Affected, circumstanced* (2) *Disposed, or inclined either well, or ill, with respect to* (3) *Body* or (4) *Mind* (5) *Indued* ¶ *It is often best englished by the noun following,* ¶ *Or by the adverb of quality* (6) *Without an adjunct, or case, it frequently signifies Broken, sunk, weak, languishing, sick* (7) *Much advanced, in great forwardness* (1) Varie sum affectus his literis, priore paginâ perturbatus, paulum alterâ recreatus *Cic* (2) Eodem modo sapiens erit affectus erga amicum quo in seipsum, *Id* (3) Corpus affectum, *out of order, indisposed,* Cels (4) Vide N° 1 (5) Animi spectantur quemadmodum affecti sunt virtutibus, vitiis, artibus, inertiis, *Cic* ¶ Corpora affecta tabo, *Tabid, consumptive,* Cels morbo, *diseased, distemper d,* Id Beneficiis affectus, *benefited, obliged,* Cic Præmiis, honore, lætitiâ, *rewarded, honoured, made glad,* Id senectute, valetudine, *old, sick,* Id Inopiâ affectissimi, *very poor,* Vell ¶ Avide sum affectus, *greatly desirous,* Cic Graviter, *grievously, or ill,* Id (6) Legati spem rebus affectis orantes, *Liv* = Ægra, & affecta mancipia, *Suet Claud* 25 (7) Bellum affectum videmus, & vere ut dicam, pene confectum, *Cic*

Affectus, us m verb [ab afficio] (1) *The affection, disposition, motion, or passion, of body, or mind* (2) *Sickness* (3) *Love* (1) Vid Quint lib 6 cap 2 (2) In his affectibus ea exercitationum genera necessaria sunt, *Cels* (3) Plin 3 10

‖ Affectus, uum m pl *Children,* Apul & Jul Capit. ‡ Liberi Pignora.

Affĕro, afferre, attuli, allatum act vel Adfero [ex ad, & fero] (1) *To bring* (2) *To report, or bring word, or news* (3) *To alledge, say, plead, or bring for excuse* (4) *To contribute, cause, breed or procure* Reg acc cum dat mt cum acc & ad (5) *It is many times englished by the verb of the following noun* (1) Puerum ut afferret simul, *Ter* (2) Alii attulerunt, Cæsarem iter habere Capuam, *Cic* (3) Ad ea quæ dixi affer, si quid habes, *Id* Causam affert mortis voluntariæ, *Id* (4) Nihil afferunt quo jucundius vivimus *Id* (5) Afferre adjumentum, auxilium, *Id* opem, *Ter* suppetias, *to help,* Plaut solatium, *to comfort,* auctoritatem, *to authorize* animum, *to encourage,* obscuritatem, *to darken,* detrimentum, *to endamage,* mortem, *to kill,* Cic &c amaritudinem, *to imbitter,* Plin tædium, *to weary,* or *tire,* Liv torporem *to benumb,* Plin tabem, *to rot,* Col § Afferre spem, metum, dubitationem, memoriam, *To put in hope, fear, doubt, remembrance,* Cic fastidium, languorem, morbum confidentiam, *to make one loath [ ], sick, confident,* Id Afferre causam, *To shew a cause,* Ter *to give occasion,* Cic rationem, excusationem, exemplum, *to alledge,* Id quæstionem, *to propose,* Id Afferre alicui consilium, *To advise one,* Id fiduciam, *To embolden,* Cæs lacrymas, *to make one cry,* Cic ¶ Afferre manus alicui, *To lay hands on one,* sibi, *to kill himself,* vim virgini, *to ravish,* vitæ *to kill* Afferre causam conjecturæ, *To hint,* Cic

Afferor, erris, allatus pass *To be brought,* &c Affertur iam *News comes,* Liv

Affertur, imp *The report is, or news comes,* Liv Allatum est mihi, vel ad me, de, &c *News, or word was brought me,* Cic

Afficio, ĕre, ēci, ectum act [ab ad, & facio] (1) *To affect influence, or have power over* (2) *To move with respect either to body, or mind* (1) Et simul fames, sitisque corpori afficerent, *Liv.* Solicitudo ex te affecit me, *Cic* (2) Is terror milites hostesque in diversum affecit, *Tac Being joined with a noun, it is rendred by the verb of that noun,* as, Afficere aliquem delectatione, *Cic* honore, *Id* laude, *Id* præmio, *Id* beneficiis, *Id to delight, honour, praise, reward, oblige* So ignominia, incommodo, injuriis, pœna, *&c* Cic *to disgrace, damage injure, punish* morte, cæde, *to kill,* Liv cruciatu, *to torment,* Cæs sepulturâ, *to bury,* Hirt

Afficior, i, ectus pass *To be moved, or affected, well, or ill, &c according as it is determined by the noun following* Voluptate affici, *To be pleased,* Cic tormentibus, *to be griped* Plin

† Affictitius, a, um § Actus affictitius ad villam, *A close adjoining to ones house,* as a *warren,* Var Raro occ

Affictus, a, um part [ab affingor] (1) *Framed, fashioned* (2) *Feigned, counterfeited* (1) Nullam partem corporis sine aliquâ necessitate affictam reperietis, *Cic* (2) Affictum procemium, *Id de Orat* 2 80

Affīgo, ĕre, xi, xum act [ex ad, & figo] (1) *To fasten, to clap close, to fix upon* (2) Met *To imprint* (1) Minervæ pinnarum talaria affigunt, *Cic* (2) Ea maxime animis affiguntur, *are most deeply rooted,* Id § Affigere literas pueris, *To fix them in their memory,* Quint § literam ad caput, *to burn in the forehead,* Cic. ¶ Affigi lecto, *To be sick in bed,* Hor

Affigor, gi, xus pass *To be fixt, fastned,* &c

Affingo ĕre, xi, ctum act [ab ad, & fingo] (1) *To form, or fashion* (2) *To feign, devise, or frame* (3) *To invent or add to a story* (4) *To counterfeit and resemble* (1) Vide Affictus, N° 1 (2) Vide idem, N° 2. (3) Addunt, & affingunt rumoribus Galli, *Cæs* (4) Affingere hominum mores, *Cic de Orat*

Affīnis, e adj [ab ad, & finis] (1) *Neighbouring, or bordering upon, adjacent, contiguous, or lying close, or near to one another* (2) *Of kin properly by marriage* (3) Met *Having a share, or partaking in any business, or affair,* (4) *accessory, guilty, privy unto* (1) ⁑ Affines in agris vicini sunt, in hominibus consanguinitate conjuncti, *Fest* (2) Affinia vincula, *Ov* ¶ Affinium nomina sunt Socer, socrus, gener, nurus, noverca, vitricus, privignus, na, gradus autem affinitatis nulli sunt, *Modest* Imo & generi, & affines placent, *Ter* (3) § Affines rerum quas fert adolescentia, *Id* (4) § Affinis alicujus culpæ, *Cic* § Ne quis affinis e noxâ esset, *Liv*

Affinis, is c g subst ex adj Affines sunt viri, & uxoris cognati inter se *A cousin, a kinsman, or kinswoman, by marriage* ⁑ Ille si me alienus affinem volet, tacebit, *Ter*

Affīnĭtas ātis f [ab affinis] *Affinity, alliance by marriage* § Affinitate devinciri cum aliquo, *Cic*

Affirmāte, adv ssime sup *Solemnly, by way of affirmation, assuredly* Quod affirmate, quasi Deo teste, promiseris, id tenendum est, *Cic* Affirmatissime plerique scripserunt, *Gell*

Affirmātio, ōnis f verb *An affirmation, or solemn testimony, a speaking point blank.* Jusjurandum est affirmatio religiosa, *A solemn attestation,* Cic ⁑ Dubitatio, *Id*

‖ Affirmātor, ōris m verb *An affirmer,* Tert Also *a voucher,* Ulp

Affirmātus, a, um part *Affirmed, confirmed, assured, ascertained* Rhodus affirmata, quæ dari priore decreto erant, *Liv*

Affirmo, as act [ex ad, & firmo] (1) *To affirm, or avouch, to ascertain, or assure a thing* (2) *To confirm, or establish* (1) Non solo temere affirmare de altero, *Cic* (2) Vide Affirmatus ¶ Affirmare jurejurando, *To affirm upon oath, to make affidavit,* Id

‖ Affixa, ōrum n ap JCC *Standards fastened to the freehold* Affixa ap eos qui tradunt artem Gram. Heb sunt vel Præfixa, vel Suffixa, sc literæ, vel syllabæ serviles, vocabulis ab initio, vel a fine adnexæ

Affixus, a, um part [ab affigor] (1) *Fastened, or fixed* (2) *Sitting close to* (3) *Imprinted upon, implanted* (4) *Adhering, or cleaving unto* (1) Signa Punicis affixa delubris, *Hor* (2) Pensis affixa puella, *Tibull* (3) Affixum in animo, & sensu, *Cic* (4) § Quibus in rebus me ille sibi affixum habebat, *Cic*

Afflātus, a, um part (1) *Blown upon, blasted, scorched* (2) *Full of breath.* (3) Met *Inspired* (1) Afflati incendio, *Liv.* fulminis telis, *Ov* (2) Afflatam (tubam) sensit habere sonum, *Ov Fast* 6 703. (3) nisi malis contra interpretes reddere, *blown* (3) Afflata numine dei (Sybilla), *Vir Æn* 6 50

Afflātus us m verb (1) *A blast, or breathing upon, a breath, or gale of wind* (2) *A vapour, or reaking steam* (3) *The letter H, or note of aspiration* (4) *Inspiration* (1) Afflatus ventorum benignus, *Plin* (2) Percussæ calidis afflatibus herbæ *Stat* (3) Æoles sine afflatu [Thebas] vocant Tebas, *Var* P R 3 (4) Nemo vir magnus sine afflatu aliquo divino unquam fuit *Cic* = Instinctus, inflammatio animi, *Id*

Afflĕo, ēre, ēvi, tum neut [ex ad, & fleo] *To weep at, to feign a cry, to weep, or lament,* Plaut Pers 1 3 72 Raro occ

Afflictātio, onis f verb *A throwing down, or demolishing* Met *Affliction, trouble, vexation, pain,* Cic

Afflictio, ōnis f verb *Properly a throwing, or dashing on the ground* Met *Trouble, sorrow, anguish, vexation, adversity, affliction,* Cic.

Afflicto, as freq [ab affligo] (1) *To shatter and toss, as a storm doth a ship* (2) Met *To torment, vex, afflict* (1) Naves tempestas afflictabat, *Cæs B G* 4 29 (2) Ne te afflictes, *Ter*

Afflictor, ātus pass *To be dashed* Met *To be disquieted,* &c *Cic*

Afflictor, ōris m verb *A thrower down, an abuser, troubler, vexer, or tormenter* = Afflictor, & perditor dignitatis, *Cic*

Afflictus, a, um part (1) *Thrown down* (2) *Dashed against, split* (3) Met *Profligate.* (4) *Dejected, afflicted, grieved, dispirited* (1) ⁑ Afflicta tempestate arbor, *Col.* (2) § Ad scopulos navis, *Cic* (3) Id adi or, comp Nemo tam afflictus est moribus, *Mart* (4) Afflictus vitam in tenebris, luctuque trahebam, *Vir* Afflictiore conditione quam cæteri, *Cic*

Afflictus, us m verb *Affliction, trouble, dashing, hard fig.* Feminata virtus afflictu occidit, *Cic* ☞ *Sed Lambinus, & Gruterus leg* Afflicta, *quamobrem hac voce abstinendum censeo*

Affligo, ĕre, xi ctum act. [ex ad & insuf fligo] *Properly* (1) *to throw, or dash on the ground, to demolish. Hence* (2) Met *To afflict, trouble, grieve, vex, disquiet* (3) *To weaken, and bring low.* (1) = Statuam deturbant, affligunt, comminuunt, dissipant, *Cic* (2) ⁑ Ut me levavit tuus adventus sic discessus afflixit, *Id* (3) = Non plane me enervavit, non afflixit senectus, *Id*

Affligor, i, ctus pass *To be thrown down, demolished.* Met. *To be troubled, afflicted,* &c *Cic.*

Afflo, as act [ex ad, & flo] (1) *To breathe upon* (2) *To blast* (3) *To breathe forth a sweet smell.* (4) Met *To favour* (1) Vittas afflabat anhelitus oris, *Ov* (2) [Jupiter] fulminis afflavit ventis, *Vir* (3) Afflabunt tibi non Arabum de gramine odores, *Prop* (4) Felix cui placidus leniter afflat amor, *Tibull*

Afflor, āris pass *To be blown upon, to be inspired, to be blasted,* ¶ Afflari sidere, *To be planet struck,* Plin peste *infected,* Sil. sole, *scorched,* Claud

Affluens, tis part & adj or, comp. (1) *Flowing* (2) *Abounding* (3) Met *Resorting.* (1) Unguentis affluens, *Cic,* (2) = Uberiores, & affluentiores aquæ, *Vir* 8 1. Met. = Ditior, & affluentior amicitia, *Cic.* (3) Affluentes rentes ad famam ejus undique barbari *Liv.*

Affluentia, æ f *Affluence, abundance, plenty, luxury* ✠ Munditiem non affluentiam affectabat, *Nepos Att* 13

Affluentius, adv comp *More abundantly* Affluentius voluptates haurire, *Cic*

Affluo, ĕre, xi, xum neut [ex ad, & fluo] (1) *To flow upon* (2) *To flow in* (3) Met *To creep, or steal upon* (4) Met *To resort, or come together in great numbers, or company* (5) Met *To abound* (1) Torrens imbribus affluens fundamenta convellit, *Col* (2) ✠ Bis affluunt, bisque remeant æstus *Plin.* (3) § Affluit incautis amor, *Ov* (4) Affluebant copiæ, *Liv* (5) § Atque adeo ut frumento affluam, *Plaut*

Affodio, ĕre, ōdi, ossum act [ex ad, & fodio] *To dig up or in* Vicini cespitem nostro solo affodimus, *We dig it up, and turn it into our own ground,* Plin 21. 68.

† Affor, āri dep [ab ad, & fari] V in affaris *To speak to*

Affore, [ex ad, & fore] *To be present hereafter* Non suspicatus sum illam affore *That she would be there*, Cic Affore ab oris externis *Virg*

Afformido, as neut [ex ad, & formido] *To be somewhat afraid*, Plaut Raro occ

Affrango, ĕre, ēgi, actum act [ex ad, & frango] *To break nigh to, or upon* Hyemes affrangere bustis *Stat Sylv* 5 1 36

Affremo, ĕre, ui vel Adfremo neut *To murmur, or bluster* Boreas stridentibus adfremit alis, *Sil* 14 125

Affrico, as act [ex ad, & frico] *To rub against, or upon a thing* § Arbori (se) affricant, *Col.* ¶ Affricare alicui scabiem, *To give one the itch, to infect one*, Sen Hinc

Affrictus, ûs m verb *A rubbing upon, or against* Spuma aquæ marinæ affrictu verrucas tollit, *Plin*

Affrio, as act [ex ad, & frio] *To rub into powder, to crumble*, Var

Affui, *I was by, or present* Vid Adsum

Affulgeo, ĕre, si, sum neut [ex ad, & fulgeo] *To shine upon* Met *To favour, to encourage, to smile upon* § Lux civitati affulsisse visa est, *Liv* ¶ Spes affulsit, *There appeared some hope*, Liv

Affundo, ĕre, ūdi, sum act [ex ad, & fundo] *To pour upon, or into, to besprinkle, to put liquor in* § Vinum illi affundere, *Plin* 16 44

Affundor, i, fūsus pass *To be poured upon, or into* Also *to flow by a place as a river*, Plin 5 1

Affusus a, um part *Poured upon* § Affusa urbs mari, i e mare affusum urbi, *A maritim city, situate by the sea*, Plin Affusis radicibus arboris hærent, *Laid along* O

Afforis, adv rectius A foris, divise, *From without*, Plin Al negant esse Lat voc

Africanæ, scil feræ, arum f *Panthers, beasts brought out of Africk*, Plin Africanæ gallinæ, *Turkey-hens*, Id

Africus, i m [scil ventus ab Africa spirans, inter Austrum & Zephyrum] *The wind South-west and by West*, Hor Idem qui & Libs, Plin 2 47 Malus celeri saucius Africo, *Hor*

Africus, a, um adj Africæ procellæ, *Blowing out of Africk, South-West*, Hor

* Agape, es f f Cœna nostra vocatur agape, id quod dilectio est *Tert An antient love-feast among Christians*

* Agăricon, ci n [dict ab Agaria Sarmatiæ regione, *Plin* 25 9] *Agarick. A kind of mushroom growing upon high trees, of a white colour, and good for purging of phlegm*

Ăgāso, ōnis m [ab ἀγάζων equiso] *A horse-keeper, a Groom of the stable* Hor. and Pers seem to use it for any inferior servant, or drudge

Age, pl agite, imper [ab ἄγε] Est autem adv (1) Hortandi (2) Permittendi (3) Ægre concedendi (4) Transeundi (5) ☞ Jungitur (quæ linguæ est indoles) interdum verbo plur & verbo tertiæ personæ, quod magis mirum *Come on Well, well, if it must be so, go to* (1) En age rumpe moras, *Vir* (2) Age, age, ut lubet, *Ter* (3) Age, dicat, sino, *Ter* (4) Age, ista divina studia omittamus, *Cic* (5) Age licemini, *Plaut* Age sane, omnes citatis equis advolant Romam, *Liv* ✠ Age vero, non age autem, *Valla* § Eja, age, *Vir* Age, age, *Ter* Age jam, age nunc, age porro, age sane, age vero, *Cic* ☞ *Agite est fre hortandi, & secundæ personæ plur imo jungitur* Agite o tectis, juvenes, succedite nostris, *Vir*

† Ăgea, æ f *Wood, the deck, or hatches of a ship*, Enn | Fori

Agedum, & Agitedum [ab age & agite, adjecto dum] *Come on, well* Agedum hoc mihi expedi primum, *Ter Vide* Age Agitedum, ite mecum, *Liv*

* Agelastus, ἀγέλαςος (i e sine risu) *One that never laugheth* Crassus sic dictus, *Cic* Vid Propr

|| Ăgellulus, i m dim [ex dim Agellus] *A very little spot of ground*, ap *Sym & Arnob*

Ăgellus, i m dim [ab ager] *A little field, a small piece of ground, a little parcel of land* Agelli hic sub urbe est paulum, *Ter*

* Ăgēma, ătis n (1) *A battalion of horse, or* (2) *foot A squadron, a brigade, chiefly in the Macedonian army* (1) Alam mille ferme equitum agema vocabant, *Liv* (2) Delecta duo sunt agemata, hanc illi legionem vocant, *Id* 42 51 ☞ *De peditatu intellige*

Ăgendus, a, um part [ab ago] *To be driven, done, that must be done, &c* Vid Ago

Ăgens, tis part. [ab ago] *Driving doing quick, brisk*, Cic † Subst *An agent, a steward, a commissioner*, Dig

ĂGER, agri m [ab ἀγρός, Quint] (1) *A field, land, or ground, a mannor, farm, or lordship with the demeans* (2) *The country* (3) *Land lying about a city, or town A county, or shire* (1) Agrum hunc mercatus sum, *Ter* (2) Cum iter per agros, & loca sola faceret, *Cic* (3) Ager Volaterranus, Campanus, *&c* Cic. ☞ *In hac notione plural ne dixeris, duntaxat dum loqueris de singularum urbium territoriis, quia ager complectitur omnia, ut nemora, saltus, pascua, montes, flumina, lacus, &c* Valla. § Ager campestris, *A champain country*. Var Ager frumentarius, *A corn field*, Col, Ager suburbanus, *That lies near the city*, Cic Requietus ager, *That lieth fallow*, Ov Restibilis ager, *That bears every year*, Col Dotales agri, *Lands given in dowry*, Ov § Agrum novare, proscindere, *To break up ground*, Col iterare, tertiare, *To give it the second and third tilth*, Id.

* Ăgērăton, i n [ab a, & γῆρας, senectus, quòd non senescit] *An herb called everlasting mother-wort, cotton-weed, or mawdlin*, Plin

Aggĕsis, adv [ex age, & sis, pro si vis] *Go to, come on*, Luci

Aggĕmo, ĕre neut [ex ad, & gemo] *To groan, or sigh at* Aggemit & nostris ipsa carina malis, *Ov* Raro occ

Agger, ĕris m. verb [ex ad, & gero, sc ab aggerendo] (1) *An heap, or pile of any thing, chiefly of stones, fascines, or earth* (2) *A causeway* (3) *A mud wall* (4) *A fortress, rampart, or Bulwark, artificial, or natural* (5) *A shelf in the sea* (6) *A bank, or dam, to keep rivers from overflowing* (1) Agger coctus, *Prop* Terreus agger, *Var* Vastum aggerem compone, in altos ipse me immittam rogos, *Sen* (2) Via deprensus in aggere serpens, *Virg* (3) In aggerem scandentem Volscum hostem nemo submovit, *Liv* (4) Pinnis, atque aggere cingit *Virg* Aggere Alpini, *Id* (5) Aggere cingit arenæ *Id* (6) Aggeribus ruptis cum spumeus amnis exiit, *Virg*

|| Aggeratim, adv *By heaps, one ere upon another*, Apul | Acervatim, *Ci*

Aggerendus a, um part *To be banked up to be carried to*, Plaut Vid Aggero, ĕre

Aggĕro, as denom [ab agger] (1) *To heap, to lay on heaps* (2) Met *To aggravate, or exaggerate* (1) Terra circum arbores aggerari debet, *Col* (2) Incendit animum dictis, atque aggerat iras, *Virg*

Aggĕro, ĕre, essi, estum act [ex ad, & gero] (1) *To lay on an heap* (2) *To bring, or carry to one* (1) Aggeritur tumulo tellus, *Vir* (2) Te aggerunda curvum aquâ faciam probe, *Plaut*

Aggestio, ōnis f verb. *An heaping up a pile of any thing* Vide Aggestus Aggestione tectæ trabes, *Pallad* 12 15 fin

Aggestus, a um part [ab aggero] *Carried unto, heaped up.* Aggesta contumulavit humo, *Mart*

Aggestus, ûs m verb (1) *An heap, a terrace, or mount A pile of earth* (2) *An intrenchment of a camp* (1) Lignorum aggestus, *Tac* (2) Tuto copiarum aggestu, *Id*

Agglŏmĕro, as act [ex ad, & glomero] *To wind up yarn in a bottom* Hinc Met *To throng, or crowd together, as soldiers do To troop* Lateri agglomerant nostro, *Virg pro* agglomerantur

Agglutino, as act [ab ad, & glutino] *To glew*, Cic Also *to solder together*, Plin Met *To associate*, Plaut

Aggrăvans, tis part *Heightning, encreasing*, Liv *Making one heavy, or sleepy*, Plin

Aggrăvātus, a, um part *Aggravated, heightned, grown more grievous*, Suet

Aggravescens, tis part *Growing more sore and troublesom*, Aggravescens vulnus, *Cic*

Aggrăvesco, ĕre, incept [ex ad, & gravo] *To grow worse, more grievous and troublesom* Metuo ne morbus magis aggravescat, *Ter*

Aggrăvo, as act [ex ad, & gravo] *To aggravate, to accumulate*, Liv *To make heavy* Plin ¶ Reum aggravare, *To charge him home, to press hard upon him*, Quin.

Aggrăvor, āris pass *To be pressed, or troubled*, Liv *To be made worse*, Plin

Aggrĕdior, i, ssus dep [ab ad, & gradior] (1) *To go unto* (2) *To accost* (3) *To set upon, encounter, or assault a person* (4) *To set upon, enterprize, attempt, or essay a business* (1) Aggredior hominem, saluto adveniens *Plaut* (2) Satis astute aggredimini, *Ter* (3) Telephus & ipsum [Augustum] & Senatum aggredi destinaverat, *Suet* (4) § Aggredi opus *Hirt* ad leges, ad dicendum, dicere, *Cic*

Aggrĕgo, as denom [ab ad & grex] (1) *To gather together, or in troops, to assemble* (2) Met *To join* (3) Aggregare se, *To associate himself* (1) Cæteros undique collectos aggregavit, *Cæs* (2) § Meam voluntatem ad summi viri dignitatem aggregavi *Id* (3) § Qui se ad eorum amicitiam aggregaverant *Cæs B G* 6 11

Aggressio, onis f verb [ab aggredior] *An assault, a setting upon one, an onset, an enterprize, or undertaking, an attack*, Cic

|| Aggressor, ōris m Scrib *One that setteth upon, a robber, an aggressor*, Juvencus | Qui aggreditur

Ăgĭlis, e adj [ab ago] qui facile agit (1) *Active, brisk industrious, sprightly lively* (2) *Swift, speedy, nimble* (1) ✠ Oderunt agilem gnavumque remissi *Hor* (2) Agilis classis, *Liv* dextra, stat gressus, *Sil* ☞ *Gradus non invenio, nisi ap Gram*

Agilitas, ātis f [ab agilis] *Quickness, agility, dexterity, swiftness, activity, easiness* Agilitas navium, *Liv* Agilitas naturæ, *Cic*

|| Ăgĭlĭter, adv *Nimbly, readily quickly*, Ammian. *sed* Agilius, adv comp *More nimbly*, Col

† Ăgīna, æ f [ab agendo dict Fest. § Agina est, qua inseritur scapus trutinæ, i e in quo foramine trutina agitur, & se vertit] *The Hole or hollow wherein the beam of the balance turneth*

|| Agināior, ōris m [ab aginari, i e negotiari] *A pedler, a retailer, or huckster*, Calep ex Fest.

Ăgĭtābĭlis, le adj *Easy to be shaken, moveable.* Agitabilis aër, *Ov* Raro occ

Ăgĭtandus, a, um part *Tossed, moved* Met *Sifted, discussed* = Mens agitandis, exquirendisque rationibus alitur, *Cic*

Ăgĭtans, tis part. *Moving shaking* Met *Pondering, discussing*, &c *Ter*

Ăgĭtātio, ōnis f verb (1) *Motion, stirring tumbling* and *tossing* (2) Met *Exercise practice* (1) = Agitatione, & motibus linguæ cibus detruditur *Cic* (2) Agitatio mentis nunquam acquiescit, *Our thoughts are always in action*, Id Agitatio studiorum, *Id* ¶ Agitatio terræ, *Plowing, or digging*, Col

Ăgĭtātor, ōris m verb *A driver of cattle, but most frequently used for a charioteer carter, coachman, or waggoner.* Agitator aselli, *Vir*

Ăgĭtātus, a um part & adj or, comp (1) *Tossed, moved stirred* (2) Met *Perplexed, vexed, troubled* (3) *Exercised, imployed* (4) *Debated discussed, handled* (5) *Churned* (6) *Nimble, sprightly* (1) Freta agitata, *The rough sea*, Vir (2) Scelerum furiis agitatus Orestes, *Id* (3) = Optimus curis agitatus, & exercitatus animus, *Id.* (4) = Res agitata in concionibus, jactata in judiciis, *Id* (5) Plin (6) Agitatiorem mihi animum esse credebam, *Sen*

Ăgĭte, Agitedum. adv *Go to.* Vid Age.

Agĭto, as freq [ab ăgo] (1) *To drive* (2) *To shake, or wag* (3) *To tumble and toss* (4) *To chase, course, or hunt* (5) *To manage, or govern* (6) *To trouble, vex and disquiet* (7) *To consider, and cast about* (8) *To handle, and debate* (9) *To exercise, and practise* (10) *To dwell* (1) = Cum pulsetur, agiteturque atomorum incursione, [sc. purus deus] *Cic* (2) Decumbit, & intrat caput *Col* 6 6 (3) Vid Agitatus, No 1 (4) Ferum sibi ... excitaturus non his nec ... agitaturus, *Cic* (5) In pace beneficiis magis quam metu imperium agitabant, *Sal* (6) Vid Agitatus No 2 (7) Id agitans mecum sedulo inveni remedium huic rei, *Ter* (8) Vid Agitatus, No 4 (9) Vid Agitatus, No 3 (10) Getulos accepimus partim in tuguriis incultius vagos agitare, *Sal* ¶ Agitare rem aliquam sermonibus, *To talk, or discourse of it*, *Liv* § Agitare convivium *Vir* vitam, *Sal* *To live* convivium, *To feast, or banquet*, *Ter* ... *To ...* ... consilia *To consult*, *Liv* ... *To ...*, *Sal* ... *To ...*, Catull Agitare secum in animo, *To ponder, or consider*, *Cic* ... *To comment upon*, *Cels* ... *To follow the course*, *Cic* latrocinia, *To rob*, *Tac* fugam *To fly* *Vir* moras, *To delay* *Sal* gaudium, & lætitiam, *To rejoice and be merry*, *Id* § Agitare custodiam, vigilias, *Plaut* præsidium, *Sal* festos dies, *To keep ward, watch, or holiday*, *Cic* Agitare ... *To be* ... *Plin*

Agĭtor, āris pass *To be driven, chased, tossed, vexed*, &c Agitari furiarum tædis ardentibus *To be terrified*, *Cic*

* Aglaodos ... ontis m *A dog's name*, *I ... tooth*, *Ov*

* Aglaophotis, idis f Herba noctu lucens, tactumque fugiens, dum locum ex loco mutat, *Ælian* ... 27 *Some take it for a kind of Piony* Vid *Plin* 24 17

* Aglaspides um m pl *Liv* [ab ἀγλα splendidus & ἀσπὶς scutum] *A regiment of soldiers so called among the Romans* Aglaspis corrupte legit *Cal*

Agmen, ĭnis n qu [Agimen] (1) *An army marching* (2) *A company of soldiers, chiefly infantry* (3) Met *A number of people walking together* (4) *A herd of beasts, pack of dogs, flock of birds, swarm of bees* &c (5) *The course, or stream of a river* (6) *The working of oars* (7) *The winding of a serpent* (8) *An assault, or attack* (1) ✠ Nemines ... in castris, neve in agmine servum aut jumentum haberet, *Sal* (2) ✠ Nonnulla cohortes in agmen Cæsaris, ... equites incidunt, *Cæs* *B C* 1 ... (3) Agmina comitum, *Ov* (4) Per valles pascitur agmen, *Vir* Agmen aligerum *Id* Agmen (canum) ... instigant, *Ov* Nare per æstatem liquidam pro ... agmen, *Vir* *Geor* 4 59 (5) Leni fluit agmine Tibris, *Id* (6) Agmine remorum celeri, *Id* (7) = Medii nexus extremæque agminis caudæ, *Vir* *Geor* 3 423 (8) Illi [angues] agmine certo Laocoonta petunt, *Id*

Agna, æ f ... hoc ... fœ ... *A ... square piece of land, one hundred and twenty foot every way* ... *which ... make together* ... Jugerum, ... *Col*

Agnascor, vel Adnascor, eris, natus sum dep [ex ad, & nascor] (1) *To be born after the fa-*

ther's will is made (2) *To be related by the father's side* (3) *To grow upon, or to* (1) Constat agnascendo rumpi testamentum, *Cic* de *Orat* 1 57 (2) ... (3) Vid Agnatus

Agnātio ōnis f verb agnatorum consanguinitas (1) *Kindred by the father's side* (2) *Growing to a thing* &c (1) = Homines eorum agnatione, & gente tenentur, *Cic* (2) Vid Agnatus

Agnāti, ōrum pl m subst Qui possunt etiam esse cognati, ut patruus cognatus, & agnatus dicitur, avunculus autem cognatus tantum, *Kindred by the father's side* Ad agnatos, & Gentiles est deducendus, *Var* *proverbially was said of a madman because by the law of the XII tables, they were to have the charge of him.*

Agnātus, a, um part *Growing upon, or to, as hair and nails do* *Grown above, or beside nature* Hence Agnati, & Agnascentia ... in animalibus ap *Plin* ... *are more than should be by nature, as a sixth finger*, &c

Agnellus, i m dim [ab agnus] *A little lamb, or lambkin*, *Plaut* ☞ *The rare ... his ... makes me think it was from ... his own ... (as undoubtedly many others were) and would not pass current after him*

|| Agniculus, idem *Arnob*

Agnīnus a, um adj *Of a lamb* Agninis lactibus alligare canem, *Plaut* ... *the chitterlings*

Agnĭtio, ōnis f verb [ab agnosco] *An acknowledgment, or recognition, a knowing*, *Cic*

Agnĭtus, a, um part [ab agnosco] *Owned, known, acknowledged*, *Val Flacc*

Agnōmen, ĭnis n [ex ad & nomen, adnomen vero quasi ad nomen quod ... recte scribi ... e g Scipio ... agnomen *Africanus* a devictis Afris] *A name, or title that a man get either by an action, or some other way* *The surname of any person, being the last of the three among the Romans*, v g Marcus prænomen *Tullius*, nomen, *Cicero* agnomen *If there are four names of a person, the first is his prænomen, as M Marcus, because it is prefixed before the name of his family, Porcius, the third Cato, his name, distinguishing him from others of the Porcian family, lastly his agnomen*, Censorius, *from his office of Censor*

† Agnomentum, i n *A nickname*, *Apul*

|| Agnōmĭnātio, ōnis f verb *An allusion to the name of any thing, likeness of name, or words* *A nickname, a cunh* ...

|| Agnōmino, as ... [ab agnomen, ut, a nomen, Nomino] *To nickname*

† Agnomones, equi carentes dentibus qui gnomones dicuntur, *horses that have worn out the mark in their mouths*, *Cæl*

* Agnos sive Agnus castus, *The chaste tree*, or (as some) *the tree called Park leaves*, *Plin*

Agnoscendus, a, um part *To be acknowledged, owned, or admitted* *Luc*

Agnosco ĕre, ōvi, ĭtum act [ex ad, & nosco, pro Adgnosco] (1) *To know, to find out, or to ... having known before* (2) *To allow, own, ... to take upon him* (1) Quibus signis agnitam ... *Plaut* (2) Tantam mihi tribuis quantum ego nec agnosco, nec postulo, *Cic* ✠ Agnoscimus, quos antea novimus, cognoscimus, quos nunquam prius vidimus

Sed hæc differentia non rarò negligitur.

† Agnotus, *pro* Agnitus, *Pacuv.*

AGNUS, i m De notatione nihil certi adducitur *A sucking lamb* Lascivit agnus, *The lamb plays, or frisks*, *Col*

AGO, ĕre, ēgi, actum act [ab ἄγω] (1) *Properly to drive gently, or forcibly* (2) *To do any business* *In both which senses it is translated to the mind, as upon due attention may appear in the manifold use of this verb* (3) *To talk of* (4) *To mind, or observe* (5) *To require* (6) *To take care of* (7) *To endeavour* (8) *To see, implead or ... de ...* (9) *To apply, or bring to* (10) *To move or shake* (11) *To disturb, or disquiet* (12) Absol *To live* (13) *To act, or personate* (14) *To act, or shew the part of* (15) *To treat, or deal with* (16) *To plead* (17) *To exercise.* (18) *To count, or reckon* (19) *To manage, or govern* (20) *To bargain, or contract for* (21) *It is often englished by the verb of the following noun* (1) Capellas protenus æger ago *Vir* (2) Nihil agitur agebat Q Maximus *Cic* de *Senect* (3) Estne hic de quo agebamus? *Ter* (4) Hoccine agis annon? *Id* (5) Non necesse habeo omnia pro meo jure agere, *Id* (6) Agere curas de ... *Liv* (7) Id agunt ut boni viri videantur, *Cic* (8) Agit ... injuriarum, *Ia* (9) Vineas turresque agit, *Cæs* (10) Agere ... *Col* (11) Agit ipse furentem in somnis ... Æneas, *Vir* (12) Agere inter homines desinit *Tac* (13) Perjurissimum lenonem cum agit, agit Chæream, *Cic* (14) Amicum ex imperatore agit *Plin* (15) Vide quam non inimico animo sum acturus *Cic* (16) Cum causam apud Censores ageret, *Cic* (17) Quis tam iniquum ... *Sen* (18) Si quis horum familiam a proavo ... agat, *Plin* (19) Agere equum *Liv* currus, *Ov* navem, *Hor* fiscum *Suet* regnum, *Hor* (20) Dedi quod mecum egisti, *Plaut* (21) Agere cursum, *To run*, *Plin* vitam, *To live*, triumphum, *To triumph*, gratias, *To thank*, rimas, *To chink, or chop*, *Cic* fugam, *To fly*, ictum *To strike*, consilia, *To consult*, *Liv* nugas, *To trifle*, ambages, *To beat about the bush*, *Plaut* censuram, *To censure*, *Sen* stationem, *To stand centry* *Tac* mensuram, *To measure* *Plin* pœnitentiam, *To repent*, *Plin* germina, *To bud, and blossom*, *Col* ... *To ...*, *Hor* silentium *To be silent*, *Ov* otia, *To be idle*, spumas ore, *To foam at the mouth*, *Vir* scintillas, *To sparkle* *Lucr* gradus, *To go, to march on*, *Val Fl* secretum, *To be private, or alone* *Suet* cuniculos, *To undermine* *Cic* ¶ Lege agito, *Take your course at law*, *Ter* Lege age, *Execute the law*, *Liv* Agere animam, *To be dying*, *Cic* Agone? *Ov* *A form ... of the sacrificing Priest, ... the moment when he should strike* Hoc age, *A form ... commanding attention to religious matters, but transferred to other things* Multum agit ætas, sexus conditio, &c *There is a great matter in it*, *Quint* Si octogesimum annum agerent, *If they were 80 years old* *Cic*

Ăgor, ĕris, agi, actus, pass *To be driven, done, handled, debated* &c Libertas, salus, gloria P R agitur, *Cic* ... de libertate &c *lie at stake* Certiorem eum fecerunt id agi ut pons dissolveretur *That they were consulting to break*

down the bridge, *Nep.* Quid agitur? *How goes it? how do you all do?* *Ter*

* Ăgōgæ, *Ditches, or trenches in gold mines to convey away the water*, *Plin*

* Ăgon, ōnis m *A playing for a prize, a striving for mastery in activities, justing, wrestling, a match at any exercise* *The place of such exercise which at Rome was the* Circus Flaminius *Also the sacrificing priest* Agones musici, *Musick prizes*, *Suet* ‡ Contentionis studium, *Cic*

|| Ăgonales dies, or Agonālia, ium pl n *Var* [ab agon? pro agone? quod vide in Ago, & lege Hexastichon, *Ov* *Fast* 1 317] *A solemn feast, where the king offered a ram in his own palace, it was kept in January, with games and exercises*

* Ăgonia æ, f *Bibl* extrema contristationis species *Anger, an agony an horror, a trembling passion, extreme anguish and grief* *Also the beast sacrificed*, *Fest*

* Ăgonista, æ m *Iren* Lat Luctator, Pugil *A champion, a wrestler* Hinc

* || Ăgōnisticus, a, um *Gotten by prize* Agonistica corona, *A crown of martyrdom*, *Cypr*

Ăgonius, Deus rebus agendis præsidens, *Fest*

* Ăgōnizo as act & or, ări, dep i e Dimico, Contendo, *To strive for mastery, to wrestle for the Christian prize, a crown of glory*, *Eccl*

* Ăgōnŏthĕta, æ m *Spart* Munerarius, *Suet* *He that oversees the masteries of activities, or the judge in such games* *A master of the ...*

* Ăgoranŏmus i m [ab ἀγορὰ, forum, dict a foro rerum venalium, cui legem (νόμον) præscripsit, de mensuris cognovit, &c] *He that set the price of victuals, the market the clerk of the market*, *Plaut* *Curc* 2, 6 ‡ Ædilis

Agrariæ, scil Excubiæ, *Sentinels*, *Veg* *Guards of country people, about in the field*, *Soldiers scattered up and down in villages, to secure the country*, *ib*

Agrārius, a um *Pertaining to the ... or fields, as*, Lex agraria, *An act of the senate for an equal distribution of lands among the people* *Cic*

* Agre, es f nomen canis, [ab ἀγρεύω, venor] *Ponder, catch*, *Ov*

Agrestis, e adj [ad agros pertinens aut natus in agris] (1) *Pertaining to the fields, or belonging to the country, wild, growing, or bred in the country* (2) *Clownish, unmannerly, ill bred, slovenly, boorish* (3) *Rough, coarse* (1) Gaza ... agresti, *Vir* ✠ Habitantes agrestes majores silvestribus, *Plin* (2) ✠ = Exculto animo nihil agreste, nihil inhumanum est, *Cic* (3) = Rustica vox & agrestis quosdam delectat *Ia* ☞ *It is often used substantively, as*, Collectos armat agrestes, *Vir* Duri agrestes, *Id* Frigidus agrestis, *Ov*

* Agria, æ f [fera scabies] *A scab, a rebellious ulcer*, *Cels*

Agrĭcŏla, æ m & f [qui, & Agricultor, ex ager, & colo] *A husbandman, or plowman, one that tills the ground*, *Liv*

Agricolaris, e adj *Belonging to husbandry* Bis septem parvos, opus agricolare, libellos, *Pallad*

† Agricolātio, onis *Sæpe dix* *Col* ... quisquam *Tillage, husbandry* ‡ Agricultura

Agricŏlātor, oris m idem quod Agricola, *Ov* Raro occ

|| Agricŏlor āris dep To till the earth, ap posteriores scriptores rep | Agrum colo

Agricultor, oris A husbandman, Liv sed rectius Agri cultor

Agricultūra, æ f Cultus agrorum Husbandry, tillage Nihil agricultura melius Cic Sed fortè melius divise leg Agri cultura

|| Agrimōnia, æ f The herb agrimony, liver wort Alias Eupatorium n Agrimonia sylvestris, Wild tansy, vulgo

* Agriodes, i vel ontis m Nomen ficium, a feris dentibus One of Actæon's dogs, Ov

Agrĭpĕta, æ m & f [ab ager, & peto] One who claimeth a share in the division of lands, or helds, Ov

Agrippa, æ m Agrippa qu Ægrippæ [ab ægro partu] A child born with his feet forwards, Plin Vid Propr

Agrium, i n A kind of nard, Plin Also a sort of nitre, Id

† Agunculă, Cic Suet corrupte pro Icuncula [ab icon, i e imago] A little image

* Ăgyrta, æ m ἀγύρτης, A juggler, a mountebank, a fortune teller, a juggling pedling Hæc vox ext ap Calep nusq uæct eit it neque Steph neque Fabri agnosc. Lat Circulator, Præstigiator

A ante H

A H in notis ant Alii Homines

A H, interj [ab ἆ ἆ] varios affectus exprimit Dolorem, Ah! tantamne rem tam negligenter agere, Ter Reprehensionem, Ah! ne sævi tantopere, Ter Objurgat Ah! quanto satius est, Id Abnegat Ah! ne me obsecra, Id Clamat Plaut Mostell Suspirat Ah! ah! cum venit in animum ut mihi mores mutandi sient, Plaut Ah Alas Wo is me, A, a, a, What, Hah Fie, 'Tis even so, Yea, Tush, No, away, away, Ho, ho Stay, ho Cum acc Ah me miseram! Oh wretch that I am! Ter

Aha, interj Away, fie, no, Plaut

Ahah, interj Oh, in sighing, Plaut

✤ Ăhĕneus, a, um Poet pro Æreus, Hor [ab Æneus, solutâ diphthongo, & interposito h] Brazen, of brass, or copper, strong

Ahēnum, i n i e vas ahēnum [ab adj ahenus] (1) A cauldron, a kettle, a copper, a brass pot, or pan, (2) A vat wherein purple or other colours were dyed (1) Littore ahena locant, Vir (2) Getulis fucatet vellus ahenis, Sil

✤ Ăhē,us, a, um adj Poet Vir [pro Æreus, ab æs, ut sonus sit viridior vegetiorque, Gell] Brazen, made of brass, or copper.

A ante I

† Aibant, pro aiebant, Non ex Acc

Ai, [imperat ab aio] Say, or affirm thou ⚹ Vel ai, vel nega, Plaut

* Aigleuces, i e semper mustum, A kind of sweet wine, wine that never wrought, stum, Plin

Ain', pro aisne? Say you so, Plaut

Aio, ais, ait, aiunt verb def [a φάω, unde φημί, dico, pro quo Attice ἠμί Voss] Imperf habet integrum, Aiebam, &c perfecti solum secundas, Aisti, aistis, in imperativo, Ai, in optat Aias, aiat ai mus, aiant Part Aiens Reliqua desiderantur To affirm, testify, avouch, or aver ⚹ Vel ai, vel nega, Either say I, or no, Plaut Ut aiunt, As they say, Cic

† Ajutamini, pro Adjutate, dep Non

* Aizoon, Plin ἀείζωον, i e semper vivum, quod folia non flaccescant An herb always green called ay green, or sengreen, everlasting, houseleek

A ante L

Āla æ f [ab axilla, fugâ literæ vastioris, Cic in Orat] (1) A wing of a bird, or of any flying thing, a pinion (2) Analog An armpit, or arm hole (3) Synec The arm (4) Also the same part by analogy, in beasts (5) The wings of an army, or the horse on each side flanking the foot (6) The pinnacles, or turrets of houses (7) The hollow between the stem of the leaf and the stalk of the herb (1) Galli cantu premunt alis, Enn (2) An gravis hirsutis cubet hircus in alis, Hor (3) Grandes miretur Lælius alas, Juv (4) Plin 11 40 (5) Ala equitum amissa fuit, Liv (6) Vitr 6 , (7) Plin 25 5 ¶ Ala velorum, The sails Virg sagittæ, The feathers of an arrow, Id § Plaudere alis, To clap the wings, Virg Commovere alas, ✤ Verberare alis æthera, To fly Id

Ālabandica rosa, [ab Alabandâ Asiæ regione] A kind of damask rose, with whitish leaves, Plin

* Ălabarches, æ m [ab ἀλάβη, A writing of tribute paid for the feeding of cattle & ἄρχω, impero, q d Scripturæ magister] A chief Publican, or gatherer of tribute Sed rectius, ut opinor, scribitam ap Cic quam Juv Arabarches

* Ălăbaster, i m Alabaster Meton A vessel made of alabaster, to keep sweet ointments in, an ointment box Quibus alabaster plenus unguenti putere videtur, Frag Cic ap Non

* Ălăbastrites, æ m Plin [ab Alabastro oppido Ægypti] Alabaster stone, a kind of marble, whereof they made vessels for ointment, which by the Poets is called Onyx

* Ălăbastrum, i n A box of ointment, or perfume, made of alabaster Cosmi redolent alabastra, Mart 11 9

* Ălabastrus, i m The same that Alabastrum Also the bud of a rose, or the green leaves that cover it So called from its likeness to the fashion of the alabaster-box, Plin 21 4

* Alăbes, ētis m A kind of fish peculiar to the river Nilus, Plin

Alăcer, m cris, f cre, n & Alacris, cior, comp [ab ἀδάκρυος, i e non tristis, l prod, Donat] (1) Merry, brisk gladsome, cheerful, pert. (2) Metalsome, free, couragious (3) Fierce, sharp (4) Ready, apt. (5) Pleasant, delightful (1) ⚹ Quid tu es tristis, quidve es alacris? Ter Vultus alacer, os alacre, Cic (2) Equus alacer, Id Milites alacriores, Cæs (3) Leones alacres, Claud (4) Alacer, ut alteri noceat, ad Her. (5) Meton Sylvæ alacres, Vir

Alacritas, ātis f [ab alacer] (1) Alacrity, cheerfulness, nimbleness, briskness (2) Eagerness (3) Courage, pleasure (1) = Alacritas, & lætitia, Cic (2) Canum alacritas in venando, Id (3) Addis mihi scribendi alacritatem, Id

Ălacrĭter, adv Cheerfully, briskly, readily, merrily, couragiously Secuta ætas alacriter defendit, citatur ex Plin 20 12 sed libb opt habent Acriter

Alăpa, æ f [ex על אפ Hebr super faciem] A blow, or slap on the cheek with the open hand, a cuff or box on the ear Dignus eras alapis, Mart 5 62

Ălāris, e adj [ab ala] Belonging to the wing of an army Cohortes alares, The flank Liv

Alārius, a, um [ab ala] Equites alarii, The horse on the flank Liv

Ălăternus, i f [qu ab ἐλαία olea] A barren tree, leaved like the Ilex and the olive-tree, Plin

Ālātus, a, um adj [ab ala] Winged, Vir

Alauda, æ f [Contentus Suet Plin & Var affirmatione vocem esse Gallicam, notatione accersitâ abstineo] A lark Alaudarum legio, The name of a Roman legion, Cic quod galeis uterentur ea apici similis illamis in avicula capite, quam Galli vett Alaudam, hodierni Alouette vocant, unde Latinis Cassita, & Galerita dicta

|| Ălaudium, rectius Allodium, quod vide.

Ălausa, vel Alosa, æ A kind of fish, the same as Clupea A shad

|| Alba, æ f A white precious stone, or pearl Venant Alba (vestis) An albe, or surplice Dominica in albis, Whitsunday Eccles

Albārium, i sc opus, Plin quod fit ex purâ calce, quomodo Vitr 7 2 & Pall 1 14 docebunt White-washing

Albārius, a, um Made of white mortar, Plin

|| Albarius, i m A pargetter, or white washer, Cod Theod 2

Alba spina, The white thorn or lady-thistle, Plin

Albātus, a, um part [ab albor, inusit] Made white, clothed in white, in his best clothes, in his holiday apparel, Cic Albatus, subit An inferior magistrate, Vir

|| Albēdo, inis f Whiteness, white colour, Sulp Sev

† Albegmina, um n corrupte pro Ablegmina, quod vide

Albens, tis, part Whitish, looking white, hoary Albens olivi, Ov Albentes comæ, Id ¶ Albente cœlo, As soon as it was light, Cæs

Albeo, es, ui neut [ab albus] To be white Albet caput canis capillis, Ov

† Albeolus, i m corrupte pro Alveolus, i abacus lusorius, A pair of tables, Cic

Albescens, part Waxing white, or hoary Lenit albescens animos capillus, Hor

Albesco, ĕre incept [ex albeo, albus fio] (1) To wax, or become white (2) To be bright (1) Albescit messis aristis maturis Ov (2) Ut primum albescere lucem vidit, Vir

† Albeus, i m Abacus lusorius, corrupte pro Alveus A pair of playing tables, Plin

Albicerata ficus, ficus sylvestris, [qu ab alba cera] A kind of broad fig, with a small stalk, Plin 15 18

Albĭco, as neut To grow, or wax white Nec prata canis albicant pruinis, Hor

† Albĭcor, āris pro Albesco, Var

Albĭdus, a, um [ab albeo] Inclining to white, whitish, Ov

|| Albini, Pargetters, or white-limers, Cod Theodos

† Albitudo, inis f White colour, or whiteness Ad altam capitis albitudinem, Plaut Trin 4 2 32

† Albo, as act unde Albatus, & Dealbo To whiten, Ant

Albogălērus, i m An hat which the Priest of Jupiter wore Fiebat ex alba pelle hostiæ Jovi cæsæ, Fest

Albor, ōris m White colour, or whiteness, Var The white of an egg Ovorum trium alborem in laganam mittas, Apic 1 1

Albucum ci n is taken for the white daffodil Plin

Albūgo inis f A white spot in the eye, a pin, or web that grows over the sight, Plin Also the white of an egg Gloss vet

Albūlæ, (aquæ) A kind of white waters, good for healing wounds, Plin

Albŭlus, a, um dim [ab albus] Somewhat white Albulus columbus, Catul

Album, i n Album Prætoris erat tabula dealbata in qua sua proponebat edicta quo omnibus innotescerent A whited table, wherein the Prætors had their edictions, and degrees, written Also a matriculate register, to inroll names in, a list of names, a muster-roll Album judicum, Suet Senatorium, Tac Ad album sedentes, Interpreters of the Prætorian law, and degrees, Sen ⚹ Albo eradere, Tac Inscribi, Suet Album corrumpere, To deface an Prætor's edict Id

Album, i n abs White whiteness Vir Album oculi, The white of the eye Cels Album ovi, The white of an egg, Plin

Albūmen, inis n The white of an egg, Plin Raro occ

Alburnum i n [ab albo colore] Adeps arboris, the white sap or sappy part of trees on the out side next the bark, subject to rot, and be worm-eaten Plin

Alburnus, i m A fish [a colore dict] A small white fish, perhaps a bleak, or blay

Albus a, um adj [sine dubio ab ἀλφός, hoc est, λευκός dicitur, etsi alii aliis notationes afferunt ἀλφὸς vocatur ubi color albus est, &c Cels 1 5 cap ult Hinc etiam Alpes a candore nivium] (1) White, hoary (2) Pale, and wan (3) Met Fortunate, happy (1) ⚹ Albus aterve sis ignorans, Cic Sparserit integros alba senecta comas, Prop (2) Albus pallor, Hor (3) Alba nautis stella refulsit, Id ¶ Albi calculi, White stones, wherewith they marked their lucky days, as their ill days with black Also in trials the white stones which they cast into an urn, to solve the person accused Albus spinus, The white thorn tree, Fest ⚹ Albo opponitur atrum, candido nigrum, Id

† Alcæa, æ f [ab ἀλκή, fortitudo qua cauda et incitamento excitatur] Action, or honours, Calep ex Cal

Alcaicum carmen, ab Alcæo inventore, quod post duos dactylos duos itidem habet trochæos A kind of verse, consisting of two Dactyls and two Trochees, as, Purpurei metuunt tyranni, Hor

|| Alcarmes, sive Carmes Punicâ lingua, Ruell [ex articulo al & carmes, Arab i e coccus, vel coccineus vermiculus] The worm whereof crimson colour is made A modern cordial confection, Alkermes

* Alce, ces or, Alces, cis f Plin An elk, a wild beast resembling a fallow deer, but larger, and has no joints in the legs.

* Alcea, æ f Plin A kind of wild mallows, Marsh-mallows Hodie, Bismalva sylvestris

Alcedo, inis f Plaut [qu algedo, quod frigidis temporibus pariat] A bird which makes her nest in the sea about mid-winter, when there is always a great calm Some take it for the king's fisher

Alcĕdonia, orum pl n The time the king's-fisher hatches, in which the sea is calm, and still Met Quiet, peaceable times, Plaut

|| Alchymia,

|| Alchymia, æ f Firm 3 15 in edit Ald, sed in Mss Comm. test [illegible]

|| Alcoranum, i n & Alcoranus, i m [Ex Muhammedis] ... *The Alcoran, or book of Mahomet's laws*

ALEA, æ f [An qu. Alvea] ... *A die, a cast, or chance*, ... (1) Vetita legibus alea, *Hor* (2) Alea parva, ... nona, ... (3) Periculosæ plenum opus aleæ, *Hor* (4) ♓ Sequentes alea non ratione [illegible]

Aleator, ōris m *A dice-player, or gamester*, Cic

|| Aleatorium, i n *A gaming-room*, Sidon

Aleatorius, a, um adj *Pertaining to dice*, ... *Cic* Aleatorium forum, *A gaming-room, gaming-house*, Suet

Alec, ēcis n *A thick brine* ... *made of the entrails of fishes*, Hor

* Alectoria, æ f Plin [lectoria ... gallus] *A stone found in the maw of a cock*

* Alectorolophos, *Galli crista* ... *An herb having leaves like a cock's comb, some call it fox-louse-herb, or rattle-grass*, Plin

|| Alembicus, el Alembicum, *An alembick or still*, Scalig

† Aleo, onis m Fest ex Næv idem quod Aleator, *a dice-player, a gamester*

Ales, itis adj [ab ala] *Light, swift, quick* Plumbum ales *A bullet* Sil Deus ales, *Mercury*, Ov

Ales, itis c g. subst *Any great winged bird, a fowl* Jovis ales, *an eagle*, Vir Palladis ales *an owl*, Ov Phasidis ales, *A pheasant*, Stat Cythereiades ales, *A dove* Sil Cristatus ales, *a cock*, Ov *Sometimes smaller birds*, ... Pandionis ales, Ov Daulias ales, *The nightingale*, Sen ¶ Mala ales, *Bad luck*, Hor Secunda ales, *Good luck*, Id

† Alesco, ĕre incept [ab alo] *To increase, or grow by nourishment*, Var ‡ Cresco

* Aleurites panis, *Wheaten bread*, Ruell ‡ Triticeus

Alex, ēcis f sine pl Plin [qu. ... nam & hallex scrib. ob salsuginem] *A pickle, or salt thick liquor made of fishes* Also *a cheap little fish*, Cato

* Alexicacus, ἀλεξίκακος, malorum depulsor *A saver, or defender from harm, and danger* The epithet of Hercules, and Apollo Alexicaci dæmones, qui & Apopompæi, & Apotropæi, Lysii quoque, & Physii appell Bud Cæl *Tutelar gods, guardian angels*

* Alexipharmacon, i n *An antidote, or medicine against poyson, inchantments, and witchcraft*, Plin

ALGA, æ f Virg *An herb, or weed growing on the sea-shore, or in the sea, sea-weed* ♓ Alga maris, ulva stagnorum, *Serv* sed fallit interdum Projecta vilior algâ, Prov ex Vir *Good for nothing*

Algens, tis. part. [ab algeo] *Cold, chill*, Stat

Algensis, e adj [ab alga] *Of, or belonging to weeds, or sea-grass* Algenses pelagiæ, *A kind of purple fishes which feed on sea-weed*, Plin 9 37

Algeo, ēre, si neut [ab ἀλγέω, doleo] (1) *To be grievously cold, to be chill, to quake for cold, to be vexed with cold* ♓ Æstuo (2) *To want cold* (3) Met *To be neglected or disregarded* (1) ♓ Puer sudavit & alsit *Hor* (2) Ne aut illic alsisti aut usquam excideris, *Ter* (3) ♓ Probitas laudatur, & alget, *Juv* 1 74

Algidensis adj Riphæus Algidensis, *A kind of radish, long and clear throughout*, Plin

Algidus, a, um adj *Chill with cold*, Catull

|| Algificus, a, um adj *Causing, or bringing much cold*, Gell

Algor, ōris m verb [ab algeo] *Cold, great cold, shivering, chilness*, Sall ♓ Æstus, *Plin*

Algosus, a, um adj [ab alga] *Weedy, full of sea-weed, or reets*, Plin

Algosus, a, um adj [ab algor] *Very cold, chilly* Vivunt in algosis, *Plin Hist* 32 9

† Algu, pro algore Non ex Acc Vir & Plaut

† Algus, i m pl eu pro Algor *Extreme cold*, Lucr 3 732

Alia adv loci *Some other way*, Donat

Alias, adv [ab alius] tum præt quam fut temp etiam sæpe indef *At another time, at another time, other two fashion* § A lias gemmatum in diversis clausulis, *Sometime, another time, one time another while* ¶ Alias aliud iisdem de rebus judicant, *They now are of one opinion, then another* Cic

Alibi, adv [per sync ab aliubi, Voss] (1) *Else where, with another person* (2) *In another place* (3) *In any other business, or affair* (1) Habebam alibi animum amori deditum, *Ter* (2) ♓ Hic segetes illic veniunt felicius uvæ arborei fœtus alibi, *Vir* (3) ♓ Aut hic aut nusquam alibi sciri poterat, *Ter*

Alibilis, e adj [ab alo] *Nourishing, nutritive*, Var alibi raro occ

Alica, æ f Plin [ab alendo, Fest] *A kind of wheat, or corn like rice* Also *a kind of potage, or drink made of that, or any other sort of corn, as frumenty, flummery, barley broth* &c

Alicastrum, i n [ab alica, ut e siliqua siliquastrum] *A kind of bread-corn*, Col 2 6

Alicubi adv. loci [qu aliquo ibi] *Somewhere, in some place, any where, in any place* Utinam hic prope adesset alicubi, *Ter*

Alicula, æ f [ab ἄλλιξ χιτὼν χειρίδωτος tunica manicata, *Hes*] *A child's coat with sleeves*, Mart

Alicunde, adv [qu aliquo unde] (1) *From some place, or other* (2) *From some body, or* (3) *Thing* (1) Venit meditatus alicunde, *Ter* (2) Alicunde exora mutuum, *Plaut* (3) Non quæsivit procul alicunde, *Cic*

† Alid, pro aliud Alid ex alio reficit natura, *Lucr* 1 64

Alienatio, ōnis f verb [ab alieno] *An alienation, or making over to another*, quo sensu usitatius est Abalienatio Also *a withdrawing from ones company, and friendship, an aversion, or dislike to one, a keeping at a distance*, Cic ¶ Alienatio mentis, *An alienation, the loss of ones wits, distraction*, Plin.

Alienatus, a, um part (1) *Alienated, made over, or delivered up* (2) *Estranged, severed, parted* (3) *Bereaved of* (4) *Revolted* (1) Alienatus mihi est usus adium *Plaut* (2) Alienata est ibi ... mulier, *Id* (3) Alienatus sensibus Liv mente, *Plin* (4) Alienata insula, *Nep*

Alienigena, æ c g [ex alienus, & gigno] *A stranger, a foreigner, one of another country, or of another kindred*, as then Cic

Alienigenus, a, um adj *Foreign, of strange country* Studia alienigena *Pl* ... Mulier alienigeni sanguinis, *Id*

Alieno, as i e alienum facio *To alienate, or to make away an estate, to sell a thing, to deliver the possession, or right of a thing to another* (2) *To discard, or cast off* (3) *To withdraw* (1) Venire res vestras proprias, & in perpetuum a vobis alienari, *Cic* (2) Ita nos alienavit, *Ter* (3) Conabantur alienare a te voluntatem meam *Cic*

Alienor, āris pass (1) *To be alienated, or estranged* (2) *To be distracted, or distempered* (3) *To be corrupted, or putrified* (1) Plane alienari a Senatu *Cic* (2) Alienatus est mente, *Plin* (3) Cels 7 16

Alienus, a, um adj or, comp ssimus, sup [quod ad alium pertinet, ab alius] (1) *Another man's* (2) *Of another country, foreign* (3) *None of our kin, or relations, alien* (4) *Disagreeable, unmeet, unbecoming* (5) *Different, of another sort, absurd, adverse* (6) *Averse, estranged* (7) *Hostile, disagreeing* (8) *Offensive* (1) Alienus cibus, *Ter* (2) Plin 7 1 (3) ♓ Potiores sunt propinqui quam alieni, *Cic* (4) Non putavi esse alienum institutis meis, *Id* (5) Ov 3 Trist eleg 3 Alieniore ætate post faceret tamen, *Ter* (6) Non nimis alienos animos habemus, *Cic* (7) Equitate podagricis quoque alienum est, *Cels* Alienissimo sibi loco constitit, *Nep Them* 4 (8) = Sumendi cibi faciles, & stomacho non alieni, *Id* ¶ Alienâ vivere quadrâ, *To shark, and hang on*, Juv Alieno more *As another man would have him*, Ter § Regit gen vel dat vel abl cum vel sine præp ab

Aliger, ĕra, ĕrum voc Poet [ex ala, & fero] *Winged, that hath wings*, Ov

Aliger, ĕra, ĕrum [ab ala, & gero] *Winged, wearing wings* Aligerum agmen, *A flock of birds*, Vir Aliger Arcas, *Winged Mercury*, Stat

Alimentarius, a, um *Pertaining to nourishment, or maintenance* Lex alimentaria, *A law that children maintain their decrepit parents*, Cæl ad Cic 1 8 ep 6

Alimentarius, i m ap Jcc ut legatarius, cui alimenta legata sunt *One that hath his maintenance allow'd him by ones will* Also *one that is maintained at the publick charge*.

Alimentum, i n verb. [ab alo] *Nourishment, ones keeping, living, sustenance, maintenance, food, victuals* ¶ Alimentum ignis, *Fewel*, Plin nubibus, *Rain*, Ov Alimenta arcu expedire, *To live by his bow*, Tac

* Alimon, *A kind of shrub hurtful to the growth of trees*, Plin

|| Alimonia, æ f Macr *Alimony, maintenance, food, nourishment* ‡ Alimentum

† Alimonium, i n. *Nourishment*, Var ‡ Alimentum.

Alio, adv. [ab alius] ad alium locum. (1) *To another place*. (2) *Business, or purpose* (1) Alio missus sum, *Ter* (2) Sermonem alio transferimus, *Cic*

Alioqui vel Alioquin, conj [ex alio, & quin] *Otherwise, else, if not, in other ways*, Hor

Aliorsum, adv [contr ex alio versum] (1) *Towards another place, elsewhere* (2) *To some other purpose, otherwise than* (1) Ancillas jubet aliorsum ire, *Plaut* (2) Vereor ne illoi sum, atque ego fecit, acceperit *Ter*

† Aliovorsum, adv Plaut [ex alio, & versum] *To another place, end or purpose*

* Alipasma, orum, pl *Plasters which be not fit to drink*, Cels

✠ Alipes, ĕdis c g [ex ala, & pes] *Nimble, swift of foot* Alipedes equi, *Ov* Alipes deus, *Mercury* Id

Alipilus, i m *A fellow in the bath, that pull'd the hair off people's arm-pits* Sen Raro occ

* Aliptes, æ m Juv form Lat Alipta, pl aliptæ, *Cic* *He that anointed the wrestlers before they exercised, and took care to keep them sound, and in good complexion*, Lat Unctor

* Alipterium, *Jul Pol* [ab ἀλείφειν, ungere] *A place in the bath where people were anointed, after they had bathed*

Aliqua adv i e aliquâ via, per aliquem locum (1) *By some place* (2) *By some means or other* (1) Si qui evasissent aliqua, *Liv* (2) Vereor ne uxor aliqua hoc resciscat mea, *Ter*

Aliquammulti, *A good many*, Cic

|| Aliquammultum, n absol *Pretty much, a good deal*, Apul

Aliquandiu, adv i e aliquandum diu *A good while, some time, some while, a little while*, Cic

Aliquando, adv temp. tam præt quam fut (1) *Sometimes* (2) *At length* (3) *Formerly* (4) *Hereafter* (1) Honestas aliquando cum utilit. te pugnat, *Cic* (2) Sit discordiarum finis aliquando, *Id* (3) Non hæc ex aliquo audivisti aliquando, *Id* (4) Non despero fore aliquem aliquando, *Id*

Aliquantulum dim [e dim aliquantulum] *A very little, somewhat, never so little*, Plaut

Aliquantisper, adv [ab aliquantum] *A little while, for a small time* Concedas aliquo ab illorum ore aliquantisper, *Ter*

Aliquanto, adv *Somewhat, a little* Jungitur (1) Compar & his socious (2) Ante (3) Post (4) Postea (5) Intra (1) Aliquanto iniquior erat, *Ter* (2) Aliquanto ante furorem Catalinæ, *Cic* (3) Aliquanto post argentarii dissoluti, *Id.* (4) Postea aliquanto, *Id* (5) Intra legem, & quidem aliquanto, *Id*

Aliquantulum, (1) adj & (2) adv dim [ab aliquantum] *A very little, somewhat, never so little* (1) Aliquantulum agri in medio relictum est, *Cic* (2) Timida es aliquantulum, soror, *Plaut*

Aliquantum, i e aliquod quantum, adv vel nom *Somewhat, a little* Cum Gen *Cic*

Aliquantus, a, um [ex aliquis, & quantus] *Some, a little* Timor aliquantus, *Sal* Raro occ

Aliquatenus adv quant [ex aliqua, & tenus] (1) *Somewhat* (2) *In some measure, by some reason, or means, some way or other* (1) Flore albo, aliquatenus rubente, *Plin* (2) Cum tamen vitis aliquatenus se confirmavit, *Col*

† Ali-

† Aliqui, *ceo* aliquâ re, *Plaut*

Aliquid, subst (1) *Something, somewhat* (2) *A great matter* (3) *Of some note, or esteem.* (1) Grave est petere aliquid, *Cic* (2) Fit aliquid nupsisse Jovi, *Ov* (3) Ut tu tum aliquid esse videare, *Cic* ‖ *Adverbialiter*, Credo aliquid secutos opportunitatem loci, *i e* aliquatenus, *Id*

Aliquis, aliqua, aliquod, *vel* aliquid, [ex alius, & quis] *Some, somebody, something, some or other* Also *of some note, or esteem*, ut Itaque fac me velis esse aliquem, *Cic*

Aliquispiam, quapiam, quodpiam *vel* quidpiam [ex aliquis, & piam adj syllab] *Cic*, *Id* 9 &

Aliquisquam, aliquaquam, aliquidquam, &c *Any* Aliquiquam in servitutem dari *Liv* 6 Ep cur autem, qui negat aliquidquam deos nec alieni curare, nec sui? *Cic de Divin* 2 50 [illegible] *non aliquid in se est in* [illegible] *alios a modo legere*

Aliquo adv [ex aliquis, *i e* ad aliquem locum] *Some whither, to some place, any whither* In angulum aliquo abeam, *Ter*

‖ Aliquorsum, adv [ex aliquo versum, versus aliquem locum *Some whither*, Steph unde nescio

Aliquot, pl indec [ex ali, & quot] *Some, some certain, a few, many* Aliquot annis fuit cum, *Some years since*, Cic

Aliquotfariam, adv *Several ways, or several ways*, Varr Raro occ

Aliquoties, *vel* Aliquotiens, adv [ex aliquot ut a quot, quoties] *Several times, divers times, certain times* Cic

Aliquovorsum, adv *One way, or other*, Plaut

‖ Aliquousque, adv [ex aliquo, & usque] *To some place, or time*, Litt unde nescio

† Alis, ant pro alius, *Catull*

† Alit, *pro* Alid, *pro* aliud, *Catull* ex *Lucr* Vide Alid

Aliter, adv [ut aliis pro aliis] *After another manner, otherwise, else* Fieri aliter non potest, *Ter* Diis aliter visum, *Vir* Aliter leges, aliter philosophi, *Laws one way, after one sort, philosophers after another*, Cic Aliter atque aliter, *Several ways, first one way, then another*, Plin

‖ Altura, æ f verb [ab alor] *A cherishing, or educating*, Gell

† Alitus, a um part [ab alor] *Nourished, kept, maintained*, Diom

Alubi, adv *i e* alio ubi, *pro* alibi *Elsewhere, in some other place*, Plin 10 30 Alubi, alubi apparere *Now in one place, then in another*, Sen

Aliunde, adv *q* ab alio unde (1) *From some other place* (2) *Of or from some other person* (1) Aliunde dicendi copiam petere non possit *Cic* (2) Cum id neque per te scires, neque aliunde scire potuisses, *Id*

Alius, a, ud gen alius dat alii [ab ἄλλος] Ant alis, Prisc Legitur alii, & aliæ in gen ant test Cic De multis dicitur, sicut *alter* de duobus tantum (1) *Another* (2) *Other* (3) *Diverse* (4) *Different, contrary* (5) *Chang'd, or of a different mind* (6) *Personated* (7) *For alter* (1) Alius quidam, *Ter* (2) Alias nescio, *Id* (3) Aliæ sunt legati partes, atque imperatoris, *Cæs* (4) Hæc dies aliam vitam affert, alios mores postulat *Ter* (5) Alium esse censes me nunc, atque olim? *Id* (6) Valete, adeste, ibo, alius nunc fieri volo, *Plaut* (7) Cæs initio l 1 de Bell Gall

§ Regit ablat cum præp ¶ Alius alium, *One another*, Sall Alio atque alio loco, *In sundry or several places*, Plin Neve putes alium sapiente beatum, *Hor i e* quam sapientem Alius alio modo, *One after one sort, another after another* Cic Alium fecisti me *You have changed my mind*, Plaut Quid est aliud? *What else is it?* Cic Alius nemo, *No body else*, Ter Alius quam, *Other than*, Cic

Aliusmodi, adv Alterius modi *Of another manner, sort fashion, otherwise* Res aliusmodi est, ac putatur, *Cic*

Aliusvis, *Any other*, Litt ex G Cic ascribit, sed frustra locum quæsivi

Allābor, ĕris, psus dep [ex ad, & labor] Juxta labor *To slide by*, Cic *To row, or sail by*, Vir *To ass*[illegible], Id *To fall down, to come*, Sen § Reg dat

Allăbōro, as act [ab ad, & laboro] (1) *To labour hard, to endeavour* (2) *To add to a thing* (1) Oc allaborandum est tibi, *Hor* (2) § Simplici myrto nihil allabores *Id*

Allævo as, act [ex ad, & lævo] *To make smooth, or even, to plain, or polish* Col 1 1 25 Raro occ

Allambo, ĕre, i act [ex ad, & lambo] *To lick, or touch softly* Allambentibus flammis, *Quint* Raro occ

Allapsus, a, um part [ab allabor] *Sliding to*, Liv *Falling down*, Sen ✿ Alis allapsi sagitta, *Flying* Vir

Allapsus, us m verb *A sliding, or passing by*, Sil *A falling upon*, Hor

Allatro as act cum acc [ex ad, & latro, *i e* contra aliquem latro] (1) *To bark at, or against* (2) Met *To roar, as the sea* (3) *To backbite, rail, slander or accuse maliciously* (1) Propria signif exempla rara sunt (2) Tot maria allatrant, *Plin* (3) Cato allatrare Africani magnitudinem solitus erat, *Liv*

Allāturus, a, um part fut [ab adfero] *That will bring, or procure*, Stat

Allātus, a, um part pass [ab adfero] *Brought, reported, told*, Liv

† Allaudābilis, e adj *Very commendable or praise worthy*, Plaut

Allaudo, as act [e ad, & laudo] *To commend one highly*, Plaut

Allectātio onis f verb [ab allecto] *An alluring, or enticing* Nutricum allectatio, *A lullaby*, Quint

‖ Allectio, ōnis f verb [ab allego] ictus deligendi in ordinem senatorium *A chusing, or electing of new members into vacant places in Parliament*, Jul Cap

Allecto, as, act freq [ab allicio] *To allure, or entice, to wheedle, or decoy one, to draw by fair means*, ☰ Invitare, Cic

Allector, ōris m verb qui allicit *An allurer, an enticer, a decoy, or wheedler*, Col Raro occ

Allectus, a, um part [ab allicio] *Allured, enticed, decoy'd*, Quint Raro occ

Allectus, a, um part [ab allego] *Chosen, elected* Ea gens allecta in Senatum, *Suet*

Allēgātio, ōnis f verb *A message, or embassy, a sending unto a place*, Cic *A sollicitng, or treating, by friends, or Messengers, an allegation, plea, or excuse, the alledging of a cause for doing any thing*, Id

Allēgātus ûs m verb idem quod Allegatio Allegatu meo venit, *by my appointment, or order*, Plaut

Allēgo, as act aliquo, vel ad aliquem locum mitto [ex ad, & lego] (1) *To send one as a messenger, ambassador, or legate, upon an embassy, or errand* (2) *To denote, appoint, or commissionate for a business* (3) *To alledge by way of excuse or proof* (1) *To name, or set one down in writing* (1) Petit a me Rabonius, & amicos allegat, *Cic* 3 Ver (2) Pater allegavit villicum, qui posceret sibi uxorem, *Plaut* (3) Ad hibes preces, allegas exemplum, *Plin* Allegantque suos utroque a sanguine divos, *Stat* (4) Cic *pro Cluent* § Regit acc cum dat vel pro eo acc cum præp ad

Allēgo ĕre, ĕgi, ectum act [ex ad & lego] *To choose one to one's place, to admit* Patricios allegere, *Suet To choose one into a certain number* In ordinem, *To make one free of a company*, Ulp

* Allēgŏria, æ f Figura est qua aliud dicitur Inversio, cum aliud verbis, aliud sensu ostenditur *An allegory, a continued metaphor, as*, Sine Cerere, & Baccho friget Venus, *Ter*

Allelujah, rectius Hallelujah Bibl Voc Hebr הללויה Ang *Praise ye the LORD.*

Allĕvāmentum, i n verb *Ease, or comfort*, Cic Usitatius est

Allĕvātio, onis f verb *An easing, or assuaging of grief, and pain* Cic

Allĕvātus, a, um part (1) *Raised, or lifted up* (2) Met *Eased, comforted, recovered* (1) Naves turribus atque tabulatis allevatæ, *Hirt* 1 c 11 (2) Allevato corpore tuo, *Cic ad Att* 5 11

‖ Allevio, as act [ex ad, & levis] Vulg int *To make light of, to slight or dispraise, to weaken*

† Allevior, aris, pass *To be made light*, &c Adverbiorum confirmatio dilu tur, infirmatur, aut alleviatur *Cic* Sed al illevatur, & elevatur, quæ lectiones propiores a vero abesse videntur

Allĕvo, as act [ex ad, & levo] (1) *To lift up, or raise aloft.* (2) Met *To grow bright, to prefer to an* (3) *To lighten, to ease, to comfort, to assuage, or mitigate (pain, or grief)* (4) *To help, and relieve* (1) Quint 1 11 (2) Cælum consulatum allevabatur, *Flor* 4 2 (3) Alle are dictis aliorum ærumnam, *Cic Tusc* 3 29 (4) Onus alicui allevare, *Id* pro Sext c 4

Allĕvor, aris pass *To be eased, exalted*, &c *Cic*

‖ Alliāria, æ *sc* herba, *vel* Alliarium, i, Dod *Jack of the hedge, or Sauce alone, so called from its taste like Garlick.*

Alliatum, i n *A tansy season'd with garlick*, Plaut

Alliātus, a, um adj [ab allium] *Smelling of, or season'd with garlick*, Plaut

† Allicefacio, ĕre act *To entice one*, cujus act solum pendet ab Vitell dure composito part *et* Tepefactus, Calefactus, & alia id genus *Wheedled, cajoled*

Allicĕfactus, a, um Suet in

Allicio, ĕre, lexi, (& licui) lectum act [ex ad, & lacio] (1) *To allure, to entice* (2) *To attract forceably* (3) *To provoke, or draw on* (1) Allicit virtus homines ad diligendum *Cic de Am* c 8 (2) ☰ Magnes allicit, & trahit ad se ferrum, *Id de Divin* 1 39. (3) Alliciunt somnos tempus, motusque, merumque, *Ov*

Allīdo, ĕre, si, sum act [ex ad, & lædo] *To dash, or throw against, to bring to the ground*, &c *Lucr* § Reg acc cum dat vel cum acc & ad *Cels*

Allidor i, sus pass *To be dashed, hurt, or bruised*, C c Met *To be worsted, or suffer damage*, Col 1 8

Alliensis dies, Vid Propr.

Allĭgātio, ōnis f verb *A joining, or binding unto*, Col

Allĭgātor, ōris m verb *A tyer (of vines to their stakes,)* Col

Allĭgātūra, æ f *The knot where it is tied*, Col

Allĭgātus, a, um part *Bound, tied by covenant, obliged*. Verba alligata, *Confin'd, as in verse*, Cic

Allĭgo, as act [ex ad, & ligo] (1) *To bind tie, or fasten unto* (2) *To bind, or wrap up* (3) *To entangle* (4) *To let and hinder* (5) *To oblige, or engage* (6) *To impeach* (1) Quis alligavit pentrum meum ensi, *Cic* ap Macr Alligare ad palum, *Id* (2) Alligare caput lana, *Ter* (3) Crebris iter alligare gomphis, *Stat* 4 3 48 (4) Palus inamabilis undæ alligat, *Vir* (5) Alligare beneficio, novo lege, sacris, *Cic* (6) Hic furti se alligat, *Ter* Nec L Flaccus se scelere alliget, *Cic* Syntaxin adducta exempla docent

Allĭgor, aris pass *To be tied, entangled*, Cic &c

Allĭno, ĕre, ivi, & ēvi, itum act [ex ad, & lino] *To anoint, or besmear* *To rub so as to bring upon one* *To taint* § Regit acc cum abl vel dat cum acc Allinere dentem melle, *Plin* alteri vitia sua, *Sen ep* 7

Allinor, pass *To be rubbed upon*, &c *Plin*

‖ Allisio, ōnis f verb *A dashing against, or upon*, Spart

Allisus, a, um part [ex allido] *Dashed against, or upon bruised* Pars ad scopulos allisa interficitur, *Cæs*

ALLIUM, i n vocab admodum incertæ originis *Garlick* § Allium Ulpicum, *sive* Cyprium, *Great garlick*, Plin

Allocutio, ōnis f verb (1) *A speaking to one* (2) *An harangue made by the emperor to the soldiers* (3) *Consolation* (1) Mutat personam, vertit allocutionem, *Plin* ep 2 ult (2) In numis ant frequenter (3) [Catullum] quâ solatus es allocutione? *Catull*

‖ Allōdiālis, e *Of freehold* Pertinens ad

‖ Allōdium, i n Hotom *A freehold estate*

* Allœŏthĕta, pl n ap Priscianum. Lat Variatio *A Grammar figure, when the sense is observed, but the Syntax neglected*, ✝ Varium, & mutabile semper fœmina, *Vir* Hæc manus vulnera passi, *Id.*

* Allophylus, a, um *Auctor*. Lat Alienigena, alterius tribus, [ab ἄλλος, aliud, & φυλή, gens, tribus] *A stranger, of another tribe*. Ἀλλόφυλοι sec LXX Philistæi, Palæstini

Alloquium, i n verb (1) *Conversation, discourse, speech talk* (2) Also *Consolation* (1) Blando alloquio, & comitate invitare, *Liv.* (2) Cujus ab alloquio anima hæc moribunda revixit *Ov*

Alloquor, i, cūtus sum dep [ex ad, & loquor] (1) *To speak to one, to talk unto* (2) *To advise with, to salute* (3) *To address himself to one* (1) Alloqui te perparce liceat, obsecro, *Plaut* (2) Varr 5 de LL (3) Extremum fato quod te alloquor hoc est, *Vir*

§ Reg

§ Regit acc item abl cum præp cum, *Lur*

|| Allubentia, æ f *Readiness, willingness, consent*, Apul

Allubesco, ere, ui, itum act [ex ad, & lubet] *To please, or give content* Nulli femina allubescit mihi primulum, *Plaut*

Alluceo, ere, xi act [ex ad, & luceo] *To shine upon, or to give light to one* Ficulam allucere alicui, *To light one*, Sen

Allucinatio, ōnis f verb Vid Hallucinatio

Allucinor, āris Vid Hallucinor

Allucitæ, dicit quod ad lucem, i luce nam, pervolitent *Gnats*, *which dist from one in his face* Centum me allucitæ molestiam, *Petr Arb* Fulgentius exponit serm ant ve tit ... & inde deducit Allucinor Scribitur etiam alucitæ

Alludens, tis part Alludentes undæ *Sporting, Gently washing*, Ov *Alluding*, Vir Vid Alludo

† Alludio, as neut [ab ad, & ludo unde Ludius] *To sport upon ... to cog, to dog* § Alludiat canis ... blanditur, *Plaut*

Alludo, ere, si sum neut [ex ad, & ludo] (1) *To play or sport with one* (2) *To play upon, or banter one in raillery, to jest, and scoff* (3) *To allude to, or speak in reference to another, to quibble, pun, or clinch* (4) *To fawn, or smile upon one in kindness* (5) *To favour, or resemble one* (1) Plin 9 8 (2) § Forte habui scortum, cœpit ad id alludere, *Ter Eun* (3) Nec plura alludens, *Vir Æn* 7 24 Vide loc (4) § Quum tibi alludit hujus vitæ prosperitas, *Sen* (5) Litt unde non invenio,

Alluo, ere ui act [ex ad & luo] *To flow near to, to wash* Totam Atticam alluit (Myrtoum mare) *Plin*

Alluor, ĕris pass *To be washed*, &c Plin

Allus, i m vel Allex, icis Fest Vid Hallus, *The great toe*

|| Allusio, ōnis f verb [ab alludo] *An allusion, a clinch, or quibble, from the likeness of words*, vulgo dict sed nullo quod sciam auctore

* Alluvies, ei f [ab alluo] *A land-flood, a dirty or muddy ...* In proxima alluvie pueros exponunt, *Cic* de Or ...

Alluvio, ōnis f verb [ab alluo] *Id The rising and swelling of rivers, an inundation of water*, Cic 1 de Orat 38

† Alluvius ager, quem paulatim fluvius in agrum reddit, *Cælep ex Vetr* *A piece of land brought together by the stream of a river*

Almus, a, um i e Sanctus, pulcher, *Fest* [ab alo, pro alimus ut Gr ...] (1) *Properly cherishing, nourishing* (2) *But may be rendred in English Holy, pure, fair, clear, &c* (1) Invoco almam meam nutricem, *Plaut* (2) Lux alma *Vir* Adorea alma, *Hor* Alma mater, *A title given to the university of Cambridge*

* Almyrodes, is m *A nick name given to an old bald pated fellow in Martial*

Alnetum, i n ex analogia *A grove of alders, a place where alders grow* Desider auct

Alneus, a, um *Made of alder* Vitr

ALNUS, i f *An alder-tree*, Vitr *Also poet really a boat, because they used to make them of alder* Vir

ALO, ĕre, ui, altum & alitum act [ex Hebr עלה ascendo, nam quæ aluntur in altitudinem crescunt] *To nourish, feed, cherish, maintain, keep and find with all things necessary*, Nep *To bring up, to make much of, to augment, preserve or improve*, Ov ¶ Alere itinui, *To make one dry*, Ov Alere barbam, capillum, *To nourish a beard, to let his hair grow*, Plin ¶ Aliquid monstri alunt, *This is some monster, deformed creature*, Ter

* Aloe, es f [ab Heb אהלה] *A very bitter herb the juice whereof is call'd aloes*, Plin Also *a tree ... such gum used commonly in purging medicines* Id || Aloe caballina, *The grosser kind of Aloes fed about horses* || Aloe succotrina, *The better sort* ✠ Plus aloes quam mellis habet, *More trouble than pleasure in it*, Juv

* || Alogia, æ f [αλογία, sc ab α priv & λόγος ratio] *Unreasonableness, particularly in eating, and gormandizing*, Augustin Alogiæ, pl f *unreasonable fancies, lies, contradictions*, Sen

† Aloia, perperam Calep ex Plin pro Aloe, quod vide

* Alopecia, æ f [αλωπεκία, i e pilorum defluvium, ab αλώπηξ vulpes, quod vulpes hoc morbo sæpissime laborent] *A disease causing the hair to fall off, wherewith foxes are troubled* The scald Plin

* Alopecias, æ m *A kind of sea-fish*, q d *The sea fox*, Plin

* Alopecurus, i m Plin [ab αλώπηξ vulpes & ουρά cauda] *An herb like foxes tail, or ... Tailed wheat, fox-tail*

|| Alosa, æ f vel ut al Alausa, *A son* non ab alendo, est enim vocab Gallicum, *Alose* *A kind of fish, the same as Clupea*

* Alpha, indecl prima Græcorum litera (1) *The first letter of the Greeks, called by us A* (2) *The first, or chief of any thing* (1) Hoc discunt omnes ante alpha, & beta, *Juv* (2) Alpha penulatorum, *Mart*

|| Alphabetarius, i m *One that learns his A b c*

|| Alphabetum, i n *The alphabet*

* Alphiton, i n. *Barley-meal fried*, Coop ex Ruel

* Alphos, αλφός, i e Impetigo alba, *A kind of scurf, or white specks upon the skin*, Cels

Alpinus, a, um adj [ab Alpes] *Of the Alps*, Liv Mustela Alpina, *The ermin*, Jun

* Alsine, es f Herba, quæ & Myosoton, i e Muris auricula, quam folia ejus imitantur, dicitur *Chickweed, or mouse ear, an herb*, Plin

Alsior, us comp [qu ab alsus inusit ab algeo, alsi] *More cold, or cool* Nihil alsius, *Cic*

Alsiosus, a, um adj [ab algeo] *Cold of nature, chill, subject to cold*, Plin

† Alsius, a, um posit prad Alsia corpori Lucr 5 1014

Altānus, qui in pelago est, [ab alto, i e mari dict] *An high wind arising out of the sea, or from land, an Eastern wind* Plin

Altare, is n [fort qu Alta ara, sed certe ab altitudine Ut ait Varr Altare diis superis, Ara terrestribus focus sive scrobiculus inferis dicatur] *An altar, upon which they sacrificed to the Gods above* Interdum per abusionem inferis ut, Molli cinge hæc altaria vitta, *Vir Ecl* 8 64

Alte, adv ius, comp ssime, sup [ab altus] (1) *On high, aloft* (2) *Low, deeply* (3) *Far off* (1) Alborés altius aura se tollunt, *Cic* Met Ingenium altissime assurgit, *Plin* Nihil tam alte natura constituit, quo virtus non possit e-niti, *Curt* (2) Alte cadere non potest, *Cic* (3) Prœmium alte petere *Id*

Altellus, Romulus sic dictus forte ab altus, i e enutritus, sed non temere ullius vocis notationem ideo vexatam reperies *A name of Romulus given him by his foster-father Faustulus, and, as Scaliger supposes, a general name of all foundling children*, as Romulus was, q d *a foundling, a nurse child*

* Alter, ĕris m. Vide Halter

ALTER, era, ĕrum Gen alterius Dat alteri ✠ Alter, unus e duobus Alius unus e multis, sed hæc differentia non semper obtinet, unde vet Gloss ἕτερος ἄλλος reddit (1) *Another, any other, (in the singular Number) other, the other, (in the plural)* (2) *The one, the former, (when it is answered by alter in the same or following member)* (3) *Sometime the one, the latter* (4) *Also another (in a distribution of more than two)* (1) Qui alterum accusat probri, eum ipsum se intueri oportet, *Plaut* Hos libros alteros quinque mittam, *Cic*, (2) Vide locum *Cic* 1 *Offic* 26 de *Philippo*, & *Alexandro* (3) Vide *Cic* 1 *Offic* 12 de *Immico*, & *Competitor* (4) Joves tres numerant, ex quibus primum, & secundum, natos in Arcadia, alterum patre Æthere, *Cic de Div* Alter idem, alter ego, *Another self*, Cic ¶ Altero quoque die, *Every other day*, Cels Unus, & item alter, *Ter Andr* 1 1 50 *One or two, or two or three, indefinitely, as we say, but Donatus will have alter here signifie three, because it follows*, Hi tres simul amabant, *with whom Muretus and Scaliger agree and accordingly* Alter ab undecimo annus *Vir* to denote the 13 *year, which, if it be rendred* Alter ab illo, *it must only signify the 12th. And, I suppose, that of Cicero*, Centesima lux est hæc ab interitu Clodii, & ut opinor, altera, *even they would have rendred the hundred and first, not second However, in favour of their opinion, the following opposition must not be concealed*, Uno, & vicesimo anno Cæsar Dolobellam, altero & vicesimo Asinius C Catonem iis orationibus insecuti sunt, &c *Auct Dial. de Orat* 34 Unus alter, tertius, primus alter, tertius proximus, alter, tertius, *Cic* ¶ Alterum tantum, *As much more*, Liv Altero tanto, i e duplo major, *As big again, twice as big*, Cic § Reg gen vel abl cum a, e, ex

† Alteræ in dat, pro Alteri, Ter

|| Alterātio, ōnis f verb [ab altero] vocab ad Philosoph ablegand qui progressionem ab una qualitate in aliam sic vocant *An alteration, or change, Digestion, concoction* ↓ Concoctio

|| Alterātus, a, um. part. *Changed, altered, digested*

Altercangenon, i n. id quod Altercum, *Plin*

Altercātio, ōnis. f verb i e objurgatio, *Chiding, brawling strife, contention, reasoning, and debate between two persons, or parties*, Cic

Altercātor, ōris m verb *A wrangler, a brawler, a pleader, a quarreller*, Quint

Alterco, is *To contend, or debate* Cum patre altercasti dudum, *Ter* Usitatius

Altercor, āris, dep [ab alter, contra alterum contendo, vel alternatim loquor] (1) *To reason, or debate* (2) *To scold, or quarrel* (1) Labienus summissa oratione loqui de pace, atque altercari cum Vatinio incipit, *Cæs* (2) Altercantur inter se muliebrem ritu, *Liv* § Ut in jus adducit

Altercum, ci vel Altercangenon, i n voc Arab *The verb henbane*, Plin

Alterinsĕcus, *or rather* Alterinsecus *On both parts, or on either side* Plaut

Alternandus, a, um part [ab alterno] *To be altered, or changed by course, or turns* Sen

Alternans, tis part (1) *Doing a thing one after another* (2) *Coming and going, as the sea ebb and flows* (3) *Unsettled, ... wavering* (1) Alternantes prælia miscent *Vir* (2) Alternante vorans vasta Charybdis aqua, *Prop* (3) Alternanti potior sententia visa est, *Vir*

Alternātim adv *By turns, one after another*, Quadrig

Alternātio, ōnis f verb i e per vices successio, *An alternate succession, or changing by turns* Fest

Alternātus, a, um Part *Changed by turns, interchanged*, Plin

Alterne, adv [ab alternus] *By turns*, Plin

Alternis, adv i e vicibus *Interchangeably, by turns* Alternis dicetis, *Vir*

Alterno, as denom [ab alternus] (1) *To do any thing by course, or turns, to vary, to alter, to change, to shift* (2) *To waver, or change one's mind by turns* (3) *To come and go, to ebb and flow* (1) Plin 17 c 13 de alternandis arboribus, & semine (2) Vide Alternans, N° 3 (3) Vide Alternans, N° 2 Alternare arbores, *To set one row of one sort, and another of another*, Col Alternum, *To set a row of one sort, now of another*, Plin Fructum, *One year to bear, another year not*, Id

Alternus, a, um [ab alter, ut a frater, fraternus] *That is done by turn, or course, one after another, every second, or every other* Alternis annis fructu inbuuntur *They bear every other year*, Col Alterno quoq e die, *Every other day*, Cels Alterna morte redemit fratrem Pollux, *by dying in his turn*, Vir

† Altĕro, as denom [ab alter] *To vary, change, disguise, to alter* || Ille suam faciem transformat, & alter it arte, *Ov Fast* 1 37, Sed locus est subdititiæ fidei nam multi oribus libris legitur, transformis adulterat arte

Alteruter, tra, trum [ab alter & uter, i e alter ex duobus] *The one or the other, either of the two*, Alterutrum fieret necessarium, *Cic*

Alteruterque, traque, trumque *One or other of the two, both of them, or either, or each part, or side*, Quint

Alterutrinque, adv [ab alter, & utrinque] *On both sides, both ways, on either hand.* Plin

* Althæa, æ f [ab ἀλθαίνω, curare] Lat Hibiscus *A kind of wild mallows, marsh mallows*

Altilis, e adj [ab alo, altum] *Fatted, fed, ... tamed*, Plin Aper altilis, ... Altiles cochleæ *Fed up in pens*, Plin *Also nutritive*, ut Sanguis altilis, *Macro* ¶ Dos altil *A great portion*, Plaut

✠ Altisonus, a, um adj [ab altus, & sono] (1) *Which sounds from above, thunder thumping* (2) *Also sublime, heroic* (1) Jovis altisoni satelles, *Cic* (2) Maronis altisoni carmina, *Juv*

✠ Altitonans, tis part [ab altus, & tono] *The thundering* ...

Parei al itoniins, *Cic* i e Jupiter

Altitudo, inis f [ab altus] (1) *Height*, or (2) *Depth* (3) Met *Loftiness, greatness, stateliness* ... (1) Altitudo τ-dium *Cic* ... 16 (2) Altitudo fluminis *Cæs* b G ... (3) Altitudo animi *Cic*

☞ Altivolans, tis [ex altus & volo] *Flying high, soaring aloft* Genus altivolantium *Cic* ... A-ves

Altivŏlus, a, um *Idem* Plin

Altius, adv comp *Higher, deeper, further*, Hor Vid Alte

Altiuscule, adv *Somewhat high*, or *in the highest*, Apul

Altiusculus, a, um dim [ab altior] *Somewhat higher, a little high* Calceamenta altiuscula, *Chopines, high heeled shoes*, Suet Rhooc

Altor, oris m verb [ab alo] qui alit *A nourisher, cherisher, a maintainer*, Cic = Educator *Id*

Altrinsecus, adv [ab alter, & secus] *From the other side* Plaut *On the other side, or one side or other, or both sides*, Plaut

Altrix, icis f (1) *A female nourisher, a nurse*, or *a tamer* (2) Adj *Feeding or nourishing, growing* (1) Terra altrice nutrivimus Ulyssis, *Vir* (2) Altrix vita fatis ... contingit, ...

Altum, i n subst posit sc mare, cælum (1) *The main sea* (2) *Heaven* (1) In alto tenuit ita *Cic* (2) Vir Æn 1 301

Altus, a, um part [ab alor] *raised, fed, maintained* Natis & alis, *tern and brought up*, Cic

|| Altus, us m [alendo actio] *A cherishing*, or *maintaining*, Macr

Altus, a, um adj or, comp issimus, sup [ab alo, q alitus, quod qui aluntur, in altum crescunt] (1) *High, lofty, stately, brave*, (2) *Deep* (3) Met *Deeply rooted* ... (4) *Exalted, noble* (1) Altæ mœnia Romæ *Vir* (2) Altum flumina, *Cæs* (3) Alta in pestilitiæ, *Cic* Altior Vel ... (4) Homo alta mente prædicus, *Cic*

|| Alucinor, alucinatio, *Fest* Vide Hallucinor

Alveare, is & Alveai, aris & Alvearium, i n [ab alveus] locus vel copiæ alveorum, *A place where bee-hives stand*, Col *A bee-hive*, Vir

Alveatus, a, um *Channelled, guttered, hollowed*, Cato

| Alveolatus, a, um adj *Channeled, guttered*, Vitr

Alveolus, i m dim [ab alveus] *A little trough, or tables*, Cic ... *any wooden vessel made hollow, a tray or channel* Liv *A ... Vitr It is also used for a ... and the holes wherein the ... are placed*

† Alveum, i n Fest idem quod

Alveus, ei m forte quod sit alvi ... [ab ...] e tibi similitudine] (1) *The channel of a river, a conduit-pipe, or ... for conveyance of water* (2) *Any hollow large vessel*, ... (3) *The belly, or hold of a ship, the belly of any thing* (4) *A bee-hive* (5) *The ... tables* (6) *A ... board* ... (1) Alveus navigabilis, *Plin* continuus, *Id* (2) Ex quibus quærimus quo modo ... alveolus ... an equus Trojanus fuerit, *Cic* (3) Simul accipit alveo ingentem Æneam, ... (4) Apes alveo se continent, ... 16 (5) Feruntque alveos,

societate fraudati mori, *Id* (u) Alveus lusorius, *Id* ... 7 2

Alvinus, a, um adj [ab alvus] *Troubled with the gripes*, Plin

Alum, i n *Comfrey, or Comfrey*, Plin

ALŪMEN, inis n Salsugo terræ, *Plin* 35 15 [ex ...] *Alum* Alumen liquidum, *Rock-alum, Scissile, Stone alum* Hinc

Aluminatus, a, um *That which hath passed through alum, or is tinctured with it, or tastes of alum*, Id

Aluminosus, a, um Aluminosi fontes, *Plin* Running through alum

Alumna, æ f (1) *A nurse*, or (2) *A foster-child* (1) Terra omnium terrarum alumna, *Plin* ... (2) Veritas Atticæ philosophiæ alumna, *Cic*

† Alumnor, aris dep *To nourish, to bring up*, Apul ‡ Alo

Alumnus, i m [ab alendo] signat & passive eum qui alit & qui alitur (1) *A nurse*, or *foster-father*, ... (2) *A foster-child, a nurseling* (2) *A child, a nurse-child* (3) *A pupil or ... one brought up*, or *instructed* (3) Also *a foster-father, one that nourisheth ... that brings one up* (1) Dei ... alumnam ... alumno suo ... *Plin* (2) Pius ... alumnus, *Stat* (3) Jupiter alumnus dictus quod omnia alat Sed alumna hæc notione ap prob auct non semel occurrit Vid Alumna, N° 1 (4) Animal moderandi rigoris alumnum, *Plin*

ĂLUTA, æ f [An aluta quasi alluendo, quod diu maceratur ... quo ...] *Leather, or ... Purses or ... of any thing made of tanned leather*, Cal *A leather shoe*, Juv ⌘ Aluta tenuior pellis, Cornua crassius

|| Alutamen, & Alutamentum, antiq *Any thing made of ... skin*, or *tanned leather*, Calep unde non invenio

Alutarius, a, um *Of, or like tanned leather* Alutarius piscis, *Plin*

Alutarius, i m *A leather ... seller, a tanner, a currier*, Plaut

Alutatio, onis f *An operation in the tryal of gold ore* Rectius alutarum gumm, *Plin* 33 4 un-de hoc voc citatur

Alvus, i f & interdum m *Prisc* [ab alluendo quia sordes alluuntur, sel unde ... Virg] (1) *The belly, the paunch, entrails, or womb, the stomach, a ... or any like vessel*, Var Also, by a Metonymy, *the excrement, the ordure, or stool*, Cels ⌘ Alvum liquare, subducere, ciere, *Cels* movere, mollire, solvere, purgare, exinanire, elicere, *Plin* dejicere, *Cic* *To loosen, or purge* astringere, continere, supprimere, *Cels* sistere, cohibere, *To bind, or strengthen*, Plin

A ante M.

AM [ex Gr ἀμφὶ, per apocope] quare ante vocales ... ut Ambactus, Ambivalens, Ambigo Ambustus, Ambesus, ... Imo retinet ... non adjicit ali unde Nam integre dicitur Ambi, ut ἀμφιδέξιος, ambidexter Est Præpositio inseparabilis Ante c, q, t, h, mutatur *m* in *n*, ut Anceps, Anquiro, Anfractus, Anhelus Significat circum, ut am terminum, sic enim divise legunt aliqui ap Macrob

| Am ant pro eam Am comburit, *Lucr* i e Jam comburerit

Ama, æ f [a Gr ἅμα, i e filis messorum] Vide Hama

Amabilis, e adj blandientis, & amantis [ab amo] *Of a loving, affectionate ...* q d ... Vide amabo, num sit domi, *Ter*

Amabilis, e adj [ab amo] or comp issimus, sup *Amiable, lovely, worthy of love*, ... Nimis bellies, atque amabilis, *Plaut* Nihil amabilius officio tuo *Cic* Amabilitas ... modum amicitiæ ... vultum

† Amabilitas, tis f *Amiableness, loveliness*, also ... Plaut

Amabiliter adv *Lovingly, kindly, like ... friend ...* Anton ... Cic

Amandatio, onis f verb *A sending away, removal, a banishing*, Cic

Amandatus, a, um part *Sent away, removed* ... expulsio, Cicone amandato ...

Amando, as act [ex a, & mando, i e alio mando] *To send away, or remove*, ... Cic

Amans, tis part [ab amo] (1) *Loving, affectionate, fond of, loving* (2) Adj ex part or, comp issimus, sup *Studious, desirous* (1) Amantes liberorum matres, *Vir* (2) Homines industrios, amantes dolores ... *Cic* Amantior domini ... *Col* Amantissimus tui, *Cic*

☞ Amans, tis c g subst poet *A lover, ... a gallant, a sweetheart* Quid decet amantem ... *Ov* Vir ... *Ovid* ... *Ov* Vide spe.. lulit amantem, *Id*

Amanter, adv qual ius comp tissime sup *Lovingly, courteously, friendly*, ... O Bruti amanter scriptis ... *Cic* Quæ amantissime ... *Id*

† Amantia ... Plaut

Amanuensis, is m [ex a, & manu, i e a manu servus] *A secretary, a clerk, a scrivener, a ...* Suet

Amaracinum, i n unguentum ex maraco confectum *An ointment or perfume made of sweet marjoram* Amaracinum fugitat sus, *Lucr*

Amaracinus, a, um *Of, or belonging to sweet marjoram*, Plin

* Amaracus, i m & Amaracum n Vide Propr *Sweet marjoram* also *a ... flower*

* Amarantus, i m Plin [ab α, priv & μαραίνω, marcesco, sic dict quia non marcescit] *Everlasting, a flower which never fadeth* || Amarantus purpureus, vulgo flos amoris, *Flower-gentle, or purple flower* || Amaranthus luteus, *Mothwort, or Golden flower*, ...

Amare, adv qual ... *Bitterly* Met *Vehemently, cruelly, sharply, tediously* Amatorius dicere ... Sed Amarissime, *Sen* ... *bitterly*

† Amaresco, ere *To wax bitter*, Plaut

Amaresco, ere *To grow bitter*, Pallad

|| Amarico, as *To embitter, to provoke to anger*, Aug Amaricaverunt Deum Aug ... מרה ... amarus ‡ Exacerbo

Amaritas, ei f *Bitterness* Cic Met *Grief, discontent* Dulcis amarities, *a bitter sweetness, a pleasing pain*, Catull Oxymoron

Amaritas, atis f *Bitterness*, Vitr 1 ... 9 Sed quis locum sanum præstabit?

Amaritudo, inis f *Bitterness, sharpness, tartness*, Met *Frowardness, sharpness, railing*. Calumi-

tum amaritudo, *Plin* Vid A mar s

☞ Amaror, oris m *Bitterness*, Vir & Lucr

|| Amaru ..., æ f *Bitter ... spice ... unde nondum ...*

|| Amaritus, ... [ab amarus] *Gell* ... *Also ... translato sensu utrumque* ‡ Vide amarus ... *bitter*, ...

Amarus, a, um adj or comp ... Chald אמרר ... (1) ... (2) *Bitter* (3) Met ... *peevish, froward, testy, cholerick* (1) Est debet ... amarum, ... (2) Doris amara, ... = Salsi et amari ... & quæ ... (3) Quin quam ... *Ov* (4) Ut ... frequentes ... amaritudo ipsa ridiculi est, *Quint* 10 1 Mulier amara ... (5) Amaritem me facit ... nostus, ...

|| Amasio onis m *A lover*, Apul

Amasius, i m ... & ... *Gell* *A ... lover*, ... *of women amorous* Cujus dim

Amasiunculus, & ... in ... Petr ...

† Amasso, pro amavero, ... more antiquo

† Amatio, onis f verb [amor venereus] *Dalliance, courtship*, Plaut

Amator, oris m verb tam in bonam quam in malam partem (1) *A lover* (2) *One that loves one that ... affection ...* (3) *A courter of women*, ... (1) Vir bonis amatorque nostri, *Cic* (2) Non solum amicus, verum etiam amator *Id* (3) Ego amatores mulierum esse audierim eos maximos, *Ter*

Amatorculus, i m dim [ab amator] *A little sorry lover*, Plaut

Amatorie adv *Like a lover, amorously* Erat amatorie scripta epistola, *In the strain of a lover*, ... Cic

Amatorium, i n [quod amorem conciliat] *A love potion, any thing that ...* Lucas in ... 8 12

Amatorius, a, um, (1) *Of love, or ... amorous* (2) ... (1) Anacreontis tota poesis est amatoria, *Cic* (2) Amatorium virus, *Plin* 8 22

Amatrix, icis f vero *A lover*, Plaut

Amatus, a, um part *Loved*, O

|| Amathus, ... subst *A ... Veneris*, ... Amathus Veneris, *Adonis, ...*, Am

† Amaxa, vide Hamaxa, *A chariot, Charles's wain* ‡ Plaustrum

Amazonius ... *A pole axe, such as ... Amazons ...* Vide Propr

Ambactus, i m Enn [ut sit ab am, i e circum, & ago] ... de cujus Ambages *Voss* ... *hired servant*, ... *and go on errands*, Enn *But it ... a retainer, or ... upon his Prince, or ... chief, in old Gothic ... name, signifying the Gentleman, or Nobleman that serve of the retinue of a Prince, as Vossius and S... will have it, whom you may consult, others ... judge this opinion to savour more of erudition than truth*

Ambage, in abl sing Plin 9 Ambages, is f & ambagibus, cæt casus desiderantur [ex am, i e circum, & ago] verborum circuitus quo aliquis circumagitur (1) *Turnings, or winding* (2) *Shifts, prevarications* (3) *A ing circumstance of words, tedious stories, preambles, impertinences* (4) *Dark mysterious sayings* (5) *Charms or spells* (1) Ambages tecti [labyrinthi] resolvit, *Vir Æn* 6 (2) Et vix pueris dignas ambages, senes, & consulares fallendæ fidei exquirere, *Liv* (3) Non hic te carmine ficto, atque per ambages tenebo, *Vir* (4) Assoquos lætus ambagibus augur Apollo, *Stat* (5) Ambage verborum obscurum carmen tragico dimumur ore, *Ov Met* 14 de Cr

† Ambagio, ōnis f *Vu* idem quod Ambages

|| Ambāgiosus, a, um *Full of turnings and windings, intricate, &c* Gell

|| Ambāgo inis [ex am & ago] *A place full of turnings,* Prud

* Ambar, sive Ambarum, *Amber greece, or ambergrise,* Ruell

Ambarvālia, um n [ex am *i e* circum, & arvum, Fest *i e* arvorum lustratio] *A festival wherein they prayed for the fields' good, by way of solemn procession* Litt *Such we may call Rogation-week*

Ambarvalis hostia, quæ ter ambiebat *i e* ducebatur circum arva, Fest Huic sacrificio præfecti erant sacerdotes numero 12 quos fratres arvales vocabant *A sacrifice led thrice round the fields, and then offered with prayers for the prosperity of that year's corn*

Ambĕdo, ĕre [ex am, & edo] *To eat, or gnaw round about* Io spit Vis locustarum ambederat quicquid herbidum, *Tac*

† Ambegnus, a, um Ambegni bos & verves appellabantur, cum ad eorum utrique latera agni in sacrificium ducebantur, Fest [ex am, & agnus] *A sacrifice of an ox or wether, on each side whereof was led a young lamb to sacrifice* Varr

Ambĕsus, a, um part [ab ambedor] circumquaque esus, *Eaten on all parts, or round about,* Vir

Ambĭdens, tis f *A sheep with both teeth on both sides, upper and lower,* Plin

|| Ambidexter, tri m [ex ἀμφὶ, & dexter] *One who useth his left, as well as his right hand* *A sice on both sides*

|| Ambifariam, *Either way, both ways,* Apul ‡ bifariam

|| Ambifarius, a, um *Used both ways, double,* Arnob

|| Ambiformiter, adv *Doubly,* Arnob

Ambigitur, imp *It is not certain, It is a question,* Cic

Ambĭgo ĕre, caret præt & sup [ex am, circum, & ago] act *To go about, to surround, to compass* Ambigere patriam, *i e* ambire, *Tac* Neut *To doubt, to be in suspence, to dispute, or quarrel* § Ambigere cum aliquo, *Cic* de finibus, *Ter* regni certamine, *Liv*

Ambigor, i pass *To be doubted,* &c

Ambĭgue, adv *Doubtfully, obscurely* Ambigue multa dicuntur, *Cic*

Ambĭguĭtas, ātis f verb *Doubtfulness, obscurity, uncertainty, ambiguity,* Cic

Ambĭguum, i n subst e adj *Doubt, Uncertainty* In ambiguo esse, *To be in doubt, at a loss,* Ter

Ambĭguus, a, um adj [ab ambigo] Ambiguum, quod in ambas vel plures partes animo possit, *Fest* (1) *Ambiguous, of doubtful meaning, that may be taken several ways* (2) *Doubtful, uncertain* (3) *Changeable, slippery, unsteadfast* (1) Ab invidendo invidentia recte dici potest, ut effugiamus ambiguum nomen invidiæ, *Cic* (2) § Ambiguus consilii, *Tac* (3) Quippe domum timet ambiguam, *Vir* Ambiguæ fidei, *Vir* Infans ambiguus, *a hermaphrodite, half man, half woman,* Sen

Ambio, ire, ivi, & ii itum act [ex am, vel ambi, *i e* circum, & eo] (1) *To go about, to encompass, or environ* (2) *To seek for preferment, to stand for, or make interest for any thing, or place* (3) *To commit, or to take* (1) Ut terram lunæ cursus proxime ambiret, *Cic* (2) Nisi sen[s]eris an[te] comitiis ambiis, *Ter* Clodius vicatim ambire, *Cic* (3) Reginam affatu ambire, *Vir Æn* 4

Ambior, iri, tus pass *To be compassed, to be sought after,* &c

Ambitio, ōnis f verb (1) *A going about, compass* (2) *A suing, or canvassing for favour, importunity, courtship* (3) *Ambition, or desire of honour and promotion* (4) *Affectation, vain-glory, ostentation* (1) Ambitio extimæ cutis, *Sol* (2) = Mihi enim magis ulla omnino ambitio, honorumque contentio, *Cic* (3) Ambitione inani pectus caret, *Hor* (4) Magni [Platoni] ambitione Siracusis perduxit, *Nep* Dion 2 ✠ Ambitus in actu sapiens, ambitio in animo *Tull*

Ambitiōse, adv ius, comp issime, sup (1) *Diligently, earnestly* (2) *Ambitiously, proudly* (3) *Earnestly, importunately* (4) *Humbly, submissively, meekly* (1) Ambitiose contexere orationem, *Cic* (2) Si quis tamen tam ambitiose tristis erit, ut apud illum in nulla pagina latine loqui fas sit, *Mart* (3) Ambitiosissime petere provinciam, *Liv* (4) Multi ambitiosius facere soleo, quam honos meus, & dignitas postulat *Cic*

Ambitiōsus, a, um adj (1) *Spacious, of large compass* (2) *Intwining, encircling* (3) *Ambitious, full of ambition, vain-glorious* (4) *Magnificent, stately* (5) *Complemental, fawning, full of courtship* (6) *Doing for favour* (7) *Doing for favour* (8) *Pompous, ostentatious* (9) *Earnest, importunate* (10) *Gracious, in great esteem* (1) Amnis [Jordanes] amœnus, & quantum locorum situs patitur, ambitiosus, *Plin* (2) Lascivis hederis ambitiosior, *Hor* (3) Ambitiosus nimis in honoribus petendis, *Cic* in *Sal* (4) Atria si sapias, ambitiosi colas, *Mart* (5) = Ambitiosæ nostræ fucosæque amicitiæ, *Cic Attic* l 1 13 (6) Ambitiosas centum virorum sententias recidit, *Sen* et in *Dom* (7) Judex ambitiosus, *Liv* (8) Ornamenta ambitiosa recidet, *Hor* in *Arte Poet* (9) Ambitiosis precibus aliquid petere, *Tac* (10) Ambitiosus apud populares, *Just* 17 2 6

|| Ambitor, ōris m verb *He who seeketh by interest, and uses arts to raise himself,* Lampr

|| Ambitudo, *i e* Ambitus *A round circle, or compass,* Apul

Ambitus, a, um part (1) *Compassed about, surrounded* (2) *Met addressed to, entreated, or sued to* (3) *Procured by favour, or ambitious* (1) Ambitæ circumdatæ littora terræ, *Ov* (2) A quibus populus est maxime ambitus *Cic* (3) Ambiti honores a principe, *Claud*

Ambitus, us m verb [qu. ab ambeo] (1) *A compass, or circuit* (2) *A canvassing, or suing for a place, the getting of it by bribery, the making of friends, and the procuring of favour* (3) *Also an earnest desire* (4) *Ostentation, vain-glory* (1) Totius operis ambitus, *Col* 5 1. 26 xii tabb interpretes ambitum parietis circuitum esse describunt (2) Legem ambitus tulit Cicero *Cic* pro *Mur* (3) Segnis hic ibit dies tanto petitus ambitu, tanto datus? *Sen* (4) Gemmis, & argenteis armis usque ad ambitum ornatus, *Hor* 1 16 quinctione etiam legitur Ambitio, quod vide, N° 4 ¶ Ambitus ædium *The void place left between house and house to go round* Fest Stellarum, *The circles, spheres, or orbs,* Cic Verborum, *A full period,* Id

|| Amblisticon, Sunt qui Mannam Aetomeli, & Amblisticon vocant, *Cel*

AMBO, bæ, bo adj pl [ex ἄμφω] *Both* Legitur ambo pro ambos Quos quidem ambo unice diligo, *Cic*

|| Ambo, ōnis m Voc priscis Romanis ignotum *A bishop's throne, a pulpit* ‡ Suggestus episcopi, *A kind of cup, with a belly* ‡ = Ambones, calices, trullæ *Ulp*

|| Ambra, æ f *Ar* Ambar, & ambarum *Amber, or amber grise,* Cel

* Ambraciotes, *A sort of wine, from* Ambracia *in* Epire, *Plin*

|| Ambro, pl Ambrones, turpis vita homines, rapinis se alentes, ab Ambronibus, Gallicâ quadam gente *Fest*

* Ambrosia, æ Cic ἀμβροσία, sc δαίς, vel δίαιτα, *i e* immortalis cibus *Ambrosia, the food of the gods,* Cic *An herb, otherwise called* Botrys, *or* Artemisia, *Plin* 27 4 *Also the name of an antidote,* Cels 5 23

Ambrŏsiacus, a, um adj Ambrosiaca uva, *A kind of delicious grape,* Plin 14 3

* Ambrosius, a, um *Ambrosian, immortal, divine, sweet, pleasant, delicate* Col 10 30

* Ambūbāiæ, ārum f Vocab Syr *Lewd girls, who came from Syria to Rome, and lived by musick, and prostitution,* Suet Hor

Ambubeia, al Ambugia, vel Ambuga, vel Ambiga, al Ambula, quæ & Intubus erraticus *The common succory,* Plin 20 8

Ambulācrum, i n [ex ambulo] *A private place to walk in, a walk, a piazza, a gallery,* Plaut

Ambŭlans, tis part *Walking* ¶ Ambulans cœna, *When there is but one dish to go round the table,* Mart

Ambulātilis, e adj Ambulatiles fundi, *Walking, moving,* Vitr 10 13

Ambŭlātio, ōnis f verb *A walking, a walk, or place to walk in* Nihil ei restabat præter balnearia, & ambulationem, *Cic*

Ambŭlātiuncŭla, æ f. dim *A walking, a place to walk in,* Cic in utroque sensu

Ambŭlātor, ōris m *A goer up and down, a walker abroad,* Col *A vagabond, or pedlar,* Mart 1 42

Ambulātōrius, a, um adj (1) *Moving up and down* (2) *Going on wheels* (3) *Alterable* (1) Vitr 10 19 (2) Turres ambulatoriæ, *Hurt Engines, or lofty towers on wheels, for the taking of towns,* Veg (3) Voluntas ambulatoria, *A man's will and testament till he die, because alterable till then,* Ulp

Ambulātrix, icis f [ab ambulator] *A gossip,* Cato

Ambŭlo, as neut [ex ambio] (1) *To walk, to go a foot pace, step by step, to amble* (2) *To glide along* (3) *To converse with* (1) Defessus sum ambulando, *Ter* (2) Nilus immenso spatio ambulans, *Plin* (3) Cum bonis ambula, *Dionys Cato* ¶ Maria ambulavit, terram navigavit, *Cic* acute de Xerxe § Absolute, *Id* maria, *Id* pedibus in littore, *Id* in jus, *Ter*

Ambŭlor, āris pass *To be walked* Si ambulentur stadia bina, *Plin*

Amburbiales hostiæ, quæ circum terminos urbis Romæ ducebantur, *A sacrifice, when the beast was led round about the city before it was sacrificed,* Fest

Amburbialia um n [ab ambo urbium, ex am, vel ἀμφὶ, *i e* circum & urbs] *The solemnity of offering such a sacrifice for the prosperity of the city, and the commonwealth,* Id

Amburbium, *A solemn procession round the city* Vopisc

Amburo, ere, ssi act [ex am, & buro, unde bustum, quod a πύρ, a πυρῶ sicut a πυρὸν, *to burn*] (1) *To burn round about* (2) *To scorch, to parch* (3) *To burn half, or imperfectly* (4) *To blast* (5) *To scald* (1) Quaqua tangit, omne amburit, *Plin* (2) Ambustis medetur cinis frumentorum, *Id* (3) *Cic* pro Milone de Clodii cadavere (4) Plin l 3 epist 11 (5) Ambusta aquis, *Id*

Amburvo, is act [ex am, & urvo] Urvare est in orbem se jactare *To turn over, as tumblers do, to play the antic,* Lucil

† Ambustaneus, a, um [ab ambustus] Aves ambustaneæ, *Birds which carrying fire, burn houses* Plaut

Ambustio, ōnis f verb [ab amburo] *A burning, scorching, or scalding, a burn or scald,* Plin

† Ambustulātus, a, um part [qu ab ambustulo, quod ab amburo, ut ab uro, ustulo] *Burnt, scorched, &c* Plaut

Ambustus, a, um part *Burnt round, scorched, scalded, blasted* Ex curp vide in amburo

† Amecabundam, *i e* Amantem, *Labr*

Ămĕlĕtides, um f tanquam a sing Ameletis *A loose garment for women to throw over their shoulders* *A riding-hood, a scarf* Conveniunt tenues humeris amoletides altis *Ov* sed varie scribitur

Ămellus, i m *A flower, or herb described by Virgil* Geor 4 271 & seq *called also* Alter Atticus, *or* inguinalis, *Starwort, share wort*

|| Āmen, inis n Arnob idem quod Amentum

* Āmen, adv Heb אמן Lxx reddunt γένοιτο fiat Fit itaque particula tum affirmandi, tum optandi, priori sensu præponitur, posteriori autem supponitur Quum est affirmantis, præmittitur in initiis sententiarum, aliquando geminum *Amen, verily*

Āmens, tis adj or, comp issimus, sup [ex a, priv & mens] *Foolish, silly, out of his wits, beside himself* = Amens & vecors, *Cic* Homo amentissimus, *Id* § Amens animi, *Virg* dolore, *Ov*

Amentans, tis part *Hurling a dart,* Sil Vide Amento

Amentātus, a, um part *Looped, fitted with loops, or strings* Met Amentatas hastas dixit pro eo, quod sint jumenti missilia, *Cic*

|| Amenter, adv ius, comp issime, sup *Madly,* Litt ‡ Dementer

Āmentia æ f *Madness, folly, want of wit* = Animi affectionem lumine mentis carentem nominaverunt amentiam, eandemque dementiam, *Cic* ✠ Mens sana cum amentia confligit, *Id* 1 de Orat

Amento, as act *To tie, or fasten with a string, or thong* *To fling a dart with force* Jaculum paras

Libys

Iibus amentavit habenâ, *Luc* Met Amenitante noto torquet iplustri bus vi es, *Sil*

AMENTIUM, i n [ab ἅμμα, vinculum, unde ἅμμα ... Gl ... vel qu admentum, quia ... ad ... tum tri...] *A thong, ... a string*, or ... *Ib*

Amentocentotta ... *Sil*

* Amerimnon, Plin ἀμέριμνον, ... cur s expeditus, quod curas ... credatur *Hen*... *sense*, ... *of herb* ...

Amerina salix, quæ & Sabina, [ab Ameria Umbriæ oppido] *A ... of willow*, or *withy* Ameri... Amerina py...

AMIS, itis m *A small stake*, or ... *to stretch*, ... *in fowling*, Hor

Amethystinus, a, um adj ad formam, part *Clad in purple*, ... *amethyst*, or ... Amethystinus media qui ...

Amethystinatus, a, um adj [ab ... me hystus, scilicet amethysti colore tinctus] *Of an amethyst*, or *its colour* Lanæ amethystinæ ... *of that colour*, Plin Amethystina pl n ... Vestimenta, ... *made of ... wool*, or *of such colour* Pu pura vendit causidicum, vendunt amethystina, *Juv*

* Amethystizontes, sc Carbunculi *The choicest sort of carbuncles*, ... *the ... whereof in ... of ... amethyst*, or ... Plin 37 7

* Amethystus, i m [ἀμέθυσ... ebrietatem pellens, sive quod ebrietati resistat, ut Aristoteli cum magis placeat, quam tamen opinionem cum Plutarchus improbet ... alium notationem, ... 37 9] *An amethyst, a precious stone* Also *a sort of grapes*, ... *by the Greeks*, ... *inebriate*, ... Inerticula, quod vide Al... *herb, the leaf whereof is of a ... colour*, Plin 14 2

† Amfractum ... *A crook* ... Non Vide Anfractus

† Amfractus, a, um *Vn* ... Anfractus, quod vide

* Amia, æ f ἀμία *A kind of ... fish* ... Plin 9 15

Amiantus, i m ἀμίαντος, incorruptus *Earth-flax*, or *salamander's hair* G *A kind of stone like ... which ... not ... consume in the fire* Also *a ... cloth, which they cleanse ... fire*, Calep

Amica, æ f [ab amicus] *A ... mistress, a ... sweetheart* ♓ Sive ... uxor, sive amica ...

|| Amicabilis, e adj *Friendly*, ... Amicus

† Amicabiliter adv ... Amicè ... Lucil

Amicè, adv ... ſſime ſup *Friendly* ... Amicè de aliquo ... ≡ ... amicissime, & ... cum ... vivere, *Cic*

† Amicibor, ... amicior, Vett ...

|| Amicimen, inis n *Apul* an ... Amictus, ss

Amicio, ire, ui, ... ivi, (& ... unde ... ictum ...) (1) *To put on a garment* (2) Met *To cover*, ... See the examples in

Amicior, iri, ctus pass (1) *To be clothed* (2) Met *To be covered*, or *hung with* (3) *To be wrapped in* (1) Amictus fu ... pal lio, *Cic* (2) Amicitur vitibus ulmus ... (3) Et piper, & quicquid chartis amicitur ineptis, *Hor*

† Amicitèr, adv pro Amice *Pl* ... Perf 2 3 3

Amicitia, æ f [ab amicus] ... etiam in plur (1) *Friendship, amity, kindness* (2) *Alliance* (3) *Favour, esteem* (4) *The relation between patron and client* ... (5) *Sympathy of inanimate things* (1) ♓ In proverbium venit Amicitiæ immortales, inimicitias mortales debere esse *Liv* 40 16 (2) Amicitiam cum Tarquinio ... egibus pepererat *Nep Alcib* (3) Amicitia principis, *Plin ep* 1 17 (4) Fructus amicitiæ magnæ cibus, *Juv* (5) Amicitia est rutæ cum fico *Plin* 19 8

† Amicities, antiq pro eodem, *Lucr* 1 1018

Amico, as act *to* amicum facio *To make propitious*, or *to procure one's favour* Prece numen amicat, *Stat Theb* 3 470

Amictorium, i n [ex amicio] *A veil of linen which women wear*, ... *neckcloth* Mart In Lemmate ep cxlix lib xiv

Amictus, a, um part [ab amicior] *Clothed, clad, decked, arrayed* Vide amicior

Amictus, us m verb *A garment, clothing, apparel, attire* Le... vel tum corpus amictu, *Catul*

Amicula, æ f dim [ab amica] *A ... mistress* ... Quoties amicæ collum ... osculatur, *Suet Cal* 33

|| Amiculatus, a, um Solin *Cloth*... ...

Amiculum, i n verb [ab amicio] (1) *An upper short cloak for men* (2) *A woman's upper garment* (3) *A robe of state* (1) Dionysius aureum Jovi Olympio detraxit amiculum, *Cic N D* 3 34 (2) [Feminæ] summa quæque amicula exuunt *Curt* (3) Id lib 3 de Dario fugiente ¶ Amiculum linteum, *A surplice*, or *rochet*, Apul

Amiculus, i dim *A ... friend, a loving friend, a crony*, Hor 1 ep 17 3

Amicus, a, um adj, or, comp ſſimus, ſup [ab amo] *Friendly, courteous, loving* (2) *Acceptable, pleasant* (3) *Opportune, convenient, suitable* (4) *Favourable* (5) *Profitable* (6) *Delighting in* (1) Si ergo te animo esse amico sensisti *Ter* (2) ≡ Mihi nemo est amicior, nec jucundior, nec charior Attico, *Cic* ≡ Amicissimus, & conjunctissimus, *Id* (3) Tempus fluctibus amicum, *Stat* (4) Vento amico navem ferri, *Ov* Dei studiis ... amica meis, *Id* (5) Arvum amicus, *Id* (6) Met Amicior undis fraxinus *Stat* ¶ Amicæ civitates, *confederate* ... Non diis amicum est, *It is not the will of the gods*, Hor

Amicus, i m subst ex adj (1) *A friend, a lover, an acquaintance, a companion*, or *fellow, a favourite* (2) *A counsellor, confident*, or *don ... to a prince* (3) *A patron* (4) *A ... or defender in ... great man* (1) Verus amicus est tanquam alter idem, *Cic* Amicus nobis jam inde à puero, *Ter* (2) Nullum majus boni imperii instrumentum quam boni amici, *Tac* (3) Nec potentem amicum largiora flagito, *Hor* (4) Rara domus tenuem non aspernatur amicum, *Ov* Pocula cardiaco nunquam misurus amico, *Juv*

Amineus, a, um vel pot Amminæus, Græce ... Ἀμιναῖος *A grape whereof the best white wine is made, so called from Aminea, a country in Campania* Sunt & Aminneæ vites, *Vir Geor* 2 97 ubi alii legunt, Sunt ... unde ... quant in dubium venit. Vid Propr

Amissio, onis f verb [ab amitto] *A loss* or *losing*, Cic

Amissus, a, um part (1) *Lost, dismissed, missing* (2) *Destroyed* (1) Præda de manibus amissa, *Cic* (2) Amissi ... domus, *Stat*

Amissus, us m verb *Loss* Siciliæ amissu in culpæ suæ tribuebant, *Nep*

Amita, æ f Patris soror E multis certissimum etymon videtur a Child אמתא, ... *the father's sister*, Inde id Ebutia in se amitam con tulit, *Liv*

|| Amitini, orum & Amitinæ, arum pl Consobrini, Non

Amitto, ere, si, ssum act [ex a, & mitto, i e dimitto, ibi...sino] (1) *To send away, to dismiss* (2) *To lose by any means* (3) *To loose, or let go* (4) *To part with*, or *relinquish freely* (5) *To ... or leave off* (1) Quo pacto hic servos herum suum ... de... mum, *Plaut* (2) ♓ Nisi tu amisisses [Tarentum] nu quam recepissem, *Cic* ♓ Ut totam hicem aut obtineamus, aut amittamus, *Id* (3) Car Licinium de manibus amiserunt, *Id* Captum piscem amittere, *Id* (4) ♓ Vitam amisit Decius, at non perdidit, re enim vilissimâ, & parvi maximam redemit, *Id* (5) Rem ... iniquitatem certum est non amittere, *Plaut*

Ammitto sæpe in vett mss pro Admitto

Ammium, i n, Plin quod, & Ammi *An herb, by some called* Piperculâ

* Ammochrysus, i m *A precious stone shining like gold sands*, Plin

* Ammodytes, a m *A kind of serpent*, ... *of the colour of the sand* ... Luc

† Ammoneo, in mss vett. pro Admoneo

* Ammoniacum, i n *Sc* gummi [ab ἄμμος, ... in qua inventum, vel ab Ammonia, Libyæ regione, in qua Jovis Ammonis templum, ubi illud ferulæ genus gignitur] *The gum, or juice which drops from the tree Agasyllis, growing ... Ammonia* ... *Africa*

Ammoniacus, a, um adj ... *belonging to Ammonia*, ut, Ammoniacus sal, ... *salt of ... Ammonia* ... Plin 12 23

Ammonis cornu, ... *gem of golden colour*, ... *Ammon's horn, which ... dreams*, Plin 37 10

* Ammonitrum, i n *A kind of ... glass, ... found ... nitre, melted together*, Plin 36 26

* Amnestia, æ f *An amnesty*, or *act of oblivion to forgive and forget all* ... Cic ... Græcis elementis

✤ Amnicola, æ c g [ex amnis, & colo] *Dwelling, or growing by a river* Amnicolæ salices, *Willows that grow by the river's side*, Ov

Amnicus, a, um adj *Of a river, belonging to a river*, Plin & posteriores hoc vocab usi sunt

✤ Amnigenus, a, um ... in amne genitus *Bred in the river*, Aus

Amnis, is m & f Plaut [ab am, circum & no, nuo *Fest* ab ambitu amnis dicitur, *Varr*] (1) *A river* (2) *A ... flood* (3) *The ... or ocean* (1) Neque ulli ... obsistent amnis *Plaut* (2) Ruunt de montibus amnes, *Ov* (3) Solis anhelantes abluit amnis equas, *Tib* ¶ Amni secundo, *down the stream*, Vir

* Amnion, & Amnium, i n [ab ἀμνός, agnus, ... agnina] *The soft skin, or coat that wraps the child in the womb*, Jun

AMO, as act (1) *To love one entirely* (2) Abs *To be to be in love* (3) *To love* or *be taken with* (4) *To delight in* (5) *To be wont to do a thing* (6) *To be obliged*, or *thank* (1) ♓ Ut se res cum non ... me diligi solum verum etiam amari, *Cic* (2) Deducta mero litera fecit AMO, *Ov* (3) Phyllida amo ante alias, *Vir* (4) In eo me valde amo, *Cic* (5) Ut ferme amat posterior adulatio, *Tac* ☞ But note this sense is a Grecism, and noted by Quintilian ... (6) De Numerio multum te amo, *Cic*

|| Amodo, adv [ex a, & modo] *From henceforth, hereafter, hereafter*, Apul

* Amœbæus, a, um *Serv* Amœbæum carmen *Alternate verse, when one ... to another by course* ...

Amœnè, adv [ab amœnus] *Pleasantly, delightfully* Nescio an legitur, sed

Amœnissime adv *Most pleasantly, most delightfully*, Plin

Amœnitas, atis f [ab amœnus] *Pleasantness, delight* ... Amœnitates studiorum, *Pl*

Amœniter, adv [ab amœnus] *Pleasantly, delightfully*, Gell

|| Amœno, as *To delight, to recreate the ... to refresh, to cheer*, Cap ... feriores

Amœnus, a, um adj de locis præcipue dicitur or, comp ſſimus, ſup Incerta admodum est hujus vocis origo *Pleasant delightful, sweet, delightful to the eye* Amœnum rus, *Cic* Amœnior villa ... Amœnissima voluptas *Cic*

Amolior, iri, tus dep & aliq pass [ex a, & molior] Propriè de iis dicitur, quæ cum difficultate submoventur (1) *To remove*, or *put away some difficulty* (2) *To be ... hed*, or *sent packing* (3) ... (4) Met *To be ...* (1) Periculum ... 32 2 (2) Vos hinc amoliamini, ... (3) Amoliuntur ... *Plin* 11 10 (4) Quin ... 5, 1,

Amolitio, onis f verb *Amoving, removal*, Gell

* Amomis f *An herb like Amomum, ... not so sweet*, Plin

* Amomum, i n (1) *Some take it for ... growing in Armenia ... like the ... the white ... it was used by the Eastern ... in embalming, whence mummy ... called Mom... or Mumia, ... first Amomia*, Voss ... *the ancients called every ... sweet odour* ... *not unlikely, and ... others ... for Cinnamon* (2) Also ... *made thereof* (1) Feret rubus asper amomum, *Vir* (2) Crinem pingui deducere

de lucere a somo, *Stat* In quo le .. Crassis lutatus an .. *Pers*

Amotio, onis f [ab amo] (1) *His earthly love of country, ...* (5) Motion ... *Lu* ... (1) *Cic pro Flacc* c 35 (2) Lat ... rete ptor amotis ... (3) Pecul ... pictaeque ... in fuetis, lenemque luunt, ... Quicunque ille fuit primus qui ... amotem, *Prop* (5) = Sed ... ostris L Amotium *C*

† Amos oris pro Amor, *Ll*

Amotio, onis f verb *A taking away, a removal*, Cic

Amotus, a, um, part [ab amoveor] *Taken away, removed, put away*, Hor

Amoveo, ere, vi tum act [ex a, & moveo] (1) *To remove* (2) *To lay aside* (3) *To depose* (4) *To convey away, or steal* (1) Seu procul amoveris, sive prope admoveris, *Aul ad Her* (2) O dura ... ividiam, metum, cupiditatesque omnes amove, *Cic* (3) Quaestorem a frumen ... procuratione senatus amovit, *Id* (4) Nisi bo ... reddidisses per dolum amotas *Hor*

Amoveor, eri, tus pass [a praeced] *To be removed, laid aside, &c* Amoveri in insulam, *To be ... into*, Tac

* Ampelion, n & Ampelis, f Cel quae Ampelitis, vel terra ampelitis, *Pl* [ex ἀμπελ@ vitis] ... quod viti circumlita necat ... vermes, quos ipis, & simpas vocant, in erimat] *A kind of bitumen, or earth, ... with the Syrians ... the vermin*

* Ampelodesmos, *A kind of herb which they used instead of twigs, to tie their vines with in Sicily*, Plin 17 23

* Ampeloleuce, vitis alba, *A wild vine, briony, ... vine*, Plin 23 1

* Ampeloprason, n Porrum, vulg porrum vinearum voc *Leek ... garlick is bears-garlick*, Plin 24 15

* Ampelos agria, *i e* vitis agrestis *Wild vine*, Plin

* Amphibium, i n ἀμφίβιον, sc ζῶον *Living as well in water as on land* Et quae in aqua & in terra possunt vivere, amphibia vocant, *Jun* Anceps bestia *Lu* *An amphibious creature*

Amphibolia, *Cic* & Amphibolum *... Vide ...*

* Amphibologia, ambiguitas sermonis Saepe orta ex vitiis compositionis, venusta tamen est cum fit dedita opera, ut, Ego me amare hanc fateor, *Ter* where the construction may be either me amare hanc, or hanc amare me *An ambiguity, equivocation, when a sentence may be construed two ways*

* Amphibrachys, vel us [ex ἀμφί utrinque, & βραχύς, brevis] *A foot in a verse consisting of a long between two short syllables*, ... Hipere ⁂ Amphimacer, Condirent Vid Quint 9 ult

Amphictyonicum, i commune Graeciae concilium *The assembly of the states of Greece* Vide Propr

* Amphimacer, & Amphimacrus, i *A foot in verse, called more frequently Creticus, of his measure*, Dignitas ⁂ Amphibrachys, Tenere, *Quint* 9 4

* Amphimallus, adj vel Amphimallum pl [ex ἀμφί, utrinque, & μαλλός, villus, lana] *A garment frized, or shagged on both sides*, Plin 8 48

* Amphippi, ἀμφιπποι *Soldiers that had two horses on ... going ... one was tired, they might mount the other* Lat Desultores, *F*

* Amphiprostylos ... habens utrinque columnis *A house with pillars on both sides*, Vitr

* Amphisbaena, ae f [ex ἀμφί utrinque, & βαίνω gradior] quod ex utraque parte progrediatur, quasi utrinque extremitatibus terminatus ... *A serpent ... a head at both ends, and goes both ways* In gem... num fulget caput amphisbaena, ... ut quidam legunt

* Amphitane, es f ἀμφιτάνη *A precious stone of a gold colour ... Chrysocolla*, Plin 37 10

* Amphitapa, ae f Lucil sc vestis ἀμφίταπις [ex ἀμφί, utrinque & τάπης, tapes] Idem quod Amphimallon, quod vide

* Amphithalamus, rect ... thalamus, Antithalamus, quod ... limus est ... dextra, ... autem ... sinistra *... on the other side, the ... the mistress's chamber*, Vitr

Amphitheatralis adj *Of, or belonging to the amphitheatre*, Plin

Amphitheatricus, um Amphitheatrica charta, *Paper so called from the place where it was made*, Plin

* Amphitheatrum, i n [ab ἀμφί, circum, & θέατρον, theatrum, *i e* spectandi locus] quod ex utraque ... & cavea, *for* ... dicebatur *A place built ... in the form of a ... to behold ... together ... in an ... tween ... an oval figure, for sword-players to play their prizes in, and wild beasts to fight in.* Vid Lips & Rosin

* Amphithetum, i n Cel 14 60 [ex ἀμφί, & θετόν, utrinque positum] *A great cup, or jug, ... end* *A rummer* Ex amphitheto bibisti, *You ... taken a large dose*, Prov

Amphora, ae f [a Gr ἀμφορεύς, ex ἀμφί, & φέρω, quod ansis utrinque apprehensis feratur] ☞ *Amphora is of ... and ... as ... by the Parisian ... sextarii ... which ... quarts ... our ... hold ... but ... amphora ... gallons ...* Budaeus Verum de justo ... mensura parum convenit inter doctos, esse magnae capacitatis, & fictile, uno verbo docet Horatius ⁂ — Amphora coepit institui, ... currente rota, cur urceus exit? Latine, Quadrantal dicitur *A vessel of a foot square, with two ears, or handles* *A rundlet, or firkin ... (according to the best account)*

Amphoralis, adj Vas amphorale, *Plin* 37 2 *i e* amphoram capiens, *Containing ...*

|| Amphorarius, ... *A tankard bearer* Lexica habent gratis

|| Amphorarium vinum, *Wine drawn out of a larger vessel into an amphora* Proc.

Ample, adv quant [ex amplus] *Amply, largely, richly, highly, magnificently* = Late, & ample loqui, *Cic*

† Amplecto Amplectitote cruribus, *Plaut* pro

Amplector, i, xus [ex am, & plecto, *i e* necto] dep (1) *To surround, or encircle* (2) *To embrace, to fold in ones arms* (3) *To lay hold, or possess ones self of* (4) *To make much of, or to address* (5) *To comprehend* (1) Comprendes, quid cessatis amplecti ... (2) Aras amplectitur, *Ov* (3) Scaeae amplector limina portae *Vi* (4) Ninus an plecti plebem putabatur, *Lic* (5) Non ego cuncta meis amplecti versibus opto, *Vir*

† Amplexo, are pro Amplexor, Non ex Accio

Amplexor, aris freq [a n plector] *To embrace heartily, to make much of*, Cic Item, proxem habere cum muliere, *Plaut*

Amplexus, a, um part [ab amplector] *Embracing, comprising or having embraced, or comprised*, Ov

Amplexus, us m verb [ab amplector] (1) *A surrounding* (2) *An embrace, a hugg* (1) Puerum dormientem circumplexum draconis amplexu, *Cic* (2) Te amplexu ne subtrahe nostro, *Vir*

Ampliatio, onis f verb [ab amplio] *An adjourning a sentence or a verdict till the cause be better certified, and a gre... tion, and that for that time the judge ... a ... of judgment till further ...* ⁂ Ampliatio, & comperendinatio diversa sunt, quod illa libera & penes judices, haec necessaria atque lege constituta, deinde quod haec iter bis ... ationem in diem pertrahit, ... dunt ... tem ... tempus, quod judicibus placeret, ... dit ... Ampliationis nota ... judicibus in tabella scribebatur N L *i e* Non liquet, teste Ascon

Amplificatio onis f verb *An amplifying, or enlarging* Amplificatio rei familiaris, *An improvement of ones estate*, Cic honoris, & gloriae, *Of ones name and dignity* Id *Amplification in rhetoric, concerning which see Quint* 8 & c 4

Amplificator, oris m verb *An amplifier, an enlarger*, Cic

Amplificatus, a, um part [ab amplificor] *Enlarged, adorned, amplified* = Ornatus, *Cic*

|| Amplifice, adv *Nobly*, Catul carm 65 sed Graev lo legit Amplifice

Amplifico, as, act *i e* amplum facio *To amplify, to enlarge, to encrease, or again, to improve, to enhance*, Cic = Augere, ornare, exaggerare, Id ⁂ Minuere, Id

Amplificus, a, um adj Amplifica vestis, *A rich robe, or garment*, Catull

Amplio, as denom [ex amplus] *To amplify, to increase, or enlarge, in* (1) *Quantity,* (2) *Number,* or (3) *Time* (4) *To adjourn, or put off the hearing of a cause* (1) Ampliare scalpello plagam, *Cels* 1 7 5 (2) *Tac* 18 (3) Ampliare aetatis spatium, *Mart* (4) ⁂ Cum causam non audisset, & potestas esset ampliandi, dixit sibi liquere, *Cic* Vide Ampliatio

Amplior, us, comp (1) *Greater, or larger* (2) *More dignified* (3) *Increased* (1) Praemiis amplioribus, ad perdiscendum commoveri, *Cic* (2) Suos vero omnes per se ampliores fieri volebat, *Id* Ampliorem honorem tribuebat alteri Pompejus, quam ipse ei ... consecutus, *Id* (3) Si forte morbus amplior factus sit, *Ter*

Amplissime, adv sup *Very amply, honourably, nobly* = Honestissime, magnificentissime, *Cic*

Amplissimus, a, um sup *Very great and large, very rich and honorable*, Cic

Ampliter adv Frequenter apud Plaut *Nobly, ... greatly, largely, exceedingly*

Amplitudo inis f (1) *Bigness* (2) *Greatness, largeness* (3) *Amplitude* (4) *Height* (5) *Magnificence* (6) *Honour, dignity* (7) *... of majesty, power, or ... itself* (1) Meatus ... proper amplitudinem corporis ... & ... (2) Simulachrum ... amplitudine *Cic* (3) Am ... Platonis ... dis ... (5) = Splendor omnis & amplitudo ... rerum ... (6) Amplitudine summi digniis *Li* (7) Amplitudo est potentiae ... aut maiestatis, aut aliqua ... magna abundantia, *Id* = Nobilitas, auctoritas, claritas, dignitas, gloria, honores, *Id*

Amplivagus, a, um [ex amplus, & vagus] *Stretching far, ... to a large scope*, Auct ad Her

Amplius adv comp (1) *More* (2) *Upwards of* (3) *Longer* ... (4) *Moreover* ... (5) *... ...* (6) *Also ... ... to ... adjourning ... some ... rising*, Cic (1) Amplius octingentae naves, *Cæs* (2) Viginti amplius auctores prodidere, *Plin* (3) Ego amplius deliberandum censeo, *Ter* (4) Etiam hoc amplius cum Fonteius &c *Cic* (5) Quin vellem Menedemum invitatum ut nobiscum hodie esset amplius, *Ter* (6) Vid Amplio

|| Ampliusculus, a, um [ab amplior] *Pretty big, somewhat of the largest*, Apul

Amplus, or, comp issimus, sup [ex am, & plus qui ex omni parte plus, *Sidon*] (1) *Ample, large, stately, spacious* (2) *Great* (3) *Sumptuous* (4) *Noble, of great power* (5) *Copious, full, of great compass* (6) *Of high place Of great honour and authority* (1) Illos porticibus rex accipiebat in amplis, *Vir* (2) Amplior pecunia, *Id* (3) Funus amplum (4) Ampli homines, *Cic* (5) Amplus, & grandis orator, *Id* (6) = Familia ampla, & honesta, *Id* Amplissimo loco natus fuit, *Cic*

AMPULLA, ae f *A bottle, or jug, long-vessel, chiefly of earth, or glass, with a large belly and crooked*, Cic *A bottle, or jugg*, Suet Met *Any thing blown, or puff up* Ampulla, plur *Swelling lines, bombast, high-blown stuff, rhodomontade*, Hor

Ampullaceus, a, um adj (1) *Like a phial, or bottle* (2) *Gorgeously decked* (1) Col 8 2 (2) Plaut Menaech 4 Pyrum ampullaceum, *A tankard pear*, Plin

Ampullarius, a, um adj *Pertaining to bottles*, Plaut

Ampullarius, i m *A maker of jugs, or bottles* Plaut

|| Ampullesco, ere *To become great, or big, to be blown, swollen, or puffed up, to wax proud, or haughty*, Cael

Ampullor, aris depon [ex ampulla] *To be lofty, to bombast* Met *To swell, to use big, gaudy and proud words, to rodomontade, to hector, or bounce* An tragica desaevit, & ampullatur in arte, Hor 1 ep 3 14

Amputatio, onis f verb *A cutting, or lopping off*, Cic

Am

Ampŭtatus, a, um part (1) *Cut about, par'd away, lopped, chipped,* or *cut off* (2) *Removed* (3) Met *Lame and imperfect* (1) Vid Amputo (2) Amputatâ, circumcisâque inanitate, & errore, *Cic* (3) = Infracta, & amputata loquuntur, *Id*

Amputandus, a, um part *To be cut or par'd away, superfluous* Amputandæ narrationes, *Cic*

Amputo, as act [*ex* am, & puto] (1) *To cut off, to chop off, to prune, to lop, to snip* (2) Met *To remove* (1) = Ars agricolarum circumcidit, amputat, &c Cic (2) Vid Amputatus

† Amsanctus, omni ex parte sanctus *Vir* Scal Amanctus *A together holy* Vid Propr

† Amtruo, as [*ex* am, circum, & truo, moveo, *h e* circumvolvo] *To shew tricks, to tumble, or jump* Præsul ut amtruat, inde & volgus redamtruat olli *ap* Fest ex Lucil uti restituit Scal

Ămŭlētum, i n [simpl *ab* amoliendo, quod corpori noxam omnem amoliatur] *An amulet, any thing hanged about the neck, to preserve one from witchcraft, or other harm, a charm, a spell,* Plin

Ămurca, æ f [ex ἀμόργη, quod *ab* ἀμέργω, abstergo, quia ex oleo detergitur] *The mother, or lees of oil, the scum that swims uppermost,* Virg Geor 1 194

Ămurcārius, a, um adj *Of tubs, or vessels, to receive the mother, or dregs of oil* Amurcaria dolia, *Cato*

Amūsium, i n [*ab* amussi, & *rect scrib* amussium, *ap* Vitr] *An instrument devised to know the points of the wind, a compass*

† Amussiatus a, um adj Opus amussiatum, *Vitr* Amussitatum, *Plaut Mil* 3 1 28

Amussim, adv ex nom *Fest* Adamussim, *Gell* Examussim, *Plaut. Exactly, by line and level*

ĂMUSSIS, is f [ex am, & *ant* asses, *i e* asser, sed est admodum incertæ originis] *A mason's, or carpenter's rule, or line, chalked, or okered, wherewith he measures and levels work.* Amussi albâ, *Gell*

Ămussitatus, a, um adj *Nice, exact* ¶ Amussitata opera, *sc* quæ ad amussim facta sunt, *Nicely done, curiously wrought,* Plaut Mil 3 1 38

Amussium, i n *i e* tympanum circinatum, *fun* Sed Plinio tabula est id explorandos ventos, [*ab* amussis] quod utrumque ad libellam, & amussim exigeretur, *A compass, or instrument, to shew the winds*

* Ămūsus, i m [*a* musis alienus] *One that hath no ear for musick, unlearned, ignorant* ♓ Non debet architectus esse musicus, ut Aristoxenus, sed non amusus, *Vitr* 1 1

* Amygdăla, æ f arbor, & fructus *An almond tree, also an almond,* nux Græca, *Col* ¶ Amygdala faucium, *Kernel's in the neck, or throat, like almonds,* Plin

* Amygdălinus, a, um adj *Of almonds* Amygdalinum oleum, *Oil of almond,* Plin

* Amygdălites *An herb of the spurge-kind, so called from its leaf, which is like that of an almond,* Plin 26 8

Amygdalum, i n ἀμύγδαλον, *An almond* Pallad

* Ămylon, & Amylum, i n [ab *α*, priv & μύλη mola, quod sine mola fiat] *A kind of medicine, or food made of wheat, unground, such as our frumenty,* Plin. || *Starch,* ex usu hodierno

* Amystis, idis f non clausus [ab *α*, priv & μύω, claudo] quia Thracicum, unde hæc fluxit consuetudo, erat ἀμυστὶ, *h e* labellis non clausis, & ἀπνευστὶ, *h e* sine respiratione bibere qui quidem mos, ut accepi, hodiè apud Turcas obtinet *A way of drinking among the Thracians, to pour it down without fetching the breath, or shutting the mouth* *The cup, or bowl wherein they drink, (as some will have it)* Bassum Threicia vincat amystide Hor 1 Od. 36 ubi vel exhauriendi actus, vel poculum designari potest

A ante N

AN adv alias interrogandi, & alias dubitandi [ab ἄν] *Whether? or, or else, either, if, or no yea, or no* An, *in the latter part of a question, answers to* Utrum, *or to another* An, *or* Ne, *either express'd or understood* An is est? *Is it he?* Ter Annon hoc dixi esse futurum? *Did not I tell you it would be so?* Id Hoccine agis, an non? *Do you mind me, or no?* Id *In which sense* Necne *is often used for* An non, *as,* Fiat necne fiat, id quæritur, *Cic* ☞ *Here notice is to be taken of Quintilian's caution, That neither in doubting, nor asking, we use* Aut *for* An, *where we speak of more than one* Male interroges hic aut ille sit *Quint* 1 cap 9 (al 5) Vide Valla Elegant 1 2 c 17

* Ăna, [ex Gr præp. ἀνά] apud Med distributionem notat *Of each an equal quantity*

* Ănăbaptista, æ c g *An anabaptist, one who holdeth rebaptization*

* Ănăbăsis, f *The herb horse tail, or horsetail,* Plin Lat Equisetum, *vel* Cauda equina

* Ănăbăthrus, i m Hier *A messenger, or herald* Lat Nuncius publicus

* Ănacampsĕros, ōtis *An herb of force, as magicians say, to reconcile friends only by touching it,* Plin

* Ănăcĕphălæosis, *i e* rerum repetitio, & congregatio, *A repetition, or a summing up of what has been said,* Quint

* Anachites, rectius Anacites gemma, [ab ἄναξ quasi princeps gemma] *A diamond,* Plin 37 4

* Anachoreta, æ m [ab ἀναχωρέω] *An anchoret, one that lives a solitary life He differs from* Eremita, *because this latter had a tent, or cottage, the former had not* ♓ Laudabo anachoritas, mirabor eremitas, *Hieron*

* Anaclintērium, i n [ab ἀνακλίνω, recumbo] *A couch to rest on in the day time, an easy chair,* Spart

* Anacoluthon, quod non sequitur Figura est, cum non redditur quod superioribus respondeat, aut contra *A figure in Grammar, when a word that is to answer another is not exprest,* cujus exempla adducit Serv. ex Vir Æn 2 331 ubi legitur *quot,* non præmisso *tot,* & Æn 3 541 *Tamen,* non præmisso *quanquam*

* Ănădēma, ătis n Vir redimicula, *i e* mitrarum vincula, sive vittas vocat. *A kind of ornament which women wore on their heads, like a garland, a coronet, or border, a ribband, or fillet,* Lucr

* Ănadiplōsis, f *A figure in Rhetoric, when the last word, or words, of the former verse, or sentence, is repeated immediately in the next, as*

— — timidis supervenit Ægle,
Ægle Naiadum pulcherrima, *Vir*
— — Acredula vocibus instat,
Vocibus instat &c *Cic* 1 de *Div* Lat Reduplicatio

* Ănădyŏmĕne, *f i e* emergens, *A picture of Venus, coming out of the sea, drawn by Apelles* Plin

* Anăgallis, ĭdis f. *The herb pimpernel,* Plin Corchorum vocat Anagallis aquatica, *Sea-purslain, or brook lime.* Anagallis sylvestris, *The herb Calves-snout*

* Anaglypha, pl n Vasa cælata & aspera extantibus signis *Vessels, or plate, chased, imbossed, or wrought with the hammer,* Plin

* Ănaglypta, ōrum n *Chased, imboss'd, the same as* Anaglypha Mart 4 39

* Anaglyphicum metallum, signis asperum, *Rough plate, newly come from the shop,* Sidon

* Anaglyptes, æ m *A chaser, or embosser*

* Anaglyptica, æ f *The art of chasing, or embossing*

* Anaglypticus, a, um *Chased, imbossed,* Sidon

* Anagnostes, æ m ἀναγνώστης *A servant to a man of quality, who was to read History, or other books, to divert, or instruct the guests at table, that occasion might be given thereby to some useful, or learned discourse, or, when his master could not sleep a nights, or perhaps on other occasion,* Cic Lat Lector

* Anagramma, tis n *A transposition of letters, an anagram*

* Ănăgrăphe, es f *A registring, a commentary,* Cic

* Anagyris, *An herb called Beau-trefoil,* Ruell Rusticis lignum putidum dicitur ¶ Anagyrin movere, Prov idem quod Camarinam movere, quod vide

* Analecta, orum n *i e* collectanea, a colligendo *Scraps of meat and crumbs that fell from the table upon the floor,* Mart ☞ *Vossius seems to think this word destitute of authority, the two places quoted for it being doubtful, because in both the following* Analecta *may be read*

* Analectes, *vel* analecta, æ m *A servant that picks up the crums and scraps upon the floor,* Mart Met *A well read scholar,* Cæl Utitur hâc voce Sen Analecta Grammaticus, *q d* *A gleaner to pick up what another forgets*

* Analectides um f *The stuffings of a garment to make a crooked body strait,* Ov

* Analemma, tis n *A term in dialing, to find the increase and decrease of the shadow,* Vitr 9 4

* Analogia, æ [ex ἀνά, æqualiter, & λόγος, ratio] = Proportio, *Quint* = Convenientia, *Cic* *Analogy, proportion, convenience, likeness In Mathematicks 'tis a double proportion of numbers or magnitudes to one another, v g As 4 is to 2, so is 8 to 4, the use whereof is by referring to a thing certain to find out what was uncertain before*

* Analŏgus, a, um adj Similis, proportione respondens, *Proportionable, alike* ¶ Verbum analogum, *A regular verb,* Gram

* Analysis, f [ab ἀναλύω, resolvo] *A resolution, or unfolding, the analysis of a discourse, resolving it into its parts,* Bud *Hence* || Analyticus, a, um

* Analytica, ōrum n *The book of Aristotle for resolving of arguments,* Bud

* Ananchitis, idis f Gemma, qua in hydromantia evocantur imagines deorum *A stone used in Magick,* Plin 37 11

* Anantapodoton, *i e* apodosin, sive redditionem non habens Oratio posteri membro defecta

Anapæsticus, a, um adj *Made up of anapæsts* Versus anapæsticus, *Cic in Orat.*

* Anapæstus, i m *A foot in verse, whereof the two first syllables are short, and the last long, as* Piĕtās *An anapest Hence* Metrum anapæsticum, *A verse made of anapests* Nec adhibetur ulla sine anapæstis pedibus hortatio, *Cic* 3 de *Orat*

Anapæstum, i *An anapest,* Cic

* Anaphora, æ f repetitio *A figure, when in the beginning of every verse, or member of a sentence, the same word is repeated, as* Hic gelidi fontes, hic mollia prata Lycori, Hic nemus, hic ipso tecum consumerer ævo, *Vir*

* Anaporica horologia, *A sort of winter-dials,* Vitr

* Anarchia, æ f sed vix occurrit ap idon script Rom ordinum confusio *Anarchy, want of government, confusion, disorder*

* Anarrhinon, n dic & antirhinum *A kind of herb like Pimpernel,* Plin

ĂNAS, ătis f [a nando] *A duck, or drake,* Var Anatum ova, *Cic*

* Anasarca, æ f *i e* hydrops Græce melius dic σαρκίτης, & vix leg Latine *A kind of dropsie which swells up the skin,* ap Med

* Anastomōsis, is, f *The orifice of the veins and arteries where they meet, also the bursting of those orifices, and the bleeding which comes by the opening of a vein,* Cels 4 4

* Anastrophe, es f *i e* inversio *A grammar figure, setting a word fore-most which should follow, as* Maria omnia circum, *Vir*

Ănătāria *sc* aquila, *A kind of eagle preying upon ducks,* Plin

Ănătarius, a, um adj *Of ducks, appertaining, or belonging to ducks,* Plin.

* Ănăthĕma, ătis n Eccles ἀνάθεμα, *i e* piaculum, [ab ἀνατίθεσθαι, *i e*, removere, separare] *An anathema or curse, the sentence of excommunication Also an accursed person, or thing Hence* Anathematizo, as ἀναθεματίζω, *To curse, to excommunicate, and give one up to Satan*

* Anathēma, ătis n ἀνάθημα, *i e* donarium *An offering or gift to the Gods, as, Statues, cups, tripods, &c* *Bud*

Ănăticula, æ f dim [ab anas] *A duckling, a young duck,* Cic

Anătinus, a, um adj [ab anas] *Of or belonging to a duck,* Plaut

* Anatocismus, i m *A renewing of usury, and taking Interest upon interest,* Cic ad Attic 5 *ep ult*

* Anatome, es f *Cels* & Anatomia, æ f vulgo, sed male Incisio, Lat *Anatomy, the dissecting of bodies* Hinc

* Anătomice, es f. sc τέχνη *The art of anatomy*

|| Anătomicus, i m *An anatomist, one skilful in anatomy,* Macr & Ammian ‡ Anatomes peritus

† Ancæsa, ōrum [ex am, circum, & cædo] *Vessels, or plate engraven,* Fest

Anceps, ancipitis adj [ex am, & capio, quod ex utraque parte æquè capiatur, *Fest*] (1) *Two edged* (2) *Double* (3) *Double-headed, or two faced, which looks two ways* (4) *That may be taken either way* (5) *Dangerous* (6) *Foolish,* (1) Anceps ferrum, *Catull* (2) Nemo hos ancipites ferro effringat cardines, *Lucil* (3) Anceps imago Jani, *Ov* (4) Vocabula ancipitia, *Gell* (5) Voluptas tanta ancipitis cibi, *Plin* (6) Anceps forma bonum mortalibus, *Sen*

Anchialus, i m Jura, verpe, per Anchialum, *Mart* Quod alloquitur Judæum Poeta, Jos Scal Cl Seldenus, alii, ex Hebræo forte petunt hujuſce juriſjurandi formulam, אם חי אלהים i e ſi vivit Deus Quare per Anchialum jurare Anglice ſonat, to ſwear by the living God. Vid Prop

ANCHŎRA, æ f [ab ἀγκος, incurvus] An anchor Anchora ſacra, The ſheet anchor, by way of proverb, The laſt refuge. In anchoris ſtare, To ride at anchor, Cæſ Dente tenaci anchora fundabat naves, The ſhips lay at anchor, Vir Anchoram vellere, To weigh anchor, Liv præcidere, To cut cable, Cic Duabus niti anchoris, To have two ſtrings to his bow, Prov

|| Anchŏrāgo, inis Salmo ita dict a roſtri aduncitate, ut in anchora A Salmon, or, as others, a ſturgeon, Caſſiod

Anchorāle, is n The cable of an anchor, Plin

Anchorālis, e. adj. Pertaining to an anchor, Liv

Anchŏrārius, a, um adj. Funes anchorarii, Cables which faſten the anchor, Hirt

Anchŏrārius, i m qui curam anchoræ habet, ut eam demittat vel elevet He which hath the charge of the anchor, Cæſ

* Anchūſa, æ A kind of bugloſs, Plin

Ancile, is n ſcutum grande, Non breve, Feſt [ab anciſu, quod eſſet utrinque inciſum, & rotundum, quo facit illud Ovidii, Idque Ancile vocant, quod ab omni parte reciſum] A kind of ſhort oval ſhield, or buckler, which was uſed only by the Prieſts of Mars, to dance up and down the city with in the month of March

Ancilis, e adj. Clypeis ancilibus, Juv. i e ad formam ancilium fabricatis. Targets, or bucklers, like the ſacred ſhields, ſhort and round

Ancilium, i n id quod Ancile, A ſacred ſhield, Hor car 3 5

Ancilla, æ f [Ancillæ dict ab anculare, i e miniſtrare, Feſt] A maid ſervant, a waiting woman, a captive, a handmaid, Cic.

Ancillāriŏlus, i m dim. [ab ancillarius] A pitiful whore-maſter, that takes up with ſervant maids, Mart Ep. 12 58 Alſo it ſeems by Seneca to be taken for a mean ſpirited man, or one under petticoat government, as we ſay.

Ancillāris, e. adj Belonging to a maid-ſervant. Mean, dirty pitiful, = Ancillare ſordidumque artificium, Cic

|| Ancillārius, i m A debaucher of maid-ſervants, manet in vett Gloſſ

Ancillor, āris. dep (1) To wait ſervilely, as a maid doth upon her miſtreſs (2) Met To cajole, to wheedle, to humour. (1) Dotibus deliniti ultro etiam uxoribus ancillantur, They live under petticoat government, ap. Non Marcell c. 2 (2) = Non enim uni privatim ancillatus ſum, neque me addixi, Porcius Latro Invect in Sall. Vet Gloſſ Ancillor, κολακεύω.

Ancillula æ. f dim. A waiting maid. Dixti cupere te ex Æthiopia ancillulam, Ter Eun 1 2 85

† Ancipes, pro Anceps, Plaut

† Anciſus, ûs m verb [qu. ex amcido, quod ab am, circum, & cædo, unde & Ancile dict] A cutting, or paring round, Var.

† Anclabra, Anclabria, & Antlabra, legunt alii. [ex anclare, haurire] Veſſels of braſs, which the Prieſts uſed in ſacrificing, Feſt. ex Liv

† Anclabris, [ab anclo, ſeu anculo, miniſtro] A table uſed in the ſervice of their Gods, as at ſacrifice, &c. of which each tribe of Rome had one, called alſo Aſſidela, Scal

† Anclare, Feſt per ſync pro anculare, q d miniſtrare, unde Gloſſ Anclator, ὑπηρέτης It. Anclare, haurire Feſt To wait upon one To draw water, in quo ſenſu Voſſ putat ſcribendum Antlare, ab ἀντλεῖν,

* Ancon, ōnis. m ἀγκών, cubitus, curvatura brachii (1) The part of the rule where the perpendicular and baſis meet like an elbow, as in the letter L (2) A foreland, or promontory (3) Plur Ancones, The corners, or coins of walls, the croſs beams, or over-thwart rafters (4) Hooks on which they uſed to hang their nets (1) Vitr 3 ult (2) Luc 1 421 (3) Vitr 4 6 (4) Lineaque ex tritis lucent anconibus arma, Gratius Cyn v 87

Ancora, a f An anchor Vid. Anchora

* Anctēres, um m pl. A bandage to tie up wounds, Celſ

Anculi, & Anculæ [ab anculo, i e miniſtro] Servants, attendants. The Gods of ſervants, as ſome, or, (as others) Inferiour Gods and Goddeſſes Feſt.

† Ancŭlo, as act To draw out of a veſſel, to miniſter Florem anculabant Liberi ex carcheſiis, Liv Andr on ap Feſt uti legit Scal

† Ancus [ἀπὸ τοῦ ἀγκῶνος, i e a cubito] Lame of one hand, that hath a crooked arm, Feſt Vet Gloſſ. Ancus, mancus, κυλλός, λοξὸς

* Ancyle, The handle of a javelin, alſo a kind of javelin Cæl

* Ancyloblĕphăron, An impoſthume in the eye, when the eye-lids grow cloſe together, Celſ

* Andăbăta, æ m pro ἀναβάτης inſerto d, Voſſ i e Adſcenſor, ſc. equorum (1) A ſort of fencer, who fought hoodwinkt on horſeback. Quem antea ne andabatam quidem defraudare poteramus, Cic. Alſo the title of one of Varro's books of Vulgar Errors

* Andrŏdămas, ntis m A precious ſtone deſcribed by Pliny, 37 10 Alſo a ſort of blood-ſtone, black and ponderous, deſcrib'd by him, 36 20

* Andrŏgynos, vel Androgynus, i. m [ex ἀνὴρ, vir, & γυνὴ, mulier] An hermaphrodite, a will-jill, Cic

* Andron, ōnis m. (1) The men's room, or lodging, where men only came (2) Alſo the ſpace between two walls where the rain falls (1) Plin ep 2 17. (2) Vitr 6 10

* Andronitis, f id quod Andron, The men's room, Vitr 6 9

Andronium, i n A medicine good againſt the Uvula, or falling of the palate, Celſ 6 14.

* Androsăces, is n A white herb growing in Syria, of great virtue for cures, Plin.

* Androſæmon, i. n. [ex ἀνδρὸς, & αἷμα, i. e. hominis ſanguis] An herb ſomething like Hypericum, or St John's wort, Diaſcor

Ănellus, i m dim [ab anulus, quæ vera ſcriptura videtur ex hâc voce] A little ring, Hor

* Anĕmōne, es f Celandine, the flower into which Adonis was turned Some take it for wild poppy, or Roſe-parſley, Plin 27. 12

Ănēthum, i n The herb aniſe, or dill, Flos beneolentis anethi, Vir.

Anfractus, a, um adj. unde ſubſt Anfractum. Broken, rugged, Var.

Anfractus, ûs. m. & Anfractum, i. n [ab am, circum, & frango] (1) The turning, bending, or winding of a way in or out, backward or forward. (2) Met A circuit or compaſs. (1) Via altero tanto longiorem habet anfractum, Nep in Eum. 8 (2) = Quid opus eſt circuitione & anfractu? Cic de Div 2 61

* Angara, pl n Inns where Poſts, or porters, or publick meſſengers, lay at night, after they had done their days task, Cal ex Cæl.

* Angăria, æ f vox Perſica [ab ἀγγαρεύω] Munus angari Apud Jcc munus præſtandi equos ad curſuram publicam A poſt-maſter's office, proviſion, or charge for poſt-horſes. Hinc pl || Angariæ, jejunia 4 temporum Ember-weeks, Hier

|| Angărio, āre To preſs, or force one to go any whither, or do any thing, to ſend poſt, Bibl

† Angarior āris paſſ To be preſſed, or forced. Naves eorum angariari poſſe, reſcriptum eſt, Ulp

* Angarus, i m Nuncius regius apud Perſas. A Poſt maſter, or meſſenger among the Perſians, who had power to preſs horſes and men for the king's ſervice, Heſ

|| Angĕlica, æ f [ab angelica virtute dict] The herb ſo called ↓ Spondylium.

Angĕlicus, a, um adj Belonging to angels, angelical. Vox freq apud Eccleſ ſcript.

Angellus, i m dim [ab angulus] A little corner, or angle, Lucr

* Angĕlus, i m Nuncius, nomen officii, non naturæ A meſſenger. Ego angelus Epicuri, Sen ep 20. ſi ſalva ſcriptura. || An angel, or meſſenger from heaven

Angerona, vel pot Angeronia [ab angendo, & cohibendo ore] ſilentii Dea, cujus ſimulacrum fuit ore obligato, ſignatoque, Plin The Goddeſs of ſilence, worſhipped alſo, as ſome ſay, for curing the Romans of the Angina

Angeronalia, The feſtival of Angeronia, on the 21ſt of December, Plin

Angina, æ f [ab angendis, i e. comprimendis faucibus] A diſeaſe of the throat called the ſquinancy, ſquinſie, or quinſie, an inflammation of the jaws, Celſ

Angiportum, i n A narrow way, alley, or paſſage, Ter The ſame with Angiportus, us, Hor vel i, Cic m. A lane, or ally, in a town, a narrow ſtreet, where there is no thorowfare Alſo a key leading to a wharf, for the carriage of merchant's goods to and fro, Litt. unde non dicit.

ANGO, ĕre, xi, † ctum. act. [ab ἄγχω, ſuffoco, ſtrangulo] (1) To ſtrangle, throttle, choak, or ſtrain. (2) Met To ſtraiten, teaze, vex, or trouble one (1) Faucibus angit obeſis, Vir. (2) = Me illa cura ſollicitat, angitque vehementer, Cic

Angor, gi paſſ To be vext, or grieved § Angi intimis ſenſibus, cruciatûs expectatione, rebus alicujus proſperis, Cic.

Angor, oris m verb [ab ango] Anguiſh of body, but more frequently of mind, ſorrow, grief, trouble, vexation (2) The ſquinancy. (1) Angor eſt ægritudo premens, Cic = Me a moleſtus angoribuſque abducam, Id (2) Plin.

✤ Anguicŏmus, a, um Poet epith Meduſæ, Having ſnaky locks, or ſnakes inſtead of hair, Ov

Anguicŭlus, i. m, dim [ab anguis] A little ſnake or adder, Cic

Anguifer, ĕri m [ex anguis, & fero] A conſtellation in form like a ſerpent. xi Kal Jun Anguifer, qui a Græcis dicitur ὀφιοῦχος, mane occidit, Col. = Anguitenens, Cic, N. D. 2. 42

✤ Anguigĕna, æ c g [ex anguis, & gigno] Ingendred of a ſnake, Ov.

Anguilla, æ f [ex Gr. ἔγχελυς, Canin] An eel, a grig, a ſnig ¶ Anguilla eſt, elabitur, Plaut A ſlippery fellow

✤ Anguimănus, i m i habens qui anguinam manum, Poet An elephant, ſo called becauſe their trunk, which they uſe as an hand, turns like a ſnake, Lucr

Anguineus, a, um [ab anguis] Of a ſnake, ſnaky, Ov Anguineus cucumer, Long, and wreathed like a ſnake Col

Anguinum, i n A bed, or knot of ſnakes, Plin

Anguinus, a um adj [ab anguis] Of, or like a ſnake, Cic Anguina vernatio, A ſnakes ſlough, or caſt ſkin, Plin

✤ Anguipĕdes, c g [ex anguis, & pes, qu anguinos, i e tortuoſos pedes habentes] Snake-footed, an epithet of the giants, who are feigned to have feet like ſnakes, Ov

ANGUIS, is m & f A ſerpent, a ſnake, an adder ✱ Angues aquarum, ſerpentes terrarum, dracones templorum, Serv ſed hoc diſcrimen ſæpe negligitur Scripſit enim Vir Latet anguis in herba, & Cic Serpentes ortæ extra aquam, ſimul atque niti poſſunt aquam perſequuntur Et vid Ov. Met 2 61

✤ Anguitĕnens, tis [ex anguis, & teneo] Signum cœleſte, quod & anguifer, A conſtellation in form of a ſerpent, Col

Angŭlāris, e adj [ab angulus] Which hath angles and corners, or is ſet in a corner Lapis angularis, A corner-ſtone, or a cornered ſtone, Cato

|| Angŭlārius a, um. Procul Idem quod Angularis

|| Angŭlatim, adv By corners, corner by corner, Apul

Angŭlātus, a, um. adj Having corners, Cic

Angŭlōſus, a, um. adj Figura anguloſa, Full of corners, or nooks, Plin

Angŭlus, i m [à Gr ἀγκύλος incurvus] A corner, or nook, a cloſe, or narrow place, an angle, Feſt

Anguſtandus, a um part [ex anguſto] To be ſtraitned, or diminiſhed, Sen.

Anguſtans, tis part [ex anguſto] Straitning, Catull.

Anguſtātus, a, um. part [ab anguſto] Made narrow, or ſtraitned, Cic

Anguſte, adv ùs, comp. ſſime, ſup Cloſely, ſtraitly, narrowly (2) Briefly, or in few words (3) Sparingly (1) Cæſ B C 3 45 (2) = Preſſe, & anguſte rem definire, Cic (3) Re frumentariâ anguſte uti, Cæſ

Anguſtia, æ f [ab anguſtus] (1) Narrowneſs, ſtraitneſs. (2) Contractedneſs (3) Poverty, perplexity, difficulty, trouble (1) Loci anguſtia, Plin (2) Anguſtia autem concluſæ orationis non facile ſe tutatur, Cic. (3) Rei familiaris anguſtia, Id (4) Adductus in ſummas anguſtias, Id

Anguſticlavius, i m [qui gerit tunicam anguſti clavi] One leſs than a ſenator of Rome, of the equeſtrian order, Suet ✱ Laticlavius, A ſenator, or nobleman, whoſe gown had greater ſtuds or boſſes of purple Vide Suet Aug 38. & eundem Otho 10

Anguſtior, us adj comp. More narrow, difficult, &c See Anguſtus, Plin.

Angustissime, adv. *Very straitly, difficultly, slenderly.* Vid Anguste

Angustissimus, a, um adj *Very narrow* Angustissimæ fauces, *Curt* 7 4 Vid Angustus

† Angustitas, ant pro Angustia, *Acc ap Non*

Angustius, adv (1) *More narrowly, less at large* (2) *In less room, or compass* (3) Met *More concisely* (1) Angustius diffunduntur radices, *Vir* (2) Angustius pabulantur, *Cæs* (3) = Quæ brevius an angustiusque concluduntur *Cic* Vid Anguste

Angusto, as act *To straiten or restrain.* Mons fauces angustat, *Lt*

Angustus, a, um adj [ab ango, ut ... ultus] De corpore & animo dicitur (1) *Narrow, strait, close, scanty, slender* (2) *Short, brief* (3) *Small, poor, mean* (4) *Needy, pinching* (1) Angusta domus *Cic* 1 de *Fin* ✱ latus, ... onus, *Ov* (2) Nox angusta, *Ov* (3) = Animi angusti, & parvi est amare divitias, *Cic* (4) Per angustæ, *Hor* Mensa angusta, *Sen*

Anhelans tis part [ab anhelo] (1) *Puffing, and blowing* (2) Met *Breathing forth* (1) Acer anhelantis similis, *Lu* (2) Anhelans ex infimo pectore crudelitatem, *Cic*

|| Anhelanter, adv *With puffing and blowing*, apud recentiores ↓ Anhelanti similis

Anhelatio, onis f verb [ab anhelo] *Shortness of breath, the* ... Vinum pictum utile anhelantibus *Plin* Raro occ

Anhelator, oris m verb *One that has short asthmatic* Siccæ ... utiles anhelatoribus, *Plin* Raro occ

Anhelatus, a, um part *Blown, or breathed forth*, Cic

Anhelitus, us m *A breathing or fetching of breath.* Ovidio in putri Litt

Anhelitus, us m [ab anhelo, ut ... spiritus] (1) *Breath* (2) *Vapour* (3) *A scent* (1) Sub imis fugies mollis anhelitu ... (2) Anhelitus terrarum, *Cic de Div* (3) Vini anhelitus, *Id* ¶ Reddere, & recipere anhelitum, *to fetch his breath* Plin

Anhelo, as, act [ex am, & halo i e ægre halo] (1) *To breath short and with difficulty* (2) *To send forth or steam out* (3) *To labour in doing a thing, with all endeavour to perform it* (1) Priusquam sudare, atque anhelare desierint [boves] *Col.* (2) Anhelans cœlesti sulphure campus, *Stat* (3) Anhelare scelus, *Cic*

Anhelus, a, um adj *Short winded, breathing thick and short, puffing and blowing.* Tussis anhela, *Vir* Febris anhelæ, *Ov* Equi anheli, *Vir*

* Anicetum, i. n *Anise seed, good to expell wind in the stomach*, Plin

* Anicianum, pl n *A kind of pears*, Col

Anicula, æ f dim [ab anus] *A little old woman a sorry old woman* Aniculis fato fieri omnia videntur, *Cic*

Anilis, e adj [ab anus] *Of, or pertaining to an old wife, doting* Anilis superstitio, *Cic* Aniles fabulæ *Old wives stories, whims*, Quint

Anilitas, atis f *Old age of women, an age* Cana anilitas, *Catull*

Aniliter, adv *Like an old woman, dotingly* = Superstitiose, atque aniliter, *Cic*

Anima, æ f [ab animus] (1) *Air* (2) *Breath* (3) *The animal life* (4) *Wind* (5) *The soul* (1) Aqua, terra, anima, & sol, *Var* ex *Enn* (2) An fœtet anima uxori tuæ? *Plaut* (3) ✱ Animantia quædam animum habent, quædam tantum animam, *Sen ep* 58 (al 59) (4) Impellunt animæ lintea Thraciæ, *Hor* (5) Morte carent animæ, *Ov* Gen animai pro animæ, *Lucr* ☞ ... animi, & animus, ... *ad Juvenalem*, 15 116 ... *sequentur*

Animabilis, e adj [ab animo, i e animam sive vitam do] *Giving life and breath* = Animabilis, spirabilisque natura, *The air*, Cic

Animadversio, onis f verb [ex in madverto] (1) *An observing, or giving attention and heed unto a thing* (2) *An observation or reproof an animadversion* (3) *Also punishment* (1) = Notatio naturæ, atque animadversio peperit artem, *Cic* (2) Res animadversione dignissima, *Id* (3) Omnis animadversio contumelia vacare debet, *Id Offic* 1 25 ☞ *Sometimes* ...

Animadversor, oris m verb *He that nicely observes or considers, and sorte a corrector or chastiser* Animadversores vitiorum, *Cic* 1 *Offic* 41

Animadversus, a, um part (1) *Considered observed, taken notice of* (2) *Also punished* (1) = Animadversa, ac notata a peritis *Cic* 1 *de Orat* (2) Multa sub eo & animadversa severe, & coercita *Suet in Ner* 16

Animadvertendus, a, um part (1) *To be observed* (2) *To be punished* (1) Et sunt animadvertenda peccata maxime, quæ difficilime prævaventur, *Cic* (2) O facinus animadvertendum ! *Ter*

Animadverto ere i, sum. act [animum adverto] (1) *To mind or observe, to perceive* (2) *To regard* (3) *To consider, or animadvert* (4) *Also to chastise, or punish* (1) Nu... animadvertit puerum dormientem, *Cic* (2) Sin autem dii, &c. nec quid agamus animadverterent &c *Id de N Deor* (3) = Sed ut ad... sint, cognoscant, animadvertant, *Id* (4) Ubi prius verberibus in eos animadverteretur, *Sall* § Absol *Cic* aliquid, in aliquid, in aliquem, *Id*

Animal alis n [ab adj n animale per apoc ut a penetrabilis, penetrale & penetral] substantia animata sensibilis (1) *A living creature, a man, beast, bird, fish, an animal* (2) *Sometimes an animal as distinguished from man* (1) Animal providum, & sagax homo, *Cic* Cum spectent animalia catera terram, os homini sublime, *Ov* (2) Nobis, & cum Deo, & cum animalibus est aliqua communitas, *Lact* 3 6 Quin & sic usus est Seneca, ep 76

Animalculum, i n dim *A little animal* Suspectum habet Vossi & mavult de hominibus ↓ *Homullus*, de cæteris ↓ *Bestiola*, dicere, cujus tamen usu neque ipse, neque Cl Salm, pravâ consuetudine abrepti, abstinuerunt

Animalis, e adj. [ab anima] *Having life, living, pertaining to life, sensible* Animalis spiritus, *The animal spirit*, Plin Animales hostiæ, *Such sacrifices where the Gods had only the life, the priests the flesh*, Fest ✱ Sive illi spiritus sunt animales, sive ignei, *Made of air or fire*, Cic Animalia vincula *The nerves*, Id

Animans, tis part [ab animo] animam impartiens (1) *Putting life into one* (2) Met *Encouraging, emboldening* Vid Animo

Animans, tis subst f vel n & aliq m Act pro pass *Any living creature, any thing that hath life*, (1) *Man*, (2) *Brute*, or, (3) *Plant* (1) Hic stylus haud petet ultro quenquam animantem *Hor* (2) Animantium aliæ coriis tecta sunt, aliæ villis vestitæ, &c *Cic* (3) Vid Sen ep 58

Animatio, onis f verb *Animating, or life, an enlivening* Divina animationis speciem maxime faciebat ex igne, *Cic de Univ*

|| Animator, oris m *He who giveth life*, Tert ↓ Qui animat

Animatus a, um part (1) *Animated, or living* (2) Met *Encouraged* (3) *Emboldened* (1) Animatum quod est, motu cietur suo, *Cic* (2) Vid Animo, N° 2 (3) Pompejus animatus melius quam paratus, *Cic*

Animatus, a, um adj [ab animus] *Minded, inclined, disposed* Sin aliter sient animati, *Plaut.*

Animatu, ablat qui solus lep... *Life, or soul*, Plin ↓ Animatio, *Cic*

|| Animitus, adv *Heartily, sincerely*, Non Marcel ↓ Ex animo, *Cic*

Animo, as act [ab anima, vel animus] (1) *To give life, or being* (2) *To encourage, embolden to animate, to hearten* (1) Omnia format, animat, alit, *Cic* (2) Animare ad crimina, *Claud*

Animor aris pass *To be quickened, as a child in the womb*, Plin *To be encouraged*, &c

Animose, adv qual us comp ... issime, sup (1) *Without fear, valiantly, stoutly, resolutely* (2) *With great fondness, and earnestness* (1) = Animose, & fortiter, *Cic* Ut animosius consurgat audacia, *Ar...* (2) Signa, toreumata tabulis opera antiqui semper animosissime comparavit, *Suet in Oct* c 47.

|| Animositas, atis f ap recent *Courage, stoutness, animosity* ↓ Vis, animus It pro parte animæ irascibili *Macr* ↓ Iracundia

Animosus, a, um adj or, comp [ab animus] (1) *Stout, courageous* (2) *Fierce, lively, ... full of metal and life, daring, hardy, venturous, sturdy* (3) *Stately costly* (1) = Fortes, & animosi, *Cic* Comes animosior quam auctor *Liv* (2) Equus animosus, *Ov* (3) Corruptor animosus, *Tac*

Animula, æ dim [ab anima] (1) *The life* (2) *A poor little soul* (1) In unum muliercula animula, &c *Cic* (2) Animula vagula, blandula, *Spart*

Animulus, i m dim [ab animus] *A little soul* Mi animule, *Dear heart.* Plaut

ANIMUS, i m [ab ἄνεμος] (1) *All that is not body, both the vital and rational part of man, but more frequently the latter* (2) *The soul, the mind* (3) Met *Humour* (4) *Thought, or expectation* (5) *Passion* (6) *Inclination, disposition* (7) *Purpose, resolution* (8) *Courage, spirit* (9) *Heart, soul* (10) *Conscience* (11) *Instinct, or whatever in a beast bears analogy to the soul in man* (1) Animus est qui viget, qui sentit, qui prævidet, *Cic* (2) Animos immortales credo, *Cic* (3) Novi ego animum ... animos, *Ter Heaut* 3 3. (4) Animum delusit Apollo, *Vir* (5) Comprimant animos suos, *Cic* (6) Mala mens. malus animus, *Ter* (7) Animus perseverat, *Quint* (8) Dabit spes animum, *Ov* (9) Ex animo dilico, *Cic* (10) Æstuat occultis animus *Juv* (11) Bestiarum animi sunt rationis expertes, *Cic Tusc* 1 33

* Anisocycla, orum, pl n *A kind of machine*, Vitr

Anisum, i n *The herb anise, also the seed thereof*, Plin

Annalis e adj [ex annus] *Of a year* ✱ Tempori duorum generum sunt, alterum annale, alterum menstruum, *Varr* Lex annalis, *a law to a bar candidates from an office till such an age* Cic

Annalis, is subst ex adj sc liber, & Annales, in plur sc libri, quare in citandis Taciti libb rectius dicemus in hoc vel illo annali, quam hoc vel illo libro Annalium idque ad mentem vetustatis Atticus in annali suo scriptum reliquit, *Nep in Hannibale* c 13 Scriptum est in tuo annali, *Cic* Ennius in nono annali, *Id* Sin licet annales nostrorum audire laborum, *Vir Histories, or chronicles of things done from one year to another* Annalium scriptor, *An historian, an annalist, or writer of annals*, Plin

† Annarius, a um *Of or belonging to year, or years*, Fest

† Annascor & Annato, vide Adnascor, & Adnato

Annavigo, as act [ex ad, & navigo] *To sail unto, or along by*, Plin

Anne, conj interrog [ex an & ne] *Whether or no?* Vid An

Annecto, ere, xi, xum act. [ex ad, & necto] *To knit join or tie unto, to annex, to bring together* § Annectere aliquid alicui, *Plin* ad aliquid, *Cic*

Annector, i, xus pass *To be joined*, &c § Ad linguam stomachus annectitur, *Cic*

Annellus, i dim *A little ring*, Cic rectius Anellus, *Hor*

Annexus a um part [ab annector] *Tied, joined*, Plin

Annexus, us verb [ab annecto] *A tying, or joining to*, Plin Met *A linking*, Tac

Anniculus, a, um. adj dim. [ab annus] *Of one years age, or growth*, Plin

Annifer, a, um. [ex annus, & fero] *Bearing fruit all the year*, Plin

Annisurus, a, um. part [ab annitor] *Who will endeavour*, Liv.

Annisus, a, um, & Annixus part *Endeavouring, labouring*, Liv ab

Annitor, i, xus, vel sus dep [ex ad, & nitor] (1) *To lean to* (2) Met *Earnestly to endeavour, to make it his business, to use all means* (1) § Natura ad aliquid annititur, tanquam sui adminiculum, *Cic* (2) Civitas summo studio adnitebatur, *Sall*

Anniversarius, a, um adj [ex annus, & verto] *Done every year, at a certain time, from year to year yearly* Anniversaria sacra, *Cic.*

Annisurus, & Annixurus, a, um part [ab annitor] *About to endeavour*, &c Annisurum ut appareat exilio sibi iratos, *Liv.* Quod annixurus, pro se quisque sit *Id*

Annixus, a, um part (1) *Leaning to* (2) *Endeavouring, labouring*, &c (1) Annixus acuto detrudit naves scopulo, *Vir* (2) Patres summa ope annixi sunt, *Liv.*

Annona, æ f [ab annus] *Properly the years increase from ones land, Provision, chiefly of corn, all sorts of victuals, as flesh, wine*, &c. *A man's allowance of victuals for a a year, or less time* Annona crescit, ingravescit, *The market, or corn riseth*, Cæs laxat, *It falls*, Cic convalescit, *Sret* pretium non habet, *Things grow cheap*, Cic Annonam flagellare, *Plin* incendere, *Var To raise the price*, laxare, levare, *To bring down the markets*, Liv

|| Annonārius, a, um adj [ab annona] quod ad annonam pertinet *Pertaining to victual's* Lex annonaria, *A law that Clodius made to set a price upon provisions*, Vet

Annōsus, a, um adj *Full of years, aged, old* Annosa volumina vatum, *Hor* Comp & superl ap inferioris ævi scriptores inven

|| Annotāmenta orum n pl *notations, remarks*, Gell

Annotātio, onis f verb *An annotation, a remark, a setting down of a thing, an observation*, Quint ‡ Notatio, *Cic*

|| Annotatiuncula æ f dim [ab annotatio] *A short note*, Gell ‡ Notatio brevis, *Cic*

Annotātor, oris m verb [ab annoto] *An observer, or marker one that sits by, and takes notice what others do*, Plin Paneg

Annotātus a, um part *Noted, observed, registred*, Plin

Annotātus, us m *Remark, observation*, Val Max 9 12

Annotinus, a, um adj [ab annus, ut a sérus, serotinus] Quod est unius anni, qu anno tenus *Which is of one year old* Unguis custodum anno inos resecato, *Col* Annotinæ naves *Built the last year, or which were employed in the last year's expedition* Cæs B Gall 5 8 ☞ Perperam annotinus, i un ab annona d cunt & capi ... ex loco Cæsaris male intellecto Recte Græci ... exprimunt annotinus ... τὰς τῷ πρόσθεν ἔτει, vertit

Annoto as act [ex ad, & noto] (1) *To note or mark a thing, as in a book, in order to find it again* (2) *To set down in writing* (3) *To observe, or take notice of* (4) *To remark, or write in his works* (5) *To appoint, or mark out* (1) Steph ex Corn Front (2) Annotaret quid, & quando & cui deliffet, *Cic* 12 (3) Nares pilosas annotet Lælius *Juv* (4) Ut is annotat, *Plin* 18 28 (5) Suet *in* Calig 27

Annotor, āris pass *To be set down, noted, or observed*, &c

Annua orum n *sc* alimenta [ab annuus] *A yearly allowance, a pension, a salary* Ut publici servi annua accipiant, *Plin jun* Sunt quæ tortoribus annua præstant, *Juv* 6 479

|| Annuatim, adv *Yearly from year to year*. Plinio imputatur, sed male ‡ Quotannis

Annulāris, e adj [ab annulus] Digitus annularis, *The ring finger* Gell

Annulārius, a, um adj *Belonging to a ring, round like a ring*, Gell

Annulārius, i m. [ab annulus] *One that maketh, or selleth rings* Cic

Annulātus, a, um denom [ex annulus] *Ringed, or that weareth rings* Plaut *Fettered*, Apul

Annulus, vel Anulus, i m dim [ab anus vel annus, *q e* circulus] (1) *A ring* (2) *Any thing like a ring, a curled lock, or tuft of hair the nails in a cost of ...* (3) *The fetters, or irons that prisoners wear* (1) Annulo sigilla imprimere, *Cic. in Acad* (2) Plin 11 9. Mart 2 66 (3) Annulus iste tuus fuerat modo crurihus iptus, *Id.* 11 38.

Annŭmĕro, as act [ex ad, & numero] (1) *To number, to reckon up among others, and put into the number* (2) *Simply to number* (3) *To pay* (1) Una cum illis annumeratus esses, *Cic* (2) Annumerare verba lectori, *Id* (3) Ille argentum mihi argenti ipse annumerat suâ manu, *Plaut*

Annŭmĕror, āris pass *To be reckoned with, or among* § Annumerari aliis, cum aliis in grege *Cic*

Annunciātio, ōnis f verb *The delivery of a message* Hæc annunciatio vera esse non potest, *Cic*

|| *The annunciation*, Eccl I

Annuncio, as act [ex ad, & nuncio] *To deliver a message to bring news, to tell, or declare a thing* Ei interea salutem annunciabis, *Present my service to him* Cic

Annuo, ere, ui, ūtum n [ex ad & nuo] ut enim nutu, capitis signo ... (1) *To nod* (2) *To hint, or intimate a thing by a nod* (3) *To affirm* (4) *To assent* (5) *To promise* (6) *To grant* (7) *To favour and further* (1) Annuit, & totum nutu tremefecit Olympum, *Vir* (2) = Hoc significasse mihi, & annuisse visus est, *Cic* (3) Ego autem venturam annuo, *Plaut* (4) Superest ut promissis Deus annuat, *Plin* (5) Nos tua progenies, cæli quibus annuis arcem *Vir* (6) Si annuerit nobis victoria Martem, *Id* (7) Audacibus annue cœptis, *Id*

ANNUS, i m [quasi anus, *i e* anulus, quod in se redeat *Atque in se sua per vestigia volvitur annus* Serv nam ut ἐνιαυτός, quod ἐν ἑαυτῷ, in se redeat] *Properly it signifies a circle, whence annulus, a ring, as we have there observed The time wherein the Sun performs his course thro the 12 Signs of the zodiac viz 365 days, and about 6 hours, which we also call a 12 month, because we dispose these days into 12 calendar or equal months The Church begins the year on the first day of January, called New-years day, the Civil account not till the 25th of March* Annus intercalaris, *A leap-year, consisting of 366 days, which happens every fourth year, by reason of the 6 hours over plus And this is the solar year* Also *the time wherein any of the celestial bodies finisheth its course*, as Annus Lunaris, *Forty days, by which the Egyptians reckoned It is also taken for time in general, and for the age of man* Fugaces labuntur anni, *Hor* *By a synecdoche for a part of the year*, as, Nunc formosissimus annus, *The spring* Vir Annus hybernus, *Winter*, Hor Epod 2 Meton *The product, crop, or fruits of the year*, as, Nec arare terram & expectare annum tam facile persuaseris, quam provocare hostem, *Tac* de Germanis

Annuus, a, um adj [ab annus] *Yearly, done every year*, as Annua sacra, *Virg For a year, that dureth for a year*, as, Provincia annua, *Cic* Annuum tempus, annua dies, *The space of a year*, Id ☞ Eodem modo nos Britones dicimus, *This day twelve-month, this day two years*, &c

* Anodyni, orum n. pl [ex α priv & ὀδύνη, dolor] *Medicines which ease pain, Anodynes*, Cels

* Anōmalia, æ f [ex α priv & ὁμαλός, æqualis] *Inequality, irregularity, unlikeness*, Gell = Inæqualitas ✠ Analogia

* Anomălus, a, um *Anomalous, irregular, out of rule*, Gram

* Anonis f. quæ & Ononis, *The herb Cammock*, Plin

Anonium, i n *Dead-nettle, or Arch-angel*, Plin

* Anōnymus a, um adj [ex α priv & ὄνομα, nomen] *Without name, anonymous*, Plin.

Anormis, e adj vel ut al leg. Abnormis. *Without rule, or order*, Hor

Anquiro, ĕre, sivi, situm act [ex am, & quæro] (1) *To enquire or make diligent search* (2) *To inquire, or join to* (3) *To make inquisition, to sit upon examination and tryal of offenders* (1) Omnes acris loci anquirentibus nobis se ostendunt, *Cic in Orat* (2) Qui & se diligit, & alterum anquirit, *Id* de *Amic* 21 § (3) Capitis, & capite anquirere, *Liv* 2 52 Pecuniâ anquiri, *Id* 26 3

Anquisite, adv *Anxiously, accurately, exactly*, Gell I 1 c 3 & 2 Ibid

Anquisitus, a, um part [ab anquiro] *Enquired after, accused*, &c Capite anquisitus, *Tried for his life*, Liv

ANSA, æ f Nativa vox, ut videtur, cum nihil certi afferant etym (1) *The handle of a cup, pot, or jugg*, &c *Any thing to hold by* (2) *The buckle, or latchet of a shoe* (3) Met *An occasion, or advantage* (1) Tortilis a digitis excidit ansa meis, *Ov* (2) Ansaque compressus alligat arcta pedes, *Tibul* (3) Quo plures det sibi tanquam ansas ad reprehendendum, *Cic*

Ansatus, a, um adj *Having an handle, or ears* Also *like a handle, or por ear* Vas ansatum, *Col* 9 15 Quis hic ansatus ambulat? *with his arms kimbow*, Plaut

Anser, ĕris m [Forte ab in sito collo] *A goose or gander* Cambus sagacior anser, *Ov*

|| Anseratim, adv *Like geese* Charis

Ansercŭlus, i m dim [ab anser] *A gosling or little goose*, Col

|| Anserina æ *Wild tansey, silver weed, an herb that geese feed upon*, Jun

Anserinus, a, um adj *Of a goose, or gander* Col Anserinus adeps, *Goose-grease*, Plin

Ansŭla, æ f dim [ab ansa] *A little handle, &c a latchet of a shoe*, Val. M Vide Ansa.

Antæ ārum *Fest* [ab ante] *The posts, or cheeks of the door, jambs, or square pillars on each side the door* Antæ, leg apud *Vit*

* Antachates, *A precious stone, like agate*, Plin 37 10

* Antagonista æ m *One that striveth for the mastery against another An antagonist* Vix Latine rep ap idoneum auct ‡ Æmulus

* Antanaclasis [ab ἀντανακλάω, refringo] *A figure which plays with the double sense of a word*, Quint Cur ego non dicam, Furia, te furiam, *Ov*

* Antapŏdŏsis, *i e* retributio Figura est, cum media primis & ultimis respondent, M *A Rhetorical figure, concerning which see* Quint 8 3

* Antarcticus circulus, *A circle in the south hemisphere, remote from our sight* Vertex antarcticus humo leg tur, *Apul* de *Mund*

ANTE, præp [ab ἀντί, contra, pro] *Before* Regit acc (1) Temporis, (2) Loci (3) Dignitatis (1) Ante diem certam, *Before a certain day*, Cic (2) Ante ostium, *Before the door*, Plaut (3) Gloria belli ante Romanos fuisse, *Sall* (4) *Also for* coram, Palam ante oculos, *Cic* (5) *For* præ, *in comparison* Ante me illum diligo, *Id* Scelere ante alios immanior omnes, *Vir* Ante cunctos claritate Peneus, *Plin*

Ante, adv temp idem quod seq Antea. *Before, afore, since* Longe ante videre mala venientia, *Cic* *It is set commonly after an ablative case of the substantive of time, or put between the adj and the Subst.* Paucis mensibus ante *Cæs* 3 *G* 31 Themistocles aliquot ante annis, *Cic Tusc* 1 2

Antea, adv temp *i e* ante ea, *sc* tempora, vel facta, si quam tu ius gratiam facias *before a fore-time, formerly, heretofore* Quod ad te antea scripsi, *Cic* ✠ Tu ut antea solabar, hoc tempore moneo, *Id*

Anteactus, a, um part [ex ante, & actus] *Done before, former past* Anteacta vita, *Ones past life*, Cic Anteacta vetustas, *Days of yore*, Luc Anteacta, pl. *Ones former actions*, Ov

Anteambulo, ōnis [ex ante & ambulo] *A client that waits on his Patron, for the greater state*, Fumi di anteambulo regis, *Mart*

Antĕcanis is m [ex ante, & canis] *The lesser Dog star, so called because it rises before the greater Dog star*, Cic

Antecăpio, ĕre, ēpi [ex ante & capio] (1) *To take before-hand, to make sure of* (2) *To anticipate to fore stall* (1) Pontem Mosæ fluminis antecepérat, *Sal* (2) Consumptum optimum factu ratus, noctem antecipere, *Id*

† Antecăpio, ōnis f *A presumption, surmise, a notion of a thing taken up afore-hand*, Cic de Nat Deor

Antecaptus, a um part [ab antecapior] *Taken up forehand, as quarters are for soldiers*, Liv 15 Sed Grut & Gronov leg Non loco castris ante capto, divisè

Antĕcedens, tis part [ab antecedo] *Foregoing, going before either in time, place, or quality, surpassing* Pomo antecedentis anni detracto, *The year before last year*, Cic *See the authorities in* Antecedo

|| Antĕcēdens tis n subst *The antecedent, i e in Logick, the former part of the argument In Grammer, the word which the relative refers to, but both of late authority*

Antĕcēdo, ĕre, ssi, ssum act [ex ante, & cedo] (1) *To go before* (2) Met *To excell* (3) *To be before in time* (1) Magnis itineribus antecessit, *Cæs* (2) Neque enim solo honore antecedentibus, *Cic* de *Senec* (3) Cibum semper antecedere debet exercitatio, *Cels*

Antĕcellens, tis part *Excelling, surpassing* Cic *ob*

Antĕcello, ĕre, ui, † culsum act [ex ante, & cello antiq *i e* co, *sive* cedo] *To excell, surpass, surmount* § Antecello illum hac re, *Cic* Eâ in re hominibus ipsis antecellit, *Id*

Antecellor, i, sus, pass *To be excelled, or surpassed*, *Ad Her*

Antĕceptus, *Taken up afore hand, prepossessed*, Cic de Nat Deor

Antecessio, ōnis f verb [ab antecedo] *A going before, exceeding, or passing*, Cic.

Antĕcessor, oris. m verb [ab antecedo] *He that goeth before*, *Ad Her* Antecessores agminis, *The vant couriers*, Suet Antecessores equites, *The dragoons or parties of horse sent out to scout* Hirt

Antĕcessus, us m verb [ex antecedo] *A giving before hand, an earnest, or part of payment* In antecessum dare, *To pay, or lay down money before it is due*, Sen

Antecœna, idem quod

|| Antĕcœnium, i n. [ex ante & cœna] *An antepast, or collation, or preparative to supper*, Apul

Antĕcursor, ōris m verb [ex antecurro] qui præcurrit *A vaunt courier, a scout* Antecursores, *were the dragoons, or the forlorn hope that rode before the army*, Cæs

Antĕeo, ire ivi, itum, act [ex ante & eo] (1) *To go before* (2) *To out-go, to excel, or surpass* (1) Barbarum districto lætio u... antem... (2) Qui candore nives anteiret, *Vir*

Anteeor ... itus *To be exceeded or gone* Ne ab alius virtute anteirentur *Tc* 18

Antĕfactum, i n [ex ante, & factum] *A former action* Liv Sed forte factis, Ante factum

Antĕfĕro, fers, tuli, lātum [ex ante, & fero] (1) *To get before* (2) *To prefer* ... (1) Dixit & antetulit gressum, *Vir* (2) § Lenitum ... tum antefert co... *Cic*

Antĕgĕnitālis e adj [ex ante, & genitalis] Antegenitali ex ... *Pli* 17 Nescio an ...

Antĕgrĕdior, i, ssus dep [ex ante, & gradior] *To go before, to ...* § Luc... antegreditur ... *Cic*

Antĕgressus, a um part *Which goes before* Omnia quæ fiunt, causis fiunt antegressis *Cic*

Antĕhăbeo, ēre ui itum act [ex ante & habeo] *To value, to prefer before, to honour ...* *Tac*

Antĕhac adv [ex ante & hac] ... *in times past, formerly, to this time* Ж Antehac qui dem sperare licebat, nunc illud ... *Cic*

Antĕlātus, a um part [ab antefĕror] *Preferred, set more by* § Cæteris omnibus omni honore ... *Cic*

|| Antĕlium *A kind of devils* Tert Raro occ

|| Antĕlŏquium, i n [ex ante & loquor] *A preface, or address, a bespeaking* ..., Macr ‡ Præfatio

Antĕlūcānus, a um [ex ante, & lux lucis] *Before daylight, early* Antelucana industria, *Cic* Antelucana cœnæ, *Suppers that hold all night, till next morning* Id

|| Antĕlūcŭlo, adv *Before day*, Apul ‡ Ante lucem

|| Antĕlūdia, ōrum *n* ... Præludia ... *Metam*

Antĕmĕrīdiānus, a, um [ex ante & meridies] *Before noon, or midday, in the forenoon* Ante ... litteræ, intemeridia ... *Cic*

|| Antemurale is n *A ...* ... Hic Hæc ... antiq speciem præ se fert ... desideratur ad locutionem ...

Antenna æ f [simpl ... antennæ, ... forum ...] *The cross-yard ... sail is fastened ...* Vela ... malum, & antennam ... invenit, *Plin* Malos, antennasque de navi in navem tra...

Antĕoccupātio ōnis f verb *... before ... or surprizing* Cic 3 de Orat

Antĕoccŭpo, as act [ex ante, & occupo] *To prevent, to anticipate, to answer an objection beforehand* Ut anteoccupat quod putat opponi *Cic*

Antĕpagmenta quod ante (valvas) ... *The ... of porches, or doors, wrought in timber, or stone* Vitr

|| Antĕpendŭlus, a, um *Hanging down before*, Apul ‡ Demissus

Antĕpīlāni, ōrum m qui & scutati principes, hastatis proximi dicti antepilani, quod ante triarios, qui pilis pugnabant gladius prælarentur *The middle rank of the Roman army, that marched next after the Hastati (armed with spears or pikes) and next before the Triarii* Vid Liv 8 8 & Varr de L L 4 16

Antĕpōno, ĕre posui itum act [ex ante, & pono] (1) *To set before* (2) *To prefer* (1) § Bonum ... ponam prandium ... *Plaut* (2) Meum consilium non anteponam tuo *Cic*

Antĕquam, adv [ex ante, & quam] *Before that, ere that* Antequam discedimus, *Cic* Hæc antea disjunctius, ut Ante, pudor, quam te violem *Vir*

* Antĕrides um f pl *Props, or shores, set against ... walls*, Vitr

Antĕrior, us comp [ab ante] *Former, or that which lies before* Prisc Milites in anteriorem vallum tela jaciebant, *Cæs* B C 3 63 Sed locus est dubitæ fidei, ... recentiores tamen freq occ ‡ Superior

|| Antĕrius adv *Afore, right, over against* Onom vet ... ἐμπροσθεν

Antes, ium m [ab ante, quia ante stant ut Postes quod post ostium stent *Isid*] (1) *The forefronts, or utmost ranks of vines* (2) *Files, or ranks of horsemen* ... *or ... of horse* (1) Jam ... extremos effœtus vinitor antes, *Vir Geor* 2 417 Vid ibi Serv (2) Ж Pedites quatuor ... antibus ... equites duobus antibus duces ... *Cato de Re Milit* ... ap Serv

Antĕschŏlānus *An usher of a school*, Petr ☰ Hypodidascalus *Cic*

Antĕsignānus, i m [Miles qui ante signa ... collocatur] *He which goeth right before the standard to defend it* ... *He that marches in the van, or front of the battle* *An ancient, or ensign ... carrieth the colours* ...

† Antĕstātus, a, um part *One that moved to appear by witnesses* Ж Intestatus *i e* testato non conventus *Plaut*

Antesto, as vel potius antisto, ut veti scribebant Vide Lucr 5 22 *To stand before, to excel, or surpass* § Crotoniatæ omnibus corporum viribus antistabant *Cic*

Antestor, āris dep [ab ante, & testor] *Plaut To beseech one of an arrest, or other matter in law, or ... to call one for a witness to an arrest*, &c *by touching his ear, of which Pliny gives this reason, that the memory lies there* Est in aure ima, ... memoriæ locus, quam tangentes attestamur

Antĕvĕnio, ire, i, tum (1) *To come before, or get the start of* (2) Absol *To come* (3) *To prevent, or disappoint* (1) ... or excel (1) Magnis itineribus Metellum antevenit, *Sall* (2) Tempori huc hodie anteveni, *Plaut* (3) Insidias antevenire, *Sall* (4) Per virtutem nobilitatem antevenire, *Id*

Antĕverto, ĕre, i, sum act [ex ante, & verto] (1) *To out-go or out-trip* (2) *To prevent, or be before hand with* (3) *To prefer* (1) Miror ubi huic ego antevertorim, *Ter* (2) Id ipsum cum tecum agere conarer, Fannius antevertit, *Cic* (3) ... alias antevertam quæ mandas mihi, *Plaut*

Antĕvŏlo as act [ex ante, & volo as] (1) *To fly before* (2) *To march in haste* (1) Fama antevolat cursum, *Vir* (2) Turnus ut antevolans tardum præcesserat agmen, *Id*

† Anteurbānus, a um [ex ante, & urbs] *Near the city* ...

* Anthēdon onis f *A kind of medlar-tree* Plin

* Anthĕmis, ĭdis f *The herb camomile*, Plin 22 21

* Anthēra, æ f ... *flos*, ... *florum*, ... herba florida quod capillamentis crocum insidet ... *... in the middle of ... the ... lium* ... *of a bright orient colour*, Cels

Anthericus, ... *The stalk of the daffodil* Plin

* Anthias æ m *A kind of fish*, ... Sacer piscis Plin

* Anthĭnus, a, um adj *Flowry made of flowers* Anthinum mel, ... quod vere e floribus colligitur

* Anthŏlŏgica, ōrum n *Books that treat of flowers*, Plin

* Anthracĭnus, a, um adj [ex ἄνθραξ carbo] *Black as a coal* Anthracina vestes, *Mourning apparel*, Varr

* Anthrăcĭtes, æ m *A precious stone, ... there is a resemblance of sparks of fire*, Plin

* Anthriscus ... anthriscum, ... *like ... but of some what thinner leaves*, Plin

* Anthrōpŏmorphĭtæ, pl m *A kind of hereticks, which thought God had a human shape* Eccles

* Anthrōpŏphăgus i m *One that eateth man's flesh, a cannibal*, Plin

* Anthus, i m *A little bird which ... flowers and imitates the neighing of an horse*, Plin 10 ...

* Anthyllion, i n *An herb like Lentil ... diuretic, and ...*, Plin

* Anthyllis f *An herb like Ground ...* Plin

* Anthypophŏra, *A figure in Rhetoric, whereby ... objections, ... the adversary might make ... refutation* ... Atqui aliquis dicat, nihil promoves Multum, molestus certe ei fuero, atque animo morem gessero, *Ter*

Antiæ, ārum f [ab ante] *The fore-locks, the hair that ... upon the forehead Women's towers, or browses*, Apul

* Antibacchius, pes bacchio contrarius *A foot consisting of two syllables long and ... short*, ... Fortunā

Antica, (sc pars) ... Vox augurum *The South part of the heavens, ... the Augur's ... floras*, Varr

* Anticātōnes [ex ἀντὶ & Cato] *Two books so call'd by Cæsar, which he wrote against Cato*, Suet ... Juv

* Antichristus, *Antichrist, an adversary to Christ, or one who usurps his power* Eccles

Antĭcĭpātio onis f (1) *Anticipation, ... or natural ... prehension of a thing*, Quæ gens non habet sine doctrina anticipationem quandam deorum? *Cic* (2) *A Grammar figure called also Prolepsis*, Serv

|| Antĭcĭpātor, ōris m Anticipator mundi quem facturus erat, *Aus* ... *The designer, or contriver of it*

Antĭcĭpo as act [ex ante, & capio] *To forestal, to prevent, to anticipate* Quid igitur proficis qui anticipes ejus rei molestiam, quam triduo sciturus sis? *Cic Attic* 8 14

Anticum i n sc ostium, [ab ante] Ж Posticum *A porch before a door, the fore door, an hatch*, Varr

Antĭcus, a, um adj [ab ante, ut a post, posticus, *Var* quod ante nos est] *The fore part, south ward*, Varr

Antĭdŏtum, i n Coop ex Plin sed locum non notavit ... quod

Antĭdŏtus, i f [ab ἀντὶ contra, & δίδωμι, do] *A preservative against poison, a counter-poison an antidote*, Gell

† Antigerio, adv antiq pro Valde, *Fest*

* Antigrăpheus, i m [qui servat antigrapha ... rationes pecuniæ publicæ] *A ... controller, or Receiver General, of the public money* Cic Custodem voc...

* Antigrăphum i n [quod contra scriptum] *A Copy of a Writing, a counter-pane* An quis vett ... habet, nescio

* Antilegomena, pl n *A book so called*, Plin 20 ... Contradictions

|| Antilena, æ [... ante ... a post, ... *A poitrel or breast leather, ... a horse* Sipot

* Antimetăbŏle *A figure when words are repeated in the same sentence, ... inverted ...* Non ideo vivimus ut studeamus, sed ideo studemus ut suaviter vivamus *Cic*

* Antinomia, æ f [ex ἀντὶ & νόμος] *The interference or clashing between two laws, in some point*, Quint

Antipagmenta, ōrum n pl [dict quod ante pagmintur] *Posts, or carved work, set on the door-posts*, Cato

* Antipăraslăsis *A figure in Rhetoric which grants the premisses, but denies the inference*

* Antipātes, *A kind of black stone*, not ... Plin

* Antipăthia æ f [ex ἀντὶ contra, & πάθος, affectus] naturalis rerum repugnantia *A contrariety of natural qualities, natural ... antipathy*, Plin Ж Sympathia Also *a ... preserve it from ...*, Id 31 15

* Antipĕristăsis [ex ἀντὶ, περὶ, & ἵστημι] compressio undique circumfusi *An antiperistasis, when heat or cold being beset with its contrary quality, is the more encreased*

* Antiphĕrna, n pl [ex ἀντὶ, & φερνὴ, dos] *Presents made by the bridegroom to his bride in lieu of her portion, a jointure*, Cod Just

* Antiphōna, æ f sc cantio, [ex ἀντὶ, & φωνὴ, vox reciproca] *An anthem, or singing alternately*

* Antiphrăsis, [ex ἀντὶ, & φράζω, dico, ut patet quia minime parcunt] *A grammatical figure, when a word hath a meaning contrary to its etymology, (if there be any such)*

* Antipŏdes um pl m [ab ἀντὶ, contra, & πούς, ποδὸς, pes, i e adversipedes] *People dwelling on the other side of the earth, opposite to us, with their feet directly against ours*, Cic Acad Quæst 4 39

* Antiptōsis [ex ἀντὶ pro, & πτῶσις, casus] *A figure when one case is put for another*, as, Ite clamor caelo *Vir* pro in cælum

Antiquandus, a, um, part *To be ... abrogated*, &c Liv

Antiquārius a, um adj (1) *Studious of antiquity* (2) *One who affects obsolete words and phrases* (3) *Also in later Writers, a copier of old books and writings* (1) Nec quenquam adeo antiquarium puto, ut Calium laudet ex ea parte, quā antiquus est, *Cic* (2) Cacozelos & antiquarios pari studio sprevit, *Suet* (3) Apud Sidon Hieron &c Antiquaria,

A ſhe antiquary, A female wit, or *critick,* Juv 6 453.

Antiquātio, ōnis. f verb [*ab* antiquo] *A repealing of a law,* Gell Abrogatio, *Cic*

Antiquātus, a, um part [*ab* antiquor] *Repeal'd, made void* Liv

Antique, adv *Of old, after the manner and faſhion of the antients,* Hor 2 ep 1

Antiquior, us adj comp *i e* melior, potior, charior, quod quæ antiquiora ſunt, ſint fere meliora (1) *Older* (2) *Dearer, more acceptable* (3) *Of more eſteem and account* (1) Antiquior dies ad ſcripta literis, *Cic* (2) Antiquior cura, Quint (3) Nihil antiquius vitâ ducere, *Cic*

Antiquiſſimus, a, um ſup *Oldeſt, chiefeſt,* &c *Cic*

Antiquitas, ātis f (1) *Antiquity* (2) Meton *Men of antient time* (3) *Love, tenderneſs regard* (1) Antiquitatis cognoſcendæ Ægyptum proficiſcitur, *Tac* (2) Fabuloſa narravit antiquitas, *Plin.* (3) = Tantum antiquitatis, curæque majoribus fuit, *Sall*

Antiquitus adv *Of old time, long ago, in former times,* Cæſ

Antiquo, as act *i e* Antiquum facio, *vel* antiquis ſto *To repeal, to make void, to vote againſt a bill, to bring into the antient manner, or eſtate. To put out of of memory, to wear out of faſhion by diſuſe* Legem plures tribus antiquarunt, *Liv* = Antiquari, obſolefieri, e memoria tolli, *Non*

Antiquor, āris paſſ *To be aboliſhed, or worn out of uſe* ✠ Philippus legem Agrariam tulit, quam tamen antiquari paſſus eſt, *Cic*

Antiquus, a, um [*ab* ante, quod ante nos fuit, *olim* anticus, ut a poſt, poſticus] (1) *Antient, old, of long ſtanding* (2) *Old faſhioned, antique* (3) *Out of date* (4) *Worthy, honeſt, of the old faſhion.* (1) = Antiquum, & vetus oppidum, *Plaut.* (2) Antiquo opere, & ſummâ arte perfecta, *Cic* (3) = Hæc forte nimis antiqua, & jam obſoleta videantur, *Cic* (4) Homo antiquis moribus & fide *Ter*

* Antirrhinon, *ſive* Anarrhinon, n *The herb ſnap-dragon,* Plin

* Antiſcŏrodon, n [ab ἀντί, pro, & σκόροδον, allium] *A kind of garlick,* Plin

* Antiſŏphiſtes, & Antiſophiſta, æ m *A counter ſophiſter, one that diſputes, or declaims againſt another,* Quint

Antiſtes, ĭtis c g [*ab* antiſto, *i e* præcello, antiq pro anteſto, quod cæteris anteſtet, *i* præcellat] (1) *Properly a chief Prieſt, Prelate, Biſhop, or Abbot* (2) *But alſo us'd for a chief man, or one that is eminent among others. A great lawyer, an oracle of the law A Prieſteſs.* (1) Antiſtites ceremoniarum, & ſacrorum, *Cic* (2) Servius Sulpitius juris antiſtes, *An eminent lawyer,* Quint Antiſtes artis *Cic.* Antiſtes, f Ne perita deeſſet antiſtes, *Val Max*

Antiſtita, æ f *i e* ſacerdos fœmina, *An abbeſs, prioreſs, Prieſteſs,* &c. Cic apud Gell 13 19

Antiſtitor, ōris m præſes, præfectus Col 3 21 qu anteſtator Sed in hoc loco alii antiſtites leg. *A preſident, a governour, the maſter or overſeer of any work, or buſineſs*

† Antiſto, as. *pro* anteſto, *To excel, or ſurpaſs* Lucr 5 22

* Antiſtœchon, *The change of one letter for another, as* olli *for* illi, magalia *for* magaria.

Antiſtrŏphe, es. f. [ab ἀντιστρέφω, contraverto] *A figure which repeats a word often, either in the ſame, or divers caſes* Alſo *the turning of the* Chorus *the contrary way* ✠ Strophe

* Antithĕſis, f [ex ἀντί, contra & τίθημι, pono] *A Rhetorical flouriſh, when contraries are oppoſed to each other* Vid Quint 9 3 *Alſo a Grammatical figure when one letter is put for another, as* olli, *for* illi

* Antitheton, i n Lat Oppoſitum *Oppoſite, contrary,* Cic

Antlia æ f [ex antlo] *An engin to draw up water, a pump,* Mart

† Antlo, as unde exantlo Antlare, haurire, *Fe* [*ex Gr* ἀντλῶ, haurio] *To draw* Liv Andron

* Antonomăſia, æ f [ab ἀντί & ὀνομάζω, *q d* pronominatio] *A figure which puts a patronymic epithet, or other word for the proper name, as* Tydides, *for* Diomedes, Cytherea *for* Venus, Orator *for* Cicero

† Antroāre, [gratias referre] *To return thanks,* Feſt Vid Amtruo.

‖ Antrorſum, adv [*qu* anteverſum] *Forward,* Jun

✠ Antrum, i n *A den, or cave, a privy lurking place, a grot* Paſſim ap Poetas, ſed apud Orat frequentius Caverna

† Anuis gen antiq *ab* anus Ejus anuis cauſa, *Ter*

Anŭlāris, e [*ab* anulus] *Pertaining to a ring* Digitus anularis, *The ring finger* Macr

Anŭlārius, idem quod Annularius *A ring maker,* Cic

Anulātus, *i e* anulis ornatus *Adorned with rings, ringed* Anulatis auribus, *With rings in their ears,* Plaut

Anulus, i m more Vett. qui conſonas non geminabant *A ring* Vid Annulus

Anus, i m *A circle,* Varr unde a formâ circulari, *the arſe-hole,* Cic *A year,* Lucr.

ĂNUS, us (Anuis, *Ter*) f [*ab* annorum multitudine, *qu* annoſa, nam Veteres conſonantes non geminabant, *Feſt* vel *ab* ἄνοος, *i e* delira] *An old woman, or wife,* Cic Sum & adj Anus ficus, *Figs grown old, and ſhrivel'd,* Plin Amphora anus, *Old wine,* Mart Per Catachr *An old witch,* Claud Eu rop 1 9

Anxie, adv qual (1) *Anxiouſly, ſorrowful.* (2) *Diligently, carefully, ſuperſtitiouſly* (1) Anxie aliquid ferre *Sall in Jug,* 82 (2) Ne inſe quique & auguria anxie quærat, *Plin*

Anxiĕtas, ātis f *Fretfulneſs, heavineſs, thoughtfulneſs, anxiety* ✠ Differt anxietas ab angore, *Cic 4 Tuſc* Vid locum

Anxitudo, inis ſcrib & anxitudo, *Diſquiet of mind, vexation, ſadneſs,* Cic 2 *de* Rep

Anxĭfer, a um adj [*ex* anxius, & fero] *Bringing care, cauſing anguiſh, or diſquiet* Cic Div 1 13

‖ Anxior, āris paſſ *To be troubled,* &c *Bibl*

Anxius, a, um adj [*ab* ango, anxi] (1) *Thoughtful, ſorrowful, careful, troubled in mind* (2) *Too too curious, over-nice* (1) Neque omnes anxii, qui anguntur aliquando, neque anxii ſemper anguntur, *Cic* § Anxius curis, *Liv* mentis, *Ov.* vicem ſuam, *Id* (2) = ✠ Oratio neque moroſa, neque anxia, ſed facilis, & ſimplex, *Gell.*

Anyte, es f (nomen canis, *Ov*) *Swift, ſpeed.*

A ante O.

* Aoriſtus, i m Gram. ἀόριστος, *i e* indefinitus. *An Aoriſt, a Greek tenſe, which is us'd ſometime to expreſs preſent, ſometimes future, but moſt frequently paſt time.*

A ante P

* Ăpāge, & Ăpă ĕte, adv. abominantis, *ab* imperativo ἄπαγε *Away, out upon you, get you gone* Apage, non placet, &c *Plaut* Apagete a dorſo meo, *Id*

Apāgĕſis, adv [*ex* apage, & ſis, *pro* ſi vis] *Away, away with, ſie,* Ter Eun 4. 6 19

* Apalæſtri, pl [ab α, priv & παλαίστρα, *i e* ſine palæſtra] *Rude and awkward in behaviour, ill-bred, without a grace in their carriage,* Quint

* Aparctias, æ m ventus [*ab* arcto, *i e* ſeptentrione flans] *The North wind,* Plin

* Apathes, pl [ex α, priv & πάθος, affectus] *A ſort of Philoſophers ſo rigid, and unconcerned, as if they were quite deſtitute of natural affections,* Plin 17. 9

* Apathia, æ f *Apathy, Stoiciſm, unconcernedneſs* Purum, putum vocab Græcum, nec civitate Rom donatum Lipſ & ante eum Hieron *in* perturbationem, cujus vocabulo vertit Seneca interpretando ſibi non facit ſatis, epiſt 9 Cicero ἀπαθείας ſedationes vocare videtur, ſic enim ille Tuſc 5. 15 ✠ Perturbationes animi miſeram ſedationes autem vitam efficiunt beatam ☞ *Innolentiæ* vocab ab eodem percuſſum, dum vult exprimere ἀναλγησίαν, prope abeſſe cenſeo, certe cum eo conjunctum ap Gell 12 5. reperitur

Ăpĕcula, *vel* Apicula, æ dim [*ab* apes] *A little bee,* Plin.

* Apeliotes, æ m [ex ἀπό, a, & ἥλιος, ſol] *The ſouth-eaſt wind,* Catull

Apella, æ c g [nomen fictum, qu ſine pelle *i e* recutitus, verpus] *A Jew, one that is circumciſed, but according to the more learned and judicious, the Proper name of a man,* Hor

Aper, pri m. [ex κάπρος, *a* abſciſſâ] *A wild boar, a boar, a brawn.* Paſſim ap orat & poetas

† Aperibo, fut ant *pro* aperiam, *Non*

Ăpĕrio, ire, ui tum act [*ex* ad, & pario] (1) *To open, or ſet open* (2) *To diſcover, to diſcloſe* (3) *To bring out, or ſhew* (4) *To explain, or interpret* (5) *To uncover, to make bare* (1) Aperi fores, *Ter* ✠ Claudo, *Cic* (2) Sceleratiſſimorum conſiliorum fontes aperire dubitas, *Cic* (3) ✠ Aperit ramum qui veſte latebat, *Vir* (4) Aperire dubia involuta, *Cic* futura *Vir* (5) Aperire caput, *To put off his hat,* Cic ✠ operire, *To put it on,* Id ¶ Aperire ſcholam, *To ſet up ſchool,* Cic Fuſte aperire caput, *To ſplit ones ſkull,* Juv 9 98

Ăpĕrior, iri, tus paſſ *To be opened,* &c. ✠ Tum occultantur, tum rurſus aperiuntur, *Cic*

Aperte, adv. qual us, comp ſime, ſup [*ab* apertus] *Plainly, clearly, manifeſtly* ✠ Aperte, & tecte quicquid eſt datum, accepi, *Cic* Apertè falſum, *Id.* Ad Balbum apertius ſcribam, *Id* Ita ſi ſentit, apertiſſime inſanit, *Id*

‖ Ăpertio, ōnis f. verb. [*ex* aperio] *An opening,* Pallad

† Aperto, as freq *To make bare, or naked.* Cur apertas brachium? *Plaut.*

Apertum abſol ſubſt *An open or publick place* Caſtris in apertis poſitis, *Liv* 1 33 ¶ In apertum proferre, *To publiſh,* Cic

Apertura, æ f *A little open paſſage, (as in building)* Vitr 4 6.

Apertus, a, um part *vel* adj. or, comp ſſimus, ſup (1) *Set open, ſtanding open* (2) *Wide, far, extended* (3) *Clear, ſerene.* (4) Met *Profeſſed, not concealed* (5) *Expoſed to, eaſy to be come at* (6) *Plain honeſt, downright* (1) Portas irrumpere apertas, *Ov* Ora apertiora laniatu viventibus, *Plin* (2) Aperta æquora, *Vir.* Campus apertus, *Id* (3) Scindit ſe nubes, & in æthera purgat apertum, *Vir* (4) ✠ Apertæ ſimultates & obſcuræ, *Cic* pro lege Man (5) ✠ = Nihil neque tam clauſum, neque tam reconditum, quod non iſtius cupiditati apertiſſimum promptiſſimumque eſſet, *Cic* (6) = Apertus, & ſimplex homo, *Cic* 1 *fam Ep* 9

APES, *vel* potius apis, is f [forte *ab* apio *i e* necto quod pedibus connexæ ad limina pendent, *Vir*] *A bee* In gen pl apum, *Col* apium, *Juv* *Plin*

APEX, ĭcis m [dict *ab* apiendo *i e* ligando] (1) *The top, or eminence of any thing.* (2) *Servius will have it properly to ſignify a little woolen tuft, or taſſel, on the top of the Flamen, or High prieſt's cap* (3) Synec *The cap it ſelf, and may be uſed for a prieſt's mitre, cap, or any like thing, of a conic form* (4) *The comb, or tuft of feathers on a bird's head* (5) *The plume, or creſt* (6) *The ſharp point of any thing* (7) *The mark, or accent over letters* (8) *In later writers, a letter* (9) Alſo *a mandate* (10) *Any letter, or epiſtle* (11) Met *Dignity, authority, grandeur* (1) Apex capitis, *Claud* montis *Sil* 12 709 (2) Vide Serv in Vir Æn 2 682. (3) Apex à capite prolapſu Sulpitio ſacerdotium abſtulit, *Val M* (4) Vid Plin 11 37 (5) Apicem tamen incita ſummum haſta tulit, *Vir Æn* 12 492 (6) Flammam apicem per aëra duxit, *Ov.* = Ejus velut apex pronus imminens mucro vocatur, *Col* 15 25 de figuris taleis (7) Longis ſyllabis omnibus apponere apicem ineptiſſimum eſt, *Quint* 1 7 (8) Quam juvat hos apices legere? *Prudentius* (9) Sacris apicibus accitus, *Sidon* (10) Apicum oblator, *Id epiſt* 6 8. (11) Irato tremens regum apices, *Hor* carm 3 21. ¶ Apices juris, *The querks and ſubtil points of law,* Ulp

Ăpexăbo, ōnis m quòd in eo quiddam tanquam apex emineat, *a black pudding,* Varro

* Aphaca, æ ſive Aphace, es. f *A kind of pulſe,* Plin 27 5

* Aphæreſis *A figure which takes a letter or ſyllable away from the beginning of a word,* Diom Gram

* Aphe, ἁφή, tactus It pulvis quo palæſtritæ inſpergebantur, Plin 35. 11 Criſp *An end or pauſe,* R Flaveſcit aphe, *G,* ex Martial Sic legit. hæc vox apud Litt

* Aphoriſmus, i m *An aphoriſm* Lat Definitio, determinatio

* Aphractus, i m & Aphractum, i n [a Gr ἄφρακτος, non munitus] *An open ſhip without decks, or hatches; a brigantine, or ſuch like veſſel, us'd by the Rhodians,* Cic

* Aphrodiſiace gemma, *A kind of gems,* Plin. 37. 10.

* Aphron,

* Aphron, [ex ἀφρὸς, spuma] *A kind of poppy*, Plin 20 19

Aphronitrum, i n [ab ἀφρὸς, spuma, & νίτρον, nitrum] *Saltpetre*, Mart 14 58. Plin 31 10

* Aphroscorodon *A kind of great garlick* Plin 19 6

* Aphthæ, ārum f [ab ἅπτω, accendo] *The thrush, especially in children, a soreness of the mouth from some hot humour* Cæl Rhod 9 20

* Aphya, æ f *Cel* vel Apua, *Theod A small ordinary fish, as a minow, a loach, or bleak*, unde Cicero *Apuam populi*, per Catachr vocat populi sentinam & sordes.

Apiānus, a, um adj [ab apes] *Belonging to bees, fit for bees, on which bees do feed*, unde apianæ uvæ *Muscadel grapes* Col scil quas apes infectantur Apianum vinum, *Muscadine* Apiana brassica, *Plin* 19. 8 sed al vett codd apiaca *Colly flower*

Apiārium, i n [ex apes] *A bee-stall, or stand*, Col 9 3

Apiarius, i m *He that keepeth bees*, Plin.

Apiastra a *sc* aves, quia apes comedit, *Serv* & Apiaster, tri. *A bird that eateth bees, called midwal, or martinet*

Apiastrum i n [ab apes, *sc* quo apes delectantur] *An herb among bees delight in, balm gentle, citrons*, Plin

Apiātus a, um adj [ab apibus, quod habet impressam apium similitudinem, sed ab apio deductum probat Harduinus] Apiata mensa *A table made of wood, whose grain resembles the seeds of smallage strown thick upon it*, Plin

Apica ovis quæ ventrem nudum habet [ab ἄπυκος, sine lana, *scil*] *A kind of small sheep which had no wool on their bellies*, Plin

Apicātus, a, um *i e* apicem gestans *Having, or wearing an apex, tufted* Apicati Dialis conjux, *The chief priest's wife*, Ov

Apicula, æ f dim [ab apes] *A little bee*, Plin

Apiculum, i n dim [ab apex] *A little tuft, or tassel*, Fest

Apilascus, ūdis Aurum, quod ad pilas cudunt, apilascudem vocant *Gold ready to be coined*, Plin 33 4

Apinæ, ārum f pl dubiæ orig vocab. *Trifles, fooleries* = Sunt apinæ, tricæque, *Mart* 14.1

† Apio, *&* Apo, *i e* adligo, *Fest* unde Apiscor, aptus, *&c.*

* Apiria, æ ἀπειρία q d inexperientia, nam ἄπειρος, & imperitum, & infinitum sign *a want of experience*, Cal *Infiniteness*, ‡ Infinitio, *Cic*

Apis, is f *A bee* Vid Apes

† Apiscendus, a, um part *To be gotten, or obtained* Artis apiscendæ otium, *Tac* ‡ Adipiscendus

† Apiscor, i, tus dep [ab ant apio, *i e* comprehendo] *To find out, to get, to recover, to obtain* Hæreditatem sum aptus, *Plaut* Apisci jus dominationis, *Tac* Usus & Lucr item Sall Cic &c ex ant pro quo Adipiscor obtinuit

Apium i n [dict quod ex eo apex, *i e* caput triumphantium coronabatur, *Isid* vel quod apes eo gaudeant] *Parsly, smallage*, Vir

* Aplanes ἀπλανής, *i e* non erraticus *Fixed, the eighth sphere, that of the fixed stars*, Macr

Aplūda, *vel* Applūda, *The bran or winnowings of any corn, the refuse*, Plin 18 10

Aplustre, is n. de etymo vid seq. Aplustrum. *An ornament of a ship, the flag, ancient, colours, or streamers* Laceroque aplustria velo, *Sil* 10 325

Aplustrum, i n [ab ἄφλαστον Id summa pars mali Aplustra, ἄφλαστον, τὸ ἄκρον τῆς πρύμνης It aplustra, πτερὸν πλοίου in gloss Philox] *The same as* Aplustre Clauda videntur navigia, aplustris fractis, obnitier undis, *Lucr* 4 439 Fluctuantia aplustra, *Id* 2 555

* Aplysiæ *The worst sort of sponges* Plin

† Apo ere *vel* Apio antiq *To join together To tie* Met *To make, or fashion* Vide Aptus

* Apocālypsis, is f Latine Patefactio *A revelation or discovery, the apocalypse or revelation of St John Hence* Apocalypticus, a, um Eccles

* Apocha æ f *An acquittance, or discharge upon payment*, ap Jcc

* Apocŏpe, es f *A figure which takes away the last syllable, or letter of a word, as* tun' *for* tune

* Apocrisiarius Legatus ecclesiæ negotia tractans, *A surrogate, a commissary to a bishop, an office which began in the Church in the time of Constantine the Great*, Justin

* Apocryphus, a, um *Apocryphal, of questionable authority, and credit* Latine Occultus ✕ Canonicus *Eccl*

* Apocynon, n *A bone in the left side of a frog*, Plin 32 5

* Apŏdes, um f *Birds called martinets* = Apodes vocantur, quia carent usu pedum, alus cypseli appellantur, *Plin* 10 39

* Apodidrascinda [ex ἀποδιδράσκω, fugio] *A play amongst children, like hide and seek*, Jun ex Poll

* Apŏdixis, is f *A demonstration, or evident proof* Apodixes grammaticæ, *Mathematical demonstrations in lines*, Quint Apodixis defunctoria, *apud* Petron quid sit, apodixin desiderat *Hinc*

Apodicticus a, um *Demonstrative* Latine Demonstratio

* Apŏdŏsis posterior pars comparationis, *A figure in grammar, being the latter part, or application of a sentence In rhetoric, the latter part of the* Exordium *is so called* ✕ Protasis Latinè Redditio

* Apodytērium, i n *The stripping room, where they undrest before they went into the bath*, Cic

* Apŏgæi, *Winds that blow from land*, Plin

* Apŏgæum. *The mid-point of heaven, also the remotest part of the epicycle, where the planet is farthest from the earth*, Cæl ✕ Hypogæum

* Apŏgrapha, æ f *An Inventory of goods*, Ulp Latinè Index

* Apŏgrăphon, i n. *A copy of any thing, a pattern, or draught*, Plin 35 11

* Apŏlactizo *To kick one* Met *To slight, or scorn*, Plaut Epid 5 2 13

* Apolecti, m. pl. *Principal senators, or counsellors. The council of state, or privy council*, Liv 36 28 ubi Gron habet Apocletos

* Apŏlectus, i m *i e* delectus *A kind of tunny fish* Pelamis earum generis maxima Apolectus vocatur, *Plin.* 2 43

* Apŏlis, idis *A banished man, one disfranchised*, ap Jcc

† Apologātio, ōnis f. verb *The making use of, and moralizing, Fables* Quint improbat

* Apolŏgĕticus, a, um *Pertaining to apology, defence, or excuse.* Apologetica oratio, *An apologetic oration*

* Apŏlŏgia, æ f. *An apology, defence, or answer to a charge, an excuse A telling, or applying of stories*, Cic Latinè Defensio, narratio

* Apŏlogus i m [ab ἀπολέγω, seligo, qu fabula selecta] *A fable, (such as Æsop's are) wherein brute beasts, or inanimate things, are brought in speaking, to fix moral precepts more firmly in our minds*, Quint

* Apophasis, f *A denial, a figure in rhetoric*, Quint 9 2 Also *an inventory of goods*, Bud

* Apŏphŏrēta, ōrum n *Presents given to guests at feasts, to carry away with them, chiefly at the Saturnalia*, Suet Vesp 19

Apophthegma, atis n *A brief and pithy saying, especially of some worthy person an apophthegm* Facete dicta quæ vocant ἀποφθέγματα, Cic

* Apophysis f *A knot, or exuberance growing to a place especially of a bone sticking out*, Cell

* Apŏplectici, *They who are struck with any sudden disease that takes away the senses, or are blasted with lightning and from hence the English word apoplectical* Attonitos vocare videtur Celsus, l 3 c 26

* Apoplexia, æ f [ex ἀποπλήσσω, percutio] *An apoplexy, a blasting, or being thunderstruck, the dead palsy* ‡ Nervorum resolutio, *Cels* 3 27

* Ăporia, æ f. *A figure in rhetoric, when the orator doubts what to do, or say* Lat Addubitatio

* Ăporon, n *A controversy hard to be decided*, Gell

Ăposiopēsis f *A figure when one thro' anger, or some other passion, breaks off abruptly, and yet so as to be understood, as*, Ego te, si vivam—— *Ter* exercebo, ulciscar, aut aliquid simile Reticentia, *Cic* Obticentia, *Cels* ap *Quint*

* Aposphragisma, ătis n *Ones seal, coat of arms, or any other impression, on a ring, or seal* Plin

* Apostăsia, æ f *Apostacy, a backsliding from ones religion* Lat Defectio

* Apostăta, æ m *A revolter, a backslider, an apostate.* Lat Defector.

‖ Ăpŏstatrix, icis f *A woman apostate* Gentes apostatrices M ex bibl

‖ Ăpostăto, as *To revolt, to forsake his religion, to apostatize*, Cypr ‡ A fide Christianâ deficio

* Ăpostēma, ătis n *An imposthume, or swelling of any corrupt matter in the body* Lat Abscessus, *Cels* Suppuratio, *Plin*

Ăpostolatus, ūs m *The office of an apostle an apostleship*, Eccl

Ăpostŏlus, i m [ab ἀποστέλλω, delego] *Primarily a messenger, an envoy, but by way of excellency, an apostle one delegated by our Saviour to preach the gospel, to plant and govern churches, of which our Saviour at first chose twelve, to which number St* Paul *afterwards was added The appellation was sometimes given to others only sent to preach, as St* Paul *calls Epaphroditus*, Philipp 2 25 *At Athens* Ἀπόστολοι *were Commissioners of the navy, who were to order the setting forth of the fleet* Also *letters dimissory, to certify an appeal*, ap Jcc

* Ăpostrŏphe, es f *A figure when we speak to, instead of speaking of us*, Quid respondebo liberis meis? Quid tibi, Q frater, qui nunc abes? *Cic* pro *Mil* Lat Aversio

* Ăpostrophus, i m *The mark of a letter cut off in the end of a word as* vin' men', *for* vine, mene

* Ăpothēca, æ f *In Latin authors chiefly a wine cellar. A place where any thing is laid up, a storehouse, warehouse, or cellar, a loft, or room, a safe, or press to keep any thing in* Cic. Hinc Anglicè, *an apothecary*, quod pharmaca sua tanquam in apothecis reponat

* Ăpŏtheōsis *A canonizing of men to be Gods, after their death, which began among the Romans in the time of Augustus* ‡ Consecratio, *Cic*

* Ăpŏzēma, tis n [ex ἀποζέω, defervesco] *A decoction, an apozem*, ap Medicos, freq

Appărāte, adv quius, comp. [ex apparatus, adj] *With great preparation, nobly, bravely sumptuously* = Edit & bibit opipare sane, & apparate *Cic* Apparatius cœnare, *Plin*

Appărātio, ōnis. f verb [ex apparo] *Great preparation, gallantry, bravery*, Cic Offic 2 16 = Magnificentia, artificiosa diligentia, *Id*

Appărātur, imp *Things are getting ready*, Ter

Appărātus, a, um adj ex part or, comp ssimus, sup (1) *Prepared, furnished, provided* (2) *Splendid, magnificent* (1) = Ad operam causarum nunquam nisi apparatus & meditatus accedo *Cic* (2) Domus apparatior, *Id* Spectaculum apparatissimum, *Id*

Appărātus, us m verb *A preparing* Also *provision, furniture, entertainment* Ludorum apparatus, *Cic* epularum, *Id*

Appăreo, ēre, ui, itum. neut [ex ad, & pareo] (1) *To appear* (2) *To shew himself, or itself* (3) *To be forth coming* (4) *To attend, to give attendance* (5) *To be in place, under a superiour magistrate* (1) Apparent rari nantes, *Vir.* (2) Ille bonus vir nusquam apparet, *Ter* (3) Nisi apparet patera, *Plaut* (4) Ad limina regis apparent, *Vir* (5) Libertus ejus qui apparuit Varroni, *Var* Le apparitor fuit

Appăret, imp *It appears, 'tis a plain case* Apparet hunc esse servum domini pauperis, *Ter*

Appărĭtio, ōnis f verb [ab appareo] *The attendance of the apparitors, or other officers upon a magistrate* Met *Their office, or place* Marcilii in longâ apparitione fidem cognovi, *Cic* ☞ *Marcilius Ciceronis interpres in provincia fuerat*

Appărĭtor, ōris m verb [ab appareo] quos Plaut armigeros, & scutigerulos *Hor* stipatores vocat *A serjeant, apparitor, pursevant, summoner marshel, beadle, clerk, interpreter, &c any inferiour officer that waits upon a superiour magistrate* Apparitores a Prætore allegati, *Cic* Apparitores regis, *Liv* 1 40 Quis unquam apparitor, tam humilis, tam abjectus *Cic* ☞ *Sequioribus ævis officiales dicti sunt, de quorum officiis vide Cod* 12 53 *& seqq*

Appărĭtūra, æ f *The attendance, or waiting of under officers upon a magistrate* Orbilius apparituram magistratibus fecit, *Suet* = Apparitio, *Cic*

Appăro, as act [ex ad, & paro] (1) *To prepare, to provide, to make ready* (2) *To go about, or assign, to make provision for* (3) *To furnish, or set out* (1) — Ornare, & apparare convivium *Cic* (2) Vah! delenire apparas, *Plaut.* (3) Ludos apparat magnificentissimos *Cic* §R ..it acc cum dat.

Appăror, āris pass *To be provided, prepared, or made ready, &c.* § Nuptias mihi apparari sensit, *Ter.*

Appel-

A she antiquary, a female wit, or critick Juv 6 453.

Antiquatio onis f verb [ab antiquo] *A repealing of a law,* Gell Abrogatio, *Cic*

Antiquatus a, um part [ab antiquor] *Repealed, made void,* Liv

Antique, adv *Of old, after the manner and fashion of the ancients,* Hor 2 Ep 1

Antiquior, us adj comp *i e* melior potior, charior, quid quæ antiquiora sunt, sunt fer meliora (1) *Older* (2) *Dearer, more acceptable* (3) *Of more esteem and account* (1) Antiquior dies ad scriptа literis, *Cic* (2) Antiquior cura Quint (3) Nihil ut quius vita ducere, *Cic*

Antiquissimus, a um sup *Oldest, chiefest,* &c *Cic*

Antiquitas, ātis f (1) *Antiquity* (2) Meton *Men of antient time* (3) *Love, tenderness, regard* (1) Antiquitatis cognoscendæ Ægyptum proficiscitur *Tac* (2) Fabulosa narravit antiquitas *Plin* (3) = Tantum antiquitatis, curæque majoribus fuit, *Sall*

Antiquitus, adv *Of old time, long ago, in former times,* Cæs.

Antiquo, as act *i e* Antiquum facio, *vel* antiquis sto *To repeal, to make void to vote against a bill, to bring into the antient manner, or estate To put out of memory to wear out of fashion by disuse* Legem plures tribus antiquarunt, *Liv* = Antiquari, obsolefieri, e memoria tolli, *Non*

Antiquor āris pass *To be abolished, or worn out of use* ✕ Philippus legem Agrariam tulit, quam tamen antiquari passus est, *C*

Antiquus, a, um [ab ante, quod ante nos fuit, *olim* anticus, ut a post, posticus] (1) *Antient, old, of long standing* (2) *Old fashioned, antique* (3) *Out of date* (4) *Worthy, honest, of the old fashion* (1) = Antiquum, & vetus oppidum, *Plaut* (2) Antiquo opere, & summa arte perfecta, *Cic* (3) = Hæc forte nimis antiqua, & jam obsoleta videantur, *Cic* (4) Homo antiquis moribus, & fide, *Ter*

* Antirrhīnon, *sive* Anarrhinon, n *The herb snap dragon,* Plin

* Antiscŏrodon, n [ab ἀντὶ pro, & σκόροδον, allium] *A kind of garlick,* Plin

* Antisŏphistes, *&* Antisophista, æ m. *A counter-sophister, one that disputes, or declaims against another,* Quint

Antistes, ĭtis c g [ab antisto, *i e* præcello, antiq pro antesto, quod cæteris antestet, *i* præcellat] (1) *Properly a chief Priest, Prelate, Bishop or Abbot* (2) *But also used for a chief man, or one that is eminent among others A great lawyer, an oracle of the law A Priestess* (1) Antistites ceremoniarum, & sacrorum, *Cic* (2) Servius Sulpitius juris antistes, *An eminent lawyer,* Quint Antistes artis, *Cic.* Antistes, f Nc perata deesset antistes, *Val Max*

Antistĭta, æ f *i e* sacerdos fœmina, *An abbess, prioress, Priestess,* &c Cic apud Gell 13 19

Antistitor, ōris m præses, præfectus, Col. 3 21 qu antestator Sed in hoc loco alii antistites leg *A president, a governour, the master or overseer of any work,* or *business*

† Antisto, as *pro* antesto, *To excel, or surpass,* Lucr 5 22

* Antistœchon, *The change of one letter for another, as* olli *for* illi, *mapalia for* magaria

Antistrŏphe, es. f. [ab ἀντιστροφὴ, contraverto] *A figure which repeats a word often, either in the same, or divers cases Also the turning of the Chorus the contrary way* ✕ Stroph

* Antithĕsis f [ex ἀντὶ, contra, & τίθημι, pono] *A Rhetorical flourish when contraries are opposed to each other* Vid Quint 9 3 *Also a Grammatical figure when one letter is put for another, as* olli, *for* illi

* Antitheton i n Lat Oppositum *Opposite, contrary,* Cic

Antlia æ f [ex antlo] *An engine to draw water, a pump* Mart

† Antlo, as *unde* exantlo Antliare haurire, *Fe* [ex Gr ἀντλῶ, haurio] *To draw,* Liv Andron

* Antonomăsia, æ f [ab ἀντὶ & ὀνομάζω, q d pronominatio] *A figure which puts a patronymic epithet, or other word, for the proper name, as* Tydides, *for* Diomedes, Cytherea *for* Venus, Orator *for* Cicero

† Antroāre, [gratias referre] *To return thanks,* Fest Vid Antruo.

‖ Antrorsum, adv [qu antevorsum] *Forward,* Jun

☙ Antrum, i n *A den, or cave, a privy lurking place a grot* Fallit in ap Poetas sed apud Orat frequentius Caverna

† Anus, ĕn antiq *ab* anus Ejus anus causa, *Ter*

Anulāris, e [ab anulus] *Pertaining to a ring* Digitus anularis, *The ring finger,* Macr

Anulārius, idem quod Annularius, *A ring-maker,* Cic

Anulātus, *i e* anulis ornatus *Adorned with rings ringed* Anulatis auribus, *With rings in their ears,* Plaut

Anulus, i m more Vett qui consonas non geminabant *A ring* Vid Annulus

Anus, i m *A circle,* Varr unde a forma circulari, *the arsehole* Cic *A year,* Lucr

ĂNUS us (Anuis, *Ter*) f [ab annorum multitudine qu annosa, nam Veteres consonantes non geminabant, *lest* vel ab ἄνους, *i e* delira] *An old woman, or wife* Cic Sum & adj Anus ficus, *Figs grown old, and shrivell'd,* Plin Amphora anus, *Old wine* Mart Per Catachr *An eunuch,* Claud Eutrop 1 9

Anxie, adv qual (1) *Anxiously, sorrowful* (2) *Diligently, carefully superstitiously* (1) Anxie aliquid ferre *Sall in Jug,* 82 (2) Nc in se quisque & auguria anxie quæ-rat, *Plin*

Anxiĕtas, ātis f *Fretfulness, heaviness, thoughtfulness, anxiety* ✕ Differt anxietas ab angore, *Cic* 4 *Tusc* Vid locum

Anxitudo, inis scrib & anxitudo, *Disquiet of mind, vexation, sadness,* Cic 2 *de* Rep

Anxĭfer, a, um adj [ex anxius, & fero] *Bringing care causing anguish, or disquiet* Cic Div 1 13

‖ Anxior, āris pass *To be troubled,* &c *Bibl*

Anxius, a, um adj [ab ango, anxi] (1) *Thoughtful, sorrowful, careful, troubled in mind* (2) *Too too curious, over-nice* (1) Neque omnes anxii, qui anguntur aliquando, neque anxii semper anguntur, *Cic* § Anxius curis *Liv* mentis, *Ov* vicem suam, *Id* (2) = ✕ Oratio neque morosa, neque anxia, sed facilis, & simplex, *Gell*

Anyte, es f (nomen canis, *Ov.*) *Swift, speed.*

A ante O.

* Aoristus, i m Gram. ἀόριστος, *i e* indefinitus. *An Aorist, a Greek tense, which is us'd sometimes to express present, sometimes future, but most frequently past time.*

A ante P

* Ăpăge, & Ăpă ete, adv. abominantis, ab imperativo ἄπαγε *Away, out upon you, get you gone* Apage, non placet, &c *Pla* Apagete a dorso meo, *Id*

Apăgĕsis, adv [ex apage, *&* sis, *pro* si vis] *Away, away with, fie,* Ter Eun 4 6 19

* Apalæstri, pl [ab α, priv & παλαίστρα, *i e* sine palæstra] *Rude and awkward in behaviour, ill-bred, without a grace in their carriage,* Quint

* Aparctias, æ m ventus [ab arcto, *i e* septentrione flans] *The North wind,* Plin

* Apathes, pl [ex α, priv & πάθος, affectus] *A sort of Philosophers so rigid, and unconcerned, as if they were quite destitute of natural affections,* Plin 17 9

* Apathia, æ f *Apathy, Stoicism, unconcernedness* Purum, purum vocab Græcum, nec civitate Rom donatum Lip & ante eum Hieron *imperturbationem,* cujus vocabulo, vertit Senec interpretando sibi non facit fatis, Epist 9 Cicero ἀπάθειας sedationes vocare videtur, sic enim ille Tusc 5 15 ✕ Perturbationes animi miseram, sedationes autem vitam efficiunt beatam ☞ *Innocentiæ* vocab ab eodem percussum, dum vult exprimere ἀκακίαν, prope abesse censeo, certe cum eo conjunctum ap Gell 12 5 reperitur

Ăpĕcula, *vel* Apicula, æ dim [ab apes] *A little bee,* Plin

* Apeliotes, æ m [ex ἀπὸ, a & ἥλιος, sol] *The south-east wind,* Catull

Apella, æ c g [nomen fictum, qu sine pelle, *i e* recutitus, verpus] *A Jew, one that is circumcised, but according to the more learned and judicious, the Proper name of a man,* Hor

Aper, pri m [ex κάπρος, a abscissa] *A wild boar, a boar, a brawn* Passim ap orat & poetas

† Aperibo, fut ant *pro* aperiam, *Non*

Aperio, ire, ui tum act [ex ad, *&* pario] (1) *To open, or set open* (2) *To discover, to disclose* (3) *To bring out, or shew* (4) *To explain, or interpret* (5) *To uncover, to make bare* (1) Aperi fores, *Ter* ✕ Claudo, *Cic* (2) Sceleratissimorum consiliorum fontes aperire debui, *Cic* (3) ✕ Aperit ramum qui veste latebat, *Vir* (4) Aper re dubia involuta, *Cic* futura, *Vir* (5) Aperire caput, *To put off his hat,* Cic ‖ operire, *To put it on,* Id ¶ Aperire scholam, *To set up school,* Cic Fuste aperire caput, *To split ones skull,* Juv 9 98.

Ăpĕrior, iri, tus pass *To be opened,* &c. ✕ Tum occultantur, tum rursus aperiuntur, *Cic*

Ăperte, adv qual us, comp fime, sup [ab apertus] *Plainly, clearly, manifestly* ✕ Aperte, & tecte quicquid est datum, accepi, *Cic* Aperte falsum, *Id* Ad Balbum apertius scribam, *Id* Ita si sentit, apertissime insanit, *Id*

‖ Apertio, ōnis f. verb. [ex perio] *An opening,* Pallad

† Aperto, as freq *To make bare, or naked* Cur apertas brachium? *Plaut.*

pertum absol subst *An open, or publick place* Castris in apertis positis, *Liv* 1 33 ¶ In apertum proferre, *To publish,* Cic

Apertura, æ f *A little open passage, (in building)* Vitr 4 6

Apertus, a, um part *vel* adj. or, comp ssimus, sup (1) *Set open, stand ng open* (2) *Wide, far extended* (3) *Clear, serene.* (4) Met *Professed, not concealed* (5) *Exposed to, easy to be come at* (6) *Plain honest, downright* (1) Portis irrumpere apertis, *Ov* Ora apertiori laniatu viventibus, *Plin* (2) Aperta æquora, *Vir* Campus apertus, *Id* (3) Scindit se nubes & in æthera purgat apertum, *Vir* (4) ✕ Apertæ simultates, & obscuræ, *Cic* pro *lege Man* (5) ✕ = Nihil neque tam clausum, neque tam reconditum, quod non istius cupiditati apertissimum promptissimumque esset *Cic* (6) = Apertus, & simplex homo *Cic* 1 *fam* E 9

APES *vel* 1o *tus* apis is f [forte *ab* apio *i e* necto, quod pedibus connexæ ad limina pendent, *Vir*] *A bee* In gen pl apum, *Col* apium, *Juv Plin*

ĂPEX, ĭcis m [dict *ab* apiendo, *i e* ligando.] (1) *The top, or eminence of any thing* (2) *Servius will have it properly to signify a little woolen tuft, or tassel on the top of the Flamen or High priest's cap.* (3) Synec *The cap it self, and may be used for a priest's mitre, &c, or any like thing, of a conic form* (4) *The comb, or tuft of feathers on a bird's head* (5) *The flame, or crest* (6) *The sharp point of any thing* (7) *The mark, or accent over letters* (8) *In later writers, a letter* (9) *Also a mandate* (10) *Any letter or epistle* (11) Met *Dignity, authority, grandeur* (1) Apex capitis, *Claud* montis *Sil* 12 709 (2) Vide Serv in Vir Æn 2.682 (3) Apex a capite prolapsu Sulpitio sacerdotium abstulit, *Val M* (4) Vid Plin 11 37 (5) Apicem tamen incita summum hasta tulit *Vir Æn* 12 492 (6) Flammæ apicem per acra duxit, *Ov* = Ejus velut apex pronus imminens mucro vocatur, *Col* 15 25 de *f urs falcis* (7) Longis syllabis omnibus apponere apicem ineptissimum est, *Quint* 1 7. (8) Quam juvat hos apices legere *Prudentius* (9) Sacris apicibus accitus, *Sidon* (10) Apicum oblator, *Id* *epist* 6 8 (11) Irato tremens regum apices, *Hor* carm 3 21 ¶ Apices juris, *The quirks and subtil points of law,* Ulp

Apexăbo, ōnis m quod in eo quiddam tanquam apex emineat, *a black pudding,* Varro

* Aphaca, æ sive Aphace, es f *A kind of pulse,* Plin 27 5

* Aphæresis *A figure which takes a letter or syllable away from the beginning of a word,* Diom Gram

* Aphe, ἁφή, tactus It pulvis quo palæstritæ inspergebantur, Plin 35 11 Crisp *An end or pause,* R Flavescit aphe, *G,* ex Martial Sic legit hæc vox apud Litt.

* Aphorismus, i m *An aphorism* Lat Definitio, determinatio

* Aphractus, i m *&* Aphractum, i n [a Gr ἄφρακτος, non munitus] *An open ship without decks, or hatches; a brigantine, or such like vessel, us'd by the Rhodians,* Cic.

* Aphrodisiace gemma, *A kind of gems,* Plin 37 10

* Aphron, [ex ἀφρὸς, spuma] *A kind of* [illegible] Plin 20 19

Aphronitrum i n [ab ἀφρὸς, spuma, & νίτρον, nitrum] *Salt-petre*, Mart. 14 58 Plin 31 10

* Aphroscorodon *A kind of great garlick*, Plin 19 6

* Aphtha, ārum [ab ἅπτω, accendo] *The* [illegible] *of a sorenes of the mouth from the hot humour* Cæl Rhod 9 20

* Aphya, æ f *Cal* vel Apua, *Theod* [illegible] ordinary fish, *as a minnow*, [illegible] *or bleak*, unde Cicero *A* [illegible] per Catachr vocat populi sentinam & sordes

Apiānus, a, um adj [ab apes] *Belonging to bees, fit for bees, on which bees do feed*, unde apianæ uva *Muscadel grapes* Col [illegible] quas apes infectantur Apianum [illegible] *Smallage* Apiana brassica, *Plin* 19 8 sed al vett codd apiacea *colly-flower*

Apiārium, i n [ex apes] *A bee-stall or stand*, Col [illegible] 3

Apiarius i m. *He that keepeth bees* Plin

Apiastra, a. *Such waves, quia apes* con[illegible], *ser* & Apiaster, tri *A bird that eateth bees, called* [illegible], *or* [illegible]

Apiastrum i n [ab apes, *so* quod apes delectantur] *An herb which bees delight in, balm-gentle*, [illegible], Plin

Apiātus, a um adj [ab apibus, quod habet impressam apium similitudinem, sed ab apio deductam probat Harduinus] Apiati mensa *A table made of wood, whose grain resembles the seeds of smallage, or thick upon it*, Plin

Apica ovis, quæ ventrem nudum habet [ab ἄπεκος, sine lana] *A kind of small sheep, which had no wool on their bellies*, Plin

Apicātus a, um i e apicem gerens *Having, or wearing an apex, tufted* Apicati Dialis conjux, *The chief priest's wife*, Ov

Apicula, æ f dim [ab apes] *A little bee*, Plin

Apiculum, i n dim [ab apex] *A little tuft, or tassel* Fest

Apinsicus, ūdis Aurum quod ad pilas cudunt, apinascudem vocant *Gold ready to be coined*, Plin 33 4

Apinæ, ārum f pl dubiæ originis vocab *Trifles, fooleries* Sunt apinæ, tricæque, *Mart* 14 1

† Apio *et* Apo, *i e* adligo, *Fest* unde Apiscor aptus, &c

* Apiria, æ ἀπειρία, q d in experientia, nam ἄπειρος, & imperitum & infinitum sign *a want of experience*, Cal *Infiniteness*, ‖ Infinitio, *Cic*

Apis, is f *A bee*. Vid Apes

† Apiscendus, a, um part *To be gotten or obtained* Artis apiscendæ otium, *Tac* ‖ Adipiscendus

† Apiscor, i, tus dep [ab ant apio, *i e* comprehendo] *To* [illegible], *to get, to recover, to obtain* Hæreditatem sum aptus, *Plaut* Apisci jus dom nationis, *Tac* Ulus & Lucr item Sill Cic &c ex ant pro quo Adipiscor obtinuit

Apium, i n [dict quod ex eo apex, *i e* caput triumphantium co onabatur, *Isid* vel quod apes eo gaudeant] *Parsly, smallage*, Vir

* Aplānes ἀπλανὴς, *i e* non erraticus *Fixed, the eighth sphere, that of the fixed stars*, Macr

Apluda, vel Aplud, *The bran or winnowing of any corn, the refuse*, Plin 18 10

Aplustre, is n de etymo vid seq. Aplustrum. *An ornament of a ship, the flag ancient, colours, or streamers* Lacerque aplustria velo *Sil* 10 325

Aplustrum, i n [ab ἄφλαστον Id summa pars mali A, lustri, ἄφλαστον, τὸ ἄκρον τῆς πρύμνης, It aplustra πτερὸν νεὼς in gloss Philox] *The same as* Aplustre Clauda videntur navigii, aplustris fractis, obnitier undis *Lucr* 4 439 Fluctuantia aplustria, *Id* 2 555

* Aplysia *The worst sort of spunges* Plin

† Apo, ere *vel* Apio antiq *To join together* [illegible] *To make, or fashion* Vide Aptus

* Apocălypsis, is f Latine Patefactio *A revelation, or discovery, the apocalypse, or revelation of St* John Hence Apocalypticus, a, um Eccles

* Apocha, æ f *An acquittance, or discharge upon payment*, ap Icc

* Apocope, es f *A figure which taketh away the last syllable or letter of a word*, [illegible] *for tune*

* Apocrisiārius, Legatus ecclesiæ negotia tractans, *A surrogate, a commissary to a bishop, an office which began in the Church in the time of Constantine the Great*, Justin

* Apocryphus, a, um *Apocryphal, of questionable authority, and credit* Latine Occultus ✕ Canonicus, *Eccl*

* Apocynon, n *A bone in the left side of a frog*, Plin 32 5

* Apŏdes, um f *Birds called martinets* = Apodes vocantur, quia carent usu pedum, alis cypseli appellantur *Plin* 10 39

* Apodidrascinda [ex ἀποδιδράσκω, fugio] *A play among children, like hide and seek*, Jun ex Poll

* Apodixis, is f *A demonstration, or evident proof* Apodixes grammaticæ, *Mathematical demonstrations in lines*, Quint Apodixis defunctoria, *apud* Petron quid sit apodixin desiderat *Hinc*

Apodicticus a, um *Demonstrative* Latine Demonstratio

* Apodŏsis posterior pars comparationis, *A figure in grammar, being the latter part, or application of a sentence In rhetoric the latter part of the Exordium is so called* ✕ Protasis Latine Redditio.

* Apodytērium, i n *The stripping room, where they undrest before they went into the bath*, Cic

* Apŏgæi, *Winds that blow from land*, Plin

* Apŏgæum *The mid-point of heaven, also the remotest part of the epicycle, where the planet is farthest from the earth*, Cæl ✕ Hypogæum

* Apŏgrăpha, æ f *An inventory of goods*, Ulp Latine Index

* Apŏgraphon, i n *A copy of any thing, a pattern, or draught*, Plin 35 11

* Apŏlactizo *To kick one* Met *To slight, or scorn*, Plaut Epid 5 2 13

* Apolecti, m pl *Principal senators, or counsellors. The council of state, or privy council*, Liv 36 28 ubi Gron habet Apocletos

* Apŏlectus, i m *i e* delectus *A kind of tunny fish* Pelamis earum generis maxima Apolectus vocatur, [illegible] 2 43

* Apŏlis idis *A banished man, one disfranchised*, ap Icc

† Apolŏgatio, ōnis f verb *The making use of, and moralizing, Fables* Quint improbat

* Apologeticus, a, um *Pertaining to apology, defence, or excuse*. Apologetica oratio, *An apologetic oration*

* Apŏlŏgia, æ f *An apology, defence, or answer to a charge, an excuse* *A telling, or applying of stories*, Cic Latine Defensio narratio

* Apŏlogus, i m [ab ἀπολέγω, seligo, quia fabula selecta] *A fable, (such as Æsop's are) wherein brute beasts or inanimate things, are brought in speaking, to fix moral precepts more firmly in our minds* Quint

* Apophasis f *A denial, a figure in rhetoric* Quint 9 2 Also *an inventory of goods* Bud

* Apophorēta, ōrum n *Presents given to guests at feasts to carry away with them, chiefly at the Saturnalia*, Suet *Vesp* 19

Apophthegma, atis n *A brief and pithy saying, especially of some worthy person, in a mot, a begm* Fi cete dicta qua vocant ἀποφθέγματα Cic

* Apophysis f *A knot, or exuberance growing to a place, especially of a bone sticking out* Cell

* Apoplecti, *They who are struck with any sudden disease that takes away the senses, or are blasted with lightning, an apoplexy, the English word* [illegible] Attonitos vocare videtur Celsus [illegible]

* Apoplexia, æ f [ex ἀποπλήσσω, percutio] *An apoplexy, a blasting, or being thunderstruck, the dead palsy* ‖ Nervorum resolutio *Cels* 3 27

* Aporia, æ f *A figure in rhetoric, when the orator doubts what to do, or say* Lat Addubitatio

* Aporon, n *A controversy hard to be decided*, Gell

Aposiopēsis f *A figure when one through anger, or some other passion, breaks off abruptly, and yet so as to be understood*, as, Ego te [illegible] *Ter* exercebo, ulciscar, aut aliquid simile Reticentia, *Cic* Obticentia, *Cels* ap *Quint*

* Aposphragismi, ātis n *One's seal, coat of arms, or any other impression, on a ring, or seal* Plin

* Apostasia, æ f *Apostacy, backsliding from one's religion* Lat Defectio

* Apostăta, æ m *A revolter, a backslider, an apostate*. Lat Defector

‖ Apostatrix, icis f *A woman apostate* Gentes apostatrices M [illegible] Bibl

‖ Apostato, as *To revolt, to forsake his religion, to apostatize*, Cypr ‖ A fide Christiana deficio

* Apostēma, atis n *An imposthume, or swelling of any corrupt matter in the body* Lat Abscessus, *Cels* Suppuratio, *Plin*

Apostolātus, us m *The office of an apostle* [illegible] Eccl

Apostŏlus, i m [ab ἀποστέλλω, delego] *Primarily a messenger, an envoy, but by way of excellency, an apostle one delegated by our Saviour to preach the gospel, to plant and govern churches, of which our Saviour at first chose twelve, to which number St Paul afterwards was added The appellation was sometimes given to others only sent to preach, as St* Paul *calls E*[illegible], Philipp 2 25 *At Athens* [illegible] *were Commissioners of the navy, who were to order the setting forth of the fleet Also letters dimissory, to certify an appeal*, ap Icc

* Apostrŏphe, es f *A figure when we speak to, instead of speaking of us*, Quid respondebo liberi meis? Quid tibi, Q frater, qui nunc abes? *Cic* pro *Mil* Lat Aversio

* Apostrophus, i m *The mark of a letter cut off in the end of a word, as* vin' men', *for* vin'ne, mene

* Apothēca, æ f *In Latin authors chiefly a wine cellar A place where any thing is laid up, a storehouse, warehouse, or cellar; a loft, or room, a safe, or press to keep any thing in*, Cic Hinc Anglice, *an apothecary* quod pharmaca sua tanquam in apotheca reponat

* Apŏtheōsis *A canonizing of men to be Gods, after their death which began among the Romans in the time of Augustus* ‖ Consecratio, *Cic*

* Apozēma, tis n [ex ἀποζέω, defervesco] *A decoction, an apozem* ap Medicos, freq

Apparāte, adv qual us, comp. [ex apparatus, adj] *With great preparation, nobly bravely sumptuously* = Edit & bibit opipare sine & apparatu, *Cl* Apparatius cœnare, *Plin*

Apparātio, onis f verb [ex apparo] *Great preparation, gallantry, bravery* Cic Offic 2 16 = Magnificentia, artificiosa diligentia, *Id*

Apparātur, imp *Things are getting ready*, Ter

Apparātus, a um adj ex part or, comp [illegible], sup (1) *Prepared furnished provided* (2) *Sole* [illegible] *magnificent* (1) = Ad operam causarum nunquam nisi apparatus, & meditatus accedo, *Cic* (2) Domus apparatior, *Id* Spectaculum apparatissimum *Id*

Apparātus us m verb *A preparing* Also [illegible], *fine entertainment* Ludorum apparatus *Cic* epularum *Id*

Appāreo ēre, ui itum neut [ex ad, & pareo] (1) *To appear* (2) *To shew himself or itself* (3) *To be forth coming* (4) *To attend, to give attendance* (5) *To be in place, under a superior magistrate* (1) Apparent rari nantes, *Vir* (2) Ille bonus vir nusquam apparet, *Ter* (3) Nisi apparet patera, *Plaut* (4) Ad limina [illegible] apparent, *Vir* (5) Libertus ejus qui apparuit Varroni, *Val* Le, apparitor fuit

Appāret, imp *It appears, 'tis a plain case* Apparet hunc esse servum domini pauperis *Ter*

Apparitio, ōnis f verb [ab appareo] *The attendance of the apparitors or other officers upon a magistrate* Met *Their office or place* Marcilium in longâ apparitione fidem cognovi, *Cic* ☞ *Marcilius Ciceronis interpres in provincia fuerat*

Appāritor, ōris m verb [ab appareo] quos Plaut armigeros, & scutigerulos *Hor* stipatores vocat *A sergeant, apparitor, pursevant, summoner, marshal, beadle, clerk, interpreter, &c any inferior officer that waits upon a superior magistrate* Apparitores a Prætore adlegati, *Cic* Apparitores regis, *Liv* 1 40 Quis unquam apparitor, tam humilis [illegible] *Cic* ☞ *De quibus aliis officiales dicti sunt, de quorum officiis vide Cod* 12 53 & *seqq*

Apparitūra, æ f *The attendance, or waiting of under officers upon a magistrate* Orbi ius apparituram magistratibus fecit, *Suet* = Apparitio, *Cic*

Apparo, as act [ex ad, & paro] (1) *To prepare, to provide, to make ready* (2) *To go about, or design, to make provision for* (3) *To furnish, or set out* (1) = Ornare, & apparare convivium *Cic* (2) Vah! delenire apparas, *Plau* (3) Ludos apparat magnificentissimos, *Cic* ✕ R [illegible] cum dict

Appāror, āris pass *To be provided, prepared, or made ready, &c* § Nuptias mihi apparari sensit, *Ter*.

Appellātio, ōnis f verb [ex appello] (1) *A naming, a calling by name, a term, or title* (2) *An appeal from an inferior judge to a higher* (3) *Pronunciation* (1) Ut-r us tc lia diti nguuntur appellatione *Plin* (2) Sic quoque appellationem esse ad populum, *Id* (3) Suavitas vocis, & lenis appellatio literarum *Cic* in orat

Appellātīvus, a, um adj ut Nomen appellativum, *An appellative, or common name* ... *Prisc*

Appellātor, ōris m verb *An appellant*, Cic

Appellātōrius, a, um adj *Belonging to appeals*, Dig

Appellātus, a, um par *Called, named, &c* Cic

|| Appellito, as freq *To call often* &c

Appello, as, āvi, ātum act [ex ad, & pello] int r o loquor ... (1) *To call* ... (2) *To name* ... (3) *To speak to* ... (4) *To call* ... (5) *To call to* ... (6) ... (7) *To call on* ... (8) ... (9) *To proclaim* (10) *To* ... (1) Appellare eum ... nquanquam suo nomine *Cic* (2) Nomine mortui hominis cum ... identidem appellare, ... (3) Blandiri ... in illa appel ... *Plin* (4) ... endum ... eisdem de causis illi ... appellantur qui ... *Cic* (5) ... Ra... (6) Quis accedam? aut quos appellem? *Id* (7) Nec ... a ... die n & hora n appellat ... (8) Qui ... majorem ... appellare debet *Cic* (9) Victorem ... Accelt ... *Liv* (10) Suavitas appellandi um ... literarum *Cic* de clar Orat

Appello, ĕre, puli, pulsum act [ex ad, & pello, is] (1) *To drive* ... (2) *To bring to land, to arrive, to come* ... (3) *To force* (4) ... *to devote to* (5) Absol *To come* (1) § Fessos ad litora cur ... juvenes appul... *Ov* (2) Qui cum ad Peloponnesum classem appulisset, *Cic* (3) Argenti viginti minas ... ad mortem appulerunt, *Plaut* (4) Animum ad uxorem appulit, *Ter* (5) ... regem in Italiam classe appulisse constat ... of *Ter* Haud ... me huc ... Nam is enim appulit ... Homo, aut ventus ... navem § Causa adducĕtis exemplis ... *Ov*

Appendor, ĕris pass [ex appel ...] ... *Lu*

Appendicŭla, æ f dim *A little appendage* ... Cels

Appendix, īcis [ex appendo quod appenditur, vel quod ex appendeo, quod appendet] *A ... ge, that which belongs to any thing* ... (1) *A part of it, or* (2) *addition to it, as pent house, or* ... *of building added to the house* ... Appendices ... (3) *A kind of ... for having been ... which ... like ... called appendices* (1) Appendix animi corpus, *Cic* ... (2) Carpet ... cum appendicibus, &c *Liv* 21 15 (3) *Plin* 24 13

Appendo, ĕre, i, sum act [ex ad, & pendo] (1) *To hang by* (2) *To weigh out, to pay* (1) Uvas jam maturas ad sol ... appendere *Plin* (2) Aurifici palam appendit aurum, *Cic*

Appendor, i, sus, pass *To be weighed out, or weighed* ... tam ... quam ... Orationes Demosthenis putavi non innumerari lectori debere, sed tanquam appendi, *Cic*

Appensus, a, um adj & part *Hanged up, weighed out* Seta equina appensus, *Cic*.

Appĕtendus, a, um part *To be desired, or sought after* ✠ Nec abnuendum imperium, nec appetendum, *Sen*

Appetens, tis part [ex appeto] (1) ... (2) *Set on* ... (1) Appetente ... (2) Unguibus appe... (3) Mare terram appetens *Cic*

Appĕtenter adv ... (1) ... (2) ... (1) = Non cupidus, ... homo *Cic* ... § Fade in ratio facit hominem ... Nihil ... appetentius similium sui ... Sunt enim natura appetentissimi ... *Cic*

Appĕtentia, æ f [ex appetens] *A desire, longing* ... Appetentia cibi ... Appetentia efficit ... libido *Cic*

|| Appetibilis, e adj *To be desired* ... Venustas ... appetibilis ... ‡ Expetibilis, ... expetendus, *Cic*

Appĕtītio, ōnis f verb [ex appeto] (1) *A catching at* (2) Met *Appetite, or desire* ... (1) Ex tripl ... appetitione ... *Id* (2) Appetitio principatus, *Id* (3) ... sed melius appetentia

Appĕtītus, a, um part ... Vide Appeto

Appĕtītus, ūs m verb (1) *Desire, an appetite* ... (2) In the plural number, *passions, or affections* ... ✠ Ut ... ratio præsit, appetitus obtemperet, *Cic*, ... Appetitus omnes contrahendi, ... *Cic*

Appĕto, ĕre, ii, vel ivi, itum act [ex ad & peto] (1) *To desire earnestly, covet* ... (2) *To catch at* (3) *To assault, or set upon* (4) *To aspire to* ... (5) Absol *To approach, or draw near* (1) ✠ Bona natura appetimus, a malis declinamus *Cic* Omne animal voluptatem appetit *Id* ✠ = Id non modo non recusem, sed appetam etiam, atque deposcam, *Id* (2) Is te solum appetivit manibus, *Id* (3) Humerum appetum gladio appetit *Cels* (4) Quod regnum appetebat ab civitate erat interfectus, *Cic* (5) Nox appetit, *Id*

Appĕtor, i, itus pass *To be desired, assaulted, &c* ✠ Appetuntur quæ secundum naturam sunt, declinantur contraria, *Cic*

Appiāna mala *A kind of apples like quinces* Ab Appio, Plin 15 14

† Appiānum, i n *A kind of green color* Plin 35 6

Appingo, ĕre, egi, actum sed vix leg in præt & sup *To join unto to fasten, or bind to, to add* Appingere aliquid novi, *Cic* ... *At* 2 8 Sed evanescit hæc vox, si formes ab

Appingo, ĕre, xi, ctum act [ex ad & pingo] (1) *To paint* (2) *To write* (1) § Delphinum sylvis appingit, *Hor* (2) Si huc referendum sit exemp verb præced

Applaudo, ĕre, si, sum neut [ex ad, & plaudo] *To strike or beat the ground with ones feet* § Applaude te terræ, *Aul* *To applaud, clap hands or stamp with the feet, in favour, or liking* Met *To approve* = Approbo, *Plaut*

Applausor, ōris m verb *A clapper* Met *An applauder, or approver*, Plin

Applausus, a, um part (1) *Stroked gently* (2) *Clapped upon, cherished* (1) Ov 14 Met 71 (2) Nec qui cervicis amaret applausæ blandos sonitus, *Sil* de *Composito equo*

Applausus, ūs m verb *Clapping of hands* Met *Applause* Ennius magno applausu loquitur *Cic*

Applicātio, ōnis f verb *An application, a ... inclination of mind* Applicatio animi ... quod ... amanti ... Jus applicationis, *The right which a Roman patron had to the estate of a foreign client, dying intestate*, Id de Orat 1 8

Applicātus, a, um part (1) *Joined unto* (2) ... (2) *Bent, inclined* (1) Stomachi dolorem ... applicatis ... *Plin* (2) Applicatis ... terrain ... vibus, *Cels* (3) Omne animal applicatum ... *Cic* § Applicatus turritus, *Vir* de equo, *Close to his head*

Applicitus, a, um part [a *sup* applicitum ex applico] *Applied* ... Applicitum ... cubiculo hypocaustum *Plin*

Applĭco, as, ui, & āvi, itum, ... itum act [ex ad & plico] (1) *To apply* (2) *To join, or apply one thing to, or near another* (3) *To bring, to arrive* (1) § Ut ad honestatem ... applicetur *Cic* 2 de *Fin* (2) § Ad flumina ... applicuerunt (3) § Applicare naves terræ *Liv* ... ad ... ullum in aliquem locum *Id* ... ✠ Vix unum puer applicat annum, *He was scarce a year old*, Mart

† Applōdo, *vid* Applaudo

Apploro, as neut [ex ad, & ploro] *To weep, or lament, or mourn* ... Aplor ... tibi *Hor* Raro occ

† Applosus, a, um part *Dashed, or dinged unto the ground* Applosus ad terram, *Spart* ‡ Afflictus, *Cic*

† Appluda æ f *Bran, chaff* Gell Vid Apluda

|| Applumbatūra, æ f *A soldering with lead*, Paul

|| Applumbātus, a, um *Soldered with lead*, Dig ‡ Plumbo commissus, *Id*

|| Applumbo, as act [ex ad, & plumbum] *To solder with lead*, Ulp ‡ Plumbo committere, *Id*

Appluo, ĕre, ui, & uv... *To rain, or ... unto*, ...

Appōno, ĕre, sui, situm act [ex ad, & pono] (1) *To put, or set to* (2) *To set, or nigh to* (3) *To mix* ... (4) *To reckon* (5) *To add* (6) *To serve up* (7) *To suborn, or procure* (1) § Apponere rotam ad malum versum, *Cic* (2) ... num ad os, *Id* (3) Apponunt brassicam, rumicem, betam, ... *Plaut* in *Pseud* (4) Appone lucro *Hor* (5) ✠ § Illi, quos tibi dempserit, apponet annos, *Hor* (6) Non tam apponis, quam objicis cibos, *Id* (7) Calumniatores ex sinu suo apposuit, *Cic*

Apporrectus, a, um part [q ab apporrigor] *Stretched out, lain, close by* Ov Met 2 561

Apportandus, a, um part *To be carried, or brought to*, Cic

Apporto, as [ex ad, & porto] affero, adveho (1) *To carry, or bring unto* (2) *To bring news, or tidings* (3) *To cause, or occasion* (1) § Ad difficillima loca apportare frumentum, *Cic* De Illyrico apportare, *Vir* ex Hispania, *Cæs* ab aliquo, *Cic* undique, *Id* aliquid machinâ, *Id* (2) Quidnam apportas? *Ter* (3) Ille haud scit quantum damni, hoc paulum lucri apportet, *Id*

Apposco, ĕre [ex ad, & posco] *To ask, or require more, or besides, over and above*, Ter

Apposĭte, adv [ex appositus] *Properly, aptly, conveniently, to the purpose, fitly, pat* Apposite di... Apposite ad persuasionem *Cic*

Appŏsĭtio, ōnis f *An adding to, an applying* Appositio exemplorum *Cic* In ... *It is also used by later writers for the ... of ...* ... Urbs Roma, lupus ...

Appŏsĭtus, a, um part [ab appono] (1) *Laid, or put to* (2) *Set upon* (3) *Near, situate, nigh* (4) ... adj or, comp ... sup *Convenient, apt, or fit to the purpose* ... meet, ... *the former tense* (1) § Aut e ad glaciem appositis, *Plin* ... (2) Appositis inst... uxore ... mensas, *Ov* (3) Appositi ... literas (4) ... ad ... quam uterenda ... *Cic* Gallina ad partum appositissimæ ... de *R R* 3 9 [Equus] ad medendum est appositus *Id* de *R R* 7

Appŏsĭtus, ūs m verb [ab appono] *A putting, or moving to* ... Prodest apposita totius ... *Plin* 2,

Appōtus, a, um [ex ad, & potus] *Drunk, fuddled* Plaut

|| Appreciātus, a, um, part *Prized, valued, esteemed, rated*, Bibl ‡ Æstimatus

|| Apprĕcio, as act *To prize, or value*. Bibl ‡ Æstimo

Apprĕcātus, a, um *Praying to* Rite deos prius apprecati, *Hor* a leq

Apprĕcor, āris ... Adprecor dep *To pray to, to wish one any good thing* Apul ✠ Imprecor

Apprĕhendo, & apprendo, ĕre, di, sum act [ex ad, & prehendo] (1) *To lay hold of, or seize on* (2) *To take hold of*, Met *To learn* (3) *To understand, to perceive, to comprehend* (4) *To hold, or contain* (1) Alterum altera apprehendit eos manu [sc angues] *Plaut* (2) Vites claviculis adminiculi quasi manibus apprehendunt, *Cic* (3) ex Socrat ... disputationibus ... alius aliud apprehenderat, *Id* de *Orat* ... Quantum apprehenderunt ... *Plin* § Apprehendere aliquid morsu, *To take hold of a thing with the teeth* Plin Apprehendere palmam, *To get the victory*, Id

|| Apprehensio, ōnis f verb *A seizing on a thing*, Digest

|| Appressus, a, um [ex ad, primo] *Pressed, or crushed*, ... *Bud* ‡ Pressus

Apprīme, vel Adprime [ex ad, primum] ... adv intend *Very much, very well, greatly, chiefly, eminently, excellently* Apprime doctus, *Vir* ... doctissimus ... & superl apprime rectissimum, *Cic*

Apprimo, ĕre, ssi, ssum [ex ad, & primo] *To press a thing close to one, to squeeze hard* Plin Raro occ

Apprīmus, vel Adprimus, a, um [ex ad, & primus] *Chief, principal, excellent, surpassing* ... summus apprimus, *Liv* ... Flos apprime tenax, *Vir* Georg

Approbandus, a, um part *To be approved, or justified*, Tac

Approbans, tis part *Approving* Facere aliquid Musis approbantibus *With their good liking* Cic

Approbatio onis f verb *A proving, allowance liking, assurance* Effectus eloquentiæ est audientium approbatio *Cic* Also *a proof, or confirmation* Id de Invent

Approbator oris m verb *A prover, or doner* = Quam vis non fuerit suasor, approbator certe fuisti *Cic*

Approbatus, a, um part *Approved, allowed, liked* Cic

|| Approbe, adv *Very honestly*, Gell ‡ Probissime, Ter

Approbo as act [ex ad & probo, quasi valde probo, vel una cum illis probo] (1) *To approve, allow, or like* (2) *To make good to* (3) *To make less or increase* (1) Uni voce & consensu approbavit populus, *Cic in Pison* (2) Quicquid feceris approbabo, *Id* (3) Quo magis pœnitentiam priotis facta approbaret, *Suet* = Laudo ✠ Improbo

† Approbus, vel Adprobus, a, um [ex ad, & probus] *Very honest, sincere* ‡ Probus

Appromissor, oris m verb *He that undertaketh, or engageth for another*, Fest *A pledge, or surety* Ulp

Appromitto, vel Adpromitto, ere, isi ssum act [ex ad & promitto] *To engage, or become surety for another*, Cic

† Approno, as neut [ex ad, & pronus] *To bend forward to bow or kneel down*, Apul ‡ Inclino

Appropĕrātus, a, um part *Hastened, advanced, forwarded*, Liv

Appropero, as vel adpropero, [ex ad & propero] (1) Neut *To make haste* (2) Act *To hasten, to speed and set forward* (1) Intro abi, appropera *Plaut* (2) Intercisis venis mortem approperivit, *Tac* 1 16

Appropinquans tis part *Coming on, drawing nigh*, Cic

Appropinquatio onis f verb *An advancing or coming nigh unto, an approach* (1) Appropinquatio mortis *Cic*

Appropinquo as neut [ex ad & propinquo] *To come nigh, to be near, to approach to be ready at hand* § Mors illi appropinquat, *Cic* Ad quos appropinquavit *Cæs*

Appulsus, a, um part [a ap pello] *Arrived, landed*, Cæs B Gall 3 3

Appulsus, ûs m verb [ab appello] *An arrival, a coming to, an advancing* Appulsus frigoris, & caloris *Cic* solis, *Id*

Apricatio onis f verb [ab apricor] *A warming, or heating, basking or lying in the sunshine, a going abroad in the open air* Unam in circulo tecum apricationem in illo Lucretino tuo sole malim, quam omnia istiusmodi regna, *Cic Att* 7 11

Apricitas atis f denom [ab apricus] *The warmth of the sun, a sunshine open fair weather a clear sky* Si dies permittit apricitas, *Plin*

Apricor, aris dep *To bask or sun one's self, to sit a sunning himself, to walk or sit abroad in the open air*, Cic

Apricus a, um adj [quasi apericus, i e apertus, & soli expositus] or, comp ssimus sup *Lying open, warmed with the sun, that is to be in the sun* Apricus campus, *An open sunny place*, Hor Aprica avis, *Id*. Aprici senes, *Pers who love to bask in the sun* Apricioribus locis, *Col* 11 3 Apricissimo die, *Id* 9 14 In apricum proferre, *To bring to light*, Hor

Aprilis, is m [dictus quasi aperilis, quod omnia aperit] at *Var* Aperit cum cornibus annum Taurus, *Vir* Alii ab ἀφρὸς, spuma, unde Ἀφροδίτη, Venus, cui sacer fuit Quod & mensem Veneris marina tradit Aprilem] *April, the month so called*

Aprilis, e adj *Of April*, Nonis Aprilibus, *The fifth of April*, Cic

† Aprinus a, um adj [ex aper] *Of a boar, of a wild boar, brawn*, Lucil ap Charis sed Aprugnus plus valuit usu, quam Aprinus analogia

Apronia, æ f *An herb called vitis nigra, Bryonia, Chironia & Gynecanthe, The black vine, or briony*, Plin 23 1

Aprugna, æ f (caro) *Brawn*

Aprugnus, a um [ab aper] *Belonging to a boar, brawn* Aprugnum callum, *vel* caro aprugna, *Plin*

* Apsis, idis f [vel absis, idis] (1) *The ring of a cartwheel* (2) *A circle above the stars* (3) *The bowing of an arch* (1) Plin Lit Curvatura rotæ, *Ov* (2) Plin 2 15 (3) Plin ep 2 17 Lat Fornicis curvatura

* Aptyctos, i f *A kind of precious stone, which, when it is hot, will keep so seven days*, Plin 36 10

* Apsynthium, i n *Wormwood* Vide Absinthium

Aptātus, a um part [ex apto] *Fitted, suited, accommodated*, Sen

Apte, adv ius, comp ssime, sup *Fitly, agreeably, suitably, conveniently, properly, closely, pertinently* Equito apte locato concursum est, *Liv* Ratio aptius reddetur, *Plin* Aptissime cohærent extrema cum primis, *Cic in Orat* 44

|| Aptitudo, inis f *Fitness, aptitude*, vulgo quidem dicitur, et est scriptorum ἀκυρολογία, sed male ‡ Habilitas

Apto, as act [ex ἅπτω, jungo, necto] (1) *To fit, or make fit*, (2) *To join* (3) *To address, make ready, or prepare* (4) *To provide, or procure* (1) § Danaûm insignia nobis aptemus, *Vir* (2) Transversæ perticæ parietibus aptentur, *Col* (3) Aptat se pugnæ *Vir* (4) Aptare idonea bello, *Hor* § Apta ad naturam aptare, *Cic*

* Aptōton, i n [ex α, sine, & πτῶσις, casus] *A noun without cases, as* Nequam, *Don*

Aptus, a, um part [ex antiq apo, vel apio] & adj [ab, ap to, i e ligo, jungo] (1) *Tied, joined, fitted* (2) *Met Made, wrought* (3) *Tight compact* (4) *Pat close* (5) *Proper meet, suitable, convenient* (6) *Good for, profitable* (7) *Naturally disposed, inclined* (8) *Easy, agreeable* (9) *Rigged, equipped* (1) Gladius e lacunari seta equina aptus, *Cic* ✠ Facilius est apta dissolvere quam dissipata connectere, *Id* Ipsis e torquibus aptos junge pares *Vir* (2) § Vestis auro signisque apta, *Luc* (3) = Habiles, & apti calcei ad pedem, *Cic* (4) = Aptus verbis, & pressus Thucydides, *Id* (5) = Nec commodius, nec aptius quicquam, *Id* Aptissimum ad quiete vivendum *Id*. (6) Somno aptum papaver, *Cels* (7) § Natus, atque aptus ad Verris libidines, *Cic* (8) Cibus stomacho aptus, *Cels* (9) = Aptæ, instructæque remigio naves *Liv*

† Aptus, a um part [ab apiscor] *Having obtained*, Var

Apua æ f *A little fish the same that Aphya* *A sprat, a bleak, or such like*, Plin

ĂPUD, prep (1) *Close, by, nigh* (2) *With* (3) *At* (4) *Among* (5) *In* (6) *Before* (7) *To* (1) Apud Corfinium castra posuit Cæsar *Cic* (2) Apud me cœnavit, *Id* (3) Apud forum est, *Ter* (4) Apud nostros, *Cic* (5) Apud Agathoclem scriptum est, *Cic* Apud animum meum statuo *Sall* (6) Verba apud senatum fecit *Cic* (7) Cum de me apud te loquor, *Cic* Cur ego apud te mentiar? *Id*

* Apus, odis f [dic quasi carent pedibus *Plin* 10 39 qui & Cypselli appellantur ibidem] *A martinet or kind of swallow*

* Apyrexia, æ f [ex α, & πυρετός, febricito] *The abatement, or decrease of fever, or the cold fit of an ague*, Cels

* Apyrinus, a, um suib & Apyrenus [ex α, pri & πυρήν, nucleus seu potius id quod in pomo ligneum osseumque est, et refrigeretur quantitas] *Without kernel, or stone, or that is all kernel, or stone pomegranates, with soft seed, or soft*. Lecti suburbanis mittuntur apyrinæ minis, *Mart* 13 43 Apyrina dicuntur non quibus nulla insit duritia granorum, sed quibus minor, *Sc* ep 85

* Apyrotos, i m *The best sort of carbuncle not hurt by the fire* Principatum habent carbunculi, qui, cum non sentiant ignem, apyroti vocati, *Plin* 37 7

* Apyrum sulphur, [ab α, pri & πῦρ, sulphur, igne non expertum] *Brimstone that hath not been burned*, Plin 35 15

A ante Q

ĂQUA, æ f vitrix sed in certæ huc congeruntur notationes, e quibus quisque ex Voss sibi decerpat quam maxime velit, mihi cum Varrone præ cæteris placet, ut sit *ab* aquus, *quasi* æqua, hinc certe æquor aquæ constans *Water, rain, a terrible humour, or juice* Aqua pluvia, *Cic* pluvialis, *Ov* imbrium, *Plin* cœlestis, *Hor Rain-water* fontana, *Spring-water*, Plin puteana *Id* putealis, *Well water*, Col nivalis, *Plin* rosacea *Id* medica, *Cl* ... *Snow, rose, medicinal water* stagnans, pigra, *Plin* quieta, *Hor* *Standing water* manans, *Col* jugis, *Cic* perennis, *Ov* *Running water* Aqua intercus, *The dropsie*, Cic. Aqua maris, *The waves*, Vir Aquæ augur cornix, *foretells rain*, Hor, Aquæ κατ᾽ ἐξοχήν, *A bath*, Tac § Aqua hæret, *Prov When one is at a stand*, Cic Aquâ & igni interdicere, *To banish*, Id Scribere in aquâ, *To forget*, Catul Aquam perdere, *To lose time, their hour-glasses running with water, as ours do with sand*, Quint Interdictis imminet æger aquis, *A sick man coveteth water*, Ov Persæ aquam, terramque à Lacedæmoniis petierunt, *Hedged with*, Li 35 17 Aquam postulare a pumice, *Prov* dixit Plaut Pers 1 1 42. *To try at impossibility*

|| Aquædŭctio, onis f *Ulp* idem quod

|| Aquædŭctus, ûs m [ab aqua ducendâ] *A conduit, an aqueduct, a water-course*, ap poster ævi scriptores

† Aquælicium, i n [ab aqua & lacio] *A prayer, or sacrifice for rain*, Fest

† Aquæmānāle, [ab aqua, & mano] *A ewer, or ever* Var ... Non Vid Aquiminale

Aquālĭcŭlus, i m dim [a aqualis, ut a caulis, cauliculus] (1) *An hog's trough* (2) Met *The inner part of the belly, the gut right the paunch* (3) *The stomach, or maw, which digests the meat* (1) Propr signif exemplum non reperio (2) Pingui, aqualiculus propensus sesquipede extat, *Pers* (3) Cibus aqualiculi fervore concoquitur *Sen ep* 90

Aquālis, is m [ab aqual is] *The paunch or chasm that exceeds in a kind of gut that whereof puddings were made*, Apic

Aqualis, is m in acc Aqualim [ab aqua] *A water-pot, an ewer, laver or such like* Date aqualim cum aquâ, *Plaut*

|| Aquariolus, i m *A water bearer* Apul *A pimp, or pander, a servant to a bawd*, Tert Hinc Galli Maquerelle, *a bawd*

Aquarium, i n id quod Aquæductus *A watering place for cattle*, Cato R R 1 Also *a sink, kennel, or gutter, any narrow passage*, Sipont

Aquarius, a, um adj *Of, or belonging to water, a water bearer's place*, Cic Aquarii provincia, *a water-bailiff's place*, Cic Aquarii sulcus *A water-furrow, sluice, or drain*. Col Cotes aquariæ, *Grind stones that go in water* Plin

|| Aquariamola *A water-mill*

Aquarius, i m (1) *One of the signs of the zodiac* (2) *A water bailiff* (3) *A water bearer* (1) Inversum contristat aquarius annum, *Hor* (2) Cæl Cic 8 6 (3) Venit conductus aquarius, *Juv* 6 331

Aquaticus a,um adj (1) *Of, or belonging to the water* (2) *Living, or* (3) *growing in or about the water* (4) *Watery, rainy* (1) Frigidissima quæcunque aquatica, *Plin* (2) Avis aquatica, *Id* (3) Aquatica lotos, *Ov Met* 9 341 (4) Aquaticus auster *Id*

Aquatile, is n subst ex adj *Any creature that liveth in the water* Contra naturam aquatilium, *Plin*

Aquatilis, e idem quod Aquaticus, (1) *That liveth in the water* (2) *Watery* (1) ✠ Bestiarum, terrenæ sunt aliæ partim aquatiles, aliæ quasi ancipites, *Cic* (2) Pecus aquatile, *Col* (3) Humor aquatilis, *Varro*

Aquatio, onis f verb (1) *A watering, a carrying, or fetching of water* (2) *Abundance of rain, wet weather* (3) *Sometimes it seems to be taken for a watering place* (1) Aquatione longa, & angusta utebamur, *Hir* (2) Per aquationes autumni, *Plin* 30 7 (3) Pabula mutemus, & aquationes potius regionis, *Col* ☞ *Sed erudite distinguit Salm* ὑδρευμα, aquatio, ab ὑδρεῖον, aquationis locus

Aquator, oris m verb *He that watereth, he that fetcheth, or provideth water for an army*, &c Ut aquatoribus ad fluvium esset præsidium *Id*

Aquatus, a, um adj or comp ssimus, sup (1) *Naturally like water* (2) *Watery, or mixt with water* (1) Omne verum [lac] aquatius æstivo, *Plin* (2) ✠ Interest quomodo sit incerata purpura, crassius medicamentum, an aquatius traxerit, *Id* Vinum aquatissimum, *August*

|| Aqueus

|| Aqueus, a, um adj *Waterish, like to water* habet Litt sed nullâ auctoritate munitum

Aquifolia, æ f sc ilex, &

Aquifŏlium, i n [quod acutum folium habet] *A kind of holm tree with prickly leaves Some take it for the holly tree* Aquifolia arbor venefici arcet *Plin* Folia aculeata aqui folio *Id*

Ăquila, æ f [ab aquilo, i e fusco colore] (1) *An eagle, of which Aristotle reckons 6 sorts* (2) Met *A northern constellation within the Galaxy* (3) *A Roman ensign or banner, made of gold or silver with which every legion had one,* Salm *whereas of the ordinary colours (signa) every company had one* (4) *The upper roof story in buildings, representing an eagle's wings* (1) Vide Hist animal 9 32 & Plin 10 3 (2) Stellas secundum Ptolomæum, & antiquiores 9, 11 autem sec Keplerum habet Quare cælo locata v Nat Com Mythol 2 1 (3) ♓ Aquilæ duæ signa sexaginta relata sunt, *Cic* (4) Vid Tac Histor 3 71 ¶ Aquilæ senectus *Ter* *A proverb of those that seem young again, or as others, that drink more than they eat, as the eagle does, according to Pliny, who assigns a natural reason,* l 10 c 3 De adagiis *Aquila non capit muscas* & *Aquilam testudo vincit*, vid Erasmi adagia

Ăquilĕgium, i n [ab aqua & lego, i e aquæ collectio] *A gathering of rain, and a conveyance of water* Si pluit aquilegio me lavabo *Plaut*

Ăquilex, egis m [ab aquis legendis sive colligendis] *He that maketh conveyance of water by pipes, or he that findeth springs, a water bailiff* Bechion, ubi nascitur, subesse aquas credunt, *Plin* 20 6 & hoc habent signum aquileges

|| Ăquilices, um m plur qui & Aquileges *Water-bailiffs* Also *those that prayed for rain in time of drouth*, Vett Gl

|| Aquilicium, i n *A sacrifice, or litany for rain*, Tert Apol c 40

Ăquilifer, ĕri, m [ab aquila, & fero] *The standard bearer among the Romans, who had on his ensign the figure of an eagle, an ancient, ensign or cornet* Aquilifer aquilam intra vallum projecit, *Cæs*

Ăquilinus, a, um adj [ab aquila] (1) *Of or like an eagle, rapacious* (2) Met *Quick-sighted.* (1) Aquilinæ ungulæ, *Eagles claws*, Plaut Pseud 3 2 64 (2) Aquilino aspectu, *Apul*

Ăquilo, ōnis ventus, [a vehementissimo volatu ad instar aquilæ] *The north wind, the north-east cold wind* Densus aquilo ab oris hyperboreis, *Vir* Violentiam ejus eleganter descriptam vide ap *Ov Met* 6 690 & seqq

Ăquilōnālis, e adj *Northern, or toward the north* Regio aquilonalis, *Cic N D* 2. 19

Aquilōnāris, e adj *Northern* Aquilonaris piscis, *The constellation so called*, Vitr 9 6

Ăquilōnius, a, um adj *Northern, or exposed to the north*, Plin 28 17.

Ăquilus, a, um adj [ab aqua] Color aquilus, *Dark, dun, of the colour of water, sun-burnt, swarthy* Staturâ haud magnâ, corpore aquilo, *Plaut Pœn* 5 2 152

Ăquiminăle, is n olim Aquæmanale, quod vide Scrib & Aquamanile, & Aquæmanile propius ab analogiâ, & forte rect *A bason to wash the hands in* Aquiminale χέρνιβον, corrupte pro χέρνιβον

|| Aquĭminārium, i n vel Aquimanarium Vas aquarium *A cistern of water to wash cups, or glasses in, a monteth* Also *a cock to wash at*, Gloss

† Aquinārius i m *Any water-pot*, Flor ar Litt

† Aquipenser ĕris m Fest Mss idem quod Acipenser, *A sturgeon*

† Ăquipes Acupedius, vel Acupes, *Swift of foot, one that runs well* Fest & Lucil

Ăquor, āris depon [ab aqua] Verbum castrense est (1) *To water, or give water to* (2) *To provide, or fetch water* (1) Aquatum est equos egressu, *Sal* (2) Nec sine periculo possent aquari oppidani *Cæs*

Ăquosus a, um adj or, comp ssimus sup (1) *Waterish, wet* (2) *Resembling or concrete of water* (1) Aquosus campus, *Plin* Aquosior ager, *Id* Aquosissimi post autumno, *Id* (2) Aquosa chrystallus *Prop* ¶ Aquosus languor, *The dropsy*, Hor

Ăquŭla, æ f dim [ab aqua] (1) *A little water* (2) *A plash, or brook* (1) Mane suffundam aquulam, *Plaut* (2) ☞ Ubi non seclusa aliqua aquula teneretur, sed unde universum flumen erumpit *Cic* ☞ Aquulam sub *Pausis* sca *aquam exiguam*, Pers 5 1 8

A ante R

† Ar, pro ad, ita frequenter ponebant, sic arveni, arventor, &c

Ă R A, æ f [ab ardore quod incensa ardeat, *Var* Forte simpliciter ab ἀρά, preces, quæ ibi fiunt aut si hoc minus placuerit, ab Heb ארץ aretz terra, quippe quæ humilis fuit, ut qua Diis inferis fieri præcipue esset, ut altare ab altitudine quod superis] (1) *An altar*, diis superis inferis, & medioxymis (2) *A southern constellation near the Scorpion* (3) *Three rocky islands called the Ægates, between Africa and Sicily* (4) Met *A refuge, or sanctuary* (1) Orantem, arasque tenentem audiit omnipotens, *Vir* Aris delubrisque Hecates in Græciâ vidimus *Cic* Illius [Augusti] aram tener agnus imbuet, *Vir* (2) Aram flatu permulcet spiritus austri, *Cic in Arat* (3) Vide Vir Æn 1 113 & ibi Servium (4) Quæ patuit dextræ firma sit ara meæ, *Ov* ¶ Ad aram confugere *To take sanctuary*, Cic Pro aris, focisque certare, *To fight for GOD, and his country*, Id Usque ad aras amicus *As far as conscience permits*, Gell *because in swearing, they held the horns of the altar*

* Ărabarches, æ m *i e* Arabum præfectus Pompejus ita Ciceroni dictus, quod Arabas domuerat vel pro Alabarches, ut sit scripturæ, & vectigalium præfectus, ita dict Pompeius, quòd Asiæ magnam partem vectigalem fecerat, sed & Antonium ea de causa denotare potuit *Pompey, so called by Tully*, ep 2 17 *for conquering Arabia and making it tributary*, or *as* Cæl Rhodig, *and others, Anthony, for the same reason But in Juvenal it is taken in an ill sense, for the prince of the robbers Alciatus takes him for a collector of toll, for cattle brought out of Arabia into Egypt*

Ărābilis, e adj [ab aro] *To be plowed, arable.* Campus arabilis, *Plin*

* Arachne, es. f. *A spider*, Ov Vestis arachnes, *A cobweb*, Seren

Ărāciæ ficus, *A kind of white figs*, Plin

Ărānea, æ f [Bec ab ארג, arag, texuit] (1) *A spider* (2) *A cobweb* (3) *The down of willow blossoms* (4) *One of the membranes of the eye, thin like a spider's web* (1) Exercet aranea telas, *O Met* 6 145 (2) Summo quæ pendet Aranea tigno, *Id Ibe* 1 179 (3) Plin 24 9 (4) Apul Met 4

|| Ărāneans, tis Araneantes fauces, *Dry chaps*, Petr

Ărāneola, æ f dim [ab aranea] *A small spider, or cobweb*, Cic

Arāneŏlus i m dim [ab araneus] *A little spider*, Vir sive Auct Culicis, quisquis fuit

Ărāneosus, a, um adj *Full of spiders webs, or thing like cobwebs* Fila araneosa, *small fibres, like cobwebs*, Plin 11 19

Ărāneum i n (1) *A spider's web* (2) *A rime, or dew, like cobweb, which spoils olives and grapes* (1) Tollere hæc aranea quantum est laboris *Phædr* 2 8 2, (2) Plin 17 24

Ărāneus, i m Araneorum multa genera v ap Plin 11 (1) *A spider, a spider's web* (2) *A kind of sea fish* (3) *A shrew, or field mouse* (1) Catul ep 23 (2) Plin 32 11 (3) In Italia muribus araneis venenatus est morsus *Id* 8 58

Arātio onis f verb [ab aro] (1) *Tillage, or plowing* (2) *Tilled, or plowed land* (1) Aratione iteratur, *Plin* 18 20 (2) Relinquent arationes, *Cic* quas aliis locis vocat Agros decumanos

Ărātiuncŭla, æ f dim *A little piece of plowed land A field farmed of the public*, Plaut Truc 1 2 46

Ărātor ōris m verb [ab aro] *A plower, or tiller* (1) *Man*, or (2) *Beast* (1) Ex aratore, orator factus, *Cic* (2) Taurus arator, *Ov*

Arātōrius, a, um adj *Of, or belonging to tillage* Col ap Litt certe Cod Theod l 1 de pignoribus

Arătro, as act & per syncop Artro, as [ab aratrum] *To plow land over again* Plin 18 20 vix alibi

Ărātrum i, n verb [ab aro] *A plough*, Hor

Arāturus, a, um part [ab aro] *About to plow*, Tibull eleg 1 10 48

Arātus a, um part *Tilled*, Ov

Arbiter tri m [ab ara, & bito to go, nam arbitri qui ante aram arbitrio suo litem finire debent] (1) *An arbitrator, a judge chosen between two, an umpire, a referee* (2) *A witness* (3) *A prince or ruler* (4) *A person* or Met *a thing, which over-looks* || *A godfather* (1) Vicini nostri hic ambigunt de finibus, me cepere arbitrum, *Ter* (2) Ut sine hisce arbitris detis nobis loquendi copiam, *Plaut* (3) Notus arbiter Adriæ, *Hor* Cum regum & gentium arbiter populus ipsum se regere non posset, *Flor* 3 18 (4) Vicini arbitri sunt, meæ quid fiat domi *Plaut Mil* 2 2 3 Locus effusi late maris arbiter, *Hor Epod* 5 49

Arbitra, æ f *A witness*, Non infideles arbitræ Nox & Diana, *Hor.*

Arbitrārio, adv *i e* pro arbitrio seu voluntate *At ones pleasure as one will, at ones own choice, arbitrary* ♓ Nunc pol ego perii certo, haud arbitrario, *Plaut. Pœn* 3 5. 42

Arbitrārius, a, um adj Voluntarius, quod est nostri arbitrii τὸ ἐφ' ἡμῖν, τὸ κατὰ προαίρεσιν *Voluntary, left to our own choice, arbitrary* ♓ Hoc quidem profecto certum est, non est arbitrarium, *Plaut* ♓ Naturalis, *Gell*

Arbitrātus, us m, verb [ab arbitror] (1) *Judgment, opinion* (2) *Election, choice* (3) *Fancy, pleasure* (4) *Disposal discretion* (1) Meo arbitratu liquet de hoc, *Cic* (2) Tuus arbitratus sit, comburas si velis *Plaut* (3) Non te pudet ejus mulieris arbitratu gessisse præturam? *Cic* (4) Dedunt se in arbitratum cuncti Thebano populo, *Plaut* ☞ *Hi tres casus, quorum exempla adduxi, soli reperiuntur* Arbitratui, *Voss sed nihil obstat.*

Arbitrium i n (1) *Properly an arbitrement, or award* (2) *Judgment, the sentence of a judge* (3) *Will, pleasure, humour, fancy* (4) *The office of an arbitrator* (5) *Power, rule, conduct* (6) *Choice* (7) *Money paid to the public for a right of monopoly* (1) ♓ Cuisam perdidisti, propterea quod aliud est judicium, aliud arbitrium *Cic pro Rosc* (2) Cum de te splendida Minos fecerit arbitria, *Hor* ☞ *sed in hac notione nescio a legitur singulari* (3) = Nutu, atque arbitrio mulierculæ gubernari, *Cic* 7 *Verr* (4) Litis arbitrium trajecit in omnes, *Ov* (5) Omne sub arbitrio desinit esse Dei? *Ov* (6) Liberum arbitrium, *Liv* 3- 37 pro quo *Cic* libera voluntas (7) Ubi arbitria funeris solvebantur, *Cic* post redit in senatum Vide etiam Liv 2 9 & ibi Gronov. ¶ Arbitrio suo carere, *Not to be at his own dispose*, Cic

† Arbitro, as id quod Arbitror, *Plaut Pseud* 4 2 57

Arbĭtror, āris dep [ab arbiter] † Ant Arbitro, unde pass Arbitror, quorum exempla subjeci (1) *To arbitrate, or end a dispute by arbitration, to sentence, or award* (2) *To suppose, conjecture, imagine, or think* (3) *To observe, or listen to* (4) Pass *To be looked, or found out* (5) Also *a term in taking a solemn oath* (1) Vide Ulp de receptis arbitris (2) Neque adeo arbitrari patris est aliter, *Ter Hec* 4 1 † Si te dignum arbitrarem, *Plaut Pseud* 1 2 57 (3) Secede procul, ne arbitri dicta nostri arbitrari queant, *Id* (4) † Continuo arbitretur uxor tuo gnato, *Plaut Epid.* 2. 2 82 (5) Verbo *arbitror* nos utimur, cum ea dicimus jurati quæ comperta habemus, *Cic pro Font* ¶ Fidem arbitrari, *To believe*, Plaut Bacch 3 6. 11

Arbor, & Arbos, oris f Quid statuendum de etym hæreo (1) *A tree,* ☞ *a general word, under which ivy, osier, and even reeds are comprehended* (2) Meton *The mast of a ship* (3) *An oar* (4) *The timber of a press* (5) Also *the wood of a tree* (6) *The name of a great sea fish* (1) In arboribus truncus, rami, folia, *Cic* Bis pomis utilis arbos, *Vir* (2) Juv 12 32 (3) (3) Centenâ arbore fluctum verberat assurgens, *Vir Æn* 10 207. (4) Cato 12 & 18 (5) Sagitta adversi infigitur arbore mali, *Vir Æn* 5 504. (6) Plin ¶ Arbor infelix, *A gallows, the triple tree*, Cic

Arborārius, a, um adj *Of, or belonging to a tree* Arboraria falx, *A bill to lop trees*, Cato Arborarius picus, *A bird that feeds upon trees*, Plin

Arbŏrātor, ōris. m verb [qu ab arboro] *A lopper of trees, a planter, or pruner of trees,* Col 11

Arbŏreſco, ĕre, denom [arborem fieri, *vel* in arborem creſcere] *To grow to the bigneſs of a tree* Tradunt malvas ſeptimo menſe arboreſcere, *Plin* 19 4

|| Arborētum, i n *A place where trees grow, a grove, a park, a nurſery of young trees* = Arbore a ij nobilius eſt verbum, arbuſta celebratius, *Gell*

Arbŏreus, a, um adj *Of, or belonging to a tree, branched like a tree,* Arborei fœtus, *Vir* Arborei coma, Prop Arboreæ frondes *Ov*

Arbos, *vide* Arbor

Arbuſcŭla, æ f dim [*ab* arbor] (1) *A little tree, a ſhrub* (2) *The nut, or ball of a cart-wheel* (3) *The creſt, or tuft, upon the heads of ſome birds* (1) Maxime probantur vites veluti arbuſculæ, brevi ſtatura, *Col* 4 4 (2) Vitr 10 17 (3) Plin 11 37

Arbuſtivus, a, um adj *Belonging to ſhrubs, or trees* ¶ Arbuſtivæ vites, *Vines tied to trees, and growing up by them,* Col 3 13

Arbuſto, as act *To plant with trees, to ſet a place with trees for vines to grow amongſt* Transpadana Italia populo, acere, &c arbuſtat agros, *Plin* 17 23

Arbuſtum, i n [*ab* arbos, ut ab onus, onuſtus] *A copſe, a grove of trees, or orchard,* Col de Arb 16 *A vineyard, a place planted with trees for vines to grow up by,* Plin 17 23 *unde* Vites arbuſtivæ vocantur

Arbuteus, a, um adj [*ab* arbutus] *Of, or belonging to an arbute, or ſtrawberry tree* (2) *Made of that tree.* (1) Arbuteos fœtus legebant, *Ov* (2) Arbuteæ crates, *Vir Geor* 1 166

Arbutum, i n *The fruit of the arbutus* Dant arbuta ſylvæ, *Vir.*

Arbŭtus, i f (1) *A kind of wild ſtrawberry, or cherry-tree, bearing fruit ſo ſowr, that Pliny calleth them* unedones, *becauſe one of them will give one enough, an arbute* (2) Met *The ſhade thereof* (1) Inſeritur vero ex fœtu nucis arbutus horrida, *Vir Geor* 2 69. (2) Dulce depulſis arbutus hœdis, *Id Ecl* 3 82

ARCA, æ f. [*ab* arcere, *h e* continere, *eſt* quod arceat, *i e* contineat res et creditas] (1) *A cheſt, a coffer, an eſcritore* (2) *A coffin, or tomb* (3) Meton *Money* (4) Alſo *a dam of wood, to keep away the courſe of the waters* *An ark* (1) Animus hominis dives, non arca appellari ſolet, *Cic.* in *Parad* (2) Plin 13 13 (3) ✳ Ignorat quantum ferratâ diſtat ab arca ſacculus, *Juv* (4) Ap Gromat ſcript ¶ Arca robuſtea, *A cage for malefactors,* Cic.

Arcāne adv [*ab* arcanus] *Secretly, privately* Neſcio an leg ſed

Arcān us, adv comp *Very cloſely* Quid tamen arcanius judicem ſuo loco mox dicetur, *Col*

Arcāno, adv *All alone, in a private place, ſecretly* Arcano tibi ego hoc dico, ne ille ex te ſciat *Plaut Trin* 2 4 117

Arcānum, i n ſubſt ex adj ſeq (1) *A ſecret* (2) *An hidden myſtery* (1) Arcanum neque tu ſcrutaberis ullius unquam, *Hor* Fatorum arcana movebo, *Vir* (2) Nox arcanis fidiſſima, *Ov Met* 7 192 Vidit impiæ gentis arcanum patens, *Horus,* 3 5 30

Arcānus, a, um adj [*ab* arca, ut a Roma Romanus, *ſc* in qua quæ clauſa ſunt, tuta manent] (1) *Silent, ſecret* (2) *Hid, cloſe* (3) *Unknown, privy, myſtical* (1) Dixiſti [homini] arcano ſatis, *Plaut Trin* 2 4. 155 (2) = Arcanum & occultum ſcelus, *Curt.* (3) Arcana ſacra frequentat, *Ov Met* 10 436

† Arcārius, a, um adj *Belonging to a cofferer, or banker,* Scæv

|| Arcārius, i m [*ab* arca] ſequioris Lat voc. *A cofferer, or treaſurer*

Arcātus, a, um [*ab* arcus] melius arquatus, *vel* arcuatus *Made archwiſe,* Ov

ARCEO, ēre, ui act ſup caret licet in compoſitis exercitum, *&* coercitum dicamus [forte ex ἀρκέω, propulſo, auxilior, *Voſſ*] (1) *To keep off, to keep out, or from, to ſtop, hinder, or debar* (2) *To drive away* (3) *To hold faſt, ſtrain, or tie hard* (4) *To keep in, or hold together* (5) *To keep from, to ſave, or protect* (1) Adeuntes aditu arcebant, *Liv* (2) Fucos a præſepibus arcent, *Vir* (3) Teneras arcebant vincula palmas, *Id Æn* 2 (4) = Summus ipſe Deus arcens, & continens cæteros *Cic* in *Somn Scip* (5) Nymphæ accipite Ænean, & tandem arcete periclis, *Vir Æn* 8 73

Arceor, ēris paſſ *To be driven away,* &c unde Arcendus

Arcĕra, æ f [forte *ab* arcus, quod eſſet arcuatum, *vel ab* arca, qu magna arca] *A kind of wain, or cart, covered on every ſide,* Cic ex xii tabb item Var LL 4

Arceſſitor, *vel* Acceiſitor, oris m (1) *A meſſenger ſent to fetch one* (2) *An accuſer* (1) Nemo arceſſitor a proximo, *Plin ep* 5 6 (2) Ammian.

Arceſſitus, a, um part *Called, or ſent for* Quo redituros erat non arceſſitus, *Hor*

Arceſſo, īre, ivi, itum act. (1) *To call, to go to call* (2) *To ſend for* (3) *To fetch, or trice* (4) *To procure* (5) *To accuſe, impeach, or charge* (1) Blepharonem arceſſat, qui nobiſcum prandeat *Plaut* (2) Eamus intro, ut arceſſatur faber, *Plaut* (3) § Non erit neceſſe id uſque à capite arceſſere, *Cic* (4) § Cauſam ſibi mortis arceſſere, *Val. Max* (5) § Ne quem innocentem judicio capitis arceſſas, *Cic*

Arceſſior, iri, itus paſſ. *To be called, to be ſent for* Generum arceſſiri jubet, *Nep Attic* 21

* Archaĭcus, a, um adj *Old faſhioned, plain, homely,* Hor Ep 1 5 1

* Archaiſmus, i m *A grammatical figure* *An uſing antiquated words, or phraſes,* Donat & Serv.

* Archangelus, *An arch-angel,* Hier

* Archĕtypum, n ſubſt ex adj. *An authentic copy, the original of a writing, or picture, or any piece of art,* Plin ep 5 10

* Archĕtypus, a, um. *Any thing at firſt hand, that is done originally* Met Archetypi amici, *True friends,* Mart

* Archĕzoſtis, is, f *The white vine, called alſo* Ampeloleuce, *Plin* 23 1

* Archiater, & Archiatrus, i m *The principal, or the prince's phyſician* Frequenter ap poſterioris ævi ſcriptores

|| Archidiacŏnātus, ûs. m. *An archdeaconſhip, or archdeaconry,* Eccleſ

* Archidiacŏnus, i. m. *An archdeacon.*

|| Archidux, ūcis m [vox hybrida, comp ab ἀρχὸς, & dux] *An arch duke, the chief lord of a country,* Jun.

|| Archiĕpiſcopalis, e. adj *Archiepiſcopal, belonging to an archbiſhop,* Eccleſ

|| Archiĕpiſcopatus, ûs m *An archbiſhopric*

* Archiĕpiſcopus, i m *i e* princeps epiſcopus, *ſive* epiſcoporum *An arch-biſhop, a chief prelate,* Eccleſ. Lat Antiſtes

* Archiĕreus, i m *i e* ſummus ſacerdos *The chief, or high prieſt,* Lampr Lat Antiſtes

|| Archigallus, i m. Vox Hybrida Princeps Gallorum, *i e* ſacerdotum Cybeles *An arch prieſt, or the chief of Cybeles prieſts,* Tert

* Archigĕrontes pl m *The chief ſeniors, or antients* Alciat Alſo *the overſeers of the king's works, or of his houſhold,* Hotom

* Archigrammătĭcus, i m in acc archigrammatea *The principal ſecretary, a chancellor,* Plaut.

Archilochium carmen, *A poem after the manner of Archilochus, a Greek poet,* vett gram *of which there are three kinds, ſee Martinius, biting, ſharp, ruling, ſatyrical* Archilochia in Cæſarem, *Cic Attic* 2 21 edicta Bibuli vocat

* Archimāgirus, i m *The maſter-cook,* Juv

* Archimandrita, æ m *An abbot, Prior or chief of an hermitage, or convent,* Sidon Hinc Archimandritis, ἀρχιμανδρῖτις, abbatiſſa, *An abbeſs,* Onom

* Archimimus, i m *The principal player* *A mimic* Suet Veſpaſ 19

* Archipirāta, æ m *An archpirate, or chief robber on the ſea,* Cic

* Archipresbyter, *The chief prieſt or rural dean,* Eccleſ

* Archiſynāgōgus, i m *The ruler, or chief of the ſynagogue,* Eccleſ

Architecta, æ f *A female architect* Præcipua naturæ architectæ vis, *Plin* 10 71 ſic ex MSS Harduin

Architectio, onis f *A deviſing, or contriving of a thing, workmanſhip,* Plin 10 71.

* Architecton, *vel* Architecto onis m Idem quod architectus *A maſter workman, a chief builder,* Plaut Moſt 3 2 73

* Architectonice, es f. *vel* Architectonica, æ f ἀρχιτεκτονικὴ, ſc τέχνη, ars *The art, or ſcience of building* Quint. 2 ult

* Architectŏnicus, a, um *Belonging to architecture, or to the chief builder, or modeller.* (2) *Chief or principal, that which governs and preſcribes to the reſt* (1) Vitr 9 4 (2) Ἀρχιτεκτονικὴ Ariſtoteli dicta eſt Philoſophia, ut quæ alias artes quaſi ſatellites habeat

Architector, āris dep (1) *To deviſe, or model, to draw plans for building, or otherwiſe, to preſcribe* (2) Met *To invent, or frame* (3) Alſo paſſ *To be built* (1) In Aſty Jovem Olympium architectandum Coſſutius ſuſcepit, *Vitr* (2) Architectari voluptates, *To invent pleaſures,* Cic 2 de Fin (3) Ædis Martis eſt architectata ab Hermodoro, *Nep* in fragm 11. 1

Architectūra, æ f. [*ab* architectus] *The art to deviſe, or draw plots for building* *Architecture, carpentry, maſonry* Vide hujus artis definitionem ap Vitruv 1 1 partes ejus, ſc Ædificationem, Gnomonicam, & Machinationem, 1 3

Architectus, i m ἀρχιτέκτων, *i e* fabrorum princeps *A maſter builder, the chief maſon, or carpenter, the ſurveyor of the building* (2) *The creator.* (3) Met *The principal deviſer, contriver, or inventor of any thing in a good, middle, or bad ſenſe* (1) Dinocrates architectus magnete Arſinoës templum concameravit, *Plin* (2) Deum regnator architectus omnibus, *Plaut* (3) = Ab ipſo inventore veritatis, & quaſi architecto beatæ vitæ, *Cic* Stoici architecti pene verborum, *Id* = Princeps atque architectus ſceleris, *Id*

* Architriclinus, i m *The maſter of the feaſt, the ſewer, or marſhal*

* Archivum, i n ἀρχεῖον, interpoſito digamma *The place where antient records, or charters are kept* *The chancery, or exchequer* *The office of the maſter of the rolls* Alſo *a great officer's houſe, as the chancellor's* Lat Tabularium vocat Cic pro Arch

* Archon, tis m *A chief magiſtrate amongſt the Athenians*

† Arcifinius, a, um, [*ab* arcendis hoſtibus a finibus] *A territory defended and bounded with hills and woods to ſtop the incurſions of an enemy* Ager arcifinius, *Var*

✿ Arcitĕnens, tis adj [*ab* arcus, & teneo] (1) *The archer, an epithet of Apollo* (2) Alſo *the celeſtial ſign* Sagittarius (1) Motus erat Arcitenens, *Ov Met* 6. 264 (2) Cic in Arat. 188.

Arctans, tis part [*ab* arcto] *Straitning, keeping faſt,* Plin

|| Arctātio, ōnis f verb *A ſtraitning, or crowding,* Diom

Arctātus, a, um part *Narrow, ſtraitned,* &c Arctatus pontus, *Luc*

Arcte, adv qual or, comp ſſimus, ſup (1) *Strictly* (2) *Dearly* (3) *Stiffly, hard* (4) *Cloſe* (5) *Soundly* (1) Boves arcte junctos habere convenit, *Col* Paulus arctius filiam complexus, *Cic* (2) = Arcte familiariterque dilexi, *Plin* (3) Illud arcte tenent, accurateque defendunt, *Cic* (4) Arcte religare ad ſtipites, *Col* Arctiſſime conſtringi, *Val Max* 2 8 (5) Arcte, & graviter dormire, *Cic de Div*

* Arcticus, a, um adj [ab ἄρκτος, arctus, quod vide] *Northward, or northern* Arcticus polus, *The north pole,* Aſtron

Arcto, as freq [*ab* arceo] *To ſtrain, to tie cloſe, to thruſt, to crowd,* Tranſverſas perticas arctare, *Col*

* Arctophylax, ăcis m qui, & Bootes *A conſtellation near the greater Bear* = Arctophylax vulgo qui dicitur eſſe Bootes, *Cic N D* 2 42 Lat Bubulcus

* Arctos, *vel* Arctus, Lat Urſa, dict a figurâ (1) *Two conſtellations in the form of bears, near the north pole, whereof the greater is called Charles's wain* (2) Met *The north-country, the northern parts of the world* (1) Hic duas arctos quarum Cynoſura petatur Sidoniis, Helicen Graja carina, notat *Ov* (9) Indignantes in jura redegerit arctos, *Claud* *Geminas Arctos* dixit Propert pro *duas nectes*

Arctōus, a, um adj [ex arctos] *Belonging to the north, northern.* Arctous polus, *Sen*

Arctūrus, i m [qu ἄρκτου οὖρος, i e Urſæ cuſtos] *A large ſtar between the legs of Bootes* Sævus Arcturi cadentis impetus, *Hor*

Arctus, a, um adj or, comp ſſimus, ſup [*ab* arceo, arcitum, per ſync arctum] (1) *Cloſe, tight, faſt* (2) *Stingy, mean baſe, pitiful* (3) *Small, ſlender, narrow* (4) *Crowded* (5) *Grievous, pinching, difficult.* (1) Fræno arcto equum compeſcere, *Tibul.* Met Arctiſſimum

simum vinculum amoris, *Cic* (2) Ut tamen arctum solveret hospitiis animum *Hor Sat* 2 6. 82 (3) Macra cavum repetas arctum, *Hor* Met Arctior expensis animus, *Stat* (4) Hos arcto stipata theatro spectat Roma potens, *Hor Ep* 2 1 60 (5) Arcta fames urget, *Sil* = Arcte, afflictisque rebus, *Plin* ¶ Arctus somnus, *Sound sleep*, Cic

|| Arcuarius, i m *A bowyer, or bow maker*, Arcad

Arcuatim, adv *bent like a bow*, *or arch*, Plin

Arcuatus a, um part [ab arcuo] pro quo arquatus, *O* (1) *Bent, or arched like a bow* (2) pro arquatus, *That hath the yellow or kings evil* (1) Fluminis bis curru arcuato ve... (2) Col 7 5 *Vid* Arquatus

Arcubalista, æ f [ex arcu & βαλλω jacio] *A cross bow*, *Veg*

Arcula, æ f dim [a arca] *A little coffer or chest*, Cic Cedo mihi cum ornamentis arculam, *Plaut* 3 9

Arcularius, i m *A cabinet maker*, *or he that maketh little coffers, or drawers* Plaut Aul 3 5 35

Arcuo, as, act [in modum arcus curvo] *To bend like a bow, to crook, or make crooked* Plin 29 6 Propr finem

Arcuor, ari pass *To be arched or bent*, Plin

ARCUS us, & i, tam m ap Enn f (1) *Any thing of that bent form, or an arched building* (2) *A bow, a turn, a bow, or long bow* (3) *The rainbow* (4) *The boughs of vines, or other trees bowed down* (1) [Natura] pumice vivo & levibus tophis nativum duxerat arcum, *Ov* (2) Non semper feriet quodcunque minabitur arcus *Hor* (3) Cur arcus species non in Deorum numero reponatur? *Cic* (4) Aliæ pretios propaginis arcus expectant *Vir* ¶ Arcum lentare, tendere, *Hor* sinuare, lunare, *Ov* adducere, *Vir* *To bend, or arm a bow* Arcu sagittam emittere *Pur* expellere, *Ov* *To shoot*

ARDEA æ f [qu ardua, ab alto volatu, potius ab ἐρωδιὸς ardea] *A bird called a heron, or hern, of which there are three sorts* Altam supra volat ardea nubem, *Vir* Ardea alba, *The egret, or dwarf heron* Ardea cinerea, sive pulla, *The blue heron* Ardea stellaris or palustris, *The bittour*

Ardelio, ōnis m [fort ab ardeo, quod ardore quodam omnia occupat, nihil perficit] *A meddler, a busy body* Deformius nihil est ardelione sene, *Mart*

Ardens, tis part vel nom ex part or comp ssimus, sup (1) *Burning, hot* (2) Met *As in the fever* (3) *Hot, active, &c* (4) *Sprightly* (5) *Fretful, fiery* (6) *Bright, burnishing, glittering* (7) *Illustrious, glorious* (8) *Earnest, importunate* (9) *Raging, rough, boisterous* (1) Ardentum deorum raptor *Stat* ardentissimis diei horis, *Id* (2) Ardentibus febribus imponitur, *Plin* (3) Miserere ardentis, *Ov* (4) Juvenum manus emicat ardens, *Vir* (5) Ardentes avertit equos, *Id* (6) Ardentes clypei, *Id* (7) Ardens evexit ad æthera virtus, *Id* (8) Ardentiore studio petere, *Cic* (9) Ardens ventis mare, *Flor* 4 2 37

Ardenter, adv ius, comp ssime, sup *Hotly* Met *Fervently, vehemently, ardently* Austri tam ardenter flant ut æstatibus isl

vas incendant, *Plin* 12 19 Ardentissime diligere, *Id* Ardentius appetere, *Cic*

ARDEO, ēre, si, sum neut & act [ab arco, aridus, ap vet ardus] (1) Absol *To burn* (2) *To scorch* (3) *To shine and glister* (4) *To sparkle* (5) *To be earnest, and hot to do a thing* (6) *To love* (7) *To desire passionately* (8) *To be very angry or troubled* (1) Probatur carbone ut fratum ardeat, *Plin* (2) Sitientes Sirius Indos ardebat *Vir* (3) Ardebat murice læna *Vir* (4) Cum ipsius igitur ore, ardere oculi, *Cic* (5) § Ardet in arma magis *Vir* (6) Corydon ardebat Alexin, *Vir* Arsit Anacreon Bathyllo, *Hor* (7) Ardeo te videre, *Cic* (8) Podagræ doloribus ardere *Cic* Cum arderent invidia, non solum patres, sed etiam tribuni plebis, *Liv* ¶ Ardere amore, odio, desiderio, ira, dolore, metu, *Cic* *To be vehemently* amare, odisse, cupere, &c Spartam vide ardere ad ulciscendum, *Cæs*

|| Ardeola, æ f dim [ab ardea] *A little heron*

Ardesco, ere incept [ab ardeo] *To grow hot to wax hasty, to be set on fire, inflamed*, &c *Vid* Ardeo, quod vide

Ardor, ōris m verb [ab ardeo] (1) *Burning heat* (2) Met *Fervour, ardent desire* (3) *Rage* (4) *A glittering brightness* (5) *Vigour, vivacity* (1) Fore aliquando, ut omnis hic mundus ardore deflagret, *Cic* (2) Idem ardor omnes habet *Vir* (3) Tanto ardore oris in eos invectus est, *Vell* (4) Ardor stellarum, *Cic* 1 de *Div* (5) Vultuum, atque motuum ardor, *Id ibid*

† Arduior & Arduissimus cit ex Catone, sed abierunt in desuetudinem

Arduitas, ātis f *Height, steepness*, Var de R R c 10

Arduus, a, um adj [ab ardeo, et ab assideo, alsiduus, quod instar flammæ ardentis ad summa tendit] (1) *Inaccessible, high lofty* (2) *Hard, troublesome, difficult, uneasy* (3) *Dangerous, great, or, of great concern* (4) *Long, or deep* unde (5) Met *Low, mean* (1) Arduus æther, *Ov* (2) Arduum aditum, instabilemque ingressum præbebat *Liv* (3) Capere eos erat ardui quondam operis, *Plin* 8 16 (4) Arduus in valles per fora clivus erat, *Ov* (5) ☞ Æquam mem... rebus in arduis servare mentem non secus ac bonis, *Hor*

Area, æ f [ab arendo, quia ibi arescunt fruges, *Fest* & ob simul loca in urbe pura, areæ, *Var*] (1) *Any void place in a city without buildings* (2) *A court-yard, or any such like place* (3) *A garner, or bed in a garden* (4) *A threshing floor, a barn floor* (5) *A... or scra, which cometh by baldness* The void places in mathematic figures, within coins, &c are called Areæ (1) Loca in urbe pura, areæ, *Varr L L* 4 Ponendæque domo quærenda est area primum, *Hor* (2) Multitudinem area capitolii vix capiebat, *Liv* (3) Circa Idus Januarias humus refossa in areas dividitur, *Col* 11, 3 (4) Millia frumenti tua triverit area centum, *Hor* (5) De areatum generibus, *vid* Celsum fuse tractantem, 6 4

Aresacio, ere, feci, factum act [ex areo, & facio] *To dry, to make dry, to set a drying* A murcam eximito, & aresacito, *Cato*

Arefactus, a, um part [quasi ab arefio] *Dried, withered* Arefactus caulis, *Plin* 13 22

Arēna, æ f [ab arendo] (1) *Sand, grit*. (2) *A shore, land, or haven* (3) Meton *The amphitheatre where prizes were fought by sword-players, because strewed with sand to drink up the blood* (4) *Any other place of contention* (5) *The court of pleading, any calling, or employment* (6) Also *a piece of barren ground* (1) Siccis humus aret arenis, *Ov* (2) Hospitio prohibemur arenæ, *Vir* (3) Ne populum extremâ toties exoret arenâ, *Hor* (4) Prima civilis belli arena Italia fuit, *Florus* 4 2 (5) Prelectum in arenâ mea apud viros *Plin epist* 6 12 (6) Tum arenam aliquam aut paludes emat *Cic* pro lege Agr

Arenaceus, a, um adj *Of or like sand mixt with sand, sandy, gritty*, Plin

Arenariæ, ārum f (*sc* fodinæ) *Sand or gravel pits* Cic

|| Arenarii, pl m *Sword players that play prizes, or they that fought with wild beasts*

|| Arenarius, a, um adj *Belonging to sand* Arenariæ feræ, *Beasts baited*, Amm

|| Arenarius, i m *An arithmetician [so called because he made use of little stones in teaching his art*, Solin] Tert Also *a sword player, or fighter in the theatre* Id

Arenatus, a, um adj *Mixt with sand, sandy* Calce arenato, *With rough cast*, Cato

Arenatum, i n *Mortar made of lime and sand*, Vitr

Arenosus, a, um adj *Sandy, gravelly, full of sand or gravel* Littus arenosum Libyæ *Vir*

Arens tis part *Dry, thirsty*, Hor

Arenula, æ f dim *Small sand, or grit* Arenulæ in carnibus cochlearum, *Plin*

ĀREO, ēre ui neut (1) *To be dry, to be parched, or to be dried up* (2) *To be a thirst* (1) Aret ager, *Vir* (2) In media Tantalus aret aqua, *Ov*

Areŏla æ f [ab area] *A little bed, or a border in a garden*, Col Areola domus *A little court-yard* Plin *ep* 5 6

* Areopagita, æ m *An Areopagite, one of the judges amongst the Athenians, so call'd from the place Mars's hill, where they sat, who were very impartial and incorrupt* Cic ad *Attic* *Of these 500 were appointed by Solon* Vid Plut Clodii judices per Antonomasiam Areopagitas vocat Cic Areopagitas vocat

* Areopagus, Collis Martius, *Vid Propr Mars his hill in Athens, a place where judges tried capital causes They sate by night as not observing the person, but the cause, and writ down, without declaring their suffrages, whence this court was famed for impartiality and secrecy* Latine, Curia Martis Ergo occulta teges, ut curia Martis Athenis, *Juv* 9 101

Aresco, ere incept [ab areo] (1) *To wax or grow dry, to be dried up* (2) *To harden, or become hard* (1) Lachryma nil citius arescit, *Cic.* (2) Arescit in gemmas carbunculis similes, *Plin*

Aretalogus, i m [ab ἀρετὴ, virtus, & λόγος, sermo, ut sit qui mensis divitum de virtute disputat, *Casaub* Quæ quidem notitio loco, *suet*, *Aug* 74 satis convenit nec minus si ab ἀρετὰ, jucundi, faceta, & λόγος deducamus, ut sit quasi mimus, vel fabularum narrator, & n elius quadrabit in locum Juven 15 16]

A talkative philosopher, who diverted great men at their tables by discourses of virtue. Porphyrion, from Horace's Crispinus, *takes him for a boaster, a self conceited person and accordingly some think him a quack, or mountebank Others again call him a jester, a droller, a buffoon, which sense seems most agreeable to answer all the places where this word is mentioned, which, though of Greek derivation, receives no light from their authors being coined at Rome without their notice*

* Argei Ἀργεῖοι, *i e* Argivi *Places in Rome where some noble Argives, or Grecians, had been buried* Liv 1 21

* Argema, ĭtis n & ut alii leg Argema æ *A wen or tumour in the eye which, within the black of the eye looks white, and on the other side of it red* Plin

* Argemōne, es f dic & Argemonia, *Plin* 25 9 *An herb so called from being good against the ulcer in the eye called* Argema *Ind Tare Silver herb*

Argentangina [ab argentum, & angina] Hoc morbo Demosthenes laboravit unde de eo dictum βοῦς ἐπὶ γλώττης *The silver squinsie, when a pleader bribed by the other side, feigns himself not able to speak* Gell

Argentaria, æ f *sc* taberna, fodina, mensa (1) *A banker's stall, or shop* (2) *A silver mine* (3) *The office, or employ of banker, and usurers* (1) Basilicam post argentarias novas [locavit] *Liv* 40 51 (2) Vectigalia magna instituit ex ferrariis, argentariisque, *Id* (3) Argentariam Regii maximam fecit, *Cic* ¶ Argentariam facere, *To turn usurer, to take and let out money*, Cic Dissolvere, *to leave off that trade* Id

|| Argentarium *A table, or cupboard to set plate on*, Ulp

Argentārius a, um [ab argentum] *Belonging to silver, or money* Argentarium metallum, *A silver mine*, Plin ¶ Argentaria creta, *A kind of marl with which silver is scoured*, Id 35 17 Argentaria inopia, *Want of money*, Plau Argentariæ tabernæ, *Banker's shops*, Liv Argentariæ illecebræ *Plautus calls courtezans, from their...*

Argentarius, i m qui argentum exercet qui & trapezita, & mensarius dicitur *A banker, scrivener, that puts other mens money to interest, an usurer, a pawn broker, that lends money for gain, or gain A cashier, or cash-keeper The chamberlain of a city one that has the overseeing of publick accounts* ☞ *Plura de argentariis si scire velis, adi Salm de Trapezitico fœnore, & Torrent ad Suet Ner* 5

Argentātus, a, um adj [qu ex argentum] *Gilded over, overlaid, or plated with silver* Tunicæ auratis militibus versicolores, argentatis linteæ candidæ, *Liv* 9 40

Argenteus, a, um adj (1) *Of, or made of silver* (2) *Coloured or bright as silver* (3) *Of money* (1) Radiorum argenteus ordo, *Ov Met* 2 (2) Fons nitidis argenteus undis, *Id* (3) Argentei, *sc* nummi, *Plin*

Argentifodina, æ f [ex argentum, & fodio] *A silver mine, or place where silver is digged*, Plin

Argentōsus, a um adj *Full of silver, mixed with silver*, Plin 35 5

ARGENTUM, i n [ab ἄργος, albus] (1) *Properly silver in the mass, bullion, which is call...*

grave, or infectum, *Liv* and, *if regia*, pustulatum, *Mart* (2) Met *Plate, all things made thereof which are called* factum, *Liv* (3) *Coin, or money made thereof* (1) Ubi argenti venas aurique sequuntur, *Liv* (2) Cum argentum esset expositum in ædibus, *Cic* (3) Ærumnis argento fenes *Ter* Argentum concisum in titulos, faciemque minutas, *Descriptio Romani au rei ap Juv* 14 291 ¶ Argenti spuma, *Litharge*, Plin Argentum vivum, *Mercury, quicksilver*, Id

* Argestes, æ m *A western wind, or some the north-west, or, as others, the south-west wind*, Vitr Iat Corus, & Caurus

ARGILLA, æ f [ab ἄργιλος] *Potters clay, such as potters use* = Homullus ex argilla, & luto fictus *Cic*

Argillaceus, a, um adj [ex argilla] *Made of white clay, full of clay* = Marga, vel terra argillacea *Plin* 17 7

Argillosus, a, um adj [ex argilla] *Clayey, full of white clay, or marl*, Col ex arbor 17

* Argonautæ, pl dicti Minyæ, qui cum Jasone profecti sunt in Argo navi Verum detorta signi qu ab ἀργὸς, iners, piger *Tale navigators, idle fellows* Non nautas puto vos sed argonautas, *Mart* 3, 67

Arguens, tis part [ab arguo] *Blaming, reproving, convicting, disputing, &c* Plin Vide Arguo

Arguiturus, a, um part *About to argue, or prove, &c* Sall

Argumentalis, e adj *Belonging to argument* Asc Ped

Argumentatio, onis f verb *Arguing, or producing of arguments, either probable, or necessary*, Cic de Orat

Argumentor, aris depon [ab argumentum] (1) *To reason, or argue, to debate* (2) *To guess, or infer from probable arguments, to prove by argument, to discuss, and find out a thing* (1) = Sed quid ego argumentor? aut quid plura disputo? *Cic* pro Mil (2) = Argumentari, & conjecturâ prosequi pueris *Il*

Argumentosus, a, um adj (1) *Abounding in argument, full of argument, or matter* (2) *Also arguing* (1) = Vulgo paulo numerosius opus dicitur argumentosum, *Quint* 5 10 (2) Scripsit is argumentosa disputatione, quædam severe, *Sidon*

Argumentum, i verb [ab arguo] (1) *A reason, or argument, probable or necessary to prove a thing* (2) *A proof or evidence* (3) *The matter of a writing, or discourse, the argument, theme or subject, to be treated or writ of* (4) *A conjecture, or presumption* (5) *A sign, or token* (6) *A device, or occasion* (7) *A device or story in painting* (8) *A design or instruction* (1) Argumentum est ratio quæ rei dubiæ facit fidem, *Cic* (2) Id vel hoc argumento patet, *Quint* (3) Non sunt dissimili argumento, *Ter* (4) = Argumento oculorum, atque conjecturâ animi scrutari amplitudinem solis, *Plin* (5) Argumentum morum, *Quin* (6) Erroris argumentum, *Ov* 4 de *Ponto* eleg 15 (7) Ex ebore dili gentissime perfecta argumenta, *Cic* Et vetus in telâ deducitur argumentum, *Ov* (8) Hoc erit tibi argumentum, semper in promptu situm Ne quid expectes amicos, quod tute agere possis, *Gell* ex Enn

ARGUO, ĕre, ui, ūtum act [ab ἀργὸς, i e clarus, manifestus] (1) *To shew or declare* (2) *To prove, or make proof of* (3) *To accuse* (4) *To object, to lay to one's charge* (5) *To convince, or convict* (6) *To reprove, or contradict* (7) *To hinder one from doing a thing* (1) Virtus argutum maius, *Ov* (2) ⁂ Vidi, non ex audito arguo, *Plaut* (3) ⁂ Servos ipsos neque arguo, neque purgo, *Cic* (4) Id quod tu arguis, *Cic* pro *Syll* (5) ⁂ Senatus neque liberavit ejus culpæ regem, neque arguit *Liv* (6) Veteribus, nisi quæ evidenter usus arguit, stari malunt, *Id* (7) Ov de Ponto, 1 el 6 42 § Regit in gen n tion. acc cum gen vel abl Arguere aliquem sceleris, crimine aliquo, de crimine, *Cic*

Arguor, i tus pass *To be blamed, convinced*, &c Ov V Arguo

* Argus, i m [ἀργὸς, i e albus, vel celer] *A dog's name, Sly, Swift* Ov

Argutatio, onis f verb [ab argutor] *A reasoning, debating or quarrelling A creaking* [as of a bed, chair, &c] *Prattling, tittle tattle*, Catull 6 11

Argutator, oris m verb *A petty disputant, talking, prating fellow*, Gell 17 5

Argute, adv ssime, sup *Smartly, briskly, pertly, shrewdly* = Si nihil acute, argutéque respondebit, *Cic* De rebus difficillimis argutissime disputare, *Id*

Argutiæ, arum f tum in (1) bonam quam (2) malam partem *Sharpness smartness, repartees, quirks, shrewd words, subtil devices* (1) Cujus loquacitas habet aliquid argutiarum, *Cic* de *leg* (2) Nihil est quod illi non persequantur suis argutiis *Cic* de *Amic* ¶ Digitorum argutiæ, *Quick motions*, Cic = Urbanitas, acumen *Id*

|| Argutiola, æ f dim *A little quirp, a witty taunt, a neat wipe, a repartee, a mean conceit, a poor jest*, Gell 2 7

Arguto, as act [ab argutus, vel freq ab arguo] *To chide, to rally smartly* Illa mihi totis argutat noctibus ignes, *Propert* 1 6, 7

Argutor, aris dep (1) *To prate, to take words otherwise than spoken* (2) *To make a shrill noise* (3) *To caper and dance, as fullers do in treading their cloth* (1) Plaut Amph 1 19, & adverte praced (2) Totum diem argutatur quasi cicada, *Nev* (3) *Titin* ap Non

Argutulus, a, um dim *Talkative, treating of several subjects* Perfeci sane argutulos libros ad Varronem, *Cic*

Argutus, a, um part [ab arguor] (1) *Accused, charged* Adj ex part or, comp issimus, sup [idque ab ἀργὸς, celer, argutus quia argumentum cito invenit] (2) *Quick, witty, sharp, brisk, quaint* (3) *Talkative, tatling* (4) *Shrill, loud* (5) *Harsh, screeking* (6) *Resounding, echoing* (7) *Smart, neat, picked* (1) PS Ecquid argutus est? CH Malorum facinorum sæpissime, *Plaut Pseud* 2 3 56 (2) = Poema facit ideo festivum, & ut nihil fieri posset argutius, *Cic* Ex ambiguo dicta, vel argutissima putantur, *Id* (3) Argutum forum, *Ov* (4) Arguti olores *Vir* (5) Argutæ lamina serræ, *Id* (6) Argutum nemus, *Id* (7) Argutum caput, *Vir* de equo, *Geor* 3 80 ¶ Manus arguta, *A hand full of gesture and motion*, *Cic* Oculi arguti, *speaking eyes*,

Id Arguta exta, quæ maxime declarant quid sit futurum, *Cic* 2 de *Div*

* Argyraspides, pl m Argentea scuta gestantes *A company in Alexander's army, who wore silver shields*, Curt 4 13

* Argyritis idis f Spuma argenti, *A kind of litharge* Plin

* Argyrodamas, ntis m *A kind of precious stone*, Plin 37 10

|| Arida, æ f Bibl scilicet terra ξηρὰ, sc γῆ Ita LXX *The dry land* Sed

Ariditas atis f *Dryness, drought*, Plin

Aridulus, a, um adj dim [ex aridus] *somewhat dry* Lanæque aridulis hærebant morsa labellis *Catull*

Aridum, i n (subst) *The shore, the land* Cæs B Gall 4 c 26

Aridus, a, um adj [ab areo] or, comp issimus, sup (1) *Dry parched* (2) *Lean meager, thin, without moisture* Met *Without spirit, or life* (3) *Tosty* (4) Met *Niggardly* (5) *Hard or coarse, mean, and poor* (6) *barren, unfruitful* (7) *Shrill, crashing* (1) Aridæ ficus, *Plaut* (2) Uvis aridior puella passis, *Let Poet* in *Phall* Hinc Met = Genus orationis exile, aridum, concisum, ac minutum *Cic* Aridissimi libri, *Gell* (3) Viator aridus, *Ter* (4) Pumex non æque ita est aridus atque hic est senex, *Pl ut Aul* 2 4 18 (5) Aridus victus, *Cic* (6) Arva arida, *Ov* (7) Sonus aridus, *Lucr* ac *tonitru* Aridus fragor *Vir* a horrificus & acutus quomodo loquitur Hom αὖον ἀΰτει Vita arida, *A mean subsistence*, *Var*

ARIES, ĕtis m De hujus vocis etymo parum convenit inter doctos, neque quid cui antetulerim certum est adi igitur ipse doct fi *Voff* (1) *A ram*, or *tup* (2) Metaph *A battering ram, an engine with horns of iron like a ram's head to batter walls* (3) *One of the 12 Signs of the Zodiac*, (4) *A great horned sea-fish, much of the nature of a shark* (1) Aries nunc vellera siccat, *Vir* (2) Quamvis murum aries percusserit, *Cic Off* 1 (3) Cum sol aristis signum init, *Vitr* 9 5 (4) Grassatur aries ut latro, *Plin* 9 41

Arietarius, a um adj *Pertaining to a ram, or like a ram* Arietaria machina, *A battering engine*, Vitr

Arietatus, a, um part [a seq arieto] (1) *Butted, or clashed against* (2) *Crushed, as the teeth* (1) Arietata inter se arma, *Sen* (2) Arietati inter se dentes, *Id* de *Ira*, c 4.

Arietinus, a, um adj [ab aries] *Of a ram* Arietinum cicer, *like a ram's head*, Plin Arietina cornua, *Hy Ast* 2 20

Arieto, as act [ab ariete] (1) *To push, or butt like a ram* (2) Met *To cast, beat, or strike down* (3) *To batter with the engine called a ram* (4) Neut *To be thrown down, to fall* (5) *To encounter, or engage*, (1) In me arietare, *Acc* ap *Cic* de *Div* 1 (2) Arietat in primos, obicitque immania membra, *Sil* 1 4 (3) Arietare ædes, *Plaut* In portam, *Virg* inter se, *Sen* (4) Quæ casus incitat, sæpe turbari, & sæpe arietare, *Sen* (5) Antequam acies inter se arietarent, *Sen*

† Arilator, oris m *A pedlar, a chapman that giveth earnest* ap *Gell* ex Lab. Rectius Arrhilator, ab arrha

|| Arinca, æ f Gallicum vocab Plin *A kind of French rice perhaps French barley* Lat Siligo

Ariolatio onis f verb *A divination, a prophecy, or guess*, Cic de Div 1

Ariolus ariolor. Vid Hariolus

* Aris, & Arisaron *An herb of a sharp, and biting taste* Plin

Arista, æ f [ab areo, quod arescit prima Var etsi alia est quantitas] (1) *The beard of corn* (2) Synec *An ear of corn* (3) *Corn it self* (4) *Summer, harvest* Metalepf *A year* (5) *Catachr* *hair, or bristle* (6) *The prickle of a fish* (1) Aristæ quasi cornua sunt spicarum, *Var* Arista, levis assiduis solibus usta riget, *Ov* (2) Nec gravibus procumbit culmus aristis, *Vir* (3) Chaoniam pingui glandem mutavit arista, *Id* (4) Post aliquot mea regna videns mirabor aristas, *Id* (5) Alges cum excussit membris timor albus aristas, *Pers* 3 115 (6) Auson etiam ικ αχρνς κῶν, ¶ Nardi aristæ, *Spikenard*, Ov

* Aristalthæa, æ f *Marshmallow, white mallow*, Plin

✠ Arister, a, um [ab arista & fero] Aristiferi seges, *bearing ears*, Prud

* Aristocratia, æ f *A kind of government, where the Nobles only rule* *Aristocracy* Latine optimatum principatus

* Aristolochia æ f *A kind of herb called Aristolochy, corruptly birthwort*, Cic de Div 1 10

* Arithmetica, æ f vel Arithmetice, es f [τέχνη] *Arithmetic, or the art of numbering*, Plin

|| Arithmeticus, a, um adj *Of, or belonging to arithmetic, arithmetical*

Aritudo, inis f. [ab aridus] (1) *Dryness* Met *stinginess* (2) *Dry weather, drought* (1) Plaut in Rud 2 (2) Bellioræ aritudine cito pereunt, *Var* de *R R*

ARMA, orum pl n [ab armus ut quæ armos tegunt] (1) *Arms, all kind of armour harness, or weapons, offensive, or defensive* (2) Meton *War, battel* (3) *Valour, prowess, chivalry, deeds of arms, military science* (4) *Arms, or coats of arms of families, escutcheons, or shields in heraldry, coats of arms* (5) Met *All manner of tools for all arts, mysteries, occupations and distresses* (1) Fulgor armorum fugaces terret equos, *Hor* (2) ⁂ Extremæ hinc fortis in arma *Vir* (3) = Bello major, & armis, *Il* (4) Celsis in puppibus arma Caici, *Id* (5) Aptissima arma senectutis, artes, exercitationesque virtutum, *Cic* Dicendum & quæ sint duris agrestibus arma, *Utensils*, Vir Cerealia arma, *Id* Movet arma tittillo, *Dig* Juv

* Armamaxa, æ f [ab ἅρμα, & ἅμαξα, currus] *A kind of chariot* Curt 3 3

Armamenta, orum n [ab armando] *All kind of tools for husbandry, navigation, &c* Armamenta vinearum, *Plin* navigiorum, *Col*

Armamentarium i n [ab armamentis] *An armory, all kind of furniture for war, an arsenal, a magazine* Philo architectus Athenientibus armamentarium fecit, *Cic*

Armandus, a, um part *To be armed, accoutered, provided*, Ov

Armariolum, i n dim *A little press, or closet, also a cabinet, a case of instruments*, Plaut Truc

Armarium, i n [ab armis] *A store-house for keeping of any things* is a press, locker, safe, pantry, study, or where they commonly keep their books. Cellas refregit omnes intus reclusitque armarium, Pl at Capt Tu ne aurum ex armario tuo promere ausus es? Cic ✠ Armarium, ubi quæcunque in rerum instrumenta servantur, armamentarium, ubi tantum telorum, Bud

Armatura, æ f verb [ab armo] (1) Armour, harness, the training or exercising of soldiers (2) Also frequently used for the soldiers themselves that wore arms (1) Habuit Dejotarus cohortes XL nostrâ armaturâ XXX (2) Armaturæ duplices quâ binas centuriæ unas, singulæ, quæ singul.....

Armatus, a, um part [ab armor] (1) Armed, or arm'd (2) Fenced (3) Met Firm, stout, fortified, provided (1) Ut eum armato milite complent (2) Urbs armata muris Cic (3) Armata dolis mens, Sil (4) ⚌ Erecti, citati, parati, ut inimici armati jam esse debemus, Cic

Armatu abl [Vitruvio] E odem armatu Cretes, & Cilices, Liv 37 40

Armeniacum pomum, sc ex Armenia A fruit like apricocks Malus Armeniaca, The apricock tree, Col

† Armenta, æ f pro Armentum A drove, or herd of cattle, Enn

Armentalis, e adj Of a drove, or herd Armentalis equa Vir

Armentarius, a, um adj That is kept in a herd, Plin

Armentarius, i m A Herdsman, a grazier A mentarium meum crebro ut aliquid legat, curo, Var ap R R 2

Armenticius, a, um adj Belonging to a herd Armenticium pecus, Var R R 2 10

Armentinus, a, um adj Of great cattle that go in herds, Plin Sed correct Armentivus Vid Harduin

|| Armentosus, a, um adj [armentis abundans] Breeding great cattle. Italia armentosissima, Gell

Armentum, i n, [ab arando, per sync pro aramentum] An herd of big cattle, properly oxen, and by analogy sea calves, sometimes horses (2) El phants, &c and so often distinguished from grex, which is commonly of sheep, goats, &c ☞ But sometimes even of oxen, and horses (3) Armentum also is used of deer (4) Grex seems to have a more general, Armentum a more spec al signification (5) Sometimes a single ox (1) ✠ Hoc satis armentis superat pars altera curæ, Lanigeros agitare greges, Virg Georg 286 Armenta equarum, Id Æn 11 494 (2) Turni pascitur agro Cæsaris armentum, Juv 12 106 ☞ Tauros in gregem red go, Var R R 2 5 Mugientium prospectat errantes greges, Hor & Vir Geor 3 63 (3) Hos tota armenta sequuntur, Vir Æn 1 189 (4) Ludit ipotheces ceciditque greges armentorum, Cic (5) Hygin Fab 118 ubi centum armenta in hecatombes sacrificio occidi scripsit

✠ Armifer, a, um adj [ex arma, & fero] Bearing armour, warlike. Armifera Dea, Minerva, Ov

✠ Armiger, a, um adj [ab arma, & gero] Armed, bearing arms Armiger Deus, Mars, Sil

|| Armiger, i m An armour bearer to a knight, an esquire, an attendant, or an esquire of the body

A miger Dianæ, One of Diana's nymphs, who carried her bow and quivers, Ov Armiger a Jovis, The eagle Plin 13 3

Armilla, æ [ab armis i e brachiis] (1) A bracelet, or jewel, worn on the left arm, or wrist, given to foot-soldiers by their General ... (2) Also an iron ring, hoop, or ... of a wheel ... (1) Vid Liv ... || Ubi hercle, similæ sunt quas una dedi? Plaut Menæch (2) Vitr

Armillatus, a, um adj (1) With bracelets, or with ... (2) ... (1) Minulcatus, ... millitus in publicum processit, Suet Cal 52 (2) Armillato colla Molossa canes Prop ... 4 8 ...

† Armillum, i n [vas vinarium in sacris, dict quod armo, i e humero deportetur] A wine-vessel in sacrifices, carried upon the shoulder, Fest Unde Prov Anus ad armillum, Cat after kind

|| Armilustrium, vel Armilustrum, i n [ab armis lustrandis] (1) A view of arms, weapons, and other artillery A muster (2) Also a solemn feast at Rome, in which they sacrificed completely armed (1) Vet Gloss armilustrium τὰ ἀνθεσφόρια Al Gloss Armilustra, ὁπλων καθαρσις, ὁπλα και θησαυρα (2 Fest

✠ Armipotens, tis adj [ex arma, & potens] Valiant, mighty, or powerful in arms, or war Diva armipotens, Vir Æn ...

✠ Armisonus, a, um [ex arma, & sono] Rattling with armour

|| Armistitium, i n [b armis sistendis, vox facta ad formam τῶ justitium] A cessation from arms for a time, short truce

Armo, as denom [ab arma] (1) To arm (2) To raise, or stir up one to arms (3) Met To furnish, or provide (1) Spoliis se quisque recentibus armat, Vir (2) Fas nobis Teucros armare fuisset Id (3) Ad omnia te summum atque excellens armavit ingenium, Cic ¶ Armare calamos veneno, To poison them, Vir

Armor, aris pass To be armed, harnessed, &c Armari in dominos, contra temp Cic bello ... minimi equi Vir

ARMUS, i m [ab ἁρμὸς, compages, est enim propriè humerorum cum brachiis commissura, Voss] (1) A shoulder, or arm, more rarely, tho' once only, of a man (2) But it is Anglice a leg, it is used only of beasts, as will appear by the cited authorities (3) The wing of a ribber, or hare (1) Latos huic hasta per armos acta tremit, Vir Æ 11 644 Matrisque sub armis miles A-grippa suæ, Manil 1 791 (2) ✠ Ex humeris armi fiunt, Ov Met 10 700 Ludunt jubæ per colla, per armos, Ov Met 11 197 de leone Seu spumantis equi foderet calcaribus armos, Id Æn 6 881 (3) Fœcundi leporis sapiens sectabitur armos, Hor

ARO, as act [ab ἀρόω, ἀρῶ] (1) To plow, ear, till or husband ground (2) To dig up, to dress, and order it (3) To reap, or gather (1) Arat Falerni mille fundi jugera, Hor (2) Col 5 9 (3) Aratræ decem medimni ex jugere, Cic 5 Verr ¶ Arare æquor, To sail on the ocean, Vir frontem rugis, To wrinkle, Id aquam, litus, To labour in vain, Ov Alieno Fundum alienum arat, He lies with another man's wife, Plaut Asin. 5. 2 24.

* Aroma atis n [ab ἀρόω, a ro spec de frugibus odoratis] raro leg in sing pl Aromata All sweet spices, herbs, seeds, or roots In general all sorts of drugs Grocery ware, Col

* Aromaticus, a, um adj Of a spicy smell, odoriferous, ... Plin

Aromatites æ m Hippocras, or wine brewed with spices ... it is made, Plin 14 16 Also precious stone of a spicy smell, like myrrh Id 10 7

* Aron, i n The herb called cuckow-pint, or wake robin, Plin

Arquatus, a, um ... i e Arcuatus, a, um adj [ab arcu, the bow] Having the jaundice or kings evil ¶ Arquatus pecus Cic that hath that disease Col

† Arquus, i m The rainbow Color in nigris extabit nubibus arqui, Lucr

ARRA vel Arrha, æ f [per Apocopen ab arrhabo ἀρραβὼν] An earnest penny, money given in part of payment Vid Arrhabo

|| Arrans, e adj Of, or belonging to earnest, Cod Just

Arrectarius, a, um adj ex part Erected set upright, set up end Hinc in plur Arrectaria, orum, n subst beams, pillars, or standing buildings standing upright, to bear the weight above them, Vitr

Arrectus, a, um part [ab arrigo] or, comp (1) Erected, lifted up, bolt upright (2) Steep (3) Met Attentive, ready (4) Encouraged (1) ⚌ Sonipes ictu furit arduus, arrecto pectore, Vir (2) Plerique Alpium ab Italia, ut breviora ita arrectiora sunt, Liv (3) Arrectis auribus astant Vir (4) His animum arrecti dictis, Id ¶ In digitos arrectus, Standing on tiptoe, Vir Arrecta comæ The hair staring, bristling up, standing on end, Id

Arrepo, To creep to Vid Adrepo

|| Arreptitius, vel Abreptitius, a, um Vulg Int One that is mad, or supposed to be possess'd by the devil

Arrepto, as freq [ab adrepo] To creep to, or towards, Plin.

Arrha, æ f An earnest penny, Plin per apoc ab

* Arrhabo, onis m [ex Gr ἀρραβὼν, quod ab Heb ערבון] (1) An earnest, or earnest penny, given in part of payment (2) A token, a pledge ... (1) Arrhabonem Plin (2) Hunc arrhabonem amoris a me accipe, Plaut Mil 4 1 11 (3) La rentiæ huic arrhabone est pro illo argento, Ter Heaut ... 42 (4) Claudius annalium scriptor, ap Gell Noct. Att 17 2 ubi dmonet hoc vocab in sordidis haberi captum, & Arr am magis ob tinu sse, ap vete es tamen in usu fuisse

Arrideo, ere, si, sum neut [ex ad, & rideo] (1) To laugh at (2) To smile, or look pleasantly upon one (3) To please, to gratify (1) Hisce ego non paro me, ut rideant, sed his ultro arrideo, Ter Eun 2 2 19 (2) Tum mihi ædes quoque arridebant cum ad te veniebam, Plaut (3) ✠ Ii haberi illud tuum quod valde arridet ... ... displicet, Cic ... 13 21

Arrideor, eri, sus pass To be smiled on ✠ Aut non adhibentur ad causas, aut adhibiti derident, nam arrideantur, &c Cic

Arrigo ere, exi, ectum act [ex ad, & rego] (1) To lift up, or raise (2) Met To raise the spirits, to encourage (1) Comas arrexit, Vir (2) Eos non parum oratio nefidâ Marius arrexit, Sall Dicitur & obscœnâ significatione ¶ Arrigere aures, Ter Met a pecudibus To listen, to hearken

Arripio, ere ui eptum act [ex ad, & rapio] (1) To take by force, or violence, to seize (2) Met To lay hold of (3) To attempt, to set a matter of a thing by any means (4) Met To learn (5) To wrest, or impeach (1) Familias arripuerunt, pecus abegerunt Cic (2) Submonuit me Parmeno quod ego arripui, Ter Eun 3 5 23 (3) Arripuit locum, & sylvis incedit iniquis, Vir (4) ⚌ Græcas literas senex didici, quas quidem sic avide arripui Cic ✠ Qui docet quod ipse celeriter arripuit id cum tarde percipi videt, discruciatur, Cic (5) Primores populi arripuit, populumque tributim Hor 2. 1 69 Arripere sese foras, To rush out of doors, Plaut aliquem barbâ, by the ... one by the ... Id

Arripior, i eptus pass To be seized, or taken hastily, &c Cic

Arrisio, onis f verb idem quod risus, & applausus Serv ... Ad Hor

Arrisor, oris m verb [ab arrideo] He that laugheth or smileth upon, a flatterer Divitum arrisor, & arrisor, Se

Arrodo, ere si, sum act [ex ad, & rodo] (1) To gnaw, to nibble (2) Met To rob, or pillage (1) Semina arrodunt formicæ Plin (2) Ut illi ex vepreculis extracti nitedulæ, R P conarentur arrodere

Arrogans, tis part [ab arrogo] & adj simus sup Arrogant, proud haughty Non erat magis quam arrogans beneficiorum prædicatio, Cic Arrogantissimum proverbium, Macrob

Arroganter, adv qual ius, comp ssime, sup Conceitedly, arrogantly, proudly, presumptuously Nec vero arroganter hoc dictum existimari velim, Cic Audite consulem, judices, nihil arrogantius dicam, Id || A quo arrogantissime exceptus est, Oros

Arrogantia, æ f verb Conceitedness, arrogancy, pride presumption, haughtiness Illud γνῶθι σεαυτὸν noli putare ad arrogantiam minuendam solum dictum, verum, ut bona nostra norimus, Cic ad Quint frat

|| Arrogatio, onis f verb dict quod per populi rogationem olim fiebat Adopting of a son with the leave of the people, Gell 5 19

Arrogo, as act [ex ad, & rogo] (1) To ascribe, to confer by vote, or suffrage (2) To arrogate, challenge, claim, or attribute to one's self any thing, justly, or unjustly, it generally the latter (3) To adopt (1) Tibi fortuna laudem, & optatum, peractis imperiis, decus arrogavit, Hor Carm ... 14 40. (2) ✠ Non tantum mihi derogo tamen nihil arrogo, ut copiosius quam me putem possse dicere, Cic (3) Gell 5 19 ¶ Arrogare pretium rei, to set a value upon, Hor ep 2 1 35

Arrogor, aris pass To be added, or chosen by vote, &c Dictatorem arrogari haud satis decorum visum est patribus, Liv

Arrosor, oris m verb [ab arrodo] He that gnaws, plunders, or robs, Sen

Arrosus, a, um part Gnawn, bitten, &c Plin.

ARS, tis f [per sync ab ἀρετὴ] virtus, Donatum vett. item pro virtute acceptabant. (1) Originally and properly (2) ... (3) Arti... (5) ... (7) ... (1) Quid est quod ... cohaerere possit ... Ter ... (2) Ibid ... & tacit imitatem ... (3) Ars est quae ... certi perceptio potest ... aux certi ... quam ... (5) Chris ... (5) Nulla reperi ... impudicitia ... (6) ... (7) = Dolis in ... Pelasga Vir ...

* Artericum, i n A kind of ..., whereof there be two sorts ... yellow ... Plin

* Artis, is f The elect ... of ..., Gram

* Artemisia, e f ... Plin 25 7

* Artemon, vel Artemo, onis m ... The mizen-sail in the fore ... of the ship, Var

* Arteria, ae f sed saepius Arteriae in pl ἀρτηρία διὰ τὸ τὸν ἀέρα τηρεῖν quod ... spiritus ... est enim spiritus ... vinculum ... an artery, or ... which be vital spirits ... ¶ Aspera arteria, the ..., Plin Arteriae micant, ... Cic

|| Arteriacus, e adj Belonging ..., Litt unde ...

Arterium, i n [pro arteria] ... Fractque ... asperiora ... arteria clamor, Luc 4 532

* Arthriticus, a, um adj Id ... gouty

* Arthritis, idis f [quod τὰ ἄρθρα ...] The gout ... Dolorem articulorum vocit Cic

Articularis, e adj Pertaining to ... Articularis morbus ... Id Dolor articularis, The ... joints, ap Cic

Articularius, a, um adj Of ... Articularii morbi, The ... diseases, Plin

Articulus, i m A ... Plin

Articulate adv Distinctly ... Puellae salutem articu... dicere, Cic &

Articulatim, adv quod freq dic ... joint by joint (2) Met ... (1) ... membratimque articulatim divid ..., Cic (2) = Articulatim, & distincte dicere, Id

Articulatio, onis f verb (1) The ... of plants ... knot (2) Also ... (1) Tunc cernitur excre... articulatio, Plin 16 25 (2) Id 17 24

|| Articulatus, a, um part ... signifi... Hieron

|| Articulo, as act To joint, to utter ... ap recent

Articulosus, a, um adj (1) Full of ... joints (2) Met Full of ... (1) Radix ... articulosaque, Plin ... 16 (2) Evitanda concisa nimium & ... articulosa partitio, Quint 5

Articulus, i dim [ab artus] (1) A joint of the bones where ... bones meet, and are fastened together (2) ... (3) ... (4) ... (5) A ... point, or ... (6) A ... part of a sentence (7) ... (8) ... Ierunt ... articulorum dolores habet, Cic ... Caes B G 6 26 ... Articuli ... Cic ... (3) Ap ... quo ... (4) Vid ... (5) ... L 32 (5) In ... articulo oppressit ... (6) Non ad numerum articulus ... 3 de ... (7) || Casaub ad Suet Cal 17 observat, non satis probavi (8) Ut ... Graece ... Gellius ... Latine nullum ... idoneum potuit ... articulis ... non ... Articuli nominum, Hillocks, ... Plin

Artifex, icis c g [ab ars & facio] (1) An artificer, a workman (2) ... (3) A cunning ... or contriver (4) ... (1) Artifex est qui percipit artem, Quint (2) Artifex mundi Deus, Cic de ... (3) O artificem probum! Ter ... (4) Scelerum artifex, Sen in Hip ¶ Scenici artifices, Actors, Cic dicendi, Good orator, Id

Artifex, icis adj Cunning, worked in ..., artificial Artifex motus, Quint vultus, Pers stylus, Cic Artifices ..., Plin

Artificialis, e adj Cunningly wrought, artificial, workman like Quint 5 1

Artificialiter, adv Cunningly, artfully, artificially, Quint

Artificiose, adv Artificially, according to art, Cic

Artificiosus, a, um adj Artificial, done by rules of art, Cic de Nat Deor 2

Artificium, i n (1) Workmanship (2) Trade, art (3) The thing ... wrought (4) An artifice, a device, or slight (1) = Antiquo opere, & summo artificio factum, Cic (2) Artificium coquorum, Quint 2 15 (3) Artifici [Verres] cupidus non argenti fuit, Cic 6 Verr (4) = Neque ... Romanos sed artificio quodam, & scientia oppugnationis, Caes 7 16 Quorum artificiis effectum est, ut R... in hunc statum perveniret, Cic Est enim vocab μέσον

* Artocopus, i m [ab ἄρτος & κόπτω] A baker, he that ... the bread, or ... Al [ab ἄρτος, & ...] sic ut significet ..., sed non est magni momenti, cum hoc vocab solum ... Juv 5 72 ubi opt libri habent artopte Vid Artopta

* Artocreas, atis n & Artocrea, e f illud potius, cum liber qui circumfertur Apicii nomine, habet, nec obstat locus Persii, Oleum artocreasque popello largior A pye, or pasty of flesh

* Artolaganus, i m [ex ἄρτος, panis, & λάγανον, placenta] ... cake, a cheesecake, or egg ...

* Artopta, ae f [ex ἄρτος, panis, & ὀπτάω, coquo, torreo] A ... kneading trough, or rather a baking pan, to some take it in Plaut Utendam artoptam peto A woman baker, ut quibusdam videtur ap Juv Salva sit artoptae reverentia

... & ὀπτάω ... Melius fo ... ut ... panis dispensator

Artopta ... Quid artopta ... torretur

† Artua, ... plu ... quod ... Litt

|| Artuatus, a, um ... Jul Firm ‡ Dilaceratus

† Artus, a, um adj ... pro Arctus, quod vide

Artus, us m [... enim videtur ... sing ... Festo non obscure ... [a Gr ἄρθρον ... ut a ἄκετρον ...] ... artus, quod ... memoris arteriae ... Suet (1) A joint (2) The ... (3) ... (1) Tunc omnis palpitat ... (1) ... Luxata hominum corpora ... facillime in artus redeunt, Come in to joint, Plin 31 6 (2) [Angues] miseros deplicant artus, Ov (3) ¶ Cum ... sedaverit artus, ... ¶ Artuum dolor The ... Cic Sanguine defecti artus, ..., Ov

Arvalis, e adj ad arvum pertinens Arvales fratres The ... of Rome, ... priests ... procession ... increase of corn Vid De his vide Gell 6 - Plin 18 2

Arvina, ae f [ab arvis, pro ... quod antiquitus pro ... Arvina est pingue durum quod est inter cutem & viscus, Serv ... Fat, properly ... tallow ... pin... Virg Aen 7 627

Arundinaceus, a, um ... Vir ... Propr

† Arvix, ... [ab ... interposito dig ...] ... unde ... Denique hostia ... rorigem quae cornua habet, ...

Arum, i n The herb wake robin, Plin Vid Aron

Aruncus i m A goats beard = Dependet caprarum mento villus quem aruncum vocant, Plin 8 50

* Arundifer, a, um adj [ex arundo & fero] Bearing reeds, or reeds, Ov

Arundinaceus, a, um adj Of or like a reed Plin 18 7

Arundinetum, i n A place where reeds or canes grow, Plin 10 2

Arundineus, a, um adj Of a reed, or cane Arundineus canales Vir Geor 4 265

Arundinosus a um adj Full of reeds, canes, or flags Catul ep 37

Arundo, inis f [ab arendo, dict quod cito arescat] (1) A reed, or cane (2) Meton An arrow, or shaft (3) Poet A child's hobby horse (4) An angling rod (5) A pipe (6) Also a kind of ... (1) Fluvialis arundo, Vir (2) Perque illa venit arundo, Id (3) Equitare in arundine longa, Hor (4) Hac captat arundine pisces, Tibul (5) Modulatur arundine carmen, Ov (6) Varr teste Litt

Aruspex icis c g [ab ara, & specio ab extis inspiciendis in ara] A soothsayer or diviner, from the entrails of sacrifices, Nep Vid Haruspex

Aruspicium, i n Soothsaying, Plin

Arvum, i n & Arvus, i m [ab aro, as ficut pascuus, a pasco] (1) Properly land plowed, but unsown, a fallow field (2) But in general any field, ground, or land (3) Met ... or other place ... of (4) ... (1) ¶ Non arvus hic, sed pascuus ... Plaut ... 1 2 17 At ... arum nec ... (2) ... (3) Ne ... fundus meus ... pascit ... olive Hor (3) ¶ Numidae ... peculii magis quam arvo ... Sal ¶ Muliebria arva, ... & Genitalis arvum, ... natura muliebris verecunde dixerunt ¶ Sic a bio est Alie... arvi, ... Non ... ecum ...

ARX, cis f verb [ab arceo ...] Proprius a vero absunt qui ab ἄκρα, fastigium, summitas, unde & Graece ἀκρόπολις deductum putant] (1) The top, piece, or ... of ..., ... of a ... hill, or mountain, &c (2) And ... called in ... Meton Any fortified place ... castle or strong hold (3) And because of their residence there ... court or palace of kings, princes, governours &c (4) A temple (5) A metropolis, or chief place, (6) By way of eminency Athens Rome (7) Met The top, main point or chief stress of any thing (8) A refuge, security, harbour, or receptacle (1) Celsa sedet Aeolus arce, Vir Fecerunt ... septem Romae sibi ... muro circum dedit arces, Vir quis ... appellit Septem urbs alta ... vis ... arx ... ... (2) ... Lucius Salinator retinuit, Cic (3) ... arx regum ... ¶ Ignaeae arces ... Hor Cum littora fervere ... prospiceret ... arx ... ubi ... Regum ... habitare ... arcibus ... tutelam (4) Invict ... Capitolii ... Sacra ... arce ... (5) Urbs [Roma] ... omnium gentium (6) Nep ... (7) Non potui magis ... arcem illius causae invadere, Cic ... 19 (8) Cic Div in Verr ubi legem ... repetundarum ... sociorum vocit = Templum illud fuit arx civium perditorum, receptaculum veterum Catilinae militum, Id.

A ante S

AS, & ant Assis, gen assis m ab ἄσσαριον ..., quae ex 96 drachmis conficitur, sive duodecim unciis [As ... as, erat enim ... a primum rudi usque ad Servii Tullii tempora deinde signato, ...] A pound weight, consisting of 12 equal parts or ounces Uncia, 1 ounce, sextans 2, quadrans 3, triens, 4, quincunx, 5, semis, 6, septunx, 7 bes, 8, dodrans, 9, dextans, 10 deunx, 11, as, 12, or a pound weight, or whole of any thing, as an estate, &c whence we read of such distributions of the as Facit haec haeredem ex deunce & semuncia Caecinnam ex duabus sextulis M Fulcinium, Ebutio sextulam aspergit, Cic To the first 11 twelfths, and 1 half, of the as, to the second, 2 thirds, to the third, 1 third of the remaining semuncia, Cic where ... plain that the uncia was divided after the same manner with the as, sextula being to the uncia what sextans is to the as. Tres instituit [Caesar] haeredes C Octavium ex dodrante, & L Pin & Q Ped ex quadrante reliquo, Suet i e 3 fourths to O, to the other two the re...

remaining a fourth of th s H enter'd to the whole estate w s c l ed ex asse hæres 4'l e c of which to mud t de r s f r ng of o nony ¶ Ad assem omnia perdere, To lose e e y f r r g, Hor

* Asarotum, i n [ab α priv & σαρόω verro, scil quod quum le esset non verro vel non mun tur, pavimentum, Plin Al Sa antensi & σαρόω quod dili genter imme verrentur, Perot fea g t s l co common] t c r c in aining rooms made of a t s of fine colours ith c y t t the f shion of r l pavement of this n o le ne y t r go a scove d near t e e uine, n Oxfordshire V Stat Sylv 1 ,

* Asarum i n ἄσαρον Al Nardum sylvestre, Magi Martis sanguinem, al baccar appelli tant The herb foalfoot, or wild spikenard Vid Plin 12 1,

* Asbestinum, i n & Asbeston, n unt , e inextingu bile A linen of flax f when they made lonth t ti cleansed by burn i g in the fire Also cloth made of it Linum vivum dicitur, Plin

* Asbestos i m A kind of stone, which being set in fire c not be quenched, Plin 37 10

* Asbolus, i m Coal, a dog's name Villis Asbolus atris, Ov

* Ascalabotes, æ m A kind of stellio, or eve , Plin 29 4

Ascalonia, æ f vel Ascalonium, i n A kind of onion or scallion, from Askalon, a city of Judea, Plin

* Ascarides, um f [ab α, prosth, & σκαίρω, salio] Little worms breeding in the guts of men, or small rope-worms, the bots in horses

* Ascaules is & Ascaula æ m [ab ἀσκός, uter & αὐλός, tibia] A bag-pipe player Lat Utricularius Sereca & Vopisc Pithaules, a πιθ@-, dolium, vocare

Ascendens, tis part Ascending, climbing u Ascendens gradibus magistratuum, Cic

Ascendo ĕre, i, sum act [ex ad, & scando] (1) To ascend, to climb, to get, or come up (2) Met To rise higher, or advance himself to, to mount (1) Vestram ascendisset in urbem, Vir (2) Unum ascendere gradum dignitatis conatus est Cic § Scalis muros, Ln cœlum, in cœlum ad honorem, Cic

Ascensio, ōnis f verb An ascent, an advancement, Cic de clar Orat c ,6

|| Ascensor, ōris m verb A mounter ap recentiores

Ascensūrus, a, um part [ab ascendo] That will ascend, or mount, Lib

Ascensus, us m verb (1) An ascending, going, or climbing up (2) A rise, an ascent (3) Met A rising to honour, or advancement (1) Fastigia ascensu supero, Vir (2) Difficilis ascensu, atque arduo oppidum, Cic (3) Ad popularem jactationem ascensus, Id = Aditus, Cic

* Ascetēria, pl ἀσκητήρια, [ab ἀσκῶ, i e mentem exerceo] Monasteries, cloisters, Just Inde Ascetria Anni, Bud Ascetæ, exercitatores monachus, & Asceterium, monasterium Sed non perr ad classicos scriptores

* Aschynomene, es f corr pro Æschynomene An herb so called from blushing, gathering its leaves in when you approach it Plin

Ascia, æ f [ab ἀξίνη, qu אזנר] A chip-ax, or great hatchet. Ascia ac polito, Cic.

Ascio, as act (1) To cut, hew or chip, with an adze or a (2) Also to temper, or cleanse (1 Vitr 7 – (2) Ibidem

Asciscendus a um part To be taken to, or desired, embraced, &c Cic

Ascisco, ĕre, ivi, tum act [ex ad & scisco] (1) To take to him, (a t o call for (2) To associate (3) To allow (4) To call in, to fetch (5) To bring in use (1) Regium ascivit nomen Liv 33 21 ⅌ Natura [voluptatem] asciscit, [dolorem] reprobat Cic (2) Ad meum bellum sceleris fœdus ascivit, Cic 2 Catil (3) Asciscere generum, Vir (4) Keep p os ad se socios sibi asciscunt, Cæs (5) Idcirco hanc consuetudinem libenter asciv mus, Cic de clar orat ¶ Asciscere in civitatem, To make one a freeman, Cic

Asciscor, i, tus pass To be taken in &c Cic

* Ascites, æ m Uter, pellis aqua intercus A kind of dropsie ⅌ Ascites habet plus humoris, tympanites plus spiritus, Cels , 21

|| Ascititius a um adj [a put Ascitus] Far fetch'd, taken in, artificial, not natural Comi ascititia, A peruke, or false hair, Tert vellem & unde addidisset Ad analogiam quidem satis quadrat

Ascitus, a, um part [ab ascisco] Admitted, taken to, associated, brought, far fetched, assumed Superis ascitus, Ov Petere ascita dip s, Id De cæt sign vide Ascisco

* Ascius a um Without shadow Plin 2 7, Ascii, people so right under the line, that they have no shadow

Asclepiadæum carmen constat pent emimeri & duobus dactylis, ut Durum, sed levius fit patientia, Hor

* Asclepias ădis f ἀσκληπιάς dict ab Æsculapio invent Swallow wort Plin 27 5

* Ascoliasmus, i m Empusæ ludus, quo super utres, σκὸς uno pede saltabat ut deciden risum cieret A kind of play, in which hopping on one leg and leaping on bags of goat skins, (that the turned by their sides) filled with wine and greased the vintners celebrated the feasts of Bacchus, Poll 9 7 of which Virgil gives this account Inter pocula læti mollibus in prati unctos salière per utres, Geor 2 384

* Ascopēra, a f [ab ἀσκός, uter, & πήρα, pera] A leather sack, Suet Ner 45 Lat Culeus, quo dignus Nero matricida

Ascribo, ĕre, psi, ptum act [ex ad, & scribo] (1) To write unto (2) To write among (3) To enrol, to register, to record (4) To add, or join (5) To impute, or attribute (6) To assign, or annex (7) To subscribe, or underwrite (1) Quid ad Statium ascripserit nescio, Cic (2) Hunc ad tuum numerum libenter ascribito, Id (3) Nam nisi esset, hoc in omnibus legibus non ascriberetur, Id (4) Male sanos ascripsit Liber Satyris, Faunisque poetas, Hor (5) Neque enim mihi negligentiam velim scribas, Cic (6) Qui hanc pœnam fœderibus ascribat, Id (7) Antiquior dies in tuis ascripta est literis Id ¶ Ascribere alicui salutem, To present his service, Id

Ascribor, i ptus pass To be ascribed reckoned, &c § Ascribi numinibus, To be canonized Plin In civitatem in civitate, vel civitati, ascribi, To be made free of the city, Cic

Ascriptio, ōnis f. verb A joining, enrolling, or registring, Cic

Ascriptitius, um a adj Chosen, registred, enrol ed among, superadded, additional, supernumerary ¶ Cives ascriptitii, Foreigners naturalized and made denizens Cic Ascriptitii qui in lege villani, Bondmen, belonging to a farm, Bud Ascriptitii milites, qui & Accensi, in demortuorum locum suffecti, Recruits, Fest Ascriptitii Dii, i e minorum gentium, Inferior deities

Ascriptivus a, um adj id quod Ascriptitius, sed non perinde u sitat Supernumerary soldiers, Plaut

Ascriptor, ōris m verb [ab ascribo] (1) He that writes any thing, a subscriber, or promoter (2) A man ver, or favourer of another man cause (1) Quum in restituendo auctorem fuisse a scriptoremque videatis Cic (2) Ascriptor dignitatis meæ, Cic

Ascriptus, a um part (1) Subscribed written to (2) Enrolled, registred, chosen (1) Antiquior dies in literis ascripta Cic (2) Ascripti in colonias, Liv ¶ Ascripti, sive Accensi, Supernumerary officers who were to fill up the places, s they f ll

* Ascyron, i n Androsæmon, Probably St John's wort, or St Peter's wort, Plin 27 5

Asella, æ f dim [ab asina] A little she-ass Redit ad fletorum turpis asella molam Ov

Asellus i m dim [ab asinus] A little ass, an ass colt, or young ass, also a kind of fish of the colour of an ass, a cod or haddock Also a constellation, or sow in insect Tylus, P n Aselli, Two stars in Cancer Ia

Asilus, i m vel Asilum, i n (1) A horse-fly, or breeze A gad bee du ly Also a worm found in fishes (2) Also the sea breeze, which gets under the fins of great fishes, and stings them (1) Cui nomen asilo Romanum est, œstrum Graii vertere vocantes, Vir Geo 3 245 (2) Stat Sylv 2 56 Vid & Plin 6 25

|| Ăsina, æ f A she ass, Macr

Asināria, (fabula) One of Plautus's comedies

Ăsinarius, a, um adj Of, or belonging to an ass Mola asinaria A horse-mill, Plaut

Ăsinārius, i m An ass herd, or driver, Cato, Varr Suet Also the Christians called by that name, because believed to worship an asses head Tert Apol & Min Felix, in Octav

ĂSINUS, i m [ex ארתון athon, Hebr idem, conversum & in σ, ut Σιὸς Laconice θεός] (1) An ass (2) A blockhead (3) Also the stone in a mill, that turns round (1) Hæc notio passim obvia est (2) Quis esset status, flabellum tenere te asinum tantum, Ter Eun 3 5 50 (3) Vid Muret Var lect 8 15 & de hac notione, quid tibi videatur, statue

Asio, ōnis m A kind of owl, with feathers on her head like ears an horn owl, Plin 10 23 & 29 61 Dic etiam Otis, & noctua aurita

* Asōtia æ f Riot, intemperance, sottishness, Gell 10 17 Lat Luxuria Ita

Ἀσώτως, adv Riotously, sottishly, Mart Lat Luxuriose, dissolute

* Ăsōtus, a, um adj Riotous, debauched extravagant Subst A sot

* Aspălăthus, i m The rose of Jerusalem, or our ladies rose, Gesn Plin 15 7.

Asparăgus, i m [ab asper, quod ex asperis virgultis legitur Varr] (1) Asparagus (2) Also the young buds or shoots of herbs that are to be eaten (3) Also a thorny plant without any leaves at all (1) Velocius quam coquuntur asparagi, Immediately, in a trice, A di Aug Cæs Suet in vita ejus, 87 (2) Plin (3) Id 15 21

Aspectābilis, e adj or, comp [ab aspecto] (1) Worthy to be look'd upon observed (2) Or, That may be seen, and beheld (1) Deus unum animal aspectabile effecit Cic de Univ (2) Corporeum autem & aspectabile, itemque tractabile omne necesse est quod natum est, Id Nihil est aspectabilius

Aspecto, as act [ex ad, & specto] (1) To look wistly, to stare at stedfastly, or earnestly to behold (2) Met To regard, or have regard to (3) To look towards, to be over against a place (1) Quid me aspectas quid taces? Ter Eun 3 5 (2) Jussa principis aspectare, Tac (3) Collis adversis aspectat desuper arces, Vir

Aspector āris pass To be looked on Met To be respected, Lucr 3 76

Aspectus, ūs m verb (1) The sight (2) An aspect look or a tree (3) The presence (4) The sight or view (1) Solem intuendo aspectum amittere, Cic (2) Obstupuit primo aspectu, Vir (3) Aspectu civium carere, Cic in Cat (4) In aspectu urbis, Id Verr 1

Aspello, ĕre act [ex abs, & pello] To put back, or from him, to drive away, to expel, to chase away Neque adeo spes, quæ mihi nunc aspellat metum Plaut Cap 3 1

Aspellor, pass To be driven from &c Longe a lato numine aspellor Jovis, Cic

ASPER, ĕra, ĕrum adj or comp imus, sup [a Gr ἄσπερ quod fit sine frugibus] Rough, sour, or disagreeable to any of our senses (1) To the eye, rough, rugged, unsightly, Plin (2) To the tast, rough, harsh, sour, stale, &c (3) To the touch, rough, sharp, (4) To the smell (5) To the ears, harsh, grating (6) Ill bred, ill-natured, rude (7) Cruel, fierce, cruel (8) Unjust (9) Severe, grave (10) Painful, in hardships (1) = Aspera, & montuosa loca, Cæs Asperam ulteriam prospicimus ... ea ... (2) Sapor asper, Vir Geor 4 277 Vinum asperum, Id (3) = Ne teneras glacies secet aspera plantas, Vir Ecl 10 Sentes asperi, Ia Æn 2 (4) Plin ... Sipont (5) & (6) = Homo asper, & durus, oratione, & moribus, Cic 4 de Fin (7) = Asperi animi, & linguæ acerbæ fuit Liv (8) = Tu deligis quos natura putes asperos atque omnibus iniquos, Cic (9) Virtus aspera, Sil = Asperior, & durior doctrina, Cic pro Mur (10) ⅌ Teneræ nimis mentes asperioribus formandæ studiis, Hor ¶ Asperæ facetiæ, Dry, or biting jests Tac 15 Asper nummus, (i e) coined silver, Pers Asper ... Not, lain, ... Ov Al pris, pro asperis, Sync ...

Aspĕrātus, a, um part Rubbed, made rough, Plin 29 6

Aspĕre, ius, errime, adv Roughly, sharply, harshly, shrewdly, ... = Aspere, & vehementer loqui, Cic. Asperius scribere, Ia ... perrime sævire, Sen

|| Asper

|| Aspergillum, i n *An instrument to sprinkle water, a holy water stick, a watering pot* Novum sed non inelegans voc Sip

Aspergo, ĕre, si, sum act [ex ad, & spargo] (1) *To besprinkle, wet, or moisten* (2) Met *To intermix, to interlace* (3) *To bespatter* (4) *To give a little, or a sprinkling, sweeten* (1) Aram sanguine aspergere, *Cic* (2) Aspergere gravitatem comitati, *Id* pro Mur (3) Vitæ splendorem maculis aspergis istis, *Id* pro Planc (4) Sextul um Ebutio aspergit, *Id* Vid As § Aspergere salem carnibus, *Plin* 1 38 Carnes sale, *Id* 15 6

Aspergo, ĭnis f verb *A besprinkling, a moistening, or bedewing,* Vir Aspergines parietum, *Lat. droppings, Plin* 22 21

Asperĭtas, ātis f (1) *Roughness, unevenness* (2) *Sharpness* (3) *The breaking, cloudiness* (4) *Sourness, austerity* (1) Asperitas viarum, *Cic* 9 ... (2) Asperitas aceti, *Plin* 9 35 (3) Asperitas agrestis, & inconcinna, *Hor* ep 118 6 (4) ⚹ Pectori mollescunt, asperitasque fugit, *Ov* Legit in pl Asperitates locorum, *Sal* Asperitatibus rerum, *Cic* ¶ Asperitas animæ, *Wheesing, difficult breathing,* Plin Asperitas vocis *Hoarseness,* Luci

|| Aspĕritūdo, ĭnis f *Sharpness,* Tert

|| Aspernābĭlis, e adj (1) *Inconsiderable, fit to be slighted, disregarded* (2) Act *Scornful, apt to slight others* (1) Gell & recent (2) Litt sed nec ille citat, nec ego invenio auctorit

Aspernandus, a, um part *To be despised, neglected,* &c *Cic*

|| Aspernanter, adv *Contemptuously, scornfully.* Recent vocab ‡ Contemptim

Aspernātio, ōnis f verb [ex aspernor] *A scorning, slighting, ..., disregard,* Cic

Aspernātus, a um part (1) *Slighting* (2) *Contemned, despised, rejected, slighted* Litt quasi sign ... Vir ... & locum citat Lectum certe in plurimis ... *Gell* ... 39

Aspernor, āris dep [ex ad, & sperno] (1) *To slight, to make nothing of, to contemn* (2) *To shy, to avoid, to abhor* (1) Illorum ... testimonia non ... aspernari ... contemnere, ac negligere, *Cic* (2) ⚹ Animal, simul atque natum est gaudet voluptate, & eam appetit, ut bonum, dolorem aspernatur ut malum *Id*

Aspĕro, as act [asperum facio] (1) *To make rough, or uneven* (2) *To freeze* (3) *To sharpen* (4) *To whet, or head* (5) *To aggravate, or heighten* (6) *To ..., or ...* (1) Aspera ... Ceterum ... asperantur, ne sint advolantibus [gallinis] lubrica, *Col* (2) Hyems aquilonibus asperat undas *Vir* (3) Pugionem asperari saxo jussit, *Tac* (4) § Inopia terri ... ossibus asperant, *Id* (5) ... discordia fratres asperat, ... (6) ⚹ Ne lenire, neve asperare ... videretur, *Tac* 2

Aspĕror, āri pass (1) *To be made sharp* (2) *To be fretted or vexed* (1) Vid Aspero, Nᵒ 1 (2) Muscæ propter laborem asperantur & macescunt, *Vir*

Aspersio, ōnis f verb [ex aspergo] *A sprinkling, a casting upon, or ...,* Cic

Aspersus, a, um part [ex aspergor] *Besprinkled, bedewed, scattered* § Aspersus oculis liquor, *Plin* Aspersa pigmenta in tabulā, *Cic* Aspersi fonte lumina *Vir* ¶ Aspersus maculis, *Spotted,* Liv Leviter aspersus ludibus, *Slightly commended,* Cic

* Asphaltites, m [qu nimi præter bitumen, i e ἄσφαλτος, gignit] *The lake in Palestine, where once Sodom, and other cities stood,* Plin

* Asphodĕlus, i m *The daffodil, of two sorts, white and yellow,* Plin 21 17

Aspĭciendus, a, um part [ab aspicior] (1) *Necessary to be seen* (2) *Fit to be look'd on* (1) Rogus aspiciendus amatæ conjugis, *Prop* 10. 241 (2) Tu, dea, non fueras aspicienda viro, *Ov*

Aspĭcio, ĕre, exi, ectum act [ex ad, & specio, inusit] (1) *To behold* (2) *To look upon, or towards* (3) *To spy, or espy, to see, or perceive* (4) *To be prejudicial to look favorably upon* (5) *To esteem* (6) *To honour, or obey* (1) Aspiciunt oculis superi mortalia justis, *Ov* (2) Me huc aspice, *Plaut* ... (3) Forte unum aspicio adolescentulum, *Ter And* 1 1 (4) Jupiter, —aspice nos, *Vir* (5) Cedent Æsonio duci, si formæ velit aspici *Sen Med* (6) Eum magis milites, quam qui præerant, aspiciebant, *Nep Chabria,* c 4

Aspĭcior, i ectus pass. *To be look'd upon,* Ov *regarded, considered,* &c *Sil*

* Aspilates, æ m [ex α priv & σπίλος, macula] *A precious stone of a silver colour, good against lunacy,* Plin 37 10

Aspirans, tis part *Breathing,* &c ut in Aspiro, *Cic*

Aspīrātio, ōnis f verb (1) *A breathing, a fetching of breath* (2) *An influence* (3) *A ..., or exhalation* || (4) *An aspiration, the letter h* (1) Animantes aspiratione aëris sustinentur, *Cic* de Nat Deor (2) Idem, *de Div* (3) Idem ibidem (4) || Ap Gram ‡ Afflatus, *Vir* quod vide

Aspīro, as act [ex ad, & spiro] (1) *To breathe, or blow* (2) *To inspire, or assist* (3) Met *To aspire unto, to reach, to attain to* (4) *To come at, to have access* (5) *To favour, to assist* (1) Aspirant auræ in noctem, *Vir* (2) Aspirate ingenium, *Qu* ... (3) § Hæc ad eam laudem, quam volumus, aspirare non possunt, *Cic* de Or 31 (4) Hic intercludi aditus, ut ad me aspirare non posses, *Id* (5) § Aspirat primo fortuna labori, *Vir Æn* 2 385

* Aspis, ĭdis f [forte ab α priv & σπάω, extendo, quod non fit oblonga, sed rotunda facit in orbes suos convoluta, sed nihil certi de etymo statuendum] *A venomous serpent called an asp,* Cic Hinc forte Ang *Spider*

* Asplēnon i n [quod lienem absumit] *The herb called Ceterach, or Ceterach, miltwaste, or spleenwort, ..., fern, ... fern, milt-... ..., ...wort,* Plin 27 5 Dic & Scolopendrion, sed male, *Steph*

Asportandus, a, um part *To be carried away,* Signum asportandum, asportandumque curavit, *Cic*

Asportātio, ōnis f verb [ab asporto] *A carrying, or conveying away,* Cic 6 Ver

Asportātus, a, um part *Carried away from one place to another,* Cic 3 Ver

Asporto, as act [ex abs & porto] *To carry, or convey away, to transport* § Asportare Creusam, *Vir* in Macedoniam, *Liv*

Asportor āris pass *To be carried away,* Ter Phorm 3 3 18

Asprēdo, ĭnis f pro asperitas [ab asper] *Inflammation, sharpness* Cels Raro occ

Asprĕtūdo, vel aspritudo, ĭnis f *Sharpness* Ex aspritudine lippitudo fit, *Cels* 6 6 Rarum vocab

Asprētum, i n [ab asper] *A rough place, or ..., or ... of ...,* Liv 5 28

† Assa, æ f [forte ab ἄζω, sicco, ἄζω in σάω, unde ... vel ab ā ... nutrire] (1) *A dry nurse* (2) *A midwife, or nurse, that ... no ... in* (1) Hoc monstrant vetulæ pueris repentibus assæ, *Juv* 14 208 prout leg & interp *Vet Schol* (2) Assa non multo post, quod ex patre ... poterat mulier cum beate ... justit, *Var* ap Non ex emend tione Scal

Assa vox, assa tibia Vid Assus

Assa, ōrum n pl [ab ἄζω, sicco] *A cel in the bath where they ... only sweat without washing, a dry bagnio,* Cic ep ad Q fratr 3 17

Assāmenta orum n quæ, & asses, & asseres dicti *Deal ... of ... sawed,* se ab assando, unde coasso, vel coaxo, *Plin* 16 4 sed Harduinus notavit omnes MSS *coassamentis* habere

† Assārius, a, um [ab ant nom assis] id quod As

Assātus, i m adj [ab asso, as] *Roasted* Dapis assatæ *Co*

|| Assātūra, æ f verb [ab asso] *Rost, ..., or roast,* Vopisc

Assatus, a, um part [ab assor] *Roast* Plin

Assātus, a, um part [ab ... sit assa, unde coasso] *Bo...* ..., Vit uv

Assecla, æ c g [ab assequendo] (1) *A ..., a ... or ...* (2) *A ...* (1) Non decere se habitabatur asseclam ... pratoris *Nep Att* 6 (2) Omnium mendicum asseclæ, *Cic*

Assectātio, ōnis f verb (1) *Attendance, or waiting upon* (2) *Also observation* (1) *Cic pro Mur* (2) Magna cœli assectatione, *Plin* 2 19

Assectātor, ōris m verb (1) *An attendant, a follower, or follower* (2) *An observer, or imitator, or* ... (1) ⚌ Cum ducibus ipsis non cum comitatu, assectatoribusque confligant, *Cic* (2) Assectator eloquentiæ alicujus, *Plin* 9 1

Assector, āris freq [ab assequor] (1) *To attend, or wait upon* (2) *To follow one up and down, to ... to ingratiate himself* (3) *To ...* (1) Cic *de Orat* 2 (2) Quæ injuria instincto Cn Pompejum assectatus est, *Suet in Cæs* 19 (3) Cum assectaretur, num quid vis ? occupo, *Hor* 1 9 6

Assensio, ōnis f verb [ab assentio] *Assent, consent, agreeing to a thing* ⚌ Assensio atque approbatio, *Cic Acad* 4 12

Assensor ōris m verb *He that assents, consents, or is of the same party,* Cic Lp Fam 6 22

Assensum est, imp *It was consented, or agreed to,* Cic ad Lent

Assensus, a, um part (1) *Assented, or agreed to* (2) Act *Having assented* (1) Sequitur, nobilis, nec comprehensa nec percepta, neque assensa, *Cic Acad* 4 (2) Litt ex Coop qui Cic ... bit, sed locum frustra quæsivi

Assensus, ûs m verb *Assent, consent, or agreement* Vulgi assensu *Cic*

Assentātio, ōnis f verb [ab assentor] (1) *Flattering, cogging, and soothing* (2) Also *assent, consent, compliance* (1) ⚌ Benevolentiam blanditiis ac assentationibus colligere turpe est *Cic de Amic* 17 (2) Plaut Bacch 3 3 7

Assentātiuncŭla, æ f dim *A cogging, a complement* Nec assentatiunculā quādam aucupari tuam gratiam videar, *Cic* ... *Fam* 5 12

Assentātor ōris m verb *A flatterer, a pick-thank, one that humours you in every thing,* Cic

Assentātōrie, adv *Like a flatterer, complement-ly* Dubitare te, non assentatorie, sed fraterne, veto, *Cic* ad Q *fratrem*

Assentātrix, īcis f *She that flatters, a fawning gossip* Assentatrix scelestissima *Plaut*

Assentio, īre si, sum act [ex ad & sentio] *To assent, or agree to, to ... of ... or ...* Cic 1 O ... 6 ut Gram Gronlinque edidere, sed tutior est usu verbi seq

Assentior, iri, sus dep *To assent, agree, consent* Illud assentior Theophrasto *Cic* Pass unde *Assensus* part quod vide

Assentor, āris dep [ab assentior, ut ... conspicio, conspicor] (1) *To flatter, to applaud, to say as another says* (2) *To ... , and humour* (1) Ne id assentandi faciat existimes, *Ter Adelph* 2 4 6 (2) Nisi forte ... assentantur, & tibi ... tantum, *Cic* ad *Dol* b 9 12 ⚹ Adversor ... ere

Assĕquor, ĕris dep [ex ad & sequor] (1) *To overtake* (2) Met *To ... equal, or match* (3) *To get, or obtain* (4) *To understand, or ...* (1) Si homines ... me assequi non potes, *Cic* ad *Attic* (2) Nullam partem ... tuorum meritorum assequi ... cutus, *Id* (3) ⚹ Id quod ille ... hic assecutus est *I* (4) Suspicione assequi non potui con... ... *Id*

Asser, ĕris m [quod asseri... ... adjungitur parieti ... bibulqua] Dic & Assis, gen assis, pro eodem *A pole, or piece of wood, a chump, a joist,* ..., *or ... piece of wood* A ... *a pole which ... men ...,* Suet in Calig c 58

Assercŭlus, i m ... Asserculum, i dim [ab asser] *A little pole, or piece of wood,* Col & Cato

Assĕro, ĕre, ... um act [ex ad, & sero] *To plant, sow, or set by, or near* Neque vites propter cupressos asserunt ... de ... c 26 Asseror, pass *Id*

Assĕro, ĕre, ui, tum act [ex ad, & sero, ... dico, unde & *sermo* & ... *Jungo,* i e adjungo, adnecto, rationem dictis, ad eum firmandum] (1) *To free, or rescue* (2) *To prove ... free by law* (3) *To claim, challenge, or usurp* (4) *To avouch, or assert* (1) ⚌ Asserui jam me, fugique catenas *Ov* (2) Liberali illum assero causa manu, *Ter* ... (3) Divinam majestatem sibi asserere cœpit, *Suet* (4) Per quos noscere ... in vera assererentur *Tac* 16 2

Asseror, i tus pass *To be made, or declared free, &c* Cic pro Flacco

Assertio, ōnis f verb [ab assero] (1) *An assertion, or affirmation* (2) *A ... or ... liberty, or ... that ... free* (1) Cic Acad 1 12 sed dubius est hic loc auctorit qui alii legunt *assensio,* & sane forsan ita postulare videtur (2) Status liberi qui in assertione est, *Qu* ... 2 8

Assertor

Assertor, ōris m verb (1) *He or it which maintains, or rescue* (2) *He who asserts one et liberty, and holds it*, or (3) *D... or for his bondsman* (1) Catoni gladium assertorem libertatis extorque, *Sen* (2) Mut 1 53 (3) Liv 3 44

Asservio, ire, ivi, itum act [ex ad, & servio] *To serve, help, or second* Contentione vocis asservire, *Cic* 2 *Tusc* 23

Assèrvo, as act [ex ad, & servo] (1) *To keep*, or *preserve* (2) *To keep* (3) *To observe, and watch* ... of (1) Sale, vel in sale asservare, *Plin* (2) Dum res judicetur, hominem ut asservarent, *Cic* 5 *Verr* (3) Asservabo ... gerit, ... *Ter*

Asservor, aris pass (1) *To be kept, or defended* (2) *To be checked or observed* (1) Muros asservari jubet *Cels* ... (2) Atqui nunc heic ... tibi asservandus est, *Ter He*ut 3 3 32

Assessio, onis f verb [ab assideo] *A sitting down ... to give ...* ... *Cic*

Assessor, oris m verb *A sitter on the bench, a counsellor ... a companion ... associate in counsel*, Cic 1 *de Div*

|| Assessorius, a, um adj *Of, or belonging to an assessor*, Ulp

|| Assessura, æ f verb *Assistance, sitting by, and assisting*, Ulp

Asseveranter, adv ius, comp *Confidently, boldly, eagerly, earnestly, with good assurance* Asseveranter locutus est, *Cic* ... 4 15 19 Multo asseverantius, *Id* ... 19

|| Asseveranter, adv *Boldly, with confidence*, Gell ... Asseveranter

Asseveratio, ōnis f verb *An asseveration, affirmation* Omni tibi asseveratione affirmo, *Cic*

Assevero, as act [ex ad, & severum] (1) *To avouch, affirm, assure* (2) *To make a shew of, to pretend to* (1) Asseverare tumultuose, *Cic Att* 10 11 (2) Magnitudinem ... *Tac* ... 7 ... 13

Asseveror, aris pass *To be confirmed, affirmed*, Cic Ver 4

† Assiccesco, ere incept *To ...* Col 12 15

Assicco, as act *To dry, or make dry, to lay in the sun, &c* Col

Assiculus, i m dim [ab assis] *A little board or ...* Col

Assidens, tis part *Sitting by*, Hor *Epod* 5

Assideo, ēre, sēdi, sessum neut [ex ad, & sedeo] (1) *To sit by, to attend* (2) *To sit close, to attend* (3) *To be near, or nigh* (4) *To ... or stand ... still* (5) *... also ... to sit on ... who are Assessors* (1) Divites ... assidet, *Plaut* (2) Qui totâ vitâ ... assidet, *Plin* (3) Assidet insano, *Hor* (4) ... vicitudo, contraxit ... Janiæ ... & *Hor* ... 1 1 8 (5) ... tribunali cognoscendis ... assidebat, *Suet Tib* 35

Assidens, i, sessus pass ... obsidetur ... Amiffium oppidum assideri ... audiebat, *Sall*

Assido, ēre, ēdi, sessum act [ex ad, & sido] ... *To sit down ... set by ...* ... inquam, ... *Cic* ...

Assidue, adv ... *Diligently, continually, constantly*, ... Quid te futurum censes, quem assidue exedent? *Ter* Assiduissime mecum fuit Dionysius, *Cic*

Assiduitas, ātis f verb (1) *Continual use, custom, or constant ... (2) Attendance* (3) *Frequency* (1) ☴ Assiduitate quotidianâ, & consuetudine oculorum assuescunt animi, *Cic* (2) ☴ Terentiæ peregrinâ est assiduitas tua & diligentia in controversiâ, *Id* (3) *Cic de Petit consulat princip*

Assiduo, adv *Continually, constantly, daily*, Plaut

Assiduus, a, um adj [ab assideo] (1) *Continual, daily, diligent, ... constant, ...* (2) *Rich, ...* (1) Cic (2) Plaut Assiduior, ... Assiduus, *Set*

Assignatio, onis f verb [ab assigno] *An assignment, or assigning* ... Assignatio agrorum ... *lands for soldiers ... or ...*, Cic

Assignatus, a, um part *Assigned, appointed, ...* Assignati ... Prætoris apparitores, *Cic*

|| Assignatus, i m verb *An ... whom ... turn'd over*, ap JCC ...

Assignifico, as act *To signify*, ... Gell Vid Adsignifico

Assigno, as act [ex ad, & signo] (1) *To assign, to appoint, or depute* (2) *To impart, or ...* (3) *To impute, or ...* (4) *Also to seal, or set his hand and seal* (1) Natura ... assignavit, *Plin* (2) Agros assignent quibus ... velint, *Cic* (3) Alio suo eventus assignat, *Plin* (4) Assigna tabellas *Pers*

Assiliens, tis part *Leaping to, or upon*, Ov

Assilio, ire, ui, ivi, & ii ultum neut [ex ad, & salio] (1) *To leap at, upon, or against* (2) *To ... as a horse doth a mare, &c* (1) § Assiliere ... in terrum, *Sil* (2) Mœnibus ... *Ov* (3) Col

Assimilandus, a, um part *To be made like, &c Cic de In*

Assimilatus, a, um part *Resembling, ... feigned*, Cic

Assimilis, e, adj [ex ad, & similis] *Very like*, Lucr 4 313

Assimiliter, adv *In like manner, or fashion*, Plaut

Assimilo, as act (1) *To take the likeness* (2) *To liken, or compare* (3) *To resemble* (1) Is assimilavit se, quasi Amphitruo ... *Plaut* (2) Grandia parvis assimulare licet, *Ov* (3) Os ... cum assimilat, *Lucr*

Assimulatio, onis f verb *Counterfeiting, dissembling*, Plin

Assimulatus, a, um part [ab assimulo] *Counterfeited, feigned, forged, likened* Species assimulata virtutis, *Cic pro Cæl*

Assimulo, as act [ex ad, & simulo] (1) *To pretend to feign* ... (2) *To liken, compare* (3) *To forge, or counterfeit* (4) *To ... draw to the life ... out* (1) Ulysses furere assimulavit, *Cic* 3 *Offic* (2) Formam totius Britanniæ Livius, & Fab Rusticus oblongæ scutellæ, vel bipenni assimulavere, *Tac* (3) Assimulare literas, *Tac* (4) Pictor ... facile assimulabit quicquid acceperit, *Quin*

Assimulor, aris pass *To be made like, to be ... fo...* Tum, pol, ego is eâdem ... assimulabor, *Ter* ... 3 5 ... Assimulabar

Assipondium, i n [ex assis, & pondo] *A pound weight*, Varr

Assis, is m *A ... coin, &c* Vid As

Assis, is m *A plank, or board* Quernis assibus, *With oaken planks*, Plin Hinc Asso, consso

Assistens tis part *A stander by*, Quint || *An assistant* vulg interp

Assisto, ere, stiti neut [ex ad, & sisto] Aliquando significat patrocinium, quod prisci adesse dicebant] (1) *To stand up* (2) *To stand still* (3) *To assist, to help, to be an advocate* (1) Ita recte talum ut rectus assistat, *Cic* (2) Hic propter hunc assiste, *Ter* (3) Assiste ... canti, *Ov* ... Vid Plin ... 7 6

Assitus, a, um part [ab assero] *Planted or set close by*, Cato

Assius lapis *A kind of stone of which coffins were made*, Plin

Asso, as act [ab ἄζω, sicco, ξ in ss facile, ut assolet, transeunte] *To roast, or broil* Unde Insso, *Plin* 30 10

Asso, as act [ab assis] *To plank, board, ceil, or floor*, Vitr unde Coasso

Asso, as act [ab assus, e solus] assa voce ... canere *To sing ... voice ... without* ... Hinc Assamenta, *Poems* ... interp Schol

Associo, as act [ex ad, & socio] *To associate, to accompany, to ... join* ... Associat passus, *He ... keeps pace ... with*, Stat Cornua summus associant mali, *They ... the ... to the top of the mast*, Claud

† Assoleo, ēre neut [ex ad, & soleo] *To be usual, or customary* Sed non leg nisi

Assolet, *It is wont, it is the custom* Ut assolet, *Liv* Quæ assolent *Ter*

Assono, āre, ui neut [ex ad, & sono] *To answer by sound like an echo* Plangentibus assonat Echo, *Ov*

Assuefacio, ere, feci act [ex assuescere facio] *To accustom, to inure, to use one to a thing, by use and custom to bring one to it* § Imperio P R [provincias] parere assuefecit, *Cic de Prov Conf*

Assuefactus, a, um part [ab assuefacio] *Accustomed, inured to a thing* Barbari genere pugnæ assuefacti, *Cæs*

Assuescitur, imp *To be used to a thing*, Liv ...

Assuesco ēre, ēvi, ētum incept [ex ad, & antiq verb suesco] neut (1) *To accustom himself, to be accustomed, or used to a thing* (2) Also act *To acquaint, or use* (1) Voci ... assuesce vocari, *Ov* (2) Ne ... animis assuescite bella, *Ita* ... animos tantis bellis *Hypallage*

Assuetudo inis f verb *Custom, use ... acquaintance, ... usage, long practice* Assuetudine mali efferaverant animos, *Liv*

Assuetus, a, um part & adj or, comp *Accustomed, practised, inured* § Assuetus labore, *Cic* labori, *Id* muros defendere, *Vir* Assuetæ ad sceptra manus, *Sen* Assuetus in jura, *Liv* Romanis Galli ... tumultus assueti, ... *it, sed solus (ut opinor) ... gen* Assuetior montibus, *Id* 22 18

Assula, æ f dim [ab assis] (1) *A board, a lath, a shingle, or slate* (2) *A chip, or piece of wood, a splinter, a slice of any thing* (3) *A chip, or shard of marble, or other stone, that comes off in hewing* (1) Pultando pedibus pene confregi assulas *Plaut* (2) Assulis ... subjectis, *Plin* 29 2 (3) Litt ex Vitr

Assulātim, *Piece-meal, in chips, or slices* Assulatim foribus exitium afferre, *Plaut*

Assŭlōse, adv *In small chips*, Plin 12 22

Assultim, adv [ab assilio] *By leaps, or jumps*, Plin

Assulto, as freq [ab assilio] (1) *To run, or leap upon one* (2) *To assault, or assail, to attack* (1) Portarum moras frænis assultat, & hastis, *Stat* 14 4 (2) Jam cernes Libycum huic vallo assultare leonem *Sil*

Assultus, us m verb [ab assilio] *A leaping upon, an assault*, or *onset*, Virg

Assum, pro adsum *To be present*, Ne cum assiet [servus] metuam, *Ter*

Assumendus, a, um part [ab assumo] *To be assumed, received, entertained, &c* Amicos, propterea assumendos putamus, tum quia sit in iis aliquid dignum assumptione, &c *Cic*

|| Assumentum i n [ab assuo] quod assutum est *A patch, or piece sewed, or set on* Vulg Interp

Assūmo, ēre, psi, tum act [ex ad, & sumo] (1) *To take* (2) *To take to, or add to* (3) *To take upon him, or assume too much* (4) *To reign, or recover* (5) *To take in ... (6) To eat and drink* (1) Assumere cibum, & potionem, *Cels* (2) Assumo te in consilium, *Plin* (3) ✕ Id quod alteri detraxerit, sibi assumat, *Cic* 3 *Offic* (4) Vires assumere, *Ov* (5) ✕ De iis ... assumunt, ... quod ipsum non ab omnibus conceditur, *Cic Div* 2 (6) Juvenum minus interest qua assumant & quomodo curentur, *Cels*

Assumor, ĕris pass *To be ... taken up* &c Cic

Assumptio, ōnis f verb (1) *A taking, an assuming* (2) *An assumption, the minor proposition in a syllogism* (1) Vide Assumendus (2) Jam assumptione non concessâ, nulla conclusio est, *Cic* de *Div*

Assumptivus a, um adj *Assumptive, extrinsecal* ✕ Judicialis in duas distribuitur partes, absolutam, & assumptivam, *Cic de Inv* 1 Vid locum

Assumptus, a, um part (1) *Taken* (2) *Imitated, attributed* (1) Assumptâ ... (2) Nil ... nostræ laudi assumptum arbitramur, *Cic*

Assuo, ere, ui, ūtum act *To sew to, or piece, to stitch to, or clout on a piece* Unde

Assuor i, tus pass *To be sewn, &c* Assuitur pannus, *Hor*

Assurgitur, imp *They rise* Ut majoribus natu assurgatur, *People should stand up, or honour*, Cic Assurrectum est, *Stat*

Assurgo, ĕre, rexi neut [ex ad, & surgo] (1) *To rise up, to stand, or be in height, to stand up, to grow up, to encrease, or wax bigger* (2) Met *To use a lofty stile* (1) Assurgunt Alpes 50 millibus passuum, *Fifty miles high*, Plin 2 ... 4 (2) Raro assurgit Hesiodus, *Writes in the sublime*, Quint ¶ Assurgere alicui, *To rise up to one, to do him reverence*, Cic in arborem, *To grow to the height of a tree*, ex morbo, *To recover out of a disease*, Liv

ASSUS, a, um adj Assatus [forte ab ardeo, qu arsus, vel ab ἄζω sicco, ξ in ss migrante] (1) *Roasted* (2) *Dry* (3) *Without mixture, alone pure*, (1) Si quis nunc mergos suaves edixerit assos, *Hor* ✕ Caule ipso & homines vescebantur decocto, asso, elixoque, *Plin* 19 3 (2) Assi lapides, *Serv*, sc. nullo arenato

nato conglutinati, ex quibus fiunt maceriæ (3) ✠ Cantabant pueri & assâ voce & cum tibicine, *In vocal musick only* Var Assâ tibia canere *Without chorus*, Cito Assus sol, *The scorching sun*, Cic

Assyrius, a, um adj † Malus Assyria *The orange, citron or lemon tree* Malum Assyrium, *A lemon or citron* Vid Propr

Ast conj discret [ab at, insito s] (1) *But, and yet, however* (2) *So ly, th h* (1) Ite que eos antiquos servis, ast captis novos, *Plaut* Crebris nobis literis expecta, ast plures etiam mittito, *Cic* (2) bello si hodie nobis victoriam duis, ast ... templum tibi voveo, *L* 10 19

* Astăcus i m *A kind of shell fish, perhaps a lobster, or crab*, Plin 9 31

Astans, tis part [ab asto] *Being present, standing by, stirring or ...* Squamis astantibus hydri

* Ast...lus, ... *A comfit, ...ed*, Plin

* Asteismos *A pleasant trope, ...* Quis generum meum ad gladium alligavit? *Cic*

Aster m [ab ἀστὴρ, i e stella] Aster Atticus, vel potius acticus, i littore, ubi crescit It aster, quod & bubonium, quoniam inguinum præsentaneum remedium est *Plin* 27 5 *The herb starwort, sharewort or ... Aster* Samius, genus terræ candidissimæ *A kind of bright earth digged ... of Samos, ... imprinted on it*, Plin 35 16

* Asterias, æ m & Asteria æ f [... ... gemma] *A kind of heron ... eg* Plin 10 60 Dic & Asterius, *... lapis, A kind of ... ...* Plin 31 9 *It is also called* Astrios, Astritos, ...obolus

* Asteriscum i n *... ...* Dic ... & ... Dic ... ... & urceolaris herba ... & muralis herba *... of the wall*, Plin 22 17

Asterion, i n *A sort of ...* Plin 29 4 a stellæ similitudi ...

* Asteriscus, i m *A little ... in writing, in form of a* [*] *... shewing something ... or to be noted* Hieron

* Asterismus, i m *A ... or constellation of fixed stars*

Asterno, ĕre, ... act [ex ad, & sterno] *To spread, or strow ... or lay along by, or near to*

Asternor, ĕris pass *To grovel, ... ground ...* Asternuntur sepulchro, *O*

* Asthma, ătis n *Shortness of ... breathing ...*

Asthmătĭcus, a, um adj *One ... short of breath, that puffs and ...* Latine suspiriosus, ... *Plin* 2, 7

Astipulatio, ōnis f verb (1) *... agreement* (2) *... ...* (1) Quâ de re extat ... stipulatio, *Plin* 29 1 (2) Quint 2 ... ...

Astipulator, ōris m verb *He ... agrees, or ...* Falsum esse & Stoi... ... & eorum astipulator ... *Cic Acad* 4

Astipulātu, abl m verb *By ... consent, or agreement ...* astipulatu, *Plin N H* 7 17

Astipulor, āris [ex ad, & stipulor] dep (1) *To engage for ... is asked of another* (2) *To ...* (1) *Ap Jcc* (2) § Astipulari irato consuli, *L* ... 39 5,

Astĭtuo, ĕre, ui, utum act [ex ad, & statuo] (1) *To set before* (2) *To carry, or bring before* (1) Reum ad alicujus lectum astituere, *Auct Her* 3 20 (2) Annos jubes astitui ollis? *Plaut* Rato occ

Asto, āre, stiti, ĭtum neut [ex ad & sto] (1) *To stand* (2) *To stand by, to be present* (3) *To approach, to be at hand* (4) *To assist* (5) *To attend* ... (1) § Pastor ad caput ... ..., *Ov* ... 19 (2) Accessi, astiti ..., *Ter* (3) § Finis vitæ ... ...bus ... *Ter* (4) Asto ad ... ... (5) § Astabat dominus mensis pulcher... ille, ... ¶ Astare alicui contra, *To oppose* Plaut

* Astrăbă, æ f *The ... ... of ...* Var Lat Clitellarius

* Astragalismus, i m *The play ... cockals, dice, or ...*

* Astragalizontes pl m *... famous ... of ... ... the name of ... ... boys playing at cocks*, Plin Lat Talis ludentes

* Astrăgalus i m (1) *The huckle-bone* Meton *The play ... cockals, dice, or tables* (2) *Also ... herb which from the form of it ... so called pease ...* (3) *Also a kind of wreath, or circle ... ... graven* (1) Græce, ... (2) Plin 26 8 (3) Vitr 3 3

* Astrapias, æ m [ab ἀστραπὴ, fulgur] *A precious stone that resembles flashes of lightning*, Plin 37 11

* Astrapoplecta, pl n *Places stricken with lightning*, Sen Latine, Loca fulgurita

Astrĕpo, ĕre, ui, itum neut [ex ad & strepo] *To make a noise* § Astrepere alicui *To applaud ... or give a shout*, Tac ... aures alicujus, *To make his ears ring*, Plin jun

Astricte, adv [ab astrictus] *Closely ... ... concisely* = Qui pressius & astrictius scripsi, ✠ Fuse, ... *Cic*

Astrictio ōnis f verb *Astriction, ... of taste, like to that of ...* Gustus ... cum astrictione, *Plin*

Astrictorius, a, um adj *Of ... to bind, astringent, binding*, Plin 24 1,

Astrictus a, um part [ab astringor] & adj or, comp ... *Tied, bound, fastened, girt in ... ...*, &c Vide iuct in Astringo, Adj (1) *Confined* (2) *Stinted* (3) *Obliged, compelled, forced, necessitated* (4) *Tied up, ...* (5) *Frozen* (6) *Frugal, ...* (7) *Sparing, ..., ...* (1) Non astricto percutitur ... ... *Hor* = ✠ Nec tamen hæc ita sunt arcta & astricta ut laxare nequeamus, *Cic* (2) Finitimus oratori poeta, numeris paulo astrictior, *Id* (3) § Astrictus necessitate *Id* (4) Numeros nostros ... ... fronte ... entes, *Mart* (5) ... ... pependit, *Ov* (6) Gustus astrictus, *Plin* 27 12 (7) astrictus pater, *Propert* 2 23 7

† Astricus, a, um adj *Of ...* Coeli ... ... astricis, *Vir*

✤ Astrifer, ĕra, ĕrum [ex astrum, & fero] *... bearing, or ...* Axes astriferi, *Stat*

✤ Astriger, ĕra, ĕrum *... ... stars* Astrigero tollendus ..., *Stat*

Astringens, tis part *Binding*, &c ... seq

Astringo, ĕre, xi, ctum act [ex ad, & stringo] (1) *To bind, fasten, gird, or straiten* (2) Met *To oblige or engage* (3) *To strengthen or be astringent* (4) *To bring into narrow compass* (1) § Astringite ad columnam fortiter hunc, *Plaut* (2) Tanti officii servitutem astringam testimonio sempiterno, *Cic* (3) ✠ ... ..., tum remittitur [alvus] *Id* (4) Qui breviter asti... ... argumenta ... ... *Id* ¶ Astringere aliquem conditionibus suis *To bring him on his own terms*, Cic Astringere se facto *To ...*, Id ... ... facinora *To take ...*, O... ... *To be guilty of felony* Plaut Frontem, *To bend, or knit his brow*, ... ventrem, *To bind, or make ... ...* Cels

Astringor, i, ctus pass *To be bound*, &c Hoc astrictius astringi ... ..., *Be tied no ...*, Cic de Fato

* Astrios, ōtis f [ab ἀστὴρ] *A kind of gem found in India*, Plin 37 9

* Astrobolos [ab ἄστρον, & βάλλω] *A gem ... ... eye*, Plin 37 9

* Astroites æ m *A stone in ... eye*, Plin

* Astrolabium ... n *An instrument ... ... motion and distance of the stars ... ..., an ...* Class auct expers

* Astrologia, æ f *Astrology* Homo astrologiæ ... ..., *Cic*

* Astrŏlŏgus, i m *An astrologer, a fortune teller* Cic Quicquid dixerit astrologus credent ... ... Ammonis, ... 6 553

* Astronomia, æ f *Astronomy, the science of the stars, and the motions of the ...* A ... ...

* Astronomicus, a, um adj *Pertaining to astronomy* Artes ... ...

* Astronomus, i m *An astronomer, or one professing the ... ... of the motions of the ...* Auct vocab

* ASTRUM i n [ab ἀστὴρ] (1) *A constellation, or celestial sign consisting of many stars* (2) *A single star* (1) Dudum ... ... aureus astris, *Id* (2) Cœlans astrum, *Id* ✤ Astra, pl pro cælo Daphnin ad astra ferentis, *Id* ✤ ... ... Uni ... ... dabit omnibus ... ... Dis ... ingenis Vid locum 98

Astruo, ĕre, xi, ctum act [ex ad, & struo] (1) *To build ... to, or join ... ...* (2) Met *To ... ..., or ... ...* (1) Col ... ... (2) § Quantum ... famæ ... apud principem ... ..., *Plin*

Astruor, i, ctus pass *To ... ... to* Met *To be ...* Astruuntur his, *Besides ...*, *Plin jun*

* Astu n indecl ἄστυ, i e urbs *The city, emphatically of Athens* An in astu venit? *T*

Astŭpeo, ēre, ui neut [ex ad & stupeo] *To be amazed at* A... stupet ... ..., *Stat*

Astur uris m, Jul Firm qu... est ex Asturia ... ..., or ... ed Astur equus, i e Asturco, ...

Asturco, ōnis m [se ex Asturia ...] ... ... Plin Astur equus, ...

ASTUS, ûs m ... ... in ... sing ... ... in reliquis, & astus solum ... ... *Cic*, ... Non ... ... belli, ..., ... 16 ... Quod ... astu rem tractavit, *Ter*

Astute adv qual us comp ... ssime, sup *Craftily, cunningly, ...* Nihil astute reticere debeo, *Cic* Ne astutius videri posuisse *V...* Astutissime componere, *Gell*

Astutia, æ f *Craftiness, cunning, shifting, knavery* Cic

Astutulus, a, um adj dim *Somewhat crafty* Apul

Astutus a, um adj [ab astus] or, comp ssimus, sup *Subtle, crafty, very politick* ✠ = ... non ... ..., ... simplex, non ingenuus, non justus, non bonus, sed ... ... ostentator, fallax, ..., callidus, veterator, vafer, *Cic Off* 3 Nec fallaciam astutiorem ullus fecit poeta, *Plaut* ... Astutissimi ... ...

* Asyla, æ f ... ..., ... ad Asylum, confugiant pecora, herba quam ... ... Plin 25 11 ... ... when they have ... ..., or ...

Asylum i n [ab α, priv & συλάω, spolium] *A sanctuary, a place of refuge for such as fly to ... ...* ... Ad asylum confugere, *Plaut* *To fly for refuge*, Cic Ver 3 3

* Asymbolus, a, um adj ... *... nothing of his reckoning ...* Ter Phorm 2 2 25

* Asyndĕton, n [ab α ... & συνδέω, conligo ... ἀσύνδετον, quasi incompositum, ... disjunctum] *A figure wherein many words stand together without their usual conjunction* ... Abiit, excessit, evasit, erupit, *Cic* ...

* Asynthetus a, um adj ... ... Asyntheta crystalla, *... ... hot or ... ...*, Plin

* Asystaton, n [ab α, priv & συνίστημι, consisto] *A tale inconsistency, or ... ... contradiction* Gell

A ante T

AT, conj [adversat ex Gr ... ... autem] *But*, (1) *... ...* (2) *Threatning* (3) *Admiring* (4) *Disproving* (5) *Objecting and answering* (1) Scipio est bellator, at M Cato orator, *Cic* (2) At ô Deorum quisquis in cœlo regis, *Hor Ep* 5 At vobis mala multa Dii, Deæque dent, *Catull* (3) At quem Deum? qui, &c *Ter* ... ... 5 (4) Unum miser ... ..., itaque minor ... quam cæterum crudelitate, ... *Cic* ... (5) At memoria minuitur, credo, nisi exerceas eam ... ... Alio ... ..., ..., ... *Cato* Si boni ... repub... ... ..., at ... ... *Cic*

At, interj (1) *An interjection of Surprize, ...* (2) *Admiration, Strange!* ... ... (3) ... ... (1) At te ... ... mihi ... ..., sunt ..., *Ter* (2) At ... ... meus ... idem ... ... est, *Plaut* (3) ... ... reducere? *Ad* ... *Ter* ... 6 17

Atavus, i m [ab at, i e ad, & avus, qu ... ... avus superaddatur] (1) *The great grandfather's ... or ...* (2) ... *ancestor ..., indefinitely* (1) Non ... ... proavum, atavum ... ... *Cic* (2) Pro... ... vestram ulciscar, atavo, ..., *Ter*

Atellanicus, a, um adj Atellanicus versus *Cic de Div* Atellanicum ... odium, *Suet in Tib* ... idem quod seq

Atellanus, a, um. adj [ab Atella, Campaniæ opp] Hinc Atellani, *Players that made droll and jests*, Liv Hinc Atellanæ, sc fabulæ *A sort of ancient plays, or comedies, full of sprightly mirth and humour, see a particular account of them*, Liv 7 2

ATER, tra, trum adj in-certæ notationis voc (1) *Black, cole-black, brown* (2) *Dark, sad, coloured gloomy, mournful* (3) *Cruel, mortal* (4) *Stormy, raging* (5) *Foul, filthy, nasty, loathsome* (1) ♓ Utrum sis albus, an ater, *Cat* (1) Diem excoctum reddam, atque atrum, quam est carbo, *Ter* Atra plebo atritate, atrior multo ut fiet quam Ægyptii, *Plaut Poen* 5, 5, 11 (2) Atra cupressus nox atra, *Vir* (3) Serotium fila atra um puluentum atri, *Hor* (4) Tempestas atra *Hor* (5) Inluvies atra, eluvi iter, *Vir* ¶ Atra bilis, *Melancholy, or choler adust*, Cic Atrum venenum *Rank poison*, Vir Ater panis *Brown bread*, Ter Atrum olus, *Smallage*, Col

* Atrimina pl n *A kind of pulse that requires much boiling*, Plin

* Atramnos, f scil herba indomita *A sort of weed in the ground, growing among beans, and killing them* Plin 18 17

* Athara, *A kind of pulse, or gruel, pottage* Plin 22 25

* Atheos, i & Atheus, i m ἄθεος i e sine deo *An atheist* Priore modo & quidem Latinis literis scripsit Cicero posteriore Arnobius = Irreligiosus

* Athlonia, ātis n *A kind of sneezing at the neck, or arm hole, common with a matter like glue*, or *pain* Cell 7 6

* Athleta, æ m ἀθλητής pugil *A wrestler, a champion* Subduc cibum unum diem athletæ, Cic

Athletice adv ἀθλητικῶς Stoutly, lustily, champion-like Athletice vivere *Plaut*

* Athleticus a um adj *Which belongeth to wrestlers* Athleticus victus, *Strong, hearty food*, Cell

* Athlothēta, vel Athlothētes, æ m *The judge in games of wrestling or running, or he that giveth the prize* Suet ap Litt, sed frustra quæsivi Lat Munerarius

Atinia, genus ulmi, *A kind of elm tree*, Plin 16 17

Atlepos, etis m [ab at, pro a, & nepos] *The fourth degree of descent, a great grandchild's grandchild*, ap Jct

Atnepus, tis f vel Adnepis *A granddaughter of one's great grandchild*, ap Jct

* Atocium i n & Atocion, n [ab α priv & τόκος, fœtus] *A drug used to hinder conception*, Plin 29 4

* Atomus, i m [ex α priv & τέμνω, seco] *A thing that is so little, that it cannot be divided, a mote in the sun, an atom, a mite* Atomos appellat, id est corpora individua propter soliditatem, Cic de Fin 1 quæ & illo loco simplicitate corpus sine versicat

Atque, conj [ex at, & que] ut dici per apocope, sed ut innectit, *Ter* (1) *And* (2) *As* (3) *Than* (4) *And yet* (5) *But* (6) *But* (7) *Besides* (8) Atque adeo (9) *After, afterward* (1) Tali genere, atque animo, *Ter* (2) Mihi æque atque ego *Id* (3) Magnum ingenium est atque, atque id mente quantuli *Cic* (4) Atque ego qui te confirmo me non possum, *Id* (5) Alium censes me nunc atque olim? *Ter* (6) Atque aliquis dicat, *Id* (7) Locus est bellus atque op ibam, *Plaut* (8) Esurio hercle, atque adeo nunc haud parum sitio, *Plaut* (9) Neque luna se mutat quoquam, atque exorta est semel, *Id*

Atqui, conj discret [ex at, & qui] (1) *But* (2) *And yet, however* (3) *Truly, surely* (1) Atqui expectabam quidem, *Ter* (2) Cic Tusc 5 de Dionysio (3) Ter Eun 4 6 2

* Atractylis, idis f *Wild Carthamus, or wild bastard saffron*, Plin

|| Atramentarium, i n *An inkhorn, bottle, or standish* Analogia soli nititur

Atramentum, i n [quod ab atro] (1) *Ink* (2) *The blood of the cuttle fish* (3) *Copperas or vitriol* (4) *Shoemaker's blacking* (1) Calamo, & atramento temperato, *Cic* (2) Atramenti effusione sepiæ se tutantur, *Id* (3) Plin 34 12 (4) Jam pater ejus accusatus a M Antonio sutorio atramento absolutus putatur, *Cic*

Atratus, a, um qui part [ab atro, as] (1) *Made, or died black* (2) *Wearing mourning, or black clothes* (1) Fluvius atratus sanguine, *Cic* (2) Quis unquam cœnavit atratus? *Id* ♓ Albatus *Cic*

|| Atrarius, a, um adj [ab atrium] Idem quod Atriensis, *Ulp*

|| Atricapilla, æ f [ex ater, & capillus] *A bird with a black feather on his head, with the like pinnace, or sting*, Gesn

Atricolor, oris adj [ex ater, & color] *Of black colour*, Plin

|| Atricus, qui excubat ad atrium, servus ad limina *A porter which keeps the gate, the usher of the hall*, ap Jct ¶ Atriensis

Atriensis, e adj *Belonging to the court yard or first entrance of the house*, Plaut

Atriensis, is m [sc servus ab atrium qui est custos atrii] *A steward, servant, who had the charge of keeping and looking to the images of their ancestors, and the plate and money disposed in the Atrium, or large room, the first entrance into their houses, whence they seldom go so far An usher of the hall, a porter, or steward*, Cic

Atriolum, i n dim *A porch, parvis, or little hall*, Cic

Atriplex, icis f [ab atro colore, unde atrum olus dic] *A herb called orage, or orach, golden herb*, Plin 20 20

Atritas, atis f *Blackness, brownness*, Plaut Poen 5 5 11 Vide Ater

ATRIUM, i n [quod atrum esset ex fumo, ibi enim erat culina, *Serv* unde fumosos cum dictatore magistros *Juv* & imagines] *A court yard, a court before a house, a hall, a place where they met to consult, and kept their statues and images, and also the statues of their ancestors*

Atrocitas, ātis f [ab atrox] (1) *Cruelty, fierceness* (2) *Grievousness, troublesomeness* (1) Non atrocitate animi moveor, sed singulari quadam humanitate, & misericordia *Cic* (2) Ad mitiganda in temporum atrocitatem, *Suet Tib* 18

Atrociter, adv ius, comp ssime, sup (1) *Cruelly, fiercely, heinously, outrageously* (2) *Severely, harshly* (1) Atrociter invehi, *Liv* (2) Paulo atrocius, *Cic* Atrocissime leges exercuit, *Suet*

* Atrophia, a f [ex α, priv & τροφή] *A kind of consumption, when the food converts not to nourishment An atrophy*, Plin

* Atrophus, a, um *Consumptive, whose meat doth not nourish him, tabid*, Plin

|| Atror, ōris m *Blackness*, Gell

ATROX, ōcis adj or, comp issimus, sup In hujus voc notat tuto pedem figere non licuit Vid Voss (1) *Cruel, heinous, wicked* (2) *Parching, scorching* (3) *Resolute, bold, inflexible* (4) *Fierce, eager* (5) *Raw* (1) = Res scelesta, atrox, nefaria, *Cic* Atrocior cædes, *Liv* 24 16 Atrocissimum certamen, *Id* (2) Atrox hora caniculæ, *Hor* 3 *carm* Od 13 Æstus atrox *Cic* (3) Cuncta terrarum subacta præter atrocem animum Catonis, *Hor* 2 *carm* od 1 (4) Inimicus atrox, *Vir Geor* 1 497 (5) Atrocia projeciunt exta ministratores, *Nev*

Attăceo, ēre ui, citum neut *To keep silence* Liceat nobis attacere *Cic pro Flac* Sed commode leg at tacere

Attactus, a um par [ab attingo] *Touched* Nullis attactus telis, *Sil*

Attactus, ûs m verb [ab attingo] *A gentle soft touch* Volvitur attactu nullo, *Vir*

* Attagen, ēnis m *A delicious bird of Asia like our woodcocks, or snites* Hor epod 2 53

Attagēna, æ f *A fowl of the like taste, the moor-cock, a ruff, a godwit, or snite* Ionicarum gulas attagenarum, *Mart* 13, 61

Attalicus, a, um adj [ab rege Attalo] (1) *Made of cloth of gold, brocaded* (2) *Wealthy, opulent* (1) Aurum texere in Asia invenit Attalus rex, unde nomen Attalicis, *Plin* 8 48 Attalicæ vestes, *Propert* 3 18, 19 Attalica aulæa, *Id* 2 32 12 Attalica tori, *Id* 4, 5 24 Attalica peripetasmata, *Cic* (2) Attalicis conditionibus nunquam dimoveas illum, *Hor*

Attămen, adv [ex at, & tamen] *But yet, for all this, however* Attamen ubi fides est, si rogas, nihil pudet, *Ter* ☞ Elegantes a nove, interposit vocib ut membro, sæpe occurrit, ut, Non pari, at grato tamen munere, *Cic* At tu indignus, qui faceres, tamen, *Ter*

Attăminο, as act [ex ad, & tamino] *To defile, soil, or foil* Justinus 21 3 4 & recentiores

Attegiæ, ārum f [ab attegendo] *Cottages, huts, cabins, tents, or booths in fairs* Dirue Mauorum attegias, *Juv*

* Attelebus i m *A kind of little locust without wings* Locustarum minime sine pennis, quos attelabos vocant, *Plin*

Attellana fabulæ, *Merry enterludes* Liv &c

Attellinus, i m *A merry actor*, Cic ad Att l 9 Vide Atellanus

Attempĕrāte, adv *Seasonably, aptly, fit, in the very nick*, Ter Andr 5 1 13

Attempĕro, as act [ex ad, & tempero] *To make fit, or meet, or aim right* Errantem gladium sibi attemperat, *Sen*

Attendens, tis part *Attending, mindful, listening to, considering*, Sil 1b

Attendo, ere, di, tum act [ex ad, & tendo] (1) *To bend the mind to, to mind, to regard, to take heed, or give attention* (2) *To listen* (3) *To study* (1) Sed attendite animos ad ea quæ consequuntur, *Cic* (2) = Attendere, & aucupari verba oportebit, *Cic* (3) Attendere juri, eloquentiæ, *Sen*

Attendor, i tus pass *To be attended, observed, minded*, Cell

Attentātus, a, um part *Assailed, attempted*, Cic

Attente, adv qual ius comp ssime sup *Attentively, diligently, carefully* Ita attente illorum officii fungere, *Ter Heaut* 1 1 13 Attentius cogitare, *Cic* Attentissime audire, *Id*

Attentio onis f verb *Attention, heed, care, diligence*, Cic

Attento, as act [ex ad, & tento] (1) *To attempt, to essay* (2) *To assail, to set upon* (3) *To try, or try* (1) Nemo apud nos, quidem qui attentaverit, *Ulp in Præt* (2) Urbem attentati suspicabatur, *Cic* (3) Precibus, Tachi ymis attentare aliquem *Vir Ecl*

Attentor, ātus pass *To be attempted, corrupted* &c Ne sua fides attentetur, *Cic*

Attentus a um part [ab attendo] vel adj ex part or comp ssimus, sup (1) *Held, detained* (2) *Attentive, devoted to* (3) *Attentive, listening* (4) *Full of care, solicitous* (1) Animus in spe, atque in timore attentus *Ter* (2) ¶ Attentiores ad rem sumus omnes, quam par est, *Given to the world, worldly*, Id (3) Verba per attentam non ibunt Cæsaris aurem, *Hor* Attentissimis auribus audire, *Cic* (4) Attenta & rusticana vita, *Cic* ¶ Attentus quæsitis, *Saving, penurious, niggardly* Hor

Attenuāte adv *Slenderly, closely, concisely* = Presse ♓ Sublate, & in ple dicere, *Cic*

Attenuatio, onis f verb *A diminishing, or lessening*, Ad Her

Attenuatus a, um part (1) *Diminished, lessened* (2) *Weakened, made fewer* (3) *Made thinner, or leaner* (1) = Attenuatum bellum, atque imminutum, *Cic* (2) § Attenuatæ prælus legiones, *Cæs* (3) Attenuatus amore *Ov* & Mel ¶ Attenuata oratio, *a low* ... *style*

Attenuo as act [ex ad, & tenuo] (1) *To make thin* (2) *To diminish, lessen, impair* (3) *To weaken* (4) *To bring low, or pull down* (1) Falx attenuat umbram, *Catul* (2) Alti voragine ventris attenuat opes, *Ov* (3) Opera insuetas attenuare manus *Ovid* *Val* attenuisse (4) Insignem attenuat Deus *Hor*

Atterĕri, ātis pass *To be worn, worn*, &c *Luci*

Attero, ĕre, ivi, [& erui, *Tib*] ritum act (1) *To rub against, or upon* (2) *To wear out, or away* (3) *To bruise, to impair, or break with one's feet, to trample* (4) *To waste, or destroy* (1) Anguilli atterunt se scopulis, *Plin* (2) Opera fluctus atteruntur, *Tibull* 1 4 18 (3) Aut bucu a surgentes atterat herbas *Vir Geor* 1 12 (4) Atteret simum alicujus, *Sall in Cat*

Atteror, i tritus, pass *To be worn*, &c *Cels*

Attestans tis part *Witnessing, avouching*, Cic

|| Attestatio, ōnis f verb *A testimony, a deposition of a witness*, Macr

Attestator, ōris m verb *A witness, an avoucher*, Plin ep 6 17 ex fide Mss Ir Gl Gr Lat ἐπιμαρτυρήσας, attestator

Attestitus, a, um part *Proved by witness, avouched* ¶ Attestata

testata fulgura, *Repeated, confirming the meaning of the former*, Fest

Attestor, aris, dep [ex ad, & testor] (1) De persona, *To call, or take one to witness* (2) De re, *To wit est, vouch, or affirm, it to be so* (1) Est in aure ima memoriæ locus, quem tangentes attestamur, *Plin* (2) Hoc attestatur brevis Æsopi fabula, *Phædr* 1 10

Attexo, ere, ui, xtum act [ex ad, & texo] (1) *To knit, or weave* [illegible] (2) Met [illegible] (1) Pinnæ loricæ [illegible] ex cratibus attexuntur, *Cæs* (2) Ad nostralem partem attexi [illegible], *Cic*

Attexor, i, tus pass *To be wove* [illegible] *together* Vid Attexo, N° 1

Atthis, idis f *A nightingale*, *Mart*

Attice adv *Attice loqui*, [illegible] *elegantly*, Cic

Atticismus, i m *A phrase*, [illegible] *the Athenians* [illegible] *the Attic dialect*, [illegible] Cic

Atticisso, [illegible] act *To imitate* [illegible] *after the Attic* [illegible] Plaut

Atticurges, [illegible] qu modo columnæ [illegible] Doricæ &c [illegible]

Atticus, a, um adj *Athenian*, [illegible] Attice loquentia, *Cic*

Attiguus, a, um adj [ab attingo] *Near by, adjoining* Contiguus

Attilus, i m *A large fish* [illegible] *with a term of* [illegible] 15

Attineo, ere, ui, entum act [ex ad, & teneo] (1) *To hold back*, [illegible] (3) *To hold forth* (3) *To* [illegible] (1) Ni prox[illegible] [illegible] *Tac* (2) [illegible] in cultros attinet, [illegible] (3) Illud ad me atti[illegible] Nec quæ nihil attinent [illegible] Quæ [illegible] colendam vitam attinent, *Cic* Quid attinuit te [illegible] Comperi eam nihil ad Pamphilum qui quam attinere [illegible]

Attineor, eri, entus pass *To be* [illegible] &c Attineri vinculo [illegible] *to be kept* [illegible] Id

Attingo, ere, tigi, tactum act [ex ad, & tango] (1) *To touch* [illegible] (2) Met [illegible] (3) [illegible] (4) [illegible] (5) *To* [illegible] (1) Si attigerit [illegible] infortunium, *Ter* (2) Si quid in unamquamque rem attingere, *Cic* (3) Nec iis tantum quos sanguine attinget, *Pl* (4) Attinget te hæc res, *Cic* (5) Cum primis navibus Britanniam attigit, *Cæs*

Attingor, i, tactus pass *To be touched*, &c *Cic*

Attollens, tis part *Lifting up*, *Sil*

Attollo, ere act [ex ad, & tollo] (1) *To lift up, to raise, to advance* (2) *To extol* (3) *To exalt* (4) *To bring up, as* [illegible] (1) ⚌ Cumque se quisque attollere, ac levare vellet, *Liv* (2) Attolle pallium, *Ter* (3) Fatrionis est parvam rem attollere *Cel* (4) Attolle partus suos, *Plin* ¶ ✕ At tollunt & submittunt se venæ, *Swell and fall*, Cels Attollere in cœlum, *Plin* ad sidera, *Luc To praise one highly*

Attollor, i pass *To be lifted up, raised*, &c *Plin*

Attondens, tis part [*shearing, clipping*, Vir] ab

Attondeo, ere, di, sum act [ex ad, & tondeo] (1) *To clip, to shear, to shave close* (2) *To cut, to poll, to round* (3) *To browze or feed upon* (4) Met *To chouse* (1) Sed utrum strictimne attonsurum dicam esse, an per pectinem, *Plaut* (2) Ulmos attondere, *Id* (3) Attondent tenera virgulta capellæ, *Vir* (4) Is me usque attondit doctis dolis, *Id*

Attondeor, eri, sus pass *To be clipped*, &c *Cels*

Attonsus, a, um part (1) *Shaved close, clipped, shorn, mowed or reaped* (2) Met *Diminished* (1) Attonsum caput, *Cels* Attonsi arietes, *Liv* (2) Attonsa laus, *Cic* ex Poeta

Attonite, adv *Wonderfully, devoutly*, *surprizingly*, Plin

Attonitus, a, um part [ab attono] cui cælus vicini fulminis, & sonitus tonitruum dant stuporem, *Sen* (1) *Astonished, struck with astonishment, properly with a sudden clap of thunder, thunderstruck* (2) *Possessed with inspiration* (3) *Amazed, frighted, amazed* (1) *Cels* 3 26 (2) Attonitus vates, *Hor* (3) Novitate ac periculo attonitus *Liv*

Attono, as, ui, itum act [ex ad, & tono] *To astonish, amaze, affright* [illegible] Quis furor vestras attonuit mentes? *Ov Met* 4 5, 1

Attractio, onis f verb *A drawing together*, Quint

Attractus, a, um part [ab attraho] & adj or, comp (1) *Drawn, dragged* (2) *Fetched up* (3) *Contracted, wrinkled* (1) Bis ad judicis subsellia attractus, *Cic* (2) Attractus ab alto spiritus, *Vir Geor* 3 505 (3) Cum Possionis attractiorem vidisset frontem *Sen de Benef* [illegible]

Attrahens, tis part *Drawing*, &c Attrahens & reddens animam, *Plin*

Attraho, ere, xi ctum act [ex ad, & traho] (1) *To draw to one* (2) *To drag* (3) Met *To entice or allure* (1) Attrahunt in se pituitas, & sona aridi, *Plin* 37 3 (2) Tribunos id se attrahi jussit, *Liv* 29 9 (3) ⚌ Similitudo illiusque attrahit, *Cic*

† Attrectatio, onis f verb *Often handling*, Gell *Lat* † Tactus

Attrectatus, us m verb [ab attrecto] *Handling, touching, or meddling with* Attrectatu & quasi sanctum amplificatis dolorem, *Cic* Raro occ

Attrecto, as act [ex ad, & tracto] (1) *To touch, to handle* (2) *To grope, feel, or meddle* (1) Attrectare contaminatis manibus, *Liv* (2) Uxorem alterius, *Id*

Attremo, ere, ui neut [ex ad, & tremo] *To tremble* [illegible] Re[illegible] tristis attremit orantis, *St*

Attrepido, as neut *To hobble long*, Plaut

Attribuo, ere, ui utum act [ex ad, & tribuo] (1) *To give, to* [illegible] (2) *To attribute, impute or lay the blame upon* (3) *To assign, or allot* (1) *To pay down* (1) Illis equos attribuit, *Cæs* (2) Si uni attribuenda culpa sit, *Cic* (3) Ex insulis quæ erant ab Sylla Rhodiis attributæ *Id* (4) ⚌ Pecuniam redemptori solvendam attribuendamque curent, *Id*

Attributio, onis f verb (1) *An assignment of money* (2) *An attribute, as of the deity* (1) De attributione conficies de repræsentatione videbis, *Cic ad Att* (2) Apud Theologos

Attributum, i n (1) *Money assigned for the payment of soldiers* (2) *An affection* (3) *An attribute, or perfection of the Deity, as goodness, justice*, &c (1) Vid [illegible] L (2) Ap Philos (3) Ap Theol

Attributus, a, um part *Assigned, allowed, appointed, or given*, Cic Vid Attribuo

Attritus, a, um part [ab attero] vel adj ex part or, comp (1) *Rubbed, or worn away* (2) Met *Abated, diminished, decayed* (1) § Sulci attritus vomer [illegible] Attritis pedibus [illegible] *Id* (2) Ritus ejus & mentum pati [illegible] attritus [illegible] 6 Attritæ opes, *Id* Servilibus attriti operibus, *Liv* 2 18

Attritus, us m verb [ab attero] (1) *Rubbing, fretting*, or *galling of the skin* (3) [illegible] [illegible] &c (1) Ani tuli attritu nascunt, Sc (2) Attritu digitorum, *Sen* (3) Attritu calceamentorum, *Plin*

Attuli, prat à [illegible] quod vide

Attumulo, as [ex ad, & tumulo] *To heap or pile up*, Plin [illegible] sed non invenio

Ante U

Au vel hau interj conster natæ mentis, silentium indicentis *Aw, kaw away, for shame* [illegible]

Avare adv (1) *Sturdily, greedily, covetously* (2) *Cautiously, sparingly* (3) *Earnestly* (1) Nihil avare nihil injuste, nihil incontinenter faciendum, *Cic* (2) Licet horas suas avarissime servet *Sen* (3) Avarius opus exigat quam pensiones, *Col* 1 7

† Avariter, adv *Greedily* In gurgitem se merum avariter, *Plaut* [illegible] 1 2 35

Avaritia, æ f [ab avarus] (1) *An inordinate desire of any thing* (2) [illegible] *avarice, covetousness* (1) ⚌ Avaritia gloriæ & nimis tibi sis cupido famæ nihil in istum nihil remotum [illegible] *Cor* (2) [illegible] [illegible] *Cic*

† Avaritiea, ei f *Covetousness*, Lucr 3 59

Avarus, a, um adj [ab aveo] or, comp ssimus, sup (1) *Greedy, desirous of any thing* (2) *Covetous of money, covetous* (3) [illegible] Pectus [illegible] nullius [illegible] (1) ... (2) Ne tuum [illegible] num avarorem ... [illegible] *Plin* (3) Homo avarissimus sed de bonis [illegible] filio, *Cic* (3) [illegible] *Ter* Mare avarum *Hor*

Aucella, æ f [illegible] *A little bird* [illegible] Met [illegible] [illegible] *Cic* [illegible] Nec cuius aucepsnostro tentori [illegible] *ov, or* [illegible] Plaut

Aucupium, i n [*ab* au]cupium] [illegible] Mart 2 22

† Auctio cus, a, um adj [ex aucto, & acio] [illegible] Lucr 2

Auctio, onis f verb augendi actus *Increasing a setting things to open sale, an outcry, or sale of goods, port sale of private goods* Auctionem facere, *Plaut* Auctionem vendere, *Cic To sell as a broker to make sale to them that will give most* Auctio regia, *Sale of the kings goods*, Plin Auctio hastæ, *Setting to sale under a spear, by the proclamation of a cryer*, Suet

Auctionans, tis part *He, or she that maketh a public sale*, Cic

Auctionarius, a, um adj *Of or belonging to sale* [illegible] Auctionariæ tabulæ *Inventories* [illegible] *goods* [illegible] *sold* [illegible] Cic Auctionarium [illegible] [illegible] Id

Auctionor, aris dep *Per auctionem vendo, auctionem facio* *To make an open sale, to sale* [illegible] *goods, slaves*, &c Nævius hominem multis verbis deterrere [illegible] auctionetur *Cic*

Auctito, as freq [a freq auctio] [illegible] *much or oft* [illegible] Auctitare pecunia fœnore *To* [illegible] *money by interest*, Tac

Aucto, as freq [ab augeo] *To increase, to advance* [illegible] Te bonis Jupiter auctet ope, *Catul*

Auctor, oris c g verb [ab augeo] Sic enim recte scribi, tam vetet Grammatici quam nummi exarati libri testantur, non [illegible] nedum author immo & Dio Cassius, lib 55 cum sibi ipsi satisfaceret nequiret exprimendo Græce [illegible] vocabulum ipsum Romanum Græcis elementis, Αὐκτωρ, non Αὐτωρ [illegible] Proprie qui auget, quo sensu *auctor* [illegible] scribit Servius, sed & dari potuit quicunque denum sensu dicerctur Certe auctoritatem [illegible] usque sexus hominem apud antiquos hac etiam significatione liquet Deinde quia augere hic [illegible] efficiendo, vel instituendo aliquid, patris, conditoris & in tutoris notionem induit Cumque tamen etiam multum pollere cperetur, sæpe denotat cujus virtute, consilio, jussu, vel [illegible] aliquid fiat (1) *Properly an increaser, or enlarger* (2) [illegible] *founder* [illegible] (3) [illegible] (4) *A leader, chief, or commander* (5) [illegible] (6) *An adviser, or counsellor* [illegible] (7) [illegible] [illegible] (9) [illegible] (10) [illegible] [illegible] (11) [illegible] (12) [illegible] (13) [illegible] (1) Auctor divitiarum, auctrix patrimonii, *Plaut* (2) ⚌ Primus pater urbis, & auctor, *Liv* Troja Dardanus auctor, *Id*, Brutus præclarus auctor nobilitatis tuæ *Cic* (3) Vermium [illegible] *Hor* ⚌ Dicendi gravissimus auctor, & magister Plato, *Id* (4) ⚌ Auctor R P & dux *Id* (5) Cæcilius malus auctor Latinitatis, *Id* (6) ✕ Legum multarum auctor, aut dissuasor fuit, *Id* Vide & Suet Tiber 27 (7) Vid Liv 1 17 ubi sum [illegible] in hac quam sequente lectione usurpari videtur ⚌ In eo, auctorque sum ut me cavi callendum loco *Plaut* (8) Vide Liv 1 17 sub finem (9) Auctor doloris alicujus, [illegible] [illegible] (10)

(10) Iisdem auctoribus cognitum est, *Liv* (11) Quos hic noster auctores habet, *Ter Prol Andr* (12) Nec vobis auctor ullus est, nec vos estis ulli, *Plaut Curc* 4 2 12 (13) Ap JCC Res quoque omnium rerum dicuntur auctores ¶ Rumorem auctorem habere, *To speak by hearsay*, Cic Rem tibi auctorem dabo, *The thing itself shall speak*, Plaut Fatis auctoribus, *By their over-ruling power*, Vir

Auctōrāmentum, i n [*ab auctorando*] (1) *A ship letting, or contracting, whence arises an obligation to serve* (2) *The hire, or wages of such service* (3) *A donative, or present* (1) Est in mercenariis ipsa merces auctoramentum servitutis, *Cic Off* 1 (2) Rudiarii revocati auctoramento centenum millium *Suet Tib* 7 (3) Hominem venalis animæ crebris auctoramentis accendebat, *Sen*

Auctōrātus, a, um part [*ab auctoro*] (1) *Hired, or lent out for money* (2) *Condemned, or bound to serve, as gladiators* (3) *Prest, or listed as a soldier* (1) P Rutilius auctorato sociis officio vitam sustentavit *Val Max* 6 9 8 (2) Auctoratus eris *Hor Sat* 2 7 59 (3) Suet *in Tib* (4) || Auctoratus consensus patrocinio, *Tert*

Auctōritas, ātis f [*ab auctor*] (1) *Authority, credit, reputation, esteem, earnestness, acquired by integrity, wisdom, age, public services, &c* *in great persons, or orders, analogical to that in sovereign princes and states called majesty, and is sometimes called for it* (2) *Weight, force, jurisdiction* (3) *An order, or commission* (4) *Judgment, opinion, advice, a testimony quoted out of an author, or writer* (5) *A record, or authentic deed, or instrument made by the prince, or state* (6) *A right, title, or propriety to a thing* (7) *Liberty* (1) Honeste acta superior ætas fructus capit auctoritatis extremos *Cic* Apex senectutis auctoritas *Id* ✕ Senatus auctoritas, & majestas P R *Id* (2) = Hujusce rei quæ sit vis quæ auctoritas, quod sit pondus, ignorant, *Id pro Flac* (3) Pratorum obtinent publicarum tabularum auctoritatem, *Id* (4) Auctoritas ejus multum apud me valet, *Id* (5) Postea quam certis literis, testibus, auctoritatibusque convincitur, *Id* (6) Jure optimo, sed tamen jure privato jure hæreditario, jure auctoritatis, &c *Id de Arusp responsis* (7) Auctoritatis obnoxius, *Paul*

Auctōro, as act [*ab auctor*] (1) *To bind, or engage one, as by contract, or hire, to service* (2) *To press soldiers or list them into pay* (1) *Liv* (2) Cic

Auctōror, āris pass *To be bound by oath, to be prest or listed as a soldier or gladiator*, Cic

|| Auctrix, icis f [*ab auctor*] *She that augmenteth or encreaseth, an authoress or actress*, Tert ‡ Auctor

† Autumnālis, e adj Vid Autumnalis

Autumnus, i m *Autumn, the fall of the leaf* Vide Autumnus

Auctus, a, um part [*ab augeor*] vel adj ex part or, comp (1) *Caused, begotten* (2) *Increased, heightned* (3) *Ample, or much more* (4) *Enriched, preferred* (5) *Enriched, improved* (1) Vide Augeo, N° 1 quin & sic utitur Plaut (2) Aucta forma fugâ est, *Ov* (3) Sylva frondibus aucta, *Id* Aucto numero navium, *Cæs* (4) = Majestas auctior, amplio︎rque, *Liv* 4 2 (5) = Omnes te in lauti, & bene parte auctâ putant, *Ter Heaut* 4 5, = Auctas exaggeratasque fortunas nox una pænè delevit, *Cic*

Auctus, ûs m verb [*ab augeo*] *Increase, growth, augmentation* Auctus corporis, *Lucr* ✕ Auctus, & diminutio fontis, *The ebbing and flowing*, Plin

Aucŭpātio, ōnis f verb [*ab aucupor*] (1) *Birding, fowling* (2) *Gain, catching* (1) Quint Declam 1, ex fide veter libb ubi Recent habent *Occupatio* (2) Bud ex Plin 9 35 ubi tamen alii legunt *Nuncupatio*

Aucŭpātōrius, a, um adj *Of, or belonging to bird catching, or fowling, fit to take birds*, Plin 16 36

Aucupium i n [*ab auceps, aucupis*] (1) *Birding, or fowling* (2) Meton *The fowl catched* (3) *A curious search after a thing, an earnest desire, or endeavour* (4) *An enticement* (5) *Also a way to get any thing* (1) Hic noster quæstus aucupii similis est *Plaut* (2) Peregrina aucupii in ventrem congerere, *Sen* (3) Aucupium delectationis, *Cic* (4) Aucupium auribus facere, *Plaut* (5) Hic fuit generi quondam quæstus, hoc novum est aucupium, *Ter Eun* 2 2 ¶ Vitam propagat aucupio sagittarum, *By shooting at birds and beasts*, Cic

Aucupo as act Met *To watch, or spy* *To listen* Aucupemus ex insidiis clanculum quam rem gerant *Plaut Asin*

Aucupor, āris dep [*ab auceps*] aves capio (1) *To go a birding, fowling, or hawking* (2) Met *To hunt after, to strive to obtain* (3) *To watch, lie at catch for, to seek or get by cunning* (1) Ex emphasi primæ significationis, *se habet tamen pro testim* (2) Aucupari favorem alicujus, *Cic* (3) Cur ea pistoris, & sororis & matris imbecillitate aucupatur? *Id pro Flac*

Audācia, æ f [*ab audax*] legitur in plur (1) *Audaciousness, presumption, impudence, desperateness, rashness, fool-hardiness* (2) *Effrontery, sauciness* (3) *Sometimes courage, or bravery* (1) ✕ Audaciæ potius nomen habeat quam fortitudinis, *Cic* 1 *Offic* Audacias ac libidines resecare, *Id* (2) ✕ In vultu est audacia multa pudori, *Ov* (3) Mille audaciæ experta delegerunt milites, *Liv* 38 25 Si deficiant vires, audacia certe laus erit, *Prop* 2 10

Audacĭter, adv [*ex audax*] *Boldly, confidently, rashly* Vid seq Audacter ☞ *Displicet hoc vocabulum Quintiliano pro. t ap. l* 1 c 6 *placuit autem Livio, l* 22 c 25 & 42 45 *at tece ... utroque Seneca, aliisque*

Audacter, adv ius, comp ssime, sup (1) *Freely* (2) *Boldly, courageously* (3) *Confidently, rashly* (1) = Ut te audacter moneam, & familiariter, *Ter Heaut* 1 1 6 = Audacter, & libere, dicere, *Cic* (2) Audacissime omnia incipere, *Liv* 30 30 Per medios audacissime proruperunt, *Cæs B G* 1 15 (3) Audacius existimare *Cic*

Audācŭlus, a, um adj dim [*ab audax*] *Somewhat bold, or courageous, a little too rash, saucy*, Gell

Audax, ācis adj or, comp ssimus, sup [*ab audeo*] (1) *Bold, confident.* (2) *Adventurous, valiant, daring* (3) *Audacious, desperate* (1) = Qui me alter est audacior, aut me confidentior? *Plaut in Amph* (2) = Temerarii, atque audaces homines accesserant, *Cic* (3) Furit audacissimus omni de numero Lycabas, *Ov*

Audendus, a, um part *Worthy to be enterprized, or undertaken*, Liv

Audens, tis part vel adj. or, comp ssimus, sup *Bold, hardy, adventuring on that ventures* Nondum audentia labi flumina restituit, *Ov* ✕ Dubium cautior, an audentior, *Suet de C. Cæsare* Audentissimi cujusque procursu, *Tac Agr* c 33

Audenter, adv ius, comp *Hardily, boldly, daringly* Audenter dicere, *Cod* Quidam audentius aperti s in collibus visebantur, *Tac*

Audentia, æ f verb *Daringness, fortitude* ✕ Audentia fortitudinis, audacia, temeritatis, *Non*

Audeo, ēre, sus sum act etsi sæpe sumatur absol (1) *To dare, to adventure* (2) *To presume, not to be afraid* (1) § Aude, hospes, contemnere opes, *Vir* (2) § Nec Tiberius pœnam ejus palam ausus, *Tac* § *Cum sa adde*, Adversus Neronem ausus, *Tac* Non audeo quin, *Plaut* Audere in prœlia, *Vir*

Audiens, tis part vel etiam adj ex part *Hearing, obedient* § Cum dat dicto audiens, *Cic* Cum gen Audiens imperii, *Plaut* Subst *pro* Auditor, Ad animos audientium permovendos, *Cic*

Audientia, æ f *Audience, or attention* Audientiam sibi facit improbitas ejus, *Cic* Raro occ

AUDIO ire ii, itum act [*ab αὐδὴ vox, cujus proprium est ut audiatur*] (1) *To hear, to hearken* (2) *To mind, attend, regard, listen* (3) *To hear say* (4) *To grant, to agree to, to give credit to* (5) *To be one's auditor, or scholar* (6) *To be spoken of* (7) *To try, or judge* (1) An ego toties de eâdem re audiam? *Ter* (2) Si me audies, *Hor* (3) Audivi a patre meo *Cic* (4) Endymion vero (si fabulas audire velimus) &c *Cic* (5) Audivit Molonem [Cæsar] *Suet* (6) Non recte facere, & tamen bene audire vult, *Cic* (7) De capite viri consularis sociorum audit, *Sen*

Audior, īris pass *To be heard*, &c *Cic*

Audĭtio, ōnis f verb (1) *An hearing, as of a lecture, or discourse* (2) *Hearsay, or report* (1) Ab auditione Nicetis ad Messalam venit, *Sen* (2) = ✕ Levem auditionem habent pro re compertâ, *Cæs B G* 7 42

|| Audītiuncŭla, æ f [dim *ab auditio*] *A little report, a muttering*, Gell

Audītor, ōris m verb *A hearer, an auditor, a scholar*, Cic.

Audītōrium, i n (1) *A school* (2) *An auditory, or assembly of them that hear* (1) ✕ Alia ratio est litium, & disputationum fori, & auditorii, *Quint* (2) Adhibito ingenti auditorio librum de vita ejus recitavit, *Id* Also *a common place where judges decide matters, an hall of audience, a consistory, a sessions house*, &c *Litt* sed sine auct

Audītum, i n subst (1) *Report* (2) *Hearsay* (1) Nil præter auditum habeo, *Cic* (2) Si iste audita recordor, *Vir*

Audītūrus, a, um part *About to hear*, &c *Ov*

Audītus, a, um part. [*ab audior*] *Heard, related*, Cic

Audītus us m verb (1) *The sense of hearing, hearing* (2) *A relation of a fact* (1) Auditus semper patet, ejus enim sensu etiam dormientes egemus, *Cic* (2) Non perinde intelligi auditu potest, atque ego ipse cogitans sentio, *Id*

Ave, verb defect Ave, aveto, plur Avete, avetote Infin Avere [ab Hebr חיה, *I have, i e live*] *All hail, God save you* Exprimere nec Latinum χαῖρε, non potest Græcum *Mart* Matutinum ave, *Id* *In the end of an epistle, Adieu, your servant* Sal *in Catil*

Avĕho, ēre, xi, ctum act [*ex a, & veho*] *To carry away with one* Equites mercede conducto, Ægyptum avexit, *Liv*

Avellāna, æ f [*sc ab Avella Campaniæ oppido, cujus meminit Sil* 8 45] *A filberd nut*, Plin 15 22

Avello, ēre, li, & vulsi act [*ex ad & vello*] (1) *To pull, or drag away* (2) *To part, or keep asunder* (1) Avellit frondes, *Ov* (2) Non potes avelli, simul ibimus inquit *Id*

Āvellor, i, avulsus pass (1) *To be pulled away* (2) Met *To be parted, or separated* (1) Poma ex arboribus, si cruda sunt, vix evelluntur, *Cic* (2) Vide Avello, N° 2

Ăvēna, æ f *either in the singular or plural number* (1) *Oats* (2) Met *Oaten straw, a pipe, a reed, a mean low stile, as in pastorals* (1) Satio avenæ, *Col* 2 11 Ovis avium, & avenis incolæ vivunt *Plin* 4 13 (2) Sed perlucenti cantus meditabor avenâ, *Tom* Structis cantat avenis, *Ov*

Ăvēnāceus, a, um adj *Of oats* Avenacea farina, *Oatmeal*, Plin 29 6

Ăvēnārius, a, um adj *Of oats, or being among oats*, Plin

Ăvens, tis part *Coveting, desiring*, Hor 2 Serm Sat 4

AVEO, ēre, caret præt & sup (1) *To desire, covet, wish* (2) *To be glad, to rejoice* (1) Aveo aliquid audire, & discere, *Cic* (2) Ex quâ notione deriv. Ave, χαῖρε

Ăvernālis, e adj *Of hell* Avernales aquæ, *Hor*

Ăvernus, a, um adj *Infernal* Freta Averna, *Vir* Valles Avernæ, *Ov* Vid Propr

Ăverro, ĕre, i, sum act [*ex a & verro*] *To sweep, or carry away* Cari pisces averrere mensâ, *Hor Sat* 2 4 37 Raro occ

Averruncandus, a, um part *To be appeased, driven away* Liv

Averrunco, as act [*ex a vel ab & erunco, au pro ab posito, ut in Aufero* Errunco autem *ex e vel ex, & runco*] (1) *To cut, spoil, turn, or take away that which overgroweth, to hoe, or weed ground, to prune, or dress trees* (2) Met *To avert or take away* (3) *To appease or attone* (1) Gloss. averrunco, ἀποτέμνω, & simplex Runco frequens Cat & R R scriptoribus, huic significatu tribuantur (2) Dii, inquis, averruncent, *Cic* (3) Placuit averruncandæ deûm iræ victimas cædi, *Liv* *Scrib & Auruncо*, *h e* Auruncus

Averruncus, i m. Deus qui mala avertit, *That putteth away evil* Var

Aversābĭlis, e adj *Abominable, detested* Scelus aversabile, *Lucr* 6 389

Aversandus, a, um. part [ab aversor] *To be loathed, abominated,* [illegible] Liv

Aversātio, ōnis f. verb [ab aversor] *Aversion, loathing, disdain, abhorrence* Quint

Aversātus, a, um part. [ab aversor] *Disliking, refusing.* Multi illam petiere, illa aversata petentes, *Ov*

|| Ăversio, ōnis, f verb *A buying, setting, or letting of several things together at a rate; in which case the buyer was to stand to all hazards,* Ulp *This was called,* In aversione emere, per aversionem vendere, aversione locare, *Hotom*

Aversor, ōris m verb *A purloiner, a converter of publick money to his own use,* Cic.

Aversor, āris dep. (1) *To turn from one, and look another way, to [illegible]* (2) *To disregard, refuse, not [illegible]* (3) *To slight, to disdain* (1) Fratrem homo, aversari, rubere, *Cic* (2) Sed alii aversabantur preces, aut metu aut verecundia, *Liv* (3) = Cum fugias aversérisque petentes, *Ov*

Aversus, a, um part *vel* adj or comp [illegible] ssimus, sup (1) *T[illegible] away, or back, with the back turned toward one, on the back side.* (2) Met *Averse, strange, estranged* (3) *Shy, loth* (4) *Purloined, converted to a private use, embezelled* (1) Luna aversis a sole cornibus, [illegible] 14 ♓ Adversus, & aversus, *Before and behind,* Cic (2) Nihil ego vidi tam aversum a [illegible] *Ci* Aversissimo in me animo fuit, *Ci* (3) Milites aversi a [illegible], *Liv* Judex reliquorum defensioni aversior, *Quint.* (4) Aversa pecunia publica, *Cic* 3. *Verr* ¶ Aversus mercaturis, *Disliking a merchant's life,* Hor

Averto, ĕre, i, sum act [ex a, & verto] (1) *To turn away* (2) *To turn, or drive away* (3) *To [illegible]* (4) *To beat back, or put to flight* (5) *To pervert, imbezil, [illegible] to convert to another [illegible]* (1) Oculos, vultum avertere, [illegible] (2) Equos avertit in ca[illegible] (3) Ab [illegible] dictis averti volo, *Plaut* (4) In fugam averterunt classem, [illegible] Portis castrorum barbaros [illegible], *Cæs* (5) Quibus pro[illegible] [Verrem] in quæsturâ pecuniam publicam avertisse, *Cic* ¶ Quod omen Jupiter avertat, *[illegible] God forbid,* Cic

Avertor, i, sus pass (1) *To be [illegible]* (2) Met *To be alienated, estranged* (1) Quod amas, [illegible], perdes, *Ov* (2) Ut totius Galliæ animi a se averterentur *Cæs*

Aufero, ers, abstuli, ablatum [illegible] ab, & fero, b in u conversa] (1) *To take away, to carry away* (2) Met *To hinder, or de[illegible]* (3) *To take up, or employ* (4) *To get, or obtain* (5) *To cease, [illegible], or give over* (6) *To plunder, rob* (1) Quicquid possem [illegible] auferre potius in præ[illegible] (2) Leves somnos ti[illegible] aufert *Hor* (3) Hi ludi [illegible] quindecim auferent *Cic* [illegible] gloriam sem[illegible] *Id* (5) Aufer me vultu terrere, *Hor* Aufer minas, (6) Auferre pecuniam de [illegible] *Cic* ¶ Inultum auferre, *to go scot free,* Ter Auferre [illegible] *to get by law,* Cic Aufer [illegible] *Get you gone,* Ter

Auferor, erri, ablatus pass *To [illegible] away,* &c Medios au[illegible] [illegible] *Sil*

Aufugiens, tis part *Avoiding, [illegible],* Cic

Aufŭgio, ĕre, gi, itum act [ex ab, & fugio] (1) *To run away, to fly from* (2) *To shun* (3) *To be all gone, or spent* (1) Licinius servus tibi notus aufugit, *Cic* (2) Aufugere aspectum, *Id* (3) Tum aquam aufugisse dicito, si quis petet, *Plaut*

Augendus, a, um part *To be dignified, encreased, improved, enlarged,* &c. Vide Augeo, N° 5

Augens, tis part *Increasing, improving,* &c *Cic*

AUGEO, ēre, xi, ctum act [ab αὔξω, vel αὐξέω] (1) *To create, or make* (2) *To increase, enlarge, or augment* (3) *To set off or commend* (4) *To store, to enrich* (5) *To advance, to honour, to set forth* (6) *To make a thing seem greater* (7) *Est etiam verbum sacrorum* (1) Quodcunque alias ex se res auget, aliquae, *Lucret* 1 15 v 323 (2) = Augeri, amplificarique non possit, *Cic* (3) ♓ Neque vero verbis auget suum munus, sed etiam extenuat, *Id* (4) Largitione potissimos amicorum auxit, *Tac* (5) = Te augendum atque ornandum putavi, *Cic* (6) Auxerat articulos macies, *Ov Met* 8. 806 (7) SI QUIS HUIC ARAE DONUM DARE, AUGEREQUE VOLET, LICETO, Inscript vet Ab hac notione *augmentum augustus, mactus magmentum*

Augeor, ēri, ctus pass *To be increased, inriched, enlarged, or advanced,* &c Vide Augeo

Augescens, tis part *Growing, increasing,* &c *Cic*

Augesco, ĕre incept [ab augeo] (1) *To increase in bigness, or stature, to plump up* (2) *To grow more extream* (1) ♓ Augescunt corpora dulcibus, &c minuuntur siccis, &c Plin 11 5 (2) Augescit magis de filio ægritudo, *Ter.*

† Augifico, idem quod Augeo, *Enn.*

* Augites, æ. m *A precious stone,* Plin

Augmen, ĭnis n (1) *Increase, augmentation* (2) *Growth of body* (1) Ratio reddunda augmen cur nesciat æquor, *Lucr* 6 607 (2) Id. 2 72

Augmento, as act *To encrease, to build up, or pack together,* Cic

|| Augmentum, i n (1) *Growth, increase.* (2) Est item vocab in sacris (1) Dotis augmentum Lege 31 § ult Dig ‡ Auctus ✠ Augmen (2) Vide Varr de L L 4 ubi Augmentum vocat quod ab immolatâ hostiâ desectum est

Augur, uris com gen *A soothsayer, a conjecturer, a diviner, he that foretelleth the events of affairs by the flying, singing, or feeding of birds, an augur* Augur Jovis interpres, & internuncius, *Cic*

† Augurăcŭlum, i n *A tower or castle, where the augurs made their observations,* Fest

Augurāle, is n (1) *An instrument belonging to the augurs* (2) Also *a tower, whence the augurs took their observations* (1) Sen de Tranq 12 (2) Tac 2 13 & 15. 30

Augŭrālis, e adj. *Belonging to the augurs or south-sayers,* Cic

Augŭrandus, a, um part [ab auguror] *To be divined* Aves augurandarum rerum causâ natæ, *Cic.*

Augŭrātio, ōnis f verb [ab auguror] *Soothsaying, divining,* Cic

Augŭrāto, adv *By sooth-saying, or divining,* Liv

Augŭrātus, a, um part pass *Confirmed, or limited, by divination,* Cic

Augurātus, ûs. m denom [ab augur] *The place, or quality of the augurs, or soothsayers* Lituus insigne auguratûs, *Cic*

Augurium, i n [ex augur, qu avigerium, *vel* avigarrium] (1) *Divination, or soothsaying, by the flight, or singing of birds* (2) *A foreboding, a sign, token or foretoken, a prediction, or foretelling of what is to come* (3) *A conjecture, guess, or surmise* (4) *An oracle* (1) Quantum ex augurio auspicii intelligo, *Plaut* (2) Magno futurum augurio monstrum docuit post exitus ingens, *Vir* (3) = Augurium, & divinatio mea, *Cic* (4) Da pater augurium, atque animis illabere nostris, *Vir*

Augŭrius, a, um adj *Belonging to augury* Jus augurium, *Cic*

Augŭro, as act & Auguror, āris dep Propriè est ex avium cantu, gestu, vel pastu, futura divino, item quovis modo conjicio (1) *To presage* (2) *To conjecture, to surmize what will happen, to suppose, to guess* (3) *To forebode* (1) = In Persis augurant, & divinant [illegible] *Cic* (2) Quantum ego opinione auguror, *Id* (3) Mortem est eam auguratus, quam brevi consecuta est, *Id*

Augustāle, is n [ab Augusto] *The house of a prince, a palace, a pavilion, or [illegible], the lord general's tent in the camp,* Quint 8 2

|| Augustāles, [milites] *The Vanguard,* Veg

Augustālia, um pl n *Plays instituted to the honour of Augustus,* Tac

Augustālis, e adj *Imperial, stately, belonging to the emperor,* Col

Auguste, ad *Venerably, nobly, stately, majestically* = Auguste, & sancte venerari deos, *Cic*

Augusteum marmor, *A kind of marble, with curious veins [illegible],* Plin

Augustus, a, um adj or, comp ssimus, sup Hujus vocab etymon docet Suet in Aug c 7 *Sacred, venerable, imperial, majestick, noble princely magnificent, divine* = Fons sanctus, & augustus, *Cic* Augusta forma viri, *Flor* Tectum augustum, *Vir,* Mœnia augusta, [illegible] augusto augurio condita Cætero habitu se augustiorem fecit, *Liv* Pater augustissimus urbis, *Stat*

Augustus, i m *The sixth month, [August] called* Sextilis, *till in honour of Augustus it changed its name for his, as its predecessor Quintilis had before done, in honour of his father [illegible]*

Ăvia, æ f [ab avus] *A grandmother, a grandame* Dum veteres avias tibi de pulmone revello, *Old wives tales,* Pers

Avia, ōrum n subst [loca] *By-paths, unpassable places,* Luc

Ăviārium, i n (1) *A place where birds are kept alive, an aviary, a cage, a decoy* (2) *A bushy place in woods, where birds resort* (1) Col 8 1 (2) Sanguineis inculta rubent aviaria baccis, *Vir Geor* 2 430

Ăviarius, i m *He that keepeth, or selleth birds, or poultry, a poulterer, a bird-catcher,* Col 8 3

Ăvĭcula, æ f [dim ab avis] *A little bird* Gell

Avicularia, æ f *An herb of the kind of [illegible],* Plin

Ăvĭde, ad ius, comp ssime, sup *Eagerly, greedily, earnestly,* Avide plaudere, *Hor* Avide expecto literis tuas, *Cic* Avidius quem invenit *Curt* Avidissime expectare, *Cic*

Ăvĭdĭtas, ātis f *Greediness, eagerness, desire, appetite,* Cic

Ăvĭdus, a, um adj [ab aveo] or, comp ssimus, sup (1) *Greedy, hungry* (2) *Covetous, niggardly, parsimonious* (3) *Eager, earnest* (1) Lupus avidus, *Ov* Tigris avida, *Luc* Cædis avidissima propago, *Ov* (2) = Habet patrem quendam avidum, miserum atque avidum, *Ter* ♓ Liberalis avidum [fraudavit] *Cic* (3) § Avidior sum, quam satis est, gloriæ, *Cic* Avidus cognoscere, *Ov* videndi, *Id*

AVIS, is f [ab אוה, voluit, unde עוף avis M] (1) *A bird, or fowl* (2) Meton *Luck* (1) Avis Junonia, *A peacock* Ov Avis devia, *The owl,* Id Avis fluminea, *The swan,* Id Solis avis, *The phenix,* Claud (2) Avis adversa, *Cic* [illegible] bona, *Id*

|| Ăvitium, i n [ab avis] *All sorts of birds,* Apul

Avitus, a, um adj [ab avus] (1) *Left by a man's ancestors* (2) *Ancient, of long time* (3) *Belonging to ancestors* (1) Avitas apto cum lare fundus *Hor* (2) Avitum mihi hospitium est cum Lysone *Cic* (3) Tumulus avitus, *Ov*

[illegible] ius, a, um adj id est sine via, [illegible] Amens, sine mente *Without way, or passage, out of the way, impassable, inaccessible,* Sall

AULA, æ f [a Gr αὐλὴ i e area] (1) *A fore court, or entry of an house* (2) *An hall, or prince's court, a king's palace* (3) Abusive, *An honey comb* (1) Lectus genialis in aulâ est? *Hor ep* 1 1 87 (2) Si parvulus aulâ luderet Æneas, *Vir* (3) = Aulasque, & cerea regna refingunt, *Id Geor* 4 202 † Aulai, ant pro Aulæ, *Virg* † Qui etiam Aula pro Olla dixerunt *Plaut*

Aulæum, i n [ab αὐλαία, Id] *A piece of hangings, a curtain, as in the theatre* [illegible] freq in plur Aulæa *Arras hangings, tapestry for princes courts, and great mens houses*

† Aulai, āris pro Ollar, *A [illegible],* Val ‡ Aulæ, i e ollæ operculum

* Aulētes, æ m *A piper, one that playeth upon a flute, or other pipe,* Cic *pro* Mur

* Aulēticus, a, um adj in acc auleticon, *Of, or belonging to pipes, good to make pipes of,* Plin 16 36

Aulicus, a, um adj *Court-like, of the court, belonging to the court* Apparatus aulicus *Suet*

Aulicus, i m *A courtier, a follower of the court,* Suet C l 19 [illegible] aulici [illegible] atque purpurati

* Aulœdus, i m *A minstrel, or piper,* Cic *pro* Mur [illegible]

|| Aulon, i n [ab αὐλὸς, tibia] *An organ pipe,* Hier

Aulularia [fabula] [ab aulula pro ollula, dim ab aula pro olla] *The name of one of Plautus's comedies*

Avocāmentum, i n *An avocation, [illegible], diversion, [illegible] recreation, diversion from [illegible]* = ♓ Cum sint ista ludus, & avocamentum, illæ seriæ voluptates, *Plin Paneg* 82

Avocātio, ōnis f verb *A calling away, or from, a diverting the thoughts,* Cic

Avŏco, as act [ex a, & voco] *To call off, to dissuade, to withdraw, to [illegible]* Avocat a rebus gerendis senectus, *Cic*

Avŏlo, as neut [ex a, & volo] (1) *To fly away, or hence* (2) *To pass away quickly* (1) Conrubio non potuit, nescio quo, avolare, *Ci* (2) Experiar certe ut hinc avolem, *Id* = Fluit corporis

poris voluptas, & prona quæque avolat, *Id*

AURA, æ f [αὔρα, pro leni vento, ab ἄω spiro, pro splendore, ab אור, lucis] (1) *A gentle gale, a breath, a cool air, or fresco* (2) *A blast of wind* (3) *The air, or atmosphere* (4) *Favour, applause* (5) *The humour, of a mob* (6) *Splendor glittering* (7) *Gain, benefit* (1) (2) ♓ Lenis alit flammas, grandior aura necat, *Ov* (3) Ferant rapidi secum, vertantque per auras, *Vir* (4) Longius quam voluit popularis aura produxit, *Cic* (5) Nec sumit, aut ponit secures arbitrio popularis auræ, *Hor* (6) Discolor unde auri per ramos aura refulsit, *Vir Æn.* 6 204 (7) Metuunt virgines nuptæ tua ne retardet aura maritos, *Hor, Carm* 2 8 ¶ Auri ætheriæ vesci, *To live and breath*, Vir † Auras, & aurai, in gen pro auræ *Vir* alterum ex græcismo, alterum ex archaismo dixit

Aurāmentum i n [ab auro] *An instrument to take up gold withal, out of the mine*, Plin 3, 3

|| Aurantium, i n [ab aureo colore] *An orange* Jun

Auraria, æ f *sc* fodina *A gold mine*, Tac

|| Aurārius, a, um adj *Of gold, belonging to gold*, Plaut Auraria fodina, *A gold mine*, Plin

|| Aurārius i m *sc* artifex *A goldsmith, a gilder* Ap Jcc ‡ Aurifex

Aurāta, æ f [ab auri colore] *A fish called a gilt head*, Mart 13 90

Aurātura æ f *Gilt, or gilding* Quint 8 6

Aurātus, a um part [ab auro] *Gilt, or gilded, decked, or clad with gold*, Liv || Eques auratus, *A knight with gilt spurs*

† Aurea æ f [qu orea, frequens enim est commutatio o in au, ap ant quod fit in ore equi quem pendet ut Græci στόμιον, ἀπὸ στόματος appellitent Mera nugas blatit Fest qui ut ab *auris* deducit, frenum equorum auribus illigari finxit] *A headstall, or rein of a bridle* Synec *A bridle itself*

† Aureax, acis m [auriga] *A carter, or horseman riding alone*, Fest Vid Aurea

Aureolus, a, um adj [dim ab aureus] *Of the colour of gold, golden, shining like gold*, Vir Met *Excellent, worth gold* Aureolus libellus, *Cic*

Aureolus, i n [dim ab aureus, subst] *A little piece of gold*, Mart

Aurĕsco, ĕre incept *To grow bright as gold*, Var

Aureus a, um adj (1) *Of gold, golden, made of gold* (2) *Yellow or gold colour* (3) *Shining glistering like gold* (4) Met *Rich* (5) *Beautiful, goodly amiable* (6) *Excellent, precious* (1) Aureus axis erat temo aureus, *Ov* (2) Cæsaries aurea *Vir* Malum aureum, *Id* (3) Aurea luna, *Ov* (4) Copia aurea, *Hor* (5) Venus aurea, *Vir* (6) Aurea dicta, *Lucr*

Aureus i m *A piece of gold coin* Accepit aureos mensura non numero, *Pl* ☞ The aurei [denarii] of the Roman empire weighed ... *little more than half the weight in the vast Emp* *An ounce of which gold was in value about* ...

* Aurichalcum, i n pro Orichalcum more vett *au* pro *o*, fubstitu o, ex Græc ὀρείχαλκος, quasi æs montanum, vel ex lapide ærosо excoctum *Latten, or copper metal*, Plaut Curc 1 3 46

✤ Auricŏmus, a, um adj *That hath hair as yellow as gold, gold lock'd* Sil

Auricula, æ f [dim ab auris] (1) *All the out-side of the ear, the lugs* (2) *The lap, or flap of the ear* (3) *Also the whole ear, inside and all* (1) Vide Vall 1 5 (2) Vellere auriculam, *To remind one*, Vir mordicus auferre, *To bite it off*, Cic Auriculâ infimâ mollior, *Gentle and pliable*, Prov ap Cic (3) Quid opus teneras mordaci radere vero, auriculas? *Pers* Ego vero oppono auriculam, *Hor*

Auriculāris, e adj *Pertaining to the ear*, Cels

Auriculāris, is m *sc* digitus *The little finger with which we pick the ears*

Auriculārius, a, um adj idem quod Auricularis, ut Auricularium specillum, *A surgeon's instrument to search and probe the ear*, Cels

✤ Aurifer, fĕra, ĕrum [ex aurum, & fero] *That beareth, or bringeth gold* Amnis aurifer Tagus, *Catull*

Aurifex, ĭcis m [ab aurum, & facio] *A goldsmith, a gold finer* Cic

✤ Aurifluus, a, um adj *Running, or flowing with gold*, Aurifluus Tagus, *Gloss* ex *Prud*

Aurifodina, æ f [ex aurum, & fodina] *A gold mine* Plin

† Aurifur, ūris adj [ab aurum, & fur] *A gold stealer*, Plaut Pan Forte rect us auri fur divise

Auriga, æ c g qu aureiga, qui aureas, *i e* frano equos regit, vel agit, Fest unde & media syllaba post contractionem meruit produci (1) *A carter, or driver, a waggoner, a charioteer* (2) *Also a horse keeper, groom, or equery* (3) Met *A pilot of a ship, or steers man* (4) *A certain sign upon the horns of* Taurus (1) Phaeton currus auriga paterni *Ov* Auriga soror, *Vir Æn* 12 918 (2) Vir Æn 12 86 (3) Aurigam videor velle dedisse rati *Ov* (4) Quarto Nonas octobris auriga occidit, *Col*

Aurigans, tis part *Driving a coach, or chariot*, Suet

Aurigārius, i m *A coach driver, or charioteer, a master coachman, or chief of a livery*, Suet Ner 5

Aurigātio, onis f verb *The driving of a cart, coach, or chariot*, Suet

✤ Aurigĕna æ m [ex auro genitus] *Perseus, so called, because Jupiter got him of Danae, by turning himself into a shower of gold* Ov

✤ Aurĭger, a, um adj [ab aurum, & gero] *Bearing or wearing gold* Auriger taurus *Cic*

|| Auriginōsus, a, um adj *Sick of the yellow jaundice, or king's evil*, Vulg Interp ‡ Ictericus, arquatus

|| Aurigo, inis f [a colore auri] *The yellow jaundice, or king's evil* Legitur & Aurugo *Scrib Larg* ‡ Morbus arquatus, *Cels* Morbus regius, *Hor*

Aurigo as denom [ab auriga] *To drive a chariot, or coach*, Suet Cal 51

† Aurigor, āris dep *To steer, govern, rule*, Var ap Non

Auripigmentum, i n [ab auri colorem pictoribus utilem] *A kind of oker, of the colour of gold, arsenic, orpin, or orpiment*, Plin 33 4

AURIS, is f [ab αὔδη, vox unde & audio Hinc dimin Audiculæ, pro Auriculæ vel ab haurio, qu hauris *Vocemque his auribus hausi*, Vir.] *An ear, also hearing* Auris ima, *The flap of the ear*, Plin Aurem vellere, *To put one in mind*, Vir Arrigere aures, *To prick up his ears, to attend*, Ter In aurem dicere, *To listen*, Ov Micare auribus, *To wag them up and down*, Vir In aurem utramvis dormire, *To sleep soundly, to take no care*, Ter Auribus lupum tenere, *To be every way in danger* Ter Auribus alicujus aliquid dare, *To flatter him*, Treb ad Cic Niveus lapis deducit aures, *He wears pendent*, Sen Auribus purgatis, *With a sound judgment*, Plaut

Auriscalpium, i n [ex auris, & scalpo] *An ear picker*, Mart

Aurītus, a, um adj [ab auris] (1) *Having large, or long ears* (2) *Hearing well listning, attentive* (1) Auritos sequi lepores, *Vir* (2) Auritæ quercus, *Hor* Facio jam nunc preco omnem auritum populum, *Plaut* ¶ Auritus testis, *A witness by hearsay*, Plaut

† Auro as act *To gild, or make shine like gold*, Varr ‡ Inauro

✤ Aurōra, æ f prima & aurea diei pars, [qu *aurea hora* dict sive ob excellentiam, sive splendorem] (1) *The morning, the time just before sun-rising* (2) Meton *The east* (1) Fulget tenebris auroræ fugatis, *Ov* (2) Eurus ad auroram, Nabathæaque regna recessit, *Id*

|| Aurōsus, a, um auri plenus, *vel* Aureus *Full of gold, golden*, Lampr

† Aurūgo, inis f [ab auro] *The jaundice* Scrib Larg morbus regius, *Hor* Icterus, *Cels*

AURUM, i n [ab אור, ignis *Cancrin* unde & Pindar aurum voc αἰθόμενον πῦρ, & Ægyptii Solem Orum] (1) *Gold* (2) Meton, *Any thing made of gold, as money, cups, or rings, also any thing wrought, or set off with it* (3) *A yellow colour* (1) Ferro nocentius aurum, *Ov* (2) Aurum in ærario est, *Cic* Scrinum ardebit in auro, *Juv* Aurum vacuum mero, *Stat* Contemplor aurum & pallam, *Hendiadys* *The mantle embroider'd with gold*, Plaut Aurum sibi clam mulier demit, *Ter* Gemmatum aurum, *A jewel set in gold*, Stat (3) Flaventes auro spicæ, *Ov*

Auscultātio onis f verb [ab ausculto] *Hearkening, hearing, obeying* Plaut

Auscultātor, ōris m verb, *A listner, hearkner, or hearer*, Cic

Ausculto, as act [ab ant ausis pro aures, qu aures culto, *seu* auribus cultum admitto, *i e* aures colo] (1) *To listen, or give ear, to hearken, to observe and attend, to mind* (2) *To obey, and do as one would have him* (1) Ausculto, loquere quid velis, *Ter* (2) ♓ Istis magis audiendum, quam auscultandum censeo, *Ic* ap *Cic de Div* 1 ¶ Auscultabitur, impers *You shall be obeyed*, Plaut

Ausim, sis sit pl ausint, verbum defect [ab audeo] *I durst be bold I dare* Nec, si sciam, dicere ausim *Liv*

Auspex, icis m qu avispex, [ab avis & specio, qui aves specit *Fest* qui ex avium volatu, cantu aut gustu, futura divinat] (1) *A soothsayer, or diviner, by seeing what birds do, also an assistant* (2) *A leading, or principal person in any business the chief in making of marriages* (1) Providus auspex, *Hor* (2) Auspicibus Diis, *Vir* Auspices legis *Cic* Nubit genero socrus nullis auspicibus *Id*

† Auspicālis, Vid Auspicialis

Auspicans, tis part *beginning* Suet

Auspĭcāto, adv auspicio sumpto, augurato (1) *By way of consulting the augurs* (2) *Prosperously, in a good time, or hour, auspiciously* (1) Nihil nisi auspicato gerebatur, *Liv* (2) Haud auspicato huc me attuli, *Ter*

Auspicātus, a, um part vel adj ex part or, comp issimus, sup, (1) *Set apart by the soothsayers* (2) *Lucky, happily enterprized* (1) Auspicato in occulto pro *Rabir* (2) Quis Venerem [... dit] auspicatiorem, *Catull* Spina ficibus nuptiarum auspicatissima *Plin*

Auspicialis, e vel *ut al* Auspicalis, e n quod ad auspicium pertinet *A re mora, or ...pus* Auspicialis pisciculus, *Plin* 32 1 sc qui tempestatem portendit

Auspicium, i n [qu avispicium, *sc* ab auspex] (1) *A consulting the auspices* (2) Met *A sign, or token of the success or event of things shewed by flying or other actions of birds* (3) *An omen, or fortune good, or bad* (4) *Conduct, management* (5) *Government, authority* (6) *Ones fancy, will, or pleasure* (1) Ante auspicium commoratum est? *Plaut* (2) Quod enim nunc nuptiarum auspicia declarant, *Cic* (3) Auspicio bono, *Catull* Veni huc auspicio malo, *Plaut* (4) = Eodem auspicio atque ductu vicimus, *Plaut* (5) Paribus regamus auspiciis, *Vir* (6) Me si fata meis paterentur ducere vitam auspiciis *Id* ☞ Auspicia ... primùm, dicuntur de quovis omine Felix auspicium domino primus emisit, [Darii eques] Just ♓ Auspicium ... di ... aliquando ... accepta signa dicere Germanici, ... ipse vero Tiberii Tac dicit ... Ann c 41

† Auspico, as act *Plaut* idem quod

Auspĭcor, āris dep auspicium facio, *vel* capio (1) *To seek, or gather from omens, or tokens* (2) Met *To begin, or enterprize business* (1) Cum auspicari esset oblitus, *Cic* 2 de Nat Deor (2) A suppliciis vitam auspicamur, *Plin*

Auster, tri m [ab humore dict qu Hauster, ab hauriendis aquis] (1) *The south wind, the south part of the world* (2) Synec *The wind in general* (1) Nacti austrum naves solvunt, *Cæs* (2) Loca fœta furentibus austris, *Vir*

Austēre, adv qual [ab austerus] *Austerely roughly, sharply*, Cic

Austērĭtas, ātis f [ab austerus] (1) *Austerity, sharpness, roughness* (2) *Deepness of colour* (3) *Gravity, or reserved ...* (1) Aqua lupinorum psilotri austeritatibus juncta, *Plin* 1 35 (2) Etiam res nimis floridis coloribus austeritatem occulte daret, *Plin* 35 10 (3) ♓ Non austeritas [præceptoris] tristis, nec dissoluta sit comitas, *Quint*

|| Austērŭlus, a, um *Somewhat rough*, Apul

Austērus, a, um adj or, comp [ab αὐστηρός, quod ab αὔω, sicco] immitis, & acerbus quales esse solent poma ... qui nondum plenam maturitatem sunt consecuta *Harsh, rough, sharp, sad, austere, rugged*,

ged, crabbed, unripe, grave, retired, reserved, unsociable Color austerus, *A sad deep colour*, Plin Vinum austerius, *A rougher wine*, Col Gustus austerior, *Id* ✱ Ut [orator] suavitatem habeat austeram, & solidam, non dulcem atque decoctam, *That his style be sweet, racy, and mellow, not luscious and nauseous*, Cic ✱ Differt ab acerbo tanquam minus a majore

Australis, e adj [*ab* auster] *Southward, southern*, Australis regio, *Cic*

† Austratus, a, um part. [*q i ab* austro] *Wet, wetted* Austrati ad ignem sedent, *Plaut*

Austrinus, a, um adj [*ab* auster] *From the south, southern*, also *dark, rainy*, Plin. Austrinus flatus, *Col*

Ausu, abl qui solus leg [*ab* ausus, us] *With hazard*, or *daring* Insolitos gressus prior occupat ausu, *Petr*

Ausum, si n verb [*ab* audeo] *An adventurous act, an hardy enterprize or bold undertaking.* Magnis excidit ausis, *Ov*

Ausurus, a, um part [*ab* audeo] *Who will dare*, or *attempt* Ausuros grandia frangit amor, *Ov*

Ausus, a, um part [*ab* audeo] *That hath dared, committed*, or *enterprized* Ausum talia deposcunt, *Ov*

Aut, conj [ab אוֹ Heb id] *Or, or else, either* (1) *It is often disjunctive* (2) *Sometimes conjunctive* (3) Also *Hortative.* (4) *Comminative* (5) Also put for quin (6) *Also for* modo (7) *If put only once in a latter member, generally lost is said that in the foregoing* (1) Aut homo, aut vero deus *Cic* (2) Moliri viam, aut veniendi poscere causas, *Vir* (3) Aut tu, magne pater divum, miserere, *Id* (4) Nymphæ noster amor, &c *Id Ecl* 7 (5) Ter gutture voces, aut quater ingeminant, *Id* (6) Aut ante ora Deum, &c *Id Æn* 4 61 (7) Submersas obrue puppes, aut age diversos, *Id*

Autem, conj [ab αὖτε, Scal] (1) *But, however, notwithstanding, neverthless* (2) *Yea, nay* (3) *And also, besides* (4) *Truly, indeed* (5) *On the contrary, contrarywise* (6) *Not before* (7) *It is often elegantly used by way of Epanorthosis, to say something more emphatically than it was said before* (8) *It is also used in transitions* (9) *And often serves more for ornament than use, as having elegancies no English words nor rules can reach, and therefore only to be observed, and learned by use* (10) *Sometimes it is elegantly omitted chiefly in oppositions* (1) Poeta numeris astrictior paulo, verborum autem licentia liberior, *Cic* (2) Videbam historiam jam pene a te perfectam dixeris autem mihi te reliquas res ordiri &c *Id ep fam* 5 12. (3) Sed cum hæc leviora non essent, suspicarer autem prodesse Reipub putavi te de ea re esse admonendum, *Id.* ☞ Eleganter in enumeratione reponi ur tum *Vide Fam* 5 8 7 (4) Neque enim tu is es qui, quid sis, nescias, & qui autem ego sum ita nemens ut, *&c Id* (5) Sunt quidam ita lingua titubantes, &c. sunt autem quidam ita hebetes, ut, &c *Cic* (6) Pridie autem apud me Crassipes fuerat, qui se, &c *Id* in primo Epistolæ membro (7) Ferendus autem? Immo vero etiam adjuvandus, *Id* (8) De pietate autem Attici quid plura commemorem? *Nep Att* 17 (9) Vide Vall Eleg 2 24 (10) Hæc morum vitia sunt, non senectutis, *Cic* Pro patre possum mori, coram patre non possum, *Quint*

* Authenticus, a, um adj [ex αὐθέντης auctor] *Authentick, authoritative, original*, ap. Jcc

* Authepsa, æ f [ex αὐτος, ipse, & ἕψω, coquo] *A stew-pan, or other vessel, to boil meat in*, Cic

Author, oris c g *An author Vid* Auctor

Authoritas, atis f [*ab* author] *Authority Vide* Auctoritas.

* Autographum, i n *Ones own hand writing*

* Autographus, a, um. adj Autographa epistola, *Written with ones own hand*, Suet.

|| Automotaria, æ. f *sc* ars *The art, or science of making watches, clocks, jacks, or other engines, which seem to move themselves* Ulp

|| Automatarius, a, um adj *Belonging to such an art* Automatarius faber, *A maker of clocks, watches, jacks*, &c *Jun*

* Automaton, *vel* automatum, i n αὐτόματον *An engine or piece of art that seems to move of it self, as a clock, a jack*, &c *Suet Claud* 34

* Automatus, a, um adj [ab αὐτὸ, & μάτην, sua sponte] *That which goes with a spring, or screw, seeming to move of it self*, Vitr

* Autophoros, adj [ex αὐτὸς, & φωρ] *A thief taken in the very fact*, Ap Jcc Lat Fur manifestarius

* Autopyrus panis, [qu αὐτὸς πυρὸς, ipsum triticum] *A kind of houshold bread made of corn, as it comes from the mill, flour and bran all together*, Cels Panis cibarius, *Cic*

Autor, oris c g *An author* Vid Auctor

Autumnalis, e adj [*ab* autumnus] *Belonging to autumn* ✱ Videmus alia florere verno tempore, alia æstivo, neque eadem autumnali, quæ hyberno, *Varr*

Autumnitas, atis f *The fall of the leaf the time, or season of autumn* Circum oleas autumnitate ablaqueato, *Cato de R R c* 5

Autumno, as neut *it* hyemo, verno *To be of the temperature of autumn*, Plin 2 50

Autumnus, a, um adj idem quod Autumnalis *Of autumn, autumnal*, Ov Met 3 729

Autumnus, i m *pro* autumnus, eliso c, ut *pro* auctor *scrib* autor [*ab* augeo, auctum, *sc ab* augendis frugibus] *Autumn, the time from the sixth of August to the sixth of November The time of harvest and vintage* Autumni frigus, *Vir* Adultus autumnus, *The middle of autumn*, *Tac* Flexus autumni, *Growing towards an end, Id*

Autumo, as denom [*ab* auctor, *vel* autor, *i e* auctor sum] (1) *To think*, or *suppose* (2) *To avouch, to affirm* (1) Bene quam meritam esse autumas, dicis male mereri, *Cic in Top* (2) Quia enim item asperæ sunt, ut tuum victum esse autumabas, *Plaut Capt* 4. 2

Avulsio, onis f verb [*ab* avello] *A plucking away, a pulling up of herbs*, &c. *Plin* 17 10

Avulsor, oris m verb [*ab* avello] *That plucks away*, or *up*, Plin 9 45

Avulsus, a, um part [*ab* avellor] *Pulled away*, or *slipped off* Avulsum humeris caput, *Vir*

Avunculus, i m dim [*ab* avus] *The mother's brother*, or *uncle by the mother's side* Avunculus ille Neronis, *sc* Claudius, *Juv* ¶ Avunculus magnus, *The grand-mother's brother*, Cic major, *The mother's grand-mother's brother*, Suet

AVUS, i m patris matrisve pater [ex Heb אב, pater, vel quivis majorum] (1) *A grandfather*, or *grand sire* (2) *An ancestor* (1) Avus tibi maternus fuit, atque paternus, *Hor* (2) Despectis ortus avis, *Ov*

* Auxesis, is f. *A figure in rhetoric, when one magnifies a thing very much, as* Ocyor Euro, *Hor*

|| Auxiliabundus, a, um adj *Ready to help, aid*, or *succour*, Apul

Auxiliaris, e adj (1) *Coming to aid, succour, and assist, auxiliary* (2) *Medicinal*, or *healing* (1) Auxiliares cohortes, *Cæs* duces, *Liv* (2) Vinumque & acetum ex his factum auxiliarem contra eadem vim habent, *Plin* 23 1

Auxiliarius, a, um. adj *Auxiliary, sent from the allies* ✱ Militem non modo legionarium sed ne auxiliarium quidem ullum quoquam misi, *Asin Poll ad Cic*

Auxiliator, oris m verb [*ab* auxilior] *An aider or helper, particularly in Physic* Ubi maximus ægris auxiliator adest, *Stat*

Auxiliatus, a, um part [*ab* auxilior] *That hath helped*, or *cured*, Stat

Auxiliatus, us m verb *Help*, or *succour* A pennis tremulum petere auxiliatum, *Lucr* 5 1039

† Auxilio, as act *Diom* idem quod

Auxilior, aris dep (1) *To aid, help, succour, assist* (2) *To relieve, heal*, or *cure* (1) Ut si omnes cupierint, nihil tibi possint auxiliari *Ter* (2) Non formidatis auxiliatur aquis [medicina] *Ov* § Auxiliari morbis, & contra morbos, *Plin*

Auxilium, i n [*ab* auctu, cum accesserint, qui adjumento essent, alienigenæ *Ver* 4 de L L] (1) *Aid, help, succour* (2) *Protection, patronage* (3) *Remedy, relief, ease* (4) *Auxiliary forces lent to the army from the Romans allies* (1) ✱ Auxilium in perniciem conversum *Cic* (2) = Numine, atque auxilio defendere, *Cic* 2 *Cat* (3) Auxilia adversæ valetudinis, *Cels* 1 (4) = Auxilio adjutores mihi sunt, & mecum militant, *Plaut* ☞ Ab hac notione frequentius occurrit in plurali Auxilium juris est suffragium, & beneficium juris, *Hel* ... *in equity*, Ap Jcc

A ante X

† Axamenta, & Assamenta, pl n *Verses, songs*, or *hymns sung by the Saliar priests at Hercules's sacrifices*, Fest

Axiculus, i m dim [*ab* axis] *A little board, a lath, a pin that a pulley runs on*, Vitr. 10 21.

Axilla, a. f [*ab* ala fuga literæ vastioris] *The arm hole, the arm-pit*, Cic

|| Axillaris, e. adj *Belonging to the arm-hole* ¶ Axillaris vena, *A great vein* Axillaris arteria, *An artery which goeth up to the arm hole*, Ap. Med

† Axim, *pro* Egerim, *Pacuv* ap Non & Axit *pro* Egerit, *Fest* ut Faxim Nam *&* ago axi, *antiq*

* Axinomantia, æ f *Divination, or witchcraft done by hatchets*, Plin 36 19

* Axioma, atis n ἀξίωμα sententia [ab ἀξιόω, cum sign sentio, puto] Cic *effatum* vertit Fundamentum Dialecticæ est quicquid enunciatur (id autem appellant ἀξίωμα quod est quasi effatum) aut verum esse aut falsum, 4 *Acad* Sumitur itaque generatim pro omni enunciatione *An axiom, a proposition, a general rule, a maxim*

Axis, is m [*ab* ago, axi, unt ut Gr ἄξων quod idem sign] (1) *An axle-tree about which the wheel turns* (2) Synec *A cart, waggon*, or *chariot* (3) *Either of the two poles, the North pole especially.* (4) Also *improperly any climate* (5) *The whole heaven* (6) *The hook*, or *hinge of a door*, or *gate* (7) *A board*, or *table, such as Solon's laws were written on at Athens* (8) Also *a kind of wild beast in the East-Indies, like a gazel, or roe, sacred to Bacchus* (1) Utilis ungendis axibus esse potes, *Mart* (2) Effusum sinuabat axem, *Stil.* (3) Albet ab axe ruit Boreas, *Manil* Terram altricem nostram quæ trajecto axi sustinetur, *Cic de univ* 10 (4) Axe sub Hesperio, *Ov* (5) Nudo sub ætheris axe, *Vir* (6) Vellere axem emoto a cardine, *Stat* (7) Solonis leges ligneis axibus [*pro* assibus] incisæ sunt, *Gell* 2 12 Axes esculini, quernei, *Vitr* 7 (8) Plin 8 21

† Axitiosus, a, um adj *Busy, factious, quarrelsom, scolding* Axitiosæ annonam caram e vili concinnant viris, *Vir* ex *Plauti* Astrab, sive Cistellari

† Axo, ant *pro* Egero, *Fest* It Axo, as Axare est nominare, *Id sc* quod leges suas in axibus, *i e* assibus describerent

Axungia, æ f [*ab* ungendo plaustri axe] *The grease*, or *swaing, in the axle-tree of a wheel* Plin. 28 9

A ante Z

* Azimuth, voc Arab. *Great circles meeting in the Zenith, and passing through all the degrees of the Horizon*, Astron

* Azyma, pl n *The feast of unleavened bread*, Bibl

* Azymus, a, um adj *e fermenti expers*, *& per metaph.* sincerus, [ex α, sine, & ζύμη, fermentum] *Unleavened, sweet* Also *sincere, not puffed up*

B, b. The ſecond letter, but firſt conſonant in the alphabet. It is a labial, ſhutting the lips, which A had opened. Among the Mutes it hath a middle Place, and Power, between the ſmooth and eaſy Sound of P, and the aſpirate and rougher Sound of Ph, F, and V, every one of which in the Derivation and Inflexion of Words, is frequently, for the better Sound, changed into ſome of the other, ſo from βόσκω comes *paſco*, from ἀπὸ *ab*, from *labor*, *lapſus*, from *ſcribo*, *ſcripſi*, b always continuing in the Inflection of ſuch Words before a Vowel, but, becauſe it would otherwiſe be too hard, before a Conſonant it is ſoftened into p. So from *rubeo*, *rufus*, from θρίαμβος, *triumphus*, from φάλαινα, *balæna*, from βρέμω, *fremo*; from γίλβος, *gilvus*, from אב, *avus*: Yea, in ſome *Latin* Words, b and v are indifferently writ, as *ſebum* and *ſevum*, ſo alſo b and p, as *Publicola*, and *Poplicola*, b and f, as, *bubalus* and *bufalus*. B is ſometimes inſerted in the middle of Words for the better Sound, as in *ambages*, *ambio*, *amburo*, *&c.* B is ſervile in the Inflection of the Dative and Ablative Plural of the Third, Fourth, and Fifth Declenſion of *Latin* Nouns, as likewiſe of the Preterimperfect Tenſe, and alſo the Future, in the Firſt and Second Conjugation.

B ante A

B. In ancient Writings denotes *Balbus*, or *Brutus*, BF in the Preface to Laws or Contracts, *Bonum factum*, BAV *Bonis avibus*, or *Bonis auſpiciis*

Babæ, interj admirantis id quod papæ a παπαὶ quod fermè id quod ὦ πόποι' O dii' apud Homerum. *O ſtrange wonderful!* Plaut

Babæus, æ m. *A fool, a baby, a ſimpleton* Sen

Băbylŏnĭca veſtis, *A garment woven with divers colours* Babylonica, pl n ſc aulæa, *Rich hangings interwoven with ſeveral colours*, Plin

Babylōnius, a, um adj. Babylonios tentare numeros, *To have his nativity calculated*, Hor

† Baccar ăris m Vas vinarium [a Bāccho, i e vino] *A wine, or water veſſel, a beaker*, Feſt

Bacca, æ f (1) *A berry, any ſmall fruit of trees, as of the bay, olive, elder, and myrtle trees* (2) *A pearle* (3) Alſo *ſheep turdles, &c from the likeneſs* (1) Lauri baccæ, *Vir* olivæ, *Hor* ebuli, *Vir* myrti, *Plin* Nec fruges terræ baccaſve arborum, &c *Cic de Div* 1 51 (2) Concha bacca miris pretio eſt, *Vir in Cul* 67 (3) Caprini ſtercoris bacca, *Pallad de R R* 2 14

|| Baccalaureātus, ûs m *A batchelor's degree*

|| Baccalăureus i m *A batchelor of arts, &c in the univerſity* Vide Batalarius & Selden. no ſtrat in de tit honor 2 3 24

Baccālia, æ f [quod baccarum fertiliſſima] *A bay-tree, or laurel, bearing great ſtore of berries*, Plin 15 30

Baccātus a, um adj [bacca] *Garniſhed, or ſet with pearl* Collo monile baccatum, *A pearl necklace*, Vir

Baccha, æ f (1) *A ſhe-prieſt of Bacchus* (2) *A courtezan*. (1) Bacchæ bacchanti ſi velis advorſarier, ex inſanâ inſaniorem facies, *Plaut Amph* 2 2 71 (2) Vid Bacchanal N° 2

Bacchābundus, a, um adj *Revelling ranting* Bacchabundum agmen inceſſit, *Curt* 9 10. 27

Bacchānal, ālis n (1) *The place where the feaſts of Bacchus were ſolemnized, or, perhaps, the feaſt it ſelf* (2) Alſo *a bawdy-houſe* (1) Vos in cellâ vinariâ Bacchanal facitis, *Plaut* (2) Bacchas metuo, & Bacchanal tuum, *Id Bacch* 1 1 19

Bacchānālia, um pl n Bacchi feſta, quæ, & Liberalia, & Dionyſia, *The feaſts of Bacchus* Bacchanalia vivunt, *Juv*

Bacchans, tis part *Raging mad, diſtracted* Vid Baccha, N° 1

Bacchar, *al* Baccar, āris n & Baccharis, is f [a fragrantia quâ Bacchum, i e vinum refert] *A ſweet herb called our ladies gloves, thought by the ancients to be uſeful in faſcinations* Bacchare frontem cingite, ne vati noceat mala lingua futuro, *Vir* Aliqui baccar nardum ruſticum appellavere, *Plin* 21 6

|| Bacchātim, adv *Like mad folks, in a rage, diſtractedly*, Apul

Bacchātio, ōnis verb [a bacchor] *A debauch, revelling, ranting, &c* Cic

Bacchātus, a, um part (1) Activo ſenſu, *Raging, running about in a rage* (2) Et paſſ *Danced, or run over diſtractedly* (1) Alecto bacchata per urbes, *Vir Æn* 10 41 (2) Virginibus bacchata Lacænis Taygeta, *Id Geor* 2 487

Bacchicus, a, um adj *Of, or belonging to Bacchus* Deme meis hederas Bacchica ſerta comis, *Ov*

† Bacchinal, *Plaut* Vid Bacchanal

* Bacchius, i m βακχεῖος dict quod hymnis in Bacchum frequentaretur, vel quod Baccharum ſaltationi conveniret *A foot in verſe of one ſhort and two long ſyllables*, Quint as ămāvi

Bacchor, āris. dep [a Baccho vini inventore] *To keep the feaſts of Bacchus, to revel, to riot, to run about after a diſtracted manner, to vapour, to ſwagger, to bully* = Furere, & bacchari arbitrabatur, *Cic* § Bacchari in aliquem, *To rail at one*, Ter.

⚘ Baccifer, a, um adj [ex bacca, & fero] *Bearing berries* Paccifera taxus, *Plin* Baccifer Sabinus *Sil* 3 596. i e olivæ ferax ager Sabinus

Baccŭla, æ f dim [a bacca] *A ſmall berry*, Plin

† Bāceolus, i m dim [a βάκηλος, μωρός, Heſych] *A fool, a ſilly fellow*, Auguſtus ap Suet 8, ubi alii legunt Bateolus

Băcillum i n dim [a baculum] *A ſtick, or little ſtaff* Romuli lituus, incurvum, & leviter a ſummo inflexum, bacillum, *Cic*

Băcŭlum, i n & Băcŭlus, i m formâ dim [a βάκτρον omiſſis τῷ ut a σκῆπτρον, Scipio] (1) *A ſtaff, ſtick, or cudgell, a walking ſtaff, a cowl ſtaff, a battoon* (2) *A ſcepter*. (1) Onuſque fuit baculum ſylveſtre ſiniſtræ, *Ov* (2) Aureum in manu baculum, ad latus acinaces, *Flor* 4 11 3 ☞ *Virilis terminatio neque tantis munita eſt auctoritatibus, neque ejus dim* Bacillus *eſt in uſu*

Badius, a, um adj *Brown, bay, ſorrel, cheſnut colour* Equus badius, *Bayard* Vir

* Badizo, as & Badiſſo, as neut *To go, to walk, to pace, or amble* Demam, hercle, jam de ordeo, tolutim ni badizas, *Plaut Aſin* 3 3. 116

* Bæta, æ f. βαίτη *A kind of thick garment* Bæta cum hyeme, tum æſtate, bona, vide *Coil*

Bæticātus, a, um adj *Wearing brown or dark colour'd cloth*, Mart

Bætĭcus, a, um adj [a Bæticâ Hiſpaniæ regione, ubi vellera ſunt pulla, *ſcil*] *Brown, ſwarthy, tawny, duſk* Lacerna Bætica, *Mart*

|| Bagaudæ, ārum pl m qui & Bagodæ & Bacaudæ, *Outlaws or banditti of Gaul, in the time of Diocleſian* Salvian

Baiæ, ārum *Two hot baths*, Vid Propr

Bajŭlo, as act [a ſeq bajulus] *To carry like a porter* Ego bajulabo, tu, ut decet dominum, ante me ito inanis, *Plaut*

Bājŭlus, i m *A porter, a day-labourer, ſuch as ſerve maſons, and brick-layers, &c* = Operarii autem aut bajuli deeſſe non poſſunt, *Cic*

Bălæna, æ f [a Gr φάλαινα] *A vaſt ſea fiſh, by ſome called a grampus, a kind of whale* Quanto delphinis balæna Britannica major, *Juv* 10 14

Bălănātus, a, um adj [ex balanus] *Anointed with the oil of ben* Balanatum gauſape pectis, *Perſ* i e barbam, vel capillitium balani oleo delibutum

Bălănīnus, a, um adj [ex balano factus] *Made of ben*, Plin

* Bălānītes, æ m [a ſimil balani] *A gem thus deſcribed* Gemma ſubviridis, & Corinthio ſimilis æri, ſecante mediam flammeâ venâ, *Plin* 37 10.

* Bălānītis idis. f [a rotundâ glandis effigie] *A kind of round cheſnuts* Plin 15. 23

* Bălănus, i [a βάλανος, glans] c g etſi Græce ſemper f (1) *A kind of maſt, or acorn from oak, beech, &c* (2) *A date* (3) *A kind of ſhell-fiſh* (4) *Ben, whereof ſweet oil is made* (5) *A ſuppoſitory, from its likeneſs to an acorn* (1) A nobis appellantur balani, eorum duo genera, *Plin* 13 4 (2) Vide ☐ tit de verborum ſignificatione (3) Echinos, lepadas, oſtreas, balanos captamus *Plaut Rud* 2 1 8 (4) Preſſa tuis balanus capillis, *Hor* (5) *Ap* Medicos

Bălătro, ōnis m de cujus etymo multi multa, ſed nihil comperti *A pitiful fellow, a ſorry rogue, a tatterdemallion, a ſhabby raſcal* Videbo jam vos balatrones & huc afferam meum corium & flagra, *Varr R R* 2 5

Bālātus, ûs m verb [a balo] *A bleating of ſheep, or lambs* Quæſitus matri multis balatibus agnus *Vir*

* Balauſtinus, a, um adj *Like the flower of a pomegranate*, Plin

* Balauſtium, i n *The flower of a pomegranate*, Plin

† Balbe, adv *After a ſtammering way, liſpingly*, Non ex Var 1 10 *ſed Steph affirmat ita non eſſe, & locum corrumpi ſuſpicatur*

Balbus, a, um adj [forte a בלבל confusè locutus eſt, unde nobis *Babble*] *Stammering, ſtuttering, ſnuffling in his ſpeech* Non tædebit balba cum puero dicere verba ſenem, *Tibull*

|| Balbuties, ei. f Vox trita, ſed barbara *A ſtammering in the ſpeech, a ſtuttering*. ↓ Hæſitantia linguæ, *Cic*

Balbūtio, ire, ivi act. (1) *To ſtammer, to ſtutter, to liſp* (2) *To babble, or to ſay ſomething to no purpoſe* (1) Balbutit ſcaurum, pravis fultum male talis, *Hor Sat* 1 3 48 (2) Veteres Academici balbutire deſinant *Cic*

Bălineum, i n pro balneum *A bath, a bagnio, a hot house, a stew*, Plaut & Cic

Băliŏlus, a, um adj dim. [a balio colore] *A tawny-moor, a negro, a black* Plaut Poen 5 5 2. Sed fortè rectius scrib Balliolus, ut sit dim a βαλλίων, leno, unde & Ballio perditissimus leno, ap eundem

Bălista, æ f vel potius Ballista, [cum sit a βάλλω, jacio] *A warlike engine, to throw, or shoot stones, or darts, a cross-bow, a brake, or sling* Ballistæ lapidum, Cic Meus est balista pugnus, Plaut

Bălistārium i n *The place where the balista is mounted*, Plaut Poen 1 1 74 *where, according to Lipsius it is the engine it self*

Bălistārius, i m *A maker of slings, guns, or cross-bows, or one that shoots out of them*, Val Max Bălistārii, σφενδονῆται, Gloss

Bălito, as [freq a balo] *To bleat often*, or much Cumthæ [oves] sic eunt a pecu balitantes, Plaut Sic leg Char Bacch 5 2 5 sed hic al leg Palitantes, [a palor] & fortè rectius *Straggling, wandering*

Balius, a, um adj id quod Badius, d in l mutato *Of a dark bay colour, tawny*, Var

|| Balivus, i, m [a βάλλειν, committere, tradere, unde & Gall bailler, Angl to bail] *a bailiff in a corporation, a bailiff of husbandry*

* Ballote, es f *The herb called stinking hoar-hound*, Plin 27 8

|| Ballūca, æ f *Gold ore, or gold unfined*, Cod Theod Vide Balux

Balneæ, ārum f *Public baths, or bagnios to wash in*, Cic.

Balneārium, i n *A place where a bath is* Balnearia occidenti æstivo advertantur, Col

Balneārius, a, um adj *Belonging to the baths* Balnearii fures, *Pilfering rogues, who stole away peoples cloths in the baths*, Catull

Balneātor, ōris m qui balneis præest *The keeper of the bagnio, the master of the bath, or perhaps a servant attending about the bath* Mulier potens familiaris facta erat balneatori, Cic Balneatorem frigidum, Plaut vocat Neptunum, in Rudente. Vestimenta servanda balneatori, Ulp

|| Balneātōrius, a, um. adj *Pertaining to, or used in a bath*, Digest

Balneatrix icis f *A mistress of the bath*, Petron ap. Serv in Æn 12 v 159

Balneolum, i n dim [a balneum] *A little bagnio, or bath*, Juv

Balneum, i n [ex Græco βαλανεῖον] *A bath, a bagnio, a washing place*, Cic ♓ Balneum in ædibus privatis, Balneæ, & Balnea, in loco publico *Sed hæc differentia non semper observatur*

Bālo, as neut [vox ficta a sono, nisi forte a βῆλα, Æol pro μῆλα oves, Vid Varr R R 2 1] *To bleat as sheep* Balat ovis, O ☞ *Transfertur etiam contemptim ad hominem* Satis balasti, ô noster Fistule Varr R R 2 3 i e Satis præcepisti de ovibus, quarum est balare

* Balsăminus, a, um adj *Made of balm* Oleum balsaminum, *Balm oil*, Plin 23 4

* Balsămum, i n & arbor, & succus, βάλσαμον, cujus liquor ὀπο-βάλσαμον, dicitur, quasi בעל שמן, i e princeps oleum *Balsam, or balm, the tree, and the juice that drops from it, of a most fragrant smell* Balsamum modica arbor, Tac. H 5, 6 Omnibus odoribus præfertur balsamum uni terrarum Judææ concessum, Plin

|| Balteōlus, i m *A small belt, or sword girdle*, Jul Capit

Balteus, i m & Balteum, i n sed hoc rar in sing plur tamen semper baltea, non baltei [a Græc βάλλω, circumjicio] *A girdle, a sword belt.* Præbebant cæsi baltea lenta boves, Propert Verutum in balteo defigitur, Cæs

† Bālŭca, æ f *A big drinking pot* Cantharis, & balucis bibunt, Plaut Stich 5 4 12 ubi nunc leg Batiolis

Bălux, ūcis f Voc Hisp *Small gold dust* Illinc ballucis malleator Hispanæ, Mart uti leg Turneb nisi le vulgo, paludis Hispani aurum, quod minutum est, balucem vocant, Plin 33, 4

Bambăcinus, a, um adj *Made of cotton, bombasine*, Plin

* Bămbăcion, ōnis n *Cotton, bombast*, Plin

Bambălio, ōnis m [ab Aristoph Βαμβαλοβαμβαξ] *A stammerer, or stutterer, a nick-name of M Antony's father in law*, Cic Philip 3 6

† Bambātus, a, um adj pro Bammatus *Pickled, soused* Bambatæ scillæ, i e intinctu aliquo conditæ, Col 12 34

|| Bănausus, i m [a βαῦνος, fornax, & αὔω, incendo] *An artificer working by fire, a mechanic*, Hier

Banchus, i qui & mixon dicitur *A kind of sea-fish*, Plin 32 9

|| Bancus, i m *A bank bench, seat or table* ¶ Bancus regius, *The king's bench* Bancus communis, *The common pleas* Ex usu vernaculo.

*Bandŏphorus, i m *A standard-bearer* Cœl ‡ Vexillarius, Liv

|| Bandum vox Longobardica, *A banner, or standard of the general*, Procop ‡ Vexillum, signum

|| Bănĕrettus, i m *A knight made in the field*

|| Bannālis mola, *The lord of the manor's mill, where his tenants are obliged to grind their corn*, Calv

|| Bannitus, a, um part [qu a bannio inusit] *Banished, outlawed*, Cod *Hence the Banditti, so called in Italy, who live without laws* ‡ Proscriptus

|| Bannus, i m vel Bannum, i n *An arriere-ban, or heer ban, when all vassals were bound to wait upon their lord personally, in the field, and those that did not appear were out-law'd* Also *a publick edict, an out-lawry* ¶ Banna matrimonialia, *Banns of matrimony, published in the church* i e Promulgatio matrimonialis

* Băphia, æ f and Băphia, ōrum, pl n. τὰ βαφεῖα, tabernæ tinctoriæ, *A die-house, a place where they dye*, Lampr

* Baptæ, ārum m [a βάπτω, tingo] *A comedy so called, made by Eupolis* q d *The dippers* Vid Schol in Juv Sat 2 92 Baptæ, *Priests of Ceres, so called of a ceremony, which was begun by washing*, Vid Propr

* Baptes, *A precious stone, like the batrachites, or frog stone, but softer* Plin 37 10

* Baptisma, ătis n [a βαπτίζω, quod a βάπτω, immergo] *Baptism, a sacrament of the Christian Church* Tert

|| Baptismum i n *Baptism*, Ambr

* Băptismus, i m *Baptism, dipping, washing* Lat Immersio

* Baptista, æ m *A baptizer, John the Baptist, so called emphatically*, Bibl

* Baptistērium, i n *A font; a bath, a vessel to wash the body in*, Plin ep. 5 6.

* Baptizo, as act [βαπτίζω, a βάπτω, mergo, tingo] *To dip all over, to wash, to baptize* Lat Immergo

|| Bărăthro, ōnis m qui in barathrum, i e ventrem condit omnia *One that buries his estate in his belly, a spendthrift, a belly-god* Eosdem putat Acron, quos balatrones Horatius vocat

* Bărăthrum, i n. βάραθρον [quod a באר beer, puteus, & אתר athir, locus, M sc. locus putei] (1) *A gulph a deep pit, any deep place* (2) *Hell* (3) Met *The maw, or paunch* (4) *A wasteful harlot* (5) *A glutton, a belly-god, a great eater* (1) Imo barathri ter gurgite vastos sorbet in abruptum fluctus, Vir (2) Quacunque latent ferali monstra barathro, Claud de rapt Pros (3) Extremo ructus si venit a barathro, Mart (4) O barathrum, ubi nunc es? Plaut in Bacchid (5) = Ingluvies, & tempestas, barathrumque macelli, Hor

BARBA, æ f *A beard, both of men and beasts* Viris mamma, atque barba, Cic Barba capræ, Plin lupi, Hor leonis, Mart gallinacei, *A cock's jollops*, Plin Polypi, *The cleys*, Id virgultorum, *Loppings*, κατακρημνῶν, Id ¶ Stolidam barbam vellere *To use one scurvily*, Pers Barba tenus philosophus, *A grave coxcomb*, Cic

Barbăre, adv (1) *Barbarously, unusually, unintelligibly* (2) *Clownishly, rudely* (3) *Into another tongue, not Greek* (1) Si Grammaticum se professus quispiam barbare loquatur, Cic (2) Non speres perpetuum dulcia barbare lædentem oscula, Hor (3) Philemon scripsit Plautus vertit barbare, i e Latine, Prol Trin 19

Barbăria, æ, f (1) *Any barbarous country, chiefly Phrygia* (2) *Barbarity, incivility, unpoliteness, rusticity*, (1) Facis quod nullâ in Barbariâ tyrannus, Cic ♓ Græcia barbariæ lento collisa duello, Hor (2) C Cæsar barbariam ex Gaditanorum moribus, disciplinâque delevit, Cic

|| Barbărĭcarius, i m *An embroiderer of cloth of tissue*, Donat in Æn 11 777

|| Barbărĭcum, appell Clamor exercitûs, quod hoc co genere Barbari uterentur *A shout or cry in an army, such as the barbarians used*, Fest

Barbărĭcus, a, um adj *Pertaining to or coming from barbarous people, after the barbarian mode, foreign, rich, brave* Also *savage, unpolished, rude, mean, ordinary* Barbarica sylva, *Where trees grew as it were wild, and out of order, all sorts together*, Col. Barbaricum aurum, *brought from Barbary*, i e *Troy*, Vir Barbaricâ lege, i e Romana, Plaut Barbarica pavimenta, *Floors made of tiles, lime, and rubbish*, Plin 3 25 Barbarica supellex, *Mean furniture*, Liv barbaricæ vestes, *Garments embroidered*, Luci 2 499

Barbăries ei f (1) *A barbarous people* (2) *An impropriety of words, a barbarism.* (3) *Rudeness in manners* (1) Quis in illâ barbaria dubitet quin illa sphæra sit perfecta ratione, Cic de Scythis, & Britannis loquens (2) Quos nulla barbaries domestica infuscaverat, rectè loquebantur, Cic (3) Ne quâ in parte relinquat barbariem, revocat fulvas in pectore pelles, Claud.

* Barbărismus, i m. *A barbarous use of words, a rudeness in pronunciation.* Vid Auct ad Her 4 12 & Quint 1 5 neque pigeat adire Vossium de Vitiis Serm 1 2.

* Barbărus a, um adj, or, comp (1) *Foreign, outlandish, unintelligible, barbarous* (2) *Rude, unpolished, churlish, boorish, clownish, uncivil* (3) *Foolish, silly sottish* (4) *Cruel, barbarous* (1) Barbarus hic ego sum quia non intelligor ulli, & rident stolidi verba Latina Getæ, Ov Non sunt illa [carmina] suo barbariora loco, Id (2) = Agrestes, & barbari servi Cic (3) Es barbarus, quem ego sapere nimio censui plus quam Thalem, Plaut Bacch 1 2 13 (4) Nomen amicitiæ barbara corda movet, Ov ☞ *Proprie, & præcipue a Romanis Phryges dicti sunt barbari, unde vestes barbaricæ Lucretio dicuntur quas Plin Phrygianas appellat Barbara tibia Catull 62 264 sc Phrygia* Vide & Barbaria, Nº 1

Barbāta, æ f [aquila] quæ & Ossifraga, *The Osprey* Plin

Barbātŭlus, a, um adj *Having a little beard, or his beard newly trimmed* Concursabant barbatuli juvenes, Cic Barbatulus mullus, *A barbel*, Id

Barbātus, a, um adj [a barba] (1) *Bearded* (2) Also *simple, silly, old fashioned* as *when they wore beards* (1) ♓ Quos imberbes, jut bene barbatos videbis, Cic (2) Facile est barbato imponere regi, Juv ¶ Mullus barbatus, *qui &* Barbatulus, *A barbel*, Cic

✤ Barbiger, a, um adj [qui barbam gerit] *Having, or wearing a beard* Barbigeræ pecudes, *Goats* Lucret

|| Barbĭtium, i. n [a barba, dict ut capillitium] *A beard*, Apul

* Barbĭtos, i c g & Barbitus i m & barbĭton, i n Est etiam apud Græcos omnium generum [dict quod a barbaris venit hoc instrumentum, Strabo] *A stringed instrument of musick, we may take it for a lute, or bass-viol* Non facit ad lachrymas barbitos ulla meas, Ov Age dic Latinum, barbite, carmen, Hor Chordas, & plectra, & barbita conde, Auson

|| Barbo, ōnis m *A barbel-fish*, Auson. ‡ Mullus barbatulus, Cic

Barbŭla, æ f dim. *A little beard*, Cic

|| Barbus, i m Auson qui & Barbulus, Gl *A barbel* ‡ Mullus barbatus, Cic

|| Barca, æ f [a Saxonico bark, i e cortex] *A fishing-ship, or bark, a barge, an hoy, a lighter* ‡ Phaselus, scapha

Bardaicus, & Bardiacus, a, um adj unde, vel quid sit, non convenit inter doctos *Of the country of Gaul, or drest like Gauls*, Turneb Bardaicus judex *seems to be a judge advocate in the army*, Juv 16 13 Bardiacus evocatus, *An old beaten soldier*, Mart 4 1

† Bardĭtus, ûs m *The old bard's song*, Tac de Germ c 3.

Bardocucullus, i m [a bardis Gallicæ] *A french cloak with a cowl, or hood to it, worn by soldiers, and country people*, Mart

Bardus, a, um adj [sc a βραδὺς per metath] *Dull witted, foolish, heavy, slow* = Zopyrus stu-

ſtupidum Socratem dicebat, & bardum, *Cic.*

* Bardus, i m [a Germ *Waerd*, Angl *Word*, quod, uti Gr ἔπος, & verbum, & carmen ſignificat] *A British bard a poet among the old Gauls, a Welch rimer, or harper* Plurima ſecuri fudiſtis carmina bardi, *Luc* 1 449

* Bāris, idos f *A boat wherein the Egyptians carried dead bodies to the grave, hence our English word bier* Baridos & contis roſtra Liburna ſequi, *Propert* 3 11 44

Bāro, ōnis m vox, ut videtur originis Germ aut Gallicæ, etſi alii alias notationes adferant (1) *A blockhead, a ſot, a dolt a fool* (2) *A common ſoldier that ſerves for pay* (3) *A man, or huſband, as when we ſay under covert baron* (4) *A baron, a lord, or peer of the realm* (1) Hoc cum loqueris, nos barones ſtupemus, *Cic* (2) Per 5 138 Ubi non ib te erit verba vet Scholiaſtæ adferre Barones, vel Varrones, dicuntur ſervi militum, qui utique ſtultiſſimi ſunt, ſervi videlicet ſtultorum (3) Apud recentiores (4) De hâc, & ſuperiore notione omnino doctiſſimi Spelmanni Gloſſarium conſulendum Hinc

|| Barōnia, æ f pars regni jure feudi conceſſa, *The fee of a baron*, Calv

|| Bāronulus, Baruncul**us**, & Baronettus, i m *A knight baronet.*

|| Barrinus, a, um adj *Of, or like an elephant.* Aures immanitate barrinas, *Sidon*

|| Barrio, ire, ivi, itum neut [a barrus] *To bray, or cry like an elephant*, Feſt

|| Barritus, ûs m verb [a barrio] (1) *The braying, or crying of an elephant* (2) *A terrible ſhout before an engagement* (1) Elephantorum triſtis barritus, *Apul* (2) = Clamor, quem quidam barritum vocant, non prius debet attolli, quam acies utraque ſe junxerit, *Veg* , 18

Barrus, i m voc Sabinum *An elephant* Mulier nigris digniſſima barris, *Hor epod* 12 1 Eſt & nomen viri apud eundem

* Bāricæ, vel leg barucæ [ex βαρὺς, gravis] *A kind of low buildings*, Vitr 3 2

* Bāryccphalæ, vel leg Barucephala [ex βαρὺς, & κεφαλὴ, caput] *Buildings too heavy for the pillars that ſupport them*, Vitr 3 2

* Bāſaltes, æ m *A kind of marble*, Plin 36 7

* Bāſānites, æ m [dict ἀπὸ τοῦ βασανίζειν, i e ab explorando] *A whetſtone, or touchſtone*, Plin 36 20

* Baſcania, ōrum pl n βασκάνια, q d præfiſcine appenſa *Little trifles that ſmiths were wont to hang before their ſhop-windows as charms to hinder witchcraft*, Cœl Rhod lect ant 11 30

Baſcauda, æ f vox Britanica *A kind of veſſel which the Romans had from the ancient Britains, a basket* Barbara de pictis veni baſcauda Britannis, *Mart* 14 99

Bāſiātio, ōnis f verb [ex baſio] *A kiſſing* Mart

Bāſiātor ōris m verb *One that kiſſeth, a kiſſer*, Mart.

Bāſiātus, a, um part *Kiſſed*, Mart

* Bāſilica, æ f βασιλικὴ, ſc οἰκία, regia, ſc domus *A town hall, or court of juſtice*, Plin *A ſtate houſe, a palace, or Royal Exchange for merchants, a hall for buyers and ſellers to reſort to*, Vitr *A large gallery to walk in*, Plaut || *A cathedral church, or church where ſome martyr hath been interred*, Sigon ad Sulp Sev, || *A great vein in the arm ſo called*, ſubaud vena

Bāſilice, adv (1) *Royally, nobly, princely, ſplendidly* (2) *Utterly* (1) Baſilicè ornatus, *Richly dreſt, in a noble garb*, Plaut Baſilice vivere, *To live like a prince*, Id (2) Interii baſilice, *I am utterly undone*, Id

* Bāſilicon, i n *A princely robe, alſo the beſt ſort of wallnut* Baſilicon, quod & perſicum dic Plin 15 22 Alſo *a ſoveraign kind of ointment, or rather plaiſter, called ſtill by this name*, Celſ 5 19

* Bāſilicus, a, um adj βασιλικὸς, i e regius *Princely, royal, noble, ſtately* baſilicus jactus, ſtatus, victus *A noble throw, a gallant condition dainty fare*, Plaut Baſilica facinora, *Noble exploits*, Id Baſilica nux, *The beſt ſort of wallnuts*, Plin vitis, *The beſt ſort of vines*, Id

* Bāſilinda, æ f βασιλίνδα *A kind of play, perhaps like Queſtions, and commands, or the chuſing of king, and queen, on Twelfth night*, Poll 9 7

* Bāſiliſcus, i m *A kind of ſerpent called a baſiliſk, a cockatrice, becauſe they fancy he comes of a cock's egg*, Plin 8 21 ‡ Regulus

Bāſio, as denom [ex baſium] *To kiſs* Baſia multa baſiare, *Catul*

* Bāſis, is f βάσις, fundamentum *The foot, or baſe of a pillar, the pedeſtal of a ſtatue*, Cic *The whole pillar*, Plin *The ſpire, or ſquare betwixt the pillar and the baſe, alſo the bow, or compaſs of the pillar*, Vitruv ✠ Antibaſis, *Id*

BASIUM, i n [dict a ſono vocis] *A kiſs, or buſs* Da mihi baſia mille, *Catull* ✠ Oſcula officiorum ſunt, Baſia pudicorum affectuum, *Suavia* libidinum, vel amorum, *Donat.* Sed hoc non eſt perpetuum

* Baſſăris, idis f [a βάσσαρις, h e Bacchi ſacrificula, qui & ipſe Baſſareus, a veſtibus bacchantium, quas Thraces βασσάρας vocant] *A woman prieſt of Bacchus, ſo called from the garment ſhe wore, made of foxes ſkins*, Perſ 1 100

|| Baſſus, i m [a βάσσων, profundior] Vox muſica, imus ſonus vocab recens, admittendum tamen, cum ad artem pertineat, cui oppon altus *The baſe, or baſs in muſic*

* Baſterna, æ f *A cloſe litter, chair, or ſedan, for ladies, drawn by beaſts only* Amites baſternarum, *The poles thereof*, Pall id

|| Baſternārius, i m *He that drives the baſterna*, Symm

Bat, interj corripientis, *A word of reproving, as Piſh, pſhaw, puſh, ſometimes of ſilence, as Peace, huſh*, Plaut Eſt item Bat vox inarticulatum, infantium, & blæſorum, & fatuorum, *Voſſ*

|| Batălārius i m Gallis miles qui jam ſemel prælio batalæ interfuit Ita in palæſtra literaria Batalarius cœpit nuncupari Lutetiæ, qui publice de arte quapiam diſputaſſet, *L. d. Viv* dial 13 Id eſt quod Baccalaureus *A batchelor of arts, perhaps he who in the Univerſity is called a batteler*

Batiŏlus, i. m ut aliqui leg ap Suet Aug 87. *A fool* Vid Baceolus

Batillum, i n & Batillus, i m (1) *A fire ſhovel to take up coals with* (2) *An incenſe pan wherein hot coals were carried before the magiſtrate, a chafing-diſh* (3) *A paddle-ſtaff, and a ſtaff hook to reap ears of corn with, and leave the ſtraw ſtanding* (4) *A light wooden ſhovel or ſpade* (1) Batillis ferreis candentibus ramentum [argenti] imponere, *Plin* 33 8 (2) Prætextum & latum clavum prunæque batillum, *Hor* (3) Varr R R 1 50 (4) *Id* 3 6 ¶ Batillus menſarius, *A chafing-diſh*, Bud Cubicularius, *A warming-pan*, Jun

Batiŏca, & Batiāca, & Batiŏli, æ f quod rect nam βατιάκην, & βατιάκιον, inter pocula numerat Athen *A large pot, or bowl, for wine, generally of gold, or gilt* ✠ Divites batiolis bibunt, nos noſtro Samio poterio, *Plaut* in *Stich* 5 4 12

* Bătis, idis (1) *A fiſh which is called a maid, or ſkate* (2) *Alſo the herb ſamphire uſed in ſallads* (1) Plin. 32. 11 (2) Id 21 15.

* Batos, i f *A bramble, a black berry buſh*, Ruell Lat Rubus

* Bătrăchites, æ m [a βάτραχος, rana] *A ſtone in colour, and ſhape much like a green frog*, Plin. 37 10

* Batrăchum, i. n Latine Ranunculus It genus coloris (1) *An herb, whereof are divers kinds, one called crowfoot, gold knap, or yellow craw* (2) *Alſo a kind of chymical gold ſolder*, (1) Plin 25 13 (2) Cæl 28 9

* Batrăchomyomāchia, æ f [ex βάτραχος, rana, μῦς, mus, & μάχη, pugna] *The battle between the frogs and mice*, Hom.

* Bătrăchus, i m [a βάτραχος, rana] *A ſea fiſh, called the ſea-devil, like a frog*, Plin 32 11.

* Battŏlŏgia, æ. f [a Batto poetâ quodam inepto, & λόγος, ſermo] *The frequent repeating of one thing, tautology.* Lat. Multiloquium

Batuens, tis part *Fencing*, Suet

Batuo, ĕre, ui, ūtum act [a βατέω, quod Delphorum linguâ eſt πατέω, calco] (1) *To beat, or batter.* (2) *To fight or combat, to fence, or foin* (3) *To fence with foils* (4) *To bind up* (5) *Habet & obſcœnam ſignificationem* (1) Quibus batuatur tibi os, *Plaut* (2) Thrax, & auriga batuebat pugnatoriis armis *Suet* in *Calig* 54 (3) Batuere rudibus, *Id ibid* 34 (4) Ulcera batuere, *Plin* 31 9. (5) Cic ep l 9 epiſt 22

Bătuor, i, tus paſſ *To be knocked, or beaten*, Vid Batuo, N° 1

Bătus, i m [bud ex Hebr בת bath] *An Hebrew meaſure of liquid things, containing ſeventy two ſextaries, according to the account of Joſephus*, l 3 ſub finem ✠ Batus menſura liquidorum, epha aridorum, ejuſdem utraque capacitatis vulg int Lat Cadus, Æqualis amphoræ Atticæ, *Camer*

* Bătus i f *A bramble, or a briar* Lat Rubus

Baubor, āris dep vox canum *To baugh, or bark like a dog* Et cum deſerti baubantur [canes] in ædibus, *Lucr* 5 1070

Baxea, æ f (1) *A clog, or ſhoe, with a wooden ſole* (2) *A ſlipper, or pantoſle, which the philoſophers wore* (1) Peniculus, qui extergentur baxeæ, *Plaut* Men. 2 3 40. (2) Jun ex Apul.

B ante D

Bdellium, i n [ex Heb בדלח] (1) *A black tree in Arabia, of the bigneſs of an olive tree* (2) *Alſo the gum of the ſame tree, of a great ſcent, and a bitter taſte* (1) Plin 12 9 (2) Tu crocinum, & caſia es, tu bdellium [bedellium in ant. libb] Nam ubi tu profuſus, ibi ego me pervelim ſepultum, *Plaut, Curc* 1. 2. 7

B ante E.

Beāte, adv [ex beatus] *Bleſſedly, happily, proſperouſly, well, honeſtly* = Nihil eſt aliud bene, beateque vivere, niſi honeſte, & recte vivere, *Cic Parad* 1 ult.

|| Beātificus, a, um adj [ex beatus, & facio] *Making happy, or bleſſed, beatific*, Apul

Beātitas, ātis f [a beatus] *Bleſſedneſs happineſs, felicity, proſperity* ☞ Hanc vocem primus finxit, ſed non utique probavit Cicero, N D 1 34 &

Beātitūdo, inis. f [a beatus] *Bleſſedneſs, beatitude, felicity* ☞ Hanc quoque cudebat, ſed utraque dura eſt, teſte ipſo, N D 1 34

Beātŭlus, a, um [dim a beatus] *Somewhat happy, or lucky*, Perſ 3 103, *ironice*, ut ſit ſenſus, miſellus qui ſe beatum modo putabat

Beātus, a, um part [a beo] vel adj or, comp iſſimus, ſup (1) *Bleſſed, happy* (2) *Joyful, pleaſed* (3) *Rich, wealthy* (4) *Fruitful, fertile* (5) *Conſummate, perfect* (1) Nemo poteſt non beatiſſimus eſſe, qui eſt totus aptus ex ſe, quique in ſe uno ſua ponit omnia, *Cic* (2) = Quid me lætius, beatiuſve ? *Catull* (3) Unum me facerem beatiorum, *Id* Vetulæ veſica beatæ, *Juv.* (4) Rus beatum, *Hor* (5) Dici beatus ante obitum nemo debet, *Ov* Fruuntur beati ævo ſempiterno, *Cic* in *ſomn Scip*

† Beccabunga, æ f *Dod*

* Bechion, i. n. *Foal-foot, ele-hoof, or horſe-hoof*, Plin. 26. 6. Lat. Tuſſilago.

|| Bedellus, i. m *A beadle* ‡ Præco.

Beelzebub, vel, ut al Baalſebub [a בעל, dominus, & זבוב, muſca] Accronitarum in Palæſtina deaſter, *The god of Ekron in Paleſtine, but the Jews in contempt called the prince of devils by this name*, Vid Iſid orig 8 11.

† Bela, pl n ant [ex βῆλα, Æol pro μῆλα] *Sheep* Hinc factum Balo pro Belo, *Var* R R 2 1

Belial [ex בלי, ſine, abſque, & יעל profuit, ut ſit *res nihili*] Aquila apoſtatam reddit LXX filios Belial παρανόμους vertunt Sum & & *pro* Satana, *ſive* diabolo *One good for nothing, a wicked perſon, the devil*

Beli oculus, *A white gem, dedicated to Bel the Aſſyrian idol*, Plin 37 10

Bellāria, ōrum pl n quaſi res bellæ, *Var Banquetting ſtuff, ſweet meats, dainties, the ſecond courſe of tarts, confects, candied, or preſerved fruits, &c the deſert* Alſo *the choiſer ſort of wines* Vid Gell 13 11 & Macrob Saturn 3 18 19, 20

Bellātor, ōris m verb. [a bello, as] *A man of war, a warriour*, Cic Bellator enſis *A warlike ſword*, Sil 13. 376. Bellator equus, *An horſe for war, a warhorſe*, Vir Geor 2 145 || *A cheſs man, the knight perchance*

Bellātōrius, a, um adj [ex bellator] *Pertaining to war, or warriours* Stilus bellatorius, *Plin* ep 7 2

Bellātrix, icis f [a bellator] *Warlike, fit for war, ſaid of feminine nouns.* Bellatrix Pentheſilea, *Vir.*

Vir diva, Ov cohors, *Stat.* Bellatrix triremis, *Claud*

† Bellātŭlus, a, um adj dim [a bellus] *Pretty, well.* Bella bellatula, *My pretty precious,* Plaut

Bellè, adv ssime, sup *Prettily, finely, neatly, handsomly, conveniently, daintily, well* Bellè, & festive, *Cic* Bellè curiosus, *Pretty curious,* Id Minus bellè habere, *Not to be very well,* Id = Euge tuum, & bellè *Your praise and applause,* Perf Bellissimè Censorinus dicebat de his, *&c* Sen

Belli, gen pon interdum pro adv in loco ut humi, domi *In the war* Vide Bellum, N° 4

Bellicōsè adv ius, comp *Valiantly, stoutly, soldier-like,* Liv

Bellicosus, a, um adj. or, comp ssimus, sup (1) *Valiant* (2) *Full of arms, warlike, martial* (2) *war spent in war* (1) Dalmatæ semper habiti sunt bellicosi, *Cic* Bellicosissimæ gentes, *Nep in Hamil* (2) Consulatum differre in bellicosiorem annum, *Liv*

Bellicum, i n [*sc* signum] *The sound of a trumpet, when they call to the battle* ¶ Bellicum canere, *To sound an alarm,* Cic and *metaphorically to animate, or stir up strife,* Id

Bellicus, a, um adj *Of war, or belonging to war* Equus bellicus, *A war-horse,* Propert Navis bellica, *A man of war,* Id Corona bellica, *A wreath of victory,* Plin Bellicus deus [Romulus] Ov Bellica dea [Pallas] *Id.*

✿ Bellĭfer, a, um [*ex* bellum, *&* fero] *Warlike, making war* Quid belliferam communibus urunt Italiam maculis? *Claud*

✿ Bellĭger, a, um adj [*ex* bellum, *&* gero] *Warlike, martial, belonging to war.* Manus belligeræ, *Ov*

Bellĭgĕrātur, impers *War is made* Cum Gallis tumultuatum, magis quam belligeratum, *Liv*

✿ Bellĭgĕro as act. [*ex* bellum, *&* gero] *To make, or wage war, to carry on war* Belligerant Ætoli cum Aulide, *Plaut*

✿ Bellĭpŏtens, tis adj [*ex* bellum, *&* potens] *Puissant, mighty in war, warlike* Magnus bellipotens, per Antonomasiam [Mars] *Id* Diva bellipotens [Pallas] *St*

Bellis, is f. *&* Bellus, i m *The wine daisy,* Plin 26 5

Bello, as *To war, to wage war, to fight, to combat* § Bellare alicui, *i e* contra aliquem, *Stat.* ætu, *Ia Theb* cum aliquo, *Cic* de re aliqua, *Cic*

Bellor, aris dep. *To fight, &c.* ..tis bellantur Amazones armis, *Æn* 11 160

Bellonārii, pl m pl *Mad-men, the priests of Bellona, who cut and slashed themselves in their enthusiastic ..., concerning which see Lucan* 4. 165

Bellua, æ f quæ & Belua, æ immanis fera, [a bello qu bellum gerens, *Perot*] (1) *Any great beast,* or (2) *Fish* (3) *It is ... beastly, senseless, and ... the person* (1) Loci proximi terret bellua vasta lupus, Cum Getuli ducem portaret bellua luscum, [*sc* elephas] *Juv* (2) Fluitantes, & innantes belluæ *Cic* Illi dextra jacebat bellua, *i e* rhombus, *Juv* (3) Quid te facturum de belluâ putas? *Cic* ... 8 Age, bellua, credis huc quod dicat? *Ter*

† Belluālis e adj *Beastly, nasty* ... = Bellualis, & aspera ... *Macr*

Belluātus, a, um. adj Belluata tapetia, *Tapestry wrought with the figures of beasts,* Plaut Interp Salm

Belluīnus, a, um adj *Of, or belonging to a beast, beastly, monstrous,* Gell

Bellŭlè, adv. dim. [*a* belle] *Pretty well in health, so so,* Plaut

Bellŭlus, a, um. adj dim [*a* bellus] *Pretty, neat, spruce.* Ædepol quidem bellula es, *Plaut*

Bellum, i n [*a* duellum, ut *a* duis, bis, *a* duonus, bonus] (1) *War, the state of war, or all the time of war* (2) *The soldiers baggage, &c belonging to the war* (3) *A single fight* (4) *Warfare* (1) Bellum affectum videmus, & vere ut dicam, pene confectum, *Cic* (2) Victæ fera bella deæ vexere per æquor, *Sil* (3) In eo bello 300 milites desiderati, *Sall* (4) Duo nefanda flagitia Xviri domi belloque adjiciunt, *Liv* ¶ Bellum sine hoste, *A civil war,* Luc Simulachra belli, *justs and tournaments,* Vir

Belluōsus, a, um adj *Full of monsters* Belluosus oceanus, *Hor carm* 4 14 47

Bellus, a, um adj [*ab ant* benus, *pro* bonus, benulus, bellus, ut *ab* unus, unulus, ullus] or, comp ssimus, sup (1) *Bonny, pretty, charming, fine* (2) *Pretty little,* [*as we say*] or *pretty, i e little* (3) *Good, delicious* (4) *Complaisant, civil* (5) *Good at, conversant in.* (6) *Finical, nice, beauish* (1) = Nimis bella es, atque amabilis, *Plaut* Cæciliæ bellissimæ salutem dicas, *Cic* (2) Bellus homo, & magnus vis idem, Cotta videri, sed qui bellus homo est, Cotta, pusillus homo est, *Mart* 1 10 (3) Unum quodque quod erit bellissimum carpam, *Ter i e* bellaria *quæ ab hac notione deducuntur* (4) = Bellus, & urbanus homo, *Cic* (5) Venio ad alterum genus testamenti, in quo Græci belliores quam nostri, *Var ap Non* (6) Res prætricosa est bellus homo, *Mart* 3 6 3 Lege totum epigramma

* Bĕlŏne, es f *A kind of fish, like a needle,* Plin Lat Acus

† Belua, *A beast* Vide Bellua

† Belus, *A green stone, as big as a walnut,* Plin 37 10.

Bene, adv [*ab ant* benus, *pro* bonus] *Well, happily, prosperously, honestly, very much* = Fortunate, *Plin* Feliciter, naviter, *Cic* ¶ Bene mane, *Very early,* Id Bene sit tibi, *Much good do it you,* Plaut Bene longa oratio, *A pretty long speech,* Cic Bene multi, *A good many,* Poll *ad* Cic = Bene, & gnaviter esse impudens, *To be egregiously impudent,* Cic Bene valere, *To be in good health,* Id. Bene ambula, *I wish you a good walk,* Plaut Bene curare ætatem, *To make much of himself,* Id Bene promittere, *To promise fair,* Id Ita me dii bene ament, *As God help me,* Ter Dii vortant bene *God speed it,* Id Bene hoc habet, *This goes well,* Plaut Bene tibi volo ex animo, *I wish you well with all my heart,* Ter Sed *bene Messalam* sua quisque ad pocula dicat, *i e Drink his health,* Tibull Bene vos, bene nos, bene te, bene me, bene nostrum etiam Stephanium, *Plaut Stich* 5 4 27 *Formula inter pocula, quam itidem datidi casu protulit* Bene mihi, bene vobis, bene amicæ meæ, *A good health, &c* Pers 5 1 22

† Bĕnĕdīcè, adv [*ex* benedicus] *With good words, gently,* Plaut

Bĕnĕdīco, ĕre, xi, ctum act. [*ex* bene, *&* dico] (1) *To speak well of* (2) *To clap, or applaud* (3) ‖ *To bless* (4) ‖ *To consecrate* (1) Cui benedixit unquam bono, *Cic* (2) Benedicite, ite intro cito, valete, *Plaut* (3) ‖ Benedicere deum, *Aug* (4) Cum jam altarium benediceret, *Sulp Sev* sic, ut Græci, suo εὐλογεῖν pro ἁγιάζειν utuntur ☞ *The Ecclesiastical use of this word, with respect to God is, to praise, or bless, and according to Vossius, is an Hebraism, answering exactly to εὐλογέω, a word of the same signification and composition, which governing an accusative case, has occasioned the alteration of the syntax of this word also to the accusative however, when it relates to us, and signifies to favour, or indulge, Divines, I think, use it with a dative, but even for this signification of the word, I find no authority*

‖ Bĕnĕdictio, ōnis f verb. *A commendation,* Apul *A blessing,* Ap Eccles

Bĕnĕdictum, i n *Good language, a good saying* Benedictis si certasset, audisset bene, *Ter*

Bĕnĕfăcio, ĕre, ēci, actum act [*ex* bene, *&* facio] *To do well, to do one good, or a good turn, to benefit* Male tractari, ab iis, quibus benefecerimus, *Cic* Si chartæ sileant, quod benefeceris *Hor* ☞ *Sed hæc ut plura quæ alia, quæ a lexicographis adducuntur exempla, divise scribi potuerunt*

Bĕnĕfactum, i n *A good deed, a good turn, a benefit, pleasure, a kindness, a favour* ⚹ Benefacta male locata, malefacta arbitror, *Cic*

Bĕnĕfĭcentia, æ f *Doing of good turns, or favours, kindness beneficence* = Justitiæ conjuncta est beneficentia, *Cic* Vide Benignitas

Bĕnĕfĭcentior, us, comp *&* Bĕnĕfĭcentissimus, a, um sup Vid Beneficus

‖ Bĕnĕfĭciālis, e adj *Pertaining to a benefice, or ecclesiastical preferment* Vocab Eccles

‖ Bĕnĕfĭciātus, a, um adj Feudi beneficio affectus, *q d Beneficed*

Bĕnĕfĭciārius, a, um adj *Belonging to favours* Res beneficiaria, *Sen ep* 90 Fundus beneficiarius, *A fee-farm, a copy-hold, ap Jcc*

Bĕnĕfĭciārius, i m qui est beneficii alicujus (1) *He that receiveth a good turn of another person, the person obliged* (2) *He that in war is freed from service, a pensioner, or dependant A soldier whom his captain, or general, hath promoted to a place* (1) Beneficiarios consulum, prætorum, *&c Veteres lapides ostendunt teste Lipsio* Vide & Casaub in Aug (2) Cum equitibus paucis beneficiariis suis *Cæs B G* 75

† Bĕnĕfĭcissimus, a, um adj sup [*a* beneficus] Cat ‡ Beneficentissimus

Bĕnĕfĭcium, i n (1) *A benefit, a good turn, a courtesy, a favour an obligation a kindness* (2) *Promotion, immunity* (3) ‖ *A benefice* (1) Majus mihi dare beneficium nullum potes, *Cic* (2) Venit in suspicionem per quosdam beneficii sui centuriones, *Suet in Tib* 12 (3) *Ap* Theologos ¶ Servi dominos sæpe beneficii sui fecerunt, *Made their masters beholding to them* Sen 3 18 Cæsar meo beneficio fecit, *In kindness to me* Cic

Bĕnĕfĭcus, a, um adj entior, comp entissimus, sup. *Kind, apt to do good, beneficent.* = Benefici, liberalesque sumus, *Cic.* = Ut gratior sim, & beneficentior, *Sen* = Liberalissimi sunt, & beneficentissimi, *Cic de Amic*

Bĕnĕfīo, is [*ex* bene, *&* fio] *To be well done, or bestow'd,* Plaut

‖ Bĕnĕplăcĭtum, i n *Good pleasure,* In Bibl sacris

Bĕnĕsuādus a, um adj Consilio benesuada paupertas, *Giving good advice, or counsel,* Apul

Bĕnĕvŏlè, adv [*a* benevolus] *Favourably, friendly* = Erga nos amice & benevole fecisti, *Cic*

‖ Bĕnĕvolens, tis or, comp. ssimus, sup *Favourable, friendly, bearing good will* Benevolentes dii, *Plaut* Subst *A well wisher, a friend* CA Cujus vox prope me sonat? MF Tui benevolentis, *A friend of yours,* Plaut = Benevolentissimi, atque amicissimi officio fungi, *Cic* Benevolentior, quam semper fui esse non possum, *Id*

Bĕnĕvolentia, æ f *Benevolence, favour good will* Ut aurum igne, sic benevolentia fidelis periculo aliquo perspici solet, *Cic. Ep fam* 9 16.

Bĕnĕvŏlus, a um adj [*ex* bene *&* volo] *Well-wishing, friendly kind, affectionate, loving* Benevolus domino servus *Cic*

Benignè, adv (1) *Bountifully, liberally* (2) *Graciously favourably* (3) *An elegant form in denying an offered kindness I thank you, sir no, excuse me, sir* (1) Benignius deprome merum dioti, *Hor car* 1. 9 (2) Benigne, attenteque audire, *Cic* Hæc cum quæstore suo benignissime communicavit, *Id* (3) Vescere, sodes, at tu quantum vis tolle Benigne, *Hor ep* 1 7 16 Idem, eadem, ep 1 60 *Diligenter conferantur, & expendantur loca*

Bĕnignĭtas, ātis f *Courtesy, goodness bounty, kindness* = Beneficentiam vel benignitatem, vel liberalitatem appellare licet *Cic*

‖ Benigniter, adv *Kindly,* Non ‡ Benignè

Bĕnignus a um adj [*ab ant* benus] (1) *Plentiful, fertil, abundant* (2) *Kind, courteous, favourable, good natured, gentle* (3) *Fortunate, lucky* (4) *Indulging, much given to* (1) [Agro] nulla est tellus benignior, *Plin* (2) Dii benigni, *Hor* = Homines benefici, & benigni, *Cic* (3) Benigna noctis aves sequor, *Stat* (4) Vini somnique benignus, *Hor*

Benna æ f Cato R R 23 *A ... in the old French, in the present Dutch 'tis a chest or ... in English a binn*

† Bĕnus, vett pro bonus

‖ Benzoinum, gummi, *A ... which the modern apothecaries call benjamin, or Benzoin* Laser Cyrenaicum, *Plin*

Beo, as act (1) *To bless, or make immortal* (2) *To make one happy, or glad* (3) *To do one good* (4) *To oblige one, or do him a favour* (1) Cœlo musa beat, *Hor.* (2) Factum bene, beasti, *Ter* (3) Fortis aliquantulum etiam quod gusto id beat, *Plaut* (4) § Munere aliquem beare, *Hor* ¶ Beare se *To indulge, or enjoy himself* Hor

‖ Berberis, *The berbery tree,* Offic

* Bēryllus, i m Voc Chald *A precious stone, called a beryl, of a faint green colour, like sea water* (2) *A ring set therewith* (3) *A cup made thereof, or rather adorned with this stone set therein* (1) Berylli hebetescunt, nisi color fundus repercussu angulorum excitetur, *Plin.*

Plin (2) Solitum digito beryllon adederat ignis *Propert* 4 7 9 (3) Inæquales beryllos Virro tenet phialas, *Juv* 5 38 *Sicut legit & interpret Scholiastes, rectius certe inæquales beryllo, ut sit sensus, phialas aureas beryllo inserto asperas, & extantes, quæ quidem interpretatio adamussim convenit cum sequentibus*

Bes, bessis, & Bessis, bessis, *Fest* m [*ab ant* des, *ut a* δίς, bis, des autem dict quia demitur triens, *Var*] (1) *The weight of eight ounces, i e two thirds of the as, or pound, or, perhaps of any other thing, as,* (2) *Of an estate* (3) *Of an acre* (4) *A measure holding 8 cyaths, or 2 thirds of a pint* (1) Bessis unciæ octo, triens quatuor, *Fest* (2) *Ap* JCC (3) *Col* 5 1 (4) *Matt* 11. 37.

Bessalis, e adj *Of eight ounces, or inches* Bessales laterculi, *Tiles eight inches long*, *Vitr* 5 10 Et bessalis scutula, *Mart* 8 71.

BESTIA, æ f (1) *A beast, bird, fish, serpent, &c* (2) *A wild, or fierce beast* Caper mala valde bestia, *Catull* (1) Male metuo milvos, pessima hæc est bestia, *Plaut* Proserpens bestia, *Id* Natura illas bestias, nantes aquarum incolas esse voluit alias volucres cælo frui libero, serpentes quasdam, quasdam gradientes, &c *Cic Tusc* 5 13 *Per convicium de femina dicitur*, mala tu es bestia, *Plaut* (2) Sexcentos ad bestias misisti, *Cic*

|| Bestialis, e adj Villi bestiales *Shag haired*, Prud

Bestiarius, i m *One that fought with beasts at their public shows, either hired, or condemned to it*, Cic

Bestiarius, a um adj *Belonging to beasts* Ludus bestiarius, *Sen. Ep* 70

Bestiŏla, æ f dim *A little beast*, Cic

Bēta, æ f [*a figurâ literæ B, auctore Col* 10 251] (1) *An inferiour herb called beet.* (2) *Also the second letter of the Greek alphabet but then it is undeclined* (1) Ut sapiant fatuæ fabrorum prandia betæ, *Mart* (2) Hoc discunt omnes ante Alpha, & Beta, puellæ, *Juv* 14 209

|| Betāceus, i m dim [*a* Beta, *Charis* ex *Var*] *A little beet* Adj *Belonging to, or like a beet*, Litt *sine Auct*

Betizo, as act *i e* langueo betarum more, quomodo & lachanisso dict *a* λάχανον, olus *To flag like beets* Ex Augusti fabricâ *ap* Suet Aug. 87.

† Bēto, ĕre & Bīto, ĕre, unde & ant Vitere Hinc comp Adbito, perbito, *pro* adeo, pereo, &c *ab inusit* βάτω, vado, a βάω *To go* Si illa id me betet, *Plaut* Ad portum ne bitas, *Id*

Betonica, æ f. quæ & Vettonica, quod eam Vettones in Hispaniâ invenerunt *The herb betony*, *Plin* 25 8

Betŭla, & Betulla, æ f Gallica arbor, terribilis magistratuum virgis, iidem & bitumen excoquunt *A birch-tree*, Plin 16 18

Betulus, i m *A stone of the white jasper kind*, Plin 37. 9

* Bezoar, *A kind of precious stone frequently used in cordials*, Arabice badzahar, *i e* ἀλεξιφάρμακον

B ante I

* Biæon, *A kind of wine devised for health's sake made of raisins of the sun and sea water*, Plin 14 8

|| Biarchus, i m *vel* biarcha, æ m. Præfectus commeatûs, qui victui curando præerat [ab ἀρχειν, præesse, & βίος, vita, & victus, *Pancirol*] *An officer in the lower empire, who furnished the court or camp with provision of victuals, a commissioner of the victualling office.*

Biarchia, *The victualling office*, Calv

|| Bibax, ācis adj *Much given to drinking*, Gell ‡ Ebriosus

† Bibesia, æ f Plaut finxit comice, tanquam nomina regionum, Peredium, & Bibesiam, *q. d. Drink-land*

|| Bibitor, ōris m *A drinker*, Sidon, ep 1 8

Bibitur, impers *Men drink*, Cic

* Biblia, ōrum pl n βιβλία, libelli, dim a βίβλος, liber. *The books, by way of emphasis, the Bible, because consisting of many books*, Eccl

* Bibliopegus, i m *A bookbinder* ‡ Glutinatorem hunc Cic dicit

* Bibliŏpōla, æ m [ex βιβλίον, liber, & πωλέω, vendo] *A bookseller, or stationer* Poetam, qui me vendit, bibliopola putat, *Mart* 14 194

* Bibliŏthēca, æ f Repositorium librorum Locus ipse, ipsique libri ita dict *Ulp* (1) *A library, a place where books are kept, a study* (2) Meton *The books themselves* (1) Abdo me in bibliothecam, *Cic* (2) De bibliothecâ tuâ supplendâ velim confici, *Id*

|| Bibliothecālis, e adj *Of, or pertaining to a library*, Martian.

|| Bibliothecārius, i m *A library keeper*, Gloss Isid

* Biblus, *vel* Biblos, i f *An Egyptian plant, called also Papyrus, the bark whereof made paper, and the wood ships*, Luc 3 222

BĬBO ĕre, ibi, ibitum act [*a* πίω, *Cannin*] (1) *To drink.* (2) *To imbibe, or drink in, to suck, to suck in* (3) Met *To hearken, or listen attentively* (1) Aut orbat, aut abeat *Cic ex lege Græcâ*, ἢ πῖθι ἢ ἄπιθι (2) Bibit aquas hortus, *Ov* Bibit colorem æs, *Plin* Bibit ingens arcus *Vir* (3) Exactos tyrannos densum humeris bibit ore vulgus, *Hor* ¶ Καταχρηστικῶς, Bibere mandata, *To drink away his errand*, Plaut. dixit Nomen bibere *To drink an health*, Mart *because they prefixed the word* bene *to the party's name, and then drank, as* Bene Messalam sua quisque ad pocula dicat, *Messala's health round*, Tib 2 1. Vide *Bene*, ubi plura invenies

Bibor, i, tus pass *To be drunk, is drunk* Bibitur fons, *Ov*

† Bibōsus, a, um adj *Given to drink, a drunkard*, Gell *ex* Laber.

Bibulus, a, um adj *Soaking, drinking, or taking in wet* Bibula charta, *Blotting paper*, Plin Bibulus lapis, *The pumice-stone*, Vir. Bibulæ lanæ, *Ov* Bibula olla, *A cracht pot*, Col

Biceps, ipĭtis adj [*a* bis, & caput] (1) *Two headed, having two heads* (2) *Divided into two parts, or factions.* (3) *Into two tops* (1) In Vejenti agro biceps natus est puer, *Liv* (2) Civitas biceps, *Var* (3) Biceps Parnassus, *Perf*

† Bicessis, [*a* duobus decussibus, *Var* L L. 4] leg & Vicessis

Biclinium, i n [*a* bis, & κλίνη, lectus] *A chamber with two beds in it*, Plaut

Bicolor, ōris adj [*a* bis, & color] *Of two colours, party-coloured.* Bicolor membrana, *Perf* Bicoloribus baccis, *Ov*

Bicornis, e adj [*a* bis, & cornu] (1) *That hath two horns* (2) *Forked* (1) Caper bicornis, *Ov.* Luna bicornis, *Vir* (2) Stagna petis Cyrrhæa bicorni interfusa jugo, *Stat.* sc Parnassi jugo bicipiti

Bicorpor, oris adj [*a* bis, & corpus] *Having two bodies*, Cic

Bicubitalis, e adj [*a* bis, & cubitus] *Of two cubits*, Plin 20 8

Bidens, tis. m. *sc.* ligo, est enim propr adj qui duos habet dentes olim Duidens. *Two teethed, or having two teeth* Pace bidens, vomerque vigent, *Tib* ill

Bidens, tis f *sc* ovis, *vel* hostia Duidens, hostia bidens, *Fest* quod duos dentes altiores cæteris haberet, quod circa bimatum illi venit Vel fortè ut *Nigid ap Gell* Bidens quasi biens, insertâ d euphonica, *i e* biennis. *A sheep fit for sacrifice, having two teeth longer than the rest, which was at two years old, a hogrel, a sacrifice* Jovis summi cæditur arce bidens, *Ov* Mars, tibi voveo facturum bidenti verre, *Pompon ap Gell*

Bidental, ālis n (1) *A place blasted with lightning, which was immediately attoned by the sacrifice of* Bidentes. *The place was afterwards accounted sacred* (2) *A person struck with lightning* (1) Minxerit in patrios cineres, an triste bidental moverit incestus, *Hor Art. Poet* circa finem (2) Triste jaces lucis evitandumque bidental, *Perf.*

Biduum, i n [ex bis, & dies] Spatium duorum dierum, *The space of two days, two days long* Biduo continenti, *Two days together*, Suet Biduum ex mense eximere, *Two days in a month*, Cic

Biennis, e adj [ex bis, & annus] *Of two years continuance, two years old*, Plin.

Biennium, i n *The space of two years*, Cic

Bifariam, adv. *sc* viam [*ab adj* bifarius] (1) *Two manner of ways* (2) *In two parts* (1) Bifariam quatuor perturbationes æqualiter distributæ sunt, *Cic Tusc* 3 11 (2) Ut dispartirem opsonium hic bifariam, *Plaut*

|| Bifarius, a, um adj [*a* bis, & fari, *Prisc*] Quod duobus modis fari possis *That which may be spoken two ways, two fold, double*, Apul

✠ Bifer, *vel* Biferus, a, um adj. [ex bis, & fero] *Bearing double, yielding fruit twice a year*, Col l. 10.

Bifidatus, a, um adj *Cleft into two parts, or pieces*, Plin Sed usitatius

Bifidus, a, um adj In duas partes fissus *Cut into two pieces, cloven, or divided into two parts* Bifidi pedes, *Ov*

Biforis, e adj [*a* bis, & fores] *Having a double door, gate, leaf, or flap* Bifores fenestræ, *Ov* valvæ, *Id* Biforis cantus, *A tune played on a pipe with two holes*, Vir

Biformātus, a, um. part. [*a* bis, & formor] *Double shaped, two bodied* Non biformato impetu centaurus ictus corpori infixit meo, *Cic Tusc* 2 8. *vertit ex Sophocle*

Biformis, e adj *Having two shapes, as half man, half horse* Proles biformis, *Vir de Minotauro.*

Bifrons, ontis adj [ex bis, & frons] Jani epitheton *Having two foreheads, or faces* Jani bifrontis imago, *Vir Æn* 7 180

Bifurcus, a, um adj [Binas furcas habens] *Forked, or having two branches* Bifurcum ferramentum, *Col* Bifurci ramusculi, *Id*

Bīga, æ f *vel* Bigæ, ārum *f.* quod bijuga. [ex bis, & jugum] *A cart, or chariot, drawn with two horses* Roriferâ gelidum tenuaverit aera bigâ, *Stat* Raptatus bigis [Hector] *Vir*

|| Bigāmia, æ f [ex bis, & γάμος, conjugium] *The having two wives, bigamy*

|| Bigāmus, i. m. δίγαμος *He that hath married, or hath two wives*, Sipont

|| Bigārius, i. m. *A charioteer, or carter, a waggoner.* FLORUS EGO HIC JACEO BIGARIUS INFANS, &c Ex cippo ant sub templo Sancti Gregorii in Cœlio monte.

Bigātus, a, um adj cui bigæ figura insculpata est. *Having the image of a chariot drawn with two horses* Hinc Bigati, absolutè, *sc* nummi, *money, whose reverse had the bigæ*, Liv Notæ argenti fuere bigæ, atque quadrigæ, *Tac*

Bigemmis, e adj [ex bis, & gemma] quod habet binas gemmas *Having two buds, or young branches*, Col.

Bigĕnĕris, e & Bigĕner, i, um adj [ex bis, & genus] *Of two sundry kinds, mongrel* Bigenera animalia, ex diverso genere nata, *Fest* Muli, & hinni bigeneri, atque insititii, *Varr* R R 2 8 sed quæd. exempl legunt bigeneres.

Bijugis, e & Bijūgus, a, um adj. [*a* bis, & jugum] *Yoaked, or coupled side by side, one with another* Bijuge curriculum, *A coach and two horses* Bijugis infert se Leucaspis albis, *Vir*

|| Bilanx, ancis. f. [*a* bis, & lanx, *i e* a duabus lancibus] *A beam with balances, a balance*, Perot

† Bilbio, ire *vel* Bilbo, ĕre act [factum a similit sonitûs, qui fit in vase] *To make a noise, as water poured out of a bottle, or some strait necked vessel doth* Bilbit amphora, *The pot boils*, Næv

Bilibra, æ f *Two pound weight*, Liv

Bilibris, e adj [*a* bis, & libra] Dupondius (1) *Of two pound weight* (2) *Holding a quart.* (1) Mullus bilibris, *Hor.* (2) Cornu bilibre, *Id.* Aqualis bilibris, *Plaut.*

Bilinguis, e. adj. [*a* bis, & lingua] (1) *One that can speak two languages.* (2) Also Met *Deceitful, double-tongued.* (1) Patriis intermiscere petita verba foris malis, Canusini more bilinguis, *Hor* (2) Domum timet ambiguam, Tyriosque bilingues, *Vir.*

Biliōsus, a, um adj *Choleric, in whom choler predominates*, Cels 1 3

BILIS, is f χολή (1) *Choler* (2) Meton *Wrath, anger* (1) Bilis atra, ἡ μελαγχολία, *Melancholy, or choler adust*, Plaut Vesicula bilis, *The Gall.* Bile, *vel* felle suffusus, *Having the jaundice*, Plin (2) Fames & mora bilem in nasum conciunt, *Plaut*

Bilix, icis adj [*a* bis, & licium] *Woven with a double thread, double platted*, Vir

✠ Bilustris, e. [ex bis, & lustrum] *The space of ten years*, Ov

Bimammiæ vites, *A kind of vines* Plin. 14 3

✠ Bimăris, e. adj [*a* bis, & mare] quod inter duo maria situm est, *Lying between two seas* Bimaris Corinthi mœnia, *Hor*

✠ Bimāter, ātris adj [*a* bis & mater] *That hath two mothers, an epithet of Bacchus*, Ov

Bimātus, ûs m. [*a* bimus] *The space, or age of two years*, Plin

✠ Bimembris, e adj Bina habens membra *Having parts of two differing species, of two parts* Male confisus pedibus formaque bimembri, *Ov.* Bimembres pl Bello cecidere bimembres, *The centaurs*, Stat

Bĭmensis, is m [ex bis, & mensis] *The space of two months* Ut anni, & bimensis tempus prorogaretur, *Liv* 45 15

Bimestris, e adj [a bis, & mensis] (1) *Two months old* (2) *Lasting two months* (1) Cras genium mero curabis, & porco bimestri, *Hor* (2) Consulatus bimestris, *Planc.* ad *Cic*

Bimŭlus, a, um adj dim [a bimus] proprie de pueris, *Vall* *Two years old* Nec sapit pueri instar bimuli, *Catull*

Bimus, a, um adj [a bis, ut a prae primus] *Two years old, of two years continuance* Bimi cum patera meri, *Hor* Bimâ die pro biennio, *Pompon*

|| Binārius, a, um adj [a bini] *Of, or belonging to two* Binarius (numerus) *The number of two*, Sipont

Binoctium, i n [ex bis, & nox] *Two nights, the space of two nights* Ut plus quam binoctium abesset, *Tac*

✠ Binōmĭnis, e adj [ex bis, & nomen] *That hath two names* Sub Ascanii ditione binominis Alba fuit, *Ov*

|| Binōmius, cui geminum est nomen ut, Numa Pompilius, vel potius ut Paris, Alexander Pyrrhus, Neoptolemus.

Binus, a, um pl Bini æ [a simpl bi, sed Prisc dici vult, qu biunus, a bis, & unus] Proprie distributi numeri, sed poetæ pro Duo, & interdum oratores usurpant (1) *Two and two, by couples* (2) *Every two* (3) *Also two, or double* (1) Ex his prædiis argenti bina capiebat, *Ter* i e ex unoquoque prædio (2) *Cum voce quæ rei sig singulariter*, ut, Binæ literæ *Cic* Bina castra, *Val Max* sed *Cic* ... Bini tabellarii, binæ nationes, *Cic* Binos alit ubere fœtus *Vir* (3) Inque domo binus conspicietur honor, *Ov* ex *Pont* 4 9 64 = Duplici natura, & corpore bino, *Lucret* 5 877

|| Biothanātos, i m *A felo de se, a self murtherer*, Lampr.

Bipalium, i n [ex bis & pala, q bina pala] *A mattock, or pickax, with two bits, a grubbing ax* Ager bipalio subigi debet, *Col* Bipalio innixus, *L.*

Bipalmis, e adj [ex bis, & palmus] *Two spans broad, or long*, Varr

Bipartior, *vel* bipertior, iris dep [a bis, & partior] (1) *To part into two parts* (2) *Also pass To be parted in twain* (1) Calendas Majas vel bipartitur, *Col.* (2) In proximis villis bipartiti fuerunt, *Cic*

Bipartito, adv *In two parts or fashions* Classis bipartito distributa, *Cic* pro *Fl c* 14

✠ Bipatens, tis part [ex bis, & patens] *Open on both sides, with two doors, or entrances* Portis alii bipatentibus adsunt, *Vir*

Bipĕdālis, e adj [ex bis, & pes] *Two foot long, or wide*, Cæs

Bipĕdāneus, & Bipedānus, a, um adj *Two foot thick, or deep*, Col 11 2 & 4 1

✠ Bipennĭfer, a, um adj [ex bipennis, & fero] *Carrying an halberd, or pole-ax*, Ov

Bipennis, e adj [a bis, & pinna, i e acumen, quod est utrinque acutum *Quint*] (1) *Having two pinions* (2) *Cutting both ways* (1) Nullum, cui aculeus in alvo bipenne est, *Plin* 11. 28 Ferens ferrum in humero bipennem securim, *Var*

Bipennis, is f subst *sc* securis in abl i &c *An halberd, a pole-ax* Correptâ dura bipenni limina perrumpit, *Vir* Ipsa bipenne suos cædit violenta lacertos, *Tibull* 16. 47

Bipertior, iris dep & pass *To part in twain*, Col Vide Bipartior

Bipertito, adv. *Two ways, in two parts*, Vide Bipartito

Bipes, ĕdis adj quod duos habet pedes [ex bis, & pes] *Two-footed* Proteus æquor bipede dum curru metitur equorum, *Vir Geor* 4 389 Bipedum nequissimus, *As great a rogue as goes on two legs*, *Cic*

Birĕmis, is f [navis] *A ship which hath two banks of oars*, or *two oars in a seat*, or *galley* Levibus biremibus flumine adverso subvehi, *Liv*

|| Birota, æ f Birotum, δίτροχον *A cart with two wheels*, Onom

|| Birrus, i m *Cod* & Birrum, i n *Aug* *A leaguer cloak for soldiers to wear*, Interpr Pers *A prust*, or *bishop's robe*, Cypr

Bis, adv [ab ant duis, unde duidens, bidens, vel immediate a Gr δὶς] *Twice double* Bis quinque, *Ten Hor* Bis ter, *Six*, Id Bis tanto, *As much more*, Plaut

|| Biscoctus, a, um adj [panis] *Bread baked twice, biscuit*, Jun

† Bisellium, i n [ex bis, & sella] *A bench, or seat for two to sit on* Varr L L 4

Bisextus, *vide* Bissextus

* Bison, ontis m [a biston, dict a Bistonia, quæ est Thraciæ regio, *A kind of wild ox called a buffler*, Oppian

|| Bisquinus, a, um adj *Twice ten*, Prud Rectius, *bis quinus*, *dividè*.

Bissēni, æ, a adj pl [ex bis, & seni] *Twice six, twelve*, Sen

|| Bissextilis, e. ad bissextum pertinens, *The leap year*

|| Bissextus, *vel* Bisextus, i m intercalaris, quarto quoque anno dies, *The sixth of the Kalends of March, or twenty-fourth of February, which was reckoned twice every fourth year, from which intercalation the day had its name, and the year the denomination of* Bissextilis

|| Bistorta, æ f *An herb called snakeweed, an alexipharmic*

Bisulcus, a, um adj [ex bis, & sulcus] Duos sulcos, i e ungulas habens *Cloven-footed, forked*, Plin

Bisultor, i e bis ultor, cognomen Martis, ab Augusto impositum, post devictos Brutum, & Cassium, & signa a Parthis recepta *qu* primum Cæsaris, mox Crassi necis ultoris, *Ov Fast* 5 595 *Sed meliores libri* Bis ultor, *divisè*

* Bithymum, i n *sc* mel [ex bis, & thymus] *Honey gathered by bees, of two sorts of thyme*, Plin

† Bito, ĕre, *Plaut* & Bitio, ire, *Prisc* [a βαίνω, βατῶ eo] *To go*

BITŪMEN, ĭnis n. [a πίττα, pix] *A kind of fat clay, or slime like pitch, it was used for lime, or mortar, it also for oyl in lamps* Calcis usum præbuit, bitumen, ita ferruminatis Babylonis muris, *Plin* Pingui bitumine quassans lampada, *Stat*

Bitūmĭnātus, a, um adj *Mixed with bitumen*, Plin 31 6

Bitūmĭneus, a, um adj *Of bitumen*, Ov

Bitūmĭnōsus, a, um adj *Full of bitumen, or unctuous clay* Bituminosi fontes, *Vitr* 8 3

Bĭvium, i n [ex bis, & via] *A way having two paths, a place where two ways meet*, Vir

Bĭvius, a, um adj (1) *That leadeth two ways* (2) *Of two fashions* (1) Vir Æn 11 516 (2) Bivius agrorum cultus, *Vir*

B ante L.

Blactĕro, as arietis vox (1) *To bleat like a ram*, vid Blatero (2) *Also to croak like a frog* (1) Blacterat hinc aries, & pia balat ovis, *Auct carm* de *Philom* (2) Sidon.

BLÆSUS, a, um adj [a Gr βλαισὸς propr valgus, qui cruribus est distortis] *Having an impediment in his speech, stammering, or lisping* Blæsus sonus *Ov.*

Blande, adv ius comp sime, sup (1) *Courteously, kindly* (2) *Charmingly, softly, sweetly* (1) = Blande, & benigne hospitio accipere, *Liv* Appellat hominem ut blandissime potest, *Cic* (2) Blandius Orpheo moderari fidem, *Hor Carm.* 1 24

|| Blandicŭle, adv *Somewhat fawningly, courteously, smoothly*, Apul

|| Blandĭlŏquens, tis adj *Fair spoken, having a smooth tongue*, Labet ap Macrob ‡ Blandus

✠ Blandĭlŏquentia, æ f *Fair and flattering speech, courteous language, compliment* Ego illis supplicarem tantâ blandiloquentiâ, *Cic* ex vet Poetâ

Blandĭlŏquentŭlus, a, um adj [dim a blandiloquus] *Fair spoken fawning*, Plaut

Blandĭlŏquus, a, um adj [ex blandus, & loquor] *Fair spoken, courteous, complemental, giving smooth language*, Plaut

Blandīmentum, i n verb [a blandior] *A courting, an allurement, a blandishment, a cajole, a wheedle* Multa nobis blandimenta natura ipsa genuit, *Cic*

Blandior, iri itus dep (1) *To flatter, to speak fair, to compliment, to wheedle* (2) *To please to delight, to tickle the fancy* (3) *To encourage* (4) *To fawn as a spaniel* (1) § Duræ precibus blandire puellæ, *Ov* (2) Ne nobis scripti nostri, tanquam recentes fœtus, blandiantur, *Quint* Voluptas blanditur sensibus, *Cic* (3) Aure nores furtis blandiri juveni, *Stat* (4) Plin 8 17

† Blandĭter, idem quod Blande *Kindly* Plaut ✠ Strvitei

Blandĭtia, æ f *A complement, fair language, an enticement* Viscus merus vestra est blanditia, *Cic*

Blanditiæ ārum pl f (1) *Fair words, complements, courtship* (2) *Love letter* (3) *Flattery* (1) Non sustinet ultra perdere blanditias juvenis Deus *Ov* (2) Blanditias fac legat illa tuas, *Id* (3) = Sic habendum est nullam in amicitiis pestem esse majorem, quam adulationem, blanditias, assentationem, *Cic*

† Blanditum, adv *By flattery, or fair words*, Lucret 2 173 ubi al blanditum ‡ Blande

Blanditus, a, um part *Pleasing, charming, delighting* Blanditæ fluant per mea colla rosæ, *Tibull.*

† Blanditus, us m verb [a blandior] *Fair speaking, or an enticing, and tickling the senses* Ut res per Veneris blanditum secla propagent, *Lucr* 2 173 ubi alii legunt Blanditum ‡ Blandimentum, *Cic*

BLANDUS, a um adj or comp issimus, sup (1) *Kind, gentle, courteous* (2) *Charming, soft* (3) *Enticing* (4) *Fair, pleasant* (5) *Flattering, fawning* (1) Ut unus hominum homo te vivit nunquam quisquam blandior, *Ter Hec* 5 4 (2) Aptior huic Gallus, blandique Propertius oris, *Ov* Carmina blandissima, *Id* (3) Alea blanda, *Id* ex *Ponto*, 1 5 46 (4) Blandus lunæ color, *Plin* (5) ✠ Sæpe est blandus amicus a vero potest, *Cic*

* Blapsigonia, æ f *Barrenness, or loss of generation, applied to bees*, *Plin* 11 19

* Blasphēmia, æ f *Blasphemy, vile, reproachful language*, Eccles ‡ Maledictio nefaria execratio

|| Blasphēmia, ōrum n pl *Reproaches, ill words*, Prud ‡ Convicia, maledicta

* Blasphēmo, as act *To blaspheme, revile, defame* Lat Maledico, convicior

* Blasphēmus, a, um adj *Blasphemous*, Prud ‡ Lat Maledicus

Blatĕrans, tis part *Faltering in his speech, babling*, Plaut

|| Blaterātio, onis f verb *Prating and babling*, Apul

Blatĕrātus, a, um part *Foolishly uttered, or babled out*, Apul

Blatĕro, as neut [a blatio] (1) *To babble, and talk idly, to clatter, and make a noise, or prate to no purpose* (2) *To blab, and tell stories* (3) *To falter in his speech* (4) *To bleat like a ram* (5) *To bray like an ass* (1) Cum magno blateris clamore, *Hor* (2) Ubi tu es quæ blateravisti vicinis omnibus, me meæ filiæ daturum dotem? *Plaut* in *Aul* (3) Desine blaterare, nihil agit in amore inermus *Cecil* in *Hymn* ap *Non* (4) Blaterat hinc aries, *Ov* Al. Blacterat (5) Fest

Blătĕro, onis m [a blaterando] *A babler, a prating fellow, an impertinent talker* = Homines in verba projectos, Loquuteleios & Blaterones, & Linguaces, dixerunt veteres *Gell*

† Blătio ire neut *To chit chat, or prate* Nugas blatis, *Plaut*

BLATTA, æ f [qu Blapta quia libros & vestes rodit] (1) *A kind of moth that eats books, or cloths, a book-worm* (2) *Also a horn-bug, the chafer, or beetle* (3) *A shrimp, or little worm, which comes out of the bark of trees, of which is made the scarlet dye* (3) Meton *A purple colour* (1) Strigulis vestis blattarum, & tinearum epulæ, *Hor* S 2 3, 119 (2) Plin 11 28 (3) Pontus Castorea, blattam Tyrus æra Corinthus (mittit) *Sidon*

Blattāria, æ f vel Blattaria, a *The herb called Moth mullein* Herba verbasco similis, quæ objecta blattas in se contrahit, ideoque Romæ blattariam vocant, *Plin* 25 9

Blattārius, a, um adj *Blattarii balnei, Baths infested with moths*, Sen ep 57 De his blattis, *Plin* Lucem fugiunt, in balneis maxime humido vapore prognatæ

|| Blatteus, a, um *apud seq* a vi scriptt pro Purpureus a blattis, & vermiculis, ut qu dem putant, qui e Chermes, ut Arabes vocant, & e cocco sanguinei coloris erumpunt, *Turneb* *Of the colour of purple* Blattea tunica, *A purple vest*, Vopisc Retibus aureis piscabatur [Nero] quæ blatteis funibus extrahebat, *Eutr* 7 14 ‡ *Quod nos jam melior sic loquimus*

nius Piscatum est reti aurato, purpurâ, coccoque funibus nexis, *Ner* 30.

|| Blattifer, a, um adj *Wearing purple,* Blattifer senatus, *Sidon* ‡ Purpuratus

|| Blattosericum pallium, *A cloth of purple silk,* Vopisc ‡ Purpureum

|| Blatus, *vel* Blattus, i m *A babbling fool, a cockscomb,* ap *Rec*

* Blix, ăcis *A foolish, fond, wanton, trifling fellow,* Lat Stolidus, mollis, delicatus lascivus, & qui se inaniter jactat, *Fest*

* Blēchnon, i n *A kind of fern, or brake,* Plin 27 9

* Blēchon, i n *Wild penny-royal,* Plin 20 14

* Blennus, i m [a βλέννα, mucus] *A snotty nose, a coolscomb, a fool, a noddy a dolt* = Stulti, stolidi, fatui, fungi, bardi, blenni, buccones, *Plaut*

Bliteus, a, um adj [a blitum, olus vile] *Unsavoury, vile, like blites insignificant, silly, dull* Blitea meretrix, *An insignificant baggage, a sorry dirty whore, a slut,* Plaut

* Blitum, i n βλίτον, quod & βλίττον, Suid & βλῆτον, Theophr & βλῆττον, Diosc Blitum iners videtur, & sine sapore, *&c* Plin 20, 22 *Blit, or blits, an herb thought to be spinach, a kind of beet having no taste* Apponunt rumicem, brassicam, betam, blitum, *Plaut*

B ante O.

Boa, æ f & bova Serpens aquatilis Gr ὕδρος (1) *A large kind of serpent* (2) Also *a disease wherein red pimples arise in the flesh, perhaps the measles, or small-pox* (1) Plin. 8 14 (2) Id 24 8

Boārius, a, um adj *Of, or pertaining to oxen,* Forum boarium, *The beast market,* Plin 28 2 Arva boaria, *The fields adjoining to it,* Prop Boaria lappa, *herba,* Plin 26 11

Boātus, us, m verb [a boo] *The bellowing of an ox, in oyes, a loud voice of a cryer in halls of justice any great noise* Præconis amplo boatu citatus, *Apul*

|| Boca, æ f Piscis, [a boando, i e vocem emittendo, *Isid*] *The only fish that hath a voice, whereas all the rest are mute* Hinc Mercurio eloquii Deo sacra, *Pier* ‡ Box, *Plin*

Boiæ, æ *vel* boiæ, ārum f *Plaut* genus vinculorum, [a βοεία, sc δορά, pellis bubula, ex ea enim conficiebantur primitùs] *A collar, or yoak about the neck, first, as it should seem, made of leather, but afterward of iron, or wood, wherewith servants were punished,* Plaut Asin 3 2 5

* Bolbiton, i n Fimus bubulus *Beasts dung, cow turd,* Plin

|| Bolēter, ēris m *A casting-net* Boleter halieuticos, *Treb Poll* ‡ Reticulum

Bōlētus, i m fungi genus *A mushroom of the best sort* ⚹ Vilibus ancipites fungi ponentur amicis Boletus domino, *Juv* 5 147

* Bolis, idis f *A sounding plummet,* Plaut Also *a fiery meteor like a dart appearing in the air,* Plin 2 26

† Bolona, æ m In acc pl Bolonas, *ap* Ab ... Al ... Volones *a fish monger that buyeth ... of fish ... ... or ...*

Bŏlus, i m ... gleba ... of fa, buccella, etiam præda (1) *A mass, or lump of metal, or any thing else, a wedge, or piece* (2) *A gobbet, a mouthful, or bit* (3) Met *A prey* (1) Magnum bolum deferunt æris, *Var* (2) Crucior bolum tantum mihi ereptum e faucibus, *Ter. Heaut.* 4 2 6 (3) Dare alicui grandes bolos, *To bring in gain,* Id ☞ *Medici hodierni, exemplum, puto, Græcorum secuti, in fem genere utuntur.*

Bolus, i m βόλος, i e. jactus (1) *A cast, or throw at dice, a chance* (2) Also *a draught with a net in the water* (1) Si vis tribus bolis vel in chlamydem, *Plaut. Curc* 5 2 13 (2) Nimis lepide jecisti bolum, *Id Rud* 2 3 30 *Jocatur Poeta ex ambiguo, bolus enim est tam piscatoris, quam aleatoris*

|| Bombarda, æ f [à bombo, & ardore, *Vall* Bombus, sonus non apum tantum, aut poculi bilbientis, sed etiam tonitrus, *Fest*] *A gun, a musket, a fire-lock, &c invented by a monk, about the year of our Lord,* 1380 ☞ *This word is of the number of those, which tho' lately coined, aptly express the thing, and, I think ought to be admitted; necessity obliging us to use words for things invented since the time of Classic writers, which I observe here once for all*

* Bombax, interj contemnentis vel negligentis *Poh ' pish* Plaut.

Bombilo, as neut *To hum like a bee, or buz* Auct. Philom

Bombus, i m. (1) *The humming of bees, a buz.* (2) *The hoarse sound, or blast of a trumpet.* (3) *A bum, or ... ...* (1) Si apes intus faciunt bombum, *Varr R R* 16 25 (2) Raucisonis efflabant cornua bombis, *Catull* (3) Suet *in Ner* 20

Bombycinus, a, um adj *Made of silk, silken* Quarum delicias & panniculus bombycinus urit, *Juv.*

* Bombylis, f *The grub, of which comes the silk-worm,* Plin 11 22

* Bombyx, icis [a βόμβος] (1) *A silk worm,* masc (2) *The silk yarn spun by the worm,* fem (3) Also *the finest, or inmost part of cotton* (1) Bombyx pendulus urget opus, *Mart* (2) Assyriâ tamen bombice adhuc feminis cedimus, *Plin* 11 2, (3) *Sic appellatum* Gossypium *a Plinio observavit* Salm *in* Exercit Plinianis

† Bombyzātio, *vel* Bombilātio, ōnis f [à bombo] qui est sonus apum *The humming of bees,* Fest

* Bonāsus, i m *A wild beast, like a bull, only it hath the main of an horse,* Plin 8 15

Bŏnitas, ātis f *Goodness either natural, or moral* (1) *Bounty, kindness* (2) *Propriety, fitness* (3) *Fertility, fruitfulness* (4) *Excellency in any kind* (5) *A natural quickness of apprehension* (6) *Justice, equity* (1) = Quid præstantius bonitate & beneficentiâ? *Cic* (2) Quare bonitate potius verborum nostrorum utamur, quam splendore Græcorum, *Cic* (3) Plus cultor, quam ipsa per se bonitas soli efficiat, *Quint* (4) Amomum laudatur colore rufo, secunda bonitas pallido, *Plin* (5) Quæ & ingenii bonitate nonnulli assequuntur, & progressione discendi, *Cic* 3 *Offic* (6) Animi causam probare non poteram, cujus tanta bonitas est, *&c* Id.

Bonum, i n. subst. (1) *Any good, or blessing, internal, corporeal, or external, according to the division of Cicero from the peripatetics* (2) *Virtue.* (3) *A particular virtue, moral, or divine, as, justice, equity, sanctity, &c* (4) *Any endowment, accomplishment, or qualification of mind* (5) *A mistaken good, a satisfaction of some irregular passion* (6) *Ease, daintiness, softness.* (7) *A benefit, profit, or advantage* (8) *Acuteness, sharpness of apprehension* (9) Bona pl. *An estate.* (1) Vid Cic Tusc 5 30 Corn Nep Dion 1. Ter. Heaut. 1 2 19 & seq (2) ⚹ Amicus bonus, cum mea compenset vitiis bona, *Hor* (3) Bonum, æquumque oras, *Plaut.* (4) Bona animi, *Ov.* Bona eloquentiæ, *Quint* (5) Vindicta bonum vitâ jucundius ipsâ, *Juv.* 13. 180 (6) = Delicatus, & bono semper assuetus, *D.* (7) ⚹ Paucis temeritas est bono, multis malo, *Phædr.* 5. 4 *ult* (8) Plus in uno sæpe, quam in turbâ, boni, *Id* 4 4 1 Confer. vers ult (9) Bona proscriptorum vendebantur, *Nep* ☞ *Hac notione sæpe occurrit, & fere plur.*

Bŏnus, a, um. adj melior, comp optimus sup Ant Benus, unde Bene [a Beo, as] (1) *Happy, good, virtuous,* with relation to a fixed habit, goodness, and virtue, in general, as the Stoics, but is often said of a person, who hath acquired an habit of any single virtue, *as* (2) *Bountiful, liberal, munificent* (3) *Kind, friendly* (4) *Wise, prudent.* (5) *Gentle, mild, peaceable, propitious, favourable* (6) *Chast, continent,* &c And because some philosophers, as Herillus, made happiness consist in knowledge and science, it signifies, (7) *Skilful, expert, good at, learned* Others again, as the Epicureans, in the body, whence it denotes, (8) *Healthy, plump fat* (9) *Fair, beautiful,* &c And others, as the Peripatetics, made external blessings, and the goods of fortune, ingredients in happiness, (surely they are good appendages) whence it expresseth, (10) *Nobly descended, honourable* (11) *Wealthy, rich, opulent* From persons it is transferred to things, and denotes, (12) *Auspicious, fortunate, lucky, prosperous* (13) *Fertil, fruitful* (14) *Firm, strong, in good repair* (15) *Precious, valuable* (16) *Useful, serviceable, profitable* (17) *Healthful, salutary* (18) *Towardly* (19) *True, sincere* (20) *Great, large* (21) *Audible, loud* (22) *Notorious, famous, eminent,* in a bad sence (23) *True, genuine, not counterfeit* (24) *Delicious* (25) *Welcom, acceptable* (26) *Sound, perfect* (27) *Harmonious, musical* (1) Omnibus virtutibus instructos, & ornatos bonos viros dicimus, *Cic Tusc* 5 10 Bono mentis fruendum est, si beati esse volumus, *Id* Unde cognomine BONUS appellabatur Phocion, *Vide* Val Max 3 8 extern 2 (2) = Vellet bonus, atque benignus esse, daret quantum satis esset, *Hor* (3) Confido bono Lepido me esse usurum, *Planc Cic Ep Fam* 10. 21 (4) = Vir bonus, & sapiens, *Id* (5) = Lenior, & melior sis accedente senectâ, *Hor* Amat bonus otia Daphnis, *Vir* Sis bonus ô felixque tuis, *Id* (6) Quod cupis capis, & bonum non abscondis amorem, *Catull* 59 204 (7) Virg Ecl 5 1 (8) Tametsi bona natura est, reddunt curaturâ junceas, *Ter* (9) Qualis venit ad Phrygium Venus judicem, bona cum bonâ nubit alite virgo, *Catull* (10) Bonis viris quid juris reliquit tribunatus C. Gracchi? *i e. senatoribus* *Cic* Superbia crudelitate gravior est bonis, *Flor* 1 7. ☞ *Quæ numerantur in externis, suntque media bona,* Vide Ter Heaut 1 2 19 & *seq.* (11) = Hanc boni beatique omnes amatis, *Catull* 35 14 = In foro infimo boni homines, atque dites ambulant, *Plaut* 4. 1 14. *Hor. Sat* 2 2. 1 Bonus re, aut spe, *Cic* (12) Bonæ aves, *Liv.* Res Hispanienses valde bonæ, *Cic.* ⚹ Bona nemini hora est, ut non alicui sit mala, *Pub Syr.* ⚹ In bonis, aut perditis rebus, *Cic.* (13) Bona pascua campi, *Tib.* Agrum meliorem, neque pretii majoris nemo habet, *Ter Heaut* (14) Ædes bonæ, *Plaut* Boni postes, *Id* (15) Bonas horas malè collocare, *Mart* (16) Bona bello cornus. *Vir.* (17) ⚹ Uti bonum cœlum habeat, ne calamitosum siet, *Cato* (18) Ingenuum bonum narras adolescentulum, *Ter.* (19) Bonæ conscientiæ pretio ducebatur, *Tac* Dic bona fide, tu id aurum non surripuisti? *Plaut* (20) = Bonum atque amplum lucrum, *Id* Bona pars hominum, *Hor* Pars bona montis erat, *Ov* (21) Scio te bonâ esse voce, ne clama, *Plaut* (22) O furum optime balneariorum! *Catull* 31 1 (23) ⚹ Si sapiens nummos adulterinos acceperit imprudens pro bonis, *Cic* (24) Bonis rebus agit lætum convivam, *Hor.* Vide & Nep Agesil 8 (25) Bonus nuncius, *Plaut* (26) Bonam mentem mihi sentio iracundiâ, & amore ablatam, *Cic* (27) Parvus ut est cygni melior canor, *Lucr* ¶ Bonum Factum, vel B F Formula edictis præfigi solita, boni ominis causâ, *ap opt. auctores.* Redire ad bonam frugem, *To become a new man,* Ter Optimo jure prædia, *A free-hold estate,* Cic Bono modo, *After a sort, in some measure,* Id

Boo, as neut [a bos, vel à βοῶ, vocifero] *To low, or bellow like an ox, to roar,* Met *To ring, or eccho* Cœlum boat, *Plaut*

† Boo, ĕre unde Bount, *Pacuv.* & *Varr* [a boum, mugitibus dict Non] ‡ Boo, as.

* Boōtes, æ m *Ov* & is, *Auien.* *A star following Charles wain* Lat Bubulcus = Arctophylax

Bŏreālis, e. adj *Northern,* Ov.

* Bŏreas, æ Βορέας, & Βορρᾶς *The North wind, a cold freezing wind,* Lat Aquilo

* Boreus, a, um. adj *Belonging to the North* Vita peragenda sub axe Boreo, *Ov*

* Boryptes, *A black gem, with red, and white spots,* Plin 37 10.

BOS, bovis c g βοῦς, Doricè βῶς Cum totam speciem designat, est freq m gen nisi interdum ap Poëtis, & eos qui minus accurate scripserunt, rarissime certe f nisi cum *Lucæ boves* dicuntur elephantes Cum de solo mare semper itidem masc cum de feminâ solâ semper effertur in fem gener Gen plur Boum, dat & abl Bobus, per crasin, pro Bovibus, sed Ausor corripit priorem, ac si esset syncope, non crasis (1) *An ox, a bull, all sorts of neat* (2) *A cow.* (3) *A heifer* (4) As some, *money stamped with an ox upon it* (5) *A large fish* (1) Fessi boves, *Hor* (2) Forda ferens bos est *Ov Fast* 4. 631 (3) Bos intacta, *Hor* (4) Boves bini hic sunt in crumena, *Plaut Pers* 2 5 16 ex mente quorundam interpretum Sed ibi boves pro pretio boum mercandarum

darum per jocum Sagaristio dixit Nummos Græcos bovis imagine percussos, non solum adagium, Βοῦς ἐπὶ γλώττης, sed & ipsi nummi antiqui, qui κειμηλίοις principum & eruditorum asservantur, satis docent Sed utrum huc respexit servulus necne incertum Neminem bovem pro pecuniâ Lat n dixisse puto, quanquam Servio jubente, Romanorum quoque as bove signatum testatur, ... 18 , (5) Bos Luca An elephant quod in Lucanis primum vidit Italia Plin 9 14 ... Bos mortuus pro taureâ A ... jocum captans dixit Plaut

* Bolcas, ădis ... al bolcis, sed cor ... A water-fowl like a duck, a ... l, Col

* Bostrychites, m [ex βοστρυχ@ cincinnus] A gem like a lock, or ... of woman's hair, Plin 37 10

* Bostrychus, i m A bush of hair Lat cincinnus

* Botanicus, a, um adj β τανικος ad herbas pertinens , [a βοτάνη herba] Pertaining to herbs Artis vocab || Botanicum, i herbarium An herbal Ap recentiores

Botanismus, i m [à βοτάνη] A weeding or pulling up weeds, or ... Pauci runcinant, quod botanismum vocant, Plin 8 18

Botellus, i m [dim a botulus] A sausage, an hog's pudding, ...

Botrus, i m A bunch, or cluster of grapes Lat racemus

* Botryo, onis m A bunch of grapes preserved, Mart 11 28

* Botrys, ĕ τρυς The herb called oak of Jerusalem, or Ambrosia, Plin 27 4

* Botrytes A precious stone so called, Plin 37 10

Botulārius, i m He who makes, or sells puddings, or sausages, Sen Ep 56

Botulus, i m Genus farciminis [a botis] A sausage, black pudding or ... pudding De cujus confectione vide Apic 2 5

† Bovans tis part Bellowing, ... Vid ... En

† Bovatim adv Like an ox, Non

Bovile, s n [a bove] An ox stall, cow house Cervus se bove ... condidit, Phædr 2 9

Bovillus, a, um adj Of an ox, or cow Caro bovilla, Beef, ...

Bovinātio, onis f verb [a boving] A bawling, or towering, Gell 11 7

† Bovinator, oris m Idem quod tergiversator A shuffler, a ... or shifter, Lucil A com... Gloss Philox ...

† Bovinor, aris dep Properly, ... the width of a furrow ... lost ... or go from his word, ... Also to cry out to ben, ... Fest ‖ Tergiversor

B ante R

... cutiæ vel brabeutes, æ ... that giveth the prize in any ... of wrestling, running &c ... 53

Brabyla, n pl Damascens, ... wild prunes, Plin 27 8

Bracæ, vel bracchæ æ f Vox Gallica Breeches, slops, brogues, ... trowsers ... garments ... worn by the northern ... Ovid ... bracæ shipple Luc Hence the English ...

Braccātus, a, um adj 1 Braccis indutus Breeched, wearing such breeches, or trowses, as the Gauls, Scythians, Persians Vide Plin 3 4 Braccatorum filii, Juv 8 234 Braccatis illita Medis porticus, Per 3 53

Brāchiāle, is n [sc ornamentum] A bracelet, a wrist-band, or bracer, Plin 29 7

Brāchiālis, e adj Of, or belonging to the arm Brachialis nervus, A clipping one another close, Plaut Pœn 5 4 99

Brāchiātus, a, um adj Having arms, or branches Brachiata vitea, Vines having long branches up on trails Col 5 5

Brāchiolum, i n dim A pretty little arm, Catull

BRĀCHIUM, i n (1) The arm (2) The arm, or bough of a tree (3) A Line, or work thrown up in fortifying a place (4) An arm of the sea (5) A crab's claw (6) A forked stake (7) The fore feet of an horse (8) The tendrils of a vine (1) Alterna brachia jactat, Vir (2) = Ramos, & brachia tendens, Id (3) Consul muro Ardeæ brachium injunxerat, Liv 4 9 in fine (4) Veluti per devexum in mare brachium, Id 44 35 (5) Concava brachia cancri, Ov Met 10. 127 (6) Conda extraxit brachia terrâ, ... (7) Littl ex Ov 3 Met ... didit hinnitus & brachia movet in herbis Sed hic intelligi possunt ... brachia, nam de centauro dicitur (8) Brachia sunt quæ ... Græci vocant, Col ¶ Levi brachio, Cic Molli brachio, Id Slightly, superficially

* Brachylogia, æ f Brevity, or shortness of speech, Quint 9 3 ... Latine copulatam dissolutionem vertit

Bractæa, æ f seu brattea (1) A thin leaf, or plate of gold, silver, or other metal, a tinsel, a spangle (2) A chip, thin piece of wood (3) Also a weather-cock upon the top of turrets, steeples, &c (1) Leni crepitabat bractea vento, Vir (2) Excogitatæ sunt & ligni bractea, Plin 16 43 (3) Vitr

‖ Bracteālis, e adj Fulgor bractealis The glittering of spangles, Prud

Bracteātus, a, um adj (1) Covered with thin plates, or leaves of any metal plated (2) Met Glittering, gay, of no substance (1) Bracteatum lacunar, A spangled vault, Sidon (2) Bracteata felicitas, Slight tinsel happiness, Sen

Bractĕŏla, æ f dim A little leaf of gold, silver, or other metal Superest qui bracteolam de Castore ducit Juv

Branchiæ, arum pl f The gills of a fish, Plin 9 18

BRASSICA, æ f [a Præsica, Var ... Fest quod ex scapo præsecetur] Colly-flower, cabbage Brassica capitata ☞ De variis brassicæ generibus ... c 156, & 157 Item Plin 19 8 & 20 9

Braxcæ, arum pl Vid Bracæ A kind of pantofle or slipper

Brechmatis, vox Indica Long pepper Vid Plin 12 7

* Brephotrophium, i A hospital for the bringing up ... or poor children La ne, Infantum hospitium, Decr

Brĕve, adv (sc tempus) de præterito, uti brevi, de futuro In a short time, for a little while, Catull

Brĕvi, adv (sc tempore) (1) Soon after, in a short time (2) Briefly, in short, in a few words (1)

Brevi post mortuus est, Cic (2) Brevi tamen sic habeto, Id

Brĕvia, um n pl Loca vadosa, Serv Fords, shelves, or shallow places, flats Tres Eurus (naves) ab alto in brevia & syrtes urget, Virg ✕ Nec discerni poterant brevia à profundis, Tac

Brĕviārium, i n A breviary, compendious draught, an abridgement, or breviate, an epitome, a summary a register, a roll, a brief ‖ A breviary, or mass book Fecit breviarium totius imperii, Suet ☞ Stomachatur in hac voce, tanquam sordida, & vulgari Seneca Breviarium, inquit, olim cum Latine loqueremur, summarium vocabatur, Ep 39 in ne

Brĕviloquens, tis adj [ex brevis & loquens] That speaketh in a few words, short, brief Breviloquentem me tempus ipsum facit, Cic

Brĕvĭlŏquentia, æ f A short way of speaking Breviloquentiam in scribendo colere, Cic ap Gell

Brĕvio, as To abridge, to make short, to shorten Breviare quædam & exornare, Quint 1 9

Brĕvior, ari pass To be shortened, &c Manil

BRĔVIS, e adj Βραχυς, Fest sc. χ in v verso, or comp ... limus sup (1) Short in measure (2) Time (3) Compendious, brief (4) Small, little (5) Narrow (1) Mensura brevior, Ov Brevissima terra, Plin ✕ Conveniunt voto longa brevisque meo (puella) Ov (2) Vive memor quam sis ævi brevis, Hor (3) = Ambitus verborum contractus brevis Cic (4) ✕ Privatus illis census erat brevis, commune magnum, Hor (5) ✕ Lato non separor æquore, brevis obstat aqua, Ov ep 18 ¶ Ad breve, A little while, Suet

Brĕvitas, ātis f (1) Lowness, as of stature, &c (2) Shortness, brevity (1) ✕ Gallis præ magnitudine corporum brevitas nostri contemptui est, Iuv (2) Brevitati temporis tam pauca cogor scribere, Cic = Contractio & brevitas dignitatem non habet, Id

Brĕviter, adv ius, comp ssime sup In few words, briefly, to be short, in ... = Breviter summam itinque describere aliquid, Cic ✕ Quodque ego pluribus verbis illi breviter ... Itantum brevissime dico, judices, Id

Bria ... A little cup of ... wooden, or pressed grapes, Col 12 ,9

Britannica, æ f The herb Britannica, or ... very good ... Plin 25 3

Brochitas, atis f Crookedness of ... or standing out of the teeth, or tusks, Plin ... 8

Brochon A kind of tree from ... Plin 12 9

Brochus, i m Leg & bronchus, ... (1) ... (2) ... crooked, ... (1) ... Brochi libeones dicti, ... (2) Lucil ap Nonn (3) Brocchi dentes ... Vitr

... item hebon qua ... similis est ... Plin ... ut

Bronchocele, es f ... βρογχοκήλη ... guttur, & ... the ... in the ... Cels 7 13

Broncus ... Long-toothed, Var ... Vid Brocchus

* Brontia, æ f The thunder-stone, Plin 37 10

BRŪMA, æ f [à Βρομι@ Bacchus quod in id tempus incideret, in quo erant festa Bacchi, forte rectius quasi brevima, ut n brevimus pro brevissimus dixerunt Unde Var LL 5 Bruma dicta quod brevissimus dies] (1) The shortest day of the year, midwinter, the winter solstice (2) Synecd Winter (1) Bruma novi prima est, veterisque novissima solis, Ov Fast 1 163 (2) Vel ubi longum, tepidasque præbet Jupiter brumas, Hor Car 2. 6

Brūmālia, um pl n sc festa, quæ in brumam incidunt [a Brumo, quomodo Bacchum vocant, Rhod] Eadem quæ & Liberalia & Vinalia Feasts of Bacchus kept twice a year, viz on the last day of February, at the end of winter, and on the fifteenth of August before winter

Brumālis e adj Belonging to winter, winterly, winter like Sol accedens ad brumale signum (sc Capricornum) Cic Brumalis dies, Id

Bruscum, i n [dictum forte ex rusco] A bunch, knot, or knur in a maple-tree, Plin 16 16 ‖ Officinæ etiam corrupte pro rusco usurpant

Bruta, æ f A kind of tree like a cypress, of a fragrant smell, next to that of cedar, Plin 2 17

Brutia, vel Brutia pix [a Brutiis Italiæ pop] Plin 16 1

Brūtiani, vel Brutiani Servile officers to the magistrates, such as going on errands, the same as Gerones, Fulg or doing the beadle's duty Such were the Brutii, who sided with Hannibal, and continuing with him till he went out of Italy, lost their freedom, and were sentenced to drudgery, Cato

BRŪTUS, a, um adj Misere torquetur hoc vocab ad expiscandum etym V Littl & Voss (1) Insensible, senseless (2) Brute or brutish, irrational (3) Vain, void of reason, insignificant (1) Bruta tellus, Hor Car 1 1 349 (2) Bruti existimantur animalium quibus (cor) durum riget Plin 11 37 (3) = Bruta fulmina & vana, quæ nulla veniunt ratione naturæ, Id 2 43

* Brya ... A little shrub like heath, whereof they make ... or brooms, Plin 13 21

* Bryōnia æ f A wild vine growing in hedges, with red berries, Plin Also briony, or wild vine, white vine, Id

B ante U

* Bu, ... in compositione ... [a βοῦς bos, ob magnitudinem boum, Var] ut Bουπαις, grandis puer A looby Βουλιμος magna fames Bubu ... species habens Ex Fest Pomp

† Bua ... A word of children ... for drink, papa for meat, mamma for mother, tata for father Vid

Bubulus, a, um adj pro bubulus, vel, ut alii pro bubulinus, Val ...

Bubalus ... m A buff, or wild ox, the buffle, or buffalo, Plin

Bubile, is n [a bubus ... bobus] An ox stall, or cow house, Vid

* Bubo m βουβών, inguen, & tumor inguinis A swelling about the groin ... a shanker, a botch

Būbo onis m ... Vid semel ... Sola bubo, Æn 4 462 ... arc

nom Subbaudiur *Ser* [a bubone *qu* *i c it*] *unde* bubulo quod vide

* Būbōnium, i n *A kind of* ... *the same that* ... *animals*, *Plin* 27 5

* ... es f [ex βοῦς ... & χόλη ...] *A rip* ... *or* ... *in the groin*, *Pers*

† Buprestis, is f Vide bupre stis

‖ Bubsequa, æ m [a bubus sequendo] *A cow*, *or neat herd, a driver of cattle*, Apul † Bubulcus

Būbula, æ f *sc* caro *Beef*, Plaut

Būbulcito, is a t bubulcino re clamo, (1) *To cry like an herdsman* (2) *To be a keeper of cattle* (1) Var *ap* Non (2) Apul

Būbulcitor, āris dep *To tend, or look to cattle* Decet me amare, & te bubulcitarier, *Plaut Most* 1 1 50

Būbulcus, i m [a bubus] *A herdsman, he that plows with oxen, or tends them* Plaustra bubulcus agit, *Ov*

‖ Būbulinus, a um adj Urina bubulina calida *Cow-piss*, Veg 3 4

Būbŭlo, as *vocis* ex sono fictum *To hoot like an owl* Bubulit horrendum ferali carmine bubo, *Auct Phil m*

Būbŭlus, a, um adj [a dat pl bubus] Idem quod bovinus *Of, or belonging to an ox or cow* Caro bubula, *Beef*, Plin Corium bubulum *A bull hide*, Plaut

† Bucæda æ c g *A slave that used to be scourged with thongs made of ox hides*, Plaut

* Bucardia, æ f *A stone like the heart of an ox*, Plin 37 10

BUCCA, æ f (1) *The hollow inner part of the cheek itself*, Plaut (2) *The hollow part of the cheek which stands out by blowing* (3) Meton *A trump* (1) Plin 11 37 (2) Tumidas intendit rumpere buccas *Pers* (3) Nota per oppida bucca, *Juv* 3 35 ¶ Quod in buccam venerit, scribito *Whatever comes next*, Cic

Buccĕa æ f [a bucca] *A morsel, or mouthful* Duas bucceas manducavi *Suet August* 76

‖ Buccella, æ f [dim a bucca] onom vet ψωμὸς Lat & buccellum, & bucella, Texit Græco Lat *A little morsel, or mouthful*

Buccina, æ f [a bucca] *A trumpet, cornet, or horn, a neatherd's, or swine herd's horn*, Col

Buccinātor, ōris m verb (1) *A trumpeter, one that winds a horn* (2) *A publisher, proclaimer, or setter forth* (1) Buccinatorem in ... (2) Quod polliceris te buccinatorem fore existimationis meæ, *Cic* *Ep fam* 16 21

Buccĭno, as *To sound a trumpet, to publish* Cum buccinatum est, impers *When the sign is given by horn, &c as when the swine are called to the trough*, Var

Buccĭnum, i n *A trumpet, or horn to blow with*, Plin 11 10 Also *a shell fish, like a trumpet, or horn*, Id 9 36

Bucco, ōnis m [a bucca] (1) *Blub cheeked, or wide-mouth'd* (2) *A prattler, or fool* (1) Plaut Bacchid 5 1 2 (2) Glos vet

Buccŭla, æ f [dim a bucca] (1) *A little cheek* (2) Also *the beaver, or morrion* (1) Suet Galba 4 (2) Fractâ de casside buccula pendens, *Juv* 10 134

Buccŭlentus, a, um adj *Blub-cheeked, or wide-mouthed*, Plaut Merc 3 4 53

Bucĕphălus, i m Βουκέφαλος [ex βοῦς bos, & κεφαλή caput] *The great horse of Alexander the great*

Bucĕras, ătos, n *The herb fenugreek*, Plin 24 19

Bucĕrus, a um adj βούκερως [ex βοῦς & κέρας cornu] ingentia habens cornua *Of or belonging to neat, or beast, horned like an ox* Armenta buceri *Herds of oxen, or kine*, Ov Bucerum sæcla, ut & secla ferarum *The kindred, or breeds of cattle* Lucret 5 864 & 6 1240 ap quem, interposito i, buceriæ quæ greges, 2 661

Bucētum, i n [a bubus] *A pasture where cattle are bred, or fatted* Calidi resonant bucceta Matini, *Luc* 9 185

Bucīda, æ m al bucæda [a bos, & cædo ut homicida, &c sign pass] *He that is beaten with leather whips, made of ox hide*, Plaut

* Bucŏlica, orum n pl *sc* carmina, dict a bubulcis *Pastoral songs, wherein shepherds loves and concerns are discoursed of*, Cic

* Bucŏlicus a, um adj *Pertaining to neat, or beasts, or to herdsmen, pastoral* Bucolicis juvenis luserat ante modis, *Ov*

Bŭcŭla, æ f [dim a bos contr pro bovicula] *A young cow, or heifer* Vir Ecl 8 It fibula, *ancile, scuti bucula* *Isid* Hinc Ang *A buckle*

Bŭcŭlus, i m [dim a bos, *vel* *ut* bus] *A young ox, or steer, a bullock*, Col

Būfo, ōnis m *A toad* Inventusque cavis bufo, *Vir*

* Būglossus, i m & buglossum, i n *Borage, bugloss*, Plin

* Būgonia, βουγονία, i β ῶν γονή *The breeding of cattle*, Var

Būlăpathon, i n [a bu intens & lapathon] *The herb patience, a great dock*, Plin 20 21

Bulbăceus, a, um adj [a bulbus] *With round heads, bulbous*, Plin 21 6

* Bulbīne f bulbi species *An herb having leeves like to leeks, and a purple flower*, Plin 19 5

Bulbōsus, a, um adj *Full of round heads, like an onion, bulbous*, Plin 21 17

BULBUS, i m *A scallion, any root that is round, and wrapped with many skins, coats, or pills one upon another, as onions, leeks, saffron, tulip roots, cloves of garlick, lily roots, &c* Vid Plin 19 5 sub finem, & eundem 2 5

* Būle, es f βουλή consilium & concilium *The council of state* Et bule, & ecclesia consentiente, *Plin ep* 10 111 Lat Senatus, concilium

* Būleuta, æ m *A common council man, alderman*, Plin ep 10 113 Lat consultor

* Būleutērion *A town hall*, Plin Lat Curia, senaculum Also *a large building in Syracuse, without pin, or nail in it*, Plin 36 5

Bulga, æ f Galli bulgas saccu los scorteos appellant, *Fest* *A budget, or mail of leather, a money bag* Cum bulgâ cœnat, dormit, lavat omnis in una spes hominis, bulgâ, *Lucil Sat* 6

* Bulĭmus, i m & bulimia, æ f [ex βοῦ, particulâ intensivâ, & λιμὸς fames] *An insatiable hunger, a greedy appetite* Bulimum Græci magnam famem vocant, *Fest*

BULLA, æ f [a β λή jactus, fortè quod conjecti lapidum, &c excitari solet] (1) *A bubble of water when it rains, or the pot seeths* (2) *A great head of a nail, emboss'd on doors, or gate* (3) *Studs, or bosses on girdles, or bridles* (4) *An ornament worn about the neck, or on the breast of children, made like a heart, and hollow within, worn 'till they were seventeen years old, and then hung up to the houshold gods* (5) ‖ Also *seal, a one's bull* (1) Sic est homo bulla eo magis senex (2) Juditne in splendorem dat bullis has fori bus nostris? *Plaut* (3) Notus ful ferum cinguli bullis, *Vir* (4) Bulli radi demittent urere collo, *Prop* (5) At ut sequiores scrip

☞ *Observandum, si nobiles inferos bullis aureis nebusse pauperum de loro* Hinc est pert net illud Juvenalis Etruscum puero si contigit aurum, vel nodus tantum, & signum de paupere loro

Bullans, tis part *Bubbling* Urina bullans, *Having bubbles*, Plin

Bullātio, ōnis f *A ... bubbling*, Plin 34 14

Bullātus, a, um denom *Garnish'd with studs, or brooches* Bullatus hæres *A child in his coats, a young gentleman under seventeen*, Juv Met Also *vain, puffed up, without substance* Bullata nugæ, *Swelling lines, lofty words without sense, empty expressions*, Pers ‖ Bullatus doctor, *A doctor made by patent, or mandamus*

Bulliens, tis part *Boiling, or bubling*, Cels

Bullio, ire, ivi, itum *To boil in seething, to bubble* Summâ rursus non bullit in unda, *Pers*

Bullo, as, i Bullis excito, *To bubble* Ubi bullabit vinum, ignem subducito, *Cato*

Bullŭla, æ f [dim a bulla] *A little bubble, boss, or stud, also a little whelk, or push* Bullulas excito, *Cels*

Būmamma, æ f Var. Idem quod ===

* Būmastus, i m [ex βοῦ intens & μαστὸς, mamma] *A large swelling grape, like a teat* Non ego te transierim tumidis, bumaste, racemis, *Vir Georg* 2 102 Bumammam, *Var de R R* 12 5 Lat ne appellat

* Būmĕlia, æ f *A kind of large ash-tree*, Plin 16 14

* Būnias, adis f *A rape, or round radish of Limosin, a turnep*, Plin

* Bunium i n Id

* Buphthalmus, i f [ex βοῦς bos & ὀφθαλμὸς, oculus] *An herb like camomil, more upright, mayweed, ox eye, stinking camomil* Vid Plin 25 8 Lat Caltha

* Bupleuron, i n [ex bupleu ... *An herb growing without lowing, or jetting, as in a top like dill*, Plin 22 22

* Buprestis, is, & idis f ἀπὸ τοῦ πρήθειν τὰς βοῦς *A sort of cantharides, which is fatal to a beast, if eaten amongst grass*, Plin 30 4 Also *a sort of herb which kills cattle*, Id

Būra, æ f & buris, is [a bubus *Var* vel quasi βοὸς οὐρὰ, bovis cauda *Serv*] *The plow tail, or handle* Fracta bura, *Var* Magnâ vi flexa domatur in burim ulmus, *Vir*

‖ Burdo, onis, m *A mule, engendred of an horse, and a she ass* ♓ Mulus ex asino, & equâ, burdo ex equo, & asinâ

‖ Burgus, i Veg [à πύργος, turris] *A castle, fort, or redoubt, a burrough, or town corporate* Hinc burgensis, *A burgess, a burger*

‖ Būricus, βύρικος, Gl *A little horse, a nag* ↓ Mannus

Buris, is f in acc burim *The plow tail* Vide Bura

Burrio, ire vox ficta à sono formicarum *To swarm, or make an humming noise, as pismires do*, Apul 8 211

‖ Burrus, a, um adj [ex πυρρὸς, rufus Unde forte & Birrus, Tei qui Gr πυρρίας, a rufo capite] *Ruddy, red*, Fest

Bursa, æ f [Gr βύρσα, corium] *An ox-hide* *The tower at Carthage so called*, Vir ‖ *A burse, or royal exchange for merchants* ‖ Bursa pastoris, *An herb, shepherds purse, or pouch*

* Būselinum, i n [ex βοῦς, vel βοῦ bos, & σέλινον] *An herb like gard n-smallage, but hath a shorter stem, and a red root*, Plin 20 12

Bustĕus, a, um adj *Almost dead, ready to be carried to the grave*, Plaut

Bustirăpus, i m qui e flammâ (busti sc) cibum petit, *Ter* Sive cœnam de rogo capit, *Catull* *A robber of tombs, or graves, or a snatcher of victuals at the funeral feasts* Verbero, bustirape, furcifer, *Plaut Pseud* 1 3 127

* Bustrŏphe, es f βουστροφηδὸν versum *A way of writing used in old time, wherein they began the first line at the left-hand, and the next at the right, and so went forward and backward, as they do in plowing*, Var

‖ Bustuālis, e adj *Of, or belonging to graves*, Sidon

Bustuārius, a, um adj *That keeps about tombs, or graves* Bustuaria mœcha, *A common whore*, Mart Bustuariam, *Ter* φρεατοτυμβίων, Jun τυμβάδα, vel ... Hesych *A witch, or enchantress, which haunteth tombs, and graves*

Bustuārius, i m qui ante busta dimicat *A fencer, or sword player, that fought at the grave of some great man, in honour of him* Cic *in Pison* c 2 *He that burnt the dead*, Ibid

Bustum, i n [ab ustum, b præposito Æolum more, *Voss*] *The place where dead bodies were burnt, a tomb, grave, or sepulchre* Met Bustum omnium legum, Cic ... ♓ Eviseq re dic ... porta tur cadaver, fitus dum ardet, & jam cum jam crematum est, ... bustum cum de num conditur, *Donat*

* Busychon, i magna ficus [ex βοῦ, & σῦκον, ficus] *A great wild fig tree*, Fest

Būteo, ōnis m acc pitr ... *A kind of hawk that hath three stones*, Plin 10 8

* Buthysia, æ f [ex βοῦς, bos, & θυσία, sacrificium] *A slaying, or sacrificing of oxen*, Suet Ner 12

Butio, ōnis f [buteo, vel for à sono vocis] *A bittour*, Auct Philom Vide Bubo, is

† Buttubata, *sc e* butub... Nec pro nugatoriis posuit, nullius dignationis *Trifles, trittle-trattle, nonsense, foolish*, Næv

* Būtyrum, i n dict [a βοῦ bos, & τυρὸς coagulum] *Butter*, Plin 28 9 *Media syllaba est communis*

Buxa, æ f *sc* tabula *A table of box-wood, on which anciently they wrote*, Plaut

Buxētum, i n *A place set with box-tree*, Mart 58 3

Buxeus, a, um adj (1) *Of box* (2) *Of a pale yellow colour, like box* (1) Buxeus frutex, *Col* (2) Dentes picei, buxeique, *Mart* 2 21

Buxi

✠ Buxifer, a, um adj That beareth box, where box grows, Catull

Buxōsus, a, um adj Full of box, much like box, Plin 12 25

Buxum, i n (1) Box-wood (2) A pipe made of box to play on (1) Torno rasile buxum, Virg Georg 2 449 (2) Inflati murmura buxi, Ov

Buxus, i f [a πυξὸς, idem, quod a πυκάζω, denso] est enim spississima ex omni materia, Plin (1) The box-tree, the wood (2) Meton A trumpet, flute, or pipe, with two rows of holes, a top, comb, or any thing made of box wood (1) Virens buxus, Ov Ora, buxo pallidiora, Id (2) Cum Bacchica mugit buxus, Stat Buxum torquere flagello, Pers Crines depectere buxo, Ov

B ante Y

* Byne, es f βυνὴ Malt, barley steeped

* Byrrhus, i m [a πυῤῥὸς] A kind of russet garment, Sulpit

* Byrsa, æ [a βύρσα, corium Sane ab Heb בצרה arx Nam illa de corio taurino fabula est Vide Flor 2 15] An ox-hide Meton The burse in Carthage

* Byssinus, a, um adj Made of fine linen, lawn, or cambrick, Plin 19 1

* Byssus, i f [ex Heb בוץ] A kind of fine flax, or linen, Plin

* Byturos A worm in Campania, that gnaweth vines, Plin 30 15

C

C, c. The third letter, but second consonant, may indeed be copied immediately from the Hebrew כ, being exactly the same, only in complaisance to our way of writing, turning towards the right, yet is much more probably framed from the Greek Γ, its right and perpendicular line, for the more ease and quick dispatch in writing, instead of an angle, degenerating into a semicircle. For it is evident, that the Latin letters are many of them exactly the same with the Greek, and most of the rest, which are common to both tongues differ no more, than hast, conveniency of writing, or, perhaps, some novel, and growing depravation might probably occasion. And I may add also, That many words natives of Greece, were made denizens of Rome, without any formality of changing their garb, especially those of Doric families others again, in pretty near proportion between their number of words and letters, suffer some change, to be more civilly treated there besides, 'tis notorious that the Roman youth were anciently taught both to read, and write their own language by Greek masters. This I judge proper to observe here once for all, and proceed. The rank which C holds in the Latin alphabet, answering that of Γ in the Greek, is a farther evidence of this extraction besides, when the Greeks in their own letters express a pure Latin word, where this letter is found, they commonly substitute Γ, or K, for *Cajus Cæsar*, writing Γαῖος Καῖσαρ. Yea, in many Latin words c and g are indifferently writ, as *Cajus Cnæus*, or *Gajus Gnæus* But before I go farther, I must do a piece of justice to this letter, by declaring, that though it acknowledge the Greek Γ its parent, yet it may challenge the same regard from the Latin letters g and k, and, in the opinion of some learned men, from q also. the first whereof was not known to the Romans, 'till after the first Punic war. This is plainly proved from the royal laws, where *Acnom* is writ for *Agnum*, *Acrom* for *Agrum*, and that famous remaining piece of Antiquity, the monumental pillar of Duilius, where we read *Lecio pucnandod, exfociont*, &c. for *Legio pugnando, effugiunt*. As for K, it appears never to have been much used, and is now so obsolete, that it is not writ in more than two or three Latin words, where c is also indifferently, or perhaps better, used And for Q, the indifferency found in writing very many Latin words therewith, or with C, as *cur*, or *quur*, *quum*, or *cum*, *locutus*, or *loquutus*, *cottidie*, or *quotidie*, hath induced many Critics to deduce its original from c. But this shall be considered in its proper place. The name of C, if we attend to analogy, is always Ke, as is its sound before all vowels, never Se And here, with much reluctance, I remark, That foreiners, who own we understand Latin perfectly, and write it correctly, account us little better than barbarians, in several parts of pronunciation, but in none more justly, than our depraved sound of this letter before æ, œ e, i, and y, as if it were S, which at the same time our learned men confess to differ from the ancient usage of Greece, and Rome, to be unreasonable in it self, and to introduce a strange confusion in words and things, so that *cædo*, and *sedo*, *capi*, and *sapi*, *census*, and *sensus*, *cicer*, and *siser*, *cygni*, and *signi*, and many thousands more, have with us, one and the same sound Hence also it comes to pass, that its sound is intirely lost after s, so that *scena*, and *sena*, *scelera*, and *sceleris*, and innumerable words of the same kind, are confounded. This I humbly leave to the consideration and redress of the learned school masters of this kingdom, as very well deserving it, and return to its true sound, which

which is the ſame with that uſurped by the exploded K, and ſtands related to the harder ſound of g. as p to b, and therefore in the inflexion of words, g before a vowel, is changed into c before a conſonant, as *ago*, *actum*, not *agtum*, *lego*, *lectum*, not *legtum*, juſt as *ſcribo*, *ſcriptum*. Neither ought it to be ſounded with an aſpirate, as the modern Italians do, who ſay *chichindela*, *Chichero*, &c. for *cicindela*, *Cicero*. Concerning its intercourſe with ſ, and t the *tenuis* of the third Claſs of Mutes, I rather chuſe to treat in the diſſertation upon thoſe letters, leſt I be too tedious in this.

C ante A

C Littera ad omnes voca les vim ſuam perfert, *Quint* 1 7 C Caius, Ↄ Caia, *Id ibid* Cn Cnæus COS Conſul COSS Conſules C in numeris centum denotat

|| Cabala, *vel potius* Cabbāla, æ f קבלה doctrina, recepta, à קבל, recepit ut eadem *Talmud* dict quatenus traditur *A myſterious doctrine among the Jews, received by oral tradition from their fathers, at laſt compiled into a body in the Talmud* Alſo *a skill, or ſcience practiſed by the more modern Jews, in diſcovering myſteries, and expoſitions from the numbers that letters of words make*

|| Cabaliſta, æ m *A cabaliſt, one skilled in that ſcience*

|| Cabaliſticus, a, um adj *Of, or belonging to that ſcience*

|| Căballārius, i eques *A horſeman, a chevalier*, alſo *a querry, a horſe-dreſſer*, Firm

Caballinus, a, um adj *Of a horſe* Caro caballina, *Horſe fleſh*, Plin Fons caballinus, *The muſes ſpring in Helicon*, Perſ

CĂBALLUS, i m [à καβαλλω, dejicio] ut ſit, quem *ſuccuſſatorem tetrum tardumque caballum*, voc Lucil *ap* Non *A ſorry horſe, a jade, a mill horſe, a keffel, a pack-horſe, a horſe that throws the rider*, || *in latter times taken for a war-horſe* || Olitoris aget mercede caballum, *Hor ep* 1 18 36 Optat arare caballus, *Id ep* 1 14 43

|| Căbilus, i m noctuæ genus *A kind of night raven*, Tert

Cabus, i m καβ, Heb קב *An Hebrew meaſure, containing about three pints, and an half*

Căcabo, as *To cry, or call like a partridge* Cacabat hinc perdix, *Aucl philom* 19

† Căcabum, i n Id quod

Cacăbus, i m [à ſono dum fervet] *A kettle, pot, or pipkin, to boil meat in*, Col 12 4 Vas ubi cibum coquebant cacabum adpellarunt, *Var* 1 4

* Căcălia, æ f *An herb called wild carawaies, or wild chervil*, Plin 26 6

Căcātūrio, ire, ivi, itum deſiderat [à caco] *To go to ſtool, to have a mind to do his needs*, Mart

Căcātus, a, um part *Beſhit, bewrayed*, Catull.

|| Caccăbus, i m *A kettle* Vide Cacabus

* Cacemphăton, Cacephaton, *vel* Cacophaton n *Serv* [à κακεμφατον, ut al leg κακοφατον, i male ſonans, à κακος, & φημι,] *A harſh ſound of words*, Quint ✱ Euphonia Alſo *an abuſe of a trope, as*, Arrige aures, Pamphile, *Ter*

Căchectes, *vel* a m & Căchecticus *Of an ill conſtitution, or ſtate of body* Phthiſici, & cachectæ, *Plin* 28 9 Cachectici, quorum corpus macie conficitur, *Id* 32 10

* Cachexia, æ f mala corporis habitudo *An evil habit, or ſtate of body when the nutriment turneth to ill humours*, Celſ

Cachinnātio, ōnis f verb [à cachinno] *A loud laughter* ✱ Si ridere conceſſum ſit, vituperatur tamen cachinnatio, *Cic Tuſc* 4

Căchinno, as act *To laugh aloud*, Suet Furtim cachinnant, *Lucret* 4 1169

Căchinnor, aris dep [à cachinnus] *To laugh aloud, to laugh out-right* Tremulo cachinnare riſu, *Lucret* 1 918 *id quod*, Riſu quati, *ap* Juv *To laugh 'till he is ready to ſplit his ſides*

Cachinno, onis m *A great laugher, ſcorner, or ſcoffer*, Perſ

CĂCHINNUS, i m riſus effuſus [à χαχαζω, Heb שחק, riſus] *A loud laughing, a laughter in deriſion, or ſcorn* Cachinnum tollere, *To ſet up a laughter, to cackle again*, Cic Majore cachinno concutitur, *Juv*

Cachla, æ f herba, quæ & buphthalmos *May-weed, ſtinking camomil*, Plin

* Cachrys, yos f quæ & κασχρυς [à καιω, uro, quoniam in medicinâ urendi vim habet, *Plin* 26 8] *Oak-apples, beech-maſt, aſh-keys, the catkins upon nut-trees, the goſlins on willows*, &c Alſo *the ſeed of roſemary*, *Id* 24 11

Căco, as act *To go to ſtool, to cack* Durum cacare, *To have a hard ſtool*, Mart Nec toto decies cacas in anno, *Catull*

* Căcochymia, æ f *Ill digeſtion*

* Căcodæmon, onis m *An evil ſpirit, a devil* Lat malus genius, Larva

* Căcoēthes, is n (1) *A boil, a botch, a cancer, a rebellious ulcer* (2) *An evil cuſtom, or faſhion, an ill habit* (1) Reſiſtit ulceribus quæ cacoethe vocant, *Plin* 22 25 *Celſus etiam ſed Græcis literis*, 5 27 (2) Tenet inſanabile multos ſcribendi cacoethes, *Juvenal*

* Căcŏtechnia, æ f Cacotechniam quidam nominaverunt artis privatatem, *Quint*

* Căcozēlia, æ f *Affected, perverſe imitation, falling into one fault to avoid another* Vide Quint 8 3

* Căcozēlus i m *One that doth imitate ſcurvily, an affecter of new words* ✱ Cacozelos, & antiquarios, ut diverſe genere vitioſos, pari faſtidio ſprevit, *Suet in Octav* 86

* Cactos, i f *An artichoak*, Plin

Căcūla, æ m *A ſoldier's boy*, Plaut Trinum 3 2 95 & Gloſſ Philox Caculi, *ſervus militis*

Căcūmen, inis n [q coacumen, ubi acumina in unum coeunt *M*] (1) *The top* (2) *A peel, or ſharp end of a thing* (3) Met *The perfection of any thing* (1) Cacumen arboris, *Cæſ* montis, *Catull* (2) ovi, *Plin* pilorum capitis, *Hirt* (3) Ad ſummum donec venere cacumen, *Lucr* 5 ult de artium inv loquitur

Cacūmĭnātus, a, um part *Sharp at end, pointed, peaked* Ova cacuminata, *Plin*

Căcūmĭno, as act *To make pointed, ſharp, or copped* Summaſque cacuminat aures, *Ov*

Cădāver, ĕris n [à cadendo, *Serv*] *A carkaſs, a dead body*, Cic Met Cadavera oppidorum, *The ruins of towns* Sulpitius *ap* Cic

Cădāvĕroſus, a, um id, *like a dead carkaſs, ghaſtly* Cadaveroſa facies, *A wan, ghaſtly look*, Ter Hec 3 4 27

Cădens, tis part [*a* cado] (1) *Falling* (2) *Trickling* (3) *Setting* (4) Met *Dying* (5) *Decaying, failing* (6) *Terminating, uttered, ſpoken* ☞ *De ceteris notionibus vide* Cado (1) Tethys infirma cadentem molliter excepit, *Ov* (2) Cadentes lachrymæ *Id* (3) ✱ Freto ſurgente cadentibus hœdis, *Id* (4) Gemitus cadentum, *Id* (5) Spes cadens, *Liv* (6) Verba cadentia, *Hor*

Cădīvus, a, um adj [à cado] quod ſponte, vel facile cadit, *That falleth of it ſelf without violence, or pulling, tranſitory* Cadiva poma, *Windfalls*, Plin *Cancer* vocat Propert

Cadmia, æ f [à Cadmo inventore] *A ſtone out of which braſs is melted, braſs ore*, Plin 34 10

* Cadmites *A kind of precious ſtone having blue ſpecks about it*, Plin 37 10

CĂDO, ĕre, cĕcĭdi, cāſum n [à κατω, deorſum, quod cadere nihil aliud ſit, quam deorſum ferri] (1) *To ſlip, or ſlide down* (2) *To tumble, or fall down* (3) Met *To fail, or falter* (4) *To truckle, to pour down* (5) *To ſhed, as teeth do* (6) *To chance, or fall out* (7) *To belong, ſuit, or agree with* (8) *To end, or terminate, as words do* (9) *To fall, ſet, or go down, as the ſun or ſtars do* (10) *To die, to be ſlain* (11) *To be ſacrificed* (12) *To be derived* (13) *To fall under, to be ſubject, or belong to* (14) *To miſcarry, or be diſtinct* (15) *To ſink, or droop* (16) *To be laid, as the wind* (17) *To be diminiſhed* (1) ✱ Sic cadit, ut tactâ ſurgere poſſit humo, *Ov* (2) Cecidiſſetne ebrius, aut de equo uſpiam, *Plaut* (3) Inter verba cadit lingua ſilentio, *Hor* (4) § Hominis illico lachrymæ cadunt, *Ter* (5) Tunc mihi dentes cadebant primulum, *Plaut* (6) Sane ita cadebat ut vellem, *Cic* (7) Iambus, & dactylus in verſum cadunt maxime, *Cic* (8) Verba melius in ſyllabas longiores cadunt, *Id* (9) ✱ Quis vetat & ſtellas, ut quæque, oriturque, caditque, dicere *Ov* (10) Crebri hoſtes cadunt, *Plaut* Sed cadat ante diem, *Vir* (11) Arte aris noſtrâ cadet hoſtia dextra, *Id* (12) Fonte Græco cadent verba, *Hor in Art Poet* (13) Quæ cadunt ſub aurium menſuram, aſpectum ſenſum, rationem, imperium, ditionemque, &c *Cic* (14) ✱ Securus, cadat, an recto ſtet fibula talo, *Hor* (15) = Nec debilitari animos, aut cadere patitur, *Cic* (16) Quo ſigno caderent auſtri, *Vir* Cadit ira, *Perſ* (17) Auctoritas principum cecidit, *Cic* ¶ Cadere cauſâ, in judicio, *In* formulâ, *Quint* *To be caſt in law, to loſe the ſuit* In ſenſu obſcœn Libera eris ſi crebro cades, *Plaut* Incaſſum cadere, *To come to nothing*, Id

Cadūceātor, ōris m [à caduceo dict] *An herald ſent to treat of peace as the* Feciales *and of war* Caduceatores, qui ad pacem compellerent, miſit, *Curt* Caduceatori nemo homo nocet, *Cato*

Cādūceum, i n & Cādūceus i m utrumque habent lexica Sæpe occurrit in probis auctoribus, ſed ita ut neſcias, utrum ab hoc, an illo deflectitur, nec magis certum, an à Latino, an Græco fonte cadat Hinc & penult dubiæ quantitatis *A ſtaff, or white wand, which heralds, or embaſſadors carried, when they went to treat of peace* *A rod, or tip-ſtaff with two ſnakes twiſted about it Mercury's wand* Vide Plin 29 3 Cæl Rhod 21 16 Macrob 1 19 Hyg 2 8

✤ Cādūcifer, i m *An epithet of Mercury from his caduce*, Ov

Cādūcum, i n *An eſcheat, a windfall* Legatum omne capis nec non & dulce caducum, *Juv*

Cădūcus, a, um adj [à cado] (1) *Ready to fall, or that cannot bear up it ſelf* (2) *Falling, or trickling down* (3) *Frail, uncertain, brittle, ruinous, falling to decay*, &c (4) *Falling of it ſelf without violence, or pulling* (5) Met *Falling, or ſlain* (6) *Eſcheated to the prince, or lord* (7) *That hath the falling ſickneſs* (1) Vitis natura caduca eſt, &, niſi fulta ſit, ad terram fertur, *Cic* (2) Terra caducis concepit lachrymis, *Ov* (3) = Caduca, & incerta ſunt ... , *Cic* (4) Glandes caducæ, *Lucr* (5) Bello caduci Dardanidæ, *Vir* (6) Vid Cod 16 t 51 Cic Phil p 10 11 (7) Firm ¶ Literæ caducæ *Not laſting, quickly fading*, Plin *Not, as ſome expound*

pound it, *spreading*, or *folding into the paper* Caducæ hæreditates, *Estates* Cic Phil 10 11 Ironice, *Estates unjustly g*... Proprie, quæ ab eo, cujus erant jure in alium cadunt, unde Dulce caducum, ap *Juv* Caducum ex lege Papiâ legatum erat relictum sub conditione, quâ deficiente, vel vivo, vel mortuo testatore, cadebat, & redibat, vel ad testatorem vivum, vel, eo mortuo, ad substitutum hæredem, C...

Cadurcum, i n [dict a Cadurcis, Galliæ Narbonensis incolis quorum laudatissimum linum] (1) *A white blanket, coverlet* or *a ... for a bed, a sheet* (2) Synech *the whole bed*, (3) *A vessel to draw ... without of a pool*, or *pit*, *horse turning the wheel* (1) In ... hyberni tegetis, niveique cadurci, *Juv* 7 221 (2) Dispecto violato pœna cadurco, *Id* 6 536 (3) Valla

‖ Cadurcus a, um adj ad cadurcum pertinens Cadurcæ fasciæ *Bed cloaths*, Sulp ap Interp Juv 7 221

Cădus, i m [ab Heb כד hydria, lagena] (1) *A vessel ... above eighteen gallons* (2) Meton *The wine contained therein* (1) Vina cadis onerarat Acestes, *Vir* (2) Nec parce cadis tibi destinatis *Hor* ¶ Cadus salsamentarius, *... for ...* Plin

Cæcătus, a, um part [a cæco] (1) *Blinded* (2) Met *Cheated, ...* (1) Potitius corripit, unde cæcatus est, *Plin* (2) Libidinibus cæcati, *Cic* Tusc 1 30

* Cæcias, æ m [a Caico, Mysiæ fluvio dictum etymon] *The ... or north-east wind, ... which bringeth rain*, Plin 2 ...

Cæcigenus a, um adj i cæcus genitus, *Born blind*, Lucr 2 ...

Cæcilia, æ f *A slow-worm*, or *blind worm*, Col 6 17

Cæciliana, æ f *A kind of lettuce*, Plin 19 8

Cæcitas, ātis f *Blindness either ... or a metaphorical sense* ... luminis obesset cæcitas, ... *Cic*

Cæco, as act Cæcum facio, *To blind*, *to dazzle*, properly, or Met ... fugit ene cæcārunt mentem ... *Cic*

Cæcor ... pass (1) *To be ...*, or *made ...* (2) *To be disappointed* (3) *To be disappointed* (1) ... de cæcitus (2) Argenti ... cæcatum esse, *Cic* (3) Spes ... cæcabitur

Cæcubus, a, um adj *ut* vinum Cæcubum, *vel* cæcubum absol ... Cæcubo, Campaniæ oppido] *... sort of wine, ... from* Hor

‖ Cæculto, as *To be dim-sighted*, ut Plautum ‡ Cæcutio

‖ Cæculus a, um adj dim ... *blind*, Plaut Pers ... ubi alii, & puto rectius, ...

CÆCUS a um adj or ... de cujus etymon multi ... adferunt, quod tamen ... It signifies *blind*, *Blind* (2) Privily, ... (3) *Unforeseen* ... (4) *Precipitate*, ... (5) *Deaf, said, ...* ... (6) ... (7) *... obscure* (1) ... cæcus iter monstrare velit *Hor* ... 1 17 3 (2) Illa sub ... cæcum vulnus habes, *Pers* ... in cæco est, *Manil* (3) Cæci timet aliunde fata *Hor* (4) Furore cæcus, in rapit vis acrior, *Id* (5) Cæco exem it ... cervo *Ov* (6) Cæca futuri gaudia, *Claud* (7) Historias involvam carmini cæcis, *Ov* ¶ ⅄ En a die cæcâ olivum id vendito oculatâ die, *Buy on trust, and sell for ready money*, Plaut Pseud 1 3 67 Hypsea cæcior, Prov *Blind as a beetle* Hor Ensis cæcus *That strikes here, and there at ... adventures*, Stat Ramus cæcus *Fruitless*, Plin Fluctus cæcus, *A sudden wave*, Liv

Cæcūtio, ire *To see but a little*, or *not clearly*, Var

Cædes, is f [a cædo] (1) *A felling*, or *cutting down* (2) *Slaughter*, *havock*, *murder* (1) Ligni cædes *Gell* (2) = Tu vim negabis esse factam, si cædes, & occisio facta non erit *Cic*

CÆDO ĕre, cecīdi, cæsum act (1) *To lash*, or *whip* (2) *To beat* or *knock* (3) *To fell timber* to cut (4) *To kill* or *butcher* (5) Sometimes *to slay in sacrifice* (6) *To knock* or *rap* (7) *To prune*, or *cut* (8) *To cut* ... (9) *To cut ... moths eat cloaths* (1) Cædi discipulos deforme, ac servile est *Quint* (2) = Non rectus cadere pugnis te veto, nec plana facie contundere palmâ, *Juv* (3) Cælar sylvas cædere instituit, *Cæs* Cædere januam saxis, *Cic* (4) Cædit greges armentorum, *Cic* (5) Cædit quinis de more bidentes, *Vir* (6) Nec pluteum cædit, nec demorsos sapit ungues *Pers* 1 106 (7) Populeam frondem cædito, *Cato* (8) Odio premitur omnium genetium, maxime testibus cæditur, *Cic* (9) Ritt ex Lucil ¶ Sermones cædere, *To talk together*, Ter Perinde ut Græci κοπτειν ῥηματα

Cædor, ĕris, cæsus pass (1) *To be cut*, *beat*, &c (2) Met *To be convicted* (1) Cædĕre hodie tu restibus, *Plaut* (2) Testibus cæditur, *Cic*

Cæduus, a, um adj [a cædo, *sc* cædi consuetus] *Used to be cut* or *lopped*, Col Sylva cædua, *Plin* Frutex cæduæ naturæ, *Id*

Calāmen, ĭnis n *Engraving*, or *etching in metal* Meton *The figure*, or *story engraven* Neque enim clypei cælamina novit, *The device*, or *story*, Ov

Cælātor, oris m verb [a cælo] *An engraver*, or *carver* Calator cælum, & pictor penicilla desiderat, *Quint* 2 21 ad finem *Ap* Ciceronem quoque invenitur

Cælātūra, æ f (1) *The skill of engraving*, or rather *imbossing* (2) Meton *Engraving it self* or *imbossing* (1) Cælatura auro, argento, ære, ferro, opera perficit, *Quint* 2 21 (2) Cælatura clypei Achillis, *Id*

Cælātus, a, um part [a cælo instrumento] (1) *Engraved*, *carved*, or *imbossed* (2) Met *Composed*, *indited* (1) Calatis refulgens armis *Liv* (2) Cælatum Musis opus, *Hor*

Cælebs, ĭbis, *potius* Cœlebs adj qu κοίτης λείπω, & λείπω, carens concubitu, *Voss* quem alii (1) *Unmarried*, *single*, *solitary*, *lonely* (2) Subst *An unmarried* or *single person*, *a batchelor* (3) Also *a widower*, or *widow* (4) Dicitur etiam de arboribus (1) Quasi non esset, cœlebs te vita decebret, *Ov* Cœlebs lectus, *Catull* (2) Martius cælebs quid agam calendis miraris, *Hor* ⅄ Utrum cœlibem esse te mavis liberum, an maritum servum *Plaut*, *Cas* 2 4 11 (3) Suet Galba 5 (4) Platanus cœlebs evincet ulmos, *Hor*

Cæleftis, ... adj [a cælum] *Heavenly*, *of heaven*, *of God* Vide Cœleftis

Calia, æ f *A kind of drink made of wheat, like our mum*, or *ale*, Plin 22 25

Cælibātus, ûs m *Single life the state of a man or woman unmarried*, ... *widowhood*, Suet Galb 5

✠ Cælicola, æ c g [ex cælum, & colo] *An inhabitant of heaven*, *a god* = Omnes cælicolas omnes supera astra tenentes, *Vir* Rex cælicolûm *Id* Genetrix cælicolûm [*sc* Cybele] *Sil*

✠ Califer, ĕra, um m [ex cælum & fero] *Bearing* or *holding heaven*, *an epithet of Atlas*, and *Hercules* Califer Atlas, *V* Califer ... *Sen*

✠ Caliger, ... rum Stellæ caligera, *Heavenly fires*, Apul Ailo... *epithet of Saturn*

✠ Cælipotens, tis adj Dii cælipotentes, *Heavenly powers*, Plaut

Calites um m pl Vide mox Cælum *Inhabitants of heaven*, *gods* Adj cælitibus regnis pulsus *Ov* qu a sing cales tis, cujus abl leg ap eundem

CÆLO as act [a cædo quod circum cædendo fit ... lius a cælum instrumentum sculptoris *Var*] *To chase*, or *imboss*, *to raise figures* ⅄ Cælare de auro argento, ære, ferro duc sculpere etiam de ligno, ebore marmore, vitro, & gemmis *Quint* 2 ult Sed falluntur & fallunt nam reclamant *Vir* Plin aliique Rectius *Minutius* non materia, sed forma cælaturam & sculpturam distinguit ut illa sit, ubi signa sunt de materiâ, quam habent subjectam extantia hæc, ubi opus de re ... sum est & in materiam quasi inscriptum

Cælum, i n pl cæli, orum [a cælo, quod sit stellis qu calatum sed puto, recte sei cœlum quod vide] *Heaven*, *the firmament*, or *sky*, *the air*, *the weather* &c

Cælum, i n Stit [a cædo] *An instrument to cut with*, *a graver*, or *graving tool* Cælator cæluni desiderat *Quint* Sed & Cicero ipse usus est, *Verr* 6 24

† Cælus i m Saturni pater Enn *ap* Sosip *Heaven*

† Cæmenta, æ f *Mortar*, Enn *ap* Non ‡ Cæmentum

‖ Cæmentārius, i m *A mason*, *a maker of walls*, ... *carpenter*, Hieron

Cæmentitius, a, um *Rough*, or *made of rubble*, ... *ragged stones*, or *mortar*, *rough cast*, Vitr 2 8

Cæmentum, i n [a cædo, quod cæmenta sunt parvi lapides, cæsi a majoribus] (1) *Rubble*, *shards*, *unhewn stones*, or *pieces of stones*, *to fill up walls with*, *mortar*, *clay*, *parget*, *any stuff*, ... *wall is made*, as *stone*, ... (2) Also Meton ... *made with such stuff* (1) Cæmenta non calce durata erant, sed interlita luto, *Liv* (2) Plin 36 22. ⅄ *Cæmentum* quæ ... lapidum fragmenta atque assulas ... *structura* fit ex calce & arena, *Litt*

Cæpe, is n & cæpa, æ f *An onion* Tunicatum cum sale mordens cæpe, *Pers* Hortis eruta cæpa mais, *Ov* Rectius scrib cepe, & cepa, quæ vid

Cæpetum, i n *An onion-bed*, Gell

Cæpina, *rectius* cepina, æ f *A bed of onions*, or *place where they grow*, Col

Cæpitius, a, um, adj *rectius* cepitius *Of onions* Cæpitium caput *An onion's head*, Prisc

Cæpula æ f [dim a cæpa] *A chibol*, *an onion*, *a shallot*, *a chive* Rectius cepula

Cæremonia a f *vel* quod Voss præfert Cærimonia ut sit a Cære oppido Hetruriæ, al congruentius simplicissimo etymo Cerimonia nam inter cæteras, quæ plurimæ congeruntur ap Voss notationes, placet illa Jos Scal [*a* ceros *i* sanctus *ut* sanctus ... nonium hinc cerus manus in carmine Saliari, *sanctus*, *beatusque*, quod Festo interpretatum est creator bonus] (1) *Ceremony*, *religion* (2) *Holiness* (3) *Pomp* or *state* (1) = Cæremonias religionesque in deos *Cic* Fircus homo in sacer dotio cæremoniisque diligentissimus, *Cic* (2) Videbatur care ... loci toto corpore pollu... *Tac* (3) Facere ludos maximâ cæremonia, *Cic* 7 in Verr

Cærites tabula [*a* Cære, Hetruriæ oppido dictæ] *Tables*, or *registers*, *wherein the names of the Cerites were registred* Cærite cerâ digni, *Persons not fit to be trusted with the management of the publick affairs*, *but to be upon the same foot with the Cerites*, *who had no vote*

Cærulātus a, um adj *Dyed*, or *coloured blue*, or *like azure*, Vitruv

Cæruleum, i n *A kind of sand among the ore of gold and silver used by painters*, *Ultramarine*

Cæruleus, a, um adj [dict a cælo, *qu* cæluleus] (1) *Blue*, *azure*, *of a colour like the sky*, *sky-coloured* (2) Also *green*, *wan*, *pale* (1) Cærulea contectus nube *Cic* (2) Mors cærulea, *Ov ep* ad *Liviam*

Cærulus, a, um adj *Sky-coloured*, *blue* ⅄ *Cærulus* ... color cæruleus naturam magis, & imitatur, *Fronto* Amnis cærulus, *Stat* Cærula verrunt, *se* æquora *Virg*

† Cæsa pr n Var rectius cæsa gelum, quod vide ... *or stabbing* Vr

‖ Cæsăl... lapis ... *mark stone*, or *land stone* Auctor Limit

† Cæsărĭātus, a, um adj comatus *Thick in the head of hair*, *bushy*, *shaggy*, Plaut ‡ Comatus

Cæsăries ēi f [a cædo, cæsum] Et proprie virorum tantum, sere Mulierum enim crines ... dicuntur, *The hair*, *a bush of hair* (1) ... (2) Sometimes *a ... of hair* (1) Neque quam Veneris præsidio ferox pectes cæsariem *Hor* (2) Cæsariem effusæ nitidum per candida colla *Ov* ... 4 337

† Cæsicium, *sc* linteolum *A ...*, or, as some take it, *jagged* ... Plaut

Cæsim, adv [a cædo, cæsum] (1) *With the edge*, *downright* ... (2) *In short ...* (1) ⅄ Hispano punctim, magis quam cæsim ... *Liv* ... 36 ⅄ Ductim, *Col* (2) Membratim cæsimque dicemus *In ...*, *and commas*, Cic = Incisim, *Id*

Cæsio, ōnis f verb [a cædo] *Cutting*, *pruning*, or *lopping*, Col

Cæsitius, a, um adj [a cædo] *Cut*, or *jagged* Linteolum cæsitium, *Fine linen cut about the edge*, Plaut Epid 2 2 46 *But Nonnius will have it to be linen whited by beating in the beck*

Cæfius, a, um, adj [de co lore cæli, qu cælius, Gell] Grey, sky-colour, with specks of grey blewet grey eyed like a cat, Catull 4 1151 Cæsiu leo, Catull 45 7

Cæso onis m One hat is ript, or cut out of his mother's belly, Plin 7 9

Cæspes vel Cespes itis m Terra in modum lateris cæsa cum herbi, Fest [quod pede cædit Perot qu a cæso pede cæspe Cæspes qu cæspites vel dit quod ...] A turf or sod Cæspes vivus Hor graminosus, O festus, a altus, ...

Cæspititius, a um adj Made of turfs Cæspititium tribunal, Plin fea ie castrensis

Cæstrum, i m [a cædo, cæsum] An instrument to bore ivory with, a piercer, a wimble Plin 35 11 Al ter scrib ap vett cestrum quod v de

Cæstus, us m [a cædo] (1) A kind of club, or other thing, of leather, ... plummets of lead fastened to it, used in boxing, or wrestling ... (2) A thin plate of iron, ... (1) Pugiles cæstibus contusi ... Ci (2) Nun ... cæstum ... Pro

Cæsura, æ f (1) ... A ... or ... in poetry ... Also ... (2) ... (3) ...

Cæsus, a, um part [a cædo] Cut, beat, slain, ... Ruti & cæsa vel usitatius ... Ruta cæsa, Things ... by ... for ... in the sale of an estate, Cic Also ... things not ... Ap JCC ... Cic Cæsi & porrecti, ...

Cæterus, a, um ... sunt dubii ... um, optimæ [...] The other, the rest Cæteri ... Sall ... Cic ... Cætera ... Cæterum, ... In other respects, ... cæteri, vel si cæteri ... Græcorum imitatione frequenter ... optimos quosque occurrit ... cætera egregium secuta ambitio est, Liv Cætera lætus, Hor ... nitor, Hac in ... multum dissimiles, ad cætera pene gemelli, Hor ... ¶ Cætera etiam ... induit In the rest, henceforth Cætera parce, puer, bello, Vir A 9 656 Cætera opimam prædam fore, Curt

Cætero adv As for the rest of the time, ... afterwards, Plin

Cæteroquin vel cæteroqui ... Otherwise, in other things, in respects, ... Cæteroquin valde expe ...

Cæterum, ... (1) ... (2) ... (3) In all other respects (1) De hinc cæteri ... (2) Omitto, ... cæterum posthac si quid ...

quam, nihil precor, Ter (3) Ego me in Pompeiano, præter quam quod sine te, cæterum satis commode oblectabam, Cic explic

*Cætra, ... m The male king's fisher ...

‖Cāla, æ f [a κᾶλον, lignum, ...] A ... or club which ... in ... of wood

*Calais, idis f A precious stone like a sapphire Plin 37 10

Călămārius, a, um adj Of, or pertaining to pens, or quills, or ... and ... Calamaria theca, Suet

Calămentum, i n Broken pieces of reeds ... which they prop ... vineyards, Col 4 27

Calamina, ... lapis A stone used ... composition of brass, Plin

*Călămintha, æ & Calamin the ... One kind called ... or ... another ... or pudding grass, ... Nepet, or cat-mint

Călămistrātus, a um part Crisped, curled, Cic

Calamistro, as act To curl, or crisp the hair, Plaut

Călămistrum, i n [a καλαμίς] A crisping-pin, an iron to curl the hair ¶ Met Calamistris inurere, To set off and flourish with words, Cic ... orat 75

Călămitas, atis f [a calamus] (1) A ... of corn by reason of ... or ... of nail (2) Met All kind of trouble, adversity, mischief, ... (3) A misfortune, or miscarriage (1) Ista ... fundi nostri calamitas, Ter ... Ubi Donatus, propter calamitatem ... vocant, quod comminuat calamum, ... culmen, & segetem (2) Nihil est ad laudem illustrius quam calamitas, Cic Non solum adventus mali, sed etiam metus ipse affert calamitatem, Id (3) Ter in Prologo Hecyræ 22

*Călămites, ... & calamita m quod inter calamos vivat A little green frog, living among reeds, and shrubs, Plin 32 10

*Calamites, gemma [a calamo, quod plures simul junctæ inveniantur] A kind of gem like a reed, Plin 37 10

Călămitōse, adv Miserably, pitifully, wretchedly Calamitose vivere, Cic Off 3 29

Călămitōsus, a um adj or comp ... sup (1) Broken, ... or destroyed with tempest (2) Met Full of calamity, and misery, miserable, calamitous, troublesome, ... mischievous (1) Hordeum ex omni frumento minime calamitosum, Plin (2) ✠ Calamitosa patriæ fuga, nobis gloriosa, Cic ≡ O rem miseram, & calamitosam! Id Cal mitosior ... Calamitosissimus omnium Regulus, ...

*Călamochnus, i m ... [a καλαμος, & χνόος] A kind of down, or woolly substance, growing about canes, or reeds, Plin 32 10 Lat adarca

CALAMUS, i m [a κάλαμος] (1) A reed, cane (2) A ... or stalk of corn (3) Met ... A pipe (4) ... (5) An angle rod, ... for ... and ... (6) A lime-twig (7) A graft, or cion (8) An arrow, a shaft (9) A stile, or manner of writing (10) A sweet cane, growing in Arabia, Syria, and the East Indies (1) Calami palustres, Ov (2) Potum calamus ... Plin 6 30 (3) Nec te pœniteat calamo trivisse labellum, Vir (4) Calamo & atramento temperato, Cic (5) Solebat calamo salientes ducere pisces, Ov (6) Sublimem calamo sequitur crescente volucrem Sil (7) Plin 15 14 plus decies (8) Impositis calamis ... arcus, Ov (9) Ludere quæ vellem calamo permisit agresti Vir (10) Calamus aromaticus, Plin 12 22

‖Calantica, æ f scrib & calautica & cacautica, Gl Phil & calaucı, Serv A coif, an hood, or kerchief for a woman ... down to the shoulders Cic ... Clod ap Non

Calaster, tri m A page boy, ... incert lect vocab

Calathiana, æ f A flower ... ing in autumn, without ... Plin 21 6

Călăthiscus, i m [dim a calathus] A little basket Catull 62 319

Călăthus, i m (1) A basket, hamper, or pannier of osiers, reeds or ... for women ... work in (2) A vessel or pan for milk, and cheese curds (3) A cheese vat (4) A sort of cup for wine in sacrifice (1) Implet calathos ... Georg 402 (2) Vir ... Liquor in fiscellas, aut in calathos vel in formas transferendus est, Col 7 8 (4) Vina novum fundam calathis Arvisia nectar, Vir

Călātor, oris m [απο τοῦ καλεῖν, a calare, quod alios calaret, domino jubente ... usus Plut] (1) An apparitor, sumner, bailiff, cryer (2) Plautus seems to take it for a servant (1) Calator sacerdotio augurali, Suet de ill Gram 12 (2) Harpax calator meus est, id te qui venit, Plaut ... 4 2 52

Calātus, a, um part [a ant calo, called] Calata comitia, Assemblies, or meetings of the high priests, for the installment of Flamines, and consecration of priests, &c Gell 15 27

Calcandus, a um part To be ... or gone, Calcanda semel via lethi, Hor

Calcāneum, i n & calcaneus, i m rep in Lexicis [a calx, calcis] The heel Calcanea fissa rigebant, Vir Moret 36

Calcar, aris n [a calx, quod calcibus ...] A spur Calcar equo adhibere, admovere, ... subdere, Ov ... him

Calcarius, a, um adj Pertaining to lime, as, Calcaria fornax, A lime-kiln, Plin

Calcarius, i m ... calcis coctor A lime burner, he who works in lime, Cato

Calcatæ, arum f pl Bundles of straw, or ... Hut ... occ

Calcatorium, i n [a calcandis in eo uvis] A vessel, or place where grapes are stamped, and trod for wine Pall

Calcatura, æ f A treading, ...

‖Calcatus, vel calceatus, vel calceatus, a, um adj [a calx] White-limed, pargetted, ... Scil ... Fest

Calcatus, a, um part [ex calco] (1) Trodden (2) broken (3) Met Trampled on, despised (1) Autumnus, calcatis sordidus uvis, Ov (2) Col 2 1 & 8 5 (3) Plin Si quid in corpore suppurat, vel si calcata sunt ossa, lib 25 11 (3) Nulla vestigia calcati juris, Claud

Calcātus, us m [a calco] A treading, Pall

Calceāmen, inis n A shoe, or sock, Plin

Calceāmentum, i n A shoe Mihi calceamentum solorum callum, cubile terra, Cic Tusc

Calceandus, a, um part To be shod Cui calceandos nemo commisit pedes, Phædr 1 14 16

‖Calcearia, sc l officina A shoe-maker's shop, Vir ‡ Sutrina

Calcearium, vel calcearium, i n A ... to keep shoes in, Varr Also allowance to buy shoes, Vesp 8

Calceātus, a, um part Shod, Cic ... Cœl

Calceātus, us m verb A being shod, or ... shoe on, Plin

Calceo, as, vel calcio, as act To put on shoes, to shoe Calceabat ipse sese, Suet in Vesp Calceabatur ... Id ...

Calceolārius, i m [a dim calceolus] A shoe maker, Plaut Sed raro occ

Calceolus, i m [dim a calceus] A little shoe, or ... Cic

Calceus, i m [a calce, quia calcem munit, Perot] A shoe, patten, or any thing worn on the foot Laxus calceus, A slipshoe, Hor ¶ Mutare calceos, To ... made a senator, Cic For they ... a half moon Vide Juv 7 92 ¶ Urit ... calceus, My shoe wrings me, I am in the shoe maker's stocks, Hor

Calcitriga, æ f scil planta A kind of saxifrage, good against the stone Vide Plin 27 9

Calcitrātus us m A kicking, winching, or spurning, Plin

Calcitro, as act (1) To kick, spurn, winch, fling (2) Met Stubbornly to resist (1) Mulos non calcitrare, cum vinum biberint, Plin 30 16 (2) ≡ Calcitrat, respuit, non putat tanti dona esse tanti, Cic pro Cæ 15

Calcitro onis m (1) A kicker (2) A kicking or winching ... (1) Si quem ad te ... v ... calcitronem, Plaut (2) ... quis mordax, & calcitro, ... 4 2

Calcitrosus, a, um adj Striking or flinging often, kicking backward, winching ≡ Stimulus retractem calcitrosumque juvencum reddit, Col

Calco, as act [a calx] (1) To tread (2) To tread under foot, to trample upon (3) Met To kick, or spurn to subdue, or triumph over, (4) To contemn, or despise (1) Uvas calcare, Var (2) Dum licet in ripa calcemus Cæsaris hostem, Luc (3) Domitum pedibus calcare amorem, Ov (4) Honores magnos calcare, Clau ¶ Æquor calcare, To walk on the sea, Ov

Calcor, aris pass To be trod, trampled, Met contemned, & ... calcatur, Plin

‖ Calculatio, onis f A casting of accompts, Cassiod ‡ Calculus

Calculator, oris m A caster up of accompt, Mart Ratiocinator Cic

‖ Calculo, as act To cast accompts, ... Veg Tam ... numero, calculis rationi ... ineo

Calculosus, a, um adj (1) Full of pebble-stones, or gravel, ... ing a gravelly ... (2) Sick ... to be diseased of the stone, or ... (1) ... calculosus, Col 3 11 (2) His & calculosis, & inflationi ... illinitur, Cels

Calcŭlus, i m (1) *A little pebble, or gravel stone* (2) *The stone in the reins, or bladder* (3) *Chess men, or table men, counters to cast accompt* (4) Meton *An account, reckoning, or computation* (5) *A doubt, scruple, or difficulty* (6) *A sentence in absolution or condemnation, a vote, or suffrage* (7) *Revenge, or a tome* (8) *A small weight* (1) Dumosis calculus a ... Vir 11 Geor 180 (2) Plin 11 37 (3) Calculus hic gemino discolor hoste perit, *Mart* 1 17 Scævola alveo, & calculis vicisse dicitur *Val Max* (4) Ad calculos vocare amicitiam, ut par sit ratio acceptorum & datorum *Cic de amic* (5) Omnes quos ego movi, in utrâque parte calculos pone, *Plin Jun* 2 20 (6) Omnis calculus immitis demittitur atra in urnam, *Ov* Adjicere cui album calculum *Plin* (7) Ne majorem [a situm] quam ratio calculorum patitur, emere velint, *To buy no ... farm than they can well ...* Col 1 3 (8) Vid Excerpt. vett. de mensuris a Rigalt in corpore Grom script edita

Calda, æ f aqua *Hot-water*, Sen

Caldārium, i n *sc* ahenum, sc. ... Lliconicum *A caldron* Vitr 5 10. Also *a hot bath, a sweating house, a bagnio*, Id ibid

Caldārius a, um adj *Which is made hot, or pertaining to a cel...* ¶ Caldaria fella, *A chamber adjoining to a hot-house*, Plin Jun Caldarium æs, *Cast brass, not ductile Copper, or molten brass, whereof caldrons are made* ✝ Caldarium [æs] funditur tantum, malleis fragile, quibus regulare obsequitur, *Plin* 34 8

Caldor, oris m pro calor, *Heat* Ot a caldore frascescit *Var R R* 1

Caldus a, um adj pro calidus, comp ✝ ssimus, sup *Hor* Caldus sol, *Vir de R R* 3 2 Calda aqua, *Sen* Calda lavatio, ... Caldior est, acres inter numeretur *Hor* ✝ Caldissimus ... a Varrone, qui tamen de bonitate dubitat

Calefăcio, & calfacio, ĕre, feci, factum (1) *To make hot, or warm* (2) Met *To vex, or put one in a fret* (1) Forum aleatorium calfecimus ... *Aug* 71 (2) Gronium luculente calefecerat Memmius, *Cic ep fam* 3 2

|| Calefactābĭlis, ... [a freq calefactor] ✝ Calfies

|| Calefactandus, a, um adj *To be made hot often* Calefactandæ ... *Cap*

|| Calefactio, ōnis f *An heating ...* ... *hot*, Dig

Calefacto, as freq *To warm ... or heat* Lignis calefacite ... *Hor ep* 2 2 169

|| Calefactor pass *To be made ... hot* ✝ Calfio

Calefactus *vel* calfactus, a, um ... [calefio] *Heated, warmed, chafed, stirred up*, Ov

Calefactus *vel* calfactus, us m ... balneo calfactu, qui solus legitime ... *An heating*, or ... Plin Raro occ

Calefio, eri, factus *To be made ... or be warmed, or heated* Balneum calefieri jubebo, *Cic*

Calendæ, ārum pl f [a ca o, *The Calends, or first day of every month ... the time of paying money ... whence they are called ...* & cæteras calendæ, *Mart* ... Jam calendæ, *New-year's day*, ... Intercalares calendæ, *The calends of February*, as some say, ... Fœmineæ calendæ *The first of March, whereon they brought presents to women*, Juv ☞ Veteres ante vocalem a scribebant K, cujus quidem scripturæ vestigium manet in hac voce, & ... Ausoniæ calendæ, *The Roman calends* Ov *because* ... *whence Augustus said, Ad Græcas calendas, At latter Lammas, or never*, Suet in vitâ ejus 87

|| Calendāris, e adj *Pertaining to the calends* Calendaris Juno, *Juno so called, because the calends were dedicated to her, as the ides were to Jupiter*, Macr

Calendārium, i n *A book of accompts, or debt book, so called because they used to let out their money, and take up the use or the interest at the calends of each month*, Hor *Tho' for calling in the principal, they would stay 'till the ides* Nemo [bonus] beneficia in calendario scribit *Sen de be ef* 1 2 *'Tis used by later writers for an almanack*

|| Calendārius a, um adj *Pertaining to accompts*, Ulp

Calens, tis part [a caleo] *Warm, eager, desirous* Calentes adhuc a recenti pugnâ, *Coming fresh, and new from*, Liv Juvenile calens *In the heat of blood*, Stat Sylv 2 1

Calēnum vinum, & Calenum absolute *Rich wine of Cales, a town in campania*, Hor

CALEO, ēre, ui n [ab Heb קלה torruit] (1) *To be hot, to grow warm, to be kindled* (2) Met *To be new, or fresh* (3) *To be earnest, to be intent upon* (4) *To be heightened aggravated, or increased* (5) *To be in love* (6) *To be sprightly, vigorous* (1) Thure calent aræ, *Vir* (2) Nihil etiam, nisi dum calet, res agitur, *Plaut* (3) Studio scribendi calere, *Hor* (4) Crimen caluit re recenti, *Cic* (5) Non enim posthac aliâ calebo feminâ *Ho* (6) Dicitur & prisci Catonis sæpe mero caluisse virtus, *Hor* ¶ Laudis cupidine calere, *To be very desirous of it*, Ov Morbo mentis calere, *To be infected with some vice* Hor ¶ Rumores caluerunt, *There was a hot report*, Cœl Cic

Calesco, ĕre ui *To wax hot, or grow warm* Ter

Caletur impers *It is hot weather*, Plaut Capt 1 1 12

Calfaciendus, a, um part *To be warmed* Calfaciendа sunt manus *Ov Amor* 2 214

Calfacio, ĕre, feci, factum *To warm, or make hot* Humilem grato calfacit igne focum, *Ov Fast* 4 698

Calfactus, a, um part *Heated warmed*, Ov in Ibin

Calfactus, ûs m *A warming, warmth* Sed auct deest, nisi in abl sing

Calfacto, as freq *To heat, or warm oft* Vide Calefacto

Călĭcŭlus, i m [dim a calix] *A little cup, goblet, or mazer*, Cato c 108 *An hollow part in the fish* ... Plin 9 30

Călĭde adv *Hotly, eagerly*, Plaut

Călĭdus, a, um adj or comp ssimus, sup [a caleo] (1) *Hot, scalding* (2) *Warm* (3) Met *Rash, heady told* (4) *Hasty passionate* (5) *Light, swift* (6) *Unpremeditated, ready* (1) = Quod est calidum, & igneum *Cic* ⵅ Frigida pugnabant calidis, *Ov* (2) Vomem calidum de pectore flumen, *Vir* Calidissima hyems, *Vitr* 2 1 Calidissimus aer, *Cic* (3) = Periculosa, & calida consilia, *Cic* (4) Non ego hoc ferrem calidus juventa, *Hor* (5) Calidis pedibus irrumpit se in curiam, *Var* (6) Calidum, hercle, audivi esse optumum mendacium, *Plaut Most* 3 2 136

Călĭendrum, i n *An ornament of a woman's head, or a peri wig made of false hair, a tower* Hor

Calĭga, æ f (1) *A stocking, hose, breeches, interp* Isit & illis, sed, puto, perperam *An harness for the leg, set full of nails used by soldiers, especially of the common sort* (2) Meton *The state, or office of a common soldier* (1) Cum caligis, & lucerna cucurristi, *Cic Phil* 2 (2) C Marius a caligâ ad consulatum perductus est, *Sen de Ben* 5 16

Caligans, tis part *Waxing dim, dark, misty*, Vir

Căligāris, e adj *Pertaining to such like harness for the leg* Clavus caligaris *Plin*

Căligārius, a, um adj *Belonging to the ... of the caliga*, Plin

Căligātio, onis f verb [a caligo] *Dimness of sight, blindness of mind*, Plin 29 6

Căligatus, a, um adj *Wearing harness for the legs* Caligatus miles, *A common soldier* Quint Et ibidem *Juv* 16 24 sensu Metap *Well accoutred, stout* ...

Călīginosus a, um adj *Dark, misty, dim, full of obscurity*. Prudens futuri temporis exitum caliginosâ nocte premit Deus *Hor* = Nebulosum, & caliginosum cœlum, *Cic*

Călīgo, as neut (1) *To be dark, and dim, to be dim sighted, to wax blind* (2) *To be misty* (3) *To ... be cloudy, stupified, or ignorant* (1) Caligant oculi ex somno, *Cels* (2) Cum omnes nebulis caligent, *Col* 1 5 (3) In morbo comitiali aperti oculi nihil cernunt, caligante animo, *Plin*

Căligo, inis f (1) *Darkness* (2) *A mist, fog* (3) *Dimness* (4) *Obscurity* (5) *Blindness, ignorance* (6) *Dizziness* (7) *Affliction* (1) = Latuit in illâ caligine, ac tenebris, *Cic* (2) Vis naturæ, quasi per caliginem, cernitur, *Id* (3) Oculos purgat, medetur caliginii, *Plin* 18 13 (4) Pandere res altâ terrâ, & caligine mersas, *Vir* (5) Circa mentis caligo, *Catull* (6) Repentinas caligines ... vat brassica *Plin* 20 9 (7) Inter caligines ... & deficientium *Col* 3 1

✝ Calim Antiquis pro clam, *Fest*

Călĭtūrus, a, um part [a caleo] *To be warmed*, Ov

Călix, ĭcis m [omn a Gr κύλιξ, Prisc] (1) *The hollow part of the cup, which holds the liquor* (2) *A cup, pot, chalice or other vessel to drink in, tumbler, a tankard, a can mer, ...* (3) *A porter, or ... to serve up sallad, beans, or ... to the table* (4) *The ... part in a fish's shell*, &c (1) Murrhino LXXX HS empto calici plane ad tres sextarios calice, *Plin* 37 2 (2) Coronatus stabit, & ipse calix, *Tibull* (3) Stant calices, minor inde fabas, olus alter habebat, *Ov* (4) Ut LXXX quadrantes caperent singularum [cochlearum] calices, *Plin* 2 56 ¶ Calix vitreus, *A drinking-glass*, Mart

Callāĭca, æ f *A gem of a green colour*, Plin

Callaĭcus, a, um adj *Venetian, or sea green colour*, Mart Also purple Vide Voss

Callāĭs, ĭdis, *vel* is f [a colore callaico] *A kind of precious stone like a sapphire, of a sea-green*, Plin 37 10

* Callārias æ m *A haddock, a whiting*, Plin 32 ult

Callens, tis part [a calleo] *Skilful, knowing well, wise cunning* Callens vaticinandi, *Plin* 21 31

Calleo ēre, ui neut [a callus, quasi callum contraho] ... insertur sæpius ad animum Magis calleo, quam appruguium callum callet, *Plaut* (1) *To be hard or brawn, to be hardened with long use* (2) Met *To know well, as by experience to be cunning, or well skilled* (3) Etiam active *To understand* (1) Plagis costæ callent, *Plaut* (2) Duram callet pauperiem pati *Hor* (3) Dicendi, tacendique calles, *Pers*

Callesco, ĕre, & antiq callisco, incept *To wax hard or callous*, Cato

Callĭblĕphăra *The best kind of ... having a purple string, or hair about the fish it self* Litt ex Plin Sed non inveni locum

* Callĭblĕphărum, i n Medicamentum ad palpebras denigrandas *A medicine or wash to make women's eye brows black* Plin 23 6

Callicia, æ f *An herb making water to freeze*, Plin 24 17 ... Pythag

Callĭde adv ius, comp ssime, sup *Fairly, shrewdly, subtilly, smartly* = In his rebus satis callide versari, & perite potest, *Cic*. Quidam callidius interpretabantur, *Tac* Cum callidissime se dicere putaret, *Cic*

Callĭdĭtas, ātis f (1) *Prudence, policy, circumspection* (2) But more frequently, in a bad sense, *craftiness, subtilty, deceitfulness* (1) = Plus, consilio valere decet, populo superatâ ... est calliditas, *Sall* (2) Stulta calliditas, *Cic* occulta, *Quint* ⵅ Scientia quæ est remota ab justitiâ, calliditas potius quam sapientia est appellanda, *Cic Offic* 1 19

Callĭdus, a, um adj, or comp ssimus, sup [a calleo] (1) *Wise, circumspect, by long experience skil full* (2) Also *sly, crafty, wily* (1) ⵅ Versutos eos appello, quorum celeriter mens versatur, callidos, autem quorum tanquam manus opere, sic animus usu concalluit, *Cic* Quid potest esse callidius *Id* Callidissimus rerum rusticarum *Col* ⵅ Magis malus quam callidus ingenio sit (2) = Callida, & malitiosa juris interpretatione, *Cic Offic* 1

* Callĭgonum, i n *Way-grass, knot grass* Plin 27 12

* Callĭgrăphia, æ f *Fair writing*

* Callĭmus, i *A stone found in the belly of another called Taphinsius*, Plin 36 21

* Callĭonymus i m al Uranoscopus dict *A fish whose gall is good for the eyes*, Plin 32 7

Callis is m & f semel ap Liv [quod pedum callo duretur] *A path made by beasts, in mountains and forests, a foot-path* ⵅ Callis semita tenuior *Semita* semis via, *vel* actus dimidius *Serv* Quidam per notos calles breviore via prægressi, transitus insidere, *Liv* Per devias calles, *Id*. Præ dum per herbas convectant calle angusto, *Vir*

✝ Callisco Vide supra Callesco

* Callistruthia, æ f *A fig of an excellent taste, and very cooling* Plin 15 18

* Callitrix, icis f *A kind of ape in Æthiopia, with a long beard, and a spread tail*, Plin 8 54 Also *the herb maiden hair*, Id 26 11 quæ & Callitrix Callitrichon, &c. crinal s dict Plin 22 21

|| Callositas, ātis f *Hardness callosity*, Scrib Larg

Callōsus, a, um adj or comp *Having a thick skin, brawny*, callus, *hard or hardened, insensible* Callosior cutis in homine Plin Callosum ulcus Cels Callosi ovi, *Such as are longer, and have a thicker shell, from whence come the cock chickens* These were accounted most ... Vide Hor Sat 2 4 14

CALLUS, i m & callum, i n (1) *Hardness, roughness* (2) Also *a kind of hard flesh* (3) Also *brawniness, or hardness of the skin by much labour*, ... (4) Brawn (5) || ... *substance growing about ... of bones, serving to solder ...* Ap Med (1) Callum *the ... Ap Med* (1) Callum tumorum, in lignum, arborumque naturâ, diximus, Plin ... dura ... tionis ... in quam ... Avellanæ ... callum, ... utiles ... (2) Vide Suet Aug 80 (3) Mi... ... callum, ... Labor quasi callum obducit dolori, ... (4) Pernam ... sumen, ... in aqua jaceant Plaut qui & alibi Callum ...

† Cālo, as inuig [a καλῶ voco] *To call, or summon* Vide Voco

Cālo, ōnis m [ab ant cala, i fustis, quem portabant servi sequentes dominos ad prælium, Serv] *A soldier's, or army servant*, Hor Sat 1 6 ... *for of servant*, Hor Sat 1 6 ... Calones a κάλοις, lignum, calcei ex ligno facti, *Wooden shoes, clogs, pattens*, Fest

† Calobatārius i m [a κᾶλον, lignum, & βάω, incedo] *One that goes on stilts, or pattens*, Non ex Plaut † Grallator

* Calœnum, i n [a καλός, & οἶνος] *New wine boiled till part be consumed*, Plin

* Calo narta, æ m [a καλός, ...] *An bonus, & φωνή, ...* ... lophanta, ...

Calor, oris m ... Plaut n ... (1) ... (2) ... (3) ... (4) ... Met ... (5) ... (6) ... (1) Plurimam ... dum ... frangat, Cic ✠ Nec calor, ... Plaut ... 5 2 19 ... (2) Omnis & universi ... calor, ... (3) ... equos ... (4) Claud 2 ... (5) ... Ædibus ... Vide ... paries pariete ... (6) Juvenili calore Polum ...

|| Calorificus, a, um adj *That maketh hot*, ... Gell

† Calpar, āris n ... *An earthen ...*, or the first ... Meton *Wine taken out of the vessel for sacrifice, before it might be tasted*, Non ex Var

Caltha, æ f *The marigold*, ... Also *a white violet*, Plin 21 6

Calthula, æ f *A garment of the colour of the marigold*, Plaut Epid 2 2 17 Varr ... *for a short cloke* Al scrib Caltula

Calva, æ f [a calvus, quod sit calvis ossibus] *A skull, or scalp*, Plin

Calvāria, æ f qu calva capitis area *A skull* Also *a place of skulls, a common place of burial* Hence *was that Calvary took its name, called in Hebrew Golgotha*

|| Calvātor, ... m *Some ... bald, ...*, Steph sine ...

Calvatus, a, um adj *Made bare* Vinea calvata, *A thin, or bare vineyard*, Plin 17 22

Calvefio, fieri, factus, sum *To be made bald, or pilled* Var

Calveo, ēre, vi, calvus sum *To be bald, to wax bald*, Plin

Calvesco, ēre incept *To grow bald, or bare, to grow thin*, Plin

† Calvitas, ātis f [ab adj calvus, ... calvo] *Baldness* Met *Deceit, delusion* Var

Calvities, ei f [a calvus] *Baldness* Supercilorum æqualis cum fronte calvities, Petron

Calvitium, i n *Baldness* Cal vitium loci, *The barrenness of a place in a vineyard* Col

CALUMNIA, æ f [a callida, & malitiosa juris interpretatione, ...] Cic Offic 1 10 potius a כלמה ignominia] (1) *A false accusation, a forged crime, a malicious ... a detraction* (2) *A cavil, ... quirk* (1) Ne qua calumnia, ne qua fraus, ne quis dolus adhibeatur, Cic (2) Optimas causas in ... calumnia judiciis ... solet, Id Calumniam jurare, *To swear, he does not accuse one out of malice* Cic Calumnia litium, Barre ry, Id

Călumniātor, ōris m verb [a calumnior] (1) *A false accuser, a slanderer* (2) *A caviller, a malicious interpreter* (1) ✠ Scriptum sequi calumniatoris est, boni judicis voluntatem scriptoris, auctoritatemque defendere, Cic pro Cæcin c 23 (2) Calumniator ab ove cum peteret canis, Phædr

Călumniātrix, icis f *She which accuseth falsly, a slanderous woman*, Ulp

Calumnior, āris, dep [a calumnia] *To accuse, or charge falsly, to slander*, Cic pro Sext Rosc *To cavil* ... Id postrid ... *To accuse one falsly*, Cic Calumniari aliquem, ... Cic Calumniari alicui, Ausen

Calumniōse, adv *By false accusation*, ... Dig

Calumniosus, a, um adj [calumnia] *Slanderous, false full of cavils, ...*, Paul JC

† Calvo, as ... calvum facio, *To make bald*, Cato

† Calvo, ēre, i *To make bald* Met *To deceive*, Sall ap Prisc

† Calvor, ēris, i dep Id Plaut

Calus, i m *A twig vessel, ... new wine is strained*, Col

CALVUS, a, um adj ... etym ... *Bald, bare, thin* Vinea calva *A vineyard thin with trees*, Plin Nuces calvæ, *Filberds bare ...*, Cato Calvus *A bald man*, Phædr

CALX, cis f [a Gr χάλιξ, prius enim fuit calix, unde calicatus, ap Fest postea calx, unde dim calculus] *A chalk stone, lime, mortar, cement made of stones burnt and beat to pieces* Lintribus in eam insulam calcem convexit, Cic Calx viva, *Unslacked lime*, Plin 29 3

Calx, cis m & f *Ferrata calce, ...* Ferrata calce, Sil [a

Gr λάξ i calcibus] (1) *The heel* (2) Met *The end of a thing* (3) Meton *A spurn or kick with the heel* (1) Quorum asinus excedit calcibus Plaut (2) A calce ad carceres revocari, Cic de Senect ideo dict quod calx sit ultimum in homine, ... potius quod metas calce, i e creta signabant, teste Seneca, Quam nunc in circo ... vocamus antiqui calcem dicebant, Ep st 108 Quod probat Inter Præscripta ad candida calcis, Id 6 91 ... & Creta pro calx in hac notione ... Hic spatia ... ultima creta meis, Propert 1 ... (3) Aut dic, aut accipe calcem, Juv 3, 295

Calyculus, i m [dim calyx] *A little bud* || Calyculi echinorum, *The pricking cases, or skins of sea porcupines*, Apul or of chesnuts, Plin 16 41

* Calyx, ycis m *The cup of a flower, or the little green leaves on the top of the stalk in herbs, the bud of a flower, the knop, or bottom of a rose bud, not fully blown, and broad open*, Plin 15 22 Also *the rind, pill, or rind of a walnut, almond*, &c Id

† Camarus, a, um adj *Crooked*, Fest Vide camurus

Cambio ire [fort a καταμείβω, per sync cambio] Neque pret neque sup leg ap idoi eos auctor *To change, to exchange, or barter*, Charis & Apul

|| Camēlārius, i m *A driver, or keeper of camels*, Dig

Cāmēlinus a um adj *Of, or belonging to camels*, Plin

Camella, æ f *A kind of milk-vessel, a candle cup*, Ov

* Cāmēlopardălis, is f quæ figurâ camelum, maculis pardum refert, Var *A beast like a camel, and a panther*, Plin 8 18

Cămēlus, i m f [a Gr κάμηλος, quod ab Heb גמל] *A camel* Cameli adjuvantur proceritate collorum, Cic Camelus una ex iis quæ non sunt cornibera, &c Plin 11 37

Cămēna, æ f [quasi canena, a canendo] al scr camœna *A muse, poetry, verse*, Propert

Cămĕra, æ f Vel ut Var ait Cl ... scribi vult camara, a καμάρα, fornix *A vault, or arched roof, ... gallery*, Cic ad Q frat 3 1 ... *A kind of ships with close sides, and a wide hold, and covered at top used by those that lived near the black sea*, Tac ... 3 47 || Kings and states have also ... *called their principal place of residence by this name* Londinum camera regis Angliæ, Selden Mar clas 2 22 Leyda Hollandiæ camera, Per Scriv in Antiq Leyd *A chamber* Camera stellatæ curia, *The court of the star-chamber* Camd

Cămĕrārius, a, um adj *Of a vault, or gallery* Cameraria cucurbita, *A chamber or ... gourd, that climbs up to the roof of the house, and shade the rooms*, Plin 19 ...

|| Cămĕrārius, i m Præfectus cameræ, *A lord chamberlain, the chamberlain, or treasurer of a city* Latine Quæstor Also *the chamberlain of an inn*, &c

|| Cămĕrātio *A vaulting, or arching*, Spart

Cămĕrātus, a, um part *Vaulted, arched, cieled*, Dig Vehiculum cameratum, *An horse-litter, or close coach*, Ulp

|| Cămĕro, as *To make a false roof, or cieling, to vault, or arch, to ciel*, Ulp

|| Cămērus, obtortus, recurvus, ... camurus, qu vide

Cāminātus, a, um part *Made like a furnace, or chimney*, Plin ...

Cāminor, aris pass *To be made like a furnace*, Acervi luto caminantur, Plin 16 6

Cāminus i m [ab Heb חמם incaluit] (1) *A chimney, a stove, a fire-hearth* (2) Meton *Also fire* (1) Ruptis flammam expirare caminis Vir (2) Ramos urente camino, Hor ¶ Camini conceptus, *A chimney setting on fire* Suet Luculentus caminus *A good fire* Cic ¶ Oleum addere camino, *To make bad worse*, Hor

Cammărus, i m *A kind of crab fish* Dimidio constrictus cammarus ovo, Juv 5 84 Plin 32 cap ult

Cămœna, æ f *A muse, a song, poetry* Rectius camena, quod vide

Campa, æ f Equus marinus, *A sea horse* Fest Vide campe

Campāna, æ f sc Nola Recentius vetus novum nomen, quod Paulinus, episcopus Nolæ, civitatis in Campania, Hieronymi ætate primus in ecclesiâ suâ tintinnabula in pios usus transtulerit Sed campanum æs, *A bell*, Stat

|| Campanārius, i m *A bell founder*, Med ex Analog

|| Campanile, is n *A bell fry*, Med ex Analog

|| Campanŭla, æ f *A little bell* Hier *Rope-weed or ... bind* || Campanula sylvestris, ... *blue bell flower, or flower called Canterbury bells*, Jun

* Campe, es f Col Sed Græcis literis, *A palmer-worm, or caterpiller* Lat eruca Also *a large fish*, Fest

Campester, m tris, f tre, n ... tris, m & f tre, n adj *Of, or belonging to the plain fields, champian* Iter campestre, *A plain, or champian country* ¶ Campestre operæ, *People who distributed money for such as stood candidates for office*, Cic

Campestre, is n sc tegmen, quo induti in campo Martio exercebantur *A pair of breeches, or apron, which served only to cover their privities, when they wrestled and exercised in Mars's field* ✠ Penula solstitio, campestre nivalibus auris, Hor Ep 1 11 18

|| Camphora, æ f [כפר bitumen, Scal] Lit arbor ... gummi ... *the gum of a tree* ... dict

|| Camphorāta æ f *Lavender cotton, garden-cypress*

|| Campicursio, ōnis f *The ... kind of exercising an army* ... ambulatio Veg 3

|| Campidoctor, oris m ... ut al campiductor [... Gl ...] *An officer ... exercise young soldiers in the use of their* Veg

|| Campigĕni, ... 2 7 ... *... to bear the standard (of the ...) ...* ... Sc Litt

† Campso, as act [a κάμπτω, flecto] *Campsare ... To bend his course, to turn, ...* ... Prisc

CAMPUS, i m (1) *A field, a plain or down, an open field* (2) Κατ' ἐξοχήν, *Mars's field* ... *the Romans held their assemblies* (3) M...

(3) Met *A large subject to treat of, a field of discourse* (4) || *A military camp, or place of exercise* (1) Æquore campi exercebat equos, *Vir* (2) Generosior in campum descendat petitor, *Hor* (3) Hunc oratorum campus, *Cic* 1 de Off de Marathone, Salamine &c (5) Ap Anim & recent ¶ Campi liquentes, *Inc sea*, Vir

|| Camum, i n *A kind of drink, cool beer, hot flies*, Ulp

† Camuna æ f *A kind of vessel, carried covered at a wedding wherein some of the bride's goods were*, Fest ex antiq

Camurus, a, um adj *crooked, obtortus* [illegible] *Crooked, or crumpled* Hinc camura cornua, *Crinkled*, Vir Geor 3 55 ♓ *Camurus boves*, qui cornua introrsum conversa habent [illegible], qui deorsum & terram spectant [illegible], *Lunatos*, qui sursum versum *Serv*

* Camus, i m [illegible] Dor [illegible] *A bridle bit or [illegible], a [illegible] Also [illegible] cord, or chain [illegible] malefactors, and slaves were [illegible] to the fork, and gallows, which [illegible] to carry* Deos quæso ut quidem odio camum, & furcam [illegible]

Canabinus, a, um adj *rectius* cannabinus *Made of canvas*, Col [illegible]

|| Canabulæ, arum f & canabuli, orum pl n *A kind of [illegible] line, used for a land-mark*, Hyg

Canabum n *rectius* cannabum *Hemp canvas*, Var ap Gell

* Canache, es f nomen canis, *Ovid* Ov

||Canaliculus, æ c g [ex canalis, e colo] *A kit-kennel, a sorry dirty fellow*, Gell

Canalicula, æ f dim a parva canalis *A little pipe, a gutter*, Gell 17 11 ═ Fistula

Canaliculatus, a, um adj *Furrowed round, and hollow, like a pipe, channelled* Plin 19 7

Canaliculus, i m [dim a canalis] (1) *A little channel*, or *trough* (2) *The gutter, or channel* [illegible] (1) Col 8 10 (2) [illegible]

Canalis is m & f [quod canis [illegible] in modum cannæ, *Isid* unde & arundineos canales vocat *Vir* Geor 4 265] (1) *Any fall, or sort of water* (2) *A trunk, or [illegible] for the conveyance of water* (3) *A kennel, a gutter* (4) *A hollow instrument used by chirurgeons to [illegible], and keep close broken limbs [illegible]* (5) *The perforated part of the [illegible]* (6) *The neck of the bladder* (7) *An instrument used in [illegible]* (1) Canalibus aquæ immissæ, *Cæs B C* 2 10 (2) ═ Si quis canalem, vel fistulam in suo collocare velit, *Ulp* Ilignis [illegible] canalibus undam, *Vir* (3) [illegible] (4) Cels 8 10 ubi forma ejus describitur (5) Ex usu nomen tractantium (6) Cels (7) Col 12 50 ¶ Canalis [illegible], *The wind-pipe*, Plin § Canales structiles, *Windraughts, or [illegible] or groins of arched work, for conveyance of water*, Vitr 8 7

Canalitius, a, um adj *Of, or like a conduit pipe* Canalitium, or canalitense aurum, *Gold digged in pits, where the vein runs along like a conduit pipe*, Plin 33 4

Canaria, æ f *sc* herba. *Hound-grass wherewith dogs provoke vomit*, Plin 25 8

Canarius, a, um adj *Of a dog* Canarium augurium, *A sacrifice used to preserve corn from the heat of the dog star*, Fest & Plin Canariæ insulæ, a canibus eximiis dict *Plin* 6 32.

* Cancamum, i n *A kind of Arabian gum much like unto myrrh*, Plin 12 20

|| Cancellaria, æ f *sc* curia [a cancellis] *The court of chancery*, Bud

|| Cancellariatus, ûs m *The office of chancellor, chancellorship*, Bud

|| Cancellarius, i m [quod steterit undique conspicuus intra cancellos qui & a cancellis esse, & cancellos agere, & [illegible]. [illegible] [illegible] dicitur *Cassiod* Alii a cancellando, quod ejus sit responsa imperatoris, atque mandata inspicere, & male scripta cancellare i lineis cancellatim ductis delere contra si bene scripta signare] *A chancellor, a scribe, a notary, or secretary* ═ Tabellio, amanuensis, *Cod Theod*

Cancellatim, adv *Lattice-wise, like a net, or window* Lineis cancellatim ductis delere *To score, or cross out*, Plin 9 33

Cancellatus, a, um part (1) *Made lattice-wise, like a net, or window cross-barred* (2) *Crossed, cancelled* (3) Also *limited, bounded* (1) Cancellata cutis elephantorum, *Plin* 8 10 (2) Digest (3) Ap Grom scriptores

Cancelli orum pl m (1) *Lattices, or windows made with cross-bars of wood, iron, &c* Fenestræ clathratæ (2) *Balusters, or rails to compass in* (3) Met *Bounds, or limits* (4) || *A chancel* (1) Vir R R 3 5 (2) Tantus ex fori cancellis plausus excitatus, *Cic* (3) Si extra hos cancellos egredi conabor, quos mihi circumdedi, *Cic* (4) Ap posterioris ævi scriptores

Cancello, as act *To make like a lattice, to cross wise*, Col 4 2 *To deface, raze, or cross out, to cancel* Ap JCC

CANCER, cri m (& canceris, *Lucr* 5 616) (1) *A crab-fish* (2) Also *one of the twelve signs* (3) Also *a canker, an eating, spreading sore, a cancer in a woman's breast* (4) Cancri pl idem quod cancelli, Ant Fest *Bounds, limits* (1) Littoreus cancer, *Ov* (2) Cancri signa rubescunt, *Id* (3) Brassica, vulnera putrida, cancrosque sanabit, *Cato* (4) Inter Orci cancros jam ipsos adhæsisti, *Var*

Cancer, is n (1) *The sign so called* (2) Also *a canker, or spreading ulcer* (1) Canceris ut vertat metas se ad solstitiales, *Lucr* 5 616 *sc Sol* (2) Contumacia canceris sævi, *Arnob* 1 p 30

Cancero as neut *To be cancered* Si intus secus canceraverit auris, *Plin*

||Cancri, ôrum pl n idem quod cancelli, [a discretis cancrorum pedibus, *Bec*] Lattices, *Fest*

|| Cancrini, *sc* retrogradi versus, quos retrogrado ordine legere possis, *Scal* & *Gocl* *Verses that are the same backward, and forward*, as Roma tibi subito motibus ibit amor

Candefacio, ere, feci act [ex candeo, & facio] *To make white, to bleach, to make fiery, or glowing hot* Unâ operâ ebur atramento candefacere postules, *Plaut* Inter lapides candefactos funditur, *Plin* 12 13

Candefactus, a, um part *Set on fire, made red hot*, Plin 34 8

Candela, æ f [a candeo ut a suadeo, suadela] *A candle of whatsoever material, tallow, wax, &c* ♓ Nomina candelæ nobis [*sc* candelabris] antiqua dederunt Non nôrat parcos uncta lucerna patres, *Mart* 14 43 Vide lucerna ubi plura, invenies Filum candelæ, *Col* 3 *ult*

† Candelaber, ri m *A candlestick*, Non *pro*

Candelabrum i n *A candlestick* Leg & candelabrus i m [a candela, in has enim funiculi ardentes figebantur] ♓ Nomina candelæ nobis [*sc* candelabris] antiqua dederunt, Non nôrat parcos uncta lucerna patres *Mart* 14. 43 Vide lucerna ubi plura

Candens, tis part *vel potius* adj ex part or comp issimus, sup (1) *Shining, glistering, bright* (2) *Glowing, hot, burning* (3) *Foaming, frothy* (1) Exoritur candens illustria lumina Virgo, *Cic* in *Arat* Candentissimum sidus, *Sta* ♓ Candida de nigris, & de candentibus atra, *Ov* (2) Ignes candentes candentesque laminæ, *Cic* Candentior Phœbus, *Val Flacc* 3 48 (3) Emersere feri candenti e gurgite vultus, *Catull* 62 14

† Candentia, æ f *Brightness* Candentia lunæ, *Vitr* 9 4 quem tamen hujus vocab usu nemine [illegible] secutum puto ‡ Candor

Candeo, ere, ui neut [*ab a* [illegible] *ant* cando, *V*] (1) *To be white.* (2) *To shine, or glister* (3) *To glow like coal, to be red hot, to burn* (1) Taurus candens, *Vir Æn* 5 (2) Tincta super lectos canderet vestis eburnos, *Hor.* (3) Aer fervoribus ustus canduit, *Ov*

Candesco, ere [incept a candeo] (1) *To grow white, or hoary* (2) *To wax hot, to be on fire* (1) Liceat caput candescere canis, *Tibull* (2) Currus candescere sentit, *Ov*

Candicans, tis part *Whitish*, Plin 12 13

|| Candicantia, æ f *Bleaching or making fair, or white*, Plin 37. 13 quem tamen nemo hic imitatus est

Candico, as neut [a candeo] *To be white or look whitish*, Ap recent part tamen *candicans* freq ap *Plin* occurrit

† Candidans, tis part *Waxing white, inclining to white*, Plin 15 13 cui tamen tanquam peculiari relinquendum ‡ Candens

Candidati, pl subst Met *They who labour, or seek after any thing* Candidatus eloquentiæ, *Quint* Gloriæ & immortalitatis, *Plin*

Candidatorius a, um adj quod id candidatum pertinet *Pertaining to a candidate* Candidatorium munus, *Cic* Ratio occur

Candidatus, a, um part *Clothed in white* Candidatus cedit hic mastigia *Plaut*

Candidatus, i m subst [a togâ candidâ, i e cretatâ, quâ induti sunt candidati, sive petitores magistratuum, & honorum, non vero albâ, quâ vulgo utebantur, quorum idcirco petitionem *cretatam ambitionem* vocat *Pers*] *A candidate, or suiter for any place of honour, or profit, so called from the white shining garments he wore.* Tribunitius candidatus, *Ci* Pratorius, *Id* Consularis, *Plin* Candidati milites, *Gent ordes, such as served in expectation of a command in the army, who were called Principales, and opposed to the Munifices* Vid Veg 1 2 Candidati Cæsaris & Augusti, *ap* Suet *were such as the emperor indeed had chosen, but who were also by an empty show of liberty, to court the people*, whence Petis quasi Cæsaris candidatus, *was used of him who was not very earnest in his suit* Candidatus eloquentiæ, *Quint* Gloriæ & immortalitatis, *Earnest in pursuit of* Plin Jun

Candide, adv (1) *In white* (2) Met *Favourably, gently without malice, or envy* (1) Candide vestitus, *Plaut* (2) ═ Parum simpliciter, & candide, *Cic*

|| Candido as act *To bleach, to make white*, Apul

Candidulus a, um adj *Whitish, pretty, and white* Candiduli dentes, *Cic* Candiduli divina tomacula porci, *Juv* 13 355

Candidus, a, um adj or comp issimus, sup [a candeo] (1) *Bright, orient, shining* (2) Also *fortunate, lucky* (3) *Sincere, innocent* (4) *Friendly, favourable, kind, courteous, candid* (5) *Fair* (6) *Clear* (1) Nube solet pulsa candidus ire dies, *Ov* Candidum ab albo differt [illegible] addito splendore, *Serv* Candidissimus color *Vitr* (Deus) hominis in usum tam claram, tam candidam lucem dedit, *Cic* Nivibus candidior, *Ov* (2) ═ Candidus, & felix proximus ire mihi erit, *Ov* (3) Iam felix utinam quam pectore candidus essem, *Id* (4) Si quid novisti rectius istis, candidus imperti, *Hor* Animæ candidiores, *Id* (5) ═ Candidus, & talos a vertice pulcher ad imos, *Id ep* 2 2 4 (6) ♓ Vox e candida, declinat in fuscam, *Plin*

Candifico, as act *To make white, to whiten*, Næv

|| Candificus, a, um adj *Making white*, Apul.

† Cando ere act olim in usu fuisse declarant composita, accendo, incendo, &c *To burn*

Candor, ôris m. [a candeo] (1) *Brightness, shining whiteness* (2) *Beauty, fairness* (3) *Purity, sincerity, uprightness, candour, plain-dealing* (4) Also *excessive glowing heat* (1) ═ Solis calor, & candor illustrior est quam ullius ignis, *Cic* Lactea via candore notabilis *Ov* (2) Candor hujus, & proceritas te perdiderunt *Cic* pro *Cæl* 15 (3) Merui candore favorem, *Ov* (4) Apul

Canendus, a, um part. *To be sung*, Ov

Canens, tis part. [a cano] *Singing* Vir

Canens, tis part [a caneo] (1) *Hoary, grey* (2) *White* (1) Senectus canens, *Vir* (2) Canentia lilia *Ov*

Caneo, ere, ui neut [a canus] (1) *To be white, or shine.* (2) *To be hoary, to have grey hairs, to wax old.* (1) Nemora molli canentia lanâ, *Vir G or.* 2. 120 (2) Sub galeis Mavortia canuit ætas, *Claud*

* Canephora, æ f *A young noble lady with a basket on her head, on the festival of the goddess Minerva*, Cic Verr 6

† Canes, is *pro* canis, is Fœta canes, *Var* Irritata canes, *Lucil*

Canesco, ere act [incept a caneo] (1) *To grow white* (2) *To grow grey, or hoary, to wither, or decay* (1) Pabula canescunt, *Ov* (2) Quæritur canescere mitis Jasonia Ceres, *Ov Met* 9 421

Cani, pl. m *sc* capilli, *Grey hairs* Raris sparsus tempora canis, *Ov* Vide canus

† Canicacus, panes *Brown coarse bread, made of bran*, Fest ‡ Quem sordes farris canini, vocat Juv

P

Cănĭcŭla, æ f [dim a canis] (1) *A little dog, or bitch* (2) *A sign in the heavens, the dog star* (3) Also Met *the dog days* (4) *A kind of fish, the dog-fish* (5) *The unluckiest cast at dice, the ace which lost all* (6) *A cross jade* (7) Per abusionem, *A slenderous, snarling, currish fellow* (1) Rationem & orationem canicula non habet, *Cic de Nat Deor* 3 (2) Te flagrantis atrox hora caniculæ nescit tangere, *Hor* (3) = Nec grave te tempus sitiensve canicula tardet, *Ov* (4) Plin citante Litt (5) ♓ Quid dexter senio ferret scire erat in votis, damnosi canicula quantum raderet, *Pers* 3 49 (6) Apage istam caniculam *Plaut Curc* 5 1 *ult* (7) = Jurabit capillator quidam, & caniculi, *Gell* 4 20

|| Cănĭcŭlāris e adj ad caniculam pertinens vel sub canicula cultus Dies caniculares, *Dog days, the hottest time of the year, by reason the sun is then in Leo*, Sidon

Cănīna, æ f *sc* pellis *A dog's skin* Canis caninam non est, Prov ap. *Var*

Cănīnus a, um adj *Of, or belonging to a dog, doggish, currish* ¶ Caninus appetitus *The greedy worm, the hungry evil* ¶ Canini dentes, *The eye-teeth, or fangs*, Plin Canina facundia, *Sall* eloquentia, *Quint* Caninum studium, *Col Quarrelling, snarling, barking, instead of pleading, cavilling*

CĂNIS, is c g Sed de toto genere plerumque f Aut canes, *Vir* [*a* κύων, κυνός, *& sic*, *unde & dim catulus*] (1) *A dog, or bitch, an hound, a cur* (2) *A celestial sign, the dog star* (3) *A dog-fish* (4) *A accuser, a backbiter, or parasite* (5) *A base, or railing* (6) Also *a cast at dice losing all, the ace point* (7) *A chain, or fetter* (8) *An attendant, a waiting-man* (9) Also *the furies are called canes* (1) Molossi canes, *Mastiffs*, Hor *sc* de gente Molossi Canis vestigator, *Nb* venaticus, *Cic* odorus, *Claud* *An hunting dog* Pecuarius *A shepherd's cur* Villaticus, *An house-dog*, Col 7 12 *Quod totum ex ipsa canibus scriptum est, ex quo hæc ge emiss, ex officiis* (2) Gratior aura lenit rabiem canis, *Hor* (3) Canes marini, *Vir* (4) Quid immeritos hospites vexas, canis? *Hor* (5) Ter Eun 4 7 33 (6) Tal s jactatis, ut quisque canem, aut senionem miserat in singulos talos singulos denarios in medium conferebat, *Suet Aug* 71 (7) Ut tu hodie canem, & furcam feras, *Plaut Cas* 2 6 37 (8) Multa & dixit, & fecit cum meâ quâdam contumelia P Clodii canis, *Cic* (9) Visæ canes ululare per umbram, *Vir* ¶ Tergeminus canis, *O* Vipereus *Id* Tartareus, *Sil* Triformis, *Id* *Cerberus* Armillati canes, *Dogs with collars, tan dogs*, Propert Semiramis canis, *Anubis*, Luc Cane pejus & angue odisse, *To hate deadly*, Hor

|| Cănistellum, i n [dim a canistrum] *A little basket*, Fest

|| Canister, ri m *Pall* Idem quod

Cănistrum, i n [a Gr κάναστρον] *A basket, or flasket, made of osiers, a bread basket, a voider*, Cic

Cānĭtĭes, ei f [a canus] *Hoariness, whiteness, or greyness of hairs, old-age gravity*, Ipsa jam canitie venerabilis fuit

† Cānĭtūdo, inis f *Hoariness, greyness*, Plaut | Canities

* Canna æ f [a Gr κάννα, idem] (1) *A cane or reed, a sugar cane* (2) Also Me on *a pipe, a flute or flageolet* (3) *A cannoe, a kind of ship* (1) Pigram vestibat canna paludem, *Ov* (2) Dispar septenis fistula cannis, *Id* (3) Canna Micipsarum prora subvexit acuta, *Juv*

Cannăbĭnus, a, um adj *Of hemp, hempen* Cannabini funes, *Col*

Cannăbius, a, um adj *Hempen, made of hemp*, Grat Cyneg 47

Cannăbis, is f *Hemp* Utilissima funibus cannabis, *Pl*

Cannētum, i n *A place where canes, or reeds grow*, Pallad

Canneus, a, um adj *Of reed, or cane* Cannea segetes, *Mats of reed*, Col

|| Cannĭtiæ cameræ, *Roofs of a chamber arched*, Pallad

CANO, cis, cecini, cantum act [ab Heb קנה *quo cannam, quo etiam antiquitus cantum est, antiquitus*, *M*] (1) *To sing harmoniously* (2) *Otherwise* (3) *To play upon an instrument* (cum abl) (4) *To sound* (5) *To write of* (cum acc) (6) *To praise, or highly to commend though no in verse* (7) *To prophesie* (8) *To report, or proclaim aloud* (1) Merula canit æstate *Cic* (2) Cum cornix cecinerit, *Id* Ranæ cecinere querelam, *Vir* (3) Fidibus cecinisse præclare dicitur, *Cic* (4) Lituo canere, *Id de Div* (5) Arma virumque cano, *Vir* (6) Cato brassicæ miras canit laudes, *Plin* (7) Canit divino ex ore sacerdos, *Vir* (8) Quicquid famæ canit, *Hart* ¶ Canere ad tibiam, *To sing to the pipe* Canere tibiâ, *To play upon it* Classicum canere, *To sound an alarm*, Cæs Receptui canere *To sound a retreat* Liv ¶ Sibi intus canere *To speak to his own advantage*, Cic ¶ Eandem canere cantilenam, *To harp on the same string*, Ter

* Cănon, onis m [κανών, quod a קנה, calamus, puta mensorius] *A canon an exact pattern, a master-piece* Apud Theol & Philos *A constitution, or precept* *The bracer, handle, or strings wherewith the target is tied to the arm* *The yearly custom of paying corn, &c tribute money* || *Public allowance, a salary* || *An ordinary, or customary tribute, or impost for tonnage, and poundage*, Ascon ¶ Canon Ægypti, *The tribute, or impost paid out of Egypt*, Vop Also *the same with* dimensum, *or* diarium, *a certain rate or allowance for corn, and victuals*, Salv Heus tu qui canon esse meorum scriptorum soles *Cic* Sed forte scripsit κανόνα Sed Plin 34 8 de Polycleto Fecit & quem canona artifices vocant

* Cănŏnĭca, æ f *A part of geometry* Vitr Sum etiam pro arte metrica Vide *Gell* 16 18

|| Cănŏnĭcārius, i m *He who collected the tributes or imposts*, Justinian

† Cănŏnĭcātus, ûs m *A canonry, or prebendary's place* Lat Sacerdotium

* Cănŏnĭcus, a, um adj *Canonical, according to the canon, rule, or order, regular, received into the canon authentical* Canonici libri, *The bible* Canonicæ horæ, *Hours appointed for prayer* Canonicum jus, *The law ecclesiastical* Canonici, *Those that play ly book in music*, as Harmonici, *Those that pleased the ear* *Those followers of Pythagoras, the of Aristoxenus*, Col 3 11 || Canonicæ pensitationes, *Standing tributes*, Ap JCC

Cănŏnĭcus, i m *A canon, or prebendary of a church, a regular priest* Eccles

|| Cănŏnizo as act *To canonize, to put in the roll, and number of saints*

Cănōpus, *vel* Canobus, i m *A star in the southern hemisphere* Sidus ingens & clarum, Canopus, *Plin* 6 22

Cănor, ōris m [a cano] *Melodious singing melody* Res est blanda, canor, *Ov* Cycni canor, *The swan's sweet note*, Luct Æris rauci canor, *The wailike sound of the trumpet*, Vir

✠ Cănōrōsus, a, um adj *canore plenus*, *Loud, high, sounding* Gell pio

Cănōrus, a, um adj [a canor] (1) *Loud, shrill* (2) *Tuneable, warbling* (1) Æs canorum, *Vir* (2) Vox suavis, & canora, *Cic*

Cantăbrĭca, æ f [*quia cantabris reperta*] *The wild gilliflower*, Plin 25 1

|| Cantabrum, i n *A kind of banner, or ensign* = Signa, & cantabra, & vexilla castrorum *Min Fel*

✠ Cantābundus, a, um adj *Given much to singing*, Gell 9 13

Cantāmen, inis n *Enchantment, witchcraft, a charm*, Prop 4 4 51

|| Cantātio, ōnis f *Singing, or enchanting* Nulli, quod sciam, auct proferunt Texic ‡ cantus

Cantātor, ōris m verb [*a* canto] *A singer, a chanter, or musician*. Cantator cygnus funeris ipse sui, *Mart*

Cantātrix, icis f *A woman-singer, an enchantress*, Claud

Cantātus, a, um part (1) *Sung of, praised famous* (2) *Enchanted, charmed* (1) Sua lascivo cantata est sæpe Catullo femina, *Ov Trist* 2 427 (2) Audax cantatæ leges imponere lunæ, *Prop* 4 5 13

Cantĕriātus a, um part *Underpropped, underset*. Vites canteriatæ, *Col*

Cantĕriŏlus, i m *A little prop to set under, and stay any thing*, Col

Cantērius, i m *A gelding*, Scr Vide Cantherius

* Canthărĭas, æ m *A stone having a beetle in it*, Plin 37 11

* Canthăris, ĭdis f [dim ex cantharus] *A sort of fly of a beetle kind, but less, that eats, and consumes corn*, Plin 18 17 *Another sort we call the Spanish fly, of a venomous nature, shining like gold, and breedeth in the tops of ashes, olives, &c* Id *It is used now to raise blisters* Met Cantharidum succi *Poyson*, Ov

* Canthărītes *A kind of outlandish wine*, Plin.

Canthărus, i m Propr scarabæus [a κάνθαρος, *quod*, e cujus stercore nascitur] (1) *Properly, a black beetle, which breeds in dung, whence the proverb*, Cantharus pilulam, *Cat after kind*, Cæl (2) Propter similitudinem, *A pot, or great jug, a tankard* (3) Also *a constellation in Aquarius, consisting of three stars* (4) *A knot under the tongue of Apis* (5) *The ring, or iron, wherewith we knock at the door.* (6) *A certain fish of an unsavoury, and unpleasant taste* (1) Plin 18 17 (2) Attrita pendebat cantharus ansa, *Vir* (3) Calep, *sine auct* (4) Plin 48 6 (5) Plaut Menæc 1 2 61 (6) Cantharus ingratus succo, *Ov*

Canthēriātus, a, um. adj *Propped underset*, Col

Canthērīnus, a, um adj *Canthærino ritu astans somniat, Like a horse that sleeps as he stands*, Plaut Cantherinum lapathum *Sour dock*, Plin 20 21 Cantherinum hordeum, *Barley for horses*, Col 2 9

Canthērĭŏlus, i m dim Vide canteriolus

Canthērius, *vel* canterius, i m (1) *A gelding, or labouring beast* (2) *A rafter, or joist of an house* (3) *A rail, or prop to bear up a vine*, that is, *with two ore as across* (1) Equi ii, quod semine carent, cantherii appellati, *Var* (2) Vitr 4 2 (3) Col 4 12

Canthus, i m Ferrum quo rotæ vinciuntur, *Quint* *The iron wherewith the rounding of the cart wheel is bound, the fello of a wheel*, Pers 5 71

Cantĭcum, i n. *A lesson, song, a ballad, a song set to music, and sung on the stage* Desaltato cantico abiit Caligula, *Suet* c 54 De origine canticorum vide Liv 7 2

Cantĭlēna æ f [*a* cantu] *A song an old jest* Insusurret Epicharmus cantilenam illam suam, νᾶφε καὶ μέμνασ' ἀπιστεῖν

|| Cantillo, as act *To chirp, to sing*, Apul

Cantio, onis f verb (1) *A song, or tune* (2) *An enchantment* (1) Lepida, & suavis cantio, *Plaut* (2) Veneficiis, & cantionibus Titiniæ factum, *Cic*

Cantĭtātus, a, um part *Sung* Carmina in epulis cantitata, *Cic*

Cantĭto, as freq [*a* canto] *To sing often* Facturum credo, ut habeas qui cum cantites, *Ter Ad el* 4 7 32

Cantiuncula, æ f [dim a cantio] *A ballad, a catch*, Cic

Canto, as freq [*a* cano] (1) *To sing, to chant* (2) *To repeat oft the same thing* (3) *To praise* (4) *To enchant* (1) Absentem cantat amicam, *Hor* (2) Sed metuo ne idem cantent, ut priores [literæ] *Plaut* (3) Jampridem istum canto Cæsarem, *Cic* (4) Cantando rumpitur anguis *Vir*

Cantor, oris pass *To be praised, &c* Et puer ipse fuit cantari dignus, *Vir*

Cantor, ōris m verb [*a* cano] *A singer, or chanter, a singing man, a stage-player* Donec cantor vos plaudite dicat *Hor*

Cantrix, icis f *A woman singer* Cantrices aves, *Singing birds*, Var

|| Cantŭrio, ire *To whistle, to prate, to be about to sing*, Fest

Cantus, ûs m verb [*a* cano] (1) *Singing, a song* (2) *A tune, or melody* (3) *The sound of a trumpet, crowing of a cock, &c* (4) *A charm, or enchantment* (1) Cumque tela forent cantu mollita, *Ov* (2) Musicorum cantibus nutatus, *Cic* (3) Te gallorum illum buccinarum cantus exsuscitat, *Cic* Cantu rumpent arbusta cicadæ, *Vir* (4) Stantia concutio cantu freta, *Ov*

CANUS, a, um adj [שיב] (1) *Hoary, grey, grey-haired, aged* (2) *White with frost, snow, foam, mouldiness, ripeness* (3) *Venerable* (1) Det munera canus amator, *Tib* (2) Cana pruina, *Vir* nix, *Hor*

Cani fluctus, *Vir* Situ cano obductus color, *Plin* Segetes canæ *Ov* (3) Cana fides, & Vesta, *Vir* i e Candida, & sincera, *sc* Cana veritas, *Var* Alii autem pro it quo, & venerabili poni videtur

Canusina, æ f *sc* vestis *A garment made of the finest wooll*, Mart Quod lanæ circa Canusium summam nobilitatem haberent Vide *Plin* 8 48

Canusinatus, a, um adj *Arrayed in cloth made of Canusian wooll*, Sen

Căpācĭtas, atis f (*a* capax] *Capaciousness, largeness, a gage, or measure of a vessel, how much it will hold, bigness, size* Pro capacitate vasorum, *Col* Met Quæ tanta omnium capacitas? *Cic*

Capax, acis adj [*a* capio] or comp simus, sup (1) *Holding, taking, or containing* (2) *Capacious, large, or, wide* (3) Met *Apprehensive, apt* (4) || Passive, *To be conceived* (1) Circus capax populi *Ov* Mentis capacius, alta animal *Ov* Cibi vinique capacissimus *Liv* 9 16 Capacissima omnis secreti uxor, *Id* Ad sex tirios tres *Plin* (2) Omne capax movet urna nomen, *Hor* (3) § Ad præcepta capax animus (4) Deus incunabulis nostris capax *Petr Chrysolog s*

Căpēdo inis f vas sacrum [*a* capiendo] (1) *A great pot, jug, or pitcher with handles or ears, used in sacrifice* (2) *Capacity, greatness of size* (1) ✠ Minusne grata dis capedines, ac fictiles urnulæ fuisse, quam delicatas aliorum putetis arbitramur? *Cic* (2) Capedo ευρυχωρία, Gloss hinc & compont intercapedo

Căpēduncŭla, æ f [dim *a* capedo] *A little pot, or pitcher*, Cic

Căpella, æ f [dim *a* capra] *A little young goat, a kid*, Vir Also *a star* Plin 18 26

Capella æ f i *sacellum*, *A chapel* Post inclin Latinitatem, unde

|| Capellanus, i m *A chaplain, or one that is minister of the chapel* Capellanus palatinus, *A chaplain in ordinary* Archicapellanus palatinus, *The clerk of the closet*

Capellianus, a, um adj *Of, or belonging to a goat* Rutæ folium capellianæ, *Mart* 11 32

CAPER, ri m [*a* Tyrrheno κάπρος quod iis caprum, aliis Græcis ᵹρυν- sign Vide capra] (1) *A gelded he goat, a buck* (2) *Also the smell of the arm holes* (1) Caper cæditur Baccho, *Vir* (2) Fertur valle sub alarum trux habitare caper, *Catull* In quo notione, *hircum* dixit *Hor Epod* 12

Căpĕrātus a um adj Caperata fronte, *Wrinkled like a goat's horn* Var

Capĕro, as act [*a* caper, *sc* cornu hircorum fron ibus, *Non*] *To frown, to lowr, to wrinkle the forehead, to knit the brows* Quid illi caperat frons severitudine? P

Căpessendus, a, um part *To be taken, or attempted*, Liv

Căpessiturus, a, um part [*a* capesso] *Entering, or taking in hand*, Tac

Căpesso, ĕre, ivi, itum *Prisc* sum *Diom* capessus in prat *Tranq* act [*a* capio, *ut a* facio, facesso] *To take, to go about to take, to take in hand, to begin, to take the charge, or government of, to enter upon a business* Capessere rem publicam, *To take upon him the management of state affairs*, Cic Capessere fugam, *To take to his heels*, Liv pugnam *To fight, fall on or engage*, Id ¶ Capessere oculis, *To view*, Liv Urbem aliquam, *To go to*, Cic Capessere se præcipitem ad malos mores, *To change on himself*, Plaut ¶ Capessere se domum, *To get him home*, Id Capessere cibum dentibus, *To chew his meat*, Cic Jussa capessere, *To execute a command*, Vir

* Caphura, æ f *Camphire*

Căpĭdŭla, æ f [dim *a* capis, capidis] *A small dish, or bowl with a handle*, Plin

Căpiendus, a, um part [*a* capio] *To be taken*, Vir

Căpillāceus, a, um adj *Hairy, like hair, stringy, as the roots of herbs*, Plin 12 25 || Capillacea cinguli, *Hair-girdles*, Aug

Căpillāmentum, i n (1) *The hair, or bush natural* (2) *A peruke, or false hair* (3) *Strings, or threads about the roots of herbs* (4) *A flaw in crystal* (1) Plin 21 6 (2) Ganeas & adulteria capillamento celatus obibat [Caligula] *Suet in vit ejus* c 11 (3) Nullis fibris laxa, aut saltem capillamentis, *Plin* 19 2 Vide & *Col* 4 11 (4) Plin 37 2 Sutile, & textile capillamentum, *A peruke*, Tert = Galericulum

Căpillāre, is n *sc* oleum *Common oyl for the hair*, Mart 3 82 28 Non ut Steph quod miror, & ex eo Litt interpretatur sed perperam *A coif, a hair-lace, hair in a roll*

Căpillāris, e adj *Of, or like hair* [Capillaris arbor, *The tree whereon the vestal virgins hanged up their hair in honour of the gods*, Plin 10 44 Capillaris vena, *A capillary vein, as small as a hair*, Medic

|| Căpillāris, is f *sc* herba *The herb called Venus-hair, or maiden-hair*, Jun

Căpillātus, a um adj or comp *Wearing long hair* Capillati, *sc* pueri, *Spruce boys*, Mart Capillato consule *In old time, when the consuls wore long hair*, Juv Capillata arbor, *vide* capillaris Capillatior, quam ante, barbaque majore *Cic*

|| Căpillĭtium, i n [*a* capillis, κόμη] *The hair of the head*, Apul

Căpillor, āris dep *To be hairy, to grow like hairs*, Plin

Capillus, i m [*qu* capitis pilus] *Hair, a bush of hair, a beard* Cic Offic 2 7 Capillus Veneris *Plin*

CĂPIO, ĕre cēpi, captum act [*ab* Heb כף, vola manus, *Scal* ut sit propr manu capere] (1) *To take* (2) *To take by force to seize, to take prisoner, to take by assault* (3) *To hold, or contain* (4) Met. *To please or delight* (5) *To allure, inveigle wheedle, or trepan* (6) *To be capable of, to suffer, or admit of* (7) *To receive, obtain, get, or have* (8) *To accept* (9) *To reach, or come up to* (10) *To conceive, or apprehend to understand* (11) *To discover, or find out* (12) *To enter upon* (13) *To design, or appoint to an office* (14) *To chuse, or make choice of* (15) *To put on or wear* (1) § Cape facta manu, *Vir* Si fustem cepero in manum, *Plaut* (2) Eum bello cepi, *Id* Verres contra legem pecuniam cepit, *Cic* (3) Ædes nostræ vix capient, *Ter* Met Capere ejus amentiam civitas, Italia regna non poterunt, *Cic* (4) Te conjux aliena capit, *Hor* (5) Capere ante dolis reginam meditor, *Vir.* = Illis rebus illa ætas capi & deliniri potest, *Cic* (6) Non capit ira moram, *Ov* (7) Quid ego ex hâc inopiâ nunc capiam? *Ter* Ipsa nunc capit fructum, *Id.* (8) Quin vos capitis conditionem primariam? *Plaut* (9) Quod equites cursum tenere & insulam capere non potuerunt, *Cæs* (10) Majus quam quod mente capere possent, *Liv* (11) Ut ego oculis rationem capio, *Plaut* (12) Eum magistratum, ni decem intervenerint anni, ne quis capito, *Cic* (13) Vide Gell 1 12 & Tac Annal 15 22 (14) Vir Æn 1 400 interp *Serv* Socci cepere pedem Iambum (15) Flammeum cape, *Catull* 59 1 ¶ Capere omnes homines inimicos, *To get their ill will*, Ter Capere terram, *To alight* Vir rimam, *To chink*, Plin Usuram corporis alterius uxoris, *To debauch her*, Plaut vitium, *To putrify, to be corrupted*, Col With an accus of a noun, it is often rendered by the verb of that noun, *as* Capere conjecturam, *Cic* præsagia, *Plin* consilium, *Cæs* dolorem *Ter* exordium, *Cic* finem, *Vir* fugam, *Cæs* gaudium, *Liv* incrementum, laborem, *Ter* maturitatem, *Col* metum, *Liv* misericordiam, *Cic* oblivionem, specimen *Plin* spem *Liv* &c *To guess consult, grieve, begin, end, fly, rejoice, increase, toil, fear, pity, forget, essay hope* § Sometimes that accus is turned into the nom in the same sense, *as* Capio satietatem, *Plaut* or Capit me satietas, *I am weary*, Ter Sed hâc in re quod comprobavit auctoritas, id sequendum

Căpior, ĕris pass *To be taken, pleased, deceived*, &c *ut in* capio

|| Căpio, ōnis f idem quod captio, *Gell* 7 10

Căpis, ĭdis f [*a* capiendo] poculi genus *A kind of wooden, or earthen pot or cup, used in sacrifice a drinking cup* Cum capide, & lituo victimam cædat, *Liv* 10 7

Căpistērium i n *A cribble or sieve to cleanse corn with* Quicquid exteretur, capisterio expurgandum erit, *Col* 2 9

Căpistrātus, a, um part *Head-stalled, haltered* Capistratæ tigres, *Ov*

Căpistro, as act *To halter to put on a collar, to muzzle*, unde

Căpistror, āris pass *To be tied to the stake, as vines are*, Col *To be haltered* Plin 18 19

Căpistrum, i n [*a* capite jumentorum, *Isid* vel *a* capio, *ut a* claudo, claustrum, *q* quo jumentum capitur, & tenetur, *Voss*] (1) *An halter or headstall for an horse, or ass, a rope, or muzzle for boars oxen*, &c (2) *A band to tye up vines to the top of a stake*, (3) *A cord to hold up the vine-press and keep it tight* (1) [Equus in validus] det mollibus ora capistris, *Vir* Lente capistris habent vinctos [asinculos asinarum pullos] *Var R R* 26 Paret purpureis aper capistris, *Mart* (2) Ad summum palum extenta vitis capistro constringitur, *Col* 4 20 (3) Cato cap 12 ¶ Maritale capistrum, *The matrimonial noose, the band of wedlock*, Juv

Căpĭtal, ālis n *pro* capitale (1) *A heinous crime, worthy of death, or disfranchisement a capital offence* (2) *A woman's coif, cawl, or hair-lace* (1) Nunquam fugiet tametsi capital fecerit, *Plaut* (2) Dictum capital, a capite, quod sacerdotulæ in capite nunc solent habere, *Var L L* 4 29

Căpĭtālis e adj or comp [*a* caput] (1) *Belonging to the head, or life, usually in metaphorical sense* (2) *Capital, worthy of death, disfranchisement, or loss of liberty* (3) *Deadly, mortal* (4) *Pernicious hurtful* (5) *Shrewd, pert, sharp* (1) Periculo capitali per multa vectus *Plaut* Capitalior hostis *Cic* (2) Rei capitalis dies dicta est, *Id* Qui non paruerit, capitale esto *Id* (3) Ex capitali morbo revaluit, *Gell* (4) Totius injustitiæ nulla capitalior est quam eorum qui tum, cum maxime fallunt id agunt ut boni viri videantur, *Cic Off* 1 13 = Capitalem, & pestiferum Antonii reditum timemus, *Id* (5) Capitale vocimus ingenium solers *Ov* Seculus ille capitalis creber acutus, brevis pene pusillus Thucydides, *Cic ep Fam* 1 12

Căpĭtālĭter, adv *Deadly, mortal*, Plin Jun ep 1 5

|| Căpĭtātio, ōnis f *A tribute paid by the head, either for men, or beasts poll money head silver subsidy, allowance for horse meat*, Ap JCC In utraque sign ‖ Æstimatio, & exactio capitum, *Cic*

Căpĭtātus, a, um adj *Having an head growing with an head* Capitatus clavus *Var de R R* 9 12 Porrum capitatum, *Plin* 20 6

|| Căpĭtĭcensi, *potius* capite censi, dicti *Poor people, who were taxed little or nothing*, Gell 16 10 = Ærarii

Căpitellum i n [dim *a* capitulum, quamvis neget, *Voss*] *A little head, the top of plants*, Plin 21 19 *The head, or chapiter of a pillar*, Faber ex Corippo || *A still to distill water in*, as it is lately used

Căpĭtium, i n dict quod capit pectus, *scil* indutu comprehendit *A woman's stomacher, or as some say, a hood, a capouch*, Var

Căpito, ōnis m qui magno est capite, unde & piscis ita dictus (1) *A jolt-head* (2) Also *a kind of cod fish, a pollard* (1) Ecquos arbitramus Deos, silos flaccos, frontones, capitones? *Cic* (2) Cato 158 ¶ Duri capitones *Plaut Pers* 1 2 8 *Bold impudent fellows as os durum, is taken in Terence, or, as others, Heady, obstinate* Rather simply, as I think, *Hard-headed fellows, that could bear any knocks, or bruises at the tables of great men for their belly's sake* for we find in comedies, parasites were often treated scurvily

Căpĭtōlīnus a, um adj *Of or belonging to the capitol* Jupiter capitolinus, *Cic* clivus, *Id*

Căpĭtōlium, i n quod ibi hominis caput, cum extrueretur, inventum, *vel qu* capitulum, i locus capitalis, *sive* principalis *The temple of Jupiter in Rome, called the Capitol built on the Tarpeian mount* See an account of the building thereof, *Liv lib* 1 Capitolia, *Ov Trist* 1 3 29 *Other chief temples, and towers were also called by this name* Vide Suet Calig 57, & ibi Casaub

|| Căpĭtōsus, a, um adj *Which hath great head, also stubborn, heady* Ap medii ævi scriptores Capitosæ tric plicæ, *Shrewd shifts*, Prud ‡ Morosus, obstinatus

Căpĭtŭlāria, um n *Statute-books*, Col

|| Capi-

|| Căpĭtŭlārii, m pl *Takers or gatherers of poll money* Also *assessors, or assessors upon the bench of the judge*, JCC

Căpĭtŭlātim adv *By heads, or chapters, head by head, briefly, summarily, by parts, or parcels* Hæc omnia capitulatim sunt dicta, *Nep Cat* sub finem

Căpĭtŭlātus a, um adj *Headed, or having the fashion of a head, knopped*, Celf

Căpĭtŭlum, i n [dim a caput] (1) *A little head, the top* Synecd *A man or woman* (2) *The head, or chapiter of a pillar* (3) || *A convocation house or chapter of deans and prebendaries* (4) *A chapter of a book* (5) *A summary, or brief account* (6) Also *a woman's head-dress* (7) *The teats, or heads of veins, in the piles* (1) Operto capitulo calidum bibunt, *Plaut Curc* 2 3 14 O capitulum lepidum! *O pretty rogue!* Ter (2) Vitr 4 1 (3) || Ap eccl script ‡ Collegium (4) || Tertull & Hieron (5) Cicero de legibus 1 31 Sed in emendationibus libris leg caput (6) Vide Barth ad Claudian Mamert p 347 (7) Celf teste Littl

Captandus, a, um part [a capio] *To be taken*, &c Ter

* Capnias, æ m Gemma a fumi colore dict *A kind of jasper*, Plin 37 9

* Capnitis, æ m *A kind of gem of the jasper kind*, Plin

* Capnitis *Thin flakes of brass, sticking to the sides of the furnace*, Plin 34 10

* Capnos i f dict & capnion *The herb fumitory* Plin 25 13

Capnūmarpus *A kind of clay*, Plin

Căpo, ōnis m *A capon*, Mart 13 63 Gallus spado, *Petron*

Cappa indecl *The name of a Greek letter* τρία κάππα κάκιστα sc Cappadox, Cretensis, Cilix vel C Sylla, C Cinna, C Lentulus Vide Chiliad

|| Cappar, ăris n *A caper*, Pallad pro

* Cappăris, is m (1) *A shrub bearing fruit called capers* (2) Also *the fruit capers* (1) Capparis firmioris ligni frutex, *Plin* 13 23 (2) Capparin & putri cepas alecis natantes voras, *Mart* 3 77

Capra, æ f [a carpo, quod fructices carpat *Var*] (1) *A she goat* (2) *A constellation, the goat which nourished Jupiter, when a child* (3) *The stinking savour of the armholes*, id quod hircus (4) *A fiery meteor* (1) Capræ pariunt & quaternos, *Plin* (2) ✕ Cal Januar capra occidit manè, *Col* 11 2 (3) Nimis arcta premunt olidæ convivia capræ, *Hor ep* 1 5 29 (4) Sen Quæst Nat 1 1

Caprārius, i m *A goat herd*, Var

Caprea, æ f [a simil quadam capræ] (1) *A roe, a deer, a gazel* (2) *A branch that putteth forth tendrels* (1) Lasciva similem ludere capreæ, *Hor* (2) Var

|| Capreolātim adv *Twining about like the tendrils of vines*, Apul ‡ In morem capreæ

Capreolus, i m [dim a caprea] (1) *A wild buck, a chevrel* (2) *A tendrel of a vine* (3) *A cross piece of timber to hold fast larger beams, and keep them together, a brace* (4) *A fork, or a prop for a vine, or other thing* (5) *A forked instrument to dig with* (1) Feræ pecudes, ut capreoli, damæque, *Col* 9 1 (2) Var 1 de R R 31 (3) Cæs de bello civ c. 10 & Vitruv 4. 2 (4) Col de R R 31 3 (5) Id 11 3

Capricornus, i m [ex capra, & cornu] *A constellation called Capricorn containing twenty stars*, Hor carm 2 17 20

Caprificandus, a, um part [a caprificor] *To be drest, as fig-trees are, and brought to maturity with the gnats of the wild fig tree* Nunc caprificandæ sunt arbores fici, *Pall* 4 7 5

Caprificātio, ōnis f verb [a caprificor] *A husbanding, or dressing of wild fig-trees*, Plin 15 19

Caprificiālis, e adj Caprificiales dies, Vulcano sacri *The dog-days, in which women used to sacrifice under a fig-tree*, Plin 11 15

Caprificor, āris dep *To be ripened, as figs are, when the gnats which are bred of the wild fig tree*, Plin 16 27.

Caprificus, i f [q. d capri ficus] ficus silvestris (1) *A wild fig tree* (2) Met *Vain glory, or a foolish ostentation of useless learning* (1) Ter Adelph 4 2 38 (2) Pers 1 25

|| Caprifolium, i n [quod sit extremis flexibus capreolatum, Lobel] *Wood bind, or honey suckle*, Jun = Periclymenon

✠ Caprigenus i um adj *Of goats breed, goatish*, Plaut

Caprile, is n *A stable, or cote for goats*, Col 7 6

|| Caprilis, e adj *Belonging to goats* Caprilis casa, *A cote for goats*, Eutrop

Caprimulgus, i m qui capras mulget (1) *A milker of goats, a goat-herd, or some such sorry fellow.* (2) *A bird like a gull, that in the night sucketh goats, and hurts their udder* (1) Catull 20 10 (2) Plin 10 40

Caprinus, a, um adj [a caper. Cic] *Of a goat* Caprinæ baccæ, *Goats dung or trattles* ¶ Lana caprina, *A thing of no value*, Prov

✠ Căpripes, ĕdis *Which hath feet like a goat, as the satyrs had, goat footed*, Propert

Capronæ, vel caproneæ, arum pl f sc comæ (1) *The fore-top of a horse* (2) || Also *womens hair laid out before, bull-towers.* (1) Lucil ap Non (2) Apul Antiæ usitatius.

Capsa, æ f [a capio, unde capso, ant pro cepero] (1) *A coffer, a box, a case* (2) *A satchel to carry books to school in, for which noblemens children had a servant on purpose* (1) Cic (2) Quem sequitur custos angustæ vernula capsæ, *Juv*

Capsārius, i m *A servant that waited on noblemens children to school, and carried their books for them*, Suet in Ner c 36

|| Capsella, æ f [dim a capsula] *A little box, or chest* also *a place wherein corn, or any other fruit is laid*, Ulp ‡ Capsula

† Capsis i e cape, si, vis, *Cic* ap Quint 1 1 c 5.

† Capsit, prehenderit, *Fest* 1 ceperit, ut sit a capio, antiq capso, ut a facio, faxo

Capsula, æ f [dim a capsa] *A little coffer, or chest, a casket.* Huc una e multis capsula me sequitur, *Catull* 63 8

Capsus, i m vel capsum, i n [a κάψος, o τεῖχος, Hesych] (1) *A stall for cattle.* (2) *A place in the chariot, where they, that are carried, sit* (3) *The place where the coachman sitteth* (4) *A close coach, or waggon* (1) = Clausa capso altoque septo diversi generis animalia, *Pater* 1 16 (2) Teste Philand (3) Ad capsum rhedæ loculamentum figatur, *Vitruv* 10 4 (4) Isid 20 12

Captātio, ōnis f verb [a capto] (1) *A catching at, aiming at a purchasing by craft, or wheedling* (2) *A bickering, or contending* (1) Plin 20 14 (2) = Captatio contentioque verborum, *Cic* in Partit or 23

Captātor ōris m verb (1) *He that endeavoureth to procure or get any thing* (2) Particularly, *he that flattereth a man to be his heir* (1) Auræ popularis captator, *Liv* (2) Ut captatori moveat fastidia Cosso, *Juv Sat* 10 202 Vide & *Hor Sat* 2 5 57

|| Captatōrius, a um adj *Of, or belonging to flattering, complemental, full of courtesie, and full of craft* Ap JCC

|| Captātrix, icis f *She that endeavoureth to procure, or get, a fawning gossip*, Apul

Captio, ōnis f verb [a capio] *A taking, but most commonly, taking advantage of, a catch, fetch quirk, or cavil* Verum, si plus deceris referam nulla in eâ re captio est, *Plaut Epid* 5 Captiones dialecticæ, *Cic* Quanta esset in verbis captio, tum in cæteris rebus, tum in testamentis, si negligerentur voluntates, *Id*

Captiōse adv *Cautiously, deceitfully, subtilly*, Cic

Captiōsus, a, um adj or comp ssimus, sup (1) *Captious, full of craft, and deceit* (2) *Hurtful, or prejudicial* (1) = Fallax, & captiosa interrogatio, *Cic* Captiosissimum genus interrogationis, *Id* Nihil captiosius, neque indignius dici potest, *Id* (2) Cic pro Cæcin 30

Captivitas, ātis f *Captivity, bondage, imprisonment, slavery.* Diuturna captivitas, *Cic* pro *C. Corn*

Captiuncula, æ f [dim a captio] *A captious cavil, a little quirk, or fetch* Servus videtur omnes captiunculas pertimescere, *Cic Attic* 15 7.

|| Captivo, as. act [a captivus] *To take prisoner, to captivate*, Apul ‡ Capio, captivum duco

Captivus, a, um [a captus] (1) *Taken* (2) *Captive taken in war, imprisoned* (3) Substant. *A prisoner, or captive* Hinc Angl *A caitiff* (1) Captivi pisces, *Ov* (2) Captiva vestis, *Vir* Captivum aurum, *Curt* (3) Captivi frugi, & diligentes, *Cic* Stygio duce captiva tyranno, *Claud*

Capto, as act [freq capio, vel, ut Voff desiderativum, ut sit capere cupio] (1) *To lie in wait, or go about to take, or entrap* (2) *To trip up, or put upon* (3) Met *To trick, or put upon, to intrap* (4) *To covet, seek, or desire* (5) *To allure, and win to our purpose, by gifts, flattery, or fair promises* (6) *To spy out, or watch* (7) *To fawn upon one, to wheedle, or make him presents in hopes to be his heir* (8) *To embrace, to clasp, or entwine* (9) Also simply, *To take* (1) Incustoditum captat ovile lupus, *Ov* (2) Vinum dolosus est luctator, captat pedes primum, *Plaut. Pseud* 5 16 (3) Quid me captas, carnufex? *Plaut Amph* ✠ Si me impudicitiæ captas non potes capere, *Id* (4) Quid me dente captas lædere, *Phædr* 4 7 6 Desperato adventu meo, quem non mediocriter captabat, &c *Cic Planc* (5) Dum me captares, misisti munera nobis, postquam cepisti, das mihi, Rufe, nihil, *Mart* (6) Diffident principes, captatur occasio, *Cic* (7) Coranum quamvis jam tremulus captat patrei, *Juv* 16 51 ☞ Ab hac notione captator (8) Non ego captavi brevibus tua colla lacertis, *Ov* (9) Reviso quid agant aut quid captant consilii, *Ter* Captare benevolentiam, *To curry favour* Cic cœnam *To hunt after*, Mart somnos, *To sleep*, Col frigus, *To cool himself*, Vir Captare sonitum aure admota, *To* [illegible] Liv

Captūra, æ f [a capio, captum] (1) *Catching, taking* (2) Meton. *The thing caught* (3) *Earnings or wages* (1) Ad piscium, & aliarum capturam *Plin* (2) Capta capturum morsu corripiens, donec capturam extorquent, *Id* (3) Capturæ prostitutarum, *Suet Cal* c 40

Capturus, a, um part *About to take*, &c Cic

Captus, a, um part (1) *Taken by force* (2) *Deceived, beguiled, entangled insnared* (3) *Pleased, delighted, ravished* (4) *Bereft, or deprived of* (1) Oppida capta, *Propert* (2) Insidiis capta puella, *Ov* (3) Hæc quoque si quis captus amore leget, *Vir* (4) Ut idem oculis, & auribus captus sit, *Cic* Captus locus, *i* ad sacrificandum legitime constitutus, *Fest*

Captus, ûs m verb [a capio] (1) *A taking an attachment or seizure* (2) *Capacity, understanding, state, condition, ability* (1) Virtus in captu bonorum suorum, &c *Val Max* 1 13 c 3 (2) Ut captus est servulorum, *Ter. Adelph.* 3 4

Căpūla, æ f [dim a capis] integre capidula *A little den, or earthen cup, a long after-meet of wood, to take oil out of a vessel, a ladle, or spoon*, Var

Căpulāris, e adj Capulo vicinus, *Serv* *Very old, ready to be laid on the bier, at the pit's brink, at death's door* Tam capulari stamine tibi diu videor vivere, *Plaut*

Căpulātor, ōris m (1) *He that taketh oil out of vessel with a ladle* (2) Capulatores pl *The officers belonging to the prefect of the city, who distributed oil to the people* (1) Col 12 50 (2) Cato, *teste* [illegible] 66

Căpŭlo, as act *i e* capulis deplero *To empty vessels of liquors, or to lade them out of one vessel into another*, Cato

Căpulum, i n & capulus, i m (1) *A hilt, haft, or handle* (2) *A bier* (3) Item membrum virile (1) Capulo tenus abdidit ensem, *Vir* (2) Ut osculatur carnufex capuli decus, *Plaut* (3) Id *i* Casina, & in Priapeius

Capus, i m *Var* & capo, onis (1) *A capon* (2) *A* [illegible] (1) Gallinæ maris gall, capi feminæ mares, quod sunt castrati, *Var* R R 3 9 (2) Vide Mart 13 6

CĂPUT, ĭtis n [Sic dict quod inde initium capiunt sensus, & nervi, *Var* cert cum a capio, tum a caput sit in comp ceps, ut princeps, præceps] (1) *An head* (2) Met *The sum, or principal point* (3) *An author, beginner, or ring leader* (4) *A chapter, a particular, an article or clause* (5) *The beginning, or upper end of a thing* (6) *The top of a tree, plant, &c* (7) *A chief city, or metropolis* (8) *Life, reputation, liberty* (9) *The principal, or money let out to usury* (10) *The head, or spring of a river* (11) *The mouth of a river* (12) *The amount of corn, or any other thing due to the commonwealth by* way of tax (13) Synec *The whole* (14) *The* or *head of a* (1) Colapl is tuber est totum caput *Ter* (2) Ad consilium de republ dandum caput est nosse rempub *Cic* (3) Id sensit quod ego, te esse huic rei caput *Ter* (4) Qui quod secundo capite, quod scriptum est, non meminit in tertio, *Cic* (5) ✠ Nec caput, nec pedes, *Id* (6) Movere sylvas capita, *Sen* Capita papaverum, *Hor* (7) Thebas totius Græciæ caput, *Nep* (8) Quod si caput re hic nummum nunquam credam plumbeum, *Plaut* (9) Deductum de capite quod usuris pernumeratum esset, *Liv* (10) Ad extremi sacrum caput amnis, *Vir* 4 *Georg* (11) [Rhenus] multis capitibus in oceanum influit, *Cæs* (12) De capite vectigalium P R remisisti, *Cic* 4 *Verr* (13) Triginta minas pro capite tuo dedi, *Plaut* (14) Si iondum [furunculi] caput fecerint, *Plin* 26 12 ¶ Diminuere caput, *To break one's head*, Ter ¶ Capite censi, *Sal* *The poorer sort of people, who in assessments, were valued at little, or nothing, but only named, and reckoned as citizens*, Gell 16 10 Capitis minutio, *sive* diminutio est status mutatio, eaque triplex maxima, cum aliquis & civitatem, & libertatem amittit minor, cum civitas amittitur, libertas retinetur minima, cum civitas retinetur, & libertas, sed status commutatur, quod accidit in his, qui cum sui juris fuerint, cœperunt alieno juri subjecti esse, vel contra, *Just de cap diminut* Quibus autem dignitas, magis quam status permutatur, capite non minuuntur ideo a senatu motos capite nonminus constat, *Id* ¶ Capita, vel navim, *Cross, or pile, from the Roman coin which had Janus with two faces on the one side, and a ship on the other*

*Carabus, i m (1) *A lobster, or like shell fish, a crab, cray-fish, or crevice* (2) Also *a canoe, or small boat made of osier twigs, and cover'd with raw hides* (1) Plin 9 31 (2) Isidor 19 1

Caracalla, æ f videtur esse vox Gall *A cassock, or side coat used by the old Gauls, from which Bassianus Antoninus, who brought it into Rome, and lengthened it down to the feet, got the name of Caracallus, or Caracalla* Aur Vict & Spart.

*Carbas, æ m *The south west wind*, Vitr 1 6

Carbăseus a, um adj *Made of fine flax, or linen* Carbaseus sinus, *A sail*, Vir Carbasea vela, *linen cloths*, Cic

Carbăsinus a, um adj *Made of fine linen*, Cuit *Ap* Vir leg carbasineus, & *ap* Propert carbasus quod vide

Carbăsus i f & m Val M. pl a, orum n *Curt* 8 9 24 [*ab* H D כרפס] (1) *Fine linen, cambrick, lawn, tiffany* &c (2) Meton *A sail of a ship* (3) *A robe, or garment a veil* (1) Plin 19 1 (2) Tumido inflatur carbasus Austro, *Vir* (3) Tenuis glauco velabat amictu carbasus, *Id* Cum carbasum quem optimum habebat, foculo imposuisset, *Val Max* 1 1 Carbasa lina adj *Propert* 4 3 64

*Carbatinus, a, um adj unde crepidæ carbatinæ *A coarse kind of country shoe, with one sole made of a hide raw*, Catull 95 4

CARBO, ōnis m [*ab* Heb חרב siccitas, æstus] (1) *A coal* (2) Sometimes, *a burning coal.* (3) Tam excoctam reddam, atque atram, quam carbo est, *Ter* (2) Cum carbo vehementer perlucet, *Plin* 18 In carbone tuo pia thura ponimus, *Juv* ¶ Carbo contritus, *Ashes*, Celf 4 4 Pro thesauro carbones, Prov in eos qui magna de spe deciderunt, *Phædr* Carbone notare, *To mistake, or condemn*, Pers ✠ Creta notare

|| Carbōnāria, æ f (fodina) *A coal-mine, a coal-pit, a place where coals are made, sold, or kept, a coal-house* Tertull

Carbōnārius, a, um adj *Pertaining to coals* = Ob pauperatem carbonarium negotium exercuit *Plin*

Carbōnārius, i m *A collier*, Plaut *in* Casina 2 8 2

Carbunculans, tis part Carbunculantia ulcera *Hot burning sores, or botches*, Plin 23 3

Carbunculātio, ōnis f verb *A corruption of herbs, and trees, blasting the flower, and blossom*, Plin 17 24 *A default also in vines, when the grapes not being covered with leaves, are scorched with heat, and withered*, Id 18 28

Carbuncŭlo, as neut *To be burned to a coal, to be blasted, or smutted*, Plin 18 28

Carbuncŭlor, aris pass *To be blasted*, &c Plin

Carbuncŭlōsus, a, um part *Full of little black stones, or fleck, or parched, and burnt up to a coal*, Col

Carbuncŭlus, i m [dim *a* carbo] (1) *A little coal* (2) *An ulcer, a carbuncle, a botch, a plague sore* (3) *A precious stone called a carbuncle, in colour like hot burning coals* (4) *Hot earth, burning all that is sown or set in it, earth wherein are found black stones* (5) *A blasting, or smutting of trees* (1) Amburetur corculum ut carbunculus, *Plaut Most.* (2) Carbunculos rumpunt, *Plin* 23 4 Vide & *Celf* 5 28 (3) Principatum habent carbunculi [in gemmis] *Plin* 37 7 (4) Carbunculus, nisi stercoretur, macias vineas reddit, *Pallad* (5) Plin 17 4

CARCER, ĕris m [*a* coercendo, quod exire prohibeat, *Var* qu coercer] (1) *A prison, a gaol, or hold* (2) Met *A rogue, a gaol-bird* (3) *A stall, a barrier, or starting place* Hence (4) Meton *A beginning* (1) Scelerum vindex carcer, *Cic* (2) Ter Phorm 2 3 (3) Ruunt e fusi carcere currus, *Vir Georg* 1 104 Carcere pronus uterque emicat, *Ov Met* 10 652 Ex carcere missus eques, *Id ep* 18 166 Intra carcerem stare, *Cic* ad Heren 4 3 (4) ✠ Nec velim a carceribus ad calcem revocari, *Cic* ✠ Ars sit agricultura, an quid aliud, & a quibus carceribus decurrat ad metas, *Var*

Carcĕrārius a, um adj *Of, or belonging to a prison, or gaol*, Carcerarius quæstus, *Plaut*

|| Carcĕrārius, i m *A gaoler, or prison-keeper, and he that registreth the names of prisoners*, Gloss ✠ Custos carceris

*Carchebus, i m *An iron, or brass ring to keep an engine from slipping* Var

*Carchēdonius, i m [*a* καρχηδων, Carthago] *A kind of small carbuncle or precious stone, brought from the Indies to Carthage, and thence sent into other parts*, Plin

Carchēsium, i n (1) *The tunnel on the top, or upper part of the mast of a ship, above the sail yard, or the hole through it whereby the cords, ropes, or shrouds are fastened* (2) Also, from its resemblance, *a large tall cup or bowl for wine with handles* (3) *A crane for oading and unloading of goods* (1) Ventus curvat carchesia mali, *Lucil* (2) Libans carchesia Baccho *Vir Æn* 5 77 (3) Vitr *l* 10 c 5 Vide Baldi L

*Carcinias, æ m *A gem of a sea-crab colour*, Plin 37 10

*Carcinēthron *Knot grass* Lat centinodia

*Carcinodes adj *Cancerous, gangrened*, Celf

*Carcinodes is *A disease in the nose called polypus*, Plin 20 17

*Carcinōma, ătis n *A canker, or cancer, an eating sore*, Plin 20 9

*Carcinus, i m *The crab-fish one of the twelve signs*, Luc 9 536

*Cardămōmum i m *An Indian spice, cardamum*, Plin 12 13

*Cardămum, i n *Garden-cresses* Lat Nasturtium

*Cardiăcus a, um adj *Gripped, or wrung at the stomach, sick at heart* Cardiacorum morbo unicam spem esse in vino certum est, *Plin* 21 3 unde *Juv* Cardiaco nunquam cyathum missurus amico, *Sat* 5 32

Cardĭnālis, e adj *Belonging to a hinge, or hook*, Vitr || Also *chief, or principal*, ut Cardinales venti, *Serv*

|| Cardĭnālis, is m *A cardinal in the church of Rome, a dignity which began about the time of Gregory the great, before which, not only Roman priests, and deacons, but the chief beneficed clergy in other cities, and districts, were so called*

Cardĭnātus, a, um adj *Hanged, or pinned fast* Tignum cardinatum, *Vitr* 12 21

*Cardisce, es f *A stone in the shape of an heart*, Plin 37 10.

CARDO, inis m & olim f (1) *The hinge of a gate* (2) *The tenon, or rafter's end, which is put into a mortise* (3) *A way crossing over, and through the midst of the fields, from north, to south* (4) *The north, and south poles* (5) Also *the two quarters from east, to west* (6) *Each of the four seasons of the year* (7) Met *The very point, or crisis of a matter* (8) *An occasion, conjuncture, or nick of time* (9) *The end, or conclusion* (1) Pene effregisti foribus cardines, *Plaut* (2) Vitr (3) Plin 18 & ap Grom scriptores (4) Vitr 9 7 (5) Limes uterque poli, &c *Stat* 1 *Theb* 160 (6) Cardo temporum quadripartita, &c *Plin* 18 25 (7) In eo cardo rei vertitur, *Cic* (8) Haud tanto cessabit cardine rerum, *Vir Æn* 1 (9) Mortalis ævi cardinem extremum premens, *Sen*

Cardŭelis, is f *A bird feeding among thistles, a linnet*, Plin 10 47

|| Carduētum, i n *A place where thistles grow*, Pallad

Carduus, i m *A thistle, fullers thistle, teazel* || Carduus sativus, & carduus altilis, *The artichoak*, Jun Carduus benedictus, *Holy thistle*, Off

Cāre, adv ius comp *Dearly at a great price, or large rate* Valde care æstimas tot annos, *Cic* Emit domum dimidio carius, *Id*

Cārectum, i n *per Sync pro* caricetum *A place where sedge grows* Tu post carecta latebas, *Vir*

|| Cārēnāria (sc cortinæ) quibus carenum coquitur, *Pallad*

Cārens, tis part *Wanting, deprived of, having none*, &c Ter Vide careo

Cārēnum vinum *Wine boiled away one third part*, Pallad

CĂREO, ēre, ui, & cassus, sum, itum, & cassum neut (1) *To lack that which we have had, or would have, to want* (2) Also *to be without, to be free from* (3) *To be deprived of* (4) Met *Not worthy to have* (1) Tristis est nomen ipsum carendi quia subjicitur hæc vis, habuit non habet, desiderat, requirit, indiget, *Cic Tusc* (2) Malo caret mors *Id* Carere febri, dolore, molestia, perturbatione animi, &c *Cic* (3) Carens patria ob meas injurias, *Ter* (4) Scriptor si peccat, idem librarius usque, quamvis est monitus, venia caret, *Hor* § Criminе carere, *Cic* Tui carendum quod erat, *Ter* Quia id quod amo careo, *Plaut*

Cāreum, i n *vel, ut alii leg* carreum & carmon *The herb caraways* Plin 19 8

Cārex, icis f *Sedge, sheer-grass*, Vir

Cārica, æ f *sc* ficus *a* Caria regione dicta *A kind of dry fig, the ten fig* Quid vult palma sibi rugosaque carica? *Ov*

Cāries, ei f putredo lignorum (1) *Rottenness or worm eatenness in wood, or other things* (2) *The dross, or lees of wine* (1) Materia caries infestatur, *Col* Caries in ossibus, *Celf* (2) Plin 15 2

Cārīna, æ f (1) *The keel, or bottom of a ship* (2) Synec *The whole ship* (3) Carinæ pl *Buildings in Rome, according to Serv like the keels of ships* (1) In imo gio lateri, carinæ, prora, puppis, *Cic* Meæ puppis erit valida fundata carinā, *Ov* (2) Aspectans cedentem carinam, *Catull* 62 249 (3) Vide Vir Æn 8 361 *ubi* Serv Manlius habuit ædiculas in carinis, *Cic* ¶ Carinæ pu minum bifidæ, *The two halves of walnut-shells*, Plin a similitudine

† Carinantes part [*ex* car nor] *Mocking, scoffing* Serv ex Enn

† Carināril, pl m [*a* καρος, Dorice pro κηρος, cera] *Dyers in waxed colours*, Plaut Aul 3 5 36

Cārīnātus, a, um part *Made like the keel of a ship*, Plin

Cārīno, as *To make like, like the keel of a ship* Plin

† Cārīnor, aris dep *To rail, mock, scoff, or droll*, Enn ✠ Jocor

Cāriōsus, a, um adj or, comp [*a* caries] *Worm-eaten, rotten putrified* Summovenda cariosa ramenta, *Col* Palmula cariosior, *Var*

Cārĭtas, ātis f (1) *Dearth, scarcity a high price, dearness* (2) Met *Love complacence, delight* (1) ✠ Alter annus in vilitate, alter in caritate summa fuit, *Cic* (2) Omnes omnium caritates patria una complexa est, *Id*

Cāriturus, a, um part [*a* careo] *About to want* Cariturus turture magno, *Juv*

Carmen, inis n [*a* caro, is] *A card for wool, a hatchel* Quasi carmine lana trahatur, *Lucret* 4 376

Carmen, inis n [forte *a* cano, *q* canimen, *Perot* quæ notatio si cui displicuerit, Vossium adeat, qui nescio an illi faciet satis sane conjecturis standum erit]

(1) *A*

(1) *A single verse* (2) *One book of verses* (3) *A song*, or *ode* (4) In a larger sense, *ny poem, epic, lyric*, &c (5) *A tune*, or *ditty* (6) *a hooting*, or *cry* (7) *A charm* (8) *A prophecy* (9) *A prayer* (10) *An epitaph*, or *inscription* (11) *The words of an oath*, or *curse*, *by way of form* (12) *A form of a sentence, condemning to punishment* Indeed, any conceived form in prose, or verse, may be so called (1) Rem cunnit signo, *Vir* (2) Quod in primis quoque carmine claret, *Lucret* 6 936 (3) Operosa parvus carmina fingo, *Hor* (4) Minoris ustoni carmina, *Ju* Æolium carmen, *Hor* Tragicum carmen, *Id* Alterna carmina, *Ov* (5) Carmina jam moriens canit exequialia cygnus, *Id* (6) Cecinit mœstum devia carmen avis, *Id* (7) Carminibus Circe socios mutavit Ulysses, *Vir* (8) Cumæi venit jam carminis ætas, *Id* (9) Carmin placentur superi, *Hor* (10) Tumulo superaddite carmen, *Vir* (11) Juris cogebant tui duo quodam carmine in exe cutionem capitis, & stupri, *Liv* vide & eundem, 1 c 26 (12) Vide eundem 1 26 Sic & Carmen cruciatus, *Cic*

Carmentalia, pl n *A feast dedicated to Evander's mother Carmenta*, or *Carmentis* or *so called from the Carmente* It is kept as long on *the 11th* of this *St*, *the 15 h of January*

Carminatio, onis f verb *A picking*, or *carding of wooll*, *a heckling of flax*, Plin

Carminatus, a, um part *Carded, teazed*, or *picked*, Plin

Carmino, as act [a carmen] *To card, and comb wool, to heckle flax*, Plin

|| Carnalis, e adj *Carnal, fleshly*, Eccles

|| Carnaliter adv *Carnally*, Prud

Carnarium, i n (1) *A larder, or room, where flesh hangs to be kept* (2) *A butcher's shambles, a flesh market*, or *butchery* (3) *A vessel to keep flesh in* (4) *Flesh it self, flesh meat* (1) Deturbavit totum cum carne carnarium *Plaut* (2) Cœnam e carnario emit *Id* (3) *Id Capt* 4 4 (4) Qui mihi carnarium paravit ridiculus ad jentandum, *Id*

Carnarius, i m *A butcher, a flesh monger*, or *a lover of flesh* Carnarius sum, pinguiarius non sum, *I love the flesh, not the fat*, Mart

Carneus, a, um adj *Fleshy, made of flesh*, Corn Gall

Carnifex, icis m [a carne faciendo, qui ficit ut vivum corpus fiat caro, *sc* mortuum] (1) *A hangman*, or *executioner*, or *killer* (2) Met *A rogue, a villain* (1) Ponite ante oculos inculi, & carnificem, tortoremque *Cic* (2) Ltian clamat carnifex, *Plaut* Usurp *etiam adj* Epulæ carnifices, *That put one to torment after ward*, Claud

Carnificina, æ f (1) *A place where malefactors are executed* (2) *The office of hangman* (3) *Torment, torturing* (1) Carnificinæ ostenditur locus *Sen* (2) Vel carnificinam facere nunc possum perpeti, *Plaut* (3) Cum omnis perturbatio miseria est, tum carnificina est ægritudo, *Cic* Carnificinæ plura in hac notione dixit Cato

Carnificius, a, um adj Carnificium cribrum, *Mangled, and made full of holes, like a sieve*, Plaut

Carnifico, as act *To execute, to cut in pieces* Liv *in fidi*, Litt at non invenio Sed

Carnificor, aris pass *To be executed, and cruelly killed*, Liv 24 15.

† Carnis, nominativo, *ap vet* Prisc ex Liv

Carnivŏrus, a, um [ex caro, & voro] *Devouring flesh, that lives upon*, or *eats flesh*, Plin 10 73

Carnōsus, a, um adj or, comp ssimus, sup (1) *Fleshy, gross* (2) *Thick, close, as hy* (3) *Pulpy* (1) Carnosus tæter *Pun* 11 37 Atropi a carnosiori *Id* 27 0 (2) Carnosa cupresso folia, *Id* (3) Carnosissimæ olivæ *Id*

CARO, nis f [a κρέας sive κρέαρ] *Flesh of birds, beasts, fish, fruit, herbs, and plants, the pulp*, *the inside of the peel*, or *rind* In toto corpore arborum ut reliquo um animalium, cutis, sanguis, caro nervi, venæ ossa, medulla, &c *Plin* 16 38 Caro tosta, *Roast meat*, Ov Caro putida, *subrancid*, *Stinking meat*, Cic

Caro, ere *Lanam carere, To teaze or card wooll*, Plaut

† Caronium, vide Crtonium *Hes*

* Caros, caron carinor carenum, carium, quæ lectionum est discrepantia *One herb caraways*, Plin

* Caros, parum, putum Græcum vocab medicis forte Latine ultitium *Lethargy*

* Caroticus, a, um adj habens vim sopori indi *Casting into a deep sleep, stupifying*, Med Lat Soporifici

* Carotides um pl f *Two arteries, or veins in the neck, that go up to the brain*, Med

Carpentum, i n [a carpendo id, quo carpimus iter, *Isid*] *A chariot, a waggon, a coach, a caroach*, Ov

† Carpheorum, i n *Pure, and white frankincense*, Plin 12 14

* Carphos *The herb fenugreek*, Plin 24 19

Carpineus, a, um adj *Made of carpine tree*, Plin

Carpinus, i f *A kind of plane-tree* or *maple*, Plin 16 15

Carpio, onis m [a carpendo] *A fish of the trout-kind*, *a salmon-trout* Alis, *A carp*, sed perperam

CARPO ere, psi, ptum act (1) *To gather, pull, or pluck fruit, herbs*, &c (2) *To take* (3) *To carve*, or *cut up* (4) *To separate*, or *divide* (5) *To teaze, touse*, or *card wooll, flax*, &c (6) *To cull, pick, and chuse* (7) Met *To vast, diminish* or *consume* (8) *To enjoy*, (9) *To carp*, or *find fault with* (10) *To rob, pillage*, or *take away* (1) Carpent tua poma nepotes, *Vir* Manibus herbas carpemus, *Ov* (2) Carpere aquam de mari, *Ov* Cibos digitis, *Id* (3) Vides illum qui obsonium carpit *Petr* (4) Nisi vellit in multas, parvasque partes carpere exercitum, *Liv* (5) Inter ancillas sedere jubeas, & lanam carpere, *Plaut* (6) Quod quidem erit bellissimum carpam, *Ter Adel* 4 2 51 (7) Alius corpus, & vires carpit, *Col* 6 (8) Carpamus dulcia, *Pers* (9) Carpere vel noli nostra, vel ede tua, *Mart* (10) Et solos, & matter, nutrix quoque carpat amantem, *Id amor* 1 8 Carpsit opes illa ruina meas, *Id* = Colligo, *Cic* ¶ Carpere vitales auras, *i e* haurire, *To live*, or *breathe*, Vir Carpere somnos, quietem, *To sleep*, Vir Viam, *Id*

Iter, *To go*, Hor Prata fuga, *To run full speed*, Vir Oscula, *To kiss*, Aomen, *To cut off the rear*, or *skirts of the army* Cæs

Carpor, i, tus sum, pass *To be gathered, cropt troubled, wasted, spent*, &c Vide carpo

* Carpobalsamum, i n *The fruit of the balsam*, Plin 12 25

* Carpophyllon i n *Laurel of Alexandria*, Plin 15 30

Carptim adv [a carpo] *Here, and there, by fractions, summarily, in few words, by parcels, one by one*, Li Carptim vocem fel ere *To pick*, or *fetch his breath short*, Plin = Carptim & κατὰ κεφάλαια, Id ep 6 22 = Carptim breviterque perstringere, *Id* in Paneg ✕ Edictum ut convenirent Carthagine, seu carptim partes, seu universi mallent *Liv*

Carptor, oris m verb [a carpo] (1) *A carver* (2) Met *A reviler, a carper* (3) *A carder*, or *pecker of wool*, carminator (1) Juv 9 110 (2) = Vituperones, carptores appellavit *Gell* (3) Litt *sed sine auct*

Carptura, æ f *A gathering*, or *picking*, Var

Carptus a, um part (1) *Plucked, cropped, gathered* (2) *Teazed* (1) Carptus flos, *Ov* (2) Carpta lana, *Cels*

Carptus abl *qui à* carptu verb *A gathering, a plucking, a cropping*, Plin 21 10

* Carpus i m pars manus *The wrist*, Cels *The name of a tertian fever*, Petron

|| Carrobalista, æ f *An instrument of war carried in a cart*, Veg

Carrūca, æ f [a carrus] *A little cart, a coach, a calesh* Nos carrucas ex argento cœlare invenimus, *Plin* 33 11

|| Carrucarius, i m *A carter, cart man*, or *coach man*, Ulp ‡ Carrum agens

Carrum, i n *A car*, or *a cart*, Hirt Sed longe usitatius

Carrus, i m. [a currus, al a cardine rotarum] *A car, a wain*, or *waggon*, Cæs

Carthegon *The seed of the box tree* Plin 16 10

Cartilāgeus, a, um adj *Of a gristly substance*, or *full of gristles*, Plin

Cartilāginosus, a um adj *Full of gristles, gristly*, Plin

Cartilago, inis f *q* carnilago *A cartilage, a gristle*, or *tendon*, as *of the ear*, or *nose* Arundinis cartilago, *The pith in the joint of the reed*, Plin

Caruncula, æ f [dim caro] *A little piece of flesh, a kernel*, Cic

Cārus, a, um adj or, comp ssimus, sup (1) *Dear, costly* (2) Consequently, *Precious, beloved* In which signification it is often writ *charus*, but not rightly, as many ancient MSS and monuments attest (1) Tum annona cara est, *Ter* (2) Ego illum scio quam carus sit cordi meo, *Plaut* Carior est Dis homo, quam sibi, *Juv* = Frater carissimus, atque amantissimus, *Cic*

* Caryatides *Images of women, used for supporters in buildings*, or *to adorn the gable ends*, &c Vide Vitruv 1 1

Caryitis *A kind of spurge*, Plin 26 8

* Caryon, i n *A walnut-tree*, also *a walnut*, Plin. 15 22 ¶ Caryon myristicon, *A nutmeg* Carya pontica, *Filberds*, or *hazlenuts*, Carya basilica, *Walnuts*, Litt

* Caryophyllum, i n *A clove gilly-flower*, Ruell

* Caryota æ f [a κάρυον, nux, juglans] *A kind of date, using to be gilt, and sent for new-year's gifts* Aurea porrigitur Jani caryota calendis, *Mart*

* Caryōtis, idis f *A kind of date*, Stat

CASA, æ f [a כסה texit] *A cottage*, or *cabin, of turf, straw, leaves* &c *a thatch house, a little soldier's hut* Humiles habitare casas, *Vir*

Casābundus, a, um adj [a verbo caso] *Ready to fall, staggering, reeling, tumbling*, Var *ap* Non

Casans tis part Casanti capite incedere *To go with his head stooping, reeling*, Plaut

† Cascus a, um Lingua Sabina, vetus *Old ancient* Cascus cascam ducit, *Manil*

Caseale, is n *A place where cheese were made*, or *set*, *a cheese loft*, Col

Caseārius, a um adj *Pertaining to cheese* Casearia forma, *A cheese vat*, Col Casearia taberna, *A cheese-monger's shop*, Ulp

Caseus, i m etymi incerti legitur & caseum i n *Plin* *Cheese* Musteus, sive recens, *Rowen cheese, fresh cheese, new cheese*, Plin Parmensis, *Parmesan*, Plin

Casia, æ f κασία, vel κασσία, [ab Heb קְצִיעָה, קצע abradit est enim cortice, qui abraditur commendabilis, *Bocm*] (1) *A sweet shrub bearing spice like cinnamon, and used instead of it* Cassia, or canella (2) Also *a flower or herb that bees delight in* (1) Plin 12 19 (2) Casia atque aliis intexens mollibus herbis, *Vir* || Sed Cassia fistularis, *The common Cathartic, called* Cassia fistula, *Jun* Cassia lignea, *The common bark*, Litt

* Casignete, es f. Herba ita dicta quod cum sui generis herbis tantum nascatur, *Plin* 17

|| Casito, as freq [a caso] *To fall often, to trip*, or *stumble*, Paul

† Casmillus, i m *ant* pro Camillus Minister in sacris, *Var*

Caso, as freq [a cado] *To fall often, to tumble, to reel* Casabant cadi, *Plaut Mil* 2 42

Casse adv *In vain, fruitlessly* Casse ne tempus tereretur *Liv* 21 26

|| Cassiculum, i n [dim a cassis] *A little net, a cast net*, Fest ‡ Rete jaculum

Cassida, æ f *An helmet, a cap of steel, a basinet*, or *salade*, Vir Æn 11 774

Cassis, is m (1) *A hunter's net, a toil* (2) *A cobweb* (1) Cassibus impositis venor *Prop* (2) Suspendit in iners casses, *Ov*

Cassis, idis f *galea a* Tuscis sic nominata *A helmet, a head piece, a salade* = Minos seu caput abdi lerit cristata casside pennis, *In* ... *formosus erat* Ov

Cassita æ f Avis aliud, quæ & galerita, ab apice cristate insiti cassidis, sive galeæ *A lark*, Plin 11 37.

* Cassiteron, i n *Tin, or lead*, Plin 34 16

Cassus, a, um adj [a carendo, caritum, & cassum, *Prisc*] *Void, frivolous, of no value, vain, empty, ignorant* Animâ cassum corpus, *Dead*, Lucret 3 56, § Augur cassa futuri, *A false, or ignorant prophetess*, Stat Cassa nux *A ...*

n en, or *vorm eaten nut,* Hor § Virgo cassa dote, *A maid without portion* Plaut = Inanis, Plin Ventosus, *Te ron* Vitiosus, ...

|| C... moli, genus sacrificii, quod vestales virgines faciebant, Fest

Castānea, æ f *se* nux [Castana Thessaliæ urbe dicti, ubi ... lucum copia] *A chestnut,* or *chesnut tree* Castaneæ molles,

Castānētum, i n *A place planted with chestnut trees, a grove of chesnuts,* Col

Castāneus, a, um adj *Of a chesnut,* or *chestnut tree* Castanea tecta Vir

Castē adv, issime adv [a castus] *Chastly, purely* (2) *Honestly,* (3) *Devoutly religiously* (1) Eloquentiam, ut adulteram ... caste tuemur, *Cic* (2) = Caste & integre vivere *Id* (3) Castius facere privati facere ... Cum Deiota us religione ... castissime tueretur *Cic*

Castellānus, a, um adj *Belonging to a castle* Castellanus triumphus *Cic* ... de castellis captis

Castellānus, i m Miles qui castellum incolit (1) *A garrison soldier* (2) || Also *the governor, or captain of a castle* (1) Liv 31 27 (2) Ap inferior

|| Castellārius, i m *Who hath the charge to conduit water* ... CLEMENTI CAESARUM SERVO CASTELLARIO AQUAE CLAUDIAE Vet in scrip ap Gruter

Castellātim adv (1) *From castle to castle* (2) *In small parties* (3) *Piecemeal,* or *in several parcels* (1) Hostes castellatim dilapsi *Liv* 7 36 (2) Plin 19 6 (3) Vitruv 8 7

Castellum, i n [dim a castrum] (1) *A castle, a fort* (2) *A town,* or *village* (3) *A conduit,* or *pipe to convey water* (1) Aditu nostrum castellis, & aggeribus prohibetur *Cæs* (2) = Cum ... castellisque desertis, ... villa, castellum, vicus ... (3) Vitruv 8 7

Castēria, æ f *A house, wherein oars, and other tackling of ships were kept, while the ship is laid up,* Plin

Castificus, a, um adj [a castus, & facio] *Making chast,* Sen

Castigābilis, e adj *Fit to be chastised,* or *corrected* Admisit in se culpam castigabilem, *Plaut*

Castigātio, onis f verb *Chastisement, reproof, chastising, correcting,* or *emending, a reprimand* = Animadversio, & castigatio contumeliis vacare debet, *Cic* ... 1 25

Castigātor, oris m verb *He that chastiseth, corrector, a censurer* Laudator temporis acti se, uae ... castigator, minorum, *Hor* ... *Poet* 171

Castigātus, a, um part (1) *Chastised, corrected* (2) Met *Tempered,* or *flanged* (3) Meton ... (1) Verbis castigatus discessit, *Liv* (2) Non strictus corporis, sed ... animi dolor *Cic* (3) Pectoris ... castigata *Stat* ...

Castīgo, as act [q castum ago, i e reddo, *Perot* ... καστὸς, ... *Hesych* castigo, ut a sullis, sustigo, *Becm* potius a καστὸς, quod Dores Siculi dicebant pro κεστὸς, lorum, quod loris cædebant, *Casaub*] (1) *To chastise, beat,* or *correct* (2) *To chide,* or *reprove* (3) Meton *To mend exactly* (1) Mane castigabit eos exuviis bubulis *Plaut* (2) Ut cum plurimis dictis castigem, *Id.* (3) Carmen id perfectum unguem castigare, *Hor Art Poet* 291 ¶ Vinculis, verberibus coercere, castigare, aliquem *To punish by imprisonment, &c* to *imprison,* or *be* Passim occ

Castimōnia, æ f *Chastity, continency, forbearance from venery* Castimonia corporis, *Cic* Leg etiam in plur Castimoniarum superstitio, *Lim*

Castitas, ātis f *Chastity continence, purity* Metuens alterius viri certissimæ castitas, *Hor*

† Castitūdo, inis f Idem quod castitas ... ap Non.

* Castor, oris m ... [a κάστωρ] ... a castro nam rediunt ... parte corporis ... ptet quam expetuntur, *Cic*] *A beaver a wild beast like an otter* Some take it for *a badger* or *grey* Castor, & Pollux, Castores dicti *Two meteors or lights appearing to mariners* Plin

Castorea, orum n pl ... *Beaver's stones, used much in medicine,* Plin 32 3

Castoreum, i n *Oil made of the stones of the beaver,* Lucret 6 794

Castoreus, a, um adj *Of a beaver* Odor castoreus *A strong, rank, stinking smell,* Plin

Castra, orum pl [a castrum] (1) *A camp, an army lodged, pavilions,* or *tents* (2) Meton *Wars* (3) Met *A province business,* or *art* (1) Pompeius se oppido tenet, nos ad portas castra habemus, *Cic* (2) ♓ Quis te majora gerit castrisve, forove? *Tibull* 4 1 39 (3) Soleo & in aliena castra transire, non tanquam transfuga, sed explorator, *Sen* Castra stativa, *A pitched camp,* Cic Castra hiberna, *Winter quarters* æstiva, *The summer campaign* Cæs Castra nautica, *The rendezvous of a fleet,* Nep Alcib 8 Cæsari, castra navalia, *B G* 3 22 Castra cerea, *Bee-hives,* Claud facere, *Cic* habere, *Id* ponere, *To incamp,* Cæs movere, *To decamp,* Curt De navibus usus est, *Virg*

|| Castrāmētātio, onis f verb *The pitching of a camp,* Bud

Castrāmētātor, oris m verb *The marshal, who appointeth the camp, the quarter-master general,* Vitruv 8 5 Castrorum metator, divise, si mallis loqui am Cicerone

Castrāmetor, ātus dep [ex castra, & metior] *To pitch a camp to incamp to pitch tent,* Liv

Castrat..., æ f [a castro, quod paleæ, que castrentur] *A kind of red wheat,* Plin 18 9

Castrātio, onis f verb *A gelding, a pruning,* or *cutting of trees,* Plin 16 40 & Col 6 26

Castrātūra, æ f *A gelding,* or *taking away, a shelling,* or *hulling of corn,* Plin 18 9

Castrātus, a, um part [a castro] (1) *Gelded* (2) Met *Weakened, diminished, enfeebled* (1) Castratus prosilit hæres, *Claud* (2) Nolo morte dici Africani castratam esse, remp *Cic de Orat* 3 41

Castrensis, e adj *Of,* or *pertaining to the camp,* or *field, to the army,* or *war* ♓ Hic fatus ad pacem, hic castrensibus utilis armis, *Propert* = Castrensis ratio, & militaris, *Cic* Corona castrensis, *A garland given to him, who first entred the enemies camp,* Fest

CASTRO, as act [dict quod castum fieri, *Isid.* quia castrando vis libidinis extinguitur, ...] (1) *To geld* (2) Met *To cut off* (3) *To prune* (4) *To bore holes low in trees* (5) *To take away,* or *diminish, to retrench* (6) *To weaken,* or *enfeeble* (7) *To rise* [rinse] (1) Hœdos decrescente luna castrato *Col* (2) Ut esset aliquis qui illi gurgitem eius castraret *Petr* (3) Veteres [vites] quam minimum castrato, *Cato* 33, 1 (4) Plin 17 8 (5) Castrare alvearia, *se* alveos favis spoliare, *Col* 9 15 Vis nulla cruentam castrat avarum ... (6) Nolo morte dici Africani castratam esse rempublicam, *Cic* (7) Littl ex Plin

Castrum, i n [a casa quod sit conjunctio quædam casarum, *Serv*] *A castle, a fortress,* or *citadel* [Oppidum] castellis, castrisque maximis sepsit *Cic*

Castula, æ f [*se* vestis [dim a casta] *A linen cloth wherewith maids used to gird themselves under their breasts, a stomacher,* Non ex Varr = Præcinctorium, *Id*

Castum, i n *A time of strict abstinence, or living chast* In casto Cereris esse, *Fest*

CASTUS, a, um adj or, comp issimus, sup [a cestus, κεστὸς, Dor κάστος, cingulum Veneris, quod novi nupta gerebat] (1) *Chast, pure, undefiled* (2) *Devout religious* (3) *Honest, intire, sincere, faithful* (1) ♓ Procul impudicos corpore a casto moveto ictus, *Sen* Femina matronarum castissima, *Cic* Quis hoc adolescente castior? *Id* (2) Hac casti maneant in religione nepotes *Vir* = Sacer, religiosa, castæque fuerunt res omnes, *Vir* (3) = Hominem enim integrum & castum & gravem cognovi, *Cic*

† Castus, ûs m *A ceremony, a religious rite, devotion* = Et religiones & castus id possunt, ut ex periculo eripiant nostro, *Var*

|| Căsuālis e, adj [a casus] Dictiones casuales *Words declined with cases, as nouns, pronouns, participles,* Prisc

Căsula æ f [dim a casa] *A little cottage,* or *house* Vivite contenti casulis *Juv*

Cāsurus, a, um part [a cado] *About,* or *ready to fall, decay, happen,* or *chance,* &c Cic ... cado.

Cāsus, ûs, m [a cado, casum] (1) *A fall* (2) *Fortune, chance* (3) *Peril, danger, decay, ruin, misfortune* (4) *Occasion* (5) *A case* (6) *An end,* or *conclusion* (7) *A case,* or *estate* ... (1) Casus nivis, *Liv* 21 35 (2) ♓ Sive illud Deorum munus, sive casus fuit, *Curt* (3) Potes hæc sub casu ducere somnos? *Vir* (4) Sperabat sese casum victoriæ inventurum *Sal* (5) Casus Latinus, *The ablative case,* Var (6) Extremæ sub casum hyemis, *Vir Georg* 1 340 (7) *Ap* JCC

|| Catabolenses pl *Sutlers,* or *commissaries of provision in an army,* Dig

* Cătăchrēsis, is f *A figure when one word is abusively put for another, an improper, but sometimes acute way of speaking* Vir gregis ipse caper, *Vir* Qui quidem proprie est hircus, neque vir usitate dicitur, nisi de homine. Abusio, *Gr*

* Cataclysmus, i m *A general flood, a deluge* Thebæ ante cataclysmum Ogygis conditæ dicuntur, *Varr R R* 3 1 Lat Diluvium

* Cătăcrĭsis, is f κατάκρισις *A condemnation* Cic ad Att sed forte Græcis literis

* Cătădrŏmus, i m (1) *A kind of engine like a crane, which builders use in lifting up, or letting down any great weight* (2) *A rope stretched out at length, whereon rope-dancers were wont to run, slip, and shew divers feats of agility* (1) Vitruv (2) Suet in Ner 11 ☞ Decursio is ... *intelligant* ... Cl Bud ... Vide *Torrent* & *Casaub* ibid

* Cătădūpa, ōrum pl n ... catadupi, m *The cataracts where the Nile or any other river falleth with a great noise,* Cic in somn Scip

* Cătăgrăphi, orum pl n *Pictures where one side only is represented to view, profiles,* or *images in divers forms, looking different ways,* Plin 35 8.

* Catagraphe, es f *The first draught,* or *design of a picture,* Litt Quis Latin dixit, ignoro

* Catagrapho, is act *To copy out,* or *write out of another's copy,* Cato

* Catalecticum carmen, *A verse wanting a syllable* Metri ... in domo ... Hor 2 ... 18 *Which wants one syllable more, would be a perfect Iambic*

Cătălŏgus, i m ... *a bill, scroll, a catalogue, a register of names,* ... Plaut

* Cătămītus, i m ap vet pro Ganymede (1) *A Ganymede, a boy hired to an abuse contrary to nature* (2) *A cuckold* (3) *A catamite, an effeminate person* (1) Plaut Men 1 2 35 (2) Auson epitaph 33 (3) Cic Philipp 2 31

* Cătăphracta, æ lorica [a κατ... καταφράσσω, munio] *A breast-plate, or coat of mail, a cuirass of the foot,* Veg 1 20. *Of the horse,* Tac Hist 1 79

|| Cataphractarius, i m *A horseman in complete armour, a curassier* Lamprid Idem qui

Cătăphractus, a, um *se* loricatu *Armed on all parts, from top to toe,* ... Liv 37 40 Navis cataphracta, *A man of war,* Serv

* Cătăpīrāter, ēris m καταπειρατήρ, q d explorator *A plumb line tied to a long line, to find out the depth of water,* Lucil Catapirater ... *Si ...* Plaut Aul ...

* Catapl..., ... n *A plaister ...*

* Cataplus i m ... *A voyage ...* ... Cum ibi Nilus ... portet crystalla cataplus ...

Catapeltas, i ... *A sling,* or ... *to ...*

* Catapulta, æ f ... Gr κατα & πάλλω] (1) ... Also ... *An engine* ... (1) Te ... nervo torquebo ... idem ut catapultæ solent, *Plaut* (2) Amm

Catapultarius, a, um adj *Shot out of an engine* Catapultarium pilum, *Plaut*

* Catarracta, *vel* cataracta, æ f & cataractes æ m [a καταράσσω, cum impetu decido] prop ... adject (1) *A portcullis,* or *a draw bridge at ... gate* (2) *A great fall of water from a high place, a cataract* (3) *A flood gate, a sluice or lock in a river* (4) Also a ...

and t-fowl (5) An *a disease in the eye, when a egil. humour * o's *out of the ... be seen* (1) Po ... varitia, ... clausa erat, ... Lin 1 9 (5) Plin ep 10 69 (1) = Nec Diomedeis praetereo aves Juba ... vocat Plin 10 44 (5) Ap Medic recent

* Catarinus, i m *a distill ... of humour ... of the head, in o ... mouth thro' the ... a ... tirro*, Celf Distillatio, P r

Catascopium, i n *A spy-boat or ...*, Cic Attic 5 98. Sed locus libera Lat Navis exploratoria

* Catascopus, i m *A spy* ... Hirt B Afr 26

Catasta, æ f (1) *A cage, or ... where slaves were ... to sale* (2) *Also a ... or the like, ... to be ...* (1) Tibull 2 3 61 (2) Tert

† Catastroma, itis n *The hatches, or decks of ship, where ... fight* Hesych Lat Pavimentum ... tabulatum

* Catastrophe, es f *The last part of a comedy, or any such thing, the issue of a design, ... of ... life* Ap probatum auctorem Latinum non invenio Latine Subversio

* Catatechnos *An epithet of Callimachus, for his ... working in marble*, q d *A subtle, and sk ... artist*, Vitru

† Catax, a ant *Lame, halting*, Fest ‡ Claudus

Cate adv *Warily, cunningly*, Plaut

* Catechesis, is f [a catechizo] *A catechizing*, Eccles unde

* Catechēticus, a, um adj *Belonging to catechizing*, &

* Catechismus, i m *A catechism* nec non

* Catechista, æ m *A catechist, or examiner of a catechism*

* Catechizo, as act [a κατηχέω, vivâ voce instituo] *To inform, instruct, catechize*, Eccles

* Catechumenus, i m *One lately taught, and catechized, one that is taught only the principles of religion, but not baptized, or, if baptized, not yet admitted to the communion*, Eccles

* Categorēmata, um pl n Cic sed Græc lit *The predicables of logic* Lat *Prædicamenta*, hæ res quæ dicuntur de quodam, aut quibus d im, Tusc 4 21.

* Categorēmaticus, a, um adj ut categorematica vox, quæ per se aliquid significat, ut homo, animal, Dialect voc

* Categoria, æ f *A predicament in logic* Latine ... describit, Quint 3 ... Elementa decem, circa quæ versari videtur omnis quæstio

* Categoricus, a um adj *Affirmative, or express* Ap Dialect

Cateia, æ f *A barbed dart, or spear, with a string* or *a kind of engine to fling stones, or to throw darts, used by the ancient Gauls, and Germans*, Vir Æn 7 740.

Catella, æ f (1) [dim a catena] *A little chain* (2) [dim a catulus] *A little puppy* (1) Hor ep 1 17 55 Prætor suos equites catellis, & fibulis donavit, Liv (2) Morte viri cupiant animam servare catellæ, Juv 6 653

Catellus, i. m [dim a catulus] *A little dog, a whelp, a puppy, a beagle*, Cic. Catellus ferreus,

a dog of iron, a kind of iron chain, Plaut

Catena, æ f unde dim catulus, vinculi genus (1) *A chain* ... (2) ... *or trace* ... *of wood* (3) ... *of dance like ... bre ...* (1) innocentibus injici catenas jussit, Cic (2) Vitruv 7 3 Pallad ae R R (3) Lucil test Litt

Catenārius, a, um adj *Chain a, linked* Catenarius canis, *A ban dog* Sen 13 de ir

Catenatio onis f verb *A ... of ... a closing or fastening with pins or pegs*, Vitr 9

Catenātus, a um part *Linked, chained, tied ... chain* Britannus catenatus, Hor Mic Catenati labores *A series, or continued succession*, Mart

|| Cateno, as act *To chain, to tie in ... iron* Vix ... ut ... probatos ... in part catenatus, frequenter tamen legitur in recentioribus

Catenula æ f *A little chain* Livio tribuit Litt utinam & locum monstrasset, usitatius certe ca ell..

Caterva æ f (1) *A band of soldiers, consisting of 600* (2) *A battalion of foot* (3) *Also any rout, multitude, or confused party, a concourse of people* (1) Veget 2 2 (2) ♓ Dum fugiunt equitum turma, peditumque catervæ, Hor ep 2 190. (3) Catervæ contradicentium Cic Tusc 1

Catervārius, a, um adj *Pertaining to companies, confused, in a huddle or disorder* Catervarii pugiles, *Of the common sort, whosoever would come, such as had no skill in fight*, Suet in Aug 45 ♓ Ordinarii, & legitimi, vide lo cum citatum

Catervatim adv (1) *In companies, or flocks* (2) *In a huddle, or confusion* (3) *By bands, or great parties* (1) Sturnorum generi proprium catervatim volare, Plin 10 24 (2) ♓ Non acie, sed catervatim in nostros incurrunt, Sal Jug 97 (3) Cum alii catervatim incurrerent, Liv. 3 Bell Pun

Catharmata pl n. *A sacrifice to the gods, to turn away the pestilence, or other evil*, Bud. Lat Purgamenta

* Catharticus, a, um adj. Catharticum medicamentum, *A purging medicine*, Celf

* Cathedra, æ f (1) *A seat, a chair, a desk, a pulpit to declaim, or read lectures out of* (2) *A sedan, or covered chair* (3) || *An episcopal see* (1) Multos pœnituit vana, sterilisque cathedræ, Juv (2) Femineis noctesque diesque cathedris incedit, Mar 12. 38 (3) Ap eccl script ¶ Supina in delicias cathedræ, *Easy chairs*, Plin

Cathedrālitius, a, um adj *Chair-men* Cathedralitii ministri, ... 10 13

Cathedrarius, a, um adj *Of, or belonging to the chair* Cathedrarius philosophus, *A public professor, or, rather, one that knows nothing of the practical part of philosophy, but only prates of the theory*, Sen de brev vitæ, c 10

* Catheter, eris m [καθετήρ, a καθίημι demitto] *A kind of squirt, or spout*, Ap Medic.

Catholicus, a, um adj [ex καθ' ὅλο, de toto, universe] *Universal, general, catholic* Catholica medicamenta, *Serving to purge all humours*, Celf *panaceæ* || Catholica fides, *The catholic faith*, Prud.

Catholica epistola, *A general epistle, writ to no particular church, or person*, Eccles

Catillatio onis f verb Grave opprobrium, si qui provinciis amicæ populi Rom exspoliassent, Fest [a catillonibus, qui & catil los ipsos ligurrunt absumpta prius dape Scc] *A licking clean the dishes, a taking all clean away* This opprobrious term they called used of the Romans plundering, and pillaging Fest

Catillo, as, i e catillos ligurio, *To lick the dishes to feed greedily*, Plaut

|| Catillo, onis m *A glutton, or lickerish fellow*, q d *A lick-dish* The ... el, or pike, Macr ‡ Gulosus, ligurito

† Catillum i n [dim a catinum Prisc] id quod

Catillus, i m [dim a catinus] (1) *A little dish, or porringer* (2) *The upper mill-stone, the runner* (1) Col 12 27 (2) Ap JCC

† Catinulus, i m [dim a catinus] *A little dish, or porringer*, Var

|| Catinum, i n Prisc. Idem, quod

Catinus, i m (1) *A large dish, or platter* (2) *A melting pot* (1) Cato (2) Plin 33, 4

Catlaster tri m Sic enim restituit Turneb pro eo quod vulgo catastos, nullo plane sensu, pro catulaster per sync *A coaxing word to boys, my little puppy dog*, Vitruv Architect 8 4

* Catoblepas, æ m [ex κάτω, & βλέπω, aspicio] *A beast near the rise of Nile, with a great heavy head, which it always hangs down*, Plin 8 21

* Catochites, æ m [a κατέχω, detineo] (1) *A precious stone in Corsica, which is very clammy, like gum* (2) *Also a kind of figs* (1) Plin 37 10 (2) Idem

|| Catomum, i. n. [ab ὦμος, humerus] *The juncture of the neck and shoulders*, Scal interpr ut κατ ὤμων τύπτεσθαι. *To be beaten upon the neck, and shoulders*, Vett Martyrol

† Catonium, i n [a κάτω] *Hell, the place beneath* Tollet vos orcus nudas in catonium, Gell ex Laber occurrit quoque ap Cic ep fam 7 25 in Pal & Victor edit Sed Scal legit, catomum, & Huret chaonium

* Catopyrites, æ m *A kind of precious stone from Cappadocia*, Plin 37 10

† Catulārius, a, um adj *Belonging to whelps* Catularia porta, *The dog gate in Rome*, Fest

Catulaster, ri m [dim. a catulus, ut a parasitus, parasitaster] *A counterfeiter of a little whelp, or dog, also a little whelp*, Prisc Per abusionem, *A son* Vide catla ster

Catuliens, tis part *Going assaut, caterwauling*, Plaut

Catulīnus, a, um adj *Of, or belonging to a little dog or whelp* Catulina caro, *Dog's flesh*, Fest

Catulio, ire neut [a catus, ant. pro canis] *To desire the male, properly of bitches*, Var 2 de R R c 9 *Of a she-wolf*, Laber *Of a woman*, Quum meam uxorem vidi catulientem, Plaut

Catulitio, onis. f verb. [a ca tulio] *Desire to the male, even in plants* Also, met *Rankness of the soil* Plin 16 25

Catulus, i m [dim a canis, Var] Properly, *A little dog, a whelp*, but used for *the young of all beasts, and perhaps fishes* However, Pliny useth it *Of dolphins*, 9 8 *vipers*, 10 62 *dragons*, 10 72. *asps*, 11 74 Catuli venatici, *Hounds, beagles*, Apul Also, *a sort of ... , or iron collar* F ... catulo ut accubes ..., Plaut

Catus, a, um adj [qu cautus, a caveo Non] (1) *Wise, wary, circumspect* (2) *Sharp quick, witty, skill'd in the law* (3) *Sly, ...* Also *the title of a book of ... concerning the education of children* (1) = Quis igitur tam ... tem &, ut ita dicam, catum ... dicet? Cic (2) Nescio qui ... nex modo ... ... confide... catus, Ter (3) = Di ... dant ... cata est, & callida, Plaut

Cavædium, i n *A place ... to walk in, a gallery, or portico, a piazza, ...* Plin Jun Cava ædium d vise ... Var

Cavaticus a, um adj [a cavus] *Hollow* Cochleæ cavaticæ, ... *or shell-fish, that breed ...* Plin

Cavātor, ōris m verb [a cavo] *That makes holes, or cavities, hollow* Cavator arborum picus Martius, *A wood-pecker*, Plin 10 18 Raro occur

Cavātus, a, um part *Made hollow, scooped* Alnos fluvii sensere cavatas, *Boats, or ...*, Vir

* Caucalis, is vel idis ... *herb like fennel, with a white ...*, Plin 22 22

* Caucon, i n *The herb called horse-tail*, Plin 26. 7

CAUDA, æ f ant coda (1) *A tail of a beast, bird, or fish* ... *rump, the fag end* (2) ... *privy member* (1) Caudæ, præter hominem, & simias, omnibus fere animalibus, & ovi gignentibus, Plin. 10. 50 (2) Accidit ut quidam testes, caudamque salacem demeteret ferro, Hor ¶ Caudam trahere, *To be mocked, to have a tail stuck, or tied behind him in mockage*, Id Caudam jactare, *To wag the tail, to fawn*, Pers

|| Caudātus, a, um adj *That hath a tail, tailed*, Litt Quâ au ctorit neque ille dicit nequ ego scio

† Caudea cistella [caudeæ cistellæ ex junco ... similitudine caudæ equinæ factæ, Fest.] *A little wicker coffer*, Plaut

Caudex, icis m vel codex, truncus arboris [dict a cado, sive cædo, quod in plures tabulas crassas secaretur, quarum & contextus caudex, dict. Sen] (1) *A stock, or trunk, the stem, or body, or stump of a tree* (2) Meton *A ... ble book, made of several boards joined together* (3) *A ... stool, or block to fit on* (4) Met *A blockhead* (1) Juba tradit arborem thuris contorti esse caudicis, Pli (2) Plurium tabularum contextus caudex apud antiquos vocatur Sen. de brev vitæ. (3) Residens in caudice pellex, Juv. (4) = Quæ sunt dicta in stultum, caudex, stipes, asinus, plumbeus, Ter Heaut 5 1

Caudicālis, e adj. *Belonging to blocks, logs, or bodies of trees* Te cum securi caudicali præfeci provinciæ, *I set thee to grub, and stock up trees by the roots*, Plaut

† Caudicētus, a, um adj Hinc caudicatæ naves, Sen vel caudicariæ, *Carracks*

Cavea, æ f. [a cavitate, Var] † Caveat in gen pro caveæ, Lucr (1) *A cave, or den for beasts* (2) *A cage, or coup for birds* (3) *A scaffold, or place in a theatre, like a cock-pit* cock pit (4) Also the area in the midst of the theatre for sword-play, and combat of beasts (5) A bee-hive (6) Any place listed, or railed in (1) Bestiarum more quadrupedes caveâ coercuit, Suet (2) Cum caveâ liberati pulli non pascerentur Cic (3) Sinxit ne quis pullatorum in mediâ caveâ sederet Suet in Aug 44 Magis de ... qui in primâ caveâ spectant, delectatur tamen etiam qui in ultimâ, Cic de senect (4) Varr (5) Virg Georg 4 58 (6) Vide Stat Silv 1 & 28 Tuc 1 76 ... ad summam caveam spectatio, For sordida longa g, fit for ... to near, Sen

Caveneus ... [... cavo] To be taken heed of, or looked to ... = Maxime cavendum, & ... dendum, Cic

CAVEO, ēre, cāvi, cautum act absol & neut (1) To beware or take heed (2) To take care of (3) To prevent, to shun, to avoid (4) To provide against (5) To take security by bond, or otherwise (6) To ... security by hostages, to be bound for, &c (7) To advise, to ... (8) To ... settle, or provide (1) Cave ... faxis quicquam indignum, Hor ... quod fere fit post imperatum ... Cave ... Cic ... putes Id Cave isthuc verbum ex te audiam, Ter (2) Ut ... Cicerone concordiæ ... Vell 2 48 (3) § ✕ Quod cavere possis, stultum est admittere, Ter (4) § Omitto, ne ... malo, Ibid Scribem pecu... ex lumentis caveto, Cato 5 5 (5) Atibi ego, Brute, non solvam, nisi prius a te cavero, Cic ... Cavere ab aliquo, & per aliquem alicui, ... Cicero (6) Obsidia de pecuniis cavent, ... JCC (7) Melius Vitellio cavere velle, quam ipse ... sollicit Cic (8) Testament ... cavere ... Id

Caveor ēris pass To be taken care provided for, &c Cic

Caverna, æ f [quasi cava] (1) A cave or den, a cavern under ... vault (2) Caverna, f The hollow of the ears (1) E ... cavernis ferrum et ... (2) Delphinus cavernas habet aurium loco, Plin

Cavernosus, a, um adj Full of holes, caves, or dens, hollow, Plin

Cavernula æ f [dim ...] A little hole, or hollow cave, Plin

Cavētur impers Care, or order is taken, security is given, Cic

... vitres nostræ Parts of beasts ... to be sacrificed ... for the college of priests, Fest

Cavilla, æ f A mock, a scoff, a ... a subtle forged ... Aufer cavillam, ... ego nunc nugas ago, Plaut

Cavillatio ōnis f verb [a cavillor] ✕ Cum ... facetiæ ... dicacitas, Cic de Orat ... (1) Jesting, or making a forged story (2) Cavilling, wrangling (3) An idle ... pretence, or put off (4) ... by degrees ... we infer note ... as by the argument in Logic called Sorites, Ulp (1) Cavillatio est genus facetiæ ... mentiendo, Cic ait Festo (2) ✕ Nunc per cavillationem, ... precibus, ad ... talenta est perdu... (3) Litigare omnem cavillationem, Quint. 1. 7 (4) Lib 177. V. S

Cavillātor, oris m verb (1) A caviller, a wrangling fellow, a sophister, a wrangler (2) Also a boon companion (3) A pettifogger (1) Cic ad Att 8 4 (2) Cavillator facetus, vel conviva commodus item ero, Plaut. (3) JCC

Cāvillor āris, ātus sum dep [a cavillum] (1) To cavil, to taunt (2) To banter, to jeer, to jest ... (3) To play the sophister (1) Liv 2 58 (2) Atque in eo ... iam cavillatus est, ætate gravem ... cum unum amiculum, hyeme frigidum, Cic 3 de Nat Deor Itaque jam familiariter cum ipso cavillor, & jocor, Id (3) JCC

Cāvillum, i n idem quod cavilla, Plaut

Cāvitas ātis f Hollowness

† Cavitio, pro cautio ... usi, Fest

Caula, æ f Sed vix legitur in sing [a Gr αὐλή, id Serv ... pro ... circumen, ... vel ab Heb כלא unde ... claudo, ... quæ cavea, a cavus, ponitur enim pro quovis receptaculo] (1) A sheep cote, a fold (2) A passage, or pore, any receptacle (1) Quum fremit ad caulas [lupus] Vir (2) Dispergunt animas per caulas corporis omnes, Lucr lib 2 950 Animi diffugiunt partes per caulas corporis omnes, Id 3 256 Quod exprimimus per caulas omne palati diditur, Id 3 621

Caulesco, ēre, unde decaulesco [a caulis] To grow to a stalk, Plin

* Caulias, æ m The juice of the herb Laserpitium, or Benjoin, Plin

Cauliculus, i m [dim a caulis] A little stalk, or stem, Plin

CAULIS, is m [a Gr καυλός] Herbarum idem est, quod arborum caudex, (1) The stalk, or stem of an herb (2) Synecd Any kind of pot herb, especially colewort (3) The quill of birds, out of which the feathers grow (4) The tail of a beast, out of which the hairs grow (1) Quorundam caules spargunt in terram, si non habeant ad minculum, ut pisorum, Plin (2) Odit & caulem vitis, & omne olus, Id 17 24 (3) Pennarum caules omnium avium præcisi non crescunt, Id 11 39 (4) Boum caudis longissimus caulis, Id 11 50

* Caulōdes A broad-leafed colewort, Plin 20 9

Caunæ, sive Caunex, sc ficus, ... caricæ A kind of fig brought from Caunus, a sea town of Caria, Cic de Div

Cavo, as act (1) To hollow, to make hollow to scoop (2) To bore through (1) Gutta cavat lapidem, Ov (2) Parmam gladio, galeam quoque cavat cuspit Id Met 12 13 ¶ Cavat luna cornua The moon is in the wane, Plin 8 17

Cavor, āris pass To be ... hollowed Sive cavantur aquis, Ov

† Cavo, ēre ant pro caveo To beware, Hor

CAUPO, ōnis m & copo, Cic pro Cluent A vintner, a victualler, a huckster, a retailer of ... for ... Cic Caupones ... Brokers who sold things at second hand, Plaut

Caupōna, æ f [a caupo] Signum ... tabernam, quam ... licitem, Priscian dict & copona, & copa (1) A tavern, a cellar, or victualling-house (2) A vintress, or ale-wife she that keeps a public house, a huckster, or retailer (1) In cauponâ vivere, Hor 2 ep 11 12 (2) Caupona hic tamen una Syra, Lucil S 3 11 33 per Donatum

Cauponans, tis part Doing a thing for interest, or gain, huckstering Enn ap Cic

Cauponaria, æ f The tavern ... the keeping of a tavern, or victualling house, Ciceroni adscribit Litt

Cauponius, a, um adj Pertaining to a tavern, or victualling houses, ... Puer cauponius, A drawer, Plaut

Cauponor, āris dep To huckster, to retail, to keep a victualling-house, to sell wine ... to sell any thing for gain, to make a ... Cauponari bellum, ... war for money, Enn ap Cic Offic 1

Caupōnula æ f [dim a caupona] A tipling house or blind ale-house, a tap-house, a little tavern, Cic

Caurinus a, um adj [a Caurus] Caurino frigore The cold Chorecco or westerly wind, Grat

Caurio, ire neut To cry, or roar like a panther, Phil

Caurus, i m Veg ... & Corus, & Chaurus [a קר frigus] A west north west ... wind Vet, Ibid North west Vitruv Plin

CAUSA & uti scribit Virgilius, & Cicero, teste Quint caussa, æ f [... causa, Ibid unde ... catus, pro causa, ap JCC] (1) A cause (2) A design, or purpose (3) A pretence, or colour (4) A motive, inducement, or reason (5) A case, suit or process at law (6) Sake, or account (7) Profit, or advantage (8) Reason, or licence (9) An affair, or business (10) A state or condition (11) A formal plea or defence in law (12) A thing or matter (13) Fault, or blame (14) Side, or party (15) Sickness, as dictio is also used in Greek hence also causarius (16) With a genitive, it is sometimes elegantly redundant, as also the Greek χάριν, or as the English sometimes use matter, business, or thing (1) Nihil fieri sine causa potest, Cic de Div (2) Repetiti Bythiniâ per causam exigendæ pecuniæ, Suet in C Cæs (3) Pro causâ supplement ... exercitu discedit Cæs (4) Principium, & causa philosophiæ, est ... Cic (5) Causa tum dubia, quod erat aliquid in utraque parte, quod probari potest, Id (6) Non ... mei causâ, Pl (7) Tuum summorum causâ subeunt sub hasta Pl (8) ... tibi causa est de hac re, mirari hujus ... Ter Hec 4 4 (9) Omnis familiæ causa consistit tibi Plaut Asin Act 3 Sc 1 (10) Soluta [piedia] in meliore causâ sunt quam obligata, Cic de leg Agr 3 2 (11) Servum boni nemo causam orare leges non sinunt, Ter Phor 2 1 6 (12) Causa justa, vinculis, Id Phor 1 4 49 (13) In causa damnationis fuisti, ... (14) Diutius in causâ est quam nos, commoratus, Cic sc in partibus Pompeianis (15) Non illi sontica causa, Tibull 1 8 51 (16) Doloi hinc, & causa Neæræ conjugis erepta causa ; ... fuit, Id 3 2 in fine, i e Neæra conjux erepta Sic Causa facti, pignoris, bonorum, &c pro factum, pignus, bona, Ap vett JCtos Assini hujus significatione pro accessione utitur, Ulp 1 sect & par ... ff ¶ Causa sontica, An excuse from appearance, as sickness, &c Ov Verbi gratia, vel causa For example sake, Causam dicere, vel perorare, To plead, Id Idem quod orare, Ter Indictâ causâ, Without hearing, Cic ✕ Tenere, & obtinere causam, Id vincere, Ov Cadere causâ, To be cast in law, Cic Causam non dico I have no excuse, nothing to plead, Plaut

|| Causālis, e adj ut causales conjunctiones That pertain to a cause, causal, Prob ↓ Ad causam pertinens

Causarius, a, um adj causarius milites Liv qui propter morbum ... a militia solvuntur Assoiled in law, or excused service ... sick, maimed, &c Ulp Met Causarii, Crazy, sick, or maimed, Plin 25 5

|| Causatio, onis f An excuse, or pretence, Gell Per Meton Illness, ... or some hurt of illness, Pallad

Causatius adv comp With greater cause or reason, Plin

Causātus a, um part [a causor] Pretending, alleging, Suet

Causidicus, i m [ex causa, & dico] A lawyer, a pleader, a counsellor, an advocate, Cic in Orat c 9 Purpura vendit causidicum, Juv Sat 7 135

† Causificor aris dep id quod causor To allege a reason or excuse, Plaut

* Causimomantia, æ f al leg axinomantia Al necyomantia A kind of divination by the burning of things, Salm ex Plin 36 19

* Causōdes, Cels est Coop idem quod

* Causon onis m An heat, or hot disease, a burning ague, a continual fever, Cels

Causor, āris dep (1) To pretend, or plead by way of excuse (2) To blame, or ... (3) Pass To be blamed (1) Causando nostros in longum ducis amores, Vir (2) Uterque locum immeritum causatur inique, Hor ep 1 14 12 (3) Causabor quare sit lapidosus ager, Ov de Nuce 124 Si sua ... forte melius ut quid in leg Causa habeor

† Caussa, æ f Sic ... vett Vide causa

* Causticus, a, um adj That ... burn ... Causticum medicamentum, A caustic, Plin 27 9

* Caustum, i n A thing burned, or that may be burnt, Plin

Causula æ f [dim a causa] A little cause, a small ... or ... pretence, Cic

Cautim adv ... Warily, circumspectly, subtilly, ... cleverly, ... = Caute & cautim rem tractare Ibid = Caute & diligenter Cic Cautius aliquid efficere, Ta Cautissime ...

Cautio, æ f [a cautus] A provision, a caution, an assurance, or security, Ap JCC

Cautes, ... m A ... sore ... Veg 2 6

|| Cauterizo, as To burn ... searing ... Veg 3 1 ↓ Cauterio urere

* Cauterium, i n An instrument to mark cattle with, an hot iron to brand thieves with Or ... gangrened parts or proud flesh ... Plin || Also a ... , which he uses to enamel ... Martian

Cautes, is f [a caveo, ... quod cavenda, ...

rock, a crag, or cliff = Ab æstu derelictæ naves nihil saxa, & cautes timebant, *Cæs Bell Gall* 3. 13

Cautim, adv idem quod cautè *Warily, with good advice* Cautim & paulatim dabis *Ter*

Cautio, onis, f verb [a caveo, cautum, *ap vett* cavitio] (1) *A caution, or taking heed* (2) *Care, and provision,* (3) *A bond, bill, or obligation,* (4) *Security, warranty,* &c (1) Ne quisquam pertundat crumenam, cautio est, *Plaut* (2) = Una cautio atque adeo provisio *Cic de Amic* (3) Video istic diplomata, & syngraphas, & cautiones, vacua habendi simulachra *Sen* (4) Ap JCC freq ¶ Cautio est, i e cautione opus est, *We had need look to it, Ter* Mea cautio est, *I must see to this,* Cic Cautio chirographi, *A bill under his own hand,* Id Infirma cautio *A slender assurance,* Id

Cautionalis, e adj Voc forensis *Pertaining to security,* Dig

Cautor, oris m verb [i e caveo] *An assurer, a warranter, a provider, or taker of care, a wary man, that looks about him* Cic Sæpe is cautor captus est, *Plaut* ¶ Cautor formularum, *A conveyancer* Cic 1 de Orat 236 *ubi al leg* cantor

Cautum est, imperf *It is provided, order is taken,* Plaut Cautum est a populo, *The people had security given them,* Cic

Cautus, a, um adj [a caveo] or, comp issimus sup (1) Active, *Wary, provident, circumspect, subtil, well-advised, cautious,* or *cautelous* (2) Passively *Safe, secure* (1) Ut cautus est ubi nihil opus est, *Ter Phorm* 4 5 3 Vide quam sit cautus is quem isti tardum putant, *Cic* DUX AELIANIS SUAE CAUTISSIMUS *Inscr vet. Fab* Max dicitur ap *Gruter* (2) Quo res muliere esset cautior, *More safe, or secure,* Cic

Cavum, i n *A hole, or hollow place, sinus, or vault* Cava dentium, *Hollow teeth,* Plin

CAVUS, a, um adj [ב כה vola] *Hollow, full of holes,* as a *pumice,* Vir Luna cava, *When she is not in the full,* Plin Cavus orbis, *A buckler* Cava vena, *The great liver-vein, going through the body.* Pinus cava, *A ship,* Ov Manus cava, *The hollow of the hand* Vir. Cava flumina, *Deep rivers,* Id. Cava lintea, *Full sails,* Val Flac Cavæ nares, *The nostrils,* Ov Cava fenestra, *A bay window,* Vir Æs cavum, *A trumpet,* Id *A kettle,* Ov

Cavus, i m subst *A hole, or hollow place,* Vir Georg 1 184 Col. & Hor Concede audacter a leonino cavo, *Plaut*

C ante E

Ce, syllabica adjectio est, ad expletiva particula *ut* In comp e in i mutatur, *ut* hiccine, siccine, *M*

Cea vestis, & absol Cea, pl *sc* vestimenta *A garment of silk, or lawn, so called, because in the island Cea, or Ceos, they were first made,* Plin 11 22

Cedens, tis part [a cedo] *Giving place, retiring, giving back, falling off,* Vir

Ceditur, imperf *They yield,* or *give place* Luc

CEDO, ere, cessi, cessum neut [a χάζω, recedo, i. e. χάζω] (1) *To give place, to depart, to leave, and quit a place,* &c. (2) *To give ground, to retreat.* (3) *To submit, to obey* (4) *To yield, to give one the better* (5) *To succeed, happen, chance, or fall out* (6) *To go, or give back* (7) *To give up, deliver up, or resign* (8) *To be instead of.* (9) *To pass away* (10) *To desist, or leave off* (1) = Cedam, atque abibo, *Cic* § Cedere ab oppido, ex civitate, de republicâ, vitâ, *Id.* quoquam, *Lucret* ad undam, *Ov* (2) Si quæ cessissent loco decimatas hordeo pavit, *Suet in Aug* 24 (3) Cedimus Phœbo *Vir* (4) = Cur cedis, succumbisque fortunæ? *Cic* (5) Ut voto cætera cedant, *Ov* (6) Ex transverso cedit, quasi cancer solet, *Plaut* (7) Postquam Tusculanâ villâ creditoribus cesserat *Suet* (8) Pro pulmentario cedit, *Col* (9) Horæ quidem cedunt, & dies *Cic de Senect* (10) Intercessioni cedere, *Cic.* ¶ Cessit in proverbium, *It is become a proverb* Plin Feliciter tibi cedit, *God give you good of it,* Ov Pœna cedit in vicem fidei, *Their punishment passes instead of payment* Liv Cedere ad factum, *To be done, or effected* Plaut Cedere foro, *To turn bankrupt, not to appear upon the exchange, to go on one side, to break,* as *merchants do* Juv Cedit dies, *The day of payment is come* Ulp

Cĕdo, i. dic, vel da verbum defect & in imperativo tantum legitur, pl cedite † cette, *Enn* (1) *Give me.* (2) *Tell me, shew me, both in the singular, and plural number* (1) Cedo aquam manibus, *Plaut* (2) Cedo, cujum puerum hic apposuisti? *Ter* Cedo, qui vestram rempublicam tantam amisistis tam cito? *Cic* Unum cedo auctorem tui facti, *Id* § Cedo mihi unum, *Shew me one,* Id Cedo quem vis arbitrum, *Make who you will judge,* Ter

Cedrātus, a, um adj *Anointed with the juice, or oil of cedar-tree and so preserved from moths, and rottenness,* Plin

* Cedrĕlāte, es f [a κέδρος, cedrus, & ἐλάτη, abies, quod abietem æquet] *The great kind of cedar, as big as the fir-tree,* Plin 24 5

* Cedria, æ *sc* pix *The liquor, pitch, or rosin, running out of the great cedar,* Plin 29 3.

Cedrinus, a, um adj *Made of cedar,* Plin Cedrinus liquor, *Pitch.*

* Cedris, idis f *The fruit, or berry of cedar,* Plin 24 5

* Cedrium, i n *sc.* oleum *The oil which issueth from the cedar tree, wherewith they anointed books, or other things, to preserve them from moths, worms, and rottenness* Vitruv 16 11. *And in Egypt they used to embalm their dead bodies with it,* Plin Confundunt etiam auctores cum cedria

* Cedrostis, is f. *The white-vine, growing in hedges, briony,* Plin 23 1

Cedrus, i f *The cedar-tree, always green, not much unlike the juniper, whose timber is very durable, and of a very sweet smell,* whence Virgil calls it odorata *with the oil whereof, the ancients anointed their books, to keep them from being worm-eaten* Whence Carmina cedro linenda, *Hor* & Cedro digna, *Worthy of immortality,* Pers

* Ceiris, avis, *vulgo* ciris *A puttock,* Vir.

Cēlans, tis part. *Dissembling, concealing,* Lucan.

Cēlātus, a, um part. [a celor] (1) *Concealed, kept secret, hidden, hid, kept close.* (2) *Not only the thing concealed, but the person from whom, unacquainted, not made privy to* (1) Litera celato, arcana fatebitur ignes, *Ov* (2) Non est profecto de illo veneno celata mater, *Cic.* = Dissimulatus, *Ter*

Cĕlĕber, m. *rarò leg.* ris c. g. re n adj or, comp rimus, sup [a κλέος, gloria] (1) *Renowned, famous* (2) *Thronged, very much frequented* (3) *Amorous* (1) Celeberrimus dies, celeberrimum monumentum, *Cic* (2) Via celebris, *Cato* = Portus celeberrimus, & plenissimus navium, *Cic* (3) Sponte suâ sine te celeberrima verba loquuntur, *Ov Amor* 2 705 Circus pompâ celeber, *Ov* Habere veteris orationis usum, atque notitiam celebriorem *Gell*

Cĕlĕberrime adv *Very frequently, very famously, or solemnly* Suet

Cĕlĕbrandus a, um part *To be solemnized, or praised* Cic

Cĕlĕbrātio, onis f verb (1) *Reputation, renown.* (2) *A celebration, or solemnizing* (3) *An assembly, or company* (1) Equestres utique statuæ Romanam celebrationem habent *Plin* 34 5 (2) De celebratione ludorum Bruti tibi assentior, *Cic* (3) Quæ domus? Quæ celebratio quotidiana? *Cic pro Sylla*

Cĕlĕbrātor, ōris m *A setter forth of public plays,* Mart

Cĕlĕbrātus, a, um part or, comp issimus, sup (1) *Renowned, famous* (2) *Much spoken of, or published* (3) *Mentioned with honour* (4) *Much frequented, or frequented, of great solemnity* (1) Omnium sermone celebratum est, *Cic* (2) Nomine, quam pretio celebratior, *Ov.* (3) Res omnium sermone celebratissimæ, *Cic.* Literis nostris, & vocibus maledictisque celebratum, *Id* (3) Ea fere sunt & Græcis literis celebrata, & Latinis *Id* (4) Conventus hominum celebrati, *Id* In rebus celebratissimus sermone hominum versari, *Id*

† Cĕlĕbresco, ere, i e celebris fio *To wax famous, to grow in repute, or credit,* Acc ap Non

Cĕlĕbris. *Vide supra* celeber

Cĕlĕbrĭtas, ātis f [a celebris] (1) *Renown, good name, repute, good report, greatness in the world, credit* (2) *A solemn assembly, a solemnity, a frequent resort* (1) = Quam celebritatem sermonis hominum, aut quam expetendam gloriam consequi potes? *Cic* (2) Ludorum celebritas, *Id* ♓ Me hæc solitudo minus stimulat, quam ista celebritas, *Id*

Cĕlĕbro, as act i e celebre facio (1) *To frequent* (2) *To celebrate, to solemnize* (3) *To commend, and praise greatly, to set forth* (4) *To make famous, to record.* (5) *To have in estimation* (6) *To exercise, and perform frequently* (7) *To publish, in a bad sense* (1) Cui non tam cura erat, ut templa debrum, quam ut popinas celebraret *Var* (2) Celebrare epulas, *Liv* honorem, *Vir* ludos, *Ov* mortem, *Cic.* natalem, *Plin* (3) Carminibus celebrare, *Ov* (4) Annalium monumentis celebratus, *Cic.* (5) Geminâ dote nardi spicas, & folia celebrant, *Plin* (6) Putatio celebratur in vitibus, aut arboribus, *Pallad.* (7) Vocibus maledictisque celebratum, *Cic.*

Cĕlĕbror, aris pass *To be frequented, solemnized, published, exercised,* &c Cic

CĔLER, m celeris, c g celere, n or, comp rimus, *sup* †issimus, *Var* [a κέλης, celer, i eques, quod a קלל levis fuit] (1) *Swift, speedy, fleet* (2) *Active, nimble* (3) *Sudden, unmitigated* (4) *Brisk, airy* (5) *Rash, short* (1) Celeres defer mea dicta per auras, *Vir* § Irasci celer, *Hor* Quia celerrima erat unum trahi sit contas ensem *Ter* (2) Jaculo celer, *Id* Celeres L... (3) Nihil celerius mente, *Cic* (4) Imperfectum discruit celeri nobis Sabinus opus, *Ov ex Ponto* 4 16 (5) ♓ Oderunt sedatum celeres, *Hor* (5) Somnus celer, *Ov in Bipont* 4

† Cĕlĕrinter, *idem quod* celeriter *Swiftly, speedily,* Acc ap Non

† Cĕlĕrĭus in adv *In haste,* Sisenn ap Non

Cĕlĕrĭtus a um part *Hastened, quickly dispatched* Tuncrion celerius *idem altera*

Cĕlĕres, *sc.* equites [a main de in celeritate] *The light horse, so called, chosen out of the rest of the cavalry by Romulus for his guards,* Liv 1 16

Cĕlĭpes, edis adj [a celer & pes] *Swift of foot,* Cic

Cĕlĕrĭtas, ātis f *Quickness, swiftness, speed* = Festinatio, brevitas, *Cic* Studium, *Cæs* = Velocitas corporis celeritas appellatur, *Cic* § Celeritas verborum *Id* ad dicendum, *Id* in capiendis castris, *Cæs* percipiendi *Quint* leg in *Cic* Cavendum est in festinationibus suscipiamus nimias celeritates *Cic, Offic* 1, 36

Cĕlĕrĭter adv *Quickly, swiftly, nimbly, hastily, with speed,* by-and-by, *ever* one, *id.* *lay,* ... Cic

† Cĕlĕrĭtūdo, inis f *idem quod* celeritas *Swiftness,* Var

Cĕlĕrius, adv comp *More speed, by quickly, sooner,* Cic

Cĕlĕriuscule adv *Somewhat quickly,* Gr ex Auct ad Heren 3 14

Cĕlĕro, as act *To hasten, quicken, or speed a thing* Celerare fugam, viam, opem, inceptum gradum, *Vir*

* Cēles, ētis m *A horseman, one that rides on horseback in public sports* Also *the horse itself, a race horse,* Plin 34 5 Celetes, *quæ Lat* celoces *A kind of brigantine, barge or pleasure boat,* Gell

* Cĕlētizontes *Vaulters, riders, images resembling horsemen,* Plin 34 8

* Cĕleusma, ătis n κέλευσμα, i hortamentum, a κελεύω, jubeo, hortor *The shout, or noise which mariners make, when they do any thing together with joined strength at which times they cry,* Ho up, *or when they encourage each other,* Mart 3 27 Sometimes it was performed by music, *Ascon Ped*

* Cĕleustes, æ m *The boatswain, he that calls on the mariners, to hearten them in their business* Lat Animorum hortator, *Vir* portisculus, *Plaut*

Cĕlia *A kind of ale, barley, or wheat drink, sherbet,* Plin 22 ult & Flor 2 18 Vide cilia

† Cĕlibaris hasta *A spear wherewith the new-married women had their hair trussed up,* Fest

Cella, æ f quod in eâ celentur quæ volumus esse occulta, *Fest* nam & antiq scrib ceia (1) *A cellar, or store-house, for wine, oil, honey, or other provisions, a place to lay any thing in, a buttery, pantry, a monk's cell.* (2) *A chamber*

ber for servants (3) *A private place in a bath to wash in*, whence cella caldaria frigidaria, assa, trepidaria, sudatoria (4) *A chapel in a temple*, as cella Jovis, concordiæ, &c (5) *A honey-comb* (6) § *A place in the stews*, in cujus aditu scorta prostabant, cum titulis inscriptis (1) Semper bon, abundique domini refertæ cellæ vinariæ, oleariæ, mellariæ, & po ... Cic ... (2) H ... Philip 2 27 (3) Pallad de R R 1 19 (4) Ap Liv ... Cic passim (5) Dulci distendunt nectare cel ... ... (6) Juv 6 121

Cellāria, æ f sc famula *A woman who has the charge of the cellar, or pantry*, Plaut Also *the cellar itself*, Id ib Mil

Cellāris, e adj *Pertaining to a cellar* Columbi cellares &c *Doves breeding in holes, and lockers*, Col 8 8

Cellarium, i n *A cellar, store-house, buttery, or pantry* Plin 19 1

Cellārius, i m *A butler, the yeoman of the larder, the store house keeper, a clerk of a kitchen* Col

† CELLO ĕre act antiq quod manet solum, in comp ut, excello, percello, &c *To beat, or strike, to break, to excell*, or *outgo*, Perot

Cellŭla, æ f *A little cell or lot ery, spense, chancel*, or *secret chamber* Cellulæ columbarum, *pigeon holes, lockers*, Col 8 9

CĒLO act [ab Heb כלא clam habuit] (1) *To hide, to cover up* (2) *To conceal, not to acquaint with, to dissemble* (1) ✠ Sol diem promit, & celat, Hor (2) § Ei ne me celet consuetudinem filium, Ter Adelph 1 1 29 De insidiis celare te voluit, Cic § Alcibiadi diutius celari non potuit, Nep

* Celōnium, i n *A bitcler*, Plaut

Celor āris pass *To be concealed* &c Si hoc celetur patri, *if it be kept from my father*, Ter

Celox, ōcis f [a Gr κέλης, navigii genus] *A kind of little bark, brigantine or yacht, a fly boat, pinnace*, or *wherry*, Liv 21 17

Celsitas, ātis f *Loftiness, haughtiness, height* Tribuitur Cic qui Excelsitas dixit, ut quæ celsitas prater lexicogr non invenio

Celsitudo, inis f *Highness, nobility, excellency*, Patere Raro occ

Celsus, a um adj or, comp issimus, sup [a cello ...] (1) *Erect, upright* (2) *Noble, exalted or lofty, courageous* (3) *High* (4) *Tall* (5) *Lofty, stately* (1) ✠ Deus homines celsos, & erectos constituit, Cic de Nat Deor (2) Qui autem poterit esse celsus, & erectus, nisi omnia in se posita censebit? Id Celsissima sedes honoris Id (3) Celso a vertice montis, Vir (4) Celsus corpore, Liv Celsiores infan es, Plin (5) Celsæ graviore casu decidunt turres, Hor

Celtis, is f arbor *A tree in Africa, a kind of Lotos*, Plin 13 17

* Cemos *A kind of herb, the same as Leontopodium*, Diosc Plin. 27 8

* Cenchramides [a κέγχρος, milium ob simil] *The grains, or stones of figs*, Plin 15 19

* Cenchris, is m. *A venomous serpent all speckled on the belly* Vide Plin 20 22

* Cenchris, idis f *A kind of speckled hawk, a kastrel*, Plin 10. 52. Latine tinnunculus dic. Also *a gem so called*, Id 37 4

* Cenchritis, idis f *A precious stone all speckled*, as it were, *with millet-seed*, Plin 37 5 Al scrib cenchrites, m κεγχρίτης

* Cenchron, adamantis genus, quod fit milii magnitudine dict Plin 37 4.

* Cenotaphium, i n κενοτάφιον, i κενὸς τάφος Latine Inanis tumulus, Ter Honorarius, Suet *An empty monument set up in honour of one that is dead, especially when they died in a strange country, the body being buried elsewhere*, a centh Serv

† Censa, orum pl *Substance, revenues* Non

CENSEO, ēre, ui, um (1) *To think, suppose, imagine, or judge* (2) *To be of opinion, to shew his opinion, to be in the mind* (3) *To vote, or give his suffrage* (4) *To resolve in a parliamentary way* (5) *To tax, levy rate, cess*, or *assess*, as the censors did the people (6) *To pay the rate*, or *cess*, or at least, *to inroll*, or *set down, in order to pay* (7) *To judge, or give an estimate of* (8) *To be angry, or displeased* (9) Also, ironically, as puto, credo &c is often used (10) *To censure*, or *frown* (1) Nequi hâc nocte longiorem me vidisse censeo, Plaut Amph (2) Militem rivalem recipiendum censeo, Ter Eun 5 9 (3) Ac si centendum magis quam assentiendum fuisset, Suet Aug 35 in fine (4) Quia patres CENSUERE, vos ... populus] JUBETE, Liv 31 7 (5) Censores populi civitatis soboles, familias pecuniasque censento Cic Quinto quoque anno Sicilia tota censetur, Id Verr 4 56 (6) In qua tribu prædia censuisti? Cic pro Flac, (7) Aristides quo totius Græciæ justitia censetur, Vel Max (8) Ne vobis censeam, si ad me referretis, Var. (9) Vereamini, censeo, in hoc scelere, ut nimis aliquid severe statuisse videamini, Cic 4. Cat 6 (10) Litt *and vult non invenio*

Censeor, ēris pass *To be numbered, mustered, valued, prized, taxed*, or *cessed*, &c Vide censeo

Censeor, eris dep (1) *To inroll in the censor's table* (2) *To reckon*, or *account* (1) = Pertimuit cum te audisset servos suos esse centum, Cic pro Flac 22 Voluit magnum agri modum censeri, Id (2) Ovid teste Litt *sed locum non invenio*

Censi appellabantur, qui centum millia in bonis habebant *Ap JC appell* centenarii *Subscaymen*

† Censio, ire, & censo, ĕre, Cato Vide censeo

Censio, onis f verb [a censeo] *A punishing or censure, by the censor, a rate* Censio bubula, *A beating, whipping*, or *scourging of slaves*, Plaut Censionem facere, *To exercise authority*, as a censor *doth, to lay a fine*, or *penalty on one*, Idem

† Censitor ōris m *An assessor, a surveyor of lands* also *a steward that keeps account*, Ulp ☞ This officer seems originally to have been the same with *Censor*, but afterwards came to signifie him, who executed the office in the provinces as *Quæstor*, and *Quæstor* also differ

Censor, ōris m verb [a censeo] qui agebat censum tam de personis, quam rebus, sic enim

veteri Gloss Census ἀπογραφή, τιμητής ἀπογραφῶν (1) *He who executed the Census*, first instituted by Servius Tullius, and managed as part of his kingly office In the consular state, the consuls them selves executed it, as part of their business, 'till the year of the city 311 when by reason they had too much employment on their hands the senate were willing, for divers politic reasons, to ease them of this part of their burden by creating two of these officers, Papirius, and Sempronius, whose office then being only to take an account of the number of the people, and the value of their estates, and to assess them accordingly, was look ed upon as mean but afterwards, the succeeding censors, upon the accession of more business, gained so great authority, that even the emperors themselves exercised their office They were to censure, and punish evil, and indecent manners, such as the law took no cognizance of by degrading the senators, and knights, and disfranchising the commonalty They had the care of public buildings, bridges, and ways, making, and abrogating certain laws, &c (2) Met It is also taken for *a censurer, critic*, or *other severe person* (1) Hor ep 2 2 109 Mart 12 71 1. (2) = Magister disciplinæ, Cic morum, Id Castigator Hor

Censōrius, a, um adj *Pertaining to the censor*, or *his office* Meton *Censorious, severe, grave* Homo censorius, *Who hath been a censor*, Cic Censoria virgulâ notare, *To use the censor's authority*, particularly, with a critical mark to strike out counterfeit writings, Quint Censoriæ tabulæ *The registers, rolls*, or *records*, *which, by proper officers, were made, and kept*, Cic Se Auctoritas, lex, ratio, severitas, gravitas, censoria, Id

Censuālis, e adj *Belonging to the cess or rate, rateable*, Dig Lex censualis, *Tac*

Censūra, æ f [a censor, ut a prætor, prætura] (1) *The censorship*, or *office of a censor* (2) Meton *Censure, reproof, a reprimand, a pattern*, or *example* (3) *Authority to determine concerning matters* (4) *Punishment* (5) *Judgment* (6) *An essay*, or *proof* (7) *Discipline, severity* (1) Quinquennalem censuram gravem esse, Liv (2) Vitæ principis censura est eaque perpetua, Plin Paneg (3) Censuram longa senecta dabat, Ov (4) Vexat censura columbas, Juv (5) Censura vatorum difficilis est, Vell (6) Censuram vini facere, Plin 14. 6 (7) Ap. infer

Census, a, um part *Cessed, taxed, rated, valued, registred*, Cic passim. capite censi qui fuerint, vide caput

Census, us m verb [a censeo, censum] (1) *The valua ion of every man's estate, the registring himself, his years, tribe, family, profession, wife, children, servants, cessing, valuing*, or *mustering the people*, a *tribute, tax*, or *subsidy, to be levied according to mens estates* (2) § Meton *A subsidy book* (3) *A man's estate, wealth*, or *yearly revenue* (1) Censum instituit rem saluberrimam tanto futuro imperio Servius Tullius, Liv. 1. 42. *ubi plura huc spectantia.* (2) Census & monumenta publica potiora testibus esse dixit, Marc (3) Si

ubi ex censu quotannis tributa conferunt, Cic Census dare me pro nocte paciscor, Ov Met 7 749. Dat census honores, Id. Census equestris, *The value of a Roman knight*, which was 4000 f sterces, of sterling about 2000 pounds. Census senatorius, *The value of a nobleman*, or *senator* which was about 6000 pounds Censum agere *To take an account of people, and their estates, to make a rate*, Liv. Deferre censum *To pay his tribute according to the assessment* Plin Censui censendo agri, *Lands whereof livery, and seisin was made, and might be registred*, Cic

* Centaurēa, æ f sc herba et centaurion, i n Id centaureum, Vir 4 Geor 270 & centaurium, Fest [a Chirone centauro dict vel ex centum, & ἄρεταις virtutes] *The herb centory*

* Centauris, is f *A kind of centory named triorchis*, Plin 25 6

* Centaurus i m (1) *A people of Thessaly, who first found out the way of riding* (2) *A centaur a feigned creature, half a man, and half a horse* (3) *One of the twelve signs, Sagittary* (4) *The name of a ship in Virgil* (1) Plin 7. 56 (2) Ille furentes centauros leto domuit, Vir Geor 2 456. (3) Vitr. 9 7. (4) Centauro in magna, Vir

Centenārius, a um adj [a centenus] *Of a hundred* Pondera centenaria Plin. § Homo centenarius *A hundred years old*, Sipont. Centenarius numerus, *An hundred*, Var Centenaria cœna, *In which, according to the Fannian law, no more than a centussis was spent*, 6 s 3 d *in our money*, Fest ¶ Centenarii quoque, qui centesimam hæreditatem exigebant Turneb § Item qui centum millia HS possident, qui a vett dicebantur censi, al so.

Centēnus, a, um adj [a centum, ut a senu, senarius] *An hundred*, as Centenæ manus, Stat Centenis durare annis, Plin ✠ Centenaque arbore fluctum verberat, *With a hundred oars*, Vir Æn 10 207 ✠ Judex centenus, *The centumvir*, Ov ad Pis

Centēsima, æ f sc usura, sic dict quia centesimo mense, sortem æquat. *Interest of one in the hundred every month*, or *twelve per cent*, Cic interp Budæo de Asse But others say, *An hundred per cent yearly* Vide Accursium, Gloss id Novel 2 4 ad verbum centesima & Glossam in Gratian Dist 17 2

Centesimo, as act Centesimare, & decimare exercitum pro eo quod est centesimum vel decimum militem supplicio afficere *To punish every hundredth*, or *tenth, to take one out of a hundred*, Jul capit

Centesimus, a, um adj [a centum, centesimus] *The hundredth* as Centesima fruge, *With an hundred fold increase*, Plin

✠ Centiceps, cipitis adj [ex centum, & caput] *Hundred-headed* Bellua centiceps, Hor Cerberus

Centies adv *An hundred times* Centies H S reliquit Cic Also *infinitely*. Nisi idem dictum sit centies *over, and over*, Ter

✠ Centifidus, a um adj [a centum, & findo] *Divided an hundred ways*, Prud

Centifolia, æ sc rosa *A kind of rose with many leaves*, Plin 21 4.

Centi-

Centigrānum, i n A kind of wheat, having in every ear an hundred corns, Plin

✠ Centimanus, i m Epith Briarei, Virg Typhoei, Ov Gygis, or Hundred handed

Centinōdia, æ f [ex centum, multis nodis] Knot-grass, Plin

Centipĕda, æ f [ex centum, & pes] A worm with many feet, a palmer, a kind of caterpiller, Plin 29 6

Centipellio, ōnis m The paunch of a pig, the umbles of a deer, a fulcis, Pellibus Ventres, qui centipelliones vocantur, Plin 28 9

Centipes, pedis m [ex centum, multis pedibus] A fish called scolopendra, which having devoured the hook, vomits out all his entrails, till he have cast out the hook, and then swallows them up again, Plin 9 43

Cento ōnis m [a Gr κεντρων, omisso r Voss] A patched garment made up of several shreds, or rags of divers colours, Juv Sat 6 Patched cloaths, such as country fellows and servants used to wear, Col 1 8 A thrown cloth to keep off stones, or darts from soldiers in their approaches at the siege of a town, Cæs bell Civ A cover cast over ships, steeped first in vinegar, to keep them from taking fire, Sisen Met A poem made up out of several verses, from the work of some other poet, quite altering the sense, and applying it to some other purpose A rhapsody Centones alicui farcire To fill one's head with idle stories, Plaut

|| Centonārius, a, um adj Belonging to patchwork, Tert

Centrālis e adj Placed in the centre, or midst, Plin 2 23

Centrinæ A kind of gnats, Plin

Centrōsus, a, um adj Full of knots, and knurs, gritty, Plin 37 7

Centrum, i n [a κεντεω, pungo] (1) The point in the midst of any round thing, the center of a circle, the standing foot of the compasses (2) Also a hard knot, or knur in a piece of timber, or stone, which mars, or spoils the workman's tools (3) A part in chrystal more hard, and brittle than the rest (1 Cic Tusc 1 17 Sed Græcis literis, Latinè enim punctum vocat (2) Plin 16 39 (3) Id 37 2

CENTUM adj indecl pl [ab ἑκατον, per aphær & inserto n Vide Voss] (1) An hundred (2) Sometimes it is taken indefinitely for a great many (1) Centum dies, Cic (2) Centum puer artium, Hor

Centumcapita, æ f A kind of thistle, commonly called Eryngium, sea-holly, fox-holly, Plin 22 8

✠ Centumgeminus, a, um [ex centum, & geminus] An hundred, hundred-handed, Vir

Centumpondium, i n Vide centupondium

Centumvirālis, e adj Pertaining to the centumviri or hundred judges Causa centumviralis Causes which were heard in that court Cic Centumviralis hasta, Suet dict quod centumviri, hastâ in foro positâ, judicarent

Centumviri, ōrum pl m [ex centum, & viri] Judges, or commissioners, chosen to hear certain civil causes among the people, out of every tribe three now there being thirty five tribes, there were in all one hundred, and five, but called from the greater number, as we call the work of the seventy two interpreters, the Septuagint

Centuncŭlus, i m [dim a cento] (1) A patched coverlet, or quilt to sleep on (2) A horse cloth laid under the dorsers. (3) Cudweed, or chaff-weed (1) Sen (2) Liv 7 14 (3) Plin 24 5

Centuplex, icis adj [ex centum, & plico] A hundred fold, Plaut

Centuplicāto adv An hundred times double, Plin

|| Centuplicātus, a, um part Folded an hundred double Prud

† Centuplico, as act idem quod centuplo To fold an hundred-fold

|| Centuplo, as act To double by hundreds

|| Centuplus, a, um adj An hundred times as many

Centupondium, i n [ex centum, & pondo] An hundred weight to weigh, an exceeding great weight, Plaut

Centŭria, æ f [a centum] (1) A company, or band of an hundred men (2) A subdivision of the Roman people into centuries, or hundreds, by Servius Tullius (3) Also a hundred in a shire, or county, a cantred, or wapentake || A century, or hundred years (1) Fest (2) Liv 1 43 (3) Ex usu recentiori utrumque. ✠ Centuriæ seniorum, Hor in Art 341 i e seniores

Centuriātim adv By hundreds, hundred by hundred, or company by company Cic

Centuriātus, ûs m The office, and quality of a centurion, a captain's place, Cic

Centuriātus, a, um part [a centurio] Registred, or enrolled in the number of the hundred, divided in hundreds Centuriata comitia, A general assembly of the people of Rome, in the campus Martius, by their hundreds, to treat of common affairs, such as choosing officers, &c Centuriatæ leges, Laws made by the assembly so gathered Centuriatus ager, in ducenta jugera definitus, quia Romulus centenis civibus ducenta jugera tribuit, Fest Milites centuriati, Divided into companies, Liv

Centurio, ōnis m [centuriæ præfectus A centurion, a captain over an hundred footmen, of which sixty made a cohort, and ten cohorts a legion Centurio primipili, vel primipilus The eldest captain of the legion, who had the charge of the standard, or eagle, and commanded four hundred men, in the van, Veg 2 8

Centŭrio, as act [a centuria] (1) To divide into companies (2) To divide fields into two hundred acres (1) Cum hominem conscribi centuriarique vidissem, Cic (2) Hyg

Centuriōnātus, ûs m. A captain's place, or office, Tac

Centuripinum crocum, Saffron growing in Sicily, Plin 3 8

Centussis, is m [ex centum, & as, assis] A rate of Roman money, containing forty sesterces, ten denier, that is, six shillings, and three pence in our money, Pers

Cēpa, æ f [a κηπος, hortus, quod sit olus hortense, idque inter præcipuum] An onion Scribunt alii cæpe

Cēpe n indecl An onion Tunicatum cepe, An onion with many peels, Pers

Cēpētum, i n An onion-bed, Gell

* Cephalalgia, æ f [a κεφαλη, caput, & αλγος, dolor] The head-ach Latine capitis dolor

Cephălæa, æ f The head-ach, a lasting pain that seizeth the whole head, Plin 20 13

* Cephalicum, emplastrum, quod capiti fracto convenit, Cels

* Cephalicus a, um adj Belonging to the head, as cephalica arteria, vena, &c. Cels

* Cephălus, piscis fluvialis unde & capito dict Auson A kind of fish having a great poll, or head, which being afraid, hides only his head, Plin 9 17 42 Cephali caro, The flesh of this fish, Lucil

* Cephēnes, um pl m Young drones, Plin 11 16

Cephus, i m, [ab Heb קוף simia] A beast in Æthiopia having hands, and feet like a man, Plin 8 19

Cēpīna, æ f A bed, or company of onions, a place sown, or set with onions, Col

* Cepionides, um pl f Precious stones, as clear as crystal, Plin 37 10

* Cepites, sive cepocapites, æ m A precious stone of the agat kind Plin 37 10

† Cepitium, i n A bed of onions Idem quod cepetum, Gell

* Cepphus, a, um adj Very light, trifling, of no weight, or moment, Cic

* Cepphus, i m A sea mew, a bird so light, that he is carried away with every puff of wind, Plin

|| Cepŭla, æ f [dim a cepa] A little onion, a chibbal, Pallad

* Cepurica, orum n τα κηπουρικα, i hortensia [a κηπος, hortus] A book so intitled, which Salustius Tiro wrote of gardening, and dedicated it to Mæcenas Vide Plin 19 10

CĒRA, æ f [a Gr κηρος, Id] (1) Wax (2) Meton Letters, tables, table books, and note-books, covered over with wax, and writ upon with an iron stile (3) The busts of images of wax, used to be set in the courts of noblemen, to shew the ancestors of the family (4) Also enamel. (5) A will, or testament (6) A page, or side of a leaf (7) The apartment in a honey comb (8) A cere cloth (1) Cera fit expressis favis, Plin Mollissimam ceram ad arbitrium fingimus, Cic (2) Ceras pusillas implet, Juv 14 1 i e tabellas (3) Perlege dispositas generosa per atria ceras, Ov (4) Appellea cuperent te scribere ceræ, Stat Syl 1 100 (5) In imâ cerâ C Octavium adoptavit, Suet in C S 83 (6) Prima duæ ceræ, Id in Ner 17 (7) Nonne vides quos cera tegit sexangula fœtus, Ov Met 15 (8) Perite cerâ mortuos condiunt, Cic Cera Punica, White wax, Vitruv Cera miniatula, Red wax, Cic

* Ceracates, æ m A sort of a wax colour, Plin

Ceramites, æ m [a κεραμος, tegula] A precious stone of the colour of a tile, Plin

Ceraria, æ f A woman tallow-chandler, Plaut

Cerarium, pecunia quæ pro cerâ pendebatur The money that Verres being lord deputy exacted in the province for wax, wax money, the fee for the seal in wax, seal money, Vide Cic Verr 5 78

Cerarius, i m One who worketh in wax, a wax chandler, Cic

Cerasinus, a, um adj Of, ex Petron Of a cherry red colour Cerasino succinctus cingulo, Petron

* Cĕrāsium i n pro cerasum [a Gr κερασιον] A cherry, Serv

* Cerastes a, Stat. vel is m serpens corniger [a κερας, cornu] A serpent having four pair of horns, like a ram Plin 8 23 It is also used for other horned creatures, as deers, satyrs Vide Salm exerc Plin

Cĕrăsum, i n A cherry, Plin The tree Col Cerasum a fruit, The black cherry Cerasum duracinum, The heart cherry, Id

* Cĕrăsus, i f κερασος A cherry-tree

* Cĕrātia, æ f [a κερας, cornu] An herb having but one leaf, and a great root full of knots, capers, or cippers, Plin

* Cĕrătias æ m A blazing star, like a horn Plin 2 25

* Cĕrătinus, a, um adj Ceratinæ argumentationes, i cornuta Sophistical or intricate arguments, sophisms = Ceratinæ aut crocodilinæ [ambiguitates] non possunt facere sapientem Quint 1 10

* Ceratitis f Horned-poppy, Plin 20 19

* Cerătium, i n Latine Siliqua A husk, or shale, the fruit of the carob-tree, sometimes used for the tree it self = Siliqua Græca, Col || Also a caract, or carat, a kind of weight, whereof there are eighteen in a dram

Cĕrātum, i n sc emplastrum A plaster made with wax, rosin, &c gums, a cere-cloth, Plin Scrib & Cerotum

Cĕrĭtūra, æ f The waxing, or laying over with wax, Col

Cerătus, a, um part Waxed, covered with wax Ceratæ tabulæ, Writing table, Cic Tæda ceratæ, Torches, Ovid Puppes ceratæ, Pitched, Id

* Cĕraunia, æ f sc gemma A thunder stone, Plin 37 9 10. It Siliquæ genus, Id 13 8

* Ceraunium, i n A kind of puff, or mushroom, growing in Thrace, Plin. 19 3 Also a kind of precious-stone, Tert Perhaps, the same with Ceraunia

* Cĕraunobolus The table of Apelles, wherein he had painted thunder, and lightning, Plin

* Cerberus, i m canis triceps inferorum custos, dict volunt quasi κρεοβορος i carnivorus, ut significetur terra, quæ mortua corpora consumit The infernal dog, that is feigned to have three, sometimes 100 heads Triceps apud inferos Cerberus, Cic Cerberi furiale centum muniunt angues caput, Hor

Cercis, os brachii, & tibiæ, quibus radius dicitur [a κερκις, radius textoris] Cels 14

* Cercolips, ipis clunis simia sine cauda [a κερκος, cauda, & λειπεσθαι] An ape without a tail

* Cercopithēcus, i m [a κερκος, cauda, & πιθηκος simia] A marmoset, a monkey, Juv

* Cercops, ōpis m A crafty deceitful fellow Vide Propr

* Cercurus i m A kind of ship with a long poop like a tail, Non ex Plaut

Cerdo onis. m [κερδος, lucrum] Any man that useth a mean trade for gain, a cobler, a currier, a tanner, or smith, Cic

Cereālia um n pl Solemn feasts to the goddess Ceres, Cic

Cereālis, e adj [a Ceres] Pertaining to Ceres, or corn, belonging to sustenance, and food, that whereof bread is made Arma cerealia, Instruments, or tools of husbandry for grinding of corn, or baking of bread, Vir. Cerealis liquor, Ale, or beer ber Cerealis cœna, *A costly supper*, Plaut Cereale solum, *A trencher of bread*, Vii Cerealia munera Ov dona Sil *Bread* Cereales ludi, *Plays in honour of Ceres* Liv

Cerebellum i n [dim a cerebrum] *The cerebellum in the hinder part of the head*, Plin 29

Cerebrōsus, a um adj (1) *Passionate, hotly cholerick* (2) *Brainsick, hare-brain'd, wild, mad* (1) Donec cerebrosus prosiliit u... (2) Senex hic cerebrosus est Plaut Mot Pa... suo cerebrosos reddit, Col

Cerebrum, i n qu carabrum [... caput] *The brain, the head*, ...

... Pl ...

Cerimonia, æ f *A rite or ceremony* ...

... Cerus ... creator bonus, Fest

Ceres, ĕris f Dea frugum ... a cereo, ... Al Ceres, ... a gerendis frugibus, ... *The goddess* ... Plaut Also *corn*, Poet

Cerevisia, æ f qu ceresia, ... liquor *Ale, beer*, Plin 22 ... ubi Gallis tri...

Cereus, a, um adj [a cera] (1) *Of wax* ... (2) ... (3) *Yellow* (4) ... (1) Figmenta cerea, ... Cerea brachia, Id (3) ... Plin (4) Cereus in ... Hor (5) Laterna cerea ... ¶ Persona cerea, ... Lucr Cerea pruna ... or, per ... Hor Cerea tecta ... Vir Cerea ficedula, ... Non

Cereus, i m *A taper, or wax light*, Cic *A wax candle, which ...* Fest

✝ Cerdo ... pauperes, locupletes ... H

† Cerna, æ f *Ale, or beer, drink made of corn, ... a ... used in Spain*, Plin 22

Cernifico, as ... cernere facio ... Plin

Cerimonia, æ f ... Vide cærimo...

Cerinārius, i m qui cerin... *He that dyeth garments of ... colour*, Plaut

* Cerinthe, es f Plin ... *An honey suckle, ... of honey, and wax to ...*

Cerinum, i ... vestimentum ... *of wax colour*, Plaut

Cerinus, a, um adj [a cera] ... Plin

C... alicujus genus *A ... coral, ...* Plin

* Cerites, æ m *A precious stone ... like wax*, Plin

Cerītus, a, um adj [a Ceres] ... certitus, quod vide *Mad, ...*

Cernendus, a, um part *To be ... or seen*, Ov

CERNO, ere, crevi, cretum act [a κρίνω, separo, judico] (1) *To sift, or searse, to range flour* (2) *To separate, to distinguish, to discern*

vide (3) Met *To discern, to see* (4) *To judge, know, or understand* (5) *To presage, to foresee* (6) *To resolve, to determine* (7) *To decree* (8) *To engage with, to fight* (1) Hæc ubi contrieris, per densa foramina [scil cribrum] cerne Ov de Medic faciei, 89 (2) Quod habet extremum id cernitur ex ... extrinsecus, Cic (3) Æra m... cerno, Vir (4) Cernitur honestate ... vita, Cic (5) Cerno animo sepultam patriam Id (6) Postquam exercitum ... educere crevit, ... (7) ✠ Quotcunque senatus creverit populusque jusserit, ... sunto, Cic de Leg (8) ... dum cernit cum hostibus, ... ¶ Cernere hæreditatem, *To enter upon an estate*, Cic ... de hoc verbo legere ... L Kusteri & J Perizonii ... Dissertationes, De verbo Cerno, ...

Cernor, eris pass *To be sifted, discerned, perceived, ...*, &c Cic *Searsed* Plin

Cernuo, as act *Seu* ubi vulgo cernuit *To throw one on his face* ✝ Allido H

Cernuo, as act [a seq cernuus ...] *To stoop with his face downward, to tumble, ... to throw ... on his face*

|| Cernuor, aris pass *To ...* ... Solin

Cernuus, a um adj [a cerno qu ... terram cernat] *Hanging down his head, with his face toward ...*, Vir

Cernuus, i m *A dancer on the ropes, or a tumbler* Lucil

Cero, as act *To wax, or cover with wax, to cere*, Col

Ceror, aris pass *To be waxed over*, Col

* Cērōma, ătis n (1) *An oil tempered with wax, wherewith wrestlers were anointed* (2) *And the place where they were anointed* (1) Femineum ceroma, Juv (2) Plin

* Cērōmăticus, a, um adj *Anointed with ceroma or the wrestlers oil* Juv

* Cērostrōtum, i n *A kind of ... ing ... pieces of horn, ivory, ... &c ... of divers colours, ... on ... playing tables*, &c Plin 28

* Cērōtum, i n [a Gr κηρωτόν ... cera obductum] *A plaster made of wax, a cere cloth*

Cerreus, a, um adj *Belonging to a tree ... call'd cerrus* Cerrea glans, *The acorn of ... tree*, Plin

Cerrinus, a, um adj *Made of ... tree*, Plin

Cerritus, a, um adj qu Cerelitus [a Cerere perculsus] *Mad, ... of his wits, frighted like ... who hath seen a spirit*, Hor

Cerrus, i m *A kind of tree bearing mast like chestnuts, ... prickly ... or corn, an holm-tree*, Plin ...

Certāmen, inis n [a certo] (1) *A contest* (2) *A controversy, debate, or dispute* (3) *A trial of skill* (4) *A ...* (5) *A ...* (6) *Hazard, or danger* (7) *A game, or exercise* (8) *An eager pursuit* (9) *The thing striven for* (1) Certamen venit ad impar, Ov (2) Tulit pretium certaminis hujus, Id (3) ✠ Sic fortuna in contentione, & certamine utrumque versavit, Cæs (4) Si me solum Teucri in certamina poscunt, Vir (5) Nauticus exoritur vario certamine clamor, Vir (6) Quo major erit certamen, & discrimen salutis,

Cic (7) Instituit sacros celebri certamine ludos, Ov (8) Mitte leves spes, & certamina divitiarum, Hor (9) Jaculi certamina ponit in ulmo, Vir Geor 2 530 ¶ In certamen descendere *To play for a prize* Cic

Certans, tis, part *Striving, struggling, contending* Vir

Certātim, adv *Striving to out do one another, with contention, earnestly, eagerly*, Cic

Certātio, onis f verb [a certo] (1) *A striving, or struggling* (2) *A contention* (3) *Exercise of ...* (1) Hæc est iniqua certatio Cic (2) Atque hæc inter eos sit honesta certatio, Id de ... (3) Sine certatione corporum, ...

|| Certātor, oris m verb [a certo] *One that contends, or strives*, Gell

Certātur, impers *They ... strive, quarrel, or differ*, Liv

Certātus, us m *A wrestling, striving*, Stat ... Sylv ...

Certitus, a, um part *Striven, contended for* Tac

Certe adv (1) *Certainly, surely, undoubtedly, without fail, sure enough* (2) *At least* (3) *After a question, yes* (4) *After an objection, ...* (1) Certe captus est, Ter (2) Homines mortem optare incipiant, vel certe timere desinant, Cic (3) Ain vero? Te Certe, inquam, Plaut (4) At dignitatem docere non habet Certe si quasi in ludo, Cic in Orat ¶ Certe scio, *I am sure* Cic

|| Certiōro, as act [a certior facio] *To inform, or give one notice, to certify, to advertise of*, Ap JCC

Certiōror, aris pass *To be notice given him*

Certo adv *Certainly, surely, assuredly* Tua quidem hercle certo vita est expetenda, Ter ☞ Quidem hercle hic sunt particulæ ornativæ tantum

Certo as act [a certo, a diminuo per Sync pro certito] (1) *To vie with one* (2) *To fight, to bicker, to quarrel* (3) *To contest, to try masteries* (4) *To be mighty earnest, to plot, or beat his brains* (1) Benedictis si certasset, audisset bene, Ter (2) Plus uno Marte certare, Stat (3) Celeri certare sagitta invitat, Vir (4) Num mihi satis est certare mecum, Plin § Certare in cursu, ... Hor *To go ... with ... to her ...*

Certus, a, um adj or comp ... simus, sup [a certo, video] (1) *Certain, sure* (2) *Determinate, separate* (3) *Secured from* (4) *Steady, stout, firm* (5) *Trusty, faithful* (6) *Particular, peculiar* (7) *Proper, convenient* (8) *... ring, never missing* (9) *... determined* (10) *... informed* (1) ✠ Certa ... ... certum petimus, Plaut Nebulo certior nullus illo Cic Pauci certi sunt ... constitutæ, Cic (2) ✠ Certus in calo, ... definitus ... Cic in Som Scip (3) Ex hoc ut sim certus metu, Plaut (4) ✠ Animus certus, & confirmatus, Cic (5) Certi pignus amoris erit, Ov (6) Arboribus certis gratis umbra tributi est, ... (7) Qua ratione dicatur certo loco ... (8) Certa manus uno telo posset esse contenta, Quint (9) Certus eundi ... (10) Jam satis certum est virginem vitiam esse ... Ter ¶ Certo patre na-

tus, *Lawfully begotten*, Cic Facere aliquem certiorem, *To certify, or give one notice, to acquaint one*, Id

Cerva, æ f *A hind, a deer*, Plin

Cervārius, a, um adj *Belonging to a hart, or stag* Lupus cervarius, *A beast ingendred of a hind, and a wolf, or rather, a beast of the shape of a wolf, with spots like a panther, ... as a stag*, Plin 27 11 Venenum cervarium, *A poison ... used to ... for stag hunting*, Plin ibid Cervaria ovis, *Sacrificed ... instead of a stag* Fest

† Cerchus, i m qu ... κέρας ... *The ... tightly which ... the ... of ...*, Luc

Cervical, ālis n (1) *A pillow, or bolster* (2) *A night cap* (3) || *A ... the neck* (1) Plin (2) Cels (3) ... Ulp

Cervicula, æ f [dim a cervix] *A little neck* Cic

Cervinus, a, um adj *Of, or belonging to a ... stag, or hart*, Hor Cervinus ... Cervinus color, *Tawny, or ... colour*, Pallad

Cervisia, æ f per Sync pro cerevisia, quod vide

|| Cervisiārium, i m [a cervisia] *A beer, or ... brewer ... An ale house* ... Jun

Cervix, icis f *The hinder part of the neck* ... sometimes ... Abscindere cervicibus caput, *To cut off the head from the shoulders* Cic In cervicibus imponere dominum, *To set one up to cut his throat*, Cic In cervicibus ..., *To be near ... one's neck*, Id ✠ Cervix interior, cervix posterior colli pars

Cerula, æ f [dim a cera] *A ... Miniata cerula, Red wax*, Cic

† Cerus manus ... cerus ... creator bonus, ... a Cereo, ... Cerus, i e Sanctus, ... Seal unde Cerimonia, ...

Cerussa, æ f [qu creta assa] *Ceruse, white lead, a kind of paint, that ... used to whiten their skin with*, Plin

Cerussātus, a, um adj *Painted with ceruse, coloured with white*, Mart

CERVUS, i m dict quod magna cornua gerat [a κέρας, cornu] (1) *A hart or stag* (2) *Met A fork ... the ... of cottages ...* (3) *A forked stake, or ... fixed in the ground to annoy the enemy* (1) Pavidi formidine cervi, Ov (2) Cervi habent figuram literæ V a similitudine cornuum cervi, Vir de L L (3) Cæs ¶ Habitare castris, & figere cervos, Ap Vii Ambigue & in utrovis sensu intelligi potest || Cervus volans, *An horned beetle, or stag fly*, Jun

* Ceryx, ycis m κῆρυξ *A ... an herald at arms*, Sen Latine Feculus caduceator

Cespes, itis m [qu cædites, ... lapides] *A turf* ... Vide cæspes

|| Cespitator, oris m *A tumbling horse*, Serv Virgilius Æn 11 671 suffossum equum vectare videtur

|| Cespito, as, act [a cespite] *To stumble* ☞ *Ab hac voce, licet trita, puritatis studiosi abstinere*

Cessans, tis part [a cesso] *Ceasing, lingring, tiring, sitting, or lying still, having nothing to do* Cessans morbus *The gout, or any lingering disease*, Hor Vide cesso

Cessātio, ōnis f verb [a cesso] (1) *Slackness, illness* (2) *Truanting, loitering, ease, sitting still, and* ... (3) ... (1) Cessatio ... (2) ... quum lucri ... cessatione ... (3) (Hu...) magno ... cessationis colono respondit, *Col*

Cessātor, ōris m verb [a cesso] *A loiterer, an idle companion, a laggard, a sloth*, ... *Cic*

Cessātūrum est, impers *They are ...* ...

Cessātūrus, a, um part *C...* cessatura, *In which ... will no longer live*, Ov

Cessātus, a, um adj *... given out, ... tilled ... low* ... cessatis messis in agris, *O*

|| Cessim, adv [a cedo] ... retro sed gradatim ...] *... going ... back ... To retreat, or go back ... to recoil*, Di...

Cessio, ōnis f verb [a cedo] *A giving or ...* In jure cessio, *A yielding, or giving up his right*, Cic

Cesso, as neut [a cedo] (1) *To cease to give over, to leave off* (2) *To delay* (3) *To loiter, play, or linger* (4) *To lie still, to not be doing* (5) *To be deficient, or wanting* (1) = Neque unquam in suo studio, atque opere cessavit, *Cic* (2) Cessas alloqui? *Ter* (3) Æschinus odiose cessat, *Ter* (4) = Cur tam multos deos cessare, & nihil agere patitur? *Cic* (5) Quod cessat ex reditu fruga ... suppleturm, *Plin*

* Cestron Herba quæ in Gallia betonica dicitur, Italis serratula *The herb betony*, Plin 25 8

* Cestrosphendŏne es f *A sling, an engine of war to throw darts* Vide Plin 4 65

* Cestrōta, pl n quæ & ἐγκαυστα, i cestro ignito inusta, Plin 11 37 *Pieces of ivory, or horn wrought, and enamelled with a ...*

Cestrum, i n Instrumentum quo cavatur ebur, vel ... veruculum *An instrument to bore with, a small piercer, a table ... ... Plin 35 11 A ... used in working ivory, or horn* Vide cæstrum

Cestus i m κεστος, a κεντέω, pungere *A marriage girdle full of studs, wherewith the husband girded his wife at the wedding, and which he looked again the first night ... bind to ... The girdle of Venus*, Claud *Any kind of band, or girdle to tie with*, Var de R R 1 8

Cētāria, æ f *A place near the sea, where great fishes are taken and salted*, Plin 9 30

Cetāria, ōrum pl n *Great ponds near the sea-side, where such fishes are taken, and salted* Adnabant thynni, & cetaria crescunt, *Hor*

Cetārius, a, um adj *Belonging to whales, or such like great fishes*, Plaut

Cetārius, i m *A fishmonger, a ... or seller of great fishes*, Col 8 17

* Cete, n pl indecl κητη *Whales*, Vir

Cetra æ f *A short square target, or buckler, used by the Spaniards, and Moors, made of the ounce, or buffalo's hide*, Liv Unde

Cetratus, a, um adj *That useth such a target*, Cæs

† Cette, i cedite, dicite *vel* date Cette dextras, *Plaut* Cette manus *Give us your hands*, Enn ... Non

Ceu ... [a Gr ἠύτε ...] ... *while, or ...* ... *the ... as ...*, Plin Plaut Cels

Ceu adv simil *As it were ... or like as*, Vir Ceu ... *as it*, Plin

Cēva ... [fort a cevco, caudam moveo] *A kind of little ... ... cow*, Col 6 2

Cēvens, tis part *Wagging the tail*, Juv ... obsc sign

Cēveo, ēre neut [ex σειω, ... clunem agito] *To wag, or move the tail, as dogs do when they fawn upon one* An Romule ceves? *Pers* Metaph item obsc computat, & ceveo ...

Ceyx, ycis m *A bird breeding in the halcyon's ...*, Plin

C ante H

* Chære, χαῖρε *All hail God ... save you*, Mart

* Chærephyllum, i n [a χαίρω, gaudeo, & φυλλον, folium] *An ... cervil ...*, Col 11

* Chalasticus, a, um adj *Loosening*, Veg Correct leg colaticus

Chalastricum, *vel* chalastræum nitrum *dict a* Calastrā civitate *... ...*, Plin 31 10

* Chalăzias, æ m *A stone like hail very hard*, Plin 37 11

* Chalazion n *A ... ... little pimple, or wart on the eye lid*, Cels

* Chalcanthon, *Cels* & chalcanthum, i n ... [a χαλκος, æs, & ἄνθος flos unde flos æris dict Latinis] *Copperas, vitriol, shoe-maker's black* ... *The water of copper, or brass*, Suid

|| Chalcedonius lapis, *Jun* & chalcedon a Chalcedone *urbe dict* Prud *A kind of onyx-stone, called a calcedony*

Chalceos *A kind of thistle, or prickly herb*, Plin 21 18

Chalcĕtum, i n *A kind of ... perhaps, a place where it grew* R ex Plin

Chalceus, a, um adj *Of brass* ... Chalcea donanti chrysea date, *Mart* 9 95

* Chalciœcus, χαλκιοικ@ (1) Domus ærea, *Minerva's temple of brass* (2) Also in epithet of Minerva (1) Liv 35 36 in fine, aliter quam fert usus Græcorum (2) Ap Græcos, &c, ut quidam volunt, *Rep* ... Sed locus utrovis modo intelligi potest

* Chalcis, idis f (1) *A newt or ... venomous serpent* (2) *A certain fish of the kind of ... ...* (1) Plin 32 13 (2) Id 32 11

* Chalcites *A precious stone, of the colour of brass*, Plin 37 11

* Chalcitis, itidis f *The stone from which brass is melted, brass ore, also red vitriol*, Plin 34 12

* Chalcographus, i m *One that engraveth upon brass* || Now used for a printer Lat Librarius commode hac notione dici potest

* Chalcophŏnos, [a χαλκ@, æs, & φωνη, vox] *A black stone sounding like brass*, Plin 37 10.

* Chalcus, i m *The thirty sixth part of a dram* also *a coin of seven ... ...*, Vide Plin 22 ult & 21 34

Chaldæus, i m (1) *A Chaldean*, & (2) Per Antonom *An astrologer, a caster of nativities*. (1) Chaldæi non ex artis, sed gentis vocabulo nominati *Cic Div* 1 (2) Quam multa tunc ipsi Cæsari a Chaldæis dicta memini, *Id* 2 47.

Chaldaicus, a, um adj *Of the ... belonging to astrology, or fortune telling* Chaldaicum prædicendi genus, *Cic* Chaldaicæ rationes, *A calculating nativities*, ...

* Chalo, as act *To slacken the ...*, Veg

Chalybēius a um adj *Of steel* Chalybeia massa latebat *O Fast* 4 405 restitu ... ...

* Chalybs, ybis m [a Chalybibus populis Ponti qui ferrum nudi effodiunt *Vir Georg* 1 58] *A kind of most hard iron, steel* Met*on* *A sword, or other instrument made of steel* Non ... ... chalybs, *Sen* Non ignes candensque chalybs, *Sil* Chalybem tenuisque ... ... chalybeios fornos, ...

* Chamæ æ pl f bivalvæ *A kind of cockles, or shell fishes* Plin

* Chamæacte, es f *Danewort, or Dwarf-wort, a kind of dwarf elder-tree*, Latine Ebulum

* Chamabălanus, i m *Pease, or earth nuts*, Dod

* Chamæbatus, i f rubi genus humi serpens *The heath ..., dewberries* Gloss

* Chamæcĕrāsus, i f humilis cerasus *A dwarf cherry tree*, Plin 24 10

* Chamæcyparissos i f he humilis cyparissus *An herb good against poyson, lavender cotton, as some take it* or, as others, *a dwarf cypress*, Plin 21 15

* Chamædaphne, es, f. *The herb periwinkle, also a sort of laurel growing low*, Plin Latine Humilis laurus

* Chamædrys, f *The herb germander or English treacle*, Plin 24 15 Lat Trifago

* Chamælea, f *A kind of herb having leaves like an olive tree, live finger'd grass*, Plin 24 15 Latine Humilis olea

* Chamæleon, ontis, *vel* ōnis m (1) *A chameleon, a beast like a lizard living by the air, that will turn himself into all colours, but white, and red* (2) Also a thistle, of which there are two sorts white and black (1) Plin 22 18 (2) Id 22. 18. & Ruell 8.

* Chamæleuce, es f [ex χαμαι & λευκη] populus albi humilis *The colt foot*, Plin 25 15 Lat Tussilago

* Chamæmēlon, i n *Anthemis dict* *The herb camomile*, Plin 22 21

* Chamæmyrsine, es f *Of some called holly, holm, butcher's-broom*, Plin 23 9 Lat Ruscus

* Chamæpeuce, es f *An herb that hath leaves like the larch tree*, Plin 21 15

* Chamæpitys, yos f *The herb ground-pine, also St. John's-wort*, Plin 24 6 7 Lat Abiga

* Chamæplătănus, i m *Dwarf-plantain tree, water-elder* Plin 12.2

* Chamærŏpes *recens* chamæriphes. *A kind of date-trees*, Plin 13 4

* Chamærops, ŏpis f *An herb which drunk in wine, easeth the pain in the sides, and reins Germander*. See Plin 26. 7

* Chamæsyce, es f *A ... herb* See Plin 24 15

* Chamæteræ, & chamæterides, pl. *Little images resembling handmaids, or waiting women sitting on the ground*, Plin 30 5

Chamætrăcl ēn ... ex genere ... ... *A kind of ...*, Plin

* Chamæzēlon ... ... snaphthon ... culus Dod *leg* ... ... humilis gossypii frutex, ...

* Chane, es f *A ... pearch, breeding of itself ...* Ov de Pisc

* Chaonides m pl Herm... Plin a Chaonia regione, *ut* ... Molossi *A kind of dog*

* Chaos n *Ιocal* chaos ... *abl* chao O [a χαω, hio, a ... hiando, ... χυ@] (1) *confused, and disordered mass ... things ... before the making ... ...* (2) *A ... dark place*, Hell (1) = Chorudis indigestaque moles ... (2) Umbræque silentes & Chaos & Phlegethon, *Vir Æn* 6 265

Chara æ f *A certain ... ... instead of bread*, Cæs B ... civ

Charăcātus a, um adj [a ... pedamentum] *Staked, or propped up* ... ... Col

Characias æ f *A kind of ...*, Plin

* Characias æ m *A ... ... spurge, vulgarly called ...*, Plin 26 8

* Character, ēris m [a ... χαρασσω, sculpo] *The ... ... form, ...* (1) *A brand ... iron* (2) *... a style ... or ... ... of writing or speaking* (3) All *description, or ... ... sign, or ... ... hieroglyphic* (1) ... ... signari debent *Col* (2) ... ... res, aut χαρακτηρ eum non ... ... *Cic* (3) *Cic* ... (4) Vide Augustinum de doctrina Christ 2 20 It 29

* Charactērismus, i m Sermo quo oratio ... ... forum, de quibus loquitur, ... format, *Rutil Lupus* *A ... ... or drawing ... ...* Cum calvo serviret Roma Neroni ... Domitiano, *Juv* Latine Designatio

* Charadrius, i m *... ... ... seeing of which cures ... ... the ...*, Plin 30 11 Lat Icteru

* Chărientismus i m *Urbanitas, facetiousness* *A figure in rhetoric*, Donat

* Chăris tis f *Grace, gracefulness ... loveliness*, Plin ... Lat Festivitas

* Chăristia, ōrum pl n *A solemn feast, or banquet ... ... times, where none but kinsfolk ... to ... if there had been any quarrel or falling out among any of them, there they might be reconciled, ... made friends again* Proxima cognati dixere Charistia chari *Ov Fast* 617 descript *Val Max* 2 1 No 8

Chăritas, ātis f *Love, charity* &c Rectius caritas, *quod* ... = Amor, amicitia, benevolentia

* Charites, um pl f *The Graces, The three graces*. Aglaia, *vel* Pasithea, Thalia, Euphrosyne, ... ☞ Numerus ternarius gratiarum ... beneficium conferendum accipiendum & referendum ... ... conjunctæ pinguntur, quia ... ... amicitiæ beneficium, ... indissolubiles esse oportere

* Cha-

* Charitoblepharon *A kind of* *... growing in the sea, used in love* ... Plin 3 c ult

Charoneus a, um adj *as cha-* ... *scrobs* *A cave, or dump* ... Plin

Chartarium i n Label ap Gel de Catonum, *sic enim* ... Hell

Charta æ f χάρτης *Paper,* *made* ... of the flags of the Nile at Memphis, in Egypt, ... 1 12 It is taken for *an,* ... *to write upon, or a* ... *of any thing,* as Charta ... *sheet of lead,* Suet in ... 20 Also *a charter, a* ... *or sheet of paper,* Cic ... *a letter, or epistle,* Charta virgo, *An original that* *never has been ... ped out,* Mart 1 ... *as Jur* *that hath never been* ... Charta Augustina, *Fine pa-* ... Charta bibula, *Blotting pa-* *... that will not bear ink* Plin ep ... Charta Claudiana, *Paper* ... *or royal* Plin Charta ... *Cap-paper* Vid Plin ... of the various kinds ... apud Pers ... *cement, or* ... Charta pura, ... Ulp Char- ... *backside of the leaf*

... ceus, a, um adj *Made* ... Ulp

Chartarius, a, um adj *Of, or* ... Chartariæ offi-... *or stationers shops,*

|| Charteus a, um adj *Made* ... Auson

* Chartophylacium, i n *A* ... *papers, writings,* ... *the rolls* Lat Tabu- larium

* Chartophylax m *He that is* ... *the master of the*

* Chartopræ ... vel *æ* potius ... *stationers*

Chartula æ f [dim a charta] ... *or piece of paper, a* ... Cic || Chartulæ lusoriæ, ... *cards,* Jun

Chartularius, i m *A keeper of* *register, a book keeper, a clerk,*

Charus, a, um adj [a χάρις, ... obtineret cum h, sed ... videtur] *Dear, dearly* ... Cic *Vide* carus

* Chasma atis n (1) *A great* ... *opening of the earth, or* ... (2) *A gulph* (1) = ... æ motu calamitata, & hiatus ... Sen (2) = Fit ... hiatus quod vocant ... Plin ... 26

Chaus, i m *A wolf spotted like* ... *or leopard, a cat o' moun-* ... Plin 8 19 ... 2 Lat Lu- cervarius

* Cheirodotus, i m *sed rectius* ... *A kind of short cloke* ... Tunica manuleata,

* Chelæ arum pl f (1) *Crabs,* ... *or forepart of the* ... *Scorpio, or Libra,* con- ... with Scorpio by the an- ... which through ignorance ... Libra, they divided into sixty ... (2) || Also *bulwarks, or* ... *force of the water* ... Qua locus Erigonen inter, ... sequentes panditur, ... Claud 5 2

* Chelidonia, æ *sc* herba *The* ... *er, good for the eyes* ... swallows cure their young ... their blindness with this ... *wort,* Plin Also *a* ... *fgure* Col 10 24 *The*

name of a precious stone, Plin 36 2

Chĕlīdŏnias, æ m *qui & Fa-* vonius *The west-wind* so called toward the latter end of February, as coming in with the swallow, and blowing for nine days, Plin 2 47

Chĕlidŏnium minus *Pilewort, or figwort,* Plin

* Chĕlidonius, a, um adj *Be-* *longing to a swallow* Lapis chelidonius, *A stone of a white, or red colour, found in the belly of young swallows,* Plin 11 37 Chelidonia ficus *A kind of blue, or purple fig* Id 15 18

* Chelonia, æ f *A stone like the eye of an Indian tortoise, which magicians used for divination,* Plin 37 10

Chelōnia, orum n *The cheeks, or sear-posts of a crane, to lift up great stones, or timber,* Vitruv 10 2

* Chĕlōnitis, idis *A precious stone like a tortoise, used in magic,* Plin 37 10

* Chĕlonium, i n Tegmen testudinis, item convexa dorsi pars *A tortoise shell,* Bud

* Chelydrus, i m [a χέλυς, testudo, & ὕδωρ, aqua] *A water-tortoise, a water-snake like a tortoise* Vir 3 Geor 414 Lucan distinguit inter *chelydrus* & *chersydrus,* 9 750 quamvis sæpe confundantur.

* Chĕlys, yos f [a χέλυς, testudo] *A lyre, or harp,* from its likeness to a tortoise shell, *the belly of the Lute,* Poet

* Chenălōpex, ĕcis f *A bird of the goose kind, called a bergander, a barnacle,* Plin 10 22

* Chēnobolcum, i n *A goose-pen, or place where geese, and other water owl are kept,* Col 7 14

* Chēnŏmycon, i n *An herb, the sight whereof affrights geese,* Plin 21 11

* Chēnŏpus, ŏdis, n *An herb like a goose foot,* Plin 11 2 Lat Anseris pes

Cheramites *A kind of precious stone,* Plin 37 10

* Chernites *A stone like to ivory used to preserve dead bodies in,* Plin 36 17

* Chersinus, a, um adj [a χέρσος, terra] *Of land* Chersinæ testudines, *Land-tortoises,* Plin 9 10

* Chersonesus, *vel* chersonesus, i f [a χέρσος, terra, & νῆσος, insula] *A peninsula, almost surrounded by the sea* ☞ *Quatuor chersonesi celeberrimæ sunt, Taurica, Media Cimbrica, & Thracia, quæ & absolute chersonesus dicitur* Nepot, Milt 1 Vid Fab apud quem Cherronenus

Chersonesice, adv *After the Chersonese dialect,* Var. 4 de LL p 34 edit Scal

* Chersos *Land, or ground unmanured, a continent, or main land* Mart

* Chersydros, i m [a χέρσος, terra, & ὕδωρ, aqua] *A serpent which lives as well on the land as in the water,* Luc.

Cherubim, כרובים *One of the holy orders of angels* Voc Eccles

Chia, *sc* ficus *A delicious fig of the island Scio, of a poignant taste,* Mart

Chiliarchus, i & chiliarcha, æ m *A captain over a thousand, a colonel, or commander of a thousand men,* Curt

* Chilias, adis. f *The number of a thousand,* Gell

* Chiliodynamis, is f *An herb so called from its many virtues, a kind of gentian,* Plin 25 6

* Chiliophyllon, i n *The herb milfoil, or yarrow*

* Chilo, onis m [a χεῖλος, labrum, *sc* a labris improbioribus, Chilinus] *One who has blubber-lips,* Fest

* Chimæra, æ χίμαιρα, capella fabulosa quædam & monstrosa *A poetical monster, like a lyon in the forepart, a dragon behind, and a goat in the middle,* Vir It is really a mountain in Lycia, with a burning top, but the middle part is pasture, and the bottom abounds with serpents See *Plin* 2 109 & 5 27 Also *the name of a ship in Virgil, of a mule in* Hor

✤ Chimæriser, a, um adj *Productive of chimeras, or monsters* Ov Met 6 338

* Chimerinus, a, um adj *Wintérly,* also *to winter tropic,* whereto when the sun comes, the days in the opposite hemisphere are at the shortest *Mart*

* Chimethlum, *sc* ulcus ex hyberno frigore *A kibe or chilblain,* Pallad

* Chiragra, æ f [a χείρ, manus, & ἄγρα captura] *The hand gout* Hor, & Mart

|| Chiragricus a, um adj Analogice, *One having the gout in his fingers,* Vopisc

* Chiramaxium, i. n. [a χείρ manus, & ἅμαξα, currus] *A child's go-cart,* Petron

* Chiridota, æ f *sc* tunica [a χειρίς, manica] *Having long sleeves,* which was not the Roman fashion Tunica chirodota, *Gell* Lat Manuleata

|| Chirographarius, a, um adj ut chirographarius debitor *A debtor by bill, or note,* Ulp Creditor chirographarius, *That hath a bill of one's hand for money he hath lent,* Id Pecunia chirographaria, *Money due by bond, or hand writing,* Ap JCC

* Chirographum, i n Cautio manu alicujus scripta, sive subscripta *A hand-writing, a bill, or bond under one's own hand,* Cic

* Chirographus, i m idem *Quint*

* Chiromantes, æ & chiromanticus, i m [a χείρ, manus & μάντις, vates] *One that telleth fortunes by the lines in the hand, a chiromancer,* Jun

* Chironion, i n [a Chirone inventore] *Centaury,* also *the herb gentian, or fellwort, the third sort of panacea, woundwort, or all heals,* reckoned up by Plin 25 4 Also *a vine so called by him,* 23 1

Chironius, a, um adj *Of Chiron* Chironia vitis, *The wild or black vine, briony,* Plin Chironium ulcus, *A boil, or sore hard to be cured such as requires a Chiron, or expert chirurgeon,* Plin

* Chironomia, æ f *A kind of gesture with the hands, either in dancing, or carving of meat, or pleading,* Quint

* Chironomon, ontis m part Græc pro nomine *Shewing nimble motions with his hands,* Juv 5 121

* Chironomus, i m Χειρονόμος *One that useth motions with his hands in dancing,* Juv 5 12

* Chirotheca, æ f. *A glove, mittin, or muff,* Jun. Usus ejus antiquis ignotus fuit.

|| Chirothecarius, i m. *A glover* Ex Analogia pendet

* Chirurgia, a f [a Χείρ, manus, & ἔργον, opus] *The art of surgery, or chirurgery,* Cic.

* Chirurgice, es f *Chirurgery,* Celf

* Chirurgicus, a, um adj *Pertaining to surgery,* Celf

* Chirurgus, i m *A surgeon, or chirurgeon,* Mart

* Chius, a, um adj *Of the island Scio* Chium vinum, *vel absol* Chium, Hor Chia ficus, *Mart* Chiæ nuces, *Calphurn* ☞ *Observandum venit studiosis hujus linguæ in hujusmodi exemplis primam semper product, in nomine tamen insulæ ipsi Hor tin aliisq e correpi*

Chlamydatus a, um adj *Cloaked, having a short cloak on* Cic

Chlamydula, æ f [dim a chlamys] *A little cloak,* Plaut

* Chlamys, ydis. f מעיל (1) *A cloak, to wear for a man of war, a soldier's coat.* (2) *A tunic, or loose coat to be worn over the vest, or jacket* (3) *A woman's gown or mantle* (4) Also *a courtier's gown* (1) Chlamyde & pictis conspectus in armis *Vir Æn* 8 588 (2) Suam qui undantem chlamydem quassando facit, *Plau* (3) Vir Æn 4 137 (4) Id 3 54

* Chlorion, *vel* chlorio, onis m *A green or yellow bird, of the bigness of a turtle, never seen but in summer,* Plin 10 29

* Chloris, idis f [a Χλωρός, viridis] *A green finch, or canary-bird*

* Chlorites [a Χλωρός, viridis] *A precious stone, green like grass,* Plin 37 20

Choaspites [a Choaspi fluv in quo invenitur] *A precious stone, green, and glittering like gold* Plin 37 10

* Chœnix, icis f χοῖνιξ *A measure by which the Grecians measured their servants allowance of victuals for one day,* Bud.

Cholos *A precious stone of the emerald kind,* Plin 37 5

* Chŏlera æ f [a Χολή bilis] *Choler,* Littl fed sine auct Also *the illness of the stomach, with a flux, and vomit* Celf 214 = Tormina, *Plin* 31 6

Cholericus a, um adj *Troubled with choler, choleric* Tormina cholerica, *Plin* 20 14

* Choliambi, orum, pl m [a Χωλός, claudus quasi claudi Iambi] *A kind of verses differing from the Iambic only in this, that they have an Iambic foot in the fifth place, and a spondee in the sixth, or last,* called also *scazons*

* Choma, atis n *A water bank, a sluice, lock or weir, dam,* Ulp Lat Agger

Chomer, חמר כור idem quod corus, in mensura maxima, continens decem bathos, *sive ephas*

† Choo a ... *unde in comp* ... *inclinoo, vid*

* Choragium i n Χορήγιον [ex Χορηγῶ, suppedito, subministro] (1) *The tiring, or dressing room in play houses* (2) *The players apparel, and furniture of the stage,* &c. (3) Synec *Dress, or ornament* (1) Vitruv 5 9 (2) Plin 36 15 (3) *Ad Herer* 4 50

* Choragus, i m *A letter-furto, or the master of plays, who provides all things at his own expence,* in Greek authors but in Latin, *The keeper of the apparel or he who furnishes the attire at the expence of others* Plaut Trin 4 2 16 *Vide* & Casaub in carm vet poetar ap Suet Aug 70

Choraules, *vel* choraula, æ m *A minstrel, one that playeth on a pipe, or flute,* Mart.

Cho-

Chóraulistria, æ f *A she minstrel, or woman piper*, Prop 4 9 13 Melius Choraulistria, l cro-talistria, ut al legunt

* Chorda, æ f Χορδή, intestinum & fides quod ex animantium tenuioribus intestinis fieri solet *A string of an harp, lute, or any other instrument* || In geometry, *The right line which divides the arch or piece of a circle*, called also Subtensa Hinc Argutæ chordæ Ridetur chorda qui semper oberrat eadem, *Ho*

* Chordapsus, i m [a χορδή & ἅπτω], quod qui morbum ... admovet chordis intentis ... *plucking of the small gut*, ... Cels 4 16 *the wind cholic*, Veg

Chordus, a, um adj *Vide* Cordus

Chorea, æ f Χορεία, saltatio cum cantu *A dance where many dance together*, *a ball*, ... Medii ... munis ... duxere choreas, ... Pars pedibus plaudunt choreas, *Vir* Æn 6 644

* Choreus, i m *A foot in verse consisting of one long syllable and one short*, ... Called also *Tro*-*chæus*, Cic Or 3 ...

* Choreutes, æ m [a Χορεία ... filio] *A dancer* Firm Poet

Choriambus, i m Χορίαμβος, pes ex choreo & iambo constans *A foot consisting of two short syllables between two long*, as *nobilitas*

* Chorobates, æ m *A kind of instrument to measure the height of ... of waters*, &c Vitruv 8 6

* Choröcitharista, æ m *He that plays on a harp or lute to others as they dance*, Suet Cho ... pl *courts of ...*

* Chorodidascalus, i m *The master of the chorus*, ... Plauto, & Aristot In Mischlern ...

* Chorographia, æ f [a χώρος regio, & γράφω, describo] *A description of a country* ... Chorographia est regionis alicujus ... Geographia totius terrarum orbis descriptio

* Chorographus, i m locorum descriptor, *A describer of countries and regions*, Vitruv 8 2

* Chorosites, æ m *Rece ...* ... Bud *Vide* Chori ... centor

Chors, tis f per Syn ... colors *A place where poultry are kept*, ... or *a company of soldiers* Vide Cohors

Chortinus adj ... Gallina chortalis ...

* Chortinon Oleum ex herbis graminis, Plin

Chorus, i m Χορός (1) *A company of singers, or dancers*, ... *a company of men* (3) *any multitude*, or *assembly* (1) Utque Viro Phœbi chorus assurrexerit omnis, *Vir* (2) Catilinæ stipatus choro juventutis erat *Cic* (3) Scriptorum chorus omnis amat nemus, *Hor* Rifit chorus omnis ab imo ad summum, *St*

* Chrestologus, i m blandiloquus *That speaks fair words to small effect*, *that speaks well, but doth ill*, Capitol 1 Pert 13

* Chreston *Succory*, Plin.

* Chria, æ f [a Χρεία, usus] *A short moral sentence for an exercise in Rhetoric*, Quint 1 9

* Chrisma, ătis n *Chrism unction* L t Unguentum

|| Christianismus, i m Ambr & Christianitas, atis f Cassiodor *Christianity*

|| Christiānus, i m [a Christo, sic dict primum Antiochiæ, *Act* 11 26] *A Christian*, *a man professing Christ* ...

* Christicola, æ ... *A worshipper of Christ* Prud

* Chroma, atis n ... *delightful* ... Also ... Vitruv ...

Chromătia pl m *Those which have eaten and drunk too much, for the ancients anointed themselves, and kept in the sun, that the body might drink in the oil*, Cor ...

|| Chromaticus, a, um adj ... *colourable*, ... *of singing* § Chromaticum melos, *Rhod* ... 22

* Chronica, ōrum pl n [a χρόνος, tempus] *Chronicles*, or *histories of things done from time to time*, Plin 5 9

* Chronicus, a, um adj *Lib*-*bri chronici*, *Chronicles*, ... Gell || Morbus chronicus, diuturnus *Chronic*, ... temporibus rediens, ... Medic

* Chronicus, i m *A chronologer*, ... Plin 35

* Chronisso, as neut *To spend the time* Agni ludunt blandeq, chronissant, Luc et l 2 320 ... constant

* Chronologia, pl m ... & ... Lucret ... sed quærendo locum ... sui

* Chronologia, æ f *Chronology, the art of reckoning time*

* Chronologus, i m [ex χρόνος, tempus, & λέγω, dico] *A writer of chronicles*, *a chronologer*

* Chrysalis f *A worm, or grub, of which comes the butterfly*, Plin

* Chrysanthemum, i n *Cronflower*, ... Some take it for the *marigold*, Plin 26 8

* Chryselectrum, i n subst *Gold coloured amber*, Plin 37 1

* Chryselectrus, a, um adj Lapides chryselectri, *Stones of a yellow amber colour*, Plin

* Chrysendeton, i n *A cup set with gold*, Mart

Chrysippea, æ f [a Chrysippo inventore dict] *A kind of herb*, Plin 26 9

* Chrysites, æ m *Lithar* Plin ... 10 Item genus lapidis mortarium, ... 36 22

* Chrysitis, is f *Gold foam the foam that comes of lead tried*, *being of colour yellow, like gold*, Plin 33 6 ... Spuma auri Also the herb *milfoil*, or *yarrow*, Id 26 6

* Chrysoberyllus, i m *A chrysoberyl stone shining like gold*, Plin 37 5

* Chrysocarpum, i n *A kind of ivy* Plin 16 34

* Chrysocolla, æ f Auriglutinum, vulgo borax, *Plin* 33

* Chrysocome, es f *The herb milfoil, or yarrow, with golden locks*, Plin 21 8

* Chrysolachanum, i n *The herb orage*, Plin 27 8

* Chrysolampis, idis f *A precious stone fiery by night, and pale by day*, Plin 37 10

* Chrysolithos, i m *A chrysolite*, Ov

* Chrysomelum, i n *A yellow quince*, ... Plin 15 11

* Chrysoprasus, i m *A precious stone, sprinkled as it were, with gold sand*, Sol

* Chrysophrys, ydis f *A fish so called from ... gold colour ...* Et aurata chrysophrys imitata decus, *Ov*

* Chrysos ... Χρυσὸς & ... *A precious stone like gold* Plin 37 10

* Chrysopassium ... (2) ... officina Χρυσὸς aurum, & πλύνω, lavo] *A place where gold is tried, or washed from the earth* ... Bud

* Chrysoprasus i m Χρυσόπρασος [a Χρυσὸς aurum, & πράσον porrum, quod sit coloris porracei, e viridis aureis intercurrentibus guttis, *Isid*] *A kind of green stone mixed with golden drops*, Plin 37 5

* Chrysopterus, i m *A kind of ...*, Plin 37 10

* Chrysos, i m Χρυσὸς, i aurum, Gra, ... ut Bud ... Item pisci aurei coloris, *Plin* 32 11 ... *A gilt-head, fish the same as is thought by some, with the chrysophrys*

* Chrysothales *The lesser sort of ... wort*, Plin 25 13

* Chrysulca [a Χρυσὸς, aurum, & ἕλκω, traho] *Aqua fortis, the water which draws gold, wherewith gold is off when mixed with other metal*, Alciat

* Chus Χοῦς *The same measure among the Greeks, as congius among the Latins, holding six quarts*, Bud

Chutra, æ f *A pot, or pipkin* ... Cyprin

* Chydæus, a, um adj *Vile, of no worth* Chydææ palmæ, *Plin* 13 16 Dactyli chydæi, *Plin* 13 4 Idææ mihi dicuntur, per jocum dicti chydæi, ... indigni ... dicuntur Idæi Martin Chydæum vinum, *Wine made of palm*, Pall Bud

* Chylus, i m *A white juice coming from meat digested in the ... Med*

* Chymus, i m *The juice of meat after the second digestion, which by the veins passeth the ... of every part* Med

* Chytra, æ f *see* chutra [quia liquida ... eam Χυτὴ ... funditur] *A pot, or pipkin*, Cato

* Chytropodium, i n *A little porsnet, or skillet*, Pall

* Chytropia, æ ... *A pot seller* Pall

* Chytropus, odis m *A porsnet, or pot having feet* Also a trivet, to set pots on Vide Adag ... Chil

C ante I

Cĭbālis, e adj *Of, or belonging to meat, or food* ... || Cibalis fistula, *The passage whereby meat goes into the stomach, the gullet*, Lact

Cibāria, orum pl n *Food, meat, victuals, for man, cattle, fishes, &c* Præbere cibaria alicui, *to find one in meat, and drink*, Cic Boum cibaria, *Cato* Si piscis domini cibariis saginatur, *Col*

Cibārium, i n (1) *The second sort of flour* (2) Also food (1) Plin 18 19 (2) Sci

Cĭbārius, a, um adj, *Pertaining to meat, or victuals, or to common food* Cibarius panis, *Household bread, brown, or coarse bread* Cic & Cels Cibaria uva, *A grape or raisin fit to be eaten*, Plin Cibarium vinum, *Small wine for the table, to drink at meals*, Var Oleum cibarium, *Oil for ordinary use*, Col Homo cibarius, *A sorry ordinary fellow*, Var

Cibatus, us m ... *a, ... provision, ... food ...* ... *Comm* ...

|| Cibicida, æ f ... *a ... cover of meat*, Non ...

Cibo, as a ... *To nourish ... feed* ... Rar occur

Ciborium, i n (1) Proper. *The ivy ... that groweth out of its cod* (2) *A large cup, like ... leaves* ... Plin 21 15 ... Dioscor 2 97 (2) Obliviosi ... Massico ciboria exple, *Hor* Carm 2 7

Cibus, i m (1) *Meat, or victuals, food* ... (2) ... Dat in venis cibus, ... utilissimus sim, ... dam ... imitatus cibo ... sunt jucundi ... ¶ L... *Ter*

Cicāda, æ f ... *a grasshopper, a ...* (1) ... Antimon ... (1) Veteres ponunt tanquam ... te cicadæ, *Luc* (2) ... *Ov*

Cicātrico, as ... *To heal up, to ... ... close up a wound into a* ... Fest

Cicatricosus, a, um adj *Full of scars, full of ...* Quint

Cicatricula, æ f [dim a cicatrix] *A little scar*, Cels 10

Cicātrix, icis f (1) *A scar, seam of a wound* (2) *A cut, ... bough of a tree* (3) Met *A ... or patch in a shoe* (4) *The ... gilding stick* (1) Neque ... narrat, neque cicatrices ... (2) Admorso signata ... cicatrix *Vir* 2. *Geor* 379 (3) ... cens limum ostendit non ... cicatrix, *Juv* ... 151 (4) *Plin* Refricare cicatricem, *To rub an old sore*, Cic Ducitur cicatrix, ... healed, Ov

Cicum, i n ... (1) *The skin ... pomegranate, the thin kernels* (2) Metaph *of no great, a straw, a rush*, ... (1) Vid ... (2) ... te an exungare circum ... terdium, *Plaut Rud* 2 7 ...

CICER, ĕris n ... *pulse ... than pease, of which ... are white, some red, vetches, ...* Sat 6 115 Cicer ... *chick pease*, Plin It is used ... *a quantity* ... plus ... Ciceris modi ... 13 Nec minus ervum, ... teri, *Id* 3 11

Cicera, æ f *A kind of pulse good for fodder*, Col ...

Cicercula, æ f [dim a cicer] *Chichlings, little chiches*, Plin

Cicerculum, i n *A kind of* *ochre, or red colour*, Plin 35 6

* Cichoreum, i n *The herb succory*, Hor carm 1 31

* Cichorium, ii n *Cichory, or succory, the wild endive*, Plin 19 17 *Lat* Intybus erraticus

* Cici n indecl *A shrub in Latin called* Ricinus, [*because the seeds of it are like the vermine called ticks*] Plin 15 7 It is vulgarly called, *Catapulia major* Of this is made *Oleum cicinum*, Id 23 4

Cicindela, æ f [*a prep* cis, & candeo, *it a* niteo, nitela, *Varr*] *A worm shining by night, a glow-worm*, Plin 18 26

Cicinum oleum [*a* cici, *quod* & ricininum] *An oyl drawn forth of the seed of the shrub* cici, *good to purge the belly*, Plin 23 4

Ciconia, æ f [*a* Ciconibus, *Thraciæ populo*] (1) *A stork* (2) *An instrument wherewith husbandmen make furrows, and ditches even that no one part may be deeper, and lower than another* (3) Met *A mock, when one maketh a sign of a stork's bill with bending his finger at one behind his back* (1) Candida venit ciconia, Ov (2) Col 3 1, *ubi descriptionem, & formam vide apertè* (3) O Jane, à tergo quem nulla ciconia pinsit, Pers 1 58 ☞ Prænestinis dic *cona Vide* Plaut Truc 3 2

Cicuba, æ f *A weed in corn*, Plin

CICUR, uris omn gen adj [*cieo teste* Var L L 6 5] *Tame, gentle, that will come to hand* Duo sunt genera bestiarum, vel cicurum, vel ferarum, Cic Cicur ingenium, *A gentle nature*, or *mild disposition*, Var

Cicurio, is, ire *To cluck like a hen*, Philom

Cicuro, as act *To tame*, or *make tame* Var ex Pac

Cicus, & Cicum *The skin that parts the grains*, or *kernels in a pomegranate*, Plaut *Vide* ciccum

Cicuta, æ f (1) *An herb called hemlock, the juice of it, being extreme cold, is poyson, and therefore the Athenians used it in common executions* (2) *A kind of ellebor* (*according to Horace, and Persius*) *to purge melancholy, a pipe*, or *reed* (3) *Also a reed a pipe made of the stalk of a hemlock*, or *reed, a shepherd's pipe*, (4) *The space*, or *distance in reeds, and reeds betwixt knots* (1) Sicut cicuta homini venenum est, sic cicutæ vinum, Plin 16 5 (2) Quæ poterunt unquam satis expurgare cicutæ? Hor (3) Septem compacta cicutis fistula, Vir Ecl 2 36 (4) Interp Serv

Cidaris, is f [כתר Heb כֶּתֶר corona] *A fillet about the cap*, or *crown worn by the Persian kings, and priests, also the cap it self*, Curt 3 3

Cidonium, ii n *A quince*, Litt *Sed rectius scrib* cydonium, *a* Cydone *urbe, quod vide*

Ciendus, a, um part [*a* cio] Actum ciendum, hæreditas di endenda, *JCC*

Ciens part *Raising*, or *stirring up*, Liv

Cieo, es ivi, itum, ere act [*a* κίω, moveo, *fut* 2 κιῶ, Ion κιέω] (1) *To move, to stir* (2) *To excite, raise, or make* (3) *To provoke, and egg one on, to rouse, to summon, to call* (4) *To call upon, or invoke* (5) *To name* (6) *To stir, or drive back* (1) Nereus imo ciet æquora fundo, Vir

(2) Turbas uxori ciet Amphitruo, Plaut Cruciatum ciere, Cic gemitum, lachrymas, Vir (3) Ære ciere viros Id (4) Magnâ supremum voce ciemus, Id (5) Ciere nomina singulorum, Tac (6) Errantem dextrâ ciet obvius ignem, Val Flac ¶ Alvum ciere, *To purge*, Col Urinam, *To provoke urine*, Id ‖ Cio, civi, citum, *a* κίω, *propriè* voco, *int* moveo

‖ Cifira, æ f quod per s scribi debuit [*a* Syr ספרה] *A cipre, or cipher*

† Cilibantum *Vide infra* cillibæ

‖ Cilicinus, a, um adj *Made of hair or hair-cloth*, Bibl

Cilicium ii n [*a* Cilicibus, qui primi fecerunt, *Varr vel a* cilicis pilis, quod ex pilis hircorum fieret, *Fest Scal*] *Hair cloth made of goats hair, wherewith the Arabians made their tents, a garment of the same cloth, made for the service of the camp, and the use of seamen*, Ascon Also *a garment used by devout asceticks, and penitents* Eccles

Cilium, ii n [*a* cilleo, *i e* moveo, *M*] (1) *The utmost edge of the eye-lid out of which the hairs grow* (2) *Also the hairs of the eye-lid* (1) Plin 11 37 (2) Cels

† Cilleo, es antiq *vel* cillo, is *To stir, or move, to twinkle*, Serv ↓ Moveo

† Cillibæ mensæ rotundæ, [*a* Gr κιλλίβας, Suid] *A round table, or stand with three legs, to set cups on*, Fest *Leg & cilibantum*, Varr

† Cillones, um pl m *Minstrels using filthy, and unclean gestures* Al Cillones, Cic in Sallust

Cilo onis m Fest *Al* cillo leg *One that hath an head with a sharp crown like a sugar-loaf, or that hath a great forehead, or that is beetle-brow'd*, Flav Caper vetust grammaticus

Cima, æ f *The top of an herb*, Plin *Vide* cyma, *scrib & cuma*

† Cimbri, *idem quod* latrones *lingua Gall* Fest

* Cimeliarches, *vel* cimeliarcha, æ m *The master of the jewel-house a church-warden*, Cod

* Cimeliarchium, *vel* on ii n *A jewel-house also a vestry in a church*, Justin

* Cimelium, ii n *A jewel, or precious thing not daily to be used, also an hoard, or store*, Jun

Cimex, icis m *A kind of fly, or worm breeding in wood, or paper, a wall louse, a chinch*, Plin Tiitus cimice lectus, Mart

Cimolia terra [*a* Cimolus Cretici maris insula] *Fuller's-earth*, Plin

Cinædiæ, arum pl *Stones found in the brain of the fish* cinædus, Plin 37 10

Cinædicus, a, um adj *Wanton, lecherous, bawdy* Cinædica cautio, Plaut St ch 5 57

Cinædulus, a, um [*dim a* cinædus] *A little wanton*, Macr

Cinædus, i m [*a* κενὸς, vacuus, & αἰδὼς, pudor, *qu* sine pudore] (1) *A gelded youth, a catamite, one abused against nature* (2) *A wanton dancer, or shewer of tricks, a tumbler* (3) Also *a fish all over yellow* (1) Catull 17 2. (2) Ad saltandum non cinædus malacus æque est atque ego, Plaut Mil 3 1 73 interp. Nonio. (3) Plin 32 ult

Cinædus, a, um or, com *pro* cinædicus *Soft, wanton, bawdy*

Cinæda frons Mart Ut decuit cinædiorem, Catull. 10 24

Cinara æ f [*a* Gr κινάρα] *An artichoke*, Col 10 235 *ubi al* g carn acfer sit *Scrib* & cynara

Cincinnatus, a, um *That hath curled, or crisped hair* Cincinnatus ganeo, *A beau spark*, Cic

Cincinnulus, i m *A little lock or curl of hair*, Var *dim a*

Cincinnus, i m [*a* κίκιννος, inserta liquida, Voss] *A lock of hair crisped, curled, or braided, a twist or frizled lock* Madentes cincinnorum fimbriæ, Cic

Cincticulus, i m [*dim a* cinctus] *A short coat girded about the navel, and reaching to the midst of the leg* Plaut

Cinctorium, ii n quo cingimur *A girt, or girdle, a belt, a girdle belt* Pomp Mela *Vide* cingulum

† Cinctulus, i m [*dim a* cinctus] *A little girdle*, Plaut

Cinctura, æ f *A girding* Suet

Cinctus a, um part [*a* cingor] (1) *Girded* (2) *Encompassed, beset with, surrounded, invironed* (1) Cinctus gladio, Liv (2) Humus æquore cincta, Ov

Cinctus, us m [verb *a* cingo] *A man's girdle, as* cingulum *is the woman's*, Var But this is not observed in authors Also *a kind of short coat girded a little below the paps* *A dress, or garb, as, cinctus* Gabinus, *A garb of wearing the gown, used by the citizens of Gabii, who threw one part under their right arm, and the same lappet back again over the left shoulder*, Vir In which fashion a victory having been once gotten, the consul ever after (for luck sake) used it when he denounced war Serv

Cinctutus, a, um [*a* cinctus, *ut* actutum *ab* actum, *i* cinctu indutus, *Litt*] *Armed, and ready to fight, or girt, and trussed up after the old fashion* Cinctuti Cethegi, *Ancient, or, as some, warlike*, Hor

† Cinefacio, ere, feci, factum [*ex* cinis, & facio] *To bring, or turn to ashes*, Lucil

† Cinefactus, a, um part *Turned to ashes, incinerated*, Lucil

Cineraceus, a, um adj *Of an ash colour*, Plin 25 13

‖ Cineralia, orum pl n qui & à ceneribus dic quo frontes cinere illinuntur *The feast of Ash-wednesday, or the first day of Lent*, Jun

Cinerarius, ii m *id* qu ciniflo *A tire-man, one that dresses for women, or rather dresses them when they are dressing* Qui calamistros in cinere calefactos ministrabat, a cinere cinerarius est appellatus, Var de L L 4 29 ‖ Cinerarios etiam qui martyrum cineres, & reliquias venerantur, per convicium dixit Vigilantius, *Hier*

Cinereus, a um adj *Of, or like ashes, of ash colour*, Plin 14 Cinerea vitis, *A kind of hedge vine*, Plin

‖ Cinericius, a, um adj *ia quod* cinereus Also *baked, or roasted under ashes* Panis cinericius, *Bread baked in the ashes, or on the bare hearth*

‖ Cinerosus, a, um adj *Ashy, or full of ashes*, Apul

Cingendus, a, um. part *To be encompassed, or girded about*, Ov

Cingens, tis part *Tying round, encompassing about*, Cic

Cingillus, i m dim Gloss vett στρόφιον, ζωνίον *A little girdle* Venit galbino succincta cingillo, Petron Frag Trag p.56

CINGO, ere xi, ctum act (1) *To tye about* (2) *To gird* (3) *To surround, or defend, in a proper or metaph sense* (4) *To surround, to environ to besiege or beset* (5) *To awell round about* (1) Species tempora cingere Cerere, Tib (2) Ense latus cinxit, Ov (3) Muris cum cingeret Albam, Liv Diligentius urbs religione, quam ipsis muris cingitur, Cic 3 de Nat Deor (4) Cingere urbem obsidione, Vir Æn 3 52 (5) Quique Ilicum cinxere Rycen, Val Argon 6 § Castra vallo cingere, *To intrench*, Liv Cingere arbores *i e* delibrare *To peel, or bark it*, Paul Cingere flamma, Met *To assault by love*, Vir

Cingor, i pass (1) *To be girt* &c (2) *To be fenced, or secured* (3) *To be joined or coupled* (1) Virg (2) Val Flacc (3) Claud

Cingula, æ f *A band to bind beasts with a girth*, Ov

Cingulum, i n (1) *A girdle, or binding band* (2) *The bride's girdle* (3) *The cestus of Venus* (4) Met *An herb in the sea growing like a girdle, sea belt* (5) Also *the five zones, or climates, are called* cingula (1) Notis fulserunt cingula bullis Vir (2) Fest (3) Fœcunda mollis cingula, Val Argon 6 (4) Litt Nullo autem auct citato (5) Cernis terram quasi quibusdam redimitam & circumdatam cingulis, Cic in Somnio Scip ‖ Cingulo spoliare, *i e* dignitate, & magistratu, Bud ex Accursio

† Cingulus, a, um adj *Slender, or small in the waste* Fest

Ciniflo, onis m [*ex* cinis, & flo] (1) *He that makes hot the iron for women to frizle crisp, or curl their hair, a frizler, or curler of the hair* (2) Also *he that made ashes, or powder, to colour womens hair, or blew them upon hel. ic* (3) Also *a chymist* (1) Hor (2) Plaut (3) Ap recent *Vide* cinerarius

‖ Cinipnes um pl m *Vulg interp al scrib* cyniphes *perperam* [*a* κνήθειν urtica, qu a pungunt] *Little flies, but very stinging* They made one of the plagues of Egypt *Ios Latine* musliones *Plinius vocat*

CINIS, cineris m *at* Catull *aliosq e vett* f [*ab* ant ciner, *a* Gr κόνις] signif multitudinem, tam in sing quam plur (1) *Ashes, cinders* (2) *The cinders* (3) Also Met *The reliques, and memory of the dead* (1) Cinere ut multa latet obrutus ignis, Lucr 4 924 In cedis per ignes suppositos cineri doloso, Hor (2) Met Adscendit classem cum cineribus Germanici, Tac Ann 2 75 (3) Obsecravit per fratris sui mortui cinerem, Cic ¶ Cinis lixivius, *Lye made of ashes*, Plin Supremum ferre cineri, *To solemnize one's funeral*, Vir ‖ Dies cinerum, *Ash-wednesday*

‖ Cinisculus, i m [*dim a* cinis] *Small ashes*, Prud.

Cinnabaris, is f Ita nominum vocant Indi, Plin 33 7 *A gum, or liquor of an Indian tree also a soft red stone found in mines, called minium, red lead, vermilion, and by an Indian word cinnoper, i e dragons blood, from the colour*

‖ Cinnameus, a, um adj. *Smelling of cinnamon*, Apul

* Cinnamologus *A bird in Arabia, that makes her nest of cinnamon*, Plin 10 33

Cinnamominus, a, um. adj. *Made of cinnamon*, Plin.

Cinnămōn um, i n *The cinna n on tree, or cinnamo it lf*, Plin 12 19 & Cinnămum, i [קנמון] Idem Ov

Cinniris, f ... *when he ... against ... to the flag*, ... Plin 8 ...

CINNUS, i m ... *A ... , or ... of ... together* ... Cic in Orat ... Non ... Also ... Non ... Plaut Truc 2 2 32 ... cincinnos

|| Cinxia Juno [a cingendo quod sponsus solveret cingulum novæ nuptæ] ...

* Cin ... [כנור] ... *It was play'd upon with a quill or bow* ...

Co ... tum ... tr ... *moveo* ... findere, ... unde ... Dict ... *it cell* ... Pnt ... fecit ...

|| C ... f [ספירה] ... *A circle* ...

Cippus, m ... *a ... a ... of ... , or ... Caf B G 7 73* ... Vetus Gloss ... *And* ... Cic de ... one 2 50 ... gnetis ... (3) ... *rolis de note*, CIPP Cip pus, ... TERMINAVIT RIPAM K PROXIMO CIPPO

Circa præp cum acc *About* It is said, (1) *Of time* (2) *Place* (3) *Persons* (4) *Things* (5) *With one, or in his company* (6) *Concerning* (7) *About, more, or less* (8) *Nigh, or near to ... by* (9) *In* (1) Circa lustra decem Hor (2) Circa Capuam *Cic* (3) Urgeris turba circum te stante, Hor (4) Circa singulas hemines, *Celf* (5) Circa regem erat, & Phrygum turba & Macedonum, *Curt* (6) ... (7) ... S ... in ... 6 (8) Circa capitheos ... *Plin* (9) Circa omnia defecerunt, *Liv* Animus est circa campos, *Hor* ¶ Circa Demetrium ... Quint Ponitur & adverbialiter, ... Hostes, ... circumomnis ... inopi ... Liv

Circæa ... herba [a Circe] *The ...*, Plin ... 8

Circæum, i n [a Circe] herba quæ & *mandragore* dic Plin 26 13

Circanea, avis, quæ volans circulum facit *rest Any kind of bird, ... a compass in flying* ...

Circenses, sc ludi *Juv* [a circo magno in quo agitari solebant] *Games, or exercises of wrestling, or running, &c kept by the Romans in a large place, called the circus Also running with great horses, tilts, barriers, ... or tournaments,*

we e so called ☞ *Agit ores circenses in quater ... factiones ...* ... *Do ...* ... *Plaut*

Circensis, e adj [a circus] *Of, or belonging to the circus or place* ... Mart

† Circeus i m *A great hoop, or ring*, Plaut

Circes, itis m (1) *An hoop or ring of iron or brass* (2) *Any hoop or ring* (3) *A sort of olives* (1) Fest (2) Vit (3) Col 5 8

Circinatio, ōnis f verb [a circino] ... *turn ...* ... *with the compass*, Vitr

Circinato adv *By turning round in manner of compass* Plin

Circinatus, a, um part *Compassed, rounded*, Plin 16 23 Circin um tympanum, *The ... compass*, Juv ‡ ... quod est ... ab hac notione procul abesse videtur

Circino, as act [a circinus] *To make a circle to compass round, to ... round*, Ov

Circinor, ātis pass *To be ... compassed*, Plin

Circinus, i m [a circus] (1) *An instrument called a compass, a pair of compasses* (2) *Also the ... which, if it go round the body kills a man* (1) Plin 2 15 (2) Id 3 33

|| Circitellus, i m [dim a circes, circitis, circlus, five circulus] ... *a ...* ... Vulg ... Salm ... Fest

Circiter, præp cum acc [a circa] ... to It denotes (1) *Time* (2) *Place* (3) *Number* (1) Circiter ... affuturus videtur, Cic (2) Loca hæc circiter excidit mihi *Plaut* (3) Circiter decem millia, *Liv* Adverbialiter Circiter pars quarta armis instructa erat, *Sall*

Circites circuli ex ære facti, Fest It genus olea, *Col* 5 7 *Vid* circes

|| Circitor, ōris m [a circum, ... circuitor] *A walker, or stroller* (1) *One that walks about to look to ... grounds, one that ... round ... Dux circitorum, The captain of the watch* Veg Si locus citatus sinus fit (2) *Also one who carried about cloths from the ... woollen, or linen, and sold them*, Ulp S d in utroque loco aliqui leg *circuitores* unus Cod *circa ores* in secunda notione

Circius i m Sc ... circius, Cato ... S Latina vox est a circino, ob turbinem, & vertiginem, *Gell* ... Celticus ... *violentia*, ... *A ... northern wind, which blows out of France thro' Italy* Vid Plin 2 47

† Circo, as act *To go about, to compass, or search about* Circoque sonantia lymphis, *Provert* 4 10 35 Ubi restituit *Jos Scal* ubi vulgo *circeque* leg

Circlus, i m per Sync pro circulus *A hoop*, &c Vir Geor 3 166

* Circos, i m *A kind of hawk lame of one foot*, Plin 10 8

Circueo, vel circumeo, ire, ivi, itum [a circum, & eo] *To go about*, Cic

Circuitio, ōnis f verb (1) *A circuit* (2) *Going the round in a city, or camp* (3) *Fetching a compass or argument ... a long preamble* (1) Appenninus pertingit circuitionibus contra fretum *Plin* (2) Circuitio, ac cura ædilium plebei erat, *Liv* 3 6 (3) Ergo his circuitione quadam tollens Deos &c *Cic* 2 de D ... (4) = Quid opus est circuitione, & anfractu *Cic*

|| Circuitor ōris m (1) *A walker of the rounds, that goes about at night to see all is safe* ... (2) *Also he that goes about the streets to sell* ... (1) Veg (2) Ulp *Vide* circitor

Circuitus, a, um part *Gone about, or compassed round*, Sen

Circuitus, ūs m *A compass, or circuit, a going about* ¶ = Circuitus, & ambitus verborum, *Cic A ... Vide* circumitus

Circulans, tis part *Turning his head round, staring about him, and not minding what is said*, Cic de Cl Or 51

|| Circularis e adj *Round, circular or belonging to a circle* Circularis scientia *All arts, and sciences* Vulgo Cujus tamen compos ... *ap* Col 5 2 & Cic 7 ... 5 20

Circulatim adv *Circle wise, round about in a circle, or ring*, Suet Caf 8 1 8 ‡ In orbem, Cic

Circulator ōris m verb [a circulo, a circumeo] *Any hawker for gain* (2) *A ... tell ...* (3) *A mountebank, a quack* (1) Asin Pollio, Cic Ep 10 32 (2) Vid vet Schol *Juv* 6 590 (3) Celf 5 27

Circulatorius a, um adj *Belonging to strollers ... mountebanks*, &c Sermo circulatorius *Such talk as ... jugglers, and such like lewd fellows, use*, Quint

Circulatrix, icis f [a circulator] *A ... &c a stroller, or one who lives by acting drolls, and shewing tricks among the people* Circulatrix lingua pro petulanti, & maledica, *Mart*

Circulo as (1) *To inviron, to compass about, to ... circle* (2) *To turn the head about, to stare round, and not mind what is said* (1) Col 12 (2) Videt oscitantem judicem, nonnunquam etiam circulantem, *Cic de clar Or* 51

Circulor, āris dep (1) *To meet companies, to run to ... (2) To ... , to stroll ... mountebanks &c* (1 Totis circulis milites circulari, & dolere hostem ex manibus dimitti, *Caf* B C 1 64 (2) Sen Ep 88

Circulus, i m [dim a circus] (1) *An orb, circle or compass* (2) *A ring, or ... chain* (3) *A hoop* (4) *An assembly, or company of men standing, or sitting together round* (5) *Also a line of ... a circle* (6) *A ... figure ... a round circumference ... from the center ... equal* (1) = Circulos suos, orbesque conficiunt stellæ *Cic* (2) Flexilis obtorti per collum circulus auri, *Vi* (3) Circulis vasa cingere, *Plin* 14 21 (4) = Nec dubito in circulis, & conviviis ista incursari *Tac* (5) Var ap LL 4 22 (6) S pont

Circum præp cum acc [a circus, *ambitus*] (1) *About, round about* (2) *With, or in company with* (1) Legatio circum insulas missa, *Liv* (2) Paucæ quæ circum illam essent, *Ter* Adverbialiter Aprii, vides ... propera littore circum, *Vir* ✕ Circa

temporis est & loci, *circiter* temporis, & numeri, & raro loci, circum semper loci, *Val* Sed hoc fallit *Circum* in comp ... c, q, t, d, & f, mutat *m* in *n* ut circumcido, circunquaque circuntuli, circundo circunlero in quibus tamen etiam *m* scribi potest

Circumactio, ōnis f verb [a circumago] *A turning round*, Gell

Circumactus, a, um part *Turned round* Circumacto anno, *Liv* vertente anno *Cic*

Circumactu ūs m verb ... *turning round*, Plin

Circum igens, tis part *Turning about, turning round*, Li

Circumaggĕratus a, um part *Heaped about*, Liv Circumaggerata radices, *covered over*, Plin

Circumaggĕro, as act *To heap or cast ... about*, Plin

Circumăgo, ĕre, ēgi, actum act [ex circum, & ago] (1) *To turn around* (2) *To turn, or ... about* (3) *To drive, chase, or drive about* (4) Meton *To ...* (1) In ipso ... conatu circumageret ... annus, *Liv* (2) Priusquam circumigerent frenis equos, *Id* (3) Nec vulneratum ... tere feminecem circumagere restiterunt, *Curt* (4) Qui ... Josephi flatu circumagitur, ... 8

Circumăgor, i, actus pass *To be turned or ... *, ... Meton *To be made free*, because when the citizens were made free by the mayor, the beadle used to turn them round ¶ Nil opus est te circumagi, *You need not go round, or out of your way*, Hor *Vide* circumigo

|| Circumambulo as act *To walk round about*, ...

Circumăro as act *To plough round about* Plin 18 3

Circumaspicio, ĕre, xi, ctum act *To look round about*, Plin 8, 35 Si locus mendo vacet ... circumspicio *Cic*

† Circumcælatura, æ f *A ... of images resembling ...*, Lucr 3 220

Circumcidāneus, a, um adj *Cut about* Circumcidaneum mustum, *Wine of the last press*, Cato

Circumcidendus, a, um part (1) *To be cut or ... off* (2) *Met To be forbidden or barred* (1) Lateia scrobis circumcidendi *Col* 5 9 (2 In ... dolore vinum ex toto circumcidendum est, *Celf*

Circumcīdo ĕre, di, sum act [a circum, & cædo] (1) *To cut ... about* (2) *To cut off* (3) *To lop, or prune trees* (4) *Met To shorten or take ...* (5) *To take away, to ...* (1) ... icem circumcidito, *Va* (2) Ap ... (3) Ars agricolarum circumcidit, amputat, ... (4 Circumcidere multitudinem sententiarum, *Cic* ... (5) Vinum ex toto circumcidendum est, *Celf*

Circumcingo, ĕre, xi, ctum act *To compass round*, Sil 10

Circumcirca, adv [comp ex ... circum, & circa] *Round about on every side* Cœpit regiones circumcirca prospicere, *Sulp ad Cic ep* 4, 5

Circumcise adv *Briefly, in few words*, Suet de clar Rhet 6

|| Circumcisio, ōnis f verb [a circumcido] *Circumcision, a cutting off the foreskin*, Lactant ‡ Præputii amputatio

† Circum

† Circumcisitium, n ustum, *id quod* circumcidaneum, *Var* RR 1 51

|| Circumcisor, oris m verb [a circumcido] *One that clips* or *circumcises*, Cod

Circumcisura, æ f *A cutting*, or *incision*. Arbores a circumcisurâ siccatæ, fideliores, *Plin* 16 17

Circumcisus, a, um part (1) *Pared about* (2) Met *Cut*, or *pared away* (3) *Short* (4) *Circumcised* (1) Quod circumcisis vinaceis profluxerit, *Cato* (2) Circumcisa inanitate, & errore, *Cic* (3) = Quid tam circumcisum tam breve quam hominis vita longissima? *Plin* (4) Ap Eccles auctt

Circumclaudo, ĕre, si, sum act *To close round*, or *hem in on every side*, *to environ*, or *compass round*, Cæs

Circumclaudor, i, sus pass *To be hemmed in*. Duobus circumcludi exercitibus, *Cæs*

Circumcludo, ĕre, si, sum act [ex circum & cludo] *To close*, *to encompass*, *to environ*, Plin Circumcludere vas argento ab imo, *To tip it with silver*, Cæs

Circumclusus, a, um part *Shut* or *hemmed in*, Cic

Circumcolo, ĕre, ŭi, cultum [ex circum & colo] *To dwell*, or *inhabit round about*, or *nigh some place*. Qui circumcolunt paludem, *Liv*

|| Circumcolumnium, i n *A place set about with pillars*, *a cloister*, *&c.* Sipont ‡ *Cic Var &* Vitr peristylium

Circumculco, as act *To trample down*, Col

Circumcurrens ars [*ars quod* circa omnem materiam currit] *An art not limited to any certain matter*, *but conversant about every thing*, Quint

Circumcurso, as freq *To run round about*, *hither*, *and thither*. Huc illuc circumcursa, *Ter*

Circumdandus, a, um part *To be surrounded*, Cels

|| Circumdatio, ōnis f verb *The putting on*, or *wearing of apparel*, Vulg Interp 1 Pet 3 3

Circumdātus, a, um part [a circumdo] *Compassed*, *environed*. Armis circumdatus, *Armed*, *clad in armour*, Vir Palla circumdata, *Having but one*, Hor

Circumdo, as, dĕdi, dătum act [ex circum, & do] *To compass about*, *to environ*, or *inclose*, *to clasp about it*. Animum circumdedit corpore Deus, *Cic* § Circumdat mihi brachia, *Plaut* Brachia collo, *Ov*

Circumduco, ĕre, xi act (1) *To lead about* (2) *To abolish*, or *erase*, *to cancel*, or *draw a line all through to deface* (3) *To lead one out of the way*, *to cheat*, *to impose upon* (1) § Placuit victorem circumducere exercitum, *Liv* 8 13 Ilum, puer, circumduce has ædes, *Plaut* (2) Ap JCC (3) Per doctos dolos circumducam lepidule, *Plaut* § Circumducere aliquem argento, *Id* ¶ Circumducere diem, *To spend the day*, Suet

Circumductio, ōnis f verb (1) *A bringing round* (2) *An amplification* (3) *A circumference* (4) Met *Cheating*, *chousing*, *cozening* (1) Circumductiones aquæ, *Vitruv* 8 ult (2) Quint 9 4 (3) Circumductio sphæræ, *Hyg* 1 (4) Nec pueri suppositio, nec argenti circumductio, *Plaut Capt* in fine

Circumductum, περίοδος, Quint

Circumductus, a, um part (1) *Surrounded*. (2) *Wrapped*, or *wrapped* (1) § Orbes hinc circumductos, majores in noctibus, *Sen* (2) Exit e balineis, circumductus pallio [illegible]

Circumductus, us m *A circumference*, *a running about*, Quint

Circumeo, ire, ivi act [ex circum, & eo] (1) *To go about*, or *round about* (2) *To encircle*, *to encompass*, *to environ*, or *surround* (1) Una nobiscum circumierunt, *Cic* (2) Hederæ circumeunt caput, *Propert*

Circumeor, iri pass *To be beset*, or *encompassed*, *circled*, or *compassed about*, Cic

Circumequito, as act *To ride about*. Duas turmis circumequitare mœnia jubet, *Liv*

Circumerro, as act *To rove up and down about one*, Sen

Circumeundus, a, um part *To be gone about*. Meta ferventi circumeunda rotâ, *Ov*

|| Circumferentia, æ f *A circumference*, *circuit*, or *compass*, Apul ‡ Extremitas, *Cic* ambitus

Circumfĕro, ferre, tuli act (1) *To carry about*, or *in a round* (2) *To report* (3) *To purify by lustration* (1) Codicem circumferre, ostende, *Cic* (2) Fama hæc nulli circumfert *Plin* (3) Ter socios purâ circumtulit undâ, *Vir Æn* 6

Circumferor, erri, latus pass (1) *To be carried round* (2) Met *To be reported* (1) Sol circumfertur *Cic* (2) Philippi factum circumfertur, *Col* 8 16

Circumfirmandus, a, um part *To be upheld*, or *supported round*. Vitis quadrato circumfirmanda est agmine *Col* 4 17

Circumfirmo, as act *To fortify*, *and make strong*, *on all sides*, *to support* Col

Circumflecto, ĕre, xi, xum act (1) *To bend about*, *to fetch a compass* (2) *To circumflect a word*, *as* Mūsa, Mus (1) Longos circumflectere cursus, *Virg* (2) Ap Gramm

Circumflexus, a, um part *Bowed*, or *bended about*, Claud Circumflexus *sc* accentus *The circumflex accent*, *in grammar*

Circumflo, as act *To blow on all sides* Circumflantibus austris, *Stat* Met Ventis invidiæ circumflari, *Cic Verr* 3 41

Circumfluo, ĕre, xi act (1) *To flow about* (2) *To abound* (3) *To come together* (1) Oppidum circumfluit amnis *Plin* (2) = Redundare circumfluere, atque abundare, *Cic* (3) arta undiq, gentes circumfluxere *Plin*

Circumfluus, a, um adj (1) *That flows*, or *runs about* (2) *Flowed about* (1) Teius præcincta circumfluo mari, *Plin* (2) Urbs circumflua ponto, *Val Flac* 5 442

Circumfodio, ĕre, di, ssum act *To dig about*, Plin Et circumfodior, pass *To be digged about*, Id

Circumforāneus, a, um adj (1) *That goes up and down* (2) *That is carried about the market* (1) Circumforaneus medicus *A mountebank*, *that goes about the country*, Mostell Pharmacopola circumforāneus, *One that sells ointments about the streets*, Cic (2) Circumforaneum æs, *Interest-money*, Id

Circumforātus, a, um part *Bored round*. Stipite ab imâ parte circumforato, *Plin*

Circumforo, as *si forte legatur To bore round*

Circumfossor, ōris m verb *He that diggeth*, or *delveth about*, *a pioneer*, Plin 17 24

Circumfossūra, æ f verb *A digging about the roots of trees* Cu prædus asperinatur circumfossura, *Plin*

|| Circumfrĕmens, tis part *Raging*, *and roaring all about*, Amm

Circumfremo, ĕre, ui act *To chirp*, *chatter*, or *make a noise round*. Circumfremunt nidos inanes avicula, *Sen*

Circumfrico, as act *To rub all over*. Labia dolorum circumfrices, *Cato*

Circumfulgeo, ĕre, si *To shine round about on every side*, Plin 2 37

Circumfundo, ĕre, fudi, fusum act (1) *To pour*, or *shed about* (2) *To encompass* (1) Aurem cum aqua ad oleum circumfundito, *Cato* (2) Circumfundit aciem, *Cic*

Circumfundor, di, fusus pass (1) *To be shed*, or *run over*, *as water does*, *when it boils* (2) *To be surrounded* (3) *To flock about* (4) *To be routed*, or *flee* (1) Cum fervet [illegible] circumfunditur, *Plin* 28 9 (2) Cernis ut [illegible] circumfundare [illegible] (3) Ilium [illegible] fundimur [illegible] *Æn* 2 383 (4) [illegible] circumfusus, N 3

|| Circumfusio, ōnis f verb *A shedding*, or *pouring about*, Orib

Circumfūsus, a, um part (1) *Compassed about* (2) *Crowding about*, *flying round about* (3) *Routed*, *fled* (1) Circumfusus sto[illegible] libris *Cic* (2) Circumfulo pendebit in aere tellus, *Ov* Undique circumfusi egregie se tuebantur *Cæs* 3 11 (3) Circumfusis magna ex parte hostibus, *Liv* 4

Circumgelātus, a, um part *Frozen all over*, Plin 13 22

Circumgemo, ĕre, ui, itum act *To groan*, *roar*, or *make a lamentable noise round about* Cum ille circumgemit ursus ovile, *Roars about* Hor

Circumgesto, as act *To carry about with him*, Cic ad Q frat 1 2

Circumglobo, as *Posto*, *[illegible] To gather in heaps* or *lumps* Sol circumglobatus, *Plin*

Circumgrĕdior, i dep *To march round about*, Tac. Ann 13 22

|| Circumgressus, ûs m *A going about*, or *fetching a compass*, Amm

|| Circumhumātus, a, um adj *Having earth cast about it*, *earthed*, *interred* Amm

Circumjăceo, ēre act *To lie about* Quæ circumjacent Europæ, *Liv*

Circumjectu, abl *A laying*, or *covering round*, Plin 11 51

Circumjectus, a, um part *Laid*, *cast*, *situate*, or *made about* Circumjecta muris ædificia *Buildings erected about the walls*, Liv Circumjecta urbi loca, *Lying near about*, *adjacent*, Id

Circumjicio, ĕre, ēci, ectum [ex circum, & jacio] *To cast all about*, or *on every side* Circumjicere vallum, *To make a trench round about*, Liv Rotundo ambitu circumjicere, *To make it round*, or *compass it about*, Cic. de univers

Circumitio, ōnis f verb [a circumeo] *A going about*, *the compass*, or *reach of a river*, Amm

Circumitus, us m verb [a circumeo] *A going about the farthest way* Quidam circumitu rupes petivere, *Curt* 3 11 19

Circumlambo, ĕre, bi *To lick about*, Plin 11 37

|| Circumlatro, as act *To bark round about one*, *to rail and bawl at one*, Amm ‡ Convicior

Circumlātus, a, um part *Carried round about*, Plin

Circumlăvo, as, lavi, lotum, & lavatum *To wash*, or *flow round about* Ægyptum Nilus circumlavit, *Hyg*

Circumligo, as act *To tie about*, Liv

Circumlĭnio, ire, ivi, itum (1) *To anoint*, or *besmear all over*. (2) Per Met *To lard*, *adorn* (1) Plin (2) Quint

Circumlĭnitus, a, um part *Besmeared about*, *painted round about the borders*, Col

Circumlĭno, ĕre, livi, lēvi, & lini, litum act *To anoint*, or *daub all over* Circumlinere oculum, *Plin ep* 6 88

Circumlĭnor, i, tus pass *To be smeared*, or *anointed about*. Circumlini fimo bubulo utiliissimum, *Plin* 21 1

Circumlĭtio, ōnis f verb (1) *Anointing about* (2) Also *polishing*, *burnishing*, *putting the last hand to a picture*, or *piece of painting the finishing work*, (1) Plin 24 7 (2) Id 35 11

Circumlĭtus, a, um part *Anointed round about* Auro circumlitus *Washed over with gold*, *gilt*, Ov Saxa musco circumlita, *Grown over with moss*, Hor

Circumloquor, i, quutus dep *To use circumlocution*, part *Lyson ep* 1 16

Circumlocūtio, ōnis f (1) *A circumlocution* (2) *A fetch*, *or compass of words*, *circumlocution*, *a beating about the bush* (1) Quicquid significari brevius potest, & cum ornatu latius extenditur periphrasis est cui nomen Latine datum est non sine orationis aptum virtuti, circumlocutio *Quin* 8 6 (2) Apul apol p 296 ‡ Circuitus, anfractus, *Cic*

Circumlūcens, tis part *Glaring*, *glittering*, or *shining round*, Sen

Circumluo, ĕre, ui, lūtum act *To wash about*, Liv

Circumlūvio, ōnis, f verb [a circum, & lavo] *The flowing*, or *compassing about of waters*, Cic Orat 1 38

|| Circumlūvium, i n *A flowing about*, Fest Jus prædiorum Vid JCC ‡ Circumluvio, *Cic*

Circummissus, a um part *Sent round about* § Jugo circummissus Veiens, *Liv*

Circummitto, ĕre, si act *To send round about* Qui castra Romana aggrederentur post montes circummisit, *Liv* 4 18

Circummittor, i, ssus pass *To be sent all about*, Cæs

Circummūnio, ire, ivi act *To wall about*, Cæs 1 B G 180

Circummūnitus, a, um part *Walled*, or *inclosed round about*, Plaut

Circummulcens, tis part *Gently touching*, or *licking*, Plin

Circummulceo, ēre, si act *To stroke softly*, or *gently on every part*, Plin

Circummūnio, ire, ivi act *To intrench*, *to ditch in all about* Optimum est plantas circummunire caveis, *Col* 5 9

Circummunior, iri, tus pass *To be fenced*, or *bound about*, Plaut

Circummūnītio, ōnis f verb *The inclosing*, or *investing of a place* = Id ne fieri posset, obsidione atque oppidi circummunitione fiebat, *Cæs B. C.* 1 19

Circummuniius, a, um part (1) *Defended on every side* (2) *Secured in prison, guarded* (1) Cæs (2) Plaut

|| Circummurānus, a, um adj *About the walls*, Amm

Circumnascens, tis part *Growing about*, Plin

Circumnascor, i natus dep *To grow about*, Plin

Circumobruo, ere ui ūtum act *To cover over with earth, or to throw over*, Plin

Circumpastus, a, um part [a circumpangor] *Set round about* as slips or cions of trees, Plin

Circumpadānus, a, um adj [a circum & Padus] *Dwelling, or lying about the river Po*, Liv V Propr

Circumpango, ēre, pegi, pactum act *To set, or plant round, all about*, Plin

Circumpavio, ire, ivi, itum, act *To ram, beat or knock about to pave all about* Vix est in usu præterquam in

Circumpavitus, a, um part *Paved, and rammed down all over*, Plin

Circumpĕdes um pl m idem qui & pedisequi dicuntur *Pages, or lacqueys, waiters, or attendants that wait* Circumpedes homines formosos & literatos suos esse dicebat, Cic Verr 3 36 *Sed, puto, rectè circa pedes legitur, quomodo Grævius edidit in Q Curtius in his ministri erit aescripti ore circa pedes dixit*, 4 15 10

Circumplector i xus *To embrace round, to surround, to encompass* Undiq, el eas circumplexus, *Lu de L n terr* 7

Circumplexus, a, um part (1) *Surrounding, environing* (2) || *Environed, surrounded* (1) Stupet ipse bestias circumplexus opes, & pueros imperat ... Sil (2) Turris igni circumplexa, Gell

Circumplexus, ūs m verb *A clasping or embracing one another, a twisting round or twisting about it*, Plin

Circumplicatus, a, um part *Twisted about, twined, infolded* Puer circumplicatus serpentis amplexu, Cic

Circumplico, as act *To fold, or wind about, to roll or wrap about* Tum esset ostentum si anguem vectis circumplicavisset, Cic Div 2 62

Circumpōno, ēre, sui, situm act *To lay, or put all about*, Hor Sat 2 4 75

Circumpotātio, ōnis f *A quaffing or drinking round*, Cic de Leg 2 24

Circumpurgo as act *To cleanse round about*, Cell

Circumrādo, ĕre, si act *To shave round, to scrape about*, cujus palivum manet

Circumrādor i, sus *To be scraped about* Dens circumradi debet, Cels 7 12

Circumrāsio, ōnis f Circumrasio corticis, *The scraping off the bark*, Plin 17 26

Circumrāsus, a, um part *Shaved or scraped about*, Col 4 29

Circumrētio ire, ivi act *To entangle, or ensnare*, Lucr

Circumrētitus, a, um part (1) *Catched in a net* (2) Met *Entangled, hampered, hemmed in* (1) Mars, & Venus circumretiti fuerunt, *Arnob* (2) Circumretitus frequentiā populi, *Cic Verr* 5 58

Circumrĭguus, a um adj *Watered round about*, Catul

Circumrōdo, ēre si, sum act *To gnaw about, to detract.* Met Circumrodo quod devorandum est *Cic*

Circumrodor, i sus pass *To be gnawn, to be back bitten, or evil-spoken of* Dente Theonino cum circumroditur, *Hor*

|| Circumrōtans, tis part *Sparkling, or bedewing round about*, Apul

|| Circumrotor, ari pass *To be wheeled, or turned about*, as in a mill *Apul*

Circumscalpo, ere, psi, ptum act *To scrape about*, Plin

Circumscarifico, as act *To scarifie round about* Legitur quidem circumscarificatus, *Scarified round*, Plin 22 23

Circumscindo, ere, scidi, scis, sum act *To cut round about*, Liv

Circumscribendus, a, um part *To be circumscribed, bounded*, &c Cic

Circumscrībo, ere, psi, tum act (1) *To draw a circle round* (2) *To circumscribe, limit, or bound* (3) Met *To comprize briefly* (4) *To cheat, cozen, overreach, or circumvent* (5) *To cast out of office* (1) Virgulā stantem circumscripsit *Cic* (2) § Curriculum vitæ circumscripsit nobis natura, *Cic* pro C Rab (3) Laudes ejus circumscribere est tam parce transcurrere, *Sen* (4) = Et spoliare doces, & circumscribere, *Juv* (5) Parati de circumscribendo a dolescente sententia consularis, *Cic*

Circumscriptè adverb *Closely, briefly* Res definimus circumscriptèque complectimur, *Cic*

Circumscriptio, ōnis f (1) *A bounding, or limiting* (2) *A cheating, or over-reaching* (1) Circumscriptio orationis & periodi, *Cic* (2) Emptiones falsas aperta circumscriptione fecisti, *Id* pro *H* c 33

Circumscriptor, ōris m verb *A cozener, a cheater, one that over-reaches*, Cic Catil 2 4

Circumscriptus, a, um part & adj or, comp (1) Met *Circumscribed, confined* (2) *Discarded, cashiered, laid aside* (3) *Deceived, cozened, cheated* (1) Fluvio Rubicone circumscriptus, *Cic* = Vis circumscriptior, & adductior, *Plin* (2) Si tribunus plebis notatus, aut senatusconsulto circumscriptus sit, *Cic* (3) = Captiosis interrogationibus circumscripti, atque decepti, *Id*

Circumsĕco as, ui, ctum. act *To cut about*, Col 7 5

Circumsecor, aris pass *To be cut round*, Cic pro Cluent 64.

Circumsectus, a, um part *Circumcised, as were the Jews*, Suet in Domit 12 26

|| Circumsĕcus adv *All about, on both sides*, Apul ‡ Utrinquesecus, Lucr 4 937

Circumsĕdeo, ere, di, ssum act (1) *To sit round about* (2) *To besiege* (1) Florentes amicorum turba circumsedet *Sen ep* 9 (2) Sanguinem vestri circumsedent vectitus, *Liv*

Circumsedeor, eri, ssus pass *To be surrounded, to be besieged*, Cic

Circumsēpio ire, psi tum act *To inclose, or hedge* Armatis corpus circumsepsit, *He got him a life guard*, Liv

Circumseptus, a, um part Corporibus armatis circumseptus, *Guarded with soldiers*, Cic

Circumsĕro, ĕre, vi, atum. act *To sow, or plant round about*, Plin. 21.12

Circumseror i ātus pass *To be planted about* Genistas circumseri alvearis gratissimum *Plin* 21 12

Circumsessus, a, um part *Beleaguered, surrounded, encompassed* Circumsessus armis, *Cic* Met Injuriā, lachrymis *Id*

Circumsĭdeo, ēre, sedi, sessum act [ex circum, & sedeo] *To beset, besiege, beleaguer, or block up*, Cic

Circumsīdo, ĕre sessum cum acc *To lay siege to, to sit about, to beleaguer or invest a place, to block it up* Plistiam circumsidunt, *Liv* 9 21

Circumsigno, as act *To mark all about* Col 5 11

Circumsisto, ēre, stiti, stitum act cum acc (1) *To stand round about* (2) *To gather about*, either *to assail*, (3) Or *defend* (1) Dicere incipientem primores civitatis circumsistunt *Liv* (2) Ac sesti tandem cives infanda furentem armati circumsistunt, *Vir Æn* 8 490 (3) Si qui, gravioré vulnere accepto, quo deciderant circumsistebant, *Cæs B G* 1 18

Circumsistor, i pass *To be surrounded* Apul

|| Circumsĭtus, a, um adj *Seated, or dwelling round about*, Amm Marc

Circumsŏno, as act. (1) *To sound all about* (2) *To ring again* (1) Circumsonat hostes clamor, *Liv* (2) Aures meæ circumsonant his vocibus, *Cic*

Circumspectans, tis part *Looking round*, Ad Her 1

Circumspectātor, ōris m verb [a circumspecto] *A gazer, one that looketh about him on every side* Pendet ab ... seq

Circumspectatrix, icis f *A starer, or gazer, a woman, who looks about on every side of her* Circumspectatrix cum oculis emissitiis, *Plaut Aul* 1 1 2

Circumspectè adv ius comp *Advisedly, circumspectly, with good consideration, warily* Quint Circumspectè indu us, *Gell* 1 5 Circumspectius donare, *Sen* de Ben 3 14

Circumspectio, ōnis f verb [a circumspicio] *Advisement, great consideration, looking round about one, circumspection* = Ex circumspectione, & accurata consideratione, *Cic*

Circumspecto, as act (1) *To look about.* (2) *To consider a thing diligently* (1) In pastu circumspectant bestiæ, *Cic* (2) = Itaque dubitans, circumspectans, hæsitans, &c *Id*

Circumspectus, a, um adj, ex part issimus, sup (1) Act *Wise, prudent* (2) *Wary, circumspect, watchful* (3) Pass *Regarded considered, duely weighed*, sed rarius (1) = Circumspectissimus, & prudentissimus princeps *Suet Tib* 21 (2) Solennia sunt omnibus circumspectis, ... recognoscant *Col* 1 8 =) (Debent in custodiā vigilaces ... erronei, sed assidui & circumspecti magis quam ... *Id* ... (3) Circumspectis rebus omnibus, rationibusq, subductis summam feci, *Cic*

Circumspergo, ĕre, si, sum act *To sprinkle about*, Col

|| Circumspĭcientia, æ f Circumspection, Gell 14 2 ‡ Circumspectio, & accurata consideratio, *Cic Acad* 4 35

Circumspĭcio, ere exi, ctum act (1) *To look about* (2) Met *To take care, to be cautious* (3) *To boast, or vaunt* (1) Nec suspicit, nec circumspicit, *Cic* (2) Nunquam homo amentissimus circumspicies? *Id* (3) Usque adeo diligis, & magnifice circumspicis? *Id*

Circumspicitur, impers *They look about them*, Cic

Circumstans, tis part *Standing about*, Ov

Circumstantia, æ f (1) *An encompassing, or encumbrance* (2) *A circumstance* (1) Gell 3 ... 14 2 (2) Hoc genus argumentorum dicamus ex circumstantia, quia περίστασιν dicere aliter non possumus *Quint* 5 10 *Circumstantias dixit*, Numeros, tempora, & attributiones, res attributas, res circumstantes

|| Circumstātio, ōnis f verb *A standing round about*, Gell

Circumstipatus, a, um part *Thronged about* Ducibus circumstipata cur..., Cl d

Circumstipo, as act *To guard* Legitur solum in ... Magno circumstipante caterva, Sil

Circumsto as, stiti act *To stand about*, Cic Circumstitit comitatu ..., Ov

|| Circumstrepitus, a, um part *Surrounded with noise*, as in ... Amm

Circumstrĕpo, ĕre, ui, itum act *To make a noise on each side*, Tum certatim cæteri circumstrepunt, *Cic*

Circumstructus, a, um part *Built about* Altis operis lateritio circumstructæ, *Col* 9 6

Circumstruo, ĕre, xi act *To build about*, Plin 11 6

Circumsūdo, as dep *To be ... over ... sweat* Plin 12 1

Circumsuo, ēre, ui ūtum act *To sew, or stitch round about* Leg in part *circumsutus* Cels 8 5

Circumtectus, a, um part *Covered round*, Plaut

Circumtĕgo, ēre, xi, ctum act *To cover all over* Cœlum circumtegit omnia, *Lucr*

Circumtexo, ēre, ui, xtum act *To weave all over* Leg in part circumtextus Circumtextum velamen acantho, *Vir*

Circumtextura, æ f *A border, or border about*, Lucret

Circumtondeo, ēre *To clip, or poll round* Manet in part

Circumtonsus, a, um *Shaved about* Circumtonsa matrona *Suet Aug* 45

Circumtŏno, as, ui, itum act *To thunder, or make a great noise on every side*, Hor & Sil

Circumtrĕmo, ere, ui act *To tremble all over* Lucr

Circumtŭmŭlātus, a, um part Feralis circumtumulata ... cupressu saxa, *He ped about*, Pe Arb Raro occur

Circumvādo ĕre, si sum act cum acc *To lay, or beset round about* Circumvasit urbem terror *Liv*

☞ Circumvăgus, a, um adj *Wandering, or rolling round about, or thus hanging round the sea that rolls about the earth* Oceanus circumvagus, *Hor* ... moves round the world ... moles circumvaga ... Ov

Circumvallātus, a, um part *Encompassed, beleaguered, besieged*, Cic

Circumvallo, as act (1) *To trench about, to inclose, and fortify with bulwarks, or ramparts, to ..., to draw a line about* (2) Met *To assault, surround, ...*

e .m.er (1) Oppidum biduo circumvallavit, *Cæs B G* 7 11 (2) Tot res repente circumvallant *Ter Adelp* 3 2 1

Circumvectio, ōnis f verb *A carrying or moving about, a ... an orbicular motion* Rotarum circumvectionis, *Cic* Solis circumvectio, *Id*

Circumvecto, as freq *To carry often*, *Vir*

Circumvector, āris pass *To be carried about* Met *To discourse of*, ... Singula dum capti circumvectamur amore, *Vir Geor* 3 285

|| Circumvectu abl. qui solus restat, circumvectus, us *By carrying about*, Enn ap Cic

Circumvectus, a, um part *carried about* Equo circumvectus, *Liv*

Circumveho, ĕre, xi, ctum act *To carry about*, *Liv*

Circumvehor, i, ĕctus pass *To be carried about* Classe circumve...

Circumvĕnio, ire, vēni, ntum act cum acc (1) *To come about* (2) *To besiege* (3) *To surround, or* ... (3) *To rove about*, *&c* (4) Met *To flow about* (5) *To deceive, to circumvent, to cozen, or overreach* (6) *To oppress* (1) Mœnia omnia exercitu circumvenit *Liv* (2) Multa incommoda senem circumveniunt, *Hor* (3) Ardenti tergo circumvenit anguis, *Val Flacc* (4) Cocytus sinu circumvenit atro, *Vir* (5) Verbum etiam ab aliquo circumventum, (6) Neque tenuiores propter humilitatem circumvent...

Circumvenior, iri pass *To be surrounded*, &c *Cic*

|| Circumventio, ōnis f verb *Cozening, cheating, surprize, overreaching* Dig ‡ Fraus dolus

|| Circumventor, oris m *A cheat, or beguiler* Impr

Circumventus, a, um part (1) *Besieged, surrounded* (2) *Overreached, cheated* (3) Met *Brought under, surrounded* (1) Cerva lupis circumventa, *Sta. Theb.* 5 165 (2) Circumventus pecunia innocens (3) Circumventus morbo, exilio, atque inopia, *Cic*

Circumversor, āris freq *To roll up and down* Quærentes viam circumversantur [venti] *Lucr* 5 521

Circumverto, ĕre, ti, sum act (1) *To turn round* (2) Met *To cheat* ... (1) *Vide* circumverto (2) Qui me argento circumvortant, *Plaut Pseud* 1 5 ...

Circumvertor, i, sus pass *To be turned round* Rota circumverti ... *Ov*

Circumvestio, ire, ivi, itum act *To clothe, or cover all over*, *Cic*

Circumvincio, ire ivi act *To bind round about* Quasi murteta junci item ego vos virgis circumvinciam, *Plaut Rud* 3 4

Circumviso, ĕre, si, sum act *To view all over, to survey all about*, Plaut Amph 5 1 38

Circumvolatus, a, um part *Flown round about* Plin

Circumvolitans, tis part *Flying, or being of in about*, *Col*

Circumvolito, as freq [a circumvolo] (1) *To fly about* (2) *To be of en about a place* (1) Lacus circumvolitavit hirundo, *Vir* (2) Circumvolitare limina potentiorum, *Col in Præfat*

Circumvolo, as act (1) *To fly all about, to fly round* (2) Met *To surround* (1) [Venerem] Jocus circumvolat & Cupido, *Hor* (2) Nox atra cavâ circumvolat umbrâ *Vir*

Circumvolvo, ĕre, vi, ūtum act (1) *To roll, or turn round* (2) *To fold, or wrap round about* (1) *Vir* (2) Circumvolvere se spinis, *Plin.* 16 44 In orbem torquere, *Cic*

Circumvolvor, i pass *To be rolled about* Sol circumvolvitur annum *Vir*

Circumvolūtor, āris pass *To be rolled about*, Plin

Circumvolūtus a, um part *Wrapped, twisted about one another* Serpentes coeunt complexu circumvolutæ sibi, *Id*

☞ CIRCUNCIDANEUS, CIRCUNCIDO, CIRCUNCINGO, *&c sic enim in pluribus lexicis scriptos fuisse hic invenies per [n] scripta, sc* CIRCUMCIDANEUS, CIRCUMCIDO, CIRCUMCINGO *&c*

Circuo, habent lex ca, sed gratis pro circueo, ire ivi, itum [a circum, & eo] *To encompass, or go round.* Sinus circuit aures, *Sta*

CIRCUS, i m (1) *A round le, or circle* (2) *A ring, or large place in Rome, between mount Aventine, and Palatine* walled about by Tarquinius Priscus, where in the people sate and saw the games called Circenses, and other exercises, in imitation of the Olympic games, but chiefly horse races, which had been instituted before by Romulus, and called Equiria To the Circus belonged the Arena, Carceres, Euripus, Spina, Cursus, Carceres, Meta, *quæ vide suis locis* (3) *The falcon gentle, an enemy to pigeons, and very swift* (4) *A girland* (1) ♓ = Duæ formæ præstantes sunt, ex solidis globus, ex planis autem circus aut circulus, aut orbis, *Cic N D* 2 18 (2) Nescis quartum in circo diem ludorum Romanorum fuisse? *Philipp* 3 (3) Plin 10 8 (4) Petron Arb ¶ Candens circus *The galaxy or milky way*, *Cic* = Lacteus orbis, *Id* De circo astrologi, *Strolling fortune tellers*, *Id*

* Ciris, is f [a κείρω, tondeo, unde Ovid de Nisi filia in avem mutata, Ciris & tonso est hoc nomen adepta capillo] *A lark, or rather,* what the French call, *an egrettee*, Met 8 151

Cirnea, æ f [a κιρνάω, misceo] *A can, or jug* Cicous erat vini, inde implevi cirneam, *Plaut*

Cirrātus, a um adj [deromo cirrus] (1) *Curl-pated, having the hair curled, and growing in tufts, and lock* (1) Cirrati *Pers & Cirrata caterva, School-boys*, Mart. 9 30 (2) *Fringed, shagged* (2) A cirris, villis, *seu fimbriis dependentibus Hinc*, Cirratæ militares, *scil lacernæ*, *Shagged, or jagged coats*, Jul Cap *Vide & cirrus*, N° 5

✠ Cirriger, era, um adj *Curl-pated, wearing hair in tufts*, Cirrigeri Germani, *Claud.*

CIRRUS, i m capillus *qui circum tortus* [a κέρας cornu, quod cirri cornuum figuram referant, M] (1) *A tuft, or lock of hair curled, a curl, or frizzle* (2) *The crest of feathers on the head of certain birds*, as the lark, crane, *&c*

(3) *Things like hairs about oysters* (4) *The hair of the head polled* (5) Also *the fringe or shag of cloaths* Ab ejus diminutivo cirrulus Angl *A curl* (1) Caput nudum cirris grandibus hinc, & inde cinpunt, *Mart* 10 83 (2) Fulicarum generi dedit cirros, *Plin* 11 37 (3) Ostreorum rapere lividos cirros, *Mart* 7 19 (4) Cirros ad Apollinem ponere solent *Cit ap Nonn* (5) Tunica districta cirris dependentibus *Phædr* 2 5 13

* Cirsocele *A disease in the scrotum*, *Cels* 7 18

CIS prep cum acc It denotes, *place and time* (1) *On this side* (2) *Before* (3) Adverb *In all places about* (1) Cis Euphratem, *Cic* (2) Cis paucas tempestates *Plaut* (3) Cis undique, *Id* Compounded it is ... *To ...* Cisalpinus, Cispadanus, *it ...* Cispello

* Cis, vermiculus *A kind of worm eating corn, a weevil*

Cisalpina Gallia *A part of Italy now call d Lombardy*, Cæs B G 6 ... He also calls it Gallia togata, because the Gauls, inhabiting there, used the Italian toga, *B G* 8 ... *Vide propr*

|| Cisiarius, i m *A carrier, or carter, a waggoner that drives a light wagon*, Ap JCC

Cisium, i n *A carriage or chariot with two wheels, used for speed, a calash* Inde cisio celeriter ad urbem vectus *Cic*

Cispello, ĕre, pulsi *To keep one out, that he enter not, or that he pass not farther*, Plaut ♓ Aspello

Cisrhenanus, a, um adj [ex cis, & Rhenus] *Living on this side of the Rhine, respecting Rome* *Cæs*

* Cissites [a κισσός, hedera] *A precious stone white and shining, having the form of ivy leaves all over it* Plin 37 10 11

* Cisso, i m *A kind of ivy growing alone without support*, Plin 16 34 Lat Hedera

|| Cissybium, i n *A cup, or bowl made of ivy, or bound about with ivy* Macrob

CISTA, æ f [παρὰ τὸ κεῖσθαι, quod in ea aliquid reponatur] (1) *A chest, a hand, a hamper of wickers* (2) *A chest for books, money, &c* (3) *A ballot-box* (1) Cista viminea, *Col* 12 54 (2) Quaternos HS in cistam transferunt ex fisco, *Cic* Vetus Græcos servabat cista libellos, *Juv* Occultis conscia cista sacris, *Tib* 1 7 48 (3) Se ... ad custodiendas cistas suffragiorum, *Plin* ...

Cistella, æ f dim [a cista] (1) *A casket, or cabinet, a little box, or coffer* (2) Also *the ballot-box, wherein, at the chusing of officers, or making of laws, the suffrage of the people were gathered* (1) Cistellam domo efferunt cum monumentis, *Ter* (2) *Auct ad Her* 1 12

Cistellatrix, icis f *A maid servant that carries her mistress's casket, or has the charge of her* ... Plaut Trin 2 1 23

Cistellŭla, æ f dim [a cistella] *A little casket, box, or cabinet*, Plaut Rud 2 3 60

Cisterna, æ f [a cista] *A cistern, or vessel wherein they gather rain water to keep it, an hollow vault*, Plin 31 ...

Cisterninus, a um adj *Of or belonging to a cistern* Aqua cisternina, vel cisternina, *Col* 12 33

✠ Cistifer, a, um *That bears a coffer, or casket, a cabinet, or* ...

carrier ... cans, ...

* Cistophorus, i ... *A ... coin of Asia, ... image of one carrying a ... worth somewhat more than a ... denarium and as much as ... obolum, and a half, or about a groat* In Asia cistophorum flagitare, *Cic* ... *Vide* Alex ab Alex 4 15

Cistŭla, a f dim *A little chest, or coffer, a ... casket* Plaut Amph ... 1 261

Cistus, i m *A ... larger than thyme, full of ... leaves*, Plin 24 10 ...

* Cĭtăris [ab Heb כתר, corona] *The royal turbant worn by the sophy of Persia*, Curt

Citatim adv [a citando] *Hastily, speedily, quickly, in great haste*, Hirt

Citatio, ōnis f verb *A summoning to appear, an arrest, a citation, or summon* Multiplicem, & virium ejus usum vide ... JCC

Citātus, a, um part & adj or, comp ssimus sup (1) *Cited, summoned* (2) *Stirred up, moved* (3) *Swift, quick* (1) Quo die citato reo mihi dicendum sit, *Cic* (2) Vultus irâ citatus riget, *Sen* (3) Citatissima flumina *Liv* 21 6 Citatior Euro, *Sil* Citatus alteriarum pullus, *Plin* 11 37

Cĭtĕrior comp [a citra] (1) *The hither, nigher or nearer place* (2) *Lower* (3) Or ... *inferior relation* (1) Fuit in Hispaniam citeriorem, *Cic* (2) Citerioris ætatis metas, &c, *Val Max* 1 8 *Tit de Stud* (3) Animi tranquillitate humana, ac citeriora considerat *Cic in Tusc* ¶ Citeriores *Inferiors, or subjects in estate*, quibus opponuntur regentes Apul ☞ Sed ... sunt ... oris et ... ores

Cithăra, æ f [a κιθάρα] (1) *An harp* (2) *Skill in music* (1) Cithara strepitus, *Hor* (2) Augurium citharamque dabat *Vir* ☞ It may be used for a ... lute, cittern, gittern, virginals, &c ... species ... *Ifid Orig* 3 21 & Pig ... de Servis, p 86 vide ...

* Citharis, is *Vide* citharus, *Plin*

Citharista, æ ... *A player on the harp* ... *Cic*

* Citharistria æ f *A woman harper, a minstrel*, Ter = F dicina, *Id*

* Citharizo, as act ... *To play on the harp*, Suet

* Citharœdicus, a, um adj *Belonging to a harper*, or harp ... Suet

* Citharœdus, i m *He that singeth, ... and playeth ... on the harp* ... Cic

Citharus, i m *A ... whose teeth are like a harp*, *Plin* 32 ...

Citimus, a, um adj super ... *Nearest* ... *the nearest to the earth*, *Cic*

Cito, adv ... comp ... sup [a citus ...] (1) *Quickly, readily, swiftly* (2) *Shortly, in a short time, ere it be long* (3) *Hastily* (1) Abi cito & ... rem cursus recipere ... (2) Quid scribam? cito ... ad te esse venturum, *Cic* (3) Non cito dixerim, *Id* ¶ Dicto citius *In short, Vir*

Cito, as ... [a cieo] (1) *To call, or summon ... to cite*

(2) ... (4) To ... (5) To re... (6) To ... (7) To ... (8) Met. To excite to ..., to encourage (1) Fer præconem ad regem citari jussit, Liv (2) Græci qui hoc anapæsto ... (3) In hac re ... (4) Lacinius ... eandem authores, Liv (5) ... usque ad ... Hor (6) ... equo citato ... contendit, Cæs (7) ... (8) Studium vehementius ... Cic

C... pass To be summoned, &c

Cit... prep ... [... cis, ...] (4) ... Qui ... (2) ... (3) ... (5) ...

C... cum, ... (1) ... Geor ... (2) ...

Citreus, a, um adj (1) Of citron ... (2) Of ... (1) Citrea mala, ... Citrum citream, Id (2) Met ... citrea ...

Citrinus, a, um adj Of ...

Citria, a, um adj Which bears ... colour of ..., Plin ...

Citro adv [... citra] Hither and thither ... Juno ... tumultu ... Cic

Citrosus, a, um adj ... Citrosa ... Test

Citrum, i n (1) Citron-wood (2) Meton A table, or other thing made thereof (1) Citrum in ... Pl 16 13 (2) ... spectem citrum ... Indi... dentes, i e eburneos pedes, Mart 10 98

Citrus, i f A citron tree growing in Africa upon the mount Atlas, of the wood whereof they made tables at Rome Also another sort, which bore fruits of an excellent ... taste, ... citron, or orange-tree ... Lib... citrus ...

Citus, a, um part [... cio] Provoked, moved, ... Celf

Citus, a, um adj [ex part ... cieo] or, comp ... sup ... Swift, speedy, quick, nimble, hasty, sudden ... Tardus Sall

Civicus, a, um adj Of city, or of the citizens ... Corona civica Cic vel Civica abs Quint A garland of oak given to him that saved a citizen, by him who was so saved Civicum jus, Civil law, Hor

Civilis, e adj or compar ..., ...issimus, sup (1) Pertaining to the citizens, the city, or state (2) Civil, courteous (1) Cic (2) Ipse pater patriæ, quid enim civilius illo? ... Nerva ... civilissimus & æquissimus princeps, Eutrop Mercari civilibus undis, To be employ'd in state affairs, Hor Civilis quercus, An oaken garland, given to him, who had saved the life of a citizen in war, Vir Scientia civilis, Policy, the art of governing, Quint ... Fuolius, Cic Humanus, ...

Civilitas, ātis f (1) Civility, courtesy, humanity, or ligingness conversing with citizens ... (2) Policy (1) Civilitas ... Quint

Civiliter adv ... comp ..., sup (1) After the manner of citizens (2) Civilly, courteously (1) ... Juv 38 56 ... (2) Civilius quam parens, ...

Civis, is c g [... coeo ... quod in unum coeuntes ... communis ...] A citizen, a freeman ... (1) ...

Civitas, ātis f [a civis] (1) A partnership ... of people ... (2) ... (3) ... (4) ... Cœtus ... Cic (2) ... Id (3) ... (4) Duas esse ... patrias, unam naturæ, alteram civitatis ... Urbs, municipium ...

Civitatula, æ f A little city, &c ...

C ante L

† Clacendix, genus conchæ, f. A kind of cockle fish, the shell of a fish wherein they were wont to cover any thing they kept close, and marked, ... Plaut

CLADES, is f [... κλάω ...] tamus tener, ut sit proprie clades ramorum, ut strages stratarum arborum, & calamitas, calamorum] (1) A discomfiture, an overthrow in war, defeat, or overthrow (2) Synecd All kinds of misery, evil, mischance, destruction (3) Maim, or hurt, ruin, destruction (4) A plague, pestilence (5) Meton A destroyer (1) Fur ... sævus venientum cladum, ... (2) Cunctis nimi obsessa videor cladibus, Sen (3) Scævola a clade dextræ manus cognomentum inditum, Cic (4) Inque ... medentes erumpit clades, Ov ... (5) Scipiadas cladem Libyæ, Vir Æn 6 843

CLAM, cum abl vel acc ex adverb præpositionis vim & naturam induit [ab ... clam, κεκαλυμμένως] By stealth, privily, secretly, closely, without one's knowledge, unawares Clam vos sunt ... Cic Clam ... vidi, Id Attic 15 1

Clam adv (1) Secretly, covertly (2) Suddenly, by way of surprize or in ambuscade (1) = At enim clam furtim ... Plaut = Pompeius clam & noctu, Cæsar palam & interdiu, Cæs = In ... clam imponenda, occulte exportanda curabat, Cic Verr 6 (2) Clam ferro incautum superat, Vir

Clāmans, tis part Crying, &c Ov

Clāmātio, ōnis f verb A crying aloud, Plaut Quid hic tibi ante ædes clamatio est? A crying, or bawling, Plaut Most 1 1 6 Sed in melioribus libris clamitatio.

Clamātor, oris m (1) A bawler, or maker of a noise (2) He which speaketh over loud, or calleth on one (1) Ut intelligi posset quem existimem clamatorem, quem oratorem fuisse, Cic (2) Mart 12 26

Clāmātōrius, a, um adj Clamorous, bawling, or crying Cic Clamatoria avis, quæ & prohibitoria in augurus ... quod clamando ... prohibere.

Clāmātus, a, um part Called to, or ... Visum vorat clamata refugit, Ov

Clamitans, tis part Crying, or calling often, Ter

Clamitatio, onis f verb Shouting, bawling, Plaut V de clamatio

Clamito, as act freq [a clamo] (1) To cry out again, to cry aloud (2) To cry good ... (3) To profess openly, to declare (1) Clamitent me sycophantam ... Ter (2) Qui ... in portu ... uno advectas vendens ... clamitabat, Cic (3) ... clamitare ... Ter

CLAMO, a act [... κλαγγω, voco, κεκληκα] (1) To cry, or call upon one (2) To beg earnestly (3) To complain or clamour (4) To speak aloud (5) To proclaim (1) Morientem nomine clamat, Vir (2) Clamo, atque obtestor, Cic (3) = Clamant, indecere obstrepunt Ter (4) Illis quæ sunt intus clamat de viâ, Id (5) Clamat ... beatum esse quam ... Ter 2 de Finibus

Clāmor, oris m (1) A loud voice, a great calling (2) Any loud noise, a cry, humming, lowing, &c ... a clamour (3) A ... (4) A shriek, an outcry (1) Cereremque clamore vocent ... Vir Geor 1 347 Implevit clamore vias, Id Æn 2 768 (2) Mergi clamore ... Id Geor 1 362 ... ipse ... hostem ... Geor 3 76 = Dissonum mugre boves, & colles clamore relinqui Id Æn 8 216 ( ) Impium ... nite clamorem, sodales, Hor ... 1 27 = Plangoribus ædes feminneis ululant, (4) Ferit aurea sydera clamor, Vir Æn 2 488

Clāmosus, a, um adj (1) Clamorous, full of noise, loud, shrill (2) Re-echoing, that rings again with noise (1) Clamosus juvenem ... exercitat, Juv (2) Theatrum clamosum, ... forum, Sen

Clancŭlārius, a, um adj Secret, close, unknown, anonymous, or nameless Clancularius poeta, One who is ashamed of his name, Mart

‖ Clanculo Privately, by stealth, Apul & ... 5 18 Idem quod

Clanculum, adv [dim a clam, ...] Secretly, privily, privately Alii clanculum patres quæ faciunt, Unknown to their fathers, in hugger-mugger, Ter

Clandestino, adv Privately, in secret, by stealth Negotium illi quo clandestino agere, Plaut

Clandestinus, a, um adj [a clam] Secret, hidden, private, clandestine Clandestinis consiliis nos oppugnant, Cæs

Clangens, tis part Sounding, or flourishing, as a trumpet, Val Flac

CLANGO, ĕre, xi act (1) To sound a trumpet (2) To cry like an eagle, (3) A goose, (4) Or crane, to shout, to flourish (1) Lituus ... clangit tuba, Val Flac (2) Dum clangunt aquilæ, Auct Philom ( ) Col 8 13 (4) Stat Theo ...

Clangor, oris m (1) The ... of a trumpet (2) The cry of an eagle, the cackling of a goose, or crunking of a crane, ... shrill noise (1) Clangor tubarum, Vi (2) ... Col 8 13 ... Stat

Clārandus, a, um part ... declared, explained ... to a ... Cic

Clare ..., ... adv ... Bright (2) Distinctly ... aloud, plainly (1) ... lucens ... (2) Aquil ... D ... (3) ... declare Ter

Clāreo, re ui ... (1) To be clear, and ... (2) Met To be illustrious, ... (3) To be known, or ... Hoc lumen candidum ... Enn ap Non (2) ... (3) ...

Claresco, ere incept ... to grow bright, and clear (2) ... manifest (3) To become ... (1) Dies clarescit, Se... exitibus clarescere ... ut bus, Lu... (3) ... vulgi, Cl...

✝ Clarifico ... act ... Juv 5 9 6

‖ Clarifico as act To ... clear [...] visum ... ficit, ... 20 13 Sed Harduinus in omnibus MSS ... Pers ...

✝ Clarificus, a, um adj ... ing aloud, Catull

Clarigatio, onis f verb [... clarigo] (1) A demand of ... for injury in a set form with a loud voice, and if refused, ... or proclaiming war (2) ... or letters of mart, or reprizal, ... of person, or goods (3) A ... of taxes (1) Quint 7 ... Serv in Æneid 9 5 ... ibus belli indicendi, ... (2) Ap JCC (3) ... 8 ...

Clārigo, as act [a clarus] ... With a loud voice to demand ..., or injuries done, to proclaim open war, as heralds used to do 2) To arrest, or to make ... and seize (1) ... Ites clarigatum mittebantur, ... est, ... raptas ... repetitum ... 22 2 (2) Ap JCC

✝ Clarisonus, a, um adj Sounding clear, loud, shrill, Cat ... Ariel.

Clāritas, ātis f (1) ... clearness (2) Brightness (3) Excellency, fame, renown (4) Nobleness of birth (1) Claritas ... Cic ... Acad (2) Claritas ... est vesper, Plin (3) = ad claritatem, amplitudinemque aptior, Cic (4) Non qui claritate nascendi, sed qui virtute maxime excellet, Quint

Clāritudo, inis f id quod claritas (1) Clearness (2) Met Renown, or fame (1) Vocis claritudo, Gell (2) Artes, quibus claritudo paratur, Sall

Clāro, as act [a clarus] (1) To clear, or brighten (2) To declare, or shew, to make plain, and manifest (3) To ennoble, or make famous (1) Iter longæ claravit ... flamma, Stat 5 Theb (2) ... nobis clarandum est, Lucr (3) Non labor Isthmius clarabit pugilem Hor

Clāror, ōris m Brightness, clearness, Plaut Most 3 1 112

CLĀRUS, a, um adj or, comp ...ssimus, sup (1) Clear, bright, fair (2) Plain [illegible] *manifest, evident* (3) [illegible] (4) *Famous, renowned* (5) *Noble, honourable* (6) [illegible] *gallant* (1) Clari [illegible] In re tam [illegible] clarissimâ voce [illegible] Percutit indignos clarus [illegible] lacertos, *Ov* (4) [illegible] & nobilis vir, [illegible] (5) Sanguine [illegible] (6) = Clarus, & [illegible] commemorabilis, *Cic*

Classiarius, a, um, adj. *belonging* [illegible] Classiarius miles [illegible]

Classicum, [illegible] classicum, & [illegible] *to call the classes* [illegible] *Var*

Classicula, æ, f. dim. [à classis] [illegible] Cassius [illegible] non nisi classes, & [illegible] (2) [illegible] sub ingenti [illegible] exercitus, [illegible] Nec dum etiam [illegible] classica, *Virg. Georg.* [illegible] sonant [illegible] Cicero receptus, [illegible] *Cic*

Classicus, a, um, adj. *Pertaining to* [illegible] *Prop.* [illegible] Hor [illegible] *terrible sound of* [illegible] *Ovid*

[illegible] (1) *He that* [illegible] *call the classes* [illegible] (2) [illegible] (3) [illegible]

[illegible]

Classis, [illegible] *ship* (3) *A* [illegible] (5) *Any* [illegible] (1) Mille nu[illegible] (2) [illegible] Orontem, [illegible] *distribu*[illegible] in classes distribu[illegible] (5) = Classis [illegible] quam denum homi[illegible] quas decurias ap[illegible] [illegible] ante qui [illegible] hunc exercitus, [illegible] locus, *Vir*

[illegible] part. *Latti*[illegible] *grated* [illegible] *lattice window,* [illegible]

[illegible] *To shut with* [illegible] *grates, or rails, Col*

[illegible] (1) *A bar, or* [illegible] *or such like things, a bolster*

(2) Also *a harrow, or rake to break clods with* (1) Hor. A. P. 473. (2) Tu penitus clathris [*al.* clatris] tradere viscera matris ne dubita, *Col.* 10. 148.

CLAVA, æ, f. [forte à כלף] *A club, a battoon* = Mille mutati clavis, & fustibus repelluntur, *Cic*

Clavarium, ii. n. *The Donative* [illegible] nomen, in clavos [illegible] impendendum, unde & *Calce* [illegible] vocit [illegible] 8

Clavator, ōris, m. *A servant that carries, or uses a club for his master's defence* [illegible] Clavator advenit, *Plaut. Rud.* 3. 5. 25

† Clavatus, a, um. adj. *Garnished with nails, studs of gold, or purple* [illegible] clavata, [illegible] *clouts, shoon* Fest. Mint[illegible] clavata, *bespet with spots of purple, or gold,* Lamp

Claudendus, a, um. part. *To be shut up, or closed,* Sall

‖ Claudeo, ēre. *Idem quod* claudo, [illegible] ex Lucil

Claudianus, a, um. adj. [à Claudius] [illegible] Claudiana, [illegible] Claudianus comes, [illegible] *Sen.* Claudiana [illegible] *Fest*

Claudicans, tis. part. *halting, limping,* Cic

Claudicatio, ōnis. f. verb. *Halting, limping, lameness,* Cic

Claudico, āre. [à claudeo, pro claudo] (1) *To halt, to be lame, to limp, or hobble* (2) Met. *To fail, to be faulty, imperfect, or not right* (1) Ex vulnere accepto claudicare, *Cic* (2) = Tertiates vacillat, & claudicat, *Id*

‖ Claudities, atis. f. *Lameness, halting, limping,* Apul. ‖ Claudicatio

CLAUDO, ĕre, si, sum. act. [à κλείω, vel claudo, à κλαίω] (1) *To shut* (2) *To enclose, to stop* (3) *To close, or to finish, or conclude* (4) *To keep off, or withstand* (5) *To surround, or encompass* (6) *To hem in* [illegible] (1) ⅄ Domus ipsi [illegible] & claudunt, aut reserent, [illegible] (2) Speciem sanguinem [illegible] (3) ⅄ Claudere quæ cœnas lactuca solebat avorum, Dic mihi, cur nostras incipit illa dapes? *Mart.* (4) Claudit nos obice pontus, *Liv.* [illegible] 10. 377 (5) Muros obsidione claudere, *Liv.* (6) Debili verborum numero sonus clauderet, *Cell.* [illegible] claudicaret, *vel* deficeret. *Sed forte rectius, à* claudeo, *pro* claudico

Claudus, a, um. part. *To be shut,* also *to be lame, or crippled* [illegible] In angustum claudi, *To be brought to straits,* Ov

Claudus, a, um. adj. [illegible] pedibus claudus, [illegible] *Appius Claudius,* [illegible] Appius Clausus [illegible] (1) *Lame, halting, crippled* (2) Met. *wavering, uncertain, feeble, weak* (3) *Short, deficient* (1) Quasi claudus sutor domi sedet totis dies, *Pl.* (2) ⅄ Largus opum, sed claudi fides, *Sil.* (3) Carmina claudi, *Pentameter verses,* Ov

Clavicula, æ, f. dim. [à clavis] (1) *A little key* (2) *The tendril, or young twig, or shoot of a vine, wherewith the vines hold by every thing, and climbs up by it* (3) *A pin, or bolt, to make a thing fast* (1) Litt. *sed auct.* non certo (2) *Cic. de Sen.* nec (3) Ferrates obicit clavicula dentes, *Gem.* [illegible] *Aratillio*

✠ Claviger, era, um. [ex clava, & gero] *Who carries a club, an epithet of Hercules, Ov*

✠ Claviger, ĕri, um. [ex clavis, & gero] *That carries keys,* an epithet of Janus, *O*

CLAVIS, is. f. n. [à κλείς, *Dor.* pro κλείς, interposito d[igamma]] (1) *A key* (2) *A lock, or bolt* [illegible] (1) Magistratus poscit claves portarum, *Liv.* (2) Frustra claves inesse foribus, *Tib.* 1. 6. ¶ Clausa clavis, *A lock* [illegible] Re[illegible] clausa quâ pravidet ostia [illegible] Sub clave esse, *To be under lock and key* [illegible] Laconica clavis, *A key to open the door on the outside,* Plaut. Adultera clavis, *a picklock,* Ov

Clavola, æ, f. dim. [à clava] *A graft, a slip of a tree, a cyon, or young set* = Teneros ramos alii clavolas, alii taleas appellant, *Var. de R. R.* 1. 40

† Claustrarius, a, um. adj. Claustrarius artifex, *A maker of locks and keys, &c. Lamp*

† Claustritimus, i. m. *That looks to locks of doors, a keeper of a cloister,* Gell. 12. 10

Claustrum, i. n. [à claudo] et claustra, orum (1) *A close place, a* [illegible] (2) Also *a* [illegible] *that enclosed or* [illegible] *as walls, rails, bars, doors, &c.* (3) *A closet, or withdrawing room* (4) Also *the* [illegible] *or* [illegible] *for a* [illegible] (5) [illegible] *or fence* (1) *At* [illegible] (2) Catul (3) Plaut (4) [illegible] (5) Cic ¶ Claustra regni, *The keys, or* [illegible] *of country, Liv.* Dedalia claustra, *A labyrinth, Sen.* Claustra, *A narrow pass,* Luc

Clausula, æ, f. dim. [à clausa] (1) *A close, a sentence in the end* (2) *A conclusion or end of a letter* (3) *An article, or clause of* [illegible] (1) Sunt clausulæ quæ numerose & jucunde cadant, *Cic* (2) Venimus aliquando ad clausulam, *Id* (3) JCC freq. (5) Beatæ vitæ clausulam imposuit, *Sen*

Clausum, i. n. *A close, a stable, a stall, or* [illegible] *close place* Domorum clausa, *Closets,* Luc

‖ Clausura, æ, f. *vel* clusura. *An enclosure,* [illegible] *a fortress on the marches, or limits,* Pancirol. Clausura tempus, *The time when a city, or fort is besieged,* Veg

Clausurus, a, um. part. *That will shut, or enclose,* Ov

Clausus, a, um. part. [à claudo] (1) *Inclosed, shut, pent in* (2) *Environed, surrounded* (3) Met. *Secret, close, concealed* (1) Clausi tabulis [illegible] (2) Speluncis lacus clausi [illegible] (3) = Species orationis clausa & terminata, *Cic* (4) Hæc rei clausa fuit non potuit consilia, [illegible] ¶ Clausum mare, *The sea shut,* from the 10th of November, to the 10th of March, wherein navigation ceased among the Romans, *Cic*

Clavulus, i. m. dim. [à clavus] *A little nail, a nob, or stud,* [illegible]

CLAVUS, i. m. [à claudendo, q. claudit, vel à clavis] (1) *A nail, or spike* (2) *A nail by which the old Romans reckoned their years* [illegible] (3) [illegible] *broad* [illegible] *and* [illegible] *wherewith the robes of the senators,*

no [illegible] *were adorned but for distinction, the former were broader than the latter,* * *whence they were called laticlavii,* [illegible] (5) [illegible] (6) [illegible] (7) *Fig. Rule, or government* (8) [illegible] *or* [illegible] (9) [illegible] (10) [illegible] *the toe,* [illegible] (11) [illegible] *A* [illegible] (13) [illegible] (1) Transtra confixa clavis ferreis, *Cic* ¶ Clavi trabales, *For such* [illegible] Clavo trabali figere beneficium, *To go* [illegible] *to do it to purpose,* Cic (2) Eum clavum, quia raræ [illegible] literæ erant notam numeri annorum fuisse [illegible] eoque Minervæ templo dicatam legem quod numerus a Minerva inventus sit, *Liv.* 7. 3. *Ubi de ortu religione, &* [illegible] *consuetudine* (3) Cic (4) Purpura cum lato clavo, *Ov.* * *Vide Suet. Ner.* 26. & *Ost.* 10. (5) Ego latum clavum à Cæsare nostro impetravi, *Plin.* = Curia restabit, clavi mensura coacta est, *Ovid.* [illegible] 10. 35 (6) Ille [gubernator] clavum tenens sedet in puppi, *Cic* (7) Quis clavum tanti imperii, & gubernacula reipublicæ tenere potest? [illegible] ¶ Dum clavum rectum teneam, *As long as I do not err,* [illegible] (8) Sæpe totus cum tribus anellis modo lævâ Priscus inani vixit inaquilio clavum ut mutaret in horas, *Hor.* (9) [illegible] vocantur callosi in [illegible] oculi tubercula, quibus nomen à figura similitudine est, *Cels.* (10) Clavus nonnunquam [illegible] sed in pedibus tamen maxime nascitur, *Id.* (11) Plin. (12) [illegible] (13) = Orchivum [illegible] sive fungum [illegible]

Clavuli, æ [illegible] *A hook to* [illegible] Pallad

* Clema, [illegible] *The herb polygonon, or knot grass,* Plin. 27. 12

Clematitis, idis, f. *The herb* [illegible] *or* [illegible] Plin. 24. 10

CLEMENS, tis, o. comp. [illegible] sup. [illegible] mentem, [illegible] (1) *Quiet, peaceable* (2) *Mild, meek, unmoved, and affable* (3) *Courteous, civil* (4) *Merciful, compassionate, tender, pitiful* (5) *Smooth, not rough* (6) [illegible] (7) *Temperate, indulgent* (8) [illegible] (1) Clemens placidus, nulli lædere os assuetus [illegible] 4. 5. 10. (2) ⅄ [illegible] fuit in dissimulando, tamen inter dum [illegible] (3) Clemens [illegible] (4) Nec in cædi [illegible] fore quam Cinna fuerit, *Cic* (5) [illegible] Nec quis [illegible] amnis, quietus [illegible] Unda clementi flamine pulsa, *Catull* (6) = Clementem vitam urbanam atque otium secutus sum, *Ter.* [illegible] (7) Ipse sinus clementi sydere fovit, *Claud.* (8) Is rumor clemens erit, *Sil*

Clementer, [illegible] comp. issime, sup. (1) *Quietly, softly, gently* (2) *Gently, softly* (3) [illegible] (1) [illegible] *kindly* [illegible] (1) Animo [illegible] le est, [illegible] Al Clementer acquiesce, [illegible]

2 2 21 (2) Sequi r fis, C Sequun b At clementer, quæso, calces deteris, Plaut (3) Qua una Appennini clementius adirentur, Ta (4) = Lenitem hominem clementerque accepit Cic Varro de Æ 10 clementi tulime scripsit Gel

Clementia æ f (1) Easiness, or rest of temper (2) Courtesy, affability, good humour (3) Pity (4) Met Calmness (5) A goddess so called (6) Clementia tua A title given to the later Roman emperors (1) Clementia ... (2) = Plena omnia clementiæ ... mansuetudinis humanitatis ... (3) ✠ Pacuum, Tersiphone ... clementiam ... tu ... clementia ... illustris ... Nisi, (5) Hujus ... (6) Vide Spart in Geta, et Lamprid in Severo 6

* Clepon ... Plin 24

Clepo, psi, ptum, pere [a κλέπτω, ... κλέψω] (1) To steal or filch (2) To conceal, to hide (3) To reveal (4) = Rape, clepe, tene, harpaga, Plaut Pseud 1 2 6 9 Sic uum qui clepserit ... Cic ex lege ant Si quis clepsit, ne ... scelus esto ... ceptum fuerit, Ex ... ¶ Clepere verba alicujus, To steal, or overhear, Plaut (2) Se tegmine ingenti clepit Sen Herc fur (3) Levis est dolor qui capere consilium potest, & clepere se In Med 156

Clepsere, pro clepere, Lucr ap Litt

Clepsydra æ f [a κλέπτω, furor, & ὕδωρ, aqua] (1) A vessel measuring time by water, an hour-glass first in use among the Greeks, by which their orators and pleaders had their time measured out to them afterwards brought in to use among the Romans, by Pompey after his third consulate, whereas before their time was unlimited (2) || A astrological engine (1) Ad clepsydram latrare, Cic de Orat Vide & Plin Ep 2 11 (2) Martian

* Cleptes, vel clepta, æ m A thief, or robber Plaut Truc 2 2 9

† Cl ... us, a, um part Stol ... Vinc ...

|| Clericatus, us m Clergy ... Eccles

Clericus, i m [... clerus] A clergyman, Eccles

|| Cleropol ... um i n ... Eccles

* Clerus, i m [a κλῆρος, sors qui ... sors ... DEI vel clerus ... DEUS] ... St Peter in the plural number to signify The clergy ... Petr 1 5 ... Hie ... (3) Plin 11 ...

Clibanus, i m (1) A portable oven, or furnace (2) A fire, or hot-case (3) || A suit of complete armour (1) Obliti ... clibano, vel furno torrefaciunt, Col 12 15 De ejus forma vide eundem 5 10 (2) Cels 2 17 princ (3) Veget In hac ratione Persis originem deberi, C ... ol in vita Severi, necnon ... Amm 10. 10.

* Clidium, i n The throat of the fish Tunny, Plin 9 15

* Cliduchus, i m [a κλεὶς clavis, & ἔχω habeo] The picture of one holding keys, Plin 34 8

CLIENS, tis m & f [a κλείω, celebrans, utpote qui colebat patronum] (1) A client, one who has put himself under the protection of his patron, to whom he paid all honour, and observance, as was the patron to afford him his interest, protection, and defence (thus not only private persons but the Roman provinces, and cities, made choice of some noble family to take care of their interest, to defend their cause, and manage their affairs at Rome (2) A client, one who employs a lawyer (3) A tenant, villain, or vassal (1) ✠ Qui modo patronus, nunc cupit esse cliens, Ov Vide Cic in Div Plutarch in Romulo Dion Halicarnass 2 9 10 11 Juvenum obsequium cliens Hor Carm 4 11 15 Omnes clientes, obseratosq; suos conduxit, Cæs (2) Jus qui profitentur adsit secundus causam sæpe clientis agit, Ov (3) ... posteri scriptores. V Budæum

Clienta, æ f A woman retainer, or client ... Nec Laconicas trahunt honestæ purpuras clientæ, Hor Carm 2 18

Clientela, æ f (1) The state, or relation of clients to their patrons, or tenants to their lords (2) Meton Clientelæ Dependents, homagers (3) Synecd Patronage, protection, guardianship (1) Se ... quam diligam Siculos, & quam illam clientelam honestam judicem, Cic Attic 14 12 (2) Illis majorum virtus reliquit gloriam, dignitatem, clientelas, Sall (3) = Thus patri se commendavit in clientelam, & fidem, Ter

* Clima, ătis n (1) In Geometry, A plot of land sixty foot square. (2) In Astronomy, A clime or climate (1) Col 5 1 (2) Inclinationes cœli Græci κλίματα vocant, Vitr 1 1.

* Climacter, ēris m Properly The step, or round of a ladder Met Every seventh year of a man's life, particularly the 63d, as made up of 7 multiplied by 9 which has been observed to be very dangerous, great fits of sickness, and death it self often happening therein Vide Gell 15 7 Others again, think the 49th year more dangerous, as being made up of seven times seven, ... Censorin de die natali, 14 But these observations smell strongly of Chaldean and Egyptian superstition Vide Just Martyr Quæst 89 ad Orthodoxos ... vocat legem ... Plinius, 7 49

* Climactericus, a, um adj Climacterical, ascending also perilous, dangerous, fatal, is some years of a man's life are superstitiously accounted, especially the 49th, 63d, and 81st Habes climactericum tempus, sed evades, Plin Ep 3 20 Vide climacter

* Climax, ăcis f (1) A ladder, the round of a ladder, an ascent by steps (2) In Rhet A figure connecting the subsequent to the precedent (1) Ex usu Græcorum Hinc Angl To climb (2) Si stas ingredere, si ingrederis, curre, si curris, advola, Cic qui Latine gradationem vocat

Clinamen, inis n verb [ab ant clino] A bending, or declination Exiguum clinamen principiorum, Lucr 2 292

Clinatus, a, um, part Bent, inclined Cic in Arat non semel

* Clinice, es f κλινικὴ sc τέχνη A part of physic which prescribes diet and medicine to bedrid people Hippocrates instituisse fertur medicinam, quæ clinice vocatur Plin 29 1

* Clinicus i m vel a, um, est enim propr adj [a κλίνη lectus ut qui ægrotantium lectis assidere solebat] (1) A physician attending bedrid, or other sick patients (2) A bedrid person (3) A bearer at funerals κλίνη enim & feretrum significat (1) Chirurgus fuerat, nunc est vespillo Diaulus, cœpit quo poterat clinicus esse modo, Mart 1 31 (2) Medetur stomachicis, spasticis, clinicis &c Plin 25 5 (3) Hoc no to colligi potest ex acumine epigrammatis supra laudati

CLINO as [a Gr κλίνω] To bend, to incline Paulum clinare necesse 'st corpora, Lucr 2 24, Raro occurr freq a tem in comp of declino reclino, &c

* Clinopăle, es f [a κλίνη, lectus, & πάλη lucta] An exercise in the field of Venus Assiduitatem concubitus, velut exercitationis genus, clinopalen vocabat [spurcissimus homuncio Domitianus] Suet in vita ejus

Clinopōdion, i The herb horse thyme, wild basil, Plin 24 15

|| Clipeus, m & clipeum, i n sic enim aliqui scribunt deducentes a clepo abscondo tego A shield, a target Vide clypeus

CLITELLÆ, arum pl f [a κλιτον, declivis] (1) Dorsers set on the backs of labouring beasts, that they may carry their loads with greater ease, a pannel, or pack-saddle (2) A descent, or valley, particularly a place at Rome so called (3) A kind of engine (1) Mulos, detractis, clitellis circumducere jubet, Liv ¶ Prov Bos clitellis, When a person is improper for, or unequal to an undertaking Cic (2) Vide Scal & Fest (3) Fest

Clitellārius, a, um adj Bearing a pannel, or pack saddle Mulus clitellarius, Col 2 22

Clivina avis, [a clivus auspicis, adversis, Fest] A bird, that, in sooth-saying, gave a sign against a thing's being done, Plin 10 14

Clivōsus, a, um adj Full of cliffs, steep, craggy, ✠ Locis aridis, & clivosis vitis deponantur vites, quam si humidis, & planis Col

Clivulus i m dim A little cliff or ascent, Col 6 37

CLIVUS, i m & clivum, i n [a κλιτὺς, devexitas per Æolismum κλιτος] (1) Any devexity, declivity, sloping, or sloping, any ascent (2) Particularly, the ascent, or descent of a hill, the side, or pitch of an hill (3) Met Labour, a difficulty (1) Testa mensæ subdita clivum sustulit, Ov Met 8 662 Ad te via prona videtur, a te cum redeo clivus inertis aqua, Id Ep Leand ad Her (2) Clivus Capitolinus, Cic Loca ardua & clivi depressa, Cato ap Non (3) Per ardua duro nititur in laudem virtus interrita clivo, Sil Clivo sudamus in uno Ov

Cloāca, æ f [ab ant cluo pro colluo, unde Venus Cluacina] A common shore, a sink, a wy-draught ✠ Illud idem in rapidum flumen, jaceretve cloacam, Hor ¶ Prov Arcem facere ex cloaca, To make a mountain of a mole hill, Cic. ✠

Cloacæ publicæ sunt, latrinæ privatæ, Col

Cloacālis, e adj Of a sink, or wy-draught Cloacale flumen, A common shore, which receives ... filth, and nastiness, Cato ap Fest

† Cloaco, as act To defile and dirt Cloacare, inquinare, Fest

Cloacārius, a, um adj Cloacarium vectigal, Ulp & Juris

Cloacarium, i n The fee ... gers' duty, or wager Id

Cludiana vasa Vessels ... from the water, or more ... 33 11

† Cludico as, pro cludo, ... cludo pro claudo, plostrum pro plaustrum, &c ... Cic

|| Cluden vel cludo, inis A tragedian's knife Sine cludine fi... tas, Apul Sed alii ... leg

CLŪDO, si, ĕre, sum act To shut, to close, to surround ... to shut ... optimus ... claudo, & ... victoriis occurrens ¶ Gem... iuro cludere, To set them, Plin

Cludor, eris pass To be ... in, environed, surrounded, &c Col

Cluens, tis part Ever being ... markable shining [Duo ... cluentes consilio, & lin... plus auctoritate tamen & gr... sublevabant, Cic de ... The ... & fo... entes

CLUEO, es, ēre [a κλύω ... κλέω, son κλύεω, audio ... coi, vocor, habeor] (1) To be named or called (2) To be spoken or talked of, to be reputed, or esteemed, to be famed, or highly commended (3) To appear to be (1) ... sis ut nomen cluet, Plaut (2) Ut victor vir belli cluear, ... Cluere gloria, Id (3) Lucr 1, 45

Clunaculum, i n & ... clunaclum A butcher's chopping knife or cleaver Gell

Clūniculus, i m dim ... nis] A little haunch, or buttock, the leg of a fowl, Gell

CLŪNIS, is m & f [a ... purgo] (1) A buttock or ... (2) The leg of a fowl, &c (1) Pulchræ clunes, Hor Sat 1 ... Ad terram tremulo descendant clune puellæ, Juv 11 161 (2) Gell

|| Cluo, ĕre Prisc Idem ... cluo, vide [cluo ant purgo, Plin contr a colluo, ... To cleanse, or rinse, also to fight

Clupea, æ f. A small fish Plin 9 15

† Clupeus ant pro clypeus ... cluo, i pugno, Grammatici ... tasse ait Plin

Clūsilis adj [a cludo, clusi] Easy to be shut up, Plin

Clūsīnus, a, um adj Of Clusium, a city of Etruria ... uvæ, Plin 14 3 Clusinum ... Var Clusini fontes, Hor

Clūsius [a cludendo] A title of Janus, as also Patulcius from the contrary, a pateo. ✠ Modo Patulcius idem, & modo sacro ... Clusius ore vocor, Ov Fast 1 130

Clusuræ, arum pl f ... clusuræ, idem quod Burgi, limitum ... The boundaries of countries, Dig.

Clūsus, a, um part [a cludo] Shut up, inclosed, Stat

Clypeatus, a, um part Armed with a buckler, or shield, one that carries a target Clypeati totis ... mina densantur campis, Vir Æn

† Clypeo, as act To arm with a buckler. Chlamyde contorta ...

clypeat brachium, *i e.* munit, *N.* ex *Pacuv*

† Clypeoides, *Round in the fashion of a target*, Plin

Clypeum, i n *id quod* clypeus Clypea inaurata, *Liv* 35, 10 argentea, *Id* 34, 52

CLYPEUS, i m [ἀπὸ τοῦ γλύφειν, a sculpendo, quasi glypeus, quod imaginibus insculptis cælatur, *ut ait Plin* 35, 3] (1) *A shield, buckler,* or *target, used by foot-men.* (2) *An image painted, or graven upon it* (1) Ære cavo clypeus, *Virg* (2) *Plin ubi supra*, quanquam in hac notione *clypeum* grammaticorum filii scribi volunt quos i larguit Plinius

• Clyster, ēris m [ἀπὸ τοῦ κλύζειν, quod *sit* abluere] *A glyster,* *an instrument with which is used to give glysters*, Suet *in* Ner 20 Cinc 1, 14

† Clyster ocularius, *Ed* aur cu arius, *A little pipe*, or *squirt, to inject medicines into the eyes*, Cels 5, 26 & 6, 18

C ante N

† Cnefosus, *sive* gnefosus, *i e* obscurus Ita Scal leg in Catull Cn fosasque domos, *ubi al* nefosas, *vel leg* defossas *Vid* Cnephosum

• Cneorum, i n *vel* cneoron, *A herb, or flower used in garlands*, Plin 21, 9

† Cnephosum [κνέφας, tempus obscurum, *sive* nubilum] *ap* Fest ‡ Obscurum

Cnicos, *vel* cnicus, f *Bastard saffron*, Plin 21, 15

Cnid *A kind of shell-fish*, Plin ‡ Urtica

Cnisa, æ f *The steam of meat*, Apul ‡ Nidor

• Cnodax, ăcis m *The gudgeon or pin of a wheel, an iron pin*, Vitruv c, 6

C ante O

Co *pro* con, præp insep ante vocales, & literam *h* ut, *coeo*, *cohæreo*, &c

Coa f In triclinio coa, in cubiculo noxa, *Quint* 8, 6 Ænigmaticè dictum Coa *à* coeundo, quia puellam fimulet ad coitum, & tamen nolit, *She will and she will not* Vid Voss I a Inst Or p 210

Coa vestis, *sive sub* coa, pl n *Fine* vestimenta, *Ov* & *Hor* a Coa insula *A garment of silk so fine, that one might see the body through it*

Coacedo, ĕre, ssi, ssum act *To order, or drive together as herbers, to be added to* Decem pro his concedunt minæ, *Plaut Curc* 2, 3, 5 vix alibi occ

|| Coacervatim, adv *By heaps*, Apul ‡ Acervatim

Coacervatio, ōnis f verb *An heaping, or gathering together in heaps, a laying up in heaps* Argumentorum coacervatio, *Cic Part* Or 5

Coacervātus, a, um part [a coacervo] *Heaped together*, Cæs

Coacervo, are act *To heap up, to lay on heaps, to amass*, Cic = Cogere, construere, & coacervare pecuniam, *Id*

Coacervor, ari pass *To be heaped up*, or *amassed* = Coguntur & coacervantur pecuniæ, *Cic*

Coacesco, ĕre [ex con, & acesco] *To grow sour, tart, stale, or unpleasant* Ut non omne vinum, sic non omnis ætas coacescit, *Cic de Senect* 18

† Coacon, i n *A black plaister*, Cels 5, 19 *ubi al* Choacum, *vel* Chiracum

Coactilia, um pl n *Felts, pack-cloth, a kind of cloth used in war, because being drest with vinegar, it was sword-proof, and would keep out thrusts*, Ulp

|| Coactiliarius, i m *A felt-maker, one that makes coarse thick cloths* Jul Capit

|| Coactè, adv *Sert* item comp coactius, Gell 10, 11 *By compulsion* ‡ Per vim, ingratiis

Coactio, ōnis f verb [a cogo] (1) *An assembling*, or *bringing together* (2) *The business of a collector* (3) *A disease of cattle, when they are tired, or over-wrought* (1) Nocturnis vigiliis & coactione hominum, *Cic* (2) § Coactiones argentarias factitavi, *Suet Vesp* 1 (3) *Veget*

Coacto, are freq *To constrain much, or oft*, Lucr 6, 1120 Nescio an alibi

Coactor, ōris m [verb a cogo] (1) *A gatherer, or one that drives together, a collector, or receiver, a gatherer of sums of debts* (2) *A purveyor* (3) ‡ *A constrainer, or enforcer* (1) Ab coactore releget porcos & extritos, *Catu* (2) Perquiritur à coactoribus, *Cic pro Cl* *ut* (3) Opus est adjutore, & (ut ita dicam) coactore, *Sen.* ¶ Agminis coactor, *the bringer up of the rear, the servant of a company*

Coactura æ f verb (1) *The gathering, or getting up of anything, in harvest time or* (2) *The thickening of wool* (1) Reponatur unuscujusque diei coactura, *Col* 12 50 (2) *Ex Lu d*

Coactus, a, um part [a cogo] (1) *Gathered, assembled, brought together* (2) *Coiled* (3) *Thick* (4) *Hard bound* (4) Met *Forced, or strained, compelled* (5) *Straitened, made narrow* (1) = Coacti sunt ii, cui ab aliquo sunt in unum locum congregati, *Cic* (2) Lactis massa coacta, *Ov* (3) Alvus coactus, *Cels* 2, 8 (4) ✳ Coacti dicas, sponte quod fari abnuis, *Sen* ¶ Multa arte coactum ebur, *Val Flacc* Arbores coactæ brevitatis, *Plin* *Dwarf trees kept low by cutting* (5) Cavi mensura coacta est, *Of an equestrian, who were narrow straits, in ditch from the Senators, who were broad ones*, Ov Trist 4, 10 35

Coactu, m abl [verb a cogo] *By constraint, force, or compulsion* = Coactu, atque efflagitatu meo, *Cic* ✳ Neque voluntate sua, sed coactu civitatis *Cæs B G* 5, 27

† Coacum, *alias* coacon, *vel* chiracum, *A kind of black plaister*, Cels

Coaddo, ĕre didi, ditum act [ex con & addo] *To add, or lay together*, Cato R R 4 Rarò occ

Coadjicio, ĕre, ēci, ectum act [ex con, ad, & jacio] *To cast to, or together*, Col 12, 21

† Coadjutor, ōris m *A fellow-helper*, Grut Inscript ‡ Adjutor

Coadunatus, a, um part *Gathered together in one*, Plin *Id* Varis ill fid rara vox, si non & suspecta ‡ In unum coactus

Coædificatus, a, um part *Built close together, contiguous*, Cic *ii* Part Orat 10 vix alibi rep

Coæquālis, e adj *Like, equal, even, as fellows and partners are, coequal* In gregem coæqualium compellitur, *Col* 8, 14 *Petron* p 147 ed Bourdelot & *fr* 23, 4 & 37, 4 ‡ Æqualis, *Cic*

Coæquo, are act (1) *To make one thing equal and even with another, to level* (2) *To make indifferent* (1) Coæquare sulcos, *Col* 1, 3 (2) Coæquare leges, *Liv* ¶ Coæquare gratiam omnium, *To be in every body's favour*, Sall B Cat 20, 12

Coæquus, a, um adj *Equal, even, like* Coæqua pars in commercus, *An even share*, Plin Raro occ ‡ Æquus

Coæstimo, are act *To esteem alike*, Litt *ex* Cels *sed q* ‡ Æque æstimare, pari numero, uno ordine habere

Coæstimor, ari pass *To be esteem'd alike*, or *all one*, Litt *ex* Cels *sed q*

|| Coætaneus, a, um adj *Which is of one time and age, of the same standing, contemporary*, Apul Met 8 & Portius Latio, *sen potius* Vibius Crispus, Orat in Catil ‡ Æqualis

|| Coæternus, a, um adj *Coeternal*, Tert

† Coævus, a, um adj *Of the same age, coeval*, Hieron Ep 142 Arator, Act Apost 2, 2 Prudent *Hamart* v 137 ‡ Æquævus, æqualis

Coaggero, are act [decomp ex con, ad, & gero] *To amass, or heap up together*, Col 8, 6

† Coagitatio, onis f verb *A moving, or stirring together*, Cic N D 2, 55 Ubi rect Conagitione pulmonum

Coagito are *To move, or shake together*, Cic *ap* Litt *sed q* ‡ Agito

Coagmentandus, a, um part *To be joined, or fitted together*, Quint

Coagmentātio, ōnis f verb *A joining, or gluing together, a cementing* = Copulatio rerum, & quasi coagmentatio naturæ, *Cic* N D 2, 46

Coagmentatus, a, um part *Joined, or put together* = Quid tam compositum, tam compactum & quasi coagmentatum inveniri potest? *Cic*

Coagmento, are act *To join, or glue together, to cement* Verba verbis coagmentare, *Cic* Verba componere, & quasi coagmentare, *Cic* ✳ Eidem, quæ coagmentavit, natura dissolvit *Cic*

Coagmentor, ari pass *To be joined together*, Met *To be patched up* = Docebo ne coagmentari quidem posse pacem, *Cic*

Coagmentum, i n (1) *A joint, joining, or couching of things together, a joint* (2) Met *Mortar, cement* (1) Viden coagmenta in foribus? *Plaut Asin* 2, 1, 14 (2) Coagmentorum compositio, *Vitruv* 2, 9

Coagulatio, onis f verb [a coagulo] *Curdling, the turning to a curd, the coming of cheese, or butter*, Plin 28, 10

Coagulatus, a, um part *Curdled, or congealed together*, Plin

Coagulo, are *To curdle, or gather into cream, to curdle, or thicken*, Plin 12 25

Coagulor, ari pass *To be curdled, to come, as butter or cheese doth*, Gell

Coagulum, i n [a cogendo, *i e* densando, *sive* stringendo] (1) *The rennet that turneth milk, a calf's maw, or runnet* (2) *The curded substance of the conception in the womb* (3) Met *Any thing that joineth things together* (1) Miscere novo coagula lacte, *Tibul* (2) Conceptum in utero coagulum, *Gell* 3 16 (3) Hic enim coagulum convivorum *vocat Varr* = Vinculum, coagulum amoris, *Gell* 12, 1

Coaleo, ēre, ui, itum neut [ex con & aleo] (1) *When a plant beginneth to fasten it self unto the ground, and take nourishment, to stick fast* (2) Met *To grow, or cleave together* (1) Ut nisi pinguissimo solo coalere non possit, *Plin* 14, 2 (2) Concordia coalescant omnium animi, *Liv* 23, 35

Coalesco, ĕre, ui, itum [ex con & alesco, *i e* cresco] (1) *To grow together, or close as a wound doth* (2) *To grow into as a graft* (3) *To curdle, or gelly, as oil doth* (4) Met *To be united* (1) A partu coalescet vulnus, *Plin* 9, 51 (2) Coalescet ficus oliva, *Col de Arb* 2, 11 (3) *Gell* (4) Coalescere in populi unius corpus, *Liv*

Coalitus, a, um part *Grown, increased, improved* Vetustate imperii coalita audacia, *Tac* 14, 1

|| Coalluo, ĕre, ui [ex con, ad, & luo] *Per alluvionem aliquid augere, To cast sand or gravel on the banks, as a river*, &c Pompon

Coangusto, are act (1) *To make narrow* (2) Met *To restrain, to keep straiter* (1) Coangustare alveos ripum, *Varr* R R 2, 16 (2) ✳ Coangustare & dilatare legem, *Cic de Leg* 3, 32

Coangustor, ari pass *To be straitened*, Cels 7, 27

Coarctatio, ōnis f verb *A straitening, or crowding together* Militum coarctatio, *Hirt B Afr* 74 ‡ Laxatio, *Liv* 9, 19

Coarctatus, a, um part *Straitened, or thrust together* Coarctatus in oppido, *kept within*, Cic

Coarcto, are act & coarto, [ex con, & arcto *freq ab* arceo] (1) *To straiten, or stuff together* (2) *To gather a matter into few words, or into compass* (1) Angusta fauces coarctant iter, *Liv* (2) = ✳ Qua coarctavit, & angustè refersit, dilatet nobis, atque explicet, *Cic de Or* 35

Coarguo, ĕre, ui, utum act (1) *To tax, or charge, to convince, or convict* (2) *To show, to make it evident by* (1) Omnibus in rebus coarguitur à me, convincetur a testibus, *Cic* (2) = Refellere & coarguere mendacium, *Cic* § Coarguere aliquem testibus, *to convince by witnesses*, *Id*

Coarguor, i pass *To be convinced, disproved*, &c = Vincitur, refellitur, coargui putant esse turpissimum, *Cic*

Coaspernans, tis part [a coaspernor] *A slighting together*, Tac H 1, 5 *vix alibi*

Coassatio, ōnis f [verb à sq] *A boarding, or joisting, a planking or laying of a floor, the laying of the joists*, Plin 36, 25 & Vitr 5, 1

Coasso, are *qnd* & coaxo, *à* dicta assis & axis *To plank, or floor with boards*, Vitruv 7, 1

Coaxatio, idem quod coassatio *The boarding, or flooring of rooms*, Vitruv 5, 1 & 7, 1 *It is used also for the croaking of frogs*

Coaxatus, a, um part à seq *Boarded, floored, planked*, Vitr 7, 1

Coaxo, are [ex sono fictus] *To croak like a frog, or toad*, Auct Philom

Cōbio, *m usitatius* Gobio, *A gudgeon*, Plin 32, 11

• Cobitis, *A smelt*

|| Cocceus, a, um *Scarlet, of scarlet*, Lampr ‡ Coccineus

Coccinatus, a, um adj *Arrayed in scarlet*, Mart 5, 36

Coccinĕus, a, um adj *Dyed in grain, of scarlet, or crimson*

Coccinum, i n *A scarlet robe, or garment dyed in grain*, Mart 2, 16

Coccinus, a, um adj [à coccus] Of scarlet or crimson colour. Coccinatam, *Juv* 3, 283. *A scarlet coat*, coccinatos lacerna, *Mart* 5, 8.

Coccum, i n (1) *The grain wherewith cloth is dyed in grain* (2) Meton *scarlet cloth dyed in grain* (1) Coccum Gilliam n. in granum, *Plin* 9 4 (2) Aderat ridebat Scipio cocco, *Sil*

* Coccus, i m (1) *The shrub growing whereon the scarlet grain* (2) *Cloth dyed with scarlet* (1) Diosc (2) Plin 9, 8

Coccyx, ygis, m *A cuckoo, so called from his cry*

Cochlea, æ f [à κοχλος] con-cha (1) *The shell of a snail*, or *snail* (2) *A shell filled with a spiral form, a shell fish* (3) Meton *Any thing in a spiral form*, *a screw*, or *winding staircase*, or *a vice of a press* (4) *A sort of winding stair* (5) *A pump to draw water*, *a snail* *door* (1) Cochleam tarditudine vincere, *Plin Pœ* (2) Plin 9, 14 ubi de earum procreatione (3) *Vitr* (4) *Vitr* (5) *Varr* R R 3, 14 *Varr R R* 2, 5

Cochleare, & per *apocopen* cochleare, aris n [à cochlea, propter similitudinem] (1) *A spoon* (2) *Also a measure* (1) Mart 14 21 (2) Plin 26, 8

|| Cochlearia, æ f *The herb spoonwort, scurvy-grass*

Cochlearis, e adj *Of or pertaining to a spoon* Cochlearis mensura, *Plin* 21, 27

Cochlearium, i n (1) *The place of the snails, that is, the stone to be put in the stew*, or *place to keep cockles*, or *shell fish in* (1) Plin 21 (2) Varr R R 3, 14

* Cochlidium, & cochlis, idis *a winding stair*

Cochlites, *A precious stone*, Plin

Cocio, onis m *An haggler*, or *broker* Vetus est Nihili cocio est, *Plaut Asin* 1, 3, 51 Qui locus ab interpretibus male vexatus est

Cocles, itis c g Unoculus, quales arimaspi *Isid* ex *Plaut* *That is born with one eye*, or *that hath but one eye* ✱ Qui altero lumine orbi nascerentur, *cocles* appellabantur, qui parvis utrisque, *ocellæ*, luscini injuria cognomen habuere, *Plin* 11, 55 Ab oculo *cocles*, ut *ocles* dictus, qui unum haberet oculum, *Varr* L L 6

† Cocolobis, *A Spanish grape*, Plin 14, 2

Coctanum, i n [קוֹטָן] parvus] *A sort of little figs that came from Syria* Varro scribitur hoc voc *coctanum*, *cottanum*, vel *cottonum*, vel, *cotona* ope fic a Coton Syriæ urbe, unde Romam advectæ, sicut docet *Juv* 3 83

Coctibilis, e adj *Easily sod, boiled*, or *baked*, or *easy of digestion*, Plin 16, 6

Coctilis, e adj *Sod, baked, roasted* Muri coctiles, *brick walls*, Ov Met 4, 58

|| Coctilitia taberna, *A coal shop where they sell charcoal*, or *a charcoal shop*, Jul Capitol

Coctio, onis f verb [à coquo] *Seething*, *boiling*, *digestion*, *concoction*, Plin 20, 9

Coctito, are freq *To seeth*, or *boil often*, Plaut

Coctivus, a, um adj *That which is easily boiled*, or *roasted*, *soon ripe*, or *perhaps easily concocted*, or *digested* Coctivæ castaneæ, *Plin* 15, 23

Coctor, oris m [verb à coquo] (1) *A seether*, or *boiler* (2) *One that hath wasted all his goods*, *a spendthrift* (1) Coctores insularique, *Petr* (2) *Sen* 4 de *Ben* 26 Sed *Grut* & *Gron* hic legunt *decoctor*

Coctura, æ f (1) *A seething*, or *that which is sodden* (2) *Tempering*, *also temperateness of the air*, or *season able weather to ripen fruit* (1) Cel 12 18 (2) Plin 14, 1

Coctus, a, um part [à coquor] (1) *Sodden*, *boiled* (2) *Ripe* (3) Met *Well concocted*, *digested* (1) Cibum coctum vendere, *Sal* (2) ✱ = Poma, si cruda sunt, vi avelluntur, si matura & cocta, decidunt, *Cic de Sen* 19 (3) Bene coctus & conditus sermo, *Cic* ¶ Agger coctus *a brick wall*, Prop Juris coctiores, *pro juris* doctiores, ad risum captandum, ex animo, & affini sono dixit *Plaut Pœn* 3, 2, 9 Nam ius est tam culina, quam fori, & coctus tantum eleganter dicit quod *doctus*, ut in tertia notione

Coculum, i n vas [à coquo] (1) *A pot to boil in* (2) *Also dry sticks, to burn dry such* (1) ( ) Coculum ahenum, *Cato R R* 1, 11 (2) *Id*

Cocus, m *pro* coquus, *Fest* et arguis, *Cic* vicus, *Prisc* *A cook*

† Codeta, *q* caudeta, *Ground overgrown with horse-tail grass*, or *rushes*, *Fest*

Codex, icis m [à caudex ut à caupo, copo, &c] (1) *The body*, *stem*, or *stock of a tree* (2) Meton *A book*, or *volume*, being anciently made of boards, as some at this day (1) Ridicula inter tria codica eminentur, *Col* (2) Extrema cera codicis, *Cic* ¶ Accepti & expensi codex, *A book of accounts*, *Id* Codex robustus, *A kind of punishment* *Vid* Caudex

† Cōdiaminon, *Plin* 21, 11 *Vid* Codium

Codicariæ naves, *Sal* dictæ sunt, quæ & *caudicariæ*, quod antiqui plures tabulas conjunctas *codices* dicebant *Varr* *Ships*, or *barges made of thick planks*, *boats*, *lighters*, or *ketches*, *which brought provisions up the Tyber*

Codicarius, a, um adj *Made of planks*, or *bodies of trees*, Varr

Codicillus, i m dim à codex (1) *A book*, or *bill* (2) *A little book*, *a table book*, *a letter missive* (3) In plur *Epistles*, *letters*, *also letters patent of a prince* (4) *Writings whereby a man disposes of his goods*, *not having leisure to make a will*, *papers annexed and sealed up*, *as writs*, *and last wills annexed to a will* (1) Codicillos oleaginos annuncia perscriptito, &c *Cato* 130 (2) *Cic Phil* 8, 10 (3) *Suet Claud* 29 (4) Apud JCC

Codium, i n *A kind of lettice*, *the flower of the herb codiaminon*, *blowing twice a year*, *at the beginning of spring*, *and end of summer*, Plin *Vid* Theophr hist plant 1 4

Cœlator, oris m verb *An engraver* Vid Cælator

Cœlebs, ibis, c g [qu κοιλὴν, ἃ κοίτη, ἢ λείπω, carens lecto, *sc* nuptiali] *A single*, or *unmarried person*, *a bat helor*, or *maid*, Vir *Al scrib* cælebs *per* æ

Coelectus, a, um συνεκλεκτὸς, *Fellow elect*, or *elect together with another*, Vulg Int 1 Pet 5, 13 ✝ Simul electus

Cœlestis e adj *Heavenly* Cœlestes, m pl *The Gods*, Tibul

Cœliacus, a, um adj (1) *Diseased in the lower ventricle* (2) *Griped in the guts*, *that cannot go to stool* (1) Cels 4, 12 Sed Græcis literis (2) Plin 20, 14 & sæpe alibi

Cœlibaris hasta *Vid* Cælibaris

Cœlibatus, ûs m *Single life* *Vid* Cælibatus

❀ Cœlicola, æ c g *An inhabitant of heaven* *Vid* Cælicola

Cœlites um pl m *The Gods*, or *saints above* *Vid* Cælites

|| Cœlitus, adv *From heaven* Medii secul vox ✝ A cœlo

Cœlo as act *To engrave* *Vid* Cælo

* Cœlōma, ătis n *A little hollow space about the circle of the eye*, Cels

Cœlum, i n pl li & cœlus, m ap ant unde cœli in pl tantum [à κοῖλος, cavum, quando scrib per æ, al à cælando] (1) *Heaven* (2) *The sky*, or *welkin* (3) *The air*, *the firmament* (4) *The weather* (5) *A climate* (6) Met *The God* (7) Synecd *An orb of heaven* (1) Pompeium ut cœlo delapsum intuentur, *Cic* (2) Quid si cœlum ruat? *Ter* (3) Cœlo fulgebat luna sereno, *Ov* (4) Vertitur interea cœlum, *Vir* (5) Cœlum, non animum mutant, qui trans mare currunt *Hor* (6) Magna otia cœli, *Juv* (7) Quis potuit cœlos omnes convertere potis est, *Lucr* 2, 1096 ¶ In cœlum ferre, *To commend highly*

* Cœmeterium, i n *A church yard*, *a sleeping place*, *a place of burial*, Eccl ✝ Dormitorium

Coemo, ere, ptum act [ex con, & emo] (1) *To buy up commodities* (2) *Also to buy* (1) ✱ Non modo non vendebant, sed etiam coemebant, *Cic* (2) *Vid Imrer* & *Casaub* in *Suet Vesp* c 18

Coemptio, ōnis f (1) *A buying up things* (2) *A form of the civil law, where the man and wife, that were to be, did, as it were buy one another, so that by that means they had a right to each others goods* (1) Cic (2) Cic

Coemptionalis, e adj Coemptionalis senex, *An old man that married by that way of coemption*, or *buying his wife*, Plaut Bacch 4, 9 52

Coemptor, ōris m (1) *A buyer* (2) *He that buys*, or *adopts* (1) Piperis cœmptor, *Juv* 14, 293 ubi tamen al leg *coempti* (2) Ulp

Coemptus, a, um part *Bought up*, Ulp

COENA æ f [à κοινὴ, sc δαὶς, communis victus] (1) *A set meal*, *when the family met at meat*, *among the ancients it answers our dinner* or *rather was both their dinner and supper*, *for their prandium* was in the morning (2) Also *the room where they supped* (1) Socrates obsonavit cœnam ambulando, *Cic* (2) Quam cœnam appellavit, ille sudum *Plin Ep* 12, 1 Tesseram vesperi per castra dedit, ut ante lucem viri equique curati, ac pransi essent, *Liv* 28, 14 Præterea invenio *Suetonium* in luxuria Vitelli um coarguisse quod epulas trifariam dispertiret, c 13 ¶ Cœna pontificum, *Hor* Cœna dialis, *Sen* *A regalio*, or *costly treat* Adipalis & adipata, opipara, *Ter* Caput cœnæ, *Cic* *The first dish* Cœna recta, *A set*, or *full supper*, Suet *as opposed to* *the* Sportula, *which was paid in money* Ambulans cœna, *When there is but one dish*, *that walks round the table*, Mart Cœnam condicere alicui, *To invite himself to sup with one*, Suet Tib 42 *quod &* *simplicius* condicere *dixit Cic* Cum mihi condixisset, cœnavit apud me, *Ad Lent lum* 1, 9 Pura cœna, *The supper of a feast*, Ibid

Cœnāculum, i n [à cœnando, *Varr*] *A parlour*, or *other place to sup in*, *an upper chamber*, or *room*, *a garret*, or *cockeloft in the roof of the house*, *commonly let to poor people*, Bud *Vid Juv* Ratus venit in cœnacula miles ✱ Cœnatio divitum, cœnaculum pauperum.

Cœnans, tis part *Supping*, Cic

Cœnaticus, a, um adj *Pertaining to supper* Spes cœnatica, *Hope of a supper*, Plaut Asin

Cœnatio, onis f *A place in the lower part of the house*, *where men used to sup*, or *eat in*, *a parlour where the best or sort kept*, Plin Ep 2 17 *A banqueting house*, Sen Nat q hinc

Cœnatiuncula, æ f dim *A little place*, or *parlour to sup in*, *a little room of entertainment*, Plin Ep | ult

Cœnaticum, i n *A meal*, or *a dinner to sup in*, Mart 10, 91

Cœnatorius, a, um adj *Of*, or *belonging to a supper*, Petron 21, 5

Cœnatum est, impers *Pres quam cœnatum apud Vitellios esset*, *The day before they supped there*, Liv 2, 4

Cœnaturio, ire, ivi *To have an appetite to supper*, Mart 11, 8

Cœnatus, a, um part (1) *Having supped* (2) *Treated with supper* Adject for m (1) Qui cum cœna a quiescerent, &c *Cic* (2) Superi cœnati sunt, & inferi *Plaut Aul* 2, 7, 6

|| Cœnipeta, æ, c g [ὁ cœna & peto] *A smell-feast*, or *hanger on at meals*, Sipont ✝ Parasitus

Cœnito, āre freq *To sup often*, Cic Fam 7, 16, 3

Cœno āre, avi [atus sum, Gramm Liliana & Lexica rather gratis] *To sup*, *to be at supper* ¶ Apud aliquem cœnare, *To sup with one*, Cic Alienum cœnare, *To sup at another man's cost*, Plaut Malum cœnare, *To sup of brick-bones*, Plaut Asin 5, 2, 86 more suo ludens

* Cœnŏbiarcha, æ, m [ὁ cœnobium, & ἀρχὴ, principatus] *An abbot*, or *prior*

|| Cœnŏbium, ii, n [à κοινὸς communis, & βίος, vita] *A society of living*, *a monastery*, *convent*, or *cloister*, Isid

Cœnŏsus, a, um adj *Dirty*, *filthy*, *full of mire*, *miry* Lacus cœnosus, *Col* 7, 10 gurges, *Juv* 8, 66

Cœnula, æ f [dim à cœna] *A little supper*, Cic Fam 9, 24

COENUM, i, n [à κοινὸν, immundum] (1) *Dirt*, *mire* (2) Met *Obscenity*, *poverty*, *meanness* (3) Meton *A vile dirty fellow* (1) Male olet omne cœnum, *Cic* *Tusc* 4, 24 (2) = Se in tenebris volvi, cœnoque queruntur, *Lucr* 3, 77 (3) = Habeo quem opponam labi illi atque cœno, *Cic*

Coeo, ire, ivi, itum [ex con & eo] (1) *To come together*, *to assemble*, *to meet*, *to concur* (2) *To be drawn up as soldiers*, *to stand together* (3) *To close*, *grow*, or *shut itself up close again*, *as a wound doth* (4) *To join battle*, or *charge the enemy*, *to rally* (5) *To plot unlawfully*, or *secretly design* (6) *To couple together in generation* (7) *To join one's self as in alliances*, *confederacy*, *&c to accompany* (8) *To shrink*, *to wax thick*, *to curdle* (1) Aliquot adolescentuli coimus in Piræeum, *Ter Eun* 3, 4, 1 (2) = Nequ

Neque conglobandi, coeundique in unum datur spatium, *Liv* (3) In animo insa neque coit, neque jungitur, *C lf* (4) Hæc pugnæ fautes, coeunt sine more, sine arte, *Stat* (5) In leg *Cornelia* *de* ... coeunt recitatâ (6) Quadam omni tempore coeunt, ut gallinæ, *Plin* 10, 51 (7) Societatem cum aliquo coire, *Cic* (8) Coit formidine sanguis, *Virg* ¶ Vix decem nobis verba coire decem, *Three or four words pass betwixt us*, Prop ¶ Coire in lites, *To join together in a dispute by maintenance, or bailery*, Plin Jun

Coeor, iris pass *To be joined*, Coitur societas, *Cic*

Cœpi, isti, vel cœptus sum, v *I began, or have begun*, Cic Ilioneus — sic cœpit, *began to speak*, Vir ✠ Cœpisti melius, quam desinis, *Ov* Tardè exercitus est cœptus, *Liv*

† Cœpio, ire *To begin* Alium quæritum cœpiat *Pl* t *Trin* 1, 1, Cœpi nimis diutiosa verba loqui, ... Lubido est extemplo cœpere consilium, *Plaut Pers* 1, 3, ... ‡ Incipio

Cœptans, tis part *Beginning*, Sil

Cœpto, āre *To begin, to make, or to go about to do, to set upon a thing, to attempt* Quid hic cœptat? *Ter Phorm* 1, 3, 21 Cœptare animi, *Tac* 3, 40

‡ Cœptum, i n *A beginning, enterprise, an undertaking, or attempt* Di, cœptis aspirate meis, *Ov*

Cœpturus, a um part [a cœpi] *Ready to begin*, Quint

Cœptus sum, *I began*, Cic Regio mea agitari cœpta est, *Liv*

Cœptus, a, um part *Begun, ... attempted* Levia prœlia fieri cœpta, *Liv* 37, 18 Cœptum bellum, *Virg* Carmina cœpta, *Id*

Cœptus, ûs m *Idem quod cœptum, A beginning, or undertaking* Primos cœptus appetere, *Cic de Fin* Sed rarò occ

Coerculto, āre *To ... together, ... fil*, Liv 37, 18 Rarò occ

Coercens, tis part *Containing, ... ing, &c* Complexus cœli coercens omnia, *Cic*

Coerceo, ere, ui, itum act [à con & arceo] (1) *To restrain, to ... or stay* (2) *To bridle, or curb* (3) *To keep under, to keep ...* (4) *To bind, or tie up* (5) *To comprehend, or contain* (6) *To force, or compel, to hinder, or forbid* (7) *To correct, or punish* (1) Super crescentem carnem coerceat, *Cels* (2) Frænis ora coercentes, *Ov* (3) Terras coerceat omnes Cæsar *Ov* (4) Vitta coercente capillos, *Ov* (5) = Mundus omnia complexu suo coercet & continet, *Cic* (6) Alterum ... alterum vitare coercemur, *Hirt* ... (7) Magistratus — multâ, vinculis, verberibusve, coercento, *ap Cic* ¶ Modice se coercere, *To contain himself within ...*, Sen ‡ Numeris bella coercere, *To write an heroic poem*, Ov

Coerceor, eri pass *To be kept ... forced, &c* Cic = Reprimor, *Cic* *Vid* Coerceo

Coercitio, ōnis f [verb a coerceo] (1) *Restraint* (2) *Chastisement, keeping in subjection and order* (1) Coercitio ambitus, *Paterc* ..., 47 (2) Coercitionem in histriones ademit *Suet Aug* 45

‖ Coercitor, ōris m verb *A restrainer* Coercitor militaris disciplinæ, *Eutrop*

Coercitus, a, um part [à coerceor] *Restrained, refrained, kept in, stopped, compelled, tied up* Metu coercitus, *Sall* Gravibus coercita vinclis, *Ov*

‖ Coerctio, & coertio, ōnis f [contr ex coercitio ut pueritia a pueritia] *Restraint, keeping in order, or correction, punishing*, JCC

Cœruleus, a, um adj [a cœlo, sed qu cœlulcus] *Sky coloured, the colour of the heavens* *Vid* Cærulus

Cœrulus, a, um adj *idem quod* cœruleus, *Azure, blue, like the colour of the sky*, or *s...* *Vid* Cærulus

Cœsius, a, um adj *Grey, grey-eyed*, Gell 2, 26 *Vid* Cæsius

Cœtus, ûs m [à coeundo] (1) *An assembly, a meeting* (2) *A convention, or unlawful meeting* (3) *A flock* (4) *An engagement, or charge* (5) *A conjunction, or union* (1) Solennis cœtus, *Cic* Cœtus dulces, valete, *Catul* (2) Qui cœtum fecerit, capitale sit, *Sen* (3) Aves cœtu cingunt polum, *Vir* (4) Primo cœtu vicimus, *Plaut Amph* 2, 2, 25 (5) = Nil tamen hoc ad nos, qui cœtu, conjugioque corporis atque animæ consistimus uniter apti, *Lucr* 3, 857

Coexercitatus, a, um *Exercised, or practised together*, Quint 2, ...

Cōgendus, a, um part *To be forced, mixed together, levied, raised &c* *Virg Georg* 2, 62 Unguenti tantum quantum satis est ad ea molliendā, atque cogenda, *Plin* 5, 18 Id satis esse ad cogendas pecunias videbatur, *Cæs B C* 3, 32 *Vid* Cogo

Cōgens, tis part [à cogo] *Compelling, constraining, forcing &c* *Vid* Cogo ✠ Cogens, & vetans Deus, *Cic de Leg* 2

Cōgitābĭlis, le adj *That may be thought upon*, Sen

‖ Cōgitābundus, a, um adj *Musing, or in a brown study*, Gell 21, 1 ‡ Meditabundus, *Ter*

Cōgitans, tis part *Thinking*, Quint

Cōgitātè, adv *Advisedly, after one hath thought upon it, with good consideration, of purpose, wittingly* = Accuratè & cogitatè scribere, *Cic*

Cōgitātio, ōnis f [*ut q* coagitatio, *Fest*] (1) *Thinking, musing* (2) *A thought* (3) *Consideration, care, cogitation* (4) *Intention* (5) *An intention* (1) Minus afficit sensus fatigatio, quam cogitatio, *Quint* (2) Vigilantes cogitationes insunt in animis, *Cic* (3) = Curam & cogitationem suscipere, *Cic* (4) Cogitatione possumus morbum ab ægrotatione sejungere, *Cic* (5) In universi belli cogitationem regem avertit, *Liv*

† Cōgitātò, adv *Designedly, upon design* = Consultò & cogitatò facta injuria, *Cic Off* 1, 8 ☞ *Sed ab hoc vocab abstinendum, quia lib MSS plerique* cogitata *habent* ‡ Cogitatè

Cōgitātum, i n *A thing mused on, devised, or imagined in one's mind, a thought, or resolution* Cogitata non posse proloqui, *Ter Phorm* 2, 1, 55

Cōgitātus, a, um part *Thought upon, intended, purposed devised, considered, proposed* = Meditatus, *Cic* *Vid* Cogito

Cōgito, āre freq [à cogo *qu* coagito *Varr* quod cogitare *nil aliud sit, quam* animam agitare] (1) *To think* (2) *To muse, to cast in mind, or have thoughts about, to regard, to mind* (3) *To intend, or purpose* (4) *To bethink himself* (5) *To think of going to, to design for* (6) *To have in mind, or remembrance* (7) *To imagine, or devise* (1) Vivere docto viro est cogitare, *Cic* (2) § De consciscendâ morte cogitâsse dixit, *Suet* (3) Non fraudem socio, puero non cogitat ullam, *Hor* (4) Alicujus vultum obtutumque in cogitando notare, *Cic* (5) Inde in Tusculanum cogito, *Cic* (6) Me expectes, de me cogites, *Ter* (7) Nulla species cogitari potest, *Cic*

Cogitor, ari pass *To be thought of, or imagined*, Cic *Vid* Cogito, N° 7

Cognātio, ōnis (1) *Kindred, chiefly by blood, sometimes by adoption* (2) Met *Likeness, agreement* (1) ✠ Serpit domus foras cognationibus primum, deinde affinitatibus, &c *Cic de Fin* 5, 23 Patruelis cognatione, amore germanus, *Cic* (2) Cognatio studiorum, *Cic* 6 *Ver*

Cognatus, a, um [ex con & natus] (1) *Kin, allied, near of kin, of the same blood* (2) Met *Agreeable, very like, almost of the same nature* (3) *Nigh, or belonging to* (1) Cognatus vester hujusce fratris filius, *Plaut* (2) § Cognata vocabula rebus, *Hor* (3) *Sic Italiam & ...* = Affinis, propinquus, *Cic* ✠ Cognatus sanguine, affinis matrimonio *Quid hist at* agnatus *Vid* Agnatus

Cognatus, i m *A kinsman, properly by blood, a cousin either by father, or mother, also by adoption* Vos meæ estis ambæ filiæ, & hic est cognatus vester, hujusce fratris filius, *Plaut* 5, 4, 86

Cognĭtio, ōnis f verb [à cognosco] (1) *Knowledge, judgment* (2) Also *a trial, or hearing of a cause, cognisance* (3) *A rule, definition, or precept* in arts (4) *An examination of things, or tokens in order to some discovery* (1) Ut deorum cognitionem capere possent, *Cic* = Scientia, judicium, *Id* (2) Rara merces, quæ cognitione tribuni non eget, *Juv* ¶ Dies cognitionis, *The day of trial, or hearing*, Ulp Cognitionem sustinere, *To defer, or put off the trial, to put in a demurrer*, JCC (3) *Cic de Fin* 3 & de *Leg* 2 (4) Ibo intro, de cognitione ut certior fiam, *Ter Eun* 5, 3, 12

Cognitivæ potestatis animæ tres, *Mens, cognitio, discursus, seu opinio*, Cal 16, 13

Cognĭtor, ōris m verb (1) *One that takes cognizance of a witness* (2) *A proctor, an attorney, a lawyer that defends one's cause* (3) *He that overlooks the selling of confiscated goods* (1) Ut qui neque tibi notus esset, neque cognitorem locupletem daret, *Cic* 6 *in Ver* (2) Qui per se litigat, & qui cognitorem dat, diversa, *Cic pro Rosc com* (3) JCC ✠ Cognitor præsentis causam defendit, procurator absentis, *Bud*

Cognĭtura, æ f *The office, or practice of an attorney, a proctorship, or proctor's fee, a commission for trying and examining of causes*, Suet Vit 2 ubi v Græv

Cognĭtus, a, um part & adj or comp ssimus, *sup* (1) *Known* (2) *Heard, known by report* (3) *Tried* (4) *Enjoyed, lain with* (1) Incognita pro cognitis, ne habeamus, *Cic* (2) Tempore jam ex illo casus mihi cognitus urbis, *Vir* (3) Causa liquidò cognita, *Ov* Magis hæc quo sunt cognitiora gravant, *Ov* Tibi hæc fuisse, & esse cognitissima, *Catull* Phaselus, *Catul* 4, 14 (4) Postumia stupro cognita, *Tac H* 44 Facio nam cognita fuit Deidamia mihi, *Stat Achill* 2 2,0

† Cognŏbĭlis, e adj or comp *That may be known*, Gell Itaque ego cognobiliorem cognitionem esse arbitror, *Gell* 20, 4 ex Caton ‡ Nobilior

Cognōmen, inis n *A surname added to that which one hath by his father, from something notable* ✠ Nomen cum dicimus, cognomen quoque, & agnomen intelligatur oportet, *Cic de Inv* ... *Vid* Agnomen, & Val Maximi *abjectis ... ore*

Cognōmentum, i n (1) *A surname* (2) *A nickname* (1) Pulcher, salve *Pl* Meum cognomentum quis commemorat? *Plaut Mil* ..., 2, 47 ... *mori suo, erat enim Pulcher cognomen ... Clodiorum ... Marcelli... ... qui ... ...* (2) Heraclitus cognomentum qui Σκοτεινός perhibetur, *Cic de Fin* 2, 5

Cognōmĭnātus, a, um part *Surnamed, nicknamed*, Cic

Cognōmĭnis, is c g *He who hath the same name, or surname, a namesake*, Plaut

Cognōmĭno, āre act *To give a surname, to nickname*, Varr

Cognōmĭnor, āri pass *Plin* 21, 5

Cognoscendus, a, um part *To be known, or understood* ✠ Perdiscendum jus civile, cognoscendæ leges *Cic*

Cognosco ĕre, vi cognitum act [ex con & gnosco, *quod a* γινώσκω, *unde* agnosco] (1) *To know a person, or thing unknown before* (2) *To make enquiry, to sift out, to understand* (3) *To hear a matter debated, and as judge to determine it* (4) *To inform himself* (5) *To view and peruse* (6) *To find by experience* (7) *To have carnal knowledge of* (8) *To be acquainted with* (9) Also *for* agnosco, *to know a person, or thing known before* (1) Tandem cognôsti qui siem, *Ter* (2) = Cognoscere, & perspicere rerum naturam, *Cic Off* 1 (3) ✠ Si judicas, cognosce, si regnas, jube, *Sen* (4) Habes consilia nostra, nunc cognosce, de Bruto, *Cic* (5) Cognoscere instrumenta, *Ulp* (6) Nec tam præsentes alibi cognoscere divos, *Virg* (7) Turpiter illa virum cognovit adultera virgo, *Ov* (8) Experiendo magis quam discendo cognoscere (9) Miserrimus fui fugitando, ne quis me cognosceret, *Ter Eun* 5, 2, 7

Cognoscor, i, itus sum pass (1) *To be learned* (2) *To be taken notice of*, &c (1) Unde facilius bellicæ res, aut omnis reipublicæ disciplina cognoscitur, *Cic* (2) Facillimè & in optimam partem cognoscuntur adolescentes, qui se ad claros, & sapientes viros contulerunt, *Cic*

Cōgo, ĕre, egi, actum act [contract ex coago, à con & ago] (1) *To gather, to assemble, or bring together* (2) *To make thick, to thicken* (3) *To collect, or receive, as money* (4) *To heap up, or bring together* (5) *To roll, or bring up* (6) *To curdle* (7) Met *To compel, or force* (8) *To conclude and infer by strong arguments* (9) *To draw up, or range under certain heads* (10) *To confine people to their own rank and condition*

(1)

(1) Cogite oves, pueri *Vir* (2) Nulla coit hyems, *Vir* (3) Impiorum, qui pecunias contra leges cogunt, *Cic* (4) Quasi ad ulenta [illegible] (5) Substituit ad agmen cogendum, *Liv* (6) Cogere [illegible], *Plin* 2, 7 (7) ✠ Quod [illegible] cogit, id voluntate impetret, *Ter* (8) [illegible] cogere volebat filias uteri [illegible], *Cic* Aliud cum cogebatur, illatum est, *Id* (9) Jus [illegible] suum cogere, *Cic* de Orat (10) Tributum in ordinem cogi, ut a nullo, [illegible] *Plin* Ep [illegible] ¶ [illegible] Vibrcis [illegible] pedes, *[illegible]* Ov

Coger, [illegible] coactus [illegible]

Cohae[illegible] [illegible] Turnebi [illegible] an[illegible]

Cohaerens, tis part [illegible] Cic ‖ Coh[illegible] [illegible]

Cohaerenter adv comp [illegible] (1) *[illegible]* (2) [illegible] (1) = Dimicatum est, non continue & cohaerenter, sed prout casus [illegible], *Flor* 2, 17 (2) = Cohaerentius & aptius, *[illegible]* 6, 15

Cohaerentia, ae f *A cleaving*, or *hanging together*, *like* Met *A [illegible]*, Cic N D 2, 62

Cohaereo, ere, si, sum neut [ex con, & haereo] (1) *To stick, or cleave together* (2) *To be joined in office with one* (3) Met *To agree, to hang together* (4) *To be all of a piece* (5) *To stand together, to be all of one mind, to love one another heartily* (5) *To subsist* (1) Neque enim materiam ipsam cohaerere potuisse, si nulla vi contineretur, *Cic* [illegible] (2) *Cic* de Leg (3) § = Consentiunt, & cohaerent cum causa, *Cic* § Inter se, *Id* Aliunde, *Id* Ab *Id* Non cohaeret, *Ter* [illegible] 2, 24 (4) Adeo cohaeret is, ut [illegible] obligari [illegible] *Plin* (5) Virtute, sine beata vita cohaerere non possunt, *Cic* Cohaeret, & permanet naturae viribus, *[illegible]*

Cohaeres, edis c g *quod ex* cohaere, *forte* rect *A joint heir with another, a co-heir*, Cic Verr 2, 43

Cohaeresco, ere incept *To grow, or stick together, to cling* A omi cohaerescunt inter se, *Cic* N D 1, 20

Cohibeo, ere, ui, itum act [ex con & habeo] (1) *To keep close, or hold in* (2) *To inclose, or restrain* (3) *To keep under, to bridle, to restrain, to curb* (4) *To [illegible]* (1) Terra teatum [illegible] men cohibet, *Cic* de Senect (2) Auro cohibere lacertos, *Ov* Crinem nodo, *Hor* (3) Non te cohibes? non te respicis *Ter* Heaut 5, 1, 46 (4) Si lera in se cohibent nitorem, *Hor* ¶ Cohibere aliquem in vinculis, *To keep him close prisoner*, Curt Cohibere animum, manus, oculos ab [illegible], *To abstain coveting*, or *meddling with other men's goods*, *Cic*

✝ Cohibessit, *pro* cohibuerit, *Lucr* 3, 445

Cohibitio, onis f *A letting*, or *forbidding to do, a restraint, a holding in*, Cic Verr 5, 14 fin *Vix alibi, & fine ibi Graeci [illegible]* prohibitio

‖ Cohibitus, a, um part [illegible], contributum dicendi genus, *A close way of speaking*, Gell 7, 14 ✝ Pressum

Cohonesto, are act *To commend, to grace, or set off, to honour, to adorn, or make more honourable* Cohonestare exequias alicujus, *Cic* pro *Quint* 15 victoriam, *Liv* 8

Cohonesto, [illegible] pass *To be set off, or graced*, Plin

Cohorreo, ere, ui neut (1) *To shake and quiver, to shiver as in an ague* (2) Met *To be in great horror, or fear, to tremble for fear* (1) *Cic* de Orat (2) Quem ut agnovi, equidem cohorrui, *[illegible]*

Cohorresco, ere *Id* Suet Tib 21

Cohors, tis f *[illegible] Sync* chors, cors, *[illegible]* (1) *A yard*, or *backside with outhouses, or poultry*, *[illegible]* (2) *A [illegible]* (3) *A band of men, or soldiers, a [illegible] of foot [illegible], of which there were X [illegible], or bands, [illegible] IX* (4) *[illegible]* (5) *[illegible]* (1) Cohors, in qua [illegible] gallinae, [illegible] R R 3, 5 (2) [illegible] R R 1, 13, & 2, 1 Item *Col* 7, 3, & 12, 6, 9 (3) Cum longe cohortes explicuit legio, *Vir Geor* 2, 280 (4) Dimissus a cohorte amicorum, *Suet* Inruptae cohortes, *Stat* (5) Febrium cohors, *Hor* ¶ Cohors praetoria, *[illegible]* *tam, or coop*, Col praef 1 & 8, 4

Cohortandus, a, um part *To be exhorted, or encouraged*, Cic

Cohortatio, onis f verb *An exhortation, or encouraging, or heartening*, Cic Attic 16, 1,

Cohorticula, ae f [dim a cohors] *A small retinue, or train of servants, or attendants*, Cael ad Cic Fam 8, 6

Cohortis, is f *A coop, or pen* Abstulerit multas illa cohortis aves, *O Fast* 4, 704

Cohortor, atus sum dep *To exhort, encourage, or hearten* ✠ Majorem vim id de erendum habet, quam ad cohortandum, *Cic*

Cohum, i n *A thong wherewith the ox's [illegible] and yoke are tied together*, Varr Also *heaven*, Enn *scrib* & covum

‖ Coibilis, e adj *[illegible] together* Coibilis oratio, *Gell* 16, 19 ✝ Cohaerens

Coiens, euntis part [a coeo] *Meeting, or coming close together* Ripae [illegible] coeuntes, *Sil*

‖ Coincido, ere neut *To fall in with one another* Grammaticis & Philos relinquendum

Coinquino, are act (1) *To soil, foul, or bedaub* (2) *To corrupt, or infect* (3) Met *To defile, or debauch* (1) Merdisque coinquinet albis, *Mart* (2) Ne totum gregem scabies coinquinet, *Col* R R 7, 5 Periculum matres coinquinari regias, *Cic*

Coitio, onis f [verb a coeo] (1) *Assembling*, or *meeting together* (2) *A coition*, or *confederacy in doing of any thing, correspondence, or partnership* (3) *A [illegible], or charge* (4) *Carnal copulation* (1) Nocturnis vigiliis, & coitione hominum, *Cic* (2) Ejusmodi pactiones in ea coitione factae, ut nemo bonus intereffe debuerit, *Cic* (3) Nulla societatis in aeternum coitio est, *Paul* Prima coitio est acerrima, *Ter Phorm* 22, 32 (4) Ap *Macrob & Sol*

Coiturus, a, um part *About to meet, or come together*, Ov

Coitus, a, um part *Assembled, or come together, allied, or confederated* ap JCC freq

Coitus, us m verb [a coeo] (1) *A coming together*, or *assembling*, Stat (2) *Carnal copulation*, or *company [illegible] woman*, Gell 19, [illegible] ¶ Coitus lunae, *The conjunction of the [illegible] new moon*, Plin Coitus humoris *The gathering of [illegible]*, Cels 5, 18

* Colaphizo, are *To buffet, box, or beat about the head*, B bl ✝ Colaphos infringere alicui

Colaphus, i m *A buffet, or box with the fist, a box on the ear, [illegible]* ¶ Colaphos infringere alicui, *Ter* Infligere, *Plin* Incutere, *Juv* *[illegible]*

Colatus, a, um part [a color] *[illegible]* Plin

Colax, acis m Adulator, qui cibi causa adulatur [κόλαξ], *A flatterer*, [illegible] Fun prolog

Colens, tis part [a colo] *Honouring*, &c Cic Cel

Coles, is m [a Gr καυλ, scrip] (1) *A [illegible] of reeds*, [illegible] &c (2) Met *A man's [illegible]* (1) Vai de R R 1, 31 (2) Cels 6, 18 & 7, 26

Coleus, i m Cic [a cole] *[illegible]* culeus *[illegible]* Mart *[illegible]* Si col[illegible] habeiemus, *Petr*

* Colias, ae m *A fish [illegible] thought by some to be mackerel*, Plin 32, 8

* Colice, es vel colica, ae f *[illegible]*, *The colic*

* Colic[illegible], i m [dim a colis] *A [illegible], or tender [illegible] of herbs* Coliculus fabae, *The [illegible], or young [illegible]*, Col 11, 2 [illegible] Languidior coliculi repente thyrso, *Pers*

Colicus, a, um [κωλικός], in estinum, Hesych quanquam scribitur & [illegible] Colicus dolor, *Plin* 20 4 In intestino colo, *The colic* Colicum medicamentum, *A medicine for the colic*, Cels 4, 17

✝ Colina, ae antiq pro culina, *A kitchen*

* Coliphium, i n al colliphium [κωλῆ] cibi robusti] *A kind of dry [illegible], which [illegible] used to make them strong, and firm [illegible]* Comedunt coliphia paucae, *Juv* 2, 53 Vid & *Mart* 7, 66 12

Collabasco, ere [ex con & labasco] *To be ready to fall, to stagger, to [illegible]* Si res lassa labat, itidem amici collabascunt, *Plaut Stich* 4, 1, 17

Collabefacio, ere act [ex con, labo, & facio] *To loosen, to break, to drive down, to shake*, hinc,

Collabefacto, are act *To throw down, to enfeeble, or to [illegible] to courage and deter* Vastum collabefacit onus, *Ov Fast* 1, 566

Collabefio, eri *To be broken, to be cast, or be [illegible] down to the ground, to be dashed into pieces, to founder* Ut navis perfracto rostro tota collabefieret, *Caes*

✝ Collabello, are *To kiss close, to bill as pigeons do*, Laber ap Non ✝ Labia conjungere

Collabesco, ere [illegible] *To fall, to decay, to totter*, Lucr

Collabor, i, psus dep (1) *To fall, to give way* (2) *To stumble* (3) Met *To fall away* (1) Domus fastigium collabitur, *Suet* (2) Saxo collabitur ingens Centaurus, *Stat* (3) Clanculum collapsus est hic in corruptelam, *Plaut Truc* 3, 2, 3

Collacrymatio, onis f verb *A weeping with others*, Cic d Orat 2, 45

Collachrymo, are *To bewail, or weep for a thing with one* § Casum meum omnes collachrymavit, *Cic* pro *Sest* Tristis, nemo non mecum collachrymabat, *Ter And*

‖ Collectanea, a, [illegible], Dig

‖ Collectaneus, i m *One nursed with the same milk, a foster brother*, Ulp

Collapsus, a, um part [a collabor] (1) *Ruined, or fallen down* (2) *Out of heart, fainting, falling to a swoon* (1) Aedes vetustate conlapsae, *Suet* (2) *[illegible]* [illegible] collapsum [illegible], *[illegible]* 8, 587 ¶ [illegible] collapsum, *[illegible]*

Collare, is n [a collum] *A collar for hounds, or other [illegible] band, or [illegible]*, Varr

Collaria, ae f *[illegible]* catena *[illegible] collar, or iron put for the [illegible] malefactors* Collus collaria [illegible] *Plaut Capt* 2, 2 *[illegible]*

Collarium, i n *[illegible]* vinculum *A collar*, Varr R R 2, 9

Collatatus, a, um part *Dilated, enlarged, amplified* Collatata & diffusa oratio, *Cic* [illegible]

Collateralis, e adj [illegible] *[illegible] Collateral, or [illegible] direct lines, but [illegible]* JCC

Collatio, onis f verb [a confero] (1) *A bringing, or [illegible] together* (2) Met *A comparing* (3) *Also a [illegible] contribution, by [illegible]* (5) *A theatrical [illegible]* (1) Collatio signorum, *A joining battle*, Cic (2) Ubi facta est collatio malitiarum, haud [illegible] ne nos sobolis perfidia perveniunt, *Plaut Mil* 3, 3, 67 (3) Collationes remittere, dona nuntium reddere, *Plin Paneg* (4) Collationes in amonium atque [illegible] tem [illegible] coepit, *Suet* [illegible] (5) Collatio est oratio rem cum re ex similitudine conferens, *Cic* [illegible]

Collatitius, a, um adj *[illegible] contributed, or [illegible]* [illegible] *[illegible] borrowed, [illegible]*, Sen Consol titia instrumenta, *[illegible]* lintia sepultura, *[illegible] shown on the dead by [illegible] people, [illegible]* Quint D [illegible] 6 Collatitia stipendia, *[illegible] ly several hand*, Sen Consol Marc 10

Collativus, a, um adj Collativus venter, *A great paunch [illegible]* Plaut Curc 2, 1, 6 Collativa coena, *A club feast, where [illegible] pays his share*, Id

Collato, are act *To make large, or wide, to enlarge, to widen* Vix legitur, nisi in part Collatatus, *Cic Orat* 56

Collator, onis m [a confero] Symbolorum collatores, *[illegible] pay their shot, or club with others*, Plaut Curc 4, 1, 13

Collatum

Collatum est, impers. *There was* [illegible] *made*, Mart

Collātus, a, um part. [à confero] (1) *Opposed, or advanced over against* [illegible] (2) *Compared* (3) *Conferred, bestowed, employed* (1) Collato pede, in eodem vestigio stabant, *Curt* 3, 11 Collatis cursibus hastas conjiciunt, *Val. Arg.* [illegible] Color roseo collatus Eoo, [illegible] 2, 7 v & eundem, 1, 557 [illegible] Pecunia ad [illegible] cujus honores collata, C

Collātu, abl. m [verb. *a* confero] *In comparing* In collatu pari erant conditione, *Hirt. de Bel.* [illegible]

|| Collaudabilis, e adj. *Praiseworthy* [illegible] ‡ Laudabilis

Collaudandus, a, um part. *To be praised* [illegible] *commended*, Cic

Collaudātio, ōnis f verb. *Praise*, [illegible], Liv 2

|| Collaudator, ōris m *A* [illegible] ‡ Laudator

Collaudātus, a, um part. *Praised*, [illegible], Stat Theb 6, 490

Collaudo, are, act *To praise*, [illegible] *commend*, or *speak* [illegible], Cic Attic [illegible]

Collaudor, āri pass. *To be mightily* [illegible], Cic

Collecta, æ f [à colligo] (1) [illegible] (2) *A shot, or reckoning* [illegible] *collection* (3) || *A* [illegible] *or prayer* (1) Collecta, quæ ex pluribus locis in unum [illegible] est, *Var.* [illegible] (2) Cic Orat 2, 57 (3) Ap ecclesi.

|| Collectānea, orum pl. n [illegible] *gathered out of* [illegible] *collections, obs.* [illegible] Gell [illegible] ✠ Analecta.

Collectaneus, a, um adj. (1) [illegible] *gathered up together* [illegible] *here* (2) Also [illegible] *gathered out of divers* [illegible] (1) ✠ collectaneum, *Bubulum*, [illegible] *coll. brass*, Plin 24 9 [illegible] Suet [illegible] 56 [illegible] (2) Litt ex Quint

Collectio, ōnis f verb (1) [illegible] *together*, or [illegible] (2) [illegible] *or* [illegible] (1) Collectio dispersi, [illegible] (2) *Pl.* 20, 8 [illegible] (3) Hunc collectionem [illegible] quidam re[illegible] 86

Collectius, compar. *More close*, Apul

Collectīvus, a, um adj. *Gathered*, [illegible] *and* [illegible]

Collectīvus, a, um adj. act. [illegible] (2) Pass. *Collective*, [illegible] (1) Ratione collectiva [illegible] Collectiva [illegible], Sen Quæst

[illegible] *That which is* [illegible] Vivere collecto, [illegible] *he has gathered*

[illegible] part. [à colligo] [illegible] *together*, [illegible] *obtained* (2) [illegible] (1) [illegible] omni genere collecti [illegible] (2) Famam collectam [illegible] (3) Flores collectos [illegible] (4) = Post tibi collectus, iræsque receptæ, [illegible] genu nudo[illegible] [illegible] fluentes, *Virg*

Collēga, æ m [*a* legando, quod iis legatione & magistr. colleg. sunt socii] *A fellow, companion, or copartner in office, embassy, or business, one of the same college* = Se Verris collegam & socium esse dicebat, *Cic* Collega præturæ, *Id*

|| Collēgatārius, *A partaker of a bequest, or legacy with another*, ICC

Collēgiālis, e adj. *Belonging to a college, or society* ‡ Collegii fratres

Collēgium, i n [*a* collega] (1) *A college, corporation, company of them that have equal authority, or privilege* (2) *A company of one mystery, or craft, a fraternity*, or [illegible] (3) *Fellowship*, or [illegible] (1) Tribunorum plebis collegium, *Cic* (2) [illegible] instituendum petes collegium librorum, dum [illegible] minui, [illegible] *Plin* [illegible] 10, 4. (3) Nil concordi collegio firmius ad tuendam RP, [illegible] 10, 22 [illegible] In collegio [illegible] cipi, [illegible] collegio recede[illegible], [illegible] collegii, *JCC dicitur*

* Collēticus, a, um *Collectica* medicamenta, [illegible] *that fasten and consolidate* [illegible], Vege

Collēvo, āre act. *To make gentle, or ease*, or [illegible] Mustum collevat jecur, *Plin* 23, 1

Collibertus, i m *He that is made free by the same master*, Plaut Pœn 4, 2, 88

Collibet, collibuit, collibitum est, *It liketh, it pleaseth* Collibitum est mihi, *Cic* Si collibuisset, *If he had been in the humour*, Hor

Collĭciæ, arum f pl [q. colliciendo, [illegible] *Columella* [illegible] ab eliciendo] (1) *Gutters* [illegible] (2) Also [illegible] *or trenches to convey water, gutters, or drains in the fields* (1) [illegible] (2) Colliciæ, per quas aqua in fossa elicerentur, *Plin* 18, 17

Collĭcŭlus, i m *A little hill, a hillock, a tump*, Apul ‡ Grumus

Collīdo, ere, si, sum act. [ex con & lædo] *To beat, knock, or* [illegible] *together*, [illegible] *another* Humor ita mollis est, ut facile pre[illegible] colidique possit, *Cic* ¶ Collidere manus, *To* [illegible] *hand* Quint Declam 2, 12

Collīdor, i, sus sum pass. (1) *To be beaten, or bruised, to be killed* [illegible] *one another* (2) Met *To* [illegible] *each other* (1) Ne [illegible] inter se pondere suo pressæ collidantur, *Col* 12, 16 [illegible] (2) = Confligunt, & colliduntur leges, [illegible]

Collĭgātio, ōnis f verb. *A binding, or joining together, a tying fast, a knot*, or [illegible] Met [illegible] Arctior est colligatio propinquorum, *Cic Off* 1, 17

Collĭgātum, i n [illegible] *thing that is bound together* ✠ Omne colligatum solvi potest, *Cic de Univ* 11

Collĭgātus, a, um part. *Bound together, fastened, joined, united together* = Intert. colligatus, & implicatus, *Cic Offic* 1, 5

Collĭgo, āre act. [ex con & ligo] (1) *To tie, bind, or clap together*, (2) *To* [illegible], or [illegible] (3) Met [illegible] (4) *To* [illegible] (5) [illegible] (1) Colligare in fasciculos, *Plin* [illegible] (2) Lictor, colliga manus, *Cic* (3) Quid sentit, non habe[illegible], ita se cum multis colligavit, *Cic* (4) Impetum furentis vitæ suæ periculo colligavit, *Cic* (5) = Series rerum inter se aptare & colligare, *Cic*

Collĭgo, ere, ēgi, ectum act. [ex con & lego] (1) *To gather, or bring together* (2) *To pluck, or pick from the stalk* (3) *To harness, or join together* (4) *To reckon, or sum up* (5) *To collect, or make a collection of* (6) *To conclude, or infer, by proof or reason* (7) *To get, purchase, or acquire* (8) *To comprehend, or contain* (9) *To take up* (10) *To recover himself, or take heart* (11) *To recover from fear, surprise, &c* (12) *To call to mind*, [illegible] (13) *To* [illegible], *or to* [illegible] (1) Meridie ipso stipulam fac [illegible] colligat, *Var* (2) Collige, virgo, rosas, *Virg* (3) Colligit [illegible] mentes Phœbo equo, *Ov* [illegible] Puto, rationes colligit, *Plin* [illegible] Aliquorum facere [illegible] colligere [illegible] (6) Ita cogitatione & rationem colligit, *Cic* (7) Colligere existimationem & famam, *Cic* Inimicos, *Id* Crudelitatis invidiam, *Id* (8) Ambitus CII pedes colligit, *Plin* (9) Liber elapsus est, hunc dum sequitur, colligitque, cecidit, *Plin* (10) Te colliges, virumque præbebis, *Cic* (11) Ut se ex maximo timore colligerent, *Cæs* (12) Maxima [illegible] veterum animo colligo calamitatum, *Cic* (13) Crines colligit in nodum, *Ov* ¶ Colligere vasa, *Cic* sarcinulas, *Juv* *To pack up his awls* ¶ Colligere arma navis, *To hale in the sheat*, Virg ¶ Colligere campum, spolia, *To* [illegible] *plunder of the field*, Virg ✠ Iram colligis, & ponit [illegible], *Is* [illegible] *appeased*, Hor ¶ Frigus colligere, *To catch cold*, Hor

Collĭgor, i, ectus pass. *To be gathered*, &c *to be thought, or judged*, &c Cic

|| Collimitaneus, a, um adj. *Bordering upon one another*, Solin ‡ Confinis

|| Collimitium, i n [*a* con & limes] *The confines, or bordering where two countries meet*, [illegible], Amm ‡ Confinium

Collimitor, āri pass. *To* [illegible], *or border upon* [illegible] § Gelonis Agathyrsi collimitantur, [illegible] ‡ Adjaceo, conterminus sum

Collĭneo, āre act. [*a* con & linea] *To level* [illegible] *line* [illegible] (1) *To level, or* [illegible] *right line* (2) *Also to* [illegible] *at the mark* (1) Si cui propositum sit collineare hastam aliquo, aut sagittam, *Cic de Fin* [illegible] (2) Quis est, qui totum diem jaculans non aliquando collineet? *Cic de Div* 2, 59

Collĭnĭtus, a, um part. [q. a collinio] *Daubed over* Semina inlinita [illegible], *Col* 6, 17

Collĭno, ere, lēvi, [illegible] litum act. [ex con & lino] *To besmear, to defile, or daub* Crines pulvere collinere, *Hor* Pulchrum ornatum turpes mores pejus cœno collinunt, *Plaut* [illegible]

Collīnus, a, um adj. *Of a hill, or hilly* Collina vinea, *that grows on a hill*, Col [illegible] aqua, *that springs out of an hill*, Id

† Colliphia, ōrum pl. n *Plin* v Coliphium

Colliquans, tis part. *Melting, wasting*, Cels

Colliquātio, ōnis f verb *A melting, or dissolving*, also *a kind of* [illegible], Ae[illegible]

Colliquefăcio, ere, fēci, actum act. *To melt down, or to dissolve*, Manet in pur

Colliquefactus, a, um *Melted down*, Cic pro Cluent 62

Colliquĕo, ēre neut. *To melt* Ut aurum colliquisset, *Var* Rard occ

Colliquesco, ĕre *To begin to melt, or dissolve, to melt down*, Col 12, 22

Colliquia, ārum f pl [ex con & liquo] *Drains, or water-furrows, gutters*, Col v Colliciæ

COLLIS, is m (1) *A hill, an easy ascent, an hillock, a down* (2) Also *the rising of the back on each side the back-bone* (1) ✠ Collis paululum ex planitie editus, *Cæs* (2) Litt [illegible] sed q

Collīsio, ōnis f [verb. *à* collido] *A breaking, bruising, knocking, or dashing together, collision* Collisio [illegible] *Justin* 11, 1

Collīsus, a, um part. [*a* collido] (1) *Dashed together* (2) Met [illegible] (1) Collisus [illegible] bibis volvuntur [illegible] *Sil* (2) Graciæ [illegible]

Collīsus, ūs m verb. *A dashing, or driving together*, Plin 9, 35

Collītus, a, um part. [*à* collino] *Besmeared* [illegible] = Non est tam luteus, neque cœno collitus, *Plaut* [illegible] 3, 2, 4

Collŏcātio, ōnis f [verb.] *A placing, or disposing of things*, [illegible] [illegible] Vitruv [illegible] *the* [illegible], Id = Ordo & collocatio argumentorum, *The* [illegible] Collocatio filiæ, [illegible], Id pro Cluent 56

Collŏcātus, a, um part. *Placed*, [illegible]

Collŏco, are act. [ex con & loco] (1) *To set, or place* [illegible] (2) [illegible] (3) *To lay out, employ*, [illegible] (4) *To* [illegible] (5) [illegible] *marry*, or *match* [illegible] (6) *To set a broken limb* (1) Collocavit in campo Martio tabernaculum, *Cic* (2) Pedem gradibus in collo collocare, [illegible] (3) Curavit ut in eo fundo dos collocaretur, *Cic* (4) Pecunias graviore fœnore collocare, [illegible] (5) Suam Juliam Cn. Pompeio collocavit, *Cic* (6) Collocare coxam fractam, *Plin* ¶ Collocare se in otium, *To dispose himself to ease*, Id Collocare pecuniam in capita, *To impose a tax upon the heads*, Liv

Collŏcor, āri pass. *To be placed, bestowed*, [illegible] &c Cic

Collŏcŭpletandus, a, um part. *To be enriched*, [illegible], or [illegible] Ad Herenn

Collŏcŭpleto, āre act. [ex con & locupleto] *To enrich, to make more rich, to adorn and set forth* Collocupletasti te, Antiphila, *Ter H* [illegible] 2, 2, 17

Collŏcūtio, ōnis f vel colloquutio, verb *A communication, conference, or talking together, a parley* = Collocutiones & sermones, *Cic* [illegible] 1, 9, 13

Collŏquium, i n (1) *A talking together, a parley* (2) *Discourse, talk, conference, conversation* (1) Priusquam dimicent, opus esse colloquio, *Liv* Colloquium est cum convenient in unum locum, loquendi gratia, *Var* L L 5, 7 (2) Rerum colloquia leviorum, *Cic* Omnium colloquio in solitudine carere, *Id Attic* 12, 15

Collŏquor, i, cūtus sum dep. *To parley, speak together, to talk with one, to discourse, to confer* Ex [illegible] turbam ordinum colloquuntur simul, *Plaut* § Te volo, uxor, colloqui, *Plaut* § Nulli colloquor libentiùs, *Id* § Ut colloqui cum Orpheo, Musæo, &c liceat, *Cic* Colloqui inter se, *Id*

Collŭbet, itum est impers. *It pleaseth, or is my humour*, or [illegible] § Co[illegible]

ubitum est mihi, *Plaut Most* 1, 3, 131 *il* collibitum

Collucatio, onis f verb *Lo* cutting, or thinning of boughs in a grove, Vitr

Collucens, is part Shining together Collucentes faces, Lic a

Collucco, ere, xi neut *to shine*, or give a very great light, to glitter, to be bright. § Collucet ol mundo, *Cic* Cœlum omnibus collucet, *Id*

Colluco are [ex con & luco] To cut, or lift the trees, or cut down the boughs that hinder the light, Col 2 22 & Cato 139

Collu ctatio, onis f verb *A wrestling, or striving together.* Ne in colluctatione alteri alteri noceat, *Col* 6, 2

|| Colluctator, oris m *A wrestler*, or one that strives, Lat ✝ Luctator

Colluctor, ari dep *To wrestle* together, or to struggle, to contend § Cum eo solo colluctatur, *Plin* 7, 2

|| Colluctus, *Solin* || Cludium, *Id* A lifting up of the head, or flattery ✝ Irrisus, Plaucia

Colludo, ere, si, sum act [ex con & ludo] (1) To play, or sport together (2) Also to play booty, to play to the hand of one (1) § Pueri gestiunt paribus colludere, *Hor* Art Poet 159 (2) Freq in JCC

Collum, i n The neck, because the collus, m *Cato* ibut Collum de montibus, *Stat* It signifies the top of a hill ¶ Committere alicui collum suum, to put one's life in one's hands, Cic Angi collum, to throttle, or strangle, Stat ¶ Collum lacertis captare, cingere, adducere, complecti, innectere, To cling one about the neck, Ov Obtorto collo, *Cic* Obstricto, *Plaut* By head and shoulders ✝ Collus collare carer, *Id Capt* 2, 2 sub finem

|| Collumino, are [ex con & lumino] *To enlighten*, Apul ✝ Collustro, *Cic*

|| Colluminor, ari To be enlightened ✝ Collustror

Colluo, ere, ui, ūtum act [ex con & luo, i lavo] *To wash, or scour* Dentes colluere, *Cels* Amphoram, *Cato*, Plin 25 13

Colluor, i pass *To be washed, rinsed, or scoured*, Plin

✝ Collurcinatio, onis f Gluttony, gormandizing, Apul ✝ Ingluvies

✝ Collus, i m *Plaut* vid Collum

Collusio, onis f verb *Cic Verr* 5, 13 & || Collusum, *Ulp* Cov... *a secret fraud among lawyers*

Collusor, oris m verb (1) *A playfellow, a fellow-gamester* (2) Also he that colludeth, or plays booty by covin and collusion (1) Delphinus collusor puerorum, *Plin* (2) JCC

|| Collusorie, adv With covin and fraud, Ulp ✝ Fraudulenter

Collustratus, a, um part *Made clear, enlightened, brightened*, Cic ✝ Abditus, opacus, *Id*

Collustro, are act [ex con & lustro] (1) *To make clear and light-some, to enlighten* (2) *To behold on every side, to look round about him, to take a view of, to take the survey of a place* (1) Totum collustrat lumine mundum, *Ap* Poeta *ap Cic* (2) Cum omnia collustrarem oculis, *Cic Tusc* 5,23

Collustror, ari pass *To be enlightened*, Cic de Div 2 43

Collutulo, are act *To defile* Met *To dishonour, to disgrace* ✳ Hæc flammigeratio te honestet, me illutem collutulet, *Plaut Trin* 2, 2, 67

Collūtus, a, um part [ex colluo] *Washed*, *Cels* Collutis dentibus proderit, *Plin* 13, 11

✝ Colluvialis porcus, & colluvialis, *A pig to feed in the wash*, Fest

Colluviarium, i n *A sink, or gutter, a common sewer*, Vitruv

Colluvies, ei f [a colluo] (1) *Filth, or dirt, a sink, or kennel, the gathering of sinks, or filth* (2) *Heaps, dregs, or swillings* (3) *A rabble of people* (1) Colluvies nigro limo turbida, *Luc* 4, 310 (2) *Plin* 24, 19 (3) Lic... in certamine vinci cum illo facilius patiaris, quam cum hoc in cilius patiaris, quam cum hoc in eo, qua perspicitur futura, colluvie regnare, *Cic ad Att* 9, 10

Colluvio, onis f [a colluo] (1) *Filth, wash* (2) Met *Ogs*... (3) = Colluvio rerum, *Liv* = Cum ex hac turba, & colluvione discedam, *Cic de Senect* *ult*

* Collybistes, æ m collybista, æ m *A banker, one that gives bills of exchange, or one that receives for turning coin*, Ap JCC ✝ Mensarius, nummularius

Collybus, i m (1) *The gain, or lucre by changing money* (2) *Also the change of money* (1) Nam collybus esse qui potest, cum utantur omnes uno genere nummorum? *Cic* (2) Manibus colmorum... coloris *Suet Aug* 5

* Collyra, æ f *A little loaf of bread, a bun*, *supp* Plaut Pers 1, 3, 12

Collyricus, a, um adj *Bread crumbled in broth, a brewis*, Plaut Pers 1 3 15, & 17 1, & 4, 1

* Collyrium, i n (1) *An eye-salve for the eyes* (2) *A clyster* (1) Hic oculis ego nigra meis collyria lippus Illinere, *Hor* (2) Molle decocto & sale collyrium tenue inditur foramini, quo meat urina, *Plin* 20, 18 (3) *Col* 7, 30

Colo, are act *To strain, to purge, or clear by* Expressa aqua coletur, *Col* 12, 1 ¶ Aurum colare, *To fine*, or to scoure, Apul

CŎLO, ere, ui, cultum act (1) *To till, or husband ground* (2) *To dress, deck, trim, or adorn* (3) *To inhabit, live, or dwell* (4) *To inhabit, live, or dwell in* (5) Met *To worship, to reverence* (6) *To love, favour, and esteem* (7) *To make court to, to be attached to, or wait upon one* (8) *To make love to a woman* (9) *To exercise, practise, or study* (10) *To follow, and stick* (11) *To maintain, preserve, and keep* (1) = Aratra, aut colere agrum, *Cic* (2) = Quin tu te colis, an eque... excas domum? *Plaut* (3) Quæ ad rem colendam attinebant, *Cic* (4) Laudato ingentia rura, exiguum colito, *Virg* = Colunt ea pars, & habitatur frequentissime, *Cic* (5) = Colere, precari, venerarique deos, *Cic* (6) ✳ Non neminem colere inter se, & diligere, *Cic* (7) = Cased etiam veteris, *Cic* ... cillum colimus, & observamus diligenter, *Cic* (8) Forma impulit nostra nos amatores colunt, *Ter* (9) Disciplinam colere, *Cic* = Se ... (10) Ubi qui & colere leges, *Id* (11) Vos tu es, qui colere mores Massilienses, postulas? *Plaut* (11) Veritatem, amicitiam, fidem, societatem, pietatem propinquitatis coluit, *Cic* ¶ ... Colere principem dens, *To make him present*, Liv § Hanc olim veteres vitam coluere, *They led this kind of life, or lived in this manner*, Virg Servitutem apud aliquem colere, *To serve under a*... Plaut ¶ Inter se colere, *To love, and like each other*, Cic

Color, is, cultus pass *To be tilled, respected, worshipped*, &c Cic ut in act

✝ Colobathrarii, *Those that walk upon stilts*, Gl Vet

* Colocasia, æ f *The Egyptian bean, which bore (a) great leaves, that pass and caps over in the middle thereof*, Plin 21, 15

* Colocasium, i n *An Egyptian bean*, Virg Ecl 4, 20

Colocynthis, idis f *A kind of wild gourd, bringing forth the apple which apothecaries call Coloquintida*, Plin 20, 3

* Colon, i n [κῶλον, i e membrum] (1) *The great gut rising from the left side unto the right, in which there is a colic, called the colic* (2) *A member of a sentence* (1) Coli vitium sanaverit, *Plin* 20, 7 = Arvus, *Cell* 12, 5 = Laxius intestinum, *Cels* 1, 7 (2) In membra quædam, quæ Græci κῶλα vocant, dispertiebat orationem libentius, *Cic de Clar Orat*

Colona, æ f *A husbandman's wife*, ... Cum cuo parca colona viro, *Ov Fast* 4, 692

Colonarium, i n *A ...rent, or duty paid for things belonging to husbandry*, ... Cal ex Cic ... columnarium

Colonia, æ f (1) *A colony, or plantation, where people are planted, a company of people transplanted from one place to another, with the allowance of land for their tillage* Amongst the Romans they were either military, or planted by authority of the Senate for different causes, and with different privileges, some being free of Rome, others of Italy only (2) *A grange, or farm, where husbandry is kept, a farm-house, or copyhold* (3) In Me *Any dwelling house* (1) In togatam Galliam mittit ad colonias, *Liv* ... civium Rom tuendas, *Cæs* ✳ Existimamus meliore conditione esse colonias, quam municipia, *Gell* 15, 13 (2) JCC (3) *Plaut Aul* 3, 6, 20 ☞ ... *a colony*... Pr ... *de Republica Romana, to prove* ... *nec non Sigonium de jure provinciarum*, cap 10

Colonicus, a, um adj (1) *Pertaining to husbandry* (2) *Pertaining to a colony* (1) Vir de R R 1 (2) Decuriones colonici, *Suet in Aug* 46 Cohortes colonicæ, *Cæs* Ovis colonica, *Plin* 26, 10

Colonus, a, um adj *That may be tilled, or fit to be tilled* Colonus ager, *Belonging to a plantation, or colony*, Cic

Colonus, i m [a colo] (1) *A husbandman, a farmer, a tiller of the ground* (2) *A hind, or countryfellow at service*, hinc Angl *a clown* (3) *A planter that goes to settle in some other place* (1) Qui colonus habuit conductum de Cesennia fundum, *Cic* (2) ✳ Comites ... gat dominus cum colonis, *Col* (3) Ascribere colonos novos, *Cic* 2 *Phil* ¶ Colonus partiarius, *A tenant, that goes shares in the profit of the land with his landlord*, Dig ¶ Colonus perpetuarius, *A tenant for life*, Gratian ¶ Colonus catenatum, *A bond slave*, Plaut more suo

Colophon, onis m *A city of Ionia* Figur... *an end, a completement, or the finishing of a work, a conclusion* Colophonem addere, *To make an end, or finish a thing*, Lecut o prov vid Erasm Chil

Color, vel colos oris m (1) *A natural colour* (2) *A complexion, or the air of one's face* (3) *A dye, or hue* (4) *A painter's colours* (5) *The outward show, or beauty of a thing* (6) *A cloak, or pretence, an excuse, or plea* (1) Caliæ colos triplex, *Plin* Flammeus colos, *Lucr* (2) Color verus, corpus solidum & succi plenum, *Ter* (3) Triplice diversa colo... licia circundo, *Virg* (4) Hinc picturæ quatuor colorem induxit, *Plin* 35, 10 (5) Nimium ne crede colori, *Virg* (6) Dic aliquem ... des, dic, Quintilian, colorem, ... ¶ Colores rhetorici, *Rhetorical figures and ornaments*, Cic Vitæ color, *The state, or condition of life*, Hor Color civitatis, *The beauty, or flourishing state of a city*, Cic

Colorate, adv *With colours, or pretences*, Quint

Coloratus, a, um part comp or *Coloured, painted* (2) M... *set out, garnished and varnished, figures and ornaments, trimmed* ... *overlaid over* (3) ... *tanned* (4) *Also tawny, swarthy, a Moors* ... (1) Coloratus arcus ex nubibus, ... Præstantio & coloratior, *Plin* 3 (2) Urbanitate quadam quasi colorata oratio, *Cic de Clar Or* (3) Quæ scribis non sunt fucata, nec colorata, *Sen* (4) Virum ... invenies pulverulentum coloratum, &c *Sen de Tranq*

Coloro, are act [a color] (1) *To colour, to dye* (2) Met *To ... complexion, or set a fair gloss on a thing* (3) *To counterfeit, to feign* (4) *To disguise, to lock* (1) Lignum in colorate hoc, *Plin* (2) *Cic de Orat* 2, 14 (3) Quæsitorem ... rubra colorat ... *Pers* 3, 13 (4) *Vel Max* 2

Coloror, ari pass *To be ... burnt, discoloured, or tanned*, Cic Or 2, 14

Colosseus, a, um adj *Great, of a Colossus, or of the high bigness of such a statue*, ... Plin 35, 7

Colossicoterus, a, um adj comp Colossicoteria onera, ... gentior, *More bulky, or heavy*, Vitruv 10, 6 *Sed illi tamen ...* ... *re ...*

Colossicus, a, um adj *Of a huge height and size, like Colossicon signum*, Plin 34, 8 Colossici Apollinis in fano ... Vitr 10, 6

Colossinus color, *A bright colour*, Plin 21, 9

Colossus, i m κολοσσός, i e ... ἐπὶ τὸ ὕψος ἐκτεῖνειν, Etymolog ... calceo vel coreto artifice, ... a Colosso Lysippi discipulo conformatus] *A great image, or statue, as that at Rhodes, which was One of the seven wonders of the world* *A huge pile, or statue* Moles statuarum, quas Colossos vocant turribus pares, *Plin* 34, 7

|| Colossus, a, um adj Colosseus statuas, *Gruter* ex *Inscr* Alex ... Colossicas, *Casaub* V Colosseus

Colostra, æ f & trum, i n (1) *The first milk after the birth that comes from the teats of* ... (2) ... *term of endearment* (1) *Col* (2) Meum cor, mea colostra, ... us molliculus caseus *Plaut Pœn* 1, 2, 154 more suo

Colostratio, onis f *A disease* ... *to young ones, by sucking the dam's milk, two days after the birth*, Plin 11, 41

Colostratus, a, um *That hath the feelings* Colostrati, *Infants that suck the mother's first milk after her child birth, which is crudled and ...*, Plin 28, 9

Colostrum

Coloſtrum, i n *Beeſtings* De mo matrum lacte coloſtra da... Mart 13, 38 *Vid* Coloſtra

Coluber, bri m *A ſerpent lying in the ſhadow of woods, in ſome ſty* ... Pliny 32, 5 ... *probably the former* ... coluber mala gramina paſtus, *Æ* 2, 471 Tecto vive us coluber, *Id Georg* 3, 418

Colubra, æ f *A female ſnake* ... Ov Met 6, 559 Colubræ, *worms*, Col

Colubrifer, a, um *Having ſnakes*, Ov

Colubrinus, a, um adj *Of a ſnake* Met ... *craſty* Vos colubrino ingenio ambæ eſtis, *Plaut* ...

COLUM, i n [à κωλύω, arceo, quod forte colando arceatur] (1) *A ſtrainer* (2) *A net* ... (3) *A member* ... (4) *The colk* (1) Colum precium, *Virg Geo* 2, 242 (2) ... (3) *Vid* Colon ... ¶ Colum nivarium, ... *which they filled first with ſnow, and then put their wine to cool, as it ran through*, ...

† Colum ... *pro* Columen ... *Vid* Columen

COLUMBA, æ f [a κόλυμβος, ...] ... genus, *Hyſh* ... *a dove, a pigeon, a ring dove, of which* ... Columbæ ... colore ... *kind dove houſe pigeons, of* ... Columella ... miſcella, ... *Varr* R R 3, 7 ... Stetim a princ

Columbar, aris n (1) *A pillory* (2) Columbaria, pl ... (3) *In buildings* ... (4) ... (1) In columbari ... poſt erit, ... 6, 50 (2) *Ibid* 19, 2 (3) ... (4) *Id* 10, 9

Columbarium ... *ſe* domus *vel* ... Varr de R

Columbarius, e adj *Of a dove*, ... Columbaris cella, ... Col Columbaris ſterquilinium

Columbarium, i n (1) *A pigeon houſe, or dove cot* (2) *A pigeon hole* ... (1) ... 7 (2) *Id* ¶ ... Col 8, 8

Columbarius, i m *He that keeps* ... *keeper of a dove-houſe* ... R R 3, 7

Columbinus, a, um ... Columbinum, adv *Like doves* ... conſerens labia ... *Gell* 20, 8

Columbina, æ f ſc herba *Vervain* ... Apul

Columbinus, a, um adj *Of a dove*, ... Columbinum ... Ovum columbinum, ... Pulli columbini, *young pigeons*, Varr

Columbor, aris ſum ... colla ... *like doves* ... Mæcenas, *ap Sen Ep* ... Columbatur

Columbatim, adv *Billing* ... Catullo imputat Litt ... *Vid* Columba-

Columbulus, i m *A little dove, a young pigeon*, Plin Jun *Vid* Columba

Columbus, i m *A cock pigeon*, Col

Columella, æ f [dim a columna, ... columna, ... prononciabatur, Quint] (1) *A little pillar* (2) *A tomb ſtone, or pillar of inſcription* (1) Animadverti columellam non procul e dumis eminentem, Cic (2) Lucilli columella hic ſitu Metrophanes Sic enim ... Lucilii columella hic ſitus' Metrophanes ſt, *Mart* ... 11, 91 Forma ſalebroſa & obſoleta & ex hac lectione Donati in *Ter Phorm* 1, 5, 57 interpretatur ... ſervum majorem domus, quod ſane elogium ſupra ſervilem fortem eſſe videtur

Columellaris, e adj *Of the faſhion of a little pillar*, unde columellares dentes, *the teeth* ... *the eye teeth* ... Varr R R 2, ... ſtatim a princip

Columen, inis n [a colum ... quod domum columen præſtet] (1) *The ridge of a houſe, the principal poſt, or prop of an houſe* (2) ... *A mountain* (3) Met *A ſtay, or ſupport of any thing, a bulwark, the* ... *the head* (1) Columen in ſummo faſtigio culminis, unde & columna dicuntur, *Vitr* 4, 2 (2) Sub altis Phrygiæ columinibus, *Catull* 61, 71 (3) A nectum columen, *Cic* familiæ, *Ter* & ex ... & *Horatius*, rerum ſummarum columen, appellat Mæcenatem, ... Od ... = Senatus columen, præſidium popli, *Plaut* ...

Columis, e adj *Whole, ſound, ſafe*, Plaut Trinum ... Hinc incolumis

Columna, æ f [columna dicta quod columen ſuſtineat, *Vitr* ...] (1) *A round pillar, or poſt, that bears up the roof, or the houſe* ... (2) Met *A ſupport* ... (1) Columen in ſummo faſtigio culminis, unde & columna dicuntur, *Vitr* 4, 2 (2) Injurioſo ne pede proruas ſtantem columnam, *Hor Carm* 1, 5

Columnarii, ōrum pl m *Bankrupts, ſpendthrifts, and beggarly fellows, who being much in debt were often fined, and brought to the columna Mænia, where actions of debt were tried*, Cal ap Cic Ep 8, 9

Columnarium, i n (1) *A tribute ... upon every pillar that held up the houſe, as oſtiarium was for the doors* (2) ... (1) Cæſ B C 3, 32 Cic ad Att 13 6 (2) Columnaria, orum, *Vitr* ...

Columnatio, onis f *A building, or propping with pillars*, Apul

|| Columnatus, a, um *Having many pillars, propped, or underſet with pillars*, Varr

Columnella, æ f dim *A little pillar*, Cat B C 2, 10 ſi ſana ſit lectio *Vid* Columella

* Coluri, orum, pl m *Two circles ... meeting in the poles of the world, ...* Macrob Somn Scip 1, 15

Colurnus, a, um adj *Made of the hazel, or of the cornel tree*, Vir Geor 2, 396

Colus, i f rard m in abl etiam colu, nam ant in quarto ordine etiam protulerunt [a colendo, quia ad cultum pertinet, *Feſt*] *A diſtaff, or rock, a ſpindle* Quando ad me venis cum tua colu & lanâ, *Cic Or* 2, 68 Colum molli lanâ amictum, *Catull Nupt Pel* 311

quidam tamen libri habent ... Lyda penſi diurna colo ... *Prop* 4, 10, 48 Deducit plenâ ſtamina longa colo, *Tibul* 1, ... 86

Colyſtra, æ f [a coloſtro] *The firſt milk, or beeſtings* ... *Vide* Coloſtra

Coluſtrum, i n *Beeſtings* ... Mart *Vid* Coloſtrum

Coluthea, *Junkets, ſweet-meats*, Plaut Perſ 1, 3, 7

* Colymbades, um [ἀπὸ τοῦ κολυμβᾶν] *Pickled olives, ſo light that they ſwim in the pickle*, Plin 23, 3

* Colymbus, i m *A pond, or place to ſwim, or waſh in*, Lamp Elog 23 *Lat* Piſcina

Com, præpoſitio inſ parabilis pro *con*, poſita ante *b*, *p*, *m* ut *comprimo, comburo, commoveo*, remanet etiam ante *e* in his, *comedo, comes*

COMA, æ f gr [κόμη] (1) *A bush of hair, a head of hair* (2) Analogicè, *Branches and leaves of trees* (3) ... *herbs* (4) *Flakes of fire, but fall from torches* (5) *The ſun-beams* (1) Scindens identidem dolore intonſam comam, *Cic* (2) Arbori is mulcebat auræ comas, *Ov* ... 2, 16, ... (3) Papavereas ſuſficit unguê comas, *Ov Faſt* 4, 438 (4) Viden ut faces ſplendidas quatiunt comas? *Catull* 59, 18, 95 (5) ... ſol auricomus, *dixit* ... 4, 92

* Coma, atis n [ἀπὸ κῶμα, ſomnus] *A kind of lethargy*, Gal

Comans, tis part [a como, are] (1) *Having long hair, hairy* ... (2) *Bearing long gold* ... *leaves* (1) Comantem Androgei galeam induitur, *Vir Æn* 2, 391 (2) Ora comantes meruit humo, ... Comans Narciſſus, ... ¶ Stella comans, *A comet, or blazing ſtar*, Ovid

Comarchus, i m *Vicorum præfectus* [ex κώμη, vicus, & ἄρχων, princeps] *An earl, a ... ruler of a town, or city, a burgomaſter*, Plaut Curc 2, 3, ...

Comarum, i n *A ſtrawberry, or earth-berry*, Plin

* Comarus, i *A ſtrawberry, a ſtrawberry tree*, also *a crab*, Plin 15, 24 *Lat* unedo ...

Comatus, a, um adj (1) *Having hair, or a buſh of hair* (2) *Having branches and leaves* (1) ¶ Calvus ju ſuetus, eri comatus, *Mart* (2) Comata ſylva, *Catull* 4, 11

† Combennones, pl m [a benna, lingua Gallicâ vehiculum] *Fellow travellers in one wagon*, Feſt

Combibo, ere, bibi, itum act (1) *To drink together, to ſuck in, or drink up* (2) Met *To learn, to ... in* (1) Ut atrum corpore combiberet venenum, *Hor Od* 1, 37, 28 (2) Artes combibere, *Cic Fin* ... 2

Combibo, ōnis, m *A pot companion*, Cic ep 9, 25

Combibor, i paſſ *Ov Met* 15, 275

|| Combino [κατὰ δυο ζευγνύω, Gl Cyril] *To couple, or join together* ¶ Met Obſequia combinans numeris æquata, non meritis, *Sidon* ... 8 ✝ Adnecto, connecto, conjungo

Combretum, i n *An herb, ... ſame as* Volubilis, Plin 21, 6

Comburo, ere, ſſi, ſtum act [a con & int buro, *und* buſtum] (1) *To burn, or conſume with fire* (2) *To ſcorch, parch, or dry up* (3) Met *To paſs away, or ſpend* (1) Vivos aliquos comburere, *Cic* (2) Nimius calor comburebat gutturem, *Plaut Mil* ... 2, 22 *ubi al* ... comburebat (3) Ubi nunc comburemus diem? *Plaut Men* 1, 2, 43

Combuſtio, ōnis f verb *A burning*

Ter Ne combuſtionem ſentiat, ... 4, 4

Combuſtus, a, um part *Burnt*, or ... *in the ...* (a ... etiam in foro combuſtus, *Cic* ... 10

* Come, es f ... *comæ* ... *an herb called goats beard*, Plin 21, 15, & 17, 15 = Tragopogon

† Comedim *pro* comedam, *Plaut* ... 4, 6 ... Comedint, *Id Trin* 2, 6, 5

Comedendus, a, um part *To be eaten, or ſwallowed up*, Hor ¶ Comdendum ... propinare, *To ... a thing to ... home*, Ter Eun 5, 8, 5

Comedo, ere, edi comes comeſt, edere, eſum, eſtum, ... (1) *To eat, to eat up* (2) *To waſte, conſume, ſquander* ... *money* (1) Tam facile vinces, quam pyrum vulpes comeſt, *Plaut Moſt* ... 1, 32 (2) Comedere rem, *Plaut* bona ... nummos, patrimonium, *Cic* ¶ Comedere beneficium, *to ſet it at naught*, Cic Philipp 2, ¶ Comedere aliquem, *To eat one out of house and home*, Plaut Moſt 1, 1, 11

Comedo, ōnis *One that ... and devours ... by ... a waſteful ſpendthrift*, ... ap Non

† Comedus, i m *A ... eater*, ... Feſt ✝ Comedo, gurges

Comens, tis part *Combing, or kemping*, Mart

† Com ... *pro* coorio, ... comitio

Comes, itis c g [a con & eo] (1) *A companion, a fellow traveller* (2) *A ... or partner in ...* (3) *An attendant, or follower* (4) ... (5) *A ... or ...* (6) *A friend, or ... fide* (7) *All ... of officers ... the governors of provinces* (8) ... *in common affairs* (9) In the lower empire, *the ... maſter of ... office whatever* Alſo *an earl, or count* (1) Itineris comes & ſocius ... ugæ comitem habeo uxorem *Plaut* (2) Imperii co... (3) ✠ Non ut comites, ſed ut comites, ... (4) = Socius ... comes, tum honoris, tum etiam calamitatis, *Cic* (5) ✠ Hujus autem rei ... & dux, & comes, *Cic* (6) Me ſupremum habuiſti comitem conſiliis tuis *Plaut* ... 7 Præfecti, medici ſcriba, accenſi aruſpices, præcones, comites in ... manus tua erant, *Cic* ... (8) = Quos tibi comites & adjutores negotiorum publicorum dedit ipſa reſpub *Cic* (9) || Come domorum, ſtabuli, horreorum, operum, *&c*

Comeſſabundus, a, um *Vid* Comiſſabundus

Comeſſans, tis part *Revelling, rioting*, Curt *Rectius* comiſſans

Comeſſatio, ōnis f verb *A rioting to a banquet* ... Comiſſatio

Comeſſator, ōris m verb *A reveller* *Vid* Comiſſator

Comeſſe *pro* comedere, *Plaut*

Comeſſem, *pro* comederem, *Cic* ...

Comeſſor, āris dep [a κωμάζω] *To banquet after ſupper, or at unſeaſonable times, to revel* *Vid* Comiſſor, ... *rectius ſcrib*

Comeſt, *pro* comedit, *Plaut* *Vid* Comedo

Comeſtura, æ f *An eating, or feeding*, Cato, 157

Comeſus, & comeſtus, a, um part (1) *Eaten up* (2) *Spent, ... luxury* (1) Venenum celerius potuit comeſtum quam epotum in venis permanare,

permanare, *Cic* ( ) ‡ Patrimonio non comeso, sed devorato, *Cic*

* Cometa, *&* cometes, æ m *A comet, or blazing star* Cometæ prænuncii calamitatum, *Cic N D* 2, 5 Belli mala signa cometes, *Tib* II 2, 5, 71 Latine Stella cincinnata, *Cic* crinita, *Plin* comans, *Ov*

Comice, adv *Like a comedy, pleasantly, comically, merrily*, Cic de Orat , 8

Comicus, a, um adj (1) *Belonging to a comedy* (2) [illegible] (1) Comicus [illegible] (2) Da[illegible]

[illegible]

Comitas, [illegible] (1) [illegible] *mild*, [illegible] (1) [illegible] to [illegible] Sp 1, 104

Comis, e adj or comissimus [illegible] *gentle, courteous, affable*, [illegible] *to be spoken to, good natured, kind, courteous* (2) *Nice*, [illegible] (1) Quis C Lalio comior, quis jucundior? *Cic* Comissimus [illegible] comi, [illegible] Tibullum [illegible] dixit, quod elegantium [illegible] scriptis enim sermo est) neglige[illegible]

Comissabundus, a, um adj *A-* [illegible] Liv 9, 17 [illegible] 21, 3

Comissatio, onis f [verb a comissor] [illegible] *junketing*, [illegible] Cic ✱ Epulis quidditatum dispertieba[illegible], in jentacula, prandia, cœnas, comissationes, *Suet* [illegible]

Comissator, oris m *A reveller*, Liv ¶ Comissatores conjurationis, [illegible] Cic ad Att 1, 16

Comissor, atus sum, dep [κωμάζω], quod a κῶμος, temulentiæ Deus, idem qui Moabitarum Deus [Hebrew] *To make good cheer, to revel, dance and banquet*, Hor Ca[illegible] I, II *Also* [illegible] comessor, commessor, comissor, [illegible] comissor

Comitas, atis f *Affability, gentleness, courtesy, humanity, kindness* ═ Concitant animos comitas affabilitasque sermonis, *Cic* ═ Virtutes quæ in comitate & beneficentia positæ, *Id* ✱ Quid tam distans, quam a severitate comitas? *Id*

Comitatus, a, um part or comp [a comitor] *He that accompanies or is accompanied, or attended*, Musis comitatus, *O* Parum comitatus, *with little company attending him*, Cic Bellum comitata seminæ, [illegible] Asclepiades, rogatus quidnam ei cæcitas attulisset, respondit, ut esset uno puero comitatior, *Cic Tusc* 5, 39

Comitatus, us m (1) *A train, or retinue of attendants, or followers* (2) *A prince's court* (3) *A convoy of provision* (4) *A crew* (1) Si modo fit s tecti est ad comitatum nostrum recipiendum, *Cic* (2) *At* [illegible] (3) Non maximis comitatus in castra pervenire poterant, *Cæs B C* 1, 48 (4) *Ita Script*

Comiter, issime sup adv (1) *Gently, courteously, kindly*, [illegible] (2) *Splendidly* [illegible] (1) ═ Comissime, ac splendidissime, *Plaut* ═ Universi comiter, ac benignè tribunos appellare, *Liv* 2, 44 (2) *Plin* 17, I

Comitia, orum pl n *as consularia comitia, ædilitia, tribunitia, for electing consuls*, &c *An assembly of people for choosing officers, or making of laws*. ✱ Comitia curiata, *sub quibus calata* [illegible], *when the people gave their votes by whole courts*, Var de L L 4 centuriata, *when by hundreds*, Liv 2, 2 tributa, *when by tribes*, Cic *A convocation, parliament, or common council in the* [illegible] *called* ¶ Gruchium de comitus Rom & Rosin Antiq Rom 1 6 [illegible] Comitium

Comitialis, e adj P[illegible] *belonging to the assembly* ¶ Comitialis morbus, *the falling sickness* ¶ Comitialis homo, *one sick of the falling* [illegible], Plin 20, 5 ¶ Dies comitiales, [illegible] *wherein the public meetings were* [illegible], Cic Test ante p ¶ Comitiales homines, [illegible] Plaut Pœn 3, 2, 7 ✱ Nefasti, *Id*

Comitialiter, adv *In manner, or by reason of the falling sickness*, Plin 21, 21

Comitiarius, a, um adj *Pertaining to, or after the manner of the public assembly, or convocation of parliament*, Liv 2, 16 Sed alii aliter legunt

Comitiatus, a, um adj *Chosen by consent of the people in a public assembly*, Ascon in proœm action in Ver

Comitiatus, us m *An assembly, or meeting of the people in the court hall, or town hall* Cic de Leg 3, I,

Comitium, ii n [a comeo, pro coeo, *Var*] (1) *Properly any assembly* (2) *A certain part of people met for making laws*, &c (3) *Hence, more frequently, the place where the assembly met, a parliament house, the court, or town hall, the state house* (1) Ad comitium amicorum venititavit, *Nep* in Attic 4 (2) *Vid* Comitia (3) ‡ Forum, comitium, curiam, armis occupare, *Cic pro Sest* 35

Comito, are, act *To accompany*, Ov & Propert frequenter, idem quod

Comitor, atus sum dep & raro pass (1) *To attend, or wait upon one* (2) *To go along with, to follow* (3) *To be accompanied* (1) Herem filium comitatur in scholis, *Suet de Palæmone grammatico* (2) Nupta senatori comitata est Hippia ludium, *Juv* 6, 82 § Pastorem comitantur oves, *Virg* § Quæ comitantur huic vitæ, *Cic Tusc* 5, 35 (3) In alto quoque comitantur magnis canibus, *Plin*

* Comma, atis n *A part of a member in a period marked thus* (,) Lat *incisio* vel *incisum* Cic vertit Commata, um pl *Trenches where by the water is let out, floodgates, sluices*, Ulp

Commaculo, are, act [ex con & maculo] *To spot, defile, or taint, to foul* Commaculare manus sanguine, *To imbrue his hands with blood*, Virg Ecl 8 48 *M* commaculare se imbutu, *To stain his reputation by bribery*, Cic pro Cæl 7

Commadeo, ere, n *To be moist, or wet, to be well soaked* Coquito usquedum commaduerit bene, *Cato*, 156

Commanducatus, a, um par *Chewed, or champed with one's teeth* Commanducatus cibus, *Plin* 22, 22 Linguam abscissam & commanducatam in eum expuit, *Val Max*

Commanducatus, us m *Chewing, or champing*, Plin 24, 4 Sed ibi meliores libri *commanducatu* a

Commanduco, are act *To chew meat, to champ with his teeth*, Plin 19, 8 ═ Mando, *Cic*

† Commaneo, ere, si, sum *To tarry, or abide together*, Macrob ‡ Simul manere

|| Commanipularis, is m *A soldier of the same band, a fellow-soldier, a comrade*, Tac 4, 46 ‡ Contubernalis, *Cic*

|| Commanipulatio, onis f *A company of soldiers of one band*, Spart ‡ Contubernium, *Cic*

† Commaritus, i m *He that is instead of a husband, a partner in a wife*, Plaut Cas 4, 2, ult

|| Commasculo, are act Commasculare frontem, *To [illegible]*, Macrob ‡ Perfricare frontem

Commeans, tis part [illegible], *passing to and fro*, [illegible], Plin § Commeantes [illegible] Virg 3, 8

Commeatus, a, um part *About to pass*, Col

Commeatus, us m [a commeo] (1) *A safe conduct, leave to pass to and fro, a passport, or pass* (2) *Also furlough*, [illegible] *either public, or private* (3) *Sometimes, a turn, the time appointed for a soldier's being absent* (4) *A convoy of shipping, or fleet* (5) *Also a convoy of victuals, provision, provender* (1) Apud consules in castra scribi, ne Virginio commeatum dent, *Liv* 3, 46 (2) Prohibere commeatu & privato & publico, *Cic pro leg Manil* 17 (3) Ad diem commeatus venire, *Id Hirt* 1, 25 (4) Duobus commeatibus exercitum reportare constituit, *Cæs B G* 5, 23 Prioris commeatus expositis militibus, *Ibid* (5) *Veget*

Commeditor, atus sum dep *To meditate and muse upon, to think, or consider of a thing diligently, to con it over*, Lucr 6, 111 & ad Heren 3, 18

Commemini, isse, vero defect *To remember, or have in remembrance*, Ter Eun 3, 5, 16

Commemorabilis, e adj *Worth the mentioning, or remembering* Dabo pugnam claram & commemorabilem, *Plaut Pseud* 1, 5, 111 Alia commemorabilia proferre possum, *Cic N D* 2, 52

‡ Commemoramentum, i n *A remembrance*, Cæcil ap Non ‡ Commemoratio

Commemorandus, a, um part *Worth to be mentioned, remembered, or spoken of* ¶ O commemoranda judicia! *Cic*

Commemoratio, onis f verb *A mentioning and putting in mind of, a remembrance, a commemoration* Commemoratio immemoris beneficii, *Ter Andr* 1, 1, 16

Commemoro, are act (1) *To call to mind, to recount* (2) *To mention, or speak of, to remember, to call to remembrance* (3) *To rehearse, to make a rehearsal of, to commemorate* (4) *To advertise, or acquaint* (1) Quid quoque die dixerim, audierim, egerim, commemoro vesperi, *Cic de Sen* 11 (2) De quibus in commemoravi, *Cic* (3) Beneficia meminisse debet is in quem collata sunt, non commemorare qui contulit, *Cic de Am* 20 (4) Chlamydem commemorat, quanti conducta est, *Plaut Pseud* 4, 7, 83

Commendabilis, e adj *Worthy to be praised and commended, commendable* Nov[illegible] is commendabilis, *Paterc* 2, 9 [illegible]

Commendatio, onis f verb *A commendation, or recommending, a setting forth, or praising of one*. Prima commendatio proficiscitur a modestia, *Cic Off* 2, 1

Commendatitius, a, um adj Commendatitiæ literæ, *Letters recommendatory, or letters commendatory*, Cic Fam 5, 5, 1

Commendator, oris m verb *He that commends, or praises*, [illegible] pisc in Prob Symmach ep 1, [illegible] hinc

Commendatrix, icis f *She that praises or commends* Legem vitiorum emendatricem esse oportet, commendatricemque virtutum, *Cic de Leg* 1, 22

Commendatus, a, um part adj ex part or comp [illegible] superl (1) *Committed to* [illegible], *commended*, [illegible] (2) [illegible] (1) ═ Cui [illegible] mendatæ sunt atque commissæ, *Cic* (2) Commendationes, *Plin* 25, 1c Commendatum [illegible] opera noc vitium, [illegible] habeo meos [illegible] commendatissimos, *Cic Fam* [illegible], 6

Commendo, are, act [ex con & mando] (1) *To commit, or commit to the keeping, to recommend* [illegible] (2) *To praise, or set forth, to [illegible] advantage* [illegible] (1) ═ § Ego me tuæ commendo & committo fidei, *Ter* § [illegible] Illos apud hospitem commendavit, *Cic* (2) Commendantus & beneficia bonos, *Cic*

Commendor, ari pass *To be commended, praised*, &c Commendatur orator verborum [illegible] & copia, *Cic*

|| Commensalis, is c g *A boarder, or table-fellow, a companion* ‡ Conviva, *Cic*

Commensus, us m [a commetior] *The measure, or size of [illegible] proportion to another*, Vitr 1 vix alibi

|| Commentariensis, is m *JCC & recentiorum*, [illegible] *a register of any thing, [illegible]*, Dig *Also a clerk in the [illegible]*

Commentariolum, i n [dim seq] *A little register book, or memorial* A commentarie [illegible] is suis discedere, *Cic de [illegible]*

Commentariolus, i m *A little book, a book of comment* Grammaticorum commentarioli, *Ibid Orat* 1, 5

Commentarium, ii n *A commentary, an abstract, or history [illegible] ment of things, [illegible]* In plural commentaria, [illegible], as upon Virgil, &c Capita rerum & ordinem commentarium—pauld plenius, *Gell* 14, 7

Commentarius, i m [a com] (1) *A comment, a brief account of things set down [illegible]* (2) *Things briefly written, [illegible] memorial* (3) *A book of [illegible], a commentary, or exposition [illegible] author* (1) In commentario urbanarum, *Cic* (2) Commentarium consulatus mei Græce compositum misi ad te, *Cic* (3) Pictorum commentarii [illegible] Intercepera commentarios [illegible] ✱ Turpe semi ex commentario sapere, experientia commulta docet, *Sen ex Zenon* [illegible] (4) *Gell* 14, [illegible]

Commentatio onis f verb [commentor] (1) *A meditating, thinking* [illegible] (2) *A description of a commentary, and [illegible]*

... of it in writing (1) = ... Sic m & fortuitam orationem commentatio & cogitatio ... (2) ... Indiæ commentatione, *Plin.* 6, 17

Commentator, oris *A deviser*, ... Quint ... + Commentor

Commentitius, a, um part act & ... (1) ... *Studied, devised*, ... *hammered* (2) ... commentitia, (2) ... Sitiftine videor ... = Jam accedunt ... commentati ... *Id Part* ... 14

Commentor, ari, atus ... Apul ...

Commentus, a, um adj ... (1) *Feigned, devised*, ... (1) commentitia Platonis civitatis, ... *Commonwealth*, Cic = commentitiis & fictis ... *Id* ... = Fabulosus, *Id* (2) ... Plaut 2, 2

Commentor, atus sum [freq ... commentus] (1) ... *study, to* ... *argue*, ... () ... (1) ... commentatus ... (2) Cum ... omnibus, ... & quotidie ... meditate ... (5) ... mihi commentan ... *Plaut Pers prol*

Commentor, oris m verb ... Bac- ... 85

Commentum, i n [a commi- ...] ... *feigned story*, or *fiction* ... m pro commen- ... obtuli, *Ter* ... Atqui ipsis commen- ... 20

Commentus, a, um part (1) ... *thorough* (2) ... (1) Deos ... commentus est Ep ... (2) = Dat gemitus ... funera mi- ... 6, 565

Commeo [a con & meo] ... (2) *To go to* ... (3) *To* ... (1) Si an- ... & olores ratione ... (2) Ci- ... ad nos ... () Procul ul- ... () A ... commeatum ... *N D* 2 ... (1) ... (2) ... () ... in thuris ... 12, 1 ... commercium ... () Is ... O ... atus sum dep *To* ... *to stick, to* ... Plaut Capt 1,

Commercor, ere, ui, itum act (1) *To merit*, or *deserve* ... (2) *To deserve ill at one's hands, to commit some great offence* (1) Quid gravaris quasi gratiam non commercam? *Plaut* (2) = Quid peccavi, aut commerui, pater? ... Commerere culpam in se, *Plaut* de aliqua re, *Ter* ... Commeret ut, *Id* ☞ Sæpius in malam partem, ut *merior*, & *promereor* in bonam, dicitur

Commereor, eritus sum, dep *To deserve ... at one's hands, ...* ... § Nunquam quicquam ... mecum ... me commeritam, est, ... Me culpam commeritam ... ☞ Nescio an legatur in bonam partem

Commeritus, a, um part ... *That hath deserved*, Ter

Commessor, atu sum, dep ... commessor ... *to eat* ... *to go* ...

Commetiendus, a um part ... De commetiendis agris, ...

Commetior, iri, ensus dep *To take measure of, to proportion, to adjust*, Cic *de Invent* 1

Commigratio, onis f *A moving, removing of his quarters, and going elsewhere to dwell* Aliunde alio commigratio est, ... *Consol* ...

Commigro, are act & absolute *To go from one place to another, to dwell, to flit, to shift his lodgings, to change his quarters* § Commigravit Romam, ... § huc viciniæ, *Ter* § in domum suam ... § habitatum, *Pl* § A ... gambus, ... § intra ... præsidia, ...

Commilito, ... *A fellow soldier*, ... Sed non invenio, certe, *Pl* ...

Commilitium, ii n *Fellowship in war, a company of fellow-soldiers* ¶ In commilitium adscisci *To be listed as fellow-soldiers*, Tac 1, 60, 3 Commilitium studii *pro* condiscipulatu dixit *Apul* Commilitii fieri ... *Ov de Pont* 2, 5, 72

Commilito, onis m *A fellow-soldier*, ... Meus in Cilicia miles, in Græcia commilito fuit, *Cic pro Deiot* 10

‖ Comminans, tis part [a mino, ... duco] ... communantes, ... Apul + Cogens

Comminatio, onis f verb *Threatening, bravings, cursing, ...* Liv 26, 8 & Cic *de Orat* ...

Comminatus, a, um part (1) act *Threatening*, & (2) pass *... threatened* (1) § Comminatus aquilifero cuspide, *Suet* ... 62 (2) Scrupulus comminato mihi ... *Apul* ... 6

Commingo, ere, xi, ctum act *To piss*, or *bepiss* Comminxit ... tum potus, *Hor Sat* 1, 3, 90 Raro occurrit

Comminiscor, entus sum, dep (1) *To devise, invent*, or ... (2) ... *or forge* ... (1) = Quid machiner? quid comminiscar? *Plaut* ... 3, 16 (2) Commenta mater ... est ex alio viro, ... (3) Age, comminiscere ... ergo, ... 1, 13

Comministro, are act *To minister, afford, supply*, or ... *Plin* 29, 8 ... commonstro + Ministro

‖ Commino, are *To drive flocks and herds of cattel*, Apul + Ago

Comminor, atus dep *To threaten greatly*, Liv 10, 30 Suet Cæs 14, & 62

Comminuendus, a, um part *To be broken to pieces*, Ov

Comminuo, ere, ui, utum act (1) *To break in pieces* (2) *To bruise, or crumble into small parts* (3) *To abate, enfeeble, or weaken* (4) *To diminish* (1) Nisi mavoltis fores & postes comminui securibus, *Plaut Bacch* 5, 1, 31 Ego tibi comminuam caput, *Id Rud* 4, 3, 74 (2) Poti comminuunt, & diducunt ... cuntur, *Plin* 20, 4 (3) = Avaritia comminuit atque violat officium, *Cic pro Quint* 6 (4) Argenti pondus comminuere, *Hor Sat* 1, 1, 43

Comminuor, i, tus pass *To be broke to pieces, to be mollified* Re familiari comminuti sumus, *Cic* ... Comminui securibus, *Plaut Bacch* 5, 1, 31 V Comminuo

Comminus adv [ex con & ... manus] *Hand to hand, in close fight* *Vid* Cominus

Comminutum adv *By smalls*, or *pieces* Comminutim concisa, *Apul* 4, 4

Comminutus, a, um part *Broken in pieces, impaired, diminished* Comminuta re familiari, *Made poor*, Cic = Comminuta opes, & depressa, *Id*

Commiscendus, a, um part *To be mingled*, or *mixed with* Ut in mare & in fœmina commiscendo ... corporum mira libidines, *Cic de N D* 2, 51

Commisceo, ere, ui, stum act *To mix*, or *mingle together* ... § Jus accusatoris cum jure testimonii commisceo, *Ad Herenn.* 4, 35 Consilium cum aliquo commiscere, *to advise with*, Plaut Rud 2, 6, ...

Commisceor, eri pass *To be mingled together* Nunquam temeritas cum sapientia commiscetur, *Cic pro Marcell* 2

Commiserans, tis part *P ... showing compassion*, Gell + Commiseresco

Commiseratio, onis f verb *Compassion, pity*, Cic *de Orat* ... 58

Commiseret, it imperf *It pitieth*, or *compassionateth* § Bacchidem ipsum ejus commiseresceret, *Ter Hec* 1, 2, 54

Commiseror, ari *To bewail*, or *condole*, Cic Tantum abfuit ab insolentia gloriæ, ut commiseratus sit fortunam Græciæ, *Corn Nep* 17, 5

Commissator, oris m *Vid* Commissator

Commissio, onis f verb [a committo] *A setting together of two for trial of mastery in any exercise* Suet Cal 20 ¶ Commissio ludorum, *The representing of plays in the stage, or the beginning of them*, Cic Attic 16, 5 princ

Commissor, oris m Fidei commissor, *A ...*, ap JCC pugnæ, *Gloss* ...

† Commissor, ari dep *To ...* *Vid* Comissor

‖ Commissorius, a, um adj Lex commissoria, *An ...*, or *... contract ...*, Ulp

Commissum, i n subst ex part (1) *An ... making*, or *... on ...* (2) *An offence, or fault committed* ... (1) *A secret*, or ... (1) Commissum audax, *Cic pro Syll* 26 (2) Non sum hi pœna commissa luitis, *Ov Ep* 1, 140 (3) Commissumque teges & vino tortus & ira, *Hor Ep* 1, 18, 38 Commissum, *sive* commissum vectigal, *The confiscation, or forfeiture of contraband, or unlawful goods, or when they steal custom*, ap JCC

Commissura, æ f verb *A ... knuckle, a joint of any thing closed and opened, as of the bones, a table, &c* *A closure, a seam, a joining close, or coupling of things together* = Digitorum enim contractio facilis, facilisque porrectio, propter molles commissuras & artus, *Cic de N D* 2, 60 Quid dicam de ossibus? qua subjecta corpori mirabiles commissuras habent, *Ib* 55 Non modo ut sint ordine collocata, elaborandum est, sed ut inter se juncta, atque ita cohærentes, ne commissura pelluceat, *Q ... I ... Or* ... 10

Commissus, a, um part [a committo] (1) *Joined, ...*, or *... together* (2) *Committed, ... folded* (3) *Committed, imputed* (4) *Committed to one's ..., or trust* (5) *Forced together, ...* (6) *Committed, done, perpetrated* (7) Also ... (1) Pistris delphinum caudas utero commissa luporum, *Virg Æn* 3, 428 (2) Si fugeris, alte ... Cras domus, aut eadem plumbo commissa manebit, *Juven* 14, 10 (3) + Homo commissu est huic permissus potestati vestræ, *Cic pro Font* Commissum fido ... mico, *C ...* 99 (4) Si ... actum fecerit, aut si prodiderit commissa ... *Hor Sat* 1, 3, 94 (5) Commissis ... ego possum ... *Prop* 4, 1, 57 (6) Distulit in ... commissa piacula mortem *Virg Æn* 6, 569 (7) Quam illum hæreditatem Veneris Erycinæ commissam esse diceren, *Cic in Verr* 1, 10

Commistus, a, um part [a commisceo] *Mixed, mingled together* Frustis ... mero, *Virg Æn* 3, 633

Commitigo, are act *To bruise or make soft* Hinc

Commitigor, ari pass Commitigari sandalio caput, *i e* demulceri ... *To be ... on the head, to be knocked about the pate*, Ter Eun 5, 8, 4

Committendus, a, um part *To be committed, ... trusted ...* &c *Vid* Committo

Committo, misi, ere, ssum [con & mitto] (1) *To set out together, or in the same time*, ... *to start together* (2) *To join, or match* ..., Vocab circi & arenæ (3) *To compare, to weigh one with another* (4) Absol *To ... battle* (5) *To ... fasten, to screw up, to exert* (6) *To put, or lock together* (7) Met *To ...*, *to ... people together by the ...* (8) *To intrust with, to commit ... one's keeping, or care* (9) *To ... to, to acquaint with* (10) *To begin* (11) *To begin* (12) *To ... in battle* (13) *To put in* (14) *... or give in charge* (15) ... nauticum, *To ...* (16) *To offend, to commit ...* (17) *To forfeit, to ... or ...* (18) *To confiscate* (1) Committere proprie est immittere, ut equos ..., &c *Fest* (2) Latinos ... cum Græci committere ... *Suet Aug* 45 Æquale inter se committere, *Id* (3) Committere ... & comparat, *Juv* 6, 439 (4) Scribere aggressus est, & cum frequenti auditorio committeret, &c *Suet Claud* 41 (5) Nunc infinos ... committere vestros, ... 60, 17 (6) = Nec ... committere femur, nec crura cohære, *Ov Am* 1, 2, 42 Committere ... futuris, *Cels* (7) Non cessavit criminari ... alteri, & inter se omnes committere, *Suet Cl* 56, 2 (8) Boni ... hæc tibi committo, *Ter Andr* 1, 5, 62 Mulier nonfris ... gm, digna, cui commitras primo partu mulierem, *Ibid* 1, 4, 5 (9) = Quid mihi he non commisit quid mecum non commun cavit *Cic* (10) ✝ Ulcus velandum, nec frigori committendum, *Cels* (11) Nunc *committere* utimur pro *facere*, ut p [illegible] aut pro [illegible] Age, puere, a summo [illegible] committe hos [illegible] Dominus [illegible] committ[illegible] (12 [illegible] & 5, 4, 3 & [illegible] [illegible] (14) Rem magnam difficilemque [illegible] committere, [illegible] (15) [illegible] committ[illegible] quod [illegible] commisat, *Id* (17) Non est meum committ[illegible] (18) [illegible]

[illegible]

|| Commiss[illegible] [illegible] ✝ [illegible]

Commiss[illegible], a, um part [illegible]

[illegible]

Commist[illegible], onis f verb [illegible] ✝ Accommodatio

|| Commod[illegible]tor, oris m verb [illegible] Dig

Commod[illegible]us, a, um part (1) [illegible] (2) Also [illegible] (1) Siccus [illegible] commod[illegible]tus, *Plin* 22, 22 (2) ✝ Nisi [illegible] judicas, sed ut commodati utatur, *Sen Ep* 100

Commod[illegible], adv us com [illegible] (1) *It* [illegible] *fitly, to the purpose* [illegible] Commode cadit, [illegible] Cic [illegible] commod [illegible] = [illegible] Nunquam commod[illegible] audivi locum, [illegible] [illegible] commod[illegible] posset, [illegible]

Commoditas, atis f (1) *Com*[illegible] (2) *Opportuni*[illegible] (3) *Good nature, civility* (4) [illegible] (1) Ex[illegible] commoditates [illegible] fru[illegible] = Quæ [illegible] commoditate & æ[illegible] (2) Commoditas id [illegible] (3) Cogni[illegible] commoditate frui, *Ov* [illegible] (3) Qui legis, mea commoditas [illegible] EPID Quod [illegible] blanditus, [illegible] *Pœn* [illegible], 12 Men

✝ Commod[illegible]o, are [illegible] commodo [illegible] vestros [illegible] habeo

Commodo, are [illegible] [≀ commodus] (1) *To* [illegible] (2) Also *to lend*, [illegible] to be returned in [illegible] as the lawyers say, but [illegible] authors do [illegible] that, as appears from the second ex[illegible] (3) *To fit, or make fit* (4) *To give* (1) Iis commodes

omnibus in rebus, *Cic Fam* 13, 35 (2) Commodasti tritici modios LX *Cic in Verr* 4, 9 (3) Natura stirpium sic se commodat, ut, *&c Col* Parvis delictis veniam, magnis severitatem commodare, *Tac Agric* 19, 4 (4) Candidato vocem & manum commodare, *Senec Epist* 8

Commodule, adv dim [≀ commodè] *Somewhat commodiously, or conveniently*, Plaut Stich 5, 4, 8

Commodulum, adv *Pretty well, [illegible]* Commodulum ob[illegible], ne magno sumptu, *Plaut* [illegible], 155

Commodum, i n *Advantage*, [illegible] (2) [illegible] ✝ Ex incommodis alterius sua com[illegible] commoda, *Ter* (2) Quod [illegible] hat, [illegible] (3) [illegible] & [illegible] malitia, & com [illegible] Torrent [illegible] commo[illegible] militiæ [illegible], *Id in*

Commodum, adv [≀ commodus] (1) *It* [illegible] (2) [illegible] commodum, vix lepidissime *Plaut* (2) Commodum ad te [illegible] literas [illegible] *&c* [illegible]

Commodus, a, um adj or comp [illegible] (1) *Fit, [illegible]* [illegible] *neither less nor more, neither smaller nor bigger* (2) *Convenient* (3) *Commodious, profitable* (4) *Courteous, kind* (5) *Civil, [illegible]* (6) *Lucky and fortunate* (7) [illegible] (8) [illegible] (1) Viginti argenti commodæ minæ, *Pl Asin* 3, 2, 1, 5 Commodi statuta homo, *ibid* 2, 3, 21 (2) Nunc si commodum sit, apud me [illegible] *Ter* (3) = Nihil fieri potest, neque commodius, neque [illegible], *Cic* Hanc sibi commodissimam belli rationem judicavit, *Cæs B C* 3, 85 (4) ✝ Alii inhumanus & barbarus, isti uni commodus, *Cic* = Commodior & [illegible] publicis prorsus, [illegible] (5) = Mulier est commodi & facta hæc meretrix, *Ter Heaut* 3 2 10 (6) ✝ Quæ sit [illegible] homini commoda, quæque mala, *Pr* 2, 27 4 ✝ Inhumanus, *Cic* (7) Ego commodiorem hominem, adventum, tempus, non vid, *Ter Andr* 5, 2, 3 (9) Ubi tu commoda es, [illegible] commodum esse credo, *Plaut Mil* 1, [illegible] 98

✝ Commœreo, ere, ui *To be very sad and sorrowful* Ex Plaut Epid 1, 1, 61 quidam adferunt, sed locus corruptus est, ✝ Mœreo

Commolior, iri, tus dep *To go about, or endeavour, to do something, to attempt, or practise*, Cic N D 3, [illegible] Geo 3, 19

Commolitus, a, um part pass [≀ commolor] *Ground, bruised, or broken and mashed* Bacca commolita & expressa, *Col* 12, 50

Commonefacio, ere, [illegible] *To [illegible]* [illegible] = O[illegible] commo[illegible] *Col* [illegible] 5

Commonefacio, ere, eci, actum act (1) *To advise, to admonish* (2) [illegible] (1) Commonefacium, ut instituto utatur suo, *Cic* (2) § A [illegible] veteri, aliquem commonefacere, *Ad He*

renn (3) § Commonefacere rem aliquam, *Cic Verr* 6

Commonefio, eri, factus neut pass *To be put in mind* Commonefiat sceleris, *Cic Verr* 7, 43

Commoneo, ere, ui, itum act (1) *To warn, to advise* (2) *To put in mind of* (1) Aliorum exempla me commonent, *Ter Andr* 4, 6, 17 (2) Mearum me absens miseriarum commones, *Plaut Rud* 3, 4, 38 § Officium vostrum ut vos malo cogatis commonerier, *Id Pseud* 1, 2, 17 de re aliquâ, *Cic*

Commonitio, onis f *A warning, or admonishing, a summing up of what was said before*, Quint 4, 2

|| Commonitorium, i n *A letter of instruction*, Cod Also a private agreement [illegible] writing, or record, Justinian

Commonitus, a, um part *Advertised, warned, put in remembrance* Commonitos eos dimisit, *Liv* 34, 51

Commonstro, are act *To shew, or [illegible] is hid or unknown* Aurum defossum commonstrare, *Cic de Orat* 2 41 § Parentes meos ut commonstrares mihi, *Ter Heaut* 5, 4, 1

Commoram *Sync pro* commoveram, *Cic*

Commoratio onis f verb [≀ commoror] (1) *A staying, or continuing* (2) *A* [illegible] *or place of abode* (3) [illegible] (4) [illegible] (1) Commoratio una in re, *Ci* (2) ✝ Et villa & amœnitas illa commorationis est, non diversorii, *Cic Fam* 6, 19 (3) Propter commorationem tabellariorum, *Cic* (4) *Ad Heren* [illegible]

Commoratus, a, um part *Having dwelt*, Cic

Commordeo, ere, di sum *To bite close* Quædam terræ [illegible] omnia commordent, *Sen Contr* 29

Commoriens, tis part *Dying together* (2) In plur Commorientes *The name of one of Plautus's plays, translated out of the Greek of Diphilus* (1) Nec finis sæp commorientibus, *sc gallis*, Plin 10, 21 (2) Ter Adelph in Prol v 7

Commorior, i, tuus *To die together*, Plin [illegible], 2

Commorit *pro* commoverit, *Cic*

Commoro, are act [illegible] Plin 19 6 sub finem, [illegible], ut puto [illegible] est

Commoror, atus dep (1) *To abide with one, to [illegible] place for a time, to sojourn* (2) Also *to stop, to hinder* (3) Met *To continue, or [illegible] long* (1) ✝ Commorandi diversorium, non habitandi, locum dedit nobis natura, *Cic de Senect* 23 Paulisper dum se uxor, ut fit, comparat, commoratus est, *Cic* (2) Me nunc commoror, *Plaut Pseud* 4, 7, 31 (3) = Ut habeat in eadem commoreturque sententia, *Cic*

Commorsus, a, um part [≀ commordeo] *Bitten* [illegible] ribem [illegible] *Plin* 24, 11

Commortalis, e adj *[illegible] mortal, or frail*, Col 3, 20

Commo[illegible] commo[illegible] aquoria [illegible], *Luc* 2, 765

Commo[illegible] *Th* [illegible] *of* [illegible] Plin 11, 7

Commotus *Sync pro* commovisti Gi omn commovisti in agro nemo, *Cic*

Commotio, onis f verb [≀ commoveo] *Commotion, trouble, disquiet, disturbance* Quin, omni fine tibi

animi commotio videtur insania? *Cic Tusc* 3, 4

Commotiuncula, æ f dim [≀ commoveo] *A small motion or passion, a grudging of a fit*, as in an ague, *Cic Attic* 12, 11

Commotus, a, um part or comp. [≀ commoveo] (1) *Raised, stirred* (2) Met *moved* (3) *Provoked, put into a passion* (4) [illegible] (1) Pulvere commoto, [illegible] Animus commotior, *Cic* [illegible] (2) Precibus commotus, [illegible] Graviter commotus, *Virg* [illegible] (4) Ego te commo[illegible] dam, *Ter Andr* 5, 2, 23 [illegible] Alloquitur enim senex, ut puto, Dromonem

Commoveo, ere, vi, tum act (1) *To move, or stir* (2) *To move* [illegible] (3) Met *to trouble, or disturb, to disquiet* (4) *To cause pity, or compassion in* (5) *To astonish* (6) [illegible] *or raise up* (1) Avis commovet alas, *Virg* (2) Favos sedibus suis commoveat, *Col* (3) Graviter primo nuncio commotus sum, *Cic* (4) *Virgo* commo[illegible] omnes, *Ter Phorm* 1, 2, 51 (5) Magno alicujus honore commoveri, *Val* [illegible] (6) Crebras expectationes tui commoves, *Cic Att* [illegible]

Commoveor, eri, tus pass *To be moved, &c Cic* pro [illegible]

|| Commulceo, ere, si (1) *To tickle, to please* (2) *To stroke, to smooth one up, to cajole* (1) Thus commulcet sensum, *Arnob* (2) [illegible] ✝ Confrico, *Id* ✝ Mulceo

|| Commulco, are *To strive, or whip* Multimodis commulcare [illegible], *Apul Met* 8 ✝ Calco

Commune, is n subst ex adj (1) *A common wealth, a state* (1) Met *the public wealth, or* [illegible] (1) A commune Siciliæ, *Cic* [illegible] (2) ✝ Privatus illis census erat brevis, commune magnum, *Hor Od* 1, 15, 14

Communibo *pro* communiam, *Plaut Rud* 4, 2, 29

Communicans, tis part *Communicating, sharing, or* [illegible] Res advenas communicans amicitia levior [illegible] cit, *Cic de Am* 6 ap fin

Communicatio, onis f verb (1) *Communication, making it [illegible]* [illegible] *freedom and [illegible]* (2) Also [illegible] (1) = Largitio & communicatio [illegible] tis, *Cic* (2) *Cic de Orat* 2, 53

Communicatus, a, um part *Imparted* Communicato inter [illegible] consilio, *Hirt* [illegible] gether, *Liv*

|| Communicatu, abl *Idem q* communicatio, *Apul*

✝ Communiceps, ipis *One* [illegible] *or fellow-citizen, Aug* ✝ Ejusdem municipii

Communico, are act [≀ communis] (1) *To communicate, or [illegible] together, discourse, or confer with one another* (2) *To communicate, impart, or share it with another, to make partaker* (3) *To defile*, [illegible] (1) § Illa cum Cotta su[illegible] communicet [illegible] ut [illegible] dit, *Cic* Quibus [illegible] municate de maximis rebus sobat, *Id* Tandem cum [illegible] municate, *Cic* De [illegible] nostrum commun[illegible] = Civitatem nostram [illegible] communicem mihi, vobiscum [illegible] § Mensâ suâ [illegible] communicat, [illegible] Plaut Mil 1, 1 51 (3) Vulg [illegible] te, p

Communicor, ari, pass (1) *To be* ... (2) Also, *to impart* ... § Præmia virtuti non ... communicanda ... Cic ... communicate, *L*

Communio, onis f (1) *Communion* ... (2) Also ... (1) § Communio ... & juris, literarum ... Cic sermonis, *Suet* ... (2) Ul

Communis, e adj or comp [ex con & munus] (1) *Common, that belongs to many* ... (2) *Equal, upon* ... (3) Also ... (1) Omni ætati mors est communis, *Cic* § ... omnium ... communis ... communis ... = Scelera conjuncta ... cum aliquo, ... = Nec ullo spectaculi genere ... ut communis ... Statuæ ... Siciliæ natæ, *Cic Verr*

Communitas, atis f (1) *Communion* ... (2) Also ... (1) Communitas vitæ & ... *Cic* ... (2) = ... Officia, ... *Ost* ... Honesta ... communionis ...

Communiter, adv *In common* ... = Promiscue, *Cic* ✕ Se...

Communitus, a, um part *Fortified* ... Communitas ... Rostri firmissimis & ... *Cic* pro ...

Commurmuratio, onis f verb ... *Gell* 11,7

Commurmuror, ... *Cic* ... *Sil* 15,

Commutabilis, e adj *Changeable* ... *Varius, mul-*...

Commutatio, onis f verb (1) ... (2) Also ... (1) His tam ... (2) ... Non ...

Commutatus, a, um part ... Vita statum commutare non potuit, *Nep*

Commuto, are act ... *Lucr* 1,195 ... *To change* ... § Vitam cum ... commutare, *Ter Phorm* 3, ...

Cōmo, are ... *to comb* ... or rather *to ... a bush of hair*, Quibus nova nupta comatur, *Juc Gem* 8,

Como, ere, psi, ptum act poet [ex con & emo] (1) *To comb*, or ... (2) ... (1) Nive ... comebar fronte capillos, *Sil* 7,446 (2) ... comp ... V & ... N 2

Comor, i, comptus pass ... Dum ... comuntur, annus est, *Ter Heaut* 2, 2, 11

Comœdia, æ f [ex κώμη, vicus, & ᾠδή, cantus, quod in his vicis juvenes cantare soliti essent, ...] *A comedy, or interlude* See the commendation, use, and end of it in Donatus his preface to Terence, its definition in Scal Poet 1,5 It is either old, or new The old, whereof were masters Eupolis, Cratinus, and Aristophanes, is described by Quintilian, and the excess of liberty it greatest fault, by Cic 4 De Republ The new differed from the old almost in every thing In matter, manner, time, furniture, &c and verse That matter was almost as copious ... of Satire, every action and person, even the greatest commanders and princes not being excepted, and herein more blameworthy, because it reflected on the good as well as bad So Cicero in his place quoted The new fetched its argument from common life, ... its persons, who were generally young gentlemen in love, and their servants tricking their old masters to gratify their young ones The old flourished about the time of the Peloponnesian war, the new when *Greece* had lost its liberty The furniture of the old very large, of the new, very small, the Chorus being entirely taken away The style of the old was ... or satirical, of the new, mean or low The old admitted all kind of verse, the new only Iambic The necessary parts of both are four, *Protasis, Epitasis, Catastasis, Catastrophe*, which see in their places

Cōmœdicè adv *Pleasantly, merrily, comically* Plaut Mil 2,2,50

* Comœdicus, a, um adj *Pertaining to comedy*, Apul

Cōmœdus ... *A player, or actor of comedy* ... *Cic in Orat* ... ✕ Comœdus, ... comicus, ...

Cōmœdus, a, um *Performing* ... Nam comœdi est, *Juv* de G ... 3,100

* Comosis, ... commosis, ... *The glue ... bees ... combs*, ... *Plin* 11,7

Cōmōsus, a, um adj ... finus, sup (1) ... (2) ... (1) Comosi fronte *Phæd* 5, 9, 2 (2) ... comosi, *Plin* 10,4 Comosissimus ex omnibus cauliculis *Id* 26,8

Compactilis, e adj *Compacted, joined* ... Trabes compactiles, ... *Vitruv* 4,7

Compactio, onis f verb [ex compingo] ... Compactio membrorum, *Cic de Fin* 5,11

Compactum, i n [ex compingo, quod sit ... pangere, ...] *An agreement* ...

confederacy, a covenant, or ... = § Abiol compactio, & communi fraude, ... § Ex compacto, *Suet Cæs* 20,11 De compacto ... agere, ... *by consent* ... *Plaut Pseud* 1, 5, 126

Compactus, a, um part & adj [a compingo] (1) *Joined together* (2) ... (1) § Sepium compacta cicutis fistula *Virg Ecl* 2, 36 (2) Compacta crura, ... Compacto corpore & robusto, *Plin Ep* 7,24

Compages, is f [a compingo] ... *A joint* ... (1) ... lapidum, ... jungit ... cervix, *Liv* ... (2) Cupido Veneris compagibus hæret, *Lucr* ... 1110

Compago, inis f [ex con & pago] ... *A joint* ... compago ... corporis, *Cels* 4 ... comp...

Compar, aris adj [ex con & par] ... *like, ... equal, well matched* ✝ Compar connubium ... Marti con curreret, *Il* 6, 4

Compar, aris c g subst (1) *A companion or ... fellow* (2) *A ... or wife, a partner* ... (3) Also ... *in Rhetoric, when ... members ... equal syllables* (1) Compar ... metro ... *Plin* ... (2) Munia comparis æquare, *Hor Od* 2, 5, ... Nec tantum niveo gavisa est ulla columbo Compar, *Catull* 66,126 (3) *Ad Herenn*

Comparabilis, e adj *That may be compared, comparable* Similis ex specie comparabili, *Cic de Inv* 1, 28 vid & *Liv* 39,52

Comparandus, a, um part (1) *To be gotten, or procured* (2) *To be compared with* (1) = Artifex conquirendæ & comparandæ voluptatis, *Cic* (2) Cum cæteris comparandus vir, *Cic*

Comparāte, adv *In comparison*, or *respect* ✕ Cum quæritur quid ... aut simpliciter quæritur, aut comparate, *Cic Top* 22

Comparatio, onis f (1) *Getting* (2) *Provision* ... (3) *Comparison* (4) ... (5) ... (1) Comparatio voluptatis *Cic F* 2 (2) Comparatio novi belli, *Cic* ... (3) = Comparatio & contentio de duobus honestis ... *Cic Off* ... (4) Comparatio ... Latinis ... Græce dicitur, *Cic* (5) Voluisse sine sorte, sine comparatione, provinciam ... *Liv*

|| Comparativè, adv *Comparatively*, Gell 5, 21 ✝ Comparate

Comparativum, i n subst *Il* ... Gell

Comparātīvus, a, um adj ... *comparative* ... Judicatio comparativa, *Cic de Inv* 2, 24

Comparātum est, impers *It is settled, or ... it is brought to that pass*, ... *Sen* R

Comparatus, a, um part (1) *Procured* (2) ... (3) *Compared* ... (1) Ilum ... comparandis ... (2) = Rationi ... comparata est vita, ... (3) Cum Africano comparatus videtur, *Cic de Fin* 2, 4

Compareo, ere, ui, itum neut

to appear, or be visible ... Ter Phorm 1, 1, 10

Comperco, ere, ... *To spare* ... (1) Qui modo nusquam comparebat ... *Plaut Aul* 1,4,2 (2) Quo uno ... pugna comparere, *Li*

Comparo, are act [ex con & paro] (1) *To ... prepare* (2) *To ... buy, or procure* (3) *To ... together, to ...* (4) *To ... accord ...* (5) ... (6) *To go, or ...* (7) ... (8) *To join together* (9) ... (10) *To ...* (1) Magnificè comparat convivium, *Cic* (2) Cum ... comparantur, *Suet* ... (3) Rem cum ... comparare, *Cic* ... § Aliquid ... § Aliquem ... (4) ... inter se ... duo cum ... (5) ... *Id* (6) Minore ... hoc comparavit ... (6) Si quis ... comparet, *Ovid* (7) Crimen contineant, esse & accusatore comparant, *Cic* (8) ... bella cum ... bellis, *Plin* (9) Hos tempore comparandi ... *Nep* ... (10) ... super, dum ... comparanda ... est, ...

Compario ... *To procure* ... ✝ Comparsit ... compersit, ... *Plaut* ... 19 ...

Compasco, ere ... *Fin* 9, ...

Compascuus, a, um ... *R R* 1, 52

Compascuus, a, um *Ager compascuus, A common* ... Cic Top ... Jus compascuum, *The right of common* ... Scæv

|| Compassio, onis f verb *Compassion, a suffering with another*, Eccl ✝ Misericordia, miseratio, ...

|| Compatior, ssus sum dep *To suffer together, to be affected, to sympathize with*, Eccl ✝ Vicem alicujus doleo

|| Compatriota, æ m *A fellow countryman*, Catull ap Littl Sed non inven ✝ Civis

|| Compatronus, i m *A fellow patron*

|| Compavesco, ere *To be ... afraid*, Macrob ✝ Extimeo

Compedio, ... [ex con & pedes] ... *To fetter*, Plin

Compedes, ... & compede, abl in ... singulari invenitur, ... [... con ... pedes, *Isid*] (1) *A ... shackle for the feet* (2) ... (1) ... compedibus ... (2) ... Plaut ... Qui ... compedes ... ponderosis, ... *Plin* ... 3, 64 ... Plin 3,12 ...

Compedio, ire, ivi, itum act *To shackle or ... Pedes* ... *Varr* Rebus ... compedibus compedio, *Arr Il*

Compeditus, a, um part *Fettered, shackled*, Plaut Capt 5 1, 2 ...

Compellatio, onis f verb (1) *A calling by ... name* (2) ... (1) ... (2) Quotidianis compellationibus meis non tulit, *Cic* ... 12, 25

Compellaturus, a, um part *About to call, or accuse* ... Cic Attic 2, 17

Compello,

Compello, are act [ex con & pello, as *insistat*] (1) *To speak to one, to call on him, to call him by his name, to accost* (2) *To cite to appear* (3) *To call him before the magistrate* (1) Blande hominem compellabo, *Plaut* ... nominatim, *Ad Herenn* 1, 11 (2) Quin et ... fratrum impiumque detestans compellat, *Nep* ... 4 (3) *Suet* ... 17

Compello, ere, uli, ulsum, [ex con & pello] (1) *To drive or bring together* (2) *Met. To compel, force, or constrain, to drive, or hit* (1) Canes compellunt in plagas lepide Lycum, *Plaut Pœn* 3, 5 = Homines in unum locum compulit, & congregavit *Cic* (2) Ut eum compelleret ad cedendum ... ✠ Me domo me expulistis, Pompeium domum suam compulistis, *Cic* Compellere ... unam ... in arcem, ... *Cels* ... Id

† Compellucidus, a, um adj *Transparent*, Litt ex Plin Sed non in ... ✠ Pellucidus

Compendiario *By a short way, compendiously*, Sen Ep ...

Compendiaria, æ subst *sc.* via, ratio *A compendious way, a short cut* Compendiariam facere, *Petron* 2, 9 Hanc compendiariam invenit, ... 1, 27

Compendiarius, a, um adj *Brief, short, abridged, compendious* Compendiaria via ad gloriam pervenire, *Val Max* ..., 2

Compendifacio, ere, eci factum Orationis compendium uti, *To abridge or make short, to profit*, or *gain, to save*, Plaut Asin 2, 2, 4 & Bacch 2, 2, 6 Most 1, 1, 51 & alibi

Compendiosus, a, um adj *Profitable, gainful, compendious* ✠ Quod per se nonnunquam est compendiosum, in summa tamen compendiosum, *Col* 1, 4

Compendium, i n [ex con & pendo] (1) *Gain got by saving, profit, advantage* (2) *A compendious short way*, or *method, an abridgement, or abstract* (3) *A short cut*, or *the nearest way* (1) In quæstu sunt, compendioque versati, *Cic* ... 5, 46 Privato compendio servire, ... (2) Et hoc compendium opera est, *Plin* 17, 23 (3) Compendium viæ quatridui deprehensum est, *Plin* Orationis operam compendifacere, *Plaut Most* 1, 1, 57 ¶ Verba confer re ad compendium, *To be brief*, Plaut Mil 3 1, 186

Compensandus, a, um part *To be recompensed*, or *made amends for* Via senectutis diligentia compensanda sunt, *Cic de Sen* 11

Compensatio, onis f verb *A recompense, satisfaction, a compensation*, Cic N D 1, ...

Compensatus, a, um part *Rewarded, requited* Damna compensata, *Cic Verr* 5 ...

Compenso, are act (1) *To recompense, or make amends* (2) *To equal* (3) *To prize, or esteem as much* (4) *To abridge, or shorten* (1) Paucitatem pedum gravitatis suæ tarditate compensat, *Cic* (2) Compensabitur cum summis doloribus ..., *Cic de Fin* 2, 30 (3) Tot tamen amissis compensavimus unum, *Ovid Epist* 3, 51 (4) Hac pergam qua via longum compendit iter, *Sen*

Compensor, ari pass *To be recompensed, or requited, to be made equal* Labores compensantur gloria, *Cic de Orat* ..., 4 *Vid* Compenso

† Comperco [a comperco, *prod ex* con & parco] Comperce ✠ Desine, omitte me attrectare, *Forbear meddling with me, let me alone*, Plaut Pœn 1, 2, 13

Comperendinatio, onis f verb *A delay of the action, or pleading, until the third day following, an adjournment, or putting off a trial*, Cic Orat 30 Sen Epist 97 = Condictio, *Corp ex JCC*

|| Comperendinator, oris m verb *A protractor of suits*, Calv

Comperendinatus, us m idem quod comperendinatio, Cic Brut c 22 & Verr 1, 9

Comperendinatus, a, um part *Prolonged, adjourned*, Cic Verr 1, ...

Comperendino, are act *Comperendinare est in diem perendinum, five tertium, differre quando reus in tertium diem rejiciebatur*, ... *To delay, or put off ... to defer ... or adjourn, till the third day hence* Comperendinare reum, *Cic* in *Verr* 2 ...

|| Comperendinus, a, um ... *Adjourned, deferred* Dies comperendini, *Macrob Sat* 1, 16 ✠ Comperendinatus

Comperio, ire, ri, tum act [a con & pario] *To find out, to know, to discover, to know for certain*, ... *and by trial, to get good intelligence* § Comperire aliquid certis indiciis ... certis indiciis ... ores, ex captivis, *Cæs de B G* ...

Comperior, ... sum, dep *To know assuredly, to be sure of a thing upon his knowledge* Sanientem virum fuisse comperior, *Sall Jug* 45

Compernis, is c g [ex con & perna] *He that hath his knees bending together, bow-legged*, Plaut Mil 2, 1, 128

Compertus, a, um part vel adj ex part *Known for certain, or by experience, found out, discovered, taken in the act, convicted* = Nihil habuisse illos cognitum, nihil compertum, *Cic* § Compertus stupri fœmina, *Liv* in stupro generi, *Suet Tiber* 25

Compes, edis *Vid* Compedis, in sing

Compescendus, a, um *To be quenched, or stilled*, Plin

Compesco, ere, ui act [ex con & pasco] (1) *To keep within the same pasture, or to pasture together* (2) Met *To stop, stay, or check* (3) *To hold, or keep in, to bridle, or curb* (4) *To allay, assuage, or still* (5) *To quench, as fire, thirst, &c* (6) *To cut, prune, or lop boughs* (7) *To forbid, or lay ... off* (1) *Vid* Fest p 227 (2) Continuo culpam ferro compesce, *Virg Georg* ..., 458 (3) Hic placet, angustis quod cum compescit habenis, *Tibull* 1, 4, 11 (4) Vinoque novos compesce dolores, *Tibull* 1, 2, 1 (5) Sævis compescuit ignibus ignes, *Ov M* 2, 313 Sitim undâ, *Ibid* 4, 102 (6) Putatori officium est vices compescere, *Col* (7) Compesce in illum injuste dicere, *Plaut Bacch* 5, 2, 59

|| Competens, tis adj ex part *Competent, convenient, sufficient*, Competens judex, *Ulp* *The proper judge* ... Competentes, *Suitors for one and the same thing, rivals*, Plin Jun ✠ Candidati, *Cic*

|| Competenter, adv *Sufficiently, competently, duly*, Prud & sup competentissime, *Apul* ✠ Convenienter, congruenter, *Cic*

|| Competentia, æ f *A proportion, or size, convenience, meetness, competency, fitness*, Gell ✠ Convenientia, conformatio, *Cic*

† Competitio, onis f verb *Competition, rivalship, contending, or suing for one thing*, Sidon Ep 2, 9

Competitor, oris m verb *He that sues for the same thing that another doth, competitor, a rival* Cum competitore certamen honoris & dignitatis est, *Cic Offic* 1, 12

Competitrix, icis f *A rival, feminine*, *Cic* pro *Mur* 19

Competo, ere, ivi, itum *To be una pe ...* (1) *To ask, or sue for the same thing, that another doth, to stand for the same place, ... to ... meet or come together, to fall out* (3) *To agree, or meet in one with another* (4) *Also to be found ...* ... *be of mind, or body, to be good health* (1) Unam speciosam ... bus competentibus, ... *Ver Ib* 59, 2 (2) Si ... ille ... us competit, *Col* 9, 5 (3) ... eiquam ubi recti anguli ... competunt ictus *Plin Nat* ... 16 (4) Dux fugni, & vel ... neutri animi, nec lingua, non ... competere, *Tac Hist* ..., 1, 2 ... competit in eum actio, ...

Compilatio, onis f verb *Pillaging, ... a pilling ... collecting*, Cic Fam 2, 8

|| Compilator, oris m verb *In extortioner* ... Cod Lex 4 ...

Compilo, ... *To pill ... rob ... pilled*, ... Non ...

Compingo, ere ... [con ... pango] ... per ... ... *to ... together* (2) ... (1) Vid ... (2) Se ... compingo ... *Hor* ... 1, ... Ille homo ædis complavit, *Plaut Asin* 2, 2, 6

Compingo, ere, gi, actum act [ex con & pango] (1) *To join, set, or put together* (2) *To make, or form a thing of several pieces* (3) *To thrust in* (1) = Quid tam compactum & cognitum ... invenari potest? *Cic* (2) Roboreis axibus solum compingere, *Col* 6, 19 (3) = Tanquam in ... quod pistrinum detrudi & compingi videbantur, *Cic de Orat* 1 11

Compitalia, um n pl *Feasts in cross-streets and ways, celebrated the ... day of January, in honour of the rural gods, hence called Lares*, or Compitalia ... *Tu* ... die compitalia memento, *Cic Att* 2, ...

Compitalis, e adj Compitales lares, *Belonging to the cross ways*, Suet Aug ... Cato 5

Compitalitia, orum n subst sc festa, *id quod* compitalia, *Cic Ver* ... Varr L L 5, 3

Compitalitius, a, um adj *Belonging to the feasts* ... Compitalitiæ ambulationes, *Pr... cessions in the festival*, Cic Att ... 7, 7

Compitum, i n [Vitium ... compitum ... cursus, ubi multæ viæ in unum conveniunt, ... *cross way ... or street, a place where several ways met, there the country people came together to keep their feasts, and to perform their ... after they had ... of their husbandry* Ad compitum Anteniorum, *Liv* 27, 4 Nutrimentum ... compita ... festa viis, *Ov ... mor* 3, 1, 19

Complaceo, ere ... & itus sum, ... *To please, or be well liked* Postquam ... amore dixi, complacita est tibi, *To* ... Ter Andr 4, 1, 21 Hoc Deo complacitum est, *It so pleased God*, Plaut Rud 1, 3, 5

Complacitus, a, um part ... pleasing ... Dei ... compl... ei ... formam, ... *Hor* ... 5, 25

Complano, are act *To plain, level, to make ... even* = Pa... ni concilium ... & compla... judices ..., *Liv* ap ...

Complantatus, ... adj ... *planted* ... Hyg

† Complanator, oris m ... *He that makes ... plain* ... Catull ... Litt ... Apul

Complector, ... *to embrace* ... Cic pro Domo ...

Complector, ... (1) *To ... embrace ...* (2) *To comprehend, to finish* (1) ... tibulis, aut manibus aut ... complanato, ... (2) ... constitutum opera ... con... natent, ...

Complexio, ... *to take hold ... to ... encompass* ... Cic ...

Complexus, ... part ...

Complector, i, xus sum dep ... com ... plector (1) *To ... embrace* (2) *To ...* (3) *To ...* (4) *To comprehend ...* (5) *To ...* (6) *To ... close ... embrace ...* ... (2) ... numerum ... complectitur ... 11, 106 (2) Crines omnium ... complexum ... (3) Hæsit ... complectitur, *Liv* (4) Ac ... rem ... complexu ... *Cic* (5) Effigiemque meam ... vo complexus ... uro, *Ov* ... 1, 6, 7 (6) Dum cognosci ... complecti non possumus, ... Arcti famil... complect... quem, *I make him his counsellor, or ... friend*, Cic † Pass ... *comprehended*, Sever

Complementum, i n [a complco] (1) *A filling, or ... up* (2) *An ... addition, ... or complement* (1) ... manna quædam verba ... complementa numerorum, *Cic Orat* 6 (2) Omnium accusationum complementum, ...

Compleo, ere, evi, etum act [ex con & pleo, inusit] (1) *To fill* (2) *To fill up* ... (3) ... *to ... or ...* (4) ... (5) *To fulfil, to ...* (1) Castra oppugnant, fossas complent, *Cæs B G* 5, 39 & Parasitus compl... me flagitio, *Plaut* (2) Complere legionem per manipulos, *Sil* (3) Complere ... ginam volui, *Cic* (4) Pies ... tunt complere duces, ... Complere promissum, *Cic* ... 5, 49 § Complevit ... tum, *H* ...

Compleor, eri pass (1) *To be filled* &c (2) ... Annus exactis completur mensibus orbis, *Virg Æn* 5, 46 = Compl... quadrex ... deci ... teste, *Cic de Fin* 56

|| Complementum, ... completori, ... *completion* ... *Aug*

Complexus, a, um part ... *completed, finished, ended* = Perfectus, compl... verborum ambitus, *Cic* ...

Complexio, onis f verb [complector] (1) *A comprehending* (2) *... compressed*

... (　) Alio ... syllogismo ... (4) ... (5) ... (1) Brevi complexio ... de I 1,26 (2) ... syllogism. est compl xo vel se-... vel uno in itu po... (　) conficitur complexio ... & assumptione, ... (4) Compl xo est in qua ... (5) ... Cu ... grandi dejectum et mine ... Phr ... Or 1,5

... um part act ... Act ... part ... (1) Complexus cum ... cubit, Plaut ... (　) ... Vo ... Kit 1,

... m verb (1) A ... or ... (2) ... (1) Complexus, & osculum ... (2) Continet omnia ... mundus, ... (3) ... um ... tem ... earum, ...

... um part ... Cic Off 2,19 ... & ... um ... Dum ... qu m ... den in con pacto, Plaut ... cum compl ... ad ... Ter ... 1,5

... ere, f, sum act [ex com & plecto] ... strik, or cla... Compl odere manus sce... Vid ... 5,9

... ratio, onis f verb A ... = Comploratio, fletibus ... mulierum, Id

... um part ... for ... Complorati omnibus pariter vivis ... 5, 9

Complexus, ... m verb A ... Liv 22, 51

Compl ... ere, act To bewail, ... to make l ... Domo, 37

C ... um part Stricken, ... Sen ... Tra, 1,1

Compluries ... hæc com... com ... posit gra... compar ... Gell ...

Compl ... ads Oftentimes, fill ... Plaut ... 1,65 ... dim ... tulos, For good ... Ter Hec 1, 2,

... , a, um Full of ... Compluvium vinea ... um compluvius, ... and for ... of dew ...

... um That where-... 1, 13 ... To ... Apul ✝ Pon

... Æn 8 ... um ... (1) ... (　) ... (4) To ... (5) ...

tum (6) To ... Met. To ... (7) ... (8) ... (9) ... a History, Poem, (1) ... (11) ... (12) ... (13) ... or ... (15) ... (16) ... (17) ... I ergo ... & componere ... secum ... 4, 5 (2) Pocula ... compositaque ... S terimi composit ... Ter ... (4) ... compon ... (5) ... componere ... (6) Labri ... componere ... compono, ... 8 (7) Prius quam ... nos nostro ... componat (8) Gaudin ... componi ... bellum, ... (　) = Compone & describere jura populorum, ... auctorum ... Phil ... Hor comm ... & ... formet judicium & stipulationem ... (10) Compone hæc de argento, ... ego video, ... (11) Non bene ... componitur ... 1, 5 (12) Quum tuta posis ... componere terra ... Æn ... 286 ... Junium ... compositum, ... 1, 41 (16) Dum clauso componet vesper Olympo, ... Æn ... 1,378 (15) Inter vos ... hæc potius cum bona ut componantur gratia, ... Phorm ... 1 (16) Iho alacri ... minus componere monstro sufficiam, ... (17) Accita Fulchatis & cum in dicta composita nullis testibus fraude consutavit, Tac Ann 15, 51 (18) Parvis componere magna solebam, Virg Ecl 1, 24 (19) = Componere & construere verba, Cic de Orat ¶ Com, on repretio, ... agreen, ... Socie item cum ... to keep company, Id ... to ... Liv

Componor, ... itus pass To be ... &c to be ... Ovid ... confronted, Tac ... Compono

Comportātio, ōnis f verb A carrying ... Cum habuissent ... mœnia comportatione expeditas, ... 1, 5

Comportatus, a, um part Carried ... Hor ... 2, 50

Comport onis, ... in ... Hist

Comporto, ... To carry ... to ... Cic ... Domo, 21

Comportor, ... pass To be carried ... Cic ... Att 5,18

Compos ... Qui ... cujus rei potis est [ex con & pos ... potis] (1) That hath obtained his wish, or purpose (2) A ... (3) Also co ... ing ... (1) ¶ Compotes mentium, Liv ... animi, ... animo, Sal ... patriæ, scientiæ, ... (2) = Compos, & princeps rerum sempiternum primus Cic de Univ ... (3) ¶ Vix præ gaudio compote, ... ✝ Impos

Composite, adv In order, orderly, handsomely, Cic ... comp = compositius ... & apte dicere, Cic ✝ Compositius cuncta quam festinantius agere, Tac

Compositio, ōnis f verb [a compono] (1) A composition, compounding, or mingling (2) A composing, or ... (3) ... or ... (4) A ... or ... (5) A matching, or putting together (1) Compositio unguentorum, Cic (2) Juris pontificalis compositio, Cic (3) = Ordo, & compositio rerum, item membrorum, verborum, ... notum, ... Cic (4) = Pacis, concordiæ, compositionis, auctor esse non destiti, ... (5) Ut mihi gladiatorum compositiones mittere, ... 8

Compositor, ... [de compositio ... Of ... for ... , Fab

Compositus, ōris m verb H ... or compositor ... Compositores gummatum, ... or Lapides, ... P n

Compositura, æ f ... or ... Luc ... 8

Compositus, a, um part & adj ... comp ... ssimus sup [a compono] (1) ... (　) ... (　) ... (4) ... (5) Confronted (6) ... (7) ... (8) Settled, calm, quiet (9) ... (10) ... (11) Agreed upon (12) Concluded, ... (13) ... (1) = Compositum, compactum, & coagmentatum, ... (2) Numero compositum ... (3) Actio quam compositior pugna fuit, Liv (3) Agmen in omnes casus compositum, Liv (4) Non sunt composita ... verba, ... Cic (5) ... N° 1 (6) Lenes sufurri composita repetantur hora, Hor Od 1, 9, 20 (7) Compositis spiravit crinibus aura, Virg Geor 4, 417 (8) Mare compositum, Ovid Mens composita, Sen (9) Falsi, ac festinantes, vultuque compositi, Tac (10) Pretio compositum ... (11) Ut dotum compositum cum Martio fuerit, Liv (12) Poema ... composi tum, Hor (13) Non compositus melius cum B ... Bacchius, Hor Sat 1,20

Compostus, pro compositus, p ... Virg Æn 1,25

Compōtātio, ōnis f verb A drinking, or drinking one with another, ... = Convivium nominarunt, melius quam Græci qui hoc idem tum compotationem, tum concœnationem vocant, Cic de Sen 13 ... ✝ Compotrix ... Plaut & Apul ✝ Compotem facere

Compoto, ... To drink to ... Quicquid habent ... rende ... Liv

Compōtor, ōris m ... ✝ Compōtrix, icis f A drinking gossip, Ter Andr 1, 4, 5

Comprandeo, ... Unprandeo ... To dine together, ... tamen

Comprānsor, ōris m verb H ... Cic Phil p 2, 30

Comprecātio, onis f verb A supplication, a solemn praying, Liv 29, 15

Comprecor, atus sum dep To pray, ... Deos comprecare, Ter Adelph 4, 5, 66

Comprehendo, ĕre, di, sum act [ex con & prehendo] (1) To take, or lay hold of ... (2) To apprehend, or seize (3) To comprehend, or contain, to comprise (4) To understand, to perceive (5) To ... on (6) To ... (7) To take root (8) To embrace, or favour (1) Comprehendet forfex dentem, Cel 12, ... Quod tam capi ... comprehendi ... Cic ... (　) Verbis ... tellentioribus & pluribus rem eandem comprehenderit, Cic ... (4) Animo & cogitatione comprehendere ... 27 (5) Adulterium ... comprehenderit, Cic ... (6) Naves ... comprehendi, ... (7) ... comprehenderit, ... (8) Amicitia aliquem comprehenderet, ... = Complector, percipio Il Comprehendor, ... pass ... &c

Comprehense adv Comprehensely, ... Cic ... Fin 2 ... non ... Cic ...

Comprehensibilis, e, adj That may be comprehended, ... Cic Acad 1,

Comprehensio, onis f verb (1) The laying hold ... (2) ... (3) ... (4) ... or ... (1) ... (2) = Perceptio, & comprehensio, Cic Acad 4 (3) = Comprehensio & ambitus ille verborum (si hic periodum appellari placet) Cic de Clar Orat 44

Comprehensus, a, um part (1) Catched ... (2) ... (3) ... (4) ... (1) Comprehensa manus effugit imago, ... (2) = Captum & comprehensum aliquem tenere, Cic ... (3) = Quum ... oportet, nihil haberet comprehensi, percepti, cogniti, constituti, Cic (4) = Officia domestica conclusa, & comprehensa, Cic

¶ Comprendo, ĕre, di, sum act pro comprehendo per Syncopen ... to comprehend, &c Virg Æn 6,626

Compresse, adv ius comp Briefly, comp ... in few words, ... Compressius ✝ Latius loquuntur rhetores, dialectici autem compressius, Cic de Fin 2, 6

Compressio, ōnis f verb (1) A squeezing together (2) A close embracing (3) A brief comprehension (1) Aurum compressione coactum, in ... inventur, Vitruv 7, 8 (2) Compressiones ... tum, Plaut Pseud 1, 1, 64 (3) Compressione rerum breves, Cic de Clar Orat 7

Compressiuncula, æ f A gentle squeezing, or cuddling, Plaut

Compressor, ōris m A deflowerer, or ... one that lies with a woman, Plaut Aul ... 2, 7

Compressus, a, um part or comp (1) Crushed, the ... pressed close, held hard ... (2) ... (3) Shut close, clenched, ... repressed (4) ... (5) Stopped (6) ... (7) ... (1) = Compressus, atque elisus, Cic (2) Manu compressa cæstibus, Lu... (3) Compressi oculi, Cel 6, 9 ✝ Compressa palma, aut porrecta ... Plaut ¶ Annona compressa, Corn ... Cic Compressis manibus sedere, ... Liv 7, 13 (4) Compressa virgo, Plaut ... 9 (5) = Natura vitiosa ... & compressa doctrina, ... (6) ✝ Quid compressum corpus resolvit, quid solutum teneat, Cels (7) Compressioris ... Cels 2, 11

Compressu ... [illegible]

Comprimens, tis part [illegible]

Comprimo, ĕre, essum act [ex con & premo] (1) To [illegible] ... (2) To keep [illegible] ... (3) To [illegible] ... (5) To [illegible] ... (1) Comprimere d[illegible] ... (2) [illegible] ... Animum comprim[illegible] ... (5) Comprehendere [illegible] ... (6) = Illius cupiditatem con[illegible] ... Or = R ... [illegible]

Comprobatio [illegible]

Comprobator [illegible] ... Cic

Comprobo, āre, act (1) To [illegible] ... (2) = [illegible] & comprobare, ... (2) Matri omnium [illegible] ... cons[illegible]

† Compromissum, a, um adj Compromissarius judex, [illegible] Cod JC † Arbiter

Compromissum, i n A bond, [illegible] ... Cic Rosc 4 [illegible]

Compromitto, ĕre, isi, issum act [illegible] ... Cic Q F 2, 15

Comptus, a, um part [a como] (1) Combed (2) Met Dressed, trimmed, ... or fine (1) Non comptæ [illegible] ... (2) Comp[illegible] mittere oportet [illegible] ... I, 1

Comptus, us m verb [a como] [illegible] ... Virg ... Luc 1, 98

Compugnans, tis part Clamantes con pugnantesque [illegible] ... Gell 14, 5

† Compulso, ōnis f Compulsio, constraint, force, Digest ‡ Vis

Compulso, āre [a compello] To beat [illegible] ... Cic 1, 5

Compulsor, āris pass To be driven ... Col

|| Compulsor, oris m verb [a compulso] [illegible] ... Compulsor bovis, Pall 7, 2 ‡ Agitator

Compulsus, a, um part [a compellor] Driven, forced, compelled, constrained. Rex ipse noro compulsus eodem, [illegible] 1, 579

Compunctio, ōnis f verb [a compungo] A pricking, a stitch, [illegible] ... Plin 21, 19

Compunctus, a, um part Marked, spotted, prick'd, branded, Cic Offic 2, 7

Compungo, ĕre, xi, ctum act (1) To prick (2) To [illegible] ... (3) Met To sting, to vex, or

[illegible] (1) Cav [illegible] ... compungunt [illegible] Col 8, 14 ... (3) [illegible] pungunt [illegible]

Computo [illegible] ... compungit [illegible] ... Plin 20, 13

Computatio, ōnis f verb An account, [illegible] ... Plin 5

Computo, āre act (1) To reckon, ... (2) To [illegible] ... Intum [illegible] computat, Plin

Computor, āri pass To be counted, ... 18, 6

Comtus [illegible] ... Col 12, 5

[illegible] Comptus ... & [illegible] ... compotit ... Ante vocalem [illegible] ... ut co[illegible]

Conatus, ūs m verb [a conor] An endeavour, an effort, Ovid Metam 15, 2 4

Conamentum, i n That which [illegible] ... Conamentum longum, Plin

Conatus, a, um part [a conor] Having attempted, or gone to [illegible] ... Ov Fr 4 7

Conatus, ūs m verb [a conor] An endeavour, attempt, [illegible] ... Cuius ego non tantum [illegible] ... contra patriam [illegible]

Concaco, āre act To [illegible] ... Sen Phæd [illegible]

Concædes, ium f pl Trees [illegible] ... Tac 1, 50

Concænatio f [illegible] concœnatio

Concalefacio, ĕre, ēci, actum To warm, to chafe, to heat, Cic Orat

† Concalefaciuntur, cal donarda est Vitruv 4, 7 pro ‡ con alefiunt

Concalefactio, ōnis f verb A warming, or heating, Plin

Concalefactus, a, um part Warmed, heated, [illegible] ... Plin Hist 21, 23

Concalefio [illegible] ... To be warmed, ... Cic Tusc 1, 18

Concaleo, ēre, [illegible] pass To be warmed, to grow hot, Varr R R 2, 9

Concalesco, To [illegible] ... Cic ap Non

Concallesco, ĕre neut [a callus] To grow brawny, or hard, as the hands, or feet by labour Met To be [illegible] Animus usu concallait Cic N D, 10

† Concalo, āre To call together, [illegible] ‡ Convoco

Concameratus, a, um part To be arched, or vaulted, Vitruv 3, 3

Concameratio, ōnis f verb An arch, or vault, a[illegible] ... Vitruv 2, 4

Concamero, āre act To vault, or arch, [illegible] Plin Hist 24, 4

Concameror, āri pass To be vaulted, Plin Hist 11, 28

Concastigo, āre act To chastise, or punish, Plaut Bacch 3, 3, 94

|| Concatenatus, a, um part Chained, or joined together, Min Fœlix ‡ Catenatus

† Concatenatio, [illegible] f An assembly, [illegible] ... Catio

Concavo, āre act To make hollow, to bend, ... Ov Met 2, 195

Concavus, a, um adj Spelun[carum] concavæ altitudines Hist ... Cic ... Concavis [illegible] ... Ov Met 4, 60 ‡ Convexus

Concedens, tis part (1) Making [illegible] ... (2) [illegible] ... (1) Ris[illegible] habitum [illegible] concedens vobis, ... (2) [illegible] ... cedens nemini, ... Concedo

Conceditur, impers ... Concessum est, ... [illegible]

Concedo, ĕre, ssi, ssum act (1) To depart, retire, or withdraw (2) To give, ... or [illegible] (3) To grant, or allow, ... to cede, or give way (4) To [illegible] ... (5) To [illegible] ... (6) [illegible] ... (7) To [illegible] ... Per [illegible] ... (8) To [illegible] (1) = Concedite, atque abscedite omnes de via decedite, Pl ... § Concede ad dextram, [illegible] aliquo, ... ab oculis, ... ex ædibus, ... in loca altiora, ... (2) Neque nos quoque [illegible] concedit dies, Plaut (3) = Date hoc, & concedite pudori meo, Cic (4) Magnitudini medicina magnitudo doloris concedit, Cic (5) Præstat tamen ing[enio] [illegible] alium, concedo, ... ‡ Contra ... Neque concedo [illegible] neque [illegible] ... repugnabo, ... Cum M Marcellum S P Q R concessisset, ... (6) Si, ... Ann 4, 8 concessero, ... (8) Partem [illegible] ... Concedo ... [illegible] alterius, ... Liv [illegible] ... Cic Off 1

Concedor, i, ssus pass To be permitted, allowed, pardoned, &c Cic

Concelebro, āre act (1) To celebrate, to solemnize, to keep a feast, banquet, funeral, ... (2) To frequent, or resort to (4) To set forth, set forth, or make renowned (5) Ludos concelebrare, ... (1) Funus, Ti[illegible] ... convivia, Cic (2) Quæ terras frugiferentes concelebras, Lucr ad Venerem (5) Pratesm Hymenæo concelebrare, ... (4) Fama, ... [illegible] ... concelebravit, Cic

Concelebror, āri pass (1) To [illegible] ... a holy day, funeral, ... Liv

|| Concelo, āre act To keep close, to hide, or conceal, Gell 11, 9 ‡ Celo

Concentio, ōnis f verb [a concino] A concert of voices, an accord in music, singing in tune, harmony, melody, Cic [illegible] R Occ

|| Concentricus, a, um [illegible] ... Verstion in

Concentio, āre [a con & [illegible]] ... Met [illegible] ... Concentus [illegible] ... sycophantias, Plaut

Concentus, ūs m verb [a concino] (1) A [illegible] ... (2) [illegible] ... (3) [illegible] ... (1) Bono [illegible] concentu ... Off 1 14 (2) [illegible] trinium consensu, concentu ... (3) Veteres [illegible] concentibus, ... 1, 15

Conceptaculum, i n [illegible] ... Sup[illegible] ... cubi concep[illegible] ... Plin

Conceptio, ōnis f verb [a concipio] (1) The conceiving, or [illegible] ... &c (5) ... [illegible] Con[illegible] ... pur[illegible] ... Plin 2, 22 ... Cic ... D 2 ... [illegible] conceptio ... rum conceptum, Cic ... Ju[illegible]

Conceptivæ feriæ [illegible] as Latin ... [illegible] ... Feriæ stat[æ] ... 12

Conceptus, a, um part [a concipio] (1) Conceived ... (2) [illegible] ... (4) [illegible] form, or [illegible] ... Tria [illegible] concepta ... Ov Fast 2, 18 ... = [illegible] Statim istud conceptum ... [illegible] ... conceptum verbis conceptis ... Conceptus ... ‡ Stat

Conceptus, ūs m verb [a concipio] (1) A conceiving, or [illegible] ... (2) The [illegible] ... fœtus [illegible] ... ¶ [illegible] facere, to conceive ... (3) || A [illegible] ... (1) = Ex ... concubitu & conceptu, & [illegible] ... (2) Conceptus infusus lev[illegible] ... parentem, ... (3) ... † Cogitationes, [illegible] ... [illegible] Flagrante [illegible] ex conceptu camini, ... Conceptus aquarum inertium ... tos, ... Sen

|| Concerno, ĕre, cr[evi] [illegible] (1) || To sift, or mix (2) [illegible] ... to perceive, ... (1) Aug ... (2) [illegible] glossis pendet ... [illegible] ... Hæc notio [illegible]

Concerpo, ĕre, psi, ptum [ex con & carpo] To [illegible] ... tolas concerpo, Cic ad Att

Concerpor, i, ptus pass To be torn in pieces, Plin

Concerptus, a, um part Rent, torn in pieces, pulled to pieces, ... Concerpta lana, Plin ... caro recens, ... 26

Concertatio, ōnis f verb (1) Contention, dispute, strife, ... (2) A difference, [illegible] ... (1) Studio concertationis ... hit hoc, modò illud Cic de D ... 1, 50 (2) Concertationes ... tiarum, nullo idem censente, Pl 29, 1 [illegible] Quin 7,3 [illegible] 14,2),3 [illegible] = Hoc [illegible] de Thu [illegible] Cic Part [illegible]

[illegible]

Conchylium, [illegible] (1) [illegible] Murex (2) [illegible] Also [illegible] (1) Nitent simplent concl[illegible], Hor [illegible] 2,4,30 (2) Lanatum conchylia [illegible] candorem revocet [illegible] (3) Horum ego non fugiam conchylia? Juv 3,81

* Conchyli[illegible] Plaut Rud 2 2,5

Concido, ere, di, sum [illegible] [ex con & cado] (1) [illegible] (1) Haec [illegible] concidit [illegible] (2) [illegible] Pompeium concidere [illegible] (3) Magnitudinem eorum [illegible] concidere [illegible] Cic N D 1, [illegible] Cic Attic [illegible]

Concido, ere, di, [illegible] con & caedo] (1) [illegible] Cic Ep [illegible] 6,28 (1) Ope Carthaginis concider[illegible]

Concio, ere, [illegible] (1) [illegible] Quantus [illegible]

Concil[illegible] (1) [illegible] Nutibus, & concil[illegible]

Conciliat[illegible] Concili[illegible] (1) Per [illegible] conciliationem [illegible] (2) = Conciliationem & con[illegible] debemus, Cic Off 1, 41

Conciliator, oris m verb [illegible] Liv 21,15 [illegible]

Conciliatrix, icis f [illegible] (1) [illegible]

[illegible] Conciliatus [illegible] Sil Fl[illegible]

Conciliatus [illegible] part [illegible] comp (1) [illegible]

(2) Concilio, [illegible] 69, 130 (4) Fugitivos proci, male concili[illegible]

Concilio, [illegible] act [illegible] verb [illegible] Luc 2,59 & [illegible]

Concilio, [illegible] act [illegible] conciliu[illegible] (1) [illegible] (8) [illegible] = Concilia, & conjungit inter se homines ratio & oratio, Cic Off 1,16 (2) [illegible] (5) Juncta animos [illegible] Animos conjugum conciliat [illegible] (6) Auro concilia[illegible] (7) [illegible] (8) [illegible]

Concilior, ari pass [illegible]

Concilium, ii n [con & calo, voco] (1) [illegible] (2) Also [illegible] (5) Also [illegible] (1) Concilio [illegible] (2) = Concilia coetusque [illegible]

Concinnator, oris m verb [illegible] (1) [illegible] Concinnatoris [illegible]

Concinnatus, [illegible] part [illegible] concinnatio [illegible]

Concinnitas, atis f (1) [illegible]

[illegible] Concin[illegible] comp [illegible]

[illegible] 1,18 Ratio [illegible]

Concinne, [illegible] adv [illegible] concinnare vestem, Plin [illegible] (2) Concinnare [illegible] concinnat [illegible] (5) Concinnare [illegible] 69 [illegible] Plaut [illegible]

Concinnor, ari pass To be fitted, &c.

Concinnus, a, um adj or comp [illegible] mistura, [illegible] (1) [illegible] Tectorium concinnum, [illegible] (2) = Concinnae & venustae [illegible] paulo concinnior [illegible] (4) Sat, [illegible] concinnis [illegible] Concinnior [illegible] Concinnior [illegible]

Concino, ere, [illegible] [ex con & cano] (1) [illegible] (2) [illegible] (4) [illegible] (5) [illegible] (6) [illegible] Cic [illegible] 53, 12 (2) Concinit [illegible] (3) Concinunt tubae [illegible] (4) Concines majore poeta plectro Caesarem, Hor Od 4, 2 (5) Omnia non alba [illegible] (6) Stoici cum Peripateticis re concinere videntur, verbis discrepare, Cic N D 1, 7

Concinor, i pass To be sung [illegible] Cic Fin [illegible]

Concio, ire [illegible] act [ex con & cio, [illegible] (1) [illegible] (2) [illegible] (1) Obstitit atque [illegible] concienda multitudine [illegible]

Concio, onis f [concieado [illegible] (1) [illegible] (2) Meton [illegible] (3) [illegible] = Concio & conventus civium, Cic [illegible] (2) Legi concionem, nihil [illegible] Ascendit in concionem, concurritur [illegible] Concionem [illegible]

Concionabundus, a, um [illegible] Liv [illegible] 27

Concionalis, e adj (1) [illegible] (2) [illegible] (1) [illegible]

Concionator, [illegible]

Conciŏnator, ōris m *A speech-maker, or publick speaker, a demagogue*, Cic Cat 4, 5 *ferè in pejorem partem*

Conciŏnatōrius, a, um adj *Belonging to orations, or assemblies, to speeches, or preaching*, Gell 1, 11

Conciōnor, ātus sum dep (1) *To make publick orations, to harangue, or speak to the people* (2) *To preach* (1) Cæsar ad populum concionatus est, Cic (2) § De religionibus sacris & cærimoniis est concionatus, Cic

Concĭpio, ĕre, cēpi, ceptum act [ex con & capio] (1) *To conceive, or conceive in mind* (2) *To entertain, or get or hold it* (3) *To devise, plot, or contrive* (4) *To receive, or comprehend* (5) *To gather, or to take* (6) *To resolve, or determine in mind* (1) Concipere ex marito, Cic pro Cluent 11 (2) Principes non solùm vitia concipiunt, sed etiam infundunt in civitatem, Cic (3) Quodnam concepi tantum scelus? Cic (4) Rem in ignem mente concipere, *Quint* (5) Audet tamen Valerius concipere summas, *Liv* (6) Nefas aliquod mente concipere, *Ovid* ¶ Concipere verba juramenti, *To give one an oath, to prescribe a form of words to which he must swear, to draw up an oath in form*, Liv Concipere flammam, *Cic* ignem, *Lucr To take fire, to be on a light fire* Concipere iras, *Ov* furorem, *Sil* sitim, *Ov* vires, *Plin To grow angry, mad, thirsty, strong*, § inimicitias cum aliquo de re aliquâ, *To bear him a grudge*

Concĭpior, i, ceptus pass *To be conceived, contrived*, &c Cic ¶ Voto concipi, *To be wished for*, Pater 2, 89

Concĭpilo, āre [ex con & antiq pilo, *quod à* πίλος, cogo, *pro* compilo, *nec* recte perire *pro* reparare] *To seize upon* Offatim concipilare, *To tear in pieces*, Plaut Truc 2, 7 61

Concīsè adv *In pieces, briefly, concisely*, Quint 2, 21 = Minutè, *Idem*

|| Concīsōrius, a, um adj Fermentum concisorium, *A knife that cuts, wherewith herbs, or other things are pared*, Veget 1, 56

Concīsūra, æ f *A cutting, chopping, or hacking*, Sen Ep 101

Concīsus, a, um part [à concidor] (1) *Cut in pieces, hewed, chopt, hackt, battered, bruised* (2) *Killed* (3) Met *Broken, humbled* (4) Adj *Short, brief* (1) Ligna senex minuit, concisaque construit arte, *Ov Fast* 2, 647 Pulsatus rogat, & pugnis concisus adoret, *Juv* 3, 00 (2) Exercitus tribus horis concisus, *Cic* de *Div* 1, 35 (3) Multis judiciis ignominiisque concisus, *Cic* (4) = Angustè & concisis disputationibus illigati, *Cic*

Concitāmentum, *An incentive, or stirring up, a emotion*, Sen de *Ira*

Concitātio, ōnis f verb (1) *A stirring, raising, or moving* (2) *A motion, or disturbance of the passions* (3) *Mutiny, sedition* (1) Modulatione collocationis, & vocis judicum concitationem petere, *Quint* (2) Vehementiores animi concitationes, *Cic* (3) = Plebis contra patres concitatione & seditione nunciatâ, *Cic*

Concitātor, ōris m verb *A mover, or stirrer up* = Concitator & stimulator seditionis, *Cic* pro *Domo*, 5 Multitudinis, *Cæs* B C 3, 21

Concitātrix, īcis f verb *She, or it, that moves, provoke, or stirs up* Concitatrix vis, *Plin* 26, 10

Concĭtātus, a, um part & adj or, comp issimus, sup (1) *Stirred, provoked, moved* (2) *Put on, speeded* (3) *Violent, vehement, eager* (1) § Concitatus ardore animus, *Cic* (2) Concitatus calcaribus equus, *Liv* (3) Motus concitatissimus, *Quint* Concitatior clamor, *Liv*

Concĭto, āre freq [à concieo] (1) *To stir up, or cause* (2) *To raise* (3) *To trouble, or disturb* (4) *To put forward, to exhort*, &c (1) In morbis, quos bilis concitavit, *Cels* (2) Ætoli Romanis concitabant bellum, *Liv* (3) = Animis perturbantur, & concitantur, *Cic* (4) Concitat calcaribus equum, *Liv* Concitare se ras, *To chase, or hunt them*, Ov

Concitor, āri pass *To be stirred, raised*, &c Cic

Concitor, ōris m verb [à concieo] *A stirrer, a causer, a disturber, a mutineer* Belli concitor, *Liv* 4, 28, 2

Concĭtus, a, um part [à concieo] (1) *Moved, stirred, raised* (2) *Excited, provoked* (3) *Hasted, sped* (1) § Concita æquora ventis, *Ov* (2) = Concitus ad iram, *Cic* § ira, *Sen* motu divino, *Ovid* (3) Concitus cursu, *Virg Æn* 12, 902

Concĭtus, a, um part [à concio] *Summoned together*, Val Flacc 5, 576

Conciuncŭla, æ f dim [à concio] *A small assembly, a short oration*, Cic Attic 2, 16

Conclāmātio, ōnis f verb *A noise of many together, a shout, an hubbub*, Tac Ann 3, 2, 3 & Hist 4, 1, 5

Conclāmātum est imperf *It is given up for lost, there is no more to be said, it is past all hope*, Ter Eun 2, 3, 56 A form of speech taken from a custom of calling the dead party by his name for eight days successively on the ninth, concluding him past all hopes of recovery, they carried him forth, and buried him

Conclāmātus, a, um part Corpora nondum conclamata, *Dead and buried*, Luc 2, 23

Conclāmito, āre freq *To cry aloud, or shout all about after one, to make many outcries*, Plaut Merc 1, 1, 51

Conclāmo, āre act (1) *To cry together, to make a shout* (2) *To cry, or call upon with a loud voice* (3) *To make proclamation* (1) Universi unâ mente atque voce conclamâstis, *Cic Philipp* 6 (2) Italiam conclamat Acestes, *Virg* (3) Vasa militari modo conclamare jubet, *He gives orders for marching with bag and baggage*, as in the decamping of an army, *Liv* 6, 28 Conclamare auctionem, *Plaut Men* 5, 9, 0

Conclāmor, āri pass *To be cried out, or proclaimed*, Cæs B C 1, 66

Conclāve, is n [ex con & clavis] (1) *An inner parlour, or chamber, or private room, whereinto the servants cannot come but with one key*, Fest (2) *A dining room* (3) || *The conclave, where the cardinals meet to choose the pope* (1) Est in his ultimis conclave in ædibus quoddam retro, *Ter* (2) In singulis conclavibus tricenos lectos, *Cic Verr* 6 = Triclinium, *Quint* (3) *Ex usu hodierno*

Conclāvium, i n *Plaut* & in gen pl conclaviorum, *Vitr* 6, 5 *A parlour* Sed conclave longè usitatius

Conclausus, a, um part *Shut up together, inclosed* Coarctata & conclausa femina, *Col* 3, 12

Conclūdo, ĕre, si, sum act [ex con & claudo] (1) *To shut up, or inclose, to lock up* (2) *To stop* (3) *To confine, or circumscribe, to encompass, or hem in* (4) *To comprehend, or comprize* (5) *To gather, or infer* (6) *To conclude, finish, and make an end* (1) § Me in cellam aliquam cum illa concludam, *Ter* Animum concludit in corpore Deus, *Cic* (2) Val Flacc 7g 1 (3) Cingitur ac concluditur portus urbe, *Cic* & *Met* Fortuna in unum conclusit diem, *Ter* (4) Tametsi verbis interdicti non concluditur, *Cic* (5) Deinde concludebas summum malum esse dolorem, summum bonum voluptatem, *Cic* (6) Concludis epistolam quandam hoc modo, *Cic Att* 9, 10

Conclūdor, i, sus pass *To be included, concluded*, &c *Cic* Vide Concludo

Conclūsè adv *Concludingly, closely, roundly, fitly* = Conclusè apteque dicere, *Cic Orat* 59

Conclūsio, ōnis f verb (1) *A shutting up, or inclosing, a siege* (2) *An end, a conclusion* (3) *A reason, argument* (4) *An inference* (1) *Ap* Eumene, 5 & Cæs B C 2, 22 (2) = In extrema parte & conclusione muneris, *Cic* (3) Hæc conclusio quam habeat vim considera, *Cic Acad* 4 (4) Nulla conclusio est, assumptione non concessâ, *Cic* de *Fin* 2

Conclūsiuncŭla, æ f dim (1) *A foolish, or captious reasoning* (2) *A wrested silly inference* (1) Sophismata aculeata, sic adpellantur fallaces conclusiunculæ, *Cic Acad* 4, 24 (2) Contortulæ & minutæ conclusiunculæ Stoicorum, *Cic Tusc* 2, 18

Conclūsūra, æ f *The end, or extremity of a thing*, Vitruv 6, 11

Conclūsus, a, um part [à concludor] & adj or comp (1) *Shut up, inclosed* (2) *Limited, confined* (3) *Comprehended, comprized* (4) *Concluded, ended* (1) Conclusa aqua facilè corrumpitur, *Cic* (2) Conclusior locus, *Hyg* 4, 14 Angustia conclusæ orationis, *Cic* (3) = Omnia officia domestica conclusa & comprehensa sunt, *Cic* (4) Oratio non conclusa, *Cic* = Facinus crudelitate perfectum, atque conclusum, *Id*

Concoctio, ōnis f verb [à concoquo] *Concoction, digestion in the stomach*, Plin 20, 5

Concoctus, a, um part [à concoquor] *Sod, or boiled with, concocted, digested*, Lucr 4, 635 Vide Concoquo

Concœnātio, ōnis f [ex con & cœno] *A banquet, or supping together* Græci convivium tum compotationem, tum concœnationem vocant, *Cic* de *Sen* 13, 10

Concŏlor, ōris adj *Of the same colour* Cum fœtu concolor albo, *Virg Æn* 8, 82

Concŏmĭtātus, a, um *Accompanied, attended*, Plaut Mil 4, 3, 20

Concŏpŭlo, āre act *To couple, or join together*, Lucr 6 1076

Concŏquens, tis part *Digesting, ripening*, Plin 24 38

Concŏquo, ĕre, xi, ctum act (1) *To boil or seethe* (2) *To concoct, to digest* (3) Met *To brook, to endure, to suffer, to abide* (1) Medea Peliam concoxit senem, *Plaut* (2) Bene concoquit Chærinus, & tamen pallet, *Mart* (3) = Ut quem senatorem concoquere civitas vix posset, regem ferret, *Liv* 4, 15

Concordia, æ f [à concors] *Agreement, peace, concord, harmony* Parvis dives concordia rebus, *Sil*

‡ Concordiâ parvæ res crescunt, discordiâ maximæ dilabuntur, = Conjunctio, consensio, *Cic* (2) Also a goddess so called, *Ov Fast* 1, 637

† Concordĭtas, ātis f *Agreement*, Pacuv † Concordia

Concorditer, issime sup adv *Agreeably, peaceably* = Concorditer & amore mutuo vixit, *Liv* 7 Quicum concordissimè vixerat, *Cic*

Concordo, āre (1) *To agree, to accord* (2) *To be in tune, to hold together* (1) Si concordabit cum illa, *Ter Ph* 3, 3, 96 Sensus cos concordare modo, *Ov Met* 10, 146

Concorpŏro, āre act *To incorporate, or knit together, to consolidate*, Plin = Communico, &c

Concorpŏror, āri pass *To be joined, or mixed in one body, to be incorporated*, Plin 22, 24 = Communico, Cic

Concors, dis adj [ex con & cor, per sync fact ex animi] comp ior, sup (1) *Of one mind, or will, harmonious, peaceable, quiet* (2) *Friendly, or of the same sort* (3) *Tuneable, harmonious* (1) = Concertus & concors civitas status, *Cic* Multo fit civium concordior, *Plaut Aul* 3, 5, 1 Concordissimis fratribus, *Cic* pro *Ligar* 2 (2) Nilus aquis concordibus se junxit, *Plin* 5, 9 (3) Sonus concordi sono, *Ov* 5, 664

Concrēdĭtus, a, um part *Intrusted, delivered in charge* = Cui fama mortui, fortunæ vivi, commendatæ atque concreditæ, *Cic* pro *S Rosc*

Concrēdo, ĕre, didi, ditum act (1) *To intrust, deliver, or commit, or trust, to trust one with a thing* (2) *To venture, or hazard* (1) Concredere in custodiam, *Plaut* Cui tu & rem & famam tuam commendare & concredere bas, *Cic* pro *Quint* 20 (2) Concredere mari navigia, *Col*

† Concrēduo, ĕre, ui *Idem*, concredo, *Plaut Aul* 3, 6, 49

Concrĕmo, āre, act *To burn together, to set on fire* § Urbem concremare, *Liv* 6, 33

Concrĕmor, āri pass *To be burnt, or set on fire*, Sen Phœniss

Concrĕpo, āre, ui, itum *To make a noise, to rustle, to rattle, to ring, or creak as a door, to clap, to cry softly*, Cic Ostium concrepuit, *The door creaked*, Ter Concrepare digitis, *To make a snapping with his fingers*, Cic § Act cum acc Temesæaque concrepat æra, *He maketh them ring, or jangle*, Ov Fast 5, 441

Concrescentia, æ f [à seq] *An increase, an abounding* Ex ... rum in corporibus subsidentia, & concrescentia, *Vitruv* 8, 3

Concresco, ĕre, evi, etum (1) *To grow, to be joined together* (2) *To congeal, to be frozen* (3) *To clot, to curdle, to thicken, to be thick* (1) Ut ipse tener mundi concreverit orbis, *Virg* (2) Concrescunt flumine crustæ, *Virg* Concrevit frigore sanguis, *Virg* Concresse, *sync pro* concrevisse, *Ov Met* 7, 416

Concrētio, ōnis f verb [à concresco] *A gathering, or growing together, the thickening, or waxing hard of any thing, concretion* Mens segregata concretione mortali, *Cic Tusc* 27

Concrētum, i n (1) *A thing grown together, or made up of several ingredients, a substance*, or solid thing

= Nihil habet concreti, nil solidi, *Cic* N D *Cic* || *A term of Logi* ✝ Concretum, *th quality conjoin'd with its subject*, as, nigrum, *a black thing* Abstractum, *when it is consider'd without*, as, nigror, *blackness*

Concretus, a, um part & adj or, comp [a concresco] (1) *Form'd, put together, compounded, made*, (2) *Congealed, frozen* (3) *Curdled, thickned* (5) *Gross, thick* (6) *Fixed, habitual* (1) De omni quod erit concretum & corporeum sustinebat animo, *Cic* (2) Concretas pigro frigore ridet aquas, *Mart* 4, 3 ✠ Gumma vel concreta vel resoluta gelu, *Claud* (3) Concreti sanguine crines, *Virg* (4) Concretum lac, *Virg* (5) = Crassus & concretus aer, *Virg* Concretus æquo semen, *Lucr* 4, 1258 (6) Donec summa dies concretam exemit labem, *Virg Æn* 6 746 interpr Serv

Concretus, ûs m *A growing together*, &c In concretu albicans succi & tabescentis, *Plin* 1, 16 Ed Hard 55

|| Concriminatio, ōnis f verb *A crimination*, Digest

Concriminor, ātus sum dep *To blame, or accuse, to charge, or tax, to rail against* § Concriminari adversum aliquem, *Plaut Mil* 2, 8

Concrucio, āre act *To torment*, *Lucr*

Concrucior, āri pass *To be tormented all over*, Lucr 3, 149

|| Concrustatus, a, um *Made hard all over*, Amm ✝ Crustatus

Concubina, æ f *A concubine, a harlot, a paramour, a miss*, Cic de Orat 40

Concubinātus, ûs m *Whoredom, fornication, concubinage*, Plaut Pœn Prol 10 ✠ In concubinatum dare, magis quam in matrimonium, *Ter* 3, 2, 65

Concubinus, i m *He that hath a concubine, or boy abused*, Catull 59, 130

Concubitus, ûs m verb [a concumbo] *A lying, or lodging together, a being with one another, the act of generation, or copulation.* Concubitus neque nimis concupiscendus, neque nimis pertimescendus, *Cels* Voluptas sollicitat concubitus, *Virg Geor* 3, 130

Concubium, ii n (1) *The still and dead time of night, when people are in bed, and in their first sleep*, Plaut Trin 4, 2, 44 (2) *A lying together, or the lying with a woman*, Gell 9 10

Concubius, a, um adj Concubia nox, *When people are in bed, and their first sleep* Hannibal concubia nocte movit, *Liv* 25, 9

Conculcatio, ōnis f verb *Trampling, or pressing with the foot*, Plin 18

Conculcatus, a, um part *Trodden under foot*, Firm ✝ conculcor,

Conculco, āre act [ex con & calco] (1) *To tread, or trample under foot* (2) Met *To lay waste* (1) Pedibus virum conculcant equi, *Ovid* (2) Conculcari miseram Italiam videbis, *Cic Att* 8, 11

Conculcor, āri pass *To be trodden, or trampled, or laid waste*, Conculco, N 2

Concumbo, ĕre, cubui, itum *To lie together* § Si pepererit, cum viro concubuit, *Cic* § At Venus mente pio concumbere furtim, *Tibull* 1, 8, 35 ☞ Non inusitatum quæ concubitum, nisi in poetis venereis

Concupio, ĕre, ivi, itum *To covet, or earnestly, to long, or*

lust Sicut tu semper summè concupisti, *Cic* ☞ *In antiquis temporibus them itis, pro quibus est in usu concupisco*

Concupiscendus, a, um part *To be desired*, Cels V Concubitus

|| Concupiscentia, æ f [a concupisco] *An eager, or earnest desire, a coveting, as well of good things, as evil, concupiscence, lust*, Freq ap Ecc ✝ Appetitus, libido ☞ *Legitur hæc vox ap Cic* 6, 8, 19 *sed in locis satis pro vere tur dicti*

|| Concupiscibilis, e adj *That which desires earnestly*, Eccles & philos condonan sum

Concupisco, ĕre, ivi, itum act *To covet, or desire, to lust after* Quod concupiscas tu videris, quod concupiveris certe habebis, *Cic* ✠ Quamvis ista non appetit, tam gratè tamen excipit quasi concupiverit, *Plin Ep* 2, 2

Concupiscor, i pass *To be desired*, Plin 11, 6 & *Val Max* 6, 3, 1

✝ Concupitor, ōris m verb *A desirer*, Litim ✝ Qui concupiscit

Concupitus, a, um part [a concupiscor] *Coveted, longed for, lusted after*. Adipisci aliquid concupitum, *Cic Tusc* ℚ 4, 6

|| Concurator, ōris m verb [a seq] *A fellow guardian, or trustee*, Ulp

Concuro, āre act *To take care of, or look to several things together* Hæc concuret coquus, *Plaut Bacch* 1, 2, 23

Concurrens, tis part *Running together, meeting*, &c *flowing together*, Cels *Vid* Concurro

Concurritur impers Ad arma concurritur, *They run together*, Cæs B G 7, 4 Concurritur, absol *They give the shock, or charge*, Hor Sat 1, 1, 7

Concurro, ĕre, ri, sum neut (1) *To run with others, to run together, to come about one* (2) *To gather, or flow together* (3) *To be, or be placed together* (4) *To run at, or against one another, to fall foul on one another, as ships do* (5) *To give the shock, or charge* (6) Met *To grapple, or strive with* (7) *To concur, to come, meet, or join together* (8) *To agree, or to be equal and alike* (1) Tota Italia concurrit, *Cic* (2) Si in stomachum biliosi concurrunt, *Cels* (3) Cum nobis non dicitur, sed nobiscum, ne obscœnius concurrerent literæ, *Cic* (4) Cyrdas montes concurrere montibus, *Virg Æn* 8, 692 (5) Audet viris concurrere virgo, *Virg Æn* 1, 497 (6) Juvenem imparibus video concurrere fatis, *Virg Æn* 12, 149 (7) Concurrunt multæ opiniones, *Ter Heaut* 2, 2, 3 (8) Si accidisset ut non concurrerent nomina, *Cic Attic* 16, 3

Concursans, tis part *Meeting, or going together* Ipsi pedibus circum milites concursans, *Hirt B Afr* 81

Concursatio, ōnis f verb (1) *A running of people together, a tumult, disturbance* (2) *An earnest contention* (3) *A medley, or confusion* (1) Puerorum concursatio nocturna, *Cic pro Dom* 6 (2) = Concursatio & contentio, *Cic Fam* 1, 1 (3) Exagitatæ mentis concursatio, *Sen Ep*

Concursātor, ōris m verb *A runner to and fro, a skirmisher, or pickeerer*, Liv 27, 18 & 31, 35

|| Concursatorius, a, um adj *Running together* Concursatoriæ pugnæ, *Skirmishes, or conflicts of parties when they meet*, Amm 16, 14 ✝ Concursans

Concursio, ōnis f verb *A running, or meeting together* Fortuitarum rerum concursio, *Cic Top* 19 Vocalium concursio, *Ad Herenn* 4, 12

Concursio, āre freq [a concurro] *To run to and fro up and down, both hither and thither, to frequent* Concursare circum tabernas, *Cic Catil* 4, 8 ✠ Concursare, coire, & dissultare vicinim, *Ter* 3 296

Concursus, ûs m verb [a concurro] (1) *A running of people to a place, a resort* (2) *An encounter, or engagement* (3) Met *A happening, or coming together, or at once* (1) Concursus est ad me factus, *Cic* (2) Barbarorum uno concursu maximam vim prostravit, *Nep in Cim* 2 (3) Calamitatum concursu labefactata cogitatio, *Cic Fin* 5, 13

✝ Concurvo, āre act *To bow, or bend a thing*, Macrob ex Laber Sat 2, 7 ✝ Curvo, flecto

|| Concussio, ōnis f verb (1) *A shaking, a trembling* (2) Also *a combination against the innocent* (1) Vasa sine concussione portare *Col* 9, 14 (2) Crimen concussionis *When an officer by threats, or pretences of authority extorts any thing from the people*, Ap JCC

Concusso, āre *To shake often, or much, to jog*, Lucr 2, 215 & 1, 396 Sed in opt edit reperitur concursare, concursare

Concussus, a, um part (1) *Shaken* (2) Met *Moved, troubled, disquieted, disturbed* (1) Concussa quercus, *Virg Georg* 4, 81 (2) Æneas casu concussus acerbo, *Virg Æn* 5, 700.

Concussu, m abl *By shaking, or stirring*, Lucr 6, 546

Concutiens, tis part *Shaking, forcing*, Ov Met 2, 49 Plin 18, 35

Concutio, ĕre, ssi, sum act [ex con & quatio] (1) *To shake, or jog, to stir* (2) *To shake, or brandish* (3) *To make to tremble, or shake* (4) *To pelt* (5) *To strike the cloth thick with the stay in weaving* (6) Met *By force, or terror to extort money from people* (7) *To terrify, to trouble and disorder, to vex and disquiet* (1) Concutere multa gestatione corpus, *Cels* (2) Tela concutere, *Ov* (3) Qui templa cœli summa sonitu concutit, *Ter Eun* 3, 5, 42 (4) Hyems concutit plebem grandine, *Stat* (5) Apud JCC (6) Apud JCC (7) Quascunque libet nunc concute mentes, *Val Flacc* Fortuna lusu concutit urbem, *Virg Æn* 12, 594

Concutior, i pass *To be shaken*, &c *Lucr* 6, 557

Condalium, ii n *A kind of ring that servants wore, a thimble*, Plaut Trin 4, 3, 7

Condecens, part *Meet, convenient* In loco condecenti, *Amm*

|| Condecenter adv *Becomingly, seemingly, handsomely, properly*, Gell 16, 12 *ubi it* conducenter

Condecentia, æ f *Becomingness, seemliness, fitness*, Cic de Orat 3, 52

Condecet [quasi ✝ condeceo] *It well becometh, it beseemeth, it is meet, or fit* V de an ornatus hic me satis condecet, *Plaut Pseud* 4, 1, 24 Capies quod te condecet, *Id Amphitr* 2, 2, 50 Meretricem esse similem sentis condecet, *Id Truc* 2, 1, 16

Condecoratus, a, um *Adorned, gracefully, handsom*, Varr L L 4

|| Condecorè adv *Very handsomly, or gracefully*, Gell 14, 4 ✝ Decorè

Condecoro, āre act [ex con & decoro] *To grace, to honour, or credit, to embellish, to adorn, to set forth, to deck* Potestas condecorandi ludos, *Terent Hec Prol* 37

Digna loca picturis condecoravit ap *Pl* 35, 10

Condeliquesco, ĕre, ui *To melt together, to incorporate*, Cato 23

Condemnatio, ōnis f verb *Condemnation*, Ulp ✠ *A absolutio*, Condemnationis litera, *Ascon in Div* Cic

Condemnator, ōris m verb *A condemner, an accuser, or impleader* Claudiæ condemnator, *Tac Ann* 4, 66

Condemnātus, a, um part *Condemned* Injuriarum condemnatus, *Cast in an action of trespass* § Scelerum condemnati, *Cic* 1 in 6, 6

Condemno, āre act [ex con & damno] (1) *To accuse* (2) *To cast, to be condemned, or cast in judgment* (3) *To condemn as a judge* (1) § Condemnabo eodem ego te crimine, *Cic* (2) § Apud judicem hunc argenti condemnabo, *Plaut* 5, 1, 50 (3) Sorte judex in reum ductus cupide condemnavit, *Cic* 12 § ✝ Hunc hominem Veneri absolvit, sibi condemnat, *Cic Ver* 4 § De alea condemnare, *Id*

Condemnor, āri pass *To be accused, condemned*, &c *Cic*

Condens part *Hiding, covering*, Claud

Condensatio, ōnis f verb *A thickning, or hardning* Condensatio, συναφμα, *Vet Gloss*

Condenseo, ere *To make thick, to condense* Quia se condenseat aër, *Lucr* 1, 392

Condensitas, ātis f *Thickness, or closeness*, Apul ✝ Densitas

Condenso, āre act (1) *To make thick, to condense* (2) *To cram, or flock together* (1) Hæc benunâ condensato, quam maximè uti lutum fiat, *Cato* 40 (2) Condensant se in unum locum oves, *Varr*

Condensor, āri pass *To be thickned, or press'd together* Cileus ponderibus condensatur, *Col* 7, 9

Condensus, a, um (1) *Thick* (2) *Close together* (1) Condensum corpus, *Lucr* 6, 101 (2) Condensa acies, *Liv* 26, 5

Condepso, ĕre, ui, itum act *To mingle, to knead together* Postea farinæ libras duas conspergito, condepsitoque, *Cato* 67

Condico, ĕre, xi, ctum act (1) *To appoint, order, to agree upon a thing, to declare* (2) *To undertake, to promise* (3) *To claim in a legal way* (1) = Sic constituunt, sic condicunt, *Tac de Germ* 11, 3 (2) Cum hanc operam condicerem, non eras in hoc albo, *Plin* (3) Quarum rerum, litium, causarum condixit pater patratus P R Quiritium patri patrato priscorum Latinorum, *Fam Vet* *juris* er *Liv* 1 ¶ Condicere inducias, *To agree upon a truce*, Liv Alicui cœnam, *To promise one to come and sup with him*, Suet § absol condicere, ut, cum mihi condixisset, cœnavit apud me, *Cic Fam* 1, 9, 56

|| Condictio, ōnis f verb *An appointment of an action to a certain and set day* Also *an action personal to recover what we demand*, Ap JCC ✠ *Vendicatio*, actio in rem, condictio, in personam, *Ulp*

|| Condictitius, a, um adj Ad condictionem pertinens, *Belonging to one's claim, or demand*, Ulp

✝ Condictum, i n *An accord, or agreement*, Fest ✝ Pactum

Condictus, a, um part *Made, or appointed, promised* Status condictus cum hoste dies, *Plaut Curc* 1, 1, 5 ¶ Subita condictaque cœnula, *A short supper, such as a man bid* bids himself to, and therefore takes such as he finds, Suet Claud 21

Condignè adv Worthily, suitably, as becomes one, Plaut Cap 1, 1, 39 & Bacch 2, 2, 8 Condignè & condecore, Gell

Condignus, a, um adj Worthy, suitable, equal, like Condignum donum, Plaut Amph 1, 3, 3) Dum condignam te sectaris famulam, Id Mil 2, 6, 25

Condimentarius, a, um adj Belonging to spice, or seasoning, serving for pickle Satureia dicta in condimentario genere, Plin Hist 19, 50 juxta Hard

Condimentarius, i m A salter, an oilman, Plin 19, 8

Condimentum, i n Sauce, seasoning, pickle, an haut-goust Cibi condimentum est fames, potionis sitis, Cic de Fin 2, 28

Condio, ire, ivi, itum act (1) To season meat, to powder, or corn it, to pickle (2) To preserve, as in conserves, &c (3) To embalm the dead (4) Met To sweeten, or relish (1) Non ego item cœnam condio, ut alii coqui, Plaut Pseud 3, 2, 21 (2) Herbas omnes ita condiunt, Cic (3) Mortuos cera circumlitos condiunt Persæ, Cic Tusc 1 (4) Hilaritate tristitiam temporum condire, Cic Att 12, 9

Condior, iri pass To be seasoned, &c Cic

Condiscens, tis part Learning, Plin 21, 5

Condiscipula, æ f A she school-fellow, Mart 10, 35

Condiscipulatus, ûs m Fellowship at school, or in learning, Just

Condiscipulus, i m A school-fellow, Cic Tusc 1, 18

Condisco, ere, didici act To learn, to learn with others in company, Cic pro Planc 5

Condiscor, i pass To be learned Ubi a teneris crimen condiscitur annis, Ov Ep 4, 25

Condītāneus, a, um That may be seasoned and pickled, or that may be kept and laid up, Varr R R 1, 24

Condītio, ōnis f verb [a condio] A powdering, or seasoning Ciborum conditio, Cic N D 2, 58 Jus magis jucundum fit conditione, Varr L L 4, 22

Conditio, ōnis f verb [a condo] cujus tamen secunda syllaba est anceps, ut notionem 2 & ult (1) A making, or creation, a frame, or make (2) Met Any state, or disposition of a thing, time, or place (3) || A creature (4) An order, rank, or degree (5) A way, manner, or course, a condition, or case (6) An hoarding, or laying up (7) A bargain, an agreement, or an article, or clause of it (8) Particularly, a treaty of marriage (9) Affinity, a match (10) Unlawful love (11) Power, authority, liberty (12) A choice, election (13) An invitation to supper (1) Tua conditione nasci, Cic Conditi sumus boni conditione, Sen (2) O quam dura premit miseros conditio vitæ, Corn Gall Legum, judiciorum, temporum, conditio impendet, Cic Loci conditio, Ov regionis, Col (3) Dei conditio est thus & merum, Tert (4) Infimi generis conditio atque fortuna, Cic Homo bonæ conditionis, Cic Fam 10, 5 (5) Vitæ conditionem aliquam sequi, Cic Melior conditione est senex quam adolescens Id Afflictiore conditione esse quam cæteri, Id (6) Citrus & conditiones frugum, Cic (7) = Ab aliqua hominum conditione & pactione, Cic in Topic (9) Tu conditionem hanc accipe, atque eam desponde mihi, Plaut Aul 2, 2, 60 Conventa conditio dicebatur, cum primis sermo de nuptiis & earum conditione habebatur, Fest Aut certa in formula rep atu (?) Conditione tua non utor (9) Multi ac diu, et jam ex equestri ordine circum spectis conditionibus filiorum privignum suum legit, Suet Aug 63 (10) Cic pro Cal 15 v & Suet Aug 69 (11) Conditio est liberorum populorum posse suffragiis vel dare, vel detrahere, quod velint, cuique, Cic (12) Duæ conditiones, utrum tu accipias, vide, Plaut (13) Cœnabis mecum, conditio est melior si tibi nulla, veni, Mart 11, 53

|| Conditionalis, e adj Conditional, that hath a condition, words with i, Martian ✠ Absolutus, simplex, purus, ap JCC

|| Conditionāliter adv Conditionally, with, or upon a condition ✝ Sub conditione, Cic

Conditītius, a um [a condio] Pickled, kept, or laid up Tribus mensibus acceptant condititia cibaria, Col 8, 8

Conditivum, i n A grave, a vault to bury in, Sen Ep 60

Conditīvus, a, um adj [vel a condo, vel a condio] (1) That is, or may be preserved, and kept in store for use (2) That may be laid up and preserved, as fruits are (1) Sit conditivis cibis sustinendæ sunt, ne immaturis herbis citentur alvus, Col 7, 9 (2) Varr de R R 1 59 princ

Conditor, ōris m verb [a condo] (1) A maker, a builder, a founder (2) The first inventor, or beginner (3) A compiler, or writer (1) Orbis & imperii conditor Romulus, Flor princ (2) Conditor Peripateticæ sectæ Aristoteles, Col 9, 3 princ (3) Historiæ conditor, Ov Trist 2, 416

Conditōrium, i n [a condo] (1) A place to lay up, or hide things in (2) A sepulchre, or vault to bury in, a coffin, an arsenal, an armoury (1) Sunt Decl 8. (2) In conditorium prosecuta est defunctum, Petron Suet Aug 18

|| Conditrix, icis f She that makes, builds, or founds, Macrob Somn Scip 1, 4 ✝ Quæ condit

Conditum, i n sc vinum, Hippocr as Aet Conditum rosaceum, Wine made of roses, &c Pallad

Conditūra, æ f [a condio] (1) Sauce, seasoning (2) Pickle (1) Sen de Ira 3, 15 (2) Col 12

Conditūra, æ f [a condo] A building, or framing, Petr 28, 6

Conditus, a, um part & adj or, comp [a condior] Seasoned, powdered, or corned, well relished, pickled, tempered, mixed, made savoury, or pleasant, embalmed Jus male conditum, Hor Faciunt cibaria conditiora aucupium & venatio, Cic Met Bene coctus & conditus sermo, Id Att 13, 27

Conditus, a, um part [a condor] (1) Laid up, hidden, shut up, or inclosed (2) Built (3) Met Made, composed (4) Buried (5) Also stale, long kept, rank (1) Pocula condita servo, Virg Ecl (2) Homerus fuit ante Romam conditam, Cic (3) Condita versu carmina, Virg (4) In eo sepulchro Numam conditum accepimus, Cic (5) ✠ Conditum olivum pro viride appositum, Sid in Cf 5

Conditus, ûs m verb [a condio] A seasoning, preserving of grapes, pickling of olives, &c Olivas conditui legere licet, Col 3, ult

Condo, ere, didi, itum act [ex con & do] (1) To lay up, to hoard, to stow (2) To put up (3) To put into (4) To hide, or keep close (5) To bury (6) To make, or build (7) To close, or shut (8) Met To institute, make, or ordain (9) To make, or compose, to write (1) ✠ Nemo fructus condet, nisi ut promat, Varr (2) Condo in cumenam, Plaut (3) In furnum calidum condito, Plaut (4) Nota conduntur in alvo, Virg (5) Ossa parentis condidimus terra, Virg (6) Romam condidere Trojani, Cic (7) Ut lumina condas, Ov (8) Jura condere, Ov fata, Virg jusjurandum, Plaut (9) Carmen condere, Cic historiam, Plin tristia bella, Virg Ecl 6, 7

Condor, i pass To be hid, or laid up, &c Virg

Condocefacio, ere, eci, actum [a con, doceo, & facio] To teach, to instruct, to acquaint, or inform, Cic Tusc 5, 31

Condocefactus, a, um part Taught, instructed = Domita & condocefacta animalia, Tamed, and taught to do as we would have them, Cic N D 2, 64

Condoceo, ere, ui, ctum act To teach, to instruct, Hirt B Afr 5

Condoctus, a, um part or, comp Taught, or instructed together, Plaut Pœn 3, 2 & ibid 4

|| Condolentia, æ f Misericordia vocab A sympathy, or fellow-feeling of another's sorrow, condolence Puri sermonis amator, aut συμπάθεια, aut socie ægritudinis cum Cic diceret

Condoleo, ere To ake, to be in much pain Si pes condoluit, Cic Tusc 2, 22 Hinc to condole, sed alia notione ☞ Vix legitur nisi in præter Condoluit tentatum frigore corpus, Hor Sat 1, 1, 80 Mihi de vento miseræ condoluit caput, Plaut Truc 2, 8, 2

Condolesco, ere incept To grieve, to be in pain Cum naturâ hominem & condolescere & concupiscere dicerent, Cic Acad 2, 10

|| Condolo, āre To make smooth, Apul ✝ Dedolo

|| Condŏmo, āre To tame, to overcome, or subdue, Prud Cath 7, 98 ✝ Edomo

Condonandus, a, um part To be forgiven, Cic Off 2, 22

Condonātio, ōnis f verb A giving away, an exposing Possessionum contra omnium instituta addictio & condonatio, Cic Verr 2, 4

Condōnātus, a, um part (1) Given, granted (2) Forgiven, pardoned (1) ✓ Condono = Datus est tibi ille, condonatus ille, Cic pro Planc 3 (2) Id judicium Attilio condonatum putabatur, Cic

Condōno, āre act (1) To give willingly and freely, to bestow upon one (2) To forgive, pardon, and acquit (3) To omit, or pass by (1) ✠ Seu ego illam non condonavi, sed sic utendam dedi, Plaut Men 4, 2, 94 (2) § Præterita se Divitiaco fratri condonare dicit, Cæs B G 1, 20 h e gratia Divitiaci fratris (3) Habeo alia multa, quæ nunc condonabitur, Ter Eun Prol 17 ubi al condonabuntur

Condormio, ire, ivi, itum To sleep with others, to fall asleep together, Plaut Most 2, 2, 55

Condormisco, ere To fall asleep, to get, or take a nap, Plaut Curc 2, 3, 81 & Mil 3, 2, 13

* Condrilla, æ f vel condrillon, i n An herb in the stalk and flower like wild endive, Plin 22, 22

* Condris, sive potius chondris, f The herb called False dittany, Plin 25, 8

Conducĭbĭlis, e adj or, comp (1) Profitable, expedient, available (2) Also that may be hired (1) Consilium conducibile, Plaut Epid 2, 2, 71 Utrum fuit conducibilius, Ad Heren 2, 14 (2) Cal sed gratis

Conducit, in tertia person & infin It profiteth, it is good, expedient, or available, it makes much for § Id conducit ignorare, Col § Quæ ad ventris victum conducunt, Plaut Capt 4, 3, 6 & ea scriberem ad te, quæ & salutis tuæ conducere arbitrer, &, &c Cic Ep 4, 7

Condūco, ere, xi, ctum act (1) To conduct, or bring along him (2) To assemble (3) To hire, or bargain for (4) To undertake to do a thing at a price, or take a piece of work at great (1) Conducere fidicinam domum, Plaut (2) Virgines unum in locum conduxerunt, Cic de Inv 2, 3 Conducere cohortes, Tac 4, 2, 1 (3) Conducere coquos, Plaut navem Id domum, Cic (4) Redemptor columnam conduxit faciendam, Cic de Div 2, 21

Condūcor, i pass (1) To be led, or brought together (2) To be hired (1) Lu (2) § Nec conduci possum vita uxoris. nuri, Plaut Asin 5, 2, 36.

Conductio, ōnis f verb (1) A hiring, renting, or taking by lease, taking to do at a price (2) Also a collation, or inference, a deduction, or corollary (1) Qui colonus habuit conductum de Cæsennia fundum, cum idem ex eadem conductione fuerit in fundo, Cic pro Cæcin 32 (2) Cic de Inv 1, 40

Conductītius, a, um adj Taken to, or may be hired, or taken to hire = Mercenariæ, & conductitiæ operæ, Varr R R 1, 17 Conductitia fidicina, Plaut Epid 2, 8

Conductor, ōris m verb (1) He that takes, or hires, a who rents a house, or land (2) Also an undertaker of a work for (1) Cic ad Q frat 3, 17 (2) Cic 14, 2

Conductum, i n A thing hired Cic pro Cluent & Petron 9, 4

Conductus, a, um part (1) Hired, or taken to hire (2) Taken up at (3) Brought together (1) Coctum ego conductus, Plaut Aul 3, 3, 9 (2) Conductus coëmens opsonia nummis Hor Sat 1, 2, 9 (3) Auxilia in unum conducta apud Melitenem, Tac Ann 15, 26 ¶ Operæ conductæ, Hired Cic Testes conducti, Knights of the post, Ov Am 1, 10

Conduplĭcātio, ōnis f verb (1) A doubling, a duplicate (2) Also a figure, when one, or more words are repeated over again (1) Quid hoc est conduplicationis? quæ hæc est congeminatio? Plaut Pœn 5, 5, 18 (2) Ad Heren 4, 28

Conduplĭcātus, a, um part Doubled, Digest

Conduplĭco, āre act To double, to pay one double, to give as much Quod benè promeritus es conduplicabit, Ter Phorm 3, 2, 31 Patrimonia conduplicare, 14, 229

Conduplĭcor, āri pass To be doubled Tenebræ conduplicantur, Cic Div 1, 14

Conduridon, An herb the rock in scrophula herb, that in July bears Plin 26, 5

Condūro, āre act *To harden greatly*, Luci 6, 968

Condus, i m *A butler, a yeoman of the larder, a steward*, or *store-keeper* ✠ Condus promus ſum procurator penı, *Plaut Pſeud* 2, 2, 14

* Condylōma, ătis n *A ſwelling in the fundament proceeding from inflammation*, Plin 21. 20

* Condylus, i m (1) *A knuckle, a joint in the knee, ancle, elbow, &c* Mart 5, 79 (2) Also *a ring*, or *tumbler*, Feſt ¶ Complicatis in condylos digitis, *Clutch-fiſted*, Mart

|| Conſabricor, ātus ſum dep *To forge*, or *make, to deviſe*, or *contrive* Odioſe conſabricatus, ommolituſque eſt originem vocabuli, *Gell* 3, extr ✝ Fabricor

|| Confābulātio, ōnis f verb *A talking, or prating together, a telling of ſtories*, Firm ✝ Colloquium, colloeutio

Confābŭlo, āre act *To tell ſtories* Hanc confabulant fabulam, *Plaut*

Confabulor, ātus ſum dep *To talk, to talk*, or *chat together*, Plaut Ciſt 4, 2, 77

Confarreātio, ōnis f *A ſolemnizing of a marriage, a ceremony at marriage, with a bride-cake eaten together*, Plin 18, 3 ✠ Diffarreatio, *Id*

Confarreatus, a, um part [q à confarreor] *Married with a cake eaten together* Parentes confarreati, *Lawfully coupled in wedlock*, Tac Ann 4, 16

Confatālis, e adj *Of the ſame fate*, or *deſtiny*, Cic de Fato 13

Confectio, ōnis f verb [à conficio] *A making up, a diſpatching, or ending of any buſineſs* Confectio annalium, *The making, or writing of chronicle*, Cic belli, *The finiſhing, or making an end of it*, Id eſcarum, *The chewing of meat*, Id

Confector, ōris m verb [à conficio] (1) *A diſpatcher, ender, finiſher* (2) *A conſumer, waſter, or deſtroyer* (1) Negotiorum confector, Cic (2) = Ignis confector, & conſumptor omnium, *Cic* Confector ferarum, *One who fought with beaſts in the amphitheater*, Suet Aug 43 & Ner 12

Confectūra, æ, f *The making, or doing of any thing*, Col 9, 14

Confectus, a, um part (1) *Diſpatched, finiſhed* (2) *Obtained, gotten* (3) *Spent, waſted, worn out* (4) *Tired, haraſſed, ſpoiled* (5) *Killed, murdered* (6) *Chewed, digeſted* (1) ✠ Suſcepta, & confecta bella, *Cic* (2) Victoria confecta, *Cic* (3) Confecta annis ætas, *Col* 1, 9 (4) Civitas ab aliquo confecta, *Cic* (5) Nati cruenta cæde confecti jacent, *Sen* (6) = Cibus confectus coctuſq, *Cic*

Conferbeo, ēre, ui (1) *To grow hot* (2) *To grow together, or cloſe, as broken bones do* (1) Mea cum conferbuit ira, *Hor Sat* 1, 2, (2) ✻ ſilent adverſa inter ſe confervent, *Celſ* 8, 10

Conferciо, ire, ſi, tum act [ex con & farcio] (1) *To ſtuff, or cram in* (2) *To thruſt, or cram in* (2) *To thruſt, or crowd cloſe* (1) Myrrham in folles conferciunt, *Plin* 12, 15 (2) Luci 6, 157

Conferendus, a, um part *To be compared*, &c *Cic Off* 1, 22

Confero, tuli, ferre, collatum act [ex con & fero] (1) *To bring, carry, or put together* (2) *To compare, or avail, to do good* (3) *To confer, diſcourſe, or talk together* (4) *To contribute, or give, to beſtow* (5) *To conſult, conſpire, or agree with* (6) *To lay out, beſtow, or employ*. (7) *To lay, impute, attribute*, or *caſt upon* (8) Conferre ſe, *To go, to betake himſelf to* (9) *To defer*, or *put off* (10) *To join* (11) *To bend*, or *apply* (12) *To refer to*, or *be judged by another* (13) *To compoſe*, or *digeſt* (1) Horreum, quo conferatur ruſticum inſtrumentum, *Varr* 1, 6 (2) Comœdia ad eloquentiam confert, *Quint* 1, 8 (3) Coram brevi tempore conferre, quæ volumus, licebit, *Cic Att* 2, 25 (4) = Nos dabimus, nos conferemus noſtro ſumptu, *Plaut Mil* 5, 2, 39 (5) Non illi quiſquam bello ſe conferet heros, *Catull* (6) Cum ſtudia, & officia in me contuliſſet, *Cic* (7) Verum ne poſt conferas culpam in me, *Ter Eun* 2, 3, 96 (8) Cum ſe contuliſſet Rhodum, *Cic de Orat* 3, 56 Contulerunt ſe in fugam, *Id* (9) Quæ omnia in Martium menſem ſunt collata, *Cic* (10) Noviſſima primis conferam, *Cic* (11) Omnia mea ſtudia in iſtum unum conferam, *Cic* (12) Id omne ad tuum arbitrium conferemus, *Cic Fam* 1, 9 (13) De cultu hortorum in carmen conferemus, *Col* 9, 16 ¶ Conferre pedem, *To ſet foot to foot, to come to the point*, Cic manum, ferrum *to fight*, Id capita, *to conſult*, Id ſigna, *to engage in battle*, Liv rationes, *to caſt account*, or *reckon with one*, Cic caſtra caſtris, *to pitch their camps over againſt one another*, Cæſ

Conferor, ri, collatus, paſſ *To be carried*, &c Col ¶ Verba ſi ad rem conferantur, *If words come to deeds*, Ter Eun 4, 6, 4

Conferte adv *Cloſe*, or *in a heap*, Mart ✠ ſtritatim

Confertim adv *In a heap*, or *crowd, cloſe, pell-mell, in great numbers* Acrius & confertim magis utrinque pugnabant, *Liv* 21, 8

Confertus, a, um part or, comp ſſimus, ſup [à confercio, i e condenſo] *Full, crammed in, thick and cloſe together* § Confertum agmen, *A cloſe body of men* § Conferti cibo, *Crammed with meat*, or *as cloſe as they can cram*, Cic In confertiſſimos hoſtes incurrit, *He ruſheth into the thickeſt of them*, Sall B Cat 60, 8 = Vita plena & conferta voluptatibus, *Cic* Hoſtes in ſiniſtris confertiores ſteterunt, *Liv* 9, 27 ✠ Ut nunquam conferti, ſed rari, magniſque intervallis prœliarentur, *Cic*

Conferva, æ f *An herb called Spurge of the river, good to cure broken bones*, Plin 27, 9

Confervēfăcio, ĕre *To make hot*, Luci 6, 352

Conferveo, ere, bui (1) *To be very hot, to boil up* (2) Also *to knit and grow together again, as broken bones* (1) Mea cum conferbuit ira, *Hor* (2) Confervent oſſa mota aut ſoluta, *Celſ* 8, 10

Confervеſco, ĕre incept *To grow ſcalding, or boiling hot, to ſeeth* Verſando confervеſcit, *Vitr* 5, 3

Confeſſio, ōnis f verb [à confiteor] *A confeſſion, acknowledgment*, Cic pro Cœl

|| Confeſſōrius, a, um adj Actio confeſſoria, *An action upon one's own confeſſion*, Digeſt ✠ Negatoria, *Id*

Confeſſus, a, um part (1) Act *That confeſſeth, or acknowledgeth* (2) Paſſ *Manifeſt, not to be denied, that which every man grants, confeſs'd, or profeſs'd, notorious* (1) Confeſſus amorem, *Ov* (2) = Confeſſa res, & manifeſta, *Cic* ✠ Confeſſa, & non dubia ſigna, *Col* Ex confeſſo, *Quint* In confeſſo, *Sen* *Confeſſedly, by every one's own confeſſion*

Confeſtim adv [competenti feſtinatione, *Sosip*] *Forthwith, by and by, out of hand, immediately, continually, all along* Sine ulla mora, & confeſtim, *Cic Philipp* 5, 12 ✠ Quæ negotium confeſtim, aut ex intervallo conſequuntur, *Id*

Confibŭla, æ f *A claſp, or tack, a wooden pin, or thing made to clench, or claſp two pieces together, one of the implements about an oil, or wine-preſs, to keep cloſe the great timbers*, Cato, c 12

Conficiendus, a, um part *To be made, done, procured, killed*, Cic

Conficiens, tis part & adj iſſimus, ſup *That cauſeth, maketh, or procureth, effective, efficient* Cauſæ conficientes eædem quæ efficientes, *Cic Part Orat* 26 Conficientiſſima literarum civitas, *That keeps a diligent regiſter, or book of all that is done*, Cic pro L Flacc 19

Conficio, ĕre, eci, ectum act [ex con & facio] (1) *To diſpatch, to finiſh, or make an end of* (2) *To bring to paſs, or accompliſh* (3) *To kill, or ſlay* (4) *To do, to perform, to manage a buſineſs* (5) *To wear out* Met *to vex, or weary* (6) *To chew meat* (7) *To conſume, to ſpend, to waſte* (8) *To concoct, or digeſt* (9) *To paſs over time, or place* (10) *To get, or procure* (11) *To make evident, or prove* (12) *To bargain with* (13) *In ſenſu obſcœno* (1) Expectandum dum totum bellum conficiam, *Vatin Ciceroni* (2) Conficiam facilius ego, quod volo, *Ter Heaut* 4, 5, 55 (3) Duodecim propugnatores totidem ſagittarum confecit ictibus, *Suet Veſp* 5 (4) Non natura modo, ſed exercitatione conficitur, *Cic* (5) = Vetuſtas omnia conficit & conſumit, *Cic* pro *Marcell* Me conficit ſolicitudo, *Id* (6) Nec os acciperet datum, nec dentes conficerent, *Liv* (7) Cum ſuam rem non minus ſtrenue, quam poſtea publicam, confeciſſet, *Cic* = Comedo, perdo, *Id* (8) *Plin* 11, 37 (9) Prope centum confecit annos, *Cic* Immenſum ſpatiis confecimus æquor, *Virg* (10) Permagna pecunia ex ea re confici poteſt, *Cic* V & *Ter Phorm* 1, 1 4 (11) Aut id ſolum quod conficitur, inſeratur, *Cic* (12) Tu cum Apelle Chio confice de columnis, *Cic Attic* 12, 19 (13) *Suet in Ner* 29

Conficior, i paſſ *To be diſpatched, finiſhed, ſpent, waſted away*, &c Cic impers Ex quo conficitur, *From whence we may gather, or conclude*, Cic V Conficio

Confictio, ōnis f verb [à confingo] *A feigning, forging, or counterfeiting*, Cic pro Roſc 13

Confictus, a, um part *Feigned, counterfeited*, Ter And 3, 3, 26

|| Confidĕjuſſor, ōris m *A pledge, or ſurety with another*, Ulp

Confidens, tis adj ex part ior, comp ſſimus, ſup (1) In a good ſenſe, *confident, having an aſſurance, conſcious of no harm that is evil* (2) Also *grown, ſteady, firm* (3) In a bad ſenſe, in which it is taken more frequently, *fool-hardy, daring, raſh, preſumptuous* (4) *Shameleſs, impudent* (1) Decet innocentem ſervum atque innoxium confidentem eſſe, *Plaut Capt* 3, 5, 7 (2) = Senex confidens, catus, *Ter And* 5, 2, 14 (3) Homo confidens, qui illum dii omnes perduint, *Ter Phorm* 1, 2, 73 (4) Juvenum confidentiſſime, *Virg Geor* 4, 445 Nihil hoc confidentius, qui, quæ vides, ea pernegat, *Plaut Men* 4, 2

Confidenter adv ius, comp iſſime, ſup (1) In a good ſenſe, *confidently, boldly, without fear, with aſſurance* (2) In a bad ſenſe, wherein it is more frequently uſed, *ſhamefully, impudently* (1) Dicam confidentius de ſtudiis ejus honeſtis, *Cic* pro *Cœl* 19 (2) Confidentiſſime reſpondere, *Ad Herenn* 2, 5 [illegible] ut confidenter mihi contra aſtitit! *Plaut Capt* 3, 5, 6

Confidentia, æ f (1) *Confidence, courage* (2) *Preſumption, boldneſs, fool-hardineſs* (3) *Hardineſs* (1) Confidentia & vox defuit, quo minus in foro diceret, *Cic* (2) = Alia cauſa confidentiæ & temeritatis tuæ, *Cic* (3) Scapularum confidentiâ, virtute ulmorum, freti, *Plaut Aſin* 3, 2, 3

✝ Confidentilŏquus, adj or, comp *A bold ſpeaker*, Plaut Trin 1, 2, 164

Confīdo, ĕre, idi, iſus ſum (1) *To truſt, or put his truſt in, to confide, to rely, or depend upon, to put confidence in* (2) *To be confident, or well aſſured* (3) *To truſt, expect, or hope* (1) § Niſi veſtræ virtuti confiderem, *Cic* ✠ Deficie metuit, vitæ confidit, *Ov Ep* 17, 173 Affinitate alicujus confidere, *Cæſ B C* 3, 8 § de ſalute, *Id B C* 2, 5 § in aliquo, *Hirt B Afr* 19 (2) Quem te & opto eſſe, & confido futurum, *Cic* (3) Afflictis melius confidere rebus, *Virg Æn* 1, 456 ☞ Dicitur de inſtanti, præterito, & conſequente tempore

Confīgo, ĕre, xi, xum act (1) *To ſtick, or thruſt into a thing, to nail, to faſten together* (2) *To ſhoot one* (3) Met *To fix earneſtly* (1) Configere tabulas aculeis, *Col* 7, 3 (2) filios ſuos ſagittis, *Cic* (3) ut [illegible] cogitationes reipub ſalute configeret, *Cic Philipp* 14, 5

|| Configūrātē adv *In a like faſhion*, Apul

Configūro, āre act *To faſhion, to form, or make alike*, Col 4, 20

Configūror, āri paſſ *To be likened, or faſhioned alike*, Firm

|| Confinālis, e adj *Bordering upon another*, Firm ✝ Confinis, *Cic*

Confindo, ĕre, fidi, fiſſum *To cut, or cleave* Cujus auct pendet a

Confindor, i, ſſus paſſ *To be cleft* Confinditur ære pontus, *Tibull* 4, 1, 173

Confīne, is n *A place adjoining, or nigh to* Ad pupilla confine, *Val Arg* 6

Confingo, ĕre, nxi, ictum act (1) *To form, or make* (2) Met *To feign, pretend, forge, or invent, to ſhape, or faſhion* (1) Apes favos confingunt, & ceras, *Plin* 11, 5 (2) Qui fuerit pater, quæ mater, qui cognata tibi ſit, omnia hæc confingam, *Ter Phorm* 1, 2, 80 = Confingere & comminiſci aliquid, *Ad Herenn*

Confingor, i paſſ *To be formed*, &c Nec unde confingantur, invenitur, *Plin Hiſt* 10, 47

Confinium, um pl n i e loca In confinibus, *The confines, marches, frontiers*, Sen de Ira, 1, 8

Confinis, e adj (1) *Next to, adjoining, bordering, bounding, abutting, or lying very near to* (2) *Joined to* (3) Met *Like, of the ſame ſort* (1) Confinis ager, *Liv* 4 (2) § Qui collo confine caput, *Ov Met* 1, 718 (3) Ex confine eſt quod dicitur per ſuſpicionem, *Quint* Genus confine ejus generis, *Id* ✠ Vicini, *Whoſe grounds are parted by walls*, Confines, *only by limits*

Confīnis is m ſubſt *A neighbour, or borderer*, Mart 2, 32

|| Confinitas, atis f *Nearness, neighbourhood*, Tert ✝ Vicinitas

|| Confinio, ōnis f verb *A bordering on*, Firm pro

Confinium, i n (1) *The marches, frontier, limit, or bound, the confine* (2) § Also *nearness of place, likeness* (3) Meton *A neighbour* (1) Confinia Syriæ, *Plin Hist* 5, 12 (2) Confinium irus, & faili, *Liv* 4,58,3 = Ergo confinium hic est aeris terminus, ni umoue ætheris, *Plin Hist* 2, 7 *Hinda* ( ) = Vicinitatibus & confinis æquus & facilis, *Cic* ¶ Confinia lucis & noctis, *twilight*, Flacc

Confio, ēri (1) *To be made* (2) *Brought to pass* (1) Stercus quod ex pecudibus confit, *Col* (2) Hoc confit quod volo, *Ter Adelph* 5, 8, 2

Confirmātio, ōnis f verb (1) *Encouraging* (2) *Confirmation* (3) *A confirmation, or assurance* (4) *A scheme in Rhetoric, making good a proof* (1) Gallos hortatatur perfugæ confirmatio, *Cæs B G* , 18 (2) Neque enim confirmatione nostra egebat virtus tua, *Cic Fam* 6,3 (3) Ad confirmationem perpetuæ libertatis, *Cic* (4) *Cic de Inv* 1, 24

Confirmator, ōris m verb Confirmator pecuniæ, *An assurer, or a surety who engages for it* = Sequester & confirmator pecuniæ deinde abacuit, *Cic pro Cluent* 3

Confirmatus, a, um part & adj or, comp (1) *Confirmed, made strong, fortified* (2) *Confident, resolute, firm* (3) *Sure, certain* (1) Corpus confirmatum, *Cic* (2) = Citus & confirmatus animus, *Cic* Disputatio confirmatior, *Ad Herenn* (3) In quibus erit confirmatius idem illud, *Cic Att* 10,15

✝ Confirmitas, atis f *Sturdiness, stiffness of resolution* = Audaciam, confidentiam, confirmitatem, *Plaut Mil* 2, 2, 34 ✝ Firmitas, *Cic*

Confirmo, āre act, (1) *To confirm, strengthen, or fortify* (2) *To encourage, or hearten* (3) *To recover from sickness* (4) *To get strength, to be restored to its former strength* (5) *To make good, to assert and* (6) *To comfort* (7) *To avow, to affirm, or say boldly* (1) Confirmare aliquid rationibus & argumentis, *Cic de Fin* 1,9 suffragiis, *Id pro Domo*, 18 Mithridates jam suam manum confirmaverit, *Cic pro Leg Manil* 9 (2) = Erige te & confirma, si qua subeunda dimicatio erit, *Cic ad Q fr* 1, 3 (3) Cum te confirmaris, ad nos venias, *Cic Fam* 16, 13 (4) Quiescendum donec membrum confirmetur, *Cels* (5) ✱ Nostra confirmare argumentis, deinde contraria refutare, *Cic* (6) Milites consolatur & confirmat, *Cæs B G* 5, 50 (7) Cum hoc non modo mihi confirmasset, sed etiam persuasisset, *Cic* 16 5 Promi & propè confirmavi te non expectasse, *Id Fam* 12,7 ☞ Confirmare plus est quam promittere, minus autem quam persuadere

Confirmor, āri pass *To be confirmed, strengthened*, &c *Cic* Confirmatur cicatricula, *The wound is perfectly closed up*, Cels

|| Confiscatius, i m *A promoter*, Ulp

Confiscātio, ōnis *A forfeiting, confiscation* Socii vivique regis confiscationem mandavit, *Flor* 3, 9

Confiscātus, a, um part (1) *Laid up in the treasury* (2) *Seized on, confiscate, forfeited to the exchequer* (1) = Pecuniam repræsentari jussit, nam & confiscatam semper, repositamque habuerat, *Suet Aug* 101 (2) Antiochus Comagenus H S millies confiscatus, *Suet Cal* 16

Confisco, āre act [in fiscum, i e principis ærarium redigere] *To seize as forfeit to the treasury, to confiscate* Nititur auct seq

Confiscor, ari pass (1) *To be laid up in the publick treasury* (2) Also *to be confiscated, to be arrested, seized for the prince's use* It is used in reference both to estates and persons (1) *V* Confiscatus, N° 1 (2) Confiscabantur alienissimæ hæreditates, *Sen Don* 12 Duos equites Romanos confiscari jussit, *Id Cal* 41 *the rolls*

Confīsio, ōnis f verb [a confido] *An affiance, or assurance*, Cic Tusc 4, 37 *fungitur ab ipso videtur, nec obstat* ≡ Fidentia *Quod tamen ipsum quoque ex eadem fibra cudit Intrem, ad eam philosophæ notioris feli ius exprimendum*

Confīsus, a, um part *Trusting, relying, or depending upon* § Confisus benevolentiæ, *Curt* 4, 10 § causæ, *Cic* § amari, *Tib* 1, 9, 45

Confitens, tis part *Confessing, acknowledging*, Cic *See* à

Confiteor, eri, essus sum dep [a con & fateor] (1) *To acknowledge, to grant, to confess, or own* (2) *To declare, profess, or shew* (1) Deos esse confitendum est, *Cic* Confessus est adulterium, *Id* (2) Consulatus candidatum se confiteri, *Cic* ¶ Ut de me confitear, *To speak freely, or the truth of my self*, Cic

Confixus, a, um part [a configor] (1) *Pricked, pierced, or shot through, fixed, stuck* (2) Met *Cast, condemned* (1) Confixum ferrea texit telorum seges, *Virg Æn* 3, 45 (2) Meminerant ejus sententiis confixum Antonium, *Cic* Senatusconsultis confixus, *Id*

|| Conflacceo, ēre *To wither, or fade, to abate*, Fum ✝ Flacceo

|| Conflaccesco, ĕre, vel *potius* conflaccisco, *To be allayed, or weakened*, Gell ✝ Flaccesco, *Cic*

|| Conflagitator, oris m *An earnest suiter*, Apul ✝ Flagitator, *Cic*

Conflāgito, āre *To demand with a general cry*, Plin vulgo tribuitur, sed qu

Conflāgrātus, a, um part *Burned, set on fire, or consumed with fire*, Ad Herenn 4, 8

Conflagro, āre *To burn, to be on fire, to be set on fire* Conflagrare flammis, *Liv* 30, 7 Met Conflagrare invidiâ, *To be greatly envied, or much hated*, Cic Verr 3

Conflans, tis part *Blowing*, Plin 35, 11

|| Conflātile, n Simulacrum conflatum *A molten image*, Deut 9, 12 ✝ Fusile

Conflātilis, e adj *Cast, or molten*, Prud Per 10,295 ✝ Conflatus

Conflātio, ōnis f verb *The melting, or casting of metal*, Sen Nat Q 13

|| Conflātor, ōris m *A founder, or melter of metals*, Jun ✝ Qui conflat

|| Conflatorium, i n *A forge, where metals are cast*, Gloss ✝ Fabrica, fabrile

Conflātūra, æ f *The way of melting, or casting of metal* Auri conflatura, *Plin* 7, 56

Conflātus, a, um part (1) *Blown together* (2) *Melted down, cast* (3) Met *Forged, contrived, or raised* (4) *Made up, composed* (5) *Levied, raised* (1) Tempestas conflata ventis, *Stat Theb* 9, 524 (2) *A sign verbi* Falces conflantur in ensem, *Virg Georg* 1, 508 (3) = Unde hoc totum ductum & conflatum mendacium est, *Cic pro Q Rosc* (4) Monstrum ex diversis naturæ studiis cupiditatibusque conflatum, *Cic pro Cæl* 5 (5) Exercitus clandestino scelere conflatus, *Cic pro Sulla* 11

✝ Conflexĭlis, e adj *Pliant, or easy to be turned*, Firm ✝ Flexilis

✝ Conflexuōse adv *Winding, or with many bendings*, Pacuv ✝ Flexuose

✝ Conflexūra, æ f *A bending, or turning*, R ex Acc ✝ Flexus, *Cic*

Conflexus, a, um part *Bowed, or bended*, Plin 2, 44 flexus *est*

|| Conflictātio, ōnis f verb *A fighting, engaging, bickering, or combating*, Gell 15, 18 ✝ Conflictus, *Cic*

Conflictātus, a, um part *Struggling, grappling with* § Conflictatus autem est cum adversâ fortunâ, *Nep Pelop* 5 variis morbis, *Suet Claud* 2 ☞ Pass imprimis dici vult *Litt* ego ne passive quidem dici puto

Conflictio, ōnis f verb [a confligo] (1) *A crashing, clashing, or dashing of one against another* (2) Met *A conflict, combat, skirmish, bickering* (1) Sonus est duorum inter se corporum conflictio, *Quint* ,6 (2) = Primus ille status, & quasi conflictio cum adversario, *Cic Partit Or* 29

Conflicto, āre freq [a confligo] (1) *To struggle, to encounter, to strive* (2) Met *To trouble, to pester, and vex* (1) Usus venit ut conflictares malo, *Ter Phorm* , 2, 20 (2) Plura per scelera remp conflictavisset, *Tac* 6, 48, 4

Conflictor, atus sum dep (1) *To struggle, to have to do with* (2) *To be fretted, plagued, or troubled* (1) Conflictari, & dimicare cum aliquo, *Cic* superstitione, *Cic* molestiis, *Id* (2) Qui cum ingeniis conflictatur hujusmodi, *Ter Andr* 1, 1, 66 *i e atteritur*, Donato interprete, an ita, necne, doctorum esto judicium

Conflictus, us m verb [à confligo] (1) *The dashing, or striking of one thing against another* (2) *A justling together, a contest* (1) Lapidum conflictu atque tritu elici ignem videmus, *Cic Nat D* 2, 9 (2) Impulsu scutorum, & conflictu corporum, *Cic* Conflictui interfui, *Curt*

✝ Configātio, ōnis f *A rushing together*, Pacuv ✝ Conflictus, *Cic*

✝ Confligo, āre *To contend, or fight*, Pacuv *pro*

✝ Confligo, ĕre, xi, ctum act [ex con & antiq fligo] (1) *To contend, or strive* (2) *To encounter, or skirmish, to bicker, to contest* (3) *To try it out at law* (4) Met *To debate, or dispute* (5) *To be contrary, or contradict one another* (1) Venti confligunt, *Virg Æn* 2, 416 (2) § Confligere manu cum hoste, *Cic* (3) Potuisti leviore actione confligere, *Cic* (4) Confligere ratione, *Id* (5) § = Confligunt inter se leges, & colliduntur, *Quint*

Confligor, i pass Unde confligitur, *They fight, or strive*, Claud

Conflo, āre act [à con & flo] (1) *To blow, or blow together* (2) *To melt metal, to forge, found, or cast* (3) *To forge, or make* (4) *To get, procure, raise, cause, or work* (5) *To contrive, or devise* (6) *To make up, or compose* (1) Ventus conflat tempestates, *Stat* (2) Ipsum solitus conflare tonantem, *Juv* 13, 152 (3) Falces conflantur in ensem, *Virg Geor* 1, 508 Met Conflare mendacium, *Cic* (4) Sanguine civili rem conflant, *Lucr* 3, 74 (5) Scelerum pactiones societatesque conflavit, *Cic* (6) = Unde conflatur & efficitur honestum, *Cic* ¶ Æs alienum conflare, *To run in debt*, Sall Conflare bellum, *To raise war*, *Cic* crimen, *to procure an impeachment*, Id Conflare alicui invidiam, *To draw envy upon him, to make him hated*, Sall negotium, *To cause trouble*, Cic Sed hæc ad oratoriam notionem pertinent

Conflor, ari pass *To be melted, forged*, &c *Virg Geor* 1, 508

Confluens, tis part *Flowing, or running together*, Cic *Vid* Confluo

Confluens, tis m *A place where two rivers meet together*, Plin , 6 & 6, 26.

|| Confluentia, æ f *Abundance of humours falling into any part of the body, a confluence*, Macrob Sat 7, 4 ✝ Confluxio

|| Conflūmineus, a, um adj *Bordering on the river*, Apul ✝ Fluvio conterminus

Confluo, ĕre, xi, xum neut (1) *To flow together out of divers places* (2) *To resort, come, or apply themselves in great numbers* (1) Ad caput omnibus omnis confluit humor, *Lucr* 6, 636 Imus in unum, *Id* 5, 498 (2) Qui superiori de Hirtii exercitu confluunt ad Brutum, *Cic Fam* 20, 33

✝ Confluxio, ōnis f *A flowing together*, Liv *ap* Litt sed q

Confodio, ĕre, di, ssum act (1) *To dig* (2) *To stab* (1) Hortum confodere jussi, *Plaut Aul* 2, 2, 66 (2) Jugulum confodiam, *I will cut his throat*, Luc 3, 7-8

Confodior, i pass (1) *To be digged, or delved* (2) *To be stabbed* (1) Confodiatur minute terra, *Cato* (2) Ut rex vulneribus confoderetur, *Liv* 24, 7

| Confœdātio, ōnis f *A defiling*, Pacuv ✝ Contaminatio

|| Confœderātio, ōnis f *An agreement, or confederacy* ✝ Conspiratio

|| Confœdero, āre *To consent, or agree together*, Eccles ✝ Fœdus facere, *Cic* ferire, *Id* icere, *Id* sancire, *Id* pangere, jungere, *Virg* inire, *Ov*

Confore Et spero confore, *I hope it will be brought about*, Ter And 1, 1, 140

Conformātio, ōnis f verb (1) *The framing, fashioning, ordering, or disposing of a thing* (2) Met *An embellishment, or beautiful proportion* (3) *The same as* Prosopopœia (1) = Conformatio, & figura totius oris & corporis, *Cic Or* 1, 5 (2) = Ornamenta & conformationes sententiarum, *Id* (3) *Cic Vid* Prosopopœia

|| Conformātor, ōris m verb *A fashioner, or resembler*, Firm

Conformātus, a, um part *Fashioned, formed, shaped* Mundum a naturâ conformatum puto, *Cic de N D* 3, 10

|| Conformis, e adj *Of like form, or fashion, conformable, suitable, fashionable, convenient, resemble* Conformis σύμμορφος, Onom vet ✝ Ejusdem formæ, similis

|| Conformitas, ātis f *Conformity, compliance*, Sen *ap* Litt

Conformo, āre act *To form, shape, or fashion, to conform, to bring in fashion, to make like to* § Conformare se ad voluntatem alicujus, *To comply with him*, Cic Fam. 1, 8

Conformor,

Conformor, āri pass *To be formed, or fashioned* Animantur ora, & in speciem volucium conformantur, *Col* 8, 5

Confornico, āre act *To make an arch, or vault, to vault, or arch*, Vitruv 5, 5, 4

|| Conforto, āre act *To strengthen, to encourage, to comfort* Vulg interpr ✝ Consolor, confirmo

|| Confortor, āri pass *To be strengthened, to be comforted* Vulg interp

|| Confossio, ōnis f *A digging, or delving*, Hier ✝ Fossura, Col

|| Confossor, ōris m *A digger, one that digs*, Tertull ✝ Fossor

Confossus, a, um part [à confodio] & ior, comp *Digged, stabbed, thrust through* Super exanimem sese projecit amicum confossus, *Virg Æn* 9, 445 Confossiorem soricinā næniā, *Plaut Bacch* 4, 9, 48

✝ Confoveo, ēre, ōvi, ōtum *To cherish and keep warm*, Cato 5 ✝ Foveo

Confracesco, confracui *To wax rotten*, Varr R R *sic leg Scal* confracuit

|| Confractio, ōnis f verb *A breaking*, Dig ✝ Fractio, *Plaut* ✝ Fractura, *Plin*

Confractus, ûs verb *Roughness* Corporum ordinem, duritiem, mollitiem, lævorem, confractum, considerare, *Cels in præf*

Confractus, a, um part [à confringor] *Broken, bruised*, Plaut Rud 1, 2, 64

Confragose adv *Roughly, ruggedly, harshly*, Fragm Poet

Confragosus, a, um adj [ex con & fragosus, quod à frago, i e frango] (1) *Rough, rugged, craggy, ... and troublesome to go* (2) Met *Hard to understand, ... unpleasant, harsh, ...* (1) Locus lapidibus confragosus, *Col* = Loca confragosa atque aspera, *Liv* 32, 4 (2) = Argumenta horrida & confragosa, *Quint* 5, 8

✝ Confragus, a, um adj [à confringo] = præruptus *a præruptus* *Rough, rugged, impassable*, Lucan 6, 126

Confremebundus, a, um part *Roaring, or making a terrible noise*, Fragm Poet

Confremitus, ûs m *A terrible noise, or roaring*, Fragm Poet

Confremo, ĕre, ui neut *To roar, hum, or make a noise together* Cœlum confremuit, *The heaven sounded, or rung*, Ov Met 1, 199

Confricatus, a, um part *Rubbed* Ostreæ sale confricatæ, *Varr R R* 1, 60

Confrico, āre, ui act (1) *To rub, rub down, to rub* (2) *To ...* (1) Confricare sale, *Varr R R* 1 60 (2) *Gell* 7, 3

Confricor, āri pass *To be rubbed*, Plaut Asin 3, 3, 80

|| Confrigeo, ēre *To be cold*, Firm ✝ Frigeo

Confringo, ĕre, ēgi, actum act [ex con & frango] (1) *To bruise* (2) *To break, or dash in pieces, to ...* (1) Digitos confregit, *Plaut* ... (2) Aulas ... omnes confregit *Plaut* Confringere navem, *Ter* ... *to break*, Plaut ... *Cic*

Confringor, i pass *To be broken* ... sub forcipe confringatur ...

Confugio, ĕre, ūgi, gitum n (1) ... *for succour, help, or relief*, *to go for refuge, or shelter* (2) *To retire, to have recourse* (1) Priamum, cum in arcem confugisset, hostilis manus interemit, *Cic* (2) Neque tu scilicet eò nunc confugies, *Ter Heaut* 4, 5, 45

Confugium, i n *A place of succour and refuge, a shelter, a retreat, a harbour* = Qui mihi confugium, qui mihi portus eris, *Ov Trist* 5, 6, 2 Animantibus ægris confugium, *Stat Theb* 12, 504

Confulgeo, ēre, si *To shine all over, to glitter, or glister* Ædes confulgebant, quasi essent aureæ, *Plaut Amph* 5, 1, 44

Confundo, ĕre, fūdi, fūsum act *To confound, to mingle, or jumble together, to blend, to huddle* (2) Met *To trouble, to disturb, to disorder, to put in disorder, or out of order* (3) *To abash, and put out of countenance, to dismay and astonish* (1) Quasi cum una multa jura confundit coquus, *Plaut Most* 1, 3, 119 (2) Animi sensus confundere, *Lucr* 2,945 (3) Citatur ex Liv XXX 14 XXX 15 & Plin 1 Ep 22 *Sed ex his nihil firmi constitui potest ... Confundi pudore* cum Ovidio rectè dixeris, ad restringendam generalem notionem Ut & *pavore, dolore*, &c cum Livio § Confundere Venerem cum vino, *Ov* vera falsis, *Cic*

Confundor, i pass *To be mingled, blended, jumbled*, &c *Lucret* || *To be abashed, or ashamed*, Eccles *Vid* Confundo, N° 3

|| Confusaneus, a, um *Confounded, disordered*, Gell ✝ Confusus, *Liv*

Confusè adv ius, comp *Confusedly, without order, in a jumble*, Cic =✝Partes argumentandi confusè & permistè dispersimus, post descriptè & electè, *Cic* Acta est res hesternā die confusius, *Cic Philipp* 8

Confusim adv *Confusedly, in a huddle*, Plin 18, 16 *Sed id confusim, pariterque ita hac formā adv*

Confūsio, ōnis f verb [à confundo] (1) *A mixing, or jumbling together* (2) *A confusion, or disorder* (3) Met *Trouble of mind, or disturbance, shamefacedness, blushing* (1) Confusionem suffragiorum flagitasti, *Cic* (2) = Perturbatio vitæ, & magna confusio, *Cic* (3) Erit confusioni meæ non mediocre solatium, *Plin 1 Ep* 22 *in fine*

Confusūrus, a, um part *About to confound, or disorder* Fas nefasque confusura ruit, *Ov Met* 6, 586

Confūsus, a, um part & adj ex part or, comp ssimus, sup (1) *Having mixt* (2) *Confused, jumbled, without order, mingled* (3) Met *Troubled, concerned at* (4) *Frighted, terrified, or disordered* (1) Confusus gaudia fletu, *Stat* (2) Spectandi ludos confusissimum morem ordinavit *Suet Aug* 44 (3) Digressu veteris confusus amici, *Juv* 3, 1 (4) Colligit animum confusum, *Liv* Confusior pavor, *Plin proœm* 1 7

Confutātio, ōnis f verb *A confutation, a disproving, an answer, a Rhetorical scheme to objections* Confutatio est contrariorum locorum dissolutio, *Ad Herenn* 1, 3

|| Confutātus, a, um part *Charged, or accused*, Amm ✝ Accusatus, *Cic*

Confūto, āre act [ex con & futo antiq i e arguo] (1) *To cool the pot by stirring it, when it boils, to keep it from running over* (2) Met *To confute, or convince in reasoning, to disprove* (3) *To reprove, or tell one his own* (4) Also *to dazzle* (1) Coquus ahenum, quando fervit, paullā confutat trua, *Titin ap Non* (2) Confutavit verbis admodum iratum patrem, *Ter Phor* 3, 1, 13 (3) Audaciam confutare, *Cic* (4) Obtutum meum confutabat, *Gell*

Confūtor, āri pass *To be reproved*, &c *Ter Heaut* 5, 1, 76

✝ Confuturus, a, um part [à con & sum] *That will ensue*, Plaut Mil 3, 3, 66 ✝ Futurus

|| Congelābilis, e adj *Easily congealed*, Firm

Congelātio, ōnis f verb *A freezing, or being frozen*, Plin 31, 3

Congelātus, a, um part *Congealed*, Mart 11, 99 Col 5, 12

Congelidus, a, um adj *Chill, cool, coolish*, Cels 4, 2 ✝ Gelidus

Congĕlo, āre act *To congeal, to harden, to freeze*, Mart 14, 147 *It. neut* Congelare otio, *To grow stiff with having nothing to do*, Cic Fam 2, 13

Congĕlor, āri pass *To be frozen, or congealed* Congelatur oleum, *Col* 1, 6

Congĕmĭnans, tis part *Doubling, redoubling*, Val Flacc

Congĕmĭnātio, ōnis f verb *A redoubling, a folding* =Quid hoc est conduplicationis? Quæ hæc congeminatio? *Plaut Pæn* 5, 5, 18

|| Congĕmĭnātus, a, um part *Doubled*, Amm ✝ Geminatus

Congĕmĭno, āre act (1) *To redouble, or multiply* (2) *To double, or to make two of one* (1) § Crebros ictus congeminant, *Virg Æn* 12,714 (2) *Absol* Si paterim peperit pateram, omnes congeminavimus, *Plaut Amph* 2, 2, 154

Congĕmo, ĕre, ui neut *To groan, or sigh round* (2) act *To bewail, or lament* (1) Congemuit senatus frequens, *Cic pro Mur* 25 (2) = Quid mortem congemis, ac fles? *Lucr* 3, 947 ✻ Supremum congemere, *Virg Æn* 2, 631 *de arbore cæsa, to give a crash*

Congĕner, ĕris adj [ex con & genus] *Of one stock, or kindred, of the same sort*, Plin 15, 24

Congĕnĕrātus, a, um part *Begotten together*, Varr R R 2, 4 Col 7, 3

Congĕnĕro, āre act *To join in alliance, to unite, or associate* Quem mihi congenerat affinitas, *Acc ap Non*

|| Congĕnĭtūra, æ f *The birth of things at one time*, Firm

Congĕnĭtus, a, um adj *Begotten together* Pili congeniti, *Hairs that are born with one*, Plin 11, 39

* Conger & congrus, i m κόγγρος *A fish called a conger, like a large overgrown eel*, Plin 9, 16

Congĕries, ei f [à congero] *A mass, a heap, a pile, an hoard* (2) *An accumulation, a Rhetorical scheme* (1) Dispositam congeriem secuit Deus, *Ov Met* 1, 33 Silvæ congeries, *Id* ✻ Sævi congeries, *A slaughter*, Val Flacc Argon 6 (2) *ex* Injuriæ, suspiciones, inimicitiæ, induciæ, bellum, pax rursum, *Ter Eun* 1, 1, 14

Congermĭnātus, a, um part [ex con & germino] *Budded, or growing together, as all of a piece*, Varr ap Non ✝ Conjunctus

Congĕro, ĕre, ssi, stum act (1) *To heap, or pile up* (2) *To amass, or lay up* (3) *To build nests, as birds do* (4) Met *To heap, or throw upon* (1) § Aram sepulchri congerere arboribus, *Virg Æn* 6, 177 (2) Divitias alius fulvo sibi congerat auro, *Tibull* 1, 1, 1 (3) Aeriæ quo congessere palumbes, *Virg Eclog* 3, 69 (4) § Maledicta in aliquem congerere, *Cic Philipp* 3,6 ¶ Congerere aliquid in alvum, *Plaut* § funus alicui, *Sen*

Congĕror, i pass *To be heaped*, Cic

Congerro, ōnis m [à gerris i e nugis, *quasi inter se trahas* congerrones] *A merry companion, a company keeper, a droll*, Plaut Most 3, 3, 27

|| Congestè adv *Confusedly, disorderly*, Capitol ✝ Confuse

|| Congestim adv *By heaps, or piles, confusedly*, Apul ✝ Acervatim

|| Congestio, ōnis f verb *An heaping, or gathering together*, Dig ✝ Coacervatio

Congestītius a, um adj [ex part congestus] *Cast up in heaps, heaped up, raised*, Col 2, 10 Locus congestitius, *Ground laid on heaps, or loose ground* ✻ Si solidum non invenietur, sed locus erit congestitius, *Vitruv* 3, 3

Congestus, a, um part [à congeror] (1) *Brought together, heaped, or piled up, cast in the heap* (2) *Laid up in store* (3) *Brought on every side, gathered together, built up* (1) Montes congesti, *Ov Met* 1, 153 (2) Congesta cibaria, *Hor Sat* 1, 1, 32 (3) Congesta manu oppida, *Virg Georg* 2, 156

Congestus, ûs m verb (1) *A heap* (2) *A carrying, or bringing of things together* (1) Congestus arenæ, *Lucr* 6,724 pulveris, *Luc* 9, 487 (2) Avium congestus, non humano satu, *Cic N D* 2, 52

Congiālis, e adj *Holding a congius, or gallon* Fidelia congialis, *A jug, or pitcher containing a gallon*, Plaut Aul 4, 2, 15 Situli congiales, *Vitr* 9, 9

Congiārium, i n [à congio, quod ex congio illud distribuerent, vel ex congii capacitate] (1) *A vessel holding a gallon* (2) Meton *A largess given by Roman emperors to the people, a dole, a gift in corn, or money, so much a man* (3) Also *a prince's present to a private man* (1) P J C L tabernæ, D de instr & instr leg (2) *Nero populo congiarium, militi donativum proposuit, Suet Ner* 7 *Sed hoc non est perpetuum, nam & lana in libris data congiaria dicit Sim* Duodecim millia in congiarium militum absumpta, *Curt* 6, 2 (3) Plancus magno congiario donatus à Cæsare, *Cic Fam* 8, 3

Congiārius, a, um adj *Of the measure congius* Congiarius cadus, *A vessel of a gallon*, Plin 14, 14 *ubi Harduin* millia cadūm in congiarium divisit

CONGIUS, i m *A kind of measure containing six sextaries, above our gallon, or a little more* Congii olei in vicos singulos dati, *Liv* 25, 2

Conglăciātus, a, um part *Frozen, turned to ice* Grando gignitur imbre conglaciato, *Plin* 2, 60

Conglăcio, āre neut (1) *To freeze, or turn to ice* (2) Met *To grow stark and stiff, and do nothing at all, or nothing considerable* (1) Aqua quæ neque conglaciaret frigoribus, *Cic de N D* 2, 10 (2) Curioni nostro tribunatus conglaciat, *Cic Fam* 8, 6, 11

Conglŏbātim adv *In a round lump, in lumps, or heaps like a round ball*, Liv 25

Conglŏbātio, ōnis f verb *A gathering round, or coming together like a ball* Conglobatio ignium, *Sen*

sen N D 1, 15 V & Tac *Germ* 7, 3

Conglŏbātus, a, um part (1) *Gathered round together* (2) *Accumulated* (1) Conglobatum corpus in pilæ modum, *Plin* 7, 46 (2) Conglobatæ definitiones, *Cic*

Conglŏbo, āre act *To gather into a ball, or lump* Conglobare se in unum, *To rally and gather themselves into companies, to imbody*, Liv 8, 11 Also *to double, or to thicken ranks in an army*, Veget ⁜ Laxo

Conglŏbor, āri pass *To be gathered round on every side* Mare conglobatur undique æqualiter, *Cic N D* 2

Conglŏmĕrātus, a, um part *Heaped, or wound together*, Cels 7, 18

Conglŏmĕro, āre act [à glomus, eris, ex Hebr גלם] *To wind upon a bottom* Met *To heap upon one* Heu, mea fortuna, ut omnia in me conglomeras mala! *Enn*

Conglomeror, āri pass *To be wound as in a bottom* Si possit conglomerari, *Lucr* 3, 211

Conglūtĭnans, tis part *Gluing together, joining*, Cic

Conglūtĭnātio, ōnis f verb (1) *A gluing* (2) Met *A joining, or closing together* (1) Omnis conglutinatio recens ægre, inveterata facilè divellitur, *Cic de Senect* 20 (2) Conglutinatio verborum, *Cic* *in Orat* 23

Conglūtĭnatus, a, um part *Glued together, cemented* Met *Made up of, composed of* Ex libidine, petulantia, crudelitate conglutinatus, *Compacted*, or *made up of lust*, &c *Cic Phil* 3, 11.

Conglūtĭno, āre act (1) *To glue, or cement* (2) *To join, to close up* (1) Conglutinare asseres, *Plin* 24, 19 (2) ⁜ Quæ si utilitas amicitias conglutinaret, eadem commutata dissolveret, *Cic de Amic* 9 Cortex vitium vulnus conglutinat, *Plin* 23, 3 Met Meretricios amores nuptiis conglutinare, *To tuck whore and rogue together*, Ter Andr 5, 4, 10

Congræco, āre *&*

Congræcor, ātus sum dep [ex more Græcorum compotare] *To feast, or banquet, to make good cheer, to live like a merry Greek* Quod in lustris comedim, & congræcem, *Plaut Bacch* 4, 4, 91

Congrātŭlātio, ōnis f verb *A rejoicing with one for his good fortune, congratulation, or wishing of joy*, Cic Bruto, 3 R occ nec satis certa fides loco unde adfertur, al enim gratulatio

|| Congrātŭlātor, ōris m *He that rejoiceth at one's prosperity*, Aug ✝ Gratulator, *Cic*

Congrātŭlor, atus sum. dep *To rejoice with, to congratulate, or wish one joy* Felicitati tuæ congratulabere, *Cic*. pro *M. Marcel*. 6

Congrĕdiens, tis part *Meeting, or going together with* ⁜ Tum congrediens cum sole, tum digrediens *luna*, Cic *de N D* 2. 40

Congrĕdior, ssus sum dep [ex con & gradior] (1) *To meet, or go together* (2) *To converse with* (3) *To join battle, to encounter* (4) *To engage in dispute, to cope with* (5) *To go and talk with one*. (6) *To accost one* (1) In unam domum congredi, *Varr* (2) Si ipsi coram congredi poteris, *Cic in Pison* 25 (3) § Ubicunque cum hostibus congrediar, *Plaut Pseud* 2, 1, 6 (4) = Ut ego tecum luctari, & congredi debeam, *Cic* pro *Sulla*, 16 (5) Congredere actutum, *Ter Phorm* 5, 6, 12 (6) Hanc congrediar astu, *Plaut Epid* 4, 1, 19 v locum

Congrĕgābĭlis, e adj *Sociable, easily brought together*, Cic Off 1, 44

Congrĕgātio, ōnis f verb *A congregation, an assembly, society, or company, an assembling, or gathering together*, Cic *de Fin* 3, 20

Congrĕgātus, a, um part (1) *Gathered, or assembled together* (2) *Condensed, thickned* (1) Congregata unum in locum multitudo, *Cic Parad* 4 (2) Nix ex aqua congregata, *Cic*

|| Congrĕgis, e adj *Herding, &c* *Prud adv Symm* 2, 634

Congrĕgo, āre act [ex con & grex] *To gather, or assemble together* § In unum locum congregare, *Cic de Orat* 1, 8

Congrĕgor, āri pass *To be assembled, or gathered together, to assemble, or flock together*, Cic Off 1, 44

Congressio, ōnis f verb [à congredior] (1) *A coming together, a meeting with one* (2) *An assembly* (3) || *An encounter, a conflict* (1) ⁜ Minus miserum fuit, quam fuisset cum congressio, tum vero digressio nostra, *Cic ad Q fr* 1, 3 (2) In congressione hominum, *Cic de Orat* 1, 45 (3) Primâ belli congressione, *Just* 15, 1, 6 ✝ Congressus

Congressus, a, um part (1) *Meeting, assembling* (2) *Encountring, or engaging with* (1) In commune congressi quisque sibi consulere, *Cic* (2) § Pelidæ forti congressus Æneas, *Virg Æn* 5, 809 Urgetur pugnâ congressus iniquâ, *Id Æn* 10, 889

Congressus, ûs m verb (1) *A meeting, or coming together* (2) *Company, or company keeping, resort, a conference, or congress* (3) *A conjunction* (4) *Copulation* (5) *An engagement, or fight* (1) Aut serâ bam ad te alias, aut in congressum nostrum reservabo, *Cic ad Att* 1, 20 (2) Clarorum virorum tacitos congressus esse oportet, *Cic Acad* 4, 2 (3) Congressus materiæ, *Lucr* 2, 1064 (4) Congressu fœminarum polluit, *Plin* 12, 14 (5) Nostri in primo congressu circiter 70 ceciderunt, *Cæs B. C* 46

|| Congrex, ĕgis c g gregi copulatus, *Of the same flock, or company, or herd*, Apul ✝ Ejusdem gregis

Congruens, tis part & adj ssimus, sup (1) *Agreeing* (2) *Suitable, meet, fit, convenient* (1) ⁜ Oratio verbis discrepans, sententiis congruens, *Cic de Leg* 1, 10 (2) = Actio congruens & apta ad animos permovendos, *Id P rt Orat* 15

Congruenter adv *Aptly, fitly, agreeably* = Apte congruenterque dicere, *Cic de Orat* 3, 10 *comp & sup non ap scriptores scripti*

Congruentia, æ f *Agreeableness, suitableness, likeness*, Suet Oth c 2 = Æqualitas, *Plin*

Congruo, ĕre, ui [a gruibus tractum, quæ se non segregant, sive cum volant, sive cum pascuntur, *Fest*] (1) *To come together as cranes do in a flock* (2) *To agree with, to accord, to suit, to match, to fall pat* (1) Cui tam subito tot congruerint commoda, *Ter Eun* 5, 8, 3 (2) ⁜ Aristoteles & Theophrastus cum illo congruunt re, genere docendi differunt, *Cic* § Congruere inter se, *Cic* ad aliquem, *Liv* inter se, *Ter* = Convenire, cohærere, *Cic*

|| Congruus, a, um, adj *Apt, fit, convenient, agreeable, suitable, proper*, Pallad & sequiores ✝ Congruens, *Cic*

* Congylis, is *The gongylis, naphew, or turnip*, Col 10, 421

|| Conjectanea, orum n *Books wherein we write our conjectures, common place books*, Gell ✝ Adversaria

Conjectans, tis part *Guessing at*, Liv 5, 21

Conjectātio, ōnis f verb *A guessing, or conjecturing, a divination*, Plin 10, 5!

|| Conjectātōrie adv *By guess, by conjecture, by way of guess*, Gell ✝ Conjecturâ, *Cic*

Conjectio, ōnis f verb [à conjicio] *A casting, throwing, hurling, or flinging* (2) Met *A divination, or interpreting of dreams* (3) *A casting together, a conjecture, or guess* (1) Conjectio telorum, *Cic* pro *Cæcin* 15 (2) Conjectio somniorum, *Id Div* 2, 63 (3) *Ulp*

Conjecto, āre freq [à conjicio] (1) *To throw, or cast* (2) *To guess, or conjecture, to divine, to imagine* (1) Aliquem in carcerem conjectare, *Gell* 7, 19 (2) Neque scio quid dicam, aut quid conjectem, *Ter Eun* 3, 4, 5

Conjector, ōris m verb [à conjicio] *An expounder, or interpreter of dreams, a soothsayer, a diviner* = Aruspices, augures, conjectoresque, *in genere divinandi* numerantur, *Cic de Div* 1, 33 = Conjector, & interpres portentorum, *Ib* 2, 28

Conjectrix, icis f *She who interprets dreams* = Præcantatrici, conjectrici, ariolæ, atque aruspicæ, *Plaut Mil* 3, 1, 99

Conjectūra, æ f [à conjectu, *i e* directione quadam rationis ad veritatem, *Quint*] *A guessing, or divination, a conjecture, or guess, an imagination, or conceit* Conjecturâ consequi, *to guess right*, Cic Conjectura somniorum, *the interpretation of dreams*, Id

Conjectūrālis, e adj Conjecturalis status, *Conjectural, when the controversy is about matter of fact, and is to be made out by circumstances*, Ad Herenn

Conjectus, a, um part [à conjicio] (1) *Cast, hurled, flung, thrown* (2) Met *Cast upon* (3) *Conjectured, divined, guessed* (1) Qualis conjectâ cerva sagittâ, *Vir Æn* 4, 70 (2) Conjecti in te omnium oculi, *Cic ad Att* (3) Non tam mirabilia, quam conjecta bellè, *Cic de Div* 2, 31

Conjectus, ûs m verb (1) *A casting, hurling, throwing* (2) Met *A cast, or glance* (1) Conjectu telorum confossus cecidit, *Nep Pelop* 5 (2) Oculorum conjectu animorum motus significamus, *Cic de Orat* 3

* Cōnĭfer, *vel* conĭferus, a, um adj [ex κῶνος, conus] Conifera arbor, *A tree that beareth taper fruit like the pine-apple*, Ov *Vid & Virg Æn* 3, 680

* Cōnĭger, ĕra, um *Idem quod* conifer, *Claud*

Conjĭciendus, a, um part *To be cast*, Ov

Conjĭcio, ĕre, ēci, ectum act [ex con & jacio] (1) *To cast together, to throw, or fling, to hurl* (2) *To drive* (3) *To digest, to put, to comprize* (4) *To conjecture, to divine, to guess, to imagine, or fancy* (5) *To interpret as dreams* (6) *Briefly, to lay open, or state the case* (1) Tela conjiciunt, *Virg Æn* 10, 330 (2) Flabra conjiciunt nubila, *Lucr* 6, 731 (3) Conjicere id in eum librum, quem tibi misi, *Cic ad Att* 16, 6 (4) Tu conjicito cæteri, *Ter Phorm* 1, 3, 14 (5) Manesis dum hunc conjicio somnium, *Plaut Curc* 2, 2, 3 (6) Cæ Ciceroni, 8, 4 ¶ Conjicere se in pedes, *Ter* in fugam, *Cic to betake himself to his heels and run away*, intro, *to run in a doors*, Ter Orationem in aliquem, *To talk of him* Conjicere pallium in collum, *To put on his cloak, or clap it on his shoulders*, Plaut aliquem in lætitiam, *to make one glad*, Ter in fugam, *to put him to flight*, Cæs. se in versum, *to be intent upon*, Cic

Conjĭcior, i pass *To be cast, thrown*, &c *Cic*

Conĭscans, tis part *Vid* Conistans, *quod rectius*

Conĭsco, āre *To but as a ram*, Lucr 2, 320 Fortè rectius conisso, *To throw the dust about*, interp Becmanno

Cŏnisso, āre [à κονίζω, conisso, pulverem excito, quod faciunt pecudes ludentes, & concertantes, *Voss* ex M] *To but with their heads and horns at one another, as lambs and kids do in sport*, or *to frisk up and down, and raise the dust*, or *to make ready for fight, or as if they would fight* Agni ludunt, blandeque conissant, *Lucr* 2, 320 ☞ *Mirè variant hic lectiones*, conissant, coniscant, chronissant, corussant, coruscant *adeo ut quid scripserit poeta plane incertum*

* Conistērium, i n [à κονιστήριον, in pulvere versor] *A place where wrestlers in old time, after they were anointed with oil, were besprinkled with dust, that they might the surer hold of one another*, Vitruv 5, 10

Conjŭgata, orum pl *quæ sunt ex verbis ejusdem generis*, ut justitia, justus, justè, *Words that come of one original*, Cic *in Top* c

Conjŭgātio, ōnis f verb *A yoaking, or coupling together, a derivation of words, being of one kind*, Cic *de Sen* 15 || *A conjugation*, ap grammaticos

Conjŭgātor, ōris m verb *A joiner, or coupler, a matcher* Bonæ amoris conjugator, *Catull* 59, 45

|| Conjŭgātus, a, um part *Joined, yoked, or coupled, married, wedded*, Aug ✝ Conjunctus

Conjŭgālis, e adj *Belonging to marriage, wedlock, or to a bridal* Conjugialia festa, *Ovid Met* 5 princ *iuri*, *Ib* 6, 536

Conjŭgium, i n [à conjux, conjugis] (1) *Marriage, wedlock* (2) Also *carnal copulation* (3) *A pair of creatures, male and female* (1) Prima societas in ipso conjugio est, *Cic Offic* 1, 17 (2) Sine ullis conjugiis vento gravidæ, *Virg G* 3, 275 *de equabus* (3) Parvis in vicis non plus bina conjugia sunt, *Plin* 10, 12

Conjŭgo, āre act [ex con & jugo] *To yoak, or couple together* Met Jucundissima amicitia est, quam similitudo morum conjugavit, *Cic Offic* 1, 17

Conjŭgŭlus, a, um *adj* *Having a mate, paired, mated, male and female* Conjugula myrtus, *Cato* ap *Plin* 15, 37 ☞ In locis Catonis, c 8 & 133 unde hausit Plinius, legitur *conjugulum myrtus*

Conjŭgus, a, um adj *Yoked, mated, paired*, Pl n 8, 23

Conjunctè adv issime, sup *Jointly, friendly, familiarly, dearly* Cum eo conjunctè vixit, *Nep Att* 10 = Conjunctissime & amantissime cum aliquo vivere, *Cic de Amic* 1

Conjunctim adv *Together, jointly* Omnis pecuniæ conjunctim ratio habetur, *Cæs B G* 6, 18

Conjunctio, ōnis f verb (1) *A joining, or mixing together* (2) *Familiarity, Union, agreement* (3) *Acquaintance, mutual love and concord, fellowship, company* (4) *Alliance, affinity, nearness, unity* (5) *A conjunction* (1) = Conjunctio confusioque

confuſioque virtutum, *Cic* 5 de *Fin* (2) = Conjunctio tua cum collegâ, amicitiaque veſtra, *&c* Cic Fam 11, 15 (3) = Conjunctio & familiaritas, *Ci* (4) = Hominum inter homines conjunctio, & quædam quaſi ſocietas, *Cic* (5) Opto nobis hanc conjunctionem voluptati fore, *Cic* *H* 1, (6) Ap grammat = conjunctio, *Quint* 1,4 [illegible] *videtur*

|| Conjunctum Vox dialecticorum *A* [illegible] *to the fire*, Gell 16,8

|| Conjunctūra, æ f *A joining together, a conjunction*, Firm ✝ Junctura

Conjunctus, a, um part & adj or, comp ſſimus, ſup (1) *Joined, coupled together* (2) *Friendly, acquainted, intimate* (3) *Allied* (4) *Belonging, or appertaining to* (5) *Married* (6) *Near of* (1) ✕ Vita maxime diſjuncta a cupiditate, & cum officio conjuncta, *Cic* pro S *Roſc* 13 (2) Ut noſmetipſi inter nos conjunctiores ſimus, *Cic* ad *Att* 14 1 Vir conjunctiſſimus & amiciſſimus, *Id* (3) = Mollius conjunctus & continens, *Cic* de N D 1, 11, ¶ Philoſophia [illegible] maxime conjuncta, *Id* de *Orat* 1, 17 (4) Præcepta naturæ conjuncta *Cic Offic* 1,2 [illegible] (5) O digno conjuncta viro, *Virg Ecl* 8, 32 (6) = Dicendi laude erant propior, & ætate conjunctior *Cic* de *Cl Orat* 92

Conjungendus, a, um part *To be joined together*, Cic *pro* Clu 16

Conjungo, ĕre, xi, ctum act [ex con & jungo] *To join together, to join, to put together, to couple in marriage, to aſſociate, to ally* § Conjungere dextras, *Virg* [illegible] dextræ, *Ov* *To join, or ſhake hands* Vires ſuas cum aliquo *Val Flacc* calamos cera, *Virg* = Concilio, *Cic* ✕ Divido, *Id*

Conjungor i paſſ *To be joined together, to be allied*, Cic

✝ Conjunx, ŭgis c g cum n [illegible] voluit, ut ſit à conjungo, conjunxi *A yoke fellow, an huſband, a wife*

Conjurātio, ōnis f verb (1) *A confederacy, or conſpiracy* (2) *A general compact, or agreement* (1) Conjuratio contra rempublicam, *Cic Cat* 2, 4 (2) Quæ hæc eſt conjuratio, ut omnes mulieres eadem æque ſtudeant [illegible] omnia, *Ter Hec* 2, 1, 1

Conjurātus, a, um part (1) *Sworn in a conſpiracy* (2) Subſt *A fellow conſpirator, or complotter* (1) Conjurati cœlum reſcindere fratres, *Virg Georg* 1, 280 (2) Conjurati dicuntur qui conjurârunt, *Ci*

Conjūro, āre act (1) *To conſpire, or conſpire together* (2) *To band, or plot, in a bad ſenſe* (3) *To ſwear together* [illegible] (4) *Alſo in a good ſenſe* [illegible] *and help one another* (1) Omni tumultu conjurat trepidante Latium, *Virg Æn* 8, 5 (2) [illegible] contra rempublicam conjuravit, *Cic* pro *Sylla*, 25 (3) [illegible] conjuravimus ego cum [illegible] & [illegible], *Plaut* [illegible] (4) *Hor* in *Art Poet* 411

Conjux, ŭgis c g [ex con & jungo] (1) *A huſband, or wife, a* [illegible] *or woman* *A yoak-fellow* (2) [illegible] (1) Domina [illegible] conjugis nov, *Catull* 59, 32 [illegible] conjuge, *Ov* (2) [illegible] Niſæ deceptus [illegible] *Ecl* 8, 18 Ferro

ſceleratam extinguere gentem conjuge prærepta, *Id Æn* 9, 138

Conlăbĕfio, fieri *To go to decay*, Lucr 3, 600

Conlabor, conlachrymor, conligo, conlino, conliqueſco, *&c* *Vid* Collabor, collachrymor, colligo, collino, *&c*

Conlatro, āre *To bark with* Met *To rail at a thing, to decry it* § Philoſophiam conlatrare, *Sen* de *Vit beat*, 7

Conlaxo, āre act *To ſlacken*, Lucret 6, 232

Conluco, āre act [ex con & lux, lucis] *To lop the boughs away in a wood, which hinder the light*, Cato 139 Col 2, 22

Connato, āre *To ſwim together* Met *To haunt, or keep company with the ſame woman, to be rival to another in love* Plaut

Connecto, ĕre, xi, & xui, xum act (1) *To knit, tye, link, or faſten together* (2) Met *To join, or add to* (3) *To continue a diſcourſe* (1) Falces, ſcalaſque connectere, *Tac* (2) Amicitia cum voluptate connectitur, *Cic* de *Fin* 1, 20 (3) Connectere aliquid inexplicabili ſerie, *Quint* 5, 14

Connector, i paſſ *To be joined, or knit together*, Cic *Vid* Connecto, N 2

Connexio, onis f verb *A joining, or linking together, a connexion, a concluſion*, Quint 5, 14

|| Connexivus, a, um adj *That can knit, or couple together* Conjunctio connexiva, *The conjunction copulative*, Gell 10, 29

Connexum, i n vox dialecticorum *The concluſion of a diſcourſe*, Cic Acad Q 4, 30

Connexus, a, um part (1) *Joined, or linked together* (2) *Joined, or fitted to* (3) *Tyed, or truſſed up cloſe, as hair, &c* (4) *Intangled thick one with another, as* boughs are (1) Pedibus connexæ apes, *Virg Georg* 4, 257 (2) = Inter ſe connexa, & apta, *Cic* de N D 2, 38 (3) Crines connexi, *Prop* 2, 5, 23 (4) Rami connexi, *Luc*

Connexus, ûs m verb *A knitting, tying, or joining together, a joint, or knot*, Lucr 1, 627

Connicto, ĕre *To wink, or open as a hound*, Frag Poet

Connicto, āre freq [à conniveo] *To wink often for fear*, Frag Poet

|| Connidifico, āre act *To build, or make a neſt*, Aug ✝ Nidifico

|| Connigrico, āre *To make ſomewhat black*, Frag Poet ✝ Nigrico

|| Connĭteo, ēre *To be bright together*, Frag Poët

Connitor, i, xus, vel ſus ſum (1) *To endeavour, to ſtruggle, to try to the utmoſt* (2) *To lean upon* (3) *To travail with child, to yean, to be delivered of, to bring forth young* (1) Connituntur ut ſeſe erigant, *Cic* Conniti in aliquem locum, *Cæſ* § ad aliquid agendum, *Tac* (2) In haſtam connixus, *Sil* (3) Spem gregis, ah! ſilice in nuda connixa reliquit, *Virg Ecl* 1, 15

Connivens, tis part *Winking, or diſſembling* Oculi ſomno conniventes, *Twinkling for want of ſleep*, Cic de N D 2, 57

|| Conniventia, æ f *A ſufferance, or winking at, connivance*, Dig = Diſſimulatio, *Cod*

Conniveo, ēre, ivi, ixi [ex con & niveo] (1) *To wink, or twinkle with the eye* (2) Met *To wink at a matter, to connive at, to diſſemble a thing, to take no notice of, to make as if he did not ſee* (1) Ad minima tonitrua & fulgura connivens, *Suet Cal* 51 ✕ Spectâ quàm arctè dormiunt dormiunt [illegible] illud quidem ut connivent volui dicere, *Plaut Moſt* 3, 2, 145 (2) Ea ipſa concedo, quibuſdam in rebus etiam conniveo, *Cic* *Phil* 1, 7

✝ Connivo, ĕre, ant *To wink, to nod, to fall aſleep* Jam gravis ingenti connivere pupula ſomno *Calvus ap Priſc* *Vid* Conniveo

Connixus, a, um part [à connitor] (1) *Leaning on, bending, or thruſting forward* (2) *Alſo bringing forth young* (1) Connixus omnibus copiis Ancus aciem primam vicit, *Liv* 1, 33 (2) *Virg* *Vid* Connitor

✝ Connōdo, āre act *To knit together*, Cato ✝ Connecto

Connubialis, e adj *Pertaining to wedlock, or marriage* = Heu! ubi pacta fides? ubi connubialia jura? *Ov Ep* 6, 41

|| Connubilo, āre *To make dark, or cloudy*, Firm ✝ Obnubilo

|| Connubilis, e *Marriageable*, Firm ✝ Nubilis

Connubilus, a, um adj *Cloudy, dark*, Frag Poet

Connubium, i n [à con & nubo] *Wedlock, marriage, a wedding* Romulus Sabinorum connubia conjunxit, *Cic* de *Orat* 1, 9

|| Connubius, a, um *By marriage* [illegible] Connubiâ lege ſocietas corrumpis, *Apul* 9 ✝ Conjugialis

|| Connūbo, ĕre, pſi, tum *To marry one then, to be married*, Apul ✝ Connubio jungi

Connūdātus, a, um part *Made bare, naked, uncovered*, Plin 28, 7

Connutrio, īre *To nouriſh together*, Col teſte Litt

Conopeum, i n *Juv* conopeum, *Hor* & *Prop* [illegible], culex, ſc velum ad arcendos culices] *A canopy or curtain that hangs about beds, made of net work to keep away flies, or gnats, an umbrella, a pavilion, a teſter over a bed* Teſtudineum conopeum, *Juv* 6, 80

CONOR, conātus ſum dep *To endeavour, to try, or go about, to attempt* ¶ Manibus pedibuſq; conari, *To ſtrive tooth and nail*, Ter Andr 4, 1, 52 Conari aliquid fallaciæ, *To try to put a trick upon*, Ibid 1, 2, 26 = Molior, *Cic*

Conquadrātus, a, um part *Squared, or made ſquare*, Col 8, 3 quod verbum tamen inuſ ✝ Quadratus

Conquaſſātio, ōnis verb *A ſhaking, or bruiſing*, Cic Tuſc 4

Conquaſſātus, a, um part *Shaken as with an earthquake, bruiſed*, Cic Fam 4, 6 & de Div 1, 43

Conquaſſo, āre act *To ſhake, or daſh, to break in pieces* Alſo *to haraſs, to ruin, and lay waſte*, Cato R R 52

Conquaſſor, āri paſſ *To be ſhaken, diſquieted, bruiſed*, Lucr 3, 599

Conquĕrens, tis part *Complaining* Patria conquerens onera, *Suet Cal* 42

Conqueror, i queſtus ſum dep *To complain of, to bewail, to lament, to make complaint* § Conqueri aliquid, § de re aliqua, § pro republ *Cic*

Conqueſtio, ōnis f verb [à conqueror] *A complaining, or a making moan*, Cic ad Q fratr 1, 1, 7

Conqueſtus ûs m verb [à conqueror] *A complaint, or a complaining* Libero conqueſtu coortæ voces ſunt, *Liv* 9, 7

Conquieſco, ĕre, evi, etum (1) *To be at reſt, or repoſe* (2) *To be content, or ſatisfied* (3) *To ceaſe, to leave off, to be reſpited, or intermitted* (4) *To acquieſce, or take delight, and be pleaſed in a thing* (5) *To be allayed, or aſſwaged* (1) Ne ad ſaxa quidem mortui conquieſcant, *Cic Orat* 30 (2) Quoniam tu, niſi perfectâ re, de me non conquieſti, *Cic Fam* 1, 1 (3) Hyeme bella jure gentium conquieſcunt, *Cic* pro *Rab* 15 ¶ Conquieſcit mercatorum navigatio, *Merchants go not to ſea*, Cic Sanguis conquieſcit, *The flux ſtops*, Cels (4) Ætas noſtra jam ingraveſcens in amore atque in adoleſcentia tua conquieſcit, *Cic Fam* 2, 1 (5) Sudor, calor, febris, inflammatio, conquieſcit, *Celſ*

Conquiniſco, ĕre, quexi [illegible], unde προσκυνεῖν, cernuare, ſive inclinare ſe reverentiæ cauſâ] *To duck the head, to bow, or bend the body, to ſtoop*, Plaut Pſeud 3, 2, 75 Ad eam ut conquexi, *Pomp*

Conquiro, ĕre, ſivi, ſitum act [ex con & quæro] (1) *To ſeek out, to ſearch for diligently* (2) *To get together, to rake up* (1) Quem pleriſque in caſtris notum aut municipem habebat, conquirit, atque vocat, *Cæſ B C* 74 (2) Cum undique nequiſſimos homines conquiſiviſſet, *Cic*

Conquiſitè adv *Exquiſitely, accurately, curiouſly, accurately*, Ad Herenn 2, 31

Conquiſitio, ōnis f verb (1) *A diligent enquiry, or ſearching for* (2) *A preſſing of ſoldiers* (1) Difficillimum eſt in omni conquiſitione rationis exordium, *Cic* de *Univ* 2 (2) = Exercitus ſuperbiſſimo delectu & duriſſima conquiſitione collectus, *Cic* de *Prov* Co. 2

Conquiſitor, ōris m verb [à conquiro] (1) *A ſearcher, or inquiſitor in any matter* (2) Conquiſitores, *Commiſſioners to raiſe an army, preſs-maſters* (3) Alſo *officers which attach offenders, going after them with hue and cry* (1) *Cic* pro *Mil* (2) *Liv* 21 11 (3) *Plaut* *Amph prol* 65

Conquiſitus, a, um part & adj ſſimus, ſup (1) *Searched out, choſen* (2) *Invented, deviſed* (3) *Exquiſite, fine, dainty, curious, rare, choice, exact* (1) = Conquiſiti & electi coloni *Plin* 15, 29 (2) = Fictis, conquiſitiſque vitiis deformatus, *Cic* de *Har Reſp* 26 (3) = Menſæ conquiſitiſſimis epulis extruebantur, *Cic Tuſc* 5, 21

Conregio, ōnis f augurale vocabulum *A region with a certain compaſs or circuit*, Varr

|| Conreus, i m *An acceſſory, one guilty of the ſame crime*, Ulp ✝ Particeps criminis

Conrideo, ēre, ſi *To laugh, or be pleaſant* Conrident omnia, *Lucr* 4, 81 R occ

✝ Conruo, ĕre act Spicas conruebant, *Varr* L L 4 *Vid* Corruo

✝ Conruſpor, ātus ſum *To ſearch out, to ſummon together* Conruſpare tua conſilia in pectore, *Plaut interp Feſt*

Conſalūtātio, ōnis f verb *A ſaluting, or greeting one another*, Cic ad Att 2, 18

Conſalūto, āre (1) *To ſalute, or greet one another* (2) *Alſo to call, or ſalute* (1) Cum inter ſe conſalutaſſent, *Cic* de *Orat* 2, [illegible] (2) Dictatorem eum legati gratulantes conſalutant, *Liv*

Conſāneſco, ĕre ulcept *To become, or wax whole* Conſaneſcunt ulcera, *Col* 4, 27 vulnera, *Id* 8, 7 ✕ Recrudeſco, *Cic*

Conſanguineus, a, um [ex con & ſanguis] *Akin by blood and birth, eſpecially on the father's ſide, of the* [illegible]

same blood, and kindred Turba consanguinea, O. Ep 14, 121 umbra, Id Met 8, 476 Arma consanguinea, Claud Thalami consanguinei, Id

Consanguinea, æ f *A kinswoman by blood, a cousin german*, Catull 62, 118

Consanguineus, i m *A cousin, a kinsman, of the same blood by the father's side, a brother by the same father, a cousin german*, Just 18, 5, 6 Consanguineus lethi sopor, *Cousin german of death*, Virg Æn 6, 278 ✠ Consanguinei fratres eodem patre nati, uterini eadem matre

Consanguinitas, ātis f *Kindred by blood, or birth, consanguinity*, Liv 7, 19 Virg Æn 2, 86

|| Consaniŏ, āre (1) *To heal* (2) *To be healed* (1) *Vid* Consanor (2) Si digitus abscissus consanaverit, *Ulp*

Consanor, ari pass *To be healed, or cured* Nec plagæ vitis consanentur, *Col* 4, 24

|| Consarcinarius, i m *He that meddles about packs*, Cod

|| Consarcinator, ōris m *A patcher, or maker together* Consarcinator litium, *A barretor, a setter of strifes*, Amm Mar ✝ Leguleius

|| Consarcinātrix, icis f *A woman patcher, or botcher*, Dig

|| Consarcinatus, a, um part *Pieced, or patched, or tacked together*, Amm

Consarcino, āre *To patch up, or together, to piece*, Gell 1, 2 || *To patch up*, Jc

Consarcio, ire *To make whole, or piece up*, Dig

|| Consarcinatio, f *A weeding, or harrowing*, R ex Col sed frustra quæsivi

|| Consarculo, āre *To rake, or weed*, Litt ex R ibid ex Col sed frustra tui diligenti investigatione ✝ Consarrio, *Col*

Consarriendus, a, um part *To be raked, or weeded*, Col

Consarrio, ire, ivi, itum act *To rake, or weed* Consarriendi surculi, *Col* 11,

Consarritio, f verb *A weeding with a weed-hook*, Col ap Litt sed q ✝ Runcatio

Consarritor, ōris m *A weeder, or harrower*, Col ap Litt sed q ✝ Runcator

|| Consartor, ōris m *A botcher, or tailor*, Cod ✝ Sartor

|| Consartus, a, um part *Kept safe and sound*, Cod ✝ Sartus tectus

|| Consatellitium, i n *A guard of men*, Digest

✝ Consativus, a, um *That may be sown, or planted together*, Litt ex Col ut nam & monstrasset locum

|| Consaturo, āre *To fill, or satisfy*, Firm ✝ Saturo, *Cic*

|| Consauciātio, ōnis f *A wounding*, Dig ✝ Vulneratio, *Cic*

Consaucio, āre act *To wound, or hurt* Caput prætoris consauciavit, *Suet Ner* 26

Consaucior, āri pass *To be hurt, or wounded*, Ad Herenn 4, 19

|| Consceleratè adv *Wickedly*, Tert ✝ Scelerate

Consceleratus, a, um part & adj issimus, sup (1) *Defiled, distained, polluted* (2) *Wicked, villainous, damnable* (1) = Contaminati, & consceleratі homines, *Liv* Consceleratissimi filii, *Cic* pro *Rosc* 24 (2) = Nefarium & consceleratum ejus vultum intuebantur, *Cic* pro *Cluent* 10

Conscelero, āre act *To profane, or unhallow, to pollute, or defile* Conscelerate aures paternas, *Liv* 40, 8 Oculos videndo conscelero, *Ov Met* 7, 34

Conscendo, ĕre, di, sum [ex con & scando] *To climb, or to go up to, to mount, to get up, to take ship, or imbark* § Conscendere navim, in navem, *Cic* Simpliciter conscendere, *Id* Pet 1. Or *To take ship, to go aboard* § Conscendere equum, *Liv* in equum, *Ov To leap on horseback* currum, *Liv To take coach* tribunal, *To ascend the bench*

Conscensio, ōnis f verb *A taking ship, a mounting on horseback*, Cic de Div 1, ...

|| Consciens, tis part [ex con scio] *Privy to, conscious, privy to*, Aug ✝ Conscius, *Cic*

|| Conscienter adv *With knowledge, or conscience, knowingly*, Aug ✝ Ex conscientia, *Cic*

Conscientia, æ f [a part consciens] (1) *Privity, or the knowledge of one's own guilt, or innocence* (2) *Conscience, the inward judgment of one's own mind* (3) *Knowledge* (4) *Remembrance* (5) *Remorse, a sense of guilt* (6) *Innocency* (1) In conscientiam facinoris pauci adsciti, *Tac Hist* 1, 25 (2) Magna vis est conscientiæ, *Cic pro Mil* 23 (3) Mea mihi conscientia pluris est quam omnium sermo, *Cic ad Att* 12, 28 (4) = Conscientia bene actæ vitæ, & beneficiorum recordatio, jucundissima est, *Cic de Sen* 4 (5) Conscientia convictus repente conticuit *Cic* in *Cat* 3, 5 (6) Et quanquam conscientia fretus, in regium venerat, tamen, &c *Curt* 7, 2, 12

Conscindo, ĕre, scidi, scissum act (1) *To cut, or tear in pieces* (2) *To lash, jerk, or chastise* (3) *To tear, cut, or punch* (1) Epistolam innocentem conscindere, *Cic Phil* 2, 6 (2) Me sibilis ait conscindi, *Cic ad Att* 8, 16 (3) Curæ conscindunt hominem sollicitum, *Lucr* 5, 46

Conscindor, i pass *To be cut, torn, lashed* Met *Reflected upon, or railed at*, *Vid* Conscindo, Nº 2

Conscio, ire, ivi, itum *To know, to be privy to* = Nil conscire sibi, nulla pallescere culpa, *To be conscious of no evil in himself*, Hor Ep 1, 1, 61

✝ Consciolus, a, um adj dim [a conscius] *Guilty*, &c *Litt ex Catull* ✝ Conscius

Consciscendus, a, um part *To be procured, or resolved upon* Aut consciscenda mors voluntaria, *Cic* *He must be a felo de se*, *Cic Fam* 4, 23

Conscisco, ĕre, ivi, tum act [ex con & scisco] (1) *To vote by common consent, to make an order, or act* (2) *To commit* (3) *To get, or procure* (1) = Senatus P R censuit, consensit, conscivit, ut bellum esset, *Liv* 1, 32 (2) Neque incolumis fui, Cæsare vivo, nisi postquam illud conscivi facinus, *Cic ad Brut* 16 (3) Junius sibi ipse necem conscivit, *Cic de N D* 2, 3 *Killed himself* ¶ Fugam sibi consciscere ex aliquo loco, *To flee from*, Liv

|| Conscissio, f *A cutting, or paring*, Tert

Conscissūra, æ f *A gash, a cut, a tear, a rent, a jag, a slash*, Plin 34, 8 ubi Harduin concisura, a concido

Conscissus, a, um part [a conscindor] *Torn, cut, or rent in pieces* Pugnis & calcibus conscissus, *Bound and kicked sadly*, Cic in Verr 3, 23

|| Conscisius, īs m *A cutting*, Firm ✝ Scissio

Conscitus, a, um part [a consciscor] *Agreed, resolved upon, decreed* Conscita nece, *Killing themselves*, Plin 36, 15 Liv 9, 26

Consciscor, itus sum dep *To think, or fix*, Plaut Pers 2, 5,

Conscius, a, um adj (1) *Conscious, privy to, or guilty of another's counsels, or actions* (2) *Observant, guilty* (3) *Knowing any thing by one's self* (1) § Numina conscia veri, *Virg Æn* 2, 141 (2) Mentis conscire pavor, *Sen* Conscius facinori, *Cic pro Cluent* 20 (3) Conscia mihi sum, a me culpam hanc esse procul, *Ter And* 5, 2, 49 Mens sibi conscia recti, *Virg* futuri conscius, *Luc*

Conscribillo, āre act [a conscribo] *To write down, to register, to enroll, to scrawl, or scribble*, Varr Ne nates mustu turpiter tibi flagella conscribillent, *Should make a memento in red letters on thy breech*, Catull 23, 11 ubi licentei secundum corrigunt

Conscribo, ĕre, psi, ptum act (1) *To write* (2) *To write letters* (3) *To put, or set down in writing, to muster, or ordain* (4) *To list and levy soldiers* (1) Ut de ratione dicendi conscribe emus, *Ad Herenn* 1, 1 (2) De Antonio Balbus ad me conscripsit, *Cic ad Att* 12, 19 (3) Legem Coss conscripserunt, *Cic* (4) = Rex Seleucus me oravit, ut sibi latrones cogerem & conscriberem, *Plaut Mil* 1, 1, 75 *Ir absolute* Hæc profert, Plancium, decurasse, conscripsisse, &c *Cic pro Planc* 18

Conscriptio, ōnis f verb *A writing, an enrolling, a registering*, Cic pro Cluent 6

Conscriptus, a, um part (1) *Written* (2) *Enrolled, registered, mustered* (3) *Scribbled* (1) Epistolium conscriptum lachrymis, *Catull* 66, 2 (2) Conscripti milites, *Cæs B C* 1, 2 (3) Mensa conscripta vino, *Ov Amor* 2, 5, 17

Conscripti, orum m *sc* patres conscripti, *senators, not those first instituted, but those who were taken into that order out of the gentry by Brutus, after the expulsion of Tarquin, who then began to be called* conscripti, *to distinguish them from the* patres, *at which time the number, which in the time of Romulus was an hundred, and doubled by Tarquin, was augmented to three hundred* Legitur etiam in sing & absol Quod sit conscripti, quod judicis officium, *Hor Art Poet* 314

|| Conscrutor, ātus dep *To search all about, to search with others*, Firm ✝ Scrutor

|| Consculptilis, e adj *Engraved, easily carved*, Aug ✝ Sculptilis

|| Consculptor, ōris m *An engraver*, Hier ✝ Sculptor

|| Consculptūra, æ f *Carving, or engraving*, Hier ✝ Sculptura

|| Consculptus, a, um *Engraven*, Tert ✝ Sculptus

Conseco, āre, ui, ctum act *To cut, or hack, to cut in pieces* § Consecare minutatim, *Varr R R* 3, 10 § in tenues membranas, *Plin* 20, 10 Membra consecuisse, *Ov Fast* 3, 9, 34

|| Consecrāneus, a, um voc ecclesiast *Devoted to the same service, engaged in the same cause* Commilitones fecerati, imò vero consecranei, *Jul Cap*

Consecratio, ōnis f verb [a consecro] *A dedication, or consecration* ✠ An consecratio nullum habet jus, dedicatio est religiosa? *Cic pro Dom* 48 ☞ Dedicatio a pontifice solo, consecratio etiam a tribu plebis fiebat

Consecratus, a, um part (1) *Consecrated, devoted* (2) *Canonized, sainted* (3) *Sworn* (4) *Wicked, detestable* (1) Sicilia Cereri consecrata est, *Cic in Verr* 4, 48 ✠ Profanus, *Id* (2) Ex hominum genere consecratos, sicut Herculem, *Cic de Leg* 2, 11 (3) = Gracce ... tis quibusdam destinatisque sententiis quasi addicti & consecrati, *Cic Tusc* 2, 2 (4) *Non*

Consecro, āre act [ex con & sacro] (1) *To consecrate, to hallow* (2) *To immortalize, or to make a god* (3) *To immortalize* ... or *to devote* (1) = Dare, donare, dicare, consecrare, *Cic* Opt Max *Cic in Verr* 4, 29 (2) Ægypti nullam belluam, nisi ob aliquam utilitatem, quam ex ea caperent, consecraverunt, *Cic de N D* 1, 36 (3) Nominis memoriam consecrare, *Cic in Verr* 4, 31

|| Consectāneus, a, um adj *Which follow others opinion*, Sidon ✝ Ejusdem sectæ

Consectārium, i n *A corollary, inference, or deduction, from the foregoing premisses*, Cic de Fin 4, 18

Consectārius, a, um adj *Consequent, deducible*, Cic

|| Consectatius, i m *That followeth any opinion*, Tert ✝ Sectator, consequens

Consectātio, ōnis f verb *A following, or pursuing, an earnest endeavour to get, or attain, pursuit, a running after*, Cic de Or 49

Consectātor, ōris m verb *He which followeth, pursueth, or seeketh after*, nititur auct seq

Consectātrix, icis f verb *She that followeth, pursueth, or hunteth after*, Cic Offic 3, 33

|| Consectilis, e adj *That may be easily cut*, Tert ✝ Sectilis

Consectio, ōnis f verb [a conseco] *Cutting, hacking, hewing, felling of trees* Cic N D 2, 60

|| Consectivus, a, um adj *That is often cut*, R ex Col sed q ✝ Sectivus

Consector, ātus freq [a consequor] (1) *To follow one up and down, to run after* (2) *To keep one's company, to court one* (3) *To hunt after* Met *To hanker after* (4) *To pursue in the war* (5) *To endeavour to get* (6) *To set forth, or imitate* (7) *To ...* (8) *To lust after* (1) Adagio hæc certum est consectari, *Plaut Pseud* 4, 7, 17 (2) Hos consector, hisce ego, & *Ter Eun* 2, 2, 18 (3) Consectabantur sylvestria sæcla ferarum missilibus saxis, *Lucr* 5, 965 Nec quas opes, aut potentiam consectabitur, *Cic Off* 1, 25 (4) Equites consectantur atque occidunt, *Cæs B G* 5, 56 (5) Debita consectari, *Cic ad Att* 13, 2 (6) Nisi quod naturæ operi, non ornandi consectamur, *Plin* 7, 55 Ac ne plura consectari, complectendam brevi, *Cic de Orat* 1, 8 (7) E quibus nos id potissimum consectati sumus, quo Socratem usum arbitramur, *Cic Tusc* 5, 4 (8) Consectatus admissarius quasdam equas, *Plin* 3, 20

Consecūtio, ōnis f verb [a consequor] *A sequel, a consequence in orderly consequence* Detractio molestiæ consecutionem affert voluptatis, *Cic de Fin* 1, 11 ¶ Consecutio verborum, *The grammatical syntax*, Id ✠ Constructio, *Rhetorical disposition*, Id

Conse-

Conſecūtus, a, um part (1) *Following, succeeding* (2) *Having gotten, obtained* (1) Reliquis conſecutis diebus, *Cic Phil* 1, 13 (2) Quia videmur eam famam conſecuti, *Cic Fam* 2, 11 § Paſſ Conſecuta *pro* impetrata, *Varr*

Conſēminālis, e adj *Sown, or planted with ſeveral ſorts of ſeeds, or plants* Col 12, 45

Conſēmineus, a, um *Sown with divers ſeeds, or planted with divers plants one with another*, Col 3, 21

Conſēmino, āre act *To ſow together*, Col

Conſeneſco, ĕre, ſenui incept (1) *To grow old* (2) *To grow out of uſe* (3) Met *To decay* (4) *To loſe its force, to grow cool* (1) Mœrore & lachrymis conſeneſcebat, *Cic pro Cluent* 5 (2) Non vides, veteres leges ipſa ſuā vetuſtate conſenuiſſe? *Cic de Orat* 1, 58 (3) Oratorum laus conſeneſcit, *Cic Tuſc* 2 (4) Donec iræ & impetus conſeneſceret, *Liv* 3, 3

Conſenſio, ōnis f verb (1) *Consent, agreement, or accord, one mind or purpoſe* (2) *A plot, or conſpiracy* (1) Conſenſio omnium gentium lex naturæ putanda eſt, *Cic Tuſc* 1, 13 ✕ Unius diſſenſione totus conſenſionis globus diſjectus eſt, *Nep Attic* 8 (2) Sceleratæ conſenſionis, fides, *Cic ad Att* 10, 4

|| Conſenſus, a, um part *Conſidered of, granted, accorded, agreed* = Syllogiſmus eſt oratio, in qua conſenſis quibuſdam, & conceſſis, aliud quid, quam quæ conceſſa ſunt, per ea quæ conceſſa ſunt, neceſſariò conficitur, *Gell* 15, 26

Conſenſus, ûs m verb (1) *A conſent, accord, or agreement* (2) *A granting, acknowledging, or owning* (1) Omnium conſenſus naturæ vox eſt, *Cic Tuſc* 1, 15 = Ex concentu atque conſenſu, quam συμπάθειαν Græci appellant, *Cic de Div* 2, 15 ✝ Diſſenſus acerbus, & gravior conſenſus erat, *Ovid* (2) Defendere aliquid conſenſu, *Quint*

Conſentaneus, a, um adj (1) *Agreeable, conſonant, meet, convenient* (2) *Alſo reaſonable, not unlikely, probable* (1) § Decorum id eſt quod conſentaneum ſit hominis excellentiæ, *Cic Offic* 1, 27 (2) § Conſentaneum eſt in iis, [illegible], ſenſum ineſſe & intelligentiam, *Cic de N D* 2, 15 = Aptus, conſequens, *Id* = Par, *Plin* ✝ Diſſentaneus, *Cic*

Conſentes [or conſentientes] Dii, *Gods* numero 12 Sex mares, totidemque fœminæ quorum nomina articioſè *Enn* ap *Apul* verſu complexus eſt
Juno, Veſta, Minerva, Ceres, Diana, Venus, Mars,
Mercurius, Jovis, Neptunus, Vulcanus, Apollo
Ædes Deum conſentum, *Varr L L* 7, 8

Conſentia ſacra, *Sacrifices to the twelve* Conſentes, *Feſt*

Conſentiens, tis part *Agreeing, conſenting, unanimous* = Tanta rerum conſentiens, conſpirans, continuata cognatio, *Cic de N D*

Conſentio, îre, ſi, ſum (1) *To conſent, agree, or accord, to be of one opinion, or of the ſame mind* (2) *To be agreeable to* (3) *To plot together* (1) ✝ Ratio noſtra conſentit, oratio pugnat, *Cic de Fin* 3 (2) Ex omni parte ſecum ipſa conſentiat, *Cic de Un* 2 (3) Cum homines nefarii conſiterentur ſe urbem inflamminare conſenſiſſe, *Id Phil* 2, 7

Conſentitur impers *It is agreed*, Gell Conſenſum eſt, *All men agree upon it*, Quint

|| Conſepelio, ire *To bury together*, Gell ✝ Unà ſepelio

Conſepio, ire, pſi, ptum act *To hedge in, to incloſe* Conſepiri buſtum alicujus, *Suet Ner* 33

Conſeptum, i n *A cloſe, or incloſure, a place incloſed, or fenced in*, Col 1, 4

Conſeptus, a, um part *Incloſed, hedged in* Conſeptus ager & diligenter conſitus, *Cic de Sen* 17, 2

Conſĕquens, tis part *Following, ſucceeding, enſuing, meet and convenient* Conſequens eſt, *It follows, it is meet, or fit*, Cic ✝ Conſequentia & repugnantia vident philoſophi acuti, *Cic de Div* 2, *fin*

Conſĕquens, tis n ſubſt *A concluſion, a ſequel, or conſequence* Homo rationis particeps, per quam conſequentia cernit, *Cic Offic* 1, 4

|| Conſequenter adv *Conſequently, by order, by the ſequel*, Ulp Pro *convenienter* & *merito* ſæpè ap *Hier* ✝ Porrò, deinceps, quod ex eo conſequitur, *Cic*

Conſĕquentia, æ f *A ſequel, a conſequence, or conſequence, an orderly following*, Cic *de* Div 1, 50

Conſequor, qui, quutus dep (1) *Properly, to follow* (2) Met *To follow cloſe* (3) *To reach, to overtake* (4) *To get, purchaſe, win, or procure* (5) *To imitate* (6) *To reckon up, to compriſe* (1) Hic ſe conjecit intrò, ego conſequor, *Ter Heaut* 2, 3, 16 § Conſequi aliquem, *Plaut* prope aliquem, *Id* (2) § Ut voluptati mœror comes conſequatur, *Plaut Amph* 2, 2, 5 *Græc.* conſecutio (3) Si accelerare volent ad veſperam conſequentur, *Cic Cat* 2, 4 (4) Meo labore, & vigiliis conſecutus ſum, *Cic* (5) Eum morem igitur conſequar, *Cic de Leg* 2, 7 (6) Quanta ſunt, verbis conſequi non poſſum, *Cic*

Conſĕquutus, a, um part *Following, enſuing*, Cic *Vid* Conſecutus

Conſĕrēnat, *It is fair weather*, Liv 39, 46 *wo'd locus ſit ſincerus*

Conſĕro, ĕre, ſevi, ſitum act (1) *To ſow, ſet, or plant* (2) *To cloſe* (3) *To join, put, or lay together* (1) Conſerere agrum fabā, *Col* (2) § Manum *vel* manus cum hoſte conſerere, *To fight hand to hand, to come to hardy ſtrokes*, Cic (3) Latus lateri conſerere, *To join ſide to ſide, to ſet ſide by ſide*, Ov Ep 2, 58 *alſo* Conſerere leges, *To ordain, or make laws*, Cic. Tuſc. 1, 14 *ubi al.* non ſeret

Conſĕror, i paſſ Pugna conſeritur, *The armies are engaged*, Liv

Conſerrātus, a, um *Indented, or toothed like a ſaw, or as a cock's comb* Inſigne gallinaceis corpore conſerratum, *Plin* 11, 37 *ubi al* ſerratum

Conſertè adv *Faſt, as if they were linked and tacked to one another* = Omnia conſertè, contextéque fiunt, *Cic de Fato* 14

Conſertor, oris m verb *A faſtner, a tacker, or bracer*, Plin 33, 1

Conſertus, a, um part [à conſeror] (1) *Joined, tacked, pinned* (2) *Interlaced, interwoven, ſet together* (3) *Tacked, or braced together, grappled* (4) *Inhabited, planted, thronged* (1) Conſertum ſpinis tegmen, *Virg Æn* 3, 594 (2) = Ridicula intexta verſibus, & fabulis Atellanis conſerta, *Liv* (3) Cojit conſertis puppibus agmen, *Luc* (4) Arva conſerta gentibus, *Val Arg* 2 ¶ Ex jure manu conſertum petere, *To recover by law* ✕ ferro *by the ſword* ☞ *prius eſt in Jure formula*

Conſerva, æ f *She that ſerveth the ſame miſtreſs, a fellow maid ſervant*, Ter Eun 2, 3, 74 In dat & ab pl conſervabus, *Serv*

Conſervatio, ōnis f verb *A keeping, maintaining, or preſerving, preſervation*, Cic *de* Off 1, 28

Conſervātor, ōris m verb *A protector, or defender, keeper, or maintainer, a preſerver* = Cuſtodes, & conſervatores urbis, *Cic ad Att* 9, 11 ✕ Oppugnator, *Id*

Conſervātrix, icis f verb *She that preſerveth, &c* Omnis natura vult eſſe conſervatrix ſui, *Cic de Fin* 5, 9

Conſervātus, a, um part *Preſerved, kept, maintained, ſaved*, Cic pro Dejot 13 *Vid* Conſervo

|| Conſervio, ire *To ſerve together*, Digeſt

Conſervitium, i n *Fellowſhip in ſervice, or a being a fellow ſervant*, Plaut Capt 2, 1, 49

Conſervitus, ūtis f *Idem quod* conſervitium, *Cod*

Conſervo, are act (1) *To keep, to maintain, to conſerve* (2) *To defend, to ſave* (3) *To obſerve, or mind* (4) *To keep in mind* (5) *To keep up, or ensure* (1) Qui curſus aſtrorum, mutationes temporum, rerum viciſſitudines ordinéſque conſervet, *Cic N D* 1, 20 (2) Conſervaſti te, atque illam, *Ter Heaut* 4, 1, 40 (3) = Conſervare & notare tempora, *Cic Or* 54 (4) Conſerva, quæſo, parce, *Ter Adelph* 5, 3, 27 (5) Quadam exiguo guſtu famem ac ſitim ſedant, conſervantque vires, *Plin* 11, 19

Conſervor, āri paſſ *To be preſerved, kept up, &c* Cic *Offic* 2, 24

|| Conſervula, æ f *A woman fellow ſervant*, Aug ✝ Conſerva

|| Conſervulus, i m *A man fellow ſervant*, Aug ✝ Conſervus

Conſervus, i m *A fellow ſervant* ✕ Dominum ferre non potuimus, conſervo ſerviemus? *Cic Fam* 12, 3

|| Conſeſſio, ōnis f *A ſitting together*, Cod

Conſeſſor, ōris m verb [à conſideo] *He that ſitteth with, or by others, as at a play, banquet, &c* Præclarum ſpectaculum mihi propono, modo te conſeſſore ſpectare liceat, *Cic ad Att* 2, 15 Cur dives pauperem conſeſſorem faſtidiret? *Liv* 34, 54

Conſeſſus, ûs m verb (1) *An aſſembly ſitting together, a company, or meeting* (2) *A ſeſſion, or ſitting in commiſſion* (1) Omnem luſtravere conſeſſum, *Virg Æn* 5, 577 (2) Conſeſſu, conſpectuque judicum commoveri, *Cic Verr* 1, 7

Conſīdeo, ere, ſedi, ſeſſum (1) *To ſit with, or near to others, to ſit together* (2) *To ſit down, to perch, or light* (3) *To take up his quarters* (4) Met *To be at a ſtand and to go no farther, to have room, or place* (5) *To be allayed, or aſſuaged* (6) *To be ſettled* (7) *To ſink down* (1) Qua cum ſunt dicta, in conſpectu conſedimus omnes, *Cic Acad* 1, 4 (2) Platoni, cum in cunis parvulo dormienti apes in labellis conſediſſent, reſponſum eſt, *Cic de Div* 1, 36 (3) Cum quinque cohortes ſine legato apud Philomelum conſediſſent, *Cic Fam* 15, 4 (4) In ea, de qua loquor, mediocritate conſedit, *Cic Orat* 27, *fin* (5) Cum ardor animi conſedit, *Cic Orat* 24 (6) Non venit in mentem, quorum conſederis arvis? *Virg Æn* 4, 39 (7) Terra ingentibus cavernis conſedit, *Liv*

Conſiderantia, æ f *Conſideration, regard, circumſpection, wariness*, Cic *ad Q. fratrem* 3, 9 R occ

Conſīderātē adv ius, comp ſſimè, ſup *With conſideration, warily, cautiouſly* Ut conſideratè fieret, *Cic pro Quint* 16 Quid feci non conſideratiſſime? *Id* Conſideratius utilitati noſtræ conſuluero, *Id ad Att* 9, 10

Conſīderātio, ōnis f verb *Conſideration, regard, good heed, advice* = Naturæ conſideratio contemplatioque, *Cic Acad* 1, 41

|| Conſīderātor, ōris m *A conſiderer, ſuch as the ſceptick philoſophers were*, Gell ✝ Qui conſiderat

Conſīderātus, a, um part or, comp iſſimus, ſup *Conſidered, weighed, regarded, heeded, watched, well thought of* Adj *Circumſpect, wiſe, adviſed, diſcreet, conſiderate, conſidering, wary* = Nihil feci non diu conſideratum, ac multo ante meditatum, *Cic de Har Reſp* 2 = Vivendi via conſiderata & proviſa, *Id Parad* 5 Conſideratius conſilium, *Id* conſideratiſſimum verbum, *Id* pro *Font* 9

Conſīdero, āre act [*conſiderare* à contemplatione ſiderum videtur appellari, *Feſt* magis placet, ut à conſido, conſicere, *factum ſit* conſidero, ut à recipio, recipere, recupero, *q d* mente & cogitatione defixus conſido] (1) *To conſider, to think of, to regard* (2) *To take heed, or care* (3) *To view and behold heedfully* (1) Ille ait conſiderare ſe velle, *Cic* (2) = Videas etiam atque etiam, & conſidera, quid agas, *Cic in Verr* 5, 68 (3) = Contemplari unumquodque otioſè, & conſiderare cœperit, *Cic in Verr* 4, 15 Pictæ veſtis conſiderat aurum, *Ju* 6, 481

Conſīderor, āri paſſ *To be conſidered or taken notice of* Suum quiſque opus a vulgo conſiderari vult, *Cic Offic* 1, 41

Conſīditur impers *They ſit down*, Cic *de* Orat 3, 5

Conſīdo, ĕre, ſēdi, ſeſſum (1) *To ſit down* (2) *To pitch, or light, as a bird doth* (3) *To ceaſe, abate, or ſlack* (4) *To ſettle, or dwell, to take up his quarters* (5) *To ſink down, or lie flat* (6) *To be allayed, aſſuaged, or appeaſed* (7) *To reſt, or ſettle at the bottom, as dregs in drink* (1) ✕ Neque aut recumbat, aut conſidat, *Col* (2) Apes, quas dixiſti in labris Platonis conſediſſe pueri, *Cic de Div* 2, 31 (3) Neque adhuc conſederat ignis, *Ov Met* 13, 408 (4) Vultis & his mecum pariter conſidere regnis? *Virg Æn* 1, 576. (5) Vitium eſt conſidere in ignes Ilium, *Virg Æn* 2, 624 (6) Omnis, quæ me angebat de republica, cura conſedit, *Cic de Cl Or* 2 Ubi ira conſedit, *Liv* 38, 17 (7) Aqua pluvia lavatur, & dum conſidat, relinquitur, *Plin* 34, 10

|| Conſigillāris, e adj *Belonging to ſealing*, Cod ✝ Sigillaris

|| Conſigillātim adv *One by one*, Cod ✝ Sigillatim

|| Conſigillātus, a, um part *Marked, ſealed together*, Digeſt ✝ Obſignatus

|| Conſigillo, āre *To ſeal together*, Digeſt ✝ Obſigno

Conſignandus, a, um part. *Fit to be marked, or taken notice of* [illegible]

ſideri, e quibus erat motus temporis conſignandus, *Cic de Univ* 9

|| Conſignatè adv ius, comm iſſimè, ſup *Significantly*, Gell 1, 15 ✝ Signatè

Conſignātio, ōnis f *A ſealing, a marking*, alſo *a writing ſealed, a hand-writing*, Quint 12, 8

|| Conſignātūra, æ f *A ſealing together*, Cod ✝ Conſignatio

Conſignātus, a, um part (1) *Signed, marked, ſealed* (2) *Put in writing, ſet down, recorded* (3) *Implanted, ingraven* (1) Auctoritate conſignatæ literæ, *Cic pro Cluent* (2) A librariis petimus, publicis literis conſignatam memoriam nullam habemus, *Cic de Leg* 3, 20 (3) Conſignatæ in animis notiones, *Cic Tuſc* 1, 24

|| Conſignificātio, ōnis f verb *A ſignifying, or ſhewing by tokens*, Apul ✝ Significatio

Conſignifico, āre (1) *To ſignify, or ſhew by tokens* (2) *To ſignify with other words*, as prepoſitions and conjunctions do (1) *Apul* (2) Ap Grammm ✝ Adſignifico

Conſigno, āre act (1) *To ſeal, to ſign, to mark* (2) *To regiſter and record* (3) Alſo *to confirm and ratify* (1) Eamus nunc intrò, ut tabellas conſignemus, *Plaut Curc* 2, 3, 86 (2) Literis conſignamus, quæ monumentis mandare volumus, *Cic Acad* 1, 1 (3) Suet *in Claud* 29 ¶ Legem conſignare, *To add a condition to a law already written*, Ulp

Conſignor, āri paſſ *To be ſigned, or ſealed*, &c *Cic pro Quint* 6

Conſileo, ēre *To keep ſilence*, Enn *ap* Feſt

Conſileſco, ĕre *To be ſtill, or ſilent* Aliquò aufugiam, dum hæc conſileſcunt turbæ, *Till this rout is over*, Plaut Mil 2, 6, 100

Conſiliāns, tis part *Giving, taking, or asking counſel*, Hor Od 3, 3, 17

Conſiliārius, a, um adj *Giving counſel* Senatum convocabo in corde conſiliarium, *Plaut Epid* 1, 2, 56

Conſiliārius, i m *A counſeller, one of the council* Conſiliarii cædis, & conjurati, *The complices, or complotters*, Paterc 2, 56 Ejus amici & conſiliarii moleſtè ferre cœperunt, *Cic Verr* 2, 17

Conſiliātor, ōris m verb *A counſeller* Conſilii or maleficus, *Phædr* 2, 6, 2 = Conſiliator & rector, *Plin Ep* 4, 1

Conſiliātūrus, a, um part *About to take counſel*, Tac Hiſt 2, 53, 3

Conſiligo, ĭnis f [quod in arvis inter ſiliginem frequentiſſimè invenìatur] *An herb called* Pomolea, *or* Planta leonis, *bear-foot, or ſetterwort*, Plin 25, 8

Conſilio, ire, ui & ivi, ſultum [*ex* con & ſalio] *To ſet upon, to aſſail, or aſſault, to leap upon, to fall on* § Fugientibus conſilire, *To fall upon, or charge the rere*, Tac 3, 46 § Alios occultus conſilit, *Id* 6, 36, 3 *ſed alii leg* conſulit

Conſilior, ātus ſum dep *To give counſel* Bonis ſaveat, & conſilietur amicè, *Hor A P* 192

† Conſiliōſus, a, um *A wiſe man, full of counſel*, Cato *ap* Gell

Conſilium, i n [*a* conſulendo, *ut ab* exul exilium, vel ut alii à ſilendo] (1) *Deliberation, counſel* (2) *Advice* (3) *A deſign, a device, purpoſe, intent or drift* (4) Alſo *the Roman ſenate* (5) *The privy council* (6) *An aſſembly of counſellers, a ſeſſion* (7) *Reaſon, or underſtanding* (8) *Will, or pleaſure.*

(1) ✶ Non tam ex conſilio, quàm eventu, *Cic Fam* 1, 7 (2) Facilè omnes, cum valemus, recta conſilia ægrotis damus, *Ter Andr* 2, 1, 9 (3) Memmius autem ædificandi conſilium abjecerat, *Cic ad Att* 5, 11 (4) Nec vero ſomnia graviora à ſummo conſilio neglecta ſunt, *Cic de Div* (5) Sibi conſtituit conſilia ſortiri ſemeſtria, *Suet Aug* 35 (6) Ex ſenatu in hoc conſilium delecti eſtis, *Cic pro S Roſc* 3 (7) = Animal providum, ſagax, plenum rationis & conſilii, *Cic de Leg* 1, 7 (8) Veniendumne ſit in conſilium tyranni, ſi is aliquâ de re bonâ deliberaturus ſit, *Cic Attic* 10, 1

Conſimilis, e adj *Very like, or in all things like, juſt ſuch another, as like as may be* § Iſti formæ, mores ut conſimiles forent, *Ter Heaut* 2, 4, 2 § Cujus mos maximè eſt conſimilis voſtrum, *Ibid* 2, 4, 13

|| Conſimiliter adv *Very like, even ſo*, Firm ✝ Similiter

Conſimilātus, a, um part *Reſembled, counterfeit*, Mart *ap* Litt

† Conſino, ĕre *To permit, or ſuffer*, Litt *ex* Ter ſed q

|| Conſipio, ĕre *To be well in his wits* Vereri ſeſe, ne patres non ſatis conſiperent, *Gell* 7, 3 ✝ Sapio

Conſiſtens, tis part *Staying, long laſting, or that beareth age well, durable*, &c ✶ Neque is conſiſtens in loco, ſed inambulans, *Cic de Orat* 1, 61 *Vid* Conſiſto

Conſiſto ĕre, ſtiti, ſtitum neut (1) *To ſtand, to ſtand faſt, to ſtand upright* (2) *To abide, ſtay, tarry, or keep in one place* (3) *To be ſettled* (4) *To ſtand, to make an halt* (5) *To be at a ſtay, not to go on* (6) *To be ſtopped, or ſtayed, of a looſeneſs* (7) *To be abated* (8) *To be at eaſe* (9) *To be recovered of a diſtemper, or weakneſs* (10) *To agree* (11) *To conſiſt, or depend upon* (12) *To ſtand good in law* (1) ✶ Si ſemel conſtiterit, nunquam cadet, *Cic Orat* 28 ¶ Frigore conſiſtere, *To be frozen, as a river*, *Ov Triſt* 5, 10, 1 ¶ Conſiſtere in anchoris, & ad anchoram, *To ride at anchor*, Cæſ ¶ In digitos, *To ſtand on tiptoe*, Virg (2) Otioſè, nunc jam illicò hic conſiſte, *Ter Adelp* 2, 1, 2 (3) Latio conſiſtere Teucros, *Virg Æn* 8, 10 & per *Met* Salus exercitus conſtitit, *Cic* (4) Non auſim præterire quin conſiſtam & conloquar, *Plaut Aul* 3, 4, 15 (5) ✶ Morbus an increſcat, an conſiſtat, an minuatur, *Celſ* (6) Si alvus non conſiſtet, *Celſ* (7) Ira infracta conſtitit, *Ov Met* 6, 627 (8) Neque enim patrius conſiſtere mentem paſſus amor, *Virg Æn* 1, 647 (9) Tanta me diſſipatio inripuit, ut hodie primum videar cœpiſſe conſiſtere *Cic Fam* 7, 26 (10) ✶ Verbis conſiſtere, re diſſidere, *Cic* (11) Cum ſpes in velis armamentiſque conſiſteret, *Cæſ B G* 3, 14 (12) Ap JCC

|| Conſiſtōrium, i n *A council houſe, a conſiſtory*, ſometimes, *the council aſſembled in ſuch a place*, Tert & Amm ✝ Conſilium

Conſitio, ōnis f [verb *a* conſero] *A ſetting, or planting*, Cic de Sen 15

Conſitor, ōris m verb [*à* conſero] *A ſetter, or planter* Conſitor uvæ, *Tib* 2, 3, 67

Conſitūra, æ f *A ſetting, or planting, a plantation, or ground planted*, Non *ex* Cic Leg & ap Col

Conſĭtus, a, um part [*a* conſeror] *Set, ſown, planted* Populus eſt (memini) fluviali conſita ripâ, *Ov Ep* 5, 25 Conſita pomus, *Tib* 2, 1, 43 ¶ Conſitus ſenectute, *Plaut Men* 5, 2, 4 *Old, overgrown with age* Cæcâ mentis caligine conſitus, *Dark in his underſtanding*, Catull 65, 207

Conſobrina, æ f *A couſin german, a mother's ſiſter's daughter*, Cic pro Quint 1

Conſobrinus, i m [*q* conſororinus] (1) *A couſin german. A mother's ſiſter's ſon, a mother's brother's ſon* (2) Alſo *a father's ſiſter's ſon* (1) Cic Fam 2, ult (2) *Spartian* ✶ Sobrini ſunt ex duibus ſororibus, conſobrini ex fratre, & ſorore, *Don*

Conſŏcer, ĕri *Thoſe whoſe ſon and daughter have married together*, Suet Claud 29

Conſŏciātio, ōnis f verb *Fellowſhip, ſociety* = Conſociatio hominum & communitas, *Cic Off* 1, 41 *ult*

|| Conſŏciatrix, īcis f *She that joineth in fellowſhip*, Capit ✝ Socia, Vet

Conſŏciātus, a, um part & adj ſſimus, ſup *Aſſociated, joined in fellowſhip* = Naturâ ad civilem communitatem conjuncti, & conſociati ſumus, *Cic de Fin* 3, 20 Pro noſtra conſociatiſſima voluntate, *Cic Fam* 3, 3

Conſŏcio, āre act (1) *To aſſociate, to join together* (2) *To make partaker of* (1) § Cum Gallis arma conſociare, *Liv* (2) Ne cum malefico uſum bonus conſociet ullius rei, *Phædr* 4, 10

Conſŏlābĭlis, e paſſ (1) *That may be comforted, or appeaſed* (2) || *Which comforteth* (1) Eſt omnino vix conſolabilis dolor, *Cic Fam* 4, 3 (2) Carmen conſolabile caſus ſui canere, *Gell* 18, 9

Conſŏlans, tis part *Comforting*, Cic Tuſc 3, 31

Conſŏlātio, ōnis verb *Comfort, conſolation, by words, or reflection* Conſolationis loco ponere, *Cic Fam* 6, 1 Levat dolorem conſolatio, *Id*

Conſŏlātōrius, a, um adj *Conſolatory* A Cæſare literas accepi conſolatorias, *Cic Attic* 14, 20

|| Conſŏlātus, a, um part paſſ *Comforted*, Vulg int ✝ Lenitus, refocillatus

|| Conſŏlĭda, æ f *The herb cumfry, or conſound*, Matthiol

Conſŏlĭdātio, ōnis f *Where one that had the uſe and profit of a thing, procureth the title and propriety of the lord*, Ap JCC

Conſŏlĭdātus, a, um part *Joined in one, clapt together*, Cic Fam 5, 20

Conſŏlĭdo, āre act *To conſolidate, to ſolder*, Ap JCC

† Conſōlo, āre act *Idem quod* conſolor, *Varr*

Conſōlor, ātus ſum dep olim com [*ex* con & ſolo conſolari), viduis, quæ cum ſe ſolas relictas lamentarentur, oratio leniens deſiderium dicebatur *conſolatio*, Scal] (1) *To comfort, to divert one's grief* (2) *To encourage* (3) *To be comforted* (1) Eloquentiâ conſolamur afflictos, *Cic N D* 2, 59 (2) Spes, quæ ſociorum animos conſolari poſſit, *Cic Div in Q Cæc* 5 (3) Cum ob ea, quæ ſperaveram, dolebam, conſolabar ob ea quæ timui, *Aſin ad Cic*

Conſomnio, āre *To dream*, Plaut Moſt 3, 2, 70 R occ

Conſŏnans, tis part & adj ior, comp (1) *Sounding together* (2) *Very conſonant, meet, agreeable, likely* (1) Ut ſint alia conſonantiora, graviora, *Cic Part Or* 5 (2) Virtus perfecta æqualitas eſt per omnia ſibi conſonans, *Sen Ep* 31

Conſŏnans, tis f *ſc* litera *A conſonant*, Quint 1, 4 ✶ Vocalis, *Ibid*

Conſŏnantia, æ f *The agreement of voices, harmony*, Vitr 5, 5

Conſonantiſſimè adv ſuperl *Moſt harmoniouſly, moſt agreeably*, Vitr 6, 1

|| Conſonè adv *With one voice, or accord*, Apul ✝ Uno ore

Conſŏno, āre, ui (1) *To make a great noiſe, to ring again, to echo* (2) *To agree, or be ſuitable* (1) Conſonat terra, *Plaut Amph* 5, 1, 43 Omne nemus, *Virg Æn* 5, 149 (2) Ut omnis oratio moribus conſonet, *Cic in Sall* *init*

Conſŏnus, a, um adj (1) *Of like tune, or ſound* (2) *Convenient, agreeable* (1) Vox conſona linguæ, *Sil* 17, 444 (2) Credo Platonem vix putâſſe ſatis conſonum fore ſi, &c Cic Fam 4, 16.

Conſōpio, ire, ivi, itum act *To lay, bring, or lull aſleep*, Lucr 6, 792 & Cic Tuſc 1 *ut ſunt alii loquti Voſſ*

Conſōpior, iri paſſ *To be laid aſleep* = Obdormiſcere, & ſomno conſopiri ſempiterno, *Cic Tuſc* 1, 49

Conſōpītus, a, um par *Laid aſleep, caſt aſleep*, Cic de Div 2, 66 & Tuſc 1, 38

Conſors, tis c g (1) *A partner, or conſort, a partaker, or ſharer* (2) *Like, of the ſame condition* (1) = Socius & conſors laboris, *Cic de Cl Orat* 1 periculi, *Sen Agam* 978 Conſors generis, *A kinſman*, Ov Ep 3, 47 thalami, *A bedfellow*, Id Met 10, 246 Imperii conſors, *A royal conſort*, Claud Nupt Honor 277 concilii publici, *A common-council man, a parliament man*, Plin Ep 8, 14 (2) Tu qui conſortem properas evadere caſum *Prop* 1, 21, 1

Conſortio, ōnis f *Partnerſhip, fellowſhip, ſociety* = Quænam iſta ſocietas? quænam conſortio eſt *Liv* 40, 8 Diſſolvetur omnis humana conſortio, *Cic Offic* 3, 6

|| Conſortītio, ōnis f *A chooſing, or caſting of lots*, Firm ✝ Sortitio ſortitus

|| Conſortītò adv *By caſting of lots*, Aug ✝ Sortitò

|| Conſortītor, ōris m *That draws lots*, Firm ✝ Sortitor

Conſortium, i n (1) *Fellowſhip, intercourſe, partnerſhip, correſpondence, ſympathy* (2) Alſo *mutual affection* (1) Stomacho cum veſicâ quoddam conſortium eſt, *Celſ* 7, 27 (2) Si inter fratres voluntarium conſortium initum fuerit *Papin*

Conſpectus, a, um part *Beheld, looked at, gazed upon* Pictis conſpectus in armis, *Virg Æn* 8, 588

Conſpectus, us m verb [*à* conſpicior] *A ſight, or view, preſence, or regard* Frui conſpectu, *To have the full ſight of*, Cic pro Syll 9 In conſpectu adſtare, *To be preſent*, Cic Cat 4

Conſpergo, ĕre, ſi, ſum act *To beſprinkle, to ſtrew, to daſh* § Conſpergere fores vino, *Plaut Curc* 1, 1, 80 Aras ſanguine, *Lucr* in 1231

|| Conſpergo, ĭnis f *A ſprinkle for water*, R *ex* Aug ✝ Aſpergo, *Virg*

|| Conſperſim adv *Here and there mingled*, R *ex* Capel ✝ Sparſim

|| Conſperſio, ōnis f verb. *A ſprinkling*

sprinkling about, Aug ✝ Asperfio

Conspersus, a, um part *Sprinkled, strewed, set about with* (2) Met *adorned, embellished* (1) Conspersum *stellis* caput, *Cic* (2) Oratio conspersa verborum, sententiarumque floribus, *Cic* in *Or* t, 25

Conspectus, a, um part [a conspicior] act *Having seen*, Cæs B G 1 25 Pass *Beheld*, or *seen*, Apul

|| Conspicax, ācis adj *Evident*, *clear*, Litt ex Tertullian ☞ Hoc ocio dedi operam, quo infam amplum lectorem admonendi, ne hic deinceps talia, qualia subinde reperiuntur, expectare velit, nam non est operæ omnem vitio rum, quæ antumvis eruditorum, fibris in ruspari ✝ Conspicuus

Conspiciendus, a, um part *To be seen*, or *taken notice of*, Ad Herenn

|| Conspicillo, ōnis m *One that spieth*, or *looketh out*, *a spy*, *a watchman* Adfertur ex Plauti Cistellaria, 1, 1, 95 sed nirum constat lectione

Conspicillum, i n [a conspicio] (1) *A peeping hole to look out at* (2) Also *a pair of spectacles* (1) In conspicillo observabam, *Plaut* ap *Non* (2) Vitrum cedo, necesse est conspicillo uti, *Plaut* ex *Stich*

Conspicio, ōnis f [a conspicio] *A distant view, a prospect*, Varr L L 6 2

Conspicio, ĕre, exi, ectum act [a con & specio] (1) *To take a view of* (2) *To see*, or *behold* (3) *To look towards* (4) *To discover*, or *find out* (5) Met *To consider*, or *mark* (1) Ut conspiciatis cum mentibus, quem oculis non potestis, *Cic* pro *Balbo*, 20 (2) Nunc primum istanc tecum conspicio simul, *Plaut Amph* 2, 2, 122 (3) Si illud signum solis ortum conspicere, *Cic* in *Cat* 3, 8 (4) Locum insidiis conspeximus ipsi, *Virg Æn* 3, 2, 7 (5) Conspicere sibi, quæ sint in rem suam, *Plaut*

Conspicior, i pass (1) *To be seen*, or *looked at* (2) *To be highly esteemed* (1) Vehi per urbem, conspici velle, *Cic* in *Pison* 25 (2) Bonis animi conspicerere tui, *Ov Trist* 1, 5, 34

|| Conspico, āre *To behold*, Just pro

Conspicor, ātus sum dep [a conspicio] *To see*, or *behold*, *to espy*, *to spy*, *to get sight on* Cur te ergo in his ego conspicor regionibus? *Ter Eun* 5, 9, 32

Conspicuus, a, um [a conspicio] (1) *Conspicuous, easy to be seen*, *or that may be seen far and near* (2) Cl *(3) Illustrious*, *notice of*, *remarkable* (4) *Excellent, worthy, commendable* (1) = Per te præsentem, conspicuumque deum, *Ov Trist* 2, 1, 54 (2) Conspicuus fons in planicie, *Plin* 6, 31 (3) Conspicuum eum novitas, divitiæque faciebant, *Liv* = Insignis, clara conspicuusque domo, *Tib* 3, 3, 4 ¶ Conspicuus formā, *Beautiful*, *Plin* toris, *strong*, Val Flacc laude, *commendable*, Plin *fulgentibus armis*, *bright*, Ov fulgentibus armis, *bearing glittering armour*, Id (1) Conspicuum virtus hic tua ponat opus, *Ov Trist* 5, 14, 24

Conspirans, tis part (1) *Agreeing* (2) *Conspiring*, *uniting* (1) = Tanta rerum conspirans, consentiens, continuata cognatio, *Cic N D* 2, 7 (2) Conspirans mutuus ardor, *Lucr* 4, 1209

Conspiratio, ōnis f (1) *Any agreement*, *a conspiracy*, *a plot* (2) *Unanimity*, *consent* (3) *A meeting together*, *an harmony* (1) Ut contra conspirationem hostium scelerattissimam contigimus, *Brut* ad *Cic Fam* 11, 14 (2) = Con ordiæ & conspiratio omnium ordinum, *Lit* ad *Cic Fam* 10, 15 (3) = Quæ sit omnis conspiratio consensusque virtutum, tal est illud ipsum honestum, *Cic de F* 5, 23

Conspiratur impers In communi conspirabatur ab utroque, *They did conspire*, or *agree both together* Conspiratum est in eum, *They conspired against him*, Suet Cæs 80

Conspirātus, a, um part pro conspirans *Having conspired*, *conspiring* Conspiratis factiosum partibus, *Phæd* 1, 3 ¶ Conspirati, orum, *Conspirators*, *plotters*, Suet Cæs 82

|| Conspirātus, us m verb *A conspiracy*, *consent*, or *agreement*, Gell 1, 11 ✝ Conspiratio

Conspiro, āre [simul spiro] (1) *To blow together* (2) Met *To conspire*, or *consent* (3) *To complot*, or *band together* (1) Col 3, 13 (2) = Conspirare nobiscum, consentite cum bonis, *Cic Leg Agr* 1 § Ad liberandam rempub conspirare *Id Fam* 10, 12 (3) Murum ni fines vicini in unum nidum conspiraverint, *Plin*

Conspiro, āre act [ex con & spira] Conglomerare se *To wind round*, *as serpents do*, Plin & Victor, 2, 25, 2 In spiram se colligere, *Virg Georg* 2, 154

Conspissātus, a, um part *Thickened*, *made thick*, Col 2, 18

Conspisso, āre act *To make thick*, *to thicken* Quod vix legi in formā

Consponsor, ōris m *He that is bound with another*, *a joint security* Si Galba consponsor tuus redierit, *Cic Fam* 6, 19, 4

Consponsus, a, um *Betrothed*, *engaged*, *betrothed*, Fest = Fide mutua obligati Consponsa factio, *Apul* Consponsum fœdus, *A covenant agreed upon on both sides*, Auson

Conspūmātus, a, um part *Covered with foam*, or *froth*, Frag Poet

Conspūmo, āre *To foam*, or *froth up*, ex Frag Poet

Conspuo, ĕre, ui, ūtum act *To spit upon*, *to spit on one's face* Jupiter hybernis canā nive conspuit Alpes, *Fur Bibac* ap *Hor* qui *derisive* notat

Conspuor, i pass *To be spit upon*, ut nos, *to be pissed on* = Culpant eum, conspuitur, vituperatur, *Plaut Curc* 4, 2, 17

|| Conspurcātio, ōnis f *A defiling* ✝ Inquinamentum, labes

Conspurcātus, a, um part *Defiled*, *polluted*, Litt

Conspurco, āre act *To defile*, *to befoul*, *to bewray* Proluvie ventris cibos & aquam conspurcat, *Col* 8, 3 Fœtoro conspurcare omnia sapore, *Lucr* 6, 21

Consputo, āre freq [a conspuo] *To spit often at one*, *to bespawl* Clodiani nostros consputare cœperunt, *Cic* ad *Q fratr* 2, 3

Consputor, āri pass *To be spit upon*, Plaut

Consputus, a, um part *Spit upon*, or *spit at*, Plaut

Constabilio, ire, ivi, itum act *To make sure*, *to settle*, *to assure* Rem tuam constabilisses, *You had got an estate*, *been rich*, or *made a man*, Ter Adelph 5, 1, 9

|| Constabilis, e adj *Always firm and sure*, Firm ✝ Stabilis

Constabilitus, a, um part *Assured*, *warranted*, *strengthened*, *established*, Litt ex Lucr

|| Constabulārius, i m *An hostler*, Litt ✝ Stabularius, *Col* It is a feudal noun for *a constable*

|| Constabulātio, ōnis f *A stabling*, or *housing of beasts in winter*, Apul ✝ Tabulatio, *Col*

Constabulo, āre neut *To stand at stable*, *as oxen*, or *horses in winter*, Col

|| Constagno, āre neut *To stand still*, *as water that standeth*, Corn Front ✝ Stagno

Constans, tis adj or, comp issimus, sup (1) *Steady*, *resolved* (2) *Even*, *moderate* (3) *Always the same*, *fixed* (1) = Fortis animi, & constantis est, non perturbari in rebus asperis, *Cic Offic* 1, 23 Animus constantior annis, *Ovid* Constantissimus videri, *Cic* (2) = Æquabilis, constans, & moderata ratio vitæ, *Cic* (3) = Certos & constantes cursus stellæ habent, *Cic N D* 3, 9

Constanter adv ius, comp issime, sup (1) *Deliberately*, *considerately* (2) *Steadily*, *evenly* (3) *Constantly*, *stoutly* (4) *Always* (5) *After one fashion*, *like itself* (1) = Considerate constanterque deferre beneficia *Cic Offic* 1, 15 (2) = Constanter, & sedate ferre, *Cic* (3) = Firmius & constantius in perspicuis manere, *Cic* (4) = Constanter & perpetuo placebit hoc consilium, *Cic* ad *Brut* 16 Constantissime exquirere quid dicatur, *Id* (5) = Æquabiliter, constanterque ingrediens oratio, *Cic Orat* 58

Constantia, æ f (1) *A subsisting*, or *being* (2) *Steadfastness*, *hardiness*, *perseverance* (3) *A constant course* (1) Constantia debiti, *Cic* ... (2) = Æquabilitas, firmitas, perpetuitas, veritas, stabilitas, gravitas, perseverantia, *Cic* (3) Incredibili constantiā sunt cursus stellarum, *Cic*

Constat impers *It is evident*, *plain*, and *perspicuous*, *agreed on* or *well known* § Constat de aliqua re, *Cic* § Inter omnes, *Cic* § Constare alicui cum aliquo, *Ad Herenn*

Constātūrus, a, um part *That will cost* Constaturus minimo impendio, *Plin* 18, 5

|| Constellātio, ōnis f Voc scou Latin *A company of stars*, *the figure*, or *position of stars at one's nativity* *The horoscope*, or *figure of a nativity* ✝ Astrorum affectio

|| Constellātus, a, um *Adorned with stars*, Jul Cap ✝ Stellis ornatus

Consternātio, ōnis f verb [a consternor] (1) *A great fear*, *affrightment*, or *astonishment* (2) Also *a mutiny*, or *rising of people* (1) = Auxilii pavore, & consternatione quadrigarum territa, *Liv* 37, 42 (2) Val Max 9, 7 & Curt 7, 2, 32

Consternātus, a, um part (1) *Sore troubled*, *astonished* (2) Also *alarmed*, *tumultuous* (1) = Pavida, & consternata multitudo, *Liv* 5, 15 (2) Volo scire quid sit propter quod matronæ consternatæ procurrant in publicum, *Liv* 34, 2

Consterno, are act [ex con & sterno] *To astonish*, *abash*, *dismay*, *dash*, *discourage*, or *affright*, *to rout and put into disorder* Consternavit hostes, *Liv* 6, 2 ✝ Consternere est corporis, consternare autem animi, *Vall* *Quos tamen non est perpetuum*, *nam Ovidius semel atque iterum dixit* consternantur equi, *Met* 2, 314 Consternatis disjiceris equis, *Fast* 5, 310 *Et Sall ut videre licet in*

Consternor, ari pass *To be put into disorder*, *to be astonished*, or *put into a fright* Equi sine rectoribus exterriti aut saucii consternantur, *Sall* ap *Prisc* l 4

Consterno, ĕre, strāvi, ātum act (1) *To strew*, or *cover all over* (2) *To pave*, or *floor* (1) Alte consternunt terram, concusso stipite frondes, *Virg Æn* 4, 444 (2) Consternere contabulationem lapidibus, *To floor*, or *pave it with stones*, Cæs ¶ Consternere terram corpore, *To prostrate himself*, Cic iter floribus, *to strew it*, Curt 9.10

Consternor, i pass *To be strewed*, or *covered all over* Consternuntur campi milite, *Luc* Fi ticibus vel culmis stabula constrata sunt, *Col* 7, ..

|| Constipātio, ōnis f *A coming close together*, Amm ✝ Stipatio

Constipātus, a, um part *Brought close*, or *thick guarded*, Liv

Constipo, āre act *To cram close*, *to crowd*, or *throng in*, Cæs B G 5, 42

Constipor, āri pass *To be crammed*, or *crowded together* Ne constipari quidem tantum numerum hominum posse in agrum in elligeris, *Cic* de *Leg Agr* 2, 29

Constirpo, āre [ex con & stirps] *To set roots*, or *plants one by another*, R ex Col sed o

Constituendus, a, um part *To be ordered*, *governed*, &c *Cic* = Regendus, *Id*

Constituo, ĕre, ui, ūtum act [ex con & statuo] (1) *To set*, *put*, *range*, or *dispose* (2) *To appoint*, *to assign*, or *pitch upon* (3) *To purpose*, *design*, *mean* or *intend* (4) *To settle*, or *determine* (5) *To constitute*, or *make* (6) *To build*, *to place*, *to erect* (7) *To agree*, *to promise* (8) *To govern and manage*, *to order* (1) Constituere aliquem in aliquo munere, *Cic* de *Pet Cons* 9 Intra silvam aciem ordinesque constituerant, *Cæs B G* 2, 19 ¶ Constituere in digitis, *To count on his fingers*, Cic ¶ Aliquem ante pedes alicujus, *To bring one before a magistrate*, Id (2) Per quos agendum est tu optime constitues, *Cic Fam* 2, 8 (3) Is hodie venturum ad me constituit domum, *Ter Ph* 1, 2, 125 (4) Quid oporteat fieri optime deliberabis, & constitues, *Trajan* ad *Plin* (5) ✱ Si utilitas amicitiam constituet, tollet eadem, *Cic* (6) Urbem constituere, *Or* = exædifico, *Cic* Feriales ante cuptessos constituunt, *Vir Æn* 6, 216 (7) Constituere pecuniam, *Ulp* (8) = Inventis ætatis infirmitas senum constituenda, & regenda prudentiā est, *Cic Offic* 1, 34

Constituor, i pass *To be put*, or *placed*, *provided*, &c In eo spes bene gerendæ rei constituebatur, *Cic* § Publicæ constitui ad rem aliquam, *Id* § Bene de rebus domesticis constitui, *Id*

Constitūta, orum subst pl *Statutes*, *decrees*, *ordinances*, &c. *Cic* = Acta, *Id*

Constitūtio, ōnis f verb (1) *A constitution*, *order*, or *decree*, or *establishment* (2) *The state*, or *complexion of the body* (3) *A stating of a case* (1) Religionum constitutio, *Cic* de *Leg* 2, 10 (2) Firma constitutio corporis, *Cic Offic* 3, 33 (3) Velut nunc est hæc exornatio, & in conjecturali constitutione causæ ferme semper necessaria, *Ad Herenn* 4, 41

Constitūto, adv *Well* adj sub. *tempore* *At the day appointed*, *according to appointment*, Cic

 Considerα, e quibus erat motus temporis consignandus, *C* de *Un* 9

|| Consignate adv ius, comp issime, sup *Significantly*, Gell 1, 15 ✝ Signate

Consignatio, ōnis f *A sealing, a marking*, also *a writing sealed, a hand-writing*, Quint 12, 8

|| Consignatura, a f *A sealing together*, Cod ✝ Consignatio

Consignatus, a, um part (1) *Signed, marked, sealed* (2) *Put in writing, set down, recorded* (3) *Imprinted, impressed* (1) Auctoritate consignatæ literæ, *Cic* pro *Client* (2) A librariis petimus, publicis literis consignatam memoriam nullam habemus, *Cic* de *Leg* 3, 20. (3) Consignatæ in animis notiones, *Cic T Jc* 1, 24

|| Consignificatio, ōnis f verb *A signifying or shewing by tokens*, Apul ✝ Significatio

Consignifico, āre (1) *To signify, or shew by tokens* (2) *To signify with other words*, as prepositions and conjunctions do (1) *Apul* (2) Ap Gramm ✝ Adsignifico

Consigno, āre act (1) *To seal, to sign, to mark* (2) *To register and record* (3) Also *to confirm and ratify* (1) Eamus nunc intrò, ut tabellas consignemus, *Plaut Curc* 2, 3, 86 (2) Literis consignamus, quæ monumentis mandare volumus, *Cic Acad* 1, 1 (3) Suet in Claud 29 ¶ Legem consignare, *To add a condition to a law already written*, Ulp

Consignor, āri pass *To be signed, or sealed, &c* *Cic* pro *Quint* 6

Consileo, ēre *To keep silence*, Enn ap Fest

Consilesco, ĕre *To be still, or silent* Antiquò rufugium, dum hæc consilescunt turbæ, *Till this rout is over*, Plaut M l 2, 6, 100

Consilians, tis part *Giving, taking, or asking counsel*, Hor Od 3, 3, 17

Consiliatūrus a, um *Going to counsel* Senatum consiliatabo in corde consiliatum, *Plaut Ep* 1, 2, 56

Consiliarius, i m *A counsellor, one of the council* Consiliarii cædis, et conjurati, *The complices, or complotters*, Patere 2, 56 Ejus amici & consiliarii molestè ferre cœperunt, *Cic Ver* 2, 11

Consiliator, ōris m verb *A counseller* Consiliator maleficus, *Phædr* 2, 6, 2 = Consiliator & rector, *Plin Ep* 4, 1

Consiliatūrus, a, um part *About to take counsel*, Tac Hist 2, 53, 3

Consiligo, ĭnis f [quod in arvis inter siliginem fere nascitur inveniatur] *An herb called* Pomelea, *or* Planta leonis, *bears-foot, or settersnort*, Plin 25, 8

Consilio, ire, ui & ii, sultum [ex con & salio] *To set upon, to assault, or assault, to leap upon, to fall on* § Fugientibus consilire, *To fall upon, or charge the rere*, Tac 3, 6 § Anos occultus consilit, *Id.* 6, 36, 3 *fed alii leg* consulit

Consilior, ātus sum dep *To give counsel* Bonis faveat, & consilietur amicè, *Hor A P* 192

✝ Consiliōsus, a, um *A wise man, full of counsel*, Cato ap Gell

Consilium, i n [ex consulendo, vel ab exul ex lium, vel ut alii a silendo] (1) *Deliberation, counsel* (2) *Advice* (3) *A design and intent, purpose, an art or drift* (4) Also *the Room in Senate* (5) *The privy council* (6) *An assembly of counsel, a session* (7) *Reason, or understanding* (8) *Will, or pleasure*

(1) ✠ Non tam ex consilio, quam eventu, *Cic F m* 1, 7 (2) Medici omnes, cum valemus, recta consilia ægrotis damus, *Ter And* 2, 1, 9 (3) Memmius autem ædificandi consilium abjecerat, *Cic* ad *Att* 5, 1 (4) Nec vero somnia graviora a summo consilio neglecta sunt, *Cic* de *Div* (5) Sibi constituit consilia sortiri semestria, *Suet Aug* 35 (6) Ex senatu in hoc consilium delecti estis, *Cic* pro *S Rosc* (7) = Animal providum, sagax, plenum rationis & consilii, *Cic* de *Leg* 1, 7 (8) Venienaumne sit in consilium tyranni, si is aliquâ de re bonâ deliberaturus sit, *Cic Att* 1c 10, 1

Consimilis, e adj *Very like, or in all things like, just such another, as like as may be* § Isti formæ, mores ut consimiles forent, *Ter* *Haut* 2, 4, 2 § Cujus mos maximè est consimilis vostium, *Ibid* 2, 4, 12

|| Consimiliter adv *Very like, even so*, Firm ✝ Similiter

Consimulātus, a, um part *Resembled, counterfeit*, Mart ap Litt

✝ Consino, ĕre *To permit, or suffer*, Lit ex Tit sed q

|| Consipio, ĕre *To be well in his wits* Vetus teste, ne patietur non satis consipientem, *Gell* 7, 3 ✝ Sapio

Consistens, tis part *Staying, long lasting, or that hath been agreed, durable, &c* ✠N quæ in consistens in loco, sed inambulans, *Cic* de *Orat* 1, 61 *Vid* Consisto

Consisto, ĕre, stiti itum neut (1) *To stand, to stand fast, to stand upright* (2) *To abide, stay, tarry, or keep in one place* (3) *To rest, settle* (4) *To stand, to make an halt* (5) *To be at a stay, not to go on* (6) *To be stopped, or stayed, or a looseness* (7) *To be abated* (8) *To be at ease* (9) *To be recovered of a distemper, or weakness* (10) *To agree* (11) *To consist, or depend upon* (12) *To stand good in law* (1) ✠ Si semel constiterit, nunquam cadet, *Cic Orat* 28 ¶ Frigore consistere *To be frozen*, as unda, *Ov T* 5, 10, 1 ¶ Consistere in anchoris, & ad anchoram, *To ride at anchor*, Cæs ¶ In digitos, *To stand on tiptoe*, Virg (2) Ot os, nunc jam illico hic consiste, *Ter A l* 2, 1, 2 (3) Latio consistere Teucros, *Virg Æn* 8, 10 *&* *per Met* Salus exercitus constitit, *Cic* (4) Non audeo præterire quin consistam & colloquar, *Plaut Aul* 2, 4, 15 (5) ✠ Morbus an increscit, an consistit, an minuitur, *Cels* (6) Si alvus non constitit, *Cels* (7) Ira intraquam constitit, *Ov Met* 6, 627 (8) Neque enim patrius consistere mentem passus amor, *Virg Æn* 1, 647 (9) Tanta me discipulis arripuit, ut hodie primum videar cœpisse consistere *Cic Fam* 7, 26 (10) ✠ Verbis consistere, re dissidere, *Cic* (11) Cum spes in velis armamentisque consisteret, *Cæs B G* 3, 11 (12) Ap JCC

|| Consistōrium, i n *A council house, a consistory*, sometimes, *the council assembled in such a place*, Tert & Amm ✝ Consilium

Consitio, ōnis f [verb à consero] *A setting, or planting*, *Cic* de *Sen* 15

Consitor, ōris m verb [à consero] *A setter, or planter* Consitor uvæ, *Tib* 2, 3, 67

Consitūra, æ f *A setting, or planting, a plantation, or ground planted*, Non ex Cic Leg & ap Col

Consitus, a, um part [à consero] *Sown, planted* Populus est (memini) fluviali consita ripa, *Ov Ep* 5, 25 Consita pomus, *Ib* 2, 1, 43 ¶ Consitus senectute, *Plaut Men* 5, 2, 4 *Old, overgrown with age* Cæca mentis caligine consitus, *Dark in his understanding*, Catull 65, 207

Consobrīna, æ f *A cousin german, a mother's sister's daughter*, Cic pro Quint

Consobrīnus, i m [q consororinus] (1) *A cousin german. A mother's sister's son, a mother's brother's son* (2) Also *a father's sister's son* (1) Cic Fam 2, ult (2) Sparti ✠ Sobrinus sum ex duobus sororibus, *cons brinus* ex fratre, & sorore, *Don.*

Consocer, ĕri *Those whose son and daughter are married together*, Suet Claud 29

Consociātio, ōnis f verb *Fellowship* = Consociatio hominum & communitas, *Cic Off* 1, 41 *n't*

|| Consocialis, is f *So that joined in fellowship*, Capit ✝ Socialis, Vet

Consociātus, a, um part & adj ssimus, sup *Associated, joined in fellowship* = Natura ad civilem communitatem conjuncti, & consociati sumus, *Cic* de *Fin* 3, 20 Pro nostra consociatissima voluntate, *Cic Fam*

Consŏcio, āre act (1) *To associate, to join together* (2) *To make partaker of* (1) § Cum Gallis arma consociare, *Liv* (2) Ne cum maleficio usum bonus consociet ullius rei, *Phædr* 4, 10

Consōlābilis, e pass (1) *That may be comforted, or appeased* (2) || *Which comforteth* (1) Est omnino vix consolabilis dolor, *Cic Fam* 4, 3 (2) Carmen consolabile casus sui canere, *Gell* 18, 9

Consōlans, tis part *Comforting*, Cic Tusc 3, 31

Consōlātio, ōnis verb *Comfort, consolation, by words, or reflection* Consolationis loco ponere, *Cic Fam* 6, 1 Levat dolorem consolatio, *Id*

Consōlātōrius, a, um adj *Consolatory* A Cæsare literis accepi consolatorias, *Cic Att* 14, 20

|| Consolātus, a, um part pass *Comforted*, Vulg int ✝ Lenitus, refocillatus

|| Consolida, æ f *The herb comfry, or consound*, Matthiol

Consolidatio, ōnis f *Where one that had the use and profit of a thing, procureth the title and propriety of the lord*, Ap JCC

Consolidatus, a, um part *Joined, or, clapt together*, Cic Fam 5, 20

Consolido āre act *To consolidate, to solder*, Ap JCC

✝ Consōlo, āre act *Idem quod* consolor, *Varr*

Consōlor, ātus sum dep [ex com & solo consolari dicuntur viduis, quæ cum se solas relictas lamentarentur, ora io leniens deliberium dicebatur *consolatio*, Serv] (1) *To comfort, to drive one's grief* (2) *To encourage* (3) *To be comforted* (1) Eloquentiâ consolamur afflictos, *Cic N D* 2, 59 (2) Spes, quæ sociorum animos consolari possit, *Cic Dom* in *Qu Cic* 5 (3) Cum ob ea, quæ speraverim, dolebam, consolabar ob ea quæ timui, *Afran* ad *Cic*

Consomnio, āre *To dream*, Plaut Most 3, 2, 70 R occ

Consŏnans, tis part & adj ior, comp (1) *Sounding together* (2) *Very consonant, meet, agreeable, likely* (1) Ut sint alia consonantiora, graviora, *Cic Part Or* 5 (2) Virtus perfecta æquali as cit ... omnia sibi consonans, *Sen Ep* 31

Consŏnans, tis f *sc* litera *A consonant*, Quint 1, 4 ✠ Vocalis, *Ibid*

Consŏnantia, æ f *The agreement of voices, harmony*, Vitr 5, 5

Consonantissime adv superl *Most harmoniously, most agreeably*, Vit 6, 1

|| Consone adv *With one voice, or accord*, Apul ✝ Uno ore

Consŏno, āre, ui (1) *To make a great noise, to ring again, to echo* (2) *To agree, or be suitable* (1) Consonat terra, *Plaut Amph* 5, 1, 43 Omne nemus, *Virg Æn* 5, 149 (2) Ut omnis oratio moribus consonet, *Cic* in *Sall* ...

Consŏnus, a, um adj (1) *Of like tune, or sound* (2) *Convenient, agreeable* (1) Vox consona linguæ, *Sil* 17, 444 (2) Credo Platonem vix putasse satis consonum fore si, &c Cic Fin 4, 16

Consōpio, ire, ivi, itum *To lay to sleep, bring, or lull asleep*, Lucr 6, 792 & Cic Tusc 1 *consopiti* ...

Consopior, iri pass *To be laid asleep* = Obdormiscere, & somno consopiri sempiterno, *Cic T* 1, 49

Consōpītus, a, um part *Laid asleep, cast asleep*, Cic *d Div* 2, 6 & Tusc 1, 38

Consors, tis c g (1) *A partner, or consort, a partaker, or sharer* (2) *Like, of the same condition* (1) = Socius & consors laboris, *Cic* de *Cl Or* 1 periculi, *Sen Ag* 978 Consors generis, *A kinsman*, Ov Ep 3, 47 thalami, *A bedfellow*, Id Met 10, 246 Imperii consors, *A royal consort*, Claud Nupt Honor 2, 7 concilii publici, *A common-council man, a parliament man*, Plin Ep 8, 14 (2) Tu qui consortem properas evadere casum *Prop* 1, 21, 1

Consortio, ōnis f *Partnership, fellowship, society* = Quænam ista societas quænam consortio *Cic* *Liv* 40, 8 Dissolvetur omnis humana consortio, *Cic Offic* 3, 6

|| Consortitio, ōnis f *A choosing, or casting of lots*, Firm ✝ Sortitio

|| Consortitò adv *By casting of lot*, Aug ✝ Sortitò

|| Consortitor, ōris m *That draws lots*, Firm ✝ Sortitor

Consortium, i n (1) *Fellowship, intercourse, partnership, correspondence, sympathy* (2) Also *ratification* (1) Stomacho cum vesica quoddam consortium est, *Cels* 7, 27 (2) Si inter fratres voluntarium consortium initum fuerit *Papin*

Conspectus, a, um part *Beheld, looked at, gazed upon* Pictis conspectus in armis, *Virg Æn* 8, 588

Conspectus, ûs m verb [à conspicio] *A sight, or view, presence* Frui conspectu *To have a full sight of*, Cic pro Syll 9 In conspectu adstare, *To be present*, Cic Cat 1

Conspergo, ĕre, si, sum act *To sprinkle, to strew, to dash* § Conspergere fores vino, *Plaut Curc* 1, 1, 80 Aras sanguine, *Lucr* 4, 1231

|| Conspergo, ĭnis f *A sprinkle for water*, R ex Aug ✝ Aspergo, *Virg*

|| Conspersim adv *Here and there mingled*, R ex Capel ✝ Sparsim

|| Conspersio, ōnis f verb *A sprinkling*

[illegible] kling about, Aug ‡ Aspe[r]ne

Conspersus, a, um part Sprinkled, [illegible] d, [illegible] (2) Met [illegible] (1) Consper[sum] [illegible] caput, Cic (2) Oratio [illegible] verborum, sententia[rum] [illegible] flo[r]ibus, Cic de Or [illegible] conspectus, a, um part [illegible] conspect [illegible], Curt [illegible] 25 Pass Beheld, or [illegible]

|| Conspicax, ācis adj [illegible] Litt ex Lucilio ☞ Hoc [illegible] quo [illegible] [illegible] action [illegible] expectat [illegible] non est [illegible] omnem vire[s] [illegible] ‡ Conspicu[us]

Conspiciendus, a, um part [illegible], or taken notice of, Ad Herenn

|| Conspicillo, ōnis m [illegible] Adductur ex Plaut [illegible] sed prium con[illegible]

Conspicillum, i n [ex conspi-cio] (1) A peeping hole to look out (2) Also a pair of spectacles (1) In conspicillo observabam, [illegible] (2) Virum cedo, [illegible] est conspicillo usi, Plaut

Conspicio, ōnis f [conspicior] [illegible] a prospect, Varr L [illegible]

Conspicio, ĕre, exi, ectum act [ex con & specio] (1) To take a view of (2) To see, or behold (3) To look towards (4) To discover, (5) Met To consider, or [illegible] (1) Ut conspiciatis cum [illegible] quem oculis non po[illegible] pro Balbo, 20 (2) Nunc [illegible] tecum conspicio simul, Plaut Amph 2, 2, 122 (3) Si [illegible] signum solis ortum conspi[illegible], Cic in Cat 3, 8 (4) Locum [illegible] conspeximus ipsi, Virg [illegible] 2, 7 (5) Conspicere sibi, [illegible] rem suam, Plaut

Conspicior, i pass (1) To be seen, or looked at (2) To [illegible] (1) Vehi per urbem, [illegible] velle, Cic in Pison 25 (2) Bonis animi conspicerere tui, Ov Trist 1, 5, 34

|| Conspico, āre To behold, [illegible] pro

Conspicor, ātus sum dep [ex con & specio] To see, or behold, to [illegible], to spy, to see about or [illegible] ergo in his ego conspicor [illegible] Ter Eun 5, 9, 32

Conspicuus, a, um [a conspicio] (1) Conspicuous, easy to be seen, [illegible] (2) [illegible] notice of, remark[able] (3) Excellent, worthy, com[mendable] (1) = Pet te præsen[illegible] conspicuumque deum, Ov [illegible] 1, 54 (2) Conspicuus fons [illegible] Plin 6, 21 (3) Con[illegible] eum novitas, divitiæque [illegible] Insignis, claris [illegible] domo, Tib 3, 3, 4 [illegible] Conspicuus forma, Beautiful, [illegible], Plin [illegible] torus, strong, Val [illegible] laude, commendable, Plin [illegible] Ov fulgentibus ar[mis] [illegible] glittering armour, Id (3) Conspicuum virtus hic tua ponat opus, Ov Trist 5, 14, 24

Conspirans, tis part (1) A[greeing] (2) Conspiring, mutine[ing] (1) = Tanta rerum conspirans, [illegible], continuata cognatio, Cic N D 2, 7 (2) Conspirans [illegible] ardor, Lucr 4, 1209

Conspirātio, ōnis f (1) Agreement, a conspiracy, a plot (2) Unanimity, consent (3) A meeting together, an harmony (1) Ut con[illegible] a conspirationem hostium sce[illegible] continuus, Hirt ad [illegible] 11, 14 (2) = Concordia & conspiratio omnium ordinum, [illegible] 10, 1 (3) = Quæ[illegible] est omnis conspiratio, con[illegible] virtutum, [illegible] fum honestum, Cic de F 5, 23

Conspīratur impers In com[illegible] conspirabatur ab utroque, [illegible], or [illegible] Conspiratum est in eum, [illegible] against him, Suet [illegible]

Conspiratus, a, um part [pro conspirans] [illegible] Conspirati, [illegible] Ph dr [illegible] Conspiratum, orum, [illegible] Suet [illegible]

|| Conspiratus, us m verb A conspiracy, consent, or agreement, Gell 1, 11 ‡ Conspiratio

Conspiro, āre [simul spiro] (1) [illegible] (2) Met [illegible], or concert (3) To conspire, or band together (1) Col [illegible] (2) = Conspirate nobiscum, consen[illegible] cum bonis, Cic Leg Agr 1 § Ad liberandam rempub con[spirare] Id [illegible] 10, 12 (3) M[illegible] rum [illegible] in unum [illegible] dum conspiravei[illegible], Plut

Conspiro [illegible] [ex con & spira] To wind round, as serpents do, Plin & Vic[tor], 2, 25, 2 In spiram se colli[gere], Virg Georg 2, 15[illegible]

Conspissatus, a, um part Thickened, made thick, Col [illegible] 18

Conspisso, āre act To make thick, to thicken Quod vix leg[illegible] forma

Consponsor, ōris m He that is bound with another, a joint surety Si Galba consponsor tuus redierit, Cic Fam 6, 19, 4

Consponsus, a, um Mutually engaged, betrothed, Fest = Fide mutua obligati Consponsa factio, Apul Con ponsum fœdus, A covenant agreed upon on both sides, Aufon

Conspūmātus, a, um part Covered with foam, or froth, Frag Poet

Conspūmo, āre To foam, or froth up, Frag Poet

Conspuo, ĕre, ui, ūtum act To spit upon, to spit on one's face Jupiter hybernis canâ nive conspuit Alpes, Fur Bibac ap Hor qui [illegible] norat

Conspuor, i pass To be spit upon, ut nos, to be pissed on = Culpant eum, conspuitur, vituperatur, Plaut Curc 4, 2, 17

|| Conspurcātio, ōnis f A defiling ‡ Inquinamentum, labes

Conspurcātus, a, um part Defiled, polluted, Litt

Conspurco, āre act To defile, to befoul, to bewray Proluvie ventris cibos & aquam conspurcat, Col [illegible] Tetro conspurcare omnia [illegible], [illegible] 6, 21

Consputo, āre freq [a conspuo] To spit upon at one, to bespawl Clodiani nostros consputare cœperunt, Cic ad Q fratr 2, 3

Consputor, āri pass To be spit upon, Plaut

Consputus, a, um part Spit upon, or spit at, Plaut

Constabilio, ire, ivi, itum act To make sure, to settle, to assure Rem tuam constabilisses, You had got an estate, been rich, or made a man, Ter Adelph 5, 1, 9

|| Constabilis, e adj Always firm and sure, Firm ‡ Stabilis

Constabilitus, a, um part Assured, warranted, strengthened, established, Litt ex Lucr

|| Constabulārius, i m An hostler, Fest ‡ Stabularius, Col [illegible] for [illegible]

|| Constabulātio, ōnis f A stabling, or housing of beasts in winter, Apul ‡ Stabulatio, Col

Constabulo, āre n[e]ut To stand together, as oxen, or horses in stables, Col

|| Constagno, āre n[eut] To stand still, as water that flows not, Corn Front ‡ Stagno

Constans, tis adj [ex con & sto] comp [illegible]simus, sup (1) Steady, resolved (2) Like, and [illegible] (3) [illegible] the same, fixed (1) = Forti animi, & constanti est, non perturbari in rebus asperis, Cic Off 1, 2 Animus contentione animi, Ovid Constantissimus videri, Cic (2) = Æquabilis, constans, & moderata ratio vitæ, Cic (3) = Certo & constantes cursus stellæ habent, Cic N D 3, 9

Constanter adv ius, comp [illegible], sup (1) Deliberately, continually (2) Steadily, evenly (3) Continually, jointly (4) Always (5) After one [illegible], like itself (1) = Considerate, constanterque deferre beneficia Cic Offic 1, 15 (2) = Constanter, & sedate ferre, Cic (3) = Firmius & constantius in pe[illegible] manere, Cic (4) = Constanter & perpetuò placebit hoc consilium, Cic [illegible] Brut 16 Constantissime [illegible] quid dictum, Id (5) = Æquabiliter, constanterque ingrediens oratio, Cic Orat 58

Constantia, æ f (1) A [illegible], or being (2) Steadfastness, [illegible], persistence (3) A [illegible] (1) Constantia debiti, [illegible] JCC (2) = Æquabilitas, firmitas, perpetuitas veritas, stabilitas, gravitas, perseverantia, Cic, (3) Incredibili constantiâ sunt cursus stellarum, Cic

Constat impers It is evident, plain, and perspicuous, agreed on, or well known § Constat de aliquare, Cæs § inter omnes, Cic § Constare alicui cum aliquo, Ad Herenn

Constātūrus, a, um part That will cost Constaturus mini no impendio, Plin 18, 5

|| Constellātio, ōnis f Voc sequ Latin A company of stars, the figure, or position of stars at one's nativity The horoscope, or rising of people [illegible] ‡ Astrorum affectio

|| Constellātus, a, um Adorned with stars, Jul Cap ‡ Stellis ornatus

Consternātio, ōnis f verb [a consternor] (1) A great fear, affrightment, or astonishment (2) Also a mutiny, or rising of people (1) = Auxilia pavore, & consternatione quadrigarum territa, Liv 37, 42 (2) Val Max 9, 7 & Curt 7, 2, 32

Consternātus, a, um part (1) Sore troubled, astonished (2) Also alarmed, tumultuous (1) = Pavida, & consternata multitudo, Liv 15 (2) Volo scire quid sit propter quod matronæ consternatæ procurrant in publicum, Liv 34, [illegible]

Consterno, are act [a con & sterno] To astonish, abash, dismay, dash, discourage, or affright, to [illegible] and put into disorder Consternavit hostes, Liv 6, 2 ‡ Consternere est corporis, consternare autem animi, Vall Quod timen non est perpetuum, nam Oadus simel atque iterum dixit consternantur equi, Mat 2, 314 Consternatis disperseris equis, Fest 5, 310 Et Sall ut videre licet in

Consternor, āri pass To be put into disorder, to be astonished, or put into a fright Equi sine recto ibus exterriti aut sauci consternantur, [illegible] ap Prisc 1 4

Consterno, ĕre, strāvi, strātum act (1) To strew, or cover all over (2) To pave, or floor (1) Alte consternunt terram, concusso stipite frondes, Virg Æn 4, 444 (2) Consternere contabulationem lapidibus, to floor, or pave it with stones, Cæs ¶ Consternere terram corpore, To prostrate himself, Cic [illegible] floribus, to strew it, Curt [illegible]

Consternor, i pass To be strewed, or covered all over Consternuntur corpora multa [illegible] lectibus vel culmis stabula constrata sunt, Col 7, [illegible]

|| Constipātio, ōnis f A coming close together, Amm ‡ Stipatio

Constipatus, a, um part Brought close, or thick together, Liv

Constipo, āre [illegible] To come close, to crowd, or throng in, Cæs B G 5, 42

Constipor, āri pass To be crammed, or crowded together Ne constipari quidem tantum numerum hominum posse in agrum in [illegible], Cic de Leg Agr 2, 29

Constirpo, āre [ex con & stirps] To set roots, or plants only together, R ex Col sed [illegible]

Constituendus, a, um part To be ordered, or ruled, &c Cic = Regendus, Id

Constituo, ĕre, ui, ūtum act [ex con & statuo] (1) To set, put, range, or dispose (2) To appoint, to assign, or put upon (3) To purpose, design, or intend (4) To settle, or determine (5) To constitute, or make (6) To build, to place, to erect (7) To agree, to promise (8) To portion and marriage, to order (1) Constituere aliquem in aliquo munere, Cic de Pet Cons 9 Intra silvam aciem ordinesque constituerunt, Cæs B G 2, 19 ¶ Constituere in digitis, To count on his fingers, Cic ¶ Aliquem ante pedes alicujus, To bring one before a magistrate, Id (2) Per quos agendum est tu optime constitues, Cic Fam 2, 8 (3) Is hodie venturum ad me constituit domum, Ter Ph 1, 2, 125 (4) Quid oporteat fieri optime deliberabis, & constitues, Trajan ad Plin (5) ‡ Si utilitas amicitiam constituet, tollet eadem, Cic (6) Urbem constituere, Ov = exedifico, Cic Femles ante cup es [illegible] constituunt, Vir Æn 6, 216 (7) Constituere pecuniam, Ulp (8) = Inermis ætatis infantia fiunt constituenda, & regenda prudentiâ est, Cic Offic 1, 34

Constituor, i pass To be put, or placed, provided, &c In eo spes bene gerendæ rei constituebatur, Cic § Publice constitui ad rem aliquam, Id § Bene de rebus domesticis constitui, Id

Constituta, orum subst pl Statutes, decrees, ordinances, &c Cic = Acta, Id

Constitūtio, ōnis f verb (1) A constitution, order, or decree, an establishment (2) The state, or complexion of the body (3) A stating of a case (1) Religionum constitutio, Cic de Leg 2, 10 (2) Firma constitutio corporis, Cic Offic 3, 33 (3) Vehemens est hæc exornatio, & in conjecturali constitutione causæ ferme semper necessaria, Ad Herenn 4, 41

Constitūtō, adv [illegible] adj sub. tempore At the day appointed, according to appointment, Cic

Constitūtor, ōris m verb *An ordainer, or appointer* Legis constitutor, *The maker of a law*, Quint 3, 6

|| Constitūtōrius, a, um *That appertains unto order, belonging to an appointment* ... actio constitutoria, *an action against him, who after promise of payment, failed*, Dig

Constitūtum, i n (1) *A decree, constitution, a ... used ...* (2) *An ... appointment ... time ... for ...* (1) Constituta & ... diruunt, tollere, ... ad Att ..., 1 (2) Ad constitutum ... *at the time appointed*, C ...

Constitūtum est mihi impers *It is ..., or determined*, Cic

Constitūtus, a, um part (1) *Appointed ... ordained* (2) *Disposed ... restrained ... ruled* (1) ... constituto die ... constitutissimè res ... dicitur ..., Cic Orat 2, 23 (2) Constituturus locus a judicibus, ... ¶ Corpus bene constitutum, *Of a good, or strong constitution*, Cic Tusc 2, 6 Constitutus bene de rebus domesticis, *A man well to pass, in a good condition*, Id pro Sext 45

Consto, āre, stiti, stitum, & atum (1) *To stand together* (2) *To be consistent, or agree with one's self* (3) *To consist, or be made up, to be built of* (4) *To abide, continue, or be* (5) *To cost, or stand in* (6) *To appear, to be plain, or ... evident* (1) Constant, conferunt sermones inter se, *Plaut* ... 2, 3, 11 (2) Si volet sibi constare, *Cic* ad Att 11, 7 (3) § Agri constant campis, vineis, sylvis, *Plin* § Homo ex animo constat, & corpore, *Cic* N D 1, 35 = Muri Atheniensium ex sacellis, sepulcrisque constabant *Nep Them* 6 (4) Quo minus mente in ... officia constarent, *Cic* ¶ § Non constat ei color *His colour comes and goes*, Liv 39, 34 ¶ § Mente constare, *To be in his senses*, Cic Quis feret uxorem cui constant omnia? *In ... all ... good qualities*, Juv 6 165 (5) Res nulla minoris constabit patri quam filius, *Juv* 7, 187 (6) Quod ... omnes constat, *Cic* ... 2 16

|| Constitutor, ōris m verb [a constituo] *A ... that ...*, Auson Eid, 1 1

Constrātum, i n *The deck of a ship* Constratum puppis, *Petr Arb* c 100 navis, *Ibid* Constrata pontium, *The planks of bridges*, Liv 30, 10

Constrātus, a, um part [a consternor] *Covered, ... strewed* Forum corporibus civium Romanorum constratum cæde nocturna, *Cic* pro Sext 39 Constrata navis, ... tecta, *That hath a deck*, Cic Verr 5, 34 ✕ Navis aperta, *Without a deck*, Hirt B A 13

|| Constrĕpo, ere, ui, itum *To make a great noise, or din*, Gell 4, 1 ✝ Perstrepo, *Ter*

|| Constrictè, & constrictim, adv *Briefly*, ... ✝ Strictim, breviter

|| Constrictio, ōnis f verb *A ... binding, or tying hard*, Macrob Sat 7, 6 ✝ Colligatio, *Cic*

Constrictus, a, um part [a constringor] & adj or, comp (1) *Bound hard, straitened* (2) *Narrow* (1) Aptis verbis constricta oratio, *Cic Brut* 8 (2) = Folium tenuius, constrictius, angustiusque, *Plin* 21, 10

Constringendus, a, um part [a seq] *To be tied, or bound as prisoners*, Cic de Fin 2, 19

Constringo, ĕre, xi, ictum act (1) *To bind fast, to tie fast, to strain, to tie up* (2) Met *To constrain, or compel* (3) *To shut ..., or bind* (1) Constringere sarcinam, *Plaut Trin* ..., 2, 95 ¶ Constringere quadrupedem, *To bind one hand and foot*, Ter Andr 5, ..., 24 (2) Necessitate constringi, *Cic* ... 2, 2 (3) Scelus, & fraudem nocentis supplicio constringere, *Cic* de Orat 1

Constringor, ... ictus pass *To be tied or bound* = Vinciri & constringi amicorum, propinquorumque custodiis *Cic* ... 2, 21

Constructio, ōnis f verb [a construo] (1) *Building, framing ... or building* (2) Met *... the ... joining of words together* (1) Totam hominis constructionem fabricata est natura, *Cic Acad* 4, 27 (2) Apta & quasi rotunda verborum constructio, *Cic* de Orat 1, 5

|| Constructor, ōris m *A builder*, Firm ✝ Conditor

Constructus, a, um part (1) *Heaped, or piled up, ... or framed, set together, or ...* (2) *Furnished* (1) = Pecunia constructa & coacervata, *Cic* de Leg Agr 1, 5 (2) Mensa constructa dape multiplici, *Catull* 62, 304 = Constructior & apparatior domus *Cic* de Div 1 ... ubi aliquis ... habent instructas

Construo, ĕre, xi, ctum act (1) *To heap up* (2) *To build, to frame* (3) *To make, to set a thing together* (1) = Construere, & recondere res magnificas, *Cic* de Orat 1, 35 (2) = Construi a Deo atque ædificari mundum facit Plato, *Cic* N D 1, 8 (3) Vocabula rerum construere, *Cic* de Fin ...

Construor, i pass *To be heaped, or piled up one on another, to be built* Acervi nummorum construuntur, *Cic Philipp* 2, 38 = Mundus a Deo constructus atque ædificatus est, *Id* N D 1, 8

|| Constupefactus, a, um part *Astonished*, Firm ✝ Stupefactus

|| Constupefacio, ĕre *To amaze, or astonish*, Hier ✝ Stupefacio

|| Constupefio, eri *To be amazed or astonished*, R ex Hier

|| Constupeo, ere *To be astonished, to ... dump, or ... amazement*, Apul ✝ Obstupeo

Constuprator, ōris m verb *An adulterer, or ravisher, a deflowrer, or debaucher of women, or maids*, Liv 39, 15

Constuprātus, a, um part *Deflowred, debauched, corrupted* = Emptum constupratumque judicium, *Cic* ad Att 1, 18

Constupro, are act *To commit adultery with, to ravish, to debauch, to lie with*, Ad Her 4, 8 Liv 29 17

Consuadeo, ēre, si, sum *To advise, or persuade* Saluti quod tibi esse censeo, id consuadeo, *Plaut Merc* 1, 2, 32

Consualia, um pl n [a Conso] *Feasts and games instituted by Romulus in honour of Neptune, at that time when he seized the Sabine virgins, to be wives to his people, whom, he got ... stealing, he therefore called Consus, i e the god of counsel*, Varr *They were celebrated in August*

Consuāsor, ōris m verb [a consuadeor] *A counseller, or adviser* = Auctore & consuasore Nævio, *Cic* pro Quint 5

Consuāviātio f *A kissing, or embracing*, Tert ✝ Osculatio

Consuāviātor, oris m *He that kisseth sweetly*, Apul

Consuāvior, ... vel consavior dep *To kiss*, Apul ✝ Osculor, suavior

|| Consubstantialis, e adj *Of the same substance*, Aug ✝ Ex eadem substantia

Consudasco, ĕre *To sweat together*, Col 12, 48

Consudo, are neut *To be all in a sweat, to sweat*, Col 12, 7

Consuefacio, ĕre, ēci, actum *To accustom, to inure, or use one to it* Ea ne me celet, consuefeci filium, *Ter Ad* 1, 1, 29

Consueo, ere, evi, ētum *To be wont, or to be used to* Nos, ut consuemus, nostros agitamus honores, *Prop* 1, ..., 5 hinc

Consuesco, ĕre, evi, etum, & ētus sum neut & act [a consueo] (1) *To be accustomed, or used to a thing, to be wont, to accustom, or inure himself* (2) *To have to do with, to be intimate with* (3) *To ... Act* (1) Ut alius parere consuescerent, *Cic* de Inv 1, 2 (2) Consuescere mulieri, *Cic* § cum muliere, *Nep* ... & Ter Phorm 5, 6, 34 (3) § Consuescere juvencum aratro, *Col* 6, 2

Consuetio, ōnis f verb *An use*, in obscœna notione Clandestina ut celetur consuetio, *Plaut Amph* 1, 2, 28 ... al consuetudo, *vel ... lege ... climate* ... *Varr Flaccus* ... 1 est

Consuetūdo, inis f [ex consuetus] (1) *Custom, usage, use* (2) *Company, conversation, intimacy, acquaintance* (3) *Fashion, or manner* (4) *Also ... with a woman* (1) Vetustatis & consuetudinis vis maxima est, *Cic* de Am 19 (2) = Officiis, usu, consuetudine, conjunctissimus homo, *Cic* (3) Ad Græcorum consuetudinem disputare, *Cic* de Orat 2, 3 ¶ Consuetudini Latinæ tradere librum Græcum, *To translate a Greek book into Latin*, Col præf 12 (4) Cum sororibus stupri consuetudinem fecit, *Suet Cal* 24 Consuetudo huic cum Ebutio fuit, *Liv* 39, 9

Consuētus, a, um part & adj ... issimus sup *Accustomed, used, wont, inured, usual, ordinary, customary* Consuetus amor, *Ter Andr* 1, 1, 108 § Consuetissima cuique verba, *Ov Met* 11, 637

|| Consugillo, are *To defame, or stain with reproach*, Firm ✝ Sugillo

Consul, ulis m [ita dictus quod Reipub consulat, *Pomp* 1 e providerit, vel quod consuleret senatum, *Varr*] *A chief officer among the Romans, of which two were yearly chosen to govern the city* A consul Qui bene consulit, consul ... consul cluat, *Varr* *Sometimes it is used by a Meton for a year's space, because every year new consuls were created* Tibi consul trigesimus instat, *Mart* 1, 16, 2 Vinum proximis consulibus natum, *Wine of the last year, or last vintage*, Cic Brut 83

|| Consulāris subst *A president of a province, also the emperor's lieutenant, that had the conduct of an army*

Consulāris, e adj *Of or pertaining to the consul* Vir consularis, *One who has been consul*, Cic Ætas consularis, *The age of ... year, when by law one might be consul*, Cic

Consulāriter adv *Consul like, or like a consul*, Liv 4, 10

Consulātus, ūs m *The consulship, the office, or honour of a consul* Consulatum ... qui consulatum, *Cic* Honorum populi finis est consulatus, *Id* pro Planc 25

Consŭlens, tis part *Consulting* Discentibus satisfacere, & consulentibus, *Cic* Orat 42

Consulitur impers *It is consulted, or advised about*, Liv

Consŭlo, ĕre, sului, sultum [e con & salio, quia qui consulunt, rationibus in unam sententiam quasi saliunt, M] (1) Absol *To consult* (2) *To consult with, or to ... counsel, to ask counsel, or advice of* (3) *To give counsel, or advice* (4) *To provide for, to take care of, to look to* (5) *To consider, or regard* (6) *To judge, or interpret* (1) = Galli quid agant consulunt, *Cæs* B G 7, 83 (2) Nec te id consulo, *Cic* ad Att 7, 20 (3) § Alteri mihi de illis, ac de me ipso, consulendum est, *Cic* ad Att 7, 13 (4) Saluti, si me amas, consule, *Cic* ad Att 2, 19 Quid de me fiat parvi pendis, dum illi consulas, *Ter Heaut* 4, 3, 37 (5) Infirmitati oculorum, ut jubes, consulo, *Plin* ¶ Consulere in commune, *Ter* in publicum, *Plin* in medium, *Liv* in unum, *Tac* *To ..., or provide for the common good* Consulere in longitudinem, *To mind what will follow, to provide for ... future*, Ter Heaut 5, 2, 10 tempori, *to have respect to the time*, Cic (6) Tu tamen hæc, quæso, consule missa boni, *Ov* Pont ..., 8, 24 Vid & Quint 1 6

Consŭlor, i pass (1) *To be consulted, or asked counsel* (2) *To be provided for, or taken care of*, & (1) Senatus nihil consulitur, *Cic* Orat ... (2) = Ab iisdem deis vitæ hominum consuli & provideri, *Cic* N D 1, 2 *Vid* Consulo

Consultatio, ōnis f verb *A consultation, an asking, or taking of counsel, or advice* = De ejus deliberatione & consultatione quærimus, *Cic* Att 8, 4

Consultatorius, a, um *Belonging to consultation*, Macrob ✝ Consultorius

Consultè adv ius, comp issime, sup *Wisely, discreetly, warily* = Qui consulte, docte, atque astute cavet, *Plaut Rud* 4, 7, 14 ✕ Avidius quam consultius, *Tac Hist* 2, 24, 2 Annona consultissime providit *Capitol* in Pert

Consulto, are freq [a consulo] (1) Absol *To consult, or debate together* (2) *To ask* (3) *To provide, take care of* (1) Civitates de bello consultabant, *Cæs* B G 5 53 (2) Quid me consultas, quid agas *Plaut Mil* 4, 2, 4 (3) De ea re publica consultabant, *Sall* B C 6

Consultor, ari pass *To be consulted or debated*, Varr R R

Consultò adv *Advisedly, ... , considerately, on purpose, for the nonce* ✕ Ea quæ gignuntur consulto ... nobis, non fortuito ... videntur, *Cic*

Consultor, ōris m verb [a consulo] (1) *One who asks counsel, ... client* (2) *A counseller, or giver of counsel* (1) ... gallinacea de nocte, ut consultoribus tuis respondeas, *Cic* pro Balbo (2) Malum consilium consultori pessimum, *Varr* R R 3, 2

Consultōria hostia, quâ divini voluntas per exta exquirebatur *Macrob Sat* 3, 5 *the consultatory ... sacrifice*

Consultrix, icis f *A ... or provider* = § Natura consultrix & provida utilitatum omnium, *Cic* N D 2, 22

Consultum, i n (1) *An ordinance or decree of council, an act or law* (2) *Also counsel, ... action* (1) = Qui consulta patrum, qui leges, juraque servat, *Hor* Ep 1, 16, 41 Consulta senatus, *Cic* Oportere quinquennii consulta & decreta omnia rescindi, di, *Sall B J* 11 (2) Factaque & consulta fortium & sapientium, *Cic de L* 9 24

Consultus, a, um part (1) *Consulted with* (2) *Debated, considered, weighed* (3) Also adj Consultus, sup *Skilful, of whom counsel is taken, well seen in* (1) Consulti medici responderunt, nihil periculi esse, *Cic* (2) = Res consulta atque explorata, *Cic ad Att* 2, 16 (3) Consultissimus juris, *Liv* astrologiæ, *Col* ¶ Consulto opus est, *You ought to consider it well*, Sall B C 1

Consultus, us m subst *A consulting, who is consulted* = Consultus juris, & actor causarum mediocris, *Hor A P* 369 *&* *ibi* Tu, qui modo miles, mercator, tu consultus modo, rusticus, *Id S* 1, 1, 16

Consutus, ûs m subst *A reaping together* Lat ex Luc sed q

Consummabilis, e adj *That may be perfected*, Sen Ep

|| Consummātē adv *Fully, absolutely, completely*, Lat Consummatē quidem ... auctore

Consummatio, ōnis f verb (1) ... (2) *A perfecting, finishing, or ending* ... (1) Consummatione ... colligitur posse agrum, *Col* 2 13 (2) Plin 26, 8

Consummātus, a, um part (1) *Summed up* (2) *Ended, accomplished* ... sup (3) *Complete, consummate* (1) Consummati efficiunt duo millia, &c *Cels* 5 2 (2) = Bella gesta & consummata, *Cic* ... II, 7 ... confecta (3) Etiam consummatis professoribus difficile, *Quint* 1, 9 Nullus est consummata sapientiæ, *Col* ¶ Consummatissimus juvenis, *A most accomplished youth*, Plin Ep 2, 7

Consummo, āre act (1) *To sum up, to count* (2) *To make up, or perfect, to complete, or make an end* (3) Met *To accomplish* or ... (1) Is numerus consummatur totum 42000, *Col* 4, 5 (2) Consummare opera, ut ... sunt, *Plin Ep* 10, 48 (3) ... consummatur animus scientia bonorum, & malorum immutabili, *Sen Ep* 88

Consummor, āri pass *To be summed up, finished*, &c Consummantur annci quater septenis a ... *Plin* 11, 49 *edit Hard*

Consūmo, ĕre psi, ptum act (1) *To spend lavishly* (2) *To lay out* (3) *To consume, or destroy* (4) *To wear out* (5) *To bestow*, or ... (6) *To dissipate, to throw off* (7) *To put an end to, to finish* (8) *To eat up, to devour* (1) = Effundere & consumere per luxuriam *Cic* pro *Rosc* 2 (2) ... consumere incendio, *Liv* ... (3) = Interficiunt, & consumunt serpentes ibes aves, *Cic N D* 1, 6 (4) Consumi senium ... que ... *Ov Pont* ... (5) § Scito me omnem ... omnem operam, ... studium, in tua salute consumere, *Cic Fam* 6, 14 (6) ... in consumere, *Tac Hist* ... (7) ... tamen tenera consumere ... *Stat Theb* 8, 576 (8) ... Consumere mensas, *Virg* ... 116

Consūmor, i pass *To be consumed, wasted, worn away*, &c Consumi sit, *Cic* incendio, ... luctu & mœrore, *Id*

Consumptio, ōnis f verb (1) *A wasting, consumption* (2) ... *wasting, a bestowing* (1)

Se ipse consumptione, & senio alebat sui, *Cic de Univ* 6 (2) = Elaboratio & consumptio operæ, *Ad Herenn* 22

Consumptor, ōris m verb *A spender, waster, consumer* = Ignis confector est & consumptor omnium, *Cic N D* 2, 15

Consumptus, a, um part *Consumed, wasted, decayed, spent, perished* Inedia, & purgationibus, & vi ipsius morbi consumptus, *Cic Fam* 16, 12 = Confectus, exhaustus ✱ Vivus, *Cic* § Consumptus aciē, *Paterc* 2, 52 § a peste, *Plin* 11, 18

Consuo, ĕre, ui, ūtum *To sew, or stitch up*, Plin 20, 9

Consurgitur impers *They rise up all at once* Honorifice consurgitur, *Cic Verr* 6 Consurrectum est in plausus, *Phædr* 5, 8, 28

Consurgo, ĕre, rexi, ctum act & neut (1) *To rise up and shew respect* (2) *To rise against* (3) *To arise*, of inanimate things (1) Quum senatus cunctus consurgeret, & ad Cæsarem supplex accederet, *Cic Fam* 4, 4 In venerationem tui theatra ipsa consurgunt, *Plin Pan* (2) Hispania quoque ad bellum consurrexit, *Liv* (3) Consurgunt querēus, *Virg* rem, *Id* venti, *Id*

Consurrectio, ōnis f verb *A respectful rising up* Credo te audisse, quæ consurrectio judicum facta sit, *Cic Att* 1, 16

|| Consūtĭlis, e adj *That is sewed, or stitched together*, Apul ✝ Sutilis

|| Consūtum, i n *A seam*

Consūtūra, æ f *A seam or stitching*, Suet Vit 2 sed meliores libri *Consutura*

Consūtus, a, um part (1) *Sewed, or stitched together* (2) Met *Invented, pieced up* (1) Consuta tapeta, *Plaut Stich* 2, 2 54 (2) Consutis tunicis advenio, non dolis, *Plaut Amph* 1, 1, 213

|| Considero, &c *Vid* Considero

Contābescens, tis part *Fainting, wasting away*, Virg interp

Contābesco, ĕre, tabui *To pine, or waste away with grief*, &c Artemisia luctu confecta contabuit, *Cic Tusc* 3, 31

Contabulatio, ōnis f verb *A joining of boards together, a planking, a boarding a floor, or* ... *a timber frame*, Cæs B C 2, 9

Contabulo, āre act (1) *To plank, to floor with boards* (2) *to frame a building of timber* (2) Met *To make a bridge over a river* (1) Cæs B G ... 2 (2) Xerxes Hellespontum contabulavit, *Suet Cal* 19

Contabulor, āri pass *To be boarded, or planked* Turres contabulantur, *Cæs B G* 5, 39

Contactus, a, um part [a contingo] *Touched, dyed, stained, coloured, tainted, or infected* ¶ Sale modico contactus, *Cels* ... 2, 24 Colori croci contactus, *Lucr* 6, 1186 ¶ Contactus ... dies ... *Liv* Contactus ... peculiaris, *Id*

Contactus, ûs m verb [a contingo] (1) *A touch*, or ... (2) ... (3) *Infection* (1) Urtica contactu mortifera, *Plin* 10, 59 (2) Infecti quasi valetudine, & contactu, *Liv* ... 6, 7 (3) Refugit vires contactus, *Ov Met* 7, 241

Contages, is f [ex con & tago, ant pro tango] *A contagion, an infection, a rot of sheep, murrain among cattle, an infectious disease*, Lucr 4, 337 & 6, 1241

Contāgio, ōnis f (1) *An effect, or infection* (2) *Contagion, or infection, pollution* (1) Ut naturæ contagio valet, quam ego non tollo, *Cic de Fat* 3 (2) Quibus fuit minima cum corporibus contagio, *Cic Tusc* 1, 30

Contāgiōsus, a, um *Contagious, infectious*, Cels

Contāgium, i n *A contagion, infection, a catching disease*, as the murrain, &c Pecoris contagia, *Virg Ecl* 1, 51 I Met Lucri contagia, *Hor Ep* 1, 12, 4 scelerum, *Luc* 3, 322

Contāmen, inis n *A defilement*, Tert

|| Contāminātio, ōnis f verb *A defilement, a pollution, adultery* Ulp ✝ Pollutio, violatio

|| Contāminātor, ōris verb *A defiler, or corrupter*, Lampr

Contāminātus, a, um part & adj *Spoiled by unnatural mixture* Met *Corrupt, naughty, base, defiled, debauched, vile and* Grex contaminatus, *Hor Od* 1, 37, 9 = Judicia corrupta, & contaminata, *Cic in Caecil* 22 = Homo turpissimus, sceleratissimus, contaminatissimus, *Cic* pro *Dom*, 9

Contāmino, āre act [ex con & obsol tamino] (1) *To mix one thing with another, so as to spoil both to make messy* (2) *To defile, to pollute* (3) *To disgrace* (1) Contaminare vitam ægritudine, *Ter Hec* 5, 5 *Vid* Contaminor (2) Se vitiis, *Cic Offic* 3, 8 (3) ✱ Non modo non se contaminarunt, sed etiam honestarunt, *Cic in Cat* 1, 12

Contāminor, āri pass (1) *To be defiled, or stained* (2) *To be mangled, to be patched up* (1) Culpa contaminabitur, *Ad Herenn* 2, 16 (2) Contaminari non decere fabulas, *Ter Andr prol* 16

Contātio, ōnis f verb [a contor] *Delaying, bating down the price, huckstering, delaying to strike up the bargain* Emi hemem vituli, quanti indicatus sit, nulla pretii contatione, *Plin* 28, 57 *edit Hard*

✝ Contātus, a, um part *Having haggled, or dallied, and stood beating the market* ✝ Cunctatus *Item* contus, *Armed with a pike, or lance*, Veg 3, 6

Contechnātus, a, um part *Devising, or, laying tricks*, Plaut Pseud 4, 6, 34

Contectus, a, um part *Covered, hid* Casi contecta stramine, *Atque clad* ... Ov Met 5, 447 Contecti cæd ... bus campi, *Plin* ... Vehiculum pellibus undique contectum *Curt* 5, 12

Contego, ĕre, xi, ctum act (1) *To cover* (2) Met *To hide, or conceal* (1) Tumulum contegit corpus, *Cic* pro *Arch* 10 (2) Factam injuriam contexeris, *Ter Hec* 3, 3, 41

Contegor, i pass *To be covered, buried*, &c *Cæs B C* 2, 10

|| Contĕmĕrātus, a, um part *Defiled, polluted*, Tert ✝ Contaminatus

Contĕmĕro, āre act *To violate, to pollute, to defile*, Mart de Spect 10 Dominæ contemerasse torum, *Ov Am* 2, 7, 18 R occ

Contemnendus, a, um part *Contemptible, despicable, to be despised* O tor non contemnendus, *Cic de Cl Or* 1

Contemno, ĕre, psi, ptum act [ex con & temno] (1) *To undervalue, to contemn, or despise, not to regard, or care for* (2) *To bid defiance to* (3) *To take no account of* (1) ✱ Contempsisti L Murenæ genus, extulisti tuum, *Cic*

pro *Mur* 70 (2) Nondum cæruleas pinus contempserat undas, *Tib* 1, 3, 37 (3) Vitam contempsit, mori qui concupiscit, ...

Contemnor, i pass *To be undervalued*, &c = Contemni se putat, despici, illudi, *Cic de Senect* 18

|| Contempero, āre act *To temper, or mingle together*, Firm ✝ Tempero

Contemplans, tis part *Contemplating, viewing* Deus ... & maria contemplans, *Cic N D* 2, 10

Contemplātio, ōnis f verb (1) *A beholding, gazing upon, regarding* (2) Met *Contemplation, study, meditation, survey, a regard* (1) Res diligenti contemplatione dignissima *Cic N D* 1, 19 (2) = Consideratio contemplatioque naturæ, *Cic Acad* 1, 41

Contemplātīvus, a, um adj *Given to contemplation, contemplative, belonging to theory, speculative* Philosophia contemplativa, *Sen Ep* 95

Contemplātor, ōris m verb (1) *A beholder, or viewer* (2) Met *One who contemplates* (1) = Contemplator, admiratorque mundi, *Sen ad Helv* 8 (2) Homo contemplator cœli, ac deorum, *Cic Tusc* 1, 28

Contemplātrix, icis f *She that beholds, or meditates, or contemplates*, Cels *in procem*

Contemplātu abl verb *By contemplation*, or *consideration*, Ov Trist 5, 7, 66

✝ Contemplo, āre *To look, or behold* Cum hinc magis contemplo, magis placet, *Plaut Pers* ... 15 & sæpe alibi pro

Contemplor, ātus sum dep [contemplari dictum est a templo, i e loco, qui ab omni parte aspici vel videri potest, quem antiqui *templum* nominabant *Fest* ... sensu, quo *templum* usurpabant augures] (1) *To behold, to look upon, to look wistly, or to gaze upon* (2) Met *To muse upon, to consider, or meditate, to contemplate* (1) Oculis contemplari cœli pulchritudinem, *Cic N D* 2, 38 (2) Quod oculis non potes, id animo contemplare, *Cic* pro *Deiot* 14 = Considero, intueor, *Id*

|| Contempŏrālis, e adj *Of the same time, or standing*, Firm ✝ Æqualis, *Cic* Extemporalis, ...

|| Contempŏrāneus, a, um adj ✝ contemporarius, id quod ✝ contemporalis, *Lat* quibus addidisse poterat ✝ coævus ✝ coætaneus *ejusdem* ... *That is of one time, of the same age, or standing, contemporary*, Litt ✝ Æqualis, *Cic* Æquævus, *Virg*

|| Contemptibilis, e adj or, comp *Despicable, contemptible*, Ulp ✝ Contemnendus

|| Contemptibiliter adv *Contemptibly*, Perot ✝ Contemptim

Contemptim adv ius, comp *Scornfully, disdainfully, lightly, with contempt* Ne nos tam contemptim conteras, *Plaut Pœn* 3, 1, 31 Contemptius viriam, *Tac* ... abuti potentia hominum, *Suet Dom* 11

Contemptio, ōnis f verb *A slighting, despising, or making no account of, contempt* In contemptionem alicui venire, *Cæs B G* 3, 15 = In rerum humanarum contemptione, & despicientia, *Cic Tusc* 1, 40

Contemptor, ōris m verb *A contemner, a despiser* Contemptor gratiæ, divitiarum, *Liv* Divum, *Virg*

✝ Contemptor,

† Contemptor, āri, freq [ex contemno] cum acc *To slight*, [illegible] Plaut † Contemno

Contemptrix, īcis f (1) *That scorns*, [illegible] (2) [illegible] (1) Contemptrix [illegible] rerum [illegible] (2) Turba [illegible]

Contemptus, a, um part [illegible] = Homo vitæ contemptæ ac sordida, *Cic* pro *Planc* § Contemptiores [illegible] contemptionem [illegible] *Plin Pan* 2,15 = [illegible] nus, [illegible] *Cic de Fin* 28

Contemptus, us m verb [ex contemno] *Contempt, despite, scorn, disdain* Contemptui laborare, *To be despised and set at nought*, Liv 6,2 Contemptui haberi, *to slight*, Suet Aug 5.

Contendo, ĕre, di, sum & tum (1) [illegible] (2) *Met* [illegible] (3) [illegible] (5) Met [illegible] (8) *To strive* [illegible] (9) *To* [illegible] (11) [illegible] (1) Contendit tormenta, vincula, *Ov Trist* 4, 1 (2) Non [illegible] in tales animos contendere curas, *Ov Pont* 1,5,11 (3) Litteras [illegible] contendunt petere, [illegible] 1, 162 (4) Gallos agmen ad Lupercal contendit, [illegible] (5) Omni studio ad te contendo, *Cic* [illegible] 14 (6) Ut Asclepiades contendit, *Cels* (7) Nemo nostros annales cum scriptura eorum contendet [illegible] § Qui enim contendat hirundo cycnis? *Lucr* 3,6 [illegible] (8) Contendunt verbis inter se, non pugnis, *Cic Parad* [illegible] (9) Qui stadium currit, eniti & contendere debet, ut vincat, *Id Off* 3, 10 Contendit omnes nervos Chrysippus, ut persuadeat, *Cic de Fato*, 10 (10) § Plato in Ægyptum contendit, *Cic* § Contendere cursum aliquo, *Plaut* § ad aliquem, *Virg* § ut ad castra perveniat *Cic* Deinde Romam contendit, *Suet* [illegible] 12 (11) Magistratus a populo summa ambitione contenditur, *Cic in Verr* 4

Contendor, i pass *To be strived for*, & *Cic*

Contenebrascit, [illegible] impers *It grows dark*, [illegible] Varr R R 2, 2

† Contensus, a, um *Very quick, or stiff*, Gell ex Lucr

Contentè, adv ius, comp (1) *Closely* [illegible] (2) *Forcibly* [illegible] (1) = Aliquem arctè, contentèque habere, *to keep one short, to allow him no liberty*, Plaut Asin 1,1 63 (2) Plaga hoc gravior, quo est missa contentius, *Cic* (3) M Antonium, cum pro se contentè diceret, vidi etiam tangere, *Cic Tusc* 2, 24

† Contentim adv *Earnestly, or highly*, [illegible] Curt

Contentio, ōnis f verb (1) *A* [illegible] *or stretching* (2) *An effort, or force* [illegible] (3) [illegible] (4) *Strife, a debate, quarrel, a brawling, a dispute* (5) *A comparison, or considering things together* (6) *A vehemency* (7) *An equality, or suitableness of the parts to themselves*

(1) ✠ Vocis contentio, & submissio, *Cic Offic* 1, 41 (2) Contentio ingenii, animi, virium, *Cic* (3) Pugna summā contentione pugnata, *Cic* pro *Mur* 16 (4) Non de terminis sed de tota possessione contentio, *Cic* [illegible] (5) Quæ est hominum ipsorum [illegible] contentio *Cic* pro *Planc* 2 (6) Ad Herenn 4, 15 § 15 (7) Crassitas, & nordeum contentio, *Cic N D* 2, 45

Contentiōsus, a, um adj *Contentious*, [illegible] *earnest, quarrelsome*, [illegible] Plin Epist 2,19 = pugnax, *Id*

Contentus, a, um part [a contineo] (1) *Content*, [illegible] (2) *Adj Content*, [illegible] *with what he hath* (1) [illegible] (2) § Paucis contentus, *Hor* [illegible] § [illegible] *Paterc* 2, 95

Contentus, a, um part [a contendo] (1) *Stretched* (2) *Girded* (3) *Bent, or drawn as a bow* (4) *Driven, or forced* (5) *Met Speed* (1) Contenta [illegible] (2) [illegible] contenti corporibus [illegible] (3) Iisce ut contentus arcus [illegible] 286 (4) = Tormenta telorum eo graviores emissiones habent, quo sunt contenta, *Cic* [illegible] 2, 24 (5) Contento cursu classis Italiam petebat, *Id* pro *Mur* 15

|| Conterebro, āre *To bore through*, Gell † Terebro

Conterminatio, ōnis f verb *An abutting*, [illegible] Litt ex Liv

Conterminātus, a, um part *Bordering*, Litt ex Liv

Conterminum, i n *A bordering neighbourhood* Eadem & Parthis in contermino Arabia, *Plin* 5, 10 dat Hard

Contermino, āre unde ut *To border upon*, [illegible] Amm

Conterminus, a, um adj (1) *Near, or bordering near together* (2) Also, subst *A borderer* (1) Terræ domus est contermina nostræ *Ov Met* 1,774 (2) Nisi Aetolicus ille cuiquam potuit tolerabilis esse conterminus, *Col* 1, 3

|| Conternatio, ōnis f *A dividing by three*, R ex Hyg

Conternātus, a, um adj *Parted to* [illegible] *by threes*, R ex Liv certe *Hor de limit* pag 191 edit Gœs

Contero, ĕre, trivi, tritum act (1) *To break, or bruise small, to bray, or pound* [illegible] (2) Met *To* [illegible] *or confine* (3) *To spend*, [illegible] (4) *To wear* [illegible] (5) *To* [illegible] (6) *To make light of, to despise* (1) Conterere radicem in pulverem, *Plin* 26, 11 (2) = Quid ego huc recursem, aut [illegible] *Plaut Mil* 3, 1, 51 (3) Totum hunc contrivi diem, *Ter Hec* 5, 3, 17 (4) Usu ferrum conteritur *Ov* (5) Conteris tu tuā me oratione, mulier, *Plaut Cist* 2, 6 (6) = Reliqua ex collatione facile est conterere, atque contemnere, *Cic Tusc* 5, 30

Conteror, i pass *To be worn out, to be tired, or wearied*, &c Cum in studiis, & in negotiis, & in foro conterimur, *Cic Orat* 1, 58

|| Conterrāneus, a, um [ex con & terra] Castrense vocab *A countryman, of the same country*, Plin in præf † Popularis, *Cic*

Conterreo, ēre, ui, itum act *To make afraid, to put in fear, to affright, to astonish, to scare*, Cic de Orat 1, 49 & Col 7, 12

Conterrito, āre *To put in fear*, Litt ex Stat

Conterritus, a, um part *Put in fear, affrighted, terrified* Aspectu conterritus, *Ov Met* 3,5

Contestans, tis part *Calling to witness*, Cic Verr 4, 29 & pro Flacc 40

|| Contestātio, ōnis f verb Vox forensis Litis contestatio, *The* [illegible] *of a cause*, Ulp † Cognitio

|| Contestāto adv *In presence of witnesses*, Ulp

Contestātus, a, um part *Witnessed, proved by witnesses*, [illegible] = contestata virtute majorum non degenerat, *Cic pro Flacc* 11

Contestor, ātus sum dep [contra & testor] *To call to witness*, [illegible] ¶ Deos hominesque contestans, *Cic Verr* 4, 29 Contestari litem, *To put* [illegible] *his declaration, and the* [illegible] *answer*, Id pro Q Rosc 12

Contexo, ĕre, ui, tum act (1) *To weave, or knit* (2) *To join together* (3) Met *To* [illegible] (4) *To feign, or devise* (1) Contexere vimina, *Cic* [illegible] Contextus (2) § Lilia [illegible] (3) § Extrema cum primis, *To make all of a piece*, Cic Fam 10,13 (4) At quam festive crimen contexitur, *Cic* pro *Deiot* 6

Contextè adv *Closely, compactly, without interruption, jointly, or together* = Omnia naturali colligatione conserte contexteque fiunt, *Cic de Fato*, 14

Contextim adv *Of one piece, interwovenly*, Plin 10, 53

|| Contextio, ōnis f verb *A* [illegible] *or composition*, Macrob † Contextus

Contextūra, æ f *A composition, or making a thing, a contexture*, Vitr

Contextus, a, um part *Woven, wrought together, interlaced, mixed with, or close together* Ut ovium villis confectis atque contextis homines vestiantur, *Cic N D* 2, 63

Contextus, us m verb (1) *A weaving or plaiting together* (2) *A composition* (3) *The tenor and stile of continued discourse, a text, or context* (1) Pinnarum contextu tegumenta corporis faciebat, *Cic ex Acc* (2) Eorum contextum vis deberet dissolvere, *Lucr* 1 241 (3) = Contextus, & continuatio sermonis, *Quint Inst Or* 9, 1

Conticeo, ēre, ui n (1) *To hold one's peace, to keep silence, to become dumb, or speechless* (2) Met *To desist, or cease* (1) Conscientia convictus repentè conticuit, *Cic* [illegible] 3, 5 (2) = Studium nostrum conticuit subito & obmutuit *Cic de Cl Orat* 94

Conticesco, ĕre incept *To hold his peace, or be still, or still* Conticescebat tumultus, *Liv* 25, 10 § Dein aliquid conticescere, *Cic* pro *Marc* 3 § Ad casus aliquos, *Quint*

Conticinium, i n [a conticeo] (1) *The dead time of the night, when all is still and people are at their rest* (2) *That time betwixt cock crowing, and the break of day* (1) Redito huc conticinio, *Plaut Asin* 3, 3, 95 (2) Macrob Sat 1 3

† Conticisco, pro conticesco Fores crepuerunt, conticiscam, *Plaut Mil* 2, 4, fin

Contignātio, ōnis f verb *The raftering, or rearing up of* [illegible] *the boarding of an house*, *A floor, a story of an house*, Cæs B C 2, 9 (2) Id 2, 6

Contignātus, a, um part [illegible] *ered, or floored, and built into stories*, Cæs B C 2, 15

Contigno, āre act *To raise or floor an house*, Plin [illegible]

Contiguus, a, um adj [ex con & tango] *That toucheth, or* [illegible] *near, contiguous*, [illegible] § Contiguas habere domos, *Ov Met* 3, 57

Continctus, a, um part *Dyed, or coloured* Croci continctus colore, *Lucr* 6,1186

Continens, tis part & adj comp ssimus, sup (1) *Adjoining, or next to, joining together* (2) Adject *Of one piece, close*, [illegible] (3) *Continual, without intermission or space between* (4) [illegible] (5) *Continent, keeping his desires within bound, moderate* (6) *Temperate, chaste, virtuous* [illegible] (1) = Continentia sunt [illegible] cujus prædia atque adjuncta [illegible] pro Cæc 4 (2) Longum iter nec continens, *Id* [illegible] (3) [illegible] continens per totam noctem [illegible] Continenti spiritu, *Hirtius* [illegible] *Cic de Orat* 3, 5 (4) Nihil te interpellabo, continentem orationem audire malo, *Cic* [illegible] 1, 8 (5) Non intermittere concupiscere continentius [illegible] *Nep Att* [illegible] Nec continentior in vita hominum, quam in pecunia, fuisse videtur, *Cic B C* 1 23 Majores nostri continentissimi homines, *Cic* [illegible] 1, 5 (6) Præter alios meum virum fui rata siccum, frugi, continentem, amantem uxoris maximè, *Plaut Asin* 5, 2, 5 Continens, clemens patiensque admirandum in modum, *Nep* [illegible]

Continentia, n pl *The hinges, or principal points of a matter in controversy*, Cic

Continens, f sc terra *The continent, or main land*, Plin [illegible] Continens terra, *Nep Th* [illegible]

Continenter adv (1) *Continently, chastly, soberly, sparingly* (2) Also *continually, without intermission* (1) = Honestum est parcè, continenter, severè, sobriè vivere, *Cic Off* 1,30 (2) Cum ex[illegible] sit pugnatum continenter horas quinque, *Cæs B C* 1 46

Continentia, æ f (1) *A keeping, or holding in* (2) Met *Continency, chastity, temperance, abstinence from lusts, or forbearance* (3) Also *a* [illegible] *or borders of countries* (1) Edictum dicitur meditatus, quo veniam daret flatum crepitumque ventris in convivio emittendi, cum periclitatum quendam præ pudore ex continentia repperisset, *Suet Claud* 32 (2) Continentia in omni victu cultuque corporis tuendi causa, & in prætermittendis voluptatibus, *Cic Offic* (3) Continentia regionum, *Macrob* 5, 15

Contineo, ēre, ui, entum [ex con & teneo] (1) *To hold together* (2) Absol *To hold* (3) *To keep up, or hold in* (4) *To keep close, or secret* (5) *To keep within bounds* (6) *To keep back, or hinder* (7) *To stop, or* [illegible] (8) *To coerce, to bridle, to* [illegible] *govern* (9) *To forbear, or* [illegible] (10) *To keep close, as masters do pupils* (11) *To contain, to comprize, to comprehend* (12) *To serve, or preserve* (1) Trabes in gulæ singulis saxis continere, [illegible]

B 3, 6, 23 (2) Animo malè fit, con 1 x, quæso, caput, *Plaut Rud* 2, 6, 26 (3) Belluas immanes sep- tis continere, *Cic Phil* 1, 3 canes per omne tempus, *Col* (4) = Quæ vero audivi, taceo, & contineo optime, *Ter Eun* 1, 2, 23 ✱ Pe- timus ab Antonio, ut ea quæ con- tinet, neque adhuc protulit, ex- ponat nobis, &c *Cic* (5) Exer- citum castris continuit, *Cæs B G* 1, 48 (6) = Ante auspicium com- missum est ? an tempestas con- tinet ? *Plaut Amph* 2, 2, 58 (7) Corpus fit, diluvio laborat, con- tinet (8) = Conti- nere & regere appetitiones, *Cic* (9) Nimis ægre risum continui, *Plaut Asin* 5, 2, 36 vix debui continere lacrimas, (10) In qua quæ- quæstione nos te conti- ne- batio, *Fin* 7, 19 (11) = Coercet & continet mundus omnia suo complexu *Cic N D* 2, 22 Con- tin- ... in pro Clario, *Plin* 1, 28 (12) = Lex ipsa na- turæ quæ utilitatem hominum conservat & continet, *Cic Offic*

Contineor, eri pass *To be contained*, or *comprized*, &c In quo omnis æquitas contine- tur, *Cat* 4, 1

Contingens, tis part (1) *Touch-ing* (2) Met *Relating to* (3) Adj *Coming*, or *happening*, *con- tingent*, *that may be*, or *not be* (1) Luna terram pene contingens, *Cic N D* 2, 43 (2) Nullo gra- du contingens Cæsarum domum, *Suet Galb* 2 (3) ... ex philosophorum usu præcipue

Contingit impers *It happens*, Hanc mihi expetivi, contigit, *Ter Andr* 4, 2, 13

Contingo, ĕre, tĭgi, tactum act [ex con & tango] (1) *To touch*, (2) Ab- sol (3) *To hit* (4) *To arrive at* (5) Also *to reach to* (6) *To affect*, or *influence* (7) *To* (8) *To befall one* (9) *To* (1) Funem manu con- tingere gaudent, *Virg Æn* 2, 239 (2) Cum toto ne inter se conting- ant *Col* ( ) Avem contingere ferro non valuit, *Virg Æn* 5, 509 (4) Contingere portum, *Ov Met* (5) Radices montis ripæ fluminis contingunt, *Cæs B G* 1, 38 (6) Cura contingit ani- mum, (7) Deos quo- niam propius contingis, *Hor Sat* (8) ... id in magnis animis contingit, *Cic Offic* 1, Pietas finem contigit illa tur. *Ov Ponto*, 4 8, 58

Contingor, ... pass *To be touched*, ... *reached*, &c *Liv* 29, 8 ¶ Crimen contingi, *To be guilty*, Ulp *Vid* Con- tingo

Continuo, ... (1) *To anoint* (1) Contingunt ... *Virg Georg* 2, 448 ... contingunt, *Virg*

Continuatio, ōnis f verb *A* ... continuatio imbrium, ... = Quæ- ... continuatio, seriesque rerum, ... *D* verborum, *Id de*

Continuatus, a, um part (1) ... (1) = Continuata ... verba, *Cic de Orat* ... (2) Domus ... foro, *Ov Pont* 1, 15, 16

Continue adv *Daily*, Quint

Continuitas, ātis f *The con- tinuity*, or *whole length*, *depth*, &c *Plin* 8, 30

Continuò adv (1) *By and by*, *presently*, *forthwith*, *immediately* (2) *Therefore*, *for that reason* (1) Con- tinuò hic adero, *Ter Heaut* 3, 1, 6 ✱ Cur tanto post potiusque continuò quem malueris ? *Cic* (2) Æque contingit omnibus fidibus, ut incontentæ sint, illud non con tinuo, ut æquè incontentæ, *Cic de Fin* 4, 27

Continuo, āre act (1) *To con- tinue*, *persevere*, or *hold on*. (2) Al- so *to join*, *to close together* (1) Duabus noctibus perpotationem continuavit, *Plin* 14, 22 (2) A- liæ aliis [atomi] apprehenaentes continuantur, *Cic N D* 1, 20 ¶ Continuare domos mœnibus, *To build them close together*, Liv

Continuor, āri pass *To be con- tinued*, or *joined*, *Cic N D* 1, 20

Continuus, a, um adj [à con- tineo, ut assiduus ab assideo] (1) *Continual*, *without intermission*, *daily*, *constant* (2) *Close together*, ... *hard by*, *plain*, *even and uni- form* (1) Quæ inter continuum perdidi triennium, *Plaut Stich* 1, 3, 61 (2) ✱ Nunc continua, nunc intermissa tecta villarum, *Plin jun* † Continuus principis, *His constant companion*, *Tac* | Conjunctissimus principi

† Contollo, ĕre *To bear*, or *lift up together* ¶ Contollam gra- dum, *I will march*, or *go forward*, *Plaut Aul* 5, 1, 6

Contonat impers *It thunders* Continuò contonat sonitu maxi- mo, *Plaut Amph* 5, 1, 42

Contor, āri dep conto nautarum pertica, qua aqua pro- funditatem explorant] *To sound*, *to feel the bottom with a pole* Met Also *to enquire diligently* § Cum ex illo de me contaretur, *Cic A* 11, 10 *ubi al* cunctaretur Raro occ *percontor*, *freq*

Contorquendus, a, um part *To be wrested*, or *writhed about* Met *To be moved*, *Cic de Orat* 2

Contorqueo, ēre, si, sum & tum act (1) *To wind about*, *to twist* (2) *To turn round*, *to whirle about* (3) *To cast*, *fling*, or *hurl* (1) Quæ verba contorquet ! *Cic T S* 3, 26 (2) Contorquet cursum Ca- pricornus, *Cic in Arat* 61 (3) Ingentem viribus hastam contor- sit, *Virg Æn* 2, 52

|| Contorreo, ēre *To scorch*, *to broil*, *to burn up*, Amm 18, 7 † Torreo

Contorsio, ōnis f verb [à con- torqueo] *A wresting*, or *writhing*, Aug *Vid* Contortio

Contortè adv ius, comp *Awry*, *wryly*, *forcedly*, *obscurely*, *intricately* Ne quid contortè dicatur, *Ad He- renn* 1, 9 Hæc à Stoicis conclu- duntur contortius, *Id Tusc* 3, 10

Contortĭlis, e adj *Writhed*, or *wrung about*, Lit ex Stat sed q

Contortio, ōnis f verb *A wresting*, or *screwing* Contortio- nes orationis, *Cic de Fato*, 8

Contortor, ōris m verb *A wrester*, or *wrester* Legum con- tortor, *Ter Phorm* 2, 3, 27

Contortŭlus, a, um [dim à contortus] *Wrested somewhat*, Cic Tusc 2, 18

Contortuplĭcatus, a, um part Longa nomina contortuplicata *Writhed about in many folds*, ... Hoc voc nor sto fecit Plautus, Pers 4, 6, 26 Con- tortiones orationis vocat, *Cic de Fato*, 8

Contortus, a, um part & adj (1) *Hurled*, or *flung with force* (2) *Violently turned about* (3) *Intan- gled*, *intricate*, *perplexed* (4) *Crisped*, *curled* (5) *Wreathed*, *curled* (1) Cuspis contorta lacerto, *Ovid Met* 8, 345 (2) Contortis fauci- bus convertens in hostem, *Sen* *Cæs* 62 (3) Contorta & aculeata sophismata, *Cic Acad* 4, 24 (5) Impudicum crine contorto caput, *Sen Hipp* (5) Cornua con- torta, *Plin* 11, ... *edit Hard*

Contra præp cum acc (1) *A- gainst*, *contrary to* (2) *Over against*, *opposite to* (1) Contra naturam vivere *Cic Offic* 1, 6 (2) Quis hic est, qui contra me astat ? *Plaut Pers* 1, 1, 1

Contra adv (1) *On the con- trary*, *on the other hand* (2) *Con- trariwise*, *otherwise* ( ) *Opposite* (4) Also *mutually*, *reciprocally* (1) Si laudabit hæc illius formam, tu hujus contra, *Ter Eun* 3, 1, 5, (2) Contra quam ipse censuisset, *Cic in Pison* 8 Contra, ac dicta sunt, evenisse, *Id* § Contra at- que opportet, *Id* ( ) Stat con- tra, starique jubet, *Juv* 3, 290 Non carus est auro contra, *His worth his weight in gold*, Plaut Epid 3, 3, 29 ¶ Contra pro con- tra ... Nepos ... pasit Cæs B C 3, 71 Liv 2, 6 ... (4) Quæ me amat, quam contra amo, *Plaut Amph* 2, 2, 23

Contractio, ōnis f verb [à contraho] (1) *Contraction*, or *shrinking*, *abridging*, or *clinching* (2) Met *A contracting*, or *strong- ing* (3) Also *a frowning* (1) Contractio fronti, *Cic pro* 8 su- perciliorum, *Id Offic* 1 41 ✱ Digitorum contractio facilis, fa- cilisque porrectio, *Cic N D* 2, 60 (2) ✱ Eodem vitio est effusio a- nimi in lætitia, quo in dolore contractio, *Cic Tusc* 4, 1 (3) ... vis, sunt ... vul tus

Contractiuncula, æ f [dim à contractio] *A little twitch*, *a pinch* Morsus & contractiuncula quæ- dam animi relinquetur, *Cic Tusc* ... text

|| Contractōrium, i n *A cord*, *a string*, Suet ... Litt sed lo- cum non dicit

Contractūra, æ f *The making of pillars small toward the top*, Vitruv 3, 2 & 3, 1

Contractus, a, um part & adj or, comp (1) *Gathered*, *mustered*, or *drawn together* (2) *Wrinkled*, *bended* (3) Met *Moderated* (4) *Joined close* (5) *Gotten*, *procured* (6) *Contracted*, *abridged*, *shortned* (7) Adj *Narrow*, *strait*, *difficult* (1) Contractus exercitus, *Liv* 27, 41 (2) Contracta frons, *Hor Sat* 2, ..., 125 ( ) Contracta melius parva cupidine vectigalia porri- gam, *Hor Od* 2, 16, 39 (4) Con- suetudines & familiaritates con- tractæ, *Cic Offic* 1 17 (5) Cul- pa contractum malum ægritudi- nem acriorem facit, *Cic Tusc* 3, 22 (6) = Ambitus verborum contractus, & brevis, *Cic de Cl Orat* 44 Noctes contractiores, *Id* studii, *Id* (7) Contracta & adducta res in angustum, *Cic de Amic* 5

Contractus, ûs m (1) *A con- tract*, *covenant*, or *bargain* (2) *A lessening*, or *making smaller* (1) Apud JCC (2) Quo minus ha- buerit altior columna contractum, *Vitr* 3, 3

Contrădico, ĕre, xi, ctum act [ex contra & dico] *To contra- dict*, *gainsay*, or *oppose*, Cic Attic 1, 17

Contrădicor, i pass *To be con- tradicted*, or *refuted*, Cic

Contradictio, ōnis f verb ... *contradicting*, ... *ing* ... *try to* ... *objection*, Quint Orat 5, 8

† Contradico ... *Idem* dicit contrādicere, ... 1, 202 ... contradictio

Contrio, are ... *To contradict* ... *nemo unus contr* ... *est*, ... 5

Contrahendus, a, um part *To be contracted*, ... or *lessened*, &c = Ad ... omnes contrahendi, ... N go- ... contrahendis implicati, *Ibid* 2 11

Contrăho, ĕre, xi, ctum act (1) *To draw*, or *get together*, *to gather*, ... (2) *To ... strike*, or *shrink* ... (3) *To procure*, ... (4) *To contract*, *to abridge*, ... (5) *To shorten*, or *abridge* (1) ✱ Animum om- nia contrahit, discordia dissipat, *Cic de* ... 7 (2) ✱ Partes quæ sunt infra dilatantur, quæ autem supra, contrahuntur, *Cic N D* 2, 54 (3) Virtus contrahit amici- tiam, *Cic de* ... 14 (4) Contul- lo nemo rationem, nemo rem ul- lam contrahebat, *Cic pro* ... 14 (5) Contrahere orationem, *Cic Pont Or* 7 ✱ dilatare, *Ibid* ¶ Contrahere æs alienum, *To run in debt*, ... Cic ... *to fetch the* ... Id collum, *to shrink his neck*, Id ... *to* ... or ... Plin animum, ... *the* ... Cic ... ventrem, ... Id

Contrahor, i pass *To be contracted*, or *drawn together*, *to be shrunk in*, &c *Cic Vid* Con- traho

Contrālĭceor, eri dep *To cheap- en*, or *offer money for what another bids*, ... Illo licente, con- traliceri audet nemo, *Cæs B G* 1, 18 *Id fort* contra liceri, di- visè rect

Contrāpŏsĭtus, a, um *Opposite*, *contrary to*, Quint 9, 3

Contrāriè adv *Contrarily*, or *to the contrary* In quo aut ambigue quid sit scriptum, aut contrarie, *Cic de Orat* 1, 31

|| Contrārĭĕtas, ātis f *Con- trariety*, *opposition*, *disagreement*, Ma- crob S Scip 2, 15

|| Contrārio, āre act *To thwart*, or *act contrary to one*, Prosp

Contrārius, a, um adj (1) *Con- trary to*, *repugnant* (2) *Athwart*, *directly over against* (1) = Con- trarius, diversus, & pugnantibus inter se studiis, *Cic pro Cæl* 5 (2) § Rapido contrarius orbi, *Ov Met* 2 73 § Vitia virtutum sunt contraria, *Cic de Fin* 4, 24

Contrascriptum, i n *A thing written against one*, *a reply*, or *an- swer*, *an answer*, Cic Attic 16 *ubi al leg* contra scriptum *divisè*

Contravenio, ire, ni, tum *To come against*, *to speak against*, *to oppose*, *to cross*, Cic Verr 2, 4, & Tusc 1, 25

Contravenitur impers *Oppo- sition is made* Si qua ex parte con- traveniretur, *Cæs B G* 7, 28 *vet tamen alii* contra veniretur *divisè leg*

Contrectābĭlĭter adv *Pulpably*, *manifestly*, Lucr 4, 664

Contrectātus, a, um part *Han- dled* Liber contrectatus manibus, *Hor Ep* 1, 20, 11

Contrectātio, ōnis f verb *Touching*, or *handling*, *dalliance*, Cic N D 1, 27

Contrecto, are act [ex con & tracto] (1) *To touch often* Met *To*

To handle, or treat of (2) *To pursue* (3) *To put on, to meddle with, to be conversant, to use* (1) *Ir* Contrectatus Hæc fructus divulsi contrectant, *Cic de Or* 3, 6 (2) Oculis contrectare aliquid, *Id* 1, 12 (3) Contrectare aliorum uxores, *Suet Dom* 1

Contrector, ari pass *To be handled, or meddled with* Ne contrectentur pocula, *Col* 12, 4

Contremisco, ere incept (1) *Neut To tremble for fear* (2) Act *to be afraid of* (1) Tota mente atque omnibus artubus contremiscere, *Cic de Orat* 1, 26 (2) Non contremiscamus injurias, *Sen Ep* 65

Contremo, ere, ui (1) Neut *To tremble, to quake, to shake* (2) Act *To tremble at, to fear* (3) *To waver, or falter* (1) Cœlum tonitru contremit, *Pacuv* apud *Cic de Orat* 3, 39 (2) Periculum contremuit domus, *Hor Od* 2, 12, 8 (3) Nunquam fides, virtusque contremuit, *Cic pro Sext* 41

Contribuendus, a, um part *To be given, or allowed*, Cic *pro Mil* 30

|| Contribulis, e adj *Of one tribe, or kindred*, Sid ✝ Tribulis, *Cic*

Contribuo, ere, ui, utum act (1) *To contribute, to allow* (2) *To attribute, to one* (3) *To account, or reckon among* (4) *To divide, to distribute* (1) = Pecuniam ad eam rem dare, contribuere, solvere jubeant, *Cic Philipp* 14, *fin.* (2) Quæ mihi contribuenda illius essent, *Cic pro Mil* 30 (3) Contribuere medicam leguminibus, *Col* ¶ Contribuere se alicui, *To join themselves to*, Liv 38, 3 (4) Contribuere in regna, *Plin* 5, 18

Contribuor, i pass *To be reckoned, or accounted*, &c In regna contribuuntur tetrarchiæ, *Plin* 5, 18

|| Contributarius, m *A contributary to any thing*, Dig ✝ Qui contribuit

|| Contributim adv *Tribe by tribe*, Dig ✝ Tributim

|| Contributio, onis f verb *A contribution, when every one pays his share*, JCC ✝ Tributum, tributi confectio, *Cic*

|| Contributor, oris m verb *That gives his part to any thing, a contributer* ✝ Qui contribuit

Contributus, a, um part (1) *Contributed, or given, counted, or reckoned* (2) *Under the same government* (1) Contributa vitæ remedia, *Plin* 32, 4 (2) *Cæs B C* 1, 60

Contristo, are act (*i e* tristem facio) (1) *To make sorry, heavy, or sad* (2) Met *To make dark, or lowring* (1) Contristavit hæc sententia Balbum, *Cæl Cic* (2) Contristat Aquarius annum, *Hor Sat* 1, 1, 36

Contristor, ari pass *To be out of heart, to look sorrily* Tota arbor contristabitur, *Col* 5, 9

|| Contritio, onis f verb *Contrition, sorrow for sin, regret, a bruising, or breaking*, Lact ✝ Dolor ex recordatione flagitii ortus

Contritor, oris m verb [à contero] *A wearer out of any thing* Compedium contritor, *Plaut Pers* 3, 3, 15 *ubi al* compedum tritor

Contritus, a, um part [*a* contero] (1) *Broken, bruised, or brused small* (2) *Worn, much used, common* (1) Herba cum caseo, in vino contrita, *Plin* 20, 15 (2) = Communia & contrita præcepta, *Cic de Orat* 1

Controversia, æ f *A controversy, debate, variance, dispute, quarrel* ¶ Sine controversia, *Undoubtedly* Cic. = Contentio, lis, *Id*

Controversiosus, a, um adj *Full of controversy, or variance, contentious, litigious*, Liv 3, *ult*

Controversor, atus sum dep *To contest, or be at variance, to controvert* = Inter se controversari, & concertare, *Cic ex Protag ap Prisc* 8

Controversus, a, um part [*a* controvertor] & adj (1) *Doubtful, controverted, debated, disputed* (2) Also *quarrelsome, litigious* (1) = Dubium & controversum, *Cic de Div* 2, 50 = Res controversa & plena dissensionis, *Id de Leg* 1, 20 (2) Gens acuta & controversa, *Cic de Clar Orat*

Contrucidatus, a, um part *Wounded grievously, left for dead* Contrucidatum corpus, *Cic pro Sext* 20

Contrucido, are *To kill, or slay, to butcher* Misit qui universos contrucidarent, *Suet Cal* 28

Contrudo, ere, si, sum act *To thrust together, to crowd in* Contrudere in balneas, *Cic pro Cæl*

Contrudor, i pass *To be thrust, rammed, or packed together* Eodem piratas contrudi imperarat, *Cic Verr* 5, 27

Contrunco, are (1) *To mangle, to chop, to hack, or hew in pieces, to cut off by the stumps* (2) Met *To diminish* (1) Ego illos contruncabo duobus solis ictibus, *Plaut Bacch* 4, 9, 51 (2) Meum ne contruncent cibum, *Plaut Stich* 4, 1, 48

Contrusus, a, um part *Thrust, or thwacked together* Casis contrusa corpora, *Lucr* 6, 1253

Contubernalis, e adj [*ex* con & taberna] *Belonging to the same quarters* ¶ Contubernalis mulier, *A servant's wife, or mate*, Col

Contubernalis, is c g (1) *A comrade, or chamber-fellow, a companion* (2) *A colleague, or partner in office* (1) Cic *pro* Lig 7 Conservi & contubernalis, *Plin* 36, 12 (2) Cic *de* Clar Orat 27

Contubernium, i n (1) *A company of soldiers that lodge in the same tent, or are billeted, or quartered together, a file of soldiers under a serjeant* (2) Meton *The hut, or tent it self* (3) Hence it signifies *fellowship in one house* (4) *Conversation, company, acquaintance* (5) Also *the marriage with a servant, or of servants with one another* (6) *An unlawful familiarity* (1) Veget 2, 13 (2) Depositis in contubernio armis vallum relinquebant, *Cæs B C* 3, 76 (3) Suet Cal 10 (4) Magnos viros non schola, sed contubernium facit, *Sen Ep* 6 (5) Curt 5, 5, 20 (6) Suet Cæs 49 Cal 36 Vesp 3

Contuendus, a, um part *To be looked upon*, Cic

Contuens, tis part *Beholding, or looking upon*, Cic *de* Orat 3

Contueor, itus sum dep *To look wistly upon, to survey*, Cic Tusc 1, 20 *unde*

Contuitus, a, um part *Having stedfastly beheld*, Suet Aug 94 &

Contuitus, us m verb (1) *An earnest beholding, or stedfast looking* (2) *Sight, presence* (1) Oculorum contuitus, *Cic* pro *Sext* (2) Cognatos fugat à suo contuitu, *Plaut Trin* 2, 1, 28

Contumacia, æ f [à contumax] (1) *Stubbornness, insolence, wilfulness, haughtiness, sullenness, peevishness, contumacy* (2) Sometimes in a good sense, *Stoutness, resolution* (1) = Illa tua singularis significatur insolentia, superbia, contumacia, *Cic* in *Verr* 6 (2) Adhibuit liberam contumaciam à magnitudine animi inductam, non à superbia, *Cic Tusc* 1, 29

Contumaciter, adv ius, comp (1) *Stubbornly, frowardly, proudly* (2) *With great reluctance* (1) = Contumaciter, arroganter, & ἀκαλωπίστως solet scribere, *Cic Attic* 6 1 (2) Gemmæ sculpturæ contumaciter resistunt, *Plin* 37, 7 Id ligni contumaciùs transmittit terrum, *Id* 16, 40

Contumax, acis adj or, comp ssimus, sup [à contumeo] (1) *Swelling, contemptuous, haughty, insolent* (2) *Rebellious, contumacious* (3) *Hard and stiff* (4) *Resty, headstrong, heady, curst* (5) In a good sense, *constant, steddy* (1) ✱ In superiores contumax, in æquos & pares fastidiosus, *Ad Herenn* 4, 40 (2) Populus contumax regibus suis, *Sen Thyest* 649 Fortuna contumacissimum quemque aggreditur, *Sen de Provid* 3 Quis contumacior? *Cic Verr* 2, extr (3) Amomum contumax fricanti, *Plin* 12, 13 (4) Ut contumaces boves gravissima operi non recusent, *Col* 6, 2 (5) Contumax etiam adversus tormenta servorum fides, *Tac Hist* 1, 3, 2 ¶ Contumax mori, *Loth to die, long time a dying*, Plin 16, 10 Contumax syllaba, *A syllable hard to be fitter'd in verse*, vid *Mart* 9, 12 Ov 4, de *Ponto*, 12, & 14

Contumelia, æ f [à contumeo] (1) *An haughty speech, tending to depreciate, or lessen another*, and so distinguished sometimes from *injuria*, which tho worse in effect, in opinion is not so (2) *A bitter taunt, a satirism* (3) *A pasquinade, a sharp piece of raillery* (4) *Foul language, scurrility, railing* (5) *An affront in deeds, as well as words, an injury coupled with contempt* (6) *A forcible shock, brunt, or onset* (1) ✱ Non modò per injuriam sed etiam per contumeliam exprimere frumentum, *Cic* Magnâ verborum contumeliâ interrogans, *fulgentne etenim milites fugere*, Cæs B C 3, 72 (2) Non sine verborum contumelia sævit Uni enim suppliciter sepulturam petenti respondisse dicitur, *jam istam volucrum fore potestatem*, Suet Aug 13 (3) Contumelia quæ petulantiùs jacitur, convicium, si facetius urbanitas vocatur, *Cic* pro *Cæl* (4) An ille unquam expugnavit carcerem patrium tuam? HA Contumeliam si dices, audies, *Plaut Pseud* 4, 7, 77 *Adde & exemplum ratione superiore allatum* (5) Contumeliam facere, *Ter Eun* 5, 2, 27 & *Plaut Asin* 2, 4, 82 *Ter Heaut* 3, 3, 5 ☞ Contumeliam facere *pro* pati, ut minus Latinum notare videtur Cicero in verbis Antonii triumviri quæ reperies *Philipp* 3, 8 injustè, ut aliqui contendunt (6) = Naves totæ factæ ex robore, ad quamvis vim & contumeliam perferendam, *Cæs B G* 3, 4 *al gravissime, cum plerique, aves vertant ludibrium dabant*

Contumeliose adv ius, comp ssime, sup *Spitefully, reproachfully, outrageously, disdainfully* = Cum de absentibus maledicè, contumelioséque dicitur, *Cic Off* 1, 37 Contumeliosè facta injuria, *Ter Phorm* 2, 3, 1 Cum tu ei contumeliosissimè maledicas, *Cic in Vatin* 12

Contumeliosus, a, um adj ssimus, sup *Reproachful, outrageous, abusive* Beneficium contumeliosum, *Cic* Contumeliosissimum verbum, *Quintil* 2, 12 *sub fin* vid & *Suet Dom* 2, 3, 2

Contumeo, & contumesco *To swell together*, Marcell

|| Contumulatio, onis f verb *A burying, or entombing*, Aug ✝ Sepultura

Contumulatus, a, um part *Interred, entombed*, Stat

Contumulo, are act *To inhume, bury, or lay in the grave* Aggesta contumulavit humo, *Mar* 8, 5 ¶ § Perdices ovis stragulum molli pulvere contumulant, *Make the nest in the dust*, Plin 10, 33

Contumulor, ari pass *To be interred, or entombed* Ut patria contumularer humo, *Ov Trist* 5, 3, 33

Contundo, ere, tudi, tusum act (1) *To beat, or knock* (2) *To thump, or bang* (3) *To batter, or bruise* (4) *To strike down* (5) Met *To take one a pin lower, to rein* (6) *To tame* (7) *To mitigate, or asswage* (1) Ferreis pilis contundere, *Col* 7, 7 (2) Cæstibus contundere, *Cic Tusc* 2, 17 (3) Hic homo me pugnis contudit, *Plaut Bacch* 3, 3, 46. (4) Diram qui contudit hydram, *Hor Ep* 2, 1, 10 (5) Contudi animum, & fortasse vici, si permansero, *Cic ad Att* 12, 44 (6) = Contundere, & frangere exultantis prædonis audaciam, *Cic Philipp* 13, 13 (7) Simul atque boves iras contuderint, manu producantur, *Col*

Contundor, i pass *To be beaten, banged* Met *Tamed*, &c. *Cic*

Contuor, itus sum dep *To behold, to spy, or see* Sæpe figuras contuimur miras, *Lucr* 4, 39 Tam suo paratum argentum, quàm me hunc Scipionem contui, *Plaut Asin* 1, 3, *sub fin*

Conturbatio, onis f verb *Troubling, disordering, confounding, disorder, confusion*, Cic Tusc 4, 8.

Conturbator, oris m. verb. *A troubler, a bankrupt, one that breaks, an undoer, that puts one to so much charge as would undo one*, Mart 7, 26 ult

Conturbatus, a, um part & adj or, comp *Disordered, troubled, dismayed* Ludi conturbatus, *Cic de Arusp Resp* 12 = Tristis & conturbatus, *Id in Verr* 4, 14 Mehercule, eram conturbatior, *Id Attic* 1, 12

Conturbo, are act (1) *To trouble, disquiet, or dismay* (2) *To disorder, or put in confusion* (3) Per Ellipsin *To spend, or waste, to crack his credit, to turn bankrupt, to break* (1) Conturbat me mora servi hujus, *Cæl Cic Fam* 8, 1 (2) Ita conturbasti mihi rationes omnes, *Ter Eun* 5, 2, 29 (3) = Pedo conturbat, Matho deficit, *Juv* 7, 129 Conturbabit Atlas, *Mart* 9, 4 *sc* rationes

✝ Conturgeo, ere *To swell*, Sall ✝ Turgeo

Contus, i m [à κοντός] (1) *A long pole, or staff to gage water, to shove forth a vessel in shallows, a spret* (2) Also *a weapon which they used to fight beasts upon the stage* (1) Ipse ratem conto subigit, *Virg. Æn* 6, 302 (2) Lamprid

Contusio, onis f verb [*a* contundo] (1) *A battering, or bruising* (2) *A blunting, as of a knife, &c* (3) *A bruise, or contusion* (1) Oliva contusione livorem trahit, *Col* 12, 47 (2) Contusio fit ciis hebetioris, *Plin* 17, 24 (3) Celf

Contusus, a, um part [à contundor] (1) *Pounded, stamped, beaten*

... (2) *Worn, dulled* (3) *Bruised, ...* (4) *Wrested* (5) *Dis-... ...* (1) Plus etiam ejusdem radix contusa prodest, ... (2) Corpora contusa labore, ... (3) Pugiles cæstibus ... ingemiscunt quidem, ... 2, 17 (4) ✝ Nostræ ... contusæ, hostium auctæ fuerunt, *Sal B J* 4, (5) Contusos ... & res ... misciabere fracta, ... 4, 240

|| Contut... is, e adj *That ... ...*, Ap JCC

|| Contu...larius, ii m *He that ... the custody of things with ano...*, Ap JCC

|| Con...or, ari *To defend together*, Ap JCC

|| Con...or, oris m *A ...or, ... with another*, Ap JCC

|| Convaccillo, are *To be ... ...ing*, Tert ✝ Vacillo

|| Conva...datus, a, um *The ... under surety*, Dig

Convador, atus sum dep *To bind ... ..., or put in surety to appear ... judgment at the day appointed*, Plaut Curc 1, 3, 5

Con...o, ere (vix legitur) unde ... *I am recovered, or well ...*, Mart 10, 97 quod forte ...

Convalesco, ere, ui, itum incep (1) *To wax strong, to recover health* (2) Met *To grow, to get ... strength* (1) Hirtius noster tardius convalescit, *Cic F...* 1, 2 (2) Sensus convaluêre mei, ... 1, 3, 14

Conv...atus, a, um part *Fenced, or intrenched, surrounded*, Col ... Vallatus, *Cic*

Conv...lis, is f [ex con & vallis] *A valley, or dale enclosed on both sides with hills*, Varr L L 4

|| Con...satus, a, um part *...ked up, or clapped together, put in ...*, Sidon ✝ Confertus

Con...so, are act *To truss bag ..., to pack, or bundle up*, Ter Phorm 1, 4, 13

Convecto, are freq [à conve...ho] *To carry, convey, or lug a...* Convectare juvat prædas, *Virg Æn* 9, 613

Convector, oris m verb [a conveho] *A fellow passenger in a ...*, Cic Attic 10, 17

Con...tum, i n *Provision, or ..., laid up aforehand in a ...*, Liv 24, 36

Conveho, ere, xi, ctum act *To ..., or carry ..., heap, or ...*, &c Convehere plaustris ... *Plin* Merces ex ..., *Il*

Convehor, i, ctus pass *To be ... or conveyed*, Plin

Conve...us, a, um part *Cover... over, close*, Plin 17, 22

Convello, ere, velli, & vulsi ... (1) *To rend, or pull up* (2) *... by the roots* (3) *To ..., or ... asunder* (4) Met *To ...* (5) *To weaken* (6) *To ..., ..., or reverse* (7) *To ..., or disprove* (8) *To destroy* (9) *To remove* (10) *To ... loose ..., or steal* (1) Convel... saxa infima quibus fundamenta continentur, *Cæs B C* 2, 11 (2) § Viridem ab humo convellere ..., *Virg Æn* 3, 24 (3) Convellere repagula, atque effr... ..., *Cic Verr* 4, 43 (4) = ... auxilii reipublicæ labefac... convellique videat, *Cic* pro ... (5) Ægri vires convellere ..., 4 (6) Ne acta Dola... convellere videar, *Cic* (7) ... mihi quidem non videntur convelli, *Cic Div* 1, 51 (8) Convellere maluimus quàm tu..., *Cic* (9) § Me convellerunt

de pristino statu, *Cic* (10) A terra convellere funem, *Virg Geor* 1, 457 (11) Hercle vero convellere ... cogito, *Plaut*

Convellor, i, vulsus pass *To be ..., or pulled ..., to be disposed, or confuted*, &c *Cic* *Vid* Convello

|| Convelo, are act *To cover, or spread over with a veil, to mask*, Gell 7, 3 ✝ Velo

Conveniæ, æ c g [à conveniendo] *People of divers countries assembled together to dwell in one place*, *Cic de Orat* 1, 9 ¶ Amantes unà inter se facere convenas, *To bring lovers together, as procurers do*, *Plaut Mil* 2, 1, 61

✝ Convenibo, ant pro conveniam, *Plaut C...* 3, 2, 18

Conveniens, tis part & adj or, comp ...ssimus, sup (1) *Gathering, or assembling together* (2) *Peaceable* (3) Met *Suitable, agreeable* (4) *Proper, befitting, and convenient* (1) Copia agricolarum conveniens ex omni parte, *Liv* (2) Bene convenientes propinqui, *Cic Off* 1, 17 (3) = Omnia sunt apta inter se, & convenientia, *Cic Offic* 1, 40 (4) Conveniens vitæ mors, *Ov Am* 2, 10, ... Quid facto ... convenientius? ... *Ma* 3, 3, 1 Parenti publico convenientissimum nihil cogere, *Plin Paneg* 87

Convenienter adv (1) *Conveniently, agreeably, to the purpose* (2) *Fitly, suitably* (3) *At a very good time and season* (1) Non potest convenienter dici, nihil posse comprehendi, *Cic* (2) = § Congruenter naturæ, convenienterque vivere, *Cic de Fin* 3, 7 (3) Convenienter ad fortunæ statum loqui, *Liv* 23, 5

Convenientia, æ f (1) *A meeting, or coming together of people* (2) *Agreeableness, proportion* (3) *Accord, consent, or agreement* (1) Fecerent convenientias, *Plaut* ap ... (2) = Nullum aliud animal pulchritudinem, venustatem, convenientiam partium sentit, *Cic Offic* 1, 3, 12 ☞ *In hac notione ... ipse primus videtur Tullius, cum ait*, Quod ... Stoici, nos, si placet, appellemus convenientiam, *de Fin* 3, 6 (3) = Convenientia conjunctioque naturæ, *Cic Off* 1, 27

Convenio, ire, veni, ventum neut [a con & venio] (1) *To come together, to convene, or meet* (2) *Simply to come, or go to a place* (3) ☞ In this and the three following notions, it chiefly, if not only, used in the third person sing and plur *To rest... upon a thing together* (4) *To agree, or accord together* (5) *To fit, to suit* (6) *To befit, to beseem* (7) *To meet with, to come and talk with one* (8) *To sue one in law, and to convene him before a judge* (9) Also *to couple in venery* (1) Multitudo hominum convenit ad hoc judicium, *Cic pro Ros* 5 (2) In urbem crebro conveniunt, *Plaut Truc* 3, 2, 14 (3) Convenit hoc mihi cum Deiotaro, ut ille in meis castris esset, *Cic* *Absol* Id convenerat signum, *Liv* (4) § Pulchrè convenit improbis cinædis, *Catull* 55, 1, 9 § Hæc fratri mecum non conveniunt, *Ter Adelph* 1, 1, 34 (5) § Conveniebatne in vaginam tuam machæra militis? *Plaut Pseud* 1, 7, 85 (6) Non omnis ætas ludo convenit, *Plaut Bacch* 1, 2, 21 (7) Eam, si opus esse videbitur, conveniam, *Cic Fam* 5, 11 (8) Illum in jus conveniam, *Plaut* (9) § Conveniunt illas, cum voluere, viri, *Ov* § Conjugio aranei conveniunt clunibus, *Plin* 11, 24 ¶ Pax con-

venit, *Peace is agreed upon*, Liv 1, 3

Convenior, iri, tus pass (1) *To be met and talked with* (2) *To be convened, sued, or arrested* (1) *Cic* (2) *Plaut JC*

Convenit impers *It is meet, convenient, suitable, it is agreed on* ¶ Si tibi ita convenit, *Cic* Convenit inter nos, *We are agreed upon it*, *Id* *Vid* Convenio

Conventiculum, i n [dim à conventus] (1) *A little assembly* (2) In an ill sense, *a conventicle or house for unlawful meetings* (1) Conventicula hominum, quæ postea civitates nominatæ sunt, *Cic pro Sest* 42 (2) Extructa conventicula, & cauponæ, & postea veno irritamenta luxûs, *Tac* 14, 15 R occ

Conventio, onis f verb [a conveniendo] (1) *A meeting of people, a convention* (2) Also *a covenant* (1) Ad conventionem vocare, *Varr de L L* 5, 9 (2) Fortè & egregia fati conventio, *Sen de Prov* 2

|| Conventionalis, e adj *That is done by agreement, and upon covenant*, Pomp ✝ Ex pacto

|| Conventitius, a, um adj *Belonging to meeting*, Conventitii patres, *Whoremasters*, Plaut Cist 1, 1, 42 ☞ Sed nullum huic vocabulo stabile stabulum, propter incertam lectionem

Conventum, i n *A covenant, or agreement, a league, or compact* Dictorum conventorumque constantia & veritas fides est, *Cic Off* 1, 7 = Pacta, stipulationes, *Id*

Conventus, a, um part (1) *Met, and talked with* (2) *Agreed upon* (1) Non est is à me conventus, *Cic Attic* 15, 1 (2) Pax conventa, *Sall B Jug* 112

Conventus, ûs m verb (1) *An assembly, or meeting of people* (2) *A pack, or crew* (3) *An hundred, or county, a district* (4) *A covenant, bargain, agreement, or contract* (5) Also *an assize, or session* (1) Conventus senatorum, *Cic Fam* 4, 13 = Frequentia & conventus, *Id* (2) Meretricius conventus, *Cic in Verr* 1, 52 (3) *Plin* 5, 29 (4) = Ex pacto & conventu jam ... discesserat, *Cic Att* 6, 3 (5) Cum mandatu Prætoris juri dicundo conventus obiret, *Suet C S* 7 ¶ Conventus juridici, *The four terms*, Plin 3, 1

Converberatus, a, um part *Beaten all over*, Plin 13, 22

Converbero, are act *To beat*, Sen de Ira, 3, 20

Convergo, ere *To bow together*, Vitr

Converro, ere, ri & si, sum act (1) *To sweep, or clean all over* (2) *To brush, to make clean* (3) *To beat one, to brush his coat for him* (1) Diligens pastor stabulum converrit, *Col* 7, 6 (2) Tu hoc converre, *Plaut Stich* 2, 2, 27 Capiam scopas atque hoc converram libens, *Id ib* 51 (3) Converret jam hic me totum cum pulvisculo, *Plaut Rud* 2, 6, 7 more suo

Conversans, is part *Turning about*, Cic de Univ 8

Conversatio, onis f verb [a conversor] (1) *A turning, or whirling about* (2) *Familiarity, keeping of company* (3) *Conversation, behaviour, carriage* (1) Ad conversationem universi pertinere, *Sen Ep* 75 (2) Ne cui frequentior conversatio sit suspecta, *Plin* 10, 33 (3) Lusus, conversatio continua etiam invitos ad se oculos poterat deflectere, *Cato*

Conversè adv [a converro] *Neatly, cleanly* = Villam conversè, mundeque habere, *Cato*, 143

Conversio, onis f verb [a converto] (1) *A course, or revolution* (2) Met *An alteration, or change* (3) *A turning upside down, a disturbance* (1) Conversio cœli, *Cic N D* 2, 5 (2) Naturales esse conversiones rerum publicarum, *Cic de Div* 2, 2 (3) = Videtis quanta in conversione rerum, ac perturbatione versemur, *Cic de Uni* 11 ¶ Conversio verborum, *A ... ..., an equal compass, or fitness of a period*, Cic de Or 3, 41

Converso, are freq [a converso] *To turn about, to whirl round*, Cic de Univ 8

Conversor, atus sum dep *To converse, or keep company with one, to ..., ..., or be often with*, Sen de Ira, 3, 7 & Col 9, 11

Conversus, a, um part [à converto] (1) *Turned, converted, changed* (2) *Turned about* (3) *Translated* (4) *Inclined to ...* (1) In quartanam conversa est vis morbi, *Cic Fam* 16, 11 (2) Orbis reipublicæ conversus, *Cic Att* 2, 9 (3) Orationes è Græco conversa, *Cic* (4) Video in me omnium oculos esse conversos, *Cic Catil* 4, 1 ¶ Conversus in pœnitentiam, *Repenting*, Suet in Claud In fugam, *Put to flight*, Liv ad dolos, *betaking himself to stratagems*, Id

|| Conversu, m abl verb *By turning, or whirling about*, Macrob Saturn 7, 9 ✝ Conversione

|| Convertibilis, e adj *Convertible, changeable, that may be turned*, Prud Apoth 276 ✝ Mutabilis

Converto, ere, ti, sum act (1) *To turn about, or whirl* (2) *To convert, or turn towards* (3) *To transform* (4) *To translate* (5) *To change* (6) Met *To apply, set, or give himself, his mind to a thing* (1) = Terra circum axem se convertit, & torquet, *Cic Acad* Q 4, 39 (2) Aspectum quo vellent facile converterent, *Cic N D* 2, 57 (3) Si quis ex homine se convertit in belluam, *Cic Offic* 3, ... (4) E Latino in Græcum convertimus, *Cic Of* 4, 46 (5) Castra castris convertunt, *Cæs B C* 1 (6) Convertere animos ad agrum colendum, *Id* ¶ Convertere se domum, *To return home* Convertere se ad ... in locum, *Cic* In fugam convertere, *To put to flight*, Liv In admirationem omnes convertere, *To make 'em admire*, Id Convertere vias, *They went back the same way they came*, Virg Æn 5, 582

Convertor, i, sus pass mr dep (1) *To be turned*, &c (2) *To turn* (1) § Animus ad nutum alterius convertitur, *Cic* (2) Fugam in se nemo convertitur, *Plaut Amph* 1, 1, 83

|| Convescens, tis part *Eating together*, Vulg Interpr ✝ Comedens

Convestio, ire, itum act *To clothe all over, to cover, to deck, or apparel*, Cic ad Q fr 3, 1, 2

Convestior, iri pass *To be clothed all over* Convestiuntur herbis prata, *Cic* 7 ... 2, 28

Convestitus, a, um part *Clothed, or covered all over* Domus lucis convestita, *Cic pro Domo*, 38

|| Convexio, onis f *A bending downwards*, Gell 14, 1 pro

Convexitas, atis f *The crookedness and bending, or bowing of a thing downwards*, Plin 18, 25 & 37, 13

 || Con-

|| Convexo, āre act *To vex, or trouble one on all sides*, Gell ✝ Divexo, *Cic*

Convexus, a, um adj [*a* con veho, quod supra concavum convehitur] *Crooked, bending down on every side, like the heavens, vaulted, arched, roofed* ❧ Cœli convexa, *Heaven*, Virg ♓ *Convexum* quoad externam faciem, *concavum* quoad internam

|| Convibro, āre act *To shake*, Aur m ✝ Vibro

Conviciator, ōris m verb *A railer* Maledicus conviciator, *Cic* pro *Mur* 6

|| Conviciŏlum, i n *A little reproach*, Lampr

Convicior, atus sum dep *To taunt, or reproach, to rail at one* § Sermo i conviciari, *Petron* 93

Convicium, i n [*qu* convocium, *Fest* cum in unum complures voces conferantur] (1) *A bad noise* (2) *A reproach, or ill word* (3) *A brawling, or bawling* (4) *Importunity* (5) *An exclamation, or crying out against* (6) *A merry jest, a pleasant droll* (1) Sex convivium cum rege justum, si supra convicium est, *Auson* = Clamorem Una sustulere ad sydera, convicio permotus quæsiit Jupiter, *Pl d* 1, 7 (2) ✝ Adulter impudicus, si quis ster, convicium est, non accusatio, *Cic* pro *Cal* 1 = Pompeius cum pro Milone diceret, clamore convicióque jactatus est, *Cic Fam* 5, 1 (3) Ante ædes non fecisse erit melius hunc convicium, *Ter Adelph* 2, 1, 26 (4) Deputolum hanc convicio efflagitarunt codicilli tui, *Cic ad Q fr* 2, 11 (5) Deturbatus est justissimo, ac honestissimo convicio meo, *Cic* (6) Festa coronatus ludet convicia miles, *Mart* 7, 7 ♓ *Contumelia*, si petulantius jactatur, *convicium*, si facetius, *urbanitas*, nominatur, *Cic* pro *Cal* 3

Convictio, ōnis f verb [*a* convivo] (1) *A living, or boarding together* (2) [*a* convinco] *A conviction, or evidence* (1) Jucundissima convictio, *Cic Fam* 16, 21 Sed alii *commictio* leg (2) *Quint* ap *Iur* certe *Aur Vim*

Convictor, ōris m [*à* convivo] *A companion at table, a daily sitter, a tabler, or fellow boarder* Familiares, & quotidiani convictores, *Cic Fam* 16 21

Convictus, a, um part (1) *Thoroughly proved* (2) *Convicted* (3) *Vanquished, or overcome* (1) Hoc inter pares convictum, *Ter* 1, 72 (2) Conscientia convictus, *Cic* (3) = Reprehensus, convictus, fractusque Mithridates, *Cic* pro *Mur* 17

Convictus, ûs m verb [*à* convivo] (1) *A living together in one house, or at one table, a boarding, or tabling together* (2) *Ordinary food, meat and drink, diet, company, or fare* (1) = Convictus humanus & societas, *Cic Offic* 3, 5 (2) Convictus facilis, sine arte mensa, *Mart* 10, 47, 8

Convinco, ĕre, ici, ictum act (1) *To overcome, to vanquish* (2) Met *To prove manifestly* (3) *To confute, convince, or convict* (1) Convincere adversarium auctoritatibus, *Cic Verr* 3, 72 (2) Convincit ratio ipsa, & veritas, *Cic Parad* 5 (3) = Opinione hominum convinci, & condemnari, *Cic* pro *Cluent*

Convincor, i, ictus pass *To be convinced, or convicted*, Cic de *Univ* 3

Convinctio, ōnis f verb [*à* convincio] *A conjunction, or particle that joins nouns and verbs together* = In convinctionibus quas conjunctiones a plerisque dici scio, *Quint* de *Part Orat* 1, 4

Conviso, ĕre, si, sum act *To go to see, to visit, to view, to take a view of*, Cic in *Arat* & *Lucr* 1, 1, 6

Convitiator, ōris m verb *A taunter, or railer*, Cic in *Sall Vid* Conviciator

|| Convitiŏlum, i n dim *A reproach, or taunt*, Lampr

Convitior atus sum dep *To check, or taunt Vid* Convicior

Convitium, i n [*à* con & vitium] *sc* cum plura ædificia, simul vitium faciunt ex *vet inscript Varron Vid Scal* in *Catal* p 140 *Sed vid* Convicium, *forte illud requiras*

Conviva, æ c g [*à* convivo] *He, or she that is bid to one's table, a guest* Hilari & bene accepti convivæ, *Cic Att* 16, 16 Satur conviva, *Hor Sat* 1, 1, 119 Vocet convivam neminem illa, *Plaut Asin* 4, 1, 23

Convivālis, e adj *Of, or belonging to a feast, or banquet* Convivalia oblectamenta addita epulis, *Liv* 39, 6 Fabulæ convivales, *Tac Ann* 6, 5

Convivātor, ōris m verb *An entertainer, a feaster, the founder of a feast*, Liv 35, 49

Convivālis, e adj *Pertaining to feasts, serving to the table* Convivialis lætitia, *Macrob Sat* 2, 1

Convivium, i n [*à* convivo] (1) *A feast, or banquet, a collation, entertainment, or treat* (2) *A dinner table, or supper* (1) = Benè majores nostri accubitionem epularem amicorum, quod vitæ conjunctionem haberet, *convivium* nominarunt, melius quam Græci, qui hoc idem tum compotationem tum concœnationem vocant, *Cic* de *Sen* 13 (2) *Suet Claud* 32 & 44, ubi cœnam ab epulo distinguit

Convivo, ĕre, xi, ctum neut (1) *To live, or to dwell together* (2) *To eat and drink together* (1) Convivere cum adolescentibus, *Quint* 5, 9 (2) Misi ad navim Sosiam, ut hodie tecum conviveret, *Plaut*

Convivor, atus sum, dep *To feast, or banquet, to revel* § Convivari de publico, *To feast at the publick charge*, Cic in *Verr* 3, 44 Parentes nolunt filios crebrò convivarier, *Ter Heaut* 1, 2, 32

Convocātio, ōnis f verb *A convocation, a calling, or assembling together, an assembly*, Cic *post redit in Senat* R occ

Convŏco, āre act *To call together, to assemble* Convocare ad concionem, *To summon*, Liv 7, 36 Ad societatem vitæ convocavit, *Cic Tusc* 1, 25

Convŏlo, āre neut (1) *To fly together* (2) Met *To come together in all haste* (1) Convolant grues, *Plin* (2) Convolarunt ex Italia ad me revocandum, *Cic* pro *Domo*, 22 Populus convolat, *Ter Hec prol* 40

Convolvens, tis part *Rolling about*, Cic de *Div* 1, 23

Convolvo, ĕre, vi, utum act (1) *To wrap, or wind about* (2) *To tumble, or roll together* (3) *To envelop, to encompass* (1) Convolvuntur in semet dracones, *Plin* 10, 72 (2) In ossibus convolvere, *Plin* 12, 9 (3) Mare convolvit gentes, *Luc* 623

Convolvor, i, ūtus pass *To be rolled together*, Cic N D 2, 44

Convolvŭlus, i m *A vine-grub*, Plin *Vid* Convolvulus

Convolūtus, a, um part *Wrapt, or lapt up*, Plin 37, 7

Convolvŭlus, i m [*a* convolvo, *qui &* involvulus, *Plaut*] (1) *A little hairy worm that eateth vine-leaves, a vine-fretter* (2) *Also the herb withwind, or bindweed* (1) Convolvulus in vinea ne sit, *Cato*, 95 (2) *Plin* 21, 5

✝ Convoti, ✝ Iisdem votis obligati, *Fest*

Cōnus i m [*à Gr* κῶνος] (1) *A cone, a figure broad and round at bottom, with a sharp top like a sugar loaf* (2) *A pine-apple, the fruit of the cypress tree* (3) *Also the crest of an helmet, where the plume is set* ♓ Conus est inversus turbo (1) *Cic N D* 1, 10 & 2, 18 (2) Conus dicitur fructus cyparissi *Serv* in *Æn* 3, 680 (3) Conus insignis galeæ, *Virg Æn* 3, 468

Convulnĕro, āre act *To wound one grievously*, Col 4, 24

Convulsio, ōnis f verb [*à* convello] *A plucking, or breaking up, the cramp, or convulsion of the nerves*, Plin 20, 15

Convulsus, a, um part [*a* convellor] (1) *Plucked, or pulled up* (2) *Shrunk up* (3) *Taken with the cramp* (1) Roma convulsa sedibus suis, *Cic* in *Pison* 22 (2) Artus convulsi pereunt, *Lucr* 3, 344 (3) Convulsa, & luxata leniunt, *Plin* 20, 7

* Conyza, æ f *Lat* cunilago, quæ & *pulicaria* Gazæ, & *cimicaria*, *Ruel* *Flea-bane, an herb, the leaves whereof kill gnats and fleas*, Plin 21, 9

Coŏnĕro, āre act *To burden, or lay a great load on*, Tac Germ 30 ✝ Onero

|| Coŏperārius, i m *A fellow worker, or labourer*, Apul

|| Coŏperātio, ōnis f verb [*a* cooperor] *To cooperate*, Eccl

|| Coŏperātor, ōris m verb *A fellow labourer*, Eccl relinquendum

Coŏperculum, i n *A cover, or lid of a thing*, Plin 14, 21

|| Coŏperimentum, i n *A cover, or covering, a garment, or coverlid*, Gell ✝ Vestimentum

Coŏpĕrio, ire, ui, tum act (1) *To cover all over* (2) *To overwhelm* (1) *Vid* Cooperior (2) *Vid* Coopertus

Coŏpĕrior, iri, tus pass *To be covered, or buried alive* Cooperiri lapidibus, *To be stoned to death*, Liv 4, 50 & *Cic* in *Verr* 1, 46

|| Coŏpertōrium, i n *A garment, or cassock*, Aug ✝ Vestimentum opertorium

Coŏpertus, a, um part *Covered, overwhelmed, buried*, Plin Met Coopertus sceleribus, *Cic* in *Verr* 1, 4 miseriis, *Sall B Jug* 14

Cooptatio, ōnis f verb *A choosing, or electing, an election, or choice* Liv 4, 4 Cooptatio censoria, *Cic* de *Leg* 3

Cooptatus, a, um part *Chosen, substituted*, Liv & Cic de Clar Orat 1

Coopto, āre act [*ex* con & opto, *i e* eligo] *To chuse, or elect by vote* Cooptare in collegium & in ordinem, *To admit, or to bring in to be one of the college, or company*, Cic pro Cœl 2

Cooptor, āri, ātus pass *To be chosen, made choice of, or substituted* In vacuum locum cooptari, *Liv* 5, 10

Coŏrior, iri, ortus [*ex* con & orior] (1) *To arise, as a storm, or* (2) Met *as people in a mutiny do* (1) Cooritur tempestas, *Cæs B C* 1, 48 (2) In populo cum seditio coorta est, *Virg Æn* 1, 152

Coortus, a, um part *Risen up, arisen*, Nep 15, 8, 5 *Lucr* 6, 956

Cōpa, æ f *quæ &* cupa *an hostess, a tavern-wife*, Suet Neron & *Virg* in *Catalec*

✝ Copher [*ex* Heb כפר quod propriè *picem* sign] *Camphire*, Gaz Plin

Cŏphĭnus, i m [κόφινος, cophinus] *A long basket, a pannier, a coffer, a coffin*, Col 11, 3 Judæis cophinus fœnumque supellex, *Juv* 3, 14

Cōpia, æ f [*à* cops *vel* copis, Varr *sc quasi* coopia, *ex* con & opes] (1) *Plenty, abundance, store* (2) *Riches, wealth* (3) *Store, or number* (4) *Power, ability, faculty* (5) *Leave, liberty* (6) *Aid, help, assistance* (7) Meton *An hoste, supplies, or help* (8) *The Goddess of plenty* (9) Copia, & Copiarum pl *Provision of victuals* (10) *Forces of soldiers* (1) = Frugum ubertas, & copia, *Cic* post *Red* in *Sen* 8 Librorum habeo festivam copiam, *Id* ad *Att* 2, 6 = Rerum abundantia, & copia, *Id* de *Am* 2 (2) ♓ Neque in summa inopia levis esse senectus potest, ne sapienti quidem, nec insipienti etiam in summa copia non gravis, *Cic* de *Sen* 4 (3) Ex omni provinciarum copia Gallias elegit, *Suet Cæs* 22 (4) Facere certum est, pro copia, & sapientia, *Plaut Merc* 2, 1, 8 Quiescas sine malo, si copia est, *Id Rud* 5, 2 (5) Data copia fandi, *Virg Æn* 1, 524 (6) Cui nullæ facultates, exiguæ amicorum copiæ sunt, *Cic* pro *Quint* (7) Tuam copiam, eccam! Chrysidem volo, *Plaut Bacch* 1, 2 (8) Neo Charinus hic quidem est, sed Copia, *Plaut Pseud* 2, 4, 45 (9) Ille exercitum Cn Domitii suis copiis & tectis sustentavit, *Cic* pro *Deiot* 5 (10) Copiis pedestribus magis quam navibus valere, *Nep* 8 ☞ Leg in hac notione & *cop*, Quæ sit me circum copia lustro, *Virg Æn* 2, 564 Brundisium decerem hanc copiam, quam ego habeo meam, *Cic Fam* 8, 17

Copiŏlæ, arum f pl dim *Small force, or store, a little army, or company of men in arms*, Cic Fam 1

Cōpiōsè adv ius, comp ssimè, sup (1) *Abundantly, plenteously* (2) *At large, copiously* (3) *With a great train, or attendance, plentifully provided* (1) = Pastum animantibus copiosè & largè natura comparavit, *Cic N D* 2, 47 Copiosissimè nascitur herba, *Plin* (2) = Copiosè & abundanter loqui Copiosius dicere, *Cic* (3) Malleolus in provinciam sic copiosè profectus erat, *Cic* in *Verr* 1, 6

Copiōsus, a, um adj or, comp ssimus, sup (1) *Plenteous, abundant, copious* (2) *Rich, wealthy* (3) *Well provided, furnished, or stored* (4) *Populous, much frequented* (1) ♓ Tenuem victum antefero copioso, *Cic* de *Am* (2) = Copiosa plane & locuples mulier, *Cic* in *Cæcil* 17 = ♓ Non modo copiosi ac divites, sed etiam inopes ac pauperes existimandi sunt, *Id Parad* 6, 3 (3) Magnificè ut erat in primis inter suos copiosus, convivium comparat, *Cic* in *Verr* 1, 26 (4) = Urbs celebris & copiosa, *Cic* pro *Ar Poet* 3

* Cŏpis, idis f *A kind of falchion, a cymeter, or hanger* Copidas vocant gladios leviter curvatos, *Curt* 8, 14, 29

✝ Copis, e adj [*pro* cocpis, *ex* con & opis] *Rich, plentiful* Ut amantem herilem copem facerem filium, *Plant Bacch* 2, 3, 117 ✝ Copiosus

Cōpo, ōnis m ant *pro* caupo *A huckster, or victualler* A bimus copo, *Cic* pro *Cluent* 59

Cōpona, æ f ant *pro* caupona *A tavern*, or *an inn*, or *an ale-house*, Lucil

* Coprea, æ & Coprias, æ m [à κόπρος stercus] *A jester, a buffoon*, Suet Tib 61 *Vid* Torrent & Casaub aliq leg capreas

* Copros, i m stercus, *Dung*, Non Hercules potest, qui Augiæ egessit copron, *Varr*

* Cophinus, i m *A kind of hard case or coffer*, or rather *a hamper*, or *basket*, Mart 14, 68

Copula, æ f vinculum [copula, ex compedio, compula, qu compula] (1) *A dog's collar* (2) *A tie*, or *that which binds* (3) *A couple*, *a pair* (4) *A conjunction* (1) Copula detrahitur canibus, Ov Met 7, 769 (2) Quarum me, in manibus gestant copulas, subvenit, Plaut Epid 5, 1, 11 (3) Felices quos irrupta tenet copula, Hor Od 1, 13, 17 (4) *Ap Gramm*

Copulate adv *Jointly, together*, Gell 10, 24 ✝ Conjunctè

Copulatio, onis f verb *A coupling*, or *joining* ═ Copulationes & adhæsiones atomorum inter se, Cic de Fin 1, 6 *Met* ═ Congressus copulationesque consuetudinum, *Id ibid* 1, 20

‖ Copulativus, a, um adj *Copulative*, *that couples*, or *may couple together*, Gram

Copulatum Vox dialectica, Gell 8, 18

Copulatus, a, um part or comp *Coupled, joined, compounded* ═ Nihil est in animis admixtum, nihil concretum, nihil copulatum, nihil coagmentatum, nihil duplex, *Cic Tusc* 1, 29 Nihil amabilius, nec copulatius quam morum similitudo bonorum, *Id Offic* 1, 17 ✝ Verba & simplicia & copulata, *Id Orat* 52

Copulo, are act *To couple, tie, or join together* Meum caput & corpus copulas, Plaut Pœn 1, 2, 10 *Met* Copulare voluntates, *Cic Fam* 2, 4

Copulor, ari, atus pass (1) *To be coupled together* (2) *To keep together, to keep company* (3) *To couple, or join* (1) ═ An hæc inter se jungi copularique possint? *Cic de Orat* 1, 51 (2) Cave tu cum filia mea copulari hanc, *Plaut Epid* 3, 3, 20 (3) Copulantur dextras, *Plaut Aul* 1, 2, 38

Coquina, æ f *A kitchen*, or *cook room*, Pallad 1, 37 Raro occ

Coquinaria, æ f sc ars *The art of dressing, and cooking of meat, cookery*, Apul

Coquinaris, e adj *Belonging to a cook* Cultro coquinari se trajecit, *Varr ap Non*

Coquinarius, a, um adj *Of the kitchen* Vasa coquinaria, *Pots, pans*, &c *Plin* 33, 11

Coquinor, atus sum, dep Unde in sup coquinatum, *To play the cook, to do the office of a cook, to cook victuals*, Plaut Aul 3, 1, 3

Coquinus, a, um adj *Pertaining to kitchen*, or *cook* Coquinum forum, *Plaut Pseud* 3, 1, 1

Coquo, ere, xi, ctum act (1) *To boil*, or *boil, to bake* (2) *To cook, or dress meat* (3) *To ripen* (4) *To scorch* (5) *To digest*, or *concoct* (6) *To heat in the fire* (7) *Met To contrive*, or *design* (8) *To ... torment, to fret*, or *vex*, to ... (1) Coquat exta ... fur ... Atreus, *Hor A P* 186 Coquere lateres in fornacem, *Cato* 9 (2) Coquere cœnam, prandium, cibum, *Plin* (3) Apricis coquit vindemia saxis, *Virg G* 2, 522 (4) Glebas coquere, *Virg* 1, 66 (5) Negat ullum esse cibum tam gravem, quin is coqua-tur die, & nocte, *Cic N D* 2, 9 *ubi al* concoquatur (6) Rastra & sarcula tantum assueti coquere, *Juv* 15, 166 (7) Principes occulte Romanum coquebant bellum, *Liv* 8, 3 (8) Cura quæ nunc te coquit, *Enn ap Cic de Senect* in *princ*

Coquor, i, ctus pass *To be boiled, sod*, or *baked, to be ripened*, &c *Virg*

Coquus, i m *a cook, quod manu* Prisc cocus [à coquo] (1) *A cook* (2) ✝ *A baker* (1) Coquus meus præter jus fervens nihil potuit imitari, *Cic Fam* 9, 20 (2) *Fest*

COR, dis n [à κῆρ con ...] (1) *The heart* (2) Meton *The mind* (3) Metalep *Wit*, or *wisdom, judgment* (4) *Courage* (5) *Affection* (6) Synecd *The whole man* (1) Cor exactissime in medio thorace situm est, *Plin* (2) Alius cor ipsum, animus videtur, ex quo excordes, vecordes, concordesque dicuntur, *Cic Tusc* 1, 9 (3) Corde sagaci æquabat fenium, *Sil* 8, 465 (4) Teucrum mirantur inertia corda, *Virg Æn* 9, 55 (5) Dii pietas mea, & musa cordi est, *Hor Od* 1, 17, 13 (6) Juvenes fortissima corda, *Virg Æn* 5, 729 Cor jubet hoc Enni, *Pers* 6, 10 *From ad imitation in ipsius Ennii, qui dixerit*, Quem credidit esse meum cor suasorem summum, *Ap Gell* 7, 2

* Coracinus, a, um adj Coracinus color, *Of a crow*, or *raven*, or *as black as a raven*, Vitr 8, 3

Coracinus, i m *A black fish peculiar to the river Nile*, Plin 32, ult ═ Saperda

Coralliticus lapis, *A white sort of marble, called Coralite*, Plin 36, 8

* Corallium, i n *scrib* & corallum, & curalium, & corallum, *ut* & *Gr* κοράλλιον, κουράλιον, &c κοραξ *Coral, which grows in the sea like a shrub, and being taken out waxeth hard as a stone* *Vid* Curalium, *sic enim rectissime scrib*

Corallum, i n *Coral*, Claud *Vid* Curalium

* Coralloachates *A kind of agat, like to coral*, Plin 37, 10

Coram præp qui quidem (1) & præponitur (2) & postpon *Before, in presence of* ✝ Coram quibus, magis quam apud quos verba facias, rationem habere, *Liv* 35, 49 ✝ Non coram, sed obversus ad matrem, *Tac* 4, 54, 4 (1) Coram senatu, *Cic* (2) Senatu coram, *Tac*

Coram adv sine casu *Face to face, openly* Ea coram, me præsente, dixissent, *Cic* ✝ Coram id facere prohibebor, absens possum, *Id*

* Corax, acis m κόραξ corvus (1) *A raven* (2) *An engine so called* (1) *Cic de Orat* 21 Alludens ad nomen Ant Rhet (2) *Vitr* 10, 19

Corban, indec Heb קרבן *An offering to the treasury, a gift devoted to pious uses*

Corbicula, æ f dim à dim corbula *A very small basket*, Pallad 3, 10

Corbis, is f *Cic* & m *Pr* (1) *A great basket*, or *pannier* (2) Also *the top of the mast, made like a basket, but bigger than where the ... they climb to look out* (1) Corbis messoria, *Cic pro Sext* 38 pabularia, *Col* 6, 2 (2) *Cic* ut opinor ex *Fest*

Corbita, æ f *A great ship for traffick, a hoy, or boat ... of burthen*, Cic ad Att 16 6 ✝ Obsecro operam celocem mihi, ne corbitam date, *Plaut Pœn* 3, 1, 40

Corbito, are act *To ...*, *in corbitam immitto*, *To load a ship* Metaph *To fill, or cram the gut, to gobble* Corbitant, ubi comesse possunt, *Plaut Cas* 4, 1 extr *ex ...* sed qui in Marsus tueatur, *Sed leg* corvitant, *qu à* corvus *al* corbitam cibi comesse possunt, *& sic prit hic vocab*

Corbula, æ f [dim à corbis] *A little pannier, basket*, or *maund* Cogit aliquot corbulas uvarum, *Varr R R* 1, 15 Corbulæ congestam humum humeris extulit, *Suet Ner* 19

* Corchorus, i m *The herb pimpernel*, or *chickweed*, Plin 25, 13 ═ Anagallis, *Id*

Corculum, i n [dim à cor] (1) *A little, or poor heart, a word of endearment* (2) *A sweet heart, a minion* (3) *A prudent wary person* (4) *A surname of Scipio Nasica* (1) Corculum assudi ssit ex metu *Plaut Cas* 2, 6, 9 (2) Meum corculum, melliculum, *Cic Plaut* (3) *Plin* 7, 1 (4) *Cic Tusc* 1, 9

Corculus, a, um adj [Corculi apud homines ... qui sunt cordi prudentes] *A wise prudent man* *Vid* Plin 7, 31 *& ubi* Dalec

Cordate adv *Wisely, discreetly* ═ Sapienter, docte, cate, *Plaut Mil* 4, 2, 90

Cordatus, a, um adj or, comp *Wise, discreet, prudent, sage, cautious, considerate* ═ Egregie cordatus homo catus Ælius Sextus *Enn ap Cic de Orat* 1, 45 Cordatior, *Lact Div Inst* 3, 20, 2

* Cordax, acis m (1) *A kind of dance, used in comedies* (2) Also *the Trochæus, a foot fitted thereto* (1) Cordacem melius nemo ducit, *In Petr Fragm Trag* p 35 (2) *Cic in Orat*

‖ Cordicitus adv *To the heart*, Sid 4, 6 ✝ Ex corde, ex animo

Cordolium, ii n [ex cor, & doleo] *Grief of heart* Tibi erit cordolium, si conspexeris, *Plaut Pœn* 1, 2, 86 quem tamen veromimitatur, extr. num Apul Met 9

Cordus, & Chordus, a, um adj [à χορὸς volva, *Varr* R R 2, 1] (1) *That comes, or springs late in the year, lateward* (2) *Late born* (3) *The surname of several men from that reason* (1) Fœnum autumnale cordum, *Col* 7, 3 & olus cordum, *Id* 12, 13 (2) Agni cordi, *Varr* 2, 1 (3) *Quint* 1, 4 & *Suet Aug* ¶ Fœnum cordum, *The latter math*, or *lateward hay*, Col Agni cordi, *Lambs yeaned after Lammas, cosset-lambs*, Plin 8, 47

Cordyla, æ f fœtus thynni adhuc parvus, qui postea pelamis, & post annum thynnus dic *Plin* 9, 15, & 33, ult *The fry of the fish tunny*

Corelliana castanea [à Corellio equite Romano] *A kind of chestnut so called*, Plin 15, 13 *al* Correllina

‖ Coriaceus, a, um adj *Of leather, or of a hide, leathern* ✝ Ex corio

‖ Coriaginosus, a, um adj *Sick of the hide-bound*, Veg ✝ Qui coriagine laborat

Coriago, inis f *The sickness of cattle being hide-bound*, Col 6, 12

Coriandrum, i n *The herb called coriander*, Plin 20, 20 & in plur Famosi coriandra nascuntur, *Col* 10, 240

Coriarius, ii m (1) *A tanner, or currier* (2) *Also an herb and shrub, the dry leave of which they use to tan leather, called by another name, Rhus* (1) Coriariorum officina, *Plin* 17, 9 (2) *Plin* 24, 11

Corias, æ f *A sort of fish*, Plin 24, 11

Corinthas, adis f *An herb healing the stinging of serpents*, Plin 24, 17

‖ Corinthiacæ, uvæ *Currants*, Jun

Corinthiarius, i m *A great merchant, or lover of Corinthian vessels*, Suet Aug 70 *Vid Propr* *A nickname given to Augustus himself upon that account*

Coriolani pyra, *Pears so called from ... Coriolanus*, Plin 15, 15

* Corion, n [sylvestre coriandrum] *The herb St John's-wort*, Plin 26, 8 *It is also used in ... & ... or chamelæa*, Id

✝ Coritus, i m *Vid* Corytus &

✝ Coritus, i m *A bow-case*, Scal *Vid* ... Corytus quæ verisimilima est lectio

CORIUM, ii n (8) [à caro, quod caro tegatur, *qu* carium, *Isid*] (1) *The hide of a beast, the skin* (2) *The skin of a man* (3) *The ... of a fish* (4) *The husk of chesnuts, acorns, or such like things* (5) *The coat of a floor* (1) Canis à corio nunquam absterrebitur uncto, *Hor Sat* 2, 5, 83 (2) Pruit meum corium cum cistellis, *Plaut Cist* 4, 2, 36 (3) Corium piscium, *Plin* 16, 24 (4) ✝ Putamine clauduntur nuce, corio castaneæ, *Plin* 15, 28 (5) Corium arenæ, & marmoris, *Vitr* 7, 3 De alieno corio ludere, *To cut large thongs out of other men's hides*, Prov

✝ Corius, ii m *An hide, a leather whip*, or *a thong* Tres corios contrivisti bubulos, *Plaut Pœn* 1, 1, 11

Corneolus, a, um adj [dim à corneus] *Hard, as horn is, or horny* ═ Duros & quasi corneolos aures habet introitus, *Cic N D* 2, 57

Corneſco, ere *To grow hard as horn*, Plin 11, 49

Cornetum, i n *A grove of cornel-trees, hence Corneta a place in Rome, being at the ... red way and the shambles, so called from the cornel-trees, which once grew there*, Varr

Corneus, a, um adj [à cornu] *Of, or like to horn, hard, or white as horn, horny, made of horn* Avium cornea rostra, *A bird's bill*, Cic N D 1, 36 *Met* Cornea corpora, *That endure all weathers*, Plin 7, 9 *Met* Cornea fibra, *A rigid disposition, insensibility*, Pers 1, 47

Corneus, a, um adj [à corno arbore] (1) *Of the cornel-tree* (2) *Made of the wood* (1) Virgulta cornea, *Virg Æn* 3, 22 (2) Cornea pyxis, *Plin* 21, 20

Cornicen, inis c g [qui cornu canit] *He who winds, or blows a horn, or cornet*, Liv 2, 64

Cornicor, atus sum, dep *To chatter, or cackle like a chough* Met *To prate* Cornicaris inepte, *Pers* 5, 12

Cornicula, æ f dim [à cornix] *A chough, or little crow, a jack-daw*, Hor Epist 1, 3, 19

Cornicularius, ii m [à corniculum quod n ...] (1) *A cornet of horse, a trooper in the wing of an army ... degree* (2) *In later times officer, or clerk to the tribunes* (1) *Vid* Suet Dom 17, atque ibi *Vid* (2) *Vid* Cod leges Dig apparit præfect Præ or

Corniculatus, a um adj *Horned, like the moon*, Apul

Corniculum, i n dim (1) *A little horn, such as snails have* (2) *Also a kind of ornament the general preferred soldiers with for their good service, ... their helmets* (3) Mereri corniculo, *To be ... order* (1) Oculis carent cochleæ, ... ideoque corniculis prætentant iter, *Plin* (2) *Liv* 10, 44 (3) In Macedonia cer or i corr culo, mox equo merui, *Suet de* ... *r m* 9

✠ Cornifer, a um *That bears cornels, i e the fruit of the cornel-tree*, Claud

✠ Corniger, a, um (1) *Horned*, or bearing horns (2) Subst *A* ... (3) *An epithet of Bacchus* (1) Taurus corniger, *Cic* in *Arat* (2) *Pers* 13 (3) *Ap Cic*

Cornipes, ĕdis adj (1) *That which hath a hard, or horny hoof* (2) ✠ Subst *an horse* (1) Fauni cornipedes, *Ov Fast* 2, 361 (2) Juga trahebant cornipedes, *Sil* 7, 684

Cornix, icis f [κορώνη] (1) *A crow*, or *rook* (2) *The ring-trot*, or *known it a lon* ✠ Augurium cornix, læva cornici omina, *Phædr* 3, 18, 12 Corn cum oculos configere, *Prov* ... *Cic* ... *Muræn* 11 & *I Flac* 20 Cornicibus sunc iter, *Of* ... *Mart* 10, 67 (2) Litt & ...

CORNU n indecl plur cornua [ex Hebr קרן] (1) *A horn* (2) *Met* ... *or trum pet* ... (3) *A cornet*, or ... (4) *The wing of an army* ... (5) *An horn of a* ... (6) *A bo* (7) ... *tooth* (8) *The extremity*, ... *the ends*, or *bosses of the* ... *which the rolls* ... *called* cornua libr (9) *A* ... (10) *Cor* ... *or chief part of* ... (11) ... (12) *Power* ... (13) ✠ *The* ... *or divided streams of a river*

(1) Camuris hirtæ sub cornibus aures, *Vir Georg* 3, 55 (2) ✝ Tuba directi æris, cornu flexi, *Ov Met* 1, 98 Sirepuerunt cornua cantu, *Virg Æn* 8, 2 (3) Ab utroque po us cornu moles jacimus, *Cic* ad *Att* 9, 14 (4) Ut se a dextro cornu prælium commisit, *Cæs B G* 1, 52 Classem in duo divid t cornua, *Curt* 4, 3, 11 (5) Obscurum lunæ cornu, *Vir Geor* 1 428 Coactum cornu Phœbes, *Ov* ... *Luc* 1, 532 Reparabit cornua Phœbe, *Ov Met* 1, 11 (6) Torquere cornu spicula, *Vir Æn* 10, 5 (7) *Pli* 9, ... (8) *Id* 25 ... *Met* 11, 108 Cornua ant nnarum, *The yard-arms of a ship*, Virg *Æn* 3, 549 (9) Vulcanum n cornu conclusum geris, *Pl Amph* 1, 1, 185 (10) Cornua disputationis, *Cic de D* 2, 10 (11) *Sen* (12) Vinque & addit cornua pauperi, *Hor Carm* 3, 21, 18 (13) ... *Geor* 4, 371 Bi gnum cornu, ... Hor Carm 1, 17, 16 Fœnum habet in cornu, *a prov* ... Hor Sat 1, 4, ... *used to the* ... *at the end of their curst cows horns*, ... *they should gore any body* Cornu Ammonis, *A* ... Plin 37, 10

Cornucopia, æ f *the horn of plenty*, ... *Hercules tore from Achelous*, Plin ... Achelou

Cornulum, n *A cornet* ... Ipsa ... cornu, ... *Hor*

Cornuo are ... *Poe* ... Scil in ... Unbra ... *Pe* ... *Hor* ... *L* 1, 6

|| Cornupĕta, æ ... cornu & peto] *A beast that butteth with h* ... *horns*, Onc ... *Vet*

Cornus, ... us [ic ... ob cornu in duritiem, *Plin*] (1) *The cornel-tree of both sexes, the female called dog-tree*, or *the wild cherry-tree* (2) Meton *A javelin*, or *lance made of the wood of that tree* (1) Bona bello cornus, *Virg* Cornus sonans, *Sil* 1, ... (2) Volat Itala cornus æra per tenuem, *Virg Æn* 9, 698

✝ Cornus, us m pro cornu (ut toni rus pro tonitru) Cornus cervini cinis, *Harts-horn*, Plin 28, 11, & 13

Cornūta, f *A sea fish called a gurnard*, Plin 9, 27

Cornūtus, a, um adj *Horned*, *having horns*, Varr R R 2, 7 || Cornutus syllogismus, *A dilemma*, Hier

Cŏrōla, æ dim [a corona] *A little crown*, or *garland*, *a chaplet*, *a coronet* Hos flores indistinctis nexis tulit ipse corollis, *Catull* 58, 28, Corollæ dapsiles, *Plaut Pseud* 5, 1, 21

Cŏrollārium, ii n [a corollis, quod hæ, cum placuerunt actores in scena, dari solitæ, *Varr*] (1) *A crown*, or *reward given to actors, champions*, or *fencers above their due* (2) *The surplusage, or overmeasure, the surplus* (3) *Any little present* (4) *A corollary*, or *consectary* (1) = Corollar ia, & præmia theis muneri us offerebat, *Su Aug* 45 (2) *Varr L L* (3) Corollarium nummorum addere, *Cic* (4) *Boethius* ... *prosit* 3

CŎRŌNA, æ f (1) *A crown, a diadem, a coronet* (2) *A chaplet, a garland, a* ... *in* ... *sorts*, ... presented to the general after a victory, made at first of laurel, afterward of gold, called hence *aurum coronarium*, Cic *Obsidionalis*, given to him who had raised a siege This was made of the grass of the place, wherein they had been besieged, *Liv Civica*, given to him who had rescued a citizen in fight, made of oak leaves, *Cic Muralis*, given to him who first scaled the walls of an enemy's garison This was in the form of the pinnacles of a wall, *S* ... *Vallaris*, given to him who first entered the enemy's camp, made in form of a trench, *Liv* quæ & *Castrensis*, *Fest Navalis*, given to him who first boarded an enemy's ship, made beaked, as ships are, these three last were of gold (3) *A circle, a compass*, or *company of men standing round about one*, or *sitting round in a ring* (4) *A circle about the sun, moon, or stars* (5) *A constellation in heaven* (6) *Also an round* ... *the fashion of a cornice*, *the coping*, or *cornice of a wall*, or *pillar to cast off the rain* (1) Duplex gem nis utroque corona, *Virg Æn* 1, 659 ¶ Sub corona venire, *To be sold for slaves*, as prisoners of war were, with garlands on their heads, or rather because kept with a guard of soldiers round about them, *Cæs* Corona cingere, *To besiege*, Luc (2) Coronæ florcæ, *Plaut Asil* 2, 8 15 (3) Vos in corona tuimque ... *Cic* pro *Flac* 28 ¶ Corona ... urbem, ... non ... sed sellis per militem ... oppugnare, *L* ... ✠ Non coronâ, sed operibus oppugnare urbem est aditus, *Id* (4) Vid *Dalechamp* ... *Plin* p 85 (5) *Vir G* ... 1, 222 (6) *Vitr* 2, 8

Cŏrōnāmentum, i n [co onarum m te ia] *Stuff wherewith to make garlands*, as flowers, and such like *Plin* 21, 2

Cŏrōnans, tis part *Crowning*, *putting a garland upon* Parvos coronans marino rore deos, *Hor Od* 3, 23, 15

Cŏrōnāria, æ f *A woman who makes and sells garlands*, Plin 21, 2 & 35, 11

Cŏrōnārius, a, um adj *That belongeth to*, or *serveth to make garlands*, or *crowns* Opus coronarium, *Made round like a garland*, Plin 15, 30 Aurum coronarium, *Of which crowns*, or *garlands are made*, Cic Agrar 2, 22 interp Gell Coronarium æs, *A kind of brass wrought into thin plates, of which the garlands of players* ... *the stage were made*, Plin 33, 9

Cŏrōnārius, ii m *A maker*, or *seller of garlands*, Plin || Also a *coroner*, a very antient word in Britain for an officer, who inquires how a person came by his death who is found dead *Fil Thom de S Quercu Lex Phil*

|| Cŏrōnatio, ōnis f verb *A coronation*, or *crowning* Quantum ego novi analogiâ solâ nititur

Cŏrōnātus, a, um part *Crowned*, *wearing a garland*, *with a crown*, or *garland on his head*, Coronatus nitentes capillos, *Hor Od* 2, 7, 7

|| Corona us, i m Coronati numi, *A crown piece*, i e *five shillings*, Cœl Rhod 10, 2

Coronĕŏla, æ f *A* ... *-rose*, or rather *a canker rose*, Plin 21, 4

* Cŏrōnis, idis f (1) *The top*, or *peak of a hill*, or of *any build* ... *the fane* (2) Hence *the utmost part*, or *end of a thing*, *the conclusion of a book* (3) *A critical mark used by grammarians*, *being a straight line hook'd at the top* (4) *The cornice*, or *top ornament of a pillar*, or *any structure* (1) Ex usu Græc (2) Coronidem imponere, *To finish*, Mart 10, 1 (3) De hujus varius usibus consule Hephæst Scholiast Aristoph ad Plut 2, 1 (4) Vitruv

Cŏrōno, āre act (1) *To crown*, *to set a garland upon one's head* (2) *To beset, surround*, or *encompass*, (1) Victores oleâ coronant, *Plin* (2) Adytum custode coronare *Virg Æ* 9, 381

Cŏrōnor, ari, ātus pass *To be crowned* Coronari ramis arborum in sacris certaminibus, *Plin* 21, 2

Cŏrōnŏpŏdium, ii n *An herb called crows-foot*, *plantain*, *dent-de-lion*, Plin

Cŏrōnŏpus, ŏdis *The herb buck's-horn*, or *dogs tooth*, Plin 21, 16

Corophium, ii n *A kind of crab-fish*, Plin 32 11

Corpŏrālis, e adj *Corporal*, *bodily*, *that hath a body*, *belonging to the body* Voluptates corporales morbus inhibet, *Sen Ep* 78 Corporeus, *Cic*

|| Corpŏrālitas atis f *Bodiliness*, *a bodily substance*, Tertull ✝ Substantia corporea

|| Corpŏrāliter adv *Corporally*, *bodily*, Tert || Corporaliter jurare, *To take his corporal oath*, *to swear laying the hand on the book*, Ulp ✝ Conceptis verbis jurare

Corpŏrātio, ōnis f verb (1) *The size, pitch, state*, or *fashion of the body* (2) *A corporation*, *company*, or *body that hath the privileges of a city* (1) Ex *Col* 6, 2 cit t Steph & ex illo Litt Sed meis illorum magis apposite id locum ... bit in corporatione ✝ Municipium, collegium (2) *Ap JCC*

Corpŏrātūra, æ f *Bulk of body* Modica corporatura pecudis opta ... debet esse, *Col* 6, 2

Corpŏrātus, a, um part (1) *Imbodied, incorporate*, ... (2) *Incorporated, that ... of a corporation* (1) Mundus est undique corporatus, *Cic de* ... 2 (2) *Ap JCC*

Corpŏreus, a, um adj *Bodily*, *corporal*, *that hath a body*, or *belongs to the body* Corporea substantia, *Cic N D* 2

Corpŏro, āre act *To form a body, to give it the shape of a body*, Lact Also *to kill*, *and a* ... *to leave the body without a soul*, Enn *ap* Non Hinc Angl ... *corps*

Corpŏror, ari, ātus pass *To be shaped*, or *fashioned into a body* Tempore animatur corporaturque, *Plin* 7, 15

Corpŭlentè adv *Grossly*, *corpulently*, Litt ex Plaut

Corpŭlentia, æ f *Grossness*, *fulness*, *corpulency*, *bulkiness* Somno concoquere, corpulentiæ quam nimitati, utilius, *Plin* 11, 53

Corpŭlentus, a, um adj or comp [a corpus] *Corpulent*, *gross*, *fleshy*, *well-fleshed*, *bulky* Corpulentum pecus, *Col* 6, 3 Eugepæ corpulentior videre atque habitior, *Plant Epid* 1, 1, 8

CORPUS, ŏris n [ex σῶμα, ... apo, ... go, necto, M ... comprehendit carnem] (1) *A body* (2) *The flesh* (3) *All ... of substance* (4) Synecd *the ... man* (5) ✠ *A soul*, *a ...* (6) *A system*, or *volume* (7) *A company*, or *corporation* (8) *A whole nation* (9) *A distinct part of the whole* (10) *A temper*, or *constitution* (1) ✠ Senex corpore, nunquam animo, *Cic* ✠ Castum animâ corpus, *Lucr* 3, 561 Corpus ... pectore, *Hor Ep* 1, 4, 6 (2) Ossa subjecta corpori miserabiles commissuris habent, *Cic N D* 2, 134 R ... in hac notione (3) Aquæ corpus, *Lucr* 2, ... nervorum, *Id* a omorum, *Id* lapidum, *Id* arboris, *Plin* (4) Darius pro tribus corporibus ... Alexandro offert, *Curt* 4, 11 ✠ Excepto Laurentis corpore Turni, *pro* Turno, *Virg Æn* 7, 64 (5) ✠ Deus fies, qui modo corpus eras, *Ov* Ferruginea subvectat corpora cymba, *Virg Æ* 6, 303 (6) Utros habueris libros (duo enim sunt corpora) nescio, *Cic* ad *Q fr* 2, 13 (7) Ap Recentiores (8) Reipub corpus totum curare præcepit Plato, *Cic Off* 1, ... (9) Genere par, & ejusdem corporis, *Liv* 4, 9 Sui corporis regem volebant Sabini creari, *Id* 1, ... Genitalia corpora, *The four elements*, Lucr 1, 53 (10) Valetudo sustentatur notitia corporis sui, *Cic Off* 2, 24

Corpuscŭlum, i n dim (1) *A little*, or *small body* (2) *An atom* (3) *A coll* ... (1) Mors sola fatetur quantula sunt hominum corpuscula, *Juv* 10, 172 (2) Corpuscula lævia pro atomis, *Cic N D* 1, 24 (3) Florum corpusculum ...

Corrādo, ĕre, si, sum act *To scrape*, or *rake together* M ... cem corradet alicunde, *Ter* ad ... 2, 3 Corrasi omnia, *Id* ... 1, 1, 89

|| Corrāsivus, a, um adj *Scraping*, Dig ✝ Corradens

Correctio, ōnis f verb [a corrigo] (1) *A correction*, *an amendment* (2) *A figure in rhetorick*, ... *he had said* ... (1) = Correctio philosophiæ & emendatio, *Cic* ... ✝ De lecto dolere, correctione gaudere, *Id de Amic* ... (2) *Ad Herenn* 4, 26

Corrector, ōris m verb (1) *A corrector*, or *amender* (2) *A* ... (1) = Corrector & emendator civitatis, *Cic* ...

B. lib 8 (2) Ap sequiores scriptores

Correctus, a, um part *Corrected, amended, redressed* = Recensita quoque sunt correcta & emendata, *Cic Acad Q* 1, 4

Correpo, ĕre, psi, ptum neut *To creep, or sneak, or slink into a* Occultè in aliquam onerarium corrependum *Cic ad Attic* 7, 1. Intra murum correpsimus, *Cic*

Correptè adv *i e* correptâ syllabâ, comp ✱ productè, *Char* Quæ syllaba nunc correptius, *Ov ex Po* 4, 12, 13

Correptio, onis f verb (1) *A catching in words, a checking, or rebuking, punishment* (2) *A shortening* (1) *Ulp* (2) ✱ Correptiones dierum et crescentiæ, *Vitr* 9, 9 ‖ Correptio syllabarum, *Gramm*

Correptor, oris m verb [a corripio] *A reprover, or rebuker* Pessimus quisque correptorem asperrimè patitur, *Sen de Ira* 3, 37

Correptus, a, um part (1) *Seized, or laid hold on* (2) *Reproved, blamed* (3) *Made short* (1) Repentè vi correptus, *Cic* … (2) Correptus voce magistri, *Hor Sat* 2, 3, 257 (3) Syllaba correpta, *Gramm Vid* … Correptè

Corrideo, ēre, si, sum neut *To laugh, or smile, to look pleasantly* Omnia corrident correpta luce diei, *Lucr* 4, 81 Rarò occ

Corrigia, æ f [a corrigendo, quod eâ corrigantur, *i e* constringuntur soleæ] (1) *A latchet for a shoe, a thong of leather* (2) Corrigia canina, *A thong of dog's leather* (1) *Cic N D* 2, 40 (2) *Plin* … 9, 4

‖ Corrigiarius, i m *A pointmaker*, Lit ex Suet

‖ Corrigiatus, a, um *Tied with thongs, or points*, Vall

Corrigibilis, e adj *Corrigible, that may be corrected, or amended*, Lit ex Plaut sed non invenio

† Corrigio, āre *To make points*, Lit ap Litt sed non invenio

Corrigo, ĕre, exi, ectum act [ex con & rego] (1) *To set to rights, to straighten, to make straight* (2) Met *To correct* (3) *To make better, or reform* (4) *To make amends for* (1) Corrigere pampinos, uti rectè spectent, *Cato* Ma… nemo digitum corrigeret, *Plin* 7, 20 (2) ✱ Quæ corrigere vult, mihi quidem depravare videatur, *Cic de Fin* 1, 6 (3) Corrigere mihi natum porro enitere, *Ter Andr* 3, 4, 17 (4) Cursu corrigam tarditatem tum equis, tum velis, *Cic ad Qu fr* 2, 15

Corrigor, i pass *To be corrected, or amended*, *Cic de Cl Orat* 90

Corrigus, al Corrivus, & Corrigus, ap *Plin* 33, 4 *Vid* Corrivus

Corripio, ĕre, pui, eptum act (1) *To catch up hastily, or snatch* (2) *To seize, or lay hold of* (3) Met *To … or take away* (4) *To shorten, or make short a syllable* (5) … (6) *To take up, rebuke, … to stay, or check* (7) *To … , to cut short* (1) … corripuit, *Vir Æn* … (2) Hominem corripi … *Cic Verr* 5, 23 (3) … derepentè tacitus sese … *Ter Hec* 4, 1, … (4) Syllabam corripere, *Gram* (5) … necessitas lethi corripuit gradum, *Hor Od* 1, 3, 32 (6) Corripi & castigari acerbo clamore, … 14, 54 (7) Ludorum … impensas corripuit,

Corripior, i, eptus pass *To be apprehended, to be seized on* Hominem corripi & suspendi jussit, *Cic Verr* 5, 25 Corripi morbis, *To be taken with sickness*, *Cels* flammis, *To be burnt*, *Ov*

Corrivales, i, ium pl c g (1) *They who drink of the same stream* (2) *They who love and court one and the same woman* (1) *Plin* ap *Litt* (2) Pastior corrivalium maledicti, *Quint Declam* 14

Corrivalitas, ātis f *Rivalship*, Plaut ap Litt sed non reperi

Corrivatio, ōnis f verb [a corrivo] *The running of water together in one stream*, Plin 31, 3 & 36, 12

Corrivatus, a, um part *Running together, or made up of several streams, or currents* Per meatus corrivati septem amnes, *Plin* 36, 15

Corrivo, āre [*i e* rivum duco, ex con & rivus] *To draw water out of many streams into one*, Dig

Corrivor, āri, ātus pass *To run, or flow together from several streams, as a river doth*, Plin 31, 4

Corrivus [a corrivatione] Flumen in jugis montium ductum ad lavandum aurum, *corrivatione* dict *Plin* 33, 4 sed de lectione non constat

Corrōbŏrātus, a, um part *Made strong, strengthened* = Corroborata & confirmata ingenia, *Cic de Am* 20

Corrōbŏro, āre act [ex con & roboro] (1) *To make strong, to corroborate* (2) Met *To strengthen, or confirm* (1) Stomachum corroborat, *Plin* 20, 20 (2) Conjurationem non credendo corroboraverunt, *Cic Catil* 1, 12

Corrōbŏror, āri, ātus pass *To be strengthened* Malum corroboratur quotidie, *Cic Fam* 12, 1

Corrōdo, ĕre, si, sum act [ex con & rodo] *To gnaw, corrode, or fret* Si mures corroserint aliquid, *Cic de Div* 2, 27

Corrŏgātus, a, um part (1) *Invited, bidden* (2) *Gathered, scraped up, got together* (1) Corrogati convenerunt, *Cic Philipp* 3, 8 A corrogatis laudantur ea quæ non placent, *Quint* (2) Corrogata ad necessarios usus pecunia, *Cæs B C* 3, 102

Corrŏgo, āre act (1) *To bring together by entreaty* (2) *To seek up and down, to scrape up, or get together* (1) Ipse suos necessarios corrogat, ut sibi adsint, *Cic pro Quint* 6 (2) Corrogare pecuniam ab hospitibus, *Cæs*

Corrŏgor, āri, ātus pass *To be brought, or got together*, Liv

Corrōsus, a, um part *Gnawn, wasted and worn round about* Totum, corrosis ossibus edit victrix turba, *Ju* 15, 80

Corrŏtundo, are act *To make round*, Sen Ep 113

Corrŏtundor, āri, ātus pass *To be made round*, Sen N Q 4, …

Corruda, æ f *An herb called wild sparage*, Cato, 6 & Plin 20, 1…

‖ Corrūgātio, ōnis f verb *A wrinkling* Inde corrugatio pupillæ, *Steph* ✝ Erugatio

Corrūgātus, a, um part *Wrinkled, shrivelled* Ubi sitis corrugata … *Cel* 12, 39

Corrūgo, āre act [ex con & rugo] *To wrinkle, to make wrinkles* Corrugare frontem, *To frown, to bend, or knit the brows*, Plaut nares, *To make one loath*, Hor Ep 1, 5, 23

Corrumpo, ĕre, upi, ptum act [ex con & rumpo] (1) *To mar, or spoil* (2) *To destroy, or waste* (3) *To lose* (4) *To forge, or falsify* (5) *To bribe, or suborn* (6) *To putrefy* (7) *To deface* (8) *To taint, or infect* (9) *To deflour* (10) *To debauch* (1) Oculos corrumpere, *Plaut* ungues dentibus, *Propert* (2) Res familiares corruperant, *Sall B J* 69 (3) Dies prolatando magnas opportunitates corrumpere, *Sall B C* 34 (4) Tabulæ publicæ corruptæ aliqua ratione sunt, *Cic pro Rosc* 44 (5) Pollicitis corrumpere, *Ov A Am* 1, 355 (6) Conclusa aqua facilè corrumpitur, *Cic N D* 2, 7 (7) = Corrumpere, & interlinere tabulas publicas, *Cic Verr* 2, 42 (8) Corrupit lacus, *Virg Geor* 3, 481 (9) Plurimas & illustres feminas corrupit, *Suet Cæs* 50 (10) Servum hereditarium corrumpere, *Ulp*

Corrumpor, i, uptus pass *To be spoiled, corrupted, putrefied, &c* *Vid* Corrumpo

Corruo, ĕre, ui neut (1) *To fall together* (2) *To fall, or tumble down* (3) Met *To fail, to miscarry, to come lamely off* (4) *To be broken and spent* (5) *To decay, or come to utter ruin* (6) Act *To overthrow, to throw down* (7) *To heap up* (1) Duo Romani super alium alius expirantes corruerunt, *Liv* 1, 25 (2) Ille penè timore, ego risu corrui, *Cic ad Q fr* 2, 10 (3) In extremo actu corruere, *Cic* (4) = Contentiones sæpe franguntur, & corruunt, *Cic* (5) Lacedæmoniorum opes corruerunt, *Cic Offic* 1, 24 (6) *Catull* ap *Litt* Charitè corruit corpus, & obnubilavit animum, *Apul Met* 8 (7) Ibi me corruere posse aiebas divitias, *Plaut Rud* 2, 6, 58

Corruptè adv ius, comp ssimè, sup *Depravedly, improperly, corruptly* = Corruptè & depravatè judicare, *Cic de Fin* 1, 21 Minus facundè & corruptius, *Sen Contr* 9 Corruptissimè judicare, *Ascon*

Corruptela, æ f (1) *A bane, or mischief* (2) Met *A debauching* (3) *A depraving, falsifying* (4) *Bribery* (1) Collapsus est hic in corruptelam suam, *Plaut Truc* 3, 2, 3 (2) = Stupri dico & corruptelas, & adulteria, *Cic Tusc* 4, 35 (3) Prævaricatio est accusatoris, corrupti ab reo, *Cic Or Part* 36 (4) Philippus largitionem corruptelam dixit esse, *Cic Offic* 2, 15

Corruptibilis, e adj *Corruptible, subject to corruption*, Bibl ✝ Corruptioni obnoxius

Corruptio, ōnis f verb [a corrumpo] *Corruption, spoiling* Morbum appellant totius corporis corruptionem, *Cic Tusc* 4, 13

Corruptor, oris m verb [a corrumpo] (1) *A corrupter, a spoiler, ruiner, misleader* (2) *A debaucher* (1) Corruptor juventutis, *Cic Catil* 2, 4 (2) Nullus corruptor avaræ, *Ju* 1, 77

Corruptrix, icis f *A corruptress*, fem Corruptrix provincia, *Cic ad Q fr* 1, 1

Corruptus, a, um part & adj ex part or, comp issimus, sup (1) *Corrupted, spoiled, marred* (2) *Mixt, or confounded with* (3) *Depraved, stark naught* (4) *Bribed* (5) *Infected* (6) *Soft, delicate, wanton* (7) *Deflowered, debauched* (1) Ceres corrupta undis, *Vir Æn* 1, 181 (2) Literæ Græcæ corrupta sono Latino, *Cic* (3) = Mores corrupti, depravatique, *Cic* Fur corruptissimus, *Prud Apoth* 408 arvum, *Id Ham præf* 36 (4) Largitionibus corruptus est populus Rom *Sall in Cic* 4 (5) Corrupto cœli tractu, *Virg Æn* 3, 138 (6) Sardanapalus vir muliebri corruptior, *Justin* 3, … (7) Virgo corrupta, *Ov Am* 3, 8, 30

Corruscor, atus sum, dep … *search narrowly*, Plaut … Litt

Cors, tis f an cor … [a … cohors] … *a coop, a court-yard …*, Mart … chors, …

* Corsa, … f … *To … Met The … of porches, or doors*, Vitruv …

Corsoides … *colour like hairy hair*, Plin 37, 10

Cortes sunt villarum intra maceriam spatia, *Non ex Varr*

Cortex, icis dub gen [a corium & tego, quod quasi corium lignum tegat, *Id*] *A rind, or bark, a shell, or peel* Nare sine cortice, *To go on his own legs*, Hor Sat 1, 4, 120 ✱ Cortex cavat … *A mask*, Virg Geor 2, 387 Hinc Angl *Cork*

Corticatus, a, um part *That hath a rind, or bark*, Col 1… 2, Pallad 4, 1

Cortico, āre *To pull off the bark*, Col in particip ✝ Decortico

Corticosus, a, um adj *Full of thick bark* Radice crassâ, & corticosâ, *Plin* 20, 19

Corticula, æ f dim [a cortex] *A thin rind, or little bark*, Col 12 47

Cortina, æ f (1) *A cauldron, or kettle … dyeing fat* (2) Cortina plumbea, *A vessel set under to receive oil, when the olives were pressed* (3) *The table or tripos of Apollo, from whence oracles were given* (4) Met *The oracle it self* (5) *A curtain, or hanging* (1) *Plin* 9, 38 (2) *Cato R R* 66 (3) Mugire adytis cortina reclusis, *Virg Æn* 3, 92 (4) Neque te Phœbi cortina fefellit, *Virg Æn* 6, 347 (5) Apud posteriores scriptores ✱ Cortina cœli, *The hemisphere*, Enn Cortina theatri, … tholus, *Serv The round compass of it at the top*

Cortinale, is n *A place where the kettles, or cauldrons were set*, Col 1, 6

† Cortumio, ōnis f Augural vocab *A heedy beholding, … sight, and consideration*, Varr

‖ Cortynia vestis, *pro venatoria*, *Claud* forte Gortynia, *i e* Cretensis

‖ Corvinus, a, um adj *Of a raven, or crow, also black as a raven, or like a crow* Corvina nigredo, *Apul*

† Corvito, āre *To devour, or gobble, like a crow* Corvitant, ubi comesse possunt *Plaut Cas* 4, 1 … al leg *corbitant*, al *corbi*… cibi

Corus, i m Ventus, *Plin* or Caurus, *Vir Geor* 3, 356 [ab Hebr קר kor, frigus] *The north-west wind, put for the west wind by* Auson *Ind* Caurus Also *a Hebrew measure of thirty bushels* …

‖ Cŏruscāmen, ĭnis n *A flash, or lightning*, Apul

Cŏruscans, tis part *Glittering, flaming*, Claud 3 Cons Honor …

‖ Cŏruscātio, ōnis f verb *A flashing, or glittering*, Ap posteriores script

Cŏrusco, āre neut [vel a splendore galeæ, quæ Gr … vel a הרח …] (1) *To glitter, … flash, … or lighten* (2) Act *To brandish, or shake* (3) … eodem sensu, *To be shaken … to and fro* (1) Flamma inter nubes coruscat, *Cic Or* … (2) Strictum coruscat mucronem, *Virg Æn*

Æn 10, 651 ( ) Longa coruscat Serraco ventente abies, Juv 3, 254

Corŭscus, a, um adj Glistering, glittering, flashing, waving, moving. Coruscum extuli ensem, Val Fl 2, 552

CORVUS, i m [ε Gr κόραξ, quod a κόραξ niger, inficito D-gamma] (1) A raven (2) Also an instrument of war (3) A term in surgery (4) A kind of grapple (5) Crows pace is a sitten corvo, Hor 1, 17, 8 † Cornix, q v (2) Plin 1, 11 ( ) Plin 6, 2 (3) Corvi & ferreæ manus tormentis Sicula, Curt 4, 2 Corvum denique eum, quem nonnulli gruem appellant, Vitr 10, 19

Corybantes, Priests of Cybele, Hor Carm 1, 16, 8 ... Corybas ... Cic de N D 4 Corybas Hor 150

* Corycæus, i m Cic sed Græc κωρυκαῖος, a Coryco, Plin promontorio, a spy, a scout, ... Propr

Corylētum, i n [ε κόρυς, galea] ... Serv ‡ Galerita, alauda Corylētum, i n a grove, or ... Inter coryleta ... Ov ... 2, 587

* Corylus, i f An hazel, or filbert tree, Virg Ecl 1, 14

Corymbe, es f ... cornimbus ... Ocim ... corymbe, Col 10, 170

Corymbia, æ f Ferulæ caulis decoctus, muriaque & melle conditus, Plin 19, 9

* Corymbifer, a, um Which beareth ivy berries An epithet of Bacchus in Ov Fast 1, 393

* Corymbion, vel corymbium, i n a periwig, or tour worn by women Corymbioque domina pueri adornant caput, Petron 110 † Capillamentum

* Corymbites æ m A kind of spurge, Plin 26, 8

* Corymbus, i m (1) A bunch, or cluster of ivy berries (2) Also the fruit, or flower of the herb ivy ... (3) A tuft, or tress of hair rolled up into the form of a bunch of ivy berries (4) The heel of an artichoke, thistle, or the like (5) Some take it for the beak of a ship (6) Also a pinnacle (1) Racemis in orbem circumactis qui vocantur corymbi, Plin de hederis, lib 16, 34 (2) Plin 21, 8 (3) Litt ex Virg & Thucydidis Scholiast interpret (4) Col 10, 245 (5) Aurata Argo reditura corymbis, Val Fl Arg 1 (6) Heron ‡ Alabastrum

* Coryphæus, i m [ἀ κορυφὴ vertex] The chief or principal, a ringleader, Cic N D 1, 21

* Corytos, i m [γωρυτὸς quasi χωρητὸς, παρὰ τὸ χωρεῖν τὰ βελη, Etym quod capit sagittas, τὸ inisilia eli] A bow case, or quiver, Virg Æn 10, 169

* Coryza, æ f The distillation out of the head into the eyes, or nose, a rheum, or running in the nose, Cels 4, 2 Lat Gravedo

Cos, cotis, f [a cautes, pro quo cotes, Cic quod a caute fiat] (1) A whetstone, an hone (2) A grindstone ( ) Met An incentive (1) Accius cotem novacula discidit, Liv 1, 36 (2) Italia aquarias cotes dedit, Plin 18, 33 (3) Iracundiam cotem fortitudinis esse dicunt, Cic Tusc 4, 19

* Cosmeta, æ m vel f A valet, or groom of the chamber, a keeper of the wardrobe, Vet Schol sed alii volunt ornatrices intelligi Ponunt cosmetæ tunicas, Juv 6, 476 La Ornator, vel ornatrix

Cosmiānum, i n sc unguentum Rich perfume of one Cosmus his preparing, Mart 12, 55

Cosmiānus, a, um adj Cosmi ana unguenta, Very sweet ointments or perfumes, so called from Cosmus a perfumer, Petron ... Fragm Cosmi toto mergatur aheno, Juv Sat 8, 85 Vet Schol

* Cosmicus, a, um adj Of the world, mundanus ... According to the course of the world, worldly

‡ Descriptor orbis

* Cosmographicus, a, um adj Pertaining to cosmography, Ait Vec

Cosmographus, i m A cosmographer ‡ Orbis descriptor

† Cossim adv q coxim, a coxa On both the hips Hoc legunt omnes, quantum est qui cossim cacant, Non ex Pomp

Cossis, is m A worm bred in wood, Plin 30, 1 &

Cossus, i m sive ... in ligno, tinea in veste, ... in olere, termes in ligno, Lu Lit

Costa, æ f [a ... consto ... firmitatem, ... inde Angl to coast] (1) A rib, ... as of mutton (2) A side (1) Ingenia distiguunt costis, Virg Æn 1, 215 (2) Costæ aheni, Virg ... 7, 463, ... Pers 1, 60

Costātus, a, um Ribbed, having ribs Costatum pecus, Varr R R 2, 5

Costus i f sed costum, i n [ε Gr κόστος] A kind of plant growing in Syria and Persia, and having a root of a sweet fragrant smell Vid Plin 12, 12 Achæmenium costum, Hor Carm 3, 1, 44 || Also an herb common, called herba mariæ, ... by this name, Litt In commonly call'd Zedoary

|| Cotăria, æ f A quarry, or mine out of which whetstones are digged, ... Alphen

* Cŏthon, ōnis m [Gr κώθων, poculum sinuosum ... ob humilitatem ... Serv] A port, or haven made by art, ... a wharf, or dock, Fest

Cŏthurnātus, a, um (1) That wears buskins (2) Meton Writing in an high style, tragical (3) || Writ in a lofty style (1) Deæ cothurnatæ, Ov Fast 5, 348 (2) Vates cothurnatus, Ov Am 2, 18, 18 (3) Cothurnatus sermo, Macrob Sat 5, 5

Cŏthurnus, i m (1) A buskin, a shoe fit for either foot, and worn both by men, and (2) by women (3) A sort of shoe coming over the calf of the leg, worn by actors of tragedies, with a high heel, that they might seem the taller (4) Also a chopine, or chippen, a high soled shoe, a pantofle (5) Meton A lofty style, or high style, a tragedy (1) Herculis cothurnos aptare infantibus aptare, Quint 6, 1 (2) Stabis suris evincta cothurno, Virg Ecl 7, 32 (3) Vid ex imp primum (4) Brevior virgine Pygmæa nullis adjuta cothurnis, Juv 6, 505 (5) Sophocleo tua carmina digna cothurno, Virg Ecl 8, 10

Cŏticŭla, æ f [dim cos] (1) A little whetstone, or grindstone (2) A touchstone to try gold (3) Also a small vessel ... (1) Plin 36, 8 (2) Plin 33, 8 (3) Plin 1, 9

Cōtīdie adv Daily Vid Quotidie

Cōtīnus, i n A kind of wild olive, Plin 16, 18

Cŏtōnea, æ f herba odorata, capitulis habens thymi, dulcis aliquid & sitim sedans, Plin 26, 7 An herb so called by the Venetians, which the Gauls call'd halum, Sipont

Cŏtōneum, i n A quince, Plin 15, 11

Cŏtōneus, a, um adj Belonging to a quince Cotonea malus, A quince tree Mala, qua vocamus cotonea, & Græci cydonia, Plin 15, 11 sic etiam cytonia, Al rob

Cottăbus, i m κότταβος, vel κόσσαβος, Hesych κοσαβος ( ) A noise made by lashing ... that is put upon the flesh of punishment (2) The sound which the lashing of a whip makes (1) Also ... (2) Ne bubuli in te co tibi crebri crepent, Plaut ... 4, 134

Cottăna, vel cotona, vel cottona, orum pl n [ab Hebr קטן parvus, Plin 13, 5 Parva est cottana, Mart ... 8 A kind of small Syrian figs, ... & coctana Quo pruna & coctana vento, Juv 3, 83

Cotula, æ f Vid Cotyla

Cŏturnix, īcis f [a sono vocis, Fest] A quail Primam corripit, Juv 12, 97, Ov Amor 2, 6 producit, Lucret 4, 645

* Cŏtyla, æ f A measure for ... A kind of dish, or ... to drink ..., Mart 8, 71 Lat hemina, acetabulum

Cŏtyle, es f κοτύλη The hollow of the ... hip bone wherein the thigh bone ..., as the hollow of the huckle bone Vid Cotyla

* Cŏtylēdon, ŏnis f (1) The hollow of ... (2) Also an herb called great ... navelwort (1) Ap Græcos (2) Plin 25, 13

Cŏtytto, us f Dea impudicitiæ, Juv 2, 92 ejus sacra nocturna, Cotyttia Vid Propr

† Covella, Juno, i e cœlestis, a covum quod antiq cœlum, Var

Cŏvinārius, i m A charioteer, Tac Agric 35, 1 & 36, 4 ...

Cŏvinus, i m [a covus, i cavus, Varr] A kind of chariot armed with hooks, used in war by the Britains and Germans Rector ostrati Belga covini, Luc 1, 426

† Counio, is To unite, Litt ex Plaut ‡ Conjungo, copulo

* Cous, a, um adj [ex insula Co] Cous scil jactus κῷος, Lat senio The sice point in the dice Album coum, sc vinum, Hor Sat 2, 4, 29

Coutĕrinus, i m A brother by the mother's side, Aug ‡ Frater germanus

Cŏvum, i n ... vett cœlum vocabant, quia cavum, Heaven, also a hollow place above a plough, Var

Coxa, æ f coxa antiq unde coxsim [a coxo ... coaxo, qu coaxa, M] The hip, or haunch, the huckle bone, the joint of the hip Ima foina in coxarum osse desinit, Cels 8, 2

Coxendix, īcis f The hip, or haunch, the huckle bone, the joint of the hip Coxendix luxa, Cels 8, 160

C ante R

Crābro ōnis m [a ... cornu, quasi cerabro, quod cornua in capite gerit, ut ... & Angl horn ... id dic] A kind of great wasp, a hornet Irritare crabrones, To meddle with the wrathful, or angry people, Prov ex Plaut Amph 2, 2 75

|| Cracentes part ... a cracco antiq Graceful, slender Succincti gladius media ... one cracentes, En ap ...

* Crambe, es f A kind of colewort, Plin 20, 9 Occidit miseros crambe repetita magistros Juv 7, 155 ubi alludit ad Græcum proverbium, Δὶς κράμβη θάνατος

* Crānium, i n [a Gr κρανίον, quod Lat calvaria dic] The top of the head, the skull, or brainpan

Crāpula, æ f [a Græc κραιπάλη] (1) A surfeit by too much eating, or drinking, the head-ach, drowsiness ... of the stomach (2) A ... of medicinal mixture of ... to ... (1) Lecti crapulam & exhala, Cic Phil 2, 12 (2) Plin 23, 1

|| Crāpulōsus, a, um adj Overcome with drinking, or one drinking hard, ..., ... † Crapula gravis

CRAS adv i e die proximo futuro [a coram, i e ob ..., q in oculis, vel a κρανίς, ...tum, quod dies crastinus ... no continus] To-morrow, in time to come Cras mane, Cic Interdum est nomen Dic mihi cras istud, Postume, quando venit? Mart 5, 58 Jam cras hesternum consumpsimus, Pers 5, 68

Crāsis, is f (1) A constitution, temperature, or mixture of natural humours Lat temperamentum (2) A contraction of two syllables into one, Gramm

Crassāmen, inis n [a crasso] A thick mass, as the dregs, grounds, or sediments of any liquor Crassamen in imo aqua requieta, Col 12, 25

Crassāmentum, i n (1) A thickness, or lees (2) The settlings, or lees of wine (1) Surculi dispari crassamento, Col ..., ... Aliquod crassamentum in imo similis fæci reperitur, Col 12, 1.

Crassē adv ius, comp (1) Thickly (2) Met Rudely, homely (1) Crasse picari, Col Crasse compositum illepideve, Hor Ep 2, 1, 76 Crassius ... Plin 37,

Crassesco, ĕre incept i e crassus fio. (1) To thicken, or grow thick (2) To grow fat (1) ... crassescat in nubes, Plin 2, 41 ( ) Aliis frumentis minus crassescunt ... turtures, Col 9, 9

|| Crassities, ei f Thickness, grossness, fatness, Apul

Crassĭtūdo, inis f Thickness, grossness Aëris crassitudo, Cic de Div 1, 42 parietum, Cic ... H C 2, 8 Crassitudines, Vitr 2 ... 4, 4

CRASSUS, a, um adj ..., comp ... ssimus, sup [a κρέας, ... creassus] (1) Gross, fat, fleshy (2) Foggy (3) Clotted (4) Weighty, thick (5) Also coarse, homely (6) Dull, heavy (7) Fat, fertil, fruitful (1) Ter Hec 3, 4 (2) Crasso sub æthere nasci, Juv 10, 50 ( ) Crassus cruor, Virg Æn 6, ... Sanguis crassus, Plin 11, 38 (4) Scis cum gerere posse crassis comp des, Plin Plin ... 4, ... § Arbores pedes duos crassæ, ... Crassissimus cortex, Plin 16, 6 (5) Crassa toga Hor Sat 1, 3, 15. (6) Senes crassi, Virg ... Crassa minerva, Homelpun, rudely ... ly, Hor Sat 2, 2, 3 Crassiore musa, Quint 1, 10 Hinc Angl ... (7) Ager crassus & lætus, Col ... & Var

|| Crastino adv sc die, To morrow, Gell 2, 29

Crastinus, a, u n [a cras] Of to-morrow, or of the time to come In crastinum differre, ... diem, to put off till to-morrow, Cic

* Crater, ĕris m unde in ... sing cratera, pl crateras (1) A great cup, or bowl, a goblet (2) The cistern, or trough, which receiveth water that rise from the spring, or runs out of the cocks (3) A ... for meat (4) An hole, or ... in mount Ætna, which belched

eu hre (5) *A constellation which ... the twelfth of February* (1) Anchises magnum cratera corona induit, *Virg Æn* 3, 525 (2) ... hoc fonte crater, *Plin Ep* 5, 6 (3) Ferra rubens crater, pocula fagus erant, *Ov Fast* 5, 52 (4) Crater Ætnæ patet ambitu stadiorum viginti, *Plin* 3, 8 (5) Hic primos ortus crater pont ... sic vertit, *Arat* 448

Cratera, æ f [ex acc Gr κρατῆρα] crater] (1) *A cup, ... to drink out of* (2) *Also a constellation in heaven, the ... of Aquarius* (1) Vetericrateris ... adhæsit, *Hor Sat* 2, 4, (2) Fulgens cratera relucet, in *Arat edit Grotii*

Craterites, *A precious stone* ... Plin 37, 10

† Craterra, æ f *A bucket to ...*, Varr ✝ Situla

CRATES, is, f *In Gr* crates ... (1) *A hurdle of rods ...* (2) *A drag, or ... to break clods* (3) *A great ...* (4) *... with death by ...* (1) ... fecit castris locus est con... cratibus, *Liv* 10, 38 (2) ... *Geor* 1, 95 (3) A itææ crates, *Theb* 4, 110 Terga fuis ... pendent in crate, *Juv* 11, 82 Spinæ crates, *The chine of the ... Ov* (4) Vid *Plaut Pæn* 5, ... & ... 50

Craticula, æ f [...κρατευτεnteneo] ..., or *work for the feet to*

Craticula, æ f dim *A gridiron*, Cato, 13 Mart 14, 221

Crato, are act *i e* crate occo, ... *hurdles, or grates, to ... harrow, or break clods*, *Plin* 18, 28

Cratior, iri pass *To be harrowed*, Plin ibid

Cratitius, a, um adj *Wattled* ... Cratitii parietes, ... 8

|| Cratilis, e adj *That may be ...* Apul

|| Craticula, æ f *A fill-book ... out of the pot*, Mart

Creandus, a um part *To be ...*, Hor Ep 1, 2, 44

Creatio, ōnis f verb (1) *A ..., creating, or making* (2) *Ar... a procreation* (1) Creatio ... magistratuum, (2) Creatio liberorum, ...

Creator, ōris m verb [à creo] ..., or creator (2) *A founder, or builder* Nobis hæc portenta Deûm dedit ipse creator, *Cic de Div* 2, 30 || Magni creator Achillis, || Princeps ille creator hujus urbis Romulus, *Cic pro Balb*

Creatrix, icis f *She who makes ...* Rerum natura creatrix *Lucr* 1, 662

|| Creatura, æ f *A creature*, ... ✝ Res creata

Creatus, a, um part [à creor] ..., *created, formed, born* ... Unicuique dedit vitium ... creato, *Prop* 2, 22

Creber, bra, brum adj or, comp ... sup || ... ssimus, *Gell* 2, ult *... thick grown, close* (2) ... *often* (1) Salicto crebro ... locus, *Plaut Aul* 4, 6, 9 ... lentus crebris juvenes senescunt ..., *Hor Od* 1, 25 Creberrimus, *Cic Phil* 14, 5 ... litera, *Id Attic* 11, 10

Crebre adv *Frequently, thick, ...*, Vitruv 2, 9

Crebrescens, tis part *Growing ...*, *Tac H* 4, 12

Crebesco, & crebesco, ere incept [qu à crebreo, quod à creber] *To grow, or come thick, to wax common, to increase more and more* Crebrescit sermo, *Vir Æn* 12, 222 frigor, *Plin* Jam auræ optatæ crebrescunt, *Virg Æn* 5, 500

Crebritas, ātis f *Thickness, closeness, frequency*, Cic Fam 2, 1

Crebriter *Frequently, closely*, Vitruv 8, 2 & 10, 19

Crebrò adv ius, comp errimè, sup *Often, frequently, plentifully* ⟩(Crebro insistens, interdum acquiescens, *Cic de Leg* 1, 5 Velim literas crebrius mittas, *Id Fam* 5, 6, *fin* Creberrime commemorantur a Stoicis, *Id de Div* 1, 27

Crebro, āre *To do a thing often*, Plaut Truc 1, 1, 29

Credendus, a, um part *To be believed, trusted*, Cic pro Cœl 22

Credens, tis part *Believing, trusting*, Ov Pont 2, 6, 5

Credibilis, e adj *Credible, that may be believed, likely enough* Non est credibilis tantus in illo furor, *Cic pro Milon* 7

Credibiliter adv *Credibly, probably* Non modò non credibiliter, sed ne suspiciosè quidem, *Cic pro Dejot* 6

Creditor, ōris m verb *He that lends, or trusts, a creditor* Audisse arbitror sponsores & creditores convenuit, *Cic Philipp* 6, 4

|| Creditrix, icis f verb *She that lends, or to whom money is owing*, Ap JCC

Creditum, i n *A debt, any thing committed to one's trust, credit, a trust*, Quint Aliter beneficium, aliter creditum solvitur, *Sen de Benef* 2, 34

Creditur impers *People believe, or think*, Juv Non bene ripæ creditur, *It is not good trusting ...*, Virg Ecl 3, 95

Creditus, a, um part (1) *Trusted* (2) *Believed* (3) *Lent* (1) Navi, quæ tibi creditum debes Virgilium, *Hor Od* 1, 3, 4 (2) Cuncta, ut mos, famæ in majus credita, *Tac* (3) De pecuniis creditis jus dicendi *Cic*

Credo, ere, didi, ditum act [qu cretum do, *i e* decretum certùmque, *Prisc*] (1) *To think, suppose, or imagine* (2) *To trust* (3) *To credit, or believe* (4) *To tell, discover, or disclose* (5) *To put confidence in* (6) *To lend* (7) *To commit, to intrust* (8) *To venture* (9) *To put into one's hands* (10) *Ironically, forsooth, I warrant ye* (1) Credo ego vos mirari quid sit *Cic* pro *Rosc* (2) Utrumque vitium est, & omnibus credere, & nulli, *Sen Ep* 3 (3) Credis huic quod dicat? *Ter Eun* 4, 4, 38 (4) Nec tibi illic est credere tutus quæ est æquum patri, *Ter H eaut* 1, 1, 104 § Cui omnium rerum ipsus semper credit, *Plaut Asin* 2, ... 5 Duarum rerum credere, *Id Truc* 2, 2, 52 ... quod attinet, *Mihi* ... *formulis, nisi sic* ... Ferent Cic ... (5) Moribus & arte credidit ille meæ, *Ov Ep* 17, 172 (6) Unde tibi solvat quod ei pet syngrapham credidisti, *Cic de Arusp R* 13 (7) Credere omnes res alicui *Cic in* ... (8) Credere se Neptuno *Plaut Rud* 2, 6, 2 (9) Quæ mihi omnem vitam credidit, *Ter Andr* 1, 5, 48 (10) Fundis, credo, & hostis igne duratis repellentur, *Cur* 2, 2, 16

† Creduim, is, at *pro* ✝ credam, is, at *Plaut*

Credulitas, ātis f *Credulity, lightness, or rashness of belief* ⟩(Credulitas enim error est magis, quàm culpa, *Cic Fam* 10, 23 Stulta credulitas, *Ov Pont* 2, 4, 32

Credulus, a, um adj *Credulous, silly, simple, foolish, easy light, or rash of belief* ⚌ Improvidi & creduli senes, *Cic de Sen* 26

† Creduis [à creduim] ✝ *pro* credas, quomodo *duim* pro *dem* dic *Plaut* & *Ter*

Cremandus, a, um part *To be burned*, Ov Ibis, 518

* Cremaster, eris m Col sed Græcis literis [à κρεμάω suspendo] *Any hook, but especially the ..., or sinew upon which the testicle hangs*, Cels 7, 18

Cremātio, ōnis f verb *A burning*, Plin 23, 2

Crematus, a, um part *Burned* Cremato fortis ab Ilio, *Hor Od* 4, 4, 53 Crematos excitare mortuos, *Id Epod* 18, 27

* Crembălum, i n *A child's rattle, ..., or such like thing*

|| Crementum, i n *Sipont* ✝ Incrementum

Cremium, i n *A dry stick or spray, a brand, &c* (2) *Fish fried in a pan* Tenuibus admodum lignis, quæ cremia rustici appellant, fornacem incendemus, *Col* 12, 19 V & *Plin* 12, 19 (2) *Col* solus, ut videtur

CREMO, āre act *To burn, to set on fire, to bury in fire* ¶ Cremare in cinerem, *Plin* 20, 5 Cremare vivos, *Curt* Nec numero nec honore cremant corpora, Virg Æn 11, 208 ⟩(Corpora condere, quam cremare maluit, *Tac*

Cremor, āri, ātus pass *To be burned* Cremari igni, *Cic Phil* 14, 13 & *Cæs B G* 1

Cremor, ōris m [à Gr κρίμνον, quod est à κρῖ hordeum] (1) *The thick juice of barley, panada ... ter, gruel of frumenty* (2) *Cream* (1) Vel ptisanæ, vel alicæ, vel oryzæ cremor dandus est, *Cels* 3, 7 Cremore crasso jus collyricum, *Plaut Pers* 1, 3, 15 *Brains*, ut opinor (2) Cremor lactis, *Coup sed non laudat auctorem*

CRENA, æ f *A notch of an arrow, the slit, or nip of a pen, that has the cleft in it, also the notch in the horn, or end of the bow, a dint, jag, or notch in the side of a leaf ... also a notch, or score ...* Crenæ dicuntur etiam asperitates quædam œsophagi in rubi modum denticulatæ, *Plin* 11, 37 Ubi MSS habent *rimas* aut *venas*, teste Harduino, nec alium temere hujus vocab auct quam vett Gloss *crenæ* γλυφίδες, invenias

|| Crenātus, a, um adj *Notched, jagged*, as some leaves are, *Jun*

CREO, āre act [forte à κρέω misceo, unde & κεράμευς, figulus, quod ex elementari mistione corpora compositi sint] (1) *To create, to make, to frame, form, or fashion* (2) *To beget* (3) *To breed, or bring forth* (4) Met *To occasion, or cause* (5) *To choose, to ordain, to establish* (1) Omnium rerum, quas & creat natura, & tuetur, *Cic de Fin* 4, 13 (2) Saturnus equo geminum Chirona creavit, *Ov M* 6, 126 (3) Cisseis regina Parin creat, *Virg Æn* 10, 705 (4) Nonnunquam etiam errorem creat similitudo, *Cic de Div* 2, 26 (5) Ducem gerendo bello creare, *Liv* Dictatorem, *Id* magistratum, *Cæs*

Creor, āri, atus pass *To be created, begotten, born*, &c *Cic*

Crĕpans, tis part *Making a noise, rustling*, &c *Hor Epod* 16, 48

Crepax, ācis, adj [à crepo, ut edax ab edo] *Making a noise, clanking* Mecænas ap *Sen Ep* 114

Crepĕrus, a, um adj *Doubtful, dark, uncertain* Creperi certaminis belli, *Lucr* 5, 1295

Crepida, æ f [à pedum crepitu cum incedimus, *Isid*] *A low shoe with a latchet, a slipper, a sandal, a pantofle, a shoe-maker's last* Cum crepidis in capitolio statuam videtis, *Cic pro Rab* 10 Ne sutor ultra crepidam, *Prov ap Plin* 35, 10 Sapiens crepidas sibi nunquam, nec soleas facit, *Hor Sat* 1, 3, 127

|| Crepidarius, a, um adj *Pertaining to slippers, or pantofles* Crepidarius cultellus, *A shoe-maker's paring-knife*, Sempr Asell

Crepidarius, i m *He that makes pantofles, or slippers*, Gell 13, 20

Crepidatus *Wearing high shoes, or slippers*, Cic in *Pison* 38

Crepido, inis [quam aqua crepitans alluit] (1) *A creek, shore, or bank, whereon the water beats* (2) *The top, edge, or brow of a steep rock* (3) *A place, or hole by the highway, where beggars sit* (4) *The border, mouth, bank, or brim of any thing* (5) *The foundation, or ground of a pillar* (1) Maris incursus ob jectu crepidinis frangitur, *Col* 8, 17 Stabat crepidine ipsæ, *Stat Theb* 9, 492 (2) *Virg Æn* 10, 653 (3) Nulla crepido vacat, *Juv* 5, 8 (4) *Col R R* 3 (5) Omnia tanquam crepidine quadam sustinentur, *Cic Orat* 67 Vid & *Stat Achill* 1, 448 & *Silv* 1, 1, 58

Crepidula, æ f dim κρηπίδιον *A little pantofle* Hospitam crepidula ut graphice decet! *Plaut Pers* 4, 2, 3

Crepis, idis f *A slipper, or pantofle*, Gell 1, 20 Also *a kind of herb*, Plin 21, 16

|| Crepitacillum, i [dim à crepitaculum] inseritur ex *Lucr* 5, 230 sed opt libri *crepundia* legunt

Crepitaculum, i n [à crepitu] *A bird's rattle, a timbrel, or such-like thing made of brass* Crepitaculis æreis terrere apes, *Col* 9, 12

Crepitans, tis part *Crackling, ringing, making a noise, rattling, clattering* Crepitantia arma, *Ov Met* 1, 143

Crepito, āre freq [à crepo] (1) *To clatter, or make a noise* (2) *To growl* (3) *To growl, or rumble* (4) *To crackle* (5) *To creak* (6) *To chatter as birds* (1) Grandine nimbi culminibus crepitant, *Virg Æn* 5, 458 (2) Clare crepito dentibus, *Plaut Rud* 2, 6, 5 (3) Vacuus mihi venter crepitat, *Plaut Amph* 4, 2, 12 (4) Myrtata crepitant in igni, *Plin* 12, 17 (5) Lenta crepitabat bractea vento, *Virg Æn* 6, 209 (6) Salutato crepitat Concordia nido, *Juv* 1, 116

Crepitus, ûs m verb *A noise, rustling, or crushing, creaking, or ringing, a jingling, a ... or jerking, a clap* Crepitus dentium, *The chattering, or gnashing of the teeth*, Cic Tusc 4, 8 gladiorum, *The clashing of swords*, Hirt B H 31 armorum, *The rattling of armour* Plin 2, 57 cardinum, *The creaking of the door* Plaut Curc 1, 3, 1 Stoici crepitus aiunt æque liberos ac ructus esse oportere, *Fam*, Cic Fam 9, 22 extr

CREPO, (e) āre, ui, itum neut [à sono dict *Varr*] (1) *To make a noise, or sound* (2) *To creek as a door doth* (3) *To crackle in the fire* (4) *To jingle* (5) *To crash as the teeth do* (6) *To growl, or rumble, as the guts do* (7) *To clatter, as armour* (8) Meton *To*

To burſt, or break (9) Met *To batter, or talk of* (10) *To brag, or boaſt of* (11) *To complain of* (1) Crepuit ſiſtrum, *Ov Met* 9, 783 ¶ Lætum theatris ter crepuit ſonum, *Made their buſſa's,* Hor Od 2, 17, 26 (2) Foris, *Ter Ad Iph* 2, 3, 11 (3) Laurus aduſta, *Ov Faſt* 4, 742 (4) Quid crepuit quaſi ferrum modo? *Plaut Aul* 2, 2, 65 (5) Dentes crepuere retecti, *Perſ* 5, 101 (6) Inteſtina crepant, *Plaut Men* 5, 5, 22 (7) Arma civilis crepuere belli, *Sen* (8) Remi obnixi crepuere, *Virg Æn* 5,205 (9) Sulcos & vinea crepat mera, *Hor Ep* 1, 7, 84 (10) Crepat antiquum genus, *Juv* 2, 1168 (11) Quis poſt vina gravem militiam, aut pauperiem crepat? *Hor Od* 1, 18

† Creppi, Luperci, *vel leg* crepi [*a* crepando] *Fſt*

Crepundia, ōrum n [*a* crepando] (1) *Children's play-things, baubles,* as bells, rattles, puppets, (2) Alſo *the fine apparel of children* as ſwath bands and ſuch-like (1) Vid *crepundiorum etymologiam ap Plaut Rud* 4,4 (2) Semeſtris locutus eſt Craſſi filius in crepundiis, *Plin* 11, 51

Crĕpuſci *Children born about twilight,* Varr L L 5, 2

Crĕpuſculum i n (*a* creperra *ſive* dubia lux) (1) *The twilight in the evening after ſun-ſet* (2) *or in the morning before ſun-riſing* (1) *Varr L L* 5, 2 Tinherent cum fera crepuſcula noctem, *Ov Met* 1, 219 (2) Modo facta crepuſcula terris ultima pars noctis, primaque lucis erat, *Ov Epiſt* 11, 21

Creſcens, tis part *Increaſing, growing,* &c Creſcentem ſequitur cura pecuniam, *Hor Od* 3, 16, 17

Creſco, ĕre, crēvi, cretum neut [*a* creo, *i e* produco, *q* creaſco, creſco] (1) *To grow, to increaſe, to wax bigger* (2) *To be brought up* (3) *To get advantage by, or rejoice at* (4) *To increaſe in honour, or riches, to be promoted, or advanced* (1) ⁑ Oſtreis contingit, ut cum luna pariter creſcant, pariterque decreſcant, *Cic de Div* 2, 14 *Mit* ⁑ Facilius creſcit quam inchoatur dignitas *Publ Syr* (2) Cujus dono creveram, *Suet Otho,* 1 (3) E noſtro creſcit mœrore Charaxus, *Ov Epiſt* 15, 117 (4) Accuſarem illos potius ex quibus poſſem creſcere, *Cic pro R Amer* ... Ut ex invidia Senatoria poſſet creſcere, *Id in pro Cluent* 28

Creta, æ f (1) *Chalk,* whether white black, *or* green (2) *Fuller's clay, loam* (3) *Womens white paint* (4) Meton *The goal, or mark at the end of a race* (1) V *Plin* 35, 6 & *Varr* 7, 7 (2) Creta ſolidanda tenaci area, *Virg Geor* 1, 179 (3) Ap *Plaut Aul* 2, 9, 6 occultare ſe creta *licentur, ut per non bonas, bonam uſam prætendunt* (4) Quam nunc in circo cretam vocamus, antiqui calcem dicebant, *Sen* Creta foſſilia, *Marl,* Varr 1, 7 Creta Aſiatica, *The chalk wherewith they marked their ſlaves feet, or ſealed letters,* Cic *pro* Flacc ¶ Creta notare, *pro* approbare, *Perſ* 5, 107 ⁑ Carbone notare, *Id ib*

Crētāceus, a, um adj *Of chalk, chalky, that grows in chalky ground,* Plin 18, 9

‖ Crētæfŏdina, æ f (rectius diviſe) *A marle, or chalk pit,* Dig

Cretārium, i n *A chalk pit,* Col

Crētārius, ii m *A chalker, or that works in chalk,* Col

Cretarius, a, um *Chalky, of chalk* Cretaria taberna, *Varr L L* 7, 30

Cretātus, a, um *Chalked, whited* Cretati pedes, *Feet marked with chalk, as thoſe of ſlaves were,* Plin 35, 17 *Met* Cretata ambitio, *A ſuckling for offices,* Perſ 5, 177 *ad candidas veſte reſpicit*

† Crēteus, a, um adj *Of chalk, or painted* Cretea perſona, *A mask of plaiſter of Paris,* Luci 4, 298

Creticus, a, um adj Creticus pes ¯ ˘ ¯ ut Quid petam præſidi aut exequar? *Cic de Orat* 3, 47 Cretica terra, *White marl*

‖ Cretifŏdina, æ f *idem quod* cretæfodina, *Dig*

Cretio, ōnis f verb [*à* cerno] Cretio eſt certorum dierum ſpatium, quod datur inſtituto hæredi ad deliberandum, utrum expediat ei adire hæreditatem, necne, *Ulp*

Crētōſus, a, um adj *Chalky, full of chalk,* Cato, 8 Locus cretoſus, *Plin* 15, 18

Cretŭla, æ f [dim *a* creta] (1) *Chalk which they uſed in ſealing letters* (2) *A kind of colour* (1) Cum epiſtola allata eſt, ſignum iſte animadvertit in cretula, *Cic Verr* 6, 26 (2) Ex omnibus coloribus cretulam amant, *Plin* 35, 7 pi

Cretura, æ f [*a* cerno] *The boultings, or ſiftings of meal, pollard,* Pallad 1, 24

Cretus, a, um part [*a* creſco] *Born, deſcended* ſ Mortali corpore cretus, *Lucr* 5, 6

Cretus, a, um part [*a* cerno] (1) *Severed or parted from,* &c (2) *Reſolved upon* (1) Benè cretum cinerem *dixit* Pall 10, 22 (2) Satin' tibi iſthuc in corde cretum eſt? *Plaut Ciſt* 2, 1, 33 *ſed alii leg* certum eſt

Crevi præt [*a* creſco] (1) *I am grown up, or bigger* (2) *I have determined, or reſolved* (3) [*a* cerno] *I have entred upon an eſtate* (1) Hujus voluminis magnitudo crevit, *Ad Herenn* 1 (2) Quodcunque Senatus creverit agunto, *Cic de Leg* 3, 3 Quia te in idhac amavi, & mihi amicam eſſe crevi, *Plaut Ciſt* 1, 1, 1 interpr Varrone L L 65 ubi & ſeq notionem hinc profluxiſſe docet (3) Ex teſtamento crevi hæreditatem, *Cic Att* 11, 2

Cribellātus, a, um part *Sifted,* Pall 1, 41

‖ Cribello, āre [*a* cribrum, *unde dim* cribellum] *To ſift, or ſierce,* Theod Priſc ⁜ Cribro, cerno

Cribellum, i n dim *A little ſieve,* Pallad 3, 24 & 7, 11

Cribrārius, a, um adj *Belonging to a ſieve* Cribraria farina, *Plin* 17, 11

Cribro, āre act *To ſift, bolt, or range flour,* Plin 25, 5

Cribror, āri, ātus paſſ *To be ſifted, or bolted,* Col 12, 23

Cribrum, i n [*e* Heb כברה idem *vel q* crebrum, *i e* crebris per uſum foraminibus ad frumentа purgandа, *vel a* cerno crevi, *i e* notione ſeparandi, unde *excernicula dic*] *A ſieve, or ſierce* Cribrum farinarium, *A bolting, or ranging ſieve,* Plin 17, 11 ¶ Imbrem in cribrum gerere, *To loſe his time and pains* Proverb ex Plaut Pſeud 1, 1, 100

Crimen, inis n [*à* κρίμα] (1) *An impeachment, a charge, or indictment,* true, *or* falſe (2) *A crime, a grievous fault* (3) *A ſuſpicion, a reproach, a ſcandal* (4) *A fault, an error* (5) Meton *A villainous perſon* (1) Sive ex crimine cauſa conſtet, ut facinoris, ſive ex controverſia, ut hæreditatis, *Cic de Orat* 2, 24 Tria ſunt, quæ obſtent S Roſcio, crimen adverſariorum, & audacia, & potentia, *Id* pro *Roſc* (2) Id, quod mihi crimini dabatur crimen non erat, *Cic* pro *Domo,* 35 Omni ex crimine lucrum quæſitum, *Juv* 13, 24 (3) Hera in crimen venit, *Ter Hecyr* 3, 1, 55 (4) Crimen profeſſoris, non artis, *Celſ* 2, 6 (5) Crimine ab uno diſce omnes, *i e* criminoſo, *Virg Æn* 2, 65

† Crimĭnālis, e adj *Criminal, obnoxious,* Ap JCC

† Crimĭnāliter adv *Criminally, unlawfully,* Ap JCC

Crimĭnātio, ōnis f verb *The objecting a crime, an impeaching* Quæ valeant contra falſam criminationem, *Cic de Orat* 2, 79 Allatas criminationes repellere, *Id de Am* 18

Crimĭnator, ōris m verb *An accuſer, an impeacher* Cum illum reſciſces criminatorem meum, *Plaut Bacch* 4, 7, 28

Crimĭnātorius, a, um *Criminatory, accuſatory,* Plaut ap Lit ſed q

† Crimĭno, āre *Enn* pro

Criminor, atus ſum, dep (1) *To accuſe, to charge with a crime* (2) *To blame, to find fault with* (1) ⁑ Criminari, crimenve diſſolvere argumentando, *Cic de Opt Gen* 6 (2) Tu me eſſe ingratum criminaris, *Cic* pro *Planc* 32

Crimĭnōsè adv ius, comp iſſime, ſup *Criminally, ſlanderouſly, faultily* Criminosè loquebatur de bello, *Sall B Jug* 64 Qui criminoſius aut ſuſpicioſius diceret, *Cic de Clar Orat* 34 Criminoſiſſimè aliquem inſectari, *Suet Tib* 53

Crimĭnōſus, a, um adj or, comp ſſimus, ſup (1) *Accuſatory, ſcandalous, reproachful* (2) Alſo *criminal, worthy of blame* (1) Officioſam amicitiam nomine inquinas criminoſo, *Cic* pro *Planc* 19 Iambi criminoſi, *Hor Od* 1, 16 Criminoſior oratio, *Ad Herenn* 4, 40 Criminoſiſſimus liber *Suet Cæſ* 75 (2) Quid ſi eſt criminoſum, neceſſitatis crimen eſt, non voluntatis, *Cic* pro *Ligar* 2

Crināle, is n [*a* crinis] *A bodkin, or pin to divide the hair* Ornabat curvum crinale capillos, *Ov Met* 5, 53

Crinālis, e adj *Pertaining to hair* Crinalem capiti vittam detrahit, *Takes off her hair-lace,* Ov Met 9, 770 Acus crinalis, *A bodkin,* Apul

⁂ Criniger, a, um *Wearing long hair* Crinigeros bellis arcere Caycos oppoſiti, *Luc* 1 458

* Crininus, a, um adj [*a* κρίνον lilium] Crinina unguenta, *Ointments made of lilies,* Dioſc 1, 53

⁂ Crino, unde paſſ crinior *To be creſted, or tufted* Frondenti crinitur caſſis oliva, *Stat Theb* 4, 217 Crinitur arbor, *Id Silv* 4 5, 10

Crinis, is m [*à* κρίνω ſi cerno, *Fſt*] (1) *The hair of the head* (2) *A treſs, or lock of hair* (3) ⁂ *The leaves of trees* (4) *The fin of a fiſh* (5) *A braid made of horſes hair* (1) Longo decentia crine tempora, *Ov Met* 1, 45 (2) Senis crinibus nubentes ornantur, *Fſt* ¶ Capere crines, *To become a wife, or matron,* Plaut Moſt 1, 3, 69 interpr Lipſ (3) Foliorum crine revulſo, *Valent* Sic coma paſſim ap Poëtas (4) *Plin* 9, 30 *de polypo piſce* (5) *Plin* 17, 21

Crinitus, a, um adj *Hairy, full of hair, having much, or long hair* Crinitus vertex, *Stat Theb* 9, 179 Gorgonis os, *Cic Verr* 4 56 Apollo, *Id,* 4, 28 Iopas, *Virg Æn* 1, 744 Quas Græci κομήτας, noſtri crinitas vocant, *Cic N D* 2 ... *Comets, blazing ſtars,* ubi tamen meliores libri *cincinnatas* Sed ſemel atque iterum a Suet ſtella crinita, V *Ner* 36 *Claud* 46

* Crinŏmĕnon, *The ſtate of the caſe, or iſſue in law* Vid Cic Or 36 & Top c 29 Lat Quæſtio, *interprete Cicerone*

* Crinon n *A reddiſh lily* Rubens lilium, quod Græci κρίνον vocant, *Plin* 21, 5

* Criobolium, i n [*à* κριὸς aries, & βάλλω dejicio] *A ſacrifice of rams* ⁑ TAUROBOLIUM SIVE CRIOBOLIUM FECIT *Grut Inſcript* p 27 n 3 & alibi n 4

Cripa, æ f *A kind of ſyrup made with vine ſhoots* Cripa pampinacea, *Col* 12, 20

* Criſis, is *Judgment, the deciſion of the conflict between nature and the diſtemper,* ap Med *laudatur* Celſo, Progymn 1, 8

Criſpans, tis part (1) *Shaking, brandiſhing* (2) *Quivering, trembling* (3) *Wreathed, wrinkled* (1) Bina manu criſpans haſtilia ferro, *Virg Æn* 1, 317 (2) Crepitus criſpans, *Plin* 2, 82 buxus, *Id* 16, 16 (3) Ingeminans tremulos naſo criſpante cachinnos, *Perſ* 3, 87

Criſpātus, a, um part *Curled, or ſhaken with the wind* Denſo criſpata cacumine buxus, *Claud de Rapt* 2, 110

† Criſpicans, tis part *Waving, curling,* ap Gell 18, 11

⁂ Criſpiſulcans, tis [*ex* criſpus, & ſulco] Criſpiſulcans igneum fulmen, *Cic Topic* 16

† Criſpĭtudo, inis f *Curledneſs, a wanton ſhaking,* Arnob

Criſpo, āre act *To curl, or wreath* (2) *To ſhake, or brandiſh* (3) *To cauſe to ſhine* (1) Cinere criſpare capillum cum oleo, *Plin* 28, 8 (2) *Vid* Criſpans (3) Apium criſpat tellurem, *Vid Prvc*

Criſpulus, a, um dim *ſq Having curled treſſes, or locks* ⁑ Ne quis, cui rectior eſt coma, criſpulis miſceatur, *Sen Ep* 95

Criſpus, a, um adj or, comp ſſimus, ſup [cujus de etymo parum conſtat] (1) *Criſped, curled, frizled* (2) *Veined, or grained as ſtone, wood,* &c (3) *Crumpled, rugged* (1) Coma criſpa, *Sil* 16, 120 Criſpiores jubæ leonum, *Plin* 8, 16 (2) Criſpa abies, *Cat Tuſc* 3 (3) Criſpiſſimum folium, *Col* 11, 3

Criſſo, āre *To move the body obſcenely,* De meretricibus dicitur ut cevere de viris Lucil ap Non 1, 69 *Hor* & Juv 6, 321

Criſta, æ f [*à* κέρας caput, *a* κεράστης, *unde* criſta, Becm *vel* κέρας cornu quod in capitibus corniculum, *q* ceriſta, & *contr* criſta, M quod ipſe magis probo] (1) *A tuft, or plume on the head of a bird, or fowl* (2) *A ... The creſt, tuft, plume, or horſe hair on the cone of an helmet* (3) *An herb ſo called from its likeneſs to a cock's comb* (1) Upupa criſta viſenda plicatili, *Plin* 10, 29 1 n 3 (2) Capitum criſtæ, *Lucr* 6, 2 Inſurgens nitenti cono criſta *Sil* 16, 557 Criſtā hirſutus condit, *Virg Æn* 10, 869 ¶ Tollere criſtas, *To grow proud,* Juv 4, 69 (3) Alectorolophos, quæ apud nos criſta dicitur, folia habet ſimilia gallinacei criſtæ, *Plin* 27, 5 De pilis in natura feminæ dicitur obſcœne, *Juv Sat* 6, 421

Criſtātus, a, um adj (1) *Tufted, combed* (2) *Creſted, wearing a creſt* (1) Criſtatus inſigniter pullus, *Suet Tib* 14 (2) Criſtata galea, *Juv* 9, 30

Criſtula, æ f dim [a criſta] *A little tuft, plume, or creſt* Gall in beni ut rectis, rutiliſque criſtul *Col* 8, 2

Crithe, es f [à κρίθη hordeum, cui ſimilis eſt] *A ſtith, or ſty in the eye, like a barley corn*, Cels ... ubi de curatione ejus

* Criticus, a, um adj Critici dies, *Days obſerved by phyſicians, in order to make a judgment of the patient's diſtemper, which were the odd days, the 3d, 5th, 7th &c* Vid *Celſ* 3, 4 Lat judicium

Criticus, ſc cenſor *One who judgeth of the genuineneſs and ſenſe of other mens writings* Vid *Quint* 1, 4 & 10, 1 *Hieron* ... libello ſingulari, & Senec ep 108 *They ſeem to be ancient grammarians, as Ariſtarchus, who rejected ſeveral of Homer's verſes as ſpurious* Ego inquam ... iniquus ſed criticus ſum, ... verſiculi ſunt τῶν ποιητῶν ... Cic Fam 9, 10

Crobylus, i m *A caul to ... the head, or roll of hair* ..., Tertull

* Crocaſtum *A kind of herb with which poets made garlands*, ... Plin

* Crocallis, is *A precious ſtone* ... *cherry*, Plin 37, 10

Crocatus, a, um [à crocus] *Like ſaffron, tinctured with, or coloured like ſaffron* Semen crocatum *Plin* 16, 24

Croceus, a, um adj (1) *Like ſaffron* (2) *Yellow* (1) Croceos Tmolus odores mittit, *Vir Georg* 1, 56 (2) Circumtextum croceo velamen acantho, *Vir Æn* 1, 653

Crocias, æ m *A precious ſtone, of a ſaffron colour*, Plin 37, 11 ubi al crocia

Crocinum, i n ſc unguentum, *Ointment of ſaffron* Crocino nares myrrheus ungat onyx, *Prop* ...

Crocinus, a, um *Of ſaffron, or of the colour of ſaffron* Semen crocinum *Plin* 21, 19

Crocio, ire neut [verbum factitium, q à κόραξ corvus] *To crow, or croak, like a raven* Corvus ... crocibat ſuā, *Plaut Aul* 4, 3, 2

* Crocis, idis f [a croco, ut videtur] *An herb of the ſmell, or colour of ſaffron*, Plin 24, 17

Crocitatio, ōnis f verb *The croaking of crows, or ravens*, Feſt

Crocito, āre freq [à crocio] *To croak like a crow*, Plaut Aul 4, ...

Crocodilea, æ f *The ſweet excrement of the land crocodile, of which women made a coſmetic that took off morphew, freckles, and the like*, Plin 28, 8 Stercore fucatus crocodili, *Hor Epod* 12, 11

Crocodilinus, a, um adj *Like a crocodile* Met *Sophiſtical, ambiguous*, Quint 1, 10

Crocodilium, i n *An herb like a thiſtle, called* chamæleon niger, Plin 27, 8

* Crocodilus, i m [à croceo colore] *A crocodile, a beaſt like a lizard, whereof there be two ſorts, the one large, called alſo the alligator, the other much leſs, on the land, and feeding only upon ſweet flowers*, *Plin* 28, 8 &c

Crocomagma, ătis n *Dregs of the oil of ſaffron and other ſpices, which they made into balls and ſo kept*, Plin 21, 20 = Unguentum crocomion, *Id ib* & *Pallad* 11, 14

* Crocōta, æ f ſc veſtis *A woman's garment of ſaffron colour, a yellow coat, or gown*, Cic *de Aruſp Reſp* 21

Crocotārius, a, um adj Infectores crocotarii, *Dyers, or makers of ſaffron-colour garments*, Plaut Aul 3, 5, 47

Crocotinum, i n Crocotinum, G [forte à colore croci] *A cake coloured with ſaffron, a ſimnel*, Feſt

* Crocotta, æ f *Ig* & crocuta [à croci colore] *A kind of mungrel beaſt in Ethiopia*, Plin 8, 30

Crocotula, æ f dim [a crocota] *A little ſaffron-coloured, or yellow garment*, Plaut Epid 2, 2, 47

Crocotulārius, i m *A dyer, or maker of ſaffron-coloured garments*, Plaut Aul 3, 5, 47

Crocum, i n *id quod* crocus, ut Gr κρόκος & κρόκον, dic *Saffron*, Sall

Crocus, i m κρόκος *Saffron, alſo the yellow chieves in the midſt of flowers*, Plin 21, 5

Crocuta, æ f Vid Crocotta

* Cronea, orum pl *The feaſt of Saturn, the Saturnalia*, Macrob 1, 7

Cronicæ *Certain ſtatues made in honour of them that were thrice victors in the Olympic games*, R ex Plin *ſed q*

* Crotalia, pl n [à κρόταλον crepitaculum] *Jewels ſo worn, that they jingle as they ſtrike againſt one another*, Plin 9, 35

* Crotaliſtria, æ f *A woman playing upon the inſtrument crotalon, like the cymbal, a minſtrel*, Petron c 55

* Crotalum, i n *An inſtrument of muſic made of two braſs plates, or bones, which being ſtruck together make a kind of muſic, a caſtanet*, Cic in Piſon 9

* Crotaphite m pl κροταφῖται *The two muſcles that are in the temples*, Veſling

† Crotilus, a, um adj *Slender*, Varr

Croton, onis *An Egypt an herb called* palma Chriſti, *Plin* 16, 33

|| Cruciabilis, e adj *Painful, that putteth to torment and pain, vexatious*, Gell 3, 9

† Cruciabilitas, ātis f *Painfulneſs, anguiſh*, Plaut Ciſt 2, 1, 3

Cruciabiliter adv *Painfully, cruelly, with great torture and pain*, Hirt Bell Afr 46 & Plaut Pſeud 4, 1, 40

|| Cruciamen inis n *A torment*, Prud Cath 10, 90 *id quod*

Cruciamentum, i n (1) *Torture, pain* (2) *Trouble, anguiſh* (1) ⚹ *Tormenta* carnificum, cruciamenta morborum, *Cic Phil* 11, 4 V & *Plaut Aſin* 2, 2, 51 *Capt* 5, 4, 2 (2) Cruciamenta orbitatis, *Am*

Crucians, tis part *Tormenting, torturing, vexing*, Plaut Capt 4, 2, 34

Cruciarius, a, um adj *Worthy to be hanged*, or *tormented*, Petron c 112

Cruciarius, i m (1) *A tormenter* (2) *Alſo one hanged* (1) *Senec* (2) *Petron* 112

|| Cruciator, ōris m verb *A tormenter, or torturer*, Firm † Carnifex

Cruciātus, ûs m verb [à crucio] (1) *Torment, torture, pain* (2) Met *Affliction, grief, anguiſh* (1) = Summo cruciatu, ſupplicioque perire, *Cic N D* 3, 33 Illa teris cruciatibus urer, *Ov Triſt* 5, 13, 5 (2) Magno animi cruciatu vitam agere, *Cic de Div* 2, ...

Cruciatus, a, um part *Tormented, tortured* Cruciatus diris corporis tormentis, *Ov Met* ..., 69

† Crucifer, a, um *A croſs-bearer*, an epithet of our Saviour, *Prud Cath* 2, 1

Crucifigo, ere, xi, xum act *To crucify, to nail to the croſs, to hang*, Suet Dom 11

Crucifixus, a, um part *Crucified, nailed to the croſs*, Suet Dom 10 Plin 8 16

† Crucifragium, i n *A breaking on a croſs*, Lit ex Plaut *ſed q*

|| Cruciger, a, um *Bearing the croſs* Cruciger nummus, qui & cruciatus, *A croſs-penny*, Jun

Crucio, āre act [à crux] (1) *To put in pain* (2) Met *To torment, to afflict, to vex, to grieve* (1) Sanguine ſerpentis cruciari, *Ov Met* 2, 651 (2) Ne crucia te, *Ter Eun* 1, 2, 15

Crucior, āri, atus paſſ (1) *To be tormented, or troubled* (2) *To be vexed, or fretted* (1) ⚹ Quorum alter lætitia geſtiat, alter dolore crucietur, *Cic de Fin* 2, 4 (2) Crucior lapidem non habere me, *Plaut Capt* 3, 4, 69

† Cruciſalus, i m [ex crux & ſalio] *A hangman, or gallows climber, a wag-halter*, Plaut Bacch 2, 3, 128

Crudāria, æ f *A vein of ſilver at the top of a mine*, Plin 33, 6

Crūdēlis, e adj or, comp iſſimus, ſup [à crudus] (1) *Cruel, fierce* (2) *Ill-natured, inexorable, hard-hearted* (1) = Bellum crudele & exitioſum, *Cic Att* 9, 5 Parricidæ crudeliſſimi, *Sall B C* 52 = Animus ferus, crudelis, & inhumanus, *Ad Herenn* (2) Crudelis Alexi, *Virg* Crudelior janua, *Prop* 1, 16

Crūdēlitas, ātis f *Cruelty, inhumanity, barbarity*, Cic = Carnificina, *Id* ⚹ Plus clementiæ quam crudelitatis, *Nep Timol* 2 = miſericordia, *Celſ*

Crūdēliter adv ius, comp iſſimè, ſup *Cruelly* = Acerbè, *Cic*

Crūdeſco, ere [à crudus fio] (1) *To wax raw, green, or freſh* (2) *To increaſe more and more, to grow more fierce and cruel* (1) Cœpit crudeſcere morbus, *Vir Geor* 3, 504 (2) Dejectâ crudeſcit pugna Camillâ, *Id Æn* 11, 833

Crūditas, ātis f (1) *Crudity, ill digeſtion* (2) *A crude humour* (3) || *Alſo cruelty* (1) Cruditas cauſa eſt morbi, *Cic de Fato*, 15 (2) Lumbrici ferè naſcuntur cruditatibus, *Col* 6, 25 (3) *Amm*

Crūdus, a, um adj or, comp iſſimus, ſup [à κρυώδης, crudus, *quod à* κρύος frigus] (1) *Raw, freſh, green, new made* (2) *Unripe, crude, ſour, unpleaſant* (3) *Undigeſted* (4) *Raw, not boil'd, or roaſted.* (5) *Alſo that hath a raw ſtomach, queaſy* (6) *Alſo fierce, cruel, bloody* (7) *Too young* (1) Crudum adhuc vulnus medentium manus reformidat, *Plin Ep* 5, 21 *Met* Crudum ſervitium, *Tac* 1, 8, 7 (2) Poma cruda, *Cic de Senect* 19 (3) Crudum pavonem in balnea portas, *Juv* 1, 143 (4) ⚹ Quid tu curas, utrum crudum, an coctum edim? *Plaut Aul* 3, 2, 16 (5) Crudi poſtridie ſe ruſus ingurgitant, *Cic* (6) Crudus, & lethi artifex, *Sen* (7) Cruda puella viro, *Mart* 8, 64 Cruda ſenectus, *Strong and luſty*, Virg Solum crudum, *A ball of land that lies unplowed*, Col 2, 2

Cruentātus, a, um part (1) *Made bloody, dyed with blood* (2) *Blood-ſhot* (1) Gladium cruentatum in vagina recondidit, *Cic de Inv* 2, 4 (2) Oculi cruentati, *Plin* 28, 7

Cruentè adv ius, comp *Bloodily, with effuſion of blood, cruelly*, Soror, quâ tam cruentè ſævitum, *Juſt* 39, ... Cæteri arma cruentius exercuerunt, *Sen de Ben* 5, 16

Cruento, āre act *To fetch blood of one, to make bloody, to imbrue, or ſprinkle with blood* Triumus plebis templum cruentavit, *Cic pro Sext* 38 Manus civium ſanguine cruentare, *Nep Epam ult* arva, Sen *in Hippol*

Cruentor, āri, atus paſſ *To be dyed, or imbrued with blood*, *Cic poſt Redit* 3

Cruentus, a, um adj or, comp || iſſimus, ſup [à cruor, qu cruore tinctus] (1) *Of blood, as red as blood* (2) *Bloody, cruel* (1) Cruenta gutta, *Cic N D* 2, 5 Cruentum cadaver, *Cic* pro *Mil* 13 (2) Cruentum vultus in l ſtem *Hor Od* 1, 2, 40 = Ipſe ex belliquè cruenti ... ipſo, ... 12, 592 Cruentiſſimus ... *Latt*

* Cruma, ... n [à κρούω, pulſo] *A timbrel*, &c Vid Cruſma

Crumēna, æ f [forte à κρημνός, pendeo] *A purſe, a bag of leather worn about the neck* Scrip & crumina Hic iſtum collocat crumenam in collo plane, *Plaut Aſin* 3, 3, 67 Non deficiente crumena, *Hor Ep* 1, 4, 11

|| Crumeniſeca, æ c [à crumena & ſeco] *A cut purſe*, Jun † Qui crumenam pertundit

Crumina, æ f *id quod* crumena *A purſe, a pouch, a budget*, Plaut Vid Crumena Cruminam ſibi de collo detrahit, *Plaut Truc* 3, 1, 7

CRUOR, ōris m [à κρύος, frigus] *Blood from a wound, gore* Nec quæ vipereo tela cruore madent, *Ov Pont* 4, 7, 36 *Leg & plur* Atros ſiccabat veſte cruores, *Virg Æn* 4, 687 Arma nondum expiatis uncta cruoribus, *Hor Od* 2, 1, 4

Crupellārii [forte è κρύπτω, occulto, quippe quibus eſſet continuum ferri tegumen] *Soldiers armed cap-a-pe*, Tac 3, 43, 4 ubi Lipſ clibarius

Crūrālis, e adj *Belonging to the leg, or knee* Vid Cruralis

† Crurcrepida *Slaves in irons, whoſe legs rattle with chains* Plaut Trin 4, 3, 14

† Crurifragium, i n *A breaking of legs*, Plaut Pœn 4, 2, 64 ut &

† Crurifragius, a, um *Whoſe legs are broken*, Plaut Pœn 4, 2, 64 Ubi alii legunt *crurifragium*, alii verò *crurifragum*

Crurulis, e adj *Belonging to the leg* Crurules faſciæ, *Garters*, Fragm Petron Trigur & Ulpial *leg* Crurales

CRUS, cruris n (1) *The ſhank, or leg from the knee to the ankle, conſiſting of ſhin and calf* (2) *The hinder leg of a quadrupede* (1) Crus ex duobus oſſibus conſtat, ex tibia & ſura, *Celſ* 8, 1 Crurum gr... *Suet Calig* 3 (2) O crus! o brachium! *Hor Sat* 2, 92 *de equo* Crus a bore, *The ſtock, or body of a tree beneath the boughs*, Col 5, 11

Cruſculum, i n dim *A little leg, or ſhank* Cruſculum formica, *Mart* 2, 92

* Cruſma, ătis n [à κρούω, ſono] *A timbrel, or tabor*, *the* ...

sound of the organs, or *cymbals*, Mart 6, 71

Crusta, æ f [ἐκ κρύος, frigus, unde & κρύσταλλος, ut sit propr crusta e gelu in glacie] (1) *A crust*, or *piece of ice frozen* (2) Also *a piece of wood*, or *stone*, &c *ingraven, and finely inlaid into vessels* (3) *An inlaid or rare piece of coloured marble in floors*, or *walls*, such as were lately discovered at Blenheim house (4) *The shell of lobsters, cray fishes*, &c (5) Also *an eschar*, or *an ulcer after the cautery is taken off* (6) *The scurf and scab of a sore* ( ) *The shell*, or *peel*, or *skin, wherewith any thing is covered* (8) *A part of marble* (1) Concrescunt cur enti flumina crustæ, *Vir Geor* 3, 360 (2) Vasis crustæ aut emblemata detrahebant, *Cic Verr* 6, Helmdum crustæ, *Juv* 5, 38 ( ) ... 5, & 15, 1 ... (5) ... (6) ... Non ... & fine ... cruste, & qui dementen ... *Prov* 1, 6 (8) Frigere ... Plin 36 6

Crustari ... i m *A pargetter, a mason, a worker of little pieces to be set into vessels*, Plin ... 1

Crustatus, a, um part *Crusted, pargetted, rough-cast, inlaid with marble*, &c Crustata domus, *Luc* 10, 114 Animalia crustata, *Covered with a shell*, or *scaled*, Plin 11, 37 Vasa crustata, *Plate inlaid or embossed with gold* Porta crusta ... *Plated*, A ... 24, 2

Crusto, are act [a crusta] induco, *To parget, or plaister, to let a crust upon, to prepare fruit*, Plin 15, 6

Crustosus, a, um adj or, comp *That has a hard crust, scaly*, or *shell over it, crusty*, Plin 12, 9

Crustula, æ f. dim *A little crust*, or *inlaid piece*, as of marble in a wall (2) *A little scab*, or *scar of a sore* (1) *Apul Met* 10 (2) Lens crustulas ulcerum rumpit, *Plin* 22, 25

Crustularius, i m *A pasteler, or pastry, cook, one that makes little cakes* Sen Ep 56

Crustulum, i n dim *A wafer, or such like, a thin cake, used to be given to children*, Hor Sat 1, 1, 25

Crustum, i n [a crusta] *A piece, or morsel of those things which are to be eaten, whether it be bread or any other food, a crust, a lun*, or *funnel*, Vir Æn 7, 115 & Sen Ep 59

Crustumia pyra, *Crustumian pears*, Vir Geor 2, 88 *ubi v Serv*

Crustumium ... Amnis ... *pears ... call ...*, Col 5 10

CRUX, crucis f (1) *A cross, gallows*, or *rood* (2) Meton ... *that troubles ... or torments us* (1) In crucem ... Cic Att ... 18 ... (2) ... Col 1, ... (3) ... Plaut Aul ... ¶ Quæ ... *What* ... Plaut Aul 4, 4, 1 ☰ Gabinus ... Varr ... figuram ... litera T ... litteræ Y, f-

cut describit Lucianus, Δίκη φωνηέντων, decussata etiam hic X V Fest

* Crypta, æ f κρυπτή (1) *A hollow place, or vault low in the ground* (2) *A grot, a sink under ground, a common sewer, a privy-draught* (3) *A courtezan's cell* (4) Also *a cloister, or low gallery* (1) De crypta Neapolitana, *vid Sen Ep* 57 (2) Solius mediæ cryptam penetrare ... *Juv* 5, 106 ( ) Ego sum ... Quartilla ... cryptam urbasti, *Petron* 16 (4) ... *Cal* 57

* Crypticus, a, um adj *Hid, close, secret* Cryptici arcus, ... *ground*, ... on Crypt ... homines, *Close fellows who will keep counsel*, Firm

Cryptoporticus, ûs f [ex crypta & porticus] *A close walk, alley, gallery, closed on all parts to be cool in summer, a cloister, a grot*, Plin Ep 2 17 & 5, 6

Crystallinus ... *A crystal glass to drink out of*, Juv 6 155

Crystallinus, a, um adj *Crystalline, made of crystal, or like to crystal in clearness* Duos ... crystallinos in suprema ... *Plin* 37, ... *Hid*

Crystallum, i n *Crystal* Condita ... crystalla Falerno, *Mart* 8, 77

* Crystallus, i f [κρύσταλλος ... ὕδωρ, Hesych] *Crystal water frozen ... as Pliny thought*, ... 7 Aquosa crystallus, *Prop* 4, 3, 52

C ante U

Cubans ... part (1) *Lying, or sitting* (2) *Lying sick, or ill* (3) *Leaning, stooping* (4) *Low, declining* (1) Invadunt in lecto cubantem, *Nep Dion* 9 (2) Narrabat eum gravit ... de hoc ipso cubantem disputavisse, *Cic Tusc* 2, 25 ( ) *Lucr* ... 520 (4) Usticæ cubantis saxa, *Hor Od* 1, 17, 11

Cubatus, ûs m [a cubo] *A lying down, or lodging, a lying, a sitting in brood*, as a hen doth, *Plin* 10, 57

Cubatio, onis f verb *A lying down* A cubatione cubiculum, *Varr L L* 7, 9

|| Cubeba, ... um pl *A drug called cubebs* Off

Cubicularis, e adj *Pertaining to a chamber, or lodging room* Cubicularis lectus Cic de Div 2, 65 Cubicularis imago, *Suet in Aug* 7 ☓ Discubitorius, *Plin* triclinaris, *Id*

Cubicularius, a, um adj *Pertaining to a chamber* Lucerna cubicularia, *A watch-light*, Mart 14, 9

Cubicularius, i m *A chamberlain, a groom of the chamber, a gentleman of the bedchamber*, Cic Ver ... ☰ Præfectus cubiculariis, *Suet Domit* 16 ... *Id ibid* 17

Cubiculatus, a, um adj Navis cubiculata, *A pleasure boat, or yatch with a large cabin*, Sen de Benef 7, 20

Cubiculum, i n [a cubo] (1) *A bed chamber, a lodging room* (2) Sometimes *a pavilion, a pentice, or royal tent* (1) *Plaut Asin* 4, 1, 42 (2) *Suet in Nero* 12

* Cubicus, a, um adj *Cubical, square like a die*, Vitr præf lib 5

Cubile, is n [a cubando] (1) *A bed, or couch* (2) *A bird's nest* (3) *A den, or place where*

beasts resort to lie (4) *A bee hive* (5) ✝ *A mine* (6) *A ground-work, or course of stones in building* (1) Ferrei cubile erat Anacharsis, Cic Tusc 5, 32 (2) Aves cubilia sibi nidosque construunt, *Cic N D* 2, 52 (3) Delitescunt cubilibus bestiæ, *Cic N D* 2, 49 (4) ☞ Rimosa cubilia limo unge, *Vir Geor* 4 44 (5) Dum cubilia ferri eruerit, *Val Flacc* (6) *Vitruv* 2, 8 Non sedit in cubili, *It was not well laid*, or *couched*, Plin 36, 14 Cubile salutatorium, *A little chapel, or closet, wherein the images of their household gods were set*, Plin 15, 11 ☰ Lararium

Cubital, alis n [per apocop ex cubitale] *A fore-sleeve for the arm to the elbow downwards*, or, as others, *a cushion to put under one's elbow*, Hor Sat 2, 3, 255

Cubitalis, e adj *A cubit high*, or *long*, Liv 24, 34 & *Plin* 12, 12

Cubitissim adv *With the elbow*, Plaut Cas 5, 2, 12

Cubito, are [freq a cubo] *To be used to lie* Pulio cum mijore so ore cubitavit, *Cic pro Cæl* 15 Diogenes in dolio cubitavit, *Sen Ep* 90

Cubitor, ōris m verb *He that lyeth down, or is apt to lie down* Cubitor bos, *Col* 6, 2

Cubitum, i n (1) *A cubit* (2) *A leaning on the ground, a pallet bed, or couch* (1) Illiceæ bini cubita longitudine, *Plin* 27, 9 (2) *Litt ex Catull*

Cubitus, i m [a cubando, quod ad sumendos cibos in ipso cubamus, *Isid*] (1) *An elbow, the arm from the elbow to the end of the middle finger, or to the wrist of the hand* (2) *A cubit, a measure, a foot and half* (1) Ving Æn 1, 690 (2) *Plin* 7, 16

Cubitus, us m verb *A lying down, a bed, or couch, a nest*, Plin 28, 4 Cat R R 5

CUBO, āre, ītum neut (1) [a κύπτω, caput declino, in tut 2 ...] (1) *To lie down, to be in bed, or a bed* (2) *To keep one's bed in sickness* (3) *To lie in childbed* (4) *To sit at table* (1) Cubare in specu, *Plin* 12, 1 ... *Juv* ..., 280 Cubando in lecto obdurui, *Plaut Truc* 5, 24 (2) Cubat hic prope Cæsaris hortos, *Hor Sat* 1, 9, 18 ☓ Hæc cubit, ille valet, *Ov* (3) Quasi puerperio cubem, *Plaut Truc* 2, 5, 2 (4) *Plaut Asin* 5 2, 72

Cūbus, i m quod Romanis est *quadrantal* *A cube, or figure square on all sides like a dye, also a dye*, Gell 1, 20 Vitruv ... lib 5

Cucubo, āre neut *To cry, or whoop, like an owl* Noctua cucuba in tenebris, *Auct Philom.* ... 41

Cucullio, ōnis m (1) *A kind of hood to travel with in the night* (2) Also *a kind of country garments for servants to wear in rainy weather, a frock* (1) Cap tol ... (2) Cato R R 2

Cucullatus, a, um *Hooded, covered* Sagi cucullati, *Col* 11, 1

Cucullo, ... ōnis m [a cucullus] *A traveller's hood to keep off the rain*, Cato R R 2 & Capitol in Vero

Cucullus, i m [... figura rotunda ... pileum ... Card] (1) *A hood that men, and (2) women use to cover their heads with, when it rains, a country garment to keep off rain, &c a frock* ( ) *A cornet of paper,*

in which apothecaries and grocers use to put their spice, a coffin, or cornet for spices (1) Illinc cucullo prospicit caput tectus, *Mart* 5, 14 (2) Sumit nocturnos meretrix cucullos, *Juv* 6, 118 (3) Vel thuris piperisque sis cucullus, *Mart* 3, 2

Cuculo, āre *To cry like a cuckow* Cuculus cuculat, *Auct Philomel*, v 35

Cuculus, i m media prod ... Plaut & Hor at ap ... corr (1) *A cuckow* (2) *A cuckold maker, one who lies with other men's wives, and gets children of them, which their husbands keep* ( ) *A name of reproach on many accounts* (1) Cuculus cuculat, *Auct Philom* (2) Te cuculum uxor ex lustris rapit, *Plaut Asin* 5, 2, 94 (3) Magna compellat voce cuculum, *Hor Sat* 1, 7, 31 *ubi v* Torrent & Lambin

Cucuma, æ f *A vessel of brass, or tin, fashioned like a cucumber, used to warm water in* (2) *A little bath* (1) Cucumam ingentem foco appone, *Petron* 135 (2) *Mart* 10, 7

(CUCUMER, eris m [a cucu] *A cucumber*, Varr L L 4, 21

|| Cucumerārium, i n *A place where cucumbers grow, a bed in a garden of cucumbers*, Cyp ✝ Cucumerum hortus

Cucumis, is m in accus cucumin, *Plin* [a curvate, *Varr*] (1) *A cucumber* (2) *A kind of fish that smells and looks like a cucumber* (1) Cucumis sativus, *A garden cucumber* Cucumis ... vestris, or ... *Wild cucumber*, Plin 9, 2 (2) *Plin* 20, ...

Cucurbita, æ f [a curvitate, *Varr*] (1) *A gourd* (2) *A cupping instrument anciently made of brass, or ... now commonly of glass, applied for pains in the head, and particularly to mad people* (1) Tumida cucurbita ventre, *Prop* ... (2) Caput hoc ventosa cucurbita quærit, *Juv* 14, 58

|| Cucurbita vasculorum, *The belly of a jug, or such like vessel*, Hier

Cucurbitinus, a, um adj *Of or like gourds*, Cato, 7, 2 Cucurbitina pyra *A kind of long pear*, Cato, 7 & *Plin* 15, 15

Cucurbitula, æ f dim *A cucurbita* *A cupping glass*, Cels 2 11

|| Cucurbitularis, ... herba *Ground pine, or field cypress*, Jun

Cucurio vel cucurrio, īre, ... *To crow like a cock, or to ... as when he calls his hens* Cucurrire solet gallus, gallina ... *Auctor Philomela*, v 25

CUDO, ere, di, sum act [a cædo quod proprie est ferio, *Perot*] (1) *To strike as smiths do with hammer, to forge* (2) *To stamp, or coin* (1) *Col* 2 10 (2) ... faber, qui cudere sibi plumbeos nummos, *Plaut Most* ...

Cudor, i, sus pass *To be hammered, coined*, &c ¶ In me hæc cudetur faba, *I shall pay dearly for that*, Ter Eun ...

Cudo, ōnis m [κώδιον, corium] *A cap of fence made of a raw skin*, Sil 8, 491, *A leather, or ... cap*, Jun

Cujas, ātis pronom (1) *Of what country, or sect* (2) *Belonging to whom* (1) Socrates cum rogaretur cujatem se esse diceret, Mundanum, inquit, *Cic Tusc* 5, 37 (2) *LYC* Cujatis? *CUR* Ab hac Pontogeno Platagidoro milite, *Plaut Curc* ... 57

|| Cujavis

|| Cujusvis oratio, *Any man's speech, any speech whatsoever*, Jul Apol p 5,2 edit Delph

Cuicuimodi pro cuicuinque, Lau

Cuicuimodi *Of what sort, or manner soever, whatsoever it be, it ...* Cic Att 3 22

Cu..., um antiq quojus, ... *whereof* Vi... Ter Eun 2, 2, 29 ... pectorum hic ppositist? ... 4, 5, 24 Cujum pecus? ... *Whose man, los, ...* Cujá interest, *Whom ...* Cic

Cujuscemodi *Of some sort, or other, whatsoever it be*, Cic ... Fin 4, 12

Cujusmodi, vox est indecl ex duobus genitivis, *cujus & modi of what sort, manner, fashion, what ...* Ponitur relatiue, interrogativè, & ... *such ...* Cic

Cujusmodicunque *Of what manner, or sort soever*, Cic

Cujuscemodi *Of what manner ... such as it is*, Cic

Cul... *The ... stalk, or wool ... yellow* ... Cic ... 3, 19 ... 4, 4, 42 vid & ... 54 Also the bottom of ... to sit on ... Plaut Cas 2, 4, 18

... Plaut Most 4, 2, 14 *Sed ...*

† Cu... *A little pil... cushion*, Plaut ... Cul...

|| Cu... Jun

Cu... *Containing the ... of the ...* culeus Dorum culeare, *Cato*, 11

Cu... *A measure of ...* Vitruv 6, 9 & Cato, ...

Cu... *A satchel of ..., a knapsack*, ... Fest

† Cul... *sit pro cul... est*, Plaut

|| Cu... Non ex ...

CULEUS, *vel* Culleus ... m ... [Gr ..., Jun ... vagina] (1) *A ... bag to carry ...* (2) Also *a ... in ... as ... their ... and cast into ...* (3) Also *a measure containing ... or ... of ... 120 gallons, a pipe* ... Plaut ... 2, 78 Nep ... 8, 7 & Plin 18, 31 (2) In ... Cic pro Rosc 11 (3) ... quod capit culleum, ... Dalechamp ad Plin

Culex, icis m ... *A gnat, or little fly*. (2) *A kind of herb so called* (3) ... culices, Hor Sat 1, 5, 14 ... *Spartan* ... R 4, 9

Culicarius, a, um adj ... Apollo, *An epithet of Apollo, on ... away gnats and ...* Alex ab Alex 1, 12, & 15

Culi... *A bowl, or dish to ...* Cato, c 132

Culina ... [qu colina, quod ... colebant ignem, Var ap Non] (1) *A kitchen, a place where meat is dressed* (2) Culinæ, *Publick places in the suburbs, appointed for the burial of the poor* (3) *A sink, common sewer, or bog-house* (1) Mulier non tantum Veneris, quantum studiosa culinæ, *Hor Sat* 2, 5, 80 (2) *Argenus* in Front de Limit p 60 (3) Vet Gloss

Culinarius, a, um adj *Belonging to the kitchen, culinary*, Scrib Larg Compos 2 ...

Culmen, inis n [quia veteres de culmo ædificia contegebant, Serv] (1) *The top, or height of a thing*, (2) *The ridge of an house, or h...* (3) *The crown of one's head* (4) Met *Honour, advancement, dignity* (1) Culmen omnium rerum pretium ... tenent, Plin 9, 35 (2) Villarum culmina fumant, Virg Ecl 1, 83, Culmen ædis Jovis fulmine ictum, Liv 27, 4 (3) Circa summum culmen hominis auspicium fecisse, Liv (4) Regale culmen, Claud 6 Cons Honor 64 ⁂ Culmen falsæ, *A lean stall, or bean straw*, Ov Fast 4, 7 4

Culminia, æ f *A sort of olive*, Col 5, 8 ubi decem genera enumerat

Culmus, i m [ex Gr ...] *The stem, stalk, or straw of corn, from the root to the ear*, Jun Homo tam bene culmo, quam auro tegitur, Sen Ep 8 ⁂ Culmus ipse calamus, stipula, folia quæ ambiunt culmum, Serv ad ...

CULPA, æ f *A fault, blame, ... an offence ... a crime ...* ... nemo ... pœna, quam culpa ... Offic 1, 25 ‖ Potare culpa magistra, *To drink to excess*, Hor Sat 2, 2 123 ubi ... culpa = Vitium, suspicio, Cic ⁂ ... Ov Trist 1, 2, 98

|| Culpabilis, e adj *Worthy of blame, blameworthy, ...* Apul Apol p 42 ‡ pro

Culpandus, a, um part *To be blamed* Nec levitas culpanda mea est, Ovid A Am 2, 429

|| Culpatio, onis f verb *A blaming, or finding fault*, Gell 1... 2... ‡ Reprehensio

Culpatius adv compar *More ...*, Gell

Culpatus, a, um part & adj or, comp (1) *Blamed* (2) *Blameworthy* (1) ... 2, 6... (2) = Molestus ... Gell ...

Culpito, are freq *To blame or find fault with often*, Plaut Cist 2, 1, 19 vix ...

Culpo, are ... [a culpa] *To blame, to find fault with, to lay the fault on one*, ... Illum ... habunt benè, hoc ... Plaut Bacch 2, ... Est etiam, quæ me vitiis & mea carmina culpet, Ov A Am 2, 4, 1

Cultellatus, a, um adj *Edged, or sharp like a knife*, Plin ...2

§ Fa... *Made plain, measured ... and brought to a level*, Hygin Gromat p 214

Cultello, are ... [In cultro, ... collocare] *To cut plain, or make even, a term of surveyors, when they measure ground, and bring it to a level*, ... 10

Cultellus, i m dim [a culter] (1) *A little knife* (2) *A pruning knife* (1) Purgare ungues cultello, *Hor Ep* 1, 7, 51 (2) *Plin* 13, 17

Culter, tri m [a colo, cultum, quod eo terram colerent] (1) *A coulter of a plough* (2) *The part of a sickle towards the handle* (3) *A knife* (1) Plin 18, 18 (2) Col 4, 25 (3) Acutum cultrum habeo, ... Plaut Epid 2, 2, 2 Culter tonsorius, *A razor*, Cic Offic 2, 7 ... venatorius, *a wood knife*, Suet Aug 19 ¶ Relinquere sub cultro, *To leave one in great ..., or in the suds*, ... Sat 1, ...

Cultio, onis f verb [a colo] *Tilling, husbandry, tillage, tilth* Agricultio ... de Senect 16

Cultor, oris m verb [a colo] (1) *A tiller, an husbandman* (2) *An ...* (3) *A ...* (4) *A ...* (5) *A lover, respecter, ...* (1) Cultor vinetis agelli, Hor ... 117 Aspice & extremis domitum cultoribus orbem, Virg Georg 2, 114 (2) ... (3) Hominum genus cultores terræ, Cic N D 2 (4) ... Æn 11, 788 Hor Od 1, 34 (5) Cultores veritatis, Cic Offic 1, 30

Cultrarius, a, um adj *Of, like or belonging to a knife*, Litt ex Plin

Cultrarius, i m (1) *He that kills beasts in sacrifice, the slaughter man* (2) Also *a cutler* (1) Suet in Cal 32 (2) Jun vid etiam Grut inscr p 640 n 11

Cultratus, a, um *Made sharp, or keen like a knife* Folia cultrato mucrone, Plin 1..., 4

Cultrix, icis f verb [a colo] (1) *A she pol..., or ...* (2) *A worshipper* (3) *An inhabitant* (1) Cultrix ... sapientia, Cic de Fin 5, 14 (2) Cultrix deorum, Lact de mo... (3) Sis cultrix nemoris, Ponth 2, 4

† Cultrum, i n *A knife* Cicatrint ... Propert 4, 5, ... Sed al clatone, ... ibi ... Cette Gl ...

... n *Ploughed land* Pinguia culta, Virg Geor 1, 153

Cultura, æ f verb [a colo, cultum] (1) *Husbandry, tillage, culture* (2) *Dressing, or trimming of vines, &c* (3) *Culture, or instruction of the mind* (4) Met *Service, attendance, and waiting upon* (1) Nihil est agri, nam multa cum ... cultum, Cic de Leg ... 5 (2) Si culturam ... Cic de Fin 4, 14 (3) Si modo culturæ patientem commodet aurem, Hor Ep 1, 1, 40 (4) Dulcis inexpertis cultura potentis amici, Hor Ep 1, 18, 86

Cultus, a, um part & adj or, comp ssimus, ius [a colo, cultum] (1) *Tilled, manured, husbanded, dressed, cultivated* (2) *Decked, trimmed, garnished* (3) *Worshipped, served* (4) Adj *Fine, neat, trim and gay* (1) Ager cultissimus, Cic pro Rosc 12 Res rusticæ benè cultæ, Id pro Quint ... (2) Cultus veste candidâ sacerdos, Plin (3) Deæ cultæ virginum ministris, Ov Fast 6, 28 (4) Avis cultior, Col ... Mart 10, 98 Sermone cultissimus, ... in Valentin

Cultus, us m [a colo] (1) *Tilling, manuring, husbandry, tillage, tilth* (2) *Trimming, finery* (3) *Apparel, attire, dress, cloathing* (4) *Worship, honour, service, respect, observance, attendance* (5) *Provision, furniture* (6) *A way, or method of living* (1) Cultu agrorum defessi, Cic pro Leg Agr 2, 32 (2) Fabricam deûm fibulas & alia muliebris cultûs, Plin 33, 4 ed Hard (3) Purpureus cultus, *Stat* Cultus externus, *Tac Hist* 11, 16 (4) Religio deorum pro cultu continetur, Cic N D 2 = Cultu & honore dignari, Id (5) Læto cultu convivia, Val Fl (6) Gens dura, atque aspera cultu, Virg Æn 5, 730

Cululius, i m dim [a κύλιξ] *... or pot, a jug*, Hor A P 434

Culus, i m [a κόλον, vagina] ... Mart 2, 5 ... Priap idem ...

CUM præp ... [... Gr σὺν, in ... in compositione CUN ... CON] (1) *With, together, ...* (2) *Against* (3) *Sometimes ...* (4) *It is ... to denote the ...* (5) *In conjunction with ...* (6) *... with ...* (7) *... ...* It is elegantly redundant (1) Simul consilium cum re amisisti, Ter Cum ... Cic (2) Cum hoste ..., Nep (3) ... cum imminent, Cic ... cum potestate sit, Id (4) Homo cum magna ... Plaut Cum spe bonâ ... Sall ¶ Cum aliquo ita ... ab aliquo, Cic ... in the first place, ... Plaut cum cæteris, *forthwith, immediately*, Apul Duo juvenes cum equis, *two on horseback*, Liv Cum primo luci, ..., cum prima luce, *at day break, as soon as it was day*, Cic Cum eo mihi omnia sunt ... communia, *is my mate friend*, Cic Mihi cum Cornificio nihil erat ... Id (5) ⁂ Cl ... gem bellum gessit, cum Ægyptiis, Nep in vita ... (6) Si sibi me ... peccato ... Cic (7) Cum ... dicere, ... Cum ... vivere, ... Sat cum periculose, ... Cum fide, ... fideliter, ... (8) Cum ... Cum ... Id Cum ... Ter Polponitur ..., as mecum, tecum, secum, nobiscum, vobiscum, quicum, quibus ...

Cum adv & conj [a quum ...] (1) *When, at what time* (2) *Because, for as much as* (3) *Seeing that* (4) *Although, albeit* (5) Cum ... tum, *as, so, not only, but also* (6) *Indeed, but especially* (7) *Since* (1) Cum consumit nunc cum nihil obsint doni, Ter (2) Bene fecistis cum venistis, Ad ... (3) Cum hoc non possum, illud minus possum, Ter (4) Nullum hoc ... illum ... Cic (5) Cum spes maxima, tum ... tum ... animo, Cic Cum ... tum vero quibus verbis tibi gratias agam, non ... Ter (6) Luxuria vero cum ... turpissima, ... Cic (7) ... nunc sum ... Cic ¶ Cum ... *at the last* Plin Cum maxime, *ever more*, Cic Cum plurimum, *most frequently*, Plin ☞ De cæteris hujus particulæ ... Joannes ...

Cumatilis, e adj ... *like, or sea-green, a colour of stuffs, and ... are* Cumatilogа, Plaut Epid 2 2, 40

† Cumbo, ĕre n inuſ præterquam in comp *To lie down*
Cumĕra, æ f *A great wicker veſſel to keep corn in, a meal-tub* Vulpecula repſerat in cumeram frumenti, Hor Ep 1,7,29
Cumĕrātus, a, um *Heaped up* Cumerati cacumina, Veget 5,3
Cumĭnum & cyminum, i n Gr κύμινον *Cummin, the herb and ſeed* In vino epotum pallorem infert unde exangue, Hor Ep 1,19,18 *pallens*, Perſ vocat 5,55
Cumpartim adv pro *partim*, Cat
Cumplurimum adv unâ voce, i e ad ſummum, *at moſt*, Suet
Cumprimis adv *very much, mightily, exceedingly* Homo cumprimis locuples, Cic
Cumulatè adv ius, comp ſſimè, sup *Abundantly, to ſatisfaction* Cumulate reddere, Cic Fam 5,8 Cumulatius quid augere, Id in Or 17 Cumulatiſſimè gratiam referre, Id Fam 13,4 Cumulatè planum, *As plain as plain can be*, Id
Cumŭlātim adv *By heaps, or piles, one upon another*, Varr R R 3,15
|| Cumŭlātio, ōnis f verb *A heaping of many actions, or pleas together*, JCC † Accumulatio
Cumŭlātus, a, um part & adj or, comp ſſimus, ſup (1) *Heaped up, filled* (2) *Peſter'd, cumber'd* (1) Urbs ſtrage virorum cumulata, Sil Cumulatior menſura, Cic de Cl Or 1 Cumulatiſſimus ſcelerum, Pl ut Aul 5, 16 (2) Locus ſemirutis urbis ſtrage cumulatus, Liv ¶ Cumulatus omni laude, *highly commended*, Cic de Orat 1
Cumŭlo, āre act [a cumulus] *To heap up, or pile, to augment, to increaſe* Cumulare altaria donis, Vir Æn 11,50 ¶ Cumulare invidiam ſibi, *To get himſelf much ill will*, Liv 5,12 gloriam, Cic Offi 1, 3
Cumŭlor, āri, ātus paſſ *To be heaped up* Cumulari gaudio, *To be as full of joy as he can hold*, Cic Fam 9,14
Cumŭlus, i m [a κῦμα, fluctus, & qu acervus aquæ Forte rectius à cum notante congeriem] (1) *An overflowing of water* (2) *An heap, or pile* (3) *That which is over and above meaſure, the heaping of any meaſure* (4) Met *An acceſſion, or addition* (5) *An epilogue, or concluſion* (1) Inſequitur cumulo præruptus aquæ mons, Vir Æn 1,109 (2) Spolis hoſtium ingenti cumulo accenſis, Liv Cumulus auri, Claud (3) Feſt (4) Cumulus acceſſit ad ſummam lætitiam, Cic (5) Quint Orat 6,1
Cunābŭla, ōrum n [a cunæ, nam *bul* eſt productio vocis] (1) It ſeems to be properly *clothes wherewith the child was cradled in the cradle* (2) Meton er, as *cunæ, infancy, the beginning up of children* (3) *The original, riſe, or beginning* (4) *A bird's neſt* (1) Neque eum quiſquam colligare quivit in cunabulis, Plaut Amph 5,1,52 (2) A cunabulis ſcire, Plaut Pſeud 2,1,18 (3) Gentis cunabula, Cic Juris, Plin 3 (4) Plin 10,33
Cūnæ, ārum pl f [quaſi κοιναί, communia, quod ſæpius fœtui nutriantur, unde & cunæ & inquinare verba] (1) *A cradle* (2) *A bird's neſt* (1) Vagire in cunis, Cic de Sen 23 ✠ Falcus cujus eſt, pulvinus, cunis, incunabulis, Plaut Truc 5,13 (2) Nec aves cunas violaſſe feruntur, Ov Faſt 6,167
Cunctābundus, a, um *Slow, lingering loth, delaying, being at a ſtand*, Liv 6,7
Cunctans, tis part & adj or, comp (1) *Delaying, tarrying* (2) *Slow, heavy* (3) *Staggering, doubting* (1) Thalamo cunctans regina, Virg Æn 4,133 (2) Ingenio cunctantior, Liv Cunctante modeſtior ira, Stat Theb 5, 680 (3) Corda cunctantia, Val Flacc
Cunctanter adv ius, comp *Slowly, ſoft and fair, leiſurely, aſt difficultly* Haud cunctanter, *not making any pauſe, or doubt of a thing*, Liv 1,36 ✠ Data utrique venia, Segimero facile, cunctantius filio, Tac Ann 1,71 & Suet Cæſ 19
Cunctātio, ōnis f verb *Delaying, lingering, delay, doubt* = Neque cunctatio ulla aut mora inferebatur, Hirt B Alex 2 ¶ Ablatâ omni cunctatione, *Without any more ado*, Cic
Cunctātor, ōris m verb *A lingerer, or prolonger of time, a delayer, or dodger*, Cæl Cicer Fam 8,10 ✠ Cunctator ex acerrimo bellatore factus, Liv 6,23
Cunctātus, a, um part & adj or, comp *Doubting* Fides cunctata, Stat Theb 9 Cunctatior fortiſſe & cautior eſſe deberem, Plin Ep 2,16
† Cuncto, āre n idem quod
Cunctor, āri, ātus ſum dep [i conto, quo navigantes aquæ altitudinem pertentant, Feſt] (1) *To delay, linger, to dally, to prolong time, to linger* (2) *To ſtay, to linger, to ſtand at a ſtand, to dodge, to boggle* (1) Diu ibi cunctari in vita, Cic Tuſc 1,46 Unus homo nobis cunctando reſtituit rem, Id de Sen 4 Tu hic cunctas? abi in us feſtinant, Plaut Caſ 4,2,13 (2) = Cum hæſitaret, cum cunctaretur, quæſivi quid dubitaret, Cic = An cunctor & tergiverſor? Id Att 7,12
Cunctus, a, um adj qu conjunctus (1) *Altogether, full and whole* (2) *Perfect, entire* (1) Nemo cunctam in unus terram de divina ratione dubitaret, Cic N D 2,39 Cuncta terrarum, *All countries*, Hor Od 2,1,23 Laborem pro cunctis ferre conſuevit, Cic (2) Facitum cunctam gratiam, Plaut Moſt 5,2,46
|| Cuneātim adv *In form of a wedg, wedg-wiſe*, Litt
Cŭneandus, a, um part *To be wedged, or driven with wedges*, Plin 16,11
Cŭneātim adv *Wedg-wiſe, in throngs and crowds, by bands, or companies*, Cæſ B G 7,28
Cŭneātio, ōnis f verb *A forming wedg-wiſe* Scrib Larg Compoſ 17
Cŭneātus, a, um part & adj o, comp *Wedged, made like a wedg, broad at top, and narrow at bottom, broad at one end and narrow at the other* Cuneatus ager, Col 5,2 abi formam v dere licet Cuneatus acumine longo, Ov Met 13,778 Forma ſcuti ad imum cuneatior, Liv 9,40
Cŭneo, āre act (1) *To wedg, to faſten with a wedge, to peg, or pin* (2) *To make wedg-wiſe* (3) *To join, or faſten in building, as one joint, or ſtone, is coquetted within another* (1) Si quid cuneandum ſit in ligno, Plin 16,11 (2) Hiſpania cuneatur anguſtius, Plin 3,3 (3) Sen Ep 118 extr
Cŭneor, āri, ātus paſſ *To be wedged, or faſhioned like a wedg* Cuneatur anguſtius inter duo maria, Plin 3,3
Cŭneolus, i m dim [a cuneus] *A little wedg*, alſo *a crooked tent, broad at one end and ſharp at the other, to put into a fiſtula* Adacti arundineis cuneolis arctantur, Col 4,29
CUNEUS, i m (1) *A wedg* (2) *The faſhion of a wedg* (3) *A battalion, or company of foot, drawn up in form of a wedg, the better to break the enemy's ranks* (4) *Alſo ſeats and benches in the theatre, narrower near the ſtage and broader behind* (5) *A company of men ſtanding thick together* (6) *A triangular figure in pavements for ornament* (1) Cuneis ſcindebant fiſſile lignum, Virg Geor 1, 144 (2) In cuneum tenuatur Britannia, Tac Agric 10,4 (3) Acies per cuneos componitur, Tac Germ 6,8 ✠ Civilis haud porrecto agmine, ſed cuneis aſtitit, Id Hiſt 5,16,2 (4) Virg 5,6 & 7,4 (5) Virg Geor 2,509 (6) Vitr 7,4 & 18,5
Cŭnĭcŭlārius, i m *A pioneer, a miner, an underminer*, Veg 2, 11
Cŭnĭcŭlātim adv *By holes, or mines under the earth, or in faſhion of a pipe* ✠ Cuniculatim, imbricatim, pectinatim, Plin 9,33 de generibus concharum
Cŭnĭcŭlōſus, a, um *Full of conies, alſo full of holes, or mines under ground* Cuniculoſæ Celtiberiæ fili, Catull 35,18
Cŭnĭcŭlus, i m [a cuneus, formâ dimin quia cum ſe mittit findit terram] (1) *A cony, a rabbet* (2) *A cony's burrow, a hole, or paſſage under ground* (3) *A mine in the earth* (4) *A long pipe of a ſtill, or furnace* (5) *Cunning, treachery, underhand dealing, intriguing* (1) Mollior capillo cuniculi, Catull 23,1 (2) Condenſique ſe in cuniculo fluvius, Plin 5,16 Conditis propter vaporem in cuniculos formicis, Id 11,31 (3) Cuniculos agere, Cic Offic 3,23 Cuniculis ſubruere muros, Curt 4,6,21 & Liv 5,19 Tranſverſis cuniculis hoſtium cuniculos excipere, *To countermine*, Id (4) Plin 9,38 (5) Quæ res apertè petebatur, ea nunc occultè cuniculis oppugnatur, Cic pro L Agr 1,1
Cŭnīla, æ & cŏnīla, f *An herb whereof there are three ſorts, ſavory, marjoram with the ſmall leaf, and pennyroyal with the broad leaf*, Col 6,12 = Satureia, Cunila gallinacea, Plaut Trin 4, 2,90 = Origanum, Plin quem adi
Cŭnīlāgo, ĭnis f *Flea-bane, or moth-mullein*, Plin 21,9
Cūnīna, Dea quæ cunis infantium præſidere fingebatur, Lact 1,20,36
Cūnio, ire [a cunis infantium, vel forte à cœnum cunio, ut à pœna punio] *To beſoul*, or in general *to defile*, Feſt
Cunnus, i m pudendum feminæ dict à κύειν prægnantem eſſe, Mart 7,17 Mejentis mulæ cunnus, Catull 97,8 Synec pro ipſa femina, Hor Sat 1,2,70
Cunnilingus, voc impuriſſimum, Mart 4,43
Cunque particula adverbialis [conſtat ex cum & que raro extra compoſitionem] Mihi cunque ſalve rite vocanti, i e utcunque, *howſoever*, or *whenſoever*, Hor Od 1,32 ult If it be not rather an expletive Equitatum cunque qui regat Ubi præponitur pro quicunque, *Whoſoever*, Cic
Cūpa, vel cuppa, æ f (1) *A but, vat, tun, or pipe of wine* (2) Cupa, *Large empty veſſels which they made uſe of to bear up the hulls of ſhips, when they careen'd them and mended their ſides* (3) *A cup, or drinking veſſel* (4) *An hoſteſs, one that ſells wine, or rather a tavern* (5) *A ſepulchral veſſel* (1) Cupæ pice & tædâ refertæ, *pitched barrels*, Cæſ B C 2,11 Cato, 1 (2) Ratem vacuæ ſuſtentant undique cupæ, Luc 4,420 (3) Dua ... pæ mero [...] exhauſit, ... Hinc Angl *Cup* (4) Varr ap Litt V & Cic in Piſ 27 (5) Gru inſcriptiones, p 845,1
Cūpēdia, æ f [a cupedo] *An immoderate deſire of dainty fare, liquoriſhneſs, daintineſs*, Cic in Tuſc 4,11
Cūpēdiæ, ārum f pl [a cupedo, i e cupido] *Dainties, ... eating, junkets, tidbits, kickſhaws, delicacies*, Varr
Cūpēdia, ōrum n pl id quod cupediæ Nihil moror cupedia, Plaut Stich 5,4,32
|| Cūpēdĭārius, ii m Apul † id qui
Cūpēdĭnārius, ii m *A cook, one who prepares, or ſells dainty meat*, Ter Eun 2,2,25
Cūpēdĭōſus, a, um [*i e* cupidus, vel ſuperbus] *Liquoriſh, ſqueamiſh*, R ex Liv ſed q
|| Cūpēdius, i m *One that covets dainty food*, R ex Feſt
Cūpēdo, inis f & cuppedo [tanquam a cupio pro cupido, Lucr primâ longâ] *Deſire, luſt, greedineſs, gluttony* ¶ Forum cupedinis, a cupedia, quod & forum cupidinis a cupiditate, *A place where dainty meats were ſold, ſo called from one Cupedius a Roman, who was baniſh'd, and his houſe made a market place*, Varr Conſcindunt hominem cuppedinis cura, Lucr 5,46
|| Cūpēdŭla, æ f *A dainty, a kickſhaw*, Gell 16,1, ubi tamen al leg cupedias
* Cūpellum, i n *A cup*, Pallad Febr 25
† Cupencus, linguâ Sabinâ ſacerdos
† Cūpes, *five cuppes* adj [i e cupeus deditus] *One that loves his belly, a dainty mouth'd fellow*, Plaut Trin 2,1,13
Cŭpĭdè adv ius, comp ſſimè, ſup (1) *Deſirouſly, gladly* (2) *Fondly, affectionately, paſſionately* (1) = Cupide, & libenter mentiar tua causâ, Cic Cupidius inſtare, Cæſ B G 5,43 Imperata cupidiſſimè facere, Id B C 1,15 (2) = Quid cupidè à Senatu, quid temerè fiebat, &c Cic Philipp 2, 21 Prædium ne cupidè emas, Cato, 1,1
✠ Cŭpĭdĭneus, a, um adj *Pertaining to love, wanton* Sagittæ cupidineæ, Ov Remed Am 157
Cŭpĭdĭtas, ātis f [a cupidus] (1) *Deſire, earneſtneſs, eagerneſs, in a good ſenſe* (2) *A deſire, or appetite, in a middle ſenſe* (3) *Alſo in a bad ſenſe, covetouſneſs* (4) *Ambition* (5) *Study of revenge* (6) *Unlawful love, luſt* (7) *Alſo in a general ſenſe, cupiditates, deſires, paſſions, or affections* (1) Ardet cupiditate juſti, & magni triumphi, Cic in Piſon 25 (2) Cupiditas cibi, Celſ 7,2 (3) = Hiantes cupiditates amicorum in magna fortuna, Tac Hiſt 1,12 ✠ Abſtinentia, Suet Dom 10 (4) = Studia cupiditateſque honorum,

r orum, atque ambitiones, *Cic* in *Verr* 2, 5. (5) Impiam cupi- ... contra salutem alicujus ... *Cic Fam* 8, 16 (6) Nemquas sorores nec cupiditate ... nec dignatione dilexit, *Suet* 24 (7) Docemur auctori- ... gum—omnes coercere cu- ... *Cic de Orat* 1, 43

Cupido, inis f [a cupio] (1) In middle sense, *desire, appe* ... (2) In a good sense, *love*, ... (3) In a bad sense, ... (4) *Lust, concupi-* ... (5) *Ambition* (6) *Luxu-* ... (1) Sic expletur ... cupi- ... 4, 874 Laticum fru- ... cupido, *Id ib* 1086 (2) ... cupido sapientibus novissi- ... *Tac Hist* 4, 6 (3) ... cupido *Plin* ... (4) ... cupidine conjux, *Vir Æn* ... (5) Honorum cæca cupi- ... 59 (6) Profusæ cu- ... *Tac Ann* 3, 52, 4

Cupido, inis m (1) *The God Cupid* (2) *Covetousness* (3) *Concupiscence* (1) Habet sua ... Cupido, *Ov Am* 1, 9, 1 ... tolidus, *Hor Od* 2, ... (2) Eradenda cupidinis ... elementa, *Hor Od* 3, ...

Cupidus, a, um adj or, comp ... sup (Tam in bonum, quam in malam partem) (1) *Desirous* ... *greedy, eager* (3) ... (4) *Partial, of a party* ... *Insatiable, longing, to* ... *content* (1) Cu- ... *Cic Fam* 13, 4 ... (2) Homo ... cupidus ... *Plaut* ... Ut illud ani- ... *Ter Heaut* 2, 1, 16 (3) Homo ... cupidissimus, *Cic de Orat* ... cupidissimi sunt bar- ... *Cic B G* 6, ... (4) Cupi- ... *Cic pro Font* 6 ... debet ... esse tam ... *Id in Verr* 4, 56 (5) ... *Plaut Merc* 5, 1, 12

Cupiens, tis part *To be* ... *coveted* Regna cu- ... *Ov Trist* 4, 4, 66

Cupiens, tis part ... nom ... sup (1) *Desiring* ... (2) *Desirous* (1) § In ... consciendis ... domum cu- ... *Plaut Bac* 2, 3, 14 (2) ... *Plaut Mil* ... Domini sui suis, quam ... nes ... cupientiores ... *Vid Cæs* 21, 9 Cupi- ... plebe, *With great good* ... *the people*, Sall B J 84

Cupienter adv *With great de-* ... *(earnestly, earnestly)*, Plaut ... 17

Cupio, pro cupivi, *Stat*

Cupio, ere, ivi, itum, *Lucr* unde ... [a capio, *mutato* ... occupo, &c] (1) ... *to desire, to wish, to* ... (2) *To be ... and* ... *to do a thing* (3) *To wish* ... (1) Si, quantum cupe- ... quoque, *Hor Ep* 2, ... § Cupere nuptias, *Ter* § ... cupienti tui, *Plaut Mil* ... 17 (2) Cupio dare merce- ... ubi sit commoro- ... *Plaut Curc* 4, 4, ult ... omnes tuas epistolas, ... *all your letters*, ... *Attic* 7, 2 (3) § Cæsari be- ... cupio, *Cic Fam* 2, 15 ... *unde* cupirer ... cupiret, *Lucr* 1, 72 & cupi- ... cupio ... *infra*

Cupitor, oris m verb *A de-* ... or *coveter*, Tac Ann 1, 7, ... 5, 5

Cupitus, a, um part *Desired, longed for, coveted* Cupitur at- que expetitus, *Plaut Pœn* 5, 3, 30 & *subst* Hunc cupitum con- tigit, *Id ib* 5, 4, 101

Cuppa, æ f ut quidam scribunt [a κύββα, ... *Hesych*] *A cup, a tub*, or *vat* Vid Cupa

Cupressetum, i n *A cypress grove*, Cat 151 & *Cic de Legg* 1, 5

Cupresseus, a, um adj *Made of cypress-tree* Duo signa cupressea Junonis reginæ, *Plin* 27, 47

✣ Cupressifer, a, um [a cupres- sus & fero] *That bears cypress trees*, Ov Heroid 9, 87

Cupressinus, a, um adj *Made of cypress* Cupressina fronde, *Col* 2, 2

Cupressus, i *vel* ûs f *A cy- press tree* Atra cupressus, *Vir Æn* ... Funebres cupressi, *Hor Epod* 5, 18 Ex junipero, & lauru, & cupressu, *Col* 4, 26 Imponere fumum cupresso ad- jectis, *Col* 5, 26, ... & 6, 6, 16

Cupreus, a, um adj *Of copper* Vas cupreum, *Plin* ... 3

Cuprinus, a, um adj *Made of copper* Cuprini clavi, *Pallad*

|| Cuprum, i n *Copper*, Spart ... *Aes cyprium*, *Vitr* & *Plin*

Cur adv interr pro quur *al* quare Infin quoque poni ur (1) *Wherefore why? for what cause* (2) Sine interr *Why, for which* (3) *Because* (1) Cur me excrucio? cur me macero? *Ter* (2) Non fuit causa cur tantum la- borem caperes, *Cic* (3) Irascor amicis, cur me funesto properent arcere veterno, *Hor Ep* 1, 8, 10

CURA, æ f (a) [quasi cor urit, quod cor urit, *Varr*] (1) *Care, concern* (2) *Thought, regard* (3) *Love, or the person beloved* (4) *Study, diligence* (5) *Sorrow, grief, trouble* (6) *The charge, or oversight*, or by a Meton *that hath the charge of* (7) *Provi- dence, foresight* (1) Cura cor meum movit, *Plaut Truc* 2, 4, 80 = Nulla cura, nulla sollicitudo te habuit est, *Cic* (2) Cura peculi, *Vir* ... (3) Tunc meam potuisti tangere curam? *Prop* 2, 34, 9 Tua cura Lycoris, *Vir Ecl* 10, 22 Curæ removent soporem, *Ov Aut* 6, 49 Regina gravi saucia cura, *Vir Æn* 4, 1 (4) = Hæc curam diligentiamque desiderant, *Cic de Orat* ... (5) = Curam & angorem animi le- vare, *Cic Att* 1, 18 (6) Immundæ cu- ra fidelis hare, *Ov* ... Venerem quoque cura fatui tan- git, *Ov Met* 9, 12.

|| Curabilis, e adj *Curable, that may be cured* Sed unpro- babilis

Curalium, ii n [quasi ...] *Coral* Curalium tempore durescit, mollis fuit herba sub undis, *Ov Met* 15, 415 *Scrib* & corallium, q v

Curandum, a f *Idem quod* cura- tio Quod me admones de non curantia, *Of my neglect*, ... *non-attendance*, *Cic ad Q* fratr 2, 8 Ratio occur atque ... aliter legunt

Curate adv unde ius, comp. ... issime, sup *Diligently, well, exactly, carefully*, Tac 2, 2 ... curatius edici, *Id* 14, 21 accu- ratius *alii leg* Eum Jugurtha curatissime recepit, *Sall B J* 19

Curatio, onis f verb. (1) *A taking care for, or looking to a thing, management, oversight* ... *provision* (2) *Ornament*, or *dres- sing* (3) *Healing, curing* (4) *An office*, or *charge* (5) *A me- thod of cure* (6) *The dressing of a wound* (1) = Sine cultu ho- minum & curatione *Cic de N D* 1, 6, (2) = Omnis cultus & cu- ratio corporis ... adhiberi ... hominis, *Cic de N D* 1, 33 (3) ... curatio, *Cic Off* 2, 3 (4) A- ... Telluris est curationi meæ, *Cic de Har Resp* 14 (5) Plane curationes medicæ non probo, *Cic Fam* 16, 6 Periculosæ curationes, *Id Off* 1, 24 (6) In ... curationem expiravi, *Liv* ...

Curator, oris m verb (1) *One that hath the charge to oversee and provide things necessary* (2) *Surveyor, an overseer, a bailiff, a commissioner, a trustee* (3) *A guardian that hath the charge and custody of wards, or others under years of discretion, or such as are out of their wits* (1) Sunto que ædiles curatores urbis annonæ, ludorumque solemnium, *Cic de Legg* 3, ... viæ Flaminiæ, *Id ib* ... muneruin ... tionum, *Suet Cal* ... (2) Nec medici credit, nec curatoris ... a prætore dati, *Hor Ep* 1, 1, 102 V & *Juv* 14, 287

|| Curatoria, æ f *The office of a guardian, or overseer, guar- dianship*, Voc JCC It Med *The curing part of physic*

Curatum impers *Care is taken*, Plin Curabitur, *It shall be taken care of*, Ter Andr 2, ... 29

Curatura, æ f *Ordering, dict- ing, management* Redunt cu- ratura junceæ, *Ter Eun* 2, 3, 24

Curatus, a, um part or, comp ... issimus, sup (1) *Done with care, taken care of* (2) *Procured* (3) *Administred, dispensed* (4) *In good plight, or liking, smooth, sleek, and plump* (5) *Accurate, earnest* (1) Curatum prandium, *Plaut Men* 2, 3, 17 (2) Ei ... cu- rata noctis pecunia, *Cic Fam* 5, 20 (3) Sacra per Græcas curata sa- cerdotes, *Cic pro Balb* 24 (4) Iri boves corpore cu... erunt, *Cato*, 103 Bene curata cute nit- dus, *Hor Ep* 1, 4, 15 (5) Cura tissimis precibus protegi, *Tac* 1, 13, *ult*

Curculio, onis m (1) *The we- sand of a man's throat* (2) *A little worm that eats out the pith of corn, beans, and lentils, a mite, or weevil* (3) *Also the name of a play in Plautus, from whom one of his plays is so cal- led* (1) *V Serv in Vir Geor* 1, 186 *Alii* De omne curculio, *Pers* 4, 8 ... (2) Vid *Plaut Curc* 4, ... 21 & *Col* 2, 10 (3) Comœdiam cognominem ... & gurgulio

Curculiunculus, i m dim [a curculio] *A little weevil*, Prov Curculiunculos minutos fabulari, ... narrare res nullius usus, quasi de vermiculis sermonem habere, M *Plaut Rud* 5, 2, 38

CURIA, æ f (ii) [Curia locus est ubi publicas curas gerebant] (1) *A court, more especially the place where the senate, or coun- cil assembled, the council house, or state house, the hall, or moot- house that belonged to every one of the thirty five wards of Rome* (2) *Also the ward it self* (3) Meton *The senate* (4) Synecd *Any hall* (5) ✝ *Any consecrated place* (1) Ubi concucierit tumul- tus, recte tum in curiam patres revocandos, esse, *Liv* 22, 55 Si minus in curia atque in foro, at in literis & libris juvare remp debemus, *Cic Fam* 9, 2 (2) Cum populum in curias triginta divide- ret, *Liv* 1, 13 (3) Curia pro Se- natu, *campus* pro comitiis, *toga* pro pace, &c appellatur, *Cic de Orat* 3, 42 (4) ... *Varr L L* 5, ... ¶ Curia mu- nicipalis, *A state-house, a guild- hall*, Vitr Curia Hostilia, *The senate-house built by Hostilius*, Liv 1, 30 Pompeiana, *in qua J Cæsar occisus est*, Cic de Div 2, 9

Curialis, e adj *Of the court, of the same tribe, or ward* ... *Priests belonging to the several wards* ... mensa, *Tables wherein they ... sacrifice to Juno, who* ... Curialis vernulis, *A servant of the court*, Ter Phorm 5, 6, 10

Curialis, m (idem qui decu- rio) *A headborough, a tithing man, a common councilman* ... *of the same court, or ward*, Cic Offic ... 18 *Vid & Plaut Aul* 2, 2, 2

|| Curiatim adv *Ward by ward*, Gell 15, 27 ✝ Tributim

Curiatus, a, um adj ... comitia, *The assembly of the wards in their several courts, and hall meetings*, Gell 15, 2 Lex curiata, *A law made by the assemblies, wardmote, the common council*, Cic ... 1, 5, 71 Tac Hist 1, 15

Curio, onis m (1) *The al- man, deputy, or chief priest of every ward, who ... in their court house ... for ... monies &c* (2) *The crier of a court, a proclaimer, or ... any public* ... (3) ... *also be taken for the curate, or rector of a parish* (4) *Also a lean fellow, pined away with care* (1) Curiones dicti a curiis, qui fiunt, ut in his sacra faciant, *Varr* (2) Epigrammata curion nomen agent, *Mart pref* 1 2 (3) ... Agnum cu- rio, *Plaut Aul* 3, 6, 27, 28 ... interpretatio, ... dixerat

|| Curionatus, us m *The office of a deputy, of a ward*, ... *a curacy*, Cal

Curionius, a, um adj [a curio] *Belonging to the officer of the court, or to the court of each ward* ¶ Curionium æs, *The deputy of the ward's fees*, Fest Curionia sacra, *The rites, or sa- crifices*, Id

Curiose adv ius, comp issime, sup (1) *Curiously, strictly* (2) *Affectedly* (3) *Warily, with care* (1) Cum de eo curiose quæsisse servus, *Cic* Conquiram ista curi- osius, *Id de Cl Orat* 5 (2) ✱ Curiose potius quam Latine, *Quint* 8, 1 (3) = Diligenter & curio- sissime, *Col* 11, 2

Curiositas, atis f *Curiosity, over- much care, inquisitiveness*, Cic Attic 2, 12

|| Curiosulus, a, um *A little too busy, curious, or prying* Cu- riosulus ventus, *Apul Met* 10

Curiosus, a, um adj or, comp [a cura, adjecta itera, ... eu- phoniæ causa sum in bonam & malam partem] (1) *Full of cares, inquisitive, curious, busy* (2) *Over-curious, critical* (3) *Stu- dious* (4) *Busy, prying, inquisi- tive, pragmatical* (1) = Curiosus, & negotiis plenus, *Cic de N D* 1, 20 Quo minus familiaris sum, hoc sum ad investigandum curio- sior, *Id Fam* 4, 13 (2) Satisfacit difficilius curiosis, *Cic* (3) Curio- sus medicinæ, *Plin* 25, 2 (4) = Speculatorem & curiosum ratus, *Suet*

Suet in *Aug* 27 Curiosus nemo est, quin sit malevolus, *Plaut Stich* 1, 3, 54 = Molestus, *Cic* ¶ Agnus curiosus, *That is only skin and bone*, Plaut V Curio

Cūris, is f *A spear* Hasta curis priscis est dicta Sabinis, *Ov Fast* 2, 477 Hinc Romulus dictus est *Quirinus*

Cūritis, is f [Curitem Junonem appell quia curim, *i e* hastam ferre putabant] *Juno so called by the Sabines, who painted her with a spear in her hand*, Fest

|| Curmi, n indecl *A kind of beverage*, Ulp

Cūro, āre act [a cura] (1) *To take care of, to see to, to look to a business, to order, to treat, to provide* (2) *To refresh himself with meat* (3) *To regard, or attend to* (4) *To cause, or bring to pass* (5) *To dress, or set off* (6) *To tend, or look after* (7) *To command in war* (8) *To cook, or dress meat* (9) *To indulge, or make much of* (10) *To expiate, or atone* (11) *To pay respect and homage, to attend, as a client to his patron* (12) *To administer, in sacred things, to rule* (13) *To cure, or heal* (14) *To matter, or value* (15) *To rule, to govern* (1) Omnia jam parata sunt intus SI —Curâsti probè, *Ter Andr* 5, 2, 6 = Cura & provide, ne quid ei desit, *Cic Att* 11, 3 (2) = Reficiendi se & curandi potestas fuit, *Cic Phil* 9, 3 (3) Et praecepta sobrie ut cures, face, *Plaut Mil* 3, 1, ult (4) Cede e domo & patria curâsti, *Cic pro Domo*, 3 (5) Cura te amabo, hiccine immunda, obsecro, ibis? *Plaut Cist* 1, 1, 115 (6) An curi, quæso, non sunt, quos cures, boves? *Plaut Most* 1, 1, 34 (7) C Marius legatus cum equitibus curabat, *Sall B J* 51 (8) Numquid curati recte hæc, *Ter Andr* 1, 1, 3 (9) = Se, suamque ætatem bene curant, edunt, bibunt, scortantur, *Plaut Pseud* 4, 7, 31 (10) Curare prodigia, *Liv* 1, 20 (11) Est loculentis, factiosus, curatur à multis, *Plin Epist* 1, 5 (12) Per Græcias semper sunt curata sacerdotes, *Cic* sc sacra, pro *Ball* 24 (13) ✝ Adolescentes gravius ægrotant, tristius curantur, *Cic* = medeor, *Id* (14) Non ego isthuc curo, quis sit, *Plaut Most* 3, 1, 99 Non curo, quid Ætoli futurum esse censeant, *Liv* (15) Caprio Proconsul Asiam curaverat, *Tac Ann* 4, 36, 3

Cūror, āri, ātus pass *To be cured, healed, or made whole, to be looked to, or attended, to be regarded, or respected*, &c Vid examin in Curo

|| Cūropălates, æ m *The master of the houshold to the Greek empire* Justiniani temporibus

Cūrotrophium, i n *An hospital for the maintenance of poor children*, Hotom in Lexic Jurid

Currax, ācis [a curro] *Diligent, busy, ready to run* Laqueus currax, *A running knot*, Grat Cyn 89

Currens, tis part (1) *Running* (2) *Flowing* (3) *Turning round swiftly* (1) ✶ Facilius est currentem (ut aiunt) incitare, quam commovere languentem, *Cic* ad Q *Fratr* 1, 1 Hinc Homerus ὀτρύνειν τὸν σπεύδοντα (2) Currentia vina pressit, *Vir Geor* 1, 132 Hinc Angl *a current* (3) Currente rota cur urceus exit? *Hor A P* 22

Curriculo adv *In post haste, as fast as one can run, as fast as his legs will carry him* Curriculo percurre, *Run all the way*, Ter Heaut 4, 3, 11 v & Plaut Mil 2, 6, 43

Curriculum, i n [a curro, ut a veho vehiculum, Voss] (1) *A place to run in, the lists* (2) *A course, or motion* (3) *A race* (4) Met *A term, or space of time* (5) *A customary exercise* (6) [dim a currus] *A cart, or chariot* (1) Curriculo pulverem Olympicum collegisse, *Hor Od* 1, 1, 3 (2) Sed tantum supra terras semper tenet ille curriculum, *Cic Arat* 209 (3) Sine curriculo & certatione corporum, *Cic de Legg* 2, 9 (4) Exiguum nobis vitæ curriculum circumscripsit natura, *Cic* pro *Rab* 10 ✠ Medium noctis abactæ curriculum, *Midnight*, Virg Æn 8, 407 (5) = Hæ sunt exercitationes ingenii, hæc curricula mentis, *Cic de Sen* 11 (6) In amnem præcipitavere curricula, *Curt* 8, 14

Curriculus, i m dim [a currus] *A little cart, or chariot*, Non ex Varr

Curritur impers *They run*, Ter Heaut prol 44

CURRO, ěre, cucurri, cursum neut (1) *To run, to go a pace, to pass away, to pass swiftly* (2) *To flow, or stream, as a river doth* (3) *To fly swiftly, as a bird* (4) *To sail apace, or make way* (5) *To turn swiftly* (6) *To thrill, to pierce* (1) Curre, obstetricem accerse, *Ter Adelph* 3, 2, 56 *Met* Ætas currit, *Hor Od* 2, 5, 13 (2) Amnes in æquora currunt, *Vir Æn* 1, 524 (3) *Apul* (4) Æquor vastum cavâ trabe currimus, *Vir* (5) ✝ Currens, *Plin* (6) Tremor ima per ossa cucurrit, *Vir Æn* 2, 120

Currūca, æ f [a currendo, vel a sono vocis, quem edit, *Gesn*] (1) *The bird that hatcheth the cuckow's eggs, an hedge-sparrow, or a titling* (2) Also *a cuckold, or wittal* (1) V *Plin* 10, 9 (2) Tu tibi tum curruca places, *Juv* 6, 275

Currus, ûs m [a currendo] (1) *A chariot, a coach, or caroach* (2) *A waggon, car, or cart* (3) Synecd *A triumph* (4) ✠ *The horses* (5) ✠ *A pinnace, or fly-boat* (1) Phaethon currus auriga paterni, *Ov Met* 2, 327 Currum agere, regere, *Ov* agitare, *Virg* gubernare, *Sen* impellere, *Sil To drive it*, conscendere *Sil* inscendere *Plaut To take coach* Curru vehi, *To ride in it*, Cic (2) Currus bovem trahit, *Prov cum res inversæ sunt* (3) Digna res curru senatui visa, *Flor* 4, 12 Quem ego currum, aut quam lauream cum tua laudatione conferrem *Cic Catoni*, *Fam* 15, 6 (4) ✠ Neque audit currus habenas, *Vir Geor* 1, ult etiam *Sil* & *Stat* Delin s aurigæ non audit verbera currus, *Claud de Cons Mall* 187 (5) ✠ Fecit volitantem flamine currum, *Catull* 62, 9

Cursans, tis part *Frisking, leaping, skipping, hopping up and down* Cursans per littora cornix, *Cic de Div* 1, 8

|| Cursātio, ōnis f verb *A running up and down*, Don ✝ Cursura

Cursātur impers *They hurry up and down*, Ter Hec 3, 1, 35

Cursim adv [curro, cursum] (1) *Hastily, swiftly, roundly, apace, as fast as he can run, in full speed, in a hurry* (2) *Cursorily, by the bye* (1) = Cursim isti impetum faciunt, ex aliis aliisque partibus convolant, *Ad Herenn* 4, 55 vid & *Plaut Pseud* 1, 3, 123 & *Pœn* 3, 1, 64 (2) = Quæ cursim arripui, quæ subsecivis operis, *Cic de Or* 2, 89 = Hunc locum cursim & strictim transgressus est, *Gell* 9, 4 = Sensim & cursim dicere, *Cic* = cito, *Plaut*

Cursio, ōnis f verb *A running* Campi cursio, *A military exercise of running*, G ex Veget

Cursĭto, āre freq [a curso] *To run to and fro, to trot, or gallop up and down*, Ter Eun 2, 2, 4

Curso, āre freq [a curro] *To run to and fro, to hurry up and down* Alii per foros cursant, *Cic de Senect* 6 Ne forte cursem huc illuc via deterrima, *Id* ad *Att* 9, 9

Cursor, ōris m [a curro] (1) *A runner in a race, a racer* (2) *A lacquey, or messenger who runs upon errands and carrieth letters, or delivers messages* (3) *A courier, or stated post* (1) In stadio cursores exclamant, *Cic Tusc* 2, 23 (2) Cursorem sextâ tibi, Rufe, remisimus horâ, *Mart* 3, ult (3) Cursor ejus generis, qui hemerodromi vocantur, *Nep Milt* 4

|| Cursōrius, a, um adj *Pertaining to running, cursory* Navis cursoria, *A pacquet boat*, Sidon Ep 1, 5

|| Cursorius, i m *A courser*, Litt ex Suet sed q

Cursūra, æ f [a curro] *A running*, Plaut Bacch 1, 1, 54 Asin 2, 2, 61 & Varr R R 2, 7

Cursus, ûs m verb [a curro] (1) *A running, a race* (2) *Flying* (3) *Speed, or haste* (4) *A voyage* (5) *A journey, or way* (6) *A resort, or recourse* (7) *A manner, or fashion, a course of life* (8) *The course of the sun, moon, or stars, or of any other thing* (1) Si quis ad Olympiacum venerit cursum, *Ad Herenn* 4, 3 (2) ✠ Cursumque per auras dirigite in lucos, *Virg Æn* 6, 194 (3) Cursu festinus anhelo, *Ov Met* 11, 347 (4) Miltiades cursum direxit, quo tendebat, *Nep Milt* 1 Incerto cursu, hieme maximâ, navigandum est, *Cic* ad *Att* 8, 3 Cursus brevissimus undis, *Virg Æn* 3, 507 (5) Cursus in Græciam per tuam provinciam erit, *Cic* (6) Omnis omnium cursus ad vos, *Cic* (7) Tenes, Cæsar, hunc cursum, *Plin in Paneg* (8) = Cursus conversionesque cœlestes, *Cic de Legg* 1, 8 Cursus equorum, *Virg Met* honorum, *Cic* rerum, *Id* &c

Curto, āre act *To shorten, to lessen, to diminish*, Hor Sat 2, 3, 124 Iratus heres quod rem curtaveris, *Pers* 6, 34

CURTUS, a, um adj [a Gr κυρτός, curvus, gibbus] (1) *Short, little, small, imperfect* (2) *Curtailed, or bob-tailed* (3) *Battered, broken* (4) *Circumcised* (1) Curta res, *Hor Od* 3, 24, 64 supellex, *Pers* 4, extr = ✶ Nihil curtum, nihil claudicans, nihil redundans, *Cic Orat* 51 (2) Nunc mihi curto ire licet mulo, *Hor Sat* 1, 6, 104 (3) Curtus calix, *Mart* 1, 93, 6 Curta dolia, *Lucr* 4, 1020 Curta fenestris vasa cadunt, *Juv* 3, 270 (4) Curtis Judæis oppedere, *Hor Sat* 1, 9, 70

Curvāmen, inis n *A bowing, or bending*, Ov Met 2, 130 Plin Ep 9, 7

Curvātio, ōnis f verb *A bowing, bending, or winding* Curvatio vitis, *Col* 4, 12

Curvatūra, æ f *A bowing, or bending* Insecatur superior pars curvaturæ, *Col* 4, 15 Curvatura rotæ, *Ov Met* 2, 108 montis, *Vitr* 2, 10 portûs, *Id* 5, 1

Curvātus, a, um part (1) *Bent, bowed* (2) *Winding as a river* (1) Pondere serpentis curvata est arbor, *Ov Met* 3, 93 (2) Ponti Euxinus —retro curvatu in cornua, *Plin* 4, 24 ed *Hard*

Curvesco, ĕre unde incurvesco, *Cic*

|| Curvitas, ātis f *Crookedness*, Macrob Somn Scip 1, 15 ✝ Curvatura

Cŭrūlis, e adj [a currus, al a curro, ut a fare farina] (1) *Belonging to a chariot* Sella curulis, *A chair of state, made of ivory, carved, and placed in a chariot, in which the head officers of Rome were wont to be carried into council* (2) Met *The chief magistrate* (1) Sella honoris, sella curulis, *Cic* in *Cat* 1, 1 ✠ Curule ebur, *Hor Ep* 1, 6, 53 *Curules* vacuæ, intell *sellæ*, Luc 3, 107 ✶ sellia, *Ascon Ped* (2) Ex ... leges Latiæ, gaudete curules, *Stat Silv* 4, 1, 5

Curvo, āre act *To bow, bend, or crook in* Curvare lances, *Hor Sat* 2, 4, 41 Manu arcum curvat, *Stat Achill* 1, 487

Curvor, āri, ātus pass *To be bowed* Ityræos taxi curvantur in arcus, *Vir Geor* 2, 448

Curvor, ōris m *Crookedness* Cucumeres dicuntur a curvore, *Varr L L* 4, 21 Cornua dicuntur a curvore, *Id ib* c 6

Curvum, i n *The plough-beam*, Varr L L 4 = bura, *Id ib*

CURVUS, a, um adj [a ... curvus, inserto digamma] (1) *Crooked* (2) *Bended, bowed* (3) *That hath turnings and windings* (1) Curva senecta, *Ov* ... *A* 2, 670 ✶ *Met* Curvo dignoscere rectum, *Hor Ep* 2, ... (2) Curvum littus *Ov Fast* ... Arcus curvi, *Id Met* 9, 114 (3) Curvisque immugit Ætna cavernis, *Vir Æn* 3, 674

Cusor, ōris m verb [a cudo] *A coiner of money, a forger, a hammerer*, JCC

Cuspidatim adv *Pointedly, with a point*, Plin 17, 14

Cuspidātus, a, um part *Sharpened, pointed*, Plin 18, 0

Cuspĭdo, āre act *To point, or make sharp at the end*, ... Plin 11, 37

CUSPIS, ĭdis f (1) *The point of a spear, or other weapon* (2) Synec *A spear, javelin, arrow, or such like weapon* (3) *A spit, or broach* (4) *An earthen pipe* (5) *A sting* (1) Acuta cuspide hasta, *Ov Ep* 3, 119 (2) Cuspis contorta lacerto, *Ov Met* 8, 345 (3) Spumeus in longa cuspide fumet aper, *Mart* 14, ... (4) *Varr R R* 1, 8 (5) Scorpius curvatâ cuspide minitantis vulnera, *Ov Met* 2, 199

Custōdia, æ f [a custos] (1) *Keeping, or preserving* (2) *Guarding* (3) *Watch and ward* (4) Meton *The keeper, or guard* (5) *A prison, or place where prisoners are kept* (6) *A watch tower* (7) Also *a prisoner* (8) *A company of prisoners* (9) *Tuition, or education* (1) Pecudum custodia solers *Vir Geor* 1, 327 *Met* Custodia justitiæ, *Cic de Fin* 2 (2) Custodia salutis alicujus, *Cic* pro *Planc* 1 (3) = Non modò excubias & custodias, sed etiam laterum nostrorum oppositus & corporum pollicemur, *Cic* pro *Marc* 10 (4) Prætoriani grand grande feras, custodia victa est, *Vir* 2, 4, 03 (5) Socrates, cum esset in custodia publica, *Cic de Div* 1, 25 (6) Hæc mea sedes est, hæc vigilia, hæc custodia, hoc præsidium stativum, *Cic Phil* 12, 10 (7) Plerasque custodias, receptis in manu catenis, audiebat, *Suet Dom* 14 (8) *Suet Nero*, 21 (9) Custodia pædagogorum, *Quint* matrum, *Hor* ¶ Custodia militaris, *When the prisoner and his keeper were tied together with the same chain, that they might not get asunder*, Sen Ep 5 Custodia libera, *When they had the liberty of the prison*, Sall Catil 47

Custodio, ire, ivi, itum act [a custos] (1) *To keep safe* (2) *To preserve, or defend* (3) *To look to, to attend* (4) *To observe, watch, or mark diligently* (5) *To retain* (1) Nervo vinctus custoditum, *Plaut Cap* 3, 5, 71 (2) = Tueri, defendere, & custodire aliquem, *Cic Philipp* 10 (3) Hoc igitur custodire oportet illicum, *Col* 9, 1 (4) = Te oculi & aures speculabuntur & custodient *Cic in Catil* 4 (5) Memoriâ custodire, *Cic de Orat* 1, 28

Custodior, iri, itus pass *To be kept or preserved, to be watched and observed, &c* *Cic Fam* 6, 5

Custoditè adv ius, comp *Reservedly, warily*, Plin Ep 5 16 Anilia custoditius pressiusque dicta, *Id ib* 11, 26

‖ Custodi io, onis f verb *A keeping*, Test

Custoditus, a, um part *Kept, preserved, maintained, guarded, secured, &c* Custodito, ut dicimus, modo, *Plin* 20, 13 Vacca custodita, *Vir Æn* 8, 218. *Vid* Custodio

CUSTOS, odis c g [a cura, qui rem aliquam tuetur & curat, *Perot*] (1) *A keeper, or preserver* (2) *A watchman* (3) *An overseer* (4) *A tutor* (5) *A tender, or looker to* (6) *A spy, or observer of peoples words and actions* (7) *A centinel, a porter to stand at the door* (8) *An house dog* (9) *A young branch with which a plant may be restored, if the residue decay* (1) = Custos & conservator urbis, *Cic pro P Sext* 24 Custos corporis, *A life-guard man*, Nep Eum 7 = Sapientia hominis custos & procuratrix, *Cic de Fin* 4, 7 (2) = Vigile custodesque alicujus loci, *Cic in Verr* 4, 43 (3) Custos frumento publico, *Cic pro Flacc* 17 (4) Juvenis, custode remoto, gaudet equis, *Hor A P* 161 (5) Custos furum atque avium Priapus, *Vir Geor* 4, 110 (6) Custodes factis atque dictis suis, *Suet Tib* 12 (7) Nummum tu hic ... custos? *Ter Eun* 2, 2, 5 (8) Custode sepulto, *Vir Æn* 6, ... (9) *Col* 4, 21

Cuticula, æ f dim [a cutis] *A thin skin, the outmost skin*, Juv 11, 203 Aridulo curata cuticula, *Pers* 4, 18

Cuticularis, e adj *Belonging to the skin* Cuticulares meatus, *The pores*, ... Plin

‖ Cutio, onis f [a callosa cute] *A little insect with many feet, a sow, or wood-louse*, Marc Empyr

CUTIS, is f (...) [a Gr σκύτος, ... Hesych. ... s abjecto ... tegi] (1) *A skin* (2) *The bark, rind, peel, or utmost coat of a thing* (3) *An outward shew* (1) Ad cutim tonsus, *Cels* ¶ Curare cutem, *To make much of himself*, Juv (2) ⁑ Cara

est tenui cute verius, quam cortice, *Plin* 12, 19 ⁑ Crusta teguntur glandes, cute uvæ, *Id* 15, 28 Cutis terræ, *Id* 20, 19 (3) Tenerâ elocutionis cute operire, *Quint* 5, 12

C ante Y

* Cyamea, æ f [a κύαμος, faba] *A kind of precious stone, like to a bean when it is broke*, Plin 37, 11

* Cyamos, i m κύαμος, Faba *The Egyptian bean* = Colocasia, quam cyamon vocant aliqui, *Plin* 21, 13

* Cyaneus, a, um adj *Of a bright blue, or azure colour* Cyaneus color, *Plin* 37, 9 Cyanea penula, *Varr* Cyaneus lapis, *The azure, or lazule stone*, Jun

* Cyanus, i m κύανος, vel κύανος, gemma, et herba *A kind of blue jasper, some take it for a turquois, others for the lazule stone*, Plin 37, 9 Also *a flower of that colour, the blue-bottle*, Plin 21, 11

* Cyathisso, are *To pour drink into one's cup, to serve one at his cup*, Plaut Men 2, 2, 29

* Cyathus, i m (1) *A little pot, or glass to drink out of* (2) Also *a small measure containing the twelfth part of a sextarius* (3) *A kind of weight of ten drams* (4) Also *a kind of pincers with an hollow bit, to pluck pellets, or arrow heads out of the flesh* (1) Sume cyathos centum, *Hor Od* 3, 8, 13 Septenis cyathis committe hos ludos, *Plaut Pers* 5, 2, 19 ¶ Ad cyathos stare, *To be cup-bearer*, Suet Cæs 49 Nebulæ cyatho non emam, *i e* re levissima, *Plaut Pæn* 1, 2, 62 (2) *Col* 8, 4 (3) Cyathus pendet per se drachmas decem, *Plin* 21, 34 (4) *Aurelian*

* Cybæa, æ f *A kind of great ship, or carrack*, Cic in Verr 7, 17

Cybeles pomum, nux pinea, *A pine apple*, Jun

Cybiosactes [παρὰ τὸ σάττειν τὰ κύβια, cybium, autem est genus salsamenti, & σάττειν onus jumento imponere, *Strab*] *A fishmonger, one that carries fish to sell about the country*, a nick-name by which the Alexandrians called Vespasian for his covetousness, *Suet in Vesp* 19 *sed al* cibiotatem, & cibiotantem, ut non satis constet de lectione

* Cybium, i n [a κύβος, quod efficit cubi instar, quadratum, *scil* frustum] *A four square piece of salt fish, a rand of tunny, a young tunny cut into pieces of a cubical form* Divisis cybium latebit ovis, *Mart* 5, 79 *Plin* 32, 11 & 9, 15 & 32, *ult* *Varr* 4, de L L quibus adde *Oppian* Hal 183 ubi legi ... κυβεῖς

* Cychramus, i m *A sort of bird accompanying quails in their return to Italy*, Plin 10, 23

Cycladatus, a, um *Having a woman's gown on*, Suet Cal 52

Cyclaminus, f & cyclaminum, n *The herb called sow-bread*, Plin 21, 9

* Cyclas, adis f (1) *A kind of woman's gown of a round form, with a long train* (2) *A widow's veil, a thin mantle* (1) Aurata cyclade verrit humum, *Propert* 4, 7, 40 (2) Hæ sunt in tenui sudant quæ cyclade, *Juv* 6, 258 interpr Litt *sed eadem vestis utroq in loco designari videtur*

* Cyclicus, a, um adj *Circular, or turning round* ¶ Cyclicum jumentum *A beast that hath the vives*, Jun Scriptor cyclicus, *A trivial poet, that gives a continued series of history, without any of the ornaments of poetry*, Hor in Art P 136 interpr Casaub & Heins *a writer of epic rhapsodies, as of the rape of Helen, of Achilles, of Priam, &c* Acron Turneb *a stroler, or who makes and sings ballads about*

* Cyclus, i m κύκλος *A cycle, as of the sun, a circle, or round* ⁑ Circulus, orbis Latinè vertit Cicero, N D 2, 18

* Cydonites *A meat made of sod quinces, pears, and honey, commonly called cotoneatum Marmalade*, Pallad 11, 20 Col 3, 2

Cydonius, a, um [a cydone, Cretæ civitate] Cydonium, *Quiddany* Mala cydonia, *Quinces*, Plin 15, 11 = Cotonea, *Ibid*

Cygneus, a, um (1) *Of a swan, swan-like* (2) Met *Soft and sweet* (1) Jam mea cygneas imitantur tempora plumas, *Ov Trist* 4, 8, 1 (2) Cygnea divini hominis vox & oratio, *Cic de Orat* 3, 2

* Cygnus, vel cycnus, i m κύκνος (1) *A swan* (2) ⁑ Met *A poet* (3) *A nickname for a blackmoor* (1) *Cic Tusc* 1, 30 (2) Dircæum levat aura cygnum, *i e* Pindarum, *Hor Od* 4, 2, 25 Leg & *Od* 2, 20 (3) Æthiopem vocamus cygnum, *Juv* 8, 32 Latin, olor

Cylindraceus, a, um adj *Long and round in the manner of a cylinder, or like a roller*, Plin 18, 12

* Cylindrus, i m [a κυλίνδω, volvo] (1) *A roller to roll walks* (2) *A round stone, or piece of wood to break clods* (3) *A rolling-pin, or other thing easy to be rolled* (4) Also *a precious stone, oblong and round, which women used to hang at their ears* (5) *A cylinder, a figure in geometry* (1) Area cum primis ingenti æquanda cylindro, *Virg Geor* 1, 178 (2) Cylindro aut pavicula aream coæquato, *Cato*, 129 (3) *Cic de Fato*, 19 (4) Donant arcana cylindros, *Juv* 2, 61 ⁑ Cylindros ex iis facere malunt, quam gemmas, *Plin* 37, 5 *sub fin* (5) *Apul de Mundo*, p 741 *edit in usum Delph*

† Cyllo, onis m *A burdash, an impure villain* Quicquid impudicorum cyllonum, *Cic in Sall ubi al leg* Cylonum

* Cyma, æ f cauliculus [a Gr κύμα, i e κύημα, fœtus] *The young sprout of coleworts, or other herbs, a little shoot, or branch*, Plin 19, 8

* Cyma, atis n *A sprout* Frigoribus caules & veri cymata mittit, *Col* 10, 129

Cymatilis, e adj Cymatilis vestis, *Of a blue colour, like the sea*, Plaut Epid 2, 2, 49 *al leg* cumatilis

* Cymatium, i m dim [a κῦμα, i e undula, unda, ut ipse exponit] *A kind of carved work, resembling the waves of the sea*, Vitruv 4, 6

* Cymba, æ f [a Gr κύμβη] (1) *A boat, a pinnace, a ferry boat* (2) *A fisher-boat* (1) Scandenda est torvi publica cymba senis, *Prop* 3, 18, 24 (2) Cymbæ liniique magister, *Juv* 4, 45

* Cymbalisso, are *To play on the cymbals*, Non 2, 169

* Cymbalistes, *vel* cymbalista, æ m *He that plays on the cymbals*, Apul de Deo Socrat

* Cymbalistria, æ f *She that plays on the cymbals*, Petron c 22

* Cymbalum, i n (1) *A cymbal, or musical instrument of brass, hollow, making a loud noise* (2) *A pipe in water engines to make music* (1) = Neque collegæ tui cymbala, & crotala fugi, *Cic in Pison* 9 (2) *Vitr* 10, 13

* Cymbium n *A cup to drink out of like a boat* Spumantia cymbia lacte, *Vir Æn* 3, 66 Perfecta atque aspera signis, *Id ib* 5, 267

Cymbula, æ f dim [a cymba] *A little boat, a skiff, a sculler*, Plin Ep 20, 8

Cyminatus, a, um adj *Mixt with cumin* Cyminati salis aspersio, *Pallad* Tit Novemb

Cymindis, is f *A night hawk, enemy to the eagle*, Plin 10, 8

* Cyminum, i n [Heb כמן] *Cumin* Vid Cuminum

Cymosus, a, um adj [a cyma, æ] *Full of young sprouts*, Col 10, 137

‡ Cyna, æ f *A tree in Arabia, with leaves like the palm-tree, whereof they made them garments*, Plin 12, 11

* Cynanche, es f *The squinancy, or squinsey, an inflammation, or swelling in the throat* Lat Angina

* Cynara, æ f *The artichoke* Hispida ponatur cinara, *Col* 10, 235 *sed rectius* cinara, q v

* Cynegetica, orum pl n *Books written of hunting*, Flav Vop cujusmodi scripsit Xenophon & Oppianus ap Græcos, Gratius & Nemesianus ap Latinos

Cynice adv *After the manner of the cynics* Potius in subsellio Cynice accipiemur, quam in lectis, *Plaut Stich* 5, 4, 22 *i e* sedentes, non accumbentes

* Cynicus, a, um adj Unde Cynicis philosophis nomen, *Cynical, dogged, currish, churlish, like a dog* Cynica gens, *Plaut Pers* 1, 3, 47 Cynica cœna, *A mean supper*, Petron 13 Demetrius cynicus, *Suet Vesp* 13

‖ Cynips, phis m *unde pl* cyniphes, *Aug rect* ciniphes, *vulg interp* ...rto, ... [a κινεῖν, vel κνῖπες] *A gnat, midge, or dog-fly*

Cynocephalea, æ f *An herb with a flower like a dog's head, called by the Egyptians* Osiritis, *from their chief god Osiris, for the divine virtue it had against all poisons, and charms*, Plin 30, 2

* Cynocephalus (1) *A kind of ape with a head like a dog, a baboon* (2) Also *a name of Anubis* (1) *Plin* 8, 54 & 6, 30 (2) *Minuc Felix*

* Cynodontes, um m pl Dentes canini, *The dog-teeth, betwixt the fore teeth and the grinders*, Plin 11, 7

* Cynoglossus, i m [a κυνὸς, canis, & γλῶσσα, lingua] *The herb hound's, or dog's-tongue* (2) Also *a fish so called, a kind of sole* (1) *Plin* 25, 8 (2) Faber, *Littleton, &c* ex *Plin* sed q

Cynomazon, i n *An herb that poisons dogs*, Apul de Herb. 107

* Cynomorion, i n *A kind of weed growing among corn, which killeth it, choke-weed*, Plin 22, 25 = Orobanche, *Id*

* Cynomyia, æ f q κυνὸς & μυῖα, *A dog-fly*, also *the herb fleabane*, Plin 25, 11 = Psyllion, cynoides, crystallion, *Id ib*

Cynorrhodon, i n (1) *The wild rose, or sweet briar rose* (2) Also *the flower of the red lily* (1) *Plin* 25, 2 (2) *Plin* 21 5

* Cynosbaton,

* Cynosbaton, i n *Plin* 24, 14 &

* Cynosbatos, i f *The eglantine, or sweet briar, also the caper-bush*, Plin 13, 23 = Opheostaphile, *Id ib*

* Cynosorchis, is f *dic & orchis The herb dog-stone, also gander goose, or rag-wort*, Plin 27, 8

* Cynosura, æ f *The lesser bear star, or the star in the tail of the lesser bear*, Cic ex Arat ✱ Cynosuræ petatur Sidonis Helicen Graia carina notet, *Ov F* 3, 107

✠ Cynosuris, idos *Having a dog's tail* Stellis cynosuridos ursæ, *Ov Trist* 5, 3, 7

Cynosurus, a, um Ova urinæ fium, incubatione derelicta, quæ alii cynosura dixere, *Plin* 10, 60

* Cyparissias, æ m *The greatest kind of spurge*, Plin 26, 8

* Cyparissus, i f *A cypress-tree* Conifera cyparissi, *Vir Æn* 3, 680

* Cyperis, idis f *An Indian herb like ginger, which being chew'd has the virtue of saffron*, Plin 21, 18 Apic 7, 4

* Cyperos, i m *Plin* 21, 18 & Cyperum, i n *Galingal* Molle cyperon, *Petron* c 127

Cyprinus, a, um *ut cyprinum* oleum, *A sweet oil made of the flowers of the privet tree*, Plin 13, 1 Cels 2, ult

* Cyprinus, i m *sc* piscis, *A carp*, Plin 32, 11

Cyprinus latus, *A bream*, Gesn

Cyprius, a, um adj ab insula Cypro, *Of, or from Cyprus*, ut æs cyprium, *Copper*, Plin 33, 5 absolutè leg Plin 36, 26 Cypria hirundo, *Plin* 24, 11 merces, *Hor Od* 1, 29, 60

* Cyprus, i f *A bush, or tree, much like to that we call privet, of the flower of which in the isle of Cyprus they made a very sweet oil* Plin 12, 24 † Also *camphire*, Vulg interp

* Cypselus, i m *A martlet, or martin, a bird somewhat like a swallow*, Plin 10, 39 = Apodes, *Id*

† Cyrnea, æ f *A flagon to draw wine out of a vessel*, Non 15, 29 Vid Carnea, *sic enim rectius scrib*

* Cyssites, æ m *A kind of precious stone*, Plin 37, 10 & 11

Cythera, æ *A sort of fish*, Plin 32, 11

* Cytinus, i m *The first bud, or the flower of a pomegranat tree*, Plin 23, 6

* Cytisus, i m frutex inventus in Cythno insula, ex cycladum numero, undè & nomen *A kind of shrub, not unlike a slender willow, good for cattles and women's milk* V *Plin* 13, 24 *There are two kinds, the one wild, the other planted* V *Col* 5, 4

Cyziceni s stateri [a Cyzico insula] *A sort of coin, worth about twenty eight drachms, or sixteen shillings and four pence* Vid *Vitruv* 6, 6 & *Plin* 32, 6

D The fourth Roman letter, is almost of the same figure with that in the famous Βουςροφηδὸν inscription, brought into Britain by *William Sherrard* Doctor of laws, and famous in many parts of curious learning, who being Consul at *Smyrna*, ordered it with the utmost care and diligence to be copied from an huge stone lying still at *Sigeum*, where the literature used 2300 years ago, which was before the use of the long vowels, and double consonants had obtain'd, shews it self not only to the wonder and admiration of the curious, but also to the great benefit and advantage of students, and critics in the *Greek* tongue; especially as illustrated by the reverend and learned Divine and Antiquary Mr *Chishull*. In this monument the angles which are unequal, thus △, come nearer the form of the Roman than the modern Δ, whose angles are equal, and therefore more easily slipping into the form of the Italian D by leaving the left angle as it was, and circumflecting the two others for the greater haste in writing, which was done soon after, as we plainly see in the noble inscription of *Herodes Atticus*, that learned Critic and Antiquary, graven on his pillars exactly both in letters and spelling after the pattern of remote ages. vid *Gruter. Inscript.* p 27. Nor is it a wonder that the *Latin* letters are the same with the *Greek*, since Latium it self was called antiently *Græcia major*. Thus much I thought fit to premise with respect to the form of the letter As to its name, this, as all the other letters, the *Romans* seem to have called by the *Greek* names, *Alpha, Beta, Gamma, Delta*, &c. So *Juvenal*,

Hoc discunt omnes, ante Alpha & Beta puellæ Sat. 14, 209.

So *Cicero* calls his country seat at *Formiæ Digamma*, because it begins with the Æolian F.

As for the power of this letter, it hath a middle sound between *t* and *th*, and therefore hath its place in the middle of the last rank of the Mutes, and is a *t* hardned, as *t* is a *d* softned, which, as those of the other ranks, are frequently chang'd into each other, as from μυδὸς, *mutus*; from ἀκίδος, the gen. of ἀκὶς, *sagitta*, from ἄθηρ, *ador*; πέρθω, *perdo*, γαθέω, *gaudeo*. Neither doth our *English* tongue refuse this change, as *at* from *ad*, *what* from *quid*, *two* from *duo*, so *three*, *thrust*, from *tres*, *trudo*, *water* from ὕδωρ It also admits a substitute out of the second rank of its sisters, to soften its sound, as *quicquid*, *quicquam*, *quicque*, for *quidquid*, &c. Neither doth this letter refuse an intercourse with three liquids, *l*, *n*, *r*. To omit *Greek* words, wherein their mutual offices are most obvious, as less instructive to the younger sort, for whose service these notes upon literature, in the proper sense of the word, are principally designed, the antients said *dingua*, *sedda*, for *lingua*, *sella*, *cadamitas* for *calamitas*, *dispennere* for *dispendere*, *arventus* for *adventus*, and this letter still keeps its post in *arbiter* and *arcesso* It also corresponds with the solitary *s*, as Ῥόδον, *rosa* It admits before it in the same or diverse syllables, of the mutes, *b*; as, βδέω, *pedo*, *bdellium*, *abduco* and *g*, but not in the same syllable, as, σμάραγδος, *smaragdus* of the liquids, *l*, *n*, *r*, in diverse syllables; as, *calda*, *candor*, *cardo*. and in the *Latin tertius*, and *English* Third, you have all the three of the last rank exemplified In the preposition *ad*, almost before any consonant, *d* may keep its place, or be changed into the consonant of the beginning word, except *b*, *v*, and *j*, as, *adcurro*, *accurro*, or *accurro*, &c but the change is more usual in many words, to make the pronunciation softer, or quicker, for we seldom write *adcommodo*, *adcurso*, &c. indeed herein use is the best rule This letter also was antiently used to prevent the collision of two vowels in different words, as, *ales med esse?* for *me esse*, Plaut. which use it still retains in the same word; as, *prodes*, *proderam*, *prodire*, for *prœs*, *proeram proire*. Yea in the most antient times, it was added to the preceding word even before consonants, as it shou'd seem to make the sound more masculine, as in the *Duilian*, or *Bilian* pillar *In altod marid pucnandod* for *In alto mari pugnando*. Lastly, in numerals D stands for 500, being not a letter, but rather used for a numeral mark, as the Greeks use ς for 6, and ϡ for 90: for the numeral note of 1000, being CIↃ, from the old ꟾ, the half hereof is IↃ, which, for quicker writing drawn close together, makes D.

D ante A

D Majusc ap vet integras oc ... ignavit, qui quidem usus etiam hodie obtinet in nonnullis prænominibus D Augustus, D ... us Brutus, &c pro Divus, Decimus, &c

Dachla ... *A kind of palm among* ... *Arabians*, Plin 13, 7

|| Dacryma pro lacryma Fest ex Liv Andron nempe [ἐκ Gr δάκρυμα] *A tear* Cic leg etiam Dacruma

Dactyliotheca, æ f [ἐ δακτύλιος, annulus] (1) *A case, or box for rings* (2) *A collection of jewels* (1) Dactyliothecam non habet, *Mart* 11, 60 (2) Plin 37, 1

Dactylicus, a, um adj *Of, or belonging to a dactyl* Dactylicum numerum, *Cic* in *Orat* 57

† Dactylis, idis f *A long grape like a finger, a date raisin, a raisin of the sun*, Col 3, 2

Dactylus, i f δάκτυλος, q d ... *Five fingered* ... of which there are three ... 19

|| ... m, i n *A kind of* ..., R ... Cœl 17, 27

Dactylus, i m δάκτυλος, digitus (1) *A date, the fruit of the* ... *it grows like a finger* (2) ... *a foot in verse* ... *syllables*, the first long, ... other two short (3) *A kind of* ..., or *muscle* (4) Also ... *precious stone like a finger* (1) ... 24, 1 Dactylorum ... Apic (2) *Cic* de ... = Heroum pedem ... Id ... (3) *Plin* 9, 61 & ... (4) *Solin* = Belemnites

D... enus, i m *A torch-*...

Dædalus, a, um adj δαίδαλος ... vel δαιδάλλω, artificio variego] (1) *Artificially made, handsomly* ... (2) *Of various colours* ... *cunning, skilful, expert* ... (2) Tibi suaves dædala tellus submittit flores, *Lucr* ... Pome signa dædala, ... 5, 1, 150

Dæmon, onis m *A demon, or* ... *angel*, good or bad, ... *guardian, a good, or* ... but amongst Christian ... the latter = Genius ... quos Græci δαίμονας, ... Lares, *Cic* in *Tim*

Dæmoniacus, a, um *Possessed with a devil, mad*, N T

|| Dæmonicus, a, um adj *Devilish, of the devil*, Lact

* Dæmonium, i n dim [ἐ dæmon] (1) || *A devil* (2) *A good genius, or angel* (1) *Tert* (2) Dæmonium cui parebat Socrates, *His demon, or good angel*, Cic de Div 1, 54

† Dalivus, *Dull, simple, mad, silly, a coxcomb, a simpleton, indolent* V Fest = Stultus, ineptus

Dalmaticatus, a, um adj V Dalmatia n Propi

Dama, æ c g *A fallow deer, a buck, or doe, or as Gesn a wild goat* Timidi venient ad pocula damæ, *Vir Ecl* 8, 28 Pavidæ natarunt æquore damæ, *Hor Od* 1, 2, 11

Damium, *sc* sacrificium Quod fiebat in honorem Damiæ, sive Bona Deæ *A kind of sacrifice in honour of Bona Dea, performed only by women, either at the Consul's, or Prætor's house*, Fest

|| Damnabilis, e adj *Damnable, not to be allowed*, Treb Poll

† Damnandus

Damnandus, a, um part *To be condemned, disapproved*, Ov Met 7, 402.

Damnas, atis per syncop pro damnatus, *Guilty, sentenced, amerced, fined* Hæres meus dare illi damnas esto omnia sua, *Quint* 7, 9 ex vet formul.

Damnatio, onis f *A condemnation, or condemning* Rorum acerbissimæ damnationes, *Cic* in *Pison* 36 Damnatione, ignominiaque digni, *Id Attic* 7, 3

|| Damnator, oris m verb *He that condemns, or dislikes*, Tert

Damnatorius, a, um adj *That condemns* Judicium damnatorium, *Cic Verr* 3, 22 Damnatoria tabella, *A bill, or verdict of a jury finding one guilty*, Suet Aug 33, 5

Damnaturus, a, um part *That will condemn* Damnatura sui non est delicta mariti, *Ov Met* 7, 834

Damnatus, a, um part or, comp (1) *Condemned, cast* (2) *Blamed, disliked* (3) Also *bound, or obliged to a thing* (1) § Illo damnati crimine mortis, *Vir Æn* 6, 430 proditionis, *Nep Them* 8 longi laboris, *Hor Od* 2, 14, 20 de majestate, *for treason*, Cic in Verr 2, 13 morti, *Lucr* 6, 120 in metallum, *Plin jun* per arbitrium, *Cic* pro *Rosc* 39 ⁂ Inter damnatos, magis quam inter reos, *Tac* 16, 14 (2) Opinione hominum damnatus, *Plin jun* Quis te damnatior? *Cic* in *Pison* 40 (3) Damnatus votis, *Liv* 7, 28 & *Nep Timol ult*

Damnatus, ûs m verb *A condemnation* Alieno beneficio vixit a damnatu suo, *Plin* 7, 44 R occ

† Damnifico, are *a* damnum facio, *To damnify*, Litt ex Plaut sed q † Damnum inferre

Damnificus, a, um *That brings harm, damage, loss, or prejudice* Bestia damnifica, *Plaut Cist* 4, 6, 62 Damnificum, expectare fœtus maturitatis, *Pallad* 3, 9

† Damnigerulus, a, um *Bringing harm, or damage*, Plaut Truc 2, 7, 1 quomodo idem dixit *salutigerulus, nugigerulus*

Damno, are act [*a* damnum] (1) *To condemn, to dislike* (2) *To devote to, or consign over* (3) *To cast in a suit at law* (4) *To arraign and prove one guilty* (5) *To oblige, or bind one to do a thing* (1) Miles damnat causamque ducemque, *Luc* 5, 247 (2) Caput damnavere Orco, *Vir Æn* 4, 699 (3) Fraudis sub judice damnavit, *Tac* (4) *Ap JCC* (5) Damnabis tu quoque votis, *Vir Ecl* 5, 80

Damnor, ari, atus pass *To be condemned, or cast*, &c *Cic Tusc* 1, 22

Damnose adv *Hurtfully, with hurt, or loss, to one's harm*, Hor Sat 2, 8, 34

Damnosus, a, um adj or, comp ssimus, sup (1) *Hurtful, causing damage, prejudicial* (2) *Wasteful, prodigal, expensive* (3) Also *full of losses, or that suffers damage* (1) ⁂ Si per partes damnosum est, in summa tamen compendiosum, *Col* 1 Res damnosissima etiam divitibus, *Liv* 6, 11 (2) Non in alia re damnosior quam ædificando, *Suet Neron* 31 (3) Argentum accipiam a damnoso sene, *Plaut Epid* 2, 2 *ult*

DAMNUM, i n [*a* demendo, Varr qu demnum] *Harm, hurt, loss, damage, hindrance, prejudice, disadvantage* Damnum est nisi hoc faciam, *Ter Adelph* 2, 2, 23 ⁂ Est ubi damnum præstat facere quam lucrum, *To suffer loss*, Plaut Capt 2, 2, 77 = Detrimentum, *Cic* ⁂ Populi strenui damno mihi, improbi usui sunt, *Plaut Pseud* 4, 7, 29 Damnum dare, *To do a damage*, Ter Andr 1, 1, 116

Dandus, a, um part *To be given*, Ov Met 2, 431

* Danista, æ m *An usurer, a banker*, Plaut Epid 1, 1, 5 & 2, 2, 67

† Danunt pro dant, *Plaut Pers* 2, 3, 4

Dapalis, e adj *Sumptuous, costly* Dapalis cœna, *A noble treat, a sumptuous feast*, Plin 10, 10

Jupiter Dapalis, *presiding over feasts*, Cato, 132

† Dapatice adv *Sumptuously, in great state*, Plin 1st, Fest ex Varr † Ample, magnifice

† Dapaticus, a, um adj *Sumptuous, rich, costly*, Fest † Amplus, magnificus

† Dapino, as, are act *Quod dapaticus, Plaut*

Dapes, um pl f *Good cheer, dainties*, Mart ... Daps

* Daphne, es f Poet ... *A laurel* Et baccis redimita Daphne tremulæque cupressus, *Petr* c 121

* Daphnephagi pl m *Prophets, or diviners*, Cal Rhod 7, 19 *Ad hos respicit Juvenalis*, 7, 19 Laurumque momordit

* Daphnia, æ f *A precious stone good against the falling sickness*, Plin 37, 10

* Daphnoides, is f *An herb called laurel, or laury*, Plin 15, extr also *a kind of cassia*, Plin 12, 20

* Daphnon, onis m *A laurel grove*, Mart 10, 79 Lat Lauretum Lit & ap Petron c 126

⁜ Dapifer, eri m *He who carries up a dish at a feast, a server* Dapifer dictus quasi Dapes ferens

* Dapino, are act *To provide, or make ready victuals* Dapinare cibum, *Plaut Capt* 4, 2 exit † Obsonare

DAPS, dapis f [*a* δάπτω, *δάπω, vel* δαίνυμι] (1) *A feast upon a sacrifice either in their worship or spring sacrifice* (2) *An, a banquet, or feast* (1) = Adhibitis ad mensam dap ... Pet ... *Liv* 1, 7 (2) Expletus dapibus *Cyclops*, Vir Æn 3, 630 Siculæ dapes, *Hor Od* 3, 1, 18 ¶ Daps assaria, *Roast meat*, Cato, R R 132

Dapsilis, e adj *Noble, free, bountiful, liberal, costly, pricy, plentiful, abundant* Dapsilis proventus, *Col* 4, 27 Lectus, *Plaut Truc* 1, 1, 34 Dictis dapsilis, *Id Pseud* 1, 3, 9 = Ornatum ... suntuosus, *Id Epid* 1, 2, 14

† Dapsiliter adv ius, comp *Plentifully, sumptuously*, Nævius ap Charis dapsilius, *Lucil* 35, 22 † Opipare

|| Dardanarius, i m *An ingrosser, regrater, or forestaller of the market*, Ulp

Dardaniæ artes *Witchcraft*, Col 10, 17

* Daricus, i m *An antient gold coin bearing the image of Darius, the rever a chariot drawn by mules*, Jun

* Dartos, i m & Darton, i n [ἐ δέρτον, pro δερμα] *One of*

A a

of the four skins that cover the testicles, Celf 7, 18

* Dasypus, ŏdi m *A coney, or rabbet,* according to some ✠ Dasypodes omni mense pariunt sicut lepores, *Plin* 10, 63, & 8, 55 ☞ Quodnam sit animal incertum, sicum *Plin* diversum statuimus a lepore & cuniculo

Datus, a, um adj *Freely given, or bestowed* Nulla salus est mihi data, *Plaut Pseud* 1, 2, 13

Datim adv *By giving from one to another* as in tossing of a ball from hand to hand, *Plaut Curc* 2, 3, 17

Datio, ōnis verb (1) *A giving* (2) *An appointing* (1) Legum datio *Cic Verr* 2, 52 In dat one remittendum, *Liv* 8, 38, 9 (2) Datio judicis, ap *JCC*

Datīvus, a, um adj *Dative, that giveth,* Quint Dativus casus, *The dative case,* Gramm Dativus tutor *A guard an appointed by the judge,* Iustin *Instit*, Ulp

Dato, āre freq [a do] *To give from hand to hand, or from one to another,* Plaut Pseud 2, 2, 32 & 4, 7, 55

Dator, ōris m verb [a do] (1) *A giver* (2) *A caster* (1) A me cum fœneratores novos portet quærere, *Plaut Truc* 2, 1, 3 ✠ Datores in pilæ lusu, qui pilam mittebant, factores, qui referebant, *Plaut Curc* 2, 3, 17, interp *Turnel & Jun* (2) Lætitiæ Bacchus dator, *Vir Æn* 1, 738

Datum, i n *A thing given, a gift, or present,* Cic de Amic 16

Datur imperf Ut quantum datur, *As far as I can, or may,* Quint

Daturus, a, um part [a do] *Which will give, or about to give,* &c *Ov Met* 1, 579 & 1, 552

Datus, a, um part [a do] (1) *Given* (2) *Granted* (3) *Dated* as a letter (4) *Lent* (5) *Joined with, or assigned to* (1) = Multa aliis data atque donata, *Cic* (2) Unde hoc sit sumtum? *Petr*, 5, 1, 5 (3) Datum prid Id Jun *Cic* (4) Data reddere nolunt, *Ov* (5) Duo collegæ dati, *Nep* ¶ Data opera, *On purpose,* Cic

Datus, ûs m verb *A giving, or granting* Datu meo, *Plaut Truc* 5, 2, 16 ☞ Vix leg nisi in abl

Daucus, i m *A kind of wild carrot* Plin 25, 9

D ante E

DE præp cum abl sign terminum a quo, ut *de domo*, partem, ut *de minore parte populi*, subjectum, ut *de rebus aliquis loqui* causam, id quod propter ut *multis de causis*, formam id quod ut *de ... more*, materiam, ut ... (1) *Of, or concerning* ... (2) *From, out of* (3) *From a place* (4) *By, according to, or after* (5) *On, or upon* (6) *After, with respect to time* (7) *For, or upon the account of* (8) *For, proceeding from* (9) *In, in order to* (10) *For* ... *By reason of* (11) *A, with regard to time* (1) De jure pacis & belli, *Cic* (2) De tanto patrimonio nihil relictum est, *Cic* (3) De loco superiore, *Cic* (4) Mores leges perduxit de lovis sententia, *Cic* (5) Defensor de æquitate, ut in ar, *Cic* (6) Non bonus est somnus de prandio, *Plaut Most* 3, 2, 8 (7) Ecquid nos amas de fidicina istac? *Ter Eun* 2, 4 (8) Non hoc de nihilo est, *Ter* (9) Modestior est de verbis, *Plaut Men* 5, 5, 35 (10) Cor de labore pectus tundit, *Plaut Cas* 6, 6, 5 (11) In comitium de nocte venit, *Cic* ¶ De integro, *Afresh, anew,* Ter De cætero, *Hereafter, or from thenceforward* Sen De compacto, *By consent,* Plaut De improviso, *Unexpectedly, by way of surprize,* Id De industria, *On purpose,* Id De transverso, *Crosswise, athwart,* Id De die, *By day,* Id De meo, *At my cost* Ter Adelph 1, 2, 37 De scripto dicere *To read his speech,* Cic ¶ Adverbiliter Sinque deque habere, *To be ...* Plaut Amph 3, 2, 5 De præfixa, *Eas* ... *Id* ☞ De in comp 1 in *Deorsum*, ut *dejicere, descendere*, 2 quandoque detractionem, ut *decortico*, *deplumo*, aliquando *non*, ut *desipio*, 3 ... ... sumitur Interdum intendit, ut *demiror*, *deparcus* Aliquando diminuit, ut *deresco*, ... Aliq privat tive negat, ut *dedecus*, *demens*, aliquando in eadem voce & negat & intendit, ut *deligo*, ... Interdum locum non obtinet, ut *deambulo* Aliq ... sui simplicis indicat, ut *dedisco* Aliq est honoris ... ut *desero*, *dedico* Aliq ... in totum vel omnino, ut *demando* Aliq pa ... ut *demonstro*

Dea, æ f [deus] *A goddess,* Cic

Delapidatus, a, um part *Stoned that hath the stones, or kernels taken out* Delapidata dolia, *Cato*, 26, 9 ...

|| Dealbātio, ōnis f verb *A pargetting, or whiting over with lime,* Aug

|| Dealbator, ōris m verb *A pargetter or white-limer,* Cod

Dealbatus, a, um part *Whited* Columnas, quas dealbatas vides, *Cic Verr* 2, 55

Dealbo, āre act *To whiten, to white lime, to parget* Duos parietes de eadem fidelia dealbare, *To kill two birds with one stone,* Prov ap *Cic Fam* 7, 29

Dealbor, āri, ātus pass *To be whitened,* Cic Verr 1, 55

Deamātus, a, um adj *To be greatly prized, very much valued* = Dona deamata, acceptaque, *Plaut Truc* 4, 1

Deambulātio, ōnis f verb *A walking abroad, a walk,* Ter Heaut 2, 6, 2

|| Deambulatōrium, i n *An alley, gallery, or place to walk in,* Capito in Gord 32 ✝ Ambulatio

|| Deambulātōrius, a, um adj *To walk from place to place* ...

|| Deambulatrix, īcis f verb ... *gossip,* Aug

Deambulo, āre neut *To walk abroad, to walk up and down, to take, or to take a walk,* Cic de Orat

Deamo, āre act *To love one dearly,* Ter Heaut 4, 5, 21

✝ Deargentātio, ōnis f *To plate or silvering,* Lucil ap Non ... ✝ Linunguntur aliquem ... *Ter Phorm* 4, 4

Dearmātus, a, um part *Disarmed,* Liv 4, 10 R occ ✝ Armis exutus

|| Dearmo, āre act *To disarm* Pharetram ... & sagittis dearmer, *Apul Met* 5 p 171 *edit Delph*

Deartuatus, a, um part *Dismembered* Met *Entirely ruined,* Plaut Capt 3, 1, 108 = Deruncinatus, *Id ib*

Deartuo, āre act *To joint, quarter, dismember, or cut to pieces* Met *Quite and clean to ruin, or destroy,* Plaut Capt 3, 5, 14 = Dilacerare, conficere, *Id ib*

|| Deasciātus, a, um part [a deascior] *Chipped, or hewed with an ax, squared with an ax* De re certo suppl care stipitis, Prud Per 10, 81 Exasciatus, *Plaut Asin* 2, 2, 9

Deascior, āri [ex de & ascia] *To be hewed with an ax* Met *To be cajoled* Miles potis est deasciari, *Plaut Mil* 3, 1, 11

|| Deaurātor, ōris m verb *A gilder,* Cod

|| Deaurātus, a, um part *Gilded, gilt* ✝ Inauratus *Cic*

|| Deauro, āre act *To gild, to lay over with gold,* Gloss ✝ Auro oblinere, perducere

Debacchātim adv *Ravingly, like a madman,* Cat

|| Debacchātio, ōnis f verb *A raging, or madness,* Firm ✝ Bacchatio

Debacchātus, a, um part *Having raged, stormed, or played the madman,* Ter

Debacchor, ā, ātus sum dep (1) *To rage, or roar like a drunken man* to rave like a madman (2) Met *To go furiously* (1) Si satis jam debacchatus es, *Ter Adelph* 2, 1, 30 (2) Qua parte debacchentur ignes, *Hor Od* 3, 3, 55

Debellandus, a, um part *To be subdued* properly by war, *Virg Æn* 5, 731

|| Debellātio, ōnis f verb *A vanquishing, or overthrow,* Hier

Debellato part absol adverbialiter Velut jam debellato, *As though the war was finished,* Liv 30, 8

Debellātor, ōris m verb *A vanquisher, or conqueror,* Stat Theb 9, 545

Debellātrix, īcis f *She that vanquisheth* Famæ debellatrix, *Lact* 1, 9

Debellātur impers *The war is at an end* Debellatum est cum Græcis, *The war is ended with the Greeks,* Liv 37, 58 cum Samnitibus, *Id* 8, 36

Debellātus, a, um part *Conquered, vanquished, overcome* Vi hostis debellatus, *Liv* 8, 10

Debello, āre act *To vanquish or subdue,* properly by war ∫ Debellare hostem inopia, *Curt* 4, 9 ✠ Parcere subjectis, & debellare superbos, *Vir Æn* 6, 853 ✠ Debellamus homines, expugnamus urbes, castra

Debens, tis part *Owing, indebted,* Hor Ep 1, 1, 21

Debeo, ēre, ui, itum act [ex de & habeo, nam debere est de alieno habere] (1) *To owe, to be in debt* (2) *To be obliged to one* (3) *Cum infin I ought, or should* (1) ✝ *Cal Jan* debuit, adhuc non solvit *Cic Att* 14, 19 ✠ Reddidi jampridem quicquid debui, *Plaut* ... 5, 1 ¶ Animam debere, *To owe more than he is worth,* Ter Phorm 3, 3, 56 (2) Omnibus qui mihi debere aliquid videntur, gratissimus, *Cic* (3) Debes velle qua velimus, *Plaut Amph prol* 39

Debeor, ēri pass (1) *To be due, or owing* (2) Met *To be obnoxious to* (1) ✠ Pro eo nemo solvet, neque debebitur, *Cato* (2) Debemur morti nos nostraque, *Hor A P* 63

Debilis, e adj or, comp [ex de & habilis, i e parum habilis] *Weak, faint, feeble, maimed* = Imbecillis & debilis ..., *Cic* ... Sext 10 = Infirmus, imbecillus, mancus, *Id* ✠ Firmus, *Id*

|| Debilimentum, i n *A weakening,* Aug ✝ Debilitatio, *Cic*

Debilĭtas, ātis f *Weakness, feebleness, decay of strength* ✠ Bonum in ægritas corporis, mi... debilitas est, *Cic de Fin* ... Debilitates in numero multi... n... dixit *Gellius*, 6, 1

Debilitātio, ōnis f verb *A weakening, an enfeebling* M... *A discouraging* = Debilitatio atque abjectio animi, *Cic* ...

Debilitātus, a, um part *Weakened, enfeebled, discouraged,* ... *maimed, disabled* Fractus, & debilitatus, *Cic Fam* 5, 13 = afflictus, abjectus, solutus, *Id*

|| Debiliter adv *Weakly, feebly,* Pacuv apud Non 2, 228, Infirmè

Debilito, āre act (1) *To weaken, or enfeeble* (2) *To break* (3) *To discourage* (1) Consuetudine debilitabit onus, *Ov Trist* 2, ... (2) Membra debilitant lapidibus, fustibus, ferro, *Cic pro Flac* ... (3) ✠ Utrum hoc est animo confirmare, an debilitare virtutem *Cic Philipp* 5, 2 = Affligo, comprimo, reprimo, frango, *Cic*

Debilitor, āri, ātus pass (1) *To be weakened or enfeebled* (2) Met *Cast down, disheartened, discouraged* (1) Debilitor lateris, *Cic Fam* 14, 3 ✠ Sau... hominis, cum corpore debilitetur, animo tamen non cedunt, *Cic pro Cæcina*, 15 (2) = Consensus populi Romani, si nos languescimus, debilitetur, necesse est, *Cic Phil* 8, 2

✝ Debilo, ōnis m *A weak or feeble fellow,* Enn ap Fest ✝ Debilis

Debĭtio, ōnis f verb *Owing,* Cic pro Planc 28 R occ

Debĭtor, ōris m verb *A debtor* Creditorem debitoribus addixit, *Cic in P Son*

|| Debĭtrix, īcis f *She that oweth,* Ulp ✝ Quæ debet

Debĭtum, i n [a debeo] *A debt* Debita consectari, *To ... in his debts,* Cic = Exigere Sen Debitum naturæ, ... *de Reg* 1, 5

Debĭtus, a, um part [a debeo] (1) *Due, owing* (2) *Deserved* (3) *Designed, appointed* (1) Debitam pecuniam solvere, *Cic* (2) = Meritos honores & debitos persolvere, *Cic* (3) Fatis debitus Arvis, *Vir Æn* 11, 759

|| Deblaterātio, ōnis f verb *A chattering, or blabbing abroad,* ex Apul ...

Deblaterātus, a, um part *Foolishly blabbed out,* Gell

Deblatero, āre *To blab, or tell simply, to prattle, to babble,* ... Aul ... 5, 1

Deblateror, āri, ātus pass *To be babbled abroad,* ex *Apul* ... tatus, sed q...

Debuccinātor, ōris m verb *A trumpeter of one's praise,* ... Buccinator, *Cic*

Debuccinātus, a, um part *Blown abroad, or made famous,* ... Cap ...

|| Debuccino, āre act *To trumpet forth,* Tert ✝ Buccino, ...

|| Debullitio, ōnis f verb *A bubbling, or seething over,* ... ✝ Ebullitio

|| * De...

|| * Decachordum, i n *An in strument of musick having ten strings*, Aug

Decacuminatio, onis f verb *Lopping off the tops of trees*, Plin 17, 4

Decacuminatus, a, um part *Having the top cut off*, Col 5, 6

Decacumino, are act *To strike off the top, to lop*, Col 5, 7

Decacuminor, aris, atus pass *To be lopped, or lopped*, Col 5, 6

+ Decalcum ... *Done over with lime*, Fest + Calce obductum

Decalogus, i m *Decem verba*, *The decalogue, or ten commandments*, Eccl

Decantatus, a, um part (1) *Said, or solemnly pronounced* (2) *Much spoken of, in every body's mouth* (1) Omnes causas ... animo, & prope decantatas habere, *Cic* de Orat 2, 32 (2) Itemque hæc decantata erat fabula, *Cic* *Att* 13, 34

Decanto, are act (1) *To sing, or chant* (2) *To repeat often, to go over the same thing again and again* ( ) *To bewitch, or charm* (4) *To praise one much, to glory in, to commend* (5) *To make an end of singing* (1) Neu miserabiles decantes elegos, *Hor Od* 1, ... (2) Qui mihi pervulgata præcepta decantant, *Cic Orat* 2, 1 (3) Quæ neque ad litigatorem, neque ad judicem pertineant, decantantur, *Quint* (4) Compositiones & mixturæ inexplicabiles decantantur, *Plin* (5) Sed & jam decantaverant fortasse, *Cic* ... 2

Decantor, aris, atus pass *To be praised*, &c *Plin* Vid Decanto

|| Decanus, i m [a decem, i e decem militum præfectus] (1) *A dean, or foreman of the file, which anciently was ten deep* (2) Also *the head of the college of priests, a dean* (1) Veg 2, 8 + Decurio (2) Alcint

|| Decapito, are act *To behead, or cut off one's head* + Securi ferire, capitis supplicium sumere

* Decaproti *The ten chief officers of the empire*, Ulp Decemprimi, *Cic* q v

* Decaprotia, æ f Alc Decemprimatus

Decapulandus, a, um part *To be laded out*, Plin 15, 6 hic tamen alii leg *capulandum*

Decapulo, are act *To lade, or pour out*, Plin *Auct habet solum* : pirced

|| * Decarchus, i m *A captain, or ruler over ten, a tithingman, or head-borough*, Vall + Decurio

* Decas, adis f *The number of ten, a decade*, Liv

* Decastylus, a, um *Having ten pillars*, Vitruv 10, 1

Decalesco, ere incept *To grow to a stall, to shed its leaves*, Plin 19, ...

Decedens, tis part (1) *Departing, giving place* (2) Per Euphem *Dying* (3) *Altering, varying* (1) De provincia decedens, *Cic* (2) Decedens ... reliquit liberos, ... (3) Decedentia ... momentis, *Horat* ...

Decedo, ere, essi, sum neut [e ... cedo] (1) *To depart, to retire, to withdraw* ... *place* (2) *To ... give place to* (3) *To ...* (4) *To be diminished, or abated* (5) *To cease*,

or *go off* (6) *To decay* (7) *To die* (8) *To shun one's company* (1) Decreto decedere sunt coacti, *Cic* § Decedere de via, *Id* provincia, *Id* de provincia, jure suo, *Liv* ... sua, *Id* (2) Decedam ... omnibus unus tribunitio furori, *Cic* *anteq iret in exil* 5 ( ) = Mihi par est via decedere & concedere, *Plaut Amph* 3, 4, 7 (4) De summa nihil decedet, *Ter Adelph* 5, 3, 30 (5) Decedet febris, ... hæc ... *Ter Heaut* 2, 5, 55 (6) Decedunt vires, *Liv* (7) Puer ... nobis decessit, *Cic Att* 1, 12 (8) Quibus ita interdictum est, iis omnes decedunt, *Cæs B G* 6, 12

Decedor, di pass *To have the way given him*, Cic de Am 18

DECEM adj indecl plur [Gr δέκα] *Ten*, Cic pro Rosc 7 Ter Andr 5, 4, 49

December, bris m decimus mensis a Mar 10, *ber*, est adject syllabica, flexionis ergo *The month December*, Horat Epod 11, 7

Decembris, e adj *Of December* Libertate decembri utere, *To play rex, or christmass gambols*, Hor Sat 2, 7, 5

Decemjugis, e adj *Having ten yoaked, or coupled together* Decemjugis currus, *A chariot drawn by ten horses*, Suet in Ner 24

Decempeda, æ f *A perch, or pole of ten foot long, to measure land*, &c with Decempedis metata porticus, *Hor Od* 2, 15, 14

Decempedator, oris m *A surveyor* Agri privati & publici decempedatori, *Cic Phil* 13

Decemplex, icis adj *Tenfold, or ten times over* Ut decemplicem numerum hostium profligarent, *Nep Milt* 5

Decemprimatus, us m *The office of the* Decemprimi, *Hotton*

Decemprimi, Græc δεκάπρωτοι *The ten chief headboroughs*, also *general receivers of tribute*, Cic *pro Rosc Amer* 9

Decemscalmus, a, um *Having ten benches, or oars* Actuariola decemscalmi, *Cic Attic* 16, 3

Decemviralis, e adj *Pertaining to the office of the ten governours* Collegium decemvirale, *The council of state*, Cic Verr 6 Decemvirales leges, *Liv*

Decemviratus, us m Dignitas & officium decemvirorum, *The office of the ten governours*, Liv 4, 15

Decemviri, orum pl m *Ten men chosen and appointed for writing the twelve tables of the Roman law* A° U C ... or which they collected out of the writings of Solon, they also governed the commonwealth instead of consuls, but their government lasted but two years (2) *Also* some peculiar judges, who were to determine differences concerning the freedom of the city (1) V *Liv* 3, 33 & 54, 55 & *Tac* 1, princ (2) *Suet* in *Aug* 36 n quem locum *V Torrent*

|| Decennalis, e adj *Of ten years, or that lasts ten years*, Amm 15, 12

|| Decennalia, ium n pl *Solemn games to be kept every tenth year*, Cœl

Decennis, e *Of ten years, lasting ten years* ... decennis, *Plin* 8, 5 Obsidio, *Flor* 1, 12

Decennium, i n *The space of ten years* Apul de Deo Socr ... 69 ... *Delph*

Decens, tis adj ex part or, comp ssimus, sup *Becoming, beseeming, decent, seemly, comely,*

handsome Decens color, *Hor Od* 4, 13 17 Decentior equus cujus adstricta sunt ilia, *Quint* 8, 3 Decentissimum sponsaliorum genus, *Sen de Benef* 1, 9

Decenter adv ius, comp ssime, sup *Comely, seemly, excellently* Mille habet ornatus, mille decenter habet, *Tib* 4, 2, 14 Lepidum hoc optes audire, decenter, *Pers* 1, 84 Pulsare decentius, *Hor Ep* 2, 216 Decentissime descripta jura finium, *Cic* pro *Cæcin* 26

Decentia, æ f *Comeliness, decency* Figurarum venustatem atque ordinem, &, ut ita dicam, decentiam, oculi judicant, *Cic N D* 2, 58 *Hinc, quei eum hanc vocem non prob. ... aut saltem ... obtinuisse*

DECEO, ere, ui, neut (1) *To become, or beseem* § Decet me hæc vestis, *It becomes me, or sits well on me*, Plaut Experiri quam se aliena deceant *Cic* § Ut nobis decet, *Ter* Istud facinus genere nostro non decet *Plaut Amph* 2, 2, 158 *Legitur tantum in tertia persona, idque fere impers*

Deceptio, onis f verb *A deceiving, deceit, or deception* Loci deceptio, *Vitruv* 2 8 R occ

|| Deceptiuncula, æ f dim *A little deceit*, ex Apul citatur sed q

Deceptor, oris m verb *A deceiver, a beguiler* Deceptor domini, *Sen Thyest* 140 R occ

Deceptus, a, um part *Beguiled, deceived, caught* § Errore locorum deceptus *Vir Æn* 3, 181

Decerno, ere, crevi, cretum act (1) *To discern by the eye* (2) *To judge, give sentence, or conclude* (3) *To appoint, or determine* (4) *To put to trial, to contend* (5) *To design, or purpose* (6) *To fight, or combat, to dispute* (7) *To order, or decree* (1) Qui nequeas nostrorum uter sit Amphitruo decernere, *Plaut* in *fragm Amph* (2) Quid hoc, malum ! infelicitatis, nequeo satis decernere, *Ter Adelph* 4, 2, 6 (3) Uxorem decrerat dare sese mihi, *Ter Andr* 1, 5, 3 (4) Uno judicio de fortunis omnibus decernit, *Cic* pro *Quintio*, 2 (5) Decernere legiones in Syriam, *Cic* (6) Omissa alia omni spe statuit ipse decernere, *Curt* 3, 2 n 1 § Cornibus inter se subigit decernere amantes, *Vir Geor* 3, 218 (7) Senatus decrevit, populusque jussit, *Cic* in *Verr* 2, 67

Decernor, i, cretus pass *To be decreed, or appointed, to be purposed, or determined*, &c Solicitus sum, quidnam de provincia decernatur, *Cic Fam* 2, 11 Mihi aquam bibere decretum est, *Plaut Aul* 3, 6, 38 V Decerno

Decerpo, ere, psi, ptum act [ex de & carpo] (1) *To pull, or pluck off, to pull away, to crop, or gather, as flowers and fruits are* (2) Met *To get, to gain* (3) *To diminish, lessen, abate, or take off* (1) Decerpere uvas, *Plin Ep* 9, 20 flores, *Lucr* 4, 3 folia, *Col* (2) Plus haurire mali est, quam ex re decerpere fructus, *Hor Sat* 1, 2, 79 (3) Decerpere ex dignitate alicujus, *Plin Ep* 8, 24

Decerptus, a, um part (1) *Gathered, plucked up* (2) Met *Taken from* Pabula decerpta, *Ov Met* 12 94 Herbæ decerptæ, *Ibid* 1, 645 ... *Hor Od* 1, 7, 7 (2) Humanus animus decerptus ex mente divina, *Cic Tusc* 5, 13 ... divinæ particula auræ

Decertandus, a, um part *To be contended for*, Gell 10, 18

Decertatio, onis f verb (1) *A striving for mastery* (2) Also *the management of a debate* (1) *Liv* (2) Decertatio consulibus commendata, *Cic Philipp* 11, 9

Decertatorius, a, um *That strives for mastery*, Quint 6 4

Decertatur impers *A quarrel, or contention is made* Hoc animo est decertatum, *Hirt de B Alex* 16 vid & eund de *B Afr* 19

Decertatus, a, um part (1) *Contended about, strove, or fought for* (2) *Performed, or obtained by contention* (1) Regna decertata odiis, *Stat Theb* 1, 2 æquora, *Ib d* 1, 175 (2) Labores decertati, *Claud laud Stil* 1, 21

Decerto, are neut (1) *To contend, to strive, to dispute* (2) *To try it out by words, or blows* (1) Inter se decertare, *Cic de Fin* 5, 2 (2) Armini bello decertare putes, *Stat Theb* 4, 822

Decessio, onis f verb (1) *A departure* (2) Also *a lessening, or abatement* (3) *An intermission in a paroxysm* (1) Is mecum sæpe de tua mansione aut decessione communicat, *Cic Fam* 4, 4 (2) Non intelligo, utrum accessionem decumæ, an decessionem de summa fecerit, *Cic* pro *Ral Post* 11 (3) Si accessiones increscunt, per decessiones tantum molliantur [febres], *Cels*

Decessor, oris m *A predecessor in an office*, Tac Agric 7, ... *alibi, ergo* successor *cum Cic malim*

Decessus, us m verb (1) *A departure* (2) *A ceasing* (3) *A decease, death* (1) Quod ad tuum decessum attinet, *Cic Fam* 8, 10 (2) Sub decessu febris, *Cels* (3) Annorum decessu plerique ingi solent, *Cic de Amicit* 3

Decet impers (1) *It becomes, it beseems, it behoves* (2) *It is convenient, apt, or meet* (1) Irasci minime decet, simulare non dedecet, *Cic* (2) = Aptum est & decet, *Id* § Decet me, *Plaut* § vobis, *Id* § nostro generi, *Id* Hellenism

Decidium, i n *A downfal, a falling downward* Met *A decay*, Sen Ep 30

Decido, ere, idi neut caret sup [ex de & cado] (1) *To fall down* (2) *To fall into* (3) Met *To lose, or fall short* (4) *To be brought low* (5) *To die* (1) Poma, si cruda sunt, avelluntur, si cocta & matura, decidunt, *Cic* de *Sen* 19 (2) Si decidit in casses præda, *Ov A Am* 2 2 (3) Quanta de spe decidi ? *Ter Heaut* 2, 3, 7 (4) Potestas urbis decidit, *Claud* (5) Scriptor abhinc annos centum qui decidit, *Hor Ep* 2, 1, 36

Decido, ere, di, sum act [ex de & cædo] (1) *To cut off, to cut out* (2) *To determine, conclude* (3) *To decide a business* (4) *To compound, or capitulate* (5) *To express* (1) Decide mihi collum, *Plaut Mil* 2, 2, ... *Met* I go istam tingulam decideo, *I will desist this design*, Id Casin 2, 4, 18 (2) = Decidis statuisque, quid iis ad denarium solveretur, *Cic* pro *Quint* 4 (3) Assem sese negat daturum, nisi prius de rebus rationibusque societatis omnibus decidisset, *Cic* pro *Quint* 5 (4) Decidere jactu cœpit cum ventis, *Juv* 12, 53 N. respub pro libertate decidit, sed omnia experiatur, *Sen Ep* 96 (5) *Quint* 8, 111

Deciduus, a, um [quod decidit] *Subject to falling*, as leaves off trees, [illegible] *hanging down, dangling* ¶ Cornua cervis decicua, *They [illegible] their horns*, Plin 8, 37

Deciduus, a, um [*a cado*] D-[illegible]cus, *Cut, or hewn down*, Ov Met 5, 758

Deci[illegible] (1) *Tentimes* (2) [illegible] *oftentimes* [illegible] (1) Decies [illegible] (2) [illegible] cies [illegible] 65

Decima, æ f [illegible] *the tenth* [illegible]

Decimæ, arum pl f [illegible] *Tenths, tithes* [illegible] Cic [illegible] 26

Decimani m pl *The [illegible]*, Cic [illegible] 3, [illegible]

Decimanus, a, um [illegible] Decumanus

|| Decimatio [illegible] f verb *Tithing* [illegible]

Decimo, āre act *To tithe, to [illegible]* [illegible] & Gell [illegible] 48

Decimo, āre, [illegible] *To [illegible] whensoever* [illegible] 2,

Decimū[illegible] *tenthly* [illegible] Col 12, 18

Decimum [illegible] *The tenth time*, Liv [illegible]

Decimus, a, um adj vel decumus, *The tenth*, Cic Phil 2, 31

Decipiendus, a, um part *To be taken, deceived* [illegible] *upon* Mater non hortanda, sed est decipienda, Ov *Met* 13, 194

Decipio, ěre, epi, ptum act [*ex de & capio*] (1) *To take, to catch, to entrap* (2) Met *To deceive, or beguile* (1) Decipiemus [illegible] Plin [illegible] 59 (2) Decipe [illegible] Cic [illegible] Rud [illegible] = [illegible] Solum mihi [illegible] innumer-[illegible], & mihi [illegible] deceptus [illegible], Plaut [illegible] 2, 4, 94

Decipior, i, ceptus pass *To be deceived, or imposed upon* Decipimur specie recti, *Hor A P* 25 [illegible] *to forget*, Id § per [illegible]

|| Decipula, æ f [illegible] [illegible] Sidon Ep 8 10 &

|| Decipulum [illegible]

Decircino, āre act *To bring within compass, or round* [illegible] Manil [illegible]

Decitemis f [illegible] [illegible] 6

Decis[illegible] (1) [illegible] (2) [illegible] ( ) *A [illegible]* (1) ♓ Incre[illegible] Apul de Mundo, p 742 ed Delph (2) Dicat decisionem factam esse, *Cic* pro *Rosc* 16 ( ) Arbiter decisionis, Cic pro *Flacc* 6

Decisus, a, um part [*a decido*] (1) *Cut off* (2) *Determined, ended, expressed, declared* (1) Auribus decisis vivere jubet, *T[illegible] Ann* 12, 14, 6 (2) Rebus omnibus [illegible] atque decisis, *Cic in Verr* 5, 45 (4) Cætera [illegible] decisa sunt verbis, *Quint* [illegible] decisa negotia, *Hor Ep* 2, 2, 5

Declamatio, onis f verb *A declaiming, an oration made upon a theme, a declamation* (2) *Mention [illegible] of a declamation* (1) Exercitatio declamationis, [illegible] 11 (2) Declamatio [illegible], *Cic Fam* 16, 21 Ut pueris placeas, & declamatio fias, *Juv* 10 167

|| Declamatiuncula, æ f dim *A little declamation, a short speech*, Gell 6, 8 ✝ Brevis declamatio

Declamator, oris m verb *A declaimer, a pleader*, Cic Orat 15 ✝ pro [illegible]

|| Declamatōrie adv *After the manner of a declamation, a short speech*, Hier ✝ More declamatorio

Declamatorius, a, um adj *Pertaining to the exercise of declaming, declamatory*, Cic Q fratr 3, 3 Consuetudo declamatoria, *Quint* 5, 13

Declamitans, tis part *Declaiming often*, Cic de Cl Orat [illegible]

Declamito, āre freq (1) *To declaim, or plead often* (2) *To cry out* (1) Declamitare Græce causas, *Cic Tusc* 1, 4 (2) In victum hominum declamitare, *Cic Fil Tiro ad Fam* 16, 21

Declamo, āre neut (1) *To declaim, to make set speeches* (2) *To cry out aloud* (3) *To cry out against, to inveigh* (1) Suasorias declamare, *Quint* ad fluctum, *Cic de Fin* 5, 2 (2) Neque declament medio sermone discrt, *Ov Art Am* 2, 507 (3) § Declamare contra aliquem, *Cic in Verr* 4, 66 in aliquem, *Id*

Declarātio, onis f verb *A declaration, a remonstrance* Amoris declaratio, *Cic Fam* 15, 21

Declarātor, oris m *He that declares, or remonstrates*, Plin Paneg 92, 9

Declarātus, a, um part *Declared, reported, remonstrated*, Cic Att 2, 2, *Nep in Hannib* 11

Declaro, āre act (1) *To declare, to shew evidently, to make a thing clear* (2) *To signify, to proclaim, or pronounce* (1) Plagam accepit, ut declarant cicatrices, *Cic Philipp* 7, 6 (2) Victorem declarat Cloanthum, *Virg Æn* 5, 246 Hominem catum eum esse declaramus, stultum autem illum, *Plaut Pseud* 2, 3, 16

Declaror, ari, ātus pass *To be declared*, &c *Cic de Orat* 2, 13

✝ Declavo, āre act *To clip, to lop off, or prune all the boughs*, Pallad

Declinans, tis part *Declining, decreasing, drawing toward an end* Declinante morbo, *Plin* 23, 24 *ed Hard*

Declinatio, onis f verb (1) *A stepping aside, a bending* (2) *A digression* (3) *A declining, eschewing, or avoiding* (4) *A declension of a noun, or conjugation of a verb* (5) *The climates, or climes* (1) Exigua corporis declinatione lanceam vitavit, *Curt* 9, 7 (2) Declinatio brevis a proposito, *Cic de Orat* 3, 53 (3) ♓ Appetitio & declinatio naturalis, *Cic N D* 3, 13 Laboris & periculi declinatio, *Id* pro *Cluent* 53 (4) Vid *Varr de L L* [illegible] Græcis nominibus Græcas declinationes dare, *Quint* 1, 5 (5) Declinationes mundi, *Col in Proœm*

Declinatūrus, a, um part *That is ready to step aside, shun*, &c *Cic Att* 14, 17

Declinātus, a, um part *That [illegible], or is turned aside*, [illegible] 2, 1, 5 Declinatis annis, *Declining years*, Quint 12, ul

Declino, āre act & neut (1) *To bend, or turn one way, or other* (2) *To leave, or pass by* (3) Met *To decline, shun, avoid, or eschew* (4) Abs *To decline, [illegible]* (5) Also *to decline* (6) *To [illegible] nouns*, &c (1) Ego declinavi paulum me extra viam, *Plaut Aul* 4, 8, fin *Id* ✝ Declinare ad hastam, vel ad scutum *To [illegible] to the right, or left*, Liv (2) Urbem mihi amicissimam declinavi, *Cic pro Planc* 4 (3) ♓ Appetere quæ secundum naturam sunt, declinare contraria, *Cic N D* 3, 13 ♓ Ad persequendum aliquid, aut declinandum, *Id Part Orat* 18 A delictis declinandum, *Id Offic* 1, [illegible] (4) Paulum declinat amor, *Ov* (5) Declinare a proposito, *Cic Orat* 40 (6) Recto casu accepto in obliquos declinant, *Varr L L* 10 & *Gell* 4, 1

Declivis, e adj [*ex de & clivus*] (1) *Bending downward, steep* (2) Met *Old* (1) Collis ab summo æqualiter declivis, *Cæs B G* 2, 18 ♓ Deloc is superioribus hæc declivia & devexa cernebantur, *Id B G* 8, 88 (2) *Plin Ep* 8, 18

Declivitas, ātis f *A bending, or leaning downward, a declivity*, Cæs B G 7, 85

Decocta, æ f sc aqua *Water boiled, then put into a glass, and cooled with snow put about it, an invention of Nero's according to Pliny*, Vid *Plin* 31, & *Suet Nero*, 48 ☞ Sed frigida aquæ ac calidæ usum fuisse antiquiorem dicere ex *Athenæo*, 2, 34

Decoctor, oris m verb [*a decoquo*] *A spendthrift, a bankrupt* Lege Roscia certus locus decoctoribus constitutus, *Cic Philipp* 2, 18

Decoctum, i n *A decoction, a boiling, or [illegible] broth, or liquor*, Plin 2[illegible], 1

Decoctus, a, um part & adj or comp (1) *Much sodden, or boiled away* (2) *Melted away* (3) *[illegible]* (4) Met *Well digested, pure, refined* (5) Met *Riotously and wastefully spent* (1) Asparagi decocti in cibo, *Plin* 23, 1 (2) Experientibus pars quarta argenti non probe decocta erat, *Liv* 32, 2 (3) Ut orator habeat suavitatem austeram & solidam, non dulcem & decoctam, *Cic de Or* 3, 26 (4) Si forte aliquid decoctius audis, *Pers* 1, 125 (5) Ratio apparet, argentum decoctum est, *Plautina verba ex Trinummo*, 2, 4, 17 *quæ facete [illegible] dens in ambiguo detorquet in Pisonem Cicero*

Decoctus, ūs m *A decoction, a boiling or [illegible] of broth, or liquor* Mollis decoctu nitescunt, sc gemmæ, *Plin* 37, 12

|| Decollatio, onis f *A beheading*, Hier

Decollo, āre act [*ex de & collum*] (1) *To put, or loose a thing off from one's neck*, &c *because their purse hung about their neck*, *Plaut Asin* 3, 3, 67 *Epid* 2, 2, 4 *Truc* 2, 1, 7 (2) Met *To lose, or disappoint one, to be gone* (3) *To cut off one's neck, to behead* (1) In collo est, decolles cave, *Cæcil ap Non* (2) Si fors decollasset, gladium faciam culcitam, *Plaut Cas* 2, 4, 28 sed Gronovius tum in hoc, tum in aliis locis [illegible] Plaut [illegible] [illegible] *cut [illegible]* Quem [illegible] respondebis, [illegible] cujus hæc sunt verba [illegible] [illegible], R R 1, [illegible] viderit ( ) Miles decollatus [illegible] Cato decollari, Petron [illegible]

Decollor, āri, atus pass *To be beheaded* [illegible] D[illegible] collo, No[illegible]

Decŏlor, ōris adj (1) *Discoloured, that hath lost its colour* (2) *Deprived, corrupt* ( ) *[illegible]* (4) *Shameful, [illegible]* (1) Hinc e decolor & decolor *Plin* 10, 12 = Cum totus decolor esset Flaccus, & hærere[illegible] fuligo Maronis, *Juv* 7, 226 (2) Decolor ætas, *Virg Æn* [illegible] Patrias paulatim decolor [illegible] exuit, *Sil Ital* 11, 424 (3) [illegible] color hæres, *Juv* 6, 599 (4) [illegible] ma decolor, *Ov Ep* 9, 4

Decolōrātio, onis f verb *Discolouring*, Cic de Div 2, [illegible]

Decolōrātus, a, um part *Discoloured*, Ad Herenn 2, 5 [illegible] colorata colorabo manu, [illegible] *Aug* 1

Decolōro, āre act *To discolour, to stain, to [illegible]* Cædes decoloravere mare, *Hor Od* 2, [illegible] Suppurationes pessimæ sunt, [illegible] cutem decolorant, *Cels* 2, 9

Decolōror, ari, ātus pass *To be discoloured, to have its colour changed*, Col 12, 16 ✝ Decolorati id cujus color vitiatur [illegible] mutatur, *Sen Q Nat* 2, [illegible]

Decoquens, tis part *Boiling or wasting away* Ad se usque singulis areis decocuntur, *Plin* 21, 17 *edit Hard*

Decoquo, ere, xi, ctum act (1) *To boil, or seeth, to boil away* (2) *To be separated in [illegible] an alloy* (3) Met *To [illegible]* (4) *To consume, or waste, to [illegible]* (5) *To bankrupt, or break one* (1) Ad tertias partes decoquunt aquam, *Plin* 14, 17 Ma[illegible] Vulcano decoquit humorem *Georg* 1, 295 (2) Experientibus pars quarta argenti decocta erat *Liv* 32, 2 (5) Rest amen [illegible] domino decoxit, *Col* (1) Tenesne memoria prætextatum te decoxisse? *Cic Philipp* 2, 1[illegible] Hunc alea decoquit, *Pers* [illegible] ¶ § Decoquere fortunæ, *Mart* [illegible] tio suo, *To become bankrupt by misfortune*, Cic Philipp 2, 18

Decoquor, i ctus pass *To be boiled down, to waste, as in a [illegible] do in melting* *Vid* Decoquo

Decor, decōris comm *Handsome, sightly, graceful*, Sall ap Prisc

Decor, ōris m [*a decet*] *Comeliness, a fine mien, graceful beauty* Illam quicquid agit, quoquo vestigia flectit, subsequitur decor, *Tib* 4, 2, 8 Spolia ei vi[illegible] tem ipso decore, *Cic Acad* 2, 1 9 ✝ Decor formæ, decus honoris, decorum actionis, *Front* ☞ Sed non esse perpetuum exempla allata indicant

Decŏrāmen, inis n *An ornament* Virtus majorum decoramen, *Sil Ital* 16, 269

Decŏrandus, a, um part *To be set forth, or recommended* § Clementia omni laude decoranda, *Cic pro Lig* 2

Decŏrātus, a, um part *Set forth, recommended, adorned, embellished*, Cic Tusc 5, [illegible] Auro decoratus & ostro *Sil* 17, [illegible]

Decōre adv *Comely, seemly, handsomely, gracefully*, Apte & decore loqui, *Cic de Orat* 1,

Decŏro, āre act [*a decus, o* [illegible]

[illegible] *to set forth, to recommend, to grace, to adorn, to embellish,* ¶ Hæc omnia tæ deco [illegible] gravitas, & integritas, *Cic* [illegible] 76 Decorare animum [illegible], *Cic pro Balb* [illegible]

[illegible] ror, atus, tus part *To be* [illegible] & Præmiis atque [illegible] decoratis, *Cic de Orat*

Decorticatio, onis f verb *Barking, or peeling of a tree,* Plin

Decorticatus, a, um part *Barked, having the bark stript off,* [illegible] 17, 41

Decortico, are act *To peel, or bark a tree,* [illegible]

Decorticor, aris, atus pass *To be peeled, or barked,* Plin 19, 1

Decorum, i n (1) *Comeliness, decency, handsomeness,* [illegible] *or what is becoming* [illegible] *to the person* (1) Conservatum cum virtute deco [illegible] & cogitatione [illegible] (2) Decorum [illegible] quod cuique personæ di[illegible], & dicitur, *Cic Off* 1, 28

Decorus, a, um adj [a decor] *Handsome, comely, graceful* [illegible] (1) Justa omnia [illegible] contra, ut [illegible] decora, *Cic* (2) [illegible] moribus sunt decora, [illegible] § Decorum [illegible] ad omnium, *Cic*

|| Decrementum, [illegible] *Decrease, the wane of the moon,* [illegible] ✝ Imminutio

Decrepitas, atis [illegible]

Decrepitus, a, um adj [illegible] *Very old, decrepit,* [illegible] Decrepita anus, *Ter* [illegible] 9, 16 Decrepitus senex, *Cic* [illegible] 16

Decrepo, are *To crackle,* as [illegible] doth when it is almost [illegible]

Decrescens, tis part *Decreasing, waxing shorter, or less, falling, as water doth* ¶ Crescentibus decrescentibusque undis, *Ov Met* 15

Decresco, ere, crevi, tum neut *To decrease, to wear away, to [illegible], to grow less, to wane as the moon doth, to assuage,* to [illegible] = Con [illegible] decrescimus ipsi, Deminui [illegible] corpora [illegible] putes, *Corn* [illegible] ✝ Vinetado decrescit [illegible], *Plaut Curc* [illegible] ✝ Ut crescit [illegible] decrescit, *Cic* [illegible] 2, 17 Decrescit noctibus, [illegible], *Sil Ital* 7, 92

|| Decretalis, e [illegible] Ut decretalis [illegible], *a decreto* [illegible], Ulp

Decretorius, a, um adj *Pertaining to a decree, judicial, critical,* [illegible] Dies decretorius, [illegible] Decretorium [illegible] the vine [illegible] to do well, [illegible] 29 [illegible] decretorius, [illegible] 1, 14 censorius, [illegible] *Wagons* [illegible] *in the city* [illegible] *Ep* [illegible] 10

Decretum, i n (1) *A decree, an ordinance, a statute* (2) *A principle or maxim* (1) ✝ Decretum [illegible] jussa populi, *Liv* (2) Decreta philosophorum, *Cic* [illegible] 1

Decretus, a, um part *That [illegible] decreed,* Cic

Decretus, a, um part [illegible] *decreed, ordained* Decreta provincia, *Paterc* 2, 69

Decubans, tis part *Lying down,* [illegible]

Deculco, are [illegible] de & calco *To tread under foot, to trample* [illegible] Plin 1, 10

Decuma, æ f *Pro decima,* [illegible] *The tenth part* Cic

Decumæ, arum pl f *sc* partes (1) *The tithes, or tenths of corn in impost upon land* (2) *A kind of ticket* (1) *Cic* (2) *Suet Cal* [illegible] Torrent

Decumanus, i m [illegible] decumus [illegible] *Farmers, or gatherers of tenths, or other taxes, tythe-men,* Cic in Verr 5, 14

Decumanus, i m [a decumus, i e decimus] *The tenth* (2) *Also great, huge, of a large size,* [illegible] (1) Decumani milites, *Of the tenth legion,* Suet Cæs 70 ¶ Decumani fluctus, *Fest* Decumus, *Lucr* *A huge wave, or billow* = Posterior nono [illegible] decimo que prior, *Ov* Decumanum pomum, *A huge apple* Decumanus acipenser, *A huge sturgeon,* Lucil *ap* Cic dict a [illegible] Decumanus limes, *A [illegible] running the field from east to west,* Fest [illegible] 78 *as that from north to south was called cardo,* Plin 28, 33

|| Decumatio, onis f verb *A punishing of every tenth soldier,* Capitol ✝ Decimatio [illegible] ad supplicium

Decumbo, ere, ubui, [illegible] neut (1) *To lie down* (2) *To sit down at table* (3) *To keep his bed when sick* (4) *To fall down and die* (1) *Col* 7 [illegible] (2) Ad cœnam [illegible], decumbo, *Plaut Merc* 1, 1, 97 (3) *Cels* (4) Honeste decumbunt gladiatores, *Cic Philipp* 3, 14

✝ Decumus, a, um adj *pro* decimus, *The tenth,* Plaut Stich 5, 4, 26

|| Decunx, cis m *Ten ounces*

Decuplo adv *Ten-fold,* Liv

Decuplus, a, um adj *Ten times* [illegible], Liv 29, 44

Decuria, æ f [ex de & curia] *A sett, or roll of judges* (2) *A company of [illegible]* (3) Also [illegible] *appointed to any business* [illegible] (4) Per jocum, *A pack of good fellows* (1) Ad tres judicum decurias [illegible] *Suet Aug* 32 [illegible] (2) Decuria, [illegible], *Gloss* [illegible] (3) Classes hominum [illegible] decurias appellaverunt antiqui, *Col* 1, ult (4) [illegible] hac decuria, *Plaut* [illegible] 1, 56

Decuriatio, onis f verb *Admitting into wards,* [illegible] *companies,* Cic *pro* Planc 18

Decuriatus, a, um part *Divided into wards,* [illegible] *and troops,* [illegible] 22, 38

Decuriatus, us m verb *The dividing of soldiers into small companies of ten men each,* Liv 22, 9

Decurio, onis m (1) *A civil officer like an high constable, a tythingman in a country, an alderman in a corporation,* [illegible] was at Rome (2) Also *a captain over ten men, noble, or foot* *The foreman, or leader of the file, a corporal* [illegible] (1) [illegible] 2, 14 (2) *Suet Aug* [illegible] & 100 ¶ Decurio palatii, *Marc* [illegible] *The lord steward, or perhaps the house steward* Decurio cubiculariorum *One of the head chamberlains,* Suet Domit 17

Decurio, are act *To put, or draw into files, or into small companies, to rank citizens into wards and companies,* Cic *pro* Domo

Decurionalis, e adj Ad decurionem pertinens, *Tert* [illegible] *Grut* 36 n 6

|| Decurionatus, us m *A captainship over ten, a sergeant's place,* Macrob Saturn 2, [illegible]

Decurrens, tis part *Running,* Plin [illegible] 26

Decurritur impers *They run, or have recourse to,* Cæs B C 1 5 decurrebatur, *Liv* decursum est, *Cic*

Decurro, ere, decurri (1) *To run down, or along* (2) *To run hastily* (3) *To run a tilt* (4) *To resort to for succour, to have recourse to* (5) Also *to sail along* (6) *To set down, or describe materials* (7) *To run over, to go through with* (9) *To pass over* (1) Summo decurrit ab arce, *Liv* [illegible] 41 (2) Cito decurrit trans mite Virgo, *Vir Æn* 5, 610 (3) *Liv* 4, 8 (4) Ad suffragia quum ad remedium aliquod decurrere unt, *Plin* (5) Ausi vada salsa cita decurrere puppi, *Catull* 62, 6 (6) Pugnas [illegible] decurrere versu, *Stat* (7) Inceptum una decurre laborem, *Vir Geor* 2, 39 (8) Decurrere vitam, *Propert* 2, 15, 41 ætatis spatium, *Plaut Stich* 1, 2, 14

|| Decursim adv *With hasty running, in post haste,* Hier ✝ Cursim

Decursio, onis f verb (1) *A running, or course, a tilt, or tournament* (2) *A descent, or inroad of horsemen into an enemy's country* (3) *A sailing* (1) In dicta decursio prætorianis, *Suet Ner* 7 Campestris decursio, *Ia Galb* 6 (2) Decursionibus per equites vastat [illegible] loca, *Cic Fam* 11, 10 (3) Tiberina decursio *Cic de Fin* 3

|| Decursorium, i n *A place where justing and tilting was used, the lists, the tilt-yard,* Jun

Decursus, a, um part *Passed, or run over, run out, atchieved, finished, ended* = Acta jam ætate decursaque, *Cic pro Quint* 31

Decursus, us m verb (1) *A running down, a descent* (2) *A tilt, or tournament* (3) *The end of a course, or race* (4) *A course, stream, or current* (5) Met *A going, or passing through* (1) Subito ex collibus decursu [illegible] cludi, *Liv* (2) *Gell* 7, 3 (3) *Suet Ner* 24 (4) Magnus decursus aquarum, *Lucr* 5, 264 (5) Decursus honorum, *Cic de Or* 1, 1

Decurtatio, onis f verb *A shortening, or curtailing,* Lat ex Cels

Decurtatus, a, um part *Shortened, curtailed, maimed* = Radices breves, & veluti decurtatæ, *Plin* 25, 5 = Decurtata & mutila, *Cic in Orat* [illegible]

Decurto, are act *To shorten, or abridge,* Plin

Decus, oris n [a decet] *A credit, or grace, an honour, or commendation* Ingenium hominis decus, *Cic de Cl Orat* 15 = Honestas, laus, ornamentum, [illegible] *men, dignitas* *Cic* [illegible] *in malam partem* [illegible] Capuli decus, *Plaut* [illegible] 23, 43

Decussatim adv *Cross-wise, in form of the letter X,* Col 12, 5 & Vitruv 1, 6

Decussatio, onis f verb *A cutting cross-wise, after the form of an X, or a cross,* Vitruv 10, 11

Decussis, is m *The decem* [illegible] (1) [illegible] *piece of money* [illegible] *the Roman* [illegible] (2) *A cross in form of the letter X* (1) *Varr* L L 4, 6 (2) *Vitruv* [illegible] Dicant [illegible] in decussis obliqua, *Plin* 18 [illegible]

Decusso, are act (1) *To cut, or divide after the form of the letter X* (2) *To cut equally in the midst cross-wise* (1) [illegible] tudinem in speciem Græcæ litteræ X decussare, *Col* 5, 13 (2) Longitudinem meam decussat *Cic de Univers* 7

Decussus, a, um part [a decutior] *Shaken, beaten down, or demolished* ✝ [illegible] non modo [illegible] fulminibus, [illegible] decussae, *Lucr* Decussa lilia, *Ov Fast* 2, 107

Decussus, us m verb [a decutio] *A striking, or shaking off, a battering, or beating down,* Plin 11, 37

Decutiens, tis part *Shaking down, or striking off* Decutiens gladio rubiginem, *Plin* 34, 45 [illegible] *Hard*

Decutio, ere, ssi, ssum act [a de & quatio] *To shake down to strike, or shake off, to beat down* Decussisse dicitur baculo summa papaverum capita, *Liv* 1, 54 Sylvis honorem decutit December, *Hor Epod* 9, 9

Decutior, i, ssus pass *To be shaken off, or stricken down,* Plin 12, 19

Dedeceo, ere neut cum acc *To misbecome, or not to become* Si quid dedecent in nobis, *Cic Off* 1, 1

Dedecet impers *It misbeseems, or it doth not become* ✝ Oratorem irasci minime decet, simulare non dedecet, *Cic Tusc* 4, 25

Dedecor, oris adj *Uncomely, disgraceful* Dedecores [illegible] tur ga ab hostibus cædebantur, *Sall*

Dedecorans, tis part *Disgracing, disparaging, dishonouring,* Cic Offic 2, 2

|| Dedecoratio, onis f verb *A blotting of one's honesty, or credit,* Tert ✝ Dedecus

Dedecoratus, a, um part *Disparaged, disgraced,* Suet Ner 26

Dedecoro, are act *To dishonour, disgrace, or dispraise* Dedecorant bene nata culpæ, *Hor Od* [illegible] 4, 36

Dedecorosus, a, um adj *Shameful, disgraceful* Suspectum necem dedecorosam [illegible] tur haussisse, *Aur Vict Epit* 39 8

Dedecorus, a, um adj *Shameful, disgraceful,* Tac Ann 12, [illegible] & 3, 32, 2

Dedecus, oris n *Disgrace, discredit, dishonour, shame, a shameful or disgraceful thing, or action,* Cic Offic 1, 33 Tusc 2, 5 = Turpitudo, probrum, flagitium, infamia, ignominia *Id*

Dedicatio, onis f verb *A dedication, or consecration* Dedicatio templi, *Cic pro Domo,* 36 & *Liv* [illegible] 27

Dedicaturus, a, um part *About to dedicate* Duo templa Romæ dedicaturum voverat *Marcellus,* Cic in Verr 4, 55

Dedicatus, a, um part *Dedicated, consecrated, devoted* Non [illegible] eadem ædem Castori & Polluci in foro dedicatam vides? *Cic de N D* 3,5

Dedĭco, āre act [ex de & dico, as] *To dedicate, or consecrate, to devote, &c* Smyrnæi delubrum Homero dedicaverunt, *Cic pro Archia*, 8 Opus pulchrum dedicant, *Plin Ep* 10, 117 ¶ Legati dedican mandata *They deliver their message*, Cæcil *ap* Non = Consecro, *Cic*

Dedĭcor, āri, ātus pass *To be dedicated* Templum sibi dedicari in eo loco jusserit Romulus, *Cic de Legg* 1, 1

Dēdignatio, onis f verb *A disdaining, scorning*, Plin Paneg 18 & Quint 1, 2

Dedignātus, a, um part *Having disdained, and refused with scorn* Dedignata maritos, *Virg Æn* 4, 536 amicum, *Ov Pont* 1, 7, 3

Dedignor, āri, ātus sum dep *To count unworthy, not to vouchsafe, to disdain, slight, or scorn* Qui Philippum dedignatur patrem, *Curt* 6, 11, 23 honorem, *Plin Paneg* 6

† Dedim, *pro* dabo *vel* dederim, *Ter*

Dediscendus, a, um part *To be unlearned, to be laid aside and practised no more* Dediscendæ tibi sunt sportellæ, *Cic Fam* 9, 20

Dedisco, ĕre, dedidici, sine sup act (1) *To unlearn, to forget that one hath learned* (2) *To leave one's former wont* (1) ✠ Haud æquum facit, qui quod didicit, id dediscit, *Plaut Amph* 2, 2, 55 Dedidicisse Latine, *Ov Trist* 5, 12, 57 loqui, *Ibid* 3, 14, 46 (2) Dediscit animus sero quod didicit diu, *Sen Troad* 6

Dediscor, i pass *To be unlearnt, or forgotten, to be disused*, Quint

Dēditio, onis f verb *A yielding up, a surrender* In deditionem redigere, *Cic Philipp* 4, 5 facere, *Hirt B H* 20

Deditius, a, um adj *That hath surrender'd himself into another's power*, Cic *ad* Brut 5 Cæs B G 1, 27

Deditus, a, um part [Dedita valde data, *Fest*] *Given, rendred, yielded up, addicted* Literis deditus, *Cic Fam* 1, 7 amori, *Ter Hec* 3, 1, 12 Deditā operā, *Of set purpose, for the nonce*, Cic *pro Cœl* 19

Dēdo, ĕre, dedidi, ĭtum [ex de & do] (1) *To submit, or yield* (2) *To give up, or surrender* (3) *To give over* (4) *To commit, or intrust* (1) Tibi, pater, me dedo, *Ter Andr* 5, 3, 26 (2) Aras, focos, seque uti dederent, *Plaut Amph* 1, 1, 71 (3) Dedere se lamentis muliebriter, *Cic Tusc* 2, 21 (4) Ancillas dedo, *Ter Hec* 5, 2, 6

Dēdor, i, deditus, pass *To be resigned, or given up* Non recusamus, quin illorum libidini S Roscii vita dedatur, *Cic pro S Rosc* 3

Dedŏceo, ēre, ui, ctum act *To unteach, or teach otherwise*, Cic *de Fin* 1, 6 & *de Orat* 2, 40

Dedŏlandus, a, um part *To be hewed, or squared*, Col 4, 26

Dēdŏlātio, ōnis f verb *An hewing, or chipping*, Lexicogr *ex* Vitruv

Dēdŏlator, ōris m verb *An hewer, or plainer*, Lexicogr *ex* Apul

Dedŏlātus, a, um part *Hewed, chopped, squared* Dedolatæ ridicæ, *Col* 11, 2

Dedŏleo, ēre, ui neut *To grieve thorowly, or spend one's whole stock of grief, or, as others, to give over grieving, to grieve no more* Potui dedoluisse semel, *Ov Fast* 3, 480 & *Rem Am* 1, 295

Dedŏlo, āre act *To cut, or hew with an ax, to chip, or square, to fashion*, Mart 11, 85 Plaut Men 5, 2, 105

Dedŏlor, āri, ātus pass *To be plained, hewed, or smoothed*, Col Dedolari fustibus, *To be well cudgelled*, Apul Met 6

Dedūco, ĕre, xi, ctum act (1) *To bring down, to fetch, or pull down* (2) *To lead forth, or transplant* (3) *To wait upon, to attend* (4) *To draw, or spin out* (5) *Also to subtract, or abate* (6) *To derive* (7) *To remove, or withdraw* (8) *To prolong* (9) *To bring, or lead forth* (10) *To make small, or slender* (11) *To persuade* (1) Carmine vel cœlo possunt deducere lunam, *Virg Ecl* 8, 69 (2) Cum etiam Capuam coloniam deducere conatus es, *Cic Philipp* 2, 9 (3) Frequentes eum domum deduxerant, *Liv* 2,
Uxorem domum deducere, *Ter Hec* 1, 2, 60 ✠ reducere, *Cic* (4) Deducens pollice filum, *Ov Met* 4, 36 *Met* Deducere carmen, *To carry it on*, Id Ibid 1, 4 (5) Ut centum nummis deduceretur, *Cic de Legg* 1 (6) Sol deduxi genus, *Sen Medea*, 4 (7) Hujus hic nunc me de fide deducere non potuerunt, *Cic in Verr* 1, 9 § Deducere corpore febres, *Hor Ep* 1, 2, 48 Deducere pedes de lecto, *Plaut Curc* 2, 2, 82 Alicui fastidium, *To get him a stomach* (8) Ut dies plerosque deduceret, *Cic* (9) Deducere legiones in aciem, *Tac* ¶ Deducere naves, *To launch them*, Virg ✠ Subducere, *To bring them into harbour*, Id Vela, *To spread them*, Ov (10) Vocem deducas, oportet, ut mulier videantur verba, *Pomp* (11) Sibi esse facile regem Thracum deducere, ut eos terra depelleret, *Nep Alcib* 8

Dedūcor, i, ctus pass *To be brought, removed, abated, &c* Cic V Deduco

Dedūctio, ōnis f verb (1) *A bringing, or leading forth* (2) *A conveyance* (3) *A deduction, or abatement* (1) Deductio colonorum, *Cic pro Lege Agr* (2) Aquæ, *Cic de Div* 1, 44 (3) Sine ulla deductione, *Cic* ✠ Beneficia integra, & illibata perveniant, sine ulla, ut aiunt, deductione, *Sen de Benef* 24 ☞ Hinc apparet *sine ulla deductione* formulam esse usitatam

Dēducto, āre freq *To conduct often*, Lucil *ap* Non 4, 144

Deductor, ōris m verb *A companion, an attendant, a client* ✠ Deductorum officium majus est, quam salutatorum, *Q Cic de Pet Cons* 9

Deductus, a, um part or, comp (1) *Brought, fetched* (2) *Handed down, derived* (3) *Slender, low, & Met mean* (4) *Divided* (5) *Abated, deducted* (6) *Brought over from any thing* (7) *Wrinkled, contracted* (1) Homo deductus ex ultimis gentibus, *Cic Philipp* 13, 13 (2) Mos unde deductus per omne tempus, *Hor Od* 4, 4, 19 (3) Nasum à summo eminentiorem, & ab imo deductiorem habuit, *Suet Aug* 79 Deductum dicere carmen, *Virg Ecl* 6, 5 *interpr Macrob* (4) Sidera præcipiti deducta polo, *Luc* 6, 500 (5) Deducta parte tertiā reliqua dos redditur, *Cic* (6) Dionysius cum a Zenone fortissimus esse didicisset, à dolore est deductus, *Cic Tusc* (7) Projicit ipse suas deductā fronte coronas, *Ov Ep* 21, 165 ¶ Deducta carbasa, *Furled*, Luc

‖ Deerrābundus, a, um *Full of wandrings*, Aug † Errabundus

Deerro, āre neut (1) *To wander out of the way, to straggle, or go astray* (2) *Met To digress from the purpose* (3) *To miss the mark* (1) Caper deerraverit, *Virg Ecl* 7, 7 (2) Si non deerrabimus ab eo, quod cœpimus exponere, *Ad Herenn* 1, 9 (3) Col

Defæcātus, a, um *Clean, purified, without dregs, or lees*, Gell

Defæcātio, onis f verb *A fining from dregs, or lees*, Col

Defæcātus, a, um part (1) *Fined clean from dregs* (2) Met *Quiet and free from trouble* (1) Aqua defæcata, *Plaut Most* 1, 3, 2 Defæcatum vinum, *Col* (2) Defæcatus animus, *Plaut Aul* 1, 2, 1 = liquidus *Id*

‖ Defæcis, e *idem quod* defæcatus, *Scrib Larg* & *Vir de Ætna*, 1-4

Defæco āre act *i e* purgo [ex de & fæx] *To draw from the dregs, to decant, to strain through a strainer, or sieve*, Plin 18, 16

Defæcor, āri, ātus pass *To be drawn from the lees* Met *To be certain, to be plain* ✠ = Quicquid incerti fuit, nunc liquet, nunc defæcatum est, *Plaut Pseud* 2, 4 ☞ Notandum aliquos scribere hæc composita per e, nempe qui *fex* non *fæx* scribi volunt

Defalcatio, ōnis f verb *A pruning of vines, or trees*, Col

Defalcātus, a, um part *Pruned, cut away*, Col

Defalco, āre act [*ex* de & falx] *To prune, shred, or cut away*, JCC

‖ Defāmatio, ōnis f verb *A defaming*, Firm † Sugillatio

‖ Defamatus, a, um part ssimus, sup *Disgraced, defamed* Gell 9, 2 † Infamatus, diffamatus

‖ Defamo, āre act *To defame, slander, discredit, backbite, or speak evil of one*, Gell † Dehonesto, sugillo

Defatigātio, ōnis f verb *Weariness, a fatigue*, Cic *de Senect* 11 = Satietas

Defatigātus, a, um part (1) *Wearied, tired, spent* (2) *Worn out of heart* (1) = ✠ Integri & recentes defatigatis succederent, *Cæs B G* 5, 16 Defatigati ab adversariis multitudine verborum, *Ad Herenn* 3, 9 (2) Defatigatum solum, *Col*

Defatigo, āre act *To weary, or tire* Labore assiduo aliquem defatigare, *Cæs B G* 7, 4

Defatigor, āri, ātus pass *To be wearied, or tired out* In conservandis bonis defatigari, *Cic pro Marcello* 6 Opus faciam, ut defatiger usque, *Ter Eun* 2, 1, 14

Defatiscens, tis part *Languishing, feeble* Defatiscentes arbores, *Plin* 17, 2 *edit Hard*

Defectio, ōnis f verb (1) *A defection, or revolt* (2) *A swoon, or qualm, as in those fainting fits women have upon conception* (3) *A want* (4) *A failing, or deviating* (5) *An eclipse* (6) *Feebleness, weakness* (1) Subita defectio Pompeii, *Cic Q fratr* 1, 4 (2) Mulierum à conceptu defectioni prosunt, *Plin* 25 *in proœm* (3) Defectio virium, *Cic de Senect* 9 (4) A recta ratione defectio, *Cic Tusc* 4, 9 (5) Defectiones solis & lunæ, *Cic N D* 2, 61 (6) *Suet Cal* 50

‖ Defectivus, a, um *That is maimed or lacketh any part, defective*, Tert † Mancus

Defector, ōris m verb, *A revolter, or run-away, a turn coat* Revocatis ad pœnitentiam defectoribus, *Suet Ner* 43 Sunt principia defectores coirent, *Tac Hist* 3, 12, 3

Defectūrus, a, um part *About to revolt, or desert*, Cæs B G 5,

Defectus, a, um part or, comp ssimus, sup (1) *Wasted, spent, worn out, decayed* (2) *Wanting, or having lost* (3) *Forlorn, desolate* (4) *In a swoon* (5) *Not quite finished* (1) Ager [illegible] defecti, *Col* 5, 6 Defectissimus annis, *Id præf* (2) Defectior ratione, *Apul* § Sol defectus lumine, *eclipsed*, Tibull 2, 5, 75 § A menstruis defecta, *Cels* 1, 8 § Defecti dentibus, *Plin* 8, 10 Solo mœret defecta cubili, *Val Flacc* 1, 116 (4) Ad recreandos defectos animo, *Plin* 20, 1 (5) Ab uno Ciceronis loco pendet hæc notio, sc [illegible] ad *Att* 13, 2, [illegible] aliter leg

Defectus, ūs m verb (1) *Defect, want, failing* (2) *An eclipse* (1) Defectus lactis, *Plin* 13, 24 stomachi, *Id* 19, 29 (2) Monstrent defectus solis varios, *Virg Geor* 2, 478 Defectum lunæ rum pavent quadrupedes, *Plin* 9, 54 ¶ Defectus animi, *vel* animæ, *A swoon, a qualm*, Plin 20,

Defendo, ĕre, di, sum act [ex de & inus fendo, *i e* arceo] (1) *To keep off, out, or away* (2) *To defend, to preserve, or keep* (3) *To avouch a thing, to maintain and stand to it* (1) Solstitium pecori defendite, *Virg Ecl* 7, 47 = propulso, obsisto, *Cic* (2) = Spoliatum defendo & protego, *Cic pro Sulla*, 18 ✠ impugno, *Cic* [illegible] 10 Hunc non solum in periculis non defendit, sed etiam prodidit, *Id Phoc* 2 (3) Postea auctore suam defendere causam, *Ov Met* 13, 218

Defendor, i, sus pass (1) *To be kept off* (2) *To be preserved, or defended* (3) *To be avouched* (1) A tectis ignis defenditur, *Ov Rem Am* 625 (2) Genere mortis defensus est Piso, *Plin jun* Ab eodem in judiciis defensus, liberatus discesserat, *Nep Pho* 2 (3) Gravissime & verissime defenditur, *Cic Fam* 5

‖ Defensiculum, i n *A defence, a shield*, Adhelm *de Virg* c 14 Defensio *Cic* Clypeus, *Vir*

‖ Defensitor, oris m verb *A defender*, Marc

Defensio, ōnis f verb *A defending, a defence* Defensionem alicujus suscipere, *Cic Fam* 1, 9 A defensione desistere, *Cæs B C* 2, 12 ✠ Offensio, *JC* = Propugnatio, *Cic*

Defensitatio, ōnis f verb *A defending*, Aug † Defensio

Defensito, āre freq [*a* defenso] *To defend very often* Causas defensitare, *Cic Off* 1, 32 studiose sententiam alicujus, *Id Ac Q* 4,

Defenso, āre freq [*a* defendo] *To defend often* Mœnia ipsi se defensabant, *Liv* 26, 45 & *Sall B J* 60

Defensor, ōris m verb (1) *A defender, or saver from* (2) *A keeper, or preserver* (3) *A champion, or advocate in law* (4) *A champion* (5) *A guardian* (1) Ultores sceleris, defensores necis, *Cic pro Milone* (2) = Paterni juris defensor, & quasi patrimonii propugnator sui, *Cic de Orat* 1, 57 (3) Defensorem sui juris adoptare (?) *in Cæcil div* 16 = patronus *Ter* (4) Nec defensoribus istis tempus eget, *Virg Æn* 2, 521 (5) *Ap JCC*

D[illegible]ntrus, a, um part *That w[illegible] defend, or maintain* Facile se hoc [illegible] defensuros dicunt, *C[illegible] B G* 7,15

D[illegible]fensus, a, um part *Defended, kept, maintained* Ab eodem in judicio defensus, *Nep Phoc* 2

Deferbeo, ere *leg in pr et defervi* *To grow cool*, Cic pro *Cal* 18

D[illegible]ndus, a, um part *To be carr[illegible] presented, reported*, Plin [illegible]

D[illegible]fero, fers, tuli, latum act [illegible] fero] (1) *To carry*, or *bring*, [illegible] (2) *To bring*, or [illegible] (3) *To offer*, pr[illegible] or *bestow* (4) Deferre nomen [illegible], *To implead one*, [illegible] (1) Pecua ad [illegible] in crumena obligata defero, [illegible] 5,64 Navi huc [illegible] mentes detulit, *Id Amph* [illegible] (2) § Qua audierunt, ad [illegible] detulerunt, *Cæs B G* 7 § [illegible] fama furenti detulit [illegible] classem, *Virg Æn* 4, 299 [illegible] de defectione, *Nep* [illegible] (3) ⁜ Pallam uxori a [illegible] atque huic detuli, *Plaut* [illegible] 2, 36 ¶ Deferre primas [illegible] *to give him the preference*, [illegible] (4) V *Suet Claud* 9 [illegible] & *Cic* pro *Cal* 23

D[illegible]feror, ri, latus pass *To be carr[illegible] conveyed, committed*, &c Def[illegible] ad Cæsarem, *Cæs B* [illegible] Omnium consensu ad [illegible] imperium, *Ibid* 7,4 [illegible] quanti æstimatur, *What price is set upon it*, Sen [illegible] delatus est, *Accused of* [illegible], Tac 14,48

Deferveficio, ere, eci, actum *To make to boil, to make thorow h[illegible]*, [illegible] 10,157 = Coquo, *Id*

D[illegible]fervefactus, a, um part *Boiled well*, Plin 20,7 & 26,15

D[illegible]fervesco, ere, defervi & deferbui incept (1) *To grow cool* (2) Met *To relent* (3) Met *To [illegible]* (1) Æstus defervescunt, [illegible] 2 (2) Cum defervi[illegible] *Cic Tusc* 4 (3) Cum [illegible] cupiditates deferbuissent *Cic* pro *Cæl* 18 = mitigari, *Id* [illegible] jam defervisse [illegible], *Ter And* 1, 2,72

Defessus, a, um part [a defetiscor] (1) *Weary* (2) Met *Languid, [illegible]* (1) § Membra defessa [illegible], *Catull* 48 [illegible] § Defessus sum quæritando, *Plaut Amph* 4, 1,6 quærere, *Id* [illegible] 2,55 Defessus [illegible], *Plaut* [illegible] (2) = Senatum jam languentem [illegible] ad pristinam virtutem revocavi, *Cic Fin* 10,28

D[illegible]fetiscor, i, defessus [ex de & [illegible]] *To be weary*, [illegible] *fear* [illegible], *Plin* 4, 1,24

D[illegible]ficiens, tis part *Failing* [illegible], *being in an eclipse*, &c [illegible] oculis deficientem [illegible], *Cic Tusc* 1,30

D[illegible]ficio, ere, eci, ectum act [ex de & facio] (1) *To leave*, [illegible] (2) *To be in an e[illegible]* (3) *To faint*, or *be dis[illegible]* (4) *To decay* (5) *To [illegible]* (6) *To end in* (7) *To [illegible] as a bankrupt doth* (1) [illegible] cum calor defecerit, [illegible], *Cic N D* 3 14 [illegible] puppibus, *Stat* [illegible], *Cic de Div* 1, 29 = [illegible] (3) § Animo non [illegible], *Cic* pro *S Rosc* 4 ⁜ [illegible] defecerat, hortante, [illegible], *Suet Vitell* 15 (4) [illegible] confluerint vires, at[illegible], *Cic de Senect* 9 (5) [illegible] primum defecerat Gallia,

Cæs B G 8, 30 = Defecerat Samus, defecerat Hellespontus, *Nep Timoth* 1 (6) Deficit in mucronem talis figura, *Plin* 2,10 (7) Sic Pedo conturbat, Matho deficit, *Juv* 7, 129

Deficior, i, fectus pass *To be destitute, or not supplied, to want* ⁜ Jugatum quadam parte deficitur, quiddam superat, *Col* ⁜ Mulier audacia abundat, consilio & ratione deficitur, *Cic* pro *Cluent* 65 Hæc amænitas deficitur aqua salienti, *Plin Ep* 2, 17

Defigo, ere, xi, xum act (1) *To put down, to plant* (2) *To fasten with nails* (3) *To thrust into* (4) Met *To astonish* (5) *To pitch a camp* (6) Diris deprecationibus defigere, *to bewitch one* (7) *To place, to set* (8) *To fix*, or *be intent upon* (1) Defigere sarmentum in terra, *Col* § arborem terræ, *Id* (2) Columellas in tribibus, *Cæs* Aliquem in terram colaphis, *Plaut Pers* 2,4,22 (3) Crabrones spicula [illegible] nudo defigunt, *Ov Fast* 3,753 Defigere cultrum in corde, *To stab*, Liv 1, 58 (4) Defixerat pavor cum admiratione Gallos, *Liv* (5) Aciem defixere in his vestigiis, in quibus, &c Cic (6) Defigi diris deprecationibus nemo non me [illegible], *Plin* 28, 2 (7) Defigere furta alicujus in oculis populi, *Cic Phil pp* 14 (8) = Parum defigunt animos & intendunt in ea, quæ perspicua sunt, *Cic Acad Q* 4, 15

Defigor, i, xus pass *To be stuck down, to be intent upon*, &c Cic pro *Rab* 4 Terra defigitur arbos, *Vir Geor* 2,290 *V* Defigo

Definio, ire, ivi, itum act (1) *To bound, or limit* (2) Met *To end, or conclude* (3) *To determine, or appoint, to declare, to set down* (4) *To define* (1) Imperium populi Romani orbis terrarum terminis definire *Cic* pro *Sext* 31 = termino, *Id* (2) = Ut aliquando totum hujus generis orationem concludam ac definiam, *Cic in Verr* 4,52 (3) Antequam diem [illegible] fit definire, *Cæs B C* 1,11 (4) Rem verbis & breviter definire, *Cic de Inv* 1,8 circumscribo, complector, *Id*

Definior, iri, pass *To be bounded, appointed*, &c *Cic* pro *Arch Poeta*, 10

Definite adv *Expresly, namely, precisely, particularly, distinctively*, Cic pro Balbo, 14 = Distincte, *Plin* [illegible]

Definitio, onis f verb (1) *A limiting, or bounding* (2) *A definition, which in few words expresses what the thing is, that is spoken of* (1) Hominum & hominis temporum definitione [illegible], *Cic de Div* 2, 54 (2) Cum quid [illegible] fit quæritur, definitio est, *Cic de Fin* 2, 2

Definitivus, a, um adj *Definitive* Constitutio definitiva, *When the terms of the controversy are first to be explain'd*, *Cic de Inv* 2, 17

Definitum est, *It is resolved*, Plaut *C* ft 2,1, 13

Definitus, a, um part *Defined, determined, or limited* Certus ac definitus in cœlo locus, *Cic in Somn Scip* 3

Defio, eri pass [a de & fio, ut a satisfacio satisfio] *To lack, or to be wanting* ⁜ Nil cum est, nihil defit tamen *Ter Eun* 2,2,12 ⁜ Ne quid desiat, neque superfit, *Plaut Men* 1, 4, 3 Nihil tibi apud me defieri patiar, *Ter Hec* 5,2,1 *Legitur in tertia persona tantum*

⁜ Defioculus, i m [cui deficit vel deest oculus] *That lacks an eye*, Mart 12,59 Rar occ

Defixurus, a, um part *About to fasten, set*, &c Ut in auribus vestris—sua furta atque flagitia defixurus sim, *Cic in Verr* 1,3

Defixus, a, um part [a defigor] *Fastned, fixed, set, intent, in a brown study, at a stand* Virtus est una altissimis defixa radicibus, *Cic Philipp* 4,6 Obtutu hæret defixus in uno, *Vir Æn* 1, 499 *Vid* Defigo

Deflagratio, onis f verb *A burning, or consuming with fire, a conflagration* Terrarum omnium deflagratio, *Cic de Fin* 3,19

Deflagro, are neut (1) *To be burned down, to be set on fire* (2) Also *to grow somewhat cool to be allayed* (1) Fore aliquando ut omnis hic mundus ardore deflagret, *Cic Acad* 4, 37 (2) Spes animum subibat deflagrare iras vestras, purgari suspiciones posse, *Liv* 40,8

Deflecto, ere, xi, xum act (1) *To bend, or bow down* (2) *To turn aside* (3) *To be changed and altered* (4) *To digress from a purpose, to wrest* (1) Ramum arboris deflecte, *Col* (2) Lapsa consuetudo deflexit de via, *Cic Off* 2,3 (3) = Ut declinet a proposito deflectatque sententiam, *Cic in Orat* 40 (4) ⁜ Adhibe orationi modum, & [illegible] deat illuc unde deflexit, *Cic Tusc* 5

Deflendus, a, um part *To be bewailed* Semper genitrix deflenda mihi, *Sen Octav* 10

Deflens, tis part *Bewailing* Deflens fata nepotis, *Ov Met* 3,388

Defleo, ere, evi, etum act *To bewail, to lament, to weep for* Illud imitium civilis belli deflevi, *Asin* ad *Cic Fam* 10,31 Carmine alicujus suprema deflere, *To make an elegy upon one*, Tac 3, 49

Defletus, a, um part *Bewailed, lamented, deplored* Mors a multis sæpe defleta, *Cic de Orat* 3, 4

† Deflexura, æ f *A little bowing*, Aug ‡ Flexus

Deflexus, a, um part (1) *Bended, or laid as a vine* (2) *Turned out of the way* (1) Deflexa vite vel palmite juxta suam rhorem, *Plin* 17,23 (2) = Amnes in alium cursum contorti, & deflexi, *Cic de Div* 1, 19

Deflexus, ûs m verb *A bowing, or bending*, Col 1,26

Deflo, are act (1) *To blow away, to blow upon, to slight* (2) Met *To blow off* (1) *Plin* 28, 2 (2) Diplomata Augusti, [illegible] vetera, & obsoleta, deflabat, *Suet Cal* 38 *ubi tamen al* deflebat

Defloccatus, a, um part *Worn out* Met Defloccati senes, *Rusty old fellows* qui floccos, [illegible] villos amiserunt, *Plaut Epid* 5, 1,10 Nisi malis exponere, *bald, without hair*, per Catachr

Deflocco, are act [ex de & floccus] *To fetch the nap off* Deflocabit lumbos meos, *uti aliqui legerunt*, ap Plaut Asin 2, 14

Defloratus, a, um part (1) *Having shed its blossoms*, or *lost its fruit* (2) *Forestalled, anticipated* (1) Certos atque defloratos fructus ostendere, *Quint* 7, 6 (2) Gloria victor æ deflorata, *Liv* 37, 58 *ubi Gronov ex Cod Mogunt legit*, præflorata *aptius ad sensum*.

Deflorescens, tis part *Casting its blossoms* Inventa est vitis uno die deflorescens, *Plin* 14, 3

Defloresco ere, deflorui incept (1) *To shed its blossoms, to shed, or cast its flowers* (2) Met *To decay and fade* (1) Frumentum octo diebus deflorescit, ac deinde grandescit, *Col* 2, 12 Cum se multa fronde cooperuit, prius deflorescit, *Id* 5,6 (2) Flos carptus ungue defloruit, *Catull* 60, 43 ⁜ Cum corporibus vigent, & deflorescunt animi, *Liv*

Defluens, tis part *Falling off*, Plin [illegible]

Defluo, ere, xi, xum (1) *To flow*, or *swim down* (2) *To go down by water* (3) *To fall down* (4) *To slip out* (5) *To fall*, or *slip off*, as hair doth (6) *To be over*, or *at an end* (7) *To flow*, or *abound* (8) *To decay* (9) *To fade* (10) *To be derived, to descend* (11) Also *to flow all out, to cease to flow* (1) Aries defluit amni, *Vir Geor* 3, 447 (2) Ostiam Tiberi defluxit, *Suet Ner* 27 (3) Moribundus ad terram defluxit, *Liv* 2, 20 § Cohors tota defluxit equis, *Virg Æn* 11, 500 (4) *Met* Ne vacuo defluat ex animo, *Prop* 1,20, 2 (5) Defluentem capillum confirmat & densat, *Plin* 25,11 (6) Ubi salutatio defluxit, literis me involvo, *Cic Fam* 9, 20 (7) Luxu & inertia defluere, *Col* 12, in *Proœm* (8) Ubi per socordiam vires, tempus, ætas, ingenium defluxere, *Sall B J* 1 (9) Color defluit, *Tibull* 3, 1, 18 (10) A quibus duplex Octaviorum familia defluxit, *Suet Aug* 2,20 (11) ⁜ Rusticus expectat dum defluat amnis, at ille labitur & labetur, *Hor Ep* 1,2,42

Defluvium, i n *A falling off*, as hair doth, *Plin* 28,11

Defluus, a, um adj (1) *Flowing down* (2) *Hanging down, long* (3) *Falling off* (1) Cuttitum defluus, *Apul Met* 3 Splendor ab alto defluus, *Stat Sylv* 1, 3, 54 (2) Defluæ cæsaries, *Prud Perist* 13, 30 (3) Defluus capillus, *Plin* 20,4

|| Defluxio, onis f *A flowing down of humours, a defluxion* Defluxio alvi, *A lask*, or *looseness*, Aurel ‡ Fluxio

Defodio, ere, fodi, fossum act (1) *To dig down, to dig in the earth* (2) *To hide*, or *bury in the ground* (1) Antequam vineam defodere incipias, *Cato*, 50 (2) Clam omnes in medio foco defodit, *Plaut Aul prol* 8 Defodere cadaver, *Liv* 22, 23

Defodior, i, fossus pass *To be digged*, &c *Col* 11, 2

|| Defœdus, a, um adj *Very filthy, nasty* Affertur ex Cic *ad Attic* 7, 10 *sed locus est fœdissimus, & mirè vexatus*

Defœnerandus, a, um qu [a defœnero] *To be ruined by paying interest* Ad defœnerandas diripiendasque provincias, *Cic Parad* 6

Defœnerator, ōris m verb *He that lets*, or *takes upon usury*, Aug Fœnerator, *Cic*

Defœneratus, a, um part *Deeply indebted*, or *much engaged in debt*, Apul Apol p 522 ed Delph ‡ Fœnere demersus

Defœneror, ari *To borrow*, or *take up money at usury*, Apul *Vid* Defœneratus ‡ Fœneror

Defore, *i e* defuturum esse, *To lack, to be wanting hereafter*, Cic Leg Deforem, deforet, deforent, *apud probos auctores*

Deformatio, onis f verb (1) *A deforming, or disgracing* (2) *A description, or delineation* (1) Deformatio Majestatis, *Liv* 9, 5 (2) Deformationes gnomonicæ, *Vitruv Pref* 1 3

Deformatus, a, um part (1) *Disfigured, deformed* (2) *Disgraced*,

... (5) Transformed, formed, ... (1) ... De-... membra ... Sil Ital ... (2) Quin non ... ... formam ... (3) ... formis ... (4) ... in ... & ... formati ... ... difigu-... (2) ... ... (3) ... ... (5) Genu ... ... Nec ... ... (2) ... Deformis & ... ... Deformissima ... Stat

Deformitas ... (1) Deformity ... (2) ... (3) ... (1) Deformitas & corporis ... (2) ... negligentia ... Ov ... gloria ... Quint

Deformo ... (1) To disgrace ... (2) To ... unseemly ... deformitate ... (2) ... deformare ... tet ...

Deformo ... [ex de & forma] (1) to disfigure, or ... to deform (2) Met To ... (3) To draw a ... (1) ... Geo 4,251 (2) ... Pompeium ... deformitate ... 24 (3) Ille quem supra deformavi ... Cic pro Cæcin 5 (4) Deformate ... ... imitationem ... , Var ...

Deformor, ari, atus pass To be disfigured, daubed, or made foul, Liv Turpissimis incendiis & ... deformari, Hirt B A 24

Defossus, a, um part (1) Digged in (2) Hid under ground (3) Buried (1) Defossi specus, Vir Geor 3,376 Defossi verbere terga, Cat deep into, furrowed, Claud (2) Respondit conjecto defossum thesaurum esse sub lecto, Cic de Div 2, 65 (3) Defossum cadaver domi, Liv

Defossus us m verb A digging down, Plin 19, 8

Defractus, a, um part Broken down Defractos sibi ramos, Plin 17, 17

Defrænatus, a, um part Unbridled, ungoverned, unruly Defrænato cursu volvi, Ov Met 1,282

Defraudans, tis part Beguiling, cozening, Ter Phorm 1, 1, 10 & Adelph 2, 2, 38

Defraudator, oris m. verb A deceiver, a beguiler, Sen de Ben 4, 26

Defraudo, are act To beguile, to deceive, to defraud, to cheat, to cozen § Defraudare aliquem drachma, Plaut ... victoriæ fructu, Liv defraudare genium, to pinch his belly, Ter ... Defraudans

Defricatus, a, um & defrictus, a, um part Rubbed hard, scoured Dolia defricata & diligenter lota, Col 11, 2 Defricta pumice testa, Id ... 5

Defrico, are ui & avi, ctum & atum act To rub hard Amphoram defricato collinitoque, Cato, 98 Defricare aliquem sale multo, To be very sharp upon one, to censure, Hor Sat 1, 10, 4

Defricor, ari, atus pass To be rubbed all over Cœpit postquam perfusus est, defricari, Ad Her ... 5

Defrigesco, ere, xi incept To grow cold Coctum defrutum quando ... ... transfertur Col ... 21 Dum quod decoxeris ... Id 12, 20

Defringo, ere, fregi, fractum act To break down, or off Ramum arboris defringere, Cic pro Cæcin 21 Nisi defregerit ... ... Mil 2, 2, 1

Defringor, i pass To be broken down Plin 17, ... & 19, 42

Defrudo, are act pro defraudo, ... To defraud, ... or cozen Etiam insuper defrudet Ter Andr 2, 1, 8

† Defrustro, onis ... verb A drawing ... or ... out the ... Col

† Defrugo, ... [ex de & fu ...] To ... out ... as ... to ... it ... of heart, ... 24 ... frude

Defrutarius, a, um adj Belonging to boiled ... Vasa defrutaria, Col 1, 6 Cella defrutaria, Id

Defruto, are act To boil new ... Col ... 22

Defrutum, ... n [a deferveo, to ...] ... new ... half (Plin) or third ... (Col) ... boiled away, into ... and ... the ... of ... other ... Col 12, 20, 21 & ... 14, 3, 5

† Defuit, pro defit, May be ... , Plaut Bacch 1, 1, ...

Defugio, ere, i, itum act (1) To shun, or avoid, to be shy of (2) To refuse to accept of (1) Ad ... eorum sermonemque defugiunt, Cæs B G 6, 12 (2) Administrationem Reipub defugere, Cæs B C 1, 32 Nunquam defugiam auctoritatem, I will never ... own order, Ter Eun 2, 3, 98

Defuncte adv Carelesly, slightly, cursorily Defunctoriam ... agere, Sen Controv ... fin

Defunctus, a, um part (1) That hath gone thorow with a business (2) Rid, quit, past danger (3) Ended, finished (4) Also dead, defunct (1) Defunctum laboribus æquum recient forte ... Hor Carm ... 24, 15 (2) Defuncta morbis corpora salubriora esse cœperunt, Liv 4, 52 (3) Defunctum utinam hoc sit modo, Ter Adelph 3, 5, 6, (4) Miserorum non ... defunctorum obliviscuntur, Plin Ep 9, 9 ✠ Defuncta corpora servat, viventia corrumpit cedrus, Plin 24, 5

Defunctus, i m A dead corps, Plin 2, 68

Defundo, ere, fudi, fusum act To pour out Nisi mutuum parcit defundere vinum, Hor Ep 2, ... 58

Defungor, i, ctus sum dep (1) To be rid of a business, to go thorow with it (2) To discharge, or perform one's duty (3) To scape, or be quit from a thing, to be past danger (4) To make an end, or finish (1) = Perseverare defungique cura, Liv (2) Vili munere orationis defungi, Plin ad Cic (3) Coorta erat infensa plebs, ut unius pœna defungendum esset patribus, Liv (4) Cupio misera in hac re jam defungier, Ter Phorm 5, 8, 32

Defusus, a, um part Poured down, poured forth Defuso sanguine, Sil Ital 5,454 mero, ... Od 1, 5, 33

Degendus, a, um part ... degenda, To be led, or ...

Degener, eris adj (1) ... his ancestors, degenerate, ... good, or bad sense (2) Ignoble, cowardly, faint-hearted (3) Unworthy, base (1) Patriæ non degeneris ortus, Ov de Pont ... 5 ... ... Degenerem Neoptolemum ... memento, ... Æn 2, 549 (2) Degeneres animos ... arguit, ... Æn ... 13 (2) Nec irritæ aut degeneres insidiæ fuere adversus transfugam & violatorem fidei, Tac 11, 1...

Degenero, are [a degener] (1) To degenerate, to grow out of kind, or to become unlike his ancestors, whether in a good, or bad sense (2) To grow worse, or wild, of fruit (3) To emasculate, to weaken (4) Not to come up to, to fall short of (1) Degenerare a virtute majorum, Cic pro ... ne degeneret ... veris a ... & ... (2) Poma degenerant succos ... ... priores, Vir Geor 2, 59 (3) Venus ... ... & corpus ... degenerat, ... 8, 12 (4) ... ... Ov de P ... 1, 35 Non degenerabit honorem, Stat ... 1, 160

Degens, tis part Living Inter feras serpentesque degentes, Curt 9, ...

Degero, ere, ssi, stum act To carry away ✠ § Aurum suppilat uxori & tua degerens amica, Plaut Men 5, 1, 41 degerere ad merrices, ... 5, 2, 53 ...

‖ Deglabo, are adj Bare, or bald, Litt ex Apul ✝ Calvus

‖ Deglabro, are To pull off hairs, to make bald, or bare, Paul JC

Deglubo, ere, psi, ptum & deglubitum act (1) To pull, to pull off the skin, or rind (2) Also to flea, or flay (1) Quod eo folliculo deglubitur granum, Varr (2) Boni pastoris est tondere oves, non deglubere, Aug ap Suet Tib 32

Deglubor, i pass To be peeled, husked, or hulled, Var

§ Degluptus, a, um part [a deglubendo] Flayed, circumcised Degluptà mamma, ... Plaut Pan 5, 5, ...

Deglutino, are act To unglue, Plin 25, 12

‖ Deglutio, ire, ivi, itum act To swallow down, Med ✝ Devoro

Dego, ere, gi [ex de & ago] To lead, to pass, to spend (2) Absol To live, to dwell (3) Degere bellum, To wage war for the simple agere (1) Degere vitam, ætatem, Cic ævum, Lucr Senectam turpem, Hor (2) Degere ex æquo, cum aliquo, Plin 6, 25 V & Lucr 4,966 (3) Lucr 4,965 ubi ad cernere

Degor, i pass To be led, Lucr 2,16 & ... 1115 ¶ Degetur corium de tergo meo, Will be pulled off my back, Non ex Plaut Epid 1, 1, 6 ... vulgo leg degetur

Degrandinat impers It hails down right, Ov Fast ... 755

Degrassatus, a, um part Robbing, or killing upon the highway, Stat Achill 1, 406

Degrassor, aris, atus sum dep ... To rob, spoil, or slay, to attack V d Degrassatus

Degravatus, a, um part Weighed down, Col 1, 5

Degravo, are act To weigh down, to sink down Vir ... ... ulnum, Ov ... 5, ... unda caput, Prop ... 6, 38

Degravor, ari, atus pass To be weighed down, to be ... ... onerus degravari, Cic ...

Degredior, i, sus [ex de & gradior] To go down, to descend Postquam Alpibus degressi sunt, Tac Hist 2,66 ¶ Degredi ... ... off his horse ...

Degressus, a, um part (1) Going down, or being come down (2) Alighting from horseback (1) Degressos tumulis montanos ... Liv 21, 32 (2) ... ad pedes degressis, ... dragoons, Liv

† Degulitus, a, um part ... swallowed, ... Plaut ... 4 ...

Degustandus, a, um part ... lightly touched, or ... of, Quint

‖ Degustatio, onis f ... A tasting, Ulp ✝ Gustatio

Degusto, are act (1) To taste (2) Met To found, or ... To touch slightly, to speak lightly (4) To eat ... (5) To try, to prove (6) To ... (1) Vinum degustare, Cato, 14 ... Plin 18, 2 (2) ... labio odorem, & istum con... ... degustes, Cic ... 8, 9 (3) D ... genus aliquod exercitationum, Cic Partit 5 (4) ... gustu tignum, Lucr ... (5) Visne ... tandem ... gusta... & fortunam experiri ... Cic Tusc 5, 21 (6) Aliquid ... ... ex sermone ... gusta... Cic pro Cæcin 26

Dehaurio, ire, i, stum act To draw out, or off, Cato, 66

Dehinc adv temporis, ... (1) From hence forward, after this ... (2) And then, after that (1) Deinde dehinc omnes ex animo ... neres, Ter Eun 2, ... 4 (2) ... ... libavit ... ... Æn 1, 135

Dehiscens, tis part Gaping, ... chaping asunder ... ... dehiscens, Vir Æn ...

Dehisco, ere incept (1) To ... or open wide (2) To chap, ... or chink, as the ground doth (3) To open, as the sky doth (4) ... opens and spreads, as a flower doth (1) Tellus ... dehiscat, Vir Æ 4,24 ... dehiscit ... Ov ... 5, 2,27 (2) Arbores ... ... dehiscunt, Cato ... (3) Terra ardore dehiscunt, Vir ... 3, ... 2 (4) Cœlum dehiscere ... pit, Ov Fast 3,371 (5) Rosa ... hiscit, Plin 21, 4 = aperio, ... ¶ Dehiscere in aliquem, To ... weigh, or rail at one, Cic ... in Brutum dehiscis? ... ... 15, 11 ...

Dehonestamentum, i n (1) A disgrace, or disparagement (2) A blemish, or disfigurement (3) A reproach, or despite (1) Generis dehonestamentum, ... 4 Originis dehonestamentum ... Ibid 28, 2 (2) ... Hannibalem ... honestamento, Tac Hist ... 1 (3) = Verba probrosa, ignominiæ & cætera dehonestamenta, Sen ... Const 19

Dehonestatus, a, um part Dishonoured, marred ...

Dehonesto, are act To disgrace, or disparage, to discredit or discountenance Dehonestare publico Theatro, Quint 14, 15, 1 Bonas artes dehonestare, Tac ... 70, 4 famam suam, Id 16 24

Pass Dedignatus ipse ut, ne demonstrare ui prælio tam fœdæ gen- *Just* 7, 3

Dehonestus, a, um adj *Uncouth, unhandsom*, Gell 19, 10 ✝ Indecorus

Dehortor, āri, ātus sum dep *To dishort, dissuade, or advise to the contrary*, § Dehortatus est me, ne illum tibi darem, *Ter Phorm* 5, 7, 17 § Dehortari ab aliqua re, *Ad Herenn* 3, 3

Dejectio, ōnis f verb (1) *A throwing down* (2) Also *a stool, or a going to stool, or making water* (1) Vim dejectionémque facere, *Cic* pro *Cæcina*, 20 (2) Dejecti omnibus laborant, *Cels* in *pref* Omnis dejectio lippienti prodest, *Id*

Dejecto, āre freq *To cast down often* Loquent vasa cuncta dejectat, *Gell* 20, 9

Dejector, ōris m *He that casts down*, Ling Poet

Dejectus, a, um part (1) *Cast down* (2) *Fallen down, shed* (3) *Slain, killed* (4) *Setting, low, declining*, as the moon (5) *Debased by the loss of* (6) *Disfixed* (1) Super juvencum stabat dejectum leo, *Phædr* 2, 1, 1 ¶ Met Spe dejectus, *Disappointed*, *Cæs B G* 1 (2) Lumina dejectis turpia lacrymis, *Prop* 1, 18, 16 (3) *Nep Thrasyb* 2 & *Liv* 1, 46 (4) = Equitatus dejectis, & inferioribus locis, constiterant, *Cæs B C* 1, 46 ⋊ Luna nunc in aquilonem lata, nunc in austros dejecta, *Plin* 2, 9 (5) Quis te casus dejectam conjuge tanto excipit? *Vir Æn* 3, 317 (6) Dejectu prætura, *Cic* pro *Mur*

Dejectus, us m verb (1) *A throwing down* (2) *A bending*, or descent, as of a hill (3) *The crooked front* of a precious stone (4) *A felling, or cutting down*, as of trees (1) Armorum utrumque dejectus, *Sil Ital* 12, 189 (2) Ex utraque parte collis dejectus habebat, *Cæs B G* 2, 8 (3) ✝ Neque in dejectu gemmæ, aut in recessu renitente, *Plin* 37, 6 (4) Angustias septas dejectu arborum invenere, *Liv* 9, 2

Dejero, āre [ex de & juro] *To swear downright, or pointblank, to take a solemn oath* Liquet mihi dejerare, *Ter Eun* 2, 3, 39 Per, in te dejerare, *Id Hecyr* 5, 2, 5

Dejicio, ĕre, eci, ectum act [ex de & jacio] *To throw, or cast down, or out of the way* (2) *To put out of office, to disseize* (3) *To remove, or put away* (4) *To go to stool* (1) Jubsine columnis dejicere operas aranearum? *Plaut Asin* 2, 4, 9 Dejicere se a superiore parte ædium, *Nep Dion* (2) § Sine ædilitate dejecisse, *Cic* in *Verr* 1, 8 § De possessione fundi dejicere aliquem, *Id* (3) Cujus a me cervice jugum servile dejecerant, *Cic* Dejicere metum, *Id* in *Verr* 5, 47 (4) Qui dejiciere volunt, cibis utantur, quæ hoc præstent ut, *Cels* 1, 3

Dejicior, i, ectus pass *To be cast down*, &c Dejici de gradu, *To be degraded, or turned out of his place*, Cic Met *To be so ceded in his first on*, Cic Dejici de spe, *To be put out of all hope*, *Cæs B C* 1

Deinde adv ordinis, *Afterward, after that, moreover, furthermore*, *Ter Andr* 1, 1, 32

Deinceps adv ordinis (1) *Successively, in order, one after another* (2) *Besides, or moreover, afterward* (3) *Henceforth hereafter, hereafter* (4) *Again* (1) Tres fratres, quos video deinceps Tribunos plebis per triennium fore, *Cic Fam* 2, 17 (2) *Liv* 1, 1 (3) *Cic* de *Clar Or* 2 (4) ⋊ Cavendum est, ne id quod semel diximus, deinceps dicamus, *Ad Herenn*

Deinde adv ordinis [ex de & inde] (1) *From thence, from that place* (2) *And then, next after that, afterward* (3) Also *hereafter, henceforward* (1) In balneis delituerunt, deinde prosiluerunt, *Cic* pro *Cal* 26 (2) An ego tibi obviam non prodirem? primum App Claudio, deinde imperatori, deinde more majorum, deinde (quod caput est) amico? *Cic Fam* 3, 7 (3) Quas ad te deinde literas mittemus, *Cic* ad *Q fratr*

✝ Densuper adv *From above*, Non ex Sall

Deintegrō adv *Anew, again, afresh*, Cic sed rect divisè, *de integro*

‖ Deiparus, a, um Deipara Virgo, *The blessed virgin, or our Saviour's mother*, Eccl

‖ Deitas, ātis f *The godhead, or deity* Cujus originis ætatisque sit, docet Augustinus de *Civ Dei*, 7r ✝ Divinitas, *Cic* numen, *Id*

Dejugātio, ōnis f verb *An unyoaking*, Litt ex Col

Dejugātor, ōris m verb *He that unyoaketh*, Litt ex Col

Dejugis, e adj *Unyoaked* Vertice nunc summo properant, nunc dejuge dorso, *Auson Mosell* 164

✝ Dejugo, āre *To unyoke, to disjoin, to dissever*, Non ex Pacuv

Dejugus, a, um adj *Unyoaked*, Litt ex Sta

Dejunctus, a, um part *Disjoined, severed, put asunder*, Cic de Univ 5

Dejungo, ĕre, xi, ctum act *To unjoin, to sever, to part, or put asunder*, Plaut Asin 3, 3, 75

Dejurium, n *A great and solemn oath* Dejurio vinctum esse, *Gell* 7, 18

Dējūro, āre *To swear deeply, to take his oath on't*, Plaut Cas 2, 5, 36 & Gell 11, 6

Dejuvo, āre a e non juvo *Not to help, to leave one to himself*, Plaut Trin 2, 2, 63 Nescio an alibi occurrat

Delabor, i, psus deorsum labor *To slip, slide, or fall down* (2) *To fall to decay* (3) Met *To fall into* (4) *To descend* as in speaking, or writing (1) § Summo delabor olympo, *Ov Met* 1, 212 Ex utraque tecti parte aqua delabitur, *Cic* de *Orat* 3, 46 (2) Rem familiarem delabi sinere flagitiosissimum est, *Cic Offic* 2, 18 (3) Delabi in vitium, *Cic* de *Or* 2, 60 (4) Ad vulgares amicitias oratio nostra delabitur, *Cic* de *Amic* 21 ⋊ Aut a minoribus ad majora ascendimus, aut a majoribus ad minora delabimur, *Id* in *Partit* 4

Delacero, āre act *To tear, or rend in pieces*, Plaut Capt 3, 5, 14

Delacrymātio, ōnis f verb *A weeping, a crying*, Plin 20, 5

Delacrymo, āre neut *To weep, or bleed as a vine doth*, Col 4, 9

Delactātio, ōnis f verb *A weaning*, Cato

Delactātus, a, um part *Weaned, or nursed*, Varr ✝ Lacte depulsus

Delacto, āre act *To wean*, Cels ap Litt ✝ Lacte repello

Delævo, āre act *To smooth, or plain*, Col Arb 6

Delambo, ĕre act *To lick gently all over* Molliorque ejectâ delambit vellera linguâ, *Stat Theb* 2, 681

Delāmentor, āri, ātus sum dep cum acc *To bewail, to lament* Natam delamentatur ademptam, *Ov Met* 11, 331

Delanio, āre act *To cut, or tear in pieces* Litt unde non dicit ✝ Dilanio

Delapido, āre act (1) *To pick out the stones and rid the ground of them* (2) Also *to pave, or lay a floor with stones* (1) Cato, 46 (2) *Fest*

Delapsus, a, um part [a delabor] *Slidden, slipt, fallen* § De cœlo delapsus, *Cic* pro *L Man* 14 § e cælo in provinciam, *Id* ad *Q fr* 1, 1

‖ Delassābilis, e adj *Weariable*, Manil 4, 240

Delassātus, a, um part *Wearied, tired out* Delassatus labore, *Plaut Asin* 5, 2, 22

Delasso, āre act *To weary, or tire out* Loquacem delassare valent Fabium, *Hor Sat* 1, 1, 14 Delasset omnes fabulas poetarum, *Mart* 10, 5, 17

Delassor, āri, ātus pass *To be wearied* Vid Delassatus

Delatio, ōnis f verb [a defero] (1) *An information* (2) *A secret, or publick accusation, an impeachment* (1) Crebris apud Neronem delationibus, *Tac Hist* 4, 41, 2 (2) Contendit ne hæc delatio mihi detur, *Cic* in *Verr* 1

Delātor, ōris m verb *An informer, a secret accuser, a pickthank, a tell-tale* Princeps qui delatores non castigat, irritat, *Suet Dom* t 9 extr

‖ Delātōrius, a, um adj *Accusatory, ensnaring* Delatoria curiositas, *Ulp*

‖ Delatūra, æ f *An accusation*, Bibl ✝ Delatio

Delātus, a, um part [a defero] (1) *Arrived, brought, carried* (2) *Conferred* (3) Also *accused, or complained of* (1) Huc ubi delati portus intravimus, *Vir Æn* 3, 219 Carthaginem delatum, *Nepos Hannib* 3 (2) Delato consul sublimis honore, *Sil Ital* (3) Cum venefici nomen esset delatum, *Cic* de *Inv* 2

✝ Delavo, āre act *To wash away*, Plaut Rud 2, 7, 21 ubi al clavo

Delēbilis, e adj *That may be blotted, or erased* Nullis delebilis annis, *Mart* 7, 83

Delectābilis, e adj or, comp *Delectable, pleasant, delightful, savoury* Infusum delectabili cibo venenum, *Tac Ann* 12, 67, 1 Doctrina delectabilis, *Gell* 1, 4 = Delectabilior, jucundior, *Apul Flor* p 808 edit *Delph* ✝ Delectationem afferens, *Cic*

‖ Delectābilitèr adv *Delightfully, daintily*, Gell 13, 24 & 15, 21 ✝ Jucundè

Delectāmentum, i n (1) *A delight, a pastime* (2) *A sport, a laughing-stock* (1) Delectamenta pene puerorum, *Cic* in *Pison* 25 (2) = Qui me sibi pro ridiculo ac delectamento putat, *Ter Heaut* 5, 1, 79

Delectandus, a, um part *To be delighted, or pleased*, Cic

Delectātio, ōnis f verb *Delectation, pleasure, delight* = Mira quædam in cognoscendo suavitas & delectatio, *Cic* de *Orat* 1, 43 = Voluptas, *Id*

‖ Delectio, ōnis f verb *Choice upon judgment*, Agret ✝ Delectus

Delecto, āre act [ex de & lacto] (1) *To allure, or draw* (2) *To delight, to please* (1) Ubi sementem facturus eris, ibi oves delectato, *Cato*, 30 Libris me delecto, *Cic Attic* 2, 6

Delector, āri, ātus pass *To be delighted, pleased*, &c = Ducitur ac delectari re aliquâ, *Cic* ad *Q fratr* 3, 5

Delectus, a, um part [a deligor] *Chosen, made choice of* Delecta juventus *Cic* de *L Agr* 17 manus, *Nep Milt* 1

Delectus, us m verb (1) *An election, choice, or picking out* (2) *A detachment* (3) *A difference* (1) Verborum delectum originem esse eloquentiæ dixit Cæsar, *Cic* de *Cl Orat* 72 (2) Legio confecta ex delectu provinciæ, *Cæs B G* 8, 54 (3) Habere delectum civis & peregrini, *Cic Off* 1, 41 = Omnium rerum delectum atque discrimen sustulit pecun a, *Cic* in *Verr* 2, 5?

Delegātio, ōnis f verb. (1) *A sending away, a giving in charge, or putting in commission* (2) Also *an assignment of a debt over to another* (1) Poderet mihi lo delegationem in mancipes, *Cic Att* 12, 3 (2) Delegatione & verbis perfecta solutio est, *Sen* de *Benef* 6, 5

Delegātus, a, um part (1) *Sent away, banished* (2) *Appointed, assigned, ordered* (3) *Consecrated* (1) Exilio delegato contentus, *Sen* de *Clem* 1 (2) Ut delegato mihi officio vacuem, *Plin* jun (3) *Fest*

Delegātus, i m *A delegate, a committee, a referee*, ICC

Delēgo āre act (1) *To send away* (2) *To send on an embassy* (3) *To assign* (4) *To attribute to, impute* (5) *To commit, or intrust, to give charge of* (6) *To draw a bill upon* (1) Oves delegato, *Cato*, 30 ubi tam n al delectato (2) Decemvirum, ut duodecim delegarentur, *Liv* (3) Servat Consulis decus ad servum delegit, *Liv* (4) Causam peccati mortuis delegari, *Hirt* apud *Cæs B G* 8, 22 (5) Delegavi unico locupletiori, *Cic* pro *Domo*, 7 (6) *Ap ICC* Vid Delegatio, N° 2

Delegor, āri, ātus pass *To be sent an embassador*, Liv *to be imputed*, Hirt &c Vid Delego

Delendus, a, um part *To be blotted out, erased* Omnem memoriam discordiarum oblivione sempiternâ delendam censui, *Cic Philipp* 1, 1 Cato inexpiabili odio delendam esse Carthaginem, pronunciabat, *Flor* 2, 15

✝ Delenificus, a, um adj *Smooth and gentle*, Plaut Mil 2, 3, 37 R occ

Delenimen, inis n *A mitigation, a lenitive*, C lf

✝ Delenimentum, i n *A medicine to make one love, a charm* Vid Delinimentum

Delenio vel delinio, ire, ivi, itum act (1) *To mitigate* (2) *To ease* (3) *To smooth one up, to cajole* (4) *To put one out of his wits, to mope one* (1) Plebem delenire, *Cic* pro *Mil* 35 (2) Dolorem nec purpurarum delenit usus, *Hor Od* 3, 1, 43 (3) Verba delinire apparas, *Plaut Asin* 2, 4, 28 (4) Tu me delenis, *Plaut Cist* 2 1, 41 vide loc in.

Delenior, vel delinior, iri pass (1) *To be mitigated, assuaged, or pacified* (2) *To be prevail ed upon, to be drawn away, to be ensnared* (1) Verbis delinire commodis, *Plaut Stich Arg* 4 (2) = Pellexit iis omnibus rebus, quibus illa ætas capi, ac deleniri posset, *Cic* pro *Cluent* 5

Delenitus a, um part (1) *Charmed, delighted* (2) *Moped*

(1)

(1) Genus hominum disertorum oratione delenitum, Cic de Orat 1, 9 (2) Delenitus sum ita, ut me, qui sim, nesciam, Plaut Amph 2, 2, 214

Deleo, ēre, ēvi, ētum act [ex de & leo pro lino] (1) To blot out, to deface (2) Met To rase, to destroy (3) To abolish (4) To kill, or murder (5) To vanquish, discomfit, and rout (1) Epistolam lacrymis prope delevi, Cic Fam 14, 3 (2) Jupiter urbes delevit, Cic pro Rosc 45 (3) Leges unâ rogatione delevit, Cic pro Sest 26 (4) = Ferro & flammâ omnia deleretis, Cic ad Brut 1, 8 (5) Delere exercitum & imperatorem, Cæs = Extinguo, perimo, Cic ✱ Servo, Id

Deleor, ēri, tus pass To be blotted out, rased, destroyed, Cic Vid Deleo

|| * Delēterius, a, um adj δηλητήριος [a δηλέω, lædo] Mischievous, poisonous, deadly, Med ✝ Lethalis, venenosus

Delētilis, e adj That may blot, or wipe out Spongia deletilis, A spunge to wipe out scores, Varr ap Non

Delētio, ōnis f verb A rasing out, or destroying, Lucil R occ ✝ Abolitio

|| Delētitius, a, um adj That may be blotted out Charta deletitia, Such paper as our table-books are made of, wherein one may write and blot out again, Ulp = Palimpsestus, Cic Fam 7, 18

Delētor, ōris m verb A destroyer Scelerum deletor, Accius Vid Deletrix

Delētrix, icis f A she-destroyer Deletrix imperii, Cic de Arusp Resp 23

Delētus, a, um part Blotted out, defaced, destroyed Plures deleti sunt homines hominum impetu, Cic Offic 2, 5 Quum jam in mari esset deleta Carthago, Flor 2, 2

Delibāmentum, i n [ex de & libo] A sacrifice, a drink offering, Val Max 2, 6, 8 Desid ap Litt

Delibātio, ōnis f verb An essay, or taste, Litt ex Flor sed q A charging an estate with a legacy, Ap JCC

Delibātor, ōris m verb A taster, or carver, Litt ex Liv sed q A charger of a legacy upon an estate, Ap JCC

Delibātōrium, i n A place fit for sacrifice, Plin 16, 40 sed alii leg Diribitorium locab dubium

Delibātus, a, um part (1) Gently touched (2) Picked, chosen, taken out of (3) Defiled (1) Suet in Aug 94 (2) Flos delibatus populi, Cethegus dictus est ab Ennio, Cic Orat 15 (3) Leve damnum delibatæ honestatis, Gell 1, 3 ¶ Puer delibatus, ap Plaut in obsc sign Most 4, 2, 32

Dēlīberābundus, a, um Deliberating, or considering of Deliberabundi capita contulerunt, Liv 2, 45

Dēlīberandus, a, um To be deliberated, debated, or considered = Diu deliberandum & concoquendum est, utrum, &c Cic pro Q Rosc 15

Dēlīberātio, ōnis f verb (1) A deliberation, a debate, or consideration (2) The deliberative kind in rhetorick (1) = Consultatio, Cic Off 3, 12 (2) In deliberatione spectantur principia, vel non longa, vel sæpe nulla, Cic Orat Partit 13

Dēlīberātīvus, a, um adj Deliberativum genus orationis, Cic de Inv 1, 5 Causa deliberativa, pertaining to deliberation, Ibid

Dēlīberātor, ōris m verb An adviser, or considerer, Cic pro Sest 34

Dēlīberātur impers Deliberatur de Avarico in communi concilio, Cæs B G 7, 15 Deliberatum est, they consult, or advise, Cic

Dēlīberātus, a, um part & adj or, comp (1) Consulted of, done with advice, deliberate (2) Resolved upon (1) Re deliberata, Cæs B G 4, 9 & B C 1, 10 (2) = Statutum cum animo & deliberatum, Cic in Verr 3, 41 Certum est, deliberatumque dicere, Id pro Rosc 11 Nec illi quicquam deliberatius fuit, quam, &c Id Fam 5, 2

Dēlībero, āre [qu a de & libero] (1) To deliberate, to advise, or take advice, to debate, to consider, or think upon, to bandy, or toss a thing in his mind (2) Also to resolve (1) ✱ Deliberandum diu, quod semel statuendum, Publ Syr (2) Mihi deliberatum & constitutum est, Cic de L Agrar 1, 8

Dēlībo, āre act (1) To taste, touch lightly, or take a smack of a thing (2) Met To have the first essay of a thing (3) To pick out, or cull cum acc (4) To bruise, or hurt (5) To take a portion of, to diminish (6) To distain (1) § Contentus delibasse cibos, Claud (2) Delibare primum honorem, Liv (3) = Flosculos delibare, & carpere, Cic pro Sest 36 (4) Ne cursantes inter se teneri delibent aliquid membrorum, Varr R R 2, 2 (5) § Nonne de sua gloria delibari putent? Cic de Inv 2, 39 (6) ✱ Quod sit in præsentia de honestate delibatum, virtute aliquando & industriâ recuperetur, Cic de Inv 2 cap pene ult

Dēlībor, āri, ātus pass (1) To be tasted of, to be picked out (2) Met To be weakened, or discouraged (1) Vid Delibo (2) Ne animi militum delibarentur, Nep in Dat 6 ubi al debilitarentur Vid Delibo, n 5

Dēlībrandus, a, um part To be pulled off, Col 4, 24

Dēlībrātio, ōnis f verb A taking the bark off, a pulling, Col

|| Dēlībrātor, ōris m verb He that pulleth off bark, or he that openeth any matter, R ex Aug

Dēlībrātus, a, um part Having the bark taken off, pulled, Col 12, 56

Dēlībro, āre act [ex de & liber, i e cortex] To peel, or pull off the bark, Col 5, 6 & 4, 24

|| Dēlībro, āre [a libra] To weigh out, Gell 15, 8 sed al leg Delibari

|| Dēlibuo, ĕre To anoint, to besmear, Solin inusit sed hinc

Dēlibūtus, a, um part (1) Anointed, besmeared (2) Daubed over (3) Met Stained, defiled (1) Composito & delibuto capillo, Cic pro S Rosc 46 Cœno delibuta meretrix, Plaut Pœn 1, 2, 56 (2) Rubricâ delibuta imago, Ad Herenn 3, 22 (3) Uxor perjuriis & sacrilegiis delibuta, Sall in Cic sub princ

Dēlĭcātè adv ius, comp Delicately, deliciously = Delicatè & molliter vivere, Cic Off 1, 30 Delicatiùs, Sen de Ira, 3, 9

|| Dēlĭcātulus, a, um adj Somewhat dainty, or delicate, Apul ✝ Delicatior

Dēlĭcātus, a, um adj or, comp issimus, sup [a delicium, qu d deliciis addictus] (1) Delicate, fine, dainty (2) Wanton, effeminate (3) Skittish, coy (4) Squeamish, nice (1) Delicatum convivium, Cic Attic 2, 14 Delicatiores cibus, Plin 17, 24 (2) Molles & delicatæ voluptates, Cic N D 1, 40 (3) Tenello delicatior hædo, Catull 18, 15 (4) Delicatissimum fastidium, Cic de Fin 1, 2

✝ Dēlĭcia, æ f [a deliciendo, unde in plur deliciæ] A delight, a darling, a miss, Plaut Truc 5, 1, 29 vid & Gell 19, 8 ✝ Delicia, delicium

Dēlĭciæ, ārum pl f [a delicio, quod ex de & lacio] (1) Delights, pleasures, pastimes, toys, fansies (2) Wantonness, dalliance (3) Niceness, squeamishness (4) Jokes, banters (5) Peevishness, frowardness (6) Also a darling, a sweetheart (7) A minion, a pert, prattling, little rogue (8) A delight, that which delights (1) Cogitatio supellectilis ad delicias, Cic Parad 1, 3 (2) Inficere animum deliciis, Cic In deliciis disperdidit rem, Plaut Trin 2, 2, 53 Infantiam statim deliciis solvimus, Quint 1, 11 (3) Usque ad delicias votorum, Juv 10, 191 (4) Enimvero, here, facis delicias, Plaut Pœn 1, 2, 68 (5) Ecce autem aliæ deliciæ equitum, Cic (6) Passer deliciæ meæ puellæ, Catull 3, 4 = Rufus mel, ac deliciæ tuæ, Cic Fam 8, 8 (7) Mercatus Phariâ de puppe loquaces delicias, Stat Sylv 5, 5, 67 (8) Deliciæ digamma, Cic Att 9, 9 scil Formianum, quod incipiat ab ista litera, sed al aliter leg

|| Dēlĭciāris, e adj Commodious Tegulæ deliciares, Gutter-tiles for the conveyance of rain-water, Fest ✝ Imbrices

|| Dēlĭcies, ei f A delight, Apul ✝ Deliciæ

|| Dēlĭcio, ĕre [ex de & lacio] To cajole, to wheedle, Non ex Titinn ✝ Illicio

Dēlĭciŏlum, i n dim [a delicium] A delight, a darling, a minion Populus etiam deliciolum meum factus est, Sen Ep 12

Dēlĭcium, i n A delight, or pleasure, a plaything Stellæ delicium mei columba, Mart 1, 8 Sed usitatiùs Deliciæ

Dēlictum, i n [a delinquo] (1) A fault, an offence, a failure in duty, a misdeed (2) A sin (1) Quò delictum majus est, eò pœna tardior, Cic pro Cæcin 2 ✱ Correctio q v (2) Delicta majorum lues, Hor Od 3, 6, 1

Dēlĭcus porcus [ex de & lac] A weaned pig, Varr R R 2, 4

|| Dēlĭgātio, ōnis f verb A binding up, Apul ✝ Colligatio

Dēlĭgātus, a, um part Bound up, or tied Navicula deligata ad ripam, Cæs B G 1, 53 Deligata in linteolo grana, Plin 22, 25

Dēlĭgo, āre act To bind up, tie, or make fast § Deligare ad palum, Cic in Verr 7 § Apud mensam, Plaut Mencch 1, 1, 13 § Naves ad terram, Cæs B C 3, 39

Dēlĭgo, ĕre, lēgi, ectum act [ex de & lego] (1) To choose, pick out, cull, or make choise of (2) To separate, or alienate (3) To gather, to pick (1) P R deligit magistratus, quasi reipub villicos, Cic pro Planc 25 (2) Me ex ædibus delegit hujus mater, Plaut Asin 3, 3, 42 (3) Deligere ungue rosam, Ov Ep 4, 30

Dēlĭgor, i lectus pass To be chosen Duces ii deliguntur, Cæs B G 3, 23

|| Dēlīmātio, ōnis f verb A filing, or polishing, Apul

Dēlīmātus, a, um part Scraped, or filed off, Plin 34, 11 Delimatus, Cic

Dēlīmo, āre act inusit To file, or shave off Elimo, Cic Att 16, 7

|| Dēlīneātio, ōnis f verb A delineation, the first draught of a picture, Tert ✝ Lineatio

Dēlīneātor, ōris m verb He who delineateth, or draweth a picture, Litt ex Liv

Dēlīneo, āre act [ex de & linea] To delineate, to draw the out-lines, or sketch of any thing, to make a rude draught, to chalk out Apelles in pariete imaginem delineavit, Plin 35, 10

Dēlīneor, āri, ātus pass To be delineated, or painted, Veget

Dēlingo, ĕre, xi act (1) To lick off (2) To lick up (1) Delingere salem, Plaut Curcul 4, 4 (2) Cochleare plenum delingatur, Cels 3, 22

Dēlingor, i pass To be licked up, or off Vid Delingo, n 1

Dēlīnīmentum, i n (1) A mitigating, or assuaging (2) Also a love potion, or powder, a charm (1) Liv 4, 11 (2) Afran

Dēlīnio, ire, ivi, itum act [ex de & lenio] To touch, or rub softly Met To appease, or allure with fair words, to cajole one, to speak one fair, to charm one Vid Delenio

Dēlīnior, iri, itus pass To be mitigated = His reous animus capi & deliniri potest, Cic pro Cluent 5

Dēlīnitio, ōnis f verb A mitigating, a cajoling Delinitio multitudinis, Cic Off 2, 16 ubi al Delectatio ☞ Dubie itaque auctorit cum non alibi appareat

Dēlīnitor, ōris m verb A cajoler, or wheedler, a speaker fair, a flatterer, or soother Judicis delinitor debet esse orator, Cic de Clar Orat 70

Dēlīnitus, a, um part Touched gently, allured, won over, cajoled, Cic Also bewitched, moped, Plaut, vid auct in Delenitus

Dēlĭno, ĕre, ui, evi, & ivi, itum act To blot, or blur, to slubber, or deface Vix leg sed hinc delitus, Cic ap Prisc 1 9

Dēlinquitur impers A fault is committed Si quid delinquitur, If any fault be, Cic Off 1, 41

Dēlinquo, ĕre, iqui, ctum neut (1) To omit, to fail in his duty (2) To offend, to do wrong, particularly to women (1) ✱ Necesse est eum qui velit peccare, aliquando primum delinquere, Cic (2) § In ancillâ si quis delinquere possit, Ov Am 2, 8, 9 § deum, uere aliquid in aliqua re, Cic erga aliquem, Plaut = Pecco, Cic ✝ Delinquit pro deest, ap Gell

Dēlinquor, i, ictus pass To be omitted, or left undone Sæpius in aliis, quam in nobismetipsis, si quid delinquitur, Cic Off 1, 41

Dēlĭquāmen, inis n The dripping from meat, gravy, Cels

Dēlĭquātio, ōnis f verb A melting, Cels

Dēlĭquātus, a, um part Molten, Frag Poët

Dēlĭqueo, ĕre, cui neut To melt, to run down, or to grow clear, Ov Met 4, 252 Hinc

Dēlĭquesco, ĕre, cui incept To melt down, to be dissolved, to wax soft, or moist, Cic Tusc 4 & Col 12, 41

Dēlĭquiæ, ārum pl f Gutters into which the house eaves do drop, Vitruv 6, 3

|| Dēlĭquium,

|| Deliquium, i n [à deliquo, as] *A draining, a decanting, or fining down of liquors*, Cœl

Deliquium, i n [à delinquo [illegible] i e deficio] *Lack, defect, want, loss*, Plaut [illegible] 4, 9 [illegible] *ubi tamen volunt a-* [illegible] *deliquio in retro potius ac-* [illegible] ¶ Deliquium animi, *A fainting, or swooning*, Ap Med Deliquium solis, *An eclipse of the sun*, Plin 2, 12

Deliquo, [illegible] act (1) *To drain* [illegible] *water to decant* (2) Also [illegible] *to clear, or clarify li-* [illegible] (1) *Col* 12, 39 (2) *Varr* L L 6 5

Deliquor, āri, ātus pass *To be* [illegible], Varr L L 6, 5

Deliquus, a, um adj *Pro reli-* [illegible] Quando nil tibi [illegible] deliquum est, *Plaut Cas* 2, [illegible] R occ

|| Delirabundus, a, um *Doltish, doting, apt to doat*, Hier ✝ Delirio [illegible]

Deliramentum, i n (1) *A* [illegible] *ploughing* (2) Met *A* [illegible]*ing, or foolish idle story* (1) Proprie [illegible] significationis exemplum [illegible] (2) *Plaut Amph* 2, 2, 64

Delirans, tis part *Doating* ✱ [illegible] philosophorum judicia, sed [illegible] somnia, *Cic N D* 1, 16

Deliratio, ōnis f verb (1) *A go-* [illegible] *land making of a baulk* [illegible] (2) Met *Dotage, fol-* [illegible] (1) *Plin* 18, 20 (2) [illegible], quæ deliratio dicta est [illegible] est, non omni-[illegible] *Cic de Senect* 11

Delirium, i n *Dotage, or be-* [illegible] *one's wits* Aliquando [illegible] delirium nascitur, [illegible]

Deliro, āre neut [ex de & lira, [illegible] sumpta, qui extra [illegible] (vagari)] (1) *Pro-* [illegible] *make a baulk in earing* (2) Met *To doat, to* [illegible] *to talk idly* (1) Delirare, [illegible] derivare, quòd lira [illegible] sulcos media, *Fest* & [illegible] 1, 62 & *Plin* 18, 20 [illegible] Mal in [illegible], nugæ [illegible] vocem, *Plaut Pan* 1, 1, 9 [illegible] vertit *lere* (2) Delira-[illegible] dum senes, *Plaut Epid* [illegible]

Delirus, a, um [ex de & lira [illegible] rum, qui quasi lira decedit, [illegible] in delirio, āre] [illegible] Delirus senex, *Cic* [illegible] 2, 18 Anus delira, *Id* [illegible] 68 = Demens, mente [illegible]

[illegible] part *Lurking*, [illegible]

[illegible] neut [ex de & [illegible]], Plin 35, 1 [illegible]

[illegible] *To lie hid*, [illegible] Be[illegible] del[illegible], *Cic* [illegible] Nec quæram in plumis [illegible] *Ov Ep* 8, 68 [illegible] In [illegible] lucernis, deinde [illegible] *Col* 26

[illegible] [à de in cen-[illegible]] *To brab-* [illegible] *or chide greatly* [illegible] Chremes tumido delitigat [illegible] *Poet* 94 R occ

[illegible] part [à delitor] [illegible] *or anointed* (2) [illegible] *Besmeared, defiled, slub-* [illegible] (1) *Cic* [illegible] Pistrianum, [illegible] (2) *Cic ap Dion* [illegible] plenus, i [illegible] (3) Also *a* [illegible] *to called* [illegible] *Pel* [illegible] [illegible] *or a wiping* [illegible] *ations*, Varg

Ecl 8, 56 (2) *Varr R R* 2, 5 (3) *Plin* 33, 11

* Deltōton, i m *A constellation of stars like the letter delta* Δ, *Cic in Arat*

Delubrum, i n [De etym parum constat, nisi fortè à deluendo] *A church, or chapel, a place consecrated to some God, also a shrine, or place where some image, or idol stood, an altar, properly a place before the chapel, or near the altar, where they washed before they entred the church, or performed sacrifice* Vidimus ejus aras delubraque in Græcia, *Cic N D* 3, 19 ¶ Delubra Musarum colere, *To devote himself to his studies*, *Cic pro Arch* 11

✝ Delucto, āre act *To wrestle* Met *to struggle* Quibus ærumnis deluctavi? *Plaut Trin* 4, 1, 20 ✝ pro

Deluctor, āri, ātus sum dep *To wrestle, to struggle, or strive and fight* Cum Anico deluctari mavelim, *Plaut Pers* 1, 1, 4

Deludifico, āre act *To flout, to mock, to make a fool of* Deludificavit me homo, *Plaut Rud* 1, 2, 59

Deludificor, āri, ātus sum dep *To mock, to impose upon* Deludificatus est me hodie in perpetuum modum, *Plaut Most* 4, 3, 41 *alii* [illegible] deludificatus leg

Deludium, i n *A giving over play*, Hor Ep 1, 19 47 Salmas *al* diludia, *ut translatio sit à gladiatoribus, quibus intra dies pugnandi statos spatium sit apparandi dabatur*

Deludo, ere, si sum act (1) *To delude, to beguile, to cheat, to deceive* (2) *To frustrate, or disappoint* (3) Also *to give over play* (1) Dolis aliquem deludere, *Ter Andr* 2, 4, 4 (2) Terra prius falso partu deludet arantes, *Prop* 2, 15, 31 (3) Gladiatores cum deluserint, *Varr* Quæ quidem significatio prima videtur

Deludor, i, sus pass *To be deluded, deceived, abused*, Cic *in Rull* 2 & Ter Andr 3, 4, 5

Delumbatio, ōnis f verb *A breaking, or beating about the loins*, Litt ex Cels

Delumbātor, ōris m *He that breaketh, or bruiseth the loins*, Litt ex Cels

Delumbātus, a, um part (1) *Hipped, or hip-shot* (2) *Wanting sinews, weak* (1) *Plin* 28, 4 (2) Delumbata sententia, *Cic in Orat* [illegible]

Delumbis, e adj (1) *Weak, feeble, q d broken backed* (2) Met Also *soft, wanton* (1) *Plin* 10, 53 (2) Summa delumbe saliva hoc natat in labris, *Pers* 1, 104

Delumbo, āre [à de & lumbos frango] (1) *To break one's back, to weaken, or enfeeble, to hip-shot a beast* (2) Met *To enervate, to make imperfect* (1) *Plin* 28, [illegible] (2) *Cic in Orat* 69

Deluo, ere, ui, utum act [ex de & luo, lavo] (1) *To wash clean, or rinse* (2) *To wash off, or blot out* (3) ✝ *To pay* (1) Laserpitium aceto deluito, *Cato R R* 116 (2) Ichthyma literas deluebam, *Varr* [illegible] & *Gell* 15, 2 (3) A Græco διαλύειν, *Fest*

|| Delusio, ōnis f verb *A delusion, a cheat, a mock* ✝ Fraus, dolus

Delūsus, a, um part *Deluded, beguiled, cheated, mocked* Ciboque delusum guttur inani, *Ov Met* 8, 826

Dēlūtāmentum, i n *A daubing*, Cato R R 128

Delūtio, ōnis f verb [à luo pro lavo] *A washing clean*, Litt ex Cels

Delūto, āre act *To daub with clay, or lome, to lute, to lay with a ground floor*, Cato R R 128

Dēmădeo, ere, ui neut *To be wet, or moist*, Ov Trist 5, 4, 40 *ubi al* emaduisse

Demădesco, ere incept *To grow wet, or moist*, Scribon Larg Compos [illegible]

Demădidus, a, um adj *Wet, or moist all over*, Litt ex Stat

* Demăgōgus, *A demagogue, or ring-leader of the rabble, a popular and factious orator*, Bud

|| Demandātio, ōnis f verb *A commission, or giving in charge*, Cod

|| Demandātor, ōris m verb *He that putteth in trust*, Dig

Demandātus, a, um part *Committed, intrusted*, Suet Tib 6 & Calig 41

Demando, āre act *To commit, or intrust, to give in charge* Curam eorum demandabat legatis, *Liv* 8, 36

Demandor, āri, ātus pass *To be committed to, ordered, or given in charge* § Plures pauci unius curæ demandabantur, *Liv* 5, 25

Demāno, āre neut *To stream, or flow along as water doth*, Catull 49, 10 *al* dimanat

* Demarchus, i m *A ruler of the people, a burgher-master*, Plaut Curc 2, 3, 7 Lat Tribunus plebis

Dēmĕmĭni defect *I forgot*, Mart 2, 59 Sed lectio suspecta est

Demens, tis adj or, comp ssimus, sup [comp ex de neg & mens] (1) *Mad, outrageous* (2) *Hair-brained, simple, silly* (3) *Ranting, roaring* (1) Siste dementem impetum, *Sen* (2) Ademone est demens? ex peregrina? *Ter Andr* 3, 1, 11 = Plenus inconsideratissimæ ac dementissimæ temeritatis, *Cic de Arusp Resp* 27 (3) Audiat dementem strepitum Lycus, *Hor Od* 3, 19, 22 Dementior tragico Oreste, *Cic in Pison* 20

Demensum, i n subst [à part demensus] *An allowance of meat, drink, or corn, given to servants to serve them for a month's time, consisting of four bushels according to Donatus, but five, according to Lipsius, whence the etymology, ab re from mensis* Unciatim vix de demenso suo comparsit misor, *Ter Phorm* 1, 1, 9

Demensus, a, um part [à demetior] (1) *Measured out* (2) Met *Parcelled, detailed, proportioned* (1) Vos meministis quot calendis petere demensum cibum, *Plaut Stich* 1, 2, 3 (2) Argumentum vobis demensum dabo, *Plaut Menæchm prol* 11

|| Dementatio, ōnis f verb *A making, or being mad, or frantick*, Litt ex Apul ✝ Insania

Dementātor, ōris m verb *He that maketh mad*, Litt ex Cels

Dementer adv *Madly, foolishly, simply*, Cic in Catil 3, 9

Dementia, æ f *Madness, stupidity, sottishness, silliness* = Affectionem luminis mentis carentem nominaverunt amentiam, eandemque dementiam, *Cic Tusc* 3, 5

Dementio, ire, ivi neut *To be mad, or stupid, to doat* = Animus dementit deliraque fatur, *Lucr* 3, 465

|| Dementior, iri, i e valde mentior, *To lie shamefully* Ecco sic o cœpisti dementiri, *Apul Apol* p 480 *ed Delph* ut nonnulli leg sed alii *dementire*, h e insanire ✝ Ementior, *Cic*

|| Demento, āre neut *To grow mad* Confessi est sese me in magiam amorem inductam dementare, *Apul Apol* p 527 *ed Delph* sed nonnulli leg *dementire* ✝ Insanio

|| Dēmeo, āre neut Deorsum meo, *To go down* Venus cœlo demeat, *Apul Met* 6 p 179 *ed Delph* Ad inferos demeavit, *Id de Deo Socr extr* ✝ Descendo, *Cic*

Demĕrendus, a, um part *To be obliged, or endeared*, Col 1, [illegible]

Demereo, ēre, ui act (1) *To earn* (2) *To oblige, or endear* (1) Quid mercedis petasus domino demeret? *Plaut Pseud* [illegible], 50 (2) Num ne cultu demeruisse, *Ov ad Liv* 151

Demereor, ēris, itus dep *To oblige, or endear one, to deserve well at one's hands* Demereri beneficio civitatem, *Liv* 3, 18 officio amicos, *Tac Ann* 15, 21, 2 uxorem amœnitate, *Col* 1, 4

Demergo, ere, si, sum act (1) *To dive, to plunge over head and ears* (2) *To sink* (3) *To drown* (4) Met *To pull down, to oppress* (5) *To put in the ground, to sow, to plant* (1) Si quando nos demersimus, ut qui urinantur, *Cic Acad* 2 (2) Rex naves omnes demersit, *Curt* 4, 3, 9 (3) *Ov* (4) Fortuna, quem paulo ante extulerat demergere est adorta, *Nep Dion* 6 (5) Demergere semen, *Col* 3, 18 surculos, *Pallad Febr* tit 17

Demergor, i, sus pass *To be sunk, drowned*, &c § Demergi in aquam, *Cic de Fin* 3, 14 in cœnum, *Curt* 3, 1, 11

Demeritus, a, um part [à demereor] *Deserved* Demeriti dulce lætitias, *Plaut Pseud* 2, 4 14

|| Demersio, ōnis f *A drowning*, Macr Somn Sc 1, 12 Solin c 43

Demersus, a, um (1) *Drowned, overwhelmed, sunk down, or swallowed up* (2) *Put, or planted deep* (1) Deus demersus unmecum appirunt, *Cic de Div* 2, 68 Met ✱ Patriam demersam extuli, *Id pro Sylla*, 31 ¶ Ære alieno demersus, *Over head and ears in debt* Liv 2, 29 (2) Refert ut radices penitus demersæ sint, *Col* 2, 10

|| Demersus, ûs m verb *A drowning, or sinking* Grave demersum, *Apul Apol* p 139 *edit Delph*

Demessus, a, um *Plucked, cropped, gathered* Demessus virginea pollice flos, *Vir Æn* 11, 68

Demetātus, a, um part *Distinguished, quartered, set out in bounds* Demetata signa, *Cic N D* 2, 53 eden e Gronov *ubi for* [illegible] *rectius* dimetatus

Demetendus, a, um part *To be reaped, or cut down*, Cic N D 2, 62

Demetior, iri, mensus sum dep *To measure exactly* Demetiri, & dinumerare syllabas, *Cic in Orat* 43

Demetātus, a, um part *Measured, set down*, Cic *a quibusdam* lib in 2 de N D *sed* libb c [illegible] habent *dimetatus*

Demetor, āri, ātus sum dep *To set out limits, or bounds*, Liv 8, 38 *al* dimetor, q v

Demeto, ere, ssui, ssum act (1) *To reap, or mow, to cut down corn* (2) *To crop, or gather flowers* (3) ✝ *To chop, or cut off*

off (1) Flaventia demeur arva, *Catull* 62, 354 (2) § Qui pollice molles dem tius flores, *Col* 10 (3) Demeti eni capu, *Ov Met* 5, 104 colla, *Sil Ital* 4, 21, dextram micantem, *Id* 5, 286 discordia ferro, *Id* 16, 101

Demigratio, onis f verb *Shifting of quarters, a removing from one place to another* Cum multi ejus demigrationis peterent so citatem *Nep Milt* 1

Demigro, are neut *To depart, or remove from one place to another, to change his dwelling, or lodging* § Demigrare loco, *Plaut Amph* 1, 1, 85 § Ex agris in urbem *Liv* 1 ex ædificiis, *Cæs B G* 4, 4 de oppidis, *Ibid* 19 § ab improbis, *To quit their conversation*, Cic ¶ Ex vita, *To die*, Cic Tusc 1, 30

Dēmĭnuo, ĕre, ui, ūtum act *To diminish, to lessen* Demina una deminui modo quinque nummos, *Plaut Truc* 2, 7, 10 Deminuere caput, *To break one's head*, Ter Eun 4, 7, 33

|| Deminutiva *sc* vocabula, *Diminutives*, Gram ✝ Deminuti

Dēminutus, a, um *Diminished, lessened* Deminutus capite, *One who has lost his freedom, or is degraded into a meaner order, or family, or one who is adjudged to serve his creditor, or is taken by the enemy*, Cic interpr Fest

|| Demiratio, onis f verb *A marvelling, or wondering at*, M Cap 1 ✝ Admiratio

Demiror, āri, ātus sum dep *To marvel much, to admire, to wonder at greatly, to think it strange* At hoc demiror, *Ter Heaut* 2, 121 conf *Plin* 31, 6

Demissè adv ius, comp issimè, sup (1) *Low, not high* (2) Met *Meanly, pitifully, abjectly, humbly* (1) ✱ Hic alte, demissius ille volabat, *Ov Trist* 3, 4, 22 (2) = Demississime & subjectissimè exponere, *Cæs B C* 1, 84 = ✱ Non est iussis elatè & ampliloqui, cum humiliter demisseque sentiret, *Cic Tusc* 5, 8 = Supplicitet, *Id*

Demissio, ōnis f verb (1) *A letting fall* (2) Met *A discouragement, or dispiriting* (1) Per clypei demissiones & emissiones, *Vitr* 5, 10 (2) = Infractio & demissio animi, *Cic Tusc* 3, 7

Demissitius, a, um *Low, hanging down, long* Demissitia tunica, *A long petticoat*, Plaut Pœn 5, 5, 4

Demissus, a, um part or, comp (1) *Sent from* (2) *Let down* (3) *Hanging down, long* (4) *Stowed, bestowed* (5) *Derived, descended* (6) Adj *Low* (7) Met *Mean, abject* (8) *Out of heart, dejected* (9) Also *humbly minded* (10) *Sad, melancholy* (11) *Cheap, undervaluing himself* (1) Demissa tempestas ab Euro, *Hor Od* 3, 17, 11 (2) Nonnullæ de muris per manus demissæ, *Cæs B G* 7, 47 Demissum victoriæ simulacrum, *Sall Fragm* (3) Demissis labris homo, *Ter Eun* 2, 3, 45 (4) ✱ Imbecilla vina demissis in terram doliis servanda, valida expositis, *Plin* 14, 21 (5) Demissum nomen Iulo, *Virg Æn* 1, 292 (6) = Demissa & palustria loca, *Cæs B C* 3, 49 ✱ Celsior, *Ov Met* 8, 20 Demissioribus ripis flumen transcurrunt, *Hirt B Alex* 29 (7) Cunctis in adulationem demissi, *Tac* 10, 7 (8) ✱ — Ex alacri atque læto erat humilis, & demissus, *Cic Verr* 2,

9 (9) = ✱ Probus, demissus, non acer, non pertinax, *Cic de Orat* 2 (10) = Mœrens, demissus, & afflictus, *Cic pro Sulla*, 26 (11) Probus, quis nobiscum vivit, multum est demissus homo, *Hor Sat* 1, 3, 56 Nihilo demissiore animo fuit, *&c* Liv 4, 44

Demitigo, āre act *To appease, or qualify*, Cic *vid seq*

Demitigor, āri, atus pass *To be more gentle and calm*, Cic Attic 1, 1

Demitto, ĕre, si, ssum act (1) *To send down* (2) *To cast, thrust, or let down* (3) *To hang down, let fall* (4) Met *To humble, to submit* (5) Also *to dig, or sink a well* (6) *To fell, or cut down trees* (1) Juno Irim demisit Olympo, *Virg Æn* 4, 695 ¶ Demittere sese, *To come down, to descend*, *Cæs B G* 28 ✱ vocem, *To speak low*, Virg Æn 3, 320 per aures, *To hear*, Hor Art Poet 180 in aures, *Virg Æn* 4, 428 (2) Demittere in carcerem, *Liv* 34, 44 ad imos manes, *Virg Æn* 12, 884 (3) Demittere caput, *Virg Æn* 9, 437 Met Demittere & contrahere animum, *To faint*, Cic de Fin 5, 15 (4) Ad minora me demittere non recusabo, *Quint* 1, in Proœm (5) Altè jubebis in solido puteum demitti, *Virg Geor* 2, 231 (6) Demittere robora ferro, *Val Flacc Arg* 1, 94

Demittor, i, ssus pass (1) *To be taken, or let down* (2) *To be digged*, &c (1) Vela subduci & demitti antennas jubet, *Hirt B Alex* 45 (2) *Vid* Demitto n 5

Demium, i n *A precious stone of the Sarda kind*, Plin 37, 7

* Demiurgus, i m *A statesman, a certain officer in some cities of Greece, who moved all things to the people on which they should treat*, *Liv* 38, 30

Dēmo, ĕre, psi, ptum act [ex de & emo, quod iniquis erat *sumo*, ut sit id quod *adimo*, *eximo*] *To take away from a whole, to abate, or diminish, to pare nails*, *&c* Demam tibi de ordeo, tolutim ni badizas, *Plaut Asin* 3, 3, 116 § Demere solicitudinem alicui, *Cic Attic* 11, 15 ¶ Demere caput, *To cut off the head*, Cic de Petit Cons 2 ✱ sup tetrico nubem, *To clear up, to be free*, Hor Ep 1, 18, 94

Dēmor, i, ptus pass *To be taken off, subtracted*, &c ✱ Cum quid additur aut demitur, *Cic Ac* 4, 27

* Democratia, æ f *A democracy, a free state, or popular government*, Bud

* Dēmŏcrătĭcus, a, um adj *Democratical, or belonging to democracy* Subst *A republican*

✝ Demolibor, *pro* demoliar, *Plaut Trin* 1, 2, 113

Dēmōlior, iri, itus dep (1) *To demolish, to throw, pull, or take down any thing that is built, or made* (2) Met *To destroy, to abolish* (3) *To remove, or put away* (1) Demoliri domum, *Cic Offic* 1, 39 tectum, *Nep Paus* 5 parietem, *Cic Top* 4 statuas, *Id Verr* 2, 67 (2) = Jus destruet ac demolietur, *Liv* (3) De me culpam hanc demolibor, *Plaut Bacch* 3, 1, 16

Demŏlĭtio, ōnis f verb *A beating, or throwing down* Demolitio statuarum, *Cic Verr* 2, 67 Ferramenta ad demolitionem, *Vitr* 10, 19

Demolitor, oris m *One that casts down, a demolisher* Corvus demolitor, *Vitr* 10, 19

✝ Demolitus, a, um part *Cast down, demolished*, Ulp

Demonstrābilis, e adj *Demonstrable, that may be shewed, or proved*, Apul p 651 *ed Delph*

Demonstrābitur imperf *It shall be declared*, Cic

Demonstrandus, a, um *To be related, or openly declared*, Cic

Demonstratio, ōnis f verb (1) *A demonstration, a necessary argument, a clear proof* (2) Meton *The demonstrative genus in rhetoric* (1) ✱ Gestus rem & sententiam non demonstratione, sed significatione declarans, *Cic de Orat* 3, 54 (2) ✱ Demonstratio, & deliberatio genera sunt causarum, *Cic de Invent* 1, 3

|| Demonstratīvè adv *Demonstratively, pointing with his finger*, Macr Somn Scip 1, 16

Demonstrātīvus, a, um adj *Demonstrative, which relates any thing either in praise, or dispraise of a person* Demonstrativum genus, *Cic de Inv* 1, 6

Dēmonstrātor, oris m verb *A shewer, declarer, or relater* ✱ Hujus generis demonstratorem magis esse me, quam inventorem, profiteor, *Col* 3, 10 ut & *Cic de Orat* 2, 86

Dēmonstrātus, a, um part *Evidently shewed, declared, demonstrated* Re demonstratā, *Cæs B G* 5, 38

Demonstro, āre act (1) *To shew, to point at* (2) *To prove evidently, or unanswerably* (3) *To relate, or declare* (4) *To act a thing* (1) Villam demonstrare, *Ter Heaut* 4, 4, 9 ædes, *Plaut Asin* 2, 2, 79 (2) Argumentis demonstrare, *Quint* (3) Domi demonstravi ordine, *Plaut Mil* 3, 3, 2 = Ostendo, expono, doceo, *Cic* (4) *Suet Ner* 39

|| Dēmŏrātio, ōnis f verb *A staying, stopping, or hindering*, Hier ✝ Commoratio

Dēmŏrātus, a, um part dep (1) Act *Having tarried* (2) Pass *Stopped, stayed, hindered* (1) *Cic Fam* 12, 15 & *Plaut Epid* 3, 2, 40 (2) *Gell* 19, 8

Dēmordeo, ēre, di, sum act *To bite off* § E ligno demordere aliquid, *Plin* 28, 4

Dēmordeor, ēri pass *To be bitten*, Plin 28, 4

Dēmŏrior, i, tuus sum dep (1) *To die* (2) Met *To be mightily in love with one, to die for love of one* (1) Senator demortuus est, *Cic Verr* 4, 12 (2) Ea te demoritur, *Plaut Mil* 4, 2, 2

Dēmŏror, āri, ātus sum dep (1) *To keep back, stay, stop, or hinder, wait, or look for* (2) *To tarry, or abide* (1) Ne diutius vos demorer, *Cic Fam* 1, 15 (2) Qui sacerdoti meæ dicam me hic demoratum tam diu? *Plaut Rud* 2, 3, 27

|| Dēmorsico, āre *To bite off* Muliere, ora mortuorum passim demorsicant, *Apul Met* 2 ✝ Demordeo

Dēmorsus, a, um part *Bitten off, gnawn* Demorsos sapit ungues *Pers* 1, 106

Dēmortuus, a, um part *Dead, departed* Demortuo collega, *Liv* 9, 34

Dē nōtus, a, um part (1) *Removed, sent away* (2) *Banished* (3) *Thrust back, or aside* (1) Hostes gradu demoti, *Liv* 6, 127 (2) In insulas demoti sunt, *Tac* 6, 30, 1 (3) Demotus manu, & actus praeceps, *Cic pro Cæcin* 17

Dēmŏveo, ēre, ovi, ōtum act (1) *To remove* (2) *To send away*,

to banish (3) *To put out, to a place* (1) § Demovere aliquem gradu, *Liv* 6, 12 de sententia, *Plaut Pers* 3, 1, 46 ex recto, *Cic in Rull* 2 oculos ab oculis, *Ter Adelph* 2, 1, 16 (2) *Id* D motus, n 2 (3) ✱ Non aliero demovit, sed utrosque constitui, *Cic pro Sull* 21

Demŏveor, ēri, tus pass *To be removed, banished, turned and turned out* In insula demoti sunt, *Tac Ann* 6, 30, 1 § Ille vitus alveo demovetur, *Ib* 1, 79 § Demoveri ex possessione, *Cic Rull* 2

Demptus, a, um part [a demo] (1) *Taken away* (2) *Plucked, or pulled off* (3) *Cropt, or gathered* (1) ✱ Demptis paucis, paucisque tributis, *Lucr* 1, 800 (2) Dempta pellis, *Tibull* 1, 8, 10 (3) Pomum arbore demptum, *Ov Met* 11,

Dēmūgitus, a, um part *Ringing with the noise and lowing of beasts* Demugitæ paludes, *Ov Met* 11, 375

Dēmulceo, ēre, si, sum, & ctum act *To stroke one softly, to coax, to wheedle* Non possum pati, quin tibi caput demulceam, *Ter Heaut* 4, 5, 14

Dēmulctus, a, um part *Stroked gently* Met *Appeased, allured*, Gell 3, 1

Dēmum adv [a demo] (1) *At length, at last* (2) *Never till now, or then* (3) *Only* (4) *Certainly, indeed* (1) Anno demum quinto, & sexagesimo, *Ter Adelph* 5, 8, 16 (2) Nunc demum experior, *Plaut Mil* 2, 51 Ita demum mihi satisfacie, *Quint Declam* 10 (3) Non satem utilitas demum spectanda est, *Trajan* ad *Plin* 10, 33 (4) Ea demum magna voluptas est, *Cic in Sallust* ¶ Quantum demum *How much, I pray?* Cic Tusc 5, 107

|| Dēmurmŭrātio, onis f verb *A murmuring*, Aug ✝ Murmuratio

Dēmurmŭro, āre act *To mutter, or mumble over* Carmen magico demurmurat ore, *Ovid Met* 14, 58

|| Demussātus, a, um part *Dissimulated, con umelia*, *Muttered past over in silence, taken no notice of*, Apul Met 2 ✝ Mussitatus

|| Demutabilis, e *Changeable* Nec demutabilis est deus, *Prud Apoth* 276

Demutātio, onis f verb *A changing*, Plin 28, 8

Demutilo, āre act ✝ Demutilo, *To break, or lop off* Cacumina virgultorum, ne luxurientur, mutilato, *Col de Arb* 1

Demuto, āre (1) Act *To change, or alter* (2) *To revoke, or unsay a thing* (3) Neut *To change, or go from his purpose* (4) Also *to differ* (1) Demutare mores ingenium *Plaut Trin* 4, 4, 19 (2) Nunquid videtur demutare? *Plaut Mil* 4, 3, 37 (3) Nihil demuto, *Plaut Pseud* 1, 5, 142 (4) Os tuum minimum Thyestæ tragico demutat, *Apul Apol* p 429 *edit Delph*

Demutor, āri, ātus pass *To be changed, or altered*, *Tac* 4, 16

Denarium, i n *A penny* Denaria Philippea, *Plaut Rud* 5, 27 *sed intelligi potest* nummum

Dēnarius, a, um [a deni, ut a binus, binarius] *Containing the number of ten, a tenth* Denarius nummus, *Vitr* 3, 11 Denarii fistulæ, *Conduit-pipes, ten foot lo*, Plin 31, 6

Dnarius, i m (*sc* nummus) *A Roman denier*, very near the weight of the Attic drachm, in our present money of the value of eigh pence halfpeny farthing, seven of them being made out of an ounce Troy weight in the time of Tiberius, as *Celsus* plainly informs us, *Scire volo*, saith he, *in uncia pondus denariorum septem esse*, L 5 c 17 and we read of a higher value either before, or after that time, which also continued the legal weight in the time of Vespasian, see *Plin* 33, 9 After this they weighed less, eight being made out of the ounce, which reduced them to seven pence halfpeny of our money, for whereas their *libra* before contained but 84, it now contained 96 of them In the lower empire they scarce weighed half so much in pure silver

|| Dnarratio, ōnis f verb *A relating*, or *relating*, Hier ✝ Narratio

|| Dnarrator, oris m verb *A relater*, or *teller*, Aug ✝ Narrator

Denarro, āre act *To tell in order*, or *all along*, to *relate* Hæc ill jam denarrabo, *Ter Phorm* 5, 5?

Dnascor, i, nātus *To cease to be*, to *die* ✠ Quæ nata sunt omnia e denasci aiunt, *Cass Hemina*, ap *Non* Qui denascitur ignem amittit, & frigescit, *Varr L L* 4

Dnaso, āre act *To cut*, *bite*, or *pull off one's nose* Os mordicus denasare, *Plaut Capt* 3, 4, 75

Denato, āre neut *To swim down*, or *along the stream* Tusco denat alveo, *Hor Od* 3, 7, 28

* Dndrachates, æ m *A precious stone of the agate kind*, Plin ?, 1?

Dendrocissos, i f *A kind of ivy that groweth by itself, without other trees*, a δένδρον, arbor, & κισσός hedera

Dendritis f *A gemm*, see its virtue described, *Plin* 37, 11

* Dendroides, is f *A kind of spurge full of branches like a tree* Plin 26, 8

Denego, āre act (1) *To refuse*, or *not to suffer* (2) *Not to give*, or *grant* (3) *To say he will not* (1) Potest enim denegare cupanti tua, *Cic* Fam 5, (2) Spem gaudia nymphæ ? ? ? ?, *Ov Met* 4, 369 (3) Dic denegaris, *Ter Heaut* 3, 1, ?

Denicales feriæ (dicebantur, quibus hominis mortui causâ familia purgabatur), vel quod *dene* fecit mortem die fierent, vel a Gr νεκ? mortuus, vel a Lat *nex*, ? unde scrib & *deni-* ? *holy days solemn purification* ? *after any one ? out of a house*, Col 2, 22

|| Denigratio, ōnis f verb *A ? or making black*, Aug

Denigro, āre act *To blacken*, Plin 2 ? 24, 5

Denique adv [ex de, novo, & ? denuoque] (1) *To conclude*, *in fine*, *at last*, *finally* (2) *At length*, *in process of time* (3) Also *only* or *indeed* (1) Hac denique ejus fuit postrema, *Ter Phorm* 4, ? 4 ? *Luc* ? 764 (3) Si qua metu demoto casta est, ea denique casta ? *Amor* 3, 4, 3

|| Denodo, āre act *To loose*, or *untie*, a cum denodare, *To ? *a knot*, *or a bow*, Lexic ? Apu ✝ Remitto

Denominatio, ōnis f verb In ?, *A denomination*, or *naming a person, or thing, not by its proper name, but by some adjunct, or circumlocution*, *Ad Herenn* 4, 32

|| Dēnōminatīvus, a, um adj *Denominative*, that is, derived of a noun, as from *dens* comes *dentatus*, Gramm *Vid al notionem in* Denominatio

|| Dēnōminator, ōris m verb *That gives the name*, Boet

|| Denominatrix, icis f *She that names*, Boet

Dēnōminātus, a, um part *Named* Priores hunc Lamias ferunt denominatos, *Hor Carm* 3, 17, 2

Dēnōmino, āre act *To name*, *to give a name*, *to denominate* Ab eo quod continet, id, quod continetur, denominabitur, *Ad Herenn* 4, 32

|| Denormatio, ōnis f verb *A setting out of order*, Aug

|| Denormātus, a, um part *Set out of order*, Firm

Denormo, āre act [ex de & norma] *To set out of rule*, or *square*, *to make unequal* Angulus denormat agellum, *Hor Sat* 2, 6, 9

Denōtans, tis part *Marking*, Liv

|| Denōtātio, ōnis f verb *A noting*, or *marking*, Boet ✝ Notatio

Denōtātus, a, um part *Observed*, *marked*, *drawn*, or *chalked out*, Cic Acad Quæst 4, 18 Linea conspicuo colore denotata, *Col* 3, 15

Denōto, āre act (1) *To set a mark upon* (2) *To point out*, *to set down* (1) Denotare cretâ pedes mancipiorum, *Plin* 35, 17 ? Denotare aliquem probro, *To brand one with infamy*, Suet Cal 56 (2) Uno nuncio tot cives necandos denotavit, *Cic* pro *Lig Manil* 3

Denōtor, āri, ātus pass *To be marked*, &c *Cic*

DENS, tis m [a Gr ὀδούς, ὀδόν-τος] (1) *A tooth* (2) *A tusk*, or *fang* (3) *Any thing like a tooth*, as the share of a plough, or teeth of an harrow (4) *The tine of a prong*, *or fork* (5) *The fluke of an anchor* (6) *A key* (1) Dentes primores, *Plin* 11, 37 adversi *Cic N D* 2 tomici, *Cels* 8, 1 *the fore-teeth* canini, *the eye-teeth*, Plin 11, 37 molares, *the grinders*, *or cheek-teeth*, Juv 13, 212 genuini, *qui & intimi*, *the two farthest teeth*, *which come last*, Cic Dens exertus *A gag-tooth*, Plin 31, 27 dentium caverna, *the sockets of the teeth*, Plin 22, 2? crepitus, *Cic Tusc* 4, 8 stridor, *Cels* 2, 7 *the gnashing of them* infirmitas, *looseness*, Plin 23, 4 ¶ Dente aliquem rodere, *Mart* 5, 29 improbo adpetere, *Phædr* 4, 7, 1 maledico carpere, *Cic* pro *Balb* 26 *to snarl at*, *to rail against* albis dentibus deridere, *to laugh one to scorn*, Plaut Epid ? 3, 47 (2) Obliquo dente timendus aper, *Ov Epist* 4, 104 ✠ Dens Libycus, *Ivory*, Propert 2, 31, 12 Dens erythræus, *An elephant's tooth*, Mart 13, 101 (3) Durum procudit arator vomeris obtusi dentem, *Vir Geor* 1, 262 runcinæ dentes *Luc* 7, 859 dentes crinales, *the teeth of a comb*, Claud de bel Gild 28 ✠ eburnus dens, *An ivory comb*, *Id* 2, 5? ✠ perpetui dentes, *the teeth of a saw* Ov Met 8, 246 (4) *Col* 2, 4 (5) Dente tenaci anchora fundabat naves, *Vir Æn* 6, ? (6) Reserat fixo dente puella fores, *Tibull* 1, 2, 18

Densātio, ōnis f verb *A waxing*, or *making thick*, *a thickening*, Plin 31, 7

Densātor, oris m verb *That makes thick*, or *close*, Stat *tēst* Litt *sed q*

Densātus, a, um part (1) *Made thick* (2) *Standing*, or *held close together* (1) Densatum lutum, *Cato*, c 40 (2) Densati ordines, *Liv* 10 *Curt* 6, 1, 6

Dense adv unde ius comp ssime, s p *Thick*, *close together* Met *Frequently* Nulla tamen subeunt mihi tempora densius istis, *Ov* de *Pont* 1, 9, 11 Bene & quam densissime calcatum, *Vitr* 5, ult

Denseo, ēre neut (1) *To thicken*, or *grow thick*, *to clotter*, or *clouter*, as cream does (2) Act *To thicken*, or *make thick* (1) ? *seq* Denseor (2) Vos unanimi densete catervas, *Vir Æn* 12, 264 Dense opus pectine, *Ov Fast* 3, 820

Denseor, ēri pass *To be thick*, *to be curdled* Denseri lac non patitur *mentha*, Plin 20, 14

Densitas, ātis f *Thickness*, Plin 9, 45

Denso, āre act *To thicken*, *to make thick*, *to set*, or *hold close together* ✠ Jupiter austris densat erant quæ rara modo, & quæ densa relaxat, *Vir Geor* 1, 418

Densor, āri, ātus pass *To be thickened*, or *closed* Densantur noctes tenebræ, *Vir Geor* 1, 248

DENSUS, a, um or, comp ssimus, sup (1) *Thick* (2) *Close*, *set close* (3) *Full of* (1) Densa & glutinosa terra, *Col* 3, 12 Densior tellus, *Ov Met* 1, 29 aer, *Hor Carm* 2, 7, 14 ✠ Densa Cereri, rarissima *terra* Lyæo, *Virg Geor* 2, 229 (2) Sylva densa atque aspera, *Cic Attic* 12, 15 Sepes densissimæ, *Cæs B G* 2, 22 agmen densum, *an army set in close array*, Vir Æn 5, 833 (3) Densæ foliis buxi, *Ov Art Am* 3, 691

Dentāle, is n [a dens] (1) *The wood wherein the share*, *or coulter of the plough is put* (2) Synecd *A coulter*, *or share*, *the plough tail* (3) *A rack*, *or harrow* (1) Binæ aures, duplici aptantur dentalia dorso, *Vir Geor* 1, 172 interpr Serv (2) Sulco terens dentalia, *Pers* 1, 7? (3) Vomeribus & dentalibus terram subigere, *Col* 2, 2

Dentātus, a, um adj (1) *Toothed*, *having teeth* (2) *Single*, or *gag-toothed* (3) Also *one born with teeth* (4) *In form of a comb* (5) *Smooth*, *polished* with a tooth (1) Dentata sibi videtur Ægle emptis ossibus, *Mart* 1, 73 (2) Non ego te ad illum duco dentatum virum, *Plaut Pseud* 4, 4, 3 (3) M Curius dictus est *dentatus*, quod cum dentibus natus fuerit v *Plin* 7, 16 (4) Capillos ab aure desiden lentes dentatâ manu duxit, *Petr* c 18 (5) Chartâ dentatâ res agetur, *Cic* ad *Q fr* 2, 14 *quem locum Lit Erasmum secutus perperam interpretatus est*

Dentex, icis *A kind of fish with sharp teeth*, Col 8, 16

Denticulātus, a, um adj (1) *That hath little teeth or fangs*, or *that hath teeth like those of a saw* (2) Also *jagged*, *notched* (1) Bina brachia denticulatis forcipibus *Plin* 9, 31 *de cancris* (2) Denticulatum olus, *Plin* 26, 11

Denticulus, i m (1) *A little tooth* (2) Also *a part of a pillar*, *cut and engraven like teeth* (1) *Pallad* 1, 28 (2) *Vitr* 4, ?

Dentiens, tis part (1) *Breeding teeth* (2) *Chattering with his teeth* (1) Pueri tardè dentientes, *Plin* 30, 5 (2) *Vid* Dentio, n 2

✝ Dentifrangibulum, i n *An instrument to break teeth with*, Plaut Bacch 4, 2, 14 pro more suo

Dentifrangibulus, a um adj *That breaks teeth*, ex incude Plautina, *Bacch* 4, ?, 23

Dentifricium, ii n [quo dentes fricantur] *Powder*, *or any thing wherewith to rub the teeth*, *a dentifrice* Dentifricium, quod dentes splendidos facit, & confirmat, *Scrib Larg Comp* 59 v & *Plin* 28, 11

Dentilegus, a, um *One that may gather up his teeth when they are struck out*, Plaut Capt 4, 2, 18 *pro quo al legunt* dentiloquus

Dentio, ire, ivi, itum neut (1) *To breed teeth* (2) *To chatter* (1) *Cels* 2, 1 (2) Ne dentes dentiant, *Plaut Mil* 1, 1, 34

Dentiscalpium, i m *A toothpicker*, Mart 14, 2?, in lemmate

Dentitio, ōnis f verb *A growing*, or *breeding of teeth*, *the pain of breeding them* Ad dentitionem cerebrum pecoris utilissimum est, *Plin* 30, 15

Denūbo, ĕre, psi, p um neut (1) *To be married* or *wedded* (1) as a woman, (2) as the vine is to other trees (1) Julia denupsit in domum Rubellii, *Tac* 6, 27 R occ (2) *Col* 10, 158 *ubi al* se nubere

Denudandus, a, um part *To be made bare*, *or naked* Denudanda capita tonsori præbuimus, *Petr* c 103

|| Denudātio, ōnis f verb *A laying bare*, Boet ✝ Nudatio

|| Denūdatus, a, um part *Stript*, *made bare* Cives denudati ac divenditi, *Lentul* ap *Cic Fam* 12, 15

Denūdo, āre act (1) *To make bare*, *or naked* (2) Met *To despoil*, *strip* (3) *To expose the body to view*, *as if naked* (1) Galba nitens & integrum *corpus* de nudet, *Liv* 45, 39 Me denudas quotidie, *Apul Met* 5 (2) = Denudare & spoliare scientiam juris civilis ornatu, *Cic Orat* 1, 55 (3) Ut denudet feminas vestis, *Plin* 11, 26 *edit Hard*

Denūdor, āri, ātus pass *To be laid bare*, or *naked* Denudati a pectore, *Cic* in *Verr* 5, 13

|| Dēnumĕrātio, ōnis f verb *A present paying of money*, Cod ✝ Dinumeratio

|| Dēnumĕrātor ōris m verb *He that lays down ready money*, Cod ✝ Qui dinumerat

Dēnumĕro, āre act *To tell out*, or *count money*, *to pay in ready money* Mihi denumerato, ego illi porrò denumeravero, *Plaut Most* 3, ?, 18

Denuncians, tis part *Denouncing forewarning* Monente & denunciante te, *Cic Fam* 4, 3

Denunciātio, ōnis f verb (1) *A foreshewing*, or *foretelling* (2) *A denouncing*, *proclaiming* (3) *A menacing*, or *threatning* (4) *A summoning by a suspœna* (1) = Significatio & quasi denunciatio calamitatum, *Cic de Div* 2, 25 (2) Denunciatio belli, *Cic Philipp* 6, 2 armorum, *Liv* (3) Hac denunciatione conterritus, *Sest* obsidionis, *Liv* 38, 14 Manifestæ denunciatione quietis territus, *Frighted by his dream*, Paterc 2, 70. (4) Denunciatio testimonii, *Cic* pro *Flacc* 6

Denuncio, āre act (1) *To foreshew*, or *foretel*, *to give notice*, or or *warning, to signify, to declare* (2) *To denounce,* or *proclaim* (3) *To menace,* or *threaten* (4) *To summon,* or *subpœna a witness* (1) = Testificor, denuncio, ante prædico, nihil Antonium, *&c* Cic Philipp 6, 3 (2) = Denunciare & indicere bellum, *Cic Offic* 1, 11 (3) Clodius mihi adhuc denunciat periculum, *Cic Att* 2, 20 (4) Si accusator voluerit testimonium his denunciare, *Cic* pro *Sext Rosc* 38

Denuo adv [*i e* de novo] (1) *Anew, afresh* (2) *Again* (1) Denuo ædificare ædes, *Plaut Most* 1, 2, 36 (2) Si parum intellexti, dic im denuo, *Plaut Rud* 4, 4, 59

Deoccātio, ōnis f verb *An harrowing,* or *breaking of clods,* Col

Deocco, āre act *To harrow, to break clods,* Plin 18, 15

Deoccor, āri, ātus pass *To be harrowed,* Plin 18, 15

Deōnĕro, āre act *To disburden,* or *unload* Met *to ease and discharge, to cast off,* Cic *in* Verr Div 14

Deopto, āre *To wish for a thing,* Hygin Fab 191

Deorsum adv [*ex* de *&* vorsum *vel* versum] (1) *Down, downward* (2) *Up and down* (1) Deorsum cuncta feruntur pondera, *Lucr* 2, 190 (2) Ne sursum deorsum cursites, *Ter Eun* 2, 2, 47

|| Deorsus adv *pro* deorsum, *Apul Met* 8 *init*

|| Deoscŭlātio, ōnis f verb *A kissing, a worshipping,* Hier Osculatio, *Cic*

Deoscŭlor, āri *To kiss and hug,* Mart 1, 8, 81

Dēpăciscor, i, pactus sum dep *To make a contract, to bargain, to agree upon, covenant,* or *promise* § Depacisci mortem cupio, si mihi liceat, quod amo, frui, *Ter Phorm.* 1, 3, 14 Depacisci partem suam cum aliquo, *Cic* pro *S Rosc* 38 Ad conditiones alterius, *Id Verr* 3, 24 ☞ *In opt lib leg* Depeciscor

Depactus, a, um part [*à* paciscor] *Bargained, covenanted,* Cic *in* Verr 5

Depactus, a, um [*à* depangor] (1) *Fastned, planted,* or *set* in the earth (2) Also *prefixed,* or *fore-appointed* (1) Depacta in terram, non extrahantur, *Plin* 2, 96 (2) Depactus vitæ terminus, *Lucr* 2, 1086

Dēpalātio, ōnis f verb Dierum depalationes, *Vitruv* 9, 8 incrementa, *Turn* ☞ Sed diversas doctorum sententias videre licet in Vossii Etymol pag 565

|| Depalmo, āre act *To beat,* or *strike with the palm of the hand,* Gell 20, 1 = Palmā verbero, *Id.*

Depango, ĕre, xi, & pegi, actum act [*ex* de *&* pango] *To plant,* or *set, to fix in,* or *stick in the ground,* Col 3, 16

Deparco, ĕre *To spare,* Lucr *ap* Litt *sed q*

Deparcus, a, um adj *Niggardly, very sparing* = Sordidi ac deparci, quibus ratio impensarum constat, *Suet Ner* 30

Depasco, ĕre, pavi, pastum act & neut (1) Neut *To feed* as beasts do, *to graze, to browze* (2) Act *To feed* beasts in a pasture (3) Met *To eat down, to eat off* (4) *To cause his cattle to feed upon* & Met *to waste, embezzel* (1) Si hœdi herbas depaverint, *Col* 3, 5 Ne se depascat avida quadrupes, *Plin* 22, 6 (2) Si depascere sæpius voles, usque in mensem Maium, sufficit, *Col* 2, 11 vid & *Plin* 18, 45 *ed Hard* (3) Stilo depascere luxuriem orationis, *Cic* de *Orat* 2, 23 (4) Depascere possessionem alienam, *Cic* de *Legibus,* 1, 21

Depascor, i, tus pass *To be fed, eaten,* or *grazed* Met Depasci veterem possessionem ab illo non sinimus, *Cic* de *Legg* 1, 21

Depascor, i, tus sum dep *To eat up, to feed upon* Silvas depascitur quadrupes, *Tib* 4, 1, 128 Febris depascitur artus, *Vir Geor* 3, 458

Depastio, ōnis f verb *Feeding of cattle,* Plin 17, 24

Depastus, a, um part (1) Pass *Eaten up, barked, gnawn,* or *browzed on* (2) Act *That hath fed,* or *browzed* (1) Sepes florem depasta salicti, *Vir Ecl.* 1, 55 (2) Frondes depastus amaras sonipes, *Claud*

Depaupĕro, āre act *To impoverish,* or *make one poor* § Domum depauperare sumptu, *Varr* R *occ*

Depĕciscor, i [*ex* de *&* paciscor] *To bargain, covenant,* or *agree for* Depecisci morte cupio, *I would compound with death, I would give my life,* Ter Phorm 1, 2, 14 *Vid* Depaciscor

Depecto, ĕre, xui, xum act (1) *To comb down,* or *off* (2) *To trim,* or *dress* (1) Depectere buxo crinem, *Ovid Fast* 6, 229 (2) Vellera foliis depectunt tenuia Seres, *Vir Geor* 2, 121

Depector, i, xus pass *To be scraped,* or *combed off,* Plin 12, 14

|| Depector, ōris m verb [*à* depeciscor] *A solicitor, a splitter of causes* in law Litium depector, *Apul Apol* p 522 *ed Delph* ✝ Litium redemptor

Dēpĕcŭlātio, ōnis f verb *A robbing of the state,* Cod

Depĕcŭlātor, ōris m verb *A robber of the state, he that steals,* or *imbezzles the publick money,* also *an extortioner, an open thief,* Cic Verr 2, 1

Depĕcŭlātus, a, um part *That hath robbed* Laudem honoremque familiæ vestræ depeculatus, *Cic Verr* 4, 36

Depĕcŭlor, āri, ātus sum dep *To rob the exchequer, commit sacrilege, to spoil and undo one, to plunder,* or *rifle,* Cic Verr 2, 4 = Spolio, *Id*

Depellendus, a, um part *To be driven away,* Cic *pro* Cluent 6

Depellĭcŭlo, āre act *To pluck off the skin, to flay, to excoriate,* Cels *ap* Litt *sed q* ✝ Deglubo

Depello, ĕre, puli, pulsum act (1) *To put away, thrust,* or *drive out* (2) *To expel* (3) *To repel and keep off* (4) *To drive along* (5) Also *to wean* (1) § = Deducere & depellere de loco, *Cic* pro *Cæcin* ✱ restituo, *Id* (2) Urbe patriæ conservatorem depulit, *Cic* de *Ar Resp* 27 (3) § Ictum alicui depellere, *Val Flacc* = defendo, *Cic* Molestias omnes ratio depellit, *Cic Fam* 2, 6 (4) Teneros depellere fœtus, *Vir Ecl* 1, 22 (5) Depellere agnum à matre, *Varr* *Vid* Depulsus

Depellor, i, pulsus pass *To be thrust,* or *driven down, away,* or *out,* Cic Tusc 2, 6

Dependendus, a, um part *To be paid down,* Cic Fam 1, 9

Dependeo, ēre, di, sum neut (1) *To hang down* (2) *To hang upon* (3) Met *To depend, to be in suspense* (1) Ex humeris nodo dependet amictus, *Vir Æn* 6, 301 (2) Ramis dependet galea, *Vir Æn* 108, 56 (3) Dependet fides adveniente die, *Ov Fast* 3, 556

Dependo, ĕre, di, sum act (1) *To weigh,* or *poise, to give by weight* (2) *To pay* (3) *To bestow* (4) Met *To examine* (1) *Plin* 33, 3, 4 (2) Dependere mercedem, *Col* 5, 1 Pecuniam pro capite dependam, *Sen* (3) Tempora dependere amori, *Luc* 10, 80 (3) Operam dependere, *Col* (4) Vid *Scal Auson Lect* sect 1, 17 ¶ Dependere pœnas, *to be punished,* Cic *pro* Sext 67 caput, *to lose his life,* Luc 8, 101

|| Dependŭlus, a, um *Hanging down,* or *hanging fast to,* Apul Met 3 p 72 & 11 p 361 edit Delph ✝ Pendulus

|| Depensio, ōnis f verb *A weighing,* or *paying of money,* Digest ✝ Æris numeratio, *Col*

|| Depensus, a, um part [*à* dependo] (1) *Examined* (2) *Weighed, paid* (1) *Auson* ✝ Perpensus (2) Depenso pretio, *Apul Met* 8 p.258 ✝ Expensus, solutus

Deperdĭtus, a, um part *Lost, utterly undone* Letho gnatæ deperdita mater, *Catull* 60, 119

Deperdo, ĕre, didi, ditum act (1) *To lose* (2) *To have killed,* or *taken in battle* (1) § Nihil de re aliqua deperdere, *Cic* in *Verr* 4 (2) Paucos de suis deperdiderunt, *Cæs B G* 4, 28

Depĕreo, ire, ivi, & ii, itum neut *i e* valde pereo (1) *To perish, to be lost,* or *gone* (2) *To die* (3) *To be desperately in love with one* (1) Deperierunt naves, *Cæs B G* 5, 23 Deperit sapor, *Plin* 14, 20 (2) Si is, cujus ususfructus legatus est, deperisset, *Cic Top* 3 (3) § Hic te efflictim deperit, *Plaut Amph* 1, 3, 19

Dēpĕrĭtūrus, a, um part *Ready to perish* Gens hominum vitio deperitura, *Ov Amor* 2, 14, 10

Depesta, ōrum pl n [*a* δέπαστρον, *qu à* δέπας, poculum] *Wine vessels which the Sabines used in their sacrifices,* Varr L L 4, 26

Dēpĕtīgo, inis f *A ring-worm,* or *tetter,* Lucil *ap* Non Impetigo, *Plin.* Petigo, *Cato*

Dēpĕtīgĭnōsus, a, um & depetigiosus (1) *That hath the measles,* as an hog (2) *That hath the leprosy* (1) Depetigiosus λειχηνώδης, *Gloss vet* (2) *Cels* & *Gloss Cyr*

Depexus, a, um part [*à* depecto] *Combed, trimmed, drest, curried* Depexi crinibus Indi, *Ov Fast* 3, 465 ¶ Depexum dabo, *I will curry his hide,* Ter Heaut 5, 1, 78

Depictus, a, um part *Painted, embroidered,* Suet Cal 5—

Depĭlātio, ōnis f verb *A pulling off the hair,* Cels

Depĭlātus, a, um part (1) *Made bald, that hath his hair pulled off* (2) Also *made thin* (1) *Sen* de *Const* 17 *Mart* 9, 28 (2) *Non* ex *Lucil*

Depĭlis, e adj *i e* sine pilis *Without hair, bald,* Varr *de* vita P R Depiles genæ, *Apul Met* 7 p 213 *ed Delph* = Glaber

Depĭlo, āre act *To pull off,* or *take away one's hair,* Auct habet à particip *Depilatus*

Depingo, ĕre, xi, ctum act (1) *To paint,* or *draw,* in picture, or sculpture (2) *To describe, to set forth* (1) § Depingere pugnam, *Nep Milt* 6 (2) Depingere cogitatione, *Cic* N D 1, 15 verbis, *Plaut Pan* 5, 2, 154

Depingor, i, ictus pass *To be painted, &c* *Nep Milt* 6

Deplango, ĕre, xi, ctum act *To beat,* Met *to bewail greatly* Deplanxere domum palmis, *Ov Met* 4, 546

Deplanto, āre act (1) *To root up a plant* (2) *To break off a graff* (3) Also *to plant,* or *set* (1) *Plin* 17, 16 (2) *Col* 2, 2 (3) *Varr* de *R R* 1, 40

Deplantor, āri, ātus pass *To be unplanted,* or *torn up* Lenti aurâ deplantantur, *Plin* 17, 16

Depleo, ēre, ēvi, etum act (1) *To empty, to shift out of one vessel into another, to decant, to rack* (2) *To drink off,* or *up* (1) Oleum bis in die depleto, *Cato,* 64 (2) Fontes digno deplevimus haustu, *Stat. Achill* 1, princ ¶ Deplere sanguinem, *To let blood,* Plin 18, 16 vitam querelis supervacuis, *Manil Astr* 4, 13

Depleor, ēri, tus pass *To be emptied, &c* Conchæ ferreæ, quibus depletur oleum, *Col* 12, 50

† Deplexus, a, um part *Winding,* or *clasping about,* Lucr 5, 1320 ✝ Amplexus

|| Deplico, āre, avi act *To unfold,* Aug ✝ Explico

Dēplōrabundus, a, um *Like one lamenting,* Plaut Aul 2, 4, 8

Deplōrandus, a, um part *To be bewailed,* Cic Catil 4, 2

Deplōrans, tis part *Bewailing, complaining, lamenting,* Cic Tusc 2, 13

Deplōrātor, ōris m verb *A lamenter, bewailer,* or *mourner,* Liv *ap* Litt *sed q*

Deplōrātus, a, um part (1) *Bewailed,* or *lamented for* (2) *Desperate, past recovery, past all hope, given over* (1) § Ante omnia deplorati erant equites, non privato magis, quam publico luctu, *Liv* 5, 40 (2) § Deploratus a medicis, *Plin* 7, 15 Prodest deploratis in phthisi, *Id* 15, 8 Deplorata ulcera, *Liv* 26, 14

Deplōro, āre act (1) *To lament,* or *bemoan* (2) *To complain,* or *make grievous complaint to* (1) Alter tacitā pietate deplorat, *Cic* pro *Cluent* 24 (2) § = Si ad scopulos hæc conqueri, & deplorare vellem, *Cic* in *Verr* 5, 67

Deplōror, āri, ātus pass *To be lamented,* or *bewailed,* Cic *de Orat* 2, 52

|| Deplūmātio, ōnis f verb *A pluming,* or *plucking off the feathers,* Cod

Deplūmis, e adj *Without feathers, callow, unfledged,* Plin 10, 24

|| Deplūmo, āre act *To plume, to pluck off the feathers,* Aug Plumas detraho, vello

Depluo, ĕre, ui, ūtum neut *To rain downright, to come down* § In sinus matris violento depluit imbre, *Col* 10, 205 § Multus in terras depluit lapis, *Tib* 2, 5, 72

Depŏlio, ire, ivi, itum act *To make perfect, to finish,* or *polish,* Fest Virgis dorsum depolire, *to paint it with red, to make it all over bloody,* Plaut Epid 1, 1, 84

Depŏlītio, ōnis f verb *A smoothing,* or *polishing,* Varr *ap* Non 1, 325

Depŏlītus, a, um part (1) *Polished* (2) *Finished, perfected* (1) Cote depolitum, *Plin* 36, 22 (2) Depolitum, perfectum, *Fest* p 279

Depōnendus, a, um part *To be laid aside,* or *forgotten,* Cic Att 1, 17

Depōnens, tis part *Laying down* Deponens verbum grammaticè dict quia *deponit* aliquid de qualitate communis verbi, *scil* passivam significationem, & participium in *dus,* quod est significatio passivæ, *Isid* *A verb deponent,* quod tamen cum pace eius non est perpetuum

Depōno,

, sum, & ✝ sivi, st- (1) *To lay, or put* ... *to lay aside* (4) *To lay*, or ... *to be kept by, to* ... *to sow, plant*, or (7) *To shake down*, to ... ( ) *to take off*, or *iron* (8) ... (9) *To* ... (10) *to lay one out for* ... *to impose upon* (1) De- ... condormiscit, *Plaut* ... 81 (2) Deponere tele- ... 3, 50 & Deponere ani- ... *Propert* 1, 15, 17 ... *quod his* ... Ov ... Petitoris personam ... accusatoris deponere, *Cic* ... Tristes animo de- ... *Geor* 4, 531 (5) ... Damalin putres depo- ... *Hor Carm* 1, 36, 18 (4) Deponere pecuniam in fidem ... 4, 18 Quis ego ... apud ... depos ... *Plaut* ... (5) Plautus deposuit ... *Cor* 2, 24 semina, ... (6) Ego hanc vitulam ... *Ecl* 3, 31 (7) Ne- ... deponant ... (8) Abdicare consula- ... & deponere imperium, ... 1, 28 (9) ... acadi- ... deposuit, *Cic Fam* 12, ... (10) ... Depositus, n 3 (11) ... deponant ... affectat ... *Plaut Aul* ... 6, 9

Deponor, i, situs pass *To be laid down, to be laid aside*, &c ... Domo 5

Depontani pl m *Old men past* ... *years of age, discharged* ... *put the business, which* ... *called* De ponte dejici, *Fest* ... *Fast* 5, 622 & *seqq*

Depopulatio, ōnis f verb *A* ... *laying waste, spoiling* ... *pillaging and plundering* Agrorum depopulatio, ... praediorum, *Id* ... 58 = Vastatio, *Id*

Depopulator, ōris m verb *A* ... *waster, or destroyer*, Cic ... Domo 5

Depopulatus, a, um part (1) ... *Having depopulated*, or ... (2) Pass *Depopulated* ... (1) Agros Rhe ... depopulati, *Cæs B G* 2, 7 (2) Depopulatis agris, *Plin* 2, 53

Depopulo, āre act *To spoil*, ... Provinciam ve- ... depopulavit, *Hirt B* ... R occ

Depopulor, āri, ātus sum dep ... *to rob, or* ... *plunder* ... *nd a age, to* ... *pl n* ... ... *Cic Div* ...

D... o, ōnis f verb *A* ... *one out of* ... Cato, ... *or being* ... *captive*,

D... m verb *A* ... *away* ...

... um part (1) ... (2) Also ... (1) Decurio omni- ... depone habere, ... (2) *Tac* 16, 5 ...

... act (1) *To carry* ... *to* ... (2) *To bring*, to ... (1) Deportare ... *Hor* ... *Fer in Hu-* ... *Tibur*, ... (2) Deportare cap-tivos, *Liv* v & Deportor, n 2 (3) Deportare gloriam, *Curt* 9, 10

Deportor, āri, ātus pass (1) *To be carried*, or *conveyed* (2) Also *to be banished, or confined to some foreign country* (1) Jubet Ita- cios suos plaustris Adrumetum deportari, *Hirt B Afr* 21 (2) Deportari in solas terras, *Ter Phorm* 5, 8, 85

Deposcens, tis part *Asking for, demanding*, Sil

Deposco, ĕre, poposci act (1) *To require, call for, or demand* (2) *To ask, or wish for* (1) § Deposcere aliquem ad supplicium, *Cæs B G* 8, 38 in pœnam, *Liv* 21, 6 morti, *Tac* 1 supplicia sævi, *Stat* (2) ✝ = Idem non modo non recusem, sed appetam etiam, & deposcam, *Cic Philipp* 3, 13

|| Depositarius, i m *He to whom a thing is laid in gage*, or *who keeps a thing in trust*, *a trustee*, Ulp ✝ Depositum servans

|| Depŏsĭtio, ōnis f verb *A deposition*, *a committing of a thing to one's keeping*, or *trust*, also *a deposing*, or *depriving of some dignity* Depositio æ ... *a pulling*, or *taking down*, Ulp Dies depositionis, *the day of one's death*, Ambr

|| Depŏsĭtor, ōris m verb *He that commits a thing to another man to keep*, Ap JCC

Depŏsĭtum, i n *A trust which is left in one's hand to keep*, *a pledge, a wager, or stake* Neque deposita semper sunt reddenda, *Cic Off* 3, 25, 7

Depŏsĭtus, a, um part (1) *Laid aside* (2) *Deposited, intrusted* (3) *Desperate, past hope of recovery*, or *recovery* (4) *Also deposed* or *turned out of place* (1) Deposita tandem formidine futur, *Vir Æn* 5, 612 (2) Pecuniam depositam recuperare, *Cic in Rull* 2 (3) = Videor ægram & prope depositam reipublicæ partem suscepisse, *Cic in Verr* 3 ✝ Prope depositus per te servatus ero, *Ov Pont* 2, 2, 47 (4) Ne imperio turpiter depositus, privatus viveret, *Suet*

Depŏsivi, *pro* deposui, *Catull* 32, 8 & *Plaut Most* ... 55

|| Depostulātio, ōnis f verb *A demanding of what is due*, Dig ✝ Postulatio

Depostulātor, ōris m verb *He that demands what is due*, Dig ✝ Postulator

Depŏstulo, āre act *To require*, or *demand*, Hirt B Hisp 1 Rar occ

|| Deprædātio, ōnis f verb *A robbing*, or *spoiling*, Ap JCC ✝ Spoliatio, vastatio, *Cic*

Deprædātor, ōris m verb *A robber*, or *spoiler*, Ap JCC ✝ Prædator

Deprædor, āri, ātus sum dep *To rob, or spoil, to plunder and pillage* Victor Macedonum agros depopulabatur, *Justin* 24, 6 Spartam, *Id* 3, 7

Deprandens, tis part *Scuffling, battling, buffeting*, Hor Carm 1, 11

Deprælĭātio, ōnis f verb *A battle, or fighting*, Lexicogr ex ...

Deprælior, āri, ātus sum dep *To fight, or battle* Aliquid habe ... *fight in part* Deprælians

Deprāvāte adv *Corruptly*, *against right*, or *reason* = Corrupte & depravate judicare, *Cic de Fin* 1, 21

Deprāvātio, ōnis f verb (1) *A depravation, a depraving*, or *corrupting*, *a crooking*, or *writhing* (2) *A misinterpreting, a false gloss* (1) = Depravatio & fœditas turpificati animi, *Cic Off* 3, 29 (2) Hæc non interpretatio, sed depravatio verbi est, *Cic de Legg* 2

Deprāvātor, ōris m verb *A corrupter*, or *misinterpreter*, Lexicogr ex Liv

Deprāvātus, a, um part *Depraved, corrupted, marred, spoiled* Natura depravata mali disciplina, *Cic de Fin* 2

Deprāvo, āre act *i e* pravum facio (1) *To deprave, to corrupt*, or *spoil* (2) *To wrest, to wrack, and distort* (1) ✝ Qui corrigere vult, mihi quidem depravare videtur, *Cic de Fin* 1 (2) Eas quæ depravari non possunt, repudias tabellas, *Cic pro Arch* 8

Deprāvor, āri, ātus pass *To be wrested, misconstrued*, &c Nihil est quin male narrando possit depravarier, *Ter Phorm* 4, 4, 16

|| Deprĕcābĭlis, e adj *Easy to be intreated, ready to forgive*, vulg nterpr | Facilis, ignoscens

Deprĕcābundus, a, um *Praying*, or *petitioning*, Tac 15, 53

Deprĕcandus, a um part *To be deprecated*, or *removed by entreaty*, Cic Fam 12, 24

Deprĕcans, tis par *Entreating*, Suet Aug 65

Deprĕcātio, ōnis f verb *Prayer, entreaty, petitioning, excusing, begging pardon*, Cic *pro Cluent* 3 & *Part* 37

Deprĕcātor, ōris m verb (1) *He that sues, or entreats for another, an intercessor, a solicitor* (2) *An excuser* ( ) Also *a preserver* (1) Ut eo deprecatore impetrarent, *Cæs B C* 1 (2) ✝ Non solum deprecatori sui, sed accusatori mei, *Cic Attic* 11 8 ( ) Nec me solum deprecatorem fortunarum tuarum, sed comitem socium ue profiteboi, *Cic pro Planc* 42 in Ernii *Budæo*

|| Deprĕcātus, a, um part *Deprecatus* Depreciatus, *Depreciated, undervalued*, Paul ✝ Despicatui habitus

|| Deprĕcio, āre act *To depreciate*, or *undervalue*, Sidon ✝ De pretio imminuo

Deprĕcor, āri, ātus sum dep (1) *To beseech, desire, entreat*, or *pray earnestly* (2) *To request of one, sue, beg*, or *petition* (3) Also *to deprecate, to beg pardon* (4) *To pray*, or *wish against a thing, to refuse it* (5) *To avert, remove*, or *turn away* (1) Deprecor illam assidue, *Catull* 89, 3 (2) Sibi non incolumem fortunam, sed exilium & fugam deprecari, *Cic de Orat* 2, ... (3) Si voltis deprecari huic seni, ne vapulet, *Plaut Asin* ad *fin* (4) ✝ Sæpe precor mortem, mortem quoque deprecor idem, *Ov Pont* 1, 2, 59 (5) Avaritia crimina frugalitatis laudibus deprecari, *Cic in Verr* 2, 78

Deprĕhendo, ĕre, di, sum (1) *To catch one, to take unawares*, or *tardy, to take in the fact* (2) *To discover*, or *find out a thing to come to the knowledge*, or *understanding of it* (3) Also *to overtake* (4) *To perceive*, or *discern* (5) *To seize* (1) Sic vivimus ut deprehendi sit subito aspici, *Sen Ep* 83 (2) Cum manifesto venenum deprehendisset, *Cic pro Cluent* 7 (3) Si numerum pedestrem deprehendere posset, excitum e castris educit, *Cæs B C* 3, 75 (4) Verum potest deprehendere Minos, *Sen* (5) Deprehendi in domo meretricia, *Ter Eun* 5 5, 18

Deprehendor, i, sus pass (1) *To be caught*, or *taken napping*, *to be seized* (2) *To be discovered* (1) *Ov Met* 1, ... (2) *Cic pro Cluent* 18

Deprehensus, & deprensus, a, um part (1) *Caught unawares, taken in the fact* (2) *Tripping in his evidence* ( ) *Found out, discovered* (4) *Found about one* (1) Deprehensus omnem pœnam contemnet, *Cic de Fin* 2 (2) ✝ Plus deprehensi testes nocent quam firmi profuissent, *Quint* 5, 7 (3) Ars afficit deprensi pudorem, *Ov de Arte* 2 (4) Gladii & sica apud ipsum deprehensa, *Cic*

✝ Deprendo, ĕre, di, sum Poet per Synær *pro* deprehendo q v

Deprensus, a, um part *Found out, discovered, well known*, Ov *Vid* Deprehensus

Depressio, ōnis f verb [*a* deprimo] *A keeping*, or *pressing down*, Macr Sat 1, 20 ✝ Pressio

|| Depressĭtas, ātis f *Lowness, shallowness*, Lexicogr ex Apul Declivitas, *Col*

|| Depressor, ōris m verb *He that keeps*, or *presses down*, Lexicogr ex Apul ✝ Oppressor

Depressus, a, um part [*a* deprimor] & adj or, comp (1) *Pressed*, or *weighed down, kept down* (2) *Sunk* or *drowned* ( ) M... *Trodden under foot, thrust*, or *thrust down* (4) Adj *Low, shallow, flat*, Vir (1) Depressus fucinæ pondere, *Apul Met* 4 p 105 *ed Delph* (2) Navigium multitudine depressum una cum hominibus periit, *Hirt B Al* 21 (3) ✝ Sæpe depressi veritas emergit, *Cic pro Cluent* 65 (4) Locus depressior, *Col* 1, 5 ædes, *Plin* 10 58

Depretio, āre act *To bring a thing down to a lower price, to undervalue, to depreciate*, Tert De ... de pretio, *Cic*

Deprimo, ĕre, essi, essum act (1) *To keep, hold, bear, thrust, press*, or *weigh down* (2) *To make one stoop* ( ) *To sink* (4) *To plant*, or *set in the ground* (1) Serena in cœlum tendere, deprimit sidera vis, *Plin* 2 28 (2) Deprimunt me qua por o, *Plaut Merc* 4 1, 9 *Met* ✝ Meam fortunam deprimis, vestram extollis, *Cic in Pison* 18 ( ) Celeriter ambas naves depriment, *Cæs B C* 2, 7 (4) Virgam a matre in terram deprimenti, *Col* 11, 3

Deprimor, i, pressus pass *To be weighed, or borne down*, &c Lanx in libra ponderibus impositis deprimitur, *Cic Quæst* ... 12

Deprocul adv *Afar off*, Plaut Pers 4 4, 6 *ubi al* procul

Depromendus, a, um part *To be drawn, or taken out*, Cic de Orat 1, 46

Deprōmo, ĕre, psi, ptum act *To draw*, *take*, or *fetch out, to bring forth* § Depromere vinum cellis, *Hor Od* 1, 37, 5 ex arca, *Cic* ... 15 de libris, *Id de Orat* 1, 55 aurum quod ... *Plaut Trin* 4, 3, 74

Deprōmor, i, ptus pass *To be drawn out, taken* or *fetched out*, Cic Offic 2 15

|| Deprompsio, ōnis f verb *A furnishing*, or *bringing forth*, Boët

Depromptor, ōris m verb *He that bringeth forth*, or *discovereth*, Litt ex Sil Ital *sed q*

Depromptus, a, um part *Drawn, or taken out* Deprompta ex ærario

rio pecunia, *Cic.* pro *Leg Manil* 13

Depropĕrandus, a, um part *To be hastened*, Stat

‖ Deprŏpĕratio, ōnis f verb *An hastening*, or *speeding*, Aug

Deprŏpĕro, āre act (1) Absol *To make haste*, or *speed* (2) Act *To hasten a thing* (1) Cito depropĕrate, *Plaut Cas* 3, 6, 11 (2) Deproperare apio coronas, *Hor Od* 2, 7, 24

† Depsticius, *vel* Depstius, a, um part *Kneaded, moulded with the hand*, Cato, 74

Depso, ĕre, ui, itum act [ex δέψω, subigo] (1) *To knead, or mould, to work dough till it be soft* (2) *To tan, taw, or curry leather* (3) I obscœno sensu, *to ly with a woman* (4) *To seeth, or boil* (1) Manibus farinam depsito, *Cato*, 76 (2) *Vid* seq Depstus, n 2 (3) = Batuit, inquit, impudenter, Depsit multo impudentius, *Cic* Fam 9, 22 (4) Non

Depstus, a, um part (1) *Kneaded together, worked*, or *trod with the feet, as dough* (2) *Tewed, tanned*, or *curried* (1) *Vid* Depso Luto depsto oblinere, *Cato*, 40, & 41 (2) Coria recentia quæ depsta sent, *Cato*, 155

† Depubis, e, is adj & Depuber, ĕris adj *Under the age of* § Depubis porcus, *A young sucking pig*, Fest ‡ Impubis, *Cic* & *Ov*

‖ Depudesco, ĕre incept cum Gen *To be ashamed*, or *to grow past shame*, Hier

Depudet, uit, ĕre impers *It is past shame* ✠ Quæ depuduit ferre, tulisse pudet, *Ov Amor* 3, 11, 4 Depudere didicerat, *Sen de Const* 17

† Dĕpŭdico, āre act *To deflour*, Gell ex Laber = Devirgino, *Petron*

‖ Depugnatio, ōnis f verb *A fighting*, or *quarrelling*, Firm ‡ Litigatio

‖ Depugnator, ōris m verb *A champion*, Cod

Depugnatur impers *They fight*, Cic Attic 16, 11

Depugnaturus, a, um part *About to fight it out* Cum depugnaturus esset *Ajax* cum Hectore, *Cic Tusc* 4, 22

Depugnātus, a, um *Fought out* Metuo, ne se o veniam, depugnato prælio, *Plaut Men* 5, 6, 31

Depugno, āre neut (1) *To fight it out* (2) *To fight, to contend* (3) *To disagree* (1) *Vid* Depugnatus Copiæ paratæ ad depugnandum, *Cic Fam* 6, 4 (2) Depugnare ferro, *Cic Tusc* 2, 17 (3) § Depugnat voluptas cum honestate, *Cic* Cum animo suo, *Plaut Trin* 2, 2, 21

‖ Depulsatio, ōnis f verb *A thrusting*, or *beating away*, Litt ex Apul ‡ Depulsio, *Cic*

‖ Depulsātor, ōris m verb *He that puts away*, Aug ‡ Depulsor, *Plin*

‖ Depulsio, ōnis f verb (1) *A thrusting*, or *beating away, a removing* (2) *A pleading not guilty in law* (1) Doloris depulsio, *Cic de Fin* 5, 7 servitutis, *Id Phil pp* 8, 4 ✠ Nos bestiam non depulsione mali, sed a depulsione boni judicamus, *Id de Fin* 2, 12 (2) Depulsio inficiatio nem significat, quod reus objectum crimen negans illud a se depellere videatur, *Ad Herenn* In tensione & depulsione, *Quint* 3, 6

Depulso, āre freq [a depello] *To thrust, push*, or *beat aside* Cubitis depulsa de via, tranquillam concinna viam, *Plaut Stich* 2, 2, 13

Dēpulsor, ōris m verb. *He that repels*, or *puts away* Depulsor dominatus, *Cic Phil* 2, 11

Depulsus, a, um part [a depellor] (1) *Put*, or *driven away, thrust out by force* (2) *Weaned.* (1) = Depulsus, & quasi detrusus cibus, *Cic N D* 2, 54 (2) Dulce satis humor, depulsis arbutus hœdis, *Virg Ecl* 3

† Depultus *pro* depulsus, *ut* pulto *pro* pulso, *Driven*, Ad Herenn 4, 10

‖ Depulverans, tis part *Beating to dust*, or *powder* Luctum depulverantis meum, *Plaut Suppl* Aul ult 25

‖ Depulvĕro, āre act *To beat to dust*, or *powder* ‡ Pulvero

Depurātio, ōnis f verb *A cleansing of filthy matter in a wound*, Gell ap Litt

Depurgandus, a, um part *To be cleansed*, or *cleared*, Liv 39, 35

Depurgo, āre act *To cleanse, to purge, to clear* Depurgare locum ab herba, *to weed it*, Cato, 151 pisces, *to garbage them*, Plaut Stich 2, 3, 75 crimina, *to clear himself of them*, Liv

Deputatus, a, um part (1) *Cut off, lopped, pruned* (2) ‖ *Deputed, assigned* (1) Plerique censent, ut plaga deputati cacuminis meridiem spectet, *Plin* 17, 11 (2) *Sulp Sev* ‡ Delegatus, attributus, destinatus, *Cic*

Deputo, āre act (1) *To prune*, or *cut off* (2) *To judge*, or *esteem, to think, to repute, account*, or *reckon* (1) Falx deputat umbras, *Ov de Nuce* (2) § Malo me quovis dignum deputem, *Ter Heaut* 1, 1, 8 Deputare parvi pretii, *Id Hec* 5, 2, 1 in lucro, *Id Phorm* 2, 1, 16

† Depuvio, ire act [ex de & pavio, *i e* cædo] *To beat, to strike, to bang*, Lucil ‡ Cædo, percutio, *Cic*

Depygis, e adj *One that has but small*, or *little buttocks, pinch-breech'd*, Hor Sat 1, 2, 93

Deque [ex *de* adverb posito pro deorsum] *susque deque* habeo, *i e* contemno *vel* negligo, *Up*, or *down*, *I care not which way*, or *how it is* De Octavio susque deque, *Cic Att* 14, 6 Id me susque deque habiturum putat, *Plaut Amph* 3, 2, 5

‖ Dequeror, i dep *To complain much*, unde

Dequestus, a, um part *Having complained of* Notos dequestus & imbres, *Stat Theb* 11, 627 R occ

Derado, ĕre, si, sum act *To shave, bark*, or *scrape off* Divitem lauri deradito, *Cato*, 121

Derasus, a, um part *Shaved*, or *scraped off* Ubi derasum quid attritumve est, *Cels* 5

Derelictio, ōnis f verb *A leaving*, or *forsaking* Communis utilitatis derelictio contra naturam est, *Cic Off* 3, 6.

‖ Derelictor, ōris m verb *He that leaves*, or *forsakes*, Cod

Derelictus, a, um part [a derelinquor] *Abandoned, left destitute, forsaken, forlorn* (2) *Solitary, uninhabited, uncouth* (1) Derelictus ab omni spe, *Cic Catil* 1, 10. (2) = Incultum & derelictum solum, *Cic* in *Orat* 4 ¶ Pro derelicto nabere, *To give up a thing for lost*, Cic Att 8, 1

‖ Derelictus, ûs m verb *A leaving*, or *forsaking*, Gell 4, 12 ‡ Derelictio, *Cic*

Dērelinquo, ĕre, liqui, ctum act decomp *To leave, abandon*, or *forsake utterly*, Cic in Verr 5 = Desero, *Id*

Dērĕpentè adv *Suddenly, all on a sudden* Corripuit sese derepentè ad filiam, *Ter Hec* 4, 1, 3

Dērēpo, ĕre, psi, sum *To creep down*, Plin 8, 56 R occ

Derideo, ēre, si, sum act (1) *To laugh to scorn, to mock, to deride* (2) *To despise* (1) Aliis dentibus aliquem deridere, *Plaut Epid* 3, 3, 49 (2) = Omnes istos deridete, atque contemnite, *Cic de Orat* 3

Derīdicŭlum, i n *A scorn, a laughing-stock, a jest* Quid tu deridiculi gratiâ sic salutas? *Plaut Amph* 2, 2, 50 = Putare sibi aliquem pro deridiculo, & delectamento, *Ter Heaut* 5, 1, 79

Derīdicŭlus, a, um adj *Fit to be laught at, silly, ridiculous*, Is deridiculus quiqui incedit omnibus, *Plaut Mil* 2 1, 14

Deripio, ĕre, ui, eptum act [ex de & rapio] (1) *To take*, or *pluck down from a place* (2) *To steal*, or *filch* (1) De curru aliquem capillo deripere, *Plaut Men* 5, 2, 117 (2) *Tibull* 1, 2, 86

‖ Derisio, ōnis f verb *A laughing at*, or *scorning, a derision*, Aug Irrisio, *Cic*

Derisor, ōris m verb (1) *A mocker, a scoffer* (2) *A jester, a parasite* (3) *A droll*, or *buffoon* (1) Derisor vero plus laudatore movetur, *Hor Art Poet* 433 (2) *Plaut Capt* 1, 1, 3 (3) *Mart Ep* 1, 5

‖ Derisōrius, a, um adj *Scoffing*, or *mocking*, Ap JCC

Dērīsus, a, um part *Mocked, derided, scorned*, Cic in Verr 3, 92 & 5, 39

Dērīsus, us m verb *Derision, scorn, mockery*, Quint 6, 3

Derivandus, a, um part *To be turned another way* Dicam enim non derivandi criminis causâ, sed ut factum est, *Cic* pro *Mil* 10

Derivatio, ōnis f verb (1) *A draining of water*, or *turning of its course* (2) Met *A derivation of a word* (1) = Ductus aquarum derivationesque fluminum, *Cic Offic* 2, 4 & *Liv* 5, 15 (2) Ap *Gramm*

Derivātivus, a, um adj *That which is derived from another, derivative*, Ap Gramm

Derivātor, oris m verb *He that turneth away*, Boet

Derivatus, a, um part (1) *Derived, drawn down in chanels* (2) Met *Turned, converted* (3) *Derived, drawn from* (1) Fossam aqua ex flumine derivatâ complevit, *Cæs B G* 7, 72 (2) Omnis expectatio largitionis agrariæ in agrum Campanum videtur esse derivata, *Cic Att* 2, 31 (3) Hoc fonte derivata clades, *Hor Od* 3, 6, 19

Derivo, āre act [ex de & rivus] (1) *To drain, to convey water* (2) Met *To derive from one to another* (3) *To turn aside, intercept*, or *imbezzle* (1) Quasi de fluvio, qui aquam derivat sibi, *Plaut Truc* 2, 7, 12 (2) Ut in me omnem iram derivem senis, *Ter Phorm* 2, 1, 9 (3) Justitia nihil in suam domum inde derivet, *Cic Tusc* 5 in Budæo

Derōdo, ĕre, si, sum act *To gnaw*, or *nibble*, sibi tuêt vendicat à part *Derosus*, q v

Derŏgātio, ōnis f *A taking from, a derogation*, or *taking away a part* ✠ Videndum est, num quæ abrogatio aut derogatio sit, *Ad Herenn* 2, 10

‖ Derŏgātivus, a, um adj *That diminisheth*, Diomed Gramm

Derŏgātor, ōris m verb *He that derogateth*, or ...

Sidon Ep 3, 13

‖ Derŏgātōrius, a, um *Derogatory, that takes* ... *part*, Dig

Derŏgito, āre freq [a derogo] *To ask, desire*, or *pray instantly*, Plaut Asin 2, 2, 60

Derŏgo, āre act (1) *To derogate, to abate*, or *lessen* (2) *To take away by a new law*, or *make some exception to a former* (1) Non tantum mihi derogo, tametsi nihil arrogo, ut ... quam me, putem posse d... *Cic* pro *S Rosc* 32 (2) De lege ... quid derogari, &c *Cic de Inv* 2, 45

Derŏgor, āri, ātus pass *To be lessened*, &c *as when some clause in an old law is repealed by a new law* ✠ De lege aliquid derogari, aut legem abrogari, *Cic de Inv* 2, 45

Derōsus, a, um part [qu à derodor] *Gnawn*, or *nibbled*, *Cic de Div* 2, 7

Derumpo, ĕre, rupi, ptum act *To break off*, Tac Ann 2, 80, 5

Deruncinatio, ōnis f *A cutting of bushes*, or *trees*, Col

‖ Deruncinator, ōris m verb *He that cutteth bushes*, Aug

Deruncinatus, a, um part *Smoothed*, or *planed*, Plaut Capt 3, 4, 108

Deruncino, āre act sign *To shave with a plaining tool* Met *To cheat*, Plaut Mil ...

Deruo, ĕre, ui, itum act (1) *To pull down*, or *take away* (2) Neut *To fall down* (1) De laudibus Dolabellæ deruam cumulum *Cic Attic* 16, 15 (2) Omnis ... patient à prolapsus deruisset, *Apul Met* 6 p 222 *ed Delph*

Dēruptum, i n *A steep*, or *craggy place*, Liv 38, 2

Deruptus, a, um part or, comp *Broken, craggy, steep downwards*, Tac = Arduus, altus, *Tac* altus, *Liv* = Collis arduus & deruptus, *Tac Ann* 2, 80 Tumulus altus deruptiorque, *Liv* 38, ...

Desăcro, āre act *To consecrate*, or *hallow*, Stat Theb 9, 586

Desævio, ire, ivi, itum (1) *To leave off his passion, to be quiet and calm* (2) *To rage extremely, to shew cruelty* (1) Dum pelago desævit hiems, *Virg Æn* 4, 52 ira, *Luc* 5, 303 (2) Plebe ... desævit sanguine virtus, *Stat Theb* 1, 748 ... Sed neque hoc, neque cæteris locis apud idoneos scriptores satisfit doctis de hac notione, cum ad primam interpretationem ...

Desaltatio, ōnis f verb *A dancing*, or *ending of a dance*, Litt ex Mart *sed q*

Desaltātus, a, um part *Danced over*, Suet Cal g 54 ab initio

† Desalto, āre neut *To leap*, or *dance*, or *end a dance*

Desarcino, āre act *To unload*, Litt ex Sen *sed q*

Descendens, tis part *Descending, going down*, Cic pro Planc 14

Descenditur impers *It is gone down*, *Cic de Orat* ...

Descendo, ĕre, di, sum neut [ex de & scando] (1) *To descend, to go*, or *come down* (2) *To take root* (3) *To alight*, or *light off* (4) *To condescend*, or *agree, to be content* (5) *To degenerate*, or *grow worse* (6) *To trickle*, or *fall* (7) *To digest* (1) ✠ Neque in lectum inscendat proximum, neque cum descendit, *Plaut Asin* 4, 1, 32 ✠ Præcipitare istuc quidem est, non descendere, *Cic*

D 1, 2. *Met.* Descendere in ... *to examine himself*, Perf 4, (2) Sol fubjacens ... non in altum defcendere, *Col* (3) § Ortetur ... ut defcendam ... ex equis, ... § eque, *Id* (4) De... æqua enim con ... pro... *in Verr* (5) Gem... cryftalli defcendit, ... (6) Defcenderunt ex ... *Plaut* (7) D ... *Celf* ¶ Alvu, ... *to stool*, Id

... onis f verb (1) *A* ... (2) *A* ... (3) In defcenfione ... 20, 17 (2) ... in communem defcenfio ... *Liv*

... m verb *A de*... Defcenfus ... Defcenfus fpe ...

D ... [ex de ... ftrivo] (1) *To ac*... (2) *To ... out, to alter and* ... (1) ¶ Defcifcere a fe, *to* ... Cic ... a vita, ... *to be unna*... Cic (2) Abfol = Defcere, ... defcierant Hellefpontus, ...

... imperf paff *They* ... Defciunt a Romanis, ...

D ... bo, ere, pfi, ptum act (1) ... *or write out* (2) *To draw out, or defcribe* (3) *To* ... (4) *To divide, or* ... (5) *To order, make,* ... *point* (6) *To define* (1) ... fi defcripferim ... *Attic* 12, 14 (2) Bo... ut malos defcripfit mo... *Plaut* ... 3, 1, 168 (3) ... *Cic Qu fr* (4) D ... defcribit in fingulos ... *Cic de Leg Agr* ... (5) Annum in dies certos defcribere, *Curt* ..., 10 (6) Defcribere jura, *to try caufes, to* ... Cic *in* Verr 5, 11 = D... & defcribere verbis, ... 1, 8

Defcribor, i, ptus paff *To be* ... *or fet down, to be drawn out, to be tranflated, or* ... &c

Defcriptio, onis f verb (1) *A writing out, a copy, or tran*... (2) *A defcription* (3) *A* ... *or plan* (4) *A regif*... *or inrolling* ... (5) *An appointing* ... (6) ... (7) *A cha*... *or rhetorical defcrip*... (1) — Defcriptio & imago ... *Cic* (2) Subtilis defcriptio partium corporis, *Cic N* ... (3) Ædificandi defcriptio, ... *Offic* 1, 39 (4) Servo... defcriptio, *Cic* pro *Domo*, 50 (5) Defcriptio magiftratuum, *Cic de* ... (6) Juris æqua defcriptio, *Cic* ... 2, 4 (7) De... quam Græci χαρακτηρισμὸν ... *Cic in Top* 22

Defcriptiuncula, æ f dim *A* ... *defcription*, Sen de Contr

Defcriptor, oris m verb *He that defcribeth, or telleth any thing*, ... 5, 9 ✝ Qui defcri...

Defcriptus, a, um part or, comp ... *out, copied, fet down*, ... *appointed, fet in order*, ... *and divided* alfo *taxed*, ... Vid Defcribo

D... part *Cutting off* ... ex toto defecans, *Cic de* ...

Defeco, are, ui, ectum act (1) ... *off* (2) *To cut down* (3) *To reap, or mow down* (4) *To clip off, to poll* (1) ⁂ Tu illud defecabis, hoc adglutinabis, *Cic Att* 16, 6 (2) Defecare vitem, *Varr R R* 1, 41 (3) Defecare prata, *Col* 11, 1 *Id* 5, 6 (4) Crinem defecare, *Ov Trift* 2, 594

Defecrātus, a, um part *Unhallowed*, Plin 28, 8

Defecro, are *To unhallow, to profane, or degrade*, Plin Vid Defecratus

Defectio, ōnis f verb [a defeco] *A cutting off, mowing, or reaping down* Stramentorum defectio tum pecori, tum agro eft utilis, *Col* 6

Defector, ōris m verb *A mower, a reaper, or cutter down*, Inf ex Col

Defectus, a, um part (1) *Cut off* (2) *Mowed down, or reaped* (3) *Cut* (4) *Hewn* (1) Defecta cervix, *Prop* 4, 11, ... Auribus defectis, *Cæf B G* ... 4 (2) Gramen defectum, *Ovid Met* 14, 646 Defecta manipulis feges, *Plin* 17, 9 (3) Defectæ offæ in mulfum, *Plin* (4) Saxa defecta metallis, *Stat Sil* 2, 2, 85

Desĕro, ere, ferui, fertum act [ex de & fero, ut fit defertum quod non feritur, nec colitur] (1) *To leave off, to let alone* (2) *To forfake* (3) *To fail* (1) Mulier telam deferit continuo, *Ter Heaut* 2, 3, 63 (2) Me in his deferuifti malis, *Ter Heaut* 2, 3, 1, Omnes noti me & amici deferunt, *Id Eun* 2, 2, 7 Deferere pignus, *to lofe it*, Plaut vadimonium, *not to appear*, Cic figna, *to defert* = Derelinquo, *Cic* (3) Genua hunc curforem deferunt, *Plaut Merc* 1, 2, 13

Deseror, i, tus paff *To be deferted, or forfaken*, &c Vereor ne regia caufa deferatur, *Cic Fam* 1, 5 ¶ Deferi a mente, *to be diftracted*, Id Attic 3, 15

Desĕrpo, ere neut *To creep down, or along*, Stat Theb 6, 585

Desertātus, a, um part *Forfaken, deferted* = Defertatæ & relictæ res, *Cic N D* 1, 5

Desertio, ōnis f verb *A leaving, or forfaking* Defertio juris humani, *Liv* 41, 24

✝ Deserto, āre freq *To forfake, or leave to one's fhifts*, Accius

Desertor, ōris m verb (1) *A deferter, a renegado, a turncoat, one that leaves his religion, prince, or colours, and goes to another* (2) *An exile* (1) Antonius, qui in defertores fævire debuerat, defertor exercitûs fui factus eft, *Paterc* 2, 8, 5 Defertores falutis meæ, *Cic* = proditor, *Cæf* (2) Dardanium fub Tartara mittam, defertorem Afiæ, *Virg Æn* 12, 15 interpr Serv

Desertum, i n *A defert, or wilderness* Rarò apud probatos autores occurrit in fing plur freq Deferta arvum, *Vir Geor* 3, 291

Desertūrus, a, um part *That will forfake*, Ter Andr 2, 3, 28 & 4, 2, 11

Desertus, a, um part & adj or, comp- iffimus, fup [a defero] (1) *Forfaken, deferted, left* (2) *Alfo fet, planted, ftuck faft* (3) Adj *Defert, uninhabited, untilled, lonely* (1) Deferta figna, *Liv* ⁂ Non defertus fuperfuit, fed defertor occidit, *Paterc* ⁂ Deferta difciplinâ & jampridem relicta, *Cic N D* 1, 3 (2) Sæpes defertus in agris, *Tib* 1, 1, 17 (3) Via deferta, & inculta, *Cic* pro *Cal* 18 Defertior locus, *Id Att* 1, 22 Sepulcrum defertiffimum, *Id* pro *Sext* 67

Dēservio, ire, ivi, itum neu (1) *To be ferviceable, to do fervice to* (2) *To wait upon, or attend, to be affiduous* (1) Cuivis deferviunt, *Cic Off* 1, 30 (2) Deferviuntur ftudiis, Plin *jun*

Deses, idis adj [a defideo] *Idle, flow, flothful, carelefs* Sedemus defides domi, *Liv* 3, 68 § Defes ab opere fuo, *Col* 7, 12

Deficcatio, ōnis f verb *A drying up*, Vitr

Deficco, āre act *To dry up*, Plin 2, 19

Defiliens, tis part *Falling to decay*, Liv *in* Præf = labentes, *Ibid*

Desideo, ere, edi, neut [ex de & fedeo] (1) *To fit ftill, to be idle, to loiter* (2) *To go to ftool* (1) Fruftra totum defideo diem, *Ter Hecyr* 5, 3, 2 Caffi defedit apud Nicomedem, *Suet Cæf* 2 (2) In torminibus frequens defidendi cupiditas eft, *Cel* 4, 18

Desiderabilis, e, adj or, comp (1) *To be defired, or wifhed for* (2) *Wanted* (1) Nihil defiderabile concupifcunt, *Cic de Fin* 1, 6 (2) Defiderabilem efficere, *Liv* 2, 5 Ut defiderabilior ipfe quandoque ... *Suet Tib* 21

Defiderans, tis part *Defiring*, Hor Carm 1, 1

Defideratio, ōnis f verb *A defiring or wifhing for* ✝ Non eft tanta voluptatum titillatio in fenibus, fed nec defideratio quidem, *Cic* de *Senect* 14

‖ Defiderativa verba funt, quæ terminantur in *urio* ut *fcripturio, micturio*, &c quæ a Prifc *meditativa* voc *Verbs of defiring*

Desiderator, ōris m verb *He that defireth, or lacketh*, Apud JCC

Dēsīdĕrātus, a, um part *Defired, longed, or wifhed for, wanted, rare* ✝ Defiderata magis, quam affiduè perfpecta delectant, *Cic* poft *Redit* 1

Desidĕrium, i n (1) *Defire, love, affection, or longing* (2) *Want, or lack of a perfon, or thing* (3) *Abfence* (4) *Alfo a requeft, petition, or fupplication* (1) Defideriis icta fidelibus quærit patria Cæfarem, *Hor Od* 4 5, 15 (2) Defiderium fui reliquit ap Pop Rom *Cic* pro *Rab* 5 Me mirum defiderium tenet urbis, *Id Fam* 2, 11 ⁂ fatietas, *Id* (3) Quò tolerabilius feramus igniculum defiderii tui, crebris nos epiftolis appellato, *Cic Att* 15, 20 (4) *Suet Aug* 53 ¶ Meum defiderium, *My fweetheart, my love*, Cic Fam 4, 2 fcabendi defiderium, *the itch*, Plin 20, 14 Defiderium ventris, *Luft to do his needs*, Mart

Dēsīdĕro, āre act [à defido, defidere, ut à confido, confidere] (1) *To defire, wifh, or long for* (2) *To complain of the want, or lack of* (3) *To need, or require* (1) Non caret is qui non defiderat, *Cic de Senect* 14 (2) Non curia vires meas defiderat, non roftra, non amici, non clientes, *Cic de Senect* 10 (3) ⁂ Non defiderare folum, fed etiam pofcere, & flagitare, *Cic in Verr* 7 = requiro, *Cic*

Desidĕror, āri, ātus paff (1) *To be required, or expected* (2) *To be miffing, or loft* (3) *To be abfent* (1) Defideratur à philofopho gravitas, *Cic* (2) Accidit, ut nulla navis defideraretur, *Cæf B G* 5, 23 (3) Sextilem totum mendax defideror, *Hor Ep* 1, 7, 2

Desĭdia, æ f [à deses, defidis] *Idlenefs, flothfulnefs* = Languor, defidiaque fe dedere, *Cic Off* 1, 34 ⁂ Ab induftria ad defidiam avocari, *Cic* pro *Sext* 48 ⁂ Defidiam puer ille fequi folet, odit agentes, *Ov* ... *Cup* ...

Defidiabulum, i n [a defidia] *An idle place, a bench where lazy people fit*, Plaut Bacch 3, 1, 9

Dēfĭdies, ... *idem quod* defidia, *Lucr* 5, 49

Defidiofè adv *Slothfully, idly*, ... *Lucr* ...

Desidiofus, a, um adj or, comp iffimus, fup (1) *Idle, flothful* (2) *Making idle, or* ... (1) ... & defidiofiffimum ... *Cic de* ... 2, ... Qui in oppido fedent, quam qui rura colunt, defidiofiores funt, *Varr R R* 2 *in proam* (2) Quid tandem defidiofius agis? ...

Dēsīdo, ere, defedi neut (1) *To fink, or fall down* (2) *To fettle* (3) *To fit down, or go to ftool* (4) *To abate, or fall as a fwelling doth* (5) *To chink, or gape as the ground doth* (6) *To fit down* (1) Qualis in immenfum defederit aere tellus, *Tib* 4, 1, 19 (2) ... defidit album ... *Cel* 2, 7 (3) Frequens defidendi cupiditas eft, *Cel* 4, 18 (4) *Cell* 7, 18 (5) Terra defederunt, *Cic de Div* 1, 5 Terra Veliternis ingenti caverna defederat, *Liv* Vafto defedit hiatu, *Val Flacc* 8, 3.. (6) Confragofa vitantes amœnioribus locis defident, *Quint* ...

‖ Dēfĭduo, *pro* diuturno, *A long time*, Fulgent

Dēsignātio, ōnis f verb (1) *A defignment, or appointment, a noting, or fpecifying* (2) *A delineation* (1) Sine defignatione perfonarum, ac temporum, *Cic de Orat* 1, 31 (2) *Vitruv* 5, 5

Dēsignātor, ōris m verb (1) *A marfhal that appointeth a proceffion, &c and keepeth order, as at funerals, plays, &c an herald* (2) *A mafter of ceremonies* (1) *Hor Ep* 2, 6 & *Quint Declam* 6 (2) *Sen de Benef* 6

Dēsignātus, a, um part *Defigned, preordained, appointed, marked out, named, elected, or chofen* Defignatus conful, *a conful elect*, Cic Fam 11, 6 = conftitutus, *Id*

Dēsigno, āre act (1) *To mark out* (2) *To defign, affign, or appoint* (3) *To choofe* (4) *To play fome new prank* (5) *To fhew, or fignify* (1) = Notat, defignatque oculis ad cædem unumquemque noftrum, *Cic* in *Catil* 1, 2 (2) Agrum feminario defignare, *Col* 5, 1 (3) Fines Jovis templo defignare, *Liv* 1, 10 (4) Modo quid defignavit! *M* Quidnam id eft? *DE* Fores effregit, &c *Ter Adelph* 1, 2, 7 (5) Victoriæ fiduciam defignare, *Cæf B C* 3, 96

Dēsignor, āri, ātus paff (1) *To be fhewed, or pointed at* (2) *To be branded*, &c (1) Digitis vulgi defignari, *Ov* (2) Ignominia nota, *Liv* Vid Defigno

Defiliens, tis part *Falling, or running down* Defiliens aqua, *Ov Faft* 4, 429

Defilio, ire, ivi, ii, ultum neut [ex de & falio] *To leap down, to alight, to vault* § Defilire lecto, *Hor Sat* 1, 2, 130 § ab equo, *Liv* § de rheda, *Cic* § ex effedis, *Cæf B G* 5, 16 § ad pedes, *Ibid* 4, 12 § ex navi *Ibid* 4, 25 § de navi in fcapham, *Plaut Rud Prol* 75 § in terram e fcapha, *Ibid* 1, 2, 84

Dēsinitur impers *An end is* ... , Ov de Art Am 1, 411

Desino, ēre, ivi, & ii, itum neut & act (1) *To leave off* (2) *To lay aside, to intermit for a time* (3) *To renounce, to give quite over* (4) *To hold one's peace* (5) *To terminate, or end* (6) Met *To come to one's end, to dy* (1) Non desinam donec perfecero hoc, *Ter Phorm.* 2, 2, 72 + Cavisti melius, quam desinis, *Ov Ep* 9, 25 ✶ incipio, *Cic* § Desine deos obtundere, *Ter Heaut* 5, 1, 6 per Hellenism querelarum, *Hor Od* 2, 9, 17 (2) Mulier telam desinit, *Ter Heaut* 2, 3, 64 (3) Libenter artem desinere, & cum familibus suis vivere, *Cic Fam* 7, 1 (4) ✶ Ah! permisse ? DE Jam desino, *Ter Adelph* 5, 2, 67 (5) = Quæ similiter desinunt, aut quæ cadunt similiter, *Cic* de *Orat* 3, 54 ¶ § Desinere in tenuitatem, *to be taper, or small at the end,* Plin 8, 33 in piscem, *to have a fish's tail,* Hor A P 4 § locis communibus, *Cic Acad* Q. 4, 25 (6) = Fragilia & caduca occidunt, desinunque, *Plin jun*

Dēsipiens, tis part [a desipio] *Doting, silly, foolish* § Desipiens senectute, *Cic Fam* 1, 9, 45 Estne quisquam tam desipiens qui credet, &c *Id de Div* 2, 23

Desipientia, æ f *Doting, silliness, raving* Desipientia fit, cum vis animi atque animai conturbatur *Lucr* 3, 498

Desipio, ere, ui [ex de & sapio] (1) *To dote for age* (2) *To rave, to be light headed* (3) *To be transported, or out of one's wits, with joy* (4) *To be a fool* (1) ... Desipiens = delirus, *Cic* (2) Desipere intra verba, *Cels* 3, 18 (3) Dulce est desipere in loco *Hor Od* 4, 12 ult (4) Desipiunt omnes æque ac tu, qui tibi nomen insano posuere, *Hor Sat* 2, 3, 46

Dēsistens, tis part [a desisto] *Ceasing, ending* Desistente autumno, *Varr R R* 2, 3, 6

Desistitur impers *It is desisted* Istis rebus desisti debet, *Plaut Mil* 3, 1 Desistum est, *Cic Offic* 2, 8

Dēsisto, destiti, desistere (1) *To stand apart, not to come near* (2) *To depart, to go away* (3) Met *To leave off, to give over, to desist* (1) Quid ille abs te iratus destitit? *Plaut Men* 5, 2, 27 (2) Non, hodie si exclusus fuero, desistam, *Hor Sat* 1, 9, 58 (3) ✶ Nec citò desisto, nec temere incipio, *Prop* 2, 20, ult § Desistere ex toto, *Cels* Lelio, *Lr* de negotiis, *Cæs* dicere de judiciis, *Cic* ab illa mente, *Id*

Dēsiturus, a, um part [a desino] *About to leave off,* Suet Tib 36

Dēsitus, a, um part [a de sero, sevi] *Planted, set,* Varr R R 1, 2

Desitus, a um part [a desino] *Laid aside, ceased, left off* ✶ Si esset factitatum, non esset desitum, *Cic de Div* 2, 4

|| Dēsolātio, onis f verb *A laying waste, desolation* Pendet ab analogia, & Eccl scri ✝ Vastatio

Desōlātus, a, um part (1) *Left alone* (2) *Abandoned, forsaken, deserted* (3) *Laid waste, desolate* (1) Desolata soror, *Stat Sylv* 2, 1 (2) Novimus desolatum aliorum discessione immineri necessitatem ... *Tac* 1, 30, ult (3) Desolata terræ, *Ov Met* 1, 349 = Deserta, & desolata loca, *Plin* 10, 12

Dēsōlo, āre [ex de & solus] *To lay waste* Desolare agros, *Col* 1, 3 *sub fin* urbes, *Stat Theb* 6, 917

Despectātio, ōnis f verb *A looking down, a prospect* Despectationes cœnaculorum, *Vitr* 2, 8

Despectio, onis f verb [a despicio] *A looking down,* Met *a despising* Humanarum opinionum alta quædam despectio, *Cic* ap *Non* vix ubi ✝ Despectus

Despecto, are (1) *To look down upon* (2) Met *To despise* (1) Despectare terris, *Vir Æn* 1, 396 (2) Pro liberos Tiberii, ut multum infra, despectare, *Tac* 2, 43, 6

|| Despector, ōris m verb *A looker down,* Met *a despiser,* Tert ✝ Contemptor

Despectus, a, um part & adj ssimus, sup *Looked down upon,* Met *despised, contemned, slighted* = Abjectus, contemptus, despectus a cæteris, *Cic* in P ... Nos contemptissimi nec despectissimi videamur, *Id* in *Verr* 41, extr Cum contemptus est hostis, contemnentibus perniciei, despecto sæpe saluti fuit, *V Nep Thrasyb* 2 ¶ Pro despectissimo habere, *to account very despicable,* Suet Claud 3

Despectus, ûs m verb (1) *A looking down* (2) Met *A despising, contempt, despite* (1) Erat ex oppido despectus in campum, *Cæs B G* 7, 79 (2) = Ludibrio & despectui opponi, *Ad Herenn* 4, 39

Desperandus, a, um *To be despaired of, desperate* Hujus salus desperanda est, *Cic* de *Am* 24

Desperans, tis part (1) *Being past hope, despairing* (2) Also pass *To be despaired of, desperate* (1) Servi desperantes vitam domini, *Cic* pro *Mil* 21 (2) Ulcera desperantia, *Plin* 22 24

Desperanter adv *Hopelessly, despairingly* Tecum desperanter locutus est, *Cic Att* 14, 18

|| Desperate adv *Despairingly,* Firm ✝ Desperanter

Desperātio, ōnis f *Despairing, despair* Desperatio [defin *Cic*] est ægritudo sine ulla expectatione rerum meliorum, *Tusc* 4, 8 ✶ Sæpe desperatio spei causa est, *Curt* 5, 4, 31

Desperātus, a, um part & adj or, comp ssimus, sup (1) *Past hope, past cure, desperate* (2) *Resolute thro' despair* (1) = Id habeo in perditis, & desperatis, *Cic Fam* 14, 56 Hæc quanquam nihilo meliora, nunc etiam multo desperatiora, *Id Fam* 6 *ult* Compositionis spem non desperatissimam puto, *Balbus Cic* sub libr 9 *Attic* Ep 8 (2) Exercitus collectus ex senibus desperatis, *Cic*

Desperno, ere, desprevi, tum act *To contemn, to slight, to despise much* Ne Corydonis opes desperna, Alexis, *Col* 10, 298 R occ

Dēspēro, āre act *To despair, to be heartless, or out of hope* § De Repub causa desperavi, *Cic Att* 8, 15 § Desperare saluti, *Id* pro *Cluent* 25 pacem, *Id Att* 16 7, 20 de regno, *Cæs B G* 1, 18 ✶ Ne quis temere desperet propter ignaviam, aut nimis confidat propter cupiditatem, *Cic Off* 1, 21 ✝ Qui nil potest sperare, desperet nihil, *Sen*

Despēror, āri, ātus pass *To be despaired of* ✶ Sive restituimur, sive desperamur, *Cic Q fratr* 1, 3 Turpiter desperatur, quicquid fieri potest, *Quint* 1, 10

|| Despĭcabilis, e adj *Contemptible, despicable, pitiful* Ammian & recentiores ✝ Contemnendus, despiciendus

Despicātio, ōnis f verb *A contemning, a despising, contempt, despite* Odia, invidiæ, despicationes adversantur voluptatibus, *Cic* de *Fin* 1, 20 R occ

Despicatus, a, um part & adj ssimus, sup (1) *Contemning, despising* (2) *Contemned, dishonoured, disregarded, slighted, despised* (1) Primo ut deos venerati, deinde ut homines despicati interfecere, *Aur Vict* in *vita Camilli,* c 23 (2) *Meretrices* adolescentiam nostram habent despicatam, *Ter Eun* 2, 3, 92 Despicatissimi tribuni furor, *Cic* pro *Sextio,* 16

Despicatus, ûs m verb *Despite, a despising* Despicatui duci, *Cic* pro *Flacc* 27 Despicatui habere, *Plaut Menæch* 4, 2, 19 ☞ Non memini me in alio, quam tertio casu legisse

Despiciendus, a, um part *To be contemned, or disregarded* § Pecori despiciendus, *Ov Fast* 5, 642

Despicientia, æ f *A looking down at,* Met *a despising, or slighting* Rerum externarum despicientia, *Cic Off* 1, 20 = Contemptio, *Id*

Despicio, ere, exi, ectum [ex de & specio] (1) *To look down* (2) Met *To disregard, to slight* (1) Tollam altius tectum, non ut te despiciam, sed tu ne aspicias urbem, *Cic* de *Arusp R* (2) Vulgi inscitiam despicere, *Cic N D* 3, 15 = Omnia, quæ cadere in hominem possunt, despicere, & pro nihilo putare, *Id* de *Fin* 3, 8

Despicior, ectus sum, despici pass (1) *To be overlooked, to be viewed* (2) Met *To be slighted, contemned, despised* (1) Area sic constituenda est, ut procuratore possit despici, *Col R R* 1, 6 (2) Regum magnæ despiciuntur opes, *Tib* 1, 8, 24

✝ Despicor, āri (1) *To despise* (2) *To be despised,* sed vix legitur nisi in particip *Despicatus,* q v

|| Despīno, āre [ex de & spina] *To pick out thorns,* Solinus ✝ Spinas evellere

Despoliabulum, i n *A place where one is corrupted,* Profert *Non* ex *Plaut Bacch* 3, 1, 9 *sed in MSS* Desidiabula

Despoliandus, a, um part *To be robbed, spoiled,* &c *Cic* in *Verr* 3, 21

Despoliātus, a, um part *Plundered, pillaged* In partem miseriam & despoliatam venire, *Cic Fam.* 14, 2

Despolio, āre act (1) *To rob, to plunder, to pillage* (2) *To impoverish, to strip* (1) Vulnerare & despoliare aliquem, *Cic Attic* 7, 9 (2) Illam despoliare non libet, *Ter Andr* 4, 6, 21 § Despoliare armis, *Cæs B G* 2, 31 nobilitate, *Id* ... 5, 6

Despondeo, ēre, di, ✝ spopondi, *Plaut Trin* 2, 1, 2 sum [ex de & spondeo] (1) *To promise freely* (2) *Specially to betroth, to promise in marriage* (3) Met *To think one's self secure of* (4) *To despair of* (1) Vid Desponsus, No 1 (2) Ego illi neque do, neque despondeo, *Ter Heaut* 4, 5, 31 Tulliolam Pisoni despondimus, *Cic Attic* 1, 2 Despondere filiam in divitias maximas *Plaut Cist* 2, 3, 57 ✶ Spondet puella, pater, despondet adolescentis, *Donatus* in *Ter Andr* 1, 1, 75 sed frustra Ex allatis enim exemplis palam est, *despondere* de utrisque dici (3) Domum alicuius, & hortos sibi despondere, *Cic Attic* 11, 6 (4) Despondere sapientiam, *Col* 11, 1

¶ Despondere animum, *to fall into despair,* Plaut Prol Menæchm 35

Despondeor, ēri pass (1) *To be promised* (2) *To be betrothed, or given in marriage* (1) Quæcunque est spes, ea despondetur anno consulatus tui, *Cic Fam* 2, 9 (2) Ne expectare dum exeas, in ... despondebitur, *Ter Andr* sub fin

|| Desponsātor, ōris m verb *A betrother,* Ap JCC

Desponsatus, a, um part *Betrothed, affianced* Tullia Crassipedi desponsata, *Cic Q fratr* ... *ubi tamen al* Desponsa Prætextato desponsata, *Suet Cæs* 1

|| Desponso, āre *To betroth, to espouse,* Dig ✝ Despondeo

Desponsus, a, um part (1) *Solemnly promised* (2) *Specially betrothed, promised in marriage, affianced* (1) = Desponsa, & destinata laus, *Cic* de *Arusp* ... 3 ✶ Provinciam desponsam, non decretam habere, *Cic* de *Prov.* (2) Privigna Antonii desponsa Cæsari, *Patere* 2, 65

✝ Despretus, a, um part [a sperno] *Despised, slighted,* Fest ✝ Spretus, despectus

|| Despumatio, ōnis f verb *A foaming, or frothing,* Tert

Despumātus, a, um part *Clarified, purged, fermented* Despumatum mel, *Cels* 3, 6 & *Pallad* ...

Despūmo, are [ex de & spuma] (1) Act *To scum, to take off the froth, to clarify* (2) *To digest* (3) Met *To take off, to lessen* (1) Undam æheni despumare, *Vir Georg* 1, 296 (2) Indomitum despumare Falernum, *Pers* 3, 3 (3) *Sen Ep* 99

Despuo, ere, tum act (1) *To spit down, or upon* (2) Met *To spit out in abhorrence, to detest* (1) Despuere in terram, *Petron* c 135 (2) Quæso u, qui locutus es, despuas, *Plaut Asin* 1, 1, 26 § Despuere mores, *Claud* de 4 *Consul Hon* 402 § in mores, *Pers* 4, 35

Despuor, i pass *To be spit down on, to be spit out* Unde ... despui religio est, *Tib* ... Comitialis propter morbum despui suetum, *Plin* 10, 23

Desquamātio, ōnis f verb *A scaling, as of fishes,* Apic

Desquamātus, a, um part *Barked, or peeled off,* as trees, *Plin* 23, 7

Desquāmo, āre [ex de & squama] act (1) *To scale fishes* (2) Also *to bark, or pull off the bark of trees* (1) Diomo, desquama pisces, *Plaut Aul* 2, 9, 1 (2) Plin 23, 7

Desquāmor, āri, ātus pass (1) *To be scaled* as fishes (2) *To be scoured, or cleaned* (1) Apic (2) Mox desquamatur cuncta, *Plin* 35, 17

Destans, tis part [ex de & sto] *Standing off on aside, or behind one another* In orchestra senatorum sunt sedibus locus destantia, *Vitr* 5, 6.

Desterto, ere, ui *To leave off snoring, or dreaming* Postquam destertuit esse Mæonides Quintus pavone ex Pythagoreo, *Pers* 6 ...

Destico, āre neut *To squeak like a rat,* Philom R occ

Destillo, āre neut *To drop, or run down* Destillat humor ex capite in nares, *Cels* ...

Destimulo, āre *To goad through, or prick, to waste or consume* Bona destimulent, ... item simi... harem tanquam *stimulo* conficiunt, *Plaut Bacch* 1, 1, 50.

Destina,

Destina, æ f *A supporter*, or *prop*, Vitruv 5, ult

Destinatò adv *With a full purpose, resolutely, peremptorily* ✠ Ex animo ten um destinato, sed ex occasione fungebat, *Suet Cæs* 60

Destinatio, onis f verb *A purpose, resolution, or determination* ... Plin ... uim destinat onis mea do ... um habere *Tac Hist* 2,47 ... *or*, or *goals*, Plin

Destinatus, a, um part (1) *Fixed, fixed* (2) *Designed, appointed* (3) *Determined, resolved upon* (4) *Betrothed* (1) *Vid* Destino, n 1 (2) Destinatus magistratus, *Suet Tib* ... ad certamen destinatum, *A pitcht battle*, Liv = Deportum & destinatam laudem alicui præripere, *Cic* de *Arusp* ... (3) Sed destinata mente ... obdura, *Catull* 8, 11 ... (4) *V* Destino,

Destino are act (1) *To bind fast or tie* (2) Met *To assign*, *purpose* (3) *To order, or appoint* (4) *To conceit, suspect* ... (5) Also *to set a ...* (6) *To betroth* (7) ... *or note* (8) *To buy* ... *or levelt* (1) Antennas dem ... destin ... Destino, n 1 (2) Infectis ... destin verat, *Cæs* ... (3) Me destinat ... Interim a quibus ... destinate, *Curt* 10, 6 ... (5) Si ... omnis cædis auctorem ... *Liv* ... Plaut Most ... (6) *Vid* Destino, n ... (7) *Vid* Destino, n 4 (8) Mihi ... puellam destinat, Plaut *Aul* Prol 45 (9) Non ... vulnerabant, sed quæ ... ibi destinavisset, &c ... Destinare, *To hope* ... Liv sermonibus, *To* ... Id Hinc Angl ...

Destinor, ari, atus pass (1) *To be tied fast* (2) *To be aimed at* (3) *To be betrothed* (4) *To be ...* (1) Stipitibus ... destinatus firmiter, *Vitr* 5, ... quo fueram destinatus, ... *Apul Met* 6 p 198 *ed* ... (2) Si ... oportet ab ambobus in causa destinari, *Ad Herenn* 1, 16 (3) ... destinata erat egregio ju... (4) Doxi ... oculorum, quibus ut ... non possunt, ...

Destituo, ere, ui, utum act (1) *To stick down, ...* (2) *To place* (3) *To ...*, *to leave destitute*, or *to ...* (4) *To disappoint*, or ... (5) *To break promise* (6) Also *to leave* ... (1) Furcas de... (2) Destituit omnes ... duo destituit signa hic ... *Plaut Rud* 3, ... (3) M. profugum comites ... *Ov Trist* 1, 4, 61 ... *Cæs* 6,24 Destituere spem, ... (5) = Sæpe in lucem ... (6) N... anchoris, *N* ... Membra ... propositum de... *Ov Am* 3, 7, 14

Destituor, i, tus pass *To be* ... Destitui omnium ope, consilio, &c Cic Att 1, 17 *Vid* Destituo

Destitutio, onis f verb *A leaving off*, or *forsaking*, *a disappointment* Destitutione percul... *Cic* pro *Quint* 5

|| Destitutus, a, um part (1) *Placed, set* (2) *Destitute, bereft* (3) *Disappointed* (4) *Forlorn, in despair* (1) Ante pedes destitutum causam dicere jussit, *Liv* (2) D stitutus bonis, *Cic* (3) Destitutus promissis, *Cic* (4) *Suet Galb* 11

Destrictè adv *Strictly, positively* Destrict ... *Dig*

|| Destrictus, a, um part *Bound, or tied hard*, Gram vet ✝ Strictus

Destrigmentum, i n *That which is scraped, or rubbed off any thing*, Plin 20, 31

Destringendus, a, um part *To be pruned*, *or cut away*, Col 11,2

Destringo, ere, xi, ictum act (1) *To cut, or lop off* (2) *To scrape, or rase off* (3) *To scrub*, or *curry a horse* (4) *To gather*, or *pull fruit* (5) *To touch*, ... (6) *To be hard upon, to attack* (1) *Columella*, 11, 2 (2) *Plin* 31, 11 (3) Dum destringitur tegi ... quid, *Plin Ep* 3, 5 ... distringitur (4) *Col* (5) Destringi & abradi bonis, *Plin Paneg* 37, 2 (6) Tu qui nasute scripta destringis mea, *Phædr* ... 6

Destringor, i, ictus pass *To be curried, or rubbed down*, &c *Plin Vid* Destringo

Destructio, onis f verb (1) *A demolishing, a subversion* (2) *A refutation* (1) Quidam civitatis murorum destructione punivit, *Suet Gall* 12 (2) = Destructio & confirmatio ... rum, *Quint* 10, 5 ... *Injuste itaq; hanc vocem damnavit Vossius*

|| Destructor, oris m verb *A destroyer, a demolisher* ✠ Rerum ædificator & destructor, *Tert* ✝ Perditor

Destruo, ere, xi, ctum act (1) *To destroy, to pull down*, or *break up, to overthrow* (2) *To spoil* Met *to abate* (3) *To discredit, to disparage* (4) *To invalidate* (1) ✠ Ut navem, ut ædificium idem destruit facillimè, qui construxit, *Cic de Senect* 20 (2) Longius ævum destruit ingentes animos, *Luc* 8, 27 (3) Fortes claros domestica destruebat infamia, *Plin in Paneg* 83 (4) Narrationis subjungitur opus destruendi confirmandique eis, *Quint* 2, 4

Destruor, i, ctus pass *To be destroyed, overthrown*, &c *Tac*

Desub præp *Under* § Mustum de sub massa ... *Col* 12, ... Desub ipsis Italiæ finibus gentes, *Flor* ...

Desubitò adv *All on a sudden*, Plaut Most ..., 1, 63

✝ Desubulo, are act *To pierce, or bore through*, Varr *ap* Non = Terebro, *Var*

Desudasco, ere ... *id quod* desudo, *To sweat much*, Plaut *Aul*... seq nitum

Desudascitur ... *People sweat much* Damnis desudascitur, *Plaut Pæn* 1, 2, ...

Desudatorium, i n *A bath, or hot-house, a place to sweat in*, Cels

Desudo, are n ut (1) *To sweat much* (2) *To labour earnestly* (1) *Cels* 6, 6 20 *Stat Theb* ... (2) Desudare & elaborare in re ... qua, *Cic de Senect* ...

Desuefacio, ere, ēci, factum *To make one leave a fashion, or custom*, ... seq infinitivi

Desuefactus, a, um part *Unaccustomed, disused*, Cic *pro* Clu 40

Desueo, ēre *To be weaned from a thing* Varr R R 2,9

Desuescendus, a, um part *That must be left off, or disused* Morari in d suescendis, *Quint* ...,8

Desuesco, ere, evi, etum neut (1) *To disuse himself, to change his use on or custom* (2) Act *To make one leave a custom* (1) Antiquo pro ... desuesc t honeri, *Sil Ital* ..., 576 (2) *Titinn* ap *Non*

Dēsuētūdo inis f *Disuse, lack of custom* Armorum desuetudo, *Liv* 1, 19 Desuetudine longa, *Ov Trist* 5, 7, 57

Desuetus, a, um part *Disused, worn out of use* Rem desuetam usurpare, *Liv* § Desueta triumphis agmina, *Virg Æn* 6, 814 verba, *Ov Trist* 5, 7, 6

Desultor, oris m verb [a desilio] *A vaulter that leaps from one horse to another, one who in fight used to change his horse*, Liv 2..., 29 Equus desultor, *A led horse, on it was led, or stood by, to get upon, if the other failed*, *Coop ex* ... *Met* Desultor amoris, *He who courts many mistresses*, Ov Amor 1, 3, 15

Desultorius, a, um adj (1) *Leaping, jumping, or frisking to and fro, vaulting* (2) Met *Inconstant, fickle, wavering* (1) Equus desultorius, *a led horse*, Suet Cæs 39 (2) Desultoria scientia, *Apul Met* 1 init Vid etiam *Cic* pro *Mur* 2

Desultūra, æ f *A vaulting, a jumping down* ✠ Ego istam insulturam & desulturam nihil moror, *Plaut Mil* 2, 2, 5

Desum, esse, fui [ex de & sum] (1) *To be wanting, to fail* (2) *To absent himself, or to be absent* (1) ✠ Sive deest naturæ quippiam, sive abundat atque effluit, *Cic* de *Div* 1, 29 ✠ Hoc unum illi, si nihil utilitatis habebat, abfuit, si opus erat, defuit, *Cic* de *Cl Orat* 80 (2) Huic convivio puer optimus Quintus tuus, meusque, defuit, *Cic Qu fr* 2, 6 ¶ Deesse officio, *not to do his duty*, Cic occasioni, *to lose an opportunity*, Liv non desunt qui, *there are some who*

Desūmo, ere, psi, ptum act *To pick out, or choose* Ingenium sibi quod vacuas desumpsit Athenas, *Hor Ep* 1, 2, 81 § Bello sibi desumere hostem, *Liv* 6, 20

|| Desumptio, onis f verb *A taking out*, or *choice*, Aug Electio, *Ci*

Desuo, ere, ui [ex de & suo] (1) *To sew behind* (2) *To fasten below* (1) *Ter* (2) Cupam ... bus ... desues, *Cato*, 21

Desuper adv (1) *From above aloft, over-head* (2) *Upon, on the top* (1) Adversis ... desuper arces, *Virg Æn* 1, 424 nonnulli tamen leg *aspectat* (2) Excitat rogum, tum desuper se, suosque ferro & igne corrumpunt *Flor* 2, 6

Desurgo, ere, rexi [ex de & surgo] (1) *To arise from* (2) Met *To go to stool* (1) Vides ut pallidus omnis cœna desurgat dubia? *Horat Sat* 2, 2, 76 (2) In ... *Scrib Larg Compos* 1... 192 ... desurgendi, *Plin* 28 59 *ed Hard*

Desyderò *Vid* Desidero

|| Detectio, onis f verb *A detection, or discovery*, Ulp ✝ Proditio, *Cic*

|| Detector, oris m verb *A discoverer, or discloser*, Tert

Detectus, a, um part [a detegor] (1) *Laid open, bare, naked* (2) *Discovered, disclosed, detected* (1) Detectus caput puer, *without an helmet*, Vir Æn 10, 133 Ædes ve ustate detectas, *Nep Attic* ... (2) Detectâ fraude, *Liv* 22, 43

Detego, ere, xi, ctum act (1) *To uncover, to lay open, or naked* (2) *To disclose, or discover* (1) Detexit ventus villam, *Plaut Rud* 1, 1, 3 ✠ Texit detexitque ... illico, *Id Most* 1, 2, 60 ✤ Ensem detegere vaginā, *to draw it*, Sil 15, 168 (2) Detegere consilia insidias, *Liv* 10, 4 = Patefacio, *Cic*

Detendo, ere, di, sum act *To unstretch, or take down a tent* Nautici tabernacula detendunt, *Liv* 4..., 2 unde

Detensus, a, um part *Unstretched, taken down* Tabernaculis detensis, *Cæs B C* ..., 85

|| Detentio, onis f verb *A withholding*, Ulp ✝ Retentio, *Cic*

Detentus, a, um part [a detineor] *Withheld, or kept back* Mox adversa Germanici valetudine detentus, *Tac Ann* 2, 69

✝ Deter, unde comp deterior, & sup deterrimus [a detero, quod, quæ detrita sunt, sunt deteriora] (1) *Ill, naught, bad in any kind of things, or person* (2) *Weak, feeble* (1) Pars premoi vitæ deterior meæ, *Ov Trist* 4, 8, 24 Deteriores omnes sumus licentia, *Ter Heaut* 3, 1, ... ✠ Quod optimo dissimillimum est, id esse deterrimum, *Cic* de *Opt gen Orat* 2 ✠ Industrior, *Id* (2) Strenuior deterior si prædicat pugnas suas, *Plaut Epid* ..., 4, 10 Equitatu plus valebat, peditatu erat deterior, *Nep Eum* ..., *ult*

Detergeo, ere, & detergo, ere, si, sum act (1) *To wipe, brush, scour, or cleanse* (2) *To wipe off, rub off, or cut off* (3) *To clear up, to uncover* (4) *To pare, or take only a small part of* (1) Rubrâ detergere vulnera mappâ, *Juv* 5, 27 mensam, *Plaut Men* 1, 1, 2 (2) Longum detergete situm ferro, *Sil* 7, 534 Detergere pulverem pennis, *Plin* 34, 52 *ed Hard* lacrymas, *Ov Met* 13, 746 remos, *by running foul against them to break them*, Cæs B C 1, 58 (3) Quum nunc caligans detersit fera nubes, *Cic Arat vers* 246 (4) Sed primo anno LXXX detersimus, *Cic Attic* 1, 10

Detergo, ere *Vid* Detergeo

Deteriùs adv comp *Worse, or after a worse manner, more scurvily* De ... Græcis Latine scripta deterius, *Cic* de *Fin* 1, 8 deterius pallere, *Pers* 3, 96

|| Determinandus, a, um part *To be defined, bounded*, &c *Lact* 4 ✝ Terminandus

Determinātio, onis f verb (1) *A boundary* (2) Met *A conclusion, or close, a determination* (1) = Extremitas & determinatio mundi, *Cic N D* 2, 40 (2) = Conclusio est exitus & determinatio totius orationis, *Cic de Inv* 1, 98

Determinātūrus, a, um part *About to determine, or put an end to*, Suet Galb 15

Determinātus, a, um part *Determined, limited* Determinatus cursus, *Cic N D* 2, 40 alii vero leg *ordinatos* Regionibus certis determinatus, *Cels* 1, 14

Determino, are act (1) *To determine, appoint, or describe bounds*

bounds and limits (1) Met *To measure* (2) *To fix a period, to put an end to* (1) Regiones ab oriente ad occasum determinavit, *Liv* 38 (2) Id, quod dicit, spiritu non arte determinat, *Cic de Orat* 3, 44 (-) *Vid* Determinatur

Detero, ere, trivi, tritum act (1) *To bruise, or beat out, as in threshing* (2) *To rub one against another* (3) *To make worse* (4) *To diminish, lessen, and impair* (5) *To wear out* (1) § Deterere frumenta, *Col* 1, 6 & 6, 12 (2) Clemen er quaso, calces deteris, *Plaut Merc* 5, 2 *sub fin* (3) ♓ Nimia cura d terit magis, quam emendat, *Plin Ep* 9, 35 (4) Deterere laudes alicujus, *Hor Od* 1, 6, 11 Quantum detritum est fama? *Sil* 7, 247 (5) Aliquid vetustate usu ipso deteretur, *Quint* 2, 4

Deteror, i, tritus pass *To be worn away, Quint* *Vid* Detero

Deterreo, ere, ui, itum act *To deter, to frighten, or discourage, to scare, or dismay* = Animos nostros avocant, a que deterrent i religione, *Cic de Arusp R* 9 Aliquem ab industria, de sententia deterrere, *Id* maledictis, ne scribat, *Ter Prorm prol*

Deterreor, eri pass *To be frighted, discouraged, &c* Nulla re deterreri a proposito potest, *Cic* ad *Brut* 11

Deterritus, a, um part *Dismayed, discouraged, frighted, scared* § Deterritus pudore, *Cic Att* 10, 1 § ab officio, *Cal Cic Fam* 8, 6

Detersus, a, um part *Scoured, wiped, put away* Detersa rubigine laevius induitur ferro splendor, *Sil* 4, 12 Spuma pennis detersa *Plin* 32, 25 *ex Hard*

Detestabilis, e adj or comp (1) *Detestable, abominable* (2) *Unlucky, unhappy* (1) Homo exsecrandus & detestabilis, *Cic Philipp* 2, 26 Nihil detestabilius est, *Id Tusc* 5, 22 (2) Omen detestabile, *Cic Philipp* 11, 5

Detestatio, onis f verb (1) *A summoning, or arraigning before witness* (2) *A detesting, or abhorring* (3) *An imprecation, or cursing* (4) Also *a geling* (1) Detestatio enunciationem cum testatione factam significat, *Ulp* (2) Taurus ibi caligines qualiam detestation, *Plin* 11, 20 (3) *Liv* 10, 38 (4) *Apul* *hic* 7 p 225 *ed Delph*

Detestatus, a, um part (1) *Detested, abhorred* (2) Also, act *having intreated* (1) Bella matribus detestata, *Hor Od* 1, 1, 25 (2) Omnibus precibus detestatus Ambiorigem, *Cæs B G* 6

|| Detestanter adv *Detestably, odiously* = Quod nefarie, quod detestabiliter fecit, *Iact* 5, 10 ✝ Odiosè

Detestor, ari, atus sum dep (1) *To detest, to loath, abominate, or abhor* (2) *To avert* (3) *To wish, by way of curse* (4) *To swear, or forswear* (5) *To call to witness* (1) Omnes te vitant & detestantur, *Cic Vat* n 16 (2) = O dii immortales, avertite & detestamini hoc omen, *Cic Philipp* 4, 4 (-) Hostil que caput prece detestatur cunis, *Ov Met* 15, 505 (4) = Ut me patriae querimoniam detestere deprecer, *Cic in Catil* 1, 11 (5) Jov m Detestor detestor, *Plaut Men* 5, 2, 62 ☞ Haec forte, est tum, est prima notio

Detexo, ere, ui, tum act (1) *To weave, or plait* (2) Met *To work it off* (1) Molli junco detexere, *Vir Ecl* 2 (2) Ab summo jam de exam exordio, *Ad Heren* 2, 26

|| Detextus, a, um part *Wreathed, or wound up, Ulp*

Detineo, ere, ui, tentum act (1) *To detain, stay, stop, or hinder, to employ* (2) *To entertain, or delight* (3) *To hold, or keep one intent, or in doubt* (4) *To sustain, or support* (1) Det nectu fortasse, *Ter Eun* 2, 2, 48 (2) Duxit silvis, de multque feris *Mart* 14, 160 (3) Hic est quod me detinet negotium, *Plaut Pers* 4, 6 ¶ Detinent terras nives, *the snow lies long on the ground, Plin* = Demoror, *Lent* ad Senatum, ap *Cic Fin* 12, 15 (4) Drusus deinde extinguitur, cum se mi erandis alimentis, mandendo e cubili tomento, nonum ad diem detinuisset, *Tac Ann* 6

Detineor, e i, tentus pass *To be detained, &c Cic de Div* 2, 35 Det neri ventis, *to be wind bound Plin* Jun

Detondeo, ere, di, sum act (1) *To shear, clip, or poll* (2) *To cut, or lop off* (1) Detondere capillos, *Mart* 8, 52 oves, *Col* 7, 4 (2) Virgulta vineæ, *Col* 4, 2

Detondeor, eri, sus pass *To be clipt, shorn, or cut, Prop* 4, 8, 15

Detono, are, ui, (-) *To thunder mightily* (2) *To give over thundering* (1) In subjectos suo more detonuit, *Flor* 1, 17 Cum inclinatio inter plausus es suos d tonuit, *Quint* 10, 9 (2) Detonat is, *Val Flacc Arg* 4, 294 *Lutt interp sed commodius* meo quidem animo ad priorem notionem revocari potest

|| Detonso, are, freq [ ] detondeo] *To thunder often, Gell* 15, 10

Detonsus, a, um part *Shorn, or cut off, ripped, shred* Detonsi capilli, *Mart* 8, 52

Detorno, are act *To work as turners do, to make by turning* Ex quo ligno velares detornat animos, *Plin* 13, 9

Detorqueo, ere, si, sum, & tum act (1) *To turn aside* (2) *To warp, or draw aside* (3) *To bend, or direct* (4) *To misconstrue* (1) Detorquet ad oscula cervicem, *Hor Od* 2, 12 (-) Voluptates animum a virtute detorquent, *Cic Offic* 2, 10 (3) Pa trium quam detorquet ad amnem, *Val Flacc* (4) Recte facta detorquere & carpere, *Plin Ep* 1, 8

Detorsus, a, um part [detorqueor] *Turned away*, Suet Galba, 10 *ibi tamen opt cod* rotante Torrentius *leg* Detortum

Detortus, a, um part *Bent, wrested, bowed, crooked* detortæ, *Cic de Fin* 3, 5 Hor A P 53 *Vid* Detorqueo

Detractio, onis f verb (1) *A drawing, or taking away* (2) Met *Detraction, backbiting* (1) Detractio & pp sio lieni *Cic Offic* 3, 6 molestæ, *Id de Fin* 1, 11 doloris, *Id Offic* 3, 23 (2) *Lut & Coop* hanc notionem laudant, *in* e *Calep* qui adfert exempla nunquam non o iti, sed cum nemo affert, nec indices quos ad dnt ero fallunt, appellitare, neque ero, neque i o sid r *lt* vantum censeo, analogiæ in non indicit illi

¶ Detractio sanguinis, *blood letting* Plin 26 Detractio confecti & consumpti cibi, *the going to stool* Cic de Univers 6

Detractor, oris m verb (1) *A detractor, a diminisher* (2) *A slanderer* (1) Ipsi laudquarum sui detractor, *Tac* 11, 11, 5 (2) *Hujus ignis utinam Lit & Coop exempla attulissent* Ego nusquam reperio, nisi quod *Jac Gronov* Liv 35, 15 *legit* detractor ulla alg detractator

Detractus, a, u part *Withdrawn, or pulled away*, Cic de Orat 1, 26

Detraho, ere, xi, ctum act (1) *To draw off, to pluck, or pull away* (2) Me *To remove to take away* (3) *To draw, or force* (4) *To diminish, lessen, or abate* (5) *To detract, disparage, or speak ill of* (1) Accurrunt servi, soccos detrahunt, *Ter Heaut* 1, 1, 72 § Nudo detrahere vestimenta me jubes, *Plaut Asin* 1, 1, 79 § De digito annulum detrahere, *Ter Heaut* 4, 1, 37 of quem hosti, *Cic de Fin* 1, 7 (2) Errorem misero detrahe, *Ov Pont* 4, 8, 20 mentis spem, *Ibid* 2, 15 (3) Ut Oppianicum ad accusationem detraheret, *Cic pro Cluent* 64 (4) ♓ § Id quod alteri detraxerit, sibi assumere, *Cic Offic* 3, 5 § Detrahere de teste, *to weaken his evidence*, Cic ex summis, *Id Attic* 10, 5 (5) § = Qui interpretes leg vi une is, de hominibus non de jure detrahit, Cic Liberter de his d trahunt, quos eminere vident alius, *Nep Chabr* 3

Detrahor, i, ctus pass *To be taken off, &c Cic Attic* 9, 1 *Vid* Detraho

Detrectans, tis part *Refusing, &c* Detrectans juga bos, *Virg Geor* 3, 57

Detrectatio, onis f verb (1) *A refusal, or denial to do, a drawing back* (2) Also *a depraving, or disprasing* (1) Sine ulla detrectatione ad edictum tum detrectatione convenere, *Liv* 6, 28 (2) *Ita ex Gell sed* q

Detrectator, oris m verb (1) *A refuser* (2) *A diminisher* (1) *Petron* c 117 (2) *Liv* 35, 15, ul

Detrecto, are act [ex de & tracto] (1) *To refuse, to decline, to disown, to shift off* (2) *To lessen, or diminish* (4) Also *to detract, or speak ill of* (1) Bellum detrectare, *Tac Ann* 15, 7, 2 certamen, *Id Hist* 4, 67, 2 (2) Principem detre tabant non a se datum, *Suet Til* 25 (3) Adversæ res etiam bonos detrectant, *Sall Jug* 53 (1) Ingenium magni detrectat livor Homeri, *Ov Remed Am* 65

Detrimentosus, a, um adj *That causes much hurt and damage, harmful*, Cæs B G 7,

Detrimentum, i n [detritum, quod ea quæ tetri a minoris pretii sunt, *Varr*] *Detriment, damage, loss, hurt* ♓ Plus detrimenti, quam emolumenti, *Cic de Fin* 1, 16 = Incommodum, damnum, *Id* ♓ Adjumentum, *Id*

Detritus, a, um part [a detero] *Worn, worn out* Afficit lo pus a ca m collum detritum cervis *Phædr* 3, 7, 16

Detrudo, ere, si, sum act (1) *To thrust down* (2) *To force from* (3) *To defer, or put off* (4) *To compell, to force* (1) Pe t sin ac rudi cuiquam, qui non tenetur *Cic* pro *Cæcin* 17 § Detrude aliquem f ort, *Plin* (2) = dejicio, depello *Cic* (2) Detrudunt naves scopulo, *Virg Æn* 1, 140 (3) Puem te aliquem, qui comitia in adventum Cæsaris detrudat, *Cic Att* 4, 16 (4) Detrusit ad ea necessitas, *Cic Offic* 1, 31

Detrudor, i, sus pass *To be thrust out, to be delayed, &c* § Detrudi morti, *Plin Jun* § de iure communi, *Cic* pro *Quint* 6

|| Detrullo, are act *To put out of one vessel into another* Ap c

Detruncatio, onis f verb *A cutting off, lopping, or pruning* De truncatio ramorum, *Plin* 24, 9

Detruncatus, a, um part *Cut, or lopt off* Detruncatis a corbus, *Liv* 31, 37

Detrunco, are act (1) *To cut, or lop off* (2) *To maim, or mangle* (1) Detruncare caput, *Ov Met* 8, 769 Vites supra quartum p dem detruncant *Col* (2) § Detruncare corpora, *Liv* brachiis abscissis, *Liv* 31, 34 iam corpum, *Plin* 11, 1

Detruncor, ari, atus pass *To be maimed, cut, chopt, or lopt off*, Plin 17, 23

|| Detrusio, onis f verb *A thrusting down*, Tert

Detrusus, a, um part (1) *Thrust out, or down* (2) *Shoved, or turned out of place* (1) = Stomachus motu suo in alvum detrusum & quasi detrusum bum accipit, *Cic N D* 2, 5 *Cod*

|| Detrux, cis adj *Ad ummum Ifilius detrux, Driven to ten thousands*, G ex Apul sed non ✝ Detrusus

Detumeo, ere, ui neut *To assuage, or leave off swelling* Detumuit animi maris, & clementior austi velit vocat, *Stat Theb* 5, 468

|| Detumesco, ere idem Detumescunt odia, *Petron* c 103 ✝ dent *Petrit* 145

Deturbandus, a, um part *To be thrown down, &c* De fortunis omnibus P Quintius deturbandus est, *Cic* pro *Quint* 1

Deturbatus, a, um part (1) *Tumbled, or beat down* (2) Met *Very much troubled, or disturbed* (3) *Disappointed* (1) Deturbatis, qui interiora montium obsidebant, *Curt* 3, 7 (2) Ille phrastus deturbatus verecundia obmutuit, *Gell* 8, 9 (3) § Deturbatus ex spe, *Cic Fam* 5, 7

Deturbo, are act (1) *To tumble, or throw down* (2) *To thrust, or turn out* (3) *To disorder, or disturb, disquiet* (4) *To confound* (1) Deturbare aliquem *Cic* ad *Q fr* 3, 9 § a quem hostis, *Vir Æn* 5, 175 (2) Deturbare aliquem fortunis omnibus *Cic* pro *Quint* 14 mihi mentionis, *Liv* 31, 39 (3) Haec secundum mihi ne uros *Plaut Most* 2, 2, 60

Deturbor, ari, atus pass *To be cast, or tumbled down, &c Cic Fam* 12, 15

Deturgeo, ere neut (1) *To assuage* (2) *To abate, or leave off swelling*, *Plin* 9, 53

Deturpans, tis part *Defiling, &c* Poma rugis deturpans, *Plin* 15, 16

Deturpo, are act *To make foul, ugly*, Cornu decori mi o detrectabat, *Suet*

Devagor, ari, atus sum dep *To go astray, or wander, to straggle, Lact de Ira* 9

|| Devastatio, onis f verb *A wasting, or spoiling, Aug*

|| Devastator, oris m verb *A waster, a spoiler, Aug*

Devastatus, a, um part (1) *Wasted, spoiled* (2) *Killed* (1) Ita si mus hac astate devastati, *Liv* 4, 59 (2) Agmina ferro devastata, *Ov Met* 12, 255

Devasto

Devasto, are act *To waste, or destroy, to plunder*, or *make* ... Marsos inde Marru- ... & Pelignos devastat, *Liv*

Devectus, a, um part *Carried or brought to* Ve iam devectis ... *Cic Philipp* 1,4 ... *Ter Ant* 4, 7, ...

Deveho ere, xi, ctum act *To ... to convey*, as in a ship, or ... Devexit Tiberi commer- ... Devehere in il- ...

Devehor, ctus pass *To be ... away, to be transported* ... *Liv* ...

Devectio onis f verb *A carry- ing* ... Litt ex ...

Devello, ... un part *Unto* ... Litt ex Plin

Devello, ere, li, & vulsi, sum ... *to pluck off* ... penni, ... 2, 50

Develo, are act *To open*, ... *Ov Met* 6, ...

Devenerandus, a, um part *To be ... worshipped* ...

Deveneror, ari, atus sum dep (1) ... (2) *To ... by* ... (1) ... Ep ... 18 ... Devenerandi

Devenio, ire, eni, entum (1) *To come* ... (2) *To be ... ed* ... (1) Sp ... *Ter Æn* 4, 100 (2) ... devenisse ... *Ter Heaut* 4, 5, ... *Cic Verr* 5, 48 ... manus victoris *Id* ... certamen, ...

Devenusto, are act *To disfigure, or disparage*, Gell 12, 1 ✝ Dehonesto, *Cic*

Deverbero, are act *To beat ... soundly* Deverberare hominem ... *Ter Phorm*. 2, 2, ...

|| Deverticulum, a, æ f ... devexi- ... *Hanging down*, Gell 14, 1

|| Devergo, ere *To bend*, or *decline downward*, Apul de Deo ... *ed Delph*

✝ Deverro ere, ii, sum *Lug* ... part Deverrendus, *To sweep or scribble* ... Omnis ... deverrendus, *Col* 7, 4

Deverto, ere, ti, sum act *To ... way, or aside*, Cic Offic ...

Devertor pass *To be turned aside* ... *Stat Theb*

|| Devesti ... *To divest*, ... Omnibus ... *Met* 3 p 91 & ... ✝ Exuo

Devetor ... act *To forbid*, ...

Devexatus ... um part *Trou- bled* ... Per ... annos ... *Cic Fam* 10, ...

Devexitas, ... f *A bending, sloping*, Plin ... 2, ...

Devexo, are act *To vex, trouble* ... Lact ✝ Vexo, Devexatt

Devexus, a, um or, comp [ex ... deorsum ... *bending, hanging*, or ... (2) ... *toward* ... (1) ... matine *Luc* ... Incl ... *Ov Met* ... *Claud de Con-*

|| Devictor, oris m verb *A conqueror*, Gruter Inscr p 258 n 6

Devictus, a, um part *Vanquished, overcome, conquered* Capua devicta, atque capta, *Cic* in *Ru* ... *Met* Consuetudine devictus, *Ter Andr* 3, 3, 29 ... *restius devinctis*

Devincio, ire, xi, ctum act (1) *To bind fast* (2) *To tie up*, to *oblige, to engage, to endear* (3) *To assure*, or *secure* (4) *To hamper, or entangle* (1) = Devincire & constringere omnibus vinculis, *Cic* pro *L* ... 5 (2) Utinam ... *Ter Heaut* 2, 4, 14 Devincire ... præmiis, *Cic Philipp* 2, 5 ... *Id Fam* ... *Id Off* 1, 17 (3) Crimina, ... *Cic* (4) ... devinxe ... *de Har R* ...

Devincior, iri pass *To be bound*, ... *Met assured, engaged* ... fides etiam ... hoste, *Cic* de *Off* 3, 21

Devinco, ere, ici, ctum *To overcome, to get the victory, to vanquish* ... Poenos primos esse devictos ... *Cic* ...

Devinctus, a, um part & adj or, comp (1) *Bound, fettered* (2) ... (3) *Tied about* ... *Ov* ... Devinctus ... *Sil* 11, 1 ... (3) Devinctus tempora lauro *Tib* 3, 5, 5 (4) Devinctum consuetudine ... tenere, *Cic* pro ... devinctus officiis, *Id Fam* ... Non ... devinctior alter, *Hor* ... 5, 42 (4) Devinctus metri ... *Plin* ...

|| Devirginatus, a, um part *Deflowered*, Paul ✝ Stupratus, *Cic*

Devirgino ... *To deflour a maid*, ... *Petron* c 25 *Hygin fab* ... ✝ Vitio, *Cic*

Devitabilis, e adj *Easy to be shunned*, Litt ex Apul ✝ Evitabilis ...

Devitatio, onis f verb *An avoiding, shunning, or eschewing* Devitatio piratarum, *Cic Attic* 10, 2

Devitor, oris m verb *A shunner, an avoider*, Litt ex Plin

Devitatus, a, um part *Avoided, shunned*, Cic At 9, ...

Devito, are act *To eschew, shun, or avoid* Devitare mortem, *Cic* ... subterfugio, *Id Verr* 2, 5 malum, *Ter Andr* 3, 5, 5 dolorem, *Cic Tusc* 2, 26 repulsam, *Hor Ep* 1, 1, 4

Devius, a, um adj [ex de & via, qui a recta via remotus est] (1) *Out of the way, or road* (2) *That dwells, or lies out of the way* (3) *Uncouth, desert, unhaunted* (4) Met *Also wandering out of the way, or swerving from it, straggling* (5) *Erroneous* (1) Devium tibi ... *Cic Att* ... (2) Devii & silvestres gens, *Liv* ... (3) Devia avis, *the owl*, *Ov* ... 2, 118 (4) ... *Ov Aut* ... (5) ... Regio ... *Id Pont* ... (5) Ægri devius, *Sil* 1, 57 Devii ... *Cic Phil* 5, 1

Deunx, cis m [... deunx ... duode- cim, una dempta uncia] (1) *A round lacking an ounce, eleven ounces, eleven parts of any other thing divided into twelve* (2) *A vessel holding eleven cyaths, our pint and six ounces* (3) *A measure of land containing* 26,400 *feet* (1) *Varr L L* 4, 46 ✱ Un-

ciolam Proculeius habet, sed Gallo deuncem, *Juv* 1, 40 (2) *Mart* 12, 28 (3) *Col* 5, 1

|| Devocatio, onis f verb *A calling away*, Litt ex Apul ✝ Evocatio, *Plin*

Devoco, are act (1) *To call, or fetch down* (2) *To call away, to recal* (3) *To invite* (1) Devocare cœlo, *Hor Epod* 17, 5 ... cœlo, *Cic Tusc* 5, 6 (2) Devocare ... tumulo, *Liv* ... de provincia, *Cic* (3) ✱ Quos ... omnes devocavit, *Nep* ... Devocare ad auxilium, *Liv* 1, 10

Devocor, ari, atus pass *To be called forth*, Ad Herenn 2, ...

Devolaturus, a, um part *Ready to fly, or come down* Qui ... tibi de cœlo devolaturam in ... victoriam ... *Liv* 7, 1...

Devolo, are neut (1) *To fly down* (2) Met *To leave, to haste away from* (3) *To speed, or hasten away* (1) ... devolat ... *Liv* 2, 11 (2) ... devolant omnes, *At H*... ... 17 ¶ Devolare in humum, *to drop into one's mouth*, ... (3) Præcipites pavore in forum devolant, *Id* ... 15

Devolvo, ere, vi, utum act (1) *To tumble, or roll down* (2) *To wind off* (3) Met *To pour out in full*, (4) *To reduce* (5) ... *To cut off* (1) Iumenta cum oneribus ... modo devolvere, *Li*... 3 (2) Pensa devolvere fusis, ... *Georg* 4, 349 (3) Verba devolvit, *Hor Carm* 3, 2 (4) Devolvi ad ... *Cic Phil* ... (5) ... *Catull* 64, 4

Devolvor, i, utus pass *To be rolled off*, Met *to be reduced*, *Cic* ... *D* volvo

Devolutus, a, um part (1) *Tumbled down, devolved* (2) *Come to* (1) Monte devolutus torrens, *Liv* 28, 6 Devoluta ... *Phædr* 5, 8, 23 (2) Eo devoluta res est, *Liv*

✝ Devomo, ere *Cæcil* ap *Gell* 2, 23 ✝ Evomo

Devorandus, a, um part *To be devoured*, &c ... cumrolo, quod devorandum est, *Cic Att* 4, 5

|| Devoratio, onis f verb *A devouring, or consuming*, ... ✝ Voratio, *Catull*

Devorans, tis part *Devouring*, *Mart* 1, 97 *Vid* Devoro

Devoratus, a, um part *Consumed, devoured* = ... & comesum patrimonium, *Cic* in *Sal* 7 Devorata pecunia, *Id* in *Pison* 37

Devoro, are act (1) *To devour, to eat up, to swallow down* (2) Met *To spend, to waste* (3) *To take any thing hastily and greedily* (4) *To bear patiently with out taking any notice* (5) *To lose earnestly* ... (6) *To take in ... without digesting* (7) *To suppress, to keep under* (8) ... Bos ... devoret, *Cato*, 78 (2) Devorare omnem pecuniam non ... *Cic Verr* 2, 76 (3) Me dicta devorant, *Plaut Asin* 3, ... 59 ... tibi faciam, ... *Cic Att* 7, ... Spe praedam devorare, *to think it has it already* *Cic Verr* 1, 51 (5) Paucorum ... molestiam devorare, *Cic Philipp* 6, 7 Devorare hominum ineptias, *Cic de Clar Orat* 67 (5) Spectat oculis devorantibus draucos, *Mart* 1, 97

(6) A multitudine, & a foro ... devorabatur, *Cic* de *Clar Orat* 82 (7) = Lacrymas introrsus obortas devorat, & clausum pectore vulnus habet, *Ov Fast* 4, 845 (8) *Plaut Asin* 2, 2, 71

Devoror, ari, atus pass *To be devoured*, &c *Cic N D* 2, 54 *Vid* Devoro

Devotio, onis f verb (1) *A vowing, devoting, or giving up* (2) *An a cursing, or damning of one, an imprecation* (3) *A charm, or magic spell* (4) || *A devotion, or vowed service* (1) In devotione vitæ, & ipso mortis genere Decium imitatus est filius, *Cic* pro *Rab* ... (2) Devotionis exemplum in pila ... *Nep Alcib* 4 (3) Objectum est, ... conjugium principis devotionibus petivisset, *Tac* 12, 65 (4) Devotionis ac fidei intuitu, *Veg* 1, 28 ✝ Cultus

Devoto, are freq act (1) *To devote, or give up by vow* (2) *To conjure, or lay a spell upon* (1) *Cic Phil* 1, 3 (2) ... devotat sortes, ... *Plaut Cas* 2, 6, 36

Devotorius, a, um adj *Pertaining to a vow, or curse* Carmina devotoria, *Solemn forms of invocation*, ... *Liv* 10, 28 sed q

Devotus, a, um part [a devoveor] (1) *Vowed, devoted, dedicated* (2) *Destined, determined, designed* (3) *Execrable, cursed, detestable* (4) Subst *A vowed servant, a client* (5) Devota, *religious* (1) Devota morti pectora ..., *Hor Carm* 4, 14 (2) Dido ... devota futuræ, *Virg Æn* 1, 715 (3) ... *Ov* ... 6, ult (4) *Cæs B G* 3, 22 (5) Ap Christ Script

Devoveo, ere, vi, otum act (1) *To vow, to consecrate* (2) *To devote to one's service, to engage* (3) *To accurse, or damn* (4) *To charm, or bewitch* (1) Quorum se devovit aris, *Ter Æn* 1... = Sacris initiare, *Cic* (2) Devovit se amicitiæ ejus, *Cæs B G* 3, 22 (3) Devoveo ... *Ov* in *Ibin* 54 (4) = Devovet absentes, simulacraque cerea figit, *Ov Ep* 6, 91

Deuro, ere, ssi, stum (1) *To burn, to set on fire* (2) *To sting, to impoison, to invenom* (3) *To blast* (1) = Vicos ... deplorat ... *Liv* 2, 2 (2) Serpens deurit ... *Clem* 1 (3) Quæ ... Aquilo ... *Curt* 8, 5, 12

DEUS, i m & f [a Θεὸς dempta aspiratione] (1) *A God* (2) *A Goddess* (3) *A Genius* (4) Met *A patron, or benefactor* (5) *An angel, a saint* ... (1) Deorum nutu omnia proveniunt, *Cic* Dii majorum gentium 12 ... ¶ Per Deos, *for God's sake*, *Cic* Si Dis placet, *forsooth*, *I warrant ye*, *Id* Dii vortant bene, *God send it!* *Ter* Dii meliora, *Liv* Dii bene vertant, *Cic* ... vertant, *God forbid*, *Id* Dii faciant, *God grant*, *Cic* ¶ Per Deos immortales obtestor, *I beseech you for God's sake*, *Cic* ... *Ter* ... 2, 6, 2 & 7, 498 ... *Catull* ap *Cic N D* 1, 28 (3) ... Deo ... *Ter Phorm* 1, 2, 4 (4) Non tu hunc habes ... *Ter Phorm* 2, 2, 31 (5) ... illum Deum, *Ter Adelph* 4, 1, 10

Deustus, a, um part (1) *Burned down* (2) *Blasted* (1) Deusti usta vici, *Liv* 10,4 Deustos turrium plutcos vi debant, *Cæs B G* 7,25 (2) Deusta rarò revirescunt, *Col* 4,29

Deuteria, orum pl n *Small beverage made of the husks of grapes*, &c *Plin* 14,10 Lat Lora

* Deuteronomium, i n Iteratio five repetitio legis *Deuteronomy, the fifth book of Moses, wherein the law is repeated again*

Deuror, i, fus dep *To make ill use of*, ap Nep Eum 11 riv alibi occ

Devulfus, a, um part *Pulled off, plucked away* Semen plantis de matre devulfis, *Pall Mart*

Dextans, tis m [quod deest sextans] (1) *Ten ounces, or ten parts of twelve* (2) *A measure of land containing 24000 feet* (1) *Liv* L I 7,36 (2) *Col* 5,1

Dextella, æ f dim *A little right hand*, Cic Att 14,20

Dexter, tera, terum, *vel* tra, trum ior, comp dextimus, sup [a Gr δεξιτερός, Poet pro δεξιός] (1) *Right handed* (2) *Fit, suitable, meet* (3) *Also lucky, prosperous, fortunate, propitious* (1) Signa sex tonibu dex is ol... ouc i nistris, *Cic Att* 2,18 Sinisterior & dexterior tota, *Id ib* 1,8 (2) Quis rebus dexter modus, *Vir Æn* 4,294 (3) Dexter ad pede sicca secundo, *Vir Æn* 8,302 Dextro Iove, *Pers* 5,114 Sylla cum equitatu apud dextimos, *Sall B Jug* 105

Dextera, æ f (*sc* manus) *The right hand* Commissa dextera dextræ, *Prudent* ..., O Ep ... Cum dextera manu, *Flor* ,11 ... Dextra

Dexterè adv ius, comp rius, sup *Dextrously, successfully, aptly, neatly, handsomly* Dextere fecundo officio, *Liv* ... Nemo fortunâ dexterius est usus, *Hor* ... 1,5,45

Dexteritas, ātis f *Aptness, readiness, dexterity* Naturalis ingenii dexteritas, *Liv* 28,18 Multa in eo & dexteritas, & humanitas v... est, *Id* 37,7 = Commoditas, *Cic*

Dextra, æ f (*sc* manus) con r a dextera (1) *A right hand, or right side* (2) Meton *A hand, aid, or help* (3) *Alliance, or agreement by league* (1) Cedo dextram *Ter* (2) Da dextram misero, *Vir Æn* 6,370 (3) Jura, fides, ubi nunc, commissaque dextera dextræ? *Ov Ep* 2,31

† Dextribus, *pro* dextris, *Liv* ap Non

Dextrorsum adv *qu* dextro versum, *Toward, or on the right hand* Dextrorsum orbem flammarum, *Cic* ex *Poeta*

Dextrorsus adv *Towards the right hand* § Dextrorsus maritimam oram, *Liv* 6,31

Dextroversum adv *Towards the right hand*, Plaut Curc 1,1,70

D ante I

Di & Dis præp insep [a διά, ut διαφέρω, differo, vel *a* bis, bis, nam divisionem in duas partes plerumque denotat, *Scal*] *Di*, & *Dis* modo negationem notant, ut *disfuao*, i e non fido, modo diversitatem, ut *diffinitio*, i e diversum finio, modo divisionem, ut *dissocio, disjungo* modo auget fign ut *diffeaveo*, valde caveo, *diffractor*, i e valde cruciot, modo idem est quod male, ut *disperco*, i e male pereo § In comp *Di* adhibetur ante verba incohata a *d, g, l, m, n, v*, ut *diduco, digla-dior, diluo, dimano, dinumero, divello*, ante *r* d & cis, ut *dirimo*, dirum ... Dis ante *c, p, q, s, t*, ut *discumbo, dispello, disquiro, dissimulo, distraho* Ante *f* conf & *di* & *dis*, ut *diffinico*, *disjicio* Ante *sp, st, s*, tollitur, ut *dispicio, distinguo*, ante *f* mutatur in *f*, ut *differo*, ante vocalem *dis* assumit *r*, ut *dirimo*, *diribeo*

Di pro Dii m pl *The Gods* a sing Deus, in dat & abl Diis, Plaut c

* Diabathra pl n *A kind of shoes used in Greece*

Diabathrarius, i m *A maker of such shoes*, Plaut Aul 3,5,39

Diabetes, æ, m ... (1) *A faucet, a funnel, or water-pipe* (2) Also *a distemper when one cannot hold his water* (1) *Vitr* ... 10 ... Fistula, ... (2) Ap *Med*

|| Diabolicus, a, um adj *Devilish* ✝ Malignus, maleficus

* Diabolus, i m *The accuser, the devil* Lat Calumniator

* Diacalycon, i n *A kind of unguent, or sweet water*, Plin ...

Lat Diffusum

* Diacodion, i n *A syrup made of the tops of poppy*, Plin ...

|| Diaconātus, ūs m *A deaconship, or the order of a deacon*, Eccl

* Diacon m, facrarium, ubi dominica continentur vasa, *A vestry*, Cæl 25,25 Leg & gradus Diaconi, *Id*

* Diaconus, i m *A deacon or inferior minister* Lat Minister

* Diacopus, i m *A breach in the bank of a river, also a sluice, or water-gate*, Ulp Lat Incile

* Diacrommion, i n *A medicine made with onions*, Lat ex Apul

* Diadema, ātis n *A white fillet wherewith kings and queens encircled their foreheads, a diadem, an imperial, or royal crown*, vid *Cic Philipp* 2,34 Regnum & diadema tutum, *Hor Carm* 2,2 vid & *Stat Theb* 10,76 ☞ Harum formam videre licet in nummis vett regum, non admodum (mul ... dissimilem, quam hodie gestant Turcæ

Diademātus, a, um adj *Wearing a diadem, or crown* Apollo diadematus, *Plin* 34, 8

* Diadoches *A stone like beryl*, Plin 37, 10

* Diæresis, is f (1) *A distribution* (2) *A figure when one syllable is divided into two* (1) Brevi edictum est propter hanc meam διαίρεσιν, *Cic Att* 6,1 (2) Ap Gramm ut aulai, pictai *ap* *Vir* pro aulæ, pictæ

* Diæta, æ f diaeta victus (1) *Diet, food, a regular way of life* (2) *A parlour, to sup in* (3) Also *a summer-house in a garden* (1) ✱ Diæta curare incipio, ... rurgia tædet, *Cic Att* 4,3 (2) Ex triclinio in diætam sive cœnatiunculam transitus, *Plin Ep* ... ( ) *Plin Ep* 5,17 & *Suet Claud* 10 & ibi Torrent ☞ In quibusdam libris leg *zeta*, sed hoc pro diversi scribendi more unum idem est Sic recentiores *zabolus*, pro *Diabolus* passim scribunt

|| Diætarius, a, um adj *Belonging to a place of diet* Diætarii fures, *Ulp*

|| Diætarius, i m Servus in diæta serviens, *A servant attending on supper*, Ulp

Diætetica, æ f *sc* medicina *The first part of physic, that concerns a regimen in diet*, Cels

Diæteticus, a, um adj *Pertaining to diet*, Cels in præf

Diaglaucion, *A medicine for the eyes*, Plin 2,10

* Diagonios, i f *A line in geometry from one corner to the other*, Vitr 6 ult & 9 1

* Diagramma, ătis n (1) *A description, a draught, a thing drawn* (2) *A diagram, a figure in geometry to demonstrate any proposition, and in music it is a proportion of measure distinguished by notes* (1) Aristoxeni diagramma subscribebam, *Vitr* 5, 4 (2) *Vitr* 6, 1 ... *Baldi Lexic Vitruv* 57

* Diagraphice, es f *The art of painting, particularly on box*, Plin 35,10

Dialectice, æ f & dialectice, es *sc* ars vel disciplina, *The art of logic*, ... Dialectica veri & falsi quasi disceptatrix, & judex, *Cic Acad* ... 28 Aristo eles rhetoricam palmæ, Dialecticam pugno similem esse dicebat, *Cic de Fin* 2, 6

Dialectica, orum pl n *Logical matters, logical questions* In dialectic commentariam consumere, *Cic Orat* ...

Dialecticè adv *By the art of logic, like a logician* Dialectice disputare, *Cic de Fin* 2,6

Dialecticus, a, um adj *Logical* Captiones dialecticæ, *Cic de Fin* 2, 6

Dialecticus, i m *A logician or disputant* Suscipiunt dialectici judicium, verumne sit, an falsum, *Cic de Orat* 2 38

* Dialectos, i f *A manner of speech in any language, different from another, a dialect* Moesia dialectos, *Stat Theb* 56

* Dialeucos, i m *A kind of saffron white thro' the middle*, Plin 21, 6

Dialis, e (1) *Pertaining to Jupiter* (2) *Of one day* (1) Flamen Dialis, *Liv* (2) Consul dialis, *Macrob Sat* 2 20

* Diallage, es f conciliatio, *A figure when many arguments are brought to the same purpose*, Quint 9,2

* Dialogismus, i m *A figure when one both objects and answers, as*, Revocat ... non, ... observat, *Ter Eun* 1,1

* Dialogus, i m *A dialogue, or discourse between two, or more*, Cic Fam 1,9

* Dialyton, i n *A figure where many words or verbs are put together, without any conjunction, as*, Ille ego agrestis, sævus, tristis, parcus, truculentus, tenax, *Ter Adelph* 5 4, 12

Diambus, pes duobus constans Iambis, ut *ἀπεν ται*, Gramm

* Diameter, rect Diametros, i f ... per dimetiens *A diameter, or line dividing a figure into equal parts* ... *through the middle part of a figure* Diametro ... *Gell* 1, 20 Med ... *Cic* Ex diametro oppositus, *directly opposite*

* Diamiæ es f ... *Casaub* ... *A distilling, or a dropping*, Plin ...

* Diapasma, ătis n *A perfume, a sweet powder, a pomander* Olei ... mistum diapasmate ... *Mart* 1, 88

* Diapason δια πασῶν, per omnes, *scil* chordas *A concord of music of all the notes*, Plin 2,22

* Diapente διὰ πέντε, per quinque, *scil* chordas *A concord of five notes*, Vitruv 5, 4

* Diaphoreticus, a, um *That dissolves and drives out humours by transpiration* ... Lat Discutiens, ... *Cels*

* Diaphragma, ătis n *The midriff, a membrane that parts the heart and lights from the other entrails*, Cels Sed Græcis literis, qui ... transversum, quod membranam ... partes superiores ab inferioribus separat

* Diapontius, a, um adj ... *comes from beyond sea*, ... Most 2,2,66 Transmarinus

* Diaporesis, is f *Rhet* ... *A figure when the orator doubts and considers what to say first, as*, Quo me vertam, judices, nescio, ... *Cluent princ*

Diapsalma, ătis n *A pause, or change of note*, Hier ... the LXXII interp for the Heb *Selah*

Diarium, i n [... die] (1) *A diary, or book of remembrance, journal, or day-book* (2) *A day's allowance, a day's wages* (3) *A ordinary course fare* (1) ... *Gell* 5, 18 (2) ... fcunt, *Mart* 11, ... asell ... diaria non ... *put a charge on a gentleman* ... on ...

* Diarrhœa, æ f *A looseness, a lask, a flux*, Cic Fam 7,26 Græcis literis Lat Profluvium Cels

Diastema, ătis n *A distance, or interval, a distance of time*, Veget ... lum, *Vitr*

* Diastole, es f (1) *... wherein a syllable short is ture is ... made long* (2) *The ſetting ... of the heart and arteries ... breath, as systole is ... contrary ... breath is emitted* (1) Gram ... Exercet Diana choros, *Virg Æn* 1,503 (2) *Galen*

Diasyrmos, i m *A figure when one smartly rallies another*, Rhet

Diathyrum, i n [... tium] *A screen, or ... boards, &c to keep out the ... a rail, or pale before ...* Vitr 6, 10 sed Græcis lit ...

* Diaton, ... diatoni ... *Corner stones, that ...* Vitruv ...

* Diatonos hypaton, D, ... *Fun*

* Diatono meson, G, ... *Fun*

* Diatonum, *vel* ... *Plain song*, Vitr 5,4

Diatretarius, i m cælator, *A ... or engraver who ... work, also one that ... pearl* Dig

Diatretum, i n *A ... and curiously ingraved ...* ... diatreta ... *Mart* ...

* Diatretus, a, um adj ... τορευτός, ... *graved, imbossed, chased* ...

* Diatriba, æ f ... (1) *A discourse* ... (2) Meton *A school, or ...* (1) *Gell* 1, 16 (2) *Gell* 18

* Diaulus, i m *A ... ground containing two ...* Vitruv 5,11 sed Græcis lit ...

Diazoma, ătis n *A girdle, ... wrist belt*, Vitruv 5 7

Dibapha, æ f *scil* purpura *Purple twice dyed*, Plin ...

Dibaphus, a um [a δίς, ...] *Double-dyed, dy-dyed* ...

Cuirus noster dibaphum ... cogitat, sed eum infector ... Cic Fam 2, 16

... *An action at law, an indictment, a process* ... Ter Phorm ... 2, 13 subscribere ... *or enter an action against him, to arrest him, or serve him with a process*, Ter Phorm

Dicacitas, ... f *Drollery, waggery, ... parties*, ... & breve facetiarum genus, Cic de Orat 2, 54

Dicaciter, adv *Scoffingly*, ... Apul Met 1 p 17

Dicaculus, a, um ... *Full of words, chatting, prating, tattling*, Plaut Asin 1, 3, 88

† Dicaci, pro dicis, Plaut

Dicatio, onis f verb *A dedicating or ... also taking a freedom in a city*, Cic pro Balb 11

... *The dedication of a book*, &c Nec fiducia operis ... Plin Praef

Dicatus, a, um part (1) *Dedicated, consecrated* (2) *Designed, appointed* (3) *Suited to, proper for* (1) Dicati Apollini ... (2) Donum ... dicatum & promissum, ... (3) Epidicticum genus ... & palaestra ... pulsum foro, Cic in Orat

Dicax, acis adj or, comp *Talkative, jesting, prating, bantering* ... Demosthenes non tam dicax fuit, quam facetus, est autem ... hoc in hominis ... Cic ... *Homines nunquam confundi* ... Hominibus facetis & ... difficile est habere hominum rationem, Id de Orat 2, 54 ... nemo dicaciot, Id ib

† Dicem ... quod dic mihi ... Plaut Cap

Dicendus, a, um part *To be spoken* ... Cic ✝ Dicenda ... Pers 4, 5

... Ex duobus ... ut imprimatur, Gram

... Dicis gratia ... Cic Attic 8 For ...

... *They say*, Cic

... (1) ... (2) ... *To appoint* (5) *To ... promise* ... *Also to dedicate to, or bestow* ... excellentem urbe ... Plin ... (2) An ... Dicatus, Nº 2 ... dicatus di... Lib 2, 3 ¶ Dicere ... in civitatem *To ... the freedom of a city*, or ...

... (1) *To speak* (2) *To ... tell* (3) *To ... (5) ... to say* (6) *To give in* ... (7) *To appoint* (8) *To ... it forth* (9) *To have ... declare, pronounce* ... (10) *To pronounce* (11) *To speak of, to mean* (12) ... *his opinion* (13) *To declare, or shew* (14) *To plead*

(15) *To object* (16) *To translate* (17) *To play on an instrument* (1) Tibi ego dico, an non Ter Andr 4, 5, 22 (2) Ecastor haud me poenitet, ... ut dicis, ita futura es, Plaut Cist 1, 1, 49 (3) Dic mihi, ausugistine? Ter Eun 5, 1, 12 ¶ Dicere in aurem, *to whisper*, Horat Sat 1, 9, 10 (4) Dic argutae properet Neaerae, Hor Od 3, 14, 21 (5) Hesperium Graii cognomine dicunt, Vir Æn 1, 534 (6) Cum tam multi testes dixissent, Cic Cum testimonium secundum fidem & religionem gravissime dixissem, Id ad Q. fr 3, 4 (7) Postquam diem operi dixerat, Cic Verr 1, 57 (8) Pedestribus dices historiis praelia Caesaris, Hor Od 2, 12, 10 ¶ Dicendi genus, *a style*, Quint (9) Non idem loqui est, ac dicere, Cic in Orat 42 Dicere orationem de scripto, Id pro Planc 30 sacramentum, Hor Od 2, 17, 10 (10) Quid dotis dicam te dixisse filio? Ter Heaut 5, 1, 64 (11) Abiens mihi innuit, Ph Eho! nonne id sat erat? G At nesciebam id dicere illam, Ter Eun 4, 5, 10 De fallacia dicis, Ter Heaut 3, 3, 35 (12) Ego sedulo hunc dixisse credo, Ter Phorm 2, 4, 13 (13) Jam ista res dicetur, Plaut Epid 5, 2, 48 (14) Dicere apud judices pro aliquo, Cic de Orat 2, 23 causas in foro, Id 2, 8 (15) Nihil me interest, dicet aliquis, patrem quis en cet, an servum? Cic Parad 3, 2 (16) Dicam ut potero, Cic Off 3, 21 *de translatis ab Euripidis versiculis* (17) ... Dicere carmen fistula, Hor Od 4, 7

Dicor, i pass *To be said, spoken, exprest, pleaded*, &c Cic Vid Dico

* Dicrotum, i n [a δὶς, bis, & κρότος, pulsus] *A galley that hath two oars on a seat, or bank*, Cic ad Attic 5, 11

|| Dictamen, inis n *A thing written by another's instruction, a prescript, or rule, a dictate* Philosoph Rationis praescriptio, Cic

Dictamnus, i m *Dittander, or dittany, garden-ginger*, Vir Æn 12, 412

Dictata, orum pl n (1) *Precepts, or instructions of any kind* (2) Particularly and most frequently *dictates, lessons, or notes, which the master pronounceth to his scholars, school-boys exercises* (1) Haec recipiunt juvenes dictata senisque, Hor Epist 1, 1, 55 (2) Meam in illum orationem pueri omnes quasi dictata perdiscunt, Cic Q fratr 2 4 Dictata tyronibus dare, Suet Caes 46

Dictator, oris m verb [a dictando, quod dictitare, i e crebro ediceret, quae utilia essent reipub Dion Halic vel quod consule diceretur, Varr L L 4] (1) *A dictator, or chief magistrate among the Romans, vested with absolute power, from whom lay no appeal, and twenty four axes were carried before him* ☞ He was never chosen but in some great danger or trouble of the commonwealth, and commonly at the end of six months was to resign his authority (2) Also *an ordinary officer in most Latin towns* (1) Titus Lartius primus Dictator, Liv 2 18 = Magister populi, Varr Cic (2) Dictator Lanuvinus, Cic pro Milone, 10

Dictatorius, a, um adj (1) *Of, or belonging to a dictator* (2) *Of that family* (1) Dictatorius gladius, Cic pro Cluent 44 Dictatoria majestas, Liv 4, 14 animadversio, Vell Pat 2, 68 (2) Dictatorius juvenis, Liv

Dictatrix, icis f *A governant, or governess, to tell others what they shall do* Tu hic eris dictatrix nobis, Plaut Pers 5, 1, 18

Dictatura, ae f *The office, or honour of a dictatorship*, Cic Offic 3, 31

Dicterium, i n vel potius dicteria, orum [a δεικτήριον, specimina sive praeludia, quibus mimus in scenam prodiens favorem spectatorum captabat, vid Scal ad Manil] *Jests, witticisms, scoffs, quirps* = Omnibus arrides, dicteria dicis in omnes, Mart 6, 44, 3 = Facetia, Cic dicta, Id ☞ De dicteriis veterum vide omnino Macrob Sat 2

Dictio, onis f verb (1) *A speaking, or uttering* (2) *A style, or manner of speech, an oration, or pleading* (3) *Eloquence* (4) *An oracle* (5) *A word* (1) Neque testimonii dictio est, Ter Phorm 1, 5, 63 (2) Dictioni operam dare, Cic Tusc 2 (3) Nullum tempus illi vacabat, aut a forensi dictione, aut, &c Cic de Clar Or 78 (4) Data dictio erat CAVERET Acheruntium aquam, Liv 8, 24 (5) Haec notio Gramm concedenda est, vel potius fugienda, etsi vindicias secundum libertatem postulet Borrich

|| Dictionarium, i n & Dictionarius, scil liber, *A dictionary* ☞ Hoc vocab Gramm condonandum est, cum destituamur idoneo ex vett petito, nisi quis tales libros λεξικά cum Vossio nominaret

Dictiosus, a, um adj *Drolling, full of pleasantries*, Varr L L 5, 7 Vid Dictum, n 6

Dictito, are freq [a dicto] (1) *To speak, or tell often, or in divers places, to give out* (2) *To pretend* (1) Non is es, quem semper te esse dictitasti, Ter Phorm 5, 1, 17 (2) Cum esse hanc sibi belli causam dictitassent, Nep Iphicr 1

Dicto, are freq [a dico] (1) *To say often* (2) *To dictate how, or what one shall write* (3) *To counsel, or advise, to suggest* (4) *To appoint, or order* (5) *To promise* (1) Dictabat se hortulos aliquos emere velle, Cic Offic 3 (2) Librario, ut dictaturus sum, ut dictarem hanc epistolam, Cic Att 7, 13 (3) Fugam fucis & taedium pudor dictat, Quint (4) Putes puero dictare, sed in iure placentas, Juv 11, 59 (5) Ut sportulam dictare videantur, Quint ¶ Dictare actionem, *to bring an action*, JCC

Dictum, i n (1) *A saying, or word* (2) *A proverb* (3) Also *a reproach, or ill-word* (4) *A jest, or merry saying* (5) *A testimony, or evidence* (6) *A wipe, or lampoon, such as were used by mimics on the stage*, (7) and among soldiers (8) Also *eloquence* (9) Also *an order, or command* (10) *A deed, or action* (11) *A proof, or argument* (1) Irrita dicta facta que, Catull 28, 10 Dictum sapienti sat est, Ter Phorm 3, 3, 8 (2) Catonis est dictum, pedibus compensari pecuniam, Cic pro Flacc 29 (3) Sic existimet, responsum, non dictum esse, Ter Eun Prol 6 (4) Dico unum ridiculum dictum de dictis melioribus, Plaut Capt 3, 1, 22 (5) Dictis testium recitatis, Cic pro Rab Post 11 Ex testium dictis appellari, Ibid 4 (6) Hinc appellatum dictum in mimo & dictiosus, Varr L L 5, 7 (7) Hinc in manipulis castrensibus dicta ducibus, Varr de L L (8) Nec dicti studiosus erat, Enn ap Cic (9) Audientem dicto produxisti filiam, Plaut Asin 3, 1, 40 (10) Feci ego isthaec dicta, quae vos dicitis? Plaut Cas 5, 4, 17 quomodo Hebr דבר & Homerus ἔπος (11) Quando dicta audientis mea, haud aliter dicetis, Plaut Most 1, 2, 15 = argumentum, Il

|| Dicturio, ire, ivi *To be about to speak*, Macrob Sat 7, 2

Dictus, a, um part [a dicor] (1) *Spoken, said, told* (2) *Pleaded* (3) *Called, reputed* (4) *Declared, appointed, designed* (5) *Promised*, &c (6) *Set at a price, valued* ¶ Honore dicto *saving your reverence*, Plin Dictum ac factum, Ter Andr 2, 3, 7 Dicto citius, Virg Æn 1, 146 *out of hand, immediately* Vid Dico (1) Nullum est jam dictum, quod non dictum sit prius, Ter Eun prol 41 (2) = Dicta causa & perorata, Cic pro Cal (3) = Dicta atque habita est ejus soror, Ter Andr 4, 6, 14 (4) Hic nuptiis dictus est dies, Ter Andr 1, 1, 75 (5) Eumeni Cappadocia data est, sive potius dicta, Nep Eumen 2 (6) Morio dictus erat, viginti millibus, emi, Mart 8, 13

Dictyoton, i n quod & Dictyotheton perperam *A kind of building made full of grates for men to look through*, Plin 36, 22 Lat Reticulatum

† Dicundus, a, um pro dicendus, Plaut Merc 4, 3, 28 Rud 4, 3, 21

Diditus, a, um part (1) *Given out, spread abroad* (2) *Divided* (1) Tua terris didita fama, Virg Æn 8, 132 (2) Simulacra in cunctas didita partes, Lucr 4, 241

Dido, ere, didi, ditum [ex di, i e dis, & do Don al qu divido recisa med syllaba] (1) *To give out, to spread abroad* (2) *To distribute, or divide* (1) Vid Didor, n 2 (2) Dum munia didit, Hor Sat 2, 2, 67

Didor, i pass (1) *To be divided* (2) *To be spread abroad, to be given out* (1) Vid Dido, n 1 (2) Diditur rumor, Vir Æn 7, 144

* Didoron, i n *A tile of two hands breadth long*, Plin 35, 14 & Vitruv 2, 3

* Didrachmum, i n vel didrachma, atis n *A piece of old money containing two drachmas, or denarii, fifteen pence of our money* Tertull de Praescr 11 Sc dul 3, 16

Diducendus, a, um part *To be drawn asunder, or parted*, Caes B G 6, 33

Diduco, ere, xi, ctum act (1) *To lead, or draw aside* (2) *To sever, or part* (3) *To set open, to stretch wide* (4) *To divide* (5) *To digest, to concoct* (6) *To drain* (1) Diducendi erant milites, Caes B G 6, 33 (2) Complexus diducere, Prop 1, 13, 19 (3) = Cum pugnum diduxerat, & manum dilataverat, Cic Orat 32 (4) Pueri assem discunt in partes centum diducere, Hor Art Poet 326 Ea ultio sin itum in studia diduxerat, Tac Hist 4, 6, 2 (5) Vid Diducor (6) Aquam diducere in vias, Cato, 155

Diducor, i, ctus pass *To be divided, parted, or opened, to be digested, or concocted*, &c Diduci ab aliquo, Cic de Inv 1, 55 Cibus ab integro corpore potissimum

[illegible]

|| D[illegible]o, onis f [illegible] *[illegible] parts*, [illegible]

Di[illegible] um [illegible] (1) [illegible]

[illegible] (2) [illegible] & [illegible]

[illegible] um P[illegible]

[illegible] 2) D[illegible]

(3) D[illegible]ctam [illegible] monium, [illegible]

[illegible]

|| D[illegible] *The space* [illegible] + Bien[illegible]

[illegible] Fest [illegible] Gr[illegible]

De[illegible] tu[illegible] m [illegible] sub dio [illegible] Plaut Mc[illegible]

DIES, ei [illegible] m [illegible] plur m [illegible] Dijovis, & [illegible] (1) [illegible] (4) Meton *The* [illegible] (5) [illegible] (6) *Length* [illegible] (8) [illegible] (1) Diesnoctes [illegible] Quum aliquo [illegible] Thebis [illegible] Hor [illegible] Mine [illegible] que D[illegible] Intrim [illegible] Philipp[illegible] Reip[illegible] (5) S[illegible] (6) Lripin[illegible] (5) Diem [illegible] (6) + Nun[illegible] que proice[illegible] Sive [illegible] (7) Des [illegible] hominibus [illegible] (8) + Ind[illegible] Ter Eu[illegible] (9) Vulcanis, Sol [illegible] Dies, dei qui[illegible] nullum [illegible] alterum, [illegible]

Diespiter [illegible] & [illegible] Diespiter [illegible]

* Diezeugmene n. [illegible] pen[illegible] ultima divisarum, [illegible]

* Di[illegible]zeugmenon nete, [illegible] Gr

|| D[illegible]mutatio onis f [illegible] Aug + Sur[illegible]

|| Diff[illegible] onis m [illegible] + Sigmator[illegible]

D[illegible] (1) [illegible] (2) [illegible] (1) Adurenum [illegible] (2) Probro[illegible] communi [illegible]

Diffamo, are act *To spread* [illegible] Ann [illegible] + Infamo, [illegible]

D[illegible] pass [illegible] Aug

|| Di[illegible] dis [illegible] Tac 4 16, 2

|| Diff[illegible]ctus, [illegible] par [illegible]

|| Differree, [illegible] *To* [illegible] Dig

D[illegible]

Differens [illegible] plus quam opinion [illegible] idem, Id

|| Diff[illegible] Solin + [illegible]

Differ[illegible] Differentia [illegible] + || Differ[illegible] Lucr [illegible] Arnob [illegible] + Differen[illegible]

Differo, ferre, [illegible] (1) *To* [illegible] (2) [illegible] (3) *To* [illegible] (4) *To* [illegible] (5) *To* [illegible] (6) *To* [illegible] (7) *To* [illegible] (8) *To* [illegible] (1) Nos tempestas [illegible] Lucr 1, 2 (2) Long[illegible] (3) Rem [illegible] & [illegible] (4) Rumores [illegible] Ter [illegible] (5) Metellum [illegible] (6) Differri doloribus [illegible] (7) [illegible] (8) Ut color [illegible] (9) Cogitatione diffe[illegible] = Disto [illegible] Id

Differor, ferri pass (1) *To be carried up* [illegible] (2) *To be put off*, [illegible] (1) Cal [illegible] Castra [illegible] fluminis [illegible] (2) Differri [illegible] be[illegible] matrimonium, [illegible] = Exanimor, [illegible] Differri amore, cupiditate, [illegible] Id

Differtus, a, um part [illegible] *filled, or stuffed throwack-ed, crowded* Forum differtum

nautis, Hor Sat 1, 5, [illegible] corpus [illegible]

|| D[illegible]us, a, um part *Un[illegible]* + Dimensus

D[illegible] *To* [illegible] Stat [illegible]

+ Diffic[illegible] Lucr [illegible] + Diff[illegible]

Difficile [illegible] comp [illegible] Cum [illegible] Omnium [illegible]

Difficilis, e adj or, comp [illegible] mus, sup (1) [illegible] (4) Met [illegible] (5) [illegible] (1) [illegible] Difficilem & [illegible] (2) = Difficiles [illegible] locus [illegible] (3) [illegible] (4) [illegible] (5) [illegible]

Difficiliter adv *Hardly, dif-* [illegible] 16

Difficultas, atis f [illegible] (1) [illegible] (2) [illegible] (3) [illegible] (1) Nec [illegible] (2) [illegible] difficultates [illegible] (3) Difficultas [illegible] (4) Inopia rei frum[illegible] (5) [illegible]

Difficulter adv *With great pains* [illegible] = Difficulter [illegible] ag[illegible]

Diffidens part [illegible] Proiex con[illegible] Plat Merc 5, 2, 1[illegible] = Diffiden & desp[illegible] rans [illegible] Cic [illegible]

Diffidenter adv *Distrustfully* [illegible] Cic [illegible]

Diffidentia, æ f [illegible] Metus est diffidentia [illegible] & [illegible]

Diffido, ere [illegible] (1) *To distrust* [illegible] (2) *To de-* [illegible] (1) Ne videar [illegible] (2) [illegible] non diffiderem, Cic [illegible]

Diffindo, ere, fidi, fissum act *To cleave, to part asunder, to slit* [illegible] Diffidit urbium por[illegible] vir Macedo, Hor [illegible] Diffindere [illegible] Col [illegible] *to put off a* [illegible] *the* [illegible] Liv 9, 38

Diffingo, ere, [illegible]ctum (1) *To* [illegible] (2) *To* [illegible] (3) *To* [illegible] *to dissemble, or pretend* (1) Incude diffingere ferrum, Hor Od 1, 35, 39 (2) = Diffingo, in[illegible] fectumque reddet, Hor Od 3, 29,

[illegible] (3) [illegible] *cere positum*, [illegible]

Di[illegible] *or part* [illegible] Hygin Astron [illegible]

D[illegible]

|| Di[illegible] + F[illegible]

Diffi[illegible]sus, a, um [illegible]

[illegible]

|| Di[illegible]

Diffi[illegible] Lectiones [illegible]

Diffl[illegible] (1) [illegible]

[illegible] D[illegible] (2) [illegible]

Diffluo, ere, [illegible] (1) *To flow* [illegible] (2) Met [illegible] (3) *To* [illegible] (1) = Q[illegible] undique [illegible] & [illegible] ¶ Diffluere [illegible] voluptatibus [illegible] Cic (3) [illegible] Moribundus [illegible]

Diffringo, ere, fregi, [illegible] Plaut [illegible]

Diffringor, [illegible] *be broken* [illegible]

Diffugio, ere, [illegible] (1) *To* [illegible] (2) *To* [illegible] (1) Diffugium [illegible] (2) Ne tamen [illegible]

Diffugium [illegible]

Diffulmino, are [illegible] Diffulmina[illegible] *turbam*, [illegible]

|| Diffundibulum [illegible] Infundibulum, Col

Diffunditor, [illegible] Plaut Merc 1, [illegible] = D[illegible], Id

Diffundo, ere, fudi, fusum act (1) *To pour out* (2) Met *To spread abroad* [illegible] *To* [illegible] *clear, or make merry* (1) [illegible] per venas in omne corpus [illegible] funditur, Cic N D [illegible] (2) [illegible] passim [illegible] in [illegible] Liv [illegible] 195 [illegible] Cic de [illegible] (3) D[illegible] vultus, & reddidit [illegible] Ov Met [illegible]

Diffundor, i, sus pass (1) *To be poured out* (2) *To be diffused* (3) *To be cheered, to refreshed* (1) Cic N D 2, 55 (2) In ... diffun lit ... oratio, *Plin* ... 16 (3) Bene ... dif ...

Diffusè, adv *Diffusedly, scatteringly* Cic de *Inv* 1, 1

Diffusilis, e adj *That is diffused, or spread* Lucr 5, 469

Diffusio, onis f verb *A diffusing*

Diffusio animi, *cheerfulness*, Sen ... Ben 5

Diffusor, oris m verb *A pourer, or spreader of any thing* ... interpr ... Cic ... Quad ... fundi

Diffusus, a, um part & adj or, comp (1) *Poured, spread out* (2) *Diffused, spread* (3) *Scattered, dispersed* ... (4) Adj ... (5) *Wide* (6) *Of a great, open extent* ... vinum, Cic de Fin ... (2) Diffus ... errori longe lateque, Cic Fin 2, 31 (3) Coma ... Ov Ep 5, 114 (4) Sum ... facit, Plin ... (5) Diffus campi Mart ... (6) ... jus & diffusius ... 4, 5 (6) Vultus diffusi

|| Digamma, æ f *The name of the letter F* Hier

Digamma n *The letter F* ... in ... it is called DIGAMMA ... the two gamma ... by the Æolians ... led to the Romans by Claudius Cæsar ... Quint ... & ... *Tac* ... *A* ... a summer-house ... beginning with that letter ... which ... *Ciceronem digamma*, ... lectiones

Digamus, a, um *One who has been twice married, who has two wives, or two* ... Binarius, quod ... factum dicit *Cicero* ...

|| Digestio, f *A disposure, or ordering* ... Macrob Sat 1, ✝ Methodus, ordo, Cic

Digero, ere, ssi, stum act (1) *To ..., or distribute* (2) *To sort, or set in order* (3) *To digest, or dissipate* (4) *To ... insensible, or waste* (5) *To ..., or concoct* (6) *To ..., declare, or explain* (1) Digerere jus civile in genera, Cic ... I d Digero, n 1 ... Col (3) ... Id (4) Cor... & digestibilius, ... tum ... homines ... Col 2, ... bos manifos digere ... 1 (6) Sic digere ... 182

Digeror, i, tus pass (1) *To be* ... (2) *To be digested,* ... (3) *To be sorted* (4) ... (5) Digeruntur ... in omnes membra ... (2) O... minimum ... *Cic* ... 314 (3) ... omnis dis ... fus ... *Mart* 12, 34

Digestio, Digero, n 5

Digestus, a, um part ... *The ... to be called by ... first digested all of them,* Alciat

Digestio, onis f verb (1) *A setting in order, a disposing* (2) *The separation of the meats in the stomach in order to concoction* (1) Ut digestio potius quam declamatio videatur, *Cels in proam* ... (2) ✝ Digestio potius quam concoctio dicitur, *Cels in proam* ... concoctio ... ille tantum digestio, *Id* ... Quum quidem ... tamen potius ... quoniam ... videtur

Digestio, ... *To set in order* ... *faly*

Digestor, oris m verb *A digester, or setter in order*, Litt ex ... *fq*

Digestorius, a, um adj *Digestive* Digestorium medicamentum, *Plin Val* 2, 8

Digestus, a, um part (1) *Put in order* (2) *Digested, moist ... zed* (1) Digestis petulamine capillos, *Ov Amor* 1, (2) *Cic* pro ...

Digestus, us m verb *A distribution, a ...* Tibi creditum ... functum digestus opum, *Stat Sylv* 3, 3, 86

Digitalis, e adj *A finger tall, a thumb ... a finger of a glove*, Varr R R 12, 5, 5

Digitalis, e adj *Of or belonging to a finger* Digitalis gracilitas, *Plin* ...

|| Digitalis, is f ... *The ... flower, or fox-glove*, Jun

Digitatus, a, um part *That hath fingers, toes, or claws* ✝ Avium ... digitata, alia palmipedes, *Plin* 11, ... prine

Digitellum, ... m & Digitellum, ... *A herb called the ... green the greater, or prick-madam*, Plin 19, 17 & 25, 13 = Sedum

Digitulus, i m dim *A little finger* Uno digitulo fores aperire, *Ter Eun* 2, 2, 53 Digituli primores, *Plaut Pœn* 3, 1, 69

DIGITUS, i m [δάκτυλος, ut & ipsum δάκτυλος, quasi δείκτυλος, und digito monstrari, *Perf*] (1) *A finger* (2) *A finger's breadth* (3) *A toe* (4) *A claw* (1) Digitus auricularis, *the little finger* Plin Annularis, *the ring finger*, Aul Gell infamis, *Perf* impudicus, *Mart the middle finger* Index salutaris, [a salu indo] *the fore finger*, Suet pollex, *the thumb* ¶ Digitum transversum, *a finger's breadth*, Plaut Primores digiti, *Id* extremi, *the tips, or tops of the fingers*, Cic Digitum intendere ..., *to point at*, Cic tollere, *to give the price that is askt for a thing*, Cic Which they signified by holding up the fingers, also, *to show favour, or consent*, Hor Medium digitum porrigere, *by way of contempt*, Mart minimo provocare, *by way of challenge*, Hor Digito cœlum contingere *to think himself happy*, Cic (2) Regulæ quatuor digitos patentes, *Cæs B C* 2, 10 ¶ Mihi ce tum est digitum nusquam ab honestissimis ... discedere, *not a jot*, Cic Attic ... (3) Constitit in digitos uterque, *Virg Æn* 5, 426 (4) Gallinæ, quæ quinos habent ungues, *Columella*, 8, 2

|| Digladiabilis, e adj *Fighting one with another* Digladiabile dissidium *Prud Cont* ... 2, 148 Decertans, Cic

|| Digladiatio, onis f verb *A fencing, sword-play, a scuffling* Ex sola, puto, analogia pendet

Digladiator, oris m verb *A fencer*, Lit ap Litt *sed q*

Digladior, ari, atus sum dep *To fight with swords to fence, to scuffle*, Met *to dispute* Digladiari inter se, *Cic Off* 1, 9

|| * Digma, atis n *An essay, or sample of any thing*, Cod Exemplum specimen, Cic

Dignandus, a, um part *To be thought worthy*, Cic Acad 4

Dignatio, onis f verb (1) *Reputation, respect, esteem, credit, a post ... or peace* (2) *Authority* (3) *Worth, majesty* (1) Africam integerrime, nec minus dignatione ... administravit, *Suet Vesp* 4 (2) Brutus Vatinium dignatione obruerat, *Paterc* 2, 69 ... & eunden, 2, 53 (3) Propriis ... dignatio ... invidiam, *Tac Hist* ..., 80, 3

Dignatus, a, um part dep (1) *Vouchsafing* (2) *Also thought worthy* (1) Dignatus ... honore, *Ov Met* 3, 521 (2) Ipsi Deum cultu, & sacro dignatus honore, ... conjugio, *Virg Æn* 3, 475

Dignè adv ius, comp (1) *Worthily, deservedly* (2) *Decently, meetly* (1) Digne laudare ... quem, *Cic de Sen* ... Peccet ... nostrum ... digne? *Hor Sat* 2, 347 (2) ✝ Digne omnia incedit, haud meretricie, *Plaut Mil* 2, ... 58

Dignitas, atis f (1) *Dignity, nobility* (2) *Honour, or credit* (3) *Gravity, authority, majesty* (4) *Comeliness, gracefulness* (5) *Magnificence* (6) *Excellency* (1) Tua dignitas & amplitudo mihi est charissima, *Cic Fam* ... 9 ✝ ind gnitas, *Id de Orat* 2 (2) = Ut prima ... honos ... dignitas, *Cic* (3) Dignitas sermonis, *A Herenn* (4) ✝ Venustatem muliebrem ducere debemus, dignitatem virilem, *Cic Off* 1, 36 (5) Ut Piræei portus urbem dignitate æquipararet, *Nep Themist* 6 (6) Ut pro dignitate opsonium hæc curet coquus, *Plaut Bacch* 1, 3, 23

✝ Digno, are act *To deem worthy*, Pacuv ✝ Dignor

Dignor, ari, atus sum dep (1) *To vouchsafe, to think worthy* (2) Pass *To be thought, or esteemed worthy* (1) Virtutem honore dignati sunt, *Cic de Inv* 2, 39 (2) Res dissimiles inter se consimili laude dignantur, *Cic de Orat* ... Observantia est per quam homines dignitate antecedentes cultu quodam & honore dignantur, *Id de Inv* 2, 5...

Dignosco, ere, novi, notum act *To discern, to distinguish* § Rectum dignoscere curvo, *Hor Ep* 1, 15, 24 Terram sipore dignoscere, *Col* 2, 1

Dignoscor, i pass *To be distinguished, or known asunder*, Plin 28, 8

DIGNUS, a, um adj or, comp issimus, sup [... dignum, ... dignu sit, cui jure aliquid tribuitur, *Voss*] (1) *Worthy, deserving good, or evil* (2) *Decent, becoming* (3) *Meet, fit* (1) § Dignum laude virum musa vetat mori, *Hor Od* 4, 8, 28 Tua virtute digniori ..., *Virg Æn* 9, 212 § Majoribus suis dignissimus, *Cic Philipp* ..., 10 (2) Non te dignum, Chærea, fecisti, *Ter Eun* 5, 2, 25 (3) = Non decorum, nec Diis dignum, *Cic de Div* 1, 52 Servus quam dignum fuit *Cic Phil pp* 6, 7

Digrediens, tis part *Turning aside, departing* ✝ Luna tum congrediens cum sole, tum digrediens, *Cic N D* 2, 40

Digredior, i, ssus sum dep (1) *To go, or turn aside* (2) Met *To depart, digress, to go from the purpose* (1) Digredimur paulum, rursumque in bella comus, *Ovid Met* ... 9, 42 ... Digrediens (2) ✝ Unde digressi sumus, revertamur, *Cic N D* ..., 23

Digressio, onis f verb (1) *A parting* (2) Met *A digression* (1) ✝ Cum congressio, tum vero digressio nostra, *Cic* ... *frat* 1, ... (2) *Cic de Orat* ..., 54

Digressus, a, um part *Having departed, or turned aside* Quem digressum a Brutum castris ... diximus, *Paterc* 2, 16

Digressus, us m verb (1) *A departure or going apart* (2) *A digression* (1) ✝ Congressus nostri lamentationem potius ... digressum ... tulissem, *Cic ad* ... *fratr* 1, ... = decessus, *Id* (2) Digressus ... provocato, *Quint* 4, ...

Digrunnio, ire, ivi, itum *To grunt like a hog* Phædr 5, 5, 27

Dijicio, ere, eci [ex di & jacio] *To cast down, to cast away, or asunder*, Varr ✝ Disjicio

Dijudicatio, onis f verb *A judging between two, a discerning*, Cic de Leg 1, 21

Dijudicatrix, icis f *She that judgeth between two* Dijudicatrix omnium rerum, *Apul* p 601

Dijudico, are (1) *To discern, or judge between* (2) *To judge, to believe, to suppose* (3) *To decide* (1) Dijudicare vera a falsis, *Cic Part Orat* 40 ✝ & *Ter Heaut* 2, 2, 8 (2) Unam esse omnium dijudicant *Plaut Amph* 2, 2, 45 (3) Dissentientes sententiæ civium dijudicandæ sunt, *Cic* ... in *Catil* ..., ...

Dijudicor, ari, atus pass *To be judged, or decided between*, Cic

|| Dijunctio, onis f verb *A disjoining or ...*, Arnob ✝ Disjunctio

|| Dijugator, oris m verb *He that unyoketh, or parteth*, Litt ex Mart

Dijugo, are act *To unyoke, sever, or part*, Ping Poet ✝ Disjungo

|| Dijungor, i, ctus pass *To be unyoked*, Met *parted*, Arnob ✝ Disjungor, *Hor*

Dijunctio, onis f verb *A parting, or disjoining* ✝ Judicare quæ conjunctio, quæ disjunctio vera sit, *Cic Acad* 4, 28 *ed Grut*

Dijungo, ere, xi, ctum act (1) *To unyoke, to unharness* (2) *To part, or sever, disjoin* (1) Dijungere jumenta, *Cic de Div* 2, 6 (2) Dijungor ..., *Cic* ... 16, ... Ex omnibus, quæ dijunguntur, unum verum esse debet, falsa cætera, *Gell* 16 8

Dilabens, is part (1) *Falling, or sliding* (2) *Slipping, or stealing away* (1) Flumen ... bens in mare, *Hor Od* ..., 29, 35 ... delab ... (2) Dilabentibus, qui ... erant, *Suet Tib* ... 16

Dilabidus, a, um *That falls, slides or wears away quickly*, Plin ..., 55 ... *sed* ...

Dilabilis, e adj *Easily slipping, or falling*, R ... Lucr *sed q*

Dilabor, i, psus sum dep (1) *To slip aside, to steal away* (2) *To slip out of* (3) *To waste, or come to nothing* ... (1) *To be spoiled, or lost* (1) Dilabi in agro & in oppida, *Liv* ..., *vid* & *Nepos*, ... 2 (2) Memoriæ mei dilabuntur, *Cic Philipp* ..., 5 Interior opus est ... omni dilabentur, ... effugerit, *Ter* ... (3) ... parum male dilabuntur *Cic Philipp* ..., 27 (4) = Dilabitur ...

tis condita situ, & corrumpitur, *Col* 12, 3

Dilacerandus, a, um part. *To be torn in pieces.* Dilaceranda feris, *Catull.* 65 15.

Dilaceratio, onis f. verb. *A tearing in pieces,* Aug. [illegible]

Dilaceratus, a, um part. *Torn in pieces.* [illegible] respublica di[illegible], *Sall B Jug* 45

Dilacero, are act. (1) *To tear, or pull in pieces.* (2) Met. *To [illegible], or consume, to spend, waste, or make havock of, to [illegible], and [illegible].* (1) Dilacerare [illegible] *Sen* [illegible] (2) Dilacerare opes, *Ov* [illegible] 1, 50 [illegible], *Cic* [illegible]

Dilacerari, [illegible]

Dilucidi, [illegible]

|| Dilamino, are act. *To cleave asunder, to split, [illegible]* Puer [illegible] dilaminat [illegible] Dilamino, [illegible]

Dilaniandus, a, um part. *To be torn, or rent in pieces,* Cic. pro Mil. [illegible]

|| Dilaniatio, onis f. verb. *A tearing, or [illegible],* Aug.

Dilaniatus, a, um part. *Torn, rent.* Inconditis dilaniatis coma, *Ov.* [illegible]

Dilanio, are act. *To tear, or [illegible], to mangle,* Cic. pro Mil. [illegible]

Dilapidatus, [illegible] *Stoned, or pelting with stones.* Dilapidatis hominum [illegible] grandine, *Jun* [illegible] *Col* [illegible] 2

Dilapidatio, onis f. verb. *A [illegible] wasting, [illegible]*

Dilapido, are act. (1) *To split a place of stones.* (2) Met. *To consume and spend wastefully, to [illegible].* (1) Locum [illegible] dilapidato, *Col* 10, [illegible] (2) Dilapidans (2) Primorum dilapidet nostra [illegible] *Ter. Phorm.* 5, 3, 1

Dilapsus, a, um part. [a dilabor] (1) *Sliding along.* (2) *Fallen, slipt aside.* (3) *Fallen down, or decayed.* (1) Dilapsus a deflavius, *Cic de Leg* 2, [illegible] (2) Dilapsi domos, *Liv* [illegible] (3) [illegible] dilapsi cadavera tabe, *Lucr.* [illegible] 557

Dilargior, iri, itus sum dep. *To bestow liberally.* Quibus vellet, et dilargitur, *Cic* pro *Leg Agr* 2 [illegible]

|| Dilargitio, onis f. *A free giving,* Cod. ✝ Largitio

Dilatio, onis f. verb. *Delaying, or drawing forth* [illegible] ✝ Largitio

Dilatus, a, um part. (1) [illegible] (2) Part. [illegible] *following* [illegible] (2) *Dilatus* [illegible] *Col* [illegible] Dilatus [illegible]

|| Dilatio, onis f. [illegible]

Dilator, [illegible] Poet. ✝ Ampliator, C.

Dilatus, a, um part. *Dilated, [illegible]* In [illegible] *Cic* [illegible] 22 [illegible] ✝ [illegible]

Dilaudo, are act. *To praise highly* [illegible]

Dilatio, onis f. verb. [a differo] *A delaying, or deferring.* Aere res dilationem non patitur, *Liv* 21, 52

Dilato, are act. (1) *To make wide, to open wide.* (2) *To extend, to enlarge.* (1) Dilatare rictus, *Ov* [illegible] *Met* 6, [illegible] ✝ Contraho, coangusto manum, *Cic* (2) Dilatare orationem, *Cic* pro *Flacc* 5

Dilator, aris, atu pass. *To be enlarged, to be written large,* &c. ✝ Coangustor, *Plin* ✝ Qua dilatatur in orationis Zeno premebat, *Cic* de [illegible]

Dilator, oris m. verb. *A delayer, or a [illegible].* Dilator, spe longus, iners, *Hor Art Poet* 172

|| Dilatorius, a, um *Dilatory, or causing delay.* Dilatoria exceptio, *A demurrer,* Ap. JCC.

|| Dilatio, are, unde part. dilatum. *To hold, or help,* [illegible] ✝ Latio

Dilatus, a, um part. [a differo] (1) *Deferred, delayed.* (2) *Spread abroad.* (1) Sententiae [illegible] dilatis, *Cic* pro [illegible] *Att* [illegible] (2) Rumor [illegible] obtrectationis [illegible]

Dilaudatio, onis f. verb. *A commendation, or praise,* L. ✝ Laudatio

Dilaudo, are act. *To praise highly, to commend greatly,* Cic. Att. [illegible]

|| Dilectio, onis f. verb. *Love, choice,* Aug. ✝ Caritas, amor, [illegible]

Dilectus, a, um part. [illegible] (1) *Beloved.* (2) *Chosen.* (1) [illegible] (2) [illegible] (3) Soror [illegible]

Dilemma, atis n. *An argument that convinces both ways,* Hier. ✝ Complexio, Cic.

Diligens, tis adj. or, comp. ssimus, sup. (1) *Diligent, mindful, careful.* (2) *Studious, industrious.* (3) *Thrifty, saving.* (1) In omni genere diligens, *Cic* [illegible] 12 3 (2) Diligentior [illegible] (3) Diligens custos [illegible] Diligentissimus [illegible] *Cic* pro *Cl* [illegible] diligens, [illegible] ✝ Dissolutior negligentior 2, 18 ✝ [illegible] *Corn* [illegible] 3 ✝ [illegible]

Diligenter adv. ius, comp. ssime, sup. (1) *Diligently.* (2) *With diligence.* (1) = Studiose [illegible] *Cic* *Att* 16, [illegible] Diligentius, *Id* 12, 12 Diligentissime [illegible] *Cic* [illegible] (3) In[illegible] *Cic* [illegible] genere, & modo [illegible], *Cic Offic* 2, 15

Diligentia, ae f. [a diligendo singula] (1) *Diligence, carefulness, attention, labour.* (2) *Frugality, thriftiness.* (3) *Discretion.* (1) = Res [illegible] quae [illegible] in cura, attentum, animi cogitationem, vigilantia, assiduitate, labore, comprehendi [illegible] uno verbo, diligentia, *Cic de Or* 2, 35 ✝ Laboriosior est in augendis quam diligentia *Col* 12, 12 (2) ✝ Potius diligentia [illegible] diligentium, qui [illegible] *Cic* [illegible] horum [illegible] aedificio [illegible] (3) Non est con[illegible] in vulgo [illegible] non diligentia, *Cic* pro [illegible] Quae sic [illegible] est notio [illegible]

Diligo, ere, exi, ectum act. [e di & lego] (1) *To favour, or regard.* (2) Also *to love dearly.* (3) *To chuse, or cut up.* (1) ✝ Me [illegible], aut quo contemnor, [illegible], *Cic ad Brut* [illegible] ✝ Nunc [illegible] tamen videor [illegible] dilexisse, *Id Fam* 9, 14 (2) Visceratus [illegible] diligere, *Vecis* [illegible] *Horatii* Non sic[illegible] diligentem clypeos [illegible] lium, *Nep Dion* 2 (3) Clypeatus

[illegible] hastatum [illegible] machaera diligit, *Plaut Curc* 3, 1, 54 ub al. [illegible] dirigit

Dilogia, ae f. *A [illegible], or saying that which may be taken two ways,* Quint. ✝ Amphibolia [illegible] ✝ Vett. Cicero.

Diluo, [illegible] act. *To [illegible] or thin, [illegible]* *Cic* [illegible] 2, 26 [illegible] Apul. *Met* 7 p. [illegible]

Diluceo, [illegible] *Cic* [illegible] (2) Met. *To be clear, to be manifest.* (1) Omni [illegible] *Cic* [illegible] (2) ✝ Dilucere res patentibus, *Liv* 2, 16

Dilucescit impers. *It dawns, day light, it was light,* Cic. *Cat* [illegible] 6, [illegible]

|| Dilucidatio, onis f. verb. *An explanation, or [illegible]*, Capel. ✝ Explanatio

Dilucidatio, [illegible] *An explanation of [illegible]*

Dilucide adv. *Plainly, clearly.* Dilucide planeque dicere, *Cic* [illegible] Dilucidius [illegible] *Liv* 29, 47 = perspicue, *Cic* [illegible]

Dilucido, are *To clear, to make plain,* [illegible] dilucidandus, *Id Herm* [illegible]

Dilucidus, a, um adj. or, comp. *Clear, bright, manifest.* Dilucida [illegible] *Cic* [illegible] non [illegible] *Cic* [illegible] dilucidior, non [illegible] 5

|| Diluculat impers. *It grows light, dawns,* Gell. [illegible] ✝ Dilucescit

Diluculo adv. *At the dawn of day, early,* Cic. [illegible] 16, 15

Diluculum, i n. *The dawning of the day, twilight.* Primo diluculo [illegible] *Cic pro* [illegible] Am. [illegible]

Diluvium, i n. [quasi diluit [illegible] lucrorum] *A respite of [illegible] from the revenue,* Ho [illegible] 120

Diluo, ere, ui, utum act. (1) *To wash off, or rinse.* (2) *To wash off, or away.* (3) *To confute,* [illegible] (4) *To purge, or* [illegible] (5) *To explain.* (6) *To* [illegible] (1) Potionem [illegible] *Cic* [illegible] *Cat* [illegible] *B C* 2, 10 [illegible] Impatientem somno diluere, *Auson. Perioch. Odyss.* 6 (5) Diluit [illegible] *Ov* [illegible] *Pont.* 9, 5 (6) ✝ Accusator est in re criminum, defensor diluere & [illegible] *C* [illegible] *Herenn* (5) [illegible] Dilutus [illegible] *Cic* [illegible] = Extenuare, [illegible] *Cic*

Dilutus, a, um part. (1) *To [illegible]* (2) [illegible] (1) Dilutus [illegible] (2) [illegible]

Dilutum, [illegible]

|| Dilutio, onis f. verb. *A [illegible]*, Cod. ✝ R[illegible]

Diluvium, i n. *An inundation of water, or overflowing* [illegible]

Dilutus, a, um part. *Washed, [illegible], comp.* ssimus, sup. *Watered, tempered, mixed, [illegible]* Dilutus color, *a faint, dilute colour,* [illegible] *thin*

draught of water and wine, [illegible]

Diluvies, ei f. [ex diluo, [illegible] lavo] *A deluge, [illegible] flood, drowning the ground,* [illegible] *Od* [illegible] 4[illegible]

Diluvio, are act. *To overflow, and drown a country,* [illegible] 5, 88

Diluvium, i n. (1) *A flood, or inundation, an overflow.* (2) Met. *A [illegible]* (1) Tempestatem, & [illegible] *Plin Ep* 8, 17 (2) [illegible] 2, 8 [illegible] Sen.

Dimachae, arum [illegible] *[illegible], that is that can fight on foot, or on horseback, or on* [illegible] *Curt* 5, 1, 8

|| Dimano, are [illegible] *To flow, [illegible]*

Dimano, [illegible] *To flow, or spread,* [illegible] *Cic pro Cal* [illegible]

Dimensio, onis f. [a dimetior] *A measuring,* [illegible] *Cic Tusc* 1, 2[illegible]

Dimensor, [illegible] *A measurer,* Litt. [illegible]

Dimensum, i n. [illegible] & [illegible] ✝ Demensum

Dimensus, a, um part. (1) *Having measured.* (2) Pass. *Measured.* (1) [illegible] bis [illegible] *An* [illegible] (2) [illegible] Lib[illegible], *Vir* [illegible] [illegible] *Cic de Sen* [illegible]

Dimetior, [illegible] act. *To measure,* [illegible] *Cic* [illegible]

Dimetior, iri, ensus [illegible] [illegible] *Lit* [illegible]

Dimeter versus, *Gram.* *A verse of two feet,* [illegible]

Dimetiens, tis f. *The diameter of a figure,* [illegible] 2, 25

Dimetior, iri, nsus sum dep. (1) *To measure, or mete.* (2) *To count, reckon up, or [illegible]* (1) Dimetiri caelum & terras, *Cic* [illegible] *Sen* [illegible] (2) = Dimetiri & enumerare [illegible]

Dimeto, are, essu [illegible] *To [illegible] out, [illegible] trees,* L. [illegible]

Dimicatio, onis f. *A fighting, combating, A combat,* [illegible] D. 2, 6 [illegible]

Dimico, are, [illegible] (1) *To fight, [illegible] or battle.* (2) Met. *To struggle, or contend.* (1) [illegible] dimicatione [illegible] (2) [illegible] Dimicatio universae rei, [illegible] (2) = In [illegible] in omni vita [illegible] Dimicari [illegible] capitis, [illegible] numque, [illegible]

Dimicor, [illegible] *To be [illegible], or [illegible]* [illegible]

Dimidiatus, [illegible] *[illegible], it is contended* [illegible]

Dimidio, [illegible] [illegible] (1) *To [illegible], to struggle, to contend* [illegible] Nec [illegible] *Liv* § Cum [illegible] dimicari [illegible] *Liv* 2, 9 [illegible] § Dimicare [illegible] *Cic* [illegible] pro [illegible]

Dimidiatim adv. *By halves,* Plaut. *Mil* 3, 1, 16 [illegible]

|| Dimidiatio, onis f. verb. *A parting in the middle,* [illegible]

Dimidiatus, a, um part *Divided into two parts, halved*, also Dimidiati versiculi, *Cic* [illegible] Apex dimidiatus, *Sic* [illegible]

Dimidio, are act *hinc part* [illegible] *To divide into two* [illegible]

Dimidium, i n *The half of* [illegible] Dimidium pecuniæ, [illegible] 2, 4 [illegible] Dimidium [illegible] perdere totum ma- [illegible] 1, 76

[illegible] us, a, um [illegible] di & me- [illegible] *that is divided into* [illegible] Dimidia pars, *Plaut* [illegible] 8 Dimidia dicuntur [illegible]

[illegible] ere, ui, utum act (1) [illegible] *or lessen, to impair* [illegible] (2) *To break* [illegible] ( ) *To attenuate* (1) D- [illegible] *Cic de Inv* [illegible] rito, *Ib* [illegible] § nume- [illegible] m, *Cic* (2) Diminu- [illegible] *ones head* [illegible] ¶ Diminuitur [illegible] brum, *Ter Adelph* [illegible] ad [illegible] *frater* [illegible]

[illegible] ctus, tus pass *To be di-minished, broken*, Cic de Or [illegible]

[illegible] io, onis f verb *A di-minishing or lessening, a dimi-* [illegible] Diminutio luminis, *Cic* [illegible] ¶ Ÿ vectigalium, *Ibid* ci- [illegible] *in Catil* 3, 10 ¶ Dimi- [illegible] capitis, *the losing of one s* [illegible] *or freedom*, Cæs B C 2, 2 [illegible] *ntal* [illegible] *al* diminutio Di- [illegible] *menti, a raving, a loss* [illegible] *senses*, Suet Aug 22

Diminutivum, i n *A diminu-tive word*, Gramm *relatus* di- [illegible]

Diminutus, a, um part *Dimi-nished, lessened, impaired* Dimi- [illegible] numerus militum, *Cæs B C* [illegible] Diminutus capite, *he that* [illegible] *his freedom*, Fest which [illegible] several ways, by adop- [illegible] by giving for debt, by fall- [illegible] to the enemy's hand, *&c*

Dimissio, onis f verb (1) *A* [illegible] *or dismissing* (2) *A* [illegible] *forth* (1) Dimissio pro- [illegible], *Cic in Verr* 7, 33 (2) Dimissio [illegible] rorum ad diripiendas [illegible], *Cic Parad* 6, 2

|| Dimissorius, a, um adj *Di-* [illegible] Dimissoriæ literæ, *letters* [illegible], Modest = Apostoli, [illegible]

Dimissus, a, um part (1) *Dismis-* [illegible] (2) *Left, lost* (3) *Set down*, [illegible] *thrown down* (4) *Re-* [illegible] (5) *Divor-* [illegible] (6) *published, divulged* (7) [illegible] or *paid* (8) *Sub-* [illegible] *lowered* (1) Dimis- [illegible] concilio, *Cic in* [illegible] (2) Ÿ Quantum di- [illegible] præsent, *Hor Ep* 1, [illegible] Dimissis manibus fugere, [illegible] *Plaut* Pseud [illegible] ( ) Luces cœlo dimissa, [illegible] 11, 214 (4) Dimissa [illegible] *Hist* 2, 55, 3 (5) [illegible] mulierem cum intende- [illegible] *Rom* 8 (6) Dimissa in [illegible] non iniis sui notitia, *Sen* [illegible] (7) Cum dimissis omni- [illegible] or solus exitierim, *Plin* [illegible] Dimissi populo fasces, [illegible]

Dimitto, ere, si, ssum act (1) [illegible] *disband, or send a-* [illegible] (2) *To send about* (2) *To* [illegible] *drop* (4) *To let go* [illegible] *or dismiss* (6) *To* [illegible] *To let slip* (8) *To* [illegible] *or acquit* (9) *To sub-* [illegible] *To thrust in*, || *to* [illegible] In dimitto exerci- [illegible] *Eun* [illegible] (2) Per omnes civitates cohortes dimisit, *Liv* 38, 1 (3) Imbres dimittere cœlo, *Ov Met* 2, 310 (4) Ÿ Di-mittere eum, quem manu prehen-deris, *Cic Orat* 28 (5) Dimitte-re equos, *Virg Æn* 10, 366 (6) R [illegible] dimittere milites inscriptos [illegible] erubescebat, *Curt* 5, 1 (7) [illegible] statim undolem, neque dimittem-pus, *Cic* (8) Dimittere lætum, *Plin* in *Paneg* (9) *Vid* Dimis- [illegible] n 8 ¶ Tyrum dimittit E- [illegible] picurus, [illegible], *Cic* (10) [illegible] exsument jugulo dimittere [illegible], *O* [illegible] 14, 5

Dimittor, i, ssus pass *To be dismissed, &c* *Cic*

Dimotus, a, um (1) *Parted, thrust away* (2) *Removed* (3) *Beyond* [illegible] (1) Dimotæ corpore [illegible] aqua, *Ov Ep* 18, 80 (2) Dimotum centro [illegible] tellus, *Plin* [illegible] 10 (3) In insulas dimoti, *Tac* [illegible]

Dimoveo, ere, vi, tum act (1) *To thrust, or put aside* (2) *To remove to part* (3) *To remove* [illegible] (4) *To distract* [illegible] (5) *To diffuse* (6) *To plow, or turn up* (7) *To banish* (1) Dimovit obstantes propinquos *Hor Od* 3, 5, 51 (2) Aurora po-lo dimoverat umbram, *Vir Æn* [illegible] 589 *Ast* Ÿ Odium [illegible] dimovere, & in alios stituere, *Cic de Orat* 2, 51 (3) Virtus nimium quæ potest dimoveri loco, *Cic Philipp* 4, 5 (4) Bonis militique dimotis ad verum perferre, *Sall de R P ordin* (5) Dimovere lo-co, gradu, possessionibus, *Cic* (6) ¶ Terram dimovit aratro, *Virg Geor* 2, 513 (7) *Vid* Dimotus, n 3

Dimoveor, eri, tus pass *To be removed, &c* *Cic* *Vid* Dimoveo

† Dimulgo, re act *unde part* dimulgandus, *Cic Fam* 6, 12 *ubi tamen al leg* divulgandus, *&*, *ut videtur quidem, rectius*, *To pub-lish abroad, to divulge*

Dintro, *vel* dintrio act *To cry, or squeak like a mouse* Mus dintrit, *Auct Philom* 61

Dinumeratio, onis f verb *A numbering, paying, or telling*, *Cic de Orat* 3, 54

Dinumerator, oris m verb *He that pays, or tells*, Cod Qui dinumerat, *Cic*

Dinumero, are act (1) *To num-ber, to reckon, to count* (2) *To number, to pay, to tell money* (1) Dinumerare stellas, *Cic Offic* 1, 43 (2) Pecuniam alicui, *Cic in Verr* 5, 45

Diobolaris, e adj *Hired for a little money, cheap, vile* Dio-bolare scortum, *a common slut, an hackney*, Plaut Pœn 1, 2, 58

* Diobolus, i m *vel* diobolum, i n *Two half pence*, Jun

Diœcesanus, i m *A diocesan, he that hath the jurisdiction of a diocese*, Eccl

* Diœcesis, is, *vel* eos f (1) *A jurisdiction, a government, a province, a bailiwick* (2) *A diocese* (1) § Mirifica expectatio est Asiæ nostrarum diœcesium, *Cic Attic* 5, 21 *Lat* Jurisdictio (2) *Ap eccles scriptores*, *Lat* Pro-curatio

* Diœcetes, æ m *A steward, a manager, an overseer, a bai-liff* Rabirius diœcetes fuit regi-us, *Cic pro Rabir* 8, 5 Procu-rator, *Lat*

Diomedea avis *An hern, or as others, a coot, or moor-hen*, Plin 10 44

* Dionysia, orum n pl n [- Gr Διονύσια] *The feasts of Bacchus celebrated at Athens*, Ter Heaut 1, 1, 110 *Lat* Bacchanalia, *vel* Liberalia

* Dionysias, adis f *A preci-ous stone with red spots, smel-ling like wine, yet resisting drunkenness*, Plin 37, 10

* Dionysonymphas, adis f *A magical herb*, Plin 27, 17

Dioptra, a f [illegible] *Geom-* [illegible] *to take the al-titude of the* [illegible] *it may be used for the level-ling, or height of any instru-* [illegible] *a pipe* [illegible] *&c* [illegible] [illegible]

|| * Dioryx, ygis m [illegible] *a trench made* [illegible] *Mela* [illegible]

Dioscoros [illegible] *The* [illegible] Plin 27 11 = [illegible] mo, [illegible]

Diota, æ f [illegible] *A wine-vessel with two handles*, Ho Od 1, 9, 8

Diphris, *A precious stone of two colours*, [illegible] Plin 37 10

Diphryges [illegible] f *A sed* [illegible] Plin [illegible]

* Diphthongus, i f [illegible] [illegible] Gramm

* Diphthinus [illegible] dio-rum [illegible] Diphi-thius paries, *Of two bricks thick-ness*, Vitruv 2, 8

* Diplois, idis f *A lined gar-ment, now taken for a doublet*, Jun

Diploma, atis n [Gr διπλωμα, duplicatum] scriptum com-plicatum & duo tructo ons gra-tum (1) *A charter or a prince's letters patent, and* Ÿ *a man-damus* (2) *Also great speed and hasting of a journey, a passport* (3) *A still, called now* balneum Mariæ (1) *Vid Cic Fam* 6 12 = Diptychon, *Cod* (2) *Ap JCC* (3) *Galen*

Dipondiarius, a, um adj *Of two pounds weight*, Col 4, 30

Dipondium, ii n *vel* dipondius, i m *Cic sive* dupondium, & du-pondius, i m (1) *A weight of two pounds* (2) *Also a small piece of money, a peny half-peny* (1) *Varr L L* 4, 36 (2) Dipondio fitur intelleges ad sui iratem, non opus esse fortuna, *Sen Ep* 8

Dipsacon, i & dipsacum, i n & dipsacus, i m ( ) *A teasel, a fuller's thistle* (2) *Also the same as diabetes, pissing a bed, or not holding one's water* (1) *Plin* 2, 9 (2) *Galen*

Dipsas, adis f *A kind of viper, or adder, which having stung a man puts him in a great thirst*, Plin 22, 5 Arido abiorat effe-vescente veneno dipsades, *Sil* [illegible] 312

|| * Diptoton, i n *A noun that hath but two cases*, Gramm v Is [illegible] 1, 6

|| * Diptychus, a, um [illegible] bis, & πτυχή, plica] *Two fold-ed*, Cod

* Dipyros, i c g *Twice in the fire*, Mart 4, 47 I e panis nauticus *Bisket*, ex Lat

Diradiatio, onis f verb *A spreading of times, or setting the vine with beams*, Vitruv [illegible]

Diradio, are act *To spread, or place vines in fashion of sun-beams*, Col 5, 6

Diræ, arum pl f sc preces *Curses*, or *imprecations*, also the *furies* ¶ Diras um ol nuncia re, *Cic de Div* [illegible] 16 Diras preces fundere, *Tac Ann* [illegible] Diras imprecari, *Plin* 6, 2 [illegible]

Directe adv us, comp [illegible] *directly, down* [illegible] *Cum* [illegible] directum [illegible]

Directio, onis f verb *A* [illegible] *to a thing* Directio [illegible]

[illegible]

[illegible] (1) [illegible] (2) [illegible]

( ) Directo [illegible] *Pl Cont* [illegible]

Directus [illegible] *pl* [illegible] *Cic* [illegible]

Directe [illegible] *Cic* [illegible] *Ep* [illegible]

Directus [illegible]

Directum [illegible]

Directus, a, um part & ad ordine (1) *Directed* (2) *Set* [illegible] (3) *Straight* (4) *Deal* [illegible] (5) [illegible] *in alliance* (1) [illegible] (2) [illegible] (3) [illegible] (4) *Vel* [illegible] *ult* 1, 8 ( ) Ammi [illegible] *Cic Or* 2 281 (2) Membram directi plumbo, *Catull* 2, 8 (5) Sermo directus, *Quint* 2, 1, Vid & Li 2, 21 (6) Visceri [illegible] directi, *lex auctor The* [illegible] *Mach* 107 *Vid* Dirigo, n 8

Diremptio, onis f verb *A separation, or breaking off*, Val Max [illegible] 7

|| Diremptor, oris m verb *He that separateth*, Aug

Diremptus, a, um part [*a* dirimo] *Divided, separated, parted* Anima morte dirempta, *Luc* 1 115

Diremptus, us m *A parting* = Est interitus quasi discessus & secretio ac diremptus earum partium, quæ junctione teneban-tur, *Cic Tusc* 1, 29 *ubi tamen al* diremptus

Direpo, ere, psi, ptum *To creep, or come softly* Direpit ad cubile setosa suis, *Phæd* 2, 4, 12

Direptio, onis f verb [*a* diripio] *Robbing, pillaging, ran-sacking, plundering, rifling* Urbs relicta direptioni & incendiis, *Cic Fam* 4, 1 = Expilatio, *Id*

Direptor, oris m verb *A rob-ber, spoiler, or rifler* = Eos in eodem genere prædatorum direp-torumque pono, *Cic Catil* 2, 9 Ÿ custos, *Id Philipp* 3, 11

Direptus, a, um part (1) *Pluck-ed, or torn in pieces* (2) *Torn from* (3) *Robbed, spoiled, plun-dered* (4) *Beaten, or pulled down* (1) Membra direpta ma-nibus nefandis, *Ov Met* 3, 731 (2) A Signa affixa delubris & arma militibus direpta, *Ho Od* 3, 5, 19 (3) Direpta domus, *Vir Æn* 2, 563 (4) Mœnia direpta, *Luc* 6, 35

Direptus, us m verb *A tak-ing away*, Cic Tusc 1, 29 *ubi tamen al* diremptus

Diribeo, ere, ui [De cujus ety-mo sententias diribere longum es-set, certe est comitiorum propr] *To count over, to distribute* Hic est ille, qui gentes & regna diribet, *Plin* 36, 15 Dum sententiæ diri-

berentur,

be en ut, *Val Max* 9, 12, 7 Dum de te tabellæ dirimeren ur, *Cic* in Pis 1, 6

Diribitio, ōnis m verb *An officer that makes a scrutiny in a ballot, who an officer in the Roman elections, who marshalled the tribes into their classes, or orders, and distributed the tablets among them, when they voted* Vid Torrent in Suet Claud 1, 18 *A magistrate, or determiner of causes*, Cod Also a *arrier, a sewer*, Apul M p 52

Diribitorium, i n *An house begun by Agrippa and finished by Augustus, where the soldiers were mustered and received their pay, also a place where, when the Romans went to give their votes, certain officers called diribitores attended, dum sententiæ dirimerentur, i e were divided as in a scrutiny*, Max 5, 1

Dirigens, tis part *To be directed, levelled, or measured* Hon stæ dirigendi est utilitas, *Cic Off* 1, 21

Dirigo, ĕre, xi neut (1) *To grow stiff* (2) *To curdle* (1) Dirigere ... *Virg Æn* ... (2) ... Dirigere coma ...

Dirigo, ĕre, exi, ectum act (1) *To direct* (2) *To order, to set in array* (3) *To steer* (4) *To frame, or guide* (5) *To level* (6) *To aim* (7) *To rule, or judge* (8) *To* ... (1) Ad vivam rationem dirigit conscientiæ, *Cic* de ... (2) Dirigere acies, ... Dirigere labores ... (3) ad linteum ... dirigere, *Cæs B G* ... 25 (4) Ad virum ... *Plin Paneg* 45 (5) Hastile certo contorquens dirigit ictu, *Virg Æn* 12, 490 (6) Dirigere rimulis cacumen ad cœlum, *Varr R R* 1, 30 (7) Regiones lituo dirigit Romulus, *Cic* de *Div* 1, 17 (8) ... *Plaut Cist* 1, 1 ... Salmasius gerendum probat ... *Tib* ... ap Non

Dirimor, ectus pass *To be ruled, &c Cic*

Diremptus, a, um part *To be terminated, or decided* Res est arbitrio non dirimenda ... *Ov* Fast 1, 8

Dirimo, ĕre, emi, emptum act [ex dis & emo, mutata ...] (1) *To break off, to interrupt* (2) *To part* (3) *To determine, to decide* (1) Prælium diremit nox, *Plin* ... (2) Dirimere ... *Cic* ... Dirimere auspicia ... *Cic*

Dirimor, emptus pass *To be parted, to be divided, or discontinued* ... dirimi ... *Plin Ep* 6, 4

Diriptus, a, um part *To be divided*, *Cic*

Diripio, ēre, ui, eptum act (1) *To tear asunder, or pull in pieces* (2) *To snatch, or pluck away by force* (3) *To spoil, or rob, or pillage, to pillage, or plunder* (4) *To cast to the ground, to tear down* (5) *To bear, or detract from* (1) Penthēum diripuisse ait

unt Bacchas, *Plaut Merc* 2, 4, 1 (2) Diripere ... loco, *Cic de Prov Consul* (3) ... ad expilandos socios, diripiendasque provincias, *Cic* pro *Leg Man* 19 (4) Diripientis, *Virg Æn* 12, 28, interpr *Serv* (5) De alicujus auctoritate diripere, *Cic* pro *Sulla* ... detrectare

Diripior, i eptus pass (1) *To be torn in pieces* (2) *To be robbed, or rifled, &c* (1) Cum conflictu ... *Ov Fast* ... (2) Incustoditæ diripiuntur opes, *Ov Trist* 3, 10, 58 ...

Diritas, ātis f (1) *Fierceness, cruelty* (2) *Cruelty, inhumanity* (3) *Ill luck, omen of* ... (1) Quantam in altero diritatem, in altero comitatem, *Cic* de ... 18 ... *Suet* ... (2) Quanquam his omnibus ... diritatem ... *Cic* in *Vat* 2 (3) Diritas dici, *Suet Aug* 8

Dirumpo, ĕre, ūpi, ptum act [ex dis & rumpo] (1) *To break, to break in pieces* (2) *To split* (3) *Met To break off* (1) Pueri paedagogo tabulâ dirumpit caput, *Plaut Bacch* 3, 3, 37 Dirumpere tabellas, *Cic* (2) Pene me dirumpit ... *Cic Fam* 7, 1 ... dirumpi ... *Plaut Cas* 2, 3, 10 (3) Amicitias ... dirumpenda, ... *Cic* de *Am* ... 22

Dirumpor, i uptus pass (1) *To be broken* (2) *To be split* (1) Dirumpi ... cerebella, ... (2) Frustra dirumpi, *Cic* Fam 12, 2 dolore, *Id* ... *Cic Attic* 4, 12 ... rumpi

Diruncino, āre act [Runcinas ...] *To saw, or plane, or* Plaut

Diruncinor, āris, ātus pass *To be sawn* ... ex Col

Diruo, ĕre, ui, ūtum act *To break, or pull down, to overthrow or destroy* ... Qui ... *Cic* ... pro *Cælio*, 22 ✠ Diruit, ædificat, ... Hor Ep 1, 1, 100

Diruor, i utus pass *To be pulled down* Mac ... jube dirui, *Ter Adelph* 5, 7, 10 ¶ ... dirui ... *Cic* ... *Verr* 7, ...

Diruptio, ōnis f verb *A bursting* Corporum diruptio, *Sen* ...

Diruptor, ōris m verb *He that breaks, or wastes*, Latt ex Tac

Diruptus, a, um part [a dirumpor] (1) *Burst, or broken* (2) *Met Rugged* (3) *Steep, craggy* (4) *Met Rigorous, harsh* (1) Illam medram diruptam ... *Plaut Cas* 2, 5, 18 Homo diruptus, dirutusque, *Cic Cælius*, *Cic* ... (2) ... (3) Quum precipites diruptæque utrinque ... *Liv* 21, ... (4) In ... diruptionemque ... concessere, *Id* 38, 2 (5) = Homo diruptus & implacabilis, ... *Tac* 2, 11

DIRUS, a, um adj or, comp issimus, sup (1) *Direful, cruel* (2) *Horrible, dreadful, terrible* (3) *Mournful* (4) *Fatal, ominous* (1) = Ingusta, infesta, ... dira, *Cic* de *Leg* 2 (2) Diræ deprecationes, *Plin* 28, 4 Diræ exsecratio, *Liv* 27 22 (3) Nec sæpius dirum ... *Æn* 11, 56 (4) Dirum omen, *Plin* 10 12 Diri cometa, *Virg Geor* 1, 488 Mens

dira, *Id Æn* 2, 519 Extra fine capite, quibus nihil videtur esse dirius, *Cic* de *Div* 2, 15 Dirissimus, *Varr* ap *Non* 2, 247

Dirutus, a, um part [a diruor] *Broken, or cut down, destroyed, overthrown, ruined* Diruta & deserta urbes, *Cic* ad *Q fr* 1, 1 ¶ Ære dirutus miles, *a soldier that for some misdemeanor hath forfeited his pay*, *Cic* ... *a bankrupt*, *Verr* 7, 13

Dis, ditis c g & dite, n or, comp issimus, sup *Rich, wealthy, great, fertile, ample* Tunc dis quidem esses, *Ter Adelph* 5, 1, 8 ... ditis ædes, *Id* 4 2, 4 Dite solum, *Val Flacc Arg* 2, 296 Diti castra, *Luc* ... Ditior & affluentior est vera amicitia, *Cic* de *Am* 15, 10 ✠ Ditissimus ævi, *longest-lived*, Sil 3, 97

Discalceātus, a, um part *Unshod, without shoes* Suet Ner 51

† Discavcātus, a, um *Set open, or gaping*, Plin 9, 30 *sed rectius leg* discurvatus

Discaveo, ēre, vi, cautum neut *To be very careful, to beware* § Discaveas malo, *Plaut Aul* ... R occ

Discēdens, tis part *Departing, going away, ending* Discedens hiems, *Ov Fast* 2 152

Discēditur, discessum est impers *They depart* Ab concilio disceditur, *Cæs B G* 7, 2 Omnia sunt incerta, cum a jure discessum est, *Cic Fam* 9 16

Discēdo, ēre, ssi, ssum neut (1) *To depart, to go away* (2) *To be cast, or* ... (3) *To be parted, or divided* (4) *To lose* (5) *To open, or gape* (6) *To vanish* (7) *To die, to cease to be* (8) *To be changed* (9) *To give place, or yield* (10) *To go, or come off* (1) ✠ Eo die ego Capuâ discessi, & mansi Calibus, *Cic Att* 7, 21 § Discedere a patria, *Cic* Româ, *Id* ... e conspectu, *Id* (2) Discedamus a nobismetipsis, desipienter loquamur, *Cic Acad* 4 (3) In duas partes discedunt Numidæ, *Sall B Jug* 17 (4) Uxor a Dolabella discessit, *Cæl Cic Fam* 8, 6 (5) Cœlum discessisse visum est, *Cic* de *Div* 1, 4 (6) Discent ... *Lucr* ..., 401 (7) Qui discedere animum censent, *Cic* Tusc 1, 9 (8) Cœlius discessu meo discessit a se, *Cic* de *Cl Or* ... (9) ... disparibus incidat bellum, discedat pigrior, *Hor Sat* 2, 1, ... (10) ... impune ... *Cic* ... ✠ Superior discedit, *he gets the better*, Cic Discedere nonnihil, *to come well off*, Plaut Stich ...

† Discanto, āre [ex dis & canto] *To sing treble* ... ex Liv ...

Discendus, a, um part *To be learned* ✠ Meliores mores discendi, ... *Plaut Mil* 4, 8, 19

Disceptātio, ōnis f verb (1) *A disputing, debating, or reasoning* (2) *An arbitrement, a compromise* (1) *Cic Off* 1, 11, 2 ✠ ... *Ib* = Controversia, *Id* de *Orat* 2, 72 (2) *Ulp*

Disceptatiuncula, æ f *A little debate, or dispute*, Gell 20, ult

Disceptātor, ōris m verb *An umpire, an arbitrator, a mediator* = Disceptator, id est, rei aut sententiæ moderator, *Cic Part Orat* 3 = Reconciliator pacis & disceptator ... quæ in controversiam ..., *Liv* 35 35 § ... disceptator adest, ... disputa, *Plaut Most* 5, 2, 16

Disceptatrix, icis f *She that is judge between two* = ... dialectica veri & falsi disceptatrix & judex, *Cic Acad* 4, 28

Disceptātur impers *To be pleaded, it is argued* Cic Fam 4, 14

Discepto, āre act [ex dis & capio] (1) *To debate, to argue or dispute any thing, any way* (2) *To award, to determine, to judge* (1) Ego conditionibus, illi ... disceptare malucrunt, *Cic* ... 8, 15 (2) Hinc C Cæsar, cuivis ... in foro diceremus, eodem ... & disceptante, te, *Cic* ... § Discep are de controversiis *Cic* § ... *Cæs* § cum aliquo, *Cic* § inter se, *Sil*

Discerniculum, i n *An instrument wherewith women part their hair* ... *a pin, or bodkin* (2) Met *A difference, or distinction* (1) *Varr L L* 4, 29 (2) *Gell* 17, 15

Discerno, ĕre, crevi, crētum act [ex dis & cerno] (1) *To discern, to put a difference* (2) Met *To judge, or determine* (3) *To perceive, or quell it* (1) Alba & atra discernere non poterat, *Cic Tusc* 5, 39 (2) Pecuniam tamen ... parceret, haud fic... discernes, *Sall B Catil* 26 (3) Litem discernere, *Virg Æn* 12, 896

Discernor, i, cretus pass *To be discerned, distinguished*, &c ... discerni facilius ... judice possit, *Cic* pro *Font* 6 ... Discerno

Discerpo, ĕre, psi, ptum act [ex dis & carpo] (1) *To pluck, tear in pieces* (2) Met *To* ... *ide* (1) Alligatum corpus eius discerpsere, *Varr* = Dilacerare, *Cic* (2) Rem propositam in membra discerpere, *Cic Top* 5

Discerpor, i, tus pass *To be torn, or divided* = Dissipi, & lacerari, *Cic N D* 1, 11

Discerptus, a, um part *Torn, or pluckt in pieces* Membra discerpta, *Hor Sat* 2, 8, 86 = Divulsus, *Cic* de *Orat* 3

Discessio, ōnis f verb [a discedo] (1) *A departure* (2) Met *An absence, or want* (3) *A going for, or agreeing to an opinion* (4) *A divorce, or parting* (5) Also *the intermission of an ague fit* (1) ✠ Mecum ... de tua mansione aut discessione communicat, *Cic Fam* 4, 4 ... (2) ✠ ... neque accessio ... neque discessio pejor, *Cic Off* ... (3) Discessio facta est ... sententiam, *Cic Attic* 12, 21 (4) Si evenisset, quod Di prohibeant, discessio, *Ter Andr* 3, 3, 37 (5) *Cels* ap *Litt*

Discessūrus, a, um part *About to leave, or quit*, *Cic* de *Orat* 1, 56

Discessus, ūs m verb (1) *A departing, or going away* (2) *An opening, or going asunder* (1) ✠ Ut me levarat tuus adventus, sic discessus afflixit, *Cic Att* 12, 41 (2) Tum et terræ fremitus, nec cœli discessus, *Cic* ... Discessus e vita, *death*, Cic

Discus [a disci figura] *A comet, or some such like impression in the air*, Plin 2, 25

Discidium, i n [a discindo] (1) *A separation* (2) *A divorce* (3) *Discord, dissension* (4) *Departure, death* (1) Discidium ... fieri nequeat sine peste ... *Lucr* 3, 851 (2) Valeant, qui inter nos discidium volunt, *Ter Andr* 4, 2, 14 (3) Per ... *oritur*

hu hum, *Part Mil* 3,1, ( ) Fir s cari fleb le disci-
cum u 2
D adv *Dissolutely, loose-ly*, Liv
d, um part (1) *Un-*
ign of submission (2)
or *cashiered* ( ) *Dis-*
negligent, retchless, sloth-
(1) Primores qu
tum ern & d sc nati
n us, *Suet Aug* 100,
D eque *Liv* (2)
ntos desti ut, *I*
eram discin t que
Amor 1, 9, 41
us nepos, *Hor Epod* 4,
Di ndus, a, um part *To*
in two, Cic *Ad*
ct, scidi, scissum act
(2) *To rent*
or *break off*
( ) Di cotem novacula,
Di vestem
Ter Adelph 1, 2, 41
dissuenda magis
sunt, *Cic de*
D nior, i, ssus pass *To be*
asunder Discin-
multas par es *anima*, Lucr
D xi, ctum act (1)
(2) Also *To*
(3) Met *To*
(1) *Mart* 9,
( ) = Discinxit
deos, triu lesque resolvit,
ita irans leg ma-
ta disciffit
Di [discipulus]
instruction (2)
a profession, or
A trains away, or
A of philosophers
(1) Fit in lite-
rebus eidem
2 ✱ Non
sed disciplina mo-
2 Disciplina fu-
rum a tum d
Lig 90 ( )
constitution-
Disciplina est
ancill s, qui ad
viam, *Ter*
(3) Quid à finitimis
meretur,
(5)
& duritia disciplinæ
1, 2, 75
That may
taught, Ad He-
D um *Instruct-*
Aug Inte p ✝
un *Or that*
as
Gel 19 R
D *A ne scholar*,
D disciplulam
1, 1, 20 Au hr
n &
scholar, a
in or lear-
go & Dr libellam
b leo, cannin-
C Fam 5, 6 Dif-
orum *Plaut Pf d*
est prioris poste-
D part [discin-
Rent or torn ( ) *Pul-*
(1) Discissos h in
Ita
amni muri, *Stat*
D ur imperf *It is harmed*

Audien lo facili me disci arbitra-batur, *Nep Epam*
Discludo, ere, di, sum act *To separate, or set apart, to shut up apart* = Discli tere mundum, membraque dividei , *Lucr* 5, 439
Discludor, i, sus pass *To be separated*, Cic Tusc 1, 10
|| Disclusio, onis f verb *A putting up, a separation*, Apul *de Deo Socr* init ✝ Separatio
|| Disclusor, oris m verb *An al ridger of mens liberty*, Col
Disclusus, a, um part *Shut up, separated* = Semotus, *Cic* 1-bulis discl is, *Cæs B G* 4, 17
DISCO, ere, didici act [δα, δαέω, ut a χάω, χάσκω, hisco, *Scal*] (1) *To learn*, or *acquire the knowledge of a thing* (2) *To be informed of, to understand* (1) Discere dialecticam, *Cic* literis, 11 Didicisse fideliter artes emollit mores, *Ov Pont* 2, 9, 47 (2) = Animadverti & didici ex tuis literis, *Cic Fam* 3, 5 § Disce aliquid ab alio, *Cic* de alio, *Plin* *suo* per alium, *Ov*
Discor, i pass *To be learned* Ius civile discitur, *Cic* in *Ver* 6, 45 Per me discuntur amores, *Ov*
* Discŏbŏlus, i m *in acc* disco bolon *A quoit-caster, a piece of Myrons workmanship*, Quint 2, 13, & Plin 34 8
Discoctio, onis f verb *A seething*, or *boiling*, Cels
Discoctus, a, um part [a discoquor] *Sod*, or *well boiled*, Plin 22, 25
Discolor, ŏris adj omn gen (1) *Of a diff re nt colour, discoloured* (2) *Also unlike* (1) Discolor Indus, *Prop* 4, 3, 10 (2) = Matrona meretrici dispar, & discolor, *Hor Ep* 1, 18, 4
D scŏlōr tus, a, um part *Discoloured*, Aug D scolor, *Cic*
D scŏlor us, a, um adj *Of diverse and sundry colours*, Petr Arb c 97
Discondūcit imperf *It is not available*, or *conducive*, Plaut Trin 4, 2, 85
|| Disconvĕnient r adv *Disagreeably, inconveniently*, Aug
Disconvĕnio, ire, ni, ntum neut *To disagree, to be unlike*, Hor Ep 1, 1, 99 Rard occ
Disconvenit inter me & te imperf *We do not agree*, Hor Ep 1, 14 18
|| Discoopĕrio, ire act *To disclose, or discover*, Dig rec-go, occ
|| Discophŏrus, i m *On that carries a dish to a table*, Hier
Disco uo, ĕre, xi ctum act *To seeth well*, Plin 29, 6 Discoquitur in olle in vase novo, *Ib d*
Discordabilis, e adj *Disagreeable, inconvenient*, Plaut Capt 2, 2 42
D scordans, tis part (1) *Disagreeing, out of tune, jarring* (2) *Differing, altering* (1) Paterc 2 52 (2) = Animus 1 sibi diffidens, secumque discordans, *Cic de Fin* 1
|| Discordatio, ōnis f verb *A variety, a difference, or jarring*, Poet ✝ Discordia diffensio
Discordia, æ f [a dis & cor] *Discord, variance, debate, strife* = Dissensio, s d tio, dissidium, *Cic* ✱ ... *Il*
Discordiabilis, e adj *That breeds a discord*, or *strife*, Plin 37, 10 R occ Dissidens, *Cic*
Discordiosus, a, um adj *Contentious, full of discord and variance, quarrelsome*, Sall B Jug 66 Rar occ
✝ D scordis, e *pro* discors, *Prisc* ex 1 *p*

✝ Discorditer adv *Disagreeingly* ✝ Parum concorditer
Discordo, āre neut [a discors] (1) *To be at discord*, or *disagree, to be at variance* (2) *To differ, to be contrary to* (1) § Discordare cum aliquo, *Tac* 2, 28, 1 inter se, *Ter Andr* 5, 3, 43 (2) § Discordat parcus avaro, *Hor Ep* 2, 2, 194
Discors, dis adj [ex dis & cor] (1) *Discordant, jarring* (2) *Differing, of a different sentiment* (3) *Harsh, unamiable* (4) *Contrary* (1) Contentiones discordes, *Cic* Discordia pectora, *Sil* 2, 680 (2) § Discors patri, *Paterc* 2, 27 *ultral patris* (3) Symphonia discors, *Hor Art Poet* 374, 26 (4) Modi discordes *Stat Syl* 5, 3, 26 (4) Venas discordibus acta phaselus, *Ov Amor* 2, 10, 9
Discrĕpans, tis part *Disagreeing, differing* ✱ Oratio verbis discrepans, sententiis congruens, *Cic de Leg* 1, 10
Discrĕpantia, æ f *Variance, disagreeing, difference* Major rerum discrepantia quam verborum, *Cic de Fin* 3, 12
Discrĕpat imperf Discrepat inter scriptores, *They differ*, Liv
Discrepatio, onis f verb *A dispute, a controversy* Disputatio inter consules fuit, *Liv* 10, 18 R occ
|| Discrĕpĭtor, ōris m verb *A disagreer, one who differs*, Dig ✝ Qui discrepans, *Cic*
Discrĕpĭtans part *Separate, differing* = Inter se disjunctum discrepitansque, *Lucr* 3, 804
Discrepito, are freq [a discrepo] *Oft n to disagree*, or *jar* Positura discrepitant hæc, *Lucr* 2, 1c 7
D screpo, āre, ui & ivi, itum neut [a dis & crepo] (1) *To give a different sound* (2) *Syned To vary, to dissent, to disagree* (1) In fidibus aut tibiis, clamvis paululum discrepant, tamen à sciente animadverti solet, *Cic Off* 1, 41 (2) ✱ Re concinere, verbis discrepare, *Cic N D* 1, 7 § inter se, ab aliquo, in vel de re aliqua, § sicta cum dictis, *Cic de Fin* 2, 9 ✱ Congruo, *Id*
Discrēte adv *Separately, distinctly* ✱ Pares argumentationis confusi & permixti dispersimus, post distincte & electe degeremus, *Cic de Inv* 2, 40
Discretim adv *Severally, distinctly*, Apul Florid p 359 aliqui adducunt ex Varr R R 2, 2 *ubi tamen al* discretum, *et* id o *cui ir auctoritatis ap Claff cum vix alibi occurrat* ✝ Discrete
|| Discretio, onis f verb [a discerno] *A separation, a parting*, Lact & post riores ✝ Secretio
Discre us, a, um part [a discerno] (1) *Parted, severed* (2) Adj *Different* (1) Saxo discretus ager, *Stat Theb* 5, 569 (2) Discreta femina, *Lucr* 6, 70
Discrīmen, inis n [a discerno, vel potius διακρίνω] (1) *Diversity, difference* (2) *Debate, controversy*, or *doubt* (3) *Danger, hazard, peril, battle* (4) *A space*, or *distance* (5) *Also the plowing*, or *harrowing of land* (6) *The parting of the hair* (7) *Discretion* (1) = Delectu omni & discrimine remoto, *Cic de Fin* 4, 25 (2) = Venerat res in judicium atque discrimen, *Cic Verr* 5 (3) = Discriminum & periculorum comes, *Cic N D* 2, 66 Ante ultimum discrimen *Aleacum*, Paterc 2, 84 (4) Æquo discrimine

Pristis Centaurusque, *&c* Virg *Æn* 5, 154 (5) Ap *Col* (6) Compositum discrimen erit, *Ov* in *Art* 2, 303 (7) Non est consilium in vulgo, non ratio, non discrimen, *Cic* pro *Planc* 4
|| Discriminale, is n *A bodkin to part the hair*, Bibb Crinale, *Ov* Discriminulum, *Non*
Discriminatim adv *Distinctly, severally*, Varr R R 1, 7 Articulatim, *Cic*
Discriminatio, ōnis f verb *A severing*, or *dividing*, Diom ✝ Discrimen
Discriminatus, a, um part *Distinct, separate*, Liv 21, 4
Discrīmino, āre act [a discrimen] *To divide*, or *part* Hetruriam discriminat Cassia *Cic* Philipp 12, 9 *A* thera ab *Actois* plaustris, *Stat Theb* 5, 59
Discruciatus, a, um part (1) *Tortured* (2) Met *Troubled, afflicted* (1) *Suet Aug* 14 (2) *Cic Philipp* 13, 18
|| Discruciatus, us m *Torture*, Prud Hamart 834 Cruciatus, *Cic*
Discrucio, are act *To torment*, Apul *de Habit doctr* Plat p 62
Discrucior, ari, atus pass *To be much vexed*, or *troubled* Discrucior animi, *Ter Adelph* 4, 4, 1
Discŭbĭtōrius, a, um adj *Adapted for sitting down at meat* Discubitorius lectus, *Lexicogr* ex *Plin*
Discubitus, us m verb *A sitting down at meat* Nec sinoris adventum discubitu præcurrerent, *Val Max* 2, 1, 9
Discŭbo, are, ui, itum neut *To lie down to sleep* Discubitum noctis imus, *Plaut Merc prol* 99 Non vidi nisi in prat & supinis
Discumbitur imperf *They are sitting at the table*, Cic Verr 1, 26
Discumbo, ĕre, cubui neut (1) *To lie at meat upon a bed after the antient custom, after our custom to sit at the table* (2) *To lie down to sleep* (1) Mensis discumbere, *Stat Silv* 5 (2) Discubitum noctu imus, *Plaut* ✝ Discubo
Discuneatus, a, um part *Cloven*, or *opened, as it were with a wedge*, Plin 5, 30
Discuneo, are act *To cleave with wedges*, Lexicogr ex Apul
Discŭpio ĕre, ivi, i um *To desire much*, Plaut Trin 4, 2, 87
Discurrens, tis part *Running up and down, &c* Apul p rc
Discurro, ĕre, ri, sum (1) Neut *To run hither and thither* (2) Act *To run o er* (1) Juventus Romana ad rapiendas virgines discurrit, *Liv* 1, 9 (2) Fama strenue totas urbes discurrit, *Curt* 4, 1
Discursatio, onis f verb *A running up and down* Otiosa per urbem discursitio, *Sen de Brev vit e*, 3 *ubi tamen al* discursitatio
Discursim adv *Running severally*, Macr Sat 7, 1
|| Discursio, ōnis f verb *A running about*, Lact *de* Op Dei, 2
Discursitatio, ōnis f verb *A running up and down, or to and fro*, Sen ✝ Discursitio
|| Discursito are freq *To run about, to wander*, Hier ✝ Cursito
|| Discursitores *Light soldiers that made inroads*, Amm ✝ Cursores
|| Discursor, oris m verb *He that runs about*, Apul ✝ Cursor, *Cic*
Discursus, us m (1) *A running to and fro, a wandering course* (2) *Also a discourse, a treatise, a syllogism* (1) Magno clamore discursuque passim se fugæ mandant,

[illegible] *B G* 8, 29 (2) [illegible] port [illegible]

Di[illegible] (1) *A di[illegible]* or [illegible] (2) Also *a* [illegible] G[illegible] and Romans [illegible] who [illegible] (1) Com[illegible] & [illegible] = [illegible] (3) [illegible] [illegible] Sen[illegible]

Dicti[illegible] ib *I[illegible]* [illegible] 1, 15

Dictitor, [illegible] m verb *A[illegible] lor, one who [illegible]*, Firm ✝ [illegible] [illegible] Mete[illegible]

[illegible] um [illegible] *Th[illegible]*

Dist[illegible] part (1) *Sl[illegible]* (2) [illegible] (1) Dif[illegible] *Æn* 9,[illegible] (2) D[illegible] & [illegible] 1, 6, D[illegible] 15

Dist[illegible] (2) *To [illegible]* (3) *To* [illegible] (2) *To [illegible]*, or [illegible] (3) *To put*, [illegible] *away, to [illegible] off* (1) Ar[illegible] 2, 12 [illegible] *B C* 2, 9 (2) [illegible] 6, 5 [illegible] (3) Dicutere nu[illegible] vultu, [illegible] 12, somnum, *Prop* 3, 10, 1

Dist[illegible] (1) *F[illegible]* (2) *Expressly, by [illegible]* (1) [illegible] stul[illegible] (2) C[illegible] = [illegible] *P[illegible]*

Dist[illegible] adv *Expressly* [illegible] nomin[illegible] mihi [illegible] St[illegible] 1, 9

|| Distri[illegible], f *A[illegible]* [illegible], He on [illegible]

Di[illegible]tus, a, um adj [illegible] (1) *Co[illegible]* (4) *Plain, expre[illegible]* (1) Ut [illegible] nomin[illegible] 1, 57 Le[illegible] Populus [illegible] *C[illegible]* [illegible] rumores [illegible] Epistola [illegible] (2) [illegible] = [illegible] calidum & [illegible] credidi he[illegible] 5, 7, 10 (4) [illegible]

D[illegible] *To [illegible]* ✝ Attorc [illegible] C [illegible]

Di[illegible] *To [illegible] and throw up and down*, [illegible] 2, 562

|| Disjector, [illegible] m [illegible] *He that casts down*, [illegible] ✝ Qui disjicit

Disjectus, a, um part (1) *Scattered here and there, dispersed* (2) *C[illegible]* (3) *R[illegible]* (1) Disjectam [illegible] æquore classem, *Vir Æn* 1, 2 (2) Fecta disjecta non levi ruina *Hor Od* 2, 19 15 (3) Disjecta per agmina magna voce vocat, *Vir Æn* 12, 482

Disjectus, ūs m *A scattering [illegible], a [illegible], a dispa[illegible]*, Lucr [illegible], 941

Disjicio, ĕre, jeci, jectum act (1) *To cast down, to scatter* (2) *To d[illegible], to put to flight* (1) Disj[illegible] *A[illegible]* 1, 147 (2) Inim[illegible] disject[illegible] *ab de hep ora*

D[illegible] vern *d* [illegible] Arnob 2 || Disjunctus, *C*

|| Disjungo, ĕre act *To* [illegible] or *unyoke*, Arnob 5 ✝ Disjungo, *C*

|| Disjunctor, [illegible], ūs pass *To be [illegible]*, Arnob ✝ Disjungo

|| D[illegible] ✝ Singultim, [illegible]

Disjunctio, [illegible] (1) *[illegible] union, or parting*, (2) *[illegible] greeing, or [illegible]* (1) Disjunctio animorum, *C* [illegible] 6 (2) Sententia [illegible] *Pro Corn*

|| Disjunctive adv *Disjunctively*, *C[illegible]*

|| Disjunct[illegible], a, um adj D[illegible], Mart Cap

|| D[illegible]unctor, [illegible] m verb *He that parteth, or puts*, [illegible] ✝ Qui d[illegible]git

Disjunctum, [illegible] *A distinct [illegible] proposition, whereof one part [illegible]*, Gell 16, 8

Disjunctus, a, um part or comp [illegible] (1) *Separated* (2) *Divided, distincted, unlik[illegible]* (3) *[illegible]* (4) *Adj Far off, at a distance* (1) [illegible] *C[illegible]* (2) Græci [illegible] nostro [illegible] (3) Disjunctum bovem [illegible] *Ip* [illegible] 8 ¶ Nihil est [illegible] cum disjunctius, *Ci[illegible]* 2, 29 (4) [illegible] Suffusima, *Pl[illegible]* 1, & [illegible]

Distingo, ĕre, xi, ctum act *To* [illegible], *to p[illegible]* [illegible] Fares distinx[illegible] *Tac* [illegible] 2 [illegible] ¶ Dis[illegible]

Disting[illegible] pass *To be [illegible]* & *c C* [illegible] 1, 10

|| Dispal[illegible] f verb *A [illegible] scattering*, Arnob Serm[illegible] *Ce*

Dispalatus, a, um [illegible] *ttered, [illegible] straggling* Dispalat[illegible] *Nep Lys* 1

Dis[illegible] præcept [illegible] *To [illegible] about [illegible]*, Paul Brech 4, 9 12 = divulgo

Dispalo, [illegible] *To* [illegible] (1) *Act To [illegible]* (2) *Neut To [illegible]* (3) *Met To [illegible]* (1) [illegible] Dispalor (2) = Spatiendi[illegible] mutes, *G*

Dispalor, āris, atus pass *To be [illegible] up and down*, Amm [illegible] 2

Dispando, ĕre, di, passum *Plin* ✝ *Mil* 2, 4, 7 [illegible] *Act To [illegible] out, to spread abroad* Dispan[illegible]tum, *Lucr* 6, 598

|| Dispansio, ōnis f verb *A spreading abroad*, Aug ✝ Diffusio

Dispansus, a, um part *Stretched out, spread abroad* Arbor vast[illegible], *Plin* 9, 4

Dispar, aris adj [illegible] *Unlike, unequal, different* ¶ Dispar [illegible] sunt, [illegible] de Se[illegible] Dispar [illegible] *H[illegible]* Par[illegible] *Ce* = Varium, [illegible] *H[illegible]*

Disparatum, orum qua[illegible] tur ab invicem, & [illegible] *ono & arbor*, & [illegible] Disparat[illegible], ut *a [illegible]* [illegible] 5 11 *I[illegible]* Cic [illegible]

Disparat[illegible] *D[illegible]*, Aug Imp[illegible], *Hor [illegible]*

D[illegible]lis, [illegible] *Dis[illegible]* Cic [illegible] D[illegible] 1, 6

Dis[illegible] f [illegible] *[illegible]* Ps[illegible] parilit[illegible] *G[illegible]* coll[illegible] tionis, *Ir[illegible]* [illegible]

Disparil[illegible] adv [illegible] Hæc d[illegible] non dif[illegible] hiatu in ne[illegible]tum, *Varr* [illegible] 6

Dispartio, īre act (1) *To se[illegible], to [illegible]* (2) *To [illegible] or [illegible]* (1) [illegible] nos [illegible] *Pl[illegible]* (2) [illegible] *Pl* [illegible] 51

Dispartior, īri, ītus pass *To be parted, or [illegible]*, [illegible] Post

Dispertio, īre, ivi act *To divide, or part* D[illegible] opsonium [illegible], *Plaut* [illegible] 1

Dispertior, [illegible] pass *To be [illegible]* = Dispartiri & divid[illegible] *Cic* [illegible]

Dispartio[illegible] ātus sum dep [illegible] confl[illegible] quod [illegible] com[illegible] dif par[illegible], *Cic de [illegible]* 2, 19

Dispartitus, a, um part [illegible] *Fate[illegible] [illegible] tout* Dispartitæ [illegible] *Lucr* 1, [illegible] Dif[illegible] manibus patibul[illegible] habeunt, *Plaut Mil* 2, 4, 7

✝ Dispitcho *To be pill[illegible]ed, or [illegible] abroad*, [illegible] *C* Plaut [illegible] 4, 12, [illegible] MSS

Dispectus, ūs m [illegible] dispicio] *Consideration, regard*, Sen *de Ir* 1, 29 Raro, *Cic*

Dispellens, tis part *Driving away*, Stat

Dispello, ĕre, puli, pulsum act, *To dispel, or drive away, to [illegible] or drive* Quos æquore [illegible] dispul[illegible], *Vir Æn* 1, 515 [illegible] Philos[illegible] ab animo cali[illegible] libe[illegible], *Cic Tusc* 1, 26 [illegible] dis[illegible] calumniæ, *Phædr* [illegible], 10 [illegible] Dispulsus ✠ Compellere

Dispellor, [illegible] pulsus pass *To be driven away*, Lucr 1, 1016

|| Dispendiose adv *With loss, expensively*, [illegible] Apul Damnose, *[illegible]*

Dispendiosus, a, um adj *Hurtful, costly, prejudicial, dangerous* D[illegible] est [illegible] 10, *C[illegible] R R* [illegible], 21, Raro occ ✝ Damnos[illegible]

Dispendium, [illegible] n (1) *Exp[illegible], cost, [illegible]* (2) *Also [illegible]* (1) = [illegible] cum [illegible] *Eun* 5, 4, 7 (2) [illegible] *Ter* [illegible] ✠ Compendium

Dispen[illegible] *To* [illegible] *up*, Col [illegible] 2

Dispendo, ĕre, di, pensum act *To [illegible]* [illegible] *Plaut* *Mil* 5, 1, 14 [illegible] *expended* [illegible] Dispendo

Dispenno, ĕre *To stretch out abroad as a bird flying doth her wings* Fest[illegible]

✝ Dispenno, ĕre *To stretch out*, Plaut *Mil* 5, 1, 14 [illegible] dispendite

Dispensatio, ōnis f verb *The charge of [illegible] out money for another, distribution, [illegible]*, *C[illegible]* [illegible] Curatio, *H[illegible]*

D[illegible] [illegible] Dispensat[illegible] [illegible] H[illegible]

Dispensat[illegible] *or [illegible], [illegible]*

Dis[illegible]

D[illegible] [illegible] 5, 2 [illegible] 1, 1

Dispensio, [illegible] *to [illegible]* temp[illegible], *Juv* [illegible] 8

D[illegible]nor, āri [illegible] *T[illegible]*

Dis[illegible] ōnis f verb [illegible] 5, 46

Dispercutio, ōnis f [illegible]

Dispereo, ii, ire [illegible] *A [illegible]* Hist Pan, 2, 9 ✠ [illegible]

Dispergo, ĕre, si, sum act (1) *To [illegible], or throw [illegible]* *To spread, to [illegible]* [illegible] *to [illegible]* (2) = [illegible] perdere [illegible] (2) = Ut possessionis [illegible] & [illegible], *Cic* [illegible]

Dispercutior, [illegible] *[illegible] or spent* Color dispercutitur, [illegible] 2, 80

Dispereo, ire, ii neut *To utterly or destroyed [illegible] done, [illegible]* Disperearm, *let me die* [illegible] rendi, *Hor Sat* 1, 9 47 [illegible] disperire [illegible], *Cic* in Rul Disperii, *I am utterly und[illegible]*, *Ter Heaut* 2, 4, 24

Dispergo, ĕre, si, sum act *To spread abroad, to [illegible] [illegible]* Partes [illegible] gestæ dispergere in [illegible], *Cic de* [illegible] Dispergere vitam [illegible] *Vir Æn* 11, 617 Disp[illegible] *[illegible] makes them [illegible]* Luc 1, 384 = [illegible] *Hieron*

Dispergor, ī, sus pass *To [illegible] spread, &c* Lucr 1, [illegible] [illegible] cerebrum [illegible] *Would you rather [illegible] brains dashed out?* Ter [illegible] 5, 2, 7

Dispersē adv *Scattered here and there* Res dum [illegible] & diffuse dicta, *Cic* [illegible]

Dispersim adv *[illegible]* = Alius [illegible] in [illegible] *R R* 1, 1

|| Dispersio, ōnis f [illegible] *[illegible]*, Aug D[illegible]

Dispersus, a, um part (1) *[illegible]* (2) *[illegible] or [illegible]* [illegible] *scattered, or [illegible]* [illegible] (2) = [illegible]

Dispersus, ūs m [illegible] *[illegible]* [illegible] 9 R occ Haud [illegible]

Dispertio, ire, ivi, itum act [illegible] dis & partio] *To divide, to distribute, to give part to another* [illegible] D[illegible] Plurdam [illegible] dispertit, *Nep* [illegible]

Dispertior, [illegible] pass *C[illegible]* [illegible] *Nep Eum* 2

Di... itus, a, um part *Parted, distributed*, Cic Fin 5 ...

Dis...iens, tis part *Separating, dividing*, Plin 5, 9

Di...o, ere, ui (1) *To drive ... several parts* (2) Met *To separate, or divide* (1) ... auctoritate pendet & unico ... Africam, Europam, Asiam ... dispescit oceanus, *Plin* 9

Di...or, i pass *To be driven* ... Stat

Di...tus, a, um adj *Driven ...*, Litt ex Stat

Di...sus, a, um part [a dis...] *Stretched wide*, or ... Dis... manibus, *Plaut* ... *pro* dispassis manibus

Di...cio, ere, exi, ectum act ... *about on every side*, ... *to espy* (2) Met *To* ... (1) Ut prima ... divina ... clypeus, ... (2) Sine ... aliquid dispiciam, ... 5, 16

† Di...io, onis f verb *A* ... *abroad*, Aug Disper... *Cic*

Di...cens, tis part *Misliking* ... levitas, *Sen de* ... 2

Di...entia, æ f *A dis... ng, mislike, or discontent*, Sen ... Rar occ † ... Poet

Di...eo, ere, ui, itum neut *To dislike, to disapprove* ☾ Quod ... vehementer displicet, *Cic Attic* 13, 21

|| Di... part *Di... ly*, Gell 1, 21

Di...o, ere, si, sum act *To ... with a great ...*, Varr R R 2, 9 ... or *let off a gun*, ...

Di..., sus pass *To be bro...*, ... 6, 10

Di..., a, um part *Discharged ... with a crack* Dis... *Hor Sat* 1, 8, 46 ... displos, *Lucr* ... 9

Di...tus, a, um *Made shel... to cut off the ... both* ... *cavis e...* ... quartum, Vitruv 6

Dis...um, i n *A place ... is committed*, ... *Plaut* Bacch

|| Di...io, onis f *A spoil ...*, Aug Spolio, ...

|| Di...tor, oris m verb ... † Spo... *Cic*

Di...o, are act *To spoil*, ... *Ter Andr* 4, 5, 21 ...

Di...or, i, us pass *To be ...* ... *Cic Verr* 6

Di...o, ere, ... positum act *To dispose, or set in order ... appoint* (2) *To fit, ... to distribute* ... (1) Dispon... quidque ordin... 12 (2) Disposuit ... *Plin* 24, 1 ... 17 (4) ... *Caes B C* ... *Ter Germ*

Di...or, i, positus pass *To be ..., or appointed*, &c *Cels* ... 61

Dispŏsĭtè adv *Orderly, methodically* Non possum disposite ipsum accusare, *Cic Verr* 6, 10

Dispŏsĭtio, ōnis f verb [a dispono] *Disposition, a disposal, or setting in order* = Nihil pulchrius dispositione & ordine, *Col* 12, 2

Dispŏsĭtor, ōris m verb *A disposer and setter in order* Dispositor ille mundi DEUS, *Sen N Q* 5, 18

Dispŏsĭtus, a, um part & adj or, comp (1) *Disposed, set in order* (2) *Ranked, or ranged, ...* (1) Aptum & ... dispositum, *Cic pro ... Rosc* 45 Quo nec formosius est quicquam, nec dispositius, *Sen N Q* 1 1 (2) Acies disposita, *Tac Hist* 2, 41, 4

Dispŏsĭtus, us m verb *A disposal, or placing in order* Dis... provisque rerum, *Tac Hist* ... 5 ... an alibi, nescio

|| Dispretus, a, um part *Despised*, Gell 7, 16 Spretus, despectus, contemptus, *Cic*

Dispudet, ere, uit, itum est *To be ashamed of*, Ter Eun 5, 1, 6

Dispulsus, a, um part *Separated* ☩ Amores dispulsos compulit, *Plaut Asin* 3, 3, 149

|| Dispulso, ... act *To bring a thing to powder, or dust*, Næv In July ... ligo

Dispulvĕror, ari, atus pass *To be made into dust, or powder*, ... Poet

|| Dispumo, are act *To scum off*, Col, 12, 38 *Cic* ... D spumo

|| Dispunctio, ōnis f verb *A pricking, or casting out, a casting up a sum*, Met *a recompensing, or requiting*, Ulp

Dispungo, e, xi, ctum act (1) *To put out things written, by setting pricks under every letter, to note, or set down, to examine, or balance an account* (2) Met *To divide* (1) *Ulp* 56, 4 de verb signif (2) Intervalla ... otio dispungere, *Pa...* 1, 1

Disputabilis, e adj *That may be disputed, or disputable, controversial*, Sen in Epist ad Lucil

Disputātio, ōnis f verb *A discourse, a disputation, reasoning, talking, or debating, a dispute, a debate*, Cic passim

Disputatiuncula, æ f dim *A small, or trivial discourse or dispute* In disputatiunculis ... subtilitatis, *Sen Ep* 117

Disputator, ōris m verb *A disputer, a disputant* Disputator subtilis, *Cic de Off* 1 vid & ... 9, 12 ...

Disputatrix, ... f verb *She that disputes* ¶ Disputatrix virtus, *Quint* 2, 20 = Dialectica, *Id* 12, 2

Disputatur imp[e]rs *They dispute*, Quint

Disputo, āre act [ex dis & puto, ... putum ... ex mente *Varr L L* 5, 7 ex *dis* & *puto* vel quòd disputantes ... putant, quod ... places] (1) *To make plain, or clear* (2) Met *To adjust, or settle* (3) *To reason, discourse, cytrcat or* (4) *To argue a matter, to dispute* (1) ... sermo, in quo ... disponuntur verba, ne sit confusio, ... ut diluceat, ... *Varr* (2) Putatur ratio cum argentario, ubi disputata est, *Cic* ... Plaut Aul 3, 5, 55 (3) = § Rem disputavi, & dixi voluta..., *Plaut Most* 1, 2, 4 (4) § Disputare de omni re in contrarias partes, *Cic de Orat* 1, 34 § Disputare ad aliquid, *Cic Tusc* 3 circa aliquid, *Quint*

Disputor, ari, atus pass *To be reasoned, &c* Cic ad Att 11, 27

Disquāmātus, a, um part *Unscaled*, Plin ap Litt *rectius* desquamatus

Disquiro, ĕre, sivi, itum act *To search, or inquire diligently* Imperium mecum disquirite, *Hor Sat* 2, 2, 7 Exquiro, *Cic*

Disquisitio, ōnis f verb *Diligent search, inquiry, or examination* ... 26, 1

|| Disquisitor, ōris m verb *He that searcheth for any thing*, Aug ‡ Inquisitor, *Plin* Vestiga or, *Col*

Dirāro, are act unde pass *To cut away here and there, to make thin*, Col 4, 32

Disrumpo, ere, rupi, ruptum act *To break off* = Nubis partem dividere & disrumpere, *Cic de Div* 2, 19

Disrumpor, i, uptus pass *To be broken off* Necesse est disrumpi ... societatem, *Cic Off* 3, 5 ¶ Disrumpor, *I am ready to burst* ... *no longer*, Ter Adelph 3, 4, 6

Dissecātio, ōnis f verb *A cutting in pieces*, Cels

Dissecātor, ōris m verb *He that cuts asunder, an anatomist* Cels

Disseco, āre, ui, ctum *To cut in pieces, to cut open, to cleave asunder, to dissect*, Plin 11, 37

Dissecor, ari, i us pass *To be dissected*, Plin 37, 10

Dissectio, ōnis f verb (1) *A dissection, or cutting asunder* (2) *A cutting down, a reaping* (1) *Cels* (2) Dissectio messis, *Col* 6, 3

Dissectus, a, um part *Cut in pieces* Unio dissectus, *Plin* 9, 35

† Dissēminātio, ōnis f *A sowing, or spreading all about* Tert

Dissēminātor, ōris m verb *He that spreadeth, or soweth*, Tert ex Gell

Dissēminatus, a, um part *Spread abroad, published*, Cic pro Planc 23

Dissēmino, are act (1) *To sow up and down* (2) Met *To spread abroad, to publish* (1) *Propr ... non ...* (2) *Cic* pro Archia P ..., 12 = Spargere, *Id*

Dissēminor, ari, atus pass *To be spread abroad* Latius ... semen ... *Cic Catil* 4, 3

Dissensio, ōnis f verb (1) *A ...ment* (2) *Discord, dissension, strife, variance* ☾(1) Conjunctionem ... unius dissensione disjectus est, *Nep Attic* 8 = ☾ Non dissensione ac dissidio, ... voluntate, *Cic Attic* 1, 17 (2) Dissensio civilis, *Cic*

Dissensus, ûs m verb *Dissension, variance* ... dissensu ... urbem, *Stat Theb* ... 553 Medius dissensibus, *Claud de Laud Stil* 2, 80

Dissentaneus, a, um adj *Disagreeing* ☾ Aut consentanea aut dissentanea, *Cic* ... 2

Dissentiens, tis part *Disagreeing*, Cic Tusc 4

Dissentio, ire, si, sum neut *To dissent, to disagree, to be of a contrary sentiment* ☾ Assensi senatus, ego dissensi, *Cic* § Dissentire ab aliquo, in re aliqua, de re aliqua, inter se, *Cic* Orationi vita dissentit, *Sen Ep* 20

Dissēpimentum, i n *Properly any partition, the skin of a walnut, wherewith the kernel is divided*, Fest

Dissēpio, ire, psi, ptum act (1) *To break down an hedge, mound, or inclosure, to dispark* (2) *To part, to separate* (1) *Stat Theb* 10, 880 (2) Limitibus dissiderat omnia certis, *Ov Met* 1, 69 ... dissepit collis, atque ... montes, *Lucr* 1, 998

|| Disseptum, *sive* dissepium, i n (1) *Walls about an house, an inclosure* (2) *The midriff* (1) Dissepta domorum saxa, *Lucr* 6, 951 (2) Disseptum vocatur, quod ventriem & cæcera interium ... nit, *Macr Somn Scip* 1, 6 ‡ Septum transversum

Disserenat impers *It waxeth fair weather*, Plin 19, ... 5

Disserendus, a, um part (1) *To be removed, or transplanted* (2) *To be discoursed, or treated of* (1) *Plin* (2) Multis mihi disserendum fuisset, docendumque *Sall in Fragm*

Dissereno, are act [a diversis partibus sereno...] *To clear up* Cum ... disseren..., *Liv* 39, 45 *edit Gron*

Dissero, ere, ... act *To sow seed, to transplant*, Varr L L 5, ...

Disseror, i pass *To be transplanted, &c Col* 11, 3

Dissero, ere, ui, ... [ex dis & sero] (1) *To sow, or plant* (2) Met *To discourse, or reason, to declare* (1) Olitor dis... in areas suis, *&c* Varr L L 5, 7 (2) Qui de re disserere ... *Cic* § Disserere cum aliquo, de re aliqua, in utramque partem, *Id* ☾ Qui ... disputandi ... disserere malim, quam ... re, *Cic N D* ...

Disseror, i pass (1) *To be sown* (2) *To be controverted, disputed, &c* (1) Panax ... ratissime disseritur, *Col* 11, 3 (2) ☾ U, in ea quos dissertur, convenit, *Cic de Fin* 2, 1

Disserpo, ere neut *To spring, or arise here and there*, Lucr 6, 5... R occ

Dissertabundus, a, um *Discoursing, reasoning, &c* Lexicog ex *Gell* ... ‡ Dissertans

Dissertatio, onis f verb *A discourse, or relation, a dissertation* Reliqui subtexentur dissertatione, *Plin* 10, 69

Disserto, are freq [a dissero] *To discourse, argue, or debate* Quin ego cum illo dissertem amplius? *Cato* Dissertare bona pacis, *Tac Hist* 4, 69

† Dissĕco, ere *pro* disseco [ex ... seco, is] *To cut in pieces* Clypeatus ... machæra dissicit, *Plaut Curc* 5, 1, 54 *ubi al* ... *al* dissidit, *al quibuscum sententiis verbum* dissicio *pro* disjicio *agrosi*... Vid *Pareí Lexicon Crit* p 371

Dissĭdentia, æ f *Discord, disagreement, strife*, Plin 29, 4 R occ

Dissĭdeo, ēre, ēdi, ssum neut [a dis & sedeo] (1) *To be at variance, or discord, to disagree* (2) *To be unlike, to be contrary to, to differ* (3) *To be separated* (4) *Also to be divorced* (1) = Inter se dissidentes & discordantes, *Cic de Fin* 1, 18 (2) Tantum ... sapiens ... dissidet plurimum, *Cic Offic* 2, 2 (3) Ferrum qua libera ... dissidet, ... *Æn* 7, 370 (4) *Suet Tib* ... § Dissidere ab aliquo, cum aliquo, inter se, *Cic* ... alicui, *Hor* constructione Græca

Dissĭdium, i n [a dissideo] (1) *A parting, or separation, disagreement,*

greement, breach of friendship (1) Acerbissimè alicujus dissidium ferre, *Cic Attic* 4, 7 = divortium, dissensio, *Id* (2) Ex cupiditatibus, odia, dissidia, discordia, *Cic de Fin* 1, 1 *ubi al* discidia *legere malunt*

Dissignātor, ōris m verb *An officer who appoints places in publick solemnities*, Plaut Pœn prol 19

|| Dissigno, āre *To break the seal, to cancel*, Vinc Lir ✝ Resigno, *Cic*

Dissilio, ire, ui, & ivi, ultum neut (1) *To leap hither and thither, to shiver*, or *break* (2) *To burst*, or *break asunder, to chop*, or *chink* (3) Met *To be dissolved* (1) Mortalis mucro ictu dissiluit, *Vir Æn* 12, 741 (2) Hæc loca vi quondam dissiluisse ferunt, *Vir Æn* 3, 416 (3) Gratia fratrum dissiluit, *Hor Ep* 1, 18, 42

Dissimilares partes *Medic Organical parts, compounded of more* ✝ Dissimiles

Dissimilis, e adj or, comp llimus, sup *Unlike* § Illarum dissimilior, *Cic Acad* 4 § generi suo, *Sen Theb* 81 Dissimillimi tui cives, *Cic Fam* 10, 6 inter sese, *Id de Orat* 1 Fide patri dissimillimus, *Vell* 2, 73, 1

Dissimiliter adv *In diverse fashion*, or *manner, diversly*, Ad Herenn 2, 13 & Liv 27, 48

Dissimilitudo, inis f *Unlikeness* = Ut in corporibus magnæ dissimilitudines, ita in animis existunt majores varietates, *Cic Off* 1, 30

|| Dissimulābilis, e adj *That is*, or *may be dissembled*, Litt ex Gell ✝ Qui dissimulari potest

Dissimulandus, a, um part *To be dissembled*, or *concealed* Fictaque nutribas dissimulanda tibi, *Ov Ep* 9, 84

Dissimulantèr adv *Covertly, secretly, closely, dissemblingly* = Cæteri sunt obscurius iniqui, partim non dissimulanter irati, *Cic Fam* 1, 5 = vanè, *Id* ⋇ apertè, *Id* ⋇ palam, *Suet*

Dissimulantia, æ f *Dissembling, pretending what is not*, Cic de Orat 2, 67 *vix alibi* ☞ Hanc vocem à Cicerone, ut videtur, fabricatam non obtinuisse credibile est

Dissimulātim adv *Closely, secretly*, Quint 10, 1

Dissimulātio, ōnis f verb (1) *Dissembling, cloaking, concealing*, or *disguising, dissimulation* (2) Also *an irony* (1) ⋇ Ex omni vita simulatio dissimulatioque tollenda est, *Cic Offic* 3, 15 (2) = Dissimulatio, quam Græci εἰρωνείαν vocant, *Id Acad* 4, 5

Dissimulātor, ōris m verb *A dissembler, one who makes as though that were not, which is* Dissimulator artis fuit, *Cic* ⋇ Cujuslibet rei simulator ac dissimulator, *Sall B Catil* 5

Dissimulātus, a, um part (1) *Dissembled* (2) Synecd *Concealing* (1) = Bene dissimulatum amorem & celatum indicat, *Ter Andr* 1, 1, 105 (2) Veste virum longâ dissimulatus, *Ov Art* 1, 690

Dissimulo, āre act (1) *To dissemble cloak*, or *conceal* (2) *To counterfeit to pretend what is not* (3) *To take no notice of, to pass by* (1) = Quicum nihil fingam, nihil dissimulem, nihil obtegam, *Cic Att* 1, 18 (2) Dissimulare acceptam injuriam, *Quint* (3) Dissimulabo hos, quasi non videam, *Plaut Mil* 4, 2, 2 ⋇ Quod non est simulo, dissimuloque quod est, *Vulg*

Dissipābilis, e adj *That may be scattered*, or *dispersed* = Natura cedens & dissipabilis, *Cic N D* 3, 12

Dissipātio, ōnis f verb *A dissipation, a scattering, a wasting*, Cic Philipp 13, 5

|| Dissipātor, ōris m verb *He that casteth abroad*, or *spreadeth*, Prud Psychom præf 34 ✝ Qui dissipat

Dissipātus, a, um part (1) *Scattered spread abroad, dispersed* (2) *Torn*, or *shattered in pieces* (3) *Discomfited, driven asunder routed* (1) Initio genus hominum in montibus ac sylvis dissipatum, *Cic de Orat* 1, 37 (2) ⋇ Dissolutum offendi navigium, vel potius dissipatum, *Cic Attic* 15, 11 (3) = Dispulsis ac dissipatis copiis, *Cic* pro *Domo*, 7

✝ Dissipimentum nauci, *Fest Vid* Dissepimentum

Dissipo, āre act [ex dis & ant supo] (1) *To scatter, to dissolve* (2) *To drive away, to disperse* (3) *To put into disorder* (4) *To discuss* (5) *To consume and waste, to squander* (6) *To spread abroad, to publish* (1) ⋇ Contrahere amicitiam, dissipare discordiam, *Cic de Amic* 7 (2) Hostem dissipare, *Cic Fam* 2, 9 (3) = Cuncta disturbat & dissipat, *Cic N D* 2, 14 (4) Medicamenta quæ humorem educant, vel dissipent, *Cels* (5) = Disperdere ac dissipare patrimonium, *Cic de Leg Agr* 1, 1 (6) Dissipare sermones, *Cic in Verr* 1, 6 famam, *Id Philipp* 14, 6

Dissipor, āri, ātus pass *To be scattered*, &c *Cic Fam* 4, 7

Dissitus a, um part (1) *Set far distant* (2) Also *scattered up and down* (1) Neque longul dissita, neque proxime adsita possumus cernere, *Apul Flor* p 759 (2) Pars animæ per totum dissita corpus, *Lucr* 3, 144

Dissŏciābilis, e adj *That cannot be brought to fellowship, that are to be parted, of a different nature, opposite* Deus abscidit oceano dissociabiles terras, *Hor Carm* 1, 3, 22 ⋇ Res dissociabiles miscere, principatum & libertatem, *Tac Agric* 3

Dissŏciātio, ōnis f verb (1) *A separating of company* (2) *An antipathy, an unwillingness to mix* (1) Dissociatio spiritûs, & corporis, *Tac* 16, 34 (2) Aquas respuit, perfusum sicco simile est, tanta dissociatio est, *Plin* 22, 21

Dissŏciātus, a, um part *Parted, separated, asunder* ⋇ Dissociata ligare, *Ov Met* 1, 25 ⋇ aptus *Vid* Dissolvo

Dissŏcio, āre act (1) *To break company, to dissolve fellowship* (2) *To part, to separate* (1) Morum dissimilitudo dissociat amicitias, *Cic de Amic* 20 (2) Legionem à legione dissociat, *Tac Hist* 4, 77

|| Dissŏleo, ēre, itus neut *Not to be accustomed*, Ulp ✝ Dissuesco

Dissŏlūbilis, e adj *Easy to be loosed*, or *dissolved* = Mortale omne animal dissolubile, & dividuum, *Cic N D* 3, 12

Dissolvo, ēre, vi, ūtum act (1) *To loose and dissolve* (2) *To break*, or *melt* (3) *To unbind* (4) *To disengage* (5) *To disannul, cancel*, or *abrogate* (6) *To pay debts* (7) *To answer a question, to resolve* (8) *To perform* (9) *To purge, to refute an accusation* (10) *To free one from suspense* (11) *To cause to dy* (1) ⋇ Eadem hominem, quæ conglutinavit, natura dissolvit, *Cic de Sen* 20. Facilius est apta dissolvere, quam dissipata connectere, *Id in Orat* c ult (2) Glaciem dissolvere, *Lucr* 6, 963 (3) ⋇ Fraus distringit, non dissolvit perjurium, *Cic Offic* 3, 32 (4) Dissolvi me, otiosus operam ut tibi darem, *Ter Heaut* 3, 1, 102 (5) Acta Cæsaris dissolvi, ferendum non puto, *Cic Philipp* 1, 7 (6) ⋇ Qui dissolverem quæ debeo, *Ter Phorm* 4, 3, 50 Dissolvere æs alienum, *Cic Philipp* 2, 18 (7) Dissolvere interrogationem, *Cic Acad* 4 (8) Pristina vota novo munere dissolvo, *Catull* 64, 38 (9) Dissolvere criminationem, *Cic* pro *S Rosc* (10) ⋇ Dissolve me, nimis diu animi pendeo, *Plaut Merc* 1, 2, 54 (11) Plerosque incolas natura dissolvit, *Sall B Jug* 17

Dissolvor, i, ūtus pass *To be pulled in pieces*, or *asunder* Pons dissolvitur, *Nep Themist* 5

Dissŏlūtè adv *Without care and regard, dissolutely, negligently* Dissolutè rem aliquam conficere, *Cic Philipp* 6 *init*

Dissŏlūtio, ōnis f verb (1) *A dissolving*, or *loosing, a dissolution* (2) *A purgation*, or *answering* (3) *An abolishing*, or *breaking* (4) *Weakness*, or *queasiness* (5) *An easiness of temper* (6) Also *dissoluteness*, or *looseness of life* (1) Mors est dissolutio naturæ, *Cic de Fin* 2, 31 (2) Confutatio est contrariorum locorum dissolutio, *Ad Herenn* 1, 3 (3) Legum omnium dissolutio, *Cic Philipp* 1, 9 (4) Dissolutio stomachi, *Plin* 20, 22. (5) = Si humanitas appellanda est in acerbissimâ injuriâ remissio animi, ac dissolutio, *Cic Fam* 5, 2 (6) ✝ Spartian

Dissŏlūtus, a, um part or, comp ssimus, sup (1) *Loosed, dissolved* (2) *Dishevel'ed* (3) *Broken, abolished* (4) *Shaken off*, or *avoided* (5) Adj *Weak* (6) Also *dissolute, debauched, riotous, wasteful* (7) Also *queasy* (1) ⋇ Alterum nimis est vinctum, alterum nimis dissolutum, *Cic Orat* 135 (2) Dissoluti capilli, *Plin* 28, 7 (3) Institutum dissolutum, *Cic de Leg* 5, 2. (4) Eâ urbanitate tota est invidia criminis dissoluta, *Quint* 6, 3 (5) ⋇ Dissolutum vel potius dissipatum navigium, *Cic Att* 15, 11 (6) = Adolescens perditus ac dissolutus, *Cic Tusc* 4, 25 Omnium hominum dissolutissimus, *Id Verr* 3, 56 Libelli dissolutiores, *Sen pref* l 5 (al 10) *Controv* (7) Dissoluti stomachi adjuvantur, *Plin* 20, 7

Dissŏnans, tis part *Disagreeing* Loci dissonantes, *Vitr* 5, 8

|| Dissŏnantia, æ f *A discord in tunes and voices*, Hieron

Dissŏno, āre, ui, itum neut *To be discordant*, or *disagree* ⋇ An hunc culturæ respondent, an dissonent, *Col* 1, 1

Dissŏnus, a, um adj (1) *Dissonant, different* (2) *Confused* (1) Dissonæ sermone gentes & moribus, *Liv* 1, 18 (2) Clamores dissoni, *Liv* 21, 55 Dissona vulgi ora, *Luc* 3, 289

Dissortio, ōnis f *A sharing*, or *dividing by lot*, Fest ✝ Sortitio, sortitus

Dissuādeo, ēre, si, sum act *To dissuade, to advise to the contrary* ⋇ Modò quod suasit, dissuadet, *Plaut Cist* 2, 1, 10 ⋇ Concedo, *Cæs B G* 7, 15

Dissuasio, ōnis f verb *A counselling to the contrary*, Cic pro Cluent 51

Dissuasor, ōris m verb *A dissuader, an adviser to the contrary* ⋇ Multarum legum auctor, aut dissuasor fuit, *Cic de Or* 2, 1 = Dissuasor & in cessor legis Agrariæ, *Liv* 2, 41

Dissuāvior, āri, ātus sum dep *To kiss sweetly*, Cic Fam 16, *al* dissavior

|| Dissultātio, ōnis f verb *A leaping to and fro*, Aug

Dissulto, āre freq [e dissilio] (1) *To break and fly* ab *a*... (2) *To roar from* (1) Ut ... utrinque desultet, *Plin* 3, 4 (2) Nec fulmine tanti dissultant crepitus *Vir Æn* 12, 923

Dissuo, ĕre, ui, ūtum act *To unstitch, to unrip*, or *break by little and little* ⋇ Amicitias magis decet sensim dissuere, quam repente præcidere, *Cic Off* 1, 33

Dissŭpo, āre *Pro* dissipo, *Lucr* 1, 651

|| Dissūtilis, e adj *Easily ripped*, Aug ✝ Facile dissuendus

Dissūtus, a, um part *Ripped unsewed*. Dissuto pectus aperta sinu, *Ov Fast* 1, 408

Distābesco, ĕre incep *To consume*, or *melt away*, Cato ✝

Distædet, uit, & æsum est *It loatheth*, or *irketh* Me cum hoc ipso loqui distædet, *Ter Phorm* 5, 8, 21

Distans, tis part *Differing*, or *distant, far asunder* Quæ enim tam distans, quam a severitate comitas? *Cic Orat* 10

Distantia, æ f (1) *Distance, a space between* (2) *Difference* (1) Longissimi distantia ... *Plin* 2, 15 (2) Morum distantia, *Cic de Amic* 20.

* Distegus, a, um *Two stories high*

Distendo, ĕre, di, tum & sum act (1) *To stretch*, or *swell out* (2) *To fill*, or *stuff out* (1) Ne immodicus hiatus rictum distendat, *Quint* 1, 11, (2) Dulci distendunt nectare cellas, *Virg Æn* 1, 437 vid & *Geor* 4, 1...

Distendor, i, tus pass *To be distended* Ut acies distenderetur, *Cæs B C* 3, 92 ⋇ Contrahor, *Cic*

Distentio, ōnis f verb *A stretching* or *standing out* Distentio nervorum, *a convulsion*, or *cramp*, Cels 2, 8 *ap Aug* ... distensio

Distento, āre freq (1) *To stretch out, to make large* (2) *To stuff, to cram* (1) Distentant ubera vaccæ, *Vir Ecl* 9, 31 (2) Distentat spicis horrea plena Ceres, *Tib* 2, 6

Distentus, a, um part [à distendor] *it* adj ior, comp *Stretched out, stuffed out*, distended, *filled full* § Capellæ lacte distentæ, *Vir Ecl* 7, 3 Distentius uber, *Hor Sat* 1, 1, 110

Distentus, ûs m verb *A stretching out* Sufflatæ cutis distentu, *Plin* 8, 38 R occ

Distentus, a, um part [à distineor] ssimus, sup *Busied, taken up, let, hindred* Sylla negotiis distentus est, *Cic* pro *S Rosc* Intelligo te distentissimum esse, *Id Attic* 15, 18

Distermĭnātio, ōnis f verb *A dividing of bounds and limits*, Lexicogr ex Liv

|| Distermĭnātor, ōris m *A divider of bounds and limits*, Apul de Mundo, p 708

Distermino, āre act *To bound place from place, to divide*, or *separate* Quas intervallum bis... disterminat

..rminat urbem, *Cic* in *Arat* ... Arabia Judæam ab Æ-gypto disterminat, *Plin* 11, 21

Disterminor, ari, atus pass *To* ... *bounds*, Plin ... 10

|| Disterno, ere *To spread*, or ... lectica stratissimi alternabatus, *Apul Met* 10 p 252

† Distero, ere, trivi, itum act *To ...*, *to pound*, or *break* ... Cato 75

* Distichon, i n *A distich*, ... Mart 6, 65

Distichum hordeum, cujus spicæ binis granorum versibus seu ordinibus constant *A ...* Col 2, 9

Distillatio, onis f verb *A distillation*, *a rheum*, or *catarrh*, Plin ... 6 & Suet Aug 81

Distillator, oris m verb *A distiller of herbs and medicines*, Lex ... ex Cels

Distillo, are act & neut *To ...* and *drop down by little and little* § Distillent tempora ..., *Tibull* 2, 2, 7 Distillat ab inguine virus, *Vir Geor* 3, 281

Distillor, ari, atus pass *To be distilled*, Plin

Distincte adv ius, comp *Distinctly*, *clearly*, *plainly* ⚹ Distincte, graviter, & ornatè dicere, *Cic* N D ... = Ea nunc ... distincteque dicuntur, *Id* ... Distinctius demonstra..., *Suet Aug* 9

Distinctio, onis f verb (1) *A distinction*, *a noting of difference*, (2) ... *a point*, or *note* (2) ... *distinguishing*, or *setting off* (1) Lex est justorum injustorumque distinctio, *Cic* ... *Legib* 2, 5 (2) Distinctio em atque ornatum ... relinquere, *Cic* de *Or* ...

Distinctus, a, um part & adj ... comp (1) *Noted*, *pointed* (2) ... into several parts, ... (3) *Set*, *inamelled* ... *spotted*, *diversified* (4) Met *Distinct*, *methodized* (1) Distincta & interpuncta intervalla, *Cic Orat* 53 (2) Alexandri phalanx unius generis, Romana acies distinctior, *Liv* 9, 19 (3) Pocula gemmis distincta, *Cic* ... 4, ... Vestes intextæ auro, purpuraque distinctæ, *Curt* 9, 7 ... distincta lepore omnia, ... (4) = Sermo dilucidus & distinctus, *Quint*

Distinctus, ûs m *A distinction*, or ... ration, *variety* Distinctu pinnarum *Tac* 6, 28 Vicinum regula longo Synnada distinctu variat, *Stat Sylv* 1, 5, ... *in ablat*

Distineo, ere, ui, entum act (1) ... *to keep*, or *hold asunder* (2) *To keep off*, *to stop* ... or *part* (4) Met ... or *perplex* (1) ... *Liv* ... C ... *Philipp* 12, 12 (2) ... aggeri murorum, ... 91 Distinet ... (3) Mare ... *Lucr* 5, 204 ... Galbam disti... *Hist* 1, 32, 3

Distineor, eri pass *To be* ... *busied*, &c Distineri ... *Cic* *Philipp* 11, 2 & ... 25, 2 = Occupari,

Distinguo, ere, xi, ctum act ... (1) *To distinguish*, or ... by some note, or ... (2) *To part*, or *divide* ... (4) *To set*, or ... *polish*, or *enamel* ... *To utter distinctly* (1)

Albis maculis rutilum colorem distinguere, *Plin* 8, 18 *Met* Civem ab hoste animo factisque distinguere, *Cic Parad* 4 (2) Duo sunt, quæ nos distinguunt, in ... passuum, *Mart* ... 5, 3 (3) Historiam varietate locorum distinguere, *Cic* de *Or* 2, 13 (4) *Vid* Distinctus, n 3 (5) = Ut fari, primamque datum distinguere linguam Hannibali vocem, *Sil* 1, 78

Distinguor, i, ctus pass *To be distinguished*, *to be known from one another*, *to be diversified*, &c Aer die & nocte distinguitur, *Cic N D* 2, 39

Distito, are freq *To stand apart*, *to be distant from one another* Distitent inter se aliquanto spatio, *Col lib* 7

Disto, are, stiti neut [ex di & sto] (1) *To be distant*, or *at a distance from one another* (2) *To differ*, *to be unlike* (1) § Sol ex æquo meta distabat utraque, *Ov Met* 3, 145 (2) § Cum veris falsa non distent, *Cic Acad* Q 4, 18 § Paulum sepultæ distat inertiæ celata virtus, *Hor Carm* 4, 9, 29

Distorquens, tis part *Turning away* Oculos distorquens, *Hor Sat* 1, 9, 65

Distorqueo, ere, si, tum act *To set awry*, *to wrest aside* § Os ut sibi distorsit carnufex ! *Ter Eun* 4, 4, 3

Distortio, onis f verb *A wresting*, or *writhing*, *crookedness* = Si peccetur distortione & depravatione, aut metu statuve deformi, *Cic* de *Fin* 5, 11

|| Distortor, oris m verb *He that maketh crooked*, or *awry*, Aug † Qui distorquet

Distortus, a, um part & adj or, comp ssimus, sup *Distorted*, *bowed*, *misshapen*, *crooked*, *deformed*, *irregular* Crura distorta, *Hor Sat* 1, 3, 47 Soli sapientes, si distortissimi sint, formosi, *Cic* pro *Muræna*, 29 Distortius genus enunciandi, *Id* de *Fato* ⚹ Stirpes curvæ & distortæ, *Col* 4, 20

Distractio, onis f verb (1) *A separation*, *alienation* (2) *A selling* (3) *A divorce*, *dissertion* (1) ⚹ Nulla nobis cum tyrannis societas, sed summa potius distractio, *Cic Off* 3, 7 (2) *Ap JCC* (3) *Ap JCC* sed *vid* Discessio, n 4

|| Distractor, oris m verb *He that divideth*, *draweth*, or *selleth*, Cod

Distractus, a, um part & adj ior, comp ssimus, sup (1) *Drawn*, or *pulled asunder* (2) Met *Parted*, or *divided* (3) *Spread throughout* (4) *Distracted*, *confused* (1) = *Met* Religatus & in diversa distractus, *Plin* de *Vir illust* (2) Pompeius & Cæsar perfidia hominum distracti, *Balb* *Cic* *Fam* 8, 24 (3) Dejectus animæ divisior ac distractior, *Lucr* 4, 958 (4) Distractissimus est ejus animus, onustus mole, *Paterc* 2, 114

Distrahendus, a, um part (1) *To be parted*, *drawn asunder* (2) *Sold*, *parcelled out* (3) *Ended*, *broken off*, &c (1) Corpus distrahendum dare, *Liv* 1, 28 (2) Emptores ad res distrahendas, *Cic Cæcin* 1 (3) Controversiæ distrahendæ, *Suet Cæs* 85

Distraho, ere, xi, ctum act (1) *To pull*, or *draw asunder*, *to part*, *to separate*, *to divide* (2) *To break off* (3) Also *to sell* (4) *To delay*, or *put off* a thing (5) Also *to end*, or *finish* (6) *To make a diversion* (1) Illam a me distrahi necesse..., *Ter Hec* 3, 5, 41 = segregare, *Cic* ⚹ contrahere (2) Cum vitam fuerit, distrahi in cum illo societatem, *Sen Ep* 55 (3) ... commendo ... ut pluris postea distraheret, *Suet Vesp* 1, 6, (4) *Cic* B C 1, ... (5) Controversias distrahere ... severius, *Suet Cæs* 85 (6) Hostem distrahere, *Tac Ann* 1, 60

Distrahor, i, ctus pass *To be parted*, &c = Ut in ... nullo modo nec divelli, nec distrahi possint, *Cic* de *Fin* 1, 16

Distribuendus, a, um part *To be distributed*, Cæs B G 3, 10

Distribuo, ere, ui, utum act (1) *To distribute*, or *divide*, *to deal* (2) *To bestow* (3) *To appoint* (1) Distribuere exercitum in civitates, *Cæs B G* 5, 24 (2) Distribuere in singulos quadraginta millia nummûm, *Cic* (3) Distribuere in ministeria, *Plin*

Distributè adv ius, comp *Distinctly*, *particularly* Neque distribute, neque ornate scribere, *Cic Tusc* 2, 3 Distributius tractare, *Id* de *Inv* 2, 59

|| Distributim adv *Distinctly*, *particularly*, Oros

Distributio, onis f verb *A distribution*, or *division*, *Cic de Fin* 5, 11 Also *a figure in rhetoric*, *vid* Auct ad Herenn 1, 17

Distributor, oris m verb *A divider*, or *distributor* Distributores tabularum, *Cic* in *Pis* 15

Distributus, a, um part *Divided*, *distributed*, *bestowed*, *spread abroad* Distributæ leges Athenienfibus in omnes terras, *Cic* pro *Flacc* 26

Districtè adv ius comp (1) *Shortly*, *in few words*, *hastily* (2) *Sharply*, *strictly* (1) *Cic Phil* pp 2 ubi tamen al distincte (2) *Plin Ep* 9, 21

Districtim adv *Strictly*, *shortly*, Sen Controv 1, 7

|| Districtio, onis f verb *Difficulty*, *hindrance*, JCC † Mora, impedimentum, *Cic*

Districtus, a, um part [a distringor] or, comp (1) *Bound* (2) *In a strait*, *perplexed* (3) *Troubled*, *busied* (4) *Drawn* as a sword (5) Adj *Severe*, *hard*, *rigorous* (1) = Districtus & obligatus, *Cic Verr* 2, 2 (2) Districtus mihi videris, cum & bonus civis & bonus amicus es, *Cic Fam* 2, 14 (3) Crassi fuit ambitio labore, vita districta, *Cic* de *Or* 3, 2 A causis districtior, *Id* Q *fr* 2, 16 (4) Districtus ensis, *Hor Od* 3, 1, 17 (5) District or accusator, *Tac* 4, 36 Fœneratrix, *Val Max* 8, 2

|| Districtus, ûs m *A district*, or *territory*, *a place of jurisdiction*, JCC

Distringens, tis part (1) *Scrubbing* (2) *Binding*, *busying*, &c (1) *Plin* (2) *Cic*

Distringo, ere, xi, ictum act (1) *To bind fast*, *to strain hard* (2) Met *To busy*, or *take one up* (3) *To strike*, *prick*, or *touch softly*, *to graze*, or *slightly to wound* (4) *To rub*, or *cleanse the body* (5) *To chip*, or *pare* (6) *To break in small pieces*, *to crumble* (7) *To draw* a sword (8) *To beat off*, or *pull* fruit (1) ⚹ Fraus enim distringit, non dissolvit perjurium, *Cic Offic* 3, 32 (2) Distringor officio, ut maximo, sic molestissimo, *Plin Ep* 1, 10 (3) Extanti distrinxit arundine pectus, *Ov Met* 10 526 (4) Pergamus his strigiles misit curvo distringere ferro, *Mart* 14, 51 (5) Crustam panis distringere, *Col*

(6) Exiguum thymi super hæc distringito, *Col* 12, 8 (7) Confestim gladium distrinxit, *Cic Offic* 3, 31 (8) Olivam distringere, *Col* | ult

Distringor, i, ictus pass *To be bound*, *strained*, &c *Cic*

Distruncatio, onis f verb *A cutting off*, *a maiming*, Litt ex Cels

Distruncator, oris m verb *He that maimeth*, or *cutteth off*, Litt ex Cels

Distrunco, are act *To cut off a piece*, *to cut in pieces*, *to quarter one*, Plaut *Truc* 2, 7, 5 R occ

|| Distruo, ere, xi, ctum act *id* ac destruo, q v

Disturbatio, onis f *A casting down*, *a disordering*, *Cic Offic* 3, 11

Disturbo, are act (1) *To overthrow*, *to cast down* (2) *To disorder*, or *confound* (3) *To hinder* (1) Nunc disturba quas statuisti machinas, *Plaut Pseud* 1, 5, 137 = dejicere, *Ad Herenn* Disturbare tecta, *Cic* pro *Domo* (2) Disturbare vitæ societatem, *Cic* pro *S Rosc* 38 (3) Disturbavi rem, totamque vobis integram reservavi, *Cic Fam* 11, 21

Disturbor, ari, atus pass *To be overthrown*, Cic

Ditatus, a, um part *Enriched*, *stored* Urbs triumphis ditata certissimis, *Ad Herenn* 4, 53

Ditesco, ere incep (1) *To grow rich* (2) *To be full*, *to be well stored* (1) Præda ditescere, *Lucr* 5, 12, 48 (2) Horrea ditescunt, *Claud* de *Laud Stil* 2, 296

Dithyrambicus, a, um adj Ad dithyrambos pertinens, *Belonging to a dithyrambick* Poema dithyrambicus, *Cic* de *Opt Gen Orat* 1

Dithyrambus, i m (1) *A name of Bacchus* (2) *A song in honour of Bacchus* (1) Vid *Prop* (2) Per audaces dithyrambos, *Hor Carm* 4, 2, 10

Ditio, onis f [a dis *vel* ditis, quod divites imperium habent, nisi forte pro *deditio*, cui quidem etym syllaba prima ...] (1) *Rule*, *power*, *authority*, *empire*, *lordship* (2) *A shire*, or *place of jurisdiction*, as our judges circuits (1) = Ditione atque numine Deorum res geruntur, *Cic* de *Legg* 2, 7 (2) Totidem prætores, quot provinciæ, in ditiones venerant, creati sunt, *Pompon* ☞ Manifesto distinguunt inter *regionem* & *ditionem*, Curt 4, 1, 26

Ditis, e adj [a dis ditis] or, comp ssimus, sup *Rich*, *fruitful* Dis quidem esses, si tuam rem constabilisses, *Ter Adelph* 5, 1, 8 Animi ditior, *Stat Theb* 2, 491 ⚹ Fuit pauper cum ditissimus esse posset, *Nep Phoc* 1 Dite solum, *Val Flacc* 2, 296

Ditissime adv *Most richly* Domes ditissime exornant, *Apul* de *Deo Socr* p 699

Dito, are act *To enrich* Castra militem ditavere, *Liv* 21, 60 Sermonem patrium ditavi, *Hor A P* 57

* Ditonus, i m *A concord of music in two parts*, Paul

* Ditrochæus, i m *A double trochee*, *as* imprimatur, *Gramm*.

Diu adv tius, comp ssime, sup [a dies, *unde* & *in comp* interdiu] (1) *A long time*, or *while*, *long*, *of long continuance* (2) Also *in the day time* (1) ⚹ Id actutum diu est, *Plaut Amph* 1, 3, 32 ⚹ Sero flebis amata diu, *Prop* Quid est in vita hominum diu? *Cic* Diutius quatuor mensibus, tibus, *Nep Epam* 7 Diutissime tener futuris *Cic de Senect* 1 (2) π Noctuque & diu, *Plaut Casin* 1, 4, 5

Diva, æ f (1) *A Goddess* (2) || Divus, m (1) *King* (2) *Eccl*

|| Divagatio, ōnis f verb *A straying about*, Eccl † Vagatio, Liv

|| Divagor, ari, atus sum dep *To go astray, or wander*, Lact † Vagor

|| Divaricatio, ōnis f *A severing into divers parts*, Aug † Separatio

Divaricatus, a, um part *Severed, straddling, splay footed*, Cic

Divarico, are act (1) *To stride, or spread one from another, to straddle* (2) *To set asunder, or at a distance* (1) *Cic Verr* 4, 40 (2) *Cato*, c 45

Divello, ĕre, li & vulsi, vulsum act (1) *To pull in pieces* (2) *To loose, or undo* (3) *To take away by force* (1) Non potui abreptum divellere corpus, *Vir Æn* 4, 600 (2) Nodos divellere tentat, *Vir Æn* 2, 220 (3) Divelli liberos à conspectu parentum, *Sall B C* 50

Divellor, i, vulsus pass *To be torn away*, or *loosed*, Cic Q fratri, 1, 2

Divendo, ĕre, didi, ĭtum act *To sell to divers persons*, or *in divers parcels, to set to sale*, Cic de Lege Agr 1, 3

|| Diverberātio, ōnis f verb *A striving*, or *beating*, Capit

Diverbĕro, āre act (1) *To strike, to beat, to bang* (2) *To cleave, or cut* (1) Ferro diverberet umbras, *Virg Æn* 6, 294 (2) Volucres diverberat auras sagittâ, *Vir Æn* 5, 503

Diverbium, i n [ex dis & verbum, ubi diversi loquuntur] *The first part of a comedy, the protasis*, Liv 7, 2 R occ

|| Divergium, i n *The parting of a river into two streams* Aggen

Diversè adv ius, comp ssime, sup *Diversly, in divers parts* Tot curæ animum diversè trahunt, *Ter Andr* 1, 5, 25 Pauló diversius, *Sall B Catil* 61, Quibus diversissime afficiebatur, *Suet Til* 66

Diversitas, ātis f *Diversity, contrariety, difference, unlikeness*, Plin Paneg 25 & avunculus, 20

|| Diversito, āre freq [à diverto] *To resort often to, to turn aside*, Gell 17, 20

Diversitor, ōris m *An host that keepeth an inn, or a publick house*, Petron Arb c 95

Diversor, ari, atus sum dep *To resort to a place, to sojourn, lodge, or inn* § Diversari apud aliquem, *to lodge at one's house*, Cic ad eam domum, *Id* in domo aliquâ, *Id*

Diversor, ōris m *A guest, or lodger*, Cic de Inv 2, 4

Diversōriolum, i n *A little inn, or lodging*, Cic Fam 12, 20

Diversōrium, i n (1) *An inn, a lodging, an harbour* (2) *A villa, or country-house* (1) ✕ Villa & amœnitas commorationis est, non est diversorii, *Cic Fam* 6, 19 ... ntius emerim diversorium Tarracinæ, ne semper hospiti molestus sim, *Cic Fam* 7, 23

Diversorius, a, um adj Taberna diversoria, *An inn, a place to lodge*, or *bait at*, Suet Ner 27

Diversùm pro diversè adv *Diversly*, Plaut

Diversus, † divorsus, a, um adj or, comp ssimus, sup (1) *Sundry, several, different, divers* (2) *Contrary* (3) *Overthwart* (4) *Apart* (1) ✕ Non unâ facie, nec diversa tamen, *Ov Met* 2, 14 Diversissimis gentibus contractus exercitus, *Tac Agr* 32 Pro diversitate ... *Plin* 12, 19 Sin ... ibant live ... domum, *Plaut* ... 7, 26 (2) Utilitate & ... propè natura diversa *Cic Q fr* ... (3) Ex diverso cœli, *Vir Æn* 2, 2 (4) Diversi int ... rogabantur, *Tac* 2 = Dissimilis, disjunctus, longinquus, varius, *Cic*

Diverticulum, i n (1) *A turning, a for-way, a by-path, or passage, a lane* (2) Also *an inn, or lodging* (3) Met *A shift, a hole to get out at* (4) *A digression* (1) Ubi ad ipsum venti diverticulum, constiti, *Ter Eun* 4, 2, 7 (2) Cum gladii ex omnibus locis diverticuli protraherentur, *Liv* 1, 51 (3) Fraudis & insidiarum diverticulum, *Cic pro Rosc Com* 17 (4) A diverticulo repetatur fabula, *Juv* 15, 72

Diverto, † divorto, ĕre, ti, sum neut (1) *To turn aside, or out of the way, to take lodging, or to bait, to take up his inn* (2) Met *To digress, or go from his purpose* (3) *To differ* (4) *To lead, or turn one aside* (1) Ad hospitium divertere, *Cic* (2) Redeamus illuc, unde divertimus, *Cic Fam* 12, 25 (3) Divertunt mores longè virginis ac lupæ, *Plaut Epid* 3, 2, 22 (4) Victor cedentibus instat, divertitque a ... cies, *Luc* 2, 470

Divertor, i, sus sum dep *To lodge, to inn, to take up his lodging*, &c *Cic*

DIVES, ĭtis divitior, comp divitissimus, sup (1) *Rich, wealthy, opulent* (2) *Abundant* (1) § Dives pecore, *Hor Epod* 15 pecoris, *Vir Ecl* 2, 20 Uter divitior, cui deest, an cui superat? *Cic Parad* 6 ✕ Fuit pauper, cum divitissimus esse posset, *Nep Phoc* 1 ✕ inops, *Cic* (2) § Terra dives triumphis, *Vir Æn* 4, 38 § ... ium, *Hor Od* 4, 8, 5

|| Divexatio, ōnis f verb *A vexing, or grieving*, Aug † Vexatio

Divexo, āre act (1) *Many ways to vex, to rifle and spoil, to harass* (2) *To waste, or consume* (1) = Divexare & diripere omnia, *Cic Philipp* 2, 2 (2) Corruptor meam rem divexavit, *Plaut Pers* 5, 2, 1

Divexor, āri, ātus pass *To be rifled* Liv

Divi, ōrum pl *The Gods, or canoniz'd saints* Divi potes, i e dii vel dei potentes, *Cic*

Diviana, ep the on lunæ, quia divina incedebat, qu diva Jana, *Scal Anep. thet of the moon*, Varr

Dividia, æ f [à dividendo] (1) *Discord, strife, variance* (2) Also *discontent, grief, trouble, heart-breaking* (1) Fest & Non (2) Illæc res est magnæ dividiæ mihi, *Plaut Bacch* 4, 6, 1

|| Dividicula, ōrum pl n ant *Heads of conduits*, Fest

Divido, ĕre, si, sum act [à dis & Hetrusco verbo, iduo, i e partior] (1) *To divide* (2) *To distribute* (3) *To sever, to cut off* (4) *To break down* (5) *To distinguish* (6) In notione obscœn (1) = Omne animal secari, & dividi potest, *Cic N D* 3, 12 (2) § Dividere nummos viris, *Cic Att* 4 in viros, *Plaut Aul* 1, 2, 30 Plura divid t oscula, *Hor Carm* 1, 36 (3) Liberta securi divisit medium, *Hor Sat* 1, 1, 100 (4) Dividimus muros, *Vir Æn* 2, 234 (5) Legem bonam a malâ dividere, *Cic de Legg* 1, 16 (6) *Plaut Aul* 2, 4, 4

Dividor, i, sus pass *To be divided*, &c *Cic*

Dividue adv *By halves, share and share like*, Litt ex Plaut *Aul* 9

|| Dividuitas, ātis f *A division, or parting into halves*, JC † Divisio

Dividuo, ant pro divido

Dividuus, a, um adj (1) *That is, or may be parted and divided, half* (2) *Cut in pieces* (1) ✕ Potius cuum perdas totum, dividuum face, *Ter Adelph* 2, 2, ... (2) Dividua ferarum viscera, *Plin* 5, 1

Divina, æ f [à m divinus] *A prophetess* § Imbrium divina avis imminentûm, *Hor Carm* 3, 27

Divinans, tis part *Guessing, foreboding, presaging* = Est quiddam in barbaris gentibus præsentiens, atque divinans, *Cic Div* 1, 23

Divinātio, ōnis f verb (1) *A conjecturing, or telling of things to come, divination* (2) *A natural goodness of temper* (3) *A trial for the preference in accusing* (1) = Divinatio est præsensio, & scientia rerum futurarum, *Cic de Div* 1, 1 (2) Atticus potius divinus fuit, si divinatio appellanda est perpetua naturalis bonitas, *Nep Attic* 9 (3) ☞ Dicitur etiam *divinatio* judicium de constituendo accusatore, unde Ciceronis oratio prima inter Verrinas *Divinatio* d c quod Cicero electus fuit accusator, *Quint* 7, 4

|| Divinātor, ōris m verb *He that guesseth, or prophesieth*, Firm † Conjector, ariolus, augur, aruspex, *Cic*

Divinātus, a, um part *Guessed, deemed, divined*, Ovid de Nuce, 80

Divine adv *Of God, as it were by inspiration, divinely*, Cic Attic 18, 1

|| Divinipŏtens, tis m *Divinely powerful*, Apul Met 9 p 297 † Vi divinâ præditus

Divinitas, ātis f *Godhead, divinity* Ex divinitate animos humanos habemus, *Cic Divin* 2, 11

Divinĭtus adv (1) *From God* (2) *Divinely* (1) Quia sit divinitus illis ingenium, *Vir Geor* 1, 415 (2) Multa à Platone disputata divinitus, *Cic Orat* 2

Divino, āre act *To foretel things to come, to divine, or judge* Quid futurum est non divino, *Cic Q fratr* 2 2

Divinus, a, um adj or, comp ssimus, sup [à divus, *Prisc*] (1) *Pertaining to, or coming from God, divine, heavenly* (2) *Blessed* (3) *Presaging, foretelling* (4) Also *holy, consecrated* (1) ✕ Ludit in humanis divina potentia rebus, *Ov ex Pont* 4, 3 45 Animo nihil est divinius, *Cic Parad* 1, 4 (2) Divini gloria ruris, *Vir Geor* 1, 168 Divinissima dona, *Cic de Leg* 2, 18 (3) Quod puero cecinit divinâ mota anus urnâ, *Hor Sat* 1 9, 30 ✕ Non sunt scientiâ divini, sed superstitiosi vates, *Enn ap Cic de Div* 1, c ult (4) Consilia fiunt de divinis locis, *Plaut Most* 5, 1, 55 ¶ Rem divinam facere, *to sacrifice, to be at prayers*, Ter Eun 3, 3, 7

Divinus, i m *A soothsayer, a diviner, a conjurer* Non sum divinus, sed scio quid facias, *Mart* 3, 71

Divisè, † divisim adv *Sundry, or severally* Utrunque Litt quâ minor, *Cic trib* Gellius quidem habet illud, *lib* 1 c 22 ... hoc malæ notæ, *Voss* † Separatim, seorsim

Divisio, ōnis f verb [à divido] (1) *Division, parting, distribution, severing* (2) ... obscœnis (1) Quâ utar ... divisio tua, *Cic N D* ... (2) In verbis honestis obscœna ponimus Quid enim? Non honestum verbum est divisio? *Cic Fam* 9, 22 ubi al divisor

Divisor, ōris m verb (1) *A divider, parter, or distributer* (2) In particular, *one who at elections of officers distributed money among poor citizens, to buy their vote* (3) In notione ob (1) *Plaut Aul* 1, 2, 29 (2) Quo divisore corrupta est tribus, *Cic pro Planc* 19 (3) *Cic* Vid Divisio, n 2

Divisura, æ f *A division, cleft, chop, notch, or gap*, Plin 14, 3 & 12, 26 vix alibi

Divisus, a, um part or, comp *Divided, parted, distinct, cut off, discontinued* Et divisi inter se, ac distractior intus, *Lucr* 4, 958 Vid Divido

Divisus, ûs m verb *A dividing*, Liv 2, 46 & 45, 30

Divitiæ, arum pl f *Riches* ✕ Divitiæ opportunæ sunt, ut utare, opes, ut colare, honores, ut laudere, *Cic de Amic* 6

Dium, i n [à dius, a, um] *The day-light, under the firmament, the open air abroad* Sub dio (aere) morari, *Hor Carm* 3, 2

Divortium, i n (1) *A turning, or passage, a division* (2) Met *A separation, a parting, more particularly of man and wife, a divorce* (1) Objiciunt equites sese ad divortia nota, *Vir Æn* 9, 378. Ad aquarum divortia castra posuit, *Liv* vid & *Tac Ann* 12, 63 (2) = Sæpe fit divortia, atque affinitatum discidia vidimus, *Cic pro Cluent* 67 Si quid divortii fuat, *Plaut Aul* 2, 55 ✕ Divortium inter conjuges, repudium inter sponsos

Divorto, ĕre *Via* Diverto

|| * Diureticus, a, um adj Diureticum medicamentum, *a medicine to provoke urine*, Medic

† Diurno, āre neut *To live long*, Claud ap Gell 17, 2 † Diu vivere

Diurnum, i n (1) *A day's hire, or provision* (2) *A book, or register to note things daily done, a diurnal, or journal* (1) Diurnum accipit, in centunculo dormit, *Sen Ep* 80 (2) Relege transacta diurni, *Ju* 6, 8.

Diurnus, a, um adj [a diu, quod a dies] ... turnus (1) *Daily* (2) *Belonging to the day* (1) ✕ Spatium diurnum & nocturnum, *Cic de Inv* 1, 26 (2) Diurna actorum scriptura, *Tac Ann* 3, 3, 2 Diurna acta, *Suet Cæs* 20

Dius, a, um [à Gr δῖος ... nus] *Divine, heavenly, descended of a noble house* De hoc vocabulo cum *Varr* insignem, *L L* ...

Diūtĭnè adv *A long time, a great while*, Plaut Rud ...

Diūtinus a, um adj *Long, continual* Diutinus labor, *Cic B C* 2, 13

|| Diutule adv [dim à diu] *A little while*, Gell 5, 10 & 11, 16 † Aliquandiu, *Cic*

Diuturnè adv *A long time* Tibi ista acerbitas non diuturna erit, *Cic Fam* 6, 10 *sic habent* p... *codd. al tamen leg* diuturnum

Diuturnitas, ātis f *Long continuance, lastingness, length of time* ⊬ Fas non subito, sed diuturnitate frangitur, *Cic de Sen* ... ⊼ Celeritas, *Id*

Diuturnus, a, um adj or, comp ... *of long continuance, of long lasting* Nec simulatum quicquam potest esse diuturnum, *Cic* ... Hic qui diligitur vel- ... diuturnior esset, *Ov Met* 3,72

Divulgandus, a, um part *To be published abroad* ⩲ Occultius ... neque ullo modo divulgandum, *Cic Fam* 6, 1

|| Divulgatio, ōnis f verb *A publishing, or a making of a thing common*, ... *de Anima*, c 5

Divulgator, ōris m verb *A publisher, or spreader abroad of a report*, ... *Tac* ...

Divulgatus, a, um part ssimus, sup (1) *Celebrated, every where noised* (2) *Abandoned, or exposed to* (3) *Common, cast, trivial* (1) Divulgata ad cœlum gloria fertur, *Lucr* 6,8 (2) Tempus ... ad omnes libidines divulgatum, *Cic post Redit* ... (3) = Levissimus & divulgatissimus magistratus, *Cic* ... 10,26

Divulgo, āre act *To publish, or divulge, to set, or spread, to make common, to publish* Divulgare consilium alicujus, *Cæs B C* 1, ... librum, *Cic Attic* 12,40

Divulgor āri, atus pass *To be spread abroad*, Cic Orat 31

Divulsio, ōnis f verb *A pulling in pieces, or asunder*, ... *qui ille dicit, neque ego invenio*

|| Divulsor, ōris m verb *He that pulleth asunder*, Aug ✝ Qui vellit

Divulsus, a, um part [a divello] *Pulled asunder, broken, divorced, parted, forced* Amor divulsus querimoniis, *Hor Od* 1,13, ... consensus, *Cic de Har Resp* 8

Dium *id quod* dium *The open air*, Hor Od 1, 13, 19 ⩲ Major est ambulatio sub divo quam in porticu, *Cels*

Divus, a, um adj [a Gr δῖος, ... digamma interposito] *Divine, heavenly* Diva caro, *Prud Psych* 6

Divus, i m (1) *A God* (2) *A saint* (1) Præsens divus habebitur Augustus, *Hor Od* 3, 5, 2 (2) ... *usu Eccl*

D ante O

DO, das, dedi, dătum act [a ...] (1) *To give, to bestow* (2) *To grant, or yield* (3) *To commit, or intrust* (4) *To apply, or ...* (5) *To proffer* (6) *To offer* (7) *To tell, or shew* (8) *To commit, or deliver* (9) *To appoint, to assign* (10) *To do, to bring* (11) *To make, to order* (12) *To allow, to suffer, to admit* (13) *To sell* (14) *To throw or cast* (15) *To lend* (1) Religionem hominibus dii dederunt, *Cic N D* 2, 30 (2) Hoc mihi da, ... largire, *Cic* (3) Dat amico suo cuidam negotium, *Cic* (4) § Da te, quæso, huic ... *Cic Acad Q* ... (5) Multi tes summo studio ... dant, *Cic* (6) Ers nullo modo reprehendi potest, tamen ... o quod dat, *Cic* (7) Iste deus qui sit, da, Tityre, nobis, *Vir Ecl* 1,19 (8) Dabimus hoc Pompeio, *Cic* (9) Arbitros inter civitates dat, *Cæs B G* 5,1 (10) Dare damnum aut malum, *Ter* (11) Hanc dederat Proserpina legem, *Vir Geor* 4, 487 (12) Dum tempus datur, *Ter Andr* 3, 3, 24 (13) Ego me mancupio dabo, *Plaut Mil* 1, 1, 23 (14) Tu te in liquidum ne duis, *Plaut* Dare se in æquor, *Vir* = Aquila vos affligit, & in terram dedit, *Plaut* (15) Aliquid paululum præ manu dederis, reddet tibi cito, *Ter Adelph* 5, 9, 23 ¶ Animam dare, *to die*, Virg animos, *to encourage*, Id tempus, *to appoint it*, Cic ... *to fall down*, Luc Literas alicui ad aliquem, *to send letters by one person to another*, Cic manus, *to yield*, Id operam, *to do his endeavour*, Ter aliquid auribus, *to sooth, or flatter*, Cic terga, *to fly, or run away*, Liv vela, lintea ventis, *to hoist sail*, Ov It is often englished by the verb of the following substantive, *as*, dare amplexus, cantus, gemitum, lacrymas motus, ruinam, *Vir* saltus, oscula, *Ovid* mutuum, *Ter* indicia, *Cic* insidias, *Ter* *to embrace, sing, groan, weep, dance, fall, leap, kiss, lend, betoken, to lye in wait* Præcipitem dare, *to tumble down headlong*, Ter dare viam, *to make way*, Liv Dare aliquem exornatum, *to dress, or curry him*, Ter aliquid effectum, *to do, or dispatch it* Id aliquid utendum, *to lend it*, Plaut Dare se in viam, *to be upon a journey*, Cic aquam in alvum, *to squirt it in*, Cels rem in casum, *to hazard, or adventure it*, Tac litem secundum aliquem, *to give him the cause*, Liv se in conspectum, *to shew himself*, Cic Ut res dant sese, *as things go*, Ter Haud paternum istud dedisti, *you did not take after your father in that*, Id Dare in custodiam, *to imprison*, Cic Dare aliquid naturæ suæ, *to indulge himself in it*, Id Dare aliquem exitio *Tac* morti, *Ov* letho, neci, *Virg to kill* aliquid dono, *Vir* muneri, *Quint to give freely* crimini, vitio, laudi, *to accuse, blame, commend*, Cic Dare pœnas, *to be punished*, Vir verba, *to cheat*, Hor civitatem alicui, *to make one free*, Id Dare Jovem testem, *to call him to witness*, Plaut

Dor (non legitur) daris, datur pass *To be given, bestowed, taught, yielded, invented*, &c *Cic passim* Vid Do

Dŏcendus, a, um part *To be taught, given*, &c ⊼ Cum aut docendus is est, aut dedocendus, *Cic de Orat* 2, 17

Dŏcens, tis part *Teaching*, Cic subst *a teacher* Culpa docentis arguitur, *Juv* 7,158

DOCEO, ēre, ui, ctum act [a δοκέω, existimo, unde δόγματα, i e placita & decreta doctorum] (1) *To teach, or instruct* (2) *To inform, declare, tell, or advertise* (3) *To prove, or make out* (1) = Studiosos docendi erudiunt atque docent, *Cic* (2) Docui literis id nec opus esse, nec fieri posse, *Cic* (3) Docuit post exitus ingens, *Vir Æn* 5, 52

Dŏceor, ēri, ctus pass *To be taught, instructed*, &c passim

* Dochimus, i m *A foot, or rather number of this quantity*, amicos tĕnes, *rectius* dochmius, *Cic in Orat* 64

Dŏcĭbĭlis, e adj *Apt to be taught, docible, easy to be learned*, Hier ✝ Docilis

Dŏcĭlis, e adj or, comp *Quickly taught, apt to learn* § Docilis ad disciplinam, *Cic Fam* ..., 20 Docilis modorum vatis Horati, *Hor* 4, 6, 43 § Latino sermone, *Plin* Docilior & ingeniosior, *Quint* 4, 2 ✝ Docillimus *unde nescio*

Dŏcĭlĭtas, ātis f *Aptness to learn, easiness to be taught, docility* Prioris generis est docilitas, *Cic de Fin* 5

|| Docis, ĭdis f *A fiery impression, or meteor like a beam*, Apul de Mundo, p 711

Doctè adv ius, comp ssimè, sup (1) *Learnedly, skilfully* (2) *Subtilly* (1) Majonio doctius ore loqui, *Mart* ..., 15 Doctissime eruditus, *Sall B J* 9, = Doctè & perite fecere, *Cic in Sall* (2) Doctè atque astu auxerit filias, *Plaut Pan prol* 111

Doctor, ōris m verb *A master, a teacher of a school, a doctor, an instructor, a tutor* Doctor literarum Græcarum, *Nep Hannib* ⩲ Pueris olim dant crustula blandi doctores, *Hor Sat* 1, 1, 26 = Præceptor, *Cic* ⊼ Discipulus, *Id*

Doctrina, æ f *Doctrine*, (1) *A way of teaching, theory, as opposed to practice* (2) *Instruction, the office of teaching* (3) *Learning, erudition* (4) *Wisdom, philosophy* (5) *An art, or science* (1) ⩲ Illa sunt ejusmodi præcepta, non aliqua mihi doctrina tradita, sed in rerum usu causisque tractata, *Cic Orat* 1 (2) Mihi cepi hoc loco doctrinam juventutis, *Cic* (3) = Perfugium doctrinæ, ac literarum, *Cic Fam* 6, 1, (4) Neque id fecit naturâ solum, sed etiam doctrinâ, *Nep Attic* 17 (5) Adde repertores doctrinarum, *Lucr* 3, 1049

Doctus, a, um part *vel* adj or, comp ssimus, sup (1) *Taught, instructed* (2) Adj *Learned* (3) *Skilful* (4) *Subtil, cunning* (5) *Edified, instructed* (1) § Te de aliis, quam alios de te suavius est fieri doctos, *Plaut Pers* 4, 3, 70 (2) Doctus literis, *Cic Brut* 40 Grammaticæ artis doctissimus, *Plin* 25, 2 § Docte sermonis utriusque linguæ, *Hor Od* 3, 8 ⊼ rudis, *Cic* (3) Sit doctâ barba resectâ manu, *Ov Art Am* 1,518 (4) Nimis doctus dolus, *Plaut Mil* 2,2,93 (5) Quanti est sapere! nunquam accedo ad te, quin abs te abeam doctior, *Ter Eun* 4, 7, 21

Dŏcŭmen, ĭnis n *A document, a warning, a lesson* Documen mortalibus acre, *Lucr* 6, 391

Dŏcŭmentum, i n (1) *An example, a proof* (2) *A warning, a lesson* (1) Documenta damus, quâ simus origine nati, *Ov Met* 1, 415 (2) Ego illis captivis documenta dabo, *Plaut Capt* 3, 6, 94

* Dŏcus, i f [δοκός, i e trabs] *A beam, a meteor like a beam*, Plin 2, 20

✝ Dŏdĕcatheos f [Gr a δώδεκα, duodecim, & θεός, deus] *A kind of herb with leaves like a lettuce*, Plin 25, 4 *ubi tamen al* dodecantheon, also *a secret banquet that Augustus made, consisting of twelve guests of both sexes*, Suet Aug 70

Dŏdrans, tis m [dict quod ad conficiendum assem desit quadrans, *Varr*] (1) *Nine ounces, or inches* (2) *Nine parts of twelve, or three parts of four* (3) *A measure of land containing 21601 feet, being three fourths of an acre* (1) Malleolus nec major pede, nec minor dodrante, esse debet, *Col* 3, 19 (2) Ex dodrante hæres, *Nep Attic* 5 (3) *Col* 5, 1

Dodrantālis, e *Nine ounces, or nine inches* Plin 15, 2

* Dogma ătis n *A decree, a received opinion* Decreta quæ Græci vocant dogmata, *Cic Acad* 1, 3

|| Dogmătĭcus, a, um adj *Dogmatical, positive*, Eccl

* Dogmătistes, æ m *A dogmatical teacher*, Hier

* Dogmătizo, āre *To dogmatize, or say positively*, Aug ✝ Confidenter affirmo

Dŏlābella, æ f [a dolabra] *A little ax, or hatchet, a little plane*, Col 4, 24

Dŏlābellāna pyra, *Pears with a long stalk*, Plin 15, 15

Dŏlābra, æ f [a dolando] *A carpenter's ax, a chip ax* Securibus dolabrisque cædebantur, & refringebantur portæ, *Liv* 28

|| Dŏlāmen, ĭnis n *A hewing, or squaring with an ax*, Apul Flor p 758

Dŏlāmentus, a, um *Chipped with an ax*, Cæs B G 7 15

|| Dŏlātio, ōnis f verb *A smoothing, hewing, or planing*, Aug

Dŏlātus, a, um part *Rough hewn* Stipes prope ... falce dolatus, *Prop* 4, 1, 59

Dŏlendus, a, um part *A thing to be lamented* Quæ venit indignè pœna dolenda venit, *Ovid Ep* 5, 8

Dŏlens, tis part & adj or, comp (1) *Grieving, or repining at* (2) Adj *Grievous, painful* (1) Laude dolens aliena, *Cic Fam* 5, 8 (2) = Ne quid haberent aut dolens, aut ægrum, *Cic* Nil vidisse dolentius, *Ov Met* ..., 246 *nisi malles adverb*

Dŏlenter adv ius, comp *Sorrowfully, grievously* Dolenter magis, quam inimice scribo, *Planc ap Cic Fam* 10, 24

Dŏlentia, æ f *Grief, sorrow, heaviness, pain, anguish*, Gell 19, 7 ✝ Dolor

DOLEO, ēre, ui, itum neut (1) *To be in pain, to ake* (2) Met *To be sorry, to be displeased* (3) *To envy* (4) *To repine, to vex, to fret* (1) Nam etiam misero nunc malæ dolent, *Plaut Amph* 1, 1, 252 Caput dolet, *Id* ... 5, 1, 1 § Si stimulos pugnis cædis, manibus plus dolet, *Id Truc* ..., 2, 55 (2) § Alterius vicem dolere, *Cic* de vel ex re aliquâ, *to be sorry for it*, Id § Id mihi vehementer dolet, *Ter Adelph* 4, 5, 48 (3) § Dolere laude alicujus, *Cic Fam* 5, 8 (4) ... quod doleat, *Ter Eun* 2, 1, 58

Dŏliāris, e adj *As big as a tun, gorbellied* Anus doliaris, *Plaut Pseud* 2, 2, 64

|| Dŏliārium, i n *A wine cellar, a place to lay great vessels in*, Caius JC

Dŏliārius, i m *A cooper, one that maketh great vessels*, Plin 3, 6

* Dŏlĭchus, i m *A space of ground containing twelve furlongs*, Budæus, or, as Suidas, *twenty four* Also the same as phaseolus, *a french bean*, Matthiol

Dŏlĭŏlum, i n dim *A little barrel*, Col 12, 43

Dŏlĭtūrus, a, um part *That will be grieved with, or sorry for*, Phædr 3, 10, 16

Dŏlium, i n [dolando factum] *A tub, any great vessel, a tun, pipe*, or *hogshead* Relevi dolia omnia, *Ter Heaut* 3, 1, 51 In pertusum ingerere dicta dolium, *to lose one's breath, to talk in vain*, Prov *Plaut Pseud* 1, 3, 135

Dolo, āre [ex Heb דל dhal, attenuo] (1) *To cut*, or *hew smooth, to chip, to square* (2) *To rough hew* (3) ✠ Met *To bang* (4) *To contrive* (1) Dolare perticam in quadrum, *Col* 3, 6 (2) Quis robur illud occidit, dolavit? *Cic de Div* 2 (3) ✠ Lumbos saligno fuste dolat, *Hor Sat* 1, 5, 22 (4) Hunc nos dolum dolamus, *Plaut Mil* 3, 3, 64

Dŏlon, & dolo, ōnis m [à dolus, quod decipiat ferro, cum speciem præferat ligni, *Serv*] (1) *A staff with a little rapier in it, a little sword*, or *skene* (2) Also *a small sail in a ship, called the trinket* (3) Met *The sting of a fly* (1) Gerunt in bella dolones, *Vir Æn* 7, 664 (2) Dolonibus erectis altum petere intendit, *Liv* 36, 44 (3) Vide, ne dolone collum compungam tibi, *Phædr* 3, 7, 3

Dŏlor, āri, ātus pass *To be hewen*, &c *Col* 11, 2

Dŏlor, ōris m [à doleo] (1) *Pain, smart, ach, soreness* (2) *A throw*, or *pang as in child-birth* (3) Met *Sorrow, discontent* (4) *Rage, anguish* (1) Coxarum dolor, *the sciatica*, Cels laterum, *the pleurisy*, Id articulorum, *the gout*, Cic Attic 1, 5, *sub fin* (2) Laborat e dolore, *Ter Andr* 1, 5, 34 Dolores occipiunt primulùm, *Id Adelph* 3, 1, 2 (3) Dolorem refricare, *Cic Fam* 5, 17 ✠ Magno in dolore sum, seu mœrore potius, *Cic Attic* 11, 1 (4) = Non parere dolori, non iracundiæ servire, *Cic de Prov* 1

Dŏlōse adv *Craftily, deceitfully*, Cic Off 3, 15

Dŏlōsĭtas, ātis f *Deceitfulness*, Vulg ✝ Fallacia, calliditas, *Rom vett*

Dŏlōsus, a, um (1) *Cunning, crafty* (2) *Deceitful, treacherous* (1) Aliquam parabo dolosam fabricinam, *Plaut Epid* 3, 2, 36 (2) Amici ferre jugum pariter dolosi, *Hor Od* 1, 35, 28

DOLUS, i m [Gr δόλος] (1) *A device, a crafty purpose*, or *fetch, a wile, a trick* (2) *Guile, deceit, treachery, fraud, collusion, falshood* (1) Doli non sunt doli, nisi astu colas, *Plaut Capt* 2, 1, 26 Dolum comminisci, procudere, *Id Pseud* 4, 7, 64 Dolus doctus, *Id Mil* 2, 2, 93 ✠ Regnum dolo partum jure adeptus videbatur, *Liv* 1 (2) = Ne quis fraus, ne quis dolus adhiberetur, *Cic pro Domo* 12 = Fallacia, *Plaut* præstigiæ, *Id*

|| * Dōma, tis n *A solar*, or *flat roof of an house*, Hier ✝ Solarium, *Cic*

Dŏmābĭlis, e adj *Easy to be tamed*, or *subdued* Te Cantaber non ante domabilis miratur, *Hor Od* 4, 14

Dŏmandus, a, um part *To be tamed*, or *subdued*, Vir Geor 3, 206

Dŏmātio, ōnis f verb [à domo] *A taming, breaking, subduing*, Litt ex Plin

Dŏmātor, ōris m verb *A tamer*, or *subduer*, Tibull 4, 1, 116

|| Dŏmātus, a, um part *Tamed, subdued*, Don Domitus, *Cic*

Dŏmefactus, a, um *Tamed*, Met *cultivated, plowed* Terra aratro domefacta nitet, *Petron* c 99 vix alibi

Dŏmestĭcātim adv (1) *House by house, by housholds*, Suet. Cæs 26, 6

Dŏmestĭcus, a, um adj (1) *Of the same house* (2) *Domestick*, as opposed to foreign. (3) *Staying at home* (4) *Civil, private*, as opposed to publick (5) *Tame, familiar* (1) = Convictor, densoque domesticus usu, *Ov Pont* 4, 3, 15 ✠ forensis, *q v* (2) ✠ Externa libentius, quam domestica recordor, *Cic Offic* 2, 8 (3) Domesticus otior, *Hor Sat* 1, 6, 128 (4) ✠ Domestica fortius, ut censes, & publica paulò etiam fortius, *Cic Fam* 5, 13 ✠ Domesticæ fortitudines, non inferiores militaribus, *Id Off* 1 ✠ Ubi quod alienum esset, vicisset, superavit quod erat domesticum, *Id* ✠ Omne ferum animal domestico levius, *Cels*

|| Domestĭcus, i subst m *An houshold officer*, Panciol

Dŏmĭcĭlium, i n (1) *A sojourning place, an abode* (2) *A receptacle* (1) ✠ Hostium hoc mihi domicilium est, Athenis domus ac herus, *Plaut Mil* 2, 5, 46 (2) Domicilium sermonum, aures, *Cic Part Orat* 1

Dŏmĭcœnium, i n *A supper at home in a man's house*, Mart 12, 78

|| Domicŭla, æ f *A little house*, Front Casula, *Juv*

† Domifico, āre *To build*, Varr ✝ Ædifico

Dŏmĭna, æ f *A lady, a mistress, a dame, a governess*, Cic pro *Marcell* 2 ✠ Ancilla, *Id*

Dŏmĭnans, tis part or, comp *Bearing rule*, or *sway, governing* Dominans ille in nobis Deus vetat, *Cic Tusc* 1, 30. Dominantia verba, *plain, home-spun, vulgar, calling every thing by its proper name*, Hor Art Poët 235 § Dominantior ad vitam, *Lucr* 3, 398

Dŏmĭnātio, ōnis f verb (1) *Dominion, rule, authority, sovereignty, lordship* (2) *Tyranny, despotic government* (3) Meton *A governour* (1) Dominatio rationis in libidinem, *Cic de Inv* 2, 54 (2) Vita sub dominatione misera est, *Asin Poll Cic Fam* 10, 31 ✠ Diversi natura dominatio & principatus, *Plin Paneg* 45 ✠ Dominationem nemo concupivit, quin libertatis vocabulum usurparet, *Tac Hist* 4, 73 (3) In cruentium dominationum provisor, *Tac* 12, 4 ✠ Non dominationem, & servos, sed rectorem & cives cogitare, *Id* 12, 11

Dŏmĭnātor, ōris m verb *A master*, or *lord, a governour*, or *ruler* Rerum dominator Deus, *Enn ap Cic N D* 2, 2

Dŏmĭnātrix, icis f *A mistress, lady*, or *governess* Dominatrix cæca & temeraria animi cupiditas, *Cic de Inv* 1, 2

Dŏmĭnātus, a, um part *Having ruled*, or *governed* Urbs multos dominata per annos, *Vir Æn* 2, 363

Dŏmĭnātus, us m verb *Mastership, rule, authority, lordship, sovereignty, power* = Potestate, dominatuque dignissimus, *Cic N D* 2, 11 = principatus, *Id sed has voces opponi posse, vid* Dominatio, n 2 ¶ Dominatum imperio tenere, *to have both the name and power of a king*, Nep *in* Regib princip

|| Dŏmĭnĭca, æ f *sc* dies *The lord's day, sunday*, Eccl

Dŏmĭnĭcālis, e adj *Dominical, belonging to the lord*, or *to the lord's day* Dominicales curiæ, *court-patrons, the king's domains*, Dig

Dŏmĭnĭcus, a, um adj *Pertaining to the lord*, or *master* Subjecta dominicis habitationibus vivaria, *Col* 9, 1 Dies dominica, *sunday*, or *the lord's day*, Eccl

Dŏmĭnium, i n *Lordship, rule, dominion, empire, a domain* Ab impatientibus dominii, *factious malecontents*, Suet Tib 5

Dŏmĭnor, āri, ātus sum dep [à dominus] (1) *To be lord and master, to rule, to bear rule* (2) *To domineer* (3) Antiq pass *To be governed* (1) = Cleanthes solem dominari, & rerum potiri putat, *Cic Acad* 4, 41 § Dominari in suos, *Id de Senect* 11 § inter nymphas, *Ov Amor* 3, 6, 63 (2) § Non ut in capite fortunisque hominum honestissimorum dominentur, *Cic pro Quint* 30 (3) O domus antiqua, heu! quam dispari dominare domino! *Cic Off* 1, 39 ex vet Poeta

|| Dŏmĭnŭlus, i m *A little lord*, or *young master*, Dig

Dŏmĭnus i m [qui domui præest] (1) *A master of an house* (2) Sometimes *the son*, or *young master* (3) *A possessor, an owner* (4) *A husband* (5) *He that makes a banquet* (6) κατ' ἐξοχὴν, *a God* (7) *A father* (8) *A compellation in speaking to an unknown person* (1) Vid Dominor, n 3 ✠ Servus domini pauperis, *Ter Eun* 3, 2, 32 (2) *Plaut Capt prol* 18 (3) Brevis dominus, *Hor Od* 2, 14, 24 (4) Dominum Æneam in regna recepit, *Vir Æn* 4, 214 (5) Aut dominum, aut vinum, aut aliud quid laudato, *Varr* (6) Domino solvere vota Jovi, *Ov* (7) *Suet Tib* 8 (8) *Mart* 1, 113 Obvios, si nomen non occurrit, dominos salutamus, *Sen Ep* 3

Dŏmĭporta *A snail's epithet, a shell snail that carries her house on her back*, Cic Div 2, 64

Dŏmĭtātio, ōnis f verb *A taming*, or *breaking*, Litt ex Cic *sed q* ✝ Domitus

|| Domitio, ōnis f verb *A breaking*, or *taming of an horse*, Ascon ✝ Domitura

Dŏmĭto, āre freq [à domo, are] (1) *To tame* (2) *To break*, or *weary* (1) Prensos domitare boves, *Vir Geor* 1, 285 Domitant in pulvere currus, *Id Æn* 7, 163

Dŏmĭtor, ōris m verb [à domo] (1) *A tamer, a breaker* (2) *A vanquisher, subduer*, or *conqueror* (1) Domitor equorum, *Cic Off* 1, 26 (2) = Infinitæ potestatis domitor ac frænator animus, *Plin Paneg* 55

Dŏmĭtrix, icis f verb *She that tames*, or *subdues* Equorum domitrix Epidaurus, *Vir Geor* 3, 44

Dŏmĭtūra, æ f (1) *A taming, breaking* (2) *Pruning* (1) Exiguus in domitura labor, *Col* 6, 2 (2) *Litt* ex *Col*

Dŏmĭtūrus, a, um *That will tame*, or *subdue*, Vir Geor 4, 102

Dŏmĭtus, a, um part (1) *Tamed* (2) *Subdued, vanquished* (3) *Entirely reduced* (1) = Domitæ & condocefactæ belluæ, *Cic N D* 2, 64 (2) = Subacti ac bello domiti, *Cic pro Front* 2 (3) ✝ Creditis tot gentes eodem prælio domitas esse, quo victæ sunt? *Curt* 6, 3 Germani victi magis, quam domiti, *Flor* 4, 12, 20

Dŏmĭtus, ûs m verb [à domo] *A taming*, or *breaking* Quadrupedum domitu, *Cic N D* 2, 60 *haud scio an leg* in *alio casu*

Dŏmo, āre, ui, ĭtum act [à δαμάω, δαμῶ] (1) *To break wild creatures*, &c (2) Met *To tame, to vanquish, to overcome* (3) *To keep under* (4) ✠ *To boil* (1) Orbiquium tigres domat, *Ov A A* 2, 183 Equos domare, *Id* (2) = Coercere, compellere, domare nationes, *Cic* (3) Avidum domare spiritum, *Hor Od* 2, 2 (4) Sectam partem domat ferventibus undis, *Ov Met* 8, 650

Dŏmor, āri, ĭtus pass *To be tamed*, &c = Has nationes frangi domarique cupiunt, *Cic de Prov* 13

|| Domuis in gen *pro* domus, *Non*

Dŏmŭitio, ōnis f *A going*, or *returning home again* [illegible] domuitionem reges Atridæ [illegible] *Pacuvium* [illegible] = Domum itio, *Cic de Div* 1, 2

Dŏmuncŭla, æ f dim *A little house, a cottage*, Ulp Casula, *Cic*

DOMUS, ûs, *vel* i (6) f [Gr δόμος, quod a δέμω, ædifico,] est sec ind & quart decl. sed [illegible] voc sing *mi*, in nom pl & [illegible] in dat & abl plur vix eg quibus adeunt grammaticorum [illegible] in abl sing *Dixit* [illegible] abl sing domu, *Tran* [illegible] & *Plaut* in *Mil* 2, 1 (1) *An house, a lodging, a dwelling* (2) *A temple, a church* (3) *Peace* opposed to war (4) *A family, an houshold* (5) *A lineage, a nation* (6) *A nest* (7) *A stable* (8) *A settled habitation, one's country* (9) *A town*, or *city by a river of the same name*, or rather *the fountain*, or *spring head of a river* (10) ✠ *A sect, all the followers of a sect* (1) Domus domus est contemnenda [illegible] træ, *Ov Met* 1, 774 ✠ Domi & foris, *Ter* ✠ Militiæ & domi, *Id Adelph* 3, 4, 49 *at home and abroad* (2) Ostia domus patuere ingentia centum, *Vir Æn* 6, 81 Ante domum Veneris, *Juv* 4, 4 (3) § ✠ Quorum & domi & militia communis, *Cic de Amic* (4) Eum sic commendo, ut unum è nostra domo, *Cic Fam* 13, 46 (5) Domus Æneæ cunctis dominabitur oris, *Vir Æn* 3, 97 (6) ✠ Domus avium, *Vir Geor* 2, 209 (7) ✠ Pecorum, *Stat* (8) Da proprium, Thymbræe, domum, *Vir Æn* 3, 85 (9) Domus Albuneæ resonantis, *Hor Od* 1, 7, 12 (10) Libros, Panæti, Socraticam & domum mutare loricis Ibericis, *Hor Od* 1, 29, 14

Dōnābĭlis, e adj Infortunio donabilis, *worthy to receive a mischief*, Plaut Rud 3, 2, 40

Dōnandus, a, um part *To be presented with*, or *to have given him* Laureâ donandus Apollinari, *Hor Od* 3, 2, 9

Dōnārium, i n [à donum] (1) *The temples wherein gifts and presents were offered to the Gods* (2) Meton *The gifts themselves* (1) Ursis imparibus ducti alta ad donaria currus, *Vir Geor* 3, 533 (2) Eois splendent donaria gemmis, *Luc* 9, 515 ☞ An hic locus a Fabro adductus hanc notionem astruat, videndum. Alius certè non adest ex vett ante Macrob quò magis miror Vallam ausum Servium de loco interpretantem ob torto collo in jus trahere præsertim cum ab hujus sententia stet analogia Hanc notionem [illegible] quam primam à plerisque Lexicographis poni scio, an satis rectè, eruditorum esto judicium

† Donaticus,

† Donāticus, a, um adj *Of, or belonging to a gift* Donaticæ coronæ, *Feſt*

Dōnatio, onis f verb *A giving freely, or beſtowing, a donation* Bonorum donatio, *Cic Phil* 4, 4

Donativum, i n *A prince's, or commander's largeſs, or benevolence, a gift in money, or corn, to ſoldiers, a donative, a dole* Congiarium populo, militi donativum propoſuit, *Suet Ner* 7

Donātor, oris m verb *He that gives any thing freely, a beſtower*, Cod ✝ Largitor, *Liv* Dator, *Cic*

Donātus, a, um part (1) *Beſtowed, given* (2) *Granted* (3) *Forgiven, remitted* (4) *Alſo having a preſent given* (1) § Homo quaſi divino munere donatus Reipub *Cic de Har Reſp* 4 (2) Nec diutius dilatio donata eſt, *Id* (3) Æs alienum donatum [illegible] Cæſare dicunt, *Brut Cic* [illegible] *Epiſt ad Brut* 6 (4) Nimo ex [illegible] numero mihi non donatus abibit, *Vir Æn* 5, 305

Dōnax, acis m *A reed, or cane, whereof they made arrows, an angling rod*, Plin 16, 36 alſo *a kind of ſea fiſh*, Id 32, 11

Donec adv [contract ex donicum, quod ex dum & quum] (1) *Until* (2) *As long as, while that* (1) Haud deſiſtam, donec [illegible], *Ter Phorm* 4, 1, *fin* (2) Donec eris felix, &c Ov Triſt 1, 5

Dōnicum adv [ex dum & cum] *Until* Donicum vi viciſſent, *Nep Hamilc* 1 Donicum ille [illegible], *Plaut Capt* 2, 2, 89

Dōno, āre act [a donum] (1) *To give liberally, to beſtow* (2) *To preſent gratis, to offer* (3) *To forgive, to remit* (4) *To indulge* (1) Prædam militibus donat, *Cæſ B G* 6, 21 (2) Univerſos frumento donavit, *Nep Att* 2 (3) Multa ingeniis donanda ſunt, ſed donanda vitia, non portenta ſunt, *Sen Contr* 5 (4) Spes ſuas ambitioni donare, *Petr* c 4

Donor, āri, ātus paſſ *To be preſented*, &c *Cic Fam* 5, 12

Dōnum, i n [a dando] (1) *A free gift, a preſent* (2) *A reward* (3) *A bribe* (4) *An offering* (5) *Alſo a promiſe* (1) Hanc tibi dono do, *Ter Eun* 4, 6, 11 (2) = Quodvis donum & præmium a me optato, *Ter Eun* 4, 6, 11 (3) = Tantum donis datis muneribuſque perfecerat, *Cic pro Cluent* 24 (4) *Junonem* ſupplicibus ſupera donis, *Vir Æn* 3, 439 (5) Ubi dona peregit, *Vir Æn* 5, 362

Dorcas, ădis f (1) *A doe, roe, or buck* (2) *A lean woman ſo called* (1) Delicium parvo donabis dorcada nato, *Mart* 13, 30 (2) *Lucr* 4, 1154

* Dorceus, i m [a δέρκω, perſpicio] *The name of a dog, Spy-all*, *Ov Met* 3, 210

Doris, ĭdis f *A certain herb which is alſo called* anchuſa, *Plin* [illegible], 20

Doricus dialectus, *The Doric dialect*

Dormiendus, a, um part *To be ſlept*, Catull 5, 6

Dormiens, tis part *Sleeping, doing nothing at all* Credebas dormienti tibi hæc confecturos deos, *Ter Adelph* 4, 5, 59

DORMIO, ire, ivi, itum neut (1) *To ſleep, to be aſleep* (2) *To be unimployed* (1) Dormire in utramvis aurem, *Ter Heaut* 2, 3, 101 Et ac in utrumvis oculum quieſcere, *to ſleep ſecurely*, Plaut Pſeud 1, 1, 121 ✝ Dormibo, *pro* dormiam, *Id Trin* 3, 2, 100 (2) Dum reperiam argentum, vos dormitis intra domi, *Plaut Aſin* 2, 4, 24

Dormiſco, ĕre incept *To begin to ſleep*, Plaut Curc 2, 3, 81

Dormitans, tis part *Nodding, taking a nap*, Cic Att 2, 16

Dormitātio, onis f verb *Sleeping, or ſlumbering*, Lexicogr ex Apul ſed non inveni

Dormitator ōris m verb *A ſleeper, or ſluggard, one that robs by night, and ſleeps by day* Mira ſunt, ni illic homo'ſt, aut dormitator, aut ſector zonarius *Plaut Trin* 4, 2, 20 ☞ Hunc Heſiodus vocat ἡμερόκοιτον, ΕΡΓ κ ΗΜ 2, 227

Dormito, āre freq *vel* deſid *dormire cupio, vel leviter dormio* (1) *To be ſleepy* (2) *To ſlumber, to take a nap* (3) Met *To be careleſs* (4) *To twinkle as a candle doth by day-light* (1) Te dormitare aiebas, *Plaut Amph* 2, 2, 175 (2) Ad lucem arcte & graviter dormitare, *Cic Div* 1, 28 (3) Quandoque bonus dormitat Homerus, *Hor Art P* 359 = Cunctor, *Plaut* (4) Sub aurora jam dormitante lucerna, *Ov Ep* 19, 195

Dormitor, ōris m verb *A long ſleeper* Quid tibi dormitor prodeſt Endymion? *Mart* 10, 4 Rar occ

Dormitorium, i n *A dormitory, a ſleeping-place, a bedchamber*, Plin 30, 6

Dormitōrius, a, um adj *That pertaineth to, or ſerveth for ſleep* Cubiculum dormitorium, *Plin Ep* 5, 6

‖ Dormitŭrio, ire deſid *To be ſleepy, or drowſy*, Lexicogr ex Apul *ſed q* ✝ Dormito, *Cic*

* Dōron, i n (1) *An handbreadth* (2) Met *A gift* (1) Græci antiqui *doron* palmam vocabant (2) Et ideo *Dora* munera, quia manu darentur, *Plin* 35, 14

Dorſiculum i n dim [a dorſum] *A little back*, Plaut *ap* Litt *ſed q*

‖ Dorſuāle, is n *A horſe cloth, a pack-ſaddle, an houſing*, Jul Cap

‖ Dorſuālis, e adj *Belonging to the back*, Apul Met 11 p 383

Dorſum, i n (1) *The back of a man*, (2) or *beaſt* (3) *A promontory, or hill lying out* (4) *Alſo a ſhelf, or heap of ſand gathered in the ſea* (5) *A ridge, or ſide of a hill* (6) *The ſhell of a tortois, or ſuch like* (1) Dorſus totus prurit, *Plaut Mil* 2, 4, 44 *Pro* dorſum (2) Subire onus dorſo, *Hor Sat* 1, 9, 21 (3) Dorſum editiſſimum, *Plin Ep* 6, 31 (4) Dorſo dum pendet iniquo *puppis*, Vir Æn 10, 30 (5) Dorſum Apennini, *Suet Cæſ* 44 (6) *Curt* 9, 8, 2

‖ Dorſuoſus, a, um adj *Great backed, that hath many ridges, full of ſhelves*, Solin c 27 Amm Marc 22, 20

† Dorſus i m *A back* Ita dorſus totus prurit, *Plaut Mil* 2, 4, 44

‖ * Dorx, cis f *A roe buck, or doe*, Grat 200 *unde & dorcas*

* Dorycnium, i n *A poiſonous herb, wherewith they poiſon arrow heads, darts, &c rock-roſe*, Plin 21, 31 & 32, 5 = Aconeoron album

Dorўphŏrus, i m *A life-guard man, a penſioner, or partiſan*, Cic de Clar Orat 86

Dos, tis f [a Gr δῶς, i δόσις, Heſych] (1) *A portion, or dowry, money, goods, or lands, given with a wife, in marriage* (2) *Alſo a property, a nature, an advantage, or privilege* (3) *A ſubject, an argument* (1) Dos eſt decem talenta, *Ter Andr* 5 4, 48 (2) Nec poteris ſimilæ dotes numerare nec uſus, *Mart* 1, 10 (3) Duplex libelli dos eſt, *Phædr Prol* 1, 3

* Dōſis, is f δόσις *A doſe, or quantity of phyſick to be given at one time*, Medic

‖ * Dōſo, ōnis m [δώσων, i e daturus] *A great promiſer but no performer* Antigonus the grandſon of Demetrius, ſo called by Alex ab Alex

Doſſuārius, i, um adj ant *pro* dorſuarius, *which beareth burdens on his back* Doſſuaria jumenta, *pack-horſes, or mules*, Varr R R 2, 6

† Doſſum, *pro* dorſum, *Varr*

Dotalis, e adj *Of, or pertaining to a dowry, that is given with a woman in marriage* Dotalia prædia, *Cic Att* 15, 20 Dotales ædes, *Plaut Mil* 4, 4, 50 Dotales agri, *Ov Faſt* 5, 209

† Dotalitium, i n *A dowry*, JCC Dos, *Cic*

‖ Dotarium, i n *A dowry*, JCC ✝ Dos, *Cic*

Dōtata part ſſima, ſup (1) *Endowed, that hath a portion, or dowry given her* (2) *Married, joined* (1) Dotatæ mactant & malo & damno viros, *Plaut Aul* 3, 5, 60 Mulier dotatiſſima forma, *whoſe beauty is portion enough*, Ov Met 11, 301 (2) Ulmus vite dotata, *Plin* 18, 28

‖ Dōtātim adv *Plentifully*, Lexicogr ex Plau *ſed q*

‖ Dotatio, ōnis f verb *An endowing*, Cod

‖ Dotātor, ōris m verb *He that gives a dowry, an endower*, Cod

Dōto, āre act [a dos, dotis] *To endow, to give a dowry* Vitellii filiam maritavit, dotavitque, *Suet Veſp* 14

Dōtor, āri, ātus paſſ (1) *To be endowed* (2) *To be joined, or mixed* (1) Virgo formoſa abunde dotata eſt, *Apul Apol* p 547 (2) Olea dotatur lacryma, *Plin* 12, 17

D ante R

‖ Drăcæna, æ f *The female, or ſhe dragon*, Serv *ad* Virg Ecl 2, 63

Drachma, æ f [a Hebr דרכמון drachmon] *A dram, the ſeventh, or rather the eighth, part of an ounce*, 84 of them going to a pound, 12 ounces to the pound, *Scrib Larg* Alſo *a Greek coin*, the ſame as the Roman *denier*, of the value of four ſeſterces, 7 d ob Vix drachmis obſonatus eſt decem, *Ter Andr* 2, 6, 20. Mille drachmarum, *Plaut Trin* 2, 4, 22

Drăco, ōnis m δράκων [ἀπὸ τοῦ δρακεῖν, ab acie acuta] (1) *A dragon* (2) *An old hardned vine-branch* (3) *A fiſh called a quaviver* (4) *Alſo the enſign to the ſeveral companies in a regiment* (5) *The herb tarragon* (1) Vidimus immani ſpecie tortuque draconem, *Cic de Div* 2, 30 ex Poeta (2) *Col* 5, 5 (3) *Plin* 9, 48 (4) *Amm* 16, 30 & *Veg* 2, 13 (5) *Jun*

‖ Drăcōnārius, i m Qui draconis ſignum fert *An enſign-bearer, an antient*, Veg 2, 7

✝ Drăcōnigĕna, æ c g *Which is bred of a dragon* Urbs draconigena, *Thebes*, Ov Faſt 3, 865

* Drăcōnites, draconitos, *ſeu* draconitia, æ m *A precious ſtone taken out of the brain of a dragon, whilſt alive*, Plin 37, 10 & Solin c 43

Drăcontium, n (1) *Dragonwort* (2) *Alſo a kind of generous vine* (1) *Plin* 24, 16 (2) *Col* 3, 2

Drăcuncŭlus, i m (1) *A little dragon* (2) *An herb, a kind of yarrow, having the ſtalk ſpeckled like a dragon, or a root twiſted like a dragon's tail, dragons-wort, or dragons* (3) Dracunculus hortenſis, *tarragon* Alſo *a kind of ſhell fiſh* (1) *Lampr in Alex* 14 (2) *Plin* 25, 2 (3) *Plin* 32 11

‖ * Drāma ătis n [a δράω, ago, quomodo & fabulæ partes actus dic] *The action of a play, comedy, or tragedy*, Sidon

* Drāmăticus, a, um adj *Dramatic, belonging to the acting of plays*

* Drăpĕta, æ m [a δράω, fugio] *A fugitive*, Plaut Curc 2 3, 11

Drauc us, i m voc nequam [a δράω, ago] Ut pathicus a [illegible] pati, *Mart* 11, 9

Drenso, are act *To ſing as a ſwan*, Auct Philom 2,

* Drĕpanis f *A ſea ſwallow*, Plin 10, 30

* Drŏmas, ădis [a δρόμος, curſus] (1) *A dromedary, a kind of camel very ſwift* (2) *Alſo the name of a dog* (1) Cameli quos appellant dromadas, *Liv* 50, 40 (2) *Ov Met* 3, 217

Drŏmedarius, i m *A dromedary*, Vulg interpr ✝ Dromas

* Drŏmo, ōnis m [a δρόμος, curſus, quia celeriter decurrit per ſummas aquas] (1) *A pinnace, or ſwift bark that ſcoureth the ſeas* (2) *Alſo a kind of fiſh very ſwift* (1) *Caſſiod* (2) *Plin* 32 ult

* Dropax, ăcis m *A medicine, or ointment to take away hair*, Mart 10, 60

* Drŏsŏmeli n [δρόσος, ros, & μέλι, mel] *Honey dew*, Jun

Druidæ m pl *Plin* & druides, *Cæſ* [a Saxon *dry*, i e magus] *The druids, philoſophers, or wiſe men among the Gauls and Britons*, de his vid *Cæſ* de B G 1 6 & *Cic* de *Div* 1, 40 & *Plin* 16, 44

‖ Drungus, i m *A ſquadron, or looſe band of ſoldiers*, Veg 3, 16 ✝ Manus militum

Drupæ, *pro* drupetæ, arum f pl *Unripe olives, or rather olives waxing black with ripeneſs, and ready to fall off the tree*, Plin 15, 7

* Dryades, um pl f [a δρῦς, quercus] *The nymphs of the woods*, Vir Geor 3, 40

* Dryites m *A precious ſtone found in the roots of trees, which burneth much like wood*, Plin 37, 11

* Dryophŏnon n *An herb like oak fern*, Plin 37, 9

Dryophyte, es *A kind of frog*, Plin 37, 7 *ſed ib al* dryopetis

* Dryoptĕris f *An herb called oak-fern, petty-fern*, Plin 27, 9

* Dryos hyphear, *A kind of miſſeltoe that groweth on oaks*, Plin 16, ult

D ante U

† Dua, *pro* duo, *Two, or twain* Video ſepulcra dua duorum corporum, *Cic Orat* 46 ex *Accio* Vid etiam *Quint* 1, 10

Duālis, e adj *Pertaining to two, dual* Dualis numerus, *Quint* 5, 1

Dualiter adv *In the dual number*, Serv

Dŏlium, i n [dolando factum] *A tub, any great vessel, a tun, pipe, or hogshead* Relevi dolia omnia, *Ter Heaut* 3, 1, 51 In pertusum ingerere dicta dolium, *to lose one's breath, to talk in vain*, Prov *Plaut Pseud* 1, 3, 135

Dŏlo, āre [ex Heb דלל dhal, attenuo] (1) *To cut, or hew smooth, to chip, to square* (2) *To rough hew* (3) Met *To bang* (4) *To contrive* (1) Dolare perticam in quadrum, *Col* 3, 6 (2) Quis robur illud occidit, dolavit? *Cic de Div* 2 (3) Lumbos saligno fuste dolat, *Hor Sat* 1, 5, 22 (4) Hunc nos dolum dolamus, *Plaut Mil* 3, 3, 64

Dŏlon, & dolo, ōnis m [à dolo, quod decipiat ferro, cum speciem præferat ligni, Serv] (1) *A staff with a little rapier in it, a little sword, or skene* (2) Also *a small sail in a ship, called the trinket* (3) Met *The sting of a fly* (1) Gerunt in pugna dolones, *Vir Æn* 7, 664 (2) Dolonemque erectis altum petere intenderit, *Liv* 36, 44 (3) Vide, ne dolone collum compungam tibi, *Phædr* 2, 7, 2

Dŏlor, āri, ātus pass *To be hewn*, &c *Col* 11, 2

Dŏlor, ōris m [à doleo] (1) *Pain, smart, ach, soreness* (2) *A throw, or pang in child-birth* (3) Met *Sorrow, a lamentation* (4) *Rent, anguish* (1) Coxarum dolor, *the sciatica*, Cels laterum, *the pleurisy*, Id articulorum, *the gout*, Cic Attic 1, 5, *sub fin* (2) Laborat e dolore, *Ter Andr* 1, 5, 4 Dolores occupiunt primulum, *Id Adelph* 3, 1, 2 (3) Dolorem refricare, *Cic Fam* 5, 17 Magno in dolore sum, seu mœrore potius, *Cic Attic* 11, 1 (4) Non putere dolori, non iracundiæ servire, *Cic de Prov* 1

Dŏlōse adv *Craftily, deceitfully*, Cic Off 3, 15

Dŏlōsĭtas ātis f *Deceitfulness*, Vulg † Fallacia, calliditas, *Non* ...

Dŏlōsus, a, um (1) *Cunning, crafty* (2) *Deceitful, treacherous* (1) Aliquam parabo dolosam fidicinam, *Plaut Epid* 3, 2, 36 (2) Amici ferre jugum pariter dolosi, *Hor Od* 1, 35, 28

DOLUS, i m [Gr δόλος] (1) *A device, a crafty purpose, or fetch, a wile, a trick* (2) *Guile, deceit, treachery, fraud, collusion, false-play* (1) Doli non sunt doli, nisi astu colas, *Plaut Capt* 2, 1, 26 Dolum comminisci, procudere, *Id Pseud* 4, 7, 64 Dolus doctus, *Id Mil* 2, 2, 92 Regnum dolo partum jure adeptus ... *Liv* 1 (2) = Ne qua fraus, ne quis dolus adhibeatur, *Cic* pro *Domo*, 12 = Fallacia, *Plaut* præstigiæ, *Id*

|| * Dōma, tis n *A solar, or flat roof of an house*, Hier † Solarium, *Cic*

Dŏmābĭlis, e adj *Easy to be tamed, or subdued* Te Cantaber non ante domabilis miratur, *Hor Od* 4, 14

Dŏmandus, a, um part *To be tamed, or subdued*, Vir Geor 3, 206

Dŏmātio, ōnis f verb [à domo] *A taming, breaking, subduing*, Litt ex Plin

Dŏmātor, ōris m verb *A tamer, or subduer*, Tibull 4 1, 116

|| Dŏmātus, a, um part *Tamed, subdued*, Don Domitus, *Cic*

Dŏmĕfactus, a, um *Tamed*, Met *cultivated, plowed* Terra aratro domefacta nitet, *Petron* c 99 vix alibi

Dŏmestĭcātim adv (1) *House by house, by housholds*, Suet Cæs 26, ...

Dŏmestĭcus, a, um adj (1) *Of the same house* (2) *Domestick, as opposed to foreign* (3) *Staying at home* (4) *Civil, private, as opposed to publick* (5) *Tame, familiar* (1) = Convictor, denique domesticus usu, *Ov Pont* 4, 3, 13 *A* forensis, *q v* (2) Externa libentius, quam domestica recordor, *Cic Off* 2, 8 (3) Domesticus otior, *Hor Sat* 1, 6, 128 (4) Domestici fœderis, ut census, & publica pauca etiam forsan, *Cic Fam* 5, 13 Longe sint fortitudines, non inferiores militaribus, *Id Off* 1 *A* Ubi quod alienum esset, vicisset, superavit quod erat domesticum, *Id* Omne ferum animal domesticatur ... *Col*

|| Domesticus, i subst m *An houshold officer*, Pancirol

Dŏmĭcĭlium, ii n (1) *A sojourning place, an abode* (2) *A receptacle* (1) Hosticum hoc mihi domicilium est, Athenis domus ac herus, *Plaut Mil* 2, 5, 46 (2) Domicilium sermonum, aures, *Cic Part Orat* 1

Dŏmĭcœnium, ii n *A supper at home in a man's house*, Mart 12, 78

|| Domicula, æ f *A little house*, Front Casula, *Juv*

† Domifico, āre *To build*, Varr † Ædifico

Dŏmĭna, æ f *A lady, a mistress, a dame, a governess*, Cic pro *Marcell* 2 Ancilla, *Id*

Dŏmĭnans, tis part or comp *Bearing rule, or sway, governing* Dominans ille in nobis Deus vetat, *Cic Tusc* 1, 30 Dominantia verba, *plain, home-spun, vulgar, calling every thing by its proper name*, Hor Art Poet 235 § Dominantior ad vitam, *Lucr* 3, 398

Dŏmĭnātio, ōnis f verb (1) *Dominion, rule, authority, sovereignty, lordship* (2) *Tyranny, despotic government* (3) Meton *A governour* (1) Dominatio rationis in libidinem, *Cic de Inv* 2, 54 (2) Vita sub dominatione misera est, *Asin Poll Cic Fam* 10, 31 Diversa natura dominatio & principatus, *Plin Paneg* 45 *A* Dominationem nemo concupivit, quin libertatis vocabulum sibi pararet, *Tac Hist* 4, 73 (3) Ingruentium dominationum provisor, *Tac* 12, 4 Non dominationem, & servos, sed rectorem & cives cogitare, *Id* 12, 11

Dŏmĭnātor, ōris m verb *A master, or lord, a governour, or ruler* Rerum dominator Deus, *Enn ap Cic N D* 2, 2

Dŏmĭnātrix, icis f *A mistress, lady, or governess* Dominatrix cæca & temeraria animi cupiditas, *Cic de Inv* 1, 2

Dŏmĭnātus, a, um part *Having ruled, or governed* Urbs multos dominata per annos, *Vir Æn* 2, 363

Dŏmĭnātus, ūs m verb *Mastership, rule, authority, lordship, sovereignty, power* = Potestate, dominatuque dignissimus, *Cic N D* 2, 11 = principatus, *Id* *sed has voces opponi posse, vid* Dominatio, n 2 ¶ Dominatum imperio tenere, *to have both the name and power of a king*, Nep in Regib princip

|| Dŏmĭnĭca, æ f *sc* dies *The lord's day, sunday*, Eccl

Dŏmĭnĭcālis, e adj *Dominical, belonging to the lord, or to the lord's day* Dominicales curiæ, *court-patrons, the king's domains*, Dig

Dŏmĭnĭcus, a, um adj *Pertaining to the lord, or master* Subjecta dominicis habitationibus viveria, *Col* 9, 1 Dies dominica, *sunday, or the lord's day*, Eccl

Dŏmĭnĭum, ii n *Lordship, rule, dominion, empire, a domain* Ad imperi entious dominii, *factious malecontents*, Suet Tib 55

Dŏmĭnor, āri, ātus sum dep [à dominus] (1) *To be lord and master, to rule, to bear rule* (2) *To domineer* (3) Antiq pass *To be governed* (1) = Clean ... solem dominari, & rerum ... putat, *Cic Acad* 4, 41 § Dominari in suos, *Id de Senect* 11 § inter nymphas, *Ov Amor* 2, 6, 6 (2) § Non ut in capite fortunisque hominum honestissimorum dominentur, *Cic pro Quint* 30 (3) § O domus antiqua, heu ... quam dispari dominare domino! *Cic Off* 1, 39 ex vet Poëta

|| Dŏmĭnŭlus, i m *A little lord, or young master*, Dig

Dŏmĭnus, i m [qui domui præest] (1) *A master of an house* (2) Sometimes *the son, or young master* (3) *A possessor, an owner* (4) *A husband* (5) *He that makes a banquet* (6) Κατ' ἐξοχὴν, *a God* (7) *A jailer* (8) *A compellation in speaking to an unknown person* (1) Id Dominus, n 3 Servus domini pauperis, *Ter Eun* 3, 2, 33 (2) *Plaut Capt prol* 18 (3) Hic is dominus, *Hor Od* 2, 14, 24 (4) Dominum Æneam in regna recepit, *Vir Æn* 4, 214 (5) Aut dominum, aut vinum, aut aliud quid laudato, *Varr* (6) Domino solvere vota Jovi, *Ov* (7) *Suet Tib* 3 (8) *Mart* 1, 113 Obvios, si nomen non occurrit, dominos salutamus, *Sen Ep* 3

Dŏmĭporta *A snail's epithet, a shell snail that carries her house on her back*, Cic Div 2, 64

Dŏmĭtātio, ōnis f verb *A taming, or breaking*, Litt ex Cic *sed q* † Domitus

|| Domitio, ōnis f verb *A breaking or taming of an horse*, Ascon † Domitura

Dŏmĭto, āre freq [à domo, are] (1) *To tame* (2) *To break, or weary* (1) Prensos domitare boves, *Vir Geor* 1, 285 Domitant in pulvere currus, *Id Æn* 7, 163

Dŏmĭtor, ōris m verb [à domo] (1) *A tamer, a breaker* (2) *A vanquisher, subduer, or conqueror* (1) Domitor equorum, *Cic Off* 1, 26 (2) = Infinitæ potestatis domitor ac frænator animus, *Plin Paneg* 55

Dŏmĭtrix, icis f verb *She that tames, or subdues* Equorum domitrix Epidaurus, *Vir Geor* 3, 44

Dŏmĭtūra, æ f (1) *A taming, breaking* (2) *Pruning* (1) Exiguus in domitura labor, *Col* 6, 2 (2) *Litt ex Col*

Dŏmĭtūrus, a, um *That will tame, or subdue*, Vir Geor 4, 102

Dŏmĭtus, a, um part (1) *Tamed* (2) *Subdued, vanquished* (3) *Entirely reduced* (1) = Domitæ &conformatæ belluæ, *Cic N D* 2, 64 (2) = Subacta atque ... domiti, *Cic* pro *Front* 2 (3) *A* Creditis tot gentes eodem prælio domitas esse, quo victæ sint? *Curt* 6, 3 Germani victi magis, quam domiti, *Flor* 4, 12, 0

Dŏmĭtus, ūs m verb [à domo] *A taming, or breaking* Quadrupedum domitu, *Cic N D* 2, 60 *haud scio an alibi in alio casu*

Dŏmo, āre, ui, ĭtum act [à δαμάω, δαμῶ] (1) *To break wild creatures*, &c (2) Met *To tame, to vanquish, to overcome* (3) *To keep under* (4) *To void* (1) Otiosque tigres domat, *Ov* ... 2, 18 Equos domare, ... (2) = Coercere, compellere, & domare nationes, *Cic* (3) Avidum domare spiritum, *Hor Od* ... (4) Sectam partem domat ... undis, *Ov Met* 8, 650

Dŏmor, āri, ĭtus pass *To be tamed*, &c = Hæ nition ... qui domari qui cupiunt, ... *Pers* 13

|| Domuis in gen pro domus, *Non*

Dŏmŭĭtio, ōnis f *A going, or returning home again* Jam comminuit omnem reges Atridæ ... Heraclem ... 21 ex poëta

Domum ... *Cic de Liv* 1, 2

Dŏmuncŭla, æ f dim *A little house, a cottage*, Ulp ... *Cic*

DOMUS, ūs, vel i (ŏ) f Gr δόμος, *quod à* δέμω, ædifico, est secundæ & quartæ declinationis, in voc sing mi, in nom pl & ... in dat & abl plur vix leguntur ... bus idcirco grammaticorum ... au in abl sing Dixit tamen ... *all sing* domu, *Trag* ... & *Plaut* in *Mil* 2, 1 (1) ... *a lodging, a dwelling* (2) ... *temple, a church* (3) *Peace* ... opposed to war (4) *A family, an houshold* (5) *A lineage, a nation* (6) *A nest* (7) *A table* (8) *A settled habitation one's country* (9) *A town, a city by a river of the same name*, or rather *the fountain*, or *spring head of a river* (10) ... *all the followers of a sect* (1) Domus domus est contermina ... tæ, *Ov Met* 1, 774 Domi & foris, *Ter* Militiæ & domi, *Id Adelph* 3, 4, 49 *at home and abroad* (2) Ostia domus patent ingentia centum, *Vir Æn* 6, 81 Ante domum Veneris, *Juv* 4, ... (3) § Quorum & domus & militia communis, *Cic* ... (4) Eum sic commendo, ut unum e nostra domo, *Cic Fam* 13, 46 (5) Domus Æneæ cunctis dominabitur oris, *Vir Æn* 3, 97 (6) Domus avium, *Vir Geor* 209 (7) Piscorum, *Stat* (8) Di proprium, Thymbræe, domum, *Vir Æn* 3, 85 (9) Domus Albuneæ resonantis, *Hor Od* 1, 7, 12 (10) Libros, Panæti, Socraticam & domum mutare loricis Ibēris, *Hor Od* 1, 29, 14

Dŏnābĭlis, e adj Infortunio donabilis, *worthy to receive a mischief*, Plaut Rud 3, 2, 40

Dŏnandus, a, um part *To be presented with, or to have it given him* Laurea donandus Apollinari, *Hor Od* 4, 2, 9

Dŏnārium, i n [à donum (1) *The temples wherein gifts and presents were offered to the Gods* (2) Meton *The gifts themselves* (1) Urbs imparibus ducti ... donaria currus, *Vir Geor* 3 ... (2) Eois splendent donaria gemmis, *Luc* 9, 515 ☞ An his ... cus a Fibio adductus hanc notionem astruat, videndum ... non adest ex ... quo magis miror ... sum Servium de loco in ... tam obtorto collo in jus trahere præsertim cum ab hujus ... stet analogia Hanc notionem ... quam primam a plerisque ... cogr ... ditorum esto judicium

† Doni ... us

† Donaticus, a, um adj *Of, or belonging to a gift* Donaticæ corona, *Fest*

Donatio, onis f verb *A giving freely, or bestowing, a donation* Bonorum donatio, *Cic* ...

Donativum, i n *A prince's, or commander's largess, or bene... gift in money, or corn, ... a donative, a dole* ... congiarium populo, militi donativum proposuit, *Suet Ner* 7

Donator, oris m verb *He that gives any thing freely, a bestower* † Largitor, *Iuv* Dator, *Cic*

Donatus, a, um part (1) *Bestowed, given* (2) *Granted* (3) *remitted* (4) Also *having a present given* (1) ... divino munere donatum ... *Cic de Har Resp* 4 ... utius dilatio donata est, ... (3) Æs alienum donatum ... Cæsare dicunt, *Brut Cic* ... *Epist ad Brut* 6 (4) ... non donatum ... *Vir Æn* 5, 305

Donax, acis m *A reed, or cane, whereof they made arrows, ... rod*, Plin 16, 36 also ... *kind of sea fish*, Id 32, 11

Donec adv [contract ex donicum, quod ex dum & cum] (1) ... (2) *As long as, while* ... (3) Haud desistunt, donec ..., *Ter Phorm* 4, 1, *fin* (2) ... *&c* Ov Trist ...

Donicum adv [ex dum & cum] ... Donicum vi vicissent, ... Donicum ille ... *Plaut Capt* 2, 2, 89

Dono, are act [a donum] (1) *To give liberally, to bestow* (2) *To present gratis, to offer* (3) *To forgive, to remit* (4) *To invest* (1) Prædam militibus donat, *Cæs B G* 6, 21 (2) Universos frumento donavit, *Nep Att* ... (3) Multi ingenuis donanda ... sed donanda vitia, non portenta sunt, *Sen Contr* 5 (4) Spes ... donare, *Petr* c 4

Donor, ari, atus pass *To be presented, &c* *Cic Fam* 5, 12

Donum, i n [a dando] (1) *A free gift, a present* (2) *A reward* (3) *A bribe* (4) *An offering* (5) Also *a promise* (1) ... dono do, *Ter Eun* 4, 6, 1 (2) = Quodvis donum & præmium a me optato, *Ter Eun* 5, 6, 11 (3) = Tantum donis damnis muneribusque perfecerat, *Cic* ... 24 (4) *Donationem* ... superis donis, *Vir Æn* ... (5) Ubi dona peregit, *Vir* ...

Dorcas, adis f (1) *A doe, roe, or ...* (2) *A lean woman so called* (1) Delicium parvo donabis dorcada nato, *Mart* 13, 90 ... Luc 4, 1 54

Dorceus, i m [a δορκάω] *The name of a dog*, ... *Ov Met* ... 210

D... f *A certain herb ... also called* anchusa, ...

Doricus ... *The Doric dialect*

Dormiens, tis part *Sleeping*, ... Cato ... 5, 6

Dormitans, tis part *Sleeping, ... nothing at all* Credebas ... confecturos ... *Ter Adelph* 4, 5, 59

DORMIO, ire, ivi, itum neut (1) *To sleep, to be asleep* (2) ... *unimployed* (1) Dormire in ... *Ter Heaut* 2, 3, ... in utrumvis oculum ... *to sleep securely*, ... *Phæd* 1, 1, 121 ‡ Dormibo, *pro* dormiam, *Id Trin* 3, 2, 100 (2) Dum repetiam argentum, vos dormitis intra domi, *Plaut Asin* 2, 4, 24

Dormisco, ere incept *To begin to sleep*, Plaut Curc 2, 3, 81

Dormitans, tis part *Nodding, taking a nap*, Cic Att 2, 16

Dormitatio, onis f verb *Sleeping, or slumbering*, Lexicogr ex Apul sed non invenio

Dormitator oris m verb *A sleeper, or sluggard, one that robs by night, and sleeps by day* Mira sunt, ni illic homo est, aut dormitator, aut sector zonarius *Plaut Trin* 4, 2, 20 ☞ Hunc Hesiodus vocat ἡμερόκοιτον, ... ΕΡΓ ... 2, 227

Dormito, are freq vel desid *dormire cupio, vel levi et dormio* (1) *To be sleepy* (2) *To slumber, to take a nap* (3) Met *To be careless* (4) *To twinkle as a candle doth by day light* (1) Te dormitare aiebas, *Plaut Amph* 2, 2, 175 (2) Ad lucem arcte & graviter dormitare, *Cic* ... 1, 28 (3) Quandoque bonus dormitat Homerus, *Hor Art P* 359 = Cunctor, *Plaut* (4) Sub aurora jam dormitante lucerna, *Ov Ep* 19, 195

Dormitor, oris m verb *A long sleeper* Quid tibi dormitor proderit End..mion? *Mart* 10, 4 Rar occ

Dormitorium, i n *A dormitory, a sleeping-place, a bed chamber*, Plin 30, 6

Dormitorius, a, um adj *That pertaineth to, or serveth for sleep* Cubiculum dormitorium, *Plin Ep* 5, 6

|| Dormiturio, ire desid *To be sleepy, or drowsy*, Lexicogr ex Apul *sed q* ‡ Dormito, *Cic*

* Doron, i n (1) *An hand breadth* (2) Met *A gift* (1) Græci antiqui *doron* palmum vocabant (2) Et ideo *Dora* munera, quia manu darentur, *Plin* 35, 14

Dorsiculum i n dim [a dorsum] *A little back*, Plaut ap Litt *sed q*

|| Dorsuale, is n *A horse cloth, a pack saddle, an housing*, Jul Cap

|| Dorsualis, e adj *Belonging to the back*, Apul Met 11 p 383

Dorsum, i n (1) *The back of a man*, (2) or *beast* (3) *A promontory, or hill lying out* (4) Also *a shelf, or heap of sand gathered in the sea* (5) *A ridge, or side of a hill* (6) *The shell of a tortoise, or such like* (1) Dorsus totus prurit, *Plaut Mil* 2, 4, 44 *pro* dorsum (2) Subire onus dorso, *Hor Sat* 1, 9, 21 (3) Dorsum editissimum, *Plin Ep* 6, 31 (4) Dorso dum pendet iniquo *puppis*, Vir Æn 10, 303 (5) Dorsum Apennini, *Suet Cæs* 44 (6) *Curt* 9, 8, 2

|| Dorsuosus, a, um adj *Great backed, that hath many ridges, full of shelves*, Solin c 27 Amm Marc 22 20

† Dorsus i m *A back* Ita dorsus totus prurit, *Plaut Mil* 2, 4, 44

|| * Dorx, cis f *A roe buck, or doe*, Grat 200 *unde* & dorcas

* Dorycnium, i n *A poisonous herb, wherewith they poison arrow heads, darts, &c rocket*, Plin 21, 31 & 32, 5 = Acneoron album

Doryphorus, i m *A life-guard man, a pensioner, or partisan*, Cic de Clar Orat 86

Dos, tis f [a Gr δως, i δόσις, Hesych] (1) *A portion, or dowry, money, goods, or lands, given with a wife, in marriage* (2) Also *a property, a nature, an advantage, or privilege* (3) *A subject, an argument* (1) Dos est decem talenta, *Ter Andr* 5, 4, 48 (2) Nec potest similes dotes numerare nec usus, *Mart* 12, 10 (3) Duplex libelli dos est, *Phædr Prol* 1, 3

* Dosis, is f *A dose, or quantity of physick to be given at one time*, Medic

|| Dosio, onis m [δόσιν, i e ... urus] *A great promiser but no performer* Antigonus the ... of Demetrius, so called by ...

Dossuarius, a, um adj unt *pro* dorsuarius, *Which beareth burdens on his back* Dossuaria jumenta, *pack-horses*, or *mules*, Varr R R 2, 6

† Dossum, *pro* dorsum, Varr

Dotalis, e adj *Of, or pertaining to a dowry, that is given with a woman in marriage* Dotalia prædia, *Cic Att* 15, 20 Dotales ædes, *Plaut Mil* ... Dotales ... *Ov Fast* 5, 60

† Dotalicium i n *A dowry*, JCC Dos, *Cic*

|| Dotarium, i n *A dowry*, JCC ‡ Dos, *Cic*

Dotata par Tima, sup (1) *Endowed, that hath a portion, or dowry given her* (2) *Married, joined* (1) Dotata mactant & malo & damno viros, *Plaut Aul* 3, 5, 60 Mulier dotatissima forma, *whose beauty is portion enough*, Ov Met 11, 301 (2) Ulmus vite dotata, *Plin* 18, 28

|| Dotatim adv *Plentifully*, Lexicogr ex Plin *sed q*

|| Dotatio onis f verb *An endowing*, Cod

|| Dotator, oris m verb *He that gives a dowry, an endower*, Cod

Doto, are act [a dos, dotis] *To endow, to give a dowry* Vitellii filiam maritavit, dotavitque, *Suet Vesp* 14

Dotor, ari, atus pass (1) *To be endowed* (2) *To be joined, or mixed* (1) Virgo formosa abunde dotatur, *Apul Apol* p 547 (2) Olea dotatur lacryma, *Plin* 12, 17

D ante R

|| Dracæna, æ f *The female, or she dragon* Serv *ad* Virg Ecl 2, 6.

Drachma, æ f [a Hebr דרכמון drachmon] *A dram, the seventh, or rather the eighth, part of an ounce*, 84 of them going to a pound, 12 ounces to the pound, *Scrib Larg* Also *a Greek coin, the same as the Roman denier, of the value of four sesterces*, 7 d ob Vix drachmis obsonatus est decem, *Ter Andr* 2, 6, 20 Mille drachmarum, *Plaut Trin* 2, 4, 23

Draco, onis m δράκων [παρὰ τὸ δέρκειν, ab acie acuta] (1) *A dragon* (2) *An old hardned vinebranch* (3) *A fish called a quaviver* (4) Also *the ensign to the several companies in a regiment* (5) *The herb tarragon* (1) Vidimus immani specie tortuque draconem, *Cic de Div* 2, 30 ex Poeta (2) *Col* 5, 5 (3) *Plin* 9, 48 (4) *Amm* 16, 30 & *Veg* 2, 13 (5) *Tur* ...

|| Draconarius, i m *Qui draconis signum fert* *An ensign-bearer, an antient*, Veg 2, 7

* Draconigena, æ c g *Which is bred of a dragon* Urbs draconigena, *Thebes*, Ov Fast 3, 865

* Draconites, draconitis, seu draconitia, æ m *A precious stone taken out of the brain of a dragon, whilst alive*, Plin 37, 10 & Solin c 40

Draconium n (1) *Dragonwort* (2) Also *a kind of generous vine* (1) *Plin* 24, 16 (2) *Col* 3, 2

Dracunculus, i m (1) *A little dragon* (2) *An herb, a kind of yarrow, having the stalk speckled like a dragon, or a root twisted like a dragon's tail, dragons-wort, or dragons* (3) Dracunculus hortensis, *tarragon* Also *a kind of shell fish* (1) *Lampr* ... (2) *Plin* ... 2 (3) *Plin* 32 11

|| * Dramatis, atis n [a δρᾶμα, ...go, quo modo & fabula partes actus dic] *The action of a play, comedy, or tragedy*, Sidon

* Dramaticus, a, um adj *Dramatic, belonging to the acting of plays*

* Drapeta, æ m [a δραπετεύω, fugio] *A fugitive*, Plaut Curc 3, 11 Drapetis, i m voc inquit ... δράω, ... Ut pathicus ... *Mart* 11, 9

Drenso, are act *To sing as a swan*, Auct Philom ...

* Drepanis f *A sea swallow*, Plin 11, 30

* Dromas, adis [a δρόμος, cursus] (1) *A dromedary, a kind of camel very swift* (2) Also *the name of a dog* (1) Camelos quos appellant dromadas, *Liv* 30, 40 (2) *Ov Met* 3, 217

Dromedarius, i m *A dromedary*, Vulg interpr ‡ Dromas

* Dromo, onis m [a δρόμος, cursus, quia celerrime decurrit per summas aquas] (1) *A pinnace, or swift bark that scoureth the seas* (2) Also *a kind of fish very swift* (1) *Cassiod* (2) *Plin* 32, ult

* Dropax, acis m *A medicine, or ointment to take away hair*, Mart 10, 60

* Drosomeli n [δρόσος, ros, & μέλι, mel] *Honey-dew*, Jun

Druidæ m pl *Plin* & druides, *Cæs* [a Saxon dry, i e magus] *The druids, philosophers, or wise men among the Gauls and Britons*, de his vid *Cæs* de B G 1 6 & *Cic* de Div 1, 40 & *Plin* 16, 44

|| Drungus, i m *A squadron, or loose band of soldiers*, Veg 3, 16 ‡ Manus militum

Drupæ, *pro* drupetæ, arum f pl *Unripe olives, or rather olives waxing black with ripeness, and ready to fall off the tree*, Plin 15, 7

* Dryades, um pl f [a δρῦς, quercus] *The nymphs of the woods*, Vir Geor 4, 40

* Dryites m *A precious stone found in the roots of trees, which burneth much like wood*, Plin 37, 11

* Dryophonon n *An herb like oak fern*, Plin 27, 9

Dryophytes ... *A kind of frog*, Plin 37, 7 ...

* Dryopteris f *An herb called oak-fern, petty-fern*, Plin 27, 9

* Dryos hyphear, *A kind of misletoe that groweth on oaks*, Plin 16, ult

D ante U

‡ Dua, *pro* duo, *Two, or twain* Video sepulcra dua duorum corporum, *Cic Orat* 46 ex *Accio* Vid etiam *Quint* 1, 10

Dualis, e adj *Pertaining to two, dual* Dualis numerus, *Quint* 5, 1

Dualiter adv *In the dual number*, Serv

Dubiè adv *Doubtfully, uncertainly* Sig num dubiè da um, *Cic* de Div 1, 55

Dubitābilis, e adj *That may be doubted of*, Ov Met 1, 223, & 13, 21 Also *doubting* Dubitabile pectu, *Paul Apoth* 580

Dubitans, tis part *Doubting*, Cic pro Cluent 28 Sall B C 28

Dubitanter adv *Doubtingly, uncertainly* ⟩ Sine ulla dubitatione dubitanter unumquodque dicere, *Cic* de Div 2

Dubitatio, ōnis f verb *A doubt*, or *mistrust* = Inde tu est hominibus dubitatio, & dubitatio, *Cic* pro Cluent 18

Dubitātor, ōris m *A doubter*, A g ✝ Quidubitat

Dubitātur impers *It is doubted*, Cic pro Cæcin 1 Dubitatum est ipsi provincia, *Tac* 12, ult

Dubitātus, a, um part *Doubted*, *in baine* … In dubitatione est pa entis, Ov Met 2, 20

Dubito, āre neut [r duco] bi o, or (1) *To doubt*, or *be in doubt*, *to mistrust* (2) *To fear* (3) *To protract time*, or *delay* (4) *To question*, *to muse* (5) *To waver* (1) = Dubitans, hæsitans, revocans se in cursum *unresolute*, Cic Acad 4 17 (2) Non dubitanti me deire Lentulum vinculis, *Cic* in Cat 4, 2 (3) Dubitanti vestem … est, Ov Met 2, 41 (4) Pestis … ne dubitem, … Cic pro Rosc o Pergine, porro quid dubitem, *Vir Æn* 4, 190 (5) *Tac* 6, 25

Dubium, i n (1) *A doubt, a question* (2) *Danger, hazard* (1) Anima nostra in dubio est, *Sall B C* 52 (2) Gravia ita in dubium venire, *Ter Adelp* 2, 2, 42 Pessimus in dubiis augur is … mor, *Stat Theb* 3, 6

Dubius, a, um adj [qu duvius, quod dua … habeat] (1) *Doubtful, dubious, variable* (2) *Dangerous, perilous* (1) Sumere pro certo, quod dubium est, *Cic* Div 2, 51 ✠ Si est explorata, non est cunctandum, si dubium, nec est committendum, *Cic* Fam 1, 7 § Dubius animi *Vir Geor* 3, 289 ¶ Cœna dubia, *where there are so many dishes, that a man knows not which to eat of* Ter Phorm 2 2 28 Dubia lux, *twilight*, Sen Hippol 1, 8 (2) Dubiis ne defice rebus, *Vir Æn* 6, 196 Is est amicus, qui in re dubia, re juvat, ubi re opus est, *Plaut Epid* 1, 2, 10 ✠ Conjux prosperis dubiisque socia, *Tac Ann* 15, 5

|| Ducālis, e adj *Belonging to a duke*, *a captain*, *ducal*, Gloss vet *ducalis* ✝ Ad ducem pertinens

|| Ducātor, ōris m *A pilot*, or *steersman of a ship*, Ap ✝ Gubernator

|| Ducatrix, icis f *A she pilot*, or *conductress* … torum ducatrice … condita & hosco, *Apul* de Hab … doct Plat p 598

Ducātus, us m [a duce, ut a tribuno tribunatus] (1) *A conduct*, or *leading a charge*, or *government*, *a generalship*, *a captainship* … (2) *A play that is when … plays king and subject* (3) *A dukedom*, *a dutchy* (1) In omni ducatu often … ex … tissimum, *Suet Tiber* 19 (2) Puer … ducatus & imperia ludere, *Suet Ner* 35 (3) Ex … hodierno

Ducē … imp … *a duco* Plaut *Most* 4, 1 *Trin* 2, 2, 10

Ducēnā, a, æ f *The office of the ducenarius*, *Litt* ex *Apul*

Ducenārius, a, um adj *Of two hundred*, Plin 7, 20 Ducenarii judices, *who judged in trials of small sums*, Suet Aug 32 & Claud 24

|| Ducenarius, i m *A captain of two hundred men*, Veget Al … *so called primus hastatus*, *Id*

Ducēni, æ, a pl *Two hundred* Duceni nummi, *Suet Aug* 41 Duceni quinquagini a millia capitum, *Liv* 5 12

Dūcens, tis part *Leading, drawing, bringing*, *drawing*, &c *Hor Od* 3, 3, 65 *Vid* Duco ✠ *Sucking* Nec sequitur ducentem lacteus humor, *Ov Met* 9, 258

Ducentesimus, a, um adj *The two hundredth*, Suet *t̄ f̄ c* Litt … Gell 1, 7

Ducenti, æ, a pl *Two hundred*, Cic pro lege Agr 1

Ducenties adv *Two hundred times* Ducenties H S 200000, *of … ses* Cic Phil … 2, 16

|| Ducissa, æ f [a duce] *A dutchess* Denuit idoneu auct ✝ Princ pis femina dux, *Cic*

DUCO, ere, xi, ctum act (1) *To lead*, *go along with*, *conduct*, or *guide* (2) *Ducere se*, *to flint* (3) *To induce*, *move*, or *persuade* (4) *To draw* (5) *To form*, *to fashion*, *to beat out*, *to forge* (6) *To protract*, *prolong*, or *delay* (7) *To take*, or *deem* (8) *To … it*, or *reckon* (9) *To wheedle*, or … (10) *To marry* (11) *To receive*, or *take along with him* (12) *To lead* (13) *To reckon*, or *compute* (14) *To pass away* (15) *A term in actions at law* (16) Met *To express* (1) Duc me ad eam, *Ter Adelp* 4, 6, 27 ✠ Ducunt volentem fata, nolentem trahunt, *Sen Ep* 107 In … ulum ducere & reducere, *Ter Phorm* 1, 2, 56 (2) § Ego me deorsum duco de … arbore, *Plaut Aul* 1, 8, 8 (3) § Me ad credendum tua ducit oratio, *Cic Tusc* 2, 18 (4) Pulmones & cor extrinsecus spiritum ducunt, *Cic N D* 2, 54 ¶ Ducere spiritum, *to sigh*, Ov Met 10, 402 animam, spiritum, *to live*, Cic pro Manil 12 alvum, *to purge*, Cels naribus, *to snuff up*, Hor Carm 4, 1, 21 ¶ Ducere … m, *to convey it*, Cic colorem, *to take it*, Virg follem, vallum, *to throw it up*, Liv poculum, *to quaff*, *or drink up*, Prop lanam, Ov pensa, *Juv to spin* ensem, *St* mucronem *Vir to draw it* aliquem in jus, *to arrest him*, Ter aliquem in carcerem, *to drag him to prison*, Cic (5) Ocreas lento ducunt argento, *Vir Æn* 7, 634 Ducere rivos de marmore vultus, *Vir Æn* 6, 848 Ducere versus, *to compose them*, Ov Trist 5, 12, 6 (6) Nostros in longum ducis amores, *Vir Ecl* 9, 56 (7) Ab auctore ducunt bamina nomen, *Ov Fast* 2, 7 (8) Nihil ducere in rebus … virtutem, *Cic* de Fin 5 … (9) Ut philetus ducis me ducas, *Ter Phorm* 3, 2, 15 (10) Emori … si non hanc uxorem duxero, *Ter Eun* 5, 2, 49 (11) Duxi sua præmia victor, *Ov Met* 10, 680 (12) Qui commendationem mentis … fecere duxerit, *Cic* pro Dejot 1 (13) Ut fœnus quatermis centesimis ducant, *Cic Att* 6, 2 (14) Ducere ætatem, *Hor*, … m, *Cic to live*, or *lead his life* ¶ Diem somno, *to sleep all day*, Sen (15) … Ducor (16) Injustè totum ducit, venditque poëma *Hor Ep* 2, 75

Dūcor, i, ctus pass Besides he … tings from *Duco* it often signifies, by an ellipsis, *to be led to execution*, or *to be sued in law* Ad calvum duci jussit, *Suet Cal* 27 Perseverantes duci jussi, *Plin* 10 *Ep* 97 vid etiam *Sen* de Ira, 1, 18 de *Tranq an* 14, & alibi

✝ Duco, āre *To govern*, Varr

Ductans, tis part *Drawing along*, &c Tu inter eas restim ductans saltabis, *Ter Adelph* 4, 7, 34 *Vid* Ducto

Ductarius, a, um adj *That draweth*, or *guideth* Funis ductarius, *the line*, or *rope that runneth in the pulley*, Vitruv 10, 2

Ductilis, e adj (1) *Easy to be drawn*, *ductile*, *that can easily be beaten into thin pieces with a hammer* (2) *Conveyed into* (1) Æs ductile, quod & regulare, *Plin* 34, 8 (2) Ductile flumen, *an aqueduct*, Mart 12, 31

Ductim adv *By little and little*, *leisurely*, *as it were by drawing* ✠ Plus operis duc im petitur, quam cæsim faciunda, *Col* 1, 25

Ductio, ōnis f verb *A conveying*, *a drawing* ¶ Ductio rudentium, *Vitruv* 10, 1 Aquarum ductiones, *aqueducts*, Id 1, 1 Alvi ductio, *a purge*, Cels 9, 27

|| Ductitātio, ōnis f verb *A leading often about*, Aug

Ductilius, a, um adj *Easy to be led*, *ductile*, *malleable* Ferrum ductilium, *Quint lib* 6

Ductito, āre (1) *To lead quickly away* (2) *To lead up and down* (3) *To cheat*, *to decoy* (4) *To take for a wife* or *miss* (1) Venatis illic ductitavit quisquis est, *Plaut Rud* 4, 7, 26 (2) *Ter Al* … 4, 7, 4 sed tibi anter leg … (3) Ego sollicitum ductitabo, *Plaut Ep* … 7 15 (4) Quas belli sit, quam … reges ductitent, *Plaut Pœn* 1, 2, 60

Ducto, āre freq (1) *To lead* (2) *To wheedle* (3) *To keep a miss* (4) *To esteem*, or *account* (1) Sylla exercitum ductavit, *Sall B C* 11 ✠ Hoc Quintiliani … casta & antiquè dictum esse, ævo videtur, ob frequentiam usum … ductare, in obs … Adeo honesta verba moriuntur … (2) Me ductavit doms, *Plaut Capt* 3, 4, 109 (3) Amicum duc … decepitus senex, *Plaut Asin* 5, 2, 13 … & *Ter Phorm* … 15 (4) Omnem ego … mihi do esse ducto, *Plaut Pers* 4, 4 86 ¶ Cornua ductare arcto, *to draw a bow*, Val Flacc Ductare linguam … *to gibe*, or *make mouths at*, Plaut Mil 2, 1, 15

Ductor, āri … us pass *To be led*, or *guided*, *to be cheated*, &c *Vid* Ducto

Ductor, ōris m verb (1) *A guide*, *a captain*, *a leader* (2) *A conveyer* (1) Ductores Danaûm, *Vir Æn* 2 14 (2) Ductor aquarum Tibris, *Stat Syl* … 5, 11 Gregis ductor, *a bull*, Sen

Ductus, a, um (1) *Led on*, *direct*, *straight* (2) *Drawn* (3) *Moved*, *induced* (4) Met *Begun*, *drawn out* (5) *Derived* (6) *Counted*, or *computed* (1) = Ductæ & directa via, *Cic N D* 2, 55 (2) Sorte ducti, *Tac* 13, 29 (3) Caritate patriæ ductus, *Nep Alcib* 5 (4) Sermo ductus … contatione, *Cic* de Clar Or … (5) Unde hoc totum ductum & conflatum mendacium est? *Cic* pro *Q Rosc* 16 (6) Sovere … tesimis ductis, cum renovatione singulorum annorum, *Cic Attic* 6, 1 *Vid* Duco

Ductus, ūs m verb (1) *A leading*, *conduct* (2) *A draught*, *shape*, *form*, or *figure* (3) *A conduit pipe for the conveyance of water* (1) Pompeius rem optime ductu suo gessit, *Cic* pro *L Manil* 21 ✠ Partim ductu, partim auspiciis suis, *Suet Aug* … Recepit signa ductu Germanici auspiciis Tiberii, *Tac* 2, 41 (2) Literarum ductus pueri formantur, *Quint* 10, 2 Qui ductus oris, qui vultus, *Cic* de Fin 5 … ¶ Labiorum ductus *a making wry mouths*, Gell 18, 4 (3) Aquæ ductus aquarum, *Cic Off* 2, 4

Dūdum adv (1) *But late*, *a while ago*, *not long since* (2) *Heretofore* (3) Also *a great while since*, *long ago* (1) Dudum, ut teriam aliam … Ad … am si veritatis, *Cic* de Orat … 65 (2) Incertior sum quam dudum, *Ter Eun* 4, 5, 5 (3) … neficium verbis initum dudum, re comprobes, *Ter Andr* 5, 1, …

|| Duella, æ f *The third part of an ounce*, Bud

|| Duellarius, a, um adj *Belonging to war*, Litt ex … *Fest*

✝ Duellator, ōris m verb *A warriour*, Plaut Capt pr … ✝ Bellator

✝ Duellicus, a, um adj [a duellum] *Warlike*, *martial* Equorum duellica proles, *Lucr* … Ars duellica, *Plaut Epid* … 4

|| Duellis, is c g unde … perduellis, *An enemy*, Ibid

Duellum, i n *Battle*, *war between two people*, *kings*, … *peritus* Antiqui nomina … hebant, quo essent … duellum, … Cic … Duellum Populo Romano … thaginensi est, *Liv* … Duellum Pop Rom cum … ege … esse jussit, *Cic* ¶ Domi duelli … que, *Plaut Asin* 3, 2, 13

✝ Duellus, a, um adj Duellos quidam dicere bellos … *Quint* 1, 4 Facies virginis duella, *Plaut* … 13, *handsome*, Non ✝ Bellus

Ducensis dicebatur cum altero, *i e* cum filio census, vel quis cum prole in civitatem adscribebatur, *Fest*

|| Duidens, *pro* bidens, *Fest*

✝ Duigæ *Vid* Bigæ, *Varr*

Duim, is, *&c pro* dem, des … dent Quod dat tam dium … perduim, *Plaut Aul* 5, 6, 6 … duis, *Id ib* 2, 2, 61 Ne verum prudenti duit, *Cic Catil* 1 9

✝ Duini, *Twain*, Varr ✝ Bini

✝ Duis adv [a Gr δὶς] ✝ Bis … *posita bis*] *Cic*

|| Duit & duint, *pro* dederit & dederint, *Plaut Vid* Do

|| Duitæ, arum pl m *A sect of hereticks*, *such as Manichees who held a duity in the godhead*, Prud Ham præf 37

|| Dulcacidus, a, um *Bitter sweet*, Qu Seren

Dulce adv *Sweetly*, *pleasantly*, *comically* = … & dulce & comiter, … *Mil* 2, 2, 58 ubi dulce … *Iselm Tuttus itaque dixit* … citer, q v

Dulcēdo, inis f (1) *Sweetness*, *pleasantness*, *delightfulness* (2) *Harmony*, *melody* (3) *Luxury* (1) Movit dulcedine … lupt as, *Cic* de Fin 2, 1 … (2) Amaritudo, *Id* (2) … Ad Herenn 2, 21 (3) = Dulcedine corruptelaque depravati, *Cic* de Leg 1, 11

Dulcesco, ĕre incept *To wax sweet* Uva … dulcescit, *Cic* de Senect 15

Dulciarius, a, um adj … ius pistor *A maker of … pies*

... or other such like sweet things in paste, a confection, ... 14 222 in lemmate

Dulciolus, a, um adj dim [a dulcis] Something sweet ... dulcem ... Cic Fust 3, 19 ... Plaut Pœn 1, ... formula blanditiarum, ... legas

Dulciferus, a, um Bearing ... in harum dulciferum ... Plaut Pseud 5, 1, 18

|| Dulcimodus, a, um adj ... or melodious Dulcimodi ... Prud Psych 664 ✝ Suavis

Dulcesco, ere To become sweet ... per terras creatur, Lucr 2, 475

DULCIS, e adj or, comp ssimus ... (1) Sweet, delicious (2) Pleasant, delightful, charming (3) Loving, dear, beautiful (4) Successful (5) ... (1) Omne animal sentit ... amara, Cic N D ... Saviolum ambrosia dulci ... Catull 96, 2 ✱ Vinum ... dulcium, Cels 2, 29 (2) ... Hip 514 (3) Optime ... Cic de Legg ... (4) Cleopatra fortuna dulci ... Hor Carm 1, 37, 12 ✱ ... Cic (5) Mihi dulcis imago ... Sil 1, 2, 114

✝ Dulcitas, atis f Sweetness, ... ✝ Dulcedo

Dulciter adv Sweetly, gently = Sonus dulcis & jucunde movetur, Cic de Fin 2, 6 Dulcius, ... Orat 47 Historia Græca ... Id de Clar O ... 19

Dulcitudo, inis f Sensus dulcedinis commovetur, Cic de Or ...

|| Dulco, āre act To sweeten, ... Educo, Mart ap Gell

Dulcor, oris m [a dulceo] Sweetness, Plin ap Litt sed q

Dulcoratio, ōnis f verb A making sweet, Afran

Dulia, æ f The service of a slave, or slave Eccl

✝ Dulice adv Slavishly, servilely Plaut Mil 2, 2, 59

Dum adv (1) Until (2) Upon condition that, provided that, (3) While, whilst, as (4) As yet (1) Expecto ... Atticum conveniam, Cic ... (2) Dum res maneant, verba, Cic (3) Dum em... emtulit, Ter Andr ... (4) Nihil dum ... It syllabica adjectio, ... adesdum, agedum, quidum, ... suis locis

Dumetum, i n (1) A place ... bushes, or brambles (2) Met Intricacy, perplexity (1) ... vepribus & dumetis, Cic ... (2) Stoicorum dumeta, Cic ... 4, 15

Dummŏdo adv So that, provided that Omnia honesta neglige, dummodo potentiam consequaris, Cic Offic 3, 21

Dumōsus, a, um adj Full of bushes, brambles, or briars, bushy ... Virg Georg 2, 180

Dumus, i m [qu ...] A bush, ... of thorns, briars, or ... a grove Horrida dumis ... Vir Æn 4, 526

Duntaxat adv (1) Only, alone (2) At least (3) To wit ... duntaxat utitur, ... mittit, Liv ... duntaxat vivemus, ... quam cum florebamus, Cic Att 4, ... (3) Vitia quoque & delicta duntaxat modica ... Suet Aug 66 Sic interpretatur Casaub ut respondeat ... vett Gloss ... commode ... secundam notionem referri posse videtur

DUO, a, o [& duo, ...] ... omnibus dicitur ... Inst 1, 5 ... pl ... Id (1) Two, twain (2) Both (1) § Duo nec plures, Cic (2) Legem duabus propofuit partibus, Phædr ... Duo liquando ... pro duos, Duo ... plurimi facio, Cic Fam ... Si duo ... Idæa tulisset terra viros, Vir Æn 11, 285

Duodecies adv Twelve times, Cic Verr 4

Duŏdĕcim adj indecl Twelve, Cic de Leg 1, 5

Duŏdĕcimus, a, um adj The twelfth, Cæs B G 2, 25

Duodenārius a, um adj Of twelve, Varr L L 4, ...

Duodeni, æ, a adj pl Twelve, Plin 11, 25

Duodenonaginta plur indecl Eighty eight, Plin 3, 16

Duodenum, i n One of the intestines so called, Med

Duodeseptuaginta pl indecl Seventy eight, Plin 3, 5

Duodequadrāgeni, æ, a pl Thirty eight, Plin 36, 2

Duodequadrāgesimus, a, um The eight and thirtieth, Liv 1, 40

Duodequinquaginta Forty eight, Col 9, 14

Duodevicesimus, a, um The eight and twentieth, Gell 3, 10

Duodetricies adv Eight and twenty times, Cic Verr 3, 70

Duodetriginta pl indecl Eight and twenty, Varr 1, 1 Liv 28, 18

Duodeviceni, æ, a Eighteen, Liv 21, 41

Duodevicesimus, & duodevigesimus, a, um The eighteenth, Tac Hist 1, 55, 3

Duoetvicesimanus, a, um Of the two and twentieth legion, Tac Hist 5, 1, 3

|| Duŏnum, bonum ant Fest

Dupla, æ pro duplum, sc pars, Varr

|| Duplares Soldiers having double allowance, or pay, Macrob Somn Scip 1, 6

Duplarius five duplares act ones, dicuntur a JCC quæ in duplum dabantur

Duplex, icis adj [ex duo & plico ... duas habens plicas] (1) Double, twofold (2) Twice as much, big, or many (3) Also broad (4) Crafty, subtil, wily (1) Duplici panno patientia velat, Hor Ep ... (2) Duplex stipendium, Juv ¶ Duplici spe ..., to have two strings to his bow, Ter Phorm 4, 2, 13 Et nux ornabat mensas cum duplice ficu, Hor Sat 2, 2, 122 ... Plin 26, 6 Duplicia ferramenta, Col 1, 9 (3) Duplici aptum ... dorso, Vir Geor 1, 172 (4) Cursus duplicis per mare Ulyssei, Hor Od 1, 6, 7

Duplicārius, vel duplicarius, a, um adj Duplicarius miles, A soldier that had double pay, or wages for his good service, Liv 2, 59

Duplicatio, ōnis f verb A doubling, Sen Q N 4, 8

Duplicāre adv Two ways and manners, Plin 2, 17

Duplicatus, a, um part (1) Doubled, made twice as many, or great (2) Bowed, or bended (1) Iterata & duplicata verba, Cic in Part Orat 6 Duplicata gloria discedere, Id pro Domo, 55 (2) Duplicato poplite, Vir Æn 12, 927

Dupliciter adv Doubly, for two causes Duplicem ... tus sum tuis literis, Cic Fam 9, 2c

Duplico, āre act (1) To make twice as much, big, or long (2) To increase, or make bigger (1) Duplicari ... modum hastæ, Nep in Iph 1 Duplicare numerum, Cic N D 1, ... (2) Sol decedens crescentes ... umbras, Vir Ecl 2, 67

Duplio, ōnis m [a duplus, ...] ... Tre deo ... Plin 19, ...

Duplo adv Twice as much Duplo major, Plin 11, 16 sed potest esse nomen a duplus, ...

|| Duplo are ... pass ... ri, To double, Caius | Duplico, Cic

Duplum, i n The double, or twice so much Pœna dupli, Cic Offic 1, 3

Duplus, a, um adj Double, twice so much Dupla pars, Cic de Univers ... Duplo & triplo inter vallo dispares septem ... motu, Cic ¶ Duplam ... Plaut Capt ...

Dupondiarius, & dipondiarius, a, um Holding, or weighing two pounds, Col 4, 30 Plin 34, 2

Dupondius, ... qui duo pondo continet Of two pound weight, or three halfpence Vid Varr de L L 4 in extr

Dura mater The membrane which covers the brain, Medic Membrana cerebrum amiciens, Scal cerebri custos, Gaza

Dūrābilis, e adj Durable, of long continuance, lasting Quod ... durabile non est, Ov Ep 4, 89 Duracina & sectilia, quæ modicè humida, Pl ... 16, 43

Dūrābilitas, ātis f Long continuance, Pallad 1, 36

Duracinus, a, um adj That hath an hard, or tough skin, or rind, or the body whereof cleaves to the wood Duracinæ uvæ, grapes with tough skins, Suet Aug 76 Duracina Persica, peaches that will not easily part from the stones, Plin 15, 12

Durāmen, inis n & duramentum, i n (1) An hardening, a congealing (2) The arm of a vine (3) Met Constancy, stableness, hardening (1) Vis magna geli, magnum duramen aquarum, Lucr 6, 529 (2) Cujus longitudinis fit duramina, Col 4, 22 ... partem duramenti recidere, Id ibid (3) Hominis imbecillitatis efficacissimum duramentum necessitas, Val Max 2, 7, 10

Durans, tis part (1) Hardening, astringent (2) Continuing, abiding, lasting (1) Sorba nimium durant ventres, Mart 13, 26 (2) Durans antiquorum memoria, Suet de Ill Gramm 24

* Dūrateus, a, um adj Wooden, or of wood Equus durateus, the Trojan wooden horse, Lucr 1, 477

Durātio, ōnis f verb Continuance, perseverance, duration, ... sed lectio non certa

Durātrix, icis f verb She that hardeneth Duratrix firmitas, Plin 14, 1

Durātus, a, um part (1) Hardened (2) Dried (3) Frozen (4) Met Confirmed (5) Patient (1) Duratæ igni hastæ, Curt 3, 2 (2) Piscibus sole duratis vescuntur, Curt 9, 10 (3) Duratus frigore pontus, Ovid Pont 4, 9, 85 (4) Duratus malis, laboribus, usu armorum, Liv (5) Italiæ exitium corde durato feram, Phædr 2 9

Durè adv Hardly, harshly Pleraque durè dicere credit eos, Hor Ep 2, 1, 66 Raro occ durius ... ter sfqus

Dūreo, ere neut ... in pr ... ... To be hard, Ov Met 2 80

Duresco, ere incept [a dureo] (1) To wax, or become hard, to be hardened (2) To be frozen (3) To continue long (1) Limus durescit, Vir Ecl 8, 80 (2) Frigoribus durescit humor, Cic N D 2, 10 (3) In Catoni lectione durescere, Quint 2, 5

Durētæ, æ f voc Hispanicum A vessel, or wooden chair in a bath to sit and bathe in, Suet Aug 82

| Dūricordium, a f Duritie cordis, Hardness of heart Tert Duritia, Ov

Dūricōrius, a, um adj Which hath a hard skin, Plin 15 18

Duritas, atis f Churlishness, rigour, cruelty ✱ Quamo in altera duritas, in altera comitas, Cic in Cat maj 18 Duritas morum, Id

Dūriter adv (1) Hardly, painfully (2) Rudely, roughly, ungently, harshly, ruggedly (2) Grievously, heinously (1) = Vitam parce ac duriter agebat, Ter Andr 1, 1, 47 Durius proferre aliquid, Cic Fam 11, 27 (2) Factum a vobis duriter immisericorditerque, Ter Adelph 3, 5, 29 (3) Durius accipere visus est, Cic Att 1, 1

Duritia, æ f (1) Hardness (2) Met Cruelty, ruggedness, harshness (3) Costiveness (4) Sparing, living hard (5) Stupidity (6) Duritiæ pl Tumor, swelling (1) Lignum intus granidis firmæque duritiæ, Plin 13, 9 Duritia lacertorum, brawniness, firmness, Plin Paneg 82 (2) Fimet ne sua duritia illa antiqua adducta ... Ter Heaut 3, 1, 26 ✱ Lenitas, Suet (3) Cum a mictam ex duritia alvi cubantem visitaret, &c Suet Ner 34 (4) = Parsimonia & duritia disciplinæ alius eram, Plaut Most 1, 2, 75 (5) ✱ Fortitudinem a ... imitatur, & patientiam duritia immanis, Cic Part Orat 23 (6) Ammoniacum duritias emollit, Plin 24 6 ¶ Duritia oris, impudence, Cic

Durities, ei f idem, Cic pro Domo, 58 Lucr 4, 269

Dūriusculus, a, um adj dim Somewhat rough, harsh, unpolished Inferit duriusculos quosdam versus, Plin Ep 1, 16

Duro, āre act & neut (1) To harden (2) To full, mill, or thicken cloth (3) To make hardy, or strong (4) To abide, or bear (5) To last, or continue (6) To forbear (7) To last (8) To become hard (9) To stop, or make costive (1) Mula ungulas durat, Col 6, 37 ✝ Frictio vehemens durat corpus, lenis mollit, Cels (2) Litt ex Plaut (3) Hoc se labore durant adolescentes, Cæs B G 6 27 (4) Carina durius nequeunt imperiosius æquor, Hor Od 1, 14, 7 (5) Ira manet duratque dolor, Val Flacc (6) Nec durare valuit, quin, &c Suet Claud 26 (7) Asinius pœna ad extremum duravit, Cic Dial de Orat 17 (8) Tum durare sol m cœperit,

rit, Vir Ecl 6,35 (9) Sorba duriuscula sentes, Mart 1,3,6

Duror, ari, atus pass *To be hardned, &c* Cels Vid Duro

DURUS, a, um adj or, comp ssimus, sup [ab Hebr. דור dnui, duravi] (1) *Hard, stiff* (2) *Rough, unpleasant,* [?] (3) *Obstinate, inexorable* (4) *Blunt, clownish, boorish, rustic* (5) *Sharp, nipping, pinching* (6) *Hardy, rugged, patient in labour* (7) *Rigorous, cruel, severe,* (8) *Costive, bound* (9) *Scarse, dear* (10) *Griping, tenacious* (11) *Impudent, shameless* (12) *Dull, harsh, without spirit, unpolished* (1) Cautes duræ, Vir Ecl 8,43 glebæ, Id Æn 7,747 ✠ Chlamidis duræ ligna sed molliora quam Canachi, Cic de Clar Or 70 (2) Mella durum Bacchi domitura saporem, Vir Georg 4, 102 Duriora vina, Col (3) = Adeone ingenio te esse duro, & inexorabili? Ter Phorm 3,2,12 ✠ Dura sorores, *the fates,* Ov Met 13,184 (4) = Ut vita, sic oratione durus, incultus, horridus, Cic de Cl Or 31 = Cavendum ne quid durum, aut rusticum sit, Id Off 1, 35 (5) Dura hyems, Virg Georg 4,2,9 (6) = Gens dura ac aspera cultu, Vir Æn 5,730 Durus Ulysses, Ov Trist 5,5,51 quem & laboriosum vocat Horatius (7) = Scio levius quam sit homo, & durus, Plaut Merc 2,3,70 [illegible] (8) Durus alvus, Hor Sat 2,4 2 (9) Annona facta erit durior, Cic pro Domo (10) = Durus nimis attentusque videris, Hor Ep 1,7,91 (11) Duri puer oris & audax, Ov Metam. 6,451 ✠ Non constans, sed durum vincitur, Plin Ep 6,34 Durior inventus est Cælius, Cæs B C 3,20 (12) Attilius poeta durissimus, Cic Att 14,20

|| Dusius, i m *The devil* Quosdam dæmones, quos dusios Galli nominant, Aug unde Br *The duce take thee* Vid Cæl 2,6

Duumvir, iri m & duumviri, orum *Two officers of Rome that had an authority like our sheriffs,* vid Liv 1, 26 & Cæs B C 1, 30

Duumvirālis, e adj *Pertaining to that office,* Digest

Duumvirātus, ûs m *The office of two in equal authority, the sheriffdom in a city,* Plin Ep 4, 22

Dux, ducis c g [a duco, duxi] (1) *A leader, a leading person, a ringleader* (2) *A king* (3) *A commander, a captain general, a leader* (4) *A lieutenant general, an admiral* (1) = Dux & princeps sicariorum, Cic ✠ Nec te comitem illius furoris, sed ducem præbuit, Id ✠ Clodium aut ministrum seditionis, aut ducem vidistis, Cic pro Cæl 32 = signifer, Id ✠ Dux gregis, *the ram,* Ov armenti, *the bull,* Id (2) ✠ Cum populo & duce fraudulento, Hor Od (3) Pompeius dux prudentissimus, Pater 2, 29 ✠ Res Romana validior ducibus, quam exercitus, Liv (4) ✠ In Leuctrica pugna imperatore Epaminonda, Pelopida fuit dux, Nep Pelop 4 Dux & præfectus classis, Cic

* Dyas, ădis f *Two, a duce, a brace, a couple,* Ausonius Numerus binarius

* Dynamis f δύναμις *Power, plenty, store,* Plaut Pseud 1,2,77

Dynasta, vel dynastes, æ m *A nobleman of great power, a prince, a ruler, a potentate, lord* Si erit iste nebulo cum dynastis in gratia, Cic Att

Dynastia, æ f *A government, seniory, or lordship, particularly among the Egyptians,* Cmt

* Dyota, æ f *A pitcher with two ears,* Hor Od 1,9,8 Vid Diota

|| Dyscolus, a, um adj *Froward wayward, peevish,* Vulg interpr 1 Pet 2, 18 ✠ Difficilis, durus, Cic

* Dysenteria æ f *The bloody flux, or the gripings of the guts,* Cels 4,22 Sæpe & Cic lat Græcis literis

* Dysentericus, a, um adj *one that 's troubled with that disease,* Plin 20,2

|| * Dysphoricus, a, um [illegible] *one hard, rigorous,* Firm

Dyspnœa, æ f [a δυς, & πνέω, spiro] *Hardness, or shortness of breath, pursiness,* Plin 2, 1

|| * Dysuria, æ f [a δυς, & οὖρον, urina] *The difficulty of making water,* Medic

* Dysuriticus, a, um Dysuria laborans, δυσουρίᾳ [illegible], Græcis literis, Cic Fam. 7,26

E, the second vowel, and fifth letter in the Greek alphabet, from the Hebrew ה, to which it answers in alphabetical order, and from which it takes its figure for by turning it to the right hand to comply with our way of writing, it stands thus ה, and by taking the separate perpending line, and joining it transverse to the foot, that it may answer the top line, we easily form E. There is indeed another figure of the Greek letter, but later *viz.* Є, which our Saxon ancestors borrowed from them without any variation. This letter was both long and short in the old Greek, as it is still in most languages, who pronounce λέγω, and λήγω, tho of a quite different sense, and innumerable such words, after the same manner, from which ambiguity often ariseth. To obviate this, and perhaps some other inconveniences, they invented H to express the long sound, or to speak more properly robbed their alphabet of one of its letters, which were but sixteen, and supplied the want of it by a mark of aspiration, writing ἑθμὸς for HETHMOΣ. But this only could supply the want of their banished H in the beginning of their words, therefore they found themselves under a necessity of inventing three letters more to express it in the middle, namely Θ, X, Φ. But of this see more in the letter H

To proceed, this letter E in old Greek was pronounced like ει, as ο was sounded like ου. In Latin, it is changed into, and hath a mutual intercourse with, all its sister vowels, as they with it, into *a*, as from *sero, satus, reor, ratus*, so in like manner *a* into *e*, as *tracto, detrecto*, *e* into *i*, as *emo, eximo, perimo*, as in like manner *i* into *e*, as *eligans* was writ by the antients for *elegans*, as *Gellius* 11, 2. tells us, and in some words these vowels are writ indifferently, as *heri* or *here* So Augustus and Livy, as we are told by *Quintilian*, Instit Orat 1, 7. took the liberty of writing other words, as *sibe* and *quase* for *sibi* and *quasi*, supposing this way of writing came nearest to the common pronunciation, for *e* in Latin, as well as Greek, was pronounced *ei*, hence the Romans in the three like cases of the plural number of the third declension, writ many, if not all, words indifferently in *is*, *es*, or *eis*, as *partis, partes*, or *parteis*, and in the accusative and ablative sing of the same declension, in many words these endings are indifferently used, as might be shewn by innumerable examples. That *e* and *o* are thus interchangeably used, is evident in *pendo, pondus, tego, toga*, and in Greek λέγω, λόγος, τρέπω, τρόπος, so in like manner *o* into *e*, as from *vos* is derived *vester*. to omit that *vostrum* and *vestrum*, *advorsum* and *adversum* are read in pure writers Lastly, the same is also observed in *e* and *u*, *u* and *e*, as in *percello, perculi, perculsum*, *juro, dejero, pejoro*. In the composition of diphthongs, *e* is a prepositive only in two words, *hei* and *heu*; subjunctive after words innumerable in *a*, as *aedes, aeger*, &c Also after *o* in words from the Greek diphthong οι, as οἶστρος, *œstrus*, Οἰδίπους, *Oedipus* In the contracted notes of the antients, E is put *for* Est, Ennius, Edilis, E B. Ejus Bona, E. D Ejus Domus, E E. Ejus Etas, E.F. Ejus fecit, E. F. *vel* E. FIL Ejus filius.

E ante A

E Præp cum abl per apoc ab ἐκ, ut a, ab, ἐκ, ἐξ (1) *Out of* (2) *Of*, or *from* (3) *Of the matter* (4) *Of the cause* (5) *After* (6) *In*, or *according* (1) E flammâ petere cibum, Ter Eun 3, 2, 38 (2) E servis, Ter Andr 1, 1, 10 (3) [illegible] non e ferro fictum [illegible] Id 5, 2, (4) Labore, Ter Andr 1, 5, 34 [illegible] somno, Tac de Germ (5) E meo quidem animo [illegible], Plaut Aul 3, 6, 3 [illegible] suo casu quasi adverbialiter usurpatur, ut, e conspectu, Plin 21, 2 e diverso, Id e contraria parte, Plin *contra*, *on the other side*, or e facili, *easily*, Plin e longinquo, *afar off*, Id e regione, *over against, just opposite*, e republicâ, *for the profit of it*, e vestigio, *out of hand*, Cæs [illegible] è re mea nihil metuas, *as you need fear nothing*, Ter [illegible] *according to the prescription*, Id Adelph 3, 1, 8 [illegible] *for one's good*, Plaut [illegible] ¶ In compositione significat eminentiam & perfectionem, ut, edico, evoro, [illegible] privationem, ut, enodis, [illegible] aliquando intentionem [illegible] § Aliquando [illegible] & in eadem voce, [illegible] Quandoque significat *extra*, ut, exero, i e extraduco, [illegible] It in compos est [illegible] cula, ut Ecastor, i e [illegible] quam ecquando [illegible] per Aphær pro [illegible] ☞ E in appo[illegible] & in compositione inveni[illegible] *l*, *d*, *f*, *l*, *m*, *n*, *r*, & [illegible] loco consonantium [illegible] [illegible] *if*, Ta habi abat Rho [illegible] Ea sum æ[illegible] 5, 1, 10 [illegible] *That way, quasi* [illegible] flamen, qui [illegible] esset equitatus, Cæs [illegible] Eadem, eo sidem f *ab* idem [illegible] *The same* Idem vul[illegible] siones, Cic Offic 1, 26 [illegible] pronom *They*, [illegible] *in India or the* [illegible] Plin 8, 21 [illegible] ipsum Hor [illegible] Cist 1, 2, 17, &c [illegible] ipse, *Fust* unde, [illegible] Scrip Ass. [illegible] [*ab eo*], Pont [illegible] Hæmanes [illegible] Plin 16, 49 [illegible] *So* [illegible] *so long, hither* [illegible] *time* Eatenus quam [illegible] Cic Q fratr

E ante B

[illegible] *To be* [illegible] + Debiecchor, Ter [illegible] *The wool of* [illegible] Indi ni[illegible] Gen 2 [illegible] Heb הבנים [illegible] & [illegible] *The ebon tree* [illegible] *wood is black as jet* [illegible] *no leaves nor* [illegible] & buxus, [illegible]

Ebibo, ĕre, bi, tum act [ex & bibo] (1) *To drink up all* (2) Simply *to drink* (3) *To suck dry* (4) *By drinking to forget* (1) Ut ego vini cum am ebiberim, Plaut Amph 1, 1, 276 (2) Quid comedent? Quid ebibent? Ter Heaut 2, 3, 14 (3) Ubera ebiberunt nati, Ov Met 6, 342 (4) Herilem imperium ebibere, Plaut Amph 2, 1, 84 sed joco, more suo

Ebibor, i pass Ebibitur flavius ab alio, Plin 5, 15

Eblandior, iri, itus sum dep (1) *To get, or obtain a thing by flattery*, or *fair words, to coax* or [illegible] (2) Pass *To be soothed* (1) § Neque omnia emebat, aut eblandiebatur, Liv (2) Voluptates captare, quibus solitudines iuris eblandiantur, Col 8, 11

Eblanditus, a, um part (1) Act *Having obtained by flattery*, or *soft words, flattering* (2) Pass *Being obtained by wheedling*, or *fair words* (1) Eblandita suffectu rosa, Plin 25, 2 *sed al leg* blandita (2) Urbana conjurationis eblanditæ preces, Plin in Paneg 70

+ Eboo, ĕre [illegible] n ant *Ivory* Vid Ebur

|| Eborārius, i m *A worker in ivory*, Ulp

Eborātus, a, um part *Covered*, or *inlaid with ivory* Eborata vehicula, Plaut Aul 2, 1, 46 *ubi al* eburata Vid Eburatus = Eboie vermiculatus, tessellatus

Eboreus, a, um adj *Made of ivory*, Quint 3, 6 Ebu neus, Tib & eburnus, Cic L v

Ebriātus, a, um part *Made drunk, fudled*, Plaut Curc 1, 2, 6

Ebrietas, ātis f *Drunkenness*, *fulness of juice*, or *liquor* ✱ Inter ebrietatem & ebriositatem interest, illudque est esse amantem, aliud amatorem, Cic Tusc 4, 12

|| Ebrio, āre act *To make drunk*, Macrob 7, 6 ✝ Inebrio, Plin

✝ Ebriolātus, a, um part *Almost fuddled*, Laber ✝ Bene potus

✝ Ebriolo, are *i e* ebriolum facio, *To make drunk, to fuddle one*, Laber ap Non ✝ Inebrio, ebrium reddo

Ebriŏlus, a, um adj dim *Somewhat drunk, fuddled*, Plaut Curc 2, 2, 15 & 1, 2, 36

|| Ebriōsitas, ātis f *An habitual drunkenness*, Cic Vid Ebrietas

Ebriōsus, a, um adj or, comp (1) *Drunken*, or *given to drink* (2) *Full of strong liquor* (1) ✝ Hoc quis ferre potest, ebriosos sobris insidiari? Cic Catil 2, 5 (2) Ebriosâ acinâ ebriosior, Catull 25, 4

Ebrius, a, um adj [*qu* ebiberius, ab haurindo poto, Perot] (1) *Drunken* (2) ✱ *Soaked, dipt, drenched* (3) *Intoxicated*, [illegible] (4) Also *plentiful* (1) ✱ Vel ex sobrio, vel certe ex ebrio, scire possis, Cic (2) Lana singulis conchæ ebria, Mart 1, 1, 5 (3) For unâ dulci ebria, Clop [illegible], Hor Od 1 37, 12 (4) Fac ut cœnam mihi, ut ebria sit lepide, Plaut Cist 2, 1, 19 ✱ *Ebrius* dic de actu, *ebriosus* de habitu bibendi largius [illegible] Ebrietas

Ebullio, re, ivi, itum neut (1) *To boil*, or *bubble up, to fret*, or *work as wine doth* (2) Met *To utter, to break out into talk, to avow, to vaunt* (1) Ubi ebullit vinum, ignem subducito, Cato, 105 *ubi al* bullabit (2) Si virtute, omine [illegible], & sapientia [illegible] *Ci Tusc* [illegible] 18 ✱ Ebullire animum, *to die*, Petron c 4-

Ebullio, ire *To bubble out to burst out* O si ebullit patrui præclarum funus! Pers 2, 10 *ubi hic* *al* ebullit ἐξέχεῖν, ut in edim, Cit dum, Plaut *vel potius* ebullit *trisyllab* per συνίζησιν

Ebulum, n Ebulus, i f *Wallwort*, or *danewort, dwarf elder* Ebuli fumo [illegible] fugantur serpentes, Plin 25, 10 Ebuli bacca, Col 10, 10

EBUR, ✝ & ebor, ŏris n (ĕ) [*ab* e [illegible] & barrus, *i e* elephas] (1) *Ivory* (2) Meton *Any thing made of ivory*, or *an elephant's tooth* (1) Ebore dolatus, Cic Acad 4, 31 Signum ex eboie, Id de Cl Orat 73 ¶ Ebur atramento candefacere, *to spoil nature by art, to sophisticate what cannot be made better*, Prov Plaut Most 1, 3, 102 (2) Ebur curule, *the chair of state, made of ivory*, Hor Ep 1, 6, 53 Flevit in templis ebur, Sen Thyest 702

|| Eburarii *Workers in ivory*, C ex Cod & Inscript Grut p 65

Eburātus, a, um adj *Set with little pieces of ivory* Lecti eburati, Plaut St ch 2, 2, 53

Eburneus, a, um adj (1) *Of ivory* (2) *Fair, white, like ivory* (1) Sella eburnea, Liv 5, 41 ✱ Eburnea custos telorum, *a quiver*, Ov Met 8, 320 (2) Eburnea colla, Ov Met [illegible] 335

Eburnus, a, um adj *Made of ivory* Sceptro innixus eburno, Ov Met 1, 178 Plectrum eburnum, Tibull 3, 4 39

E ante C

Ecastor, jurandi adv per Castorem, *al* æcastor, *i e* per ædem Castoris, *An oath commonly used by women*, Plaut Amph 1, 3, 10

Ecbasis, is f *A figure called Digression*, Rhet Exempl vid Ter Andr 1, 2, 6 ✱ διεξοδος

Ecbolas, adis f *A sort of grape*, Plin 14, 18

Ecbolia, orum & ecbolina, orum & ecbolades, um [*ab* ἐκβάλλω, ejicio] *A medicine to fetch a dead child out of the womb*, also *a kind of grape of use therein*, Plin 14, 18

Ecca, *pro* ecce ea [illegible] pron demonstr *Mark her there* Atque ecca exit, Plaut Aul 4 4 13 Ecca ipsa egreditur, Ter Eun 1, 1, 4

Eccam, *i e* ecce eam, Plaut Cis 2, 1, 15

Ecce adv demonstr [*ab* ex & particula ce, quod est in hicce, M] *Lo, see, behold* § Ecce [illegible], Cic Att 1, 16 ecce [illegible], Id pro Cluent 28 ecce me, Ter Eun 2, 3, 5 & Plau Epid 5, 2, 15

Eccentricus, a, um adj *Eccentrical* Eccentricos orbes, *circles, or spheres inclosing one another, yet not having one common center*, Astron

Eccere demonstr adv *qu* ecce re, *vel* ecce rem, Plaut *al* legitur, per Cererem Cetts Gloss interpret [illegible] *al leg* Ecerem, *ut* Ecastor *per ædem Castoris, ita* ecce pro ædem Cereris Vid interpretes Plau. Amph 2, 1, 4

Ecchemata, tis, mat tum, n [*ab* ἐκχέω, effundo] *The pouring out as of ointments* Unguentum ecchematis replebo te, Plaut Pœn 3, 2, 88

Eccillam, *pro* ecce illam *See, there she is*, Plaut Aul 4, 10, 51

Eccillum, *pro* ecce illum *See him, look where he is*, Plaut Pers 2, 2, 65

Eccistam, *pro* ecce istam *See, there she is*, Plaut Curc 5, 2, 17

* Ecclesia, æ f (1) *A congregation* or *assembly and meeting of people* (2) ✝ *A particular church*, or *assembly* (3) ✝ Also *the church in which the meeting is* (1) Ebuli & ecclesia consentiente, Plin [illegible], (2) [illegible] ✝ Cœt [illegible] Lat Ædes sacra

|| * Ecclesiastes æ m ἐκκλη σιαστής *A preacher, a churchman*, Bibl

Ecclesiasticus, i m sc liber *A book of apocryphal scripture, written by Jesus the son of Sirach*

Eccos, *i e* ecce eos *See them there*, Ter Heau 2, 2, 15

Eccubi adv loci [*ab* ecce, ubi] *whither, any where?* [illegible] logia pendet

Eccum, *i e* ecce eum *Look there he is*, Plaut Epid 5, 1, 2

* Ecdicus, i m vindex, defensor, ultor, qui pro republ agit, ou[illegible] procurator sit, *Al* [illegible] *A proctor*, or *some sort of a corporation*, Cic Fam 13, 56

Ecere adv jurandi *Vid* Eccere

✝ Eferre, *pro* efferre, Plaut

✝ Ecfodio ant *pro* effodio, Id

|| * Echemythia, æ f *The five years silence which Pythagoras enjoined his scholars*, Gell 1, 9

|| * Echemythus, i m *He that keeps silence in a common assembly*, Bud

* Echeneis, idis f *A little fish that sticking to the keel of a ship stops its course, a sea lamprey*, Plin 9, 25 Puppim retinet in medus echeneis aquis, Luc 6, 6 5

* Echetæ pl m *Grasshoppers that sing*, Litt ex Plin

Echidna, æ f *A viper*, by the poets it is taken for *any serpent*, and chiefly for the *Hydra* Virus echidnæ, Ov Met 9, 158

|| * Echidnion, n *Vipers bugloss*, Apul de Herb c 5 *Vid* Echion

Echinatus, a, um [*ab* echinus] *Covered, or set with prickles* Echinata castanea, Plin 27, 9

Echinometra, æ f *A small shell fish of a reddish and green colour*, Plin 9 31

Echinophora æ f *A sort of shell fish*, Plin 32, 7

Echinopus, odis f *A kind of prickly herb, by some called Cock thistle*, Plin 11, 8

Echinus, i m ἐχῖνος [illegible] (1) *An urchin*, or *hedgehog* (2) *A sea urchin, which is a kind of crab-fish, having prickles instead of feet* (3) ✝ *The bason* [illegible] *trip of a [illegible]* (4) *The rough prickly shells of chesnuts* (5) Also *a vessel*, but of what nature, [illegible] (1) [illegible] (2) *Mart* 1, 86 (3) *Col* [illegible] (4) *Plin* 15, 23 (5) *Hor Sat* 1, 6, 117 *ubi vid* interpr

* Echion, n *Wild bugloss, or vipers bugloss*, Plin 25, 9 Also *a medicine for sore eyes*, Plin 25, 6

* Echites *An herb like to scammony*, Plin 24, 15

* Echo, us f *A rebounding of a noise*, or *voice, in a valley, or wood, an echo*, Ov Met [illegible] 358 ✱ = Vocis imago, Virg [illegible] montis, Hor ☞ De scriptione nominis ejus pete ex Lucr 4, 573 & deinceps, & Ov Met 3, 357 & seqq

* Eclecta.

* Eclecta, orum n pl *Things pickt, or chosen out of divers others, choice pieces,* Plin Ep 3, 5 *Collects,* Jun

* Ecligma, ătis n *A kind of medicine to be sucked, or licked, a lohoch, an electuary,* Plin 21, 3 & 27, 12 Scrib & eclegma *Lat* Linctus

* Eclipsis, is f [ἔκλειψις, defectio, ἀπὸ τοῦ ἐκλείπειν, deficere] (1) *A wanting, or failing, an eclipse* (2) Also *a figure in grammar, when a word is wanting in a sentence* (1) Solis eclipses magis mirantur, quàm lunæ, *Ad Herenn* -, 22 (2) Ap Gram *ut* Verbum unum cave de nuptiis, *Ter And* 1, 5, 65 *supple* dicas

Eclipticus, a, um adj *Belonging to an eclipse,* Plin 2, 26 Eclipticæ lineæ, *the ecliptick line in the middle of the zodiack, in which the sun makes his motion, and under which the eclipses always happen,* Astron

|| Ecloga, æ f *An eclogue, or choice piece,* a title of Virgil's bucolicks, called his *eclogues,* and one of Horace his odes *al* *scribunt* Ægloga, *Sidon*

Eclogārius, i m *A collecter or writer down of such things summarily as he hath read,* Cic Attic 16, 2

* Ecnĕphias, æ m [ἐκ νέφος, nubes] *A storm that breaks out of a cloud,* Plin 2, 48

|| Econtrà adv *Contrariwise, on the contrary, over against,* Bibb ✝ E contrario

* Ecphŏra, æ f *A jutty, or bearing out in building,* Vitruv 6, 2

Ecquando adv *At what time? whether at any time? but when?* Cic *pro* Lege Agr

Ecquid adv *Whether or no, any thing* It is sometimes (1) interrogative, and sometimes (2) indefinite, *whether any, whether, or no* (1) Ecquid te pudet? *Ter Andr* 5, 2, 50 (2) *Vid* Ecquis

Ecquis, ecqua, ecquod, *vel* ecquid, & ecquisnam, ecquænam, ecquodnam [ex et interrog & quis] (1) *What, who, or whether, any man, woman, or any thing* (2) *Whether at all* (1) Heus! ecquis in villa est? *Plaut Aul* 2, 3, ult (2) Ecquænam fieri posset accessio, *Cic* de *Fin* 4 Ecquid in Italiam venturi sitis, fac sciam, *Cic Fam* 7, 16

Ecquò adv *Whither,* Cic Att 12, 24

✝ Ecscriptus, *pro* exscriptus, *Plaut*

* Ecstăsis, is f excessus mentis *A trance, an ecstasy, a damp, a sudden surprize* Qui hâc corripiuntur, *fanaticos,* Cic *de* Div 2, 57 *Mente commotos,* Plin 28, 1 vocat

Ectăsis f productio *A figure, by which a short syllable is made long,* Gram ✶ Systole

* Ecthlipsis, is f *When m is cut off before a vowel, or s before a consonant,* Gram *Lat* Elisio

Ectrăpĕlus, i m *That in stature and form differs from the common fashion of nature, monstrous* Ectrapelos Græci eos vocant, in Latino nomen non habent, *Plin* 7, 16

|| * Ectrōma, ătis n *That which is born out of time,* Tert *Lat* Abortus

* Ectrŏpium, i n *A disease in the eyes, when the nether lid will not close with the other,* Cels 7, 7, 10

* Ectypum, i n *A copy taken from the original,* Plin 37, 10

* Ectypus, a, um adj *Copied from the original,* Plin 37, 10 ✶ Prototypus

Eculeus, i m *A little horse, a colt,* Cic *ap* Non *Vid* Equuleus

E ante D

ED, *vel* EDIL CUR Ædilis curulis ED P Ædilis plebis

Edăcitas, atis [*ab* edax] f *Greedy eating, gormandizing,* Cic *ad* Q frat 3, 9

Edax, ācis adj issimus, sup [*ab* ĕdo] (1) *Eating much, gluttonous, gormandizing* (2) Met *Wasteing, consuming* (1) Vultur edax, *Ov Amor* 2, 6, 33 (2) § Ignis edax nemorum, *Ov Met* 14, 541 luctus edax, *Sil* vetustas, *Ov* in *Peror Met* Edacissimorum animalium aviditas, *Sen Ep* 60

|| Edĕcimatio, ōnis f verb *A choosing forth of soldiers to punish every tenth man,* Veget ✝ Decimatio

|| Edĕcimātor, ōris m verb *The officer that makes this choice by lot,* Veget

|| Edĕcimātus, a, um & edecumatus part *Picked, or chosen out of ten,* Macr Sat 1, 5 ✝ Decimatus

|| Edĕcimo, & edĕcumo, āre [ex è & decumus] *To choose out every tenth,* Symmach Ep 3, 51

Edendus, a, um part *To be eaten,* Cic Fam 1, 9

Edens, tis part [*ab* edo, edidi] *Publishing, setting forth, casting out,* Ov Met 9, 207 & ĕdens [*ab* ĕdo, edi] *Eating,* Ov Met 2, 768 *Vid* Edo

Edentatio, ōnis (e) f *A pulling forth of teeth,* Lexicogr *ex* Cels

Edentātus, a, um *That hath his teeth pulled, or stricken out,* Macr Sat 7, 13 *vid seq.*

Edento, āre [ex e & dens] *To strike, or dash out one's teeth* Nimis velim hominis malas edentaverint, *Plaut Rud* 3, 2, 48

Edentŭlus, a, um adj *Toothless, or one that hath few teeth left* Vetula edentula, *Plaut Most* 1, 3, 118 ¶ Vinum edentulum, *racy, old, noble wine,* Id Pœn 3, 3, 8, jocosè

Edepol adv jurandi, *i e* per Deum Pollucem, *ut* epol, per Pollucem, *al* Ædepol, *ut sit* per ædem Pollucis, *Ter Andr* 2, 1, 5

Edico, ĕre, xi, ctum act [*ab* e & dico, is] (1) *To tell plainly, to declare* (2) *To advertise and tell beforehand* (3) *To order, to appoint, give warning, or notice* (4) *To publish by edict, or proclamation* (5) Also *simply, to speak* (1) ✶ Dico, edico vobis, nostrum esse illum herilem filium, *Ter Eun* 5, 9, 33 (2) Est tibi edicendum quæ sis observaturus in jure dicendo, *Cic* de *Fin* 2, 22 (3) Edicam servis ne quoquam efferri sinant, *Ter Hec* 4, 1, 50 (4) Dictator prædam omnem militibus edixerat, *Liv* (5) Sanus si videar, edicam, *Plaut*

Edictatio, ōnis f verb *A declaring, or pronouncing,* Cic laud *Litt* *sed q*

|| Edictātor, ōris m verb *He that publishes, or pronounces any thing,* Cod Qui edicit, *Cic*

Edictio, ōnis f verb *A command of one in authority, a charge, or injunction* Basilicas edictiones habet, *Plaut Capt* 4, 2, 31 *vix alibi*

Edicto, āre freq (1) *To declare and pronounce* (2) *To tell, to inform, to make known* (1) Tute edictas fata tua, *Plaut Amph* 2, 2, 184 (2) Edictavi illi omnia, *Plaut Epid* 1, 2, 2

|| Edictor, ōris m verb *He that orders, or proclaims to have any thing done, or not done,* Dig ✝ Qui edicit, *Cic*

Edictum, i n (1) *A command, or ordinance of one in authority, a proclamation, a mandamus from a prince, ruler, or magistrate* (2) Also *the command of a private man* (1) Rex edicto vetuit, *Hor Ep* 2, 1, 239 ✶ Pecuniam neque ex edicto, neque ex decreto depositam habui, *Cic Fam* 1, 56 (2) Ne quid credas adversus edictum tuum facere esse ausam, *Ter Heaut* 4, 1, 10 = Imperium, *Id ibid*

Edictus, a, um part *Proclaimed, pronounced, published* Edicto mercatu vendere, *Plin* 1, 1

|| Edilis, e adj *Eatable,* Gell 17, 11 ✝ Edulis, *Hor*

|| Edilitius, i m *The clerk of the market,* Dig

|| Edim, *pro* ĕdam, *ut* Duim *pro* dem, *Non*

Ediscendus, a, um part *Worthy to be learned by heart* Ad verbum ediscendus libellus, *Cic Acad* 4, 44

Edisco, ĕre, didici act (1) *To con, or learn by heart, to get without book* (2) Also *simply, to learn* (3) *To discern, or distinguish* (1) Audiit Eurotas jussitque ediscere lauros, *Vir Ecl* 6, 84 Ediscere linguas, *Val Max* 8, 7, *ext* 16 (2) Artes contentâ paternas edidicisse fuit, *Ov Met* 2, 639 (3) Nec potuit similes voluitque ediscere vultus, *Val Flacc* 1, 369

Ediscor, i pass *To be learnt by heart* Non ut legantur modo, sed etiam ut ediscantur, *Cic Tusc* 2, 11

Edissĕro, ĕre, ui, tum act (1) *To declare, to rehearse* (2) *To dispute, or discourse* (1) Mihi hæc edissere vera roganti, *Virg Æn* 2, 149 (2) Quis in docendo, edisserendóque subtilior? *Cic de Cl Orat* 17

Edissertātio, ōnis f *A relation, or dissertation* Reliqua subtexetur edissertatio, *Plin* 10, 69, *extrem utitur in plur MSS libr observante Hard*

Edisserto, are freq *To tell, or declare plainly, and particularly,* Plaut Amph 2, 1, 53 *vid* & Liv 22 54

Edissertor, ōris m verb *A discourser, or declarer,* Cod

Editio, ōnis f verb [*ab* ēdo] (1) *A setting forth of plays* (2) *An edition, a publishing* (3) *A naming, a creating* (1) Diem editionibus, noctem convivus trahere, *Tac Ann* 3, 37 (2) Editio libri, *Quint Ep ad Tryph* (3) Editio consulum & magistratuum, *Liv* Editio judicum non acerba est, *Cic* pro *Planc* 17

Edititius, a, um *Named, allowed, set forth, or to be set forth* Edititius judex, *a judge, or umpire chosen by one party,* Cic *pro* Mur 23

Editor, ōris m verb [*ab* ēdo, edidi] *A publisher, or setter forth, a putter forth, an utterer,* Luc 2, 423

Editus, a, um part [*ab* ēdo] (1) *Published, uttered, declared, spread abroad* (2) *Named, or appointed* (3) *Set forth, made for the publick* (4) *Born, or begotten, descended, sprung* (5) *Hatched, brought forth* (1) Quæ opinio erat edita in vulgus, *Cæs B C* 3, 29 Editæ orationi inseruit sententiam, *Val Max* 5, 9, 2 (2) Nomina editorum judicis non tulerunt, *Cic pro Planc* 17 (3) Ann. ludi ... ratus editi, *Tac* 14, 21 Magnificentissimo munere ædilitatis edito, *Paterc* 2, 93, 2 (4) Stimulatque editi in lucem, & ... suscepti sumus, *Cic Tusc* 3, 1 (5) Scelera in patriam edita, *Cic de Harusp Resp* 27

Editus, a, um adj or, comp issimus, sup *High, lofty* = Locus editus & præcelsus, *Cic Verr* 6, 48 Tumulus editior, *Cæs B C* 1, 43 Editissimus sc. tunda locus *Hirt B Alex* 31 Editissima villa subjectos sinus prospectat, *Tac Ann* 14, 9 ✶ Pampinus in transversa potius quam in edita, *Col* 4, 12

|| Editus, ûs m verb *A letting forth* Editus boum, *ex*, *cow-dung,* Ulp ✝ Egestio

EDO, (ĕ) ĕre, *vel* esse, es, est, ĕdi, ēsum, *vel* estum (1) *To eat, to graze* (2) Met *To consume, to waste* (1) Catulus fœnum ... lios aiebat esse oportere, *Cic de Orat* 2, 57 (2) Est mollis flamma medullas, *Vir Æn* 4, 66

Edor, i pass (e) (1) *To be eaten* (2) *To be consumed* (1) Dies noctésque estur, bibitur, *Plaut Most* 1, 3, 77 (2) Ut ... vitiata teredine navis, *Ov* *ex Ponto*, 1, 1, 69

Edo, ōnis m *A great eater, a glutton,* Varr *ap* Non 1

Edo, ĕre, didi, tum act (e) [ex è & do] (1) *To utter, to put forth* (2) *To publish, to set out in writing* (3) *To declare, to tell* (4) *To bring forth* (5) *To produce, or shew* (1) Frenum edit arbor, *Col* 5, 6 Edidi tricenta sexaginta quinque ... tis, *Suet de Ill Gram* 2, ¶ Edere extremum spiritum, *to die,* Cic Phil 12, 9 urinam, *to ...,* Plin (2) Ut annales suos emendem, & edam, *Cic Att* ... Edere oratoriæ artis libros, *Id* ... *Max* 8, 14, *ext* 3 (3) Ede ... nomen, noménque parentum, *Ov Met* 3, 580 (4) Crocodilus in terra partum edit, *Cic N D* ... 51 Edere ovum, *to lay an egg,* Col ... (5) = Edant & exponant quid in magistratu gesserint, *Cic de Legib* 3, 20 In aliquos omnia exempla cruciatûs edere, *Cæs B G* 2, 31 Perseverantiæ exemplum edidit, *Val Max* 3, 8, *ext* ¶ With nouns it is englished by verbs of those nouns, *as,* Edere sonos, *Ov Fast* 4, 218 *to sound,* ... risus, *Cic* gemitus, *Lucr* 4, ... planctus, *Juv* 10, 261 querelas, *Ov* pugnam, hinnitum, *Liv* *to sound, sing, laugh, groan, ... complain, fight, neigh*

|| Edocenter adv Edocenter aliquid scribere, *After the manner of teaching, in a taught way,* Gell 16, 8 ✝ More docentis

Edŏceo, ĕre, ui, doctum act (1) *To instruct, to teach diligently* (2) *To certify, to inform* (1) Quem Minerva omnes artes edocuit, *Sall Declam in Cic* (2) Senatum edocet de itinere hostium, *Sall B C* 49 Quum ... omnia edocuisset, *Liv* ...

|| Edocĭbilis, e adj *Easily taught,* Boët ✝ Docilis, *Hor*

Edoctus, a, um part (1) *Taught, instructed* (2) *Advertised, informed* (1) § Sub ...

gistro edoctus artes belli, *Liv* 25, 40 (2) Edoctus omnia per legatos *Sall in Catil* 45

|| Edolatio, ōnis f verb *A fashioning*, Aug

Edolator, ōris m verb *A polisher*, *or one that makes smooth*, Litt ex Plaut *sed q*

Edolo, are act [ex & dolo, proprie dolo] *To cut smooth, to polish, to make perfect, to finish*, Cic Att 13, 47 & Col 8, 11

|| Edomabilis, e adj *That which may be tamed, tameable*, Hier ✝ Domabilis, *Hor*

|| Edomitio, ōnis f *A taming*, Aug ✝ Domitura, *Col*

|| Edomitor, ōris m verb *He that tames, or overrules*, Hier ✝ Domator, *Tibull* Domitor, *Cic*

Edomitus, a, um part (1) *Broken, as an horse* (2) *Tamed, brought into subjection* (1) Edomiti equi, *Claud 6 Cons Hon* 379 (2) Roma edomiti possidet orbis opes, *Ov de Art Am* 3, 114

Edomo, ui, āre, itum (1) *To tame, to make gentle, or pliable* (2) *To conquer, to subdue* (1) Edomare vitiosam naturam, *Cic de Fato*, 5 (2) Mos & lex maculosum edomuit nefas, *Hor Od* 4, 5, 22

Edomor, āri, ātus pass *To be tamed*, Plin 17, 19

Edor, edi, estur pass *Plaut* Vid Edo

Edormio, ire, ivi, itum act *To sleep out, or away, to sleep soundly, or to the full* Edormi crapulam & exhala, *Cic Philipp* 2, 12

Edormior, iri, itus pass *To be slept out*, &c Dimidium ex hoc edormitur, *Sen*

Edormisco, ĕre incept *To sleep out, to digest by sleeping* Aliquid iberam, & edormiscam hoc villi, *Ter Adelph* 5, 2, 11 Paulisper mane, dum edormiscat unum somnum, *Plaut Amph* 2, 2, 65

|| Edormitio f verb *A full sound sleeping, or sleeping out*, Capell

Educatio, ōnis f verb (1) *A breeding up, a nurturing, or nourishing* (2) *Education, or learning* (1) Educatio bestiarum, *Cic de Fin* 5, 19 pullorum, *Col* 8, 5 Cum etiam feras inter sese partus, atque educatio, & natura ipsa conciliet, *Cic pro S Rosc* 22 (2) Institutus liberaliter educatione doctrinaque liberali, *Cic de Orat* 2, 1

Educator, ōris m verb *One that brings up* Educatores cum grata recordatione in mente versantur, *Cic pro Planc* 33 = Omnium rerum seminator & sator, & parens, ut ita dicam, atque educator, & altor est mundus, *Cic N D* 2, 34

Educatrix, icis f verb *A nurse that brings up*, Col 8, 8 = Altrix Earum rerum parens est educatrixque sapientia, *Cic de Legg* 1, 24

Educatus, a, um part *Brought up, educated* Homine ingenuo liberaliterque educato dignum, *Cic de Or* 1, 1, 31

|| Educatus, ûs m *Tert* ✝ Educatio, *Cic*

Educo, are act [ab e & duco, quod educo] (1) *To maintain, to feed* (2) *To cherish, to feast continually* (3) Met *To teach, or instruct* (1) = Si quod peperissem, id educerem & tollerem, *Plaut Truc* 1, 45 Educavit eam sibi pro filia, *Cist* 1, 3, 24 (2) ✱ Ille homo hominis non alit, verum educat, recreatque, *Plaut.* *Men* 1, 1, 22 (3) Si mihi tradatur educandus orator, *Quint*

Educor, āri, atus pass *To be brought up, or educated* Una a pueris parvuli sumus educti, *Ter Adelph* 3, 4, 48 Educari in domo avunculi, *Val Max* 3, 1, 3 Apud avunculum, *Id* 5, 1, 7

Educo, ĕre, xi, ctum act [ex & duco] (1) *To lead forth* (2) *To draw out* (3) *To raise up, or to build* (4) *To midwife, to bring into the world* (5) *To nourish, to bring up* (6) *To drink all off* (1) Ex oppido legiones educunt suas, *Plaut Amph.* 1, 1, 63 (2) Educere gladium è vagina, *Cic de Inv* 2, 4 (3) Aram cœlo educere certant, *Vir Æn* 6, 178 (4) ✱ Educit obstetrix, educat nutrix, instituit pædagogus, docet magister, *Varr apud Non* 5, 105 Æstate undevicesimo die educunt fœtus, *Plin* 10, 54 (5) Eduxit mater pro sua, *Ter Eun* 1, 2, 7 Eduxi a parvulo, *Id Adelph* 1, 1, 23 (6) Hirneam vini educere, *Plaut Amph* 1, 1, 274

Educor, i, ctus pass *To be led forth*, &c De senatu jussit educi, *Cic de Orat* 1, 40 Educi clam equum jussit, *Val Max* 3, 2, 21

Eductus, a, um part (1) *Brought up, bred* (2) *Drawn forth* (3) *Raised high* (4) Also *run out, drained* (5) *Drawn, unsheathed* (1) Benè & pudicè ductum atque eductum ingenium, *Ter Andr* 1, 5, 40 In contubernio legionum eductus, *Tac Ann* 1, 41, 4 Puer à parvo eductus, *Liv* 1, 39 (2) Copiæ ex castris eductæ, *Cæs B G* 2, 8 legiones, *Ibid* 7, 51 (3) Turris educta sub astra, *Vir Æn* 2, 461 Ultraque nubes Othrys eductus riget, *Sen Herc Oet* 494 (4) = Lacus emissus & eductus, *Cic de Div* 1 (5) Gladii educti, *Cic pro Mil* 10

|| Edulcabilis, e adj *Very sweet*, Litt ex Fragm Poët

Edulco, āre act *To make very sweet, to sweeten* Edulcare convenit vitam, *Primus auctor hujus verbi Cn Mattius, teste Gellio*, 5, 25

Edule, is n *Apul* Vid Edulium

Edulis, e adj *Eatable* Edules capreæ, *Hor Sat* 2, 4, 43

|| Edulitas, ātis f *The prince's largess, or allowance of victuals*, Lampr ✝ Congiarium, *Cic*

Edulium, i n *Meat, food, any thing to be eaten*, Suet Calig 40

Edurandus, a, um part *To be hardned*, Col

Eduratio, ōnis f verb *An hardning*, Cels

Edure adv *Very hardly*, Met *very unkindly*, Ov Art Am 3, 476 *ubi al eduro & fortè rectè*

Eduro, āre neut *To endure, to continue, to hold out* Ut quinque aut dena secula edurent, *Sen de Brev vit* 1 Cadentis solis fulgor in ortus edurat, *Tac Germ* 45, 1

Edurus, a, um adj (1) *Very hard, tough* (2) Met *Unkind, hard-hearted* (1) *Vir Geor* 4, 145 (2) Nec tamen eduro quod petit ore nega, *Ov Art Am* 3, 476 *ubi al* edure quod petit illa ✱ Facilis, *Ibid*

E ante F

|| Effabilis, e adj [ab effando] *That may be spoken of, uttered, or expressed* Nemini effabilis, *Apul Apol* p 509 ✝ Affabilis, *Cic*

|| Effæco, are *unde* effæcatus, part A fæcibus purgo, *To purify from dregs* Purgatâ & effæcatâ animi voluptate, *Apul de Hab doctr Plat* p 617 ✝ Defæcatus

Effandus, a, um part *To be declared*, Cic Att 13, 42

Effarcio, ire, tum *vel* efferc o, act *To stuff, or fill hard, to cram* Vid Effercio *unde*

Effarcior, iri, itus pass Grandibus saxis effarciuntur, *Cæs B G* 7, 23

Effartus, a, um part *Stuffed, crammed* Effirtum fame, pro fame pleno, *Plaut Capt* 3, 1, 6 *ubi alii leg* effertum

|| Effascinamentum, i n *A bewitching*, Aug ✝ Effascinatio

Effascinans, tis part *Bewitching*, Plin 7, 2

Effascinatio, ōnis f verb *A bewitching, or charming*, Plin 19, 4 & 27, 10

Effascinator, ōris m verb *He that charms, or bewitches*, Litt ex Plin

Effascino, āre act *To bewitch, to charm, to overlook*, Plin 7, 2 & Gell 9, 4

Effatum, i n (1) *A dialectical proposition, a maxim, or avowed rule* (2) Effata pl *Solemn prayers, or speeches of diviners, oracles, prophesies* (1) Ἀξίωμα quod est quasi effatum, *Cic Acad Quæst* 4, 29 (2) Vatum effata incognita, *Cic de Legg* 2, 8

Effatus, a, um part (1) *Speaking, or having spoken* (2) Pass *Dedicated or consecrated with solemn words* (1) Nec plura effatus, *Vir Æn* 8, 443 (2) Templa liberata & effata habento, *Cic de Legg* 2, 8 Effati fines urbis, *Gell* 13, 14

Effectio, ōnis f verb [ab efficio] *A making, or effecting* Recta effectio, κατόρθωσιν enim sic appello, *Cic de Fin* 3, 14

Effective adv *Effectively*, Quint 2, 18 Efficienter, *Cic*

|| Effectivus, a, um adj *Effectual, or effective*, Lexicogr ex Plin ✝ Efficiens, efficiendi vim, naturam, virtutem habens

Effector, ōris m verb *A maker, or worker, a finisher* Effector & magister dicendi, præstantissimus stilus, *Cic de Orat* 1, 33 Deus hujus mundi effector, *Lact*, 5, 8

Effectrix, icis f verb *She that makes, or procures* Est enim effectrix multarum & magnarum voluptatum *pecunia*, Cic de Fin 2, 17 Diei noctisque effectrix, *Id de Univ* 10

Effectum, i n *An effect, a thing done*, Quint 8, 3

Effectus, a, um part or, comp (1) *Made* (2) *Done, dispatched, brought to pass* (3) *Finished, completed.* (1) Urbs effecta ex latere & cæmento, *Cic de Div* 2, 48 (2) Ego hoc effectum lepidè tibi tradam, *Plaut Curc* 3, 1, 15 ¶ Effectum dare aliquid, *to do a thing effectually*, Ter Eun 2, 1, 7 (3) Auribus nitidius quid & effectius postulantibus, *Quint* 12, 10. ✱ Respondebis non posse perinde inchoata placere, ut effecta, *Plin Ep* 8, 4

Effectus, ûs m verb *An effect, a bringing to pass, a thing made, or procured* Effectus eloquentiæ est audientium approbatio, *Cic Tusc* 2, 1 Sine effectu, *Id de Fin* 3, 9

Effeminatè, effeminatus, effeminatio, effeminor, *quanquam rectè sic scribi videntur, tamen, cum in plerisque impressis libris cum œ legantur, vid* Effœminate, &c

|| Efferatio, ōnis f *A making wild, or mad*, Tert

Efferatus, a, um part or, comp ssimus, sup *Made wild, or fierce, enraged, savage* Efferatus immanitate, *Cic N D* 1, 23 § Odio, atque efferati, *Liv* 5, 27 Mores efferatiores, *Id* 33, 24 Efferata barbarorum ingenia, *Val Max* 5, 1, *ext* 6 Affectus efferatissimi, *Sen Ep* 121

Efferbeo, ere, ui neut *To be hot, or angry* Vid Efferveo

Effercio, ire act *To fill, or cram full* = Este, effercite vos, saginam cædite, *Plaut Most* 1, 1, 62

Efferens, tis part (1) *Lifting up, advancing* (2) *Extolling, boasting* (1) Extra aquam se efferens, *Plin* 9, 29 (2) Gloriâ se efferentes, *Hirt B H* 23

Effero, āre act (1) *To make wild, or savage* as beasts are (2) *To enrage one* (1) Promissa barba & capilli efferaverant speciem oris, *Liv* 2, 23 Assuetudine mali efferaverant animos, *Id* 25, 26 (2) Quid est quod te efferārit, quod novos suffixerit stimulos dolori? *Sen Phæn sive Theb* 206

Efferor, āri, ātus pass *To grow wild* Sues in tantum efferantur, ut hominem lacerent, *Plin* 10, 63 elephanti, *Id* 8, 9

Effero, fers, extuli, elatum [ab ex & fero] (1) *To carry forth, or out* (2) *To carry* (3) *To carry forth to burial* (4) *To bring forth fruit* (5) *To raise, advance, promote* (6) *To utter, or pronounce* (7) *To divulge, or make publick* (8) *To transport, or carry beyond bounds* (9) *To praise, magnify, set off; or commend* (10) ✱ *To bear out, or surmount* by suffering (11) *To disengage, to extricate, to disentangle* (1) Si quid telorum esset, efferret, *Cic Catil* 3, 3 ¶ Pedem efferre domo, *to stir out of doors*, Id Att 6, 8 (2) Cum filium penè in humeros suos extulisset, *Cic de Orat* 1, 53 (3) Maximus extulit filium consularem, *Cic N D* 3, 31 Extulit corpus ejus amplo funere, *Val Max* 5, 1, 2 (4) Ager uberiores effert fruges, *Cic de Clar Orat* 4 (5) Efferre per omnes honorum gradus ad summum imperium, *Cic Att* 6, 8 (6) Decenter aliquid efferre, *Quint* 1, 5 Suaves sententiæ, si inconditis verbis efferantur, offendent aures, *Cic Orat* 44 (7) Petam à vobis, ne has meas ineptias efferatis, *Cic de Orat* 1, 24 Efferre foras peccatum suum, *Ter Phorm* 5, 7, 65 vid & *Adelph* 4, 4, 16 (8) Efferri odio, iracundiâ, dolore, *Cic* (9) Hîc me magnificè effero, *Ter Heaut* 4, 3, 31 ¶ Efferre aliquem verbis, *highly to commend him*, Cic de Orat 3, 14 summis laudibus in cœlum, *Id Fam* 9, 14 (10) ✱ Malum, quod non natura humana patiendo efferat, *Cic Tusc* 4, 29 ex poëta (11) = Ex eo emersit, se ejecit, & extulit, *Cic pro Cæl* 31

Efferor, erri, elatus pass *To be carried out, to be transported, or carried away beyond bounds*, &c *Cic* *to be buried*, Nep Lysand 4 & Pausan 5 *Vid* Effero

Effertus, a, um part & adj ssimus, sup [*al* effercio, *qu ab* ex & farcio] *Stuffed, full, plentiful* Effertus fame, *Plaut ridiculè pro inanis dixit* Capt 3, 1, 6 Hæreditatem adeptus sum effertissimam, *Id Asin* 2, 2, 16

Efferveo, ere, bui *id quod* effervesco, *q v*

Effervescens, tis part *Very hot, fuming, or chafing* Verba effervescentia, *Cic de Orat* 2, 20 Effervescens venenum, *Sil* [illegible], 312

Effervescentia, æ f *A sudden boiling*, Met *anger, or fury*, Cels Ebullitio

Effervesco, ere incept (1) *To be very hot, to boil over* (2) *To ferment* (3) Met *To be chafed, troubled, or moved* (4) Also *to be allayed and grown cool* (1) Aquæ effervescunt ignibus subditis, *Cic N D* 2, 10 (2) Campus & undæ comitiorum effervescunt quodam quasi æstu, *Cic pro Plan* 6 (3) Effervescit [illegible] cæco furore summi [illegible] quæque crudelitas, *Val Max* 9, 2 ext 5 Si cui nimium efferviisse videtur hujus ferocitas, *Cic pro Cal* [illegible], 1 (4) Sed censeo latendum tantisper ibidem, dum effervescat hæc gratulatio, *Cic Fam* 9, 2 consensu MSS at Grævius *deferveſcat* scriptum fuisse suspicatur

Effervo, ere, vi Effervere vidimus Ætnam, *Vir Geor* 4, 4[illegible]0

Efferus, a, um adj (1) *Wild, outrageous*, [illegible] (2) *Fierce, cruel* (1) Captus immanibus efferi Dido, *Vir Æn* 1, 642 (2) Sævit juventus efferi, *Vir Æn* 8, 6

Efficacia, æ f *Force, efficacy, strength, virtue*, Plin 11 5

Efficacitas, ātis f *Efficacy, force, power*, Cic Tusc [illegible], 15 R occ

Efficaciter adv [illegible], comp [illegible]ssimè, sup *Effectually, with effect* Ulcera [illegible] efficaciter [illegible], *Plin* 22, 25 Efficacius rogare, *Plin Ep* 6, 6 Efficacissime [illegible], *Plin* [illegible]6, 12

Efficax, ācis [illegible] or, comp [illegible]ssimus, sup (1) *Effecting, doing effectually* (2) *Effectual, forcible, prevailing much* (3) *Efficacious, powerful, of force, strength, and power* (4) *Stirring, active* (1) Efficax Herculis, *Hor Epod* 3, 1[illegible] (2) Efficaces ad muliebre [illegible]ing [illegible]um preces, *Ir* [illegible] Utinam [illegible] efficaces, *Plin Paneg* [illegible] 81 (3) Efficax amara curarum eluere [illegible]cis, *Hor Od* 4, 12, 20 § Ad omnia efficacior vis, *Plin* 20, 10 § Efficax contra serpentes, *Id* 22, 21 Judicium ad excitandam virtutem efficacissimum *Paterc* 1, 9, 1 (4) ♓ Tardus & parum efficax homo, *Cæl ad Cic Fam Ep* 8, 10

Efficiens, tis part *vel* adj (1) *Making* (2) *Causing, bringing to pass* (3) Res efficientes, *The efficient cause* (1) Causa & [illegible]tio efficiens magnos viros, *Cic Offic* 1, [illegible] (2) § Virtus efficiens [illegible], *Cic Offic* [illegible], 3 (3) = Proximus est locus rerum efficientium, quæ causæ appellantur, deinde rerum effectarum ab efficientibus causis, *Cic Topic* 14

Efficienter adv *Causally, in nature of a cause, with effect* Quod cuique efficienter antecedat, *Cic de F* [illegible] 10, 15 R occ

Efficientia, æ f *Efficiency, the virtue, or power to effect* Efficientia naturalis [illegible] de Fat [illegible] solis, *Id N D* 2, 38 ☞ Hanc [illegible] ipse cudisse videtur, quæ [illegible] obtinuit pro qua [illegible], *efficacia, potentia*

Efficio, ere, [illegible] ectum act (1) *To bring to pass, to effect, accomplish, to work* [illegible] (2) *To do* (3) *To make* (4) *To procure, or get* (5) *To perform* (6) *To prove by argument, to conclude* (7) *To serve, or be instead of* (1) Dum efficias id, quod cupis, *Ter Andr* 5, 1, 6 (2) Lepidè efficiam meum officium, *Plaut Truc* 4, 2, 1 (3) Sapientia efficit sapientes sola per se, *Cic Top* 15 (4) Satin' est si hanc mulierem efficio tibi? *Plaut Pseud* 1, 1, 110 (5) Donec tibi id, quod pollicitus sum, effecero, *Ter Phorm* 4, 1, 24 Quæ cum res tota ficta sit pueriliter, [illegible]um ne efficit quidem quod vult, *Cic de Fin* 1, 6 (6) = Innumerabilia sunt, ex quibus effici cogique possit, nihil esse, quod sensum habeat, quin intereat, *Cic N D* 1, 13 Ex quo efficitur, hominem naturæ obedientem, homini nocere non posse *Id Offic* 3, 5 (7) Nuclei palmarum spodii vicem efficiunt, *Plin* 2, [illegible] ¶ Argentum efficere alicui, *to procure money for him*, Plaut Efficere epistolam, *to write a letter*, Cic

Efficior, i pass *To be fulfilled, done, made*, &c *Cic*

Efficitur impers *It is brought to pass, or proved and made good* Vid Efficio, n 6

Effictio, onis f verb [ab effingo] *An expressing, or representing, a fashioning*, Ad Herenn [illegible], 49

Effictus, a, um part *Drawn out, expressed, represented*, Cic pro Rosc Am 1[illegible]

† Effigia *An image, a likeness*, Plaut Rud 2, [illegible], [illegible] Lucr 4, 46, 83, 10 Vid Effigies

Effigiatio, onis f verb *A fashioning*, Lexicogr ex Apul † Assimilatio

|| Effigiator, ōris m verb *He that draws portraitures, or fashions any thing*, Aug † Pictor, sculptor

|| Effigiatus, a, um part *Fashioned, formed* Truncus dolamine effigiatus *Apul Flor* p [illegible]58 † Expressus, *Cic*

Effigies, ei f [ab effingo] (1) *An image, a pourtrait, a faint resemblance* (2) *A shape, likeness, form* (3) *A manner* (4) *A pattern* (1) Effigies [illegible] multorum quæ Mithridatis, *Cic Verr* 4, 65 ♓ Vidisses non fratrem tuum, nec vestigium quidem aut simulacrum, sed effigiem quandam spirantis mortui, *Id Q fratr* 1, 3 Spirantes effigies patrum, *Sil* 17, [illegible] (2) Mammarum effigie orthomastia *mala*, Plin 25, 15 *ed Hard* (3) In effigiem pelagi [illegible] [illegible] exundabat, *Sil* 5, 5 (4) Relinquere virtutum nostrarum effigiem, *Cic pro Arch* 12

|| Effigio, āre act *To imitate in painting, carving*, &c *to portray, or draw a picture* Hominem effigiasti, *Prud Cath* 10, 4 Animam similem sibi conditor effigiavit, *Id Apoth* 807

Effingo, ere, xi, ctum act (1) *To fashion, to work, engrave, portray, or make* (2) *To represent, or express* (3) Met *To imitate* (4) *To rub, or wipe* (1) Conatus erat casus effingere in auro, *Vir Æn* 6, [illegible] Animosi effingere signa, *Prop* [illegible], 7, 5 (2) = Effingere & exprimere [illegible] bis, *Ad Herenn* 4, 49 (2) Platonicam sublimitatem effingit, *Plin Ep* 1, 10, 5 (4) Fiscinis spongia effingito, *Cato*, 67

Effio, ieri, fectus *To be made, done, or brought to pass*, Plaut Pers 5, 1, 9

Efflagitatio, onis f verb *An importunate suit, or begging, an earnest request* = Studio atque efflagitatione omnium, *Cic* ad Brut 16 Efflagitatio ad coeundam societatem, *Id Fam* 5, 19

|| Efflagitator, ōris m verb *He that earnestly desires*, Aug. † Flagitator, *Cic* Postulator, *Suet*

Efflagitatus, a, um part *Instantly, or earnestly required* Tribunitia potestas efflagitata, *Cic in Cæcil Div* 3

Efflagitatus, us m *Importunity* = Coactu atque efflagitatu meo, *Cic Verr ult* 29

Efflagito, āre act (1) *To desire, or crave* (2) *To exhort* (3) § Auxilium ab alieni efflagitar[illegible], *Cic antiq* [illegible] *in exil* [illegible] § Nostrum efflagitat ensem, *Vir Æn* 1, 759 (2) Efflagitasti [illegible] conviciis, ut, *&c* Cic Q fratr [illegible], 10

Efflans, tis part *Breathing forth* Animam efflans, *Cic pro Mil* 18

Effleo, ere, evi, etum act *To weep out* Effl[e]vit oculos, *Quint Declam* 6

Efflictim adv *Beyond all measure, desperately, over head and ears* Hic te efflictim deperit, *Plaut Amph* 1, [illegible], 19

Efflictio, onis f verb *Torment, affliction*, Litt ex Col

Efflictus, a, um part [ab effligor] *Wretched, undone*, [illegible] in Verro, c [illegible]

Effligo, ere, xi, ctum act (1) *To straiten* (2) *To destroy* (1) [illegible]um [illegible] ad effligendum [illegible] Pompeium, *Cic Attic* [illegible] (2) Quam [illegible] proj[illegible] in effliges, [illegible], *Plaut Asin* 4, 2, 9

Efflo, are act *To breathe out* Efflare extremum halitum, *to die*, Cic Tusc 2, 9 colorem, *to lose it*, Lucr 2, 8[illegible], 1 ignes, *Sen Herc Fur* 18

Efflor, ari, ātus pass *To be breathed out*, Suet Aug 100

|| Effloreo, ere, ui neut *To bloom, or spread as a flower*, Tert † Floreo

Effloresco, ere incept (1) *To blow as a flower*, Met *to spring forth* (2) *To flourish greatly, to be copious* (1) § Effloreſcit ingenii laudibus, *Cic pro Cal* [illegible], 1 (2) = Efflorescat & abundet oportet oratio, *Cic de Orat* 1, 6

|| Effluenter adv *Abundantly*, Apul Met 2 p 68 *sed al leg* affluenter

Effluentia, æ f *A flowing, or running out, a flux, or issue*, Plin 26, 10 *ubi tamen al* affluentia

Effluo, ere, xi, xum neut (1) *To flow, or run out* (2) *To run over, or abound, to leak* (3) *To slip and slide away* (4) *To be published and spread abroad* (5) *To decay* (6) *To be quite lost* (7) *To be quite and clean forgot* (1) ♓ Vinum effluet, aqua manebit, *Cato*, [illegible] ♓ Influo, *Cic* (2) = Sive deerit quicquam, sive abundabit, atque effluet, *Cic de Div* 1, 29 *ubi al* affluet (3) [illegible] effluit, *Cic* [illegible] 2 (4) Utrum [illegible] hoc [illegible] effluxerit, [illegible] *Ter Eun* [illegible], 2 41 (5) Effluunt vires lassitudine, *Liv* 7, [illegible] (6) = Illud quod prætereat, effluxit, *Cic de Senect* 19 (7) ♐ Comm[illegible] nuit Pisonis [illegible] quod te [illegible] effluxerat, *Cic in Verr* [illegible], 26 ♓ Meminisse, *Id*

Effluvium [illegible] n *A flowing, or running over*, Tac 12, 5[illegible] & Plin 7, 51

Effluus, a, um adj *Running, or flowing out*, Fragm Po[illegible] & Fest Avien

|| Effluxio, onis f verb *&*

|| Effluxus, ûs m verb *A running, or flowing out, a efflux, leakage*, Litt [illegible], [illegible] 10

Effocandus, a, um part *To be choaked, or strangled* Quum effocandis invicem fauces præbuissent, *Flor* 2, 11

Effocatio, ōnis f verb *A choaking up*, Litt ex Cels *sed q*

Effoco, āre act [ab ex & fauce] *To choak, or strangle* vix legitur nisi in

Effocor, āri, atus pass *To be choaked* Bonis suis effocantur, *Sen de Brev vitæ*, 2 R occ

|| Effodico, āre *To dig, or pluck up*, Hier *pro*

Effodio, ere, odi, ssum act (1) *To dig out, to dig up, to put out* (2) Met *To grieve sore* (1) Effodere argentum penitus [illegible] tum, *ap Cic Off* 2, oculos [illegible] cujus, *Id N D* [illegible], [illegible]8 (2) Ma[illegible] [illegible]horum meum [illegible] memo effodit, *Id pro Marc* [illegible]

Effodior, i, ssus pass *To be dug out, or up* Effodiuntur [illegible] *Ov A*[illegible] 1, 1, [illegible]0 oculi, *Ter* [illegible] 4, 6, 2

Effœminandus, a, um part *To be softned, to be made of a womanish tenderness* Quæ [illegible] animos [illegible] Gr[illegible] princ

Effœminatè adv (1) *Womanly, unbecomingly, tenderly* (2) *Effeminately* (1) = [illegible] effœminate facere, *Cic Off* [illegible] Effœminatè [illegible] *Val Max* [illegible], [illegible] (2) ♐ = [illegible]nimum acriter & [illegible] liter & effœminate, *S* [illegible]

|| Effœminatio, ōnis f [illegible] *A making effeminate*, Jul [illegible]

|| Effœminator, [illegible] m [illegible] *He that maketh effeminate*, L

|| Effœminatrix, icis f [illegible] *that effeminateth, or m*[illegible] *licate*, Boet

Effœminatus, *vel* eff[illegible] a, um part & adj or, comp [illegible]mus, sup (1) *Womanly, [illegible]cate, nice, tender, effeminate* (2) Also *a pathick* (1) = [illegible] quid effœminatum aut [illegible] ne quid durum aut rusticum *Cic Off* 1, 5 Effœminatior [illegible]titudo Cypriorum, *Val Max* [illegible] ext 7 Effœminatissimus [illegible] *Cic Fam* 16, ult (2) Se[illegible] puro, impudico, effœminato, *Philipp* [illegible], 5

Effœmino, āre act *To* [illegible] Effœminarunt [illegible]em um[illegible] *Sil* Junonique [illegible] nihil est eo mollius, *Cic* [illegible] *D*

Effœminor, āri, atus pass *To grow effeminate, dainty, or* [illegible] = Remollescere homines [illegible] fœminari arbitrantur *Cic* [illegible] 4, 2 Leges effœminari [illegible] tant in dolore, *Cic de Fin* [illegible] ☞ Rectius *fœmina* per [illegible] compositis scribitur

Effœte adv *vel* effœt[illegible] [illegible] *remissly, feebly*, [illegible] M[illegible] [illegible], 27

Effœtus, a, um [illegible] ex & fœtus] (1) [illegible] *young, or* (2) [illegible] Met *Worn out, decayed, feeble, past work* (3) [illegible] *be used, or* [illegible] (5) Also *that* [illegible] Effœta [illegible] *Plin* 10, [illegible] Agri effœti [illegible] 1, 81 [illegible] Frigent effœta [illegible] *Æn* 5, [illegible]95 [illegible] fœta partus [illegible], *Col* 7, 12 (5) Cum g[illegible] [illegible], *Col* 8, 5

Effor *non leg* [illegible], ātus sum [illegible] [ab ex & fari] (1) *To* [illegible] *to speak out, to utter* [illegible] *lemnly to pronounce* (1) [illegible] honestè effari possum, *Cic* [illegible] 8 (2) Neque [illegible] lemni [illegible] effatis, *Cic pro* [illegible] no, [illegible]5

Efforatus, a, um part *Pierced through*, qu[illegible] ab

Effor[illegible]

Effŏror, āri *To have holes bored, or made through*, Col 9, [illegible]

|| Effossor, ōris m verb *He that diggeth, or breaketh out, or through*, Col ✝ Qui effodit

Effossus, a, um part [ab effodio] (1) *Digged, or turned up* (2) *Digg'd out of the ground* (3) *Digged, or pulled out* (1) [illegible] sua juventus effossi [illegible], Claud 4 Conf Hon 331 (3) [illegible] effossum, Claud Apon [illegible] effossi, Sen Oedip [illegible] Effossum alterum [illegible], Vell Paterc 2, 52, 2 [illegible], Sen Thyest 10

|| Effrāctor, ōris m verb [ab effringo] *A burglar, or house-breaker* [illegible] effractarius [illegible] Ep 68

|| Effractor, oris m verb [ab effringo] *A burglar that breaketh [doors, or] walls*, Paul ✝ Effractor parietum, Plaut

|| Effractura, æ f *A breaking open, a bursting*, Paul

Effractus, a, um part [ab effringo] (1) *Broken, broken down, [illegible]* (2) *Dash'd out* (1) [illegible], Cic in [illegible] (2) [illegible] An 5, 480 ¶ Effractus fame, *hunger-starved*, [illegible]

[illegible], comp [illegible] Cic de Se[illegible] [illegible] Cic Tusc

[illegible], verb *Un[bridled], unruly, headstrong* [illegible] [illegible] potentius [illegible] 5, 8 R occ [illegible]

[illegible] effrenatus, a, um [illegible], comp [illegible], sup [illegible] *headstrong* [illegible] [illegible]

[illegible] Ep 45

Effrenus, [illegible] Unbridled Et[illegible] 8, 69 ed Hind [illegible]

Effrēno, āre act *To unbridle*, [illegible]

Effrēnus, a, um [ab ex & freno] [ut effrenatus] (1) *Unbridled* (2) Met *Headstrong* (1) Effreno equo [illegible] Liv 4, [illegible] amore frenus Ov Met 6, [illegible] Med 103

Effrictus, a, um part *To be [illegible]* Rubigo animorum [illegible] Sen Ep 95

[illegible] verb *A rub[ber]* [illegible]

[illegible]

[illegible] (1) *To break* (2) *To [break down]* [illegible] Plaut [illegible] (3) [illegible] Sen [illegible]

[illegible] *bold, impudent*, [illegible]

[illegible] part *To [illegible]* Quod [illegible]

fuit aptissimum, Cic ad Q fratr 1, 4

Effūgiens, tis part *Escaping*, Luc ex

Effŭgio, ĕre, ūgi, ĭtum act & neut *To escape, fly, or shun, to avoid, or speedily to pass by* § Effugere manus, § è manibus, § de manibus, § de prælio, Cic patria, Plaut offensionem, Cic [illegible] 4, 4 crimen, Ter Adelph 5, 8, 21 [illegible] culam, Ter Adelph 5, 8, 21

Effŭgium, i n (1) *A fly[ing] away, a flight, an escape* (2) *A shunning, an escape* (3) *A place to escape, a passage, or way to escape* (1) Effugium [illegible] naturum, Cic N D 2, 47 (2) [illegible], Sen Hippol 253 (3) Qua [illegible] fugia inferderint, Tac [illegible] Cum pateat malis effugium, Sen [illegible] 591

|| Effŭgo, āre act *To put to flight, to drive away*, August

Effulcio, ire act *To [illegible], prop up, to underset, to bear, or hold up* [illegible] part effultus

Effulgens, tis part *Shining, [illegible]* Hoc deus effulgens habitu [illegible] Claud 6 Co[ns] Ho[n] 178

Effulgeo, re, si neut *To [shine] forth, to appear, to show itself, to glitter* Nubes effulger, [illegible] 22, [illegible] § Effulsit cœlis lux, [illegible] An 6, 110 mari Phœbus, Sen Herc Fur 2,

Effulgu[rans], a, um adj *Bright, shining, clear*, [illegible]

Effultus, a, um part [ab effulcio] *Stayed, or born up*, Virg Æn [illegible] 29

Effundo, ĕre, ūdi, ūsum act (1) *To pour out* (2) *To shed* (3) *To disembogue* (4) Met *To come, or run forth in companies* (5) *To put, or bring forth in great store* (6) *To lavish, spend, or waste profusely* (7) *To spread around* (8) *To [tumble] and rout* (1) Effundunt sanguinem [illegible] Cic [illegible] Petr [illegible] to spr[ead], Vir Æn, 10 § Effundi equo, *to fall from his horse*, Liv 1 10 (3) Effunde [illegible] Pl[illegible] 42 (3) Sed in Eoum oceanum effundit Ganges, Plin [illegible] Effunditur amnis in Atlanticum oceanum, Id [illegible] (4) Civitas tota se effundebat, Cic Brut [illegible] (5) Effundit fruges Autumnus, Hor Od 4, 7, 11 (6) Ne juventus patrimonium effundat, Cic pro Cal 8 [illegible] Patrimonium [illegible] effudit [illegible] Id Phil 2 [illegible] consumere, Id (7) Vox in turbam effunditur, Cic pro Flacc 29 (8) ✝ Effudit [illegible] Cic Att 16 [illegible] (9) Id Lib [illegible]

Effūsio, [illegible] pass *To be [poured] out, [spread abroad], &c* [illegible] Effusio

Effūsē, adv [illegible], comp issĭmē, [illegible] (1) *Out of [all] order, prodigally, lavishly* (2) *With all speed* (3) *[Lavishly], passionately* (1) Non nimium large effuse que de[illegible] Cic pro S Rosc [illegible] (2) [illegible] effuse [illegible] Curt [illegible] Effusius prodire, [illegible] 16 (3) Effusissime diligere, Plin Paneg c 84

Effūsĭo, ōnis f verb [ab effundo] (1) *A pouring out* (2) Met *Prodigality, profusion, waste[ful] and extravagant spending* (3) *A rout, company, or mul*

titud- (4) *An excessive dilatation* (1) Effusio aquæ, Cic N D 2, 10 (2) ✝ Liberalitatem effusio imitatur Cic Part Orat 81 (3) Effusiones hominum ex oppidis, Cic in Pison 22 (4) ✝ Effusio animi in lætitia, in dolore contractio, Cic Tusc 4, 31

|| Effūsor, ōris m verb *A spendthrift*, Spieg ✝ Prodigus, [illegible]

|| Effūsōriè, adv *In a prodigal, or riotous manner*, Amm ✝ Effuse

Effūsūrus, a, um part *About to pour out* Effusurus se in [illegible] provinciam, Val Max 7, 6, 6

Effūsus, a, um part & adj or comp [illegible], sup (1) *Poured out, shed out* (2) *Overflowing, running over the bank* (3) Met *[Let loose, running away]* (4) *[Strait, quick]* (5) *Thrown off* [illegible] (6) *Lavish, profuse, scattered* (7) *[illegible], open* (8) *Bountiful, liberal* (9) *[Prone], much given to, exceeding, immoderate* (10) *Having lain the course to* (1) Effuso [illegible] sanguine, Plin 9, 29 [illegible] Effuso cerebro [illegible] (3) Effusis habenis [illegible] (4) [illegible] (5) [illegible] Liv 37, 20 (5) ✝ [illegible] procubuit, [illegible] Curt 8, 14 (6) ✝ [illegible] (7) Cum [illegible] Liv (8) [illegible] Cic pro Cal 6 ✝ [illegible] (9) In amorem effusus, [illegible] Ann 1, 54, [illegible] § in venerem, [illegible] § in [illegible] (10) § Ad prece [illegible] effusis, [illegible]

Effūtio, īre, ivi, ītum act (1) *To prate, babble, or speak foolishly* (2) *To blab out* (1) [illegible] effutiunt, Cic N D 2 [illegible] (2) Ne vos forte imprudentes foris effutiretis, Ter Phorm 5, 8, 1

Effūtītus, a, um adj *Rashly, or foolishly, blabbed, rattled, [illegible]* Ter [illegible]

|| Effūtor, ōris m verb *He that [babbleth] forth every thing, a babbler*, Firm ✝ Taciturnus [illegible], Tac

Effūtūtus, a, um part *Foolishly, or rashly spoken abroad*, [illegible] ✝ Fattum [illegible], Cic de Div 2, 55

Effŭtuo, ui, ere *To spend on [illegible]*, Suet Cæs 51

E ante G

|| Egĕlātus, a, um part *Lukewarm* Cœl Aur ✝ Tepidus, egelidus, Vett

|| Egĕlĭdē, adv *Coldly, lukewarmly*, Aur ✝ Tepidè, Plin

|| Egĕlīdo, āre act *To disgorge, or thaw*, Sidon ✝ Regelo, Col

Egĕlĭdus, a, um adj (1) *Lukewarm, that hath the cold taken off* (2) *Also very cold* (1) ✝ Gelidus Boreas, egelidusque Notus, Ov Amor 2, 11, 10 Ver egelidos refert tepores, Catull 44, 1 Aquā cal da mox egelida os fovendum est, Gels ✝ Potio egelida, & frigida propior, Id (2) Ut procul egelido secrerum flumine vidit, Vir Æn 8, 610 interpr Serv sed videant docti in recte.

Egens, tis part (&) *Needy, poor, in want* § Egens omnibus, Cic Fam 6, ult ✝ Egentes [illegible] Id ✝ Egentes abundant, & imbecilli valent Id de Amic [illegible] Nihil eg[enti]us est, Id Attic 6, 1 Egentes egentissimorum, Id [illegible]

Egēnus, a, um adj (1) *Want[ing], destitute* (2) *Distressed, necessitous* (1) § Omnium egenos, urbi, domo socios, Vir Æn 1, 600 (2) Rebus veni non asper egenis, Vir Æn 6, 91

EGĔO, ui, [illegible] neut (1) *To need, to lack, to be in want, to [be] in need of* ✝ § Consilio non egeo, [illegible] potius, Cic Fam 6, 16 § Ego consilio, Id Attic 7, 21 § Pauca minime [illegible] egebat, Sil [illegible] 98 Nec quicquam eges, Plaut Men 1, 2, 12

|| Egĕries, ei f [ab egero] *A casting out a [heap] [illegible] of dung, ordure*, Solin ✝ Egestas

|| Egermĭnātĭo, ōnis f verb *A budding forth*, Hier ✝ Germinatio, Plin

Egerius, i m *A man [so] named, who was very poor*, Liv 1, 34

|| Egermĭnātus, a, um part *Budded forth*, Aug ✝ Germinatus, Plin

Egermĭno, āre act *To [bud], or bud forth*, Col [illegible] 17

Egĕro, ĕre, essi, estum act (1) *To bear, or carry out* (2) *To cast, or spout out* (3) *To [belch] out, or vent* (1) Egerere [illegible] dam ex hostium tectis, Liv 6, [illegible] ¶ Egerere animam, *to vomit it out*, Plin [illegible] (2) Tonsillæ [illegible] egerit [illegible] ✝ [illegible] rit aquam & recipit, [illegible] (3) Dolorem egerere querelis, Val Fl Arg 8, 454

Egĕror, i, estus pass *To be carried out*, &c [illegible]

Egestas, ātis f (&) (1) *Extreme poverty, beggary* (2) *Lack, or want* (1) ✝ [illegible] tatem vel potius egestatem [illegible] Cic [illegible] (2) Verborum paupertas, imo egestas, Sen Ep 58 ✝ Inops, [illegible] egestate [illegible] sermonis, Plin Ep 4, 18

Egestio, onis f verb [ab egero] (1) *A casting forth, a [voiding]* (2) Met *Wasting out* (1) [illegible] egestionis [illegible] (2) [illegible] egestio Plin Ep 8, 6

[illegible] or [illegible] Vict Epit c 12 ✝ [illegible]

|| Egestum, i n *Ordure, or dung, or [illegible]*, ✝ [illegible] stercus, Tert

Egestus, a, um part *Cast, carried out, voided* Scrobibus egesta humus, Col 2, 2

Egestus, ūs m verb *A casting forth, a voiding*, Sen Nat Quæst [illegible] Sil [illegible]

Egetur impers Egetur [illegible], *I am in great want*, Plaut Pseud 1, 2, 39

EGO, mei, mihi, me pron [Gr ἐγώ] *I, myself* Idem ego, *I the same person*, Cic Ego [illegible] sum, *I am the man, I am such a man*, Cic

Egomet, [ἔγωγε] *I myself*, Cic [illegible] *Who I [illegible]*

Egredior, i, essus sum dep [ex & gradior] (1) *To step forth, to go out* (2) *To depart, or land* (3) *To go beyond, to transgress* (1) § Pedem [illegible] villa adhuc egressi non sumus, Cic Att 13, 16 Egressi tecta e t i conil nas, *Plin* ... & *Curt* 7, 6, 20 & *Iac* ... (2) § Ad egerendum ... *B C* ...

Egeg ... comp (1) *Extremely, extraordinary* (2) ... *beyond others* ...

... *Cic* ... *Tac* ...

Ejaculor ... *Cic* ...

Egredior ... *Cic* ... *Liv* ...

E ante H

Eho ... *Plaut* ... *Ter* ... Enn ...

Eheu ... *Alas!* ... *Ter* ...

Eho ... *what* ... *pray* ... *Ter* And 5, 4, 5 interrogant ...

Eheu ... adv [ex eho & ...] *Come hither* ... *Ter* And 5, 5 ...

E ante I

† Ei ... *Plaut* ...

5, 8, 55 Et hortandi particula, ... moras, *Vir Æn* ... 50 ...

|| Ejaculatio, onis f verb *A casting forth in a sling*, Veget

Ejaculator, oris m verb *He that casteth out, or draweth forth*, Veget ‡ Jaculator, *Hor*

Ejaculatus, a, um part *Cast*, or *darted out*, *Ov Metam* ...

|| Ejaculo, are act *To shoot*, or *cast out*, Gell 16, 19 pro ...

Ejaculor, ari, atus sum dep (1) *To throw*, ... *to cast ... off* (2) *To spout*, or *squirt out* (1) ... *Plin* ... (2) ... ejaculatur ... *Ovid* ...

‡ Eico, pro ejicio ... tollit & eicit, *Lucr* ...

Ejectamentum, i n *That which the water casteth up to land*, Tac Germ 45

|| Ejectio, onis f verb *A casting*, or *throwing out*, Sidon ‡ Ejectio, *Cic*

Ejectus, a, um part *Cast*, or *thrown forth* ... *Cic* ...

Ejectus, us m verb ... & ejectione ... *Lucr* ... 2, 18 ... *spitting of blood*, ...

Ejectus, a, um part *Cast out*, ... *Liv* ...

Ejicio, ere, eci, ectum act ... (1) *To cast*, or *throw out* (2) *To thrust out* ... (3) ... (4) *To cast* ... (5) ... (6) *to throw up*, *to vomit* ... *Cic* ... 2, 58 ... *Plaut* ... *Cic* ... B G ... (6) ... Abortum ... *Cels* ... *Liv* ...

Ejulatio, onis f verb *Howling, wailing*, ... *Apul*

Ejulans, tis part *Howling, yelling* ... dolorum ... *Cic* ... *Plaut Aul* 2, 4, 39

Ejulatio, onis f verb *Wailing, crying out* ... *howling* ... *Cic de Leg* 2, 23 ... *Hor Epod* 10, 17

Ejulatus, us m *Wailing, lamenting*, Cic Tusc 2, 2

EJULO, are neut (1) *To cry, to wail, to howl* ... *Plaut* ... 4, 10, 66

Ejunceo ... [juncus] *To ... like a bulrush*, Plin ...

Ejunctus, a, um adj *Dry*, ... *Plin* 17, 22

Ejuratio, onis f verb *A renouncing, a forsaking of a thing* ... *Vell* ... 2, 37

|| Ejurator, oris m verb *He that renounceth or renounceth*, ... ‡ Qui ejerat

Ejuro, are act [ex e & juro] (1) *To swear ... a thing*, ... *to refuse a judge*, ... (1) ... *Plin* ... *Tac* ... 4, 28 ... *Cic* ... 9, 10 ...

Ejuscemodi adj ... *Of the same sort*, ...

Ejusmodi ... *Such like*, ...

E ante L

Elabor, ... *To slip*, or *slip away*, ... *Cic* ... *Tac Ann* 1, 61 ... *Liv* ...

Elaborans ... part *Taking pains about a thing*, Cic de Sen ...

Elaborate ... *Painfully*, ...

|| Elaboratio, onis f verb *A taking of great pains*, ...

|| Elaborator, oris m verb ... Digest ... ‡ Qui elaborat

Elaboratus, a, um part (1) *Industriously* ... (2) *Elaborate, requiring pains* (3) *Perfectly, exactly, or curiously done* ... *Cic Attic* ... (2) ... *Hor Epod* ... (3) Elaborata ... *Cic Or* 25

Elaboro, are neut & act (1) *To work as an artificer* (2) *To labour* (3) *To take pains* ... (4) *To procure, catch*, or *make* (1) Candelabrum ... *Plin* ... (2) ... *Ter* ... (3) ... *Cic* ... (4) Non sit ... *Hor* ...

Elaboror, ari, atus pass *To be wrought*, ... *Cic Fin* ... 16

Elacate ... *A kind of tunny, a fish salted*, Cels ...

Elacto, are incept *To ...*, Plin 20, 21 ...

Elaeomeli ... *Plin* ...

Elaphoboscon ... n *An herb called* ...

... *Plin* 2, 4

Elaeothesium, n ... *Vitruv* 5, 11

Elamentatio ... *Plin* ...

Elangueo ... *Liv*

Elanguesco ... *To grow faint, cold*, ... *Cic* ...

Elapsus, a, um part ... *Liv* ...

|| Elapsus, ... Gell ...

Elapso, ... *Cic* ...

|| Elaqueo, are act ... *Plin* ...

Elargior ... *Plin* 22, 22 ...

Elargus, ... *Plaut Capt* ...

|| Elasticus ...

|| Elargiatus, a, um part *Rid* ... *at large*, Amm ... ‡ Laqueis elapsus

... *To unfold*, Plaut *in* Syrum ‡ Solvo

|| ... act *Ter* ...

... *and bountiful* ... alieno populatum ... § Elargiri ... prae,

... onis f *A free* ... *giving*, Col ‡ ...

... m verb ... Digest ‡ Lar ...

... *To grow* ... *decay*, or *wear out*, ...

... *tree* Plin ... comp (1) *Sub* ... (2) *Loftily, Lauern* ... (3) ... = Elatius, inhiat nihil ... *Nep Paus* 4 ... nec ... quis ... Cic *Tusc* 5, 8

... *A strong medicin of the juice ... cumbers, to purge cho-* ... Plin ...

... *A weed called* ... Plin ...

... *lifting*, or *taking up* ... (1) ... *lofty* ... (1) Erat ... Virtuv 10, 8 ... Plin ... nec ... *Hor* ... Cic *Off* ... *Cic* 65 ... *A kind of* ...

... *verb* ... Firm ...

... or, m verb ... *prides* ...

... *To ... cloud* ... *Hor* Ep 1, ...

... um part ... (1) ... (2) *Carried to* ... (3) ... *lofty, fu-* ... (1) Cele- ... Cic ... (4) ... Cic ... (6) ... Nep ...

|| ... onis f verb *A* ... *thing*, Sidon ‡

... *To name* ... *praise*, Fest ‡ ...

... a, um ... Plin ... Mart 1, 29 R ... occ

Elautus, a, um part *Well and thoroughly washed* ‡ Mulier qua ... illauta est, *Plaut* ... 1, 2 22

|| Elaxatio, onis f verb *An unloosing*, or *untying*, Hier ‡ Relaxatio, Fest

|| Elaxo, are act *To unloose and make wider*, Sidon ‡ Relaxo, *Cic*

Elecebra, ae f [*ab elicio*] *An allurement, a lure*, Met *a wheedler*, ... Meretrices, ... quia ... Elecebra, *Plaut* ... 2, 8 ... Elecebrarum ... *courtesans, who pick their gallants pockets*, Id Men ...

Electe adv ... comp *Choicely, with choice, curiously* ... Electe digerere, *Cic* de ... Electissime loqui, ... ‡ Pu ... *Ci*

Electilis, e adj *Choice, dainty* ... Electilis piscatus, ...

Electio, onis f verb [*ab eligo*] *An election*, or *choice* = ... autem est judicium, electioque verborum, *Cic* de *Fin* 4, ...

Electiuncula, ae f *A little choice*, ... lectiuncula ...

Electo, are freq [*ab elicio*] *To entice* or *allure, to cajole, to wheedle a thing out of one* ... quicquid est, *Plaut* ... 2, 2, 21

Elector, oris m ... *A chooser, an elector*, Ad Her ... 4, ... R occ

* Electrifer, a, um *That bears amber*, Claud ... 55

|| Electrinus, a, um adj *Made of amber*, Spart ‡ Ex electro

Electrum, i n (1) *Amber whereof beads are made* (2) Also *a mixture of gold and silver, where the fifth part was silver* (1) ... myricae, ... *Ecl* 8, 54 (2) Plin ... & 9, 41

|| Electuarium ... n *An electuary, a medicinal confection*, ... Eclegma, Plin ... 22 ...

Electus, a, um part ... comp ... [*ab eligo*] (1) *Chosen, picked out* ... (2) ... *singular* (1) ... & ... *color*, ... *Gall* 2, 55 (2) Electis verbis ... Electissimus ... *Quint* 2 ... sensus, ... de ...

Electus, us m ... *An election, or choice*, In ... electi, ... 2, ...

* Eleemosyna, ae f ... *compassion* Mecon *alms*, Tert

|| Eleemosyn... f *She that ... alms* Ambros

... m *An almoner, that giveth alms* ...

|| ... onis, atus pass ... *alms*, Aug

* Eleison ... *Have pity on* ... Eccl

Elegans, tis ... or, comp ... simus, sup ... eligendo, teste *Cic* ... (1) *Elegant, handsome, fine, pretty* ... (2) *Neat, ... spruce, fine but not ... curious, critical, delicate* (5) Eloquent (1) ... Ciceronem ... Antonius ... certe ... *Ituum* ... apparet

... 25 *Is elegantius facturos* ... quam ... Regem elegantem ... *Ter Eun* ... 1, 18 (3) ‡ Atticus elegans fuit, non magnificus, omnique diligentia ... affluentem ... *Nep Attic* 8 ... *Cic Orat* 8, ... 2, 1, 13 ... (4) Elegans formarum ... 5, 18 (5) Elegans in dicendo, *Cic Brut* ... bana & ...

Elegant... adv ... (1) *Curiously, choicely* ... (2) *Artificially* ... (3) *Sumptuously* ... (4) *Genteelly, courteously* (1) ‡ Neque ... (2) Si ... *Sall Cat* ... (3) ... *Elegantiores* ... (3) ... vitam ... agitandam ...

Elegantia, ae f (1) *Spruceness, finery* (2) *Elegance, politeness, comeliness* ... (3) *Luxury* (4) *Civility, genteelness* (1) Mul... *Phaed* ... (2) Verba ... *Fin* ... 20 Non quidque ... magis ... *Plaut* ... (3) ... (4) Cum summa ... *Cic* ... 29

Elegia, ae f *An elegy*, or ... Amor ...

Elegidion ... f ... *An elegy* ... (1) *An elegy, a mournful song, a lamentation* (2) *Also ... a long* ... (3) ... (2) ... *Amor* ... 6, 6

Elegia... *Elegies*, Pers ... 2 ...

Elegiacus, a, um adj *Of, or belonging to elegies*, or *a ... verse*, Gramm ...

* Elegidarion ... n *A small composition, or poem in elegiac ...*, Petron ...

Elegidium, i n ... *A little elegy* ...

|| * Elegiographus, i m *A writer of elegies*, Gramm

Elegus, i m *An elegy, ... a mournful ditty* ... Neu ... decantes elegos, *Hor Carm* 1, 33

Eleleides, f *A distracted ... priestess of Bacchus* ... *Ov Ep* 4, 47

Elelisphacum, i n ... elelisphacos ... f *Plin* 22, 24 *The ... according to others sage*

Elementarius, a, um adj *Pertaining to letters, principles, elements* ... *the letters of the cross row*, Jul Cap

Elementarius ... *who hath not yet learned his ABC* Sen Ep 36 ... senex ... *Juvenalis* ...

Elementum, i n ... *pro eleo* ... quod ... (1) *An element ... the four, fire, air, water, earth* (2) ... *A, B, C* (3) *The first rudiment or ground of any thing* (4) ... (1) ... (2) ... *Hor* ... 26 (3) ... *Lucr* 1, 82 ... *Juv* ... (4) ...

Elenchus, i m ... *argument, or confutation, commonly ... (2) Also ... or drop at womens ears, a kind of long pearl* (3) *A table in a book to show places* (1) ... (2) ... *Ap* ... (3) ... Plin ...

Elencticus, a, um adj ... *for confutation*, Quin ...

... act ... *To spot, or soil* ... Non 2, ... ‡ ... maculo

|| ... m ... *A ... bird with crooked claws*, Lit ... Apul

Elephantia, ae f *A white scurf which maketh the skin rough, and like that of an elephant*, Cels ... 25

|| Elephantiacus, a, um adj *Leprous*, Fest ‡ Elephantiosus ...

* Elephantiasis, is f *A white scurf, like a leprosy*, Plin 2, ... 25 ...

Elephantinum, i n *A black ... of burnt ivory*, Plin ... 6

Elephantinus, a, um adj *Of an elephant*, Mart ... *books ... ten of the ... senate were written*, Vopis ... Plin ... *Gell* 5, 10

|| Elephantiosus, a, um adj *Full of the scurf, or leprosy* ... Prisc ‡ Male ... Hor

Elephantus, i m [אלף ... bos, quomodo ... *Lucr*] (1) *An elephant* (2) *A ... kind of fish* (3) Met *Ivory, or the elephant's tooth* (1) ... bellua ... prudentior, *Cic* ... (2) ... *Plaut Mil* 2, 2, ... (3) Plin ... (4) ... *Virg Aen* ... 464

Elephas, antis m (1) *An elephant* (2) *The leprosy* (1) ... elephanto, *Cic* ... 2, ... (2) Est elephas ... morbus ... *Lucr* 6, 1112

|| Elevamentum, i n *A lifting, or helping up*, Aug ‡ Levamentum, *Cic*

Elevatio, onis f verb *A ... lessening, or disparaging*, Quin 1, 9

Elevatus, a, um part Debased, disparaged, Quint 5, 7
† Elevo, es f [a e et o, evi, pungo] A cleansing, or weeding Elevum facere pu... um, Lucil + Venilo
Elevo, āre act (1) To lift, or heave up (2) To extenuate, diminish, lessen, or allay (3) To slight, disparage, or undervalue (1) Contigua ... storeasque ... elevabant, ... B G 2, 9 (2) ... elevare tua te prudentia postulat, Lucc... Cic Fam 5, 14 (3) Causas suspicionum offensionumque tum evitare, tum elevare, tum ferre, sapientis est, Cic de Am 21
Elevor, ari, ātus pass (1) To be made low (2) To be lessened, to be slighted, &c (3) To be disparaged (1) ✝ Molæ vel submitti vel elevari possunt, Col 12, 50 (2) Perspicuitas argumentatione elevatur, Cic N D ... 4 (3) Indicium indiciumque elevabatur, Liv
* Eleutheria, orum pl n Feasts which bondmen, or servants made when they were set at liberty, in honour of Jupiter Eleutherius Bis ... agito ... Eleutheria, Plaut P ... 1, 1, 29
Elibatio, ōnis f verb A tasting or offering of sacrifices, Plin teste Litt sed q
|| Eliberatio, ōnis f verb A freeing, or delivery, Aug + Liberatio Cic
|| Elibero, āre act To set free, or at liberty, Cod + Libero
|| Elibo, āre act [ex & libo] To taste, or pour out, Litt sed q + Libo, Cic
Elicio, ire act To woo the ... bal ..., to poise, JCC + Libro
Elices pl m [ab eliciendo dict] Gutters, or water ..., Col 2, 8 = Sulci aquarii, Id ib
Eliciendus, a, um part To be fetched, or drawn out Acribus est stimulis eliciendus amor, Ov A ... 2, 144
Elicio, ere, ui, itum act [ex & lacio] (1) To entice out (2) To draw out (3) To fetch out (4) To raise, or fetch out (1) Elicere aliquem blanditiis ad judicium, Cic ... (2) Elicere ferrum terra cavernis, Cic N D 2, 60 (3) ... elicuit, Liv ..., 23 (4) ... conflictu ..., Cic N D 2, 9 (5) ... elicere, Cic ... ¶ Elicere alvum, to ... Cels 1, 48
|| Elicitatio, ōnis f verb A ... or drawing out, also a prizing, Cod + ...
|| Elicitor, ari, ātus sum dep To ... out prize, to ... d, Digest
Elicitus, a, um part Drawn out, drawn out, Litt ex Cic ...
Elidendus, a, um part To be ... off, Cic Tusc 3, 34
Elidens, tis part Striking, ... Tum ... genus ... dentis, ... Sil ... Fur 271
Elido, ēre, si, sum act [ex & laedo] (1) To strike, dash against, or out (2) To strangle, or throttle (3) To stamp, or pound small (4) To kill, overlay, or squeeze to death (5) To strike, or force out, to ... (1) ... Suet Ner 53 Caput pecudi saxo elisit, Liv Elidere oculos, Plaut Rud ... (2) Elidere angues, Vir Æn 8, 288 ¶ Elidere partum, to cause abortion, Cels (3) Herbas elidere, Varr R R 47 (4) Super alias aliæ ... eliduntur, & totus eliduntur, Col 7, 9 (5) Elidere ignem ... silice, Plin 11, ... Et usque adunco stridulos cantus elidere, Sen Oedip 734
Elidor, i, sus pass To be dashed, strangled, &c Cic Tusc 5-6 ... Elido
Eligendus, a, um part To be chosen, or picked out Sunt ... firmi, & stabiles, & constantes amici eligendi, Cic de Am ...
Eligo, ere, egi, ectum act [ex & lego] To choose, elect, or pick out § De tribus ... quem velis, Cic Philipp 10, 2 § ... multis, Id de Inv 2, 2 § ex multis libris versus, Id Orat 56 § ... aliquod munus, Id pro Domo, ...
Eliguro, ire, ivi act To consume, or ... mandiræ, Varr Ligurio, ...
|| Eliguritor, ōris m verb ... He that riots away his estate, a spendthrift, Gloss + Ligurit
|| Elimate adv Curiously, smoothly, Lexicogr ex Gell + Accurate, Cic
|| Elimator, ōris m verb He that polisheth, or fileth anew, Tert + Qui elimat
Elimatus, a, um part (1) Filed, filed off (2) Met Made smooth, or even (1) Elimatam scobem in fictili coquunt, Plin ..., 18 (2) Rationes ... elimatæ, Cic Acad ..., 1, ...
|| Eliminatio, ōnis f verb A casting forth of house and home, JCC + Ejectio
|| Eliminium, ... n ... postliminium [ex & limen] A distance, Sen...
Elimino, āre act (1) To put, or turn out, or cast forth of doors (2) To publish, or tattle abroad, to babble (1) Quoniam clam vos eliminat ... Pacuv (2) Ne fidos inter amicos sis, qui dicta foras eliminet, Hor Ep 1, 5, 26
Elimo, āre act (1) To cut off with a file (2) To make even, smooth, or perfect (3) To polish (1) ... catenas elimare, ... 18 (2) Rationes ad tenue elimare, Cic Acad ... 4, 20 (3) Commodius aliquid elimare, ... 2, 8
|| Elimor, āri, ātus pass To be blotted, or rased out, Digest + Expungor
Elinguandus, a, um part Whose tongue is to be cut out Elinguandam te dabo usque ... radicibus, Plaut Aul 2, 2, 12
Elinguis, e adj [ex & lingua] Dumb, speechless, that does not know what to say Cum ... nun... iam ... fit elinguis, Cic de Clar Orat 26 Elinguem aliquem reddere, Val Max 5, 3, ext 3
Elinguo, āre act To ... Elinguari ..., Plaut ... vix aliter ...
|| Elinguor, ari, ātus pass To want a tongue, to be speechless, Macrob + Conticesco, ...
Elino, ere, levi act To blot out, rase, or anoint, Lucil ap Non 2, 2...
Eliquabilis, e adj That may be melted, Litt ex Cels
Eliquamen, inis n Fatness, or gravy coming out of fish, or flesh, dripping of meat, Col 9, 14
Eliquatus, a, um part Cleared, melted Fons liberatus et quatusque, Sen N Qu 3, 26 ... Col 12, 19 & 12, ...
Eliquesco, ere incept To be dissolved, to melt, Varr R R 1, 55
Eliquo, āre act (1) To melt down, to make liquid (2) To clarify, to strain liquor (3) Met To consume, or spend (4) To sing softly and effeminately (1) Varr 1, 55 (2) Cum in alia vasa transfuderint & eliquaverint, Col 12, 12 (3) = Eliquare & consumere ... nos, Cornut in Pers (4) ... Vatum plorabile si quid eliquat, Pers 1, 35
Elisio, ōnis f verb (1) A squeezing (2) The cutting off of a vowel in verse at the end of a word, elision (1) Hæc lacrymæ per elisionem cadunt, Sen Ep 99 (2) Gramm
† Elisse, pro elisisse, Lucil
Elisus, a, um part [ab elidor] (1) Burst (2) Squeezed (3) Strangled, or throttled (4) Forced through, emitted (1) ... elisi nubibus ignes, Ov Metam 6, 696 (2) Sæpe præ turba elisi exanimatique sunt, Suet Cæs 9 (3) Laqueo fauces elisasque guttura fregit, Luc 2, 154 (4) Tunc stridulus ... elisus ... Luc 7, 476
Elix, icis m [ab eliciendo] A gutter, or furrow for the draining, or carrying away of water, Col 11, 7
Elixe adv By way of boiling, or stewing, Apic 5, ult
Elixatura, æ f A seething, or boiling, Apic 9, 1
|| Elixir n indecl An Arabic word signifying quintessence
Elixo, are act [ab elixus] To seeth, or boil Avem elixare, Apic ..., 6 ... Id 5, 5
Elixus, a, um part [forte ab ...] ... Boiled, sodden (2) Also moistened, wet (1) ✝ Assi ... elixi, Hor Sat ..., 2 ... + Eadem vel jurulenta, vel elixa, Cels 2, 29 (2) In humum ... elixos facis elixos, Varr
Ellam, pro en illam See where she is, Plaut
* Elleborine, es f The herb otherwise called epicactis, Plin 27, 9
Elleborum, i n Lat Veratrum Vid Helleborum
* Ellipsis, is f defectus [ex ἐλλείπω, prætermitto] A defect Gram & Rhet Also a certain crooked line coming off the bias, cutting of a cone, or cylinder Geom
Ellops, ŏpis m A choice fish, some take it to be the ... the ..., Plin 9, 17 Pretiosus elops nostris incognitus undis, Ov Halieut ...
Ellum, pro en illum See where he is, Ter Andr 5, 2, 1...
* Ellychnium, ii n The match of a lamp, the wick of a candle, Plin 27, 1...
Elocatus, a, um part (1) Removed out of his place, married into another ... (2) Let to farm, let to hire (1) Quam cara illa gens ... dus in mortalibus esset, docuit quod est ... elocata, ... Cic pro Flacc 28 (2) Fundum elocatum esse dicebat, Cic Verr 3, 22
Eloco, āre act (1) To remove, or put out of place (2) To let to hire, to let to farm, or set out at a price, to hire out (3) To dispose of in marriage (1) Vid Elocatus (2) Maxime vexant servi, qui boves elocant, Col 1, 7 ¶ Elocare funus, to bargain for the charges of it, Plin 21, 3 ... sese in morbo ... ndum, Id 26, 1 (3) Cal & Litt unde neque mentem, neque ... elocare filiam, Ter Phorm ... & collocare Nep Att ... & Suet C ...
Elocutio, ōnis f verb Eloquution, a fit and proper order of words and ... es, utterance, deliver, ... tres ... in se habere ... inventionem, compositionem, dignitatem, Auct ad Herenn ...
Elocutorius, a, um adj Belonging to elocution, Quint ...
Elocutrix, icis f verb ... or, She that speaks ..., Quint Inst 2, 14
Elocutus, a, um part Having spoken, &c The unum ... Cic Cæs B C 2, 34
Elogium, ii n pro ellogium ... Gr ἐλλόγιον, brevis rei expositio (1) A brief saying, or sentence (2) A title, or inscription (3) A certificate, a testimonial in praise, or otherwise (4) An epitaph, or superscription on a tomb (5) A testament, or last will (1) Solonis quidem is ... elogium est, quo ... Cic de Senect 20 (2) ... præstitque elogium, cujus ... est, Quum tot sustineas &c Suet in vit Horat (5) Reliquit ... mosam hæredem, & adjecit elogium, Quia pudicam ... Sen Controv 2 ... logio propterea quod ... cem amaret, Quint ... Suet in Cal 24 atque ibi Torren... (4) Quid ipsa sepulcrorum monumenta, quid elogia significant Cic Tusc 1, 14 (5) Cic vid ... lan, 4, 66
Elohim Heb אלוהים Deus dict ob majestatem, vel ob mysterium Trinitatis The sacred name of GOD, Bibb
|| Elongo, āre act elongor, pr ... To remove afar off, to defer, to prolong, to elongate, also to lengthen, Gloss Cyril + Procrastino, Litt
Eloquens, tis adj Eloquent, that hath a grace in speaking, well spoken, passim ap ...
Eloquentes per Antonom Oratores Philosophi solent in ... tractare, grammatici in ... eloquentes in omni & ... ... te causarum, Cic Orat ...
Eloquentia, æ f A gift, or good grace in speaking, eloquence Fuit disertus, ut nemo Thebanus ... par esset eloquentia, Nep Epam 5 ¶ Eloquentia corporis, action in speaking Quint 11, 1
Eloquenter adv ... comp ... Sed eloquentius, comp, & eloquentissime, sup Eloquently, gracefully, ap Plin ..., 18 & 2, 11 + Eleganter ... facunde
Eloquium, ii n (1) Discourse (2) Eloquence, eloquent speech, graceful delivery (3) An ... (1) Prodigio ... singula ... eloquio ... cujus eminatui ... dixerunt, ... Max 1, 6, ext 3 (2) Quæ ... eloquio fit bona causa tuo, Ov Trist 1, 8, 45 Eloquio ... Id Met 13, 63 Eloquio ... decus, Sil ..., 619 Eloquio ... uterque peritus orator, Juv 10, ... (3) Litt unde non dic
Eloquor, i, quutus sum dep (1) To speak out, or plainly (2) To declare, or deliver (3) To tell (4) To speak eloquently (5) To ... b. at a word (1) Nempe ... cari militem vis? PA Elocuta es, Plaut Mil 3, 3, 23 Quod ... ni, eloquar, Ter Heaut Prol ... (2) ✝ Eloquar, an sileam? Virg An

At 2,37 (3) Domina rerum eloquentia... *Cic N D* 2,5) (4) ... documentum veneno plus, quam semel, eloqui, *Cic Off* 3,15 *de tempore*

... part [*ab* eluo] *washed, or cleansed with water* ... olivi eloti, *Col* ... in balneis, *Plaut* ... Plumbum elotum, *Cels* 7,27

‖ ... librum, *A luck-* ... *Gloss R* ...

... part *bright, shining* ... clarescens, quem ... *Cic* ... eceptis, orbem ... *Som Scip* 3

... neut (1) *To shine, to be bright, appear, to be manifest* (2) Met *To show itself, to appear* (1) Insignum in coeluc... Eluxit flamma ... *Val Max* ... fulgore ... (2) ⁜ ... hominis ... magis ... occultatur, *Cic*

... except *To wax, or be worth*, Hier ✝ E-

... f verb *A* ... *Tac*

... act *To make* ... *Vulg interp*

... tus *To* ... *Lab*

✝ ... tico, are *To deprive, to pull out one's eyes*, ... *Col* 10,11

... part *To be* ... *rough* ... Eluctanda ... quem fibos, ... *Flacc* 8,181

... part *Struggling* ... Eluctantia verba, *Tac*

... um part *Haz-* ... *ed and escaped thro'* ... quoque difficultates eluc-... Eodem ... vis eluctatus in undis, ... Oppositam vox eluc-... *Achill* 1,

... ari Litt ex *Plaut*

... atus sum dep *To* ... *to get out, to* ... *escap.* Eluc-... *Hist* ... A-... *Geor*

... atus, a, um part *Stu-* ... *wrought by candle-* ... diligenter elabo-... lucubratæ, *Cic* ... Contentio ... ejus, *Val Max* 3,7,

... are act *To write* ... Quicquid est quod ... *Col* ... dep ... Epistolam ... lucubratus, ad te non ...

... part *Mo. Ling*, ... *Di* 2,70

... (1) *To* ... *to play, to* (2) *To* ... *To shut,* ... *blow, or* ... *or avoid* ... (5) *To make a fool of* ... *to elude* (6) *To* ... ( ) *JC* Litt desi-... fluctus elude-... & Met ... sumpto, Quamdiu ... nos eludet? *Cic*

Catul 1,1 (2) Elusi militem in alea, *Plaut Curc* 5, 2, 11 (3) Motu ... ictus eludere cæstus, *Manil* 5, 16 (4) Accusationis minas eludere, *Cic* ... in Verr 10 Mordacem Cynicum sic eludebat, *Hor Ep* 1,17,18 (5) Cetum est hominem eludere, *Plaut Amph* 1 1,100 (6) Neu segetes eluant messem ... *Tib* 2,1,19 Nos ab isto nebulone facetius eludimur, *Cic pro S Rosc* 44

... fus pass *Cic* ... Eluo

Eluvi... [*ab* Eluo oppi-do] *A* ... *of tin*, Col 5,5

Elingueo, ere, xi, ... neut (1) *To* ... *out* ... (2) Also, Met *To mourn for one the full time* (1) Quid illud ... luctu, ... purpuram atque aurum ... ponunt ... *Liv* 34,7 vid & *Gell* 1,5 (2) Patrium ... & ... *Cic Fam* 9, 20

Elul *The month of August among the Jews, the last of their civil year*

‖ Elumbātus, a, um part *That hath his loins broken*, Non &c

‖ Elumbis, e Exilio lumbo, *One that hath feeble loins*, *broken backt*, Fest ✝ Delumbis, *Plin*

Eluo, ere, ui, ūtum act (1) *To wash out, to rinse, to make clean* (2) Met *To wash away* (3) *To wipe off, to clear himself of a thing* (1) Vascula ... pura propera atque elue, *Plaut Aul* 2,... (2) Cadus amara curarum eluere efficax, *Hor Od* 4, 12, 20 (3) Eluere maculas furtorum, *Cic in Verr* 5,46 maculam vestium, *Plin* 20,8 Eundem hunc pudoris eluet noster cruor, *Sen Hipp* 893

Eluor, i, us pass *To be washed*, &c Amicitiæ ... nec diuturnitate ... *Cic de Legg* 2, 10

‖ Elus, elota ... pro Elu-...

‖ Eluceo, ... [... *To make purblind, or to put out one eye* Ulp ✝ Luscum facio

Elūsio, ōnis f verb [*ab* eludo] *A scoffing, mocking*, Gloss

Elūsus, a, um part (1) *Deluded* (2) *Mocked, deceived* (1) = Dolo ... est impulsus, elusus ... *Cic Philipp* 2 ... (2) Elusa imagine ... *Lucan* ... *Met* 5, 10.

Elutia, ōrum pl n dict metalla ... quibus aqua ... elusis sordibus metallum ... *Gold, metal, Plin* 34,16 *ubi tamen al leg* ...

Elutrius, a, um part *Poured out of one vessel into another*, Plin 14 17 & 9 ,8

Elutrio, are act [*ab* eluo, elutum] *To pour out of one vessel into another, to decant, to float, or draw off liquor*, ... *Gell* 16,7 ✝ In alium transfundo, eliquo, *Col*

Elūtus, a, um part [*ab* eluo] (1) *Washed, rinsed, watered* (2) Adj or, comp *Watery, flashy* (1) ⁜ Eluta & secata ... *Col* 6, 4 (2) Irriguo nihil est elutius horto, *Hor Sat* 2,4,16

Eluvies, ei f [*ab* eluo] (1) *A water-pool, or piece of ground drowned with water, a low, a quag-mire, a common sewer, or sink* (2) *The off-scouring, or filth of kennels, and gutters* (3) Met *A dirty thing, or person*

(1) Torrentes & eluvies iter morabantur, *Curt* 6, 4,20 = Voragines, *Id* 8,11, 7 (2) Oppida crebris ad eluviem ... cuniculis ... *Plin* 2 83 (3) = Labes & eluvies civitatis, *Cic pro Domo*, 20

Eluvio onis f *A deluge, or inundation, an overflowing of waters into fields, a breaking, or washing away of the earth by great floods*, Cic Offic 2, 5, & Somn Scip 7

Eluxātus, a, um part *Out of joint, put out of its place*, Plin 20, 9

✝ Eluxo, are act *To put out of joint*, Non ✝ Luxo

Eluxurior, ari, atus sum dep *To grow rank too, over full of fruit, or branches*, Col de ... 5,2 vix al occ

Elysium, i n *Paradise* ... Propr Amœnitas ... concilia, Elysiumque colo, *Virg Æn* 5, ...

Elysius, a, um adj *Of, or belonging to Elysium* Colles ... Elysio, *Ov Am* 2, 6 49 ... campi, ... *Geor* 1,38

E ante M

EM *vel* EIM, ejusmodi
E M ex more
EMD ... mor

Emacerātus, a, um part *Made lean* Morborum ... emaceratis, *Sen* ad *Marc* 10 *Al* ... emacero

Emacesco, is, neut [ex & ... macco] *To be lean, lank, or thin* Mulier ... mamma emacuerit, *Col* 2,8 ... & *ult* 2,2

Emaciatus, a, um part *Made lean* Emaciata ... *Col* 2, 10

Emacio, are act *To make lean, to emaciate*, Col 4, 4

Emacior, ari, atus pass *To be made lean*, Col 2, 1

Emacitas, atis f [*ab* emo] *A desire to be always buying*, Col ...

Emacresco, ere incep *To wax lean*, Col 2,1

Emacior, ari, atus pass ... sum dep *To* ... *to make lean* ... Terram ... *Plin* 18, 10 ... *auctoris variant libri MSS*

Emaculo, are act *To make clean, to take out spots*, Plin 21,19

Emanans, tis part *Flowing out, dropping*, Plin 2, 5

Emanat, abit impers *It is known abroad*, Liv 42,16

‖ Emanātio, ōnis f *A flowing, or issue from, an emanation* ‖ Id proceffio Spiritus Sancti a Patre & Filio, *Cyp*

Emanatūrus, a, um part *To be known abroad, or come to light* ⁜ Ita compressimam orationem, ut nunquam emanaturam putarem, *Cic Attic* 3,12 *ul al* ... naturam

Emancipatio, ōnis f verb (1) *A setting free or at liberty, properly of children out of their father's tuition* (2) Also *the alienation and surrendry of a* ... (1) *Quint* 11,1 (2) *Ap JCC*

Emancipātus, a, um part (1) *Alienated, or made over to another man, and put into his possession* (2) *Enslaved, or under the power of another* (1) Venditus atque emancipatus tribunatus, *Cic Philipp* 2,21 (2) § Emancipatus feminæ, *Hor Epod* 9, 12 § ad omne facinus, *Apul Met* 10 p 219 Senectus nemini emancipata, *Cic de Sen* 11

Emancipo, āre act [extra mancipium, *h e* extra dominium potestatemque ponere] (1) *To set at liberty his son nephew, or any other under his jurisdiction* (2) Also *to alienate, sell, or make over his title to another* (3) *To put in service, or subjection to one, to enslave* (1) Filium in adoptionem ... emancipare, *Cic de Fin* 1,7 (2) Fundum ... emancipavit, *Suet Oth* 4 (3) Nunc ego, ... tibi ... emancipo, *Plaut Bacch* 1, 5) Non enim me cuiquam emancupavi, nullius nomen fero, *Sen Ep* 45

✝ Emanco, are act *To maim, or cut off one's limb*, ... *maim* ...

✝ Emanceo, ... *Plaut Bacch* ... 59

‖ Emaneo, ere, ... sum neut [*al* e & maneo] *To tarry out, to wait, to loiter* It is properly said of soldiers who exceed their furlough, Mod ...

Emano, are n ... *To issue, flow, or run out, to be spread, or known abroad* Mala ... emanant ... *Cic Attic* ... 21 § Emanare in vulgus, *Id pro S Rosc* ... Quæque dicta ... eque ... efflent, ... *Liv* 2,14

‖ Emansio, onis f verb *Truantship*, ... JCC

‖ Emansor, is m verb *A truant, or loiterer, a soldier that exceeds his furlo*, Modest

Emarcesco, ere incep *To wither, or fade away*, In senibus ... emarcuit majestas, *Plin* 15,29

Emargino, are act *To take away the scurf about the brims of wounds and ulcers* Emarginare ulcera, *Plin* 28,9 R occ

‖ Emasculator, oris m verb *A gelder, or buggerer*, Apul Apol p 5.2 ✝ Pædicator, *Suet*

Emasculo, are act *To geld, take away a man's mettle*, Apul Met 7 p 126 ✝ Castro, Litt Also *to abuse one against nature, to bugger* ✝ Pædico, *Catull*

Emātūresco, ere incep neut (1) *To grow full ripe* (2) Met *to be past* (1) Si non ematuruit, *Plin* ... 4 (2) Si modo ... ematuruerit Cæsaris ... *Ov Trist* 2, 123

Ematūrus, a, um part *Over ripe*, ... *ripe, or mel-low*, ... *fig*

Emax, acis adj [*ab* emo] *Ready to buy, a great buyer* Non esse emacem, vectigal est, *Cic Parad* 6, ⁜ Patrem familias oportet esse venditorem, non emacem, *Cato R R* 2

Embamma, atis n *Merchandise* ... *Col* ad *Cic* ... *sauce* ... *discrepant lections*

* Embamma, atis neut *All kind of sauce*, Col 12, 55

* Embas, atis m cothurnus *A sort of shoe worn by comedians*, Cal Rod 5,1

Embasicœtas, m Qui ... ambulat cubitum, *Petron* c 24

‖ Embatæ pl f *Ships to carry passengers, packet boats*, Ulp

* Embātes, is m *The hole, or sight of a cross bow*, Vitruv 1, 2

‖ Embateuticon jus *A law by which people might keep things pawned to them in their own possession*, Ap *JCC*

* Emblēma, atis n [ἔμβλημα, ἀπὸ τοῦ ἐμβάλλειν, ab inferendo,

Lat

lat Infertam dici vult *Scal ex Pull Mimo*] (1) *An emblem, picture work of wood, stone, or metal, finely inlaid in divers colours, as in pavements, walls, &c* (2) Also *small images, flowers, or like ornaments, set in bosses on plate, to be taken off, and put on when we will* (3) Also *grafts of wild fruit put into wild stocks* (4) *Flowers of rhetoric* (1) Pavimento, vermiculato o emblemate, Lucil (2) Pingere & incidere emblemata in poculis, *Cic in Verr* 6,24 *Id in Verr* 4 & *Plin* (3) *Litt ex Plin* (4)

|| Embolia *The lading of a ship* Cod

* Embolium, ...) [al ...] ... *A woman player that ... in the ... of the* ... Plin 7, 48

Embolus ... *that which is ... to Rome*, ...

* Embolismus ... intercalaris *The leap year*, A ...

* Embolune, es f *A shrub growing in Asia, the leaves whereof are small, and good against poison*, Plin ... = Epicterus, *Id ibid*

* Embolismus ... *The adding, or putting in of a day* ... *Vid* ... & ... qui embolismum ...

* Embolium, ... n (1) *The argument, or first entry of a play* ... (2) Also *a linch-pin, the pin that keeps the wheel on the axletree* (1) *Cic* pro *Sext* 54 (2) *Vitruv* 10,2

* Embolus, ... m (1) *A bar of a door, a spoke, a pin, a wedge* (2) *The beak, &c* ... (1) *Vitruv* 10,12 (2) *Petron* c 30 ... Pestum, *sing*

* Emonctum, ... n genus in ...

Embryo, onis m *Anembryo* ...

* Embryon, ... n [...] ... *The child before it hath its perfect shape in its mother's womb* ... Lit. ...

Emendatus, ... part *That hath the arrow and pith taken out*, Plin ...

Emendo, are act (1) *To take out the marrow, or pith, to crack, or take away the strength of* (2) Met *To declare or lay open a thing* (1) *Id* part ... (2) ... atque emedullatum, *Steph ex Plaut*

† Ememoro, ... *To ...* or *dismember*, ... † Castro, ... *Pet* ...

Emendabilis, e adj *Amendable, that may be amended* Incerrorem emendabilem ipsius, *Liv* 44, 10

Emendate adv ... comp *Purely, correctly, without fault, correctly* = Pure & emendate loqui ... *Curt* ... Emendate, ... 18

Emendatio, onis f verb *A correction, or amendment* = O correctorem ... emendatorem ... *Cic* pro *C Balb* ...

Emendatrix, icis f *She that ... amends* ... corum emendatricem legem esse oportet, *Cic de Legg* 1, 22

Emendaturus, a, um part *That will correct, or amend* Aut fortunam emendaturus, *Hor Ep* 1,16, 30

Emendatus, a, um part & adj or, comp ssimus, sup *Amended, made better, improved, reformed*, both (1) of things, and (2) persons (1) = Recentissimi quæque sunt correcta & emendata maxime, *Cic Acad* 1, 4 Emendatiss... ... *Lact* 2, 4 (2) Sapiens emendatus... *Cic de Clar Or* 74 Mulier omnibus simulacris emendatior, *Petron c* 126

Emendicabilis, e adj *Which may be gotten by begging*, Litt ex Plaut

|| Emendicatio, onis f verb *A begging, or asking*, Aug † Mendicatio, *Sen*

|| Emendicator, oris m verb *A beggar*, Aug † Mendicus, *Litt*

|| Emendicatrix, icis f *A woman beggar*, Hier † Mendicula, *Plaut*

Emendicatus, a, um part *Begged, gotten with much intreaty* Pecuniis accepit emendicatis, *Suet C* ... 54

Emendico, are act *To ask as a beggar, to beg* Stipem emendicabat a populo, *Suet Aug* 91

Emendo, are act [a menda purgo] (1) *To amend, correct, or make better* (2) *To heal, cure, or take away* (1) = Cupiditatibus ... solet civitas corrigi & emendari continentia *Cic de Legg* 3,13 (2) Alvum etiam emendat flos hederæ, *Plin* 24,10

Emendor, ari, atus pass *To be amended, corrected*, Cic *Vid* Emendo

Emendus, a, um part *To be bought, or bribed* Oppianicum judices ad emendas sententias ... *Cic* pro *Cluent* 36

Ementitus, a, um part [ab ementior] (1) Act *That hath vented, or feigned* (2) Pass *Managed, or pretended* (1) Oculis ... ementitus, ... (2) Emento ... old ... Olympo, *Luc* ... Postquam patrem ... ementita cernant, *Liv* 21, 30

Ementiens, tis part *Lying*, *Cic de Div* ...

Ementior, iri, itus sum dep (1) *To lie downright, to feign what is not true, to counterfeit, forge, or pretend, to take upon him* (2) *To lie* (1) Illum quem ementitus es, ego sum, *Plaut Trin* 4,2, 11 (2) Alii ementiuntur in eos, quos oderunt, *Cic Partit Orat* 14

|| Ementitè adv *Lyingly, falsely, feignedly*, Marcell † Ficte, ...

|| Ementitor, oris m verb *A liar, or counterfeit*, Mart † Mendax

Ementitus, a, um part (1) Act *That counterfeits, lies, or feigns* (2) Pass *Counterfeited, feigned* (1) Genus sum ementitus, *Cic* pro *Balb* 2 (2) = Ementita ea & falsa, plenaque errorum, *Cic N D* 2, 21

|| Emercatio, onis f verb *A buying*, Cod † Emptio, *Litt*

|| Emercator, oris m verb *A buyer*, Cod † Emptor, *Litt*

Emercor, ari, atus sum dep *To buy* Emercari aditum principis, *Tac Ann* 16, 1, 2 adulterium, *Ibid* 13,44,1 ... *Ibid* 12,44,5 hostes ad exuendam ... *Ibid* 12, 14, 1

Emereo, ere, ui, itum act (1) *To merit, or deserve* (2) *To do harm* (1) Emeruit nullus non esse superstes, *Luc* 5 668 (2) Quid ego emerui mali? *Plaut Aul* 4, 10, 5

Emereor, eri, itus sum dep (1) *To deserve, to win, or get* (2) Pass *To be ended, to serve one's whole time* (1) Emereri honores, *Val Max* 4, 1, 6 judicium hominum, Quum ... *Cic Att* 6, 2

Emergo, *To be spied*, *to come well off*, *Ter Adelph* 3, 2, 4

Emergo, ere, si, sum neut (1) *To swim, float, or come out* (2) *To pop up, to appear, or shew itself* (3) Met *To rise up* (4) *To escape, or recover* (5) *To extricate, or disentangle* (6) *To be manifest* (7) *To come to, to arrive at* (1) ¶ Aves ... in mare merguntur, & emergunt, *Cic N D* 2, 10 § Emergere de paludibus, *Liv* 1,1, ex aquis, *Cic de Fin* ... undis, *Sen* ... (2) § Emergere extra terram, *Plin* § supra terram, ... *Cic* (3) ... *Virtus* ... emergit, *Cic* pro *Cluent* 65 Emergere in ... tigium & ... *Paterc* 2, 65 (4) Incommoda valetudo, qua jam emerseram, *Cic Attic* 5, 8 (5) Ex eo emersit, se ejecit, & extulit, *Cic* pro *Cæl* 32 Quibus ex malis ut se emerserat, *Nep Attic* 11 Emergere sese ex malo, *Ter Andr* ..., 30 (6) Ex quo magis emergit, quale sit decorum illud, *Cic Offic* 1, 31 (7) § Emergere ad summas opes, *Liv* 2, 1, § in Appiam, *Cic Att* 2,8

|| Emeritum, i n *A pension, or stipend of an old soldier*, Modest

Emeritus, a, um part (1) *Deserved, earned* (2) Also *complete, finished, ended* (3) *Discharged, acquitted* (1) Ut P Ebutio emerita stipendia essent, *Liv* 39,19 (2) Emeriti cursus, *Ov Fast* 3, 43 Militia emerita, *Suet Calig* 41 (3) Emeriti equi, *Ov Fast* 4,688 milites, *Luc* 1, 4

Emersurus, a, um part *Which will escape, or come out* Rumoremsurum ... *Claud* 4 *Cons Honor* 330

Emersus, a, um part *Risen, or appearing out, come out* Homo emersus subito ex diuturnis tenebris lustrorum ac stuprorum, *Cic* pro *Sext* 9

Emersus, us m verb (1) *A coming forth, or out*, as from a ... (2) *Arising up* (1) Neque ... locum scire potera, quo ... *Plin* ... 10, 22 (2) Emersus cuniculæ, *Col* ...

* Emeticus, a, um adj *Vomitum provocans, Causing a vomit*, Medic

Emetior, iri, ensus sum dep (1) *To measure out, or bestow* (2) *To travel, to go, or pass over* (3) *To finish, or make an end of* (1) Non aliquid patriæ tanto ... *Hor Sat* 2, 2, 105 (2) Ingens spatium uno die emetiri, *Liv* 31,24 (3) Pelagi labores emetiri, *Sen Med* 611

Emeto, ere, ssui, ssum act *To reap, or mow down* Ne plus ... emetat, *Hor Ep* 2,6,21

Emicans, tis part *Shining, or glittering, issuing out of* Magni ... emicante, *Curt* 9-5, 10 *Vid* Emico

|| Emicatim adv *Glisteringly*, Sidon Ep 2,13 † Nitidè

|| Emicatio, onis f *A shining, or appearing aloft, a springing, or rising up*, Apul *de Mundo*, 742

Emico, are, ui neut (1) *To shine forth* (2) *To jump, leap, or sally out* (3) *To assail* (4) *To rise* (5) *To grow, or spread* (6) *To rise, or issue, jut, start out* (7) *To ...* (8) *To excel, to be ...* (1) Emicant ... *Plin* 2, 25 ... micat ... incerto ... *Bened* 2,27 (2) Juvenum ... emicat ardens, ... (3) ... *Flor* 1, 18 (4) ... *Col* 4,30 (5) ... ex uno radice emicat ... *Plin* 2, 8 Superiore ... rami in excelsum emicant ... (6) Sanguis emicat per ... foramina, *Stat* ... *Ov Metam* 4,121 ... frigore ... *Ov Ep* 232 (7) ... *Val Fl* ... (8) ... omnia corpora ... *Man* ...

Emigrans, tis part *Removing his dwelling* ... *Stat Sylv* 4, 6, ...

|| Emigratio, onis f verb *A departing*, Cod

|| Emigrator, oris m verb *He that departs from a place*, ...

Emigro, are neut *To go from one place to another, to remove* Emigrare domo, *Cæs B G* 1 ... è vita, *to die*, *Cic de Legg* ...

Eminatio, onis f verb [... minor] *A threatning* ... Quæ illæc eminatio est? *Plaut Capt* ... 2, 19

Eminatus, a, um part [... minor] *Having threatned*, ... 2, 1, 7 ... minas ...

Eminens, tis part & adj or, comp ssimus, sup (1) *Appearing aloft* (2) *Rising up, jutting out* (3) Adj *Eminent, high* (4) *Conspicuous, remarkable* (1) Eminens è mari globus terræ, *Cic Tusc* 1, 28 (2) Eminentia ... complexi conabantur ... *Curt* 5, ..., 20 Eminentior ... *Suet Aug* 79 (3) Eminentes ... *Flor* 1,9 4 ¶ Eminentem ... civitas ... *Thuc* ... 456 (4) Moderatio & continentia in eminentia ... 6, 6, 1 Eminentissimæ ... *Sen Ep* 115 Eminentissimus mons, *Flor* 4,12, ...

Eminentia, æ f *A protuberance, a standing out* (2) *relief in a picture*, or ... (3) Met *Eminence, excellence* (1) Habere eminentiam & ... *Cic N D* 1, 8 ... eminentia similes ... (2) Multa pictores videntur ... umbris & eminentiis ... 4,7 (3) *Gell* 5, ...

Emineo, ere, ui neut ... [e & mineo ...] *L. cr* 6,562 & 1194 (1) *To ... or shew it self above others* (2) *To be higher, to appear on ... or overtop* (3) Met *To be eminent* (4) *To be ...* ... *remarkable* (1) = ... eminere, & procul videri ... *Cic* ... *B C* 1, 41 (2) ... que moles aquam eminebat, *Curt* 4, 2, 21 § Eminere super ... 4, 4, 4 Eminebant ... stimulis, *Val Max* ... = extare apparere, *Cic* ... primi, ... *Id* (3) ... omnes unus eminet Demosth ... *Cic Orat* 29 = Hoc ... cellit ... que eminet, *Plin* ... 2 § Eminere in ... (4) = Eminet ... jecta est, *Cic* pro *Cluent* ... no ...

no aliter pro fratre reci ante primum meus ejus, mox gaudium , um *Plin Ep* 5, 1
† Emingo ĕre *To piss afar* ...it ex Sall *sed q*
Eminitor, āri *To threaten of-* ... Litt ex Fun
Eminor, āri, atus sum dep *To* ... *openly* Eminor, intermuet ... ne q is obsistent obviam, *Plaut Capt* 4, 2, 11
Eminulus, a, um adj *Rising* ... *in height, sticking out* ..., Varr de R R 2, 5 & 9
Eminuo, ere act *To diminish,* ... *or abate*, Aug ‖ Minuo
Eminus adv [ex è & manus] *afar off, aloof, at a distance* ⚹ ... hastis, aut comminus ... *Cic de Sen* 6
‖ Eminutio, onis f *A lessening* ... ‖ Diminutio, *Cic*
Emiror, ... atus sum dep *To* ... *at, to gaze at a* ... æquora ... *Hor Od* 1, 5, ...
... ere, ui, stum act *To* ... *out, to pour out* Nec pate ... haurit emiscens, ...
... m, n *A sluice, or* ... *to let water* ... *a river, a flood-gate*, Cic Fam ... Emissarium Fucini lacus, ... t 20
... us, a, um adj *Sent* ... *forth*, *set apart for* ... marius palmes, *a* ... *through*, Plin 17, ... emissarius, *the sprout* ... Varr
Emissarius, ii m (1) *A spy, a tracer, an informer* (2) ... *appointed as an officer to* ... *or to bring taxes,* ... (3) Also ... *pro* ... (4) *A* ... *sent out before*, ... *and provoke the* ... *one of the vanguard* ... *procurer, a pimp* (1) ... nonnullis invidis meis, ... emissarium semper fore, ... (2) *Suet Dom* ... cundum, ... Cic in Verr 2, (4) ... emissarios factionis ... *Vell Paterc* 2, 18
... *Whichmay* ... *be sent out*, Litt ex Nonius
Emissio onis f verb [ab emitto] *A hurling, or shooting forth,* ... *or discharge* Emissiones ... orum, *Cic Tusc* 2, 2...
Emissitius, a, um adj *That is* ... *peeping* Emissitii oculi, ... *ing eyes*, Plaut Aul
Emissus, a, um part (1) *Sent* ... (2) *Hurled, or flung* (3) ... (4) *Uttered, or spoken* (5) ... *delivered* (1) = A ... emissus, *Cic* ... Emissam hyemem sen-..., *Lucr An* 1, 128 (2) ... emissis ... glandis ... B G 8, 58 (3) Emissi..., Cic Attic 4, 84 (4) Emissum volat irrevocabile verbum, *Hor Ep* 1, 19 (5) § Emissi ... *Cic in Verr* 5, 9 ... emissus, *made free*, Ter *Phorm* 5, 5
Emitto, ĕre, si, ssum act [ex e ... mitto] (1) *To send forth, or* ... (2) *To let go or escape* (3) *To throw away* (4) *To publish,* ... *forth* (5) *To hurl, throw,* ... (6) *To let out, to emp-*

ty (7) *To breed, or lay* (8) *To utter* (9) *To make one free* (1) Sub tô Labienus duabus portis omnem equitatum emittit, *Cæs B G* 5, 56 Imisit illum postico clam, *Val Max* 6, 8, 6 (2) § E manibus tuis in Italiam emisisti, *Liv* ... 8, 42 (3) § Scutum manu emittere, & nudo corpore pugnare, *Cæs B G* 1, 25 (4) Si quid ... do aliquid dignum nostro nomine emisimus, *Cic Fam* 7, 33 (5) Emittere tela, *Cic de Har Resp* 1 fulmen ... manu, *Sen Hipp* 673 (6) Emittere lacum, *Suet Claud* 21 (7) Emittunt ova gallinæ, *Plin* 11, 24 (8) ⚹ Nullum verbum, quod revocare velit, emisit, *Cic* (9) Accipe argentum, & mulierem emitte, *Plaut Pseud* 3, ... ubi manu ... ctur Nun... ... emittunt ... manu, *Id Capt* 2, 3, ... ¶ Emittere lacrymas, *to shed tears*, ... anguinem, *to let it*, Id ... manum, *to raise, se* ... Mo... se, *to burst out*, Cic oculos *to stare about*, Plaut § ... se in aliquem, *to rush upon him*, Cic
Emittor, i, ssus pass (1) *To be let out, to be emitted* (2) *To be sent forth*, &c (1) ... quam ... vocabat, *Suet Cal* 26 (2) ⚹ Ut abs te non emissus ex urbe, sed immissus in urbem esse videretur, *Cic in Catil* 1, 11 *De* ... *ris* ... *d* Emitto
Emmanuel Heb *God with us*
‖ Emmoton, i n ... *A soft and liquid medicine which ...*, Cels
EMO, ĕre, emi, emptum act (1) [ex ...] (1) *To get, obtain, or purchase* (2) *To buy* (3) *To hire, or hire* (1) Emere sibi ... beneficiis *Plaut Asin* 1, 1, 57 ☞ Hanc esse primariam notionem docent comp ... demo, eximo &c (2) ⚹ Tolento ... amicum vendidi, *Plaut Trin* 4, 3, 49 ¶ Bene, male emere, *to buy cheap, dear*, Cic Emere spem pretio, *to buy a pig in a bag*, Ter Adelph 2, 2, 12 (3) Custodem muneri emere, *Ov A Am* 3, 652
Emor, i, ptus pass (1) *To be got, to be obtained* (2) *To be bought*, &c (1) Emitur ... potestas, *Hor Ep* 1, 2, 55 (2) Creta pondere emitur, *Plin* 35, 17
Emodulandus, a, um part *To be sung, or tuned* Musa per undenos emodulanda pedes, *Ov Am* 1, 1, ...
‖ Emodulatio, ōnis f verb *A singing in tune*, Boet ‖ Modulatio *Plin*
‖ Emodulator is m *One who sings in tune*, Boet ‖ Modulator, *Hor*
Emodulor, āri, ātus sum dep *To sing, or tune*, Lig ap Ov in particip emodulandus, q v
Emolior, iri, itus sum dep (1) *To accomplish, to effect* (2) *To stir, or raise up* (3) *To cast out by force, to get up* phlegm by coughing (1) ⚹ Molior ... emolirer, *Plaut Bacch* 4, 5, 2 (2) Invisti ... fretum emoliuntur, *Sen Agam* ... 478 (3) Sicca tussis, quæ nihil emolitur, *Cels* 4, 6
Emollesco, ĕre incept *To grow soft and supple* Sine ulla vi clavus in pedibus emollescit, *Cels* 5, 28
† Emollitus, a, um *Soft, tender, limp, limber*, Liv 34, 47 ubi mel libri habent mollia
Emolliendus, a, um part *To be softned*, &c Alteram ab emolli-

endo ventre dictam putant malachen, *Plin* 20 21
‖ Emolliens medicamentum, *A mollifying medicine*, Jun
Emollimentum, i n *A softening, or asswaging*, Litt ex Cels
Emollio, ire, ivi, itum act (1) *To make soft, or loose, to soften* (2) *To loosen* (3) *To effeminate* (4) *To civilize* (1) Humor fundas & jacula ... emollierat, *Liv* (2) Pepones emolliunt alvum, *Plin* 20, 2 (3) Mutuens ne urbis amœnitas emollitet exercitum, *Liv* 2..., ... Plus tamen ferociæ Britanni præferunt, ut quos nondum longa pax emollierit, *Ta Agric* 11, 6 (4) ⚹ Didicisse artes emollit mores, nec sinit esse feros, *Ov ex Pont* 2, 9, 47
Emollior, iri, itus pass *To be softned*, &c Ovi aceto macerata ... *Plin* 10, ...
‖ Emollitio, onis f verb *A softening*, Apic ap Litt *sed q*
Emollitus, a, um part *Softened, effeminated* Emollitu amœnitate Asiæ, *Liv* Igni emollitus, *Plin* 26, 14
Emolo, ĕre ... act *To grind thoroughly, to spend, to consume*, Grammat emole, *Pers* 6, 26
Emolumentum, i n (1) *Profit gotten properly by grist*, hence (2) *by any labour and cost* (2) *Benefit, advantage* (1) Laus suscepti ... emolumento & præmio *Cic de Ora* 2, 8... (2) ⚹ Plus emolumenti ..., quam detrimenti, *Cic de Fin* 1 16
Emoneo, ēre, ui, itum act *To warn, to put in mind of, strictly to charge*, Plaut Asin 4, 2, 17 sed variè leg
Emoribundus, a, um part *About to die, at the very point of death*, Lexicogr ex Cels
Emorior, i, tuus (1) *To die* (2) Met *To decay utterly* (1) ⚹ Emori cupio, ... prius discere quid sit vivere, *Ter Heaut* 5, 2, 18 (2) Quorum laus emori non potest, *Cic Parad* ... ¶ Risu emori, *to burst his sides, to kill himself with laughing*, Ter Eun 3, 1, 42 ubi Donat ... dictum ab imperito milite *Sane in exemplum* ... *scripsit poeta emori cupio*
‖ Emorsus, us m *Remorse, gnawing and stinging of conscience*, Amb ‖ Morsus, *Cic*
Emortualis dies *The day of one's death*, Plaut Pseud 4, ... ⚹ ... natalis
Emortuus, a, um (1) *Dead, fainted* (2) *Dull* (1) ⚹ Iterum ... vivit, alter est emortuus *Plaut Epid* 1, 2, 14 (2) Emortuo verba facere, *Plaut Pan* ..., 2, 18
‖ Emotio, ōnis f verb *A stirring, a moving forth, an emotion*, Digest ‖ Motio, *Cic*
Emotus, a, um part [ab emoveo] (1) *Removed, cast off* (2) *Stirred, or cast up* (3) Met *Thrown off* (4) *Sent away, or caused to depart* (1) Emoti ... dine postes, *Stat An* 2, 49... (2) Emotum solum, *Col* 2, 18 (3) His dicti ... emotæ, *Stat An* 6, ... 82 (4) Emotus de ... gratis, *Liv*
Emoveo, ēre, vi, ōtum act (1) *To put out of the place* (2) *To transplant, to remove* (1) ... tor plebem de medio emovit, *Liv* 8, 38 (2) Emovere herbas, *Col* 8, 3 ¶ Emovere flammam ... tu, *to blow the fire*, Val Max 2, 4, 5 Totum sol emoverat orbem, *Ov Fast* 2, 367 ubi al emerserat

* Empetron, i n dict quod in nudo saxo nascitur *The herb called* ... *or a* ... Plin 27, 9
* Emphasis, is f ... *or express signification of an* ... Auct ad Herenn 4, 5 ... *significationem*, Quint 8 *significantiam* ... *An emphasis, or an accent set upon a word in the speaking of it*, Gramm
‖ Emphatice *Earnestly, forcibly*, Gramm ‖ Significanter, *Quint*
‖ Emphaticos, re ... *To speak earnestly*, ... *sed q*
‖ Emphaticus, a, um adj *Emphatical, having an energy*, Gramm vid *Quint* 8, 2
‖ * Emphracticus, a, um ... emplastra, ... *or* ... *to be* ... Lin ...
* Emphragma, at n ... *pin of the gates*, Veget ... Litt ... *Iaber*, ...
‖ * Emphyteusis, is f *A grafting or planting, the renting of land upon condition of planting it, which was not to return to the lord but in default of a settled payment, or rent*, JCC
‖ Emphyteuta, æ m ... emphyteutes, æ m *A tenant of land, a copyholder*, JCC
‖ Emphyteuticarius, ... m *Ic* ...
‖ * Emphyteuticus, a, um ... ut emphyteuticum ... vectigali *Let out to farm, by a rent, or for ... spirit* ... JCC
* Emplecton, es ... *Stone ... sick ... portic* ..., Plin 2, 1
* Empiricus, i m *A physician that practiseth only by experience, an empyric, a mountebank* Quidam empiricos ab experientia nominant, *Cels in Præf*
‖ * Emplagia, æ f *A palsy*, Paul ‖ Paralysis, *Cel*
‖ * Emplasticus, a, um adj *Of a plaister, sticking like a plaister*, Morell
Emplastratio, ōnis f verb *A kind of grafting, or inoculating*, Col 5, 11 & Plin 17, 16
Emplastraturus, a, um part *About to ... off*, Col 5, 11
Emplastro, āre act *To graff, or inoculate*, Col 11, 2
Emplastrum, n [ab ἐμπλάττω, subigo, vel ... mollium ... formo] (1) *A plaister, or salve of divers things* (2) *A plaister of clay, or wax to lay on a graff* (1) *Cels* 5, 18 (2) *Col* 16, 9 & 5, 11
* Emplecton opus *Work well knit and couched together*, Vitruv 2, 8 vid Lexic Vitruv
* Emporeticus, a, um adj *Pertaining to merchants* Charta emporetica, *Pack paper, cap paper, or brown paper*, Plin 13, 12
Emporium, i n *For in merinarum* [ἀπὸ τοῦ ἐμπορεύω, ... mercando] (1) *A market town* (2) *A place where a fair, or market is kept* (1) Emporium Thesbienum, *Liv* ..., 6, 21 Puteolanorum, *Cic Att* ... 5, 2 (2) Apud emporium ... *Plaut Amph* ... 1, 4
Emptio, onis f verb [ab emo] *A getting, buying, or purchasing* Emptione facta pecunia solvitur, *Cic pro Cæcina* 6
Emptionalis, e *Using to buy proscribed goods* Inter vos fines emptionales, *Cic Attic* 7, 29 sed Grævius leg ex MSS *coemptionalis*

Emptitātus, a, um part Bought often Ternis denariis singulis emptitati, *Col* 8, 10

Emptitius, a, um adj *That is, or may be bought, or hired for money* ✠ Hic aprum glans emptitia facit pinguem, illic gratuita exilem, *Varr de R R* 2, 9 vid & 3, 2

Emptito, āre freq *To use to buy, to buy often* ✠ Qui talem operam emptitasset, vendidissetque, *Tac* 14, 41 Quicquid venale audiunt, emptitant, *Plin Ep* 6, 19, 5 *Vid* Emptitatus

† Emptivus miles *A soldier hired for pay*, Fest

Emptor, ōris m verb *A purchaser, buyer, or chapman* ✠ Ne quid omnino, quod venditor nôrit, emptor ignoret, *Cic Offic* 3, 12 Dedecorum pretiosus emptor, *Hor Od* 3, 6, 32

Empturiens, tis part *About, or going to buy*, Varr praef l 2

Emptūrio, ire, ivi, itum *To long, desire, or intend to buy*, Varr. *Vid* Empturiens

|| Empturitio, ōnis f *A desire to buy*, Dig

Emptus, a, um part [ab emor] (1) *Purchased, procured* (2) *Bought* (3) *Bribed* (1) Nocet empta dolore voluptas, *Hor Ep* 1, 2, 55 Pulmenta laboribus empta, *Hor Od* 1, 18, 48 (2) ✠ Quæ ex empto, aut vendito, conducto, aut locato contra fidem fiunt, *Cic N D* 3, 30 (3) = Emptum constupratumque judicium, *Cic Att* 1, 18

† Empusis, is calcifraga *Samphire*, Litt ex Plin

* Empūsa, æ f *An hobgoblin, or spirit that hops upon one leg, and changeth it self into many shapes*, Cœl Rod 6, 38 Empusæ ludus, *scotch hoppers*, Jun Empusā mutabilior, vid *Chiliad* ἐμπούσα *Lat* Spectrum

* Empyēma, ătis n ἐμπύημα *A collection of corrupt matter in a body, about the breast and lungs*, Medic *Lat* Abscessus thoracis purulentus

|| * Empyræus, a, um adj Cœlum empyræum, *The imperial, or highest heaven*, Eccles

Emtio, emtionalis, &c *Vid* Emptio, emptionalis, &c

Emucidus, a, um adj *Very mouldy*, Plin 1, 32

Emūgio, ire, ivi, itum *To bellow out*, Met *to cry, or speak aloud*, Quint 2, 12

|| Emulceo, ēre act *To stroke gently, to cherish with the hand*, Litt ex Val † Demulceo, *Ter*

Emulctrale, is n *A milking pail*, Litt ex Catone

|| Emulgātio, ōnis f *A publishing abroad*, Tert

|| Emulgātor, ōris m verb *He that reporteth, or telleth abroad*, Cod † Vulgator, *Ov*

Emulgendus, a, um part *To be milked out*, Col 7, 3

Emulgentes venæ *Two large veins which rising out of the vena cava, are carried into the reins of the back*, Medic

Emulgeo, ēre, si & xi, sum vel ctum act *To milk out, or stroke*, Col 7, 3

|| Emulgo, āre act *To publish, blaze, or make known*, ex antiq inscr † Evulgo, *Liv*

Emulsus, a, um part Emulsā palude, *Drawn dry, or drained*, Catull 66, 110

Emunctio, ōnis f verb [ab emungo] *A wiping the nose*, Quint 11, 3

|| Emunctor, ōris m verb *A snuffer, or wiper*, Met *a cozener, or chouser*, Digest † Qui emungit

|| Emunctōrium, i n *Snuffers, such as they use in snuffing candles*, *Vulg interpr* Desid vocab ap idoneos auct

|| Emunctūra, æ f *The snuff of a candle*, Med Gram † Myxa, *Mart*

Emunctus, a, um part [ab emungor] (1) *Snuffed, wiped* (2) *Cheated, choused* (1) ¶ Emunctæ naris homo, *a man of a delicate taste and judgment*, Hor Sat 1, 4, 8 (2) Pythias emuncto lucratur Simone talentum, *Hor A P* 238

|| Emundātè adv *Very cleanly, handsomly*, Aug † Munde, *Col* Munditer, *Plaut*

|| Emundātio, ōnis f verb *A cleansing*, Tert

Emundo, āre act *To cleanse* Ovili debent emundari, *Col* 2, 15

Emungo, ere, xi, ctum act [ex & mungo] (1) *To wipe, or snuff the nose* (2) Met *To snuff a candle* (3) *To cheat one of his money* (1) Pater se cubito emungere solebat, *Ad Herenn* 4, 54 (2) *Sic usus obtinuit, & meritò, quoniam facilis est translatio, & desid verbum hujus notionis, ut fallor ap Vett* (3) Emunxi argento senes, *Ter Phorm* 4, 4

Emūniendus, a, um part *To be fortified, or fenced*, Tac Agric 31, 3

|| Emūnimen, inis n *A fortification*, Notit Imp. † Munimentum, agger, vallum, *Vett*

Emūnimentum, i n *A fortification*, Litt ex Vitruv

Emūnio, ire, ivi, itum (1) *To fence, or inclose* (2) Met *To secure* (1) Emunire vites ab injuria pecoris, *Col* 5, 6 (2) adversus metum animum, *Sen Controv* 17

Emunior, iri, itus pass *To be fenced, &c* Murus supra cæteræ modum altitudinis emunitus erat, *Liv* 21, 7

|| Emūnitor, ōris m verb *He that maketh a fortress, or defense*, Veget † Munitor, *Liv*

Emūnitus, a, um part *Fortified* Locus saxo quadrato septus, atque arcis in modum emunitus, *Liv* 24, 21 vid & *Col* 1, 6

|| Emurmurātor, ōris m verb *A grumbler, or mutterer*, Hier † Murmurator, *Plaut*

|| Emurmuro, āre act *To mumble, to mutter, to say the Devil's pater noster*, *Aug* † Murmuro, *Ov*

Emusco, āre act [ex & muscus] *To rub off moss, to rid, or clear from moss*, vix leg sed hinc

Emuscor, ari, itus pass Oleæ putantur & emuscantur, *Col* 11, 2

|| Emusitātum, *Fest* *Made, or wrought by rule* † Amussitatum, *Plaut Mil* 3, 1, 39

Emutātus, a, um part [ex muto, emuto] *Changed* Emutatis in perversum dictis, *Quint* 8, 2

Emūtio, ire, ivi, itum neut *To mutter, to speak indistinctly*, Plaut Merc 5, 2, 55 *sed Lamb & Taubmann leg* mutuis

† Emūto, āre act *To change for the better* Sed vix leg nisi in part. *emutatus*, q. v.

E ante N

EN in notis antiq *pro* etiam nunc

EN adv demonstrantis [à Gr ἤν, quod ab Heb הן *hen*] *Lo, see, behold* § En Priamus, *Virg Æn* 1, 465 § En tectum, en tegulas, *Plaut*. En scelera, *Sen Hipp* 826 § En cui liberos tuos committas, *Cic Verr* 5

* Enallage, es f *A change as of mood for mood, tense for tense*, *Gramm*

* Enargia, æ f *Evidence, clearness of expression*, ἐνάργεια, a Cicerone *illustratio* & *evidentia* nominatur, *Quint* 8, 3

Enarrābilis, e adj *That may be declared, or shewed*, Clypei non enarrabile textum, *Virg Æn* 8, 625

Enarrātio, ōnis f verb *A plain declaration, or interpretation*, Quint 1, 9 & 2, 5

Enarrātiùs adv *More plainly*, Gell 10, 1 ✠ Subobscurè, *Id ib*

Enarrātor, ōris m verb *He that declareth, or interpreteth, an interpreter*, Litt ex Liv *sed q* Enarrator Sallustii, *Gell* 18, 9. Vocum antiquarum, *Id ib* 6

Enarro, āre act *To tell things at length, to recite the particulars, to rehearse, to declare* Sæpe satis est, quod factum sit, dicere, non ut enarres quemadmodum factum sit, *Cic de Inv* 1, 20 Omnem rem sem enarramus ordine, *Ter Adelph* 3, 3, 11 Ede, & enarra omnia, *Sen Troad* 1067

Enascor, i, natus *To grow, or spring out of a thing, to be born of*, Varr de R R 1, 41

|| Enatātio, ōnis f *A swimming out*, Aug † Emersus

Enato, āre neut (1) *To swim out, to swim to land* (2) Met *To escape, to disentangle* (1) Si fractis enatat expes navibus, *Hor A P* 20 Enatasti inter undas, *Val Max* 3, 2, 23 (2) ✠ Reliqui hærere se videntur angustiis, enatant tamen Epicurus, &c *Cic Tusc* 5, 31

Enātus, a, um part [ab e & nascor] (1) *Grown out* (2) Met *Sprung up* (1) Enatis duobus dentibus, *Varr* Enata humo virgulta, *Tac Ann* 2 14, 3 Enata palma, *Val Max* 1, 6, 12 vitis, 1, 7, ext 5 (2) Ex multis curis est una enata, *Cic Att* 11, 2 sed var lect vid & *Col* 2, 10 Enata dies, *Sen Herc Oet* 642

Enāvātus, a, um part *Carefully employed, bestowed* Præmia enavatæ operæ petebant, *Tac Hist* 3, 74, 3 *ubi alii lib* navatæ

Enāvigandus, a, um part *To be sailed over, or through* Unda omnibus enaviganda, *Hor Od* 2, 14, 11

|| Enāvigātio, ōnis f verb *A sailing by, or through*, Aug † Prætervectio, *Cic*

Enavigātus, a, um part *Sailed over, or passed through*, Plin 9, 3

Enāvigo, āre neut (1) *To sail out, or through* (2) *To land* (3) Met *To escape, to get out of* (1) Adversis tempestatibus Rhodum enavigavit, *Suet Tib* 11 (2) ✠ Alexander navigavit in Indo, nec potuit ante menses quinque enavigare, *Plin* 6, 17 (3) E scopulosis cotibus enavigavit oratio, *Cic Tusc* 4, 14

Enāvo, āre act *To employ, or bestow carefully* *Vid* Enavatus

* Encænia, ōrum pl n *Anniversary feasts on the days whereon cities were built*, Quint 7, 2 Also *a feast among the Jews, called the feast of the dedication of the temple*, Aug Among Christians, *the consecration, or wake days of our churches*

* Encardia, æ f *A precious stone having in it the figure of an heart*, Plin 37, 10

Encarpa pl n *Flower, or fruit-work graven in chapiters of pillars*, Vitruv 4, 1

* Encaustes, æ m *An enameler*, Litt ex Vitruv

* Encaustice, es f & encaustica, æ f *Enamelling, making images with fire* *Vid* [illegible], & *Plin* 35, 11

* Encausticus, a, um adj *Enamelled, or wrought with fire* Encaustica pictura, *painting enamelled*, Plin 35, 11

* Encaustum, i n *Varnish, or enamel, a sort of picture wrought with fire* Figulinum opus encausto pinxit, *Plin* 36, 25

Encaustus, a, um *Enameled, or wrought with fire* Encaustus Phaeton, *Mart* 4, 47

* Enchiridium, i n [ἐν & χείρ, manus] (1) *A dagger* (2) *That part of the oar which the mariner holds in his hand* (3) Met *A manual, or portable volume, a pocket-book* (1) ap Græcos, *Lat* Pugio (2) Pollux, *Lat* Manubrium (3) Pollux, *Lat* Pugillaris ☞ Hæ enim notiones Græcæ sunt, nec ad classem Romanam spectant

* Enchrista, ōrum pl n *Thin ointments*, Litt ex Cels

* Enchūsa, æ f *A kind of bugloss*, Plin 22, 20

|| * Enclīticus, a, um adj Encliticæ conjunctiones, *que, ne, ve*, quod inclinent ad se accentum, *Gramm*

* Encolpias, æ m *Winds arising out of crooks and nooks*, Sen. N Q 5, 8

* Encombōmata, um n [ab ἐν, & κόμβος, nodus] *Petticoats for girls*, Varr *ap* Nonn c 14 n 9

|| * Encomiastes, æ m *He that praiseth another by word, or song, an encomiast* Lat Laudator

|| * Encomiasticus, a, um adj ἐγκωμιαστικός, i e laudativus Carmen encomiasticum, *an encomiastic, or copy of verses in praise*

|| * Encōmium, i n *A praise, an oration, or song in commendation* Lat Laudatio, *Cic*

* Encyclios, Encyclios disciplina, *Vitruv in præfat* l 6.

|| Encyclopædia, æ f *The learning which comprehendeth all the liberal sciences*, Plin 1 sed Græcis literis *Lat* Orbis doctrinæ, *Quint certe*

|| * Endelechia, æ f continuatas *Vid* Entelechia

* Endiæum, i n *Jun Vid* Pudicum

† Endo ant *pro* in præp. Fest al scrib indu. *unde* induperator, *Juv* 10, 138 *pro* imperator, endogredi, *pro* ingredi, *Lucr* 1, 8 endoplōrāto, *pro* imploratò, *12 Tab* 24

† Endoitium n *pro* initium *Fest*

|| Endrŏmidātus, a, um *Clothed with a shag, or frize mantle*, Sidon † Endromide vestitus

* Endrŏmis, idis f *A thick shag mantle*, concerning its name, maker, and use, see *Mart* 4, 19

Enecatio, ōnis f verb. *A slaying, or killing*, Firm † Interemptio, *Cic*

Enecātus, a, um *Killed, choked*, Litt ex Plin

Eneco, *vel* enico, āre, ui, & ivi, ctum, & ātum act (1) *To almost kill, or slay* (2) *To trouble, plague, or teaze* (1) Puer ambos angues enecat, *Plaut Amph* 5, 1, 67 (2) Cur me enecas? *Ter Andr* 4, 1, 36

Enecor, āri, ātus pass *To be*

.. Ne herbis enecetur, ..

Enectus, a, um part [ab eneco] Almost slain, or killed, al .. dead Fame, frigore, illu .. imore enectt, confum, ac .. Liv Avis fame enec- .. de Div 2, 35 Inopia e- .. Ita 1, 29 .., Id Tusc 1, 5

|| Enema, .. injectio, quæ ...] A glyster, .. Pris

|| Energia, æ f Efficacy, ef- .. operation, energy, force, .. ‡ Efficacia, vis, ..

|| Energ.. onis f verb A .. or making feeble, .. ‡ Debilitatio

Enervator, .. m verb That .. weak, .. non potui

Enervatus, a, um part (1) Fee- .. nerveless (2) Also .. effeminate (1) = Tum .. intimus, .. in Pilo .. (2) = Enervati & mulieribus .. Juv ..

Enervis, e adj Feeble, weak, .. without sinews, lank, slim .. figura juventi, .. enerves animi, .. columnonenervis, .. = Durum .. in compositione .. et mollis, .. & ..

|| Enervitas, .. Feebleness, .. Curio .. effort lo..

Enervo, are act (1) To weaken .. (2) To effeminate, .. (1) = .. Non .. enectus, Cic de Sen 10 (2) .. || Also to cut .. To lies meos .. commune .. Mt p 264

|| Enervus, a, um adj Weak, .. Apul ‡ Enervis

Engonăsi indecl .. A sign in the firma- .. Herculem esse di- .. dextro genu nixus capi- .. partem dexteram .. conatur .. Oz

|| .. f .. idem .. genus quod .. Cic in Arat

Enhydris, idis An adder, or .. snake, an otter, Plin ..

|| .. f A round .. which .. to move to and .. 11

Enico .. To kill Ter Eunuco .. congesto, .. black, .. ‡ Neco, .. Vir

.. To make black .. ‡ Nigro, ..

.. conj (1) For (2) Also .. for, .. But .. (1) In primo significat .. loco ponitur .. enim dum .. () In secundo .. loco .. Plaut Trin .. A .. vero enim, uno .. () Plaut Most 5, 2, .. Cor 2, 70

Enimvero conj (1) Verily, .. (2) Ironice For- .. you (3) Also .. part (4) Really, .. in passion .. Enimvero inquit, Cic ad Qu .. Enimvero negat, .. (2) Is enimvero hinc nunc abest, Ter Andr 5, 2, .. () Ductus de prohibitione Dicium .. pellabit, enimvero ille, Cic Liv 26, 38 (4) Enimvero reticere nequeo, multimodis injurius es, Ter Heaut 2, 3, 79

Enisus, a, um part [ab enitor] (1) Clambering (2) Met Endeavouring (3) Endeavoured (1) = Sol Aquilonem .. ascendens, .. adulti enisus, Plin 18, 28 () Enisus in aliquo, Cic .. 5 () Regis fautoribus summa ope enisum, ne tale decretum fieret, Sall B Jug 25, 2

Enitens, tis part [ab enitor] Yeaning bringing forth young, Varr .. 2, 2

Enitens, tis part [ab eniteo] Shining, glistering En .. Catull 51, 21

Eniteo, ere, ui (1) To shine, to appear fair, bright, and charming (2) Met To be famous and renowned (1) Rubi .. pallo .. Col .. 2, 211 (2) Enitui in bello .. obsolevit in pace, .. Enitent Athenæ .. Cic .. Fin ..

Enitesco, ere incept (1) To shine (2) To become glorious (1) Mel optime .. enitescit, Col 9, 14 (2) Enitescit .. .. Mt 7, 2, .. ‡ Obsolesco, ... enitescere .. 21

Enitor, .. dep (1) To climb up with pain, to clamber (2) To try, or pull () Met To endeavour, to strive hard (4) To travail with child (5) To bring forth, to farrow, yean, &c (1) .. objectum .. enitetur, Tac 2, 20, 2 (2) Enitemini, Val Flacc 4, 693 (3) Qui .. cum enti & contendere .. Cic Off .. = .. ‡ Enitor .. honores, .. 2, 121 (4) Gemino, Alcmena enititur, Amph Plaut 9 (5) Sus .. Ter Ad .. 2, 391 ¶ Enitor .. to lay eggs as a hen doth, Col 8, 11

Enixe adv quius, comp .. me sup Earnestly, with all .. Ob eam rem enixe expeto, Plaut .. 26 Enixe .. Enixissime juvit, Id .. ‡ Enixim adv .. idem

Enixus, a, um part cum acc .. comp .. sup Bo.. (1) Having endeavoured (2) Strenuous, laborious, industrious () Having brought forth, travailed (1) .. opibus en.. Tac 1, 27 (2) Enixioris operæ sibi conscius, Plin 9, 8 (3) Utraque .. utraque filia enixa decessit, Plin Ep 4, 21, 1 .. totics enixa .. Octav 9, 7

Enixus, us m Travailing, or delivering of young, foaling, yeaning, &c Equa post unum annum ab enixu .. Plin 10, 6,

* Enneaphyllon, i n A certain herb with nine long leaves, Plin 27, 9

|| * Enneas, adis f A nine, the number of nine, Jun

* Ennemimeris f [ex ἐννέα, novem, .. & μέρος, pars, Cic] A cæsura after the fourth foot, or in the ninth syllable, reckoning two short syllables for one

Eno, are neut [ex e & no] To swim out, to escape, to pass through § Enare concha Cic de Fin .. 19 § In auras, Lucr 3, 590 § .. Ter .. 6, 16

Enodāte adv .. comp Clearly, plainly, .. & enodate narrare, Cic .. 21 Enodate explicare, Id de Inv 5, 9

Enodatio, onis f verb An explication, or explanation = Explicatio fabularum & enodatio nominum, Cic N D .. 24

|| Enodator, oris m He that explaineth, or unravelleth, Fest ‡ Explanator, Cic

Enodatus, a, um part (1) Having the knots cut off (2) Explained, made manifest and .. (1) Ventum .. enodatam .. Cato, 33 (2) .. & præcepta enodata diligenter expo- .. Cic de Inv 2, 2

Enodis, e adj [ex e & nodus, .. nodo] (1) Without knots, smooth (2) Met Also plain, without difficulty (1) Enodis truncus, Virg Geor 2, 78 .. (2) Enodes .. Pl .. Ep 5, 17, 2

Enodo, are act () To unknot, to cut away the knots of tree (2) To declare, explain, or expound (1) .. Enodon (2) .. contra .. legem enodabimus voluntatem, Ad Herenn 2, 10

Enodor, .. pass To have the knots cut off Sunt .. vitea falce debent enodari, Col 5, 6

Enodulo, are To make plain, even, or smooth, Tib .. q

Enoteh .. That .. being broken is set in man's .. Plin 37, 10

Enormis, e adj [ex e & norma] (1) Out of rule, out of square, irregular (2) Exceeding great, huge, enormous (1) = Flexi atque enormes vici, Tac 15, 38 (2) Enormes Colossi, Stat Sylv 1, 1, 51

|| Enormitas, .. f Irregularity, vastness, hugeness, Spart ‡ Declinatio .. regula

|| Enormiter adv Unmeasurably, out of square, irregularly, Plin 6

|| Enotabilis, e adj Worthy to be noted, or marked, with, Aug ‡ Notabilis, Cic

|| Enotatio, onis f verb A noting, or marking, .. ‡ Notatio Cic

|| Enotator, .. m That noteth or marketh .. Vitr

|| Enotatus, a, um part Set, or marked upon, Apul .. 271 ‡ Notatus, Cic

Enotesco, ere, ui incept To come to knowledge, to be known Enotuere quidam tui versus, Plin Ep 2, 10, 3

Enoto, are act To mark, or gather out, to observe Meditabar aliquid enotabamque, Plin Ep 1, 6, 1 Epistolas .. enotatque, Id 6, 16, 10

|| Enovatio, onis f verb A change, or innovation, Cod ‡ Novatio, Cic

|| Enovator, oris m verb He that changeth, or maketh new Digest ‡ Novator Gell

Enovatus, a, um .. Pomo, or made new .. pennis, Petron c 9, .. enotata, & .. ‡ Novatus, Ov

Ens, tis part [a sum, es ens apud antiq Prisc] Being

Ens, tis n .. Ens & essentia ex Græco Sergio Flavio ferm.. ta, cur tantopere aspernemur nihil video, Quint 8, 3 .. semper tam .. Cicero

‡ Ensatus, a, um part With a sword, Rem M ..

Ensiculus, i m .. A little sword Crepun.. Plaut Rud 4, 4, 112

‡ Ensifer, era, erum .. [ex ensis & fero] That beareth a sword, an epithet of Orion, Ov Fast .. 388 ad Heng .. ensiger Ensifera .. stupuit .. Claud in Ruf 2, 9

‡ Ensiger, a, um .. Ensifer, q ..

ENSIS, is m .. (1) A sword, a rapier, a tuck (2) Met An office, or command (3) Government (1) Contra .. in ensem, Virg Geor 1, 508 (2) Cuique .. primum .. Germanicus ensem, Stat Sylv 5, 2, 17 (3) Saevum in populos .. ensem, Luc 5, ..

* Entelechia, æ f .. [ab ἐντελής, perfectus, & ἔχω, habeo] Continuatam quandam & perennem motionem .. Cic .. To .. called .. Aristotle, either in the perfection of nature, or the principle of motion

* Enterocele, es f A kind of rupture, when the guts fall in to the cod, Cels 6, 18

* Enterocelicus, a, um adj Belonging to a bursting, Plin 26, 8

Entheatus, a, um .. part .. inspired with God Entheata .. Bel.. Mart 12, 57 .. Numin.. afflatus

|| * Entheca, æ f .. [ex .. & τίθημι] .. to put anything in, a granary, a storehouse, a store, or stock laid up for common use, .. Lingua .. dos prætoriorum, Ap JCC

|| * Enthemata um pl n .. Applications .. to stop the blood at the issue of wounds, Medic

‡ Entheus, a, um adj Sacred, inspired Entheus .. imperium, Stat Sylv 1, 2, 227 Entheo .. gradu te .. Sen Troad 674 Enthea gnatos manu lacerare, Id Oed p 628 Enthea .. cantus, Id Med 382 Lat Oestro .. .. ictus

|| * Enthusiasmus, i m .. Inthusiasm, .. or .. pretended .. Lat I.. .. perculsio

|| * Enthusiastes, æ m .. that is, or .. pirea, Lecl

|| Enthusiasticus, a, um adj Enthusiastical, Lect

* Enthymema, atis n () An argument drawn from contraries .. Latine commentum, commentatio, Quint 5, 10 (2) .. syllogism, .. or minor proposition, an enthymem (1) = Rhetorum ex contrariis conclusa, quæ ipsi enthymemata appellant, Cic .. Top 1 (2) Curtum .. enthymema .. torquet en hymema, Juv 6, 448

Enubo, ere, nupsi, .. To be married out of one's order, estate, .. Virginem patriciam, quæ e patribus en.. .. matrona .. Liv 10, ..

Enucleatus, a, um part .. explained, or cleared .. quidquam in .. enucleatum .. Cic Part Orat 17

|| Enucleanter, & enucleatim .. Fest pro

Enucleate adv .. Met Clearly, .. plainly = .. enucleate, elegantèr, & polite di..

cere, *Cic Orat* 9 Subtiliter, pressè, enucleatè, *Id de Cl Orat* 9 Sed quam atque enucleatè disputare, *Gell* 12, 13 scripta, *Id* 1, 3

|| Enucleatio, ōnis f verb *A plain declaring, or unfolding,* Aug ✝ Declaratio

|| Enucleator, ōris m verb *He that declareth, or explaineth,* Cod ✝ Declarator

Enucleātus, a, um part (1) *Having the kernel, or stones pickt out* (2) Met *Declared, made manifest* (3) *Thoroughly scrutinized, sifted, and weighed* (1) Enucleata uva, *Theod Prisc* 1, 10 (2) Est enim plenius, quam hoc enucleatum, *Cic Orat* 26 (3) ✠ Eblandita illa, non enucleata esse suffragia, *Cic pro Planc* 4 Enucleata reprehensiones, *Gell* 7, 3

Enucleo, āre act (1) *To take out the kernel* (2) Met *To declare, or explain* (1) Duracina enucleabis, *Apic* 4, 5 (2) Hæc nunc enucleare non ita necesse est, *Cic Tusc* 5, 8

Enucleor, āri, ātus pass *To be declared, or explained* Enucleari & excuti ab hominibus negotiosis, *Gell* 11, 8

Enudātè adv *Very plainly,* Aug ✝ Clare, *Cic*

|| Enudātio, ōnis f verb *A making plain, or clear,* Dig ✝ Nudatio, *Plin*

Enūdo, āre act *To make naked, or bare,* Met *to expound, or lay open* ✠ Rerum plurimarum obscuritas & necessitas intelligentias enudavit, *Cic de Legg* 1

|| Enula, *sive* enula campana, *the herb elecampane,* Offic Helenium, *Plin* inula, *Hor Sat* 2, 4, 43 *Col* 10, 118

|| Enumerābĭlis, e adj *Which may be counted,* Firm ✝ Numerabilis, *Hor*

|| Enumerātim adv *By number,* Arnob ✝ Numero, Lett

Enumerātio, ōnis f verb *A reckoning up, a rehearsing, or enumeration,* Cic de Inv 1, 29 malorum, *Id de Legg* 2, 10 argumentorum, *Id pro Cluent* 24

Enumerātor, ōris m verb *He that counteth,* Litt ex Liv

Enumeratūrus, a, um part *About to reckon up, or count,* Litt ex Cic

Enumerātus, a, um part *Reckoned up, enumerated* Septem & viginti enumeratis stipendiis, *Liv* 3, 58 Enumeratis similibus, *Val Max* 4, 1, 14

Enumero, āre act (1) *To count, or reckon up* (2) *To pay* (1) Enumerat miles vulnera, pastor oves, *Propert* 2, 1, 44 Quos paulò antè enumeravimus, *Pa-terc* 1, 1, 16 Ordine enumeravit, *Nep Attic* 18 (2) Enumerare pretium, *Cic* Vid Enumeror

Enumeror, āri, ātus pass (1) *To be reckoned up* (2) *To be paid* (1) Bias enumeratur inter septem sapientes, *Cic Parad* 1 (2) Prætereuntes pretium enumerari audiebant, *Cic pro S Rosc* 46

Enunciātio, ōnis f verb (1) *An axiom, or maxim* (2) *A proposition* (1) Ratio enunciationum, quæ Græci ἀξιώματα vocant, *Cic de Fato*, c 1 (2) *Quint* 7, 2 Enunciatum, *Cic*

|| Enunciatīvè adv *By way of proposition,* ICC ✝ Per enunciationem, Lett

Enunciatīvus, a, um adj *Expressive, apt to pronounce, or propose* Motus animorum enunciativi corporum, *Sen Ep* 117

|| Enunciātor, ōris m verb *He that signifieth, or pronounceth,* Digest ✝ Qui enunciat, *Cic*

Enunciātrix, īcis f verb *She that pronounceth, or speaketh,* Quint 2, 15 Enunciatrix sensuum lingua, *Prudent Perist* 10, 771

Enunciātum, i n *A proposition* Omne enunciatum est verum, aut falsum, *Cic de Fato*, 2, 9

Enunciātus, a, um part *Spoken, pronounced, uttered,* Cæs B G 1, 16

Enuncio, āre (1) *To utter, deliver, pronounce, or speak* (2) *To signify, tell, or declare* (3) *To publish, disclose, or reveal* (1) Enunciare verbis, *Cic Acad* Q. 1, 2 (2) Bonus homo, qualem esse eum tuæ literæ enunciarant, *Cic Attic* 1, 19 *alii vero leg* nunciarant (3) ✠ Enunciare apud homines familiarissimos, quod tacendum erat, *Cic de Orat* 1, 26 Enunciare arcana consilia, *Val Max* 2, 2, 1

Enuptio, ōnis f verb [*ab* enubo] *A woman's marrying out of her tribe, quality,* &c *Liv* 39, 19

Enūtrio, īre, ivi, ītum act *To nourish, feed, cherish, maintain or bring up* Sa[...] non ita enutriunt, ut convalescant, *Col* 3, 10

Enutrior, īri, itus pass *To be nourished, fed,* &c *Plin* 12, 1

* Enydris, is f *An otter, or water snake,* Plin 32, 7 *rectius* enhydris

* Enydros, i m *A kind of gem,* Plin 37, 11 *Vid* Enhydros

E ante O

EO, īre, ivi, itum neut [*ab* infinit Græc ἴεν, εἶμι] (1) *To go* (2) *To walk* (3) *Sometimes to come* (4) *To sail* (5) *To fly away* (6) *To flow* (7) *To swim* (8) Met *To proceed* (9) *Being joined with the first supine, it denotes the same as the infinitive mood of that supine* (1) ✝ In rò tē hinc auferam *Am* Imo ibo, *Plaut Bacch* 3, 6, 42 = Nec jam jubet ire, sed ipsi vidit, *Ov Met* 3, 702 ✠ Capitolinas itque reditque vias, *Mart* 6, 10, 8 (2) Præstantior omnibus ibat Hercle, *Ov Met* 2, 724 (3) Eccum ire Syrum video, *Ter Adelph* 3, 3, 7 (4) Satis est Stygios semel isse per amnes, *Ov Met* 14, 591 (5) Plumbum incandescit eundo, *Ov Met* 2, 728 (6) Euphrates ibat jam mollior undis, *Virg Æn* 8, 726 Flumina nectaris ibant, *Ov Met* 1, 111 (7) Pisces ire nequibant, *Lucr* 1, 381 (8) Incipit res melius ire, quam putāram, *Cic Att* 14, 15 Ire in melius valetudo, *Tac Ann* 12, 68, 3 (9) Desistas tanto opere ire oppugnatum, *Plaut Bacch* 5, 6, 52 Qui magis potueris mihi honorem ire habitum, *Id Cist* 1, 1, 4 ¶ § Ire inficias, *to deny,* Plaut § obviam alicui, *to go to meet him,* Id § Ire ad arma, *to take up arms,* Cic ad sagа, *to go to be a soldier,* Id § in auras, *to vanish,* Ov in melius, *to grow better,* Tac § exemplis, *to imitate,* Ov § in hostem, *to set upon him,* Stat in jus, *to enter an action against,* Plin jun in lacrymas, *to dissolve into tears,* Stat in opus alienum, *to meddle with it,* Plaut in ora alicujus, *to fly in his face,* Val Flacc in possessionem, *to take possession,* Cic in secula, *to be ever remembred,*

Plin jun in sententiam alicujus, *to subscribe to his opinion,* Cic

Eò adv (1) *Thither, or to that place* (2) *To that pass, or condition* (3) *Therefore, or thereupon* (4) *To that end, or intent* (5) *So far as* (1) Ni eò ad mercatum venio, damnum maxumum est, *Ter Adelph* 2, 2, 24 (2) Eò deducta res est, *Nep Epam* 7 (3) Eone es ferox, quia habes imperium in belluas? *Ter Eun* 3, 1, 25 (4) Eò pluribus scripsi, ut intelligeres, *&c* Cic Fam 13, 69 (5) Usque eò, quò opus erit, prosequemur, *Ad Herenn* 1, 9 ¶ Causa nostra erat eò loci, *in that state, or condition,* Cic pro Sext 31 Nec eò secius, *and nevertheless,* Suet Ner 24

Eodem adv (1) *To the same place* (2) *To the same purpose* (3) *To the same state, or condition* (1) Omnes clientes eodem conduxit, *Cæs B G* 1 (2) Hæc atque illa eodem pertinentia, *Liv* 1, 50 § Cum gen Eodem loci, *in the same place,* Plin Paneg init (3) Eodem se redigere, quo, *Cic*

✝ Eon, *vel* eone *The tree whereof the ship Argo was made,* Plin 13, 22

EOR in notis antiquorum *pro* eorum

* Eos f *The morning* Proxima victricem cum Romam inspexerit Eos, *Ovid Fast* 4, 389 Noctem summovet Eos, *Sen Herc Oet* 614 Eois campi, *Id Oedip* 115 genitrix primæ lucis, *Id Thyest* 816

Eōus, a, um adj *Eastern* ✠ Tradimus Hesperias gentes, aperimus Eoas, *Luc* 4, 352 Eoæ Atlantides, *Vir Geor* 1, 221 Eoa unda, *Sen Herc Oet* 662 terra, *Id Oed* 426 Eoi sinus, *Id Agam* 483 Eoum litus, *Val Flacc* 5, 246

Eous, i m (1) *The day-star* Lat Lucifer (2) Also *one of the horses of the sun* (1) *Vir Geor* 1, 288 & *Sil Ital* 9, 180 (2) *Ov Met* 2, 153

Eousque adv (1) *So far forth* (2) *So long* (3) *To that heighth* (1) Cæsar brachiis perfectis promotisque eousque, ut, *&c* Hirt B Afr 56 (2) Agetur pecus, eousque dum anhelet, *Col* (3) Vitem enitam eousque crevisse, donec, *&c* Val Max 1, 7, ext 5 *Scrib & divisè* eò usque

* Epactæ pl f Gr ἐπάκται, *scil* ἡμέραι Dies intercalares, *the epact,* Astron

* Epăgon, ontis m *A truckle in a crane, or like engine,* Vitruv 10, 5 = Artemon *malis*

* Epanadiplōsis, is f *A figure when a sentence beginneth and endeth with the same word,* Rhet *as,* Victus amore tui, cognato sanguine victus, *Vir Æn* 12, 29 *Lat* Reduplicatio

* Epanalepsis, is f *A repetition of the same word after a long parenthesis,* Rhet Vid *Quint* 9, 3 *Lat* Resumptio

* Epanaphŏra, æ f *A figure when divers clauses begin with one and the same word,* Rhet *as,* Sic oculos, sic ille manus, sic ora movebat, *Vir Æn* 3, 490

* Epanŏdos, i f *A figure when we return to that which once we quitted, by way of prolepsis,* Rhet Divellimur inde Iphitus, *&c* Vir Æn 2, 434 *Lat* Regressio, *Quint*

* Epanorthōsis, is f *A correction, a figure in rhetoric, when we correct what we have said,*

to say it otherwise, or *more emphatically,* as, ✝ Cæsar primonium suum effudit, quan[...] non sumus usi eo verbo, quod decuit, non enim effudit, sed in salutem Reipub collocavit, *Cic Off* 2, 15 ☞ *Dicitur etiam* Amphidiorthosis

* Epaphæresis, is f *A round-ing, or polling of the hair, and cutting it into steps,* Mart 8, 52, 9

Epar *Vid* Hepar

Epaticus, a, um adj [*ab* epar, *pro* hepar] *Of the liver,* Plin 20, 14

* Epauxesis, is f *An increase, a figure in rhetoric,* Rhet

* Epenthĕsis, is f *The putting in of a letter, or syllable in the middle of a word,* as, Relliquias, Induperator, *Gram* Lat Interpositio

Epha *vox Hebr* איפה *A measure containing* [...] *among the Hebrews*

Ephebātus, a, um *Hinc* ephebatum mulier vivit *One come to fifteen years of age,* Varr ap Non 2, 552

Ephebeum *Vid* Ephebium

* Ephebĭa, æ f *The age of striplings, beginning at the fifteenth year* ✝ Pubertas, *Cic*

* Ephebĭcus, a, um adj *To the [...], or belonging to youth* Ephebica chlamyda, *Apul Met* 10 p 345 *Lat* Juvenilis

Ephebĭcus, i m *Locus in the[a]tro ubi puberes spectabant,* [...] Lexic Vitruv

Ephebium, i n *The place where young men wrestled or exercised themselves,* Vitruv 5, 11 & Plin 16, 44

* Ephebus, i m [*ab* ἐπὶ & ἥβη, pubes] *A stripling of fifteen years old, a youth, a lad* Excedere ex ephebis *to write himself man,* Ter Andr 1, 1, 24 *Lat* Puber

* Ephĕdron, i n *The herb Horse-tail,* Plin 26, 13

Ephemĕris, idis f Diarium [ἐκ ἐπὶ & ἡμέρα, dies] (1) *A day-book, a journal, a cash-book* (2) *An almanack, an ephemeris* (1) Ex ephemeride scire, *Nep Attic* 13, 6 (2) In cujus manibus ceu pinguia succina tritis cernis ephemeridas, *Juv* 6, 57[4]

Ephemĕron, *vel* rum, i n [...] *The herb Hermodactyl, or as others may lilies, lily of the valleys, meadow saffron,* P[lin] 25, 13

|| * Ephemĕrus, a, um adj Ephemera febris, *a quotidian fever,* Med Ephemera pl n *Wind flies, or day flies, which live not above a day,* Arist A[...]nimal 1 5

|| * Ephetæ m pl [ἐφέται, ab ἐφίημι, appello, quod ad eo provocaretur, ab iis vero provocare non liceret] *Judges at Athens, fifty in number, and were not to be less than fifty years of age, who tried causes of manslaughter and chance-medley, as those of wilful murder were tried in* Areopagus, *Suid*

* Ephialtes, a m [ἐφιάλτης, ἐφάλλεσθαι, ab insiliendo] *A disease commonly called the night mare,* Plin 27, 10 *Lat* Incubus *Vid* hujus mali descrip *Vir Æn* 12, 908 & seqq

Ephippiārius, i m *A saddler,* Litt ex Cæs *qui utinam* [...] *indicasset*

Ephippiātus, a, um *Saddled,* also *that useth, or rides with a saddle,* Cæs B G 4, 2

Ephippium, i n [*ab* ἐπὶ & ἵππος, equus, *i e* super equum] [...]

The harness of an horse, a saddle, an housing, or *horse-cloth,* Cæs B G 4, 2 Optat ephippia bos piger, Hor Ep 1,14,44 Prov n cos qui suum sortem dolent, alienamque expetunt

|| Ephippio, āre *To trap, barb,* or *trim horses,* Alex ab Alex ✝ Ephippiis ornare

* Ephod indecl Heb אפוד *One of the priest's garments among the Jews,* Bibb

Ephŏrus, i m [ἀπὸ τοῦ ἐφορᾷν, ab inspiciendo] *Magistrates of power among the Lacedæmonians, the same with* tribunus *at Rome,* Cic de Legib 3, 16

* Epialos *A fever caused by cold flegm,* Cels

* Epibădes, um pl f *Passage boats,* Ulp

* Epibăta, æ *vel* epibates, m *A soldier serving at sea, or on shipboard,* Hir de B Alex 4, 11 *Lat* Classiarius, *Cels*

* Epibathra, æ f *A scale,* or *ladder,* Varr 10, 19

* Epicauma, ătis n *A foul sore in the eyes,* Cels

* Epicedium, i n *A funeral song, verses in praise of the dead,* Serv

* Epichirēma, ătis n *A proof of a proposition by argument,* Quint Ratiocinatio, *Cic* Aggressio, *Quint* Quàm propè abest a syllogismo ipsum consule, 5, 14

* Epichysis, is f *A large vessel like an ewer, out of which wine was poured into cups,* or *glasses,* or as some, *a tunnel,* Plaut Rud 5, 2, 32 *Lat* Infundibulum

* Epichytum, i e superfusum *A wafer,* or *cake,* Vulg interp *Lat* Libum, crustulum

|| * Epicithărisma, ătis n *The last part of the interlude,* or *a flourish of musick after the play,* Tert

|| * Epiclintæ m pl ἐπικλινταί, Arist [ab ἐπικλίνω, inclino] *Earthquakes moving sidelong,* Apul de Mund, p 730

Epicœnus, a, um adj *Common, epicene, of both sexes,* or *kinds* Epicœnum genus, *Gramm* Promiscua quæ epicœna dicuntur, in quibus sexus uterque per alterum apparet, *Quint* 1, 4

|| * Epicrotos *A paved way,* Cæl ✝ Via strata

Epicureus, a, um adj (1) *Of the sect of Epicurus* (2) *Voluptuous, given to nothing but pleasure* (1) Epicurei viri optimi, *Cic Tusc* 3, 21 (2) Hæc notio el poster *Lac* ✝ Voluptuarius, *Cic*

Epicūrus, i m *An epicure,* or *one that giveth himself wholly to pleasure* Hanc notionem Ciceronis esse *Litt* ait, sed locum non dicit, certe *Cic* hominem *non malum, sed potius virum optimum Tusc* 2, 19 atque alibi, *hominem durum ac asperum appellat, quæ huic notioni adversari videntur*

* Epicus, a, um adj Epicum poema *which is made chiefly in heroick,* or *hexameter verse,* Cic Epicus poeta, *that writes such verse* Idem de Ennio, De opt gen Orat 1

|| * Epicyclus, i m *A lesser circle, whose centre is in the circumference of a greater,* Astron

|| Epidemĕticus, i m *An harbinger, a quarter-master,* Justinian & poster seculi scriptores

|| * Epidemicus, a, um adj *Publick, universal, epidemical,* Med

* Epidermis, ĭdis f *The outward thin skin of the body,* Med

* Epidicazŏmenos m [ἐκ τοῦ ἐπιδικάζεσθαι, vindicias secundum libertatem postulare] *The name of a Greek play which Terence translated,* Ter in prol Phorm

* Epidicticus, a, um adj Epidicticum dicendi genus, *Cic Or* 11, & 61 *Lat* Demonstrativum, *sive* laudativum

* Epidipnis, ĭdis f *A collation, a treat after supper* Sexis epidipnidas parabit, *Mart* 11, 32.

* Epidrŏmis, ĭdis f *The arming of a net,* Plin 19, 1 ubi habet *epidromis* in ibi || fort ab *epidromo,* dict quod i etium plaga per eas discurrant

* Epidrŏmus, i m *The mizen sail in a ship,* Cato, 15

|| * Epigæum, i n *The lower part of the circle in which the planet moves, next to the earth,* Astron

|| * Epigastrium, i n *The outward part of the belly, from the bulk down to the privy members* Lat Abdomen, *Cels*

* Epiglottis, idis *vel* epiglossis, f *The cover,* or *flap of the weasand,* Plin 11, 37

* Epigŏnătis, idis f [ab ἐπὶ & γόνυ] *The pattle,* or *knee-bone,* Med *Lat* Patella, *Cels*

Epigramma, ătis n (1) *An inscription upon a statue, monument,* or *the like,* whether in verse, or prose (2) *An epigram* (3) *Also a brand, a fugitive's mark* (1) Epigramma incisum habuit in basi, *Cic Verr* 4, 57 Epigramma mortuo facit, *Petr Arb* c 115 *Lat* Inscriptio (2) Epigramma fecit alternis versibus longiusculis, *Cic* pro *Arch* 10 Facile est epigrammata belle scribere, *Mart* 7, 84 (3) Fugitivorum epigramma, *Petr Arb* c 103

Epigrammatārius, i m *A maker of epigrams,* Liv ap Litt *sed q* certe *Vopisc in Floriano,* 3

* Epigrammation, i n *A short epigram,* or *inscription,* Varr L L 6, 5

* Epigrammatista, æ m *An epigrammatist* ✝ Epigrammatum scriptor

* Epigrăphe, es f *An inscription,* Jun *Lat* Inscriptio, titulus

* Epigryphus, i m *He that has a crooked,* or *hawk's nose,* Litt ex Plaut

* Epilepsia, æ f *The falling sickness,* Med *Lat* Passio sacra, morbus comitialis

|| Epilepticus, a, um adj *Sick of that disease,* Med

✝ Epilŏgo, āre *To conclude,* or *end, to make the epilogue,* Litt ex Plaut *sed q*

* Epilŏgus, i m *A conclusion,* or *close of a speech, an epilogue of a play* Orator in epilogo misericordiam movet, *Cic* de *Orat* 2,69 *Lat* Peroratio

* Epimelas *A white precious stone, having a blackish colour over it,* Plin 37, 10

* Epimēnia, ōrum pl n *Small presents sent from Africk to Rome every month, a soldier's monthly pay,* Juv 7, 120

* Epimenidium, ii n *A kind of onion,* Plin 19, 5

* Epimŏne, es f *A figure, when to move affection the same word is repeated,* as Sic o sic positum affati, discedite, corpus, *Vir Æn* 2, 644 or, as some, *when a verse,* or *sentence is often repeated, and made as we say the burden of the song,* as, Incipe Mænalios, *&c* Virg Ecl 8, 21 *& seqq* Impia quid dubitas Deianira mori? *Ov Ep* 9, 145

|| * Epimythium, i n *The moral of a fable,* Bud

* Epinicion, i n *A song of triumph* Inter lætos cantare epinicia, *Suet Ner* 43

Epinyctis, ĭdis f (1) *A wheal,* or *push rising in the skin by night* (2) Also *a sore in the eye that dulls the sight of it* (1) *Plin* 23, 8 (2) *Plin* 20, 6

Epipactis *An herb which never flowers, and comes spontaneously,* Plin 27, 11 = Acinus, *Id ib*

* Epiphănia, æ f *vel* epiphania, orum pl n *Hier* ἐπιφάνεια, apparitio, *Orouns vel* sive manifestatio, quod eo die Christus apparuit Magis adorandus, *Isid* Epiphany, *or twelfth day, also christmas day anciently so called, when Christ was first manifested in the flesh, or rather all the days in christmas were so called, also the surface when the breadth is measured with the length* as in glass, *&c* Aug

* Epiphonēma, ătis n ἐπιφώνημα, i e acclamatio *A smart close at the end of a narration, a moral reflection, a figure of rhetorick,* Quint 8, 5

* Epiphŏra, æ f ἐπιφορά (1) *The watering, or dropping of the eyes by reason of rheum* (2) *Also the fall of water into the cod, womb, belly,* &c (3) *A scheme of rhetorick, where a word is repeated in the end of several members* (1) *Cic Fam.* 16, 23 & *Col* 6, 17 *Scrib Larg* c 3 *Lat* Delacrymatio, *Plin* 25, 13 & 34, 11 Pituitæ cursus, *Cels* 7, 7 (2) Testium, *Plin* 20, 13 uteri, *Id* 26, 15 ventris, *Id* 28, 14 dentium, *Marcell* 12 articulorum, *Galen* 6, 4 (3) Surgamus, gravis esse solet cantantibus *umbra,* juniperi gravis umbra, nocent & frugibus *umbræ,* Vir Ecl *ult in fin*

Epiplocele, es f [ab ἐπίπλοον, omentum, & κήλη, hernia] *A kind of rupture, when the caul falls into the cods,* Cels 7, 18 sed Græc literis *al dic* enterocele

Epirhedium, i n *A waggon,* or *cart* Tritoque trahunt epirhedia collo segnipedes, *Juv* 8, 66

Epirōticus, a, um adj [ab Epiro] Epiroticum malum, *an apricock,* Plin 15, 14

Epirrhedium, i n [ex ἐπὶ & rheda] Vox hybrida (1) *A kind of cart,* or *waggon* (2) or, as some, *the harness of a cart-horse* (1) *Quint* 1, 5 (2) *Juv* 8, 66

* Episcenium, i n *Contignationum ordines, qui super scenam extruuntur, Philand* Vid *Vitruv* 7, 5 & *Baldi Lex* p 46

Epischedion, i n & epischis, idis f *A wedge to cleave wood with,* Vitruv 10, 17

|| Episcŏpālis, e adj *Of a bishop, like a bishop, episcopal,* Prud Peristeph 6, 11 & 13, 33

Episcŏpātus, ûs m *The office and dignity of a bishop, episcopacy,* Bibb

* Episcopius, a, um adj ἐπισκόπιος, i e explorātorius Phaselus episcopius, *A brigantine,* or *ship sent out to espy,* Cic Att 14, 16

* Episcŏpo, āre ἐπισκοπεῖν *To oversee diligently,* Eccl

|| Episcŏpor, āri, ātus pass *To be made a bishop,* Eccl

Episcŏpus, i m ἐπίσκοπος, inspector *An overseer, a lord lieutenant of a country,* Cic Att 7, 11 sed Græcis literis *One who was to take care of bread and other provisions, a clerk to the market,* Arcad Also and more especially *a chief officer in the church, a bishop, a superintendent* Episcopus designatus, *a lord bishop elect,* Jun *Eusebius also calls Constantine* episcopum communem à Deo constitutum

* Epistalma, ătis n Mandatum quod fit per epistolam, *A prince's commission under hand and seal,* Alciat

* Epistătes, æ m *An overseer, a proctor, steward, a bailiff* Villico illica, epistata, opilioni, *Cato de R R* 56

* Epistathmi m pl *Harbingers, appointers of lodging for a prince's train,* Bud

Epistŏla, æ f [ab ἐπιστέλλω, mitto] *An epistle, a letter sent,* Cic passim Epistolæ plur pro una, *Plin Ep* 10, 5, 1 Ab epistolis, *a secretary,* Suet Tib 28

Epistŏlāris, e adj *Serving to write letters* Epistolaris charta, *writing paper,* Mart 14, 11 in lemmate

|| Epistŏlicus, a, um adj *Of,* or *belonging to epistles,* Gell 20, 1 ✝ Epistolaris

Epistŏlium, i n dim *A little epistle,* or *letter* Conscriptum lacrymis epistolium, *Catull* 66, 2

Epistŏlŏphŏrus, i m *A letter-carrier,* G ex Sen *sed q*

Epistŏmium, i n (1) *A cock,* or *spout in a conduit, a tap, a spiggot* (2) *Also a bung* (3) *Likewise the stop in an organ, whereby the sound is made high,* or *low* (1) Aquam argentea epistomia fuderunt, *Sen Ep* 86 (2) *Varr R R* 3, 5 (3) *Vitruv* 10, 12

* Epistrŏphe, es f *A figure when several sentences end in the same word,* Quint 9, 3 sed Græcis elementis

* Epistylium, i n *The chapiter of a pillar,* Vitruv passim

Epitaphium, i n ἐπιτάφιος [qu ἐπὶ τῷ τάφῳ, i e in sepulcro, solent scribi] *An epitaph, or inscription set on a tombstone, also a funeral song,* or *verse* Quid vero in epitaphio? *Cic Tusc* 5, 12

|| * Epitasis, is f [ab ἐπιτείνω, intendo] *The busiest part of a comedy, also emphasis,* or *stress of a word,* Gramm

* Epithălămium, i n [ex ἐπὶ & θάλαμος] *A song at a wedding, verses in praise of the married pair, such as that of Catull* 60, Vesper adest, juvenes, *&c*

* Epitheca, æ f *An addition* Nisi etiam laborem ad damnum apponam epithecam insuper? *Plaut Trin* 4, 3, 18

|| * Epithĕsis, is f *A pasquinade,* or *lampoon stuck up any where,* Ulp

* Epithĕton, *vel* epithetum, i n *An epithet* Lat Appositum, *Quint*

* Epithymon, i n *A weed that grows winding about thyme, like withwind, and hath a flower like thyme, dodder,* Plin 26, 5

* Epitimia, æ f *A check, a reprimand,* Modest ✝ Reprehensio, objurgatio, *Litt*

Epitogium, i n hybrida [ex ἐπὶ, & Lat toga] *A tabard, a garment worn upon a gown (and may be used for the habit, or hood that graduates wear in universities)* Quint 1, 5

* Epitŏme,

* Epitome, es & epitoma, æ f An abridgment, or sum, an epitome Cic Att 12, 8 Lat Compendium

Epit... n An instrument wherewith cords are fastened, ... in a lute, to set ... Varr R R 2, 5

|| Epitritus, i m [ab ἐπί- τρίτος] A foot consisting of four syllables, whereof one is short, and three long, ... Also a proportion ... a third part thereof Vid Gell 17, 14 & ... 1

* Epitrochasmus, i m A figure whereby we do speedily run over several things we speak of, ... in igneim ... fle ut, Ter Andr 1, 1, ...

* Epitrope, es f A figure when we seem to permit one to do what he will, and yet think nothing less ... habeat, ... Ter Andr 5, 3, 18 ... Italiam ... Vir Æn 4, 381 Lat Permissio

|| Epitropus, i m A bailiff, farmer, or factor, Auson Lat Villicus

* Epityrum, i n [ἐπίτυρον] caseus, non quod ex caseo fieret, sed quod ad caseum accederet] A kind of salad made of olives, with oil, vinegar, cummin, fennel, rue, and mint, used to be eaten up with cheese Vid Plaut Mil 1, 1, 24 Modum confiendi ap Catonem, 119

* Epiurus, i m A keeper, Met a wooden peg, or pin, Pall lit 7 de Trunc

* Epizeuxis, is f Gr ... [ab ἐπιζεύγνυμι adjungo] A figure doubling the same word in one sentence, and no other word between, as, O Corydon, Corydon, &c

* Epizygis, is f The hole ... the nut of the steel bow ... Vitru 10, 15, ...

|| * Epocha, æ f Gr ... [ab ἐπέχω retinendo, quod mensuræ temporum ibi retinentur] A former date of time from some memorable action, as from the birth of Christ, Circon

* Epodes, is m A kind of fish, Ovid Halieut 126 & Plin 32, 11

* Epodus, i f [ab ἐπάδω, concino] Horatii librum Epodon dictum putant Gramm quod singulis longioribus versibus singuli breviores accinuntur Sic Grammatici, sed, ut puto, malè, quia duo carmina in Canidiam sunt ... A kind of Horace, after his odes, Quint 10, 1

|| Epol adjuratio per Pollucem, sicut Ecastor per Castorem, Fest

|| * Epomis, idis f Vestis superhumeralis, A hood such as graduates and liverymen wear, a mourning hood, Jun in erpt

|| * Epops, ŏpis m A kind of bird, Poll 5, 13 Lat Upupa

* Epos indecl [ἔπος, verbum] A verse, a poem chiefly in hexameter verse, Mart 12, 94

|| Epostracismus, i m Jun Lat Ostracismus

Epōto, āre act (1) To drink up (2) To suck in as wood doth a dye, or colour (1) Epotare medicamentum, Liv 8 18. (2) ... Tyron epotavere lacernæ, Mart 2, 29, 3

Epōtus, a, um part Drunk up, swallowed, or sucked up Epo tum venenum, Cic pro Cluent 6. Alcon Venit & epoto Sarmata pastus equo, sc equi sanguine, Mart de Spect 3

Epula, ārum pl f [qu ed pula] (1) Banquets, feasts, victuals, dishes of meat (2) Also any sort of food for any creature (1) ✠ Si ep ... potius, quam potiona nominanda sunt, Cic Philipp 3, 8 (2) Epulas dimovere ... Vir Æn 1, 484 Vestis ... epula, Hor Sat ..., 3 119 ... Grat Cyneget 34 ... Vid & Ov Met 8, 840

Epulandus, a, um part To be eaten, devoured, or fed upon Corpora epulanda, Ov Met 15, 110 ... membra, Sen Troad 1109

Epulāris, e adj Belonging to feasts, or banquets Epularis dies a feasting day, Suet Dom 13 Epulare sacrificium, Cic de Orat 3, 19

Epulārium, i n A banqueting house, or place, Luct ... Litt ...

Epulatio, ōnis f verb (1) A feasting, or banqueting (2) A banquet, or feast (1) ═ Mensa quotidiana, atque epulatio, Col 12, 3 (2) Qui epulatione equiti Romano partes suas dedit, Suet Calig 18, 5

|| Epulātor, ōris m verb A feaster that makes, or is at good cheer, Aug ✝ Convivator, Hor

|| Epulatorius, a, um adj Fit for banqueting, or feasting ✝ Convivalis, Liv

Epulātus, a, um part Having feasted, or made good cheer Epulatus cum matre, Cic Tusc 1, 47

Epulo, ōnis m Epulones, antiq Epolones, Fest [dicti quod epulis indicendis Jovi cæterisque diis potestatem haberent] (1) One of the three officers in Tully's time, whose duty it was to furnish banquets for Jupiter and the rest of the Gods (2) The same officer after the number of publick sports was increased (3) Also a guest at a banquet (1) Pontifices tres epulones esse voluerunt, Cic de Orat 3, 19 (2) Septemvir epulonum, Plin Ep 2, 11 (3) Frequens ibi numerus epulonum, Apul Met 2 p 52 & in composit O Jupiter terrestris, te coepulonus compellat tuus, Plaut Pers 1, 3, 20

✝ Epulonius, vel epolonius Fest idem quod epulo.

Epulor, āri, ātus sum dep & transit (1) To banquet, or feast (2) To eat (1) Epulabar cum sodalibus, Cic de Sen 13 § Epulari in publico, Liv 24, 16 (2) ... Carnem humanam epulari, Hygin Fab 125

Epulum, i n contr pro epulum A solemn feast, or banquet, a great treat, a regale, a meal Epulum funebre, a funeral feast, Cic in Vatin 12 Epulum dare exercitui, Val Max 8, 7, ext 4 populo, Id 7, 5, 1

✝ Epulus, a, um adj unde epulæ orsæ, Varr & epulæ, subst sc dapes

E ante Q

EQ in not antiq Eques, vel equestris ordo
EQ AUR Eques auratus
EQ M Equitum magister
EQP Equestris persona, vel Equus publicus
EQR Eques Romanus

Equa, æ f (8) A mare Equa trima campis ludit exultim, Hor Od 3, 11, 9

Equarium, i n The herb alisander, or lovage, Jun

Equaria, æ f An herd of horses, or stud of mares, Varr R R 2, ext

Equarius, a, um adj Equarius medicus, A farrier, a leach, Val Max 9, 15, 2

Equarius, i m A horse, or colt breaker, Solin ✝ Equorum domitor, Vir

Eques, itis c g (1) A horseman (2) A man of arms among the Romans (3) A knight, or cavalier, one of the three orders in Rome, betwixt the senators and the commonalty (4) Met A horse (5) The cavalry of an army (6) Met The place in the theatre where the gentry sate (1) ✠ Neque equ s, neque pedes, Plaut Mil 2, 5, 53 (2) Eques ipso melior Bellerophonte, Hor Od 3, 12, 7 (3) ✠ Vectigal omne equites tecum, populusque, patresque, Mart 8, 50, 7 (4) Capti hominum equites ... producebantur, Gell B G 2, 59 vid & Hor Epod 16, 11 Minuc Fel in Octav c 7 vid & Gell 18, 5 (5) Simul pedes, eques, classis convenere, Tac 1, 60, 3 (6) Licentia spectandi in equite, Suet Dom 9

Equester, vel equestris, e (1) Of, or belonging to an horse (2) Of, or belonging to the horsemen, or cavalry in an army (3) Knightly, belonging to the order of knighthood (1) Equestri fracta tellus pede, Sen Phæniss 396 (2) Pugna equestris, Cic Terr 4, 55 Copiæ equestres, Id de Fin 2, 34 (3) Ordo equestris, Plin 33, 1 Annulus equestris, Hor Sat 2, 7, 53 Equestrem obtinuit dignitatem, Nep in Att 1

Equestre, is n The race of an horse, Jun It m quod equiti debitur, sc stipendium

Equestria, um pl Fourteen seats in the theatre for the gentry to sit in, and see shows and plays, Sen de Ben 7, 12

Equidem conj [et quidem] Jungitur omnibus personis, Truly, truly, indeed, Cic

Equiferus, i m [ex equus & ferus] A wild horse D equiferis non scripserunt Græci, Plin 28, 10

✝ Equila, & equula, æ f A mare, Varr ap Non 2, 290 & Plaut Cistell 4, 2, 28

Equile, is n A stable for horses Suadet frænos in equili suspendere, Cato, 14 vid & Varr R R 2, 7

Equimentum, i n The hire of a stallion horse, for covering, or leaping a mare, Varr

Equinus, a, um adj Of, or belonging to an horse Nervus equinus, a bow-string made of horse-hair, Ov Ep ex Pont 1, 2, 21 Cornu equinum, an horse hoof, Val Flacc 5, 154

Equio, ire, ivi neut To desire to go to horse, as a mare doth Equæ domitas sexaginta diebus equire, Plin 10, 63

Equiria, ōrum pl n Certain horse-races, or races, plays instituted by Romulus to Mars, performed in the Campus Martius, vid Varr L L 5, 3 & Ov Fast 2, 859

Equisetis, vel equisetis, is f The herb horsetail, Plin 18, 28

Equisētum, i n Herba est à caudæ equinæ similitudine nomen habens Horsetail, Plin 26, 13 al ephedron, & anabasis ...

Equiso, ōnis m (1) A rider, a driver, or master, and keeper or groom of a stable (2) A horse-master ¶ Equisones ... who ride on wooden horses, ... (1) Val Max 7, ... ext 2 (2) ... Equus ... fu doceat equum ... Varr ap Non 2, 283

Equitabilis, e adj Easy to be ridden upon, or that may be ridden Equitabilis & vasta planities, Curt 4, 9, 10

Equitatio, ōnis f verb Riding Equitatio ... Plin 28, 4

Equitatus, ūs m (1) The act of riding (2) Also a company of horsemen, the horse, the cavalry (1) Femina ... equitatu notum est, Plin 8, 1 (2) Equitatum magnum habuit, Cic pro Font 21

|| Equites ... Gell 18

|| Equitiarius, i m He that looks to the breed of horses, Firm ✝ Perocriga, vel mung..., Varr & Plin

✝ Equitissa, æ f An horsewoman, a lady, Litt ex Plaut ...

|| Equitium, i n A stud, breed, or race of horses, Ulp

Equito, āre equo incedo (1) To ride, to sit an horse, to bestride an horse, or other beast (2) To be a trooper (3) Met To run, or gallop along (1) ... æqualis equitare, Hor Od 1, 8, 6 in arundine longa, Id Sat 2, 3, 248 (2) Equitare ... quo publico merere, ... (3) Eurus per Siculas equitavit undas, Hor Od 4, 4, 44 sc Eandem respiciens, qui ... rit, Phaniss Chor 1

Equitor, āris, ātus pass To be ridden Equitantur ... Plin 8, 18

Equula, æ f dim [ab equa] A mare-colt, a filly, Varr

Equuleus, i m (1) A horse colt (2) Also an instrument of torture made like an horse (1) ... Exagitantur ... equulei ... injecto, Cic Tusc 3, 29 (2) ... in equuleo est, Curt 6, 10 vid & Cic pro Mil 21

Equulus, i m dim [ab equus] A colt, a nag, a little horse Post annum & sex menses equulus domatur, Varr

EQUUS, i m (1) An horse (2) An engine of war, otherwise called aries (3) Also a ... (4) Also a star (1) Equo ... Cic de Div 2, 68 In equum ascendere, Id de Sen 10 insilire, Liv 6, 7 equum incitare, Cæs B G 4, 24 equo gestari, Mart 1, 13 Equus curulis, a coach horse, Fest venator, a hunting nag, Claud Epithal Hon & Mariæ, 5 (2) Plin 7, 56 (3) Plin 8 21 (4) Cic in Arat & Plin 18, 31

E ante R

Eradendus, a, um part To be scraped out, or erased Eradenda sunt cupidinis pravi elementa, Hor Od 3, 24, 51

Eradicitus adv From the very root ✠ Non radicitus, verum etiam eradicitus, Plaut Most 5, 1, 63

Erādico, āre act To pluck up by the roots, to root up, Met to destroy utterly ¶ Di te eradicent, formula execrandi, Ter Andr 4, 3, 22 ═ Rem suam ...

nisse clamat, seque eradicarier, *Plaut Aul* 2, 4, 21 ¶ Eradicare aures alicujus, *to deafen one*, Id

Erado, ĕre, si, sum act (1) *To scrape off*, or *out* (2) *To put out, to blot out* (1) Surculos, quos inserere voles, eradito, *Col de Arb* 9 (2) Judicum albo aliquem eradere, *Suet Dom* 8

|| Erănia pecunia Gr ἐράνι ν *The money that collectors gather*, Dig

Erănus, i m (1) *A gatherer of money* (2) *A sum, or contribution raised on a charitable account* (3) Also *the stone called a turquoise* (1) *Vide Buchnerum* in *Plin Epist* 10, 93, 94 (2) Vid *Casaub* in *Plaut Curc* 5, 3, 7 & ibid *Gronov* eidem contra Grævium astipulantem (3) *Jun*

Erăsus, a, um part [*ab* erador] (1) *Rased*, or *scraped out* (2) *Put out of pension*, or *pay* (3) Met *Clean taken out* (1) Genæ erasæ, *Propert* 4, 8, 26 (2) In locum erasorum subditi, *Plin Paneg* 25, 3 ( ) Timor erasus ex animo, *Sen Thyest* 511

† Erceo, ere, ui, itum & erctum [*ab* εἵργω, *i e* κωλύω, arceo, veto] *idem quod* arceo

Ercis̆cendus, a, um part *To be divided*, or *parted*, Cic *Vid* Ercis̆cundus

Ercis̆co, ĕre *i e* bona divido [*ab* ant erceo] *To divide an estate al scrib* Hercisco, quod vide

Ercis̆cor, i dep *To divide lands between divers heirs*, Cic Or. 1, 56

Ercis̆cundus, a, um part *pro* ercis̆cendus *To be divided* Familia erciscunda, *Cic* pro *Cæcin* 7 *i e* divisio hæreditatis inter hæredes facienda

Erctum, i n *sc* patrimonium Ercti ciet, *i e* divisio *An estate*, or *inheritance* Erctum citum fit inter consortes, ait Festus, *i e* cohæredes *Vid* Herctum

Erĕbeus, a, um adj *Hellish, of hell* Erebeæ colubræ, *Ov* in *Ib n*, 27

* Erebinthus, i m *Chick-pease*, Col teste Litt *sed q* certè *Galen*

Erĕbus, i m [*ab* Heb ערב ereb, vesper, tenebræ] *Hell, a dark place of hell*, Vir Vid *Propr*

Erectio, onis f verb *A lifting up*, or *rearing, an erection* Sine tignorum erectionibus, *Vitruv* 10, 5

|| Erector, ōris m verb *He that raiseth*, or *lifteth up*, Arnob † Qui erigit

Erectus, a, um part & adj or, comp [*ab* erigor] (1) *Made erect*, or *upright* (2) *Standing upright* (3) *Raised high* (4) *Proud, haughty* (5) *Stout, courageous, undaunted* (6) *Intent, earnest* (7) *Sublime, aspiring* (8) *Gay, sprightly* (9) *Very hopeful* (1) ✠ = Deus homines, humo excitatos, celsos & erectos constituit, *Cic N D* 2, 56 (2) Erectus horret crinis *Sen Herc Oet* 707 (3) Pyra sub auras erecta, *Vir Æn* 4, 504 (4) *Stat Theb* 1, 186 (5) = Animum altum & erectum prae se gerebat, *Auct de B Afr* 10 (6) = Attentes & erecti ad libertatem recuperandam, *Cic Philipp* 4, 5 Erectio. senatus sententiis nostris excitus, *Id ad Brut* 10 (7) Animus sanus, erectus, & despiciens fortunam, *Cic* pro *Dejot* 13 (8) Ubi frigus est, erector mens est, *Cels* (9) Erecti patres, erecta pleb, sed patribus luxuriosa ... fuit, *Liv* 3, 21

Eregione [*potius* e regione]

(1) *Just over against* (2) *Straight, directly* (1) Luna, quando est è regione solis, obscuratur, *Cic* de *Div* 2, 6 (2) ✠ Alterum è regione movetur, alterum declinat, *Cic* de *Fato*, c 9 & c 20

|| Erēmicŏla, æ m *An hermit*, or *one that dwelleth in the wilderness*, Hier † Solitarius

Erēmigātus, a, um part *Sailed*, or *passed over* Totus septentrio eremigatus, *Plin* 2, 67

|| Erēmipeta, æ m *An hermit, one who loves solitary places*, Tert † Deserta petens

|| Erēmita, æ m *An hermit, a dweller in the wilderness*, Jun *vulgo scrib* heremita *sed male* † Deserta colens, *Claud*

|| Erēmiticus, a, um adj *Pertaining to an hermit*, Eccl

|| * Erēmŏdicium, i n [*qu* ἐρήμη δίκη, deserta causa, *seu* lis] *A nonsuit*, Ulp

* Erēmus, i f *A wilderness, a desert, a solitary place*, Bibb † Solitudo, *Cæs*

Erēpo, ĕre, psi, ptum neut (1) *To creep out, to get out hardly* (2) *To pass over with difficulty* (3) Met *To ascend gradually* (1) Foras, lumbrice, qui sub terra erepsisti, *Plaut Aul* 4, 4, 1 (2) Montes, quos nunquam erepsemus, *i e* erepsissemus, *Hor Sat* 1, 5, 79 (3) Per obliquas erepit porticus arces, *Stat Sylv* 2, 2, 30

Ereptio, onis f verb [*ab* eripio] *A violent taking away* ✠ Putabant ereptionem esse, non emptionem, *Cic Verr* 4, 5

Erepto, āre freq [*ab* erepo] *To creep along often* Regis agrum nuda cruentis ereptat genibus, *Juv* 6, 526

Ereptor, ōris m verb [*ab* eripio] *A spoiler, a taker away by force, a robber, a ravisher* Possessor, expulsor, ereptor, *Cic* pro *Quint* c 8

Ereptus, a, um part (1) *Taken away from* (2) *Taken out* (3) *Delivered, saved, rescued* (4) *Stolen* (5) *Dead* (1) Ereptus Galbæ consulatus, *Hirt* ap *Cæs B G* 8, 50 (2) Munera erepta ruinis, *Vir Æn* 1, 651 (3) Vita S Roscii erepta de manibus sectorum, *Cic* pro *S Rosc* 51 (4) Ereptum dolo reddi sibi poscit honorem, *Vir Æn* 5, 342 (5) Conjux primis ereptus in annis, *Val Flacc* 3, 216 Damna conjulis erepti, *Ov* ad *Liv* 200

|| Eres, is m (e) *An hedgehog* Implicitumque sinu spinosi corporis erem, *Nemes* 57 *Nusquam alibi quod sciam Adsciunt aliqui locum ex* Plaut Capt 1, 2, 81 Venare leporem, nunc erem tenes, *sed incerta est lectio*

Eretria, æ f [*ab* Eretria regione] *A kind of ceruse* Eretria terra, *Plin* 35, 16.

Erga præp (1) *Towards* (2) *Against* (3) *Over against* (1) Divina bonitas erga homines, *Cic* (2) Odium quod erga regem susceperunt, *Nep* in *Datam* 9, extr (3) Quæ modo erga ædes habet, *Plaut Truc* 2, 4, 52

|| Ergastērium, ii n *A shop, a workhouse*, Dig

Ergastŭlārius, i m *A keeper of a workhouse, a jailor*, or *keeper of a prison*, or *house of correction*, Col 1, 8

Ergastŭlum, i n [*ab* ἐργάζομαι, operor] (1) *A workhouse, a house of correction*, or *prison* (2) Also *a slave*, or *prisoner* (1) ✠ = Ductus non in servitium, sed in ergastulum ad carnificinam, *Liv* 2, 23 (2) Quem mirè afficiunt inscripta ergastula, *Juv* 14, 24

|| Ergastŭlus, i m *A rogue*, or *slave kept in prison, and forced to work*, Non 5, 102 Also *a jailor*, ut al volunt, sed perperam, judice Lipsio.

* Ergăta, æ [ἐργάτης *scil* ὄνος, *vel* μοχλός] *An engine called a capstand, a wind-beam*, or *draw-beam, a crane, an iron crow*, Vitr 10, 4

Ergo conj [Ergo correptum ἄν, *igitur*, productum valet χάριν, gratiâ, *Fest* illud ab ἄρα γε, hoc ab ἔργον, ἔργῳ] (1) *Therefore, then.* (2) *A particle of explication for* inquam (3) *For, because, for one's sake* (1) Quid ergo bibis? *Mart* 9, 97 (2) O mi hospes, salve multum, nam mihi tuus pater, pater tuus ergo, hospes Antidamas fuit, *Plaut Pœn* 5, 2, 90 Eo ego hinc haud longè *Pa* Et quidem eo haud longè *So* Quo ergo, scelus? *Id Pers* 2, 2, 35 vid & *Ter Andr* 5, 2, 8 & deinceps (3) Illius ergo venimus, *we come for his sake*, Vir Æn 6, 670

Erica, æ f *The sweet broom, heath*, or *ling*, Plin 24, 9

Ericæus, a, um Mel ericæum, *a kind of wild hony*, Plin 11, 16

|| Ericetum, i n *A place where store of heath grows, a heath, a broom close*, Jun

Ericeus, & ericius, i m (ē) [*ab* eres, eris, ut *a* pellis, pelliceus] (1) *An urchin*, or *hedgehog* (2) Also *a warlike engine made of iron, full of sharp pointed nails*, or *spikes* (1) *Varr* ap. *Non* (2) Erat objectus portis ericeus, *Cæs B C* 3, 67

* Erigĕron, tis m *The herb groundsel*, Plin. 25, extr

Erigidus, a, um adj (ĕ) [*i e* valde rigidus] *Very cold* Erigidus horror, *Petron* in *Fragm* p 681

Erigo, ĕre, exi, ectum act (ĕ) [*ab* è & rego] (1) *To erect*, or *make upright* (2) *To build up* (3) *To lift*, or *hold up* (4) *To set up* (5) *To advance* (6) *To succour, comfort*, or *relieve* (7) *To make famous* (8) *To rouse*, or *excite* (1) ✠ Cum Deus cæteras animantes abjecisset ad pastum, solum hominem erexit, *Cic* de *Legg* 9 (2) Hæ manus Trojam erigent? *Sen Tro* 740 (3) Ut erigere oculos & vivere videretur, *Cic* pro *Sext* 31 (4) Erigere scalas ad mœnia, *Liv* (5) Mæcenas erexit Varium, *Ov* in *Pison* (6) = Erigere & recreare aliquem afflictum, *Cic* in *Verr* 5, 91 (7) Patriam præcepta Platonis erexere, *Claud Cons Mall* 150 (8) = Erige te & confirma, *Cic* ad *Q. fr* 1, 3 = Erigimur, & altiores fieri videmur, *Id Acad* 4 ✠ Quæ contumelia non fregit, sed erexit, *Nep Them* 1 ¶ Erigere aures, *to prick them up*, Cic jubam, *to set up his bristles*, Sen gradum, *to climb*, Sil § Erigere ad spem, *Liv* in spem, *Cic* pro *Domo*

Erigor, i pass (ĕ) *To be raised*, or *lifted up*, Cic *to be encouraged*, Hor In digitos erigi, *to stand on tiptoe*, Quint

Erigŏnēius, a, um *The dog-star*, Ov Fast. 5, 725

Erinaceus, i m (ĕ) [*ab* eres, erinus, hinc erinaceus] *A hedgehog*, Plin 8, 37 *al scrib* herinaceus *sed, ut puto, male*

* Erinnys, yos, & yis *A fury*, or *hag of hell*, Boët Vid *Propr*

|| * Erioxylon, i n [lignea lana] *A sort of wool that comes off trees, cotton*, Ulp

* Eriphia, æ f [*ab* ἔριφος, hœdus] *An herb which some call hollow root*, or *holy wort*, Plin 24, 18

Eripio, ĕre, ui, eptum act [*ex* è & rapio] (1) *To take away by force* (2) *To pluck*, or *pull out, to snatch* (3) *To take away* (4) *To deliver*, or *rescue* (1) ✠ Virtus nec eripi, nec surripi potest unquam, *Cic Parad* 6, 3 = Eripere vobis atque e manibus extorquere conatus est, *Cic* contra *Rull* 2, 7 ✠ Nil eripit fortuna, nisi quod & dedit, *Publ Syr* (2) Adolescenti ipsi oculos eriperem, *Ter Adelph* 3, 2, 20 (3) ✠ Eripit, interdum, modò dat medicina salutem, *Ov Trist* 2, 269 (4) § Eripe me his malis, *Vir Æn* 6, 365 § Eripere aliquem morti, *Id* a morte, ex insidiis, *Cic* orationem ex ore, *Plaut*

Eripior, i, eptus pass *To be taken away*, &c *Cic* pro *Muræn* 38

* Erisma, ătis n *A short ladder* Scalæ erisinate fultæ, *Vitruv* 6, 11

Erisma, æ f *An arch, buttress*, or *prop to hold up a wall that is likely to fall down* Deinde in frontibus anterides sive erismæ sunt, *Vitruv* 6, 11

* Erisithēles, is *An herb with a yellow flower, and leaved like acanthus*, *Plin* 26, 53

* Erithăce, es f *A kind of wax*, or *hony, a red juice in the honeycombs of bees*, Plin 11, 7 Varr R R 3, 16

Erithăcus, i m [ἐρίθακος, rubellio, rubecula] *A robin redbreast*, Plin 10, 29

* Erithăles f [*ab* ἔρι, valde, & θάλλω, vireo] *The herb prick-madam, sengreen*, or *houseleek*, Plin 25, 13, *ubi vid plura nomina Lat* Sedum

Eritius, i m Machina militaris undique horrens telis, ut aculeis, *Cæs B C* 3, 67 *Vid* Ericius

Erivatio, ōnis f *A drawing of water away*, Vitruv

Erivo, āre act & erivor pass [*ex* è & rivus] *To drain away water by a sluice*, Plin 17, 26

Erix, icis *Broom ustatius* erica, *vel* erice, *Plin* 24, 9

Erneum, i n *A cake baked in an earthen pot*, Cato, 81

Erōdens, tis part *Gnawing* Erodente se ipso corpore, *Plin* 7, 43

Erōdius, i m *A bird, uncertain of what kind, a gerfalcon*, Med Gr *an heron*, Theod & Gaza *a moor-hen*, Aug *a stork*, Suid

Erōdo, ĕre, si, sum act *To gnaw off*, or *out, to eat into* Teneras audens erodere frondes, *Col* 10, 323

Erogandus, a, um part *To be bestowed*, &c Eroganda in pecunia occupatus, *Val Max* 4, 8, ext 2

Erogans, tis part *Bestowing*, &c Animus erogantis, *Val Max* 4, 8, 1

Erŏgātio, onis f verb (1) *A bestowing*, or *laying out* (2) *A profuse spending of money* (1) = Ut tot impendiis, tot erogationibus sola sufficiat, *Plin Pan* 41 (2) Erogatio pecuniæ, *Cic Attic* 15, 2

|| Erŏgātor, oris m verb *An almoner*, or *almner*, Tert † Qui erogat

|| Erŏgātōrius, a, um Modiolus erogatorius, *that empties the water into the receiver*, Front

* Epitome, es & epitoma, æ f *An abridgment, or sum, an epitome* Cic Attic 12, 8 Lat Compendium

Epitonium, i n *An instrument wherewith cords are stretched, a pin, or peg in a stringed instrument, as in a lute, to setting the strings, or tower,* Vitr de R R 5

|| Epitritus, i m [ab ἐπί—] *A foot consisting of four syllables, whereof one is short, and three long, as,* recantitis ingeminans, opprobrius, angunitum *&c* *Also a proportion in a thing containing a number and a third part thereof* Vid Gell 18, 14 & ...

* Epitrochasmus, i m *A figure whereby we do speedily run over several things we speak of* ... procedit, sequitur, in ignem posita est, fletur, *Ter Andr* 1, 1, 102

* Epitrope, es f *A figure when we seem to permit one to do what he will, and yet will not give leave* Habeat, valeat, vivat cum illa, *Ter Andr* 5, 3, 18 ... sequere Italiam ventis, pete regna per undas, *Virg Æn* 4, 381 *Lat* Permissio

|| Epitropus, i m *A bailiff, farmer, or factor,* Auson *Lat* Villicus

* Epityrum, i n [ἐπί—] cibus, non quod ex caseo fieret, sed quod ad caseum accederet] *A kind of salad made of olives, with oil, vinegar, cummin, fennel, rue, and mint, used to be eaten up with cheese* Vid *Plaut Mil* 1, 1, 24 *Modum confectionis* ap Catonem, 119

* Epiurus, i m *A keeper, Met a wooden peg, or pin,* Pall Tit 7 de Tigno

* Epizeuxis, is f Gr ἐπίζευξις [ab ἐπί, et ζεύγνυμι, adjungo] *A figure doubling the same word with no other word coming between, as,* O Corydon, Corydon, *Virg*

* Epizygis, is f *The hole wherein the nut of the steel bow lies,* Vitruv 10, 15, & 17

|| * Epocha, æ f Gr ἐποχή [ab ἐπέχω, i e retineo, quod mensura temporum ibi retinentur] *A solemn date of time from some memorable action, as from the birth of Christ, Chron*

* Epodes, is m *A kind of fish,* Ovid Halieut 126 & Plin 32, 11

* Epodus, i f [ab ἐπᾴδω, concino] Horatii librum Epodon a fine putant Grammatici quod singulis longioribus versibus singuli breviores accinuntur Sic Grammatici, sed, ut puto, male, quia duo carmina *in Canidiam* sunt ... *A kind of verses, a title of a book of Horace, after his odes,* Quint 10, 1

|| Epol adjuratio per Pollucem, sicut Ecastor per Castorem, *Fest*

|| * Epomis, idis f Vestis superhumeralis, *A hood such as graduates and liverymen wear, a mourning hood,* Jun interpr

|| * Epops, opis m *A kind of bird,* Poll 5, 13 *Lat* Upupa

* Epos indecl [ἔπος, verbum] *A verse, a poem chiefly in hexameter verse, Mart* 12, 94

|| Epostracismus, i m *Jun Vid* Ostracismus

Epoto, are act (1) *To drink up* (2) *To suck in* as wood doth a dye, or colour (1) Epotum medicamentum, *Liv* 8, 18. (2) Tyrem epotavere lacernæ, *Mart* 2, 29, 3

Epotus, a, um part *Drunk up, swallowed, or sucked up* Epotum venenum, *Cic* pro *Cluent* 6. *Meton* Venit & epoto Sarmata pastus equo, *sc* equi sanguine, *Mart de Spect* 3

Epulæ, arum pl f [qu edipulæ] (1) *Banquets, feasts, victuals, dishes of meat* (2) *Also any sort of food for any creature* (1) ✱ Si epulæ potius, quam popinæ nominandæ sunt, *Cic Philipp* 2, 8 (2) Epulas dicemus aræ, *Vir Æn* 4, 484 Vestis tenuiarum epulæ, *Hor Sat* 2, 3, 119 Philomela, *Grat Cyneg* 34 Vid & *Ov Met* 8, 840

Epulandus, a, um part *To be eaten, devoured, or fed upon* Corpora epulanda, *Ov Met* 15, 110 parvi membra, *Sen Troad* 1109

Epularis, e adj *Belonging to feasts, or banquets* Epularis dies, *a feasting day,* Suet Dom 13 Epulare sacrificium, *Cic de Orat* 3, 19

Epularium, i n *A banqueting house, or place,* Lucr *tyste* Litt *sed q*

Epulatio, onis f verb (1) *A feasting, or banqueting* (2) *A banquet, or feast* (1) = Mensa quotidiana, atque epulatio, *Col* 12, 3 (2) Qua epulatione equiti Romano partes suas dedit, *Suet Calig* 18, 5

|| Epulator, oris m verb *A feaster that makes, or is at good cheer,* Aug ✝ Convivator, *Hor*

|| Epulatorius, a, um adj *Fit for banqueting, or feasting* ✝ Convivalis, *Liv*

Epulatus, a, um part *Having feasted, or made good cheer* Epulata cum matre, *Cic Tusc* 1, 47

Epulo, onis m Epulones, antiq *Epoloni,* Fest [dicti quòd epulas indicendi Jovi cæterisque diis potestatem haberent] (1) *One of the three officers in Tully's time, whose duty it was to furnish banquets for Jupiter and the rest of the Gods* (2) *The same offices after the number of publick sports was increased* (3) *Also a guest at a banquet* (1) Pontifices tres epulones esse voluerunt, *Cic de Orat* 3, 19 (2) Septemvir epulonum, *Plin Ep* 2, 11 (3) Frequens ibi numerus epulonum, *Apul Met* 2 p 52 & *in compositis* O Jupiter terrestris, te coepulonus compellat tuus, *Plaut Pers* 1, 3, 20

✝ Epulonius, *vel* epolonus *Fest idem quod* epulo

Epulor, ari, atus sum dep & transit (1) *To banquet, or feast* (2) *To eat* (1) Epulabar cum sodalibus, *Cic de Senect* 13 § Epulari in publico, *Liv* 24, 16 (2) § Carnem humanam epulari, *Hygin Fab* 125

Epulum, i n contr pro edipulum *A solemn feast, or banquet, a great treat, a regale, a meal* Epulum funebre, *a funeral feast,* Cic *in Vatin* 12 Epulum dare exercitui, *Val Max* 8, 7, ext 4 populo, *Id* 7, 5, 1

¶ Epulus, a, um adj unde *epulæ* or *epulæ,* Varr & *epulæ,* subst *sc* dapes

E ante Q

EQ in not antiq Eques, *vel* equestris ordo

EQ. AUR Eques auratus

EQ M Equitum magister

EQP Equestris persona, *vel* Equus publicus

EQR Eques Romanus

Equa, æ f (ε) *A mare* Equa trima campis ludit exsultim, *Hor Od* 3, 11, 9

Equanium, i n *The herb alisander, or lovage,* Jun

Equaria, æ f *An herd of horses, or stud of mares,* Varr R R 2, ext

Equarius, a, um adj Equarius medicus, *A farrier, a leach,* Val Max 9, 15, 2

Equarius, i m *A horse, or colt breaker,* Solin ✝ Equorum domitor, *Vir*

Eques, itis c g (1) *A horseman* (2) *A man of arms among the Romans* (3) *A knight, or esquire, one of the three orders in Rome, betwixt the senators and the commonalty* (4) Met *An horse* (5) *The cavalry of an army* (6) Met *The place in the theatre where the gentry sate* (1) ✱ Neque eques, neque pedes, *Plaut Mil* 2, 5, 54 (2) Eques ipso melior Bellerophonte, *Hor Od* 3, 12, 7 (3) ✱ Veteribus omnis equitis tecum, populusque, patresque, *Mart* 8, 50, 7 (4) Capti homines equitesque producebantur, *Cæs B G* 2, 33 *Virg* & *Hor Epod* 16, 11 *Minuc Fel* in *Octav* c 7 vid & *Gell* 18, 5 (5) Simul pedes, eques, classis convenire, *Tac* 1, 60, 3 (6) Licentia spectandi in equite, *Suet Dom* 8

Equester, *vel* equestris, e (1) *Of, or belonging to an horse* (2) *Of, or belonging to the horsemen, or cavalry in an army* (3) *Knightly, belonging to the order of knighthood* (1) Equestri fracta tellus pede, *Sen Phæniss* 396 (2) Pugna equestris, *Cic Verr* 4, 55 Copiæ equestres, *Id de Fin* 2, 34 (3) Ordo equestris, *Plin* 33, 1 Annulus equestris, *Hor Sat* 2, 7, 53 Equestrem obtinuit dignitatem, *Nep in Att* 1

Equestre, is n *The race of an horse,* Jun Item quod equiti dabatur, *sc* stipendium

Equestria, um pl *Fourteen seats in the theatre for the gentry to sit in, and see shows and plays,* Sen de Ben 7, 12

Equidem conj [e quidem] Jungitur omnibus personis, *Verily truly, indeed,* Cic

Equiferus, i m [ex equus & ferus] *A wild horse* De equiferis non scripserunt Græci, *Plin* 28, 10

✝ Equila, & equila, æ f *A mare,* Varr *ap* Non 2, 290 & Plaut Cistell 4, 2, 28

Equile, is n *A stable for horses* Suadet frænos in equili suspendere, *Cato,* 14 vid & *Varr R R* 2, 7

Equimentum, i n *The hire of a stallion horse, for covering, or leaping a mare,* Varr

Equinus, a, um adj *Of, or belonging to an horse* Nervus equinus, *a bow-string made of horse-hair,* Ov Ep ex Pont 1, 2, 21 Cornu equinum, *an horse hoof,* Val Flacc 5, 154

Equio, ire, ivi neut *To desire to go to horse,* as a mare doth Equas domi ... sexaginta diebus equire, *Plin* 10, 63

Equiria, orum pl n *Certain horse-ridings, or races, plays instituted by Romulus to Mars, performed in the Campus Martius,* vid *Varr L L* 5, 3 & *Ov Fast* 2, 859

Equisetis, *vel* equisetis, is f *The herb horsetail,* Plin 18 28

Equisetum, i n Herba est à caudæ equinæ similitudine nomen habens *Horsetail,* Plin 26, 13 *al* ephedron, & anabasis, *app*

Equiso, onis m (1) *A horse rider, or master, an equerry, or groom of a stable* (2) *A jockey, an horse-master* ¶ Equisones nautici, *mariners, or seamen, who ride on wooden horses,* Varr (1) *Val Max* 7, 3, ext 2 (2) = Equus traditur magistro, ut equisones docent equum tolutim incedere, *Varr* ap *Non* 2, 288

Equitabilis, e adj *Easy to be rid upon, or that may be rid over* Equitabilis & vasta planities, *Curt* 4, 9, 10

Equitatio, onis f verb *Rid* ¶ Equitatio coxis & stomacho utilissima, *Plin* 28, 4

Equitatus, us m (1) *The act of riding* (2) *Also a company of horsemen, the horse, the cavalry* (1) Feminum attriti adjunque equitatu notum est, *Plin* 28, 15 (2) Equitatum magnum habebat, *Cic* pro *Font* 21

|| Equites pedatim, *Cell* 18

|| Equitiarius, i m *He that looks to the breed of horses,* Firm ✝ Peronga, *al* prurigo, Varr & *Plin*

✝ Equitissa, æ f *An horsewoman, a lady,* Litt ex Plaut *sed q*

|| Equitium, i n *A stud, herd, or race of horses,* Ulp

Equito, are equo utor (sc o) (1) *To ride, to sit an horse, to bestride an horse, or other beast* (2) *To be a trooper* (3) Met *To run, or gallop along* (1) Inter æquales equitare, *Hor Od* 1, 8, 6 in arundine longa, *Id Sat* 2, 3, 248 (2) Equitare diceb in eo quo publico merere, *Fest* (3) Eurus per Siculas equitavit undas, *Hor Od* 4, 4, 44 *sc* Euripidem respiciens, qui Ζεφύρου πνοαῖς ἱππεύσαντος ἐν ἀγροῖς scripserat, *Phæniss Chor* 1

Equitor, ari, atus pass *To be ridden* Equitantur in prælis, *Plin* 8, 18

Equula, æ f dim [ab equa] *A mare-colt, a filly,* Varr

Equuleus, i m (1) *A little colt* (2) *Also an instrument of torture made like an horse* (1) Exagitantur tactu equulei freno injecto, *Cic Tusc* 3, 29 (2) Quæstio in equuleo est, *Curt* 6, 10, 10 vid & *Cic* pro *Mil* 21

Equulus, i m dim [ab equus] *A colt, a nag, a little horse* Post annum & sex menses equulus domatur, *Varr*

EQUUS, i m (1) *An horse* (2) *An engine of war, otherwise called aries* (3) *Also a sea fish* (4) *Also a star* (1) Equo vehi, *Cic de Div* 2, 68 In equum ascendere, *Id de Sen* 10 insilire, *Liv* 6, 7 equum incitare, *Cæs B G* 4, 24 equo gestari, *Mart* 1, 1, Equus curulis, *a coach horse,* Fest venator, *a hunting nag,* Claud Epithal Hon & Mariæ, 5 (2) *Plin* 7, 56 (3) *Plin* 8, 21 (4) *Cic* in *Arat* & *Plin* 18, 31

E ante R

Eradendus, a, um part *To be scraped out, or erased* Eradenda sunt cupidinis pravi elementa, *Hor Od* 3, 24, 51

Eradicitus adv *From the very root* ✱ Non radicitus, verum etiam eradicitus, *Plaut Most* 5, 1, 63

Eradico, are act *To pluck up by the roots, to root up, Met to destroy utterly,* ¶ Di te eradicent, *formula execrandi,* Ter Andr 4, 5, 22 = Rem suam perdidisse [illegible] [illegible], seque eradicaret, [illegible] *Aul* 2, 4, 21 ¶ Eradicare [illegible] alicujus, *to deafen one*, Id

Erado, ere, si, sum act (1) *To* [illegible] *off, or out* (2) *To put* [illegible] *blot out* (1) Surculos, [illegible] [illegible] [illegible] noles, eradito, *Col* [illegible] 9 (2) Judicum [illegible] ali [illegible] [illegible], *Suet Dom* 8

[illegible] [illegible] Gr [illegible] [illegible] *that which together*, [illegible]

[illegible] n (1) *A gatherer* [illegible] (2) *A sum, or contri-* [illegible] *to a charitable ac-* [illegible] (3) Also *the stone called* [illegible] (1) [illegible] Bu [illegible] [illegible] 10, 93, 94 (2) [illegible] *Plaut Curc* 5, [illegible] & [illegible] eidem contra [illegible] [illegible] em (3) *Jun*

[illegible], a, um part [ab e[illegible]dor] (1) *Razed, or scraped out* (2) [illegible] *pension, or pay* (3) [illegible] *taken out* (1) [illegible] *Propert* 4, 8, 26 (2) In [illegible] [illegible], *Plin Pa-* [illegible] (3) [illegible] crasus [illegible] [illegible]nimo, *Sen Thyest* 51

† [illegible] o, ere, u, [illegible] um & erctum [illegible] [illegible], arceo, [illegible] [illegible] *prohibeo* [illegible]

[illegible], a, um part *To be* [illegible] *or partea*, Cic *Vid* [illegible]

[illegible], ere [illegible] bona divido [illegible] [illegible] *To divide an* [illegible] Hercisco, quod [illegible]

[illegible], dep *To divide lands* [illegible] *hers*, Cic Or 1, 56

[illegible], a, um part *pro* [illegible] *To be divided* [illegible] [illegible], *Cic* pro *Cæc* [illegible] [illegible] hæreditatis [illegible] [illegible] [illegible]

[illegible] n [illegible] patrimonium [illegible] [illegible] *Augustat*, [illegible] Fretum [illegible] [illegible] ut Festus, [illegible] [illegible] Herctum

[illegible], a, um adj *Hellish*, [illegible] [illegible] columnæ, *Ov* [illegible]

[illegible], i *Chich-pease*, [illegible] [illegible] *Galen*

[illegible] m [ab Heb עֶרֶב [illegible], tenebræ] *Hell*, [illegible] [illegible], Vir Vid [illegible]

[illegible], f verb *A lift-* [illegible] *ing, a* [illegible] [illegible] erectionibus, [illegible]

|| [illegible], oris m verb *He* [illegible] *or lifteth up*, Ar- † Quæ [illegible]

[illegible], a, um part & adj or, [illegible] (1) *Made* [illegible] *upright* (2) *Standing* (3) *raised high* (4) [illegible] (5) *Stout, cou-* [illegible] (6) *Intent*, [illegible] (7) *Sublime, aspiring* [illegible] *sprightly* (9) [illegible] (1) [illegible] = Deus homines [illegible] [illegible] & erectos [illegible] [illegible] *D* 2, 56 (2) [illegible] *Sen Hipp* [illegible] (3) [illegible] sub [illegible] [illegible] 4, 501 (4) *St* [illegible] (5) = A [illegible] [illegible] [illegible] fi gerebat, [illegible] (6) = A [illegible] & [illegible] libertatem re- [illegible] *Philipp* 4, 5 [illegible] [illegible] nostris [illegible] *Pet* 30 (7) [illegible] & desp- [illegible] *D* [illegible] 12 [illegible] [illegible] mens [illegible] patres, erec- [illegible] luxuriosi [illegible] 21

Erect[illegible] [illegible] [illegible] one]

(1) *Just over against* (2) *Straight, directly* (1) Luna, quando est è regione solis, obscuratur, *Cic de Div* 2, 6 (2) ☩ Alterum è regione movetur, alterum declinat, *Cic de Fato*, c 9 & c 20

|| Erēmīcŏla, æ m *An hermit, or one that dwelleth in the wil-dern-ss*, Hier ✝ Solitarius

Eremigatus a, um part *Sail-ed, or passed over* [illegible] [illegible] ten no eremigatus, *Plin* 2, 6

|| Eremipeta, æ m *An hermit or one who loves solitary places*, Tert ✝ Deserta petens

|| Eremita, æ m *An hermit, a dweller in the wilderness*, Jun [illegible] *scrib* heremita *sed male* ✝ Deserta colens, *Cat* [illegible]

|| Eremiticus, a, um adj *Per-taining to an hermit*, Eccl

|| Eremodicium, i n [qu [illegible]] deserta causa, *sen lis*] *A nonsuit*, Ulp

* Eremus, i f *A wilderness, a desert, a lonely place*, Bibl ✝ Solitudo, *Cels*

Erepo, ere, psi, ptum neut (1) *To creep out, to get out hardly* (2) *To pass over with difficulty* (3) Met *To ascend gradually* (1) Foras lumbrice, qui suo erit erepsisti, *Plaut Aul* 4, 4, 1 (2) Montes, quos nunquam erepsimus [illegible] erepsissemus, *Hor Sat* 1, 5, 79 (3) Per obliquum crepit porticus arces, *Stat Sil* 2, 2, 30

Ereptio, onis f verb [ab eripio] *A violent taking away* ☩ Putabant ereptionem esse, non emptionem, *Cic Verr* 4, 5

Erepto, are freq [ab erepo] *To creep also often* Regis agrum nudi cruentis ereptat genibus, *Juv* 6, 526

Ereptor, oris m verb [ab eripio] *A spoiler, a taker away by force, a robber, a ravisher* Possessor, expulsor, ereptor, *Cic pro Quint* c 8

Ereptus, a, um part (1) *Taken away from* (2) *Taken out* (3) *Delivered, saved, rescued* (4) *Stolen* (5) *Dead* (1) Ereptus Cæsar consulatus, *Hirt* ap *Cæs B G* 8 50 (2) Muneri erepti ruinis, *Vir Æn* 1, 651 (3) Viri S Roscii erepti de manibus sectorum, *Cic pro S Rosc* 51 (4) Ereptum dolo reddi sibi poscit honorem, *Vir Æn* 5, 342 (5) Cernis primis erepti in annis, *Val Flac* 3, 316 Dirima consulis erepti, *Ov* ad *Liv* 200

|| Ercpsa, i m (2) *An hedge-row* Implicuimus sicu spinis corporis crem, *Nen* [illegible] [illegible] aliæ quod [illegible] *Adj* [illegible] *cliquid locum*, ex Plaut Capt 1, 2, 81 Vetere legerem, nunc crem [illegible] [illegible]

Eretria, æ f [ab Eretria regione] *A kind of ceruse* Eretria terra, *Plin* 35, 16

Erga præp (1) *Towards* (2) *Against* (3) *Over against* (1) Dii ni boni ris erga homines, *Cic* (2) Odium quod erga regem susceperant, *Nep* in *Datam* 5, extr (3) Quæ ti odo erga ædes habet, *Plaut Truc* 2, 1, 52

|| Ergasterium, ii n *A shop, a workhouse*, Dig

Ergastŭlārius, i m *A keeper of a workhouse, a jailor, or keeper of a prison, or house of correction*, Col 1, 8

Ergastulum, i n [ab ἐργάζομαι, operor] (1) *A workhouse, a house of correction, or prison* (2) Also *a slave, or prisoner* (1) ☩ = Duplius non in servitium, sed in ergastulum ad carnificinam, *Liv* 2, 23 (2) Quem nunc afficiunt inscripti ergastula, *Juv* 14, 24

|| Ergastulus, i m *A rogue, or slave kept in prison, and forced to work*, Non 1, 102 Also *a jailor*, ut al volunt, sed perperam, judice Lipsio

* Ergata, æ [ἐργάτης [illegible] [illegible], vel μοχλὸς] *An engine called a capstand, a windlass, or draw-beam, a crane, an iron crow*, Vitr 10, 4

Ergo conj [Ergo correp in [illegible], *porter*, pro [illegible] [illegible] [illegible] [illegible] [illegible] hoc [illegible] ἔργῳ] (1) *Therefore, then* (2) *A particle of exhortation for inquiry* (3) *For, because for one's sake* (1) Quid ergo tibi? *Mart* 9, 57 (2) O mi [illegible], salve [illegible], nam mihi tuus pater, pater tuus ergo, hospes Antidamas fuit, *Plaut Pan* 5, 2, 50 Eo ego hinc haud longè *Pa* Et quidem ego haud longè *So* Quo ergo, [illegible] *Id Pers* [illegible] 2, 5 [illegible] & *Andr* 5, 2, 8 & de neceps (3) Illius ergo venimus, *we come for his sake* Vir *Æn* 6, 670

Erica, æ f *The sweet broom, heath, or ling*, Plin 24, 9

Ericeus, a, um Mel ericeum, *a kind of wild honey*, Plin 11, 16

|| Ericetum, i n *A place where store of heath grows, a heath, a broom close*, Jun

Ericeus, ei m [illegible] cius, ii m [illegible] [illegible], [illegible] [illegible]cius] (1) *An urchin, or hedge-hog* (2) Also *a warlike engine made of iron, full of sharp pointed nails, or spikes* (1) *Varr* ap *Non* (2) Erat objectus portis ericeus, *Cæs B C* 3, 67

* Erigeron, tis m *The herb groundsel*, Plin 25, extr

Erigidus, a, um adj (2) [e valde rigidus] *Very cold* Erigidus horror, *Petron* in *Fragm* p 691

Erigo, ere, exi, ectum act (2) [ab e & rego] (1) *To erect, or make upright* (2) *To build up* (3) *To lift, or hold up* (4) *To set up* (5) *To advance* (6) *To succour, comfort, or relieve* (7) *To make famous* (8) *To rouse, or excite* (1) ☩ Cum Deus cæteris animantes abjecisset ad pastum, solum hominem erexit, *Cic de Legg* 1, 9 (2) Et manu, Trojam rigent? *Sen Tro* 740 (3) Ut erigerete oculos & vivere videretur, *Cic pro Sext* 31 (4) Erigere scalas ad mœnia, *Liv* (5) Macereus erexit Vatium, *Ov in Pison* (6) = Erigere & recreare aliquem afflictum, *Cic in Verr* 5, 91 (7) Patriam præcepta Platonis erexere *Claud Cons Mall* 150 (8) = Erige & confirma, *Cic ad Q fr* 1, 3 = Erigimur, & altiores fieri videmur, *Id* [illegible] 4 ☩ Quæ consuetum non frangit sed erexit, *Nep Them* 1 ¶ Erigere aures, *to prick them up* Cic [illegible] jubam, *to set up his bristles*, Sen gradum, *to climb*, Sil § Erigere ad spem, *Liv* in spem, *Cic pro Domo*

Erigor, i pass (1) *To be raised, or lifted up*, Cic (2) *To be encouraged*, Hor In digitos erigi, *to stand on tiptoe*, Quint

Erigonēius, a, um *The dog-star*, Ov Fast 5, 725

Erinaceus, i m (2) [ab eres, erinus, hinc erinaceus] *A hedge-hog*, Plin 8, 37 *al scrib* her naceus, *sed, ut puto, male*

* Erinnys, yos, *f* yis *A fury, or hag of hell*, Eccl Vid *Propr*

|| * Erioxylon, i n [lignea lana] *A sort of wool that comes off trees, cotton*, Ulp

* Eriphia, æ f [ab ἔριφος, hœdus] *An herb which some call hollow root, or holy wort*, Plin [illegible] 18

Eripio, ere, ui, eptum act [ex & rapio] (1) *To take away by force* (2) *To pluck, or pull out, to snatch* (3) *To take away* (4) *To deliver, or rescue* (1) [illegible] Virtus nec eripi, nec surripi [illegible], *Cic Parad* 6, [illegible] = Eripere [illegible] [illegible] manibus extorquere convictus est, *Cic contra Rull* 2, 7 ☩ Nil eripit fortuna, nisi quod & dedit, *Publ Syr* (2) Adolescenti ipsi oculos eripere [illegible] *Ter Adelph* 3, 2, 20 (3) ☩ Eripe, interim, modò dic medicina [illegible] [illegible], *Ov Trist* 2, 269 (4) § Eripe me his malis, *Vir Æn* 6, 365 § [illegible] aliquem morte, *Id* [illegible] mortes, ex [illegible], *Cic* [illegible] [illegible], *Plin*

Eripior, i eptus pass *To be taken away*, &c *Cic pro Muræn* 38

* Eruma, ætis n *A short ladder* Scala [illegible], *Vitruv* 6, 11

Erisma, æ f *An arch, buttress, or prop to hold up a wall that is likely to fall down* De [illegible] in frontibus interides fieri [illegible] sunt, *Vitruv* 6, 11

* Erisithales *An herb with a yellow flower, and leaves like acanthus*, Plin 26, [illegible]

Erithace, es f *A kind of wax, or honey, a red juice in the honeycombs of bees*, Plin 11, 7 Vid *R R* [illegible]

Erithacus, i m [ἐρίθακος, rubellio, rubecula] *A robin red-breast*, Plin 10, 29

* Eritrites f [ab ἐρι, valde, & θάλλω, vireo] *The herb prick madam, sengreen, or houseleek*, Plin 25, 13, *ubi vid plura nomina* Lat Sedum

Erituus, i m Machina militaris undique horrens telis, ut aculeis *Cæs B C* 3, 67 *Vid* Ericius

Erivatio, onis f *A draining of water away*, Vitruv

Erivo, are act & erivor pass [e [illegible]] *To drain away water by a sluice*, Plin 17, 26

Erix, icis *Brow ustulus e-ricæ, vel erices*, *Plin* 24 9

Erneum, i n *A cake baked in an earthen pot*, Cato, 81

Erodens, tis part *Gnawing* Erodente se ipso corpore, *Plin* 7, 43

Erōdius, i m *A bird, uncertain of what kind, a gerfalcon*, Med G *an heron*, Theod & Gaza *a moor-hen*, Aug *a stork*, Suid

Erodo, ere, si, sum act *To gnaw off, or out, to eat into* [illegible] [illegible] [illegible] erodere hones, *Col* 10, 323

Erogandus, a, um part *To be bestowed*, &c Eroganda in pecunia occupatus, *Val Max* 4, 8, ext 2

Erogans, tis part *Bestowing*, &c Animus erogans, *Val Max* 4, 8, 1

Erogatio onis f verb (1) *A bestowing or laying out* (2) *A profuse spending of money* (1) = Ut tot impendiis, tot erogationibus sola sufficiat, *Plin Pan* 31 (2) Erogatio pecuniæ, *Cic Attic* 15, 2

|| Erogator, oris m verb *An almoner, or almner*, Tert ✝ Qui erogat

|| Erogatorius, a, um Modulus erogatorius, *that empties the water into the receiver*, Front

de Aquæduct p 23, ✠ acceptorius, *Id ib*

Erogātus, a, um part (1) *Distributed, delivered out, spent, bestowed* (2) Also *intreated, or prevailed upon* (1) Multæ pecuniæ erogatæ, *Cic Verr* 5 19 Erogata feliciter beneficia, *Val Max* 5, 2, *ext* 4 Erogatus adulationi felicitatis cultus, *Id* 4, 7, 1 (2) Precibus erogatus, *Apul Met* 5 p 152

Eriginnoton, i n *An herb causing love*, Lexicogr ex Plin

Erŏgito, āre freq [ab erogo] (1) *To ask, or desire heartily* (2) *To get out, to extort* (1) § Nomenque decusque erogitat, *Sil* 10, 475 (2) Ex hac statua verberea volo erogitare, *Plaut Capt* 5, 2, 52

Erŏgo, āre act [rogatione do] (1) *To make a law and order for the employing and laying out the publick money* (2) *To lay out and bestow a thing upon* (3) Also *to beg and intreat, to get by begging* (1) Erogarisque pecunias ex ærario tuis legionibus? *Cic in Vatin* 12 (2) Erogare pecuniam in aliquem, *Tac Ann* 16, 17 § spiritum pro alimentis patrium, *Val Max* 5, 4, ext 3 summam dotis ex ærario, *Id* 4, 4, 10 (3) Erogare stipes in viis, *Apul Met* 1 p 11

Erogor, ari, ātus pass *To be laid out*, Liv 1 20 Erogabantur dotes virginibus, *Val Max* 4, 9 [illegible] 2

Erosio, ōnis f verb *An eating up, or consuming*, Litt ex Cels

Erōsus, a, um part [ab erodor] *Gnawn round about, eaten into* Sale erosus, *Plin* 12, 9

* Erōtēma, ătis n *A figure, when by heaping many questions we aggravate a business*, Rhet Interrogatum, *Cic*

* Eroticus, a, um Scripta erotica, *Romances*, Gell 19, 9

* Erotopægnion n [i e ludicrum amatorium] *A poem of Lævius Andronicus concerning lovers, a romance*, vid *Plin Ep* 5, 17 & *Gell* 2, 24

* Erotylos, i m *A precious stone like a flint, used in divination*, Plin 37, 10 = Men coros, hieromnemon, amphicome

Errābundus, a, um *Wandering, straying, vagrant* Errabundi domos suas pervagarentur *Liv* 1, 29 Errabunda bovis vestigia, *Vir Ecl* 6, 59

Errandus a, um part *To be wandred, &c* *Ov Met* 4, 87

Errans, tis part (1) *Wandering, straying* (2) *Creeping here and there* (3) *Mistaken* (4) *Unfixt, mutable* (1) Errans, propter te patriā careo, *Ter Heaut* 2 3, 16 § Errans erris, & fluctibus, *Vir Æn* 1, 340 Errantia hac atque illuc vestigia, *Val Max* 6, 8, 1 Errantia sidera, *the planets*, Plin 2 6 (2) Gramina serpentes, *Hor Epod* 2, 14 (3) Errans omnino *Cic de Fin* 2, 22 (4) ✠ = Deum non errantem & vagam sed stabilem certamque habere sententiam *Cic N D* 2 1

† Errantia, æ f *A wandering*, Accius ap Non 2 86 ‡ Erratio

Errăticus, a, um adj (1) *Unfixt, wandring, or straying abroad* (2) *Wild* (1) Erratica Delos, *Ov Metam* 6, 333 stella, *Gell* 3, 10 Erraticus homo, *a vagabond*, Id 9, [illegible] ‡ Erro, vagus, Fest (2) Papaver erraticum, *Plin* 19, 8

Errātio, ōnis f verb (1) *A wandring, a going out of the way* (2) Met *Mutability, inconstancy* (1) = Hac propius ibis, & minor est erratio, *Ter Adelph* 4, 2, 41 (2) = ✠ In cœlo nec fortuna, nec temeritas, nec erratio, nec vanitas inest, contra que omnis ordo, veritas, ratio, constantia, *Cic N D* 2, 21

|| Errativus, a, um *That useth to wander, or stray*, Front ‡ Qui solet errare

|| Errātor, ōris m verb *A wanderer, a fugitive*, Fest ‡ Erro, vagus

|| Erratrix f *She that wanders*, Front ‡ Errans

Errātum, i n (1) *A mistake* (2) *A fault, a thing done amiss, a miscarriage* (1) Illud si secus est, commune erratum est, *Cic Att* 6, 1 ✠ Nullum non dicam vitium, sed erratum, *Id* pro *Cluent* 48 (2) ✠ Cui erratum nulla venia, recte facto exigua laus, *Cic contr Rull* 2, 2

Errātur impers *They are mistaken* Quæ tot vestigiis impressa, ut in his errari non posset, *Cic Fam* 5, 20

Erraturus, a, um part *About to err, or wander*, Litt ex Sen

Errātus, a, um part *Wandred about, or strayed over* Relegit errata retrorsum litora, *Vir Æn* 3, 690 Erratus orbis, *Val Flacc* 4, 447

* Errhinum, i n [ex ἐν & ῥὶν, naris] *A medicine taken at the nose to clear the brain, snuff*, Jun

Erro, āre neut [a G ἔῤῥω, i e ægre eo, vagor] (1) *To rove up and down, to wander* (2) *To straggle, to go out of the way* (3) *To walk abroad, or up and down* (4) Met *To mistake, to misunderstand, to be mistaken, or out* (5) *To offend* (6) *Not to understand, to be at a loss* (7) *To graze, to feed, to pasture* (1) Stellæ sponte sua jussæque vagentur & errent, *Hor Ep* 1, 12, 17 ✠ Ingredi libere, non licenter errare *Cic Orat* 77 (2) Erravitne viâ, seu lassa resedit, *Vir Æn* 2, 739 (3) § Volo ei cum villulas nostras errare, *Cic Att* 8, 9 § per litora, *Sen Herc Oet* 16 urbibus, *Id Herc Fur* 16 in umbris, *Id Tro* 159 § ad flumina, *Vir* (4) Hic, non tibi, habeo, ne erres *Ter Andr* 1, 2, 21 § Quinimo, ni quid erro, *Plaut Most* 1 3, 29 (5) Et illi priores errant, & Ephorus in culpa est, *Cic Orat* 5 (6) Erro, quam insistas viam, *Plaut Trin* 4, 1, 198 (7) ‡ Ille meas errare boves permisit, *Vir Ecl* 1, 9

Erro, ōnis m *A wanderer, a loiterer, a vagabond, a starter aside, a straggler, a landleaper*, Hor Sat 2, 7, 12 Errones, *wandring stars*, Gell 1, 10 & 14, 1

Erroneus a, um adj *Running up and down, erroneous* ✠ Canes non debent esse erronei, sed assidui & circumspecti, *Col* 7, 12

Error, ōris m (1) *A maze, or wandring* (2) *A winding, or turning out of the way* (3) *A deceit, or surprize* (4) Met *An error, or mistake* (5) *A wrong, or false opinion* (6) Also *a weakness, or infirmity* (1) Quam multa passus est Ulysses in illo errore diuturno? *Cic Offic* 1, 31 (2) Inobservabilis error labyrinthi, *Catull* 62, 115 (3) ✠ Eum errorem ratione depellito, *Cic de Div* 2, 28 (4) Errorem creat similitudo, *Cic de Div* 2, 26 = Ignoratio, *Id* (5) Aliquis latet error, *Vir Æn* 2, 48 (6) ✠ Etsi aliquā culpā tenemur erroris humani, a scelere certe liberati sumus, *Cic Acad* 1

Erubescendus, a, um part *To be ashamed of, base, mean, poor, sorry* Te Venus non erubescendis adurit ignibus, *Hor Od* 1, 27, 15 Erubescendus civitatis status, *Val Max* 3, 8, 3 Erubescendæ & graves clades, *Id* 9, 1, ext 2

Erubesco, ĕre, ui incept (1) *To be red, to colour, to blush* (2) *To be ashamed* (1) Saxa rotatis erubuere rosis, *Ov Ep* ex *Pont* 2, 1, 36 ✠ Exaruit, expalluit, titubavit, *Ad Herenn* 2, 5 (2) Erubescere orationis alicujus, *Cic* in *Sall* ad aliquem ire, *Sen Herc Oet* 1707 [illegible] loqui, *Ibid* [illegible] *Curt* 5, 5, 1 [illegible] *Id* 8, 2, 2 re aliqua, *Cic de Legg* 1, 14 loqui, *Ibid* 1, 19

Erūca, æ f (1) *A palmer, or canker worm* (2) Also *the herb rocket* (1) *Col* 11, 3 (2) Erucas aptum est vitare salaces, *Ov Rem Am* 2, 402

Eructans, tis part *Belching, casting, or vomiting out* Viscera montis eructans, *Vir Æn* 3, 576 Horriferos eructans faucibus æstus, *Lucr* 5, 1025 scopulos, *Vir Æn* 3, 576

|| Eructatio, onis f verb *A belching, or breaking of wind* Exhalatio terrenis eructationibus surgit, *Apul de Mundo*, p 718

|| Eructator, oris m verb *He that belcheth, or breaketh wind upwards* Litt ex Cels

Eructo, āre freq [ab erugo, ere, Fest] *To belch, or throw up* Gurges eructat arenam, *Vir Æn* 6, 297 sinum eructare, *Ib* 3, 632 Met Eructant sermonibus suis cædem bonorum, *Cic Catil* 2, 5

|| Eructus, a, um part [ab erugo] *Belched up, loathsome* Vinum eructum & fœtidum, *Gell* 11, 7

Erŭdĕrātus, a, um part *Cleansed from rubbish* Eruderatum solum, *Varr R R* 2, 2 ab inusit

|| Erudĕro, āre act [ab ex & rudus, eris] *To throw, or carry out rubbish*, Sidon Ep 5, 7

Erudiendus, a, um part *To be taught, or instructed* In patrias artes erudiendus erat, *Ov Ep* 1, 112

Erudiens, tis part *Teaching, or instructing*, Cic de Fin 3, 2

Erŭdio, ire, ivi, itum [qu ex rudi doctum facio] *To teach, to instruct, to inform, to bring up, or exercise* § Erudire aliquem artibus, *Liv* 1, 39 § in artes, *Ov Ep* 1, 112 § artes, *Id Met* 8, 215 de republica, *Cic Fam* 2, 12 § ad majorum instituta, *Id Verr* 3, 67 telis percurrere *Ov Fast* 3, 819 castra prob. re, *Sil* 7, 186 Nec me tantum Tritonia cursus erudit, *Val Flacc* 2, 50 = docere, *Cic* instituo, *Id* ✠ Dicere [illegible] de rebus inanimatis, ut, Erudit admotas ipse capillus acus, *Ov Amor* 1, 14, 30

Erudior, iri, itus pass *To be taught*, Cic de Orat 2, 1 Erudiri in scholis, *Quint* 1, 2 Græcis literis, *Val Max* 8, 7, 1

Erŭdīte adv ius, comp issime, sup *Learnedly, skilfully* Quicquid habet auctoritatis, debetur comp [illegible] Si videbitur eruditius disputare, *Cic de Senect* 1, 10 & super! Atticus noster eruditissime simul & facetissime dixit, *Plin Ep* 1, 5, 8

Erŭdītio, ōnis f verb *Learning, scholarship, erudition*, especially in philology Sine eruditione Græca intelligi non possunt, *Cic Acad Q* 1, 2 ✠ Eruditio ad humanitatis studia pertinet, doctrina ad graves disciplinas, *Voss* ✠ disciplinis liberalibus minimum eruditioni, eloquentiæ plurimum attendit, *Suet Cal* 53

Eruditulus, a, um dim *Somewhat learned*, subst *a smatterer*, Catull 55, 7

Erŭdītus, a, um part & adj or, comp issimus, sup (1) *Taught, instructed, bred up* (2) *Practised in* (3) Also *Inured, accustomed* (4) *Learned, skilful* (5) *Curious, nice* (1) A magistro eruditus, *Cic de Orat* [illegible] (2) Diuturnā servitute ad [illegible] sentationem eruditi, *Cic* [illegible] (3) Genus [illegible] operationi conspicuum, [illegible] 24 (4) Disciplinā juris civilis eruditissimus, *Cic de Orat* 1, 55 Eruditiore aliquo sermone [illegible] *Quint* 12, 2 ✠ Alia eruditis, alia popularis oratio, *Cic Parad* c 1 (5) = Docta & erudita palata, *Col*

Eruendus, a, um part *To be searched out* Eruenda est memoria nobilitatis, *Cic pro Mur*

Erūgātio, ōnis f verb *A taking away of wrinkles*, Cic

Erūgātus, a, um part *Smoothed, without wrinkles*, Litt ex Plin

Erūgo, āre act *To take away wrinkles, to make smooth* Oleum amygdalinum erugat cutem, *Plin* 23, 4 Illius radices erugant corpora, *Id* 21, 19

‡ Erūgo, ĕre [ex e & rugo] *To belch out, to wind upwards*, Fest p 54 ‡ Eructo

Ervilia & ervilla, æ & ervilum *A kind of vetches*, Varr R R 1, 33

Ērumpo, ĕre, ūpi, uptum neut & act (1) *To break, or rush out* (2) *To issue, or sally* (3) *To attack, or set violently upon* (4) *To vent, or discharge* (5) *To come abroad to men's knowledge* (6) *To shew, or discover* (1) § Ignes ex Ætnæ vertice erumpunt, *Cic Verr* 4, 48 (2) Nec quo loco erumperent, *Cæs B C* 3, 44 (3) [illegible] fontibus erumpit liquore, *Vir Geor* 1, 445 Erumpit [illegible] fungus, *Scrib Larg* c 7 (4) Ne in me stomachum erumpat, *Cic Attic* 16, 3 (4) Conjuratio ex tenebris erupit, *Cic pro* [illegible] 4 (5) Inter nubila sese erumpit radius, *Vir Geor* 1, 446

Erumpor, i, uptus sum pass *To be broken forth* Postmodum conversis exagitata foris erumpitur, *Lucr* 6, 582 Erumpuntur sanguinem, *Scrib Larg* c [illegible]

Erunco, āre act *To weed, to pull out weeds*, Herbas eruncare, *Col* 11, 2

Ēruo, ĕre, ui, itum act (1) *To pluck, root, or tear up* (2) *To scratch, or pull out* (3) *To search, or find out, to bring to light* (4) *To dig up* (5) *To ruin, or overthrow* (1) § Sus rostro semina eruit, *Ov Met* [illegible] Annosam quercum Boreæ [illegible] certant, *Vir Æn* 4, [illegible] *Val Max* 9, [illegible] oculos eruere, *Val Max* 9, [illegible] (3) Aliquid indagare, & e tenebris eruere, *Cic Agrar* [illegible] = scrutor, *Id* (4) Aurum [illegible] eruere, *Ov Amor* 3, 8, 5 Muscā latus eruit hasta, *Ilias* 477 (5) Totam [illegible] eruit, *Vir Æn* 2, 612 cum funditus, *Sen Tro* 685

Eruor, i, tus pass *To be plucked out, &c* *Ov Met* 12, [illegible]

Eruptio, onis f verb (1) *A bursting forth* (2) *An issuing, or breaking forth, a violent assault, a sally* (1) Carbonis exsilit in eruptionis crepitu, Plin 16,10 (2) Repente ex oppido eruptionem fecerunt, *Cæs B G* 3, 5

Eruptus, a, um part *That is broke out* Hæc quo eruptura sint, nescio, *Cic Att* 2,20

|| Erythinus, *&* eruthinus, *A fish*, Plin

Erutus, a, um part [*ab* eruor] (1) *Digged, or taken up* (2) *Subverted, and overthrown* (3) *Pulled up by the roots* (4) *Found out, or discovered* (1) Cepæ erutæ, *Ov Fast* (2) Remis eruta canet æquor, *Ov Ep* 5, 54 (3) Erutus ... *Stat* 1,27 (4) Irrita omnis fundamentis ... *Alex* 6, 3, 1 (5) Eruta ... (6) ✠ Hoc ... occultum & ... sententiam ... *Quint*

Ervum, i n *A kind of pulse called tares, or fitches* Nec ervi ... cura est, *Plin* 18, 15

Erymanthium, *Scrib Larg* c

Ex quibus, quo l ervi magnitudinem habent, sit sesi de voluisse, *Col* ... *tust*

Eryngion, i n *Sea holm, or holly*, Plin 21, 15

* Erysimon, i n *A kind of ... or tansome, an herb, wild ... mustard*, Plin 2..., 5 = Irio

Erysipelas, atis n *A swelling full of heat and redness, a ... commonly called Saint Anthony's fire*, Cels 5,26, 31

Erysceptrum, i n *English ... , or ... of ... ver-* Plin 24, 13, *al* dipsacus

Erythraces ... f *That wherewith ... is torn the outermost parts of their combs*, Varr R R 3, 16

Erythinus, i m *Piscis, idem quod erythinus*, Plin 9, 16 & 9, 52

Erythræus, a, um adj *Ery ... Sc ab Erythræo ... a pearl got out of the Red sea*, Stat Sylv 4, 6, 18 Erythræum mare, *Plin* 6, 2, Erythrææ gemmæ, *Claud* 4 *Cons H* 605

Erythinus, i m *A sea fish, all red but the belly, which is white*, Plin 9, 52

Erythrinus, i m *A kind of ...*, Plin 13, 19

Erythrodanum, i n [a radice rubente] *An herb having a red root, madder that dyers use*, Plin 24, 11

Erythros, i n *Sumach a shrub, the leaves whereof curriers ... to dress their leather*, Plin 24, 11 & 24, 11 Diosc 1,147

|| Erythrotaon, onis m [*ab* ... rubeo, ... pavo] *A ... pheasant, or bastard ... geb in Suet ubi rectius ... de quib ... Plin* 10, 22

E ante S

... [a sum] *Thou art*,

... [a sum] *Be thou*,

... [ab edo] *Eat thou* ... obscœne mecum, ...

Esca, æ f [ab edo, esum] (1) ... *for man* (2) *for* ... (3) *A bait to ... or birds with* (1) ... & potionibus non vescuntur Dii, *Cic N D* 2,23 (2) Sus quid habet præter escam? *Cic N D* 2,64 (3) Esca voluptatis capiuntur homines, ut hamo pisces, *Cic de Senect* 13 ¶ Ignis esca, *fuel*, Liv

|| Escale, is n *A dish, or platter to serve meat in* Escale & potorium argentum, *plate for the table*, Paul JC

Escara, *vel* eschara, æ f *A gridiron*, Litt ex Vitruv 10, 17 but there it signifies *a basis of beams laid cross-wise*

|| Escar a, mensæ quadratæ loc in quibus homines epulantur, *Fest*

Escārius, a, um adj [*ab* esca] *Pertaining to meat* Escarium vas, *Plin* 36,26 ¶ Escaria vincula, *when we are tied by the teeth*, Plaut Men 1,1, 18

|| Escatio, onis f *A feeding upon meat*, Aug ↓ Esus, Tert

Escendo, ere *To ascend, to go up*, Plaut Vitruv Liv & *al* testibus Grutero & Gronov Navem escendere, *to go on board*, Nep Struem, *Sen Phæn* 112

* Escharites panis *Bread baked, or toasted on a gridiron*, Pollux, 6

* Eschatocollion, i n [ἐσχατο-κόλλιον, vel potius ἐσχατον κόλλιον, ut respondeat formæ τὸ πρωτόκολλον] *The latter end of a book*, Mart 2, 6

|| Esco, āre act *To feed upon a thing*, Solin 52 ↓ Edo

Escor, āri, atus pass *To be fed upon*, Litt ex Cels

Esculenta, orum n *Meat*, Cic N D 2, 56

Esculentus, a, um adj *Any thing to be eaten, or pertaining to eating* Esculento ore homo, *one with meat in his mouth*, Plin 8,25 Esculenta merx, *victuals to be sold*, Col 11, 1

Esculetum, i n [*ab* esculus] *A grove of beeches*, Hor Od 1,22,14

Esculeus, a, um adj *Of, or belonging to a beech* Esculea frons, *the corona*, *Ov Met* 1, 449

Esculinus, a, um adj *Made of beech*, Vitruv 7, 1

Esculus, i f [*ab* esca, ut fagus a φαγεῖν dict quod primi mortales, nondum inventis frugibus, glande pro esca utebantur] *A beech, or mast tree*, Serv ad Vir Geor 2, 29

|| Esectio, onis f verb *A cutting of a child out of the mother's womb*, Litt ex Cels

|| Eseco, āre act *To cut a child out of the mother's belly*, Seren ↓ Exseco

Esitatio, onis f verb *An often eating, or cramming*, Litt ex Cels

|| Esitator, oris m *He that eats often*, Firm

Esitatus, a, um part *Eaten*, Lexicogr ex Col

Esito, āre freq [ab edo esum] *To eat often, to use to eat* Meas qui esitabunt escas, *Plaut Pseud* 3, 2, 41 Sentisne esitas? *Id Capt* 1, 2, 85

* Esopon, i n *A kind of wild lettice, or endive*, Plin 20, 7 sed Harduinus leg *a*sapon

|| Esotericus, a, um adj [*ab* ἔσω, ut ἐσωτερικὸς] *Inward*, &c *Aug* ↓ Internus

Esox *al leg* exox *A great fish in the river Rhine, a lax, some take it for a salmon*, Plin 9, 15

Esse infin [a verb sum, es] *To be* ¶ Esse pulchre, lepide, bene, *to live well, to feast*, Plautus *saepe*, nisi forte ... Esse in timore, *Nep Milt* 8 ... dolore, *Scrib Larg* c 1 It infin [*ab* edo, es] *To eat*, exempla passim

Esseda, æ f *A chariot, chaise, or waggon*, Sen Ep 56

Essedārius, ii m *A waggoner, or cart maker, a carter, or waggoner, a charioteer, also he who fights in a chariot* Ne ... essedarius decipiaris, caveto, *Cic Fam* 7, 6

Essedum, i n (vox Gallica) *A wain, chariot, or waggon, a chaise used by the Gauls and Britons* Belgica esseda, *Virg Geor* 3, 204 Britannia, *Propert* 2, 1, 76

Essentia, æ f [*quasi* a part essens ut absum, absens] *The being of any thing, essence* Fabricæ Ciceronis ... Hoc vocabulum, *teste Sen Ep* 58 vide etiam suffragium *Quint* 8, 3

|| Essentialis, e adj *Essential*, Theolog

|| Essentialiter adv *Essentially*, Aug ✦ Secundum essentiam

✝ Esi..., *pro* edi, *Plaut*

Est [a sum] *He, she, it is* Est [*ab* edo] *He eateth* Oleas est, & sylvestria corna, *Hor Sat* 2, 2, 57

Esto imperf [... edo ... sum] *Put case it is so, be it, or suppose it be so*, Cic de Fin 2, 19

Estor, oris m verb [*ab* edo] *He that eateth much*, unde

Estrix, icis f verb [*ab* edo, es] *A she ravener, or great eater* Estrices mulieres, *Plaut Cas* 4, 1, 20

Estur [a verb edor] *They eat, it is eaten* Diesque noctesque estur, *Plaut Most* 1, 1, 78 Estur putredine navis, *Ov ex Pont* 1, 1, 68

Esula, æ f *The herb spurge*, Med = Tithymallus

Esurialis, e adj *Belonging to fasting* Esuriales feriæ, *Plaut Capt* 3, 1, 8

Esurībo, *pro* esuriam, more vett

Esuribundus, a, um adj *Very hungry*, Col

Esuriens, tis part (1) *Being hungry* (2) Met *Greedy, covetous* (1) Num esuriens fastidis omnia præter pavonem rhombumque? *Hor Sat* 1, 2, 115 (2) *Hor Sat* 2, 3, 113

|| Esurienter adv *Hungrily* Esurienter exhibitas escas appetebam, *Apul Met* 10 p 339 ✦ Esurientium more

Esuries, ei f *Hunger*, Met *niggardliness, or misery*, Cœl *ad* Cic Fam Ep 8, 1

✝ Esurigo, inis f *Hunger* Esurigo findebat costas, *Varr ap Non* 2, 201

Esurio, ire, ivi, itum desiderat [*ab* edo, esum] (1) *To desire to eat, to hunger, or to be hungry* (2) *To be poor* (1) Nostræ copiæ facile algere, & esurire consuerunt, *Cæl Cic Fam Ep* 8, 17 (2) Qui homo non parsit pecuniæ mature esurit, *Plaut Curc* 3, 11

Esurior, iri pass *To be hungred after, or longed for* Nil ibi, quod nobis esuriatur, erit, *Ov ex Pont* 1, 10, 10

Esurio, onis m *A hungry fellow* ✝ Esurio venio, non venio esurio, *Plaut* ... jocum captans, *Pers* 1, 3, 23

Esuritio, onis f verb *Hunger, or the being hungry* Pater esuritionum *Catull* 19,1

Esuritor, oris m verb *One that is often hungry* Non tam pecunia esuritor, *Mart* 3, 14

Esuritrix, icis f *She that is often hungry*, Litt ex Plaut *sed q*

Esuriturus, a, um part *Who shall be hungry* Spes est nos esuituros satis, *Ter Heaut* 5, 2,28

|| Esus, us m [*ab* edo] *An eating*, Gell 4, 1 Plin ... quoque laudant al sed male, *usu* enim ibi legendum ✦ Comestio

E ante T

ET conj cop [a Gr ἔτι pro ἔτι adhuc] *And, also, yet* Et est conjunctionis, hortandi, confirmandi, interrogandi, indignandi, ordinandi, augendi exempla passim, quibus brevitatis ergo supersedeo *Even, both, and afterwards, although*

Etenim, conj *For, because, that, and also, but*, Ter Andr 2, 6, 11 ☞ Aliquando partes composit per Tmesin disjuncta sunt, *ut*, Et dicere enim nemo potest, *Cic*

Etenim vero *For truly*, Litt ex Plaut *sed q*

Ethaca vitis *A sort of vine* Vel uvi quæ etesiis vanat, *Plin* 14, 3

* Etesias, æ m *A northeast wind that blows constantly every year for forty days together in the dog-days*, Plin 18, 34 vid & *Col* 11, 2 *Gell* 2, 22

Etesius, a, um adj *Yearly, or belonging to the eastern winds* Etesia flabra Aquilonum, *Lucr* 5, 741

Etesticulatio *A gelding*, Lexicogr ex Cels

✝ Etexo *To unweave, or untwist*, Pacuv ✦ Detexo

Ethesias *A mort ar stone*, Plin 36 22 *ubi al* ... esius

Ethica, orum n pl *Books of moral philosophy*, *others* Lat Libri de moribus, libri morales, ex mente Ciceronis

* Ethice, es f *vel* ethica, æ f *Moral philosophy* Eam partem philosophiæ *de moribus* appellare solemus, sed decet augere in linguam Latinam nominare moralem, *Cic de Fato*, 1 *in principio*

|| * Ethicus, a, um adj *Moral, belonging to manners, or behaviour* Lat Moralis, *vid* Cic in Orat 37

|| * Ethnicus, a, um adj *A gentile, ethnic, or heathen*, Hier Lat *Gentilis* ad verbum commode, ad notionem angustius

* Ethologia, æ f *The art, or skill of counterfeiting mens manners, a figure in rhetoric*, Quint 1, 9

Ethologus, i m *He that expresseth other mens manners by voice, or gesture, a jester, a buffoon, a mimic* Mimorum & ethologorum est, si nimia est imitatio *Cic de Orat* 2, 59

* Ethopœia, æ f *A representation of manner, carriage, or behaviour*, Isidor 2, 14

Etiam conj [*ab* et *&* jam] *Also, too, yea, farther* Etiam atque etiam, *again and again*, Ter Etiam dum, *yet, till that time*, Id Etiam ne, *what still?* Id Etiam nunc, *still, immediately*, Plaut Post etiam, *in the next place*, Cic Etiam tum, *even then*, Id Etiam tu, hic istunc amoves ab te? *why don't you* Plaut Nullius auctoritas minuta est, *imo* etiam, *yea rather*, Plin Paneg 77 Etiam, scelus, male loquere? *what you rogue, do you rail?* Plaut ✠ Aut etiam, aut non, *either yea, or no*, Cic

Etiamnum adv [ex etiam & nunc] *As yet, to this very time, still*, Plaut

Etiamsi con. *Though, although*, Cic Potest etiam scribi *etiamsi* divise

Etsi conj ex et & si *Although, albeit* Sequentibus *tamen, etiamtamen, at, attamen, sed*, aliquando vero sine illis, *ut*, Do pœnas temeritatis meæ, etsi qua fuit illa temeritas *Cic Att* 9, 9

* Etymŏlŏgia, æ f [ἐτυμολογία] Sermo de etymis *ut*, *etymology, the doctrine of etymology*, or *an account of the original and derivation of words*, *it is also one of the four parts of grammar*, Cic Top c 8 quam ille minus fuerit, *id est* formidabat, teste *Quint* 1, 6 Lat Notatio, *Cic* [illegible]

|| Etymŏlŏgĭcus, a, um *That pertaineth to etymology, etymological*, Gell 1, 18

Etymŏlŏgus, i m *An etymologist, that seeketh to the interpretation of words*, Gram

* Etymon, i n *The etymon*, or *original of a word* Glunt [illegible] etymon [illegible], Varr R R 1, 48

E ante U

Eu interj [εὖ] *bene! Rare ly done!* Plaut Most 1, 1, 26 Ter Eun 2, 2, 4

Evacuandus, a, um part *To be emptied* Ad evacuandum [illegible], Plin 20, 6

|| Evacuatio, onis f verb *An emptying*, or *voiding*, Tert ‡ Exinanitio

|| Evacuefactus, a, um part *Emptied, made clear*, [illegible] ‡ Vacuefactus, *Val Max*

Evacuo, are act *To empty, to make void, to evacuate* Evacuare alvum, *to go to stool*, Plin *Vid* Evacuandus

|| Evaditus, a, um *He that goeth under furtive* Dig ‡ Vaditus

‡ Evalesco, ere *To grow less esteemed*, [illegible] Plaut

Evādo, ĕre, si, sum neut & act (1) *To get away*, or *out of* (2) *To avoid* (3) *To pass over* (4) *To go*, or *come to* (5) *To go*, or *reach to* (6) *To climb*, or *mount* (7) *To become*, or *grow* (8) *To come to pass* (1) = Abiit, excessit, evasit, erupit, *Cic Catil* 2, 1 § Evadere claustris, *Val Flacc* 7, 5 [illegible] (2) Evadere nostris [illegible], *Virg Æn* 9, 560 [illegible] *Val Max* 5, 7, [illegible] ( ) Amicum haud difficulter evadi, *Tac Ann* 1, 5 3 (4) § Evasit ad castra, *Val Max* 1, 6, 6 Evadere ad superos *Sen Herc Fur* 583 (5) [illegible] spatium evasit, totum [illegible] *Æn* 12, [illegible] (6) Sic [illegible] gradibus evaserat [illegible] *Æn* [illegible] ¶ [illegible] *to have come well*, [illegible] c 12 17 Cum jam in eo esset [illegible] muro evaderet miles, *Liv* [illegible] 17 (7) Evadere [illegible] *Val Max* [illegible] insignem pugnatorem [illegible] (8) [illegible] quomodo [illegible] quod [illegible] *Cic de Div* 2, 59

|| Evăgābundus, a, um *Wandering about*, Aug ‡ Vagabundus, *Sen*

Evāgātio, onis f verb *A wandering*, or *roving abroad*, Plin 2, 7 ‡ Vagatio [illegible]

Evāgātor, oris m [illegible] *He that strays away*, [illegible] Sen

|| Evaginatrix, icis f verb *She that gadeth abroad*, Tert

|| Evaginatio f *A unsheathing, a drawing of a sword out of the sheath*, Tert

|| Evaginator, oris m verb *He that draws his sword*, Aug ‡ Qui distringit gladium

|| Evagino, are [unde part evaginatus] *To draw out of a sheath*, or *scabbard*, Vulg interp ‡ Stringo, educo, distringo

|| Evāgio, ire, ivi *To cry*, or *squall as a little child doth*, Ano [illegible] ‡ Vagio, *Cic*

|| Evāgo, are *To wander about* Frag Poet

Evagor, ari, atus sum dep (1) *To wander, to stray, or run abroad, to rove about, to ramble* (2) *To grow luxuriant as the boughs of trees do* (3) *To overflow* (4) Met *To spread* (5) *To digress from his purpose* (1) Nullo ad [illegible] relicto spatio *Liv* Ne [illegible] longius, *Val Max* [illegible] 12, 1 (2) Evagatur in luxuriam [illegible] vitis, *Col* 5, 6 (3) [illegible] vagantur aquæ, *Plin* [illegible] (4) [illegible] morbi, *Liv* [illegible] (5) Hactenus evagari sat fuit, *Quint* 2,

Evălĕo, ēre, ui, itum neut (1) *To be of power, to be able, to may*, or *can* (2) *Also to be worth* (1) Qui pervincere voces evaluit [illegible] sonum? *Hor Ep* 2, 1, 201 Sed non [illegible] medicin [illegible], *Virg Æn* 7, 75 (2) Cum margarita centies HS [illegible] *Macrob Sat* 3, 17 ‡ Valeo

Evălesco, ere, ui incept *To wax very strong, to prosper and grow* Adjutrix cura naturam magis evaluit, *Plin* 17, 15 Valeo, [illegible]

|| Evallatio, onis f verb *A casting out of the trenches*, or *doors*, Veg

Evallesco, ere [illegible] p Non 3, 158 ad quod

Evallo, are act *To cast out, to put out of doors*, Varr

Evallo, ere, tum act *To van*, or *make clean corn*, Plin 18, 10

Evallor, i pass *To be winnowed*, Plin 19, 10

Evan Vox bacchantium [illegible] ipse Bacchus, *Ov Met* 4, 15

Evanesco, ere, ui undevanesco

Evanescens, tis part *Vanishing away* [illegible], Sen [illegible] Ben 1, 12

Evanesco, ere, ui incept (1) *To vanish away* (2) *To perish and be lost* (3) *To decay, to wear away* (4) *To be consumed* (5) *Also to grow out of esteem* (1) Ut cornua extrema lunæ [illegible] vidit, *Ov Met* 2, 117 (2) Is orationes [illegible] quæ nunc evanuerunt, *Cic de Cl Orat* 27 (3) = Omnis eorum memoria obscurata est, & evanuit, *Cic de Orat* 2, 23, Ne vires evanescant, *Scrib Larg* c 107 (4) Evanuisse [illegible] vetustate vim [illegible] ejus loci, *Cic* [illegible] 2, 5 (5) Cum [illegible] evanuisset Hortensius, *Cic de Cl Orat* 94

|| Evangelice adv *Gospel like*, Eccl

|| Evangelicus, a, um adj *Of the gospel* Evangelicus liber [illegible] *Prud Apoth* 15

|| Evangelismus, i m *A [illegible] a memory of the annunciation*, Eccl

|| Evangelista, æ m *An evangelist*, Eccl

* Evangelium, ii n *The joyful [illegible] news* [εὐαγγέλιον] (1) *Good news* (2) *Also rewards given to those that brought them* (3) *The gospel* (4) Evangelia, orum n [illegible] *Processions and prayers made for joy of good tidings* (1) [illegible] ἀπαγγέλλοντες, *Appian Alex de nece Ciceronis* (2) [illegible] quæ reddam nescio, debeo quidem plane fateor, *Cic Att* 2, 12 [illegible] *Eustath in Hom Il* ξ v 152 (3) *Eccles* (4) [illegible]

|| * Evangelizo, are *To preach the gospel*, Aug

Evangelus, i m *A bringer of good tidings*, Vit [illegible] 10, 7

Evanidus, a, um adj [ab evanesco] *Vain, fading, apt to decay, to vanish, frail, that will soon perish* [illegible] & [illegible] gaudium, *Sen Ep* [illegible] E animo [illegible] *Ov Met* 5, 15

Evanno, are act [ex & vanno, ut aliqui volunt] *To van*, or *make clean to winnow corn, also to sift out of doors* Quod [illegible] foras extra [illegible] *Varr R R* 5, *al* [illegible] evannatur, *forte melius*, *juxta* [illegible]

|| Evannor [illegible] pass [illegible] *Pomp* [illegible]

Evans, tis part [al Evo [illegible]] quod Baccho acclamatum, qui in [illegible] *shouting in praise of Bacchus*, *Virg Æn* 6, 517 & 10, 760

Evaporatio, onis f verb *A breathing, or steaming out, an evaporation*, Sen Nat Quæst 1, 7, 24

|| Evaporo, are act *To steam out, to evaporate*, Solin c 8 Exhalo, *Cic*

Evaporor, ari, atus pass *To be steamed out*, or *evaporated*, Gell 19, 5

|| Evasio, onis f verb [al evado] *An evasion*, or *escape*, Vulg interp ‡ Fuga, *Liv*

Evastandus, a, um part *To be wasted*, or *destroyed* Evastanda tibi tellus, *Sil* 15, 184

Evastatio, onis f verb *A wasting*, or [illegible] *spoil*, [illegible] ex plin ‡ Vastatio, *Cic*

Evastator, oris m verb *A waster*, or *consumer*, Aug ‡ Vastator *Stat*

Evasto, are act *To waste, spoil*, or *destroy* Quinque mensium [illegible] evastaverunt, *Liv* 10, 15

Evastor, ari, atus pass *To be wasted*, or *destroyed* Culta evastata sunt [illegible], *Liv* 5, 5

Evasurus, a, um part *About to come off*, or *end* Hæc [illegible] diebus intelligentur, quorsum evasura sint, *Cic Att* 7, 17 Quantum evaderi is esset, *Pater* 2, 91

Evax interj exultantis [al [illegible]] voce [illegible] *Huzza, an huzza*, Plaut Men 1, 2, 18 Capt 4, 2, 14

|| * Eucairia, æ f *Opportunity* Lat Opportunitas, *Orac* Cic

|| * Euc[illegible] Lingua [illegible], [illegible] 6 Lat Gratia

* Eucharistia, æ f *Thanksgiving, the sacrament of the Lord's supper, the eucharist*, Eccl [illegible] [illegible] *Gratiarum actio*

Eucharisticus, a, um *Pertaining to the eucharist*, or [illegible], Eccl

|| Eudæmon [illegible] *Happy* Eudæmonem [illegible], *Mart* [illegible] 9, 5 [illegible] felicem

|| * Eudoxia [illegible] *A good name* Lat Bona fama

|| Evectio, onis f verb (1) *A carrying forth* ( )[illegible] Evectiones, *licences to use posthorses, post warrants* (3) [illegible]

cockets at the customhouse for exporting of goods (1) Sub [illegible] evectio, *Apul Met* 5 p 16 *Sexton* 5, 20 *Symmach* [illegible] Ap receptores

|| Evector, oris m verb *He who advances*, or *lifts up*, [illegible] Sen

|| Evectrix, icis f *She who lifts up*, Tert

Evectus, a, um par ( ) *Carried, or brought out* (2) [illegible] *moved* ( ) Met *Advanced, extolled* (4) *Carried beyond* (1) [illegible] evecti [illegible], *Cic* de [illegible]

Evectæ prono [illegible] *Val Flacc* [illegible]

Evectis quo, *Liv* = [illegible] tus, *Cic* (2) Evectus [illegible] in [illegible], *Plin* [illegible] 150 [illegible] evectus [illegible], *Ov Met* [illegible] 6, 2, [illegible] 7 ( ) = [illegible] *Tib* [illegible]

Evectus, us m verb *Carriage, conveyance*, Plin 18, 5

Eveho, ere, xi, ectum act (1) *To carry out, to convey* (2) *To lift up* ( ) [illegible] *Plin* 6, 19 [illegible] evexit [illegible] 100 ( ) Evenere [illegible] = Fortuna [illegible] *Juv* 1, 38 Evexit Q Catul [illegible] voce sua tantum non ad [illegible], *Val Max* 8, 15, 9

Evehor, i, ctus pass *To be carried*, Met *to be exalted*, & [illegible] in Thessalia Delectis [illegible] tibus evecti sunt, *Just* [illegible] 6 [illegible] evecti, [illegible] potest, *Pater* [illegible] 53

Evellendus, [illegible] part *To be pluck'd up* Qui non mo[illegible] memoria [illegible] evellendos putes, *Cic* pro [illegible]

Evellens, tis par *Plucking*, Evellens comam luctus, [illegible] *Ap* p 512

Evello, ere, velli, vulsi, vulsum act (1) *To pluck up*, or [illegible] (2) *To pull off* (3) *To tear* [illegible] *To draw* [illegible] (5) Met *To root out*, or *abolish* (1) Evellere [illegible], *Plin* 8, 4 [illegible] capes [illegible] 160 (2) Cano puellæ [illegible] vellere, *Prop* [illegible] Femur puellæ [illegible] (4) Castra [illegible] (5) ✝ Insigne [illegible] *Or* [illegible]

Evulsus [illegible] pass [illegible] *pluck'd up*, &c [illegible]

Evenio, [illegible] ven, ventum (1) *To come*, [illegible] (2) *To come to* [illegible] ( ) *To* [illegible] Merc [illegible] profectio, [illegible] modo is [illegible] = Funebria [illegible] In hac ratione [illegible] perfinis [illegible] mia even [illegible]

Evenit impers *It happens* Malè ut seventis

[illegible] Plaut Curc 1, 1, [illegible] Qui tu Athenis in- [illegible] Ter Andr 5,

‖ E[illegible]tio, ōnis f verb [illegible] Aug ‡ [illegible] Plin

‖ E[illegible] verb [illegible] Eventilator causa, [illegible] of the matter, Arnob ‡ [illegible] Col

Eventilātus, a, um part Win- nowed [illegible] eventilata mun- [illegible] Col 1, 6 Eventilato [illegible] Just 44, 1, 10

Eventĭlo, āre act To win- now [illegible] fan, Plin 31, 8 Eventĭlor, āri, ātus pass To be [illegible] winnowed, Plin

Eventum, i n The event, or [illegible] Causæ eventorum magis [illegible] quam ipsa eventa, Cic [illegible] hoc ejus even- [illegible] Il d Annæ 4

[illegible] part [ab e- [illegible] That will come to pass [illegible] Quid eventurum sit [illegible] Cic Div 2, 49 Not- [illegible] quæ even- [illegible]

[illegible] verb [ab eve- [illegible] The [illegible] Col [illegible] Bonus [illegible] B [illegible] 2, 27 [illegible] RI

[illegible] part Per- [illegible] Reruseve [illegible] 2, 18

[illegible] act To [illegible] Curt 6, [illegible] Hor Ep 6, 27 [illegible] Vitruv [illegible] To cast, or [illegible]

[illegible] part To be [illegible] Col

[illegible] quæ [illegible]

[illegible] (1) A drag [illegible] (2) [illegible] extortion [illegible] (1) Everriculo in [illegible] Varr de R [illegible] (2) Verrem everriculum [illegible] Cic [illegible] in Verr [illegible] D 2, 30

[illegible] or away, to [illegible] (2) Met To sva- [illegible] Cic [illegible] Varr [illegible]

[illegible] Plin [illegible] Achill [illegible] Broken, shattered

(4) Plowed, turned out of (5) Sore tossed (1) Equus cui fonde eversus, Prop [illegible] 4, 11, 8 (2) = Urbs excisa & eversa, Cic pro [illegible] 15 = Perdita & plane ever- sa, Id Att 5, 16 = E[illegible]tum & subrutum obitu ejus [illegible] Val Max 5, 10, 3 (3) Eversō juve- nem succurrere sæclo ne prohibe- te, Vir Geor 1, 500 Replelum ratibus eversis mare, Sen Agam 1006 (4) Ever[illegible] duum femi- num campo, Val Flacc 7, 75 (5) = Afflictus atque eversus, Cic pro Quint 23

Eversus, a, um part [ab ever- ror] Brushed, scrubbed, Mart [illegible] = Quoe[illegible] non eversum atque extersum a- [illegible] Cic Verr 2, 21 Dom[illegible] est ab [illegible] Cic pro Domo, 28

Everti[illegible]dus, a, um part To be overthrown [illegible] Nec [illegible] in stat [illegible] Cic Brut 15

Everto, ere, ti, sum act (1) To turn up [illegible] down, or topsy- turvy (2) To turn out of (3) To overthrow, to destroy, to beat down (4) To [illegible] (5) To [illegible] (6) [illegible] (1) Ab imo [illegible] Luc 16 (2) [illegible] Phil [illegible] 2, [illegible] Val Max [illegible] Cic [illegible] P Scipio Carthaginem [illegible] Cic Att 16 15 [illegible] Cic de Orat 1, 8 (6) [illegible] mus eam definitionem [illegible] lo voluit evertere, Cic Acad Q [illegible] 6

Evertor, i, sus pass To be over- thrown, turned out, &c Odi- [illegible] Cic de Fin [illegible] Quint [illegible]

‖ Evestigātio, ōnis f verb A finding, or [illegible] out, Aug ‡ Investigatio, Ci

‖ Eve[illegible]gator, ōris m verb A searcher, or finder out, Aug ‡ Investigator, Ci

Evestigātus, a, um part Found, or traced out Post vestigia [illegible] fugitiverum arma ditissimus, Sen [illegible]

Evestigio adv [illegible] forthwith, out of hand, Cic Fam [illegible] 12

‖ Evestigo, āre act To seek, to [illegible] to hunt after, Arnob ‡ Investigo, Ci

[illegible] To [illegible] to fore [illegible] Val Flacc [illegible]

* Euge[illegible]ton, i n [illegible] A kind of herb good to [illegible] milk, Plin 27 9

[illegible] O [illegible] Adelph [illegible] Plaut [illegible]

[illegible] An excellent [illegible] Col [illegible]

[illegible] O [illegible] Pers [illegible] Id [illegible]

[illegible] Virg Æn [illegible]

Evibrātio, ōnis f verb A shak- ing, brandishing, and darting, Litt ex Sen

‖ Evibro, āre act To shake, or brandish, to shoot, or discharge, Met to incite, or stir up, unde

‖ Evibror, āri, ātus pass To be shaken, &c Met to be incit- ted = Ut excitarentur atque evi- brarentur animi, Gell 1, 2 ‡ Vibro [illegible]

‖ Evictio, ōnis f verb [al evinco] A [illegible]tion by law [illegible]

‖ Evictor, ōris m He that [illegible] by law, [illegible]

[illegible] part (1) Over- come (2) [illegible] by law cast, proved [illegible] (3) [illegible] (4) Met Cast down (1) [illegible] Vir Æn 4, [illegible] Val Flacc 2, 186 [illegible] (3) Evic- [illegible] longo tempore [illegible] Ov Trist [illegible] Sen Med [illegible] Max 6, 5, ext [illegible] (4) A [illegible] Æn 2, 630

Evidens, tis adj or, comp ssi- mus, sup Evident, clear, appa- rent, plain and [illegible] = Pers[illegible] & [illegible] Cic Acad Q [illegible] Quod multo est evi- dentius Cic [illegible] Fin [illegible] 8, 8 [illegible] Cels [illegible] Val Max 2, ext 9

Evidenter adv ssime, sup Clearly, evidently, apparently, plainly Evidenter nox [illegible] Liv 6, 26 [illegible] testatur, Aug Civ D 20, 29

Evidentia, æ f Evidence, per- spicuity, clearness Græcum [illegible] hanc vocem, [illegible] tatem aut evidentiam nos, si pla- cet, nominemus, [illegible] opus erit, Cic Acad Q 4, 6

Evig[illegible]landus, a, um part To be passed without sleep Nox [illegible] Ti 1, 8, 63

Evigilatio, ōnis f A waking, Litt ex Varr

Evigilātus, a, um part Dili- gently watched, studied, or good advice Evigilata consilia, Cic [illegible] 9 12 = Meditati evigilat- que, Gell 1, 1

Evigilo, āre neut (1) To watch, to be careful and labo- rious [illegible] (2) [illegible] (3) Act To [illegible] by night (1) In quo evigilaverunt cur[illegible] & co- gitat [illegible] Cic [illegible] (2) [illegible] (3) [illegible] Ov Trist 1, 1, 107

Evilesco, ere To grow cheap [illegible] Tacit [illegible] Val Max [illegible]

Evincendus, a, um part To be subdued, to be cured Evin- [illegible] Col 6, 5

Evincio, ire, vinxi act To bind, or tie about [illegible] Tac 6, 4- [illegible]

Evinco, ere, ci, ctum act (1) To [illegible] (2) [illegible] (3) To [illegible] (4) [illegible] (5) To [illegible] (6) Also to [illegible]

by law (1) Evincens utinam [illegible] Sen Herc [illegible] 558 Dubiique evincite re- bus, quæ meminisse juvet, [illegible] Flacc [illegible] (2) Si puerilius [illegible] Hor [illegible] 2, 250 (3) Oppositas evincit [illegible] moles [illegible] (4) Arbor [illegible] Sen Hipp [illegible] (5) [illegible] Sen Med 19 (6) [illegible]

Evinctus, a, um part [al vin- cior] (1) Bound, tied up (2) [illegible] (1) [illegible] Ov Met 15, 676 [illegible] Vir Æn 8, 286 (2) [illegible] Ov ex Pont [illegible] 2, 7 [illegible]

Eviratio, ōnis f verb (1) A gelding, a making effeminate (2) Weakening, or discouraging (1) Plin 20, 1 (2) Lacessi re- [illegible] Sen [illegible]

Eviratus, a, um part or, comp (1) Unmanned, gelded (2) Effe- minate (1) [illegible] Lexicogr ex Plaut (2) Spadon[illegible] cum [illegible] Mart 5, 4

Evirĕsco, ere incept To be- come green [illegible] Varr ap Non 2 258

Eviro, āre act [ex & vir] To geld, to make effeminate, to weaken to unman Corpus evi- rastis Veneris nimio odio, Catull [illegible] R occ

‖ Eviscerator, ōris m The [illegible] that draws out the bow- els of the [illegible] Tert

Evisceratus, a, um part Bow- elled, or without his guts and bowels, Cic de Div 2, 64 ex Pa- c[illegible] conf Juse 1, 44

Eviscero, āre act [ex & viscera] To bowel, or draw out the guts [illegible] Pedibus eviscerat [illegible] Vir Æ 11 72[illegible]

Evitabilis, e adj Avoidable, that may be shunned Evitabile [illegible] Ov Met 6, 25

Evitatio, ōnis f verb A es- [illegible] avoiding, or shunning, Ad Herenn 2, 2 & Quint 5, 10

Evitatus, a, um part Avoided, shunned, Hor Od 1, 1, 4 & Ov Met 12 12,

Evito, āre act [e & vito] To [illegible] to shun, or [illegible] Off[illegible] tum evi- [illegible] tum [illegible] Cic de Im 21 Evitate Ven- [illegible] Sen Hipp 913 Postum- [illegible] Id Agam 911

[illegible]to, āre act [e & vita] To [illegible] of life, unde

[illegible] part To be [illegible] Priami [illegible] vitam evit[illegible] Cic Tusc [illegible] 19 ex [illegible]

* Eulogia, æ f Praise, or be- nediction, also a good and pro- [illegible] Græcis [illegible] B[illegible]

‖ Eulogium [illegible] Ant [illegible] Cl[illegible]

* Eumeces, [illegible] A kind of [illegible] Plin [illegible] 26

Eumitri[illegible] A precious [illegible] like a flint [illegible] the [illegible] strange dreams, Plin 3[illegible], 10

‖ Eunūchin[illegible] a, um Gelt, or made an eunuch [illegible] nuchus [illegible]

* Eunūchion, i n [illegible] broad lettuce [illegible] always the heat of [illegible] Plin [illegible], 8

* Eunūchizo, āre act To cas- trate, unde

‖ Eunūchizatus,

|| Eunuchizatus, a, um part *Castrated, gelded*, Hier ✝ Eunuchus factus, eviratus

Eunucho, are act *To geld*, Varr ap Non 2, 289

Eunuchus, i m [ἀπὸ τοῦ εὐνὴν ἔχειν quod lecto ... haberat] (1) *A continent man* (2) *An eunuch, a gelded man* (3) *A chamberlain, or great officer in a king's court* (1) ... Clem Alex Pæd ... 4 (2) Quid illuc sic re Eunuchus posuit? Ter Eun 4, 3, 15 (3) Vid LXXII interpr in Gen ... ubi Potiphar memoratur ... [illegible]

Evocandus, a, um part *To be called forth* Evocandus plagis noctis æternæ, Sen Oed 397

Evocatio, ōnis f verb *A calling forth, invocation, or calling upon, a sudden calling out to battle, a military ban, a summons*, Ad Herenn 3, 2 & Plin 30, 1 ‖ De Grammaticorum evocatione ipsos consule

Evocator, ōris m verb *One that calleth forth*, Cic in Catil 1, 11

Evocātus, a, um part (1) *Called out, summoned* (2) *Implored*, &c (1) Principibus Galliæ evocatis, Cæs B G 5, 6 (2) Misericordia nullius oratione evocata, Cic pro Deiot 1

Evocatus, i m *A veteran soldier, who after his dismission, was called again to service, and preferred to be a captain*, Cic Fam 3, 6 *Also one of the emperor's guards, a pensioner, or guard of the body* Vid Suet ... Galb 10 & in Aug 56

Evŏco, āre act (1) *To call out or bid to come, to call forth, or away* (2) *To incite, to allure, or entice* (3) *To provoke, challenge, or dare* (4) *To summon, to command to appear* (5) *To call upon for help, to implore* (6) *To conjure, or raise up* (7) *Also to draw forth to the outward parts, to cause to spring, or come forth* (8) *To recall* (1) Evocate huc Davum, Ter Andr 3, 3, ult Patrem castris evocat, Ov Fast 2, 816 Evocato aliquem intus ad te, Plaut Most 3, 1, 145 (2) Gubernatorem a navi huc evocat verbis meis ut mecum prandeat, Plaut Amph 3, 3, 12 Evocavit luxuria exercitum ... ad somnum & delicias, Val Max 9, 1, ext 1 (3) Contumeliis verborum nostros ad pugnam evocant, Cæs B G 5, 56 (4) ... vel rogatus, ut amicus, ... ut socius, ut evocatus, ut is qui senatum parere didicisset, Cic pro Deiot 5 § Evocare testes, Plin Ep 5, 20, 2 ad causam dicendam, Liv (5) Vid Evocatus, n 2 (6) Evocare animas orco, Vir Æn 4, 242 ... Ov ... 17 Vir & Plin 24, 17 (7) Evocat ... in palmites, Plin 17, 1 Zephyrus vernas evocat herbas, Sen H ... 12 ... aquas, Id Med 754 (8) Evocare animum a negotio, Cic Tusc 1

Evocor, āri, ātus pass *To be called forth*, &c Cic Tusc 1, 30

Evœ (Βάκχε) interj ... *A cry, or acclamation often repeated by the priests of Bacchus*, Catull 62, 61, & 1b 255

Evŏhe, vel evoe interj idem Euhe Bacche, Vir Æn 7, 389 Euche, Bacche, sonat, Ov Met 3, 523

Evŏlaticus, a, um *That flies and gads abroad* Evolatici homines, Plaut Pœn 2, 28 pro more suo Volaticus, Cic

Evolitio, are freq *To fly out often* Per quas fenestras ad ... cibos evolitant, Col 8, 8 de columbis

Evŏlo, are neut [ex & volo] (1) *To fly out, or away, to fly away speedily* (2) Met *To pass away quickly* (3) *To rush out speedily* (4) Act *To escape*, *and get away from* (1) Ex ... evolat ... Cic de Legg ... Evolat præpeti cursu, Sen ... (2) ✝ Ut evolare, non excurrere, videretur, Cic de Cl Orat 8 (3) Evolarunt ex omnibus partibus silvæ, & in nostros impetum fecerunt, Cæs B G 2, 18 Evolarunt ... testes, Cic pro Cæl 26 (4) Pœnam ... eorum opibus, non his evolarunt, Cic de ... Prov Cons ...

Evolo, are act [e & vola] ... *To plunder, or take away by stealth* ... adolescens hic mihi evolvit, Plaut Cist 1, 2, 65 ... ut videtur, ... Sed alii leg ... ex quo fit, ut vocabulum ipsum in hac notione ... est a non a vola, sed a præced evolo

Evolvendus, a, um part *To be rolled*, &c Evolvenda antiquitas, Tac Orat 36

Evolvens, tis part *Rolling, tumbling down* ... alta ... evolvens ... radicibus haurit ... Luc 6, 129

Evolvo, ĕre, vi, ūtum act (1) *To roll, or tumble away, or over* (2) *To pull out* (3) Met *To unfold, to expound, to declare, tell, or utter* (4) *To extricate, or disengage* (5) *To cast in one's mind, to find and seek out* (6) *To muse, or think upon* (7) *To turn over a book, to peruse and read over* (8) *To sever and separate* (1) Tollere conatur, ... atque evolvere silvas, Ov Met 12, 519 Evolvere secula tarda celeri rota, Sen Oed 252 (2) Hic cavis evolvit sedibus orbes, Luc 2, 184 ... oculos effodi (3) Tales evolvit pectore questus, Val Flacc 4, 117 (4) § Hac te omni turba evolves, Ter Eun 4, 7, 56 (5) Non possum evolvere exitum rei, Cic pro Cal 23 (6) Et gelidis hæc evolvisse sub antris, Vir Geor 4, 509 Evolvere secum femineos dolos, Sen Agam 116 (7) Evolve diligenter eum librum, qui est de animo, Cic Tusc 1, 11 (8) Elementa evolvit, ... exemit acervo, Ov Met 1, 24 ¶ Argentum evolvere sibi aliunde, *to get, or procure it*, Plaut Pseud 1, 5, 82

Evolvor, i, utus pass *To be rolled in, or poured into* Evolvitur in pontum sex fluminibus Danubius, Plin 4, 12

Evŏlūtio, ōnis f verb (1) *A rolling, or tumbling over*, Met *a reading over* Poetarum evolutio, Cic de Fin 1, 7

Evŏlutor, ōris m verb *He that rolls, or tumbles over*, Litt ex ... ✝ Qui evolvit

Evŏlūtus, a, um part (1) *Unfolded* (2) *Stripped of* (3) *Turned out* (1) Anguis evolutus tegete ... oculis elapsus, Liv 26, 19 (2) ✝ Evolutum integumentis dissimulationis nudatumque ... Cic de Or 2, 86 (3) Occurrent ... in exilium & bonis evoluti, Sen Ep 75

Evŏmens, tis part *Vomiting up* Ille tanquam in suos evomentis adjuvaret, Tac Ann 12, 67, 3 Colle in ea nocturnas evomente flammas, Plin 3, 9

Evŏmo, ĕre, ui, itum act (1) *To vomit up* (2) *To spew, or cast out* (3) Met *To utter, or speak despitefully, or maliciously* (4) *To disembogue, or discharge* (1) Avis implet se conchis, easque evomit, Cic N D 2, 49 (2) Evomunt spiritum cruore ... mistum, Val Max ... Spiritu flammam, Id 2, ... 5 (3) Apud quem evomat virus acerbitatis suæ, Cic de Amic 2, (4) Multis quamvis faucibus evomit se in Ægyptium mare, Plin 5, 9

Euonymus, i f *The spindle-tree, or prick-timber*, Plin 13, 22

Eupatōrium, a f & eupatorium, i n *The herb agrimony, or liverwort*, Plin 25, 6

* Eupetalos, i f εὐπέταλος [ab εὖ & πέταλον, folium] (1) *A precious stone of four colours, ... vermilion, and green* (2) Also *a kind of laurel* (1) Plin 30, 10 (2) Diosc 4, 145 & Plin 15, 30

* Euphemismus, i m *A figure when an offensive thing is expressed by an inoffensive word, or phrase*, as, when instead of *mortuus est* we find *excessit, decessit*, or when by an ... *paths* we collect it, or when the evil is transferred to some other, both which are in one line in *Ter Andr* 1, 4, 5 Item Chrys ... Non quidem ... recedit

Euphōnia, æ f *A good sound, a pleasant utterance of words*, Gramm Vocalitas, Quint sed illius, non hujus usus ...

Euphorbia, æ f *A tree first found by king Juba, and called by the name of his physician Euphorbus*, Plin ...

Euphorbium, i n *The gum, or sap of that tree* Vid Macrob Sat 7, 5 & Scrib Larg c 16

Euphrosyna, æ f [ab εὐφροσύνη, lætitia] *Burrage, or bugloss so called because drank in wine it cheers the heart* = Buglossum, Plin 25, 8

Euplæa, æ f *An herb of a magical use*, Plin 20, 10

✝ Euplocamus, a, um [εὐπλόκαμος, calamistratus] *Curled, trimmed* Euplocamo digitis discerniculumque capillo, Lucil ap Non 1, 155

Euros f *A precious stone like an olive kernel*, Plin 37, 10

Eurinus, a, um adj *Eastern, of the east* Inde pit occidere ventis eurinus, Col 11, 2

Euripus, i m [ex εὖ & ῥιπίζομαι, quod facile movetur] (1) *An arm of the sea between Aulis a port of Bœotia, and Eubœa* (2) Also *another in Sicily, which ebbs and flows seven times in twenty four hours, or oftner* (3) *A canal, a pool, or stand of water, a ditch, trench, or moat about a place, also an inlet, or small creek* (1) Plin 2, 97 (2) Cic de Legg 2, 1 (3) Suet Cæs 39

Euroaquilo, ōnis m ventus typhonicus Gr εὐρακύλων, vid Act Apost 27, 14 *A turbulent tempestuous wind, the northeast wind* Cæcias, Gell

Euroauster, tri m *A southeast wind*, Col 11, 2

* Euroclydon, ōnis m id quod Euroaquilo [ab εὖρος & κλύδων, æstus, gurges] Cæcias, Gell

Euronotus, i m *A southeast wind*, Col 11, 2

* Eurotias, æ m *A precious stone, black, but with a kind of mould upon it* Plin 37, 10

Eurus, i m [...ὄρος] [...] quod ab oriente fluat, Gell (1) *The east wind* (2) Met *The eastern parts* (1) Eurus ... recessit, Ov Met 1, 61 (2) Valer Flacc 1, 58

* Eurythmia, æ f *A graceful proportion and carriage of body* Lat Decens corporis motus, Quint 1, 10

Eusceme adv *Handsomely*, Plaut Mil 2, 2, 58 & Trin 3, 1, 24 Lat Decenter, decore

* Eusebes adj *Pious, or devout* Regem Ariobarzanem Eusebem, Cic Fam 15, 2

* Eusebes *A precious stone, of which a seat was made at Tyre, in the temple of Hercules*, Plin 37, 10

Evulgatio, ōnis f *A publishing abroad*, Litt ex Lic

Evulgator, ōris m verb *A publisher*, Litt ex Lic

Evulgo, āre act *To publish, or spread abroad* Consilia ... positum in penetralibus ... cum evulgavit, Liv 9, 46

Evulsio, ōnis f verb [ab evello] *A plucking, pulling, or drawing out* Dentis evulsio, Cic N D 3, 22

|| Evulsor, ōris m verb *He that plucks out*, Cornif ✝ Qui evellit

Evulsus, a, um part (1) *Pulled, or rooted up* (2) Also *pulled out, or drawn* (1) ... non evulsa ... arbor, Cic Att ... 4 (2) Palus evulsa Cæs ... ... sed meliores ... evulsa

Euzōmos f vel euzomon n [ex εὖ bene, & ζωμός, jus] *The herb rocket, so called because it gives a good taste in pottage*, Plin 20, 13 & Diosc 2, 1...

E ante X

EX CUR excusatio EX DO AU ex dono Augusti EX R exercitus Regibus EX S C ex senatus consulto EX S D ex senatus decreto

Ex præp [a Græc ἐκ, ἐξ] (1) *Out of* (2) *For, or by reason of* (3) *By, or according to* (4) *From, or by* the efficient cause (5) *With* (6) *Above, or before* (7) *Of, or from* a person (8) *Of, or from* a place (9) *Of*, before the matter (10) *Of, or in* the part affected (11) *Of* the circumstance per (12) *Of, among*, or of (13) *From, or since*, respecting time past (14) *From*, respecting time to come (15) *In, or for the sake of* (16) *Of, or from* the former state (17) *After* (1) Ex oppido one in tutum educ... Plaut Most 5, 1, 7 (2) Ex ... hic ad modum quam ... Plaut Amph 1, 3, 4 Nec ex hoc ... prohibeberi, Cic (3) Ex fœdere naves ... impe... ratæ, Curt 3, 1, 20 (4) Malo ex principio magna familiaris ... flata est, Ter Eun 5, 2 of ... Ex aqua pullus nascuntur, Varr R R 3 ... Ex ... æterno pane atrium ... Ter Eun 5, 4, 17 (6) Ex ... his ... maxime ... Cæs B G 1, 41 (7) ... me sibi, Ter Phorm 5, 1, ... Ex Æthiopia est usque hæc, Ter Eun 3, 2, 18 (9) Simulacrum ... marmore, Cic pro Domo, ...

culum ex auro, *Id Terr* 2,35 (10) Laborare ex pedibus, *Cic Fam* 9, (11) Ex duritia alvi cubare, *Ser Nerir* 31 (12) Tibi ex latronibus suis de ulit principatum, *Cic Philipp* 2,3 (13) Ex eo die, *Cic Phil pp* 1 1 Ex hoc sanguis ac pie [illegible] colantur, *Sen Thyest* 31c (14) Vereor ne ex Cal Jan magni tumultus sint, *Cic* (15) Fa [illegible] ex tua dignitate, & è re pu[illegible]a, *Cic ad Brut* 4 (16) Juvenes fieri ex infantibus, *Lucret* 1,18[illegible] (17) Ex consulatu Hitpa[illegible] obtinuit, *Paterc* 2,78 Quod pa[illegible] annis ex prætura cam prov[illegible] obtinuerat, *Cæs B C* 1, 1 [illegible] Ex [illegible]uo pugnare, *to fight on horseback*, Plin Diem ex [illegible] expectare, *to look for from day to day*, Cic Ex indui [illegible], Plin Ex in te[illegible]lo, *at some distance*, Cic Ex transverso, *across*, Plaut Ex [illegible], Ter Ex me nati, *my children* Ex fratre, *my brother's*, Plin Ex [illegible], *of his own*, [illegible] *many times with its* [illegible] *ought to be read adver*[illegible] Ex animo, *heartily*, *from the heart*, Cic Ex vero, [illegible] Plaut Ex facili, *easily*, Val Max 6,8 6 Ex tuto, *safely*, Id Ex aperto, *openly*, Liv Ex commodo, *at leisure*, Col Ex continenti, *immediately*, Just Ex [illegible], Plin Jun Ex improviso, *suddenly, at unawares*, Cic Ex necessitate, *necessarily*, [illegible] Ex occulto, *secretly* Ex insperato, *unexpectedly* Val Max 1, 5, [illegible] Ex integro, *afresh, anew*, Plin Jun Ex obliquo, *over-thwart*, Plin Ex ordine, *orderly*, [illegible] Vir Ex parte, *part*[illegible] Ex professo, *professedly*, [illegible] Ex supervacuo, *superfluously*, Liv Ex vano *foolishly*, or *without cause*, *also falsely* [illegible] E in compos[illegible] inter[illegible] auget, in ce[illegible] voce contrariis ad [illegible] Exarmare & armis privare, & armis nudare est [illegible] Ex ante vocal[illegible] & ante c, p, q, t, & s, [illegible] suum x, ut *exaro, exeo*, [illegible] *exuro, exhalo, ex*[illegible] *expeto, extraho*, [illegible] *f*, vertit in simi[illegible] Ante reliquas, [illegible]

[illegible]tus, a, um part *Winnowed, cleansed from chaff*, Liv [illegible]

[illegible]tor, oris m verb *He* [illegible] *and galls*, Tac

Ex[illegible]tus, a, um part *Sour*[illegible] *provoked to anger, stirred* [illegible] Suet Tib 62

|| Ex[illegible]o, āre incept *To* [illegible] Apul Apol p 524 [illegible], *Cic*

Ex[illegible] *To sour*, or [illegible] quidem no[illegible] exacerbavit, *Suet* [illegible] Exacerbatus

Ex[illegible] act *To purge* [illegible] Liv

|| Ex[illegible]ns, tis part *Heap*[illegible], Amm ✝ Co[illegible]

Ex[illegible] adv *Heap*[illegible] Gell Cumulatim,

Ex[illegible]tio, ōnis f verb *A* [illegible] *up together*, Liv ap [illegible], *Cic*

Ex[illegible]o, āre act *To heap*, [illegible] *together*, Amm 23, 5 [illegible]o, *Ci*

Ex[illegible]co, ēre, ui incept *To* [illegible] *sour, tart*, or *sharp*, Col [illegible]

Exacīno, āre act *To pull*, or *press out the kernels*, Cato ap Litt *sed q*

Exacon *One of the kinds of centauries*, Plin 25, 6

|| Exactè adv *Perfectly, exactly*, Dig ✝ Perfectè, accuratè, exquisitè, *Cic*

Exactio, ōnis f verb (1) *Exaction, a levying*, or *gathering of public money* (2) *A driving out*, or *expelling* (3) *A demanding, requiring*, or *dunning* (1) Argentum coactum de publicis exactionibus, *Cic Fam* 10, 32 (2) Exactio regum, *Cic de Orat* 1, 9 (3) Ne extrema exactio nostrorum nomini[illegible] exspectetur, *Cic Attic* 5, 1

Exactor, ōris m verb (1) *A gatherer*, or *receiver of money*, *a collector of taxes and tolls* (2) *A driver out* (3) *A nice person, a critic* (1) Provincia confecta præfectis atque exactoribus, *Cæs B C* 3, 32 (2) Exactor regum, *Liv* 9, 17 (3) Exactor disciplinæ gravissimus, *Suet Cæs* 65, 2 Exactor Latini sermonis molestissimus, *Id de Clar Gramm* 22.

|| Exactrix, icis f verb *She that gathers money*, Aug ✝ Quæ exigit

Exactum, i n *An exact*, or *absolute thing*, Ov ex Pont 2, 3, 53

Exacturus, a, um part *About to pass over*, [illegible] &c Exacturi piacula, *Val Max* 1, 1, 14

Exactus, a, um part or, comp [illegible], sup (1) *Passed over* (2) *Torn* (3) *Driven out* (4) *Hurried, plagued* (5) *Exacted, demanded* (6) *Perfectly done and finished* (7) § Adj *Almost spent* (8) *Exact, perfect, firm, and steady* (1) Exacta erat media æstas *Liv* Exactis mensibus, *Vir Geor* 3, 139 (2) § Eat per artus ensis exactus meos, *Sen Herc Oet* 845 § H sta cervice exacta, *Ov Met* 5, 139 (3) Exacti reges, *Cic de Orat* 1 Exacta ieiunio cœlo temperies, *Val Flacc* 2, 475 exacta volucres, *Id* 4, 653 (4) Or stes exactus furiis, *Ovid Trist* 1, 4, 70 (5) Pecunia exacta, *Cic N D* , 84 Exactum spatium præmiorum, *Sen Tro* 286 (6) His demum exactis, &c *Vir Æn* 6, 637 (7) Exacta jam ætate Camillus erat, *Liv* Exacti ætate moriuntur, *Cic Tusc* 1, 39 (8) = Emendata, pulchra, & exactis minimum distant a carmina, *Hor Ep* 2, 1, 172 ¶ Nihil exactius eruditiusve, *Mart* 4, 42 Exactissimus vir, *Plin Ep* 8, 23, 5

Exactus, us m verb *A sale*, or *utterance* Mercator opportunum mercis exactum invenit, *Quint Decl* 19

Exacuendus, a, um part *To be sharpened* Scilla medicamini macta, acetoque exacuendo *Plin* 19, 30 *ed Hard*

Exacuens, tis part *Sharpening, exciting* Exacuens varia ad commina mentem, *Sil* 7, 142

Exacuo, ĕre, ui, ūtum act (1) *To whet, or sharpen* (2) *To make a sharp edge*, or *point* (3) Met *To quicken*, or *clear* (1) Dentes exacui sus, *Vir Geor* 3, 255 (2) Exacuunt alii vallos, *Vir Geor* 1, 264 (3) Scariosi viridis natura contuentium visum exacuit, *Plin* 29, 38

Exacuor, i pass *To be sharpened*, Met *to be incensed* Plurium exacuebantur propter prodictionis suspicionem, *Nep Phoc ult*

Exacūtio, ōnis f verb *The pointing*, or *making of a thing sharp* Calami exacutio, *Plin* 17, 14

Exacūtus, a, um part & adj or, comp *Whetted, made sharp*, or *pointed*, Plin 17, 18 = Exacutior in mucronem fastigiatus, *Id* 19, 18

Exadversum adv & exadversus *Over against* § Exadversum ei loco tonstrina est quædam, *Ter Phorm* 1, 2, 38 § Exadversus est fabrica, *Id Adelph* 4, 2, 46

|| Exadvŏcatus, i m *One who has been an advocate*, Aug ✝ Qui fuit advocatus

Exædificatio, ōnis f verb *A building up*, or *making of a thing perfect* Ipsa autem exædificatio posita est in rebus & verbis, *Cic de Orat* 2, 15

|| Exædificator, ōris m verb *He that buildeth*, or *perfecteth*, Firm ✝ Ædificator, *Litt*

Exædificātus, a, um part *Built up* Exædificatus mundus, *Cic Acad Q* 4, 40 Villa in urbium modum exædificata, *Sall B Catil* 12

Exædifico, āre act (1) *To build up* (2) Met *To finish and make an end* (3) Also *to cast out of the house* (1) = Capitolium exædificare atque efficere tuit, *Cic Verr* 5, 19 (2) ✕ Ne graveris exædificare id opus, quod instituisti, *Cic de Orat* 1, 35 (3) Exædificasset me ex his ædibus, *Plaut Trin* 5, 2, 9

|| Exæquabilis, e adj *Which may be made smooth*, Litt ex Vitruv

|| Exæquāmentum, i n *An evening*, or *equalling*, Tert ✝ Exæquatio, *Liv*

Exæquandus, a, um part *To be equalled* Facta dictis exæquanda sunt, *Sall B J* c 3 Italiam id jus civitatis nobiscum exæquandum consurgere passæ non sunt, *Val Max* 6, 4, 1

Exæquātio, ōnis f verb *A levelling*, or *equalling*, Liv 3, 4

Exæquātus, a, um part *Made equal, smooth, plain, level*, or *in a line* Exæquata belli certamina, *Luc* 5, 1235 Cortex cum cortice exæquatus, *Varr R R* 1, 40

Exæquo, āre act (1) *To make equal*, or *even*, *to make smooth, and plain* (2) Also *to equalize* (1) § Exæquare aliquem dignitate cum altero, *Cæs B C* 1, 3 Exæquavit duos, licet impares sint, gradios, *Sen Phæd* 610 (2) Nos exæquat victoria cœlo, *Lucr* 1, 80

Exæquor, āri, ātus (1) Pass *To be equalled* (2) Dep *To equal, to make*, or *count equal* (1) Superiorem esse contra improbos minus est negotii, quam exæquari bonis, *Cic ad Quirit post Redit* 7 (2) Pisonem exæquamur avis, *Ov in Pison* 25 R n hic non one occ

Exæstuans, tis part *Boiling up* Mare exæstuans, *Curt* 6, 4, 19

Exæstuatio, ōnis f *A boiling*, or *seething, an enraging*, Solin c 11

Exæstuo, āre neut (1) *To boil, and cast up waves and surges* (2) *To boil over as a pot doth* (3) Met *To be greatly moved*, or *in a great heat* (1) Exæstuat fretum, *Curt* 4, 2, 16 (2) Exæstuat acribus ignis, *Ov Met* 13, 867 (3) Mens exæstuat ira, *Vir Æn* 9, 798

|| Exæstuōsus, a, um *Boiling hot*, Met *troublesome*, Prud ✝ Exæstuans

Exævio, ire, ivi, & ii, itum [ab ex & sævio] *To wax gentle and mild, to make an end of rage* Dum reliquum tempestatis exæviret, *Liv* 30, 39 *Rect* exsævio

|| Exagens, tis *One who has been an agent*, Amm

Exaggerandus, a, um part *To be heightened*, or *increased* = Ad exaggerandam & amplificandam orationem, *Cic de Orat* 3, 27

Exaggerans, tis part *Heightening* Rem familiarem omni ratione exaggerantes, *Cic Offic* 1, 26

Exaggerātio, ōnis f verb (1) *An heaping together, an increasing*, or *exaggerating, a building of a bulwark*, or *rampart*, Met *a raising up* (2) *A rhetorical heaping up of words* (1) Apud Homerum eandem rei [illegible] sententiæ luculenta exaggeratio est, *Gell* 1, 24 (2) *Cic* [illegible] 2, 26

|| Exaggerātor, ōris m verb *He that heaps up together*, Dig ✝ Qui exaggerat

Exaggerātus, a, um part (1) *Heaped up, increased, amplified* (2) *Enlarged heightned* (1) = Auctæ atque exaggeratæ fortunæ, *Cic Catil* 4, 9 (2) Exaggerata illius oratio, *Cic de Cl Orat*

Exaggero, āre act (1) *To heap up together* (2) *To enlarge*, or *increase* (3) *To amplify*, or *set off* (4) *To aggravate* (1) Exaggerando accumulare, *Plin* 19, 8 (2) Quin magnis opes exaggerare quærit omni vigilia, *Phædr* 3 *prol* 26 (3) Beneficium verbis exaggerare, *Cic pro Planc* 29 (4) Injuriam nostram exaggeramus, *Quint* 6, 2

Exagitandus, a, um part *To be driven, hunted*, &c Et lepus hic aliis exagitandus erit, *Ov A Am* 3, 662

Exagitans, tis part *Harassing, chasing*, &c Exagitans immiti corde furores *Catull* 62, 94

Exagitātio, onis f verb *A stirring*, or *moving*, Lexicogr ex Tac

Exagitātor, ōris m verb *A mover, a disquieter, a teazer, an evil speaker* Exagitator omnium rhetorum, *Cic Orat* 13

Exagitātus, a, um part (1) *Harassed, driven out* (2) *Bandied, tossed to and fro, canvassed* (3) *Beaten with poles, as in hunting* (1) Disputationibus exagitatus, *Cic Orat* 3 Sedes suas pristinas istius injuriis exagitati reliquerunt, *Id Verr* 3, 18 Ad te confugit exagitatus cunctis Græciis, *Nep Them* 9 (2) Ostenso multos annos exagitata, *Cic pro Sull* 1, 21 Res exagitatæ & in summam invidiam adductæ, *Id* [illegible] *Lent* 1, 1 (3) Exagitata [illegible] va, *Mart* 4, 66, 6

Exagito, āre act (1) *To move* (2) *To rouze*, or *hunt up* (3) *To chase away* (4) Met *To disturb*, or *disquiet* (5) *To provoke*, or *excite* (6) *To pester*, or *terrify* (7) *To discuss*, or *debate* (1) Plinstumque imitantibus alis exagitant Zephyros, *Stat Theb* 515 (2) Exagitare lustra, *Sil* 8, 567 & 16, 559 (3) Exagitant & Lar & turba Diana fores, *Ov Fast* 5, 131 (4) Exagitet nostros manes, *Propert* 2, 8, 19 Quis hic tumultus viscera exagitat mea, *Sen Thyest* 999 (5) Ne meum mœrorem exagitem, *Cic Att* 3, 7 (6) Desertam rabidis clamoribus urbem exagitat, *Stat Sylv* 5, 97 (7) Exagitabantur omnes

eius

ejus fraudes & fallaciæ, *Cic pro Cluent* ¶ Di exagitent me, si quicquam *Formula jurandi ap* Hor Sat 2, 6, 54

Exagitor, ari, atus pass *To be rouzed*, &c *Cic Orat* 8

* Exagoga, æ m, *A carrier away*, or *exporter* of goods, *Plaut Truc* 4, 2, 6

* Exagogicus, a, um *Belonging to exportation* Exagogica, *custom for goods exported*, Ap JCC

Exalbesco, ere incept *To wax pale and wan* Si qui tremerent & exalbescerent, motu mentis aliquo, *Cic Acad Q.* 4, 15 Exalbescere in principiis dicendi, *Id de Orat* 1, 26 metu, *Ibid* 3, 58

Exalbidus, a, um adj *Somewhat pale*, or *white* Folia exalbida, *Plin* 24, 19 vina, *Id* 23, 1

Exalburno, are act *unde* part Exalburnatus, alburnum detraho *To take out the fat*, or *sappy white that is in wood*, Plin 16, 40 R occ

Exalgeo, ere *To be very cold*, *Litt ex* Lucr *sed q*

|| Exaltatio, onis f verb *Highmindedness, pride*, Tert ✝ Superbia

|| Exaltator, oris m verb *He that praiseth*, or *exalteth*, Aug ✝ Gloriosus, *Vett*

|| Exaltatus, a, um part *Exalted*, Erasm ✝ Evectus, *Cic*

Exalto, are act *To exalt, raise*, or *lift up*. ||Met *highly to praise* Sulcum paulatim exaltare, *Col* 3, 13 *vix al occ* ✝ Promoveo, effero, laudo. *&c*

Exaluminatus, a, um part *Clear like alum, orient* Uniones exaluminati coloris, *Plin* 9, 35

Examen, inis n (1) *A swarm of bees* (2) *A flock* (3) *A shoal* (4) *A company* (5) Also *the tongue, beam*, or *needle of a balance* (6) Met *Examination*, or *trial* (1) Apum ex men, *Cic Orat* 1, 42 apium, *Juv* 13, 68 (2) pullorum, *Lucr* 5, 1363 graculorum, *Plin* 10 29 (3) conchyrum, *Plin* 9, 35 (4) infantium, *Plin Paneg* 26 juvenum, *Hor* 1, 35, 31 (5) Jupiter ipse duas æquato examine lances sustinet, *Vir Æn* 12, 725 (6) Longæ examina vitæ poscam, *Stat Sylv* 3, 3, 103

Examinandus, a, um part *To be weighed*, or *examined* Examinandum ipsi pondus rei tiquit, *Val Max* 2, 2, *ext* 7

|| Examinate adv ius, comp *Advisedly, considerately*, Amm 25, 2? ✝ Caute, circumspecte, *Vett*

|| Examinatio, onis f verb *An examination*, or *weighing, a trial at law, the cognizance taken by a magistrate*, Ulp *vid &* Vitruv 10, 8

|| Examinator, oris m verb *An examiner*, Cod ✝ Inquisitor, *Cic*

Examinatus, a, um par *Weighed, examined* Tales terræ ad certum pondus examinata, *Cæs B G* 5, 12 Examinata est probitas, *Val Max* 2, 3, 1

Examino, are act (1) *To breed swarms* as bees do (2) *To examine*, or *try, to try by weight* (1) Examinant apes, *Col* 9, 14 (2) Pondera verborum examinare, *Cic Orat* 8 Male verum examinat omnis corruptus judex, *Hor Sat* 2, 2, 8 Examinare decreta patrum, *Val Max* 2, 2, 7 religionis momenta, *Id* 1, 1, 8 = pondero, *Id* = Perpendo, expendo, *Plin jun*

Examinor, ari, atus pass *To be weighed*, or *considered* Quadam populari trutina examinari, *Cic de Orat* 2, 38

✝ Examitum, i n *An amess*, or *robe for a priest*, Litt ex Liv

Examo, are act *ut deamo To love greatly*, Litt ex Plaut

Examurco, are act *unde* pass examurcor, ari *To be cleansed from the mother*, or *dregs* Dum cœlestis vaporis flammis examurcetur, *Apul Met* 4 p 118 ✝ Defæco

✝ Examussatim adv *Diligently, exactly*, Litt *ex* Vet vocab ✝ Examussim

Examussim adv *Exactly, by rule, very perfectly*, Plaut Amph 2, 2, 213 Examussim rem laudare, *Id Most* 1, 2, 19

|| Exancillor, ari, atus sum dep munit *To wait upon under* part Falsis diis exancillatus, *Tert Apol.* 17 ✝ Ancillor

Exanclo, are *Vid* Exantlo

Exanguis, e adj *Lifeless, pale* *Vid* Exsanguis

Exangulus, a, um adj *Without corners*, Litt *ex* Vitruv

Exanimalis, e adj (1) *Killing* (2) *Without soul*, or *life* (1) Curæ exanimales, *Plaut Rud* 1, 4, 2 (2) Illum exanimalem faxo, si convenero, *Plaut Bacch* 4, 8, 7

Exanimatio, onis f verb *A being troubled in mind, solicitude, disheartening* = Ne in perturbationes atque exanimationes incidamus, *Cic Off* 1, 36 Exanimatio est metus subsequens & quasi comes pavoris, *Id Tusc* 4, 8 Exanimatio exercitus, *Val Max* 3, 8, *ext* 6

|| Exanimator, oris m verb *He that affrighteth*, or *discourageth*, Dig ✝ Qui exanimat, perturbat, deterret

Exanimatus, a, um part (1) *Troubled in mind, astonished, amazed* (2) *Stunned, struck dead* (3) *Faint, out of breath* (4) *Without heart, as if dead* (1) Exanimatus metu, *Ter Phorm* 5, 33? (2) Femina nimio gaudio exanimata, *Liv* 22, 7 Exanimata est ad primum conspectum redeuntis, *Valer Max* 9, 12, 2 (3) Quem ego nunc credo toto me oppido exanimatum quærere, *Ter Andr* 2, 2, 5 Cum se lassitudine exanimari, *Cæs B G* 2, 23 (4) Exanimatum amittat domum, *Plaut Cist* 3, 10

Exanimis, e adj (1) *Astonished, lifeless, heartless* (2) *Dead* (1) Audiit exanimis soror, *Vir Æn* 4, 672 (2) Exanimes artus, *Ov Amor* 1, 7, 5? Exanime corpus, *Val Max* 9, 9, 2 Datusque tumulo debita exanimis tulit, *Sen Troad* 60

Exanimo, are act [ab ex & animus, *vel* anima] (1) *To astonish, to stun* (2) *To kill* (1) Oratio hæc me miseram exanimavit metu, *Ter Andr* 1, 5, 17 (2) Taxo se exanimavit, *Cæs B G* 6, 30 Multos exanimavit rigor nivis, *Curt* 7, 3, 13

Exanimor, ari, atus pass *To be stunned*, or *killed* Gravi vulnere exanimari, *Cic de Fin* 2, 20 Ferro extracto, confestim exanimatus est, *Nep Epam* 9

Exanimus, a, um adj *id quod* exanimis Exanimum auro corpus vendebat, *Vir Æn* 1, 488 Domus corporibus exanimis complebatur, *Tac* 16, 13

Exanio, are [ab ex & sanies] *To squeeze out matter*, or *corruption*, *Cels* 5, 27 *rect* exsanio

Exanior, ari, atus pass *To be squeezed out as corrupted*, Col 12, 47 *Rectius* exsanior

Exante præp *vel* ex ante Exante diem non Jun *before the nones of June*, Cic Att 3, 17 Supplicatio in hebri? est exante diem quintum id Oct *Liv* 45, 2

Exanthemata, um pl n *The measles*, or *small-pox, wheals*, or *pushes in a man's skin*, Med

Exantlatus, a, um part *Pumped out, exhausted, spent*, also *endured, undergone, and performed* Multa dictu gravia corpore exantlato atque animo pertuli, *Cic Tusc* 2, 8 vid & *Acad Q* 4, 33

Exanclo, are act propr. sentinam exhaurire, ἀντλεῖν, sentina, ἐξαντλεῖν vel ἐξαντλέω, exhaurire, [ab ex & ἀντλεῖν, i e ...] sustollere] (1) *To draw out, to empty* (2) Met *To suffer, sustain, endure*, or *overcome with great pain* (1) § Exantlare vinum poculo, *Plaut Stich* 1, 3, 116 *ubi al* exanclare (2) Labores, corpus, animum, annos exantlare, *Cic de Div.* 2, 30 *Tusc* 1, 49, &c

|| Exapto, are act *To fit*, or *make ready* Magno Deo coronas exaptat *Apul Met* 11 p 393 ✝ Apto *usitatius*

Exaptus, a, um adj *Very apt and fit, well compacted*, Lucr 4, 827

|| Exaratio, onis f verb *A plowing*. Met *a writing*, bidon. 9, 535 ✝ Aratio, scriptio, *Cic*

Exarator, oris m verb *A plower, writer, engraver*, or *scraper out*, Plin *adscribit* Litt *sed q*

Exaratus, a, um part *Plowed, defaced, digged up in plowing*, Cic *de Div* 2, 23

* Exarchus, i m *The emperor's viceroy of Italy so called*, whose residence was at Ravenna, *Hist med ævi*

Exardeo, ere, si, sum neut (1) *To be on fire*, or *all in a flame* (2) *To be*, or *wax very fierce*, or *hot, to burn*, or *be very vehement* (3) Met *To become terrible* (1) Igneis exarsit facibus, *Sen Thyest* 171 *Met* Exarsit dies, *Mart* 3, 67, 6 (2) Exardere vehementius adversus delictum servi, *Valer Max* 4, 1, *ext* 2 § Exardere iri, *Liv* § in iras, *Mart Spect* 9 § contra aliquem, *Cic* in necem patriæ parentis, *Val Max* § ad spem libertatis, *Id* (3) Totaque jam sparsi exarsit ut insula monstris, *Val Flacc* 2, 248

Exardescens, tis *Glowing hot*, Plin 12, 25?

Exardesco, ere incept *To grow hot*, Met *to be very desirous* § Exardescere iracundia, *Cic Fam* 1, 9 § ad aliquid, *Id Philipp* 4, *extr* ad aliquem, *Id*

Exaresio, eri, factus *To be made dry, to be dried up*, Plin 26, 10

Exareno, are act *unde* exarenor pass *To purge from sand and gravel*, Plin 33, 3?

Exaresco, ere, rui neut & exaresco, ere (1) *To be*, or *wax dry* (2) *To wither* (3) *To pine, to decay, and wear away, to fall away* (4) *To wear out of mind and esteem* (1) Exaruerunt amnes, *Cic de Div* 1, 19 (2) = Sole & vento siccari & exarescere, *Col* 11, 2 (3) § Neque dum exarui ex amœnis rebus & voluptariis, *Plaut Mil* 3, 1, 46 § Exarere diuturna molestia, *Cic Attic* 10, 16 (4) Vetus urbanitas exaruit, *Cic Fam* 7, 24 Exaruerunt orationes Galbæ, *Id* de *Clar Orat* 21

Exaresco, ere incep. *To become dry*, &c *Cic Vid* Exareo.

|| Exarmatio, onis f verb *A disarming*, or *taking away of harness*. Veg

Exarmatus, a, um part *Disarmed, wanting armour*, Sen Cons *ad* Helv *extr*

Exarmo, are act *To unarm* or *disarm*, Met *to weaken* Longinum mimibus coercent atque exarmant, *Tac* 1, 31 Exarmare taurum, *Val Flacc* 7, 597 accusationem, *Plin Ep* ... serpentes veneno, *Sil Ital* 1, ...

Exarmor, ari, atus pass *To be disarmed* ✠ Dum frater exarmatur, armatus mane, *Sen Phœn.* 482

Exaro, are act (1) *To receive, or get by plowing* (2) *To plow up, to dig up* (3) Catachrest *To furrow* (4) Met *To write*, or *indite* (1) Patres tantum labore suo frumenti exarabant *Cic in Verr* 5, 38 (2) Exarare ... *Cic de Legg* 2, 2? ... *Plin* 17, 18 (3) Frontem senectus exarat, *Hor Epod* 8, 3 (4) = Cum scriberem contra Epicureos, exaravi nescio quid ad te, *Cic Attic* 13, 38 Id ipsum mi versibus exaravi, *Plin Ep* 4, ?6

Exarticulo, are act *To put out of joint*, Lexicogr *ex* Cels

Exartuo, are act *To joint or carve* as we do meat *leg* ... exartuatus, a, um *Vid* Bossum ad Cic Epist *ad* Attic 7, 2

Exasciator, oris m verb *He that heweth out rudely*, Boet ✝ Qui exasciat

Exasciatus, a, um part *Rough hewed*, or *squared out, begun, in a rough draught* Jam exasciatum est hoc opus, *Plaut Asin* 2, 2, 90 unde aliquid auctoris accedit ...

Exascio, are act ... secu *To rough-hew, to chip with an ax*

Exasperatio, onis f *A making sharp* Lipara ad interti... exasperationem mirifica, *Scrib Larg* c 86

Exasperatus, a, um (1) *Sharpened* (2) Met *Vexed* (1) *Cels* ... (2) Neque convenit æstu medio exasperatas apes lacessiri, *Col* 9, ?5 Exasperatos animos inflammare, *Val Max* 6, 2, 1 *Vid* Exaspero

Exaspero, are act Valde asperum facio (1) *To make sharp, or rough* (2) *To whet* (3) Met *To make angry, to vex, to exasperate* (1) Triton exasperat undas, *Ov Am* 2, 11 27 (2) Saxo exasperat ensem, *Sil* 4, 19 (3) = Ad quorum primum adventum exasperati animi, mox placido sermone leniti sunt, *Liv* 28, 25 Exasperare majorem civitatis partem *Val Max* 6, 5, 2

Exasperor, ari, atus pass *To be made sharp*, &c Nitro & aceto locus exasperatur, *Scrib Larg* c 101 lingua, *Id* c 55

Exassessor, oris m *One who hath been an assistant on the bench*, Amm ✝ Quondam assessor, *Cic*

Exatiatus, a, um part *Satiated, glutted, cloyed* Corda exsatiata cruore, *Sil* 16, 542. clade domus, *Ov Met* 8, 542 *Rect* exsatiatus

Exatio, are act [ab ex & satio] *To satisfy, satiate, cloy, glut* Cruore exatiare enses, *Sil* 7, 535 *Rect* exsatio

Exatior, ari, atus pass Populum Romanum ne morte quidem p

p Scipionis exturari dicit, Liv 3, [illegible] Exsaturo

Exsaturandus, a, um part *To be glutted* Visceribus tenebris [illegible] exsaturanda meis, *Ov* [illegible] R ex exsaturo

|| Exsaturatio, ōnis f verb *A glutting* or *satisfying*, Firm

|| Exsaturator, ōris m verb *He that glutteth or satisfieth*, Litt ex R, 3

Exsaturatus, a, um part *Glutted* [illegible] Exsaturata [illegible] Juno odiis, [illegible] 2, 8

[illegible]

Exbibo, ĕre *To drink*, Plaut Mil 3, 2, 19

|| Exbromo, āre act *To pick off the filth* Exbromare ripas, *Ap c* 6, 2

|| Excæcātio f verb *A blinding*, or *making blind*, Arnob

† Occæcatio, *Cic* ap *Non*

Excæcātor, ōris m verb *He that maketh blind*, Litt ex Plin

Excæcātus, a, um part (1) *Blinded* (2) Met *Stopped up* (1) *Plin* 6, 9 (2) Flumina pro [illegible] hunt, aut excæcata residunt, *Ov Met* 15, 272

Excæco, āre act (1) *To make blind, to put out ones eyes* (2) Met *To deprive of the use of* (3) *To stop*, or *choak up* (1) *Io* [illegible] (1) *Cel* 11, (2) Num [illegible] excæcat, [illegible] *dead* [illegible] 4, 23 [illegible] excæcar[illegible] *Ov* [illegible] 2, 1 (4) Excæcata itinera pluviæ, *Col* [illegible]

Excalceātus, a, um part *To be* [illegible] *to be pulled off* [illegible] excalceandos, *Suet Vitell* [illegible]

Excalceātus a, um part *Unshod, barefooted* Excalceatus in [illegible] coenam, *Mart* 12, 8[illegible]

Excalceo, āre act *To pull off one's shoes* [illegible] Excalceo in [illegible]

Excalfacio, ĕre act excalfacio [illegible], fectum act *To make very hot* [illegible] excalfacit, *Plin* 2, 7

Excalfactio, ōnis f verb *A heating, or making hot*, Plin [illegible]

Excalfactor, ōris m [illegible] *He that maketh hot*, Plin

Excalfactōrius, a, um adj *That heateth, or is apt to heat* [illegible] calfactorius, *Plin* 2, 4 [illegible] natura excalfactoria, *Id* 25, 1[illegible]

Excalfio, fi, factus *To be made* [illegible] Cum quis siccari excalfieri opus sit, *Plin* 24, 7

Excalpo, ĕre, psi, ptum act [*ab ex & scalpo*] *To scratch*, or *claw, to engrave*, or *cut in* Excalpere signum ex lapide, *Quint*

Excalptus, a, um part *Engraved*, or *cut in*, Cato, 18, 1

Excambium, i n *An exchange, a changing one thing for another* Vulgo receptum, at vi te tibus [illegible]

Excandefacio, ĕre, feci, factum *To make very hot, white, or angry* ¶ Excandefacere annonam, *to make victuals very dear, to raise the price of corn*, Varr R R 3, 2

Excandescentia, æ f *Great heat*, or *anger* Excandescentia est ira nascens & modò existens, *Cic* 4, 9

Excandesco, ĕre, ui incept (1) *To wax very hot* (2) Met *To be very angry, to be in a fume* (1) Cum bitumen additum est, excandescit, *Cato*, c 95 (2) Id postquam rescit excandescunt, *Cel Cic* ap *Ep Fam* 8 12 Sic du[illegible] excandescunt, *Val Max* 1, 6, 11

Excantātus, a, um part *Charmed out of its place* Sydera excantata voce Thessala, *Hor Epod* 5, 45

Excanto, āre act (1) *To inchant, to charm* (2) *By inchanting to bring from, or out of a place* (1) Veneficus nunc excantat tibi familiam, *Plaut Amph* 4, 1, 71 (2) Cluses excantare puellas, *Propert* 3, 3, 49

Excarnificātus, a, um part *Quartered*, or *hewed in pieces* Anaxarchus a Cyprio Tyranno excarnificatus, *Cic N D* 3, 33

Excarnifico, āre act (1) *To quarter, or cut in pieces* (2) *To torment*, or *vex* (1) *Vid* Excarnificor (2) Res committere, ubi me excarnificet, *Ter Heaut* 4, 6, 9

Excarnificor, āri, ātus pass *To be quartered*, &c Minutatim s[illegible] tibus excarnificatus, atque confectus est, *Suet Tiber* 1

|| Excastrātus, a, um part *Gelt, spaded*, Cell 9, [illegible]

Excavātio, ōnis f verb *A making hollow* Excavatio ex [illegible] est, *Sen* [illegible] 13

Excavātus, a, um part *Made hollow* [illegible] excavata [illegible] auro, *Cic* [illegible] 6, 2[illegible] Loca excavata [illegible]

Excavo, āre act *To make hollow* [illegible] excavat [illegible]

Excedens, tis part *Departing* Ephem [illegible] excedentia &c Prec [illegible] *Also excelling*, *Val Max* 1, 82 Excedentia supputation [illegible] 1, 8, ext 19

Excedo, ĕre, ssi, [illegible] neut (1) *To depart, to go forth, or out* (2) *To be gone and worn out* (3) *To go come, or arrive at that* (4) [illegible] (5) Act *To exceed, to surmount*, or *surpass* (1) = Abiit, excessit, evasit, erupit, *Cic Catil* 2, 1 § Excedere acie, § ex cu[illegible] *Val Max* § [illegible] *Cic* foribus, tectis, *C* (2) Neque [illegible] excedere notæ, *Ov* (3) Ad publicum [illegible] excederes, *Liv* Ex [illegible] excessit in [illegible] amplius [illegible] *Id* 2, 9, 1 (4) Cum is excessisse, quid [illegible] *Cic* post [illegible] Sen (5) Excedere magnitudinem hominum, *Plin* 6, 22 Excedere tredecim, *Val Max* 8, 1, ext 1 legitimum obtinendi imp[illegible] tempus, *Id* 5, 4, Excessit jam fidem meritorum summa [illegible] *Ov Met* 7, 166

Excellens, tis part & adj or, comp issimus, sup (1) *High, rising, topping* (2) Met *Excelling in good, or evil, surmounting* (3) *Excellent* (1) Provincia excelsa [illegible] locis constituta, *Hirt B Hisp* 8 Grumus est excellens natura, *Ibid* (2) Nihil Alcibiade fuit excellentius vel in vitiis vel in virtutibus, *Nep* in *vita ejus* Excellens bellicis operibus, *Val Max* 2, 9 opibus *Id* 4, 8, ext 2 scientia juris, *Id* 8, 2 Vir excellentis virtutis, *Cæs B C* 1, 3 (3) Excellentissima virtus [illegible], *Cic N D* 2 = perfectus, præstans

Excellenter adv *Excellently, passing well* Fortiter excellenterque gesta sunt, *Cic Offic* 1, 18 Excellenter pronunciare, *Nep Att* 1

Excellentia, æ f *Excellency* Animi excellentia *Cic Offic* 1, 5 Magna cum excellentia, *Ibid* 28

Excello, ĕre, ui, sum neut [*ab ex & antiq cello*] (1) *To be high, to ascend* (2) *To excel, to pass to surmount* (3) Met *To lift up on high, to raise aloft* (1) *Vid* Excellens, n 1 (2) = Uti is gloria maxime excellat, qui virtute plurimum præstet, *Cic* Excellit urbs virtute nimisque, *Val Max* 5, 6, 2 § Excellere aliis, super alios, inter alios, præter cæteros, *Cic* (3) Excellere animum, *Cato* ap *Gell* 7, 3 sed forte vel figuratè vel antiq

Excelsè adv ius, comp ssimè, sup *Haughtily, loftily, on high, highly* = Excelsius magnificentiusque & dicet & sentiet, *Cic Or* 34 Spiritu excelsissimè floruit, *Pater* 1, 6

Excelsitas, ātis f (1) *Height, loftiness* (2) *Haughtiness, noble mind* (1) Nec ulla florum excelsitas major, *Plin* 2, 5 Hæmi montis excelsitas, *Id* 4, 1 (2) = Excelsitas animi & magnitudo, *Cic Offic* 3, 5

Excelsus, a, um adj or, comp issimus, sup [illegible] (1) *High, tall, lofty* (2) Met *Noble, stately* (1) Mons excelsus, *Plin* 12, 14 Arces excelsæ *Luc* [illegible] (2) = Nihil innititur regnum & excelsum, *Cic* Principem [illegible] excelso, *Plin* [illegible] Excelso [illegible] *Val Max* 1, [illegible] ext 1 In excelsissimo [illegible] *Plin* 16, 6 Excelsissima victoria, *Pater* 2, 9[illegible] Cætum excelsissimum, *Stat Theb* [illegible]

Exceptans, tis part *Taking up* [illegible] cubitulos [illegible] exceptans, *Cic* [illegible] 5, 2

† Exceptio, ōnis f *A receiving*, Pacu[illegible]

Exceptio, ōnis f verb [*ab excipio*] (1) *An exception, or claim, a claiming or forbidding* (2) *Also an exception taken in suit, to [illegible] part of a pr[illegible]* (3) *Idem* (1) [illegible] patiar cum exceptione [illegible] *Cic* [illegible] 1, 1 Sic exceptionem habeo, [illegible] *ad Fam* 6 [illegible] (2) *Cic de Inven* 2, 5 (3) *Ap Ju[illegible]*

Exceptiuncula, æ f dim *That is taken up rece[illegible], kept back*, or *excepted*, Plin 18, 1

Excepto, āre freq [*ab excipio*] *To take, or draw, out, or receive often* Exceptant leves auras, *Virg Geor* [illegible] 274 Per pectora [illegible] exceptat mentes, *Sil* [illegible] 6

Excepto [illegible] morem [illegible] adv *Except, unless, saving*, Hor Ep 1, 10, 50

|| Exceptor, ōris m verb *A notary, one that writes ones words as he speaks them*, Ap [illegible]

|| Exceptōrius, a, um part *That will receive, or except*, Ulp

Excepturus, a, um part *About to receive* Excepturum natus, *Stat Sylv* 1, 5, 25

Exceptus, a, um part [*ab excipio*] (1) *Excepted* (2) *Received, welcomed, entertained* (3) *Taken prisoner* (4) *Taken, or understood* (1) Regis causa excepta, cæteris in rebus, &c *Cic* Lent 1, 1 (2) Excepti hospitio, *Val Max* 6, 6, Excepti benignissimè hospites *Id* 1, 8, ext 2 Excepti [illegible] Ferculi, *Petron* c 2 (3) Cum de centesimo[illegible] in [illegible] tus, pene exceptus est, *Suet Aug* 16 Victor a littoribus exceptus, *Cic in Pis* (4) Id [illegible] exceptum est, *Suet* [illegible] 11

|| Excerebrātus, a, um part *Fool that wants brains, or is witless*, Sidon

Excerniculum *A sieve to purge grain, lime, or other things, a sierce*, Litt *und.* non dicit ‡ Cribrum, *Plin*

Excerno, ĕre, crēvi, cretum act (1) *To sift, purge, or pierce* (2) *To haul, or spit up* (3) *To void by stool* (1) *Col* 2, 21 (2) Modo parum excernere ægros, modo nimium dicunt, *Cels in præfat* (3) Πυλωρον Græci vocant, quoniam porta modo, in inferiores partes, ea, quæ excreturi sumus, emittit, *Cels* 4, 1

Excerpens, tis part *Picking out* Excerpens fœmina pomis, *Hor Sat* 2, 3, 272

Excerpo, ĕre, psi, ptum act [*ab* ex & carpo] (1) *To pick out, to take out,* or *choose* (2) Also *to exempt* (1) Tu id, quod boni eſt, excerpis, *Ter Phorm* 4, 4, 17 vid & *Cic Offic* 3, 10 (2) Me illorum, dederim quibus eſſe poetis, excerpam numero, *Hor Sat* 1, 4, 40

Excerpor, i, ptus paſſ *To be picked,* or *taken out,* &c Excerpi a rege omnem nobilitatis indolem animadvertit, *Val Max* 7, 3, 2

|| Excerptio, onis f verb *A picking,* or *culling out,* Gell 17, 21

Exceptus, a, um part *Chosen,* or *picked out* Excerptus e numero Cæſarum, *Sen*

Excesſis, *pro* excesſeris, *Ter* 4, 5, 21

Excessu, us m verb [*ab* ex cedo] (1) *Excess, going out, departure* (2) Absol *Death, decease,* εὐφήμως (3) *A standing out, a hanging over* (4) Also *a digression* (5) *A deviation, an alteration* (1) ⚹ Exceſſus è vita & in vita manſio, *Cic de Fin* 3, 18 (2) Exceſſus Augusti, *Tac* 1, 1 (3) *Litt ex Suet* (4) Quid rudentius illo longiſſimo *Demosthenis* exceſſu? *Plin Ep* 9, 26 (5) Minuti à pudore exceſſus ... bantur, *Val Max* 8, 2, *fin*

Excetra, æ f hydra, ſerpens [*al* excreſco] *A viper,* or *serpent, whose head being cut off, three rose up in the place of it,* also *any other serpent,* vid *Serv* ad *Vir Æn* 6 Item verbum maledicendi, ſeu convicia jaciendi, *Liv* 39, 11 *Plaut Pſeud* 1, 2 & *Caſ* 3, 5, 19

Excidendus, a, um part *To be pulled down,* or *destroyed* Africanus in excidenda Numantia reipublicæ profuit, *Cic Offic* 1, 22

Excidio, ōnis f [*ab* excidendo] Excidionem facere oppidis, *Plaut Curc* 4, 3, 2 *ubi al libri habent* exſcidionem *ab* exſcindo

Excidium, i n & exſcidium [*ab* exſcindo, *M* nam ſecunda eſt brevis, ut in *exſcidi*] (1) *The sacking of a city* (2) *Ruin, destruction* (1) Iſtria trium oppidorum excidio pacata eſt, *Liv* 41, 11 Satis unâ ſuperque vidimus excidia, *Vir Æn* 2, 642 (2) Excidium legionum, *Tac Hist* 4, 61, 2

Excido, ĕre, di neut [*ab* ex & cado] (1) *To fall out,* or *away* (2) *To fail,* or *perish* (3) *To fail,* or *forget* (4) *To be forgotten, to slip out of memory* (5) *To slip out of* (6) *To dissent* (1) = Excident gladii, fluent arma de manibus, *Cic Philipp* 12, Excidit timor corde *Val Flacc* 5, 654 (2) Magnis excidit auſis, *Ov Met* 2, 328 (3) Senſibus ... pus mens excidit, *Catull* 64, 45 (4) Excidere e memoria, *Liv* ... Quæ cogitatio cum mihi non omnino excidiſſet, *Cic Fam* 5, 1, ⚹ Excidentes unius verbi admonitione in memoriam reponuntur, *Quint* (5) Vinclis excidit, *Vir Geor* 4, 490 (6) Ergo ab Archilocho excido, *Lucil* ¶ Excidere formula, *to be cast in his suit,* Suet Claud 14

Excido, ĕre, di, ſum act [*ab* ex & cædo] (1) *To cut out* (2) *To cut down, to hew* (3) Met *To destroy, to sack, and rase* (4) *To abolish, and root out* (1) Columnas rupibus excidunt, *Vir Æn* 1, 433 (2) Sylvas excidere, *Lucr* 5, 1265 (3) Domos inimicorum oppugnavit, excidit, incendit, *Cic* pro *Sext* 44 (4) Si ex rerum natura non poſſum evellere, ex animo quidem certe excidere, *Cic* de *Prov Conſ*

Excindendus, a, um *To be cut out, to be destroyed* Hæc tibi eſt excindenda lingua, *Cic* de *Orat* 3, 1 ſed variant lectiones *Rectiùs* exſcindendus

Excindo, ĕre, di, ſſum act [*ab* ex & ſcindo] (1) *To cut out,* or *down* (2) *To rase, to overthrow, root out,* or *abolish* (1) Excindere linguam, *Cic* de *Or* 3, 1 Excindere arborem, *Id* (2) Numantiam excindes, *Cic Somn Scip* 2, Excindere gentem, *Vir Æn* 9, 137 domos, *Ib* 12 643 *Rectius* exſcindo

Excindor, i, ſſus paſſ *To be cut off,* or *rased* Vidimus templum inflammari, excindi, funeſtari, *Cic* pro *Milon* 33 *Rectius* exſcindor

Excingo, ĕre, xi *To ungird, to despoil* Purpureâ talos excinxerit orâ, *Catull* 62, 308 *ubi al* incinxerit

Excinctus, a, um part *Spoiled,* Litt ex Sil

Excio, ire, ivi, itum act [*ab* ex & cio] (1) *To call out* (2) *To raise up, to waken, to rouze* (3) *To summon, to challenge* (1) Quis homo tam tumultuoſo ſonitu me excivit ſubitò foras? *Plaut Trin* 5, 2, 52 (2) § Excire aliquem ſomno, *vel* ex ſomno, *Liv* (3) § Hoſtem ad dimicandum excire, *Liv* 2, 30 ¶ lacrymas alicui, *to make one weep,* Plaut Ciſt 1, 1, 114

Excior, iri, itus paſſ *To be called, to be raised,* &c Exciri in pugnam, *Luc* 6, 11

Excipiendus, a, um part *To be received, excepted,* &c Linquor, & ancilis excipienda cado, *Ov Fp* 2, 130

Excipiens, tis part *Excepting* &c *Cic de Div* 1, 6 *writing in short-hand* Excipiens longas nova per compendia voces, *Manil* 4, 199

Excipio, ĕre, pi, eptum act [*ab* ex & capio] (1) *To receive* (2) *To take up* (3) *To take upon him* (4) *To entertain,* or *welcome* (5) *To except* (6) *To entrap, to catch, to ensnare, to surprize* (7) *To gather* (8) *To hear, to listen after* (9) *To succeed,* or *follow* (10) *To pull out* (11) Notis excipere, *to write what another speaketh* (12) *To sustain,* or *bear off* (13) *To answer* (1) Excipit ictus galeâ, *Ov Met* 12, 375 (2) Illunc hodiè excepi vidulum, *Plaut Rud* 5, 4, 140 Tarquinium moribundum qui circa erant, exceperunt, *Liv* 1, 40 Excipere tellure cadentem, *Stat* ſic recens natum more priſco (3) ⚹ Omnes labores te excipere video, timeo ut ſuſtineas, *Cic Terentiæ* (4) Gratum erit cunctis, quod ſenatum oſculo exciperes, *Plin Paneg* 23 Excipere aliquem paterno ſinu, *Sen Med* 284 hoſpitio, *Valer Max* 5, 1, 1 ¶ Excipere oculos, *to delight the eyes,* Plin 16, 30 (5) Hos ego homines excipio & ſecerno libenter, *Cic Catil* 2, 7 (6) Excipere aprum frutiecto, *Hor Od* 3, 12, 12 *Met* aliquem incautum, *Vir Æn* 3, 332 (7) Hunc tuum exc piſſe ſanguinem patera, *Cic* de *Cl Orat* 11 (8) Mittebat, qui rumores Africanos exciperent, & ad ſe referrent, *Cic* pro *Deiot* 9 (9) Turbulentior inde annus excepit, *Liv* 2, 61 (10) Excipere dentes, *Cels* 7, 12 (11) Notis velociſſime excipere ſolitus, *Suet Veſpaſ* 3 (12) Tela unus pro univerſis excepi, *Cic* de *Prov Conſ* 9 (13) Tum ſic excepit regia Juno, *Vir Æn* 4, 114 vid & *Ov Met* 7, 681

Excipior, i, eptus paſſ *To be received,* &c *paſſim leg*

|| Excipula, ōrum pl f *Wicker snares to catch fish in, weels, snatches,* Jun ſed melioris auctoris

Excipulus, i m [*ab* excipiendis rebus] *An instrument to take, or catch any thing in, a weel a snatch,* and probably *any vessel whatsoever to save and receive any thing in,* vid *Plin* 9, 22 & 29, 7

|| Excipuus, a, um adj Excipuum quod excipitur, ut præcipuum quod ante capitur, *what is taken,* or *received,* Feſt

† Excisātus, a, um *Cut off, wounded, crop* Capillo ſciſſo, & exciſatis auribus, *Plaut* in *Fragm* Quo tamen poſteri ſe abſtinuerunt

Excisio, ōnis f verb [*ab* excido] *A breaking down, wasting, rasing,* or *destroying* Exciſio tectorum, *Cic* pro *Domo* 58

† Exciso, āre freq [*ab* excido] *To wound, crop, tear, cut* Vid Excisatus

Excisōrius, a, um adj *Belonging to cutting,* or *carving* Exciſorius ſcalper, *a chirurgeon's instrument to cut out a foul,* or *perished bone, a launcet,* Celſ 8, 3

Excisus, a, um part [*ab* excido] (1) *Cut out, cut down,* or *cut off* (2) Met *Destroyed, rased, and defaced* (1) Trabs exciſa, *Vir Æn* 2, 481 Intempeſtivos poſtes exciſos credo, *Plaut Moſt* 1, 2, 141 Exciſum caput, *Plin* 33, 3 (2) Exciſa Troja, *Vir Æn* 2, 637 domus, *Sen Herc Fur* 1035 Vid Excido

Excitandus, a, um part *To be raised up* Excitanda diligentia, *Cic Off* 1, 29 Excitandus nobis erit ab inferis C Marius, *Id* pro *Font* 1

Excitātè adv *Vehemently, briskly,* unde comp Excitatiùs fulgent, *Plin* 37, 7

|| Excitātio, ōnis f verb *A stirring up, a provocation,* Arnob. ‡ Incitatio, *Cic*

Excitatus, a, um par & adj or, comp ſſimus, ſup (1) *Moved,* or *stirred up* (2) Adj *Raised, exalted, advanced* (3) *Loud, shrill, brisk, vehement* (1) Tantus clamor concionis excitatus eſt, ut admirabile eſſet, *Cic Orat* ((2) ⚹ Ab excitata fortuna ad inclinatam & prope jacentem deſciſcere *Cic Fam* 2, 16 (3) = Acuto & excitato movetur ſono, *Cic Somn Scip* 5 Clamor excitatior & creberior ab hoſte ſublatus, *Liv* 4, 37 Excitatiorem anhelitum recuperare, *Val Max* 5, 7 ext 1 Optimum quam excitatiſſimi odor, *Plin* 20, 7

Excito, āre act freq [*ab* ex & cio] (1) *To move, stir,* or *raise up* (2) *To waken* (3) *To erect* (4) *To rouze, start,* or *put up* from hunting (5) *To shoot up* (6) *To cherish,* or *invigorate* (7) Met *To quicken, to encourage* (1) ⊁ Motus vel excitatur vel ſedatur, *Cic* de *Orat* 1, 46 Excitare animo juvenum ad vigorem, *Val Max* 2, 3, ext 2 (2) Dormientes ſpectatores metuis ne a ſomno excites, *Plaut Merc* 1, 2, 48 § Excitare aliquem ſomno, de, e, & ex ſomno, *Cic* (3) Ædificia excitare, *Sen* ... crum lapide, *Cic* de *Legg* fin (4) Feras excitare & curſu conſequi, *Sen* (5) = Sus roſtro ſuffodiat, & ceſpites excitet, *Col* (6) ⚹ Harus concubitus corpus excitat, frequens ſolvit, *Cels* 1, 1 (7) = Excitare & in ſpem inducere, *Cic* Te languentem excita, *Sen Med* 902

Excitor, āri, atus paſſ *To be raised, moved,* &c In tepullo fluctus excitantur, *Cic* pro *Sext* 46.

Excito, āre freq [*ab* ex & cio] *To excite, to provoke* Ceu victor ad arma exciet Tyrius, *Sil* 5, 191 R occ

Excitus, a, um part [*ab* excio] *Called,* or *raised up* Commotis excita ſacris, *Vir Æn* 4, 301 Excita ſedibus ſuis nova, *Curt* 9, 2, 12 Exciti ſomno mente pavida, *Sen Hipp* 10

Exclamātio, ōnis f verb (1) *A crying out, an exclamation,* or *an outcry* (2) Also *a rhetorical* (1) Acutas vocis exclamationes fugere debemus, *Auct* ad *Herenn* 3, 12 (2) De hac ... vide *Auct* ad *Herenn* 4

Exclāmātor, ōris m verb *One that shouts,* or *bawls,* ... Plaut

Exclāmo, āre neut & act (1) *To cry out for anger,* (2) ... &c (3) *To call aloud,* ... *exclaim* (4) Also *to call on, to call with a loud voice* (5) *To give a shrill inarticulate sound* (1) Furioſè exclamare, *Quint* 3, 8, ſub fin (2) gaudio, *Ter Phorm* 5, 6, 20 diſertiſſime, *Quint* barbarè, *Id* (3) Magna voce exclamat uxorem tuam, *Plaut Amph* 5, 1, 68 (4) Multa memoria digna exclamaverunt, *Quint* ... 11 (5) Femur dominæ exclamare coegit, *Juv* 6, 42.

Exclūdens, tis part (1) *Shutting out* (2) *Hatching* (1) *Cic* ... 1, 1 (2) *Col*

Exclūdo, ĕre, ſi, ſum act [*ab* ex & claudo, *vel antiq* cludo] (1) *To shut out* (2) Met *To exclude, to reject and refuse, to keep and debar from, to put off, not to admit* (3) *To prevent,* or *hinder* (1) Me excludunt foras, *Plaut Men* 5, 7, 51 ⚹ Me non excludet ab ſe, ſed apud ſe occludet domi, *Id Men* 4, 2, 108 (2) Excluſit illum à republica ... traxit, ſegregavit, *Cic Philipp* 5, 11 (3) Diei tempore excluſus ... poſterum oppugnationem diffe... *Cæs B G* 6, 11 ¶ Excludere ova, *to hatch them,* Plin ... oculum alicui, *to put it out,* &c *Plaut*

Excludor, i, ſus paſſ *To be shut out, hindred,* &c ... hereditate fraterna excluſus ... *Cic* pro *Cæc* 11 ... um efficaciſſimum excludi... *Scrib Larg* c 7

Exclūſio, ōnis f verb (1) *A shutting out, a debarring,* ... *exclusion* (2) *A demur* (1) De excluſione verbum nullum, *Ter Eun* 1, 2, 8 (2) *Ulp*

|| Exclusīvè adv *Exclusively,* ICC

|| Exclūsōrius, a, um adj *That hath power to exclude,* Ap ICC

Exclūsūrus, a, um part *That will shut out* Nulli excluſuri gementes januam, *Tibul* ...

Exclūsus, a, um part & adj or, comp ſſimus, ſup (1) *Shut, or thrust out* (2) *Debarred, hindred* (3) *Hatched* (1) Matres pernoctabant ad oſtium carceri circell, ab extremo complexu liberi, i exclusæ, *Cic Veri* 5, 45 (,) Exclusi paternis opibus liberi, *P Ter* 2, 28 Spatiis exclusus iniquis, *Vir Geor* 4, 147 (5) Pulli ex ovo, *Col* 8, 5 Exclusissimus, *most outcast in the world*, *Plaut Vid tu, finxit* Men 4, 4 *Cure* 1, 1, 15 *particu* ... ultimum ostium *dixit*

|| Exclusor, ōris m *A shutting out*

Excoctus, a, um part [ab excoquo] (1) *Thoroughly sodden* (2) *Drenched, tanned, baked to a crisp* (3) *Perfectly tryed*, of metals (1) Scoria excocta diligenter, ... 17 (2) Tam excoctam reddam atque atram, quam carbo *Ter Adelph* 5, 3, 63 (3) Excoctæ flammis metalla, *Plin*

Excogitandus, a, um part *To be found out, or devised* At nec ... ferociores in ... excogitandi, *Val Max* 9, 2,

Excogitatio, ōnis f verb *A ... invention* = Vis, quæ ... occulta, inventio atque excogitatio dicitur, *Cic Tusc* 1, 25

Excogitator, ōris m verb *An inventer, or deviser*, Quint Declam

Excogitatus, a, um part & adj ... up (1) *Thought upon, ... out* (2) Also *exquisite, ... devised* (1) Ratio excogitata, *Cic pro Cluent* 13 Excogitatæ salutares leges, *Val Max* ... 2 Excogitata remedia, *Id* 2, 5, 6 (2) Excogitatissimis ... instituit, *Suet Cal* 22

Excogito, are act (1) *To find out or feign, to devise* (2) *To think, or consider thoroughly* (1) Excogitate, quæ tua ratio sit, non possum *Cic Philipp* 8, 6 Excogitare ... nova genera, *Val Max* ... rationem armis vacem oram, *Id* 7, 4, 2 cruciatus, *Id* 5, 2, ext 11 (2) ✠ Cogitasti potius excogita, *Cic ad Att*

Excogitor, āri, ātus pass *To be found out, or feigned*, &c Quid fieri ... fingi aut excogitari ... quod non ille conceperit? *Cic* ... 4

Excolendus, a, um part *To be ... or trimmed up* Demus ... nos huic *philosophiæ* excolendos, patiamurque nos sanari, *Cic Tusc* ... 8

Excolo, ere ui, ultum act (1) *To till, or cultivate* (2) *To garnish, ... or polish* (3) Met ... *up* (4) *To instruct* (5) *To ... or practise* (1) Ex ... rurum, *Claud in Eutrop* 2, ... (2) Lautis marmoris, quibus ... excoluntur, *Cic* Quos ... Prometheus excoluit, *Claud in Eutrop* 2, 495 (3) ✠ ... tam horridum, tam incultum, quod non splendescat oratione & tanquam excolatur *Cic* ... 1 (4) Excolere liberos ... *Col* 4, ... Ingenium ... rerum militarium prudentia excoluit, *Paterc* 2, 29 (5) ... in studio excolendo fuit vitæ ... omnis, & in neglecto ... *Cic Off* 1, 2 Ex... *Val Max* 4,

Excolor, ... cultus pass *To be ... polished*, &c An virtus hominum, ... orationem non po... *Cic Orat* 9

Excombibo, are *Curiously to ... as serpents do, Plaut* ap ... ied q

|| Excommunicatio, ōnis f verb *An excommunication*, Decr ✝ Sacrorum interdictio, anathema

|| Excommunicatus, a, um part *Excommunicated*, Eccl ✝ A sacris summotus, secretus, prohibitus

|| Excommunico, are act *To excommunicate*, Eccl ✝ Communibus sacris interdico, sacrorum usu arceo, prohibeo

Excompacto adv *On purpose, by agreement*, Suet Cæs 20 *sed rectius* ex compacto *divisè*

|| Exconsul, ulis m *He that hath formerly been consul*, Cod

|| Excontinenti adv *By and by, incontinently, immediately*, JC *Solet etiam scribi divisè*

Excoquo, ere, xi, ctum act (1) *To boil thoroughly, to boil away* (2) *To refine metals* (3) *To dry up by heat*, or (4) *cold* (5) Met *To devise, invent*, or *procure* (1) Per ignem excoquitur vitium, *Vir Geor* 1, 88 (2) Ignis excoquit vitium metalli, *Ov Fast* 4, 786 (3) Sol terram excoquit *Lucr* 6, 962 Quamvis siccus ager languentes excoquat herbas, *Calpurn* 76 *Met* Acrior mentem excoquat, quam qui caminis ignis Ætnæis furit, *Sen Herc Fur* 105 (4) Vis frigoris excoquit terram, *Steph ex Col* (5) Dum excoxero lenoni malum, *Plaut Pers* 1, 1, 52 Unde excoquat sævum senex, *Id Capt* 2, 2, 51

Excoquor, i, ctus pass *To be thoroughly boiled*, &c *Vir Vid* Excoquo, n 1

|| Excorio, are (1) *To pluck off the skin, or hide, to excoriate* (2) *To whip* (1) Ex Gloss eruitur (2) Ap med ævi scriptores

Excors, dis adj (1) *Heartless, spiritless* (2) *Witless, foolish, simple, silly* (1) Quis tam excors, quem ista non moveant? *Cic Tusc* 1, 6 (2) = Neque tu eras tam excors, tamque demens, *Cic pro Domo*, 18 = Insanus, *Hor*

Excreabilis, e adj *That may be spit out*, Plin 29, 14 *Rectius* exscreabilis

Excreans, tis part *Spitting out*, &c Excreantes sanguinem, *Plin* 20, 4

Excreatio, ōnis f verb *A spitting out with retching*, or *hawking* Sanguinis excreationes, *Plin* 24, 14 *Rectius* exscreatio

Excrementum, i n [ab excerno] *An excrement*, as urine, sweat, snivel, spittle, but chiefly *ordure*, Plin 11, 10 & 10, 7 Oris excrementum, *spittle*, Tac Hist 4, 81, 3

Excreo, are act [ab ex & screo] *To spit out with retching, to hawk* Ut cum dentibus linguam excreet, *Plaut Ampn inter supposit* Spumantem sanguinem excreare, *Cels* 2, 7 vid & *Ov Ep* 21, 24 *Rectius* exscreo

Excreor, āri, ātus pass *To be spit out*, &c Si pura excreentur, *Plin* 20, 6

Excrescens, tis part *Growing out*, &c Excrescens caro, *Scrib Larg* c 4 & c 89 Omnia in corpore excrescentia sanat, *Plin* 21, 20

Excresco, ere, crevi, ētum n *To grow out, much, or up, to increase, to rise* ... *the water doth* ... tide, *Col* 5 & *Plin* 37, 2 *Luc* 4, 11 ✠ Decresco

Excretio, ōnis f verb *The avoiding of excrements*, Plin 27, 12

Excretum, i n [ab excerno] *The refuse, or offal of corn, or meal sifted, the gurgeons* Excreta tritici, *Col* 8, 4

Excreturus, a, um part *About to void by stool*, Cels 4, 1

Excretus, a, um part [ab excresco] *Well grown* Excretos prohibent a matribus hœdos, *Vir Geor* 3, 397

Excribo *To write out Vid* Exscribo

|| Excriptor, ōris m verb *A copier out*, Dig *Rectius* exscriptor

Excruciabilis, e adj *Worthy to be tormented, punishable* At us excruciabilis, *Plaut Cist* 4, 1, 1

Excruciatus, a, um part *Tortured, tormented* Hominem summo excruciatum semivivum reliquit, *Cic Verr* 1, 17 Excruciatus exulum, *Tac Ann* 2, 31, 2 doloribus, *Suet Tib* 44 Excruciata gravissimis tormentis, *Id Calig* 16

Excrucio, are act *To torment, or vex* Nec me meæ miseriæ magis excruciant, quam tuæ, *Cic Fam* 1, ... ✠ Illud angit, seu potius excruciat, *Id*

Excrucior, āri, ātus pass *To be tormented, vexed*, &c *Cic*

Excubans, tis part *Keeping watch* Excubans pro Cæsaris partibus, *Val Max* ... 8, 7

Excubatio, ōnis f verb *A watching, a keeping guard* Excubatio perpetua, *Val Max* 4, 7, 7

Excubatur impers *Men watch and take pains* Rerum, non animi, pretiis excubatur, *Plin* 35, 7

Excubiæ, ārum pl f [ab excubando] (1) *A lying abroad all night* (2) *Watch and ward as well by day as by night, the centry, the guard* (1) Sperat sibi fore sperneas clam uxore excubias foris, *Plaut Prol Cas* 54 (2) = Nos tibi excubias & custodias pollicemur, *Cic* pro *Marcell* 10 Excubias agere, *Suet Galb* 10 disponere *Tac Hist* 2, 44, 4 sortiri, *Val Flacc* ... 71 tenere, *Id* 5, 252

|| Excubicularius, i m *He that hath been a chamberlain*, Cod

Excubitor, ōris m verb qui excubat *One that watcheth and wardeth by night, a sentinel, one of the guard* = Hæc eadem noctu excubitoribus & firmis præsidiis tenebantur, *Cæs B G* 7, 69 Somnosque non defendit excubitor meos, *Sen Thyest* 458

Excubitus, ūs m *A watch* In statione & excubitu, *Hirt B Hisp* 6

Excubo, āre neut *To lye out, to stand centry, to keep watch and ward* as in a prince's guard (2) *To stand upon his guard* (3) Also *to grow* (1) § Excubare pro portis, *Liv* ad portum, *Cæs* ante domum, *Ov* in muris, *Liv* pro capite Augusti, *Val Max* 9, 11, ext 4 pro salute civium, *Id* 5, 5, 4 Cohortes nonæ legionis excubuerant, *Cæs B C* 3, 63 (2) Excubo animo, nec partem ullam capio quietis, *Cic Attic* 9, 12 Excubuisse pro imperio populi, *Val Max* 1, 8, 1 (3) *Plin* 16, 37

Excudo, ere, di, sum act [ab ex & cudo] (1) *To beat, or strike out* (2) *To stamp, or coin, to forge* (3) *To hatch eggs* (4) Met *To find out with study, to make, or compose* (5) *To wrest from, or obtain by intreaty* (1) Silici scintillam excudit Achates, *Vir Æn* 1, 178 (2) Excudunt alii æra, *Vir Æn* 6, 847 (3) Negatur ansi aliena excudere ova, nisi, &c Col 8, 14 (4) = Effinge aliquid atque excude quod sit perpetuo tuum, *Plin Ep* 1, 3 (5) Excudit mihi cultus hortorum, ut conscriberem, *Col*

|| Exculcatores m pl *Slingers, or gunners*, Veget 2, 15 *Vid* Stewech Comm in loc

|| Exculcatus, a, um part *Kicked out, out of use, out of date* Verbis uti nimis obsoletis exculcatisque, *Gell* 11, 7 ✝ Antiquatus, obsoletus

Exculco, āre act [ab ex & calco] (1) *To tread, or trample upon* (2) *To spurn at, to kick out, to wring out* (1) *Vid* Exculcor (2) *Plaut Capt* 4, 2, 30

Exculcor, āri, ātus pass *To be trod upon*, &c Singuli ab infimo solo pedes terra exculcabantur, *Cæs B G* 7, 73

Exculpo, ere psi, ptum act [ab ex & sculpo] (1) *To engrave, or carve as images* (2) *To pull out, to erase* (3) Met *Also to get hardly, and with difficulty from one* (1) E ... aliquid e quercu simile simulacri, *Cic* ... 1, 28 signum ex lapide, *Quint* 2, 19 (2) Etiam exculpe oculum, *Ter Phorm* 5, 7, *ut ut leg* Muret *sed al leg* excludo Hos versus Lacedæmonii exculpserunt, *Nep Paus* 1 sed aliter leg (3) Possumne hodie ex te exculpere verum? *Ter Eun* 4, 4 45 In quæstione vix exculpsit, ut diceret, *Plaut Cist* 2, 2, 6 *Rectius* exsculpo

Excultus, a, um part [ab excolor] *Garnished, polished, dressed, cultivated* Artibus exculta hominum vita, *Cic Off* 2, 4 = expolitus, *Id* de *Clar Orat* 95 *Vid* Excolo

|| Excuneatus, a, um Cui sedendi non erat locus in *cuneis* theatri, Extimus quisque excuneati queruntur, *Apul Florid* p 799

Excuratus, a, um part & adj (1) *Handsomly received, entertained, or treated, dressed, or handled diligently* (2) *Choice, curious, dainty* (1) Lepide excuratus incessisti, *Plaut Cas* ... 6, 6 (2) Victu excurato & munditiis acceptus fui, *Plaut Pseud* 5, 1, 8

|| Excuriatio, ōnis f verb [ab ex & curia] *A putting off the court or out of the court*, Cod

✝ Excurio, are [ab ex & curia] *To turn out of the court*, Apollonium ideo excuriant, quia nihil habeba, *Varr ap Non* 1, 164

Excurrens, tis part (1) *Sallying forth* (2) *Superfluous, redundant* (1) Excurrens in pericula, *Sen* Excurrens in meridiem planities *Plin* ..., 5 (2) = ✠ Mutila quadam & quasi decurtata, producit ori & quasi excurrentia, *Cic Orat* 178 ¶ Summa excurrens, *a sum with an overplus*, Paul JC

Excurro, ere, curri, & cucurri, sum neut (1) *To rush hastily* (2) *To sally out, to make an inroad* (3) *To extend to, to shoot out in length, or breadth* (4) Met *To run out into other matters* (5) *To exceed, to be over and above* (1) Excurro ad Pompeianum, *Cic Attic* 5, 15 Cum se excucurrisse illuc frustra sciverit, *Plaut Bacch* 2, ..., 1.5 Primus qui in crucem excucurrerit, *Id Most* 2, 1, 12 (2) In fines Romanos excucurrerunt populabundi, *Liv* 1, 15 (3) Ab intimo sinu peninsula excurrit, *Liv* (4) *Quint* 4, 3 (5) Viginti annos, & quod excurrit, scuriti, pax, Leg 1, 28 ¶ Decem tutici, & quod excurrit, *ten crowns and odd money*, Plin JC

Excursātio, onis f verb *An excursion, an inroad* Excursatione celebri, *Val Max* 2, 3, 3

|| Excursator, oris m verb *An outrider, or light horseman*, Amm ❧ Excursor, Cic

Excursio, onis f verb (1) *An inroad, or a sally* (2) Met *An excursion, a digression* (3) *A diversion from something* (1) Excursio equitatus, Cic pro Leg Man 6 Excursiones & latrocinia hostium, Id pro D t 8 Adversariorum excursiones nos offerre, Hirt B Afr (2) Excursio orationis, Cic de Lr 2 (3) A minime militaris obiter excursionibus avertitis? Plin Ep 1, 2

Excursor, oris m *A skirmisher, a rogue, a courier, a marcher, a cursitor* ¶ I omne tamen cum excursor, cum his, cum Scaeva, Cic Phil pp 4 cult Excursor praemittimus, Val Max 3

Excursus, a, um part *Run out* ... Excursio ... Ter Adelph 5, 6

... (1) Excursus ... (2) ...

|| Excusabilis ... ❧ Se...

Excusābilis, e adj or, comp *That may be excused, excusable* Crimen vix excusabile, Ov ex Ponto, 1, 1 Quo excusabilior est error ejus, Val Max 8, 11 ext 4

|| Excusaturus, a, um part *About to excuse*, ... Apul ...

Excusātio, onis f ... Cic ... Att 12, 14

Excusans, ... Excusatius, Cic de ... 26

Excusātē adv ... *So excusably, without blame* ... excusate ... Plin Ep ... Sed ... excusatione ... Juv 5, 1

Excusātio, onis f verb *An excuse, or defence* Sed ... excusationem ... habet, Cic de ... Hanc ... excusationem ... Id ... Excusationes ... Val Max 7, 7, ext 2

|| Excusator, oris m verb *He that excuseth*, Cod Theod ❧ Qui excusat

Excusatus, a, um part & adj or, comp ... sup *Excused*, ... Me ... excusatum volo Cic ... Excusatum habeas me, rogo, ... Excusationes ... Contior ... Excusatus ... Plaut Trin 29

Excusē adv *Exactly, with* ... Sen ... excusē

Excūso, āre act [ab ex & causa] (1) *To excuse, to alledge for his excuse* (2) *To cloak, to essay, to bring for an excuse, to alledge in excuse* (1) ❦ Me tibi excuso in eo ipso, in quo te accuso, Cic ad Q frat 2, 2 Literarum tarditatem excusare, Id Att 15, 26 Factum suum, Val Max ... cat 1 (2) Oculorum valetudinem excusavit, Liv 26, 22 Morbum ... excusanti ... Suet Calig ...

Excūsor, āris, ātus pass *To be excused* Apud Apuleium in dies ... Cic Att 12, 15

Excūsor, oris m verb [ab excudo] *A beater, or hammerer out of any work, a printer, a founder, a coiner, a maker of pots, or images of brass*, Quint ...

Excussē adv *Critically, exactly, strictly* ❦ Non tam ... sed ... & ... occurremus, Sen de Benef 2, ...

|| Excussio, onis f verb [ex excutio] *A strict enquiry into the debtor's estate, a distribution of his goods till full payment was made*, ICC ... ❧ Inquisitio diligens

|| Excussor, oris m verb *A winnower* ... excussor ... us, *a vorge that shakes* ... ❧ Excussionis ...

Excussōrius, a, um part *That shaketh out* ... excussorium ... Plin 18, 11

Excussus, a, um part ... ssimus, sup (1) *Shaken off* (2) *Cast out, or thrown out* (3) *Thrust or cast* (4) *Examined, searched* (5) *Saved out of* (1) Excussa ... Juno ... Ov Ep ... (2) Excussa patriis ... (3) Excussu ... (4) Excussae ... Val Max 5, 4, ... (5) Agna excussa dentibus lupi, Ov Trist 1, 1, 79 Excussi ... Plin ...

Excussus, a, um part [ab excudo] *Forced, printed, coined* ❧ Excusus

|| Excutia, ae f vel excutium, ... *A brush, or rubber*, Plaut ... 22 ... & interpret Sed de vera lectione non constat

Excutiendus, a, um part *To be shaken off* ... Ov Ep 1, 186 Dignus excutiendus, Id 150

Excutiens, tis part *Shaking off, &c* ... excutiente Deo, ... 242

Excŭtio, ĕre, ssi, ssum act [ab ex & quatio] (1) *To shake off* (2) *To shake out* (3) *To make to fall out* (4) *To drive* (5) *To strike, or dash out* (6) *To fling as a horse doth his rider* (7) *To examine, to canvass* (8) *To search any one* (9) *To disturb, to rouse* (10) *To pillage* (11) *To pick and cull* (1) Excutere ... Ov ... Id Trist 2, 224 ... Ov ex Pont 3, 4, 36 Jugum Plin Paneg 11 ... Sen ... 112 (2) Excutere cineres ... manibus ... 3, 101 (4) ... Plaut Men 1, 1, 10 (5) Cerebrum excutiam tibi, Plaut Aul 2, 1, 29 (6) Excutere ... equus, Liv (7) Hanc excutere opinionem mihimet volui radicitus, Cic Tusc 1, 16 (8) Non excutio te, si quid forte ferri habuisti, Cic pro S Rosc 3, (9) Excutere cubilibus feras, Plin Paneg 81 (10) ... qui ... emiserunt excussum & exhaustum, Cic de Har Resp 18 (11) Juventutem omnem ex tota Italia excussimus, Cic ¶ L ... Excutere, *to make one ... Ter Heaut 1, 1, ... intelligitur, to rouse it*, Cic Off ...

Excutior, i pass *To be shaken off*, &c Excutimur cursu, Ov ... 200

|| Exdecimatio, onis f verb *A choosing of the tenth*, Symm

|| Exdecimo, āre act *To choose out the tenth*, Symm Ep 5 8

Exdorsuatus, a, um *Split out* ...

Exdorsuo, āre *To flay, or split out the ...* ❧ Exdorsuo, Plaut

Exdorsuo, āre act dorsum confringo ... *To split out, or put along the ... bone ... in the ...* Muraenam exdorsua, Plaut Aul 2 9, 2

Exĕco, āre, cui, ctum act [ab ex & seco] (1) *To cut* (2) *To cut off, or out* (3) *To make a ...* (4) Met *To take off, to ...* (5) *To castrate* (1) Execare medicina ... Cic Attic 2, ... (2) Execare ... Cic (3) A ... Col de Arb ... (4) Execare pestem civitatis, Cic pro Sext 65 nervos reipublicae, Id Leg Agr 2 ... (5) Vid Exectus ... Rectius exseco

Exĕcrābĭlis, e adj or, comp (1) *Cursed, detestable* (2) *Horrible, dire, dreadful* (1) Odium execrabile in his captos erat, Liv 9, 1 ... (2) Praecuntibus execrabile carmen ... Liv ... quo ... mori devovebant

|| Execrabilitas, ātis f *Cursedness, accursedness* Pariunt execrabilitatem, Apul de Hab Doctr Plat p 613 ❧ Detestatio

|| Execrabiliter adv *Execrably*, Ulp

Execrandus, a, um part *Cursed, execrable* ❦ Homo execrandus & detestabilis, Cic Philipp 2, 26

Execrans, tis part *Cursing* Ne ... execrantia, Ov Met 5, 105 ... Execrans ... Val Max 6, 2, 8

Execrātio, onis f verb *An execration, or cursing* Execrationibus publicis ... est, Cic Off ... 5 Diram execrationem in populum composuerunt, Liv 26, 25

|| Execrator, oris m verb *He that curseth*, Sidon

Execrātus, a, um part ... ssimus, sup (1) *Cursed* (2) *Detested, abhorred* (3) *Devoting, cursing* (1) Civitas execrata, Hor Epod 16, 18 Execratissima augurii, Plin 28, 2 (2) ❦ Arbor ferens malum execratum aliquibus, aliis expetitum, Plin 1, 16 (3) ... execratus, Val Max ...

Execror, āris, ātus sum dep [ab ex & sacro] (1) *To curse, or banne, to wish mischief to one, to abhor* (2) *To abhor, to detest* (1) Pestem alicui exoptare & eam execrari, Cic in Pison 14 in caput ... Ter ... 20 (2) Catilina ... execrari, Sal B C ...

Exectio, onis f verb [ab execo] *A cutting off* Exectio linguae, Cic pro Cluent 67 ... Ib ... Rectius exsectio

Exectus, a, um part (1) *Cut out* (2) *Cut off* (3) *Curtailed* (4) *Cut short, or barred from* (1) Execta lingua, Cic pro Cluent 66 (2) Cornu exectum ... Sat 1, 5, 59 (3) Juvenis exectum, Luc 10, 134 (4) ❦ Extus exectus ... onoribus, Plin Ep 2, 12 Rectius exsectus

Exĕcūtio, onis f verb [ab exequor] (1) *An execution of a thing* (2) *An administration* ... *rent* (1) Neque mittitur ... est his executio, Plin ... 8 ... Tac 5, 25

Executor, oris m verb *A ... isher, an avenger* ... Immeritarum memor ... Suet Vesp 14 Malorum ... executor ... Tac 5, 8

Executus, a, um part *That hath followed* Secum ... execula ... Cic ...

Exedendus, a, um part *To be eaten up* Tibi omnia exedendum, Ter Phorm 2, 2

Exedentulus, a, um *Toothless, ... up* ...

Exĕdo, ĕre, edi, esum act [ab ex & edo] (1) *To eat up* ... *or as the moth doth* (2) *To consume* ... (1) ... Plin ... Id 26, 11 Exedit ... Sen Herc Oet 1226 (2) ... exedit animum ... Cic ...

(3) Quid te futurum censes, cum assidue exedent? ... Heaut ... 53

Exĕdor, i, sus pass Sedentarium ... noctes ... tur, Cic de Fin 1, 16 = Exedaque ... Plaut Epid ...

Exedra, ae f [ab ex & sedes] *A by place, a ... hall with seats, either for pleas, or disputes*, Vitruv 5, 11 Also *parlour, a withdrawing room* Offendi eum sedentem in exedra, Cic N D 1, 6 ...

Exemplar, āris n (1) *A pattern* (2) *A resemblance, or model* (3) *A copy of a thing* (4) *The same as exemplum* (5) ... (1) Sunt ... qui ... animum ... Cic de Am 7 (2) ... nisi, cognoscas omnem ... exemplar ... Cic Fin ... Exemplar propositum ... Cic pro ... rum magnarum ... Tac 2, ...

|| Exemplaris, e, adj *Written, or copied out of a copy*, Sidon ❧ Ad exemplum scriptus

|| Exemplo, āre act *To take the copy of a writing, to transcribe*, Greg Turon ❧ Exemplum describo

Exemplum, i n [al ex emo] ... plum ut plurimum, de ... voc ... (1) *An example, or precedent to follow, or eschew* (2) *A first draught, plan* (3) *A model, manner* (4) *A model, an emblem, a sample* (5) *A ... brought in for the proof and declaration of a matter* (6) *A warning to others* (7) *Examples, tortures, torments* (1) = Nullius apud te gravius ... visus? nullum exemplum quod velles? Cic Non tibi exemplo satis sum? Ter Heaut 5, 1, 47 (2) Pluribus exemplis ...

[illegible] rcer, *Ovid Trist* 1, 6, 24 [illegible] probant, sibi quisque inde [illegible] tunt, *Plaut Most* [illegible] (3) Multi more isto [illegible] vivunt, *Plaut Bacch* [illegible] (4) = Exemplum imago [illegible] imago antiquitatis, [illegible] 8 (5) ✠ Inter ex[illegible] testimonium hoc inter[illegible] Herenn 4, [illegible] (6) [illegible] *Ter Eun* 5, [illegible] [illegible] *Ter Phorm* [illegible] a thing of [illegible] (7) [illegible] te omnes di [illegible] perdant, [illegible]

[illegible] *That may* [illegible] *taken out*, or [illegible] 8, 11

[illegible] *a taking away*, a [illegible] *exemption*, Col [illegible] 19

[illegible] ōris m verb *A* [illegible] *hewer of stones* [illegible], Plin 36, 15

[illegible] Cum omnium [illegible]

[illegible] part [illegible] (2) [illegible] *out* (3) [illegible] (1) *Ind* [illegible] Coronam regem [illegible] 5, 1 (5) = [illegible] exceptus honoribus [illegible] *Lp* 2, [illegible] (7) [illegible] *Hor Epist* 2, 2, [illegible]

[illegible] ōnis f verb *A* [illegible] *ing out of* [illegible]

[illegible] ōris m verb *He* [illegible] or *bowelleth*,

[illegible] act (1) *To pull* [illegible] *out of a* [illegible] *to gut a* [illegible] (2) Met *To empty* [illegible] (2) [illegible] *Plaut E*[illegible]

[illegible] itus pass Met [illegible] Exedor [illegible] exenteror, *Plaut*

[illegible] tum neut (1) [illegible] *out* (2) *To* [illegible] *to de*[illegible] (3) [illegible] (4) *To sprout,* [illegible] (5) *To grow* [illegible] (7) [illegible] (8) *To be [illegible]* (9) [illegible] (10) *To fall* [illegible] (11) *To put forth,* [illegible] (12) *To* [illegible] (14) *To ex*[illegible] ✝ [illegible] *Ter Andr* [illegible] *Id Hec* [illegible] ¶ Ex [illegible] § Exire foras, [illegible] § Mane dum [illegible] *Plaut* [illegible] (1) Postquam è [illegible] Hoc [illegible] *Ter Heaut* [illegible] (2) In certum diem [illegible] *Plin* (4) [illegible] in radicem [illegible] herbam, *Plin* [illegible] Quum radices ad præ[illegible] exeunt, [illegible] Exit ad cœlum [illegible] 2, 81 (6) Fieri [illegible] exeat, *Ter Adelph*

4, 4, 17 = efferri, *Id ib* 17 Exire atque in vulgus emanare, *Cic pro S Rosc* 1 (7) Nec dum exierat induciarum dies, *Liv* (8) Ut tandem [illegible] tot miseriis exire[illegible], *Cic Philipp* 1 (9) Spiritus exit [illegible] auras, *Ov Trist* 4, [illegible] 41 (10) Fluvius exit septem [illegible], *Val Flacc* 8, 185 (11) Libri quidem ita exierunt, ut, &c *Cic Att* 1, 13 (12) Dummodo per tandem litem exeant, *Quint* (13) Vim viribus exit, *Vir Æn* 11, 750 Corpori tela exit, *Ib* 5, 438 (14) Exit modum, *Ov Met* 9, 630

|| Exsequentissimus, a, um sup cum gen *Most diligently conserv ant* of, Gell 10, 12 ✝ Studiosissimus

Exequiæ, arum pl f [ab exequor, i e quod pompam funeris [illegible] sepulturam, *vel* Exequor] *Funeral solemnities at a man's burial, the train of a funeral pomp, a burial* Justis exequiis [illegible] *Cic de L g* 2, 11 Ex [illegible] is Chremem, quibus est commodum ire, jam tempus est, *Ter Phorm* 5 8, 37 *Formula in[illegible] funebris*, Exequias celebrare, *Plin Ep* 8, 12, 5 *Rect is* exequiæ

Exequialis, e adj *Of, or belonging to a funeral* Carmina exequialia, *Ov Met* 14, 435 *Rectius* exequialis

✝ Exequior, ari *To perform the funeral rites*, Varr [illegible]

Exequor, i, utus sum dep [ab ex & sequor] (1) *To follow after*, particularly *a funeral* (2) Met *To go on, to persist, to bring to pass* (3) *To set forth, to recount* (4) *To desire earnestly* (5) *To do, to execute, to perform, to accomplish* (6) *To punish* (7) *To prosecute, to revenge* (8) *To follow*, or *imitate* (1) Vivus [illegible] nunquam desistam exequi, *Plaut Men* 2, 1, 20 Exequi funus, [illegible] & *Plaut Lpid* 2, 1, 16 (2) Ego te, ut meritus es, ita te exequar, *Plaut Asin* 1, 3, 8 ¶ Exequi suum jus, *to pursue it*, Cæs [illegible] *to report them*, Iac mortem, *to dy*, Plaut (3) Quæ Tull[illegible] divina, ut omnia, exequi [illegible] (4) Mater exanimata exequitur aspectum tuum, *Plaut Epid* 4, [illegible] (5) Quid nunc primum exequar? *Ter Andr* 1, 5, 24 Exequi imperium alicujus, *Plaut* (6) Neque [illegible] exequebatur *Suet Cæs* 6 (7) Exequi nominis accusationibus variis, *Plin Ep* [illegible] (8) Cum non omnes [illegible] illius executi sumus? *Cic Att* 9, 1, *Rectius* exequor

Exequutus, a, um *Which hath followed*, &c Exequutæ sectam meam, *Catull* 61, 15

Exercens, tis part *Exercising, performing, driving* Nullo exercente refugit, *Ov Trist* [illegible] 14, 45 Indomitis ignem exercent bus cu[illegible] *Id Ep* 1, 9

Exerceo, ere, ui, itum act [ab ex & arceo] (1) *To exercise, to ply* (2) *To use, to practise* (3) *To instruct* or *train up* (4) *To till, to occupy* (5) *To pass*, or *lead* (6) *To vex and trouble* (7) *To keep from idleness, to find one work* (8) *To employ*, or *lay out to advantage* (9) Per Meton *To get*, or *earn* (1) Exercet arma juventus, *Vir Æn* 4, 87 ✠ quiescere, *Cels* 1, 1 (2) Quam quisque nôrit artem, in hac se exerceat, *Cic Tusc* 1, 18 Exercere fœnus, *Apud JCC* (3) Vario modo quisque discipulos exercuerunt, *Suet de cl Rhet* 1 (4)

Exercet frequens tellurem, *Vir Georg* 1, 99 (5) Hanccine ætatem exercere me mei amoris gratia? *Plaut Mil* 3, 1, 52 (6) Te de prædio [illegible] exercent molestè fero, *Cic Att* 1, 22 (7) Ego [illegible] exercebo hodie, ut dignus es, silicernium, *Ter Adelph* [illegible] 2, 48 (8) Exercet formam, & fugientia [illegible] *Stat* (9) Sera [illegible] tum exercent suum, *Ter Heaut* 1, 1 [illegible]

Exerceor, eri, itus pass *To be exercised, to be practised* Ut exercea[illegible]mur in venando, *Cic N D* 2, 64 *Vid* Exerceo

Exercitandus, a, um part *To be exercised*, &c Ludicrum certamen [illegible] exercitandam corporis animique virtutem efficacissimum, *Patre* 1, 8

Exercitatio, ōnis f verb (1) *Exercise, use, custom* (2) *Recreation* (1) = Consuetudo exercitatioque prudentiam [illegible] *Cic de Orat* 1, [illegible] (2) Habenda [illegible] tio [illegible] exercitationibus mo[illegible], *Cic de Sen* 11

Exercitator, ōris m verb *An exerciser, a master of an exercise* Aeli[illegible] exercitator, *Pl[illegible]* 35, 11

Exercitatrix, [illegible] f verb *The art, skill*, or *practice of exercise*, Quint 2, 15

Exercitatus, a, um part [illegible] comp issimus, sup (1) *Exercised, practised, experienced, acquainted, harden'd* (2) Also *vexed, disquieted, troubled* (1) = Exercitatus & versatus causis, *Cic pro Quint* 1 Exercitatio ad bene de multis promerendum, *Id de Off* 2, 15 Homines in rebus maritimis exercitatissimi, *Id pro Leg* [illegible] 18

|| Exercitio, ōnis f verb (1) *Exercise, the taking of money for carriage, or conveying by water* (2) *A share in a ship* (1) Cato ap *Gell* 11, 2 (2) Ap JCC

|| Exercitium [illegible] *Use, exercise, practice* Exercitium dicendi, *Gell* 20, 5 ✝ Exercitatio

|| Exercitò adv *More busy* Mecum ipse cogitationes exercitius cog[illegible], *Apul Met* 11 p 394

Exercito, are freq *To exercise often* Achilles [illegible] suos cursu exercitavisse memoratur, *Mela*, 2, 1 *Hinc* par[illegible] exercitatus & exercitandus

Exercitor, ōris m verb (1) *A tutor, or master, who teacheth others* (2) Also *the master of a ship* (1) Magister [illegible] animus nunc est, *Plaut Trin* [illegible] (2) JCC

|| Exercitorius, a, um adj *Belonging to exercise* Navis exercitoria, *a vessel that plies to and fro, or carries goods* Actio exercitoria, *an action against him that taketh care for carriage by water*, Ap JCC

Exercitus, a, um part *Exercised, Non* (1) *Exercised, employed, in travel, or business* (2) *Also tormented, troubled, vexed, turmoiled* (3) *Weaned* (4) Also *tried and approved* (1) Exercitus usu belloque [illegible], *Cic pro Font* [illegible] exercitu [illegible] Exercitus inter arma mortes [illegible], *Plin* [illegible] 8 (2) = Quid magis sollicitum, magis exercitum fingi potest? *Cic pro Milon* 2 (3) Cum exercita corpora somnus occupat, *Ov Met* 7, 654 (4) Probitas exercita rebus adversis, *Ov Trist* 5, 5, 49 [illegible] Exercitior, Exercitissimus, *Fest*

Exercitus, ûs m [quod exercitando, *vel* exercendo, fit melior] (1) *An host, or band of armed soldiers, an army* (2) ✝ *A great flock*, or *shoal* (3) Also *trouble, or grief* (1) Exercitum (1) = Exercitum dicimus non unam cohortem, nec unam alam, [illegible] multos militum, *Ulp* [illegible] exercitus [illegible] *Georg* [illegible] (2) [illegible] *Vir Æn* 5, 824 (3) [illegible] *Plaut Cist* 1, 1, 6 [illegible] (4) [illegible] 2, 1, 1

Exero, ere, ui, rtum act [ab ex & sero] (1) *To thrust out, or put forth* (2) *To draw out* (3) *To advance, or lift up* (4) *To bring forth* (5) *To shew, to lay bare* (6) *To discover, to exert* (1) Linguam exerere, *Plaut* 5, 119 (2) Exerere ensem, *Stat Theb* 10, 431 & [illegible] (3) § Exerere caput ponto *Ov Met* 1, 8[illegible] Romani [illegible] exerit, *Vir* (4) [illegible] doctos [illegible] choros, [illegible] *Cant Hon* 491 (5) Subnectens [illegible] mammæ, *Vir Æn* 1, 496 (6) = Palam [illegible] exerunt, [illegible] *Stat* [illegible] *Rectius* [illegible] exsero

Exerro, are neut *To go out of the way* Dexter exerrat [illegible], *Stat Theb* [illegible] 444

Exertans, tis part *Thrusting out* Coniber spelunca [illegible] ora exertantem, *Vir Æn* 3, 425

|| Exertè adv *Plainly, openly*, [illegible] ✝ Diserte

|| Exertim adv *By way of thrusting out*, [illegible]

|| Exertissimè adv sup *Most openly*, Spart ✝ Accuratissime, *Cic*

Exerto, are freq *To thrust, or hold out* Exertare humeros, *Stat Theb* 1, 413 [illegible] linguis, *Id* 4, 721

Exertus, a, um part *Shewed, or put forth, standing out, open, laid bare, drawn, taken out* Exertis dentes, *Plin* 11, [illegible] Inhians exertis, *Ov Fast* [illegible] 911 *Vid* Exero

Exesor, ōris m verb [ab exedo] *An eater up*, or *waster*, Lucr 4, 221 & 6 926

Exesurus, a, um part *That will eat up*, Litt ex Plin

Exesus, a, um part [ab exedo] (1) *Eaten up, consumed* (2) *Old, worn, eaten up as the air or rust* (3) *Rotten, hollow* (1) Exesæ fruges, *Col* (2) Exesa [illegible] (3) [illegible] *Virg Georg* [illegible] Exesi [illegible] *Val Max* 2, 6, 7 (4) Exesi arbori, *Vir Geo* [illegible] 11

Exfaciè *Exhib*, Plin 30, 3 *Ex* [illegible] *forte rect*

Exfibrattus, a, um *Pulled up, or broken, the root and fibres* [illegible], Cato

Exfibro, are act *To break the root fibres*, Col

|| Exfilo, are act *To stitch a thing on*, Aug ✝ Assuo Also *to unclothe, or strip*, Jos Scal in Varr ✝ Exuo, Fest

✝ Exfluent *They flee away*, Column Dual [illegible] effugiunt

✝ Exfodio, ere, di *To dig out, or up*, Plaut ✝ Effodio, *Cic*

|| Exfrico, are *To rub off*, Apul Met 1 princip ✝ Defrico, *Fest*

|| Exfundatio f verb *A casting forth of the ground*, Ap JCC

|| Exfundo,

|| Exfundo, are a fundo evertere To cast out of the ground, or from the bottom, Non ✝ Effundo

Exfutūtus, a, um part Exfututi lacera, i e nimia venere exhausta, Catull 6, 1

Exgrumo, are neut vix leg sed hinc part exgrumans To come, or creep out of a hillock, or molehill, Varr R R 3, 14

Exgurgito, are act To throw out, as we say, by pailfulls, Plaut Epid 1, 2, 12 Rectius egurgito

Exhæredans, tis part Disinheriting ⚹ Fratrem exhæredans te faciebat hæredem, Cic Philipp 2, 16

Exhæredatio, ōnis f verb A disinheriting, or disherison, Quint 7, 2

|| Exhæredātor, ōris m verb He that disinheriteth, Ap JCC

Exhæredatus a, um part Disinherited A necessariis omnibus exhæredatus est, Ad Herenn 4, 23 Exhæredatus a patre, Val Max 7, 7, 3

Exhæredo āre act To disinherit a son, to deprive him of his inheritance, Cic pro Cluent 48 Exhæredavit severitas publica, Val Max 5, 5, 2

Exhæres, ēdis c g One that is disinherited § Exhæres paternorum bonorum, Cic de Or 1, 38 ✠ Exhæredem vitæ suæ aliquem facere, to kill him, Plaut Bacch 4, 8, 8 § Exhæredem se facere bonis suis, Id Most 1, 3, 77

Exhalans, tis part Breathing, or casting out, yielding up Exhalans vitam, Ov Metam 5, 62 flammam, Id ib 15, 343

Exhalatio, ōnis f verb An exhalation, a fume, or vapour rising up Exhalationes terræ, Cic Tusc Q 1, 19

Exhalatus, a, um part Breathed out, yielded up In ventos anima exhalata recessit, Ov Metam 11, 43

Exhalo, are act To exhale, or breathe out, to steam, to cast, or send forth a fume, or vapour Exhalant odores aræ, Lucr 2, 417 ✠ Exhalare vitam, to breathe his last, to die, Vir Æn 2, 562

Exhauriendus, a, um part To be emptied, &c Urbanam plebem nimium in republica posse, exhauriendam esse, dictum est, Cic contr Rull 2, 26

Exhaurio, ire, si, stum act (1) To draw out, to empty (2) To dig up (3) To pillage, rob, or take from one all he hath (4) Met To spend, consume, or waste, to exhaust, to draw (5) To dispatch, or accomplish (6) To detract, or take from (7) To suffer, or undergo (1) Exhaurire pocula, Ov Fast 5, 513 (2) Ligonibus duris humum exhauriebat, Hor Epod 5, 31 (3) = Ærarium exhausit, R P compilavit, Cic in Pison 2 (4) Exhaurire facultates suas, Cic (5) Reliquum est, ut mandata nostra exhauriatis, Cic Att 5, 1 (6) ⚹ Libentius laudes meas id te transfuderim, quam aliquam partem exhauserim ex tuis, Cic Fam 9, 14 (7) Quantum laboris exhauserim? Plin Ep 3, 9, 1 = Non plus Carthago tulit, exhausitque laborum, Sil Ital 17, 355

Exhaurior, iri, stus, pass To be drawn out, to be exhausted, &c Tantus fuit amor, ut exhauriri nulla posset injuria, Cic Att 5, 21 Exhauritur ærarium, Val Max 7, 2, 3

Exhaustio finitio, Serv

Exhaustum, i n The taking of pains Labor, cui nunquam exhausti satis est, Vir Geor 2, 398

Exhaustus, a, um part (1) Drawn out, emptied, exhausted (2) Met Drained, sucked dry (3) Undergone (4) Quite wearied or tired (5) Ended, or finished (6) Beggered, reduced to want (1) Exhaustus fons perennis, Hirt ap Cæs B G 8, 43 (2) = Inops & exhaustum ærarium, Cic Verr 5, 0 (3) Vid Exhaurio, n 7 (4) Multo sudore exhausta juventus, Luc 4, 303 (5) Nostrum exhausto jus claudit tur anno, Luc (6) Exhausta plebs impensis, Liv Exhaustis Romani imperii viribus clade, Val Max 3, 7, 10

Exhebĕnus, i m A fair white stone, wherewith goldsmiths polish gold, Plin 37, 10

Exherbandus, a, um part To be weeded Exherbandus erit locus, Col 4, 11

|| Exherbātio, ōnis f verb A weeding, or plucking up of weeds, Aug ✝ Sarculatio

Exherbo, āre act (1) To pluck up herbs, or weeds, Col 4, 31

Exherbor, āri, ātus pass Col

Exhĭbeo, ēre, ui, itum act [ab ex & habeo] (1) To shew, to make to appear (2) To represent, to exhibit (3) To resemble (4) To offer, to present, or give (5) Also to give food and all necessaries (6) To make, to produce forthwith (1) Exhibeas herum volo, Plaut Mil 2, 6, 65 (2) Tutor mihi relictus, affectum parentis exhibui, Plin Ep 2, 1, 8 (3) Faciem parentis exhibere, Plin (4) Librum, quem promiseram, exhibeo, Cic (5) Ap JCC (6) Exhibuit vivos carbasus alba focos, Prop 4, 10, 54 ¶ Exhibere alicui negotium, to work one trouble, to find him business, Plaut Most 3, 1, 38

Exhĭbeor, ēri, itus pass To be exhibited, &c Cic de Off 3, 31

Exhĭbĭtio, ōnis f verb (1) A giving, a shewing, a producing (2) An exhibition, or allowance for maintenance (1) Exhibitio chirographi, Gell 14, 2 (2) Ap JCC

|| Exhĭbĭtor, ōris m He that giveth, or offereth, Ap JCC

Exhibiturus, a, um part About to shew, or exhibit Populo aliquid exhibiturus, Cic Acad Q 1, 5

Exhĭbĭtus, a, um part (1) Shewed, plainly discovered (2) Exhibited, given, shewed, allowed (1) Exhibita est Thetis, Ov Met 11, 264 (2) Tu non exhibitis toris, Ov Ep 17, 194 sc illicitis

|| Exhĭlărātio, ōnis f verb A comforting, or cheering, Aug

|| Exhĭlărātor, ōris m verb He that maketh a man merry, Lexicogr ex Cels

Exhilaratus, a, um part Comforted, made merry, or refreshed Miraris, tam exhilaratam esse servitutem nostram? Cic Fam 9, 26 Pecudes pabulo exhilarata, Col 6, 24

Exhĭlăro, āre act To rejoice, delight, make merry, or exhilarate Exhilarant ipsos gaudia nostra Deos, Mart 8, 50

Exhĭlăror, āri, ātus pass To be rejoiced, &c Plin 16, 25

Exhinc Next Quidam afferunt ex Suet Sed meliores libb hab Exin q v

Exhio, āre To gape wide, Lexicogr ex Plin

Exhorreo, ere, ui neut To dread Nec mutato loco siccos exhorreat æstus, Col 10, 154 Rar occ

Exhorresco, ere incept (1) To tremble (2) To dread, to be sore afraid of (1) Exhorruit æquoris instar, Ov Met 1, 135 (2) Adveniat, vultus neve exhorresce amicos, Vir Æn 7, 265 Exhorruit angues, Val Flacc 6, 5. Exhorruit captivus carcerem, Valer Max 6, 9, 9

Exhortandus, a, um part To be exhorted Promovet ad exhortandam parsimoniam, sustinendamque inopiam, Gell 1, 2

Exhortans, tis part Exhorting, encouraging Exhortans milites ad ultionem, Plin 2, 107

Exhortatio, ōnis f verb An exhortation, encouraging Variis exhortationibus exhilarare, Col 11, 1

Exhortātus, a, um part (1) Act That hath exhorted, or encouraged (2) Pass That is encouraged (1) Sic exhortata reliquit incertam, Vir Æn 12, 159 (2) In convivio exhortatus est a scorto, Cic de Sen 12

Exhortor, āri, ātus sum dep (1) To exhort, incite, encourage, or cherish (2) Pass To be exhorted, to be desired (1) § Cives exhortari in hostem, Ov Metam 13, 234 § ad virtutis studium, Cic Acad Q 1, 4 (2) Vid Exhortatus

✝ Exhūbĕro, āre Col Vid Exubero

|| Exhydriæ Winds that arise with much rain Flabra, quæ exhydriæ Atticorum lingua vocitantur, Apul de Mundo, p 721

Exibilātio, ōnis f verb An hissing forth Sed potius exsibilatio, q v

Exibilo, āre act [ab ex & sibilo] To hiss off the stage Ore subdolo anguina verba exibilat, Prud Peristeph 5, 176 Rectius exsibilo

Exibilor, āri, ātus pass To be hissed off the stage = Histrio exibilatur & exploditur, Cic Parad 3, 2

Exiccatio, ōnis f verb A drying, or parching, Lexicogr ex Cel

Exiccātus, a, um part Dried up Arbores hiemali tempore exiccatæ, Cic de Div 2, 14 Exiccatum orationis genus, Id de Cl Orat 84 Rectius exsiccatus

Exiccesco, ĕre incept To grow dry, or hard Uti exiccescat stillando fructus, Vitruv 2, 9

Exicco, āre act [ab ex & sicco] (1) To dry thoroughly (2) To quaff (1) Sulcos insecuti æstus exiccant, Plin 18, 26 (2) Dives aureis mercator exiccet culullis vina, Hor Od 1, 31, 10

Exiens, euntis part [ab exeo] Going out, ending Quinto autem anno exeunte, Cic de Div 1, 25

Exigens, tis part Driving, requiring, &c Val Max 2, 2, 6

Exigo, ere, egi, actum act [ab ex & ago] (1) To drive out (2) To divorce (3) To try, prove, weigh, examine, or measure (4) To require, demand, extort, or exact (5) To end, or finish, to dispatch (6) Also to dispute, or reason (7) To thrust, or push (8) To divide (9) To spend, or pass away (10) To hiss off, or explode (11) To take out, or away, to clear (1) § Exigam ego te ex hac decuria, Plaut Pers 1, 3, 63 Omnes exegit foras, Id Aul 3, 1, 1 (2) Mimam illam suam exegit, Cic Philipp 2, 28 ⚹ Ubi duxere impulsu vostro, vostro impulsu easdem exigunt, Ter Hec 2, 1, 45 (3) Exigere ad perpendiculum columnas, Cic Verr 3, 51 (4) ⚹ Ne exigere magis, quam rogare, videar, Cic Fam 2, 6 (5) Exegi monumentum ære perennius, Hor Od 3, 30, 1 Opus exegi, Ov Met 15, in perorat Tum partes quisque secutus exegere sua, Id Cyneg 12 (6) Distinximus dum quo de illis & de his coram exigere possimus, Plin Ep 5, 1 Exige, si qua meis respondent artibus ergo grana, Grat Cyneg 73 (7) Exegit ferrum sub præcordia, Ov Epist 5, 15 (8) Spatiis exegit quatuor annum, Ov Met 1, 118 (9) Mollius neclarius annos exige, Ov Trist 44 Exigere ævum carcere, Sen Agam 988 (10) Spectandæ, an exigendæ sint vobis prius comœdiæ, Ter Andr prol 27 (11) Ego ex corpore exigam omnes maculas mœrorum tibi, Plaut Capt 4, 2, 61

Exigor, i pass To be driven out, &c Cic de Orat 2, 48 ¶ Uxor exigitur matrimonio, is divorced, Plaut Merc 4, 6, 6 Exigatur ensis per latus, Sen Ag 200

Exiguè adv (1) Very little, hardly (2) Niggardly, sparingly, sparingly, scarcely (3) Slightly (1) Exiguè habuit frumentum dierum triginta, Cæs B G 7, 71 (2) Præbent exiguè sumptum, Ter Heaut 1, 2, 3 (3) Exiguè scripta epistola, Cic Att 11, 16

Exiguitas, ātis f Littleness, slenderness, scantiness, smallness Exiguitas temporis, Cæs B C 21 castrorum, Ibid 4, 30 copiarum, Cæl Cic Ep ist Fam 8, 1

Exiguum, i n A little Exiguum de mare demat aquæ, Ov Trist 5, 2, 20 Exiguum salutis, Sil 4, 248 § de veneno Juv 3, 123

Exiguus, a um, ior, issimus sup (1) Little, small (2) Pitiful, sneaking (1) ⚹ Oratorem ex ingenti quodam immensoque campo in exiguum gyrum compellitis, Cic de Orat Exiguum viri patrimonium, Val Max 3, 10, 8 Pars exiguissima restat, Ov Ep 14, 115 R occ (2) ⚹ Abundans corporis, exiguusque animi, Claud in Eutr 381 Exiguissima legata, Plin Ep 7, 24, 7

Exilio, ire, ui, & ii, ultum neut [ab ex & salio] (1) To come out hastily, or quickly, to leap out (2) To skip, to start up (3) To sparkle forth (4) To leap for joy (5) ✠ To fly up (1) Ilico cognovi, ad te exilui, Ter Heaut 4, 1, 44 (2) Exilui e cunis puer, Plaut Amph 5, 1, 6 (3) Lapidem si percutiat lapis, inde exilit, Lucr 6, 162 (4) Permotus exilui, lectis tuis literis, exilui gaudio, Cic Fam 16, 16. (5) Exilit in Sidonio cœlum, Sen Herc Oet 58

Exilis, e adj ior, comp De etymo mire se torquent viri docti [forte ab ex & ile] (1) Thin, lean (2) Mean, small (3) Fine, slender (4) Hungry, or barren (5) Trifling, low, creeping (6) Shrill, treble (7) Free from, void of (1) ⚹ Aprum glandem ex ... tatim facit pinguem, gratuita exilem, Varr (2) Exiles res ... magnitudinem imminuebant ...

[illegible] (3) Digiti exiles, *Ov* [illegible] artus, *Id ex Pont* [illegible] (4) = Exile & macrum [illegible] *Leg Agr* 2, 25 (5) Exile ornatio, *Cic de Clar Or* [illegible] ✝ Bubus feminis vox [illegible] omni in alio genere exi[illegible] quam maribus, *Plin* 11, 51 [illegible] = Uxor me exilem atque [illegible] aegritudinum, *Plaut* [illegible]

Exilitas, atis f (1) *Slenderness*, *smallness* (2) *Barrenness* (3) Met *Leanness*, *poorness* (1) [illegible] exilitas vites, *Col* 5, [illegible] Exilitas feminae vocis, *Quint* [illegible] (2) Prop [illegible] exilitatem soli, [illegible] non vicina est, *Col* 8, 16 (3) *Cic de Orat* 1, 12 ✝ Copia, [illegible]

Exiliter adv *Faintly*, *poorly*, [illegible] Nolo verba [illegible] exire, nolo in[illegible] anhelata gravius, *Cic Orat* [illegible] = exigue, *Id* [illegible] *Id de Cl Orat* [illegible]

Exilium, i n [ab exul] *Exile*, [illegible] Exilium in maximis [illegible] *Cic Tusc* 5, 37 [illegible] exilio affici volunt, [illegible] jam solum non [illegible] *Paraa* 4

Eximie adv (1) *Choicely* (2) *Excellently*, *marvellously* (3) [illegible] *Lately* (3) = [illegible] (1) = Bene & [illegible] *Lucr* 2, 63 (2) [illegible] verrucis *Plin* 22, [illegible] L. Piceum ex[illegible] *Cic pro* [illegible] 9 (3) [illegible] *Juv* [illegible]

Eximius, a, um adj [ab eximo, [illegible] ut egre[illegible] electus] (1) [illegible] (2) *Unparallelled*, [illegible] (3) *Or*, a ban[illegible] (4) [illegible] *particular* (1) [illegible] tauros delige, [illegible] 5, 8 (2) = Virtus [illegible] & singularis, *Cic pro* [illegible] (3) Eximia & [illegible] *Cic* (4) Non veri[illegible] omnibus Siculis [illegible] unum exi[illegible] fuisse, *Cic* [illegible] habere quem, *Ter* [illegible] 1, 1, 9.

Eximo, ere, emi, emptum act [ab ex & emo] (1) *To take out* (2) *To take away* (3) *To dig*, [illegible] (4) *To exempt* (5) [illegible] or *discharge* (6) *To waste*, to *spend* (1) § Exi[illegible] *Cato* (2) Hinc [illegible] exemisti, *Plaut* [illegible] (3) Lapides de [illegible] *Plaut* (4) Cyrum [illegible] numero beatorum, [illegible] (5) § Ciemo[illegible] eximit, *Plin* 7, 28 [illegible] noxa, *Liv* 8, [illegible] 28, 39 § de [illegible] (6) Qui in eo re[illegible] ut se pos[illegible] *Liv* 1, 50 Exi[illegible] diem, *Cic Qu fr* [illegible]

Eximor, i, emptus pass *To be* [illegible], &c *Liv* 8, [illegible]

Exin [illegible] *Afterward*, [illegible] *from that place*, [illegible] vino mens o[illegible] 6, ✝ vid Exinde,

Exinanitus, a, um part *To* [illegible] &c *Plin* vid seq [illegible] part *Evacuating*, [illegible] &c Paulatim [illegible] *Plin* 36, 14

Exinanio, ire, ivi, itum act [illegible] *to discharge* (2) *To waste away* (3) *To strip*, or *plunder* (4) *To unlade* (1) Vesicas exinanire, *Plin* 32, 9 Ad exinaniendas alvos, mensesque mulierum, *Id* 27, 8 (2) Ova fere exinaniri creduntur, *Plin* 10, 60. (3) = Depopulari, vastare, exinanire, spoliare, *Cic in Verr* 4 (4) Nox exinaniendae navi consumitur, *Cic Verr* 5, 25 Vehiculi cum culeis onusta, donec exinanirentur, sustinere solitus, *Plin* 7, 20

Exinanitor, oris m verb *He that makes void and waste*, Litt ex Liv sed q

Exinanitio, onis f verb *An emptying*, *purging*, or *evacuating* Praecepta alvi exinanitio, *Plin* 15, 22

Exinanitus, a, um part (1) *Emptied*, *plundered* (2) *Brought to nought* (1) Exinanita urina, *Plin* 8, 37 Alvi apum exinanita, *Varr R R* 3, 16 (2) Regibus atque omnibus gentibus exinanitis, *Cic contra Rull* 2, 27

Exinde adv ordinis [ab ex & inde] (1) *From that time* (2) *From a place* (3) *From that now* (1) *Cic N D* 2, 49 (2) Ostium ubi conspexi, exinde me illico protinus dedi *Plaut Curc* 2, 2, 84 (3) Duplex exinde fama est, illi pretio victum L tinium, &c *Liv* 1, 1

Exinspirato adv *Unlooked for*, *unexpectedly* Sed vix is est exinspirato, *Plin* 45, 2 Nisi forte debet scribi divise.

Exintegro adv *Afresh*, *anew*, or *again*, *from the beginning* Leges retractavit, & quasdam ex integro sanxit, *Suet Aug* 34 Sed forte rect ex integro

|| Exinuo, are *vel* potius *exsinuo* *To un*[illegible], or *cast off* Collectos illa exsinuabat amictus, *Auson Id* 14, 29 vid & *Prudent Hippol* 122

|| Exinuatus, *vel* exsinuatus, a, um part *Unfolded*, or *spread* Velum exinuatum, *Paul Nol*

|| Exjocor, ari *To sport and pass away the time in jest and merry talk* Simul exjoceris tu, *Catull* 21 cui inter [illegible] Sed cum alibi non legatur, & dubium, aut obsoleta est auct | Jocor

Existentia, ae f *A being*, *an existence*, Philos

Existimandus, a, um part *To be esteemed*, &c Existimanda est nostra civitas, *Val Max* 1, 1, 8

Existimans, tis part *Esteeming*, *thinking*, *supposing* Ipse de se bene existimans, *Cic Offic* [illegible] 6

Existimatio, onis f verb (1) Act *A supposal*, *a private opinion good*, or *bad* (2) Pass *Reputation*, *respect*, *esteem*, *credit*, or *countenance* (1) ✝ Est quidem nostra existimatio, sed judicium parentis, *Cic* Vetitus populi existimationem, *C S B G* 5, 43 Dictum ullum factumve ad cujus existimationem aedere, *Suet Tib* 58 (2) = Tua mihi existimatio & dignitas carissima est, *Cic Fam* [illegible], 4 Boni existimatio pecuniis praestat, *Id de Orat* 2, [illegible] = Honor, fama *Id*

Existimator, oris m verbo *One that gives his opinion* ✝ Ut existimatores videamur, non magistri, *Cic in Orat* 31 Alieni artificii existimator, *Id de Orat* [illegible]

Existimatus, a, um part *Praised*, *esteemed*, *valued* Deiotarum saepe a senatu regali nomine dignum existimatum, tu etiam regem appellari jubes, *Cic de Har Resp* 13

Existimo, are act [ab ex & aestimo, *qu* ex aestimatione statuo atque decerno] (1) *To judge* (2) *To esteem*, or *think* (3) *To suppose*, or *imagine* (1) Denne unumquemque moribus tuis existimare, *Cic in Sall* 8 *sed* aestimare *alii leg* (2) ✝ Non omnes eos contemnunt, de quibus male existimant *Cic* (3) ✝ Facilius est id existimare, quam scribere, *Plaut* *Cic* § De se bene existimare, *to have a good opinion of himself*, *Id*

Existimor, ari, atus pass (1) *To be accounted* (2) *To be judged* (1) Honestius existimatus est, *Cic pro Caecin* 4 (2) Ex oratoribus de oratorum ingeniis existimari potest, *Cic de Cl Orat* 21

Existo, ere, extiti neut [ab ex & sisto] (1) *To be* (2) *To exist* (3) *To appear*, *to be seen* (4) *To rise*, *spring*, or *come of* (1) Timeo, ne in eum existam crudelior, *Cic* [illegible] *Att* 10, 11 (2) Quippe videre licet, vivos existere vermes stercore de tetro, *Lucr* 2, 870 (3) In lucem non existunt primordia rerum, *Lucr* 2, 795 (4) Ex virtutibus beata vita existit, *Cic N D* 2, 61

Exitiabilis, e adj (1) *Hurtful*, *destructive* (2) *Fatal*, *cruel* (3) *Pestilent*, *venomous* (1) Bellum comparare suis civibus exitiabile, *Cic Att* 10, 4 Leges exitiabiles, *Paterc* 2, 18 (2) Manu tenere trahereque exitiabile telum, *Ov Met* 6, 25 Exitiabilis caedes, *Paterc* 2, 112 (3) Exitiabilis morbus, *Tac* 16, 5, [illegible]

Exitialis, e adj *Mischievous*, *destructive*, *pernicious*, *mortal*, *fatal* Exitialis tempestas, *Paterc* 2, 72, 5 Exitiales exitus, *Cic Verr* 5, 6 Donum exitiale, *Vir Æn* 2, 31 scelus, *Id* 6, 511

Exitio, onis f *A going forth* Exitio ex utero, *Plaut Truc* 2, 6, 30

Exitiosus, a, um adj or, comp *Deadly*, *mischievous*, *dangerous* ✝ Non profutura, sed exitiosa, *Tac* 1, 26 Exitiosum bellum, *Cic Att* 9, 8 Conjuratio exitiosa, *Id Catil* 4, [illegible] Exitiosior discordia, *Tac Hist* [illegible], 12, 1

Exitium, ii n [ab exeo] (1) *A going out*, *a decease*, ἔξοδος *death* (2) *Ruin*, *mischief* (3) Meton *A destroyer*, *the plague* (4) *A destro*, [illegible] (1) Haec inter exitum lanigeri [illegible] *Georg* [illegible] 50, (2) Quod remedium huic exitio invenia[illegible] *Ter Phorm* 1, 4, 2, = [illegible] *Tac* 6, 30 (3) Exitium superabat opem, *Ovid Met* 7, 5[illegible]0 (4) Non Laertiaden, exitium tuae gentis, respicis? *Hor Od* 1, 15 21

Exitur impers *Somebody comes forth* Plaut *Cas* 4, 2, *ult*

Exitus, us m [ab exeo] (1) *A going forth* (2) Met *The issue*, or *end of a business* (3) Also *death* (4) *An effect* (1) In omnibus aedificii partibus exitus habere, *Nep Hann* b 12 Liber patet exitus, *Lucr* 4, 399 (2) Armorum exitus incerti, *Cic* 7, 3 ✝ Initium, *Id ad Brut* 7 Exitus acta probat, *Ov Epist* 2, 85 (3) Saevus & illum exitus [illegible], *Juv* 10, 127 (4) ✝ Vis omnionis, qua causae rerum & exitus cognoscuntur, *Cic*

✝ Exjuro, are *To vow with an oath*, *to say*, *and swear to it* Exjurasti te mihi dixisse per jocum, *Plaut in Fragm Amph* 3, 8

Exlecebra, ae f *A device*, or *gin*, *to drain*, or *draw forth*, Plaut *Bacch* 4, 9, 20

Exlex, egis c g *He*, or *she that liveth without law*, *lawless* Non quod Syllam exlegem esse putarent, *Cic pro Cluent* 34

✝ Exloquor, i, quutus *pro* eloquor, *Litt ex Plaut*

Exmoveo, ere *To remove* Suum nomen omne ex pectore exmovit meo, *Plaut Truc* 1, 1, 5,

|| Exobrutus, a, um part *Hid*[illegible], or *overwhelmed* Exobrutum dolium, *Apul Met* 9 p 212 ✝ Obrutus, *Lat*

Exobsecro, are *To make great*, or *earnest intreaties*, Plaut *Am* [illegible] 1, 2, 9.

Exochas, adis f *A pimple*, or *wheal in the fundament*, Aug

Exocoetus, i m qui & Adonis dict ἐξωκοιτος quod in siccum somni causa exeat *A fish so called because it goeth on land to sleep*, Plin 9, 19

✝ Exoculassitis antiq *pro* exoculaveritis, *Plaut Rud* [illegible], 4, 26

|| Exoculatus, a, um part *Blinded* Eumque prorsus exoculatum relinquens, *Apul Met* 8 p 245 ✝ Excaecatus

Exoculo, are act *To put*, or *pull out one's eyes*, Plaut *Rud* [illegible] 4, 26

Exodiarius, i m *An interlude rhymer*, *who at the end of a tragedy used to sing and shew tricks*, *to make the spectators merry* Schol vet in *Juv* 3, 175

Exodium, i n [ex ex & ὁδὸς, exitus] (1) *The end of any thing* (2) *An interlude*, or *farce at the end of a tragedy*, *to make people laugh* (1) ✝ Ab origine ad exodium, *Varr* (2) Redit ad pulpita notum exodium, *Juv* 3, 175 ☞ De exodii origine, vid *Liv* 7, 2

Exoleo, ere, evi [ab ex & oleo, *cresco*] *To fade*, *wither*, or *fall away*, Cic Non leg nisi in pret quod vid in Exolesco

Exolescens, tis part *Growing old*, *falling to decay* Literis pene jam exolescentibus scriptum, *Suet Aug* 7

Exolesco, ere, ui, evi, etum [ab exoleo, quod habent lexica] (1) *To wax stale*, *to grow out of use* (2) *To be out of mind*, *to be forgotten* (1) Antiquitus instituta exolescunt, *Tac Hist* [illegible], 8, 2 (2) Hic dies nullo exolescet aevo, *Stat Sylv* 1, 6, 99 Multum dominorum apud servos ipsa consuetudine metus exolescit, *Plin Epist* 1, 4, 4 In privatorum animis exoleverat priscum mortalium bonum amicitia *Plin Paneg* 85 1

Exoletus, a, um part [qui ol scere, *i e* crescere, desiit, *Fest*] (1) *Past the prime*, *growing stale* (2) *Out of use*, *defaced*, *and worn out* (3) *Forgotten* (1) Reliqui domi exoletam virginem, *Plaut in Fragm* (2) Exempla annalium vetustate exoleta, *Liv* 27, 15 Odium vetustate exoletum, *Id* 2, 35 = Exoletae & reconditae voces, *Suet Aug* 86 (3) Saepe jam spatio obrutum levis exoletum memoriam revocat nota, *Sen Oedip* 821

Exoletus, i m subst *An old catamite*, *Suet Caes* 76

Exolvo, ere, vi, utum act [ab ex & solvo] (1) *To unbind*, *to loose* (2) Met *To free*, or *rid* (3) *To pay* (4) *To disentangle*, or *disengage* (5) *To perform*, or *fulfil* (6) *To melt* (1) Quid ego exolvam cistulam? *Plaut Amph* 2, 2, 151 (2) Me his exolvit curis, *Vir Æn* 4, 652 (3) Decumanis, quantum ipsi imperavit, exolvit, *Cic Verr* 3, 2[illegible] (4) Religionum animos nodis exolvere pergo, *Lucr* 1, 931 (5) N[illegible] [illegible] olvi olvit, quod promiserat, *Cic Offic* , (6) Mutat & exolvit glaciem *Lucr* 6, 878 ¶ Exolvere pœnas, *to suffer punishment*, Tac Ann 1, 10, 5 aliquem pœna, *to free him from it*, Id Hist 1, 12, 6 obsidium, *to raise a siege*, Id Ann , grates, *to return thanks*, Val Flacc 7, 284 *Rectius* exsolvo

Exolvor, i, pass *To be loosed*, &c Illi ego hunc exolvi *Plaut Capt* , 2, 1, *Rectius* exsolvor

|| Exolutio, ōnis f verb *A full and perfect payment*, Tert

|| Exolutor, ōris m verb *He that pays, payeth*, or *discharges*, Id relinquendum

Exolutus, a, um part (1) *Loosed* (2) *Unbound*, *not confined* ( ) *Exploited* (1) Exoluti comm , *Stat* 1, 6, 4 (2) *Tac Ann* 1, 15, 6 (3) Ex luctu nexus, *Tac Ann* 2, 28 *Rectius* exsolutus

Exomis, idis f [al , humeris] Substricta & circa humeros demissa, *Gell* 7, 12 *Caminus vestis* exomis humeris, *A jacket*, *a sleeveless jerkin*, *a gardiner's*, or *freeman's hood*

Exomnis, e [al potius exsomnis] [ab ex & somnus] *Sleepless*, Petron 2, 127 *Id* Exsomnis

Exŏrĕ būrŏ, a, um part *Which hath discharged* Exon ... *Mart* 10, 5, 1

Exonĕratus, a, um part *Unloaded*, *discharged* Ex ... *Plin* 6, 29

Exonero, āre act (1) *To unload*, *to discharge*, or *put off* (2) *Met To disburden*, or *free from* (1) = Excipiunt ... *Plin* 11, ... *Sen Agam* 423 (2) Exonerare aliquem metu, *Liv* 2, 2 Cinas Bacchus exoneret graves, *Sen Hipp* 445 *Met* Exonerare conscientiam, *Curt* 6, 8, 12 ¶ ... *Ep* 4

Exopīnāto adv *When one is aware*, *less of a wares*, or *unawares*, Laut ex Liv *Rectius* ex opinato

Exoptābilis, e adj *To be desired*, or *wished* Exoptabile tempus, *Sil* 11, 387 Nunciare nuncium exoptabilem, *Plaut Stich* 2, 61

Exoptandus, a, um part *To be earnestly desired*, *wished for* Ex omnibus unus exoptandus est, *Cic Fam* 2, 6

Exoptans tis part *Earnestly desiring*, *wishing* Exoptans animum ... ponere dextra, *Sil* 10, 109

|| Exoptātio, ōnis f verb *An earnest wishing*, Aug ✝ Optatio, *Cic* Optatum, *Ter*

✝ Exoptate adv *Even as one would wish* ... impedio, ... exoptato venires, *Cic Att* 1, 28 *ubi melius habent* optate

Exoptātus, a, um part ... comp issimus, sup (1) *Greatly desired* (2) *Firstly wished*, or *longed for* (1) Nuntius exoptatus, *Cic pro Rosc Am* 7 (2) Nihil exoptatius adventu meo, *Cic Attic* 5, 15 Exoptatissima gratulatio, *Id Att* 4, 1 Dulces nati, exoptatusque parens, *Vir Æn* 2, 138

Exopto, āre act *To wish heartily*, *to desire frequently*, or *greatly* Multis de causis te exopto quamprimum videre, *Cic Att* 4, 6 Quem ego nunc potissimum exoptem mihi dari? *Ter Andr* 5, 5, 6

Exōrābilis, e adj or, comp *Easy to be intreated* Minus exorabilem aliquem experiri, *Cic Att* 1, Si preces, Deus exorabilis ille est *Prop* 2, 31, 11 In suis, quam in alienis injuriis exorabilior, *Sen de Clem* 2, 20

Exorabulum, i n *An argument*, or *motive to persuade* Quotquot exorari exorabulis, *Plaut Truc* 1, 1, 6

Exorandus, a, um part *To be wooed*, or *intreated* Restat Chremes, qui mihi exorandus est, *Ter Andr* 1, 1, 140 ✝ Exorando tibi, non rapienda fui, *Ovid Ep* 21 128

Exōrans, tis part *Obtaining by request*, *prevailing* Thura exorantia divos, *Ov Trist* 3, 13, ...

Exōrātor, ōris m verb *He that prevaileth by intreaty* ✝ Orator ad vos venio, sine exorator ... *Ter Heaut prol* 10

Exōrātus, a, um part *Gotten*, or *obtained by intreaty*, *persuaded*, *prevailed upon* ✝ Si ... exoratus, *Cic de Prov Cons* 17 Non exorato stant adamante viæ, *Prop* 4, 11, 4

Exorbeo, ēre, ui, ptum act [ab ex & sorbeo] (1) *To sup*, or *drink up* (2) *Met To swallow*, & Met *to shed plentifully* (4) Obscenum not (1) ... *Hor* ... 2, 3, 210 (2) Aliegnam ... tulit, difficultatem exorbuit, *Cic pro Mur* (3) ✱ Gutturis ... vel potius exorbens, *Cic* ... (4) Quot viros exorbeant ... *Juv* 10, 22 ¶ Exorbere animam, *to kill* Plaut Bacch 4, 8, 28 *Rectius* exsorbeo

|| Exorbitans, tis part *Exorbitant*, *irregular*, Ap ICC

|| Exorbito, āre neut [ab ex & orbita] *To go out of the right way*, or *road* ... ✝ Deflecto, decedo de via, *Tert*

Exorbo, āre act *To bereave* Animam meam ... exorbare, *to kill him*, Plaut Bacch 4, 8, 28

|| Exorcismus, i m [ab ... juramentum] *An adjuration* or *conjuring for the laying of spirits*, or *casting them out*, Eccl

|| Exorcista, æ m *A conjurer*, *an exorcist*, Eccl Adjurator, *Ulp*

|| Exorcizo, āre *To adjure*, *to conjure*, *to exorcise*, *to raise*, or *lay spirits*, Bud ✝ Adjuro, Plaut Cist 2, 3

|| Exorescō, ēre neut *To grow filthy and nasty*, Gell 9, 2 *Rectius* exsordesco ✝ Sordesco

Exordĭne *Orderly*, Vir Geor 3, 341 *Rectius* ex ordine

Exordior, iri, sus sum dep (1) *To lay the warp* as weavers do (2) *Met To begin* (3) *Also to use a proem*, or *preamble before he come to the matter* (1) Exorari telam, *Plaut Pseud* 1, 4, 6 (2) *Met* ✝ Detexere, retexe ... ✱ Pertexe quod exorsus es, *Id de Crat* 2 ( ) Exorsus es non gloriose, &c Cic de Or 2, 8

Exordium, i n (1) *A beginning*, *a principle* (2) *A preface*, *a preamble*, *a proem* (1) Cunctarum exordia rerum, *Lucr* 2, 333 (2) Ergo instituto vete rum hinc capiamus exordium, *Cic de Fin* 5, 9

Exŏriens, tis part *Rising* as the sun *springing*, &c Sol exoriens, *Vir Geor* 1, 438 amnis, *Lucr* 6, 723 *Vid* Exorior

Exorior, ĕris iri, ortus sum dep (1) *To rise* as the stars or sun, &c (2) *To spring up* (3) *To be born*, *to appear* (4) *To proceed* (5) *To be comforted*, or *refreshed* (6) *To be made* (1) Post solstitium can cula exoritur, *Cic de Div* 2, 44 Exoritur suo tempore stella, *Plaut Rud* 1 *prol* 4 Exoriens sol, *Vir Geor* 1, 438 ... *Catull* 62, 271 Exoritur ... *Luc* 1, 253 (2) Quæ arms exoriuntur, *Lucr* 1, 80 ( ) ✱ = Nihil est, quod non ante exstingui atque opprimi potest, quam plane exortum & natum sit, *Cic contra Rull* ... (4) Honestum ex virtutibus exoritur, *Cic de Fin* 5, 23 (5) Ego nunc primum exorior, & ... quidem his literis, *Cic Att* 1, 26 (6) Annuli ... ex exortus est ..., *Cic*

Exornātio, ōnis f verb (1) *A decking*, *a trimming*, *garnishing*, or *apparelling* (2) *Elegancy*, a term in rhetoric (1) *Col* 12, 3 (2) ✱ Dicentur simplicitate, sine ulla exornatione, *Cic* ... De Rhetorica Exornatione, *vid Cic de Inv* ... 54

Exornātor, ōris m verb *A setter off*, *a garnisher* Cæteri non exornatores rerum, sed tantummodo narratores fuerunt, *Cic de Orat* 2, 12

|| Exornatrix icis f *She that decketh*, or *trimmeth*, Marcell ✝ Quæ exornat

Exornātus, a, um part ... issimus, sup *Adorned*, *well dressed*, or *trimmed* Vairi veste exornatus fuit, *Ter Eun* 4, 4, 16 Exornatissimi auro cythara *Ad Herenn* 4, 47

Exorno, āre act (1) *To dress*, *to adorn*, *to embellish*, *to deck*, or *trim* (2) *To set forth*, or *commend* (1) Pythagoras præstantissimis institutis & artibus exornavit magnam Græciam, *Cic Tusc* 5, 4 Te exornavi ego, venibus hodie, virgo, *Plaut Pers* 3, 1, 7 (2) Opus verbis exornare, *Prop* 4, 5, 19 ¶ Exornare se lepidis moribus *to put himself into a pleasant humour*, Plaut Most ... 3, 12 ✝ Decoro, *Id*

Exornor, āri, ātus pass *To be adorned*, Ad Herenn 4, 15

Exōro, āre act (1) *To get by intreaty* (2) *To invite* ( ) *To force* (4) *To intreat*, or *beg earnestly* (1) ✱ Illa ea exorabat, quæ volebit auferre, tu extorques, *Cic Prut Ep* 8 (2) Lacies exorat amorem, *Ov Amor* 2, 11, 43 (3) Non queo lacrymam exorare, *Plaut Pseud* 1, 1, 74 ✝ Qui olivetum arat, rogat fructum, qui stercorat, exorat, *Col* 5, 9 (4) = Exoro & quæso, ut ejus sit mihi copia, *Plaut* § Exorare aliquem aliquid, *Id Bacch* 5, 2, 82 aliquid ab aliquo, *Idem Trin* 2, 2, ...

Exors, tis adj [ab ex & sors, qui extra sortem] (1) *Without share*, *sharless* (2) *Given by choice*, *extraordinary*, *choice* (1) Dulcis vitæ exors, *Vir Æn* 6, 428 Cos exors secandi, *Hor Art Poet* 305 (2) Exortem ducere honorem, *Vir Æn* 5, 534 ✤ Exors equus, *an horse not mounted before*, or perhaps *an extraordinary one*, Vir Æn 8, 552 *Rectius* exsors

Exorsum, i n [al exordior] (1) *A beginning*, *an enterprise* (2) *A story*, *a preamble* (1) ... cuique exorsi laborum ... ferent, *Vir Æn* 10, 111 (2) = Non te per ambages & longa exorsa tenebo, *Vir Geor* 2, 45

Exorsus, a, um part [ab exordior] (1) Act *That has begun* (2) Pass Also *begun*, put in the loom (1) Soror exorsa ... note, *Cic pro Cæl* 15 ( ) Exorsa ... tela non male omnino mihi est, *Plaut Bacch* 2, ...

Exorsus, ûs m verb *A beginning*, or *entrance* ... Exorsus ... *Leg Agrar* 4

|| Exortium, i n ... *The going out* ... *de Deo Socr* p 689 ...

Exortivus, a, um adj *Pertaining to rising*, ... part, Plin 18, 34 ... tione in exortivum ... *Id* 37, 2

Exortus, a, um part ... oriori] (1) *That is risen*, or *proceeded* (2) *Begun* (1) *Lucr* 5, 1058 (2) Exorta cædes, ...

Exortus, ûs m verb *Al* ... *a beginning* Solis exortus, ... 2, 11 Exortus Danu ...

Exos, ssis adj *Without bones* ... Animam ... os, *Lucr* 3, 721

Exosculans, tis part *Kissing*, Suet *Vid* Exosculor

Exosculatio, ōnis f ... *kissing*, *the billing of* ... Plin 10, 12

|| Exosculator, ōris m ... *kisseth*, Litt ex Apul

Exosculor, āri, ātus sum dep (1) *To kiss* (2) *To praise highly*, inveni tum in part (1) Sp ... idem idem exosculans *Suet* ... 28 (2) Verborum ... exosculatus, *Gell* 2, 6

|| Exosor, ōris m *One that hateth*, *an enemy*, ... ✝ Osor, *Plaut*

Exossātim adv *By taking the bones out*, Litt ex Lucil ...

Exossātio, ōnis f *A pulling forth of bones*, Apic

Exossātus, a, um part *That hath the bones*, or *teeth pulled out*, or *broken* Exossatum ... *Plaut Amph* 1, 1, 162 ✤ Exossatus ager, *a field full of bones*, Pers 6, 52 *abusive*, i e ... perhaps alluding to *Ov Met* 1, 393 Lapides in corpore terræ ossa ... Exossatum pectus ... *Lucr* 4, 1264

Exosso, āre act (1) *To bone*, or *pluck out the bones*, *to take bones* (2) *To garbage*, *to strengthen*, or *strengthen with bones* (1) Suem cum occideris, exossato *Col* (2) Hic me quasi murænam exossare cogitat, *Plaut Amph* 1, 1, 162

Exossor, āri, ātus pass *To be boned*, *Ter Adelph* 3, 3, ...

|| Exossus, a, um adj *Without bones* Exossi ... *Met* 1 p 8 ...

|| ✱ Exostra, æ f ... *engine of wood in scenes which things done ... stage*, *by turning it about*, ... *be seen*, *a petard*, *to blow up a port*, or *gate*, Scal

Exosus, a, um act [al od] (1) *Hating* (2) Pass *Hated* (1) Desertas exosus opes, *Stat Sylv* 2, 1, 164 Si nondum exosus ad unum Trojanos, *Vir Æn* 5, 687

Exosus

[illegible] omni feminæ nomen fugit, *Hipp* 2 c (2) *Gell* 2, 18 [illegible]

Ex[illegible], a, um *Brought out of a strange country, outlandish,* [illegible] Ligurum [illegible], *Plaut* [illegible], 41 *Ia* Transmarina, [illegible]

Ex[illegible], ere, ui neut *To be* [illegible] Expalluit [illegible] est, *Ad Her*

Ex[illegible], a, um part *Stripped* [illegible] Ex[illegible]tus sum [illegible], 10, 6

|| Ex[illegible], onis f verb *A* [illegible] *by flattery,* [illegible]

Ex[illegible], are act *To prop*, [illegible] *gently, flattery*, [illegible] = Excora, [illegible] Scalpa, *Plaut Pan* 1, 2,

Expampino, are act *To prune* [illegible], *Col*

Ex[illegible]tio, onis m verb *A* [illegible] *flows abroad*, or [illegible] the Nile Expanditionum [illegible] *Pan* g 30

Expando, ere, di, passum act (1) *To* [illegible] *out, or abroad, to* [illegible] (2) *To open wide as a* [illegible] at noon (3) Met [illegible] *and expound, to lay* [illegible] (1) Expandunt alas aves [illegible] 9 Ficos in sole expan[illegible] 15 (2) Rosa meri[illegible] horem, *Plin* 12, 11 (3) R[illegible] uram expandere [illegible] *L* [illegible] 1, 127

Expandor, di, assus pass *To be* [illegible] Hæ sub umbram ex[illegible], *Col* 12, 13

Expango, ere, xi, ctum *To* [illegible], *to order, or marshal* [illegible] normam expangere, [illegible]

|| Ex[illegible]o, onis f verb *A* [illegible], *an opening, a spreading* [illegible], &c *Aurel* [illegible]

|| Ex[illegible]um, i n *The firmament* [illegible] ✝ Æther

|| Ex[illegible]sus, a, um part *Dispersed, spread abroad, laid open* [illegible] *Tac*

Ex[illegible]latus, a, um *Stretched* [illegible] Ex[illegible]lato brachio, *with* [illegible] *bare to the paps,* [illegible] 4, 4 [illegible] eff fi[illegible] pectam

Ex[illegible]us, a, um part [ab ex [illegible] *Opened, laid open* Ex[illegible]re, *Tac* 21 Flammeum [illegible] *Cel* 15, 15 ex Cæcilio

Ex[illegible]ans, tis part (1) *Running* [illegible] *over the banks* (2) [illegible] (1) Expatians [illegible], 17, 6 (2) Expatian[illegible], *Plin* 3 5, *Rectius* ex[illegible]

Ex[illegible]tor, oris m verb *A wanderer, a gadder*, Iac ap [illegible]

Expatiatus, a, um part *That* [illegible] *flowed far abroad* Ex[illegible] flumina, *Ov Met* 1, 85 *Rectius* exspatiatus

Ex[illegible]or, ari, atus sum dep (1) *To wander, to stray abroad* (2) Met *To expatiate, to enlarge* [illegible] (1) Expatiantur e[illegible], *Ov Met* 1, 232 Ignes [illegible] *Sil* 17, 05 (2) [illegible] expatientur, & [illegible], *Quint* 2, 10

Ex[illegible], m *He that has* [illegible], *Cod*

Ex[illegible] verbum nequam, [illegible] μασασθαι, [illegible] An parum expat[illegible] *Catull* [illegible] *ap Suet in vita ejus* [illegible] effutiere

Expavefacio, ere unde part [illegible] *To terrify, to make afraid, to frighten* Expavefacere ad occursum hominem, *Sen Epist* 86

Expaveo, ere, vi neut [illegible], si dederit [illegible]

Expavesco, ere, vi incept (1) *To be greatly afraid* (2) *To be frighted at* (1) Tumultu expavit domus, *Stat Theb* 8, 6, 8 (2) Non expavit ensem, *Hor Od* 1, 37, 22 Expavere ruccem per [illegible] vocem, *Sil* 1, [illegible] Expavescere cuncta, *Sen Oed* 27 [illegible], *Il* 5, 8

|| Expavidus, a, um *Frighted*, Gell 1, 8 ✝ Perterrefactus, *Cic*

Expectabilis, e adj *To be expected, or looked for*, Litt [illegible] ✝ Expectandus, *Lett*

Expectans, tis part *Expecting, waiting for*, &c Omnia magis quam prœlium expectantes *Sall B J* 58 Expectans sola puella virum, *Prop* 2, 2, 20

Expectatio, onis f verb (1) *Expectation, attendance* (2) *Dependance* (3) *A looking, longing, or hoping for* (4) *Fear of things to come* (5) *Attention* (1) = Ea causa quo concursu hominum, qua expectatione defensa est? *Cic de Orat* 59 (2) = Obscura spe & cæca expectatione pendere, *Cic contra Rull* 2, 25 (3) Quantam expectationem dedisti mihi convivii istius? *Cic Att* 2, 12 (4) Acerbior expectatio reliquorum, *Cic de Cl Or* 76 (5) Varronis sermo facit expectationem Cæsaris, *Id Att* 2, 15

|| Expectator, oris m verb *An expecter*, Boet ✝ Qui expectat

Expectatus, a, um part or, comp issimus, sup (1) *Expected, hoped, or looked for* (2) *Earnestly desired, welcome* (1) Expectata seges vanis elusit avenis, *Vir Geor* 1, 226 (2) = Charus omnibus expectatusque venies, *Cic Fam* 16, 7 Expectatior illo nemo venit, *Plaut Most* 2, 2, 12 Expectatissimæ literæ, *Cic Fam* 16 9, 4

Expecto, are act [ab ex & specto] (1) *To look for* (2) *To tarry, or wait* (3) *To hope, to wish for* (4) *To fear a thing will come to pass* (5) *To wait for* (6) *To respect* (7) *To expect* (8) *To desire to know* (9) *To watch in order to attack* (1) Senem quoad expectatis vestrum? *Ter Phorm* 1, 2, 98 (2) Rusticus expectat dum defluat amnis, *Hor Epist* 1, 2, 42 (3) = Illum, ut vivat, optant, meam autem mortem expectant, *Ter Adelph* 5, 4, 20 (4) Nescio quod magnum hoc nuncio expecto malum, *Ter Phorm* 1, 4, 16 (5) Intenti expectant signum, *Vir Æn* 5, 137 (6) ✱ Dum metuar, semper, terraque expecter ab omni, *Luc* (7) ✱ Longiores epistolas expectabo, vel potius exigam, *Cic Fam* 15, 16 (8) Expecto, quid velis, *Ter Andr* 1, 1, 7 (9) Paludem si nostri transirent, hostes expectabant, *Cæs B G* 2, 9

Expecto, ere *To comb out*, Quint 7, 2

Expectoro, are act *To throw out of his breast, to expectorate*, Met *To discharge, or free one's mind* Pavor sapientiam mihi omnem ex animo expectorat, *Enn* ap *Cic Tusc* 4, 8 ☞ Hanc vocem tanquam antiquam nimis improbat *Quint* 8, 3

Expeculiatus, a, um Qui peculio st exhaustus *Having lost his flock*, Plaut Pœn 4, 2, 21

✝ Expedibo, *pro* expediam, *Plaut*

Expediendus, a, um part *To be freed, got ready, finished*, &c Vid Expedio, n 5

Expedio, ire, vi itum act [ab antiq pedio a pes] (1) *To free, quit, discharge, or rid, to unloose, to undo* (2) *To disengage, to finish, to put an end to* (3) *To get in a readiness* (4) *To set out* (5) *To bring to pass* (6) *To speed, hasten, or send in haste* (7) *To declare, tell, utter, or shew* (8) *To get, or procure* (1) ✱ Dum expedire [illegible], [illegible] 2, 4, [illegible] impeditum [illegible] expediam, *Ter Andr* 3, 5, 11 (2) Si me expedero, ut in ista loca venire possim, *Cic Fam* [illegible] 19 ✱ Iram expedit, [illegible] gratiam restituet, *Ter Hec* 5, 1, 1 (3) Ad Naudium pervenirunt, ibique naves expediunt, *Cæs B C* 2, [illegible] (4) Institor expedit merces suas, *Ov* [illegible] *Am* 1, 422 (5) = Expedien[illegible] confi[illegible] r[illegible]bus, *Cic de Cl Orat* 42 (6) Expedio me ad Drusum, inde ad Scaurum, *Cic* (7) Id si potes, verbo expedi, *Ter Phorm* 1, [illegible] (8) Expedire a[illegible] alimenta sibi, *Tac Ann* 6, [illegible] ¶ Expedire nomina, *to pay debts* Cic

Expedior, iri, itus pass *To be freed, to be got ready*, &c Dum hic nodus expeditur, *Cic Att* 5, 21 Expeditur ejus cura [illegible] adolescenti, *Val Max* 5, 1, 1

Expedit impers *It is expedient, needful, profitable* Omnibus bonis expedit, salvam esse rempublicam, *Cic Philipp* 1, 8

Expedite adv ius, comp issime, sup *Speedily, readily, easily, without let, or hindrance* Quod proposuerat, explicans expedite, *Cic de Cl Orat* 67 Expeditius, *Id de Div* 2, 23 Defensus expeditissime, accusavit vehementer, *Plin Ep* 6, 22, 6

Expeditio, onis f verb (1) *A military preparation, an expedition, a voyage* (2) *A quick dispatch* (1) Expeditionis Cy[illegible] princæ fidus comes, *Val Max* 4, 3, 2 (2) Multarum rerum expeditio, *Ad Herenn* 4, 54

|| Expeditionalis, e adj *Belonging to an expedition*, Spart Also *Speedy, or of quick dispatch*, Amm

Expeditus, a, um part & adj or, comp issimus, sup (1) *Disengaged, freed, rid of* (2) *Nimbly thrown, or hurled* (3) *Provided, prepared*, &c (4) Adj *Prone, ready, in a readiness* (5) *Nimble, light* (6) *Easy, fluent* (1) Cujus vigor expeditus, *Hor Od* 1, 22, 11 ✱ Me expeditum ex impedito faciam, *Plaut Epid* 1, 1, 79 (2) Trans finem jaculo nobilis expedito, *Hor Od* 1, 8, 12 (3) = Expedito nobis homine & parato opus est, *Cic Philipp* 11, 10 (4) Expediti ad cædem homines *Cic contra Rull* 2, 30 ✱ Ego ad promerendum officium expeditus, vos ad referendam gratiam tardiores, *Id Antea* [illegible] 2 (5) Expeditos equites educi, *Sall B J* 71 (6) = Expedita & perfacile currens oratio, *Cic de Cl Orat* 6[illegible] Expeditior via ad honores, *Cic pro Flacc* [illegible] Reditus in cœlum patet optimo & justissimo cuique expeditissimus, *Cic de Am* 4

Expello, ere, puli, pulsum act (1) *To expel, put, thrust, drive, or chase forth, out, or away* (2) *To reject* (3) Also *to thrust forth at length* (1) = Hæc tanta virtus, ex hac urbe expelletur, exterminabitur, projicietur? *Cic pro Mil* 37 (2) Expellere sententiam, *Plin* (3) Vid Expulsus § Expellere aliquem regno, *Cæs* ex urbe, *Cic* in opus, *Plin* animam per vulnera, *Ov*

Expendo, ere, di, sum act (1) *To weigh* (2) *To rate, or value* (3) *To ponder, or consider, to examine strictly, or diligently* (4) *To spend, to lay out money, to put out money to interest* (1) Aurum auro expenditur, *Plaut Rud* [illegible] (2) = Hæc expendite atque æstimate pecunia, *Cic* [illegible] (3) Cautos nominibus certis expendere nummos, *Hor Ep* 2, 1, 105 Expendere inter se contraria apud animum, *Val Max* 6, [illegible], 6 (4) Vid Attic 1, ¶ Expendere pœnas alicui, *to suffer punishment*, *Cic Tusc* 2, 10 capite, *to be put to death*, *Tac Ann* 1[illegible], 19, [illegible]

Expendor, i, sus pass *To be weighed*, &c *Plaut* Vid Expendo

Expensa, æ f *Expense, charge, cost*, Claud *in Stilicon* [illegible] Expensis longinquis non sufficit [illegible], *Val Max* 7 6, 1

|| Expensilatio vel divise potius expensi latio *An acknowledgment of money lent*, Gell 14, 2

Expensio, are freq *To seal up, and deliver money by weight*, Ap ICC Also *to recompense, or make amends*, Macrob Also *to use to lay forth* ✱ Argentum accepto, expenso, *Plaut Pl* 2, [illegible]

Expensum, i n *Expense, money laid out*, *Cic* Expensum ferre, est scribere se pecuniam dedisse, *Ulp*

Expensus, a, um part *Weighed, pondered, considered, laid out, reckoned* ¶ Expenso gradu, *with a slow pace, step by step*, Propert 2, 4, 6 Expensum alicui ferre, *to own himself indebted to him*, *Cic Attic* 15, 20 ✱ Bene ratio accepti atque expensi inter nos convenit, *Plaut Most* 1, 3, 146

Expergefacio, ere, ci, actum *To awaken out of sleep, to stir up* Hic Italiam tumultus expergefeceri terrore subito, *Ad Herenn* 4, 54

Expergefactus, a, um part *Roused, awaked out of sleep* Expergefactum caput erigere in[illegible], *Lucr* 5, 1207 *ab*

Expergefio, eri, factus *To be roused up, or awaked*, Suet Cal 38

|| Expergificus, a, um *That doth awaken* Cantu[illegible] expergificum gallorum, *Apul Flor* 13, p 86

Expergiscens, tis part *Waking*, [illegible] *Plin*

Expergiscor, i, rectus sum dep [ab expergo] (1) *To awake* (2) Met *To bestir himself, to take heart* (1) ✱ Si dormis, expergiscere, *Cic Att* [illegible] (2) ✱ Cessatum usque adhuc est, nunc jam expergiscere, *Ter Adelph* [illegible], 4, 22 Nunc expergiscere vere, *Juv* 1, [illegible] Item pass Ut omnes expergiscantur [illegible], *Sall de* [illegible]

|| Expergite adv *Watchfully, heedfully*, Expergite munda [illegible], *Apul Met* 2 p 57 auscultat, *Ibid* 8 p 265

Expergitus, a, um part *Wakened, awaked* Nec quisquam expergitus extat, *Lucr* 3, 942

|| Expergo, ere, si, sum act [ab ex & spargo] *To sprinkle abroad*, Serv ✝ Conspergo

|| Expergo, ere, exi, ectum act *To awake* At nos juvenum expergebat, *Gell* 6, 10

Expergor, i, itus pass *To be awakened*, *Lucr* Expergitur

Experiendus, a, um part *To be tried* Nunc, sed periculo experiendum erit, experiar certè, *Cic Att* 9, 10 Ad experiendum ingenium, *Paterc* 2, 128 Experienda mens, *Val Flacc* 5, ...0

Experiens, tis part & adj ssimus, sup (1) *Having experience, acquainted with the world* (2) *Inured to* (1) Decus & famam recte petit experiens vir, *Hor Ep* 1, 17 42 (2) = Genus durum sumus, experiensque laborum, *Ov Met* 1 414 Experientissimus ac diligentissimus arator, *Cic Verr* 3, 21

Experientia, æ f (1) *Trial* (2) *Practice, experience, good management, knowledge* (1) Hac in pluribus experientia erit, *Ovid* ... 1, 25 (2) Apibus ... experientia ... = Usus & ... omnium ... *Cic pro Balbo* ...

|| Experimentosus, a, um part *Full of experience*, *Aug* † Experientissimus, *Cic*

Experimentum, i n (1) *An experiment, proof, or trial, an essay* (2) *Practice* (1) Hoc maximum est experimentum, *Cic* ... Experimenti virtute, *Paterc* 2 116 (2) ✠ Minus valent præcepta quam experimenta, *Quint* 1, 5

† Experio, ire unde Omnia experivit frustra, *Cato*

Experior, iri, ertus sum dep [ab ex & ant perior, unde & peritus, vel ab ex & pario, quartæ conj ... & aperio, &c] (1) *To attempt, or try* (2) *To essay, or prove* (3) *To find* (4) *To try, or right by law, &c* (1) ✠ Omnia experiri, &c, ut facere, assequar, *Cic Att* 2 (2) Vim veneni ... Caninum esse expertum in se vo, *Cic pro Cal* 24 (3) Terram experiere colendo facilem pecori, *Vir Geor* 2, 222 (4) Jure experiri, *Cic pro Quint* 11 Prius quam experitur ... metum ... *Liv*

† Experito, ... pro ... *Litt ex Plaut* ...

Experrectus, a, um part (1) *Waked, risen* (2) Adj or comp *Brisk, pert* (1) Quum simul cum sole experrectus essem, *Cic Att* 1, 28 (2) Experrecta nobilitas, *Cic pro S Rosc* 49 Experrectiores apes, *Col* 9, 7 ✠ Ignavus, *Id ib*

Expers, tis adj [ab ex & pars, ...] (1) *Without, that hath no experience* (2) *Free, that hath no experience of* (3) *Free, exempt from* (1) = Antonius ... rudit omnis expers, & ignarus, *Cic de Orat* 2, 1 (2) Omnium periculorum expers, *Cic Fam* 4, 14 ✠ Assuetis utilius, quam expertibus *Plin* 22, 23 (3) Tu res ... somo expertem facit, *Plaut Pers* 1 3, 40

Expersus, a, um part [ab ex pergo] *Over sprinkled, wet all over* Ita Servius contendit leg ... *Vir Æn* 3, 625 ubi vulgo aspersa

Expertor, oris m verb *One that proves, or finds out* Turbarum expertor, *a maker of troubles*, *Sil* 12, 502 Sed locus suspicione non vacat

|| Expertum est *It is tried by experience* Expertum est in sermonibus plerisque omnibus, *Gell* 15, 7

Expertus, a, um part & adj ssimus, sup (1) Act *Having tried, or with proof of* (2) Pass *Tried, proved* (3) Adj *Expert, skilful, of good experience* (1) Beneficium tuum mihi experto prædicas, *Plaut Merc* 2, 2, 10 (2) Cum nihil ... experium hominum ... posset, *Plin Pan* 6 ... Confidens ... expertissimo, *Suet Tib* 19 (3) ✠ Homo non tam doctus, quam (id quod est majus) expertus, *Cic de Orat* 2, 17

Expes omnium gen [ab ex & spes] *Without, void, or past hope, hopeless* Si fractis enatet expes navibus, *Hor A P* 20 § Expes vitæ, *Tac Ann* 6, 54

Expetendus, a, um part *Worthy to be desired* = Expetendæ ... optabilia dicendi ... *Cic de Orat* 1, 51 Nihil est in vita magnopere expetendum, nisi laus & honestas, *Id pro Arch* 6

Expetens, tis part or, comp *Earnestly desiring, requiring, &c* Sani consilii expetens, *Sen Hipp* 1 9 ... animal odoratorum fuit ... expetentius, *Plin* 12, 1 Sed Hard leg appetentius ... Expetio

† Expetisso, ere *Greatly to desire, to long* Consilium ... expetesso, *Plaut Epid* 2, 2, 10

|| Expetisso, ere *vel* expetesso *To desire earnestly*, *Plaut Mil* 4, 6, 16 † Expeto

Expetit impers *It is meet, or suitable* Expetit tuam ætatem istud facere, *Lit ex Plaut* ...

|| Expetitor, oris m verb *A great desirer of any thing*, *Sidon* † Qui expetit

Expetitus, a, um part *Greatly desired* Expetitum litus, *Sen Agam* 401 Complexus in hi ... expetitos, *Id Thyest* 509 Expetito solia, *Id Med* 471

Expeto, ere, ivi, itum act (1) *To desire much, to covet, to endeavour to get* (2) *To ask, to demand* (3) *To pray* (4) Neut *To happen* (5) *To fall, or light upon* (6) Also *to last, to be remembred* (1) ✠ Nec me ... in expetendo cognosces, nec ... in ... repudiando, *Cic Attic* 6, 9 (2) Primum abs te hoc bona venia expeto, *Ter Phorm* 2, 2, 31 sed alii peto leg (3) Jovis supremi multis hostiis pacem expetam, *Plaut Amph* 5, 1, 15 (4) In servitute expetunt multa iniqua, *Plaut Amph* 1, 1, 20 (5) Illius ira in hanc & maledicta expetent, *Plaut Amph* 3, 2, 15 (6) Bono si quid malefacias, ætatem expetit, *Plaut Pœn* 3, 3, 23

Expetor, i, itus pass *To be desired, &c* Si per ... tantopere expetitur, *Cic de Orat* 2, ... ¶ Expetitur unguentis ra ... aspalathi, *is good*, *Plin* 1...

Expiabilis, e adj *That may be purged, or satisfied for* Bellum expiabile, *Cic Phil pp* 13, 1 *Ita meliores ... habent inexpiabili quod etiam legitur ap Liv* 4, 35

|| Expiamentum, i n *A satisfaction, an atonement*, *Bud*

Expiandus, a, um part *To be expiated* Expiandum forum P R ab illis nefarii sceleris vestigiis esse dico, *Cic pro Rabir* ... Sanguine singulis expiandus, *Sed al Rep ordin* Expianda est primum ... violatio, *Valer Max* 1, 1, 13

Expiatio, onis f verb *An expiation, a satisfaction, a purging, or atoning by sacrifice* Diis violatis expiatio debetur, *Cic de Har Resp* 10 Expiatio fœderis, *Liv* 9, 1

Expiaturus, a, um part *About to expiate, &c* Expiaturus consulibus ad ... *Val Max* 1, 7, 3

Expiatus, a, um part *Expiated, &c* Expiato foro, dissipato concursu impiorum, *Cic Philipp* 1, 12

Expictus, a, um part [ab expingo] *Painted, drawn to the life* ... hominum expicti, *Cic Tusc* 5, 35

Expilatio, onis f verb *A pillaging, extortion, or robbing* = Expilatio direptioque sociorum, *Cic Off* 2, 21

Expilator, oris m verb *A pillager, robber, extortioner, or plunderer* ✠ Cum domus ... non expilatorem, recep ... videatur, *Cic ad Q fr* 1, 1

Expilatus, a, um part *Ransacked, robbed* Arma ... expilatum, *Cic pro Cluent* 64 = Regem ex provinciis spoliatum & expilatumque dimittere, *Id Verr* 4, 27

Expilo, are act [ab ex & pilus, ut nullus ... pilus supersit, *Bern*] *To rob, to pillage, extortion, or deceit, to spoil, to pillage, or plunder* = S ... socios spoliis, ærarium expilas, *Cic pro L g Manil* 19 Ipsa tempora ... domo referta expilavit, *Suet Cæs* 54

Expingo, ere, xi, ctum act *To paint, to draw, to limn, to represent in picture* Pericula expingere, *Plin* 35, 7 R ... occ

Expinso, ere act *To grind out*, *und*

Expinsor, i pass *To be ground out* Expinsi potius sint, *Cato*, 2

Expio, are act [ab ex & pio, i e colo] (1) *To expiate, or atone, to purge by sacrifice* (2) *To punish* (3) *To hallow, to consecrate* (1) Piratus expiare, ... poposceris cetum ... suo, &c *Hor Epod* 17, 58 Expiavere sacrificio supplicem, *Val Max* 1, 7, ext 1 Sine scelerum ... tu nere pontis expiet, *Val Flacc* ... 276 (2) Qui omnis expiavit bellum civile, *Plin* ... (3) Primum expiando religionem ... medium meatum, *Cic de Har Resp* 5

Expirans, tis part *Breathing, or reeking out* Sanguinis expirans calidum de pectore flumen, *Lucr* 2, 354 Rectius exspirans

Expiratio, onis f verb *A breathing out* Terræ expirationibus ... *Cic N D* 2, 32

Expiratur impers *A man dieth, or fetcheth his last breath*, *Plin* 11, 37

Expiraturus, a, um part *About to die, or wither* Flos primos expiraturus ad austros, *Stat Sylv* 2, 1, 106

Expiro, are act [ab ex & spiro] (1) *To breathe forth, to cast, or send out* (2) *To expire, to give up the ghost, to die, to breath his last* (1) ✠ Animam expirat flammam ... *Vir Æn* ..., 580 (2) Inter primam curationem expirat, *Liv* 2, 20 ... certebro expiravit, *Paterc* 2, 7 *Met* Expiravit libertas, *Plin Paneg* ...

Expiscor, ari, atus sum dep *To fish out, also Met to search out diligently, to get out of one* Nihil expiscatus es, *Cic in Pison* 28 Prorsus expiscare, quasi non nosses, *Ter Phorm* 2, 2, 35

Expissatus, a, um part *Thickened* Expissatum lac, *Plin* 20, 7 *Rectius* exspiss atus

Expisso, are act [ab ex & spisso] *To make thick, to thicken* Sole densatus in pastilos necat sanguine expissando, *Plin* 25, 13 *Sed Hard leg* spissando

Explaco, are act *To ... or mitigate*, *Liv ap* ...

Explanate adv ... *utterly, clearly, that may be plained* ... explanabiliter ... *Id* ... ✠ Confuse

Explanandus, a, um part ... *to explain* ... Dicendum ... non ... pluris ... sunt, quam ... nam ... *B C* ...

Explanate adv ... *Plainly, clearly, intelligibly* ... *Cic* ... Definire explanatius ...

Explanatio, onis f (1) *An explanation, a declaration* (2) *An interpretation, or exposition* (3) *Utterance* (1) ... atione ... = Ill ... explanatio & commoratio una in re permultum movet, *Cic de Orat* ... (2) Explanation ... interpretum, *Cic* ... (3) Explanatio ... vit ... *Plin* 11, 51 (3) Religionis explanatio, vel ... pertinet ... *Cic de Arusp* ... Segon ... rebus explanati ...

Explanator, oris m *An explainer, expounder, declarer, interpreter* Explanatores ... poetarum, *Cic* ...

Explanatus, a, um part (1) *Made plain, or smooth* (2) *Declared, explained, distinctly pronounced* (1) Explanatus ... pedis cortex, *Plin* 16, 8 (2) Explanata vocum impressio, *Cic* ... 1, 5

Explano, are act (1) *To make plain, or smooth, to smooth* (2) *Met To explain, to make manifest, or expound* (1) *Id* Explanat ... (2) Docet & explanat quid faciendum, *Cic Off* 1, 28, fin

Explanor, ari, atus pass *To be made plain, clear, &c* Quæ autem differentia sit ... facilius intelligi, quam explanari potest, *Cic de Off* 1 ...

Explantator, oris m verb *He that pulleth up plants* *Lat ex Col*

Explanto, are act *To pull up what is set, or planted* Explantare arbusculam, *Col* 5, 9

Explantor, ari, atus pass ... propagines ... explantentur, *Col* 4, 14 ☞ Immeritam hanc vocem proscriptam ... Malim ... dicere, *extirpare*, cum *C* vel *eradicare*, cum *Ter*

Explebilis, e adj *That may be filled, or satisfied* Libido ... bilis, *Cic Tusc* 5, 4, 9

Explementum, i n *A filling, a satisfying* Explementum ventris, *Sen Ep* 110

Explendeo, ere [ex splendeo] *To be bright, or shine forth* ... pueri statim corporis ... explenduerunt, *Suet* ...

Explendescens, tis part *Breaking forth, bright* Sirius explendescens, *Plin* 11, 12

Explendesco, ere, ui incept [ab ex & splendeo] (1) *To grow bright, to shine and glitter* (2) *Met To be eminent* ... (1) ✠ ... splendor ... deficit, non exuit, ... 2, (2) Clarius explendescit ... quam generosi ... posse, *Nep Att* ...

Expleo, ere, evi, etum act [ex & pleo] (1) *To fill* (2) *To perfect, complete, or finish* (3) *To make up* (4) *To satisfy, or content* (5) *To ...* (6) *To ... comfort* (7) † *To empty, or diminish* ...

perform (1) Ego me intus explevi prob, *Plaut Curc* 3, 16 (2) Trigintа magnos orbes imperio explebit, *Vir Æn* 1, 274 (3) Explere quatuor digitos longitudine, *Plin* 10,27 (4) Illis modo explere animum, *Ter Hecyr* 5, 1 ⁜ Spem mercantium vel frustrari, vel explere, *Suet Aug* 74 Solicii sunt, ut me unum expleant, *Ter Heaut* 1, 1, 77 (5) Sitim nunquam explere, *Cic de Senect* 9 (6) Explet cicatrices & eminentias, *Plin* 26, 21 (7) Explebo numerum, reddarque tenebris, *Vir Æn* 6, 545 Sic Serv & alii, sed nihil opus tam recondita & nusit notione, potius reddam ut sit, *I will conclude* (9) Ut amicitiæ munus expletum sit, *Cic de Am.* 19 ¶ Explere mortalitatem, *to dy*, *Tac Ann* 6, 50, 6 ✠ Vulnus explevit tenebris, *and made him stark blind*, Stat Theb 9, 754

Explētio, ōnis f verb *A filling, an accomplishing* In expletione naturæ *Cic de Fin* 5, 14

|| Explētīvus, a, um adj Gram *Expletive conjunctiones*, quia explent propositam rem, *Isid* Expletive, *not pertaining to the sense, but only to ornament*, or *number*, Gramm

Explēturus, a, um part *About to fill, or satisfy* Famam expleturus, *Cic pro Domo*, 23

Explētus, a, um part *Filled up, accomplished, finished, replenished, satisfied, contented* Expletus omnibus suis numeris & partibus, *Cic N D* 2, 13 dapibus, *Vir Æn* 3, 630 Expletis nonaginta annis, *Val Max* 8, 7, ext 5 Expleta fata, *Sen Tro* 605

Explicābilis e adj *That may well be explained*, Plin 4, 13

Explicandus, a, um part *To be explained, &c* Quæ sit dictione explicanda *Cic de Or* 1, 15 Vix minus voluminibus res explicandæ, *Pater* 2, 46

|| Explicābiliter adv *Expressly*, Diom *pro*

Explicātē adv *Plainly, openly, distinctly* = Distinctè & explicate dicere, *Cic de Orat* 3, 14

Explicātio, ōnis f verb (1) *An unfolding, or untwisting* (2) Met *An exposition, an explication* (3) *Determination* (1) Rudentis explicatio, *Cic Div* 1, 56 (2) Verborum explicatio probabilis, *Cic de Inv* 2, 2 (3) Varia sunt judicia, nec facilis explicatio, quæ forma maxime excellat, *Cic Orat* 11

Explicātor, ōris m verb *An explainer, or interpreter* Rerum explicator prudens Thucydides, *Cic de Inv* 2, 2

Explicātrix, icis f verb *She that explaineth* Explicatrix vis dicendi, *Cic Acad* Q. 1, 8

Explicātus, a, um part & adj or comp (1) *Unfolded, smooth, without wrinkles* (2) *Explained* (3) *Plain, easy* (4) *Finished, perfect in kind, dispatched* (5) *Rescued, freed from, recovered* (6) *Exposed to view* (1) Explicata vestis, *Cic de Orat* 1 (2) ✠ Si plus adipiscare re explicata boni, quam addubitata, mali, *Cic Off* 1, 24 (3) = Facilis & explicata causa, *Cic pro Planc* 5 *ubi al* explicita (4) = *Literis tuis* nihil explicatius, nihil perfectius, *Cic Attic* 9, 7 (5) ⁜ Liberata, sed non omnino explicata provincia, *Cic* Gravi valetudine explicatus, *Sen de Tranquil* 2 (6) Capua planissimo in loco explicata, *Cic in Rull* 2, 35

Explicātus, ûs m (1) *An untwisting, displaying, unfolding* (2) Met *An exposition, an explication* (1) Mollis alterno pedum explicatu glomeratio, *Plin* 8, 42 (2) Ut intelligeres, quam difficiles explicatus haberet, *Cic N D* 3, 39

Explicit *i e* desinit, quum plicis omnibus evolutis explicatur volumen, vid *Mart* 11, 108

Explicitūrus, a, um part *About to draw up, or dispatch* Atria congestos satis explicitura clientes, *Stat Theb* 1, 146

Explicitus, a, um part or, comp (1) *Unfolded, declared* (2) *Drawn up* (3) *Dispatched, ended, or finished* (1) Ejus rei justa defensio & explicita, *Cic pro Planc* 5 *ubi al* explicata (2) Stetit explicito prius agmine pubes, *Val Flacc* 5, 561 (3) = Explicitus liber & quasi perfectus, *Mart* 11, 108 Explicitius consilium videbatur ad Ilerdam reverti, *Cæs B C* 1, 78

Explĭco, āre, ui & āvi, ĭtum & ātum act (1) *To unfold, unfurl* (2) *To open* (3) *To make larger* (4) *To discover, or display* (5) *To set in array, to draw up* (6) *To disengage, or set free* (7) *To unravel* (8) *To treat more largely of, to be more copious in* (9) *To accomplish, or make an end of* (10) *To set out, or bring forth* (11) *To extend* (12) *To deliver, loose, or rid out of trouble* (13) *To make smooth* (1) Velum explicare, *Plaut Mil* 4, 8, 7 ✠ Pæan Pythona sagittis explicuit, *Luc* 5, 81 *stretched him out at length* Met Medea per artus fratris explicuit fugam, *made way for*, Phædr 4, 6 ¶ Explicare frontem, *to look chearfully*, Hor Od 3, 29, 16 (2) frondes, *Vir Geor* 2, 335 (3) ædificium, *Cic ad Att* 4, 16 (4) vitam alicujus, *Cic Liv in Verr* 8 (5) agmen, *Liv* 30, 5 turmas, *Luc* 6, 9 legiones, *Cæs B C* 2, 26 naves, *Nep Them* 4 (6) Da operam ut te explices, & huc venias, *Cic Att* 8, 12 = libero *Id* (7) ⁜ Res involutas definiendo explicavimus, *Cic Or* 29 = expono, *Id* (8) = ⁜ Crassus hæc, quæ coarctavit, & peranguste refersit in oratione sua, dilatet nobis, atque explicet, *Cic de Orat* 1, 35 (9) = Ut negotia explices, & expedias, *Cic Fam* 12, 26 (10) Explicat cœnas unica mensa duas, *Mart* 1, 104, 8 (11) Sed neque se pingues tum candida flamma per auras explicuit, *Val Flacc* 2, 248 (12) Siciliam undique cinctam periculis explicavit, *Cic pro L Manil* 11 (13) Turbidum explicui mare, *Sen Herc Oet* 455

Explĭcor, āri, ātus pass *To be unfolded*, Met *explained*, &c Illa potius explicetur incredibilis fabrica naturæ, *Cic N D* 2, 55

Explōdo, ĕre, si, sum act [*ab* ex & plaudo, cum sono ejicio] *To drive out with clapping of hands, to hiss, to stamp off the stage*, Meton *to dislike, or disapprove, to explode* Hoc genus divinationis vita jam communis explosit, *Cic de Div* 2, 41

Explōdor, i, sus pass *To be exploded, or rejected* = ⁜ Te quod explosum & rejectum est, retulisse demiror, *Cic pro Cluent* 31 Histrio exibilatur & exploditur, *Id Parad* 3, 2

Explōrandus, a, um part *To be diligently searched into*, &c Explorandæ rei gratia, *Val Max* 1, 6, 3

Explōrātè adv ius, comp *For a certainty* Ad te explorate scribo, *Cic ad Q fratr* 2, 14 = Explorate, & sine omni dubitatione, *Id N D* 1, 1 Exploratius permittere, *Id Fam* 6, 1, 15

|| Explōrātio, ōnis f verb *A trial, or searching out* Adulterii exploratio, *Macrob Sat* 2, 2 ✝ Investigatio, *Cic*

Explōrāto abl part absol positus *After search was made*, Tac Hist 2, 49, & 3, 20, 3

Explōrātò adv *Certainly, assuredly*, Litt ex Liv Explorate, *Cic*

Explōrātor, ōris m verb *A scout, a spy, or private searcher*, passim *ap* Cæs

Explōrātōrius, a, um adj *Pertaining to searching, or spying*, Suet Cal 45, 2

Explōrātrix, icis f verb *She that watcheth, or setteth spies*, Aug

Explōrātus, a, um part or, comp ssimus, sup *Well, or certainly known, certain, undoubted, tried, or sure* ¶ Exploratum habeo, *I am sure of it*, Cic N D 1, 19 = Exploratum & excussum consilium, *Val Max* 7, 2, 2 Explorata habet crimina de filio, *Id* 5, 9, 1 Facilior & exploratior devitatio, *Cic Att* 16, 2 Cum hoc mihi esset exploratissimum, *Cic ad Quirit post red* 6 Exploratissima victoria, *Paterc* 2, 84

Explōro, āre act [*ab* ex & ploro, quo antiq pro explorare usi sunt, sed postea pro perspicere & sagaciter inquirere, *Fest*] (1) *To view, or search diligently* (2) *To grope, or feel* (3) *To sound, to endeavour to find out* (4) *To try, essay, or prove* (5) *To spy out, to scout* (6) Antiq *To cry, lament, bewail, or bemoan* (1) = Explorare atque scrutari locum, *Nep Datam* 11 Africam exploravit, *Cic pro Leg Manil* 12 (2) Dextra cæcum iter explorat, *Ov Met* 10, 456 (3) Explorare consilium hostium, *Cæs B G* 5, 47 (4) Taurus cornua explorat in truncis, *Luc* 2, 60, (5) Equitatum ad explorandum iter Domitii præmisit, *Cæs B C* 1, 81 (6) ✝ Gemit, explorat, turbam omnem concitat, *Varr* ☞ Quam quidem notionem jure suo primam, quoniam obsolevit huc rejecimus,

Explōsio, ōnis f verb Met *A casting off, or rejecting* Ludorum explosiones, *Cæl Cic Fam* 8, 12 R occ

Explōsus, a, um part *Driven out of the place with clapping, rejected, or cast off, hissed off the stage* Explosa sententia, *Cic Q fratr* 2, 11 *Vid* Explodo

|| Expŏliātio, ōnis f verb *A spoiling, or wasting*, Aug ✝ Spoliatio

|| Expŏliātus, a, um part *Deprived of, or suffering loss in his goods*, Cod ✝ Spoliatus, *Cic*

Expŏlio, āre act [*ab* ex & spolio] *To spoil, or rob, to deprive, or take from* Expoliare aliquem provincia & exercitu, *Cic Attic* 10, 1 *Vid* Exspolio

Expolior, āri, ātus pass *To be spoiled, or robbed* Fana atque domos expoliari dixerunt, *Sall B C* 50

Expŏlio, īre, īvi, ītum act (1) *To polish exactly, to furbish, to make smooth* (2) Met *To adorn, or set off* (3) *To finish, or compleat* (1) ⁜ Cum expolivero magis, hoc demum dices, nunc etiam rude est, *Plaut Pœn* 1, 1, 60 (2) Inventum expolire difficillimum est, *Ad Herenn* 2, 18 = limare, *Plin jun* (3) Nihil omni ex parte perfectum natura expolivit, *Cic de Inv* 2, 1

Expŏlītè adv *Very finely, or curiously*, Litt ex Tac

Expŏlītio, ōnis f verb *A polishing, a trimming, a burnishing* Artificiosa inventi expolitio, *Cic de Invent* 1, 40

Expŏlītus, a, um part & adj or, comp (1) *Polished, made smooth* (2) Met *Neat, trim, or fine* (3) *Winnowed* (1) Libellus pumice expolitus, *Catull* 1, 2 Dens expolitior, *Id* 37, 20 (2) = Pictum atque expolitum orationis genus, *Cic* (3) Frumenta expolitiora, *Col* 2, 21 Expolitissimus, *Gell* 2, 20.

|| Expondĕrātio, ōnis f verb *A weighing, consideration, or deliberation*, Dig

|| Expondĕrātor, ōris m verb *He that weigheth, or considereth*, Dig ✝ Qui ponderat

Expōnendus, a, um part (1) *To be expounded, explained, or described* (2) *To be exposed* as *a young child*, &c (1) In exponendis Graiorum moribus, *Nep in Pref* (2) Dat puellam servo exponendam, *Plaut Cist* 1, 3, 18 vid & *Ter Heaut* 4, 1, 37

Expōno, ĕre, sui, ĭtum act (1) *To set forth* (2) *To lay abroad in view* (3) *To put out, or set on shore* (4) *To expose, or subject* (5) *To leave to the wide world* (6) *To set to sale* (7) *To teach, or expound* (8) *To shew, declare, or give an account of* (1) Stravit lectulos, & exposuit vasa Samia, *Cic pro Mur* 35 ⁜ Ne exposuisse verius, quam explicuisse viderer, *Id* (2) Fœnum in sole exponere ut siccescat, *Col* 11, 28 (3) Inde Ephesum pervenit, ibique Themistoclem exponit, *Nep Them* 8 (4) Cum tibi exposita esset omnis ad prædandum Pamphylia, *Cic* (5) In proxima alluvie pueros exponunt, *Liv* 1, 4 (6) Frumentum advexi, exposui, vendo, &c *Cic Offic* 3, 12 (7) Qui artes rhetoricas exponunt, *Cic de Orat* 3, 20 (8) = Edant & exponant, quid in magistratu gesserint, *Cic de Leg* 3, 20

Expōnor, i, sĭtus pass *To be set forth, explained*, &c Hoc in sermone, cum a me exponeretur, *Cic Fam* 5, 2

Expŏpŭlātio, ōnis f verb *A wasting, spoiling, or ravaging* Uva Apianæ dictæ ab expopulatione apium, *Col* 3, 2 = Depopulatio, *Cic*

|| Expŏpŭlātor, ōris m, verb *He that spoileth, or wasteth*, Marc Empir ✝ Depopulator, *Cic*

|| Expŏpŭlor, āri, ātus sum dep *To dispeople, to waste, rob, or spoil*, Litt *unde non dicit* ✝ Populor, *Cic*

Exporrectus, a um part & adj or, comp (1) *Stretched out* (2) *Smooth, without wrinkles* (3) *Brisk, active* (1) Exporrecto trutinari verba labello, *Pers* 3, 82 (2) *Vid* Exporrigo (3) ⁜ Ut exporrectiores sint apes, nam frigus ignaviam creat, *Col* 9, 7

Exporrigens, tis part *Extending, prolonging* ⁜ Exporrigentia se verius, quam crescentia, *Plin* 11, 48

Exporrigo, ĕre, exi, ectum act & exporgo ap comicos (1) *To extend, or stretch out* (2) *To prolong* (1) Propius eorum aciem instituit exporrigere munitiones,

nes, *Hirt B A* 42 Pacidius suos equites exporrigere cœpit in lon gitudinem, *Ibid* 8 (2) Quid longam temporis seriem exporrigis? *Sen de Brev vit* c 9 ¶ Exporrigere frontem, *to look cheerfully*, Ter Adelph 5, 3 ✠ cap ...re, *Pl* ... *Epid* 5, 1 Exporri m ... est lun... os ... exurgit, *Pl ... Pseud prol* 21

Exporrigo... p ... *To be extended, or prolonged* In ... tendi... pomo..., *Plin* 18, 17

Exportandus, a, um part *To be carried out* O ... portanti ... *Cic Verr* 1, 15

Exportatio, ōnis f verb (1) *A conveying, or carrying out, an exportation* (2) Met ... (1) ✠ Exportatio earum rerum ... *Cic Off* 2, ... (2) ... de ...

|| Exportator, oris m verb *He that exporteth, or carrieth out* Dig ✝ ... exportator

|| Exportatus, a, um part *Carried* ... *Cic* ...

Exporto, are act (1) *To bear, carry out* ... (2) *To put* ... Corpus ... *exportant* ... *Cic* ... 25 (2) ... Exportor

Exportus, a, um part *To be carried out* ... exportaretur ... *Fin* 24 ✝ Exportatur ... *Val Max* ... 1

Exposcendus, a, um part *To be earnestly required, or demanded*, Val Max 1, 1, 1

Exposco, ere, poposci act (1) *To ask, or require earnestly* (2) *To demand one to be delivered up to be punished* (1) = Implorare & exposcere misericordiam, *Cic pro Mil* 34 Exposcere precibus pacem, *Liv* 1 16 Exposcere regnum ... op m, *Ov Met* 5, 545 (2) Exposcere auctores factionis, *Liv*

Expositè adv *Plainly, manifestly* = Exposite atque aperte, *Gell* ... 2 ✝ Explanate, *Cic*

Expositio, ōnis f verb [ab expono] (1) *An exposition, or declaration* (2) Also a *term in rhetoric* (1) Expositio sententiæ suæ, *Cic de Orat* ... (2) Vid *Quint* 4, 2

Expositītius, a, um adj *Exposed to hazard, left to the wide world* Reverti ad puellam expositītiam, *Plaut Cas prol* 79 R occ

|| Expositor, oris m verb *An expositor, or expounder*, Aug ✝ Narrator, explicator, *Cic*

Expositus, a, um part [al expono] (1) *Exposed, open to* (2) *Situate* (3) *Set out, declared, propounded, or interpreted* (4) *Open, obvious, ready, of which all may partake* (5) *Common, trifling, obvious* (6) *Put on shore, landed* (1) Expositus fontibus locus, *Plin* 15, 5 ✠ Imbecilla vina demissis in terram doliis servanda, valida expositis, *Id* 14, 21 Exposita vostris capita, *Sen Octav* 510 (2) Corinthus interna ria Ionium & Ægæum quasi spectaculo exposita, *Flor* 2, 16 (3) = Dicta exposita & demonstrata, *Cic* ✠ Capita multa exposita, nec explicata, *Id de Clar Or* 41 (4) Prompta expositaque fides, *Cic pro Cæcin* ✠ Expositum nulli que negatum numen, *Luc* 5, 102 (5) Vates qui nihil expositum solea d ducere, *Juv* 7, 54 (6) Expositæ in terra legiones, *Paterc* 2, 79

Expostulans, tis part *Demanding, or requiring* Expostulans computationem, *Plin* 9, ...

Expostulatio, onis f verb *A quarreling, or complaining for a thing done, an expostulation* Fuerunt ... umeha in Gellium, expostulationes cum absente Pompeio *Cic* ... ad *Q frat* 2, 1

|| Expostulator, oris m verb *He that complaineth of wrong done* Expostulator, ἐγκλήτωρ, Gloss

Expostulatrix, icis f verb *She that complaineth of wrong*, Const

Expostulatus, a, um part *To be required, or demanded*, or *required* Expostulata tabula, *Val Max* ..., 10, 1

Expostulo, are act (1) *To demand, or require earnestly* (2) Also *to argue the case, to expostulate, or take one to task, to take one up* (1) ✠ Vix hoc tu expostulare ... & imp ... poscere ... *Tac* ... Expostulare aliquem ad supplicium *Ta Hist* 1, ... (2) Adeamus ad ... & cum eo ... injuriam hanc expostulem, *Ter Andr* 4, 1, 15

Ex præscripto *According as is there appointed*, Liv ex Liv

Ex præterito *For what was past*, Liv ex Liv ... puto ...

Expresse adv ... comp *Aptly, to the purpose, expressly, to the life* Expresse conscripta ... exemplis, *ad Herenn* ... Quod ... expresse ... significavi H... 15, *Col* 1, 1

|| Expressim adv *Expressly, directly, namely*, Plaul ✝ Expresse

|| Expressio, onis f verb [ab exprimo] *A straining, wringing, or squeezing out, an extract in physic* Expressio secunda melius, *Pallad* c 7

Expressiones, um f *A term in architecture*, Vitruv 4, 4 vid Lex Vitruv

|| Expresso, are freq *To wring, or strain out*, Apul ✝ Exprimo

Expressus, a, um part & adj or, comp (1) *Squeezed, or beat out* (2) *Wrested, forced, constrained* (3) *Sounded, or pronounced too full* (4) *Made, framed* (5) *Translated* (6) *Done to the life, declared* (7) *Expressed, set out lively set forth* (1) Caput ruptum cerebro penitus expresso, *Sen Tro* 1114 Expressi per auces sanguinis pœna exacta est, *Plin* 7, 54 (2) Expressi necessitas obsides dandi Romanis, *Liv* 2, 1, (3) ✠ Sonus erat dulcis, nec ... neque expressa, neque oppressa, *Cic Offic* 1, 37 = Ut expressa sint verba, ut suis quæque literæ sonis enuntientur, *Quint* 1, 11 (4) Mancipia ex qua omnia expressa atque effecta, *Cic* (5) Mitto hæc expressa tibi carmina Battiadæ, *Catull* 65, 16 (6) Expressi vultus per ahenea signa, *Hor Sat* 1, 7, 29 (7) = ✠ Res solidas & expressas, non adumbratas, *Cic Tusc* 3, ... Omnem illius meumque sermonem expressum ad te mittam, *Cic Attic* 9, 18 Ad exemplum antiquitatis expressius, *Plin Ep* 5, 15, 3

✝ Expretus *Vett pro* expertus, *Fest*

Exprimendus, a, um part *To be squeezed, or forced out, to be expressed, &c* Oratio ad sensus exprimendos reperta, *Cic Or* 55

Exprimens, tis part *Squeezing, expressing, &c* *Cic* de *Orat* ..., 5

Exprimo, ere, essi, essum act [ab ex & premo] (1) *To press, wring, or strain out, to squeeze* (2) Met *To extort, to constrain* (3) *To express, to pourtray, to draw out* (4) *To resemble, to be like, to copy out, or imitate, to pronounce* (5) *To translate* (6) *To declare, and make apparent* (1) Exprimere oleum, *Plin* 12, ... (2) Expressit hoc necessitatem ..., *Liv* Expressit non attentionem modo, sed etiam vocem, *Curt* 8, 20 (3) Qui non verba sed ... Græcorum expressit ... pectorum, *Cic Acad* Q 1, ... (4) Hic nobis cura solet, ut ... ab ortu quoque ... exprimantur, *Plin Ep* 7, ... (5) Exprimere verbum e verbo, *Cic de Fin* 3, 4 (6) ✠ Ne ... superiorum, non modo expressit, sed ... dixerit quidem posse hominem nihil opinari, *Cic Acad* Q 4, 24 = Effingo, assimulo, *Cic*

Exprimor, i, essus pass *To be squeezed, expressed, &c* Exprimitur & succus ..., *Plin* 27, 13

|| Exprobrābilis, e adj *Reproachable, blameable*, Vulg interp

Exprobrans, tis part *Upbraiding, or reproaching* Odiosum sane genus hominum officia exprobrantium, *Cic de Amic* 20

Exprobratio, onis f verb *A reproach, a twitting, an upbraiding* Exprobratio immemoris benefici, *Ter Andr* 1, 1 ... *Val Max* 7, 2, ext 1

Exprobrātor, oris m verb *He that upbraideth*, Sen de Benef 1, 1 & Cont 21

Exprobrātrix, icis f verb *She that upbraideth* Exprobratrix memoria, *Sen de Benef* 7, 22

Exprobraturus, a, um part *About to reproach* Exprobraturus sibi fuisse vitam a semetipso datam, *Curt* 8, 5

Exprobratus, a, um part *Upbraided, or reproached* Exprobrata illis ab eo præpetias, *Val Max* 7, 5, 2 Exprobratum vitium, *Id* 8, 11, ext 3

Exprobro, are act (1) *To upbraid, reproach, or cast in the teeth* (2) *To charge with, to reprove, or disallow* (1) Num tibi insultare in calamitate, num casus bellicos exprobrare videor? *Cic Verr* 5, 50 (2) *Suet Tib* 59

|| Exprōmissor, oris m verb *A surety, he that promiseth, or undertaketh for another*, Apud JCC

Exprōmitto, ere, si ssum act *To promise, or undertake for another to be security*, Juris vocab

Exprōmo, ere, psi, ptum act (1) *To draw out* (2) *To shew forth, to tell plainly* (3) *To produce, or bring out* (4) *To lay out, to spend, to employ* (1) Neque heminas octo exprompsit in urceum, *Plaut Mil* 3, 2, 18 (2) Qui nunc expromam absens audacius, *Cic Fin* 5, 12 Expromere quid sentias, *Liv* 20, 1 (3) Exprompsit nummos, *Varr R R* 2, 2 (4) Omnem industriam vitæ cœpis expromere, *Cic Catil* 2, 10

Exprōmor, i, ptus pass *To be drawn out, shewed, produced, &c Cic Orat* 36 Exprometur effigie ejus, *Val Max* 8, 15, 2

Exprōmptus, a, um part *Taken out shewed abroad, in a readiness* Exprompta memoria, *a ready wit*, Ter Andr ..., ..., 2

Expuens, tis part *Spitting out* Sanguinem expuentibus subvenit agaricum, *Plin* 26, 7

Expugnābilis, e adj *That may be overcome, or won by assault* Situ non expugnabile robur, *Stat Theb* 6, 0 ... *Vult* ... expugnabile ..., *Id* ..., 8 ...

Expugnandus, a, um part *To be conquered, &c* Expugnanda ... *Tac* ...

Expugnans, tis ... *Vanquishing, or* ... Expugnatio ... *Stat Theb* 6, ... ille furentem circuit expugnans, *Stat Theb* 6, 779

✝ Expugnassere *pro* expugnaturum esse Sese igitur ... utrumque eorum oppidum expugnassere *Plaut Amph* 1, 1, 55

Expugnatio, onis f verb *A conquering, or winning by force, or assault, the storming of a town* Ut urbium expugnationes recordentur, *Cic de Sen* ... Expugnatio castrorum, *Cæs* ... ✠ Expugnationem ... *Val Max* 5, 1, 5

Expugnator, oris m verb *A conqueror* (2) Met *A ravisher* (1) Expugnator ... *Liv* Demetrius expugnator cognominatus, *Plin* 7, 38 ... (2) Expugnator ... *Cic* ... *Verr* ... expugnator ... *Stat Theb* 4, 262

|| Expugnatrix, icis f verb *She that overcometh*, Lit ex Sp...

Expugnatus, a, um part *Vanquished, won by assault, taken by storm, subdued, conquered* Mœnia ex... expugnata, *Liv* ... Fatidici mens expugnata ..., *Stat Theb* 4, 187

Expugno, are act (1) *To win by storm, assault, or force* (2) *To conquer, to overcome, to vanquish, to sack a town* ... (3) *To break open by force* (4) Met *To gain, or win by reason, gifts, flattery, &c* (1) Expugnare Babylonem, *Val Max* ..., ext 4 urbem, *Id* 7, ... (2) Reges expugnant, *Luc* 4, ... (3) Primum ædes expugnabo *Ter Eun* 4, 7, 3 Flumina et oppidum expugnavere, *Plin* 6, 2 (4) Expugnare aliquem ratione, ... *Verr* 4, 52

Expugnor, ari, atus pass *To be overcome, expelled, &c Cic* ... *rad* 4 Lacte equino venena & toxica expugnantur, *Plin* 28, 1...

Expuitio, onis f verb *A spitting out* Sanguinis expuitio, *Plin* 23, 1 *Rectius* expuitio

✝ Expullesco, ere incept *To begin to be a chicken*, Litt ex Gell

|| Expullulo, are *To begin to bud forth*, R ex Arnob ✝ Pullulo, *Vett*

Expulpo, are act *To pull flesh away, to consume*, Apul

Expulim adv *By striking a ball at length to keep it from the ground* Vinaceis pueris pilā expulim ludere, *Varr* apud *Non* 2, 281

Expulsio, onis f verb [al expello] *A driving out, banishment* Civium expulsiones, *Cic Off* 2, 6

Expulso, are *To bang about, or beat to and fro* Sume nobilibus sceis expulsare, *Mart* 14, 46

Expulsor, oris m verb *An expeller, one that driveth out*, Cic pro Quint 8

Expulsus, a, um part (1) *Expelled, or thrust out* (2) Met *Expelled, banished* (3) *Torn up* (1) Expulsa atque extrusa filia, *Cic pro Cluent* 5 (2) Expulsum de ... mo patria accipit, *Ov Met* ..., 69 Expulsa quies, *Ib* 9, 8... (3) Seges ab radicibus imis expulsa, *Vir Geor* 1, 320

Expultrix, icis f verb *An expeller*

p..., or *drive away* Philo- ... expultrix vitiorum, *Cic*

|| Expumico, āre act *To purge*, ... *to smooth*, or po- ... with a pumice stone, *Tert* ‡ ... expolio

... neut *vel potius* ... *out foam*, or ... Donec in le hu- ... spumet, *Cels* 6, 7, 8

... *a crossing out*, ...

Expunctus, a, um part *Crossed* ... *out of pay* ... manipulis, *Plaut*

Expungo, ere, xi, ctum act ... *or cross out*, ... *To prick*, or *pull out* ... (1) Ut ex ... nomen meum, ne quis ... *Cic* ... (2) ... *Mart* 7, 82 ... legunt *expingit* ...

... pass *To be* ..., *Plin* *Vid* Expungo

... act (1) ... (2) *To point out* (3) ... out (1) Cum me ... *Gell* § ... *Plin* 7, 23 ... lacrymas, *Plaut* ... (2) Ubi ... *Ter* ... 16 Ferro ... inimicum ex-

Expurgandus, a, um part *To* ... Quo magis ex- ... sermo, *Cic* de Cl ...

Expurgatio, ōnis f verb *A* ... *clearing*, or *making* ... Hujus expurga- ... est, *Plaut*

Expurgator, oris m verb *He* ... *that purgeth*, or *cleanseth*, *Litt*

Expurgatus, a, um adj ... *purge*, ...

Expurgo, are act (1) *To purge*, ... (2) *To clear*, ... Phagedænis ulcerum ex- ... *Plin* 2..., I Sor- ... *Id* 26, 14 ... *Plaut* ... Postquam se ... contaminatus est, ...

Exputatio, onis f verb *A* ... *lopping of a tree*, ...

Exputatus, a, um part *Lopped* ... Pro's exputatos ...

Exputo, are act [*ab* ex & puto] (1) *To lop*, *prune*, or *shred* ... (2) Met *To understand* ... *to imagine* (3) *To* ... (1) Vitem ... *Col* 2, 15 (2) ... *Plaut* ad *Cic* ap ... (3) Opinor utramque ... *Plaut* *Trin*

† Exquæro, ere, ui Dedit ...

Exputesco, ere, ui *To rot*, to ... expultre- ... 2, 1, 6

|| Exquæstor, oris m *He that* ... *treasurer*, Cod † ... functus

Exquirendus, a, um part *To* ... *or examined*, ... exquiren ... Cic Off I 36

Exquirens, tis part *Searching* ... Exquirentes ea

consilia, quæ ad pacem pertinent, *Cic* de Fato, I

Exquiro, ere, sivi, situm [*ab* ex & quæro] (1) *To search into*, *to inquire diligently*, *to examine*, or *search out* (2) *To pray for*, or *ask* (1) Exquirere consilium, *Cic Fam* 4, 2 verum, *Id Offic* 2, 6 veritatem, *Id* pro *Leg Ma* ... 17 La ... exquirere, iniqui pa ... est, *Ter Andr* 1, 2, 5 Exquirere ... terris, *Val Flacc* 4, 31 (2) Pacem per aras exquirunt, *Virg Æn* 4, 57 § Exqui ... aliquid *vel* ex, *Plaut* de aliquo, *Cic*

Exquiror, i, ītus pass *To be searched into*, or *examined* Verbi subtiliter exquisiti ... nationum, *Cic* pro *Cæcin* 20

Exquisite, ius, comp issime, sup ... exquisitum *Exquisitely*, *curiously*, *exactly* = Accurate atque exquisite disputare, *Cic* de Cl *Orat* 90 Ægei medicos exquisitim convocavit, *Varr* ap *Non* 11, 55 Rationes exquisitiss philosophi colliguntur, *Cic Tusc* 1, 48 Libros exquisitissime compenere, *Gell* 1, 7

Exquisititius, a, um adj *Not natural*, *but gotten by art*, *Litt* ex Sen

Exquisitum est *It is found out*, or *known for certain* Satin' ... mihi exquisitum est? *Plaut Capt* 3, 4, 105

Exquisitus, a, um part & adj ... comp issimus, sup (1) *Much searched for* ... (2) *Rare*, *dainty*, *fine*, *accurate*, *exact* (1) = Omnia ad nos consulta & exquisita deferunt, *Cic* de *Orat* 1, 58 (2) = Lautum, elegans, exquisitum, *Cic* in *Pison* 27 = Tum etiam accuratius quoddam dicendi & exquisitius afferebat genus, *Cic* de *Cl Orat* 82 ... tanquam exquisitiora mutamus, *Quint* 2, 5 Exquisitudinæ epulæ, *Col* in *Proœm* Sententia exquisitissima subtilitatis, *Plin* 6, 33

† Exsacrifico, āre act *To offer in sacrifice* Lætificabit hostis bidentibus, *Enn* ap *Cic de Div* 1, 21

Exsævio *To cease to rage* *Vid* Exævio

Exsanguinatus, a, um *Bloodless* = Animalia exsanguinata & exsucta, *Vitruv* ... *Ilv* 8

Exsanguis, e adj *Bloodless*, *lifeless* Mortui exsangues, *Cic* ... 5, 49 Exsanguis, attonitique ..., *Curt* ...

Exsanio, are act *To squeeze out corruption*, *Cels* 5, 2...

Exsarcio, ire *To baste the corruption* ..., Col 12, 47

Exsatio, are act *To fill*, *gorge*, or *cloy*, Met *to satiate*, to *glut*, ... 58, 51

Exsaturo, āre act (1) *To glut* (2) *To content*, *and satisfy* (1) Viscenbus exsaturare belluam ponti *Ov Met* 5, 19 (2) Exsaturare animum alicujus supplicio, *Cic Verr* 3, 27

Exscalpo, ere, psi, ptum act (1) *To pierce*, or *drill out* (2) *To scratch out*, *to erase* (1) *Cato*, 18 (2) *Vid* Prisian ...

Exscendo, ere *To go forth*, *to debark*, *to land* Legati Asiam petentes cum exscendissent, *Liv* 29, 11 alii ascendi ...

Exscensio, ōnis f verb [*ab* exscendo] *A descending*, or *coming forth* Ad Caputum urbem exscensione facta, *Liv* 27, 25 al ... *leg* excensio ... *Curt* 5, 3, 4

Exscensus, ūs m *A descent from off ship-board* Exscensu e

navibus in terram facto, *Liv* 22, 20 *Ita Gruter* excensione, *Gronov*

Exscidio, onis f *The rasing and destroying of a town*, *Plaut* ... 4, 3, 2

Exscidium n *Vid* Excidium

Exscindo, ere *Vid* Excindo

Exscribo, ere, psi, ptum act (1) *To write out*, *to copy* (2) *To resemble*, or *be like* (1) Exscribere tabulas, *Cic Verr* 2, 77 (2) Filia patrem totum mira similitudine exscripsera, *Plin Ep* 5, 16, 9

Exscriptum, i n *A copy*, or *extract*, or *draught*, Ap ...

Exscriptus, a, um part *Written* or *copied out* Nomina exscripta, *Plaut Rud prol* 15

Exsculpo, ere, psi, ptum act *To ingrave* *Vid* Exculpo

Exsecrabilis, e ..., comp ... *Cursed*, *execrable* Exsecrabilius animal, *Plin* 9, 48

Exsecror, ari ... *Vid* Execror

Exsectus, a, um part *Cut out* *Vid* Exectus

Exsecutio *Vid* Executio

Exsequiator *By the root*, *Ulp* † Stirpitus

Exsequiæ *Funeral rite* *Vid* Exequiæ

Exsequor, i dep *To perform*, *to execute*, *to punish* *Vid* Exequor

Exsero *To thrust out* *Vid* Exero

Exsertim adv [*ab* exero, exsertum] *By thrusting out*, *Litt* ex Luci

Exsibilo, āre act *To hiss off the stage*, *Cic* *Vid* Exibilo

Exsicco, are act *To dry up*, *Cic* *Vid* Exicco

Exsigno, are act *inde* exsignatus part *To seal*, *to mark*, *to shew by signs*, *Liv* *quin & ipsum verbum leg ap* Plaut Trin 2, 2, 29

Exsilio, ire *To leap out* *Vid* Exilio

Exsilium, i n *Exile*, or *banishment* *Vid* Exilium

† Exsincuratus, a, um *Bewrayed*, or *blooded* Tergum exsincuratum, *Plaut Most* 4, 1, 11 Sed ex conjectura Camerar *solum*

Exsisto, ere *To exist*, *to be*, *to appear* *Vid* Existo

Exsolutio ... pro exsul, *Non*

Exsolvo, ere *To unloose* *Vid* Exolvo

Exsomnis, e adj *Sleepless*, *waking*, or *awakened* Exsomnis stupet Evias, *Hor Od* 3, 25, 9

Exsorbeo, ere *To swallow up* *Vid* Exorbeo

|| Exsordesco, ere, ui *To become filthy and nasty*, *to wax out of esteem*, Gell 9, 2 † Sordesco

Exsors adj *Without share* *Vid* Exors

|| Exsortium, i n *A being without share*, *Litt* ex Apul

Exspatians, tis part *Running abroad* *Vid* Expatians

Exspatior, ari, atus sum dep *To run*, or *wander abroad* *Vid* Expatior

Exspecto *To wait*, or *look for* *Vid* Expecto

Exspergo, ere [*ab* ex & spargo] *To besprinkle*, unde

Exspersus, a, um part Met *Dissolved*, *dispersed*, *Virg Æn* 3, 625 *aut Serv al* aspersi

Exspes adj *Hopeless*, *without hope*, *Hor* *Vid* Expes

Exspiro, are *To expire*, *to die* *Vid* Expiro

Exsplendesco *To shine out* *Vid* Exsplendesco

Exspolio, āre *To spoil*, *rob*, or *plunder*, *Cic* *Vid* Expolio

Exsputio, ōnis verb *A spitting out* Exsputio sanguinis, *Plin* 23, 1

Exspumo, are act & neut *To cast out a foam* *Vid* Expumo

Exspuo, ere *To spit up*, *to cast up*, or *out* *Vid* Expuo

Exstercoro, are *To carry forth dung* *Vid* Extercoro

Exstimulatus, a, um part *Stirred on* Exstimulat e sculo, *Plin* 5, 37 Tigris exstimulata ..., *Ov Met* 5, 165

Exstimulo, *vel* extimulo *To spur on*, *to prick forward*, *to excite* Dictis exstimulare, *Ov* ... 6, 598

Exstimulor, ari, atus pass *To be spurred on*, or *excited* Sacra conjectu ... exstimulata sunt, *Plin* 2, ...

Exstinguo, ere, xi, ctum act [*ab* ex & stinguo] *To quench* *Vid* Extinguo

Exstirpo, are *To root out* *Vid* Extirpo

Exsto, are *To appear* *Vid* Exto

Exstruo, ere *To build up* *Vid* Extruo

Exsuccus, a, um adj *Dry*, *barren* Cortus exsuccus, *Sen Ep* ... = Exsucci, exsangues, *Quint* 12, 10

Exsudo, are act *To sweat out*, *Virg* *Vid* Exudo

† Exsugebo, *pro* exsugam Eorum exsugebo sanguinem, *Plaut Epid* 2, 2, 5

† Exsugeo, ere *id quod* exsugo, *Litt* ex *Plin*

Exsul, ulis c g [*qu* ex solo] *Banished* *Vid* Exul

Exsulto, are *To exult* *Vid* Exulto

Exsupero, are *To overcome* *Vid* Exupero

Exsurdo *To make deaf* *Vid* Exurdo

Exsurgo, ere *To rise up* *Vid* Exurgo

Exsuscito, are *To raise up* *Vid* Exsuscito

Exta, orum pl n *The bowels*, *inwards*, or *entrails*, *Cic* Topic 20 Exta tristia, *the ...*, Juv

Exabesco, ere, ui incept (1) *To wear*, or *pine away*, *to become dry*, *to consume* (2) Met *To grow old*, *and out of use* (1) Extabuit macie corpus, *Cic Tusc* 2, 14 ... (2) Videmus ... diuturnitate extabuisse, *Cic N D* 2, 2

|| Extalis, is f *The lower part of the great gut*, Vulg ... terpr

Extans, tis part & adj (1) *Standing out* (2) *Overtopping* (1) Signis extantibus asper antiqui ..., *Ov Met* 12, 235 (2) Mutuum turba humeris extantem suspicit ..., *Virg Æn* 6, 668 ... extantior ..., *Stat Theb* 9, 435

Extantia, æ f *A standing up*, or *appearing above*, *Col* 5, 5

|| Extar, aris n (1) *A pot to boil beasts entrails in* (2) *money given at a rite to come in to see a play*, or *the like* (1) *Al* ex *Gloss* (2) ...

Extaris, e adj *Belonging to the entrails* Aula extaris, *Plaut Rud* 1, 1, 47 R occ

|| * Extasis, is f *An extasy*, or *trance*, Med † Animi deliquium

Extaturus, a, um part [*ab* exto, are] *That will appear* Extatura etiamnum duribus gemmis, *Plin* 17, 22 *Rectius* exstaturus

Exemplo

Extemplò adv *Soon, quickly, immediately* Extemplò ... [illegible] ... dilapsus in hostes, *Liv* ... 2, 77

Extemporālis, e adj *Sudden, without premeditation, or study, done, or spoke extempore* Extemporalis facultas, *Suet* in *Aug* 84 oratio, *Quint* 1, 1 Extemporales figuræ, *Plin* 1 p 1, 10, 10

Extemporālitas, ātis f *A promptness, or readiness, without premeditation, or musing* = Promptus facultasque vel ad extemporalitatem, *Suet Tit* 3 R occ

Extemporāneus, a, um adj *Id quod extemporalis*, *Quint* ... [illegible] ... *Luff & Col* ... [illegible] ... usus rē extemporalis

Extemporārius, a, um adj *Extemporary, all on a sudden*, ... [illegible] ... *Cap* ... [illegible] ... fustra quamvis

Extempore adv *Immediately, without study, out of hand, all on a sudden, extempore, also as the time requireth*, Sall ap ... [illegible] ... ex tempore ... [illegible]

† Extemplo, *pro* extemplò, *Plaut Aul* 1, 2, 15 & *Mil* ... [illegible]

Extendens, tis part *Extending, Raising* ... [illegible] ... *thing*, extendit, ... [illegible] ... Inter hæc ... [illegible] ... extendentis ... [illegible] ... erat, *Curt* ... [illegible]

Extendo, ere, di, sum & tum act (1) *To extend, or stretch out* (2) *To continue, or make longer* (3) ... [illegible] ... (4) ... [illegible] ... (1) Ex ... [illegible] ... (2) Extendere ... [illegible] ... *Plin* ... [illegible] ... Ex tendere ... [illegible] ... (3) Cumulo ... [illegible] ... *Plin* ... [illegible] ... extensio ... [illegible] ... *Sen Herc Oet* 91 (4) ✠ Viaticulum, quo magis extendas, ... [illegible] ... *Plaut* ... 1, 1, 1 (5) Extendere ... [illegible] ... vires consules jussit, *Liv*

Extendor, i, sus pass *To be extended, deferred, &c* Munimenta castrorum jussit extendi, *Curt* 9, 3, 19 Mors extendi potest, *Sen Herc Oet* 806

|| Extensio, onis f verb *The convulsion, or cramp, a crick*, Jun ✠ Tetanus, *Cels*

|| Extensivus, a, um adj *Which may be stretched out, extensive*, Paul JCt

Extensus, a, um part ssimus, sup *Stretched out, drawn out in length* Extensi digiti, *Cic Acad Q* 4, ... Extensissima vallis, *Liv* 21, 32

Extento, āre freq *To stretch, or thrust out* Qui vires tuas extentes, *Plaut Bacch* 4, ...

Extentus, a, um part & adj (1) *Extended, stretched out* (2) *Drawn out in length, long* (3) *Of great extent* (4) *Also loud, or shrill* (1) ... [illegible] ... extentus, *Hor Ep* 2, 1, 210 (2) Vivet extento Proculeius ævo, *Hor Od* 2, 2, 5 (3) *Liv* 2, ... (4) Modulatu editur sonus, creber, extentus, *Plin* 10, 29

Extenuandus, a, um part *To be dispersed, or dissolved* Spiritus extenuandus in auras ibit, *Ov Trist* 3, 4, 11 *sed alii leg* tenuandus Cura longa est extenuanda mora, *Id ex Pont* 1, 3, 26

Extenuans, tis part *Diminishing, lessening* Omnia putitam extenuantia, *Cels* 6, 6, 8

Extenuātio, ōnis f verb *A diminishing, or lessening, an extenuation* = Concisa brevitas & extenuatio, *Cic de Orat* 3, 53 Virium extenuatio, *Plin* 17, 26

Extenuātor, ōris m verb *He that diminisheth, or impaireth*, Litt ex Tac

Extenuātus, a, um part ssimus, sup *made thin, lean, or slender, diminished* Aer tenuis & extenuatus sublime fertur, tum autem concretus in nubes cogitur, *Cic N D* 2, 39 Mea consolatio sunt extenuatissima, *Brut ap Cic Fam* 11, 1

Extenuātissime adv *Very slenderly* Extenuatissime maritu... *Cic* ... 1, 1

Extenuo, āre act (1) *To grind small, to crush, to make thin, lean, or slender* (2) Met *To debase, or undervalue* (3) *To diminish, or lessen, to extenuate* (4) *To set in the array one from another* (1) = ... [illegible] ... extenuatur ... [illegible] ... *Cic N D* 2, 5... (2) ... [illegible] ... sumum ... [illegible] ... extenuavit, *Cic Offic* 2, ... (3) Quanquam ... [illegible] ... etsi spero ... [illegible] ... tamen verbis extenuabo, *Cic pro Marcell* ... [illegible] ... alicujus laudem, *Val Max* 5, 2, 10 (4) Extenuare aciem, *Liv*

Extenuor, āri, ātus pass *To be made thin, lessened, &c* Quo ... [illegible] ... e medio contersum ... [illegible] ... extenuatur, *Tac Hist* 4, ... In pulverem ... [illegible] ... *Plin* 18 16

Exter, a, um adj *Foreign, of another country* Exter honos, *Stat Theb* 11, 420 Insidens ve... [illegible] ... *Grunov*

Extercorātio, ōnis f verb *A carrying forth of dung*, Litt ex Col

|| Extercoro, āre act *To cleanse, to void dung, or ordure*, Dig *Rectius* exstercoro ✠ Stercoro, *Cic*

Exterebrātio, ōnis f verb *A piercing through, an escape*, Litt ex Hyg

Exterebro, āre act (1) *To pierce, and make a hole through* (2) Met *To screw out a thing* (1) Ex eo auro quod exterebratum esset, *Cic de Div* 1, 24 (2) Nunquam istuc exterebrabis tu, *Plaut Pers* 2, 2, 57

Extergeo, ēre, si, sum act *To wipe clean* Pennas eximito & extergeto, *Cato* Manantes lacrymas pollice extersit, *Petron* c 9

Extergeor, eri, sus pass *To be wiped clean* Ut ea facilius extergeantur, *Vitruv* 7, 3

Exterminandus, a, um part *To be turned out, or banished* Ex finibus humanæ naturæ exterminandum puto *Cic Philipp* 13, 1

|| Exterminatio, ōnis f verb *A driving forth, a destroying*, Dig ✠ Expulsio, *Cic*

Exterminātor, ōris m verb *A banisher, or driver out, a destroyer* Ante oculos exterminatoris sui, *Cic* pro *Domo*, 54

Exterminātus, a, um part *Banished, destroyed, overthrown, utterly undone* Respublica exterminata mecum, *Cic* pro *Domo*, 55

Exterminium, ii n *A banishment, or exile*, Litt ex Cæs *certe ap posterior non infrequens*

Extermino, āre act [extra terminos ejicio] (1) *To drive, or cast out, to banish, or exterminate* (2) *To destroy, or root out* (3) Met *To send away*, in a good sense (1) = § Expellere, exterminare, & ejicere ex urbe virtutem, *Cic* pro *Mil* 37 § à suis diis penatibus, *Id* pro *Sext* 13 (2) Exterminare rempublicam, *Cic* (3) Regium morbum ... [illegible] ... exterminat potum, *Plin* 31, 10

Exterminor, āri, ātus pass *To be banished* Catilinam exterminari volebam, *Cic Catil* 3, 2

|| Externātio, ōnis f verb *Astonishment*, Aug ✠ Consternatio, *Liv*

Externātus, a, um part *Astonished, scared, frighted* Io se externata refugit, *Ov Met* 1, 64 Externata malo, *Catull* 62, 165

Externo, āre act [ab ex & sterno] *To astonish, to fright out of his wits* Miseram assiduis luctibus externavit, *Catull* 62, 71

|| Externo, āre act [al externus] *To make, or look upon one as a stranger*, Apul Apol p 554 *ubi tamen al* extraneasse

Externus, a, um adj [ab exterus] (1) *Outward, external* (2) *Strange, alien, of another country, a foreigner, a stranger* (1) ... externa & adventitius tepor, *Cic N D* 2, 10 (2) ✠ Externis hostibus magis, quam domesticis ... [illegible] ... *Cic ad Brut* 10 ✠ Externa magis, ... [illegible] ... *Cic N D* 1, ...

Extero, ere, trivi, tritum act (1) *To wear forth, or rake out* (2) *To beat out, to whet or grind* (3) *To thresh* (4) *To digest* (1) ✠ ... [illegible] ... non exterit, *Quint* ... (2) Calculus frontem exterere, *Phæd* 1, 21, 9 (3) Exterere grana ... [illegible] ... *R R* 1, 5 (4) ... [illegible] ... calore mul... cibum ... [illegible] ... *Cic N D* 2, 54 ¶ Exterere ... [illegible] ... *to rub it out*, *Varr L L* 4, 19

Exteror, eri pass *To be trod, or let out* § E spicis exterunt grana, *Varr* Frumentum exteritur pecudibus, *Col* 2, 21

† Exterrāneus, a, um adj [ex & terra] *Strange, foreign*, Fest ✠ Externus, *Cic*

Exterreo, ēre, ui, itum act *To put in fear, to frighten, or scare out* Exterrere ... [illegible] ... *Cic de Div* 1, 36 ... [illegible] ... *Liv* ... 23 Exterruit hos animos, *Val Max* 1, 6, 5

Exterreor, eri pass *To be greatly affrighted* Præter modum ... [illegible] ... exterremur, *Cic Off* 2, 10

Exterritus, a, um part *Frighted, scared* Armenta exterrita, *Vir Geor* 3, 149 Novi ... exterritu, *Curt* 10, 9, 9 Exterrita ... recitare somnia, *Val Max* 1, 7, 2 Exterritus consulentibus, *Plin Ep* 1, 5, 7

|| Extersio, ōnis f verb *A wiping, or rubbing out*, Litt ex Apul

|| Extersōrius, a, um adj *That cleanseth, or taketh away the filth*, Jun ✠ Qui extergit

Extersus, a, um part [ab extergeo] (1) *Wiped clean, cleansed, scoured* (2) Met *Ransacked, plundered, left without any thing* (1) Æra ... [illegible] ... rubiginem celerius trahunt, quam neglecta, *Plin* ... (2) = Quod fanum adiisti, quod non eversum atque extersum relinqueres? *Cic Verr* 2, 21

Exterus, a, um adj or, comp *strange, foreign, of another country* = Exterus hostis atque longinquus, *Cic Catil* 2 12 Exterior comp *More outward, in a lower, or baser place, or degree* Exterior orbis, *Cic de Univ* 7 ¶ Comes exterior, *on the right hand*, Hor Sat 2, 5, 17 ut interior qui sinister, *M*

|| Extesticulo, āre *To castrate*, Litt ex Apul ✠ Castro, *Litt*

Extexo, ere, ui, tum act *To unweave, to unravel*, M ... *turn one from his purpose* ... Extexam ego illum pulchre, ... *Bacch* 2, 3, 5

Extillātio, ōnis f verb ... *a dropping out*, Litt ex Col

Extillo, āre act [ab ex & stillo] *To drop out, to trickle down with tears* Simul, ... [illegible] ... *Plaut Pseud* 29 § Lacrymis ... [illegible] ... *Phorm* 5, 7, 82 ... [illegible] ... 48 ... [illegible]

Extimeo, ēre, ui neut *To be in great fear, to be afraid* ... *Cic* ... [illegible] ... metuo

Extimescendus, a, um part *Greatly to be feared* Nec ... eam causam ... [illegible] ... extimescenda est, *Cic* ... Nivibus casus erant extimescendi, *Cæs B G* ... 13

Extimesco, ere, ui incept *To be greatly afraid* ... [illegible] ... extimesco ... [illegible] ... *Cic* pro *Deiot* 1 Adeon ... [illegible] ... ut patrem extimescam ... *Phorm* 1, 3, ... Extimuit ... [illegible] ... rem, *Val Max* ... 1 2

Extimo, āre ... *pro* extimo ... *unde* part extimandus ... [illegible] ... regnum ... [illegible] ... 13, 17, 1 ... [illegible] ... *sed* extimemus ... [illegible]

Extimulātio, ōnis f verb *A pricking forward*, Litt ... [illegible]

Extimulātor, ōris m verb *An encourager, a stirrer up* Acerrimus extimulator, *Tac* ... *Rectius* exstimulator

Extimulātus, a, um part *Pricked, or stirred up* ... [illegible] ... extimulata, *Ov Met* 3, 1... = Impulsa aut extimulata, ... 9 *Rectius* exstimulatus

Extimulo, āre act [ab ex & stimulo] *To prick forward, to stir up* ... *Id* Exstimulo

Extimulor, āri, ātus pass *To be stirred up* Extimulari ... *Col* 6, 27

Extimus, a, um adj superl [ab exterus] *The uttermost, outmost, or last* Orbium extimus, qui reliquos omnes continet ... *Somn Scip* 4 Extima ... *Plin* 2, 8

Extinctio, ōnis f verb [ab extinguor] *A putting out, quenching, an abolishing* ... premus ille dies non extinction ... [illegible] ... qui optabilius? *Cic Tusc* 1, ...

Extinctor, ōris m verb (1) *A quencher, a destroyer* (2) *A suppresser, one that makes an end of a thing* (1) ... [illegible] ... patriæ, *Cic* pro *Sylla*, ... (2) Belli domestici extinctor, ... *Har Resp* ...

Extinctōrium, ii n *An instrument to put out a candle* ... [illegible] ... mito danda est ... [illegible]

Extinctus, a, um part (1) *Put out* (2) ... (3) ... (4) *Killed, dead* (5) ... (6) *Abolished* (1) ... [illegible] ... flamma revixit ... [illegible] ... Nec prius est extincta ... vita, bibendo, ... [illegible] ... Extinctum ... [illegible] ... tum crudelitatis *Cic* pro ... (4) Vir egregius extinctus *Cic Clar Or* ... (5) ... [illegible] ... dor, *Vir* ... 1, 322 (6) ... [illegible] ... tus spes, *Liv* ... Mei criminis extincti, sed repressi ... *Cic* pro *Cæl* 30

Extinctus, ūs m *The putting out of a candle*, &c Ambiguum extinctu, *Plin* ... 7

Extinguendus, a, um part *To be extinguished* Favorem extinguendi ... auxer t, *Pater*

Extinguo, ere, xi, ctum act [ex & stinguo] (1) *To put out, to quench, to* ... (2) Met ... *To abolish* ... (3) *To* ... (4) ... (5) Also *to make ... or to distinguish* ... Pl ut Pers ... Sen ... Extinguere bellum, ... In ... pro Balbo, 6 ... *Att* 5, 6, *ext* 4 (4) ... 1, 2, 15 (5) Quam si ... distinguere ...

Extinguor, i, nctus pass *To be extinguished, dispatched, or abolished* ... *Cic* de *Sen* ... 1, 6, 8

Extirpandus, a, um part *To be rooted up* Silvæ extirpandæ ... *Met* Cuius per... extirpan... putr... 19

Extirpatio, onis f verb *A plucking up by the roots, a rooting up* Extirpationis, *Col* ...

Extirpator, oris m verb *He that plucketh up by the roots*, ...

Extirpatus, a, um part *Rooted up* Extirpatis ... Plin 19, 6 *Met* Nihil ex ... extirpatam humanitatem ... *Cic* de *Am* 13

Extirpo, are act (1) *To pluck up by the roots* (2) Met *To root out, to extirpate* (1) Extirpare ... *Col* 2, 2 ... extirpant, *Curt* ... *Mart* 6, 56 ... & funditus tollere, *Cic* de *Fato*, 5 *Rectius* ex...

Extirpor, ari, atus pass *To be rooted up, or extirpated* ... *Curt* 7, 3, Sil ... decrescente luna ... *Col* 11, 2

Extispex, icis c g [ex extis inspicio] *A soothsayer, a diviner, who foretelleth things to come by the entrails of beasts* ... *The ... viewing the looking into the entrails of beasts sacrificed ... for telling ...* Attendit & ex... 56

Exto, are, stiti, itum & atum [ex & sto] (1) *To stand out, or be placed, or stick up* (2) *To remain, or be* ... (3) *To be apparent, to be ...* (4) Met *To* ... (5) *To spring* ... *Pers* 1, 57 ... exstare ... Vens ... exstat ... (4) ... *Plin* (5) ... extare ... *Orat* 5, 26 ... *Fam* 5, 2 ... Neredis ... 1, 115 (7) Ex-

tant surculi de arbore, *Col* de *Arb* 26 *Rectius* exsto

Extollo, ere, tuli, elatum act (1) *To lift, or hold up* (2) Met *To raise up* (3) *To praise* (4) *To prolong, to put off, to defer* (5) Also *to bring up* (1) ... tollunt ... caput, *Plaut Amph* 5, 1, 57 (2) ... pro *Domo*, 45 ... non modo extollere, sed ... *Cic* pro *Milone* ... (3) ... nostra depressimus? ... extolli ... *Cic* in *Pison* 18 (4) ... in ... diem, *Plaut Pa* ... *Id Mil* 3, 2, 47 (5) Parentes extollunt liberos, *Plaut Mil* 1, 2 41

Extorqueo, ere, si, tum act (1) *To wrench, or put out of joint* (2) *To force, or wrest from* (3) Met *To extort, or get out of one* (1) ... extorti ... articulum, *Sen* (2) Arma e manibus extorquere, *Cic Cat* 1, 6 Extorserat ... regiones, *Petr* 2, 6 (3) ... Ille ... extorqueres, *Cic* ad *Brut* 1, 8

Extorqueor, eri, pass *To be extorted, &c* *Cæs B G* 1, 9 Ex ... optima, *Val Max* 8, ...

Extorrefacio, ere act *To broil, or parch*, Sen ap ...

Extorreo, ere act *To toast, roast, or bake, to parch and dry, to burn up* Febris extorret, *Cels* ... 7

Extorridus, a, um adj *Parched, dried, burnt up*, Frag Poet

Extorris, is c g *An exile, a banished man, one who is forced to live out of his country* Extorris ab patrio solo, *Liv* 5, 30 In ... extorris, *Vir Æn* 4, 616

Extortor, oris m verb [ab extorqueo] *One that wresteth and wringeth, an extortioner* Bonorum extortor, legum contortor, *Ter Phorm* 2, 2, 47

Extortus, a, um part (1) *Wrested, or forced from* (2) Also *tormented, tortured* (1) Extorta est confessio ... *Cic* pro *Milon* 7 Extorta manibus hostium victoria, *Val Max* 3, 2, 9 (2) Per longam nervorum contractionem extorti, *Sen*

Extra præp (1) *Externally, without* (2) *Out of, not in* (3) *Beyond* (4) *Except, saving, over and above* (1) ... corpore, & extra quæ... *Cic* de *Fin* 2, 21 ... *Ter Phorm* 5, 6, 36 (2) Extra conjurationem esse, *Cic* pro *Sylla*, ... (3) Ne extra modum sumptu prodeas & magnificentia, *Cic Offic* 1, 39 (4) Extra unum te mortalis nemo corpus corpore contigit, *Plaut Amph* 2, 2, 24

Extra adv *Without, on the outside* ... Pomum simile amygdalis extra, intus contortis nucleis, *Plin* 12, 10

|| Extractio, onis f verb *A drawing out, an extraction*, Arithmet

Extractorius, a, um adj *That hath the power and nature to draw out* ... extractoriam vim habet, *Plin* 24, 11

Extractus, a, um part [ab extraho] (1) *Drawn out by force, or persuasion* (2) *Prolonged, continued, spun out* (1) Extracta hasta, *Curt* ... Extracta ... sagitta, *Plin* ... Rure in urbem extractus, *Hor Sat* 1, 1, 11 (2) Pars major anni cei aminibus

extracta, *Liv* 4, 43 Extractum in ... annum bellum est, *Id* ...

† Extraeo, ire *To go out*, Non ... † Exeo

Extrahendus, a, um part *To be drawn out, &c* Extrahendæ ... *Val Max* 8, 7, ext 11

Extraho, ere, xi, ctum act (1) *To draw, or pluck out* (2) *To extract* (3) *To draw out of* (4) *To prolong, delay, defer, or put off* (5) Also *to draw on by persuasion* (6) *To bring forth* (7) ... *or with draw* (1) ... Oppianicus, *Cic* pro *Cluent* ... (2) Extrahere venena corpori, *Plin* 7, ... (3) Neque ... modo me inde extraham, *Ter Phorm* 1, 4, ... (4) Triduum disputationibus extraxit, *Cæs B C* 1, 3 (5) ... extrahere ... *Ter* ... omnes extraxit ... *Nep Fam* 5 (6) ... secreta mentis, *Sen* (7) Epicurus ex animis hominum extraxit radicitus religionem, *Cic N D* 1, 45

Extrahor, i, ctus pass *To be drawn out, &c* Extractus erat palude, *Val Max* 8, 2,

Extraneus, a, um adj *Strange, foreign, of another country, outward* Pax ex ... gignetur, cum ... domesticis non ... *Cic* ... 4

Extraordinarius, a, um adj *Extraordinary, contrary to common order and fashion* Extraordinarium imperium populare atque ventosum est, *Cic Philipp* 11, 7 Extraordinariæ potestates, *Id* pro ... 9

Extraquam adv *Except, or saving that*, Liv *Rectius* extra quam

Extrarius, a, um adj [ab extra] *Outward, foreign, strange, of another house, or kindred* Hanc conditionem si cui ... *Ter Phorm* 4, 1, 13

|| Extremisco, ere incep *To tremble, or shake for fear*, Sidon ‡ Contremisco, *Vett*

Extremitas, atis f (1) *The end, or extremity of any thing, the edge, or brim of a thing* (2) *A frontier of a country* (1) Extremitas mundi, *Cic* de *Univ* 6 (2) = Regiones, quarum nulla esset ora, nulla extremitas, *Cic* de *Fin* 2, 31

Extremo adv *Last, finally, in the end* Primo, deinde, extremo, *Cic* in *Pison* Extremo, omni prope jam ad desperationem pervenissent, *Nep Hamil* 2

Extremum adv idem

Extremum, i n *The extreme part* (1) *The beginning*, (2) or *end* (3) *The hem of a garment*, &c (4) *Hazard, danger* (5) *The remotest parts* (6) *Death* (1) Dies extremum erat, *Sall B J* 24 Extremum anni, *Liv* 5, 24 (2) ... Quid primum ... extremum deflere ... *Sen* ... Quid est, cujus principium aliquod sit, nihil sit extremum? *Cic N D* 1, 8 (3) Callosis ... extremo ... *Plin* 11, 37 (4) ... audentem extrema cupido ... *Vir Æn* 2, ... (5) Libyæ lustrare extrema jubebo, *Vir Æn* 1, 581 (6) ... vivere credant, sive extrema pati, *Vir Æn* ..., 223

Extremus, a, um adj sup [ab exterus] (1) *The last* (2) *The extreme, outermost, or utmost* (3) *The lowest, or most afflicted* (4) *The basest, or worst* (5) Also

remote, far off (1) Extremum nunc, Arethusa, mihi concede laborem, *Vir Ecl* 10, 1 (2) In extremo ponte, *Cæs B G* 6, ... 8 Extrema ... *to ...* ... *Vir Æn* ... (3) Ut extremo tempore ... *Cæs B G* 2, ... (4) ... *Vir* ... (5) Extremos ... *Hor Ep* 1, 1, 45

Extricabilis, e adj *Which may be got out of* Labyrinthus non extricabilis, *Plin* 36, 13 ... inextricabilis ...

|| Extricatio, onis f verb *A delivery, an escape*, Aug ‡ Effugium, *Liv*

Extricatus, a, um part *Disentangled, escaped* Extricata densis ... plagis, *Hor Od* 3, 5, 31

Extrico, are act [ex & tricæ] (1) *To rid out of, to unwind, to get out of danger* (2) Met *To get an account of, or ...* (3) *To get, or obtain by any means, to procure* (4) *To clear, &c* (1) = Aliquid ... me exolvam, ... bo me aliqua, *Plaut Ep* ... 49 Magna ... mihi ... extrico nihil, *Phædr* ... 4 (2) De Dionysio ... nihil adhuc extrico, *Cic Fam* 5, 10 (3) Nummos ... *Hor Sat* 1, ..., 88 (4) ... Extricor

Extricor, ari, atus, pass *To be cleared, or cleansed* Sylvestri ager, ... extricatur, *Col* ..., 11

|| Extrifidus, a, um *Fearless, without danger of* ... = Impavidus & extrifidus, *Gell* 11 1

Extrinsecus, a, um adj *That is outward, on the outside*, Boet ‡ Externus, *capit scriptores*

Extrinsecus adv *Outward, on the outside, out of the matter, from without* Pulmones extrinsecus spiritum adducunt, *Cic N D* 2, 54 ... Gallinaria extrinsecus, & intrinsecus poliuntur, *Col* 8, 3

Extritus, a, um part [ab extero] *Rubbed, or worn out* Validi extritis viribus ... *struck out as out of a flint, &c* *Lucr* 5, 1097

† Extro, are [ab extra] *To go out* ... Simul limen intrabo, illi extrabunt ilico, *Afran* ap *Non* ‡ Egredior

Extrorsum adv *Towards the outside, or outward parts*, G & Lat Analogice quidem dici ... dictum

Extructio, onis f verb [ab extruo] *A building up* Extructio tectorum, *Cic N D* 2, 60

Extructor, oris m verb *A setter up, or builder*, Lit ex Liv

Extructus, a, um part ssimus, sup (1) *Built, or raised* (2) *Furnished, heaped up* (1) Satis alte ... muri extructa, *Nep Them* 6 ... ædificiorum ... extructissime & ... *Epist* ad *Deo* ... (2) Extructa mensa ... *Cic* in *Pison* 27

Extrudo, ere, si, sum act [ab ex & trudo] (1) *To thrust, or drive out* (2) *To thrust, or send away with speed* (3) *To utter, or sell* (1) Me extrusit foras, *Ter Eun* 4, 5 11 (2) ... extrusit tabellarios, *Cic* ad *Att* ... (3) Laudat venales, qui vult extrudere merces, *Hor Ep* 2, 2, 11

Extrudor, i, sus pass *To be thrust out, &c* Extrudi ... loco ... *Cic Att* ..., 14

Extumefus,

Extruendus, a, um part *To be erected, built, or furnished* Au ... nonem ex ... endum, Cic in Pison 21

Extruo, e e, xi, ctum act [ab ex & struo] (1) *To erect, set, or pile up* (2) *To build* (3) *To furnish* (1) Materiam ... extruebat, Cic ... 4, 28 (2) Ad cœlum ... extruxit, Cic pro Domo, 4 (3) Mensas ... Cic Tusc 5, 21 ... Plaut Men ... 1, 25 ... *to ... his work, ... to make ... chime,* ... Rectius extruo

Extruor ... *To be erected, built, or finished* ... Cic Tusc 5, 21

Extuberans, tis part ... gemmae ... Plin ... 12

Extuberatio, onis f verb *A botch, a swelling, or rising in the body,* Plin ... 9

Extubero, are neut (1) *To swell much, to bunch out, to stick up like a bunch* (2) Act *To make to swell* (1) ... malum ... Plin 21, 16 (2) ... † Extulo ... pras ... extul

Extumeo, ere, ... neut *To swell, or rise up* ... Plaut True 1, 2, 97

Extumescens, tis part *Swelling out* Extumescentem ... Plin ...

Extumesco, ere incept *To begin to swell*

Extumidus, a, um part *That swelleth, or riseth* Area media ... extumida, Varr R R 1, 51

† Extunc adv *From that time,* Vulg interpr ✝ Ex eo tempore, Liv

Extundo, ere, tudi, tusum act (1) *To beat, knock, or thump out, to hammer out* (2) Met *To find, or beat out with thought, to invent* (3) *To extort* (4) *To drive away* (1) Lapsa ancilia cœlo extuderat, Vir Æn 8, 665 (2) Quis nobis extudit artem? Vir Geor 4, 315 (3) Extudit consilia ... Suet ... 2 (4) Cum labor extuderit fastidia, Hor Sat 2, 2, 14

Exturbandus, a, um part *To be thrust out* &c Judicium ... Antonio, Brut Cic inter Epist ad Brut 16

|| Exturbatio, onis f verb *A thrusting out,* Hier ✝ Ejectio, Cic

|| Exturbator, oris m verb *He that thrusteth forth,* Aug

Exturbatus, a, um part (1) *Thrust, or tumbled out* (2) *Pulled up by the roots* (1) Antiochus praeceps provincia exturbatus, Cic ... 2, 30 (2) Radicitus exturbata pinus, Catull 62, 108

Exturbo, are act (1) *To drive, or thrust out, to banish* (2) Met *To trouble, discompose, or confound* (1) Qui me exturbant, ... domo manent, Cic Att 8, 16 ... Exturbare ... quem fortunis omnibus, *to turn him out of all,* Id pro Quint ... oculos, *to pull out his eyes,* Plaut Pan 1, 2 169 calculos, *to bring them away,* Plin 20, 10 (2) Multa conveniunt, quæ exturbant mentem meam, Cic ... 1, 4 Nunquid Tranio turbavit? ... Tranio extu bavit omnia, Plaut Most 4, 2, 38

Extussiens, tis part *Coughing up* Purulenta extussientes, Plin ...

Extussio, ire ... tum act *To cough out, to void with coughing* Purulenta extussiunt, Plin 10, 92 ... Hard ...

Extussitus, a, um part *To be ...* ... 28

† Exuber *Weaned from the dugs, from sucking,* Fest

Exuberans, tis part *Flowing, ... abounding* ... Lact 4, 2) ... exuberantibus, Gell ...

Exuberantia, æ f *Abundance,* Gell 2, ... ✝ Exuberatio

Exuberatio, onis f verb (1) *Abounding, or abundance* ... it hath ... (1) Exuberationibus aut defectibus ... Vitruv 1, 4 (2) Id ...

† Exuberculi, ... Fest ...

Exubero, are neut [ab ... uber] (1) *To abound, to be plentiful, or bear in great abundance* (2) *To overflow* (3) *To make to abound* (1) Pomis exuberat annus, Vir Geor 2, 516 (2) Spumis exuberat amnis, Vir Æn 465 (3) Quæ herba ... exuberant, Col 5, 1

Exucce adv *Dry, without juice,* Fest Rectius exucce

Exuccus, a, um adj [ab ex & succus] *Dry, without juice, sap, or liquor, sapless* Exuccum ... ea Lp 30 ... & exuccus & exanguis, Quint 12, 10 Rectius exsuccus

Exuctus, a, um part or, comp [ab exugo] *Sucked out, dry, without moisture* Animalia exiguntur ... & exucta, Vitruv ... Hor Epod 5, 37 ... segetes sunt exuctiores, Varr R R 2, ... Rectius exsuctus

Exudatio, onis f *A sweating out,* Lat ex Gell Rectius exsudatio

Exudatus, a, um part *Sweated out* Exudati labores, Sil ... 531 Rectius exsudatus

Exudo, are [a ex & sudo] (1) Absol *To sweat* (2) Act *To sweat out* (1) Exudat inutilis humor, Vir Geor 1, 88 (2) Exudare liquorem, Col 7, 8 ¶ Exudare laborem, *to sweat at his work,* Liv 5, 5 causas, *to take much pains in them,* Hor Sat 1, 10, 28 Rectius exsudo

Exvelatus, a, um part *Uncovered, stripped* Pudor exvelatus amictu, Propert 3, 15, 3 ... Scal alii velatus

Exvello, ere *To pluck out,* Lat ex Plaut ✝ Evello

Exverræ, vel exverriæ *The sweeping, or purging of a family, out of which a dead body was carried to be buried,* Vid the ceremony was performed by the heir, thence called *everriator,* Fest

Exverro, ere *To sweep out,* Cato

Exverto, ere, ti act *To prevent,* Lat ex Plaut ✝ Everto

Exugeo, ere antiq *unde* exugebo *pro* exugam, Plaut Epid 1, 2, 5

Exugo, ere, xi, ctum act [ab ex & sugo] *To suck out, to drink up* Ego illi advenienti sanguinem exugam, Plaut Pan ... humorem, Id Rud 1, 3, ... succum, Cato, 156 Rectius exsugo

Exugor, i, ctus pass *To be sucked up* Ab ... exugitur, Col 4, 24 Rectius exsugor

Exul, is, c & s sæpe exsul c g [qu extra solum patrium ejectus] *A banished man, or woman, an exile* = Hannibal exul, Carthagine expulsus, Cic de Orat 2, 18 Qui enim exul ... nomen calamitatis, non turpitudinis, Id pro Domo, 27 ... Relegati, non exules ... nominantur, Ov Trist 5, 11, 21 ☞ Conjux tamen ipse, Sus ... exulis esse viri, Ibid 2, 10, 7

Exulans, tis part *Banished, living in exile* Exulans apud Prusium Hannibal, Cic de Div 2, 24 = Prusias patria exulans, Id Tusc 5, 18

Exulatio, onis f verb *Banishment* Principes exulatione multarunt, Flor 1, 22, 2 R occ

Exulcerans, tis part *Exulcerating, eating* Exulcerantia medicamenta, Scrib Larg c 90

Exulceratio, onis f verb (1) *A soreness, a making of a botch* (2) Met *An aggravation* (1) Ventrium exulcerationes, Plin ... vid & Cels 4, 25 ... in exulcerationem, Scrib Larg ... (2) ✝ Non consolatio, sed exulceratio, Sen

Exulceratorius, a, um *That causeth wheals and blisters to arise, that is apt to fret and break the skin, or to make it sore* Exulceratorium medicamentum, Plin 2, ...

Exulceratrix, icis f *That hath power to fret,* &c Vis stiptica & exulceratrix, Plin 27, 12

Exulceratus, a, um part (1) *Made sore, fretted* (2) Met *Galled, aggravated* (1) Exulcerata cutis, Cels 5, 26 vesica, Scrib Larg c 5... (2) Exulceratus animus, Cic pro Deiot 3

Exulcero, are act ulcus facio (1) *To make sore, to gall, fret, or eat the skin* (2) Met *To anger, and fret one, to exulcerate* (1) Nihil est ... pulmonem exulcerat, Cels 4, 4 ... sunt imponenda, quæ etiam sana corpora exulcerant, Scrib Larg c 4, (2) ✝ Ea, quæ sanare nequeunt, exulcerant, Cic de Orat 2, 75

Exulceror, ari, atus pass *To be ulcerated,* Met *to be vexed, or fretted* Suspicionibus hominum & scelere exulcerari, Cic pro Domo, 11 Oculi exulcerantur, Scrib Larg c 54

Exulo, are neut (1) *To be banished, to live in exile* (2) Met *To be sent packing* (1) Ignotis exulat oris, Vir Geor 3, 225 Domo exulo, Ter Eun 3, 5, 62 (2) Pecuniatus ex urbe ... exulant, Plaut ... 4, 4, 7

|| Exulor, ari, atus pass *To be banished* ... exulatum, Hygin fab 26

Exultans, tis part (1) *Leaping up* (2) *Spirting out* (3) Met *Rejoicing, triumphing* (1) Longinibus exultantibus tempestas significatur, Cic de Div 2, 70 (2) Sanguis ... exultans e corpore emicat, Lucr 2, 195 (3) Exultans successu ... animisque, Vir Æn 2, 386 Verbum exultantissimum, Quint 9, 4 Rectius exsultans

Exultantia, æ f *Exultancy, or dancing for joy, leaping for joy, a triumphing* also *a beating in a sore, as pulse doth,* Plin Doloris morbique exultantia, Gell 12, 5 Rectius exsultantia

Exultanter adv *More jocund ... joyfully* Exultantius ...

Plin Ep ... 18

Exultatio, onis f verb (1) *Rejoicing, leaping for joy, exultation* (2) *Bragging, vaunting* (1) Simia novam lunam exultatione adorant, Plin 8, 5 (2) = Comitatur gloriam ... exultationem ... eorum pati, Hist ... 37 Rectius exsultatio

Exultim adv *With ... frisks* Equa ... campis ... exultim, Hor Od 3, 11, ...

Exulto, are neut [a ... salto] (1) *To leap ... about* (2) *To bubble, to boil ... rise with surges* (3) Met *To rejoice exceedingly* (4) *To vaunt* (1) Verberibus ... bat equos exultare, & ... mittere, Nep Eumen 5 (2) ... ultan ... Vir Æn 7, 5... ad fastigia ... faces, Stat Theb 10, 524 (3) Exultat & triumphat oratio, Catul 2, 2 (4) Alacris ... tas exultat in victoria, Cic ... 1, 15 ¶ Exultare in aliquem, *to insult and domineer over him,* Cic Rectius exsulto

|| Exululatio, onis f verb *A shrieking, and crying out,* Ap ✝ Ululatus, Vir

Exululatus, a, um part *Howling, or having howled* ... Idæis exululata jugis, Ov Trist 4, 1, 42

Exululo, are neut *To howl, or cry out, to make a place ring with howling and crying* ... tus [Lycaon] ... Ov Met 1, 233

Exunctio, onis f verb [ab exungo] *An anointing or besmearing,* Cels ap ...

Exundans, tis part (1) *Overflowing, abounding* (2) ... *boiling* (1) Largus & exundans ingenii fons, Juv ... Exundantes opes, Tac An ... (2) Alto anguine exundans ... Sen Agamem 222 (3) ... exundanti permisit verba furori, Stat Theb 10, 609

|| Exundanter adv *Overflowingly,* Hier ✝ Abundanter, copiose, Cic

Exundatio, onis f verb *An overflowing, a superfluous abounding* Exundatio fluminum, Plin 19, 3

Exundo, are neut (1) *To overflow, to break out* (2) ... *spread far, to diffuse itself* (1) Præruptum exundat ... Trunco cruor exundat, Sen ... 902 Ætnæo vapor exundat ... tro, Id Hipp 10, Flammis exundat torrens, Sil 1... 6 (2) = Exundat & exuberat ... mirabilis eloquentia, Tac Orat 30, 5

Exungo ere, xi, ctum act *To anoint, to besmear all over* ... as tu, in exungare, Plaut ... 2, 7, 21

Exungulo, are act *To ... away the nails, or hoofs* ... Plaut Truc 2, 2, 5 ... *non admittunt* ... *tions*

Exuo, ere, ui, utum act [a ex & suo, Perot] (1) *To put off clothes* (2) Met *To cast off, to strip* (3) *To shake off* (4) *To free* (1) Exuerat tunicas, Ov Fast 2, 171 (2) ... exue cestus, Vir Æn 5, ... ere quem regno, ... Plin (3) Exue fastus, O... 2, 241 (4) Si ... exueris, Cic Verr 5, 59 ... ere se jugo, Liv ... gum, Id 35, 17 Exuere ...

[illegible] mind, Vir [illegible] 1, [illegible] them, *to break his word*, [illegible] 2, 14, 1 habitum, *to* [illegible] Id Germ 31, 1 hosten [illegible] *to [illegible] at him out of his* [illegible] *or out of the field*, Liv [illegible] 2

[illegible] *That may* [illegible] *surpassed*, or *got* [illegible] Exuperabile saxum Vir [illegible] Verbum non exup [illegible] Ruf 2 12 Re[illegible]

[illegible], part Exceed[illegible], *surpassing* Ma[illegible] exuperante m[illegible], Ov [illegible] 1, 1, 56 Exuperantior, [illegible] Apul de Mun [illegible]

[illegible] *Excellence*, [illegible] omnem [illegible] exuperantiam oderunt? Cic

[illegible] onis f verb *An* [illegible], also *a* [illegible] *more* [illegible] *than expressed*, Ad H [illegible] 1 53

[illegible], a, um part *That* [illegible] *mounted*, or *pas*[illegible] ibus exupe[illegible] 2 1

|| [illegible] *To be very* [illegible], or *proud*, Capell ‡ Su[illegible] ror, Cic

[illegible] [ab ex & [illegible] (1) *To exceed*, *surmount*, [illegible] *to surpass* (2) [illegible] *to be predominant* (1) Exuperat ejus stultitia hæc [illegible] *Heaut* 5, 1, 5 Exu[illegible] jug [illegible], Stat Theb 2, 55[illegible] (2) Flammæ exuperant, [illegible] Æn 2, 759

‡ Exurculārius, i m *He that pruneth trees, and shreddeth branches*, Lit ex Col ‡ Frondator, [illegible]

‡ Exurculo, āre [ab ex & surculus] *To prune trees*, or *cut off twigs*, Cato ‡ Surculo, Col Rectius exsurculo

|| Exurdeo, [illegible] *To wax deaf*, Aug ‡ Obsurdesco, Cic

Exurdo, ā[illegible] act [ab ex & surdus] (1) *To make deaf*, *to deafen*, *to make dull* (2) Met *To spoil*, or *mar* (1) Panicula [illegible]os exurdat, Plin 32, 10 (2) Exurdant vini palatum, Hor Sat 2, 8, 38 Rectius exsurdo

Exurdor, ari, [illegible] pass *To be deafned* E surdantur aures cu[illegible]næ, Val Max 2, 2, [illegible]

Exurgeo, ēre, [illegible] act *To squeeze*, or *wring out* Exurgeo [illegible] equid humoris tibi [illegible], Plaut [illegible] 4, 3, 70 Quasi penicillus meus [illegible] [illegible]

Exurgens, tis [illegible] *Rising up* Exurgens inter medias faces, Sen Herc Oet 1[illegible]6

Exurgo, ere, [illegible], [illegible]tum [ab ex & surgo] (1) *To rise up* (2) *To rise out of trouble* (3) *To increase* (1) Ut [illegible] nocte mul[illegible] impigreque exurrex[illegible], Plaut Rud 1, 2, 10 (2) Auctoritate vestra respub exurget, Cic (3) Romam toti exurgere [illegible] cœpit, [illegible] 6, 1 Gravior exurgit dolor, Sen Med 49 Rectius exsurgo

Exūro, [illegible], ssi, stum act (1) *To burn out* (2) *To burn* (3) *To parch* (1) Mittitur mihi oculos exurere, Plaut Most 5, 2, 89 (2) Infractas exurite puppes, Vir Æn 5, 635 (3) Sitis exurit mi[illegible]ros, Lucr [illegible], 9[illegible]

Exuror, i, stus pass *To be burnt out*, Met *to be purged* [illegible] scelus, aut exu[illegible] gn, [illegible] Æn 6, 742

Exuscitātio, onis f verb *A stirring up*, *a wakening*, Ad Herenn [illegible] 42 Rectius exsuscitatio

Exuscito, āre act [ab ex & suscito] (1) *To waken from sleep* (2) Met *To encourage*, *to raise*, *to rouze up* (1) Te gallorum, illum buccinarum cantus exuscitat, Cic pro Mur [illegible] (2) = Quæ cura exuscitat animos, & majores ad rem gerendam [illegible] it, Cic Offic 1, [illegible] Rectius exsuscito

Exuscitor, ari, atus pass *To be raised* Aud toris animus aut renovatur [illegible], quæ restant, aut omnibus jam dictis exuscitatur, Cic de Inv 2, 15

Exustio, ōnis f verb *A firing*, or *setting on fire*, both act and pass Exustio solis, Plin 17, 24 terrarum, Cic Somn Scip 7

|| Exustor, oris m verb *He that burneth*, or *fireth*, Macrob ‡ Qui exurit

|| Exustulātio, onis f verb *A scorching*, or *singeing*, Boet ‡ Exustio, Cic

|| Exustulātor, ōris m verb *He that scorcheth*, or *fireth*, Boet ‡ Qui exurit

|| Exustilo, are act *To burn*, *scorch*, or *singe*, Aug ‡ Exuro, Cic

Exusturus a, um part *About to burn* Exusturus sol terras, Plin [illegible], 11

Exustus a, um part [ab exuror] (1) *Burned* (2) *Parched*, *scorched*, *dried*, or *withered* (1) Vici exusti complures, Cic pro Leg Manil 2 (2) Exustus ager morientibus æstuat herbis, Vir Geor 1, 107 Exustus siti fervida, Sen [illegible] 19

Exūtus, a, um part [ab exuor] (1) *Divested*, *stripped of* (2) *Freed from* (3) *Plundered*, *left naked and bare* (1) Piso, exutā dignitate, &c Tac [illegible], 17 (2) Exuta vinclis palma, Vir Æn 2, 15, (3) Bonis exutus, Tac Ann 4, 21, [illegible] copiis, Paterc [illegible], 37 navibus, Ibid 79

Exŭviæ, arum pl f (1) *Clothes*, *hair*, &c *put*, or *left off* (2) *Spoils taken from an enemy in war*, *booty*, *pillage* (3) *The skin*, *fell*, or *hide of a beast*, *taken from the flesh* (4) *The cast skin of a snake*, or *adder*, *a slough* (1) Dulces exuviæ, Vir Æn 4, 651 ✠ Induvia tua, atque uxoris exuviæ, Plaut Men [illegible], 9 Capitis exuviis cape, Sen Hipp 1181 (2) = Exuviis nauticis, & classium spoliis ornatus, Cic pro Leg Manil 18 (3) Mane castigabit eos bubulis exuviis, Plaut Most 4, 1, 26 (4) Positis exuviis novus coluber, Vir Æn 2, 473 = Vernatio, [illegible]

|| Exŭvium, i n *The same as* exuviæ, Salv

F f Roman, and now in common use, *F f* Ital. which also is in modern use, 𝔉 𝔣 in old English, as commonly called, though long after the time of the Saxons, in modern use, but chiefly in acts of parliament and proclamations, the sixth letter in the Hebrew, Latin, and many other alphabets, may seem to have lost its place, and figure in the Greek alphabet now used, but however, its place is supplied in the numerals by ϛ, which is called Βαῦ ἐπίσημον, and its power of being a vowel, consonant, and quiescent letter, which it had in the old Greek alphabet is still otherwise supplied This sixth Cadmean letter answering to ו was first turned to the left as its original, thus, ꟻ and afterwards to the right F. The *Æolians* used the former way, and turned it upside down, thus, Ⅎ These People used it before soft vowels, writing Ϝοινος for οἶνος, for an aspirate, as, Ϝολος for ὅλος, also in the middle of words to stop a gap between two vowels, in order to prevent their collision as *oϜις*, for ὄϊς. The old *Latins* also received it from them, only turning it to the right hand, and setting it upright as we now use it. They, as well as the *Æolians*, used it for *h* both in the beginning and middle of words, writing *fordeum* for *hordeum*, *veso* for *veho*, and sometimes turned it into *v*, instead of *oϜις*, writing *ovis*, thereby shewing its affinity to the Hebrew *vau* This letter being in the form of two Γ's clapt one upon another, perhaps through the supineness or ignorance of Grammarians, was, and so continues to be, called *digamma*. Certain it is, there is no affinity between the powers of *f* and *g* In after times, this letter growing into disuse among all the *Greeks*, they cut it into two parts, the former whereof they clapt upon words which antiently had begun with the letter *h*, or its substitute ι, and the other half upon such as began with a soft vowel The *Latins* also, both in the beginning and middle of words aspirated, resumed the old letter *h*, instead of *fostis* writing *hostis*, and instead of *trafo*, *traho* But tho its place and analogous use favour its descent from the Hebrew *vau*, yet perhaps as much may be said for its pedigree from the Hebrew פ, and so make it difficult to determine in that matter As to its figure it may be as well formed from ו turning it to the right hand, and adding the middle declining line, as above, or from the final ף by turning it, and joining to the middle a small line taken from the top, or from the old Greek Ⲡ by taking

taking its short leg and joining it to the belly. But when we carefully attend to the sound and power of this letter, we cannot but observe that it comes nearer the sound of פ *phe*, and φ *phi*, than *ve* and *vi*, as our Western people sound it. And in Latin words of Hebrew extraction, פ is more generally changed into *f*, than *v* Thus from the Hebrew פרא comes the Greek φὴρ, and the Latin *fera*, from פור, *fors*, from פוק, *fructus*, &c. But since from what hath been said may be gathered its relation to ו in place, and primitive use, and perhaps in its figure, but that its sound at least it seems more nearly related to the Hebrew פ or the Greek Φ, we may conclude it participates of both. And I am inclined to think, that a very probable reason may be given from such a conclusion, why the antient *Greeks* so early dismissed this letter, namely, because having otherwise supplied the uses it had from the primitive ו, finding its sound nearly related to their Φ, they concluded they had no further occasion for it, and so left it out but whether it comes nearer to *v* or *ph*, this is certain, whatever some great men may have argued to the contrary, that it is a *mute*, and of the first rank also. Nor is it any argument of its being a *liquid*, that we put *e* before it, calling it *ef*, analogous to the liquids *el*, *em*, *en*, *er* (for so by the way we ought to call that letter, not *ar*, if we would keep to analogy) whereas in the mutes we pronounce *e* afterwards, as, *be*; *ce*, &c For this custom hath no foundation in the nature of the letter it self, nor in the Hebrew and Greek tongues, who say not *ep* and *eph*, but *pe* and *phe*, *pi* and *phi*, but hath obtained from the hypercriticism, perverseness, ignorance, or inadvertency of Grammarians And indeed, if this custom would prove it a semivowel, we must also adopt *s* into the family of the liquids, and what is still more absurd, make a semivowel of two consonants, whereof at least they confess one to be a mute, namely *x*, which they call *ex*, just with as much reason as they call *f* *ef*. Besides, *f* precedes the liquids *l* and *r* in the same syllable, as in *flos*, *fratus*, &c. and surely in Latin words two liquids cannot begin a syllable. In the notes of the antients F. *stands for* Filius, Filia, Fecit, Frater, F FA. Filius familias, FAB. Fabius, FABR Fabricius, FAC. Factum, FAC C Faciendum curavit, F. C. Fidei commissum; F D Fides data, F E. Fides ejus, F E D Factum esse dicitur; F F Fecit, fecerunt, Fabricari fecerunt, Fabrefactum, Filius familiâs, Fidem fecit, F F. *vel* ff Pandectæ, which the later Lawyers barbarously used for P P See *Barth Advers* 2, 17 F F E. Fiat fides ejus, F. F F. Ferro, flamma, fame, *vel* Flavius filius fecit, F. FL *or* FR F. Fratris filius; F H. Filius hæres, F J Fieri jussit, F M. Fieri mandavit, F M I Fieri munus implevit, F N. Fides nostra; F. N. C. Fidei nostræ commissum, F. V C Fraudisve causa.

F ante A

FAba, æ f [forte *qu* paba, ἀπὸ τοῦ πάω, pasco, *unde &* pabulum] *A bean* § *Faba nigra* in judiciis signum damnationis, *alba* absolutionis ¶ Isthæc in me cudetur faba, *I shall bear that blame*, Ter Eun 2, 3, 8

Fabaceus, a, um adj *Of, or belonging to a bean* Puls fabacea, *Macrob Sat* 1, 12

Fabacia, æ f *A bean cake*, Plin 18, 12

Fabaginus, a, um adj *Of beans* Fabaginum acus, *Cato*, 54

Fabago, inis f *Bean chaff*, Litt ex Catone

Fabale, is n *A bean straw*, or *stalk* on which the cods hang, *Col* 2, 10

Fabalis, e adj *Of, or belonging to a bean* Stipula fabalis, *Plin* 22, 25 & *Ov Fast* 4, 725

Fabarius, a, um adj *Pertaining to beans, one that lives on beans* Fabariæ insulæ, *Plin* 4, 13

|| Fabataria, n pl *Great vessels* or *dishes to serve up beans in*, Lampr

Fabella, æ f dim [à fabula] *A short tale*, or *story*, *a little interlude*, or *play* Parvi fabellarum auditione ducuntur, *Cic* de Fin 5, 15 Fabellæ commentitiæ, *Id* de Div 2, 38 ⁜ Si nec fabellæ te juvent, nec fabula, *Phæd* 4, 6

|| Fabulatarius, i m *He that often telleth tales*, Tert

|| Fabellator, ōris m verb *A maker, or teller of tales and stories*, Lexicogr ex Apul

† Fabellatrix, icis f *She that talketh much, a prating gossip*, Afran

Fabello, āre *To report, or tell tales*, Litt ex Lucr *sed q*

Faber, ra, um adj rimus, sup *Ingenious, workmanlike, artificial* Dædalus ingenio fabræ celeberrimus artis, *Ov Met* 8, 159

Faber, ri m [à facio, per sync pro faciber, ut a mulceo, mulciber] (1) *A workman*, properly in iron or other hard materials, *a smith, a forger, a hammerer* (2) Met *A maker* (3) *A kind of fish* (1) = ⁜ Assunt fabri architectique, si non nos materiarius remoratur, *Plaut Mil* 3, 3, 45 Faber ferrarius, *a blacksmith*, Plaut Rud 2, 6, 47 lignarius, *a carpenter*, *Cic* de Cl Orat 73 ærarius, *a coppersmith*, Plin 34, 1 marmoris *aut* eboris fabros aut æris amavit, *Hor Ep* 2, 1, 96 (2) Suæ quisque fortunæ faber, *Sall* de *Rep ordin* 1, 1 (3) *Plin* 9, 8

Fabetum, i n *A place where beans grow, a bean plat*, Litt ex Plin

Fabrè adv errimè, sup [a faber] *Cunningly, workmanlike, artificially* Hoc factum est fabrè, *Plaut Men* 1, 2, 22 Uvæ fabeirimè politæ, *Apul Met* 2 p 40

Fabrefacio, ĕre, ēci, factum *To work, build, or make artificially* Duilius classem valiorum fabrefecit, *Aur Vict* de *Vir ill* 38, 1

Fabrefactus, a, um part *Cunningly wrought, or devised* Hæc fallacia est fabrefacta a nobis, *Plaut Cas* 5, 1, 8

Fabrica, æ f fabri officina (1) *A shop, or workhouse* (2) *The art of framing, or making* (3) *The fabrick, frame, make, fashion, or design of a thing* (4) Met *A wile, deceit, or crafty device* (1) Fabrica ferrea, *Plin* 7, 56 (2) Confectionis materiæ fabrica, *Cic* de *Div* 1, 51 (3) Explicetur incredibilis fabrica naturæ, *C c N D* 2, 55 Admirabilis fabrica membrorum, *Ibid* 47 (4) Nonne ad senem aliquam fabricam fingit? *Ter Heaut* 3, 2, 34

Fabricatio, ōnis f verb *A framing, or making* Si erit tota hominis fabricatio perspecta, *Cic N D* 2, 53

Fabricator, ōris m verb (1) *A framer, a builder, or maker* (2) *An inventer, a contriver* (3) *A causer* (1) Ille fabricator tanti operis, *Cic* de *Univ* (2) Doli fabricator Epeus, *Vir Æn* 2, 264 (3) Morbus lethi fabricator, *Lucr* 3, 473

† Fabricatura, æ f *Art, workmanship*, Cod ‡ Fabricatio, *Cic*

Fabricātus, a, um part pass *Framed, made* Scalæ ad editam altitudinem arcis fabricatæ, *L* 29, 6 Fabricata villa a generi exquisitā arte, *Valer Max* Fabricata mœnia divum manu, *Sen Agam* 651

|| Fabricensis m *An artificer, a workman* in common, Also *the surveyer, or master of the works*, Cod

Fabrico, āre act & fabricor, ātus sum dep (1) *To make, forge, or frame, to build* (2) Met *To invent, or devise* (1) Aliquem cum consilio & ratione fabricatum est hominem, *Cic Acad* 2 Craterem fabricaverat Alcon, *Ov Met* 13, 683 (2) Fabricanda opus est, verba, *Cic Acad* 2

|| Fabricus, a, um adj *Of a smith*, Paul *Pro*

Fabrilis, e adj *Belonging to smiths, or carpenters work* Tractant fabrilia fabri, *Hor Ep* 2, 1, 116 Sepimentum fabrile, *a stone or brick wall*, Varr Fabrilis libella, *Col* 3, 13.

|| Fabrilıter adv *Workmanlike* Opus ex fabriliter aptans compo-..., *Apul Apol* 519 ✝ Affa-...

Fa...rum in gen pl *usitatius* ... faciorum Præfectus fa-...

... [a fando] (1) *A* ... *a story*, ... or *fable, an argument* ... (2) *A fib, a feigned* ... (3) *A play, or comedy* ... *in a role in a play* ... (1) *Quod Plau-* ... eum tibi lupum in ser-... *Ter* ... Lupus in fabula, ... Nec fabella ... nec fabula, *Phædr* ... Num igitur me cogis eti-... *Cic de Div* ... Populo ut placerent, ... fabulis, *Ter Andr* ... *Cic de Off* 1, 1 (5) ... fabula fiimus, *Ter* ... *fables, the stories*, ...

... [a faba] *A* ... Nucibus, fabulis, fi-... *Stich* 5, 4, 8

... aij *Of, or like* ... Historia fabu-...

... or, oris m verb (1) ... *teller of tales and* ... (2) *A maker, or writer* ... *mythologist* ... (2) Æsopus Phryg us ... fabulator, *Gell* 2, 29

... adj *Belonging to* ... *bean stalks*, ...

✝ Fabulo ... *Plaut* idem quod ... atus sum dep (1) ... *to prate, or chat* ... or *tell stories* (1) = Omnes ... sapientes decet confer-... *Plaut Rud* 2, 3, ... 45, 59

Fabulose adv ... comp ssimè ... *full of fables, fa-* ... 22, 11 Antiquitate ... *Plin* 5, 1

... *Poetica fabu-*... 8

... osus, a, um adj or, comp ... (1) *Fabulous, full of* ... *of which many* ... (2) *Much talked of* ... antiquitas, *Plin* 12, ... ulosus Hydaspes, *Hor* ... Fabulosissimus Atlas, ...

... um, n (1) *Bean chaff* ... (1) *Gell* 4, ...

... *a little bean*, ... *Plaut* ...

... [a facio] cum in-... *Grant it be* ... put case Hæc ani-... corpus, *Cic* ... *It is doing*, ...

... us, a, um part Cum ... facessitum negotium ... *he was p* ... 3, 63

... ssivi, sum & ... [a facio] (1) *To go* ... *to do, to accomplish* ... *cause or create* ... (4) Neut ... *to go away*, ... (1) Iussa facess-... (2) Ne in ... *Cic* ... (3) Facesse hinc ... (4) Hæc ... *Phorm* 4, 3, 30 ... pass *To be caused*, ... Si cui forte hæc

lege negotium facesseretur, *Cic pro Cluent* 57

Facete adv ius, comp ssimè, sup *Merrily, prettily, wittily* Face dictum, *Ter Eun* 2, 2, 5 Nos ab isto nebulone facetius eludimur, quam putamus, *Cic pro S Rosc* 41 Facetissime tres libellos tribus legendos dedit, *Id de Orat* 2, 55

Facetia, æ f *sed fere plus* facetiæ, num pl ... *Merry and pretty conceits, witty and pleasant sayings repartees, drollery*, ... Hæc facetia est, amare inter se rivales duos, *Plaut Stich* 5, 4, 47 Superabat sale facetiisque omnes Scipio, *Cic de Cl Orat* 34 Duces Latini leporis facetiæ, *Pa-terc* 1, 17

Facetosus, a, um adj *Full of mirth and pleasantry* Utor in hac facetosa, *Cic de Fin* 2, 31 citante Fabro, sed ibi legitur *facetorum*

Facetus, a, um adj or, comp ssimus, sup (1) *Facetious, merry, pleasant, witty* (2) *Fine, choice, dainty* (3) *Soft, graceful* (1) = Facete & elegans ironia, *Cic de Cl Orat* 85 (2) Facetis victibus vivere, *Plaut Most* 1, 1, 42 (3) Molle atque facetum ... Virgilio annuerunt Camœnæ, *Hor Sat* 1, 10, 44 *de Geor ejus* adi quæso, *Quint* 6, 3 Quo facetior videri, & scire plus quam cæteri, *Lucil ap Fest* Facetissimus poeta, *Cic de Legg* 2, 15 = Elegans, *Cic*

Faciendus, a, um part *To be done, or made* Promissum potius non faciendum, quam tam tetrum facinus admittendum fuit, *Cic Off* 3, 25

Faciens, tis part *Making, doing, causing* Per agrum Leontinum iter faciens, *Cic de Div* 1, 33

Facies ei f (1) *A face, a visage* (2) *The make, or fashion of a thing* (3) *The resemblance, or show* (4) *The stature of the body* (5) *The portrait, or outside figure* (1) Cadaverosa facies, *Ter Hec* 3, 4, 27 formosa, *Plaut* 3, 5 liberalis, *Plin Ep* 1, 14, 9 (2) Facies arboris, *Plin* (3) S ... facies vestigii ... *Sall ap Gell* 13, 28 (4) Qua facie est homo? SY ... quidem est quam tu longior, *Plaut Trin* 4, 2, 58 (5) Tabulæ, quæ belli pictam faciem habent, *Plin* 35, 4

Facile adv ius, comp lime, sup *Easily, without any ado, certainly, without all question or peradventure* Facile princeps *Cic de Div* 2, 42 Tempestatem ... *Cæs B G* 2, 13 ... *Cic pro S Rosc* 12 ¶ Facile agere, *to live in plenty and ease*, *Ter Adelph* 5, 4, 56

Facilis, e adj or, comp limus sup [*a faciendo*] *Easy, tractable, facil, gentle, plain, or pliable, tractable, to do what you will with it, good natured easy to be pleased*, also *kind, favourable, courteous*, Ov ¶ Faciles oculi, *rolling eyes*, *Vir Æn* 8, 310 & *Manil* 1, 68 Ex facili, *easily*, *Tac Agric* 15, 2 Res faciliores, *happening according to our desire*, *Cic Fam* 6, 5 & *Liv* 2, 11 Factu facillimum, *Sall B C* 14 = Promptus, proclivis, expeditus, explicitus, commodus, lenis, liberalis, *Cic* mollis, placidus *Ov* pronus, *Juv* ⊢ morosus, *Cic*

|| Facinŏrōse adv *Villainously, wickedly*, *Aug*

Facinŏrōsus, a, um adj or, comp ssimus, sup *Villainous, wicked*,

stark naught, ungracious Facinorosi vita, *Cic de Legg* 1, 14 Exilio facinorosi ... redditus, *Just* 16 4 Facinorosissimus sicarius, *Cic pro Mil* 18

Facinus, ŏris n [*a facio*] (1) In a good sense, *a great action, an exploit, an enterprise, or adventure* (2) In a bad sense, *a foul fact, a villainous deed, or prank* (1) Præclari facinoris fama quærere, *Sall B C* 2 (2) In facinus jurasse putes, *Ov Met* 1, 242

FACIO, ĕre, feci, factum act (1) *To do* (2) *To make* (3) *To cause* (4) *To paint, limn, draw, or fashion* (5) *To follow, practise, or be employed in, to exercise* (6) *To compose* (7) *To give, to grant* (8) *To commit, to perpetrate* (9) *To suppose, to pretend* (10) *To get either good, or bad* (11) *To perform, to make good* (12) *To introduce, to bring in* (13) Sometimes it is elegantly redundant (14) *To be suitable, to conduce* (15) *To value, or esteem* (16) *To forbear, or keep himself from a thing* (17) *To sacrifice* (18) *To bring forth* (19) *To force, or compel* (20) *To make up, to constitute* (21) *To abide, stay, or continue* (22) *To be fit, meet, or proper* (23) *To lie* ... (24) *To suppose, or put the case* (1) ¶ Quod facere turpe non est, modò occulte, id dicere obscœnum est, *Cic Off* 1, 35 (2) Faber, cum quid ædificaturus est, non ipse facit materiam, *Cic N D* 3 ut citat *Lactant* 2 8 (3) Nulla remedia tam faciunt dolorem, quam quæ sunt salutaria, *Cic Octav* (4) Praxiteles fecit puberem Apollinem, *Plin* 34, 8 Alcamenes fecit marmoream, *Id ibid* (5) Cum piraticam ipse fecisset, *Cic post redit in senat* 5 Facere mercaturas, *Id Verr* 5, 28 (6) Apollo versus facere dicitur, *Cic de Div* 2, 56 (7) Si quid de his rebus dicere vellem, feci potestatem, *Cic Cat* 1, 5 (8) Strato ille medicus domi furtum fecit, *Cic pro Cluent* 64 (9) Plato a Deo ædificari mundum facit, *Cic N D* 1, 8 (10) Aquæductus ... magnas prædas faciebat, *Nep Con* 2 Respublica detrimentum fecit, *Cic Verr* 4, 9 (11) Promissa non facienda nonnunquam *Cic* (12) Plato ... Socratem disputantem, *Cic N D* 1, 12 (13) Non faciam, ut enumerem mi... omnes, *Cic Att* 2, 7 (14) Non facit ad nostras hostia major opes, *Ov Trist* ... 44 ad difficultatem urinæ, *Plin* 22, 18 (15) Te semper feci maximi, *Ter Andr* 2, 5, 42 (16) Facere non possum, quin quotidie ad te mittam, *Cic Att* ... (17) § Juno Sospita, cui omnes consules facere necesse est, *Cic pro Mur* 41 § Cum faciam vitula, *Vir Ecl* 3, 77 § Bidentes propter viam facere, *Labeo* (18) Plurimque anseres pullos ... faciunt, *Varr de R R* 3, 2. (19) Qui nati coram me cernere lethum fecisti, *Vir Æn* 2, 539 (20) Romulus ex variis elementis populum Romanum fecit, *Flor* 1, 1 (21) Apameæ quinque dies morati, Iconii decem fecimus, *Cic Att* 5, 20 (22) § Non facit ... barbitos ... mens *Ov Ep* 15, 8 Non facit capiti dura corona meo, *Propert* 3, 1, 20 (23) Nunquam quicquam facit, quin soror ista sit germana hujus, *Plaut Mil* 2, 5, 63 (24) Fac ita esse, *Cic* Fac potuisse, quod est, *Id Philipp* 2, 3 Fac ignem,

fac spiritum, nihil id ... de quo agimus, *Id Tusc* 1, 29 ... *in hac notione ... in imperativo* ¶ Facere ab ... cum aliquo, *to be on one's side, to make for him*, Cic Facere ... *to do one's duty to perform his part*, ... abortum, *to miscarry*, Plin ... quid facere, *to take ... upon* ... *to* ... *to puff up to make proud*, Cic ... animum *to encourage*, ... *to* ... Catull ... *to* ... convicium, *to rail*, ... copiam ... *to impart it* ... cum aliquo, *to make ... one, to agree with*, Cic damnum, detrimentum, *to lose, to receive damage* Id deditionem, *to surrender*, ... delicias ... *to play the fool with*, ... & Plaut ... *to* ... *stringent*, ... ex ... *to raise an army*, Sall ex ... *to do as becomes him* Cic ... *to wrong him*, Plaut ... *to shew him favour* Liv gratiam delicti ... jurandi, ... *to absolve or dispense with it*, ... gratiam ... *to* ... Cic ... *jer shipwrack*, or ... impetum, *to charge, to* ... *want for one*, Cic justa ... *to perform one's funeral rites*, Plaut manum, *to raise forces*, Cic medicinam, *to give physic*, Cic missum, *to let alone, to let go*, Ter moram, *to delay*, Liv negotium *to trouble one*, Quint nomina, *to borrow, or take up money*, Cic ... *to lay, to bet* ... palam, *to divulge*, Cic ... *to make quiet* Id prælium, *to join battle*, Id Fac qui ego sum, esse te, *put yourself in my case*, Ter ... *to* ... Liv ... *to learn*, Cic ... *to think, or* ... *to* ... *to supplicate, or perform ... religious ...*, Cic ... *to* ... Id ... *to sacrifice*, Liv sanguinem, *to shed blood*, ... *to* ... Cic stipendium ... *to serve, or to carry away* Liv sumptum, ... *to wear* ... Liv ... *to* ... ... *to promise faithfully*, Cic ... verbum, *to speak never so little*, ... Cic ... vestigium in possessionem, ... *to step upon*, Liv ... um, *to cruel, or shew*, ... Cic Dii male faciant, *a* ... *precatory formula*

Factio, onis f verb [*a facio*] (1) *A power of making, a doing or making* (2) *A deal, good, or bad* (3) *Rank, authority, ... credit, power* (4) *A faction, party, a side, or* ... (5) *A company, or band of men* (6) *Anciently a consent, or friendship among good men* (7) But in Cicero's time used generally *in a bad sense*, as also factiosus (1) Cui testamenti factio nulla est, *Cic Top* 11 (2) Vid *Plaut Bacch* 4, 9, 2 & *Fest* (3) Dei divites sunt, deos decent opulentiæ & factiones, *Plaut Trin* 2, 4, 52 (4) Factio optimatum, *Sall Cat* 11 ... ponunt ... *Val Max* 4, 1, ... (5) Factio prasina, ... *Cil* 55 ... purpurea ... *Dom-*

nut — (5) Factiosorum, Liv (6) ✠ In bonos amicitiæ, inter malos factio, *Sall B J* 21

Factiose adv *Factiously*, Liv

Factiosus, a, um adj or comp ssimus, sup (1) *One that promiseth to do great things* (2) *Factious, mutinous* (3) *Also wealthy, noble* (1) ✠ Lingua factiosi, inerti opera, *Plaut Bacch* 3, 6, 1 (2) Piso adolescens nobilis, egens, factiosus, *Sall Bell Catil* 18 In summo gradu factiosissimus, *Plin Ep* 4, 9, 4 (3) ✠ Venit in mentem te esse divitem, factiosum, me item esse pauperum pauperrimum, *Plaut Aul* 2, 2, 50 ‖ *tat for leg ap Ar* ... in *Carac*

‖ Factitatio, ōnis f verb *An often making, or doing*, Tert ✝ Effectio, Cic

‖ Factitātor, ōris m verb *One that doth often*, Tert ✝ Effector

‖ Factitātrix, icis f *She, or it, ... that often maketh*, Hier ✝ Quæ factitat

Factitatus, a, um part *Made, or done* Hæc apud majores nostros factitata, *Cic Off* 2, 24

Factitius, a, um adj *Artificial, done, or made by art* Color factitius, *Plin* 31, 7 Gemmæ factitiæ, *Id* 37, 7

Factito, āre freq [a facio] (1) *To do often, to practise* (2) *To make, or compose* (1) Idem Pyrrhus factitavit, *Ter Eun* 4, 7, 13 (2) Nec satis apparet cur versus factitet, *Hor Art Poet* 470

✝ Facto, are *To make* Lucrum ingens facto, *Plaut Merc* 1, 1, 94 Rar occ ✝ Factito

Factor, ōris m verb [a facio] (1) *A maker, or doer* (2) *A presser of wine, or oil* (3) *A tennis player* (4) *A criminal* (5) ✝ *A factor, that trades abroad for a merchant* ✝ Also *the number multiplying in arithmetic* (1) Cupitum, dolorumque factores, *Pall de R R* 1, 6 (2) *Cato de R R* ☞ Ho factores contenti dixisse vett notionem ... non ex... (3) ✠ Datatores & factores omnes subdam sub solium, *Plaut Curc* 2, 3, 18 *ut aliqui exponunt, aut alitei, & forte rect* ... *Gronov & Lambin* (4) *Marc* ... *JC lib* 7 *Dig* (5) *Apud mediocr scul* ...

Factum, i n *A deed, a thing done, or made, a fact, or feat, either* (1) *good,* (2) *or bad* (3) *A making* as of oil, wine, &c (1) Factum præclarum atque divinum *Cic Philipp* 2, 44 (2) Nec ulius error, qui factis tot ... *Ov Ep* 17, ... B I Bonum factum, *Formula ... at its bone ... causa ... n ...* (3) Factum dicitur quod uno tempore conficiunt, *Varr R R* 1, 24

Factura, æ f *The making of a thing*, Plin 3, ... ✝ Hinc Angl *feature* Pistrix ... Lictum Dei est ... Prud A potr 752

Facturio, ire *To desire to do*, L ... ex Plaut

Facturus, a, um part *About to make, or do* Stella Jovi facturus, *Ov Met* 7, 26

Factus, a, um part *Made, or done* Homo ad unguem factus, *a complete man*, Hor Sat 1, 5, 32

Factus, us m verb (1) *A making, or bruising* (2) *A pressing of olives* (3) Also *as much as is made at a time* (1) ✠ Quo villa exercitatior esse poterit fructu, ... factu, *Varr* (2) *Cato R R* ... 1, 65 (3) *Varr* 1, 24 & *Col* 12, 50

Facula, æ f dim [a fax] *A little torch*, Prop 2 Eleg 29

‖ Faculanus, ... *A torch bearer, a link boy*, Hier

Facultas, ātis f [ab ant facul pro facile] (1) *Easiness, quickness, readiness, aptness, promptness* (2) *Art, science* (3) *Liberty, or a license* (4) *Matter, cause, or ground* (5) *Opportunity, convenience* (6) *Ability or virtue* (7) Facultates in plural, *wealth, means* (1) Dicendi facultatem ... (2) ... *Ter Andr* 1, 3, 5 ... facultatem ... *Sic stylo facultas conjunget, Quint* (2) In aliqua arte & facultate excellens, *Cic de Orat* 1, 50 (3) Summa facultas vacui, ac liberi temporis, *Cic de Orat* 15 (4) Stoici dant sui errandi facultatem, *Cic de Div* 2, 17 (5) Alio tempore, si facultas erit, explicabuntur, *Cic de Inv* 1, 46 (6) Videndum est, ne major benignitas sit quam facultates, *Cic de Offic* 1, 14 (7) Facultas secreta certis in rebus inest, *Lucr* 1, 174 (8) Ingere facultates eousque, *Plin Ep* 1, 19, 2

Facunde adv *Eloquently* ssimè, sup Hostem facunde alloquendo sibi conciliavit, *Liv* 28, 18 Totius mundi naturam prudentissime & facundissime exprompsit, *Valer Max* 3, 3, ext 4

Facundia, æ f *Eloquence, a grace in ready speaking* Facundiæ parens Cicero, *Plin* 7, 30 Iu it facundia causam, *Ov Met* 7, 505

‖ Facundiōsus, a, um part *Full of eloquence*, Sempron *ap* Gell 4, 9 ✝ Eloquentissimus, *Suet*

Facunditas, ātis f *Eloquence* Facunditatem virtus arguitur invenit, *Plaut Trin* 2, 6, 1

‖ Facundo, āre act *To make eloquent*, Sidon ✝ Facundum reddo

Facundus, a, um adj [a fando] or, comp ssimus, sup *Eloquent, well spoken* Plus quam facundus Ulysses, *Ov Ep* 3, 129 Eloquentiæ attendit Crispus, quantum vi facundus & promptus, *Suet* in *Vita*, 53 Alius ... facundior, *Quint* 12, 10 Facundissimum quinque propon ... sibi ad imitandum, *Id ibid* 2 Facundissimus sermo, *Val Max* 2, 6, 8

Fæcarius, a, um *Of, or belonging to dregs* Spongia fæcaria, *Cato*, 11

Fæcatus, a, um *Made of dross, unsettled, not fined* Fæcatum vinum, *Cato*, 153

Fæcia, æ *An inward ... Fecialis*

Fæcinius, & fecinus, a, um *Fecinia uva, grapes yielding ... lees than other grapes do*, Col ... Fæcinum vinum, *Col* 12, 45

Fæcosus, a, um adj *Dreggy, full of dregs, or grounds* Fæce ... sum gutum, *Mart* ... 102

Fæcula, æ f *Small dregs, lees, or grounds of wine, tartar, sticking to the bottom and sides of wine vessels*, Lucr 4, 400 Also *a sauce made of ... fæcula Coa*, *Hor Sat* 2, 8, 9

Fæculente adv *Dreggily* Lexicogr ex Col

‖ Fæculentia, æ f *Dregginess*, Sidon Ep ..., 12

Fæculentus, a, um adj *Of, or belonging to lees, or dregs, dreggy, feculent* Crassamentum vini fæculentum, *Col* 12, 46 Fæculentum pus, *Cels* 5, 26 ☞ *Mo... tur gradibus apud recentiores*

‖ Fæcutinus, a, um adj *idem quod* fæculentus *Full of lees*, Gell 13, 1

Fædus, a, um adj [a φαιος, fuscus] *Filthy, dirty, nasty* Al ... *fœdus*

FÆX, æcis f (1) *Dregs, or lees of wine* (2) Also *a kind of colour made of it, wherewith actors daubed their faces before vizors were in use, the grounds, or settlement of any liquor* (3) *A kind of sauce, also the dross of metal* (4) Met *The basest sort, the mob, the scum* (1) Diffugiunt cadis cum fæce siccatis amici, *Hor Carm* 1, 35, 26 (2) Peruncti fæcibus ora, *Hor Art Poet* 277 (3) *Hor Sat* 4, 73 (4) Fæx civitatis, *Cic* pro *Flacc* 8 = Apud sordem urbis, & fæcem, *Cic Attic* 1, 16

Fageus, a, um adj *Of beech* Glans fagea, *Plin* 16, 5

Fagineus, a, um adj *Of beech* Arcula faginea, *Col* 12, 45

Faginus, a, um adj *Made of beech* Pocula fagina, *Virg Ecl* 3, 36

Fagus, i f [Gr φηγος, Dor φαγος] *A beech tree* Sub tegmine fagi, *Virg Ecl* 1, 1

Fagutal n Sacellum Jovis in quo fuit *fagus* arbor Jovi sacra, *a chapel consecrated to Jupiter in Rome*, Fest

Fagutalis, e adj *Belonging to beech* Fagutalis Jupiter, *Varr de L L* 4, 32 & *Plin* 16, 10

Fala, æ f *A high tower made of timber, a gallery, a scaffold, to shoot, or throw darts out of* Qui hastis trium nummorum causâ subeunt sub falâ, *Plaut Most* 2, 1, 10

‖ Falandum, i n pro cœlo, Hetrusce [a φαλανδ, quod e φαλος, albus, nitens] *Hesych*, Fest

Falarica, æ f *A spear bound about with wildfire shot out of an engine, a rolling tower brought against a besieged city*, Veget 4, 18 *A fiery dart* Magnum stridens contorta falarica venit, *Vir Æn* 9, 705

Falcarius, i m *He that useth a sythe, or hook, a mower, a maker of scythes*, also *armed with a bill* Dico te venisse inter falcarios, *Cic Catil* 1, 4

Falcator, ōris m *A bill-man*, Lexicogr ex Col

Falcatus, a, um part (1) *Hooked* (2) *Crooked, bowed like a hook* (3) *Armed with hooks, or scythes* (4) Also *lopt with bills, or pruning hooks* (1) Falcatus ensis, *a faulchion, or scimitar*, Sil 2, 2 8 (2) Sinus falcatus in arcus, *Ov Met* 11, 229 (3) Falcati currus, *Liv* 37, 41 (4) Arbores falcatæ, *Plin* 17, 10

Falcifer, a, um *That beareth an hook, or scythe* Manus falcifera, *Ov* 13, 930

Falciger, a, um idem, *Auson de fer Rom* 36

✝ Falcula, æ f dim [a falcula] *A little hook, or knife*, Varr

✝ Falcillus, i m *A knife to cut vines, a grafting knife*, R ex Sa

✝ Falco, āre *To cut with an hook*, L ex Col

Falco, āre act *To cut, or prune with a bill, or hook*, Plin 17, 10

‖ Falco, ōnis m [a falx, qui ungues falcatos habet] *An hawk, a falcon*, also *one whose great toes are bent and crooked* ... *Turn*

Falcor, āri, atus pass *To be pruned*, unde Falcatus

Falcula, æ f dim [a falx] (1) *A little hook, or bill, a grape knife, crooked like a sickle*, also *a crooked ... or talon* (2) Also *a ... hollow, a bank martin* (1) *Col* ... 18 (2) *Plin* 8, 15

Falconculus, i m dim [a falco] *A little falcon, or hawk*, Plin *ap* Litt

Falere, is n *A pile, or little ... of stone* Lapis falere pedem & dimidium alta, *Varr R R* 3, 5

Falernum, *sc* vinum & falernus, *sc* liquor ... (1) *Muscadine, a rich sort of wine* (2) Also *a sort of ...* (1) Aufidius forti miscebat mella falerno *Hor Sat* 2, 4 ☞ ... gin m hujus vini fabulosam & ... nomin ... lege ap Sil ... & seqq Nunc mihi fumosos veteris proferte falernos, *Tib* 2, 1, 27 Nil fortes ... (2) *Ap Plin*

Falisca, æ f [a Falisco agro] *A rack, or crib for cattle to eat their meat in* ... *Cato* ... 14

Faliscus, a, um ... *A haggis, or hog's pudding in a pig's belly* ... *Mart* 4, 46, 8

Fallācia, æ f *Deceit, a cheat, a fallacy* = Simulatio & fallacia homo, *Cic Att* ... ... *Ter* ... 3, 4, 29

✝ Fallaciloquentia, æ f *Deceitful speech*, ... 1, 4, 25 *Sed al* ... fallaciloquæ, ... Fallacis loquelæ = Dolus ... næ, fallaciæ, præstigiæ, ...

‖ Fallaciōsus, a, um adj *Full of deceit, fallacious*, Gell ... ✝ Fallaciæ plenus

Fallaciter adv ssime sup *Deceitfully, falsely* = ... ficte & fallaciter, sed vere & plenter, *Cic* pro *Dom.* ... ssime adultera ... 12 16 ... & ipse ... *Rusp* ...

Fallax, ācis adj or, comp mus, sup (1) *Deceitful, ... adulterate* (2) *Lying, uncertain* (1) = Fallaces & fucosæ merces, *Cic* pro *Rab* ... (2) Astrologi vani & fallaces, *Cic Div* 1, 19 Fallacior ... *Met* 13, 799 Homo fallacissimus, *Cic* pro *Dom.* 9

Fallendus, a, um part *To be deceived* Vix potuis ... bages fidei ... fallendus, ... 9, 11

Fallens, tis part (1) *Sliding, or slipping* (2) *Lying, deceiving* (3) *Beguiling, deceiving* (1) Fallens vestigium, *Plin* (2) = ✠ Diligimus omni ... id est, fidelis, simplex, constant, ... non fallentem ... *Cic* (3) Studio fallente laborem *Hor Sat* 2, 2, 12

FALLO, ere, fefelli, ... [a σφαλλω, idem] (1) *To slip, or slide* (2) *To deceive, to cheat, cozen, or cheat* (3) *To disappoint* (4) *To lurk, or ... abscond* (5) *To escape, not to be obscure* (6) *To ...* (1) *Vid* Fallens, n 1 (2) = Recius socios insulis decepit ... fefellit, *C* ... tuit, fraude & perfidia fefellit, *Cic* pro *S Rosc* 40 (3) Mul ... pino fallit, *Cic in Sall* 5 (4) Speculator qui ... hominum ... fefellerat, Romæ deprehensus, *L.* (5)

(1) Nec [illegible] male, qui natus mo[illegible] fallit, *Hor Ep* 1,17,10 (2) [illegible] ill us Fille dolo, [illegible] 1, 698 Neque te fallit [illegible] *not ignorant*, Cic passim ‡ [illegible] *not to do them*, [illegible] 6,6 visum, *not to be* [illegible] 6, 50 curam somno, [illegible] Hor Sat 2, 7, [illegible] *to commit adul-* [illegible] Ov Ep 16, 58 ‡ tempo a, *to* [illegible] Id ex Pont 4, 10, 6

[illegible] sus pass *To be de[ceived]* [illegible] &c Fallitur [illegible] Prop 4, 1, 81

[illegible] m *A forger of* [illegible] *a falsifier of evid nces*, [illegible] fraudanda ma[illegible] 15

[illegible] *Falsly* Asi ntiri [illegible] C [illegible] 4, 46

[Falsidicus], a, um adj *A liar*, [illegible] *reporter*, Plaut Capt 3, [illegible] Mendax, *Cic*

|| F[alsific]atio, ōnis f verb *A* [illegible] *counterfeiting*, Cod

|| F[alsific]ator, ōris m verb *A* [illegible] ‡ Falsarius, *Sect*

|| F[alsifi]catus, a, um part *Fal-* [illegible] *counterfeited*, Prud H[illegible] ‡ Adulterinus, *Cic*

|| F[alsifi]co, are act *To falsify*, [illegible] ‡ Adultero, *Cic*

F[alsificus], a, um *He that work-eth* [illegible] *or false*, Plaut Mil [illegible]

F[alsi]j[ur]us, a, um *That sweareth* [illegible] *falsly*, Plaut Mil 2, 2, 35

F[alsil]oquen[tia], a, f *False speak[ing]* [illegible] ex Cic

F[alsil]oquus, a, um *A liar, one* [illegible] *speaketh false* Quarum te[illegible] falsiloquum esse nolo, [illegible] Capt 2, 2, 11

† F[alsi]monium, i n *A deceit*, [illegible] Plaut Bacch [illegible], 6, 12

F[alsi]parens, tis c g *That* [illegible] *a reputed father* Falsipa[rens] Amphitryoniades, *Catull* [illegible]

F[alsit]as, atis f *Falshood* Pa[illegible] falsitas habet, *Cic* [illegible]

F[also] [illegible] *Falsly, wrongful-ly* [illegible] Falso queritur [illegible] sua genus humanum, [illegible] 7.

|| F[also] are act *To forge*, [illegible] *or falsify*, Mod ‡ A[illegible]

F[alsum], i n *A falshood* Ni[illegible] 4, 5, 49

F[alsus], a, um part [a fallor] [illegible] *mistaken* (2) Adj [illegible] *unfaithful* (3) *Spu-*[rious] (1) § Ut falsis animi est, [illegible] (2) ☞ = Quæ [illegible] ut fictum est, [illegible] est, *Ter* [illegible] 1, (3) [illegible] progenies [illegible] *Sat* 1502

FALX, [cis] f [Gr illegible], (1) *A hook, a bill, a scythe*, (2) *An engine of war*, *a hook to pluck the* [illegible] *wall of a be[sieged town]* [illegible] *cut in sunder* [illegible] *the enemy's* [illegible] Cato, cap [illegible] 10, *Col* [illegible] 2, 25 [illegible] (2) Hostis formam & [illegible] B [illegible] 14 docebit

FAMA, æ f [Gr φήμη, Dor] (1) *A fame, rumour, common report*, [illegible] (2) *Re-*[putation] *good name*, or [illegible] (3) *Infamy* (4) *A* [illegible] (1) Ut [illegible] quam fa[illegible] Cic (3) = Per[illegible] & fama, *Cic* [illegible] Fama & lau pe-

rennis, *Id* (3) Fama inconstan-tiæ, *Cic Fam* 9, 16 temeritatis, *Id* Neque enim specie famave movetur, *Vir Æn* 4, 170 (4) Ex vet re fama Græciæ hæc col-lecta sunt, *Cic N D* 3, 2, Famæ in plur *Plaut* solus

Famelice adv *Very hungrily*, [illegible] ex Plaut

Famelicus, a, um adj *Hungry*, *hunger-starved* ☞ Dum ride bunt saturi, mordebunt famelici, *Plaut Trin prol* 14

FAMES, is f (1) *Hunger*, *fasting* (2) *Dearth* (3) Met *A greedy desire of* (1) Sæpius dum vincitur extis pro it fames, *Val Flacc* 2, 318 Fame & me-ri bilem in risum conciunt, in supposit *Plaut Amph* (2) In fame frumentum exportare erat ausus, *Cic* pro *Flacc* 17 (3) Au-ri sacra fames, *Vir Æn* 3, 57 ☞ *Antiq* Fames, ei, unde in abl *fame* adhuc producti in [illegible] *Ut*, Fructus morbo que fam[e]que, *Ov Met* 13, 52

|| Famesco, ere *To wax hun-gry*, Alcim ‡ Esurio

Famiger, era, erum *One that carrieth tales, and slan-ders*, or *backbiteth*, Varr L L 5

|| Famigerabilis, e adj *Famous*, *renowned*, Apul Met 1 p 1, ‡ Celebris, *Cic*

Famigeratio, ōnis f verb *A spreading of a report*, Plautus finxit, Trin 3, 2, 66

Famigerator, ōris m verb *A teller of news, a spreader of re-ports* Ex Plaut *fabrica*, *Trin* 1, 2, 178

|| Famigeratrix, icis f verb *She that reporteth, and telleth news*, Lexicogr ex Apul ‡ Quæ spargit rumores

|| Famigeratus, a, um part *Re-nowned, famous*, Apul Florid p 790 ‡ Celebratus

|| Famigero, are act *To re-port*, or *blaze abroad*, Lit ex Apul ‡ Prædico, celebro, *Cic*

Familia, æ f & as f [a famul aut famulus, ut sit propriè famu-lorum] (1) Anciently and properly *the servants belonging to one common master* (2) Afterwards *together with them the wife and children*, or what we from this word call *a family*, of which the master was called *pater familias*, the mistress *mater familias* (3) *The branches descending from one common ancestor*, or *adopted into the same lineage* (4) *A society, company*, or *fraternity of men of the same sect*, or *pro-fession* (5) *A man's estate*, or *substance* (6) *A dwelling house* (7) *A pack of card* (1) Ne de fundo familia opere decedat, *Varr R R* 1, 16 ubi id plura [illegible] *Suet* in Ver 4, ☞ Aesopus, domino cum solus esset, famili[a], *Phædr* 3, 19 (2) Ample & ho[nesta] familia plebeiæ, *Cic* pro *Mur* (3) ‡ Ex gente Domitia duæ familiæ claruerunt, *Suet Ner in princ* (4) Peripateticorum fa[milia], *Cic de Div* [illegible] gladiato-rum, *Id* pro *Sulla*, 19 Unde bel-li [illegible] nisi ex ab[illegible] fa-[milia]um *Flor* 3, 12, 10 (5) Proximus agnatus familiam habe-to, *Lex XII Tabb* Arbitrum fa-miliæ erciscundæ postulavi, *Cic* pro *Cæc* 7 Decem dierum vix erit mihi familia, *Ter Heaut* 5, 1, 36 (6) Lar sum familiaris ex hac familia, unde me ex[illegible] untem aspexistis, *Plaut in prol Aul* (7) Novæ rei vet vocab [illegible] aptè ac-commodavit *Jun*

Familiaricus, a, um adj *Of a family* Sella familiarica, quæ &

Patrocliana, *a closestool*, Varr R R 1, 13

Familiaris, e adj or, comp fi-mus, sup ad familiam pertinens, ex eadem familia (1) *Of the same family*, or *houshold*, *belong-ing to a family* (2) *Familiar*, *usual* (1) Ego sum LAR fami-liaris, *Plaut Aul prol* (2) Cum ipsi sit familiarior, *Ter Phorm* [illegible] 5, 9 Familiarissimus amicus, *Cic Fam* 1, 1 Demosthenes fami-liarior nobis propter scriptorum multitudinem est, *Cic de Orat* 3, 19 = Vir optimus, mihique familiarissimus, *Cic Fam* 1, 30 = Intimus, proximus, familiaris-simus sibi pertimuit, *Cic* ad *Q fr* 1, 4

Familiaris, is m (1) *A ser-vant of the family* (2) *A friend*, *a familiar*, *one of a high*, [illegible] *acquaintance* (1) Hac sola fa-miliam mentem gestat meorum fami-liarium, *Plaut Amph* 5, 1, 1 In-[illegible] familiarium, *Id Aul* 2, 2, 18 (2) ☞ = An [illegible] go [illegible] contra illenum pro [illegible] necessario meo ? *Cic Philipp* 2, 2

Familiaritas, tis f (1) *Fami-liarity*, *acquaintance*, *familiar friendship*, *intimacy* (2) Met *A familiar friend* (1) Familia-ritatem consuetudo attulit, *Cic* pro *Deiot* 11 (2) = Omnes illari-tas familiaritates suas affixit, *Suet Tib* 51

Familiariter adv ius, comp ssime, sup (1) *Familiarly, home-ly* (2) *Plainly* (3) *Privately*, *thoroughly* (4) *Grievously, with great concern* (1) Nimium fami-liariter me attrectas, *Plaut Aul* 2, 1, 6 (2) = Ut te audacter mo-neam, & familiariter, *Ter Heaut* 1, 1, 6 (3) Familiariter nosse cau-sam [illegible] (4) Mortem hujus tam tert familiariter, *Ter Andr* 1, 1, 84 = Familiarissime [illegible] amicissim[illegible] vi-vere, *Cic Div in Verr* 9

Familias ant gen *pro* familiæ

Famosa, æ f subst *A miss*, *a courtezan* Ad famosis me ve-tuit mater accedere, *Cic de Or* 2, 68

Famosus, a, um adj simus, sup (1) *That hath an ill name*, *infamous*, *notorious* (2) *Great-ly renowned, much spoken of* (1) Mœchus, furcius, aut ali-o[illegible] famosus, *Hor Sat* 1, 4, 5 ☞ *In hunc sensum accipiunt ve-tustiores* [illegible] (2) Fa-mosi urbs, *Val Fust* 5, 2, 1 Fa-mon[illegible] *Suet Cal* 17 ¶ Famosi libelli, *libels*, *Suet Aug* 55 Fa-mosum carmen, *a lampoon*, *Hor Ep* 1, 19, 31

‡ Famul, *pro* famulus *Enn ap Non* Servus ab oscis fic dic[tus] *Fest*

Famula æ f *A maid*, or *maid servant* Famulasque ad lumina longo exercet penso, *Vir Æn* 8, 411

Famulans, tis part *Attending* Nec tribuit famulantis fistula Phœbi, *Stat Sylv* 3, 3, 58 Tor-tum famulante, *Claud B Gl* 513 ‡ ssimus, sup [illegible] pl[illegible] at, or *obediant*, *Boet*

Famulanter adv act *Hum-bly*, *servilely*, Non 2, 351 ‡ Obedienter, *Liv*

Famularis, e adj *Of a servant* Vestis famularis, *Cic Tusc* 1 48 turba, *Stat Achill* 2, 67 cultus, *Val Max* 5, 6 ext 1 Nec fam u-lari tiens, *Stat Sylv* 3, 1, 40 [illegible] servilitei

|| Famulitio, ōnis f verb *At-tendance*, or *doing service*, Gl

vet ‡ Famulatus, *Cic* Also *a retinue of men and maid ser-vants* Multi frequenti stipata famulitione, *Apul Met* 2 p 37 ‡ Famula, *Cic*

Famulator, ōris m verb *An attendant*, Lexicogr ex Stat

|| Famulatrix, icis f *A she waiter*, Donat *ad* Ter Andr 1, 1, ‡ Famula

Famulatus, ûs m *Serviceable attendance* Quam miser virtutis famulatus, servientis voluptati ? *Cic Offic* 3, 33 Famulatus gra-vis, *Sen Hipp* 991

|| Famulitis, itis f *Service*, Accius & Picus *pro*

Famulitium, ii n (1) *Service*, *attendance* (2) Also *a company of servants* (1) Duro famul tio adstrictus, *Varr* (2) Unus e fa-mulitio, *Macrob*

Famulor, ari, atus sum dep *To serve, attend*, or *wait upon* Est genus injustæ servitutis, cum hi famulantur, *Cic* [illegible] Non [illegible]

Famulus, a, um adj *Of*, or *be-longing to a servant* Tradiderat famula jam tibi Rhenus aquas, *Ov Ibis* 1, 286

Famulus, i m [a famul, [illegible] servi, apud Oscos] *A servant*, *an houshold servant*, *a waiting man* ☞ Sed ut sit fane alii benda [illegible] ut herus in famulos, [illegible] tenera non possint, *Cic Of-fic* 2, 7 Famulus sacrorum, *a parish clerk*, *a curate* Jun

Fanatice adv *Madly* Fana-tice pervolant, *Apul Met* 8 p 60 ‡ Furiose

Fanaticus, a, um adj prop de sacerdotibus, *Fanaticus Gl Phil* qui insanire videbantur ut furere, cum [illegible] dirent responsa, hinc sum pro devotis furiosis, & insano (1) *Inspired*, *possessed* (2) *Be-side himself, mad, frantic* (1) Crine [illegible] fanaticus Isiaco [illegible] *Juv* 2, 112 (2) Hic [illegible] caput fanaticum est, *Quint* 11

Fandi gerund *Of speaking* Coram data copia fandi, *Vir Æn* 1, 524

Fando gerund (1) Act *In re-lating* (2) Pass *By report* (1) Quis talia fando temperet a la-crymis ? *Vir Æn* 2, 6 (2) Ne fando quidem auditum est, *Cic N D* 1, 29 ☞ Hic usus frequen-tior atque vetustior

Fandus, a, um part (1) *To be uttered* (2) *Fit to be spoken*, *lawful*, *right* (1) Neque mi Apollo fatis fandis dementem in-vitam ciet, *Cic de Div* 1, 31 ex *poeta* (2) ☞ Sperate deos me-mores fandi atque nefandi, *Vir Æn* 1, 54

Fans, tis part *Speaking* Sub-trahi hæc fantem torvè vertit genu fluctus, *Propert* 3, 7, 65

Fanum, i n [forte à fando, quod pontifices in sacrando fanum fantur, quod vocabant *effari ten pla*, Varr sed de etymo non con stat, adi Fest] *A temple*, *a church*, or *plat of ground conse-crated* Fanum locupletissimum & religiosissimum, *Cic* pro *Leg Manil* 9 Fanum Neptuni, *Nep Paus* [illegible] In tuo luco & fano mo-do est [illegible], *Plaut Aul* [illegible] 8

FAR, farris n [ab Heb בר Var, frumentum, triticum] *All manner of corn, beer* [illegible] De cujus spec consule *Col* 2, 6 & 11, 2 Also *meal*, or *flower* Farre pio veneratur, *Vir Æn* 5, 745 *Sc* molâ falsâ Farre sparguntur ex-ta, *Val Max* 2, 5, 5 Farra fran-gere saxo, *Val Flacc* 2, 449

Farcimen,

I uunum, ims n *A gut pud ding*, ... Abeid in ... tu ... sit ... at ... L ...

|| Farinntur, ... *A sifting* ...

|| Farinnfus, a, um adj ... Dint ... fit ... tem ... mea ...

|| Farinntum, ... n *Bran* ... Veg ...

Farcio, ire, fi, tum & ctum, ... Merth ... *to fill, to stuff, or feed, to fat*, ... Cato 89 § Farcire ... *to cram with* ... Plin ...

|| Farcitus, a, um part *Stuffed*, Varr

Farctor, ... Vid Fartor, &c

Fartura, æ f (1) *A cramming* (2) *The filling of stones in places of the walls in the middle* ... (1) Col 8, 7 ... (2) ... 2, 8

Fartilia ... *The vobl* ... Apul ... Plin

Farium, ... vel farreum, ... n ... *fartilem* ... sunt ... & ... Litt ... Apul ... *kind of* ... *or f* ... *cannot* ... Jun

Farrago ... *The white* ... Plin 24, 15

... Vid ...

Farina, æ f ... dict *Plin* quod ... molitum] (1) *Meal flower* (2) *Also powder, or dust* (1) ... *fair* (2) In ... Plin 2, ... Farina pumicis, Id 14, 22 ... marmoris, Id 22, ... ¶ Farinæ ... *of a barrel the better herring*, Prov

|| Farinarius, a, um adj *Of, or belonging to meal* ... Plin 18, 11

Farinarius, ... m *A mealman*, Cato ... 76

|| Farinulentus, a, um adj *Like meal, mealy, full of meal* ... fordida ... Apul Met 9 p 280 ... Plin

Fario, onis m *A trout*, Auson ... *Gl*

† Farior, ari [fando] *To pronounce, or declare*, XII Tab

Farnus ... *A kind of oak*, Vitruv ...

Farraceus, a, um adj *Of corn* ... Plin 24, ... Farracei ... R R ...

Farraginarius, a, um ... Col ... 2

Farrago, ... f ... farre ... go, quod ... (1) *A mixture of sundry grains together, a medley* (2) Met *A mixture of good and bad together, a hodgepodge* (1) Varr R R ... (2) Farrago libelli *Juv* ... 86

|| Farrarius, a, um ... Agi ... *that bring forth corn*, Schol ... ‡ Seges

|| Farrarium, ... *Food made of corn, frumenty, or a hasty pudding*, Juv ex

Farratus, a, um *Done with corn* ... *Pers* ... 31 ... & *Juv* 11, 1 ...

|| Farreatio, onis f verb *A uniting people in marriage with the ceremony of a cake*, Cod

|| Farreator, oris m verb *He that joineth together in marriage*, Cod

|| Farreatus, a, um part *Joined together in marriage with a cake*, Cod ‡ Matrimonio conjunctus, conjugatus

|| Farreo, are *To join together in marriage with a cake*, Dig

Farreum, i n Genus cibi ex farre factum, *Fest* Item farreum, ... *A wheaten cake used in marriage, and ... to ... corn in* ... Novæ nuptæ farreum præferebant, *Plin* 18, 3

Farreus, a, um adj *Of corn* ... Col ... 12 Farrea ... *Aur* ... *gar* ...

Fartilia, um pl n *Balls, or pellets to cram fowls, or poultry with*, Jun

Fartilis, e adj *That is crammed, or ... fat* An ... Plin 10, 2.

|| Fartim adv ... *crowding, or cramming*, Apul ... ‡ Confertim

Fartor, oris m verb [farcio] (1) *A poulterer that feedeth, or crammeth fowls* (2) *A pudding, or sausage maker* (1) Gallinam ... fieri fartoris, non fucta ... Col 8, 7 (2) *Ter Eun* 2, 2, 26 § It nomenclator, ... quod fartura ... nomina candidatis in aurem ... fucirent, *Fest*

Fartum, i n [a farcio] dictum] *A pudding, or sausage*, also *a kind of meat consisting made up of several sorts of stuff* Ex ... & opimo vincere farto, *Pers* 2, 48

Fartura, æ f *The filling, or cramming of fowls to make them fat*, Col Vid Farctura

Fartus, a, um part & fultus *Stuffed, crammed* Pulvinus rosa fartus, *Cic* ... 5, 11 Pulveis ... *Plin Ep* 10, 18

Farus, ... m *A stuffing, filling, or cramming*, Col 5, 10 Non vestem mulieris amant, sed vestis fartum, *Plaut* ... 1, 3, 13

Fas n indecl [a fando *sc* pro ... vel quod d... vel ... dotes ... sunt, *Fest* vel quod fari ... gnum sit, ut *Ifid*, quod est nefandum, i e non fandum] (1) *Right, justice, equity* ... (2) *A thing lawful*, (3) *or possible* (1) ... Fas atque nefas exiguo fine libidinum discernunt avidi, *Hor Od* 1 18, 10 (2) ... Quod aut per naturam fas ... per leges licet *Cic* ... § Festis quædam exercere diebus fas & ... (3) ... Plus quam superis contingere fas est, *Ov* 2, 57

Fascia, æ f dict quod ea ali quid fascium ... (1) *A swath, band, or roller, used by the antients on their thighs and legs, instead of our breeches* (2) *A band to tie wounds or broken limbs* (3) Also *a cloud* (4) Also *a wreath about the top of a pillar* (5) Also *a diadem* (6) *A stomacher, or breastcloth, a child's bib* ... *A hairlace, or headband* (1) Vide Casaub ... differt de feminalibus & tibialibus, ap *Suet Aug* 82 Fasciæ crurales, *Quint* 11, 3 (2) Recte genibus applicantur, & fasciis circumdantur, *Col* (3) Nil color hic cœli, nil fascia nigra minatur, *Juv* 14, 294 (4) *Vitruv* ... (5) Sub regis fascia multum latet mali, *Sen Ep* 80 (6) Fascia crescentes dominæ compesce papillas, *Mart* 14, 134 (7) Fascia crinalis, *Ulp*

Fasciatim adv [a fascis, non a fascia sign in non per fascias, sed per fasces, *Diom*] *Bundlewise*, Quint 1, 4

|| Fasciator, oris m verb *He that swadleth*, Hier ‡ Qui fascia ligat

Fasciatus, a, um part *Swathed* Nec fascinato naufragus loquax trunco, *Mart* 12, 57, 12

|| Fascicularis, e adj *Belonging to a bundle*, Const Imp

Fascicularia pl *Bundles of wood, straw, &c which soldiers got by foraging*, Veg 2, 19

Fasciculus, i m dim [a fascis] (1) *A packet, or little bundle* (2) *A posy, or nosegay, a handful* (3) || *A pack of cards* (1) Fasciculus epistolarum, *Cic* ... *Q fratr* 2, 11 librorum, *Hor Ep* 1, 13, 13 (2) Fasciculum ad nares admovebis, *Cic Tusc* 3, 18 (3) ...

|| Fascinamentum, i n Incantamentum *A kind of bewitching, a harm*, Litt ex Apul

Fascinans, tis part *One that bewitcheth, or forespeaketh*, Plin 13, 4

Fascinatio, onis f verb *A bewitching, enchanting, or charming* Fascinationibus adoratione peculiari occurrimus, *Plin* 28, 2

|| Fascinator, oris m verb *He that bewitcheth*, Gloss vett

Fascinatrix, icis f *She that bewitcheth*, Litt ex Apul ‡ Quæ fascinat

† Fascini antiq Fascinos dicti, qui fascinum depellere credebantur, *Fest*

Fascino, are (1) *To bewitch, forelook, or forespeak* (2) *To praise and commend one overmuch* (1) Oculus mihi fascinat agnos, *Vir Ecl* 3, 103 (2) Mala fascinare lingua, *Catull* 7, 12

Fascinum, i n [a Gr βάσκανον] (1) *A lewd charm, a device wherewith children ... anna* (2) *Amulets, or counter-charms* (3) *Item membrum virile* (1) Fascino morderi, *Syn* ... mala lingua, quippe duplex fascinum, alterum oculorum, linguæ alterum (2) Vid Pignorium in expositione mensæ Iliacæ, ... (3) Num minus languet fascinum *Hor Epod* 8, 18

Fascinus, i m *The God that forbiddeth away charms and witchcraft*, vid *Plin* 28, 4 ... Spart ...

Fascio, are *To swathe*, ... *a truss*, Litt ex Cels

Fasciola, æ f dim [a fascia] *A little winding band, or swathing cloth, a garter* Fasciolas purpureas, *Cic de Harusp Resp* ...

... Fasciatus pass *To be swathed*, Capitol

FASCIS, is m (1) *A bundle of wood, twigs, straw, reeds, &c a fagot, or bavin* (2) *A bundle, fardel, burden, or packet* (3) Fasces plur *Bundles of birchen rods, carried before the Roman magistrates, with an axe bound up in the middle of them, so as to appear at top* (4) *Also the office and dignity itself* (1) Fascis virgultorum & stramentorum, *Hirt B G* 8, 15 Calamorum, *Mart* 14, 58 ... (2) Ego hac te fasce levabo, *Vir Ecl* 9, 65 (3) *Florus*, 1, 5 Fasces sunt fasces, i e honos est onus, *Prov* ... Fasces 2, 99 ... ¶ Dictator fasces habuit 24, Consul 12, Prætor urbanus 2

‡ Faselus & fasiolus Vid Phaselus

Fassurus, a, um part [a fateor] *About to confess*, Ov

Fassus, a, um part [a fateor] *That hath confessed* Pa... cor fasso, *Ov Ep* 16, 11 ... mam fasso, *Id* ex *Pont* ...

(1) Fasti, orum pl m (2) ... Fastus, uum pl m Ingulus ... omnium ratio exponitur, ... cum dies fasti ... hinc appellab ... (2) *Fasti Calendars, wherein were set down their feast ... the names of their officers, their pleading days, and all the public business they had to do ... the year, a book of* ... *called for that reason* ... fastos populo propositos ... *Cic* pro *Mur* 11 vid & ... *Tib* c 5 & ibi *Torrent* (2) ... quos astrologorum fastus ... 14 *Varro* quoque & *L* ... quibus adde *Sil* 2, 10 ... *Claud* id *Prob* vel 15

Fastidiendus, a, um part *To be disdained*, &c Fastidiendus candidatus, *Val Max* 6, ... Verba fastidienda dictu, *Id* 1, 2

Fastidiens, tis part *Loathing*, &c Fastidientis stomachi ... ta degustare, *Sen Ep* 2

|| Fastidienter adv *Idem* ... Apul Met ... ‡ Fastidiose, *Cic*

‡ Fastidiliter adv *Idem* ... ap *Non* 2, 36

Fastidio, ire, ivi, itum ... [cum fastu quodam contemnere, *Perot*] (1) *To abhor, to ...* *to scorn, to set light by, to ...* *no account of* (2) *To loath, to be ready to vomit* (1) § Fastidit mei, *Plaut Stich* 2, 2, 10 § ... hic fastidit Alexis, *Vir Ecl* ... (2) § *Absol* ... quam fastidis, *Plaut* ... § Fastidire olus, *Hor Ep* 1, ...

Fastidiose adv ius, comp ... *fully* Stomachans fastidiose, *Cic* pro *Planc* 27 ... *Id de Orat* 2, 59 ... aestimas, *Val Max* 2, ...

Fastidiosus, a, um adj or, comp ... simus, sup (1) *Disdainful* ... *ful* (2) ... *loatheth and cannot* ... (1) ... *rous*, ... (1) Fastidiosus ... terarum Latinarum, *Cic* ... *Orat* 70 § In pares fastidiosus, *Ad Herenn* 4 40 (2) ... sensus fastidiosissimus, *Ad Her* 4, 23 (3) ‡ Antonius facilis in ... causis recipiendis, Crassus fastidiosior, *Cic de Clar Orat* ...

|| Fastidiosor, oris m ... *Ulp*

Fastiditus, a, um part ... *slighted, loathed* ... Parsimonia fastidita jacet, *Juv* ... Verba fastidita repetere, *Ov Pont* 4 1, 1 ...

Fastidium, i n (1) ... *haughtiness* (2) *Nausea, loathing* (3) *Qualms, ... qualms of women with child* (1) Superba pati fastidia, *Vir Ecl* 2, 15 (2) ... Cum ... fastidium, *Cic de Inv* 1, 17 (3) Matri longa decem tulerunt fastidia menses, *Vir Ecl* 4, 61

Fastigans, ... part ... [a fastigo] *Rising up with a point*, Sil 5, 50.

|| Fastigate ... *Raised to the height* ... *advanced*, Sidon

|| Fastigate adv *With* ... *point towards the top*, ...

Fastigatio, onis f verb *The making of a thing sharp towards the top*, Plin 17, 14 ... *point fastigatio*

Fastigiator, oris m *He that maketh a sharp point at the top*, Litt ex Vitruv

Fastigiatus, a, um part *Sharp-ed in the top like a pyramid* Tigna prona & fastigiata, *Cæs B C* 17

Fastigo, *vel potius* fastigo, are *To rear, or built up to a sharp top*, Mel 1, 4

Fastigor, aris, atus pass *To be raised, or built up to a sharp top*, Plin 18, 7

Fastigium, ii n [a fastu, ut a ... fastigium nam fastuosi altum ...] (1) *The top, or height ... the ridge of an house* ... *the bottom, or depth* as of a pit (3) *A temple set on the tops of great houses, raised in ... pyramid* (4) Met *The accomplishment, or close of a work* (5) *Rank or quality* (6) ... (1) Fastigia suspiciens ... *Virg Æn* 1, 442 (2) Perum & scrobibus, quæ sint fastigia quæras, *Virg Geor* 2, 288 (3) D Julius habuit pulvinar, simulacrum, fastigium, flaminem, *Cic Philipp* 2, 43 (4) ⁂ Quoniam operi ... tanquam fastigium imponimus, *Cic Offic* ... (5) Pari fastigio stetit in utraque fortuna, *Nep Attic* 14 (6) ... 1, 6

Fastose adv *Proudly*, Litt ex Plaut

Fastosus, a, um adj *Proud, disdainful, haughty* Fastosa lumina mæchæ, *Mart* 10, 13

Fastuose adv *Proudly, disdainfully, scornfully, haughtily*, Sen

Fastidium, ... is f *Disdain*, Litt ... Catone

Fastuosus, a, um adj *Disdainful*, Litt ex Sen

Fastus, ûs m [a fando] *Haughtiness, pride, disdain* Fastus inest pulchris, *Ov Fast* 1, 457

Fastus, a, um adj [a fas] *Lucky, lawful*, Ov Fast 1, 48 *Fasti dies*, quibus certa verba legitima ... prætoribus licebat fari ... Tria autem hæc tria, ... *dico, do, addico* aliquid mea sententia, *pleading days*

Fatalis, e adj (1) *Fatal, ordained by fate* (2) *Killing* (3) *Natural, deadly* (1) ⩵ Fatalis & immutabilis continuatio ordinis ..., *Cic Acad Q* 1, 7 (2) ... fatale parabat munera, *Ov Met* 5, 182 (3) ⁂ Seu ... conflatam insidiis mortem ... *Vell* 2, 4

Fataliter adv *Fatally, by order of fate*, Fatal ter esse definitum, *Cic de Div* 2, 7 ¶ Fataliter mori, *to die a natural death*, Eutrop 1, 10

Fatatum *Decreed by fate* Cui fatatum, ... *Sall B C* ... fatum

Fatendus, a, um part *That is to be confessed* Sunt tamen ... fatenda ... *Ov Trist* 3, 16 Peccatum fatendum est,

FATEOR, eri, fassus sum dep (1) *To confess, to own, to grant* (2) *To declare* (3) Sometimes ... *owned, or granted* ... prompte videtur, ... (2) Animum ... *Ov Trist* 6, 19 (3) ... publicus esse fateatur ... *Rull* 2, 21

Fatidicus, a, um *vel* fatidicus, a, um ... *What is to come* Fatidicus ... *Ov Met* 9, 417

Fatidicus, a, um [a fato dicendo] ... *or fortunetelling* ... *Cic N D* 1, 8 Oracula Fauni fatidici genitoris

adit, *Virg Æn* 7, 81 Fatidica quercus, *Sen Herc Oet* 1474

Fatidicus, i m *A prophet, or foreteller of things to come, a fortuneteller* ⩵ Fatidicorum & vatum effata, *Cic de Legg* 2, 8

✠ Fatifer, a, um *Destructive, deadly, mortal* Fatifero Mavors accingitur ense, *Ov Am* ... 3, 2, Fatiferi arcus, *Sil Ital* 2, 116

Fatigandus, a, um part *To be tired, or worn out*, Cic

Fatigatio, ōnis f verb *A sore wearying, or tiring, weariness, fatigue* Minus affecit sensus fatigatio, quam cogitatio, *Quint* 1, 12 Fatigatione continuati laboris affici, *Curt* 7, 11, 17

|| Fatigator, ōris m *He that wearieth*, Aug

Fatigatrix *She that wearieth*, &c Litt ex Petron

Fatigatus, a, um part *Wearied, tired* Magno æstu fatigati, *Cæs B C* 2, 95 Fortuna veluti fatigata, *Paterc* 2, 69, 6 ⁂ Fatigatus corpore, *fessus* animo, *Serv* sed sæpe fallit

Fatigo, āre, act [a fatum *id quod affatim*, & igo] Unde fit ut abundanter, valde vel intente significatione suâ involvit *This verb hath so many elegant significations, and so remote from the use of our tongue that it is difficult to fix them* (1) *To weary, to tire* (2) *To vex, or trouble much* (3) *To importune* (4) *To distress, or torment* (5) *To give no rest* (6) *To spur* (7) *To baffle, and confute* (8) *To drive, or beat* (9) *To wear out, or spend* (1) Quum jam obledo sui Barbaros fatigasset, *Flor* 1, 13 Fatigent scriptorem bella gesta, *Paterc* 2, 89 (2) Quæ mare nunc, terrasque metu, cœlumque fatigat, *Virg Æn* 1, 284 (3) Precibus cuncti fremituque fatigant Æsoniden, *Val Flacc* 8, 386 (4) Fatigabat inopia aquæ, *Tac Hist* 5, 3 (5) Jaculo cervos cursuque fatigat, *Virg Æn* 5, 253 (6) Quadrupedem ferrata calce fatigat, *Virg Æn* 11, 714 (7) Non verbis, sed vinculis, & carcere fatigandi, *Cic* (8) Versaque juvencûm terga fatigamus hasta, *Virg Æn* 9, 610 (9) Noctemque diemque fatigant, *Virg Æn* 8, 94 ¶ Dentem in dente fatigare, *to grind his teeth*, Ov Met 8, 8..

Fatigor, āri, ātus pass *To be wearied, fatigued*, &c Acquirenda præda ... *Curt* ... 5 ... referendo fessi, *Id* ..., 5

✠ Fatiloquus, a, um [a fatum & loquor] Carmenta fatiloqua, ... 1, 7

|| Fatim adv unde in comp *affatim* [a fatum, *Perott*] *Abundantly, intensly, very much*, Serv

Fatiscens, tis part *Being weary* Illi fatiscens incipit, inque humeros ipsâ vi moli & iræ proruit, *Val Flacc* ...

Fatisco, ere [ex fatim, *i e* valde, & hisco, *i e* hio, *Serv*] (1) *To chink, chap, or cleave, to split, to gape* (2) *Also to leak, as a ship, to fail, to grow faint, or feeble* (3) *To be wrought out of heart*, as land is (4) Met *To be weary, to tire* (1) Area fatiscit, *Virg Geor* 1, 180 Accipiunt inimicum imbrem, rimisque fatiscunt, *Virg Æn* 1, 127 (2) Ne (rex) ... fatiscat, *Plin* 17, 2 (3) Omni solo quod prædictorum leguminum segetibus fatiscit, una præsens medicina est, *Varr R R* 2, 14 (4) Donec fatisceret seditio, *Tac Hist* 3, 10, 8

|| Fatiscor, i, fessus *Acc* & *Pacuv* ap *Non* unde Defetiscor, defessus *To be weary, to grow faint*

|| Fatiscentur, *pro* Fatiscunt, Litt ex ...

Fatue adv *Foolishly*, Quint 6, 5

Fatuitas, ātis f *Foolishness, simplicity, sottishness*, Cic de In ... 2, 32

Fatuor, āri, dep *To dote, to play the fool or ninny* Audimus, & defatigamur ... *Sen Lud de morte Claudii*

Fatuor, āri, atus pass [a Fatua Fauni uxore] *To be inspired, or prophesy*, Justinus, 43, 1, 8

Fatum, i n [a fando, Dei fatum, *i e* dictum decretum, *Quis ... aliud est fatum, quam quod de unoquoque nostrûm Deus fatus est? Minut Fel*] (1) *God's providence, or decree* (2) *Fate, the order and series of causes, the course of nature* (3) *Destiny, or fortune, as they call it* (4) *Calamity, mischief, misfortune* (5) *Death, a natural death* (6) More rarely, *an untimely death*, sometimes also it is taken for *a man's fortune, or circumstances* (7) Also *an oracle*, id quod est *fatum* (1) Fatum est quod dii fantur, *Stat* vel poeta ap *Serv* in *Æn* 2 (2) Fieri omnia fato, ratio cogit fateri, *Cic de Div* 1, 55 ⩵ ⁂ In incerto judicium est, fatone res mortalium, & necessitate immutabili, an forte volvantur, *Tac Ann* 6, 22, 1 (3) ⁂ Circa Deos & religiones negligentior, quippe addictus mathematicæ, persuasionisque plenus cuncta fato agi, *Suet Tib* 69 (4) Quibus ego confido impendere fatum aliquod, *Cic Catil* 2 5 (5) ⁂ Nec fato, merita nec morte peribat Dido, sed ante diem, *Virg Æn* 4, 696 (6) Mox illos sua fata manent majore sub hoste, *Virg Æn* 10, 438 ⩵ Fortunam facere, & data homini novum fatum, *Pac Panegyr* 27 (7) Victor, 1, 10, 6

Fatus, a, um part [a fari] *Having spoken* Sic fata, evaserat, *Virg Æn* 4, 685 pass aut *spoken* Unde Fatum, *i e* dictum & jussum dei, *Serv*

Fatuus, a, um adj (1) *Insipid, mawkish, that hath no taste* (2) *Silly, simple, foolish, oafish, doltish* (3) § Subst *A fool, a simpleton, an idiot, a sop, an oaf, a very tony, a prating coxcomb* (1) Fatua beta, *Mart* 13, 13 (2) ⩵ Fatuus est, insulsus, tardus, *Ter Eun* 5, 8, 49 (3) Pene effœcisti, fatue, foribus cardines, *Plaut* ... 4, 2, 6

|| Fauces pl *The chops*, Vid Faux

Favens, tis part *Favouring* Lingua favens adsit, *Ov Trist* 5, 5 § Faventes Sullæ partibus, *Paterc* 2, 26

|| Faventia, æ f ... bonam ominationem sign *A favouring, or wish ... one well*, Fest

FAVEO, ere, vi, fautum (1) *To favour, or countenance* (2) *To be for one, or on his side* (3) *To wish one well* (4) *To desire* (5) *To attend with silence* (1) Favete innocentiæ, *Cic Antiq* ... (2) ... gloriæ ... *Val Max* 1, 6, 12 (2) ⩵ Ut mihi faveas, adjutorque sis, rogo, *Cic Fam* 15, 4 (3) Illi faveo virgini, *Ter Eun* 5, 2, 7 (4) Acribus ... procetumque tuis ... faveat, *Ov Ep* 6, 100 (5) Dicamus bona verba, venit natalis, ad aras, quisquis ades, lingua, vir, mulierque fave, *Tib* 2, 2, 2 Linguisq, animisque favete Nunc

dicenda bona, sunt bona verba, ... *Ov Fast* 1, 71 ¶ Favere ore, *to attend with silence, or rather to abstain from words of ill omen*, Vi ...

Favetur impers *Men favour* ... Non modo non invidetur ... sed etiam favetur, *Cic Orat* 2, 1..

Favilla, æ f ... *Perot*] *An hot ... ashes ... the fire ... raked up* Atque ... favillæ ... *Ter Adelph* 5, ... *Sen Oed* ...

|| Favillaceus, a, um adj *Of embers*, Solin c 48

Favissæ f pl *Cellars under ground in the capitol at Rome, where they laid up ... things of that place, as statues and presents, that were grown past ...*, Gell 2, 10 ...

|| Favitor, ōris m *A favourer* Apul Apol p 548 *Lips* ... favitor antiq pro fautor ... *mavult*

¶ Favitor, ōris m verb *A favourer* ... habet ... virorum, *Plaut in prol Amph* ...

Favonialis ... [a Favonio] ... Favonio ... *Kathin ... the ...*, Plin 15, 15

Favonius, i m [favonius dict ... *i e* favendo ... genitura, *i e* rebus nascentibus] *The west wind* ... genitalis ... Favoni, *Luc* 1, 11 Solvitur acris hyems grata vice veris & Favoni, *Hor Od* 1, 4, 1

Favor, oris m *Goodwill, favour, kindness* Eum amorem, & eum, ut hoc verbo utar, favorem in consilium advocabo, *Cic in Fragm Ep ad Brut* Favor ingens, *Sen Oet* 467 ... *Id Thyest* 351 O funestus multis populi dirusque favor *Id Octav* 878

Favorabilis, e adj or, comp (1) Pass *Who, or what is favoured* (2) Also *something favourable, or what favoureth* (1) Octavius Cæsar, ... & ... favorabilis, *Flor* ... Favorabilem reditum opinio fecerat, *Paterc* 2, 50 (2) ... populi, *Liv* 22, 26 Adjiciunt Magi, succo totius cum oleo peruncto ... favorabiliores fieri, *Plin* 20, 20 *edit Hard* & ... *vulgar*

Favorabiliter adv *Favourably, with favour* ... favorabiliter ... *Suet* ... Recitando favorabiliter ... *Mi-crob Sat* 7, 1

Fauste adv *Prosperously, happily* ... ⩵ ... fauste, feliciter ... nitet, *Cic pro Mur* 1

Faustitas, ātis f *Good luck, happiness, or the Goddess thereof* Nutrit rura Ceres almaque Faustitas, *Hor Od* 4, 5, 18 Sed incertum ... ipps ...

FAUSTUS, a, um adj *Lucky, fortunate, prosperous* O faustum & felicem hunc diem! *Ter Andr* 5, 5, 54 Fausta pro ..., *Val Max* 1, 8, 8 ⩵ Felix, prosp ... ⁂ Hostilis, *Id*

Fautor, ōris m verb [a fa... or] *A favourer, a furtherer, or abettor* ⩵ Cujus ego fautor ... adjutor fui, *Cic Fam* ..., 9 ⁂ Semet fautorem, aut adversarium ostendere *Tac* 16, 22 Fautor optimatium, *Nep Alcib* 5

Fautrix, icis f *She that favoureth* Nostræ est omni fautrix familiæ, *Ter Eun* 5 9, 22 ⁂ Naturam fautricem in tribuendis ani-

m

rii v rtutibus, maleficam vero virtute est in corpore Agesilaus, *Nep Agef* 8

Fautūrus, a, um part [*a* faveo] *That will favour* Refugere me a fauturum, *Cic Att* 12, 49

Fa us, i m (1) *A honeycomb* (2) Also a *six square, or six cornered tile* (1) Privi favis ponum rundimina, *Virg Geor* 4, 91 Apes complent melle favos, *Tibull* 2, 50 (2) *Vitruv* 7, 1

Faux, ci f p ruces (1) *The jaws, the chap, or chops, the gorge, or gullet pipe* (2) M *The straits, or narrow passages between hills* (3) *Impossib of a river* (4) Fauces pl *For start in plit* (1) O de vora em Fauce m hæ et lup, *Phædr* 1, 4 Onus est fauce, suspendi, *Ov Metam* 8 = Ex eodem ore, ex faucibus ereptum, *from* ... *Cic Pro Ars* ... (2) Cum hus ... in ... in faucibus Græc, *Cic* ... 2, ... ( ) Mul ... ibus in Æg, primum mi ... evomit *Plin* 5, ... (4) Quum mox emit at *Consil pictis* ex faucibus, *Cic*

Fax, facis f [forte a φάος, lux] (1) *A torch, a flambeau, a link, a taper, a firebrand* (2) Per ... portam, *the fire, or any star* ( ) Metor ... *a comet* ... (4) Met ... *marriage* (1) Ex stimuli ... *Ov Met* 10, 6 ¶ ... mal ... *to pleasure away*, *Cic* ... *Tac Hist* 1, 24, 1 (2) Phœbi fax, *Sen Hipp* ... Noctivagæ face cœli, *Luc* 5, ... (3) Inc nd rem Antemn fax clodi, *Cic Philipp* 2, 50 (4) Legitimæ faces, *Sen Med* 67

† Faxem *pro* fecissem, *Plaut Pseud* 1, 5, 8

Faxim, is, it, int, *pro* fecerim Utinam di faxint, *n* ... *the Gods grant that*, Plaut Amph 2, 2, 85

Faxo, is, it, int, *pro* fecero *I will see to it*, Vir Æn 9, 154

F ante E

Febriculans, tis part *Sick of a fever, or ague* Febriculans bos, *Col* 6, 9 Hephæstion febricitans moritur, *Curt* 10, 4, 11

Febricitatio, onis f verb *A sickening, or inclining to an ague, or fever*, Litt ex Cels

Febricito, āre *To be sick of a fever, or ague* ... Febricitavit quis aut inhorruit, *Cels* 2, 7 vid & *Scrib Larg* c 28

Febriciter, ... *idem* Litt ex Lucr *fed q*

Febricula, æ f dim *A little slight fever, or ague* Ex labore in febriculam incidi, *Plane Cic Ep Fam* 10, 21 Febriculæ intercurrentes, *Scrib Larg* c 15

|| Febricularius, a, um adj & febricularis, e *Feverish, aguish*, Boet

|| Febriculosè adv *Feverishly, aguishly*, Boet

Febriculōsus a, um adj (1) *Feverish, aguish, that hath, or is subject to a fever, or ague* (2) *Hot, lascivious* (1) *Gell* 20, 1 (2) Nescio quid febriculosi scorti diligis, *Catull* 6, 4

Febriens, tis part *Sick of a fever, or ague* Febriens mula, *Col* 6, 38 Febrienti simplicem cibum dare, *Macrob* 7, 4

|| Febrifuga, æ f *Feverfew*, Diosc

|| Febrilis, e adj *Of, or belonging to a fever, or ague*, Vet Onom

Febrio, īre *To have a fever, or ague* Si non febrit, vente fovendus est, *Cels* 4, ... Si febricitet puer, *Id* 6, 11

FEBRIS is f [a ferveo, per Metath Perot] (1) *A fever* (2) *An ague* (1) Continua febris, *Cels* (2) tertiana & quartana, *Cic* ... Recent ... protulerunt ¶ Accessus febris, *the coming of the fit*, Plin decessus, *its departure*, Cels Febri implicari, *Val Max* 1, 8, ext 16

Febrŭa, orum n pl [a fervendo] *Sacrifices for the ghosts of the dead, purifications* Februa Romani dixere piamina patres, *Ov Fast* 2, 19

Februarius, ii m [sc mensis] ... Februus ... *the month of February*, Ov Fast 2, 31

Februātus, a, um part *Purged, purified*, ... L 5, ...

Februo, āre [qu ferveo, ... Fabi ... febuo ... *to purify, or cleanse by sacrifice* ... Februo, Varr ap Non c 2 n 255

Februor, āri, ātus pass *Litt ex Lir*

Februum, ii n purgamentum ... Varr ... forum ... quod lustra o ... aquā ferve te] *any thing that purifieth*

Februus dictus est Pluto, inferorum Deus, cui mense Februario ... vel Pl ... pro ... ut ... Vor

Feciālis [... fœdere] ium m [... faciendo, quod belli ... fœderis ... Fest] *An herald at arms who denounced war, or peace*, ... *the order of prie* ..., Vir ... 1, ... Feciālis, ... *Of, or belonging to heralds at arms* Jus feciale, *Cic Off* 1, 11

Fecŭnium, ... *A small kernel in a grape*, Litt ex Sen

Fecunde, Fecundo *Vid* Fœcunde, Fœcundo

Fecunditas, ātis f [per e simplex, prout Critonis seculo scribeb] *Fruitfulness*, Gell 16, 12 *Vid* Fœcunditas

Fecundus, a, um adj [a feo, ...] *Fruitful*, Voss *Vid* Fœcundus

|| Feculentus, a, um adj *Dreggy*, Gell 13, 20 ✝ Fæculentus, *Plin*

† Fedus, *pro* hœdus ant *Fest*

FEL, fellis n (1) *Gall* (2) Met on *Bitterness, grief of spirit* (3) *Poison* (1) Gallinaceum fel, *Cic de Div* 2, 12 (2) Sales suffusi felle, *Ov Trist* 2, 565 (3) Veneni felle armata sagitta, *Vir Æn* 12, 857

Fēles, *Phædr* & felis, is f *Cic* [*a* fallax, ... metaphorice usurpatur pro furace vel rapace] (1) *A cat* (2) Met *A bawd that picks up girls* (1) Qui canem, & felem, ut Deos, colunt, *Cic de Leg* 1, 11 (2) Fel virginis, *Plaut Rud* 3, 4, 7 de lenone

Felicitas, ātis f (1) *Fortune, prosperous, or adverse* (2) *Felicity, happiness* (3) *Opulency, wealthiness* (4) *Fruitfulness, fecundity* (1) Cui omnes bonæ felicitates magis adversæ sunt, *Ter Eun* 2, 2, 33 (2) Felicitatem præstare de seipso nemo potest, *Cic pro Leg Manil* 16 ⁑ Fama magis felicitate, quàm virtute parta, *Nep Lysand* 1 ✝ prudentiā, *Id* (3) Magna felicitate, & florente regno decessit, *Nep de Reg* 2 (4) Felicitas terræ, *Plin* Ep 3, 19 *vid & Jour* ... 4

|| Felicitātus, a, um part *Made happy*, Sidon

Feliciter adv ius, comp ssime, sup (1) *Fruitfully, plentifully* (2) *Happily, prosperously, luckily* (1) Hic segetes, illic veniunt felicius uvæ, *Vir Geor* 1, 54 (2) Rem ... feliciter ..., *Curt* 8, 19 ¶ Feliciter, ... *Jur* 2, 119 & ...

|| Felicito, āre *To make prosperous, or happy*, Scon ... *Insto* quidem ... igitur ... *Plaut*

Feline us, ... & ... felineus, a, um adj *Of a cat*, Col ... Litt

Felis, is f *A cat*, Cic ...

FELIX, īcis adj [ab φηλέω, ... fetus, ... ferendo, *Becm*] or, comp ... sup (1) *Happy, prosperous, fortunate* (2) *Favourable, kind* (3) *Profitable* (4) *Fruitful* (1) Nemo malus felix, *Juv* 4, 8 (2) Sis bonus o felixque tuis, *Vir Ecl* 5, 65 (3) Felix domino, *Mart* 1, 102, 2 (4) = Nulla felix arbor, nihil frugiferum in agro relictum, *Liv* 5, 24 Multi dubitavere fortior, an felicior esset, *Sall B J* 101

Fellātor, ōris m verb *A sucker*, *Mar* 14, 4 De corpore quod ore corrumpitur, *Plin* ... pe ... obscœna notione

Felleus, a, um adj *Of gall, as bitter as gall* Sudores fellei, *Plin* 26, 18

|| Fellico, āre [a fello] *To suck*, Solin c 8

Felleus, a, um adj *Bitter as gall*, Litt ex Plaut

|| Fellifluus, a, um adj *Felliflua passio, the flowing of the gall*, Jun

|| Fellitus, a, um *Bitter as gall*, Macer, 1, 7

|| Fellito, āre [a fello] unde part fellitans *To suck*, Amm

Fello, āre act *To suck* Lac humanum fellasse, *Varr ap Non* Martialis obscœne

Fellor, āri, ātus pass *Petron Arb*

|| Felonia, æ f *A capital crime*, Calv ex feud *Felony, a vassal breaking his oath with his master*, Voc orig Germ

FEMEN, inis n [cujus etym incert] *The inside of the thigh*, Cic N D 1, 35

Femina, æ f Sic enim fere nummi, lapides, & inscripp antiquæ, non *fœmina* habent [a feminum partibus, quibus distinguitur a viro, *Isid*] *A woman*, q d a womb man *Vid* Fœmina

|| Feminal, is n Pars ea, quā femina est, *Apul*

Feminālia, um n pl *Bands to wrap about the thighs, slops, drawers, galligaskins*, Suet Aug 82 sed *vid* omnino Casaub ibid

Femorāle, is *Armour for the thigh*, Suet

Femorālia, um n pl [dict quod femora tegant, *id quod* feminalia] *Breeches, drawers, trowses*, Suet Aug 82

Femur, ŏris n [forte a Gr μηρός, præposito digammate] *The thigh*, properly *the outside of the thigh* Femur percutere, *Cic de Clar Or* c 80

FENDO, ĕre inus *To provoke to anger*, unde offendo, defendo, &c

Fenerato adv *With use*, Plaut

Fenero, āre *To let money out to use* *Vid* Fœnero

Fenestella, æ f dim *A little window, a hole to let in light*, Col 8, 3

FENESTRA, æ f [a φαίνω, qu phænestra, *Non*] (1) *A window* (2) *An entry into, a hole, a gap* (3) Met ... *an occasion* (1) ... fenestra, *Tib* 2, 6, 39 (2) ... in perforatione operis ... dedit ... fenestram, ... *Æn* 2, 482 (3) Quantam fenestram ad nequitiam patefeceris, *Ter Heaut* 3, 1, 72 ... nostram ... *Suet Tib* 28

Fenestrālis, e adj *Belonging to a window* ... a ... *in Rome* ... *Fast* 6, 578 *sed libb* ... fenestella

Fenestrātus, a, um adj (1) *Having windows* (2) Met *Open, clear, manifest* (1) ... fenestrata domus, *Plaut* ( ) ... fenestrata & aperta, ... *in proam*

Fenestro, āre *To open, to make a window* Media occ ... fenestravit pupilla, *Pl* ... 57

|| Fenestrula, æ f dim *A little window*, Apul Met 9, p ... fin

Fenum, i n [...] ... *Use, use money, interest, gain* ... *Vid* fœnus

† Feo inus ... cundus, femen, femina, &c Vid

Fera, æ f [...] a feriendo, ... *A wild beast, or of beast, or wild fowl* ... & fera graviores ... evolant, *Plin* ... Omne animal domina um, ... grandis fera, *Cels* ... 1

Feracissime adv *Most fruitfully*, Litt e Petron Arb

Fēr citas, ātis f *Fruitfulness*, Col 3, 2 Ubertas *Cic*

Feraciùs adv *More plentifully, or fruitfully*, ... 6, 1

Feralia, um n Dies ... feralia festa [a ferendis ... multum epulis, vel a feriendo pecudibus, *Fest* ...] ... nium, dies in Februario ... *Varr* a ferendo, quod ferunt ... epulis ad sepulcrum, ... parentare] *Sacrifices for the dead, also the time at* ... Hanc quia justa ferunt, dixere feralia lucem, *Ov F* ... 569

Ferālis, e adj [a fero, ... mortem, ant] *Deadly, dreadful, mournful, belonging to funerals* Ferali carmine bubo, *Ir F* 4, 462

|| Feratrina, æ f *A* ... Non ✝ Vivarium

Ferax, ācis adj [a fero, ... fructum] or, comp ... sup *Fertile, fruitful, abounding* ... of Terra ferax Cereris, multo ... ferax uvis, *Ov Am* ... = Feracior & uberior ... *Offic* ... 2 Feracissimi agri ... 1, 4

Ferculum, i n [a ferendo ... ad mensam feratur] ... *meats of meat born to the table* ... Hor Ferculum pompæ ... *ant carried about* ... *with the representation of ... countries conquered*, Cic Off ...

Ferè adv (1) *Almost, nigh, within a little* (2) *For the part, generally, ordinarily, commonly* (3) *Greatly* ... (4) Sometimes ... (1) Eadem ... hora *Cic* ... 22 (2) Probabile est id, quod ...

ferè fieri solet, Cic de Inv 1, 29 (3) Redeo inde domum mœstus, atque animo ferè perturbato, Ter Heaut 1, 1, 70 ☞ Hanc notionem habere ferme, vid Ferme, n. (4) Ter Phorm 1, 2, 39

Ferendus, a, um part (1) To be born, or suffered (2) To be born with (3) To be brought forth, or procreated (1) Onus ferendum, Ov Met 15, 403 (2) Tantam arrogantiam sumpserit, ut non ferendus videretur, Cæs B G 1, 33 (3) Quæ sit rebus natura ferendis, Vir Geor 2, 178

Ferens, tis part Bearing, carrying, suffering, enduring, &c Vid Fero

Ferentarius miles [a ferendo auxilio, Fest] A light harnessed soldier coming quickly to rescue a friend, Varr = Funditor, Id 1, 20 Met Ferentarius amicus, a friend ready to help at a pinch, Plaut Trin 2, 4, 55

Feroculus, tis [a ferendo] A kind of rustical vine, Col 3, 2

Feretrius, ita dict est Jupiter a ferendo pacem, Liv vel a feriendo, Plin] One of Jupiter's epithets

Feretrum, i n [a ferendo dict] (1) A bier, or coffin (2) Also that wherein spoils were carried in triumph (1) Pars ingenti subiere feretro, Vir Æn 6, 222 (2) Spolia ducis suspensa fabricato ad id apte feretro gessit, Liv

Feriæ, æ f [a feriendis victimis appellata, Fest] A holyday, † also a day of the week, as feria prima, sunday, secunda, monday, &c

Feriæ, ārum pl f [qu ἱεραί scilicet, dies sancti] Holydays, days vacant from labour and working, also an idle, or holyday time Feriæ stativæ, set holydays, immoveable feasts, Macrob Sat 1, 16 conceptivæ, moveable, Macrob ibid esuriales, fasting days, Plaut Capt 3 1, 8 præcidaneæ, holyday eves, or vigils, Gell 4, 6

|| Feriālis, e adj Of, or belonging to holydays, Bud

|| Feriātio, ōnis f A keeping holyday, Bud ✝ Vacatio, recreatio

Feriatus, a, um Unemployed, idle, having nothing to do Malè feriatus, idling, and mispending his time Hor Od 4, 6, 14 Feriatis, holydays, Plin Ep 8, 14, 6 Deum feriatum volumus otio torpere, Cic N D 1, 37

Ferīdus, a, um part [a ferior] To be stricken Ille mihi feriendus aper, Ov Met 3, 715

Feriens, tis part Striking Ferientes cuncta sagittæ, Ov ex Pont 3, 59 Tinnulas plectro feriente chordas, Sen Tro 831

Ferīna, æ (sc caro) f Flesh of a wild beast, venison Implentur pinguis ferinæ, Vir Æn 1, 219

Ferīnè adv Beastly, wildly, L. ex Lucret sed q

Ferīnus, a, um adj Of, or pertaining to wild beasts Ferinus victus, Cic de Inv 1, 2 Ferinum ca o, Sall B J 21

Ferio, ire, percussi act [dict quod ferientes feriuntur ira, Fest al a fera, quod sit illi proprium] (1) To hit, or push (2) To strike, hit or knock (3) Met To sacrifice (4) To make, or ratify (5) To coin, or stamp (6) Met To compose, or make (1) Cornu ferit caput, Vir Ecl 9, 25 (2) Feriunt summos fulmina montes, Hor Od 2, 10, 11 (3) Nos humilem feriemus agnam, Hor Od 2, 17, 32 (4) Fœdera feriebantur provinciarum, Cic pro Domo, 50 (5) Plin 33, 3 (6) Communi feriat carmen triviale monetâ, Juv 7, 55 ¶ Geta ferietur alio munere, shall bleed afresh, i e be obliged to make a new present Metaph à gladiatoribus, Ter Phorm 1, 1, 13 ¶ Frigore ferire aliquem, to receive one coldly, Hor Sat 2, 1, 62

Feriones pl m [a feriendo] Usurers, Cic Att 14, 14 ut leg Turneb alii vero Phetriorum, alii Phrionum, alii Pherionum

Ferior, āri, ātus sum dep To be idle, or at leisure, to keep holyday Ne putes in Asia feriatum illum a studiis futurum, Treb Cic inter Ep Fam 12, 16 Tertium jam diem feriati sumus, Cic ap Macr Somn Sc p 4, 1

Fĕritas, ātis f Wildness, fierceness, cruelty, also a company of wild trees growing together ⁜ Ex feritate ad mansuetudinem transducere, Cic pro Sext 42

Ferme adv [ex Lat fer, Al ol qu firme] (1) Almost, for the most part (2) Near, thereabouts, more or less (1) Nihil quidem ætas acta ferme est, Cic ad Brut 2 ex Plaut (2) Centeni ferme equitum, Liv

|| Fermentatio, ōnis f verb A leavening, a fermentation, Hier sed id class non pertinet

|| Fermentātor, ōris m verb He that leaveneth bread, Aug ✝ Qui fermentat

Fermentātus, a, um part (1) Leavened (2) Also puffed up, swollen, or heaved (1) Fermentatus panis, Cels 2, 25 (2) Fermentatum solum, Col 4, 1

Fermentescens, tis part Puffing as if leavened Fermentescens inter digitos, Plin 28, 8

Fermentesco, ĕre incept To puff, or rise up by leavening, to be light and puffy Tellus quoque illo modo fermentescit, Plin 17, 2

Fermento, āre act (1) To leaven with dough (2) To ferment, or make a thing light, puffy, or loose (1) Panis hordeaceus fermentabatur, Plin 18, 11 (2) Col 2, 15

Fermentum, i n (1) Leaven, a lump leavened (2) That which is light and puffy (3) Fermented liquor, as beer, ale, &c (4) Met A fretting, anger, discontent (1) Plin 18, 11 (2) Col 3, 11 (3) Pocula læti fermento, atque acidis imitantur vitea sorbis, Vir Geor 3, 380 (4) Uxor tota in fermento jacet, Plaut Merc 5, 3, 14

FERO, fers, tuli, & tetuli, ferre, latum act [a φέρω] (1) To carry (2) To bear away (3) To bring (4) To carry, or bring with one (5) To condescend, or vouchsafe (6) To bear with (7) To lead (8) To be disposed, or inclined (9) To extol (10) To produce, breed, or bring forth (11) To propose (12) To get, receive, gain, or purchase (13) To shew, to manifest (14) To have, receive, or possess (15) To bear, or sustain a good, or bad fortune (16) To suffer, to permit (17) To prescribe (18) To give out, or report (19) To suffer, or endure (1) Onus impositum tulit, Ov (2) Omnia fert ætas, animum quoque, Vir Ecl 9, 51 (3) Ubi hanc ego tetulero intra limen, Plaut Cist 3, 19 Mores pro dote ferant, Id Aul 3, 5, 19 (4) Quid domum fertis, nisi dedecus? Ov Met 13, 227 (5) Servo nubere nympha tuli, Ov Epist 5, 12 (6) ⁜ Convicta vitia ferimus, non reprehendimus, Publ Syr Quem ferret, si parentem non ferret suum? Ter Heaut 1, 2, 28 (7) Via fert Acherontis ad undas, Vir Æn 6, 295 (8) Fert animus mutatas dicere formas, Ov Met 1, 1 (9) Virtutem animi ad cœlum ferunt, Sall B C 57 (10) Si duo tales tulisset terra viros, Vir Æn 11, 285 Omnis feret omnia tellus, Id Ecl 4, 39 (11) Nihil ad plebem latum esse dico, Cic pro C Balb 11 Ferre rogationem, to bring in a bill, in order to be made a law, Cic de Cl Orat 23 legem, to make a law, Id Offic 2, 21 (12) Pro labore ab iis fero odium, Ter Adelph 5, 4, 16 Sat habeo, si cras fero, Plaut Most 3, 1, 125 ⁜ Feras quod lædit, ut id quod prodest, feras, Publ Syr (13) Quos spiritus gessisset, vultu ferebat, Tac Hist 4, 85, 2 (14) Ex his Cotta & Sulpicius judicio omnium facile primas tulerunt, Cic de Cl Orat 49 (15) Bene ferre magnam disce fortunam, Hor Od 3, 27, 74 Qui vestrum noluntis ferre bonum, malum perferte, Phædr 1, 2 (16) Quid res, quid causa, quid tempus ferat, tu perspicies, Cic Fam 1, 7 (17) Hanc conditionem misero ferunt, Cic pro S Rosc 11 (18) Ferebat se regiæ stirpis, Paterc 1, 11 (19) Ignominiam & infamiam ferunt sine dolore, Cic Tusc 4, 20 ¶ Ferre opem, to proffer, or give it, Liv gradum, to go to, Plaut expensum, acceptum, to set it down as laid out, received, Cic repulsam, to be rejected, or refused, Id Tusc 5, 19 dimidium, to get it, Ter manum, to encounter, Vir præ se, to pretend, Cic in oculis, to love dearly, Id Q fr 3, 1, 3 susque deque, not to care, Plaut aliquid obscurè, not to take notice of it, Cic sententiam, to pass, or give it, Id osculum alicui, to kiss, Plaut ¶ Ferre tribum, centuriam, &c to have their vote, Cic

Feror, ri, latus pass (1) To be carried, (2) inclined, (3) talked of, &c (1) Ne ferar in præceps, Ov Met 2, 69 (2) Studio ad remp latus sum, Sall B C 3 (3) Hoc verum est, tota te ferri, Cynthia, Roma, Prop 2, 5, 1 Vid Fero

Fĕrōcia, æ f Fierceness, harshness, cruelty Effrænata ferocia, Cic ap Non 8, 15 Comprimere ferociam alicujus, Id de Arusp Resp 1

Fĕrōcio, ire To be fierce, cruel, heady, or unruly, to huff, or hector Juventus intractati more ferocit equi, Ov Immodice ferocire, Gell 1, 11

Fĕrōcitas, ātis f (1) Headiness, fierceness, rashness (2) Surliness, morosenefs (1) ⁜ Infirmitas puerorum, ferocitas juvenum, & gravitas constantis ætatis, Cic de Sen 10 (2) = Ferocitatem tuam comprimerem, & audaciam frangerem, Cic in Vatin 1

Fĕrōciter adv ius, comp ssimè, sup Fiercely, hastily, cruelly Ferociter legatos nostros increpant, Plaut Amph 1, 1, 57 Multò ferocius, Cic ad Qu fr 2, 12 Cum qua ferocissimè pro Romana societate adversus Punicum fœdus steterat, Liv 23, 8

Fĕrōculus, a, um adj dim [a ferox] Somewhat fierce, curst, surly Quid miles tuo tam ferocŭlus es? Hirt B A 16

Fĕrox, ōcis adj or, comp ssimus, sup (1) Fierce, stout (2) Lusty, hardy (3) Cruel, curst, surly, insolent, proud, huffy (4) Full of courage, mettlesome (1) Latium ferox, Hor Od 1, 35, 10 (2) Animo feroci negat se totiens fusum Numidam pertimescere, Sall B J 114 (3) Ingenium sordidum & ferox, Suet Aug 65 (4) Sonipes ferox fræna mandit, Vir Æn 4, 135

|| Ferrāmentarii pl They that work in iron, or make iron tools, Firm ✝ Fabri ferrarii, Plin

Ferramentum, i n (1) An instrument, or tool of iron (2) An edged, or pointed weapon (1) Cras ferramenta tonsoribus fabri, Hor Ep 1, 1, 86 (2) Eodem ferramento ad mortem viam quære, Petron c 94

Ferrāria, æ f An iron mine Apud eos in Gallia sunt ferrariæ, Cæs B G 7, 22

Ferrarius, a, um adj Pertaining to iron Ferrarius faber, Plin 34, 22 Ferraria officina, Id 1, 2 aqua, Id 28, 16

Ferrĭtĕrius, e adj Belonging to iron Ruri augebis numerum, genus ferriterile, Plaut Pers 1, 1, 18 a slave in chains

Ferrātus, a, um (1) Done with iron, hard as iron (2) Also harnessed, armed, or clothed in iron (3) Fettered, shackled, or laid in irons (1) Vectes ferrati, Plin 6, 23 ⁜ Ferrati orbes, cart, or chariot wheels, Vir Geor 3, 361 (2) In fronte statuerant ferratos, Tac Ann 3, 45, 3 (3) Ferratus in pistrino ætatem conteres, Plaut Bacch 4, 6, 11 Aqua ferrata, chalybeate waters, Scrib Larg c 28

Ferrea, æ f A kind of an instrument used in husbandry, Varr R R 1, 22 & Cato, c 10

Ferreum, i n An andiron, or cobiron, Litt ex Plin

Ferreus, a, um adj (1) Of iron (2) Met Hard, stout (3) Unkind, cruel (4) Indolent, insensible (5) Crabbed, hard, difficult to be understood (1) Ferreus annulus, Ov A Am 1, 413 (2) Ferrei corporis & animi, M Cato (3) = Quem ego ferus ac ferreus è complexu dimisi meo, Cic ad Q fr 1, 3 (4) Quis iniquæ tam patiens urbis, tam ferreus, ut teneat se? Juv 1, 36 (5) Ferreus scriptor, Cic ¶ Ferreum os! an impudent fellow, Cic in Pison 26

Ferricrĕpĭdinæ insulæ, ubi ferreæ compedes crepant Prisons, or workhouses, where the irons about the heels of slaves make a clinking noise, Plaut Asin 1, 1, 21 sed meliores libri habent ferricrepinas

Ferricrepinus, a, um Vid Ferricrepidinæ

Ferrifŏdina, æ f An iron stone pit, Varr de L L 7, 33

Ferriterus, i m qui ferrum terit A slave in chains, Plaut Trin 4, 3, 14

Ferriterium, i n A prison, a place where fetters clink Inde in feriterium, Plaut Most 3, 2, 55

Ferritribax adj [ex ferrum & τρίβω, tero] A jailbird, one shackled, Plaut Most 2, 1, 9 ridiculè

Ferrūgineus, a, um adj Of the colour of rusty iron, or soot, dark blue, or murrey, mingled of black and red Ferruginea subvectat corpora cymbâ, Vir Æn 6, 303 Ferruginei hyacinthi, Id Geor 4, 183

|| Ferruginosus, a, um adj Rusty, or full of rust, Sidon ✝ Ferrugineus

Ferrūgo, inis f [ferri rubigo] (1) Rust of iron (2) The colour of polished iron, a dark murrey colour, a sad blue (1) Plin 23, 8 (2) Ferrugine clarus Iberâ, Vir Æn 9, 582 Ferrugine pallens, Val Flacc 1, 775

FERRUM, i n cujus etym incert (1) Iron (2) Meton Any weapon, or tool made of iron, a plowshare (3) A sword (4) Fetters of iron (1) E terræ cavernis ferrum elicimus, Cic N D 2, 60 (2) At prius ignotum ferro quam scindimus æquor, Vir Geor 1, 50 (3) Huic urbi ferro ignique minitantur, Cic Philipp 11, 14 (4) = In ferrum atque in vincula conjecti, Cic ¶ Ferrum vivum, a piece of iron that being touch'd with a loadstone, draweth other iron to it

Ferrūmen, inis n & ferrumentum, i n Solder, glue, pitch, or such like binding things, also steel, or iron hardned Ferrumen cæmentorum, Plin 36, 23 vid Cels 7, 7

Ferrūminandus, a, um part To be cemented, or glued Ferruminandæ fracturæ, Plin 31, 6

Ferruminans, tis part Cementing or gluing Muros aqua ferruminantes, Plin 31, 7

|| Ferruminātio, ōnis f verb A soldering, a fastening together, properly of iron, Paul JC ✝ Conglutinatio, Cic

Ferrūminātor, ōris m verb He that soldereth together, glueth, or cementeth, Lexicogr ex Vitruv

Ferrumĭnātus, a, um part Cemented, glued, &c Ferruminatis Babylonis muris, Plin 35, 15

Ferrūmĭno, āre act (1) To solder (2) To cement (3) Met To join, or close (1) Aquâ marinâ ferrum nat fracturas, Plin 31, 6 (2) In clavos panes æris ferruminantur, Plin 34, 11 (3) Labra labellis ferruminant, Plaut Mil 4, 8, 25 ☞ Coagmento, agglutino, conglutino, utitur Cic

Fertĭlis, e adj or, comp ssimus, sup Fertile, rank, fruitful Fertilis hominum frugumque Gallia, Liv 5, 34 Fertilior seges est alienis semper in agris, Ov A Am 1, 349 Fertilissimus ager, Liv 29, 25 Locus doctrinâ fertilissimus, Val Max 8, 7, ext 3

Fertilitas, ātis f Fruitfulness, fertility, abundance Fertilitas agrorum, Cic de Div 1, 57

Fertĭlĭter adv unde comp fertilius Abundantly, fruitfully Fertilius reviviscunt Plin 34 17

✝ Fertim adv Thick and close, Auson ✝ Confertim

Fertum, i n & ferctum, Fest A cake made of several grains and spices Extis & opimo vincere ferto intendit, Pers 2, 48 ubi al farto

Fertus, a, um adj ant Fruitful Frugifera & ferta arva Asiæ tenet, Cic Orat 49 ex Poeta

Fervefăcio, ĕre, ēci, factum To make to seethe, or boil, to heat, or make hot Ipsæ sese patinæ fervefaciunt, Plaut Pseud 3, 2, 44

Fervefactus, a, um part Made hot Fervefacta jacula, Cæs B G 5, 42 pix, Ib 6, 22

Fervens, tis part or, comp ssimus, sup (1) Fervid, scalding, boiling (2) Hot, burning (1) Aqua fervens, Cic Verr 3, 26 (2) Faciam te ferventem flagris, Plaut Amph 4, 2, 10 Animus ferventior, Cic Offic 1, 15 Aqua ferventissima, Col 12, 50 Ferventissimus æstus, Plin 31, 3

Ferventer adv || ius, comp issim, sup Hotly, hastily De damnatione ferventer loqui est cœptum, Cæl Cic inter Ep Fam 8 8 Quæ ferventius aguntur, Aug Curio ferventissime concerpitur, Cic Fam 8, 6

FERVEO, ere, i, bui neut [a Gr θέρω] (1) To be hot (2) To boil, or seethe (3) To work, or ferment as wine in a vessel (4) To rage, to fret, or to be rough and troublesome (5) To be busily occupied and troubled with (6) Met To be in a chafe, or heat (7) To be transported by any passion (1) Et fervent multo linguaque corque mero, Ov Fast 2, 732 (2) Ferventibus artus mollit aquis, Ov Metam 1, 228 (3) Vina musta fervent, Plin 14, 9 (4) Fervet vertigine pontus, Ov Metam 11, 549 (5) Opere omnis semita fervet, Vir Æn 4, 407 (6) Animus tumidâ fervebat ab irâ, Ov Met 2, 602 (7) Fervet avaritiâ, miseraque cupidine pectus? Hor Ep 1, 1, 33

Fervesco, ĕre, incept To grow, or begin to be hot, Lucr 6, 851 Fervescit Ætna minis, Sen Med 410

Fervidè adv Hotly, earnestly, with great heat Fervide ut tota floret, Plaut Truc 2, 4, 2 sed vulgo leg ver vide, ut, &c

Fervĭdus, a, um adj or, comp ssimus, sup (1) Scorching, torrid, burning (2) Fermenting, working (3) Met Fierce, hasty vehement, earnest (1) Fervida pars terræ, Plin 13, 4 Fervidus cinis, Sen Tro 101 ignis, Id Oed 928 Diei fervidissimum tempus cœperat, Curt 3, 11 (2) Nec cumulant altos fervida musta lacus, Ov Trist 3, 10, 72 (3) Acmon fervidus ingenio, Ov Met 14, 483 Paulo fervidior erat oratio, Cic de Cl Orat 28

Ferula, æ f [à feriendo] (1) An herb like big fennel, and may be called fennel-giant (2) A rod, stick, or ferula, wherewith children are corrected in schools (3) A cane, or reed, a walking staff (4) Ferulæ, Splints used about the binding up of broken bones (1) Plin 13, 22 (2) = Ferulæ tristes, sceptra pædagogorum, cessent, Mart 10, 62, 10. (3) Senex ferula titubantes ebrius artus sustinet, Ov Met 4, 26 (4) Cels

Ferŭlāceus, a, um adj Like the herb ferula Caulis ferulaceus, Plin 25, 5

Fervo, ĕre pro ferveo, ere Videbis fervere littora flammis, Vir Æn 4, 567 & sæpe alias

Fervor, ōris m (1) Heat (2) A boiling, or raging (3) A scorching (4) Met Earnestness, vigor, passion (1) Loca inhabitabilia fervore, Plin 5, 1 (2) Maris fervor, Cic de Prov Cons 12 (3) Fervores febrium, Plin 31, 9 (4) Fervor mentis, Cic de Orat 1, 51 ætatis primæ, Sen Tro 251

Fĕrus, a, um adj [à θὴρ, fera] (1) Wild (2) Savage, cruel, fierce (3) Uncultivated, unlearned (1) ✱ Varia genera bestiarum, vel cicurum, vel ferarum, Cic N D 2, 39 (2) = Quam ferus, & verè ferreus ille fuit? Tib 1, 10, 2 ✱ Mitis, mansuetus, Cic (3) ✱ Ira feras mentes obsidet, eruditas prælabitur, Petron. c 99

Fĕrus, i m subst. A wild beast, particularly a boar, Ov Am 3, 9, 16 a stag, Vir Æn 7, 489 an horse, Id 2, 51 an ass, Hor Ep 1, 13, 8

Fescenninus, a, um Fescennini versus, Liv 7, 2 [a Fescennia Hetruriæ oppido] Wanton, smutty

Fessĭtūdo f Weariness, Litt ex Plaut sed q

Fessus, a, um part [à fatiscor] Weary, tired ✱ In recentem equum ex fesso transultare, Liv § Fessus de viâ, Cic Somn Scip 1 Fessus curis, Sen Hipp 247 Fessi rerum, Vir Æn 1, 178 Fessus vivendo, Val Max 8, 13, 5 navigatione, Val Flacc 5, 173 valetudinibus, Tac Hist 3, 2

Festīnabundus, a, um Hasty, quick Laureæ ramulos festinabundâ manu decerpserunt, Valer Max 2, 8, 5

Festinans, tis part ssimus, sup (1) Making haste (2) Being troubled (1) Festinanti semper locupletior obstat, Hor Sat 1, 1, 11, (2) Festinantibus in summa penuria patribus, Sal in Fragm vid Donat ad Ter Eun 4, 3

Festinanter adv ius, comp Hastily, quickly, speedily Festinanter dictum videtur, Cic de Fin 5, 26 = ✱ Festinanter & rapidè, non segniter & delicate, Suet Calig 43 Festinantius public tum cautumque est, Id Aug 29

Festinātio, ōnis f verb Haste, speed = Quid hæc tanta celeritas festinatioque significat? Cic pro S Rosc 34 Festinatione nil tutius in discordiis civilibus, Tac Hist 1, 62, 2 Festinatio præpropera, Val Max 4, 1, 2 & in plur ✱ Cavendum est, ne aut tarditatibus utamur in gressu mollioribus, aut in festinationibus suscipiamus nimias celeritates, Cic Offic 1, 36

Festinatò adv ius, comp Quickly, speedily Festinatò coactus senatus, Suet Cæs 16 ✱ Compositius cuncta, quam festinatius agerent, Tac Ann 15, 3, 1

Festinātus, a, um part Hastened, done with speed, or before due time Festinatum prælium, Tac Hist 3, 15, 3 Festinata judicia. Id Ann, 15, 71, 2 Honores festinati, Luc 8, 24

Festinè adv In haste, speedily Soles festinè odorari, Cic. ad Att 14, 14

Festino, āre neut & act (1) To make haste (2) Act To hasten, or do a thing speedily (3) To be concerned, or troubled (1) Festinate nunc jam quantum lubet, Plaut Aul 3, 3, 5 (2) Festinate fugam, Vir Æn 4, 575 Festinare in se mortem, Tac Ann 4, 28, 3 (3) Vid Festinans, n 2

Festinor, āri, ātus pass To be hastened Cum belli civilis præmia festinarentur, Tac Hist 3, 37, 5 Festinantur virgines, Id de morib Germ 20, 4

Festīnus a, um adj Quick, hasty, speedy Cursu festinus anhelo, Ov Met 11, 348 Canities festina venit, Claud Epithal Honor & Mariæ, 325 Festina senectus, Val Flacc 6, 570 Festinæ tædia vitæ, Ibid 325

Festivè adv ssime, sup Pleasantly, jocosely, handsomly, with a good grace = Bellè & festive dicere, Cic de Orat 3, 24 Dialectica primo progressu festive tradit elementa loquendi, Id Acad Q. 4, 28 Festivissimè respondere, Gell 9, 15 rescribere, Id 13, 4

Festīvĭtas, ātis f (1) Mirth, pleasantness, a good grace merriment, drollery (2) In blandimentis (3) || Also a festivity, or festival time (1) Dicendi vis egregia, summa festivitate, & venustate conjuncta, profuit, Cic de Orat 1, 57 (2) Quid agis, mea festivitas! my joy, my delight Plaut Cas 1, 47 (3) Lampid & Prosp Aquit

Festīvĭter adv Pleasantly, &c Gell 18, 8 ✝ Festivè, Cic

✝ Festivo, āre act unde act festivor To keep holyday, Litt ex Lucr sed q

Festīvus, a, um adj or, comp ssimus, sup (1) Festival (2) Merry, pleasant, jocose (3) of a sweet temper (4) Handsome, fine, clever (1) In festivo loco festive accepti sumus, Plaut Pseud 5, 1, 3 (2) Nihil potest esse festivius, Cic Fam 6, 4 (3) O mi pater festivissime, Ter Adelph 5, 9, 26 (4) Usque ab unguiculo ad capillum summum est festivissima, Plaut Epid 5, 1, 1

Festūca, æ f [à setu, Fest] (1) The shoot, or stalk of a tree, (2) or herb (3) Also a rod, or wand, which the pretor used to lay upon the servant's head, and so make him free (1) = Festucæ surculique in aviariis spargendi sunt, Col 8, 15 (2) Donec fera in festucam creverit, Plin 18, 7 (3) ✱ Quid ea? ingenua an festuca e servâ libera facta est? Plaut Mil 4, 1, 15

|| Festucago f Wild oats, Jun

Festucārius, a, um adj Belonging to a young set, or plant, &c Also of, or belonging to the pretor's rod, Gell 20, 9

Festum, i n An holyday, a feast, a day of good cheer annua festa celebrare, Ov Met 10, 431

FESTUS, a, um adj Festival, solemn, joyful, merry, pleasant ✱ Festo die si quid prodegeris, profesto egere liceat, Plaut Aul 2, 8, 10. Festa epulatio, Val Max 2, 5, 4 Festæ ædes, Sen Phæn 506 noctes, Id Hipp 44 matres, Id Agam 64, Festa coma, Id Med 11, Festæ mensæ, Val Flacc 3, 159 tædæ, Id 8, 240 ¶ Meus festus dies! Form bland my joy! Plaut Cas 1, 1

Fetiales m pl Heralds, Varr Vid Feciales

Fetura, æ f Vid Fœtura

Fetus, a, um part & adj [ab inus feo, Voss] Big with young Vid. Fœtus

Fetus, ûs m verb [ab inus feo, Voss quod à φύω, produco] The young of any thing Vid Fœtus

|| Feudatārius, i m cui feudum a patrono sibi commissum accipit, Calv.

Feudum, i n A fee farm, a copyhold, Hottom Barb. vocab a Gothis ortum vult, qu fedum a fede, quod ant fidem sign Est enim ususfructus rei mobilis, sub conditione fidei ab serib feodum

Fex, cis f [à πήγνυω, qu an inspissamen] The dregs, or settlings at the bottom Vid Fæx

F ante I

Fi, be thou, & fite, be ye imper ex fio Fi mihi obsequens, Plaut Curc 1, 1, 87 Fite causâ meâ Lydi barbari, Ibid 1, 2, 6

Fiber, ri m A beast called a beaver, some take it for a badger, or gray, Plin 8, 30

✝ Fiber, a, um adj antiq pro extremus, Varr de L L 4, 1

Fibra, æ f. [ab adj fiber, bra i e extremus] (1) The lobes, or

... prim of a riv 1, or any other thing (2) *Small sprouts*, or ... *hairs hanging at the* ... (3) *The inwards*, ... *entrails* (1) *Varr* de L L ... (2) Fibris rad cum ... (3) Fibræ ov- ... 2, 26 Fibris ... 6, 5 Fibras effodere, *Sen* ... 947

Fibratus, a, um adj *Having* ... *or threads* ... as onions have ... *Plin* 27, 12

Fibrinus, a, um adj *Of a beaver*, or *castor* Pellis fibrina, ... 1, 28

Fibula, æ f [quod fibras, ... constringit] ... ponitur pro ... (1) *A clasp*, or *buckle* (2) *A button* (3) ... *a brace to fix in* ... *to hold square* ... *together* (4) *A clasp, a* ... or *ring of brass* (5) ... (6) || *The* ... (7) || *The nut of a* ... (1) Subnectit fibula ... 4, 139 Pharetram ... fibula gemma ... 5, 213 (2) Nullus fibulæ ... vocem vendentis Præ... *Juv* 6, 379 (3) Tigna ... distin... (4) *Col* 6, ... (5) *Colum* 2, (6) *Jun* (7) *Jun*

|| Fibulatorius, a, m *A lace maker*, ... *analogiam*

Fibulatio, onis f verb *A bracing* ... *together* Tignorum fibulationes, *Vitruv* 10, 3

|| Fibulator, oris m *He that* ... Dig

|| Fibulatorius, a, um adj ... *with clasps*, or *buttons*, ...

Fibulo, are act *To button*, or ... Col 2, 6

Ficaria, æ f *A fig-tree*, *a* ... *fig trees grow*, ...

Ficarius, a, um adj *Pertaining* ... *an eater of figs* ... 8 Ficarius ... 25

Ficedula, æ f ... ficis edendis ... *Mart* 13, ... *a bird* ... *on figs and grapes* ... or *beccafico* (2) ... *call'd* (1) ... ficedulas ... 9 (2) *Ad hunc* ... *Plaut* ... & *Crev* Lat A ri-

Ficedulensis, e (1) *A pro* ... *of those birds* ... *that live* ... *Litt ex Plin* (2) ... 1, 2, 60

Ficetum, i n (1) *A place* ... *grow* (2) Also ... *where* ... *piles grow* ... ficeti ... *Varr* 1, 41 (2) ... ficetum ... *Mart* 12, ... ambiguo ...

Ficitas, ... f ... *plenty* ... *increase of figs*, ... Non 2, 217

|| Ficitor *A gatherer of figs*, ...

Ficosus, a, um adj ssimus, sup ... *scabs, or the piles* ... uxor, ficosus & ipse

mari tus, *Mart* 7, 10 Ficosissimus ... in Priapeis carm 50

Ficte adv *Dissemblingly, feignedly, falsly* ✱ = Non ficte & fallaciter, sed verè & sapienter, *Cic* pro Domo, 29

Fictile, is n *A vessel*, or *thing made of earth* Auro Thuscum fictile mutat, *Pers* 2, 60

Fictilis, e adj *Earthen*, or *made of earth* Summanus tum erat fictilis, *Cic* de Div 1, 10 Fictilibus vasis esse contentus, *Valer Max* 4, 4 Fictilia deorum simulacra, *Plin* 34, 7

Fictio, onis f verb [a fingo] *A fiction, a lye, a cog, a device, a feigning*, ¶ *counterfeiting*, Quint 5, 10 & 8, 6

Fictitius, a, um adj *Counterfeited, feigned, fictitious* Fictitium non potest videri, *Plin* 2, ... = Fictus, commentitius, *Cic*

Fictor, oris m verb (1) *A potter, one that worketh in clay, a feigner*, or *counterfeiter* (2) *A maker*, or *deviser* (3) *A confectioner* (1) Deos et facie novimus, quâ pictores fictoresque voluerunt, *Cic* N D 1, 29 (2) Legum atque jurium fictor, *Plaut Epid* ... 4, 86 (3) Fictores di... ... libis, *Varr* de L L 6, ...

|| Fictosus, *vel* fictiosus, a, um adj *Full of lying*, R ex Apul

Fictrix, icis f verb *A potter, feigner, maker*, or *deviser* Materiæ fictrix & moderatrix divina providentia, *Cic* N D 3, 39

|| Fictura, æ f *A feigning*, Gell 10, 5

Fictus, a, um part & adj [a fingor] (1) *Formed, fashioned* (2) *Feigned, counterfeited, graven, wrought*, or *trimmed up* (3) Adj *False, counterfeit* (1) Homines ex argilla & luto fictus, *Cic* in Pison 25 (2) Neque fictum, neque pictum, neque scriptum in poematis, *Plaut Asin* 1, 3, 22 (3) = Si falsum, aut vanum, aut fictum sit, continuo palam est, *Ter Eun* 1, 2, 24 Ficta majestas, *Sen Hipp* 915

|| Ficulnea, æ f *sc* arbor *The fig tree*, Vulg interp ⅃ Ficus

Ficulneum, i n ut ficetum *A place where fig trees grow*, Litt ex Plin

Ficulneus, & ficulnus, a, um adj (1) *Of a fig-tree* (2) Also *sorry, good for nothing* (1) Ficulnum lignum, *Varr* de R R 16, ... Arbor ficulnea, *Col* 5, 11 Ficulnea cacumina, *Pallad* ... 10 Ficulnei caules, *Plin* 15, 28 (2) Ficulnum prædium, *Prov*

Ficulus, i dim *A little fig*, Plaut Stich 5, 4, 8

Ficus, i f plerumque, sed unquam aliter, item ficus, ûs f (1) *A fig* (2) *A fig-tree* (3) Also ficus, i *a disease called the piles in the fundament*, because like a fig (4) Also, Meton *one troubled with this distemper* (1) Siccæ fici stomachum lædunt, *Plin* 23, 7 maturæ, *Id ib* serotina, *Id* 17, 27 integræ, *Cato*, 99 Fici, quas edimus, *Varr* pinguissima, *Col R R* 1, ... Piper cum ficu contusum, *Cels* 4, 3 pinguissimæ ficis unciæ tres, *Id* 4, 4 (2) Ficus arbor ipsa rigans alitur, pomum vero ejus marcescit, *Plin* 17, 26 (3) Ficos non habet unus iger, *Mart* 7, 70 (4) Qui modo ficus eras, nunc capriceus eris, *Mart* 4, 22 ☞ In tertia notione volunt grammaticorum filii esse masc generis, adducti, ut videtur, epigrammate *Mart* 1, 66

Cum dixi, ficus, rides quasi barbara verba,
Et dici, ficos, Cæciliane, jubes
Dicemus ficus, quas scimus in arbore nasci,
Dicemus, ficos, Cæciliane, tuos

(Neque enim alium apud bonæ notæ auctorem cum adj vel masc vel femin no junctum reperiri puto) sed de lectione parum constat, u... neque de interpretatione, vid *Val lan* 1, ... Non enim reprehenditur Poeta ac *genere* sed de *declinatione*, ideoque *ficus tuas* reponi debere aliqui censent, quod san quidem existimaverim, quoniam constat *mariscā* esse adjectivum, cujus etiam in mariscus & ... mariscum legitur Sic in el lecto substantivo *Juvenalis* (Caduntur timidæ, medico ridente, mariscæ, *Sat* 2, 13 & *Cato* Ficos mariscas loco cretoso ...rito, *expresse dicit*, c 8 quin & ... ca *Ficos non esset nisi mariscas*, Suetor 12 Et profecto non est ... moris, mutata figura vocis ... mutare genus, præsertim in his, quæ ducuntur à similitudine *Lupus* sive bestia, sive piscis, sive frenum, *lingua* sive membrum, sive promontorium, sive herba significatur, non mutat genus, quod & in plurimis aliis observare licet Esto tamen scripsisse Martialem *tuos*, non necesse habemus referre ad *ficos*, sed potius ad filios, famulos, &c quemodo alibi non semel *ficus* pro *ficosus* posuit, ...

Fide adv *Faithfully*, ssime, sup Quæ fidissime & amicissime proponuntur, *Cic* Fam 2, 16

✝ Fidefragus, i m *A traitor, a betrayer*, or *he that useth treachery*, Litt ex Vitruv

|| Fideicommissarius, i m *A feoffee in trust, one put into trust to dispose and order a thing*, Ap JCC

|| Fideicommissio, nis f *A feoffment of trust*, Dig

|| Fideicommissor, is m verb *He that committeth a thing to be disposed of by another*, Cod

|| Fideicommissum, i n *A feoffment of trust, when a thing by will is put into one's hand upon his honesty, to dispose of to some certain use*, Ulp Fidecommissa, *Hor* ... fidei, *Sat* 1, ... 95

|| Fideicommissus, a, um *Committed to one to be disposed of to a certain use*, Ulp ⅃ Fidei commissus, *Litt*

Fideicommitto, ere *unde* pass fideicommittor *To infeoff*, or *put into one's trust*, Dig ⅃ Mando fidei, *Tu*

|| Fidejubeo, ere, ssi, sum ... jubeo seu sundeo aliquid fide mea, fide meâ pro al... obligat, jubeo *To be surety*, or *undertake for*, Ulp

|| Fidejussio, onis f verb *Suretiship*, Dig

Fidejussor, oris m verb *A surety for another*, especially *in a matter of money*, Ulp ⅃ Sponsor, *Cic*

Fidejussorius, a, um adj *Belonging to suretiship*, Dig

✝ Fideli adv *Pro* fideliter, *Prud Rom* 426

Fidelia, æ f [quod fideliter servet recondita] *An earthen vessel serving to divers uses, a crock of earth, a stone jug*, also *a carpenter's line chalked to mark the even proportions of things, a vessel*, or *pot, wherein they put lime*, or *morter* Multa fidelia putet in locuplete penu, *Pers* 3, 73 Tumet alba fidelia

vino, *Id* 3, 18, Fictilis fidelia, *Col* 12, ... 8 Duos parietes de eadem fidelia dealbare, *to kill two birds with one stone*, Curius Cic Ep Fam 7, 29

Fidelis, e adj [a fido] or, comp ssimus, sup (1) *Faithful, loyal, trusty, sure* (2) *Just and reasonable* (3) *Sure, safe* (1) Illi fuisti, quam mihi, fidelior, *Plaut Capt* ... 5, 58 ... conjugum, ... *Agam* 215 (2) D... fidelia ... fidelibus quærit patria Cæsarem, *Hor Od* 4, 5, 15 (3) Primus explendis fide... pice, *Plin* 16, ... Tricenoremsocii *Att* 5, 18 Conjux fidelissima *Cic* ... Fidelissima custodia, *Plin Paneg* ...

Fidelitas, atis f *Faithfulness, loyalty, trustiness, fidelity* ... utilis ejus & opera & fidelitas, *Cic Att* 9, 17

Fideliter adv ius, comp ssimè, sup *Faithfully* = Constanter & fideliter, *Liv* 3, 35 Fidelissime, *Aug*

Fidens, tis part & adj or, comp ssimus, sup (1) *Trusting* (2) Adj *Bold, hardy, having a good confidence* (1) Ubi fidentem fraudaveris, *Plaut Asin* 2, 2, 15 (2) = Qui fortis est, idem & fidens, *Cic Tusc* 3, 7 § Animi fidens, *Vir Æn* ..., 61 Animus prudentia cum hoque fi..., *Cic Offic* 1, 23 Fidens, dictis *Val Flacc* 8, 112 Fidentius nihil hac severitate, *Val Max* 6, 15 Paulo fidentior intra limen *Apul Met* 5 p 142 Fidentissimus impetus, *Amm* 27, 21

Fidenter adv ius comp ssime sup *Boldly, courageously, confidently* ✱ Timide igniter excellebat quod fidenter inveterat, *Cic* de *Div* 2, ... Vellem fidenter respondisses, *Cic Att* 6, 1 Dimicantes fidentissime, *Amm* 19, 9

Fidentia, æ f *Boldness, confidence, trust, assurance* Audacia non contrarium est fidentia, *Cic de Inv* 2, 54 Fidentia ... est, firma animi confisio, *Id Tusc* 4, ...7

FIDES, ei f [quia fit quod dictum est, *Cic* ... unde ...] (1) *Faith, truth, honesty* (2) *Trust, credit* (3) *Safeguard, warrant, assurance* (4) *Authority* (5) *Defence, protection* (6) *Faithfulness, loyalty* (7) *Friendship, a solemn league*, or *contract, good*, or *bad* (8) *A Goddess of that name* (9) *Public credit among merchants* (10) *Word* or *promise* (11) *Safe keeping*, or *custody* (12) *Just credit, upright ness* (13) Ecclesiastical writers use it for *religion, the creed* (1) Fundamentum justitiæ est fides, *Cic Offic* 1, 7 (2) Perfidiosum & nefarium est fidem frangere, *Cic* pro Q *Rosc* 6 (3) Do fidem ita futurum, *Ter Eun* 5, 9, ... (4) Tabularum fides, *Cic* pro *Arch* 5 (5) Illa nunc fidem vestram implorat, *Ter Adelph* 3, ... 43 (6) Vir haud magna cum re, sed plenus fidei, *Cic* de *Sen* 1, ex poeta (7) Accipe daque fidem, *Vir Æn* 8, 150 Quâ deleta pacta est, fœdere rumpetur fides, *Sen Med* 55 (8) Fidei censebam maximam multo fidem esse, *Plaut Aul* 4, 6, 1 Colitur Pax atque Fides, *Juv* 1, 115 (9) Scimus Romæ, solutione impedita, fidem concidisse, *Cic* pro *Leg Manil* 7 (10) Fidem ... publicam, jussu senatus, dedi, *Cic Catil* 2, 4 (11) Fuam fidei concredidi aurum, *Plaut Aul* 4, 2, 8 (12) Mira visa est fides imperatoris, *Flor* 1, 12 (13) *Hor usus*

usus ab illis pete ¶ Fides affecta, *Tac Hist* 5, 65, 2 concussa, *Lucr* 1, 182 *a credit crest* Fidem liberare, *to make good his word*, *Cic* pro Flacc 20 fallere, *to break it*, Id *pro* Rosc Com 6 Fidem habere, *to give credit*, Ter Eun 1, 2, 50 adhibere, *to be faithful*, Plaut Rud 4, 2 Bona fide, *without fraud*, or *cov n*, I oi 2, 1

Fides, is & fidis, is f (1) *A string of an instrument* (2) Also *a fiddle, lute*, or *any stringed instrument* (3) Also *a constellation* (1) Festus (2) Discebant fidibus antiqui, *Cic* de *Sen* 8 Fides canoræ, *Val Max* 8, 8, ext 2 Fidibus tractandis operam dare, *Id* 8, 7, ext 8 (3) Fidis incipit occidere, *Col* 11, 2 ☞ Vix leg in sing ap oratores

Fidicen, inis m qui fidibus canit *A harper, lutanist, a minstrel, he that playeth on a stringed instrument* Romana fidicen lyra, *Hor Od* 4, 3, 23 Socratem fidibus docuit nobilissimis fidicen, *Cic Fam* 9, 22

Fidicina, æ f *A woman that playeth on the harp, lute*, &c De fidicina isthæc? *Ter Eun* 3, 2, 4

Fidicinius, a, um adj *Belonging to playing on instruments* Ludus fidicinius, *a musical school*, Plaut Rud pro 43

Fidicula, æ f dim [a fides, is] (1) *A little lute, a guittar, a fiddle* (2) Also *a company of stars resembling an harp* (1) Fidiculæ sonantes, *Cic N D* 2, 8 Fidiculas laxavit, *Val Max* 3, 3, ext 5 (2) Fidicula vespere occidit, *Col* 11, 2

Fidiculæ, arum pl f Tormenti genus ex funibus, quibus fontes, velut *fidibus* distenduntur, *little cords wherewith they stretched people upon the rack, to make them confess*, Suet Cal 33

† Fidius, *pro* filius antiq unde *medius fidius*, q d ita me Jovis filius juvet

FIDO, ere n & fisus sum, sum *To trust to*, or *in, to put trust*, or *confidence in a thing* Fidere ingenio suo, *Plin* Ep 4, 13, 12 Non secundis rebus nimium fidendum, *Sen*

Fiducia, æ f (1) *Self confidence*, *courage, confidence*, in a good sense (2) *Boldness, assurance*, in a bad sense (3) *Trust* (4) *Dependence* (1) ✶ Audacia creditur a multis fiducia *Juv* 13, 110 Fiduciam ei conscient i dedit, *Valer Max* 3, 7, 1 (2) *Id* Serv *in Æn* 2 Qua fiducia facere audeam? *Ter Eun* 5, 5, 7 (3) Fiduciam accipere, *Cic Top* 10 (4) Falsa est fiducia formæ, *Prop* 3, 24 1

|| Fiduci liter adv *Confidently, assuredly*, Aug ✝ Fidenter, *Cic*

Fiduciarius, a, um adj *That taketh*, or *is taken upon trust, so as to be restored again*, Liv 32, 38 Cæs B C 2, 17

Fiduciarius, i, m *A feoffee in trust*, Ap JCC

Fiduciatus, a, um part *Put in trust with any thing*, Ap JCC

|| Fiducio, are act *To make a condition of trust*, Ap JCC

|| Fiducior, ari, atus pass *To be put in condition of trust*, Ap eosd

Fidus, a, um or, comp ssimus, sup (1) *Faithful, true hearted, trusty* (2) *Safe, secure* (1) ✶ Intellexit quos fidos amicos habuit, quosque infidos, *Cic* de *Am* 15 Ut eos sibi fidiores redderet, *Just* 16, 5, 2 Fidissimum tyrannosuspectum redd dit, *Val Max* 3, 3, ext 2 (2) Fidissima custodia principis ipsius innocentia, *Plin Paneg* 49 Fidi præsidii, *Sen Agam* 9 7 Fida pax, *Val Max* 7, 2, 6 ✶ Fidelis fit, *fidus* nascitur, *Front* Fuum amicum, famulum *fidelem* dicito, *Caper* *Fidus* in maximis, *fidelis* in minoribus negotiis, *Don* *fid aliq* fulluntur

† Fidus, eris n *pro* fœdus, *Enn*

† Fidustus a, um [a fidus, ut a vetus, vetustus] *Very faithful* Fidusta, unde denominata, ea quæ maxima fidei erant, *Fest*

|| Fiere, *pro* fieri, *Gell* 19, 7

Figlina, æ f per sync *pro* figulina, *sc* ars vel officina, est n propric adj (1) *The potter's craft* (2) Also *the potter's workhouse* (1) Figlinas Corœbus Atheniensis invenit, *Plin* 7, 56 (2) Figlinas exercere, *Varr R R* 1, 2

|| Figlina ius m *A potter*, Dig

Figlinum, i n *sc* opus *A vessel made of earth* Donec percoquatur figlinum, *Plin* 34, 18

Figlinus, a, um *Belonging to a potter* Creta figlina, *Varr R R* 3, 9 Opus figlinum, *Plin* 31, 3 vid & *Vitruv* 5, 10

|| Figmentum, i n [a fingo] (1) *The work*, or *workmanship* (2) *A forgery, a lye, a device, a crotchet* (1) Capræ figmentum juxta simulacrum *Vejovis* stare dixit, *Gell* 5, 12 (2) *Litt forte ê Stephano, qui sic laudat* Cic Sine figmentis, fucoque puerili, *de Orat* 2, 45 *ubi pigmentis ad loci genium accommodatissimè tam in antiquis edd quam in accuratissima Gruteriana inven Tritum quidem est posterioris ævi scriptoribus Ut ut fuerit*, commentum, *tutius dixeris*

FIGO, ere, xi, ctum act [a Gr πήγω πήξω] (1) *To stick, to fix, to fasten, to thrust in* (2) *To shoot, to hit*, or *wound* (3) *To set up publickly* (1) § Verubus figunt viscera, *Vir Æn* 1, 216 Figere palum in parietem, *Plaut Mil* 4, 4, 4 plantas humo, *Vir Geor* 4, 115 vultus in imagine Divæ, *Ov Fast* 4, 317 in humo lumen, *Id Trist* 4, 2, 29 ¶ Clavo trabali figere beneficium, *Cic Verr* 5, 21 (2) Figere cervos, *Vir Ecl* 2, 29 Cuspide fixit apros, *Ov A Am* 2, 190 Celato figit sua pectora ferro, *Id Fast* 2, 831 *Met* Adversarios figere, *Cic Orat* 26 (3) Tabulæ figuntur, dantur immunitates, *Cic Philipp* 2, 36

Figor, gi pass *To be fixed*, &c Deorum ædes in impiorum mentibus figuntur, *Cic* de *Arusp Resp* 18

Figularis, e adj *Of*, or *belonging to a potter* Figularis creta, *Col* 8, 2 ¶ Versutior es, quam rota figularis, *Prov you are as crafty as a fox*, Plaut Epid 3, 2, 35

Figulina, æ f id qu figlina, *Plin* 35, 12

|| Figulo, are *To make*, or *fashion as potters do*, Tert ✝ Fingo

|| Figulor, ari, atus pass *To be formed of earth*, Aug ✝ Fingor

Figulus, i m [a fingo] *A potter*, or *worker of things in clay* Figulus primus invenit ex argilla fingere similitudines, *Plin* 35, 12

Figura, æ f [a fingo] (1) *Figure, shape, fashion* (2) *An image, portraiture, draught, likeness* (3) *A scoff*, or *taunt* (4) *A figurative expression* (1) = Hominum figura vincit omnium animantium formam, *Cic N D* 1, 18. = Esse pari filo, similique adfecta figura, *Lucr* 2, 341 (2) Signatum certa figuris, *Ov Met* 15, 16; (3) *Sact Vesp* 13 (4) Figura apud grammaticos est conformatio quædam orationis, *&c* *Quint* 9, 1 = Species, similitudo, *Cic*

Figurandus, a, um part *To be fashioned*, or *framed* Huic id cætcos figurandos corgun vis, *Plin* 16, 38

Figurate adv *Figuratively*, Ascon Ped in proœm Act Verr *an quis alius antiq nescio, condonand tamen Gram & Rhetoribus* compar Figuratius, *Sidon Ep* 5, 8 sup Figuratissimè *Mart Capell*

Figuratio, onis f verb (1) *A fashioning, resembling*, or *shaping* (2) *An imagining* (1) Ut in unoquoque posuit figuratio, *Plin* 11, 37 Depicta figuratio, *Vitruv* 9, 4 (2) *Quint*

|| Figurativus, a, um adj *Figurative, expressed by a figure*, Ap Gramm & Rhetores

Figuratus, a, um part (1) *Fashioned, formed, coined* (2) *Figurative* (1) Boum terga declarant non esse ad onus accipiendum figurata, *Cic N D* 2, 63 Signum in modum hominis figuratum, *Tac Germ* 9, 2 (2) Figurata verba, *Quint* 1, 8 ¶ Figurata controversia, *a reflecting upon one*, Id 9, 2

Figuro, are act (1) *To make, form*, or *fashion* (2) *To imagine*, or *conceive* (3) *To set off with figures* (4) *Met* *To form, fashion*, or *frame* (1) Formare, figurare, colorare, animare non possunt atomi, *Cic N D* 1, 39 (2) Figurare potestis, qui tunc animus mihi fuerit, *Quint* (3) *Quint* 9, 1 (4) Figurare os pueri, *Hor Ep* 2, 1, 126 *ut* vocem fingere, vid & *Lucr* 4, 550 Ursi lambendo fœtus figurant, *Plin* 8, 36

Figuror, ari, atus pass *To be fashioned*, &c In eandem lapidis naturam figurantur, *Plin* 36, 22 Figuratur flatu vitrum, *Ibid* 26

|| Filacissa, æ f quæ fila scindit vel cædit *A spinster*, Col *ap* Litt *sed non invenio*

|| Filago, inis f *A kind of cotton weed, bloody flux weed*, or *catweed*, Gerard

Filamenta n pl *Little threads*, or *rags appearing in the urine*, Medicis condonandum

† Filarium, ii n *A bottom of thread*, Col *ap* Litt *sed non invenio*

Filatim adv *Thread by thread* Filatim dum distrahitur, deperditur omnis, *Lucr* 2, 830

Filia, æ f *A daughter* Finæ conditionem quærere, *to look out for a husband for her*, Liv Despondere alicui filiam, *Cic pro Cluent* 64 collocare nuptui, *Col* 4, 3 nuptum, *Cæs B G* 1, 18 Filiis pro filiabus, *Plaut Pœn* 5, 3, 9 & *Stich* 4, 1, 61

|| Filialis, e adj *Filial, childlike*, Eccl ✝ Quod filium decet, agere, Filians amor *Latinè dicitur pietas*

|| Filiaster, stri m *A son in law by a former wife*, or *husband*, Vall unde non dicit

Filiastra, æ f *A daughter in law by another man*, or *woman*, R ex Liv *sed nusquam invenire*

Filicatus, a, um *Indented about like fern, notched, scalloped* Filicatæ pateræ, *Cic Parad* 1, 3 lances, *Id Att* 6, 1

Filictum, i n *Ferny ground*, Col 2, 2

Filiceus, a, um *Of*, or *belonging to fern*, Litt ex Plin

Filictum, i n [a filix, ut a salix, salictum] *A fern field*, Col 2, 2

Filicula, æ f *Fern of the wall fern, the herb polypody* = Filiculam nostri pol, podion vocant, *Plin* 26, 8 vid & *Caton R R* c 158

Filiola, æ f dim [a filia] *A little daughter* Paulus filiolam animadvertit tristiculam, *Cic de Div* 1, 46 ¶ Osculari tanquam filiolam, *to love tenderly*, Id *pro* Mur 10

Filiolus, i m dim [a filius] *A little*, or *young son* Filiolo me auctum scito, salva Terentia, *Cic Fam* 1, 2 Tibi filiolus nascitur, *Juv* 9, 84

|| Filipendula, æ dict quod e filis dependent folia *Dropwort*, Offic

FILIUS, ii m [a φιλῶ, amor] (1) *A son, a child* (2) *The young of any creature* (1) Acerbum est parentum scelera filiorum pœnis lui, *Cic* ad *Brut* 12 Fratamillus, *Cic* pro *Col* 15 ¶ Terræ filius, *an obscure, mean fellow*, Litt 1, 11 Fortunæ filius *A favourite of fortune*, Hor Sat 2, 6, 49 (2) Ejusmodi animalia nepotibus magis, quam filiis utitur, *Col* 6, 37 Justus filius, *a son begotten in wedlock*, Jurisc

Filix, icis f [a filum, ob filum incisa] (1) *Fern, brake* (2) *A small fibre from a root* (1) Per Catachres *Tuck hair* (1) Filicis extirpatio, *Col* 2, 11 Urenda filix, *Hor Sat* 1, 3, 37 Filicum manipli, *Vir Geor* 3, 297 (2) ✶ Ex una radice plures exeunt filices, *Plin* 27, 9 (3) *Pers* 4, 41

FILUM, i n [dict quod pilis animalium fit, *Fung* Filum quod minimum est filum, id enim minimum est in vestimento, *Varr*] (1) *A thread, yarn* (2) *A line*, or *streak* (3) *The string of an instrument* (4) *A lineament*, or *feature* (5) *Met* *The proportion*, or *draught of a thing* (6) *The style, air, manner of speech* (1) Tenuia fila aranei, *Lucr* 3, 384 Tenui filo suspensa salus, *Val Max* 6, 4, 1 (2) Sumpto atramento futorio filum duxit, *Varr* Hinc Angl *a file for papers, a file of soldiers* (3) Vates fila sonantia movit, *Ov Met* 10, 89 (4) Satis scitum filum mulieris, *Plaut Merc* 4, 4, 15 (5) *Lucr* 3, 341 (6) Tenui deducta poemata filo, *Hor Ep* 2, 1, 225 Gracili connectere carmina filo, *Col* 10, 225

Fimarium, ii n *A dunghill*, or *mixen*, Col *ap* Litt *sed frustra fui quærendo*

Fimbria, æ f [a fibrum, quod ant dicebant extremum, *Varr*] (1) *Any extremity*, or *end of any thing, the border*, or *welt of a garment, the list of cloth* (2) *A fringe* (1) Fimbriæ sunt omnis extremitas, *Non Mar* Madentes cincinnorum fimbriæ, *Cic in Pison* 11 vid locum *Varr* modo adductum (2) Mappa laticlavii fimbriis hinc atque illinc pendentibus, *Petron* c 32

Fimbriale, lis n *A fringe* Litt ex Plin

Fimbriatus, a, um *Escalloped, fringed, hemmed, jagged, welted* Fimbriatæ urticæ, *Plin* 21, 15 Latus clavus ad manum fimbriatus, *Suet Cæs* 45 ubi vid *Casaub*

Fimetum,

Fimētum, i n *A dunghil, a mixen, a lay-stall, or lay-soil,* Plin 17, 9

|| Fimōsus, a, um adj *Filthy, or full of dung, dungy, mucky,* Dig ✝ Fimo plenus

Fimum, i n *Dung,* Plin 29, 5

Fimus, i m [à fio oleo, ut a suffio suffimen] *Dung, or ordure of men, birds, cattle, &c* continuo Fimum reddere, Plin 8, 15 ¶ Vino principatum dat turdorum fimo, Id 17, 9 Ne saturare fimo pingui pudeat sola, Vir Geor 1, 80

|| Finalis, le adj *Of the end, final,* JCC & Philos relinquendum ✝ Ultimus, postremus

|| Finaliter adv *To conclude, finally, in fine,* Dig ✝ Denique, novissime

FINDO, ĕre, fidi, fissum act [fort a σχίζω, σχίζω, unde etiam scindo] (1) *To cleave, to rive, to slit, to chap* (2) *To divide* (1) Falce peracutissimâ findere, Col Findere in geminas trabes, Sen Hipp 1224 ✠ Mare findere carina, *to sail,* Prop 3, 9, 35 ... a classe, Id 3, 4 Aera findere, *to fly,* Ov Met 4, 666 aratro cœlum, *to plow it* (2) Partes se via findit in ambas, Vir Æn 6, 540

Findor, ĕris, fissus pass *To be cloven, divided,* &c Fulgetris finditur nubes, Plin 2, 43

FINGO, ĕre, xi, ictum act cujus etym incert (1) *To make, to fashion, or mould* (2) *To make, frame, or build* (3) *To imagine, to suppose, to devise, to invent, or contrive* (4) *To feign, to counterfeit* (5) *To suit, adapt, or accommodate* (1) ✠ Alexander ab Apelle potissimum pingi, à Lysippo fingi volebat, Cic Fam 5, 12 (2) = Vis quæ finxit, & fabricata est hominem, Cic Acad Q 4, 27 = Volucres videmus fingere atque construere nidos, Id de Orat 2, 6 (3) Quid te aut fieri, aut fingi dementius potest? Cic pro Domo, 29 (4) Tristi me te fingere jocum, Tib 3, 7, 2 Junius Brutus stultitiam finxit, Plin (5) Institutis hominum commode fingere orationem, Cic de Cl. Or 31 = Ad arbitria hominum se fingere & accommodare, Id Orat 8

Fingor, i pass *To be fashioned, imagined,* &c Quid magis solicitum dici aut fingi potest? Cic pro Mil 2

Finiendus, a, um *To be finished,* &c Voto finiendum volumen sit, Paterc 2, ult

Finiens, tis m sc circulus, Astron *The horizon* Orbes qui à Græcis ὁρίζοντες nominantur, à nobis finientes rectissime nominari possunt, Cic de Div 2, 44

Finio, ire, ivi, itum act (1) *To finish, or end, to accomplish* (2) *To determine, appoint, prescribe, assign, or limit* (3) *To define* (4) *To quench, to satisfy* (5) Absol *To dy,* sc vitam vel se supplicio (1) ✠ Opus finiam, quod cepi, Cic (2) Sepulcris novis finivit modum Demetrius, Cic de Legg 2, 26 (3) Si finias equum, genus est animalium, Quint (4) Sitim finit copia lymphæ, Hor Ep 2, 1, 6 (5) Tiberius finivit ætatis anno septuagesimo octavo, Tac 6, 50, ult Vitam finire laqueo, Sen Hipp 259 suspendio, Suet Aug 65 *to be hanged* ¶ Non finivit tantum se ipse, sed & pellexit, Sen Præf 1 4 Contr

Finior, iri pass (1) *To be ended, determined, defined,* &c (2) *To be extinct, to dy* (1) Vid Finio (2) Atrocius aliquanto Euripides finitus est, Val Max 9, 12

FINIS, is m vel f [à fio, cum sit id cujus gratiâ aliquid fit, Jul Scal] (1) *The intent, or purpose of a thing done* (2) *The end, the conclusion* (3) *A bound, border, or limit* (4) *A definition of a thing* (5) *A country, or territory* (6) *Death* (1) Illud cujus causâ aliquid facimus, finem appellabimus, Cic (2) = Quis modus exilio? quis finis fugæ? Plaut Merc 3, 4, 67 Quæ finis funestæ familiæ? Cic de Legg 2, 22 (3) = Sibi certos fines terminosque constituere, Cic pro Quint 10 = Finem & modum transeunt appetitus, Id Offic 1, 29 (4) Hic frequentissimus finis Rhetoricen esse vim persuadendi, Quint (5) Apud finem Ligurum id temporis erat, Tac Ann 16, 15, 1 ☞ In hac notione frequentius leg in plurali (6) Imminentem damnationem voluntario fine prævertit, Tac Ann 4, 19, 4

Finitè adv *Determinately, with certain measure and bounds* = Ergo avarus erit, sed finitè, & adulter, verùm habebit modum, Cic de Fin 2, 9

Finitimus, a, um (1) *Bordering upon* (2) *Nearly related, or allied, like, close, or near to* (1) = Finitimi ac vicini, Cic pro Sulla, 20 Mari finitimus est aër, Cic N D 2, 39 Finitimo implicati bello, Val Max 3, 1, ext 1 (2) Pertinacia perseverantiæ finitima est, Cic de Inv 2, 54

Finitio, ōnis f verb *A definition, or bounding* Si non in partes hemisphærium dividatur, sed in alias quotlibet finitiones, Hygin Astron 1, 6 Propriis finibus confirmatur finitio, differentibus solvitur, Quint

|| Finitivus, a, um *Which defineth, limiteth, or conditioneth,* Quint ap Litt

Finitor, ōris m verb (1) *A surveyer of lands that setteth bounds* (2) *That putteth an end to any thing* (3) *Also the horizon which boundeth our sight* (1) Ejus nunc regiones, limites, confinia determinabo, ei rei sum factus finitor, Plaut Pœn prol 50 (2) Stat Theb 8, 19 (3) Sen Q Nat 5, 17

Finitus, a, um part (1) *Finished, ended* (2) *Bounded, confined* (3) *Determined, fixed* (1) Finita ætas, Ov Fast 5, 65 Ciceronis, vel satiato Antonio, pœnâ finitâ, Paterc 2, 64 (2) Lingua dentibus finita, Cic N D 2, 59 (3) Potestas finita cuique, Lucr 1, 77

|| Finitus, ûs m *The close, or ending of any thing,* Litt ex Apul

FIO, fis, factus sum, fieri n [à φύω] (1) *To be made, to consist* (2) *To be done* (3) *To be esteemed* (4) *To happen, to come to pass* (5) *To wax, grow, or become* (6) *To be bred* (1) = Alter ex longis constat, alter è brevibus fit, Cic Orat 57 Fit via vi, Vir Æn 2, 494 (2) = Honorificentiùs à me fieri non potuit, quam fecerim, Cic Att 12, 18 (3) Quanti quisque se ipse faciat, tanti fiat ab amicis, Cic de Am 16 (4) = Si nihil fieri potest, nihil accidere, nihil evenire, &c Cic de Div 2, 7 (5) Fit sanus, Hor Od 4, 13, 2 (6) Ibi maximi existimantur fieri hædi, Varr In Macedoniâ fiunt permagni lepores, Plin ¶ Obviam fieri alicui, *to meet him,* Cic Quid mihi, me, vel de me fiet? *what will become of me?* Plaut Fiat, *be it so, content,* Id

Fio, is, ire, unde in comp suffio à θύω, Æol

✠ Firmamen, inis n *The ground, principal point, or foundation of a cause, or matter, the state of a question, an establishment* Firmamen trunci, Ov Met 10, 491 Unicum lapsa domûs firmamen, Sen Herc Fur 1251

|| Firmamentum, i n (1) *A ground, or stay, the chief point of a business* (2) *Also the firmament* (1) = ✠ Sicut aliis in locis parum firmamenti & parum virium veritas habet, sic in hoc loco falsa invidia imbecilla esse debet, Cic pro Cluent 2 Firmamentum præcipuum exercitui suo adjecit municipia, Val Max 7, 6, 1 (2) Ap recent.

Firmandus, a, um *To be strengthned,* &c Firmandus est animus ad dolorem ferendum, Cic Tusc 2, 15 Teneræ nimis mentes asperioribus firmandæ studiis, Hor Od 3, 24, 52

|| Firmātio f *A strengthning, a confirming,* Aug ✝ Confirmatio

Firmātor, ōris m verb *A confirmer, or establisher* Firmator pacis, Tac Ann 2, 46, 7 disciplinæ, Plin Ep 10, 38

Firmātus, a, um part *Established, made strong, confirmed* Opinio omnium gentium firmata consensu, Cic de Div 1, 1 Firmata ætas, *ripe years,* Vir Ecl 4, 37

Firmè adv ssimè, sup *Assuredly, stedfastly* = Firme, graviterque aliquid comprehendere, Cic de Fin 1, ult Firmissimè aliquid asseverare, Id Att 10, 14

Firmitas, atis f (1) *Firmness, soundness* (2) *Strength, steddiness, constancy* (1) Postes cujusmodi! quantâ firmitate facti, & quantâ crassitudine! Plaut Most 3, 2, 134 (2) = Firmitatem & constantiam, si modò fuit aliquando in nobis, eandem cognosces, quam reliquisti, Cic Fam 9, 11

Firmiter adv *Firmly* Nostri neque ordines servare, neque firmiter insistere potuerunt, Cæs B G 4, 26.

Firmitudo, inis f (1) *Firmness, strength* (2) Met *Constancy, resolution* (1) Vocis firmitudo, Ad Herenn 3, 11 (2) = Firmitudinem gravitatemque animi tui perspexi, Cic Fam 5, 13

Firmo, āre act à firmum facio (1) *To strengthen* (2) *To make steady* (3) *To establish, to confirm* (4) *To harden* (5) *To bind, or make costive* (1) Urbem, ante naturâ munitam, præsidiis firmare, Paterc 2, 26 (2) Pinus vestigia firmat, Vir. Æn 3, 659 (3) Firmat & auget etiam latronum opes justitia, Cic Offic 2, 11 ✠ Fabulis fidem firmare, aut historiis demere, Suet de Cl Rhet init Vetustum jus ut firmaretur petentibus, Tac (4) Corpora juvenum firmari labore voluerunt, Cic Tusc 2, 15 (5) Solutam alvum firmare, Plin 14, 18

Firmor, āris atus pass *To be strengthned,* &c Si vis & natura fati ex divinationis ratione firmabitur, Cic de Fato, 5

FIRMUS, a, um adj or, comp ssimus, sup [ab εἱρμὸς, nexus, præp digamma, quia quæ connexa, ea firma] (1) *Firm, steady, constant, sure, strong, lusty, bold, hearty, able* (2) *Hard, solid* (3) *To be depended upon* (4) *Nourishing, strengthning* (1) Poplite nondum firmo constitit, Ov Met 15, 223 Nondum satis firmo corpore cum esset, Cic Fam 11, 27 Valetudo firmior, Plin 11, 37 ¶ Firmi satis nihil video, *I see no cogent reason,* Ter Heaut 2, 3, 96 (2) Panificia omnia firmissima sunt, Cels (3) Illum discessisse Alexandriæ rumor est non firmus, Cic = Accusatorem firmum verumque esse oportet, Id Copias non firmas habuit, quia inexercitatæ erant, Nep Eum 3 (4) Cibus firmus, Cels

|| Fiscalis, e adj *Of, or belonging to the exchequer, or the king's treasure,* Ap JCC

Fiscella, æ f dim [à fiscina] *A little basket of twigs, or a frail, a wicker basket through which the whey runneth while the cheese is pressed* (2) *The curd basket, or cheese vat* (3) *An instrument with twigs and strings to muzzle cattle, that they may not eat the tender grass* (1) Col 12, 18 (2) Tib 2, 3, 19 (3) Fiscellis capistrari boves oportet, Plin 18, 19

Fiscellum, i n *A little basket,* &c Col 12, 38

Fiscina, æ f [à ferendo, Varr qu feriscina, pot à seq fiscus] *A bag to put money in, a frail, a pannier* Facilis rubeâ texatur fiscina virga, Vir Geor 1, 266 Fiscina ficorum, Cic pro Flacc 17 || *Also the font where children are baptized,* Eccles

Fiscus, i m [à φίσκος, aluta, unde φασκώλιον, marsupium, pera, Scal] Lat Pasceolus, i e saccus ex aluta, Non (1) *A great frail used in pressing and straining of olives,* &c (2) *A great money bag* (3) *Also the money it self, particularly a king's revenue, or exchequer* (1) Intrita oliva novo fisco includitur, & prelo subjicitur, Col 12, 49 ¶ Lineus fiscus, *a sieve* (2) Ascon (3) Non eâdem severitate fiscum, quâ ærarium, cohibes, immo tanto majore, quanto plus tibi licere de tuo, quam de publico credis, Plin Paneg 36, 3 ¶ Fisco ex suo æs alienum solvi jussit, Val Max 6, 2, 11 ¶ Res fisci est, *it is the emperor's,* Juv 4, 55

|| Fissiculo, āre act [à findo, fissum] *To open the better to pry into them* Extis fissiculandis, Apul de Deo Socr p 674

Fissilis, e adj (1) *That is,* (2) *or may be cleft, slit, or cloven* (1) Ad focum si adesses, non fissile haberes caput, Plaut Aul 3, 2, 26 (2) Cuneis & fissile robur scinditur, Vir Æn 6, 181

Fissio, ōnis f verb [à findo] *A cleaving, or chapping* Fissio glebarum, Cic N D 2, 63

|| Fissipes, edis c g *Cloven footed,* Auson Ep 5, 1 & 7, 49

Fissum, i n (1) *A cleft, a chap, a disease about the fundament* (2) *Also that skin which divideth the liver, and is used by soothsayers to divine what shall befall to themselves, or enemies* (1) Si qua fissa in ano indurerunt, Cels 7, 30 (2) Fissum familiare & vitale tractant, Cic Div 2, 12

Fissūra, æ f (1) *A cleft, slit, a rift, a chap* (2) *The division between the fingers and toes* (1) Fissuram cuneo tedæ pineæ ad gigito, Col 5, 10 (2) Quorum in digitis pedum fissura divisa est, &c Plin 10, 63

Fissus,

Fissus, a, um part [a findor] *Cloven, riven, divided, cleft, split in half* Lignum fissum, *Vir Æn* 9, 413, paries tenuis rimis, *Ov Met* 4, 65 Lingua in dua parte fissa, *Ibid* 4, 586 Fissi adactis cuneis qu rcus, *Val Fl* ... 12, ... 9 Fissa vulnera, *Val Fl* ... 1, 4 9

Fissus, ûs m verb *A cleft, cut, or cleaving and cutting* Quis invenit fissum jecoris? Quis cornicis cantum notavit? *Cic N D* ... 6

Fistuca, æ f [ab ἵστημι, statuo, ...] (1) *An instrument to drive piles of wood into the ground, called a commander* (2) *Also to beat stones in paving, a rammer* (1) *Cæs B G* 4, 17 (2) Pavimenta fistucis paviri, *Plin* 36, 25

Fistucatio, ōnis f verb *A driving of piles, or ramming down of floors*, Vitr ... 10, 3

Fistucatus, a, um part *That is rammed, or driven down*, Vitr ... 7, 4

Fistuco, āre act *To drive piles into the earth, to ram floors in paving*, Cato, 1, 18 & Plin 36, 25

Fistula, æ f cujus etym incert (1) *A pipe to carry water* (2) *A pipe, or flute made of reed, or other stuff, a flagelet* (3) *Also the weasel of the throat* (4) *A needle, or bodkin to plait the hair withal* (5) *A hollow oozing ulcer* (1) Fistulas, quibus aqua suppeditabatur ... præcidi imperat, *Cic pro Rabir* 11 (2) Disparibus ... fistula cannis, *Ov Met* 2, 682 Indocta fistula, *Hor Od* 4, 12 ... pastoris Fistula cava sonat ... *Val Flacc* 4, 384 Hinc Anglice *a whistle* (3) *Plin* 9 ... (4) *Scal* (5) Per lumbos fistula pu... *Nep Attic* ... De fistulis & earum curatione, *vid Cels* 5, 28

|| Fistularis, e *Of, or pertaining to a pipe* Fistulare medicamentum, *Veget* 2, 13

|| Fistulatim adv *In manner of a pipe, or squirt* Fumo fistulatim excusso, *Apul Met* 4 p 104

Fistulâtor, ōris m verb *A piper, or player on a flute* Fistulatorem domi relinquetis, *Cic de Orat* 3, 6

|| Fistulatorius, a, um Fistulatoriæ artes, *of fluting, or piping* Arnob lib 2 ✝ Fistularis

Fistulatus, a, um *Made hollow like a pipe* ... Suet Ner 31 & ibi incipi

Fistulo, āre n *To be hollow, like a spunge, or pipe* Terra bibula, & pumicis vice fistulans, *Plin* 18, 11

Fistulōsus, a, um adj *Full of eyes, or holes, spungy* Caseus fistulosus, *Col* ..., 8 Terra fistulosa, *Plin* 17, 5 Saxum fistulosum, *Vitruv* 1, 5

Fisus, a, um part [a fido] *Trusting, confiding, relying* Fisus indicio moderationis, *Val Max* 4, 1, 14

Fit impers *It cometh to pass* ¶ Cum pro populo fieret *when they were at sacrifice*, Cic

Fixūrus, a, um part [a figo] *About to pierce, or wound* Vulnifico fuerat fixurus pectora telo, *Ov Met* 2, 504

Fixus, a, um part & adj (1) *Fixed, or stuck up* (2) *Fixed, or impressed* (3) *Unmoveable* (4) Adj *Firm, fast, steady, constant* (5) *Permanent* (1) Fixum jaculo caput fertie, *Val Max* 9, 9, 1 Fixis decorentur ovilia ramis, *Ov Fast* 4, 737 (2) Fixi pedum vestigia, *Lucr* 2, ... (3) In solido fixus Olympus humo, *Ov Fast* ..., 442 (4) Phidias est tels ... puellæ meis, *Ov ex Pont* 3, ..80 (5) = Stabile, fixum, & ratum decretum, *Cic Acad* ... 1, 9

F ante L

✠ Flabellifer, a, um *That beareth a fan*, Plaut Trin 2 1, 22

Flabellum, i n dim (1) *A fan to blow wind* (2) Met *A stirrer up* (1) Cape hoc flabellum & ventulum huic sic facito, *Ter Eun* 3, 5, 47 (2) Flabellum seditionis, *Cic pro* ...

Flabilis, e adj (1) *That may be blown, easily blown, airy* (2) Also *spiritual* (1) *Cic Tusc* 1, 27 (2) *Prud in Apot Rom.* 271

Flabrum, i n [a flando] *A blast, or puff of wind* Neque hic boreæ flabra, neque ... timet, *Prop* 2 27, 12 ☞ *Lucr* ... *in sing.* ...

Flacceo, ēre, ui neut *To flag* Cus] *To wither, to be feeble, or weak, to hang down, to flag, to decay, fade, or fail*, Col 5, 12

Flaccesco, ēre, incept *To fade, to grow faint and lank* Flaccescit oratio, *Cic de Cl Orat* 24

Flaccidus, a, um *Withered, feeble, weak, hanging loosing, or flagging* Herba sono maximo flaccidome, *Plin* 15, 30 Auris flaccida, *Varr R R* 2, 5

FLACCUS, a, um adj *Flap-eared, flagging and hanging down* Auris flacca, *Cato R R* 2, 9

Flagella, æ f *A little whip*, Litt ex Col sed q

Flagellarius, ii m *A beadle, a flogger of beggars*, Litt ex Auct ad Herenn

Flagellator, ōris m verb *A thresher* || Flagellator annonæ, *an ingrosser of corn to make it dearer*

Flagellātus, a, um part *Scourged, beaten* Radiorum multiformi jactu flagellatus ... *Plin* 2, 15

Flagello, āre act (1) *To whip, to scourge, to jerk, or lash* (2) *To thresh* (3) Also *to keep fast locked* (1) *Plin* 2, 45 (2) Flagellare ... pertica, *Plin* 18, 30 (3) Laxas arca flagellat opes, *Mart* 2, 30 ¶ Flagellare annonam, *to raise the price of provisions, as forestallers of markets do*, *Plin* ..., 13

Flagellor, ari, ātus pass *To be beaten, &c Plin*

Flagellum, i dim [a flagrum] (1) *A whip, or scourge* (2) *A small branch, or twig of a tree, the young shoot of a vine* (3) *A claw, or claw of a shell-fish* (1) ✠ Porcia lex ab omnium civium Rom corpore amovit, hic misericors flagella retulit, *Cic pro C Rabirio* 4 Flagellis aliquem cædere, *Val Max* 6, 1, 1, Flagellum tortum Furiarum, *Val Flacc* 8, 20 ... *Hor* ..., 149 Hinc Anglice *a flail* (2) *Vir Geor* 2, 299 ... Servium (3) Polypus hostem contineri ex omni demissis parte flagellis, *Ov Met* 4, 367

Flāgitans, tis part *Earnestly craving, desiring*, Cic de Harusp Resp 22

Flāgitātio, ōnis f verb *An earnest intreaty, or desire* Noluit deesse ne tacitæ quidem flagitationi tuæ, *Cic Top* 1 Uxorem flagitatione revocantur, *Just* 2, 3

Flagitātor, ōris m verb (1) *A demander, one who instantly requesteth, or asketh* (2) *A creditor demanding the money due unto him, a dun* (1) Flagitator molestus, assiduus, acer, *Cic in Brut* 5 Triumphantem ... flagitator, *Liv* 8 1... (2) Duriore ex animo curam atque alienum æs, ne quis form det flagitatorem suum, *Cic*

|| Flagitatrix, icis f verb *She that earnestly desireth*, Arnob

Flagitātus, a, um part Interceteri flagitatos dicebant ... inquirere qui stuprum passi aliquando essent, *Fest*

Flagitiōse adv ssim sup *Ungraciously, mischievously, naughtily, villainously, scandalously, infamously* = Impure ac flagitiose vivere, *Cic de Fin* 3, 11 Flagitiosissime servire ... *Cic Cat* 1 2, 4 ☞ Comparat ... *Arnob*

Flagitiōsus, a, um adj or comp ssimus, sup [a fs] (1) *Ungracious, full of mischief, lewd, naughty, villainous* (2) *Injurious, scandalous* &c (1) = Flagitiosorum atque facinorosorum caterva, *Sall B C* 14 (2) Videtis maxima dolore ... flagitiosis moribus, *Cic* Socordia flagitiosior, *Sall B J* 85 Homo flagitiosissimus, *Cic Verr* 2 ...

Flagitium, ii n [quod flagris dignum, *Valla*, a flagitando, *Isid*] Flagitium ap Vet significat infamiam, itaque Plaut *majorum flagitio reddis potens*, h e infamia] (1) *A naughty, or base action, a scandalous crime, more particularly the debauching a woman* (2) *Any base, or scandalous action* (3) *A serenade at a lady's window, or door*, also *an outcry, or clamorous demand* (4) *A reproach, or scandal* (1) Stupra & adulteria, & omne tale flagitium, nullis ... illecebris excitantur, ... voluptatis, *Cic de Sen* 12 = Noctis longitudo stupris & flagitiis conturbabit, *Cic Verr* 5 10 (2) Si ... flagitium ... admissum, *Cic pro Cluent* 36 Flagitio damnum additis, *Hor Od* ..., 5, 26 An id flagitium est, ... domum meret ... dederat, & Ter Eun 2, 3, 90 (3) *Lucil* (4) ... potius dixit, quam cum tanto flagitio domum reduxit, *Nep Hamilc* 1

Flagito, āre [for ... flagro, ut sit flagranter expetere] (1) *To ask and demand with earnestness and clamour* (2) *To dun one with importunity* (3) *To ravish, or lie with one* (4) *To accuse, impeach, or implead one* (1) ✠ Timetsi causa postulat ... flagitat, prætereo, *Cic pro Quint* ... Mutuo ... flagitem, ergo audiam ... ut rogarem, *Id Fam* 9, 8 (2) Vet Gloss flagitare, ... *vid* & Flagitator (3) Si quis aliquam ancillam surripuerit, & flagitaverit, utrique ... tenebitur, *Ulp* (4) Ut ... flagitari jussit, *Tac Hist* 1, 5

Flagitor, āri, ātus pass *To be demanded, accused, &c* ✠ Postularetur ... vel flagitatur potius historia, *Cic de Legg* 1, 2

Flagrans, tis part & adj or, comp ssimus, sup (1) *Burning, flaming* (2) *Glowing, blushing* (3) *Shining, glittering, flagrant* (4) *Eager, earnest, violent* (1) Manum ... flagranti ... *Lir Æn* ..., 2 ... flagrantissimus, *Plin* ... Flagrantes per ... *Vir Æn* ... 65 (2) ... aerco flagrans clypeo ... *Vir Æn* 12, 167 (3) Literarum ... flagrans, *Quint* Flagrantior ... non dubie dolor ... *Id* ... 1, 11

Flagranter adv ... comp ... *Eagerly* ... Spectie ... recentis ... concupiverit, *Tac Ann* ... flagrantius, ...

Flagrantia, æ f (1) *A burning, flaming, glowing* (2) *Ardent desire* ... *Lewdness* (3) ... Flagrantia ... (2) oculorum, *Cic pro Cæl* ... (3) ... *Arnob*

✠ Flagrifer, ... *A whip* ...

Flagrio, ōnis m *Famul* ... ut verberoni ... *a slave, a knave* ... Afran ...

Flagritriba, æ m [ex ... flagro ... τρίβω] ... *fellow fit to be often whipt, a whipstock*, Plaut Pers ... 1, 5

FLAGRO, āre [φλέγω] (1) *To be on fire, to be all on a fire* (2) Met *To be violent, to be inflamed with love, envy*, &c (1) ... ardore flagrare, *Plin* (2) Flagrare amore ... *Cic pro Marcell* ... *Id Att* ... *mia, to be evil spoken of*, *Id* ... 1, 18 cupiditate *Id* ... industria, *Val Max* 8, ... 14 ... *flagrantius pectus* ... incendio, *Pacuv* ...

Flagrum, i n [a flagro, ...] ... *Hor* ... *A whip, a scourge* ... flagro est Vestalis, *Liv* ... 11 Dum flagri ... *Ter* ... *Val Max* ...

Flamen, inis n (1) *A blast, or puff of wind* (2) *A sound of an instrument* (1) Vibrabant flamina vestes, *Ov Met* 1, 528 (2) ... flamina tibiæ? *Hor Od* ..., 19

Flāmen, inis m ... Quod in Latio capite velato erant semper, ac caput cinctum ... bant filo, *Varr*] *A priest, an arch-priest* Hos Numa ... *Liv* 1, 20

Flāmĭnĭa, æ f *Gell* ... Ædes flaminis, *the house of the arch-priest*, Fest

Flāmĭnĭca, æ f *The arch-priest's wife*, Tac Ann ... 16

Flāmĭnĭum, ii n *The arch-priest's office, or dignity, or priesthood* Flaminio ... *Cic* ... 26, 23

Flāmĭnĭus, a, um ... *belonging to the arch-priest* Flaminius lictor, ... Flaminius Camillus, *the lictor that attended him*, Id ... Flaminiæ ædes, *Id*

FLAMMA, æ f [dicta ... flatu sollum excitetur, ... φλέγμα, Æol ...] (1) *A flame, or blaze burning fire, a blaze, or flake of fire* (2) *Love* (3) *Ardour* (4) *Danger, hazard* (1) Flamma fumo est proxima, *Prov* apud *Plaut Curc* 1, 1, 53 Exuperant flammæ, ...

... ad turis, Vir Æn 2, 759 (2) Omnis vi & quasi flamma coloris extinguitur, Cic de Cl ... (2) Toto concepit pectore flammam, Catull 62, 92 (3) ... de flamma ... Cic ... flamma ciborum ... to run any risque, ... not to ... any thing, ... Ter Eun 3, ...

Flammans, ... um part ... ... crines affixi, aut ...

Flammans, tis part (1) Flaming. (2) Met Sparkling, ... (1) Flammantem ... Val Flacc 1, 568 (2) ... lumina torquet, Vir Geor ...

|| Flammatio, onis f verb A setting on fire, ... ex Apul

Flammator, oris m He that ... Lexicogr ex Stat

Flammatus, a, um part (1) Inflamed, set on a light fire (2) Also covered with flames (3) Met Inflamed, excited (1) Soror flamma ... Catull 62, ... (2) Flammatus Iupiter, Cic ... ex quodam poeta (3) ... flammato secum dea corde volutans, Vir Æn 1, 54 ... flammata pudore, Val Flacc 1, 655

Flammearius, ii m A dyer of ... flame colour, Plaut Aul

Flammeolum, i n dim (1) A little veil, or scarf of flame colour, such as brides wore (2) A ... (1) Sedet ... flammeolo, Juv 10, (2) Leget

Flammeolus, a, um Somewhat of flame colour Pressi flammeola ... caltha, Col 10,

Flammeum, i n [dict quod flammei esse coloris, ut ... pudor ... proderetur, Bec] (1) A kind of yellow scarf, ... which the bride's face was covered (2) A veil, or garment of ... colour, which the high ... wore continually (1) Lutea ... emissos velarunt flammea vultus, Luc 2, 361 (2) Fest

Flammeus, a, um (1) Burning, ... (2) Also of flame colour, ... (1) Stella naturâ sunt flammeæ, Cic N D 2, 16 (2) Color ... esse flammeus, Plin.

Flammidus, a, um (1) Of a fire, or fire-colour (2) Living ... (1) Lucr ap Litt (2) ... flammida consum... Manil ...

Flammifer, a, um That ... flames, or flashes A... hanc vim ... Cic Acad Q, 1, 28 ... Il 1, 257 ... flammifero ... Olympo, Id 1, ...

Flammiger, a, um That ... fire or flames Flam... Theb 8, 676 ... Val Flacc ...

Flammigero, are, ... To cast out ... flames, Gell

Flammivomus, a, um Vomiting out fire, Ju...

Flammo, are ... (1) To ... to make bright, ... (2) Act Met To ... (3) To set ... (1) Flammabat ... 5, 178 (2) ... flammaverat ar... Vitellio mi...

litum, Tac Hist 2, 74, (3) Juvenem iecta ad Mavortia flamma, Sil 1, 55 Cupido flammat equum, Id 1, 155

Flammor, ari, atus To be inflamed, &c Val Flacc 8, 350

Flammula, æ f dim (1) A little flame, or blaze (2) A little standard Papinianus, dum cuncti flammulum volitant, ... Cic 9, 14 (2) Veget ...

|| Flatilis, e adj That is blown, or made by blowing, Amm ...

Flator, oris m (1) One that doth blow, a piper (2) A founder, or melter (1) Flator, tibicen, Fest ... Vet Gloss (2) Aeris flator, Pomp JC

|| Flatulentus, a, um Windy, full of wind, Ap Med

Flatuose adv Windily, flatulently, Cels

|| Flatuosus, a, um Flatuous, full of wind Medicis ...

Flatura, æ f The founding, or melting of metal, Firm + Æris flatura, Litt ex ...

|| Flaturarius, ii m [ab ... flando] A founder, or melter of metals, Cod Theod ... Flator

Flatus, us m verb [a flo] (1) A puff, or blast (2) A gale of wind (3) A gentle breeze (1) Hybernis parcebant flatibus Euri, Vir Geor 2, 339 Flatibus fulminis ... Val Flacc ... 58, ¶ Emittere flatum ... to break wind backward, Suet Claud 32 (2) Met Unde aliquis flatus ostenditur velado, Cic Or. 2, 44 (3) Atrum quum flatu permulcet spiritus Austri, Cic in Arat 184

|| Flavedo, inis f Yellowness, Lexicogr ex Apul

Flavens, tis part Of yellow colour, or being yellow Flaventes arenæ, Vir Geor 3, 350 Flavens prima lanugine malas, Id Æn 10, 324

Flaveo, ere To be yellow, or of colour like gold Cum maturæ flavebit messis aristæ, Col 10, 311

Flavesco, ere To grow yellow Maturum est hordeum ubi flavescit, Cato, 151

Flavicomans, tis adj Having yellow hair, Prud Apoth 495

Flavicomus, a, um Id Pear ... 110

Flavidus, a, um [a flaveo] Yellow, inclining to yellow al ... flaccidus, Plin 18, 13

FLAVUS, a, um adj [a flamma, cui similis, vel a flando, quod is sit color flati metalli, Perot] A bright yellow like gold, or such as ears of corn have when they are fully ripe Cum ... flavus, Vir Geor 4, 658 Flava ceres, Id Geor 1, 96 ... cæsaries, Val Flacc 6, 225

Flebilis, e adj or, comp Doleful, to be lamented, and wept over Multis ille bonis flebilis occidit, nulli flebilior quam tibi, Hor Od 1, 24, 9 Flebile carmen, an elegy

Flebiliter adv Lamentably, sadly, sorrowfully Flebiliter canere, Cic Tusc 1, 35 Gemens flebiliter, Hor Od 4, 12, 5

Flectio, onis f verb [a flecto] (1) A bowing (2) A turning, or inflecting of the voice (3) A winding, or declining (4) The shifting of a wind (1) Virilis laterum flectio, Cic Orat 18 (2) Flectio vocis, Cic ... Quos tum Meandros, quæ devertic..., flectionesque ... Cic in Pison 22 (3) Ap Gramm.

FLECTO, ere, xi, xum (1) To bend, to bow, to crook (2) To incline, to apply (3) To decline, to shun, or avoid (4) To persuade one, or prevail with (1) Omne animal, quo vult nem... flectit & contorquet, Cic ... Div 1, 5 (2) ... mentes ... nostrum ... nomen ... flexerunt, Cic pro C Balbo, 17 ( ) ... flectas ... rogo, Cic Att 1, 18 (3) ... orationem flectam, Cic Philipp 1, 14 ¶ Flectere si nequeo superos, Acheronta movebo, Vir Æn ... 312

Flector, i pass To be bent, moved, &c Flecti non vult mentis suæ rigorem, Val Max ... 8, ...

Flegmina, um n [a φλέγω, uro] A swelling of the liver, or ..., Litt ex Cel

Flemina, inis n pl flemina The falling down of blood to the ancles, by reason of over much walking, Plaut Epid 5, 2, 5 ...

Flendus, a, um part To be lamented, or bewailed Flendus ... mor meus est, Ov Epist 15, ...

Flens, tis part Weeping, crying ... flens ... tenent, Ov Trist 1, ... 17

FLEO, ere, evi, etum act [a ...] (1) To weep, to cry (2) To bewail, or lament (3) Also to drop ( ) Flere ... lapides ... coegit, ... Ov ... 1, 57 (2) § Flere funera ... cujus, Ov Ibis, 16 = Quid mortem congemis, ac fles? Lucr 3, 947 (3) Uberibus flent omnia guttis, Lucr 1, 350

Fleor, eri pass To be lamented Illum Herculem virtus vetat, Sen Herc Oet 1835

Fletifer, a, um Yielding tears, or drops, Auson Idyll 6, 74

Fletur impers Fletur They weep In ignem posita est, fletur, Ter Andr 1, 1, 102 At bona, qua nec avara fuit, ardentem flebitur ante rogum, Tib 2, 4, 36

Fleturus, a, um part About to weep, or cry Non aliter flevi, quam me fleturus ademptum ... fuit, Ov Trist 4, 10, 79

Fletus, a, um part Bewailed, lamented, Vir Æn 6, 481

Fletus, us m Weeping, tears = Lacryma & fletus cum singultu, Cic pro Planc 31 Fletuous auget aquas, Ov Met 1, 584

Flexanimus, a, um That turneth, or inclineth the mind Quæ tibi flexanimo mentem perfundat amore, Catull 64, 330

Flexibilis, e adj (1) That may be bent, or bowed (2) Tender, tractable, flexible, pliant (3) Also inconstant, wavering (1) Arcus flexibilis, Ov Amor 3, 18 (2) Oratio mollis, & tenera, & ita flexibilis, ut sequatur quocunque torqueas, Cic Orat 16 (3) = Flexibilis & commutabilis omnium rerum materia, Cic N D 2, 39

Flexilis, e adj Easy to be bent, or bowed Nares modicum eminent flexili molli..., Plin 11, 37 Flexilis auri, Val Flacc 5, 589 ✠ Flexile cornu, a bow, Ov Met 5, 93

Flexiloquus, a, um That speaketh doubtfully, so that he may be taken divers ways Oracula flexiloqua, Cic de Div 2, 56

Flexio, onis f verb A winding, or bowing Vid Flexio

✠ Flexipes, dis adj Crook footed ... Met 10, 98

Flexuose adv Crookedly, with turnings and windings Flammâ flexuose volitat, Plin 18, 35

Flexuosus, a, um adj ... flexus, sup Full of turnings and windings Flexuosum iter, Cic N D 2, 57 Flexuosissimi ... Plin 1, 3 + Melior ampulla ... quam flexuosa, Cels

Flexura, æ f A being crooked, bending, or bowing Ut flexuram ... profundit, Col 5, 5 ... flexuris, Lucr ...

Flexus, a, um part (1) Bowed, bent, turned, crooked, crisped, curled (2) Met Inclining to (3) Also restored, or beaten back (1) Arcu... Vir Æn 5, 500 ... Quaternum flexu... crimen flexuosaque capitis, Juv 6, 492 (2) Flexum in mortis ... Tac Ann ... 16, (3) ... motus, Cic de Fin 5, 12

Flexus, us m verb [a flecto] (1) A winding, or bending (2) A turning in the way (3) The end of the race where they turn again (5) ... in pronunciation (1) Dico & ... corneolos ... cum multis flexus Cic N D 2, 57 (2) Ad pontem flexus est ... Arpinum Cic Att 16, ... (3) Flexus capillorum, Quint (4) In hoc ... metus, Cic (5) Quint 1, 10

Flictus, us m verb [a fligo] A striking, or dashing against a thing, Vir Æn 9, 667 & ... 22

Fligo, ere, xi, ctum [cujus et ...] (1) To beat, and dash against the ground (2) Met To afflict and vex (1) Obvia cum flixere, fit, ut diversi repente dissiliant, Lucr 2, 85 (2) Vid Non

Fligor, i pass To be dashed, &c Litt ex Plaut

FLO, are act [a φλάω, φλῶ, idem, Scal] (1) To blow (2) To found, or cast metal (3) To make, or coin money (1) Corus ventus, qui in his locis flare consuevit, Cæs B G 5, 7 ¶ Flare simul & sorbere haud factu facile est, to do two things at once, Prov ap Plaut Most 3, 2, 104 (2) III VIR AAAFF Triumvir auro, argento, ære, flando, feriendo, in nummo augusti ... (3) Quæ ratio aut flandæ, aut conflandæ pecuniæ non reperiebatur? Cic pro Sext 30

Flor, ari, atus pass f Ov

Floccidus, a, um Nappy, ... Vestis in ... floccidior abundans, Apul Met ... p 212 ... flaccidos

Flocci-facio, ere, ci, ctum [a floccus & facio] To set nought by, to esteem as light as a flock, or a rush, to make little, or no account of, Cic Att 4, 15 ... Ter Eun 2, 2, 10 ...

Floccipendo, ere ... flocci facio, Ter ... 3, 1, 21

Flocciperdor, i pass Litt ex Plaut

+ Flocco, as To throw off locks, Varr ap Litt

Flocculus, i m dim A little lock of wool, Plin 16 ... Litt ... flocco

FLOCCUS, i m [dicerem ... aliud, sed nihil comperti] (1) A lock of wool, a pile of the thrum of woollen cloth, the nap of clothes (2) A ... or jot ... (3) A ... of snow (1) Diligenteres ... flocci intertinn, Varr R R 2, 11 ... 1, 59 (2) Cell (3) ... ap Litt

Floccus f pl [... vel ... dict quia insunt *flocci* quidam & panni, *Turneb* unde Pannosam fæcem morientis forbet aceti, *Perf* 4, 32] *The dregs, or lees of wine,* Gell 11, 7

Floralia, ium n pl *Holidays and plays instituted in honour of Flora, the goddess of flowers* Quo anno Floralium ludorum fuct im est ... tium, *Paterc* 1, 14

Floralitius, a, um adj *That which pertaineth to, or was used in those plays,* Mart 8, 65

Florens, tis part & adj or, comp ssimus, sup (1) *Flourishing, in the prime* (2) *In great repute* (3) *Prosperous, successful* (4) *Bright, glittering* (1) Herbæ florentes, *Vir Geor* 3, 126 Florente juventa fervidus, *Hor A Poet* 115 (2) Florentissimis ingenio, ... (3) = Quem nil est laudabile idem est tantum & florens, *Cic* Florentem concelebravit, ... Tac 16, 33 (4) = Maiores nostri ... maximum, & florentissimum nobis ... querunt, *Cic* pro *Rosc* ... ad florentem ... quod ... *Id* pro *Quint* ... Qua mihi flo ... ora sunt ... *Id* ... (5) Florentia ... flammi *Lucr* 4, 452 Florentis ... *Vir Æn* 7, 804

† Florentia ... *A kind of ... in Tuscany,* Plin 14, ...

Floreo, ere, ui neu (1) *To flourish, to have, or to bear flowers, to blossom* (2) Met *To be at one's prime* (3) *To be in repute, or esteem, to be highly valued, to take, to come into fashion* (4) *To be bright, to sparkle, to glister* (1) Floret arbor, *Cic Div* 1, 9 vinea, *Ov Fast* 5, 264 Serpyllum, abrotonum, &c Plin (2) Parte ex alia florens volitabat Iacchus, *Catull* 62, 251 Nos quoque floruimus, sed flos fuit ille caducus, *Ov Trist* 5, 8, 19 (3) = Florent verba modo nata, vigentque *Hor A Poet* 62 (4) *Vid* Florens, n 4

Floresco, ere incept (1) *To blossom, or begin to bloom* (2) Met *To flourish, to prosper, to be in repute* (1) Florescunt tempore certo arbusta, *Lucr* 5, 669 (2) Illa senescere & hæc con ... florescere cogunt, *Lucr* 2, 73 (2) Justitia & lenitas florescet quotidie magis, *Cic* pro *Marcell* 4

‖ Floretum, i n *A garden, or place of flowers,* Cod

Floreus, a, um adj *Flowery, adorned with, or made with flowers* Florea rura, *Vir Æn* 1, 4... Corona florea, *Plaut Menæc* 4, 2, 68

✠ Floricomus, a, um *That hath his head, or hair adorned with flowers,* Auson Epist 4, 47

† Floridulus, a, um dim *Blooming* ... Catull 59, 198

Floridus, a, um adj or, comp (1) *Flowery, adorned, or drest with flowers* (2) Met *Florid, gay, lively, brisk, fresh* (1) Floridior pratis, *Ov Met* 13, 791 (2) Floridus color, *Plin* ... 6 Floridior in ... *Sen Præf 4 Contr*

✠ Florifer, era, um *That beareth flowers* Floriferis ut apes in saltibus omnia libant, *Lucr* 3, 11 Floriferum ver, *Sen Oed* 64...

† Florifertum, i n [dict quod ... spicæ ad sacrificium (Sacrarium) ferebantur, *Fest*] *An holiday among the Romans upon getting in their harvest,* Fest

✠ Florilegus, a, um *That gathereth flowers, or out of flowers,* as bees do Florilegæ apes, *Ov Met* 15, 366

† Florus, a, um *Flourishing as the first hair, growing fresh, lively,* Lucr *ap* Litt certè Pacuv *ap* Fest & Laber *ap* Macrob

FLOS, oris m [... *Perot* quia ... ut flamma, ... *Eurip* flos vini, *Plaut*] (1) *A flower* (2) *A bloom, or blossom* (3) Met *The prime of age, the best part of any thing, honour, or esteem* (4) *The choice of any thing* (5) *Virginity* (6) *The down of one's cheeks* (7) Flores, *flowers, or figures in rhetoric* (8) ✠ Flores *joy, delight, pleasure* (1) E floribus adflantur suavitates odorum, *Cic de Sen* 17 Tum ... humus flores, *Vir Ecl* 9, 41 (2) Arbor ... floris, *Plin* 12, 11 Fructum flore ... *Id* 16, 25 (3) Viridissimo flore nupta puella, *Catull* 18, 14 In ipso Græciæ flore, *Cic N D* 3, 33 *vid* & Floreo, n 3 (4) Virum excellentem florem populi dixerunt, *Cic de Cl Orat* 15 Gallia provincia flos Italiæ, *Id Philipp* 3, 5 Flos orationis, *Id Parad* 1, 1 Bæcni, *Lucr* 3, 222 Flos veteris vini, *Plaut Curc* 1, 2, 1 (5) Castum cum virgo amisit polluto corpore florem, *Catull* 60, 46 (6) Tum mihi prima genas vestibat flore juventa, *Vir Æn* 8, 160 (7) *Flor* 2, 7 (8) Surgit amari aliquid, quod in ipsis floribus angat, *Lucr* 4, 1127

Flosculus, i m dim [à præced] (1) *A blossom, a little flower* (2) *An ornament of style, or figure of rhetoric* (1) Ficta omnia cito, tanquam flosculi, decidunt, *Cic Off* 2, 12 (2) Omnes undique flosculos carpere atque delibare, *Cic* pro *Sext* 56

Flotæ f pl *retrius* fluæ *Fishes floating on the water,* Col 8, 17

† Flox *unde* floces, *q v*

✠ Fluctifer, era, um *Raising or bringing waves,* Litt ex Luc

✠ Fluctifragus, a, um adj [a fluctus & frango] *Breaking the waves,* Lucr 1, 306

✠ Fluctigena, æ c g *Born, or bred in the sea,* Mart Capella

✠ Fluctigenus, a, um *Id* Avien in Arat 115

✠ Fluctiger, era, um *Bearing the waves* Tunc se fluctigero tradit, mandatque paroni, *Fragm Ciceronis ap Isid orig* 19, 1

✠ Fluctisonus, a, um *Roaring, or sounding with waves and billows* Insula fluctisono circumvallata profundo, *Sil* 12, 355

✠ Fluctivagus, a, um [a fluctus & vagor] *Wandring on, or tossed by the waves,* Stat Sylv 3, 1, 8 & Theb 1, 271

Fluctuans, tis part (1) *Floating* (2) Met *Wavering, doubtful, uncertain* (1) Quadriremem in salo fluctuantem reliquerat, *Cic Verr* 5, 35 (2) Fluctuantem sententiam confirmare, *Cic Attic* 1, 20

† Fluctuatim adv *Waving, or like a wave,* Met *bouncing,* Afran *ap* Non † Jactanter

Fluctuatio, onis f verb (1) *The swimming of the stomach* (2) *A wavering, or wagging to and fro* (3) *Floating, waving, wavering* (1) *Plin* 20, 8 (2) Artus trepidi, inquietæ manus, totius corporis fluctuatio, *Sen de Ira,* 2, 35 (3) In ea fluctuatione animorum opprimi incautos posse, *Liv* 9, 25

Fluctuatus, a, um *Shaken, or tossed with waves, floating on the waves* Delos diu fluctuata sola motum terræ non sensit, *Plin* 4, 12

Fluctuo, are neu (1) *To rise in waves* (2) *To swim on the waves* (3) Met *To be in suspense, to be carried hither and thither* (1) Nunc vas ... fluctuat mare, *Plaut Rud* 4, 1, 14 (2) Lapidem e Scyro insula integrum fluctuare tradunt, *Plin* 36, 17 (3) Tota res etiam nunc fluctuat, *Cic Attic* 2, 17 Potin' ut animo sis tranquillo? *CH* Quid si animus fluctuat? *Plaut Merc* 5, 2, 49

Fluctuor, ari, atus sum dep *The same as* Fluctuo Incertus adhuc viribus fluctuatus animo fuerit, *Liv* 23, 33 Fluctuari animo rex cœpit, *Curt* 4, 12, 21 *Quint* 9, 3

Fluctuosus, a, um (1) *Full of waves, boisterous* (2) *Wavy, like waves, veiny* (1) Mare fluctuosum, *Plaut Rud* 4, 2, 5 (2) Smaragdi fluctuosi, *Plin* 37, 5

Fluctus, us, (*& uis, vid Gell* 4, 16 & flucti, *Acc ap Non*) m (1) *A wave, a surge, a billow* (2) Met *A crowd, a multitude* (3) *Uncertainty, disquiet, distraction* (1) Fluctibus jactari, *Cic Orat* 30 operiri, *Id Verr* 4, 53 (2) Fluctum totius Barbariæ capere una urbs non potest, *Cic Attic* 7, 4 (3) Qualibus incensam jactastis mente puellam, *Catull* 62, 98

Fluens, tis part (1) *Flowing, gushing out* (2) *Dropping, falling* (3) *Succeeding, or going well* (4) *Loose, dissolute* (5) *Spreading, extending* (1) Eunt anni more fluentis aquæ, *Ov A Am* 3, 62 Lacrymæ fluentes, *Id Met* 4, 581 Liberè fluens oratio, *Cic de Cl Orat* 9 (2) Rami fluentes, *Vir Geor* 2, 370 *vid* & Fluo, n 6 (3) = In rebus prosperis, & ad voluntatem nostram fluentibus, *Cic Offic* 1, 26 (4) Otio ac mollitia pene ultra fœminam fluens, *Paterc* 2, 98 (5) Comæ per levia colla fluentes, *Prop* 2, 2, 1...

Fluenter adv *Flowingly* ✠ Fluenter ferri, *to proceed, to have an emanation,* Lucr 4, 226

✠ Fluentisonus, a, um *Sounding with waves* Fluentisonum littus, *Catull* 58, 52

✠ Fluentum, i n *A river, a stream* Rauca fluenta, *Vir Æn* 6, 327 humore lubrica, *Lucr* 5, 9...

Fluidus, a, um (1) *Fluid, waterish* (2) *Falling, or dropping off* (3) *Weak, or languid* (1) Hoc animal fluida carne, non habet callum, *Plin* 9, 50 (2) Fluidæ frondes, *Lucr* 2, 596 (3) Fluidi lacerti, *Ov Met* 15, 231

Fluitans, tis part (1) *Flowing* (2) *Floating, swimming* (3) *Loose* (4) *Wavering* (1) Fluitans alveus, *Liv* 1, 4 (2) Fluitantes & innatantes belluæ, *Cic N D* 2, 39 (3) Amictus fluitans, *Catull* 62, 68 (4) = Mobilia, & cæca fluitantia sorte reddere certa, *Hor Sat* 2, 3, 269

Fluito, are neut *To flow* Hæc lacera & omni decore populato levis fluitat, *Sen Agam.* 504

Flumen, inis n [a fluo] (1) *A flowing, a stream, a running water, a river* (2) ✠ *A flood of tears* (3) Met *An overflowing, an exuberancy* (1) Languido flumine errans Cocytus, *Hor Od* 2, 14, 18 Flumine vivo abluere, *Vir Æn* 2, 7... Flumina N ... *Mart Spectac* ... Pisces vel ex stagno, vel ... vel flumine, alii aliis graviores sunt, *Cels* 2, 18 (2) Largo humecta flumine vultum, *Vir Æn* 1, 465 (3) Flumen ingenii, *Cic* pro *Marcello*, 2 orationis ... borum, *Id Acad* 2 ...

Flumineus, a, um *Of, or pertaining to a river* Aura ... minea, *Ov Fast* 2, 596 ... *Id Met* 2, 25... Flumineo ... fringi, *Val Flacc* 4, 721

FLUO, ere, xi, xum & fluctum neut [a ...] (1) *To flow, to run* (2) ... *to melt, to gush, to* ... (3) Met *To flow from, to proceed or come from* (4) *To slip, pass away* (5) *To spread* (6) *To hang loose* (7) *To fall out* (8) *To succeed, to prosper* (9) *To droop* (1) Fluvius Eurotas ... pter Lacedæmonem fluit, *Liv* ... 31 Flavius ... fluxit, *Id de Div* ... pensa ... diu ... ora, *Ov Amor* 1, ... ipso capite fluere nec ... nem rationem bonorum & ... rum, *Cic de Fin* 2, 11 Flux... constantia lenis è mansueto ... tore, *Val Max* 3, 8, ext ... Fluit voluptas, & prima quæque avolat, *Cic de Fin* 2, 32 ... thagoræ autem doctrina ... ge lateque fluerit, *Cic Tusc* 4 (5) Per colla fluant maesti capilli, *Sen Troad* 84 Corpora ... fluitare videmus rebus, *Lucr* ... 1010 (6) Excident gladii, ... arma de manibus, *Cic* ... 12, ... (7) *Vid* Fluens, n ... = Ex illo fluere, ac retro ... sa referri spes Danaûm, *Vir Æn* 2, 169

Fluor, oris m (1) *A course, or stream* (2) Fluores *Women's monthly courses* (1) Juges liquores à corporibus manantes, *Apul Apol* p 426 (2) *Scrib Larg Comp* 121

Fluta, æ f *A kind of lamprey always swimming on the top of the water,* Varr R R 3, 6 & Col R R 2, 17

Fluto, are contract pro fluito *To flow often, to flow* Aqua fluitat, *Lucr* 3, 190 Vela flutant, *Id* 4, 75

Fluvialis, e adj *Of, or pertaining to a river* Aqua fluvialis, *Col* 6, 22 arundo, *Vir Geor* 2, 415

Fluviaticus, a, um adj *Of, or belonging to a river,* Col 8, ... & Vitruv 1, 4

Fluviatilis, e adj *Of, or pertaining to a river* Testudines fluviatiles, *Cic N D* 2 ... *Plin* 36, 23

Fluviatus, a, um *Steeped, or soaked in river water* Alnus fluviata, *Plin* 16, 39

✠ Fluvidus, a, um infert ... gam *pro* fluidus, *Lucr* 2 ...

Fluvius, i m [a fluvi pro ... tiq à fluo] (1) *The water of a river* (2) *A river* (1) Al... in limo, fluvio deficiente, ... *Ov Fast* 2, 410 (2) Fluvii ... di, *Lucr* 6, 1170 ☞ Jungitur cum propriis, ut Fluvius Hy... *Cic Tusc* 1, 39 ¶ Rapidus ... vius est hic, non temere ... po est, *Plaut Bacch* 1, 1, 5... legor de meretrice

Fluxè adv *Copiously, abundantly,* Varr R R 2, 11

Flux-

... f verb [fluo] (1) A flowing, a running of li... (2) The flux, a disease ... quinum, Cic de Div (3) Plin 22, 23 & 2, 25 ... Weakness, tenderness ... 2

... adj or, comp ... flowith (2) ... (3) Loose, hanging ... (4) Perishable, ... (5) Mutable, un... (6) ... effeminate ... fluxa ... re ... Plin ... = Fluxus pertususque ... = Fixas vestes, ... fluxa vides, ... Flux ... nétura, Sil ... = Forma glori... ... est, virtus clara, ... Sil B C ... fluxa, Cic ... = Ib Diffusus ani... ... missionisque viae ... Id 52

... m verb [fluo] A ... flowing, Quint 11, 3

F ante O

... n [quasi faucale, ... fluctum, quo ... & co... ... 6, 4 a muffler to ... who were to ... publickly, to pre... Mart 14, 142

... n [focus] A gar... ... the fire side, Sen

... [quod invet ... velut ... Set it described ...

... ancilla [quæ fo... ... a kitchen maid ... (1) ... 1 Sam ... De Do... & ux

... um [focus] ... to the fire, or fire...

... m A servant ... to the fire, or doth ... Dig ✝ Medias...

... f She who ... Plin

... [focus] To ... Pudet me fic ... ibus teme... ... Sen Ep 13 ... dep To ... Non 7, 108 ... [focus] To che... ... murum par... ... Pison 114 ... n pl Dain... ... Non Fo... ... Plaut Pers 1, 3, ... [focus] ... Meton a ... chafing dish ... & bacca foculum ... (2) Epulas ... Plaut ... hunc abl ... orum ... foveat ig... ... (2) ... (3) Meton ... (1) ... igne foci, ... (2) Agellus ha... ... foci, Hor Epist ... aras, focos, seque ... 1, 71 ... & focis, for ... Cic N D ... foci, Ov Fast ... focum, figus ...

Fŏdicătio, ōnis f verb A piercing, or boring, Litt ex Cels

Fŏdĭco, are (1) To pierce, or bore (2) Met To sting, to vex, to grieve, to torture (1) Emere lavum qui fodicet latus, to buy a nomenclator, who may give him a secret push, when he meeteth any person whom he is to salute, Hor Ep 1, 6, 51 Ex Ammian lectione (2) = Aculeus sunt, animum fodicant, & humam faucant, Plaut Bacch 1, 1, 30

Fŏdĭna, æ f A mine, a quarry, Plin 3, 6

FODIO (fŏ) ĕre, fŏdi, ... Cat Plaut Col ssum (1) To dig, to delve (2) To mine, to get by mining (3) To prick (4) To stick, or stab (5) To jog, or push by way of notice, or admonition (6) In obscœna notione (1) Fodere puteum, Hirt B A 9 Confossor te fodere, aut arare, aut aliquid facere, Ter Heaut 1, 1, 17 (2) Fodere metallum, Plin 2, 63 Argentum incolæ fodiunt, Liv (3) Fodere stimulis, Cic Philipp 2, 34 (4) Fodere gutturi cultro, Ov Metam 7, 15 Pungit dolor, vel fodiat ne, Cic Tusc 2, 14 (5) Noli fodere, jussi, Ter Heaut 3, 5, 1 (6) Juv 9, 45

Fodior, i, ssus pass To be dug, pricked, &c Cor ... fodiatur Plaut Bacch 5, 2, 39

Fœcialis Vid Fetialis Recitius fecialis, q v

Fœcunde adv hinc fœcundius More fruitfully Arun ... fœcundius resurgit, Plin 16, 26

Fœcunditas, ātis f (1) Fruitfulness, abundance (2) Met Exuberance, fluency, eloquence (3) The Goddess so called, frequent in the coins of the Roman empresses (1) Fœcunditas feminarum, Plin 20, 6 terrarum, Cic N D 2, 50 (2) Se efferat in adolescente fœcunditas, Cic de Orat 2, 21 (3) Additæ supplicationes templumque Fœcunditati, Tac 15, 23 In nummis vett scrib FECVNDITAS

Fœcundo, are freq a seq fœcundo To make fruitful Vox nitere æratis depromta ex fragmento funebris orat ap Fabrett inscript p 169

Fœcundo, āre act [a fœcundus] To make fertile, or fruitful Flavius viridem Ægyptum nigra fœcundat arena, Vir Georg 4, 291

Fœcundus, a, um [fœtu] or, comp ssimus, sup (1) Fruitful, apt to bear young (2) Abundant, copious (1) Gens ... fœcunda Deorum, Ov Fast 4, 319 Sue nihil genuit natura fœcundius, Cic N D 2, 63 (2) Fœcundissimus & melle & felle amor, Plaut Cist 1, 1, 71 = Quæstu fœcundus & uber, Cic de Harusp Resp 20 Fœcundi calices quem non fecere disertum? Hor Ep 1, 5, 19 vid & fecundus Sic enim, ut opinor, rect scrib

|| Fœdător, ōris A defiler, Litt e Gell ✝ Contaminator, pollutor

Fœdātus, a, um part Defiled, fouled Fœdata brachia tabo, Ov Met 14, 190 Fœdatus pulvere turpi crinibus, Id Trist 1, 3, 9

Fœde adv ius, comp ssime, sup (1) Foully, dirtily (2) Met Basely, dishonourably (1) Tempestas fœde tum ... Lucr 4, 170 (2) Fœdius inde pulsus, quam pridie pepulerat, Liv 2, 51 Fœdissime causam egit, Cic Attic 9, 7

|| Fœderātio, ōnis f A confederacy, Dig ✝ Fœdus

|| Fœderător A conspirator, one that maketh a league, Dig ✝ Conjuratus, qui fœcus icit

Fœderātus, a, um Confederate, allied = Socii & federati populi, Cic pro Balb 8 Fœderatæ civitates, Id pro Arch 4

|| Fœderifragus, a, um Breaking a league, Gell 11, 7 ✝ Fœdifragus

|| Fœdĕro, āre To make a league, Amm ✝ Fœdus icere, sancire, facere, Cic

|| Fœderor, ari To be confederate ✝ Fœdere jungi

Fœdifrăgus, a, um That breaketh a league Pœni fœdifragi, Cic Off 1, 12

Fœdĭtas, ātis f (1) Ugliness, deformity (2) Dirtiness (3) Stink, nastiness (4) Horrour (5) Dishonour, baseness (1) Notabiis fœditas erat vultus, Plin 26 5 (2) Fœditas vestitus, Cic Philipp 12, 6 (3) Fœditas odoris, Cic N D 2, ult (4) A ... omnes ... fœditate spectaculi oculo, Liv 1, 28 (5) Nihil fœditate ... turpitudo ipsa deterreat, Cic de Fin ... 11 = depravatio, Id

Fœdo, āre (1) To defile, to pollute, to stain (2) To lay in the dust, to bear down (3) To disgrace (4) To tear, or rend (1) Quæ crudi indigna ferens fœdavit vultus? Vir Æn 2, 286 Sanguine fœdare, quos fecerat, aras Id ... 502 ... tellurem sanguine fœdit, Ov Met 6, 238 (2) = Fœdant & proterunt hostium copias, Plaut Amph 1 1, 91 ( ) Spurcis nos ... opicos appellant fœdant, Cato ap Plin 29, 1 (4) Ora unguibus fœdare, Vir Æn 4, 673 Fœdare est laceare & fœdum est crudele, Serv

Fœdor, ari To be defiled, &c Stat Vid Fœdo

Fœdus, a, um adj [ex hœdus præposito digammi] or, comp ssimus, sup (1) Filthy, nasty, dirty (2) Stinking, unpleasant (3) Deformed unsightly (4) Boisterous, tempestuous (5) Mean, sorry, rude (6) Cruel (7) Base, shameful (8) Destructive (1) Fœda capitis animalia, Plin 22, 24 Caput fœdum impexa porrigine, Hor Sat 2, 3, 126 = Maculosus, Tac Ann 13, 25, 2 (2) Pallor fœdus, Sen Herc Fur 626 odor, Plin 11, 18 sapor, Lucr 2, 401 Acet Fœdam lethum, Ov Met 9, 167 (3) Corpora fœda podagra, Tib 1, 9, 73 Tergum fœdum ... Liv (4) Fœdissimi tempestate laceratæ naves, Liv (5) Carmen ... splendida facta linunt, Hor Ep 2, 1, 236 (6) Fœdo, n 4 ( ) = Fœdior atque inquinatior ... in Cn Pompeio accusando, Cic de Harusp Resp 2 Fœdius hoc aliquid quandoque audibis amictu, Juv 2, 82 (8) Pestilentia fœda homini, fœda pecori, Liv 3, 32

Fœdus, ĕris n [a Fides, F ... vel quod in fœdere fœta porca immolaretur, mallem ego a fœdus, i e cruentus, quia sine cruore non feriebantur fœdera] (1) A league, a covenant, a treaty, which is threefold, when the victor imposeth laws on the vanquished, when such as are equal in fight make a truce, or peace, or, when friends tye themselves in a strict bond of fidelity to each other (2) A stipulation between two or more (3) Marriage (4) Hospitality (5) A conspiracy (6) A firm order, a settled decree (7) A mutual relation (1)

Fœdus facere, inire, ferire, icere, percutere, jungere, firmare, sancire, pangere, apud optimos quosque auctores Fœdus vel fœdera negligere, violare, rumpere, infirmare, facere contra, Cic Morem fœderis percutiendi inter Romanos, vid ap Liv 1, 24 ap Barbaros, Tac 12, 47 (2) Ad herum meum ... commemoratum, Plaut Pseud 5, 1, 36 (3) Fœdere sociatus conjux, Ov Ibis, 15 (4) Liv 1, 9 (5) Obstringunt ... fœdere inter se legione, Tac Hist 1, 54 (6) Origini ... fœdera cæli, Col 10, 217 = Has leges æternaque fœdera certis imposuit natura locis, Vir Georg 1, 60 (7) Plin Ep 3, 9

Fœlicitas Vid Felicitas

Fœliciter Vid Feliciter

Fœlicito Vid Felicito

Fœlix Vid Felix

Fœmen Vid Femen

Fœmina, fœmin ... fœmineus, fœmininus Vid Femina, femininus, feminineus

Fœneraius, a, um Pertaining to hay Fasces fœnaria, ... L ...

Fœnarius, a, um adj [a fœnus] Pertaining to usury Fœnebres leges, Liv 35, 7 Fœnebre malum, Sal Cat 33 & Tac 6, 5

Fœnĕralia, ium n pl Days of paying interest, ut in Arvalia, Tralen Gruter alisque editt leg ap Liv ... Sed Gronov ... Fœneralia habet, & hinc ... Gronovii notam in hunc locum confer

Fœnerātio, ōnis f verb A letting out of money to usury, Cic pro Flacc 2, & = quæstus, Id Leg & ap Col in Præf lib 1

|| Fœnerātŏr ... With gain upon interest, Plaut Asin 5, 2, 51

Fœnerātor, ōris m verb An usurer Majores nostri furem dupli condemnarunt, fœneratorem quadrupli, Cato princip lib In odia hominum incurrunt fœneratores, Cic Offic 1, 42 Fœneratorum ... suorum, ... Mar 4, 8, 2

Fœnerātōrius, a, um Pertaining to usury = Avara & fœneratoria Gallorum ... hic stopha, ... & fortis Cimbrorum, Val Max 2, 6, 11 R occ

Fœnerātrix, icis f She that taketh usury, Val Max 8, 2, 2

Fœnerātus, a, um Put out to interest, Met returned with advantage Fœneratum istud beneficium pulcre dices, Ter Phorm. 2, 2, 9

Fœnĕro, āre (1) To lend upon usury (2) To usure, or borrow (3) To bring in usury (1) ... mutuo ... ex Catone (2) Fœnerari solum ... ceteri ... tibus, Plin ... 6 Mutuis ... omnes fœnerant una dios, Mart 1, 77 ... omnium Deum ... (3) Metuisti ne non ... fœneraret, Ter ...

Fœnĕror, āri, ātus sum dep (1) To lend on usury (2) To borrow on usury (1) Pecunias istius grandes suo nomine fœnerabatur, Cic Verr 2, 70 Fœnerari beneficium, to do an action in expectation of receiving greater, or by which a greater is retained, Cic de Am 9 (2) Dig vid Laliam, 5, 2

Fœneus, a, um Made of hay Fœni homines ... irritandos ... Cic pro Cornel de Majest ap Ascon

Fœnicĭlārius, ... Belonging to hay, Cic Attic 1 ...

Fœniculum, i n *The herb fennel* Plin 20, 23

Fœnile, is n *An hay loft, or other place where hay is laid up*, Col 1, 6 Nec to a e udes farina bruma, Var 1, 22

Fœnisecа, æ c g *A mower of either of grass* Col 2, 18 & Perf 6, 40

Fœnisecium *Hay-making time*, Col 2, 15

Fœnisector, õris *A mower* Litt ex Col 11, ubi forte est divisè *faenisectio*

Fœnisex *A mower*, Varr R R 1, 49 & Plin 18, 28

Fœnisicia *The harvest of hay* Fœnisiciæ connumerat in annis subsectio, & in acervis, Varr R R 1, 56

Fœniculum, i n Col 2, 18, & 19 Varr R R 1, 17 *Vid* Fœniseciun

Fœnerato, fœnoratus, fœnerator, fœnoro, fœnor *Vid* Fœnero, &c

Fœnum, i n [a celt fœn, dem] *Hay* Fœnum secare Col 2, ult Meta fœni, *a cock of hay*, Id Fœnum cordum, *latter math* Id Fœnum græcum, *fenugreek*, Id Fœnum versare, *to turn it*, Var in manipulos colligare, *to make it into bottles*, Col ¶ Fœnum habere in cornu, *to be mischievous*, Hor Sat 1, 4, 34

Fœnus, õris n [ab antiq fœo, ut fœtus, quod ex pecunia mutuo accepta] *Interest upon money lent, use-money, usury* ✠ Fœnus & fœnus, & fortem dabit, Plaut Most 3, 1, 84 ✠ Si mutuum non potero, certum est sumere fœnore, Plaut Asin 1, 3, 95

Fœnusculum, i n dim *A little interest, or bribe*, Plaut Pseud 1, 3, 53

Fœta, a, *vel* fœtus, a, um (*sc* femina) (1) *A female big with young* (2) *An ewe that hath newly had young* (1) Non insueta graves tentabunt pabula fœtas, Vir Ecl 1, 50 (2) Vid Serv in eo loco, & Catsorinum, cap 11

Fœteo, ēre n (1) *To stink, to have an ill smell* (2) Met *To be nauseous, to offend* (1) An fœtet anima uxoris tuæ? Plaut Asin 5, 2, 44 (2) Fœtet mihi tuus sermo, Plaut Casin 3, 6, 7

|| Fœtiditas, tis *Stinkingness*, Sen Ep 110 ubi tamen mel ores l bri, Fœditas

Fœtidus, a, um *Stinking, rank* Pisces fœtidi, Plaut Merc 3, 3, 5 Os fœtidum, Cic in Pison Anima fœtida, Plaut Tru 2, 3, 15

Fœtifer, a, um [a fœtu] *Pro lific, fruitful* Fœtifer potu Nilus, Plin 7, 3

Fœtifico, are *To be fruitful to bring young* Accipitres Mas humi fœtificant, Plin 10, 9

Fœtificus, a, um *Causing to bear young, fruitful, prolific* Humor fœtificus, Plin 9, 51

Fœto, are *To bring forth young* Columba domestica nec fœtant, nec fiepius fœtant, Col 8, 8

Fœtor, õris m [a fœteo] *A stink, a rank smell* Redolere fœtorem Col 12, 18 Fœto eso oris, Plin 28, 9

|| Fœtulentus, a, um *Stinking*, Apul Apol p 410 † Fœtidus

Fœtūra, æ f [a fœtus] (1) *The breeding of cattle* (2) *The time from conception to the birth* (3) *The growth, or springing of grass* (4) *An addition of a book* (1) Fœtura gregem suppleat, Vir Ecl 7, 6 (2) Appello fœturam conceptu ad partum, Varr 5, 16 (3) Fœtura pratorum, Plin (4) Opus meum quod me proximo fœturam nrrare constitu Plin in Præf

Fœtus, a, um (1) *Big, or great with young* (2) *Also that hath young* (1) Vacca fœta, Vir Geor 3, 176 *Abud* G ... pub la fœtas, Vir Æn ... 50 (2) Vir Æn 8 (3) Terra fœta fugibus, Cic N D 2, 62 § Nova fœta vir ... pecora, Sil 17, 78 § fœ et tibus ..., Vir Æn 1, 55

Fœtus, ûs m [antiq φύω] *The young of any creature* (2) *The fruit of trees* (3) *A birth* (1) Apes gentis ... educunt fœtus, Vir Geor 4, 163 (2) Arborei fœtus, Vir Geor 1, 55 (3) Pater curavit uno ut fœtu fieret, Plaut Amph 1, 2, 25

Foliaceus, a, um *Of, or like leaves*, Plin 19, 7

Foliatio, õnis f denom *A putting forth of leaves, or leaves*, Litt ex Col ✝ Germinatio

Foliatum, i [*sc* unguentum e malobathro quod ipsum quoque folium vocant] *A precious ointment made of spikenard*, vid Plin 13, 1, & 2 Mœchis foliatum paran ... Juv 6, 465 ⚌ Nardinum, Plin

Foliatura, æ f *The order, or manner of leaves* Cupressi foliatura, Vitruv 2, 9

Foliatus, a, um (1) *Leaved, or having leaves* (2) *Like, or thin as a leaf* (1) Plin 21, 16 (2) Aurum foliatum, *leaf gold*

Foliosus, a, um or, comp *Leafy, or full of leaves* Chamaecissus ramulis quinis fere foliosis, Plin 24, 15 Arbor foliosior, Id 1, 11

Folium, i n [a φύλλον] (1) *A leaf of a tree, flower, or herb* (2) *A leaf of a book* (1) In arboribus rami, trunci, folia, &c Cic de Or 3, 46 Herba folia con rahens, Plin 24, 17 (2) Credite me vobis folium recitare Sibyllæ, Juv 8, 126 ¶ *Sed hic notio ad priorem revocari potest, qu a Sibylla carmina foliis mandavit, desc psitque*

Folliculus, i m dim [a follis] (1) *A little bag of leather* (2) *A small leather ball blown with wind* (3) *The husk, or hose of wheat, or other grain* (4) *The hull, or peel inclosing the seed* (5) *A body, a case of flesh* (6) *The womb* (1) Equus folliculis frumentum vehebat, Liv 9 (2) *Suet Aug* 83 (3) Col 2, 8 (4) Sen 2 Nat 5, 18 (5) Ego ... sum, & quo folliculo sum indutus *Tucil ap Non* (6) Quod fœtum *inco ... at*

Follis, is m (1) *A bag, purse, or scrip of leather* (2) *A pair of bellows* (3) *A ball made of leather and filled with wind, to be struck by the hand* (1) Follem sibi obstringit ob gulam, Plaut Aul 2, 4, 23 Si reddat veterem cum tota ærugine follem, Juv 13, 61 ⚌ Tenso folle reverti domum, & tum ... sup ribus aluisi Id 14, 281 (2) Liv 38, 7 ✠ Taurinis follibus auras accipere, ac reddere, *to blow with bellows*, Vir Geor 4, 171 (3) Folle decet pueros ludere, folle senes, Mart 14, 47

Follitim adv *By the large bag* ✠ Non peratim, sed follitim ductare, *not to play at small game, not to cheat for pence, but pounds*, Prov Plaut Epid 3, 2, 15

Fōmentor, āri, ātus pass *To be nourished, or cherished*, Celf ap Litt *foveri* tutius dixeris

Fōmentum, i n [a foveo] (1) *An application to asswage pain, either hot, or cold* (2) Met *Consolation, an allaying of grief* (3) *Softness, luxury* (1) Fomenta calida sunt milium, sal, arena, Cels 2, 17 *ubi v plura* Quia calida fomenta non proderant, frigidis curari coactus est, Suet Aug 81 Fomenti nutricis, *a nursing*, Sen de Benef (2) Fortuitarum fomenta doloris mitigari solet, Cic de Fin 2, 29 ⚌ Hæc sunt solatia, hæc fomenta dolorum Id Tusc 2, 24 (3) Fomenta Campaniæ enervarunt Hannibalem, Sen

Fōmes, itis m *Fuel, coal, wood, or any thing that kindleth, or keepeth the fire in* (2) Met *An incentive, an inducement* (1) ⚌ Arida circum nutrimenta dedit, rapuitque in fomite flammam, Vir Æn 1, 177 (2) ⚌ Fomes & ignitabulum ingenii, Gell 15, 2

Fons, tis m [unde funditur è terra aqua viva, Varr] (1) *A fountain, a spring, a well, a font* (2) Meton *Water* (3) Met *The spring head, or principal cause of any thing* (1) Fons aquæ dulcis, Cic Verr 4, 53 (2) Alii fontemque ignemque ferre, Vir Æn 12, 119 (3) Tardi ingenii est, rivulos consectari, fontes rerum non videre, Cic de Orat 2, 27 ⚌ Causa & fons mœroris, Id ⚌ Ab illo fonte & capite, Id de Orat 1 10 Fons vitii & perjurii, Plaut Truc 2, 7, 51

Fontinalia, *vel* Fontanalia n pl *Solemn feasts about wells*, vid Fest & Varr L L 5, 7

Fontānus, a, um *Of a fountain, or spring* Aqua fontana, Col 12, 11 Ora fontana, Ov Fast 1, 269

Fonticulus, i m dim *A small fountain, a little spring* ✠ Magno de flumine mallem, quam ex fonticulo sumere, Hor Sat 1, 1, 56 Also *an issue*, Ap M d

For inusit dep *sed* fuis, fatur, fari, &c [a φάω, φῶ, unde φημί] (1) *To speak, to utter, or articulate voice* (2) *To speak of, to describe* (1) Pueri cum emittunt vocem fari dicuntur, Varr L L 5, 7 Puer nescius fari, Hor Od 4, 6, 18 § Latine fari, Cic Tusc 5, 40 *sed fere alia ag* (2) Tarpeia rupe Sepulchrum fabor, Prop 4, 4, 1 *Vid* Faur

Forābilis, e adj *That may be bored, pierced, or wounded* Nullo forabilis ictu cygnus, Ov Met 12, 170

Forāgo, inis f *A slip, or lea of yarn*, Fest

Forāmen, inis f *Any hole, natural, or artificial* Foramen ad extremum corporis Plin 11, 26 Foramina patent ad animum à corpore, Cic Tusc 1, 20 Tibia simplex foramine pauco, Hor A P 203 Foraminibus absumpto scuto, Val Max 3, 2, 23

Fŏras adv [a foris, quod à θύρα, janua] *Out of doors, forth* Exi foras, scelestè, Ter Adelph 4, 4, 11 Uxor quæ extra venit, petendie foras fertur, *i e* effertur, sepelitur, Plaut Aul 2, 1, 34 ✠ Foris proferre, quod in ædibus geritur, Cic pro Cæl 23

Forator, õris m verb *A borer, or piercer*, Litt ex Col

Forātus, a, um *Bored, pierced* Forata arbor, Col 5, Regulæ forata, Vitr Forata ferro gesferis ... Sen Oed 812

Forceps, ipis f raro m [a formus, antiq ... capio] (1) *A pair of tongs, pincers, tweezers, an instrument* (2) *A crab lobsters claw* (1) Ferrum, quod ... faber educit, Ov Met ... Forcipes denticulatæ ... Plin 9, 31 (3) ...

† Forctis, e pro fortis, Fest ex XII Tab

Forda, æ f [a ferendo, quod ...] *A cow with calf* ✠ ... fordarum, Col 6, 24 ...

Fordicidia, õrum n pl [a fordis cædundis] *Feasts wherein cows with calf were offered, solemnized the fifteenth of April*, Varr L L 5 3

|| Fordeum, pro Hordeum, antiqui enim vocibus ... aspirata, vel nuda vocali incipientibus ... figebant d gamma

Fōrem, es & pau forem [a fuo, antiq ... fuo ...] I *hould be*

Fŏre infin ... sum *To be hereafter*, Cic

Fŏrensis, e adj *Pertaining to the forum, or courts of pleas* Causæ forenses, Cic ... Forensia vestimenta ... 73 ✠ domestica, Id Forensia ministeria, Val Max 8, 8, ... pendia, Id 7, 2, 5

Fŏres, ium pl f ... quod geminæ erant, ... tur in plurali Fores ... Cic pro Cæl 16 Foribus ... obdere, *to bar the door*, Ter Heaut 2, 3, 37 *Vid* Foris

Forfex, icis f cujus ... (1) *A pair of scissars, shears* (2) *A pair of pincers to pull out teeth* (3) *A ... or crampiron* (4) *A ... men in this form* V *to receive ... cuneus* (1) Gramina ... bus amputant, Col 12 ... (2) Cels ap Litt sæpe ... forcipe in hac notione ... nusquam *forsan* ... ✠ Opponebatur forfex cuneo ... stium, Veget 3 18

Fŏri, õrum pl m [a foris ... sub dio, Fest] (1) *The hatches of a ship* (2) *Scaffolds, or ... from whence plays were ... the Circus* (3) *Alleys, or ... places in gardens* (1) Cum ... malos scandant, ... sficent, Cic de Sen ... divisi partibus, equitibus ... spectacula fieren, ... Liv 1, 35 (3) Col 10, ... gitur in singul ap G ... Inima puppis foro, ...

† Foria, orum pl n ... crements, or dung, ... n 252 unde forte ...

Forica, æ f *A place ... or house of office*, Juv 3, ...

Foricarius, i m *A ... of jakes*, Scæv JC

Foricula, æ dim f [a ...] *A little door, or wicket*, Varr R R 1, 59

Forinsecus adv [ex ... cus] *Outward, from ...* Lignum omne corticis loco habet, hoc est, forinsecus ... Oculos forinsecus currere, ... 1, 27

† Foriolus i m *One ... a looseness*, Labei ap N ... Lientericus

... *Adoor* Quidnam ... *Adelph* 2, 3, ... Con ... ad gemina lumina ... *Ov Ep* 12, 150 Cum ... virga percuteret, *Liv* ... *Sat* 12, 67 ... *in plur* = ... ceteris, *Cic*

... (1) *From abroad, on the outside* ... (2) Met ... nuis, e petra ... *Cic* ... *Sall* 5 ✠ ... nisi est con... *Cic Offic* 1, 22 ... & foris, *Nep Dat* ... tui ... argumen... 29 (2) ✠ Fo... non posse auxilia ... *at* 5, 50

... [foris ... (1) *A natural form*, ... (2) *Sometimes an ap*... (3) *the* ... *of the* ... *body* ... (5) ... *beauty* (6) *A fa*... (7) *A plot*, or ... (8) *A stamp*, ... (9) Meton ... (10) *A shoema*... (11) ... (13) *A pan* ... (15) *A ré* ... (16) ... *form of law* (1) ... naturalis nostri cujusque, ... 3, 2) *All* Sp... oculi ... Formam quidem ... mihi, *Plaut Poen* ... (2) Cui vi formam ... *Virg Geor* 1, 170 ... generis instit, ... *Cic Offic* 1, 30 (4) ... formi ullam negat esse ... in Plato, *Cic N D* 1, 10 ... difficilis formam natu... *Ov Epist* 15, 31 ... (5) ... formis pueri dis... (7) ✠ Cum formam ... qualem ... scire possim, *Cic* ... 8 (8) *Suet* teste *Litt* ... *Metaphora dixit*, ... dictaque tua respon... & una forma percussa ... *Ep* ... *extr* (9) For... quinarius dixit pro ... *Lamp* (10) ... 106 (11) Liquor in ... formas transferen... *Col* ... 8 (12) = Suam ... formam & sp... *Cic* (13) *Libros formas* ... *Cic* ... (14) Terribiles ... tempore visæ, ... 1, 11 ... *poeta* (15) ... epistolæ dicuntur, ... *Dom* 13 & ibi *Torrent* ... (16) Forma ultimæ ... quid detrimenti ... (17) Quæ for... fortunæve mersit, ... interpr *Serv*

Form... adj *Made in due* ... or *set words*, ... vid ibi interpr

Formalitas, ātis f *Formality*,

|| Formaliter adv *Formally*,

Formamentum, i n *A mold*, ... principiorum formamen... *Lucr* ... 817 Rarò occ

Formatio, ōnis f verb *A* ... or *framing*, *legitur in* ... conformatio, deformatio,

Formator, ōris m (1) *A mak*... (2) Met *A form*-*er*, *an instructor* (1) Quisquis formator universi fuit, *Sen* ad *Helv* 8 (2) Animi sibi quisque formatorem, præceptoremque virtutis ... fomentum accessit, *Col Praef* 1

Formatūra, æ f *A shape, a forming*, or *fashioning* = Servat formaturam, servatque figuram, *Lucr* ... 560

Formica, æ f [... *Fest* & Dor ... nisi ... (ãs micis] *An ant, a pismire* In formica non modo sensus sed etiam mens, ratio, memoria, *Cic* ... *N D* ... 9

Formicans, tis *Tickling*, *creeping* Percussu formicante venarum, *Plin* ... 51

Formicātio, ōnis f *A tingling*, or *pain like the stinging of pismires*, *Plin* ... 51

Formiculum, i n *An ant hill*, *Lex* ... ex Apul

Formicīnus, a, um Formicinus gradus, *a thick and short pace*, such as that of ants, *Plaut Men* 5, 2, 19

Formico, āre *To itch upon pores* Donec forma ... *Plin* 30, 13

Formicōsus, a, um adj *Full of ants*, Plin 10, 74

Formidābilis, e adj *Dreadful*, *formidable* Formidabilis ... *Ov Met* 2, 174 Æneas, *Ibid* 13, 116

Formidandus, a, um part *To be dreaded*, or *feared* Quo etiam facietas omni ... est magis, *Cic Orat* 63

Formidans, tis part *Fearing*, *fearful* Cervi formidantes, *Ov Met* 15, 475 = Metuens pueris, mihi formidans, *Plaut Amph* 5, 1, 61

Formidātio, onis f verb *A fearing* Tributum, *Cic Part Orat* ... sed alii aliter leg

Formidātus, a, um part *Feared*, *dreaded* Nautis formidatus Apollo, *Virg Æn* 3, 275 Æthiops classe formidatus, *Hor Od* 3, 6, 15

Formido, āre act *To fear*, or *dread* = Intus paveo, & formido foris, *Plaut Cist* 4, 2, 20 § Euclio formidat auro, *Plaut Aul arg* 6 Iracundiam alicujus formidare, *Cic Att* 8, 16

Formidor, āris, ātus pass *To be feared*, Stat

Formido, inis f (1) *Fear*, *dread*, *terror*, *astonishment* (2) Meton *A foil*, or *net set with various feathers, to scare wild beasts* (1) Formido est metus permanens, *Cic Tusc* 4, 8 ex defin Stoicorum Post has fugas & formidines, *Id Att* 8, 14 (2) *Sen de Ira*, 1, 12

Formidolōsè adv ius, comp *Fearfully*, *timorously*, *Cic pro Sext* 19 Formidolosius, *Charis* ex *Catone*

Formidolōsus, a, um ior, comp ssimus, sup (1) Act *Fearful*, *timorous* (2) Pass *To be feared*, *horrible* (1) Num formidolosus obsecro es, mi homo? *Ter Eun* 4, 6, 18 (2) Formidolosior hostium exercitus, *Tac Ann* 1, 62, 3 Tempus formidolosissimum, *Cic Philipp* 7, 2

|| Formio, ōnis *A twig basket*, Ulp ✝ Fiscella

Formo, āre act [a forma] (1) *To form, frame, mold*, or *fashion* (2) *To build* (3) *To compose* (4) *To instruct* (5) *To feign*, or *imagine* (1) Corporis membrorum flexus formare, *Quint* 1, 1 (2) Phrygia formabat in Ida Æneas classem, *Vir Æn* 9, 80 (3) Edicta, epistolas, orationesque alieno formabat ingenio, *Suet Dom* 20 (4) Tribus ignaram Juno ... dictis formavit, *Ov Met* ... 287 (5) Personam formare novam, *Hor A P* 126

Formor, āris, ātus pass *To be formed*, *framed*, *molded*, &c Verba quæ formari ... possunt, *Cic de Orat* 2, 89

|| Formose adv ... *Fest* ... cubare, *Apul* ... ✝ Nitide, ...

Formositas, ātis f *Handsomeness*, ... Formam est in formositate, *Cic Off* 1, 35

Formōsus, a, um ior, comp formosissimus sup *Fair, beautiful, charming, handsome* Formosi pecoris custos, formosior ipse, *Vir Ecl* 5, 44 Formosissimus annus, *Id Ecl* ... 5 = Nihil virtute formosius, nil pulchrius, *Cic* ✠ Formosus, an deformis, *Id de Inv* 1, 24

Formula, æ f dim [a forma] (1) *Beauty* (2) *A rule*, or *model* (3) *A form in law*, or *court, the words wherein a law is conceived* (4) *A set, proposal*, or *direction* (5) *A jury*, ... (1) Tempori hanc vigilare oportet formulam, atque ætatulam, ... *Plaut Pers* 2, 2, 47 (2) Erit hæc formula Stoicorum ... consentanea, *Cic Offic* 3, ... ✠ vid & *Varr R R* 1, 18 (3) ... & formulæ de omnibus rebus constitutæ, *Cic pro Q Rosc* 8 Protulit de dolo malo formulas Aquilius, *Id Offic* 3, 14 Ubi ... formula ... ut INTER BONOS BENE AGIER OPORTET, *Id Fam* 7, 12 (4) In ... formulam intendere, *Suet* ... & passim ap *JCC* (5) *Litt* unde incert

Formulārius, i m [a formula] *One that maketh out writs* = Formularius, vel ut Cicero ait leguleius quidam esse maluerunt, *Quint* 12, 3

✝ Formus, a, um adj *Hot*, Fest

|| Fornacārius, a, um *Belonging to a bakehouse*, Dig

|| Fornacator, ōris m *The firemaker in the baths*, Paul JC

Fornaceus, a, um *Made like a furnace*, Plin 35, 14

Fornācŭla, æ f dim [a fornax] *A furnace*, Juv 10, 82

|| Fornicāria, æ f Meretrix, *a common prostitute*, Tert

Fornicārius, i m *Belonging to the stews* = Quis non fornicarius, non adulter? *Vulg interpr* ✝ Scortator, *Cic*

Fornicātim adv *In the form of an arch*, Plin 29, 6

Fornicātio, ōnis f verb [a fornico] *A vaulting*, or *arching over* Parietum fornicationes, *Vitruv* 6, 11 || Also *fornication*, Eccles quā notione ... vocula deductum videtur

|| Fornicator, ōris m *A fornicator*, Eccles ✝ Scortator, *Cic*

|| Fornicatrix, icis f *She that haunteth brothel houses*, Dig

Fornicātus, a, um part *Arched*, or *vaulted over* Paries vel solidus, vel fornicatus, *Cic Top* 4 ... fulciunt ... intergerinis a solo fornicatis, *Plin* 11, 10

Fornico, āre act *To vault*, or *arch over*, Sidon Ep 1, ...

Fornicor, āris, atus pass *To be arched, to be bent downward* Palma fornicatur, *Plin* 16, 42 || Dep *To commit fornication*, Eccl

Fornix, icis f [de etym parum constat] (1) *An arch*, or *vault in houses, a triumphal arch in memory of some great victory* (2) Also, Meton *a brothel house*, because they were in vaults and wells under ground (1) Adverso fornice portæ, *Vir Æn* 6, 631 Hujus fornix in foro Syracusis est, in quo nudus filius stat, *Cic Verr* 2, 63 (2) In ... urbis delerium, *Hor Ep* ...

Foro, āre act [a foris] *To bore*, or *pierce* Te forabunt ... *Plaut* ... 1, 55 sed usitatius est *perforo*

Forpex, icis f *A pair of scissors*, or *nippers*, Isid Sed hanc ... *forfex* suspicatur Vossius ... docet

Fors, tis f [de etym nihil comperti] (1) *Fortune* (2) *Luck*, ... *hazard* (1) ... domina campi, *Cic* ... (2) Fors ... quam ratio potest, *Cic Att* 14, 13 ✠ Tu ... forte ... & ... tunc ... *Ter Æn* 16, ... ✠ Ut cuique fors, aut virtus, *Il* ... 12, ... *Virg Æn* 1, 381

Fortan adv [a fors, & pot ...] *Perhaps, perchance, peradventure* Fortan & hæc olim meminisse juvabit, *Vir Æn* 1, 207

Fortasse adv [a fors, sit, & ...] *Perhaps, it may be* Fortassis hic ... parum habet fidem, *Ter* ... 1, 2, 117

Fortasse adv [a fors & sit] *Perhaps, it may be*, Lucr 6, 7... Hor Sat 1, 6, ...

|| Fortassium, ... n *A fort, a sconce, a strong place* ✝ Castellum, *Cæs*

Fortassis adv [quasi forte esse] *It may be, perhaps, peradventure* ✠ Genus orationis fortasse subtile, certè acutum, *Cic*

|| Fortassean adv *Peradventure*, Gell ... 3

Fortassis adv *Perchance, perhaps* Sed ego fortassis vaticinor, *Cic Fam* 2, 16

✝ Fortax, acis f [a fortitudine] *The bottom*, or *compass of an oven, furnace*, or *kiln*, Cato, 38 R occ

Fortè adv vel pot abl a fors *As hap was, as it fortuned, by chance, peradventure* Forte fortuna, *as good luck would have it*, Ter Eun 1, 2, 51 Quam sæpè forte temerè eveniunt, quæ non audeas optare, *Id Phorm* 5, 1, 31 Forte fuit, *Vir Æn* 1, 381

|| Fortean adv [ex forte & an] *Peradventure*, Tert ✝ Forsan, forsitan, fort

✝ Fortesco, ... *To wax*, or *grow strong*, Gell 19, ... ex Nev ✝ Fortis fio

Forticulus, a, um dim *Somewhat patient* Quamvis Epicurus forticulum ... formam ... præbeat, *Cic Tusc* 2, 19

|| Fortificatio, onis f *A fortifying*, Aug ✝ Munitio, *Cæs* Propugnaculum, *Cic*

|| Fortificator, oris m verb *He that maketh strong*, Hier ✝ Propugnator

|| Fortifico, āre fortem facio *To fortify, to strengthen* Ægrotantium fortificare corpora, *Cal Aur Tard* 3, 2, 38 ✝ Confirmare munire

Fortis, e adj [a ferendo adversa vel a fors, nam fortes adjuvat audaces] or comp ssimus, sup (1) *Hardy, patient* (2) *Stout, constant* comp art (3) Courageous, valiant, magnanimous (4) Well bred, honest, honourable (5) Rich, powerful (6) Hale, lusty, strong (7) Stout (8) Firm (1) Quis vir fortior est ad sufferendas plagas? Plaut Asin 2, 2, 11 (2) = Vir fortis & animosus, & fortior non esse officiis, Cic pro Milon 34 Vir fortissimi, Sal B C 20 (3) = Homo fortis, atque bellator probus Plaut Epid 3, 3, 35 (4) Civis, in unquam infirma erit sorte, ut virum fortem decet, Ter Andr 2, 6, 14 Ab homine scelesto, qui lutulentum fortis? Plaut Pers 3, 3, 65 (5) Fortunatissima, Plaut Trin 5, 2, 9 (6) = Incolumitas ... fortis ... Plin Ep 10, 55 ... fortissimus ... genere fortis posi, Sal B J ... (7) Quis tam egregius ... Vir An 11, 705 (8) Equidem fortis visi est? Plaut Mil 4, 4 ... Bacchis ... tibi fortis ... est? In Bicconid 2, 3 ... his collegit ... omnia ... corporis bona, in fortitudine posita Romanos

Fortiter adv ius comp ior, sup (1) Patiently, bravely (2) ... (3) Resolutely, undauntedly (4) Quickly, briskly, apace (5) Quicquid accidit, fortiter ... ferimus, Cic Att 13, 1 Quemvis eventum fortiter ferre, quam nunc dolorem, Cic Att 5, 6 (2) Fortiter bellum gerere, Cic pro ... 39 (3) A Quam fortiter non dubitare, constanter ... & fortiter certe, Cic pro Prov Conf 17 Fortissime ... Caes B G 2, 26 Fortissime pugnare, ... most courageously, with the utmost endeavour, Caes B G 4, 37 (5) Rebus paternis fortiter ac fumptis, Hor Ep 1, 5, 27 Arse ... Ov Met 6, 708

Fortitūdo, inis f (1) Patience, greatness of soul (2) Hardiness, courage (3) Intrepidity (4) A brave action, either in peace, or war (5) Strength Fortitudo omnis (1) in dolore, aut (2) in labore, aut (3) in periculo spectatur, Cic N D 2, 15 (4) Sunt domesticæ fortitudines non inferiores militaribus, Cic Off 1, 22. (5) ✱ In feris fortitudinem dicimus, in hominibus justitiam, Cic Off 1, 50

† Fortiusculus m dim Stoutish, somewhat strong, Plaut Mil 4, 3, 13 sed ubi alii leg † Forticulus, Cic

Fortuītō adv By chance, at adventure, casually Hoc non fit fortuito, Cic de Fin 5, 11

Fortuitu qu ablat monop idem = Temere ac fortuitu, Cic Off 1, 29

Fortuĭtus, a, um adj That happeneth by chance, sudden, casual, accidental, of it self ✱ Non fortuitum, sed divinum, Cic Fam 7, 5 ✱ Ut coacta mors fortuitæ similis esset, Tac 16, 19 = Subita & fortuita oratio, an extemporal speech, Cic de Orat 1, 33

Fortūna, æ f [a fors] (1) Fortune, hazard, adventure, hap, chance, event, luck (2) State, condition (3) An estate, real, or personal (4) Also the Goddess so called (1) = Quid aliud fors? quid fortuna? quid casus? quid eventus? &c Cic de Div 2, 6 (2) Magnæ fortunæ comes adest adulatio, Patерc 2, 102 (3) Fortunam tribus filiabus æqualiter distribuere, Phædr 4, 5, 9 (4) O Fortuna! O fors Fortuna! Ter Phorm 5, 6, 1

Fortunæ pl One's fortunes, or estate, riches, wealth, what one is worth = Imminebat tuus furor omnium fortunis & bonis, Cic pro Domo, 10 ... in sing Amplificare fortunam suam, Id de Amic 16

Fortūnāte adv ius, comp Happily, fortunately, prosperously, luckily = Sapienter, feliciter & fortunate vivunt, Cic de Fin 5, 7 Fortunatius repulsus, Col Pr ref

|| Fortūnātio, onis f verb An happy success, or prosperity, Aug † Fors, Fortuna, Litt

|| Fortūnātor, oris m verb He that prospereth, Aug † Qui fortunat

Fortūnātus, a, um adj or, comp issimus, sup (1) Blest, happy (2) Fortunate, wealthy, rich (3) Favourable (1) Fortunatus, qui istoc animo sies, Ter Adelph 3, 3, 66 (2) Fortunate senex, tua rura manebunt, Virg Ecl 1, 47 Fortunatissimus liberis Cic Tusc 5, 12 (3) Deos ego omnes ... ut sint fortunati, precor A fratr Nusquam fortunatiorem, se quam Prænestе, vidisse fortunam, Cic de Div 2, 41

|| Fortūnium, n (2) Good luck, Dig † Fors, Fortuna, bona Fortuna

Fortūno, are act To make happy, or prosperous Tibi patrimonium Dii fortunent, Cic Fam 2, 2 Eum ... honorem tibi ... fortunare volo Ibid 15, ... Dii fortunabunt vostra consilia! Plaut Trin 2, 4, 175

Fortūnor, aris, atus pass To be made prosperous, Litt ex Stat

Forulus, i m dim [a forus] vix leg in singula, plur foruli Hutches, cases, or shelves, where in books were kept Hic libros dabit, & forulos, Juv 3, 219

Fŏrum, i n [a ferendo] (1) A marketplace where things are sold (2) Also the common place where courts are kept, and matters of judgment pleaded (3) With a proper name a market town, or burgh, with the country adjacent (4) Also a vessel used about the winepress (1) Forum boarium, piscatorium, olitorium, cupedinis, &c vid Varr de L L 4, 32 ¶ Cedere foro, to become bankrupt, Juv 11, 50 Uti foro, Ter Phorm 1, 2, 29 to suit himself to the time, to make the best of it Decedere foro, to live privately, Nep Att 10 (2) Erit in triplici par mihi nemo foro, Mart 3, 38 In alieno foro litigare, to follow a business he doth not understand, Mart Agere forum, to hold a court to try causes (3) Forum Julii, hodie Frejus Forum Claudii, hodie Farentesia, &c (4) Col 11, 2 & 12, 8

Fŏrus, i m (1) The deck, or hatch of a ship (2) Also small furrows (1) In summæ navis foro, Gell 16, extr Usitatius in plur Ain per foros, cursitent, Cic de Senect 6 (2) Angustosque foros adverso limite ducens, Col 10, 92

† Forvus [a fervo] obsol Hot, Isid Rectius formus

Fossa æ f [a fodiendo] Locus unde terram foderent, a ditch, a moat, a trench Locum vallo fossaque munivit, Cæs B G 5, 2

Fossārius, i m A ditcher, Col ap Litt † Fossor

|| Fossātum, i n A foss, a trench, cit Plin 17, 21 sed peram, ce te leg 5, 16 & Pallad 11, 12

Fossĭlis, e adj That which is, or may be digged out of the earth Sal fossilis, Plin 26, 10

Fossio, onis f verb [a fodio] A digging, or delving, a ditching, or trenching Fossionibus terra fit fœcundior, Cic de Sen 15 Puteorum fossio, Vitruv 8, 7

|| Fossĭtius, a, um adj That which is digged, or delved Arena fossitia, Pall 1, 10 Fossitia ... a coal, Jun

† Fosso, are freq [a fodio] To dig often, Enn ap Varr L L 6, 5

Fossor, oris m verb [a fodio] A digger, a delver, a ditcher, a labourer, a trench maker, a pioneer ... fossoresque terræ ... Col 3, 1 Robustus fossor, Virg Geor 2, 264

Fossŭla, æ f dim A little ditch, or trench Singulis fossulis ... ponas, Col 11, 3 Fossulas facere, Cato 161

Fossūra, æ f A digging, or delving Completur fossura montium jugi, Suet Calig ... Summa fossuram operi ... rum imbus, in fronde, Vitruv 8, 1

Fossus, a, um part [a fodior] Digged Terra fossa & subacta, Pallad Novemb 6

Fōtus, a, um part [a foveor] Nourished, cherished, kept warm Pulli ... manibus exclusi fotique, Cic N D 2, 48

Fōtus, ûs m verb (1) A nourishing, or keeping warm (2) Also a fomentation (1) Laurus utilis est igni micro fotu, Plin 23, 9 (2) Decoctum juvat & potione & fotu, Plin 23, 1

Fŏvea, æ f [al unt foveo, pro fodio] A deep hole made in the ground to catch wild beasts in, a pitfal, a den, a cave, a fox's hole, &c Bellua in foveam incidit, Cic Philipp 4, 5 Decipiemus foveâ leonem, Plaut Pan 1, 1, 59

Fŏvens, tis part Cherishing, &c Fovens pejo a fortuna, Sen Hipp 97

FŎVEO, ēre, fōvi, fōtum act (1) To keep warm (2) To cherish, or nourish (3) To feed, or maintain (4) To make much of, to favour (5) To love and embrace (6) To espouse, or favour (7) To foment, or bathe with any liquid thing (1) Juvenes ... fovere foculis ferventibus? Plaut Cap 4, 2, 67 (2) Aves pullos pennis fovent, Cic N D 2, 52 (3) Lacte fovet & ... Plaut (4) Colui fovique poetas, Ov Trist 4, 10, 41 Ibi fovebo senectutem meam, Plaut Stich 4, 1, 62 (5) Ipse Neæram dum fovet, Tib El 3, 1 (6) Contraria non fovi arma, Ov Trist 1, 4, 41 (7) Fovit vulnus lympha, Virg Æn 12, 420

Fŏveor, ēri pass To be cherished, &c Plaut Capt 4, 2, 67

Fovĕo, ere ant idem quod fodio

F ante R

† Fracescere, pro fracere, Varr

Fraceo, ere, ui neut [a seq fraces] To putrify and rot with age and continuance Oleum fracescet, Col 1, 6

Fraces, ium pl f The lees of oil, Plin Vid Frax

Fracesco, ĕre incept To grow rotten, or mouldy Oleum, quod minus provenit, si congelatur, fracescet, Col 1, 6 Caldore fracescere, Varr R R 1, 55

Fracidè adv Rottenripe Litt ex Col

Fracidus, a, um adj [a fraceo] Rotten ripe, mellow, and putrid ca Oleum fracidum, Cato R R 64

Fractio, onis f verb A breaking, a fraction, Litt ex ... ... non reperit † Infractio

Fractūra, æ f A breaking, or bursting, a fracture Fractura ..., Plin 2, 6

Fractus a, um part [a frangor] (1) Broken (2) Weakened, overcome, out of heart, dispirited, Lost, vanquished (4) ... (1) Fractum ... Epist 1, 17 58 (2) Fracto me ... boque ... Ov ... (3) = Fractum prope & ... tum G ... nomen, Cic ... 26 (4) = Fractus & ... & puerilis, Cic ...

|| Frænatio, onis f A bridling, or curbing, Aug

Frænator, oris m verb A bridler, or restrainer ... dum frenator ... Theb 1, 27 = Inanimi potentis domitor ac frenator, Plin Paneg 55

Frænatus, a, um part Bridled, restrained, curbed, kept in Frænati equi Cæs B C 2, 15 ... equi frænati ... Hor Ep 1, 15 ...

Frænĭger, a, um ... managethe ... nigera ... a troop of ... Stat Silv 5, 1, 98

Fræno, are act (1) To bridle, to curb, to rein (2) Met To keep in, to check, to restrain, to stop, or stay (1) Frænare equum, Liv (2) Animum, Cic ... Voluptates, Tac ... tos ventos & carcere, Virg Æ 1, 58

FRÆNUM, i n pl fræni m vel fræna n [quod fœcum dentibus frendeant] (1) A bit, or the bit of a bridle ... (2) Met A check, or curb (1) Sonantes fræni, Tac Germ ... Sonantia fræna, Ov Met 2, 11 (2) = Pone ... frænum ... Virg ... 8, 88 = Frenum ... est morbi genus ... penis ita contecta est ut nudari non possit ¶ Dare frænos, ... duc, Ov ... accipere, to submit

† Frageo, ere, frangi ... To break, or crumble away, ... cuv

Fragĭlis, e adj ... frangi ... or, comp (1) Brittle, ... ken (2) Mortal, weak, ... able, that may be cast; ... (3) Dry, without ... (1) Fragilis cicuta, Tib El 2, 5 ... tri modo fragilis, Plin ... = Res humanæ fragiles, ... que sunt, Cic de Am 27 (3) Succosi ... fumo ... quam fragili, Colf 2, 19

Fragĭlĭtas, ātis f (1) Brittleness (2) Met Weakness, frailty (1) Nec tamen a ... ... litatem durentur, Plin ... Imbecillitas & fragilitas generis, Cic Tusc 5, 1

Fragmen, inis n A piece of a thing broken, a fragment, a shard, a scrap Frag ... remotum, Virg Æ 10, 306 Glandis fragmine ... ictus, Ovid ... 2, 2, 2

Fragmentum, i n idem Fragmentum lapidis, Cic N D 2 Lacera fragmenta ... 155 Fragmento subsellii ... Val Max 1, 4, 2

Frăgo an pro frango

Frăgor, ōris m [ab in frango, sonitus qui ex arbore aut alia re inter frangendum editur] A ...

noise, a crash, a crack, as when a thing breaks Fragor tectorum, quæ diruebantur, audiebatur, *Liv* 1, 29 Fit fragor, & cum fundantur ab æthere nimbi, *Ov Fast* 1, 269 Fragores fluctuum, *Val Max* 8, 7, ext 1 Fragorem congeminare, *Val Flacc* 3, 71 rumpere, *Id* 2, 620

Fragōsè adv *With a great noise,* Plin 6, 10 in compar

Fragōsus, a, um adj [a frango] issimus, sup (1) *Rough, craggy* (2) Met *Uneven, uneasy, hoarse, or rumbling* (3) Also *brittle* (1) Sylvis torrentia saxa fragosis, *Ov* Primumque intrinsic fragosis exsuperant 2, 3 amique vadis, *Val Flacc* 2, 6 (2) = Aures fragosis offenduntur, & lenibus mulcentur, *Quint* (3) *Lucr* 2, 859

Frāgrans, tis part & adject *Smelling sweet, fragrant* Domus fragrans odore Assyrio, *Catull* 66, 144

Fragranter adv *Fragrantly,* Litt ex Apul

Fragrantia, æ f *A sweet smell, a fragrancy* Unguentorum fragrantia, *Val Max* 9, 1, ext 1 Fragrantia mella, *Vir Geor* 4, 169

FRAGRO āre neut (1) *To smell sweetly,* (2) or *sower,* (3) or *strong* (1) *Vid* Fragrans (2) Fragrat odor acerbus, *Val Flacc* 7, 495 (3) Ne fragres hesterno vino, *Mart* 1, 87

Frāgum, i n [a fragro, quia sunt odoris optimi, *Perot*] *A strawberry* Humi nascentia fraga, *Vir Ecl* 3, 92 Fraga dumetis nulla, *Sen Hipp* 516 vix leg in mr ap idoneos auct

Framea, æ f voc German *A short spear, a javelin, a glaive, a sword, a partizan,* or *hunter's staff* = Hastas, vel ipsorum vocabulo, frameas gerunt, *Tac de Germ* c 6

FRANGO, ĕre fregi, fractum act neut [a ῥήσσω, fut secund ῥαγῶ, & digamma interpr frago, auctâ in le frango] (1) *To break, to bruise* (2) *To weaken* (3) *To spend,* or *wear out* (4) *To abate, to diminish* (5) *To discourage, to daunt* (6) *To vanquish* (7) *To violate,* or *infringe* (8) *To move, to dissuade* (9) *To disappoint* (1) Qui è nuce nucleum esse vult, frangit nucem, *Plaut Curc* 1, 1, 55 Frangere comam in gradus, *to curl it,* Quint (2) = Nulla est tanta vis, quæ non ferro ac viribus debilitari frangique possit, *Cic pro Marcello,* 3 = Vis summas frangit infirmatque opes *Id pro Rab Post* 10 ex poeta (3) Morantem sæpe diem mero fregi *Hor Od* 2, 7, 7 (4) Dum calor frangat, *Cic de Or* 1, 62 ¶ Vim vini frangere aquâ, *to allay it,* Cels (5) ⁂ Contumelia non fregit eum, sed erexit, *Nep Them* 1 Sin te tanta mala frangunt, *Cic Fam* 4, 8 (6) = Bellum Allobrogum prælis fregit, eosque domuit, *Cic de Prov Cons* 13 (7) Frangere fidem, *Cic pro Rosc Com* 6 fœdus, *Id in Pison* 12 (8) Illum gemitu jam supplice mater frangit, *Stat* (9) Fregit hos meum consilium, *Cic Fam* 4, 4

Frangor, i fractus pass *To be broken* Met *discouraged, &c* Fluctus a saxo frangitur, *Cic Fam* 9, 16 Quorum rerum curâ frangebatur, *Nep Dion* 7

|| Fratellus, i m dim *A little brother,* Ter Scaur ‡ Fraterculus

FRATER, tris m [qu ferè alter] (1) *A brother, confederate,* or *ally* (2) *A kinsman,* or *cousin-german* (3) *Books, &c of the same author* (1) Vehim, mi frater, fraterculo tuo credas, *Cic Verr* 3, 66 Nulla auditio procedere ultra potest, quam ut fratres vocemus, *Quint Decl* 321 (2) Fratres patrueles, *Suet Cæs* 27 (3) Adspicies illic positos ex ordine fratres, *Ov Trist* 1, 1, 107

† Fraterculo, āre *To grow up together as brothers* Tunc papilla primitus fraterculabant, illud volui dicere, sororiabant, *Plaut in Fragm*

Fraterculus, i m dim *A little,* or *young brother,* Juv 4, 98

Fraternè adv *Brotherly, lovingly, kindly* = Germane fraterneque rescribam, *Cic Q fr* 2, 15

Fraternitas, ātis f *Brotherhood, a fraternity,* Tac Ann 11, 25, 1

Fraternus, a, um adj (1) *Of a brother* (2) *Brotherly, fraternal* (1) Diana fraternis lang ida flammis, *Ov Met* 2, 454 Fraterna cædes, *committed by a brother,* Vir Æn 4, 21 (2) Fraterna necessitudo, *Cic pro Quint* 4

Fratilli [dict quod per terram ferantur, Fest al qu fracti, & divisi, fractilli vett dict] *The jags of tapestry, at the bottom, the fringe, shag,* or *nap of cloth*

|| Fratria, æ f *A brother's wife,* Fest or *a husband's brother's wife,* Nonn

Fratrĭcīda, æ com gen *A killer of his brother,* Cic pro Domo, c 10

|| Fratricidium, i n *A killing of one's brother,* Arnob ‡ Fraternæ necis scelus, *Hor*

Fratrimōnium, i n *An estate left,* or *given to one by a brother,* Litt ex Sen *sed q*

|| Fratro, āre *To grow,* or *plump up, as boys* or *girls breasts,* or *paps do,* Fest

Fraudātio, ōnis f verb *A deceiving, beguiling,* or *cousening* Qui fraudationis causâ latitarit, *Cic pro Quint* 19 Sine fraudatione agere, *Id Offic* 3, 17

Fraudātor, ōris m verb *A deceiver,* or *cousener* Fraudator creditorum, *Cic Philipp* 13, 12 Ingratus beneficiorum fraudator est, *Sen de Ben* 4, 26

Fraudātus, a, um part *Cousened, deceived, beguiled* = Ne propter te captus fraudatusque sim, *Cic Offic* 3, 17

Fraudo, āre act [a fraus] *To cheat, cousen,* or *beguile, artfully to deprive of* ¶ Fraudare genium, *to pinch his belly,* Plaut Aul 4, 9, 15 stipendium militum, *to keep back their pay,* Cæs B C 2, 59 § Aliquem pecuniâ, *Cic Att* 1, 1

Fraudŭlenter adv ius, comp *Fraudulently, knavishly, like a trickster* Fraudulenter intestare, *Col* 1, 8 Fraudulentius invidere, *Plin* 30, 10

Fraudulentia, æ f *Deceitfulness, knavery* Fretus malitiâ, fraudulentiâ, *Plaut Pseud* 2, 1, 7 vid & *Mil* 2, 2, 54

Fraudulentus, a, um adj or, comp issimus, sup *Crafty, deceitful, fraudulent, cheating, knavish* Homo fraudulentus, *Ad Herenn* 2, 26 Venditio fraudulenta, *Cic Offic* 3, 21 Fraudulentior, *Tertull* Fraudulentissimus, *Plaut Capt* 2, 1, 28

FRAUS, dis f (1) *Deceit, fraud, guile, a cheat,* or *knavish trick, cousenage* (2) *A fault,* or *crime* (3) *An inconvenience, prejudice, damage, loss* (4) *An evil design* (5) Also *a punishment* (6) Meton *A cheat, a pickpocket* (1) ⁂ Vi aut fraude fit injuria, *Cic Offic* 1, 13 (2) In eandem fraudem incides, *Ter Heaut* 3, 1, 33 = Id erit viatico ejus fraudi & crimini, *Cic pro Muræn* 35 (3) Prius ego ipse in hanc fraudem incidi, *Cic Fam* 11, 16 (4) Rem non minimi periculi, quia tamen fraus aberat, in jocum vertit, *Suet Aug* 67 *Nisi malis referre ad proximam notionem, ut notet damnum* (5) Dum fraudit, antequam liceret sine fraude ab armis discedere, *Sall B C* 37 ⁂ Error illis sine fraude, aliis exitio, *Tac* 6, 30 (6) Fraus populi, *Plaut Pseud* 1, 3, 131 *convicium in lenonem*

Frausus, a, um [a fraudo, ĕre ut nisus a fido] *Cheated* Nequam fraudem frausus fit, *he hath plaid a knavish trick,* Plaut Asin 2, 2, 20

† Fraxator, ōris m *He that goeth about the watch,* or *walketh the rounds,* Fest

Fraxinētum, i n *A grove of ashes*

Fraxineus, a, um adj & fraxinus, a, um *Ashen,* or *ash* Sudes fraxineæ, *Vir Æn* 2, 359 Virga fraxina, *Ov Ep* 11, 76

Fraxinus, i f *An ash tree* Fraxinus in sylvis pulcherrima, *Vir Ecl* 7, 65

† Fraxo, āre *To go about, to view the watch, to walk the rounds,* Fest

Frĕmebundus, a, um *That maketh a horrible noise* Fremebundus ab alto desilit, *Ov Met* 12, 128

Frĕmendus, a, um part *Roaring* Clamor fremendus, *Stat Theb* 12, 752

Frĕmens, tis part (1) *Roaring, raging* (2) *Neighing* (1) Fremens lupus, *Ov Met* 5, 627 Fremens Italia, *Vir Æn* 4, 229 (2) Frementes ad juga cogit equos, *Vir Æn* 7, 638

Frĕmidus, a, um adj *Raging, furious* Fremidâ regalia turbâ atria complentur, *Ov Met* 5, 2 *Quam vocem miror tot lexicogr aciem effugisse*

Frĕmitus, ûs m verb (1) *A roaring,* as of lions, or of the sea (2) *A neighing of horses* (3) *A shouting of men* (4) *A clashing,* as of arms (5) *A blustering* (6) *A sound,* or *blast,* as of a trumpet (7) *A murmuring, rumbling, shuffling,* or *noise of people got together, a muttering,* or *sound of applause* (8) Also *fretting, grumbling* (1) Fremitus leonis, *Juv* 14, 247 marium, *Vir Geor* 2, 160 (2) equorum, *Cæs B C* 3, 38 (3) virorum, *Cæs B G* 4, 14 (4) armorum, *Cic de Harusp Resp* 10 (5) ventorum, *Luc* 6, 198 (6) tubæ, *Sen* (7) Plausu fremituque virûm, studiisque faventûm, *Vir Æn* 5, 148 (8) Fremitus egentium, *Cic pro Flacc* 10

FREMO, ĕre, ui, itum neut (2) [a βρέμω, *Canin*] (1) *To roar like a lion, lynx,* or *tiger* (2) *To make a great noise,* as waters (3) *To bluster* (4) *To mutter,* or *grumble, to fret and chafe* (5) *To bewail,* or *lament* (6) *To express joy,* (7) *applause,* or *approbation* (1) Leo fremit, *Plin* 8, 16 lynces, *Auct de Philom* tigres, *Valer Flacc* 2, 260 (2) Torrentes immane fremunt, *Claud de Cons Mallii,* 237 (3) Fremunt immani turbine venti, *Ov Trist* 2, 25 (4) Fremant omnes licet, dicam quod sentio, *Cic de Orat* 1, 44 (5) Magno circum clamore fremebant, *Vir Æn* 6, 175 (6) Fremunt gaudio erecti, *Liv* (7) Cuncti simul ore fremebant, *Vir Æn* 1, 563

⁂ Frĕmor, ōris m *A roaring,* Vir Æn 11, 297 Non enim alibi

Frendens, tis part *Gnashing the teeth* Aper frendens, *Ov A Am* 1, 46 leo, *Cic Tusc* 2, 9 dolor, *Sen Herc Fur* 693

Frendeo, ere, ui neut & frendo, ĕre [a fremo, unde fremidus, ut a tumeo, tumidus, per Sync frendus, hinc frendeo, ut ab aveo, avidus, audeo] (1) *To grind,* or *gnash the teeth together,* for anger, or pain (2) *To groan, to grunt, to granch,* or *scranch* (3) *To break,* or *bruise* (1) Illum mihi formidabam, ita frendebat dentibus, *Plaut Capt* 4, 4, 5 (2) Frendere noctes, miseri quas perpessa sum, *Pacuv* apud *Non* 5, 103 (3) † Saxo fruges frendere, *Acc ap eund*

FREQUENS, tis adj ior, comp issimus, sup (2) (1) *Frequent, ordinary, that often cometh,* or *is often done* (2) *Resorting much,* or *much resorted to* (3) *Abounding with* (1) Trochæus frequens, *Cic de Orat* 3, 47 Locus frequentioribus latrociniis infestior, *Id Fam* 10, 31 Frequens sententia, *approved by many,* Plin Ep 2, 11, 6 (2) Cum illis una aderat frequens, *Ter Andr* 1, 1, 80 Frequentissimi conveniunt, *Cæs B G* 4, 11 (3) Loca frequentia ædificiis, *Liv* 31, 23 Silva frequens trabibus, *Ov Met* 8, 329 Frequens telis pharetra, *Sen Herc Fur* 1234

|| Frĕquentāmentum, i n *An often rehearsing of a thing,* in musick, *warbling of the voice* ‡ Modulatio, *Cic*

Frĕquentandus, a, um part *To be frequently interspersed* Frequentanda est oratio luminibus verborum, *Cic de Orat* 3, 52

Frĕquentātio, ōnis f verb *Frequenting, the often using the same action,* or *words* Densa & continens frequentatio verborum, *Ad Herenn* 4, 19 Frequentatio argumentorum, *Cic Part Orat* 35

Frĕquentātiva verba, *Gram a* sæpius agendo dicta, *Isid*

|| Frĕquentatō adv *Frequently,* Apul Met 9 p 293 ‡ Frequenter, *Cic*

|| Frĕquentātor, ōris m verb *A frequenter of a place, Apul Trism-g* p 94 ‡ Frequens, *Cic*

|| Frĕquentātrix, īcis f verb *She that frequenteth,* Tert ‡ Frequens, *Cic*

Frĕquentātus, a, um part *Much frequented* Aliud genus est non tam sententiis frequentatum, *Cic de Cl. Or* 95 ⁂ Translatio instituta inopiæ causâ, frequentata delectationis, *Id de Orat* 3, 38

Frĕquenter adv ius, comp issimè, sup *Oftentimes, frequently* Ut frequenter & assidue consequimur artis rationem studio, *Ad Herenn* 4, 56 Frequentius audiebantur, *Val Max* 8, 7, 5 Translatione sermo omnis frequentissime utitur, *Cic Orat* 24 Frequentissime clamitabat, *Plin Ep* 4, 11, 7

Frĕquentia, æ f (1) *A great company,* or *meeting of people* (2) *Frequency* (1) = Amicorum assiduitas & frequentia, *Cic de Pet Cons* 1 (2) De epistolarum frequentiâ nihil te accuso, *Cic Att* 4, 16

Frĕquento,

Frequento, are act (1) *To go often to, to frequent, or haunt, to resort much to* (2) *To people a place* (3) *To bring together* (4) *To amass, or heap together* (5) Meton *To celebrate* (6) *To make often use of* (1) Qui frequ[illegible] [illegible] *Sen*

Frequentor, aris, [illegible] pass *To be frequented*, &c [illegible] domino [illegible] [illegible] frequentatu homo, *is much visited* Plin Ep [illegible], 6

Fretus, vel fretum, [illegible] part [illegible] *Bro[illegible]*, [illegible] [illegible] *Col* 5, 18 Cicero fretu[illegible] 2, 11

|| Fretalis, e, adj [illegible] *longing to the narrow seas*, Amm

Fretum, i n [à ferveo, [illegible] fretum, al à fremendo] (1) *A narrow sea between two lands, an arm of the sea, the straits* (2) *The sea* (1) Ab Italia [illegible] [illegible] (2) Freti tumescentis [illegible]

Fretus, a, um adj *Trusting to, relying upon, being bold upon* = Amicitia fretum, ac munitum [illegible] [illegible] Fretus equis [illegible] Freta studiis juventus, *Id* 6, 28

† Fretus, [illegible] m *An arm of the sea*, Lucr 1, 721

Friabilis, e, adj [à frio] *That may be crumbled, or broken small* Tophus natura friabilis, *Plin* 1, 34

|| Friatio, onis f verb *A breaking into small pieces, or crumbs*, Apic

Friatus, a, um part *Crumbled, or broken into small pieces* Scilicet & glebis terrarum sæpe friatis, *Lucr* 1, 906

Frictio, onis f verb (1) *A rubbing, or friction* (2) *Plaistering, pargetting* (1) Venenorum frictio, *Plin* 28, 4 (2) Tectorio um frictio, *Vitruv* 7, 6

Frictor, oris m verb *He that rubbeth*, Litt ex Cels

Frictrix, icis f *She that rubbeth*, Litt ex Mart *sed q*

Frictura, æ f *A pargetting* Super frictura[illegible] [illegible] Vitruv 7 1

Fricatus, ûs m verb *Rubbing* Dentium [illegible] emendat crebro fricatu, *Plin* 25, 7

Fricatus, a, um part *Rubbed*, Nep

FRICO, are, ui, & avi, ctum vel atum act [à frigo, e c friango, vel à frigo, Gr φρυγω, vel à frigeo, aut φριωη quod qui frigent, se fricant] *To rub, chafe, or fret* Fricare genua, *Plaut Asin* 2, 81 oleo corpus, *Mart* 4, 90 arbore costas, *Vir Geor* [illegible], 259

Fricor, aris, atus & frictus pass *To be rubbed*, &c Senes fricari sese ex antiquo volunt, *Plaut Pseud* 4, 7, 9

Frictio, onis f verb *A rubbing, or chafing*, Cels 1, 3 Frictiones oculorum, *Plin* 23, 1

Frictus, a, um part [à frigor] (1) *Fried* (2) *Parched* (1) Ova fricta ex oleo, *Cels* (2) *Cato*, 156

Frictus, ûs m verb *A rubbing*, Juv 6, 522 [illegible] indigna

† Frigedo, inis f *Cold, chilness*, Varr [illegible] Frigus, Cic

† Frigefacio, ere, ci *To cool*, Lexicog ex Plaut Non est in usu, [illegible]

† Frigefactio, onis f verb *A cooling, chilling cold*, Lexicog ex [illegible]

Frigefacto, are freq *To make [illegible]*, Plaut Pan [illegible], 15 & [illegible]

† Frigefactor, oris m verb *A cooler, he that maketh cold*, Lexicogr Cels

† Frigefio, eri, factus *To be cooled, or made cold* † Frigefacio, Cic

Frigeo, ere, [illegible] (1) *[illegible] cold* (2) [illegible] (3) *Dead* (1) [illegible] (2) [illegible] [illegible] [illegible] (3) [illegible] [illegible] [illegible] *Sen* 6, 21

Frigeo, ere, xi, [illegible] [illegible] (1) *To be, or grow cold* (2) *To be faint and feeble* (3) *To be out of favour, to find cold* (4) *[illegible]* (5) [illegible] (6) [illegible] (1) Frigent [illegible] vires, *Vir Æn* 5, 396 (2) [illegible] [illegible] hibernis, *Cic Fam* 7, 10 (3) † Quod [illegible] [illegible] frigere, *Cic* [illegible] 8, 6 (4) Num [illegible] frigent [illegible] *Ter Eun* 2, 2, 3 (5) Omnia judicia frigent, *Cic* [illegible] 2, 5 (6) [illegible] frigent, hæc evanit, *Ter Eun* 2, 3, 11

Frigerans, tis part *Making cool* Frigerans Aganippe, *Catull* 59, 10

† Frigeratio, onis f verb *A cooling, or [illegible]*, Lexicogr ex Apul † Refrigeratio, *Cic*

† Frigerator, oris m verb *He that maketh cool, or [illegible]*, Sidon † Qui refrigerat

|| Frigeratorium, i n *A cooling house*, Apic

† Frigero, are *unde* in comp refrigero, *Cic*

Frigescit impers *It is cold*, Cato, 156

Frigesco, ere incept *To grow cold* Nos hic frigore frigescimus, *Cic Fam* 8, 6 Opus frigescit, *Quint* 6, 1

Frigida, æ f *sc* aqua *Cold water* ¶ Frigidam suffundere, *to cool one's courage*, Plau Cist 1, 1, 37 Frigida lavare, *Plin Ep* 3, 5 Ad frigidam eximus, *Petron* c 28

Frigidarium, i n *A cold bath, or a bath of cold water*, Vitruv 5, 10

Frigidarius, a, um adj *Pertaining to cooling, or cold* Frigidaria cella, *Plin Ep* 2, 17, 11 & 5, 6, 26 Balneæ frigidariæ, *Pallad* 1, 4 Frigidaria cisterna, *Petron* c 72

Frigide adv ssime sup *Coldly, without life, faintly*, Gell 19, 3 Frigidissime *Quint* 4, 1

|| Frigiditas, atis f *Coldness*

|| Frigidiuscule adv *Somewhat coldly*, Sicon

|| Frigidiusculus, a, um adj dim *Somewhat cold* Sed illa ibidem congeri frigidiuscula, *Gell* 2, 10 † Frigidior paulò

|| Frigidule adv *Somewhat coldly*, Frag Poet

Frigidulus, a, um adj *Somewhat cold, or chil* Frigidulos udo singultus ore ciens, *Catull* 62, 131

Frigidus, a, um adj ior, comp issimus, sup [à frigeo] (1) *Cold, chill, frigid* (2) *Faint, slight* (3) *Dull, bald, silly* (4) *Dead* (5) *Also dead* (1) Frigidius flumen, *Cic* de Legg 2, (2) = Frigida & jejuna columna, *Cic* pro Cæcina, 21 (3) ¥ In re frigidissima cibus, *Ad H renn* 4 15 = Frigidus & inceptus jocus, *Suet Claud* 21 (4) Leve & frigidum [illegible] addere, *Ti Calig* 26 (5) Frigidus [illegible] [illegible] [illegible], *Vir Ecl* 3, [illegible] (5) Volvitur [illegible], *Vir Æn* 9, 415

Friguttio, vel fringutio, [illegible] f *A chattering, a [illegible]*, Mart 9, 55

Fringilla, vel fringuilla, [illegible] m *A kind of hawk called a sparrow hawk, an hobby, or a [illegible]*

FRIGO, ere, xi, xi, rictum, vel ctum act [φρυγω, [illegible]] *To fry, to parch* Frumenta frigunt, *Plin* 18, Sed nihilum [illegible] frigito, *Cato*, c 1[illegible]

|| Frigor oris m *Coldness*, Bud † Frigus, *Cic*

|| Frigorificus, a, um *That maketh, or procureth cold* Acerum omnium maxime frigorificum est, *Gell* 17, 8

Frigulo *Vid* Friguttio

FRIGUS, oris n (1) *Cold, chilness* (2) *Winter, cold weather* (3) *Cool, shade, refreshment* [illegible] (5) *A cold* (5) Met *Coldness of affection* (6) Meton *Fear* (7) Meton *Death* (1) ¥ Causa, quæ vim habet caloris & frigoris, *Cic de Univ* 1, (2) ¥ Ante focum, si frigus erit, si messis, in umbra, *Vir Ecl* 5, 70 (3) Frigus captabis opacum, *Vir Ecl* 1 53 (4) Colligit frigus, *Hor Ep* 1, 11, 13 (5) Majorum [illegible] quis [illegible] frigore feriat, *Hor Sat* 2, 1, 62 ¥ Montanus [illegible] est & [illegible] [illegible], & frigora, *Sen Ep* 12 (6) Solvuntur frigore membra, *Vir Æn* 1, 96 (7) Animos extremo frigore labi [illegible], *Stat Theb* 8, 7[illegible]

|| Frigusculum, i n *A little cold, also cold respect, a dislike and distaste between husband and wife*, Ulp

† Frigutio, ire, ivi, itum neut *To use wanton gestures, to chatter*, Plaut Cas 2, 3, 49

Fringilla, æ f *A chaffinch* Vid Fringilla

FRIO, are act *To crumble, or break into small pieces* Terra quæ facile friatur, *Varr R R* 1, 9 Crusta friatur, *Plin* 1, 34

† Frixus, ûs m *A noise* Afferunt è C C N D 2, 5 ex Accio, *sed melius* lib valent spiritu [illegible] [illegible] *The little grain at the top of the ear of corn*, Varr

Fritula, æ f vel fritilla, orum n pl [à frio, [illegible]] *A kind of paste* Puræ fritilla conficiuntur, *Plin* 18, 8 *vulg edit* 18, 19 *edit Hard* Also *a kind of gruel*, Arnob

Fritillus, i m [quod veluti fritinnitit strepente alea] *A dice box to throw the dice out of* Movet arma fritillo, *Juv* 11, 5

|| Fritinnio, ire *To chatter like a swallow* Nonn

Frivola, orum pl n *Lumber, pelf, stuff of little value, trumpery* Jam frivola transfert, *Juv* 14, 5

|| Frivolarius, i m *A pedlar, that selleth things of small value*, Bud † Circumforaneus

FRIVOLUS, a, um adj [quasi fere valens obolum, MS] (1) *Frivolous, trifling, slight, of no account, or value* (2) *Sorry, pitiful* (3) *Silly, doting* (4) *[illegible]* (1) Animus aula [illegible] frivola, *Phædr* 5, 7, 1 = Ludibus & frivolis [illegible] [illegible] *Quint* 7, 2 (2) Frivola est [illegible] [illegible] superbi[illegible] [illegible] 7, 7 (3) Frivolus, amentia [illegible], *Suet C and* 15 (4) A[illegible] um Frivolum, *Suet Ner* [illegible]

Fructa, æ f *sc* [illegible] Litt ex [illegible]

Frondator, oris m *[illegible] [illegible]* † [illegible]

Frondatio, æ f *A[illegible]*

Frixus, a, um part [illegible] *Fried* [illegible] [illegible]

Frondarius, a, um adj *[illegible] longing to the pruning of trees*

Frondarii, fruni [illegible]

Frondatio, onis f *Lopping leaves, cutting of branches, pruning of trees, also the [illegible]* [illegible] 5, 6

Frondator, oris m *A lopper, a pruner of trees* [illegible] frenda or ad [illegible], *Vir* [illegible]

Frondens, tis part *Bringing forth leaves, spring[illegible], green, flourishing*, [illegible] [illegible] vias, *Col* 2, 1 Arbuta frondentia, *Vir Geor* 3, [illegible]

Frondeo, ere, [illegible] *To have, or bring forth leaves, to be green, to spring* Fronden[illegible] *Vir Ecl* 3, 57

Frondesco, ere incept *To grow green* Frondescit virga, *Vir* [illegible] 6, 1 14 Paucis frondescet pampinis, *Col*

Frondeus, a, um adj (1) *Made of leaves, or of green boughs* (2) *Leavy, or full of leaves* (1) Corona frondea, *Plin* [illegible] Nemora frondea, *Vir* [illegible]

¥ Frondifer, a, um *Bearing leaves, or branches* Nemus non difer[illegible]um, *Lucr* 2, 359

Frondosus, a, um adj or, comp *Full of green leaves* Frondosa reducitur æstas, *Vir Geor* 3, 296 Lucus frondosus, *Ibid* [illegible] Frondosior taxus, *Sil* 13, 5[illegible]

FRONS, dis f (& m *Col*) [à ferendo, quod innata animi præ se ferat] (1) *The forehead, the front, or forepart, the brow* (3) Met *The entrance, and beginning of a thing* (4) *The van, or front of an army* (5) *The outer part of any thing* (6) *An outward appearance, show, a countenance* (7) *Shame* (8) *Gravity, severity* (9) *Assurance, confidence* (1) Frons est [illegible] animi janua, *Cic* de Petit Cons 11 (2) Frontes [illegible] *Or* [illegible] 1, 1, 11 (3) A fronte & a tergo [illegible] nudati castra, *Cic* [illegible] 23 (4) Janua frontes [illegible] 1, 125 [illegible] [illegible] oculorum, [illegible] † (5) ¥ Mille pedes in fronte, trecentos cippus in agrum hic dabat, *Hor Sat* 1, 8, 12 (6) = Fronte & oratione magis [illegible] ipso beneficio reque capiuntur [illegible], *Cic* de Pet t Cons [illegible] (7) Exclamet Melicerta perisse frontem de rebus, *Pers* 5, 1[illegible] (8) Reliquiæ pristinæ frontis, *Cic* Fam 9, 10 (9) Rescindi [illegible] frontem desiderant, *Sen* de [illegible] [illegible] ¶ Fronte [illegible] *To look cheerfully*, Ter Adelph 5, 3, 53 capere, [illegible], Plaut Epid 5, 1, 3 obducere, *to look sad*, Juv 9, 2

Frontale, is n *A frontlet, the frontstal of an horse's bridle* E[illegible] qu[illegible] regum frontalia [illegible], *Plin* 37, 12 Addebant [illegible] frontalia & [illegible] [illegible] elephantis, *Liv* 27, 40

F... a, um adj Standing out like a fore-... Fr... ntati lapides, Perpent stones, Vitruv 2, 8
Fr... scium, i n The fore-part of an house, a frontispiece ... Pallad 1, 8, extr
Fr... um, i n A closing-place, a college, ...
Fr... n ... [a frons] High, or broad fore-headed, Cic N D
... pro frons, dis Varr
... um Bearing fruit ... Plin 12, 3
... are To make fruit- ... Voss damnat ... unam locum in- ... mallem fruc- ... cedo, ... cert ...
... i n A vine ... Plin
Fruct... a, um adj (1) Of, or belonging to fruit, ... pertaining to breed ... that useth a thing and ... profit of it (1) A ... fructuarios habent ci- ... esse, Cal ... 8, 6 (2) Ulp
... adv ... ius, comp ... Aug
Fructuosus, a, um adj or, comp ... (1) Fruitful (2) ... (1) Agr... Cic ... (2) ... deteriorem, haud ... fructuosiorem, Cic ... Fundus fructuosissimus ... pro Rosc Com 12
... a, um [a fruor] Having ... enjoyed ... Spectra- ... Paterc 2, 104 Quæ ... Lucr 5, 953
Fructus, us m & antiq fructi, ... fruor] (1) ... trees, or of the earth (2) Also profit, advantage (3) ... pleasure (4) Rent, or ... of land (5) Delight, ... (6) Interest of mo- ... of a thing (1) ... conditis fructibus, Cic ... (2) Oves nul- ... ex se sine cul- ... N D 2, 63 (3) ... fructus est in copia, ... 6, ... ( ) In quos ... abeunt fructus prædio ... Att 11, 2 (5) Fructum ... capere, ... 11 (6) ap JCC
Fruendus, a, um part To be ... enjoyed Non paranda ... sapientia, sed fruenda ... est, Cic de Fin 1, 1
... ior, comp issi- ... frugi, ... fructu ... (1) Frugal, thrifty ... moderate in expences, ... (2) Of, or be-longing to corn (1) Frugalis ... Dedo me patri, ut fru-galiorem ... Ter Heaut ... = Colonus parcissimus ... Cic de Orat 2, 71 (2) Frugalis maturit..., Apul
Frugalitas, atis f Frugality, ... temperance = ... id est, mode-rationem & temperantiam, virtutem ... maximam judico, Cic pro ...
... adv ... ius, comp Fru... = Signa, tabu... frugaliter domum ... Cic pro Domo, ... = Pure & frugaliter vivere, ... Strictius & ... Lact de Ira Dei,

Fruges, um f [a φρύγω, Prisc quod eas tolerent torrere] (1) All kind of fruit, serving for food, that the earth bringeth forth (2) Corn, grain, the fruit of trees, mast, pulse, &c (1) Vid Plin 18, 7 (2) Si quercus & ilex multa fruge pecus juvet, Hor Ep 1, 16, 10 ¶ Recipere se ad frugem, Cic pro Cæl 12 Redire ad frugem bonam, Ter Heaut 2, 3, 19 to grow better, to become a new man

Frugi indecl sæpe vero [quanquam sit dat a frux] (1) Thrifty (2) Sober, temperate, modest (3) Trusty, honest, useful, and necessary, or indeed any other good quality (1) ✱ L Piso ille tem porious, cum hominem invenire nequam neminem posses, solus tamen Frugi nominabatur, Cic pro Font 13 unde & diserte Pro bonus dicitur, Juv 5, 10) ✱ Tanquam frugi laudatur avarus, Juv 14, 111 ✝ Frugi hominem dici non multum habet laudis in rege, beneficum & liberalem esse habet, Cic pro Deiot 9 (2) = Hominis frugi & temperantis functus est officium, Ter Heaut 3, 1, 17 Frugi cœnula, Juv 3, 167 ☞ Substantive etiam dic (3) ✝ Amator est benignus potius, quam frugi bonus, a good husband, Plaut Truc 1, 1, 20

Frugifer, a, um (1) Bearing fruit, or corn (2) Fertile, fruitful, plentiful, profitable (1) = Frugifera & fertia arva, Cic Orat 49 ex poet (2) = Tota philosophia frugifera & fructuosa, Cic Offic 3, 2 Frugiferas messes red dere, Ov Met 5, 656 Frugifer ager, Lucr 1, 136 Frugifera terra, Val Max 8, 13, ext 1

✝ Frugiferens, is part Bearing fruit Feria frugiferentes, Lucr 1, ...

✝ Frugifero, ere To bear fruit, Luc Vid Frugiferens

✤ Frugilegus, a um Picking, or gathering of corn Frugilegæ formica, Ov Met 7, 625

Frugiperda, æ c g A spoil fruit, a false knave, also the withy tree Salix frugiperda, Plin 16, 26

|| Fruiscor, sci [a fruor] To use at liberty, to enjoy, Gell 17, 2 sed meliores libb habent fruniscor Sic etiam Plaut vid Fruniscor

Fruiturus, ra, rum part [a fruor] That shall enjoy hereafter Confidere se fruiturum voluptatibus, Cic Tusc 3, 17

|| Frumen, inis n [a ferendo, Voss] The upper part of the throat, also a kind of pottage, a kind of pulse, Arnob

|| Frumentaceus, a, um adj Of, or belonging to corn Puls frumentacea, frumenty, Hier pro ...

Frumentarius, a, um adj Belonging to corn, or forage Utilitas Siciliæ consistit in re frumentaria, Cic Verr 3, 5 Frumentarius ager, Col 2, 11

Frumentarius, i m (1) A forager, a purveyor of corn, a corn merchant, a badger (2) One that conveyeth provision (1) Rhodius ille frumentarius, Cic Offic 3, 12 (2) Impetum fecit in frumentarios, Hirt apud Cæs B G 8, 35

Frumentatio, onis f verb (1) A taking in of corn, harvest (2) Also foraging, or providing of corn, a general dole of corn (1) Parum tuta frumentatio erat, Liv 21, 56 (2) Ne plebs frumentationum causâ a negotiis avocaretur, Suet Aug 40 Confecta frumentatione, Cæs B G 6, 38

Frumentator, oris m verb A purveyor of corn, a forager Ad frumentatores tutandos, Liv 22, 24 vid & eund 2, 34 In later writers a spy, or agent abroad, who gave account at home what was doing abroad

Frumentor, ari, atus sum dep To provide corn, to forage, to purvey Tertiam partem militum frumentatum dimisit, Liv 22, 24 Frumentandi causâ ire, Cæs B G 4, 12

Frumentum, i n [a fruges, quasi frugamentum, Isid] (1) All manner of corn, or grain for bread, especially wheat, corn (2) The grains, or stones in figs (1) Luxuriosa frumenta, Cic Or 24 (2) Plin 19, 15

✝ Frunio, ire corium depilare To pluck off leather, Col hinc

|| Frunitor, oris m corarius A tanner, a currier Pap ✝ Coriarius

✝ Frundes, pro frondes Enn

✝ Fruniscor, i To enjoy Fru nisci nihil potes, Plaut Rud 4, 3, 73 Vid Fruiscor

✝ Frunitus Wise and trusty, Cato

FRUOR, i, etus, vel itus sum dep (1) To enjoy (2) To take the profit of, to make use of (3) To take delight in, and reap the fruits of (1) § Ævo sempiterno beati fruuntur, Cic Somn Scip 3 § Quæcunque fructus es, Lucr 3, 595 (2) Ager hic est sub urbe paulum, hunc demus, qui fruatur, Ter Adelph 5, 8, 27 (3) ✝ Cum victoria, uti possit, frui maluit, Flor 2, 6

Frustatim adv In pieces, or gobbets Frustatim in patinis, Plin 20, 9 Frustatim rapere, Prud Psych 720

Frustillatim adv In little pieces Te faciam ut formicæ frustillatim differant, Plaut Curc 4, 4, 20

✝ Frustito, are To break in pieces, Lit ex Plaut

Frusto, are To break into pieces Cum Punica præda frustrentur, Flor 2, 2, 32 sic leg Salmas & Grev

Frustra adv [a frustis, vel frangendo, quia res quæ frangitur jam fracta in frusta dissilient, a fraus, cum quis sine defraudatur, M] In vain, to no purpose ¶ Frustra habere aliquem, to abuse, or disappoint him, Plaut Amph Arg 2, 5 Frustra esse, to be disappointed, Id

Frustratio, onis f verb A deceiving, or disappointing, a frustration, a disappointment Supplicium gravi frustratio cupiditatis, Col 11, 1 Frustrationem injicere in aliquem, Plaut Amph 1, 1, 74

|| Frustrator, oris m verb A deceiver, a disappointer, Dig

Frustratus, a, um part (1) That hath beguiled (2) Also, pass Beguiled, disappointed (1) Clœlia frustrata custodes, Liv 2, 13 (2) Intellexit frustratum esse vitum suum, Paterc 2, 4

Frustratus, us m A deceiving, or beguiling Habere aliquem frustratui, to make a fool of one, Plaut Men 4, 3, 21

Frustro, are To frustrate, disappoint, or deceive Ego me frustro, Plaut Mil 3, 3, 9 Non frustrabo vos, milites, Diomed ex C ...

Frustror, ari, atus sum dep (1) To frustrate, or disappoint (2) To be frustrated, or disappointed (1) Ne frustretur ipse se, Ter Eun prol 14 ✝ Spem mercantium vel frustrari, vel explere, Suet Aug 75 (2) Imagine verbi frustratur, Lucr 4, 575

Frustulatim adv By piecemeals, Litt ex Plaut

Frustulentus, a, um adj Full of gobbets, or small pieces Aqua frustulenta, Plaut Curc 2, 3, 57

Frustulum, i n dim A little gobbet, piece, morsel, or crumb, Litt ex Plaut

FRUSTUM, i n A fragment, a broken piece, a luncheon, a gobbet Frustum enfis, Col lardi, Hor Sat 2, 6, 85 panis, Juv 14, 128

Frutectum, i n Plin Vid Fruticetum

Frutectosus, a, um adj & frutectosus Full of shrubs and bushes Frutectosi tractus duplex cultio est, Col 2, 2 Frutectosi loci, Plin 19, 2

Frutetum, i n A place where shrubs grow, a nursery of young trees, or plants Fruteti & arboribus delapsa folia, Plin

FRUTEX, icis m (1) (1) A shrub (2) Also an herb with a great stalk (3) A blockhead (1) De fruticum generibus, vid Plin 13, 16 (2) Vid Col 11, 3 (3) Nec verum loqueris, nec verum, frutex, Plaut Most 1, 1, 12 Convicium in rusticum

Fruticans, tis part [a fruticor] Shooting up, springing Rura fruticantia culmis, ... 9, 205 Fruticans pilus, Juv 9, 15

Fruticatio, onis f verb The sprouting, or springing forth of young sprigs ... fruticatio inutilis, Plin 17, 1

Fruticesco, ere inc pr To grow shrubby Myrtus, punica, olea celeriter fruticescunt, Plin 17, 27

Fruticetum, i n A place where many shrubs grow Aper fruticeto latitans, Hor Od ..., 12, 12 Dimissi equis inter fruticeta, Suet Ner 48

Frutico, are To bring forth sprigs, shoots, or shrubs, to spring up in stalks Laurus recisa latius fruticat, Plin 16 ... Inula sparsose fruticat, Id 19 5

Fruticor, ari, atus sum dep idem Excisa est arbor, non evulsa, itaque quam fruticetur, vides, Cic Fam 15, 4

Fruticosus, a, um adj ior, comp issimus, sup Shrubby, or full of shrubs, shoots, or stems Mare fruticosum arboribus, Plin 6, 22 Fruticosiores rami, Id ..., 13 Fruticosissimus calamus, Id 16, 36

Frux, ugis f inus [a φρύγω, torreo, vel forte ab inus fruo fruxi, unde fruor, fructus Vid Fruges] The fruit of the earth, corn Bonæ frugis homo, a good husband, Cic

F ante U

Fuam, fuas, fuat, pro sim, sis, sit Ino intro, ne illis foras fuam, Plaut Mil 2, 6, 112 Caveto in his iratus fuas, Id Capt 2, 3, 71 Fors fuat pol, Ter Hec 4, 3 Ic- rcus ille fuat, Tibull 1, 1, 67 Tros Rutulusve fuat, Vir Æn 10 108

Fucæ, arum pl f Spots of the face Dejectum quidem fronti data signa fucatum, Col 10, 125

|| Fucatio, onis f verb A disguising, or cloaking, Lex icogr ex Apul ✝ Simulatio, Litt

Fucatus, a, um part (1) Coloured, died, stained (2) Met Painted, counterfeited (1) Hy-

[illegible] colore vellera, *Vir Geor* 4, 335 (2) Secerni possunt fucati & multa a sinceris atque veris, *Cic de Amic* c 25 ✠ Naturalis, non fucatus nitor, *Cic*

Fuco, āre act *To colour, paint, or counterfeit*, Cic a N D 1

Fūcor, ări, ātus pass *To be dyed* Assyrio fucatur lana colore, *Vir Geor* 2, 465

Fūcōsus, a, um adj *Coloured, painted, counterfeited, cheating* — Merces fucosas & fucatas, *Cic* [illegible] Fucose imitati, *Ic Att* 18 Fucosi superstitio, *Val M* 2, 6, 7

FUCUS, i m (1) [ab Heb פוך] *A drone* (2) *The herb red alkanet, or alkanet, used in dying, wherewith women painted their cheeks, a false die, or paint* (3) *The liquor of the purple fish* (4) *Met Adjuste, guile, craft* (1) Insectantes ac [illegible] fuci recurrunt, a quibus condito placet, [illegible] (2) *Plin* 2, 6 & 26, 10 [illegible] corporis fuco occultant, [illegible] 1, 3, 118 (3) *Plin* 9, 38 (4) ⚌ Sine fuco & fallaciis, *Cic Att* 1

† Fucet, *pro* effici, *Lucr* 4, 849

Fuga, æ f φυγη Dor φυγα (1) *Flight, running away* (2) *Exile, banishment* (3) *Speed, swiftness* (4) *Shunning, or eschewing* (1) Senatorum confusionem [illegible] advocat, *Cic* [illegible] ✠ Si hac profectio est, non fuga, *Liv* 2, 38 (2) ⚌ Cum fortunis meis omnem fortunam [illegible] d[illegible], *Cic* [illegible] (3) [illegible] Hebrum, [illegible] *Æn* 1, 321 (4) Officia deorum [illegible] & dolorum fuga, *Cic de Fin* 1, 10

|| Fugaciter adv ius, comp *In a flying manner, like a runaway* (1) Utrum ab se [illegible] fugacius ab hostibus [illegible], *Liv* 28, 8 ✝ Velociter, *Ennio*

Fugalia, um n pl *A feast kept in remembrance of the expulsion of the kings out of Rome*, Varr L L 5

|| Fugatio, ōnis f verb *A putting to flight, or driving away*, [illegible]

Fugatūrus, a, um part *Ready to put to flight* Fugatura [illegible] conjuge noctem, *Ov Ep* 17, 111

Fugātus, a, um part *Driven away, put to flight* Hostes fusi & fugati, *Cic* [illegible] 3, 68 [illegible] *Val M* 1, 7, 7

Fugax, ācis [illegible] comp cissimus, sup (1) *Swift in flight, fleet* (2) *Running away, for fear* (3) *Met Frail, decaying* (1) Cervi fugaces, *Vir Geor* 3, 539 Aura fugacior, *Ov* [illegible] (2) Fugacissimus hostis, *Liv* 5, 28 (3) ⚌ Brevia, fugacia, & caduca existimo, *Cic Fam* 10, 12

Fugia, æ f Dea lætitiæ [a fugatis hostibus], *Varr L L* 5

Fugiendus, a, um part *To be eschewed, or avoided* [illegible] semper injuria est, *Cic Offic* 1, 8

Fugiens, tis part (1) *Flying, or running away* (2) *Shunning, avoiding* (3) *Decaying, that will not keep* (1) ✠ Itinera [illegible] muto majora fugiens, quam ego sequens, *Cic Fam* 11, 13 (2) Major [illegible] opprobria culpa, *Hor Epist* 1, 9, 10 (3) Qui vinum fugiens vendit sciens, debeatne dicere *Cic Off* 3, 23 § Fugiens laboris, *Cæs B C* 2, 69 bellum, *Ter Andr* 5, 4, 55

FUGIO, ĕre, fūgi, [illegible] neut & act [a φυγω, fut secund φυγω] (1) *To fly, escape, or run away* (2) *To eschew, shun, or avoid, to be shy of* (3) *To escape one's knowledge, to be ignorant of* (4) *To fail, away* (5) *Not to admit of* (6) *To forbear* (1) ✠ Nam cum illa pugnabant [illegible] ego tum fugiebam maxume, *Plaut Amph* 1, 1, 44 (2) Sicut in fuimus, virtus fugienda est, *Cic* ✠ Hoc facito, hoc fugito, *Ter Adelph* 3, 3, 64 (3) Illud, quam sit difficile, non te fugit, *Cic Att* 12, 42 Hoc animum hominem fugit, *Id* [illegible] 4, 1 (4) Fugimus [illegible] *Vir Æn* 3, 208 (5) [illegible] gemmæ [illegible] cationem, *Plin* 37, 1, [illegible] qui talem [illegible] fugit (6) Quid futurum cras fuge quærere, *Hor Od* 1, 9, 13

Fugitans, tis part *Shunning, avoiding, that cannot endure* § Fugitans litium, *Ter Phorm* 4, 3, 18

|| Fugitatio, ōnis f verb *An often flying*, Ap ICC

Fugitīvus, a, um *One that goeth after fugitives run away, to bring them back again*, Florus, [illegible] Varr R R 2, 14

Fugitīvus, a, um adj (1) *Fugitive, running away* (2) *That maketh little while* (1) Qui [illegible] fugitivos [illegible] compedes, *Plaut Men* 1, 1, 4 (2) Fugitiva [illegible], *Mart* [illegible] 46, 11

Fugito, āre freq a fugio, act *To use to run away, to fly often, to eschew, avoid* Tuum conspectum [illegible] propter [illegible], *Ter Heaut* [illegible] 1, 21 Qui [illegible] æstionem fugitant, *Cic pro Rosc Amer* 8 Fugitavit uciatus, *Val Max* 6, 9, 1

Fugito, āre [illegible] fugo, āre *To put to flight often* Semper onustis [illegible] & leg[illegible] hos fugitastis, *Plaut Pseud Prol*

Fugitor, ōris m verb *A flier, or runner away* Credo ceram fugitorem fore, *Plaut Trin* 3, 2, 97

Fugitūrus, a, um part *About to fly* Quo ne fugiturus abires, *Ov Ep* 2, 47

Fugo, āre act *To chase, or drive away, to put to flight* Repulit, fugavit, avertit, *Cic pro Cæcin* 12

Fugor, āri, ātus pass *To be put to flight* Longe fugabitur confectus hominum, *Lucr* [illegible] 18

Fui, fuisti, fuit pret [illegible] sum ab antiq fuo [φυω, idem] *I have been*

|| Fulcibilis, e adj *Which may be underpropt*, Vig[illegible] ✝ Quod fulciri potest

Fulcimen, inis n *A prop* Terra [illegible] nullo fulcimine [illegible] *Ov Fast* 6, 269

|| Fulcimentum, i n *A prop, or shoar* Postea scripti *pro* fulcrum, *vel* fulcimen, *Litt* ex prava lectione *Plaut* laud

FULCIO, īre, si, tum act (1) [al φυλασσω, custodia, qu φυλακος, fulcio al ab Heb פרך baculum] (1) *To prop, to support, to sustain, or bear up* (2) Met *To keep, or hold up* (3) *Also to keep in the same mind* (4) *To put, and set close* (1) Fulcire domum columnis, *Propert* 3, 2 (2) Labentem fulcire, fortunam [illegible], *Cic pro Rab Post* 16 (3) Thalamum, utri rogas, crebérrimis literis fulcio, *Cic Att* 5, 21 (4) *Litt* ex *Cels*

Fulcior, iri, itus pass *To be propped, or sustained* ⚌ Sustineor, *Cic* Potentia amicorum fulciri, *Id* antequam [illegible]

Fulcrum, i n (1) *A stay, or prop, a post* (2) Synecd *A couch, or bed* (3) *The bridge of a stringed instrument* (1) Fulcro [illegible] lectus eburno, *Propert* 2, 13, 21 (2) Sterni genium contemnit fulcri, *Juv* 6, 22 (3) *Jun*

Fulgens, tis part [illegible] comp issimus, sup *Shining, glistering, lightening, very conspicuous* Fulgentes gladii, *Cic Tusc* 5, 1 Fulgens vestis, *Tibull* 1, 7, 121 Jupiter, *Cic in Latin* 8 Imperio fulgens, *Hor Od* 2, 16, 31 Soboles fulgentior astris, *Claud Cons Prob & Olyb* 2[illegible] Fulgentissima idea, *Col* [illegible] Fulgentissimus juvenis, *Paterc* 2, 71, 1

FULGEO, ēre, si neut (1) *To shine, glister, or glitter* (2) *To lighten* (3) *To be fine and gay* (1) Micantes fulcire gladii, *Liv* 1, 25 (2) Fulcere ignes & conscius æther, *Vir Æn* [illegible] 16 (3) Qui fulget purpurâ, *Cic Catil* 2, 4

† Fulgetra, æ f *Plin* 28, 2 *idem quod*

Fulgetrum, i n [a fulgeo] *A great lightning, a gleam, or flash of lightning* Fulgetrum prius cernitur, quam tonitrum auditur, *Plin* 2, 54

† Fulgidus, a, um part *R ex G*, [illegible] *Bright* ✝ Splendidus, *Plin*

Fulgo, ere *pro* fulgeo Praetextis quos fulgere cernis in armis, *Vir Æn* 6, 826

Fulgor, ōris m [a fulgeo] (1) *A glittering, brightness* (2) *Shining, a flash, lightning* (3) Met *Glory, renown, gallantry* (1) Armorum fulgor, *Hor Od* [illegible] 1, 19 (2) Fulgores & tonitrua, *Cic de Div* [illegible] 19 (3) Fulgor [illegible] Alexandri magni, *Plin* [illegible] 26

|| Fulgora Dea fulguritis, *Aug*

Fulgur, uris n [a fulgeo] (1) *Lightning, a flash* (2) *A thunderbolt* (3) *Any thing red bright, or brightness* (1) Cum lecticam [illegible] fulgur perstrinxisset, *Suet Aug* [illegible] 53 (2) Fulgura cælo cecidere [illegible] *Vir Geor* 1, 488 (3) Fulgur [illegible] *Claud Cons Honor* [illegible]

Fulgurālis, e adj *Of, or belonging to lightning* Libri fulgurales, *Cic de Div* 1, 33

Fulgurans, tis part *Lightning* Jove tonante & fulgurante comitia habere nefas, *Cic de Div* 2, 18

Fulgurat impers *It lightens*, Plin 9, 35

Fulgurātio, ōnis f *Lightning, appearing in the clouds, flashing* ✠ Fulguratio ostendit signum, fulminatio emittit, *Sen* N Q 2, 12

Fulgurātor, ōris m verb *He that interpreted lightning* Haruspices, & fulguratores, & interpretes ostentorum, *Cic de Div* [illegible] 53

† Fulgurio, īre, ivi, itum *To dart lightning*, Næv ✝ Fulguro, *Plin*

† Fulguritas, ātis f *Lightning, glittering*, Lucil ✝ Fulgur

Fulgurio, ire *pro* fulgurio percuti *They are blasted, or struck with lightning* Fulguritæ arbores, *Plaut Trin* 2, 4, 138 *sed alii leg* fulgurita

Fulgurītus, *pro* fulminatus *Blasted with lightning* [illegible] fulgurita arbores, *Plaut Trin* [illegible]

Fulguro, āre (1) *To lighten* (2) *To shine all over* (1) Sic fulgurat, comprimi conchas [illegible] *Plin* 9, 35 Cum ex omnibus [illegible] partibus cœli fulgurat, *Plin* 18, 35 (2) Auro fulgurat domus, *Stat Theb* [illegible]

Fulica, æ f [a fuligine] *A sea fowl, like a coot, a moorhen, or fulica* [illegible] ludunt fulica, *Vir Geor* 1, 363

|| Fulginatus, a, um *Soiled, daubed, besmeared*, Hier *pro*

|| Fuligineus, a, um adj [illegible] *black, dark* Fuliginea nube contundit, *Petron* c 108

|| Fuliginōse adv *After a smoky, or sooty manner*, Lib ex Apul ✝ Obscurius

|| Fuliginōsus, a, um adj *Full of soot, sooty, reeky* Fuliginosae placantur aræ, *Prud Pe* [illegible] *steph* 10 261 [illegible]

Fuligo, inis f [a fumo, quasi fumiligo] (1) *The reek, or soot of the chimney* (2) Met *Blackness, darkness* (1) Postis fuligine nigri, *Vir Ecl* 7, 50 (2) *Cic Philipp* 2, 76

Fulix, icis f *id quod* fulica, *Cic de Div* 1, 8

Fullo, ōnis m [a fulgeo, quia pannos fulgere facit] (1) *A fuller of cloth* (2) *Also an insect, or beetle* (1) *Mart* 1, [illegible] (2) *Plin*

|| Fullo, āre *To full cloth*, Dig

|| Fullōnia, æ f *A fuller's mill*, Amm

Fullonica, æ f (*scil* officina) *A fuller's workhouse, also the fuller's craft, fulling*, Cato R R [illegible] & *Plin* [illegible]

Fullonicus, a, um adj *Of, or belonging to a fuller* [illegible] non unam usum, quam [illegible] aut fullonicum [illegible] *Frontin de Aqued*

Fullonius, a, um adj [illegible] fullonicus, *Plaut Pseud* [illegible] & *Plin* 8, [illegible]

Fulmen, inis n [a fulgeo] (1) *A thunderbolt, lightning* (2) *A thunder-stroke* (3) Met *Force* (4) *Destruction* (5) *A thunderbolt, or violent stroke* (1) [illegible] Jupiter fulmine percussit, *Cic* [illegible] D 3, 35 (2) Non [illegible] fulmen [illegible] profusum, *Ov Met* 1, [illegible] Fulmen ab ore venit, *Id* [illegible] 58 (3) Impetu nostri duo fulmina, *Cic* & *P Scipio* [illegible] *C Pisio*, 15 (4) Fulmina [illegible] tum *Cic Fam* 5, 21 (5) Fulmina fortunæ, *Cic Tusc* 2 [illegible]

Fulmenta, æ f [a fulcio] *A prop, or stay*, Litt ex [illegible]

Fulmentum, i n [illegible] *The sole of a shoe, or the under sole* [illegible] mentas jubebo sub pingi [illegible] *Plaut Trin* 3, 2, [illegible]

Fulmentum, i n *A prop or stay to bear up any thing*, Cels 2, 15

Fulminandus, a, um part *To be thunder-struck* [illegible] quid sunt fulminandum, *Sen* [illegible]

Fulminans, tis part *Casting thunderbolts* Fulminantis magna Jovis minus, *Hor Od* 3, 16 [illegible] [illegible]

Fulminātio, ōnis f verb *A crack, or clap of thunder*, Sen N Q 2, 12 *Vid* Fulguratio

Fulminātor, ōris m verb *A thunderer*, Fing Post [illegible]

Fulminatus, a, um part *Destroyed, blasted*, Plin [illegible]

Fulmineus, a, um adj (1) *Of, or belonging to thunder*, or [illegible]

ning (2) Met *Fierce, and terrible* (1) Potentius ictu fulmineo, *Hor Od* 2,16,10. (2) Dextra fulminea, *Sil* 3,319 Ignis fulmineus, *Ov* ex *Pont* 2,2,118 leo, *Sen Agam* 830

Fulmino, āre neut & act. (1) *To thunder* (2) *To strike with a thunderbolt, to blast* (3) Met *To strike terror* (4) *To beat down all before him* (1) At Boreæ de parte trucis cum fulminat, *Vir Geor* 1,370 (2) *Vid* Fulminandus (3) Fulminat illa oculis, *Propert* 4,8,52 (4) Cæsar ad altum fulminat Euphratem, *Vir Geor* 4,561

Fulminor, āri, ātus pass *Cornut*

Fultūra, æ f (1) *A propping* (2) Met *A support* (1) *Col* 1,5 (2) Corporis fulturis animus sustinetur, *Plin Ep* 1,9,4

Fultus, a, um part [a fulcior] (1) *Underset, propped* (2) Met *upheld, borne up* (1) Vitis, ... fulta sit, ad terram fertur, *Cic de Sen* 15 (2) Imperium benevolentia sociorum fultum esse debet, *Cic de Offic* 3,22

Fulviana herba [a Fulvio inventore] *A kind of herb good to provoke urine*, Plin 26,8

Fulvus, a, um adj [a furvus, ...] *Of a deep yellow, of a tawny, lion, fox, or weasel colour, yellow colour* Fulvi leones, *Vir Æn* 2,722 Fulvum aurum, *Ibid* ... Arena fulva, *Ibid* ...

Fumans, tis part *Smoaking* Aræ fumantes, *Catull* 62, 393 Fumantia Trojæ excidia, *Vir Æn* ...

Fumaria herba [a fumo dict ... lacrymas eliciat sicut fumus] *Fumitory or earth-smoak*, Plin ...

Fumarium, i n *The tunnel of a chimney, a place where they smoak their wines* Massiliæ ... quid fumaria cogunt, *Mart*

||Fumatio, ōnis f *A smoaking*, Aug

Fumeus, a, um adj *Smoaky*, or *of smoak* Acheron exsudat fumeus, *Val Flacc* 4,595 Fumea ... lumina, *Vir Æn* 6,593

Fumidus, a, um adj *Smoaky*, or *that smoaketh* Fumida tæda, *Vir Æn* 9,75 Fumida altaria, *Ov Met* 12,258

† Fumifer, a, um *Bringing smoak* Fumiferi ignes, *Vir Æn* ... Nox fumifera, *Ibid* ...

Fumificatus, a, um part *Incensed, perfumed, smoaked*, Litt ex Plaut

Fumifico, āre *To offer incense* ... Dianæ Arabico fumificem odore, *Plaut Mil* 2,5,2

Fumificor, āri, ātus pass *To be perfumed*, Frag Poet

Fumificus, a, um *Making smoak, perfuming* Tauri fumifico ... mugitibus implevere, *Ov Met* 7,114

Fumigans, tis part *Smoaking*, Varr R R 3,16

||Fumigatio, ōnis f *A perfume*, Aug ‡ Suffitus, suffimen

||Fumigator, ōris m *A perfumer*, Hier

Fumigo, āre *To perfume* ... *to smother*, Varr *Vid* Fumigans.

Fumigor, āri, ātus pass *To be smoaked*, Litt ex Plin

Fumo, āre neut (1) *To smoak, to reek* (2) *To foam*, or *frothe* (1) Tantus fumavit in undis, *Ov* ... 242 (2) Fumans nasus ... *Mart* 6,64

Fumōsus, a, um adj (1) *Smoaky*, or *black with smoak, reeky* (2) *That is smoaked*, or *doth smoak* (1) Fumosæ imagines, *Cic* in *Pison* 1 (2) Ligna fumosa, *Cato*

FUMUS, i m (ū) (1) *Smoak* (2) Met *Great offers and liberal promises without any performance* (1) Undans fumus, *Vir Æn* 2,609 = Fumus & vapor balnearum, *Val Max* 9,6, *ext* 2 (2) *Mart* 4,5

Fūnāle, is (1) *A halter, a cord* (2) *A torch*, or *link made of a cord with wax*, or *rosin about it* (1) Funda media duo funalia imparia habebat, *Liv* 4,... 65. (2) Delectabatur crebro funali & tibicine, *Cic de Sen* 13

Funālis, e adj (1) *Belonging to cords*, or *torches* (2) *Made of cords, joined with a cord*, or *trace, to the right and left* (1) Funalis cereus, *Val Max* 3,6,4 (2) Vid *Suet Tib* 6 & ibi Torrent ☞ Funalis equus dicitur singularis equus adjunctus jugalibus, quali forma exhibent vett denarii, qualique describit *Stat Theb* 6, 460 Nominibusque ciet Pholoen, Admetus, & Irin, Funalemque Thoen ✕ *Jugalis* equi in medio, *funales* ab utroque latere

Funambŭlus, i m *A dancer on the ropes, a tumbler*, Ter Hec prol 4

Funārius, i m *A ropemaker* § Funarius vocatus est Valentinianus, eo quod venalitium funem portanti quinque milites nequiverunt extorquere, *Aur Vict Epit* 4,2

Functio, ōnis f verb [a fungor] (1) *The exercise*, or *executing of the same charge*, or *office, a function* (2) *Also the repaying of a thing borrowed, not in specie, but in some other thing of like value* (1) Labor est functio gravioris operis & honoris, *Cic Tusc* 2,15 (2) *Ap JCC*

Functus, a, um part (1) *That hath performed*, or *discharged some function, charge*, or *office* (2) *Ended, past, &c dead*, i e functus fato (1) Functi summis honoribus, *Nep Them* 7 (2) = Omnia functa aut moritura vides, *Stat Sylv* 2,1,209

Funda, æ f [a fundendo, *i e* jaculando lapides, glandes, *&c*] (1) *A sling* (2) *A casting net* (3) *The beazil of a ring, wherein the stone is set* (4) *A satchel*, or *purse like a net, to put money in, a budget* (1) Balearica plumbum funda jacit, *Ov Met* 2,728 (2) Alius latum funda jam verberat amnem, *Vir Geor* 1,141 (3) Funda clauduntur præstantiores gemmæ. *Plin* 37,8 (4) *Macrob & Poster*

✠ Fundamen, inis n *The foundation*, or *groundwork, the first beginning* of a thing. Mole sub ingenti rerum fundamina ponit, *Ov Met* 15,435 Prima favis ponunt fundamina, *Vir Geor* 4,161 Fundamina cœli, *Manil* 1,726

Fundamentum, i n *A foundation*, or *groundwork, a basis, a ground*, or *chief stay* = Solum quoddam atque fundamentum est verborum usus & copia bonorum, *Cic de Orat* 3,37 Justitiæ fundamentum est fides, *Id Offic* 1,7

|| Fundātio, ōnis f verb. *The groundwork*, Firm ‡ Fundamentum

Fundator, ōris m verb *He that foundeth* Fundator urbis, *Vir Æn* 7,678

Fundātus, a, um part & adj or, comp issimus, sup. *Founded, grounded, established, stayed* = Fixus & fundatus reipub status, *Cic Att* 1,16. Fundatior, *Vitruv* 7,3 Fundatissima imperia, *Arnob*

Fundens, tis part *Pouring out*, &c Oleum fundens, *Vir Æn* 6,254 *Vid* Fundo

||Fundibalista, æ m & fundibalus *A slinger*, Isidor

† Fundibalarius, i m *A slinger, one using a sling*, Lexicogr ex Liv

|| Fundibalatores m pl *Casters*, or *hurlers of stones*, Veg 3,14 ‡ Funditor, *Cic*

|| Fundibalum, i n *A slingstaff*, Isidor Orig 18,10

Fundibalus, i m *A slinger*, Not Imper ‡ Funditor, *Cæs*

Funditātio, ōnis f verb *An often casting*, or *slinging*, Not Imper

Fundito, āre freq [a fundo, ĕre] *To pour out often and much, to be lavish*, or *wasteful* Tantilla tanta verba funditat, *Plaut Pan* 1,2,61 Næ ille fœnerato funditat, *Id Asin* 5,2,52

Fundito, āre [a fundo] unde pass Funditor, āri *To be flung out*, Plaut Pœn 2,35

Funditor, ōris m *A slinger*, or *one that hurleth stones*, or *darts out of a sling* Cum funditorum delecta manu, *Sal B J* 50. Funditorum alæ, *Val Max* 2,7,9 auxilia, *Id* 2,7,15

Funditus adv [a fundo] *Utterly, quite and clean* Urbem funditus evertisti, *Cic* pro *Domo*, 13 Funditus nonnunquam domos evertunt conjugia, *Val Max* 7,2, *ext* 1

Fundo, āre act [a fundus] *To found, to lay the groundwork, to establish, to build, to stay, to uphold* Illud maxime nostrum fundavit imperium, *Cic* pro *Balbo*, 13 Legibus urbem fundare, *Vir Æn* 6,810

FUNDO, ĕre, fūdi, fūsum act (1) *To pour out, to shed* (2) *To diffuse, spread, scatter*, or *extend* (3) *To rout, discomfit*, or *vanquish* (4) *To throw down, to lay along* (5) *To utter* (6) *To pronounce*, or *speak* (7) *To produce, to yield*, or *give in abundance* (8) *To throw into a lask*, or *loosness* (9) *Also to cast metal, to found* (1) Fundere sanguinem e patera, *Cic de Div* 1,23 (2) Fundit se justitia in cæteras virtutes, *Cic de Fin* 5,23 (3) Magnas copias hostium fudit, *Cic* pro *Mur* 9 (4) Quot humi morientia corpora fundis? *Vir Æn* 11,665 (5) Mera jam mendacia fundes, *Plaut Pseud* 4,1,33 (6) Versus ex tempore fundere, *Cic de Orat* 3,50 (7) Fundit ex sese pastus varios terra, *Cic de Fin* 2,34 (8) ✕ Si compresserit aliquem morbus, alit fuderit, *Cels* in *Præfat* (9) Ea statua indicavit interisse fundendi æris scientiam, *Plin* 34,7

Fundor, di, fusus pass *To be poured out*, &c Oracula instinctu divino afflatuque funduntur, *Cic de Div* 1,18

Fundŭlus, i m (1) *A sucker of a pump* (2) *The end*, or *bottom of a gut* (3) *A gudgeon, a groundling* (1) Funduli ambulatiles, *Vitruv* 10,15 (2) *Varr L L* 4,22 (3) *Jun.*

Fundus, i m (1) *Land*, or *ground* (2) *A plat of ground with an house belonging to it a country farm, a close*, or *field* (3) *A foundation* (4) *A bottom* (5) *The chief author of a thing* (1) Cur nostrum non licet fundos suos obire? *Cic de Orat* 1,58 ✕ Fundus meus arvo pascit herum, *Hor Ep* 1,16,1. (2) Avitus apto cum lare fundus, *Hor Od* 1,12,44 (3) Imo Nereus ciet æquora fundo, *Vir Æn* 2,419 (4) Largitio fundum non habet, *Cic Off* 2,15 (5) Ei rei pater fundus sit potior, *Plaut Trin* 5,1,7

Funĕbris, e adj (1) *Mourning*, or *belonging to funerals* (2) *Deadly, cruel, bloody* (1) Funebris concio, *Cic de Orat* 2,84 Funebre vestimentum, *Id de Leg* 2,23 epulum, *Id* in *Vatin* 12 (2) Funebre bellum, *Hor Epist* 1,19,49

|| Funerale *A funeral*, Dig ‡ Funus, Tert

|| Funerarius, a, um adj *Pertaining to a burial*, or *funeral*, Dig ‡ Funebris, *Cic*

|| Funeratio, ōnis f verb *A burial*, Ap JCC ‡ Funus, exequiæ

Funerātus, a, um part (1) *Buried* (2) *Knocked on the head* (1) Funerata est pars corporis, *Petron* c 120 (2) Prope funeratus arboris ictu, *Hor Od* 3,8,7

|| Funerepus, i m qui in fune repit, *Lexicogr* ex *Apul* ‡ Funambulus

Funereus, a, um adj (1) *Funeral*, or *belonging to a dead body* (2) *Also unlucky, ominous* (1) Funeream quassat uterque facem, *Mart* 8,43,2 (2) Funereus bubo, *Ov Met* 10,453

Funero, āre act *To bury* Per vespillones exportatum nutrix in suburbano funeravit, *Suet Domit* 17 Mortuum funerare, *Sen* ad *Helv* 2

Funeror, āri, ātus pass *To be buried* Cæcilius funerari se jussit, *Plin* 33,10

|| Funestatio, ōnis f verb *A pollution by a dead body*, or *carkase*, Firm

|| Funestator, ōris m verb *He that polluteth by touching a dead body*, Aug

|| Funeste adv ius, comp *Defiledly, in a polluted manner*, Firm

Funesto, āre act *To pollute*, or *defile with a dead body* Deorum aras & templa funestant, *Cic* pro *Font* 10 Funestet seque suosque, *Catull* 62,201

Funestor, āri, ātus pass *To be polluted with a dead body*, Cic pro Mil 33

Funestus, a, um adj ior, comp issimus, sup [a funus] (1) *Of*, or *belonging to dead bodies*, or *that mourneth for the dead* (2) *Lamentable, doleful* (3) *Cruel, impious, abominable* (4) *Unlucky, ominous* (5) *Bloody, fatal* (1) Mortuo filio funesta familia, *Liv* (2) Alliensis pugna funestior dies quam urbis capta, *Cic Att.* 9,5 (3) Caligula sceleratissimus ac funestissimus, *Eutrop* 7,7 (4) Nubit genero socrus funestis ominibus omnium, *Cic.* (5) Funestum bellum, *Liv* 35,32

Funetum, i n [a funis] *A winding of the twigs*, or *branches of a vine on about another*, Plin 17,22

|| Funetus, a, um adj *Bowed, bent*, or *made crooked*, Ri ex Mart

Fungīnus, a, um adj *Of*, or *like a mushroom* Fungino genere est, capite se totum tegit, *Plaut Trin* 4,2,9

FUNGOR, i, ctus sum dep [quo funus ago, *Perot.*] (1) *To dis discharge an office, or duty, to execute, to do, to have, or be in an office* (2) *To suffer* (3) *To conform to* (1) Crassus functus est adilitio munere, *Cic Offic* 2, 17 § Fungi munere, *Cæs* munus, *Plaut to do his duty* § Officium, *Ter Cic Liv Nep & Suet* (2) = Quid ipsum muneris fungi ac sustinere velitis? *Cic Verr* 3, 86. (3) *A* Potius barbarorum, quam illius more fungor, *Nep Conone*, 3

Fungōsitas, ātis f *The hollowness of a mushroom, or spunge, lightness, spunginess* Tota fungositas derat, *Plin* 11, 3

Fungus, i m [σφόγγος] *sfungus, fungus, Scal* (1) *A mushroom, or todestool* (2) Also *that which gathereth about the snuff of a candle, a thief* (3) *A kind of blasting, or measel in olive trees* (4) Also *a dolt, a fool, a blockhead, a dunce* (1) Fungorum origo ex pituita arborum, *Plin* 22, 23 (2) *Vir Geor* 1, 392 (3) *Plin* 17, 24 (4) Adeon me fuisse fungum, ut qui illi crederem? *Plaut Bacch* 2, 3, 49 Inest, quanti est fungus putidus, *he hath not a grain of sense*, Ibid 57, 23

Funiculus, i m dim [a funis] (1) *A little rope, cord, or line*, (2) Melon *A Persian measure of, ——, or* (3) *of forty furlongs in length* (1) Funiculo scapham trahebat, *Cic de Inv* 2, 51 (2) Secundum Herodotum est enim idem quod σχοῖνος (3) Secundum *Plin*

|| Funirepus, i m funambulus, *Lex cogr ex Apul*

FUNIS, is (ū) m & aliq f *A rope, cable, or cord* Loros incidere funes, *Vir Æn* 4, 575 Aurea funis, *Lucr* 2, 1153

Funus, ĕris n [a funalib s] (1) *A funeral* (2) *Pomp, solemnities, or rites observed in burying* (3) *Death* (4) *A dead corpse* (5) Also *the funeral pile* (1) Funus procedit, sequimur, *Ter Andr* 1, 1, 101 (2) Militari honestoque funere humare aliquem, *Nep Eumen* 13 (3) Ego tum tibi funeris auctor, *Ov Met* 10, 199 (4) Hectorea funus portante & referunt fratrum cervicibus, *Juv* 10, 260 (5) Instruamus Polydoro funus, *Vir Æn* 3, 62

† Fuo, *sicut* To be, Mihi amicus ne fuas unquam, *Plaut Trin* 2, 1, 32 Ne, dum ipsum, illis fortito fuam, *Il Mil* 2, 6, 112 Nec quisquam tam malus fuat homo, *Id*

FUR, ris c g [a φώρ, κλέπτης] (1) *A thief, or robber, a stealer, a cozener* (2) *A soldier, as* latro (3) *A slave, a servant, a varlet* (1) Nocturnus fur, *Cic pro Mil* 3 Fures estis ambo, *Plaut Pœn* 5, 4, 67 (2) Ubi Sanga, & manipulus furum? *Ter Eun* 4, 7, 6 (3) ✠ Quid domini facient, audent cum talia fures? *Vir Ecl* 3, 16

Fūrācĭtas, ātis f *Thievery, stealing* Furacitas auri, *Plin* 10, 29

Furaciter adv *Thievishly* Nescio an lectæ nisi ab Gryllo sed hinc furacissime Domos furacissime scrutari, *Cic in Vatin* 5

|| Furātio, ōnis f verb *A stealing, or pilfering*, Dig

|| Furātor, ōris m verb *A stealer, or pilferer*, Dig ✝ Fur

Fūrax, ācis adj ior, comp ssimus, sup *Thievish given to picking and stealing* Servus furax, *Cic de Orat* 2, 61 Nihil est furacius illo, *Mart* 8, 59 Furacissimæ manus, *Cic in Pison* 30

FURCA, æ f (1) *A fork, or any thing to under-set, or prop* (2) *An instrument to bear burdens on* (3) *A pair of gallows, a gibbet* (1) Exacuunt alii vallos, furcasque bicornes, *Vir Geor* 1, 264 (2) *Plin* 29, 4 (3) Servus furcam ferens ductus est, *Cic de Div* 1, 26

Furcifer, i m (1) *A slave, who, for punishment of some small fault, was made to carry a fork, or gallows upon his neck, through the city with his hands tied to it* (2) *A rogue, a villain, a rakehell, a gallows* (1) Tibi ego ut credam, furcifer, *Ter Andr* 3, 5, 12 (2) Vid *Suet Ner* 49

Furcilla, æ f dim [furca] *A little fork, an hay-hook, or pitchfork with two tines, or horns, for several uses, a little pair of gallows* Vid *Varr* 1, 3 & *Catull* 10, 12

|| Furcillŭs, is f *A dung-fork*, Perot

Furcula æ f dim *A little fork* Furculæ, *um Caudinæ* ubi [...] *Liv* 9, 2

Furens, tis part & adj or, comp (1) *Being in rage, raving mad, outrageous.* (2) *Blustering, stormy, boisterous* (1) Audacia furens, Catilina, *Cic Catil* 2, 1 Quis fulicem corde furentior? *Claud Fescenn* 26 (2) Inter fœta furentibus austris, *Vir Æn* 1, 55

Furenter adv *Ragingly, like a madman* Pueri nunt eum furenter irasci, *Cic Att* 6, 1

Furfur, ŭris m (1) *Bran, gurgeons* (2) Also *scurf, dandruff* (1) Qui alunt furfure sues, *Plaut Capt* 4, 2, 27 (2) Furfures capitis, *Plin* 20, 9

Furfuraceus, & furfureus, a, um adj *Made of bran*, Plin ap Isid ded locum non dicit Panis furfureus, *Gell* 11, 7

Furfurōsus, a, um adj *Full of bran, or scurf*, Plin 12, 25

Furia, æ f *A fury, fiend, or hag, also a furious man, &c ad Quint frat* 3 *ut Claudium fo ocat, sed sæpius pl* ur

Furiæ, ārum pl f *the furies, or fiends* Consisti aliquum impios non pa unt furiæ, *Cic pro S Rosc* 24 Sed vid Prop

Furiālis, e adj *Of, or pertaining to furies, like a mad body, outrageous, furious, that enraged, or maketh mad* Furiale caput, *Hor Od* 2, 13, 17 de Cerbero loquens Furialis incessus, *Liv* 7, 17 Vis furiale, *Claud in Rufin* 2, 188

Furiāliter adv *Like a mad man furiously* Furialiter odit, *Ov Fast* 3, 6

Furiātus, a, um *Enraged, madded, furious desperate* Furiata mente ferebar, *Vir Æn* 2, 588 Furiata juventus *Sil* 11, 132 Furiatis ignibus, *Ov Fast* 2, 702

Furibundus, a, um adj *Furious, mad, in a great rage* Furibundus homo, *Cic pro Sext* 7 Conscendit furibunda rogos, *Vir Æn* 4, 646

Furinalia, um pl n *Holidays dedicated to the Goddess Furina*, Fest ex Plin

Furinus, a um adj *Of, or belonging to thieves* Furinum forum, *Plaut Pseud* 3, 2, 2

Furio, āre act [a furia] *To make mad, to enrage* Amor & libido solet matres furiare equorum, *Hor Od* 1, 25, 14

Furiōsè adv ius, comp *Furiously, madly* Furiose aliquid facere, *Cic Att* 8, 5 Furiosius ap *Spart Hadr* c 12

Furiōsus, a, um adj or, comp ssimus, sup *Mad, furious, outrageous, raging, frantick, wood, out of his wits* = Vecors, furiosus, mente captus, *Cic in Pison* 20 Quanto hoc furiosius atque majus peccatum est? *Hor Sat* 1, 3, 83 Furiosissimæ conciones, *Cic Att* 4, 3

Furnāceus, a, um adj In furno coctus, *baked in an oven* Panis furnaceus, *Plin* 18, 11

Furnāria, æ f sc ars, domus, &c *The trade, or art of a baker, a bakehouse*, Suet Vit 2

|| Furnarius, a, um adj *Of, or made like a furnace*, Ulp

|| Furnarius, i m *A baker, one that kindleth the fire in an oven*, Ulp ✝ Pistor

|| Furnus, i m [a furvus, i e nigro] *An oven, or furnace*, Fest

FURO, ere neu (1) *To be mad* (2) *To be transported with any passion, as anger, love, joy, &c* (3) *To be mixed, or jumbled together* (4) *To bluster* (1) = Insanire, & furere vid batur, *Cic Offic* 3, 18 Solon furere se simulavit, *Id Offic* 1, 30 (2) = Irae nunc furere, id ægre pati, quod, *Liv* Ex quo destiti Inachia furere, *Hor Epod* 11, 8 Recepto dulce mihi furere est amico, *Hor Od* 2, 7, 28 (3) Furit æstus arenis, *Vir Æn* 1, 111 (4) Venti furentes, *Vir Æn* 10, 37

Fūror, aris, atus sum dep *To steal, to filch, or pilfer, to nim.* Verres ea rapuit & furatus est, *Cic Verr* 1, 22 An, quo furatum mox venias, vestigas loci? *Plaut Rud* 1, 2, 23

Furor, ōris m (1) *Fury, madness, rage* (2) *A trance, a divine, (3) or poetical rapture* (4) *Any inordinate passion* (1) = Quæ major pœna furore & dementia? *Cic de Harusp Resp* 18 (2) Furor appellatur, cum a corpore animus abstractus, divino instinctu concitatur, *Cic de Div* 1, 31 (3) Negat sine furore Democritus quenquam poetam magnum esse posse, *Cic de Div* 1, 37 (4) = Furor, iræque mentem præcipitant, *Vir Æn* 2, 317 Quamvis intus erat furor igneus, *i e* amor, *Ov Met* 9, 540

Furtificus, a, um adj *Pilfering, thieving* ✠ Minus furtificus sum quam antea, rapio propalam, *Plant Epid* 1, 1, 10 Furtificæ manus, *Id Ps ud* 3, 2, 97

Furtim adv *By stealth, secretly, slily* ✠ Bona furtim frumentis, domini palam & liberè, *Cic Att* 4, 7

Furtivè adv *Privily, by stealth* = Ne cui ipsi furtive clam accepisse censeo, *Plaut Panul* 5, 2, 62

Furtīvus, a, um adj (1) *Made by surprize* (2) *Stolen* (3) *Private, close, secret* (1) Furtivæ excursiones, *Liv* (2) Furtiva virgo, *Plaut* ve furto abducta (3) Furtivus amor, *Catull* 9

Furtŏ adv *By stealth, secretly*, Litt ex Plaut sed q

Furtum, i n [a fur, a fure, Varr e Catro] (1) *Theft, robbery, stealth* (2) *Any secret practice* (3) *An ambushment, or stratagem, a crafty wile, or device* (4) *Unlawful pleasures, adultery, or any secret wickedness* (1) Ille meus conmi furtum fecit & cædem, *Cic pro Cluent* 61 (2) Nec ego hanc abscondere furto speravi fugam, *Vir Æn* 4, 337 (3) Furtis incautum decepit hostem, *Ov Met* 13, 82 ✠ Haud furto melior, sed fortibus armis, *Vir Æn* 10, 735 (4)

Furta tori, furtique locum mon stravit, *Ov Met* 4, 184

Furunculus, i m dim [a fur] (1) *A little thief* (2) *A sore called a felon, a bile* (3) *A kind of knob in a vine* (4) Also *a weezel that kills rabbits* (1) = ✠ Crudelis furunculus, nunc vero et jam rapax, *Cic in Pison* (2) *Cels* 5, 28 (3) *Col* (4) *Litt ex Calep* ✝ Viverra

Furvus, a, um adj *Dark, swart, duskish, black, dusky* Furva regna Proserpina, *Hor Od* 2, 13, 21 Antra furva, *Ov Met* 5, 541

Fuscans, tis part *Darkening, shading* Lanugine fuscante malas, *Luc* 10, 135

|| Fuscātio, ōnis f verb *A darkening, or clouding*, Ar

Fuscator, ōris m verb *A darkener, or clouder* Cœli fuscator, *Luc* 4, 66 ac corr vento

|| Fuscatus, a, um part *Darkened* Fuscati lumina sol s, *Ap* 1, 130

Fuscina, æ f [a fusco co] (1) *An eel spear* (2) *A trident, or three-forked mace* (3) Also *a weapon used by the fencer who encountered the mirmillo* (1) *Cic* 1, 6 (2) Triton fuscina verrens specus, *Acc ap Cic de N D* 2, 35 (3) Tunicati fuscina Gracchi, *Juv* 2, 143

|| Fuscinula, æ f dim *A little flesh hook* Jun ✝ Pa fusc

|| Fuscitas, ātis f *Obscurity, darkness, dimness* A somnifi catate lucidum cælum, *Apul de Mundo*, p 747 ✝ Nebula

Fusco, āre act (1) *To make black, or brown, to darken, to shade* (2) *To tan or sun burn* (1) Fuscent nubila dem *Val F* 1, 396 (2) *Ovid* Fusco fuscor, āri, atus pass *To be tanned, &c* Fuscentur corpora campo, *Ov A Am* 1, 513

FUSCUS, a, um adj or comp [a φαιὸς, or φαιόν] *Swarthy, Brown, tawny, of a dark colour dusky* § Fusca vox, *a dull, or hoarse voice*, Quint 9, 3 ✠ Candida, *Plin* Liquidæ Lucr & *Hor* Pinna fuscior cole fuæ, *Ov Ep* 15, 36 π Albida tenfuscas, *Id A Am* 3, 191

Fusè adv qual & ius comp *Largely, plentifully, copiously* = Fuse latèque dicere, *Cic Or* 32 = Hæc cum uberius disputantur & fusius, *Id N D* 2

Fusilis, e adj *That is, or may be melted, or cast* Fusile aurum *Ov Met* 1, 126

Fusillus, i m dim [a fusus] *A little spindle*, Litt ex Col

Fusio, ōnis f verb [a fundo, ere] (1) *A diffusing, or pouring forth* (2) *A spreading or shooting out* (1) Chrysippus fundum deum dicit esse, & ejus animi fusionem universam, *Cic N D* 1, 15 (2) Tenuis fusio flabrorum, *Lucr* 9

|| Fusōsus, *pro* fusus, *Iuscer pt ant q*

Fusōrium, i n *The place where the sullen washeth the dross, the sink, or drain* Cooperiretur fusorium, *Pallad* 1, 4 Fusoria solium, *Id* 1, 4

Fusterna, æ f [a fustis, quia nodosa esse solet] *The upper part of a fir tree*, Plin 16, 39

|| Fustibalus, i m vox hybrid *A kind of sling with a staff four foot long*, Veg 3, 14 ✝ Funda

|| Fustibalator, ōris m *A slinger*, Veg 3, 14 ✝ Funditor, Cæs

|| Fusticula

|| Fusticulus, i m dim *A little cudgel*, or *battoon*, Apul Met 6 p 189 Fusticulus alii, Pallad 1, 5 ‡ Bacillum

|| Fustigatio, ōnis f verb *A beating with a staff, a rib roasting*, Aug ‡ Fustiarium, Cic

Fustigatus, a, um part *Beaten with a staff*, or *club*, *cudgelled*, Fustig ex Col

|| Fustigo, āre *To beat with a staff, to cudgel*, Onom vet ‡ Fustuario excipio

Fustim adv *With cudgels* Non in fustim interemit, Valer Max 6, 9 vid & 8, 1, 1

FUSTIS, is m (1) *A club, staff*, or *cudgel*, *a battoon* (2) Met or *A blow* (1) Si ego fustitia impleto, *Plaut Amph* 1, 1, (2) Non opus est verbis, sed fustibus, Cic in *Pison* 30

Fustitudina insula *Islands where slaves were beaten* Ex Plauti fabuli, *Asin* 1, 1, 21

Fustuarium, i n *A beating with a club*, *staff*, or *cudgel*, *a cudgelling* Fustuarium merueruni legiones, *Cic Philipp* 3, 6 Fustuarium meretur, qui signa reliquerit, *Liv* 5, 6

Fusūra, æ f *A melting, founding*, or *casting* Plumbi fusura, *Plin* 33, 6

Fusus, a, um part & adj or, comp [à fundo] (1) *Poured* (2) *Cast, melted* (3) *Laid all along* (4) *Extended, diffused* (5) *Routed, slain* (6) *Copious* (7) *Expanded* (8) *Broad, wide* (9) *Laxative* (10) Met *Spilt, lost, thrown away* (1) Fusos latices spargit, *Ov Met* 14, 56 (2) Fusa membra statua, *Quint* 7, 1 (3) Fusi per herbam, *Vir Æn* 1, 218 (4) Fusus in corporibus sanguis, *Cic de Orat* 2, 77 (5) Omnibus hostium copiis fusis, *Cæs B G* , 6 = Latini fusi & fugati, *Cic Offic* 3, 31 (6) Opus latè fusum, *Quint* Græca lingua prolixior fusiorque, quam nostra, *Gell* 2, 26 (7) = Aer fusus & extenuatus, *Cic N D* 2, 39 (8) Fusa cupressus, *Plin* 12, 17 ⁜ Usus est togis, neque restrictis, neque fusis, *Suet Aug* 73 (9) Fusi alvus, *Cels* 1, 3 (10) Tot incassum fusos patiere labores, *Vir Æn* 7, 421

Fusus, i m [à fundo, fusum] *A spindle* Teretem versabat pollice fusum, *Ov Met* 6, 22

† Futātim adv *Profusely, lavishly*, Plaut Truc 4, 4, 29 ‡ Fusè, Cic

|| Futile, is n *A vessel with a narrow bottom, and wide mouth*, used in sacrifices to Vesta, that spilt all was put into it, if it were set on the ground, *Vet Schol Donat & Serv*

Futilis, e adj [à futio, quod omnia effutit] (1) *Foolish, silly, shallow, inconsiderate* (2) Also *leaky, that runneth out, blabbing, that cannot keep a secret* (1) Consilii habitus non futilis auctor, *Vir Æn* 11, 339 (2) = Quis non odit varios, leves, futiles? *Cic de Fin* 3, 11

Futilitas, ātis f *Lightness, silliness, leakiness* = Hæc & plena sunt futilitatis, summæque levitatis, *Cic N D* 2, 28

Futiliter adv *Simply, idly, foolishly, to no purpose* Futiliter blaterata, *Apul* p 404 ‡ Vanè, leviter

Futio, ire, ivi [à fundo, ἐκχέω, Onom] *To pour out*

Futior, iri, itus pass *To be poured out*, Frag Poet

Futo, āre freq [à fuo] *To have often been*, Fest ex Catone

† Futo, āre [à fundo] *To confute, blame, reprove*, or *disprove*, *to cool* the pot, *to allay* wine, antiquum est *Vid* Confuto

Futor, āri, ātus pass *To be confuted*, &c Frag Poet

Fututio, ōnis f verb *The act of generation*, Mart 1, 107

Futum, i n *A vessel to sprinkle water*, Varr de L L 4, 25

Futuo, ĕre ui Obscœnum verbum à φυτεύω, planto

Futuor, i pass *Mart*

Futūrus a, um part [à sum, qu fiturus, à fuo] *That shall, or will be, about to be, future* In futurum, *hereafter*, Ov ⁜ Non quod ante pedes est, sed futura prospicere, *Ter Adelph* 3, 3, 33

Fututor, ōris m verb *Mart Ep* 7, 29 ubi dicitur de fœmina auxesis causa

Fututrix, icis f verb *Mart* 11, 23

Fuvi præt antiq [à fuo] Qui parentes fuverint, *Plaut Por prol* 110 Omne inter corpora quod fuvat, *Lucr* 1, 387

G g Latin, 𝕲 𝖌 in the old, black English letter, as commonly called, in Hebrew ג, in Greek Γ γ, in both which tongues it is the third Letter, was not in use amongst the Romans till about the second Punic war, being first introduced by *Sp. Carvilius*, as *Plutarch* informs us in his 54th Roman Problem, nor did they then admit it into its third place, invaded by the usurper *c*, now settled by prescription: However, they placed it in a good neighbourhood, between its kindred *f* and *h*, which, upon occasion, serve mutually each other. But tho *c* may justly be called an usurper with respect to its order in the alphabet, we must allow it a kind of right, by having been invested with the power and sound of *g* For it is certain that the old Romans, who writ *pucna* and *Carthaco*, read *pugna*, and *Carthago*, otherwise, after the admission of *g*, they would still have retained the pristine *c* in these and the like words. If any should ask how the antient Romans could know before this letter *g* came into use, where and in what words to pronounce either sound? it must be answered, by use alone: For that this might be known so, may be exemplified by an hundred instances in our own language, to give only one, we are at no loss how to sound that and 𝖙𝖍𝖆𝖙𝖈𝖍, 𝖙𝖍𝖊 and 𝖙𝖍𝖊𝖒𝖊, 𝖙𝖍𝖎𝖘 and 𝖙𝖍𝖎𝖘𝖙𝖑𝖊, 𝖙𝖍𝖔𝖚 and 𝖙𝖍𝖔𝖚𝖘𝖆𝖓𝖉, 𝖙𝖍𝖚𝖘 and 𝖙𝖍𝖚𝖒𝖇, and innumerable words of this kind This indeed must be owned, that to give several sounds to one and the same letter, makes any language, and particularly our own, as in the above instance, more difficult to be learned, and especially by foreigners. To remedy which inconvenience, the Romans seem to have taken in the letter *g*. And here I cannot but remark how we have acted the reverse; they took in *g*, which they had not, to make their tongue more easy, we have laid aside þ and ð which we had, to make ours more difficult, which is very unaccountable

But to proceed, from the Hebrew ג *Gimel*, which was emphatically called *Gamla*, from גמל *a camel*, because of the bunch on its back, the Greeks gave it the name of *Gamma* Some think the Latin G received its figure immediately also from the same letter, others from the cognate ק, which when turned to the right, Ϥ much resembles G I should think it more probably received its form mediately from the Hebrew ג, I mean from Γ, since, as I before observed the letter *c* originally had the power and sound of the afterinvented *g*, as well as its own, and so when the Romans admitted it, they might make it with good reason differ no more from *c* in figure, than in sound For indeed these Letters only thus differ, *c* is a softer *g*, as *g* is an harder *c*. Hence it comes to pass, that in declining, the harder *g* before a vowel is before a consonant changed into the softer *c*, as *lego*, *legi*, *lectum*, *ago*, *egi*, *actum*, &c. not *legtum*, *agtum*, which would be too hard. For this reason *jungo*, *rego*, *tego*, &c. in the perfect tenses, are read before the formative *s*, *juncsi*, *recsi*, *tecsi*,

not

discharge an office, or duty, to execute, to do, to have, or be in an office (2) *To suffer* (3) *To conform to* (1) Crassus functus est addilitio munere, *Cic Offic* 2, 17 § Fungi mu iere, *Cic* munus, *Plaut to do his duty* § Officium, *Ter Cic Liv Nep & Suet* (2) = Quid ipsum muneris fungi ac sustinere velitis? *Cic Verr* 2, 86 (3) Po a barbarorum, quam illius more fungor, *Nep Conone*, 3

Fungositas, atis f *The hollowness of a mushroom*, or *spunge, lightness, spunginess* Tota fungositas derata, *Plin* 11

Fungus, i m [σφόγγος] sfungus, fungus, (1) *A mushroom, or toad-stool* (2) Also *that which gathereth about the snuff of a candle, a thief* (3) *A kind of ... a dunce* (1) Fungorum ergo ex natura arborum, *Plin* 22, 2 (2) ... (3) *Plin* 1, 24 (4) Adeon me fuisse fungum, ut qui illi crederem ...

Ibid ...

Funiculus, i m dim [a funis] (1) *A little rope, or cord* (2) Meton *A perch in measure of sixty, or* (3) *of forty furlongs in length* (1) Funiculo scapham trahebat, *Cic de In* 2 55 (2) Secundum Herodot est enim idem quod ... (3) Secundum *Plin*

|| Funirepus, i m f e funam bulus, *Lexicogr ex Apul*

FUNIS, is (ū) m & aliq f *A rope, cable, or cord* Ioi os incidere funes, *Vir Æn* 4, 575 Aurea funis, *Lucr* 2 1153

Funus, ĕris n [a funalibus] (1) *A funeral* (2) *Pomp, solemnities, or rites used in interring* (3) *Death* (4) *A dead corpse* (5) Also *the funeral pile* (1) Funus procedit, sequimur, *Ter Andr* 1, 1, 101 (2) Mutari honestoque funere humare aliquem, *Nep Eumen* 13 (3) Ego tum tibi funeris auctor, *Ov Met* 10, 199 (4) Hectorea funus portante & reliqua fratrum cervici bus, *Stat* 10, 260 (5) Instauramus Polydoro funus, *Vir Æn* 3, 62

† Fuo, ut ... *To be* Mihi amicum ne fuas unquam, *Plaut Trin* 2, 1, 32 Ne, cum absum, illis fortitio fuam, *Id Mil* 2, 6, 112 Nec quisquam tam ... fuat homo, *Id*

FUR, ris c g [φώρ, κλέπτης] (1) *A thief, or robber, a stealer, a ...* (2) *A soldier* as ... (3) *A slave, a servant, a varlet* (1) Nocturnus fur, *Cic pro Mil* 3 Fures estis ambo, *Plaut Pœn* 5, 4, 67 (2) Ubi Sanga, & manipulus furum? *Ter Eun* 4, 7, 6 (3) ✠ Quid domini facient, audent cum talia fures? *Vir Ecl* 3, 16

Furacitas, tis f *Thievery, stealing* Furacitas auri, *Plin* 10, 29

Furaciter adv *Thievishly* Nescio an ... Gemm sed hinc furacissime Domos furacissime scrutari, *Cic in Vatin* 5

|| Furatio, ōnis f verb *A stealing, or pilfering*, Dig

|| Furator, ōris m verb *A stealer, or pilferer*, Dig † Fur

Furax, ācis adj ior, comp issimus, sup *Thievish given to picking and stealing* Servus furax, *Cic de Orat* 2, 61 Nihil est furacius illo, *Mart* 8, 59 Furacissimæ manus, *Cic in Pison* 30

FURCA, æ f (1) *A fork, or any thing to underset, or prop* (2) *An instrument to bear burdens on* (3) *A pair of gallows, a gibbet* (1) Excatiunt alii vallos, furcasque bicornes, *Vir Georg* 1, 264 (2) *Plin* 29, 4 (3) Servus furcam ferens ductus est, *Cic de Div* 1, 26

Furcifer, i m (1) *A slave, who, for punishment of some small fault, was made to carry a fork, or gallows upon his neck through the city with his hands tyed to it* (2) *A rogue, a villain, a rakehell, a furious* (1) Tibi ego ut credam furcifer, *Ter Andr* 3, 5, 12 (2) Vid Suet Ner 29

Furcilla, æ f dim [a furca] *A little fork, an ... fork ... two tines, or horn ...* Vid ... 1, 4, & ... 10, 12

|| Furcillus, is f *A dungfork*, ...

Furcula, æ f dim *A little fork* Furcula, ... in ... *Liv* ..., 2

... conp (1) *Bringing raging, ...* ... (2) ... Audacia ... Catilina, *Cic Catil* 2, 1 Quis tam ... corde furens ... *Claud* ... 26 (2) ... *Vir Æn* 1, 55

Furenter adv *Ragingly, like a madman* ... furenter irasci, *Cic Att* 6, 1

Furfur, ūris m (1) *Bran, gurgeons* (2) Also *scurf, dandruff* (1) Qui alunt furfure sues, *Plaut Capt* 4, 2, 27 (2) Furfures capitis, *Plin* 20, 9

Furfuraceus, & furfureus, a, um adj *Made of bran* Plin ap ... *Litt* fed ... dicit ... furfureus, *Gell* 11, 7

Furfurosus, a, um adj *Full of bran, or scurf*, Plin 12, 25

Furia, æ f *A fury, fiend, or hag, also a furious man*, ... *Cic* ... Clodium ...

Furiæ, arum pl f *The furies, or fiends* Conscientiæ ... impios ... *Cic pro S Rosc* 24 ...

Furialis, e adj *Of, or pertaining to furies, like a mad body, outrageous, furious, that ... or mad, ...* Furialis ... *Hor Od* 3, 11, 17 ... Furialis incessus, *Liv* 7, 17 Virus furiale, *Claud in Eutrop* 2, 188

Furialiter adv *Like a madman* Furialiter odit, *Ov Fast* 2, 6..

Furiatus, a, um *Enraged, madded, furious, desperate* Furiata mente ferebar, *Vir Æn* 2, 588 Furiata juventus, *Sil* 11, 132 Furiatis ignes, *Ov Fast* 2, 762

Furibundus, a, um adj *Furious, mad, in a great rage* Furibundus homo, *Cic pro Sext* 7 Conscendit furibunda rogos, *Vir Æn* 4, 646

Furinalia, um pl n *Holidays dedicated to the Goddess Furina*, *Litt ex Plin*

Furinus, a, um adj *Of, or belonging to thieves* Furinum forum, *Plaut Pseud* 3, 2, 2

Furio, are act [a furia] *To make mad, to enrage* Amor & libido solet matres furiare equorum, *Hor Od* 1, 25, 14

Furiose adv ius, comp *Furiously, madly* Furiose aliquid facere, *Cic Att* 8, 5 Furiosius ap *Spart Hadr* c 12

Furiosus, a, um adj or, comp issimus, sup *Mad, furious, outrageous, raging, frantick, wood, out of his wits* = Vecors, furiosus, mente captus, *Cic in Pison* 20 Quanto hoc furiosius atque majus peccatum est? *Hor Sat* 1, 3, 83 Furiosissimæ conciones, *Cic Att* 4, 3

Furnaceus, a, um adj *In furno coctus, baked in an oven* Panis furnaceus, *Plin* 18, 11

Furnaria, æ f sc ars, domus, &c *The trade, or art of a baker, a bakehouse*, Suet Vit 2

|| Furnarius, a, um adj *Of, or made like a furnace*, Ulp

|| Furnarius, i m *A baker, one that kindleth the fire in an oven*, Ulp † Pistor

|| Furnus, i m [a furvus, i e nigro] *An oven, or furnace*, Litt

FURO, ĕre neut (1) *To be mad* (2) *To be transported with any passion, as anger, love, joy, &c* (3) *To be mixed, or jumbled together* (4) *To bluster* (1) = Insanire, & furere videbatur, *Cic Offic* 3, 18 Solon furere se simulavit, *Id Offic* ... (2) ✠ Et nunc ... furere, id ægre pati, quod, *Liv* ... Ex quo ... furere, *Hor Epist* 11, 8 Recepto dulce mihi furere est amico, *Id Od* 2, 7, 28 (3) Furit ... *Vir Æn* 1, 111 (4) Venti furentes, *Vir Æn* 10, 51

Furor, āri, ātus sum dep *To steal, to filch, or pilfer, to nim* Verres ea rapuit & furatus est, *Cic Verr* 1, 22 Ab, quo furatum mox venias vestigas loci? *Plaut Rud* 1, 2, 23

Furor, ōris m (1) *Fury, madness, rage* (2) *A frenzie, a frenzy*, (3) *or poetical rapture* (4) *Any inordinate passion* (1) = Qua majori ... furore & dementia? *Cic de Har resp* 18 (2) Furor ... cum a corpore animus ... actus, divino instinctu concitatu, *Cic de Div* 1 31 (3) Negat sine furore Democritus quemquam poetam magnum esse posse, *Cic de Div* 1 37 (4) = Furor, iradu ... mentem præcipitant, *Vir* ... Quamvis intus erat furor igneus, ... amor, *Ov Met* 9, 540

Furtificus, a, um adj *Pilfering, thieving* ✠ Minus furtificus sum quam antea, ... *Plaut Pseud* 1, ... Furtifica manus, *Id Pseud* 2, 2, ..

Furtim, adv *By stealth, secretly, slily* ✠ Bestiæ furtim fruuntur, domini palam & libere, *Cic Att* ...

Furtive adv *Privily, by stealth* = Nec ... furtive, ... *Plaut Pœnul* 5, 2, 62

Furtivus, a, um adj (1) *Made by surprize* (2) *Stolen* (3) *Private, close, secret* (1) Furtivæ excursiones, *Liv* ... (2) Furtivus ... furto abducta ... Furtivus amor, *Catull* ...

Furtive adv *By stealth, secretly*, Lit ex Hor ...

Furtum, i n [a fur, i e fur ... ab atro] (1) *Theft, robbery, stealth* (2) *Any secret practice* (3) *An ambuscade, or stratagem, a crafty wile, or device* (4) *Unlawful pleasures, a rape, adultery, or any secret wickedness* (1) Ille mercatus nomi furtum fecit & cædem, *Cic pro Cluent* 64 (2) Nec ego hanc abscondere furto speravi fugam, *Vir Æn* 4, 337 (3) Furtis incautum decepit Hortem, *Ov Met* 13, 82 ✠ Haud furto melior, sed fortibus armis, *Vir Æn* 10, 735 (4)

Furta toro, furtique locum ... strayit, *Ov Met* 4, 1 4

Furunculus, i m dim [a fur] (1) *A little thief* (2) *A sore called a felon, a bile* (3) *A kind of knob in a vine* (4) *A weazel that is ...* (1) = ✠ Cui ... furunculus, ... vero etiam rapax, *Cic* ... (2) *Cels* 5, 28 (3) *Col* ... (4) *Litt ex Calep* † Viverra

Furvus, a, um adj ... *furvus, fuscus, black, dusky* Furvæ regina Proserpina, *Hor Od* 2, 13, 21 Antra furva, *Ov Met* 5, 541

Fuscans, tis part *Making, shading* Lanugine fuscante malas, *Liv* 10, 135

|| Fuscatio, ōnis f verb *A darkening, or clouding*, ...

Fuscator, ōris m verb *A darkener, or clouder* ... *Luc* 4, 66 ...

|| Fuscatus, a, um part *Darkened* ... Fuscata ... *Id* ... 4, 436

Fuscina, æ f [a fusco ...] (1) *An eel spear* (2) *A trident, or three-forked mace* (3) Also *a weapon used by the ...* ... (1) *Cic* ... 1 56 (2) Tridentem ... specus, ... (3) Tunicati fuscina Gracchi, *Juv* 2, 143

|| Fuscinula, æ f dim *A flesh hook*, Jun † Creagra

Fuscitas, atis f *Darkness, dimness* ... ætate liberum cælum *Apul de Mundo*, p 74 ...

Fusco, are act (1) *To make black, or brown, to darken, to shade* (2) *To tan, ...* (1) Fusci ... (2) ... 1, 296 ...

Fuscor, ari, atus ... *To tanne, &c* Fuscentur corpora campo, *Ov A Am* 1, 5..

FUSCUS, a, um adj or comp ... *Swarthy, brown, tawny, dark colour, dusky ... a dull, or hoarse voice* ... ✠ Candidus, *Plin* ... *Lucr & Hor* Pinna ... *Ov Ep* 15 36 ... Alba ... fuscis, *Id A Am* ... 191

Fuse adv qual ... comp *Largely, plentifully, copiously* ... fuse latequ e dicere ... *Cic* ... 32 = Hæc cum uberius ... dicuntur & fusius, *Id* ...

Fusilis, e adj *That is easy to be melted, or cast* ... *Ov Met* 1, 126

Fusillus, i m dim ... *A little spindle*, Litt ex Cic

Fusio, ōnis f verb ... (1) *A diffusing or pouring forth* (2) *A spreading, or shooting out* (1) Chrysippus ... cum ... dicit esse, & ejus ... fusionem universam ... (2) ... rum, *Litt* ... 9, 7

† Fusosus ... *pro* ... *Script* ...

Fusorium ... *The ... where the soul ... washeth ... or drain* ... *Pallad* 1, ... *Id* 1, 42

Fusterna, æ f ... fuste ... nodosa esse solet] *The upper part of a fir tree*, ... 16, 39

|| Fustibalus, i m ... *A kind of sling with a ... four foot long*, Veg 3, 14 † Funda

|| Fustibalator, ōris m *A slinger*, Veg 3, 14 † Funditor, *Cæs*

|| Fusticulus, i m dim *A little cudgel*, or *battoon*, Apul ... 189 Fusticulus alin, ... ✝ Bacillum

|| Fustigatio, onis f verb *A beating with a staff, a rib-roasting* ... ✝ Fustuarium, *Cic*

... stus, a, um part *Beaten with a staff, or club, cudgelled*, ...

... To beat with a staff, or cudgel, Onom vet

... *With cudgels* ... interemit, *Valer* ... vid & 8, 7, 1

Fustis, is m (1) *A club, a staff or cudgel, a battoon* (2) ... (1) Si ego fuste ..., *Plaut Amph* 1, 1, ... Non opus est verbis, sed ... in *Pison* 30

Fustitudinæ insulæ *Islands where ... were beaten* Ex ... *Asin* 1, 1, 21

Fustuarium, i n *A beating with a staff, or cudgel, a ...* Fustuarium meruerunt ... siones, *Cic Philipp* 3, 6 ... tur, qui signa re... *Liv* 5, 6

Fusura, æ f *A melting, founding, or casting* Plumbi fusura, *Plin* 33, 6

Fusus, a, um part & adj or, comp [à fundor] (1) *Poured* (2) *Cast, melted* (3) *Laid all along* (4) *Extended, diffused* (5) *Routed, slain* (6) *Copious* (7) *Expanded* (8) *Broad, wide* (9) *Laxative* (10) Met *Spilt, lost, thrown away* (1) Fusos latices spargit, *Ov Met* 14, 56 (2) Fusa membra statua, *Quint* ... (3) Fusi per herbam, *Virg Æn* 1, 218 (4) Fusus in corporibus sanguis, *Cic de Orat* 2, 77 (5) Omnibus hostium copiis fusis, *Cæs B G* ..., 6 = Latini fusi & fugati, *Cic Offic* 3, 31 (6) Opus latè fusum, *Quint* Græca lingua prolixior fusiorque, quàm nostra, *Gell* 2, 26 (7) = Aer fusus & extenuatus, *Cic N D* 2, 39 (8) Fusa cupressu, *Plin* 12, 17 ⁜ Usus est togis, neque restrictis, neque fusis, *Suet Aug* 73 (9) Fusa alvus, *Cels* 1, 3 (10) Tot incassum fusos patiere labores, *Virg Æn*. 7, 421

Fusus, i m [à fundo, fusum] *A spindle* Teretem versabat pollice fusum, *Ov Met* 6, 22

✝ Futatim adv *Profusely, lavishly*, Plaut Truc 4, 4, 29 ✝ Fusè, *Cic*

|| Futile is n *A vessel with a narrow bottom, and wide mouth*, used in sacrifices to Vesta, that spilt all was put into it, if it were set on the ground, *Vet Schol Donat & Serv*

Futilis, e adj [à futio, quod omnia effutit] (1) *Foolish, silly, shallow, inconsiderate* (2) Also *leaky, that runneth out, babbling, that cannot keep a secret* (1) Consilii haud tis non futilis auctor, *Virg Æn* 11, 339 (2) = Quis non odit varios, leves, futiles? *Cic de Fin* 3, 11

Futilitas, atis f *Lightness, silliness, leakiness* = Hæc & plena sunt futilitatis, summæque levitatis, *Cic N D* 2, 28

Futiliter adv *Simply, idly, foolishly, to no purpose* Futiliter ... literata, *Apul* p 404 ✝ Vanè, leviter

Futio, ire, ivi [à fundo, ἐκχέω, *Onom*] *To pour out*

Futior, iri, itus pass *To be poured out*, Prisg Poet

Futo, are freq [à fuo] *To have often been*, Fest ex Catone

✝ Futo, are [à fando] *To confuse, blame, reprove, or disprove, to cool the pot, to allay wine*, antiquum est *Vid* Confuto

Futor, ari, atus pass *To be confuted*, &c Prisg Poet

Fututio, onis f verb *The act of generation*, Mart 1, 107

Futum, i n *A vessel to sprinkle water*, Varr de L L ..., 25

Fuuo, ere ui Onomatum verbum ... planto

Futuor, i pass *Mart*

Futurus, a, um part [à sum, qu fiturus, à fuo] *That shall, or will be, about to be, future* In futurum, *hereafter*, Ov ... Non quod ante pedes est, sed futura prospicere, *Ter Adelph* 3, 3, 33

Fututor, oris m verb *Mart Ep* 7, 29 ubi dicitur de fœmina auxesis causâ

Fututrix, icis f verb *Mart* 11, 2...

Fuvi præt antiq [à fuo] Qui parentes fuverint, *Plaut Pæn prol* 110 Omne inter corpora quod fuvat, *Lucr* 1, 387

G g Latin, 𝕲 𝖌 in the old black English letter, as commonly called, in Hebrew ג, in Greek Γ γ, in both which tongues it is the third Letter, was not in use amongst the Romans till about the second Punic war, being first introduced by *Sp Carvilius*, as *Plutarch* informs us in his 54th Roman Problem, nor did they then admit it into its third place, invaded by the usurper *c*, now settled by prescription: however, they placed it in a good neighbourhood, between its kindred *f* and *h*, which, upon occasion, serve mutually each other. But tho *c* may justly be called an usurper with respect to its order in the alphabet, we must allow it a kind of right, by having been invested with the power and sound of *g* For it is certain that the old Romans, who writ *pucna* and *Carthaco*, read *pugna*, and *Carthago*, otherwise, after the admission of *g*, they would still have retained the pristine *c* in these and the like words. If any should ask how the antient Romans could know before this letter *g* came into use, where and in what words to pronounce either sound? it must be answered, by use alone. For that this might be known so, may be exemplified by an hundred instances in our own language, to give only one, we are at no loss how to sound that and thatch, 𝖙𝖍𝖊 and 𝖙𝖍𝖊𝖒𝖊, 𝖙𝖍𝖎𝖘 and 𝖙𝖍𝖎𝖘𝖙𝖑𝖊, 𝖙𝖍𝖔𝖚 and 𝖙𝖍𝖔𝖚𝖘𝖆𝖓𝖉, 𝖙𝖍𝖚𝖘 and 𝖙𝖍𝖚𝖒𝖇, and innumerable words of this kind This indeed must be owned, that to give several sounds to one and the same letter, makes any language, and particularly our own, as in the above instance, more difficult to be learned, and especially by foreigners. To remedy which inconvenience, the Romans seem to have taken in the letter *g*. And here I cannot but remark how we have acted the reverse; they took in *g*, which they had not, to make their tongue more easy, we have laid aside ȝ and ð which we had, to make ours more difficult, which is very unaccountable

But to proceed, from the Hebrew ג *Gimel*, which was emphatically called *Gamla* from גמל *a camel*, because of the bunch on its back, the Greeks gave it the name of *Gamma* Some think the Latin G received its figure immediately also from the same letter, others from the cognate ק, which when turned to the right, Ϙ much resembles G I should think it more probably received its form mediately from the Hebrew ג, I mean from Γ, since, as I before observed the letter *c* originally had the power and sound of the after invented *g*, as well as its own, and so when the Romans admitted it, they might make it with good reason differ no more from *c* in figure, than in sound For indeed these Letters only thus differ, *c* is a softer *g*, as *g* is an harder *c*. Hence it comes to pass, that in declining, the harder *g* before a vowel is before a consonant changed into the softer *c*, as *lego*, *legi*, *lectum*, *ago*, *egi*, *actum*, &c. not *legtum*, *agtum*, which would be too hard. For this reason *jungo*, *rego*, *tego*, &c. in the perfect tenses, are read before the formative *s*, *junxi*, *rexi*, *texi*, not *jungsi, regsi, tegsi*, for so, if we may believe *Isidor*, before the age of *Augustus* such words were usually writ, not by *x*. which being only a more compendious way of writing, made *Quintilian* say, *Instit.* 1, 6. the Romans might have been without it, for they might have continued to write *cs*, or *gs*, as *recs, apecs*. The letter *g* sometimes also seems related to *z*, as we write indifferently *zinziber*, and *gingiber* The cognation of this letter and *c* is so close, that in some words either of them may be used; as *Caius*, or *Gaius*, *Cneus*, or *Gneus*, *vigesimus*, or *vicesimus*, from *viginti* and are often changed into each other, for as from *viginti*, comes *vicesimus*, so from *centum*, is derived *quingenti*. In Greek this letter, being in the middle of the second rank of the mutes, is changed not only into *κ* but also, as in the second conjugation, consisting of this order of the mutes, may plainly be observed, *λέγω*, f *lecso*, p *lelecha*, instead of *legso, lelegha*, the harder sounds I cannot forbear to observe here, that both the Greeks and Romans always, and before all vowels, pronounced this letter hard, sounding *gy*, and *genus*, *γίγας* and *gigas*, as we do in **get** and **give**, never as we do in **generation** and **ginger** which irregular and uncertain pronunciation of this letter, as well as the cognate *c*, proves often a great discouragement to those who desire to learn our tongue, and together with our different sounds of the vowels, makes our Latin, tho much purer generally than theirs, almost as unintelligible as our English In the notes of the antients, G *is put for* Gaius, Gellius, gens, genius; GER Germanicus, G.G Gemina, gessit, gesserunt, GA Galeria, Gallus, Gallia, G.C. Genio civitatis, or Cæsaris, G L. Gaius libertus, GL VR RO Gloria urbis Romæ, G L Genio loci, GL C Gloria consulum, GN S Genio sacrum, G V.S Genio urbis sacrum, G T Genio tutelari, G B Genio bono

G ante A.

GAbalium, i n *A kind of* [illegible] *in* [illegible], Plin 12, 21

Gabalum *Nonn idem quod* gabalus

Gabalus, m [a גבל] *gabal*, terminus, quod in terminis [illegible] [illegible] figebat] *A gallows, or gibbet* Varr *ap* Non

Gabalia, orum f pl *Dall. dies* [illegible] [illegible] [illegible] *F*[illegible] *trans*, [illegible], August

Gabata, æ f *A porringer, a platter* Transcurrunt gabatæ, volantque lances, *Mart* [illegible] Implet gabatas, *Id* 11, 32, 18

|| Gabbatha, *vel* gabbatha Vox Syr *Joann* 19, 13 [Locus editus lapidibus stratus, *ab* Heb גב *gabh*, dorsum] *A pavement*

† Gadira Vocab Punicum *A* [illegible], *or* [illegible], Litt *ex* Plin

Gæsum, i n *A heavy dart, or javelin used by the antient Gauls* Vid Gesum Gæsa in vallum conjicere, *C* [illegible] *B* [illegible], 4

|| Gæsatus, a, um adj [a gæsis] [illegible] fortes [illegible] Gallis dict gæsi] *Stout* [illegible], Serv

Gagates, is m *The stone* [illegible], *or agate-stone*, Plin 36, 19

|| Gaianum, i n *Red* vel *gaianum*, vel gummi [illegible] *A wool sometimes used in general diseases*

Galactites æ m *A precious stone of a white colour like milk*, Plin 37, 10

Galactopota [illegible] *idem quod* ga[illegible], Plin 26 9

* Galactopota, a m [illegible] γάλα [illegible] *A drinker of milk* Cor 7, 2

Galaxias, æ m Astion (1) *A bright circle in the sky, caused by the reflection of many little stars, called the milky way* (2) *Also a stone of a milk*[illegible] *colour*

(1) *Cic* [illegible] *Metam* 1, 169 (2) *Plin* 37,

Galba, æ f *A little breeding in meat, a magot* Litt Suet *Galb*

Galbanatus, a, um *That weareth the garment* galbanum Jacet occupato galbanatus in lecto, *Mart* 3, 82

Galbaneus, a, um adj *Of the gum galbanum* Galbanei odores, *Vir Geor* 4, 264

Galbanum, i n *vel* galbanus, m [ex Heb חלבנה] (1) *A gum, or liquor of a strong smell* (2) *Also a kind of bright white garment, worn by the persons* (1) *Plin* 11, 7 Lucr [illegible] contenti suceun [illegible] galbana [illegible], *C*[illegible] *n Str* 58, (2) Indutus galbana rasa, *Juv* 2, 97

Galbanus, a, um adj *Bright, white, gay, spruce, wanton, effeminate* Tuscos colores, galbanos habet mores, *Mart* 1 97

|| Galbeæ, armilla, quibus milites donabantur virtutis ergo, *Fest*

† Galbeum, i n ornamenti genus (1) *A kind of woman's attire* (2) *Also a kind of medicine wrapt up in wool* (1) *Fest* (2) *Suet Gal* 3

|| Galbineus, a, um adj *&* galbinus *Greenish, or as some bluish*, Veget

Galbula, æ f [a galbo] *A bird that we call a witwal, or woodwal*, Mart 13, 68

Galbulus, i m *The nut, or little round ball of the cypress tree*, Varr R R 1, 40

GALEA, æ f [a γαλέη, felis, quod ex felium pelle fieret] (1) *An helmet, or head piece* (2) *Also the top of a mast, made like a basket, where they climbed to descry land, or enemies* (3) † *Also a kind of ship, a gally* (1) Continuum induitur galeam, *Vir Æn* 2, 391 Galea dubitis distincta [illegible], *Val Max* 1, 8, 6 (2) Sic utitur *Erasm* sed rectius *H*

Jun corbem *vocat*, cum sibi [illegible] [illegible] habet *Festum* Vid Corbita (3) [illegible] Ex usu recentiori, qui tamen distinguebant inter galeam & galeam ✶ In terra galeas, in aquis formido galeas, ex *Matt Paris*

Galearii, orum pl m *The servants, or boys in an army*, Veg 3, 6

Galeatus, a, um adj *That weareth an helmet* Galeatum sero duelli pœnitet *Juv* 1, 169 Galeata Minerva, *C* [illegible] *N D* 1, 6

Galena, æ f [a γαλήνη, splendere] *The ore of silver and lead, which is left after the tin and silver is fetcht out*, Plin 34, 16

Galenum vinum [a Galeno Campaniæ oppido] *Plin* 23, 6 & 34, 18

Galeo, āre act *To cover with an helmet* Milites in campo jubet galeari, & ad pugnam parari, *Hirt B A* 12

Galeola, æ f [dict a galeæ similitudine, *Varr*] *A drinking pot or vessel, like an helmet*, Non

* Galeopsis f *Plin* & galeobdolon, *It Water betony*, also *dead nettle, archangel*, Plin 27, [illegible]

* Galeos otis f Mustella piscis *A fish like a lamprey*, or *the lamprey it self*, or as some *a kind of vermin*, Plin 32 2

Galeota, *vel* galleota m pl *Expounders of the meaning of prodigies amongst the Sicilians*, Cic *de* Div 1, 20

Galeotes, æ m *A kind of lizards* [illegible] *to* [illegible], Plin 29, 4 *Also the sword fish*, Id 32, 2

Galericulatus, a, um adj *Having a* [illegible] *on*, Litt *ex* Apul ✝ Galero opertus, galeritus, *Petron*

Galericulum, i n *An hat*, Litt *ex* Vir

Galericulum, i n dim (1) *A little hat, bonnet, or cap* (2) *Also false hair, a peruke* (1) *Mart* [illegible] *ep* 50 l 14 (2) *Suet Otho*, cap ult

Galerita, æ f [dict quod cristam habeat in capite galeri modum] *A lark*, Varr L L 4, 11 & Plin 11, 3

Galeritus, i m *Idem* Varr L L [illegible]

Galeritus, a, um adj *Wearing a cap or peruke*, Prop [illegible]

Galerus, i m *&* galerum n [a galeæ similitudine dict] (1) *A furred cap, a beaver* (2) *A peruke used by both sexes* (3) *A tuft of feathers* (1) [illegible] galeros [illegible] tegmen [illegible], *Vir* [illegible], 689 Galerus [illegible] porri, *Val Flacc* 4, 138 (2) *Suet Ner* 26 & *Juv* 6 [illegible] (3) [illegible] similitudine, *Varr*

Galgulus, i m *al* melius galbulus, *avis eadem quæ* galbula, *Plin* 3[illegible], 11

Galium, i n [a γάλα, lac] *The herb cheese-rennet, or our* [illegible] *bed-straw*, Jun

Galla, æ f (1) *A fruit called gall, or oak apple* (2) *Also a coarse black* [illegible] *galls* (3) *Also a* [illegible] (4) *A* [illegible] (5) *A* [illegible] *Gauls* (5) [illegible] (1) Gallæ in [illegible] 6, 13 (2) Gall in [illegible] & [illegible] conducere verum, *Lucr* [illegible] 5, 97 (3) *Macrob Sat* [illegible] (5) *Vid Cæl Philipp* [illegible] *Voss* in *Catulli Attin*, [illegible] p 163

Gallans, tis part *Playing freaks and mad tricks, like Cybele's priests*, Varr

Galliambus [a Gallis Cybeles sacerdotibus dict & iambo] *A sort of verse*, Mart 2, 86

Gallica, æ f *A kind of plum* Litt *ex* Plin

Gallica, æ f *sc* solea, pl Gallicæ arum *Wooden pattins, pantofles, shabots, galloshes*, Cic Philipp 2 30

|| Gallicinium, i n *pro* cantu gallorum *The time of the night when the cock croweth*, Amm Marc 22, 33

Gallicus, a, um adj *French*, or *belonging to the French* Gallicanus, *a greyhound* Ov Met
Gallica palla, *a man's cassock*, Mart 1, 8
Gallina, æ f Gallina (1) *A hen* (2) Also *a word in use as a term of endearment* (1) Peperit ... Cic Acad 2, 4, 18
... Dom tu m palliare lum, gal ... Plaut Asin
... rustica *fat ... pullets*, Col
... Varr R R 3, 9
Gallinaceus, a, um adj *Of a hen* Gallinaceus, *Cic* pro ... Pullis gallinacei, Varr
Gallinarius, i m *A roostcock*, Plin 3, 105 Suet Vi
|| Gallinago inis f *A woodcock* Gallinago minor, *a snipe*, Id Gallinago minor, Id
Gallinarium, i n *A place where poultry is kept, a henroost*, Col 8, 3
Gallinarius, i m *He that keepeth poultry, a poulterer*, Cic ... Col 8, 5
Gallinarius, a, um adj *Belonging to poultry* Scan gallinaria, ... Gallinaria pinus, Juv
Gallinula, æ f dim [a gal lina] *A pullet, a little hen*, Ar
Galliola ... m *A French* ... Litt ...
|| Gallo, are [Gallo Cybeles ... imitor] *To be mad*, Non
|| Gallum, *pro* gallorum, Non
GALLUS, i m *A cock, a priest of Cybele, with* ... § Gallus spado, *a capon*, ... 55 Gallinaceus, *a roostcock*, ... Div 1, 34
Gamma *The letter gamma*, ...
Gammarus, i m *A sea crab*, ... Jun
Ganea, æ f [a γάνος] formix, *a brothelhouse, or* ... *tippling* ... (2) *To debauchery, riot* (1) ... (1) Sterimus ... Cic in Pison 6 (2) Ventris & ganea ... Tac Ann 3, 52, 2 ... & stupra, *Ibid* 6, 4 ... & Fest ...
Ganeo, onis m [a ganea] *A rioter, a haunter of bawdyhouses, a glutton, a* ... = Helluo, ganeo, damnatus, ... 5, 4, 11
Ganeum, i n *id quod* ganea ... in ganeum, *Ter*
... 3, 5
Gangaba, æ m *A porter, a* ... *among the* ... 3, 15, 7
Ganglion, *sic* Gangilon, i n ... *or bump on the neck* (2) Also *a sprain, ... of a sinew* (1) ... Cels 7, 6
Gangræna, æ f [γάγγραινα] *The gangrene or mortification eating ulcer* Sermo ... gangræna malo, *Lucil* ... 5 & 5, 26
GANNIO, ire, ivi, itum neut ... gannitu ... (1) *To bark, yelp, or cry* ... (2) *To whine, as a dog when he welcometh his master home* (3) *To whimper, or* ... *is one that is beaten* ... L L 6, 5 (2) Canes

gannitu vocis adulant, *Lucr* 5, 1069 (3) Quid ille gannit? *Ter Adelph* 4, 2, 17
Gannitus, ûs m verb *A whining, yelping, grinning, howling, plaining, or whimpering*, ... of one beaten, *Mart* 5, 61 ... Gannio
† Ganza, æ f *al* ... ganræ *A gander, or goose*, Plin 10, 22
Garamantites, æ m *A kind of carbuncle*, Plin 37, 7
|| Gardianus, i m *A guardian, or tutor to a ward, a warden*, Justinian ✝ Tutor, Litt
|| Gardinarius, i m *A gardener*, Ap JCC
|| Gardinum, i n *A garden*, Justinian ✝ Hortus, Litt
Gargarismus, i m *A gargarism, or physical potion, to gargle and wash the throat with*, Med
Gargarizātio, onis f verb *Gargling of the mouth*, Plin 23, 2 Cels 4, 7 Gargarizationes, *Plin* 23, 1
Gargarizātus, a, um part *Gargarized, or gargled*, Plin 23, 2 Scrib Larg c 53
Gargarizatus, ûs m *idem quod* gargarizatio, *Plin* 28, 12
* Gargarizo, are [a γαργαρίζω, guttur] *To gargle, and wash the mouth and throat*, Cels 4, 4 Cic Plin 20, 9
GARRIO, ire, ii vel ivi, itum neut [a γηρύω seu γαρύω a γῆρυς, vox] (1) *To chirp, or chatter, as a bird* (2) *To prate, to talk idly* (3) *To croak* (1) Lusciniæ garriunt, *Apul Flor* p 810 (2) Garrimus quicquid in buccam venit, *Cic Att* 2, 1 (3) Mecum rana garriunt, *Mart* ... § Garrire nugas, *Plaut Curc* 5, 2, 6
|| Garritus, ûs m [a garrio] *The chattering of birds*, Sidon Ep 8, 6
Garrulitas, atis f (1) *Chattering* (2) Met *Babbling, prating* (1) Rauca garrulitas picarum, *Ov Met* 5, ult (2) Pueri garrulitate mobiles, *Suet Aug* 8
|| Garrulo, are *To chatter*, Fulgent Myth ...
Garrulosus, a, um adj *Full of talk and prate*, Litt ex Tibull *sed q*
Garrulus, a, um adj [a garrio] (1) *Chattering, or chirping as birds* (2) *Prating, babbling, talkative* (3) *Warbling* (4) *Purling, or murmuring, as streams* (1) Garrula hirundo, *Vir Geor* 4, 307 (2) Lingua, *Ov Am or* 2, 2, 11 (3) Lyra, *Tibull* 3, 4 ... fistula, *Id* ... (4) Garrulo gurmen ... rivi, *Sen Oed* 49 ...
Garum, i n [ex garo pisce primum confectum] *Sauce, or pickle, made of fish salted* Garum pretiosum, *Plin* 31, 8 docebit
Garus, i m *A kind of lobster, of which they made a pickle, as we do of anchovies*, Plin ...
Garyophyllum, i n *Rectè* Id Caryophyllum
† Gau *Auson Eid* 12 *pro* gaudium
Gaudens, tis part *Rejoicing, taking delight in* Animo gaudenti ac libenti, *Cic Att* 2, 2 Nimium gaudens popularibus auris, *Vir Æn* 6, 816
GAUDEO, ère, gavisus neut *To rejoice, to be glad, to delight, or take delight in, to be pleased with* = Triumpho & gaudeo, *Cæs ap Cic Att* 9, 16 ✝ Gaudere decet, lætari non decet, *Id Tusc* 3, 21 § Gaudere gaudium, *Ter Andr* 5, 5, 8 § Salute alicujus, *Nep Paus* 2

|| Gaudialis, e adj *Jocund, joyful, jovial, joyous* Gaudiales instruunt dapes, *Apul Met* 8 p 203 ✝ Lætus, hilaris
|| Gaudibundus, a, um *Full of joy*, Apul Met 8, *sed* ✝ Gaudio elatus
✝ Gaudiloquus, a, um *He that speaketh joyfully*, Litt ex Plaut *sed q*
|| Gaudimonium, i n *A rejoicing*, Vulg in ep Baruch, ... *sed* ... Petron ... vera lecti ... Frag
Gaudiolum, i n dim *A little joy*, Litt ex Plaut
Gaudium, i n (1) *Joy, gladness, mirth* (2) Meton *Gladdings* (3) *Pleasure, delight* ... notione ... (1) ... Cic Tusc 4, 6 ✝ Prop ... gaudio ... mio, aut ægritudine, *Ter Heaut* 2, 1, 100 (2) Lacrimæ tuæ cumulum gaudii attulerunt, *Cic Fam* 16, 21 (3) Cum donet ... missa raptim gaudia, *Hor Od* 3, 6, 28
|| Gaura, æ f *A gaul, gill*, Apul Met 5 p 16 ...
Gavisus, a, um part [a gaudeo] *Rejoicing*, Ter Heaut 1, 8, 16
Gaulus, i m (1) *A kind of ship, or ... or boat, broad round* (2) Also *a drinking cup like a boat* (1) Gell 10, 25 (2) Plaut *Rud* 5, 2, 32
Gaunacæ, æ f & Gaunacés ... & Gaunacum, i n *A thick shag, or frize*, Varr L L ...
Gausapātus, a, um *Wearing a rough mantle, or robe*, Sen Ep 53
Gausape, is n [a γαυσάπης] quod unà ... (1) *A frize, or rough garment which soldiers used, a rug, a thick, a furred coat, a cloak, a mantle* (2) *Met ... pet to lay on a table, such as we call Turkey work, a dag swain* (3) *Catachr A long rough beard* (1) *Plin* 8, 48 (2) Gausape purpureo mensam pertersit, *Hor Sat* 2, 8, 11 (3) Bibunt ... gausape pectes, *Pers* 4, 37
Gausapina, æ f *Sc* vestis, & ... *A rough frize mantle, or garment* ... Menti vel Augusto ... gausapina, *Mart* 6, 59, 8 *In* 14 ... 145
Gausapum, i n *pro* gausape, *id quod* gausape ... gausapa sumpta probat, *Ov A Am* 2, 300
Gaza, æ f *The treasure of a prince, riches, wealth, goods, state, or stock* Omni Macedonum gaza potitus est Paulus, *Cic Off* 2, 22 Gazæ non ... non ... miseros tumultus mentis, *Hor Od* 2, 16, 9 ... cœlum, *Val Flacc* 6, 50
* Gazophylacium, i n [ex gaza & φυλάττω] *A treasury, a treasury*, Vulg ... L ... 21, 1
* Gazophylax, acis m *A treasurer*, Litt ex Cels

G ante E

Gehenna, æ f γέεννα Fal Heb גיא הנום ... Hinnom] Properly the valley of Hinnom, where they sacrificed their children to Moloch, and thence, from the fire ... of these children it came to be taken for *Hell*, *Lat* Orcus
|| Gelābilis, e adj *That may easily be frozen, or congealed* Incongelabilis *quidam* ... ap Gell 17, 8
Gelascit imp rs *It freezeth*
Gelasco, ère incept *To freeze, to congeal* Vini natura non gelascit, *Plin* 14, 21

Gelasinus, i m [a γελάω ridendo] (1) *One of the teeth so called*, so called because it is shewed in laughing (2) *A dimple, or dent in the cheek, that is seen when one laughs* (3) Also *a buffoon, or droll, who maketh people laugh* (1) ... dentes ... donati, *Poll* ... (2) Nec grati ... gelasinus ... *Mart* 7, 24 (3) *Plaut Stich* 2, 5 ... bahent Gelasinus
Gelatio, onis f verb *A freezing, or congealing*, Plin 17, 8
|| Gelator, oris m *He that congealeth*, Aug
Gelatus, a, um part *Frozen* Lac gelatum, *Col* ... 97 Amnis gelatus, *Plin* 8, 28 ... gelatum, *Mart* 5, 5 Gelata Pindi juga, *Sen Herc* p 614
Gelicidium, i n [a gelu cædens] *A frost, or water frozen, the freezing of the water* Gelicidiis & pruinis constricta ... Gelicidia ... Col 2, ...
Gelida, æ f *Sc* aqua *Cold water* Perfundit gelida, *Hor Sat* 2, ... 91 ✝ Calida gelidæque ... mixtæ, *Juv* 5, 6
Gelidè adv (1) *Coldly, chilly* (2) Met *Faintly, ...* (1) Priore notione ... (2) Res omnes timide gelideque ministrat ... *Hor A P* 171
✝ Gelido, are *To congeal, or make cold*, Enn ✝ Gelo, *Plin*
Gelidus, a, um ... [a gelu] ... *Frosty* ... Gelidam ... *Cic* ... Lutem ... gelidæ ... de Legg 2, 3 ... *Plin* 31, 2
Gelo, are act [a gelu] *To freeze* Si gelent frigora, *Plin* 15, 6
Gelor, ari, atus pass *To be frozen* Gelantur hyemis frigoribus, *Col* 9, 6 Pavidoque gelantur pectore, *Juv* 6, 95
* Gelotophyllis, is f [a γέλως, risus, & φύλλον, folium] *An herb, which being drunk with wine, and myrrh, causeth them to laugh*, Plin 24, 17
* Gelotophytes, æ f [a γέλως, & φυτόν] *An herb causing much laughter*, Apul de Herb c 8
GELU n indecl [a γελω, terra] *Frost, cold, ice*, passim
✝ Gelum, i n *Idem* Assiduus gelu ... *Lucr* 5, 206
Gelus, i m *Idem* Non
† Gemea, æ f *A wing of soldiers among the Macedonians so called*, Liv 37, 40 *sed rectius* ...
Gemebundus, a, um *Full of sobbing and groaning* Gemebundus obambulat Ætnam, *Ov* ... 14, 19 ...
Gemellar, is n Quo ... geminas mensuras ... *A vessel ... pot under to catch oil, as it runneth out of the press*, Col 12, 50
Gemellipăra, æ f Latonæ epithet *A woman having two children at a birth* Gemellipara Dea Latona, *Ov Fast* 5, 541
Gemellus, a, um adj dim [a geminus] *Double, twins, two children born at a birth* Gemelli vites *Col* 3, 1 Proles ... gemellam, *Ov Met* 9, 452
Gemendus, a, um part *To be lamented, or bewailed* Vir gemendus, *Ov Met* 1, 364 ... *Herc Oet* 183
Gemens, tis part (1) *Groaning, lamenting* (2) Also *roaring* (3) *Creaking, as a cart wheel doth* (1) Flebile gemens, *Hor Od*

not *jungsi*, *regsi*, *tegsi*, for so, if we may believe *Isidor*, before the age of *Augustus* such words were usually writ, not by *x* which being only a more compendious way of writing, made Q... say, *Instit.* 1, 6 the Romans might have been without it, for they might have continued to write c or gs, as *recs*, *apecs* The letter *g* sometimes also seems related to *z*, as we write indifferently ... and *gin*... The cognation of this letter and *c* is so close, that in some words either of them ... be used; as *Caius*, or *Gaius*, *Cneius*, or *Gneius*, *vicesimus*, or *vigesimus*, from *viginti* and are often changed into each other, for as from *viginti*, comes *vicesimus* so from *centum*, is derived *quin*... Greek this letter, being in the middle of the second rank of the mutes, is changed not only into ... also, as in the second conjugation, consisting of this order of the mutes, may plainly be observed ... *lecso*, *lelecha*, instead of *lecso*, *lelecha*, the harder sounds I cannot forbear to observe here, ... the Greeks and Romans always, and before all vowels, pronounced this letter hard, sounding ... and *genus* γένος and γῆ, as we do in get and give, never as we do in generation and ginger which irregular and uncertain pronunciation of this letter, as well as the cognate *c*, proves ... great discouragement to those who desire to learn our tongue, and together with our different ... of the vowels, makes our Latin, tho much purer generally than theirs, almost as unintelligible as our English In the notes of the antients, G is put for Gaius, Gellius, gens, genius, GER Germanicus, G G Geminum, gesser, gesserunt, GA Galeria, Gallus, Gallia, G.C. Genio civitatis, ... Caesaris, G I Genius liberius, GL VR RO. Gloria urbis Romæ, G L Genio loci; GLC Gloria consulum, GN S Genio sacrum, G V S Genio urbis sacrum, G T Genio tutelari, G B Genio bono

G ante A

Gabalium, ... *Plin* 12, 2

Gabaus, ... [גבה] ... *Vid* ... *Nep*

Gabatis, ... *Mart*

Gabii, ... *Plin* ...

Gabinius, ... *Plin* ...

Galbanum, ... [חלבנה] ...

Galbinus, a, um adj *Blush, whitish,* ... *Mart* 1, 97

Galbus, ... *Mart* ...

Galea, æ f [γαλέα] ... *An helmet, or head piece* ... *Also the top of a mast, made like a bowl, whither they climbed to descry* ... *Suet* ...

(1) ... *Plin* 1, 169 (2) *Plin*

Galeatus, ... *Mart* ...

Galena, ... *Plin* 33, 6 ...

Galeola, ... *Varr*

Galeritus, a, um adj *Having a hat on,* Litt ex Apul ... Gal ro opertus galericus, *Petron*

Galerus, ... *A hat,* Litt ex Vir

Galericulum, i n dim (1) *A little hat, bonnet, or cap* (2) *Also false hair, a peruke* (1) ... *Suet* ... *Otho* ...

Galea, ... *Plin* 11, 37

Galeritus, ... *Plin* 11, 44

Galgulus, ... *Plin* ...

Galla, æ f ...

Gallans ... *bels Priests,* Varr ...

Galiambus ... *A sort of verse,* Mart 2, 86

Gallica, æ f ... *Litt ex Plin*

Gallicæ, arum ... *pantofles, shoes* ... Philipp 2, 30

|| Gallicinium, i n *pro cantu gallorum The time of the night when the cock croweth,* Amm Marc 22, 55

[illegible] um adj *French*, [illegible] to the French Gau[illegible] [illegible] *a grey hound*, Ov Met
Ganeapeda, *a man's ca[illegible]* Mart [illegible]
[illegible] f Gargilli (1) [illegible] (2) *To a word in* [illegible] (1) Pepent [illegible] *kal* [illegible]
[illegible] patere [illegible] Plaut [illegible]
[illegible] *pottage*, [illegible] Col [illegible] R R [illegible]
[illegible] [illegible] adj *Of a* [illegible] Cic pro [illegible] gallinacei, [illegible]
[illegible] m *A roost* [illegible] Plin [illegible] 105 Suet Vi[illegible]
[illegible] f *A wood-* [illegible] Gallinago minor, *a* [illegible] Id Gallinago mi[illegible] Id
[illegible] n *A place* [illegible] *is kept, a hen-* [illegible] Col 8, 3
[illegible] m *He that keeps* [illegible] Col 8, 5
[illegible] adj *Belong-* [illegible] Scaev gallinaria, [illegible] Gallinarii pinu, *Juv*
[illegible] f dim [illegible] gal[illegible] *a little hen*, Ar[illegible]
[illegible] m *A French* [illegible] Lutetii [illegible]
[illegible] [Gallos Cybeles [illegible]] *To be mad*, [illegible] Non
[illegible] pro gallorum, *Non*
[illegible] m *A cock, a* [illegible] *priest of Cybele*, and [illegible] Gallus spado, *a capon*, [illegible] 55 Gallinaceus, *a roost-* [illegible] Div 1, 4
[illegible] *The letter gamma*, [illegible]
[illegible] m *A sea* [illegible] Jun
[illegible] fornix, [illegible] (1) *A bothel-house*, or [illegible] *or tippling-* [illegible] (1) Stemmus [illegible] ridere, [illegible] (2) Ventris & g[illegible] Tac Ann 3, 52, 2 [illegible] & stupra, *Il id* 6, [illegible] & Fest [illegible]
[illegible] m [gan[illegible]] *A* [illegible] *of bawdy* [illegible] *a glutton, a* [illegible] dim[illegible] Plaut [illegible] 4, 11
[illegible] *a quo* ganea [illegible] ganeum, *Ter* [illegible] 5
[illegible] m *A porter, a* [illegible] *among the* [illegible]
[illegible] Gangeon, [illegible] *on the* [illegible] (2) *Also a sprain*, [illegible] *a sinew* (1) [illegible] 6
[illegible] f [illegible] *a green, or north-* [illegible] Ser[illegible] malo, *Lucil* [illegible] & 3, 26
[illegible] tum neut [illegible] gestu expri[illegible] (1) *To bark, yelp, or cry* [illegible] (2) *To whine, as a* [illegible] *he cometh his mas-* [illegible] (3) *To whimper*, or [illegible] one that is beaten [illegible] L L 6, 5 (2) Canes

gannitu vocis adulant, *Lucr* 5, [illegible] (3) Quid ille gannit? *Ter* [illegible] Ad Phor 4, 2, 17
Gannitus, us m verb *A whining, yelping, grinning, howling, playing* or *whimpering*, as of [illegible] *Mart* 5, 61 [illegible] Gannio
† Ganza, æ f *a goose*, ganta *A gander*, or *goose*, Plin 10, 22
Garamantites, æ m *A kind of carbuncle*, Plin 37
|| Gardianus, i m *A guardian*, or *tutor to a ward*, *a warden*, Justinian † Tutor, [illegible]
|| Gardinarius, i m *A gardener* Ap [illegible]
|| Gardinum, i n *A garden*, Justinian † Hortus, [illegible]
Gargarismus, i m *A gargarism*, or *physical potion, to gargle and wash the throat with*, Mel
Gargarizatio, onis f verb *Gargling of the mouth*, Plin 2, [illegible] Garg [illegible], *Plin* 2, [illegible]
Gargarizatus, a, um part *Gargled*, or *gargled*, Plin [illegible] Scrib Larg [illegible] 55
Gargarizo, as m [illegible] quo gargarizatio, *Plin* 28, 12
* Gargarizo, [illegible] *To gargle, to wash the mouth and throat*, [illegible] 4, [illegible] C Plin 20, 9
GARRIO, ire, ivi, itum neut [illegible] (1) *To chirp, or chatter*, *as a bird* (2) *To prate, to tattle* (3) *To croak* (1) [illegible] garrium, *Apul Flor* p 810 (2) Garrire quicquid in buccam venit, *Cic Att* 2, 1 (3) Meum [illegible] garriunt, *Mart* [illegible] § Garrire [illegible], *Plaut Cas* 5, 2, 5
|| Garritus, us m [à garrio] *The chattering of birds*, Sidon Ep 8, 6
Garrulitas, atis f (1) *Chattering* (2) *Met Babbling, prating* (1) Rauca garrulitas [illegible], *Ov Met* 5, ult (2) Puerilis [illegible] [illegible], *Suet Aug* 8
|| Garrulor, ari *To chatter*, Fulgen Mythol
Garrulus, a, um adj *Full of talk and prate*, [illegible] Tibull [illegible]
Garrulus, a, um adj [à garrio] (1) *Chattering, or chirping, as birds* (2) *Prating, babbling, tattling* (3) *Warbling* (4) *Purling, or murmuring, as streams* (1) Garrula hirundo, [illegible] *Georg* 4, 307 (2) lingua [illegible] (3) lyra, *Tibull* [illegible] (4) [illegible] rivi, *Sen Oed* 493
Garum, i n [illegible] pro piscium [illegible] confectum] *A sauce, or pickle, made of fish called* [illegible] Garum [illegible] *Plin* 31, 8 [illegible]
Garus, i m *A kind of lobster*, *of which they made a pickle, as we do of anchovies*, *Plin* [illegible]
Garyophyllum, i n *A clove*, [illegible] Caryophyllum
† Gau *vide Esd* 12 *pro* gaudium
Gaudens, tis part *Rejoicing, taking delight in* At ego gaudenti ac libenti, *Cic Att* [illegible] Nimium gaudens popularibus auris, *Vir Æn* 6, 816
GAUDEO, ere, gavisus neut *To rejoice, to be glad, to delight, or take delight in, to be pleased with* = Triumpho & gaudeo, *Cæl ap Cic Att* 9, 16 *A* Gaudere decet, lætari non decet, *Id Tusc* 2, 21 § Gaudere gaudio, *Ter Andr* 5, 5, 8 § Salute alicujus, *Nep Paus* 2

|| Gaudialis, e adj *Jocund, joyful, mortal, joyous* Gaudiales [illegible] dapes, *Apul Met* 8 p 26 † Lætus, [illegible]
|| Gaudibundus, a, um *Full of joy*, Apul Met 8, [illegible] † Gaudio [illegible]
† Gaudiloquus, a, um *He that speaketh joyfully*, Luc [illegible] Plaut [illegible]
|| Gaudimonium, i n *A rejoicing*, [illegible] Barthi [illegible] [illegible] Fest [illegible]
Gaudium, i n [illegible] Plin
Gaudium, i n (1) *Joy, mirth* (2) [illegible] (3) *Pleasure, which* [illegible] (1) [illegible] Plaut [illegible] 1, 100 (2) [illegible] Cic [illegible] 16, 21 (3) [illegible] gaudia, *Hor Od* 3, 6, 28
|| Gaulus, a [illegible] f [illegible] *Apul Met* 5 p 161
Gavisus, a, um part [illegible] *Rejoicing*, Ter Heaut 1, 8, 16
Gaulus, i m (1) *A* [illegible] (2) *Also a drinking* [illegible] (1) *Gell* 10, 25 (2) *Plaut Rud* 5, 2, 32
Gaunaca, æ f & Gaunacum, [illegible] Caunacum, i n *A thick* [illegible] Varr [illegible]
Gausapa, [illegible] Sen Ep 5
Gausape, [illegible] *gausape*, [illegible] (1) *A frize*, [illegible] *a frizado, a shaggy coat, a Turky work, a dagswain* (2) [illegible] *a long beard* (1) *Plin* 8, [illegible] (2) Gausape [illegible], *Hor Sat* 2, 8, 11 (3) [illegible] gausape pectes, *Pers* 4, [illegible]
Gausapina, æ f [illegible] *a frize mantle*, or *a mantle* [illegible] Augusto [illegible] gausapinas, *Mart* 6, 59 [illegible] 14, 145
Gausapum, [illegible] Gausapum, [illegible] gausapa, [illegible]
Gaza, æ f *The treasure of a prince, riches, wealth, one's estate, or stock* Omni Macedonum gaza potitus est Paulus, *Cic Off* 2 22 Gaza non [illegible] *Hor* [illegible] 16, [illegible]
* Gazophylacium, ii n [illegible] *A treasury* [illegible] Vulg [illegible]
* Gazophylax, [illegible] m *a treasurer*, Lat [illegible]

G ante E

Gehenna, æ f [illegible] Hieronym [illegible] *A valley of Hinnom, where the* [illegible] *their children to Moloch, and thence from the* [illegible] *it came to be taken for hell* [illegible]
|| Gelasinus, [illegible] *That may be frozen or congealed* [illegible] ap Gell 1, 9
Gelascit impers *It freezeth*
Gelasco, ere incept *To freeze, to congeal* Vinum [illegible] non gelascit, *Plin* 14, 21

Gelasinus, i m [illegible] *One of the teeth before, seen when a man* [illegible] *in laughing* (2) *A dimple*, or [illegible] *in the cheek, that is seen when one laughs* (3) *Also a buffoon*, or [illegible] *who maketh people laugh* (1) [illegible] dentes [illegible], *Poll* 2 (2) [illegible] (3) [illegible] Gelasimus
Gelatio, onis f verb *A freezing, or congealing*, Plin [illegible] 8
|| Gelator, [illegible] m *He that congealeth*, Aug
[illegible] atus, a, um part *Frozen* [illegible] *Plin* [illegible] Cortex [illegible]
Gelicidium, [illegible] n [illegible] *A frost*, [illegible] *the freezing of the waters* Gelicidia & pruina congesta, [illegible] Gelicidia nascuntur, *Col* [illegible] 8
Gelida, æ f [illegible] *Cold water*, Pertulit gelidam, *Hor* [illegible] 2, 91 [illegible]
Gelidus, a, um (1) *Cold* (2) *Met* [illegible] (1) [illegible] (2) Res omnes [illegible] ministrat, *Hor* [illegible]
† Gello, [illegible]
Gelu, [illegible] *Frost*, [illegible] Sil [illegible] (1) [illegible] [illegible], *Plin* [illegible]
Gelo, [illegible] *To freeze*, Si gelatur [illegible] *Plin* 15 [illegible]
Gelu, [illegible] *To be frozen* [illegible] Col 6 [illegible]
Gemebundus, a, um [illegible] *Groaning*, [illegible] fusus, [illegible] *that weepeth* [illegible]
Gemellipara, æ f [illegible] [gemini], *She that bringeth forth twins*, [illegible] *Heroid* [illegible] 6
GIHU, indecl [illegible] *Fruit cala*, [illegible]
† Gelum, i n *Ian* Assiduus gelus, *Lucr* 5, 206
Gelus, [illegible] *Non*
† Gemma, a f *A name of a* [illegible] *among the* [illegible] *called* [illegible] *Sed rectius* [illegible]
Gemebundus, a, um *Full of groaning*, *Ov Met* [illegible] Gemebundus [illegible] *Ov Met* [illegible]
Gemelli, [illegible] n [illegible] *twins born together*, [illegible] *of the* [illegible] [illegible] 5
Gemellipara, æ f [illegible] *A woman having two children at a birth*, [illegible] *Ov Fast* [illegible]
Gemellus, a, um adj dim *Double, twins*, [illegible] *at a birth* [illegible] *Col* [illegible] *Ov Met* 9, [illegible]
Gemendus, a, um part *To be lamented, or bewailed* [illegible] *Ov Met* [illegible] *Sen Herc Oet* 18
Gemens, tis part (1) *Groaning, lamenting* (2) [illegible] (3) *Creaking*, [illegible] (1) [illegible] *Ov*

Ov 4 … (2) Perom fremitu … ones gemitus, *Lucr* … Paulum … vectate … Lucr …

|| Gemitatim adv *Dividing* … Diomed

Geminatio, onis f verb *A doubling, redoubling, or repeating* Geminatio verborum, *Cic de Orat* 3, 54

|| Geminator, oris m *He that doubleth* … minat

Geminatus, a, um part *Doubled*, … Geminatus … *Ov* …

Gemini, n pl (1) *Twins, two children born at one birth* (2) Also *a constellation* … Cic … *Ov* …

|| Geminitudo … *holding*, … ap Non 2, 36

Gemino, are, act (1) *To double*, *to redouble* (2) *To join*, … *Ov* … (3) … *Hor* …

GEMINUS, a, um adj [al an gen, …] (1) *Double* … (2) … *equal* (1) … mihi contere … (2) … *Ov* … Gemini … *Plaut* …

Gemo, ere *To groan* … bubus … gemit … *Prud* …

Gemma, ae f … *precious stone* … *Plin* 37 …

Gemmatim adv *With groans*, Cic

Gemitus, us m … *A groan, or sigh* … *Cic* … *Plin* …

GEMMA, ae f … (1) *A young bud*, … (2) *A precious stone*, … (3) … *Ov* … (4) … Cic …

Gemmans, tis part (1) *Budding* (2) … *set with precious stones* … *Ov* … *Plin* …

Gemmarius, a, um adj *Belonging to jewels* … *Plin* …

|| Gemmarius, i m *A jeweller* …

Gemmasco, ere inc pr & gem (1) *To begin to bud* … Also … *to be set with jewels* … *Plin* 17, 15 …

Gemmatio, onis f *A budding out*, Plin … gemmatione …

|| Gemmatus, a, um m … *a lapidary*, …

Gemmatus, a, um part *Budded*, *set with precious stones* A … gemmati, *Liv* 1, 11 Monilia gemmata, *Ov Met* 10, 113 Gemmata corona, *Plin* 22, 3

Gemmeus, a, um adj *Of, like, or set with precious stones* … gemmea … *Cic* … Gemmea tecta, *Mart* 6, 47

Gemmifer, a, um *That bringeth, or beareth precious stones* Mare gemmiferum, *Prop* 3, 4, 2

Gemmo, are, neut (1) *To bud*, *to bloom* (2) *To sparkle* (1) … *Cic* … (2) … Gemmant …

|| Gemmosus, a, um adj *Full of precious stones* Gemmosus monilibus … *Apul Met* 5 p 178 …

|| Gemmula, ae f dim *A young bud*, … *a little precious stone* … *Apul Met* 10 p 344

GEMO, ere, ui, itum neut … (1) *To groan, or sigh* (2) *To mourn* (3) *To coo* … (4) *To creak* … *Cic* …

Gemonia, … Gemoniae scalae … *A place in Rome, where condemned persons were cast down* … Ann …

Gemursa, ae f … *A corn, or … growing under the little toe*, Plin 26, 8

GENA, ae f … (1) *The cheek*, … (2) *The eyelid*, … (3) … Cic … Plin 11, 37 … *Ov* … *Virg Aen* 8, 160

* Genealogia, ae f *A genealogy, a pedigree* … Lat Fr …

Genealogicus, a, um adj *Belonging to genealogy*, Tert

Genealogus, i m (1) *One that is skilled in genealogies* (2) *Also a writer of genealogies* (1) … genealogus … Cic … (2) … genealogus … Apoth 415

Gener, eri m … *A son in law*, … Cic …

Generabilis, e adj *That may be engendered or begotten* … *Plin* 2, 47 Opus generabile …

Generalis, e adj *General, universal* Constitutio generalis, *Cic de Inv* 1, 8 Generale decorum, *Id Offic* 1, 27

Generaliter adv *Generally, in general, commonly* … *Cic de Inv* 1, 26

Generasco, ere inc pt *To breed, or grow after its kind*, Lucr … 146

Generatim adv *Per singula genera* *By kinds, or sorts, generally, in general* … Sigillatim potius, quam generatim … *Cic Verr* 5, 55 Omnia generatim complecti, *Id de Inv* 2, 5

Generatio, onis f verb *An engendering, begetting, a generation* Generatio animalium, *Plin* 10, 52 hominum, *Id* 11, 64 = Ortus, procreatio, Cic

Generator, oris m verb (1) *He that engendereth, or begetteth* (2) *A breeder, an ancestor* (1) Qua nostri generatores … Cic de Univ 11 (2) … generator equorum, *Virg Aen* 3, 64

Generatus, a, um part (1) *Begotten, engendered, bred* (2) *Descended* (1) = Unde omnia sunt … generata, concreta, *Cic Tusc* … (2) … populum Romanum … *Cic* … *Plin* … 4, 2

Genero, are act (1) *To engender, or beget*, … (2) *To produce, bear, or bring forth* … (3) … *Cic* … *Ov* … *Virg Aen* 8, 141 … (5) … *Geb* … Deus, *Cic de Leg* … (6) … *Quint* 10, 2

Generose adv ius, comp *Nobly, worthily, generously* Generosius … *Hor Od* 1, 37, 21

Generositas, atis f (1) *Excellency of any thing in its kind* (2) *Nobility, generosity* (3) *Magnanimity* (4) *Kindness, generosity* … (1) … *Plin* 10, 56 … *Id* 8, 19 … generositas … Generositas in aspectu … *Plin* 8, 45 (4) *Vid* Generosus

Generosus, a, um adj or, comp issimus, sup (1) *Noble, born of a noble race* (2) *Courageous, brave* (3) *Good, kind* (4) *Generous in its kind, fruitful, plentiful* (1) = Virgo generosa & nobilis, *Cic* … (2) … Fortissimus … est generosior … *Sall* … (3) … Generosi … *Cic Tusc* 2, 6 (4) … vinum, *Hor Ep* 1, 15, 18

* Genesis, is vel eos f (1) *Generation, nativity* (2) *The planet under which one is born* (3) *Also the first book of Moses* (1) Ex … Graeca (2) Nota mathematicis genesis tua, *Juv* 14, 248 (3) Quae rerum genesin, … ortum tradit

* Genethlia, orum n pl *One's birth day, or a feast upon it*, Plin

Genethliaci, orum pl *Calculators of nativities, astrologers, fortunetellers*, Gell 14, 1

Genethliacus … quod … & …

… Geni, *pro* gigni … *a feast at, merry, pleasant* … *Ov* … 19 …

|| Genialis … *good cheer* … 30, 5

Genialiter adv *Pleasantly, merrily, with great mirth, frolicksomly* … nihil … egit, … *Ov* …

† Genius … *to pleasure* … *Stat* … geniale …

… *From the knot, from knot to knot* … geniculatim … 21 11

|| Geniculatio, onis f *Kneeling, praying upon the knees*, Tert

Geniculatus, a, um *That hath many joints or knots*, … stems of herbs, knot … culmus geniculatus, … Geniculatum … *Plin* 16, …

Geniculo, are *To grow into knots*, Plin 18, 16

Geniculum, i n dim *The little knee, a joint, a knot* … of an herb, Plin …

|| Genimen, inis n … *a generation, … or product*, … *interp*

Genista, ae f [a geno, … sponte genatur, …] *Broom* Genista humilis … *Broom*, *Mart* … lentaque genista, … 12 Spinosa, silvestris, … *great furs*

|| Genistilla, ae f *Sweet broom, heath, or ling*, Offic

Genita, ae f *A daughter*, Litt ex Plaut

Genitabilis, e adj … genitalis Genitabile … *Lucr* 1 11 … aura Favoni, *Lucr* 1 11

Genitale, is n *The … ber* Genitalia ossa … *Plin* 28, 9

Genitalis, e adj (1) *Serving to engender, or for breed* (2) *Of, or belonging to …* (1) Genitalia corpora, *elements*, Lucr 1, 58 … genitale, *the secret … member of a male* … Pompus genitale … *Ov Trist* …

|| Genitalis f … *or sword grass*, Apul

Genitaliter adv *By … tion, …* ratio, Lucr 4, 1251

Genitivus, a, um adj (1) … *that is born* … (2) Also *proper, or belonging to the same stock or family* … Genitiva … nota … *Suet Aug* … Genitiva … *Id Met* … (2) Apollo genitivus, … Casus genitivus, Gell …

Genitor, oris m verb *A father, a begetter*, … tor, or maker, a … *animo, nihil …* optime & … tissimo genitore … tum, *Cic* … omnium vinorum … 13, 4

Genitrix, icis f … *ther, she that bath …*

Passim ap. Poetas

f. (1) *Generation, conception, the seed* (2) Also *the time, nativity* (3)

(4) *Begotten,*

woman,

in general,

tura, or *of soil* (1) Gentilitas Minutii cognomen ejuravit, *Plin* (2) Laceras gentilitates colligere atque connectere, *Plin Paneg* 39 (3) Hoc br. etiam cum hoc loco redden... propter gentilitatem, *Plin*

Gentilitius, a, um adj. *That is common to a people, or family*, ... *cometh by descent from our ancestors* Gentilitii sacrificii *Cic*... *Reip* 15 vi. & *Plin* 15, 1

Genitrix... *Ant* 5,

† Genuasutola *Lucil*

Genualia... *knee* ... Poplitibus ... genualia ... *Ov Met* 10 595

|| Genuflectio, onis f. ... *the bowing of the knee, genuflection, or kneeling* Eccl

|| Genuflecto ... *to bow the knee, to kneel*, Eccl || Nitor ... ...

(4) *A way of ...* (5) *A nation, or people*

(7) Gen... quod partem ... *Cic de Inv* 1, 29 (8)

* Geodæsia, æ f. ... *surveying, or land-measuring* Lat. Agrimensio

Geographia... *Bud*

* Geometria... *Geometrie*... *Lat* Dimensio...

* Geometres...

Geome... um pl... *Cic*

* Geometricè adv. *According to the rules of geometry, like a geometrician* Geometricè erudi... *Plin* ... *Cic* ... 5

* Geometricus, a, um adj. *Belonging to geometry, geometrical* ... *Cic* ...

... *books* ... *husbandry*, as *Virgil's Georgicks*

Georgicus, a, um adj. *Belonging to husbandry* Georg... carmen, *Col* 7, 5

* Germanicus, a, m ... *A precious stone, in colour like ...*

* Gerrum, ... *where-of are ...* *Plin* ... 11

... *to carry young* ... *in their arms*, *Plin* ... 102

... *to bear, carry, or atchieve* ... Quis ... *Quint*

... *A brotherly, like* ... Germanè & ... *Cic* ...

... *brother* ... (1) Pro... (2) Germanitas ... *Cic de Har* ... 20

|| Germanitus adv. *Brotherly*, Ap

|| Germanitus adv. *Faithfully, namely, like a brother*, Non 2 91

Germanus, a, um adj. issimus ... (1) *Come of the same ...* (2) Also *genuine, proper, true, not counterfeit* (3) *Natural* ... (1) ... *Ter* ... 58 (2) ... Theodorom ... germano ... *Plaut* ... 2, 58 (3) ... *Cic* ...

Germen, inis n. ... *A branch, or ... young ...* ... *sprout* ... *Plin* 10 29 ... *Gen* 2, 76

Germinatio, onis f. verb. *A springing, a budding, or sprouting* ... *Plin* ... Palmes in ... *Col*

Germinatus ... verb. *A ... budding*, ... *Plin* 15 8

Germino, are, act. *To branch out, to bud, to blossom, to sprout out*, *Plin* ...

... fitum ... (1) *To bear, or carry* (2) *To wear* (3) ... *To have, or shew* (4) *To manage, conduct, carry on, to do, execute, or atchieve* (5) ... *nature* (6) Cum ... ciproc. ... *To behave* (1) Quis

ute sæ... immane... dent... ... *hominem* ... (2) Gerens ... *Plin* ... (3) ... 18 (5) ... *To repre... to obey, or humour him* ... partus *to conceive, or be with young*, *Plin* ...

Gero, onis m. *A porter, a carrier* ... gerulis ...

* Gerontocomium ... *An alms-house for poor old people*

Gerra, arum f. (1) *Hurdles made of twigs, ... wattled ... place ... a hurdle ...* ... *trifles* ... (1) ... (2) ...

Gerro, onis m. ... *A trifler, a ... tattler* ...

† Gerronia ... *A ... or ...*

|| Gerula, æ f. ... *A ... that carries ...* ... *Apul Met* 6 p. 10

|| Gerulator, oris m. *A porter, a carrier, a bearer of ...* ... *Plin*

Gerulifigulus ... *One that ... and ... about*, *Plaut Bacch* 3, 1, 4

Gerulus, i m. (1) *A porter, a bearer of burden* (2) Also ... (1) ... *Plaut Bach* 4, 5, 9 (2) ...

|| Gerundium ... *A gerund*, Gramm

|| Gerundivum ... *A gerund* ..., Gramm

* Gerusia ... f. ... (1) *A senate ...* (2) *Also the ...* ... *Ep* ... *Lat* Senatus ...

Gestio, onis f. ... *A ... of ...* ...

Gestamen, inis n. (1) *A carriage* (2) *A sceptre, or ...* (3) *A ... litter* ... nefellæ ... 14 ... (4) ... (5) ... Cyprus ... gestamen ... *Juv* 2, 90

Ot 4 12, 5 (2) Pectora fremitu rumpunt leones gementes, *Lucr* 3, 296 (4) Plaustris vectare gemente ut ous, *Vir Æn* 11, 138

|| Geminatim adv *Doubling wise*, Diomed

Geminātio, ōnis f verb *A doubling, redoubling, or repeating* Geminatio verborum, *Cic de Orat* 3, 54

|| Geminator, ōris m *He that doubleth*, Hec ✝ Qui geminat

Geminātus, a, um part *Doubled, made twice so much* Gemini victoria, *Liv* 1, 25 merces, *Hor* 18, 681

Gemini, m pl (1) *Twins, two children born at one birth* (2) Also *a constellation called* Castor *and* Pollux (1) Geminum, *Vir Æn* 5, 285 (2) Inde circulus fertur per Sagittarium atque Geminos, *Plin* 18, 0

|| Geminitudo *A doubling*, Pacuv ap Non 2, 366

Gemino, āre act (1) *To double, to redouble* (2) *To increase* (3) Also *to couple together* (1) Geminabit p. gaudium, *Ter Adelph* 2, 1, 1 (2) Labor geminatur, *Ov Met* 5, 596 (3) Non ut serpentes avibus geminentur, *Hor A P*

GEMINUS, a, um adj [ab ante geno, *qu* geminus] (1) *Double, two* (2) Also *alike, equal* (1) ✱ Tam geminus mihi conficies nuptias, *Ter Andr* 4, 1, 10 (2) Geminus & simillimus nequitia, *Cic Verr* 2, 67 Hic ejus geminus est frater, *Plaut Pers.* 5, 2, 19 Geminissimus *Plaut*, Id ibid

Gemisco, ēre *To groan* Sibi nos inflate velim, fragile gemiscit, *Claud Rapt Pros* 2, 130

* Gemites, æ m *A precious stone wherein you may see two white hands holding one another*, Plin 37, 11

Gemitur impers *They groan*, Cic

Gemitus, ūs (& ti, *Plaut*) m verb [à gemo] *A groan, or sigh, lowing* as of wolves ✱ Lamentatio & gemitus urbis, *Cic Post* reditum ✱ = Illius gemitu, Id pro Rosc A. 9

GEMMA, æ f [in a geno, & gemo, an a γέμω, plenus sum] (1) *A young bud, or button of a tree* (2) Poetice *A precious stone, a jewel, a gem* (1) Turgidit in palmite gemma, *Vir Ecl* 7, 48 (2) Poculis ex auro gemmis distincta, *Cic Verr* 4, 27 Qui quidem hanc propter significat, &c.

Gemmans, tis part (1) *Budding* (2) *Glittering, or shining like a precious stone, richly decked with pearls and jewels* (1) An comma gemmantes in te cornu, *Plin* 17, 14 (2) Gemmantia saxa ... pateras ... gemmantes, *Plin* ... Pro gemmantes explicat ... *Mart* 1, 0

Gemmarius, a, um adj *Belonging to jewels* Gemmarius mango, Litt ex Plin

|| Gemmarius, i m *A jeweller*, In

Gemmasco, ĕre incept & gemmesco (1) *To begin to bud* (2) Also *to get the hardness and form of a precious stone* (1) Gemmascere incipiens gignitur calamus, *Plin* 17, 15 (2) Id 37, 10

Gemmatio, ōnis f *A budding out*, Plin 17, 14 ubi tamen al germinatione, & vix alibi occ

|| Gemmator, ōris m *A lapidary*, Firm

Gemmatus, a, um part *Budded, set with precious stones* Anuli gemmati, *Liv* 1, 11 Monilia gemmata, *Ov Met* 10, 113 Gemmatæ coronæ, *Plin* 22, 3

Gemmeus, a, um adj *Of, like, or set with precious stones* Trulla gemmea, *Cic Verr* 4, 27 Gemma recta, *Mart* 6, 47

Gemmifer, a, um *That bringeth, or beareth precious stones*, Mare gemmiferum, *Prop* 3, 4, 2

Gemmo, are neut (1) *To bud, to bloom* (2) *To sparkle* (1) Cum ... gemmare, *Cic* ... (2) Vid Gemmans

|| Gemmosus, a, um adj *Full of precious stones* Gemmosis montibus onusta, *Apul Met* 5 p 158 ✝ Gemmis onustus

|| Gemmula, æ f dim *A young bud of a tree, a little precious stone* Quod vel gemmulæ floridis cuncta desinget, *Apul Met* 10 p 344

GEMO, ere, ui, itum neut cum accus [ε γέμω, onustus sum, dolore nimirum onustus maximum] (1) *To groan, to make a lamentable noise, to lament, or mourn* (2) Also *to bellow* (3) *To creak* (4) *To coo* (1) Hæc gemebant bonis, ... *Cic* ... (2) Gemit ... *Vir Georg* ... (3) Gemit sub pondere cymba, *Vir Æn* 6, 413 (4) Nec gemere cessabit turtur, *Vir Ecl* 1, 59

Gemor, oris *To be lamented*, &c Hic status una voce omnium gemitur, *Cic Att* 2, 18

Gemoniæ scalæ [a gemendo dict] *A place in Rome, where condemned persons were cast down from a pair of stairs into the river Tiber*, Tac Ann 3, 14, & Suet Tiber 53

Gemonides, um pl *A certain kind of precious stones, good to help women in travail*, Plin 37, 10

|| Gemulus, a, um adj *Mournful, or lamentable*, Apul Florid p 786 ✝ Flebilis, gemendus Litt

Gemursa, æ f [dict quod cuntem gemere faciat] *A corn, or little thing under the little toe*, Plin 26, 1

Gena, æ f [dict ... genu, unde & γένυς, barba] (1) *The eyelid* (2) *The cheek, the ball of the cheek* (3) *The part where the beard first sheweth* (1) Mulieres genas ne radunto, *Cic de Legg* 2 (2) Vid Plin 11, 6 (3) Prima genas vestibat flore juventus, *Vir Æn* 8, 160

* Genealogia, æ f *A description of the lineage, stock, or pedigree of any, a genealogy* Personarum attributum, *Cic* Lat Familiarum origo, *Nep*

Genealogicus, a, um adj *Belonging to genealogy*, Eccl

Genealŏgus, i m (1) *One that professeth skill in genealogies* (2) Also *a writer of genealogies* (1) Dii qui a genealogis antiquis sic nominantur *Cic N D* 3, 17 (2) Velut ille et genealogus idem, *Mart* ... Prud Apoth 285

Gener, ĕri m [*qu* generis propagator] *A son in law, a daughter's husband* Abjecit to go, ... ad generi pedes abjecit, *Cic Att* 4, 2

Genĕrābilis, e adj *That may be engendered, or begotten* Generabilis rerum natura spiritus, *Plin* 2 45 Opus generabile fingit, *Manil* 1, 143

Generālis, e adj *General, universal* Constitutio generalis, *Cic de Inv* 1, 8 Generale decorum, *Id Offic* 1, 27

Generāliter adv *Generally, in general, commonly* Tempus generaliter definire difficile est, *Cic de Inv* 1, 26

Generasco, ĕre incept *To breed, or grow after its kind*, Lucr 3, 746

Generātim adv *Per singula genera By kinds, or sorts, generally, in general* ✱ = Singillatim potius, quam generatim atque universe loqui, *Cic Verr* 5 55 Omnia generatim complecti, *Id de Inv* 2, 5

Generatio, ōnis f verb *An engendring, begetting, a generation* Generatio avium, *Plin* 10, 52 hominum, *Id* 11, 64 = Ortus, procreatio, *Cic*

Genĕrātor, ōris m verb (1) *He that engendereth, or begetteth* (2) *A breeder, an ancestor* (1) Qui nôsset generatores suos optimos, ... *Cic de Univ* 11 (2) Aurigas generator equorum, *Vir Æn* 3, 704

Generatus, a, um part (1) *Begotten, engendred, bred* (2) *Defended* (1) = Unde omnia orta, generata, concreta, *Cic Tusc* 5, 24 (2) A Marte populum Romanum generatum accepimus *Cic Philipp* 4, 2

Genero, āre act (1) *To engender, or beget, as the male* (2) *To conceive, bear, or bring forth, as the female* (3) *To spring, as a plant* (4) *To make, or create* (5) *To breed* (6) *To ...* (1) Mamin Atlas generat, *Vir Æn* 8, 141 (2) Et quæ non primo initu generare coepit, *Plin* 8, ... (3) *Gell* 5, ... (4) Hominem generavit Deus, *Cic de Legg* 1, 9 (5) Aliam ex alia generando suffice prolem, *Vir Georg* 3, 65 (6) *Quint* 10, 2

Generōse adv, ius, comp *Nobly, gallantly, generously* Generosius perire *Hor Od* 1, 37, 21

Generōsĭtas, ātis f (1) *Excellency of any thing in its kind* (2) *Nobility, generousness* (3) *Majesty* (1) Generositas gallinarum, *Plin* 10 56 leonum, *Id* 8, 19 Erat generositas Caecubo celeberrima, *Id* 14, 6 (2) Vid Generosus (3) Tantus in aspectu generositas, *Plin* 8, 45 (4) Vid Generosus

Generōsus, a, um adj or, comp issimus, sup (1) *Noble, born of a noble race* (2) *Courageous, brave* (3) *Good, kind* (4) *Generous in its kind, fruitful, plentiful* (1) = Virgo generosa & nobilis, *Cic Parad* 1 (2) Fortissimus ac sique est generosissimus, *Sall B J* 80 (3) Virtutem ipsa & quondam generosa vitis statim respuit, *Cic Tusc* 2, 6 (4) Generosior arbor, *Col* Generosum vinum, *Hor Ep* 1, 15, 18

* Genesis, is vel eos f (1) *Generation, nativity* (2) *The planet under which one is born* (3) Also *the first book of Moses* (1) Ex genesi Græca (2) Nota mathematicis genesis tua, *Juv* 14, 248 (2) Qui rerum genesin, *Tertullianum tradit*

* Genethlia, ōrum n pl *One's birth day, or a feast upon it*, Bibb

* Genethliaci, orum pl *Casters of nativities, astrologers, fortunetellers*, Gell 14, 1

Genetrix f int *Id quod genitrix*, & puto fere rectius scrib pro more loco docuit qui Titi marm & nummis antiquis exhibetur

✝ Geno, *pro* gigno *Lucr*

Genialis, e adj (1) *Genial, festival, merry, pleasant* (2) *Also pertaining to marriage* (1) Festum geniale, *Ov* ... ru, *Id* ... 19, ... (2) Genialis ... pro ...

|| Genialitas, ātis f *Mirth, good cheer, pleasantry*, ... 30, 5

Genialiter adv *Pleasantly, daintily, with great cheer, mirth, frolicksomely* ... nialiter egit, *Ov Met* ...

✝ Genialis, a, um adj *Pertaining to pleasure and good cheer* Var R R 3 ... Scal alii genicularium

Geniculatim adv *From knot to knot, from joint to joint* Folius geniculatim circumcinctis, *Plin* 21, 11

|| Geniculātio, ōnis f verb *Kneeling, praying upon one's knees*, Tert

Geniculatus, a, um *That hath many joints, or knots, as stems of herbs, knotty, jointed* Culmus geniculatus *Cic de Sen* 15 Geniculatum incedunt, *Plin* 16, 25

Geniculo, āre *To joint, or knot, to grow into joints, or knots* Plin 18, 16.

Geniculum, i n dim [à genu] *A little knee, a joint, or knot in the stalk of an herb*, Plin ...

|| Genimen, inis n [à geno] *A generation, a breed, a growth, fruit, or product*, ... Vulg interp

Genista, æ f [à geno, quod sponte genatur, ...] *Broom* Genista humilis, ... *wixen, base-broom* Molles ... lentæque genista, *Vir Georg* ... 12 Spinosa, silvestris, *when it great furs*

|| Genestilla, æ f *Sweet ... heath, or ling*, Offic

Genita, æ f *A daughter*, Litt ex Plaut

Genitābilis, e *Idem* ... genitalis Genitabile tempus ... *L L* 4, 3 ex *Lucr* Genitabilis aura Favoni, *Lucr* 1 11

Genitāle, is n *A fruitful member* Genitalia ossa ... *Plin* 28, 9

Genitālis, e adj (1) *Serving to engender, or for breed* (2) *Of, or belonging to one's birth* (1) Genitalia corpora, *the elements*, Lucr 1, 53 Membrum genitale, *the secret, or privy member of a male* (2) Sunt ... strantur, ne sint genitales, ... 9 Tempus genitale, *one's birth day*, Ov Trist 3, 13, ...

|| Genitalis f sc herba *G... er, or sword-grass*, Apul

Genitāliter adv *By generation, mainly, or aptly for generation*, Lucr 4, 1251

Genitivus, a, um adj (1) *Natural, that is born with us* (2) Also *proper, or belonging to the same stock, or family* (3) *A father* (4) *Genitive* (1) Genitiva nota, *Suet Aug* ... Genitiva agnomina, *Ov* ... 3, 2, 10 ... imago *Id Met* ... (4) Apollo genitivus, *Cat* Casus genitivus, *Gell* 1, ...

Genitor, ōris m verb *A father, a begetter, a parent, or maker, a beginner* ... animo, nihil ... optimo & praestantissimo genitore melius procreatum, *Cic de Univ* 8 Genitor omnium vinorum Græci ... 15, 4

Genitrix, icis f verb *A mother, she that bare a child*

[illegible] Passim ap Poetas [illegible]

Genitura, æ f (1) *Generation, begetting, conception, the seed of generation* (2) Also *the time, or planet of one's nativity* (1) ‖ Virgo atque genitura conchæ, *Plin* 9, 5. (2) *Suet* in *Tit* 9

Geniturus, a, um part *That will engender, or beget* Semina genitura populos, *Ov Ep* 12, 45

Genitus, a, um part *Begotten, engendered, born, bred* De sanguine genitus, *Ov Ep* 16, 19

‖Genitus, ûs m verb *pro* genitura Plurimos libros de genitu animalium reliquerunt, *Apul Apol* p 46. Per omnes animalium genitus pergam, *Ibid* p 466

Genius, i m [a gigno, genui] (1) *A good*, or (2) *evil dæmon attending each man*, or *woman*, (3) or *mankind in general*, *either* (4) *to attend*, or (5) *to punish them* (6) *The tutelary deity of a place* (7) *Pleasantness, good grace* (8) *A natural inclination* (1) Scit Genius, natale comes qui temperat astrum (3) naturæ deus humanæ, (2) mortalis in unumquodque caput, vultu mutabilis (4) albus, & (5) ater, *Hor Epist* 2, 2, 187 (6) Genius loci, *Vir Æn* 5, 95 (7) Victurus genium debet habere liber, *Mart* 6, 60, 10 (8) Qui cum genius suis belligerant, *Plaut Truc* 1, 2, 81 ¶ Genio indulgere, *to make much of himself*, *Pers* 5, 151 Defraudare genium, *to pinch his belly*, *Ter Phorm* 1, 1, 10

Geno, ere, ui, itum [à γείνω] idem quod *pro* gigno] *To beget* Genuit, *Varr R R* 2, 2

Genor, i, itus pass *To be begotten*, *Lucr* 3, 799 Similes parentum genuntur, *Varr R R* 2, 6

GENS, tis f [à geno, *i e* gigno, *Isid*] (1) *A nation, a people* (2) *A tribe, kindred*, or *stock* (3) *A family* (4) *A breed* (5) [illegible] (6) *A shore*, or *city of the* [illegible] (7) Synecd *One of a* [illegible] (1) Gens Allobrogum, *Cic Catil* 4, 6 (2) Gens Valeria, *Cic pro Flacco*, 1 Gens Domitia, *Suet Ner* 1 Cujus gentis [illegible] nostra, *Id Jul* 6 ✱ Nobilis non [illegible], non gentis eva [illegible] *Tac Germ* 2 (3) Patriciorum gentium, *Cic Fam* 9, 21 (4) [illegible] *Cic Or* [illegible] (5) *Col* 9, 9 (6) Gens humida ponti, *Vir Geor* [illegible] (7) [illegible] gilasne Deum gens, *Vir Æn* 10, 229 ¶ Gens humana, *mankind*, *Hor Od* 1, 3, 26 ¶ [illegible] gentium, *in what part of the world*, *Cic Verr* 5, 55 Minime gentium, *by no means in the world*, *Ter Adelph* 3, 2, 43

Gentiana, æ f *The herb gentian*, *bitterwort*, or *felwort*, *Plin* [illegible]

Genticus, a, um adj *Of a nation* [illegible] Mos genticus, [illegible] 6, 33 [illegible] Gentilis [illegible]

Gentilis, e adj [à gens] (1) *Of the same family, name, or stock* (2) *Belonging to the same nation*, or [illegible] (3) Also *a gentile*, or [illegible] (1) *Cic Top* c 6 (2) [illegible] forum advexit, [illegible] (3) *Ter* & post cum [illegible]

‖Gentilismus, i m *Gentilism*, [illegible]

Gentilitas, atis f Gentilium [illegible] & necessitudo (1) [illegible] *of* [illegible] *people*, or *family* (2) [illegible] *and alliance of the same stock and kindred* (3) [illegible] *agreeableness of nature*, or *of soil* (1) Gentilitas Manium cognomen ejuravit, *Plin* (2) Laceras gentilitates colligere atque connectere, *Plin Paneg* 39 (3) Herba cnicon hoc loco tendendi est propter gentilitatem, *Plin* 23, 7

Gentilitius, a, um adj *That is common to a people*, or *family*, or *that is peculiar to them*, *that cometh by descent from our ancestors* Gentilitia sacrificia, *Cic de Harusp Resp* 15 vid & *Plin* 19, 1

Genu indecl n *A knee*, *the leg* Genua labant, *Vir Æn* 5, 432

† Genus gulosæ, *Lucil*

Genualia, um pl n *A kind of hose to cover the knees*, *garters to ty under the knee* Poplitibus suberant picto genualia limbo, *Ov Met* 10, 593

‖ Genuflectio, ônis f verb *The bowing of the knee*, *genuflection*, or *kneeling*, Eccl

‖ Genuflecto, ere *To bow the knee*, *to kneel*, Eccl ✝ Nitî genibus

Genuinus, a, um adj [à geno] Nativus, sincerus *Peculiar*, *natural*, *proper*, *genuine* = Naturales & genuini honores, *Gell* 2, 3 Genuini dentes, *the cheek*, or *jaw teeth* [illegible] intimi qui conficiunt cibos, *Cic N D* 2, 54

GENUS, eris n (8) [à Gr γένος] (1) *A kindred*, *breed*, *lineage*, *extraction*, *race*, *stock*, or *family* (2) *An offspring*, or *issue* (3) *A sort*, *manner*, or *kind* (4) *A way of writing* (5) *A nation*, or *people* (6) *The breed*, or *sort of animals* (7) *A genus*, or *general term* (8) Also *a gender*, as the masculine, the feminine (1) Generis itone feminis Romam propria est virtus, *Cic Philipp* 4, 5 (2) Latonæ genus duplex, *Vir Æn* 12, 198 (3) Est genus hominum, qui, &c *Ter Eun* 2, 2, 17 Genus institutorum, *Cic* (5) Exemplis continetur Æsopi genus, *Phædr* 2, *prol* (5) Genus intractabile bello, *Vir Æn* 1, 343 (6) Genus ionum, *Lucr* 5 860 ferarum, *Id* 2, 597 piscium, *Hor Od* 1, 2, 9 (7) Genus est quod partes aliquas amplectitur, ut *cupiditas*, *Cic de Inv* 1, 28 (8) *Ap Grammat*

Genus, i m *pro* genu *Non* & genus n *A knee* Genus & sumum cingit, *Cic in Arat* 3

Geodæsia, æ f *Measuring*, or *surveying of land* Lat Agri dimensio

* Geodætes, æ m *A surveyor*, or *measurer of land*, Bud Lat Agri dimensor

Geographia, æ f [ex γῆ, terra, & γράφω, scribo] *A description of the earth*, *geography* De geographia dabo operam ut tibi satisfaciam, *Cic Att* 2, 4

* Geographus, i m γεωγράφος *A geographer*, or *describer of the earth*, Amm

* Geomantia, æ f *Working in sorcery*, *by circles*, *and pricks in the earth* Lat Divinatio ex terra

* Geometra, æ m [ex γῆ, terra, & μετρέω, metior] *A geometrician* Geometræ solent non omnia docere, sed postulare, *Cic Ofic* [illegible] 7

* Geometres, æ m *Idem* Juv

* Geometria, æ f *Geometry* Geometriam Euclides & Archimedes tractaverunt, *Cic de Orat* [illegible] Lat Terræ dimensio

Geometrica, orum pl n *The rules*, or *grounds of geometry* Quum geometrica didicisset, *Cic Tusc* 1, 24

* Geometricè adv *According to the rules of geometry*, *like a geometrician* Geometricè eruditus, *Plin* 35, 10 sed γεωμετρικῶς, *Cic Att* 2, 5

* Geometricus, a, um adj *Belonging to geometry*, *geometrical* Si geometricis rationibus non est crediturus, *Cic Acad Q* 4, 36

* Georgica, orum pl n [ex γῆ & ἔργον, opus] *Books treating of husbandry*, as *Virgil's* Georgicks

* Georgicus, a, um adj *Belonging to husbandry* Georgicum carmen, *Col* 7, 5

* Geranites, æ m gemma [à collo γεράνου, *i e* gruis] *A precious stone*, *in colour like a crane's neck*, *Plin* 37, 11

* Geranium, i n [à γέρανος, gruis] *The herb storkbill*, whereof are divers sorts, *Plin* 37, 11

Gerrula, æ f vel cetaria *A maid that is to carry young children about in her arms*, *Plaut Mil* 3, 1, 102

Gerendus, a, um part *That is to be borne*, *done*, or *atchieved* Quorum opera eximia in rebus gerendis extitit, *Cic pro S Rosc* 47

Gerens, tis part *Bearing*, *wearing*, *doing managing*, &c Sui negotii bene gerens, *playing the good husband*, *Cic pro Quint* 19

Germana, æ f *A sister by the father's side*, *an own sister* Vid *Nep* 5, 1 & ibi interpretes Securus amorum germanæ, *Vir Æn* 1, 55

Germanè adv *Brotherly*, *like a very brother* = Germanè & fraternè rescribam, *Cic* ad *Q fr* 2, 14

Germanitas, atis f (1) *Brotherhood*, (2) or *sisterhood by the same father and mother*, *near kindred* (1) Movent germanitas *Cic pro Lig* 11 (2) Germanitatis stupris volutatus, *Cic* de *Harusp Resp* 20

‖ Germanitus adv *Brotherly*, Aug

‖ Germanitùs adv *Faithfully*, *sincerely*, *like a brother*, Non 2, 381

Germânus, a, um adj issimus, sup [à germen] (1) *Come of the same stock*, *near akin* (2) Also *right*, *proper*, *true*, *not counterfeit* (3) *Natural* (4) *Very like* (1) Si te in germani fratris dilexi loco, *Ter Andr* 1, 5, 58 (2) Illa Theodoromedes fuit germano nomine, *Plaut Capt* 2, 2, 38 (3) Hæc mea est, & fratris mei germani patria, *Cic de Legg* 2, 1 (4) Antiochus germanissimus Stoicus, *Cic Acad* 4, 43 O mi Æschine, O mi germane *Ter Adelph* 2, 4, 5

Germen, inis n [qu gerimen, Scal] *A branch*, or *bud of a tree*, or *herb*, *a young twig*, or *spring*, *a sprout* Frondium germen, *Plin* 10, 29 Aliena ex arbore germen, *Vir Geor* 2, 76

Germinatio, ônis f verb *A springing*, *a budding*, or *sprouting*, *Plin* 17, 11 Palmes in germinatione imbecillis, *Col*

Germinatus, ûs m verb *A blossoming*, or *budding*, *Plin* 15, 8

Germino, are act *To branch out*, *to bud*, *to blossom*, *to sprout out*, *Plin* 15, 4

GERO, ere, ssi, stum act (1) *To bear*, or *carry* (2) *To wear* (3) Met *To have*, or *shew* (4) *To manage*, *conduct*, *carry on*, *to do*, *execute*, or *atchieve* (5) *To have by nature* (6) Cum reciproc seq *To behave* (1) Quis iste saxum immane detritus gerit, jam senior humeris? *Sen Herc Oct* 1007 (2) Gerens in capite galeam venatoriam, *Nep Dat* 3 (3) Animum gerit muliebrem, *Enn ap Cic Offi* 1, 18 (4) = Ut sapiens velit gerere & administrare rem, *Cic de Fin* 3, 20 (5) Ubera mammas quaternas gerunt, *Plin* 11, 40 (6) Quanto superiores sumus, tanto nos geramus submissius, *Cic Offic* 1, 26 ¶ Gerere personam alicujus, *to represent him*, Id morem alicui, *to obey*, or *humour him*, Id partus, *to conceive*, or *be with young*, *Plin* Vulnera gerens, *wounded*, *Vir* ✱ Imperatores neque agit, neque facit, sed gerit, *i e* sustinet, *Varr*

Gĕro, ônis m *A porter*, *a carrier*, *Cic* tribuit Cassius Mulis æris dimnigeruli, forts gerones, *Plaut Truc* 2, 7, 1

* Gerontocomium, i n *An hospital*, *an almshouse for poor old people*

Gerræ, ârum f (1) *Hurdles made of twigs*, *and filled up with earth*, *for the fortifying of a place*, *gabions*, or *shields made of twigs* (2) *Trifles*, or *toys*, or *things of no value* (3) Also *trifling*, *silly people* (1) Vid Γέῤῥον ap *Hesych* (2) = Gerræ germanæ, ἀχρὰ ἄλφιτα, *Plaut Pan prol* (3) *Plaut Asin* 3, 3, 10

Gerres, is f [à gerris, qu nullius pretii] *A fish of the kinds of herrings*, or *pilchards*, of small value, *Mart* 12, 32

Gerro, ônis m [à gerræ, nugæ] *A trifler*, *a droll*, or *one who talketh to little purpose* = Gerro, iners, fraus, helluo, *Ter Heaut* 5, 1, 10

† Gerulum, i n [à gerendo] *A cupboard*, or *table for wine vessels*, Varr

‖ Gerula, æ f sc femina *A maid that tendeth a child*, *and carrieth it about* Ineptæ divinæ formositatis gerula, *Apul Met* 6 p 191

‖ Gerulator, ôris m *A porter*, *a carrier*, or *bearer of burdens*, Litt ex Plaut

Geruligulus, i m *One that maketh and carrieth about*, *Plaut Bacch* 3, 1, 14

Gerulus, i m (1) *A porter*, *a bearer of burdens* (2) Also *a jest in man* (1) Aliquem gerulum quæret, nam ego non laturus sum, *Plaut Bacch* 4, 9, 79 (2) *Litt* ex *Sen*

‖ Gerundium, i n [à re gerundo, *i e* gerendo] *A gerund*, Gramm

‖ Gerundivum, i n *A gerundive*, or *gerund used adjectively*, Gramm

* Gerusia, æ f [à γέρων, senex] (1) *A senate*, *a convention of old men* (2) Also *the senate house wherein they met* (1) *Bud* ex *Plin* (2) *Plin* 35, 14 *Vitruv* 2, 8 *Plin Ep* 10, 42, 1 Lat Senatus, senaculum

Gesta, orum pl n [à gero] *Acts of princes*, or *people*, *exploits*, *atchievements* Obscuriora sunt ejus gesta pleraque, *Nep Dat* 1

Gestâmen, inis n (1) *A carriage* (2) *A scepter*, or *mace* (3) *A buckler* (4) *Any thing carried*, or *worn* (1) Gestamine sellæ Baiis pervectus *Tac Ann* 14, 4 vid & *Ann* 15, 57, 2 (2) Priami gestamen, *Vir Æn* 7, 246 (3) Clypeus magni gestamen Abantis, *Vir Æn* 3, 286 (4) Speculum pathici gestamen Othonis, *Juv* 2, 99

Gestandus,

Gestandus, a, um part *To be borne* Gestandus in sinu, *Ter Adelph* 1, 5, 75

Gestatio, ōnis f (1) *A bearing, or carrying, a taking the air on horseback, or* (2) *the place planted for this exercise*, in the same manner as *ambulatio* and *ambulacrum* (1) Gestatio & corpus concutit, & studio non officit, *Sen Ep* 15 (2) Sæpe apud utrumque, *Plinium*

Gestator, ōris m verb *A bearer, or carrier*, Plin Ep 9, 33

Gestatorius, a, um adj *Belonging to carriage, or serving to carry one in* Sella gestatoria, *Suet Ner* 26 & *Vit* 16

Gestatrix, icis f *She that carries* Diva gestatrix, *Mart Fracc* 4, 60

Gestatus, a, um part *Carried to and fro* Gestatus in gremio, *Mart* 1, 1

Gestatus, us m *A bearing, or carriage*, Plin 15, 2

|| Gesticularia, æ f *A tumbler, or she that wriggles, that shakes her trunks*, Gell 5

Gesticulatio, ōnis f *A gesturing of the body, a counterfeiting, or postures, &c a tumbling, and throwing tricks* Gesticulatio digitorum, *Col Til* 9

Gesticulator, ōris m *One that uses many gestures, a merry-andrew, a puppet player, a tumbler, an ape, a wanton* ...

Gesticulor, ari, ātus sum dep *To use postures and antick motions, to play strange gestures and tricks* (2) *To dance* ... (1) ... *Suet Dom* 8

Gestiens, tis part *Leaping, frisking or skipping for joy* Lætitia gestiens, *Cic Tusc* 4, 6

Gestio, ire, ivi, itum neut (1) *To shew joy, or desire by gesture of body, to leap, or skip for joy* (2) *To long, or would fain* (3) *To delight in a thing, or take pleasure in it* (1) ✝ Alter lætitia gestit, alter dolore cruciatur, *Cic de Fin* 2, 4 (2) Gestio scire, *Cic Att* 4, 11 (3) Qui non repudias Genio um luuere gestit, *Pers* 1, 127

Gestio, ōnis f verb [a gero] *The doing, or management of a thing* Negotii gestio, *Cic de Inv* 1, 26 & 2, 12

|| Gestitatio, ōnis f *An often carrying*, Litin

Gestito, are freq [a gesto] (1) *To bear* (2) *To carry, or wear often* (1) Volucrem vocem gestito, *Plaut Amph* 1, 1, 170 (2) Mea hæc haud sis gestitavit crepundia, Plaut Cist 4, 2, 8

|| Gestuosus, a, um adj perperam pro gestuosus

Gesto, are freq [a gero] (1) *To bear* (2) *To carry about, or wear often* (1) Gestare in utero, *Plin* 8, 10 (2) Gestant catulo sinu, *Plin* 8, 51 Homines qui gestant, quique auscultant crimina, *Plaut Pseud* 1, 5, 12

Gestor, ari, ātus pass *To be carried, &c* Caput ejus in gestari jussit in pilo, *Cic Phil pp* 11, 2 Gestatum est ejus truncum corpus patibulo affixum, *Valer Max* 9, 2

Gestor, ōris m verb [a gero] (1) *A porter, or bearer of burden* (2) *Also an informer, or promoter, a talebearer* (1) Delphinus gestor puerorum, *Plin Ep* 9, 33 *sed meliores libri hab* gestator (2) Pendeant gestores linguis, auditores auribus, *Plaut Pseud* 1, 5, 14

|| Gestuose adv *Full of action*, Litt ex Apul

|| Gestuosus, a, um adj *Full of gesture, and action, apish* In cetu gestuosus, *Apul Met* 10, p 214 Manus in argentum gestuosis, *Col* 1, 5

|| Gesturiens, tis part *Longing much*, Amm ✝ Gestiens

Gesturus, a, um part *About to bear, about to do any thing* Gesturus summo telo tutulo Jovi, *Cato 3 Honor Cons* 14

Gestus, a, um part [a gero] *Borne, done, managed, atchieved* Gestus est mihi mos, *I was obeyed*, Cic Mercedem rerum gestarum dederunt gloriam, *Id Mil* 1, 19

Gestus, us m verb [a gero] (1) *Gesture, or motion and carriage of the body, demeanour, behaviour* (2) *Acting, or gestures* (1) In gestu nec tumultuantibus vitium ... *Quint* 1, 26 Gestus ... verb ... 2, 44 (2) Gestu significare ..., *Quint* ... 2, 2, Certu manu quæ ... Plin Ep 8, 14, 2

Getium, i n *A kind of wild leek, or that used by the Getes* ... Getium

* Getion, i n *A kind of onions for sauce, bulbous leeks*, Plin 19, 6

Geum, i n *The herb avens*, Plin 26, 7

G ante I

Gibba, æ f *A bunch on the back* Gibba pone cervicem enata, *Suet Dom* 2, Gibba hepatis, *Cels*

Gibber, eris m *A bunch, or swelling* Plin ✝ Gibbus

Gibber, era, erum *That hath a bunch in any part of the body, bunch backed, bossed* Gibbera, *Varr R R* 2, 5 Tuber gibberum, *Macrob ap Sen Ep* 101

|| Gibberōsus, a, um adj *idem quod gibbosus*

|| Gibberium, i n *What standeth poking out*, Non ✝ Gibbosum

Gibbōsus, a, um adj *Bunched, bossed, crook backt, or humpshouldered*, Cels

Gibbus, a, um adj *Convex, bunched out, crooked, &c* ... Calvaria ex interiore parte concava, extrinsecus gibba, *Cels* 8, 1

GIBBUS, i m [a gibbo] *A bunch, or swelling on the back, or any other part of the body* Medium ... 6, 109 Gibber in dorso, *Plin* 9, 45 Spinæ gibberi leviter ..., *Varr R R* 2, 5

Giganteus, a, um *Of, or belonging to giants, giant like* Gigantea prælia belli, *Ov Trist* 2, 71 Jupiter clarus giganteo triumpho, *Hor Od* 3, 1, 6

* Gigantomachia, æ f *The battle of the giants against the gods* Claudii in opus imperfectum sic meitur

Gigas, antis m *qui* ... *A giant, a person of an huge stature and bigness* Cum gigantibus bella gesserunt Dii, *Cic N D* 2, 28

|| Gigeria, orum pl n vocab Gallic *Goose giblets, or gizzards, the entrails of fowls*, Lucil ap Non 3, 190

GIGNO, ere, genui, itum act [ab inf geno] (1) *To ingender, or beget* (2) *To breed, or bring forth* (3) *To create* (4) *To occasion* (5) *To invent, to make, or fashion* (1) Herculesquem Jupiter genuit, *Cic N D* 3, 16 (2) Æneam alma Venus genuit, *Vir Æn* 1, 622 In senecta detectio rem fructum gigni malus, *Plin* 16, 27 (3) Animum ex sua mente & divinitate genuit Deus, *Cic de Univ* 8 (4) Ludus genuit certamen & iram, *Hor Epist* 2, 19, 48 (5) ✕ Qui non illustravit, sed genuit dicendi copiam, *Cic de Cl Orat* 73

Gignor, i genitus pass *To be ingendered, &c* Pinto ... gignunt, Cic *Orat* 3

✝ Gillo, ōnis m *An ear of corn, a drinking vessel, a g...* ..., Virg ... Gello

Gilvus, a, um adj *Cinnamon, or ash colour, the colour of fire being half burnt, of an ash, or ass colour*, Vir Geor 3, 8,

|| Gingiber, eris n *Ginger*, Jun ✝ *Zinziber*

* Gingidium, i n *The herb toothpick chervil, or as some chervil*, Plin 20, 5

Gingiva, æ f *The gum wherein the teeth are set* ... Rufum defricare gingivam, *Catull* 37, 19 Gingivas ploxemi vetusti habet, *Id* 97, 6

|| Gingivūla, æ f dim *A little gum* Tumidula gingivula, *Apul Apol* p 409

|| Gingrinator, oris m *Arnol Gingrinator*, *Fes A piper* ... Tibicen

|| Gingrina, æ f *Fes* gingrino, dict ... *short pipe, with a ... and doleful sound, made of ... bones*, Solin

Gingritus, ... interum vocis proprium est, unde genus quoddam tibiarum exiguarum gingrina, *To gaggle, or cackle as ... like a goose*, Fest

|| Gingritus, us m verb *The gaggling of geese*, Arnob

Ginnus, i m *A monstrous creature, bred of a horse and a she ass*, Varr R R 2, 8 Rictus Atlas cum compare ginno, *Mart* 6, 77 *sed al aliter leg*

Gingillus, i m [a gyro] *The blades, or wheel to wind yarn with* ... Gygillus, *quod vid*

Git, ... n indecl *A kind of cockle, a small seed, gith* Git nus seminis quod git appellatur, *Col* 6, 34

G ante L

|| Glabella, æ dim ... quod glabra & sine pilis *The space over the nose between the brows*, Capel

Glabellus, a, um adj dim *Bare, without hair* Corpore glabellus, *Apul Florid* p 763

GLABER, bra, brum adj ... comp [... quod ... ab Heb ... tonsor] *Smooth, bald, bare, peeled, without hair, or wool* Glaber cicure, *Mart* 12, 29 Glabra fieri, *Col* ... oves, *Plaut Trin* 2, 4, 140 Glabriorem reddes mihi, quam vulsus ludius est, *Id Aul* 2, 9, 6

Glabraria, æ f *She who plucketh off the hair*, Mart 4, 28

Glabreo, ere neut *To be smooth, bare, or peeled, without hair, wool, feathers, or grass, to be bald*, Col 2, 9

Glabresco, ere incept *To begin to be smooth, &c* Area glabrescit, & fit idonea trituris, *Col* 2, 20

Glabrētum, i n *A bare piece without corn, or grass, also a bare place of the body, with no hair growth*, Col 2, 9

|| Glabriones m pl *They that want hair, bald people*, Ascon ✝ Glabri

Glabritas, atis f *Smoothness or bareness of hair*, Arnob ✝ Lævitas

Glabro, āre act *To make bare, or smooth, to take off the hair* Sue flammula fictam glabrantur, *Col* 12, 53

Glacialis, e adj *Frozen, icy, freezing* Frigus glaciale, *Ov Met* 9, 581 Glacialis hyems, *Virg Æn* 3, 285 Gl ... 10, 1a, ... 6

Glacians, tis part *Freezing, or turning to ice* C... ta borea, *Id Fracc* 37 ... glacialibus

Glaciatus, a, um part *Frozen, turned to a curd* ... glaciatus colour *Col* 7, 8

GLACIES, ei f ... Dura ... & ... Liv 21, ... Danubius, *Plin* ... cies ... *there, or ... hardness*, Lucr 1, 5

Glacio, are act *To congeal, or freeze, to turn to* ... Ca... nives puro numine Jupiter, *Od* 3, 10, 7

Glacior, āri, ātus pass *To be frozen* Humor glaciatur in ... mis, *Plin* 8, 38 ... *Id* 37, 2

Glacio, āre ... *To ... or glaze, like a* ... Pl ... 10 ...

Gladiator, oris m (1) *A sword player, a fencer, a prize fighter* (2) *A killer, a murderer, a ruffian* (1) Tam bonus gladiator rudem tam cito accepit? *Cic Philipp* 2, 29 (2) ✝ Homines sicarii atque gladiatores, *Cic pro* ... *Rosc* 3

|| Gladiatoriè adv *Like a sword player, cut throat like*, Lampid ✝ Gladiatorium more

|| Gladiatorium, i n *A fencing school*, Sidon ✝ Ludus gladiatorius, *Litt*

Gladiatōrius, a, um adj (1) *Of, or belonging to sword players, or cullers* (2) *Met Bloody, bloody* (1) Pugna gladiatoria, *Cic pro Milon* 34 (2) Cl... gladiatorio animo ... *Ter Phorm* ...

Gladiatura, æ f *Sword playing, fencing* E ... gladiatura ... tirum, *Tac Ann* ...

Gladiolus, i m dim (1) *A little sword, a woodknife, a dagger, a poniard* (2) *Also a flag, or swordgrass, a kind of sedge* (1) Gladiolo armatur, *Apul* ... 3, p 76 (2) *Plin* ... 11

GLADIUS, i m [... gladius quod ... cladem fit, ... Varr] (1) *A sword* (2) *Also a swordfish* (3) *A roll of wool carded* (1) Gladium vagina vacuum in urbe non vidimus, *Cic pro Marcell* 6 (2) *Plin* 32, 11 (3) *Scal ex* ...

Glelum, i n *A kind of* ..., Plin ✝ *Id* Glessum

Glandarius, a, um adj *Of, or belonging to mast* Sylva glandaria, *Cato*, c 1, ... & *Varr R R* 1, ...

Glandifer, era, erum *Bearing mast, or acorns* Glandifera ... cus, *Cic de Legg* 1, 1 ... ra Pannoniæ, *Plin* ... 5

Glandionida, vel glandionis ... Glandionidem suillam ... *Plaut* ... in suillam ex glandi ..., *Plaut Menæch* 1, 3, 27

Glandium,

Glandium, i. n. [a glande dict.] (1) *The neck of a swine which is full of kernels.* (2) *A kernel* [illegible] (3) *Any part full of kernels* (1) Suis glandium, [illegible] (2) Glandium corporibus, *Plin.* 17, 6 (3) [illegible]

Glandula, æ. f. dim. [a glans] (1) [illegible] *acorn* (2) *Also a* [illegible] *in the flesh, a glandule,* [illegible] *part of the body* [illegible] (1) Prop. [illegible] non reperio (2) Glandulas [illegible] articuli, *Mart.* [illegible]

Glandulosus, a, um. [illegible] *in the jaws, the glandules or kernels,* Cels. [illegible]

[illegible], a, um. adj. *Full of* [illegible] cervix porcorum [illegible]

[illegible], m. *A crafty fish,* [illegible] *that bites the bait* [illegible] *with the hook,* Plin.

GLANS, dis. f. [a Gr. βάλανος] (1) *A mast of* [illegible] *tree, an acorn,* [illegible] (2) *A small* [illegible] *A pellet,* [illegible] *or other* [illegible] (3) *The nut of a man's yard* [illegible] propter intelligentiam [illegible] quercus, [illegible] *Plin.* 16, [illegible] *Sal. B. Jug.* 57

[illegible] a, um. adj. [illegible] ✝ Nitidus.

[illegible] f. *Gravel, little* [illegible] *coarse sand,* [illegible] non glarea [illegible] *Liv.* 41, 27

[illegible] *Small gra-* [illegible] in nu effundens, [illegible]

[illegible], a, um. adj. *Full of* [illegible] *gravelly, gritty* [illegible] *Col.* 2, 10

[illegible] color. *Sky colour,* [illegible]

[illegible] n. Vox Caltica [illegible] *wherewith the cloth* [illegible] *and with which the* [illegible] *to paint them* [illegible] 2, 1

[illegible], a, um. adj. *Of a* [illegible] *colour* Pall. [illegible] *Sed al. leg.* [illegible]

[illegible], idos. f. [a glaucus] [illegible] Petron. [illegible] non [illegible]

[illegible] m. *A fish, which* [illegible] *women* [illegible] *plenty of milk,* Plin.

[illegible] *To cry like a* [illegible] Glaucitat catulus, *Auct.* [illegible]

[illegible] [a glauco co-] [illegible] *of a greenish co-* [illegible] 19

[illegible] n. [a glaucoma] [illegible] *crystalline* [illegible] *the eye, the pin, or* [illegible] testudinis [illegible] prodest, [illegible] Dens glaucomam ob [illegible] *Plaut. Mil.* 2,

[illegible] *Owl-eyed,* Gell. [illegible] glaucopis, *Fest. Sed al. leg.* [illegible] *owl. Sed al. leg.* [illegible]

[illegible], a, um. adj. [γλαυκός, [illegible] *Lucif.*] [illegible] *sky coloured, a-* [illegible] *or* [illegible] *red, as in the* [illegible] &c. Glaucus a-

mictus, *Liv. Æn.* 8, 33 Glauci oculi, *Plin.* 8, 21

Glaucus, i. m. *A kind of fish,* Plin. 6, 16

* Glaux, cis. f. *The herb milk-wort, or sea trefoil,* Plin. 27, 9

GLEBA, æ. f. (1) *A clod, clot, or lump of earth* (2) *A piece of a stone,* (3) *or other thing* Hinc Anglice *glebe* (1) Putris se gleba resolvit, *Vir. Geor.* 1, 44 (2) *Plin.* 36, 5 (3) Gleba thuris, *Lucr.* 3, 328 Iner [illegible] coguntur glebis, *Nemes. Lu.* [illegible]

|| Glebo [illegible] *A lot of clods, or turfs,* Amm.

Glebarius, a, um. *Plowing* Boves glebarii, qui terram protendunt glebas, *Varr. L. L.* 6, 4

Glebosus, a, um. adj. or, comp. *Full of clods, cloddy,* Plin. 35, 15 Terra glebosior, *Ibid.* c. 16

Glebula, æ. f. dim. (1) *A little clod* (2) *A little piece of land* (1) Quæ offibus insiccitur glebulis, *Vitr.* [illegible] 5, [illegible] (2) Saturni [illegible] glebula [illegible] *Juv.* 14, 166

|| Glebulentus, a, um. adj. *Cloddy,* Terra glebulenta, *Apul. de Deo Socr.* p. 68 ✝ Glebosus

Glesum, i. n. *Crystal, beryl, or rather a kind of amber.* Succinum quod ipsi glesum vocant, *Tac. de Germ.* 45 *scrib. & gle-* sum

* Gleucinum, i. n. [a Gr. γλεῦκος, mustum] *Oil of the first running, before the olives be thoroughly pressed,* Col. 12, 51 Ation. de oil, Plin. 15, 7

✝ Glechonium, i. n. *Camomile,* Litt. ex Plin.

Glinon. *A kind of maple,* Plin. 16, 15

Gliraurium, i. n. *A place where dormice are kept,* Varr. R. R. 3, 15

GLIS, iris. m. [a Gr. γλίς, Æol. γλιάς, *unde* glis, *lis*] *A dormouse.* Somniculosi glires, *Mart.* 3, 58 ✱ Glis, *glirts,* animal. Glis, *glitis,* terra tenax. *Glis, glissis,* lappa, Vet. dict.

Glis, dis. *Clamminess, or toughness in bread,* Litt. ex Vitru.

Glis, ssis. f. *A thistle, or spiny root,* Litt. ex Plin. *sed non rep.*

Glis, glitis. f. [a γλία, gluten] Viscosus, lentus. *Clammy earth, or potter's clay,* Litt. *sic* Aud.

Gliscens, tis. part. *Growing, raging, increasing.* Gliscente indies seditione, *Liv.* 6, 11 Discordia gliscens, *Tac. Ann.* 4, 15, 5

|| Gliscerus, a, um. adj. [a glisco] *That is big, or increaseth, sun piece, shining,* Fest.

✝ Glischroma go, i. m. *A kind of white marl,* Plin. 17, 8

GLISCO, ere. (1) *To grow, or spread itself* (2) *To wax fat and glisten* (3) *To desire earnestly* (1) Puniis ingenius gliscit suctoritas, *Tac. Ann.* 1, 35, 5 = Gliscere & vigere, *Ibid.* 16, 27, 9 Gliscere sum in ipso patio tinebat, *Id. Hist.* 2, 8, 1 Gliscunt jurgia, *Lucr.* 3, 470 gaudia, *Id.* 5, 1060 ✱ Quæ crescente luna gliscunt, deficiente contra deficiunt, *Gell.* 20, 8 (2) Per hyemem difficulter gliscit, *Col.* 8, 9 (3) Dulci gliscere ferro, *Stat. Theb.* 12, 6, 9

|| Globatim. adv. *In a round,* Amm. 27, 9 ✝ Conglobatim, *Liv.*

|| Globatio, onis. f. verb. *A gathering round, or in a ball,* Litt. ✝ Conglobatio, *Sen.*

Globatus, a, um. part. *Made round.* Forma terræ globata, *Plin.* 2, 2

Globo, are. act. *unde* globor pass. *To make round like a bowl, to gather round together* Guttæ parvis globantur orbibus, *Plin.* 2, 65 Globari in rotunditatem, *Id.* 18, 15

Globō. adv. *In manner of a thing that is round,* Frin. Poet.

|| Globositas, atis. f. *Roundness* Terræ globositas, *Macrob. Somn. Scip.* 1, 16 ✝ Rotunditas

Globōsus, a, um. adj. *Round as a bowl.* Mundus globosus, *Cic. N. D.* 2, 19 Saxa globosa, *L.* 38, 29

Globulus, i. m. dim. (1) *A little round bowl, or pellet, a button* (2) *A round roll, or lump of fine flour fried in oil, a cracknel* (3) *Also the nut of a cypress tree* (1) *Plin.* 33, (2) *Cato R. R.* [illegible] (3) *Litt. sed* un [illegible] non dicit

Globum, [illegible] n. *A bowl, or any thing that is round,* R. ex Mat.

GLOBUS, i. m. (1) *A bowl, or other thing very round, a globe* (2) *A ball, a clot* (3) *A troop, a squadron, or party of soldiers* (4) *A knot of men who jointly carry on any design* (1) Globum σφαῖραν inte pretari placet, *Cic. N. D.* 2, 18 (2) In fumus tu nubibant grandiculos globos, *Plaut. Pæn.* [illegible] 35 (3) Armatorum globus, *Liv.* 1, 9 (4) Globus conjurationis, *Paterc.* 2, 58 [illegible] consensionis, *Nep. Attic.* 10

Glocīens, tis. part. *Clucking as a hen.* Glocientes eas [gallinas] appellant rustici, quæ volunt cubare, *Col.* 8, 5

Glocio, ire. [ex sono fictum] *To cluck as a hen doth her chickens,* Col. *Vid.* Glociens

Glōcitātio, onis. f. verb. *A clucking like a hen,* Litt. ex Col.

Glocito, are. *Id. quod* glocio, *Fest.*

|| Glŏmĕrābĭlis, e. adj. *Which may be wound, or turned.* Glomerabilis luna, *Manil.* 1, 220

Glomerans, [illegible] adj. *That turneth, or windeth about,* Sidon.

Glŏmĕrāmen, inis. n. (1) *A small round, or circular body, an atom, a small ball, or pellet* (2) *An heap* (1) Nec te meatum enim inte glomeramina quæque, *Lucr.* 2, 453 (2) Distantibus formis glomeramen in unum conveniunt, *Lucr.* 2, 685

Glomerans, tis. part. *Winding round as on a bottom.* Omnia glomerans determinat annus, *Cic. de Div.* 1, 12 ex *poeta* Rapidum glomerans cursum, *Sil.* 10, 462 Pasque ne atque simul glomerans, *Prud. Cath.* 3, 94

Glŏmĕrārius, a, um. adj. *Pertaining to round windings,* Sen. Contr. 1, [illegible]

Glŏmĕrātim. adv. *In heaps,* Macrob. 6, 4 ✝ Cumulatim, *Cic.*

Glomĕrātio, onis. f. verb. *A winding round in a bottom, the pacing, or ambling of a horse* Mollis alterno crurum explicatu glomeratio, *Plin.* 8, 42

Glomĕrātor, ōris. m. verb. *A winder up,* Enn.

Glomeratus, a, um. part. (1) *Wound up, or brought into a round heap* (2) *Confused, out of order* (1) Nives glomeratas agit Corus, *Sil.* 3, 523 (2) Semina vocis ore foras glomerata feruntur, *Lucr.* 4, 494

Glomero, are. act. [a glomus] (1) *To wind round as they do thread upon a bottom* (2) *To gather in a round heap* (3) *To make round balls of any thing* (4) *To assemble, or flock round together* (1) Lanam glomerabat in orbes, *Ov. Met.* 6, 19 (2) Lidunum glomerari pulvere stadunt, *Plin.* 12, 17 (3) Offas glomerant in turrex [illegible] & fure mittes, *Varr. R. R.* 3, 5 (4) Agmina [illegible] glomerari fugi, *Vir. Æn.* 2, 315 ✝ Glomerare gressus, *to amble,* Id. Geo. 3, 11

Glomeror, ari, atus. pass. *To be wound up* [illegible] *Vid.* Glomero

Glomerosus, a, um. adj. *Round like a bottom of thread,* [illegible] *Col.* [illegible] 5

|| Glomiculus, i. m. dim. *A little round heap,* Lex. [illegible] ex Apul. [illegible]

Glomus, i. m. [a golem, *Heb.* גלם *involvit, convolvit,* [illegible]] *A bottom of yarn, or clew of thread* Glomos lanæ portare, *Hor. Ep.* 1, 13, 14

Glomus, eris. n. *Idem.* Sine glomere lino, *Plin.* 36, 15

GLORIA, æ. f. [illegible] (1) *Glory, renown* (2) *Reputation, respect, a good name* (3) *Vaunting, boasting* (1) Via brevis, cursus gloriæ sempiternus, *Cic. pro Sext.* 21 (2) Omnium, [illegible] non tuisse, *Cic. de Div.* 1, 19 (3) = Quod genus estis ut ostentum & gloriæ? *Cic. pro Ros.* [illegible] *Poet.* [illegible] (Ita ignominia nt superet gloria, *P. Syrus* ✱ Gloria multorum judiciis constat, *claritas bonorum,* *Sen.*

Glōriabundus, a, um. *Vainglorious, vaunting, boasting.* Rex gloriabundus Hannibalem super [illegible] *Gell.* 5, 5

Gloriandus, a, um. part. *To be vaunted, or boasted.* Nec enim [illegible] vita quid, quum sit prædicabilis, aut gloriandum, *Cic. Tusc.* [illegible] 17

Glorians, tis. part. *Vaunting, bragging, boasting,* Cic. N. D. 1, 26 *Liv.* [illegible] 5, 14

Gloriatio, onis. f. verb. *Glorying, boasting.* Gloriatione dignam esse beatam vitam, *Cic. de Fin.* [illegible] 8

|| Gloriator, oris. m. verb. *A boaster, a bragger, a vaunter* ✱ Magistu sum ita [illegible] cupitor, quam gloria or, *Apul. Florid.* [illegible] p. 807

|| Glorifico, are. *To glorify.* Alios temporis vincta coronis glorificant, *Prud. Hamart.* 965

|| Glorificor, ari, atus. pass. *To be glorified.* Deus potius glorificetur, *Tert.*

Gloriŏla, æ. f. dim. *Small glory.* Ut vivi gloriolâ nostrâ perfruamur, *Cic. Fam.* 5, 12

Glorior, ari, atus sum. dep. *To glory, to brag, to boast and vaunt, to excel, to extol with boasting* § Gloriari, *absol.* Gloriari inter suos, ad amicos, de se, de re aliqua, contra aliquem, in re aliqua, in se ipso, *fich.* equitum, idem quod Cyrus, nec insolenter, *Cic.*

Gloriose. adv. ius, comp. ssime, sup. (1) *Gloriously, with great honour, richly* (2) *Also vainly, proudly, braggingly* (1) A [illegible] his gloriose triumphavit, *Cic.* = Præclare gloriosissimeque vixerunt, *Paterc.* 2, 3, 2 (2) Quoniam hæc plausibilia non sunt, gloriose loqui desinam, *Cic. Tusc.* [illegible] 21 Gloriosius de se prædicare, *Id. pro Dom.* 35

Gloriosus, a, um. adj. (1) *Glorious, or full of glory, renowned* (2) *Also vainglorious* (1) ✱ Fuga nobis gloriosa, patriæ calamitosa, *Cic. de Liv.* 1, 78 Illustria & gloriosa facta, *Cic. de Fin.* 1, 11 (2) = Vos nequam & gloriosæ, malæque, *Plaut. Truc.* 1, 2, 55 Miles gloriosus, *a blusterer, a braggadocio,* Ter. Lun. prol. 31 Nihil neque insolens, neque

 gloriosum

[illegible] *Nep* [illegible]

[illegible]

Co [illegible]

[illegible]

|| C [illegible] um [illegible]

[illegible]

CLUBO [illegible]

[illegible]

Clima [illegible]

GLUTEN, inis n [illegible]

[illegible] *Pers* 6 [illegible]

Glutinans [illegible]

[illegible] Colglutina 10, *Cic*

Glutinitte, õnis m verb [illegible] *Cael ad* [illegible]

Glutino, are, act (1) *To glue,* [illegible] (2) *To close up* [illegible] *Plin* 35 15 (2) Vulnus glutinare, *Cels*

Glutinor, [illegible] *To be glued, or pyled* [illegible] *Plin* 25, 5 Duo [illegible] & [illegible] *Plin* 25, 18

Glutinosus, a, um [illegible] *Plin* [illegible] *Cels* 5,25 [illegible]

GLUTIO [illegible] Qua [illegible] *Per* 4 28 ¶ Glutire vocem, *to rattle in the throat,* Plin 10 12

Glutio, õnis m [e glutio] *A greedy gut, one who devoureth much* [illegible] Pers 5, 112 [illegible]

Glutus [illegible] m [illegible] *the gullet,* Pers 5, 112

Glutus, a, um [a glus, i e gluten] *Compact, thrust hard together* [illegible] *Ca-to* [illegible]

|| Glyconium, ii n *A kind of* [illegible] Sdon & Gram

|| * Glycypicron Dulcamarum, [illegible]

|| * Glycyside, [illegible] f pl [illegible] *meat,* [illegible]

* Glycyrrhiza, æ f [illegible] *Sweet root, or liquorice,* [illegible]

Glycyrrhizon [illegible] *Plin* 25 [illegible]

[illegible] *A sort of* [illegible] 25

Glycyside, [illegible] f *Piony,* Plin [illegible]

G ante N

Gnaphalium [illegible] n [illegible] *lea* [illegible] *cotton and* [illegible] Plin 27, 17

|| Gnare [illegible] *with* [illegible]

Gnarus [illegible]

[illegible]

Gnarus, a, um adj or, comp [illegible] (1) [illegible] (2) *Some-* [illegible] (1) Reipublicæ gna [illegible] *Cic* Orat 1 6, (2) [illegible] gnarum, [illegible] *Ne-* [illegible] gnara [illegible] 12, 45

Gnata, æ f *A daughter* [illegible] gnata, *Ter* [illegible]

Gnatho, õnis [illegible] *flatterer,* Ter

Gnathonici, [illegible] *One of Gnathos* [illegible]

Gnatus, a, um part [i e natus, pro nascor] *Born,* Plaut [illegible] 2, 54

Gnatus, [illegible] pro Prosthesin pro [illegible]

Gnaviter, adv pro Prosthesin [illegible] *Lustily, stoutly,* [illegible] Gnaviter peregrinum [illegible] *Lu*c

GNAVUS, a, um adj per Prosthesin pro navus (1) *Quick, lusty active* (2) *Diligent, industrious* (1) Gnava juventus, *Ov* [illegible] (2) Gnavus me [illegible] *Hor* [illegible] 1, 6, 20

Gnomon [illegible] *right kind of earth,* Plin [illegible]

Gnome, æ f (1) *A sentence* (2) *Also an instrument to measure land* (1) *Quint* 8, 5 (2) [illegible]

* Gnõmon, õnis m (1) *The tooth of an horse whereby his age is known* (2) *Also the pin, or cock of a dial, the shadow whereof points out the hours* (3) *Also a square, or rule to know any thing by, a carpenter's square* (1) Ex usu Græc frequentius [illegible] (2) *Plin* [illegible] Ubi umbilicum [illegible] *Lucan* (3) Ap [illegible] & *Lucian*

* Gnomonice, es f *The art of dialling also the science to know the situation of any place, or country,* Hyg

* Gnomonicus, i m *A dial-maker* Solin

* Gnomonicus, a, um *Belonging to a dial* Rationes gnomonicæ, *Vitruv* 9, [illegible]

|| * Gnosticus, m *A gnostick, a sort of hereticks that boasted of their knowledge,* Hie

G ante O

Gõbio, õnis m *A fish called a gudgeon* [illegible] Ne mullum cupias, cum [illegible] tibi gobio tantum in loculis, *Juv* 11, 37

Gobius, ii m *Idem* Principium [illegible] gobius esse [illegible] 88

* Goetia, æ f *Witchcraft, or sorcery,* [illegible]

|| Gomer indecl Heb עמר *homer* [illegible] *gallon and almost a pint,* Vulg Interpr

|| * Gonagra, æ f [illegible] *The gout in the knee,* Jun

|| Gonorrhœa, æ f [illegible] *The running of the reins,* Med

Gorgonia, æ f *Coral,* Plin 37, 10

Gorytus [illegible] *A quiver, or bow-case,* Ov Trist 5, 7, 15

Gossipinus, a, um adj *Of cotton, or bombast, fustian,* [illegible]

Gossipium, ii n *A tree bearing cotton,* [illegible] *cotton, or bombast,* Plin 19, 1

G ante R

Grabatulus, i m *A little bed, or couch,* Apul Met 2, p. 2, dim

* Grabatus, i m (1) *A couch, a bed to repose in in the afternoon* (1) *A man in small bed to carry from place to place* (1) [illegible] Dei [illegible] non modo [illegible] grabato, *Cic* Div 2, 63 (2) [illegible] grabatus, [illegible] *Mart* 12, [illegible] 11

Gracilens, is, [illegible] um adj *Slender, meagre, slim,* Enn ap Non [illegible] Gell 19, 4,12 & 19, 7

Gracilesco, ere incep *To wax small, [illegible], or thin, to grow lean,* Plin 17, 22 [illegible]

Gracilipes, [illegible] *Slender in the legs,* [illegible] Pe tron Arb c 55

Gracilis, e adj [illegible] or, comp [illegible] (1) *Small, slim, slender* (2) *Lean, meagre* (3) *Unfruitful, poor, thin* (4) *Young, tender, soft, or weak* (1) Fuit gracilibus cruribus, *Suet* [illegible] 51 Ut graciles fient [illegible] Ter Eun 2, 3, 21 (2) = Corporis gracilitas, [illegible] *Plin* 2, 8 (3) Gracilis vindemia, *Plin* Epist 8, 15, 1 & 9, 10, 2 (4) Puer gracilis, *Hor* Od 1, 5, 1

Gracilitas, ātis f (1) *Slenderness, slimness, leanness* (2) *Weakness, lankness* (1) Gracilitas crurum, *Suet* Cal [illegible] corporis, *Plin* [illegible] 2, 11, 15 & [illegible] (2) [illegible] non tam [illegible] corporis opimos, quam gracilitates [illegible] *Cic* de Cl Orat 64 (2) = Gracilitas & infirmitas corporis, *Cic* de Cl Orat 91

|| Gracilitudo, inis f *Slenderness,* Acc ap Non 2, 361

Gracillo, are *To cackle as an hen* Gallina gracillat, *Auct Phil* 25

† Gracilus, a, um *pro gracilis,* Lucil

Graculus, i m *A jackdaw, a Cornish chough, a jay,* Plin 11, 29 Also *a fish,* Litt ex cod dim

† Gracus, i m *A crow* [illegible] *xoραξ*, [illegible] sed rar occ

Gradarius, a, um *Which goeth softly, that hath a soft and gentle pace,* Sen Ep 40 Equus gradarius, *an ambling nag,* [illegible]

Gradatim adv *By degrees, by steps, by little and little, gradually* = Pedetentim & gradatim, *Cic* Post red ad Quirit 2

Gradatio, õnis f (1) *A going step by step* (2) Met *A climax, a figure in rhetorick* (1) Marmoreis [illegible] *Vitruv* 5, [illegible] (2) [illegible] 9, 25

Gradatus, a, um *Made with steps,* Plin 12, 4

Gradiens, tis part *Going* [illegible] gradiens [illegible]

Gradior, i, gressus sum [illegible] [a gradus] *To go* [illegible] *to go step by step, to* [illegible] Uno gradum [illegible] [illegible] *Ani* [illegible] Cic [illegible]

* Gradivicola [illegible] *worshipper* [illegible] 4, 242

Gradivus, i m [illegible] *Mars,* [illegible]

[illegible]

[illegible] 10, 5, 2

GRADUS, us m (1) *A step* (2) [illegible] (8) Also [illegible] *step of the ladder* [illegible] *by step* (9) [illegible] *heavens* (1) Gradus [illegible] *Cic* pro [illegible] Quum [illegible] *Cic* [illegible] B G 8, 9 [illegible] *to pursue with the* [illegible] *application,* [illegible] 16 (2) [illegible] *Flin* [illegible] (5) Gradu [illegible] locum [illegible] *Cic* [illegible] (6) = Gradu [illegible] *Cic* con [illegible] (7) [illegible] *Ter* Heaut 5 — [illegible] est non perturbarum [illegible] *Cic* Or [illegible] (8) *Quint* (9) [illegible]

Græcanicus, a, um adj *Grecian, or of Greece,* Plin 34, [illegible]

Græce adv *In Greek* Græce reddere, *Cic* de Orat 1, [illegible] *Id* Off [illegible] 2

|| Græcensis, e [illegible] *belonging to Greece,* [illegible]

Græcia [illegible]

Græcismus, i m *Imitation of the Greeks,* [illegible] *a grecism,* [illegible] [illegible] in hoste [illegible] 37 *for* [illegible]

Græcor, ari, [illegible] *To play the Greek,* [illegible] *exercises, or* [illegible] (2) Also *to* [illegible] Si Romanus [illegible] Græcari, *Hor* Sat [illegible] (2) *Sidon* [illegible] Græce loqui [illegible]

Græcostasis, [illegible] *Rome, where the ambassadors from Greece used to lodge,* [illegible] 4 32

Græculus, æ f *A little* [illegible] Plin 21, 4

Græculus, i m dim [illegible] *A poor little Grecian,* [illegible] 6, 57

Græculus, a, um adj (1) *Grecian* (2) *Also* [illegible] (1) [illegible] *sing* (2) *Harping* [illegible] cula tiles, Col 3, 2 (2) ☰ In-pu m & Græculum negotium, Cic, 1, 35 (,) Græcula concio, pro Flacco, 10

Græcus, a, um adj Belonging to Greece, a Greek, a Grecian ¶ ... in pref ¶ Græ... mercari Plaut Asin to buy with ready money

Graiugena, æ c g A Greek. Graiugenum domos ... Æn 3, 550

Graius, a, um adj A Grecian belonging to the Greeks, Lucr Graius latus, Nep Hann Graia Camœna, Hor Od 2, 16,

|| Grallæ, arum pl f Stilts, ... crutches, Non 361

Grallator, oris m He that goeth upon stilts, a stalker ... cervum cursu, grallatorum gradu, Plaut ... clavatorem

Grallatorius, a, um adj ... great long ... as if it were with stilts, ... 4, 52

|| Grallipes adj A great stalker ... walk upon stilts

GRAMEN, inis n (1) Grass ... herbs (1) Fœcundus ... herbam pu... Liv (2) Columbæ gramine pastus, ... Æn ... The rheum. that ... Chrethinus agriu ... Plin 25, 1,

Gramineus, a, um adj Of grass, ... Gramineus campus Æn 5, 287 ... cespes, Ov ... Gramineæ ...

Graminosus, a, um adj Overgrown with grass Gram nosus ... Col ...

Gramiosus, a, um That hath a rheum in the eyes, Non ex Cæc

* Grammateus, i m A notary, or ... Quem cum ... grammateum dicebant, Apul Met ... Lat Scriba

Grammatias, æ m A kind of ... with white streaks, or ... wart, Plin 37, 9

Grammatica, æ f vel grammatice ... f Grammar, the art ... Cic de Fin ... 2

Grammatica, orum n pl ... institutions, ... Orat 1, 2

|| Grammaticalis, e adj Of, or belonging to grammar, Gramm

|| Grammaticaliter adv Like a grammarian, grammatically, ... More grammatico

|| Grammaticaster, tri m A ... schoolmaster, or smatterer ... grammar, a pedant, Scal

Grammaticè adv Like a grammarian ... Aliud est Latinè, aliud grammaticè loqui, Quint 1, 6

Grammaticus, a, um adj Pertaining to a grammarian, of, or belonging to grammar Grammatica ... Hor Ep 1, 19, 40

Grammaticus, i m [a γράμμα] A grammarian, a teacher of grammar Grammatici certant, ... A P 78 Lat Literatus ...

Grammatophylacium ... id quod grammatophylacium ... 37, 9 Sed grammatarium ...

Grammatista, æ m A smatterer in grammar, a pedant, Suet de Ill Gram 4

Grammatophorus, i m A carrier of letters, Hier ✝ Tabellarius

Grammatophylacium, i n A ... where records, or common writings are kept, JCC ✝ Tabularium, Cic

Grammicus, a, um Made by lines, demonstrated by lines Grammicis explicationibus ... Vitruv 9, 1

|| Grammosus ... grammosus, a, um ... Gramiosus

Granarium, i n A granary, or garner, where corn is kept, a grange ... Cui non plus laudes ... granaria nostris? Hor Sat 1, 1, 53 Triticum condi oportet in granaria sublimia, Varr R R 1, 5...

Granatum, i n A pomegranate tree, Plin 20, 14

Granatus, a, um adj That hath many grain and kernels ☰ Mala ... granata, qua Punica vocantur, Col 12, 41

|| Grandævitas, atis f Great age, antiquity, Acc & Pacuv ap Non 2, 365

Grandævus, a, um Very old ... Cic ... patre, ... 7, 100 ... Luc 3, 519

Grandesco, ere incep To grow great and big ... frugi grandescere fœtu, Cic de ... Sui ... materia grandescere, Lucr 1, 192

Grandiculus, a, um adj dim Somewhat big, or great Grandiculi globi, Plaut Pœn 2, 5

|| Grandificus, a, um adj Mens grandifica A great, or lofty mind, Amm 18, 15

Grandigo, are To go away a main pace, Litt ex Plaut

|| Grandiloquentia, æ f Loftiness of style, or speech Rhet ✝ Gravitas sententiarum, & majestas verborum, Cic

Grandiloquus, a, um That speaketh in a lofty style Grandiloqui, ut ita dicam, fuerunt, Cic Orat 5 ¶ Hinc ... vel ab eo, vel ipsius ... Sceno, natu

Grandino, are To hail ¶ Queritur quæ hyeme ... non grandinet, Sen N Q 4, 4

Grandinosus, a, um adj Full of hail, subject to hail, Col ... 1

Grandio, ire, ivi, itum act ... grandem facio To make greater, or larger Grandire ... gradum, to make one mend his pace, Plaut Aul 1, 1, 10

Grandio, ire, itus pass To grow, and come to its full bigness, Cato R R 161

GRANDIS, e, adj or, comp issimus, sup (1) Great, ancient (2) Large capital (3) Considerable, of great value (4) Lofty, sumptuous, grand (5) Plentiful fruitful (6) Big, or high (7) Sublime (1) Ævum grande Lucr 2, 1141 (2) Grandiculus literis P Africani nomen ... incisum, Cic Verr 4, 34 (3) Pret um grande, Ov Epist 7, ... (4) Cubiculum grande & ... Cic Qu fr 3, 1 ... melior ... grandior ... (5) Seges grandissima, Varr R R 1, 5... (6) Grandia ossa, Virg Georg 1, 497 (7) ☰ Orator grandior & quodammodo excelsior, Cic Orat 34

|| Grandisonus, a, um That maketh a great sound, Sedul ✝ Magniloquus, grandiloquus

Granditas, atis f (1) Largeness, greatness, bigness (2) Height, loftiness (3) Also great age, oldness (1) Proprium exemplum deest (2) Apparet ex genere & granditate verborum, Cic de Clar Orat 31 (3) Granditas ætatis, Sisenna

|| Granditer adv Mainly, hugely, Sidon Ep 7, 2 ✝ Admodum, vehementer

Granduiusculus, a, um adj Somewhat big, of good stature, ... Grandiuscula profecta est illinc, Ter And 1, 5, 19

Grando, inis f (1) Hail (2) Also a little hard swelling in the eyelids (1) Subita ... grando, Cic ... Grat 2, 35 (2) Ex Galeno ...

|| Granea, æ f A kind of food of ... corn, Hier

Granifer, a, um That beareth grains of corn Graniferum agmen, Ov Met 7, 638 ... formica

Granosus, a, um adj Full of grains, or kernels Rota ... granoso cortice, Plin 21,

GRANUM, i n (1) A grain of any corn (2) A kernel of any fruit (3) ... the least of measures (1) Granum tritici, Plaut Stich 1, 1, 52 (2) Granum nucis, Plaut Pan 2, 2, ... Grana papaveris ... Trin 5, 2, 34 (3) ...

Graphiarium, i n A pen case, a pen and inkhorn, a ... to hang penknives in, Mart 14, 21

Graphiarius, a, um adj Pertaining to writing Graphiaria theca, a pen-case, Suet Claud 35

|| * Graphice, es f The art of painting, limning, or drawing, also a ... of what one is to write, Bud

* Graphicè adv Artificially, exactly, to the life Graphicè facinus, Plaut Pers 2, 5, 5 ... Trin ... 8

* Graphicoteros, a, um adj More perfect ... Graphicoterum efficiam ... aspectu ... Trin 4, 4

* Graphicus, a, um adj Perfect, excellent as ... drawn to the life, fine and curious, done to the life Nam tu habes ... graphicum & ... Plaut Trin 4, 2, 17

* Graphis, idis f [γραφίς] A ... the drawing of a picture, or a sketch ... Plin 35 ... & Vitruv 1 1

Graphiscus, i m An instrument to draw a dart out of a wound, Cels 7, 5

Graphium, i n An iron pen, wherewith in old time ... used to write on tables waxed over, a pen, a pencil Quid digito opus est graphio ... Ov Amor 1, 11,

Grassandum est ... proceed Consilio grassandum, ... nihil vires, juvent, Liv 10, 14

Grassatio, onis f verb A ranging about to rob and kill, a padding, or robbing on the highway, Plin 13, 22

Grassator, oris m A padder, or robber on the highway, a ... ditto, a highwayman, ... assailant, or aggressor, a straggler, or stroller ¶ Viator bene vestitus causa grassatori fuisse dicitur, ... Cic de Fato, 15

Grassatura, æ f ... quod grassatur ☰ Tuendæ pacis à grassaturis & latrociniis curam habuit, Suet Tib 37

Grassor, ari, atus sum dep freq [a gradior] (1) To march as soldiers do (2) Met To proceed (3) To assault and set upon, to pad, or rob upon the highway (4) To rage and spread as infection doth (1) Se jure grassari ... non vi, Liv (2) Dux ... numquid gloriam virtutis via grassatur, Sall B J 1 (3) Omnium ... pinarum genere grassari, Suet Vesp 6 (4) Pestilentia grassabatur, Liv de Cæs 23, 4 ¶ Grassantibus ... os omn ... to ... to enter upon ... make ...

Gratabundus, a, um ... With ... Tac Hist 1, ...

Gratanter adv Gratefully ... Amm ...

|| Gratator ...

Grates pl f ... & thanks ... Virg ... Cic ...

Gratia, æ f (1) Grace, favour, kindness (2) ... (3) ... (4) ... obligation, ... (5) ... (6) ... (7) ... (8) ... Also ... Gratiam ... gratias ... gratia ... In gratiam redire, to join ... Mecum ...

Gratificatio, onis f verb Gratifying, doing of a pleasure ☰ Cum ... gratificatione, & benevolentia bonis, Cic N D 1, 41

|| Gratificator, oris m He that gratifieth Aug

Gratificor, ari, atus sum dep (1) To gratify, or do a good turn, or pleasure to one (2) To give away, or yield (1) Deo, quod ipsis superat, aliis gratificari volunt, Cic de ... 5, 15 (2) Potentiæ paucorum libertatem suam gratificari, ... Sall B J ...

Gratis ... quod gratis ... gratis, Ter Adelph 4, 26

|| Gratiosè adv For favour, acceptably, graciously, Dig

Gratiosus, a, um adj or, comp issimus, sup (1) Gracious, in great favour or esteem, well ...

... (2) Pro unde b, facote) Ano thankful (1) Frunus ... tion ... Cic Att 15, 4 ... populum ... 8, 1 ... (2) ... rita ... Gratior ... Cic ... Gratissimo ... Gratissimum ...

Gratis ... (1) Freely, gratis, for nothing (2) Without hope of reward (1) Gratis conviva recumbo, ... ℞ Sin in pretio, ut gratius, Ter Adelph 4, 7, 26 (2) ... omnes per se ipsas ... gant, Cic de Fin ... 26

|| Gratissime adv Very willingly, Macrob

Gratito ... To cank, or cry like a goole, to gaggle, Auct Philom ...

|| Gratitudo ... f Thankfulness, gratitude ✝ Gratus animus Cic

Grate adv Thankfully, ... ex Plaut

✝ Grator, are ... quod gratior, Litt ex ...

Grator, ... atus sum dep ( ) To think ... (2) To congratulate, to bid welcome, or wish joy ( ) Cummus Jovi Op Max ... gratare ... Liv 1 1 (2) Invent, germani, ... gratare ... Vir Æn ...

Gratuito adv Frankly, freely, without reward ... gratuito bonus est ... Philippi ... Id B C 16

Gratuitus, a, um ... Gratuitous, freely bestowed, without hire, or reward ... Quid ... gratuitum ... Cic de Leg 1, 18 Hospitium gratuitum, ... Val Max 5, 2, 10

Gratulabundus, a, um Rejoicing with one or wishing one joy Quos ... gratula ... Justin ... gratulabundus ... 6, 8, 1, ... & Gel 3, 15

Gratulatio, onis f verb (1) A rejoicing, congratulating, or wishing one joy (2) Also thanksgiving (1) ✝ Gratulatio ... fuit templo ... Val Max 1, 8, ext 11 (2) Grates ... immortalibus ... gratulationes ... Cic Philipp 14, ...

Gratulator, oris m verb He that rejoiceth at the good of another ... gratulator ... quum ... Cic de Fin ... 3

|| Gratulatrix, icis f verb She that rejoiceth, or congratulateth, Sidon

Gratulor, ari, atus sum dep dim [a grator, ari] (1) To congratulate, to rejoice, or be glad (2) To bid welcome, to wish one joy (3) Also to thank (1) Gratulari ... Plin Epist 4, 27, 5 (2) Gratulor ... te viri ... Cel Cic Fam 8, 13 (3) ... de nos gratulando obtundere, Ter Heaut 5, 1 6 § Gratulari alicui adventum, de adventu, in ... pro ... re, Ter & Cic

GRATUS, a, um adj or, comp ssimus, sup (1) Grateful, thankful (2) Kind (3) Acceptable, welcome (1) = Memorem me dices & gratum, Ter. Adelph 2, 2, 43 (2) = Ut beneficentior, gratiorque adversus bene merentes ... Sen (3) Quo magis hoc homines timuerant, eo gratior civilis ... imperatoris reditus fuit Pater ... 40 Gratissima auditu illi esse ... vox, Val Max 8, 14 ext 1 ¶ Gratum alicui facere, to oblige him to do him a kindness, Cic = Memor, optatus, Cic

|| Gravamen ... A grievance, Sidon

Gravans, tis part Who being loth ... gravantia ... Ov Met 1 812

Gravate adv ... dull, ... 5, 1 14

Gravate adv Grievously, grudgingly, with regret, or an ill will, grudgingly ℞ Eiran ... non gravate, Cic

Gravatim adv Idem Haud gravatim ... Liv ... duris plerumque gravatum, Lucr 5, 388

|| Gravator, onis m verb He that grieveth, or troubleth, Aug

Gravatus, a, um part (1) Weighed down, burdened, loaded, ... and having down (2) Met Also ... ( ) Loth to do a thing (1) Corpus gravatum ... Curt 4 13, 17 ... Val Max 8, 1, 5 rustico opere, Id 5, 4, 3 (2) ℞ Obsequentem ... haud gravatam ... Plaut Aul 1, 5, 3 ( ) Vid Gravor

|| Gravedinosus, adj Sluggishly, heavily, drowsily, lazily, Aug ✝ Graviter

Gravedinosus, a, um (1) Heavy headed, full of rheum in the head (2) Also that causeth the ... or pose in the head (1) Dicimus gravedinosos ... Cic Tusc 4, 12 (2) Plin 18, 15

Gravedo, inis f The pose, ... or stuffing of the head, also heaviness ... Gravedini, ... ratione subsiens, Cic Att 16, 14

Graveolens, tis [a gravis & oleo] That hath a strong smell, stinking ... graveolentis Averni, Vir Æn 6, 201

Graveolentia, æ f A strong smell, a stinking ... Mulce graveolentiam oris, Plin 28, 11 ... Id ib c 12

Gravescens, tis part Waxing great, growing worse and worse Gravescentia in dies publica mala, Tac Ann 14 51, 1

Gravesco, ere incept (1) To be burdened, to wax heavy (2) To grow great with young (3) To grow worse (1) Fœtu nemus omne gravescit, Vir Geor 2, 429 (2) Camelus ... donec ... gravescunt, Plin 11, 41 (3) Gravescit valetudo Augusti, Tac Ann 1 5, 1

|| Graviditio, onis f verb A getting with child, Dig

Gravidatus, a, um part Impregnated, got with young ... gravidata ... Cic N D 2, 52

Graviditas, atis f A being great with young = Graviditates & partus afferre, Cic N D 2, 46

Gravido, are ... (1) To impregnate (2) To load, or thwack (1) Vid Gravidatus (2) Hic te inhoneste gravidavit probro, Cæcil

Gravidor, ari, atus pass To be great with child, Aurel Vict in Adr 14

Gravidus, a, um adj (1) Impregnated, great, or big with young (2) Heavy, weighty (3) Full (4) Plentiful (1) Hæc se a Pamphilo gravidam dixit esse, Ter Andr 3, 2, 53 Equæ vento gravidæ, Vir Geor 3, 275 Pecudes gravidæ, Vir Geor 2, 150 (2) Armatus stipitis gravidi nodis, Vir Æn 7, 507 (3) Gravida sagittis pharetra, Hor Od 2, 22, 3 (4) Gravidæ fruges, Vir Geor 1, 143

Graviloquus, a, um adj That speaketh gravely and seriously, Lex icogr ex Plaut

GRAVIS, e adj or comp ssimus sup (1) (1) Heavy, weighty (2) Big with child (3) Met Of weight, or importance, solemn (4) Grave, serious (5) Grievous, troublesome (6) Stinking, rank, of a strong smell (7) Base in musick (8) Old (9) Full (10) Loaden, oppressed (11) Hard, difficult (12) Hard of concoction, hard to be digested (13) Unwholsome (14) Grave, approved (15) Dear (16) Fat, plump (17) Sharp, reprehensory (18) Faint, languid (1) Saxum grave Sisyphon urget, Ov Met 13, 26 Gravis ... Vir Geor 3, 140 (2) Sacerdos Martis gravis, Vir Æn 1, 2 8 ( ) = ℞ Quod apud omnes leve & infirmum est, id apud judicem grave & sanctum esse ducetur, Cic pro Q Rosc 2 (3) Vir gravis pietate, Vir Æn 1 155 (5) ℞ Leve vero graviorem ... sionem levior nox sequitur, Cels 3, 5 ℞ Velim hoc quod loquar, diis immortalibus gratum potius videri, quam grave, Cic de Legg 2, 16 Gravissimus dolor, Valer Max 2, 2, 5 (6) Odor gravis oris, Ov A Am 3, 277 (7) ℞ Acuta cum gravibus temperans, varios æquabiliter concentus efficit Cic Somn Scip 5 (8) Gravis Acestes, Vir Æn 5, 387 (9) Gravis vino, Ov Met 12, 438 cibo, Id Epist 14, 33 (10) Ibat lento gradu, quasi gravis vinculis, Plin (11) ℞ Hæc gravia sunt dum ignores, ubi cognoris facilia, Ter Heaut 5, 5, 14 (12) ℞ Levissima ... est, gravissima bubula, Cels 2, 18 Negat ullum esse cibum tam gravem, quin is die & nocte concoquatur, Cic N D 2, 9 (13) = Gravissimus & pestilentissimus annus, Cic Fam 5, 16 ℞ Non ex gravi loco in salubrem translatus ... est. Cels 1, ... (14) Quum ... animus est natu gravior, Ter Heaut 4, 1, 32 Tres gravissimi historici, Nep Alcib 11 (15) Cœpit grave pretium fructibus esse, Sall Fragm (16) Gravissimam suem facit glans quercina, Plin 16 6 (17) Graves conciones Cæl B C 2, 18 Gravissima verba, Valer Max 6, 1, 1 (18) Non ... graves tentabunt pabula fœtas, Vir Ecl 1, 50

Gravistellus A fat, corpulent, or heavy man, Plaut al gravastellus, quod vide

Gravitas, atis f (1) Heaviness, weightiness (2) Met Gravity, authority, majesty (3) Grievousness, or greatness of a thing (4) Stiffness, benumbedness (5) Unwholsomness (6) Stinking, a strong smell (7) Difficulty (1) = Tanta contentio gravitatis & ponderum, Cic N D 2, 45 (2) Quanta illi fuit gravitas? quanta in oratione majestas? Cic de Amic 25 ℞ Gravitas [Attici] non fuit sine facilitate, Nep Att 15 (3) Gravitas morbi, Cic N D ... 51 (4) Surgere conanti partes ignava nequeunt gravitate moveri, Ov Met 2, 8 1 (5) Gravitas cœli, Cic Att 11, 22 (6) Gravitas odoris, Plin 5, 1 (7) Gravitas auditus, thickness of hearing, Cic ... annonæ, scarcity, Tac Ann ... 13, 1

Graviter adv ius, comp ssime sup (1) Heavily (2) ... wisely (3) Grievously (4) ... ly (5) Severely, hardly (1) ... gravis graviter ad terram ... Vir Æn 5, 447 (2) = ... dentes, si quid graviter ... Cic ( ) ℞ Id gravi ... levius ferebam, Cic de Har ... 22 (4) Quinam a me ... tam graviter fores? Ter ... 5, 7, 2 Gravissime ægrotat ... Offic 1 (5) = Non ... justo, aut graviter ... Plaut Capt 2, 2 58 Nolo ... lum gravius dicere Ter ... 1 2, 60 ¶ Graviter sonans, to sound base, Cic ... a strong breath, Cic

|| Graviusculus, a, um ... [a gravis] Somewhat h... Graviusculus sonus, Gell 1 11

Gravo, are act ( ) To ... load, or weigh down ( ) ... To trouble, and put one to pain (1) Poma gravantia ramos, Ov Met 13, 812 Gravant catenæ ... pus, Sen Herc Fur 41 ... tum pondus gravat, Id Th... 986 (2) Nec me labor iste gravabit, Vir Æn 2, 708 ... mentem dolor Sen Hipp ...

Gravor, ari, atus pass (1) To grudge, or refuse, to be loth to do it (2) To take ill, to ... (1) ℞ Promitte vero, ne gravare Plaut Stich 1, 3, 2, ( ) ... & operosi prætoria gravantur, Suet Aug 72

Graxo, as, at [...] To make a noise (a ... don gravis, Plaut ... sed alii aliter leg

Gregalis, e adj (1) Of the same flock, or company (2) Common, vulgar (1) Gregalis ... Cic pro Domo 28 (2) Poma gregalia ... Sen de Ben 1 12

Gregarius, a, um adj Of the common stock, or sort, ordinary, common Gregarius miles, a common soldier, Cic pro Planc ... Gregariam militiam fort... us J... 2, 1

Gregatim adv (1) By flocks (2) Troops, or companies ( ) Elephanti gregatim ingrediuntur, Plin 8, 5 (2) Vid ... Romanos gregatim convectos in ... tumias, Cic Verr 5, 5...

Gregatus, a, um part Kept together in flocks Volucres gregatæ, Stat Achill 1, 7...

✝ Grego, are ... in ... grego, Cic

Gremia, pro cremia, Cic ... or billets of wood, Col 12, 19

Gremium, i n [a geren... gremium] (1) A lap, the ... (2) Met The middle, or ... a country (3) The channel of a river ( ) Puer lactens in gremio matris sedens, Cic de Div ... (2) = Thessalonicensi ... positum in gremio imperii nostri, Cic de Prov Cons 2 ( ) Donec ... cras illam suscepit gremio, Stat ... 191

|| Gressio, onis f A going, or stepping, Pacuv

Gressus, a, um part [a gradior] That goeth, or steppeth ... per opaca viarum, Vir Æn 6, ...

Gressus, us m verb A pace, step, or going Gressum canes ... mittuntur herilem, Vir Æn 6... Gressu maturato, Val Max ... ext 4 ¶ Gressus agere, Valer Flacc ... 8 ardentes terere, Id ... 7 110 imprimere dorso, Id ... Gressibus hærere, Id 5, 145

GREX, ĕgis m (1) *A flock, a herd, a drove, a covey* of partridges, or of quails, *&c* (2) *A company,* or *kind* of men (3) ... (1) Lanigeros greges, *Vir Georg* 3,287 ... ad armentorum ... *Hor Epist* ... 12 ... avium, ... 19 ¶ Virgarium ... *a bundle of rods,* Plaut ... (2) Me in gregem ... *Ter Eun* 5,9, ... Cert ... &c ... *A thick and strong* ...

... *To cry like a crane* ... alii scribunt ...

... m P ... 1,3 Ind

... m (1) *A net* ... *a hard question,* or ... (1) Ex uno Græc (2) ...

... crocire, hic vo ... edere Grocire ... *Apul Flor* 2, p 8,0

... *An allure,* or ... *out th* ... *quarter, and to sit* ... H,g ...

... f *The art of* ... *for the setting of* ... *planting of* ...

... adj Per- ... Hyg

|| ... f ... *A* ...

|| ... *a wood* ...

... n *A green fig* ... Arb c 21

... m ... *A green* ... Grossi cocti, ... *Plin* 15, 10

|| ... Vox porcorum, *Dion* ...

... um *P to grow to* ... Grumus color, *a* ... color, ...

... f ... m ... *contra* ... Perfium est ... *To call as quails* ...

... *vid* Grema

... gruma ... uno ... *Gloss* ... Grumat ...

... m dim *A little* ... *hill, mole hill, or* ... *led in a garden,*

... m (1) *An hillock of* ... (2) *A clot, clot* ... of any thing, *clot* ... (1) Ex grumo ... um ... *Hist de* ... (2) Cum grumo ... *Har-* ... gem no

† ... *The grunt* ... *out of a bush* ... *Cicer Lett* ... *He* ...

... *like* grun ... um ... Romuli ... in honorem ... peperera por

... um neu ...

... *To grunt like an* ... *porcus, Varr* Por ... 15,22

... m *The grunt* ... Non audiunt grun- ... gul ... us, *Cic Tusc*

... *To crunele like a crane* Grus gruit, *Auct Phil* 23 *Hinc* comp congruo, ingruo

Grus, is f & m [contract *a* gruis] (1) *A crane* (2) *An instrument to draw,* or *pull up stones with* (1) Strymoniæ grues, *Vir Georg* 1,120 Membra gruis sparsi sal *Hor Sat* 2,8,87 (2) *Vitruv* 10,19

* Gry, γρῦ ... *Mu* ... um est, unde ... mutire, ... porcorum, unde grunnire, *M ex Charis*

Gryllus, i m (1) *A cricket* (2) *Anti ...* (1) *Plin* 29, 6 (2) *Plin* 35 10

Gryphus, i m [a γρυπός] *He that hath a crooked nose, like an hawk's bill,* ... Gell

Gryphus i m *Plin* 10, 49 &

Gryps, yphis m *A grip,* or *griffon* Jungentur jam gryphes equis, *Vir Ecl* 8, 27 Gryphes ... pennis ... fol ... *Claud ad Seren* 8

G ante U

|| Guadum *Woad,* Jun ¶ Glastum

Guaiacum, i n *A kind of wood good against the French pox,* enough to teach same with *Gesium*

|| Guardianus, i m *A guardian, or warden* ¶ Tutor, Lett

Gubernaculum, i n & per Sync gubernaclum (1) *The stern,* or *rudder of a ship* (2) *Steerage,* or *government* (1) Gubernaclum revulsum, *Vir Æn* 6,349 (2) Sedere ad gubernacula reipublicæ *Cic pro S Rosc* 18 Exercitus non habuit gubernaculo *P* ... *terc* 2,113

Gubernātio, ōnis f verb (1) *Steering of a ship* (2) *Met Ruling, guiding, management* (1) Nec enim gubernationis ... cente milem ... tiam esse attributam, *Cic de Fin* ... (2) Gubernatio rerum, *Cic Catil* 8

Gubernātor, ōris m verb (1) *The master, governor,* or *pilot of a ship, the steersman* (2) *Met A governor or ruler* ... (1) ... gubernatorem ... (2) = Custos gubernatorque reipublicæ, *Cic pro Rabir* 9 Gubernator innoxius, *Val Max* 9 8, ext 1

Gubernatrix, īcis f verb *A governess, she that governeth* Gubernatrix civitatum eloquentia, *Cic de Orat* 1,9

|| Gubernium, ii n *id* q gubernaculum, *Cels* 16 7

GUBERNO, āre act [Gr κυβερνάω] (1) *To steer a ship* (2) Met *To order, govern, conduct,* ... (1) ... quis eorum ... gubernare ... *Off* 1, 2, (2) = Omnia gubernare & moderari prudentia tua, *Cic Fam* 2 7

|| Gubernum n p gubernaculum *The stern of a ship,* Lucr *ap* Non 8 59

GULA, æ f (1) *The gullet, the weasand, or wind pipe, whereby meat and drink passeth from the mouth into the stomach* (2) *Synecd* *The neck* (3) *The palate* (4) Also, Meton *gluttony* (5) ‡ *The hole of the belows where the wind goeth out* (1) Gula ... ne, & nervo constat, *Plin* 11, 37 (2) Laqueo gulam fregere, *Sall B C* 55 (3) = Non tristis esse servire palato, conatus dominium debet habere gulam, *Mart* 14,220 Gulæ temperare *not to humour,* Plin Epist 2, 6, 5 (4) Immensæ gulæ impudicissimi corporis quæstus sufficere non potuit, *Cic in Sall* 5 (5) ‡ Follem obstringit ob gulam, *Plaut Aul* 2,4,23 *Interpretantur is pene omnibus Lexicogr fed loco pene plerque intu ... cunt sensus hic se mihi obtulit* ... *quos* ... *tangentur, quod fecit id no tu*

|| Gulator, ōris m *A ravenous glutton, a greedy gut,* Dig ¶ Gulosus

|| Gulones m pl *Cullgeats, guilting, belly gods,* Apul Apol p ...

Gulōsus adv comp *More gluttonously* Gulosius condire cibos, *Col in Pref*

Gulōsus, a, um adj *Gluttonous* Gulosus lector, *a great reader,* Mart 1,53

|| Gumma, æ f [a γόμμι, Gr, sed Siburna] (1) *A gum* (2) *Gluttony* (1) Compendia gummæ ... *Lact* ... *Apul Apol* p 498 *Gumma, gula,* ... (2) *Fest*

Gummi, ... n (1) *Gum* ... *that which is forth* ... In cerasis ... *Pallad* ... 12

Gummen seu gumen, inis n *Gum* ... *Pallad Oct* ... Ante quam incipiat gummen lacrymare, *Id Nov* ...

Gummi, n indecl *A gum that dropp* ... Gummi optimum ex *Ægypti* spina, *Plin* 13, 11

Gummĭnōsus, a, um adj *Gummy,* Plin ... *id* Gummosus

Gummĭnus, a, um adj *Made of gum* ... *Plin* ...

Gummis, is f [a gummi] *Gum* Novi dolii linerunt gummi crassa *Col* 12, 50 Gummium gutta *Plin* 24, 11

Gummĭtio, ōnis f *Anointing, or smearing with gum* ... gummitione contentantur, *Col* 12, 50

Gummōsus, a, um adj *Gummy, full of gum* Plin 12 9 ... gummosum ... *Herd*

Gurdus, i m Vox Hisp *A fool, a sot* Quint 1, 5 & Lamp ... *ap* Gell 1, 7

GURGES, itis m [a gula ... gutture, ... ut ... intra ad se ... ut ...] (1) *A whirlpool, a gulf* (2) Sometimes *the stream, or the whirling edge of the sea* (3) Met *A glutton, a spender, one that cannot be satisfied, a glutton* (1) ... vent de gurgite ... *Mart* 4, ... (2) ... gurgite vasto, *Vir Æn* 1,118 (3) = Gurges atque helluo natus abdomini suo, *Cic in Pison* ...

Gurgūlio, ōnis m [qu gurgulio, a Gr ...] (1) *The throat pipe* (2) *Also a kind of worm* (1) *Varr R R* 2, ... (2) ... *Ire* ...

|| Gurgustiŏlum, i n *A little poor lodging* Brevitatem gurgustioli nostri ... *Apul Met* ... p 31 Gurgustioli sui tectum ... *Id Met* 4, p 112

Gurgustium, ii n *A poor dwelling house, or shop, a cottage, a narrow room, a cabin* In gurgustio habitare, *Cic in Pison* 6

|| Gurrio, ... *To purr,* or *jouk as a nightingale doth* Lusciniæ cantum ... *Apul Flor* ... p 816 ... *Lexicogr*

Gustātio, ōnis f verb *A tasting, a gust of wine before dinner* ... Gustatio ... *Petron* c 21

Gustātōrium, ii n (1) *A place where they were wont to eat* (2) Also *a cup to taste in, a cup* (1) *Plin Epist* 5 6, 37 (2) *Petron* c 37

Gustātus, a, um part *Tasted,* Lexicogr ex Plin

Gustātus, ūs m verb (1) *A taste, or tasting* (2) *The taste* (1) Gustatus pomorum jucundus, *Cic N D* 2,6 (2) Gustatus ... voluptarius, *Cic de Orat* 3,25

GUSTO, āre act [a γεύω, γευστός, inde gusto] (1) *To taste, to sip* (2) Met *To assay, to taste,* or *once taste* ... (1) Gustare herbam, *Cic N D* 2, 5 ... *Id Fin* 1, 26 (2) Civis & generis, *Cic de Or* 2, ... (3) ... *Mart* 5, ...

|| Gustŭlum, i n *A morsel,* or *title, a little pittance* Dil ... cum & ... in gustulum ... *Apul Met* 2, p 46 Gustulum ... *Id Met* ... p 57

Gustus, ūs m (1) *The sense of tasting, a taste, a gust* (2) Met *A relish, or smack* (3) Nec mihi ... gustus ... odor, ... (2) Gustum ... per omnia ... *Juv* 11, 13 ... non habent, *Cic Philipp* 2, 45

GUTTA, æ f (1) *A drop of any liquor* (2) *A very little of any thing* (3) *A spot* or *speck* (4) A term in architecture of things set under ... (1) Guttæ imbrium, *Cic N D* 2, 5 (2) Cum neque parte gutta consilii ... *Plaut* ... 1, 4, 4 (3) Guttulæ ... corpora ... *Cic* ... 4 58 (4) *Vitr* ...

Guttans, tis part *Dropping, distilling* ... Gutta ... *Plin* 25, 8 ... stringunt, ...

Guttātim adv *By drop, drop by drop* ... *Plaut* ... 2, 9 Guttatim lacrymas stillans, *Prud Cath* 5 22

Guttātus, a, um *Spotted here and there with speck or drops, speckled* ... Guttatis ... *Mart* 3, 58

Guttŭla, æ f dim *A little drop* Guttula ... *Plaut* ... 1,27

Guttŭlus, i m dim [a guttus] *A little cruse* Gutulus ... ex guttulo, *Lexicogr ex Plin* ...

Guttur, ŭris n & antiq m [a gutta, quod ... & potus per ... labitur] *The throat* ... venter & gutturis *Cic pro Cæl* ... Pleni tumuerunt gutture venis *O Met* ... 7 ¶ Guttur inferior, *the arse gut,* Plaut Aul ... 25

|| Gutturnium, ii n [a gutta, quod ex eo ... aqua ...] *A lazer, or ewer,* Fest

|| Gutturōsus, a, um adj *Frog throated, wide throated, that hath a bunch,* Dig

Guttus, i m [a gutta, quod propter collum angustum humor ... guttatim fundit] *A cruse, a* ...

[illegible] *[illegible]ists, a favier, or crier, a [illegible]*, &c Gu[illegible]ing [illegible] [illegible] 6, 78 [illegible]nam, gutturn, [illegible] *[illegible]* 17, 8

|| Gy[illegible]thus, [illegible] m *A kind of [illegible], in which dust [illegible] powder [illegible] laid [illegible]*, Plin

* Gymnas, adis f *[illegible], or she that wrestleth*, Stat Silv [illegible], 1, 47 [illegible]

* Gymn[illegible]arch[illegible] m *A [illegible] or [illegible] principal, [illegible] of the [illegible]* [illegible] Gymnasi praefecto, *Plaut* [illegible], 21

* Gymn[illegible]archa [illegible] *The [illegible] place of exercise [illegible]* [illegible] Gymnasiarchum [illegible] tura

Gymnasiarchus, [illegible] m Demo[illegible] gymnasiarchus [illegible] 3, 4 [illegible] Gymnasiarch[illegible]

Gymnasiolum, [illegible] n [illegible] *A little school*

Gymnasium, [illegible] [illegible] (1) *A place where wrestlers, or other gamesters did exercise their strength, in trying masteries and feats of activity* (2) *A school, a college, or hall in an university* (1) = Nil in palaestram vel [illegible] gymnasii praefecto haud me[illegible] [illegible]ceres poenas penderes, *Plaut Bacc* [illegible], 3, 21 Gymnasiis indul[illegible]gent Graeculi, *Plin Ep* 10, 49, 2 (2) = Gymnasia & philosopho[illegible] in schola, *Cic de Orat* 1, 1, Gymnasii [illegible] lectum, aut porticus, *Plin Ep* 1, 22, 6

* Gymnastes, ae vel gymnastes, [illegible] m *A wrestling master, the [illegible] of any exercise*, [illegible] ap [illegible] [illegible] Gymnastes, *Plaut*

Gymnastica, ae f *The teaching of wrestling, or other exercise* [illegible] Lat Exercitatrix, *Quint* 2 15

* Gymnasticus, a, um adj *That belongeth to the place, or art of exercise* Exercitium gymnasticum & palaestricum, *Plaut Rud* [illegible], 1, [illegible] Ars gymnastica, *Id Merc* [illegible], 7

* Gymnicus, a, um adj *Belonging to exercise* Gymnici ludi, *Cic Tusc* 2, 26 & *Plin* 7, 56 Gymnicum agon, *Plin Ep* 4, 22, 1 Gymnicum spectaculum, *Aur Vict* [illegible] 8, 15, [illegible] 4 Gymnicae [illegible]mae, *Id* 9, 12, [illegible] 9

* Gymnosophistae [illegible] m pl [γυμνὸς, nudus, [illegible] dicti quod nudi in sylvis agerent] *Gymnosophists, a sort of Indian philosophers who went naked*, Plin 7, 2

* Gynaeceum, [illegible] n *A nursery, an inner room where only women abide, a [illegible], an apartment for women* In gynaeceum ire oc[illegible], *Ter Phorm* 5, 6 23

|| Gypsatio, onis f verb *A plaistering, or [illegible]*, Sidon

|| Gypsator, [illegible] m verb *A plaisterer, whiter, or pargetter*, Aug [illegible] Qui gypso inducit

Gypsatus, a, um pa[illegible] [illegible], [illegible] *Plaistered, pargetted, whited, daubed* Pedes gypsati *Tib* 2, [illegible] 64 Minus gypsatissime, *Cic* [illegible]

|| Gypso, are *To plaister* [illegible] picare [illegible] [illegible] *plaster* [illegible] 1, 1

Gypsum, [illegible] n [illegible] *white lime, plaister* Cognitio [illegible] gypsum est, *Plin* [illegible], 21

[illegible] Gyr[illegible]lis, e adj *Turning* [illegible] [illegible] Cos gyr[illegible] tilis, *a* [illegible]

Gyratio, onis f verb *A turning about, or [illegible]*, Litt [illegible]

Gyratus, a, um pa[illegible] *Turned about* Columns [illegible], Plin 5, 10

|| * Gyrgathus, [illegible] m [illegible] gyrgathus

|| Gyrgillus, [illegible] m [illegible] *A [illegible] for [illegible]*, Isid

Gy[illegible], [illegible] *[illegible]*

Gy[illegible]are act *To turn* [illegible]

Gyrosus, a, um adj *That [illegible] the [illegible]* [illegible] *swimming of the [illegible]*, L. C. [illegible]

Gyrus, [illegible] m [γῦρος, curvus] (1) *A [illegible], a circle* (2) *A [illegible] circuit* (3) [illegible] [illegible] *[illegible]* [illegible] rusticus [illegible] [illegible] gyrum [illegible] [illegible] refinger, *P[illegible] L* [illegible] Serpens [illegible] [illegible] ingens [illegible] [illegible] *An* 5, 85

H h, English black letter 𝔥 𝔥, English Saxon ħ, which seems to have received its figure from its original the Hebrew ח The Phenicians, most antient Greeks, and Romans, used the same figure with our English H, which in the series of all their alphabets keeps its primitive place, being the eighth letter The less antient Greeks indeed, not contented that their letter E should denote both the short and long sounds, as their ancestors were, witness the divine *Plato*, and his voucher the lately discovered Sigean monument, having consulted to express the long sound of E, invested it with the figure and order of this letter, endeavouring to supply the want thereof in their old alphabet by a mark of aspiration over the head of its vowel, writing ἅμα, ὁδὸς, &c instead of the old Ionic HAMA and HOΔOΣ. endeavouring, I say, for tho they did it conveniently over a vowel beginning a word, they have quite left it out in the middle, writing Ἐνοδία and Ταώς, for ENHOΔIA and TAHOΣ; and where it occur'd after the letter P, they have attempted it somewhat preposterously for PHAMNOΣ, PHETOP, ΠΥPPOΣ, &c writing Ῥάμνος, Ῥήτωρ, Πυῤῥός, where the mark of aspiration is put before, but sounded after the consonant This extermination by the Greeks, being very antient, probably was the reason why some of the antient grammarians, and among the rest our great Master *Priscian*, have controverted its title to be a letter. One argument against it, is, that it is only a pure aspiration, having nothing to assert its right to the elementarian family but the *figure*, which, if sufficient, would also recommend the numeral notes to the same honour. But with due reverence to so great a man, that it has a *power*, and that it had a *name* also in the original, and other the most antient dialects thereof, is very evident Besides, if its being an aspiration proves it to be no letter, the original softer א and ה, which are often not heard in pronunciation, and the rougher ע and ח the parent of H, must be exterminated the Hebrew alphabet. and surely he would not have compar'd *h* and a numeral mark, had he reflected that the former is an individual part of a syllable, the latter the characteristic of a whole word, two quite different things But he insists, "If it be a letter, it must either be a vowel or a consonant." Yea, certainly And that it is no vowel, tho a constant retainer to that family, may be easily granted him, nor will we endeavour to evince its being a liquid, as some have, from its near approach to the nature of a semivowel But sure it ought not to be excluded the company of the aspirated mutes φ, ϑ, χ, which antiently were not in the Greek alphabet, and owe their place there purely to their incorporating with this letter. Surely it would be hard to exclude it. H indeed is no other than an hard aspirate, vested with the power of its mother ח, and plainly the same as χ, that is, no other than an hard aspiration, and in many Latin words borrowed from the Greeks, is plainly substi-

substituted for it, as χάλω, *halo*, χάω, *hio*, χάμαι, *humi*, &c. and in Latin *micht*, *nichil*, for *mihi* [illegible], which also may be more plain in the formation of Greek verbs ending in the second order of the mutes, which constitute their second conjugation, with that of the Latin verbs of the same termination, for as πλέκω, λέγω τρ-χω, move into ξ in the future tense, so *dico lego*, [illegible], move into *x* in the perfect tense. But others think it no letter, because the Latin Poets generally [illegible] the Greek often, neglect it, treating it as if it were not there at all. This argument proves so [illegible], that indeed it proves nothing at all to the purpose, for the final *m*, together with its vowel, [illegible] disregarded by the Latin poets, and especially the final *s*, which even before a consonant, [illegible] neglected by both Greek and Roman Poets and indeed our Greek aspiration is frequently in Latin exprest by *s*, as ἥμι, *semi*, ἕξ, *sex*, and are these therefore no letters?

But to proceed This aspirate is set before all the vowels, as *halo*, *habeo*, *hio*, [illegible], *humeo*, but after no consonant, except the three mutes *p*, *c*, *t*, and that only in words of a Greek original, as [illegible], *chorus*, *Theodorus*. *Servius* indeed tells us, the same use had obtain'd in three Latin words only, *viz* *sepulchrum*, *pulcher*, *orchus*, whereof indeed the two first seem to have been so pronounced by some before and in *Cicero's* time, as he expressly affirms of *pulcher* That this way of [illegible], and subjoining *h* to consonants and vowels was indeed used in pronunciation, but condemned by the best judges before *Cicero's* time, *Catullus* witnesseth, laughing [illegible] to scorn *Ep* 82, for [illegible] to pronounce *chemmoda* and *hinsidias* Cicero indeed soon after, knowing very well that [illegible] used not this aspirate insertion, for some time used to say [illegible], *Cethegus*, [illegible], yet [illegible] words to have [illegible] the aspirate way, at least in some words, as judging the sound [illegible] and sprightly, for upon that account, as we partly learn from himself, but more [illegible] from *A. Gellius* N A 2, 3 this custom was introduced However, this way, tho sparingly, [illegible] few words used at first, grew into such a ridiculous excess, that some said *chentones*, *chorona*, [illegible] *Quint Instit Orat* 1, 5 Concerning the intercourse which *h* hath with the Æolic di[illegible], see the letter F H. in the notes of the antients, *notes* hic, hæc, hoc, honor, honestus, [illegible] [illegible], habet, hora, HA Hadrianus, hora, H.ALD QCPAMTE Hoc ædificium, quod cernis [illegible] fecit, HB heres bonorum, HN hunc, hanc, HS *corruptly for* LIS a sesterce, [illegible] the fourth part of their denarius, *viz*. two pounds, denoted by the two LI and S *semis*, an [illegible], which in the first times of the Empire was worth two pence in our money

---

H ante A

H[illegible] exultantis, [illegible] compie[illegible], [illegible] *h*, *a* [illegible], [illegible] 1, 2 45 [illegible] 1, 6 *Plaut* [illegible] *pro* [illegible] *Coa* [illegible] quod [illegible] mus (1) [illegible] (2) [illegible] *Powel* [illegible] *meat* (1) [illegible] *Geor* [illegible] tende [illegible] (3) Metaeens [illegible] *Her Lpist* 2 [illegible] P mi- [illegible] *It* [illegible] habe [illegible] Æn 6, 1 Ha- [illegible] retinere [illegible] H [illegible] chan. [illegible] 2 [illegible] (1) [illegible] (2) *had* [illegible] *ounted* [illegible] *Mur* [illegible] Heleno transf- [illegible] Æn 3, 329 [illegible] a situ in fructu [illegible] *Fn* 1 4

† Habeno, āre [illegible] *To* [illegible], R † H[illegible] compe[illegible]

Ha[illegible], [illegible] *Ha* [illegible], &c A[illegible] hæc commovit in [illegible] habe[illegible], *Ter* *H* [illegible] 26 Nihil habentia [illegible] *Curt* 4, 1, 25

Habentia [illegible] *ance*, *wealth*, [illegible] *his estate*, Plaut [illegible]

H[illegible] *A* [illegible] Ha- bentium paulo latior, *Gell* [illegible]

HABEO, [illegible] quod q[illegible] [illegible] habemus] (1) *To have* [illegible] (2) *To possess* (3) *To keep to contain* (4) *To have, or get, in a good, or a bad sense* (5) *To handle*, or [illegible] (6) *To treat or, to use, to manage* (7) *To esteem*, [illegible] *account*, or [illegible] (8) *To dwell*, or *continue in* [illegible] (9) *To know*, or [illegible] (10) *To be able to do* (11) *To* [illegible], *surpris'd*, or *taken* (12) With a verbal subst [illegible] or part [illegible] to be rendred by the English of their verb (13) *To be in a state, or condition to go, stand, or be affected* (14) *To find by experience* (1) Oleam, ficus poma non habet *Cic* in [illegible] *Fratrem* O[illegible] (2) *Cic* [illegible] *Ep Fam* [illegible] 29 (3) [illegible] secum habebis, [illegible] *Cic* *Fam* 7, 15 (4) [illegible] opinionem [illegible], *Cic Off* [illegible] 11 Sen[illegible] nonnullam [illegible], *Id* [illegible] *Orat* 2, 70 Habes, [illegible] agas, *Plin Ep* 4, 14 [illegible] (5) [illegible] *Plaut Aul* 1, 1, 6 (6) = Nihil habeo [illegible] *Cic* [illegible] 1, 4 (7) Pro [illegible] habeo, *Cic* (8) [illegible] habet, [illegible] 69 [illegible] habet, *C* [illegible] Qui Pœnum, [illegible] habe[illegible] (9) De [illegible] *Cic* [illegible] (10) An me [illegible] habea [illegible] *Hor Epod* 16, 23 Habemus [illegible], *Lucr* 6, 711 (11) Habemus hominem [illegible], *Ter Fun* 5, 1 15 (12) Habere expectationem, *Cic* [illegible] expectationem, [illegible] contentionem cum aliquo, *Nep Ages* 1, &c Nequ [illegible] habe[illegible], [illegible] Habere infestum aliquem *Liv* notum, *Plin* commen[illegible] *Cic* consulendum, *Plin Epist* 10, 28, [illegible] dum, [illegible] exploratum, comp[illegible], cognitum, *Cæs* [illegible] (13) Habere bene, [illegible] (14) [illegible] *Suet* [illegible] 23

[illegible] Habere [illegible] *Cic* [illegible] Habere [illegible] *Ter* [illegible] *to have* [illegible] *to* [illegible] *a* [illegible], *or matter* [illegible] *of* [illegible] *to find* [illegible], Plaut Habe [illegible] *to* [illegible] Habe [illegible] *to* [illegible] nullum habeo [illegible] Vil [illegible] habe[illegible], *C* [illegible] Sum[illegible] habere, *not to* [illegible] Habere [illegible] *to* [illegible] *or* [illegible], Qui [illegible] Habe [illegible] secum, *to keep* [illegible], *Cic* Re[illegible] habere, *to be divorced*, Plaut Habere rem cum alio [illegible] *Ter* [illegible] 1, [illegible] 9 [illegible] *Id*

Haber, [illegible] *To be had, account* [illegible], &c [illegible] *Qu fr* 1, 1

† Habessit, *pro* habeat, *Cic de Legg* [illegible] 9

Habilis, [illegible] or, comp [illegible] sup (1) *Fit*, *apt*, *handsome* (2) *Proper*, *suitable* (3) [illegible] (1) Calces habiles & apti ad [illegible] dem, *Cic de Orat* 1, 5[illegible] (2) O[illegible] quam labori habilior, *Valer Max* 5, [illegible], 1 Ex[illegible] habilis gubernaculo, *Paterc* 2, 11 (3) = Corpus habilissimum, neque gracile, neque obesum, *Cels* 2, [illegible]

Habilita,

[illegible] nam [illegible] Col [illegible]

[illegible] Plin [illegible]

[illegible] ¶ Habit[illegible] An hab[illegible] † Hab[illegible]

Habitabĭlis, e [illegible] that one may dwell in Habitabilis regio [illegible] Cic [illegible]

|| Habitaculum, i n A dwelling place [illegible] Gell 5, 14 † Habitatio, Cic

Habitandus, a, um part Which is to be inhabited [illegible] Ov [illegible]

Habitatio, ōnis f verb (1) An habitation, or dwelling (2) Also house-rent (1) In hoc [illegible] Ov [illegible] (2) = [illegible] pro [illegible] Plaut Most 2, [illegible]

|| Habitatiuncula, æ f dim A little dwelling place, Tert

Habitator, ōris m verb A dweller or inhabitant [illegible] habitatores [illegible] N D [illegible] Non tam clarissimum virorum receptacula habitatore [illegible] Plin Paneg [illegible]

Habitaturus, a, um part About to dwell, Ausson Mosell, 82

Habitatus, a, um part Inhabited, or dwelt in Rura habitata [illegible] Ov [illegible] Ag [illegible] habitatus annoque [illegible] Hor Epist 1, 1, [illegible]

Habitio, ōnis f verb [ab habeo] An having, or possessing ¶ Dulce habitio [illegible] non habitio cum pecunia confertur, Gell 1, 4

Habito, are [illegible] (ab habeo) (1) To have often (2) To dwell, to inhabit, or live in (3) To be often, or much (1) Var L [illegible] 16 [illegible] Div (2) ¶ Commorandi natura diversorium nobis, non habitandi dedit, Cic de Senect [illegible] ¶ Habitare cum [illegible] Ov [illegible] 29 in [illegible] Ov [illegible] 11, [illegible] terra, Cic N D 2, 37 cum aliquo, Id [illegible] 5, 21 [illegible] Id [illegible] 2, 4 = Mecum habitavi, in cunctis [illegible] Id [illegible] (3) In [illegible] habitabant [illegible] Cic Philipp [illegible] = [illegible] amplector, exorno, exigero, in commoror, inhabito, ibi habito, Id de Orat 2, [illegible]

Habitor, āri pass To be inhabited = Colitur ea pars [illegible] & habitatur frequentissime, Cic [illegible]

|| Habitor, ōris m verb An inhabitant, Solin [illegible] Habitator

Habitudo, ĭnis f (1) The state, plight [illegible] or constitution of body (2) Plumpness, fatness (3) An habit, or constitution of the body (1) Corporis bonam habitudinem [illegible] Ter [illegible] (2) Quæ habitudo est corporis, Ter Eun 2, [illegible] (3) Continuatio literis laboribus [illegible] habitudinem tenuit, Apul Apol p [illegible]

Habiturus, a, um part Which will have, or ought to have, [illegible] 1, 2[illegible]

Habitus, a, um part [illegible] comp [illegible] (1) Had, gotten, owned (2) Esteemed (3) Treated (4) Used, handled, gathered (5) Also fat, well liking, in good plight (6) Also attended or [illegible] (1) Habita [illegible] Plaut Aul [illegible] 4, 52

(3) Habita huic [illegible] Ter Andr [illegible] 14 (2) [illegible] habita provincia, Id [illegible] (4) Clodius [illegible] & molestè habitas, Id [illegible] (5) Equus habitissimus, Lib [illegible] Corpulentior videris [illegible] habitior, Plaut Epid 1, 1, 8 [illegible] Id [illegible] (6) [illegible] Ter Haut, 2, 4, 2

Habitus, us m (1) An outward [illegible] or body (2) [illegible] or fashion of a thing (3) Carriage, manner, feature, and demeanour of a person (4) The constitution of body (5) Also apparel, attire (1) Habitum [illegible] corporis constantem & absolutam [illegible] Cic [illegible] 1, 25 (2) Cultus habitusque locorum, Virg Æn 1, 219 (3) Idem habitus oris, [illegible] Liv Habitum [illegible] vultu, Valer Max 5, 10, ext 1 (4) Qu [illegible] habitu [illegible] Cic pro Cal [illegible] si quis hl formam corporis [illegible] dignam putet, [illegible] Cic [illegible] ornatu constitutio, [illegible] (5) = Frantæ [illegible] signa virginis habitu atque [illegible] Virg [illegible] 4, = Vestitu [illegible] & cætero habitu, [illegible]

Hac adv [illegible] this place, this way Hac illac circumcursa, Ter Heaut [illegible] 2, 1

Hactĕnus adv tenus hac, vel hac parte, aut re, tenus (1) Hitherto, thus far, to this time, (2) or place (3) Thus much and no more (1) Sed hac hactenus Formula transitionis, freq Cic (2) Hactenus quietæ stationes erant, Liv [illegible] 26 (2) Senectanti hactenus, tetendit, I gone [illegible] habeo, Tac Ann 11, 51

Hadiobolum, i n A kind of sweet smelling grass, Plin 12, 9

Hadrosphærum, i n A kind of spikenard with a broad leaf, Plin 12, 12

Hæc pron f She, this Vid Hic

Hædile, is n [ex hædus] A fold where kids are kept, Hor Od 1, 17, 9 ubi al hædulea, & hædulia

Hædinus, a, um adj Of a kid Pellis hædina, Cic pro Muræn [illegible] Hædinum cingulum, Varr R R [illegible] 11 Hædina pelle, Val Max [illegible] 5, 1

Hædillus, i m dim [a hædo] A little pretty goat Vocab in blanditiis Die me tuum agnellum, hædillum, &c Plaut Asin [illegible] 77

Hædulus, i m dim [a hædo] A little goat Pinguissimus hædulus, Juv 11, 65

Hædus, i m A kid Quod in Sabinis [illegible] in Latio rure hedus, in urbe [illegible] hædus, Varr L L 4, 19 Hædorum grex, Virg [illegible] 50

* Hæmachates, æ m A kind of blood coloured agate, Plin [illegible] 10

* Hæmatinon, i n A kind of red glass, Plin [illegible] 6, 6

* Hæmatites, æ m A blood stone, Plin [illegible] 7, 10

* Hæmatŏpus, ŏdis m A bird called a red-shank, Plin 1[illegible], 47 ubi al himantopus

* Hæmitritæos A kind of tertian fever, Cels [illegible] hemitritæus, 9

* Hæmorrhagia, æ f An excessive [illegible] flux of blood, a bleeding at the nose, &c Plin 2[illegible]

* Hæmorrhois, ĭdis f (1) The hemorrhoids, or piles, the swelling of the veins in the fundament (2) Also a serpent, by whom a man being stung, bleedeth to death (1) Cels [illegible] 5, 18 Lat Sanguinis velut per quasdam ora venarum profusio (2) Si dirus [illegible] hæmorrhois percussit, Cels 5, 27

Hærēdiolum, i n dim A small heritance, or patrimony Ad [illegible] hærediolum [illegible] Col Proœm operis

Hæredipeta, æ c g qui petit hæreditatem One who by flattery and presents endeavoureth to get the goods of old men and widows, in order to be made their heir Incidimus in turbam hæredipetarum, Petron c 1[illegible]

Hæreditarius, a, um adj Pertaining to inheritance, or succession, hereditary, coming by inheritance Hæreditaria auctio, Cic pro [illegible] 5

Hærēdĭtas, ātis f [ab hæres] An inheritance, or estate by succession, an heritage Hæreditas est pecunia quæ morte alicujus ad quempiam pervenit jure, Cic in Topic

Hæredium, i n A farm, or piece of ground fallen by inheritance, a small estate Bina jugera quæ hæredem [illegible] hæredium appellarunt, Varr R R 1, 10

|| Hærem, pro hæredem, [illegible]

Hærens, tis part Hanging fast, or cleaving to, sticking fast, &c In dumis hærentia [illegible] Ov [illegible] 1, 105

HÆREO, si, sum neut (1) To stick (2) Met To be fixed, to continue (3) To be close to, to be fastned (4) Also to doubt, to stop, to be at a stand, to demur, to stick in the briars (5) To linger, to loiter (1) Hæsit in corpore ferrum, Virg Æn 11, 864 (2) = Hæret in [illegible] commune [illegible] sententia, Cic Orat 4[illegible] Hæret illa in republica turpitudo, Id pro [illegible] 20 (3) Hærent parietibus scalæ, Virg Æn 2, 44[illegible] ¶ Hærere alicujus vestigiis to follow her example, to imitate, Cic (4) = Hæsitabat [illegible] quo [illegible] non habebat, Cic Philipp 2, 29 ¶ Aqua mihi hæret, I am at a stand [illegible] Q fr 2, 8 (5) [illegible] hæreret hic, Ter Adelph 5, [illegible] 49

Hæres, ēdis c g † hæris [ab hæreo, quod qui hæres est, hæret, [illegible] proximus est ei, cujus hæres est] (1) An heir, one who succeedeth to lands, or estate (2) An heiress (3) Also an owner, or possessor, a master or mistress (1) [illegible] hæres, Ov Met 6, 2[illegible] (2) [illegible] hæredem, Phædr [illegible] 4, 7 (3) Plaut [illegible] 2, 2, 12 ☞ Forte [illegible] here, [illegible]

|| Hæresiarchus vel hæresiarcha, æ m An arch-heretick, the chief of a sect, Eccl

* Hærĕsis f Lat optio vel electio, speciatim dogmatis [illegible] [ab [illegible] eligo] (1) An opinion, or sect in philosophy (2) An opinion contrary to sound principles of religion, an heresy (1) Cato in ea est hæresi, quæ nullum sequitur florem orationis, Cic Parad 1 (2) ap Christianos

|| Hæretĭce adv Like an heretick, Eccl

|| Hæreticus, a, um adj Heretical, Eccl

|| Hæsĭcŭlo [illegible] Eccl

Hæsĭbundus, a, um [illegible] ing, doubtful, Plin [illegible]

Hæsitans, tis part (1) [illegible] (2) Met Doubting [illegible] Sin quidem lingua hæsitans [illegible] Cic de Or 1, [illegible] (3) [illegible] tem, Plin Ep 10,

|| Hæsitanter [illegible] doubtfully, [illegible] Aug

Hæsitantia, æ f [illegible] Met A doubting [illegible] Plin Ep [illegible] 6

Hæsitatio, ōnis f verb (1) Stammering (2) A doubt [illegible] Quæ dubitatio? [illegible] Cic de Or [illegible] 50 (2) [illegible] impeditiones [illegible]

Hæsitator, ōris m verb A stammerer [illegible] Sunt [illegible] ipse in edendo [illegible] Plin Ep 5, 11, 2

Hæsitatus, a, um [illegible] of, Sen

Hæsito, are [illegible] (1) To stammer, to [illegible] To stick, to be at a [illegible] stagger, to falter [illegible] Orat 1, 25 (2) = D [illegible] stant, revocant [illegible] lat 4, 1[illegible]

|| Hæsitūdo, inis f [illegible] ness, stammering, [illegible] Hæsitatio

Hæsūrus, a, um part Which will stick to, or [illegible] turum clypeo curvam [illegible] in Æacidem, [illegible]

|| * Hagiographa, orum n pl Holy writings, Eccl

Haliphantia, æ m [illegible] fort holophantia vox [illegible] ficta, Curc 4, 1, [illegible] ticos habuit exercitus [illegible] cheating knave [illegible] Turneb

* Halcyon, ŏnis f The king's fisher, Plin Vid Alcyon

Halcyoneum, i n [illegible] medicine, Plin [illegible] 2, 9

* Halcyoneus [illegible] um adj Halcyonii dies, [illegible] the halcyon [illegible] bred in her nest, [illegible] time the sea is calm in [illegible] 17, 2

Halcyonides, um [illegible] Plin 10, [illegible]

Halcyonium, i n [illegible] the [illegible] halcyons make their [illegible] 32, 8 Alcyonium [illegible] Cels 5 6

HALEC, ecis f & n [illegible] (1) [illegible] a common name of all [illegible] (2) Also a salt liquor [illegible] of the entrails of fish [illegible] (1) Portat ancilla [illegible] halecem, Mart 11, 2[illegible] (2) Hor Sat 2, 4, [illegible]

Hālecula, æ f dim [illegible] herring, a sprat, a pilchard, &c Col 6 8

Halex f [illegible] quod [illegible] Pal 5 5, [illegible] habent halex, [illegible] pol[illegible] interpret Salmas

Haliætus, i m [illegible] mare, & [illegible] aquila] [illegible] gle, an ospray, [illegible] as others [illegible] falcon Plin [illegible]

* Halicacabus, i m [illegible] ter cherries, [illegible] nightshade, [illegible] kakengy, Plin 21, [illegible]

Halicastrum, i n [illegible] bread corn, Col [illegible] alicastrum

* Halieutica, orum n pl [illegible] treatise of fish[illegible] Plin

* Halimu[illegible] i m [illegible] gine] A shrub fit to [illegible]

Also *sea purslain*, Plin

...phiæus f *A tree ... bitter fruit, that no ... but swine*, ...

...rion, ōris m ... *A kind of fish*, Plin

† ...io, are ... [ab halo] *to send forth a ... foam* Flammam hali...

... m [ab halo, āre] ... *A gasp* (3) *A ... damp* (1) Vitalis ha... (2) Efflare ex... mum halitum, *Cic Tusc* ... terræ halitu infectus,

... voc Hebr הללויה *the Lord*, Eccl

... *A great toe, or ... a kind of nasty pickle* ... *a dwarf, or ... drunkard*, Plaut

...natio, ōnis f verb *A ... making an error* ... Vestras halluci... ...tero, *Sen de vita beat*

...ator, ōris m verb. *A* ... Plaut ... Litt

...nor, ... ātus sum dep ... hallucem impin... *To blunder and* ... Epicurus oscitans ... est, *Cic N D* 1, 26 ... non debent interdum ... *Qu fr* 2, 10 *Vid* ...

... m [ab ...] ... proximum digi... *the great toe*, Fest

† Halu... m *Idem*, Fest

...o ... *To breathe, to ... out a vapour*, or ... recentibus ha... *An* 1, 421

...m (1) *A circle ... moon, or stars* (2) *... a cropsick person* (1) ... & *Sen Q Nat* ... coronam, alii circu... (2) *Fest*

... *The dry froth of* ... D ... *Lat Spu* ... *vid Hard ad*

... cos m acc ... *and lacking* ... Tabula quæ Troia... *Sue Ner* 38 ... m ... *worship of* ... *held in their* ... *their own*

... *an herb like* ... Plin 6, ...

... *made of* ... Plaut ... paulo ante ...

... f *A nymph* ... Syn ... *Prop* ... *Ov* ... Hamatilis pu... *that* ...

... m adj (1) *Crook-* ... (2) ... Ha... corpora, *Cic A* ... hamata & per... Hamata ... Vitruv 7, 4

Hamata sagitta, *a bearded dart* Ov Trist 3, 10, 6. ‖ Viscata hamataque munera, *Plin Ep* 9, ...2

* Hamaxa, æ f *The ... Charles's wain*, Gell 2, ...

* Hamaxagoga, æ m *A wain man, a carter*, Plaut ...

Hamaxor, āri, ... dep *To draw the car, or wain*, Plaut Truc 2, 2, 22

Hamiōta, æ m [ab hamo] *A fisher with an hook, an angler*, Plaut Rud 2, 2, 5

* Hammochrysos, i f *A precious stone shining like gold sands*, Plin 37, 5

Hammōnis cornu *A precious and sacred stone in Æthiopia*, Plin 37, 10

† Hammonium, i n *al* Ammonium, leg *A dark ... colour*, Varr

† Hamotrahōnes, um pl m [ab hamus & traho] *Fishers, or ... some, executioners that draw bodies on hooks*, Fest ‡ Carnifex

Hāmŭla, æ dim [ab hamo] *A small goblet*, or rather *bucket*, Col de Hor o, 387

Hamŭlus, i m dim [ab hamus] *A small hook* Hamulus piscarius, *Plaut Stich* 2, 2, 17

Hamus, i m [ab ..., quod ab ..., necto] (1) *An hook* (2) *A ring or S, wherewith coats of mail were set very thick* (3) *An hitchel, or iron comb wherewith flax, or hemp is drest* (4) ‖ *An arrow head* (1) Occultum decurrit piscis ad hamum, *Hor Ep* 1, 8, 74 *Met* Hamus ... mulationis, *Val Max* 2, 9, 6 (2) Lorica conserta hamis, *Vir Æn* 3, 467 (3) Ipsi stupa pectitur ferreis hamis, *Plin* 29, 1 (4) Vet Interpr

* Haphe, es f [ab ..., tactus] *A dust wherewith wrestlers, after their anointing, were sprinkled*, Mart 7, 66

Hapsus, i m [ab ...] *An handful, a bolster of linen, or woollen, to keep a wound from farther harm*, Cels 4, 9

Hara, æ f [... porcus] (1) *An hog sty* (2) *Also a goose pen, or coop* (1) Subulcus purgat haras, *Varr R R* 2, 4 ¶ Hara suis! ... *you stinking beast* Plaut Most 1, 1, ... (2) *Varr R R*, ... 10

Hariŏla, æ f *A she prophetess, or diviner*, Plaut Mil ..., 99

Hariolātio, ōnis f verb *A ... ing, or foretelling*, Ap Cic de Div 1, 31 ex poeta

Hariolātor, ōris m verb *A diviner*, Litt ex Plaut ‡ Hariolus

Hariŏlor, āri, ātus sum dep *To foretell or conjecture* ... hariolor, ... Ap ... 48

Hariŏlus, i m [quasi fariolus, a fari, vel ab ...] *A ... a soothsayer* Interdixit hariolus, *Ter Phorm* 4, 4, 29 Hariolorum & vatum prædictiones, *Cic de Div* 1, 2.

Harmoge, es f *A mixture of divers colours*, Plin 5, 5

Harmonia, æ f [ab ..., apto] (1) *A due proportion, ...* (2) *Harmony, melody, a due proportion of sound* (3) *The ... of Cadmus so called* (1) Harmoniam corpus retinere non ... *Lucr* 3, 119 (2) Varii sonorum compositio harmonias efficit plures, *Cic Tusc* 1, 18 *Lat* Dissimilium concordia, *Quint* ... concentus, consonantia, modulatio (3) *Vid Propr*

Harmonicus, a, um *Harmonious, melodious*, Plin 2, ut & harmoniacus

Harpagatio *A kind of ... work*, ... Plin ... Harpag... con

† Harpagatus, a, um ... Aurum ... harpagatum est, *Plaut Aul* 2, 2, ... ‡ Vi ... ereptus

Harpaginetulus *Harpagine ... a kind ... chequered work*, Vitruv 7, 5 *Vid* Budæum ...

Harpago, ōnis m [ex ..., ... rapio] (1) *An hook to drag things out of a well* (2) *An instrument to pull stones out of walls* (3) *A grappling hook* (4) *A robber* (1) *Lig* ... D de Instr leg (2) *Cæs B G* 7, 81 (3) *Curt* 4, 2, ... (4) *Plaut Trin* 2, 1, ...

Harpăgo, are act *To hook, or grapple to one* Intro ... cum improbus ... harpaga, *Plaut Bacch* 4, 4, 11

* Harpalus, i m *Catch, or snatch, a dog's name in* Ovid Met 3, 222

Harpastum, i n [ex ...] *A ball of cloth, or leather stuffed with flocks, which special endeavour to catch at once*, Mart 7, 19

* Harpax, agis m *A kind of amber that draweth leaves and straw after it* [ab ..., rapio] Also *a whirl, or wharle to put on a spindle*, Plin 37, 2 *Lat* Verticillus

Harpe, es f [a Chald הרבא] *A faulchion, a scymitar, a bayonet*, Ov Met 5, 69

* Harpyiæ, arum f [ab ..., rapio] *Harpyes, a sort of ravenous birds described by* Virg Æn 3, 216 & seqq

Harunga, æ f [ab הרונה mactata] *A sacrifice, al leg* Haruga, harringa, arvigos, aringa, ... riga

Haruspex, icis m [ab haruga & specio] *A soothsayer, a diviner by looking into the entrails of the sacrifice*, Cic Philipp ..., 8 *Vid* Aruspex

Haruspica, æ f *She that divineth by entrails*, Plaut Mil ..., 11, 99

Haruspicina, æ f ... *The art of divination*, Cic Fam 6, 18

Haruspicinus, a, um *Belonging to soothsaying* Lib haruspicini, Cic Div 1, 73

Haruspicium, i n *Soothsaying, ... inspecting the entrails of the ...*, Catul 89

Hasta, æ f [a ...] ... (1) *A spear, lance, or pike* (2) ... (3) ... (4) ... *A ... auction* ... Hasta ... Postum ... *Cic* ... Hastam ... *Curt* ... *Mat* ... *Liv* ... Donat ... & ... & dari ... *Claud* 29 ... Ad ... conjurati ... hastu ... *Luc* ... hasta virorum, *Mart* 7, 6 (4) Quos non infima a

... hasta ... *Cic* ... Hastatus, a, um *Bearing, or fighting with spears* ... Hastati ... Hastile, is n (1) *A ... or pike* (2) *The forked staff* (1) ... *Rud* ... Hastula, æ ... *Plin* ...

Hau ... pro ... *Also* ... Haud adv *Not*, Cic

Haudquaquam adv *By no means, in no wise*, Cic de Orat 1, 9

‡ Hau ... pro ... Haveto ... *vid* veto, &c

Haurio, is, ... & ... haurium [ab ...] (1) *To draw, to fetch up* (2) *Met To receive, or take in* (3) *To drink, eat, swallow, or sup up* (4) *To waste, spend, or consume* (5) *Met To undergo, to suffer* (6) *To pierce, to tap, or open* (7) *To drain, to exhaust* (1) Integros ... re fontes, atque haurire ... *Lucr* 1, 926 ¶ Haurire ... *Cic* ... cum idem quoque haurire ... (2) ‡ Vocem auribus haurire, *to hear it*, Vir Æn 4, 359 Suspiciens hausit cœlum, mente receptum, *Sil* ... 809 Haurit ... gaudium auribus oculisque, *Liv* ... Impiger hausit spumantem pateram, *Vir Æn* 1, 742 ¥ Lambunt cibos, aut integros hauriunt, cum mandere non possunt, *Col* 8, ... ‡ Tam longi temporis opus incendium hausit, *Liv* 5, ... (4) Haurire patrias opes, *Mart* 9, 8 (5) Luctum nos hausimus majorem, ille animum minorem, *Cic pro Sext* 29 (6) Pectora ferro hausit, *Ov Met* 8, 440 (7) Medium sol aureus orbem hauserat, *Vir Geor* 4, 427

Haustor, ōris m verb [ex haurio] *A drawer* Ultimus haustor aquæ, *Cato*, *Luc* 9, 591

Haustrum, i n [ab haurio] *A bucket, a scoop, or pump*, Lucr 5, 517 R occ

Haustus, a, um par (1) *Drawn, taken up* (2) *Swallowed up, sunk, foundred* (3) *Drunk in* (1) Aqua haustu diabus palmis, *Ov Fast* 2, ... (2) ... haustæ ... *Tac Ann* ..., 24, ... = Haustæ ... obrutæ ... urbes, ... (3) Novam ... bibit ... haustis ...

Haustus, us m verb (1) *A drawing up* (2) *A draught, a sup* (1) Aquæ haustu ... *Col* (2) Haustu ... aquæ in ... *Ov Met* ... 6, ...

Haut rus, a, um par ... *fetter or ...* ... R ... haut ... pro haud ...

H ante E

H ... ante ... verbum naturale ... efflatum ... H ... *Inm* ...

* Heauton timorumenos ... *The self tormentor*, the name of a comedy in Terence

* Hebdomada, æ f ... (1) *The number seven* (2) *Also a week* (1) Duodecim anno...

 rum

ium h bdom ido, the eighty fourth year, Gel ,, 10 (2) Se mquu m hebdom c m nencies, Cic Fam 15, 9 Lat Sep im na

Hebenum, hebenus *Vid* Ebenus, ebenur

Hĕbeo, ere, u (1) *To be blunt* (2) *To be stiff, to cur il* (3) *To be dull and heavy* (1) = Num ferrum hebet? an dicere torpent? *Liv* 23, 45 (2) Sanguis gelid hebet, *Vir Æn* 5, 6 (3) Hebet corpus somno, *Val* ...

HEBES, e is adj or, comp Simu, sup (1) *Blunt* (2) *Heavy, dull, dim, not quick in any of the senses* (3) *Languid, without spirit* (4) *Weak, feeble* (5) *In the slow* (6) *Backward, slow of apprehension* (1) Gladii hebetes, *Ov* ... *Æn* 2, 585 (2) Hebetiores aute, *Cic* pro Plane 2 Sensu hebeti & tardi, *Id* ... Velox ... acutus an hebetior, ... (5) Hebes ... forensi *Cic* (4) Ictus hebes, *Ov* (5) = Spondaeus hebetior videtur, & tardior, *Cic Orat* 64 (6) Epicurum hebetem & tardum dicere solent Stoici, *Cic de Di* 2, 50 ... Tanta ... animalium ... quoque est, *Plin* ...

Hebĕsco, ere incept *To grow blunt, dull, dim, languid, feeble* Hebescebant oculi, *Suet Tib* 68, ... nunquam hebescere ... *Cic* ... Patitur hebescere ... *Id Catil* 1, 2 ... hebescere, & languere, *Id* ...

Hebetātio, ōnis f verb *A making dull, or dim* Hebetatio oculorum, *Plin* 29, 6

Hebetātrix, īcis f verb *It, that which doth dull, or dim* Hebetatrix umbra, *Plin* 2, 10

Hebetātus, a, um *Made blunt, made dull and stupid* Tela hebetata, *Sil* 16, 105 Hebetato animo simul & corpore, *Suet Claud* 2 Respublica vires hebetata, *Just* 6, 8, 2

Hebĕto, āre act *To make blunt, to make dull* Humor nihil gladios aut pila hebetabat, *Liv* Porrum oculorum aciem hebetat, *Plin* 20, 6

Hebetor, āri, ātus pass (1) *To be made dull, or dim* (2) *To be blunted* (1) Hebetatur speculorum fulgor, *Plin* 1, 15 (2) Frumentum & cera hebetatur vino, *Plin* 23, 1 Gladios nullos hebetari retundique gaudebant, *Plin Paneg* 18, ...

|| Hĕbĕtūdo, ĭnis f *Dulness, dimness, bluntness* = Hebetudo & obfuscatio visus, *Macrob Somn* 1, 14 Hebetudo sensuum, ...

* Hecatombe, es f [ex ἑκατὸν, centum, & βοῦς, bos] *A sacrifice of an hundred oxen, hogs, sheep, lions, eagles, &c vid Jul Capitolin* ... & *Cal* ... Exstinxit jure centum heccatomben, *Juv* 12, 101

Hecatompus, ŏdis *A fish with an hundred, or however a great many feet*, Plin ...

* Hectica, febris *An hectick, or continual fever*, Med

* Hecyra, æ f *The mother in law, one of Terence's plays*

Hĕdĕra, æ f [cujus ce etymon nihil compertum] *Ivy* ... nsnede ra, *Hor Od* 1, 25, 17 pallens, *Vir Ecl* 3, 39 alba, *Id Ecl* 7, 38 nigra, *Id Geor* 2, 258 tenax, *Catull* 59, 34 implicatior, *Hor Od* 1, 36, 20 baccifera, *Sen Oedip*

... Hederis l garc ... *Valer Flacc* 2, 268

Hĕdĕrāceus, a, um adj *Of, or belonging to ivy* ... Frondem hederacea bubus dato, *Cato*, 54 Corona heracea, *Plin* ... 19

Hederĭger, a, um *Bearing ivy*, ... hederiger, *Catul* 61, ...

Hederōsus, a, um *Full of ivy* ... hederoso conditus antro, *Prop* ...

H... f *A plant superstitious in a filthy body*, Geon

Hed... n ... *A kind of ... it* Hed... nu ...

* He... osmus, i m & hedy s... m... n *Wild mint*, Plin ... 15 Lat Ment...

* Hedyphagia ... f *Sweet eating* ... Lat ...

* Hedyosma, ... n pl (1) *Sweet meats, or delicates* (2) Also *unguent perfumed* (1) *Plin* ... (2) *Plin* ...

Hegira, æ f vocab Arab Lat fuga *The flight of Mahomet out of Mecca, from whence the Arabians, Turks, and the ... compute their years, ... reckoned on the night next after the ... of July*, A D 622

Hehe! interject vel ... Hehe! ... *Enn* ap ...

Hei! interject dolentis Hei! ... Hei! ... nequie Andria ... mali ... *Andr* 1, 1, 41 § Hei mihi! non possum hoc tibi ... commemorare, *Cic*

Heja! interject gaudentis *O rare! O brave!* Plaudi ... It admirantis ... hoia! *Ter Heaut* 5, 5, 19

Helciārius, ii m *An halsier, he that haleth a barge, or other vessel along*, Mart 4, 64

* Helcium, i n *The collar, or harness of a cart horse, a trace*, Apul Met 9, p 90

* Helcysma, ătis n *The dross, or refuse of any metal*, Plin 33, 6

* Helenium, ii n *Elecampane*, Plin 21, 10 Lat Inula campana

* Helĕpŏlis, is [ἑλέπολις] *An engine used in the siege of cities*, Vitruv 10, 22

* Heliăcus, a, um *Belonging to the sun* Heliacus ortus, occasus, *The appearing, or disappearing of the stars, according as they are near to, or remote from the sun*, Aftron

Helice, es f *A constellation called the great bear*, Cic Acad Q 4, 20

Heliocaminus, i m Vox hybrida *A solar in a place exposed to the sun*, Plin Ep 2, 17, 20

* Heliochrysum, i n *A sort of tithymal, or spurge*, Plin 26, 8

* Heliotrophion, ii n *The turn sole, or sun flower*, Plin quod &

Heliotropium, ii n [ex ἥλιος, sol, & τρέπω, verto quod ad solem se convertit] (1) *The herb turnsol* (2) Also *the name of a precious stone of a green colour with red spots*, or veins (1) *Varr R R* 1, 46 (2) *Solin Polyhymn*

Hĕlix, ĭcis m [ab ἑλίσσω, involvo, quod arboribus, frutic bus, que circumvolvatur] (1) *A kind of creeping ivy* (2) Also *a spiral, or winding line* (3) *An ornament on the chapiter of a pillar* (1) *Plin* 16, 35 & 38 (2) *Geometr* (3) *Vitruv* 4, 1

Hellĕbŏrōsus, a, um *Full of hellebore, frantic, distracted*, Plaut Rud 4, 4, 67

Helleborum, i n & helleborus, i m *The herb hellebore*, of which there are two sorts, white and black, *vid Plin* 25, 5 given to melancholy and frantick persons, being a noble cathartic and purger of the brain Helleborum ... hominibus est opus, *Plaut* ... 89 Mittent hellebori ... graves, *Vir Geor* 3, 451

Hellēnismus, i m *A Grecism, or Greek manner of speaking*, Gramm

Hellŭātio, *vel* helluatio, onis f verb *An eating greedily, a gormandizing, a riotous way of living*, Cic post Redit in Sena c ...

Helluo, *vel* heluo, ōnis m [ab eluendo, Fest] *A glutton, a spendthrift*, Ter Heaut 5, 4, 10 ¶ Helluo librorum, *a great reader*, Cic de Fin 3, 2

Helluor, & heluor, āri, atus sum dep [ab eluendo, quod eluere ... bonis dicitur prodigus] *To gormandize, to devour, or consume all*, Cic de Prov Conf 6 Catull 27, 16

Helops, opis & helope, es f *A kind of delicate fish*, Col 8, 16 & Plin ...

Helvella, æ f *A small sort of cabbage*, Cic Fam 7, 26 *Sed alii aliter leg*

Helvenacus, *Col* 3, 2 & helvenacus, a, um *Vid* helvenacæ, *of a pale red colour*, Id 5, 5

Helvŏlus, & helveolus, a, um *Vid* helvola, *Col* 3, 2 Helveolam ... *pale red*, Col 2, 25

Helvinus, a, um *Of a flesh colour*, Plin 14, 4

Heluo, ōnis *Vid* Helluo

Helvus, a, um *Of a pale red colour*, Varr R R 2, 5

Helxine, es f [ab ἕλκω, traho, quod ad se res attrahat] *Parietary, or pellitory of the wall*, Plin 21, 5 Helxine cissampelos, *Bindweed*, or *withwind*, Jun

Hem! interjection expressing various motions and affections of the mind (1) Admirantis, *how? say you so?* (2) Laudantis, *well, rarely* (3) Recordantis, *ho yes* (4) Interpellantis, *hold! stay!* (5) Corrigentis, *how! how is that? what is that?* (6) Offerentis, *here, see here!* (7) Vindicantis, *there is for you, take that for your pains* (8) Admonentis, *look ye, mind* (9) Ostendentis, *see, lo, behold* (10) Commiserescentis, *vel* ingemiscentis (11) Hortantis, *mind, observe* (12) Exultantis, *o brave! o rare!* (13) Respondentis *anon, Sir* (14) Ironice ... (1) Hem! ... *Plaut Pan* 5, 2, 85 (2) *Plaut Merc* 3, 1, 25 (3) Hem! ... quid ... dicere, *Plaut Mil* 1, 1, 36 (4) *Plaut Cist* 4, 2, 27 (5) *Plaut Cas* 4, 4, 15 (6) Hem! ostendo ... *Plaut Cist* 5, 1, 17 (7) *Plaut Curc* 1, 3, 39 & 5, 2, 26 *Pseud* 1, 2, 2 & sæpe alibi (9) *Plaut Pan* 4, 4, 16 (9) Hem! ... *Ter Eun* 2, 2, 20 (10) ... hem! pol nos ... reliquit, *Ter Andr* 1, 5, 8 (11) Hem! serva, *Ter Andr* 2, 5, 5 (12) Hem! istuc volueram, *Ter Heaut* 4, 8, 26 (13) *Ter Heaut* 4, 5, 9 (14) Hem! quid velis recte curatum, hic mandes, *Ter Phorm* 4, 3, 7

* Hemerēsios [ab ἡμέρα, dies] *Daily* ... hemeresios, *a picture finished in one day*, Plin 35, 11

* Hemerobion n ... *continue* ... Lat ...

* Hemerodrom ... *ing but one day*, ... Cic Tusc Q 1, 39

* Hemerocallis ... *like the lily*, Plin ...

Hemerodromus, ... *post, a courier*, ... Nep Alcib 4

* Hemerologium ... *A calendar, or register, a journal*, ... mi *Hay* Lat ...

* Hemicyclus, i m ... chion, ... *that form*, Cic de ...

* Hemīnasis ... um, & μέρος, pars ... Gramm

Hemina, æ f ... being the ... quar... Nencula ... minis vini ... in ... *Plaut Mil* ...

Hemināris, ... *Lemina*, Quint 6, ...

Hemĭolius, a, um ... semis, & ὅλος, totus] ... *half*, Gell 18, 14 Lat Sesqu...

Hemisphærium, i n [ex ἡμι, semis, & σφαῖρα, sphæra] (1) *a sphere, the ...* (2) *A kind of clock* (1) Varr (2) *Vitruv* 9, 9

* Hemistichium, i n [ex ἡμι, & στίχος] *An half verse*, Gramm

* Hemitritæus, i m ... *A semi-tertian fever*, ... Mart 12, 92 [☞] Apud ... nomen non habuit, ... 53 Posteriores tamen ... mitritinam ...

* Hendecasyllabus, ... *containing eleven syllables* ... ut, Quare ... Hendecasyllabos ... centos, *Catull* 12, 10

* Hendiadis, ... f ... *A rhetorical figure, when one thing is split into two, by the interposition of a conjunction* ... Maculis insignis & albo, *In* ... 3, 56 *quod alii* ... *facie protulit*, Maculis ... Thracius albis porta ... *Æn* 5, 565 In prædam partem ... pro in prædæ partem, ...

* Hepar, ătis n (1) *The liver* (2) *A fish so called* (1) ... Rece... (2) *Plin* 32, 11 ... epir

Hepătārius, a, um *Pertaining to the liver*, Plaut Curc ...

Hepăticus, a, um (1) ... *liver* (2) *Diseased in the liver* (1) Morbus hepaticus, ... (2) Hepaticis bibendum ... *Plin* 20, 14

Hepătītes *A precious stone* either so called from the form or colour of the liver, *Plin* 37, 11

Hephæstites, æ m [ab Ἥφαιστος, Vulcanus] *A precious stone* ... *the colour of fire*, ...

* Hephthemimeris ... *a cæsura falling on the fourth foot, when after the third foot a syllable remaineth*, ... Gramm

* Heptaplus ... *Vid* Ep...

* Heptaphŏnos ... *Olympia so artificially ... repeat the voice* ... or *sounds*, Plin 36, 15

* Heptapleuros, ... pleurum, i n *A kind of plantain*, Plin 25, 8

Hepteres, is f *A galley with seven banks of oars*, Liv ... & 24

Hera, æ f [ab herus] (1) *A dame, a mistress, a lady* (2) ...

Juno, as others *Tel-* ... *an appellation of* ... *Fortune* (1) Sum- ... hera ... lutabam ... *Ter Andr* ... non ... me reg- ... que ferat ... *Lucr* ... *Al iam n* ... *sit*, hera cud- ...

... Hercle inven- ... *Belonging* ... Heraclea pocul ... *such as Hercules* ... *famous for toping*, ... 4, 18 ... *Herm* ...

... *Feasts in* ...

HERBA ... (2) *A weed* ... *The blade of any* ... (1) Nec potenti cura ... herbas ... (2) ... (3) ... hilam, *Ov Met* 10, ... herba placet, *Id Met* ... *Ov* ... 3, 5, 17 ... *to own one* ... *superior in any* ... *Plin* 22, 14 (4) Crè- ... procumbit in herba, ... Messis in herba, ... *Prov when* ... *distant prospect of* ...

Herbaceus, a, um *Bringing* ... *herbs, grass, weed* ... Herbacei co- ... 27, 12 Herbace- ...

Herbarius, a, um *Of, or be-* ... *to herbs* Herbaria sc ... 26 5

Herbarius, m *A gatherer of* ... *herbalist*, Plin 22, ult

Herbesco, ... herbesco (1) *To* ... *grass, or herbs* ... *with herbs, or grass* ... ex semine herbescit, ... 15, 4 (2) *Plin* 19, ... herbis erect ...

Herbescens, tis part *Waxing* ... herbescentem viri- ... *de Sen* 15 ... *Id* Herbasco

Herbeus, a, um *Green like* ... Oculi herbei, *Plaut Curc* ...

Herbidus, a, um *Full of grass*, ... Campus herbidus, *Liv* ... color, ... Herbidum solum, *Id*

Herbifer, a, um *Bringing forth* ... Herbifer mons, ... Herbifer Acis, *Ov* ...

Herbigradus, a, um ... Herbigrada cochlea, ...

Herbilis, e adj *Nourished* ... Herbilis anser, ...

... *Timus* ... *grass* ... Herbosus ... *Cato*, 54

Herbula, ae f dim *A little* ... Herbulis ... quadrupedes ... *Cic N D* 2, 50

Herceus, a, um [ab ἕρκος] ... *of Jupiter* ... Sacratus est ... cumbit domum Iovi ... Cum hic Hercæi ... Jovis, *Ov in Ibin*, 284

... cunquam ab her- ... [ab ἕρκος, septum]

To divide, or part an inheritance among coheirs, Cic de Orat 1, 56

*Herctus, i m [ab ἕρκος, septum] *A portcullis*, Cæs B C ... ut alii ... Catarrhactes

Hercle adv *by Hercules*, passim

Herculaneus, a, um *Belonging to Hercules* Herculaneus ... Plaut Truc 2, 7, 11

Herculanus, a, um *Belonging to Hercules*, Meton *great, huge* Herculeum ... *Plin* ...

Hercules ... & inte- gro Hercules, *Cic* & *Gell By Her- cules*, passim

Herculè adv *Stoutly, strongly*, Cic Attic 8, 6 ... cule, & totus quidem locus est in sanus

Herculeus, a, um (1) *Of, or be- longing to Hercules*, Meton *great, huge* Herculeo ... collo, *Ov Epist* ... Herculeum ... *Id in Prat*

Herè adv ( ) *Yesterday* (2) *Yesternight* (1) Quid here tantum biberis, *Ter Heaut* ... 2, 8 ☩ Res hodie minor est, here quam fuit *Juv* ... (2) Here venisti media nocte, *Plaut Amph* 1, 3, 16

Heres, heredis c g *An heir, or heiress, an owner, or possessor*, *Id* Hæres

Heri adv *id quod* here *Yes- terday*, *Cic*

✝ Herifuga æ c g *A run- away, a fugitive* Herifugæ famuli, *Catull* 57, 71

Herilis, e adj [ab herus] (1) *Belonging to a master*, (2) *or mistress* (1) In mariti conjec herilem filium, *Ter Andr* ... 2 (2) Remmius Palæmon, ... veram, dum herilem filium ... *de Illustr Gram* 23 ... pere pensum, *Hor Carm* ...

Herinaceus, m *A hedge hog*, Plin *Id* Erinaceus

* Herma, æ f *A prop, or stay*, Fest *Lat* Fulcrum

Hermæ, æ m *A statue of Mer- cury* Trunco simillimus Hermæ, *Juv* 8, 53 Omnes Hermæ ceci- derunt una nocte, *Nep Alcib*

Hermaphroditus, i m [ab Ἑρμῆς, Mercurius, & Ἀφροδίτη, Ve- nus] *An hermaphrodite, both man and woman*, vid *Ov Met* 4 Fab 8 v 383 Hermaphroditi utriusque sexus *Plin* 11, 49

* Hermēdone, es f *A knot, or band, a constellation, so called* Vitruv 9, 7 interpr *Litt*

* Hermesion, ... *A precious stone of a fiery colour*, Plin 37, 10

* Hermodactylus, i m *Wild saffron*, Dodon Some take it for dogs-bane

Hermūpoa, æ f *The herb mer- cury*, Plin 25, 3

Hernia, æ f *The disease when the intestines fall into the scro- tum, a rupture* Nestoris hernia *Juv* 6, 325

Heroicus, a, um [ab heros] (1) *Heroic, pertaining to the heroes* (2) *Relating to heroic actions, epic* (1) Heroica ... *Cic Tusc* 5, 3 (2) Heroicus versus, *Cic de Legg* 2, 27

Heroīna, æ f *An heroine, a lady of honour* Inachus blandi... heroinis, *Prop* 1, 13, 31

Herois, idis f *A lady of the first rank, a lady of quality* Ve- teres heroidas ... *Ov Amor* 2, 4, 33

Heros, ōis m (1) *An hero partly of divine, and partly of human extraction* (2) *The soul of a great man unbodied* (3) *A man of sin- gular virtue, either civil, or mi- litary* (1) ☩ Quem virum, aut heroa, lyra vel acri tibia sumes ce-

lebrare, Clio? Quem Deum? *Hor Od* 1, 12, 1 (2) Huic responsum paucis ita reddidit heros, *Vir Æn* 6, 672 (3) Heros ille noster Cato, *Cic Att* ... 1, 16

Heroum, i n *A monument e- rected to the memory of some hero*, Cic ... Legg ... 24 Ib tamen ... heroum

Heroüs, a, um *Heroic, epic* ... pedes, quibus ... carmina ... *Cic de Orat* ... 47 Quis te carminis heroi tangere jussit opus? *Prop* ... 16

Herpes, etis [ab ἕρπω, repo] ( ) *St Anthony's fire, some call it wildfire, some the shingles* (2) *An eating ulcer which corrodes the flesh to the bone* (3) *Also an animal of use ... for the cure of such disease* (1) *Scrib Larg* 63 ... (2) *Cels* 5, 28 (3) *Plin* ... 1

Herus, i m (1) *A master of a family*, (2) *or husband of a* ... (3) *The Gods* (1) Cum me custodem addiderat herus major meus, *Plaut Capt* ... 5, 50 (2) *Ter Andr* ... (3) Hostia cœlestes pacifico bove heros, *Catull* 66, 6

* Hesperus, ... *The ... a phi- losopher*, Plin 21, 7

Hesperius, a, um *Western* Fre- tum Hesperium, *Ov Met* 11, 258

Hesperugo ... *id quod Hespe- rus* ... Magis ... mendum dux noctis Hesperugo, *Sen Med* 878

Hesperus, i m (1) *The even ing star*, *the same which is also called phosphorus or lucifer, in the morning* (2) *Synecd The e- vening* (1) ... Nec non ... tis, hesperi purus et nebris lucifer idem *Sen Hippol* ... (2) ... dotem misaturæ, venit Hesperus ... capellæ, *Vir Ecl* 10, 77

Hesternus, a, um [ab heri an tiq ...] *Of yesterday, or yester night* Hesternus dies, *Cic N D* 2, 25 Hesterna nocte, *Ov Epist* 19, 72

Hetæria, æ f *A company, a society, a college*, Plin Ep 10, 43 Secundum mandata tua hetærias esse vetueram, *Id Ep* 97

* Hetærice [Ἑταιρική, sc ...] *A Macedonian troop, so called from their friendly society with each other, or with the king*, Nep Eum ...

* Heteroclitus, a, um *Varied from the common way, irregular in declining*, Gramm

* Heterocrania, æ f *A pain, or tumour on one side of the head*, Plin 20, 9

* Heteromallus, a, um *Frieze ed, or napped on one side, as velvet, satin, sattin*, &c Poll

† Hetta æ f *A thing of no value* Non hettæ te facio, *Fest* ... re tenuissim... *Scrib* & ... *Ital*

Heu interj ... doluntis (1) ... (2) Ad miranti, *woe!* (1) Heu! heu! quam ... malis ... quod ... & quod dedi *Plant Pseud* 1, 3, 26 ... *Heu* ... *Vir Æn* 6, 88 § Heu, me miserum! *Ter Andr* 4, 1, 22 Heu ... nequeo ... *Plaut Aul* 4, 8, 32 (2) Heu! ædepol, ... lepida ... *Plaut Rud* 2, 4, 2

* Heuretes ... m *The inventor, or deviser of a thing, an author* Heuretes ... *Plaut Pœnul* ... 4, 9 *Lat* Inventor

Heus adv (1) *Vocantis & re vocantis, Ho, soho! ho there* (2) *It doleantis*, (3) *& ad considerationem revocantis, consider, mind* (1) Heus! ecquis hic est janitor?

aperite *Plaut Amph* 4, 2, 10 Syre, inquam heus! heus! Syre, *Ter Heaut* 2, 3, 107 (2) Heus! ... mensis ... inquit Iu- lus, *Vir Æn* ... 116 ... Do- nato (3) Heus! proximus sum ... mihi, *Ter Andr* ... 1, 11 Omnium rerum, heus, vicissitudo ... *Id Eun* 2, 2, 45

Hexachordos, ... on, ... *Having six cords, or strings*, Vitruv 10, 1

* Hexaclinon, i n *A dining room holding six at table* ... *Mart* 9, 60, 5

* Hexagonus, a, um *Having six angles*, Col 5, 2

* Hexameter, a, um *Of six measures, or feet*, Gram *Lat* ...

Hexaphori, orum m pl *Six porters, or bearers of litters*, Vitruv 10, 8

* Hexapla, n pl *A work of Origen's in six columns*, Eccles

* Hexastichon, i *A poem composed in six verses*, Gramm

* Hexastichus, a, um Hordeum hexastichum, *barley having six rows of corn in an ear*, Col 2, 9

* Hexastylos, ... *Having six ranges of pillars*, Vitruv 3, 3

* Hexecontalithus, i m *A precious stone with variety of corners and colours*, Plin ... 10

Hexeris, ... *A galley having six banks of oars*, Liv ...

H ante I

Hians, antis part [ab hio] (1) *Gaping, yawning* (2) *Disjoint- ed* (3) Met *Craving, insatia- ble* (1) Perdices hiantes, *Plin* ... 9 (2) ... Diducti ... hi- antes concursus ... verborum, *Cic in* ... *Orat* 6 ... Mutius, disso- lutus (3) Hiante avaritia Verres, *Cic in Verr* 2, 51

Hiasco, ere incept [ab hio] *To chink, to open, to spread* Ubi primum nuces hiascere incipiunt, *Cato*, 17

Hiatus, us m verb [ab hio] (1) *A gaping, or yawning, an opening the mouth wide* (2) *A gasping* (3) *Any clapping, cleaving, or opening, a disjoin- ing, a parting* (4) Meton *Bawl- ing, bragging, boasting* (1) Leo hiatu minaci, *Plin* 8, 16 (2) Ex- tremus expirantis hiatus, *Quint* 6, 2 (3) Terræ hiatus, *Ov Fast* 3, 609 fontis, *Id Met* 3, 162 (4) Quid dignum tanto feret hic pro- missor hiatu? *Hor A Poet* 138

Hiberna, ōrum n pl (1) *Win- ter quarters for soldiers* (2) *Al- so winter houses*, as opposed to summer houses (1) Legiones in ... collocavit, *Cic Fam* 10, ... (2) *Varro*

Hibernacula, ōrum dim *Win- ter quarters* Hibernacula ma- ... communire, *Liv* 22, 32

Hiberno, are neut (1) *To win- ter, to lie in winter quarters* (2) *To be stormy, or tempestuous* (1) Quomodo militēs hibernent ... perferunt, *Cic pro Leg Ma- nil* 15 (2) Hibernat mare, *Pers* 6, 7

Hibernaturus, a, um part *A- bout to winter* Loca perhorri- da sibi hibernaturis, *Liv*

Hibernus, a, um *Of, or belong- ing to winter* Tempora hiber- na, *Cic Verr* 5, 10

Hibiscum, i n ... hibiscus, i m *The marsh mallow, or a kind of twig or bulrush* Hi- dorum gregem viridi compellere hi- bisco, *Vir Ecl* 2, 30 interpr *Steph*

Hibris, idis c g *A pig of a tame sow and a wild boar*, Plin 8, 53 and may be used of any other like animal *Vid* Hybrida

† Hibus *pro* his, *Plaut*

HIC, hæc, hoc pron demonst [*ab* ἕο, hicce, & per Apoc hic] (1) *This man, woman, thing* (2) *This so great* (3) *Such* (4) Sometimes it is redundant. (5) Sometimes for the relatives *ille, ipse, is* (1) Hic ipsus est, de quo agebam, *Ter Adelph* 1,1,53 Hæc ea est, quam miles a me vi nunc ereptum venit, *Id Eun* 4, 6, 14 Hoc mihi expedi, *Id* (2) Ab hoc tamen viro illius desunt, *Nep Datam* 7 (3) His lacrymis vitam damus, *Vir Æn* 2, 45 (4) Ubinam Pamphilus hic est? *Ter Andr* 5, 6 (5) Captæ urbes, & in his Byzantium, *Nep Alcib* 5 In exilium, hoc est, in aliam civitatem, *Cic* pro *Cæcina*, 31

Hic, *vel* heic adv loci, rei, & temporis (1) *Here, in this place* (2) *In this affair*, or *matter* (3) *Then* (1) Jam frater ipse hic aderit virginis, *Ter Eun* 5,2,52 (2) Lycurgus mihi videtur posse hic ad nequitiam adducier, *Plaut Bacch* 1,2,4 (3) Hic ego illum contempsi præ me, *Ter Eun* 2,2, 8 Hic Catulus, Etsi heri, inquit, *&c* Cic Acad Q 4,4

Hicce, hæcce, hocce *This, this very* Hicc hoc munere arbitrantur suam Thaidem esse, *Ter Eun* 2,2,8 Hicce oculis egomet vidi, *Id Adelph* 3, 2, 31 Suburbanitas hujusce provinciæ, *Cic Verr* 2,3 Hocce tempus præcavere mihi, nunc c unicum finit, *Ter Andr* 2,5,18 *Vid* Hic

Hiccine, hæccine, hoccine? *This man*? *this woman*? *this thing*? Hiccine non gestandus in sinu est? *not he*, or *such an one as he*? Ter Adelph 4,5,75 Hæccine patris meum funus arena teget? *shall this*? Prop 1, 17,8 Hoccine credibile est? *is this*? Ter Andr 4, 1, 1

Hiccine adv *Here*? Hiccine *rem*, an apud mortuo? *Plaut Merc* 3, 3,17

Hiemalis, e adj *Winterly, of winter* Hiemale tempus *Cic* de *Div* 2, 14 Navigatio hiemalis, *Id Fam* 6, 20 Hiemales aquæ, *Sall B J* 41

Hiematio, onis f verb *A wintering, a subsisting in winter* Reliquum mellis hiemationi relinquatur, *Varr R R* 3,17

Hiematurus, a, um part *About to be tempestuous*, Plin 18, 35

Hiemo, are neut (1) *To be cold and tempestuous* (2) *To winter, to be in winter quarters* (1) Fidicula exoritur, hiemat, & pluit, *Col* 11 2 Atrum defendens pisces hiemat mare, *Hor Sat* 2,2,17 ¶ *Ad* Hiemare aqua, *to turn into ice*, Plin 19, 4 (2) Legiones quæ longius hiemabant, subsequi jussit, *Cæs B C* 1, 37

Hiems, emis f (1) *Winter* (2) Met *A tempest* (3) Synec *A year* (1) ✶ Campos & montes hieme & æstate peragrantes, *Cic* de *Div* 1, 42 (2) ✠ Emissam hiemem sensit Neptunus, *Vir Æn* 1, 129 (3) Sexta peregit hieme, *Mart* 5, 38, 16

* Hiera, æ f (1) *A sacred garland consecrated to the gods, when two running a race, neither got the prize* (2) *A name of Cybele* (3) *An island of Sicily* (1) Sen Ep 83 interpr Lips (2) Silvestris hiera, *Vir Æn* 9, 673 *ubi tamen ob productam mediam Turneb* hyæna *legendum suspicatur* (3) Plin 2, 89, & 109

* Hieracion, ii n *The herb hawkweed*, Plin 34, 11

* Hieracites, æ m [*ab* ἱέραξ, accipiter] *A precious stone, so called from its colour*, Plin 37,10

Hieracium collyrium *A sort of eye salve*, Plin 34, 11 ap Cels 6,6,28 *vocatur* Hieracis collyrium

* Hierarcha, æ m *A prelate, a bishop*, Eccles *Lat* Præsul

* Hierarchia, æ f *Hierarchy, church government*, Eccles

* Hierarchicus, a,um *Of church government*, Eccles

* Hieraticus, a, um *Sacerdotal* Hieratica charta, *the finest sort of paper*, on which books of religion were writ, *Plin* 13,12

* Hierobotane, es f i e sacra herba *Vervain*, Plin 25, 9

* Hierocomium, ii n *An house for lepers*, Jun

* Hieroglyphicus, a, um [*ab* ἱερὸς, sanctus, & γλύφω, sculpo] *Hieroglyphical* Hieroglyphicæ literæ, *vel* hieroglyphica, *sc* signa *mystical characters*, or *symbols*, in use with the antient Egyptian priests, by the pictures of animals, plants, *&c* such as we see on their mummies, or embalmed bodies, but difficult, at this distance of time, to be explained, this being, if not the first way of writing, yet very antient Primi per figuras animalium Ægyptii sensus mentis effingebant, *Tac* 11, 14

Hieronices, æ m *A conqueror in the sacred games*, Plin 19, 8 & Suet Ner 24

* Hierophanta, æ m *An interpreter of sacred mysteries*, Nep Pelop

* Hierophylax, acis m *A churchwarden*, Scœv *Lat* Æditius

Hieto, are *To gape, to stare about* Dum hieto, ille se subterlux t mihi, *Plaut Men* 3, 1, 4

Hilaratus, a, um part *Made merry, pleased, rejoiced* Cum cœlo terra hilarata videatur, *Cic* N D 2, 40

Hilare adv [*ab* hilarus] ius, comp issime, sup *Merrily, chearfully, gayly, frankly* Hilarè vivere, *Cic* de *Fin* 5, 30 Hilarius loqui, *Id Tusc* 2, 27 Hilarissimè addere de suo, *Plaut Menæch* 1, 2, 40

Hilaresco, ere incept *To grow merry, frolicksome*, or *gay*, Varr ap Non 2, 404

Hilaria, orum pl n [*ab* hilaritate propter vernum tempus] *Feasts in honour of Cybele*, held on the 25th of March, when the days begin to be longer than the nights, *Macr Sat* 1, 21 *Any solemn festival*, Lampr interpr Casaub negante Salmas Hilaria omnibus conveniunt, *Quint* 6, 4

HILARIS, e adj or, comp issime, sup [*ab* ἱλαρὸς, Id] *Merry, gay, pleasant, jovial, chearful* ✶ = Oderunt hilarem tristes, tristemque jocosi, *Hor Ep* 1, 18, 89 Animadverti paulo te hilariorem, *Cic* de *Clar Orat* 5 Hilarissimum convivium expromam tibi, *Plaut Mil* 3, 1, 72

Hilaritas, atis f *Mirth, chearfulness, gayety, pleasantry* = ✶ Non hilaritate, nec lascivia, nec risu, aut joco comite levitatis, sed sæpe etiam tristes firmitate & constantia sunt beati, *Cic* de *Fin* 2, 20. = Hilaritas & suavitas erepta est mihi, *Id Fam* 9, 11

Hilariter adv *Merrily, pleasantly*, Ad Herenn 3, 14 ✶ Mœste, *Id ib* *Vid* Hilare

Hilaritudo, inis f *Mirth, gayety, chearfulness* Quid te obsecro tam abhorret hilaritudo? *Plaut Cist* 1, 1, 56 Hilaritudo oculorum, *Id Rud* 2,4, 8

Hilaro, are *To make merry, to please, to chear* Animum hilarare, *Catull* 61, 18

Hilaror, ari, atus pass *To be cheared, to be made pleasant* Quo sensus hilaretur, *Cic* de *Fin* 2, 3 Hujus suavitate maxime hilaratæ sunt Athenæ, *Id* de *Clar Orat* 13

* Hilarœdus, i m *One that singeth pleasant songs*, Fest

Hilarictulus, a, um dim *Somewhat merryish*, Sen Ep 23 *sed al alites legunt*

Hilarulus, a, um dim *Somewhat pleasant*, or *gay* Attica, quoniam hilarula est, meis verbis suavium des, *Cic Attic* 16,11,*extr*

Hilarus, a, um *Merry, pleasant, chearful* Vita hilara, *Cic* de *Fin* 5, 30

Hilla, *vel* hila, æ f *Varr* dim [*ab* hira] *The small gut, a chitterling*, or *sausage* Hillis stomachus flagitat in morsus refici, *Hor Sat* 2, 4, 60

Hilum, i n *The little black of a bean, a very nothing* Sisyphus non proficit hilum, *Cic Tusc* 1, 4 *ex poeta quodam* Nec dehit ponderis hilum, *Lucr* 3,221 Si libella claudicat hilum, *Id* 4, 518

* Himantopodes, um pl m *Splayfooted*, Solin c 15 *Lat* Loripedes Also *birds so called from the slenderness of their legs*, Plin 5, 8

Hin הִין *A measure among the Hebrews, containing twelve sextaries*, Bibl

Hinc adv [*ab* hic] (1) *Hence, from this place*, (2) *cause*, (3) *matter*, (4) *person* (5) *Henceforth* (6) *Out of this, part of this* (7) Hinc & hinc, *on this part and that* (1) Is repente abiit a me hinc ante lucem, *Plaut Amph* 2,2,9 (2) Hinc illæ lacrymæ, *Ter Andr* 1, 1, 99 (3) Hinc radios trivere rotis, hinc tympana plaustris, *Vir Geor* 2, 444 (4) Syrum ire video, hinc scibo jam ubi siet, *Ter Adelph* 3, 3, 7 (5) Hinc volucrum naturæ dicentur, *Plin* 9, 62 (6) Si iis, aut dimidium, aut plus etiam hinc feres, *Plaut Pseud* 5, 2, 29 (7) Hinc atque hinc glomerantur, *Vir Æn* 1, 504 Raros colligis hinc & hinc capillos, *Mart* 10, 83, 1

Hinna, æ f *A she hind*, or *mule*, Non ex Varr 2, 409

† Hinnibunde adv *After the manner of mules*, Non ex Claud 2, 411 † Cum hinnitu

Hinnulus, i m dim [*ab* hinnus] *A little mule*, Varr R R 2, 8

Hinnitus, us m *A whinnying*, or *neighing* Subito exaudivit hinnitum, *Cic* de *Div* 1, 33 = Fremitus hinnitusque equorum, *Liv* 2, 64

Hinnuleus, & hinnulus, i m dim [*ab* hinnus] (1) *A young hind, or fawn, a kid, leveret, &c* (2) *A little mule* (1) Vitas hinnuleo me similis, Chloe, *Hor Od* 1, 23, 1 (2) Equo & asina genitos hinnulos antiqui vocabant, *Plin* 8, 44

HINNUS, i m [γιννὸς, Id] *A mule ingendred between an horse and she ass, a nag*, Varr R R 2, 8

Hio, are [à χαίω, *unde* χάσκω, hisco] (1) *To gape, to yawn, to open the mouth wide* (2) *To open*, as flowers, *&c* do (3) *To chark, chap*, or *chink*, as the ground, wood, *&c* (4) *To be loose*, or *disjointed* (5) Met *To gape after, to covet greatly* (6) *To bawl out* (1) Hiare præ lassitudine, gratia, *Plin* 8, 25 (2) Flos hiat pratis, *Prop* 4, 2, 45 (3) Hic sicca tellus faucibus ruptis hiat, *Sen Phæn* vel *Theb* 70 (4) [illegible] (5) Semper ad spem futuri hiat, *Sen Ep* 73 (6) Fabula hianda Tragœdo, *Pers* 5,3

* Hippace, es f *Cheese made of mare's milk*, Plin 28, 9

Hippago, inis f *A ferry boat to carry horses over*, Gell 10, 25

Hippagus, *vel* hippagogus, i m *A ferry boat for horses* Hippagum Salamini invenerunt, *Plin* 7, 56 Naves, quas hippagogos vocant, *Liv* 44, 28

Hippeus, i m *A comet with beams like an horse's mane*, Plin 2, 25

Hippi, orum m pl *A kind of crevice fish*, Plin 9, 31 *sed le* [illegible]

* Hippiatrus, i m *An horse leech*, or *farrier*, Varr R R 2, 7 sed Græcis literis

Hippice, es f *An herb, which held in an horse's mouth maketh him insensible of hunger*, or *thirst*, Plin 25, 8

Hippocamelus, i m *A beast partly horse and partly camel*, Auson

* Hippocampa, æ f & hippocampus, i m *A sea horse*, Plin 32, 11

* Hippocampinus, a, um *Belonging to a sea horse*, Plin [illegible]

* Hippodamus, i *A breaker of horses*, Litt ex Plin Est quidem viri nomen ap *Mart* [illegible]

* Hippodromus, i m *A coursing*, or *running place for horses*, Plaut Bacch 3,3,27 & Cist [illegible]

* Hippoglossa, æ f & hypoglossum, i n *The herb horsetongue*, or *tonguewort*, Plin 27, 11

Hippoglottion, i n *Tonguel laurel, la irel of Alexandria*, Plin 15, 30

Hippolapathum, i n *The herb patience*, or *monksbeard*, Plin 20, 21

Hippomanes n indecl quod ut non satis constat apud au[ctores] *A kind of poison used in philtres*, Col 6, 27 *a venomous humour falling from a mare when she is with the horse*, Plin 8, 42 & 28, 10 *a piece of flesh on the forehead of a colt new foaled, which the mare presently bites off*, Vir Æn 4, 515 also *a kind of poison* quor, Id Geor 3,281 *an Indian herb, whereof if horses eat it maketh them furious*, Theocr lastly, *Theophrastus maketh it a preparation from the herb called thorn apple, sea lettuce, and wild thistle*

Hippomarathrum, i n *The herb wild fennel*, Plin 20, [illegible]

* Hipponomus, i m *An horse keeper*, Litt ex Plin sed [illegible]

* Hippopera, æ f *A clokebag*, or *portmanteau, a mail*, Sen Epist 87

* Hippophaes n *A kind of teazel which fullers use in dressing their cloth*, Plin 21, [illegible]

Hippophæstum, i n *An herb which seemeth to be the same with hippophaes*, *Plin* 16, 44 *but Dioscorides distinguisheth them*

Hippopotamus, i m *A monstrous creature in the rivers Ganges and Nile, with a back and mane like an horse, hoofs like an ox, and tusks like a boar*, Plin 8, 25 ☞ Hujus figuram expressam, *vid* ap Orapollinem, 29, 16

Hippotoxotæ,

Hippofelinum, i n *The nerv... parsley, or loveage*, Plin ... 11

Hippocentaurus, æ m *An archer on horseback*, Cæs B C 3, 6 & Hirt B Afr 19

Hippuris, is f *The herb horse-tail, or jna cgrass*, Plin 15, 21 Equisetum, *Id*

Hir indecl [χεῖρ] *The hollow in hand*, interpr Scal Lucil ap Cic de Fin 2,8 scrib &

H... f *The gut called in ... jejunum* Synecd *any* ... H æ omnes dolent, *Plaut* ... 1 22

Hircinus & hirquinus, a, um adj (1) *Of a goat* (2) *Goatish*, (1) Pelis hircina, *Plin* ... (2) Hirquinæ alæ, *Plaut* Pæn 4, 51

Hirfutus, a, um *Having hair, or ... hair*, Fest

Hircosus, a, um *Stinking, ... like a goat* Sc... hircosus, *Plaut* Mer... 14

Hirculus, i m [ab hircino, ... gravi odore] *An herb like spike ... land*, Plin 1... 12

HIRCUS, & hirquus, i m [de ... dubitatur] (1) *A ... goat* (2) Met *A stinking, ... or lecherous old fellow* (3) *The rank smell of the arm...* (4) *A cuckold*, or *wittal* ... Varr R R 2, 3 ... hus fæpe perdit ... *Plaut* Men 5, ... () Sacer alarum hircus, ... (4) *Litt* ex Catull

Hirnea, æ f [ab hir, vola] (1) ... *with a ... vessel* (2) *A ... therein* (1) *Plaut* ... () *Cato*, 81

... Vid Hircinus

† Hirquitallus, i m [quod hu...] *A boy about ... years of age, when his ... begins to break*, Fest *hinc* ... hirquitallio, *Censorin*

Hirquus, i m (1) *The corner ... eye* (2) Also *a goat* (1) ... tuentibus hirquis, ... Serv ... interpr (2)

Hirrio, ire [ab littera cani...] *to snarl, or growl like ... it* † Ringo

... *A ... caterpillar, a palmer ... Col

Hirtipilus ... *Rough ... of ... ones*, ... 58

... [etym incert] ... *Rough, hairy, prickly* Met *rugged, unpl...* ... argument ... Hu ... & ... *Plin* 21, ult ... nihil est hir... *Tr* 2, 258

... Barba virus, hirtæque ... Met ... Varr R R ... omnibus plu... Hirto corde gign... produnt, *Plin* () = Ingenium non in... incultum, hirtum,

Hirudo, inis f (1) *A horse leech, bloodsucker* (2) *An extortioner* (1) Plena ... hirudo, *Hor A P* 476 = ... vulgo co... *Plin* 8,10 ... hirudo ærarii, ... 1,15

Hirundininus, a, um adj *Of, or pertaining to a swallow* Nidus hirundininus, *Plaut Rud* 3, 1, 6 fungus, *Plin* 30, 14

Hirundo, inis f (1) *A swallow* (2) Met *The spring* (1) Arguta hirundo, *Vir Geor* 1,377 prænuncia veris, *Ov Fast* 2,853 (2) Te revise cum Zephyris & hirundine prima, *Hor Ep* 1,7,12

Hisco, ere incept [ab hio] (1) *To gape, to open the mouth, to speak* (2) *To mutter* (3) *To chark, chap, or open* (1) Rursus turbatus vocibus hisco, *Vir Æn* 3, 314 (2) ✠ Quis antea loqui, quis hiscere audebat? *Plin Paneg* 76 (3) Face, ade hiscunt, *Plaut Pseud* 4, 1, 42

Hispidosus, a, um adj *Full of hairs, or bristles* ✠ Non deco... pectus, sed hispidosus, *Catull* 16 ubi al leg his pilosis R occ... alibi

Hispidus, a, um (1) *Rough, bristly, shaggy, prickly* (2) *Dirty, rugged, unpleasant* (1) Objectus hispidi pugnæ suis, *Phæd* 5,11,4 Cynara hispida, *Col* 10, 233 Hispida frons, *Vir Æn* 10, 210 (2) Imbres nubibus hispidos manant in agros, *Hor Od* 2, 9, 1

Hister *A stageplayer* Lat Ludio *Vid* locum Livii, in *Histrio*

* Historia, æ f [ab ἱστορία, videre, ...] *An history, or narrative* Historia ... testis temporum, lux veritatis, vita memoriæ, magistra vitæ, nuncia vetustatis, *Cic de Or* 2, ... ubi de propriis historiæ legibus videre est De Historiæ Arte, *vid Voss* Quid dictat Historia ab annalibus & diariis, *vid Gell* 5, 18 ... *a name given to Cornelius Alexander, a Greek historian*, Suet de Illustr Gramm 20 Lat Narratio

Historialis, e adj *Historial, or historical* Trahitur ... in picturas cupressus historialis operis, *Plin* 16, 33 Haud scio an alibi

* Historice, es f *The narrative, or explanatory part of grammar*, Quint 1, 9 ...

Historicus, a, um *Historical* ✠ Non tam historico, quam oratorio genere perscribere, *Cic de Clar Orat* 83

* Historicus, i m *scriptor An historian* Historici tres gravissimi, Thucydides, Theopompus, & Timæus, *Nep Alcib* 11

‖ * Historiographus, i m *An historiographer*, ... Capito ... Historicus, historiarum scriptor

Histricus, a, um [ab ... histrio] *Pertaining to, or a stage-player, or actor* ... Audire jubet ... imperator histricus, *Plaut in Prol Pæn* 4 Promiscue histrice, *Id ibid* 44

Histrio, onis m ... scenicus [ab hister, Tusco vocabulo] Hister Tusco vocabulo ludio vocabatur, nomen histrionibus inditum, *Liv* 7, 2 *Vid* locum *A stageplayer, an actor* Histriones ... fuerunt Roscius & Æsopus, *Cic de Orat* 1, 61

Histrionalis, e adj *Of, or pertaining to an actor or stageplayer* Histrionale studium, *Tac* 1 16

Histrionia, æ f *The art of an actor, or stageplayer* Histrionia addictus, *Petron* 5 ... leg & ap *Plaut Amph prol* 90, & 152

Histrionicus, a, um *belonging to a stageplayer, or actor*, L ex Plaut

Histrix *seu* *A porcupine* Vid Hystrix, *sic enim* ... *debet*

† Hitta, æ f *The film of a pomegranate, a trifle*, Fest

† Hittio, ire [a seq hittus] *To open, or quest, as a dog on the scent*, Fest interpr Scal

† Hittus, i, *vel* ut al ... us *The opening, or spending of a dog on the scent* Hittus, φωνὴ κυνός, *Gloss Vet*

Hiulce adv *Gapingly, by gaps, not closely*, Cic de Orat 3,12 ✠ Presse, *Id ib*

Hiulco, are [ex hio] *To make a thing gape, or chap* Æstus hiulcat agros, *Catull* 66, 62

Hiulcus, a, um [ex hio] (1) *Gaping, or chapping, as ground doth in dry and hot weather* (2) Met *Not close* (3) *Greedy, ravenous* (1) Hiulca siti findit canis æstifer arva, *Vir Geor* 2, 353 (2) Hiulcus verborum concursus, *Cic de Orat* ... () Hiulci gen..., *Plaut Trin* 2, ...

H ante O

Hoc abl ab hic cum comparat (1) *By so much* (2) *Therefore, thereupon* (1) Consilio tuo utar, & hoc libentius, quod, &c *Cæsar Oppio ap Cic Att* 9, 8 Hoc plus facies, *Ter Eun* 2, 1, 15 (2) *Plin Ep* 19, 2

Hocce n pro hoc adj syllab ce *This, this same* Hocce tempus præcavere mihi, me haud te ulcisci ... *Ter Andr* 3, 5, 18

Hoccine? Is this? Hoccine est credibile, aut memorabile? *Ter Andr* 4, 1, 1

Hodie adv [pro hoc die] (1) *To day, this day* (2) *At this time, in this age* (3) Elegantly used by way of emphasis (1) Per ... quintilis, qui dies hodie est, *Cic Att* 14, 15 (2) Hodie penes est in obscænis, *Cic Fam* 9, 22 Non turba Deorum ... ut est ... (3) ... *Ter Andr* 1, 2 ... & *Eun* 4, 4, 5 ... *Vir Æn* 2, 670 & *Ecl* 3, 10 ¶ Hodie ... *to this very time at this ... day* Hodieque ... *Liv* ... 17

Hodiernus, a, um adj *Of this day* ... hodiernum diem, *Cic* ... 8 ✠ Diurno hesterni & hodierni dei, *Id de Orat* ... 21

* Holœdoc... [ἐκ ...] *An ... a robber*, Fest

* Hodœporicum, n *An itinerary, or book of travels*

Hœdinus ... hœdulus, hœdinus, hœdus, ... &c

Hol ... *The ... of ... in ... apirations*

Holcus, i m *Genus herbæ* ... *Wall barley*, Plin 27, ...

Holochrysus, a, um ... ὅλος ... *All of the purple*

‖ * Holobrysius, a, um adj *All of gold, made of cloth of gold*, Ala...

‖ * Holocaustum [ὁλόκαυστον] ... *burnt offering, an holocaust*, Bibl

‖ * Holograph..., ... *written wholly with the testator's own hand*, ...

‖ * Holographicus, a, um *vel* holographus ... *Wholly written by ... own hand*, ...

Holophanta, æ m *One who telleth what he knoweth, and more too*, Plaut *Vid* Halapanta

* Holosericus, a, um *Made of silk*, ... Lampr

* Holosphyratus, a, um *Solid, worked with hammers* Statua holosphyrata, *Plin* 33, 4

* Holostion, i n *An herb called ... ...wort*, Plin 27, 10

* Holothuria, i n *Fishes full of prickles*, Plin 9, 47

Homer Hebr עֹמֶר indecl *The name of an Hebr w measure containing three pints*

* Homeromastix *Zoilus, so called for carping at, and maligning Homer* ... it is also used for any ... *critic, and conceited faultfinder* ... *Plin* 1 1

Homicida, æ c g [qui hominem cædit] *A murderer, a manslayer* Fateor plus quam heriosos, plus quam homicidis ... *Philipp* 2, 1

Homicidium, i n *A murder, manslaughter*, Cic Philipp ...

‖ * Homilia, æ f *An homily, a sermon, a discourse, or conversation* Ex usu Eccles

HOMO, inis ant onis & hominis c g (1) *Man, mankind, a wight* (2) *A man* as opposed to a woman (3) *A mortal, one of humankind, a woman* (4) *A man*, as opposed to a child (5) *A stout man, a brave fellow* (6) *A fine clever man* (7) *A wise man, a man of sense* (8) *A fallible, or weak man, or woman* (9) *A serving man* (10) *A sorry fellow* (11) *A person, a body, one* (12) Meton ... (13) Synecd ... (14) ... (15) It ... elegantly used where it might be omitted, or where the use of the pronoun is more frequent (1) Homo ... *Cic Legg* 1 2... Homo ... *Plin* 11, ... ✠ Metellus nobilissimus homo, ... optimus vir, *Cic post Redit* ... (2) Mihomo, & me ... *Plaut Cist* ..., 2, 5 (3) Moriendum erat, ... *Hor* ... (5) ... (6) ... *Cic* ... (7) ... Ita ... ut homo ... terrae ... *Id* (8) ... *Ter Adelph* ... (11) ... (12) ... (13) ... *Cic* ... Animus ... *Plaut Am*... 66 (14) ... homo ... *Plaut* ...

* Homœomeria ... *Likeness of part* ... Lucr 1, 830

* Homœoptoton ... *A figure when the last words of ... have the like ... endings*, ... *Plin*

* Homœoteleuton ... *A figure when clauses ... end in like endings, as*, Vivis invidiose, delinquis

quis studiosè, loquens odiosè, *Auct*

* Homogĕneus, a, um adj *Homogeneal, of the same kind, or sort, similar, or alike*, Philos Lat Congener

* Homonymia, æ f *When divers things are signified by one word* Lat Ambiguitas vocis ✱ *Homonymia* unâ voce multa significat, *Synonymia* multis vocibus idem testatur, *Front*

* Homonymus, a, um adj *That under the same name, or word, signifieth divers things, equivocal, homonymous, of doubtful meaning* Lat Ambiguus

* Homophagia n pl *Feasts of the heathens wherein they eat raw meats*, Arnob

Homoplătæ f pl corruptè *pro* omoplata *The shoulder blade* Nostri scutula operta, ὠμοπλάτας Græci nominant, *Cels* 8, 1

* Homotonus, a, um *Equally extended* Homotoni brachia balista, *Vitruv* 1, 1

* Homousion, i n ὁμούσιον *Consubstantiality*, Justinian

|| * Homoŭsius, a, um adj *Of the same substance, consubstantial, coessential*, an orthodox term in opposition to the *Arians*, who acknowledged Christ only ὁμοιούσιος, *of a like essence* with the father, but not the same *Lat* Eandem habens essentiam

Homŭlus, i m dim [*ab* homo] *A little man, a dwarf, a manikin* Hic homulus ex argilla & luto factus, *Cic* in *Pison* 25

✱Homullus, i m dim [*ex* homo] *A weak mortal man* Brevis hic est fructus homullis, *Lucr* 3, 927

Homuncio, ōnis m *A sorry fellow, a rascal, a fool* ✱ Deus ille, & *Cic* homuncio hic, *Cic* *Acad* Q. 4, 43

|| Homunciŏnitæ pl *Hereticks that denied the godhead of Christ*

Homuncŭlus, i m dim [*ab* homo] *A little sorry fellow* Hem! nos homunculi indignamur? *Sulp* *Cic* inter *Fam* 4, 5 Humilem homunculum excitabo, *Cic Tusc* 5, 23

Hŏnestămentum, i n *An adorning, that which setteth out a thing, an embellishment*, Sen Ep 66 Honestamentum pacis, *Sall* de *Rep ordin*

Honestandus, a, um part *To be graced, honoured*, &c Domino domus honestanda est, *Cic Offic* 1, 39

Honestans, tis part *Gracing, adorning* Caputque plumeo apice honestans, *Plin* 10, 2

Hŏnestas, ātis f [*ab* honor] (1) *Honour, nobility, eminence* (2) *Dignity, credit, reputation* (3) *Probity, honesty* (1) ✱ Odio alienæ honestatis agrum sordidissimo cuique divisit, *Liv* 1, 47 (2) Honestatis natura sumus studiosissimi, *Cic Tusc* 2, 24 = Existimatio, dignitas, *Id* ✱ Turpitudo, *Id* (3) Honestas dictorum atque factorum, *Cic de Fin* 2, 14 ☞ De honestate, *vid Cic* fuse disserentem, *Offic* 1 1

|| Hŏnestatio, ōnis f verb *An honouring, or crediting*, Aug

|| Hŏnestator, ōris m verb *He that honoureth*, Aug ✝ Qui honorat

Hŏnestātus, a, um part *Adorned, credited, embellished* Quod nec dignos homines honore honestatos videbam, *Sall B C* 36

Honestè adv ius, comp issimè, sup *Honourably, fashionably, becomingly, handsomely* Quæ in nostris rebus non satis honestè, in

am eorum fiunt honestissimè, *Cic* de *Am* 16 Honestius hic, quam Q Pompeius, *Id Offic* 3, 30

Honestitūdo, *pro* honestas, *Non* 2, 401

Hŏnesto, āre act *To grace, or credit one, to adorn, to set forth, or embellish* ✱ Gracchorum ex sanguine non modo se non contaminârunt, sed & honestârunt, *Cic Catil* 1, 12 ✱ Te honestet hæc famigeratio, me nutem contuletur, *Plaut Trin* 3, 2, 6

Hŏnestor, āri, ātus pass *To be honoured*, &c Si uno basilicæ spatio honestamur, *Cic* pro *Muræn* 34

Hŏnestum, i n *Honesty, virtue, gracefulness* ✱ Magnum hoc ego duco, quod placui tibi, qui turpi secernis honestum, *Hor Sat* 1, 6, 63

Hŏnestus, a, um adj ior comp issimus, sup [*ab* honos] (1) *Honourable* (2) *Honest, kind, civil* (3) *Handsome, decent* (4) *Worshipful, genteel* (5) *Handsome, fair, well-favoured* (6) *Discreetly and wisely made* (1) Naviga cum honesto aliquo homine, cujus auctoritate navicularius moveatur, *Cic Fam* 16, 7 = Mihi & honestus & honoratus videtur, *Id* de *Cl Orat* 81 (2) *Hor Sat* 1, 3, 42 (3) ✱ Quod facere turpe est, dicere ne honestum puta, *Pub Syr* Non eadem omnibus honesta, *Nep præf* 3 (4) = Amplæ & honestæ familiæ, *Cic* pro *Muræn* 7 ✱ Necubi aut honestorum deficeret copia, aut multitudinis soboles, *Suet Aug* 46 (5) Virgo facie honestâ, *Ter Andr* 1, 1, 96 (6) Decessit honestissimo testamento, *Plin*

HONOR, & Honos, ōris m (6) [*fortè ab* הון opulentia] (1) *Honour, worship* (2) *Respect, regard* (3) *An office, post, or dignity* (4) *Gracefulness, beauty* (5) *A present, a reward, a fee, a recompense*, good, or bad (6) *Sacrifice, an oblation* (1) Honos est præmium virtutis, *Cic de Cl Orat* 81 (2) In summo honore apud Græcos geometria fuit, *Cic Tusc* 1, 2 (3) Hoc honore uti, togati esse solent, *Cic Philipp* 8, 11 vid & *Nep Conon*, 1 (4) Venustos lætos oculis afflârat honores, *Vir Æn* 1, 595 Sylvis aquilo decussit honorem, *Id Geor* 2, 404 (5) Curio misi, ut medico honos haberetur, *Cic Fam* 16, 9 Hic tibi pro illo munere honos est habitus, *Ter Eun* 5, 6, 22 *sc* ut pendeas (6) Divum templis indicit honorem, *Vir Æn* 1, 636 ¶ Honorem præfari, *to ask leave, or pardon for so saying*, Cic Fam 9, 22

Hŏnōrābĭlis, e adj *Honourable, worthy of honour* Hæc ipsa sunt honorabilia, *Cic* de *Sen* 18 ✱ Verendus magis, quam honorabilis, *Liv* 4, 10

|| Honorabĭlĭter adv *Honourably*, Jul Capit ✝ Honorificè, *Cic*

Hŏnōrandus, a, um part *To be honoured* Mors non monumentis, sed luctu publico honoranda, *Cic Philipp* 9, 3

|| Honoraria n pl *Plays set out by the Romans in honour of Bacchus*, Fest

Hŏnōrārium, i n (1) *An honorary, or free gift to the consul when he came into his province* (2) *A present, or custom which officers paid at their first entry upon their office* (3) *A physician's, or lawyer's fee* (1) Qui modus tibi fuit frumenti æsti-

mandi? qui honorarii? *Cic* in *Pison* 35 (2) *Plin Ep* 10, 114 (3) *Ap* JCC

Hŏnōrārius, a, um, adj *Pertaining to honour, that which is done, or given upon the account of honour, honorary*, Honorarius arbiter, *a friendly umpire*, Cic Tusc 5, 41 Honoraria opera, *a composition by friends*, Id *pro* Cæcin 2 Also *that which is brought in and appointed by the pretor* Honorarius tumulus, *a bed, or tomb of state*, Suet Claud 1 Honorarium jus, *an order of council-table*, &c Pomp Honorariæ literæ, *a congé d'elire from the king for a bishoprick, a presentation from a patron to a living*, Symm

Hŏnōrātè adv ius, comp. issimè, sup *Honourably, worshipfully, with honour* Honorate custodire, *Cic* Honoratius cremare, *Val Max* 5, 1, 11 Honoratissime aliquem accipere, *Id* 2, 10, 2

Hŏnōrātus, a, um part & adj ior, comp issimus, sup (1) *Honoured, rewarded* (2) Also *honourable, worshipful* (1) Honoratus equestri statuâ, *Paterc* 2, 61 (2) Honoratior apud plebem, *Liv* 4, 35 Vir honoratissimæ imaginis, *Id* 3, 58

Honorĭficè adv honorificentius, comp issime, sup *Honourably, with honour* Ornatè & honorificè de aliquo prædicare, *Cic Philipp* 11, 1

|| Honorificentia, æ f *Worship, honour*, Symmach ✝ Honor, cultus, *Vett*

|| Hŏnōrĭfico, āre *To honour and do reverence unto*, Lact ✝ Honoro, *Cic*.

|| Hŏnōrĭficor, āri, ātus pass *To be honoured*, Aug

Honorĭficus, a, um adj honorificentior, comp honorificentissimus, sup (1) *Honourable, creditable, that bringeth honour* (2) *Done, or spoken to a man's credit* (1) Honorificentissimum senatusconsultum, *Cic Fam* 15, 10 (2) Mihi res honorificentior visa est, *Cic Att* 1, 16. Honorificentissima verba, *Id Philipp* 14, 11 Honorifica mentio, *Id Philipp* 2, 15

|| Honorĭpĕta, æ m *Desirous of honour*, Apul *de* habit doct Plat p 611 ✝ Ambitiosus

Hŏnōro, āre act *To reverence, to honour, or to shew respect to* Amphiaraum honoravit fama Græciæ, *Cic* de *Div* 1, 40

Honoror, āri, ātus pass *To be honoured*, &c ✱ Honorantur recta, prava puniuntur, *Paterc* 2, 126

Honorus, a, um adj *Honourable, fashionable, creditable* Studium famæ mihi crescit honoræ, *Ov Rem Am* 393 Ductor honori nominis, *Sil* 11, 301

Honos, ōris m *Honour* Honos auribus sit, *saving your reverence*, Curt 5, 38 *Vid* Honor

✝ Honus & honustus, *pro* onus, & onustus, vett dixêre

* Hoplites, æ m. *A man of war, a gend' arms*, Plin 35, 10

Hoplŏmăchus, i m *A sword fencer*, Mart 8, 74

HORA, æ f ὥρα [*ab* Heb אור or, lux] (1) *An hour* (2) *Space, or time, a season of the year* (3) *Any season, or division of time, a day, a month*, &c (4) *The time of a nativity* (5) *Time in general* (6) *A poetical goddess of time* (1) Ab hora tertia bibebatur, *Cic Philipp* 2, 41

(2) Atrox hora caniculæ, *Hor Od* 3, 13, 9 (3) Nunquam te crastina fallet hora, *Vir Geor* Septembris, *Hor Epist* 1, 16 (4) Errant mathematici, horam nemo novit, *Sen de morte Claud* (5) Dum hæc dicit, abiit hora, *Ter Eun* 2, 3, 49 (6) Juncti quos Titan velocibus Horæ, *Ov Met* 2, 118 ✱ Omni hora um homo, *one fit for all purposes*, Quint 6, 3 In horas, *every hour*, Hor Od 2, 13

Hŏræum, i n *A kind of pickle made in the spring*, Plaut Capt 4, 2, 71

* Horæus, a, um adj *Seasonable, ripe, gathered in summer* Horæum mel, *summer honey*, Plin 11, 15 fed Græcis literis *scrib*

Hōrārium, i n *An instrument to know the hour by the help of water*, not the clepsydra, but a larger machine, see it described Vitruv 9, ult & Plin, *ult* It may be used for *an hour glass, clock, watch, dial*, &c

Horarius, a, um, adj *That is the space of an hour, hourly*, Suet Dom

Horda, æ f *A cow with calf*, Varr R R 2, 5 Forda *usitatius dic*

Hordeaceus, a, um adj *Of barley* Panis hordeaceus, *Plin* 18, 7 Farina hordeacea, *Pallad* 1, 29

Hordearii m pl *Fencers that lived upon barley* Gladiatores hordearii, *Plin* 18, 7

Hordearius, a, um adj *Pertaining to barley* Hordearia pruna, *wheaten plums, ripe at barley harvest, or of the colour of ripe barley*, Plin 15, 1.

✝ Hordeia, æ f *A kind of fish*, Plaut Cas 2, 8, 58

✝ Hordeus, a, um adj *Of barley*, Plaut 2, 8, 58 an *pro* hordeaceus *Alii enim fish, alii vero adj esse volunt*

|| Hordeolus, i m Apostema nascens in extremitate palpebrarum *A little swelling in the eyelids, like a barley corn, a stian, or stithe*, Marc Emp

HORDEUM, i n *Barley*, passim ap Class *scrib & ordeum*, in plur hordea, *Vir Ecl* 5, 36

Hordicalia, um pl n quo' tum hordæ immolantur, *Varr Feasts wherein they sacrificed cows with calf*

Horia, æ, f [*ab* ὀρ & termin. lis] *A fisher's boat, a small boat that goeth by the shore*, a *Jun* Plaut Rud 4, 2, 5

Horiola, æ f dim, *A little fisher boat*, Plaut Trin 4, 2, 100

* Horizon, ontis m *The horizon, a circle dividing the sphere of the firmament, which we see, from the other half, which we see not*, Astron ✝ Finiens, *Cic* de *Div* 44

|| Horminum sativum, & horminum *Sage of Rome, clary, also spurge*, Jun

* Horminŏdes *A precious stone of a greenish colour like clary, with a circle about it of gold colour*, Plin 37, 10.

Hornŏtinus, a, um adj *Of this year, of one year's growth* Hornotinum frumentum, *Cic Verr* 5, 18 Hornotinæ nuces, *Cato*, 17

Hornus, a, um adj [*ab* hora] *Of this year* Hornum vinum, *Hor Epod* 2, 47 Horna messis, *Plaut Most* 1, 3, 3

|| * Hōrŏlogicus, a, um adj *Of, or belonging to a clock*, &c *Mart Capell*

* Horologium,

• Horologium, i n *A clock, a watch, a dial, or other instrument, to tell what hour of the day it is* Horologium mittam & [illegible] [illegible] erit ſudum, *Cic Fam* [illegible]

|| • Horoſcopīlis, e adj *Belonging to the horoſcope*, Firm [illegible] Ad horam natalem ſpectans

|| Horoſcopium, i n *A dial* [illegible] [illegible]

Horoſcopo, are *To take the* [illegible] *of one's nativity*, Manil [illegible]

• Horoſcŏpus, a, um adj *Of, or belonging to a dial, or to the* [illegible] Vaſa horoſcopa, *Plin* [illegible]

Horoſcŏpus, i m [qui horas [illegible]] *An horoſcope, the aſpect of one's nativity* Geminos, horoſcope, vario producis genio *Perſ* 6, 18

Horreārius, i m *The keeper of a barn, or garner*, Ap JCC

Horrendum adv *Dreadfully* [illegible] horrendum ſtridens, *Vir Æn* 6, 288

Horrendus, a, um part (1) *Dreadful, terrible* (2) *Strange, marvellous* (3) *Awful, reverend* (1) Clamores horrendi, *Vir Æn* [illegible] 2 enſes, *Tibull* 1, 10, (2) *Ov Met* 15, 298 (3) Teſtum horrendum ſylvis & religion parentum, *Vir Æn* 7, 172

Horrens, tis part (1) *Ragged, rugged* (2) *Rough with hair, bristled and ſtanding up on end* (3) *Prickly* (4) *Dark, diſmal* (5) *Shivering, quaking* (1) Cautibus horrens Caucaſus, *Vir Æn* [illegible] 366 (2) Campis horrens gleba, *Vir Geor* 3, 161 (3) Rubi horrentes, *Vir Geor* 3, 315 Horrens [illegible], *Vir Æn* 9, 306 Horrens [illegible] otum corpus villis, *Plin* [illegible] (4) Horrenti atrum nemus imminet umbra, *Vir Æn* 1, 169 (5) Horrenti tunicam non reddere [illegible], *Juv* 1, 93

HORREO, ui neut (1) *To ſet up its briſtles, to have the hair* [illegible], *to be rough and look terrible* (2) *To ſhiver and tremble* [illegible] *at* (3) *To ſhake, or* [illegible] *in cold* (4) *To dread and* [illegible] *great fear for one* (1) Horrent capillis, *Tib* 2, 5, 27 Horret horrens pellibus urſæ, *Sil* 4, [illegible] (2) Omnium conſpectum horreo, *Cic Att* 11, 14 (3) = Totus [illegible], horreoque poſtquam hanc [illegible], *Ter Eun* 1, 2, 4 ⁜ Ca[illegible] [illegible] 5 (4) Pater filio horret [illegible]

Horreŏlum, i n dim *A little garner, or barn*, Val Max 7, 1, [illegible]

Horreſcens, is part *Dreading* [illegible] horreſcentia mortem, *Stat Theb* [illegible]

Horreſco, ere incept (1) *To grow rough and rugged* (2) *To* [illegible] *to and fro* (3) *To begin* [illegible] *or ſhake for fear, or* [illegible] (1) Brachia cœperunt nigris horreſcere villis, *Ov Met* 2, [illegible] (2) Segetes altæ campique [illegible] nibus horreſcunt flabris, *Vir Geor* [illegible], 199 (3) Horreſcunt [illegible], *Vir Æn* 12, 45[illegible]

Horreum, i n (1) *A barn, a* [illegible], *a ſtorehouſe, a grange* (2) *A wine cellar* (3) *A* [illegible], *a repoſitory* (1) = [illegible] atque horreum Campaniæ, *Cic contr Rull* 2, 32 [illegible] diripere horreo ceſſantem [illegible] conſulis amphoram, *Hor Od* [illegible], 28, 7 (3) Horreum [illegible] ſtatuarum & imaginum, *Plin Ep* 8, 18, 11

Horribĭlis, e adj or, comp (1) [illegible] *rugged* (2) *Horrible, terrible, dreadful, frightful* (3) *Weighty, ſevere* (4) *Alſo awful, reverend* (1) Quis horribiles legant Sabinæ, *Mart* 11, 16, 2 (2) Horribili viſu portenta ſequuntur, *Vir Æn* 11, 271 (3) Horribile eſt cauſam capitis dicere, horribilius priore loco dicere, *Cic pro Quint* 31 (4) *Catull* 14, 12

|| Horribĭliter adv *Horribly, horrid*, Aug

|| Horricōmis, e adj *Shag haired, with his hair ſtaring* Hircus annoſus & horricomis, *Apul Met* 7 p 216 ✝ Horrens comis

Horridè adv *Roughly, grizly, ruggedly, rudely, unhandſomely, careleſsly* = Horride & inculte dicere, *Cic Orat* 45

|| Horridĭtas, ātis f *Trembling for fear*, Næv ✝ Horror, *Cic*

|| Horridiuſculè adv *Somewhat roughly*, Aug

Horridŭlus, a, um adj dim *Somewhat rugged, rough, or rude* = Horridula & incompta viſa ſunt, *Cic Att* 2, 1 Horridulæ orationes, *Id Orat* 45 *Met* Papillæ horridulæ, *ſomewhat hard and protuberant*, Plaut Pſeud 1, 1, 66

Horrĭdus, a, um adj or, comp (1) *Rough, rugged, clowniſh, unpleaſant* (2) *Horrid, dreadful, hideous, ghaſtly, frightful* (3) *Cold through fear* (4) *Grave, auſtere* (1) = Horridus, aſper, durus oratione & moribus, *Cic de Cl Orat* 31 Horridior ruſco, *Vir Ecl* 7, 42 *Met* Catonis horridiora verba, *Cic de Cl Orat* 67 (2) Horrida bella, *Vir Æn* 6, 86 belli fata, *Ibid* 11, 96 (3) Horrida callidi vincunt æquora navitæ, *Hor Od* 3, 24, 40 (4) Non ille, quanquam Socraticis madet ſermonibus, te *teſtam* negliget horridus, *Hor Od* [illegible], 21, 10

✠ Horrĭfer, era, erum (1) *Bringing cold weather, bluſtering* (2) *Frightful, dreadful.* (1) Horrifer Boreas, *Ov Met* 15, 471 (2) Horriferæ voces, *Lucr* 5, 994 Horrifera regna, *Sen Hipp* 9, 4

✠ Horrificè adv (1) *Terribly, horribly* (2) *Awfully, religiouſly* (1) Quæ nos horrificè languentes, ſæpe ſopore excierunt, *Lucr* 4, 40 (2) Horrificè fertur divinæ matris imago, *Lucr* 2, 609

✠ Horrifĭco, āre *To make one afraid, to make one fear, or tremble, to frighten, to make terrible* Terribili monitu horrificant, *Vir Æn* 4, 465 Rictu horrificant galeas, *Sil* 3, 389

✠ Horrifĭcus, a, um *Terrible, dreadful, frightful, that maketh one quake* Horrificum lethum, *Vir Æn* 12, 851 buſtum, *Lucr* 3, 919 fulmen, *Val Flacc* 2, 97

|| Horripilatio, ōnis f verb *The ſtanding of the hair for fear*, Bibb ✝ Horror

|| Horripĭlo, āre *To grow rough with hair* Aures immodicis horripilant auctibus, *Apul Met* 3 p 94 ✝ Horrere pilis

✠ Horriſŏnus, a, um *That maketh a dreadful noiſe* Horriſonus fremitus, *Vir Æn* 9, 55 ſtridor, *Sil* 4, 614 Horriſona buxus, *Val Flacc* 2, 584

Horror, ōris m (1) *A ſhivering, or quaking for cold, or fear* (2) *A cold fit of an ague* (3) *Horrour, fright, dread* (4) *Awe, veneration* (5) Alſo *a frowning or lowring look* (1) ⁜ Febres aliæ incipiunt à calore, aliæ horrore, *Celſ* 3, 3 (2) ⁜ Duo balnei tempora ſunt, alterum ante horrorem, alterum febre finitâ, *Celſ* 2, 17 (3) Me luridus occupat horror, *Ov Met* 14, 198 (4) Arboribus ſuus horror ineſt, *Luc* 3, 411 (5) Horrore implexus, *Apul Apol* p 407

Horſum adv loci [qu huc verſum] *Hitherward, toward this place, to this purpoſe* Noctu te adigent horſum inſomnia, *Ter Eun* 2, 1, 13

Hortāmen, inis n *An encouragement, a cheering* Ingens hortamen ad omnia pro republica audenda, *Liv* 10, 29 Non eſt hortamine longo utendum, *Ov Met* 1, 277 Hortamina laudes viris, *Val Flacc* 6, 54

Hortāmentum, i n *Idem* Magni hortamenta animi, *Liv* [illegible], 11 Aſpera hortamenta, *Sil* 5, 153

Hortātio, ōnis f verb *An encouraging, or cheering* ⁜ Non hortatione, ſed precibus tecum ago, *Cic ad Q fr* 1, 1, 14

Hortātīvus, a, um adj *Exhortatory, encouraging* Hortativum genus, *Quint* 5, 10

Hortātor, ōris m verb *An encourager, or adviſer* = Cum ejus ſtudii tibi & hortator & magiſter eſſet domi, *Cic de Or* 1, 55

Hortatrix, icis f verb *She, or it that encourageth* Gloria hortatrix animoſi lethi, *Stat Theb* 9, 717

Hortātus, a, um part *Having cheered, or encouraged* Terribiles hortatus equos, *Ov Met* 5, 4[illegible]

Hortātus, ûs m verb *id quod* hortatio Vox hortatu præceptiſque confirmata *Cic pro Arch* [illegible] Blandis hortatibus implet, *Sil* 8, 29

Hortenſis, e adj *Pertaining to, or growing in a garden*, Plin 19, 42 edit Hard ſæpius autem utitur

Hortenſius, a, um adj *Idem* Beta hortenſiorum leviſſima eſt, *Plin* 19, 8

HORTOR, āri, ātus ſum dep [ab ὄρω, perf paſſ ὦρμαι, excito, impello, *Scal*] (1) *To exhort, counſel, or adviſe, to encourage, imbolden, or cheer.* (2) *To be adviſed* (1) Magnopere te hortor, *Cic. Offic* 1, 1 (2) Hortabatur Claudius Octaviam deſpondere Domitio, *Tac* § Hortari aliquem aliquid, *Cic* ad pacem, *Id* de pace, *Cæſ* ut agat aliquid, *Cic*

|| Hortulānus, i m *A gardener*, Apul Met 6 p 10, ✝ Olitor, *Vitr*

Hortŭlus, i m dim *A little garden* Platonis hortuli, *Cic de Fin* 5, 1

HORTUS, i m (1) *A garden, or orchard* (2) Alſo *a village* (1) Habes hortos ad Tiberim, *Cic pro Cœl* 15 (2) In XII Tabb nuſquam nominatur villa, ſemper in ſignificatione ea hortus, in hortu vero hæredium, *Plin* 19, 14 ¶ horti imaginarii, *flower pots*

✝ Horŭla, æ f dim *A little hour* Analogia recipit, ſed Auct deſ[illegible]

Horumce, *i e* horum, *Plaut*

• Hoſanna indecl *Salva quæſumus* Voc Hebræum

HOSPES, itis c g & qui domo ſuſcipit, & qui ſuſcipitur [quaſi *ſoſpes*, quia hoſpes cum hoſpite tutus eſſe debet] (1) *A gueſt* that lodgeth in one's houſe (2) *An hoſt* that receiveth ſtrangers, *an entertainer, a landlord* (3) *A ſtranger* that knows nothing of a buſineſs (1) ⁜ Alter ad cauponem divertit, alter ad hoſpitem, *Cic de Div* 1, 27 (2) Nec hoſpes ab hoſpite tutus, *Ov Met* 1, 41 (3) *Ter And* 4, 5, 15

Hoſpĭta, æ f (1) *An hoſteſs, or landlady* (2) *A ſhe gueſt, a woman ſtranger* (1) Eam figura & lineamenta hoſpitæ delectabant, *Cic Verr* 2, 36 (2) *Ter Andr* 2, 6, 8

Hoſpĭtālis, e adj iſſimus, ſup (1) *Of, or belonging to gueſts, or ſtrangers* (2) Alſo *hoſpitable, friendly, uſing hoſpitality* (1) Hoſpitalis teſſera, *Plaut Pan* 5, 2, 92 (2) Hoſpitalis in ſuos, *Cic* Homo ſemper hoſpitaliſſimus, *Id Verr* 1, 26

Hoſpĭtālĭtas, ātis f *Entertainment of friends, or gueſts, hoſpitality* Recte a Theophraſto eſt laudata hoſpitalitas, *Cic Off* [illegible], 18

Hoſpĭtālĭter adv *Hoſpitably, friendly* ⁜ Vocari eos hoſpitaliter magis, quam hoſtiliter, *Liv* 6, 26 Invitati hoſpitaliter, *Id* 1, 9

|| Hoſpitiŏlum, i n dim *A little hoſpital, or inn, a ſpittle*, Dig

Hoſpĭtium, i n (1) *An inn, a lodging, a place to entertain ſtrangers, or gueſts* (2) *Entertainment* (3) *Friendſhip, familiarity and amity upon the ſcore of mutual entertainment to one another* (4) Alſo *a retreat, a ſhelter* (5) Meton *Friends, clients, and allies* (1) Ex vita ita diſcedo, tanquam ex hoſpitio, *Cic de Sen* 23 (2) Tota familia occurret, hoſpitio invitabit, *Cic Philipp* 12, 9 (3) Cum Lyſone Patrenſi eſt mihi vetus hoſpitium, *Cic Fam* 13, 19 (4) = Nec confidentiæ uſquam eſt, nec hoſpitium doli, *Plaut Capt* 3, 3, 8 (5) = Clientelæ hoſpitiaque provincialia, *Cic Catil* 4, 11

Hoſpĭtor, āri, ātus ſum dep (1) *To lodge, or quarter, to abide in a place as a gueſt* (2) Alſo *to grow in a ſtrange place*, as a tree tranſplanted doth (1) *Sen Ep* 108 (2) Caſtanea tranſlata neſcit hoſpitari, *Plin* 17, 20

Hoſpĭtus, a, um adj (1) *Neighbouring, adjoining* (2) *Hoſpitable, friendly, kind* (1) Quò tutior hoſpita luſtres æquora, *Vir Æn* 3, 377 interpr Servio (2) Tecta hoſpita, *Val Flacc* 2, 650 terra, *Vir Æn* 3, 539

Hoſtia, æ f [ab hoſtire, *i e* ferire, *Feſt*] (1) Properly *a ſacrifice for having obtained victory over the enemies* (2) But is uſed in a larger ſenſe for *a ſacrifice on other occaſions* (3) || *The conſecrated hoſt, or bread in the communion* (1) Hoſtibus à motis hoſtia nomen habet, *Ov Faſt* 1, 337 (2) Multa tibi ante aras noſtrâ cadet hoſtia dextrâ, *Vir Æn* 1, 338 *Vid* Hoſtilia (3) Ap Eccleſ ſcript

✝ Hoſtiātus, a, um *Loaded with ſacrifices*, Plaut Rud 1, 5, 12

✝ Hoſticōlum n *Ulp* id quod

Hoſticum, i n (1) *A foreign country inn, for entertainment of ſtrangers* (2) *The enemy's land, or country* (1) ⁜ Hoſticum mihi hoc domicilium eſt, Athenis domus ac herus, *Plaut Mil* 2, 5, 40 *emend Lipſ* (2) Caſtra in hoſtico poſita, *Liv* 8, 38

Hoſticus, a, um adj *Pertaining to the enemy* Hoſticus enſis, *Hor Sat* 1, 9, 31 clamor, *Sen Oed* 737 Hoſtica munus, *Plaut Capt* 2, 1, 49

Hoſtilia m pl Hoſtilis laribus immolabant, quod ab his hoſtes arceri putabant, *Feſt*

Hoſtīlis, e adj *Of, or belonging to an enemy, hoſtile* Hoſtile odium, *Cic. pro Cluent* 5 terra *Id*

Hostis, *Hostility, en-mity*, Ovid *haud*

Hostiliter adv *Like enemies, in hostile manner* Hostiliter in Rom nos animum fecit, *Liv*

† Hostimentum, n *Recompence one for another, a requital* Hostimentum est, *Plaut Asin* 1, 1, 20

Hostio, *To recompense, to requite, to return like for like* (2) Also *to stop, hinder, or keep back* (1) *Plaut* Non

|| Hostiola, æ f dim *A little cottage, a small house*, Eccl

HOSTIS, is c g [ex obs *fostis*, *Gell*] (1) Anciently *a stranger, one of another country* (2) Afterwards *a publick, not private, enemy, a foreign enemy* ( ) Bottom *meant a private enemy* (1) Hostis apud majores nostros is dicebatur, quem nunc peregrinum dicimus, *Cic Offic* 1, 12 ⚹ Hostis, *Plaut Trin* 1, 2, 66 *Vid* & *Rud* 2, 1, 21 & *Curc* 1, 1 (2) *Liv* 2, 8 & passim (3) = Malo de se mereri, sibique esse inimicus & hostis, *Cic de Fin* 5, 10 ⚹ Si tibi, cui sum amicissimus hostis essem, *Id Fam* 2, 11 ⚹ Nondum planè inimicus, aut hostis, *Suet Aug* 66

|| Hostorium, n ab hostio, *The strickle, or strickless to strike the bushel, or other measure of corn even*, Prisc 1 6

Hostus, i m *The quantity of oil, that is yield at every pressing*, Varr 1, 24

H ante U

Huber, n *tal* humeo, ut uber | umeo] *An udder*. Aug *Fest*. *Vid* Uber

Huc, loci [uon hic] (1) *Hither, to this place* (2) *To this, to this part* (1) Huc ⚹ Huc & illuc, ⚹ Huc & *hither and thither, now this way, now that way* Hor *Epod* 4, 9 (2) Rem huc deduxi, *Cic in Catil* 2, 1

Hucine interrog *What! hither? come it to this pass?* Hucine tandem omnia reciderunt? *Cic Att* 5 6

Hucusque adv *Hitherto*, Plin

Hui interject *admiring* *Ho! how!* Hui, ut fine [. .] hic!

Huiusce gen . . .

Humanus, . . . *of men*, *Cic*

Humanitus, *Idem* *Cic*

Humandus, a, um part *To be interred, or laid in the ground*, *Virg Æn* 6, 161

Humane adv . . . comp . . . issime (1) *Patiently, like a man* (2) *As men usually do* (3) *Humanly, kindly, friendly, civilly* (1) Tamen humane vix patitur, *Ter Adelph* 1, 2, 65 (2) ⚹ Sapius poeticè quam humanè locutus es, *Petron* c 90 (3) Ille, quod puteolos profecta sunt humanè, quon . . . injust, *Cic Att* 15, 26 *Vid* Humanitus, & humanissime in Humaniter

Humanitas, ātis f (1) *Humanity, human nature* (2) *Gentleness, courtesy, friendliness, kindness* (3) *Good manners, breeding, good nature* (4) Also *humanity, learning, liberal knowledge* (1) Communis humanitatis jure te miseri oratio deprecari, *Cic pro Flacc* 11 (2) = Clementia, mansuetudo, humanitas, *Cic Q frat* 1, 1 ⚹ Immanitas, gravitas, *Id* (3) *Cic Offic* 1, 40 (4) = De studiis humanitatis ac literarum loqui liberius, *Cic pro Arch* 2

Humaniter adv ius, comp . . . ssime sup (1) *Courteously, kindly* (2) *Patiently, bravely, manfully* (1) Ducem te itineris humanissime promittit, *Petron* c 8 Aliquid facere humanius, *Cic Tusc* , 2 Humanius juvant, *Plin* 16, 19 (2) Sin aliter acciderit humaniter feremus, *Cic Attic* 1, . .

Humanitus adv *After the fashion of men, as men are wont* Si quid mihi humanitus accidisset, *if this thing had happened to me otherwise than well, if I had chanced to die*, Cic Philipp 1, 4 per Euphemismum

Humānus, a, um adj ior, comp issimus, sup (1) *Belonging to man kind* (2) *Belonging to a rational creature* (3) *Polite, skilled in arts and sciences* (4) *Humane, gentle, courteous, friendly, kind, civil, obliging* (5) *Frail, variable, uncertain* (1) Genus humanum ruit per vetitum nefas, *Hor Od* 1, 3, 26 (2) ⚹ Vestitu neque patrio, neque civili, ac ne virili quidem, ac denique humano semper usus est *Caligula*, Suet *Cal* 52 (3) Praxiteles propter artificium egregium nemini est paulo humaniori ignotus, *Varr ap Non* 1, 260 (4) = Homo facillimus atque humanissimus, *Cic Attic* 16, 19 (5) Si eveniunt, ita sunt humana, tuus ut faciat filius, *Ter Eun* 5, 2, 4

Humātio, ōnis f verb *A burying, or interring* ⚹ Aliquid de humatione & sepultura accendum ex sumo, *Cic Tusc* 1, 4 . .

Humatoi, ōris m verb *One that burieth* Pœnus humator contulis, *Luc* 7, 799

Humatus, a, um part [in quem humus injecta, *Cic de Legg* 2, 22] *Interred or laid in the ground* Locus in quo qui humatus, *Cic* & *Propert* 4, 7, 4

Humectātus, a, um part *Moistened, wet*, Sil 8, 498

Humectè adv *Moistly*, Frag Poet

Humecto, āre act *To moisten, or wet, to wet* Largo humectat flumine vultum, *Virg Æn* 1, 469

Humectus, a, um adj *Wet, or moist, or damp, dank* Solum humecta nonnullis, *Pallad*

Humefactus, a, um part *Moistened, wetted*, *Vitru*

Humens, tis part *Moist, wet, or watery* Humentes umbræ, *Virg Æn* 4, 351

Humeo, ēre, ui neut *To be wet, or moist, damp, or dank* Ardor humet lacrymis, *Ov Metam* 10, 50

|| Humerāle, is n *A part of a garment covering the shoulders*, Dig It may be used for *a graduate's hood*

Humerōsus, a, um *That hath great shoulders full of hillocks, lumps, or risings*, Col 3, 10

HUMERUS, i m [a Gr ὦμος, *Idem*] (1) *The shoulders of man, or beast* (2) *The stalk of a vine* (1) Os humerosque Deo similis,

Virg Æn 1, 589 ... humeros ... *Col* 5, 6 (2) ...

Humesco, ēre incep ... *To grow moist, or wet* Humescunt spumis æquora, *Virg Georg* 3, 111 Modicis poculis humescere, *to refresh himself with a glass or two*, Hor Sat 2, 6, ...

Humi adv ... *On the ground* Procumbit humi bos, *Virg Æn* 5, 481

Humidè adv ... Hæc ligna humidè putent, *Plaut Most* 1, 2, 67

|| Humiditas, ātis f *Moisture*, in lexica ... unde nescio ✝ Humor

Humido, āre *To moisten* Humidant corpus labor minor ... ex consuetudine, frequens ... um, *&c* Cels ... Hac ox ... vel aliqui ... omnia, vel ... *Sidon* ...

Humidulus, a, um adj ... dim *Somewhat moist, or wet, ... dampish* Linum humidulum, *Ov A Am* 3, 629

Humidus, a, um adj ior, comp issimus, sup (1) *Moist* (2) *Wet, dank* (1) Vapor humidus, *Ov Met* 1, 432 (2) Ligna humida atque viridia, *Cic Verr* 1, 17 Venti humidiore, *Col* 1, 19 humidissimi, *Id* 1, 8, ...

✝ Humifer, ĕra, ĕrum *That bringeth moisture, or humour* Humiferum duxere ex aere succum, *Cic de Div* 1, 9 ex poeta

|| Humifico, āre *To moisten*, Sidon ✝ Humecto

Humificus, a, um *That moisteneth* Spiritus aquæ humificus, *Plin* 2, 102 R occ

|| Humigātio, ōnis f *A moistening*, Frag Poet

|| Humigātus, a, um part *Moistened*, Apul p 758 ✝ Humectatus

|| Humiliātio, ōnis f verb *An humbling, or abasing, humiliation*, Bibl

|| Humiliator, ōris m verb *An humbler, he that humbleth himself*, Aug ✝ Qui submisse se gerit

|| Humiliātrix, īcis f verb *She that humbleth her self*, Aug

|| Humiliātus, a, um part *Humbled, abased, cast down*, Eccl

|| Humilio, āre act *To humble or abase, to lay low* Agnoscit Ecclesia ✝ Submittere se, submisse se gerere

|| Humilior, āris, ātus pass *To be humbled, &c* Hier

Humilis, e adj ior, comp ĭmus, sup [ab humo] (1) *Low* (2) *Mean, poor* (3) *Small, dwarfish* (4) *Base, ignoble* (5) *Feeble, weak* (6) *Of little worth, or account* (7) *Humble, submissive, suppliant* (1) ⚹ Potius humillimam esse quam non petium, ... *Col* 4, 19 ⚹ Vites & ea quæ sunt humiliora, neque se ... terra ... possunt, *Cic* ... 5, 13 (2) = Civitas ignobilis atque humilis, *Cic* ... 5 28 ⚹ Potentes ... humilis atque contemptas, *Quint* Qui humiles ... tes dici student, *Rhet* ... = Sordidus, obscurus, abjectus, contemptus, *Cic* ⚹ Clarus, præstans, generosus, *Id* (5) Bos humilis, *Col* 4 (4) ⚹ Humilis & minime generosus ortus, *Cic de Amic* 9 Humilis homo de ... *Ter* ... 17 (5) = Dolores humili imbecilloque animo ferre misserum est, *Cic de Fin* 1, 15 (6) Nihil aut humile aliquid arte prædita, *Cic pro* ... (7) = Humilis & supplices preces, *Cic de Inv* 1, 16

Humilitas, ātis f (1) *Lowness* (2) *Poorness, ...* (3) ... (1) ... humilitate ... (2) ... *Cic* ... Ipsa humilitas ... humilitate cum dignitate ... contendis, *Cic pro S Rosc* ... *Cæs B G* 5, 27 (4) *Plin* ... 6 ... (5) ⚹ Apud ... animo, ... *Liv* ... sine ... duti

Humiliter adv ius, comp ... sup (1) *Lowly* (2) *Meanly, poorly, basely* ... (1) ⚹ In loco clivoso humiliter ... arborum ... *Pallad* ... (2) ... Mulitudo ... humiliter servit, *Liv* ... ⚹ Non est ... humiliter ... cum ... *Cic* ... Humiliter deprimi, ... *Ep* 24, 1

|| Humilitūdo, inis f ... *ness*, Aug ✝ Modestia

Humipeta, æ ... *A ... bawd*

Humo, āre act [ex humus] *To bury in the earth* ... *to inter, to lay in the ground* (1) Humare talis ... *Col* ... Magorum mos est non humare corpora suorum, nisi ... *Cic Tusc* 1, 45 ... *mare dicuntur corpora* ... *sumptæ*, *Luc* 6, 75 ...

Humor, ōris ... ātus pass *To be buried*, &c Humari ... *Val Max* 5, 3, ext

Humor, ōris m (1) *Moisture* (2) *Any liquid, water, blood, tears, &c* (3) *Juice, or sap* (4) *In humour* (1) ⚹ Humor & calor infusus in corpore ... *N D* 2 6 (2) Gravis ... *humore*, *Curt* 7, 5, 8 Rubet ... nor *Luc* 4, 10 ... Quem ... crassus calamo quod ... mos, *Pers* 3, 1 ... Humor ... furtim labitur, *Hor Od* 1, ... (3) Laxantur ... nus omnibus humor ... 41 (4) Quæ ... rupti continuatur ... *Quint* 2, 10 ¶ Humor Bacchi, *wine*, Virg Geor 2, 11 ... corporis siccatus, *Iter* 4 ... Humor præfunditur, *Plin* ...

Humu, pro humo, ...

HUMUS, i f (1) *The ground, land* Humi ... *Ov Ep* 3 44 ... *Am* 596 ... de Sen ...

Humpiece ... *Harrows*, ...

H ante Y

Hyacinthia, ōrum ... *A ... feast in honour of Apollo in honour of Hyacinthus* Annua ... *Ov Met* 10, 219

Hyacinthinus, a, um ... *violet, or purple colour* ... *Ov* ... 1 2

Hyacinthizon, ... *an emerald* ... *colour*, Plin ..., 5

Hyacinthus, i m ... (1) *or purple coloured flower* ... (2) Also *a precious stone* ... *Ecl* , 6 (2) ... mittit, *Plin* ...

* Hyades, um f [ὑάδες, dict ... pluviam efficere, non ab ὗς, ... quod Latini putaverunt, qui *suculas* voc] *The seven stars in the head of Taurus* Quas Græci ... nomine Hyadas ... Plin 2,40.

* Hyæna, æ f [ὕαινα, q d porcina] ... *Gesn* (1) *A* ... (2) *A kind of a* ... Plin 32, ... (3) Dicit ... hyænæ, ...

... *A precious stone* ... *eyes*, Plin

Hyalinus, a, um adj [ὑάλινος] ... *of glass*, or ... Jun

Hyalotheca, æ f ... *glass* ... *to keep them in*,

Hyalus, i m [ὕαλος] ... *Glass*, ... Vir Geor

Hybernaculum, i n *Winter* ... Exercitum ... Cic ... Liv

... *A place* ... Hybernacula ...

Hybernatio *A wintering*,

Hyberno, are neut *To winter* ... *to take up his winter* ... Cic pro L Manil ... Vid Hiemo

Hybernus, a, um adj *Of, or belonging to winter, wintcrly*, ... Cic Verr 5,10 Vid ...

* Hybrida, æ m [ἐκ Gr ὕβρις, ... illatæ naturæ] *A mongrel creature, that hath the sire* ... *and the dam of another* ... *of men of different countries* De utroque ... Plin 8,53 Dicitur etiam vox ... diversis linguis con... *epilogium*,

Hydatis ... corrupt pro hydatides, ... *Blisters*, or ... *of water*, Celf

Hydra ... f Serpens aquaticus, ... Vid Propr

Hydrargyrum, i n [ex argen... um] *Quicksilver*, either ... made by art, *Plin* ...

Hydraula, æ f *A player on* ... *an instrument that goeth* ... Suet Ner 54

Hydraulicus, a, um adj Hydraulic ... *musical instruments* ... *water work* Organum ... Plin ...

Hydraulus, i m [ex ὕδωρ, a... *An instrument that plays by the* ... Delphinus mul... Plin 9,8

Hydria ... *A water pot, a* ... *with* Hy... Cic Verr 4, 19

Hydrius ... Hydrius pu... Gany...

... f *A burstenness* ... *watery* ... *into the* ...

... *He that* ... *manner*, Plin

... *A disease in* ... *when water is got between* ... *skull and the head*,

|| * Hydrogarum *Pickle made with water*, Lampr

Hydrolapathon, i n *A water dock*, Plin 20,22

|| * Hydromantia, æ f *A divining by water*, Aug

* Hydromeli n [ἐκ aqua & melle dict] *Water and honey sod together, metheglin*, Plin 21, 6

Hydromyli, æ f *A water mill*, ...

Hydrophobus ... *who are bitten by a mad dog*, Cels 5, 27

* Hydrophobus, i m *He who is afraid of water, as one that is bitten by a mad dog*, Cels 5,—

|| * Hydrophylax, cis m *He that looketh to waters, or that keep the waters a water bailiff*, Dig

Hydropicus, a, um adj *That hath the dropsy, hydropical* ... hydropicus, *Hor Epist* 1,2 ...

* Hydropisis, is f *The having the dropsy, or being subject to it*, Plin 26, 1

* Hydrops, opis m [ἀπὸ ὕδωρ, aqua] *The dropsy* Crescit indulgens sibi dirus hydrops, *Hor Od* 2,2, 13 Cum ostenderetur aqua ... Græci vocant ... *Col* 7,7 *Lat* Aqua intercus, *Cels*

Hydrus, i m [ab aqua vocis originem trahit] *A water serpent, an adder, or water snake* Immensos ... *Geor* 4 458

|| Hyemalia, um pl n *Winter quarters*, Vopisc

Hyemalis, e adj *Wintery, or belonging to winter* Nudi hyemalem ... *Cic Tusc* 5, 27

Hyemat impers *It is winter, or it is extreme cold* Hyemat cum frigore gelicidis, *Col* 11, 2 Vehementer hyemat, *Id ibid*

Hyematio, onis f verb *A wintering, a support for winter* Reliquum mellis hyemationi relinquitur, *Varr R R* 3, 16

Hyematus, a, um part *Frozen, frozen over*, Plin 9,22

Hyemo, are neut *To winter any where, to take up his winter quarters*, Cic pro ... Vid Hiemo

HYEMS, emis f [ab ὕω, pluo] *Winter, a storm of hail and rain together, also ice*, also ... *Sed rect scrib* hiems, q v

* Hygremplastrum, i n *A moist plaster*, Plin 34, 15

* Hylactor, oris m *Bark, ring wood, or the like, a dog's name*, Ov Met 3, 213 *Lat* Latrator

* Hylax, acis m *A dog's name, barker*, Vir Ecl 8, 107

Hymen, enis m ... (1) *A thin skin, film, or membrane* (2) *Also the god of marriage* (1) Ex ... Græca, *vid Scal Poet* 1, 50 (2) Hymen, ô Hymenæe, Hymen ades, o Hymenæe, *Catull* 60, 5

Hymenæus, æi m (1) *Marriage* (2) *A marriage song* (1) Nullam egregio genero dignisque Hymenæis des pater, *Vir Æn* 11, 355 (2) Vestros hymenæon ... postes, festis ... *Stat Sylv* 2, 87 *Vid* Hymen, n 2

Hymnifer, era, erum *That bringeth hymns, or songs*, Ov Met 11,58 sed ex opt edit ... suspectus versus exula

|| * Hymnodia, æ f *Singing of hymns*, Ad Eccles pertinet

|| * Hymnus, i m *A hymn or song*, Eccl *Calep Steph Litt*

Martiali ascrib sed per errorem interpr locus est 12, 76

Hyoscyaminus, a, um adj *Made of henbane*, Plin 23, 4

Hyoscyamus, i m *The herb henbane*, Plin 25, 4

|| Hyoscyamus Peruvianus *Tobacco*, Gerard

* Hyosiris, is f *Yellow succory*, Plin 27, 10

|| Hypæthrum, i n *Sub dio* ... *an open gallery*, Jun

Hypæthrus, a, um adj *Open above, not covered over head*, Vitruv 1,2

Hypago ... Hyppago, *Plin* ...

* Hypallage, es f (1) *A figure when words are understood contrariwise, a transposing the order of construction* (2) *Also the* ... (1) *Ap Rhet* ... In nova fert animus mutatas dicere formas corpora, *Ov pro* corpora mutata in novas formas (2) *Vid Cic in Orat & Quint* 8, 6

Hypate, es f *The last string in a viol*, ... Vitruv 5, 4

* Hypate hypaton *B, mi*

* Hypate meson *E, la, mi*, Jun

* Hypaton parhypate *C, fa, ut*, Jun

Hypelate es f *A kind of laurel*, Plin 15, ...

* Hypenemium ovum *A wind egg, which a hen layeth without a cock, and will never prove a chick*, Plin 10, 58

|| * Hyperaspistes, æ m *A part sent to a prince*, Hier

* Hyperbaton ... Quint ...

* Hyperbaton, i n *A figure when the words are transposed from the plain grammatical order*, Rhet Hyperbaton facere, *Plin Ep* 8, 7, 2

* Hyperbolæon trite, tertia excellentium *F, fa, ut* Nete hyperbolæon, ultima excellentium *A, la, mi, re* Paranete hyperbolæon, *G, sol, re, ut* De his adi Junium

Hyperbole, es f *An hyperbole, when we exceed in speaking of a thing, going either too high, or too low*, Quint 8, 6

Hyperbolice adv *Hyperbolically* Non ὑπερβολικῶς, sed verissime loquor, *Cic Attic* 5, 21

* Hyperbolicus, a, um adj *Hyperbolical, excessive, past all likelihood of truth*, Ap Rhet

* Hyperboreus, a, um *Far north, in Scythian* Solus hyperboreas glacies lustrabat, *Vir Geor* 4 517 Hyperborea bruma, *Hor* Flacc 8, 210

* Hypercatalectum carmen *A verse that hath a syllable, or two, too many in the end*, Gramm

* Hypericon, i n *Saint John's wort*, Plin 26, 9

|| * Hypermeter versus [ab ὑπὲρ, supra, ... μέτρον] *A verse having one syllable above measure*, Gramm

* Hyperoche ... f *An overplus*, ...

* Hyperthyrum, i n *The upper post, or lintel of a door*, Vitruv 4, 6

|| Hyphen ... *A line between two words to join them together, as*, Septuaginta ... *in one word*, ...

Hypnale, es f *An asp, that killeth a man by casting him into a sleep*, Solin c 40

* Hypnoticum medicamentum *A dose to procure sleep*, Med

* Hypobolum, i n *That which is given by the husband to the wife at his death, above her dowry*, Ap JCC

* Hypocaustum, i n [ab ὑπὸ, sub, & καίω, uro] *A stove, stew or hot-house, a chimney* ... vaporem, *Stat Sylv* 1, 5, 59 *Lat* Vaporarium, ...

Hypochœris, idis f *A sort of herb*, Plin 21, 15

* Hypochondria ... [quod ... sub cartilagine ...] *That part of the belly ... under the short ribs*, Plin ...

* Hypochondriacus, a, um adj *Hypochondriacal*

* Hypocistis ... f ... *Cels* 6,6 *Plin* 25, 1...

* Hypocistis, is f *A juice, or liquor drawn out of the shoot springing from the roots of cystus*, Plin 24, 10

* Hypocrisis, is f *Hypocrisy, dissembling, a cloak (with a shew of religion)*, Eccl *Lat* Simulatio

* Hypocrita, æ m (1) *He that standeth by an actor in a play to prompt* (2) *An hypocrite, a dissembler, a religious cheat* (1) Suet Ner, 24 (2) *Ap Eccles Lat* Simulator, histrio, ludius

|| * Hypodiaconus, i m *A subdeacon*, Eccl

* Hypodidascalus, i m [ὑπὸ, ... διδάσκαλος, quod ... doceat] *An usher in a school, an under teacher* ... in ludo tantum hypodidascalo proxima, *Cic Fam* 9, 18

* Hypodytes ... *An under garment proper to the high priest, a linen rochet*, Hier

* Hypogastrium, i n *That part of the belly that reacheth from the navel to the privities*, Med

* Hypogeson, i n *Sengreen, houseleek*, Plin 25, 13

* Hypogeum, i n [ὑπὸ τὴν γῆν, sub terra] *A cellar, or vault arched over head, a place under ground*, Vitruv 6, 11

|| * Hypoglottis, idis f *The little flesh that fasteneth the tongue to the nether part of the mouth*, Jun

* Hypomnema, atis n *A register, or note of acts done for remembrance, an exposition, or comment* Vid Hypomnematum

|| * Hypomnematographi m pl *Writers of commentaries*, Alciat *Lat* Commentarienses

Hypomnematum, i n *id quod* hypomnema In ... hypomnematis, *Cic Attic* ... 16, 21

Hypomochlium, i n [ex ὑπὸ, sub, & μοχλός, vectis] *A roller, or such like thing, laid under stones and pieces of timber, to lift them the better from their place*, Vitruv 10, 8

* Hypostasis, eos f (1) *A substance, or person of the blessed Trinity* (2) *The sediment of urine* (1) *Ap Eccles* (2) *Ap Med*

|| * Hypotenusa, æ f *The line drawn under the arch of a circle*, Ap Geom

* Hypotheca, æ f *A pledge, or gage, a mortgage of land*, Cic Fam 13, 56 ubi tam Græc ... Lat elementis scrib

|| Hypothecarius, a, um adj *Pertaining to a pledge, or gage* Hypothecarius creditor, *one who hath lent money upon a mortgage*, Ulp

Hypothesis, is, vel eos f (1) *A case in law, the controversy*, or or *that wherein the main point lies* (2) *A pretext*, or *pretence*, also *the argument*, or *contents of a book*, or *discourse* (1) Cic in Top 21 ubi definitum & causa dic (2) Cic ad Attic 1, 9, ult Græco charact

* Hypotheticus a, um adj *Conditional, suppositit ous*, Bud

* Hypothyrum, i n Limen inferius, *the threshold*, or *groundsel*, Vitruv 4, 6

* Hypotrachēlium, i n *The part of the shaft, or main body of the pillar, under the neck of it*, vid Vitruv 3, 2

Hysginum, i n *A plant that dyeth a colour like scarlet*, Plin 25, 6

* Hyssopites, æ m [Heb אזוב] *Wine made with hyssop*, Col 12, 35

* Hyssōpum, i n Plin 25, 11 &

* Hyssopus, i m *The herb hyssop*, Col 6, 10

‖ * Hystĕricæ pl f [ab ὑστέρα, uterus] *Women that are troubled with fits of the mother*, Ap Med

* Hysteron proteron, p a pof terum, figura qua & ὕστερ ἀ πρ, dic *A way of speaking when we place that after which ought to come before*, as, Moriamur & in media arma ruamus, Vir Æn 2, 353 Hoc schemate sæpe usus est Homerus, ut de Cic Respondebo tibi ὕστερον πρότερον Ὁμηρικῶς, ad Attic 1, 16

* Hystrix, icis f [ex ὕς, sus, & θρίξ, pilus, quod habet setas instar porci] *A porcupine*, Plin 8, 35

I, and in black English letter 𝔍 𝔦, Latin I i, Greek with little variation Ι ι, all from the Hebrew י. This vowel having the smallest sound as well as figure, is most fitly suited to low poetical images, as in that of *Ovid*, Epist. 1, 109.

Nec mihi sunt vires inimicos pellere tectis,

where you meet with no *a*, and only once with *o* and *u*, but this vowel seven times, and the next small sound *e*, as it ought, wanting one of that number. But when the subject riseth, as in the sublime, the frequent use of it is to be avoided For this reason *Virgil* hath in the Æneid writ *olli* for *illi* near twenty times, but never in his Eclogues or Georgics Hence also comes the frequent change into *u* by the antients, to strengthen the sound, as *Juppiter Optumus Maxumus*, and many other instances which might be given out of the old manuscripts of *Livy*, *Tully*, and *Pliny*, plainly shew This vowel in Latin compounds is also substituted for *a*, as *abigo*, *contingo*, *deficio*, from *ago*, *tango*, *facio* The sound of this to the next small vowel *e* is so near, that the Hebrew, and other dialects from that tongue, expressed them both by one character, before the invention of points And the changes of *i* into *e* and *vice versâ*, in Latin derivatives from Greek, are too obvious not to be observed, as in *μίνθα*, *mentha*, *τέγγω*, *tingo* Add also, that in many words purely Latin these vowels are writ indifferently, as *mage* and *magis*, *here* and *heri*, *Mage pollens aer*, Lucr 4, 344 *Res hodie minor est here quam fuit*, Juv 3, 23. Yea, many words in the accusative and ablative cases sing of the third declension end in *em* or *im*, *e* or *i* Also in our English tongue we write indifferently *imploy*, *ingage*, *incourage*, *indeavour*, or *employ*, *engage*, &c. and many other words of the same kind. In making Latin diphthongs, as in Greek, this vowel is subjunctive to the rest, as, *ai*, *ei*, *oi*, *ui*, ... In numerals this, as the smallest letter, is put for the smallest number, I, one, II, two, &c and set before the note of a larger number, substracts itself, as IV, four, IX, nine In the notes of the antients, I. *is put for* Inter, intra, Junius, Julius, IA I. Intra provinciam, I AGL In angulo, IA D. Jam diu, jam dudum, IA S D. Jam satis dandum, IA RI. Jam respondi

J, English and Latin, wanting in the Greek, in Hebrew י, is properly, as the rest of their letters, a consonant, and hath a name as such, though in favour of pronunciation they sometimes use it as a vowel. We, in imitation of them, call *i* and *j* by one common name, but with this difference, that they give it a name from its consonant use, we from the vocal We have indeed invented a different figure for the consonant, which has been too much neglected by old writers and printers. It is pronounced commonly in Latin and English, and by some in Hebrew words, like a soft *g*, but very faultily, except perhaps in derivatives from the Greek ζ, as *Jupiter*, from Ζεῦ πάτερ, where it may be allowed that harder sound, its true pronunciation being softer approaching nearer to that of the vowel, as at this day the Germans and other adjacent nations pronounce it, their *jahr*, and our *year* being sounded alike. The true sound undoubtedly is near to our *y* before a vowel in the same syllable, and, if we would follow analogy, this letter ought to be called *yé*, as we say *bé*, *cé*, &c

J ante A.

I o imperat ab eo, is Go, get thee gone, Ter
|| ... f The herb ... panses, or heart's ... ✝ Viola tricolor
... part (1) Lying ... (2) Lying down sick, or ... (3) sluggish, heavy, ... Poor, afflicted (6) Al... (1) Jacentis sub pl... Od 2, 11, 14 (2) Dra... Ov Trist ... Jaceo n 9 (4) = An ... ignavosque putas? ... Prop 96 = Segnis ... Quint ... (5) Homo afflic... Cic de Har Resp ... Jacente terræ ad Hesper... 3, 5 ¶ Jacens con... mort, or shallow reach,

JACEO, ēre, ui neut (1) To ... along, or out at ... (3) To be situate (4) To be fal ..., to be sunk (5) ... laid aside, disregarded, ... or little set by, to be in ... (6) To be heavy and ... (7) To lie obscure and ... (8) To lie sick (9) ... (10) To be still and ... (1) Mihi ad pedes miseri ... Cic ... 49 (2) Jacere ... hœdinis, Val Max 7, ... Jacens, n 6 (4) ... Manus post præturam, ... Jacent pretia præ... pro ... Rosc 12 (5) ... ubicunque jacet, Ov Fast 1, 18 (6) ✝ Probus pueri ingeni ... plurimum abeunt, Quint ... (7) ✝ In pace jacere, quam ... Cic Philipp ... (8) Vid Jacens, n 2 (9) ... jacet Hector, Vir ... (10) Æquora lenta ... 52

Jacens, tis part Flinging, ... &c Tela manu jaciens, ... 10, 586 Vid

JACIO, ēre, jeci, jactum act (1) To cast, throw, fling (2) To hurl, or shoot (3) To lay, or ... (4) To spread, or utter ... publish, or set abroad (6) ... away (7) To put, or ... (1) Aproniam conjugem ... jecit, Tac Ann 4, 22, ... In murum lapides jaci cœpti ... B G 1, 6 (3) Nota ... fundamentum jecit, Suet ... Pacis fundamen ... Cic ... 10, 29 (4) Tr... jactæ jace ver... Prop ... 2, 1, 77 (5) ... neque apud paucos, ... Tac (6) Scuta ju... hostes, more ha... Plaut Trin 4, ... (7) Omnis in hac totam re... Vir Georg ... to play at ... Capt 1, 1, 5 ... to make way, Cic ... 15

... ctus part Cast, &c ... 6

... f St James's ...

Jactans, tis part & adj or, ... Casting, bragging, boast... jactans ... Vid Jacto Pau... Hor Sat 1, 3, 50 ... ius, comp Tac ... boastingly, proudly, ... Minæ jactantur ... 27, 2 Nulli jac... quam qui maximè ... Tac Ann 2, 77, 4 ✝

Jactantia, æ f Cracking, bragging, boasting Frivola in parvis jactantia, Quint 1, 6 Jactantiæ studere, Plin Ep 1, 8, 13

Jactatio, ōnis f verb (1) A motion, or action (2) A tumbling, or shaking a tossing, or casting (3) A boasting, cracking, or vaunting (4) A seeking applause (1) Actio modica jactatione corporis, Cic Orat 25 (2) Jactatio vulnerum, Curt 3, 1, 5 maris, Cic pro Mur 2 (3) Jactatio est voluptas gestiens, & se efferens insolentius, Cic Tusc 4, 9 (4) ✝ Cum homines se non jactatione populari, sed dignitate atque innocentia tuebantur, Cic pro Cluent 35

Jactātor, ōris m verb A cracker, or boaster, a braggadocio, an huff ✝ Acer in absentes linguæ jactator, Claud in Eutrop 2, 380 Immodicus proprii jactator honoris, Id 2 Cons Stil 26 Rerum a se gestarum jactator, Quint 11, 1

|| Jactātrix f She that boasteth, Sidon

Jactatus, a, um part (1) Tossed to and fro, or up and down driven from coast to coast (2) Met Canvassed, disputed (1) Gens jactata Tuscis æquoribus, Hor Od 4, 4, 54 (2) Sæpius jactata in senatu re, Liv 22, 2

Jactatus, ūs m verb (1) A tossing (2) A flittering, or clapping (1) Jactatus maris, Plin 14, 18 (2) Jactatus pennarum, Ov Met 6, 703

Jactitans, tis part Boasting Come officium jactitans, Phædr 2, 5, 16

|| Jactitātio, onis f A vain boasting, Sidon

Jactitātor, ōris m verb A great bragger, or boaster, Litt ex Liv sed q

Jactito, āre freq [a jacio] To cast, to throw, or toss from one to another Juventus ridicula versibus intexta jactitare cœpit, Liv 7, 2

Jacto, āre freq [a jacio] (1) To throw, or fling (2) To shake, or move (3) To toss, to move to and fro (4) Met To cast, or revolve in one's mind (5) To brag, or boast (6) To canvass, or debate (7) To give out, to publish, or spread abroad (8) To doubt, or hesitate (9) To be officious, or active in (10) To emit, or send forth (1) Faces in vicinorum tecta jactare, Cic de Har Resp 18 (2) Onerosa pallia jactat, Juv 6, 235 (3) Excussa brachia jacto, Ov Met 5, 596 (4) Jactare pectore curas, Vir Æn 1, 231 (5) Se insperatis repentinisque pecuniis sumptuosius insolentiusque jactarunt, Cic Catil 2, 9 Cum se jactaret amicæ, Juv 1, 62 (6) Quod pluribus præsentibus eas res jactari nolebant, celeriter concilium dimittit, Cæs B G 1, 18 (7) Quasi in se puerum, illi ornandum tollendumque jactassent, Suet Aug c 12 (8) Nolo te jactari diutius, Plaut Trin 2, 2, 59 (9) Repub mihi nihil est carius in qua tu non valde te jactas, Cic Fam 2, 15 (10) Late jactare odorem, Vir Geor 2, 132

|| Jactuōsè adv Proudly, boastingly ✝ Superbè, gloriosè

Jactuosus, a, um adj Boasting, Non ex Cic Orat 36 corrupte pro jactatiosus ✝ Gloriosus

Jactūra, æ f (1) Properly loss by shipwreck, or the throwing of goods overboard in a storm (2) Any loss, or damage (3) A charge, expense, a present (1) Sall de Rep Ord 2 (2) Rei familiaris jactura, Curs B G 7, 64 = Jacturæ & detrimenta rei familiaris, Hirt B A 49 (3) Germanos ad se magnis jacturis polli citationibusque perduxerant, Cæs B G 6, 11 Magnis jacturis sibi quisque eorum animos conciliabant, Id B C 3, 112

|| Jacturarius, a, um ... B longer ... to a loss, or that may be lost, Dig

Jactus, a, um part [a jacio] (1) Thrown, hurled (2) Cast on, scattered (3) Laid (1) Lapides Pyrrha jacti, Vir Ecl 6, 41 (2) Semen jactum, Vir Geor 1, 104 (3) Moles in altum jactæ, Hor Od 3, 1, 34 Met Aditum ad ... jactum intelligebas, Cic contra Rull 2, 15

Jactus, ūs m verb [a jacio] (1) A throw, cast, or cast (2) A draught, or cast with a net (3) A throwing of goods over board (1) Fulminum jactus, Cic Catil 3, 8 pilarum, Ov Trist 2, 485 ignium, Tac Ann 13, 11, 2 sagittarum, Ibid 15, 9, 1 (2) A piscatoribus quidam jactum emerat, Val Max 4, 1, ext 7 (3) Lic lib 13 Pandect

Jaculābilis, e adj That may be cast, or hurled Telum jaculabile, Ov Autum 7, 680 Fulminibusque nullique Deo jaculabile, orsit, Claud in Eutr 2, 167

|| Jaculāmen, inis n & jaculamentum, i n A darting, or flinging, Litt ex Apul

Jaculans, tis Shooting, darting, &c Jaculans fixa lacer o, Ov Met 14, 184

Jaculans, e adj That belongeth to flinging, Fing Poet

Jaculatio, ōnis f verb A darting, or casting, Quint Jaculatio equestris, Tac ex Plin jun

Jaculator, ōris m verb A shooter, a darter, a dart flinger Jaculator audax, Hor Od 3, 4, 56 fulminis, Stat Theb 12, 562

|| Jaculatorius, a, um adj That pertaineth to darting, or shooting, Ulp

Jaculatrix, icis f verb She that flingeth, or shooteth Diana jaculatrix, Ov Met 5, 375

Jaculatus, a, um part Which hath cast, thrown, or darted Pallas jaculata e nubibus ignem, Vir Æn 1, 46

|| Jaculatus, ūs m A flinging, or casting, Tert

Jaculo, āre Lexicogr ex Claud id quod

Jaculor, āri dep (1) To shoot, to dart (2) To strike, to bombard (3) Met To throw out (4) To hunt after, to pursue (1) Jaculari fulmina, Ov Met 1, 61 fulva, Ibid 14, 181 facem, Val Flacc 4, 671 (2) Jupiter igne suo lucos jaculatur, Ov Am ... 35 (3) Abrupta quædam jaculantur, Quint 2, 11 (4) Quid brevi forti jaculamur ævo multa? Hor Od 2, 16, 17 ubi Met sumpta videtur jaculo rete

Jaculum, i n [a jacio] (1) A dart, a javelin (2) A casting net that may be shot (1) Jaculum contorquens mittit in auras, Vir Æn 12, 490 (2) Jaculum dicitur, quod, ut jacitur, fit, Varr ¶ Rete jaculum, a casting net, Plaut Asin 1, 1, 87

Jaculus, i m [a jaculor] A serpent that lieth under trees and suddenly shooteth himself out with great violence when any one passeth by Natrix violator aquæ, jaculique volucres, Luc 9, 720 Jaculi periphrasin, ... fec

pens similis sagittæ, Vid ap Hor Od 3, 27, 5

JAM adv temporis (1) Now, at this time, at present, just, or even now, immediately (2) Besides, furthermore, by way of transition, in the beginning of a sentence (3) Presently ere long (4) Henceforth (1) ¶ Jam jam, just now, this minute, Ter Andr 1, 1, 14 Jampridem, ... in usque a, ever ... Id Jam dudum, a long while ago, Cic Jam inde, ... Ter Jam olim, a long time ago, Cic Jam jam jam, forthwith, Id Jam vino, jam somno, ... with wine, at other ... to sleep, Hor Jam fere, just upon the point, Ter (2) Jam quid ego commemorem, &c Cic (3) ✝ Aut jam nihil est, aut jam nisi ..., Plaut Jam ... re ... ro, ... In diem, Ter Eun 5, 6, 20 (4) Carthaginiam non ... nunquam mittam super bos, Hor Od ... 4, 6

Iambēus, a, um adj Made of iambic feet, Hor Art Poet 253

* Iambicus, a, um adj Iambic, Gramm

* Iambus, i m A foot in verse, having the first syllable short and the other long, as, amā Syllaba longa brevi subjecta vocatur Iambus, Hor A P 251

Jamdūdum adv Long ago, Cic ad Ov ... = Jamduodum ... ætatem, Ter Eun 4, 5 8

Jampridem adv Some while since, Cic At 2, 5

|| Jancus ... an pro

Janitor, ōris m [a janua] A porter, or keeper of a gate Catenatus janitor, a mastiff tied at the gate, Col in præf

Janitrix, icis f A woman porter Laurus janitrix Cæsarum, growing at the emperor's gate, Plin 15, 30 Anus janitrix, Plaut Curc 1, 1, 76

|| Janitrices The wives of two brothers, Dig

✝ Janitos m id quod janitor, Varr

* Ianthina, orum pl n Garments of violet, or purple colour, Mart 2, 39

* Ianthinus, a, um adj Violet coloured, Plin 21, 6

✝ Ianthum, i n Flos & color quidem purpureus, nempe ... ἄνθος, flos violæ, a violet, Plin 21, 6

Jānua, æ f [a Jano deo] (1) A gate, the first entry into an house (2) Met The beginning, or entrance into a discourse, or other thing (1) Q Mutii janua & vestibulum, Cic de Orat 1, 45 (2) = Ab hoc aditu januaque patefacta, Cic de Orat 1, 47 Janua sepulchri, Ov Trist 3, 2, 23

|| Januālis, e ... Calendarum Januarium die, of January, Amm Marcell

Januarius, i m [sc quod sit quasi janua cæteris mensibus, primus n ... quod Jano ... dicatus] The month of January Mense Januario cum ut Romæ ..., Cic Attic 1, 2

✝ Januātor, ōris m A porter, Litt ex Plaut pro janitor

* Iapyx, ygis m [ex Iapygia, ... Apulia, flans] The western wind, or as some say the north east, Hor Od 1, 3, 4

* Iasione, es f A kind of ... weed, Plin 21, 17

|| Jasia, vel Jasminum Jasmine, Jun

Iaspideus, a, um adj Of the colour of a jasper stone, Plin 37, 10

* Iaspis, idis f [ex Heb ישפה] A stone of a green colour, called a jasper Vir Æn 4,261 Iaspis aerizusa, a turquoise, Plin Stellatus iaspide ensis, Vir Æn 4,261

Iasponyx, chis f A kind of jasper, an onyx stone, Plin 37,9

* Iatraliptes, æ m q d Medicus unguentarius, a physician, or surgeon that cureth by ointments and frictions, Cels 1,1 & Plin Ep 10, 4, & 22

* Iatraliptice, es f Curing by ointments, or frictions, Plin 29, 1

* Iatrenices, es f A book of physick, Item ex Plin

Iatronices, æ m A conqueror of other physicians, a proud title taken on g ... Plin 29, 1

I ante B

|| Ib ... Quint 8, 2 = Sin ... sert

... Plin 8

... Plin 8, 5

Ibi, adv in loco [a pron is, ... (1) There (2) Then (3) Therein, in that thing (4) In ... (5) In those things (1) = Ut illi esse mihi, ubi, & cum isthic, Cic ... Plaut ... Plaut Truc 1,2,14 ... ¶ Ibi esse, to be about it, Ter Heaut 2,1,62 (4) Dixi uxorem, quanta ... ibi vidi Ter Adelph 5,4,13 (5) ... narrationis initio Ibi loci, in that place Plin

Ibidem adv [ex ibi & dem, syllabica adjectione] (1) There, in the same place (2) In the same thing, or in the same case (1) Ibidem operam, Cic (2) Læti in eo Cæcinam ? ... ibidem, Cic pro Cæcin 9

Ibis, idis & is f A bird in Egypt, which is high, hath stiff legs and a long bill, and eats up the serpents that infest the country, Plin 8,27 A kind of stork, ... Cic N D 1,36 Under this name Ovid lasheth his adversary Hygmus, as the learned imagine, as Callimachus had done the like by Apollonius Rhodius, before him

|| Ibus, pro iis [a pron is] ...

I ante C

* Icasia ... Plin 35,2

Icco ... ccu pro ... ico

* Ichneumon, onis m A rat of Egypt ... Plin ... Lic ... 724 &

Ichnobates ... Tres ...

* Ichnographia, æ f A plot ... Vitr 1,2

* Ichthyocolla, æ f [ab ἰχθύς, piscis, & κόλλα, gluten] A fish of whole skin water glue is made, water glue itself, or fish glue, Plin 32,7

* Ichthyophagus, i m He that catcheth only fish, Plin 15,7

* Ichthyopola, æ m [ab ἰχθυοπώλης] A seller of fish, a fishmonger

* Ichthyopolium, ii n [ἰχθυοπώλιον] A place where fishes sold, a fish market

* Ichthyotrophium, ... A fish pond, ... Col 8, 1

ICO, ... ere ... [ex ... הכה ...] (1) To ... to ... (2) To ... (3) ... (4) Ci ... prendi ... & ... Lu ... Cic ...

I ... (1) To ... (2) To ... ter ... Lau ... 15, 9

* Icon, onis f imago (1) An image, resemblance, picture, statue (2) Also a ... rhetoric (1) Plin 34, 8 (2) ... Rhet Lat Imago, Auct ad ... Imago est ... cum forma, cum quadam similitudine, collatio, ... Onin ... Meretricio ... Vir Æn 4, 558

* Iconicus, a, um adj Belonging to an image, lively pictured, drawn to the life Signum ... Suet Cal 22 Statuæ iconicæ, Plin 34, 4

Icon ... n A cross set upon on a tor ... Amm Lignum furrectum, Col

* Icterias, æ m A precious stone good for the yellow jaundice Icterias diu lurido similis, Plin 37, 61 edit Hard

Ictericus, a, um adj One sick of the yellow jaundice Conjunt ictericæ lento de funere matris, Juv 6, 564

* Icterus, i m ... aurugo, Scrib Larg (1) The yellow jaundice (2) Also a yellow bird, which if one look upon, being sick of the yellow jaundice, the person recovers, and the bird dyeth, it is also called galgulus (1) Morbus ... arcuatus, Col ... 3 item morbus regius (2) Plin 30, 11

* Ictis, idis f A white weasel that destroyeth bees, and eateth the hives, a ferret, a polecat, Plin ... 4

Ictus, a, um part [ab ico] (1) Stricken (2) Beaten (3) Met Incited, moved (1) Pinus icta mordaci ferro, Hor Od 4, 6, 9 (2) Jovis igniculis ictis, Ov ... (3) Delectus icta ... Cæsarum, Hor Od 4, 5, 15 Ictus fidere ... Suet ... ¶ Fædus ictum, a league made, Vir Æn 12 314

Ictus, ûs (& ictis ant) m verb [ab ico] (1) A stroke, a blow (2) A rap, a knock (3) A hitting, or goring (4) A blast (5) A bite (6) A course, such as ... (7) A beating, or stroke of the pulse (8) A ray of the sun (1) A ... sub ictus, morsus, impetus, Cic Offic 2, 6 (2) Quatiunt fenestras ictibus crebris juvenes, Hor Od 1, 25, 2 (3) ... obliquum ... Hor Od 3, 22, 7 (4) Ictu fulminis, Cic Offic ... (5) ... Cic B G ... (6) ... (7) Ictus crebri aut languidi, Plin 11, 37 (8) Laurea fervidos excludet ictus, Hor Od 3, 15, 10

Icunculа, æ f dim [ab icon] A little image Icuncula ... Suet Ner 56

I ante D

Id n pron [ab is] That ... pro eam rem ...

|| Idæus ... A ... Col ... an ... colour, like a man's thumb, Son

Idcirco conj [id circo] Therefore, for that cause, to that purpose Idcirco arma sumpta sunt, ...

Idea, æ f [...] The ... form, pattern, model, or first pattern of any thing existing in the imagination, ... Cic ... Species, sed communis ... forma, ... Tip ...

Idem, eadem, idem pron [ex is & dem, particula paragogica] The same, the very same, alike ... a second self, ... eodem tempore, & ... at the same time, all ... one, ... In ... idem facit occidenti, Hor A P 467

Identidem adv [... idem ... iterato] Now and then, every ... anon, sundry times one after another, every while Recitabatur identidem Pompeii testimonium, Cic pro Rab Post 12

Ideo conj [... id & eo, scil pertinet] Therefore, for that cause Ideo mihi non satisfacio, quod, ... Cic

* Idioma, ătis n An idiom or proper form of speech, a propriety in speaking, Gramm

* Idiota, æ m [ab ἴδιος, privatus] (1) An idiot, or illiterate, simple body (2) A layick, a private man, one not in office (1) ✠ Idiotam opponit homini ingenioso & intelligenti, Cic Verr 4, 2 (2) Mos non movet me, idiotam petit, Sen Suas 6

* Idiotismus, i m A propriety of speech, Sen Contr ... 7

|| Idolium, i n A place where idols are kept and worshipped, a rood loft, Papin Lat Delubrum

|| Idololatra, æ c g An idolater, or worshipper of idols, Eccles Lat Simulacrorum cultor

|| Idololatria, æ f Idolatry, idol worship, Eccles Lat Simulacrorum cultus

|| Idololatrix, icis f An idolatress, Prud Hamar 404 Rectius autem idololatris, Gron

|| * Idolothytum, i n That which is sacrificed to idols, Bibl

Idolum, i n (1) An image, an idol (2) Also a spectre, or apparition (3) Idolatry (1) = Imagines quæ idola nominant, Cic de Fin 1, 6 (2) Apparebat idolon senex, macie & squalore confectus, Plin Ep 7, 27, 5 (3) Ap Christianos script

Idonea, ŏrum pl n Fit places Idonea provinciarum, Tac Ann 4, 5, 6

Idonee adv Aptly, conveniently, fitly, Cic de Inv 1, 5

Idoneus, a, um adj ior, comp (1) Fit, meet, proper (2) Convenient, suitable (3) Able, sufficient (4) Substantial, creditable (5) Pious, honest (6) Also rich, or wealthy (1) Adeon' videmur vobis esse idonei, in quibus sic illudatis ? Ter Andr 4, 5, 18 (2) Tempus idoneum, Cic ... Rosc 24 ✠ Alia res idonea sint stomacho, alia ... Cels (5)

Pugnæ non sit idonea, Hor Od 2, 19, 26 (4) Idoneus testis, Cic ... 27 auctor, Id ... (5) = Idonei atque ... homines, Cic (6) Ap JC conciones ... Magis idoneo

|| Idulis, ovis quæ omnibus Idibus Jovi immolabatur, Fest

|| Iduo, ... To divide, Ma ... 1, 15

Idus, uum, idibus f ... quintus mensis Martii, Maii, Julii, & Octobris, in reliquis ... The ides, ... every month, the eighth day ... immediately after the nones Idus Martia consolantur, Cic Att 14, 4

† Iduus, a, um ... valde idua, ... Macr 1, 15

Idyllium, i n [ab εἶδος] A little poem, ... species ... A little poem, or song, of various ... a pastoral subject, ... Plin Epist 4, 14, 9

I ante E

|| Jecorarium, æ f A ... liverwort called woodroof, or woodroowel, Dod Some have ... for ...

JECUR, oris n ... (1) The liver of a man, (2) or ... other creature (1) Difficili ... urget jecur, Hor Od 1, 13, ... (2) ... cinera, Plin ... ed Hard ...

Jecusculum, i n dim [ab jecur] A little liver, Mutum jecusculum, Cic de Div 2, 14

Jehova, æ m ... Propr

|| Jejunatio, onis f ... A fasting, Tert ✠ Jejunium, jejunia

|| Jejunator, ōris m verb A faster, Aug

Jejune adv ius, comp Coldly, slenderly, drily, weakly, Jejune disputare, Cic de Or 1, 11 Quis enim jejunius dixit ? Cic ... 21 = Jejune & inerme, ... Ep 1, 20, 21

Jejunitas, atis f (1) ... (2) Met ... barrenness, ... (1) Jejunitate plenus, Plaut ... (2) ✠ Verborum jejunitatem & famem se malle, quam ubertatem & copiam dicerent, Cic ...

Jejunium, i n (1) Fasting (2) Also a fasting ... (1) ... Ov ... Met 1, 1... (2) ... Jejunium ... dum Cereri est, Ov ... 6 ...

|| Jejuno, are n ... To fast, or eat to ... Eccl ... Itinere, Nep

... comp ... Plaut ... 1, 6

... Jejunium ... num, Cels ...

JEJUNUS, a, um adj (1) (2) Fasting, that hath not eat ... (3) hungry, dry (4) ... Barren, jejune ... Jejunus stomachus ... vulgaria temnit, Hor Sat ... ✠ ... vomendum est, Cels (2) ... quidem ... Geor 2, 212 ... An omnium ... suffi ... plenioren ... de Orat ... 4 ✠ Aut ... orationibus ...

Orat 48 (2) Jejuna aviditas, ... 10, ... part [ab co] Go- ... Recur ... in comp tan ... ventos ... cunti, Vir ... 2, 60

... [a jento] A ... jentaculum, ... 2, 7, 58

... oris m verb ... his fast, Lexicogr ...

... neut To break his ... Nell ... Prop

I ante G

... (1) Therefore (2) ... upon ... (1) ... sibi vult pater? Ter ... & tibi otium erit, ... Plaut vid ... 1, 1, 55 (2) Plaut Most

... A tinder box, ... and flint, Plin 16, 40 ... Ignarium

... a, um adj [ex in & ...] (1) Ignorant, unskilful, ... (2) Also un-known, strange (1) Ars se pe ... hujus ignarum oppi- ... Paterc 2, 3, 43 ✠ Ignaria ... Sen Herc Oet 160 ... ignari fuit sævitia Nero- ... Tac Ann 15, 62, ... Humana ... vivendi, Sall B J ... 19

... adv ius, comp (1) ... wardly, meanly (2) Slowly, ... (1) ... capiens ignavi- ... 2, 465 (2) ... gravitate amas, Cic Tusc ...

... incept To ... Segnesco, Tert ... f (1) Sluggishness, ... (2) Cowardliness (3) ... want of briskness ... (1) ... A lazy, idle ... compedes, ... ignaviæ, Plaut ... (2) Fortitudini ... Cic de Inv ... (3) Odoris igna- ... 25 (4) Met igna- ... irrides Plaut

... quod igna- ... gravitate ac me- ... Juft 4, 2 Sed ... Rard

... Idly, lazily ... Hirt

... um adj [ex in & ...] comp ... sloth/ful, ... (2) Faint hearted, ... (3) Dull, ineffectual ... corpus & pene ali ... 11 590 (2) Ab ... Vivit gravius ... (3) Succus papaveris ... Cels ... 18

... dim [ab ig- ... warm ... Prud Cath 5, 136 ... part Of the co- ... not like fire ... Prop ... ere ... Plin ... dimini ... La-

... incept (1) To be ... to turn to fire

(2) Met To inflame (1) Ut ad extremum omnis mundus ignesc-cat, Cic N D 2, 48 (2) Amor ignescit menti, sævitque medullis, Col 10, 250

Igneus, a, um adj (1) Fiery, burning (2) Sparkling, bright, hasty (1) = Quod est calidum & igneum cietur & agitur motu suo, Cic N D 2, 5 (2) Igneus est illis vigor & cælestis origo, Vir Æn 6, 730 Ignea virtus, Juv 9, 7

Igniarium, i n Any thing that will take fire quickly, tinder, or touchwood, Plin 16, 40 Also a fire steel to strike fire with out of a flint, a tinder-box, Bud

|| Igniarius, a, um adj Belonging to fire, ut igniarius lapis, a flint stone to strike fire withal, Jun Fomes igniarius, the match, or touchwood to keep fire in with al, Id

|| Ignibulum, i n A censer, Lat ex Prud

✠ Ignicŏmus, a, um adj ut ignicomus sol, with flaming tresses, Auson Ep 7, 8 Ignicomus leo, Nen Cyneg 2 4

Ignicŭlus, i m dim [ab ignis] (1) A sparkle of fire, a little fire (2) Also, Met an instinct of nature (1) Igniculum brumæ tempore poscas, Juv 3, 102 (2) = Virtutum igniculi, & semina in animis, Cic de Fin 5, 6

✠ Ignĭfer, a, um Bearing fire Ignifer axis, the chariot of the sun, Ov Met 2, 59 Ignifer lampades, Lucr 2, 25 Ignifera juga, Sen Med 34

✠ Ignifluus, a, um Flowing with fire Ignifluæ cavernæ, Claud 3 Conf Hon 196 Ignifluī flatus, Id Laud Herc 15

✠ Ignigĕna, æ c g Born in, or by fire, a name of Bacchus, as made wise by Jove's thunder, Ov Met 4, 12

✠ Ignigĕnus, a, um adj That begetteth, or produceth fire, as the sun doth by a burning glass Quousque ergo frustra pedem ignigenum ... Apul Met 7, p 224

|| Ignio, ire neut To be fire, hot or to be on fire, Prud ✝ Ignesco

✠ Ignĭpes, edis adj That hath fiery feet Ignipedes equi, Ovid Met 1, 392 Ignipedum frænator equorum, Stat Theb 1, 27

✠ Ignipŏtens, tis adj Mighty by fire, Vir Æn 8, 414

IGNIS, is m (1) Fire (2) Lightning (3) Met Anger, wrath (4) Love (5) The person beloved (6) A ... (1) ... ignis, Ov Met 1, 432 (2) ... Vir Æn 1, 94 (3) ... Typhœa, Ov Met 3, 303 ... ignes animo, ... Vir Æn 2, 575 (4) Cæco carpitur igni, Vir Æn 4, 2 (5) Meus ignis Amyntas, Vir Ecl 3, 66 Accede ... ignem hunc, jam calesces ... Ter Eun 1, 2, 5 ¶ Ignis sacer, St Anthony's fire, Plin 26, 11

Ignispicium, ii n Divination by fire, Plin 7, 56

|| Ignitabulum, i n A chafing-dish, a warming-pan, a fire-pan, made of earth, or iron, Fest = Fomes & ignitabulum ingenii virtutisque, Macrob Sat 2, 8

|| Ignitegium, ii n Curfew, Med Gl

|| Ignitus, a, um part comp Fiery, burning, hot, strong Ignitum Deus indidit illi ingenium, Prud Hamart 544 ✝ Igneus

|| Ignivŏmus, a, um That spitteth fire Altissignivomum solem cœli orbita ducit, Venant de Pasch, ad fin Lactant opp 3 ✝ Vomens ignem

Ignōbĭlis, e adj [ex in & nobilis] or, comp ... sup (1) Unknown, strange (2) Ignoble, of low birth, meanly born, base (3) Common, ordinary (4) Of no reputation, or esteem, nothing spoken of (1) = Peregrina facies ... tui hominis atq, ignobilis, Plaut Pseud 4, 2, 9 ... quocunque & ignobilius, Plin ... (2) Senatus ille, ... loqui ... spectat, Plin ... 4 (3) Non ignobilis ... gister Demetrius Syrus, Cic de Cl Orat 91 (4) ... in silvis Italis ignobilis ævum exigere, Vir Æn 7, 776

Ignōbĭlĭtas, ātis f Ignobleness of birth Ignobilitas generis, Cic pro Mur ... 8 ... Ovid ... 6, 319

Ignōmĭnia, æ f [ex in & nomen] (1) Properly a note of disgrace prefixt before a man's name by the censor (2) Discredit, reproach, dishonour, ignominy, disgrace (1) Omnis judicatio censoris versatur tantummodo in nomine, animadversio igitur illa ignominia dicta est, Cic de Repub 4 (2) = Dedecore, macula, turpissimaque ignominia notetur, Cic

|| Ignōmĭniātus, a, um part [qu ab ignominio] Defamed, disgraced, Gell 8, 15 ✝ Infamis

|| Ignōmĭniōse, adv ius, comp issime, sup With reproach, or disgrace Ignominiose contra Numidas pugnavit, Eutr 4, 26 & 5, 24

Ignōmĭniōsus, a, um adj Infamous, dishonourable, disgraceful, shameful, ignominious Ignominiosa fuga, Liv 3, 23 Ignominiosa dicta, Hor A P 247 Ignominiosa consulum curatio, Valer Max 2, 7, 7 || Ignominiosissimus, Tert

Ignōrābĭlis, e adj or, comp That is, or may easily be unknown Quis occulti vi aut ignorabilis objicitur? Plaut Pseud 2, 1, 18 Ille ignorabilius obscuriusque est, Gell 9, 1

Ignōrans, tis part Ignorant not knowing Ignorantes regum corum esset ... Cic de ... 7

|| Ignōrantĕr, adv Ignorantly, Dig ✝ Inscienter, Cic

Ignōrantia, æ f Ignorance, want of knowledge Ignorantia ... Cic pro Flacco ... Ov ... Ignorantia ... maleorum, Sen Oed 515

Ignōrātio, onis f verb Ignorance ... Cic de D ... 2 22 ... Id de Legg 1, 6 ... pro Cluent ... 9

|| Ignōrātor, oris m verb He that is ignorant of, Cod ✝ Nescius

Ignōrātus, a, um part or, comp Unknown ... ignoratum indagavit sepulchrum, Cic Tusc 5, 23 ... ante consulatum ignoratus, Id de Cl Or 47

Ignōro, āre act [ab ignarus] Not to know, to be ignorant of Errat, si id credit, & me ignorat, Ter Heaut 1, 1, 55 Ignoratæ mala, bonum est, Sen Thyest 78

Ignōror, āri, ātus pass Not to be known Ignoraretur forsitan ista fides, Ov Trist 1, 4, 18

Ignoscendus, a, um part To be pardoned Dementia ignoscenda, Vir Geor 4, 489

Ignoscens, tis part or, comp Pardoning, forgiving Quanto

tuus est animus natu gravior, ignoscentior, Ter Heaut ... 1, ...

|| Ignoscentia, æ f Pardon, forgiveness Ignoscentiæ utilis, Gell 7, ...

|| Ignoscĭbĭlis, e adj Tolerable, to be pardoned Hoc ... modi verbis de multo jam usu ignotum ... est, Gell 1, 21

Ignoscitur impers It is forgiven Noctu latent mendæ, ... tioque ignoscitur omni, Ov A Am 1, ...

|| Ignoscĭtūrus, a, um part That will forgive, Plin A in 2 ... analogiam.

Ignosco, ĕre, ovi, otum neut [ex in intens & nosco] (1) To hold excused, to take no notice of (2) To forgive, to pardon (3) Also to know (1) § Ignosco ... nunquam tibi, Plaut ... Et præteriit ignosce, & concedis ... Cic ... § Jupiter, ignosco pristina ... Prop 2, ... (3) ... hic ...

Ignotum est impers It is pardoned Ignotum est, tacitum est, Ter Adelph ... 8

Ignoturus, a, um part That will pardon, Plin ... major

Ignotus, a, um or, comp ... sup (1) Unknown (2) Also ignorant, that doth not know (1) Jus ... notum, Cic ... Orat ... Ignotos fallit, notis est ... Hor Ep 1, 11, 2 Ignotissimi gens, ... 5, 22 ... turbæ, Claud in Eutrop ... 153 Haud ignotissima nymphas, Ov Met 5, 5 (2) Nequis erret ignotus, Quint ... & Plaut Men ... 2, 17

✝ Ibs, dat & abl pl pronom is Pro quo ✝ Ibus, Plaut Curc 4, 7, 2

I ante L

* Ilarchus, i m A captain of a troop of horse, Cal Rhod Lat Præfectus turmæ equitum

Ilĕ, is n The flank where the small guts are Ilia inter costas & pubem imo ventre posita sunt, Cels ...

* Ileos, sive ileus, i m The small or thin gut, also the twisting of the small guts, ... there is such a stoppage, ... nothing can pass downwards, ... P ... Cels 4, 16

Ilex, icis f A kind of oak tree, called by some ... holm, ... scarlet oak, Ger ... Ilex tonsa bipennibus, Hor Od 4, 4, 57

Ilia, ium n pl [al ...] The flank, the small guts ... Ilia ... rebato, Sen Herc ... 542 Ducere ilia, to be like ... ted, to be out of breath, to puff and blow, Hor Epist 1, 1, 9

Iliacus, a, um adj unde iliaca passio The colick, the twisting of the guts, Med

* Ilias, idis f Fab ... quod bellum continent apud Ilium inter Græcos & Trojanos) The destruction of Troy, a poem of Homer so called ¶ Ilias malorum, a world of disasters, Cic Att 8, 11 Ilias ipsi quid est, ... si turpis adulteria? Ov Trist 2, 371

Ilicet, adv ire licet (1) You may go whither you list, you may depart when you will, you may go shake your ears, the business is over (2) Also immediately, presently, forthwith, out of hand, anon, or ... (1) Actum est, ilicet, peristi, Ter Eun 1, 1, 9 (2) Ilicet obruimur nume- 10,

Æn 2, 42. Vid Extem- … § Illicet parasiticæ arti maximum in malum cruciatum, *it may go and be hanged*, Plaut Capt 3,1,9

Ilicetum, n *A grove of holm trees*, Mart 7,55

Iliceus, a, um adj *Of holm, or made of holm* Iliceæ trabes, Stat Theb 6, 101

Ilicò adv [qu in loco illo, Pe rot] (1) *Anon, by and by* (2) *With haste, forthwith*, also *in the same place* … Illico

Iligneus, a, um adj & Ilignus *Of holm* Iligna … ondem … bus … pedes, *Ter* … 3, 6

Iliosus, a, um *Troubled with the twisting of the guts, broken winded*, Plin 20, 4

Illabefactus, a, um part [ex in & labefactus] *Not weakened, or made feeble* … Ov ex Ponto, 3, 6 … non labefacta … ta … 12, 0

Illabor, i, psus sum dep [ex in & labor] (1) *To slide, or glide in* (2) *To fall down, or upon* (3) Met *To enter* (1) Amnis illabitur mari, Plin 5, 2) (2) Si fractus illabatur orbis, Hor Od … Truncus illapsus cerebro, Hor 2, 17, 27 (3) Animis illabere nostris, Virg Æn 3,89

Illaboratus, a, um *Made, or done without labour, or pains, unlaboured, plain* Sermo illaboratus, Sen Omnia fluunt illaborata, Quint 10, 3

Illaboro, are [ex in & laboro] *To labour, or take pains about a thing* Illaborare domibus, Tac Germ 46

Illac sc via, vel parte (1) *On that side, that way* (2) Met *With, or for that party* (1) = Hic atque illac perfluo, Ter Eun 1, 2, 25 (2) Cic Attic 7, 3

Illacerabilis, e adj *That cannot be torn* Spolium illacerabile, Sil 5, 1,8

Illacessitus, a, um *Unprovoked* Nulla pars Britanniæ illacessita, Tac Agric … Cherusci illacessiti, Id Germ 36

Illachrymabilis, e adj (1) *Not to be moved with pity, that cannot be prevailed upon by tears* (2) *Unlamented* (1) Illachrymabilis Pluto, Hor Od 2, 14, 6 (2) Hor Od 4, 9, 26

|| Illachrymandus, a, um part *Worthy to be lamented, or wept over*, Aug + Deplorandus, Cic

|| Illachrymatio, onis f verb *A weeping, or crying over*, Lexicogr ex Gell … q

Illachrymo, are neut & illachrymor … dep (1) *To weep over, to lament and bewail* (2) *To water, or shed tears involuntarily* (3) Met *To sweat, or send out moisture, to run as water* (1) Marcellus … chi mortem … dicitur, Liv 25, 24 Morti Socratis illachrymari soleo, Cic N D 3, 33 (2) Oculi lumen … tenuant, & illachrymant, Cels … 6 (3) Illachrymat templis ebur, æraque sudant, Virg Georg 1, 480

|| Illactenus adv *ut* hactenus *So far forth*, Gell 16, 19 + Latenus, Vett

Illæ pro illius Lucr

Illæsus, a, um (1) *Unhurt* (2) *Sound, uncorrupted* (1) Cupressus illæsa brumâ, Stat Illæsum onus, Mart 1, 7 (2) ✱ Illæsas vitiatis adhærere partes, Ov Met 2, 826

Illætabilis, e adj *Without mirth, sorrowful, joyless* Me portus & illætabilis ora accipit, Virg Æn 3, 707 Illætabile murmur, Ibid 12, 619 murmur, Stat Theb 3, 706

|| Illævigatus, pro inconditus D om

Illapsus, a, um part [ab illabor] (1) *Slidden in, got in* (2) *Falling upon* (1) Illapsi penetus, Cic de Legg 2, 15 (2) Truncus illapsus cerebro, Hor Od 2,17,21

Illapsus, us m verb *A sliding, or falling in*, Col 2,2

Illaqueatio, onis f verb *An insnaring, or intangling*, Litt ex Liv sed q

Illaqueator, oris m verb *An insnarer, or ensnarer*, Litt ex Tac sed q

Illaqueatus, a, um part *Snared, intangled* Illaqueatus legum periculis, Cic de Har Resp 4

Illaqueo, are act *To snare, or intangle, to bias* Munera navium sævos illaqueant duces, Hor Od 3, 16, 16

Illaudatus, a, um … pass *To be untainted*, L …

+ Illasce ædes Plaut … has ce

|| Illatabilis, e adj *Without breadth* Quod exprimere uno Latino verbo non queas, nisi audeas dicere illatabile, Gell 1,20 + Latitudinis expers, Vett

|| Illatebro, are act *An hiding, or seeking of corners*, Dig

+ Illatebro, are act *To hide in corners* Inermi latebant … Claud ap Gell 17, 2 + Abscondo … abdo

|| Illatebrosus, a, um *Full of corners, or lurking places*, Capell + Latebrosus, Vett

|| Illatenus adv *So far forth*, Gell Vid Illactenus, sic enim libb emendatiores + Latenus, Vett

|| Illatio, onis f verb [ab infero] *A bringing in, an inference, an interment*, Ulp

Illatratio, onis f verb *A barking against one*, Lexicogr ex Tac

|| Illatrator, oris m verb *He that barketh at or rev…leth one*, D …

Illatro, are neut *To bark against one* Illatrat … ingens … orcus, Sil 13, 845 Manibus illatrat, Luc 6, 729

Illatus, a, um part [ab infero] *Inferred, brought in* Illata Græcis bella, Curt 2, 10,8 Lumine illato, Id 8, 2,21

Illaudabilis, e adj *Unworthy praise, uncommendable* Juvat illaudabile carmen fundere, Stat Silv 5, 3, … Gell 2, 6

Illaudatus, a, um part *Not worthy to be named, worthy no praise, or commendation* Illaudati Busiridis … Virg Georg 3, 5 = Illaudatus, nec civius subit potum, Id Æ … 6, …

|| Illaudo, are *To dispraise*, Litt ex Plaut

Illautus, a, um pro illotus *Unwashen, foul*, Plaut Pœn 1,2,25

Illi, illa, illud [gen illius dat illi [e Heb אלה] (1) *He, she, that* (2) *The one* (3) *One, some one* (4) *The aforesaid* (5) *Such and such indefinitely, the self same* (1) Passim (2) Cato … respondet … hic ¶ Ille … ipse, the one — the other, Suet (3) Hor Sat 2, 7, 37 (4) Multum ille & terris jactatus & alto, Virg Æn 1, 7 (5) Commendo vobis illum & illum, Sen Cons … 11

Illecebra, æ f [ab illiciendo] (1) *An enticement, or allurement* (2) *An attractive, a charm* (3) Meton *An enticer, a charmer* (1) Maximum illecebra peccandi impunitati spes, Cic pro Milone, 16 (2) Trahit homines suis illecebris ad verum decus virtus, Cic Somn Scip 7 (3) Atque eccam, illecebra exit tandem, Plaut Asin 1, 2, 25

|| Illecebratio, onis f *An alluring*, Faber ex Gell + Illecebra, Cic

|| Illecebrator, oris m verb *An enticer, or allurer*, Fiber ex Macrob

Illecebrose adv ius, comp *Alluringly, enticingly*, Plaut Mil 2, 2, 34 Legitur & in comparativo Nihil illecebrosius fieri potest, Id Bacch 1, 1, 51

Illecebrosus, a, um adj *Full of enticements, allurements, or charms* Exemplis superioris ævi deficitur, sed nulla ebrosius (i e a … uve adv illud fuerit) damnare vetat, præsertim cum leg ap Plaut loc citato

|| Illectamentum, i n *An enticement, or allurement* Lenonis patris illectamentis captus, Apul Apol p 554 + Illecebra

|| Illecto, are freq [ab allicio] *To allure, or entice*, Aug + Illicio, delinio, Vett

Illectus, a, um part [ab illicior] *Enticed, allured* Libido id id, quod videtur bonum, illecta & inflammata, Cic Tusc 4, 6 Vid Illicio

Illectus, ûs m verb *An enticing, or alluring* Magis illectum tuum, quam lectum metuo, Plaut Bacch 1, 1,21

|| Illegitime adv *Unlawfully*, Recentiores + Non legitime

|| Illegitimus, a, um adj *Illegitimate, base born, unlawful* Frustra petuntur in lucem h voc ex Val Max 2, 1, 3 cum loci sensus, MSSi opt notæ, & leges ipsæ Rom facessere jubeant + Minimum legitimus, Plaut

Illepidè adv *Unhandsomely, without grace, grossly* Crassè illepidè ve compositum poema, Hor Epist 2, 1, 77

Illepidus, a, um adj *Without grace, unpleasant, unhandsome* Parens avarus, illepidus, Cic N D 3, 29 = Deliciæ illepidæ atque inelegantes, Catull 6, 2

Illex, egis c g *That liveth without law, an outlaw* Impurè illex lenes populi, Plaut Persa, 3, 3, 4

|| Illex, icis adj [ab illicio] *That enticeth, or hath force to incite, or allure* Illex animi Venus, Apul Apol p 459 Illex habitus, Prud Psych 328 Corda illice flectere mente, Id in Symm 2,6

Illex, vel illix, icis f subst *Allurement, enticement*, also *a bird-call, a quailpipe, a decoy* Aucens sum ego, esca est meretrix, lectus illex est, amatores aves, Plaut Asin 1, 3, 68

Illi adv pro illic *There*, Ter Adelph 1, 2, 20 & Plaut sæpissime ✱ Alibi, Plaut

|| Illibabilis, e adj *Pure, undefiled* Illibabilis est sapientia tanquam lux, Lact Instit 2,7

|| Illibatè adv *Purely, without wasting, or touching*, Dig

Illibatus, a, um (1) *Untouched* (2) Per *undefiled, faultless* (1) = Integro illibato suo succo aluntur, Col Illibatum robur, Id 12, 1 Illibatam servare integritatem, Id 8, 11 Illibatum imperium, Liv …, 61 (2) Virginitas illibata, Val Max 6, 1, 4

Illiberalis, e adj (1) *Ungenteel, sordid, base, unlike a gentleman* (2) *Niggardly, discourteous* (3) *Homely, clownish, servile, mean* (1) Ex illa familia tam illiberale facinus esse ortum? Ter Adelph 2, 4, 2 (2) Cic Fam 13, 1 (3) = Jocandi genus illiberale, petulans, flagitiosum, obscœnum, Cic Offic 1, 29

Illiberalitas, atis f *Niggardliness, baseness* = Illiberalitas avaritiæque absit suspicio, Cic Offic 2, 18

Illiberaliter adv *Niggardly, ungenteelly, dirtily, basely*, Ter Adelph 4, 5, 30

|| Illiberis, e … *Having no children*, Tert + Orbus, …

Ille, illa, illud pro illic … illud Ille homo, Plaut … 1, 1, 167 Nimis illæc … ter in … magnum … Ter … 3, 4, 63 … mulier … quæ … Plaut Men 5, 2, 99

Illic adv … in loco illo *There, in that place*, Ter …

Illiciendus, a, um … *to be allured* = Incitandis … que multitudinis causâ, Pat … 2, 1

Illicio, ere, exi, ectum act [ex in & lacio] (1) *To allure, entice, to charm one* (2) *To inveigle, to trepan* (1) Deum ad illam illexit, Plaut Aul 4, 10, 7 Illicere in stuprum, Cic … 3, 27 (2) Tun … hom … adolescentulos in fraudem illicis, Ter Andr 5, 4, 8

Illicior, i, ectus pass *To be allured* Principes viri ad … dum urbem illecti sunt, Paterc 2, 89

Illicitè adv *Unlawfully* … licite illexit, Varr L L 5,9

Illicitus, a, um adj [ex in neg & licitus] *Unlawful* … licita, Stat Vias illicitas tenta … Val Flacc 1,197 unda, Id … ✱ Per licita, & illicita fœdatus, Tac 15, 37

Illicium, i n [ab illiciendo] *An enticement, or allurement* Apum astrum illicium apibus, Varr R R 16, 17

Illicò (1) Propr adv loci *Fest* [qu in loco] (2) Item temporis (1) *In that very place* (2) *Incontinent, forthwith, by and by, immediately, quid upon the place* (3) *From thence, from the premises* (1) Otiosè nunc jam illico … consiste, Ter Adelph … (2) Magna … nete illicò, Cæcil (2) Magni … lico fama surrexit, Cic … (3) Nec si omne, Cic … co, Cic de Fato, 1

Illido, ere, si, sum act [ex … & lædo] (1) *To dash, or beat against* (2) *To thrust into* (1) Fragili quærens illidere dentem offendet solido, Hor Sat … (2) Cæstus illisit in ossa, Virg Æn 5, 480

Illidor, i, sus pass *To be dashed against*, &c Illiditur … clypeo, Val Flacc 7 58

|| Illigatio, onis f … *An inwrapping, or intangling*, … Cap

|| Illigator, oris m ver … *that tyeth, or fasteneth* … Dec

Illigaturus, a, um part … *to tye on* Juga illigaturus … Hor Epod 3,11

Illigatus, a, um part (1) … *ned, bound* (2) *Intangled* (3) Met *Obliged, engaged* (3) Cæsaris actis illigatus ter … pro Domo, 15 Illigatæ … gum manus, Liv 5, 27 … Illigatus matrimoniis duarum … rum, Val Max 9, 1, … Hospitiis amicitiaque illigari Philippo erant, Liv

Illigo, are act [ex in & ligo] (1) *To bind, knit, tye* (2) *To intangle* (3) *To enter into* …

or intermix (1) In currum distenum illigat Metium, *Liv* 1, 28 (2) illigari bello, *Liv* (3) Genus dicendi, in quo illigantur verborum & sententia um lepores, *Cic Orat*

Illigor, ari, atus pass *To be* [illegible] Sermonibus hujusmodi non [illegible] personas tam graves illigari, *Cic Acad* Q. 4, 2

[illegible] adj [ex in & limus] *without mud, or slime* [illegible] *Ov Met* 3, 407

[illegible] adv de loco (1) *From that place* (2) *From* [illegible] *or person* (3) *From* [illegible] (4) *From that party* [illegible] Illinc huc [illegible] virgo, *Ter Adelph* 4, 7, 13 [illegible] Animum hinc abstraxi, atque [illegible] expedivi [illegible] huc contulerim, *Ter* [illegible] (3) Cum eadem [illegible] hic pa te, illinc [illegible] rectius putem [illegible] *Cic Att* [illegible] Amorem injecit illinc, [illegible] *Cic Phil* [illegible] illinc, hinc, *on every side*, *Ter Adelph* 5, 10

[illegible] m [qu al illingo, ex in & lingo] *Proth, or liquor* [illegible] *or lohoch* [illegible] Ego neque nomen, ne [illegible] usquam reperi

[illegible] ire, ivi, itum act [ex in & lino] *To anoint, or be* [illegible] *ntly* Phreneticis il- [illegible] *Plin* 20, 17

[illegible] ere, [illegible] [ex in & lino] (1) *To* [illegible] (2) *To daub,* [illegible] (3) *To lay o er, or co-* [illegible] (1) Illinere collyria oculis, *Hor Sat* 1, 5 [illegible] Bruma nives illinet [illegible] *Epist* 1, 7, 10

[illegible] pass *To be an-* [illegible] *Plin* 9, 30 Illinun [illegible] *Curt* 8, [illegible]

[illegible] ere, feci, factum [illegible]

[illegible] *Met* [illegible] volutare, [illegible]

[illegible] *To be* [illegible] *Lexicogr ex Col* [illegible] *In that wo* [illegible]

[illegible] part [ab illinor] [illegible] *or hated* [illegible] *or worked out* (1) [illegible] *Val* [illegible] 2, 6 (2) Conclusis [illegible] dentibus *Plaut* [illegible] *Plin* 27, 9 Illisu co- [illegible] aquarum, *Sil* [illegible]

[illegible] um, simus, sup [illegible] (2) [illegible] *letters* (1) Vi- [illegible] *Cic* [illegible] *Plin Ep* 1, [illegible] 11, 18

[illegible] [ab linor] [illegible] (2) [illegible] illitus fuco, [illegible] Illito cubiculo [illegible] *Val Max* 9, 12, [illegible] *Val Flacc* 1, [illegible] veneno donum, [illegible]

[illegible] verb *An anoint-* [illegible] A positu, fo- [illegible]

[illegible] undecl *Of that* [illegible] *Cecil* 22

[illegible] *Ilex*

[illegible] ad locum *Thither*, [illegible] Tu illo plures mit tas oportet, *Cic* Q. um illo venisset, *Nep Ages* 3

Illocabilis, e adj *That cannot be hired, or let out* Illocabilis virgo, *that cannot be bestowed in marriage,* Plaut Aul 2, 2, 14

Illorsum adv loci *Thitherward, toward that place,* Fest ex Catone

Illotus, a, um part (1) *Foul, unwashed* (2) *Nasty, filthy, slovenly* (1) Illoti [illegible] toralia, *Hor Sat* 1, 4, 8 (2) Nec [illegible] tam illoto sermone utitur, ut [illegible] honestior est, *Cic in Sall* 1

|| Illucidans, is part *Stirring, or moving softly, gliding along* Membra sua leniter illubricans, *Apul Met* 2, p 43 ✝ Lavens

Illuc, *pro* illud *That thing*, Plaut Asin 2, 1 17

Illuc adv *Thither, to that place* ⩘ Huc atque illuc *Cic de Orat* 1, 10

Illuceo, ere, xi neut (1) *To shine upon* (2) *To be day* (3) Met *To be conspicuous* (1) Atra pix capiti illuceat, *Plaut Capt* 3, 4, 65 (2) Ubi illuxit, recipere classem, *Liv* (3) Clarissimum deinde Homeri illuxit ingenium, *Paterc* 1, 5 Cum accus *Plaut Bacch* 2, 3, 2 *to appear, or shew himself*

Illucesco, ere incept *Idem* Illucescet aliquando ille dies, *Cic* pro *Mil* 26

Illucet, illuxit impers *It is day*, Liv

Illuctans, tis part *Struggling* Leneris meditans verba illuctantia labris, *Stat Theb* 1, 90

Illuctor, ari, atus sum dep *To wrestle, to struggle,* Stat [illegible] Illuctari

Illud horæ, *pro* ea hora, *Suet Ner* 26

Illudens, tis part *Mocking* Illudens nostris astus, *Ov Metam* 9, 66

Illudo, ere, si, sum act *To play upon one, to mock, to jeer, to gibe, or jest at, to laugh to scorn, to flout, to abuse* § Pecuniæ illudere, *Tac Hist* 2, 94 § Illudere auctoritati publicæ, *Suet Tiber* 2 Illudit aliquid, *Cic de Orat* 1, 57 in aliquem, *Ter Eun* 5, 4 in aliquo, *Id Andr* 4, 5, 19

Illudor, i, sus sum pass *To be played upon* &c Miseros illudi nolunt, *Cic de Orat* 2, 58

Illuminate adv *Plainly, clearly, brightly, rhetorically* = Distincte, explicate, abundanter, & illuminate dicere, *Cic de Orat* 3, 14

|| Illuminatio, onis f verb *Enlightning*, Macr ob Sat 1, 1

|| Illuminator, oris m verb *An enlightner*, Lact 6, 18 Also a [illegible], Aug

|| Illuminatrix, icis f verb *She that enlightneth*, Hier | Quæ illuminat, ab

Illuminatus, a, um part *Enlightned* A sole lunα illuminata, *Cic N D* 2, 46

Illumino, are act (1) *To enlighten* (2) Met *To adorn, or beautify* (3) *To set off* as a foil (1) Vias illuminat ign , *Stat Theb* 1, 275 (2) = Verbis orationem orn ri & illumin ri pu o, *Cic de Orat* 3, 54 (3) Illuminavit herum fidem, alterum perfidia, *Vell Pater* 2 18

|| Illuminus, a, um adj *Without light, dark* Illuminæ Proserpina nuptiæ, *Apul Met* 6, in t ✝ Sine lumine, cæcus

Illunc *pro* illum *Plaut Curc* 4, 3, 54

Illunis, e adj *Without moonshine, dark* = Nox illunis & obscura, *Plin Ep* 6 20, 14

|| Illunus, a, um *Idem* Tenebris illunæ caliginis impeditus *Apul Met* 9, p 30

Illusio, onis f verb [ab illudo] *A mocking, or scorning*, Cic de Orat 3, 53

Illusor, oris m verb *A mocker, scoffer, or jeerer*, Plaut [illegible] [illegible]

Illustramentum, i n *An embellishment, an adornment* Illustramenta orationis, *Quint* [illegible] ✝ Lumina, *Cic*

Illustrandus, a, um part *To be illustrated, adorned, honoured*, Val Max

Illustratio, onis f verb *A beautifying, or setting out, a making plain and evident, an illustration* Illustratio & evidentia, *Cic* ap *Quint* 6, 2

Illustratus, a, um part *Illustrated, brightned, cleared, lightned* = Omnia illustrata & patefacta [illegible], *Cic Catil* 3, 1

Illustris, e adj or, comp issimus, sup [ex in & lustro] (1) *Lightsome, clear, bright* (2) *Illustrious, famous, noble, renowned, excellent* (3) *Evident, plain, remarkable* (1) Conclave bene illustre, Signinum supellectilem postulat, *Col* 12, 2 Illustria usque ad vesperum talia [illegible], *Id* Sol con [illegible] illustre capit, *Ov Met* 2, 50 (2) = Facta illustria & gloriosa, *Cic de Fin* 1, 10 Illustrissimum orbis terrarum monumentum, *Cic antiq* [illegible] (3) = Vides quanto expressiora, quantoque illustriora futura sint, *Cic Fam* 1, 7

Illustrius adv comp *More brightly or excellently* Cic [illegible] 10, 19 & || Illustrissime, sup *Gell* 5, 1 & 9, 12

Illustro, are act [ex in & lustro] (1) *To illustrate, to brighten, to shine spontaneously* (2) *To make plain, or evident* (3) *To make famous, or well known* (1) Sol hac [illegible] illustrat oris, *Hor Od* 4, 14, 6 (2) = ✝ Patefacere & illustrare obscura, *Cic de Orat* 1, 39 (3) Illustrabit tuam amplitudinem hominum injuria, *Cic Fam* 1, 6

Illustror ari, atus pass *To be made bright*, Met *to become eminent* Illustratum est, ut brevi tempore illustraretur, *N p Th mist* 1 Illustrata est moderatio, *Val Max* 4, 2, 1

Illusus, a, um part *Mocked, or scoffed* Vestes illusæ auro, *wrought, or embroidered with gold*, Vir Georg 2, 464

|| Illutibarbus *That hath a nasty beard*, Apul Florid 3, p 362

Illutibilis, e adj *That cannot be washed clean*, Plaut Men 1, 2, 57

Illutus, a, um *pro* illotus *Unwashed, foul*, Hor Sat 2, 8, 52

Illuvies, ei f [ab illuo, ex in & luo] (1) *Uncleanness, filthiness, nastiness, sluttishness* (2) Meton *A nasty fellow, a scoundrel* (1) = Ablue corpus illuvie æternisq, sordibus squalidum, *Curt* 4, 4 (2) = Germana illuvies, hircus, hara suis, *Plaut Most* 1, 1, 39

|| Illuviosus, a, um adj *Filthy, nasty, slovenly, sluttish*, Nonn ✝ Sordidus, immundus

I ante M

✝ Im antiq *pro* eum à nom is *Fest*

|| Imaginabundus, a, um *Bethinking himself, in a brown study*, Apul Met [illegible]

Imaginarius, a, um adj *For-mal, for fashion and not necessary, imaginary, counterfeited, feigned* Imaginarii fasces, *Liv* 3, 41 Imaginarius honor, *Sen de Cons* [illegible] Imaginaria [illegible], *Suet Claud* 25

|| Imaginarius, i m *One who went only under the name of a soldier, but did no duty, also he who carried the images of the battle* Veget

Imaginatio, onis f verb (1) *An imagination, the representation of thing* (2) *Thought, design* (1) Imaginationes [illegible] num, *Plin* 20, [illegible] (2) Provincias [illegible] imaginationibus expe [illegible], *Tac* 15, 36

|| Imaginativus, a, um adj *Fantastically, imagining*, Aug

|| Imaginator m verb *He that imagineth, or feigneth a thing*, Aug

|| Imaginatus, a, um part *Fashioned*, [illegible] 5, 1,

|| Imaginiferi pl *Carriers of images*, Veget 2

Imagino, are [ab imago] *To represent, or cast back one's image, as a glass doth*, *Gell* 16, 18 pro

Imaginor, ari, atus sum dep *To imagine, or conceive* Imaginari secum a [illegible], *Pl* [illegible] 9, Regionum forma pulcherrima, imaginatum [illegible] aliquod [illegible], *Plin Epist* 5, 6,

Imaginosus, a, um adj *Full of images, or full of strange fancies and conceits, whimsical*, Catull 39, 8

IMAGO, inis f [ab imitatione, qu imitago, *Fest*] (1) *A resemblance, or representation* (2) *A dream, a vision* (3) *An image, picture, or pourtrait* (4) *A pretext, a pretence, or colour* (5) Also *a death* (6) *A copy pattern, or example* (7) *A spectre* (8) *An echo* (9) *The thought, or contrivance* (10) *Statues of ancestors* (1) Imago animi vultus est, *Cic de Or* 3, 59 (2) An [illegible] ludit imago vana, *Hor Od* 3, 27, 40 (3) Cerea imagine largior ignis, *Hor Sat* 1, 8, 43 (4) Illam amici [illegible] mendacis imagine cepit, *Ov Met* [illegible] (5) Curvam [illegible] sub imagine falcem, *Ir* [illegible] 179 (6) = Exemplum imperii ceteris, imaginem antiquitatis, *Cic pro Sext* 8 (7) = Umbra Creusæ & nota major imago, *Vir Æn* 2, 773 (8) [illegible] imago, *Cic Tusc* 3, 2 (9) Pœnæ [illegible] imagine tor et, *Ov Met* 6, 586 (10) Si quid deliquero, nullæ sunt imagines, quæ me [illegible] deprecentur, *Cic contra Rull* 2, 36 ¶ Et *Meton* Imagines pl *nobility* [illegible] *an upstart nobility*, Plin Epist 8, 10

Imaguncula, æ f dim *A little image*, Cic Att 6, 1 & Suet Aug 7

✝ Imbalnitie, ei f *Neglect of washing*, Lucil

Imbecillis, e, comp [illegible], sup (1) *Weak, feeble, faint* (2) *Ineffectual* (3) *Feeble, easy to be overcome* (4) *Poor, needy* (1) Homo imbecilli ingenio, *Plin Pan* [illegible] (2) Imbecillissima mater [illegible], *C* [illegible] 2, 18 (3) = Nos imbecillissimus ac facillimus singuis, *Sen de Ben* 4, 18 Simbecillimis fortior est, *Id Epist* 85 (4) Propinqui imbecilliores vel animo, vel fortuna, *Cic*

Imbecillitas,

Imbecillitas, atis f *Feebleness, weakness* Tulliæ meæ morbus & imbecillitas corporis me exanimat, *Cic Attic* 11, 6 = Infirmitas, fragilitas, *Id*

Imbecilliter adv ius, comp *Weakly, faintly* Imbecillius assentiri, *Cic Acad* Q 4, 17 *sed* alii leg imbecillius Imbecillius ferunt dolorem, *Id Tusc* 5, 9

Imbecillus, a, um adj *Slothful, feeble, lazy, good for nothing* Imbecillus, inermis, pauper, *Hor* ... Imbe...

Imbellis, e adj (1) *Not fit to war* (2) Also *without* ... (1) Imbellis ... *Tib* 10, 87 Imbellis ... *Hor Od* 1, 15, 15 ... (2) Imbellis ... *Cic* ... Nec ... fugæ committunt ... *Cic Offic* 1, 2

IMBER bris m [a Gr ὄμβρος] (1) *A shower of rain*, (2) *or any thing ... or like it* (3) ... (4) Poet *Weeping, a shower of tears* (1) Venit imber, lavit parietes, *Plaut Most* 1, 2, 30 (2) Lapidum, sanguinis, terræ, ... imber, *Cic Div* 1, 4 Ferreus ingruit imber, *Vir Æn* 12, 284 (3) Ex ignis, ... atque ... procrescere, & imbri, *Luer* 1, 715 Imber Ventum, *Enn* (4) Indigno teneras imbre rigante genas, *Ov A* ... 1, 53

Imberbis, e adj *Beardless, without beard* Jupiter ... barbatus, Apollo semper imberbis, *Cic N D* 3, 24

Imbibo, ĕre, bibi, itum act (1) *To drink in* (2) Met *To conceive, to imbibe* (1) *Plin* 2, 15 (2) Nisi de vobis malam opinionem animo imbibisset, *Cic Att* ... 1, 14 Certamen animis imbiberunt, *Liv*

Imbibor, i, itus pass *To be imbibed, or received in* Is ... per infundibulum imbibitur in ... tussi, *Plin* 24, 15

† Imbitas, *pro* intro eas *Plaut Epid* 1, 2, 42

|| Imbrictĕātus, a, um part *Clad with compleat harness*, Amm 17, 8 † Cataphractus

|| Imbracteor, āri, ātus pass *To be gilded, or laid over with gold foil, or leaves of gold, to be harnessed*, Amm 14, 15 † Bracteis obducor

Imbrex, icis m canalis vel tegula per quam imber fluit (1) *The gutter tile, or roof tile*, made crooked for passing of rain (2) Imbrices pl *a kind of applause, or shouting* (1) ✕ Tempestas venit, confregit tegulas imbricesque, *Plaut Most* 1, 2, 28 ✕ Personas tegularum extremis imbricibus imposuit, *Plin* 35, 12 (2) *Suet in Ner* 20 *ubi vid Casaub*

Imbricătim adv *In the manner of roof tiles* Conchæ pectinatim, caniculatim, imbricatim undatæ, *Plin* 9, 33

Imbricātus, a, um part *Crooked like a gutter, or roof tile, or laid one under another, like tiles*, Vitruv 2, 8

† Imbrĭcitor, ōris m *That raineth storms, or showers*, Enn ap Macr Sat 6, 2

|| Imbrico, āre act [ab imbrex] *To cover with tile, or to make crooked like a gutter*, Sidon Ep 2, 2

† Imbricus, a, um adj *Rainy, showry*, Plaut Merc 5, 2, 35 † Imbrifer

|| Imbridus, a, um adj *Idem* Solin c 10

Imbrifer, ĕra, ĕrum *That bringeth rain, rainy* Imbrifer ... *Col* 7, 6 Hyems imbrifera, *Stat* 3, 197

Imbuo, ĕre, ui, ūtum act [ex in & inusi buo, βύω, farcio] (1) *To imbrue, dye, or wet* (2) *To ... or season* (3) Met *To habituate, or accustom* (4) *To enter in, furnish, or ...* (1) Sanguis novus imbuit arma, *Vir Æn* 7, 554 (2) Dolia nova ... imbuto, amurcâ impleto, *Cato R R* (3) Qui honestis sermonibus aures imperatoris imbuant, *Tac Hist* 4, 7, 4 (4) Hisce artibus ... neu ... imbutus ingenium, *Pl ... Trin* 2, 2, 16

Imbuor, i, tus pass *To be accustomed, &c* ✕ Ad quam non ... sed facti, non instituti, sed imbuti sumus, *Cic* pro *Mil* 4

Imbutus, a, um part (1) *Imbrued* (2) *Stained* (3) *Dipped* (4) *Seasoned* (5) *Accustomed* (6) *Tainted* (7) *Full of* (1) Imbuti sanguine gladii, *Cic Phil pp* 14, 2 (2) Imbuta ... via ... *Cic* pro *Milone*, (3) Tela imbuta veneno, *Ov Trist* 4, 1, 77 (4) Quo semel est imbuta recens servabit odorem testa diu, *Horat Epist* 1, 2, 69 (5) Mures longo ... sacramento imbutus, *Tac Hist* 1, 5, 1 (6) Tellus imbuta ... *Catull* 62, 397 (7) Omni imbutum odio bellum intueris? *Cic* pro *Domo*, 23

Imitābĭlis, e adj *That may be imitated, imitable* Orationis subtilitas videtur esse imitabilis, *Cic Orat* 22

Imitāmen, ĭnis n *An imitation, a representation, counterfeit, or disguise, a pattern, or sample to follow* Somnia veras æquant imitamine formas, *Ovid Met* 11, 626

Imitāmentum, i n *An imitation*, Tac Ann 14, 57, 6

Imitandus, a, um part *To be imitated followed, or counterfeited* Consuetudo imitanda medicorum est, *Cic Offic* 1, 24

Imitans, tis part *Resembling, counterfeiting* Varias imitantia formas somnia, *Ov Met* 11, 613

Imitātio, ōnis f verb *Imitation counterfeiting* Virtus imitatione digna, *Cic Philipp* 14, 6

Imitātor, ōris m verb *One that imitateth, a resembler* Majorum imitator, *Cic Phil* ... 3, 4 principum, *Id de Legg* 3, 14

Imitātrix, icis f verb *She, or it, that imitateth* Imitatrix boni voluptas, *Cic de Legg* 1, 17 ... *Plin* 10, 23

Imitātus, a, um part (1) *Imitating, resembling* (2) Also *counterfeited, imitated* (1) Faciem liquidarum imitatus aquarum flumen eras, *Ov Met* 8, 736 (2) = Imitata & efficta simulacra, *Cic de Univ* 3

|| Imito, āre act *Non* 7, 46 *ad quod*

Imitor, āri, ātus sum dep (1) *To imitate, to resemble* (2) *To counterfeit, to do the like, to follow another's manner, way, or example* (1) Chirographum sex primorum imitatus est, *Cic N D* 3, 30 (2) = Cotta cum verbis, tum ipso sono quasi subrustico prosequebatur, atque imitabatur antiquitatem, *Cic de Cl Orat* 36

|| Imitus adv *Below, or from below, from the bottom* Terra dehiscente imitus, *Apul Met* 9, p 202 ...

Immăcŭlātus, a, um *Unspotted, undefiled, immaculate, spotless*

Immaculata tellus, *Luc* 2, 735 = Inviolatus, *Cic*

|| Immaculo, āre act *To bespot*, Firm 4, 16

Immădeo, ēre, ui neut *To be moist, wet, or soaked* Fertilis immaduit terra, *Ov Met* 6, 396 Immaduit imbre, *Plin* 17 5

Imman adv *pro* immaniter *Mightily, wonderfully, excessively* Inman ... *Vir Geor* 3, 239

Immānis, e adj or, comp ssimus, sup [immanis, qui non bonus, sed terribilis & crudelis, manum enim bonum dicebant ...] (1) *Cruel, outrageous, fierce, savage, wild* (2) *Huge, exceeding great* (3) *Barbarous, wild* (4) *Wonderful, incredible, strange* (5) *Filthy, loathsome, hurtful* (1) Scelere ante alios immanior omnes, *Vir Æn* 1, 351 (2) Duritia immani, imitatur patientiam, *Cic Part Orat* 23 Mel ... immane, *Vir Æn* 9, 516 ... numerus, *Varr L L* 5 ... *Cic* pro *Q Rosc* 8 ... bellua, *Plin* ... 48 (3) = Immanis, fera, ... *Cic Tusc* 1, 1 (4) *Ov Met* 9, 247 (5) Immane templum obvallatum ossibus, *Acc ap Non*

Immānĭtas, ātis f (1) *Outrageousness, cruelty* (2) *Hugeness, vastness* (3) *Incivility* (1) = Asperitas, atque immanitas naturæ, *Cic de Amic* 24 (2) Immanitas pretii, *Plin* (3) Temperantiam immanitas in voluptatibus aspernandis imitatur, *Cic Part Orat* 23

|| Immaniter adv ius, comp *Mightily, wonderfully, excessively*, Gell 9, 11 Amm 18, 17

Immansuētus, a, um adj or, comp ssimus, sup *Ungentle, untractable, cruel, savage, outrageous* = Immansueta ac fera gens, *Cic de Legg* 1, 9 Quid immansuetius? *Sen ad Helv* 6 Immansuetissimus Boreas, *Ov Lp* 18, 37

|| Immarcessibilis, e adj *Never fading*, Paulin † Non marcescens

|| Immarcesco, ĕre, ui perne ... al legunt ap *Hor Sat* 2, 7, 107 *iam meliores lib habent* immarcescunt epulæ

Immătūrē adv ius comp *Before the time, unseasonably, out of season* Neque præfestinatum opus nimium immature videri posset factum, *Col* 1, 2 Ingreditur immaturius, *Cels* 6, 18, 3 Haud immaturius redito, *Apul Met* 6, p 188

Immătūrĭtas, ātis f (1) *Unripeness, immaturity, unseasonableness* (2) Met *Too much haste* (1) Immaturitas sponsarum, *Suet Aug* 34 (2) = Quid hæc festinatio? quid hæc immaturitas tanta significat? *Cic* pro *Quint* 26

Immātūrus, a, um adj (1) *Immature, unripe, green, sowre, unpleasant* (2) *Abortive, before the time* (3) *Under age* (4) *Over hasty, precipitate, out of season* (1) Fructus immaturi, *Plin* 2, 13 (2) Immaturus infans editus est, *Suet Aug* 7 (3) Immaturæ puellæ, *Suet Tib* 61 (4) Seni mors immatura esse non potest, *Cic Catil* 1, 2

Immeans, tis part *Going in* Delphini immeantes Nilo, *Plin* 8, 25

|| Immediate adv *Immediately, forthwith, by and by*, Gell præf lib 1 † Proxime

Immĕdĭcābĭlis, e adj *That cannot be healed, incurable, remediless* Immedicabile vulnus, *Ov Met* 1, 190 telum, *Vir Æn* 12, 858 Immedicabilia ..., *Sil* ...

|| Immedicatus, a, um ... *dyed, besmeared with* ... *bedaubed with paint* Immedicatum os, *Apul Apol* p ...

|| Immeditātus, a, um ... *Not premeditated, thought upon before* ... immeditatus incessus, *Ap* ... 2, p 48 † Non meditatus

Immeio, ĕre, ... *To piss in, or upon* ...

Immĕmor, ŏris ... *forgetful, unmindful, ... careless* (2) Also ... *regarded* (1) Non immemor ... *Cic Att* 4, 6 ... probitatio immemor, ... *Ter Andr* 1, 1, 17 ... *ro, quo odio* memor ... *Vir Æn* 1, 8 ... ponunt

Immĕmŏrābĭlis, e adj (1) *Not to be remembered, ... remembrance* (2) ... *not to be ... told* ... Versus spurcidici atque ... *Plaut prol Capt* 56 ... tium immemorabile, *Lu* ... (3) *Plaut Cist* ... & Taub

|| Immemoratus, a, um ... *fulness, ... minding*, *Vulg* ... Oblivio

† Immemoratio, ōnis f *Forgetfulness, not minding*, Vulg in ...

Immĕmŏrātus, a, um ... *mentioned, ... spoken of* ... Immemorata ..., *Hor Ep* 1, 19, 33

|| Immense adv ... *Cas* ...

Immensĭtas, ātis f ... *immeasurableness* ... Immensitas latitudinum, longitudinum, altitudinum, *Cic N D* 1, 20 Immensitates camporum, *Id* ... 2

Immensus, a, um (1) ... *measurable, huge, vast, immense* (2) ... *Met Infinite, unreasonable, infinite, bottomless* (1) Immensum mare, *Cic Tusc* 1, ... (2) Immensis, infinita, immoderatæ ... pid ..., *Ad Herenn* 2, 2

Immeo, āre neut *To go, or enter in* ... Immeans

Immĕrens, tis adj (1) *Undeserving, without desert* (2) ... *nocent* (1) Quid immerentes hospites vexas, canis? *Hor Ep* 6, 1 (2) ✕ Immerentes ... tos occidunt, *Nep Dion* ...

Immĕrenter adv *Without desert, or cause, undeservedly* ... merentem ...

Immergor, i, ... pass *To be planted deep*, *Col* 5, 5

Immergo, ĕre, si, sum act (1) *To plunge, or dip over head and ears* (2) Met *To dive ... deep into* (1) ... gere ponto, *Vir Æn* ... (2) In voluptates se immergere, *L* ... 25, 18

Immergor, i, sus pass *To fall into the sea as a river doth, to disembogue*, Plin 4, 1

Immĕrĭtō adv ... *without cause, undeservedly*, Ter Phorm 2, 1, 6 ... *Id & Hor* ...

Immĕrĭtum, i n ... *without desert* Immerito meo, ... *any desert*, Plaut Asin ...

Immĕrĭtus, a, um (1) ... ed (2) *Undeserving* (1) ... haud immerita, *Liv* 4, 14 Immeritum supplicium, ... 1, ext 8 (2) Immeritos premis, *Ov Trist* 2, 274

Immersabilis, ...

Immersibilis, e adj *That cannot be drowned, or plunged* Adversis rerum immersabilis undis, *Hor Epist* 1, 2, 22

Immersio, ōnis f verb *A dipping, or diving in the water* [illegible] immersio, *Arnol* ad [illegible]

Immergo, ere act [a mergo] *To plunge in the water* [illegible] ✝ Immergo

Immersus, a, um part [ab immergo] *Plunged over head and ears, drowned in the water*, Litt

[illegible] a, um [illegible] *required, unbounded* [illegible] Gettis jugera [illegible] fruges ferunt, *Hor Od* 3, [illegible]

Immigratio, ōnis f verb *An entring into a place*, Col [illegible] commigratio

Immigro, are, avi neut verb *To go into a place*

Immigro, neut *To enter* In domicilium [illegible] *Cic Tusc* 1, 24 [illegible] in ingenium suum [illegible] *its own way, with* [illegible], Plaut Most 1, 2, 55

Imminens, tis part (1) *Hanging* (2) Met *At hand, impending, approaching, ready to* [illegible] (3) *Watching for* [illegible] (4) *Upon the catch* [illegible] villa tua pinus esto, [illegible] (2) Imbrium di[illegible] imminentium, *Hor Od* [illegible] (3) Tum erat imminentium [illegible] *Cic Verr* 2, 54 (4) = Verres [illegible] atque imminente [illegible]

Imminentia, æ f *An hang*[illegible] *as it were ready to* [illegible] C [illegible]

Immineo, ere, ui neut [ex in et mineo] (1) *To hang* [illegible] (2) *To be at hand* [illegible] *to come to pass* [illegible] (4) *To watch for, to* [illegible] (5) *To have a design* [illegible] (2) = Instabat [illegible] atque universi [illegible] *Cæs B C* [illegible] nihil durum esset [illegible] imminere, [illegible] *Cic* pro [illegible]

Imminuo, ere, ui, ūtum act *To lessen, abate, or* [illegible] Imminuere auctoritatem, *Cic Attic* 1, 18 [illegible] *Il Fam* 9, 14 [illegible] *Plaut Cist* 1, 1, 90

Imminutus, pass *To be* [illegible] &c *Cic Philipp* 12, 3

Imminutio, ōnis f verb *A lessening* Immi[illegible] *Cic Fam* 3, 8

Imminutus, a, um part *Diminished, impaired* = Armentum [illegible] imminutum bel[illegible] *Leg Manil* 11

Immisceo, ere, scui, stum act *To mix with, or jumble together* (2) *To join with, or to* [illegible] confusum, summisse, [illegible] *Ov Metam* [illegible], 2, 78 [illegible] of immiscuerant, [illegible] Liv 21, 34

Immisceor, eris pass *To be* [illegible] &c *Liv* 2, 50

Immiserabilis, e adj *Unpitied* [illegible] S non periret [illegible] pubes, *Hor* [illegible] R [illegible] occ

Immisericorditer adv *Without pity*, Litt ex Plaut *sed non inven*

|| Immisericordia, æ f *Unmercifulness, hard heartedness*, Liv 37, 1 sed al leg *misericordia*, neque adest illa auctoritas

Immisericorditer adv *Unmercifully, without pity* = Istum vobis duriter, immisericorditer, *Ter Adelph* 4, 5, 28

Immisericors, dis adj *Unmerciful, pitiless* Ipsum immisericordem, superbum fuisse, *Cic de Inv* 2, 36

Immissarium, i n *A cistern, a cover to keep liquor in*, Vitruv 8, 7

|| Immissarius, i m *A suborned accuser, a knight of the post*, Fest ✝ Emissarius

Immissio, ōnis f verb *A sending, or putting in, a setting, or grafting, a suffering to grow* Sarmentorum immissio, *Cic de Senect* 15

|| Immissor, ōris m verb *He that sendeth in*, Dig

|| Immissum, i n *The part of the building which lieth, or leaneth on a neighbour's wall, or hangeth over his ground*, Fab

|| Immissura, æ f *The laying of a beam, or rafter into a wall*, Hul

Immissus, a, um part (1) *Sent, or let in* (2) *Hurled, or cast* (3) *Rammed, or thrust in* (4) *Sent with an evil purpose* (5) *Long, hanging down, let grow in length* (6) *Suborned* (1) Immissus dies trepidante terreat umbras, *Ov Met* 5, 358 (2) Immissa tela, *Cæs B C* 3, 19 (3) Bipedalibus trabibus immissis, *Cæs B G* 4, 17 (4) Servi & egentes in tecta nostra cum facibus immissi, *Cic Attic* 14, 10 (5) Immissa protectus corpora barb, *Ov Met* 12, 351 (6) Alii T[illegible] quinium a Cicerone immissum dicebant *Sall B C* 49

Immistus, a, um part [ab immisceor] (1) *Mingled together* (2) ✝ *Unmingled* (1) Immistis turba militum togis, *Liv* 3, 50 (2) = Potare immistum succa, [illegible] merum, *Att* [illegible], 12

Immitis, e adj or, comp ssimus, sup (1) *Sowre, crabbed, unripe, unpleasant* (2) Met *Cruel, without pity* (3) *Rough, boysterous* (1) Ferunt fructum immitem, *Plin* 1, 4 Immites uvæ, *Hor Od* 2, 5, 10 (2) Cal[illegible] immitior hydro, *Ov Met* [illegible] Immitissimum animalium genus, *Plin* 10, [illegible] (3) = Immite & turbidum cœlum, *Plin Ep* 8, 17, 1

Immitto, ĕre, misi, ssum act (1) *To send forth* (2) *To cast, or throw* (3) *To place, or put in* (4) *To send with an evil purpose* (5) *To let grow in length* (6) *To interweave, or intermingle* (7) *To admit, or suffer to enter* (8) *To suborn* (1) Equitatus [illegible] inter cludendos hostes immisit, *Hirt B Af* 39 (2) Pestifera manu [illegible] raptos immissi, *Ov Met* 4, 495 (3) Eo ipso loco immittit imprudens ipse senarium, *Cic Orat* 57 (4) *Vid* Immissus, n 4 (5) *Vid* Immissus, n 5 (6) Immissis [illegible] *Ov Met* 6, 68 (7) Jam tu, quod [illegible] fabula [illegible] *Plaut Capt* [illegible], 4, 16 (8) *Vid* Immissus, n 6 ¶ Immittere habenas classi, *to make all the sail they can*, Virg [illegible], *to charge, to attack*, Cic [illegible] voluptates, *to sink into them*, Liv

Immittor, i pass *To be sent forth*, &c *Cic Verr* 1, 31

Immixtus, a, um part [ab immisceor] *Mingled together* Vidimus immixti Danais, *Virg Æn* 2, 396

Immo conj *Yea*, [illegible] *Vid* Imo

Immōbilis, e adj or, comp *Unmoveable, steadfast* [illegible] immobilis, *Cic Somn Scip* [illegible] Scopulis immobilior, *Ov* [illegible] 1, 802 Corpore & animo immobilior, *Paterc* 2, 11

|| Immobiliter adv *Unmoveably*, [illegible] Litt [illegible]

Immoderātè adv ius, comp [illegible], sup (1) *Intemperately, not with an equal temper of mind* (2) *Immoderately* (1) Ut [illegible] [illegible] immoderate ferre levitatis est, *Cic Offic* 1, 26 (2) Immoderatius pe[illegible] *Su[illegible] Cæs* 14 apud quem L[illegible] a est *inven* immoderatissime

Immoderātio, ōnis f *Want of moderation, unreasonableness, excess* Immoderatio verborum, *Cic* pro *Sulla*, 10

Immoderātus, a, um or, comp ssimus, sup (1) *Immoderate, unreasonable, infinite* (2) *Huge, vast* (1) Immoderata cupiditas, *Ad Herenn* 2, 21 Nihil est immoderatius, *Id* pro *Rosc Am* 45 Immoderatissima uxoris, *Suet Ner* 51 (2) Vis & immoderatum æthera, *Cic N D* 2, 25 ex poeta

Immŏdestè adv *Immodestly, out of measure, immoderately* = Immodice immodesteque gloriari, *Liv* 22, 27

Immŏdestia, æ f (1) *Unreasonableness* (2) *Debauchery, saucyness* (3) *Disobedience, mutiny* (1) Hæc hera immodestiæ coegit, *Plaut Amph* 1, 1, 9 (2) Ex cois immodestia, *Plaut Merc* 1, 1, 27 (3) *Nep Lysand* 1

Immŏdestus, a, um adj or, comp (1) *Immodest, unmannerly, saucy, malapert* (2) *Exceeding great* (1) = Immodestum & profusum jocandi genus, *Cic Off* 1, 29 (2) Immodesta largitione, *Sen*

Immodicè adv (1) *Out of measure, immoderately, beyond measure* (2) Also *impatiently, too much to heart* (1) Conducit frequenter pot us quam immodice [illegible] *Col* Sic ex vulnere immodice fluit *sanguis*, Plin [illegible] (2) Immodice casum ferre, *Cic Tusc* 4, 17

Immŏdicus, a, um adj (1) *Too much, excessive, immoderate* (2) *Too many* (3) *Too long* (1) Labor immodicus, *Ov* ex *Pont* 1, 4, 22 Immodicus acerbis dictis, *Val Flacc* 5, 597 (2) Atria immodicis arctat imaginibus, *Mart* 2, 90, 6 (3) Immodice cervice, *Plin* ¶ Immodicus ira, *Stat Theb* 1, 41 [illegible], *Tac Ann* 15, [illegible] gloria, *Paterc* 2, 11 [illegible] apprehends honorious, *Id* 2, [illegible]

|| Immodulatè adv *Unmusically, out of tune*, Boet

Immodulātus, a, um *Ill tuned, not well composed* Immodulata poemata, *Hor A Poet* 263

Immolandus, a, um part *To be sacrificed* Immanis ea [illegible] consuetudo hominum immolandorum, *Cic* pro *Font* 10

Immolatio, ōnis f verb *A sacrificing, or offering*, *Cic de Div* 1, 52

Immolātor, ōris m verb *An offerer in sacrifice*, *Cic de Div* 2, 15

|| Immolatrix, icis *She that offereth*, Tert

Immolatus, a, um part *Sacrificed, offered* Ave immolato spargier agno, *Hor Od* [illegible], 11, Immolatis liberi *Liv* 8, [illegible]

Immolo, are, avi, atum [illegible] *Unlawfully*, Liv 5, 44 R occ

Immolo, are [illegible] (1) *To offer, to sacrifice* (2) *To* [illegible] (1) Libationi [illegible] capellas, *Hor Epod* 1, 2 [illegible] hoc vult te immolo *Virg Æn* 12, 949

Immolor, ari, atus pass *To be sacrificed*, &c *Cic contra Rull* 2, 34

Immolatus [illegible] *Sacrifice off[illegible]*, *Cic de Div* [illegible], 1

|| Immomgeri, [illegible] ingerus [illegible], Herm ✝ Minus obsequens, *Ter*

Immorior, i, ortuus *To die in, at, or upon a thing, to be continually upon a thing* Lorica[illegible] Euxini immorituri [illegible], *Ov ex Pont* 2, 7, 10

Immoror, ari, atus sum dep (1) *To abide, stay, or continue in* (2) Met *To insist, tarry long, or dwell upon a thing* (1) Gramineis immorentur, *Col* 8, 5 (2) Hon [illegible] honorari, *Plin Ep* 1, 8, 8

Immorsus, a, um part *Bitten into, bit* ex Stat

Immortalis [illegible] *Acting into* Immortalis[illegible], *Paterc* 2, 87 [illegible] *Hemsius*, *alii aliter* morit

Immortālis, e adj *Immortal, everlasting* [illegible] *Val Flacc* 7, 362 = Immortalitas, *Cic*

Immortālis, e adj *Immortal, everlasting* [illegible] Animi omnium [illegible] immortales, *Cic de Leg* 2 11

Immortālitas, ātis f *Immortality, everlastingness, everlasting name, or renown* Non est lugenda mors, quam immortalitas consequitur, *Cic de Sen* 20

Immortaliter adv *Immortally, infinitely*, *Cic ad Q fr* 3, 1, 3

|| Immortalitus adv *From heaven*, Turpil ap Non 11, 4, 4 *Divinitus*, *Ter*

Immortuus, a, um part [ab immorior] *Dead, extinct* De immortuis reliquiis conjurationis, *Cic Att* 1, 14

Immotus, a, um *Unmoved, steadfast, constant* = Fixum immotumque animo sedet, *Virg Æn* 4, 15

Immugio, ire, ivi, itum neut (1) *To bellow, to make a noise* (2) *To* [illegible] (1) [illegible] 3, 674 (2) Mastoque immug[illegible] regia luctu, *Virg Æn* 1, [illegible]

✝ Immugitor, ōris m *He that maketh a great noise*, Fragm Pet

Immulgens, tis part *Milking* [illegible] immulgens ubera [illegible] 11, *Æn* 1, 572

Immulgeo, ere, lxi, lsum [illegible] *To milk, or milk in* Oculo si mulgeatur, *Plin* 29, [illegible]

Immunditia, æ f *Slutishness, nastiness, uncleanness* [illegible] reperit [illegible] munditia, *Plaut* [illegible] Immunditiæ reliqui[illegible], *Col* [illegible] Immunditiis liberari, *Id* [illegible]

|| Immunditiés, ei f *Idem* Tertull

Immundus, a, um adj or, comp ssimus, sup *Foul, unclean, sluttish, nasty* [illegible] immunda silva, *Ter Heaut* 2, 3, 54 Nil immundius [illegible], *Catull*

94, 5 Immundiffima aspectu cloaca, *Plin Epist* 10, 99

Immunificus, a, um *Not bountiful, niggardly* Civi immunifici cö suis quid cantari solet *Plaut Trin* 2, 7, 67 = Parcus, tenax

Immunis, e adj [ex in & vacuus a munere] (1) *Exempt, or free from duty, office, or charge* (2) *That payeth no tribute, toll, or service* (3) *Innocent, blameless* (4) Also *free, without charge, without a present* (5) *Free from, or void of* (1) Non est immunis vir us, *Cic de Amic* (2) ✝ Pirata immunis, socios vect gales habemus, *Cic Off* 3, 11 (3) Immunis aram si tetigit manus, *Hor Od* 3, 23, 17 *ut vix ex usu ego ad seq notionem referri malo* (4) Non ego te meis immunem meditor tingere poculis, *Hor Od* 4, 12, 23 (5) Immunis Leu, *Ov Trist* 4, 2, 62 delicorum, *Paterc* 2, 7 mali, *Sen Hippol* 1051

Immunitas, atis f *Immunity, freedom, exemption* = Immunitas & libertas provinciæ, *Cic pro Font* 8 ✝ Civitas, *Suet Aug* 40

Immunitus, a, um *Unfortified, unwalled, without garrison, or other strength* *infirmed* Castel immunium, *Liv* 22, 11 Via immunita, *Cic pro Cæcin* 19

Immurmuro, āre neut (1) *To murmur, or make a noise* (2) *To mutter, or grumble* (1) Sylvis immurmurat Auster, *Vir Geor* 4 261 = Increpare cunctis, et tumultue immurmurat agmen, *Ov Met* 2, 6, 6 Immurmurat uncis manibus, *Val Flacc* 2, 312

Immutabilis, e adj (1) *Immutable, unchangeable, constant* (2) Also *changed, or altered* (1) = Firmi & immutabilis continuatio, *Cic Acad Q* 1, 7 Immutabile cœlum, *Val Flacc* 2, 55 (2) Scio quid erret, quia vesti um iri mutabilem habe hæc, *Plaut Ep* 4, 2 8

Immutabilitas, atis f *Unchangeableness, constancy* In factis immutabilitas apparet, *Cic de Fato*, 9

|| Immutabiliter adv *Constantly, immutably*, Apul de Mundo, 7, 751

Immutatio, ōnis f verb *A changing, or altering* Immutation verborum, *tropes in rhetoric*, *Cic de Cl Orat* 69 ordinis, *Id Orat* 44

|| Immutator, ōris m verb *He that changeth*, Ccd

|| Immutatrix, icis f verb *She that changeth*, Sidon ✝ Quæ immutat

Immutatus, a, um part (1) *Changed, altered* (2) Also *unchanged* (1) Suspicio tem rei ut immutatæ voluntatis, *Cic* (2) Id mutavit, quoniam me immutatum videt, *Ter And* 1, 5, 9

Immutesco, ĕre incep *To become mute, not to have a word to say*, Quint 10

Immutio, īre neut *To grumble* Ruptis immurmure querelis, *Stat Theb* 5, 542

Immuto, āre act *To change, or alter* ✝ Immutare se in iram quā, aliquid de instituto priorum, *Cic* Immutare se illicum, *Id*

Immutor, āris, atus pass *To be changed*, &c Vultum omnium immutatum omnium, *Ter Hec* 3, 3, 20

Imō conj [qu ab imo pectore] (1) *Yes, yea* (2) *Nay* (3) *Nay rather* (4) *Yea rather* (1) Credin? *Gn* Imo certe *Ter Eun* 1, 2, 4 (2) Nullus sum *A* Imo es omnium pol nequissimus, *Plaut Am* 5, 2, 13 (3) Filium habeo, imo habui, *Ter Heaut* 1, 1, 42 (4) *Liv* 4, 2 ¶ Imo vero, imo etiam, *yea and what is more*, *Ter*

Impācatus, a, um *Unpeaceable, never quiet* Impacatos horrebis Iberos, *Vir Geor* 3, 408

Impactio, ōnis f verb [ab impingo] *A striking, dashing, or clapping together* Impactio nubium, *Sen Nat Q* 2, 12

Impactor, ōris m verb *He that driveth in*, Lit ex Vit uv

Impactus, a, um part *Dashed, or beaten against, driven, thrust, or put into* Impactus saxo, *Liv* 8, 6 Impactos fluctus in immensum elidit & tollit *Plin Epist* 6, 31, 17

Impages, is f *A tenon put in the mortise, a pin driven in to timber to fasten the joint, or dovetail, also the borders or flat rails which go about the pannels of the door*, Vitruv 4, 6

Impalleo, ēre ui *To wax pale* Eventu impallui ipse secundo, *Stat Theb* 6, 9, 5

Impallesco, ĕre *To grow pale by his too earnest minding, or studying* Juvat impallescere chartis, *Pers* 5, 62

Impalpabus, a, um *Not pale*, Litt ex Stat *sed q*

Impar, aris adj (1) *Odd, not even* (2) *Unequal* (2) *Not like* (1) Numero deus impare gaudet, *Vir Ecl* 8, 75 (2) Sum tibi viribus impar, *Ov Epist* 19, 5 Impar fem n o animo ... *Val Max* 4, 6, 1 (3) Acer coloribus impar, *Ov Met* 15, 5

Imparatus, a, um or, comp ssimus, sup (1) *Unprovided, unfurnished, unprepared, unready* (2) *Perplexed, entangled* (1) Imparatissimus omnibus rebus, *Cic B C* 1, 30 Imparatum æ umnis pectus, *Sen Hipp* 994 (2) ✝ Istæ faciunt hunc rem mihi ex paratis imparatum, *Plaut Cist* 4, 4, 8

|| Imparens adj *Disobedient*, Fest ✝ Non obediens, *Cic*

|| Imparentia, æ f *Disobedience to authority*, Ap poster ✝ Contumacia, dedignatio parendi, *Plin Paneg* 18

|| Imparilitas, atis f *Inequality, incongruity, unevenness* Solœcismus illus imparilitas vocatus, *Gell* 5, 20 &

|| Imparitas, atis f *Idem* *Sed minoris au t*

Impariter adv *Unequally, unevenly, oddly* Versibus impariter junctis, *Hor A Poet* 75

Impasco, ĕre, pavi, pastum act *To feed within* Neque suem ve lirius impasci, *Col* 2, 19 In ea loca pascendi sunt, quibus nullum impascere pecus, *Id* 6, 5

|| Impassibilis, e adj *That cannot suffer*, Prud Apol 84 ✝ Pati nescius, *Tert* cooptat

|| Impassibilitas, atis f *Impassibility*, Eccl

Impastus, a, um part *Unfed unpastured, hungry* Impastus leo *Vir Æn* 9, 339 Impasta urba luporum, *Sil* 7, 129

Impatibilis, e adj *Intolerable, that cannot be suffered, or endured* Impatibilis dolor, *Cic de Fin* 2, 17 Impatibilis valetudo, *Plin* 20 18

Impatiens, tis adj or, comp ssimus, sup (1) *Not able to bear* (2) *Impatient* (1) Impatientiores hyemis, *Plin* 19, 8 *Hard autem* ... patientiores Impatiens frigoris, *Id* 8, 10 = Laborum impatiens corpus ... *Ov Trist* 5, 2, 4 Impatientissimi fames, *Col* 7, 11 Quietis impatientissimus, *Paterc* 2, 23 (2) ✕ = Impatiens animus, nec adhuc tractabilis arte, *Ov Rem Amor* 123

Impatienter adv ius, comp ssimè, sup *Impatiently, hardly* Juvenem impatienter requiras, *Plin Epist* 2, 7, 6 Impatientius carere, *Ibid* 6, 1, 1 Impatientissime dolere, *Ibid* 9, 22, 2

Impatientia, æ f (1) *Inability to bear* (2) *Impatience, troublesomeness* (1) Impatientia frigorum, *Plin* 11, 2 æstus, *Id* 9, 16 (2) nauseæ, *Suet Cal* 23

Impavidè adv *Boldly, without fear, undauntedly* Poculo veneni impavide hausto, *Liv* 39, 50

Impavidus, a, um adj *Bold, stout, undaunted, fearless* Impavidum pectus, *Liv* 21, 30 Impavidum ferient ruinæ, *Hor Od* 3, 3, 8 Impavidus subibat jussa dicta, *Val Flacc* 5, 661

|| Impeccabilis, e adj *That cannot offend, or do amiss, impeccable*, Gell 17, 19 ✝ Peccare nescius

Impedandus, a, um part *To be set up with props*, *Col* 4, 16

Impedatus, a, um *Propped up* Vites impedatæ, *Col* 4, 16

Impediendus, a, um part *To be hindred* Nullus erat verbis impediendus amor, *Ov Epist* 19, 170

Impediens, tis part *Stopping, or hindring* Singulum medios impediente sonos, *Ov Trist* 1, 3, 42 *sed melores libb habent* præpediente Illi cursum impedientibus undis, *Id Met* 1, 70

Impedimenta, orum n pl *The carriages of an army, bag and baggage*, Cæs & Cic passim

Impedimentum, i n *A let, impediment, or hindrance* Impedimenta naturæ diligentia & industria superabat, *Cic de Orat* 1, 61 ✕ Impedimentum magis quam auxilium, *Liv* 9, 19

Impedio, ire ivi itum act [ex in & pedes, i e pedes involvo ...] (1) *To entangle, or inwrap* (2) *To encircle* (3) Met *To let, hinder, cumber, or disturb* (1) Ipsus illic sese impedivit in plagas, *Plaut Aul* 5, 9, 11 ✕ Impedire profectionem, aut certe tardare, *Cic Fam* 7, 5 (2) Nitidum caput impedire myrto, *Hor Od* 1 4, 9 Vitta nec evinctas impedit aura comas, *Ov Amor* 3, 6, 56 (3) ✕ Sapiens is est cum impediunt, si, se expedire, *Cic pro Rab Post* 9

Impedior, iri, tus pass *To be hindred*, &c *Vid* Impedio, n 2

Impeditio, ōnis f verb *A letting, hindering, or cumbering* Liber seni bus ... omni impeditione curarum, *Cic de Div* 1, 51

Impeditor, oris m verb *An hinderer*, Litt ✝ Qui impedit

Impeditus, a, um part & adj or, comp ssimus, sup (1) *Shackled, or fettered that he cannot go* (2) *Intricate, unpassable* (3) *Intangled, let, hindred* (1) = Vinctus, constrictus, & impeditus, *Cic de Harusp Resp* 11 Impeditissimis ad rem faciendum, *Plaut* ... *Cic in er Fam* 11, 13 (2) *Hostes impeditioribus locis secuti, Cæs B G* 4, 28 (3) Temporis reipub impedita, *Cic in Pison* 1 ¶ Impedita nomina, *debts not paid*, *Cic* ✕ Expedita, *Id*

Impedo, āre act *To underset, or prop with forks* Vinea stat immibus impedanda est, *Col* 4, 16 = Pedam entis fulcio

Impellens, tis part *Thrusting, driving*, &c Zephyris impellentibus undas, *Vir Geor* 4, 305

Impello, ĕre, puli, pulsum (1) *To thrust, push, or drive forward* (2) *To beat, or drive to a place* (3) Met *To urge, persuade* (1) Con ... montem impulit in latus, *Vir Æn* 1, 86 (2) Impulsa est ... *Liv* Prælio gravi et impulit milites, *Paterc* 2, 51 (3) Nec impulit me, hæc omnino ... rem, *Ter Andr* 1, 2, 4

Impellor, i, pulsus pass *To be thrust*, &c = Locus, quibus animorum impetus eorum, qui ... unt, aut impellantur, aut reducantur, *Cic de Orat* 2, 77

Impendens, tis part (1) *Hanging over* (2) Met *Impending, near at hand* (1) ... *Cic* ... (2) Cædi ... culum, *Cic Att* 8, 13

Impendeo, ēre, di, sum neut (1) *To hang over one's head, to be likely to chance, to threaten* (2) *To be near at hand* (1) ... deoat mons ... (2) Invidia temporum ... nobis impende *Cic Catil* 1

Impendiò adv *Much, very much, by a great deal, ... measure* Impendio magis ... gaudebat mihi, *Ter* ...

Impendiosus, a, um *liberal, that spendeth ... needeth* Nimio præstat impendiosum te, quam ingratum ... *Plaut Bacch* 2, 2, 12

Impendium, ii n (1) *Cost, expense, charge* (2) Also *usury, or interest, that which is above the principal* (1) ... stum sibi institui ... impend *Cic pro Quint* ... (2) ✝ ... fœnus & impendium recuſar, *Attic* 6, 1

Impendo, ĕre, di, sum act ... quod antiq pecuniam pende ... *To spend, or lay out money ... flow, or employ* ¶ Impendere curam rei ... *Col in Præf* ... *ris* Pecuniam in ... *Cic* preces vanas, *Val F*... 581

Impendor, i, sus pass *To be bestowed*, &c Ad incertum ... certus sumptus impenditur, *Cic Verr* 5, 98

✝ Impendulus, a, um *That hangeth over, or in*, ... ✝ Impendens

Impenetrabilis, e adj (1) *That cannot be pierced or ...* (2) Met *Impenetrable* ... (1) Impenetrabilis ... les, *Liv* 36, ... Quæ ... 12, 25 (2) ... *N Q* 4, 2 Mens impenetrabilis ... æ, *Sil* 7, 561

|| Impennatus, a, um ... pennatæ agnæ *new ears ... without beards*, Paul ... Penna

Impensus, e adj ... *unfledged callow*, Sidon ✝ ... plumis, *Vir*

Impensa, æ f [ab impendo] (1) *Cost, charge, expense of money or other things* (2) Also ... *ing, cramming* (3) ... cupiditates, ... impensa explenti ... 13 Impensa ... 63 Impensa ... numero ... *Mart Sp* ... Inde impensam ... *pic*

Impensè adv ius, comp ... sup (1) *Greatly, ... earnestly, eagerly* ... (2) *At great charge* (1) ... impense cupitis *Ter At* ... 36 Impensius uror, *Catull*

(2) Impendio absumpta impensis ime reparate, *Suet Dom* 20

|| Impensibilis, e adj *That cannot be sufficiently weighed, not considered enough*, Gell 11,5 ... *habent* impren-

Impensūrus, a, um part *About to bestow* Impensurus omne ævi ... ipsum in id opus, *Paterc* 2,8

Impensus, a, um part [ab impendo] (1) *Bestowed, employed, laid out* (2) Also *unweighed* ... (3) Adj or, comp ssimus, ... (4) ... (5) ... *valuable* ... labore, *Liv* 2, ... pretium *Cæs B* ... (3) Impensior ... *Ov Met* 2,405 Impensis ... *Suet Tib* 13 (4) ... homine nihil impensius ... (5) Grato ... impensius, *Ita* ... *lotum Plautinum*, ... 16

Imperativus, a, um *That commands, imperative*, also *that is commanded* Imperativæ feriæ, *appointed by the magistrates*, Varron Sat 1 16 modus, *Gramm.*

Imperator, oris m verb [ab impero] (1) *A commander*, or ... (2) *Any head*, or *chief* (3) *The general of an army, the captain of an host* (4) *An emperor, a commander*, or *ruler* (1) Imperator omnium gentium ... Romanus, *Cic* pro *Domo*, (2) Ipse sui imperator ... *Plaut Capt* 2, 2, 57 ₰ Dic ... haud im- ... *Pl Men* 2, 3, 8 ... imperatores institu- ... *Cic Philipp* 4 (3) ... imperatoris abstinuit, ... 12

Imperatoria, æ f *sc* herba ... Geund

Imperatoriè adv *By way of ... imperor like* ... instruit, *Treb Poll* ...

Imperatorius, a, um adj *Belonging to an emperor*, or *to a general* Imperatoria lau *Cic* ... 1 Donatio, *Id* ...

Imperātrix, icis f verb (1) *A governess* (2) *An empress, a commandress* (1) Vir ... imperatrice loci, *Cic* pro *Cæl* (2) Imperatrix Italia, *Plin*

Imperātum, i n *A command* Imperata facere, *Cæs B G*

Imperātūrus, a, um part *About to* ... Finitimis imperatu ... *Cæs B G* 2, 32

Imperātus, a, um part *Commanded, bidden, enjoined* Cum ... prioribus consulibus ... Obsidibus imperatis, *B G* ... 6

Imperce adv *Sparing* ... *Plaut* imperce *aut* ... *impercè legitur ap* ... adverb a ... *nano*

Imperceptus, a, um or, comp *That cannot be perceived*, or *unknown* Minori imperceptus ... *Gell* 14, 1 ₰ ... non perceptus

Impercīsus, a, um adj *Not ... hewed*, Sil 9, 161 *sed* ...

Imperco, ere (1) *Not to spare, ... of one's self* (2) ... *gently with* (1) *Plaut* ... (2) ... Integræ at- ... huic imperato, *Plaut*

|| Imperculsus, a, um adj *Undaunted*, Sidon ✝ Intrepidus

Impercussus, a, um *Unstricken, not struck* Impercussos movere pedes, *Ov Amor* 3, 1, 52

Imperditus, a, um *Undestroyed*, Vir *Æn* 10, 430 Imperdita pectora, *Stat Theb* 2,84 corpora, *Sil* 10, 416

Imperfectio, onis f *Imperfectness, imperfection*, Litt ex Cæs ... *sed q*

Imperfectus, a, um adj (1) *Imperfect, unfinished, defective* (2) *Undigested, not concocted* (1) Corpus imperfectum ac rude, *Cic Fr* 1, 9 (2) = Cibus imperfectus, & hærens ... stomacho, *Juv* 3, 233

Imperfidus, a, um *Very treacherous*, Litt ex Sil ✝ Perfidus

Imperfossus, a, um *Not thrust through, ungored* = Imperfossus & inert ... *Ov Met* 12, 496

|| Imperiabiliter adv *Imperiously, harshly*, Cato ✝ Imperiosè, *Id*

Imperiālis, e adj *Of, or belonging to the emperour, imperial* Longâ oratione imperialis ... magnitudinem declinare, *Aur Vict Epit Tiber* 7 Brassica imperialis, *Large colworts, cabbage*, Amm ✝ Imperatorius, *Vett*

Imperiōsè adv *Imperiously, with command* Non severe, non imperiose præcepit & censuit, *Gell* 2, 27

Imperiōsus, a, um adj or, comp ssimus, sup (1) *Lordly, imperious* (2) *Boisterous, rugged* (3) *Severe, harsh* (4) Also *of great rule*, or *authority*, *that marcheth a great sway* (5) *That can rule or govern* (1) Imperiosi cupiditas, *Cic Parad* 5, 3 (2) Imperioso æquori, *Hor Od* 1, 148 (3) Ita herus meus est imperiosus, *Plaut Pseud* 4 2, 59 (4) Imperiosissima & superbissima ... *Liv* 9 ... Imperiosissim ... *Val Max* 2, ... (5) ₰ = *Tiberius* non potuit temperare ... quamquam imperiosus ... *Plin* ... 8

Imperitè adv ssime, comp *Unskilfully, unlearnedly* Imperitè multa dicere, *Plin* ... Imperitissime dictum, *Id* pro *C Bal* 10, 11

Imperitia, æ f *Lack of knowledge, ignorance, unskilfulness, want of experience* Magno imperitiæ errore, *Plin* 17, 22

Imperito, āre freq [ab impero] (1) *To be a master* (2) *To command*, or *govern, to bear sway* (1) ₰ Tu, mihi qui imperitas, aliis servis ... *Hor Sat* 2 7, 81 (2) Legionibus imperitare, *Hor Sat* 1, 6, 4 gentibus, *Luc* 3, 141

Imperitus, a, um adj *Unskilful, ignorant rude, simple, unlearned, unexperienced, raw* — Si apud indoctos imperitosque dicemus, *Cic Partit Orat* 26

Imperium, ii n [ab impero] (1) *A command*, or *charge* (2) *Power and authority* (3) *Rule, government, jurisdiction, empire* (1) Nunc pergam heri imperium exequi, *Plaut Amph* 1, 1, 105 (2) Mater, cujus sub imperio est, mala, *Ter Heaut* 2, 2, 4 ₰ Quod cæteri reges imperio non potuerunt, hic benivolentiâ tenuit, *Nep Reg* 3 (3) Cepi & gessi maxima imperia, *Cic Fam* 2, 7 ₰ Tenebat non modo auctoritatem, sed etiam imperium in suos, *Cic* de *Senect* 11

Imperjūrātus, a, um *That is never falsely sworn by* Imperjuratæ amnis aquæ, *Ov Ibis*, 76

Impermissus, a, um *Unlawful, not permitted* Impermissa gaudia, *Hor Od* 3, 6 27

|| Impermutātus, a, um *Not changed*, Cod ✝ Non permutatus

Impero, āre act [ab in intensivâ particulâ & paro, *qu* sta ... paro, *vel* prorsus paro, *Perot*] (1) *To command with authority* (2) *To have the mastery*, or *command over, to rule* (3) *To order the providing*, or *doing of any thing* (1) ₰ Qui bene imperat, paruit aliquando necesse est, *Cic* de *L gg* 3, 2 (2) Fortiter imperare ... *Ov Met* 9, 28 Imperare cupiditatibus, *Cic* de *Amic* 22 ... *Plin* (3) Imperare pecuniam, obsides, naves, frumentum, *Cic* ... equites aliquibus, *Cic* ... ₰ Imperare ... *to be revolved*, Ter

Imperor, āri, ātus pass *To be commanded*, &c

|| Impersōnālis, e *Without naming persons*, Prisc

Impersuasibilis ... adj *Not forceable, Sidon* | Impersuasibilis, *Cic*

Imperspicuus, a, um adj *Not clear, or evident* = Inconspicuum, incerta, & fallacia judicum ingenia, *Plin Epist* 1, 2, 16

|| Impersuasibilis, e adj *Not to be persuaded*, Sidon

Imperterritus, a, um *Fearless, undaunted* Manet imperterritus ille, *Vir Æn* 10, 770 = Impavidus, animosus, *Cic*

|| Impertinens ... adj *Not pertaining to, impertinent*, Dig ✝ Nihil ad rem pertinens

Impertio, īre, ivi, itum act [ex in & partio] *To impart, to give part to another, to make partaker of, to communicate, to employ, to bestow* ... *to acquaint with, to tell* ₰ Impertire alicui salutem, aliquem salute, *to salute him*, Ter ... alicui, *Cic* Impertire tantum ..., *Cic*

Impertior, iri, itus sum dep *Plaut* Multis gratiis cives ... in Græciâ homines ... bantur ... *Cic* pro *Archia*, 5 ... Impertio

Impertītus, a, um part *Having imparted*, or *made partaker of* Nullo honore impertitus, *Suet Claud* 1

Imperturbātus, a, um *Undisturbed, clear, calm, without wind, or clouds* Imperturbata ... *Sen Ep* ...

Impervius, a, um adj *Unpassable* Impervius amnis, *Ov Met* 9, 106

Impes, ĕtis m *A shock, a charge, an assault* Nec ... sumptus, ut barbaris impes, *Flor* 1 12, 51 ... *letur* Sim

Impetibilis, e adj (1) *Not to be reached, or come unto* (2) *Easy to be assailed, or hurt* (3) Also *painful, intolerable* (1) *Gloss* Is (2) Solinus (3) Impetibilis morbis, *Plin* 20, 18

Impetigo, inis f *A ringworn, running with a dry scab and itching in any part of the body, a tetter*, Cels 5, 28

Impetis gen impete abl sing impetibus abl ... *Force, an effort, a shock* Capere impetis ... tum, *Lucr* 6, 326 Vasto impete fertur, *Ov Met* 3, 79 Impetibus crebris, *Lucr* 1 293

|| Impetix, *id quod* impetigo, *F jf*

Impeto, ĕre *unde* impetitus part [ex in & peto] *To invade, assail, or set upon, to attack, to lay sorely at* Sagittis impetens Cupido, *Sen Hipp* 275

Impetrabilis, e (1) or, comp (1) *Possible* *That may easily be obtained by intreaty* (2) Act *That can easily obtain what he would have* (1) Magna ... cum gestarum triumphum ... impetrabilem faceret, *Liv* ... Impetrabilior pax, *Id* ... 16 (2) ... impetrabilis, *Pl* ... 5 40

Impetrassere, *pro* impetraturum esse Istuc ... impetrassere, *Plaut Aul* ...

Impetrātio, onis f verb *An obtaining, a getting* ... nihil valere ... *Att* 11, 22

|| Impetrātor, oris m verb *An intreater, or suppliant*, Dig ✝ Orator

Impetrātus, a, um part *Obtained, granted* Super impetrato fortis Augusti ... *Hor Od* 4, 2, 42

|| Impetrio ... *Cic* ... quod ... Augurum verbum idem ... *to solicit and sue*, ...

Impetratum est ... *pro* impetratum est *It is obtained*, Plaut ... 2, 1, 11

Impetritus ... part *Obtained, made sure, put out of doubt*, Val Max 1, 1, 1

Impetro, āre act [ex in & patro] (1) *To finish, or perform* (2) *To obtain by request, to get* (1) ... Impetrare ... *Plaut Pan* 5, 2, ... (2) ₰ Quod voles cogitato ... *Ter Ad* ... = Quid ... impetro atque exoro, *Plaut* ... 2, ... 51

Impetrōsè adv *Violently*, Frag Pet ✝ Violenter

|| Impetuōsus, a, um adj *Violent, hasty, headlong, impetuous* Impetuosum animus, *Plin* 5, 10 *Hard ... impetus* = Vehemens, violentus, *Cic*

Impetus, us m [ab impeto] (1) *A natural desire, or inclination* (2) *Violence, force* (3) *An assault, onset, a shock, an effort, a brunt, attack* (4) *The passions* (5) *Inspiration* (1) Habent suos impetus animalia, *Cic* ... (2) = Impetum gladiatoris, ... comprest, *Cic* de *Har Resp* ... (3) = Incursio ... impetus armatorum, *Cic* pro *Cæc* ... 15 (4) Impetus & quidam animi commotio ... *Cic* de *Inv* 2, 5 (5) ... divini impetus, ... rationis humanæ *Cic* de *Div* 1, 4 ₰ Impetu uno, *at one bout*, or ... *Plin* 14, 22 Impetu febris, *a fit* ..., Petron ...

Impexus, a, um (1) *Uncombed, untrimmed* (2) *Unpolished, rugged, lonely* (1) Impexa coma, *Ov Fast* ... 398 juba ... *Stat Theb* 1, 484 (2) Antiquitas ... & impexa, *Tac Orat* 20

|| Impiamentum, i n *A defilement*, Litt ✝ Labes

|| Impiatio f *A defiling*, Tert ✝ Labes

Impiātus, a, um *Defiled, polluted, unatoned* Thalamos ... tanto impiatos facinore? *Sen Hipp* 1180

Impicātus, a, um part *Pitched over*, Ov

Impico, āre act *To rub over with pitch* = Amphorum, obsinito, & impicato, *Col* 12, 29 Impicare dura pice, *Ibid* c 43

Impiè adv *Wickedly, ungodly, impiously* Non solum indocte, sed impie fecit, *C* ... *N D* 2 16

Impetu, ... impetu ... unum at ... lacit, ... de ...

Imp... (1) ... (2) ... Con ... (3) ... (1) Imp... in scribendo, ... Fam 2, 1 (2) ... proles, ... pro Fort 15 (3) ... ales, ...

... quick- ... Impig...

|| In... Diligence, ... Re- pub ... 2, 4

...

... (1) ... (2) ... (3) ... (4) ... (1) ...

... Impiger ... di- cam gratiam, ... Phorm 2, 3, ...

... Im- ... Ju- ... confesses ... 5, 6

|| Impigro, ... Pronunciatio, ...

|| Imp... Fetter'd, Virg Int Deu 2 15

Impio, are act. To defile, to ... Si ... impuris, ... 3, 8 R ...

Impius, ... (1) Impious, ungodly, wick- ed ... (2) ... (3) ... (4) ... (5) ... Pio... & impiorum ratio... habent Dii, ... Legg 2, 7 ... Impium... impatem, ... (4) Impium Thracium ... 5, 1, (5) Quint 8 ...

Implacabilis, e adj. That can not be pacified, or reconciled ... = Inexorabilis ... Implacabilem ... Sil 17, ...

|| Implacabilitas, ... f Im- placableness, irreconcileableness, ...

Implacabilis ... adv. ... Implacate ... Ann 1, 55

Implacatus, a, um Unappeas- ed, never satisfied or contented, insatiable. Implacata flamma gu- ... Met 8 ...

Implacidus, a, um ... sup Hard to be pleased, cruel, ... Dirus ... genu deje- ... Hor Od 4, 14 ... Divum ... Stat Theb 9, 4

|| Implano, are To deceive, cheat, or trepan one, Cypr + Decipio, Fallo

Impleo, ere, evi, etum act (1) To fill (2) To fatten, or feed, to make plump (3) To accomplish, perform or make up (4) To sa- tisfy, please, or content (5) To bring to an end (6) To impreg- nate, or get with young (1) Implevit mero pateram, ... An 1, 733 (2) Implet corpus modica exercitatio, Cels ... (3) Impudentiæ est id profiteri, quod non potes implere, Cic pro Clu- ent 18 (4) Impleo oculos ... vit, Sil (5) ... vitæ sponte, ... Tac Ann ... 42, 6 (6) Pellunt sues feminas im- plere ... Col 7, 9 ¶ Im- plere ... to draw it to the head, Virg ... to live them quite out, Plin ... to conclude and ratify it, Amm ... to weigh so much, ICC ... ordine, to fill the ... Cic

Impletus, a, um par Fill- ed, &c ... Cic ... 27

Implexus, a, um part Wound, wrapped, folded or platted in, to deal one with another, in- tertwined, encircled about Impl... Atrium crini- ... Plin ... 1

Implexus ... m verb A ... turning, an in- ... Plin ... 65

Implicatio, onis f verb A folding, or twisting, a wrap- ping, or entangling with ano- ther, encumbrance, intanglement Implicatio ... Cic N D ... 55 ... Id pro S... 26

|| Implicate adv Intricately, perplexedly, ... + Perplexe ...

Implicatus, a, um part ssimus, ... (1) Wrapped, or tied toge- ther (2) Met Joined in affini- ty, related by marriage (1) ... implicat ... Cic Offic ... Ob- ... implicat ... & ... 6, 2 (2) Implicatus ... Dion ... Nep ...

|| Implicite ... Pro implicit To be taken ... to be taken, ... to be ... ph ... 5

Implicite adv Obscurely, ... intricately = Non ... implicite ... & expedite, Cic de Inv ... 2

+ Implicito treo ... implicat ... Delphinus ... impli- citat expediatque, Plin Epist 9, 33, 5

Implicitus, a, um part That will bend, or tremble, Ov Fast ... 5 ...

Implicitus, a, um par & ... (1) Intangled (2) Intricate, im- plicit (1) Ino implicatus Claud in Eutrop 2, 442 Implicitis an- guibus, Ov ... 9, 94 (2) ... Cic

Implico, are, avi & ui, itum & atum (1) To wrap, or fold in, to twist, or twist one with ano- ther (2) To fold, or clasp (3) To interweave, to intermix (4) To trim, or dress up (5) To in- cumber, to ingage (6) To inter- mix (1) Implicuit comam læva, Virg Æn 2, 552 Vitis implicat arbores, Catull 59, 107 (2) Im- plicuitque suos circum mea colla lacertos, Ov Amor 2 18, 9 (3) ... crinem ... Æn 4, 148 (4) ... rore ... mo- ... Offic 2, 11 (6) Divum ... hominum naturis implicant, Cic de Div 1, 36

Implicor, ari, atus & itus pass To be wrapped, &c Implicari morbo, to be troubled with it, or lie ill of it, Liv 1, 31

Imploratio, onis f verb An imploring, or beseeching = A- Non votis, aut imploratione De- um, sed vi ac virtute, Liv De- orum & hominum imploratio, Cic de Orat 2, 47

Imploratus, a, um part Ear- nestly called upon Prece Pollu- cis imploratus, Catull 69, 65

Imploro, are act To beg, or cry out for, to call upon for help and succour, earnestly to beseech, to implore, request, or ... = Deos precari, venerari atque im- plorare debetis, Cic C til 2, 13

Imploror, ari, atus pass To be ... &c Neque auxilium ... bonis ... implorari ... Cic de Or 2, ...

Implumbo, are To solder, or make fast with lead Fer... chodææ ... implumbant, ... 1, 6

Implumis, e adj feathers & plu- mes (1) Unfledged, callow (2) Also without hair (3) ... implumes pulli ... Hor Epod 1, 19 (2) Plin 8, 55

Impluo, ere, ui, utum (1) To rain in upon (2) Abiol To rain ... (3) Met To light, or fall upon (1) Celebre fanum Veneris, in cu- jus aream non impluit, Plin 2, 96 (2) Prius quam impluerit, Col 2, 9 Si impluerit, Cato (3) Malum cum impluit cæteris, ... impluat mihi, Plaut Most 4 1, 15

|| Implutus, a, um part Rain- ed upon, wetted with rain In- pluti color, a colour occasioned by rain dropping, Non

Impluvia, æ f A cloke for priests to wear in the rain Sa- lius sereno quoque tempore im- pluvia amictus, Varr ap Litt

Impluviatus, a, um Coloured, as it were wet with rain, dark, smoaky, brown, or swarthy Im- pluviata vestis, quid fit made Grut ad Plaut Epid 2, 2, 6

Impluvium, ii n [locus quo a- qua impluit collecta de tecto, ...] (1) A gutter of an house for the rain water to pass (2) A court in the house where rain falleth from the eaves (1) De pero per impluvium, Plaut Mil 2, 6, 72 (2) Angues per impluvium deci- dere de tegulis, Ter Phorm 4, 4, 26

|| Impœnitendus, a, um part Not to be repented of, Lcc + Non pœnitendus

|| Impœnitens, tis adj Impe- nitent, Lcc + Quem ... non pœnitet

Impolite adv Grossly, rudely, home- ly B ... impolite ... di- cere, Cic de Orat 1, 49

|| Impolitia, æ f Rudeness, homeliness Impolitiæ nota, Gell 4 12

Impolitus, a, um Unpolished, rude, homely, coarse = Genus hominum rude, hebes, & impoli- tum, Cic d Orat 2, 1 = Im- politum ... rude præconium, Val Max 8, 14, 1

Impollutus, a, um Unstained, undefiled Virginitas impolluta, Tac Ann ...

Impono, ere, sui, situm act (1) To put, lay, set in, or upon (2) To impose, to enjoin, to assign (3) To deceive, or beguile, to put a trick upon one (4) To annex (5) To give, inflict, or lay upon one (6) To imbark (7) To set ... (1) Metellum ... impon... nt, Cic Tusc 1, 35 Ne- mini imponis, ... fs pati, Phil ... (2) ... civitati per vim ... Philipp 7, 5 (3) Catoni ... imposuit Milo, Cic ... (4) Imponere ... Cic ad Q fr ... (5) Re- ... vulnera ... Cic Fin 4, 24 ... plagam ... pro Sext 19 (6) Cæs ... (7) Summæ rei imponere ... Tac 6, 32

Imporcatio, onis f ... ing a baulk in plowing, ... Col ... q

|| Imporcitor, ... m ... Ho that ... baulks in plowing, Fest ... Porca

Imporco, are act To make a baulk, or ... the ... of land, Col ... Porca

Importatus, a, um part Im- ported, brought in ... importato, Cic ... B ... 51 ... Id B ...

Importo, are ... To ... bring, or convey in ... in ... Hirt in Cæs B ... Clades discordia ... Liv 21, 2 ... Importo ... Tusc ... stem, ...

Importune adv Unseasonably, importunely, Importun... Cic Acad Q 4, 5 Impo... Lact 2, 5 ... Gell 20, 5

Importunitas, atis f (1) Im- portunity, uncivil ... (3) ... incivility, outrageousness Importunitatem spectate ... la, Ter ... = ... portunitate & audacia ... homo, Cic ... 4, 5

Importunus, a, um adj or, comp ssimus, sup [quasi ... qui e quiete] (1) Unseasonable ... ill pleased, fretful ... season inconvenient (3) Trou- blesome, impotent, ... (4) Absurd, unreasonable (5) Importunate, urgent (6) ... outragious (7) Absurd ... (1) Importunus ... fimer, Ter Heaut ... Importunum tempus ... 2, 5 § Importunus ... n... locus, Sall B J ... Importunior ... princ (4) = Importunus & cre- dens homo, Cic ... Importunissima ... = ... natura, Cic (7) ...

Importuosus, a, um ... sup Without port or haven, Mare importuosum ... littus, Plin ... Importuosissima ...

Impos, otis adj ... Unable, without power, hath not the command of ... out of ... Caf ... 5, 7 — Compos

Impositio, onis f verb ... A putting on ... or laying on, imposition ... impositione ... 27, 13

Impositius, a, um ... ed Impositia nomina, ... Varr ...

Impositus, a, um ... Casus ... Varr L L 9 vid & ... vix al...

Impositus, a, um part (1) ... or set upon, imposed (2) ... as a pr... (1) Onus impositum, ... 820 Corona imposita ...

( ) Impostus provinci s,
Imp m verb id quod
2, 4
adj Impossible,
+ Quod fieri nequit, &c Vett
Imp as, itis f An impossibility
Cadentis Lat voc
oris m verb [ab decipio] An impostor, a cozener, or deceiver, a false pretender, Dig +
Imposturа æ f An imposture, a deceit, legerdemain, Dig + Versutia, Ap priscos
Impotens, tis adj [ex in & potens] or, comp ssimus, sup (1) Impotent, weak, feeble (2) Wild, ... to govern, or not ... (3) Also mastering, ... cannot be governed, ... (1) Neque homini ... impotenti injuste ... Cic de Fin 1, (2) Impotens ira, Liv 29, 9 ... amoris, Tac ... ( ) = Feroc ores ... reddit victoria ... Impotentissimus dominatus, ... 10, 27
Impotenter adv us, comp ... obstinately, wilfully, ... , scarcely No ... Impotentissime ... Ter ... 49 Impotentius ... Benef 4 17
Impotentia, æ f (1) Impotence, ... want of power ... (2) Violence, outrage ... (1) Propter suam impotentiam ... credunt neglig ... (2) ... Impotentia temperantia & ... plurimum dissidet, ... 4, 15 (2) Nulla impotentia ... Cic
|| Impræmeditato adv Without premeditation, Fecl
Impræpeditus, & imprædictus, ... or hindrance, ... + Sine mora
Impræpeditus, a, um Not hindered, Amm + Non
Imprimum ... adv (ex in ...) At this time, ... at present, Cato ... Tac Ann ... in præsentia
... a, um That hath ... Hor Ep 2, 29
Imprecatio, onis f verb A imprecation, a curse, ... & Plin 5, 8 ... Latio extermi...
... tus sum dep ... evil to one (2) ... || To wish evil ... tals ... est, Suet ... Diis Pompeio ... precatur, Plin 8, 7 ... lutem ei fu ... Apul Met 9 p
... adv Carefully, ... + Alte, vehe...
... [ab impressio] An impression, sketch, ... thing (2) An ... (1) ... (2) Dant impressionem ... Posthumius co

hostes objecerat, Liv 4, 24 ( ) Explanatio vocum impressio, Cic Acad 1, 5
|| Impressor, oris m verb A printer, Recen + Typographus
Impressus, a, um part (1) Engraven, marked (2) Also not pressed, or milked (1) Crater impressus, Vir Æn 5, 536 = Visum impressum, effictumque, Cic Acad 2, 4, 6 (2) Impressa ubera, Prop 2, 34, 70
Imprimis adv pro in primis, In the first place, first of all, principally, especially, chiefly Quem imprimis amamus, Cic Fam 1, 7 Juris civilis inprimis peritus, Id Offic 2, 14
Imprimo, ere, pressi, ssum act (1) To imprint, to engrave, to set a mark (2) To thrust, or stick one (1) Ut corpori ... animo ... non ictu magis quam mori imprimitur, Cic Imprimere maculam laudibus, Sen Herc Oet 1454 (2) Acutissimo stip ... corpus imprimere, Plin ... 26 § Imprimere aliquid in animo, Plin jun in animo, animum, Cic gressus dorso, ... 8, 111
Imprimor, i, pressus pass To be imprinted, &c ... in animos imprimantur, Cic Acad 2, 4, 8
Improbabilis, e adj Improbable, unlikely, not fit to be proved, or approved of ... Nos ... probabilia, contra, alia improbabilia esse dicimus, Cic Offic 2 ... non probabilia ...
Improbatio, onis f verb Disallowing, disliking, ... proving ... Improbatio & approbatio testium, Ad Herenn 2 6
|| Improbator, oris m verb A disliker, a disallower ... Malorum improbator, bonorum probator, Apul de Socr p 691
Improbatus, a, um part Disallowed, disliked, not approved of ... Multa improbata, Cic pro Font
Improbe adv ius, comp ssime, sup (1) Dishonestly, ... (2) Roguishly, waggishly ( ) Greatly, excessively (4) Badly (5) Violently, eagerly (1) Improbe facere, Cic pro ... Am 36 (2) Improbissime respondere, Cic in Pison 6 (3) Improbius pauperes amare, Quint Declam 15 Homo improbissime, Suet Vesp 23, 1 (4) Sus ... non improbe concipi, Col ... pretty well (5) Columba improbius osculi mordenti decerpit rostro, Catull 66, 126
Improbitas atis f Dishonesty, knavery, wickedness, lewdness, waggery, roguery, naughtiness Amicorum neglectio improbitatem arguit, Cic pro Mur
Improbo, are act [ex non probo] (1) To disallow, mislike, to disapprove (2) Also to reproach, to speak ill of (1) Hoc negas te posse nec approbare, nec improbare, Cic Acad 2, 4 30 (2) Satin' est, si tibi meum opus ita dabo expolitum, ut improbare non queas? Plaut Mi 4, 4, 38
Improbulus, a, um dim Somewhat saucy, waggish, knavish, unlucky, Juv S ... 5, ...
Improbus, a, um adj or, comp ssimus, sup [ex in & probus] ( ) Naughty, unsound, rotten ( ) Dishonest, ... (3) Bad, wicked (4) ... (5) Base, infamous (6) Impudent, ... (7) Lewd, ... (8) Fierce, cruel (9) ... presumptuous (10) Great, ...

(11) Violent, eager (1) Improbiores sunt posteis, quam a primo credidi, Plaut Most 3, 2, 139 (2) Improbus homo, & perfidiosus, Cic de Orat 2, 73 (3) Minister improbissimæ cupiditatis, Cic Verr 1, 29 = perditus, Id (4) Improbiorem non vidi faciem mulieris, Plaut (5) Tua sum opera, & propter te improbior, Plaut Bacch 5, 2, 8, = Ut semper improbus, nihilique sis, Id Cas 2, 1, 30 (6) Quint 4, ult (7) Verba improba, Ov Amor 2, 796 Improbior satiram scribente cinædo, Juv 4, 106 (8) Lavit improba teter ora cruor, Vir Æn 10, 727 (9) Quid non amor improbus audet? Ov Fast 2, 331 Improbam classem naufragio castigavit Oceanus, ... 2, 10, 17 (10) Labor improbus omnia vincit, Vir Geor 1, 145 (11) ... Improbè, n 5
|| Improcerus, a, um adj Low, or not tall of stature, Gell ...
|| Improcreabilis, e adj Not begotten, Apul de ha ...
Improfessus, a, um Not professed, declared, concealed, or smuggled, as goods ... sometimes ... custom ... Suet Dom 12
|| Impromissus, a, um promiscus, a, um Unmingled, uncommon, Gell 1, 7 & 12, 4 + Non promiscuus
Impromptus, a, um Slow, unready, not forward Lingua impromptus, Liv ... 4 ... & ... Ann 2, 2
Improperatus, a, um That is ... , slow ... Vir Æn 9 798
Improperium, n A nickname, an ... word, reproach, or taunt, Litt ex Plaut
Impropero, are act [ex in & propero] (1) To reproach, to upbraid, to nickname (2) Also to make haste to go in ( ) Also to go slowly (1) Plaut Rud ... 4, 28 ... vim approperas (2) ... glomerare ... Pet ... Improperatus
Improperus, a, um adj Slow, making no haste ... cunctans, Sil Ital ... 6
Improprie adv Improperly, unfitly, Plin 9, ...
Improprius, a, um adj Improper, ... Quint 8, = Inhabilis ... Cic
Improsper, ... Unprosperous ... Augusto ... Tac ...
Improspere, ... Improsperous ... Tac
Improvide, adv Improvidently ... Improvidus ... Improvide ... Gell
|| Improvidentia, æ f Want of foresight, ... improvidus ... Liv ...
Improvidus, a, um adj ( ) Improvident, taking no care ... (2) A ... (1) = Ut ... Liv ... ( ) = ... cauti ... Liv ...
Improviso ... adv ... unawares ... in ... ... Cic ... 2, 23

Improvisus ... ... Liv 27, 28 Improvise ... Plaut Rud 4, 5, 6 ... imprudens
Improvisus, a, um adj ... Unlooked for, unthought of = Cum ... pro ... atque improvisum ... Cic Verr 2, 2 ... hostium insidias, ... 6
Improvisior ... Tac Ann 2, 47, 1
Imprudens, tis adj or, comp ssimus, sup (1) Imprudent, ignorant, unskilful, silly, foolish, unadvised (2) Also unwilling, against one's will, without one's privity (1) Commercio ... Hispani imprudentes maris ... bant, Liv ... Quicquid horum ... imprudentior ... Cic ... Hæc omnia, imprudente L Sylla, facta esse ... Cic pro S ... 8 ... imprudens ... Imprudens hoc ... Val Max ...
Imprudenter adv ius, comp ( ) Unwarily, foolishly, heedlessly, unwillingly (2) Before one is aware (1) Illud ... imprudenter ... (2) At ... imprudentius, Ter ... 1, 1, 10
Imprudentia æ f (1) Want of foresight, ... ( ) ... of skill, ... ignorance (1) ... imprudentia, ... (2) Imprudentia ... Ter ...
Impubes, eris ... Impuber, ... not ... of age ... Impubes ... Ter Ann ... 6, 695
Impubes, ... Impube corpus, Hor Epod 5, 1 = Impubis ... & adhuc non utilis annis, Ovid Fast 2, 239 Impubis juventa, ... 6, 695
Impubesco, ere ... To grow ... age, ... 23, 7
Impudens, tis adj or, comp ssimus, sup Shameless, impudent, ... Ter Ann ... Impudentissimo ... Cic Fam ... 22 ... oratio, Ter ...
Impudenter adv ius, comp ssime, sup Impudently, shamelessly ... quamvis ... 2, 51 Impudentius, Cic ... Impudentissime ...
Impudentia, æ f Impudence, shamelessness, effrontery ... Impudentiam atque audaciam ... Cic pro ... 15
|| Impudicatus, a, um Debauched, ravished, Fest
|| Impudice adv Immodestly, unchastely, ... Tert 9, ...
Impudicitia, æ f Uncleanness, all sins of uncleanness, ... infamy ... Impudicitia in ... Tac ... Impudicitiæ ... Suet ... & Torrent ... Impudicitiæ ... damnatus, ... 6, 11
Impudicus, a, um adj or, comp ssimus, sup Unchaste, wanton, immodest, shameless = Omnes impuri, impudicique, Cic Cat 2, 10 ... Pudicitiam ... impudicior ... Plaut Cist 1, 1, 2 Impudicissimus Antonius, Cic Philipp 2, 28

ſt qui vel muliebria paſſus fuit, vel pueros amavit ✝ Libidinosus, nam impudicitia proprie dicitur de pathicis, pro libidine autem de impudico, exemplum ex Plauto aliatum probat illud notum Catonis in effeminatum quendam Et adversus & aversus impudicus es || Digitus impudicus, the middle finger, Juv

Impugnātio, ōnis f verb A fighting or inveighing, opposing or thwarting, Cic Att 15

Impugnātus, a, um part (1) Resisted, fought against (2) Also not fought withal (1) Impugnatus Taurus Euphrati curſum avertit, Plin 5, 24 (2) Impugnatum & destitutum quid relinquere, Gell 1, 6

Impugno, āre, āct (1) To fight against, to impugn (2) To set upon, or attack (3) Met To chase away, as a disease (4) Met To thwart, or cross one, to oppose (1) Impugnando homi nem cap re certum eſt, Plaut Mil 2, 2, 11 non illitamen ego impugnando (2) Impugnare tergo hostium, Liv 2, 50 (3) Impugnatur centurio majore poto, Plin 26, 12 (4) Utrum defendi te, an impugnatis placeam? Liv 5, 5 Impugnare commoda plebis acerrime, Val Max 9, 5

Impulſio, ōnis f verb [ab impello] (1) A pushing, or forcible moving (2) Met A motion, or passion of the mind (3) Persuasion, or instigation (1) Cic de Univ 5 (2) Impulsio, ut timor, ægritudo, iracundia, &c Cic de Inv 2, 5 ✝ Rationis impulsio Id (3) = Inductio & impulsio in hilaritatem, Cic

Impulſor, ōris m verb Met A pusher on, an inciter, or persuader to a thing = Auctor, & impulsor, & socius sceleris, Cic in Latin 10

Impulſus, a, um part [ab impello] (1) Forced, attacked, shocked, pushed (2) Thrown, or sent with violence, shot (3) Struck, beaten (4) Met Incited, enforced (1) Prælio graviter impulsi Cæsar milites, Paterc 2, 51 (2) Impulsa nervo sagitta, Virg (3) Impulsa tympana palmis, Ov Met 4, 29 (4) Hac fama impulsus Chremes, Ter Andr 1, 1, 72

Impulſus, ūs m verb (1) A conflict, a shock, an attack (2) A motion or impulse (3) Met An instigation, or persuasion (1) Num vis quæ impulsu primo moveatur, Cic Somn Scip 8 (2) ✝ Is motus non externo impulsu, sed suâ sponte movetur, Cic N D 2, 11 alt pulsu leg vid & Tac 11, 15 (3) Impulsu vestro feci, Ter Hec 2, 1, 45

|| Impunctus, a, um part Pointed, or pricked in Crystallum immunctum, Apul Met 2, p 5.

Impunē adv ius comp issimè, sup (1) Without hurt, danger, or punishment, scotfree, quit (2) Without fear (1) Hac impune feret, Ov Met 2, 474 Impunius fit, quod cum est factum, negari potest, Cic pro Domo Impunissimè vendere æra, Plaut Pan 1, 2 (2) Impune istud sperare licet, Ter Hec 5, 3, 14

Impūnitas, ātis f Without punishment, pardon of punishment, impunity Libertatem & impunitatem adipisci, Liv Spes impunitatis maxima est illecebra peccandi, Cic pro Mil 16 Impunitate donari, Val Max 6, 2, 1

|| Impūnitē adv ius, comp Without punishment, Amm Impunitius mœchari, Fest ✝ Impunè, impunius

Impūnitus, a, um or, comp Unpunished, quit, forgiven his fault, unrevenged = Injuriam inultam impunitamque dimittere, Cic Verr 5, 58 Quis tu impunitior exis? Pers 5, 130 Impunita stupra, Val Max 9, 1, ext 2

Impūrātus, a, um adj issimus, sup Defiled, impure, rascally, villanous, like a scoundrel, shabby Impuratus, quamquam Vulcano studet, &c you nasty fellow, Plaut Aul 2, 6

Impūrè adv issimè, sup Dishonestly, vilely, naughtily, lewdly, shamefully = Impure & flagitiose vivere, Cic de Fin 3, 11 Impurissime ab aliquo decipi, Cic Attic 9, 12

|| Impurgābilis, e adj That cannot be purged, or excused, Amm ✝ Non purgabilis

Impūritas, ātis f Impurity, filthiness, uncleanness, dishonesty, naughtiness ✝ Cum omnes impuritates in domo pudicâ quotidie susciperes, Cic Philipp 2,

Impūritiæ, ārum Rogueries, villainies Tuas impuritias traloqui nemo potest, Plaut Pers 3, 3, 6

Impūrus a, um adj issimus, sup (1) Gross, not natural, lust, impure, unclean, foul, filthy (2) Dishonest, wicked (3) Shabby, nasty (1) = Omnes adulteri, omnes impuri, Cic Attic 9, 15 sub fin (2) = Nunc eum impurum & sceleratum puto, Cic Att 9, 15 Omnium non bipedum solum, sed etiam quadrupedum impurissimus, Cic pro Domo 18 (3) Lutulenta, impura, invisa persona, Cic pro Q Rosc

Imputans, tis part Imputing Imputans ipsius pudori, Val Max 5, 7, ext 1

Imputātor, ōris m verb A reproacher, or upbraider of a kindness done, that imputeth, or layeth things to one's charge, Sen de Benef 2, 17

Imputātus, a, um (1) Uncut, unpruned (2) Imputed, enjoined, laid upon (1) Imputata vitis, Plin 14, 12 (2) Vid seq Imputo, n 3

Imputo, āre āct [ex in & puto] (1) To impute, to ascribe, to charge, to lay the blame, or fault on one (2) Also to account, or reckon (3) Also to cess, or enjoin a sum of money to be paid (4) Also to look upon a thing as a favour and obligation (1) Cædes ei imputanda est, Quint 5, 10 Si quis hoc rebellandi tempus imputat Atheniensibus, Paterc 2, 23 (2) Plus imputant seminis jacti, quam quod severint, Col 1, (3) Eidem civitati imputata sunt tria millia, Plin jun (4) Noli imputare vanum beneficium mihi, Phædr 1, 23

Imputor, āri, ātus pass To be imputed, &c Imputatur etiam Deorum iræ, Val Max 4, 5, 2

Imputrēſco, ĕre incept To rot, to grow rotten, Col 6, 16

Imŭlus, a, um adj dim [ab imus] A little towards the bottom Imuli oricilla molliori, Catull 25, 2

Imus, a, um adj [ab infimus, qu infimus ut a sup inmus, imus, Perot] (1) The lowest, or deepest part (2) The lower, or extreme part, the bottom of (1) Ima petunt pisces Ov Met 2,265 (2) Æmilium circa ludum faber imus, Hor A P 32 ¶ Ima corporum velamenta, the innermost, or lowermost vests, smocks, or shifts, Curt 5, 5

I ante N

In præp [à Græco ἐν] cum accus notat motum, cum ablat verò quietem Quod tamen non esse perpetuum docemur, n 5 With an ACCUS (1) Into (2) To (3) Against (4) For (5) In (6) Until (7) After, or according to (8) Towards, for versus (9) Towards, for erga (10) Over (11) Through (12) Upon a place, or thing (13) Upon a time prefixed (14) For, noting duration (15) Used distributively it com otes each, every With an ABLAT (16) In (17) At (18) Among (19) Within (20) Concerning (21) In the power of (22) With (23) Before (24) Sometimes it seems redundant, its ellipsis being far more frequent (25) Sometimes used in a circumlocution of another case (26) Sometimes to be englished by an adverb of the casual word (27) Sometimes in the same word and the same author it is used both intensively and negatively, Cum ACCUS (1) Ibis in urbem, Ov Trist 1, 1 (2) In vulgus gratum esse sentimus, Cic Att 2, 22 In eam sententiam multa dixit, Ibid (3) Hæc cum audio in te dici, excrucior, Plaut Trin 1, 2, 66 (4) Emit pisciculos in cœnam seni, Ter Andr 2,2,32 (5) Cum vestros portus in prædonum potestatem fuisse scitis, Cic pro Leg Manil 12 (6) In lucem tempero acerra bibit, Mart 1, 29 (7) Pellibus in morem cincti, Virg Æn 8, 282 (8) In meridiem spectat, Cato (9) Iniqui sunt patres in adolescentes judices, Ter Heaut 2, 1, 1 (10) Pater habet potestatem in filium, Cic de Inv 2, 17 (11) Sanguis à corde in totum corpus distribuitur, Cic N D 2, 55 (12) Cum pupillum in humeros extulisset, Cic de Or 1, 53 (13) Bellum in trigesimum diem indixerant, Liv (14) Sumus in hunc diem, ibi quo lubet, Plaut Stich 1, 2, (15) Minus tribus medimnis in jugerum nemo dedit, Cic Verr 2, 48 Cum ABLAT (16) In tempore ipso, Ter Andr 5, 6, 10 (17) In morte regnum Hieronis addit, Plaut Men 2, 3, 59 (18) Nisi in bonis amicitia esse non potest, Cic de Am 5 (19) Gallinæ in tiliquo excludunt, Plin (20) Idem in bono servo dici solet, Cic de Orat 2, 61 (21) Vivat in ille occidat, in Dis est, Ovid Met 7, 24 (22) Quid in hospite uteris? Ov Met 7, 21 (23) In ore ejus jugulatus, Tac Hist 3, 78 4 (24) Referebat in ordine Thyrsis, Virg Ecl 7, 20 (25) In malâ deditus vir adulterâ, Catull 59, 101 i e adulteræ Ne in me mutassis nomen, Plaut Amph 1, 3, 6, 49 (26) In immensum, &c Am 2, 1, 41 i e immense Sectus in obliquum limes, Ov Met 2, 1, 0 i e oblique (27) Vid Infrenatus ¶ In aurem dicere, to whisper, Ov In aperum proferre, to publish, Cic In diem vivere, to live from hand to mouth, Id In dies, every day, day after day, Hor Carm 2, 42 Also from one day, Ov Met 2, 48 Also till a longer time, Ter Phorm 5, 2, 16 In pedes se conjicere, to run away, Ter In pedes nasci, with the feet foremost, Plin Quod in solum venit, what cometh first to the hand, Cic In compositione sign in, into, upon, as injicio, infundo, irruo Sæpe negat cum adject vel part, ut injustus, injectus, aliquando it tendit, ut infractus Ramus with in, as incano, Suet impaco, ¶ In compos ante lab, b, m, & p vertitur in m, ut mon imminco, imprudens

Inabruptus, a, um Unbroken Si vos collato pectore mixt, cocexit inabrupta Concordia longa tena, Stat Sylv 5, 1, 43

|| Inabsolūtus, a, um Imperfect, unfinished Formæ inabsoluta, pul de hab doct Plat

Inaccēdo, ere To enter into ... tors do on the place, Id

Inaccenſus, a, um part Not on fire Inaccensi thymiamatibus ignes, Sil 1, 56 Pectus accensum Veneri, Claud Rapt Pr 1, 225

Inacceſſus, a, um adj Inaccessible, unapproachable Inaccessi præaltis rupibus ora, Plin 6, Inaccessi montes, Id 6, 28 Luci, Sil 10, 80

|| Inacētō, āre ... nac ... ēre To be tart and sharp Scrib Larg 104 acesco, Plin ... Cic

|| Inadibilis, e adj Unapproachable, not to be gone to Sid

Inadverſum Unto, or ... Cæs B G 5, 55 Rectius in adversum

|| Inadūlābilis, e adj That always will be flattered, Gell ✝ Adulationi impatiens

Inadustus, a, um Not burnt, unsinged Inadusto corpore tauri, Ov Ep ...

Inæ, ārum f pl The fibres ... vitales confunduntur, Varr R R 3, p

Inædificātio, ōnis f verb building, Met a contrivance, a device, Plaut Mil 2, 2, 5 ... alibi

Inædificātus, a, um part (1) Built upon (2) Piled down, built (1) Inædificata & immissa ædificia, Liv (2) ... cella suffossa, incensa, ... Cic de Har Resp 15

Inædifico, āre āct (1) ... plateasque inædificant Cæs B C 1, 27 To build in a place (2) to pull down that which is (1) Inædificatur modo lamina, Plin 10, 30 (2) Vid Inædificatus, n 2

Inædificor, āri, ātus pass To be built in a place Hæc impensæ ronis inædificata, Hirt in ... G 8, 9

Inæquābilis, e adj Uneven, uneven Inæquabilis varie as Part 4

Inæquābiliter adv Unequally, unequally Ova inæquabiliter turgescunt, Varr R R 3

Inæquālis, e adj issimus Unequal, uneven, odd Inæquales juvenci, Ov Fast 29 portus, Id Met 5, ... qualis vixit, Hor Sat ... Inæqualissimus tril ... Mart non inven

Inæquālitas, ātis f Inequality, unlikeness, uneven ... disproportion, Col 3, 12

Inæquāliter adv Unequally Liv 37, 53 Inæqualiter ... Sen Ep 28.

Inæquātus, a, um part Made equal Inæquatum ... mus urge utrinque, ...

Inæquo, āre āct To make level, or even Hæc crates & terrâ inæquant, Cæs B C 1

Inæſtimābilis, e adj (1) Inestimable, that cannot be ... (2) Also that is not to be regarded (1) Gaudium inestima

Liv 26, 32 (2) *Cic* de Fin 3,

Inæstuo, āre neut *To boil up exceedingly, to be in a great heat* Bi es inæstuat præcordiis, *Hor Epod* 11, 22

|| Inæternum adv *For ever,* ... in æternum

Inaffectatus, a, um *Unaffected, not over curious, natural, flowing of itself* Inaffectata veritas ... *Plin Paneg* 67

Inagitabilis, e adj *Unmoveable* = Agitabilis, iners, *Sen N*

Inagitatus, a, um *Unmoved, unshaken, not tossed, or driven,* Sen

Inalbeo, ēre incept *To wax white* Vena sub lingua ... *Cels* 2, 7 Supra quo- ... procedens inalbescit, *Id* 5, 28

Inalesco, ere ... ut coalesco *To grow together, to stick to one another* ... *Cels*

Inalgesco, ēre incept *To become cold or chill* Frigus voco, ... partes membrorum ... *Cels* ..., 3

|| Inalienatus, a, um ... ad *Not alienated*, Icr

|| Inaltero, āre *Not to change,* Tert ✝ Non muto

Inamabilis, e adj or, comp *Not amiable, unlovely, unpleasant* Palus inamabilis, *Vir Geor* ... fons ..., *Ov ex Pont* 1, 6, 5 ... *Id Met* 4, 476 Nihil inamabilius, *Sen. Controv* 20

Inamaresco, ēre incept *To grow bitter, or unpleasant* Inamarescunt epulæ sine fine petitæ, *Hor Sat* 2, 7, 107

Inamatus, a, um *Loveless* Haud inamatus ... *Stil* 12, 521

Inambitiosus, a, um *Not ambitious, homely plain, void of state* Inambitiosa colebat rura, *Ov Met* 1, 765

Inambulatio, ōnis f verb (1) *A walking up and down in a place* (2) Also *a walk,* or *a place to walk in* (1) *Ad Herenn* ... (2) *Plin* 14, 1

Inambulo, āre neut *To walk up and down in a place Liv* ..., 43

Inamœnus, a, um adj *Unpleasant* ... regna, *Ov Met*

Inane, is n *An empty, or void place ... or sky* Magnum ... *Lucr* 6, 31

Inanesco, ēre incept *To become empty or void,* Amm 23, ... ✝

Inanimalis, ... f *Emptiness* ... = Ita inanitas ... *Plaut Aul*

... m *A brabbling* ... paria exempla le-

... um *Babbling* ... adv ..., Plin

Inanimis, e adj *That hath no life* ... Sermo ... vel ad ...

Inanimatus, a, um *Without life, lifeless, dead,* ... *Top* 18 Res ...

Inanimus, ... adj *Without* ... animi ... atque mutum, ...

Inanio, ... n *Emptiness* ... explemen ... 1, 3, 19

... *To empty, to* ... Plin 20, ...

INANIS, e adj or, comp ssimus, sup (1) *Empty, void of* (2) *Without a burden* (3) *Vain, frivolous, slight* (4) *Ineffectual, unprofitable* (5) *Foolish, silly* (1) Ager aratoribus inanior, *Cic Verr* 3, 52 *Met* § Inanissimus prudentiæ, *Id pro Mur* 12 Inanis re aliquâ, *Id Attic* 2, 8 (2) ✱ Vix incedo inanis, ne ire posse cum onere existimes, *Plaut Amph* 1, 1, 174 (3) = Falsa & inania humana somnia, *Cic* de Div 2, 62 = Nihil inanius, nihil levius existimare, *Id de Amic* 23 (4) Medicina inanis, *Cels* 7, 16 (5) *Hor Sat* 1, 4, 76

Inanitas, atis f (1) *Emptiness* (2) *Met Vanity, uselessness* (1) Mihi inanitate intestina murmurant, *Plaut Casin* 4, 3, 5 (2) = Inanitas & error, *Cic de Fin* 1, 1

Inaniter adv (1) *Ineffectually* (2) *Vainly, falsly* (1) Medicus exercet inaniter artes, *Ov Met* 2, 618 (2) ✱ Incertum verè inaniterne moveatur, *Cic Acad* 2, 4, 11

Inanitus, a, um part *Emptied,* Litt ex Plin ✝ Exinanitus, *Cic*

|| Inante adv *Before, foremost* Item in tempus anterius, *Jurisc*

✝ Inantestatus, a, um *Having not been summoned to give in witness before a magistrate,* Litt ex Plaut

Inapertus, a, um *Not open, not tall* ... Senectus inaperta fraudi, *Sil* 7, 26

Inapparatio, ōnis f *Want of preparation,* Ad Herenn 2, 4 ✱ Apparatio, *Id ibid*

Inaratus, a, um *Untilled, unplowed, unmanured* Tellus inarata, *Ov Met* 1, 109 Pangæa inarata, *Stat Theb* 10, 512

Inardeo, ere, f *sive* inardesco, ēre *To burn, to be on fire, to grow more and more inflamed,* Hor Ep 3, 18 & Vir Æn 8, 623

Inardescit gena, *Sen Herc Oet* 251

Inarefactus, a, um *Made dry, or dried to powder* Inarefactus fungus, *Plin* 22, 10

Inareo, ui *To grow dry* Bulbi conditi ubi inaruerunt, *Cels* 3, 19

Inarescens, tis part *Growing dry* Inarescens ficus, *Col R R* 12, 15 Inarescentia folia, *Plin* 19, 6 vasa, *Id* 31, 10

Inaresco, ēre, ui incept *To dry up, to grow dryer and dryer, to wither, to dry* Pituita nareserit, vomis rescindat, *Col* 2, 14 Ut inarescat non est committendum, *Cels* 5, 26, 2 *Item Met* Inarescit liberalitas, *Plin Ep* 2, 4

Inargentatus, a, um *ut* inauratus *Covered, or inlayed with silver, damasked, done over with silver,* Plin 21, 2

|| Inarguté adv *Without subtilty, grossly, simply* = Non inargute, nec incallidè opposuisti hoc Tullianum, *Gell* 12, 1 ✝ Stupide, insulse, *Lett*

|| Inargutus, a, um adj *Gross, simple, without skill, dull,* Ulp ✝ Stupidus, hebes, *Litt*

Inaro, are act *To till, or husband diligently, to plow, or manure* Si ager inarator est, inarare solent, *Varr* Stercus inarare *Col* 2, 16

Inartificialis, e adj *Without art, not like a workman, inartificial, artless,* Quint 5, 1

Inartificialiter adv *Without art, or cunning* ✱ Alius scienter inartificialiter, alius artificialiter gerit, *Quint* 2, 17

Inascensus, ûs m *An ascent, or climbing up,* Plin Jun

Inascensus, a, um *That cannot be climbed up, or reached unto* Locus inascensus superbiæ principum, *Plin Paneg* 65, 4

✝ Inaspectus, a, um *Unseen, unbeheld* Inaspecti cœlo penates, *Stat Theb* 1, 50

|| Inaspicuus, a, um *Hard to be seen, invisible* Semper inaspicuis prodentur scripta favillis, *Auson Epist* 23, 22

Inassatus, a, um *Roasted thoroughly,* Igneis verubus inassatum, *Plin* 30, 10 Inassatum jecur, *Id* 28, 11

Inassuetus, a, um *Unaccustomed, unwonted* Inassueti equi, *Ov Fast* 4, 450 Inassuetus manus, *Id Ibis,* 10 Cingere inassuetus, *Sil* ..., 36

|| Inattentè adv *Inconsiderately, rashly, heedlessly,* Amm ✝ Incautè

Inattenuatus, a, um *Undiminished, unwasted,* Ov Met 8, 844

Inaudax, acis adj *Fearful, without courage, cowardly* Fugies inaudax prælia raptor, *Hor Od* 3, 20, 3

|| Inaudientia, æ f *Disobedience,* Cypr ✝ Contumacia

Inaudio, ire, ivi, itum act *To hear by report, to overhear* Quæ ... video inaudisse, *Cic Fam* 5, 24 Inaudivi L. Pisonem velle exire legatum, *Id Att* 15, 26 Mutuo ne de hac re quippiam inaudiverit, *Plaut Most* 15, 26

|| Inaudiuncula, æ f dim *A subtil quirk, a little lecture,* Gell 5, 21

Inauditus, a, um (1) *Unheard of* (2) *Strange, incredible* (3) Also *unheard, or untried at law* (4) ✝ *Not hearing* (1) Nomina gentium inaudita, *Liv* (2) Inaudita crudelitas verborum, *Cic pro Rab* 4 (3) Inauditos vos condemnavit, *aut Gell* 14 (4) ... *Non*

|| Inavertibilis, e adj *Unavoidable,* Litt ex Apul ✝ Inevitabilis

|| Inauguratio, onis f *An inauguration, an installment,* Tert *caret autem vett* patroc nio

Inauguratò adv *With the advice of the soothsayers, luckily,* Liv 1, 41 Id nauguratò Romulus fecerat, *Id* 1, 36

Inauguratum est impers *The business is done, it is as we would have it,* Plaut Asin 2, 1, 11

Inauguro, are act (1) *To guess, or divine at the success of any enterprise by the flight of birds* (2) Also *to dedicate, or consecrate a place, or person* (1) *Liv* 3, 20 (2) Augur in locum ejus inauguratus est filius, *Liv* 30, 26

Inaurator, ōris m *A gilder, or worker in things gilt,* Vet Inscr ap Grut p 1074

Inauratus, a, um part (1) *Covered with gold* (2) *Also in gilt* (1) Inaurata statua, *Cic Verr* 2. 21 (2) Inaurata lyra, *Ov Amor* 1, 8, 60

Inauris, is f *An earring, a pendant, or like thing hanging at the ear,* Plaut Men 3, 3, 17

|| Inauritus, a, um adj *Without ears, that hath no ears,* Gell ..., ✝ Sine auribus

Inauro, are *To gild, or overlay with gold,* Hor Ep 1, 12, 9

Inauror, ari, atus pass *To be gilt over, to have a gilt statue erected to one's honour* Puto te ... cupere consul, quam inaurari, *Cic Fam* 7, 13

Inauspicatò adv *Unluckily, without the advice of the soothsayers,* Cic ... D ... 1, 17 Inauspicato crearn, *Val Max* 1, 6, 6

Inauspicatus, a, um ssimus, sup *Unfortunate, unlucky, betokening some misfortune and evil that which is not done by counsel of the augurs* Inauspicatum sanguine pignus, *Sen Oed* 1042 Inauspicatissimus, *Plin* 28, 2

Inausus, a, um *Unattempted* Inausum nil linquere, *Vir Æn* 7, 308 quid sceleris, *Id* 8, 205

Incæduus, a, um *Uncut, not lopped* Incædua silva, *Ov Amor* 3, 1, 1

Incalescens, tis part *Growing hot* Incalescentia vasa, *Plin* 14, 21

Incalesco, ēre, ui incept (1) *To grow hot* (2) *To be earnest, or fierce* (1) Tempus anni incalescit, *Col* 2, 4 (2) Incaluere animi, *Ov Met* 2, 87 Incaluerunt vino, *Liv* 57

Incalfacio, ēre, feci *To heat, or make hot* Incalfacit hostia cultro, *Ov Met* 15, 735

Incallidè adv *Simply, without any cunning,* Cic Offic ..., ...

Incallidus, a, um adj or, comp *Simple, plain, without craft, or subtilty* Incallidus servus, *Cic pro Cluent* 16 Quid potuit esse incallidius? *Id Fam* 3, 9 nonnulle autem editt callidius

|| Incanio, are ... in & canto *To call upon,* Fest

Incandesco, ēre, ui incept *To wax very hot, to be inflamed* Plumbum incandescit eundo, *Ov Met* 2, 728 Incanduit ..., *Vir Geor* 3, 479 Vetus accensis incanduit ignibus ara, *Ov Met* 12, 12

Incanesco, ēre, ui incept *To wax hoary, or to be hoared* Spumis incanuit unda, *Catull* 64, 13 Incanuit imbre Caucasus, *Val Flacc* 6, 611

Incantamentum, i n *A charm, or inchantment,* Plin 28, 2

|| Incantator, ōris m verb *An inchanter, or charmer,* Firm ✝ Qui incantat

Incantatus, a, um part *Inchanted* Incantata vincula, *Hor Sat* 1, 8, 49

Incanus, a, um adj *Hoary, white with old age* Non incanis mentis, *Vir Geor* ..., ... Incana labra, *Ov ... Met* 8, 802

|| Incapax, acis adj *Uncapable, not subject to* Incapax tormenti, *Prud Perist* 10, 588 ✝ Non capax, *vel* obnoxius

|| Incarceramentum, i n *Imprisonment,* Hier ✝ Custodia, vincula

|| Incarceratio, ōnis f verb *An imprisoning,* Plin ... ted non ...

Incarcero, are act *To imprison,* Varr ... *sed certum* ... in vincula conjicio

|| Incarnatio, ōnis f verb *Incarnation, or taking of flesh,* also the bringing on of flesh, Eccl

|| Incarnatus color *Flesh colour, or carnation colour,* Jun

|| Incarno, are act *To bring flesh upon, or fill up a place with new flesh,* Med ✝ Cicatrico, obduco

Incassum adv *sive* in cassum ... & ... in vacuum & ... *In vain, to no purpose, amiss* ... incassum tulit, *Vir Geor* 3, 100

Incastigatus, a, um *Not chastised, uncorrected* Nec me dimittis incastigatum, *Hor Epist* 1, 1, 45

|| Incestitas, atis f *Unchastness,* Sidon ✝ Impuritas

Incastro,

Incaſtro, āre act *To ſet in the ſtocks, or priſon*, Plin *trib* Litt *ed* 9

|| Incaſtus, a, um adj *Unchaſte*, Litt ex Hyg ✝ Parum caſtus, *Hor*

Incaſurus, a, um part [*ab* incido] *That may fall in, happen, or come to paſs*, Plin 2, 27

Incavatus, a, um part *Made hollow*, Litt ex Col *Vid* Incavo

|| Incavillatio, ōnis f *A deriding, or mocking with contempt*, Feſt ✝ Cavillatio

Incavo, āre act *To make hollow*, Col 4, 25

|| Incauſtum, i n *Ink*, Med Gramm

Incautè adv ius, comp *Unwarily, heedleſly, unadviſedly* = Stultè omnia & incautè *agi judico*, Cic Att 7, 10 Incautiùs ſubit murum, *Liv* 21, 7

Incautus, a, um adj or, comp (1) *Unwary, heedleſs, that doth not foreſee* (2) Paſſ *Not foreſeen and taken heed of* (1) = Haud ignara & non incauta futuri formicà, *Hor Sat* 1, 1, 35 Incautior juventa, *Liv* 30, 13 (2) = Iter intentatum & hoſtibus incautum, *Tac Ann* 1, 50, 3 Quo incautior deciperetur, *Id Hiſt* 1, 65, 7

Incedo, ĕre, ſſi, ſſum neut (1) *To go, or walk* (2) *To go in ſtate* (3) *To come, or go* (1) Incedebas pedibus, incedis, læta baris labore, lætaris, *Plin* (2) Divûm incedo regina, *Vir Æn* 1, 50 (3) Meus ſodalis incedit huc cum amicâ ſuâ, *Plaut Moſt* 1, 4, 152

Incelebrātus, a, um *Unfrequented, not ſpoken of*, Tac Ann 6, 7 = Infrequens, obſcurus

Incelebris, e adj. *Not haunted, or much reſorted unto, nothing famous* Incelebri miſerunt valle Velitræ, *Sil* 8, 379 Non incelebriores libri, *Gell* 5, 14

Incendiaria, æ f *An unlucky bird called a ſpight*, Plin 10, 13

|| Incendiarium oleum *Wild-fire*, Veget

Incendiārius, i m *A firer of houſes, or towns, an incendiary*, Suet Vit 17

Incendium, i n [*ab* incendo] (1) *A fire*, as when an houſe, *or* town is on fire, *a burning flame* (2) *A vehemence of any paſſion*, as of envy, hatred, love, &c (1) Domus ardebat incendio, *Cic* pro *Domo*, 24 (2) Dicit ſe populare incendium ſemiuſtum effugiſſe, *Liv* interpr *Budæo* Inflammari incendiis cupiditatum, *Cic* de *Fin* 5 Ex amore tantum eſt homini incendium, *Plaut Aſin* 5, 2, 69 Creſcente amoris in Cleopatram incendio, *Paterc* 2, 82

Incendo, ĕre, di, ſum act (1) *To ſet fire on* a thing, *to burn* (2) Met *To inflame, to tease, vex, or chaſe* (3) *To encourage* (4) *To ſtir up* (1) = Inflammari navem, incendique juſſit, *Cic Verr* 5, 35 (2) Deſine meque tuis incendere, teque querelis, *Vir Æn* 4, 360 (3) Incenduntur omnes ad ſtudia gloriâ, *Cic Tuſc* 1, 2 (4) Pudor incendit vires, *Vir Æn* 5, 455 ¶ Incendere annonam, *to make victuals dear*, Varr genus ſuum, *to make it more eminent*, Plaut

Incendor, i, ſus paſſ *To be ſet on fire*, &c Quod Saturnalibus urbem incendi placeret, *Cic Catil* 3, 4

|| Incensè adv *Earneſtly*, Gell 10, 3 ✝ Vehementer, impense

Incenſio, ōnis f verb. *A burning, or ſetting on fire* Incenſio Capitolii, *Cic Catil* 3, 4

|| Incenſiti inopes *The poorer ſort of people*, Pancir ✝ Nullius cenſûs homines

Incenſor, ōris m verb. *A firer of houſes*, &c *Apul.* de *Mundo*, p 740 ✝ Incendiarius

|| Incenſum, i n quia incenditur *Incenſe, frankincenſe*, Bibl

Incenſus, a, um part & adj or, comp (1) *Set on fire, inflamed* (2) Met *Angred, enraged* (1) Incenſa urbs, *Vir Æn* 2, 353 (2) *Claud* de *Rapt Proſ* 3

Incenſus, a, um adj [*ex* in & cenſus] *Not regiſtred in the number of citizens, or one that hath not brought in the account of his eſtate* Lex de incenſis lata, *Liv* 1, 44 vid etiam locum *Cic.* pro *Cæcina*, ſub finem

|| Incentio, ōnis f verb [*ab* incino] (1) *A conſort of inſtruments, or of voices* (2) Alſo *a charm, or inchantment* (1) *Gell* 4, 130 (2) *Gell.* 16, 11 ✝ Cantio, *Cic*

Incentivum, i n *An incentive, or provocation, vid ſeq* Incentivus Alſo *the aſſay, trial, or proof that muſicians uſe to make before their inſtruments, or voices fall in tune* Perperam *Plin jun* tribuitur, frequens ap recentiores, ſed ferri poteſt cum lingua deſideret

Incentivus, a, um adj (1) *Who ſingeth firſt, or beginneth to ſing* (2) Alſo *that incourageth, provoketh, or ſtirreth up to* (1) Tibia incentiva, *Varr R R* 1, 2 (2) Ap recentiores *Vid* Incentivum

Incentor, ōris m qui incinit vel incendit (1) *He that ſingeth the deſcant* (2) Alſo *a maker of a debate, a barreter, an incendiary* (1) Ap recentiores ſed neceſſarium videtur (2) Freq ap ſequioris ævi ſcriptores ✝ Litigator, *Cic*

Incepſit, *i e* inceperit, *Plaut*

Inceptio, ōnis f verb [*ab* incipio] *A beginning, an enterprize* Inceptio eſt amentium, haud amantium, *Ter Andr* 1, 3, 13

|| Inceptivus, a, um Verba inceptiva, *verbs inceptive*, Gramm

Incepto, āre freq (1) *To begin, to go about, to take in hand* (2) *To enterpriſe, or attempt* (1) Fabulam inceptat, *Ter Andr* 5, 4, 22 (2) Quid inceptat Thraſo? *Ter Phorm* 4, 3, 21 *ſed nonn libb habent* cœptat

Inceptor, ōris m verb. *A beginner, an enterpriſer* ⁜ Voluptatum inventor, inceptor, perfector, *Ter Eun* 5, 9, 5

Inceptum, i n *A beginning, an enterpriſe, or deſign* ⁜ = Non modo factum, ſed inceptum conatúmve contra patriam ſi deprehendero, *Cic Catil* 2, 12. Inceptum exequi, *Val Max* 4, 6, 2

Inceptus, a, um part *Begun, taken in hand* Amicitia incepta à parvis cum ætate accrevit ſimul, *Ter Andr* 3, 3, 7

Inceptus, ûs m verb *An undertaking, an enterpriſe* ⁜ Fœdum inceptu, fœdum exitu, *Liv* in *Præf*

Inceratus, a, um. part *Done over with wax, cered*, Celſ 8, 8

Incerniculum, i n dim [*ab* incerno, *i e* cribro ſegrego] *A ranging ſieve wherewith corn is cleanſed before it be ground*, alſo *a ſierce, a colander, a ſtrainer*, Cato, & Plin 8, 44

Incerno, ĕre, crevi, cretum act *To ſift, to range, to ſierſe.* Terram cribro incernito, *Cato R R* 48 Cribro putrem terram duos alte digitos incernemus, *Col* 5, 6

Incernor, i paſſ *To be ſifted*, &c Super fricaturam incernatur marmor, *Vitruv* 7, 1.

Incēro, āre act. *To cover, or do over with wax* Genua incerare deorum, *Juv* 10, 55

Incertè adv *Doubtfully, uncertainly*, Enn *ap* Gell 19, 10

|| Incertitūdo, inis f *Uncertainty* Malæ notæ voc ✝ Incertum & incerta *dixerunt probi ſcriptores*

✝ Incerto, āre *To make doubtful, or uncertain* Longa dies meum incertat animum, *Plaut Epid* 4, 1, 18. ✝ Incertum reddo

Incertò adv Incertò ſcio, *I am not ſure*, Plaut Epid 5, 4, 69

Incertum, i n *Doubtfulneſs, uncertainty*, Liv 30, 15

Incertus, a, um adj or, comp ſſimus, ſup (1) *Uncertain, doubtful* (2) *Unconſtant, wavering* (3) *Held in ſuſpenſe, that knoweth not what courſe to take* (1) Quicquid incerti, aut ambiguum fuit, nunc liquet, nunc defæcatum eſt, *Plaut Pſeud* 2, 4, 69 (2) Quavis incertior aurâ, *Ov* ex *Ponto*, 4, 3, 33 = Incertiſſima ſpes, *Cic* pro *Sext* 22. (3) = Nolo ſuſpenſam & incertam plebem Romanam obſcurâ ſpe pendere, *Cic* contra *Rull* 2, 25 § Incertus veri, *Liv* Incertum eſt de injuriâ, *Cic* ¶ Incertus conſilii, *that knoweth not what to think, ſay, or do*, Ter Phorm 4, 1, 12.

|| Inceſſanter adv *Inceſſantly, continually*, Sidon Epiſt 8, 11 ✝ Aſſiduè, perpetuò

Inceſſo, ĕre, ſſi *vel* ſſivi, itum freq [*ab* incedo] (1) *To go, or come, approach, or be at hand* (2) *To aſſault, attack, or ſet upon, to ſeize* (3) Alſo *to provoke, to affront, anger, or vex.* (1) Ubi crepuſculum inceſſerit, *Col* 2, 1 (2) Telorum lapidumque inceſſere jactu cœpit, *Ov Met* 13, 566 (3) Auſus erat reges inceſſere dictis, *Ov Met* 13, 232 ¶ Mœſtitia inceſſit animos, *a damp ſeized their ſpirits*, Liv Inceſſit admiratio homines, *ſeized upon them, they were poſſeſt with it*, Id 9, 8 Timor inceſſit patres, ne, *Id* 1, 17

Inceſſus, ûs m verb [*ab* incedo] (1) *A ſtately gate, a pace, a walking, a march* (2) *A paſs, a defile* (1) Vera inceſſu patuit dea, *Vir Æn* 1, 409 Non inceſſu ſolum ſed ornatu, *Cic* pro *Cœl* 20. (2) Inceſſus alios claudere, *Tac* 6, 33

Inceſtè adv. (1) *Without purification* (2) *Inceſtuouſly, unchaſtely, impurely* (1) Paras inceſtè ſacrificium Dianæ facere, *Liv* 1, 45 *i e* antequam perfunderis vivo flumine, *hoc n ſequitur* ⁜ Ut caſta inceſtè hoſtia concideret, *Lucr* 1, 99 (2) Quoties lectica cum matre veheretur, libidinatum *aiunt* inceſtè, *Suet Ner* 28.

Inceſtificus, a, um *That polluteth by inceſt, inceſtuous*, Sen Theb 223

Inceſto, āre act (1) *To defile by inceſt, or other filthy way of luſt* (2) *To abuſe one carnally* (3) Alſo *to defile by reaſon of a dead body* (1) *Suet Tib* 45 (2) Neque eam inceſtavit unquam, *Plaut Pœn* 5, 2, 126 (3) Totam inceſtat funere claſſem, *Vir Æn* 6, 150

Inceſtum, i n *Inceſt*, Cic Tuſc 4 35 & Tac Ann. 12, 5, 2

Inceſtuōſus, a, um. adj *Inceſtuous*, Val Max 6, 3, 7.

Inceſtus, a, um. adj [*ab* in & caſtus] It is in modern writers uſed for *inceſtuous, that marrieth, or lieth with near kindred*, but in the beſt authors, (1) *Unchaſte, adulterous* (2) *Ribaldrous, filthy* (3) *Guilty, profane* (4) *Inceſtuous.* (1) Prædonis in eſtive la, *Stat Achill* 1, 45 Inceſti meretrix regina Canopi, *Propert* 11, 39 Fatalis, inceſtuſque judex, *Hor Od* 3, 3, 19 (2) Optimum virum inceſto ore laceravit, *Cic Philipp* 11, 2 (3) ⁜ Dieſpiter neglectus inceſto addidit integrum, *Hor Od* 3, 2, 29 (4) Inceſtæ nuptiæ, *Tac* 11, 25 Fratrum non inceſtus, ſed incuſtoditus amor, *Id* 12, 4

Inceſtus, ûs m *Inceſt, marriage with one too near akin*; alſo *all manner of uncleanneſs*, Cic pro Mil 22

Inchŏātivus, a, um adj inchoativa verba, *Priſc quæ & inceptiva Verbs ending in* ſco, *as pa*leſco, diteſco, pueraſco, *to begin to grow pale*, &c

Inchoātus, a, um part *Begun, imperfect* ⁜ Præclare inchoata multa, perfecta non plane, *Cic* de *Cl Orat* 33

Inchoo, are act [*ex* in & cohum, antiq *pro* chaos] (1) *To begin* (2) Alſo *to perform and finiſh* (1) ⁜ Libros inchoavi, ſed conficere non poſſum, *Cic* (2) Stygio regi nocturnas inchoat aras, *Vir Æn* 6, 252 *Serv interp* ⁜ Abſolvo, perficio, conficio

|| Incicur, ris adj [*ex* in & cicur] *Wild, not tame*, Feſt

Incidendus, a, um part *To be cut* Incidendas cervices ei præbuit, *Val Max* 6, 8, 3

Incidens, tis part [*ex* in & cædo] *Cutting, engraving* Incidens literas, *Plin* 16, 9

Incidens, tis part [*ex* in & cado] *Falling into, incident* Pupillæ obiter incidentia facile deceſnant, *Plin* 11, 37

Incidit imperſ *It happened*, Liv.

Incido, ĕre, di, caſum neut [*ex* in & cado] (1) *To fall into* (2) *To fall in, or upon* (3) Simply *to fall* (4) Met *To meet with* (5) *To befal, or happen* (1) In foveam incidit bellua, *Cic Philipp* 4, 5 (2) Caput incidit aræ, *Ov Met* 5, 104. (3) Incidit ictus ad terram Turnus, *Vir Æn* 1, 926 (4) Homini improviſo incidi, *Cic Verr* 2, 74 (5) Qui iſthæc tibi incidit ſuſpicio? *Ter Andr* ...

Incido, ĕre, idi, iſum act [*ex* in & cædo] (1) *To cut, or chop* (2) *To ſlip, or pare about* (3) *To etch, to grave, or write* (4) *To cut, or make ſhorter* (5) *To make an end of, to leave off* (1) Novas incide faces, *Vir Ecl* 8, ... (2) Qui mihi pinnas inciderant, nolunt eaſdem renaſci, *Cic Att* 4, 2 (3) Incidit in tabella ærea cam ædem, *Plin* 33, 1 = In baſi tropæorum incidi inſcribique, *Cic* in *Piſon* 38 Verba incidere cerris, *Ov Met* 9, 528 (4) Poema quod compoſueram incidi, *Cic* ... *fr* 3, 1 (5) Nec luſiſſe pudet, ſed non incidere ludum, *Hor Epiſt* 1, 14, 36

Incidor, i, ſus paſſ *To be cut*, &c Lingua inciditur ad deplorandam calamitatem, *Cic antequam ir in exil* 6

Inciduus, a, um adj *That is not lawful, or wont to be cut* Sylva incidua, *Ov Am* ... *tamen mel libb hab* incædua

✝ Inciens, tis adj [*ab* in & cieo] Incientes oves, *ewes near their time of yeaning*, Varr

Incile, is n [*ab* incidendo, *ut*] ciditur enim lapis vel terra, unde aqua

qua ex flumine agi possit] *A perch ditch, or furrow to convey water, a place by which water is conveyed into the fields, &c water grounds, &c a gutter of one for water to pass in, a kennel in the streets for a water course* Vid Plin 18, 26 Col 5, & Græv ad Cic Fam 8, 5

Incilis, e ut inciles fossæ *Gutters, ditches, or furrows for the conveyance of water*, Cato

Incilo, are *To blame, reprove, rebuke, or check* ‖ Jure increpet, incilerque, Lucr 3, 976.

Incinctus, a, um part (1) *Girded, environed, hemmed in* (2) *Ungird'd, loose* (1) Ebrius incinctis philyrâ capillis saltat, *Ov* ... 5, 337 (2) *Litt* sed, ut puto, sine auct

Incingo, ĕre, xi, ctum act. *To gird, to gird about, to environ, to compass in* Aras verbenis, sylvæque incinxit agresti, *Ov Met* ... 241 Turritis incingere mœnibus urbes, *Id Am* 3, 8, 47

Incingor, i, ctus pass *To be girded about* Incingi zonâ, *Ov Ep* 66

Incino, ĕre, nui, entum [ex in & cano] *To sing, or play upon instruments* Varios incinit ore modos, *Propert* 2, 22, 6

Incipiendus, a, um part *To be begun*, Ov Fast 5, 570.

Incipiens, tis part *Beginning* ba incipiens, *Ov Met* 12, 395

Incipio, ere, cepi, ceptum act [ex in & capio] (1) *To begin* *To enterprise, to attempt* (1) Incipere multò est, quam impetrare, facilius, *Plaut Pœn* 5, 2, (2) Hac spe illi hoc incipiunt, *Adelph* 2, 2, 19

Incipior, i pass *Quint*

Incipisso, ĕre *To begin, or attempt* Magnam illic, homo, rem incipissis, *Plaut Mil* 2, 2, 7.

‖ Incircumcisus, a, um *Uncircumcised*, Eccl

‖ Incircumscriptus, a, um *Incomprehensible, unbounded*, Prud Apoth 86, ✝ Non circumscriptus

Incisè adv *Piecemeal, concisely, or by short sentences, or members* Incisè, membratimve, *Cic Orat* 6,

Incisim adv *Idem* Quæ incisim, aut membratim efferuntur, *Orat* 67

Incisio, onis f verb (1) *Incision, or cutting* (2) Met *A pointing of a sentence* (1) ... & alligatura vitis, *Col.* de ... c 8 (2) *Cic Orat* 61

Incisores, dentes [quod incidant] *The four foremost teeth so called*, Ap Med

Incisum, i n *A short member of a sentence, called a comma* ... Græci κόμματα & κῶλα, nescio cur nos non recte *incisa* & *membra* vocemus, *Cic Orat* 62

Incisura, æ f (1) *A cut, gash, scarf, a jag, a notch* (2) *A line in one's hand* (1) Pili incisi ipsi incisurâ augentur, *Plin* 9 (2) *Plin* 11, 52.

Incisus, a, um part (1) *Cut, hewed, or carved in* (2) *Snipt, jagged* (3) Met *Also cut off.* Carmen incisum in sepulcro, ... 17 (2) Herba in... *Plin* ... (3) Spe omni reditûs ... 2, 15

Incitus us m verb *idem quod* ... *Plin* 16, 12

Incita, æ f propriè adj f *subaudi* linea Antiqui fines sc u terminos, quos amplius promovere non licet, *incitas* vocabant Et qui rerum redacti erant, ut nullum certum rerum suarum consilium capere possent, *ad incitas redacti*, Plauto, aliisque dicebantur, ubi subaudiendum *lineas*, Scal *An extremity, or the farthest bound, a ne plus ultra* Vid Incitus

‖ Incitābulum, i n Incitabulum ingenii virtutisque, *Gell* 15, 2 pro

Incitāmentum, i n *An inticement, motive, inducement, or incouragement* Laborum & periculorum incitamentum, *Cic* pro *Arch* 10 Educandi incitamentum, *Plin Paneg* 27 Incitamentum ad vincendum, *Liv* 21, 44 *sed al alter*

Incitātè adv iùs, comp *Hastily, speedily* ✱ Fluit numerus incitatiùs brevitate pedum, tum proceritate tardiùs, *Cic Orat* 63

Incitātio, ōnis f verb (1) *An hasting* (2) Met *An emotion, a provocation, an incouragement* (1) Sol incitatione fertur, *Cic Q. Acad* 4, 26 (2) Vehementi incitatione inflammatur animus, *Cic* de *Orat* 2, 43

‖ Incitātor, ōris m verb *A motioner, or mover to a thing, an egger on*, Prud ✝ Auctor, stimulator

Incitātus, a, um part or, comp ssimus, sup *Stirred up, set forward, hastened, incited, or spurred on, hasty, speedy, earnest* Incitatus celeritate & studio, *Cæs B C* 3, 78 Incitato equo sese hostibus obtulit, *Id B G.* 4, 12 Incitatior fertur Thucydides, *Cic Off.* 1, 7 Incitatissima conversio, *Id. Somn Scip* 12 Incitatissimæ minæ, *Val. Max* 3, 8, ext 3

Incitātus, ûs. m *A moving, or stirring up* Assiduo mundi incitatu, *Plin* 2, 45 *ita leg Hard Vid.* Incitus

* Incitega, æ f sicut ap *Fest* corruptè leg neque secius ap *Athenæum* ἐγγυθήκη, cum rect sit ἐγκιθήκη ex ἐγκεῖμαι, incumbo, innitor, & θήκη, ut sit, cui crater innititur *A server, a stand, a plate, or any thing on which a vessel standeth* Rect incitheca

Incito, āre act (1) *To incite, or stir up* (2) *To spur on, to hasten, or put forward* (1) ✱ In cibis aviditatem incitat inhibetque, *de herba*, Plin 20, 7 (2) = Facilius est incitare currentem, quam commovere languentem, *Cic Orat* 2, 44 ✱ refreno, *Id* pro *Cæl* 31

Incitor, āri, ātus pass *To be incited, &c* ✱ Stellarum motus tum incitantur, tum retardantur, sæpe etiam insistunt, *Cic N D* 2, 40

Incitus, a, um part [ab incieo] (1) *Moved, stirred, hasty, speedy, quick* (2) *Which cannot be moved, gone as far as may be* (1) Venti vis verberat incita pontum, *Lucr* 1, 272 (2) Redigi ad incitas, *sc* lineas, *Plaut Trin* 2, 4, 136 *to be at his wit's end*, a metaphor taken from the game of draughts, when one can remove the men no farther

Incitus, ûs m *Motion* Assiduo mundi incitu, *Plin* 2, 45 *sic leg Froben & alii* Vid Incitatus

Incivilis, e adj *Uncivil, clownish, rude, ill bred* = Sævientque inciviles animi, *Aur Vict* de *Cæsarib* c 22. Incivile ingenium, *Eutr* 9, 27

Inciviliter adv iùs, comp *Uncivilly, clownishly* An te nos tractamus inciviliter? *Apul Met* 7, p 227 Incivilius se & ultiùs efferre, *Flor* 1, 26, 8 Incivilius & violentiùs, *Suet Tit* 6

‖ Inclāmātor, ōris m *An usher, or serjeant*, Bud

Inclāmĭtor, ari freq *To be bawled at, to be railed at* Etiam inclamitor quasi servus? *Plaut Epid.* 5, 2, 46

Inclāmo, āre neut (1) *To cry out to, to call to, or upon.* (2) *Also to cry out upon, to chide, scold, or rail at* (1) Ita te para, ut, si inclamâro, advoles, *Cic Att* 2, 18 Exercitus inclamat Curiatiis, *Liv* 1, 25 (2) Nolito acriter eum inclamare, utut erga me est meritus, *Plaut Cist.* 1, 1, 110 *vid & eundem, Asin* 3, 2, 36

Inclāreo, ēre, ui & inclaresco, ĕre, ui *To grow famous and considerable, to get credit and reputation* Docendi genere inclaruit, *Suet* de *Ill Gramm* 17 Artibus inclaruisse, *Plin Paneg* 82 Inclaruistis speciosо vitæ exitu, *Val. Max* 5, 4, ext. 3

Inclēmens, tis adj or, comp ssimus, sup *Ungentle, unkind, churlish, merciless, pitiless, harsh, rigorous* Dictator inclemens, *Liv* 8, 32 Inclementius verbum, *Id* 9, 34 Inclementissimus incubator, *Macr Somn Scip* 1, 10.

Inclementer adv iùs, comp *Harshly, unkindly, without pity, unmercifully* Dicere in aliquem inclementer, *Ter prol. Eun* 4 Si quid inclementiùs in te sum invectus, *Liv* 3, 48

Inclēmentia, æ f *Cruelty, unmercifulness, rigour, sharpness*, Inclementia duræ mortis, *Vir Geor* 3, 68 divûm, *Id Æn* 2, 602

Inclīnābilis, e *Inclinable* Dubios & in pravum inclinabiles revocare ad rectum, *Sen Epist* 94

‖ Inclīnāmentum, i n *A declension, or derivation*, Gell 4, 9

Inclīnans, tis part *Inclining, bending, drawing nigh to* Inclinans in vitium vinum, *Plin* 14, 20. Ad purpuram inclinans, *Id* 21, 8

Inclīnātio, ōnis f verb (1) *A leaning, or bowing downward* (2) Met. *An inclination, or disposition* (3) *A change, or alteration* (4) *A revolution, a climate* (1) ✱ Accubatio, inclinatio, sessio, *Cic N. D* 1, 34 Inclinatio laterum, *Quint* 1, 11 (2) Inclinatio voluntatis, *Cic* de *Or* 2, 29 (3) Inclinationes rerum & temporum, *Cic Fam* 6, 10 (4) Cœli inclinationes, quæ Græci κλίματα vocant, *Vitruv* 1, 1

Inclīnātus, a, um part & adj or, comp (1) *Stooping, bended, awry* (2) Met *Prone* (3) *Abated, weakened, waxing toward the end, wearing away, going down* (4) *Fallen to decay* (5) *Also flagging, drooping, or giving way* (1) Inclinata cervix, *Quint* (2) Inclinatior ad pacem animus, *Liv* 3, 2 (3) Inclinatæ vires, *Liv* ✱ increscens Vid Inclino, n 5 (4) = Labenti & inclinatæ reipublicæ ferre opem, *Cic* ad *Brut* 18 (5) Inclinatam aciem solus restituit, *Suet Cæs* 62

‖ Inclīnātus, ûs m verb. *A declining of nouns, &c* Gell 3, 12

Inclīnis, e adj (1) *Bending forward, stooping* (2) *Also unbent, straight* (1) Cervix inclinis cedit malis, *Val Flacc* 4, 307 (2) *Manil* 1, 596

Inclīno, āre act & neut (1) *To bend, or bow down* (2) *To incline* (3) *To change, or turn* (4) *To lessen, impair, or abase* (5) Neut *To decline, to wax worse, or better* (6) *Also to recoil, to give back, to shrink* (7) In sensu obscœno. (1) Genua inclinârat arenis, *Ov Met* 11, 355 (2) Inclinat animus ut arbitrer, *&c Liv* 7, 9 (3) Se fortuna inclinarat, *Cæs B G* 1, 152 (4) Phalereus primus inclinâsse eloquentiam dicitur, *Quint* 10, 1 (5) = Inclinata fortuna & planè jacens, *Cic Tusc* 3, 3 ✱ Quædam remedia increscentibus morbis, plura inclinatis conveniunt, *Cels* 3, 2 (6) Dextrum cornu in fugam inclinabat, *Liv* (7) *Juv Sat* 9, 26 ¶ Inclinat se sol, *the sun is going down*, Liv Inclinare omnem culpam in aliquem, *to lay all the fault upon him*, Id 5, 8 nomen in casus, *to decline it*, Gell 10, 13 ✝ Declinare, *Varr*

‖ Inclīnus, a, um adj *Bending downward*, Arnob *pro* inclinis

Inclūdo, ĕre, ūsi, ūsum act [ex in & claudo] (1) *To include, or inclose, to shut up* (2) *To hinder, or keep in* (3) *To inchase, grave, or set in* (1) Nondum omne animal in mundo intus incluserat Deus, Cic *de* Univ 10 § Includere aliquem in custodias, *i e* carcerem, *Id Verr* 5, 5 (2) = Me dolor debilitat, includitque vocem, *Cic* pro *Rabir Post* 17 Inclusitque dolor lacrymas, *Stat Theb* 12, 18. (3) Signa Verres in scyphis aureis includebat, *Cic Verr* 4, 24 § Includere aliquid clypeo, *Id Tusc* 1, 15.

Inclūdor, i, sus pass *To be included, &c* Quod multis locis in jurisconsultorum includitur formulis, *Cic* de *Cl Orat.* 79

‖ Inclūsa, æ f *A kind of inner coat*, Alex. ab Alex

Inclūsio, onis f verb *A shutting, or inclosing in, an imprisonment* M Bibulum, cujus inclusione contentus non eras, occidere voluisti, *Cic* in *Vatin* 10

Inclūsus, a, um part (1) *Shut up, besieged* (2) *Contained, inclosed, included* (1) Inclusi compagibus corporis, *Cic* de *Sen* 21 ✱ Ut potius acie decernerent, quàm inclusi, *Liv* Inclusum Dolabellam interfecit, *Paterc* 2, 69 (2) Incluso plena sit uva mero, *Ov Trist* 5, 3, 36

Inclūtus, quod tamen frequentiùs scrib

Inclytus, a, um ‖ ssimus, sup adj [ab in & κλυτὸς, *i e* clarus, vel ab in & cluo] *Famous, noble, excellent, of great renown* § Inclytum divitiis templum, *Liv* Inclytus apud mulieres, *Plaut Mil* 4, 6, 12. Claritudo inclutissima, *Gell* 3, 7 Inclutissimi poëtarum, *Id* 13, 7

Incoactus, a, um (1) *Voluntary, unconstrained* (2) *Also curled, or gathered* (1) Omne honestum injussum incoactumque est, *Sen Ep* 66 Voluntas incoacta, *Val Max* 4, 7, 1 (2) = Incoactæ dicebantur mulieres plus æquo calamistris usæ vel ustæ, *Fest*

Incoctilis, e adj *Tinned, leaded, silvered, or gilded over, or within*, Plin 34, 17

Incoctus, a, um part & adj [ab incoquor] (1) *That which is sodden, or boiled with any other thing, or infused into it* (2) *Sunburnt* (3) Met *Also soaked, or seasoned with a thing* (4) Adj *Unsodden* (5) *Unripe, not considered, or digested.* (1) Cruor incoctus herbis, *Hor Epod* 3, 7 Incocta cerastis spicula, *Sil* 15, 684 (2) Mauri incocti corpori, *Sil* 17, 637 (3) Incoctum generoso pectus honesto, *Pers* 2, 74 (4) § Cibo incocta, *Fab Pict* ap *Gell* 10, 15 (5) ✱ Incoctum non expromit, benè coctum aliquid dabit, *Plaut Mil* 2, 2, 53

Incœnans, tis part *i e* intus cœnans,

co·ans *Supping within doors*, Suet Tib 39

Incœnātus, a, um part *Not having supped, supperless* Cul et in cœnatis, *Cato*, 156 incœnato care inecicm nisi *Lat Comp* 140

Incœnis, e *Supperless* Cupi unt extrudere incœnem ex ædibus, *Plaut Cas* 4, 1, 18

Incœno, are *To sup*, or *be at supper in one's doors*, Suet Tib 39 *vid* Incœnans, *vix* Incœnatus

Incœptio, incœpto, incœptor, incœptus *vid* Inceptio, &c

Incōgitābilis, e adj (1) *Thoughtless, that thinks not of a thing* (2) *Not thought of, that cannot be justly thought* (1) = Scio inconsulte excoere, cæcum, incogitabilem *Plaut Mil* 2, 6, 63 (2) *Litt* ex *Cal* P qui tamen gratis dat

Incōgitandus, a, um *Not to be thought on*, Incog ex Plaut Stich 1, 1, 5, & Trin 2, 1, 1 *sed rectius* in cogitando, *vid* Gronov *in locum* Plaut

Incōgitans, tis adj *Rash, foolish, thoughtless, unadvised, inconsiderate*, Ter Phorm 55, 2, 14

Incōgitantia, æ f *Incogitancy, inadvertency, indiscretion* = In cogitantia, excors, immodestia, *Plaut Merc* 1, 1, 27

Incōgitātus, a, um (1) *Inconsiderate, thoughtless* (2) *Never contrived before* (1) Incogitatus animus, *Plaut Bacch* 4, 3, 1 = Alacritas incogitata & injussa, *Sen Ep* 5 (2) Supplicia horrida, incogitata, infanda, *Sen Herc Oet* 297

✝ Incōgito, āre *To contrive* § Non fraudem socio incogitat ullam, *Hor Ep* 2, 1, 122

Incognĭtus, a, um (1) *Unknown, unheard* (2) *Untried at law* (1) Res animos incognita turbat, *Vir Æn* 1, 519 ✱ Ne incognita pro cognitis habeamus, *Cic Offic* 1, 6 § Illi mihi fratrem incognitum, qualis futurus esset, dederunt, *Id* ad *Quirit post Redit* 2 (2) Cæteros, causa incognita, condemnatis, *Cic N D* 2, 29

|| Incoibĭlis, e adj *That cannot be well joined, or put together*, Gell 5, 6

Incŏla, æ c g [ab incolo] *An inhabitant, a dweller, a sojourner* = Socrates totius mundi se incolam & civem arbitrabatur, *Cic Tusc* 5, 37 Incola arbor, *a tree brought out of another country, and planted with us*, Plin 12, 3

|| Incolātus, us m *A man's dwelling in a strange country*, Ap medii ævi scriptt

Incŏlo, ere, ui, cultum act *To inhabit, continue, abide, or dwell in a place* Qui Alpes incolunt, *Cæs B G* 4, 10

Incolor, i pass *To be inhabited*, &c Loci qui a quibusque incolebantur, *Cic* de *Div* 1 42

|| Incolōrāte adv *Without colour, or pretence*, Ap ICC

Incŏlŭmis, e adj (1) *Safe, sound* (2) *Whole, intire* (1) = Cives integres incolumesque reservavi, *Cic Cat* 3, 10 (2) Omne argentum tibi reportum incolume redigam, *Plaut Pers* 2, 5, 25 || Incolumiores *C* 4, 17, 2

Incolŭmĭtas, ātis f *Safety, soundness, health* Incolumitas est salus tuta atque integra conservatio, *Cic* de *Inv* 2, 56

|| Incomis, e adj *Discourteous, rude, churlish* Incomis & tenebrosa vita, *Macrob Sat* 1, 7 ✝ Rusticus, inurbanus, *Cic*

Incŏmĭtātus, a, um *Unaccompanied, without any attendance*, Cic de *Orat* 1, 55

|| Incōmĭter adv *Discourteously, rudely*, Hul ✝ Inurbane, *Cic*

Incŏmĭtio, āre Quæso ne me incomities, *Plaut Curc* 3, 30 signifie convitium facere, pro quo necesse sit in comitium, *h e* in conventum venire, *Fest*

|| Incommeābilis, e adj *Unpassable* Via clivosa & incommeabilis, *Amm* 16, 20 ✝ Avius, *Lett*

Incommendātus, a, um *Uncommended, not recommended, treated without respect*, Ov Metam 11, 434

|| Incommōbĭlĭtas, ātis f *Unmoveableness, senselessness, stupidity*, Apul de Hab doctr Plat p 599 ✝ Torpor, stupor, *Vett*

Incommŏdātio, onis f verb *Incommoding, or doing one any inconveniency*, Cic Attic 1, 17 sec Nizol *ubi al leg* incommoditate

Incommŏdè adv ius, comp ssime, sup (1) *Out of time and season, inconveniently* (2) *Scurvily, ill favouredly* (3) *Incommodiously* (1) ✱ Incommodissimè, heicle *CH* Imo vero infeliciter, *Ter Eun* 2, 3, 57 Incommodissime navigavimus, *Cic Attic* 5, 9 (2) ✱ Cum illo quidem optimè actum est, mecum autem incommodius, *Cic de Amic* 4 (3) Incommode accidit, *Cæs B G* 5, 3

✝ Incommŏdĭstĭcus, a, um *Incommodious, troublesome*, Plaut Capt 1, 1, 19

Incommŏdĭtas, ātis f *Incommodity, inconvenience, unseasonableness, troublesomeness* Incommoditas omnis huc redit, *Ter And* 3, 3, 135 Incommoditas temporis, *Liv*

Incommŏdo, āre *To incommode, to cross, to do one a spite, or unkindness* Minime ut incommodet, *Ter Andr* 1, 1, 134

Incommŏdum, i n (1) *An inconvenience, or disadvantage* (2) *Illness, annoyance* (3) *Loss, foil, damage* (1) ✱ Plus adjumenti, quam incommodi habet locus, *Cic de Orat* 2, 24 (2) Multa senem circumveniunt incommoda, *Hor A P* 169 (3) Reminisceretur veteris incommodi populi Romani & pristinæ Helvetiorum virtutis, *Cæs B G* 1

Incommŏdus, a, um adj (1) *Incommodious, troublesome* (2) *Noisome* (3) *Improper, hurtful* (4) *Teasing, uneasy* (1) Incommodum iter, *Ter Hec* ..., 1 (2) Incommoda ambulationibus aura, *Plin* (3) = Uxor incommoda & importuna, *Plaut Asin* 1, 1, 46 ✱ gratus, *Cic* (4) Hoc is pater incommodus an anti... *Cic N D* 2, 29 ¶ Incommoda res, *adversity*, Cic Incommoda valetudo, *sickness, an ill state of health*, Id

|| Incommūnĭcābĭlis, e adj *Incommunicable*, Eccl

Incompărābĭlis, e adj *That hath not his like* Incomparabilis omnium fabrumtus, *Plin* 7, 25 magister, *Quint* 1, 2

Incompertus, a, um *Not certainly found out, or known* In compertum aliqua dicere, *Liv* 9, 26 nasci, *Plin* 12, 8

Incompŏsĭtè adv *Disorderly* = In hostem negligenter itaque incompositè venientem incurrunt, *Liv* 25, 37

Incompŏsĭtus, a, um (1) *Disordered, discomposed* (2) *Unhandsome, unseemly* (3) *Huddled, immethodical* (1) Incompositum agmen, *Liv* 5, 28 (2) Moribus incompositus, *Sunt* (3) Incomposita oratio, *Liv*

Incomprĕhensĭbĭlis, e adj *That cannot be comprehended, incomprehensible* Incomprehensibilis natura est, *Cels in Præfat* Veritas incomprehensibilis, *Gell* 11, 5

Incomprĕhensus, a, um adj *Idem* = ✱ Quæ nos incomprehensa & non percepta dicimus, *Cic Acad Q* 4, 30

Incomptus, a, um (1) *Untrimmed, unkembed* (2) *Slovenly, rough, unpolished* (1) Incompti capilli, *Hor Od* 1, 12, 41 (2) = Scripta horridula & incompta, *Cic Attic* 2, 1

Inconcessus, a, um *Unallowed, not granted, or permitted, unlawful* Inconcessi Hymenæi, *Vir Æn* 1, 655 Inconcessa spes, *Ov Met* 9, 637

✝ Inconcĭlĭātè adv *Unadvisedly, ill*, Litt ex Plaut *sed q*

Inconcĭlio, āre act Inconciliasti, *Plaut* comparasti, commendasti, vel ut antiqui, per dolum decepisti, *Fest* (1) *To trouble, to set at discord, to put out of order* (2) *To provoke one and make him his enemy* (3) *Also to deceive* (1) Plaut Bacch 3, 6, 2 (2) Plaut Most 3, 1, 85 (3) Plaut Trin 1, 2, 99 interpr Fest

Inconcinnè adv *Unhandsomely*, Apul Met 10 p 325

Inconcinnĭtas, ātis f *Unhandsomeness, ill fashionedness*, Suet Aug 86

|| Inconcinnĭter adv *Unhandsomely, without grace*, Gell 10, 1 ✝ Non concinne, *Cic*

Inconcinnus, a, um adj *Unhandsome, ill fashioned, improper*, Cic de Orat 2, 4 = Asperitas agrestis & inconcinna, *Hor Epist* 1, 18, 6

|| Inconcĭtus, a, um Inconcitus gradus, *a slow pace*, Amm ✝ Tardus, testudineus

Inconcussus, a, um *Unshaken* Hilares inconcussique penates, *Stat Sylv* 5, 1, 142 = Ab omni sono inconcussus & immotus, *Plin Paneg* 82

Incondĭtè adv *Confusedly, disorderly* Quod ille rudis inconditè fundit, *Cic* de *Orat* 3, 41

Incondĭtus, a, um (1) *Out of order, or rank* (2) *Undigested, ill put together, rude, confused, unpolished* (3) *Also uncovered, unburied* (1) = Ne sparsi & inconditi sine ordine excurrerent, *Liv* (2) Inconditum ac pene ridiculum omne jus civile præter Romanum, *Cic de Orat* 1, 44 (3) Multa ... incondita vivis corpora, *Luc* 6, 101

✝ Inconfessus, a, um *Not confessed, not having confest*, Ov Me 2 557 *sed totum versum dicit* Heinsius

|| Inconfūsĭbĭlis, e adj *Who needeth not be ashamed*, Vulg in Epist

Inconfūsus, a, um *Not confounded, or disordered* = Intrepidus, inconfususque, *Sen* proœm *Q Nat*

Incongĕlābĭlis, e adj *That cannot be frozen*, Gell 17, 8

|| Incongruè adv *Incongruously, absurdly, against rul of grammar*, Prisc ✝ Non congruenter

Incongruens, tis adj *Disagreeable, unsuitable* Dissolura atque incongruens sententia, *Plin Ep* 4, 9, 19 disciplina, *Gell* 12, 5

|| Incongruenter adv *Incongruously*, Tert ✝ Non congruenter

|| Incongruentia, æ f *Incongruity of speech*, Tert

|| Incongruĭtas, ātis f *Incongruity, disagreeableness*, Prisc

|| Incongruus, a, um adj *Incongruous*, Apul ...

|| Inconnivens, tis adj *Idem* connivus, a, um *That never winketh with the eyelids, that winketh not with the eyes*, Gell ... Met 6, p 186

Inconscius, a, um *Not knowing a thing, not conscious* ... Inconscius Saguntinis, *L* ... *sed meliores libri habent* ...

|| Inconsequens, tis adj *Inconsequent*, Gell 14,

Inconsequentia, æ f *Inconsequence* Inconsequentia rerum fœdissima, *Quint* 8, 6

Inconsīdĕrans, tis adj *That considereth not, or talketh not what he saith, or doth* = Sunt ita leves & inconsiderantes ... *Cic de Div* 2, 27 *al* ... *lius* inconsiderati

Inconsīdĕrantia, æ f *Want of consideration, indiscretion* ... bium an legitur ap *Cic* ... *Suet Claud* 39

Inconsīdĕrātè adv ... *Rashly, unadvisedly, without consideration, inconsiderately* = Inconsideratè negligenterque ... *Off* 1, 29 Inconsideratius ... *Val Max* 1, 5 9

|| Inconsīdĕrātio, onis f *Negligence, inadvertency*, Salv

Inconsīdĕrātus, a, um o, comp ssimus, sup *Inconsiderate, unadvised, that considereth not* ... Temeraria & inconsiderata ... popularis, *Cic Tusc* ... *test* dici inconsiderati, *Id* ... *Q* 4, 43 Plenus in onsiderantiæ ac dementissimæ ... *Id de Har Resp* 26

Inconsōlābĭlis, e adj *That is not to be comforted, inconsolable* ... consolabile vulnus, *Ov Met* ...

Inconspĭcuus, a, um *Not conspicuous, or remarkable* Inconspicua mors, *Flor* 4 2

Inconstans, tis adj or, comp ssimus, sup *Inconstant, unsteady, wavering* Inconstantes ... *Plin* 18, 35 Ridiculè inconstans ... *Cic* pro *Q Rosc* 6 Quorum ... ter inconstantior, alter impensior ... *Id* ad *Brut* 15 Accepit ... stanti fimo vultu, *Gell* 1, ...

Inconstanter adv ... *Unconstantly, unsteadily* ... *ly* Inconstanter loqui, *Cic* ... 4, 17 Inconstantissime dicta ... de *Fin* 2, 27

Inconstantia, æ f (1) *Inconstancy, lightness, changeableness, unsteadiness* (2) *Uncertainty* (1) ✱ Ne non ... mutationem consilii ... dixit esse, *Cic Attic* 16, 7 = ... constantia mutabilitasque ... *Id Tusc* 4, 35 (2) Inconstantia mensuræ diversi ... auctorum ... *Plin* 6, 26

Inconsuĕtus, a, um *Unaccustomed, unwonted*, Sil 11, 28 ... palustres inconsueti ... cantus ... *Lucr* ... Inflet

Inconsultè adv ... *Without counsel, unadvisedly, rashly, indiscreetly* ... *over head* (1) Unde ... properavi, reverta ... 1, 2 (2) = Quam in ... temere dicantur, *Cic N D* ... Inconsultius aggreditur, ... 35 Inconsultius ... impta ... *Plin Paneg* 83 (3) *Vir Æn* ... 452 *ubi rect* inconsulti

Inconsultō adv *Unadvisedly, not ... posè, unwarily, not thinking of it*, Ulp ✝ Inconsultè

Inconsultus, a, um (1) *Unadvised, not asked counsel, or ...* (2) *Unadvised, rash, foolish, indiscreet* (3) *Who has not ...*

... (1) = Inconsulto ac ... domino, *Varr R R* 1 (2) = Homo nconsultus & temerarius ... haec non videbat, *Cic* pro *Deiot* (3) Inconsulti abeunt, *Vir Æn* ... *interpretantibus Lexicis*, ... *ad primam not onen*.

Inconsultus, ûs m Inconsultu ... me inconsulto, *without* ... *without my being ask-* ... Plaut Trin 1, 2, 130

Inconsummatus, a, um *Unfi* ... *imperfect*, Arnob ✝ Non consummatus

Inconsumptus, a, um (1) *Un*... *unspent*, *unwasted* (2) *Endless*, *everlasting* (1) Hic in... nunquam visceré pascet avem, ... *Plis*, 104 (2) Inconsumpta ... nitas, *Ov Met* 4, 17

Incontaminatus, a, um *Unde*... *unpolluted* = Ne quid in... ... ncontaminati ... *Liv* 4

|| Incontanter adv *Without* ... Mig ... te incon ... cunctam, *Apul Met* 3, p 8 ✝ Sine mora, haud cunctanter

Incontentus, a, um *Not stretch*- ... *not screwed up* ... *Cic de Fin* 4, 27

|| Incontiguus, a, um adj *That* ... *touched*, Arnob ✝ Non ...

Incontinens, tis adj Qui se a li- ... non continet (1) *In*... *unchaste*, *unstaid*, *loose* ... *hath no command*, or *go*- ... *of his lust*, or *passions* (1) Incontinentis nec Tityi jecur ... *Hor Od* 3, 4, 77 (2) = Violentus & incontinens ... 30

Incontinenter adv *Incontinent*- ... *without moderation*, or *go*- ... *himself* Nihil incontinenter esse faciendum, *Cic Off* ... incontinenter assumere *Cl* 1, 3

Incontinentia, æ f (1) *A not holding* (2) Met *Incontinency* (1) Incontinentia urinæ, *difficulty in holding one's water*, Plin ... (2) = Multa de incontinentia ... emperantiaque disseruit, *Cic* pro *Cæl* 5

Inconveniens, tis adj *Incon*-... *unseemly*, *unfit*, *disa*-... Cass *Cic* Ep Fam 12, 13

|| Inconvolūtus, a, um *Unfold*... *displayed*, Amm ✝ Non con-volutus

Incoquo, ĕre xi, ctum act (1) *To boil*, or *boil in a thing*, *to ... together* (2) Also *to co*-... *with silver*, *tin*, or *lead* (1) Ferventi aquâ incoquere, *Plin* 12, 3 (2) *Plin* 34, 17

Incoquor, i, coctus pass *To be ... in*, Plin 9, 30

|| Incoronatus, a, um *Not ... or adorned with coro*-... Incoronata simulacra, *Apul* ... ✝ Non coronatus

Incorporālis, e adj *That hath ... body* ✝ Aut corporale est, aut incorporale, *Sen Ep* 58 Sed ad incorporale transit, *Id Ep* 90

|| Incorporālitas, ātis f *Hav*-... *no body* Macr Somn Scip 1, 5

|| Incorporatio, ōnis f *An ha*-... *body*, or *condition of body*, ...

|| Incorporatus, a, um *Imbody*-... Prud Cath 12, 80

Incorpŏreus, a, um adj *Incor*-... *having no body* Incorporeum rerum æstimatio, *Cic* ... 14 *Sed al al leg* Vid ... & *Macrob Sat* 7, 15

|| Incorpŏro, are act *To imprint*, ... *upon one's body*, *to incorporate*, or *make of one body*, Solin c 35 ✝ In unum corpus conflare, redigere, *Cic*

Incorrectus, a, um *Uncorrect-ed*, Ov Trist 3, 14

Incorruptè adv ius comp *Incorruptly*, *without bribes* Incorruptè judicare, *Cic Fin* 1, 9 Incorruptius quam nos, *Id* pro *Marcello*, 9

|| Incorruptibilis, e adj *Incorruptible*, *not subject to corruption*, Eccl

|| Incorruptio, ōnis f *Incorruption*, Vulg Interp

Incorruptus, a, um or, comp ssimus, sup (1) *Incorrupt*, *pure*, *sincere*, *whole and sound*, *perfected*, *untainted* (2) *Who will not be bribed*, or *corrupted* (1) = ✱ Cæsar consuetudinem vitio sam & corruptam purâ & incorruptâ consuetudine emendat, *Cic* de *Clar Orat* Incorrupta animus fides, *Val Max* ... (2) Incorruptior custos c... *Col* Incorruptissimus custos, *Hor Sat* 1, 6, 81

|| Incoxans, tis part *Sitting cross legged*, Pacuv ✝ Coxim sedens

|| Incoxo, āre *To sit cross legged*, *to cowr down*, Pacuv ✝ Coxim sedeo

|| Incrasso, āre act. *To make thick*, *gross*, or *fat*, Vulg Interp ✝ Pinguefacio, *Plin*

|| Increatus a, um part *Uncreated*, Lact *Lat* Non creatus

Increbrescens, tis part *Increasing*, *waxing more and more*, *growing more common* Increbrescente immonæ caritate, *Val Max* 3, 7, 3

Increbresco, ĕre, brui *vel* bu incept (1) *To grow and increase more and more* (2) *To grow frequent*, or *common*, *to prevail*, or *get footing*, *to be much known*, *to be noised abroad far and near* (1) Aura increbuit, *Hor Sat* 2, 5, 93 Undæ increbrescunt, *Catull* 62, 274 (2) Increbuit consuetudo, *Cic Philipp* 14, 5 Rumor sine auctore increbuit, *Curt* 6, ..., 15

Increbro, āre act *To do it a thing often* Si increbravit, ipsis gaudet, res perit, *Plaut Tric* 1, 1, 29

|| Incredendus, a, um *Not to be believed* Incredenda fabula, *Apul Met* 2, p 48 pro

Incredibilis, e adj *Not to be believed*, *incredible*, *marvellous*, *strange* ✱ Nihil est tam incredibile, quod non dicendo fiat probabile, *Cic Parad* princip

|| Incredibilitas, ātis f *Incredibility*, Ulp

Incredibiliter adv *Incredibly*, *strangely* Incredibiliter delector, *Cic* de *Sen* 15

|| Incredĭtus, a, um *Not believed*, *not credible* Incredita vaticinia Cassandræ, *Apul* de *Deo Socr* p 694 ✝ Fide carens

|| Incredulitas, ātis f *Incredulity*, *unbelief*, Martian ✝ Diffidentia, scrupulus, dubitatio

Incredŭlus, a, um (1) *Who will believe nothing*, *incredulous*, *hard of belief* (2) ✝ & Pass *Not to be believed* (3) ✝ Subst *A pagan*, or *unbeliever* (1) Quodcunque ostendis mihi sic, incredulus odi, *Hor A Poet* 188 (2) = Res inauditæ, incredulæ, *Gell* 9, 4 ✝ Incredibilis, *Cic* (3) Ap Christianos ✝ Christianis sacris abhorrens

Incremātus, a, um *Burnt*, *consumed by fire* Viginti centurioni bus incrematis, *Flor* 4, 12

|| Incremento, āre *To give an increase*, Aug ✝ Incrementum do

Incrementum, i n [ex incresco] (1) *Increase*, *improvement*, *a growing*, *rising*, or *waxing bigger* (2) *An advancement*, *promotion*, or *preferment*, also *a largess*, *a liberality* (3) Also *an offspring* (1) Negat summo bono afferre incrementum diem, *Cic* de *Fin* 2, 27 (2) *Suet Vitell* 3 (3) Magnum Jovis incrementum, *Vir Ecl* 4, 49

Increpans, tis part *Blaming* Avariti... singulos increpans, *Suet Calig* ... Amicos increpans, ut ignaros quan... bellum esset in periculum, *Id Tib* 24

Increpitans, tis part *Rating*, *exhorting*, *egging on*, Met *representing* Acheron increpitans que levem, Cynumque invalem, *Sil* ... 6, 524 Tum Bitiæ dedit increpitans, *Vir Æn* 1, 742 ... Sp... culo ... fugas increpitante, *Prop* ..., 25, 14

Increpito, are freq *To make a rattling noise*, *to chide*, *to rebuke* ... *to rate*, *to blame*, *to check* Quid increpitas, mortemque minitaris? *Vir Æn* 10, ... Increpitare cujus ignaviam, *Val Max* ..., ext 2

Increpitus, a, um part *Chidden*, *blamed*, *rebuked*, *checked*, or *taunted* Fatebantur juste se increpitos, *Liv* Cæterorum increpitâ cupiditate, *Suet Cal* ... 44

Increpo, are, ui & avi, itum (1) *To rattle*, *sound forth*, or *make a noise* (2) *To strike*, or *beat by way of chastisement*, or otherwise (3) *To chide*, or *check* (4) *To publish*, or *paint abroad* (5) *To accuse*, or *blame* (1) Simul ut discus increpuit, *Cic* de *Orat* 2 5 Tuba terribilem sonitum increpuit, *Vir Æn* 9, 504 ¶ Digitis increpare lyram, *to play upon it*, Ov Amor 2, 1, 2 (2) Ne stimulo pudeat increpuisse boves, *Tibull* 1, 1, 30 (3) Phœbus me increpuit lyrâ, *Hor Od* 4, 15, 2 (4) *Cic Catil* 1, 7 (5) § Singulos avaritia increpare, *Suet Cal* 39

Increpor, ari, ātus pass *To be blamed*, &c Increpatur vehementer, *Val Max* 8, 1, abs 2

Increscens, tis part (1) *Growing upon* (2) *Growing*, *increasing* (1) Vid Incresco, n 1 (2) ✱ Quædam remedia increscentibus morbis, plura inclinatis conveniunt, *Cels* 3, 2

Incresco, ĕre, crevi, cretum neut (1) *To grow upon* (2) *To grow in stature*, *to thrive* (3) *To grow and wax more and more* (1) Mœstamque genis increscere barbam passus erit, *Luc* 2, 376 (2) Maxime cibo eget, qui increscit, *Cels* (3) ✱ Videndum an morbus increscat, an consistat, an minuatur, *Cels* 3 2

Increto, āre *To whiten with chalk* Incretare faciem, *Petron* c 102

Incretus, a, um part [ab incerno] Fr adj *Sifted through*, *cleansed*, *purged*, *mingled*, Hor Sat. 2, 4, 75

Incruentātus, a, um *Not stained with bloodshed*, *not defiled*, or *imbrued with blood*, Ov Met 12, 497

Incruentus, a, um *Without bloodshed*, *not bloody* Neque tamen exercitus populi Romani lætum, aut incruentam victoriam adeptus erat, *Sall B C* 64 Prælium incruentum, *Liv* 2, 56

|| Incrustātio, ōnis f verb *A pargeting*, or *rough casting* Incrustatio materiaria, *ciling*, or *wainscot*, Bud

|| Incrustātus, a, um part *Pargeted*, &c *Non* ✝ Crustatus

Incrusto, āre act *To parget*, or *rough cast*, *to make hard in a crust* Sincerum cupi... vas incrustare, *Hor Sat* 1, 3, 56

Incubātio, ōnis f verb *A lying upon*, *a sitting abroad*, Plin 10, 54

|| Incubator, ōris m verb *An usurper*, *a brooder*, *a sitter upon*, Macrob Somn Scip 1, 10

Incubātus, ... m verb ... *quiet* ... *A brooding* ... tenuerit, ... *Plin* 28, 4

Incubitātus, a, um part ... pædicatus, stupratus *Buggered*, Plin Pe... 2, 4, 1...

|| Incubitio, ōnis f verb *A lying down*, or *upon*, ... Plin *Pullus* Incubatio

Incubito, āre freq [... o] *To couch*, or *lie down in a place*, *to lie upon*, Col 8, 14 & Plin 8, 45

Incubitus, ûs m verb *A brood* ... Plin 10, 54

Incubo, are, ui, itum neut (1) *To lie*, or *sit upon* (2) *To brood*, *to sit*, or *lean on* (3) *To cover*, or *shadow* (4) *To dwell*, or *be* ... (5) Met *To have it in his eye*, *to watch and* ... *upon it* (1) Incubuit toro, ... *Æn* 4, 650 (2) § Ova ... incubant, *Col* 8, 8 § Negat ... 25 ova incubare, *Plin* (3) Pontus nox incubat atra, *Vir Æn* 1, ... (4) Incubant pratis pecudes, *Sen Oedip* 145 (5) Divitiis soli incubere repertis, *Vir Æn* 6, 610

Incubor, ari, ātus pass *Plin* 10, 54

Incubo, ōnis m Ab incubone deludi, *Schol Iarg* ... quod

|| Incubus, i m *A disease called the nightmare*, *being like a load upon one*, *that one can not stir*, or *speak*, Aug ✱ Ephialtes, *a devil that with carnal knowledge of women*, Vulg Lid descrip *Vir Æn* 12, 908

Inculcandus, a, um part *To be thrust in by main force*, *to be driven in with might*, Val Max 2, 7, ext 2

Inculcātus, a, um part (1) *Driven in* (2) Met *Often repeated*, *beaten into the memory* (1) *Plin* 29, 2 (2) Tradita atque inculcata libertas, *Cic* ad *Brut* 16

Inculco, are act [ex in & calco] (1) *To drive in*, or *ram down* (2) Met *To repeat a thing often*, and as it were *to beat it into one's head* (3) *To force upon* (1) Area subjectis paleis inculcetur, *Col* 2, 20 (2) Imagines animis inculcare, *Cic N D* 1, 39 (3) ✱ Quibusdam offeram, quibusdam etiam inculcabo, *Sen* de *Vita beat* 24

|| Inculpābilis, e adj *Blameless*, *inculpable*, *unblameable*, Prud Apoth 951

|| Inculpatè adv *Unblameably*, Eccl ✝ Sine culpâ

Inculpatus, a, um & issimus, sup *Blameless*, *unreproveable* Comes inculpatæ Minervæ, *Ov Met* 2, 588 Vita inculpatissima, *Gell* 14, 2

|| Inculpo, āre act *To excuse*, *to make blameless* Man

Incultè adv *Rudely*, *carelessly*, *without any dress* = Vixit semper inculte atque horride, *Cic* pro *Quint* 18

Incultus, a, um or, comp (1) *Untilled*, *unmanured*, *uninhabited*, *desert* (2) Met *Undressed*, *untrimmed*, *unhandsome*, *homely*, *rude* (1) Regiones inhabitabiles, & inculta, *Cic N D* 1 10 (2) = Horridus, incultus, mœstus vir,

Cic post *Redit in senat* 6 Genus incultius asparago, *Plin* 19,8

Incultus, us m *Rudeness, carelessness, want of dress* Incultu atque socordia torpescere, *Sall B Jug* 2, *extr* Leg in ablat tantum

Incumba, æ f *That part of a pillar in vaults and arches, on which the weight of the whole building lyeth*, Vitruv 6, 11

Incumbens, tis part *Lying*, or *leaning on* Incumbens toro, *Ov Met* 10, 281 tereti olivæ, *Vir Ecl* 8, 16

Incumbo, ĕre, cubui, itum neut (1) *To lean*, or *ly upon* (2) *To lay*, or *rest upon* (3) Met *To mind a thing, and apply himself earnestly and vigorously to it* (4) *To incline*, or *tend unto* (5) *To brood*, or *hatch* (6) *To possess and keep safely and surely* (1) Incubuit toro, *Vir Æn* 4, 650 (2) Incumbunt tecta columnis, *Mart* 5,13,5 (3) § Incumbite ad reipublicæ salutem, *Cic Catil* 4, 2 (4) ⁜ Retinere herum, non eum, quo incumbat, eò impellere, *Plaut Aul* 4, 1, 8 (5) § Gallinæ incumbunt ovis, *Petr* c 83 (6) *Ulpian* ¶ Gladio vel in gladium incumbere, *to fall on a sword and kill himself*, Cic Incumbere in bellum animo & opibus, *Cæs* ad bellum omni studio, *Cic to bend all his study and power to the maintainance of a war* Incumbere remis, *to ply his oar*, Vir Æn 10, 294

Incunābŭla, ōrum n [dict à cunis] (1) *A cradle*, or rather *cradle clothes, childrens clouts* (2) Met *The age of infancy* (3) *One's nativity, soil*, or *place where one was born* (4) Also *the beginning and first principles of things* (1) Opus est pulvinis, cunis, incunabulis, *Plaut Truc* 5, 13 (2) Jam inde ab incunabulis imbutus odio tribunorum, *Liv* (3) Jovis incunabula Crete, *Liv* (4) = Rudimenta & incunabula virtutis, *Cic in Sall* 3 summi honoris, *Val Max* 4, 1, 1 surgentis imperii, *Id* 7, 4, 1

|| Incunctābĭlis, e adj *Not to be doubted of, without delay*, or *stammering*, Dig ✝ Indubitabilis

|| Incunctanter adv *Without doubting*, or *delay, presently*, Apul ✝ Indubitanter

Incūrātus, a, um *Uncured, unhealed* Incurata ulcera, *Hor Ep* 1, 16, 24

Incuria, æ f *Negligence, carelessness* Vituperanda est incuria, *Cic de Amic* 23 Incuria maculas fudit, *Hor A P* 352

Incuriōsè adv ius, comp issimè, sup *Negligently, carelesly* Castra incuriosè posita, *Liv* 8,38 Depacto surculo incuriosius semen dedit, *Plin* 6, 26 Incuriosissime, *Plin* ap *Litt*

Incurĭōsus, a, um adj *Careless, negligent, negligently done* Proximorum incuriosi longinqua sectamur, *Plin Epist* 8, 20, 1

Incurrens, tis part *Happening*, or *falling upon* Incurrens in nostra tempora, *Cic Fl* 3, 5

Incurro, ĕre, ri, sum neut (1) *To run in, upon*, or *against* (2) *To incur* (3) *To light on*, or *meet with one by chance* (4) *To make an incursion*, or *invasion* (5) *To fall into* (6) *To be* (7) *To assail*, or *attack* (1) Agmine cæco incurrit strictis manus ensibus, *Val Flacc* 3, 111 (2) § Incurrere in odia hominum, *Cic Offic* 1, 42 (3) § In me incurrit Romā veniens Curio meus, *Cic* (4) Nec in proximas modo provincias contenti incurrere *Flor* 3, 4 (5) Incurrere in morbos, in damna, in dedecora, *Cic de Fin* 1 (6) In libra apud nos 84 denarii, quo drachmæ apud Græcos incurrunt, *Scrib Larg* in *præf* sub fin (7) § Nec armentis incurrunt fortibus ursi, *Ov Met* 7, 546 § Incurrere oculis, *Sen* in oculos, *Cic* de *Fin* 1, 1

Incursans, tis part *Justling, running*, or *hitting against a thing suddenly, pushing, running one at another* Arietes adversis cornibus incursantes, *Plin* 9, 31 *Vid* Incurso

Incursātus, a, um part *Overrun, invaded* Agmen incursatum ab equitibus hostium, *Liv* 24, 41

|| Incursim adv *Speedily, quickly, hastily*, Nonn ✝ Cursim, *Vett*

Incursio, ōnis f verb (1) *A justling*, or *meeting of things together, a hitting of one thing against another* (2) *A shock*, or *charge* (3) *An invasion of enemies, an inrode*, or *incursion* (1) Atomorum incursio sempiterna, *Cic* (2) = Incursio atque impetus armatorum, *Cic* pro *Cæcina*, 15 (3) Exercitus in fines Romanos incursionem facit, *Liv* 1, 11

Incursĭto, āre freq *To make frequent inrodes, to stumble often*, Sen *de Irâ*, 2, 35 In alterum incursitare, *Id de Vita beatâ*, 27

Incurso, āre freq [ab incurro] (1) *To overrun, to invade, to run*, or *dash against* (2) *To assault, to run upon* (1) § Luminis orbus rupibus incursat *Polyphemus*, Ov Met 14, 190 (2) § Ubi vivos homines mortui incursant boves, *Plaut Asin* 1, 1, 22 § Incursare alicui, *Plin* in aliquem, *Cic*

Incursus, ûs m verb [ab incurro] (1) *An inrode* (2) Also *the charge*, or *falling on of an enemy, a push*, or *shock* (3) *Force, vehemency* (1) Ne in opere faciendo milites incursu exterrerentur, *Cæs B C* 1, 41 (2) = Impetum armati Antiochi cæterorumque tela atque incursus refugit, *Cic* pro *Cæcina*, 8 (3) = Vis & incursus pluviarum, *Col*

Incurvatio, ōnis f *A bowing*, or *bending* Incurvatio materiæ, *Plin* 17, 23

Incurvātus, a, um part *Crooked, bowed* Incurvatum bacillum, *Cic de Fin* 2, 11 Incurvata dolore membra, *Ov Met* 6, 245

Incurvesco, ĕre incept *To bow down, to grow crooked* Rami incurvescunt baccharum ubertate, *Cic Tusc* 1, 28 *ex poëta*, & *de Orat* 3, 38

|| Incurvicervicus, a, um [ex incurvus & cervix] *Crooked*, or *wry necked*, Pacuv

Incurvo, āre act (1) *To crooken, bow*, or *bend* (2) Met *To move, to prevail with* (1) Arcus validis viribus incurvant, *Vir Æn* 5, 500 (2) Verum, nec noctu partum plorabit, qui me volet incurvasse querela, *Pers* 1, 91

Incurvor, āri, ātus pass *To be bowed*, &c = Robur, olea, incurvantur ceduntq, ponderi, *Plin* 16, 42

Incurvus, a, um adj (1) *Crooked* (2) *Stooping, bowed down* (1) = Incurvum & inflexum bacillum, *Cic de Div* 1, 17 (2) Incurvus, tremulus, labiis demissis, *Plin* 18, 19

Incus, ūdis f [ex in & cudo] *A smith's anvil* Incudi reddere versus, *to strike them out anew, to make*, or *forge them over again*, Hor A P 441

Incusans *Blaming*, Tac

Incusātio, ōnis f verb *Blaming*, or *accusing* Vitiorum acris incusatio, *Cic de Orat* 3, 27

Incusātor, ōris m verb *An accuser*, Sil ap Litt

Incusātus, a, um part *Accused, blamed* Incusatæ liberorum mortes, *Plin* 7, 45

Incūso, āre act (1) *To blame*, or *find fault with* (2) *To complain of one* (1) Qui alterum incusat probri eum ipsum se intueri oportet, *Plaut Truc* 1, 2, 58 Incusare quercus immeritas, *Val Flacc* 8, 158 (2) Quid me incusas, Clitipho? *Ter Heaut* 5, 2, 7

|| Incussio, ōnis f verb *A dashing*, or *clashing together*, Dig ✝ Conquassatio

Incussus, a, um part [ab incutio] *Dashed, bruised* = Medetur contusis incussisque, *Plin* 22, 14 Incusso pollice limine cubiculi, *Id* 7, 53

Incussus, ûs m verb *A dashing*, or *bruising* Incussu armorum præcipitati, *Tac Hist* 4, 23, 4

Incustōdītus, a, um *Not kept, not well looked to, untended* Opes incustoditæ, *Ov Trist* 3, 10, 59 Incustoditum captat ovile lupus, *Ibid* 1, 5, 10 littus, *Sil* 5, 41

Incūsus, a, um part [ex in & cusus, à cudor] ut Incusus lapis, *a stone pecked*, or *dented in*, as *a milstone*, or *grindstone*, *Vir Geor* 1, 274

Incutio, ĕre, ssi, ssum act [ex in & quatio] *To strike, smite*, or *dash upon*, or *into, to cast into* Incutere scipionem in caput, *to knock him on the pate with it*, Liv 5, 41 pedem terræ, *to stamp on the ground*, Quint metum alicui, *to make him afraid*, Liv 2, 18 pudorem, *ashamed*, Hor Epist 1, 18, 77

Indāgābĭlis, e adj *That may be traced*, or *searched out*, Litt ex Varr

Indāganter adv *Diligently, with great searching, following the trace* Indaganter feras capere, *Col* 5, princip vix alibi

Indāgātio, ōnis f verb *A searching*, or *diligent seeking out* = Indagatio atque inventio veri, *Cic Offic* 1, 5

Indāgātor, oris m verb *A diligent hunter, searcher*, or *seeker out*, Col 9, 8 Indagatores aquarum, *Id* 2, 2 Celati indagator, *Plaut Trin* 2, 1, 15

Indāgātrix, icis f verb *She*, or *it*, *that searcheth* Philosophia virtutis indagatrix, *Cic Tusc* 5, 2 Avaritia latentium indagatrix lucrorum, *Val Max* 9, 4, 1

Indāgātus, a, um part *Diligently searched* Ea omnibus vestigiis indagata ad me afferas, *Cic Att* 2, 7

|| Indagatus, ûs m *A searching out* Vexillationum indagatu, *Apul Met* 7, p 212

Indāgo, āre act [ab in & ago, *Becm* vel ex inde & ago, quæ enim venamur inde ex loco suo agimus & agitamus in retia, *Scal*] *To seek*, or *search out* as *an hound doth, to trace and find out, to make diligent inquiry and search* = Quid cuique accidisset indagare & odorare solebat, *Cic Verr* 2, 54

Indāgo, inis f (1) *Toils, nets*, or *hays, wherewith woods, parks, or forests are set round, to take wild beasts* (2) § *A diligent searching*, or *inquiring into* (3) *A restraint*, or *prohibition* (1) Saltus indagine cingunt, *Vir Æn* 4, 121 (2) Aristotelem video in multis persuasisse doctrinæ indagine, *Plin* 9, 7 (3) Pœnarum indagine inclusos repressisti, *Plin Paneg* 35

Indĕ adv de loco (1) *From thence, from that place* (2) *From that person*, or *those persons* (3) *From that time* (4) *Next, after, thenceforth, afterwards* (5) *Of that occasion, for that cause* (1) Redeo inde iratus, *Ter Andr* 1, 1, 110 (2) Sequere me ad trapezitam meum, nam inde rem solvo omnibus, qui us debeo, *Plaut Curc* 5, 3, 44 (3) Nam filii duo, inde majorem adoptavi mihi, *Ter Adelph* 1, 1, 22 (4) Quid tum inde? *Cic* (5) *Ter Heaut* 1, 1, 2 ¶ Hinc, inde, *on every side, here and there*, Plin Inde usque, *ever since*, Cic

|| Indebitè, & indebitò adv *Without being due, unduly*, Dig

Indebitum, i n *A thing that is not due*, Ap JCC

Indēbitus, a, um *Not due, not owing, not promised* Non indebita posco regna meis fatis, *Vir Æn* 6, 66 § Indebita terris nostris, *Val Flacc* 5, 509

Indĕcens, tis adj *Indecent, misbecoming, unseemly* Risus indecens, *Suet Claud* 30

Indecenter adv issimè, sup *Unseemly, uncomely*, or *misbecoming*, Non indecenter efferri, *Quint* 1, 5 Nunquam vidi hominem beatum indecentius, *Sen Epist* Interdissistere indecentissimè, *Quint* 8, 3

|| Indecentissimus, a, um *Most uncomely*, or *misbeseeming* Sen *de Benef* 9 ubi castigatissimi libri habent *decentissimus*

Indĕceo, ere *To misbecome* Juvenes adhuc confusa quædam & quasi turbata non indecent, *Plin Ep* 2, 1, 2

Indeclīnābĭlis, e adj (1) *That cannot be eschewed*, or *avoided* (2) *Constant, unvariable, that will not bend*, or *turn* (3) Also *undeclined* (1) Indeclinabilis ries rerum, *Gell* 6, 2 (2) = Animus rectus & indeclinabilis, *Sen Ep* 66 (3) *Gramm*

Indeclīnātus, a, um *Firm, constant, invariable, stedfast* Indeclinata amicitia, *Ov Trist* 4, 5, 24

Indĕcor, oris *vel* indecoris, e adj *Unseemly, misbecoming* Nec me indecorem videbis ampli us, *Vir Æn* 12, 679

|| Indecorabiliter adv Acc pro

Indĕcōrè adv *Unhandsomly, misbecomingly* ⁜ Si non decorè, at quam minimum indecorè, *Cic Offic* 1, 31 = Indecorè effeminateque, *Ibid* 1, 4

Indĕcōris, e *Unbecoming, unhandsome* Indecores non ctimus regno, *Vir Æn* 7, 231 Indecorem relinquere, *Ibid* 11, 845 Indecores primitiæ dolorum, *Val Flacc* 3, 515

Indĕcōrus, a, um adj *Unbecoming, unhandsome, unseemly* ⁜ Justa omnia decora sunt, injusta contra, ut turpia sic indecora, *Cic Offic* 1, 27 Indecora seculo studia, *Plin Paneg* 46

Indēfătīgābĭlis, e adj *That cannot be wearied*, or *tired, indefatigable* Indefatigabilis vigilia, *Sen de Irâ*, 2, 12

|| Indefectus, a, um *Without defect*, or *failing* Vivacitas æterna & indefecta, *Apul de Deo Socr* p 671 ✝ Integer

Indēfensus, a, um *Without defence, undefended* Indefensi Campania, *Sil* 6, 652 Indefensi inulti, *Liv* [illegible] 8 Inauditus & indefess [illegible] 77 [illegible]

|| In[illegible], & indefessum adv [illegible], *unweariedly*, Spart

In[illegible], a, um *Unwearied* [illegible] ingenio, *Ov Met* 5,200 [illegible] indefessus amici, [illegible] 5, 2, 155 Indomitus [illegible], *Plin Paneg* 14

[illegible] adv *Unweariedly*, [illegible]

In[illegible] adv *Indefinitely*, [illegible], *confusedly*, = [illegible] atque indefinite, *Gell*

[illegible], a, um *Indefinite*, [illegible] Sermo indefinitus, [illegible], *Gell* 16, 2

[illegible], a, um *Unlamented*, [illegible] Indeflectæ animæ, [illegible] 7, 611

In[illegible], a, um *Unbent*, *unmoveable*, *constant*, *stiff* [illegible] maturitas, *Plin* [illegible]

[illegible], a, um *That is not* [illegible] Domus indejecta, *Ov* [illegible]

In[illegible], e adj *Indelible*, [illegible] *out* Nomen in[illegible], *Ov Met* 15,876

[illegible], a, um *Undelight-* [illegible] nihil etius nequitia [illegible] *pleased*, Petr [illegible]

[illegible], a, um *Undiminish-* [illegible] *undefiled*, *pure* [illegible] ascuncta sequuntur opes, [illegible] 1 4, 28 Indelibata vu[illegible] 1, 2 I

[illegible], a, um *Unheard*, [illegible] *condemned*, Cic Verr [illegible] nnatum itque in esta[illegible], *Plaut Curc* 5, 3, 17 [illegible] cem interimere, [illegible] 5, 1

[illegible] adj *i ne damno* [illegible] *harm*, or *damage*, [illegible] = indemnis & illæsus [illegible] 9 Invictus, in[illegible] *Conj* 5

|| In[illegible], atis f *Indemnifying harmless*, Ap[illegible]

|| In[illegible], e adj *That* [illegible], Apul de [illegible] p 651

|| In[illegible], *pro* indip sci, *Fest*

[illegible], a, um *Unbewail-* [illegible] barbara terra [illegible] 3, 16 Inde[illegible] cucere caput, *Id Ibis*,

[illegible], a, um adj *Not* [illegible] Inde[illegible] *Sen Ep* 6

[illegible] *That* [illegible] *off*, or *for-* [illegible] in spiccnbus, *Gell*

In[illegible], e adj *That* [illegible] *found out* Error inde[illegible] *Quint Decl* 4

[illegible], & *per Sync* in[illegible], a, um *Untaken*, *un-* [illegible], *Vir Æn* 5, 5, I [illegible] indeprenensa pro[illegible] 6, 565

[illegible], um part [*ab* indi[illegible] *gotten*, Liv 26,

In[illegible], a, um *Unforsaken*, [illegible], or *abandoned* Indeserta [illegible] regna tene, *Ov Am*

|| In[illegible], adis *Quick*, *not* [illegible] Indeses visus, *Gell* 7,22 [illegible] agui

|| In[illegible] adv *Continually*, [illegible] Nititur depra[illegible] *R R* 2,9 ✝ Assi[illegible], continenter suppon

Indespectus a, um *Undespised*, *undisdained*, *not slighted* Indespecta Tartara, *Luc* 6,748

Indestrictus, a, um *Unhurt*, *unwounded*, Ov Met 12,92

Indeterminate adv *Indeterminately*, Fest

Indetonsus, a, um *Unshaven*, *unshorn*, *uncut*, Ov Met 4,13

Indevitatus, a, um *Unavoidable*, *that cannot be avoided* Indevitato trajecit pectora telo, *Ov Met* 2, 605

|| Indevotio, ōnis f *Indevotion*, *remissness in piety*, Ulp ✝ Divini cultus neglectio

Index, icis c g [*ab* ἐνδείκω, ostendo] (1) *A discoverer*, *a shewer* (2) *A prognostick*, or *symptom* (3) *An informer*, *an impeacher* (4) *A mark*, or *token* (5) *The title of a book* (6) *An index*, or *table of a book* (7) *A touchstone for gold and silver* (8) Also *the fore finger* (9) Also *the longer piece of wood of two*, *in a Jacob's staff* (10) Also *d*, *sol*, *re*, in the gamut (1) Index pectoris color & macies, *Ov Met* 9, 535 (2) Index morborum, arteriarum pulsus, *Plin* 11, 37 (3) Conclamant indicem falsum esse, *Sall B C* 47 (3) = Quæ solent esse indicia & vestigia veneni, *Cic* pro *Cluent* 10 (5) Deceptus in dicibus librorum, *Cic* de *Orat* 2, 14 (6) Indices, quos vos Græci συλλάβους appellatis, *Cic Att* 4, 4 (7) Perjura pectora vertit in durum silicem, qui nunc quoque dicitur index, *Ov Met* 2, 706 (9) *Hor Sat* 2, 8, 26 (9) *Jun* (10) *Jun* ¶ Index charta, *the card turned up trump*, Lud Viv Index nauticus, *the sailor's compass*, Camd

Indicatio, ōnis f verb *The praising*, or *setting a price upon wares* Tua merx est, tua indicatio est, *Plaut Persa*, 4, 4, 37

Indicativus, a, um adj Indicativus modus, *that whereby any thing is shewed and directly declared*, Gramm

Indicatura, æ f *The setting the price of any thing* Nec fiducia operis hæc est sed indicatura, *Plin* in *Pr* [illegible] operis

Indicatus, a, um part *Shewed*, *declared*, *prized* Indicatus smaragdus sex aureis denariis, *Plin* 31 1

Indicens, tis part *Not telling*, *not shewing* Non me indicente hæc fiunt, *Ter Adelph* 3, 4, 162 adi & *Liv* 22, 39 vix ubi occ

|| Indicina, æ f *A discovery*, Apul Met 6, p 180 ✝ Indicium, Vett

Indicium, i n (1) *A communication*, *a discovery* (2) *A sign*, *token*, or *mark* (3) *A symptom* (1) Cum illi nihil pericli ex indicio siet, *Ter Heaut* 2, 1, 6 (2) = Indicia & vestigia veneni, *Cic* pro *Cluent* 10 (3) Indicium mali, *Ov* doloris, *Cic* pro *Domo*, 29

Indico, are act [*ab* index] (1) *To discover*, *to disclose* (2) *To relate*, or *make known*, *to shew* (3) Also *to set*, or *tell the price* (4) *To accuse* (5) *To promise* (1) Vultus indicat mores, *Cic* de *Legg* 1 9 (2) Prius Arabiæ divitias indicari convenit, *Plin* 12, 14 (3) Rogito pisces, indicant charos, *Plaut Aul* 2, 8, 3 (4) Indicasse reum est detulisse, arguisse, convicisse, *Ulp* (5) *Nonnius*, sed ex adducto *Cic Offic* 3, 15 loco non probavit § Indicare se alicui, *Cic* de *Cl Orat* 51 aliquid in vulgus, *Id* de *Univ* 2

Indicor, āri, ātus pass *To be discovered*, &c Eodem tempore signum Jovis collocabatur, quo conjuratio indicabatur, *Cic* de *Div* 2, 21

Indico, ĕre, xi, ctum act [*ex* in in ens & dico] (1) *To denounce*, *bid*, or *proclaim* (2) *To publish*, *to appoint* (3) [*ex* in priv] *Not to tell*, or *say* (1) Indicere bellum voluptatibus, *to be at defiance with them*, Cic de Sen 14 ventri, *to fast*, Hor Sat 1, 5, 8 (2) Indicere cœnam alicui, *to bespeak*, or *provide a supper for him*, Mart 11, 50, 10 tributum populo, *to set a tax upon them*, Liv supplicationem, *to proclaim a day of thanksgiving*, Cæs (3) Vid Indicens

Indicor, ci, ctus pass *To be proclaimed*, &c Justitium indici dico oportere, *Cic Philipp* 5, 12 *sic* Grut *alii autem* edici

|| Indictio, ōnis f verb *A tax*, or *tallage set upon the people*, *an impost*, Ascon Also *the space of fifteen years*, a kind of reckoning brought up by *Constantine* the great, as some, but others carry it up as high as *Augustus*

|| Indictivus, a, um *That which is published*, or *declared*, *whereunto the people are wont to be called by proclamation*, Fest *pro*

Indictus, a, um part (1) *Declared*, *proclaimed* (2) *Bidden*, *invited to*, *bespoke* (3) *Unspoken*, *unsaid* (4) *Not pleaded* (5) *Not proclaimed* (1) Indictum ferrarium hominem tradebat, *Liv* 34, 55 (2) Indicta dapes, *Ovid Fast* 4, 351 (3) Dicam insigne, recens, indictum ore alio, *Hor Od* 3, 25, 8 (4) Indicta causa condemnari, *to be cast without being heard*, Cic pro Rabir 4 (5) = Nisi bellum denunciatum ante sit & indictum, *Cic Off* 1, 11

Indicum, i n *A kind of colour mixed with blue and purple*, Plin 35, 6

Indidem adv de loco *From thence*, *from the same place* Indidemne Ameria? an hosce ex urbe sicarios, *Cic* pro *Rosc Amer* 27

Indies adv *i e* in dies *From day to day*, *daily* Plus plusque istuc diligo, *Cic Att* 6, 2 *ut aliqui scribunt*, *sed puto rectius scrib* in dies

Indifferens, tis adj (1) *Indifferent*, *ordinary* (2) *Not very curious*, or *nice* (1) *Cic* de *Fin* 3, 16 (2) Indifferens circa victum, *Suet Cæs* 5

Indifferenter adv (1) *Indifferently*, *either the one or the other* (2) *Not caring much* (1) Utroq; utimur indifferenter, *Quint* 9, 2 (2) ⁜ Occisum eum populus indifferenter, miles gravissime tulit, *Suet Dom* ext Indifferenter vivere, *carelessly*, Scrib Larg 122

|| Indifferentia, æ f *Indifferency*, also *likeness*, *agreeableness*, Gell 1, 22

Indigena, æ c g [*ab* indu, *i e* in, & geno, *i e* gigno] *A native*, *born and bred in the same country*, or *town*, *homebred*, Tac Agric 11, 1 § Item adj omn gen Indigenæ vinum, *wine growing in the same country*, Plin 14, 6 ⁜ Non indigenæ, sed advenæ, *Liv* Indigena Latii populi, *Luc* 2,432 aquæ, *Val Flacc* 6, 294

Indigenitālis, e adj *Natural*, *proper*, *pertinent*, Cic de Orat 3, 38 *Fr vulg leg sed alii aliter*, Dii genitales *habent edd meliores not e*

Indigens, tis part & adj *That is in necessity*, *needy*, *lacking*, *wanting*, *poor*, *indigent* § Quid illi erat indigens mei? *Cic* de *Amic* 9 Opum indigens, *Plaut Cist* 1, 1, 31 Benigne facere in indigentibus, *Cic* de *Offic* 2, 15

Indigentia, æ f *Need*, *lack*, *poverty indigence* Indigentia est libido inexplebilis, *Cic Tusc* 4, 9

Indigeo, ere, ui neut *To lack*, *to want*, *to stand in need* § Non tam artis indigent, quam laboris, *Cic* de *Orat* 1, 34 Mea adolescentia indiget illorum bonâ existimatione, *Id* pro *Rosc* 15

Indiges, etis c g *Indigetes* propriè sunt Dii ex hominibus facti, *qui in diis agentes*, *vel* potius undegeniti dii *A god made of a man*, *an hom made god*, or *god of our country*, *a canonized saint* Dii patrii indigetes, *Vir Geor* 1, 498

|| Indigeste adv *Indigestedly*, *without order*, Gell *in præfat* ✝ Confuse

Indigestus, a, um *Undigested*, *confused*, *disordered* = Rudis indigestaque moles, *Ov Met* 1, 7

Indigetur impers *Men lack* Præsidio earum indigetur, *Plin* 10, 27

|| Indigitātio, ōnis f *Appointing*, *naming*, or *placing among the gods*, Fest

Indigito, are act *To signify*, and as it were *to point the finger at*, *to call by name*, *to name* ☞ Neque de origine, neque nominis hujus vero sensu convenit inter doctos, immo vix apud vett invenitur præterquam uno *Varr* fragmento ap *Non*

Indignabundus, a, um *Angry*, *in a chafe*, Liv 38, 57

Indignandus, a, um part *To be disdained* Indignanda vellera, *Val Flacc* 1, 541

Indignans, tis part & adj issimus, sup (1) *Disdaining*, *chafing*, *fuming*, *angry*, *displeased* (2) *Unworthy* (1) Ora indignantia solvit, *Ov Met* 1, 181 (2) Genus servitutis indignantissimum, *Col* 8, 17

|| Indignanter adv *In scorn*, or *disdain*, Amm ✝ Indigne

Indignatio, ōnis f verb *Indignation*, *anger* Nec donis tantum indignationes continebant, *Liv* Indignatio erumpens animo ac pectore *Paterc* 2, 66, 3

Indignatiuncula, æ f dim *A little pet*, *a chagrin*, Plin Ep 6, 17, 1

Indignatus, a, um part *Scorning*, *disdaining*, *not enduring* Pontem indignatus Araxes, *Vir Æn* 8, 728

Indigne adv ius, comp issime, sup (1) *Undeservedly*, *unworthily* (2) *Basely* (3) *Heinously*, *heinously* (1) Ab inimicis circumventus eget indigne, *Cic* antiq *in exil* 7 (2) Clamant omnes indignissime factum esse, *Ter Adelph* 1, 2, 11 (3) Indignius fieri, *Gell* 13, 8

Indignitas, ātis f (1) *Baseness of birth*, or *condition*, *meanness* (2) *Indignity*, *unworthiness*, *heinousness* (1) *Cic* de *Orat* 2 (2) Neque sic is severe, pro rei indignitate, decrevit, *Cic* pro *Mur* 25

Indignor, āri, ātus sum dep *i e* indigne fero (1) *To scorn*, or *disdain*, *to think scorn of* (2) *To fret and chafe*, *to be displeased*, *to be out of patience*, or *discontented*, *to be angry with* (3) *To take in dudgeon*, *not to endure* (4) Also *to refuse* (1) Partum indignantur honorem, ni teneant, *Vir Æn* 5,229 (2) Casum indignabar

nabar amici, *Vir Æn* 2, 93 (3) Defensor indignabitur accusatorem conari, *&c* Cic *de* Inv 2, 18 (4) Quidam indignantur imperia, *Quint* 1, 3

Indignus, a, um adj or, comp ssimus, sup (1) *Unworthy, unbeseeming* (2) Also *unfit* or *unmeet* (3) *Sad, shameful, horrible* (4) *Undeserving either of good, or evil* (5) *Unhandsome, base, heinous* (1) Indigna genere nostro, *Ter Adelph* 3, 3, 54 (2) Indignissimi ex plebeiis candidati, *Liv* (3) Quæ futura esse dicunt exempla in eum indigna! *Ter Eun* 5, 5, 4 (4) Indignissimus honore, *Cic* in *Vatin* 16 Cui eget indignus quisquam te divite? *Hor Sat* 2, 2, 10 (5) Indignum facinus, *Ter Adelph* 3, 5, 1

Indigus, a, um adj *Needing, in want of* Fidentissima auxilii, nec stipendiorum indiga, *Plin* 8, 40 Indiga nostræ opis, *Vir Geor* 2, 428

Indiligens adj or, comp *Negligent, careless* = Nequam homo indiligensque, *Plaut Most* 1, 2, 23 Vereor ne indiligens nimium sies, *Ter Adelph* 4, 5, 50 Si indiligentiores fuerint, *Cæs B G* 2, 33 Indiligens hortus, *a garden carelessly kept, or lying unhandsomely*, Plin 19, 4

Indiligenter adv ius, comp *Negligently, carelessly* Bene parta indiligenter tutari, *Ter* Indiligentius servare prædia, *Cæs B G* 2, 33

Indiligentia, æ f *Negligence, carelessness* Literarum missarum indiligentia, *Cic* ad *Q fr* 1, 2 Neglecta per indiligentiam prædia, *Plin* 14, 4

Indimensus, a, um *Unmeasurable, infinite*, Amm ✝ Immensus

✝ Indipisco, ere *To obtain, or get* Nunquam quadrigis albis indipiscet postea, *Plaut Asin* 2, 2, 13

Indipiscor, i, eptus sum dep (1) *To obtain, get, or attain* (2) *To overtake, or win* (3) *To apprehend, or comprehend* (4) *Also to begin* (1) § Largiter mercedis indipiscar, *Plaut Rud* 5, 2, 28 § Quam quis indeptus navem erat, *Liv* 26, 39 (2) *Plaut Asin* 2, 2, 1, *al* indipiscet (3) *Gell* 17, 1 (4) Indipisci pugnam, *Gell* 1, 11

Indirectus, a, um *Indirect, unhandsome, out of order*, Quint 5, 13

Indireptus, a, um *Unpillaged, unransacked* Capitolium indefensum & indireptum conflagravit, *Tac Hist* 3, 7, 7

Indiscretus, a, um *Not severed, or distinguished, all alike, without difference, or distinction* Arma indiscreta maniplis, *Sil* 8, 577

Indiscriminatim adv *Indifferently, without difference* Quibus nos utemur indiscriminatim, *Varr ap Non* 2, 449

|| Indiscriminatus, a, um *Not severed, or differenced*, Litt *ex* Apul ✝ Sine discrimine

Indisertè adv *Without eloquence, or good language* Orationem meam collaudavit satis multis verbis, non indisertè, *Cic* ad *Q fr* 2, 1

Indisertus, a, um *Without eloquence, ill spoken* Vir non indisertus, *Cic* de *Cl Orat* 20 Indiserta prudentia, *Id* de *Or* 3, 35

Indispositè adv *Confusedly, disorderly* Quid muta animalia perturbatè & indispositè moventur? *Sen Epist* 124

Indispositus, a, um *Disordered, out of order* Apud Vitellium omnia indisposita & temulenta, *Tac Hist* 2, 68, 2

|| Indissimillimus, a, um sup *Most unlike*, Litt *ex* Paterc *sed non invenio* ✝ Valdè dissimilis

|| Indissimulabilis, e adj *That cannot be dissembled*, Gell 10, 22 ✝ Non dissimulandus

|| Indissimulatus, a, um *Not dissembled*, Litt *ex* Apul ✝ Non dissimulatus

Indissolubilis, e adj *That cannot be dissolved, indissoluble* Quoniam orti estis mortales, vos quidem esse indissolubiles non potestis, *Cic* de *Univ* 11

Indissolutus, a, um *Not loosed* Hæc sunt indissoluta, me invito, *Cic* de *Univ* 11 *sed al alit leg*

|| Indistanter adv *Indifferently, without respect*, Amm ✝ Sufque deque indiscriminatim

|| Indistinctè adv *Undistinctly, confusedly*, Gell *in præfat* ✝ Indispositè

Indistinctus, a, um (1) *Not distinguished, not differing* (2) *Indistinct, confused* (1) Indistinctæ corollæ, *Catull* 62, 283 (2) = Neque inordinata, neque indistincta, *Quint* 8, 2 = Indistincta & promiscua cetera, *Tac* 6, 8

|| Indistinguibilis, e adj *Not to be discerned, or distinguished*, Aug

Indistrictus, a, um *Unwounded at the cut, or hurt* Indistrictus abibo, *Ov Met* 12, 92

Inditus, a, um part [*ab indor*] (1) *Put, or set in* (2) *Clapt upon* (3) *Built* (1) Inditus lecticæ a tribuno deductus est, *Tac Ann* 3, 14, 6 (2) Vinclis inditis in urbem raptus, *Tac Ann* 13, 15 (3) Saxeo indita monti urbs, *Flor* 1, 11

|| Individuitas, atis f *Unpartableness*, Non Philos

|| Individuum i n *A body so little that it cannot be divided, a mote, or atom*, Log

Individuus, a, um (1) *That cannot be divided, inseparable, individual* (2) *Constantly together, seldom parted* (1) = Ille atomos, quas appellat, id est, corpora individua, *Cic* de *Fin* 1, 6 (2) *Tac Ann* 6, 10, 2

|| Indivisibilis, e adj *Indivisible*, Diom *pro*

Indivisus, a, um *Undivided, uncloven* Indivisæ ungulæ, *Varr R R* 2, 7

Indivulsus, a, um *Not parted, inseparable* Indivulsus comes, *Macrob Saturn* 1, 11 ✝ Non divulsus

Indo, ere, idi, itum act [*ex in & do*] (1) *To put, or set in* (2) *To put, or lay upon* (1) In os meum vini guttam non indidi, *Plaut Cas* 1, 3, 31 (2) In nostras scapulas cicatrices indiderunt, *Plaut Asin* 3, 2, 7 § Indere nomen alicui, *Liv* 1, 34

|| Indocibilitas, atis f *Unaptness to learn*, Apul *de* Hab doctr Plat p 598

Indocilis, e adj (1) *Who cannot be taught, indocible, blockish* (2) *Natural, that has not been taught* (1) = Nimis indociles, tardique sunt, *Cic N D* 1, 5 (2) Genus indocile composuit, legesq; dedit, *Vir Æn* 8, 321

|| Indocilitas, atis f *Unaptness to learn*, Apul *sed meliores libb hab* indocibilitas, *q v* ✝ Tarditas

Indoctè adv ius, comp *Unlearnedly, unskilfully* Non indoctè solum, sed etiam impiè, *Cic N D* 2, 16 Dicam ego indoctiùs, *Gell* 12, 5

Indoctus a, um or, comp ssimus, sup (1) *Unlearned, ignorant, unskilful, aukward* (2) *Unaccustomed* (1) = ✠ Hominum duo genera, alterum indoctum & agreste, alterum humanum & politum, *Cic Part Orat* 25 ✠ Constat non inter philosophos solos, sed etiam indoctos, *Id N D* 1, 17 Habitus est indoctior, *Id* = Levissimum & indoctissimum genus, *Id* de *D v* 2, 63 (2) Cantaber indoctus juga ferre nostra, *Hor Od* 2, 6, 2

Indolentia, æ f *The feeling, or having no pain* ✠ Num propterea idem voluptas est, quod (ut ita dicam) indolentia? *Cic* de *Div* 4, 4 *Hinc liquet hoc vocab nondum tunc satis valuisse*

Indoleo, ere, ui, itum neut *To be sorry, or to be grieved, to feel pain* Indoluit soror, *Val Flacc* 1, 137 § Indoluisse malis, *Ov Trist* 2, 570 adversis, *Ibid* 5, 4, 38 Genit vo jungi putavit *Litt ex* corrupto *Ov* loco *Met* 2, 798 *ubi fortè leg* successorum, *nullo planè sensu*

Indoles, is f [*ex in & oleo*] (1) *A growth, or increase* (2) *Natural towardliness, or disposition, aptness to good, or evil* (3) *A vein, a race, a breed, a strain* (1) Cæsaris pueri mirifica indoles virtutis, *Cic* ad *Brut* 2 (2) Cum hac indole virtutum ac vitiorum Hannibal sub Asdrubale meruit, *Liv* 21, 4 (3) In frugibus pecudibusque servanda indoles, *Liv*

Indomabilis, e adj *That cannot be tamed, untameable* Indomabilis equus, *Plaut Cas* 3, 2, 12

Indomitus, a, um (1) *Untamed, wild* (2) Met *Impotent, ungovernable* (3) *Invincible, not to be conquered* (1) Equus indomitus, *Ad Herenn* 4, 46 Indomita bos, *Valer Flacc* 4, 362 (2) = Indomita & effrænata libido, *Cic* pro *Cluent* 6 (3) Igni indomito carpitur, *Ov Met* 10, 370 Indomitæ flamma, *Sen Hipp* 187

Indormio, ire, ivi, itum neut (1) *To sleep upon* (2) Met *To be sluggish, or slow in doing a thing* (1) Cubilibus unctis indormit, *Hor Epod* 5, 69 (2) = In isto homine colendo indormivi diu, *Cic* ad *Q fr* 2, 15

|| Indostruus, *pro* industrius, *Fest*

Indotatus, a, um (1) *Having no dowry given, unendowed, without any cost bestowed on it* (2) *Not honoured with funeral obsequies* (1) Virgo indotata est, *Ter Adelph* 3, 2, 47 (2) Dantur in altos indotata rogos corpora, Ov Met 7, 609

Indu, *quod & indo & endo, pro* in *Within*, Ap Antiquiss auctt

|| Indubiè adv *Without doubt*, Dig ✝ Haud dubiè, indubitatè, *Liv*

Indubitabilis, e adj *Indubitable, not to be doubted* Signum indubitabile, *Stat Theb* 11, 64 genus causæ, *Quint* 4, 1

Indubitanter adv *Without doubt*, Dig *ap* Litt *& al* Lexic *sed* Liv 33, 11

Indubitatus, a, um *Undoubted*, Spes indubitata, *Plin* 31, 3 Cubilia indubitata, *Stat Achill* 2, 73

Indubito, are neut *To doubt much* Tuis moribus indubito, *Stat Sylv* 3, 5, 110

Indubius, a, um *Certain, questionless, without doubt* Plurimorum indubia innocentia, *Tac Ann* 14, 45, 1 Exempla indubia, *Quint* 5, 13

Induciæ, arum pl f [*qu* endu otio, *i e* in otio, *Voss* ap quem, si hoc non placet, al etymon quære] *A truce, respite, or ceasing from war for a certain time agreed on by both sides* Inducias aliquot dierum cum hoste pacisci, *Cic Offic* 1, 10 ✠ [illegible] negata, induciæ datæ, *Liv* 10, [illegible]

Induco, ere, xi, ctum act [*ex in & duco*] (1) *To introduce, lead, or bring in* (2) *To [illegible], or draw over* (3) Met *To persuade* (4) *To make void, or cancel, abolish, disannul, raze, or strike out* (5) *To draw in, cajole, or deceive* (6) *To put, or draw on his shoe* (7) *To bring forth, or produce* (1) Quis homo est, qui inducit pompam [illegible]tim? *Plaut Truc* 2, 6, 68 Libidine furentes induxerunt deos poetæ, Cic N D 1, 16 in [illegible] tum, *Plin Epist* 2, 12, 2 (2) Inducere sulphure tedas, *Ov* [illegible] 7, [illegible] nubes terris, *Id Met* [illegible] (3) Nunquam induces, ut tibi credam hoc argentum *Plaut Asin* 2, 4, 87 (4) Etsi nomina facta sunt, vel mutari vel induci [illegible] sunt, *Cic Att* 13, 14 Ut induceretur locatio, postulaverunt, *Plin* 1, 17 Inducto priore decreto *[illegible] Cæs* 16 (5) = Hic nos [illegible] fefellit, induxit, *Cic* in *Pis* [illegible] (6) § Ligneæ soleæ in pedes inducti sunt, *Cic de Invent* 2, 50 [illegible] *Ad Herenn* 1, 13 Calceus [illegible] posterè inductus, *Plin* [illegible] Nec fructum, nec læ[illegible] olea inducet, *Col* ¶ In [illegible] alicui spem, *to put him in hope*, Cic *de* Am 16 Inducere animum, *Plaut* in animum, *Ter*, *persuade himself*

Inducor, i, ctus pass *To be introduced, persuaded, &c* [illegible] misericordiam induc[illegible], *Cic de C' Orat* 50 Induci *absol pro* [illegible] senatum, *Plin Epist* 2, 11 9

Inductile, is n *A [illegible]*, Litt *ex* Plin *sed q*

Inductio, onis f verb (1) *A bringing into, or along* (2) *A bringing in, an introduction* (3) *A rhetorical induction, when by premised questions granted, a conclusion is inferred* (4) *To plaster, or lay over* (5) *Allot* (6) Inductio animi, *a persuasion* (1) Nos aquarum inductionibus terris fœcunditatem damus, *Cic N D* 2, 60 (2) Personarum ficta inductio, *Cic* de *Orat* 3, 5 [illegible] *Il id* (3) *Id Cic* de *Inv* 1, 31 Per inductionem examinare & probare, *to reduce to logical argument*, colligere, *vocat* Cicero (4) Inductio parietum freq[illegible] tur trullis, *Pallad R R* [illegible] (5) *Ap JCC* (6) Positum est in inductione animi, & volun[illegible] *Cic* ad *Q fr* 1, 1

Inductus, a, um par (1) *Brought in* (2) *Introduced* (3) *Induced, moved* (4) *Persuaded* (5) *Razed, or stricken out* (6) *Plastered, daubed, covered over, besmeared* (1) Inducta armenta in rura, *Varr* (2) Subtiliter ad criminandum inducta oratio, *Cic* pro *Cæl* 11 (3) Inductus falsa spe pollicebar, [illegible] pro *Planc* 42 consuetudine & familiaritate, *Id* pro *Quint* (4) Inductus argumentis, *Plin* (5) ✠ Multa inducta, deleta, & su perscripta, *Suet Ner* 52 (6) ✝ Tectorium vetus deletum, & novum inductum, *Cic Verr* 1, 55 Tedæ sulphure inducto, *Ov Ep* 7, 23 Inducta per pinnam [illegible] bus aloë, *Scrib Larg* 158

Inducturus, a, um part *About to bring in, &c* Inducturus caliginem omnibus, *Paterc* 2, 36

Inductus, ûs m verb *A persuasion* Quod alieno inductu fecerit, *Ad Herenn* 2, 17 Hujus persuasu

persuasu atque inductu, Quint 5, ic vix leg nisi in ablat

Inducula, æ. f [ab inducendo] A woman's under garment, Plaut Epid 2, 2, 39. vix alibi

† Indugredi, pro ingredi, Lucr 4, 19

† Indulcitas, ātis f Harshness, np Non † Austeritas

|| Indulco, & indulcoro, āre To make sweet, Tert non autem Cic, quem laud Litt

Indulgens, tis part & adj or, comp issimus, sup (1) Indulging (2) Indulgent, gracious, kind, tender (3) Treated with indulgence, cockered, made much of (1) Crescit indulgens sibi dirus hydrops, Hor Od 2, 2, 13 (2) Patri nimis indulgens, quicquid ego adstrinxi, relaxat, Cic Attic 10, 6 (3) Indulgentissimus imperator, Plin Epist 10, 52 & Paneg 90, 4 (3) Si filio oi igerit indulgentior facies vultus erectior, Quint Fili indulgentissime, vidi te, nec semel vid, Id Decl 10 Vid Vall 1, 30

Indulgenter adv ius, comp issime, sup Kindly, with indulgence Captivos indulgenter habere, Liv 6, 14 Longè indulgentius in poëta Simonide, Val Max 1, 7, 11 Voluptati aurium indulgentissimè deditus, Solin c 14.

Indulgentia, æ f (1) Indulgence, fondness, cockering (2) Easiness, gentleness, lenity (3) Grace, favour (4) Also in later writers a pardon, a dispensation (1) Mollis illa educatio, quam indulgentiam vocamus, nervos omnes & corporis & animi frangit, Quint 1, 3 (2) Cœli indulgentia, Vir Geor 2, 345 Cæsaris indulgentia in suos, Balbus, Cic in Ep ad Att 9, 12 (3) Probaveris me ad peculiarem tuam indulgentiam pertinere, Plin 10, 2 ad Trajan Imperat (4) Rogatus a P Accio Aquila, ut mitterem tibi libellum, per quem indulgentiam pro statu suo imploret, Plin Ep 10, 107

Indulgeo, ēre, si [ex in & urgeo, r in l, ut adsolet, nempe ut it ejus qui non urget, hoc est, non omnia pro suo jure exigit] (1) To indulge, to cocker, not to insist on one's authority, to let one have his will (2) To be kind and civil to one, to make much of (3) To follow after, to give one's self up to (4) To concede, to grant (5) To dispense with (1) § Nimium illi, Menedeme, indulges, Ter Heaut 4, 8, 21 § Nimis me indulgeo, Id ib 2, 1, 16 (2) Hanc legioni Cæsar & indulserat præcipuè, & propter virtutem confidebat maxime, Cæs B G 1, (3) Indulgere amicitiis novis, Cic Am 15 choreis, Vir Æn 9, 615 iræ, Val Max 6, 1, 13 ... Suet de Ill Gramm 23 (4) Juveni curule indulgebit ebur, ... ornamenta consularia, Suet Claud 24 (5) Videris mihi studio ... orum indulgere posse, Plin Ep ...

Indulgeor, eri pass To be indulged Indulgeri humano dolori, Val Max 2, 6, 7

† Indulgitas, ātis f Indulgence, Non 4 9 † Indulgentia

† Indumen, inis n id quod

Indumentum, i n A garment, attire, apparel, clothes, ... ex Cic Sed vereor ut sit, ... Gell 16, 10 & Aur Vict 3, 1

Induo, ere, ui, tum act [ab ... Id] (1) To put into, (2) ... upon (3) To put on (4) To ... er, to besmear, or daub ... (5) To assume, or take upon one (1) § Soccis se induere, Cic de Orat 3, 32 se veste, Plaut ✠ se nux in florem, to blossom, Vir Geor 1, 188 (2) Se stimulis inopinantes induebant, Cæs B G 7, 82 Absol ♓ Dum expedire se vult, induit, he intangleth himself, Cic Verr 2, 43 (3) Tunicam induere, Cic Tusc 2, 8 soleas, Plin 33, 11 paternas catenas, Val Max 5, 3, ext 3 cultum famularem, Id 5, 6, ext 1 cæstus, Val Flacc 4, 251 vincula, Id 2, 399 Met Ingenium novum induere, Liv 3, 33 animum bonis artibus, Tac Ann 15, 45, 3 (4) Induere postes pice, Plaut Most 3, 2, 142 (5) Induere hostiles spiritus, Tac Hist 4, 52, 4 munia ducis, Id Ann 1, 69, 2

Induor, i, utus To be put into, put on, &c Suâ confessione induatur ac juguletur, necesse est, Cic Verr 5, 64 Indui loricam, Val Flacc 4, 94

† Indupedire, & indupeditus antiq pro impedire, impeditus

Induperator, pro imperator, Juv 10, 138

Indurans, tis part Hardning Indurantes attritu, Plin 8, 32

Induratus, a, um part & adj or, comp Hardned, made hard Robora flammis indurata, Stat Theb 4, 65 Induratus timor, Liv Germanis quid induratius ad omnem patientiam? Sen de Ira, 1, 11

Indureo, ere & induresco, ere To grow hard Corpus induruit usu, Ov Trist 5, 2, 5 Antequam fici indurescant, Col 12, 15 Venter indurescit, Cels 4, 12

Induro, āre act [ab in intens & durus] To make hard Nives indurat Boreas, Ov Met 6, 692

Induror, āri, ātus pass To be hardned, Plin 15, 17

Indusiarius, a, um One that maketh under garments, Plaut Aul 3, 5, 35

Indusiatus, a, um Worn on the inner part, underneath other clothes Indusiata vestis, Plaut Epid 2, 2, 47 ☞ Sed Varr L L 4 legit intusiata, q ab intus

Indusium, i n [q intusium, Varr sed forte rectè ab induo] A shirt, shift, smock, petticoat, or other under garment, Varr L L 4, 30

Industria, æ f [de etym vid Industrius] (1) Thoughtfulness, providence, contrivance (2) Endeavour, diligence, pains-taking (3) In malam partem (1) ♓ Paulum interesse censes ex animo omnia, ut fert natura, facias, an de industria? Ter Andr 4, 5, fin ♓ Ut alios industria, ita hunc ignavia ad famam protulerat, Tac Ann 16, 18 = Summis opibus atque industriis, Plaut Most 2, 1, 1 ¶ § De industria, Cic Verr 2, 12 Ex industria, Liv 1, 56 & 26, ult Industria, Plaut Truc 1, 1, 37 Ed Camer on purpose, designedly (2) = In quo meam industriam ac diligentiam spectari volo, Cic (3) Mea industria, & malitia, Plaut Pseud 2, 1, 7

Industriè adv ius, comp Carefully, industriously = Diligentissimè, industrièque administrare, Cæs B G 7, 60 Quis industriùs, quis sæpius dixit? Cic pro Domo, 11

Industrius, a, um adj or, comp [ab endo, i e in, & struo, Fest] Industrious, sharp, active, brisk = Homo navus, & industrius, Cic Verr 5, 21 = acer, Id ♓ Industrios ac ignavos pax in æquo tenet, Tac Ann 12, 12 Quo neque industrior de juventute erat, Plaut Most 1, 2, 72

Indūtus, a, um part Arrayed with, put on, &c Nequis quin aliquid ejus indutus sies, Plaut Men 1, 3, 8 Vestes indutæ, Vir Geor 3, 364

Indūtus, ûs m verb Clothing, apparel = Prius quæ sunt de indutu & amictu tangam, Varr L L 4, 3 Gerere vestem indutui, Tac Ann 16, 4

Induviæ, arum pl f Clothes, apparel put on ♓ Induviæ tuæ, atque uxoris exuviæ, Plaut Men 1, 3, 9

Induvium, i n The bark of a tree, Plin 13, 4

† Inebræ aves pl f [fortè ab inhibendo] Birds that in soothsaying discourage the doing a thing, Fest Commorandum est apud hanc inebram, Plaut Pers 2, 2, 21 ubi al obicem

|| Inebriatio, ōnis f A making drunk, Firm

Inebrio, are [ex in intens & ebrius] To make drunk Palma vescentes inebriat, Plin 22, 12 ✠ Inebriare aurem, to fill it with impertinence, Juv 9, 113

Inebrior, āri, ātus To be intoxicated, or made drunk, Varr

Inedia, æ f [ab in priv & edo] Want of victuals, hunger Vigiliis & inedia necatus, Cic de Fin 5, 27 Corpus inediæ patiens, Sall B C 5

Ineditus, a, um [ex in priv & edo] Not published Inedita cura, Ov ex Ponto, 4, 16, 39

Ineffabilis, e [ex in priv & effari] Not to be spoken, or expressed, ineffable Populorum nomina sunt maxime ineffabilia, Plin Pref 1 5

Inefficax, ācis adj or, comp Ineffectual, of no force, or strength, Plin 17, 12 & 34, 11

Ineffigiatus, a, um Having no right shape, deformed, Gell 17, 10 = Informis, Id ib

Inelaboratus, a, um Unlaboured, having no pains taken about, inaccurate, Sen de Tranq 1 & Quint 4, 1

Inelegans, tis adj Without beauty, or grace = Delicias illepidæ atque inelegantes, Catull 6, 2 Orationis non inelegans copia, Cic de Cl Orat 81

Ineleganter adv Without elegance, or grace, Cic de Clar Or 26 & de Fin 2, 9

Ineluctabilis, e adj Not to be struggled against, unavoidable Ineluctabilis fatorum vis Paterc 2, 57 Ineluctabile fatum, Vir Æn 8, 334 tempus, Ibid 2, 324

Inemendabilis, e Not to be amended, Quint 1, 1 Inemendabilis est error, Val Max 7, 2, 2

Inemorior, i dep To dy in a thing, not to leave till death Inemori spectaculo, Hor Sat 5, 34

Inemptus, a, um adj [ex in priv & emptus] Unbought Inemptæ ruris dapes, Col. 11, 3

Inenarrabilis, e Not to be expressed, or related, inexpressible, Sen N Q 29 Inenarrabili pietate, Paterc 2, 99

Inenarrabiliter adv Inexpressibly Jecur omne inenarrabiliter absumptum, Liv 41, 15

|| Inenarratus, a, um Not told, or related, Gell 12, 6

Inenodabilis, e Not to be unloosed, intricate, Cic de Fato, 9

Ineo, ire, ivi, itum [ex in & eo] (1) To go, or enter into (2) To enter upon, to commence (3) To lye with, to couple with, as the male with the female (1) Videbo id priusquam meam domum, Plaut ✠ Limen vitæ inire, to be born, Lucr 3, 681 (2) Cum magistratum inierint, Cic Philipp 5, 15 ¶ Fœdus inire, to make a league, Prop 4, 4, 60 consilium, to consult, Liv gratiam apud aliquem, Id 36, 5 ab aliquo, Ter Eun 3, 5, 3 cum aliquo, Cic Att 7, 9 to oblige inducias, to make a truce, Plin numerum, to count, Liv 38, 23 rationem, to consider, Cic Fam 13, 29 mensuram, to measure, Col 5, 3 suffragia, to vote, Liv ✠ somnum, to fall asleep, Vir Ecl 1, 56 (3) Vid Suet Aug 69 Varr R R 7, 8 & Plin 8, 44 Col 6, 20

Ineor, iri, itus pass (1) To be entred into, or upon (2) To be coupled with the male (1) Si tu jubes, inibitur tecum, Plaut Cas 3, 6, 25 Hæc munia multo gaudio censoris inibantur, Tac Ann 11, 25 (2) Annicula sus non improbe concipit, sed iniri debet mense Februario, Col 7, 9

Ineptè adv issimè, sup Sillily, foolishly, indiscreetly Ineptè molliri, Hor A P 140 Ineptissimè fieri, Quint 11, 3

Ineptia, æ f (1) Silliness, absurdity, foolishness (2) A silly story, a tale (3) A witty jest (1) = Ineptia stultitiaque adeo & temeritas, Plaut Merc prol 26 (2) Ineptiæ pœnè aniles, Cic Tusc 1, 37 (3) C Melissus libellos ineptiarum, qui nunc jocorum inscribuntur, composuit, Suet Gramm 21

Ineptio, ire To trifle, to talk or act foolishly, Ter Phorm 2, 3, 73 & Adelph 5, 8, 11

Ineptus, a, um ior, comp issimus, sup [ex in priv & aptus, Cic] (1) Unfit, improper (2) Silly, foolish, simple (1) = Ineptæ lenitas patris, facilitasque prava, Ter Adelph 3, 3, 37 Aquini longulum sane iter, & via inepta, Cic Attic 16, 13 ubi tamen al aliter (2) Risu inepto res ineptior, nulla est, Catull 37, 16 Discursare ineptissimum est, Quint 11, 3 ☞ Cum late pateat hujus vocab usus, vid Scal peculiari oratione de nomine inepti, & Schottum Tullian Quæstionum, c 20

Inequitabilis, e That cannot be rid over Campi lubrici & inequitabiles, Curt 8, 14, 4

Inequito, āre (1) To ride in (2) Met To insult (1) Sarmatæ patentibus campis inequitant, Flor 4, 12, 20 (2) Audet inequitare philosophiæ, Macrob Sat 7, 15

Inermis, e adj [ex in priv & arma] (1) Unarmed, without arms (2) Met Weak, feeble, rude, unlearned (1) Arma qui non habuerunt, eos inermes fuisse vinces, Cic pro Cæcina, 21 ♓ Albana pubes inermis ab armatis septa, Liv & Tac 15, 67 (2) = In logica inermis ac nudus est, Cic de Fin 1, 7

Inermus, a, um Weaponless, unarmed Habebat magnam multitudinem, sed inermorum, Lepid Cic inter Epist Fam 10, 34

Inerrans, tis adj [ex in priv & errans] That wandereth, or moveth not, fixed Inerrantes stellæ, Cic N D 2, 21

Inerro, āre [ex in intens & erro] (1) To wander up and down, to straggle (2) Met To seize on one place after another (1) § Diana montibus inerrat, Plin Ep 1, 6 (2) Ignis inerrat ædibus, Stat Sylv 1, 5, 58

Iners, tis adj [ex in priv & ars] (1) Artless, without skill, or art (2) Slothful, lazy, sluggish. (3) Unactive, clumsy (4) Dull,

Dull, heavy, stupid (5) *Without motion* (6) *Faint, feeble* (7) *Insipid, flat, stiff* (8) *Barren, unfruitful* (1) = Iners, & nullius consilii, *Ter Andr* 3, 5, 2 Genus hominum seditiosorum & inertissimum, *Cic Fam* 11, 19 *sed al alter leg* (2) = Homo inertior, ignavior, vir inter mulieres, *&c Cic in Verr* 2, 8 (3) Bellanæ ad repugnandum inertes, *Plin* 9, 6 (4) Oculos stupor urget inertes, *Vir Geor* 3, 523 Iners umbra, *Hor Od* 3, 4, 1 (5) Seu subit iners, seu profluet humor, *Vir Geor* 4, 25 Glacies iners, *Hor Od* 2, 9, 6 (6) Plurima sternuntur inertia passim corpora, *Vir Æn* 2, 364 (7) Salem faciunt inertem, nec candidum, *Plin* 31, 7 Versus inertes, *Hor A P* 445 (8) Rastris glebas qui frangit inertes, *Vir Geor* 1, 94

Inertia, æ f (1) *Ignorance, or unskilfulness in arts* (2) *Laziness, idleness, sloth* (3) *Luxury, softness, dissolute living* (4) *A lying still, a doing nothing* (1) ✱ Animi affecti sunt vitiis, ut vitiis, inertiis, *Cic in Parti* 10 (2) = Segnitiem hominum atque inertiam castigare, *Cic* (3) Mollis inertia, *Hor Epod* 16, 1 (4) Inertia pinguescens piscis, *Plin* 9, 15

Inerticula, æ f [ab inertia] *A sort of vine, the wine whereof is brisk and strong enough in taste, but dull in operation*, *Col* 3, 2

Inerudite adv *Unlearnedly, unfitly*, Quint 1, 10

Ineruditus, a, um ssimus, sup *Unlearned* Non ergo Epicurus ineruditus, *Cic de Fin* 1, 21 Priscorum Catonis verborum ineruditissimus fuit, *Suet de Clar Gram*

Inescandus, a, um part *To be taken with a bait* Inescanda multitudinis, *Paterc* 2, 13

Inescatus, a, um *Taken with a bait*, Met *allured, caught, trepanned, wheedled* Inescata temeritas, *Liv* 22, 41

Inesco, are [ab in priv & esca] *To lay a bait*, Met *to wheedle, to allure, to trepan* Abi, nescis inescare homines, *Ter Adelph* 2, 2, 12

Inevitabilis, e *Not to be avoided, not to be shunned, inevitable, unavoidable* Jus rigidum & inevitabile mortis, *Ov ad Liv* 443 fulmen, *Id Met* 2, 301 Inevitabile fatum, *Curt* 4, 6, 17

Inevolutus, a, um *Unrolled*, Meton *unread* Viadas & redeas inevolutus, *Mart* 11, 1, 4

Inexcitus, a, um *Not raised, not drawn together* = Ardet inexcita Ausonia, atque immobilis ante, *Vir Æn* 7, 623 R occ

‖ Inexcogitabilis, e *Not to be thought on, or found out by thinking*, Lact 4, 8

Inexcogitatus, a, um *Unthought of, not found out* Inexcogitatum remedium, *Plin* 26, 15

‖ Inexcultus, a, um *Unadorned, undrest, not set off*, Gell 1, 21 ✝ Rudis, impolitus

Inexcusabilis, e *Not to be excused* Inexcusabile tempus, *Ov Met* 7, 511 vid & *Hor Ep* 1, 18, 58 *Litt Cic trib sed q*

Inexercitatus, a, um *Unexercised, unpractised* Inexercitatus miles, *Cic Tusc* 2, 16 Inexercitati histriones, *Id de Sen* 18 ✱ Famem facilius fert inexercitatus, quam exercitatus homo, *Cels*

Inexercitus, a, um *Not exercised, not disciplined, undisciplined* Comitæ inexercitæ, & non multo [illegible] ntractæ, *Nep Eum* 7

Inexhaustus, a, um (1) *Not to be exhausted, inexhaustible* (2) Met *Insatiable* (1) § Inexhausta metallis insula, *Vir Æn* 10, 174 (2) Aviditas legendi, *Cic de Fin* 3, 2

Inexorabilis, e *Not to be prevailed with, inexorable* Inexorabilis judex, *Cic Tusc* 1, 5 res, *Liv* 2, 3 Inexorabilem se præbere, *Cic ad Q fr* 1, 2.

Inexpectatus, a, um *Not expected, unexpected* Hostis inexpectatus adest, *Ov Met* 12, 65 Inexpectatum nihil nuntias, *Val Max* 5, 10, ext 3

‖ Inexpeditus, a, um *Unready, unprepared*, A nob

Inexperrectus, a, um *Not awaked*, Ov Met 12, 317

Inexpertus, a, um (1) *Unessayed, untried, unattempted* (2) Also *not having tried, unacquainted with* (1) Ne quid inexpertum relinquat, *Vir Æn* 4, 415 (2) Dulcis inexpertis cultura potentis amici, *Hor Epist* 1, 18, 86 ✱ Expertus, *q v*

Inexpiabilis, e (1) *Not to be atoned* (2) *Irreconcileable, obstinate* (1) Inexpiabili religione sancire, *Cic Tusc* 1, 12 (2) = Se implacabilem inexpiabilemq, præbere, *Cic in Pison* 3 Bellum inexpiabile suscipere, *Id de Harusp resp* 2

Inexplanatus, a, um *Undistinct, stammering* Metellum inexplanatæ linguæ fuisse accepimus, *Plin* 11, 37

Inexplebilis, e *Not to be filled, insatiable* Libido inexplebilis, *Cic Tusc* 4, 9 virtus, *Liv* 28, 17 feritas, *Val Max* 9, 2, 1

Inexpletus, a, um (1) *Not completed, not finished* (2) *Insatiate, insatiable* (1) Inexpletis cædibus haud quinquaginta animas, *Stat Theb* 8, 667 (2) Inexpletum lacrymans, *i e* sine modo, *Vir Æn* 8, 559

Inexplicabilis, e (1) *Not to be explained, inexplicable* (2) *Inextricable, from whence 'tis hard to disintangle himself* (1) De generibus singulis disserere immensum & inexplicabile est, *Plin* 2, 1 (2) Viæ continuis imbribus inexplicabiles, *Liv* 40, 33

‖ Inexplicatus, a, um *Not unfolded, not explained*, Arnob *pro*

Inexplicitus, a, um *Not explained, dark, obscure, intricate* Inexplicita dicta, *Stat Theb* 2, 511 Democritos, Zenonas, inexplicitosque Platonas, *Mart* 9, 48

Inexplorate, & inexplorato adv *Without search, or trial, precipitately, too adventurously*, Gell 5, 19 = temere, *Id ib* Inexplorato cohortes pabulatum misere, *Liv* 6, 30

Inexploratus, a, um *Unsearched, untried, undiscovered* Inexplorato vado stagni, *Liv* 26, 48

Inexpugnabilis, e *Not to be conquered, or subdued, impregnable* Volumus eum, qui beatus sit, esse tutum, inexpugnabilem, septum, *&c Cic Tusc* 5, 14 Arx inexpugnabilis, *Liv* 2, 7 Inexpugnabiles muri, *Val Max* 9, 6, ext 2

Inexputabilis, e *Not to be numbred, innumerable* Inexputabilis numerus, *Col* 9, 4, 5

Inexsaturabilis, e *Not to be filled, or satisfied* Inexsaturabile pectus Junonis, *Vir Æn* 5, 781

‖ Inexsaturatus, a, um *Not filled, or satisfied*, Avien Arat Phænom 187

Inexstinctus, a, um (1) *Not to be quenched, inextinguishable* (2) Met *Immortal, that will always last* (3) *Insatiable* (1) Ignis inextinctus, *Ov Fast* 3, 428 (2) Nomen inextinctum Penelopææ fidei, *Ov Trist* 5, 14, 36 (3) Silenus inextinctæ libidinis, *Ov Fast* 1, 41

Inexstirpabilis, e *Not to be rooted out*, Plin 15, 20

Inexstirpatus, a, um *Not rooted out*, Litt ex Cels

Inextricabilis, e *Not to be disingaged from, inextricable, irrecoverable* Inextricabilis labyrinthus, *Plin* 36, 13 error, *Vir Æn* 6, 27 Inextricabilia vitia stomachi, *Plin* 20, 21

Inexsuperabilis, e (1) *That cannot be climbed over* (2) Met *Not to be conquered*, or *surmounted* (1) Inexsuperabiles Alpes, *Liv* 5, 34 difficultates, *Paterc* 2, 120 (2) vis fati, *Liv* 5, 35

Inexsuperatus, a, um *Not overcome*, Litt ex Mart

Infaber, bra, brum *Not like a workman, bungling*, Litt ex Mart *sed q*

Infabre adv *Not workmanlike, bunglingly, rudely* Vasa non infabre facta, *Liv* 36, 40 Sculptum infabre, *Hor Sat* 2, 3

Infabricatus, a, um *Unwrought, unhewn* Robora silvis infabricata fugæ studio, *Vir Æn* 4, 400

Infacete, & inficete adv ssime, sup *Unpleasantly, unwittily* Non infacete dicere, *Suet Vespas* 20 *Vid Plin* 35, 4

Infacetiæ, *vel potius* inficetiæ, arum pl f *Poor jests, little puns* Annales pleni inficetiarum, *Catull* 34, 19 *Vid Paterc* 2, 33

Infacetus, & inficetus, a, um or, comp *Clownish, unpleasant, rude, unpolished, not witty* Quid tam inficetu Lemno advenientis? *Plaut Truc* 2, 4, 4 Inficeto, inficetior rure, *Catull* 20, 14 Non inficetus homo, *Cic Offic* 3, 14 *vix al bi occ*

‖ Infacundia, æ f *Want of eloquence and acuteness*, Gell 11, 16

Infacundus, a, um or, comp *Uneloquent, rude in speech* Vir acer, nec infacundus, *Liv* 4, 4 = Infacundior, & lingua impromptus, *Id* 7, 4

Infamans, tis part *Defaming* Infamantia bellum funera, *Stat Theb* 9, 96

Infamatus, a, um part *Spoken ill of, defamed* Hunc infamatum a plerisque tres historici extulerunt, *Nep Alcib* 11

Infamia, æ f [ab in priv & fama] (1) *An ill report* (2) *Disgrace, dishonour* (1) Contigerat nostras infamia temporis aures, *Ov Met* 1, 211 (2) In moribus nostris nullius inest peccati infamia, *Cic* Pœnæ magis quam infamiæ eximere, *Tac* 14, 40 ✱ gloria, *Id*

Infamis, e (1) *Disreputable, dishonourable, ill spoken of* (2) *Unlucky, dismal* (3) *Filthy* (1) Non patiar me flagitiis tuis infamem fieri, *Ter Heaut* 5, 4, 14 § Vitiis atque omni dedecore infames, *Cic pro Cluent* 47 ¶ Infamis digitus, *the middle finger*, Pers 2, 33 (2) Annus infamis pestilentia, *Liv* (3) Infame os Antonii, *Cic*

Infamo, are (1) *To defame, to disgrace, to slander* (2) *To decry, to confute* (3) *To divulge, or spread abroad* (4) *To waste, to ruin, to destroy* (1) § Infamare aliquem parricidii, *Quint* (2) Infamare aliquem quasi incredibilia jactantem, *Sen* Tua moderatio aliorum infamet injurias, *Cic Fam* 9, 12 (3) Infamandæ rei causa januam obseravit, *Liv* (4) *Col* 1, 7

Infandum adv *O abominable, o horrible*, Vir Æn 1, 255

Infandus, a, um ssimus, sup *So great, so cruel, so strange, so abominable, so heinous as not to be expressed* Amor infandus, *Vir Æn* 4, 85 dolor, *Ibid* [illegible] bor, *Ibid* 8, 577 Tam infandum facinus ne audivi quidem, *Ter Eun* 4, 3, 22 Infandi cæde Libides, *Vir Æn* 2, 132 Jam sceleribus infandissimis, *Quint* 7, 8

Infans, tis or, comp ssimus, sup [ex in priv & fari] (1) *Not able to speak, mute* (2) *Unapt in speaking ill* (3) *Small, little* (4) Subst *A little child, a baby*, puella, *&c or the young of other creatures* (1) Infans [illegible] prohibebat, *Hor Sat* 1, 6, 57 [illegible] per ætatem fari posset, infans [illegible] *Gell* 5, 9 (2) ✱ O [illegible] infans, neque perfecte disertus, *Cic de Cl Orat* 26 [illegible] cusatore Lentulo infantius, *Id ad Q fr* 3, 4 Guttura infantia, *Ov in Ibin*, 229 Dial [illegible] mi reperiuntur, *Ad her* [illegible] (3) Cibus infantis boli, *Plin* [illegible] 22 (4) In Sabinis incertus infans natus, masculus an femina esset, *Liv* 31, 12 Vespertilio geminos volitat amplexa infantes, *Plin* [illegible] 61

Infantaria, æ f *One that loveth children*, Mart 4, 88 [illegible] cudisse & nove dixisse videtur, *neque habet quæ sequi velit*

Infantia, æ f (1) *Want of utterance, lack of eloquence* (2) *Infancy, childhood* (3) *Something like infancy* (1) ✱ Potius eloquentia converti in infantiam, *Cic Topic* 21 (2) Nostri infantia cælum hausit Aventini, *Juv* [illegible], 8 (3) Madidi nasi infantia, *Juv* [illegible], 199

Infantilis, e *Belonging to infancy* Infantilia blandimenta, *Justin* 17, ult

‖ Infantulus, i m & infantula, æ f *A little infant* Apul Met 8, p 253 & Met 10, p 341

Infarcio, *vel* infercio, si, tum *To stuff, or cram* Infercire granum salem in aliquid, *Col* 12, 5 Infercire verba, quasi rimas explere, *Cic Orat* 69

Infatigabilis, e *Not to be wearied, indefatigable* Infatigabilis cursus, *Plin* 29, 19 animus, *Val Max* 4, 6, ext 2 [illegible] *Id* 5, 2, ext 4

Infatuo, are *To make one a fool, to infatuate* Ut hominem stultum magis etiam infatuet, *Cic Philipp* 3, 9

Infaustus, a, um [ex in priv & faustus] *Unlucky, unprosperous, unfortunate* Bella infausta gesserunt, *Ov Met* 14, 5-9 [illegible] instructa Infaustum [illegible] *Flacc* 5, 263 antrum [illegible]

‖ Infectio, onis f verb *Infection*, Jun ✝ Tabes, virus, contagio

Infector, oris m verb [ab inficio] (1) *A dyer* (2) *That which dyeth* (1) Cui usus non est decoris purpurâ, nec infector [illegible] phum cogitat, sed cum infector moratur, *Cic Fam* 2, 16 Infector lanarum, *Plin* 20, 7 (2) Purpurarum generi infector ille succus, *Plin* 11, 2

Infectus, a, um part [ab inficior] (1) *Dyed, stained* (2) *Poisoned, infected, envenomed* [illegible] Mulieribus etiam palpebræ infectæ [illegible] *Plin Ep* 1, 37 Infecto [illegible] tare Britannos, *Prop* 2, 18,

Infecta

Infecta maria traduntur, Suet Cal 19 Infecta sanguine tela, Stat Theb 9, 187

Infectus, a, um [ex in priv & factus] (1) Not done, undone (2) Not made (3) Unaccomplished, unperformed (4) Unwrought, raw (1) ✱ Factum est illud, fieri infectum non potest, Plaut Aul 4, 10, 11 (2) Infectâ pace, ultro ad eam venies, Ter Eun 1, 1, 8 (3) Infectâ re abire, Liv 9, 32 (4) ✱ Signatum argentum, coin, infectum, bullion, Liv 36, 40. ✱ factum, Ibid

Infectus, us m verb [ab inficio] A dying De reliquarum lanarum infectu dicemus suo loco, Plin 8, 48

Infecundus, a, um Barren, unfruitful Vid Infœcundus

Infelicitas, atis f Unhappiness, ill luck Ponere omnem infelicitatem in dolore, Cic de Fin 2,

Infeliciter adv Unluckily, unhappily, unsuccessfully ✱ Incommode, hercle CH Imo enimvero infeliciter, Ter Eun 2, 3, 57

Infelicito, are To make unhappy, to plague Di me & te infelicitent, Plaut Cas 2, 3, 30

Infelico, are To make miserable, to make unhappy, Plaut Epid 1, 1, 11 & Merc 2, 3, 99 & Pœn 1, 1 ☞ Quæ tamen lectiones in quibusdam displicent

Infelix, icis adj or, comp (1) Unhappy, miserable (2) Unfortunate, unsuccessful (3) Useless, barren, unfruitful (4) Cursed (1) = Spes est, miserum atque infelicem aliquando tandem posse consistere, Cic pro Quint 30 (2) Infelicior domi quam militiæ, Liv 61 (3) Infelix lolium, Vir Ecl 5, 37 § Tellus infelix frugibus, Id Ingenium infelix, Plin procem p (4) Caput obnubito, arbori infelici suspendito, Cic pro Rab 4 vid & Liv 1, 26

Infensans, tis part Ravaging, destroying Infensantibus deis exitio tradi, Tac Ann 13, 41, 5

Infense unde comp ius Infensius hostes pro vallo pugnabant, Liv 15

Infenso, are To harass, to spoil, to waste Bello infensare Armeniam, Tac Ann 13, 37, 1 pabula, Id 6, 4, 1

Infensus, a, um ior, comp issimus, sup [ex in & ant fensus, irritatus] (1) Angry, displeased, offended (2) Ill, bad (1) = Infenso atque inimico animo ire in aliquem, Cic Verr 2, 61 (2) Valetudo infensa, Tac Ann 14, 56, 6 Phlegræi nobis infensior æther, Claud de Rapt Pros 3, 201

Infercio ire unde infercior, iri, pass To be crammed, or stuffed Plin 35, 14

Inferi, orum m pl Those below, the gods, or shades below ✱ Superi incœnati sunt, & cœnati inferi Plaut Aul 2, 7, 6 A mortuis ad inferos impiorum supplicia perferre, Cic pro Cluent 61

Inferiæ, arum pl f Sacrifices to the infernal gods for the dead Inferias immolare umbris, Vir Æn 10, 519 Inferias dare Manibus, Ov Fast 5, 422 referre lugubres, Hor Od 2, 1, 28

|| Infernalis, e Infernal, of hell Hæ sunt deliciæ Jovis inferni, Prud in Symm 1, 388 ✝ Infernus

Infernas, atis adj Growing, growing below, growing in the Apennine ✝ Abies infernas Romanæ supernati præfertur, Plin 16, 9

Infernè adv Below Infernè manes ducere animas, Lucr 6, 764

Infernus, i m The infernal place, hell Infernus tenebrosus κακοδαίμων tenet, Varr ap Non ubi tamen alii leg Infernus tenebrio, sed Gloss vet ᾅδης, infernus

Infernus, a, um [ab infra] Infernal, lying below Infernus è partibus hydra, Cic N D 2, 44 ex poeta Inferni Dii, Liv 31, 31 ✱ superi, Id

Infero, ferre, tuli, latum [ex in & fero] (1) To bring in, or into (2) To bring upon (3) To lay to, to apply (4) To conclude from premisses, to infer (1) § Inferre Veneri jentaculum, Plaut Curc 1, 1, 72 consulatum in familiam, Tac Ann 3, 30, 2 Inferre pedem, to set a foot in, Cic pro Cæcina, 14 Inferre se, to come in, Id in Pison 22 in discrimen, to bring himself into danger, Id pro C Balbo, 10 Inferre se magnificè, to strut, Plaut Pseud 4, 1, 7 (2) Inferre famem civibus, Cic Att 9, 10 ¶ bellum alicui, to wage war against, Id Att 9, 1 signa, to attack, to ingage with, Liv 4, 18 in paupertatem aliquem, to reduce to want, Plaut Truc 2, 7, 19 (3) Sunt qui spicis allii fructibus inferunt, Col 8, 5, 16 (4) Inferre aliud, quam cogebatur, Cic de Inv 1, 47

Infertilis, e Unfruitful, Litt ex Col ubi non dicit

Infervefacio, ere, feci, factum To make hot Juniperum infervefacito cum congio vini veteris, Cato, 123

Infervefio, fieri, factus To be made hot, to be made to boil Cum infervefiunt, reconduntur, Scrib Larg Compos 53 Hinc & infervefactus, Col 9, 13 & Scrib Larg Compos 39 ✱ Refrigero

Inferveo, vel infervesco, ere, bui To be hot, to be boiling hot Fabæ tertia pars infervescat, Cato, 90 Vinum sectis inferbuit herbis, Hor Sat 2, 4, 67

Inferus, a, um [ab infra] or, comp Lower, inferior Infimus, & imus, sup Beneath, below ✱ Omnia, infera, supera, prima, ultima videre, Cic Tusc 1, 26 Inferi, sc Manes Aliquem ab inferis excitare, Cic Verr 5, 49 ✱ Superior ordine, inferior fortunâ, Id Fam 13, 5 = humilior, Cæs B G 4, 3 Infimis precibus aliquid petere, with most low, or humble desires, Liv 29, 30. Imæ radices montis, the lowest, Cæs B G 8, 40

Infestātor, ōris m verb A troubler, a vexer, a robber, Plin 6, 28 R occ

Infestè adv ius, comp issimè, sup Troublesomely, vexatiously, mischievously, outrageously Quæ in nos infestè fecerunt repentè, Liv 26, 13 = Inimicissimè atque infestissimè contendere, Cic pro Quint 21 Concursum est infestiùs, Liv 44, 4

|| Infestiviter adv Unwittily, unpleasantly Cætera vertit non infestiviter, Gell 9, 9 ✝ Parum festivè

|| Infestivus, a, um Unpleasant, clownish, Gell 1, 5 ✝ Parum festivus

Infesto, āre (1) To trouble, to vex, to plague, to infest (2) To spoil, or damage (1) Infestare rudes animos superstitione, Col 11, 1 (2) Infestantur vineta Euris & Austris, Col 3, 12 Arborem muscus ruber infestat, Id

Infestus, a, um ior, comp issimus, sup [ex in & festus, i e jucundus] (1) Bearing great grudge, or hatred, spiteful, malicious (2) Troublesome, vexatious (3) Hostile (4) Perplexed, doubtful, adverse (5) Unsafe, dangerous (6) Pass Hated, envied (7) Exposed, obnoxious (1) § Quis hunc audet dicere aratoribus infestum aut inimicum fuisse? Cic Verr 3, 13 Dictis infestis discerpere aliquem, Catull 64, 73 (2) An ori infestus, Catull 96, 11 Indies infestior Tullii senectus, Liv (3) Signa infesta, Cæs B G 6, 7 arma, Ov Epist 5, 91 (4) ✱ Sperat infestis, metuit secundis, &c Hor Od 2, 10 (5) Infesta provincia, Cic pro Ligar 8 Infestissimum bellum, Liv 9, 12 (6) Filii vita infesta sæpè ferro atque insidiis adpetita, Cic pro Rosc 11 filius, Id pro Planc 1 Infestius nomen, Liv (7) Infestus telis, Curt 4, 6 Adolescentia libidini aliorum infesta est, Cic pro Cœl 4

Infibulo, & infiblo, are To clasp, to join together, to buckle up, Cels 9, 7, 25 Apic 7, 25, 3

Inficetè adv Sillily, foolishly, Catull Vid Infacete

Inficetiæ, arum pl f Silly quirks, witticisms, Catull Vid Infacetiæ

Inficetus, a, um Silly, trifling, punning Inficetum mendacium, Cic pro Cœl. 29 Vid Infacetus

Inficialis, e Pertaining to denying, Cic Top 24

Inficiandus, a, um part pass To be denied, to be ashamed Fama factis inficiandis, Ov Ep 9, 4

Inficias acc pluralis [quasi ab inficia, quod ab in priv & facio, quasi negatio facti] sed hic casus solus manet idque cum verbo eo A denial ✱ Dudum fassa est mihi, quæ nunc inficias it, Plaut Cist 4, 1, 2

Inficiātio, ōnis f verb A denial, a pleading not guilty Causæ, quæ pridem sunt cum num, inficiatione defenduntur, Cic de Orat 2, 25 = Negatio, Id

Inficiātor, ōris m verb A denier, a cheat, one that pleadeth non assumpsit to a debt, or not guilty to a crime = In jus O fallax atque inficiator eamus, Mart 1, 104 Vid Inficiatio

✝ Inficiens, tis [ex in priv & faciens] Doing nothing, idle, Varr R R 3, 16 ✝ Otiosus

Inficiens, tis part [ab inficio] Dying, colouring, infecting Inficiens rivum, Plin 35, 15

Inficio, feci, fectum, ere (1) To stain, to dye, to colour (2) To infect (3) Met In a good sense, to tincture, to imbrue, to instruct (4) To corrupt, to spoil, to vitiate (1) § Britanni se vitro inficiunt, Cæs B G 5, 14 (2) Inficere pocula veneno, Vir Geor 2, 128 (3) Teneros & rudes inficiunt, & flectunt, ut volunt, Cic de Legg 1, 18 (4) Deliciis, otio, languore, desidiâ animum inficere, Cic Tusc 5, 27

Inficior, āri, ātus sum dep [ex in & facio] To deny, to disavow, to disown, to abjure ✱ Omnia inficiatur ea, quæ dudum confessa est, Plaut Cist 4, 1, 9 sed al inficias ire ea leg Inficiari amicos, Ov ex Ponto, 1, 7, 27 notitiam, Ibid 4, 6, 42

Infidelis, e or, comp issimus, sup Unfaithful, treacherous, deceitful ✱ Ex infidelissimis firmissimos socios reddere, Cic Fam 15, 4 § Infidelis hero fuisti, Plaut Asin 3, 2, 15 Infidelior mihi ne fuas, quam ego sum tibi, Id Capt 2, 3, 83

Infidelitas, atis f Treachery, infidelity, perfidy = Infidelitatem ejus sine ulla perfidia judicavit comprimi posse, Cæs B G 8, 23 Legitur etiam in plur Quantæ infidelitates in amicis? Cic pro Mil 26

Infideliter adv Unfaithfully, treacherously, deceitfully, Cic ad Brutum in libro a Germanis reperto, Ep 1

Infidus, a, um (1) Unfaithful, disloyal, false, treacherous (2) Mutable, not to be depended on (1) Infida regni societas, Liv 1, 14 ✱ Sciens fideli infidus fuisti, Plaut Asin 3, 2, 22 ✱ Qui fidi amici, quique infidi, Cic de Amic 15 (2) Mare infidum, Lucr 2, 557 fœdus, Liv Pax infida, Id

Infigo, ere, xi, um (1) To fix, or fasten in, to thrust, shove, or stick in (2) Met To inculcate, or fix in the mind (1) § Infigere ictus corpori, Cic Tusc 2, 8 ex poeta § gladium hosti in pectus, Id Tusc 4, 22 § Hominem scopulo infixit acuto, Vir Æn 1, 49 Cornua infigere, Ibid 12, 721 (2) Inculcanda, infigenda, repetenda, Plin Epist 1, 20, 2 Præcipue illa infigat animis, Quint 1, 8

Infimates, um pl m [ab infimus] The dregs of the people, the rascality, Plaut Stich 3, 2, 37 ✱ Summates, Id ib

Infimus, a, um (1) Contemptible, mean, sorry (2) Low, submissive, humble (1) Ego te esse infra infimos omnes puto, Ter Eun 3, 2, 36 ✱ Infimis communis, par principibus, Nep Att 3 (2) Infimis precibus aliquid petere, Liv 29, 30

Infindo, ere, fidi, fissum To cut, to cleave § Telluri infindere sulcos, to plow, Vir Ecl 4, 33

Infinitas, atis f Infinity, infiniteness, endlessness, unmeasurableness, generality, Cic Acad Q 2, 4 & N D 1, 26

Infinite adv & infinitò Without measure, vehemently Infinitè concupiscere, Cic Parad 6, 3 Infinitò præstare cæteris, Plin 25, 8

|| Infinitivus modus, The infinitive mood, Prisc Infinitum vocat Gell 15, 13

Infinitus, a, um [ex in neg & finis] or, comp (1) Infinite, indefinite (2) Great, much, endless, vast, excessive (1) ✱ Quod definitum est habet extremum, quod non habet extremum infinitum sit necesse est, Cic de Div 2, 50 Distributio infinitior, Id Top 8 (2) M Antonii infinitum imperium, Cic Infinitus rerum forensium labor, Id de Orat 1, 1 Infinitâ altitudine spelunca, Id Verr 4, 48

Infirmātio, ōnis f verb A weakning, Met a confuting, a disproving Infirmatio actionis, Cic de Inv 1, 12 Infirmatio rerum judicatarum, Id. Agr 2, 3

Infirmātus, a, um part (1) Weakned, made infirm (2) Confuted, disproved (1) Infirmatæ fauces, Suet Aug 84 Armenia abscessu Vologesi infirmata, Tac 15, 17 (2) Cic in Pison 19

Infirmè adv ius, comp Weakly, faintly, poorly Intelligebam socios infirmè animatos esse, Cic Fam 15, 1 Fulgura paulò infirmiùs extimescebat, Suet Aug 90

Infirmitas, ātis f (1) Weakness, feebleness (2) Met Levity, fickleness, inconstancy (3) A tendency to a breach (1) Infirmitas nervorum, Plin 27, 12 virium, Cæs B G 7, 26 ✱ Infirmitas puerorum, & ferocitas juvenum,

venum, *Cic* de *Sen* 10 (2) Cæsar inhumanitatem Gallorum veritus, *Cæs B G* 4, 5 (3) Quid adhuc habent infirmitatis nuptiæ? *Ter Hecyr* 1, 2, 101

Infirmo, āre [ex in priv & firmus] (1) *To weaken, to invalidate, to lessen* (2) *To controul, to oppose* (3) *To confute, to refute* (1) Reliquas legiones Pætus promiscuis militum commeatibus infirmaverit, *Tac* 15, 10, 1 (2) ⚹ Non confirmat, sed infirmas fortes collatione hostiarum, *Cic* de *Div* 2, 38 (3) = Res leves infirmare, diluere, *Cic* pro *S Rosc* 15

Infirmus, a, um [ex in priv & firmus] ior, comp issimus, sup (1) *Feeble, weak, infirm* (2) *Not sure, not durable, not well cemented* (3) *Variable, mutable, unsettled, irresolute* (4) *Yield ing small nourishment* (1) = Ætatis affecta, & vires infirmæ, *Cic Verr* 4, 43 Infirmiores milites, *Cæs B C* 1, 64 Infirmissimum tempus ætatis, *Cic* (2) *Ter Phorm* 5, 1, 6 (3) *Ter Hecyr* 3, 1, 31 (4) ⚹ Alia res alia vel valentior est, vel infirmior, *Cels* 2, 18

Infit defect quod nec in alia facie apparet (1) *He begins* (2) *He saith,* or *said* (1) Infit me percontarier, *Plaut Asin* 2, 2, 76 (2) Ibi infit, annum tertium & nonagesimum agere, *Liv* 3, 71 Bud interjec

|| Infitens, tis part *ab infitior* Denying, Dig ✝ Diffitens

Infitiæ, infitialis, infitiatio, infitiator, infitior *Vid* Inficia, inficialis, *&c*

Infixus, a, um part [ex in & figor] (1) *Fastned, sticking in* (2) Met *Bent, intent, or set upon a thing* (3) *Fixt, not easily removed* (4) *Sat down before a place, besieging* (1) Infixa in tergis hostium pila, *Liv* (2) § Mens in imaginibus intenta & infixa, *Cic N D* 1, 19 (3) § Infixa animis religio, *Liv* memoria rei, *Id* animo dolor, *Cic* (4) Hostis infixus mœnibus, *Sil* § Infixum est, *it is resolved,* Sil 10, 644

Inflammandus, a, um part *To be set on fire, to be inflamed* Prætriam diripiendam inflammandamque reliquimus, *Cic Att* 8, 2

|| Inflammanter adv *Inflamedly*, Gell 10, 3 ✝ Acriter

Inflammātio, ōnis f verb *A preternatural heat, an inflammation* Inflammationem reprimere, *Cels* 7, 25 Inflammationes mammarum, *Plin* 10 21

|| Inflammātor, ōris m verb *An inflamer* Adscribit ex Cic pro Domo, *sed aliter nunc legitur tamen ap Firm ut* & inflammatrix *ap Amm*

Inflammātus, a, um part (1) *Inflamed, set on fire* (2) Met *Excited, stirred up* (3) *Carried with the violence of any passion* (1) = Classis inflammata & incensa, *Cic* (2) § Ad gloriam inflammatus, *Cic Fam* 1, 7 (3) Inflammatus amore, *Vir Æn* 2, 30 cupiditate auferendi, *Cic* odiis, *Stat*

Inflammo, āre [ex in & flammo] (1) *To set on fire, to inflame* (2) Met *To excite, to incite,* or *stir up* (3) *To transport with any passion* (4) *To increase greatly, to exaggerate* (1) = Classem inflammari incendique jussit *Cic Verr* 5, 35 (2) Populum inflammare in improbos, *Cic* de *Orat* 1, 26 = Excitare & inflammare animos, *Id* de *Harusp Resp* 19 (3) Amore inflammari, *Cic* de *Orat* 1, 44 furore, *Id Verr* 5, 64 spe, *Id* de *Fin* 1, 18 (4) = Cupiditates auget atque inflammat, *Cic* de *Fin* 1, 16

Inflammor, āri, ātus pass *To be set on fire,* &c *Vid* Inflammo

Inflātè adv unde comp inflatius *More swellingly*, Met *haughtily, proudly, boastingly* = Literæ [illegible] inflatius, *Cæs B C* 3, 79 R occ

Inflātus, ûs m verb (1) *A blowing upon* (2) *A sound,* or *blast* (3) Met *An inspiration* (1) Inflatu primo tibicinis, *Cic Acad Q* 4, 7 (2) Inflatum tibiæ recipiunt aures, *Cic* de *Clar Orat* 51 (3) = Aliquo instinctu, inflatuque divino futura prænunciare, *Cic* de *Div* 1, 6

Inflātus, a, um part & adj or, comp (1) *Blown upon* (2) *Blown apart, spread abroad, swelled* (3) *Puff'd up, swollen* (4) Met *Blown up, haughty* (1) Inflatæ tibiæ, *Cic* de *Clar Orat* 51 (2) Inflati capilli, *Ov A Am* 3, 145 ⚹ adstricti, *Id ibid* (3) Inflatus venas Iaccho, *Vir Ecl* 6, 15 (4) = Inflatus & tumens animus in vitio est, *Cic* Juvenis inflatior redderat, *Liv* 3, 5

Inflectio, *vel* inflexio, ōnis f verb *A bowing, turning,* or *winding* Inflectio laterum, *Cic* de *Orat* 3, 59

Inflecto, ĕre, xi, xum (1) *To bow,* or *bend in, to crooken* (2) Met *To turn aside, to warp* (3) *To turn towards* (4) *To turn another way* (5) *To move, alter,* or *change* (1) Ferrum se inflexit, *Cæs B G* 1, 25 Radices in nodum inflectere, *Col* 5, 6 (2) Inflectere jus gratia, *Cic* pro *Cæcina*, 26 (3) Oculos aliorum inflectere, *Cic* ad *Quin post redit* 2 (4) Hic primus inflexit orationem, & eam mollem reddidit, *Cic* de *Cl Orat* 9 (5) Solus hic inflexit sensus, animumque labantem impulit, *Vir Æn* 4, 22

Inflētus, a, um part [*quasi ab* infleor] *Unpitied, unlamented* Infletæ, inhumataque turba, *Vir Æn* 11, 372

Inflexibilis, e adj (1) *Not to be bended* (2) Met *Not to be moved, inflexible, obstinate* (1) Cortex crassior, & detractus inflexibilis, *Plin* 16, 14 (2) Torvitas naturæ duræ & inflexibilis, *Plin* 7, 19 = Pervicacia & inflexibilis obstinatio, *Plin Ep* 10, 97

Inflexio, ōnis *Vid* Inflectio

Inflexus, a, um part (1) *Bowed, bended, made crooked* (2) *Winding* (3) *Turned towards* (4) *Varied, altered* (1) Inflexum genu, *Prop* 3, 9 (2) Antrum inflexum, *Vir Geor* 1, 162 (3) Inflexa ad miserabilem sonum vox, *Cic* de *Or* 2 (4) ⚹ Nunc continuo spiritu trahitur in longum, nunc variatur inflexo, *Plin* 10, 29

Inflexus, ûs m aliud verb *A turning,* or *bending*, Plin 11, 2

|| Inflictio, ōnis f ✝ inflictus, ûs m verb *An inflicting a stroke*, quorum illud *Theod Cod* 1 9 Tit 17 hoc *Arnob* 3 ✝ Impactio

Inflictus, a, um part [*ab* infligor] *Inflicted, struck, smitten* Tamen illud, multis inte tentis, vulnus necessario inflictum, *Cic Philipp* 1

Infligo, ĕre, xi, ctum [*ex* in & antiq fligo, *q v*] (1) *To lay upon* (2) *To fling* (3) *To bring upon* (1) § Infligere plagam alicui, *Cic* in *Vatin* 8 (2) Follit cætera, infligitque viro, *Ov Metam* 5, 8, (3) Indignere turpitudinem sui, *Cic* in *Pison* 26

Inflo, āre, avi, ctum (1) *To blow upon*, as any wind instrument (2) *To swell,* or *puff up* (3) Met *To augment, to increase, to heighten* (1) Cum cantare esset jussus, buccinam inflavit, *Varr* [illegible] 1 (2) Venas inflavit libido, *Hor Sat* 1, 2, 33 ⚹ Ambas buccas inflare, *to swell with anger, to chafe, to fume,* Id Sat 1, 1, 21 (3) = Mendaciis erexit me Hortum animos, & [illegible] inflabat, *Liv* Inflare pretium rei, *Dig*

Inflor, āri, ātus pass (1) *To be blown on* (2) *To be sounded* (1) Carbasus inflatur austro, *Vir Æn* 3, 357 (2) Audierant inflari classica, *Vir Geor* 2, 539

Influens, tis part (1) *Flowing in* (2) Met *Rushing in* (3) *Abounding* (4) *Falling off* (1) Mutant saporem & influentes rivi, *Plin* 31, 4 (2) Influentes in Italiam Gallorum maximas copias repressit, *Cic* de *Prov Cons* 13 (3) Fortunæ influentis dona, *Sen* Influentia negotia, *Plin Paneg* 81 (4) Capilli influentes, *Cels* 6, 1

Influo, ĕre, xi, xum (1) *To flow into, to run into,* as liquids (2) Met *To rush in, to enter tumultuously* (3) *To slip easily and gently, to find easy admittance* (4) *To abound* (5) *To decrease* (6) *To slip out of* (7) *To fall off* (1) Hypanis fluvius in Pontum influit, *Cic Tusc* 1, 39 In immensum mare influit, *Id* de *Div* 1, 5 (2) *Vid* Influens, n 2 (3) Nihil tam facile in animos teneros influit, quam varii canendi soni, *Cic* de *Legg* 2, 15 (4) *Vid* Influens, n 3 (5) *Vir Æn* 2, 169 (6) Excident gladii, fluent arma de manibus, *Cic Philipp* 1, 3 (7) Capilli post morbum fere influunt, *Cels* 6, 1

Influvium, ii n *An effusion,* or *overflowing* Ut sanguinis cerebrique influvio expiraret, *Pater* 2, 120 R occ

|| Influxio, ōnis verb *Power, force, influence,* Macrob Somn Scip 1, 12 ✝ Vis, tactus, solis, lunæ, stellarum, *Cic*

|| Influxus, ûs m verb *An influx,* or *flowing into,* Firm ✝ Illapsus

Infodio, ĕre, di, ssum act (1) *To dig into,* or *in* (2) *To plant* (3) *To inter, to bury* (1) Infodere fimum, *Col* 3, 13 squalentes conchas, *Vir Geor* 2, 348 (2) Antequam reum infodias vitis genus, *Vir Geor* 2, 262 (3) § Corpora multa virûm terræ infodiunt, *Vir Æn* 11, 205

Infodior, i, ssus *To be digged in*, &c *Col* 9, 1

|| Infœcundè adv *Unfruitfully, coldly, sparingly* = Infœcundè & jejunè laudare, *Gell* 1, 3

Infœcunditas, ātis f *Unfruitfulness, barrenness* Infœcunditas agrorum, *Col* in *Proœm* 1 1 terrarum, *Tac* 4, 6

Infœcundus a, um adj or, comp *Unfruitful, addle, barren, sparing, yielding little of a thing* Ova infœcunda, *Plin* 11, 54 fœmina, *Vir Geor* 2, 48 Ingenii fons infœcundus parvaque vena fuit, *Ov Trist* 3, 14, 34 Infœcundior materia, *Col* 2, 4

Infœlicitas, infœliciter, infœlix *Vid* Infelicitas, *&c*

Informatio, ōnis f verb *A sketch,* or *first draught of a thing* Met *imagination, a proleptical notion traced on the mind antecedently to instruction*, Cic N D 1, 16 = Anticipatio, *Id ibid*

Informātus, a, um (1) *Drawn out, made imperfectly* (2) *Prescribed* (3) *Instructed, constituted* (1) [illegible] men [illegible] (2) [illegible] mata cogitatio, *Cic* [illegible] (3) Animus bene informatus [illegible], *Cic Off* 1, 4

Informidatus, a, um *Not feared*, Sil 15, 24

Informis, e [ex in priv & forma] (1) *Without shape,* or *shapeless* (2) *Deformed, ill-favoured, rude* (3) [illegible] (4) [illegible] (1) ⚹ Cum res informis [illegible] mata, *Ad Herenn* 4, 5 (2) [illegible] pariunt informem catulum, [illegible] 8, 56 (3) Informe cadaver, *Vir Æn* 8, 264 Limus informis, [illegible] 6, 416 (4) ⚹ Sors mea, ut in [illegible] formis, [illegible] magnifica est, [illegible] 12, 57

Informo, āre [ex in & forma] (1) *To form, shape,* or *fashion* (2) *To contrive,* or *design* (3) *To teach, to instruct* (1) Informare areas, *Col* 11, [illegible] mare in eam cogitudinem [illegible] 2 (2) = In summo oratore fingendo, talem informabo, [illegible] fortasse nemo fuit, *Cic* [illegible] (3) Artes quibus ætas puerilis ad humanitatem informari [illegible] pro *Arch* 2

Inforo, āre [*ab* in & foro] *To bore into to pierce*, [illegible] *ibi tamen Hard* [illegible] *MSS ponit* imperare *dub taique an* [illegible] forme *pro* perforare *sit Latin*

Inforo, are [ex in & foro] *To put into the court of to prosecute* ⚹ Licetne informare [illegible] *Plaut Curc* [illegible] 31 ☞ *Sed utrumque* [illegible] *ut multa alia, dubii*

Infortūnātus, a, um [illegible] issimus, sup *Unfortunate, unhappy, unprosperous, unlucky* In fortunatus senex, *Ter Eun* [illegible] 17 ⚹ Nihil me infortunatius, [illegible] hil fortunatius est Catulo, *Cic* [illegible] *tic* 2, 24 Infortunatissimus [illegible] tus, *Apul Met* 4 p [illegible]

|| Infortūnĭtas, ātis f *Misfortune, ill luck, unhappiness*, [illegible] 6, 1 pro

Infortunium, ii n *Ill hap, misfortune* Haud infortunium [illegible] it infortunium, *Ter Heaut* [illegible] 55 ¶ Mactare aliquem infortunio, *to do one a mischief*, *Plaut Curc* [illegible] 3, 5

Infossio, ōnis f verb [*ab* infodio] *A covering in the earth* [illegible] fossio totius corporis, *Pallad* [illegible] *Tit* 16

Infossus, a, um part [*ab* infodior] *Dug in, covered in the earth* [illegible] Infossi [illegible] *Col* 9, 1 Infossi [illegible] annis, *Plin* 13 [illegible] § Puer [illegible] humo, *Hor Epod* 5, 2

Infrā prep [contract *ab* inferi] (1) *Beneath*, quod *ab* inferus (2) *Below, underneath* a place (3) *Below* in quality (4) *Below* in age, or price (5) In number *fewer than* (1) ⚹ Accubue[illegible] Volumnium, & quidem [illegible] Atticus, infra Verrius, *Cic* [illegible] 9, 26 (2) Face tu, quem [illegible] pu[illegible] o infra omnes infimos [illegible] nes, *Ter Eun* 3, 2, 36 (4) [illegible] tra ætatem filii sui [illegible] Nascitur in Perside [illegible] Cyrenaicum, *Plin* 19, [illegible] incubari infra decem [illegible] mum, *Plin* 10, 51 ¶ [illegible] adv ⚹ Supra, infra, dextra, sinistra, ante, post. *Cic Acad* [illegible] 40.

Infractio, ōnis f verb [ab infringo] A breaking, Met a discouraging, or a some a wavering, inconstancy Infractio quæ animi, & demissio, *Cic Tusc* 3, occ

Infractus, a, um or, comp [ex infringo] (1) *Very much broken, to pieces* (2) Met *Weakened, impotent* (3) *Discouraged* (4) *Discouraged, daunted* (5) Ex *in* priv & fractus *Unbroken, undaunted* (1) Nuces infractæ sunt dandæ, *Col* 8, (2) Infractus furor tuos inimicos confregit, *Cic pro Domo*, Remigii & infracti, *Id* (3) Post infractum calorem plenus *Cels* Oratio nullâ infractior, *Val Max* 5, (4) Non modo non infractum animo, sed etiam confirmato & novatum, *Cic post redit* 8 (5) Infracti adverso Marte Latini, *Vir Æn* 12, 1 *infractos sed Donat in sequi* ... *etsi in hac notione* ... *ap recentiores*

Infrenatus, & infrenatus, a, um [ex in & freno] (1) *Bridled* (2) [ex in priv & freno] *Unbridled* (1) Non stratos, ... habebant equos, (2) Genium illarum ... & infrenatos viros, *Liv*

Infrenis, e, & infrenus, a, um (1) *Without bridles, unbridled* (2) Met *Incontinent, ungovernable* (1) Numidæ infreni, *Vir Æn* 4, *Col* 10, 215 (2) Infrenis ... *Gell* 1, 15

Infreno, āre [ex in intens & freno] (1) *To rein, to bridle* (2) *To check, to keep in* (1) Equos non sternite, non infrenatos ... *Liv* 37, 20 (2) Infrenare naves ... anchoris, *Plin* 9,

Infrenus, a, um *Unbridled* Vid Infrenis

Infragilis, e adj (1) *Not easily broken* (2) Met *Not discouraged, invincible, undaunted* (1) Infragilis adamas, *Plin* ... (2) Summum bonum est infragilis ... & providentia, *Sen* ... *ubi al perpetuum* ... *infringibilis*

Infremo, ... ēre (1) *To roar* (2) Met *To rage tumultuously* (3) *To murmur, to grumble* (1) ... ex *Enn* (2) Bella ... infremuit, *Sil* 5, 250 (3) Vid Item

Infrendeo, ... [ex in intens & frendeo] ... saltem in part ... infrendens ... *Vir* ..., 567

Infrequens, tis adj ior, comp ... (1) *Unfrequented* (2) *Rare, seldom* (3) *Few, thin* (1) ... (2) Qui infrequentissimi urbis sunt, *Liv* ..., 1, 23 (3) Infrequens Romæ sum, *Cic ad* ... Infrequentes milites, ..., 1, 19 *sed loc is vero* (3) Copiæ infrequentes ... *B C* 2 (4) Infrequentem ... Latinarum, *Gell*

Infrequentia, æ f *Fewness, thinness* Nec ... infrequentiam ... *Liv* ..., 2,

Infriatus, a, um part *Crumbled, put to powder* Super fuso ... infriato, *Col* ..., *Plin* 20, 13,

Infrictio, ōnis f verb *A rubbing in* or *fretting*, Litt ... *sed q*

Infrico, ... cui, ... āre, ctum & ... *To rub in, or upon*

Pondo quadrantem amphoris singulis infricato, *Col* 12, 30 Cineri ex aceto infricare, *Plin* 30,

Infrictio, ōnis f verb *A rubbing* Infrictionem membro adhibere, *Cels* 8, 11 sub fin

Infrictus, a, um part *Rubbed in, or upon, well rubbed*, Litt e Plin ut opinor, 20, 13 *sed variant lectiones*

Infringens, tis *Breaking in pieces, bruising, &c* § Crutibus infringens manus, *Stat Theb* 2, 556

Infringo, ĕre, ēgi, infractum [ex in & frango] (1) *To break in pieces, to break, to bruise* (2) *To tear, or rend in pieces* (3) Met *To break, to quell* (4) *To move, to prevail upon* (5) *To lessen, to diminish* (6) *To dishearten, to discourage* (1) Ne intendens ales infringat, *Plin* 21, 6 Cornu infregit, truncaque à fronte revellit, *Ov Met* 9, 86 Lumbos & latus infregi liminibus, *Hor Epod* 11, 2 (2) Retentas totas infringere vestes, *Ov Met* 9, 209 (3) Conatus adversariorum infringere *Cæs B C* 2, 21 (4) Deos infringere humili precatu, *Stat Achill* 1, 144 (5) Mors Burrhi infregit Senecæ potentiam, *Tac Ann* 14, 52, 1 (6) Non tamen infregit animos eorum, ut absisterent impetu, *Liv* 38, 16

Infringor, i pass *To be broken, &c* || Cum Drusi tribunatus infringi debilitarique videretur, *Cic de Orat* 1, 7

Infrio, āre *To crumble in, to break with the fingers* Melle unguito, papaver infriato, *Cato*, 79 Infriare farinam in aquam, *Id* 156

Infrons, dis *vel forte* infrondis, e *Without leaves, or trees* Hic agri infrondes, *Ov ex Ponto*, 4, 10, 31 *vix alibi occ*

Infructuōsus, a, um (1) *Unfruitful, barren, yielding little* (2) Met *Unprofitable, ineffectual* (1) ⁂ Infructuosis vites fecundas sic facio, *Col* 8, 1 (2) Infructuosa militia, *Tac Hist* 1, 51 epistola, *Sen Contro* 9 Infructuosæ preces, *Plin Epist* 8, 23, 6

Infrūgĭfĕrus, a, um *Unfruitful*, Litt ex Suet

Infrunitus, a, um [ex in & fruniscor, *vel* fruiscor, *quod leg*] *Silly, foolish, sottish, nonsensical* Infrunito amore correptus, *Val Max* 5, 7 usus & *Senec Benef* 2, 16 & de *Vit Beat* 23

|| Infūcātio, ōnis f verb *A colouring, or disguising*, Arnob

Infūcātus, a, um part *Coloured, cloaked, disguised* Infucata vitia, *Cic Orat* 3, 25 ☞ Symm & Ain *contrariam* ... *huic vocabuli tribuunt*

Infūco, āre act *To paint, or dawb over, to disguise, to counterfeit* Metuo ne quid infucaverit, *Plaut Mil* 2, 6, 46

Infŭla, æ f (1) *A ribbon, a fillet, an ornament that priests wore on their heads in old time, a label hanging on each side of a mitre* (2) *A diadem, or fillet for some vessel, or great person* (3) *A kind of veil on the horns of a sacrifice* (4) *A garland worn by those who sued for peace* (1) Praesto mihi fuerunt sacerdotes Cereris cum infulis ac verbenis *Cic Verr* 4, 50 (2) *Mentio earum frequens ap poster* (3) Infula in dest nitam morti victimam conserebantur, *Flor* 4, 2 (4) Hostes inermes cum infulis se se portâ foras proripiunt, *Cæs B C* 2, 12

Infŭlātus, a, um *Wearing a priest's mitre*, Suet Cal 27 Infulatus mysta, *a bishop*, Sidon

Infulcio, īre, ivi, tum act *To thrust, or cram in, to foist in* Verbum omnibus locis infulcire, *Sen Ep* 114

Infulcior, iri pass *To be thrust, or crammed in*, Suet Tib 53 ☰ Infercior, ingeror, *Cic*

Infulgens, tis *Glistering, shining* Templum infulgens, Faber ex Catull 62, 387 *sed* templo in fulgente *mel libb habent*

Infŭmātus, a, um part *Dried in the smoke* Axungia infumata, *Plin* 28, 9 Cerebrum infumatum, *Ibid* 16

Infūmo, āre act *To dry in the smoke, to reek*, Plin 28, 9

Infundĭbŭlum, i n (1) *A tunnel, or funnel to pour liquor into vessels* (2) *Also the hopper of a mill* (3) *Also the brain tunnel* (1) *Col* 3, 12 (2) *Vitruv* 10, 10 (3) † Ap Med

Infundo, ĕre, fūdi, fusum act (1) *To pour in, or into* (2) Met *To diffuse, to spread* (1) § Infundere aliquid faucibus, *Col* 6 6 in naribus, *Id* per nares, *Id* (2) Vitia in civitatem infundere, *Cic* de Legg 3, 13

Infurnĭbŭlum, i n *A peel wherewith bread is set into the oven*, Plin 24, 15

Infuscans, tis part *Darkning* Infuscans aquam umbra capitis, *Plin* 36, 25

Infuscatio, ōnis f verb *A darkning*, Faber ex Plin *sed non inven*

Infuscātus, a, um part (1) *Made dark, or blackish* (2) *Troubled, muddy* (3) *Corrupted* (1) ⁂ Vinacea infuscata, & nonnulla propemodum nigra, *Col* 11, 2 (2) Infuscata aqua absinthium luntur, *Plin* 9, 29 (3) Vicinitas non infuscata malevolentia, *Cic pro Planc* 9

Infusco, āre act (1) *To make dusky, or dark, to darken* (2) *To make muddy* (3) *To corrupt, or tarnish* (4) *To drown his voice, or so to speak as not to be heard* (5) *To dilute, make pale, to allay* (1) Maculis infuscet vellera pullis, *Vir Geor* 3, 389 (2) Infuscare aquam, *Plin* 9, 29 (3) Hi quos non aliqua barbaries domestica infuscaverit, rectè loquebantur, *Cic de Cl Or* 74 (4) *Plin* 10, 29 (5) Raro nimium dabat quod biberem, atque id merum infuscabat, *Plaut Cist* 1, 1, 21

Infuscor, āri, ātus pass *To be darkned, &c* Same infuscari arena, *Vir Geor* 3, 493

Infuscus, a, um *Dark, swarthy, dusky* Quorum infusci & ... *Col* 9, 10 Infusci coloris, *Ibid* 3

Infūsio, ōnis f verb *A pouring in, or upon, a steeping, an infusion*, Plin 20, 21

|| Infistor, oris m verb *He that poureth in*, Plin *laud* Litt ... *in librum mostrassit* Infusor fidei, *Prud Cath* 4, 11

|| Infūsōrium, i n *A tunnel, an ewer, a cruise*, Litt ex Col *sed q*

Infūsus, a, um part (1) *Poured into* (2) *Entring in great numbers* (3) *Infused* (1) § Oceanus infusus in multos sinus, *Plin* 2, 68 Infusus Tigri Euphrates, *Id* 5, 26 (2) Infusus populus, *Vir Æn* 5, 552 (3) Mens infusa per artus, *Vir Æn* 6, 726 ¶ Collo infusi mariti, *clasping round*, Ov Met 11, 386

Infūsus, ûs m *An infusion, or steeping in*, Plin 24, 6

|| Ingelabilis, e adj *That freezeth not*, Litt ex Gell 17, 8 *ut opinor, sed castigatiores libb* incongelabile *hab* † Gelu non obstrictus

|| Ingĕlĭdus, a, um *Not frozen, or cold*, Sidon

Ingemens, tis part *Lamenting, bewailing* Ingemens laboribus, *Hor Epod* 5, 31

Ingeminans, tis part *Doubling* Ingeminans ictus dextra, *Vir Æn* 5, 457

|| Ingĕmĭnātio, onis f verb *A doubling*, Hier † Geminatio, *Vett*

Ingĕmĭnātus, a, um part *Redoubled* Vox ingeminata remugit, *Vir Geor* 3, 45 Ingeminata nobilitas, *Ov ex Pont* 4, 16, 44

Ingĕmĭno, āre act (1) *To double, or redouble, to repeat often* (2) Neut *To increase much* (1) Per gutture voces aut quater ingeminant, *Vir Geor* 1, 411 (2) Ingeminant Austri, & densissimus imber, *Vir Geor* 1, 332 *pro* ingeminantur, *Serv interpr* Ingeminant astus, *Val Flacc* 7, 105

Ingĕmĭnor, āri, ātus pass *Vitr*

Ingemiscens, tis part *Sorrowing, groaning, lamenting, deploring* Muliebriter ingemiscens, *Plin* 35, 11

Ingĕmisco, ĕre incept (1) *To groan* (2) *To mourn, to grieve, to sigh and sob, to bewail* (1) Pueri Spartiatæ non ingemiscunt verberum dolore laniati, *Cic Tusc* 5, 27 (2) Quid ingemiscis hostem Dolabellam judicatum *Cic Phil* 11, 10 § Ingemiscere casui alicujus, *Val Max* 5, 10, 2

Ingĕmo, ĕre, ui neut (1) *To lament* (2) Act *To bewail, or mourn for* (1) § Ingemit Taurus aratro, *Vir Geor* 3, 46 & de inanimat s Ingemuit solum, *Ov Met* 14, 407 (2) Jacentem ingemuere Inachidæ, *Stat Theb* 9, 2

|| Ingĕnĕrābĭlis, e adj *That cannot be ingendred*, Aug ‖ Qui generari nequit

† Ingĕnĕrasco, ĕre *To be bred in, or ingendred* Omnia membris ex ineunte ævo ingenerascunt, *Lucr* 3, 745

Ingĕnĕrātus, a, um part *Bred in one naturally* Ingenerata familiæ frugalitas, *Cic pro Scat* 9

Ingĕnĕro, āre act *To ingender, to beget, to produce* Natura ingenerat amorem, *Cic Off* 1, 4

Ingeneror, āri, ātus pass *To be created and ingendred* Ingenerantur hominibus mores *Cic contra Rull* 2, 35 *vid & Catull* 59, 15

Ingĕnĭātus, a, um *Naturally given* Qui ... ingeniatus esset (du) vitam longinquam ducere, *Plaut Most* 3, 1

Ingĕnĭcŭlus, i m *A certain constellation so called*, Vitruv 9 6

|| Ingĕnĭcŭlo, āre & ingeniculor, āri pass *To bow the knee, to make a leg, or courtesy, to kneel*, Tampid ‖ In genua procumbo

Ingĕnĭcŭlus, i m *est idem* ingeniculatus, *q v* *The constellation of Hercules in a kneeling posture*, Vitruv *Vid* Engonasis

Ingĕnĭōsē adv ius, comp issime, sup *Wittily, ingeniously* Tractantur ista ingeniose, *Cic Acad* Q 4, 27 Declamavit ingeniosius, *Sen Contro* 10 Homo ingeniosissime nequam, *Paterc* 2, 48,

Ingĕnĭōsus, a, um adj or, comp issimus, sup (1) *Naturally adapted* (2) *Ingenious, sharp, witty* (3) *Cunning, shrewd* (1) Ad segetes ingeniosus ager, *Ov Fast* 4, 684 (2) Homo ingeniosissimus, M Cato, *Cic pro Mur* 30 (3) Ingeniosior est ad excogitandum simulatio veritate, *Plin Paneg* 55

...num, Cic de Sen 10 (2) Ca... infi mit item Gallorum ventu... Cæs B G 4, 5 (5) Quid adhuc habent infirmitatis nuptiæ? Ter Hecyr 1, 2, 101

Infirmo, are [ex in priv & firmus] (1) To weaken, to invalidate, to lessen (2) To control, to oppose (3) To confute, to refute (1) Reliquas ... Patrum ... commentibus infirmaverit, Tac 15, 10, 1 (2) ✝ Non confirmas, ... infirmas fortes collationes hostium, Cic de Div 2, 38 (3) = Res leves infirmare, diluere, Cic pro S Rosc 15

Infirmus, a, um [ex in priv & firmus] ior, comp issimus, sup (1) Feeble, weak, infirm (2) Not firm, not durable, not well cemented (3) Variable, mutable, unsettled, irresolute (4) Trifling, small, non foment (1) ✝ ...res affecta, & vires infirmæ, Cic ... 4, 43 Infirmiores milites, Cæs B C 1, 64 Infirmissimum corpus ætatis Cic (2) Ter Phorm 5, 1, 6 (3) Ter Hecyr 3, 1, 31 (4) ✝ ... res alia vel violentior est, vel infirmior, Cels 7, 18

Infit defect ... nec in alia ... apparet (1) He begins to ... (2) He saith, or said (1) Infit ... Plaut Asin 2, ... (2) ... infit ... animum ... nomen firmum agere, ... Bud in ...

|| Infitens, tis part ab in & fit ... Denying, Dig ✝ Diffitens

Infitiæ, infitias, infitiatio, infitiator, infitior Vid Infici..., inficialis, &c

Infixus, a, um part [ex in & figor] (1) Fastened, sticking in (2) Met Bent, intent or set upon a thing (3) Fixt, not easily removed (4) Sat down before a place, besieging (1) Infixa in ... hostium pila, Liv (2) § = Mens in imagine ... infixa, Cic N D 1, 1 (3) § Infixa animis religio, Liv memoria ... Id ... animo ... Cic (4) Hostis infixus mœnibus, Sil § Infixum est, it is resolved, Sil 10, 644

Inflammandus, a, um part To be set on fire, to be inflamed Patrem ... inflammandumque ... Cic Att 8, 2

|| Inflammanter adv Inflamedly, Gell 10, 3 ✝ Acriter

Inflammatio, onis f verb A preternatural heat, an inflammation Inflammationem ... Cels 7, 25 Inflammationes mammarum, Plin 20, 21

|| Inflammator, oris m verb An inflamer Adlerius ex Cic pro Domo, sed aliter nunc legitur ... ap Firm ut & inflammatrix ap Amm

Inflammatus, a, um part (1) Inflamed, set on fire (2) Met Excited, stirred up (3) Carried with the violence of any passion (1) = Classis inflammata & incensa, Cic (2) § Ad gloriam ... inflammatus, Cic Fam 1, 7 (3) Inflammatus amore, Virg ... cupiditate ... Ovid, Stat

Inflammo, are [ex in & flamma] (1) To set on fire, to inflame (2) Met To excite, to incite, or stir up (3) To transport with any passion (4) To increase greatly, to exaggerate (1) = Classem inflammare incendique jussit Cic Verr 5, 35 (2) Populum inflammare in improbos, Cic de Orat 1, 26 = Excitare & inflammare animos, Id de Harusp Resp 19 (3) Amore inflammari, Cic de Orat 1, 44 furore, Id Verr 5, 62 spe, Id de Fin 1, 18 (4) = Cupiditates auget atque inflammat, Cic de Fin 1, 16

Inflammor, ari, atus pass To be set on fire, &c Vid Inflammo

Inflatè adv unde comp inflatius More swellingly, Met haughtily, proudly, boastingly = Hæc ad ... inflatius, ... Cæs B C 3, 79 R occ

Inflatus, us m verb (1) A blowing upon (2) A sound, or blast (3) Met An inspiration (1) Inflatu primo tibicinis, Cic Acad Q 4, ... (2) Inflatum tibiæ recipiunt ... Cic de Clar Or ... 51 (3) = Aliquo instinctu, inflatuque divino futura prænunciare, Cic de Div 1, 6

Inflatus, a, um part & adj or, comp (1) Blown upon (2) Blown apart, spread display'd (3) Puffed up, swollen (4) Met Blown up, haughty (1) Inflatæ tibiæ, Cic de Clar Orat 51 (2) Inflati capilli, Ov ... Am 3, 1, ... ✝ adstricti, Id ibid (3) Inflatus ... Iaccho, Virg Ecl 6, 15 (4) = Inflatus & tumens animus in vitio est, Cic ... Juvenis inflatior ... Liv 39, 5

Inflectio, ... ionis f verb A bowing, turning, or winding Inflectio laterum, Cic de Orat 3, 5...

Inflecto, ere, xi, xum (1) To bow, or bend in, to crooken (2) Met To turn aside, to warp (3) To turn towards (4) To turn another way (5) To move, alter, or change (1) Ferrum ... inflexit, Cæs B G 1, 25 Radices in nodum inflectere, Col 5, 6 (2) Inflectere jus gratia, Cic pro Cæcina, 26 (3) Oculos aliorum inflectere, Cic ad Quin post redit ... (4) Hic primus inflexit orationem, & eam mollem reddidit, Cic de Cl Orat 9 (5) Solus hic inflexit sensus, animumque labentem impulit, Vir Æn 4, 22

Infletus, a, um par [quasi ab infleor] Unpitied, unlamented Infleta, inhuma aque turba, Vir Æn 11, 372

Inflexibilis, e adj (1) Not to be bended (2) Met Not to be moved, inflexible, obstinate (1) Cortex crassior, & directus in flexibilis, Plin 16, 14 (2) Invictæ natura duri & inflexibilis, Plin 7, 19 = Pervicacia & inflexibilis obstinatio, Plin Ep ... 97

Inflexio, onis Vid Inflectio

Inflexus, a, um part (1) Bowed, bended, made crooked (2) Winding (3) Turned towards (4) Varied, altered (1) Inflexum genu, Prop 3, 9 (2) Antrum inflexum, Vir Geor 1, 56 (3) Inflexa ad miserabilem sonum vox, Cic ... Or ... (4) ✝ Nunc continuo spiritu trahitur in longum, nunc variatur inflexo, Plin 10, 2...

Inflexus, ûs m ... verb A turning, or bending, Plin 11, 23

|| Inflictio, onis f & inflictus, ûs m verb An inflicting, a striking, quorum illud Theod Cod ... Arnob 3 ✝ Impactio

Inflictus, a, um part [ab infligor] Inflicted, struck, smitten Tamen illud, multis intentatis, vulnus necessario inflictum, Cic Philipp 1

Infligo, ere, xi, ctum [ex in & antiq fligo, q v] (1) To lay upon (2) To fling (3) To bring upon (1) § Infligere plagam alicui, Cic in Vatin 8 (2) Fontem ... cratera, inflig... viro, Ov Metam 5, 8... (3) Infligere turpitudinem ... Cic in Pis 1, 26

Inflo, are, avi atum (1) To blow upon, as any wind instrument (2) To swell, or puff up (3) Met To augment, to increase, to encourage, to ... (1) Cum ... inflat ... buccinam inflavit, Varr R R ... (2) Venas inflat ... Hor Sat 1, 2, 33 § Ambas buccas inflare, to swell with anger, to chafe, to fume, Id Sat 1, 1, 21 (3) = Mendacis ... multorum animos, & regis ... inflabat, Liv Inflare ... Ling

Inflor, ari, atus pass (1) To be blown on (2) To be sounded (1) Cui ... inflatur austro, Vir Æn ... 357 (2) Audierant infla... classica, Id C ... 2, 539

Influens, tis part (1) Flowing in (2) Met Rushing in (3) Abounding (4) Falling off (1) Mutant ... & influentes ... Plin ... 4 (2) Influentes in Italiam Gallorum maximas copias ... Cic de Prov Cons 1... (3) Fortunæ influentis dona, Sen Influentis ... Plin Paneg 81 (4) Capilli influentes, Cels 6, 1

Influo, ere, xi, xum (1) To flow into, to run into, as liquids (2) Met To rush in, to enter tumultuously (3) To slip easily and gently, to find easy admittance (4) To abound (5) To decrease (6) To flow out of (7) To fall off (1) Hypanis fluvius in Pontum influit, Cic Tusc 1, 39 In ... immensam ... influxit, Id de Div 1, ... (2) Vid Influens n 2 (3) Nihil tam facile in animos ... flatur, quam varius ... modi ... Cic de Leg ..., 15 (4) Vid Influens, n 3 (5) Vir Æn 2, 169 (7) Excident gladii, fluent arma de manibus, Cic Philipp 1, ... (7) Capilli post mortem ... influunt, Cels 6, 1

Influvium, ii n An effusion, or overflowing Ut sanguinis corporique influvio expiraret, Pa... 2, 120 R occ

|| Influxio, onis verb Power, force, influence, Macrob Somn Scip 1, 12 ✝ Vis, virtus, solis, lunæ, stellarum, Cic

|| Influxus, ûs m verb An influx, or flowing into, Firm ✝ Illapsus

Infodio, ere, di, ssum act (1) To dig into, or in (2) To plant (3) To inter, to bury (1) Infodere ... Col 7, 13 ... (2) Antequam ... infodias vitis genus, Vir Geor 2, 262 (3) § Corpori mulia virum terra infodiunt, Vir Æn 11, 205

Infodior, i, ssus To be digged in, &c Col 9, 1

|| Infœcundè adv Unfruitfully, coldly, sparingly = Infœcunde & jejune laudare Gell 1, ...

Infœcunditas, ātis f Unfruitfulness, barrenness Infœcunditas agrorum, Col in Proœm 1 ... terrarum, Tac 4, 6

Infœcundus, a, um adj or, comp Unfruitful, addle, barren, sparing, yielding little of a thing Ova infœcunda, Plin 11, 5... ... rima, Vir Geor 2, 48 Ingenio ... infœcundus ... fuit, Ov Trist 3, 14, 34 Infœcundior materia, Col 2, 4

Infœlicitas, infœliciter, infœlix Vid Infelicitas, &c

Informatio, onis f verb A sketch, or first draught of a thing, Met imagination, a prophetical notion traced on the mind antecedently to instruction, Cic N D 1, 16 = Anticipatio, Id ibid

Informatus, a, um (1) Drawn out, made imperfectly (2) ... shaped (3) ... constituted (4) ... men erat, Vir ... eatorum ... mata cogi... Cic Att ... Anatu... Cic ... 4

Informatus, ... ed, Sil 15, 24

Informis, e ... (1) Without shape, shapeless (2) ... favoured, rude (3) ... (4) Met ... (1) ✝ ... informis ... Hieronn ... peruunt informem ... 8, ... (3) Informe ... Æn 8, 264 ... 6, 416 (4) ✝ ... formis, ... Id ... 12, ...

Informo, are [ex in & forma] (1) To form, shape, or fashion (2) To contrive, or ... (3) To teach, to instruct ... formare arcas, Col ... ma ... in eam ... 2 (2) = In summo ... gendo, talem informabo ... for ... (3) Artes quibus ætas p... hum in ... pro Arch ...

Infōrio, are [ab in & foro] To bore into, to pierce ... tamen Hard ... ponit imperare ... forma pro perfor... Liv...

Infōrio, are [ex in & forum] To put into the court ... tor ✝ ... informare ... Plin ... 31 ... Sed utrumque ... ut multa al a, ...

Infortunatus, a, um ... issimus, sup Unfortunate, unhappy, unprosperous, unlucky ... tunatus senex, Ter ... ✝ Nihil me infortunatius ... fortunatius est ... Cic ... 2, 2... Infortuna ... tus, Apul Met 4 p ...

|| Infortunitas, atis f ... fortune, ill luck, unhappiness, G... 1 p ...

Infortunium, ii n Ill luck, misfortune ... infortunium, Ter Heau ... 5 ¶ Mactare ... infortunio, to do one a mischief, ... Curc 4, 3, 5

Infossio, onis f verb [a ... dio] A covering with earth In fossio ... Pall ... Tit 16

Infossus, a, um part [ab infodior] Dug in, covered with earth, set in the earth Infossi ... Col 9, 1 Infossi ... annis, Plin ... humo, Hor Epod 5

Infra prep [contract ab inferus, quod ab inferum] (1) Beneath, under, underneath a place (2) Below in quality (3) In number fewer than (1) ✝ Accubuit ... Volumnius, & quidem ... Atticus, infra Verrius, Cic ... 26 (2) ... infra omnes ... ner, Ter Eun 3, 2, ... fra ætatem nisi sui ... Nascitur in Perside ... Cyrenaicum, Plin ... incubari intra decem ... mum, Plin 10, 51 adv ✝ Supra, infra, dextra, sinistra, ante, post Cic ... 10

In...

Infractio onis f verb [ab infringo] *A breaking*, Met *a dis*[illegible] *o*[illegible] *son e a waver*-[illegible] Infractio quæ[illegible] & demissio, *Cic Tusc* [illegible]

Infractus, a, um or, comp [ex in & fractus] (1) *Very much* [illegible] *to pieces* (2) Met [illegible] *impotent* (3) [illegible] (4) *Discourag*-[illegible] (5) Ex *in* priv & [illegible] *unbroke, undaunted* (1) [illegible] fundantur, *Col* [illegible] (2) Infractus furor tuos [illegible] *Cic* pro *Domo*, [illegible] & infracti, *Id* [illegible] um colorem plenus [illegible] Oratio nulla [illegible] infractior, *Val Max* 5, [illegible] (5) ✠ Non modo non [illegible] confirmatio *Cic* post redit [illegible] (5) In fracti adverso [illegible] *Æn* 12, 1 [illegible] *ad Donatum sequi* [illegible] *ap recentiores* [illegible] infrenatus a, um [illegible] *Cæ* frano (1) [illegible] in priv & fræ-[illegible] (1) Non stratos, [illegible] habebant equos, [illegible] (2) C[illegible] illarum [illegible] & infrenatos vi-[illegible]

Infrenis, [illegible] infrenis, e, um [illegible] *unbridled* [illegible] *ill governa*-[illegible] infrenis *Virg Æn* [illegible] 0 215 (2) Infre-[illegible] 1, 15

Infreno, [ex in intens & [illegible]] *To rein to bridle* [illegible] *to keep in* (1) [illegible] non infrena-[illegible] 20 (2) In-[illegible] *Plin* 9,

Infrenus, a, um *Unbridled* [illegible]

Infrequens, tis adj (1) *Not assi*-[illegible] (2) Met *Not diligent*, [illegible] *and united* (1) [illegible] *Plin* [illegible] [illegible] bonum etc infrequens [illegible] & providentia, *Sen* [illegible] ubi al perpe-[illegible]

Infremo, ere (1) *To roar* [illegible] *To rage, to* [illegible] *to grum*-[illegible] ex *Enn* (2) Bel-[illegible] *Sil* 5, 230 [illegible]

[illegible] ex in intens [illegible] filem in part [illegible] gemens, *Virg* [illegible]

Infrequens, tis adj ior, comp [illegible] (1) *Unfrequented* [illegible] (2) *Rare, seldom* [illegible] (3) *Few, thin* (4) [illegible] (1) Quum infre-[illegible] *Liv* 1, 23, [illegible] Perpessum, *Cic* ad [illegible] Infrequens miles, [illegible] (3) Cop[illegible] infrequen-[illegible] (5) ❡ Inte-[illegible] frequentissimum, *Gell*

Infrequentia, æ f *Fewness* [illegible] Nec ampli[illegible] frequentiam senatus [illegible]

Infricatus, a, um part *Crumbled*, [illegible] Superfuso ce-[illegible] infricato, *Col* [illegible]

Infricatio, onis f verb *A rub*-*bing*, Litt [illegible]

Infrico, as, are, ctum & [illegible] or [illegible]

Pondo quadrantem amphoris singulis infricato, *Col* 12, 30 Cinerem ex aceto infricare, *Plin* 30, 3

Infrictio, onis f verb *A rubbing* Infrictionem membro adhibere, *Cels* 8, 11 sub fin

Infrictus, a, um part *Rubbed in, or upon, well rubbed*, Litt ex Plin ut opinor, 20, 13 *sed variant lectiones*

Infringens, tis *Breaking in pieces, bruising*, &c ❡ Cautibus infringens malus, *Stat Theb* 2, 556

Infringo, ĕre, ēgi, infractum [ex in & frango] (1) *To break in pieces, to break, to bruise* (2) *to tear, or rend in pieces* (3) Met *To break, to annul* (4) *To move, to prevail upon* (5) *To lessen, to diminish* (6) *To dishearten, to discourage* (1) Nec infringens ale infringat, *Plin* 21, 6 Cornu infregit, truncaque a fronte revellit, *Ov Met* 9, 86 Lumbos & latus infregi luminibus, *Hor Epod* 11, 2 (2) Petentas totas infringere vestes *Ov Met* 9, 208 (3) Conatus adversariorum infringere, *Cæs B C* 2, 21 (4) Deos infringere humili precatu *Stat Achill* 1 144 (5) Mors Burrhi infregit Senecæ potentiam, *Tac Ann* 14, 52, 1 (6) Non tamen ita infregit animos eorum, ut abi ster-rent imperio, *Liv* 38, 16

Infringor, i pass *To be broken*, &c ‖ Cum Drusi tribunatus infringi debilitarique videretur, *Cic* [illegible] *Orat* 1, 7

Infrio, āre *To crumble in, to break with the fingers* Melle unguito, papaver infriato, *Cato* 77 Infriare farinam in aquam, *Id* 156

Infrons, dis *vel forte* infrondis, e *Without leaves, or trees* Heic agri infrondes, *Ov* ex *Ponto*, 4, 10, 31 vix alibi occ

Infructuōsus, a, um (1) *Unfruitful, barren, yielding little* (2) Met *Unprofitable, ineffectual* (1) ✠ Infructuosas vites fecundas facito, *Col* 8, 4 (2) Infructuosa militia, *Tac Hist* 1, 51 epistola, *Sen Contro* 9 Infructuosæ preces, *Plin Epist* 8, 2, 6

Infrūgĭferus, a, um *Unfruitful*, Litt ex Suet

Infrunitus, a, um [e in & antiq fruniscor, *vel* fruiscor, *quod hoc*] *Silly, foolish, sottish, non sensual* Infrunito amore correptus, *Val Max* 5, 7 usus & *Sen de Benef* 4, 16 & de *Vit Beat* —

‖ Infucatio, onis f verb *A colouring, or disguising*, Arnob

Infucatus, a, um part *Coloured, cloaked, disguised* Infucata vitia, *Cic Orat* 1, 5 [illegible] *Ann contrariam* [illegible] *totah tribuerunt*

Infuco, are act *To paint, or daub over, to disguise, to counterfeit* Multo nec quā infucarunt, *Plin* [illegible] 2 6, 6

Infula, æ f (1) *A mitre, a turbant, or ornament that priests wore on their head which tie, a label hanging on each side of a mitre* (2) *A diadem or fillet for some royal or great person* (2) *A kind of veil on the head of a sacrifice* (3) *A garland worn by those who sued for peace* (1) Præsto mihi fuerunt cum infulis, &c [illegible] *Cic Verr* 4, 50 (2) *Mentio caput frequens ap poet* (3) In fulæ in destinatam mortis victimam conferebantur, *Flor* 1, 2 (4) Hostes inermes cum infulis se portis forasproripiunt *Cæs B C* 2, 12

Infulātus, a, um *Wearing a priest's mitre*, Suet Cal 27 Infulatus mysta, *a bishop*, Sidon

Infulcio, ire, ivi, tum act *To thrust, or cram in, to foist in* Verbum omnibus locis infulcire, *Sen Ep* 114

Infulcior, iri pass *To be thrust, or crammed in*, Suet Tib 53 = Intercior, ingeror, *Cic*

Infulgens, tis *Glistering, shining* Templum infulgens, Faber ex *Catull* 64, 387 *sed* templo in fulgente *meli libb habent*

Infumātus, a, um part *Dried in the smoke* Axungia infumata, *Plin* 28, 9 Cerebrum infumatum, *Ibid* 16

Infumo, āre act *To dry in the smoke, to reek*, Plin 28, 9

Infundĭbulum, i n (1) *A tunnel, or funnel to pour liquor into vessels* (2) *Also the hopper of a mill* (3) ❡ Also *the brain tunnel* (1) *Col* 3, 12 (2) *Vitruv* 10, 10 (3) ✝ Ap Med

Infundo, ĕre, fūdi, fūsum act (1) *To pour in, or into* (2) Met *To diffuse, to spread* (1) ❡ Infundere aliquid faucibus, *Col* 6 6 in nares, *Id* per nares, *Id* (2) Vitia in civitatem infundere, *Cic* de *Legg* 3, 14

Infurnibulum, i n *A peel whereon bread is set into the oven*, Plin 27, 15

Infuscans, tis part *Darkning* Infuscans aquam umbra capitis, *Plin* 7, 25

Infuscātio, onis f verb *A darkning*, Faber ex Plin *sed non invenio*

Infuscātus, a, um part (1) *Made dark, or blackish* (2) *Troubled, muddy* (3) *Corrupted* (1) ✠ Vinacea infuscata, & nonnulla prope modum nigra, *Col* 11, 2 (2) Inusta atque abscondunt, *Plin* 9, 2 (3) Vicinitas non infuscata malevolentia, *Cic* pro *Planc* 9

Infusco, are act (1) *To make dusky, or dark, to darken* (2) *To make* [illegible] (3) *To corrupt, or tarnish* (4) *To drown his voice, to speak as not to be heard* (5) *To dilute, make pale, to allay* (1) Medicus infuscet vellera pullis, *Virg Geor* 3, 389 (2) Infuscare aquam, *Plin* 9, 29 (3) Hi quos nonnulla barbaries domestica infuscarit, recte loquebantur, *Cic* de *Cl Or* 74 (4) *Plin* 10, 29 (5) Raro unum dabat quod biberem, atque id merum infuscabat, *Plaut Cist* 1, 1, 21

Infuscor, āri, ātus pass *To be darkened*, &c Sanie infuscatur arena, *Virg Geor* 3, 492

Infuscus, a, um *Dark coloured, dusky*, Quidam infusca & [illegible] potius perniciosa, *Col* 9, 10 In fusco coloris *Ibid*

Infusio, onis f verb *A pouring in, or upon, a steeping, an infusion*, Plin 20, 21

‖ Infusor, oris m verb *He that poureth in*, Plin laud Litt [illegible] Infusor fidei *Prud Cath* 4, 11

‖ Infusorium, i n *A tunnel, an ewer, a cruise*, Litt ex Col [illegible]

Infūsus, a, um part (1) *Poured in to* (2) *Entring in great numbers* (3) *Infused* (1) ❡ Oceanus infusus in multos sinus, *Plin* 2, 68 Infusus Tigri Euphrates, *Id* 5, 26 (2) Infusus populus, *Virg Æn* 5, 552 (3) Mens infusa per artus, *Virg Æn* 6, 726 ❡ Collo infusa mariti, *clasping round*, *Ov Met* 11, 386

Infūsus ūs m *An infusion, or steeping in* Plin 24, 6

‖ Ingelabilis, e adj *That freezeth not*, Litt ex Gell 17, 8 ut opinor, *sed castigatiores libb* incongelabile *hab* ✝ Gelu non obstrictus

‖ Ingĕlĭdus, a, um *Not frozen, or cold*, Sidon

Ingemens, tis part *Lamenting, bewailing* Ingemens laboribus, *Hor Epod* 5, 31

Ingeminans, tis part *Doubling* Ingeminans ictus dextra, *Virg Æn* 5, 457

‖ Ingeminatio, onis f verb *A doubling*, Hier ✝ Geminatio, *Lett*

Ingeminātus, a, um part *Redoubled* Vox ingeminata remugit, *Virg Geor* 3, 45 Ingeminata nobilitas, *Ov* ex *Pont* 4, 16, 4

Ingĕmĭno, are act (1) *To double, or redouble, to repeat often* (2) Neut *To increase more* (1) Ter gutture voces aut quater ingeminant *Virg Geor* 1, 411 (2) Ingeminant Austri, & densissimus imber, *Virg Geor* 1, 333 *pro* ingeminantur, *Serv interpr* Ingeminant æstu, *Val Flacc* 7, 195

Ingeminor, āri, ātus pass *Virg*

Ingemiscens, tis part *Sorrowing, groaning, lamenting, deploring* Muliebriter ingemiscens, *Plin* 25, 11

Ingemisco, ĕre incept (1) *To groan* (2) *To mourn, to grieve, to sigh and sob, to bewail* (1) Pueri Spartiatæ non ingemiscunt verberum dolore laniati, *Cic Tusc* 5, 27 (2) Quid ingemiscis hostis Dolabellam judicatum? *Cic Phil* 11, 10 ❡ Ingemiscere casui alicujus, *Val Max* 5, 10, 2

Ingemo, ĕre, ui neut (1) *To lament* (2) Act *To bewail, or mourn for* (1) ❡ Ingemit] [illegible] rus aratro, *Virg Geor* 1, 46 & *de inanimatis* Ingemuit solum, *Ov Met* 14, 407 (2) Jacent in ingemuere Inachidæ, *Stat Theb* 6, 2

‖ Ingenerābilis, e adj *That cannot be engendred*, Aug ✝ Qui generari nequit

✝ Ingenerasco, ĕre *To be bred in, or ingendred* Omnia membris [illegible] in[illegible] ingenerascunt, *Lucr* 5, 745

Ingenerātus, a, um part *Bred in one, natural* Ingenerata familiæ frugalitas, *Cic* pro *Deiot* 9

Ingenero, āre act *To ingender, to beget, to produce* Natura ingenerat amorem, *Cic Off* 1, 4

Ingeneror, āri, ātus pass *To be continued on to descents* Ingenerantur hominibus mores, *Cic* contra *Rull* 2, 35 *sed & Catull* 59, 115

Ingenĭātus, a, um *Naturally given* Qui lepide ingeniatus esset (dici) vit in longinquum daret, *Plaut* [illegible]

Ingenĭculātus, i m *A certain constellation so called*, Vitruv 9 6

✝ Ingeniculo, are act *To bow the knee, to make a leg, or courtesy, to kneel*, Lampr d ✝ In genua procumbo

Ingeniculus, i m *reclinis ingeniculus*, q v *The constellation of Hercules in a kneeling posture*, Vitruv *Id* Engonasis

Ingeniōse adv ius, comp issime, sup *Wittily, ingeniously* Tractantur ista ingeniose, *Cic Acad* Q 4, 27 Declamavit ingeniosissime *Sen Contro* 10 Homo ingeniosissime nequam, *Paterc* 2, 48, 3

Ingeniōsus, a, um adj or, comp issimus, sup (1) *Naturally adapted* (2) *Ingenious, sharp, witty* (3) *Cunning, shrewd* (1) Ad segetes ingeniosus ager, *Ov Fast* 4, 684 (2) Homo ingeniosissimus, M Cato, *Cic* pro *Mur* 30 (3) Ingeniosior est ad excogitandum simulatio veritate, *Plin Paneg* 55

Ingenĭtus, a, um part Natural, bred in by nature = Natalis & ingenita sterilitas, Col 3, 7, 6

Ingenium, i n propria natura dicitur cuique ingenita (1) The nature, quality, or disposition of a thing, (2) or person (3) Capacity, memory, judgment, apprehension (4) Wit, learning, arts (5) A device, or contrivance (6) Meton A wit, a witty man (1) Ingenium loci, Flor 2, 6, 16 soli, Plin 14, 1 Igni, Gell 3, 6 (2) Ingenio te esse in liberos leni puto, Ter Heaut 1, 1, 99 (3) Ingenii vena benigna, Hor Od 2, 18, 10 (4) Ingenium quondam fuerat pretiosius auro, Ov Amor 3, 8, 3 (5) Obtulit ingenium Anicetus libertus, Tac Ann 14, 3 vid & Suet Cal 57 (6) Ut sæpe summa ingenia in occulto latent! Plaut Capt 1, 2, 62 Scio quem dicimus, quod hortei ingenium? Plin Epist 1, 3, 5

|| Ingenior, i, itus pass [ab ant ingeno pro gigno] To be begotten, or bred in, Manil

Ingens, tis adj Very great, huge, mighty, big ✝ Magnas agere gratias mihi? GN Ingentes, Ter Eun 3, 1, princ § Ingens animis, Vir Æn 11, 641 animi, Tac Ann 1, 69, 2 ✝ Ingentior & ingentissimus leg ap poster

✝ Ingenuātus, a, um vulg rest ngeniatus Well born, come of good friends, well bred, well disposed, good conditioned, Plaut Mil 3, 1, 126 Vid & Gell 12, 1

Ingenuè adv Gentleman like, freely, frankly, ingenuously Ingenuè educatus, Cic de Fin 3, 17 = Apertè atque ingenuè fateri, Id Fam 5, 2

Ingenuĭtas, ātis f Ingenuity, freedom, frankness, fashionableness = Præ se ferre probitatem & ingenuitatem, Cic Acad Q 1, 11 Ingenuitatis memor adolescens, Liv 8, 28

Ingĕnuus, a, um [ab ant ingeno] (1) Free born, of good extraction, ingenuous, honest (2) Liberal (3) Handsome, comely (4) Fine, nice, dainty (1) = Sine sumptu ingenuam, liberalem nactus es, Ter Phorm 1, 3, 16 (2) Vita ingenua, Cic Fam 5, 21 Animus ingenuus, Ibid 2, 6 (3) Facies quidem, pol, ingenua est, Plaut Pœn 5, 2, 17 sed locus varie legitur (4) = Invalidæ vires, ingenuæque mihi, Ov Trist 1, 4, 72

Ingĕro, ĕre, ssi, stum act To throw, pour, cast in, or upon, to heap upon, to thrust into § Ingerere thura aris, Plin 12, 14 dicta in aliquem, Plaut Asin 5, 2, 77 convicia alicui, Hor Sat 1, 5, 11 se alicui rei, Plin Paneg 86 vulnera, Tac Hist 3, 85, 7

Ingestābĭlis, e adj That cannot be borne Ingestabile onus, Plin 7, 6

Ingestus, a, um part [ab ingeror] (1) Carried, or thrown in (2) Pressed or heaped upon (3) Forced upon (1) Amnem ingestâ obrutum sylvâ transiluere, Flor 3, 3 (2) Giganteis ingesta est insula membris, Ov Met 5, 346 (3) Nomen Patris Patriæ Tiberius a populo sæpius ingestum repudiavit, Tac Ann 1, 72, 2

Ingigno, ĕre, genui, nitum act To ingender, or breed in Natura veri cupiditatem ingenuit homini, Cic de Fin 2, 14 Tantam ingenuit animantibus conservandi sui naturæ custodiam, Id N D 2, 48

Inglŏmĕro, āre act To heap up, to wind up Plurimus Auster inglomerat noctem, Stat Theb 1, 350

|| Inglōriōsus, a, um Dishonourable, inglorious, Litt ex Tibullo, sed reclamante metri lege

Inglōrius, a, um adj sine gloria (1) Inglorious, of no renown, fame, or reputation (2) Mean, obscure, private (1) Inglorius & ignobilis, Cic Tusc 3, 4 (2) Flumina amem sylvasque inglorius, Vir Geor 2, 486 § Inglorius militiæ, Tac Hist 3, 59, 4

Inglŭvies, ei f (1) The gargle, wesand, or throat hole, the craw, crop, or gorge of a bird (2) Meton Gluttony, gormandizing (1) Col 8, 5 (2) Stringere ingluviem rem, Hor Sat 1, 2, 8

|| Ingluviōsus, a, um adj Gluttonous, greedygut, paunchbelly, Fest ✝ Gulosus

Ingrandesco, ĕre incept To wax big, to increase, Col 2, 10

Ingratè adv Unthankfully, ungratefully, unkindly, discontentedly Ingratè deorum munera intelligit, Plin 27, 2 Ingratè aliquid ferre, Tac Hist 1, 52, 4

✝ Ingratificus, a, um Ungrateful, Cic pro Sext 57 ex vet poeta quo expressius verteret τὸ ἀχάριστος Xenophontis

Ingratiis monop in abl pl In spite of your teeth, whether you will or no, no thanks to you Ea coacta ingratiis postilla cœpit victum vulgo quærere, Ter Heaut 3, 1, 37

Ingrātis adv [contr pro ingratiis, vel ex in & gratis] By constraint, maugre thy head, in spite of thy heart, whether one will or no, Plaut Amph 1, 1, 10

|| Ingrātĭtūdo, inis f Unthankfulness, unkindness, ingratitude, Cassiod ✝ Ingrati animi crimen, Cic

Ingrātus, a, um adj or, comp ssimus, sup (1) Unpleasant, unacceptable, against the will of another (2) Unkind, unthankful, ungrateful, that acknowledgeth not a courtesy (1) Quid ego hæc nequicquam ingrata revolvo? Vir Æn 2, 101 § Ingrata oratio regi fuit, Curt 3, 11, 14 (2) Ingratus est, qui beneficium se accepisse negat, quod accepit, Sen de Benef 3, 1 Ingrata in Roma, Liv 38, 50 Nihil cognovi ingratius, in quo vitio nihil mali non inest, Cic Att 8, 4 Ingratissimus omnium, qui obliviscitur beneficii, Sen de Benef 3, 1 § Ingratus in aliquem, Ad Herenn 4, 40 adversus deos, Gell 4, 18 Adversus merita Cæsaris ingratissimus, Paterc 2, 69

Ingravans, tis part Growing heavy, or troublesome Languere cœpit annis ingravantibus, Phædr 5, 11, 2

|| Ingrāvĭtè adv Willingly, without grumbling, Amm ✝ Haud gravate, Cic

Ingravescens, tis part Growing worse and worse Ingravescente in dies valetudine, Paterc 2, 123

Ingrăvesco, ĕre incept (1) To grow more heavy, weighty, or lumpish (2) To become worse, to increase, to grow bigger (3) To rise to a higher price (1) Vix credibili pondere ingravescat, Plin 31, 7 (2) Ingravescit in dies malum, Cic ad Brut 10 (3) Annona ingravescere consuevit, Cæs B C 1, 52 vid & Cic pro Domo, 5

Ingrăvo, āre act (1) To make heavy, to weigh down (2) To make one more painful, to make worse, to overcharge (3) To cry out with indignation (1) Sævitia hyemis ingravat, Plin 19, 8 (2) Puppem alternus utrinque ingravat, Stat Theb 5, 402 (3) Ingravat hæc sævus Drances, Vir Æn 11, 220

Ingrăvor, āri, ātus pass To be made heavy, Cels

Ingrĕdior, i, ssus sum dep [ex in & gradior] (1) To walk, or go (2) To enter into (3) Met To go, or enter upon (1) Nostros intra munitiones ingredi prohibebant, Cæs B G 5, 9 (2) ✝ Si stas, ingredere, si ingrederis, curre, Cic Att 2, 23 (3) De divinatione ingressi sumus his libris scribere, Cic de Div 2, 1 § Ingredi consulatum, ad studium, in causam, vestigia alicujus, Cic

Ingressio, ōnis f verb An entring, or going in Ab ingressione fori propulsari, Cic Philipp 5, 4

Ingressus, a, um part Having gone, or troden Numidiam ingressus, Sall B J 30 tribunatum, Paterc 2, 6

Ingressus, ûs m verb A walking, a going π Ingressus, cursus, accubitio, inclinatio, sessio, Cic N D 1, 34

Ingruens, tis part Being hard at hand, coming in with force, violently approaching Ingruens periculum, Liv fatum, Id 4, 32 Ingruentes solis radios sentit luna, Id 2, 18

Ingruo, ĕre, ui neut [confertim & cum clamore impetum facio, more gruum, qui non nisi magno agmine & vehementi clangore volitant] (1) To invade, assail, or set upon with violence, or great force (2) To be near at hand, to come, or fall suddenly upon, or unlooked for (1) Hostes crebri cadunt, nostri contra ingruunt, Plaut Amph 1, 1, 81 (2) Aliam in partem terror ingens ingruerat, Liv ¶ Ingruunt morbi gentibus universis, Plin 7, 50 in agrestes, Liv 4, 30 Diseases fall upon them

Inguen, inis n [cujus etymon incert] (1) The privy parts (2) Also a disease in those parts (3) Some take it for the groin (1) Tument tibi cum inguina, Hor Sat 1, 2, 116 ✝ Inguinis & capitis discrimina nescit Venus ebria, Juv 6, 300 (2) Inguinaria in vepribus nascens prodest inguinibus, Plin 26, 9 (3) Sed Celsus a scroto distinguit, 7, 20 & seqq

|| Inguĭnālis, is f sc herba An herb that cureth diseases of the privy parts, starwort, cudwort, sharewort, Apul de Herbis, 60

Inguĭnāria, æ f Idem Vid Inguen, n 2

|| Ingurgĭtātio, ōnis f verb A devouring, or spending, Firm ✝ Crapula, ebrietas, Class

|| Ingurgĭtātor, ōris m verb He that wastefully spendeth on his belly, Aug ✝ Gurges, gulosus

Ingurgĭto, āre act [ex gurges] (1) To devour, or raven greedily, to cram, to swallow up, to swill, to stuff, or swill himself with (2) Met To plunge over head and ears (1) Qui crudi postridie se rursus ingurgitant, Cic de Fin 2, 8 (2) Ingurgitare se in flagitia, Cic in Pis 18 § Ingurgitare se cibis, to stuff, or fill himself with them, Id ibid in se merum, to pour it down his throat, Plaut Curc 1, 2, 35

Ingustābĭlis, e adj That cannot be tasted = Baccæ acerbæ & ingustabiles, Plin 16, 26 fons, Id 2, 106

Ingustātus, a, um part Untasted, that hath not been tasted Cum ingustata mihi porrexerit ilia Rhombi, Hor Sat 2, 8, 30

Inhăbĭlis, e adj (1) Unfit, improper (2) Unable, unwieldy, unmanageable (1) § Pugnandis fœtibus inhabilis, Col [illegible] bovi inhabiles, Id 6, 1 [illegible] Plin Epist 8, 1, 2 § Multitudo ad consensum inhabilis, Liv [illegible] 16 (2) Inhabilis magnitudinis navis, Liv

Inhăbĭtābĭlis e adj Uninhabitable, that cannot be inhabited = Regiones inhabitabiles & incultæ, Cic N D 1, 10

|| Inhăbĭtantes Inhabitants, Apul Metam 1 Plin Epist 7, 27

Inhăbĭtātio, ōnis f verb An inhabiting, Vitruv ap Litt ✝ Habitatio, Col

|| Inhăbĭtātor, ōris m verb An inhabiter, an inhabitant, [illegible] ✝ Habitator

Inhăbĭto, āre act To inhabit, or dwell in Animus in oculis inhabitat, Plin 11 37

Inhabitor, āri, atus pass To be inhabited, Liv 24, [illegible] ubi tamen Gronov leg habitabantur

Inhærens, tis part Cleaving unto, sticking fast in, &c Opinio inhærens & penitus insita, Cic Tusc 4, 11

Inhæreo, ēre, si, sum neu (1) To cleave, or stick fast in, or to (2) To hang about (3) Met To keep, or abide in, to be wholly given to (4) To dwell near to (1) Cacumina olivæ sicut matri inhærent abradito, Col Innæsit hostium, Val Max 3, 2, 23 (2) Illa patris cervicibus inhærebat, Plin (3) § Inhærere voluptatibus, Cic in mente, Id Tusc 1, 15 Memoria imaginis oculis inhærebat, Plin Ep 7, 27, 6 alii cut memb. (4) Daci montibus inhærent, Flor 4, 12

Inhæres, ēdis c g One that is no heir, that hath no child's portion as an heir, Val Max ap Litt sed quære

Inhæresco, ĕre incept To stick fast in Ut bestiola in visco inhæresceret, Cic N D 2, 57 Poetæ inhærescunt penitus in mentibus, Id Tusc 2, 2

|| Inhæsio, ōnis f verb A cleaving unto, August

Inhālo, āre act To breathe in, or upon Cum determinam nobis popinam inhalasses, Cic in Pis

Inhālor, āri, atus pass To be breathed in, or upon, Sen

Inhians, tis part (1) Gaping on, or after (2) Met Coveting (1) Tenuit inhians tria Cerberus ora, Vir Geor 4, 483 Urbem inhians, Cic Catil 2, 8 Inhiantia dictis agmina, Val Flacc 5, 4 (2) Gazis inhians, Sen Herc Fur 167 prædæ, Val Flacc 2, 5

|| Inhiatio, ōnis f verb A gaping upon, or a great [illegible] Jul Cap

|| Inhiātor, ōris m verb He that gapeth for any thing, Mart ✝ Qui inhiat

Inhibendus, a, um To be held in, or restrained Inhibenda mater, Sen Herc Oet 10 0

Inhibens, tis part Holding in, restraining Identidem manu suos inhibens, Curt 3, 10, 3

Inhĭbeo, ēre, ui, itum act [ex in & habeo] (1) To hold water, as rowers do (2) To hold in, or keep back, to stay, or stop, to hinder, or forbid (3) To have, or apply (4) To use, or exercise (1) De hac prima significatione fuse, Cic ad Att 13, 2 (2) Sed rex manum ejus inhibuit, Curt 6, 9, 31 (3) Sed tamen inhibet illis legibus l gious spem nonnullam, *Cic* contra *Rull* 2, 2 *sed alii alit leg* (4) Inhibere imperium hoccine pacto potest magister, si is primus vapulet? *Plaut Bacch* 3, 3, 44 Mori Romano imperium in deditos inhibere, *Liv* 36, 28

Inhibeor, eri, itus pass *To be kept in*, or *restrained* Infesta concio vix inhiberi potuit, *Curt* 7, 2, 2

Inhibitio, ōnis f verb Est propriè remigum *An inhibition, a forbidding*, or *stopping* *Vid Cic Att* 13, 21

|| Inhibitor, ōris m verb *A forbidder, a beadle*, or *serjeant*, *Quint ap* Litt

Inhibitus, a, um part *Forbidden, withheld, hindred, stopt, staid* Inhibitus cursus, *Curt* 4, 16, 16 Inhibitæ lacrymæ, *Id* 10, 6, 3

Inhio, āre neut *To gape upon*, or *after*, Met *to covet*, or *desire much* § Parthico inhiat auro, *Flor* 3, 11, 2 Bona mea inhiant, *Plaut Mil* 3, 1, 120 Inhiare futuris malorum causis, *Val Max* 7, 2, ext 1

|| Inhŏnestamentum, i n *A disparagement*, or *discredit* || Ne quid maculæ aut inhonestamenti in me admittam, *Apul Apol* p 404

|| Inhŏnestas, ātis f *Dishonesty, filthiness, unhandsomeness*, Tert ✝ Dedecus

|| Inhŏnestatio, ōnis f verb *A disparaging*, Hier ✝ Impietas, turpitudo

Inhŏnestè adv *Dishonestly, lewdly, villainously* Inhonestè optavit parare divitias, *Ter Andr* 4, 6, 2

Inhŏnesto, āre act *To disparage*, or *discredit* Ne cadat, & multas palmas inhonestet adeptas, *Ov Trist* 4, 8, 19 *sed locus non caret suspicione* ✝ Dedecorare, *Ter* gloriam minuere, infringere, *Cic*

Inhŏnestus, a, um adj or, comp ssimus, sup (1) *Ill-favoured, shameful, nasty, filthy* (2) *Dishonest* (1) Illam dicis inhonestum hominem, senem, mulierem? *Ter Eun* 2, 3, 65 (2) Quid hoc joco inhonestius? *Valer Max* 7, 8, 9 Inhonestissima cupiditas, *Cic* ad *Q fr* 1, 1

Inhŏnoratus, a, um or, comp ssimus, sup (1) *Without honour, or respect, nothing honourable* (2) *Unsaluted* (3) *Unrewarded* (1) Inhonorata vita, *Cic Tusc* 3, 24 Inhonoratior triumphus, *Liv* 33, 23 Inhonoratæ jacent reliquiæ, *Val Max* 5, 1, 1 (2) Artem grammaticam inhonoratam transire nolumus, *Quint* 1, 5 (3) = Nos inhonoratī & donis patruelibus orbi, *Ov Met* 13, 41

Inhŏnorus, a, um adj *Without honour, not set by, not respected* Facies inhonora, *Sil* 10, 391 Inhonoræ munera lucis, *Stat Theb* 2, 66 Inhonora signa, *Tac Hist* 4, 62, 5 Series inhonora parentum, *Stat Sylv* 5, 2, 15

Inhorreo, ēre, ui neut (1) *To quake*, or *tremble for fear, to grow rough*, or *dreadful*. (2) *To rattle, wag*, or *shake* (1) Inhorruit unda tenebris, *Vir Æn* 3, 195 (2) *Hor Od* 1, 23, 5

Inhorresco, ĕre incept *Idem* Interea prope jam occidente sole inhorrescit mare, *Cic de Div* 1, 14 *ex poeta* Inhorrescere malis, *Sen Agam* 418

Inhospĭtālis, e adj *Inhospitable, harbourless, uninhabited, desert, wild* Caucasus inhospitalis, *Hor Od* 1, 22, 6 Inhospitale regnum, *Sen Troad* 215 littus, *Plin Paneg* 34

Inhospitalitas, ātis f *Rudeness to strangers, giving no entertainment to them, barbarous*, Cic Tusc 4, 11

Inhospĭtus, a, um adj (1) *Inhospitable, barbarous, rude, cruel, unkind, merciless* (2) *Wild, desert, uninhabited* (1) Inhospita tecta tyranni ingredior, *Ov Met* 1, 118 (2) = Deserta & inhospita tesqua, *Hor Ep* 1, 14, 19

Inhūmānè adv ius, comp *Inhumanely, discourteously, unkindly* = Nimis graviter, nimisque inhumanè, *Ter Heaut* 5, 5, 2 Inhumanius dicere, *Cic* de *Amic* 13, 7

Inhūmānĭtas, ātis f *Inhumanity, unkindness, cruelty, incivility* ✱ = Mansuetudinem in crudelitatem inhumanitatemque convertere, *Cic Verr* 5, 44

Inhūmānĭter adv iùs, comp Inhumaniter fecit, *Cic* ad *Q fr* 3, 1 Alii multò inhumanius dicunt, *Id* de *Amic* 13, 7

Inhūmānus, a, um adj or, comp ssimus, sup (1) *Inhumane, discourteous, rude, barbarous, savage* (2) Also *ignorant of good fashions, illbred, unmannerly* (1) Inhumani senes, *Cic* de *Sen* 4 Inhumanior libido, *Liv* Quis contumacior? quis inhumanior? *Cic Verr* 2, 78 Miles inhumanissimus, *Ter Hec* 1, 2, 11 (2) *Cic Offic* 1, 40 Inhumanæ senium depone camœnæ, *Hor Ep* 1, 18, 47

|| Inhŭmātio, ōnis f verb *A burying*, Barth ✝ Sepultura

Inhŭmātus, a, um *Unburied, not interred* Corpora inhumata, *Vir Æn* 11, 22 Inhumatum jacet columen, *Val Max* 5, 1, 10 Inhumata ossa, *Sen Troad* 895

Inhŭmo, āre act *To put into the ground, to lay in the earth, to interr, to bury*, Plin 17, 18

Inĭbi adv [ex in & ibi] *Even there, thereabouts, in that very place*, Cic Agr 1, 7 & Plaut Pers 1, 3, 45

Injectio, ōnis f verb [ab injicio] *A casting in, a laying upon* Injectio manus, *Sen* de *Const* 5 Injectiones manûs recipere, in a bill of sale, *to reserve liberty to enter again upon the possession, with performance of some covenants*, Bud

✱ Injecto, āre freq [ab injicio] *To cast, or put in often* Ausus erat furto dextram injectare, *Stat Theb* 9, 133 Jamque videbatur dextram injectare, *Sil* 3, 18, Injectare manum caristæ, *Luc* 5, 606

Injectūrus, a, um part *About to cast*, or *throw in*, or *upon* Sperârunt se injecturos vobis causam deliberandi, *Cic* pro *Cæcin* 2

Injectus, a, um part (1) *Cast in* (2) *Thrown upon* (1) Injectus in flammam, *Cic* (2) Interfectus, in plaustrum conjectus, & supra stercus injectus, *Cic* de *Div.* 1, 27 & *Met.* Eo metu injecto discessimus, *Id* ad *Q fr* 2, 1

Injectus, ûs m verb *A casting in*, or *upon* Dimicatio injectu pulveris discutitur, *Plin* 11, 17 Superque rigens injectu molis ahenæ versat onus, *Stat Theb* 4, 167

Iniens, euntis part [ab ineo] *Entring in, beginning* Ab ineunte ætate, *from one's infancy*, Cic de Orat 1, 21

✝ Inigo act & inigor pass *To be driven in* In arcem inigi, *Varr R R* 1, 2

Injicio, ĕre, jeci, jectum act [ex in & jacio] (1) *To cast, lay, or throw in*, (2) or *upon*, (3) or *about*. (4) *To cast*, or *throw at* (5) *To put on* (1) Sese medium injecit moriturus in agmen, *Vir Æn* 2, 408 Injicere se in ignem, *Ter Andr* 1, 1, 113 (2) Ne incontinentes injiciat manus, *Hor Od* 1, 17, 26 (3) Ut injiceret sperato brachia collo, *Ov Met* 3, 389 (4) Beneficium aut superbè injecit, aut iratus infregit, *Sen de Benef* Injicite huic manicas mastigiæ, *Plaut Capt* 3, 5, 1 ¶ Injicere alicui manum, *to lay hands on, to seize*, Liv 3, 44 spem, *to put him in hope*, Tei se flammæ, *Plin* naribus, *Scrib Larg Comp* 10 intus nares, *Ibid* 46 alicui ardorem, *to inspire with courage*, Liv terrorem, trepidationem, *to affright*, Id fugam, *to put to flight*, Plaut

Injicior, i, jectus pass *To be cast in*, &c Injecta est fax fœda ac luctuosa reipublicæ, *Cic* de *Harusp Resp* 21

Inĭmicè adv ssimè, sup *Spitefully, like an enemy* Vide quam tecum agam non inimicè, *Cic Philipp* 2, 14 = Inimicissimè atque infestissimè contendere, *Id* pro *Quint* 21

✝ Inimiciter adv. *Spitefully*, Acc ✝ Inimicè

Inĭmicitia, æ f & usitatiùs in pl inimicitiæ *Enmity, hostility, variance, strife, falling out* Inimicitia est ira ulciscendi tempus observans, *Cic Tusc* 4, 9 ✱ Cavendum est, ne in graves inimicitias convertant se amicitiæ, *Cic* de *Amic* 21 ¶ Capere inimicitias in aliquem, *Ter Phorm* 2, 3, 23 gerere, *Nepos Att* 11 suscipere, *Id Cat* 2

Inĭmico, āre act *To make enemies, to set together by the ears, to profess to be one's enemy* Miseras inimicat urbes, *Hor Od* 4, 15, 20 Hostiles inimicent classica turmas, *Stat Theb* 2, 419 Rar occ.

Inĭmicor, āri dep *To become an enemy, to hate* = Si neges, abalienant se, & inimicantur, *Cic* de *Petit Consul* 12 *meliores aut edd* inimicantur *omittunt*

Inĭmicus, a, um adj or, comp ssimus, sup *Unfriendly, unkind, hurtful, contrary, hostile, adverse* = Infensus atque inimicus alicui, *Cic Verr* 3, 13 § Neque ulla vox inimicior amicitiæ, *Id* de *Am* 16 Inimicissimus suus, *Cic* pro *Mil* 9 *more substantivi* Inimicissimus huic imperio, *Id*

Inĭmicus, i m [ex in & amicus] (1) *An enemy*, properly among private persons, *a foe, a back friend, an adversary, a withstander* (2) Also confounded with *hostis, a publick enemy* in war (1) ✱ Nondum planè inimicus, aut hostis, *Suet Aug* 69 (2) = Si tanquam inimicum & hostem insectari propositum est, pergite, *Liv*

Inĭmĭtābĭlis, e adj *That no man can imitate*, or *do the like, inimitable* Morum dulcedo inimitabilis, *Paterc* 2, 97 Opera quædam nobis inimitabilia, *Quint* 2, 2

✝ Inindè adv *Out of that place, from thence*, Liv

Iniquè adv iùs, comp. issimè, sup *Unequally, without a cause, impatiently, amiss* Iniquè facis, *Cic* ad *Brut* 4 Nunquam vidi iniquius concertationem comparatam, *Ter Adelph* 2, 2, 3 Hoc prope iniquissimè comparatum est, *Cic* pro *Cluent* 21

Inīquĭtas, ātis f (1) *Unevenness, incommodiousness, disadvantage* (2) *Straitness, difficulty* (3) *Iniquity, injustice, partiality* (1) = Iniquitas & asperitas loci, *Liv* 21, 33. (2) Propter iniquitatem temporum causam defendere non audent, *Cic* pro *Rosc Amer* 1 Iniquitas præpotentium, *Plin* 12, 19

✝ Iniquo, āre *To vex*, or *grieve*, Laber

Iniquus, a, um adj or, comp ssimus, sup [ex in & æquus] (1) *Not even*, or *plain, steep* (2) *Unequal* (3) *Partial, unjust* (4) *Angry, displeased* (5) *Unkind* (6) *Impatient, discontented, grieved* (7) Also *too great*, or *too little* (1) Locus iniquissimus, *Cæs B G* 2, 27 (2) Iniquior defensio, *Cic* Iniqua pugna, *Vir Æn* 10, 889 (3) Iniquus judex, *Ov Met* 13, 190 (4) = Cæteri sunt partim obscuriùs iniqui, partim non dissimulanter irati, *Cic Fam* 1, 5 (5) Ea me exquirere iniqui patris est, *Ter Andr* 1, 2, 16 (6) Ne isthuc tam iniquo patiare animo, *Ter Eun* 2, 1, 6 (7) Iniquo pondere rastri, *Vir Geor* 1, 164 Spatiis exclusus iniquis, *Ibid* 4, 147

Iniquus, i m absol *An enemy, one that beareth ill will* Me scio a te contra iniquos meos defendi, *Cic Fam* 11, 27

Inirrĭgātus, a, um *Not watered*, Litt *ex* Col *sed q*

Initia, orum pl n (1) *Sacrifices*, or *rites of the goddesses Ceres and Libera* (2) Also *the principles of a science* (1) = Mysteria Cereris initia adpellari, *vid Cic* de *Legg* 2, 14 & *Varr R R* 3, 1 (2) = Illa initia quæ Græcè elementa dicuntur, *Cic Ac Q* 1, 7

|| Inĭtiālis, e adj *The first*, or *most antient* Elementorum origo initialis. *Apul Met* 4, p 133

Inĭtiāmenta, ōrum pl n *The first elements* in any kind of religion, science, or knowledge, *principles*, or *grounds*, Sen Ep 90

Inĭtiātio, ōnis f verb *The entring of one into any religion*, or *holy profession*, Suet Ner 34

|| Initiātor, ōris m *A suffragan*, or *the bishop's vicegerent*, Jun

Inĭtiātus, a, um part *Initiated, entred* into orders, *licensed, authorized*, or *admitted to, instructed in the first principles* § Mida ab Orpheo sacrorum solennibus initiatus, *Just.* 11, 7, 14 Initiatus literis, *Plin Epist* 5, 15, 8 sacris, *Val Max* 4, 7, ext 1

Inĭtio, āre act (1) *To begin* (2) *To give the first instructions, to lay the ground* (3) *To initiate*, or *enter one*, properly in the rites of Ceres (1) Ver initiatur, *Firm* (2) § Magicis cœnis eum initiaverat, *Plin* 30, 2 (3) *Cic N D* 1, 42

Inĭtior, āri, ātus pass *To be begun, initiated*, &c *Cic Tusc* 1, 13

Inĭtium, ii n [ab ineo, initum] (1) *A beginning, an entrance* (2) *A rite*, or *ceremony*, chiefly of Ceres and Libera (3) *A cause*, or *foundation* (4) *A draught, a platform* (1) Initium capit a Rhodano flumine, *Cæs B G* 1, 1 ✱ Finis, *Tac Ann* 6, 17 (2) *Vide* Initia, orum (3) Unde ortum est initium iræ, *Cic* (4) *Quint* 3, 2

|| Inĭto, āre freq [ab ineo] *Pacuv*

Initur impers *I, thou, he*, &c *go*

20 … tamibus in tutiore cum, … Cel 6 25

Initurus, a, um part [ab ineo] *About to enter in* Initurus … tium, *one who will* … Virg … pennes, O … 1, 5 1

Initus, a, um part *Begun, entered, undertaken* … æstate *Cæl* P G 2, 2 Periculum … Ter Andr 5, 1 5

Initus, ûs m … [ab ineo] *The act of going into, leaping, or covering a mare by an horse, the coming of birds* Pecudes … omnia genus … Var 4, 4 De … …

Injucunde adv ius, comp *Unpleasantly* Legitur in comp = Res … & injucundius actæ, *Cic* Att 1 20

Injucunditas, ātis f *Unpleasantness* Ne quid habeat injucunditatis oratio, *Cic* … D 1, 55

Injucundus, a, um adj *Unpleasant, grievous* Labor … in … rebus, *Cic* de Fin 1, 1 Injucunda recordatio, *Paterc* 2, 101

|| Injudicābilis, e adj *That cannot be judged*, Ap JCC

Injudicatus, a, um *Not judged, undecided* Id injudicatum relinquo, *Quint* 10, … & Gell 5, 10

|| Injugis, e adj [ex in & jugum] *Unyoked* Injuges … æ, *Macrob* Sat 3, 5 boves, *Fest*

|| Injunctio, ōnis f verb *An injunction, or commandment* Ap JCC

Injunctus, a, um part (1) *Laid upon* (2) Met *Enjoined, commanded* (1) Injunctus … ger, *Liv* (2) … plebis injuncti … *Liv*

Injungo, ĕre, xi, ctum act (1) *To join with, or unto* (2) *To bring, or lay upon* (3) Met *To enjoin, impose, command, or appoint* (1) *Col* lib 5 (2) § Pondus aliquod bobus injungere, *Col* Injunxit … decoctoris … *Val Max* 6, 9, 12 (3) § Populis æternam injungere servitutem, *Hirt* ap *Cæs B G* 8, 77 ¶ Injungere … tum … *to bring it upon*, Cic Fam 11, 13 amicitiam cum aliquo, *to enter into friendship*, Plin laborem … *Plin* Epist 7, 21, 1

|| Injurābilis, e adj *That cannot be called to swear*, Ap JCC

Injurātus, a, um *Unsworn, that hath not sworn, without an oath* ⁜ Juravi lingua, mentem injuratam habeo, *Cic Offic* 3, 29 ⁜ Privatum jurati, injuratique … *Liv* 10, 41

Injūria, æ f [dict qu non jure fiat, *Ulp*] *Injury, wrong, trespass, despite, damage, hurt, displeasure, offence*, generally by deeds, and so it differeth from *contumelia* It is used both in (1) an active, (2) and passive sense (1) *An action of a … it* (1) Facis indigna injuria … *Ter Hec* … ⁜ Contumeliæ … *Sen* de *Clem* 1, 11 (2) Injuriæ civium, … civibus illatæ, *Cic* de Inv 1, 6 Postulatus injuriarum, *Col* (3) Una injuria est tecum, *Cic* … agito … *Ter Phorm* 5, 9 …

Injūria abl *pro* adv *Wrongfully, or without cause* Non injuria tibi illud accidit, *Cic N D* 3, 37

|| Injūrie adv *Wrongfully*, Ven ‡ Injuriose

|| Injūrior, ātus sum dep *To wrong, injure, or damnify* …

= Omne fortuitum circa nos sævit & injuriatur, *Sen* de *Constant* 9 *ut tamen alii aliter leg*

Injuriōse adv ius, comp issime, sup *Wrongfully, injuriously* Injuriose decernere, *Cic* ad Q fr 1, 1, 7 Navicularios injuriosius tractari, *Id* pro *Leg Manil* 5 ‡ Injuriosissime cogitare, *Aug*

Injuriōsus, a, um adj *Injurious, wrongful, hurtful* Injuriosi sunt in proximos, *Cic Off* 1, 14

|| Injurium, m, *pro* ,per urium, *Fest*

Injūrius, a, um adj *Wrongful, unreasonable, unjust*, Ter Heaut … 9

† Injurus, a, um *Idem Plaut* … 5, 2 4

Injussus, a, um (1) *Unbidden, without bidding* (2) *Growing naturally of it self, without sowing or setting* (1) Injussi nunquam desistunt, *Hor Sat* 1, 3, … (2) Injussi virescunt gramina, *Vir Geor* 1, 55

Injussu monopt *Without commandment, order, or leave* Vetat Deus … injussu hinc nos suo demigrare, *Cic Tusc* 1, 30 Injussu populi, *Id* de *Inv* 1, …

Injuste adv issime, sup *Unjustly, wrongfully, unreasonably* Injuste neminem læsit, *Cic* pro *Mur* … 0 Injustissime luxuria & ignavia illis nihil officiunt, *Sall B* … 85

Injustitia, æ f *Injustice, hard dealing, ill usage* Injustitiæ genera duo sunt, *Cic Offic* 1, 7

Injustus, a, um or, comp (1) *Unjust, wrongful, unreasonable* (2) *Too great, immoderate* (1) = Homo maleficus & injustus, *Cic Tusc* 5, 20 (2) Hominem improbo … nunquam quidquam injustius, *Ter Amph* 1, … 18 (3) … in armis injusto sub fasce viam carpit, *Vir Geor* 3, 347

|| Inlaqueātus, a, um *Bound*, Fest *Vid* Illaqueatus

Inlex, icis c g *A decoy* Vid Illex

Inlicio, ĕre act *To allure, or entice*, Phædr *Vid* Illicio

Inlicitus *Vid* Illicitus

Inlisus *Vid* Illisus

Inliquefactus, a, um *Melted into*, Cic *Vid* Illiquefactus

|| Inlitera ta … *Which is not set down in writing*, Fest ‡ Literis non commissa

Innābĭlis, e adj *That cannot be swimmed in* Innabilis unda, *Ov Met* 1, 16 … *Vir Æn* 6, 438

Innascor, i, natus (1) *To be born with, or bred in one, to be in one's nature* (2) *To grow in* (1) § Magnitudini animi cupiditas principatus innascitur, *Cic Offic* 1, 19 Innata est homini probitas, *Id* de Fin 2, 31 (2) … innascitur agris *Plin* …

Innatābĭlis, e adj *That cannot be swimmed in*, … Stat

Innatans, tis part *Swimming upon, appearing* Innatantes … dices summo solo, *Col* 4, 1

|| Innatātio, ōnis f *A swimming*, Tert ‡ Natatio, *Tert*

Innăto, āre neut *To swim in, or upon* § Innatare undam, *Vir Geor* 2, 451 flumini, *Plin* in fluvium, *Id* Innatat … *Val Flacc* 3, 525 flumen campis, *Plin Epist* 8, 17, 2

Innātus, a, um part [ab innascor] *Inbred, connatural* = ‡ Innata atque insita assumptis & adventitiis anteponuntur, *Cic To pic* 18 § Innata … *Ter Andr* 4, 1, 2

Innāvĭgābĭlis, e adj *That cannot be sailed on, innavigable* Tibris innavigabilis fuit, *Liv* 5, 13

Innāvigo, āre act *To sail, or swim in*, Sen ap Litt …

Innectens, tis part *Knitting, tying, clasping, or clipping about* Innectens … bobus colla lacertis, *Ov Met* 11, 2… palmis armis, *Val Flacc* … 25

Innecto, ĕre, xui & xi, xum act (1) *To knit, ty, put, or bind about, to clip about* (2) Met *To devise* (1) § Innectunt tempora … *Ov Trist* 5, 3, 3 Paribus palmis innexuit armis, *Vir Æn* 5, 425 (2) Causas innecte morandi, *Vir Æn* 4, 51

Innector, i, xus pass (1) *To be tyed about* (2) Met *To be joined to* (1) … colla auro innectuntur, *Vir Æn* 8, 661 (2) … manus per affinitatem innexus erat, *Tac Ann* 6, 36, 5

Innexus, a, um part (1) *Tied, bound, made fast* (2) Met *Joined, related* (1) Mancipia compedibus innexa, *Col* 11, 1 Innexa jubas tero, *Val Flacc* 6, 111 (2) *Vid* Innecto, n …

Innitens, tis part *Leaning upon* Baculo innitens, *Ov Metam* 14 65

Innitor, i, xus *vel* sus sum dep (1) *To lean, or stay upon* (2) Met *To depend upon* (1) § Fracta … innititur hasta, *Stat* … 12, 141 (2) Salus incolumitate ejus innititur, *Tac Ann* 15, … 4 § In aliquem innititur, *Plin* In aliquo, *Cic* hastæ, *Liv*

Innixus, a, um part (1) *Leaning, or staying upon* (2) Met *Supported by, depending upon* (1) § Stetit … innixus … *Ov* Innixus genibus, *Paterc* … 83 cubito, *Val Max* 2, 6 8 § Innixus in fratrem obiit, *Plin* … (2) § Hac arte innixus Hercules … *Hor Od* 3, 3, 10 Omnium totæ … innixa, *Quint* 6 2

Inno, āre neut *To swim in, to float upon* Innare aquæ, *Liv* 21 26

Innŏcens, tis adj or, comp issimus, sup (1) *Safe, wholsome, harmless* (2) Met *Guiltless, innocent* (1) Innocentiores … quæ decerpta diu pependere, *Plin* 2, 1 (2) = Vir bonus & innocens, *Cic* de Clar Or … 48 Innocentissimus pater, *Id Verr* 4, 3 § Factorum innocens, *Tac*

Innŏcenter adv ius, comp issime, sup (1) *Harmlessly, safely* (2) Met *Innocently* (1) Omnia innocentius decrescente luna, quam crescente … *Plin* 18, 3 … in futurum innocenter … *Quint* … Vita innocentissime acta, *Aur Declam* in *Sall*

Innŏcentia, æ f *Harmlessness* = Summa integritate & innocentia vir, *Cic Phil* pp …

Innŏcuè adv *Harmlessly, simply, not meaning any hurt* Suet *Dom* 19

Innŏcuus, a, um adj (1) *Harmless, that doth no hurt* (2) Also *safe, not hurt* (1) Ludimus innocui … (2) … *Vir Æn* … innocuum, … 10, 302

|| Innōdātus, a, um *Knit, or tied with a knot*, Amm ‡ Nodo constrictus, *Litt*

|| Innōmĭnābĭlis, e adj *Not to be named*, Apul de Hab doctr Plat p 572 ‡ Inenarrabilis, *Sen*

Innōtesco, ĕre, ui *To become known* § An nostris innotuit illa libellis? *Ov Amor* … 7 Illi … innotescere, *to grow more known*, Tac Hist 4, 50, 1 … ribus … 8, …

|| Innōto, āre *To inscribe* Nec … corpore … siderum

innotavimus, *Firm Aftr* … ‡ Inscribo

|| Innōtus, a, um *Obscure, unknown*, Amm ‡ Ignotus, …

|| Innŏvātio, ōnis f verb *An innovation, or altering* … ‡ Mutatio, renovatio, *Litt*

|| Innŏvātor, ōris m verb *He that maketh alteration*, Dr … ‡ Qui innovat, *Litt*

Innŏvo, āre act *To make new, to renew, to innovate, to … or devise new terms and bring in …* Quo te modo ad intemperantiam … innovasti? *Cic* in L … 36 extr

Innoxius, a, um adj or, comp (1) *Harmless, that doth no …* (2) *Harmless, that taketh no …* (1) Innoxium abs te, … tui … *Plaut* … ‡ (2) … *Col* Vita … nox … *Cato*

Innŭba, æ f *She that was never married a man, or …* Innuba laurus, *Ov Met* 10, … *propter Daphnes fabulam*

|| Innūbĭlātus, a, um *Not clouded, overcast*, Solin ‡ Serenus

|| Innūbĭlo, āre act *To make dark, or overshadow with clouds*, Solin 66 ‡ Nubibus obduco, *Litt*

Innūbĭlus, a, um *Fair, without clouds* Innubilus æther, *Lucr* 3, 21

† Innūbis, e *Idem* … nubis, *Sen Oct* 28

Innŭbo, ĕre, psi neut (1) *To be married into* (2) ‡ … *to be married into another family* (1) *Liv* 1, 34 ‡ Enubo, *Id* … 22 (2) …

Innŭmĕrābĭlis, e adj *Innumerable, without number* … innumerabiles, *Cic* pro … *Hor* Od … 30, 4 Innumerabili … *Lucr* … 1157 sæcula, … at 2

Innŭmĕrābĭlĭtas, ātis f *Innumerableness* Innumerabilitas … motuum, *Cic N D* 1, 39 … *Id* … 26

Innŭmĕrābĭlĭter adv *Without number* Ac innumerabiliter … *Lucr* 5, 275

Innŭmĕrālis, e adj *That cannot be numbered, innumerable* … innumerialis, *Lucr* …

Innŭmĕrōsus, a, um adj *Numberless* Innumerosi fœtus, … 10, 65

Innŭmĕrus, a, um adj (1) *Numberless, past number* (2) *Also without … measure* (1) Ex … innumeræ … principes … *Cic* de Orat 2, 22 (2) Innumerum metrum *Plaut* ap *Gell* 1, 24 … oxymoron, …

Innuo, ĕre, ui, ūtum (1) *To nod, or beckon with the head or eye, to make signs to one* (2) *To consent or permit* … Altera … *Ter* … 5, 9 (2) = ‡ Nolle … innuere … pro … *Marcian* 25 … *Ter* … indulgere

Innupta, æ, a um *Unmarried, unwedded* Innupta … *Vir Æn* 2, 31 Innuptæ nuptiæ, *Cic* de Orat … Oxymoron, … ly, unlawful, or ill made …

Innutrio, ire, ivi, itum *To bring up in*, Sen … 2

|| Innutritio, ōnis f *A bringing up, or …* ICC ‡ Nutritus, *Plin*

Innutri …

s, a, um part (1) ... *brought up* ... (2) Not learned, or ... (1) Opus innu- ... main, *Plin* ... (2) disciplinis, *Sen* ... 21 & *Paterc*

...pediens, tis adj *Disobedient* ... ✝ Non obediens, *Sen*

...onis, f *Disobedience* ... ✝ Contumacia, ... *Vett*

...s, a, um *Mindful, that* ... inolinci epetam ... *Ov ex Ponto*,

..., a, um *Not overcrowned* Effugit ... *Ov Met* 7, 356

... act *To darken* ... Nunc ejus legatio- ... inobscurabit ob ... 9, 5

... tis adj *Stubborn*, ... Inobsequentes fræn s ... *Hippol* 1068

Inobservabilis, e adj *Unobservable* ... *Catull* ... inobservatus *Plin* 2, 17

..., s *Unobserving* ... hominis tub ... *Inadvertency*, *Suet*

Inobsoletus, a, um *Not obsolete, unregarded* ... *Ov Met* 2, 514

Inoccultus, a, um part *Hav-* ... ngustum & inoc- ... 8

Inocciduus, a, um adj (1) *Always in use, that never sleepeth* (2) *that never setteth*, or ... (1) ... Argus, *Stat* ... 6, 21 (2) Inocciduus ...

Inoccupo, are *To harrow in, to cover with earth* Semen ... quod ibar- ...

Inoculatus, a, us part *To be ...*

Inoculo, are verb *To graft* ... Em ...

Inoculo, are m verb *To inoculate* ... 8, ...

... *To make one smell* ... ilitus ino ... Col ...

Inodorus, a, um adj (1) *Without smell* ... (2) *Unperceived* ... *places* ... inora (2) ... *Pers*

Inoffensus, a, um (1) *Unoffended* (2) *Without stumbling* ... (3) *smooth* (4) ... (1) In- ... vivere, *Gell* 1, ... redem referre, ... (2) Inoffensa cur- ... *Mart* 1, 4, 209 (4) ... tibi tangere ... 1, 8, 1

Inofficiose adv *Uncivilly*, ... *Dig* ✝ Contra officium

Inofficiosus, a, um adj *Undutiful, disobliging*, *Cic* ... 27

✝ Inolens, tis adj *Giving no smell* Olivum inolens, *Lucr* 2, 849

Inolesco, ĕre, ui & evi, itum & itum (1) *To grow up* (2) *To grow upon* (3) Act *To make it grow and there fix* (1) *Col* 4, 22 (2) § *Vir Geo* 2, ... dunt durum ... lapidis ... inolescere ramis, *Sil* 8, 532 (3) § = Natura indidit nobis ... inolevit ... in pluriimorem nostri, *Gell* 12, 5

|| Inolitus, a, um part *Inlaid, that which hath grown up with one or one hath been accustomed to*, Aug ✝ Innatus, *Vett*

|| Inominalis, e adj *Unlucky, ill boding* Dies inominalis, *Gell* 5, 17 pro

Inominatus, a, um *Unhappy, forespoken with bad omens* Inominata cubilia, *Hor Epod* 16, 38

Inopaco, āre act *To shade*, or *overshadow*, *Col* 8, 5

|| Inopacus, a, um *Open, not shadowed*, *Sidon* ✝ Apertus

Inoperio, īre act *To discover*, or *uncover*, *Hyg* ✝ Aperio

Inopertus, a, um *Uncovered, bare, naked* Inoperto capite *Sen de Vit beat* 1 = Inoperta ac confessa veritas, *Id de Otio Sap* 0

Inopia, æ f (1) *Want, need, scarcity, dearth* (2) *The lack of any thing* (1) = Phodiorum inopia, fames, & summa annonæ caritas, *Cic* ... (2) Inopia argumenti, *Plaut Pseud* 1, 5, 66 consilii, *Cic Att* 6, 3 ... amicorum, *Id pro* ... *Rosc* 16 tecti, *Id pro Domo*, 50

|| Inopinabilis, e adj *That no man would have thought, contrary to one's opinion*, Gell 11, 8 & 17, 9 pro

Inopinans, tis adj *Not thinking of it, unawares*, *Cæs B G* 6, 29 *Liv* 27, 48

Inopinanter adv *Suddenly unawares, otherwise than was looked for*, Suet ... 60

Inopinate, & inopinato adv *Ere one is aware* Inopinato ac cidere, *Liv* occupare, *Sen* ... *Helv* 5 Inopinato irrumpere, *Id* 26, 6

Inopinatus, a, um *Unthought of, unlooked for, unexpected, sudden* Repentina & inopinata graviora, *Cic Tusc* ... 19 Nova & inopinata, *Id ibid* 2, 8

Inopinus, a, um adj [ex in & opinor] *Sudden, unexpected* Quies inopina, *Vir Æn* 5, 857 ... *Plin Pan* ... 30 Inopinus ... *Sil* 5, 270

✝ Inopiosus, a, um adj *Needy, wanting, full of want* = Res ... *Plaut Pan* 1, 2 ✝ Inops

|| Inopportune adv *Untimely, unseasonably*, Cod ✝ Intempestive, *Cic*

Inopportunus, a, um adj *Unseasonable, inconvenient* Sed non inopportuna sermoni, *Cic de Orat* 3, 5

Inops, opis adj ope vel opibus destitutus [ex in & ops, sine opes] (1) *Poor, needy* (2) *Destitute, void of, wanting, that hath not, unable* (3) Also *unburied* (1) = Non erat abundans, non inops tamen *Cic de Cl Orat* 67 (2) Versus inopes rerum, *Hor A P* 322 (3) Inops inhumataque turba, *Vir Æn* 6, 325 Sic in ... Op, quæ est terra § Verbis inops, *Cic de Cl Orat* 70 ... amici, *Id pro Domo*, 22 ad aliquid, *Id de Cl Orat* 16

Inoptabilis, e adj *Not to be wished for*, Apul Met 9, p 279 ✝ Non expetendus, *Vett*

Inoratus, a, um *Not pleaded, unspoken of* Leg ... inoratam, re ... pro *Rosc Am* ... *without an audience*

Inordinate ... *Without order, at no certain time* ... *Gell* ... 14, 25

|| Inordinatio, ... tis *Out of order, ... not by ranks and files*, Amm 1, 11

|| Inordino, ... *To put out of order*, Apul ... Ascl ...

Inordinatus, a, um ... *Out of order*, or ... = Inordinati atque incompositi milites, *Liv* ... Inordinatus ... ille, *Plin* ... 2 ¶ Ex inordinato in ordinem adducere, *Cic de Univ* 3

✝ Inoris, e adj *Without a mouth* ... *Lucr* ...

Inoro, are *To adore* Quid ... ornamentorum ... *Tac Ann* 11, 2, 4 Vocab suscept

✝ Inormis, e adj ... enormis ...

Inornate adv *Without dress*, or *trimming* Inornate dicere, *Ad Herenn* 4, 31

Inornatus, a, um (1) *Unadorned, not decked, or trimmed unhandsome, undrest* (2) Me *Unpolished* (3) *Unpraised, neglected* (1) Inornati numeri, *Cic Orat* 2, (2) = Non inornata intentio ... *Ad Herenn* 4, 56 (3) Non ego te meis chartis inornatum silebo, *Hor Od* 4, 9, 30

|| Inorus, a, um adj *Not ... that hath no mouth* Inora ... *Gell* ... 6 ...malunt inodora

Inotiosus, a, um adj *Not idle, or vain and frivolous*, Quint 11, ...

|| Inovans, tis [ab ovo quum mola ... est] *Triumphing, or rejoicing* Inovanti gradu, *Apul Met* 11, p 277 ✝ Ovans, *Vett*

Inprimis adv *First of all* Vid Imprimis

Inquam verb defect *I say, quoth I* Vid Inquio

Inquantum adv *As much as, as far as*, *Ov Met* 11, 71 Forte rectius in quantum

Inquantumcunque *As much as can possibly be*, *Sen* sed melius ... in quantum ...

¶ Inque imper *Say thou*, Plaut Pseud 1, 5, 124

Inquies, etis f *Disquiet, lack of rest* Fuit ... somni & inquies nocturni, *Plin* 1, 22

Inquies, etis adj *Restless, unquiet* Homo inquies, *Sall* inter ... Hominum genus inquies & indomitum, *Id* Inquies moribus, *Tac Ann* 6, 18 Vir inquies, *Paterc* 2, 68

Inquietatio, ōnis f verb *A disquieting, or disturbing*, Liv 22, 17

|| Inquietator, ōris m verb *He that disquieteth*, Tert

Inquietatus, a, um part *Disquieted, troubled, vexed* Constat hortorum custodes umbris inquietatos, *Suet Cal* 59

Inquiete adv *Restlessly, unquietly*, Suet ap ... *Inquiete*

Inquieto, are act *To disquiet, trouble, or disturb* N quem often causa in ... *Suet Aug* 5 Inquiete victoriam, *Tac Hist* 3, 84

Inquietor, ari, atus pass Ne incubantes nutrices inquietentur, *Col* 8, 5 Inquietari rumoribus, *Plin Epist* 1, 9, 5

Inquietudo, inis f *Disquiet, trouble, unquietness, want of rest*

Inquietudinem ... non potuit effugere, *Sen de Benef* 2, 8

Inquietus, a, um adj *Unquiet, restless, troublesome* Animi inquietus, *Liv* 1, 46 Vir, *Paterc* 2 ... Inquietæ noctes, ... *Mart* 8, 14, ... 1 || Inquietus, *Amm* ...

In ... præt imperf [ab inquio] *Suet* ... 10, 27

Inquilinus, m [qu incolinus] (1) *He that inhabiteth another man's house, a tenant* (2) *A man that dwelleth in the same house with another, an inmate, a lodger* (1) ... inquilino (non ... domine) ... omnium ... *Cic Philipp* 2, 41 (2) Vicinus Novo, ... inquilinus ... sicut Nonium videre non vult, *Mart* 1, 87, 11

|| Inquinamentum, ... n *Filth, ordure, defilement*, Gell 2, 6 Macrob 6, ... ✝ Sordes, sordes

Inquinans, tis part *Defiling, blemishing*, Cic de Fin 5, 8

Inquinate adv *Impurely, corruptly, barbarously* Confuse ... multi inquinate ... *Cic de Cl Orat* ... In quinate locutus, *Ibid* 6 ...

|| Inquinatio, ... f verb *A staining, or defiling*, Aug

|| Inquinator, ōris m verb *He that defileth*, Tert

Inquinatus, a, um part or comp ... issimus, sup (1) *Defiled, distained* (2) *Dyed* (3) Adj *Filthy, nasty* (1) § Flagitiis ... inquinata ... *Verr* ... (2) Bis ... vellus ... inquinatum, *Mart* 4, 4 (3) Fœdior atque inquinatior, *Cic de Har Resp* 24 = Sordidissimi ... inquinatissimi, ... *Offic* 2, 6 ... *Val Max* 8, 1, ... 2

INQUINO, āre act (1) [... quod est cunire, ...] (1) *To defile, befoul* (2) *To stain, to dye* (3) *To adulterate* (4) *To disgrace, disparage, or blemish* (1) Merdis caput inquinor albis, *Hor Sat* 1, 8, 37 (2) *Mart* 4, ... (3) Inquinare ... tempus ... *Hor Epod* 16, 55 (4) = Obscurare & inquinare splendorem, *Cic de Fin* 5, 8

Inquinor, ari, atus pass *To be bewrayed, or defiled*, &c Vid Inquino, ...

INQUIO, is, it verb def [ab in, & quo] *I say, quoth I*, *Catull* 10, 27

Inquiens tis part *Inquiring* Nimium inquiens ... *Cic de Cl Orat* 92

Inquiritur impers *Inquiry is made*, Cic Offic 2, 1

Inquiro, ĕre, sivi, itum act [ex in & quæro] (1) *To inquire, search, ask, demand or seek, inquire to examine, or search* (2) *To take an information in order to prosecution at law* (1) § Occultas ... inquirere, *Cic* § Incolæ officium est, nihil de alieno inquirere, *Id Offic* 1, 34 § Eius ... dum patrios inquirit in annos, *Ov Met* 1, 148 (2) Cum ego in ... Siciliam inquirendi perrexi gratia postulaflem, *Cic* ... *Cic Act in Verr* 2

|| Inquisite leg sit tem in comp *Accurately, nicely* Theophrastus superbiæ ... inquisitius quam Cicero disseruit, *Gell* 1, 3

Inquisitio, onis f verb (1) *An inquisition, or search* (2) *An examination, an enquiry* (1) = Inquisitio & investigatio veritatis hominis propria est, *Cic Offic* 1, 13 ¶ Inquisitioni alicui esse, *to be out of the way, to be to seek*, Paul Cas 3, 1, 16 (2) Reus absens con- tra

tra inquiſitionem accuſatoris defenſus, *Cic Verr* 2, 4

Inquiſitor, ōris m verb (1) *A ſearcher*, or *inquirer* (2) *An inquiſitor, an informer*, or *promoter* (1) Straton rerum naturæ inquiſitor fuit, *Sen* Q. *Nat* 6, 13 (2) Licinianum legatum & inquiſitorem reum poſtulavit, *Cic* ✱ Eundem conſcium & inquiſitorem non ferebant, *Tac Ann* 15, 67

Inquiſitus, a, um part (1) *Searched*, or *inquired for* (2) Alſo *not diſcovered*, or *found out* (1) = Tertiam quam ipſi pro inquiſitâ ac ſibi compertâ afferit, *Liv* 10, 40 (2) Me, quam illam quæſtionem inquiſitam amittere, mortuum ſatius eſt, *Plaut Amph* 4, 1, 9 *vid & Ibid* 2, 2, 27

† Inrado, ĕre, ſi, ſum *To ſhave*, or *ſcrape upon* Eodem ſilphium inradito, *Cato R R* 157

† Inraſus, a, um *Shaved*, or *ſcraped upon* Serpitium inraſum, *Cato R R* 157

Inredivivus, *vel* irredivivus, a, um *That cannot be repaired*, or *renewed*, Catull 18, 3

Inreligiosè, *vel* irreligiose *Irreligiouſly* Damnari poſtulavit, ſi quia de Auguſto irreligioſe dixiſſet, *Tac Ann* 2, 50, 2 Irreligioſius, *Quint Decl* 8

|| Inremiſſe adv *Out of hand*, or *without any more ado*, Amm

Inreſtinctus, *vel* irreſtinctus, a, um *Not quenched, not going out* Inreſtincta focis ſervant altaria flammæ, *Sil* 3, 29

Inrevocatus *Vid* Irrevocatus

Inrito *Vid* Irrito

Inſalūbris, e adj errimus, ſup *Unwholeſome, corrupt, noiſome, peſtilent*, Inſalubris fundus, *Col* 1, 4 Inſaluberrimum vinum, *Plin* 23, 1 tempus, *Plin Epiſt* 4, 2, 6

Inſalūtatus, a, um part *Unſaluted, unviſited* Inque ſalutatum linquo, *Vir Æn* 9, 289 per Tmeſin

Inſānabilis, e adj or, comp *Uncurable, that cannot be healed, deſperate, without remedy* Inſanabilis plaga, *Cic* pro *Sext* 19 morbus, *Id Tuſc* 5, 1 Inſanabile ingenium, *Liv* 1, 28 Lætari quod nihil triſtius, nec inſanabilius eſſet, *Liv* 28, 5

Inſanè adv ius, comp iſſime, ſup. (1) *Madly, imprudently* (2) *Greatly, extremely* (1) In ſylvam non ligna feras inſanius, *Hor Sat* 1, 10, 34 (2) ✱ Bonum eſt pauxillulum amare, inſanè non bonum eſt, *Plaut Curc* 1, 3, 20 Si unum epityrum apud eum eſuriens inſanè edam, *Id Mil* 1, 1, 24 citante *Varr L L* 6, 5 paulo aliter nunc leg ſed minus rectè.

Inſānia, æ f (1) *Madneſs, the ſickneſs of the mind, diſtraction* (2) *Inconſiſtency, inconſtancy* (3) *Fury, outrage* (4) *A rapture, or tranſport* (5) *Infatuation* (6) *Extravagancy, luxury* (7) *Doting* (1) = Nomen inſaniæ ſignificat mentis ægrotationem, *Cic Tuſc* 3, 4 (2) Fer more ... flammam, &c Quid loquor aut ubi ſum? Quæ mentem inſania mutat? *Vir Æn* 4, 595 (3) Scelerata inſania belli, *Vir Æn* 7, 461 (4) Auditis? an me ludit amabilis inſania? *Hor Od* 3, 4, 6. (5) Ubi prava ſtultitia, hic ſumma eſt inſania, *Hor. Sat* 2, 2, 221 (6) Ea villa objurget cæterarum villarum inſaniam, *Cic* (7) *Ov Triſt* 1, 10, ...

Inſāniens, tis, part (1) *Mad, raging, frantick* (2) *Rough boiſterous* (3) *Fooliſh, irrational* (1) Verum poſt venit inſaniens, *Ter. Adelph* 4, 2, 12. (2) Inſanientem navita Boſphorum tentabo, *Hor Od* 3, 4, 30. (3) ¶ Inſanientis ſapientiæ conſultus, ἀξύμφρων, *of a nonſenſical ſect of philoſophers, the Epicureans*, Hor Od 1, 34, 2

Inſānio, ire, ivi, itum neut (1) *To be mad, out of his wits*, or *beſide himſelf, to dote, to be inſpired with the muſes* (2) *To play the fool* (1) = Ut inſanire omnibus ac furere videretur, *Cic Verr* 4, 18 § Inſanire inſaniam hilarem, *to be beſide himſelf*, as with wine, love, joy, &c Sen Inſanire juvat, cur Berecynthiæ ceſſant flamina tibiæ? *Hor Od* 3, 19, 18 ✱ Galle quid inſanis? inquit, *Vir Ecl* 10, 22 Lynceus ſeros inſanit amores, *Prop* 2, 34, 25 (2) *Vir Ecl* 3, 36

Inſānitas, ātis f *Madneſs, want of health* = Inſipientia quaſi inſanitas, *Cic Tuſc* 3, 5

Inſanitūrus, a, um part *That will be mad* Nec tamen inſaniturum illum puto, *Cic Att* 13, 29

Inſanum adv *Exceſſively, at a great rate* Porticus inſanum bona, *Plaut Moſt* 3, 3, 5 Inſanum magnum negotium, *Id. Bacch* 4, 5, 1

Inſānus, a, um adj or, comp ſſimus, ſup (1) *Mad, frantick, out of his wits* (2) *Tempeſtuous, raging* (3) *Vaſt, huge* (4) *Inſpired* (5) *Unwholeſome* (1) ✱ Ex ſtultis inſanos facere, *Ter Eun* 2, 2, 23 Homo inter eos, qui ipſi quoque inſaniunt, inſaniſſimus, *Cic* pro *S Roſc* 12 Uter eſt inſanior horum? *Hor Sat* 2, 3, 102 (2) Turbo inſanus, *Stat* Vires Auſtri inſani, *Ov Met* 12, 510 (3) Subſtructiones aggeris inſanas mirabantur, *Plin* 36, 15. Inſanæ moles ſubſtructionum, *Cic* pro *Mil* 20 (4) Inſanam vatem aſpicies, *Vir Æn* 3, 443 (5) Inſana canicula meſſes coquit, *Perſ* 3, 5 *niſi malis ad ſecundam notionem referre* ¶ Inſanæ vites, *vines that bear thrice a year*, Plin

† Inſapōrātus, a, um *Without taſte and reliſh*, Litt ex Stat

Inſatiābilis, e adj or, comp (1) *Inſatiable, that cannot be ſatisfied, or ever have enough* (2) Alſo *that doth not ſatiate, or fill.* (1) Inſatiabilis animus, *Liv* 4, 13 voluptas, *Cic de Fin.* 4, 5 (2) Nulla inſatiabilior ſpecies, *Cic N D* 2, 62

|| Inſatiābilitas, ātis f *Inſatiableneſs*, Amm 31, 12

Inſatiābiliter adv *Inſatiably* Inſatiabiliter deſidero, *Plin Epiſt* 9, 6, 3 Te inſatiabiliter deflebimus, *Lucr.* 3, 920 *Vid & Tac Ann* 4, 38, 7

† Inſatiātus, a, um *Inſatiate, unſatisfied* Inſatiatus eundi ardor, *Stat Theb* 6, 305

† Inſatietas, ātis f *Inſatiableneſs*, Plaut Aul 3, 5, 13

† Inſatīvus, a, um *That is not planted*, or *ſown, but cometh up of its own accord*, Litt ex Plin *ſed q*

Inſatūrābilis e adj *Inſatiate, that cannot be filled* Inſaturabile abdomen, *Cic* pro *Sext* 51

Inſatūrābiliter adv *Inſatiably* Annis præteritis inſaturabiliter expletus, *Cic N D* 2, 25

|| Inſcalpo, ĕre, pſi, ptum act *To engrave, to cut in*, as engravers, or maſons do Inſcalpunt ſacrato in marmore formam, *Lact verſ* 153

Inſcendo, ĕre, di, ſum act & neut [ex in, & ſcando] *To go up, to mount*, or *climb up unto* Inſcendere in currum, *Plaut Menæch* 5, 1, 110 in arborem, *Id.* ſupra pilam, *Cato* Abſol *to go on ſhipboard, to take ſhip*, Plaut Mil 2, 1, 30

Inſcendor, i paſſ *To be gone up, mounted*, &c Haud unquam ſe ab alio inſcendi paſſus eſt, *Gell* 5, 2

Inſcenſio, ōnis f verb *A mounting*, or *climbing up* Inſcenſio in navem, *a going on board*, Plaut Rud 2, 6, 19

|| Inſcenſor, ōris m verb. [qui navem inſcendit] *A ſoldier ſerving at ſea*, Lampr

Inſcenſus, a, um part *Mounted*, or *jumped upon, leaped into*, as a man leapeth into a ſaddle Inſcenſus equus, *Suet Tit* 4

|| Inſcenſus, ûs m Inſcenſus equarum, *the covering of mares*, Apul Met 7, p 219

|| Inſciè adv *Ignorantly*, Apul de Deo Socr p 669 † Inſcienter

Inſciens, tis adj *Unwitting, unaware, not knowing*, or *thinking on it* Me inſciente, *without my knowledge*, Cic Att 1, 2

Inſcienter adv *Ignorantly, without knowing of it, unſkilfully* Inſcienter facere, *Cic Topic.* 8 & *Acad* Q. 4, 6

Inſcientia, a f *Lack of knowledge, ignorance* = In tantis tenebris erroris & inſcientiæ, *Cic* pro *Sulla*, 14 Inſcientia multa verſatur in vita, *Id Acad.* Q. 4, 4

Inſcitè adv ſſime, ſup *Ignorantly, unhandſomely, bunglingly* Inſcitè medicinæ & gubernationis ultimum cum ultimo ſapientiæ comparatur, *Cic de Fin* 3, 7 Inſcitè facere, *Plaut Trin* 1, 2, 58 Inſcitiſſimè, *Gell* 10, 16

Inſcitia, æ f (1) *Ignorance, unſkilfulneſs* (2) *Imprudence* (1) Sive propter lini inopiam, atque ejus uſûs inſcitiam, *Cæſ B G* 3, 13 (2) Malè mereri de immerente inſcitia eſt, *Plaut Curc* 1, 3, 29

Inſcitus, a, um or, comp ſſimus, ſup (1) *Unhandſome, unbecoming* (2) *Fooliſh, fond* (3) *Abſurd* (4) *Unknown* (5) *Inſufficient, unable to do* (1) *Ter Hecyr* 5, 1, 12 (2) Quid confugiſti in aram inſcitiſſimus? *Plaut Moſt* 5, 2, 14 Quid autem inſcitius, quam, &c Cic N D 2, 13 (4) *Gell* (5) *Plaut Merc* 5, 4

Inſcius, a, um adj (1) *Ignorant, not knowing* (2) *Unſkilful* (3) *Unwitting, heedleſs* (1) Inſcii quid in Æduis gereretur, *Cæſ B G* 77, pr ✠ Inſcia ſomni lumina, *Val Flacc* 4, 367 (2) = Socrates ſe omnium rerum inſcium fingebat & rudem, *Cic de Cl Orat* 85 ✱ peritus, *Celſ* (3) Androgeus ſe offert nobis, ſocia agmina credens, inſcius, *Vir Æn* 2, 372

Inſcrībo, ĕre, pſi, tum act (1) *To write in, or upon* (2) *To inſcribe, to intitle, to ſuperſcribe* (3) *To imprint, paint, or deſcribe* (4) *To engrave* (5) *To intitle, to charge with* (6) *To implead* (1) § Philoſophi in his ipſis libris, quos ſcribunt de contemnenda gloria, ſua nomina inſcribunt, *Cic Tuſc* 1, 15. Inſcripſit ſtipite nomen, *Luc* 8, 792 ¶ Inſcribere ædes mercede, *to put a bill on the door*, Ter *Heaut* 1, 1, 92 (2) Xenophontis liber qui inſcribitur œconomicus, *Cic Offic* 2, 24 (3) Barbarorum feminæ mareſque corpora ſua inſcribunt, *Plin* 22, 1 Sua quemque deorum inſcribit facies, *Ov Met* 6, 74 (4) Inſcribar Eliſſa Sichæi, *Ov Epiſt* 7, 193 Inſcribere lapidem notis, *Tib* 1, 3, 54 (5) Ipſos inſcribere deos ſceleri, *Ov Met* 15, 128 (6) *Ap JCC*

Inſcrībor, i, ptus paſſ *To be writ in, to be inſcribed*, &c. (1) *Vid* Inſcribo, n 2

Inſcriptio, ōnis f verb (1) *An inſcription, a title, a bill upon a door* (2) Alſo *a brand, mark, or ſcar* (3) || *An accuſation* (1) Inſcriptio libri, *Cic Topic* 1 ſtatuæ, *Id* pro *Dom* 50 Tabula cum inſcriptione, *Plin* 2, 11 (2) Inſcriptiones frontis, *Sen de Ira* (3) *Ap JCC*

Inſcriptum, i n (1) *An inſcription, a title* (2) *A licence, or bill teſtificatory, a cocket at the cuſtomhouſe for merchants goods* (1) Quædam alia inſcripta nimis lepida, *Gell in Præf op* (2) *Ap JCC*

Inſcriptus, a, um part (1) *Written upon* (2) *Intitled, inſcribed* (3) *Engraven* (4) *Stigmatized, branded*, as ſlaves were (5) Alſo *not written, unwritten* (1) Inſcripta foliis litera, *Ov Met* 13, 398 (2) In eo libro qui eſt inſcriptus Hortenſius, *Cic de Div* 1. (3) Verſus in monumento inſcripti, *Cic Tuſc* 5, 2. (4) Quatuor inſcripti portabant vile cadaver, *Mart* 8, 75 (5) Inſcripta è portu exponunt clanculum, ne portorium dent, *Lucil* ap. Non ✱ Alia eſſe ſcripta, alia inſcripta, *Quint* 3, 8

Inſcriptus, i m *A rogue that hath been burnt in the hand or ſhoulder*, Mart 8, 75

|| Inſcrutābilis, e adj *Unſearchable*, Bibl

Inſculpo, ĕre, pſi, ptum act (1) *To engrave, carve, cut, or intrail* (2) Met *To imprint* (1) Inſculpere aliquid ſaxo, *Hor Sat* 2, 2, 90 poſtibus formam, *Ov Metam* 15, 621 (2) Inſculpſit in mentibus natura, ut deos æternos & beatos haberemus, *Cic N D* 1, 17

Inſculptus, a, um part (1) *Engraven* (2) *Imprinted, deeply fixed* (1) § In robore inſculpta eſſe priſcarum literarum notas, *Cic de Div* 2, 41 (2) Omnibus innatum eſt & in animo quaſi inſculptum, eſſe deos, *Cic N D* ...

Inſĕcabilis, e adj *That cannot be cut, or parted* Corpora inſecabilia, *Quint* 2, 17 & *Vitr* ...

Inſecandus, a, um part *To be pruned, cut*, &c Inſecandi ... rivi. *Col* 9, 15

Inſĕcendi, i e dicendi, *Cato* ap *Gell* 18, 9 *Vid* Inſequ

Inſeco, āre, ui, ctum act *To cut in, to prune*, unde

Inſecor, ari paſſ *To be pruned* Sequente deinde anno inſecatur ſuperior pars curvaturæ, *Col* 4, 15

Inſecta n plur *Inſects*, as flies, gnats, piſmires, and ſuch like *Vid Plin* 11, 26 & ibi *Sipont*

Inſectans, tis part *Purſuing*, &c Inſectans argum, *Val. Flacc* 4, 388

|| Inſectanter adv *With railing, or brawling*, Gell. 19, 3

Inſectātio, ōnis f *A railing, or inveighing againſt one*, *Liv* 22, 34 Inſectatio flagitii, *Plin Paneg* 28

Inſectātor, ōris m verb *A railer, or ſlanderer, a backbiter, a laſher, or ſcourger* Sævus inſectator plebis, *Liv* 3, 33 ... rum, *Quint* 10, 1

Inſectātus, a, um part (1) *Followed, purſued* (2) Met *Inveighed againſt, railed at and reviled* (3) Activ *Inveighing againſt* (1) ...

[illegible] ab his insectatus consi[illegible] [illegible] (4) Ma[illegible] [illegible] verbo quidem insec[illegible] [illegible] *Plin* [illegible] 32 (5) [illegible] [illegible] exauctoratos [illegible] *discourse*, [illegible] *Col* 12, 9

[illegible] *To pursue* [illegible] (2) *To inveigh a-gainst* [illegible] [illegible] *Capt* [illegible] 61 [illegible] est acerrimarum [illegible] (2) § Quo [illegible] levitatem [illegible] ≡ Acerbi[illegible] utrinque [illegible] *de Am* 16 (5) [illegible] (4) Nunquam [illegible] *Ter* [illegible]

[illegible] part [ab insi-] (1) *Cut* or *notched*, cut [illegible] (2) *Unc* [illegible] (1) Insecti [illegible] *Ov Met* 6, 38 ✝ [illegible] *Col* 2, 5 (2)

Insectatio, onis f verb *A* [illegible] or *following after*, [illegible]

Insectator, oris m verb *A* [illegible], *Quint* [illegible] 1, 127

[illegible] part [ab in-] (1) *Which followeth*, *ge-* [illegible] or *succeedeth* (2) [illegible] (1) Insecutus mensi [illegible] *Plin* 7, 11 [illegible] noctem, *Val* [illegible] (2) Insecutus deos [illegible] *Val Max* 5, 5, 4

[illegible] *it cannot be quieted* [illegible] corpora [illegible] *Tac* 6, 14

[illegible] *Unquiet*, *trou-* [illegible] Omne quod [illegible] sedatum, turbulentum, [illegible] *Orat* 22

Insemin[illegible], a, um part (1) *Begot* (1) [illegible] cœlestium umbrium con[illegible] (2) *To convey* [illegible] *Arnob*

[illegible] seminuit *To sow in* [illegible] visceribus intemini [illegible]

[illegible] us pass *To be* [illegible] *Col*

[illegible] incept *To* [illegible] *spend all his time* [illegible] Insenuit horis & [illegible] 2, 2, 82

[illegible] um *Foolish*, [illegible] ut stat *Litt locum* [illegible] *titius* [illegible] Sensus expers [illegible]

[illegible]

[illegible] *that* [illegible] *feeling*, *sense-* [illegible] ne credas [illegible] 2, 98

[illegible] *Insipa* [illegible] 283 ✝

[illegible] adv *Insipa-* [illegible] *Scip* 1, 22

[illegible] um part *Unbu-* [illegible] & insepultos [illegible] 29 [illegible] *Val*

[illegible] *Ban*

Insequens, tis part *Next fol-lowing*, *ensuing* ✝ Insequens hora antecedente cal mutonor populo Romano fuerat, *Cic* ad *Attic* Insequenti tempore a, *Pa tere* 2, 4 [illegible] *Ia* 2, 66 Insequentes Archontes, [illegible]

‖ Insequenter adv *Inconse-quently*, *not to the purpose*, *Gell* 10 2 ✝ Inepte, absurde

Insequor, i, utus sum dep (1) *To follow after*, *to pursue*, *to run after* (2) *To succeed* (3) *To per-secute*, *to rail at one* (4) *To pro-ceed* (5) *To sue another at law* (6) *To press* (1) ✝ Insequi fu-gientem, *Cic* Fugam inhibe, mo-deratius insequi [illegible] 1, 511 (2) Hunc proximo seculo Themistocles insecutus est, *Cic* de *Cl Orat* (3) [illegible] for-tuna [illegible] casibus [illegible] insequitur, *Liv Ann* 1, 245 Insequi aliquem clamore, *Cic* [illegible] 8, [illegible] *Cic* pro *Cluent* 3 (4) Con[illegible] *Ann* [illegible] 2 (5) ≡ Insecutus tamen hunc, & [illegible] *Epist* 2 2, 19 (6) ≡ Pergin' [illegible] que [illegible] longius, *Cic Terr* 20

Inserendus, a, um part *To be inserted* &c Inserenda est fortitudo, *Val Max* 3, 2, 17

Inserens, tis part *Putting in inserting*, &c Inserentes pæne cælo manus [illegible]

Inserinus, a, um *Cloudy not* [illegible] Non tantis Hyas [illegible] *Stat Silv* [illegible] Rudoce

Insero, ĕre, evi, itum act (1) *To sow in*, or *among* (2) *To im-plant*, *to engraff* (3) Me. *To implant* (1) [illegible] *Col* 5, 11 (2) Omnis surculus omni arbori inseri potest, *Col* 5, 11 (3) Virorum ingenium sevit tibi natura, *Hor Sat* 1, [illegible]

Inseror, i, situs pass *To be ingrafted* Verno tempore inse-rebantur, *Varr R R* 1, 41

Insĕro, ĕre, serui, sertum act (1) *To put*, *or thrust in* (2) *To apply*, *or put to* (3) *To insert*, *to intermix* (4) *To meddle*, *to interpose* (1) § Pueris cibum in os inserere, *Cic de Orat* 2, 39 manum in sinum inserere, *Ter Heaut* 3, 3, 3 dextræ virgam, *Stat Theb* 1, 306 (2) Sic cudum [illegible] jejunis faucibus inserens, *Col* 6, 4 (3) Historiæ turpes inseruisse jocos, *Ov Trist* [illegible] 141 Minimis etiam rebus prava religio inserit deos, *bringeth them in for a share*, *Liv* (4) Bellis civilibus se inserere, *Liv* se dubitantibus, *Tac Ann* 5, 4, 2 ¶ Vitæ inserere aliquem, *to bring one to life*, *Stat*

Inseror, i, sertus pass *To be put in* Inter quædam & domini ab arte non possunt omnia, *Cic de Orat* 1, 45

Inserpo, ĕre neut *To creep in* § Somnus avaris inserpit curis, *Stat Theb* [illegible]

Insertum, æ [illegible] *piece put in*, *in inlay*, *an ornament* Frugalitas inserta est rumoris bonis, *Publ Syrus*

Insertans, [illegible] part *Putting in* Nubibus inserti [illegible] 5, 8

Insertim adv [ab insero, in [illegible]] *By way of insertion*, or *darting in* [illegible] tim fundunt radios, *Lucr* 2, 114

‖ Insertio, onis f verb *A putting between*, [illegible] Hanc vocem inserit *Litt* [illegible] non dicit, neque ego scio ✝ Interpositio

Insertivus, a, um *Ingrafted*, or *not natural*, *Calpurn Decam* 24

Inserto, āre freq [ab insero] *To put in often* (1) [illegible] *Ann* [illegible] 672 Dextram [illegible] *Stat* [illegible] 6, 8 [illegible] dextra [illegible] *Il* [illegible] 12, 40

Insertus, a, um part (1) *Put in*, *or upon* (2) *Ingrafted* [illegible] (1) Penna [illegible] tas [illegible] *Plin* [illegible] *Cic* [illegible] *Ep* [illegible] 19

Inservio, ire, ivi, itum neut (1) *To serve one*, *to one* [illegible] (2) *To be* [illegible] *attend upon*, *to mind and take care of any thing* (3) § A quo [illegible] *Cic Offic* 1, 15 ¶ Matronæ [illegible] *Plin* [illegible] 2, 52 [illegible] *Ovid* [illegible] (4) Ho[illegible] *Cic Offic* [illegible] *Plin* [illegible] (5) ≡ Accurate [illegible] rant, [illegible] *Att* 12

Inservitum [illegible] *Ibid* [illegible] *forced* [illegible] temporis causa, *Cic Fam* 6, 12

Insesso, āre act [illegible] (1) *To keep*, or *pr* [illegible] (1) Lig[illegible] *Stat Theb* 9, 154 (2) [illegible] *Id Theb* 6, [illegible]

‖ Insessor, oris m [illegible] *robber*, a *footer*, *an highway* [illegible] ✝ Prædo

Insessus, a, um part [illegible] (1) *Sat*, or *pressed upon* (2) *Beset*, *blocked up* (3) *Infest-ed*, *thwarted* (1) Insessum diris avibus Capitolium, *Tac* 12, 4 (2) Insessa fauce Ep[illegible], *Liv* [illegible] (3) Humus insessa [illegible] pondere, *Stat Sylv* 1, 1, 57

Insibilo, āre neut (1) *To whistle*, or *blow into* (2) *To make an hissing* (1) [illegible] insibilat Eurus, *Ov Metam* 15, 603 (2) Membris insibilat [illegible] *Sil* 12 618

Insiccatus, a, um *Undried* Vulnera [illegible] insiccata cruore, *Stat Theb* [illegible]

Insicco, āre act *To dry*, *Litt ex Cels*

✝ Insicium, ii n [illegible] inseco, [illegible] lectum] *A sausage*, *Varr* al leg insicium

Insidens, tis part [ab insideo] (1) *Sitting in*, or *on*, *lying upon* (2) *Constant*, *continual* (1) Elephantus insidentis [illegible] *Liv* 27, 14 Insidens equo, *Val Max* 5, [illegible] (2) Decorum [illegible] insidens cura pectori [illegible] *Liv* [illegible]

Insidentes, ... part [illegible] *sitting*, or *sitting upon* [illegible] *Plin* [illegible]

Insideo, ēre, edi, essum neut (1) *To sit*, or *rest upon* (2) *To lie in*, *to be fixed* (3) *To keep one* (4) *To beset*, *to hem in*, or *besiege* (5) *To lay in wait* (6) *To settle in* (1) Insidere [illegible] *Hirt* [illegible] (2) [illegible] memoria [illegible] *Cic de Orat* 2, 89 ≡ [illegible] & medullis inhærens, *Id* [illegible] (3) § Sabinis [illegible] arcem Capitolinam insedit, *Tac* [illegible] 60 (4) Silvarum [illegible]

[illegible] in coercitarmi[illegible], *Tac* (5) Qui [illegible] *Lydia* [illegible] *Ann* 8, 79

Insidiæ, ārum f [illegible] *an ambush* [illegible] *Liv* [illegible]

[illegible] *Cic Off* [illegible] ¶ In his [illegible] *Cic* pro *Mil* [illegible] *Plin* [illegible] *Cic* pro *Cæl* [illegible] *Ann* 1, 19 [illegible] *Cic* pro [illegible] ‖ In [illegible] *Justi* 6, 8 [illegible]

[illegible] Abi[illegible] *Cic* [illegible]

[illegible] fenator & [illegible]

Insidiatore [illegible] *It* [illegible]

In [illegible] *Stat* [illegible] *Ann* [illegible]

Insidiatus, a, um part [illegible] § Lupu [illegible] 9, 57

Insidior, āri, atus sum dep *To lie in wait*, *to watch*, *to lay in wait for*, *to undermine* [illegible] & ocasioni, [illegible] *Cic Orat* 62

Insidiose adv [illegible] *deceitfully*, *treacherously* Insidiose spem falsam ostendere, *Cic pro Rosc* 38 Insidiosissime [illegible] *Cic* ad *Q fr* 1, [illegible] sub fine

Insidiosus, a, um adj or comp issimus, sup *Full of ambushes*, *deceitful*, *crafty*, *wily*, *dangerous* Insidiosus [illegible] *Cic* [illegible] Qui insidiosior, quis crudelior [illegible] *Cic Verr* 2, 78 [illegible] *Plin* [illegible] sub fin [illegible] conditio, *Plin* 29, 1

✝ Insido, ĕre, sedi sessum neut (1) *To light upon*, *to sit upon* (2) Met *To sink into to settle* (1) [illegible] 6, 768 (2) [illegible]

§ Insideo [illegible] *To be settled* [illegible] *Stat Theb* [illegible] 56 Ro[illegible]

Insigne, is n [illegible] (1) *A particular mark*, *sign*, or *token*, *whereby any thing is known* [illegible] *either of virtue*, or *vice* [illegible] (2) [illegible] (5) *Trapp-* [illegible] (6) *An* [illegible] *of putting on the* [illegible] (7) *Ill* [illegible] *and tokens of honour*, *as crowns*, *robes*, *sceptres*, *maces*, *&c* (8) [illegible] (1) Quos [illegible] *Plin* 8, 16 Naturæ insi[illegible]

[illegible] vam cognoscuntur, *Id* 19 Effossus [illegible] Ponus dicitur, *Plaut* [illegible] insignia morbi, sic [illegible] cubital, toch [illegible] *Hor Sat* 2, 254 (2) = Omnia insignia & ornamenta [illegible] *Cic* *Pro Sulla* (3) [illegible] *Plin* 7, 25 (4) [illegible] (5) Pro [illegible] (6) [illegible] & animal [illegible]

[illegible]

Insignis, [illegible] *Id Ann* [illegible]

[illegible] *Liv* 4, 4 Cum [illegible] *Cic Fam* [illegible] *Geor* [illegible] 266

[illegible] comp *Nota* [illegible] Quo [illegible] exprobrare, *Liv* 8 [illegible]

Insignior, [illegible] comp *Nota* [illegible] est unum [illegible] *Plin Epist* [illegible] = Amici [illegible] & in [illegible] *Cic Part Orat* [illegible] obrare alicui, *Liv* 8 [illegible]

Insignitus, a, um or, comp (1) *Marked, [illegible]* (2) Met *Remarkable, notorious* (1) Insignitos [illegible] varos, valgos, compernes, *Plaut Mil* [illegible] 2 Insignitæ notæ veritatis, *Cic* de *Div* 1, 40 Insignitius flagitium, *Tac Ann* 4, 52

Insilia, [illegible] *The treadle of a weaver's loom*, [illegible] may be used for that part in an organ which maketh the bellows blow, *Lucr* 5, 1352

Insilio, ire, ui & ii, ultum neut [ex in, & salio] *To leap in, or upon* § Insilire vadis, *Sta* [illegible] *Val Flacc* 2, 513 puppim [illegible] *Suet Claud* [illegible] 8, 132 § [illegible] *Liv* 6, [illegible] § [illegible] 2 § in equum, *Liv* 6 [illegible] go Blandis [illegible] *Ov Met*

[illegible] 545 § [illegible] insiliunt defessos, *Suet Claud* 2, 1 § Lignum [illegible] turba [illegible] insilit, *Phædr* 1, 2, 20

Insimul adv *Jointly, together* [illegible] insimul regni venit [illegible] *Flor* 2, 20, 1 *Vid & Stat* [illegible] 1, 6, 36 R occ

Insimulatio, onis f verb *An accusing, or impeaching* Insimulatio criminis *Cic Verr* 5, 9

|| Insimulator, oris m verb *An accuser*, Apul Apol p 454

Insimulatus, a, um part *Accused, or impeached* Insimulatus [illegible] criminationibus, *Pater* 2, 71

Insimulo, are act (1) *To feign, dissemble, or counterfeit, to pretend* (2) *To accuse, impeach, or [illegible] one's charge* (1) Furere [illegible] *Cic* [illegible] (2) [illegible] insimulat avaritia [illegible] *Cic Verr* 1, 49 § Nihil facinus mirum est, qui [illegible] me nimi [illegible] facinus [illegible] mirum, *Plaut Amph* 2, [illegible] crimine falso, *Ov Epist* 6, 22

Insimulo [illegible] atus pass *To be accused, impeached, &c* Qui [illegible] insimulabitur *Quint* Insimulatus est cecidisse Alexandrum, *Val Max* 8, 4, 1

|| Insincerus, a, um (1) *Corrupted, putrid* (2) *Insincere, not to be [illegible]* (1) Insincerus [illegible] tulit cruor, *Vir Geor* 4, 285 (2) *Prud Hamart* 4 Protagoras [illegible] insincerus philosophus, *Gell* 5, 3

Insinuatio, onis f verb *A crafty address, or beginning of an oration, whereby covertly we creep into the favour of the audience, an insinuation* ✠ Exordium in duas partes dividitur, in principium & insinuationem, *Cic* de *Inv* 1, 15 *Vid Quint* 4 1

|| Insinuator, oris m verb *He that insinuateth*, Aug

|| Insinuatus, a, um part [à seq] (1) *Folded one within the other* (2) Met *Insinuated, crept into favour* (1) Insinuatis manibus ambulabis mihi? *Apul Met* 9, [illegible] (2) Per hanc insinuatus Neroni, *Suet Oth* 2

Insinuo, are act [i e in sinum inscio] (1) *To put in his bosom, to embosom* (2) *To put, or thrust in* (3) *To insinuate, by little and little to wind itself, or himself, to creep into one's favour* (4) *To recommend* (5) *To move and set forward, to register and set down upon record* (1) *Vid seq* Insinuor (2) Sol æstum insinuat [illegible] domorum *Lucr* 6, 8, 9 (3) = § Blandire & supplicater insinuare se alicui, *Cic de Or* 1, 20 In amicitiam alicujus blanditiis, muneribus, donis, *Plaut Cist* 1, 1, 94 § [illegible] amicam alterius, *Id Mil* 2, 1, 27 § Novus per pectora cunctis insinuat pavor, *Vir Æn* 2, 229 (4) Hoc est quod illes penitus animo Cæsaris insinuavit, *Plin Paneg* 62 (5) *Ap JCC*

Insinuor, ari, atus pass *To be poured into one's lap, &c* Tibi omni tempore tam faciles insinuentur opes, *Prop* [illegible] 8

|| Insipide adv *Without savour, or reason*, Aug ✝ Insulse

|| Insipidus, a, um adj *Unsavoury, without taste, or relish, insipid*, ap Seq *Lectus citatur insipidus in [illegible] emendatissimis libris habent* nsubidus, *non* nsipidus ✝ Nullius saporis, insulsus

Insipiens, tis adj or comp ssimus, sup [ex in, & sapiens] *Unwise, foolish, sottish, witless* ✠ Quid turpius quam sapientium vitam ex insipientium sermone pendere? *Cic* de *Fin* 2, 15 = O seclum insipiens, & inficetum, *Catull* 41, 8 Insipientior ego quam illi, *Cic* de *Div* 2, 2[illegible], ult Insipientissimus, *Sen Quæst Nat* 2, 59

Insipienter adv *Unwisely, foolishly* Adolescens diu se victurum insipienter sperat, *Cic* de *Senect* 19

Insipientia, æ f *Folly, lack of discretion* ✠ = Sapientiam sanitas, insipientia autem insanitas quædam, *Cic Tusc* [illegible] 5

✝ Insipo, are *vel* insipo, [illegible] *To sprinkle, or throw in* Insipare in [illegible] *Cato*, 85 *ubi al* insipito Insipare [illegible] cere, [illegible] dissipare, *Fest Vid & Varr L L* [illegible] 22

Insipio, ere [ex in, & sapio] *To lose its favour*, [illegible]

Insistens, tis part *Staying, or resting upon, leaning on* Ramis tremulis insistens, *Sil* currib is, *Id* 5, 654 Hastæ insistens se dus manibus devovit, *Plin* Insistens vadosis littoribus, *Val Max* 8, [illegible] ext 1

Insisto, ere, stiti, stitum neut (1) *To stand upon* (2) *To stop, or stand still* (3) *To proceed and [illegible]* (4) *To urge, or be instant on* (5) *To rest, or lean up [illegible]* (6) Met *To fix upon, to acquiesce* (7) *To succeed one in office* (1) § Ut cum primi cecidissent, proximi jacentibus insisterent, atque ex eorum corporibus pugnarent, *Cæs B G* 2, 27 § Insistit plantam, *Plaut Cas* 4, 4, 20 (2) ✠ Aut ut in insisteramus, aut longius procedendum, *Cic Orat* 66 (3) § Quam insistam viam? *Ter Eun* 2, 3, 2 § Insistere viæ, *Id Phorm* 1, 1, 15 (4) § Insiste hoc negotium sapienter, *Plaut Mil* [illegible] 55 § mente & animo in bello, *Cæs B G* 6, 5 Insistere alicui, *Tib* 4, 1, 135 (5) Hastæ insistens se & hostes diis manibus devovit, *Plin de Vir Illustr* (6) ✠ Illa quoque non oportet negligere, sed iis quoque insistere, *Cels* (7) Lætar s, quod honoribus ejus insistam, quem æmulari in studiis cupio, *Plin Epist* 4, 8, 4 § In aliquam, *Quint* [illegible] rem aliquam, *Cels*

Insitio, onis f verb [ab insito, tum] *A graffing, or [illegible]* ✠ Nec conditiones modo dederant [illegible] sed etiam insitiones, quibus nihil invenit agricultura solertius, *Cic de Senect* 15 = Venerit insitio, fac ramum ramus adoptet, *Ov de R Amor* 195

Insitivus, a, um (1) *Ingraffed, put, or set in by art* (2) *Strange, foreign* (3) *Not natural, different, of two kinds* (1) Exemplum primæ signif non occurrit (2) ✠ = Patrio sermone, non insitivo & inducto aliquid exprimere, *Plin Epist* 4, [illegible] 5 (3) Muli & hinni [illegible] *Varr R R* 2, 8 ¶ Diffindere diem insitivo somno, *to take a nap at noon*, Varr R R 1, 2

✝ Insititium, ii n [in quod carnes concisæ initæ sunt] *A sausage* Varr al leg insicium

Insititius, a, um (1) *Ingraffed, or put in* (2) *Not natural* (3) *That serveth for graffing* (4) *Not born in a legitimate way, bastardly* (1) Ut gaudet insitiva carpens pyra, *Hor Epod* 2, 20 (2) = Corpus insitivo degenerique alimento lactis alieni corrumpere, *Gell* 12, 1 (3) Securiclam insitivam pendere, qui in eradicantur radices, *Plin* 18, 19 (4) Affirmat insitivos significari liberos, *Phædr* 2, 3, 10

Insitor, oris m verb *A graffer*, Plin 18, [illegible]

Insitum, i n *A graft, or scion, a shoot, or young [illegible]* Col 4, 29

Insitus, a, um part (1) *Graffed, or planted* [illegible] Met *Adopted, [illegible] settled, grounded* (4) *natural* (1) [illegible] rus, *Vir Geor* 2, [illegible] (2) [illegible] urbi civis, *Sall* [illegible] *Cic* (3) ✠ Habere [illegible] tius innatam cupiditate [illegible] *Cic* de *Fin* 4, 2 (4) = [illegible] & insita in animis [illegible] notio, *Cels*

Insitus, us m verb [illegible] *fing, or implanting* [illegible] infitu mista, *Plin* [illegible] occ

Insociabilis, e [illegible] *cannot be joined, or [illegible]* (2) *Unsociable [illegible] conversation, uncivil* [illegible] Insociabilis a glutino [illegible] pr (2) Omni genti insociabiles erant, *Liv*

Insolabilis, e adj *[illegible] without solace, or comfort*, [illegible] Insolabiliter doleo, *Hor Ep* 1, 14, 8

Insolatio, nis f verb *A sunning, or lying in the sun* [illegible] candida post insolationem [illegible] 14

Insolatus, a, um part (1) *[illegible] ned, dried in the sun* [illegible] *sunny, clear, bright* (1) [illegible] solatæ, *Col* 4, 2 (2) [illegible] dies & tepidi, *Col* 11,

Insolenter adv or, comp [illegible] mus, sup [non solens] (1) *Unwonted, unaccustomed* [illegible] *unusual* (2) *Difficult* [illegible] *strange, not conversant* (3) *to proud, naughty, presumptuous, insolent, disdainful* [illegible] Insolens vera accipiendi [illegible] Nero faciendis sceleribus promptus, audiendi quæ fecer [illegible] erat, *Tac* 15, 67 Insolens multitudo, *Cæs B G* [illegible] Tingui in stomachum [illegible] tum & insolens verbum, *Gell* 1, 10 (3) Persolentissimus [illegible] 16 Insolenti animo [illegible] tundere, *Val Max* [illegible] In victoria, quæ natura [illegible] ut insolens est, *Cic* pro *M* [illegible] Secundis nimisque rebus [illegible] tiores, *Hirt* ap *Cæs B C* 8[illegible]

Insolenter adv ius, comp [illegible] ssime, sup (1) *Seldom [illegible] ordinary* (2) *Proudly* [illegible] (1) ✠ = Animose, animose [illegible] ac raro, *Cic* de *Inv* 1, [illegible] Superbe insolenterque [illegible] debat, *Liv* = Insolenter [illegible] gante, *Plin* 3, [illegible] nostros insolentius [illegible] runt, *Cæs B C* 3, 46 Insolentissime obequitantem interim [illegible] *B* [illegible] 2, 2, 21

Insolentia, æ f (1) [illegible] Met *Strangeness* [illegible] *curity of access* [illegible] *Insolency, haughtiness* (3) = Non superbia, sed disp [illegible] solentia, atque rerum [illegible] de *Orat* 1, 22 Insolentia [illegible] tuum, *Cic* pro *Cæl* [illegible] Ex arrogantia odium ex [illegible] ta arrogantia, *Cic* [illegible] = Superbiam habitus [illegible] animi sequuntur, *Curt* 6 [illegible] *tur in numero* [illegible] noxiorum premitur [illegible] *Phædr Epil lib* 4 [illegible] Insolentiæ optima vindicatio conditionis varietas, [illegible]

Insolesco, ere incept *To grow proud and insolent* Recu [illegible]

... eam egregii duces insolescunt, ... 2, 7 R occ
... Wholly, entirely, ... whole, Sen Sed rectius ... in solido
... adv Iam, Ulp Rec
... d, a, um Weak, infirm ... corpus exp ... turget & ... Ov Met 15, 203
... adv Not ... was ... Gell 1, 2
... a, um (1) Unwonted ... (2) Unacquainted ... (1) Insolitæ ... in con ... Cic ... B C ... 85 (2) ... & insolitum, Plin Pa...
... To dry in the ... in the sun ... Varr ... insolare, Col 4, 39
... us pass To be ... the sun, Col 4, 17
... (1) Insoluble, ... loosed, or dissolved ... (2) That can not be requited ... insolubile, Quint 5, ... beneficium, Sen de Benef
Insolubiliter adv Insolubly ... Macrob +
... a, um Not paid, ... Sen de ...
... æ f Watching, ... Cæcii Pacuv ... que prorsus in de... Incitabatur in... Suet Cal 50 In ... Gel 6, ... Quid quod & Donatis ... Mox noctu adiget ... insomnia Eun 2,1,1...
Insomniosus, a, um Troubled with dreams, full of dreams, Cato R R 157
... Without sleep, ... that sleepeth not Noc... somnem ducere, Vir Æn 9, ... Noctem quietam, non in... Tac Hist 3, ...
... revenit refecit lux, ...
Insomnium, ii n A dream ... in ones sleep Ne sint in... Tib ... Quæ me ... insomnia terrent? Vir ...
In... neut (1) To sound ... trumpet, &c (2) To play ... (1) ... tubæ, Luc 1, ... gal ... solo, ... 6, 566 ... Id 3, 79 ... arcestibus insonat, ... 11, 161
... (1) Guiltless, ... without fault (2) With... harmless (1) § Reg... insons Liv 4, 15 ... Id ... (2) ... Hor Od 2,
... nus, a, um non sonans ... maketh no sound ... Apul ... sonitus ... a, um Not ... Insopitus ... Insopiti ... ondam ...
... um Not partici... Suet Cæs 4, 47 ...
... pa (1) Look ... (2) Custod ...

panorum cum gladiis inspectantium, Suet Cæs 86 Sic tres Palatin adinspectantium, Salm codex, al spectantium, optime, ut opinor, inspectantium
Inspectātio, ōnis f verb A beholding, or looking on Quorum dulcis inspectatio, Sen Q N 6, ...
|| Inspectātor, ōris m verb He that looketh on, or beholdeth, Aug + Inspector
Inspectio, ōnis f [ab inspicio] (1) A looking into (2) Inspection, oversight (3) Speculation theory (1) Inspectio ipsa tabularum sæpe etiam falsum deprehendit, Quint 5, 5 Inspectio rationum, Plin Epist 10, 5, 1 (2) Nos augures nunc non ... solum habemus, consules & cæteri magistratus etiam inspectionem, Cic Philipp 2, 3 ... propria a gurum (3) Posuit ... in inspectione esse contentam, Quint ..., 18 ⁂ Rhetorica inspectione, & exercitatione, ut cæteræ artes, constat, Quint 2, 17
Inspecto, are freq [ab inspicio] (1) To behold, or look in, or upon (2) Also to wait upon and keep as a guard doth (1) § Inspectante per impluvium, Plaut Mil glo 2, 2, ... § de tegulis, Ibid § timorem de ... Cic ... Brut ... (2) Cum gladiis inspectare, Suet Cæs 86 ... alii ... tamen Inspectans ...
Inspector, ōris m verb (1) A diligent viewer (2) An overseer, a supervisor (1) Siderum inspectores, Plin 37, ... (2) Plin ...
Inspectūrus, a, um part About to view, or overlook Machina inspectura domos ... Æn 2, 47 Inspecturus venalem domum, Suet Oth 6
Inspectus, a, um part Looked on, beheld, viewed, considered Epistolæ resignata & inspectæ, Plaut Trin ..., 66
|| Inspectus, ūs m A looking on Oculi inspectu minaces, Apul Met 10 p 348 + Intuitus
|| Insperābilis, e adj Not to be hoped, or looked for, Cell 4, 8 + Insperatus
Insperans, tis That hopeth, or looketh not for a thing Insperanti mihi cecidit, Cic de Orat 1, 21 Insperanti ... atque invito Pamphilo, Ter Andr ..., 4, 24
Insperāto adv ... comp Unlooked for Apul Met 9 p 306 Insperatius ... Liv ... 8, ...
Insperātus, a, um, †ssimus, sup Not hoped, or looked for, unexpected = Insperatum nec opinatum ... Gaudium insperatum ... Ter ... Max ... Plin 25 2 ... insperatissime Plaut Pers ...
Inspergendus, a, um part To be sprinkled, Col 11, 2
Inspergo, ere ... act To sprinkle, or cast upon, to powder, or scatter, to besprinkle Simulac molam & vinum inspersi ... Cic de Div 2, 10 ... Geor ... R 65
Inspergi ... pass To be sprinkled, or scattered Inspergi ... ceribus farinis, Plin 2..., 9 ... Id 2..., 25
... ōnis f verb ... Pallad Mart tit 9
Inspersus, a, um part (2) Sprinkled, or scattered upon (2) Scattered here and there (1) ... Plin 21,

21 (2) Si egregio inspersos reprendas corpore nævos, Hor Sat 1, 6, 67
Inspiciendus, a, um part To be looked upon, or approved Experimentis inspiciendus erit futurus villicus, Col 11, 1
Inspicio, ĕre, exi, ectum act (1) To look upon, to behold (2) To view, to observe nicely (3) To pry into, to consider (1) Cupido ... inspicere volt, ne sui ... Plaut Aul prol 39 (2) Est animus in hostis, quos in ... Cic Att 1..., ... (3) Ergo, quoniam inspexi mulieris sententiam, ... tabellas, Plaut Mil 2, 1, 51
Inspico, are [ex in, & spica, in modum spicæ acuo] To sharpen at the end like an ear of corn Ferro faces inspicat acuto, Vir Geor 1,292
Inspirans, tis part Breathing, or blowing in Inspirantes ... Plin ..., 29
|| Inspiratio, ōnis f verb An inspiration, a breathing in ... Firm + Afflatus
Inspirātus, a, um part (1) Blown into (2) Breathed into, inspired (1) § ... per fistulam oculo inspiratus, Col 6, 27 (2) Inspirati vates Just 18, 5
Inspiro, āre act (1) To blow in, or upon, to breathe (2) To inspire (3) To write, or pronounce with aspiration (1) § Aura inspirans ... arboribus, Quint Venenum inspirant ... bus, Vir Geor 4, 237 (2) Occultum inspires ignem, Vir Æn 1, 692 Inspirare ... Val Fl ... 1, 255 (3) Inspirat alicui ...
Inspiror, āri, atus pass To be breathed, &c Grana ... Aquilonibus inspirentur, Col 1, ... Si grana ... fistulas inspirentur, Plin 34, 12
Inspoliatus, a, um Not robbed, or spoiled, not stripped Armis inspoliata ... tumulo, Vir Æn 11, 594
Inspuo, ĕre, ui, utum act To spit in, or upon § Restitutum oculos, ... inspuisset, Suet Vesp ... § Inspuere in frontem, Sen ..., 38
Inspuor, ... pass To be spit upon ... tradunturque ... inspuantur, ... Plin ..., 21
Insputo, are freq [ab inspuo] To spit often upon, ... ex Plin
Insputor, āri, ātus pass To be often spit upon ... opus ... Plaut Capt 3, 4 22 ... morbum comitialem, quo laborantes inspuere solere ... Plin 10, ... & 28, 3
Instabilis, e adj (1) Unsteady, tottering, not firm (2) Wavering, moveable (3) Not to be stood upon (4) That will not stand (5) Uncertain, changeable, ... (6) Frail, brittle (1) = In lubrico ... instabili ... motus locus, Plin ... (2) ... Ov Met ... (3) Instabilem ... (4) Instabilis hostis ... commanu, ... 27 18 (5) = Instabilis homo, incon... levis, ... (6) Instabile ... homines ... prohibui ... 105
Instabilitas, ātis f Unsteadiness, ... Morbis ... Plin 23, 1...
Instans, tis part & adj ..., comp ... sup (1) Standing

in (2) Approaching, nigh at hand (3) Earnest, or importunate (1) ... present (1) Instans in ... Tib ... (2) Non ... metum rugis & ... senectæ ... Ov ... (3) Instans ... furum ... Æn ... 508 ... terris ... Tac Hist ..., 8, 6 ... unus, qui ... facit, & instantior, quæ ... Aug (4) ... Instans temporis, ... & continens, ... Herenn 2, 5 = Ad punctum temporis ... 4 ⁂ Præterita, instantia ... Quint 5 10
|| Instanter ... Diligently, instantly, ... importunately ... Quint 9, ... Plin Ep 7, 2, 1 ... flagitare honores, Suet ... Gell 4, 18
Instantia, æ f (1) Earnestness, urgency, importunity, (2) || An instance, or example (1) ... Plin Ep 5, 6, 10 (2) ... Dial 4
Instar, indecl (instans in ... hibet ...) quod instar ... exemplar ... (1) Figure, ... full proportion (2) Likeness (3) ... Cujus equi ... Suet Cæs ... § Epistola voluminis instar, Cic 18 4 (2) Quantum instar in ipso est! Vir Æn 6, 865 ... rum temporum ... eleganter
Instaurātio, ōnis f verb A making, setting forth, ... De instauratione ludorum placuntur, Cic de Har Resp 11 ... Val Max 1, 7, 4
|| Instaurātītius, a, um Instauratitius dies, a day added to the solemnity of the Roman games, Macrob Saturn 1, 11
Instaurativus, a, um Renewed, restored ... Ludi ... instaurativi ... Cic de Div 1, 26
|| Instaurātor, ōris m verb A renewer, repairer, ... Dig ... Inst ... vet ...
Instaurātus, a, um part Renewed, set on foot again = Illi eadem ... instaurata ... Cic de Har Resp ... Instauratum ... Paterc 2, 36
Instauro, āre act ... ad instar ... formam & statum reduco, ... (1) To renew, or ... again (2) To ... up, to ... up (3) To ... to institute (1) Scelus instaurare & renovare Cic ... Æn ... (2) Certamen instaurant ... 16 Instaurantius ... (3) ... Cic ... 31, ... Plin 11, 2... ... Liv ...
Instauror, āri, ātus pass To be renewed, &c ... Liv 2, 6...
Instĕrno, ĕre, stravi, stratum act To cover, to spread, or lay abroad upon Super tabulis instravit, Liv

Insternor, i, stratus pass. *To be covered.* Fulvi insterner pelle leonis, [illegible] *An* 2,[illegible] [illegible]

Inst[illegible] [illegible] instisc[illegible] [illegible]

[illegible]

Instigatio, [illegible] *cum* [illegible] *incitement* [illegible]

Instigo, are [illegible] *To provoke, to egg on, to incite or urge* [illegible] *Ann* [illegible] Instigare [illegible] Pater [illegible] Vires insti- [illegible]

Instillatus, [illegible] pass. *To be* [illegible]

Instillo, [illegible] *instillation, a dropping in* [illegible] *Plin* [illegible]

Instillatus, a, um part. [illegible] *Dropped, or put in by little and little, poured in.* Senum instillation, [illegible] Ingrati [illegible] instillato restruenda [illegible]

Instillo, are, act. (1) *To put, or pour in by little and little, to* [illegible] *drop by drop, to instil.* (2) *To fall in drop by drop.* (1) [illegible] Luminibus oleum instillare [illegible] ¶ Meum instillat [illegible] *Ov Epist* 19, 15. [illegible] *Hor Epist* 1 18, 16 (2) [illegible] *Juv* [illegible]

Instimulator, [illegible] *that pusheth or* [illegible] *urgeth on* = [illegible] & [illegible] citator, *Cic* [illegible]

Instimulo, [illegible] *To prick on, to stir up, to set on, to go* [illegible] Venerem [illegible] *Ov Met* 14, [illegible] [illegible] Instimula dolor, [illegible] *Id* 4, 85 [illegible] *Stat Theb* [illegible]

Instinctor, oris m verb [illegible] *A mover* [illegible] Sceleris instinctor, [illegible] *Hist* 1, [illegible] + Stimulator

Instinctus, a, um part. *Instigated, stirred up,* [illegible] Instinctos [illegible] *L* [illegible] 9, 40 [illegible] & [illegible] instinctu *Cic* pro [illegible] [illegible]

Instinctus, ûs m verb (1) *An instinct, an inspiration,* [illegible] (2) *A* [illegible]

instigation (1) = Quæ instinctu [illegible] divino, afflatu [illegible] funduntur *Cic de Div* 1 18 (2) A = Multa [illegible] sua sponte, multa instinctu quodam & imperio, *Plin Paneg* [illegible]

|| Instinguo, ere, xi, ctum, act. *To instigate, to provoke* Instinctus [illegible] Distinguo

Instipulor, ari, atus sum dep. [illegible] *promising* [illegible] *Plaut* [illegible]

Instita, æ f *Lav* instito, [illegible] [illegible] *A purfle,* [illegible] *about a woman's garment* (2) *A* [illegible] Quæ [illegible] *Ov* [illegible] *Hor* [illegible]

Institio, onis f verb *an intermission, a stopping, a standing still.* A Quæ [illegible] intermissio *Cic* [illegible]

Institor, oris m [illegible] *A chapman, a factor, one that goeth about with wares,* [illegible] *with garments ready made to* [illegible] *that* [illegible] [illegible]

Institorium, [illegible] *to factors,* [illegible]

Instituendus, a, um part. *To be instituted,* &c. Instituendo [illegible] *Val Max* 2, 4

Instituens [illegible] *Instituting,* &c.

Instituo, ere, ui, ūtum act. [illegible] *To institute,* [illegible] (1) *To make,* [illegible] *To prepare* [illegible] (1) Instituere [illegible] hæredem [illegible] *Cic* [illegible] (2) [illegible] *Plin* [illegible] *Cic pro Font* [illegible] (3) Cum [illegible] *Cic Att* [illegible] (4) A [illegible] potest a primo [illegible] *C* [illegible] (5) [illegible] *Ter Phorm* 2, 1, 10 (6) [illegible] *Cic* [illegible] 17 [illegible] Instituere pædagogus, [illegible] ¶ Instituere sermonem, *to enter upon*

a discourse, Cæ aliquem Græcis literis, *to teach him Greek,* *Cic* = Erudio, imbuo *Cic* [illegible] *Cic* [illegible] *Cic* [illegible]

Institutor, i pass. *To be instituted, taught, begun,* &c. = Cum omni [illegible] instituuntur, [illegible] *Cic pro* [illegible]

Institutio, onis f verb (1) *An ordering,* [illegible] (2) *Instruction, institution, education, bringing up* (3) *A* [illegible] (4) *A purpose* [illegible] (5) *A rule,* [illegible] *precept, praxis,* [illegible] (1) Præcepta [illegible] institutionem vitæ communi, *Cic Off* 1, [illegible] (2) Cum [illegible] naturam institutio [illegible] *Cic de Orat* 3, 39 (3) Græcis institutionibus eruditus, *Cic N D* 1, 4 (4) Longum est, nec ex institutione operis, *Plin* [illegible] 6, 4 (5) *Quint*

|| Institutor, oris m verb *A teacher,* Lampr + Pædagogus

Institutum, i n (1) *A custom, use, manner, or fashion* (2) *A statute, order, or decree* (3) *A lesson, document, or instruction* (4) *A course of life, or employment* (5) *An intent, design, or purpose* (1) = Mores instituto[illegible] [illegible] *Cic pro* [illegible] (2) = Publicis [illegible] & instituta [illegible] *Cic de Orat* [illegible] (3) [illegible] (4) = Instituti [illegible] *Ta Ann* 11, 5 [illegible] (5) [illegible] instituti [illegible] *Cic pro Cæl* 20 (5) Abducuntur homines ab institutis suis magnitudine pecuniæ, *Cic*

Institutus, a, um part (1) *Ordained, appointed, instituted* (2) *Taught, instructed* (3) *Determined, purposed* (4) *Begun* (5) *Planted* (1) Divinitus [illegible] majoribus multa inveniri atque instituta sunt, *Cic pro Domo*, [illegible] (2) Doctrinâ liberaliter institutus, *Cic de Orat* 2, 39 (3) Ut [illegible] instituta, ornata, [illegible] *Plaut Pœn* 2, 1, 10 (4) Neque institutis cæremoniis [illegible] *Cic pro Domo*, 55 (5) Observatum est, arborem ab ipso institutam [illegible] *Suet* [illegible]

Insto, are, stitum (1) *To stand at, or upon* [illegible] *to urge, press* (2) *To pursue a thing* [illegible] (3) *To* [illegible] (4) *To be at hand* [illegible] (5) [illegible] *to be propinquare* (1) = Instare [illegible] urgere summo cum studio, [illegible] = Instare, [illegible] & orare [illegible] *Cic* [illegible] [illegible] *Cic* [illegible] (3) [illegible] *Dec* (4) [illegible] *Cic B C* [illegible] (5) = Quibus ego [illegible] fido impendere [illegible] instat jam plane [illegible] propinquare, *Cic Catil* 2 5

Instragulum, [illegible] *A covering, an housing for an horse,* [illegible] *R* [illegible]

Instratum [illegible] dorso instern[illegible] (1) *Inter*[illegible]

ing (2) *A counterpane,* [illegible] *or carpet* [illegible] Instratum [illegible] *Lucr* (2) [illegible]

Instruo, [illegible] (1) [illegible] (2) *Sudden* [illegible] *Plin* 8, [illegible] (2) [illegible]

Instrenuus, [illegible] *not stout,* [illegible] [illegible] *Ter Heaut* [illegible] non instrenuus, [illegible]

Instrepo, ere, ui, [illegible] *To make a noise* [illegible] *things* (2) *To* [illegible] instrepat [illegible] Sub [illegible] pat, [illegible]

|| Instrictus, a, um part. [illegible] Instrictus æmulationis [illegible] *Max* 2, 9, 6 Doce [illegible] *covered or touched* [illegible] *Plin* B p 25 + Per[illegible]

Instringo, ere, xi, ictum (1) *To bind and* [illegible] (2) *To* [illegible] *Quint Decl* 5 (2) [illegible] *ap Litt* [illegible]

Instructè adv. *Perfectly, with great preparation,* [illegible] = [illegible] instructè, quam [illegible]

Instructio, onis f verb *A setting in array,* [illegible] *teaching, or instructing,* [illegible] *up* (2) *Furnishing, or preparing* (1) Instructio [illegible] *Cic pro Cæcina*, 15 (2) [illegible] *Plin*

Instructor, oris m verb *A furnisher, or provider,* [illegible] = Hi sunt conditores instructoresque convivii, *Cic post redit in Sen.*

Instructus, a, um part & or, comp [illegible] *Furnished, equipped, well appointed* (2) *Put in array* [illegible] (3) *Instructed, taught* [illegible] (1) = Omnibus rebus instructum & paratum convivium, *Cic Verr* 27 [illegible] instructus [illegible] *Offic* [illegible] 14 Domus [illegible] rebus omnibus [illegible] *D* 2, 37 § Instructissimus [illegible] *Ter* [illegible] cædem [illegible] hoc, 2 [illegible] Instructi [illegible] in eadem [illegible] *Phorm* 2, 1, 7 (2) Instr[illegible] *Plin* (3) [illegible] ingenius, *Cic* [illegible] philosophia, *Id de* [illegible] || Instructius [illegible] *Epist ad* [illegible] (4) = Accusatores [illegible] subornati, [illegible]

Instructus ûs m verb [illegible] = [illegible] instructum [illegible] *Cic* [illegible]

Instrumentum [illegible] &c

Instrumentum, i n [illegible] *instrument* [illegible] [illegible]

|| Instrumentarius, [illegible] *menta*, Philo[illegible]

Instrumentum, i n [illegible] unde aliquid [illegible] *An instrument, a tool, a* [illegible] *men of* [illegible] *kind,* [illegible] *or* [illegible] *provision of* [illegible]

... or *help to do a thing* ... *a deed, a charter, an patent, conveyance,* ... *a monument, a* ... (1) = Instrumen ... *Cic Acad* ... unique instru- ... *Metam* ... 6,9 ... um, aut ornam n ... forestian ... *Dno,* 24 A ... instrumen ... *gustus,* Suet ... Totum habit ... *Suet* ... instrumentum ... *appellatus* ... *the oftant* ... Lect ... tum act (1) ... *forth* (2) *To* ... *in battle aray* ( ) ... *or store with* ... (4) *To* ... *To inform,* ... (1) ... Instr ... gium ... (2) ... *Plaut Amph* ... Nemo nostr ... & instruxer, *Suet* ... instructa ... (4) ... (5) ... & labor ... ¶ Instruere ...

... pass *To be* ... &c Instrum ... Hoc nostr ... *Cic Att* 5,6 ... part [quod ab ... or ... *Plin* 28,4 ... quod ejus ... In ... 16 ... comp ... *unpleasant* ... *Col* 1, 52 ... *Cic* ... *Hor* ... bar, *Col* ...

cum acc *To accustom, inure or practise one, to train up* Qui mentem ... *Col* 6, 47 ( ) ... hoc me, *Hor Sat* 1,4,1 ...

Insuetus, a, um *Unaccustomed, unused* § Insueti moris ... *Liv* ... § Insuetus labor, *Cæs B G* ... rerum, ... *Liv*

Insula, æ f ... ( ) *An island, or isle, a land* ... *or steps water* (2) *In ha* ... *in a city* ... *to it* ... such ... were in Rome (3) ... *to be let* (1) Insula circu ... *Cic* Insula B ... *Id* ... Steph ... *Id Att* 27 (2) ... In insulam ... *Cic* ... *Cal* ... Domini insularum & ... *Tac Ann* 15,41 ( ) ... *Suet Cal* 41 & *Neron* 44

|| Insularius ... *A noble-mans houskeeper* ... *ad ulters*, ... galy ... *Ap JCC*

|| Insu ... *Fur* ... *isian*, A ... 9

... In ... *Id* ... In ... ¶ ... *Att* 1, 29

Insulsus, a, um adj or, comp ... fup non falsus, unsal ... (1) *Without salt, of tast unsavoury* (2) Met *Sott, heavy, witless, absurd, foolish* ( ) ... insulso ... *Plaut Rud* 2, 5, || Insulso ... (2) ... *Mart* 12, 55 = fatuus, tardus, *Ter*

Insultans, tis part (1) *Leaping bounding* ... (2) Met *Insulting* ... *Tr An* ...

Insultatio, onis f verb *A leaping* ... *or coming* ... Non ... *Quint* 8, 5

Insulto, are ... *To leap upon, to bound* ( ) ... (3) *To* ... *insult* ... *Col* 177 ... *Stat Theb* 2, 18 (3) § Insultare ... *Cic* ... 5, 50 (4) § In ... *Ad He* ... ¶ Insultare ... *Ter Eun* 2,2 54

Insultare, æ f *A springing, or leaping* ... *Plaut Mil* 2, 2,5 ...

|| Insultus, ûs m verb ... *Gell* ...

Insum, es, esse *To be in* § In amore hæc omnia insunt ... *Ter Eun* 1, 1, 14 § Is mihi ...

dominesti, *Mart* 14, 145 Nummi ... *Plaut Rud* 5, 2, 26

Insumma ... *In an, truly*, ... *Restius fortis* ...

Insumo, ere, psi, ptum act (1) *To spend, or lay out money, to employ* (2) ... *Cic de In* 2, 38 ... *Liv* 18 ... *Stat Theb* ... (2) ... *Stat*

Insuo, ... pass *To be sewed, &c* ... *Cic* ... 5, 17

Insuo, ere, i, utum act (1) *To sew, or stitch in* ... (1) Qui ... Smyrnæ ... *Cic* ... 1, 2 ( ) ... *Liv* 4, 5

Insuper ... *To be* ...

Insuper conj (1) *Moreover, over and above* ... (2) *Also upon, or at top* (1) ... *Tr An* ... (2) ... *Vir An* ... *just set,* ...

Insuperabilis, e adj (1) *Not to be overcome* ... *not to be passed* ... ( ) *Not to be got over* ( ) ... *Tr An* 4, 2 (2) ... *Plin Ep* 7, 9

|| Insurdatus, ... *Let pass, slighted, unregarded,* Apul Met ... que habitu

Insurgens, tis part *Rising up* Speluncæ ... *Vir An* 8, 234

Insurgo, ere, rexi, rectum neut (1) *To rise up against, to make head against* (2) *To rise* (3) Met *Also to apply himself to any thing* (1) § Credens suis insurgere regnis, *Ov Met* 9, 444 (2) ... *Tr An* ... 5, 189

|| Insurrectio, onis f verb *An insurrection, or rising up against* ... lexica, ... § Seditio

Insusceptus, a, um *Not received, or taken* ... insuscepta, *Ov Ep* ... *Dips*, 19

|| Insusurratio, onis f verb *A whispering in one's ear*, Dig

Insusurro, are ... neut *To whisper, tell, or take him* ... *to whistle* ... *Cic Att* 1 6 ... *Ter* 5, 31 ... *in one's ear*

Intabesco, ... *Col* ... § Intabesco ... *Ov Met* ... *Rose* ... Plumbo ... *Tr An* 5, 495

Intaminatus, a, um adj *Corrupt, filthy, impure*, ... *Ov* 4, 85

Intabesco, ere, ... neut (1) *To pine, or waste away* (2) *To be melted* ... ( ) *Col* 4, 3 (2) ... *Ov Met* 14, 826

Intactilis, e adj *That cannot be touched*, Lucr 1, 438

Intactus, a, um or, comp (1) *Untouched* (2) *Untasted* ( ) *Untilled, chaste* (1) *Not intangled with, entire* (1) Intacti

the sum, ... 29, 18 = ... in ... *Id* ... bus regnum, *Tac Ann* ... (2) § ... intactum, ... ( ) ... omni ... *Cic* ... 6, 162 (4) ... ultima ... *Curt* 5 ...

Intactus, ... *not touching*, ... *Tac* ... 1, 451

† In ... *Being to bring to* ...

Intaminatus, a, um ... *unstained, unspotted* ... *Hor* ...

Intectus, ... *Sen* ...

Integer, ... part (1) *Covered* ... (2) ... (1) ... § Sen ... (2) ... = ... *Vir An* ...

Integer, ... *untouched, uncovered* ... *Cic* ... 16, 4

Integer, ... um or, comp ... *Hor* ... tingo! (1) *In* ... ( ) *Sound, safe, whole, healthful* ( ) *Fresh, new* ( ) *Uncorrupt* ... (5) ... *chaste* ... ( ) ... (6) ... *Just* ... ( ) ... (10) ... (8) ... *Plaut Truc* 4, 7 (6) = ... *Cic de Orat* 1, 55 (7) = Integro ... *Col* (8) Quod me admones, ut integrum ... *Cic Att* 7, 26 Integerrima, ... *Pro Domo*, 2, ( ) Hac ... *Cic Att* 4, 15 (10) = Rudem ... um & integrum accipe, ... ¶ Non est integrum, *there is no help for it, it's out of my power*, *Cic* Philipp 1, ... In integro est, *it is as it was, there is nothing done in it*, ... *Cic* ... In integrum restituere, *to put it in its former state*, ... integro, *Cic* ... § Integer vitæ, *Hor* ... *Col*

Intego, ere, xi, ctum act *To cover, to thatch* Crines integit ... *Stat Theb* 4, 30 ... *Prop* 2, 19, 25

Integor, ... pass *To be covered, or laid over* Integitur porticus lignis ... *Plaut Rud* 1, ...

Integrasco, ere ... *To grow new again, to begin afresh* Hoc malum integrascit, *Ter Andr* 4, 5

Integratio, onis f verb *A restoring, or renewing* Amantium iræ amoris integratio est, *Ter Andr* 3, 3, 2

Integratus, a, um part *Renewed, restored, brought into his former* ni estate, *intire and whole* integrato reluxit accensæ clamore fores, *Stat Theb* 6, 42 Vigor integratus, *Auson Epist* 14, 7

Integrè adv erium, sup (1) *Intirely, sincerely, uprightly* (2) *Honestly, exactly* (1) Integrè sarti in aliqua re, *Tac* ... 7, 4 (2) = Incorrupt & integrè judicare, *Cic de Fin* 1, 9 ... integerrimè acta, *D* ... *Sal*

Integritas, atis f (1) *Soundness, healthfulness* (2) *Purity* (3) *Integrity, honesty, uprightness, sincerity* (4) *Chastity, continency* (5) Also *the ceasing of an ague fit for a time, the intermission in it* (1) Integritas corporis, *Cic de Fin* 5, 14 (2) = Incorrupta quædam Latini sermonis integritas, *Cic de Cl Orat* 75 (3) ⁎ Fraus hominum ad perniciem & integritas ad salutem vocatur, *Cic de Orat* 2, 8 (4) = Multarum integritas pulchritudoque, *Cic* (5) ... *Litt sed quære*

Integro, are act (1) *To renew, to repeat, to begin again* (2) *To perfect* (1) Ramo sedens miserabile carmen integrat, *Vir Geor* 4, 515 (2) Animus defessus admiratione integratur, *Cic de Inv* 1, 17

Integimentum, i n *A covering, a cloke, a disguise, a pretence* Uti integumento ad occultanda vitia, *Cic post redit in Sen* 7

Intellectio, ōnis f verb *Idem quod* Synecdoche, *Ad Herenn* 4, 32

|| Intellectualis, e adj *Intellectual, belonging to the understanding*, Philos ⸸ Ad intellectum pertinens

Intellectūrus, a, um part *That will understand*, Ov Trist 5, 14

Intellectus, a, um part *Understood, perceived, known* Sero intellecta fraude, *Curt* 10, 9, 20

Intellectus, ûs m verb (1) *Understanding* (2) *Sense, sensation, discernment* (3) Also *signification, or meaning of words* (1) Intellectus disciplinarum, *Quint* 1, 11 (2) saporum, *Plin* 11, 37 acrimoniæ, *Id* 19, 8 (3) Apud Græcos duplicem intellectum habet, *Quint* 2, 14

⸸ Intelego, ere *pro* intelligo, *ant*

Intelligens, tis part (1) *Understanding, perceiving, intelligent, knowing well* (2) Also substantively, *an intelligent, or skilful person* (1) § Intelligens voluptatum, *Cic* = Doctus & intelligens, *Id de Cl Orat* 54 (2) ⁎ Stulto intelligens quid interest? *Ter Eun* 2, 2, 1

Intelligenter adv *Understandingly, intelligibly* Ut intelligenter audiamus, *Cic de Part* 8

Intelligentia, æ f (1) *A perceiving, or understanding* (2) *The intellect* (3) *Knowledge, sense* (4) *Art, skill* (1) Is antecibat omnes intelligentiâ, *Cic de Cl Orat* 64 (2) Intelligentia est mentis acies, *Cic Hortens* (3) = Ab imperitorum intelligentiâ sensum disjunctum, *Cic de Orat* 1, 3 (4) Intelligentia in rebus rusticis, *Cic pro S Rosc* 17

Intelligibilis, e adj *That may be understood, intelligible*, Philos Bonum intelligibile, *Sen Epist* 124 ⸸ Sub intelligentiam cadens, *Litt*

Intelligitur impers *Men perceive, or understand*, Cic Offic 1, 40

Intelligo, ĕre, exi, ectum act [ab inter, & lego, *i e* intus mecum lego, *seu* loquor, & unum ex alio colligo, *Scal*] (1) *To understand, perceive, or know* (2) *To mean* (3) *To be wise* (1) = Intelligo, animadverto, sentio, *Cic Offic* 1 (2) Quem intelligimus divitem? *Cic Parad* 6 (3) = Illos intelligere & sapere arbitrantur, *Cic Offic* 2, 11 ¶ Male intelligere, *to mistake*, Cic

Intelligor, i, lectus pass *To be understood* Non intelligor ulli, *Ov Trist* 5, 10, 37

Intemerandus, a, um *Unviolable, that may not be profaned* Templa intemeranda minus, *Val Flacc* 5, 640

Intemeratus, a, um *Unadefiled, uncorrupted, not violated, or profaned, holy, pure* Intemerata fides, *Vir Æn* 2, 143

Intemperans, tis adj or, comp ssimus, sup *Intemperate, not master of his own appetite, disorderly* Intemperans adolescentia effœtum corpus tradit senectuti, *Cic de Sen* 9 Fui paulo intemperantior, *Id in Vatin* 1 Intemperantissimus homo, *Ibid*

Intemperanter adv ius, comp tissimè, sup *Intemperately, immoderately, without measure, or moderation* Intemperanter abuti & otio & literis, *Cic Tusc* 1, 3 Intemperantius opibus uti, *Id Philipp* 5, 18 Intemperantissimè gloriatur, *Apul Apol* p 522

Intemperantia, æ f (1) *Unseasonableness, unwholesomeness* (2) *Intemperance, unableness to rule and moderate his appetites and passions* (3) *Want of moderation, excess* (4) *Injustice, incontinency* (1) Intemperantia cœli, *Col præf* (2) Intemperantia est a tota mente & a recta ratione defectio, *Cic Tusc* 4, 9 (3) Intemperantia risûs, *Plin* 11, 37 (4) *Col*

Intemperātè adv *Intemperately, immodestly* = Immoderatè & intemperatè vixit, *Cic de Univ* 12

Intemperātus, a, um adj or, comp ssimus, sup *Intemperate, immoderate, excessive* Intemperata benevolentia, *Cic de Amic* 20 Quid intemperatius? *Sen ad Helv* 6 Intemperatissimæ perpotationes, *Cic in Pison* 16

Intemperiæ, æ f (1) *Unseasonableness, Met want of temper, violence, outrage* (2) Plur Intemperiæ, *the furies, or evil spirits which haunt and trouble people, or perhaps unseasonableness of weather, or its effects, blasting, mildew* (1) Vastitudinem, calamitates, intemperiasque prohibessis, *Cato*, 141 (2) Quæ intemperiæ nostram agitant familiam? *Plaut Amph* 5, 3

Intempĕries, ei f (1) *Unseasonableness, extremity, indisposition* (2) *Want of moderation* (1) Intemperies cœli, *Col Præf* solis, *Id* 11, 2 (2) amici, *Cic Attic* 4, 6

Intempestas, ātis f *Unseasonableness, ill weather* Cœli intempestas, *Plin* 18, 6

Intempestivè adv *Unseasonably, out of due time and season* Ne irruerimus intempestivè accedentibus, *Cic Offic* 1, 35

Intempestivus, a, um adj (1) *Unseasonable, untimely* (2) Also *unlucky, that bodes ill* (3) Also *overmuch, or excessive* (1) Intempestivo postes excisos credo, *Plaut Most* 3, 2, 141 Intempestiva epistola, *Cic Att* 4, 14 amicitia, *Id de Amic* 6 (2) Anseres clangore intempestivo, *Plin* 18, 35 (3) Intempestivo cum rudit ille sono, *Ov Fast* 6, 242

Intempestus, a, um adj (1) *Unseasonable* (2) *Unwholesome, intemperate* (1) Ab Samo intempestâ nocte venit, *Liv* (2) *Vir Æn* 10, 184

|| Intemporālis, e adj *Without, or before all time, not temporal, eternal*, Prud Rom 316

Intendendus, a, um part *To be bent, &c Quint*

Intendens, tis part *Bending, stretching, &c* In magnitudinem regionum se injiciens animus & intendens, *Cic N D* 1, 20

Intendo, ĕre, di, sum & tum act (1) *To bend, or stretch* (2) *To strain, to knit, or tie* (3) Met *To augment* (4) *To intend, design, or purpose* (5) *To apply* (6) *To display, or lay open* (1) Arcum intendebat Apollo, *Vir Æn* 8, 704 (2) Stuppea vincula collo intendunt, *Vir Æn* 2, 237 (3) ⁎ Languescet industria, intendetur socordia, *Tac Ann* 2, 38, 4 (4) ⁎ Si Antonius, quod animo intenderat, perficere potuisset, *Cic Philipp* 10, 4 (5) ⁎ Quæro non quibus intendam rebus animum, sed quibus relaxem, *Cic in Hort* (6) Proinde rogo, eruditionem tuam intendas, *Plin Epist* 7, 27, 15 ¶ Intendere iter, *to go along*, Liv digitum, *to point at*, Cic ferrum, *to present it to one's breast*, Id fallaciam in aliquem, *to cheat him*, Ter formulam alicui, Suet litem, *Cic to commence a suit against one* animum ad curam, in aliquid, *Liv* alicui rei, *Plin* aliquo, *Cic to apply his mind to it, to employ his care about it*

Intensio, ōnis f verb *A straining, retching, stretching, or bending* ⁎ Arcum intensio frangit, animum remissio, *Publ. Mim Vid* Intentio

Intensus, a, um part *Stretched, retched, bent, strained, enhanced, or augmented, intense* § Mens intensa in imagines, *Cic N D* 1, 20 *Vid* Intentus

Intentans, tis part *Stretching out, threatning, &c* Intentans manum rogo, *Val Max* 6, 8, 7

Intentātio, ōnis f verb *A menacing, as it were with hand, or weapon held out* Subita digitorum intentatio, *Sen de Ira* 2, 4

Intentātus, a, um part *Drawn and pointed at* Gladii plerisque intentati, *Liv* 9, 27

Intentātus, a, um adj *Unassayed, not yet tried, or proved* Miseri quibus intentata nites, *Hor Od* 1, 5, 13 = Nil intentatum, nil linquit inausum, *Mart* 2, 14, 1 § Intentatum Romanis ingenuis opus, *Liv* § Intentatum ab injuriæ genere numen, *Val Max* 9, 15, 2

Intentè adv ius, comp issimè, sup *Diligently, earnestly* Intentè aliquem audire, *Quint* 2, 2 = Intentè & instanter, *Plin Epist* 5, 19, 6 Intentius custodire locum, *Liv* 25, 23 Intentissimè requirere, *Aug*

Intentio, ōnis f verb [ab intendo] (1) *A straining, or stretching* (2) Met *Intenseness, a screwing up, an effort* (3) *An aim, a desire, purpose, meaning, or intention* (4) *Care, diligence* (5) *Attention* (6) *A charge, or complaint in law* (1) Nervorum intentio, *Col* 6, 6 corporis, *Cic Tusc* 1 (2) ⁎ Intentio & remissio animi, *Cic Tusc* 2, 2 (3) Ingenuus quantum de intentione, *Quint* 7, 6 (4) = Ut tantum curæ intentionisque susciperet velint, *Plin Ep* 2, 10 Intentio rei familiaris, *Id* 1, 3, 2 (5) Audit discipula intentione ... & reddit, *Plin* 10, 29 ... *mela* (6) Intentionis depulsio, *Cic de Inv* 1, 19

Intento, āre freq [ab intendo] (1) *To stretch out as one doth his hand* (2) *To shake a weapon at one* (3) *To menace, or threaten* (4) *To charge upon, or tax at law* (1) § Intentare manus in aliquem, *Liv* ..., 47 (2) Dolorem ... ces intentat, *Cic* (3) § Vim ... tentant omnia mortem, *Vir Æn* 1, 95 (4) Crimen invicem intentare, *Quint* 3, 10

Intentus, a, um part & adj or, comp ssimus, sup [ab intendo] (1) *Stretched, bent, in readiness* (2) Adj *Strait, close* (3) *Intense, attentive* (1) Voces ... chordæ sunt intentæ, *Cic de Orat* 3, 57 (2) Ut intentiore custodiâ servaren, *Liv* (3) Intentissima cura, *Quint* 10, 1 Intentus animus, *Paterc* ..., *Val Max* 6, 8, ... lucro

Intentus, ûs m *A stretching, or holding out of the hand* Palmarum intentus, *Cic pro Sext* 55

Intepeo, ēre, ui neut *To grow warm* Æstivis intepet Umbra quis, *Propert* 4, 1, 124

Inter prap cum acc [ab in & iter, ut a sub, subter] (1) *Between, or betwixt* (2) *In, or within* (3) *In, at, or while a thing is doing* (4) *Above, or in comparison* (5) With a pronoun, *mutually, reciprocally, one another, one with another* (1) Inter occasum solis & septentriones, *Cæs B G* 1, 1 (2) Quæ prandia inter continuum perdidi triennium? *Plaut Stich* 1, ... (3) Inter vina, *Hor Od* 3, 6, ... Inter cœnam, *Plin Epist* 4 ... scyphos, *Cic Fam* 7, 22 (4) ... inter cæteras pugna fuit insignis, *Liv* (5) Pueri inter se amant, *Cic* Quam non norimus nos inter nos, *Ter Adelph* 2, 4, 7 Inter se cornibus pugnant, *Varr* ☞ Aliquando sequitur suum casum ... quos inter societas aut est aut fuit, *Cic* ☞ Aliquando dividitur Componere lites inter Peliden festinat & inter Atriden, *Hor Epist* 1 2, 12 *In comp* interdum auget *ut* intearesco, interbibo, *&c* interdum negat, *ut* interdico

Interalbico āre neut *To incline somewhat to a white colour, to be speckled with white*, Plin 37, 10 *ubi tamen Harduin in MSS legi* albicat *affirmat*

Interæstuans, tis part *Hot fits* Stomachus ... naturâ ... dus & angustus, & freq interæstuans erat, *Plin Epist* 6, 16, 19

Interānea, orum neut *The bowels, entrails, or inwards of a man, or beast*, *Col* ..., 1...

Interāneus, a, um adj *Of the guts, or that is within* Torminas interanea, *the gripings of the guts*, Plin

Interārescо, ĕre incep *To be dried up, or grow quite dry*, Cic Tusc 5, 14 & Vitruv 8

Interbibo, ĕre, bi, bitum act *To drink up all clean*, Plaut Aul 3, 6, 22

⸸ Interbito, ĕre act [ab inter & beto, *i e* eo] *To come to nought, to perish*, Plaut Most 5, 1, 47 ⸸ Intereo.

Intercalaris, e adj *Intercalaris mensis dictus est, cum inter calabatur dies, qui decerat ad complendum annum Put, or set between* Dies [illegible]es intercalaris, *the odd day of* [illegible] *year*, which falleth every fourth year, *viz* on the sixth of the calends of March, which [illegible] twice that year by [illegible] Romans Intercalaris versus, [illegible] or *refret of the ditty, a* [illegible] *repeated, the burden of the song*, Serv [illegible] as, Io Hymen Hymeneæ Io Hymen Hymeneæ, Catull 59, 144

|| Intercalaritas ātis f *The burden of the song* ✝ Intercalaris versus

Intercalarium, i n *The time taken into the year, to adjust it to the course of the sun* Decretum intercalarium 45 dies longum, Cic Verr 2, 52

Intercalarius, a, um adj Intercalaris, Triumphavit mense intercalario pridie Cal Martias, *last of February*, Liv 37, 59 ☞ Here [illegible] an whole month was [illegible] called, the calends whereof were called intercalares by Cic [illegible] and Ligar [illegible] which was taken away soon after [illegible] Cæsar in his reformation of the calendar, Suet Cæs 40

Intercalatio, ōnis f verb *A putting a day in, or day between*, [illegible] in a leap year Per singulos [illegible], Plin 1, 47

Intercalator, ōris m verb *That* [illegible] *between* In [illegible], Macrob Sat 1, [illegible]

Intercalatus, a, um part *Deferred, put off, foreborn* Intercalatæ pœnæ usuram habeant, Liv [illegible]

Intercalo, are act (1) *To insert to put between*, as a day, [illegible] a month in a leap year (2) [illegible] *to defer, put off*, or *delay* (1) Intercalandi licentia, *Suet Cæs* [illegible] (2) Cic Fam 7, 2, extr

Intercalor, ari, atus pass *To be deferred*, &c Cic Fam 7, 2.

Intercapedo, inis f (1) *A space of time, or place, between* (2) *A space, or respite, delay*, [illegible] (1) Intercapedo scribendi, Cic [illegible] Tiron 16, 21 ✠ = Dicentis calor & audientis intentio continuatione servatur, intercapedine & quasi remissione languescit, Plin Epist 4, 9, 11 (2) Intercapedo molestiæ, Cic ipse de [illegible] 1, 1

Intercedo, ĕre, ssi, ssum neut [ex inter & cedo] (1) *To come, or pass between*, and is referred to time and place (2) *To interpose, to make use of a negative voice against any law*, or [illegible] *of the senate*, as the tribunes might in the name of the people [illegible] this being often done [illegible] the word came by [illegible] to signify, (3) *To oppose, withstand*, or *forbid* (4) *To happen*, or *chance* (5) [illegible] *be surety, for one's* [illegible] (1) Dies nondum decem intercesserant, Cic [illegible] Sylvæ paludesque intercedebant, Cæs B G 5, 50 [illegible] Graccho inimicitiæ cum [illegible] intercedebant, Cic (2) [illegible] Tribunus ei legi intercedere [illegible] S C scriberetur, [illegible] intercedere abrogationi, [illegible] 2, 1, 5 (3) Non quia [illegible] autem imaginibus, [illegible] aut arte finguntur, [illegible] in fin (4) Sæpe in [illegible] momentis magni casus intercedunt, Cæs B C 1, 21 (5) [illegible] intercessisse se pro [illegible] magnam pecuniam, Cic Attic

|| Intercentus, ūs m *The mean* [illegible] *music*

Interceptio, ōnis f verb *A preventing, or taking up by the way, a forestalling, surprize, interception* Interceptio poculi, Cic pro Cluent 60

Interceptor, ōris m verb (1) *A forestaller*, or *intercepter* (2) *A promoter, a common barreter* (1) = Interceptor prædæ fraudatorque, Liv 4, 50 Interceptor beneficii, Val Max 9, 11, 4 (2) = Quadruplator & interceptor litis alienæ, Liv 3, ult

Interceptus, a, um part (1) *Intercepted* (2) *Prevented*, or *surprized* (1) Intercepta epistola, Curt 6, 9, 13 Intercepti signa, Val Max 1, 6, 11 (2) Intercepti hostium complures, Hirt B Afr 19

Intercessio, ōnis f verb (1) *A stepping in to hinder the proceeding of a business* (2) *A prohibition, withstanding*, or *gainsaying by a negative voice* (1) Intercessio tribunorum, Cæs B C 1, 2 (2) Mea intercessio parata & est, & fuit, Cic Att c 1, 4

Intercessor, ōris m verb (1) *He that letteth*, or *withstandeth a matter that it goes not forward* (2) Also *a mediator, an intercessor* (1) Intercessio intercessoris stultitiam significatura, Cic Agr 2, 12 ✠ hortator, Cic auctor, Id = Dissuasor & intercessor legis Agrariæ, Liv 2, 41 (2) Sen ap Litt *sed de hac notione ambigunt docti*

Intercessus, ūs m *A coming, or putting between, an intreating* Consulem saucium intercessu suo servavit, Val Max 5, 4, 2

|| Intercidentia, æ f *The falling of a humour out of the brain into the eye, or other part*, Ap Med

Intercido, ĕre, idi, cāsum neut [ex inter, & cado] (1) *To perish together with* (2) *To be lost*, or *decay* (3) *To fall between*, or *in the way, to happen* (4) *To be forgotten* (1) = Pereant amici, dum una inimici intercidant, Cic pro Deiot 9 (2) ✠ Sive extant, sive interciderе, Plin Gratia beneficii intercidit, Sen de Benef 3, 1 (3) Si quæ interciderunt, non tam re, quam suspicione violatæ, &c Cic Fam 5, 8 (4) § Quod intercidérit tibi nunc aliquid, Hor Serm 2 4 § Intercidere memoria, Val Max 5, 2, [illegible] 1

Intercido, ĕre, idi, sum act [ex inter, & cædo] (1) *To cut asunder, or part in the midst* (2) *To cut down, or off* (1) Corrupto scribæ servo, interciderat commentarios, Plin Epist 6, 22, 4 (2) Ut si possent pontem interciderent, Cæs

|| Intercilium, i n *The space between the eyebrows*, Gloss Gr Lat μεσόφρυον, intercilium

|| Intercinctus, a, um *Interlaced, girded in the midst, incompassed*, Id

Intercino, ĕre, ui, entum act [ex inter, & cano] (1) *To sing between*, or *in the middle of a thing, as between the acts of comedies* (2) Also *to sing a mean* (1) § Neu quid medios intercinat actus, Hor A P 190 (2) || Jun

Intercipio, ĕre, cepi, ceptum act (1) *To intercept, to take up by the way* (2) *To take unawares*, or *surprize* (3) *To usurp* (4) *To take all, to make clean riddance* (5) *To cut off*, or *kill* (1) Epistolam modo hanc intercepi, Plaut Pseud 2, 4, 26 (2) Cum repentino hostium interventu interciperentur, Cæs B G 5, 38 (3) Victoriam alieno labore partam intercepit, Plin de vir ill (4) Quod nos capere oportet, hæc intercipit, Ter Eun 1, 1, 35 interpr Donato (5) Suet Aug 14

Intercipior, i, ceptus pass *To be intercepted*, &c Interceptum est imperium, Val Max 7, 3, ext 2 Intercipi mortalitate, Plin Ep 10, 50, 4

Intercise adv *By chops*, or *cuts, in gobbets and morsels, with short clauses*, Cic Part 14

Intercisio, onis f verb *A cutting off in the midst*, Plin 20, 14

Intercisus, a, um part (1) *Cut off in the midst, broken down, parted* (2) Met *Abrupt, short* (1) Intercisi pontes, Cæs Intercisum jugum, Id B G 8, 14 Intercisi vallibus colles, Hirt B Al 72 (2) Intercisæ pactiones, Cic Parad 6, 2 ¶ Dies intercisi ex parte fasti, & ex parte nefasti dies, *certain days, on which in some hours it was lawful to sit in judgment, and in some not, half holidays*, Macrob Sat 1, 16

|| Interclāmo, āre neut *To cry out among*, or *between, to interrupt by crying*, Amm ✝ Exclamo inter alios

Intercludendus, a, um part *To be shut up from, to be hindered* Inimici mei fluminum singulis meum reditum intercludendum putaverunt, Cic post red ad Quirit 5

Interclūdo, ĕre, si, sum act [ex inter, & claudo] (1) *To shut in, to stop the passage* (2) *To shut up, or hinder* (3) *To close, or conclude with* (1) § Intercludo inimicis commeatum, Plaut Mil 2, 2, 68 § Ut commeatu Cæsarem intercluderet, Cæs B G 1, 48 (2) Illos asperi ponti interclusit hyems, Virg Æn 2, 111 (3) Cels ap Litt *Utinam & locum indicasset*

Intercludor, i, sus pass *To be stopped, to be hindered* Intercludor dolore, Cic Att 8, 8

Interclusio, ōnis f verb *A stopping, or shutting* Animæ interclusio, Cic de Orat 3, 46

|| Interclūsor, ōris m *He that cutteth off*, Hier ✝ Qui intercludit

Interclūsus, a, um part *Inclosed, stopped, shut up, hemmed in* Iter interclusum, Cic Att 8, 11 Multitudo equi um interclusa, Cæs B C 1, 40 Interclusus spiritus, Curt 3, 6, 14

Intercolumnium, i n *The space between pillars* Intercolumnii ambulationis, Cic ad Q fr 3, 1, 17 Intercolumnium proximum, Val Max 9, 15, 1

Interconcilio, āre act *To procure, or win the favour, or love of men* In interconciliando lenitas, Quint 12, 10

Interculco, āre act *To trample, or tread in, upon, or between* Interculcari possint vinacea, Col 12, 43

Intercurrens, tis part *Running, or going between*, Plin 12, 3 Intercurrens pulsus, *an uneven pulse*, Med

Intercurro, ĕre, ri, sum neut (1) *To run, or go between* (2) *To come in the mean time* (3) *To befall, or come upon one* (1) Ipse Veios intercurrit, Liv (2) Intercurrunt quinquaginta urbes terræ motu, Plin 5, 18 (3) His exercitationibus & dolor intercurrit, Cic Tusc 2

Intercursans, tis part *Running between, or up and down* Intercursantibus barbaris, Liv 21, 35 vix alibi rep

Intercursus, ūs m *A running, or coming together, or between* Intercursu matronarum inter duas acies prælium sedatum est, Liv 34, 5 Suorum intercursu, Id 37, 42

Intercus, ūtis adj [ex inter, & cutis] *Between the skin and the flesh, inward, close, secret*, Gell 13, 8 Aqua intercus, *the dropsy*, Cic Offic 3, 24

Interdatus, a, um *Disturbed, or put between* Ut cibus recreet vires interdatus, Lucr 4, 866 vix alibi occ

Interdico, ere, xi, ctum act *Inter* hic habet vim negandi, & *dico* jubendi, vel concedendi (1) *To forbid strictly, to charge to the contrary* (2) *To bar, or keep from, to let, or hinder* (3) *To put forth an order, or send out an injunction* (4) *To speak by the way* (1) § Interdixit histrionibus scenam, Suet Dom 7 § Vos interdicitis patribus commercio plebis, Liv (2) § Servitus mea mihi interdixit, ne quid mirer me um malum, Plaut Pers 4, 4, 69 (3) § Dolabella prætor interdixit, ut, unde dejecisset, restitueret, Cic pro Cæcin 8 (4) Hoc interdicere non alienum fuit, Cic Fam 2, 11 sub fin

Interdicor, i, ctus pass *To be forbidden, hindred*, &c § Mulierem gerentibus patris bonis interdici solet, Cic de Sen 7

Interdictio, ōnis f verb *A prohibition, or forbidding*, Met *a banishing* Aquæ & ignis interdictio, Cic pro Domo, 30 [illegible], Ibid

Interdictum, i n (1) *An order for the possession of a thing in dispute, made by the magistrate* (2) *A prohibition*, or *injunction of the prætor* (1) Per interdictum repetere possessionem suam, Cic pro Cæcin 3 (2) Cæsaris interdicta respuuntur, Cic Attic 7, ult Hac lege prætorum interdicta tollentur, Id contra Rull 3, ¶ Ad interdictum venire, *to appear before the prætor*, Cic

Interdictum est imperf § Mihi aquâ & igni interdictum est, *I was banished*, Plin Epist 4, 11, 3

Interdictus, a, um part *Forbidden, prohibited* Voluptas interdicta, Hor Epist 1, 6, 64

Interdiu adv [*q d* interdiem, ab inter & diu, quod *a* dies] *In the day time*, Ter ✠ Concubitus interdiu pejor, noctu tutior est, Cels

✝ Interdius adv *Idem*, Plaut Asin 2, 3, 9 Votum interdius facito, Cato R R 83

Interductus, ūs m *A space between sentences in writing and printing, the pointing by comma, colon, and periods, a stop, or fetching of one's breath in reading, or writing*, Cic Orat 68

Interdum adv [ex inter, & dum] *Sometimes, now and then*, Cic Leg & pro interim *mean while*, Apul

Interea adv [ex inter & ea] *In the mean while, in the interim, notwithstanding* Interea rumor venit, Ter Hec prol 31 Interea, dum hæc, quæ dispersa sunt, coguntur, Cic de Orat 1, 42 § Interea loci, Ter Heaut 2, 3, 16 Interea temporis, Id *in the mean time, notwithstanding*

Interemptio, ōnis f verb [ab interimo] *A killing, a murdering* Iter Gallorum interemptione patefactum est, Cic pro L Manil 11 *sed al aliter leg*

Interemptor, oris m verb *A killer, a murderer*, Val Max 6, 1, 2 Sui interemptor, Sen Epist 6 Flu, Paterc 2, 129 filia, *Val Max* 1, 1, 2

Interemptus, a, um part *Killed, slain* Asdrubale interempto, Horat Od 4, 4, 72

Intereo, ire, ivi & ii, itum n ut [ex inter, & eo] (1) *To be annihilated, to perish* (2) *To die, to be slain, or destroyed* (3) *To be ruined, to be utterly undone* (4) *To be gone, to be exhausted* (5) *To cease, to be extinguished* (1) Nihil est, & lentiu, unde in t rent, Lucr ✝ Omnia mutantur, nihil interit, *Id* (2) = Perit qui mut eorum modo eam, qui in ignibus 1 nterunt, Cæs B G 7, 8 (3) ✝ Virtus & illius interieo, Plaut ✝ Cic Davo, perii Di Quin u hoc nulli C l Interii, Ter Andr 2, 2, 9 (4) Pecunia m tit largitionem magistratuum, Nep ... 2 (5) Interit it memoria, ... 1, 1 Ignis interiturus est, nisi alatur, Cic N D ... ¶ § Ab aliquo interire, *to be undone by him*, Cic

Interequitans, tis part *Riding between* Ordines interequitans, Liv 6, 7 Ipse interequitans spatio ... Liv 35, 5 Inter equitantes ... Id 35, 5

Interequito, are neut *To ride between* Liv In. requitans

|| Interetto, ire n ut *To come between, or pass among*, Prud ... 6, 45 ✝ Erro inter

Interest impers § Mea interest, *it concerneth, it importeth*, also *there is a difference* § Hoc inter me & illos interest, quod *Ec. they and I differ in this, that*, &c Cic Quid interest? *what matter is it?* Cic § Interest regis, *it concerneth the king*, Liv Quid illius interest? *what is he concerned?* Cic *what is it to him?* Magni, permagni interest, *Id*

Interficio, ere, feci, etum *To set hand to the work that is doing* Reliquit præsidium, ut interficiendo muro adjuvaret, Liv 25, 11 vix alibi

Interfatio, onis f verb *An interrupting of one's discourse, a digression* Expedit narrationes interfatione distinguere, *Quint* 4 2, R occ

|| Interfectio, onis f verb *Murder, a killing*, Aug ✝ Cædes, interemptio

Interfector, oris m verb [ab interficio] *A killer, or murderer* Interfector Gracchi, Cic pro Mil 27 Cæsaris, Paterc 2, 58 Interfectore tortior, Val Max 3, 3, 11

Interfectrix, icis f *A female murderer* Tac Ann 3, 17,

Interfectus, a, um part *Killed, slain* Interfectus per insidias, Curt 6, 2, 7

Interficiendus, a, um part *To be killed* Interficiendi curavit quinque millia, Val Max 9, 2, 1

Interficio, ere, feci, fectum act [ex inter & facio, interire facio, it est, occido] (1) *To slay, to kill, or murder, to put to death* (2) *To deprive one of* (3) Also *to destroy, to consume, to ruinate* (1) Magnum militum numerum interficit, Hirt B Alex 27 § Arsinoe Achillam per eunuchum suum interficit, *Id B Al* 4 (2) Salve, qui me interfecisti pene & vita & lumine, Plaut Tru 2, 6, 27 (3) Nautas ignis interficit, Cels B C 3, 8 Alit

Fer stabulis inimicum ignem, atque interfice messes, *Vir Geor* 4, 330

|| Interfinium, ii n *The middle part, or bridge of the nose*, Isid ✝ Interfio, eri pass [ab interficio] *To be slain, to die* Interfit flammis mulsive ferrum, Lucr 2 885

Interfluo, ere, xi, xum n ut (1) *To flow, or run between* (2) Met *To pass over* (1) Fretum quod Naupactum & Patras interfluit, Liv 27, 29 Interfluit Tritum, Val Max 3, 8, ext (2) Cum inter duos consulatus annis decem interfluxissent, *Cic de Senect* ...

Interfluus, a, um *Running between* Inter duo Euphrates, Plin 17, 18

Interfodio, ere ... *To dig into, or enter into* Pupillas interfodiunt, Lucr 4, 720

|| Interfœmineum, ei n Pars corporis inter femina ... the groin, or privy parts, that part of the body betwixt the thighs, Apul ... p 161

Interfor, ari dep *To speak while another is speaking, to interrupt him* A, p is interfatur, Liv ... Medio in errat o loquentes, Vir An ... 50 Interfari concionantem, Val Max 9, ... Vix leg in prima persona

Interfringo, ere, egi, actum act [ex inter, & frango] *To break, or burst in the midst* Si quid ventri interfregerit, id eximito, Cato, 44 ... & Plin 17, 18

✝ Interfurio, ere neut *To rage, or be mad among others* § Mavors interfurit orbem, *Stat Achill* 1, 3 5

Interfusus, a, um part (1) *Flowing between* (2) *Besprinkled* (1) Novies Styx interfusa, Vir Æn 4, 480 (2) Interfusa genas maculis, Vir Æn 4, 644

Interfuturus, a, um part [ab intersum] *That is to be present* § Convivio interfuturus, *Val Max* 2, 1, 9 Interfuturus ludicro, *Paterc* 2, 12

Intergerinus, vel intergerivus, a, um adj Intergerinus paries, Fest Intergerini parietes appellantur, qui intergerunt h c ferunt & sustinent onera, *Fest Scal* legit intergerinus & deducit a gerens, h ... ibus *The middle wall, a wall put to another wall to bear it up*, Plin 35, 14 Also *a partition wall*, Fest

Intergerium, ii n *The same with* intergerinus paries, Plin ... 12

Interjacens, tis part *Between, or lying between* Interjacentes campi, Liv Vastitas interjacentis soli, Plin Paneg 14 Transitu interjacente, Id Epist 2, 17, 9

Interjaceo, ere, ui neut *To lie, or be between* Spatium quod sulcis interjacet, Col 11, 3 Regio, quæ duas Syrtes interjacet, Plin 5, 4

✝ Interibi adv [ex inter, & ibi] *In the mean time*, Plaut ... 5, 2, 41

Interjectio, onis f verb *Interjectio* pars orationis, dict quod orationi interjicitur *A putting between, an interposition, a parenthesis*, Quint 8, 2 Also *an interjection, one of the parts of speech*, Gramm

Interjectus, a, um part *Put, cast, placed, laid, or being between* Nasus quasi murus oculis interjectus, Cic N D 2, 57 Paucis interjectis diebus, Liv 1, 58

Interjectus, us m verb *A lying, putting, or casting between* = Interjectus & interpositus terræ, Cic N D 2, 40 Interjectu temporis, Tac Ann ..., 51, ... paucorum dierum, *Ibid* 3, 67, ...

Interjicio, ere, eci, ectum act *To cast, put, set, or place between, or among* § G lli inter equites sagittarios interjecerant, Cæs B G 7, 80 Interjicere frumentis, Col

Interim adv temp [ab inter, & im, ant pro eum, qu inter eum temporis eminum] (1) *In the mean time, in the mean while* (2) Also *sometimes* (3) *Notwithstanding* (1) Cr sc bat interim urbs munitionibus, *Liv* (2) Constitui interim navi us, interim vehiculis uti, *Trajan* ap *Plin* 10, 27 (3) *Quint* 12, 10

Interimo, ere, emi, emptum act [ab inter privat & emo, sumo, ut sit privo ad interitum emo] (1) *Totally away* (2) *To kill, or slay* (1) Vitam tu un ego interimam, Plaut Ep d 4, 2, 24 Ne intermeret vitam suam, *Id Cist* ..., 44 § Ad nihilum res interimere, *to consume, or bring to nothing*, Lucr 1, 217 (2) Se ipsi interemit Lucretia, *Cic de Fin* 2, 20

Interimor, i, emptus pass *To be killed* Interemptus est eorum manibus, Val Max 9, 6, 4

Interior, ius, comp [ex intra] *Farther in, more inward, inner, more nigh, deeper*, Vir Æn 1, 641

Interitio, onis f verb *A decaying, or perishing* Centurionum interitio, Hirt B Hisp 24 Rar occ

Interiturus, a, um part [ab intereo] *About, or like to die, or perish* Omnia fato interitura gravi, Ov Met 2, 706

Interitus, a, um part [ab intereo] *Killed, slain* Multis utrinque interitis, *Claud Quadrig*

Interitus, us m verb (1) *Death* (2) *Destruction, ruin, utter decay* (1) ✝ Si ortus fit deorum, interitus fit, necesse est, Cic N D 1, 24 Interitu gaudent iste tuo, Propert 2, 8, 18 (2) Interitus reipublicæ Cic pro Syll 11 urbis, *Val Max* 1, 1, 14

Interjunctus, a, um part *Joined together* Dextra interjuncta, Liv 22, 30 Natantibus interjunctus equis, *Stat Theb* 6, 30...

Interjungo, ere, xi, ctum act (1) *To join together or between* (2) *To unyoke, to bait, or stay at a place, as one doth in a journey* (1) Liv 22, 30 (2) Hora lassos interjungit equos meridiana, *Mart* 3, 67

Interlingor, i, ctus pass Col

Interius adv comp *Inner, more within, too close*, Cic Orat ..., 49

Interlabens, tis part *Sliding or falling between* Truncoque trahebat, nervis interlabentibus, artus, Sil 6, 18 Prata per herbas, fluminis interlabentibus, umbris, *Stat Theb* 2, 6 9

Interlabor, i, psus *To slide in, to fall between* Inter enim labentur aquæ *Vir Geor* 2, 349

|| Interlectio, onis f *A reading between*, Tert

Interlegendus, a, um part *Gathered, or picked up and down, or here and there* Frondes interlegendæ, *Vir Geor* ..., 66 Interlegenda sunt poma vit osa, Pallad

|| Interlido, ere *To strike between* Gravem interlidere dentem, *to give a biting nip, or taunt among*, Paul Nolan vix alibi occ

|| Interlinearis, e adj *Interlined* Nulla adest nuctorit ✝ Interlitus, Cic

Interlino, ere, ini, itum act *To strike, or blot with the pen, to interline* Qui testamentum interleverit, Cic pro Cluent 44

Interlitus, a, um pa *Daubed, as with mortar Blotted, or blurred, dashed out, having lines drawn out, interlined* (1) Murus luto interlitus, Curt 5, 1 16, & 5 (2) ruptæ atque interlitæ tabulæ, ... Vert 2, 42

Interlocutio, onis f verb [ex interloquor] *An interposition of speech, an interrupting another man* Brevi interlocutione patronis refutandus est, *Quint* 5, ...

|| Interlocutorius, a, um *Interlocutory* Interlocutoria sententia quæ est p ... *JCC*

Interloquor, i, cutus (1) *To interrupt in discourse* (2) Also *to determine some particular matter in a cause, till such time as the principal cause be judged* ... (1) § Sicuti mihi interloquere *Ter Heaut* 4, ... (2) *Gell* 14 2

Interlucatio, onis f verb *cutting, or lopping of boughs where they hinder the light* Interlucatio arboribus prodest Plin 17, 27

Interlucatus, a, um part *Lopped so, that it may be seen through*. Interlucata densitate ramorum, Plin 17, 2...

Interluceo, ere, xi neut (1) *To shine between, or in the midst* (2) Met *To be conspicuous, or seen* (3) *To be seen through* (1) Duos soles visos, & nocte interluxisse, Liv 2..., 14 (2) Quibus inter gradus dignitatis fortunæque aliquid interlucet, *Liv* (3) *Vir Æn* 9, 508

Interluco, are act dict a luce, quod, cum cæduntur rami, lux in arbori amplior *To pick a glade in the midst of a wood, to lop, cut away boughs where they keep out the light, or grow too thick*, Plin 17, 2...

|| Interludens, tis part *Playing between, or sporting among*, Auson Mosell ... ✝ Ludens inter

|| Interludium, ii n *An interlude*, Poster

|| Interlunis, e *Shewing no light* Interlunis ..., Amm 19, 12

Interlunium, ii n *The change of the moon, when it is neither old nor the new is seen, the conjunction of the sun and moon* Hinc dis locis interlunio lectio, P ... 18 32

Interluo, ere, ui, utum act (1) *To flow, or run between* (2) *To wash between the ..., or between whiles* (1) Urbes interfto interluit æstu, ... (2) Manus interlu... Cato

Interluor, i pass *To be washed by, or between* Babylon ... interluitur Euphrate, ... 55

|| Interluvies, ei f *The flowing between* ... Solin c 2?

|| Interluvium, ii n ... Plin ... 2

Intermaneo, ere, si, sum neu *To tarry in the midst of a place, to abide among* De tellus Cæs ... medius intermanet agris, Luc ... 17

Intermedius, a, um adj *In the middle, that lieth, or is between two*, Varr R R ...

Intermenstruum

Intermenstruum, i n *The new moon, or the change of the moon,* Varr R R 1, 51

Intermenstruus, a, um adj In- terim [illegible] luna, *Plin* 18, 32 [illegible] Intermestris

Intermeo, are neut *To go, or run between, to pass through* Pergamum [illegible] meat Silenus, *Plin* 5,

Intermestris, e adj [ex inter, & mensis] *belonging to the space between the old moon and the new* [illegible] intermestris luna, *the new moon, or the change,* Plin 16, 39

Intermico, are, ui neut *To shine in the midst, or among* § [illegible] intermicat [illegible] *Prof* 1, 183 [illegible] micat ignis, *Valer Flacc* 4, & *Stat Theb* 12, 252

Intermina[illegible]us, a, um part (1) [illegible] *threatned much* (2) [illegible] (1) § Mem nis- [illegible] mihi [illegible] magnopere intermi [illegible] (2) *Hor Epod* 5,

Interminatus, a, um adj *That hath no bound, or end, intermi- nable* = Immensa & intermina- ta [illegible], *Cic N D* 1, 20.

+ Intermino, are *To threaten* [illegible] in criminat ? *Plaut* [illegible]

Interminor, ari, atus sum dep [illegible] *force, to charge up- on [illegible] to forbid* § Mi- [illegible] interminatus est, *Plaut* [illegible], 56

|| Intermin[illegible]us, a, um adj *Un- [illegible], incessant, or endless* [illegible] ad finem, *Apul* de [illegible], 52 + Interminatus, *Cic*

Intermisceo, e[illegible], ui, stum act *To mingle* Tibi Doris ama- [illegible] non intermisceat undam, [illegible] 5 § Intermiscere [illegible], *Liv*

Intermisceor, eri pass *To be intermixed* Plin 17, 32 *et Hard*

Intermissio, onis f verb [ab [illegible] *ceasing, intermis- sion* [illegible] Sine ulla inter- missione *Cic N D* 1, 41 Inter- [illegible], *Id de Am* 2 Ite- [illegible] 16, 25 laboris, *Val* [illegible] 8, 8, 1

Intermissus, a, um part (1) [illegible] *off for a time,* [illegible] (2) *Standing asun- der* (1) — Acriores morsus sunt [illegible] intermissae libertatis, quam retentae, [illegible] (2) + Littus ornant [illegible], nunc intermissa [illegible], *Plin Jun*

Intermissus, ûs m verb *A [illegible] ceasing, a leaving off [illegible] discontinuance* Jus- [illegible] intermissu catus, *Plin* [illegible] R [illegible]

Intermistus, & intermixtus, a, um [illegible] intermisceor] *Mix- ed, mingled with* Inter- [illegible], *Liv* 10, 20

Intermi[illegible]tens, tis part *Ceasing, [illegible] off for a time,* Plin [illegible] febris, *an intermit- ting, or ague,* Jun

Intermitto, ere, si, ssum act *To [illegible] put off for a time, to [illegible], to cease* ✝ Ego [illegible] intermiserim potius, [illegible] *Cic* Qua flumen [illegible] *B G* 1, 38

Intermittor, i, ssus pass *To be [illegible]* Neque [illegible] *Cic Att* 8, 12

Intermorior, i, [illegible] uus (1) *To [illegible] in dying* (2) [illegible] *away, or not [illegible] forgotten* (1) Si [illegible] stirp hent, & intermo- [illegible] In pra[illegible] con[illegible] [illegible] uus sit, *Liv* (2) In c[illegible]

moriuntur officia, *Bithin ap Cic Fam* 6, 16

Intermorituus, a, um part *That shall die,* Vid locum Cic jam citatum

Intermortuus, a, um part (1) *As it were half dead, half alive, at the point to die, past hope of life, feeble, lifeless, dead and heartless* (2) *Forgotten* (1) In- termortuae Catilinae reliquiae, *Cic in Pison* 7 (2) Intermortua me- moria, *Cic pro Muraen* [illegible] Inter- mortui mores, *Plaut Trin* 1, 1, 7

Intermundium, i n *The place and distance between divers worlds,* as Epicurus thought Epi- curi intermundia, *Cic N D* 1, 8

Intermuralis, e adj *That is between two walls* Amnis in- termuralis, *Liv* 44, *extr*

Internascor, i, natus *To grow, or spring up amongst* Leguntur saltem in pirtu Herbae internas- centes, *Plin* 23, 16

Internatus, a, um part cum dat *Grown, or sprung up a- mong, growing between* An- gustiae & internata virgulta, *Liv* 28, 2 Internata saxis herba, *Tac Hist* 4, 60, 3

Internecatus, a, um part *Kil- led, slain* Internecatis hostibus, *Plaut Ampl* 1, 1, [illegible]

|| Internecine adv *Destruc- tively,* Litt ex Apul

Internecinus, a, um & interne- civus [qu ad internecionem ge- ritur] *Mortal, deadly, cruel, bloody, that endeth in the de- struction of one, or both parties* Bellum internecinum, *Liv* 9, 25 Bellorum internecivi odia, *Just* 6, 6

Internecio, onis f *An univer- sal slaughter, so that hardly one is left alive, a carnage* Neque resisti sine internecione arbitra- mur, *Cic Att* 2, 20 Ad interne- cionem caedi, *Paterc* 2, 110 per- sequi, *Curt* 4, 11, 18 vincere, *Eu- trop* 4, 6

|| Internecive adv *To the ut- ter destruction of both parties,* Amm 27, 20

Interneco, are, ui & avi, ctum & atum act *To put all to the sword, without letting any es- cape,* Prud praef Apoth 49 Vid Internecatus

Internectio, onis f verb *Kil- ling, slaying,* Fest ‡ Clades, *Vett*

Internecto, ere, xui, xi, xum act *To knit, or tie together, to interlace* Ut fibula vestem auro internectat, *Vir Æn* 7, sub finem Effflantes libet internectere plagas, *Stat Theb* 8, 168

Internector, i pass *Petr Arb*

Internectus, a, um part [ab in- terneco] *Slain outright* Vulgo fuleiunt auctores *Plaut & Cic* sed neutrubi habent stabile stabu- lum

Internidifico, are *To make its nest among,* Plin 10, 33

Internigrans, tis part sine ver- bo *Mingled with black, black- ish* Maculae internigrantes, *Stat Theb* 6, 336

Internitens, tis part *Glittering among* Armorum internitentium fulgur, *Curt* 4, 12, 3 Internitentes gemmae, *Id* 11, 3, 16

Interniteo, ere, ui neut *To shine among* Quicquid lucis in- ternitebat extinctum est, *Curt* 4, 3, 16 Internitebant sidera, *Id* 4, 5, 25

Internodium, i n & internodi- us, i m (1) *The space between two knots,* (2) or *joints* (1) Bre- via internodia habent, *Col de Arb* [illegible]

(2) Internodius rarior, *Id* 3, 2 (2) Longa internodia crurum, *Ov Met* 11, 793

Internosco, ere, novi, notum act *To know a thing among o- thers, to discern from others* Ge- minos internoscere non possunt canes, Cic pro S Rosc 20

Internoscor, i, notus pass *To be known asunder, or distinguish- ed* = Secerni blandus amicus a vero & internosci potest, *Cic de Am* 25

Internuncius, i m *A go-be- tween, a bawd,* Pe[illegible] Arb [illegible]

Internuncia, ae f *A [illegible] messenger* Aves internunciae Jovis, *Cic de Div* 2, [illegible]

Internuncio, are *To go on a message between two parties,* Liv [illegible]

Internuntius, i m *A messen- ger between parties, a stick- man, a go-between,* Ter Eun 2, 2, 56 & Caes B [illegible] 1, 20

|| Interundinum [illegible] tertium nundinum *The space of nine days, or perhaps the time between fair and fair,* Victorin

Internus, a, um adj *The [illegible] custom, or [illegible] internal* [illegible] Praestum huic vocabulo [illegible] praef [illegible]um, cujus tamen [illegible] um sus[illegible] *Plin* 2, 68 tanc

Intero, ere, trivi, itum act *To crumb, or grate bread, or the like into a thing* [illegible] hoc [illegible] tum omne est exedendum, *Ter Phorm* 2, 2, 4

Interor, i, tritus pass *Plin*

Interordinium, i n *A space between two rows,* or [illegible] Laxiori interordinia relinqu[illegible] nda, *Col* 5, 5 Plin medio interordi- nio pangetur, *Id* 3, 16

† Interpartio, ire act *To part between them,* Plaut ap Litt ‡ Impertio

|| Interpateo, ere neut *To o- pen between,* Macrob Sat 1, 18

|| Interpedio *To hinder great- ly* Gustatum linguae fervor in- terpedit, *Macr* 7, 12 ‡ Impedio

Interpellans, tis part *Inter- rupting, hindring* Interpellantes maris saevitia, *Valer Max* 9, 8, *ext* 2

Interpellatio, onis f verb *A let in one's business, a disturbance, an interruption, a speaking to one when busy* Sine ulla in- terpellatione, *Cic Fam* 6, 18, sub fin

Interpellator, oris m verb *A disturber, or hindrer of others, an interrupter* Interpellatores illic minus molesti, *Cic Attic* 15, 13

Interpellatus, a, um part (1) *Disturbed, interrupted, hindred, discontinued* (2) *Also importun- ed* (1) Tot res interpellata bello refrixerat, *Cic Att* 1, 19 Ob in- terpellatam dulcedinem irae, *Liv* 9, 14 (2) Iterum ac saepius inter- pellatus in proposito perstitit, *Val Max* 3, 1, 2

Interpello, are act (1) *To in- terrupt, disturb, or hinder one that is speaking, or doing any thing* (2) *To require, ask, or de- mand a thing* (1) ✝ Nihil te interpellabo, continentem oratio- nem audire malo, *Cic Tusc* 1, 8 Fortuna prae[illegible]ntem victoriam in- terpellavit, *Liv* (2) *Vid* Inter- pellatus, n 2 § Interpellare de- bitorem, *to demand his debt, to enter his action against his debt- or,* Ap JCC

Interpensiva, orum pl n *Vi- truv* 6, 3 Quid sint non satis constat, *Vid Lexic Vitruv* p 62 perhaps *Corbels*

|| Interpensivus, a, um adj In- terpensivi parietes, *walls which rise upon another wall, or floor, and have no foundation on the ground,* Herm Barb

Interplicatio f verb *An inter- folding,* Litt ex Col

Interplico, are act *To plait, or fold between* Interplicat in- fula crinas, *Stat Theb* [illegible], 218 Raptum interplicat decem [illegible] [illegible], *Id* 2, 82

Interpolatio, onis f verb *New making, or furbishing of things,* Plin 1, 12

|| Interpolator, oris m verb *A dresser, or mender of old things to make them seem new, a [illegible] or a polisher, a furbisher,* a [illegible], Ap JCC

|| Interpolatrix, icis f *She that so mendeth, or mendeth,* Dig

Interpolatus, a, um part *Fur- bished, polished, or vamped up* [illegible] [illegible] [illegible] interpolata [illegible], Ap JCC

Interpolis, e adj *Renewed, re- freshed, or vamped of old, new dressed, new scowred, or furbish- ed, vamped up,* Plaut Most 1, 2, 117 Interpolis [illegible], *Plin* 19, 2 [illegible]us, *Id* 29, 1

Interpolatio, onis f [ab inter- polo] *A polishing* Plaut ap Litt ex Col [illegible]

Interpolo, are act [a polio] (1) *To renew, or refresh, to po- lish, to trim, or dress up, to re- pair, to new vamp, to scower, to furbish* (2) *To refine, or pu- rify* (3) Also *to hinder, or in- terrupt* (1) Nova pictura inter- polare vis opus lepidissimum, *Plaut Most* 1, 3, 105 Selinunt [illegible] lacte diluta te[illegible]orum albi- tia interpolantur, *Plin* 35, 16 (2) Al[illegible]xandrina thura interpolantur, *Plin* 12, 14 (3) *Cass ap Litt sed ex Plaut, puto, legitur*

Interpolor, ari pass *To be renewed, purified, or refined,* &c *Plin* 12, 14 & 35, 16

Interpono, ere, sui, situm act (1) *To put in, or mix* (2) Met *To put between, or interpose* (3) *To falsify* (1) Interponis aurum subinde, Rufe, *Mart* 1, 107 Pile interponuntur, *Caes B Civ* 2, 15 (2) At ut suam interpositur auc- toritatem, *Cic* (3) Interposuistis accusatorem, *Cic Verr* 1, 11 ¶ Interponere se, *to intermeddle* Cic fidem suam in aliquid, *to undertake it, and to engage his word and credit for it,* Cic *pro* Rosc Am 39 § operam suam pro aliquo, *to do the best he can for him,* Id moram, *to delay,* Caes B G 4, 11 § se alicujus judicia, *to oppose, or withstand them,* Cic

Interponor, i, situs pass *To be put between, or mixed* § Inter- poni epulis ludos finebat, *Valer Max* 9, 1, 5 Interponuntur nup- tiis obsices, *Id* 2, 1, 1

Interpositio, onis f verb (1) *A putting in between, an in- terposition* (2) *An interlining* (1) Cum ceterarum personarum in- terpositione *Cic de In* 1, 6 (2) Una omnino interpositio difficilior est, *Cic Fam* 16, 22

Interpositus, a, um part *In- terposed, put between* Nox in- terposita saepe perturbat omnia, *Cic pro Muraen* 11

Interpositus, ûs m verb *A putting in, or between* = In- terpositu interjectuque terrae re- pente deficit luna, *Cic N D* 2, 40

Interprimo, vel interpremo, ere, essi, essum act *To stop or close in* Fauces interprimere, *to throttle one,* Plaut Rud [illegible] 2, 41

Interpres, ĕtis c g (1) *A stickler between two at variance, a mediator, a referee* (2) *An interpreter, an expounder, or declarer* (3) *A translator out of one language into another, a truchman* (4) *A soothsayer, a diviner* (5) *A confident, one trusted with an affair* (1) Se pacis ejus interpretem fore pollicetur, *Liv* 21, 12 (2) Sanctissimus interpres legum, *Juv* (3) Nec converti ut interpres, sed ut orator, *Cic de opt gen Orat* 5 ( ) = Conjector & interpres portentorum, *Cic de Div* 2, 58 (5) Conditio nova fertur per me interpretem, *Plaut Mil* 3, 1, 6

|| Interpretamentum, i n *An interpretation*, &c *Gell* 5, 18 & 1, pro interpretatio

Interpretandus, a, um part *To be interpreted*, &c Prudentiam quae in legibus interpretandis ... *Cic* Epp 5, 5

Interpretatius, ... *Interpretation* Interpretationes fulgurum *Cic de Div* 1, 6

Interpretatio, ōnis f verb (1) *An interpretation, a translation* (2) *An opinion, or conjecture* (1) ... interpretation ... cl... potuit, *Cic* ... (2) Nec interpretatio it facilis, *I* ... 3

|| Interpretator, ōris m verb *An interpreter*, Tert ✝ Interpres

Interpretatitius, a, um *About to interpret*, *Cic Att* 6, 16

Interpretatus, a, um part *Expounded, interpreted*, *Cic de H Resp* 17 Verba ... interpretata, *Suet Ner* 1,

|| Interpretium, i n *The profit between the buyer and seller*, Amm 28, 1

Interpretor, āri, ātus sum dep [ab interpres] (1) *To explain, or expound* (2) *To translate, to tell, or give the signification* ( ) *To judge* (4) *To take account* ... (5) *To take and understand* (1) Secundum naturam ... interpretemur, vivere ... *Cic de Fin* 5, ( ) § Quasi ... in aliquod ... interpretem ..., *Cic pro C Balb* 16 (3) ... jurando interpretatum, *Cic Off* (4) § De ... interpretatione ... (5) Cum ego hujus verba interpretor, *Plaut Bacch* 4, 2 15

|| Interpretor, ari, atus pass Amm ...

Interpunctio, ōnis f verb *A pointing, or distinction by points* ... interpunctio ... verborum, *Cic pro Mur* ...

Interpunctum, i n *A point, or stop* Interpuncta verborum, *Cic Orat* ... 46

Interpunctus, a, um part *Pointed, marked by pointings, points* Interpuncta oratio, *Cic de Orat* ... 80

Interpungo, ĕre, xi act *To point between* Interpungentes ... *Sen Ep* 40

Interpurgatio, ōnis f verb *A cleansing here and there*, Litt ex Co

Interpurgo, āre act *To take away here and there superfluous branches of trees*, Plin 18, 26

Interputatio, ōnis f verb *A cutting, or pruning here and there*, Litt ex Col

Interputo, āre act *To lop, cut off, prune, or take away the little branches of trees up and down*, Cato R R 50

Interputor, āri pass *To be pruned* Ocam ... interputarique oportet, *Varr R R* 1, 30

Interquĕror, i, estus sum dep *To make complaint ever and anon*, Liv ... 5

Interquiesco, ĕre, evi, etum *To rest between whiles* Cum paululum interquievissem *Cic de Cl Orat* 2, ... maxime ... interquiescunt, *Plin Epist* 8, 21, 2

Interrado, ĕre, si, sum act *To scrape, or shave off in the middle*, Col 10, 2

Interrasus, a, um pass *Plin* 35 1

Interrasus, a, um *Shaven alo... polished, filed* ... *Plin* 12, 15

Interrasilis, ... *Carved ... made within ... hollow* ... Interrasilis marmor, *Plin* 5, 1

Interregnum, i n *The space between two reigns, or governments*, ... (1) of kings, or (2) of consuls (1) In ... regni fuit ... interregnum ... *Liv* ... (2) ... *Liv* 5, 1

Interrex, ēgis m *A regent, the governour, or protector of a realm, or country, between one prince, or chief magistrate, and another* Interrex ... *Liv* loco sup citat

Interritus, a, um *Unaunted, fearless, bold*, Vir Æn 5, 427 ... *Flacc* 4 190

Interrŏgātio, ōnis f verb *A question, or demand, an interrogation* ... *Cic de Fato*, 15

|| Interrogativus, a, um *Interrogative, by way of question*, Gramm

Interrogatiuncula, æ f dim *A little question, or a short and pithy question* ... *Cic de Fin* 4, ...

|| Interrogator, ōris m verb *He that questioneth*, Dig ✝ Rogator

|| Interrogatorium, i n *Questions propounded to witnesses by the judge, interrogatories*, ... ✝ Interrogatio

Interrŏgātus, a, um part *Demanded, asked a question* Interrogatus quid ... *Cic de Or* ... 51

Interrogo, āre (1) *To demand, or ask a question* (2) *To argue and reason* (3) Also *to accuse, or charge* (1) ... interrogat ... (2) ... interrogo, *Plin Paneg* 63 (3) § Interrogare ... pecuniarum, *Tac Ann* 13, 11

Interrogor, āri, ātus pass *To be asked*, &c *Cic Acad* Q 4, 11

Interrumpo, ĕre, rūpi, ruptum act (1) *To break off* (2) Met *To interrupt one in discourse, or otherwise* ( ) *To disturb* (1) Pontes, quos fecerunt, interrumpunt, *Plane Cic Epist Fam* 10 23 (2) Interrumpunt medium ... *Cæs B C* ... 19 (3) Interrumpere orationem, *Col* 11, somnos, *Plin*

Interrumpor, i, uptus pass *To be interrupted*, &c Ne ... *Val Max* 1, 1, 11

|| Interruo, ĕre *To rush between*, Litt ex Apul

Interrupte adv *Interruptedly* Si non interrupte narrabitur, *Cic de Orat* 2, 80

|| Interruptio, ōnis f verb *A discontinuation, or interruption, a breaking off*, Mart Cap

|| Interruptor, ōris m verb *He that interrupteth*, Gl vet ✝ Qui interrumpit

Interruptus, a, um part (1) *Broken asunder, or in the midst* (2) *Interrupted, stopped, discontinued* (3) *Separated one from another, parted* (1) Interrupti pontes, *Cæs B G* ... 19 Amnis ... *Luc* 2, 21 ... *Tac Ann* 16, 15 (2) ✝ Et quod continuum est, interruptum est, *Cic* (3) Ne interrupta Roma ... *Liv*

Interscalmium, ... n *A ladder staff*, Ap ...

Interscindo, ĕre, scidi, scissum act *To cut in the midst, to hew asunder* ... venæ ... *Cic* ... *Cæs B G* 8, 4

Interscissus, a, um pass *To be cut in the midst* Arcto ... interscindi jussit, *Cic de Legg* 2, 4

Interscribo, ĕre, psi, ptum act *To write between, to interline* Pote ... interscribere, ... *Plin Epist* ... 5

Interscribor, i pass *To be written between*, Cic

|| Interscriptum, i n *An interlacing of lines*, Dig

|| Interscriptor, ōris f *A cutting between*, Litt ex Apic

Interseco, āre, ui, ctum act *To cut*, ... *Plin* ... 14

Intersectio, ōnis f verb *A cutting off in the middle, an intersection* In ... Græci ... *Vitruv* 3, ...

|| Intersĕminatus, a, um part *Sown between, or among* ... *Apul* ...

Intersepio, ire, psi, ptum act *To hedge in, or about, to fence, enclose, or compass about, to stop with an hedge* § Interseptum ... *Liv* 25, 1

Intersepior, iri pass *To be parted with an hedge*, Col

|| Interseptum, i n *The midriff, the partition of the nose, any partition*, Gloss Græc Lat ...

Interseptus, a, um part *Stopped, shut up, hedged*, ... *Cic pro Planc* ... interseptam ... *Tac* ...

Interserendus, a, um part ... *Col* 6, 16

Interserens, tis part *Inserting, alledging* Causam interserens, *Nep Milt* 4

Intersero, ĕre, sevi, itum act *To sow, set, graft, or plant between*, Col ... Interserendus

Intersero, ĕre, ui, ertum act (1) *To put between* (2) Met *To intermingle* (1) *Col* 2, 16 & *Stat Theb* 6, 781 (2) § Me ... interserit ... verbis, *Ov Metam* 10, 559

Intersitus, a, um part *Thrust in among* Præd ... ngris m ... is ... cina atque etiam interserta, *Plin Epist* 3, 19

Intersistens, tis part *Stopping, or resting between whiles* ... interstitia, *Quint* ...

Intersistitur impers *To* ... *or rest between whiles*, *Quint*

Intersisto, ĕre, stiti *To rest, or stop between*, *Quint* ... 8

Intersitus, a, um ... *Placed or put between* (1) Omnibus ... *Luc* ... 6 ... *Col* ... Intersita peregrinatio, *Plin* ... 19 ☞ S ... incertum an ...

Intersŏno, āre, ui ... *To sound between, or in the* ... Me ... intersonat ... *Stat Theb* ...

|| Intersparsus, a, um part *Bestrewed, sprinkled, scattered, set here and there*, Apul ... p 156

Interspiratio, ōnis f verb *A breathing between, a fetch of breath*, *Cic de Orat* ... 44 ... interspirationes, *Plin* 2, ...

|| Interspirator, ... *He that breatheth between*, ... ✝ Qui interspirat

Interspiro, āre *To breathe between, to vent* ... interspiret, *Cato*, 112

Interstinctus, a, um part (1) *Divided, separated, parted* (2) Also *extinguished, or put out* (1) Spatia ... intersistincta columnis, *Stat Sylv* ... 5, 90 ... intersticta ... *Plin* ... 10 facies medicaminibus, *Tac Ann* ... 57, 2 (2) Igni ... interstinctis, *Fest*

Interstinguo, ĕre, xi, ctum act (1) *To sever, or divide* ... (2) *To extinguish, or put out* ... Also ... Interstinctus ✝ Obiter ... intersting ... *Apul* ... (2) = Ignem ... interstinguit ... *Luc* 3, 760

|| Interstitio, ōnis f [a ...sisto] *A cutting off*, ... *leaving off* Juris interstitio, ... 20, 1 ...

Interstitium, i n ... *space between* ... interstitium pœnitentiæ ... *Tac Ann* 5, 4, 2

Interstratus, a, um part ... *Laid, or thrown between* Alius interstratus ... tumine ... *Val Fl* ... 9, 6 ... *putting* ... interstrepe...

Interstrepo, ĕre, ... *To make a noise among* ... *Virg* ...

Interstringo, ĕre, ... *To strain, to choke* ... Interstringe ... *throat* ... Plaut

Interstructio, ōnis ... *building between* ...

Interstruo, ĕre, xi, ctum ... *To build between* ...

Intersum, es, fui ... (1) *To be present* ... (2) *To differ* ... (3) Also *to concern* ... Nostro sermoni interfuit ... (3) ... *Cic* ... *Ter Eun* 2, 1 (4) ... nostram magni interest, *Cic* ... 5

Intertexo, ĕre, xui ... *To weave* ... *between* ...

Intertextus, a, um part *Interwoven, or wrought between*, ...

or inlaid as cloth of tissue Intertexta auro chlamys, *Vir Æn* 8 16 Inter textæ telæ, *Stat Sylv*

... *The space between rafters, or two or more planks, in building* ... 4, 2

... part *Inlaid, plaited, or framed together* ... Intextus auris ... *Plin* 36, 8

|| ... *To spot up and down,*

... *To draw up ... out of a well* ... 2, 2, 31 ... more suo

... *A ... willing, ... against ... Also ... Plin* 2, 18

... *The weft, ... weaving, ... of gold, ... trying* ... 2 ... Intra ...

... *disturbeth* ... *To trouble, ... interrupt* Davus ... *Ter Andr* ... 1, 29

... *A ... ing at leisure,* Cor

... part *Lying between, or void between* ... spatium intervacantium ... *Col* 4, 2

... *Interval of time, coming* ... *a quartan* ... *Gell* 17, 12

... spatium quod ... omne spatium ... *between the palisadoes* ... (2) *Any distance, ... an interval, a* ... (3) *A rest in* ... *time* (1) ... vallis ... eam suam ... (2) Annuum inter ... *Liv* 1, 17 Nunc ... multos fuit ... Quæ moventur ... *Cic* ... 5, 4

... *pull* ... *Plin* 14

... part *To ... garnished* ... *Plin* 17, 27 ... part *In coming, ... coming ... (2) Coming, ... ing and* ... (3) Also *inter-* ... (1) In ... dolore non in ... *Cic Tusc* 2, 17 (2) ... *Plin* 5, 1 ... ibus desertis, *Id* 5, 8

(5) Intervenientem villicum flagellavit, *Suet Claud* 38

Intervĕnio, ire, vēni, entum neut (1) *To come in the mean while* (2) *To come upon one unawares* (3) Also *to come, or pass between* (4) *To intercede, or hinder* (5) *To interrupt* (6) Also *to happen now and then* (1) Ne ... ctum, ni ipse intervenisset, *Cic* § In ... nire stupro, *Val Max* 1, 8, ext (2) Sponte patet inter ... *Ter Andr* 4, 4, 11 (3) § ... qui cognitionem inter ... *Tac Ann* (4) § Sabinum ... intervenit, *Liv* (5) *Vid* Interveniens, n 3 (6) ✝ ... intervenient ... *Ter*

Intervēnium, i n *The middle space between the veins of the earth,* Vitruv 2, 6, ...

|| Interventio, onis f verb *Surety ship,* Dig

Interventor, oris m verb (1) *He that cometh in, a visitor, an interrupter* (2) || Also *a surety, a broker, or matchmaker* (1) ... interventoribus ... *Cic de Fato,* 1 (2) *Ap JCC*

Interventum est imp ... *They came suddenly upon* § Ubi ... interventum ... *Ter Heaut* 2, 2, 10

Interventus, ûs m verb (1) *A coming between, or in the mean while, an approach* (2) *A sudden coming upon one, a surprisal, an interruption* (3) *An interposing, or putting in* (1) Collegæ interventu ... est, *Liv* Interventu ... *Cic N D* 1, 10 Interventu ... ana, *Val Max* 8, ... (2) = Interventu & appellatio, *Cic Part Or* 1, 8 (3) Creditores interventu sponsoris removit, *Suet Cæs* 18

|| Interversor, oris m verb *An interloper, a smuggler,* Dig

Interversus, a, um part *Turned away privily, pilfered, or conveyed away, embezzled, smuggled* Interverso regali dono, *Cic Verr* 4, 30 ... & *Tac* 16, 9

Interverto, ĕre, ti, sum act (1) *To turn aside, or convey away a thing to his own use, to embezzle* (2) *To intercept, or interlope, to cozen, or cheat one of a thing* (3) Also *to overthrow, or turn upside down* (4) *To spend, or consume and abolish* (1) Candelabrum quod Rex Ægypti Jovi Capitolino ... interversum esse conqueritur, *Cic Verr* 4 (2) § Ut ... interverteret, *Plaut Pseud* 2, ..., 110 (3) *Ap JCC* pracipue (4) *Tac Hist* 2, 95, 4

Interviror, ... *To be tired aside,* &c ... *Vitruv*

|| Intervigilio ... verb *Watching between whiles,* Hig

Intervigilo, āre neut *To wake between whiles, to sleep only by fit,* Sen Ep 8, ubi ... *habent intervigilio*

Interviresco, ēre neut *To be green among other colours* ... *Stat Theb* 4, 98 ...

Intervīso, ĕre, si, sum act (1) *To visit now and then, or between whiles* (2) *To go and see* (1) Quod nos ... intervisis, ... *Cic Fam* 7, 1 (2) Ibo, intervisam prius domum, *Plaut Stich* 1, 2, 90 Ego intervisam quid faciant coqui, *Id Aul* 2, ..., 1

|| Interŭla, æ, f [ab interius, quod corpori sit intima] *A shirt, or smock, the linen worn next the skin,* also *a waistcoat,* Ox laud Litt *sed quære* | Subucula, *Hor*

|| Intrundatus, a, um ... *waves, like a ... tail,* Solin ✝ Undulatus

Intervŏlito, āre freq ... *To fly often among ...*

Intervolo, āre ... *To fly among* ... Tum ... magis ... *Cic* ... 5, 27 ... *Ibid* 2, 614

Intervŏmo, ĕre, ui ... *To pour, or throw out among ...* Lucr 6, 894

‡ Intĕrus, a, um ... *under* ...

|| Interusurium ... *that ... the ... Dig*

Intestābilis, e adj or, comp (1) *He who by the law can make no will,* (2) or *be taken for a witness* (3) Also *that cannot ...* (4) Also *detestable* (5) Also *that is ...* (1) ... improbus intestabilisque esto ... *Plaut* ... (2) ... *Cic* ... (3) ... *Hor Sat* 2, 3, 181 = Intestabilis & ... *Hor* ... (5) ... *Plaut* ...

Intestāto adv *Without making a will,* ... intestato mortuus est, ... *Cic de Or* 1, 40

Intestātus, a, um (1) *That died without making a will, or testament* (2) *Of no credit, ... for a witness* (3) Also *not proved, or convinced by witness* (4) Also *gelt* (1) Intestatum ... *Cic pro Cluent* 60 (2) Cum ... intestato ... *Gellius* ... (3) Hoccine pacto ... intestatum ... *Plaut Curc* 5, 2, 1 (4) *Plaut Mil* 5, 5 sed jocum ... ex amico

Intestīnum, i n *An intestinal, an inward part, either of man, or any living thing, a bowel, a gut* Intestinum tenue, *Cels* 2, 1 Intestinum cæcum, *the fourth gut,* ... *to have no end* Intestinum rectum, *the strait gut,* ... Med ¶ Mihi ... intestina ... *my belly crieth cupboard,* Plaut Cas 3, 5, C

Intestīnus, a, um adj [ab intus] (1) *Inward in the parts,* secret (2) *Deadly, spiteful, long borne in mind* (1) Dolor intestinus, *Sulp ad Cic Fam* 4, 5 Intestinum opus, ... *inlaying,* ... (2) ... intestino flagrabat odio, *Liv* = Ut ... domesticis insidiis & intestino scelere defendi, *Cic* || Pavimentum intestinum, *a boarded floor,* Jun

Intexens, tis part *Interweaving, mingling, tying together,* ... *Virg* ...

Intexo, ĕre, ui, xtum act (1) *To weave, knit, fold, or wind together* (2) *To wind, or wrap in, to plait with other things* (3) Met *To interlace, or mingle* (4) *To introduce one speaking, as a person in a dialogue, or treat a person, or his exploits* (1) § Parthi ... vestibus intexunt, *Plin* 1, ... (2) Casia atque aliis intexens suavibus herbis, *Virg Ecl* 2, 49

(3) Lata tristibus interximus, *Cic Part Orat* 4 (4) Te ... intexui faciamque id crebrius, *Cic Attic* 1, 22

Intexor, i pass *To be woven,* &c

Intextus ... Att ...

|| Intĭmus, ... *a private ... friend,* ... Litt ...

|| Intimatio ... *A ... declaring ...* Dig | Indicium

Intime ... *heartily, ... inwardly, intimately* ... *Cic* ...

|| Intĭmo, āre act *To intimate, to signify to ... to ...*, ✝ ... *Also* ...

Intĭmus, a, um adj [... intus] ... (1) *Inward, ...* (2) Met ... (3) ... (4) ... *Cic* ... Intima ... *Cic Ver* ... (5) D... *Tac Ann* ... = ... *Plaut Trin* 1, 1 ... *Tac Ann* 15, 61, 3 Intima dentes, *the cheek teeth,* Jun

|| Intinctio, ōnis f verb *A dipping, or colouring* Intinctio nominis, *Lapt in* ...

Intinctor, ōris m verb *He that dyeth, or coloureth,* Plin ap Litt ...

Intinctus, a, um part [ab intingor] *Dipped, or dyed in, or stained,* Vitruv 1, 5

Intinctus, ūs m verb *Sauce,* Plin 15, 20 & 20, 9

Intingo, ĕre, xi, ctum act *To dip in, to steep in, to dye, or colour* Brassicam in aceto tingito, *Cato,* 156

Intingor, ... ctus pass *To be dipped in,* Plin 20, 16

|| Intitulo, āre *To entitle,* Ulp ✝ Inscribo

Intŏlĕrābĭlis, e adj or, comp *That cannot be borne, or suffered, intolerable* Intolerabile ... *Cic Orat* 65 Dolor intolerabilis, *Cic Acad* 2, 48 Intolerabilior ... *Id N D* 2, 50 Intolerabilia ... *Val Max* 9, 2, 4

Intŏlĕrābĭlĭter adv *Intolerably, insufferably* Leci ... intolerabiliter ... *Cels* 1, 3

Intŏlĕrandus, a, um *That cannot be suffered, or borne, intolerable* Intolerandi barbaries, *Cic pro Font* 16 Intoleranda frigora, *Liv* 22, 1 ... *Id* Intoleranda vis pestilentiæ, *Val Max* 2, 4, 4

Intŏlĕrans, tis adj Post auctoris desiderium ... comp ... sup (1) *Immoderate, intolerable* (2) *Impatient, that cannot suffer,*

suffer, or abide (1) Cælibes vitæ intolerantia, *Tac* 12, 1 Rerum secundarum Alexandro nemo intolerantior fuit, *Liv* 9, 18 (2) Intolerantia in laboris corpora, *Liv* 10, 28

Intolerantèr adv ius, comp issime, sup *Impatiently, unmoderately, out of measure* Hæc cum intolerantèr doleret, ut solitus, *Cic Tusc* 10 — intolerantius se jactare, *Id de Orat* 2, 5 De suis divitiis intolerantissimè gloriatus, *Id in Vatin* 4

Intolerantia, æ f *Want of government, or moderation*, Cic pro Cluent 40 superbia *Id ib* = Insolentia, *Suet Tib* 51

|| Intondeo, ere ‖ act *To shear, or set up*, Claro crines tonsos intollunt, *Apul Met* 8, p 259 | Lex olla

Intonitus, a, um part *Thundered upon* Fons intonita fluctibus hiems, *Hor Epod* 2, 51

Intondeo, ēre, act *To clip, to shear, or shave round about* Liberi in porro summas partes intonsas, *Col* 1 3

Intŏno, are, ui, itum neut (1) *To thunder* (2) Met *To make a loud noise* (3) Also *to speak loud in a passion* (1) Intonuere poli, *Vir Æn* 1, 9 (2) Intonuit in gentilatitiis c ... *Plin* 8, 4 Intonate minas, *Ov Amor* 1, 7, 46 (3) Cum hæc intonuisset plenus iræ, *Liv*

Intonsus, a, um adj *Not shorn, shaven, or clipped, unpolled, rough, ungainly* Intonsi coma, *Cic Tusc* 5, 26 Intonsæ oves, *Col* Capilli intonsi, *Hor Epod* 15, 9 = Intonsi homines *Apul* & incult, *Liv*

Intorquendus, a, um part *To be flung, or hurled* Intorquenda tela, *Tac Ann* 1, 65

Intorquens, tis part *Writhing, flinging, or hurling* Te cuspis mea intorquens manu ferocis, *Sen* ... Oct ... Jaculum intorquens emittit in auras, *Vir Æn* 9, 52

Intorqueo, ere, si, sum & tum act (1) *To writhe, or wrest* (2) *To twine, or wind in* (3) *To throw, hurl, or cast with force* (1) Pericolos, quibus pendent poma, intorqueo, *Col* (2) § Telum intorsit in hostem, *Vir Æn* 10, 882 (3) § Intorquere hastam alicui, *Vir Æn* 9, 544 in aliquem, *Cic de Har Resp* 4

Intortus, a, um part or, comp (1) *Writhed, wrested, twisted* (2) *Turned, or wound in* (3) *Curled* (4) Met *Full of turning, or windings, intricate, crabbed, obscure* (1) Intorto circa brachium pallio, *Petr Arb* c 80 Intortius buxum, crispum *Plin* 16, 16 Intortus turbo, *Val Flacc* 4, 45 (2) Intorta cauda suum, *Plin* 8, 51 (3) Intorti capilli, *Mart* 8, 3 (4) Intortam orationem ex ordiri tibi, *Plaut Cist* 4, 2, 64

Intra præp cum acc [ab intero, inter contract in a] (1) *Within* (2) *In less than, not more than, or about* (3) *Within the compass of* (1) Intra muros, *Cic* Intra carcerem *Id* (2) Intra paucos dies, *Liv* Intra unum diannum, *Tac* 2, 72, 3 (3) ⁑ Non modo non contra legem, sed etiam intra legem, *Cic* Intra præmium stetit, *Tac* Intra juventam, *Id* 2, 71, 7 ¶ Intra famam esse, *to be less than the report goeth*, Quint Intra verba peccare, *no farther than*, Curt

Intra adv *Inward, within, in the inward parts, on the inside* ⁑ Opercula extrinsecus & intra piceata, *Col*

Intrabilis, e adj *That one may enter into* Intrabilis os amnis, *Liv* 2, 17, ex emendat Gronov

Intractabilis, e adj or, comp (1) *Rough, sharp* (2) *Unmanageable, untractable* (1) Bruma intractabilis, *Vir Geor* 1, 211 (2) Animi intractabilis, *Sen Hippol* 21 Natura intractabilior, *Gell* 18, 7

Intractatus, a, um *Not handled, not tamed, or broken, wild* Equum intractatum & novum, *Cic de Am* 19 Intractatus decor, *Ciri Cynos* 154

|| Intraho, ere, xi, ctum act *To draw in* Sol curvatus intrahe ba[illegible], *Apul Met* 11, p 387 Intrahere est contumeliam ... torquere, *Lips*

|| Intramuranus, a, um adj *Within the walls* Lampr

|| Intraneus, a, um adj *That is within*, Sidon ✝ Internus

Intrans, tis part *Entring in* Intrantes limen, *Valer Max* 2, 1

|| Intransitivus, a, um adj *Intransitive, not passing from one to another*, Gramm

|| Intrarius, a, um adj *That is within, inward, intimate*, Itin ex Plaut ✝ Internus

Intraturus, a, um part *About to enter, or which should, or ought to go in* Quem intraturus jex videbantur, *Curt* 4, 7, 2

Intratus, a, um part *Entred into* Ibi ursus silva intratæ, *Liv* 21, 25 Domus intrata, *Ov Met* 5, 11 Germania, *Paterc* 2, 105

|| Intratus, ûs m verb *An entrance*, Arnob ✝ Ingressus

Intremisco, ēre incept *To quake* Nunquam intremiscunt terræ, nisi sopito mari, *Plin* 2, 79

Intremo, ĕre, ui neut (1) *To tremble, or quake for fear of* (2) *To quiver* (1) § Hannibal senectus intremit, *Sil* 16, 666 (2) § Subito crura intremuere timore, *Ov Met* 2, 180 Totum corpus intremit, *Cels* ... Intremit tumultu, *Val Flacc* ... tellus, ... 609

Intrepidè adv *Boldly, without fear* Postquam esse undique quo tidiano se intrepide visum est heri, *Liv* 26, 4 Intrepide Philippo amissum iri, *Id* Intrepide parituri dicto, *Val Max* 5, 2, ext 3

Intrepidus, a, um *Nothing afraid, undaunted, stout, bold* Intrepidus vultus, *Ov Met* 15, 8 Intrepidus ad mortem, *Val Flacc* 1, 774

Intribuo, ere act *To bestow*, Trajan ad Plin Ep 10, 55

|| Intributio, ōnis f *Contribution, or lot money paid for lands*, Ap JCC

|| Intricatè adv *Intricately, perplexedly*, Litt ex Mart ✝ Perplexè

|| Intricatio *Hilar* pro

Intricatura, æ f *An unwrapping*, Litt ex Varr

✝ Intricatus, a, um part *Intricate, entangled*, Plautinæ Pers Argument 5 ✝ Perplexus, *Ov*

|| Intrico, are act [a tricis] *To intrap, or entangle*, Ap JCC

Intrico, āre *To engage, or entangle*, Cell 6, 1 Also *to mortgage, or lay to pawn*, Ap JCC

Intrinsecus adv [ab intra, & secus, cum signi juxta] *On the inner part, on the inside* ⁑ Vasa intrinsecus & exterius picata, *Col* 12, 43

Intrita, æ f [dict quod interatur] (1) *Fine mortar, or plaister made of lime, old slaked lime* (2) *Lome, or clay, that men graff with* (3) *Also a panada, cawdle, or such like* (1) Intrita quo vetustior, eo melior, *Plin* 36, 23 (2) *Plin* 17, 16 (3) *Cels* 2, 19

Intritum, i n *The same with intrita, also minced meat, an hash*, Plin 35, 13

Intritus, a, um part [ab intero] *Broken, made small, mashed, crammed and put, or steeped in* Panis in lacte intritus, *Varr R R* 2, 9

Intrò adv ad locum *Into a place, within* Ite intro cito, *Ter*

Intro, āre neut (1) *To enter, or go in* (2) *To pierce* (3) Met *To insinuate, or creep into* (1) Portus intramus amicos, *Vir Æn* 5, 57 (2) Vestibulum intrat ursos, *Mart* 14, 30 (3) *Cic* ad Q *fr* 1, 1, 5

|| Introcedo, ĕre *To come in* Post optimas dapes quidam introcessit, *Apul Met* 5, p 1, 4 ✝ Introeo ✝ Ingredior

|| Introcludo, ĕre, si, sum act *To shut within*, Sen ap Litt sed q

|| Introcurro, ĕre, i, sum *To run in*, Non 3, 92

Introdūco, ĕre, xi, ctum act (1) *To bring, or lead in* (2) Met *To introduce, to set forth* (1) In domos etiam introduxit, *Cic Tusc* 5, 4 (2) Non modo naturam mundum introduxit, sed etiam manu pene factum, *Cic N D* 1, 8

Introducor, i, ctus pass *To be brought in, or introduced* Ex hujusmodi principio consuetudo æstimationis introducta est, *Cic Verr* 3, 82

Introductio, ōnis f verb *A leading, or bringing in*, Cic Attic 1, 16 *Junio obsc*

|| Introductorius, a, um *Pertaining to bringing in, introductory*, Cassiod

Introeo, ire, ii, itum *To enter, or go in* Introire in urbem, *Cic Att* 7, 7 in ædes, *Plaut* ad amicam, *Ter* in vitam, *Cic to be born*

Introfĕro, fers, tuli, lātum act *To bear, or carry in*, vid seq

Introferor, ri, latus pass *To be brought, or carried in* Lectica in urbem introferri solitus est, *Cic Verr* 5, 13 Introferri lumen jussit, *Val Max* 1, 7, 7

Introgredior, i, ssus [ex intro, & gradior] dep *To go in* Leg saltem in seq

Introgressus, a, um part *Entred in* Postquam introgressi, & coram data copia fandi, *Vir Æn* 1, 524

Introiens, euntis part *Entring, or going in* ⁑ Vid exeuntem aut introeuntem ad amicum, *Ter Hec* 4, 1, 35

Introitur impers *They go in*, Varr 1, 63 Cato, 66

Introĭtus, ûs m (1) *A going in, an entrance, or entry, a place to enter in by* (2) *A beginning* (1) Ad ipsum introitum portus, *Cæs B C* 3, 39 (2) Introitus defensionis, *Cic pro Cæl* 2

Introlatus, a, um part *Carried, or brought in* Lectica introlatus æger, *Suet Tib* 30

|| Intromissio, ōnis f verb *A letting in*, Tert

Intromitto, ĕre, misi, ssum act *To let in, to suffer to enter, or come in* Comitium aliquem intromittere, *Cic Fam* 1, 9 Alienum hominem intromittam, *Plaut Asin* ... *let them come together*, ...

Intromittor, i, ssus pass *To be let in, or suffered to come in* ... ædes mea, ... *Vopisc* ... 21

Introrsum, vel introrsus [intro versus] *Within, in the inner parts, inward, toward* ... = Illa sunt introrsus, ... Clamantibus tribunis ... fus vitium esse, *Liv*

Introrumpo, ere, rūpi, ruptum *To break in, to force or enter in* ... recta in ædes *Plaut* ...

|| Introspecto, āre, freq ... *looking in*, Capella ✝ Inspecto

|| Introspector, ōris m *He that looketh in*, Aug

Introspectus, a, um part *Diligently looked into, bearly considered*, Quint

Introspiciendus, a, um part *To be looked into, to be examined* Ad introspiciendas proce... voluntates, *Tac Ann* 1, 78

Introspĭcio, ĕre, spexi, ctum act *To look into, to view, to consider, to introspect* § Introspice in mentem tuam ipse, *Cic de Fin* 2, 5

|| Introvocatus, a, um part *Called in*, Apul Met 9, p

|| Introvŏcātio, us m ... *calling in*, Amm 29, 6

Introvŏco, āre *To call in*, ... *nist recte divise*

Introvocor, ari, atus pass *To be called in* Cur introvocari ... quam non introvocari jubes, *Cic Verr* 3, 26 ☞ *Forte melius* ... tro vocari

Intrūdo, ĕre, si, sum act *To thrust in, to intrude* = Se inserebat & intrudebat, *Cic pro Cæcin* 5

Intubāceus, a, um adj *Pertaining to endive* Folia intubacea, *Plin* 27, 1

Intubum, vel intybum, i n & intubus, i m *Endive, or succory, an herb* Intybi quæ ... extra remedia sunt, *Plin* ... Amaris intuba fibris *Vir Geor* 1, 120 *Vid* & *Col* 2, 18

Intuens, tis part (1) *Looking on* (2) Met *Regarding, considering* (1) *Nep Chabr* in princ (2) *Nep Alcib* 4, in princ

Intueor, ēri, itus sum dep (1) *To look upon, to behold* (2) Met *To consider, mark, or take heed* (3) *To reverence* (1) § Vicem tuam hunc, quam inimico vultu intuitus? *Plaut Capt* 3, 4, 5 § In terram aliquem, *Cic* in aliquem, *Id* contra, *Liv* to look at one (2) Potius quid se facere par esset intuebantur, quam quid ... turi forent, *Nep Attic* ... (3) Vestium nomen ... ... deos immortales ... tur, *Liv* 37, 35

Intuitus, a, um part *Having regarded, or looked upon*, Quint

Intuitus, ûs m verb *A beholding, or looking upon* ... Ames hilarior ... ...

Intumeo, ēre, ui neut (1) *To swell, to rise up* (2) *To swell with anger, indignation*, &c (1) Lætæ paludes intumuere æstu, *Ov Met* 1, 419 (2) Intumuit Juno, *Ov Fast* 6, 487 Inflatis sermonibus ire intumuere satis, *Stat Theb* 1, 412 Vid Intumesco, n 2

Intumescens, tis part *Swelling, puffing up, somewhat rising higher* ac ghih In umescens fluctus, ... 81 mo us, *Tac Ann* 1, 8, 2 locu., *Col* 1, 2 vena, *Cels* 5, 6

... im f o, ĕ e incept (1) *To* ... *to swell* (2) *To be puffed* ... (1) Humus intumescens vine-... *Ezod* 16 5. (2) Iure ... sint mesceie, *Quint* 1, 1

... itus, a, um *Unburied*, ... *a grave* Occurram-... tumula tus, *Ov* ... 6

Intuor, 1, ... & ... *To* ... *upon, to behold* Quinam ... intuitus est, qui intuitur nos? *Ter Heaut* 2, 3, 25 Iniquo ini mo pauperes opulentium intuuntur fortunam, *Auf Chalr*

Inturbatus, a, um *Undisturbed, untroubled*, Plin Paneg 6, 2

... *quiet, peaceable* Tuta ... juventa fuit, *Tac* ... 14, 22, 6 Inturbidu annus, ...

Intus adv In loco, de loco, & ... (1) *Within doors, at* ... (2) *Within, inwardly* ... *From within* (4) *In* (5) *In* ... *house* (6) *Inwardly* ... intus ... *Plaut* ... *pol* 112 (2) Omne vo-... intus bicolor ... 52 = Ego te intus & ... novi, *Pers* 3, 30 (3) ⁂ ... intus cum ... *Plaut Cas* 2, 5, 42 ⁂ In... profecto foris, *Id* ... 2, 1, 58 (4) Intus domum, *Plaut Aul* 2, 6, 5 (5) Ubi intus ... hanc novam nuptam recta ... *Plaut Cas* 5, 2, 7 (6) Cibus ... humor memoris assu mitur ... *Tusc* 4, 1085 ☞ *Non audiendum est* Quin ... *so* ... *peragentem, qui* ... intus eo, *proxime alta* ... *demonstrant* ¶ Intus ... *to pay softly with the* ... *hand upon the stops*, Alien ... equum agere, *to wheel a-* ... *to the left*, Ov In ... canere, *Cic* contra *Rull* ... Proverb, *to regard nothing* ... *interest*

Intutum, n [quod intus in ... Indufum ...

Intutus, a, um *Unsafe, unsure*, ... Quousque cunctando ... patiemini? ... *Phil contra Lep* ... In ... latebra, *Tac* ... 9, 2 In uta castra, *Id* ... 4

Intybum, i n ... Ior... palato intyba, *Col* ...

... m *Vid* Intubus

Invado, ĕre, si, sum act (1) ... *to march along* ... *to attack, to as-* ... *to lay hold of* ... invadere viam, *Vir Æn* ... Bidio tria stadiorum millia ... *Tac Ann* 11, 7 (2) ... urbem *Vir Æn* 2, 265 ... placuit, invadit, ... In ... improbis, ... *Cic* ... An ... *Ter Hec*

... *To sheath*, ... *into a sheath*, Vir ap ... *nunquam repertio*

... *ill health*, Gell ... ✝ In ... valeo, ere, ui neut (1) *To* ... *strong, to be in health* (2) ... *To grow into use* (1) Usque ... *Plaut Most* 2, 2, 19 ... (2) = In-crebuit passim & invaluit consuetudo, *Plin*

Invaletudinarius, a, um *Sickly*, ... Sen praef N Q ... *Gron verbum dissecat, & alter etiam exponit*

Invalesco, ĕre incept (1) *To prevail* (2) *To grow* (1) ... In alco, n 2 (2) ⁂ Cum verba ... mercidum invalescant que ... ribus, *Quint* 2, 1

Invalitudo, inis f *Sickness, craziness, illness, ill disposition* Invaletudine tua moveor, *Cic Att* 7, 2

Invalidè adv *Faintly, feebly, weakly*, Hag Poe

Invalidus, a, um adj or, comp ssimus, sup (1) *Feeble, weak* (2) *not valiant, or strong* (3) *Of little force, or virtue* (4) *Sick, faint, crazy* (5) ✝ Also *very strong* (1) § Camill s d ... a corporis senecti invalidus, *Liv* 4, 8 (2) = In ... vires ingeniumque mihi, *Ov* Invalidissimum urbs caput, *Plin* Extorquere invito tamen in invalidiori, *Aug* (3) Invalida herba medici, *Col* 2, 11 (4) = Invalidus itque aeger, *Suet Aug* 19 (5) *Lucr* 1, 96 ap *Litt* ... ... validis

|| Invasio, ōnis f verb *An invasion, assault, or attack*, Cod ✝ Impetus, incursio, impressio

|| Invasor, ōris m verb [ab invado] *An assailer, or invader, an aggressor, that maketh to onset*, Victor Jun

Invasūrus, a, um part *About to invade, ready to set upon*, Val Max

Invectus, ēris adj *Ill fed poor* Inuberes maciaque ostreae, *Gell* 20, 8

|| Inubero, āre *To give suck*, Val ap Litt ✝ Lacto

Invectio, ōnis f verb (1) *An importation, a bringing, or conveying in* (2) Met *An inveighing, or vehement speaking against one, an outrage in words* (1) ⁂ Exportatio rerum quibus abundamus, & invectio earum quibus egemus, *Cic Offic* 2, 3 (2) *Cic de Inv* 2, 51 ¶ Invectiones lunæ, *the course, or motion of the moon*, Sen

Invectitius, a, um adj (1) *That is brought in, not of the growth, or breed of the country* (2) Met *Ascititious not one's own* (1) Invectitiæ in Asia columbæ, *Plin* 10, 29 (2) Invectitum gaudium fundamento caret, *Sen Ep* 23

|| Invectrix, æ f *An inveigher, a railing person*, Jun

|| Invector, ōris m verb *He that bringeth in*, Ap JC

Invectus, a, um part (1) *Carried, or brought in* (2) Met *Inveighing* (1) § Invectus urbem, in triumph, ... Mœnia triplici triumpho, *Vir Æn* 8, 714 (2) Tristibus verbis invectus, *Ov Trist* 2, 135

Invectus, ūs m verb *A bringing in, or conveying in* Aminis insula ... terræ in vectu continenti annecten, *Plin* 4, 1

Invehens, tis part (1) *Carrying in* (2) *Inveighing, or railing at one* (3) Also *carried up on, riding upon* (1) Invehens merces, *Plin* (2) *Vid* Invehor, n 4 (3) Nuntios invehens belluis *Cic N D* 1, 28

Inveho, ĕre, xi, ctum act (1) *To import* (2) *To carry, or bear* (3) *To bring in, or upon* (4) *To inveigh, or speak bitterly* (1) ⁂ Merces alii suas evehunt, res externas invehunt, *Plin* 6, 18 (2) Multum in ærarium pecuniæ invexit, *Cic Offic* 2, 22 (3) § Quemcunque casum fortuna invexerit, quietè ferat, *Cic Tusc* 4, 17 (4) § ... quo Cæsar ... invehitur, ... *Liv* 2, 2 ...

Invehor, i, ectus (1) *To be carried, or brought in* (2) Met *To inveigh, and speak bitterly against one* (1) § Dictator triumphans urbem invehitur, *Liv* 2, 31 ... Invectus, n 1 ... quo, *Id* ... *Cic* ... *Vir* ... In vectus, n 1 (2) § Æschines in Demosthenem invehitur, *Cic Tusc* 5, 26

Invendibilis, e adj *Invendible, not saleable* Merx invendibilis, *Plaut Pan* 1, 2, 128

|| Invenditus, a, um *Not sold, unsold*, Scæv ✝ Non venditus

Invenio, ire, ēni, entum act (1) *To find, to meet with, to find out* (2) *To invent, to contrive, or devise* (3) *To get, to obtain, to procure* (4) *To discover* (1) ⁂ Quem ... sæpe transit, ... quando invenit, *Publ Syr* ⁂ Quod quærebam, ... inveni meum, *Plaut Cist* 4, 2, 80 ... Utinam tam aliquid invenire facere possit, hoc ... *Ter* ... 2, 1, 5 (2) Hoc tute inventus ... convenisses? *Ter Eun* 3, 1, 6 (3) = Non quæris patri quomodo obsequare, & ut serves quod labore invenerit, *Ter Heaut* 5, 4, 17 = Laudem inveniās, & amicos paries, *Id Andr* 1, 1, 29 (4) = Conjuratio inventa atque deprehensa est, *Cic Catil* 3, 7

Invenior, iri pass *To be found, or discovered*, Cic de Orat 2, 38

|| Invenibo, *pro* inveniam, *Non* Invenitur impers *It is found out*, Plin

|| Inventarium, i n *An inventary of one's goods*, JCC

Inventio, ōnis f verb (1) *An inventing, a finding* (2) *Invention, one of the five parts of rhetoric* (1) Inventio atque excogitatio, *Cic Tusc* 1, 25 (2) Extant libri duo Ciceronis de Inventione, *Quint* 3, ...

|| Inventitius, a, m *A bastard, or foundling*, Recent ✝ Qui inventus

Inventiuncula, æ f dim *A small device, or invention*. Minimis inventiunculis gauden, *Quint* 8, 5

Inventor, ōris m verb *A finder out, a deviser, an inventer* Inventor veritatis, *Cic de Fin* 1, 10 rerum *Tusc* 5, 9 voluptatum, *Ter Eun* 5, 8, 5

Inventrix, icis f verb *A finder, or deviser, feminine* Inventrix olli Minerva, *Cic N D* 3, 21 = Carminis inventrix & auctor, *Ov Fast* 6, 709 Ars inventrix, *Quint*

Inventum, i n *An invention, or device* = Inventum, inceptum, *Ter Heaut* 4, 6, 7 Inventum medicina meum est, *Ov Metam* 1, 521

Inventus, a, um part *Found out, invented, gotten* = Tu non inventa reperta luctus eras levior, *Ov Met* 1, 654 Optata magis quam inventa, *Cic N D* 1, 8

Inventus, ūs m verb *An inventing, a finding* Ex eodem inventu est, surculos abscissos serere, *Plin* 7, 10

|| Invenustè adv *Unhandsomely, unseemly* Sententiola invenustè lusit, *Gell* 17, 12 ✝ Indecorè

Invenustus, a, um adj (1) *Unhappy*, properly *in love* (2) *Unhandsome, without grace* (1) = Adeon' hominem esse invenustum, aut infelicem quenquam, ut ego sum! *Ter Andr* 5, 1, 11 (2) = Sordida res & invenusta, *Catull* ... 5

Inverecundè adv *Without shame, or immodestly*, Sen Epist 114, princ

|| Inverecundia, æ f *Shamelessness, impudence*, Tert & Arnob

Inverecundus, a, um adj or, comp ssimus, sup (1) *Shameless, without shame* (2) *Impudent* (1) Inverecundum ingenium, *Cic de Inv* 1, 45 Quid inverecundius? *Plaut Mil* 7, 7, 1 (2) = Impudens, impurus, inverecundissimus, *Plaut Rud* 3, 2, 38

Invergens, tis part *Inclining, or pouring on, or in* In vergens ... carchesia Bacchi, *Ov* ... 7, 2, 6

Invergo, ĕre neut (1) *To incline* (2) Act *To pour on, or in* (1) *In ...* (2) § Fronti invergit vina sacerdos, *Vir Æn* 6, 244

Inversio, ōnis f verb (1) *A turning inside out, or upside down, a turning of the wrong side forward, inversion* (2) *A transposing of words, or matter* (1) Ex verbi ... (2) Inversio verborum, *Cic Orat* 2, 64

Inversūra, æ f *Wardings, or turnings* ⁂ Aditus directi sine inversuris faciendi, *Vitruv* 5, 3

Inversus, a, um part (1) *Turned in and out, turned upside down* (2) Met *Changed, topsy-turvy* (3) *Confused, disordered* (4) || Also *not turned, untranslated* (1) Inversi manus, *Plin* 12, 25 (2) Inversi mores, *Hor Od* 3, 5, 7 (3) Inversa verba, *Ter Heaut* 2, 3, 1... (4) *Manil*

Inverto, ĕre, ti, sum act (1) *To turn in* (2) *To turn upside down* (3) *To turn the inside out* (4) *To invert, to change* (5) *To disturb, or prevent* (6) *To turn up the ground in tilling* (1) Gyges videbatur, cum annulum inverterat, *Cic Off* 3, 9 (2) Invertunt vinaria tota, *Hor Sat* 2, 8, 39 (3) Murana infixa hamo se invertit, quoniam sit dorso cultellato, *Plin* ..., 2 (4) ⁂ Cum semel dictum sit directe, inverta tur ordo, *Cic Part Orat* 7 (5) Probè premitur, nisi noster Pompeius negotium inverterit, *Cic Q fr* 3 ... everterit (6) Pingue solum invertunt tauri, *Vir Geor* 1, 65

Invesperascit, ebat impers *It waxeth night* Jam invesperascebit, *Liv* 39, 50, princ

|| Investigabilis, e adj *That cannot be found out*, Vulg interp ✝ Non vestigabilis

Investigandus, a, um part *That is to be searched, sifted, traced, found, or sought out* Investigandi veri cupiditas, *Cic* pro *Ligar* in princip

|| Investigarius, i m sc canis *A drawing hound, a bloodhound*, Litt sed deest auct

Investigatio, ōnis f verb *A searching, or seeking out* = Hominis est propria veri investigatio, atque inquisitio, *Cic Off* 1, 4

Investigator, ōris m verb *A searcher by trace, one that maketh diligent search, or inquiry* Diligentissimus antiquitatis investigator Varro, *Cic de Cl Orat* 15

Investigatus, a, um part *Found out, searched, sought out* Quæ ratione investigata ac comprehensa fuerint, *Cic*

Investigo,

Investigo, āre act [tractum à venatoribus, qui per *vestigia* feras quærendo inveniunt] (1) *To seek, search,* or *find out by the steps,* or *prints of the feet, to trace* (2) *To make diligent search of,* or *for* a thing, *to inquire* (1) Incredibili ad investigandum sagacitate naturæ, Cic N D 2, 63 (2) = Investigabant & perscrutabantur omnia, Cic Verr 4, 21 = Ubi quæram? ubi investigem? Ter Eun 2, 3

Investigor, āri, ātus, pass *To be traced,* or *found out* Nihil tam difficile, quin quærendo investigari possit, Ter Heaut 4, 2, 8

Investimentum, i n *A garment* Adducunt aliq ex Liv 4, 25 *ubi rec ius* in vestimentum

Investio, ire, ivi, itum act (1) *To adorn, garnish, trim,* or *deck* (2) || *To invest one in an estate, to give him seisin* (1) Publicus porticus investivit pictura, Plin 35, 7 (2) Calv

Investis, e adj (1) *Virginal, pure, undefiled, without hair* (2) Also *naked, without clothes* (1) = Investis puer hoc, aut si quis alius fatis purus, efficiet, Pallad 11, 14 (2) = Nudus & investis, Tert

|| Investitūra, æ f *An investing,* or *giving possession, investiture,* Ap JCC

|| Investitus, a, um *Unclothed,* or *unclad,* Prud in Symm 2, 58 ✝ Non vestitus

|| Investo, āre *To heat,* or *warm,* Litt ex Macrob

Invĕtĕrasco, ĕre incept (1) *To grow old* (2) *To wax of force and strength by continuance* (3) *To grow incurable, to be settled* (4) *To grow obsolete* (1) Erant qui inveteraverant bellis, Cæs B G 3, 110 (2) = Literarum monumentis inveterascent & corroborantur, Cic Catil 3, 11 (3) Ulcus inveterascet alendo, Lucr 4, 1061. (4) = Nihil inveterascere, nihil exstingui, nihil cadere debet eorum, in quibus beata vita consistit, Cic Tusc 5, 14 al interarescere

Invĕtĕrātio, ōnis f verb *Inveteracy, obstinacy* as of a disease, *by long continuance, a chronical disease* ✱ Inveteratio in corporibus ægrius depellitur quam perturbatio, Cic Tusc 4, 37 R occ

Invĕtĕrātus, a, um part *Confirmed by long use, growing into a custom, waxen old, of long continuance, inveterate* ✱ Omnis conglutinatio recens ægre, inveterata facile divellitur, Cic de Sen 20 ✱ Malum nascens facile opprimitur, inveteratum fit robustius, Id Philipp 5, 11 ☞ Nostra non instituta, sed jam inveterata amicitia, Id Fam 4, 3 ✱ nascens, Id

Invĕtĕro, āre act (1) *To keep till it be old,* or *stale, to keep long from rotting* (2) Neut *To be established by long time, to grow in use, to endure, to be of long continuance* (3) *To be antiquated,* or *abolished* (1) Si diutius illum cepeque inveterari libeat, Plin 19, 6 (2) = Insedit penitus & inveteravit macula in Populi Romani nomine, Cic pro Manil 3 (3) Veri Dei notitia apud omnes gentes inveteravit, Lact Vid etiam Inveterasco, n 4

Invētitus, a, um adj *Unforbidden, without controul.* Invetitum saltus penetrat pecus, Sil 2, 242

Invicem adv [ex in & vicem] (1) *One another, each other* (2) Also *one after another, by turns* (3) *On the other side* (1) Qui se amore invicem dilexerunt, Quint ☞ Me mutuo diligas est Planci ad Cic Fam 10, 15 (2) Altum cantus, canumque latratus invicem audiuntur, Plin 6, 1 (3) Invicem mœchos anus arrogantes flebis, Hor Od 1, 25, 9

Invictus, a, um adj ||or, comp ſſimus, sup *Invincible, that cannot be overcome, unwearied* Invictissimus imperator, Cic Verr 4, 38 ✝ Ratio invictior, Aug § Invictus cursu, Ov Met 8, 311 à labore, Cic Offic 1, 20

Invidendus, a, um part *To be envied,* also *great, mighty* Caret invidenda sobrius aula, Hor Od 2, 10, 7

Invidentia, æ f *Envy grudge, repining, grief at others well doing* Vid Invidia, n 1

Invideo, ēre, di, sum act & neut [dict à nimis intuendo fortunam alterius, ut ste Cic Tusc 3, 9, sub fin] (1) *To see inwardly,* or *exactly, to look wistly upon* (2) *To envy, grudge, spite,* or *bear ill will, to hate* (3) Also *to deny,* or *refuse to give a thing to one* (1) Mihi pio vero constat omnium mortalium vitam divino numine invideri, Sall Orat 2. ad Cæs de ord R P sub finem (2) ✱ Quoniam æmulari non potes, nunc invides, Plaut Mil 3, 2, 26 ✱ Invidet aut favet semper nigritatis iniquus judex populus, Cic § Invidere honori, Id § honorem alicui, Hor (3) Troasin invideo, Ov Epist 13, 137

Invideor, ēri pass *To be grudged at* Ego cur, acquirere pauca, si possum, invideor, Hor A Poet 56. *paulo licentius*

Invidētur impers *Men do envy, hate,* or *spite* ✱ Non modo non invidetur illi ætati, sed etiam favetur, Cic Offic 2, 13

Invidia, æ f [ab invideo, *i e* nimis video vel intueor fortunam alterius, *vid* Cic Tusc 3, 9.] (1) *Envy, hatred, ill will, spite, grudging, an ill opinion that one man hath of another, malice, displeasure against one* (2) Also *sometimes that which I have against others* (3) *The getting ill will* (1) ✱ Si sapiens in ægritudinem incidere posset, posset etiam in invidentiam, non dixi in invidiam, quæ tum est, cum invidetur, Cic Tusc 3, 9 *ubi vid plura* (2) Invidia ducum, cum quibus erat Antigono est traditus, Nep in Eum 10 ✱ Non hæc invidia, verum est æmulatio, Phædr 2, 9 (3) Sine invidia invenias laudem, Ter Andr 1, 1, 39 ☞ Leg *in plur* = Ne is malevolorum obtrectationes & invidias prosternat, Vatin Cic Fam 5, 9

Invidiŏla, æ f dim *A slight displeasure* Nescio quid invidiolæ, Lexicogr ex Cic

Invidiōse adv ius, comp *Enviously, odiously, spitefully* Mea potentiam invidiose criminabatur, Cic pro Mil 5 ✱ Neque quisquam aut invidiosius expulsus, aut receptus lætius, Paterc 2, 45 de Cicerone

Invidiōsus, a, um or, comp ſſimus, sup (1) Act *Envious, malicious, spiteful.* (2) Pass *That is envied, spited, hated, odious, hateful* (3) Also *coveted, procuring envy* (1) Invidiosa vetustas omnia destruit, Ov Met 15, 234 (2) Quo mors foret invidiosior, Ov Met 7, 603 (3) Quod fuit in illo judicio invidiosissimum, Cic pro Cluent 37 Pactolus caris erat invidiosus arenis, Ov Met 11, 88

Invidus, a, um adj *Envious, spiteful, malicious, an enemy.* § Laudis invidus, Cic pro Flacc 1. ✱ benevolus, Id, N D 3 § alienis virtutibus, Plin Paneg 14 Persuaserat invidis meis, Cic Fam 7, 2

Invigilātio, ōnis f verb *A careful watching,* Aug

Invigilo, are neut *To watch diligently, to take good heed to* § Invigilant animo curæ, Stat Theb 3, 4 Aliæ invigilant victu pro victus, Vir Geor 4, 158. Invigilat prohibere minas, Val Flacc 5, 258

|| Invincibilis, e adj *Invincible,* Apul Apol p. 463 ✝ Non vincibilis, invictus

|| Invincibiliter adv *Invincibly* Apul. Florid p 815 ✝ In victe

|| Invio, āre neut *To go,* or *walk,* Solin. ✝ In viam se dare, ambulare

Inviolābilis, e adj *Inviolable, that is not violated,* or *broken,* Sil 16, 16 & Lucr 5, 306

Inviolāte adv *Faithfully, inviolably, intirely* = Memoriam nostri pie & inviolate servabitis, Cic de Sen 22

Inviolātus, a, um (1) *Not violated,* or *corrupted* (2) *Inviolate, unhurt, untouched* (1) Pudicitia inviolata, Ov ad Liv 43 (2) = Inviolati invulneratique vixerunt, Cic pro Sext 67. § Membra inviolata feris, Stat Theb 3, 112

|| Inviscō, āre act Inviscare aves, *to take with birdlime* ✝ Visco aves capio, visco illino.

Invisibilis, e adj *Invisible, that cannot be seen,* Cels in præf ✝ Oculorum effugiens obtutum, Cic

Invisitātus, a, um *Not visited, unusual* Galli ante invisitati alienigenis, Liv 27, 39

Invisito, are freq *To visit often,* Mart ap Litt

Inviso, ĕre (1) *To view* (2) *To go,* or *come to visit* (1) Arcadiæ invisere fines, Vir Æn 8, 159 (2) Ut invisas nos suadeo, Cic Att 1, ult

Invisor, ōris m verb *He that envieth,* or *hateth another,* Apul Florid 9, p 773

Invisus, a, um adj or, comp ſſimus, sup (1) *Unseen* (2) *Loathed, hated* (3) Also *hateful, odious* (1) = ✱ Occulta, & maribus non invisa solum, sed etiam inaudita sacra, Cic de Har Resp 27 (2) § Oratio diis immortalibus invisa, Cic pro L Manil 16 (3) Contemptior indies & invisior, Suet Tib 13 Urtica quid esse invisius potest? Plin 22, 13 Invisissima voluptas, Sen Epist 51

|| Invitābilis, e adj *Delectable, pleasant, attractive* Sermones jucundi & invitabiles, Gell 13, 2 ✝ Delectabilis

Invitāmentum, i n *A bidding,* or *desiring, an alluring,* or *provoking, an invitement* Invitamenta naturæ, Cic de Fin 5, 6.

Invitātio, ōnis f verb *Idem* (1) *An invitation,* or *inducement* (2) *A treat* (1) Ægritudo exoritur quadam invitatione ad dolendum, Cic Tusc 3, 34 (2) Hospitum invitatio liberalis, Cic Philipp 9, 3

Invitātor, ōris m verb *An officer that invited people to sup with the emperour* In Lemmate 23 Epigr. 3 L Mart. sed hic parum præsidii, olim enim aliud præ se ferebat *se* in cœnipetam

Invitatus, a, um part (1) *Bidden* (2) *Allured, inticed* (1) Invitati in hospitium, Liv ✱ Non solum invitatus, sed etiam rogatus, Cic (2) Invitata improbitas successu, Plin

Invitātus, ūs m verb *An invitation* Mi to Trebatium in tatu tuo, Cic ad Cæs Fam. Ep 7, 5

Invitè adv ius, comp ſſime, sup *Against one's will* Invite cœpi Capuam, Cic ✱ Vel prudentius vel invitius, Id Invitissime, ap eundem Ep 3, 10. Omn leg sed meliores libri, in me invitissimo

Invito, āre act [*a* vis, ut sit tanquam blanda vi voco] (1) *To allure,* or *intice* (2) *To bid, to invite, to desire to come* (3) *To treat,* or *make much of* (4) *To encourage,* or *provoke* (1) = Ad quem fruendum non modo non retardat, verum etiam atque allectat senectus, Cic de Sen 16 (2) Ad cœnam hominem invitavit in postremum diem, Cic (3) Alii suos in castra invitandi causa adducunt, alii ab suis abducuntur, Cæs B G 1, 74 Si invitare nos pergeret, ibidem obdormissimus, Plaut Rud 2, 7, sub fin (4) Si non invitant omnia cuipiam, Ov Epist 17, 183

Invitor, āri, ātus pass *To be allured,* &c. A Cæsa e vade liberaliter invitor in legationem, Cic Att 2, 18

Invito adv Quidam adjerunt ex Cic pro invite, quod vide

Invitus, a, um adj ſſimus, sup [fort ab in neg & vito] *Unwilling, against one's will, by constraint, in spite of his teeth, whether one will,* or no ¶ In vitā Minervā, *against one's inclination,* = Sapiens nihil facit invitus, nihil dolens, nihil coactus, Cic Parad. 5 Invitissimus eum a me dimisi, Id Fam 13, 63

Invius, a, um adj [ex in, & via] *Lacking a way, that can not be come at, unpassable* ✱ Italiam longis via dividit invia terris, Vir Æn 3, 383

Inula, æ f [conti vel corrupt ab helenium] *The herb called enula campana, elecampane* Inulas ego primus amaras monstravi incoquere, Hor. Sat 2, 8, 51

Inultus, a, um (1) *Unpunished, unrevenged, without hurt, escaping quit,* or *scotfree* (2) Act *That hath received an injury and not revenged it* (3) *Unhurt, without danger* (1) Inultum id nunquam a me auferet, Ter Andr 3, 5, 4. (2) Nos hæc patimur inultæ, Ov Fast 4, 595 (3) Curt 3, 4, 4

|| Inumbrātio, ōnis f verb *A shadowing,* Vitruv ap Litt

|| Inumbrātor, ōris m verb *He that shadoweth,* or *pourtrayeth,* Vitruv ap Litt

|| Inumbrātus, a, um part *Shaded, disguised* Inumbratæ quies, JC

Inumbro, āre act (1) *To cast a shadow upon, to give a shadow to* (2) ✝ Also *to defend and preserve* (1) Foros obtentu frondis inumbrant, Vir Æn 11, 66 Inumbrare partes dominationis Val Max 1, 7, ext 5 (2) ✝ Sipont

Inumbror, āri, ātus pass *To be eclipsed, shaded,* or *darkned* Imperatoris adventu legatorum dignitas inumbratur, Plin Paneg. 19

|| Inuncātio, ōnis f verb *A hooking,* or *intangling,* Cod

Inuncatus, a, um part *Catched* Lana in pecore rubis quasi hamis inuncata, Col. 7, 3

Inunce

† || Inunco, āre act *To catch*; or *draw to one*, as it were *with an hook* Qui nummos tristis inuncat, Lucil ap Non Unguibus inuncare, *Apul Florid* 2, p 760

|| Inuncor, āri, ātus pass *To be caught* as fishes are *with hooks* Hamis inuncanda, *Apul Apol* p 455

Inunctio, ōnis f verb [ab inungo] *An anointing*, Plin 20, 5 & Cels 7, 7

Inunctor, oris m verb *He that anointeth*, Litt ex Cels

Inunctus, a, um part *Anointed*, *besmeared* Oculi inuncti, *Hor Sat* 1, 3 25

Inundans, tis part *Overflowing* Æstus maris inundantes, *Plin* 2, 97

Inundatio, ōnis f verb (1) *An overflowing*, *a deluge*, *an inundation* (2) Pass *The being overflowed* (1) = Valles fluminum alluvie & inundationibus crescunt, *Col* 3, 11 (2) Joppe Phœnicum antiquior terrarum inundatione, *Plin* 5, 13

|| Inundator, ōris m verb *He that overfloweth*, Litt ex Apul

Inundo, are act (1) *To overflow*, *to overwhelm*, or *cover over with water* (2) Met Neut *To come pouring on amain* (1) Terram inundat aqua, *Cic N D* 1, (2) Denfi inundant Troes, *Vir Æn* 12, 280

Inundor, āri, ātus pass *To be overwhelmed* &c Inundari sanguine, *Liv* 24, 38

Inungo, ĕre, xi, ctum act *To anoint* Visco inungunt oculos, *Plin* 8, 54

Inungor, i, ctus pass *To be anointed* Si quando aliquis hoc fuerit inunctus, *Scrib Larg. Comp* 90

|| Inunitus, a, um part *Made one*, *united together*, Tert ✝ Conjunctus, coagmentatus

Invocans tis part *Calling upon*

† Invocatio, ōnis f verb *A calling upon*, *a crying for help*, *an invocation*, Theologis usitatissimus ✝ Precatio, obsecratio

Invocatus, a, um part *Called upon*, Just 18, 6, 5

Invocatus, a, um adj [ex in, non, & vocatus] *Uncalled*, *unbidden* ⁝ Quos invocatos vidit in foro, omnes devocavit, *Nep Cim* 4

Invoco, āre act (1) *To call in*, or *upon*, *to call for* (2) *To invoke*, or *implore* (3) *To imprecate* (1) Invocare advocatum, *Cic Orat* 2, 47 (2) Jovem invocat un , ven t auxilio iis fuit, *Plaut Amph prol* 92 (3) Tu invocare cum eo magno malo invocasti, *Plaut Asin* 5, 2, 60

Invocor āri, ātus pass *Plaut*

|| Involatio, ōnis f verb. *Aug*

Involatus, us m *A flying on* Ales involatus, *Cic Fam.* 6, 6

Involito, are freq *To fly in often*, *to hang over*, *to fly*, or *wave about* Humeris involitant comæ, *Hor Od* 4, 10, 3

Involo, āre neut (1) *To fly in*, *or upon* (2) Met *To fly at*, *or fly on*, *to lay hold of* (2) *To seize* (1) Singulos involat venus in am capit, *Plin* 9, 59 (2) Vix me contineo, quin involem in capillum, *Ter Eun* 5, 2, 20 (3) Involare in possessionem, *Cic. de Orat* 3, 31 § Nisi involare, *Col* 8, 4 § Animum cupido involat, *Tac Ann* 1, 49

|| Involucer, cris, cre & involucris, e adj *That cannot*, or *is not able to fly*, *unfledged*, *callow* Pulli involucres, *Gell* 2, 29

Involucre, is n [ab involvendo] *A barber's towel that he casteth about one's shoulders when he trims one.* Ne is quidem involucre injicere voluit, vestem ut ne inquinet, *Plaut Capt* 2, 2, 17

Involucrum, i n *Every thing that serveth to cover*, *wrap*, or *hide*, *the cover of a book* It is used for several things. Involucrum clypei, *Cic N D* 2, 14 Involucrum floris, *the cup of a flower*, Jun Involucrum cordis, *the purse of the heart*, Med

Involvens, tis part *Covering*, *inwrapping*, *hiding* Nox involvens umbrâ terram, *Vir Æn* 2, 251. Met Obscuris vera involvens Sibylla, *Ibid* 6, 100

|| Involuntarius, a, um *Against one's will*, *involuntary*, *unwilling*, Post ✝ Invitus

Involvo, ĕre, vi, lūtum act (1) *To wrap*, or *fold in* (2) *To tumble*, or *roll upon* (3) Met *To intangle*, *to involop* (4) *To cover*, or *hide* (1) Membrana involvat libellum, *Tibull* 3, 1, 9. (2) Saxa trabesque super, totosque involvite montes, *Ov Met* 12, 507. (3) Aranei lacertarum catulos involvunt, *Plin* 11, 24 (4) Captivam stipulâ fœnoque involvit, *Ov Fast* 4, 705 ¶ Involvere se literis, *to give himself wholly to his books*, *Cic Fam* 9, 20

Involvor, i, utus pass *To be wrapped in*, &c Involvi tenebris, *Val Flacc* 7, 74

|| Involūtè adv *Covertly*, *closely*, Spart ✝ Abditè, occultè

Involūtio, ōnis f verb *An inwrapping*, or *infolding*, Vitruv 10, 11

Involūtus, a, um part ssimus, sup *Wrapt up*, *folded in*, *cloked*, *covered*, *intricate*, *obscure*, *dark* = ⁝ Occulta quædam & quasi involuta aperire, *Cic* de *Fin* 1, 9 Involutissima res, *Sen. Q N* 6, 5

Involvŭlus, i m *A worm like a canker that destroyeth the buds of vines*, *a vine fretter* Involvulus pampini folio implicat sese, *Plaut Cist* 4, 2, 63

Inurbanè adv *Uncourteously*, *rudely*, *homely*, *unmannerly*, *uncivilly*, *Cic N D* 3, 19

Inurbanus, a, um adv *Uncourteous*, *rude*, *simple*, *homely*, *uncivil*, *unmannerly*, *ungenteel* = Inops humanitatis atque inurbanus, *Cic de Orat.* 2, 40. ⁝ Scimus inurbanum lepido seponere dicto, *Hor A P* 273.

Inurens, tis part. *Scorching*, Cels

Inurgeo, ēre act *To urge*, *to thrust*, or *push*, *to force against one*, Lucr 5, 10, 4

Inurino, āre neut *To plunge and wash themselves*, *as geese do* Fiat piscina, quâ inurinare possunt aves, *Col* 8, 14

| Inuro, -ĕre, ssi, stum act. (1) *To mark with an hot iron* (2) *To enamel*; *to work with water colours*, *to put*, or *print in* (3) *To burn to ashes* (4) *To brand or fix upon* (1) § Vitulis notas & nomina gentis inurunt, *Vir Geor* 3, 158 (2) Tabulam ceræ Nicias scripsit se inussisse, *Plin* 35, 4 (3) Truncus Pompeii rogo inustus est *Aur Vict V illust* 77, 12 (4) § ⁝ Nonne tibi videtur inurere maculas, quas reliquâ vitâ eluere non possis? *Declam in Sall* , § Inurere calamistris, *Cic*, Prop *to curl hair*, Met *to set off*, or *adorn*

Inuror, i, stus pass *To be burned in*, Met *to be branded with*, Liv

Inusitatè adv ius, comp *Strangely*, *not after the accustomed manner*, *unusually* = Absurde & inusitate scriptæ epistolæ, *Cic* ad *Q. fr* 1, 2. Poeta inusitatius contraxerat meum factum, *Id Orat* 46

| Inusitato adv *Idem*, Plin Paneg 5.

| Inusitatus, a, um or, comp *Unusual*, *unwonted*, *strange*, *not used* = Acies inaudita inusitataque, *Liv* Species navium inusitatior, *Cæs B G* 4, 25

Inustŭrus, a, um part *About to brand*, or *stigmatize*, Cic

Inustus, a, um part [ab inuro] *Burnt*, *markt with a hot iron*, *seared*, *branded*, *enamelled* Vulnere sanguis inustus, *Ov. Met* 12, 275 *De relig sign v* Inuro

|| Inusum, *pro* inusitatum, *Fest*

| Inusus, us m *Want of use* Ego sum inusu nimio factus nequior, *Plaut Most* 1, 2, 65 Rar occ

Inutilis, e adj or, comp ssimus, sup *Unprofitable*, *to no use*, *unserviceable*, *useless* Sibi inutilis, *Cic* Sibi inutilior, *Ov Met* 13, 38 Stomacho inutilissimum, *Plin*

Inutilitas, atis f *Unprofitableness*, *uselessness* ⁝ = Appetendarum rerum partes sunt honestas & utilitas, vitandarum, turpitudo & inutilitas, *Cic de Inv* 2, 52

Inutiliter adv *Unprofitably*, *unseasonably* Multa Romæ male & inutiliter administrantur, *Hirt B Al* 65 Responsum est non inutiliter, *Liv* 3, 50

|| Invulgatio f verb *A publishing abroad*, Sym

|| Invulgator m verb *He that publisheth abroad*, Arnob

|| Invulgātus, a, um *Published*, *blazed abroad* Verba invulgata & sordentia, *Gell* 11, 7 ✝ Vulgaris

Invulnerābilis, e adj *Invulnerable*, *that cannot be wounded* Animus invulnerabilis, *Sen Ep* 9

| Invulnerātus, a, um *Unwounded*, *unhurt* = Invulnerati inviolatique vixerunt, *Cic* pro *Sext* 67

J ante O.

Io, interj exultantis *Io* *A cry of joy* Io pæan, *Ov* Io triumphe, *Hor Od* 4, 2, 50 miserantis, Uror, Io! *Oh! I burn*, Tibull 2, 4, 6 Item vocantis, Io, io, io, te quæso, *Plaut, Pseud* 2, 4, 12

Jocabundus, a, um *Jesting*, *speaking merrily* Inventus jocabunda, *Val Max* 2, 4, 4 *ubi tamen al* joculabundus

|| Jocaliter adv *Merrily*, *in jest*, *sportively*, Amm ✝ Per jocum, jocosè

Jocans, tis part *Jesting* ⁝ Jocans, an ita sentiens, *Cic* Mimi obscœna jocantes, *Ov Trist* 2, 497

Jocatio, ōnis f verb *A jesting*, *drolling*, *playing the wag*, Cic Fam. 9, 16

Jocatus, a, um. part *Jesting* Permulta jocatus, *Hor Sat* 1, 5, 62

Jocor, āri, ātus sum dep *To speak in jest*, *to speak merrily*, *to droll and play the wag*, *to joke* Jocerne tecum per literas? *Cic Fam* 2, 4 Jocabar equidem, *Ter Eun* 2, 3, 86

Jocosè adv ius, comp *Merrily*, *jestingly*, *pleasantly*, *in jest* Eum lusi jocosè satis, *Cic* ad *Q. fr* 2, 11 Jocosius dicere, *Hor. Sat* 1, 4, 105 scribere, *Cic. Fam.* 9, 24

Jocosus, a, um adj *Merry*, *sportful*, *pleasant*, *sportive*, *jocose* ⁝ = Oderunt hilarem tristes, tristemque jocosi, *Hor. Epist.* 1, 18, 89

Joculabundus, a, um *Jesting*, *merry*, Val Max 3, 2, 6 & 2, 4, 4 *ubi tamen al* jocabundus

Joculans, tis *Jesting* Quædam militariter joculantes, *Liv* 7, 10 Hinc Angl *juggle*

|| Jocularia pl n *Jewels*, *bracelets*, Scal

Jocularis, e adj *Sporting*, or *jesting*, *jocular* Jocularis audacia, *Ter Phorm* 1, 2, 84

Joculariter adv *Merrily*, *in jest*, *by way of sport*, Plin 22, 22

Jocularius, a, um adj *That is spoken in jest*, *a jesting matter* Jocularium malum, *Ter Andr* 4, 5, 43

Joculator, ōris m. verb *A jester*, *a droll*, *a merry companion* Joculatorem senem interesse nolui, *Cic Att* 4, 16 Rar occ

Joculatorius, a, um adj *Merry*, *pleasant*, Cic ad Attic 4, 16 *Sed ibi* Grut & Græv *edid* joculator, *legitur quidem ap* Diom Gram

Joculor, āri *To jest* dep *leg saltem in part* Militariter joculantes, *Liv* 7, 10

Joculus, i m dim *A little jest* = Per joculum & ludum, *Plaut Truc* 1, 2, 11

Jocundus, a, um *Vid* Jucundus

JOCUS, i m *Cic* in pl Joci m & Joca n *A jest*, *a joke*, *a droll*, *a pleasant*, or *witty word*, *raillery* = ⁝ Ludo & joco uti licet, cum gravibus seriisque rebus satisfecerimus, *Cic Offic* 1, 29 Multa joca solent esse in epistolis, *Id Philipp* 2, 4 ⁝ Opinor quod dixi per jocum, id eventurum esse severum & serium, *Plaut Pœn* 5, 3, 47

Ionis *A kind of carbuncle stone*, Litt ex Plin

* Iota indecl Litera Græca, *Mart* ex jod, Hebr *The letter* I, or *jod*, also *a jot*, *the least thing that is* Unum de titulo tollere Iota potes, *Mart* 2, ult

* Iotacismus, i m *A faulty pronunciation of the letter* I, Gramm

Jovis, gen à Jupiter [à Jovah, quod à Jehovah, vide inter propria] Jovis arbor, *the oak*, Ov Jovis barba, vel caulis, *sengreen*, or *houseleek* Jovis dies, *thursday* Jovis flos, *rose campaign*, Plin Jovis ales, *the eagle*, Poet ☞ Leg & Jovis *in recto ut* Jovis custos, *sæpe in denariis antiquis*

I ante P

IPSE, a, um gen ipsius, dat ipsi *I*, *thou*, before a verb of the first and second person *he*, *she*, *the same*, *his own self*, *he alone*, *none but he*; also *he of himself* Qui ipse tum fuit, *Cic* Ipse vidi, *Vir* Ipse venias, *Id* Ipsum audere quæ vellem permisit, *gave me liberty*, Id It is often emphatical, as, Flos ipse, *the very flower*, *the very prime*, Ter Also demonstrative, Ii ipsi dii, *those very Gods we are speaking of* § Ipse ego, ipse egomet, *I*, *my self*, Ter Tute ipse, *thou*, *thy self*, Id Hoc ipsum, *this very thing*, Cic Ipsum me nosti, *you know me*, Ter

| Ipsemet pron *He himself*

| Ipsi antiq *pro* ipsius

Ipsipe, *vel* ipsipte, *pro* ipsimet *To himself* Ipsi, neque alii, *ut* mihipte, mihi ipsi

| Ipsissimus, a, um superl *Even the very same*, Plaut

| Ipsus, a, um *pro* ipse *Ple* Maxime ap comicos Hic nunc se ipsus fallit, *Ter Andr* 3, 2, 15

I ante R

|| Ir n *The hollow of the hand*, Peret ... Hr

IRA a (1) f qu ... [ab ... rendo al al ... quod ... ... qui ... depenit ... Donat] (1) *displeasure, wrath, passion, rage*, or *trouble... of any thing* () Meton *A fruit* (4) *Lust* (1) Ira est libido ... Cic ... 4,9 ... Ira ... Suet ... Mart ... Ov ... (1) Hor ... tunt ... Plaut Pœn

... *Angry*, ... Cic ... Doctrina ... Ro... 11

Iracun... (1) *Passion quickly moved* ... *inclination to anger* (2) Also *anger* (1) ... Iracundiæ ... Plaut ... Ter *Philipp* ...

|| Iracunde adv *Angrily*, ... Iracunde

Iracundus, a, um adj or, comp ... *angry, hasty, testy, pettish, ... inclined to anger, boisterous, raging* Iracundi & diff... Cic de Sen 18 Iracundior Adria, *Hor Od* 3, 9, 22 *A*... est iracundum esse, ... Cic

Irascor, ... ātus (1) *To be angry, moved, or displeased* (2) *To grieve, or to be sorry for* (1) = Dii hominibus irasci & succensere consueverunt, *Cic* pro *Q. Rosc* 16 (2) Nostram nec vicem irasci, *Liv*

Iratè adv ... comp *Angrily, in anger* Iratè dimissus, *Phædr* 4, 24 Iratius ... *Col* 7, 12

Iratus, a, um adj or, comp ... ssimus, sup (1) *Angry, troubled, offended, in a passion, or chafe* (2) *Troublous, tempestuous* (1) = Iratus & offensus ... *Cic Att* 1, 8 ... Id ... 36 ... *Philipp* 8, 6 (2) Mare iratum, *Hor Epod* 2, 6

|| Ireos, ... *A kind of pudding*, Fest

Ire, & ... [a verb] Eo, itum est

* Irenarches, *sive* irenarcha, æ m Præs præfectus, *a justice of peace*, Ulp

* Irenicus, a, um adj *Belonging to peace*

Ire... es f Oleæ ramus lana velatus, &c [ab ... lana] *An olive bough done over with wooll, also all sorts of fruits at festivals*, Cerd

|| Iricolor, ōris adj *Of all colours, like the rainbow, changeable, or partycoloured, like a duck, or pigeon's neck*, Auson Epist 3, 15

Irinum, i n *An ointment made of the flowerdeluce*, Plin 13, 1

Irinus, a, um adj *Of the flowerdeluce* Unguentum irinum, *Plin* 13, 1

Irio, ōnis m *Wintercresses, rockgentle, or rockgallant*, Col 12, 20

* Iris, idis f (1) *The rainbow* (2) *A precious stone* (3) Also *the herb called flowerdelice* (4) || Also *the circle with divers colours, which is between the white and the apple of the eye* (5) || Also *the black circle about the nipple of a woman's pap* (1) ... *Æn* 5, 17 ... N D ... (2) *Plin* ... *Col* 12, 20 (4) *Ap Med* (5) *Jun*

Irn... & hirnea, æ f & hirneum, ... *A vessel used for wine in sacrifice*, ... *Plaut* Amph 1, 1, 275

|| Irnella, æ f dim Idem, Fest

Iron, ōnis m *A kind of herb*, Plin 18, 7 ... iron

Ironia, æ f Simulatio ... dissimulatio in oratione [ab ...] ... dissimulator] *A figure in speaking, ... contrary to the signification of the word, or when a man speaks the contrary to what he thinketh, to mock him, a reason ... with mockery, scoffing, jeering, ...* Sine ulla mehercule ironia loquor, *Cic* ... 3, 4 Urbana ... *Il*

* Ironice adv ... *Mockingly, scoffingly, ironically*, Gramm

* Ironicus, a, um Ad ironiam pertinens *Ironical*, Gramm

Irpex, icis f *A rake with iron teeth, to pull up herbs by the roots, an harrow*, Varr L L 4, 31 ... *Cato R R* 10 urpices ... hurpices vocat

|| Irpus, i m [...] In the Samnite tongue *a wolf*, Fest

Irquis, & irquitallus, *Fest* Vid Hirquitallus

|| Irradiatio, ōnis f verb *A casting out of beam, an irradiation*, Aug + Radiatio, *Plin*

|| Irradiator, ōris m verb & irradiatrix f *He, or she that giveth light*, Boet + Qui vel quæ irradiat

Irradio, āre act *To shine upon, to cast his beams upon, to lighten, to irradiate* Hoc undique geminæ irradiant, *Stat Theb* 6, 64

Irrasus, a, um *Unshaven, unscraped, rough, unpolished* Dimentum irraso capite, *Plaut Rud* 5, 2, 16 Irrasa clava, *Sil* 8, 582

Irrationabilis, e adj *Unreasonable* Irrationabile animal, *Cels Præf*

|| Irrationabiliter adv *Unreasonably*, Aug + Sine ratione

|| Irrationalis, e adj *Irrational*, Phil... + Rationis expers, *Cic*

Irraucesco, ĕre, rausi incept *To wax hoarse* Æsopum, ... paululum irrauserit, explodi ... *Cic de Orat* 1, 6

|| Irrecuperabilis, e adj *Irrecoverable* + Irreparabilis, ...

* Irredivivus, a, um *That cannot be revived, or repaired*, Catull 16, 3

Irredux, ucis adj *From which one cannot safely return* Irreducem viam carpit, *Luc* 9, 408

|| Irrefragabilis, e adj *Invincible, that cannot be baffled, or withstood*, Philos

|| Irrefutabilis, e adj *That cannot be disproved*, Arnob

|| Irregularis, e adj *Irregular, or out of rule* + Abnormis, *Hor*

|| Irregularitas, ātis f *Disorder, irregularity* + Declinatio a regula

|| Irregulariter adv *Disorderly, irregularly* + Enormiter, *Plin*

Irreligatus, a, um *Unbound, loose* Croceas irreligata comas, *Ov* ... 1, 530 R occ

Irreligiosè adv *Undevoutly, irreligiously*, Val Max

|| Irreligiositas, ātis f *Want of religion, ungodliness*, Tert + Impietas, *Cic*

Irreligiosus, a, um adj *Ungodly, irreligious, undevout* Liv 5, 11

* Irremeabilis, e adj *From which one cannot return, not to be passed* Irremeabilis unda, *Vir Æn* 6, 425

Irremediabilis, e adj *That cannot be remedied, unremediable* ... tyranni factio irremediabilis, *Sen Ep* 114 + Insanabilis, *Cic*

|| Irremissibilis, e adj *Not to be expiated, or forgiven*, Theol + Inexpiabilis, *Cic*

|| Irremotus, a, um *Unremoved*, Prud Perist 5, 07 + Immotus

|| Irremunerabilis, e *That cannot be rewarded, or returned*, Apul Met ... p 92

Irreparabilis, e adj *That cannot be repaired, or restored to its first state, irreparable, irrecoverable* Fugit irreparabile tempus, *Vir Geor* 3, 284

|| Irreparabiliter adv *Unrecoverably*, Aug + Penitus, funditus

* Irrepertus, a, um *Not found, not discovered* Aurum irrepertum, *Hor Od* 3, 3, 49

Irrepo, ĕre, psi, ptum neut (1) *To creep in by stealth* (2) Met *To steal into, to get in by little and little* (1) § Draco irrepsit in Atiam, *Suet Aug* 94 (2) ... § Eloquentia mo... perfringit, modo irrepit in sensus, *Cic Orat* 28

|| Irrepo... ... *That cannot be demanded again*, Apul Apol p 55

|| Irreprehensibilis, e adj *That cannot be reproved, irreprehensible*, Irtt ex Apul *pro*

Irreprehensus, & irreprensus, a, um *Blameless, harmless* Irreprehensa responsa, *Ov Met* 3, 340 ... probitas famæ, *Id Trist* 5, ult Irreptum ... retinacula, *Prud*

Irrepto, āre freq *To creep, or steal into a place, to creep in by little and little* Vis Argos ... hostilesque Mycenas squallidus irreptet? *Stat Theb* 11, 742 ... proterv... nunc humeris irreptet ... *Id Sylv* 3, 1, 178

|| Irrequies, ... adj *Restless*, Auson *pro*

Irrequietus, a, um (1) *Troubled, disturbed* (2) *Without rest, or quiet, full of toil, restless, troubled* (1) Sors Phœbi irrequieta, *Ov Met* 2, 385 Irrequietus Empeus, *Ibid* 1, 579 () Bella irrequieta, *Ov Trist* ... 2, 6

Irresectus, a, um *Not cut, not pared* Canidia irresectum rodens pollicem, *Hor Epod* 5, 47

|| Irresolubilis, e adj *Not to be loosed, or slackned*, Apul de Hab doct Plat p 60 + Insolubilis, *Quint*

* Irresolutus, a, um *Never let slack, or loose* Vincula irresoluta, *Ov ex Pont* 1, 2, 22

* Irrestinctus, a, um ... part *Unquenched* Irrestinctæ focis servant aeterna flammæ, *Sil* 3, 29 R occ

Irretio, ire, ivi, itum act [qu reti quodam involvo] (1) Met *To take hold, as in a net, to entangle* (2) *To insnare, to allure* (1) § His ... adolescens ... erratis, *Cic Tusc* 5, 21 () ... ... illecebris ... *Catil* 1, 6

Irretior, iri pass *To be ensnared*, &c *Liv*

|| Irretitor, ōris m ... *that insnareth*, Boet + Qui ... ret

Irretitus, a, um part *Intangled, snared, caught in a net*, Met *allured, insnared* ... Cantiunculis irretitus ... *Cic de Fin* 5, 18

* Irretortus, a, um *Untwisted, straight* Oculo irretorto spectare, *Hor Od* 2, 2, 23

|| Irreverens, tis *Irreverent*, Dig

Irreverenter adv *Irreverently* = Adolescentuli ... irreverenter & temere, *Plin Ep* 2, 14

Irreverentia, æ f *Rudeness, irreverence* Studiorum irreverentia, *Plin* ... tate irreverentiam, *Tac Ann* 1, ...

|| Irreverens, tis *Having no respect*, Dig + Non reverens

* Irrevocabilis, e adj (1) *Irrevocable, that cannot be recalled* (2) *Not to be pulled back* ... Irrevocabile verbum, *Hor Epist* 1, 18, 71 (2) Pondus irrevocabile ... *Plin* ...

* Irrevocandus, a um Idem Irrevocandus, *Claud de Bel Get* 123

Irrevocatus, a, um (1) *Not to be called back, that cannot be withheld* (2) *Not called, not desired* (1) Irrevocatus ... cede, *Ov Met* 11, 201 (2) ... jam recitata revolvimus irrevocati, *Hor Ep* 2, 1, 223

* Irrevolutus, a, um *Not turned over, not unfolded*, or ... Vadis & redeas irrevolutus, *Mart* 11, 1 *Sed in mel libb* ... evolutus

Irrideo, ēre, si, sum act [ex in, & rideo] *To mock, to scoff, to laugh to scorn* Apollonius irrisit philosophiam, *Cic de Orat* 1, 17

Irridiculè adv *Unpleasantly, simply, baldly* Non irridicule quidem dixit, *Cæs B G* 1, 4 R occ

Irridiculum, i n *A laughing stock* Irridiculum sumus amore, *Plaut Casin* 5, 2, 3

Irrigatio, onis f verb *A watering* Agrorum irrigationes, *Cic Offic* 2, 4

|| Irrigator, oris m *He that watereth*, Boet

Irrigatus, a, um part ... *ed, daubed, bedabbled* Met Irrigatus plagis homo, *whipt till the blood runneth down*, Plaut Epid 1, 2, 18

Irrigo, are act [ex in, & rigo] (1) *To water* (2) *To bedew, to moisten, to soak* (1) Aquam irrigo in areas, *Cato* § ... Nilus irrigat, *Cic N D* 2, 5 () Sopor irrigat artus, *Vir Æn* ... 511

Irrigor, iri, ātus pass *To be watered*, &c *Col* 2, 17

Irrigua, ōrum pl n ... *Little brooks, or streams that water the earth*, Plin 6, 26

Irriguus, a, um pass (1) ... *tered, wet, moist, plashy* (2) Act Also *that watereth* (1) Hortus irriguus, *Hor Sat* 2, 4, 16 (2) Bibat irriguas fertilis hortus aquas *Tibull* 2, 1, 44

Irripio, ere act [ex in, & ripio] *To hurry in*, C... ... ipse quidem ... Irrisio,

Irrīsio, ōnis f verb [ab irrideo] *A mocking, a laughing to scorn* Cum irrisione audientium, Cic Offic 1, 38

Irrīsor, ōris m verb *One that mocketh, or laugheth to scorn, a mocker, or scorner,* Cic Pa ad 1, 4

Irrīsus, a, um part *A mocking, or laughing to scorn* Non credis id esse nos esse irrisas mo dis *Ter Eun* 4, 1, 43

Irrĭtābĭlĭter adv *Quickly made angry, or moved* ✕ Animi bonorum sæpe irritabiles sunt, & item placabiles, *Cic Attic* 1, 17

Irrītāmen, ĭnis & irritamentum, i n *A thing that stirreth, or provoketh, an incitement, or provocation* Opes animi irritamenta, *Ov Met* 1, 434 Opes irritamenta malorum, *Ibid* 1, 140

Irrītandus, a, um part *That is to be provoked,* Quint 1, 3

Irrītans, tis part *Provoking,* &c Post irritantia luxum, *Sil* Irritasse, *pro* irritavero, *Plaut Amph* 1, 1, 28

Irrītātio, ōnis f verb (1) *A stirring, or provoking* (2) Also *an appetite, or desire* (1) *Liv* (2) Naturalis inest animi irritatio communicandi fides, *Sen*

Irrītātor, ōris m verb *He that stirreth, or provoketh,* Sen Ep

Irrītātus, a, um part & adj or, comp (1) *Provoked, stirred, moved to anger, nettled* (2) Also (1) Irritatis animis, *Liv* (2) Iri sum irritatus, ut, *Ter Phorm* 1, 5, 10 || Irritatior, *Gell* 10, 19

Irrīto, are act [tractum à ca nibus, qui cum provocantur, irritantur, & hirriunt, *Nonn*] (1) *To provoke, move, or stir* (2) *To incite* (3) *To anger* (1) Irritabis crabrones, *Plaut Amph* 2, 2, (2) Irritant animos demissa per aures, *Hor A P* 180 (3) Si me irritassis, lumbifragium hinc auferes, *Plaut Amph* 1, 1, 298 ✕ Pectus irritare & mulcere, *Hor Ep* 2, 1, 202

Irrĭtus, a, um adj [ex in & ratus, i e non ratus] (1) *Void, of no effect, force, or weight, nothing worth* (2) *Vain, addle, that misseth of his purpose* (1) ✕ Quod modo erat ratum, irritum est, *Ter Phorm* 5, 7, 58 = Quæ augur injusta dixerit, irrita infectaque sunto, *Cic de Legg* 2, 8 (2) Ovum irritum, quod & urinum & zephyrium, *Varr R R* 2, 1 § *disappointed of his hope,* Cic 6, 5, 1 consilii, *Pa* 2, 6,

|| Irrobŏro, āre act *To grow strong, or of force,* Gell 1, 22 ✝ Invalesco

Irrŏgātio, ōnis f verb. *A setting, or imposing of penalties, or other things* Mulctæ irrogatio, *Cic pro Rab* Irrogatione dupli, *Plin Paneg* 40

|| Irrŏgātor, ōris m verb *He that imposeth, or enjoineth,* Ap ✝ Qui irrogat

Irrŏgātus, a, um part *Imposed, laid, or set upon* ... irrogatum est, *Plin Paneg* 37 ... irrogatum,

Irrŏgo, āre act [rogatione, suffragiis, impono] (1) *To impose, to ordain, or appoint* (2) *To bestow* (1) Irrogare mulctam, *to set a fine upon his head,* Cic *pro Mil* Irrogare leges, *to make laws,* Cic *pro Domo,* 17 (2) Labori non ... irrogandum est quam quod

somno superent, aut deerit, *to be bestowed upon,* Quint

Irrŏgor, āri, ātus pass *To be imposed upon,* &c Idque supplicii genus multo post parricidis lege irrogatum est, *Val Max* 1, 1, 13

Irrōrans, tis part *Besprinkling* Sedulus irrorans olitor, *Col* 10, 148

Irrōrat impers *There is a dew, or moisture, it misles,* Col 10, 27

|| Irrōrātio, ōnis f verb *A moistning, or bedewing,* Aug ✝ Adspersio, *Cic*

|| Irrōresco, ĕre incept *To wax moist with dew,* Litt ex Apul ✝ Rore madesco

Irrōro, āre act *To sprinkle, or wet with dew, or moisture, to bedew* § Duplex est syntax (1) Libatos irroravere liquores vestibus, *Ov Met* 1, 371 (2) Crinem irroravit aquis, *Ov Met* 7, 190 Irrorat somnus quietem oculis, *Sil* 10, 357

Irrōror, āri pass *To be bedewed, sprinkled,* &c Flores irrorantur, *Col* 9, 13

|| Irrŏto, are act *To turn, or wheel about, to trundle, to make to run, as boys do make flat thin stones upon the water, to glide,* Min Fel ✝ Roto

Irrŭbeo, ĕre *vel* irrubesco, ĕre *To be, or wax red* Irrubuit cœli plaga, *Stat Theb* 9, 647 Nec sanguine ferum irrubuit, *Ibid* 6, 250

Irructo āre neut *To belch, or belch out* Quid tu in os mihi ebrius irructas? *Plaut Pseud* 5, 2, 6

|| Irrŭfo, āre act *To colour reddish, or yellow,* Hier ✝ Rufo colore tingo

|| Irrūgātio, ōnis f *A wrinkling,* Hier

Irrūgātor, ōris m verb *He that maketh wrinkles,* Frag Poet

Irrūgo, are act [ex in, & ruga] *To make wrinkled* Undantemque sinum nodis irrugat Iberis, *Stat Theb* 4, 266

Irrūgor, āri, ātus pass *To be wrinkled* ✕ Æquor illud ventis irrugetur, *Gell* 12, 1

Irrŭmātio, ōnis f *A sucking, or being sucked,* Catull

Irrŭmātor, ōris m verb *He that giveth suck, or sucketh,* Catull sed sensu obsc

Irrŭmo, āre act [ex in, & rumen, sic enim vocabant antiqui mammam, *test Plin* 15, 20.] *To give suck, or milk,* Ap idoneos auctt sed notione parum idoneâ quæ explicetur

Irrumpens, tis part *Entring in by force, breaking in, or rushing in violently, blustering, boisterous* Rutilum regem vidit irrumpentem, *Vir Æn* 9, 729 Irrumpentibus illis in urbem, *Val Max* 5, 2, 1

Irrumpo, ĕre, rūpi, uptum neut *To break in violently, to enter, or rush by force, or main strength* § Irrumpere oppidum, *Cæs* in provinciam, *Cic Fam* 15, 2 & *Met* Irrumpunt in animos extrinsecus imagines, *Cic Acad Q* 4, 40

Irruo, ĕre, ui, utum neut *To run hastily, violently, or furiously in, or upon a thing, to rush in, to run headlong into* § In ædes irruit alienas, *Ter Adelph* 1, 2, 8 § Vide, ne ille huc prorsus se irruat, *Ibid* 4, 2, 11 § Irruimus ferro, *Vir Æn* 3, 222

Irruptio, ōnis f verb. *A bursting in, a violent breaking, or entring in, an irruption* Si irruptio facta nulla sit, *Cic* pro Leg Manil 6 Irruptionem facite in popinam, *Plaut Pœn prol* 42

Irtiola, æ f *al leg* irciola, *qu*

hirciola, ab odore hirci *A kind of vine,* Plin 14, 3

Irruptus, a, um part [ab in neg & rumpor] *Unbroken, firm* Felices, quos irrupta tenet copula, *Hor Carm* 1, 13

I ante S

Is, ea, id gen ejus pron *He, she, it, the same, that, such* Is ius abiit, *Ter Adelph* 3, 3, 8, Vin' amicam huc evocemus? ea sustabit, *Plaut Stich* 5, 1, 53 Id unde efficiat non habet, *Plaut Pœn* 1, 1, 57 Estne hic Crito? Is est, *Ter* Non tum is qui, &c Nep Là sum ætate, ut, &c Id ¶ Id *for* ideo, *or* ob id, *for this cause, to that end, on this account* Nunc id prodeo, ut conveniam Parmenonem, *Ter Eun* 5, 7, 5 ¶ Id *for* hoc, *this* Id modò dic abusse domum, *Id* ¶ Id, with a genitive sing *or* plur Id diei, id ætatis, id temporis, *Cic* id virium, *Tac* id locorum, *Liv*

* Isăgōge, es f *An introduction,* Gell 16, 8

|| Isagogicum, i n *Money given for scholars at their entrance, or admission into the school, also a book teaching the first precepts of some art,* Jun

* Isatis, ĭdis f *A kind of wild lettuce,* Plin 20, 7 Also *the herb woad*

Isce in gem' ejusce *Lexic* ... Cic R occ

Ischæmon, onis m *An herb like a millet, or hirse, having sharp leaves and moss, it is good to stanch blood,* Plin 25, 8

* Ischas, ădis f *A kind of wild radish, sowthistle,* Plin 27, 5

Ischiacus, *sive* ischiadicus, a, um *That hath the ach in the hip, or the hipgout,* Cato, 1, 23 Ischiadicus dolor, *the sciatica, or hipgout,* Plin 27, 6, -Atr

* Ischias, ădis f [ἰσχίας, quod coxendices præcipuè infestat] *A disease called the sciatica, or hipgout,* Plin 27, 5

|| * Ischium, i n *The huckle bone, the hip,* Poll

* Ischnon, *i e* macrum *A fine slender thing, a lean girl,* Lucr 4, 1159

* Ischnotes f gracilitas *A too small pronunciation,* Quint 1, 5

* Iselasticus, a, um Iselastica certamina, *games, or exercises, wherein the victor was carried in pomp,* Plin Epist 10, 119

Isicium, i n *i e* insicium [ab insecando] *A kind of pudding called an ising, or sausage,* Varr L L 4, 22

|| Isicius, i m *A salmon,* Beda

* Isidos plocamos *A shrub in the sea like a coral,* Plin 13, 25

* Isocinnamon *An herb called also* daphnois, *of a sweet smell, growing commonly where cinnamon and cassia grow,* Plin 12, 20

* Isocōlon, i n [ex ἴσοις κώλοις, æqualibus membris] *When two sentences are alike in length,* Gr

* Isodŏmon, i n *A form of building where every thing is equally straight, al leg* Isocodomon, *al* Isogonium, *Plin* 36, 22

* Isopyron, i n *The herb called* phasellion, *or* phasiolum, *and hath leaves like anise,* Plin 27, 11

* Isoscĕles, is n ἰσοσκελές, figura æquis cruribus [ab ἴσοι & σκέλος, crus] *A triangle of equal shanks,* Auson

|| * Isostăses, æ m [ab ἴσος & ἵστημι] *He that weigheth, or*

overseeth *a thing, that it be equal, or right,* Col

Istac adv per locum *That way,* Ter Heaut 3, 3, 28

Istactenus adv *Thus far forth,* Plaut Bacch 1, 1, 58

Iste, ista, istud gen istius *This, that, also he* passim

Isthic, isthæc, isthoc *vel* isthuc [ex iste, & hic, hæc, hoc] *The self same, this same* Isthoc vilius, *Ter Adelph* 5, 9, 24 *i e* enclitic*um* huic adhærere potest Istæcce ridicularia, *Plaut Truc* 3, 2, 16

Isthi *Plaut* pro

Isthic, & istic adv (1) *In that place, there* (2) *In that affair* (1) = Ibi esse, ubi aliquo numero sis, quam isthic, ubi solus sapere videare, *Cic Fam* 1, ult (2) ✕ Neque istic, neque alibi tibi usquam erit in me mora, *Ter Andr* 2, 5, 9

Isthinc adv de loco *From thence* Isthinc *i e* inde ... *Cic*

* Isthmicus, & isthmius, a, um *Belonging to a narrow strait, or to the Isthmian games* Isthmicus portus, *Stat Sylv* 2, 1, 179 Isthmiaca corona, *Plin* 15, 10

* Isthmos, & isthmus, i m (1) *A neck of land, or narrow part of a country between two seas* (2) || Also *the middle part, or bridge of the nose* (1) Angustia, unde procedit Peloponnesus, Isthmus appellatur, *Plin* 4, 4 (2) *Jun*

Istic, istæc, istoc *Vid* Isthic

Istiusmodi adj indecl istius modi *Of the same sort,* Plaut Epid 1, 2, 16

Isto adv ad locum *Thither, to that place,* Plin Ep 56

Istoc [modo *vel* loco] adv *This way, on this hand,* Ter Adelph 2, 1, 15

Istorsum adv *Thitherward,* Ter Heaut 3, 3, 27

Istuc, *pro* istud, istuccine, *pro* istudne, *Ter Eun* 5, 1, 14

Istuc adv ad locum *Thither,* Plaut Asin 3, 3, 56

I ante T

Ită adv *So, even so, yes, in such sort, by that means, on that condition, therefore* Ita est, *it is even so,* Plin Itane vero? *say you so?* Plaut Non ita multi, *not very many,* Cic Ita nati sumus, *to that end were we born,* Id Ita justum est, quod recte fit, si fit voluntarium, *so far forth, with that proviso,* Id Ita est homo, *'tis his humour, such is the man,* Ter Hæce ædes ita erant, ut dixi, *in that case, or condition,* Plaut Most 3, 1, 117

Itaque concludendi particula [ex ita, & que] *Therefore* Itaque ipsi mea legent, *Cic*

Item adv (1) [ab ita] (1) *Also* (2) *Likewise, in like manner* (3) *Again, a second time* (1) Solis defectiones, itemque lunæ, prædicuntur, *Cic* (2) Rex grati is mihi egit, his non item, *Ter* (3) Ut item eo liceat uti, *Cic*

Iter, itinĕris (1) [ab eo, ivi, itum] (1) *A going along* (2) *A way, or path* (3) *A road, or highway* (4) *Passage, or leave to pass* (5) *A water course, or any other passage* (6) *A journey by land, water, coach,* &c (7) *A walk, or going abroad a little way* (8) *A march in soldiery* (9) Met *A method, or way of learning, or pursuing any thing* (1) Dicam in itinere, *Ter Phorm* 3, 3, ult *i e* in itione *vel* inter eundum (2) Iter devium & a via remotum, *Cic* (3) Erant omnino itinera duo, quibus itineribus domo exire possent, *Cæs B G* 1 (4) Negat se posse dare iter ulli per provinciam, *Cæs B G* 1 (5) Itinera omni lateri piscinæ dari convenit, *Col* 8, 17 Iter urinæ, *Cels* vocis, *Vir* (6) Iter conficiebamus pulverulentâ viâ, *Cic* In Sardiniam iter habebat, *Id* Vehiculis iter facere cœpi, *Plin* (7) Iter illi sæpius in forum, frequenter tamen in campum, *Plin Paneg* 76 (8) Iter ad Euphratem pronunciari jubet, *Curt* 4, 8, 16 (9) Patiamur puerum iter nostris itineribus, *Cic* ad *Q fr* 3, 5 ¶ Iter ad honores, *Plin* ad lumen ingenii, *Quint*,

Itĕrātio, ōnis f verb (1) *A repetition, a reiteration* (2) *The second tilth, or earing* (3) *The second pressing of grapes, or olives* (1) Iterationes verborum, *Cic Orat* 25 (2) *Plin* 18, 20 (3) *Col* 12, 50

Itĕrātò adv *Again, eftsoons, the second time* Iterato prœliari, *Just* 5, 9, 2 = Iterum

Itĕrātor, ōris m verb *He that iterateth, or repeateth*, Litt ex Apul ✝ Qui repetit

Itĕrātus, a, um part *Repeated, gone over again* Iterata verba, *Cic Part Orat* 6 Iteratâ pronunciatione præconis, *Val Max* 4, 8, 5

Itĕro, āre act [ab iter, *quasi* per iter factum revertor] (1) *To do a thing the second time, to do over again* (2) *To begin again, to renew, to tell, or say again* (3) *To begin afresh, to iterate* (1) Cras ingens iterabimus æquor, *Hor Od* 1, 7, 32 (2) Dum mea facta itero, *Plaut Cas* 5, 2, 5 (3) Iterare pugnam jubet, *Liv* 6, 32

Itĕror, āri, ātus pass *To be repeated, or renewed* Fortuna tristi clade iterabitur, *Hor Od* 3, 3

Itĕrum adv *Again, the second time*, Cic *de Inv* 1, 39

* Ithyphallica pl n Versus obscœni, Priapeia

* Ithyphallus, i m [ab ἰθὺς, & φαλλός] Quærat Græce, si cui libet

Ĭtĭdem adv [ab ita, & dem] *Likewise, in like manner* Placet hoc non itidem fieri, ut in comœdiis, *Plaut Merc* 5, 2, 72

Itiner, ĕris *id quod* iter Inceptum hoc itiner perficere exequar, *Plaut Merc* 5, 2, 72 vid & *Manil* 1, 88

|| Itĭnĕrārium, i n Descriptio itineris *An itinerary, or book of remembrance, containing things done in journies, also the calendar of miles with the distance of places*, Anton Also *an ordinary day's march of an army*, Amm Also *a journal*

|| Itĭnĕrārius, a, um adj *Pertaining to a journey*, Lamprid ✝ Ad iter pertinens

|| Itĭnĕror, āri dep *To take a journey*, Apul ✝ Iter facio

Itio, ōnis f verb [ab eo, is] *A going, a walking, a travelling* Hæccine erant itiones crebræ? *Ter Phorm* 5, 8, 24 Obviam itio, *a going to meet*, Cic Att 11, 16

Ito, āre freq [ab eo, itum] *To go often, or much* Ad legionem quom itant, *Plaut Most* 1, 2, 48

Itur impers *It is gone, they are gone, they come* Sic ad concilium itur, *Cic* Itur ad me, *Ter* in acres curas, *Sil* 4, 9 Itum est ad arma, *Paterc* 2, 48

Itūrus, a, um part *Ready, or about to go, to march* Dat munus ituris, *Ov Met* 13, 1679 Nisi puppes tenuisset ituras, *Ibid* 12, 10

Itus, ûs m verb *A going, a voyage, or journey* ⁎ Qui porro noster itus, reditus, &c Cic Att 15, 5 Pro itu & reditu, *Suet Tib* 38 ☞ Hæc phrasis in nummis & marmoribus freq occ

J ante U

|| Iva, æ f *Ground-pine, herb ivy, or field cypress*, Jun

JUBA, æ f (u) (1) *The mane of an horse, or other beast* (2) *Also the feathers in a cock's neck, which he holdeth up when he fighteth* (3) *Also the red flesh, like crests, in a snake's neck* (1) Jubæ equinæ, *Ov Met* 12, 88 (2) gallinaceorum, *Col* 8, 2 (3) anguium, *Vir Æn* 6, 206

Jŭbar, āris n [sc dict quod splendor diffunditur in modum jubæ leonis, *Perot*] (1) *The beam of the sun, moon, or stars* (2) *The day star* (3) *Any other star* (4) *The reflected brightness from any thing* (5) *Splendor, majesty* (1) Tremulum spargit in æde jubar, *Ov Fast* 1, 78 (2) It portis jubare exorto, *Vir Æn* 4, 130 (3) Animam hanc de corpore rapiam fac jubar, *Ov* (4) Jubar galeæ, *Stat* (5) Purpureum fundens Cæsar ab ore jubar, *a divine lustre, or majesty*, Mart 8, 65 ✤ Jubar ignis, *a blaze*, Lucr 5, 676

Jubātus, a, um *Having a mane* Jubati angues, *snakes with crests in their necks*, Plaut Amph 5, 1, 56

JUBEO, (u) ēre, jussi, jussum act [*qu* jus habeo] (1) *To bid, order, or appoint* (2) *To charge, to command* (3) *To decree, or ordain publickly* (1) Quod jussi ei date bibere, *Ter Andr* 3, 2, 4 (2) Torquatus filium suum necari jussit, *Sall B C* 56 (3) ⁎ Quod nec senatus censuit, nec populus Romanus jussit, id arroganter non præjudico, *Cic* ad *Brut* 4 ¶ Jube Dionysium salvere, *commend me to him, or salute him in my name*, Cic ¶ Salvere Hegionem plurimum jubeo, *your servant Hegio*, Ter ☞ *De hujus verbi constructione est operæ adire* Voss de art Gramm 7, 36

Jŭbeor, ēri, jussus sum pass *To be ordered, or commanded* Æneadis indicere bella Latinus jubebatur, *Vir Æn* 7, 617

|| Jubilæus annus ex septies septenis factus [ab Hebr יובל *Jubbal*] *A year of jubile, or releasing*, which happened every forty ninth year ✝ Remissionis annus

|| Jubilātio, ōnis f verb *A shouting, or crying out for joy* Jubilationibus solitis, *Apul. Met* 8, p 249 ✝ Clamor faventium

Jubilātus, ûs m *Jubilatus* clamor rusticorum, *Quiritatus* urbanorum, *Val* ex *Varr*

|| Jubilo, āre [ab Hebr יובל *Jubbal*] *To shout for joy*, Fest

Jŭbilum, i n *A joyful shout* Audivit jubila Cyclops, *Sil* 14, 476

Jūcundè adv ius, comp issime, sup *Merrily, gladly, pleasantly* ⁎ Cum tristibus severe, cum remissis jucunde vivere, *Cic* = Cum in convivio comiter & jucunde fuisses, *Id* pro *Deiot* 7 Quæ sunt conditæ jucundius, *Id* pro *Mur* 31 Jucundissimè vivere, *Id* de *Fin* 2

Jūcundĭtas, ātis f *Pleasantness, mirth, jollity* = Cum relaxare animos, & dare se jucunditati volent, *Cic Off* 1, 34 Nihil ex plurimis tuis jucunditatibus gratius, *Id Att* 10, 8

|| Jucundo, āre act *To make pleasant*, Aug ✝ Exhilaro

|| Jucundor, āri *To be merry and joyous*, Lact 4, 6

Jucundus, a, um adj or, comp issimus, sup [à juvo, teste *Cic* de *Fin* 2, 4.] *Pleasant, delightful, liking, welcome* Hinc Anglicè *jocund* Jucundi acti labores, *Cic* de *Fin* 2, 32 ⁎ Mutat jucunda severis, *Plin* Vindicta bonum vitâ jucundius ipsâ, *Juv* 13, 180 Atticus adolescens sení Syllæ fuit jucundissimus, *Nep Attic* 16

Jūdāĭcus, a, um adj *Jewish, belonging to the Jews*, Eccl

|| Judaismus, i m mos & ritus Judæorum *Judaism*, Tert

|| Judaizo, āre *To judaize, to imitate the Jews*, Eccl

JUDEX, icis c g qui jus dicit, teste *Varr L L* 4, 7 (1) *A judge* (2) Also *an esteemer, or weigher of things* (1) Apud hos judices causa agebatur, *Cic* de *Orat* 2, 48 § Judex selectus, *a commissary* pedaneus, *a mean inferior judge* Judicum princeps, *the lord chief justice* Judices criminum, *Suet Claud* 11 nummarii, *Id Domit* 8 (2) = Æquus æstimator, & judex rerum, *Cic* de *Fin* 3, 2

Judcassit, *pro* judicaverit ant

Jūdĭcātio, ōnis f verb *Judging*, also *a case of judgement, the chief point to be debated* = Summa controversia, quam judicationem appellamus, *Cic* de *Invent* 1, 14

|| Judicatò adv *Advisedly, with judgment*, Gell 14, 1 ✝ Consultò

|| Judicatorium, i n *A place of judgement, a judicatory* ✝ Tribunal

Jūdĭcātrix, icis f verb *She, or it, fem that judgeth* Ars judicatrix, *Quint* 2, 15

Jūdĭcatum, i n *The thing judged, or determined, a decree* ¶ Judicatum facere, *to obey the sentence given, to pay, or do what he is sentenced to*, Cic

Jūdĭcātus, a, um part (1) *Judged, condemned* (2) *Esteemed, accounted* (1) = Prohibet judicatos, addictosque duci, *Liv* (2) Apollinis oraculo sapientissimus judicatus, *Cic* de *Am.* 2. ¶ Res judicata, *the sentence, or decree of the law*, Cic Philipp 11, 5

Jūdĭcātus, ûs m verb *Judgement, authority to judge*, Cic Att 12, 19

Jūdĭcĭālis, e adj *Of, or pertaining to judgement, or trial, serving in the law, judicial* Judiciale est quod positum in judicio habet in se accusationem & defensionem, *Cic*, de *Cl Orat* 83 Judiciale periculum, *Val Max* 6, 9, 1

Jūdĭcĭārius, a, um adj *Pertaining to a judge, or judgement* Judiciariæ controversiæ, *suits*, Cic Verr 1, 2

Jūdĭcium, i n (1) *Judgement, a trial at law* (2) *A verdict in law, a decree in equity*, &c (3) *A case, a suit* (4) *Mind, opinion* (5) *Judgement, choice* (6) *Understanding, consideration* (7) *The judiciary kind in oratory* (1) Cras est mihi judicium, *Ter Eun* 2, 3, 47 Omnia judicia aut distrahendarum controversiarum, aut puniendorum maleficiorum causâ reperta sunt, *Cic* pro *Cæcina*, 2 (2) *Cic* de *Off* 1, 77 (3) Jurato in alieno judicio credere, *Cic* pro *Q. Rosc* 15 (4) Intelligentium judicio fuerunt probatissimi, *Cic* de *Cl Orat* 51 (5) = Judicium electioque verborum, *Cic Orat* 20 (6) Docent sui judicii rem non esse, *Cæs B C* 1, 1 (7) Quid? in judiciis quæ est collocatio? *Cic Part Orat* 11

Jūdĭco, āre act [à judex] (1) *To give sentence, to condemn* (2) *To give one's counsel, or advice* (3) *To judge, think, deem, or suppose* (4) *To conceive of* (1) Permissum consulibus ut de Cæsaris actis cognoscerent, statuerent, judicarent, *Cic Attic* 16, 17 (2) Carthaginienses Hannibalem judicarunt, *Nep Hannib* (3) = Judicato a quo pependisse, quantum quisque possit, *Cic* de *Petit Cons* 6 (4) Deos ex tuo ingenio judicas, *Ter Heaut* 5, 1, 7 ¶ Judicare sub formulâ, *to minister judgement according to the rigor of the law*

Jūdĭcor, āri, ātus pass *To be judged, condemned*, &c Unâ modò sicarii, sed jam etiam parricidæ judicemini, *Cic Fam* 1,

† Jugalia f *Varr* vid Jugula

Jŭgālis, e adj [a jugo] *That is yoked, or pertaineth to a yoke, to matrimony, or wedlock* Jugales sociii, *a pair of coach, or team horses*, Sil Jugale vinculum, *the marriage tie*, Vir Æn 4, 16

Jŭgālis, is m sc equus *A coach horse*, Vir Æn 7, 280

† Jugamento, & jugumento are *To join, or fasten together*, Vitruv 2, 1

Jŭgāmentum, i n *A band or cramp in building*, Cato, 14, & r

Jŭgārius, i m *He that yoketh oxen, and driveth a plough, or wain with them*, Col 1, 6

|| Jugātor, ōris m *He that yoketh*, Arnob

Jŭgātōrius, a, um adj *Yoked, used to the yoke* Boves jugatorii, *Col* 2, 5

Jŭgātus, a, um part *Yoked, coupled, or made fast together* Vites jugatæ, *Varr R R* 1, 8 = Omnes virtutes inter se nexæ & jugatæ sunt, *Cic Tusc* 3, 8

Jūgĕrātim adv *By, or of every acre, acre by acre*, Col 11

Jūgĕr n inus *vel* jugus, unde jugeris in gen & jugere in abl pl jugera, um n *An acre*

Jūgĕrum, i n [a jugo, quod tantum ferè spatii uno jugo boum arari posset, teste *Plin* 18, 3, vel quod erat junctum, *Col* 5, 1] *An acre of ground, so much as one yoke of oxen will ear in a day, it containeth in length 240 feet, in breadth 120*, Quint

Jūges ejusdem jugi pares, unde & conjuges, sejuges, bijuges, &c Fest

Jūgis, e [quod jugitur, seu perpetuo jungitur] *Continual, perpetual* Jugis puteus, *a well having water in it continually, a perpetual water spring*, Cic de Div 1, 1 Jugis aqua, *running water, a continual stream*, Hor Epist 1, 15, 15

|| Jūgĭtèr adv *Continually, always*, Prud Cath 4, 54

† Jūgĭtes *Yokefellows*, Plin 18, 3 = Juges

Jūglans, dis f [Jovis glans, *Varr L L* 4, 21] *A walnut, or walnut tree* Juglandium putamina, *Cic Tusc* 5, 20

Jŭgo, āre act [a jugum] (1) *To join, or fasten together* (2) *To marry, or To couple together* [illegible] *in marriage* (1) Jugare [illegible] *Col* 4, 17 (2) Corda fac[illegible] (3) Cui pater in[illegible], primusque jugarat [illegible] *Æn* 1, 19

[illegible] Jugere milvi dicuntur, [illegible] *Fest* jugit [illegible] *To cry like a* [illegible]

[illegible] pass *To be laid and* [illegible] *frames as vines are,* [illegible] & *Varr R R* 1, 8 Met [illegible] *together, to be mar-* [illegible]

Jugosus, a, um adj *Ridged,* [illegible] Silva jugosa, *Ov* [illegible]

[illegible] jugulæ [de cu-[illegible] *Varr L L* 6, 3] [illegible] *stellation of Orion,* or [illegible] *star betwixt his* [illegible] *near his throat,* Plaut [illegible] 1 19

[illegible] adj [ad jugulum [illegible] venæ jugulares] *The* [illegible] *or throat veins,* Med

[illegible] onis f verb *A* [illegible] *or killing* Jugulatione [illegible] factâ, *Hirt B H* 16

[illegible] oris m verb *A* [illegible] *or* [illegible] *er, a cutthroat,* [illegible]

[illegible] us, a, um part *Killed,* [illegible] *hanged* Libertati manu [illegible] *Patere* 2, 71

[illegible] act [*quasi* jugulum [illegible] *To kill, or cut one's* [illegible] *to butcher* (2) *To be fa* [illegible] diseases (3) Met *To* [illegible] *silence, to cut a man* [illegible] (4) ✠ *To spoil, to* [illegible] (1) Jugulare civem [illegible] Cic (2) Quartana [illegible] jugulat, *Cels* 2 15 (3) [illegible] huic jugulo gladio, *I* [illegible] *him out of his own* [illegible] *or beat him at his own* [illegible] Ter ¶ *Prov* Jugulare [illegible] gladio plumbeo, *to cut* [illegible] *throat with a feather,* Cic [illegible] 14 (4) Scelus est jugulare [illegible] *Mart*

[illegible] gor, ari, atus pass *To be* [illegible] & c *Varr*

Jugulum, i n & jugulus, i m [illegible] quod ea pars colli [illegible] *Perot*] (1) *The* [illegible] *part of the neck where the* [illegible] (2) *The neck bone,* [illegible] *or* [illegible] *bone* (3) [illegible] *or neck* (4) Met [illegible] *point of a matter, the* [illegible] *cause* (1) Quod [illegible] non haberet, *Cic* [illegible] 5 (2) *Cels* lib 8 (3) [illegible] gulum confossam, *L* [illegible] 8, 6

[illegible] n [a ζυγόν] (1) [illegible] *a contrivance with* [illegible] *staves like gallows,* [illegible] *vanquished* [illegible] *go* (3) *Bondage* [illegible] (4) *A yoke of any* [illegible] *one* [illegible] (6) *A frame where-*[illegible] (7) *A beam* [illegible] (8) *The* [illegible] *the row-* [illegible] *or ridge of* [illegible] *an high cliff* [illegible] *beam, or* [illegible] (11) Also *a* [illegible] *of a lute,* [illegible] *whereinto* [illegible] put (1) Tauris in [illegible] *Ecl* 4, 41 [illegible] *Juv* 28 (3) [illegible] jugo, *Hor Sat* [illegible] (4) Jugum boum, *Cic* [illegible] (5) *Varr R R* 1, 10

(6) ✠ Quibus stat recta vinea dicuntur pedamenta, quæ transversa junguntur, juga, *Col* aquarum, *Plin* *Met* hominum impiorum, *Cic* *sic vocat Antonium & Dolabellam* (7) Romam, cum in jugo esset luna, natam esse dicebat, *Cic de Div* 2, 47 *Quomodo & Græci* ζυγὸν *trutinam vel examen appellant* (8) Ut as animas, quæ per juga longa sedebant, deturbat, *Vir Æn* 6, 411 (9) Dum juga montis aper amabit *Vir Ecl* 5, 76 (10) Tela jugo est juncta, *Ov Met* 6, 55 (11) *Ælianus de instruenda aci* (12) *Jun*

|| Jujuba, æ f *The jujube tree,* Jun *Vid* Zizyphum

|| Julepus, i m *A julep,* Med

Julis, idis f ἰουλίς *A certain fish,* Plin 39, 2

Julius, i m *The month July,* so called in honour of Julius Cæsar, whereas before it was called *Quintilis,* as August *Sextilis,* being the fifth and sixth months of the Roman year

Julius, a, um *Of the month July,* O Juliarum dedecus calendarum! *Mart* 12, 32

Iulus, i m Lanugo (1) *The moss, or down of fruit,* as of peaches, quinces, *&c* (2) Also *a kind of fish, which is the guide and leader of whales* (1) *Plin* 16, 29 (2) *Hermes in Plin* ¶ Iuli nucum, *the ragged catkins that grow upon hasles,* Plin

|| Jumentarius, a, um adj *That belongeth to cattle* Mola jumentaria, *a horsemill,* Jibol JC

Jumentum, i n [*a* juvando, teste *Col* pref lib 6] *A labouring beast* whatsoever it be, whose help we use in carriage and tillage, *a jument,* but *Col* and afterwards *Ulp* will not have oxen so called Jumentum clitellarium, dossuarium, sarcinarium, sagmarium, & veterinum, *a packhorse,* Col || plaustrarium, *a carthorse,* Jun molarium, *a millhorse,* Id pistrinense, *a millhorse in a bakehouse*

Junctum, i n *A place where bullrushes grow,* Varr R R 1, 8

Junceus, a, um adj (1) *Made of bulrushes like a bulrush* (2) Met Also *slender and small like a bulrush* (1) Vincla juncea, *Ov Fast* 4, 870 (2) Reddunt curaturæ junceas, *Ter Eun* 2, 3, 24

Junciduus, a, um adj *Thin, slender, like a bulrush,* Varr R R 1, 31

Juncinus, a, um adj *Of a bulrush* Juncinum a junco, *Plin* 15, 7

|| Junco, onis f *A bird called a reedsparrow,* Turn

Juncosus, a, um adj *Full of bulrushes* Littora juncosa, *Ov Met* 7, 231

Junctim adv *Jointly, close together, successively,* ✝ Duos consulatus junctim, sequentes per intervallum gessit, *Suet Claud* 14

Junctio, onis f verb *A joining,* Cic Tusc 1, 29

|| Junctor, oris m verb *He that joineth, or yoketh,* Boet

Junctura, æ f (1) *A joining, or coupling together* (2) *That whereby a thing is joined, a joint, a jointure* (3) Met *A composition, a composure* (1) Junctura boum, *Col* 2, 2 (2) Digitos arctat junctura rubentes, *Ov Met* 2, 375 Genuum junctura, *Ibid* 92 (3) Notum si callida verbum reddiderit junctura novum, *Hor Art Poet* 48

Junctus, a, um part & adj or, comp ssimus, sup (1) *Joined, coupled* (2) *Associated* (3) *Nearly related* (1) Junctos terno trahat æreus orbes, *Vir Geor* 3, 173 (2) Amicitiâ junctus, *Ov ex Pont* 4, 3, 12 (3) Cum tibi sit junctissima, junctior esse expedit, *Ov Met* 9, 548

|| Junculus, i m dim *A little rush,* also *a jumbal, or cracknel*

Juncus, i m [*a* jungendo, quoniam ejus usu ad juncturas utimur] *A bulrush,* Vir Ecl 2, 72 Juncus holoschœnus, *the matrush,* Jun

JUNGO, ere, xi, ctum act *a* Gr ζεύγω, ζεῦξω, *n* inserto] (1) *To join or couple* (2) *To associate* (1) § Cur dextræ jungere dextram non datur? *Vir Æn* 1, 412 § Ad currum jungere equos, *Suet Cal* § Si verba extrema cum consequentibus primis jungentis, *Cic de Orat* 3, 43 ¶ Jungere equos curru, *to put them in their gears, or harness,* Vir Geor 3, 114 Jungere verba, *to compound words,* Cic amnem ponte, *to lay a bridge over it,* Cum affinitatem cum aliquo, *Liv* (2) § = Amicitiæ inter se jungi copularique possunt? *Cic de Or* 1, 56

Jungor, i pass *To be joined, &c.* Ut omnis caritas aut inter duos, aut inter paucos jungeretur, *Cic de Am* 5

Junicelus, i m *A branch of a vine growing out a great length,* and therefore went to be laid on a frame, *Plin* 17, 22 *al leg* funiculus

Junior, is, comp [*q* juvenior] *Younger,* Cic de Univ 12

Juniperus, i f *The juniper tree* Juniperi gravis umbra, *Vir Ecl* 10, 76

✝ Junis, e adj *Contr ex* junior

Junius, i m [*a* juvene ut majore, majus] *The month of June* Junius à juvenum nomine dictus, *Ov Fast* 5, 78

Junix, icis f [*a* juvenis] *An heifer, or young cow* Junicum omenta, *Pers* 2, 47

Junonia alis *A peacock,* Ov Amor 2, 6, 55

✠ Jupiter Jovis m *pro* cœlo & aere *The heaven, the air* Sub Jove frigido, *Hor Od* 1, 1, 25

|| Juramentum, i n [*a* juro] *An oath,* Amm 21, 5 ✝ Jusjurandum, *ap puriores ævi scriptores*

Jurandum, i n *An oath,* Plaut Pseud 1, 2, 62 & Cist 2, 1, 26

Jurans, tis part *Swearing* Jurans falsa, *Ov Met* 13, 559 Jurantia verba, *Id Epist* 21, 143

Juratissimus, a, um *ut* juratissimus auctor, *an approved, or creditable author,* Plin *in præf* Juratissimus amicus, *an assured, sworn, or trusty friend,* Id

|| Jurato adv *With an oath,* Dig ✝ Jurejurando

Jurator, oris m verb (1) *He that sweareth, or taketh an oath* (2) *Also the Roman censor* (1) Falsus jurator, *Macrob Sat* 5, 19 (2) Census cum juratori recte rationem dedi, *Plaut Trin* 4, 2, 30 *ap quem & eodem sensu* Pan prol *invenias*

Juratus, a, um act (1) *Having sworn* (2) Pass *Sworn to be kept* (3) *Sworn by* (1) ✠ Injurato plus credet mihi, quam jurato tibi, *Plaut Amph* 1 1, 281 (2) Bellum juratum, *Sil* (3) Jurata numina, *Ov Epist* 2, 23

Jure abl *Rightly, not without cause, by right* ✠ Non quæro jure, an injuria sint inimici, *Cic Verr* 2 61

Juru[illegible] æ f *A cake made with broth, a dumpling, a sop, or brewis,* Plaut Pers 1, 3, 1

Jureconsultus *Vid* Jurisconsultus

Jurejuro, are *To swear* Prætores in eadem verba jurejuravere runt, *Liv* 41, 15

Jur[illegible] a, um adj *Pottagelike, thick, soaked in pottage,* [illegible] Plaut

|| Jurgamen, inis n *A chiding,* Lett

|| Jurgatio, onis f verb *A brawling, or chiding,* Frag Poet

|| Jurgator, oris m *He that chideth* Mart Cap ✝ Objurgator, *Cic*

|| Jurgiosus, a, um adj *Full of brawling, quarrelsome* Jurgiosa muliercula, *Gell* 1, 17 ✝ Contentiosus, rixosus

Jurgium, i n *A brawling, chiding, or scolding, a strife in words, or a suit in law* = Ex inimicitiis jurgia, maledicta, contumeliæ nascuntur, *Cic de Am* 21

Jurgo, are [*a* jure] *To chide, to scold, to brawl* Ceodo quid jurgabit tecum? *Ter Andr* 2, 3, 15

Jurgor, ari, atus sum dep *To chide* Jurgatur verbis, *Hor Sat* 2, 2, 100

Juridicialis, e adj *Belonging to the law,* Cic de Inv 1, 8 & Top 24 *sed rhetor prop*

|| Juridicina pl n *Court of exchequer,* Tert

Juridicus, a, um adj (Quod jure jurisdictioni dicatum *Of, or pertaining to the law* Juridicus dies, *a courtday,* JCC Juridici conventus, *sessions, or assizes,* Plin 5

Juridicus, i m *A judge* Flentes Euridicen juridici secent, *Sen Herc Fur* 581 Juridicus provincialis, *a lord chief justice,* or *justice of a circuit,* JCC

Jurisconsultus, & jureconsultus, i m apud quem consulitur de jure *A lawyer, a counseller at law* Domus jurisconsulti oraculum civitatis, *Cic de Orat* 1, 45. Jureconsultorum ingeniis, eraque depravata sunt, *Id pro Mur* 12 [✠ *Sæpe & forte rectius dicitur* juris consultus, jure consultus, *transponitur etiam* = Consultus juris & actor, *Hor A P* 369

Jurisdictio, onis f Juris dicendi potestas (1) *Power and authority to determine what is law,* termed simplex jurisdictio, (2) *or the executive power in judging, trying, and punishing,* which is either with, *or without an appeal* (3) Also *a jurisdiction, or district* In the former it is called *jurisdictio mixta,* in the latter *mera,* or *libera* (1) Idem præturæ tenor & silentium, nec enim jurisdictio obvenerat, *Tac in vit Agric* 6 *Habebat quippe potestatem dicendi juris, utpote prætor, sed occasio vel materia non obvenerat* (2) ✠ Magistratibus jurisdictionem liberam & sine sui appellatione concessit, *S et Calig* 16 (3) Sed prius terga & mediterraneas jurisdictiones judicasse convenit, *Plin* 5, 28

Jurisperitus, i m Peritus juris *One skilful in the law,* Cic de Cl Orat 21 *sed divisè*

|| Jurisprudens, tis *vel divisè* juris prudens, *a lawyer* Justinian

Jurisprudentia, æ f *The skill and knowledge in the law,* Ulp

Juro, are [*a* jure, jurejurando aliquid affirmo vel nego] *To swear, to take an oath,* also *to conspire* § Jurare *ad aras, to lay his hands on the altars and swear by the gods,* Hor per deos, *Cic* in verba magistri, *Hor* in aliquem, *to conspire against him,* Ov

Jurulentus, a, um adj (1) *Full of juice, or liquor* (2) *Stewed in broth* (1) Quicquid jurulentum est facile corrumpitur, *Cels* 2, 28 (2) ✱ Res eadem magis alit jurulenta, quam assa, *Cels* 1, 18 ✝ Eadem vel jurulenta vel cocta, *Id* 2, 29

JUS, juris n (1) *Reason, right* (2) *The law* (3) Meton *The courts, the sessions, or tribunal* (4) *Authority* (5) *A state, or condition* (6) *Liberty* (7) Also *an ordinance, custom, or statute* (1) Bonum jus dicis, *Plaut Stich* 5, 4, 41 (2) Malitiosa juris interpretatio, *Cic Offic* 1, 10 (3) Ambula in jus, *Plaut Curc* 5, 2, 23 (4) Meo jure præcipio, *Cic* (5) Libera meliore jure sunt quam serva, *Cic* (6) Jus luxui æ publicæ datum est, *Sen* (7) Jus prætorium honorarium Papyrianum, *&c* An JCC ¶ Summum jus, *the rigour of the law*, Col 1, 7 Jus gentium, *the law of nations*, Ulp Jus Quiritium, *the common law of the Romans*, Plin Optimo jure prædia, *freehold land, discharged from all taxes, or duties*, Cic Aliquâ in vite cœlo non est jus, *the weather hath no power to blast, or hurt some vines*, Plin. Quo jure, quâque injuriâ, *right, or wrong*, Ter Jus petere ab aliquo, *to be under his jurisdiction*, Curt

Jus, jūris n *Broth, pottage, gruel* Ex jure hesterno panem atrum vorant, *Ter Eun* 5, 4, 17

Jusculum, i n dim *Broth, pottage, gruel, supping*, Cato, 156 || Jusculum coactum, *jelly*, Jun

Jusjurandum, & jurisjurandi, & jusjurandi n [à jurando jus, *al* qu Jovis jurandum] *A solemn oath* Nullum vinculum ad stringendam fidem jurejurando arctius, *Cic Offic* 3, 31 Nova religio jusjurandi, *Cæs B G* 1, 20. Cum jusjurandi verba conciperent, *Tac Hist* 4, 31, 3

Jusso, *pro* jussero, *Fest*

|| Jusulentus, a, um *Apul A pol* p 470 *al leg* jusculentus *Vid* Jurulentus

Jussum, i n *A command, or appointment* Jussum ratum atque firmum, *Cic* pro *Cæcina*, 3

Jussus, a, um part *Bidden, commanded, willed* Jussi ad regiam venire pastoribus, *Liv* Jussæ profluunt lacrymæ, *Mart* 1, 34

Jussus, ûs m verb *A charge, a will and consent, &c* Jovis jussu venio, *Plaut Amph prol* 19 ☞ Vix reperitur in alio casu quam abl sing

Justa, ōrum pl n (1) *Funeral rites, or ceremonies, obsequies, duties, and necessary services belonging to, or touching burials, accustomed solemnities* (2) Also *a daily, or ordinary task* (3) *A due rate, proportion, or allowance* (1) Justa Catilinæ facta sunt, *Cic* pro *Flacc* 38 (2) Justa lanificii villica exigere debet, *Col* 12, 3 (3) Opera (servorum) exigenda, justa præbenda, *Cic Off* 1

Justè adv ius, comp || issimè, sup *Justly, lawfully, uprightly* Justè & legitime imperare, *Cic Offic* 1, 4 Justius ille timet, *Ov Epist* 17, 168 Justissimè, *Gell* 5, 10

Justi, *pro* jussisti, *Ter Vid* Jubeo

|| Justificatio, ōnis f verb *Justification*, Aug

|| Justifico, āre act Justum facio, *to justify*, Aug

Justificus, a, um adj *That doth justice* Justifica mens deorum, *Catull* 58, 406 R occ

Justitia, æ f [à jure, test *Prisc* 4] (1) *Justice, righteousness, upright dealing* (2) *Clemency, mercy* (3) *The method of justice* (1) Justitia est habitus animi suum cuique tribuens, *Cic de Invent* 2, 53 ✱ Æquitas est justitiæ maximè propria, *Id Offic* 1, 19 (2) Ut meæ stultitiæ in justitia tua sit aliquid præsidii, *Ter Heaut* 4, 1, 33 (3) Ordinata erat XII tabulis tota justitia, *Flor* 1, 21

|| Justitiarius, i m *A justice*, Poster

Justitium, i n [*qu* juris interstitio] *The vacation, or time out of term, a stop of proceedings at law, when the courts did not sit, usually commanded upon any public calamity* Senatus justitium indici jussit, *Liv* 10, 21

Justò ablativus vice adverbii Justo longius, *longer than need is, or is meet*, Quint

Justus, a, um adj or, comp ssimus, sup (1) *Just, exact, proportionate* (2) Also *legitimate, lawful, true, or right* (3) *Deserved, due, reasonable* (4) *Equitable, favourable* (5) *Upright, just, pious* (6) *Compleat in all its parts, not abridged* (7) ✝ *Just, or justified, made, or accounted just* (1) Labant justo sine pondere naves, *Ov Met* 2, 163 (2) ✱ Justâ matrefamiliâs, non pellice ortus, *Liv* (3) = Diis immortalibus honores justi habiti sunt ac debiti, sed justiores nunquam, *Cic* (4) = Tibi apud me justa & clemens fuit servitus, *Ter Andr* 1, 1, 9 *Vid & Justitia*, n 2 (5) = Justissimus & servantissimus æqui, *Vir Æn* 2, 426 (6) ✱ Quæ fuit munerum magnificentia, ne in operis quidem justi materia, nedum in hujus tam recisi, digne exprimi potest, *Paterc* 2, 89 (7) Passim in Sacris Literis Justi dies, *certain days of respite and forbearance, given by the law to a debtor to provide money*, Gell 19, 1 Also *the space of 33 days from the time when the herald maketh his demand for redress of wrong, within which time, if not yielded to, he declareth war*, Liv

Jŭvans, tis part *Helping, aiding, assisting* Me, diis juvantibus, ante brumam expectabis, *Cic Fam* 7, 20

Jŭvat impers *It delighteth, or pleaseth, it profiteth, or doth one good* § Quando ita tibi juvat, vale atque salve, *Plaut Cist* 1, 1, 118 § Neque quicquam me juvat, quod edo domi, *Id Capt* 1, 2, 33 ☞ *Hæc synt est multo frequentior*

|| Juvator, oris m verb *An helper*, Arnob ✝ Adjutor

Juvatūrus, a, um *About to help*, Plin Epist 4, 15, 13

Juvenalia, ium pl n *Certain games, or feasts celebrated for the exercise of youth*, Tac Ann 16, 21, 2

Jŭvĕnalis, e adj Juvenalis dies, *a day added to the* Saturnalia, Suet Cal 17

Jŭvenca, æ f *An heifer* [à juvenis] or perhaps *any young* Formosa juvenca, *Vir Geor* 3, 219 *Vid* Juvencus

Juvenculus, i m dim *A little young man* O qui flosculus es Juvenculorum, *Catull* 22, 1 *sed rect* juventiorum

Jŭvencus, a, um adj Juvencus equus, *a young horse*, Lucr 5, 1073 Juvencæ aves, *young birds*, Plin 10, 53

Jŭvencus, i m [à juvenis] (1) *A bullock, or steer, so called in the second year* (2) Also *a young man*, or perhaps *any young male* (1) Est in juvencis, est in equis, patrum virtus, *Hor Od* 4, 4, 30 (2) Te suis matres metuunt juvencis, *Hor Od* 2, 8, 21

Juvenescens, tis part *Growing young, sprouting forth* Juvenescente alia arbore ex eadem, *Plin* 17, 18

Jŭvĕnesco, ĕre incept (1) *To wax young* (2) *To grow wanton, or playful* (1) Vites cogimus juvenescere, *Plin* 34, 14 (2) Vitulus juvenescit in herbis, *Hor Od* 4, 2, 55

Jŭvĕnilis, e adj or, comp (1) *Youthful, of, or pertaining to youth* (2) *Wanton, pleasant* (3) ✠ *Great, huge* (1) Sylvanus semper juvenilior annis, *Ov Met* 14, 639 (2) = Læta & juvenilia lusi, *Ov Trist* 5, 1, 7 (3) Subiti præceps juvenile pericli, *Stat Sylv* 1, 4, 51 *quomodo Græci dicunt* νεανικη διαφορα, magna differentia, *Aristot* Βροντη νεανικη, magnum tonitru, *Eurip*

|| Jŭvĕnilitas, ātis f *Youthfulness*, Nonn ex Varr ✝ Juventus

Jŭvĕniliter adv *Youthfully, like a young man* Juveniliter exultans, *Cic de Sen* 4

|| Juvĕnior, ius, comp *Younger* Ætate junior, *Apul Met* 8, p 252 ✝ Junior

JUVENIS, e adj *Young* Juvenis ovis, *a young sheep, a hogrel*, Col Anni juvenes, *youthful years*, Ov Met 7, 295

Juvĕnis, is c g (1) *A young man*, (2) or *woman* (1) Egregius juvenis, *Vir Æn* 5, 361 (2) Animos viri pulchra juvenis ceperat, *Phædr* 2, 2, 5

Jŭvĕnor, āri, atus sum dep *To wanton, or play a youthful part*, Hor Art Poët 246 *cudisse videtur, sed non invaluit*

Jŭventa, æ f (1) *Youth, young age* (2) Meton *The youth, or young men* (1) ✱ Præcepit ille initium, dein juventam formidin, *Tac* Non ego hoc ferrem calidus juventa, *Hor Od* 3, 14, 27 (2) Quintiliane, vagæ moderator summe juventæ, *Mart* 2, 90, 1

Juventas, ātis f (1) *The goddess of youth* (2) *A so youth* (1) Juventas Terminusque ne moveri non passi sunt, *Liv* 5, 54, 6 *vid & Hor Od* 1, 30, 7 (2) Juventas vestit molli lanugine malas, *Lucr* 5, 887

Jŭventus, ūtis f (1) *Youth* (2) *Young folk* (3) *The goddess of youth* (1) Ibi juventutem suam exercuit, *Sall B C* 5 (2) ✝ Omnis juventus, omnes graviores ætatis eo convenerant, *Cæs B G* 3, 16 (3) Juventutis ædem Lucullus dedicavit, *Liv*

JUVO, āre, ūvi, ūtum (& atum) act [à Jove, quod omnes juvat] (1) *To help, aid, succour, or ease, to do good, to profit* (2) *To delight* (1) Aut consolando, aut consilio aut re juvero, *Ter Heaut* 1, 1 ✱ Plurima juvandi, nocendi potentia, *Tac Ann* 6, 8 (2) Juvat arva videre, *Vir Geor* 2, 438

Juvor, āri pass *To be helped, or assisted* Lex Cornelia proscriptum juvari vetat, *Cic Verr* 1, 47

Juxta præp cum accus [à jugo, *i e* jungo, *quasi* juncta, *con* junctim, prope] (1) *Nigh, by, near to, toward, hard by* (2) *Next after* (3) || *According to* (1) Sepultus est juxta viam Appiam, *C Nep Att* 22 (2) Juxta deos in tuâ manu positum est, *Tac Hist* 2, 76, 5 (3) Juxta Horatium, Virgilium, *&c consuetudine pravâ ducti dixerunt multi recentiores, atque viri doctissimi, inter quos & ipsum* Scalig Lipsium, Voss *æstus abripuit* ✝ Secundum Horatium, Virgilium, *&c*

Juxtà adv *Even alike, all one, as well one as the other* Juxta boni, malique, *as well the good as the bad*, Sall B J 6 Juxta ac meus frater fuisset, *even as*, Cic Juxta atque, *as well as*, Liv Juxta tecum scio, *I know no more than you do*, Plaut § Cum dat Juxta magnis difficilia, *no less difficult than matters of great moment*, Liv

Juxtim adv *Nearly, nigh to* Juxtim assidebat, *Suet Tib* 33 vid & *Lucr* 4, 1206

I ante X

Ixia, æ f *An herb called by some chamelion*, Plin 22, 18

|| Ixon n *A great white bird of the kind of ravens*, Vulg interpr

J ante Y

* Jynx, gis f *A wryneck, or hickway*, or as some *a wagtail*, Jun.

K k Roman, *K k* Italic, both which are used in the English and several European languages, 𝔎 𝔨 black letter English and German, pronounced alone *ká*, but ought by analogy to be called *ke*, as *bé*, *ce*, *de*, and the rest of the mute sisters Κ κ Κάππα Greek, from the Chaldee כף כפא *Kaph*, signifying the hollow of the hand, which כ in its figure resembles, the lower part whereof being elongated makes the final ך, and from this inverted is form'd the Greek K, and by imminution, and bowing the right side, the small κ The power of which letter is invaded by *qu* and *c*; as, κερκὶς, *querqueda*, dim. *querquedula*, κοινον, *cœnum* and in like manner the Latin C is expressed by the Greek K, as, *Claudius Cæsar*, Κλαύδιος Καῖσαρ And indeed the Latin C not only answers in sound to K, but also takes its figure from the same Hebrew letter: For as the figure of K is formed from the final ך, as is before shew'd, so C is nothing but כ turned to the right, in compliance with the Western way of writing. Notwithstanding it appears that antiently K held its own place in many (especially Greek) words, and derivatives from thence, as κάλαβρα, *kalabra*, κοινισμὸς, *kœnismus*, καρχηδὼν, *karthago*, καλάνδαι, *kalendæ*, though these also are equally writ by *c*, *vid Quint Instit*. 1, 7. K has also been continued in some words of Hebrew extraction, as, *Karissimus*, in antient monuments, from יקר, *Kalumnia*, from כלמה; *K k* antiently writ on the foreheads of those convicted of calumny. In our English tongue indeed, though disused in Latin, it is not only a frequent letter, but used even after *c*, to harden its sound, as from λείχω, 𝔩𝔦𝔠𝔨, κοκκὸς, (*Hesych* gallus) a 𝔠𝔥𝔦𝔠𝔨; which in words of Latin and Greek derivation may well be spared, as *public*, *critic*, *hectic*, not *publick*, &c.

K ante A

K quidem in nullis verbis utendum puto, *&c* Quint 1, 7 *quem vide cum Not Var* p 67

|| Kabbala, æ f *i e* acceptio, uti contra eadem dicitur, *rasora*, i e *traditio*, doctrina ore tenus *tradita* a magistris, *accepta* à discipulis *Tradition*, or *mysterious knowledge delivered down along from Moses* (*who, as the rabbins fansy, received it from God*) *to the fathers, and so continued from hand to hand to posterity* The Cabbalists were the doctors of this manner of learning Hinc Anglicè, *a cabal*, a set of men that sit in close council

Kalendæ, *sive* calendæ, arum f [à calando, quod sacerdotes ineunte quovis mense *calarent*, *i e* indicerent nonas, unde & Gr per α, καλάνδαι] *The calends of a month*, *i e* *the first day of every month, and so to be reckoned backward* Ad Græcas kalendas, *at latter lammas*, *i e never* Proverbium ab Augusto receptum, *vid Suet vita ejus*, 87 Kal JAN *New-year's day*

Kalendarium, i n *vel* calendarius *A kalendar, a memorandum*, or *account book* Nemo beneficia in calendario scribit, *Sen*

Kyrie eleison [*ex* Gr κύριε ἐλέησον, verso η, ut tum solebat in ι] *Lord have mercy upon us*, a form used in the missal, and other Latin prayer books

L l Roman, *L l* Italic, 𝔏 𝔩 old English and German, which pronounced alone we call *el*, prefixing *e*, as we also pronounce the other sister liquids *el*, *em*, *en*, *er* corruptly *ar*, to distinguish them from the family of the mutes, whose sound we make articulate by postponing *e*, as *bé*, *cé*, *dé*, &c Hebrew ל *Lamedh*, amongst other significations denoting a goad, or spit, which the figure resembles, Chaldee למדא *Lamda*, from whence the Greek *Lambda*, by inserting *b*, as also by removing *m*, *labda*. The Latin L is formed from the Greek Λ, by straightning one of the acute legs, and turning the other into the basis It hath the first place in the order of the liquids, and is, as *Plato* in *Cratyl.* has observed, the sweetest of them, and is suited to soft and easy descriptions, as, *Molle meum levibus cor est violabile telis.* It was usually sounded by the old Britons with a kind of aspiration, and was writ in many words with *ll*, as afterwards with *lh*, as in *llân*, or *lhân*, a temple, *llâu*, or *lhâu*, an hand, which sound is made, by hissing *l* obliquely through the teeth, and aspirating it, which indeed is best taken in by the ear. Thus the oldest Greeks sounded its sister P when initial, PH; as PHOME, *Roma*, which in later times, after H was exterminated, being supplied by a note of aspiration prefixed, though pronounced after it, was writ as now, Ῥώμη, and this aspiration is still kept in some Latin words of Greek extraction, as in *Rhamnus*, *Rhetor*, &c This liquid is subjoined to the mutes *b*, *f*, *g*, *p*, in the beginning of syllables in Latin words, as in *blatta*, *eblandior*, *flo*, *confligo*, *gloria*, *conglobo*, *plango*, *compleo* also to *t* and *th*, in derivatives from the Greek, as *Atlas*, *athleta*, but never before *q* and *v*. All the liquids by grammarians are called immutables, is indeed they are with respect to the mutes, but not in regard to themselves as we learn from Νύμφη, *lympha*, ἀγρὸς, *agellus*, λείριον, *lilium*, παῦρος, *paulus*. The change indeed of the final letter in the prepositions *con*, *in*, *per*, and *inter*, into the liquid, when compounding some simple word beginning therewith, seems arbitrary, and we may write either *conligo*, or *colligo*, *inlido*, or *illido*, *perluo*, or *pelluo*, *interlego*, or *intellego*, &c since the former way of writing was of antient use, as in all the other letters, so even in these particularly, and the latter only introduced to soften the sound as we see also in prepositions ending with mutes, prefixt to words beginning with mutes or liquids, for the same reason suffer the same, or greater variations, as, *absfero*, *aufero*, *adnuo*, *annuo*, *adfero affero*, *obfero*, *offero*, *transno*, *trano*, &c In some few words indeed the liquid *l* may seem substituted for *d*, as *lacryma* for δάκρυμα, *alacris* for ἄδακρυς, but both these derivations may justly be suspected, unless confirmed by more unexceptionable instances In numeral notes, L is put for fifty, the half of C, or, as antiently made by the Saxons, ⊏, making the curve angular, analogically to V, five, as being half an X, ten In the compendious notes of the antients, L *stands for* Lælius, Lælii Lucius, Luceius, Lex, Lector, Libertus, Libra, L.A Lex alia, LA C Lauri colonia, L A D Locus alteri datus, L AG. Lex Agraria; LAT P V E S. Latus pedes quinque & semissem, L DD.D Locum diis dedicavit, L L. Libræ, *vel* Lingua Latina, Locus laudabilis, Leges, L L OO. Linguæ Orientales, L.L Q.F. Lucius Luceius Quinti Filius

---

L ante A

LABANS, tis (4) part (1) *Going away, drooping, going to decay, discomfited as it were, to fall* (2) Met *Wavering, ready to yield* (1) Sustinuit labantem aciem Antonius, *Tac Hist* [illegible] (2) = Insultavit senfus, animumque labantem impulit, *Vir Æn* 4, 22

LABARUM, labari n Accipitur quod fulcrus, probabile vel deducit a λαφύρον, *i e* spolium hosti detractum *The royal, or imperial standard, a sort of streamer carried before the emperour* [illegible] *before the Roman emperour in the wars* [illegible] *a church banner, flag*, [illegible]

Labasco, ere incept [illegible] (1) *To begin to decay, to be ready to fall* (2) Met *To give ground, to quail in his courage* (1) [illegible] labascit, [illegible] (2) Labascit, [illegible] tus uno ve lo, *Ter* [illegible] 1, 2, 98

Labasco, [illegible] dep *Idem*, [illegible]

Labda [illegible] *An* [illegible] *filthy* [illegible]

Labda [illegible] Prin [illegible] 79

Labecula, æ f dim [illegible] labes] *A little spot or blemish* Milon [illegible] labeculam aspergat, *Cic in Vatin* 17

Labefaciendus, a, um part *To be shaken, weakened, or put to the turn from his purpose*, *Cic*

Labefacio, ere, eci, ctum act [illegible] facio (1) *To loosen, to shake and make totter, or ready to fall* (2) *To fright or turn from his purpose, and make him change his mind* (1) Omnes dentes [illegible] fecit mihi, *Ter Ad* [illegible] 2, 2, 36 (2) Quem nulla invidia labefecit, *Cic pro* [illegible] ¶ Labefacere fidem suam, *to spoil his credit, to turn bankrupt*, Suet [illegible] 4 Cum rigione ca[illegible] labefacere, *to infect*, Col

Labefactatio, onis f *A loosing, or weakning, &c* [illegible] 2, 1

Labefactator m *An underminer, &c* [illegible] *Tac*

Labefactatus, a, um part (1) *Wasted, weakned* (2) Met *Tottering, shaking, ready to revolt* (1) ✝ Maximus respub ab adolescentious labefactatus, [illegible] sustentatis & restitutas [illegible], *Cic de Senect* 6 (2) Labefactarum [illegible] fides, *Tac Ann* 1, 2, 1

Labefactio, onis f *A loosening, weakning, or making to drop* Labefactio dentium, *Plin* 2[illegible]

Labefacto, are freq [illegible] Labefacio (1) *To weaken and loosen* (2) *To put to a nonplus* (3) *To undermine and overthrow* (4) *To shake one in his aim* (5) *To avert him from his purpose, and make him alter his resolution* (1) Signum [illegible] labefactare conatu, *Cic* [illegible] (2) = Me [illegible] labefactare atque infirmare conatur *Id* (3) [illegible] labefactare [illegible] 1, 9 (4) Labefactant [illegible] tores [illegible] (5) [illegible] me video [illegible] labefactare, *Ter* [illegible] ¶ Labefactare fidem [illegible] 2, 21

Labefactor, ari pass *To be weakened, undermined, &c* Dicunt nominem iisdem machinis [illegible] me restitui [illegible] labefactari, [illegible] *Cic pro* [illegible] Labefactari [illegible] *Val Max* [illegible]

Labefactus, a, um part [illegible] labefio] (1) *Weakened, ruined, shaking, always overthrown* (2) Met *Uncertain, decayed, diminished* (1) Labefactis machinis [illegible] diffugerunt, *Suet Cal* 5[illegible] Labefactis [illegible] ictibus arbor, *Ov Met* 8, [illegible] 4 (2) Labefacta fluidum [illegible], *Val Flacc* 8, 357 Labefacta cadebat [illegible], *Claud* [illegible] 3, 14

Labellum, i n dim [illegible] labium (1) *A lip, a little lip* (2) *A little vat, or like vessel, used in baths to wash in* (3) *A term of endearment* (1) [illegible] labella cum labellis [illegible], *Plaut* [illegible] 8 (2) Labellum fictile novum impleto [illegible], *Col* 12, 43 (3) Meus ocellus, meum labellum, mea salus, &c *Plaut Pœn* 1, 2, 15

Labens, tis part [labor] (1) *Sliding, passing away* (2) Met *Falling to decay, growing out of use* (3) *Ready to fall, falling* (1) Flumina labentia, *Vir Geor* 4, 366 Anni labentes, *Id Æn* [illegible] (2) Mu[illegible]re domus labentis, *Vir Æn* 4, 318 (3) Labente paulatim disciplina, *Liv præf operis*

Labens, tis [illegible] *sliding away* Labentibus [illegible], [illegible] annis, *Id* 2, 14

Labeo, onis m [illegible] crassis & prominulis] (1) *Blabber lipped* (2) Also *a surname* (1) Labeo quibus [illegible] dict, *Plin* 1[illegible], 37 (2) [illegible]

Labes, is f [a labendo, [illegible] fuit] [illegible] sumitur & pro ruina five casu, [illegible] & pro macula, utpote quæ vesti, &c [illegible] tur [illegible] & ad animi vitia, & ad homines vitiosos translatum] (1) *A great fall, or pitch or [illegible], or hole* (2) *A great downfall, or sinking of the ground* [illegible] (3) *A spot, blemish, or stain* [illegible] (4) *A fault, guilt* (5) *Reproach, comparison, trouble* (6) *Ruin, a [illegible]* (7) *Shame, a disgrace, a dishonour* (1) Si labes facta sit, omnemque [illegible] fuerit, [illegible] (2) [illegible] Privernatis [illegible] terra [illegible] dissedisset *Cic de Div* 1, 4[illegible] (3) Sine labe [illegible], *Ov Met* 2, 5[illegible] (4) Ad [illegible] carere, *Ov* [illegible] (5) Huic tu quas [illegible] animo [illegible] *Cic Offic* 2, 21 (6) = Lapes & pernicies provinciæ, *Cic Verr* [illegible] ruina, *Id* (7) Insignis labem integris, *Cic pro Cæl* 18 = infamia, *Ibid* = macula, *Id*

Labia, æ f [illegible] labias, *Plaut Stich* 5, [illegible] 10, 4 *Apul Met* [illegible] *lip*

Labidus, a, um *Slippery, [illegible]* Labidis [illegible] *[illegible] proam lib* 6

[illegible] labatur, five ut ouvis [illegible] *Slippery, or apt to slip*, Arnob

Labiosus, a, um *[illegible] lipped*, Lucr 4, 1162 R occ

LABIUM, (1) labii n [illegible] plur [illegible] [illegible] bendo, [illegible] Differt *labrum* & *labium* [illegible] dicti, unde & *labeones* [illegible] ita vocant [illegible] *labra* sunt superiora, [illegible] feriora, *Lon* [illegible] in labrosis, [illegible] Denique *labrum* etiam [illegible] ad alia res sign [illegible] Ent ergo labium, *a fulcip, the nether lip*

LABO, labare, [illegible] (1) *To totter to fall* [illegible] (2) *To bulge* [illegible] doth, *to jolt, as a coach* (3) *To fail, to [illegible]* (4) [illegible] *and apt to fall out* (5) Met *To fail, to decay* (6) *To quail, flag in his courage* [illegible] (7) *To waver, to doubt* [illegible] *to hesitate* (1) [illegible] Dum [illegible] dentque pedes, *Ov* [illegible] Labat [illegible] *Æn* [illegible], 102 (2) Labant [illegible] [illegible] *Ov* [illegible] (3) Gen [illegible] (4) Dum [illegible] labant, *Cic* [illegible] Sine [illegible] labascunt, *Plaut Stich* [illegible] & *Met* [illegible] hoc consilio, [illegible] (6) Pers [illegible] labare [illegible] (7) [illegible] Labat consilium [illegible] ciat, *Cic Att* 8, 14

LABOR, labi, lapsus sum [illegible] (1) *To slide, or glide* [illegible]

( ) *To flo t* (4) *To sail* (5) *To* di p, or *[illegible] drawn* (6) *To* f[illegible], or [illegible] ( ) Met *To faint* (8) *To [illegible] mist ake*, or [illegible] (9) *To [illegible] cay, to* [illegible] (1) Labor [illegible] nmis [illegible] *met* Labi [illegible] ✝ Ser-[illegible] procursus cum semel [illegible] Cic de [illegible] 17 [illegible] Zephyris & la[illegible] pen-[illegible] 22 (4) Medio [illegible] lyrum, [illegible] Met 11, 51 [illegible] undis labitur, Vir [illegible] (5) [illegible] Hor Od 1, 1, 6 [illegible] 420 (7) Labitur [illegible] cum [illegible] Ali 55 (8) = Labi, [illegible] & malum [illegible] Cic Offic 1, 6 [illegible] Non enim inventem [illegible] Cic pro [illegible] *to be deli-* [illegible] (5, 5 [illegible] *n* [a la-[illegible] id se ex [illegible] & co[illegible] cidunt vires] [illegible] *fa[illegible] tumo[illegible] drug* [illegible] (-) [illegible] *of the mind*, ci-[illegible] or [illegible] (4) [illegible] (5) [illegible] (-) *Sickness*, (-) *pains of child-* [illegible] corpus he-[illegible] Col 1, 1 (-) [illegible] ebus eriudiunt [illegible] currendo, esu-[illegible] algendo, æstuan-[illegible] plu-[illegible] 11 3, 1, 6 Ani [illegible] labos capitis, Plaut [illegible] 5 (3) = Neminim me-[illegible] aut molestia [illegible] (5) ¶ Cor de labore [illegible] *my heart goeth* [illegible] Plaut Cas 2, [illegible] hominis even-[illegible] Plaut Capt 5, 1, 26 [illegible] labos, [illegible] An [illegible] Plaut Curc 2 1, [illegible] expertu labores, [illegible] = Delectus fo-[illegible] labores, [illegible] ¶ Labores [illegible] sustinere, tolera-[illegible] nere, exan [illegible] *take pains*, Ap probos

[illegible] *Laboring* [illegible] *the moon* [illegible] laborans, *being* [illegible] Hor Od 1, 9, 3

[illegible] *A la* [illegible] = Elaboratio,

[illegible] comp *More* [illegible] ✝ Me-[illegible]

[illegible] *A great deal* [illegible] Cic Labor [illegible] fecerate, [illegible] *that plagu*[illegible]

[illegible] um part pass [illegible] *with pains and* [illegible] An [illegible] Mart [illegible] *Pains-* [illegible] M 9, 285 Epithe-[illegible] labor [illegible] Parcities, [illegible] 6 currus, [illegible]

[illegible] comp issimus, *hardly, with* [illegible] = Mar & laboriose, [illegible] quousque est fo-[illegible] molior, eo donec [illegible] laboriosius, Cic pro [illegible] = Diligentissime laboriosissimeque diceret, Suet Cas 13

Lăbōrĭōsus, a, um adj or, comp ssimus, sup (1) *Laborious, pains-taking, opprest with pain, sick ness, or ill usage, taking m ch pains* (2) *Requiring much pains, toilsome, wearisome, fatiguing* (1) Laboriosissimus hominis socius in agri cultura, [illegible] Col in proœm 1 6 ✝ Qui perferunt dolores, non mitros, sed laboriosos dicimus, Cic Philipp 11, 4 Quid nobis duobus laboriosius? quid magis exercitum, magis sollicitum dici potest? Cic pro Mil 2 (2) Laboriosi nihil tibi operis impertio, Plaut Merc 3, 1, 9 *sed varie leg* Sæpe laboriosior est negligentia quam diligentia, Col 12, 2

Lăbōro, āre [à labore, ut *ab* honor honoro] act & neut (1) *To work, or make, to labour, or take pains* (-) Met *To endeavour, to take care* (3) *To be under, to be oppressed with* (4) *To be sick, or ill* (5) *To be at a stand* (6) *To be troubled, or concerned* (7) *To be in danger, or distress* (8) *To be in want, and put to his shifts* (1) Vulcanus laboret arma tibi, Stat Theb 3,279 (2) = Mihi contendendum atque in hoc laborandum est, Cic (3) Plurimum refert invidia tuus in odio, an contemptu laboret, Quint (4) § Cum sine febri laborassem, Cic Att 5 8 § Cum ex intestinis laborassem Id Fan 7,26 Frigore, Col 2,10 [illegible] frigore, Plin 32, 10 (5) Queis parum esse ferè placuit peccata, laborant cum ventum ad verum est, Hor Sat 1, 3, 96 (6) § = Non id ago, neque ideo nunc laboro, Cic pro Quint 12 (7) Ut omni parte laborant, Hor Sat 1, 2, 38 (9) Quo vitio rerum re laboret, nil referre putas, Hor Sat 1, 2, 76 § Animo laborare, *to be in great care*, Cat § Laborare morbo, Cic de Fin 1, 18 § Laborare causa, *to have a bad cause, to have the worst of it at law*, Quint § Non laboro le nomine, *I care not, I regard not, no matter for the name*, Id

Lăbos, ōris m *Labour, pains*, &c Quibus objectus est labos, Ter Hecyr 3, 1, 6 *Vid* Labor

✝ Lăbōsus, a, um [-labor] *toil, dirty, flabby* = Hoc iter est labosum atque lutosum, Lucil ✝ Cænosus, fœdus

|| Lābrădum, i n [-labrum] *A rolling of the hand, or skirt of the emperor's garment*, Dig

Lābrōsus, a, um (1) *Having great lips* (2) *Having lips like lips* (1) Litt ex Luc *l* (2) Fe-rramentum [illegible] Cels 7, 26

Lābrum, i n [q] labium [illegible] in quo lavant] (1) *A bathing tub* (2) *A vat for wine, oil, &c a cistern a brewer's cooler* (3) *A lip, the brim of a vessel, or brink of a ditch, river, &c* (1) Labrum si in balneo non est [illegible] Cic Fam 14, 20 (2) Spumat plenis vindemia labris, Vir Geor 2, 6 Labrum oleorum, Cato, 13 (3) Nec dum illis labra admovi, Vir Ecl 3, 43 Labra doliorum circumlini, Cato Summa labra fossæ, Cæs ¶ Labiis [illegible] attingere, *to have a snatch, or smattering, skill of a thing*, Prov Cic pro Cæl 12

Labrum Venereum *Fullers weed, or teazel, wh ch tuckers use*, Plin 25, 13

Labrus *A kind of ravenous fish*, Plin 32, 11 *qui & labrax*

Lābrusca, æ f & labruscum, i n [quod in agrorum labris, *i e* marginibus nascatur] *The weed called wildvine* Labrusca rarus racemis sparsit antrum, Vir Ecl 5, 7 Densa labrusca petuntur, Id in Culice, 5-

Labŭrnum, i n *A kind of shrub, the blossom whereof bees will not taste*, Plin 16, 18

Labyrinthæus, a, um adj *Of, or pertaining to a labyrinth*, Catul 64, 114

LABYRINTHUS, i m [apud H. λαβύρινθος est πυλη, lover, ubi duruit caput, r λαύρα, inde λα-βύρινθος] (1) *A labyrinth, or maze, a place full of turnings and windings, made so that one could not get out again without a guide, or clue of thread to direct one* (-) *Met Any intricate thing that is difficult, or intricate* ( ) Creta labyrinthus [illegible] Vir Æn 5, 588 (-) [illegible] Catul [illegible] Prop 12

LAC, [illegible] n & lacte, is *Plaut Men* 5, 9, 30 [γάλα, γάλακτος] per Aphær *pro* glac, glactis, quomodo Homero γλάγος dic] *Milk* § Lac recens, *new milk*, Plin Pressum lac, *cheese curds*, Vir Ecl 1, 82 ¶ Coctum, [illegible] lactis, *a kind of [illegible]* Ov M 5, 66 ¶ Cum lac, *it curd*, Plin -- Depastus lacte, *creamed*, Ho[illegible] Od 2, 14 § Lac lubdulum, *a* [illegible] *humanum* [illegible] *woman's milk*, Plin Pubentes herba nigri cum lacte veneni, Vir Æn 4, 514 Hes, cremor, pingue lactis, *cream*, Jun Also *the juice of any herb, the soft pulp in nuts, figs, &c* [illegible] mini molli [illegible] est in æstu quod intra est, Ov in Nuce, 95 [illegible] Frugis lactentes, Propert [illegible] 2, 11

|| Lacca, æ f *Knots, or swellings of veins in cattle's hips, or legs, when the skin is puffed up like a bladder, which cast the [illegible] blood § An herb in dying, [illegible] used by physicians, [illegible] for the scarlet dye*, Veget

LACER, a, um (1) [ex λακίς, [illegible] fissura vel scissura] act & pass (1) *Tearing, rending* (-) *Torn, rent, [illegible] body mangled, maimed, disabled, shattered, tattered, rent, ragged, tattered all to pieces, torn [illegible]* (-) Met *Scattered, dispersed* (1) Suos artus lacero divellere morsu cœpit, Ov Met 8 877 (2) Deiphobum vidit lacerum crudeliter ora, Vir Æn 6, 495 Lacerı puppes refecit Ov Ep 2, 45 [illegible] Stat Silv 3, 3, 133 (-) = Sparsis atque laceras gentium [illegible] colligere, Plin Paneg 39

✝ Lacerābilis, e adj *Which may be torn, or rent, &c* Corpus lacerabile, Auson 15, 1 ✝ Lacer

Lăcĕrans, tis part *Rending, tearing* Ora manu lacerans, Sil 8, 153

Lăcĕrātio, ōnis f verb *A tearing, rending, mangling, or scratching* Laceratio corporum, Liv 7, 4 Mortuorum laceratio, Cels pref

|| Lăcĕrātor m *He that teareth*, August

✝ Lacĕrātrix f *She that teareth*, Macr 2, 6

Lăcĕrātus, a, um *Torn rent, pulled in pieces, tattered, ragged, mangled*, Ov Met 3, 522 Laceratum virgis tergum, Liv 26, 13

Lăcerna, æ f *A rocket, or riding coat, a cloke for men, or women, to keep off rain, or cold*, Paterc 2, 70 *and to be worn either side outward, a cassock cowl, or hood*, Mart 1, 1,2 Juv 3, 148

Lăcernātus, a, um *Cloked, wearing such a cassock, or rocket* Lacerna ædum [illegible] mica, Juv 1 62

Lăcĕro, āre act [ex lacer, à λακίς, fiſsura] *To rend, tear, mangle, or pull in pieces, to dismember, to lavish and spend profusely* ¶ Lacerare diem, *to mis-spend the day, or spend it for naught*, Plaut Asin 2, 2, 25 *to [illegible] waste his estate*, Id Merc [illegible] 58 Lacerate unguibus, *to [illegible]* Cic Lacerant [illegible] Liv [illegible] 58 ¶ Lacerare [illegible] *to rail at, or re[illegible]* Id [illegible] ¶ Lacerare famam [illegible] *to blemish his reputation*, Liv 28 51

Lacerōr, ari, ātus, pass [illegible] = Dilaceror [illegible] N D [illegible]

|| Lacertātus, a, um adj *Fu[illegible] of lusty [illegible]* Lexic [illegible] Apul ✝ Plu[illegible]

Lacerti, a [illegible] Lacerti, *[illegible]* [illegible] (1) Lacertis viribus, Hor [illegible] (-) [illegible] Cic Att 2, 6

Lacertōsus, a, um adj *Brawny, sinewy, strong* Lacertos to [illegible] Ov [illegible] 11, 53 Centurio pugnis, & lacertosus, Cic Phil pp 9 9

|| Lacertŭlus, m dim [illegible] *A little [illegible] mat in the shape of one's arm, or of a lizard*

Lacertus, i m (1) *An arm, the arm from the elbow to the wrist, the brawn, or sinews of the arms, or thighs* (-) Meton *Strength* ( ) *[illegible] force of an oration* (4) *A lizard, or newt* (5) *A kind of fish* [illegible] (1) Implicuitque suos circum [illegible] lacertos Ov [illegible] 2, 4 (-) Sub tanti [illegible] Romanus Hor [illegible] (3) = Amen[illegible] oratori [illegible] Cic de Orat 1, 57 (4) Virides [illegible] Ecl 2, 9 (5) Pisces [illegible] quibus [illegible] tus, Cels 2, 18 Dum [illegible] pontum [illegible] *To [illegible]* Plin 2, [illegible]

✝ Lacessim [illegible] per Syncop pro lacessiverim, ex lacessiv[illegible] pro lacessivisse, & lacesserunt pro lacessiverunt

Lăcessītus, a, um part [à lacesso] *Exposed, attacked, provoked, stirred up, exasperated* Dextere cruento lente lacessitus, Hor Epist 2, 1, 151

Lăcesso, ere, ivi & ii, itum act [ex lacio, secundum formam facesso] (1) *To put, or drive forward* (2) *To provoke, to stir up, either by fact, word, voice, or writing, in a good or bad sense* (3) *To set upon one, to challenge one to a fight with the language, to teaze and trouble* (5) *To put forward* (5) *To [illegible] and tease* (6) *To importune, or request* ( ) *To injure, or wrong* (8) *To disturb, or trouble* (9) *To do a thing frequently* ( ) Si[illegible] lacessere esse re juvencum, *Col* 2, 2 ✻ = Me amabis, & scripto aliquo lacesses, ego enim facilius respondere possum, quam provocare, *Cic Fam* 12, 20 (3) Efficiam posthac ne quenquam voce lacessas, *Vir Ecl* 3, 53 = Inde lego, Phœbumque cio muramque lacesso, *Mart* 4, 90 (4) ⊀ § Hos ter mones lacessivi nunquam, sed non valde repressi, *Cic Fam* 5, 8 Lacessere jurgiis, injuriis, *Liv* 41, *Liv* 40, *Cic* (5) Campum lacessit taurus, *Stat* (6) Nihil supra deos lacesso, *Hor Od* 2, 18, 12 (7) = Lacessis Pirithoum, violasque deos, *Ov Met* 12, 228 (8) Non ita eum torquebit, non lacesset suspicio, *Sen* (9) Lacessit pelagus carina, *Hor Od* 1, 5, 7

Lacessor, i *Curt* & Lacessior, iri, itus sum pass *To be provoked, stirred, encouraged*, or *moved*, &c Solent cœli novitate lacessiri, *Col* 9, 8

* Lachanisso, āre Gr λαχανίζω *To be feeble, weak*, or *faint*, Hor 1, 6, 114

† Lachano, āre vel ĕre Lachanum vos, *I will feed you with worts*, Plaut Pœn 5, 3, 3

Lachanum, i n [ex λαχαίνειν, fodere] *All kind of potherbs, worts, &c that are good to eat*, Hor Sat 1, 6, 115

Lachryma, æ f primâ commun [a δάκρυμα] *A tear in weeping, &c* = In nostro omnium fletu nullam Milonis lachrymam aspexistis, *Cic pro Milon* 34 ¶ Effundi in lachrymas, *to burst out in tears, to fall a weeping*, Tac Ann 3, 23, 1 (2) Also *the moisture*, or *dropping of a tree, that turneth to gum, gum drops*, Plin 11, 6 ☞ Recte scribitur lacryma *sine aspiratione*, v d Gell 2, 3

Lachrymabilis, e adj *Sad, fit to be bewailed*, or *wept for* Lacrymabile bellum, *Ov Met* 8, 44 tempus, *Id Trist* 5, 12, 1

Lachrymabundus, a, um *Weeping ripe, ready to weep*, Liv 3, 46

Lachrymans, tis part (1) *Weeping* (2) *Dropping* (1) *Cic Verr* 5 (2) ✻ Lachrymantes calamos inseri non oportet, non magis quam aridos, *Plin* 17, 14

Lachrymātio, ōnis f verb (1) *A weeping, a shedding of tears* (2) *A dropping of moisture gum, &c* (1) Oculorum lachrymationes, *Plin proœm lib* 23 *a running of the eyes* (2) *Plin* 11, 37

|| Lachrymātor, ōris m *He that weepeth*, Aug † Qui lachrymat

Lachrymātus, a, um part *Distilled*, or *dropped out of the bark* Lachrymatæ cortice myrrha, *Ov Fast* 1, 339

Lachrymo, āre neut & Lachrymor, āri dep *To weep, to cry, to shed tears, to drop with moisture* Oh, lachrymo gaudio, *Ter Adelph* 4, 55 Ecquis fuit, quin lachrymaretur? *Cic Verr* 5, 46

Lachrymōsè, vel potius lacrimose, vel lacrumose adv *Weepingly, as though he wept*, Plin 16, 4

Lachrymōsus, vel lacrymōsus, a, um adj (1) *Full of tears, weeping* (2) Met *Sad, doleful* (3) *That would make one weep* (1) Oculi lachrymosi, *Plin* 29, 6 (2) Bellum lachrymosum, *Hor Od* 1, 21, 13 (3) Fumus lachrymosus, *Hor Sat* 1, 5, 80

Lachrymŭla, æ f dim [à lachryma] *A little tear* Una falsa lachrymula, *Ter Eun* 1, 1, 22

LACINIA, æ f [à lacino] (1) *The lappet*, or *flappet of a gown, the guard hem*, or *fringe of a garment* (2) *A jag, a piece*, or *snip, a clout*, or *rag* (3) *A sirname of Juno* (1) Sume laciniam, atque absterge sudorem tibi, *Plaut Merc* 1, 1, 16 interp Serv In lacinia servans ex mensa secunda semina, *Cic Fam* 16, 21 (2) *Fest* (3) *Liv* 42, 3

|| Lacinĭātim adv *Scatteringwise, by pieces*, Apul Met 8, p 247

|| Lacinĭātus, a, um part *Hemmed, plaited, gathered, ruffled*, Postur

|| Lacinio, & lăcino, āre *To make holes, to pourtray*, or *describe*, Apul Met 10, p 347 *Vid* Lancino

Lacinĭosè adv *Jaggedly*, Plin 16, 43 *Vulgo* lachrymosè

|| Laciniosus, a, um *Cut in sundry fashions, jagged, crumpled, full of plaits, turning and winding diverse ways*, Met *intricate* Sermo laciniosus, *Tert* † Expeditus, *Apul*

LACIO, ĕre (a) [à λακίζω, i e θωπεύω, adulor, *Hes* fut prim λακῶ] *To bring one into a snare, to deceive, to allure, to decoy, cnooze, wheedle*, or *trepan* ☞ De præt & sup vix constat, quia verbum ipsum in desuetudinem abiit, præterquam in compp

Lacōnicum, i n *sc* hypocaustum *A stew, hothouse*, or *drylain*, Cic Attic 4, 10

Lacōnicus, a, um adj *Lacedæmonian* Laconica purpura, *Hor Od* 2, 18, 7

* Lacōnismus, i m *A short way of speaking*, such as the Lacedæmonians used Non imitor λακωνισμὸν tuum? altera tamen pagella procedit, *Cic Fam* 11, 25

* Lacotomus *A term in dialling*, Vitruv 9, 8 where Turnebus readeth *leotomus*, which seemeth right, *a line that cutteth the test semicircle*

LACRYMA, et lacruma, æ f & lacrima vett codd & dacryma, *Fest* *A tear* *Vid* Lachryma

Lacrymōsus, a, um *Vid* Lachrymosus

Lacta *A kind of cassia*, al *scrib* leda vel lada, *Plin* 12, 19

Lactans, tis part [à lacto] *Milch, that hath milk, that giveth suck* Dandum hordeum utique quoad erunt lactantes, *Varr R R* 2, 7 Lactantia ubera mammarum, *Lucr* 5, 883

Lactantia, um n pl *All things that have milk in them, white meats*, Cels 2, 28

Lactaria, æ f [à lacte] *Herb tithymal, spurge*, or *milkweed*, Plin 26, 8

Lactārium, i n *A dairyhouse*, Litt ex Col

Lactārius, a, um adj *That is made of milk*, or *giveth milk* § Bos lactaria, *a milch cow*, Varr R R 2, 1 § Lactaria columna, *a place in the herb market, where they brought children to be fed with milk*, Fest

|| Lactarius, i m *A dairyman, a milkman, one that selleth milkmeats*, as butter, cheese, &c Lampr

|| Lactātio, ōnis f *An enticing*, or *alluring*, Aug † Allectatio

Lactātus, ûs m verb [à lacto] *A giving of milk, a suckling of young* Lactatu pinguescere, *Plin* 32, 10

† Lacte, is n *Milk* Non lacte lacti similius est, *Plaut Menæch* 5, 9, 30 Candidum lacte papilla cum fluit, *Varr ap Non* † Lac

Lactens, tis part [à lacteo] (1) *Sucking, hanging at the breast, a suckling* (2) *Having milk in it* (1) Romulus lactens, *Cic Catil* 3, 8 Vituli lactentes, *Ovid Met* 2, 624 (2) Frumenta lactentia, *young tender corn with a kind of milk in it*, Vir Geor 1, 315

Lacteo, ēre neut *To suck milk out of a dug* Vix leg nisi in part *lactens*, quod vide

Lacteŏlus, a, um dim [à lacteus] *Milkwhite, fair* Lacteola puella, *Catull* 53, 17

Lactes, ium f [à sing lactis] *the small guts, by which the meat passeth first out of the stomach, the soft roe*, or *milt of fish* Venio laxis lactibus, *Plaut Curc* 2, 3, 40

Lactesco, ĕre incept [à lacteo] (1) *To become like milk, to be turned into milk* (2) *To have milk, to grow milch* (1) Omnis fere matrum cibus lactescit, *Cic N D* 2, 51 (2) Asinæ prægnantes continuo lactescunt, *Plin* 11, 41

Lacteus, a, um adj *Of*, or *like milk, white, milky* Liquor lacteus, *Tibull* 2, 3, 18 Colla lactea, *Vir Æn* 8, 660 Lacteus porcus, *Mart* 3, 47, 12

|| Lacticinia, ōrum n pl *White meats made of milk*, Cal Rhod † Lactantia

|| Lactĭcŏlor, ōris adj *White, of the colour of milk*, Auson ‖ Lacteus, lacteolus

† Lactis, is f *Milk* Oves quæ nec lactem nec lanam ullam habent, *Plaut Bacch* 5, 2, 16

Lactis, is *Prisc* unde pl lactes f [dict à lacte] *The small guts* Prob Singulari usus Titinnius lactis agnina, *a lamb's chitterling*

Lacto, āre freq [à lacio] *To allure*, or *deceive with fair words, to cog*, or *cajole, to wheedle*, or *trepan, to fool one* Nisi me lactasses amantem, & falsâ spe produceres, *Ter Andr* 4, 1, 24

Lacto, āre act [à lacte] i e lac præbere, *inde* Lactans deus, *Varr* qui segetes facit lactescere] *To give suck, to feed with milk, to suckle*, Varr

Lactūca, æ f [dict quod abundantiâ lactis exuberat, seu quod nutrices fœminas lacte implet, *Varr*] *The herb lettuce* || Lactuca sessilis, *cabbage lettuce* || Lactuca leporina, *a sort of sowthistle*, Apul

Lactūcula, æ f dim *A little lettuce* Teneris frondens lactucula fibris, *Col* 10, 111

|| Lacŭlātus, a, um part *Which hath the picture of pools*, or *lakes woven*, or *wrought with a needle in it*, Litt ex Apul

|| Lacŭlor, āri pass [qu à lacula, dim à lacu] Modicomen to laculatur, *parted with a dimple in the chin*, Apul Florid 2

Lacūna, æ f [à lacu, *Fest*] (1) *A ditch wherein water standeth, a puddle*, or *dike, a furrow*, or *trench for drain* (2) *Any little hole*, or *hollow place* (3) *The slit in the upper lip* (4) Met *A defect*, or *want* (5) || *A gap*, or *empty place, when any thing is wanting in an author* (1) Sudant humore lacunæ, *Vir Geor* 1, 117 (2) *Varr R R* 2, 7, 3 (3) *Lact* ap *Cal* (4) Vide quæso, ne qua lacuna sit in auro, *Cic Att* 12, 6 (5) *Erasm* ad imitationem loci *Ciceronis* proxime laudati ¶ Lacunæ famæ, *a blemish in one's good name*, Gell 1, 3

Lacūnar, āris n Cont. pro lacunare exsculpta lignorum intervallis, lacuum sive lacunarum speciem gerens (1) *A cieled roof*, or *bed, fretted*, or *set off with distances of rafters like pits* (2) *The main beam of the house arched*, or *embowed* (1) *Vitruv* 7, 2 (2) Non aureum mea renidet in domo lacunar, *Hor Od* 2, 18

Lacūnātus, a, um part *Wrought with fret, made hollow, . . . wrought with ditches and furrows*, Plin 15, 10

Lacūno, āre act *To pit, to fret, to chamfer, to work with fretwork* Summa lacunabant alterno murice conchæ, *Ov Met* 8, 563

Lacūnōsus, a, um adj *Full of ditches*, or *holes, uneven, rugged, pitted*, Cic N D 2, 18

LACUS, i & ûs (a) [à Gr λάκκος] (1) *A lake*, or *standing pool, a place always full of water, a deep ditch, a moat, a pool* (2) *A vat*, or *great vessel into which the wine ran after it was pressed*, and may be used *for a vessel wherein beer, ale, &c is set a cooling when it is brewed, a cooler* (3) *The main beam of the house* (4) *A corn trough*, or *a corn bin* (5) *Smith's trough* (1) Lacu fluvius se condidit alto, *Vir Æn* 9, 6.. Averni lacus, *Cic* ✻ Rectius a fonte bibatur qui fluit, in pigro, quæ stupet unda, lacu, *Mart* 9, 101 ✻ Pisces ex stagno, vel lacu, vel flumine graviores sunt, *Cels* . , 18 (2) De lacu quam recentissimum addito mustum in amphoram, *Col* 12, 29 (3) Reiculæ ædesque, lacusque, *Lucil* (4) *Col* 1, 6 (5) *Jun*

Lacuscŭlus, i m dim (1) *A little lake*, or *ditch* (2) *A small vat* (1) *Col* 4, 8 (2) *Col* 1, 50

|| Lacustris, e adj *Belonging to a pool*, or *lake*, Litt sed unde hausit incertum

Lacuturris, brassicæ species in valle Aricinâ, ubi quondam fuit *lacus* turrisque *A large sort of cabbage*, or *cauliflower*, Plin. 19, 8

Lacuturrus, a, um adj ut brassica lacuturria *A large caulicart, a . . .*, Plin 19, 8

Lădănum, i n *Marc* corr primam *A gum made of a fat dew that is gathered from the leaves of a shrub called* lada, Plin 12, 17 and is used in pomanders, *Cels* 5, 26

LÆDO, ĕre, si, sum act [de cujus etymo nihil comperti] (1) *To hurt* by wound, blow, or otherwise (2) *To injure, to do displeasure to*, by any way (3) *To infect* (4) *To violate* (5) *To find fault with, to put a wrong construction upon* (6) *To offend, to trouble, to annoy* (1) Ne indigna lædi crura secent sentes, *Ov* Nec teneris cursu læsisse aristas, *Vir Æn* 7, 809 (2) Meminimi cum occulto haud audebat, facto nunc lædere licet, *Plaut Capt* 2, 2, 5 (3) Nec mala vicini pecoris contagia lædent, *Vir Ecl* 1, 51 (4) Non venere externâ socialia fœdera lædam, *Ov Met* 11, 380 (5) *Hor Sat* 1, 10, 80 (6) Quæ lædunt oculos festinas demere, *Hor Epist* 1, 2, 38 Si te pulvis strepitusque rotarum, si lædit caupona, *Id Epist* 1, 17, 7 ¶ Lædere famam, *to speak ill of one*, Cic Lædere fidem, *to break his promise*, or *to be worse than his word*, Cic

Lælaps, is m [dict ab impetu] *Storm, Swift, a dog's name* Tres cum Lælape Theron, *Ov Metam* 3, 211

LÆNA, æ f vestis lanea, *Varr* [sed est ex Gr χλαῖνα, ἀπὸ τοῦ χλιαίνειν, i e calefaciendo] (1) *A soldier's leaguer cloke*, according to No who mistaketh it for *chlamys*, but *Servius*, *Fest* and *Varr* himself take it for (2) *a rough shag gaberdine* (3) *A frieze cassock, a priest's cope* wherein he sacrificed (1) Ardebat murice lænâ, *Vir Æn* 4,262 (2) Plurimi sunt, quæ non audent homines pertusâ dicere lænâ, *Juv* 5, 131 (3) *Hinc Popilius cognominatus Lænas, cujus inforiam videre licet* ap Cic in Clar Orat 14

Læsio, ōnis f verb *An hurting, or annoying*, Cic de Or 3,52

|| Læsūra, æ f *An hurt, loss, or damage*, Tert ✝ Læsio

Læsus, a, um part (1) *Hurt* (2) *Rent, torn* (3) *Violated* (4) *Wronged, offended, annoyed* &c (1) Læsus cente serpentium, *Plin* (2) Læsa vestes *Ov* (3) Læsa fides, *Hor Od* 1, 3,4 (4) Læsum numen *Ov Trist* 3,6,23 § Læsa pudicitia *a cracked maidenhead*, *Id Epist* 5,104 § Læsa majestas, *treason*, Suet Res læsa, *adversity*, Ov

Lætābilis, e adj *Gladsome, joyful, that whereof one is glad, gladsome, joyous* Quid habet ista res lætabile, aut gloriosum? *Cic* Tusc 1,21 Factum lætabile cunctis, *Ov Met* 9,255 Jus lætabile potes, *Stat Silv* 4,8,21

|| Lætabundus, a, um *Very merry and pleasant*, Gell 11,15

Lætāmen, inis n [dict quod faciant lætas segetes, ut loqu *Vir*] *Compost, dung, or muck laid in a field, manure*, Ap R R scriptt

Lætandus, a, um part *To be rejoiced at* ✠ Lætandum magis, quam dolendum casum tuum puto, *Sall B J* 14

Lætans, tis part *Rejoicing* Animus lætans, *Cic* pro Cluent 9 Pectus lætans, *Catull* 62,221

|| Lætanter adv *pro* lætè *Joyfully, rejoicingly*, Lampr ✝ Læte

|| Lætaster, i m *A frolicksome youth, a pleasant fellow, a merry companion*, Test

|| Lætatio, ōnis f *Merriness*, Aug ✝ Lætitia

Lætè, iùs, issimè adv (1) *Merrily, gladly, pleasantly* (2) *Fruitfully, abundantly* (1) Læte aliquid facere, Philipp 3,9 ✠ Lætè, an tristè dicere, *Quint* (2) Læta frondebit, *Pallad* 4,9

|| Lætificātor, ōris m *He that maketh one merry*, Tert ✝ Qui lætificat

Lætifico, āre act i e lætum facio (1) *To rejoice one, or make one glad* (2) *To batten the ground and make it fruitful* (1) Sol terram lætificat, *Cic* N D 2,40 (2) *Plin* 17, 9

Lætificor, ātus pass *To rejoice, or be made glad* Alii lætificantur meo malo, *Plaut Aul*

Lætificus, a, um *That maketh glad* Lætificæ vites, *Antiq* Lætificum Gaudia, *Tibull* 1,28 Lætifici ... *Theb* 6,521 Sanctus ... 1 19

✝ Lætitio ... *I become glad*

Lætitia, æ f [a lætus] (1) *Joy, gladness, mirth, pleasantness* (2) *Fruitfulness, abundance* ... lætitiâ *to make one* ... Cic Fin ... Mil ... 28 ... lætitia pro ... tes ... Col 4,31 ... Plin ...

reioice ⩵ Gaudeo vehementerq, lætor, *Cic* pro *S Rosc* 47 toto pectore, *Ov* ex *Pont* 1, 8, 65 præclaris operibus, *Cic Fam* 1,7 Lætaris tu in omnium gemitu, *Id Verr* 5,46

|| Læto, as *To be glad*, Non 2, 494

LÆTUS, a, um adj or, comp issimus, sup (1) *Glad, merry, frolicksome, chearful, joyous, pleasant, delightsome* (2) *Lucky, fortunate* (3) Of fields, *Plentiful, fruitful, verdant* (4) Of cattle, *Fat, in good liking* (5) *Welcome, acceptable* (6) *Brisk, lively* (7) *Willing* (8) *Swift* (1) ⩵ Interea alacer atque lætus, *Cic* pro *Mur* 24 (2) ✠ Miscentur tristia lætis, *Ov Fast* 6, 463 (3) Lætas segetes rustici dicunt, *Cic* de Or 3, 38 Tellus justo lætior, *Vir Geor* 2,252 ✠ Olea serenda agro sicco per sementum, læto per ver, *Col* 10, 61 (4) Armenta læta, *Vir Geor* 2, 144 (5) Cædem ejus lætam fuisse Muciano accepimus, *Tac Hist* 3,75,4 Incrementum imperii lætissimum, *Valer Max* (6) Lætos oculis afflârat honores, *Vir Æn* 1,595 (7) Inspice si possim donata reponere lætus, *Hor Epist* 1, 7, 40 (8) Lætus Eois Eurus equis, *Vir Æn* 2, 417

Læva, æ f [ex λαιὸς, digamma interposito] *The left hand* ✠ Dextrâ montibus, lævâ Tiberi amne septus, *Liv*

|| Lævātor, us *Mad. smoother*, Gell 17,8 ✝ Lævior

Lævè adv *Dully, heavily*, Hor Epist 1,7,52

Lævigātio, ōnis f *A slicking, or making plain*, Vitruv 7,1

|| Lævigator, ōris m *He that maketh smooth*, Cassiod ✝ Qui lævigat

|| Lævigatōrius, a, um *That which maketh smooth* Lapis lævigatorius, *a slickstone*, ...

Lævigātus, a, um part *Slicked, made smooth* Commixta calce vivâ ex oleo lævigatæ, *Plin* ... 6 || Quod & lævigatum spissius est, *Macrob Sat* 7,12

Lævigo, āre [qu lævè ago] *To smooth, or slick, to plane, to polish, to loosen, and make to go to stool*, Plin 13, 12 Varr R R 3,11

LÆVIS, *vel* levis, e adj or, comp issimus, sup *Smooth, ... soft*, § *bare, bald, without hair* ✠ Corpuscula alia lævia, alia aspera, *Cic N D* 1,23 Asperi misceta lævibus, *Lucr* Vir lævior feminis ... *A Am* 3,437 ¶ Læve, etiam ponitur pro lævitas, *smoothness* Externi ne quid valeat per læve morari, *Hor Sat* 2,7,87 Ut per læve severos effundat junctura ungues, *Pers* 1 64

Lævitas, ātis f *Slickness, plainness, smoothness* § Lævitas intestinorum, *a flux, or lask*, called also *lienteria*, *Cels* 4,16

Lævo, āre act *To make smooth, to smooth* Pars teretes lævare manu ac disponere mensas, *Stat Theb* 1, 519

Lævor, āri pass *To be made smooth* ⩵ Os radi & lævari fitis est, *Cels* 8,

Lævor, ōris m *Smoothness, softness* Spectatur in chartis tenuitas densitas, candor, lævor, *Plin* 13,12 Considerate dum teri mollitiem lævorem, confragum, *Cels* in fin ... aspernitas, *Lucr*

|| Lævorsum adv *Towards the left hand* Ap I Florid p 760 — Sin strorsum

LÆVUS, a, um adj [λαιὸς] ... ant pro (1) *Left, or the left side* (2) *Foolish, silly* (

Unlucky, inconvenient, unseasonable (4) In cœlest augur *Prosperous, propitious, lucky* (1) Ex humero lævo dependet amictus, *Vir Æn* 6, 301 (2) Si mens non læva fuisset, *Vir Ecl* 1,16 (3) Tempore lævo interpellare, *Hor Sat* 2,4,4 (4) Intonuit lævum, *Vir Æn* 2,693 Læva existimantur, quoniam lævâ parte mundi ortus est, *Plin* 2, 54 ⩵ Si quem numina læva sinunt, auditque vocatus Apollo, *Vir Geor* 4,7

Laganum, i n *A thin cake made of fine flour, oil*, &c *a fritter, or pancake, a plumcake*, or *simnel*, Hor Sat 1,6,115

Lagena, æ f [a Gr λάγυνος] poculi genus, & mensura, quod ab Hebr *Lag* unde & nos *pro* ... sito digamma] *A flagon, a stone bottle to keep wine in* Quasi tu lagenam dicas, ubi vinum solet chium esse, *Plaut Curc* 1, 1, 78

* Lageos adj λάγειος, genus uvæ, quæ & leporaria dicitur, [a λαγὼς, lepus] *A kind of grape*, Vir Geor

* Lagōis, is f λαγωὶς [ex λαγὼς], quod leporinas habet carnes] *A delicate bird that hath flesh like an hare*, Hor Sat 2, 2, 2

* Lagophthalmus, i m *Hare eyed*, Cels 7

* Lagonoponos Gr πόνος λαγόνων, ... i, um dolor *The gripes, or pain of the bowels*, Plin 20,4

* Lagōpus, ōdis Gr λαγώπους, qu leporipes (1) *A dainty bird about the Alps, with rough hairy feet like an hare, called the white partridge* (2) *The herb hare's foot, or hares cummin* (1) *Plin* 10 (2) *Plin* 28,8

* Lagophthalmium, i n *A warren of hares*, Col 8,1 *Lat* Leporarium

Laguncula, æ f dim *A little flagon, or bottle* Picatis laguncellis condere, *Col* 12,38

|| Lāicus, a, um adj λαϊκὸς [a λαὸς, populus] *That which is common for the people, or that belongeth to the laity*, Eccl

|| Laicus, i m *A layman, one who is not of the clergy*, Bud

Lalisio, ōnis m [a λαλίζω, i vociferando] *A foal of a wild ass*, Mart 13, 97

Lallo, āre [dict inquit *Cornutus*, quod nutrices, cum infantes dormire volunt *lalla, lalla*, dicere solent] (1) *To sing lulla, as a child doth when going to sleep* (2) *Also to sing lullaby, as the nurse doth* (1) Iratus mammæ lallare recusas, *Pers* 3, 18 (2) *Casaub propriam hanc esse notionem contendit*

Lallus, i m *A lullaby, or lulling of a child asleep* Inter lalli somniferos modos, *Auson Epist* 16 *Sed Turneb lallum nutricum fuisse dum contendit*

LAMA, æ f [a χαμαὶ, vorago ... viarum] *A slough, a bog, a ditch, puddle, a ditch*, Hor Epist 1 13, 10

Lambens, tis part *Licking* Sanguinea lambens vulnera lingua, *Ov Met* 2, 57

Lambero, āre [a lama, quæ est scissura terræ] *To cut, or tear in pieces, to slice, or mangle, to hack and hew* ... lamberas *Plaut Pseud* ... 57

LAMBO, ere ... lambi, *Ict* ... *To lick with the tongue, to lap* (2) *To touch a thing lightly* (3) *To run on the earth* ... (1) ... (2) ... tibes, *Cic* ... tu minus ... tiberius ...

Hor Sat 1, 5, 71 (3) Quæ loca fabulosus lambit Hydaspes, *Hor Od* 1, 22, 8

Lāmella, æ f dim [a lamina pro laminella] *A little thin plate of metal* Lamellæ æreæ, *Varr* 7, 12

Lamentābilis, e adj (1) *Lamentable, mournful, doleful, woful* (2) *To be bewailed, or lamented* (1) Lamentabilis gemitu, *Cic Tusc* 2, 24 (2) Lamentabile regnum, *Vir Æn* 2, 4

|| Lamentæ, ārum *pro* lamentationes, *Pacuv* ap *Non* 2, 41

Lamentārius, a, um *That causeth lamentation* Ædes lamentariæ, *Plaut Capt* 1, 1, 28

Lamentātio, ōnis f verb *Lamentation, weeping and wailing, bemoaning* Lugubris lamentatio fletúsque mœrens, *Cic Tusc* 1, 13

Lamentātus, a, um part *Bewailed, or lamented* Fata diu lamentata, *Sil* 12, 711

Lamentor, āri, ātus sum dep (1) *To lament, bewail, weep, or mourn for* (2) *To bemoan, to take on sadly* (1) Lamentari præter cæteras visa est, *Ter Andr* 1, 1,94 (2) § Vidi virginem ma... em lamentari mortuam, *Ter Phorm* 1, 2,46 ✝ *Leg* lamento *apud* Vulg interpr

LAMENTUM, i n *A lamentation, or bewailing, a bemoaning, a sad outcry, a shriek* ⩵ Lamentis se lacrymisque dare, *Cic Tusc* 2,21 ⩵ Tecta fremunt lamentis gemituque, *Vir Æn* 4,667

LAMIA, æ f (1) *A she devil, or hag, a witch, or sorceress, that doth mischief to children* (2) *A fairy that stealeth, or changeth children, a bullbeggar* (1) Neu pransæ lamiæ vivum puerum extrahat alvo, *Hor A Poet* 340 (2) *Apul Met* 5

LAMINA, æ f & per Sync lamna (1) *A plate, or thin piece of some metal* (2) *A bar, or ingot of gold, or silver* (3) *A sword blade* (4) *A thin board, or plank* (5) *The tip, or lappet of the ear* (6) *A nutshell* (1) Jovis templum parietibus totis lamina inauratum, *Liv* (2) *Hor Od* 2,2,2 (3) Lamina dissiluit, *Ov Met* 5,173 (4) Ligna hippodalia laminis clavisque reguntur, *Cæs B G* 2, 10 (5) *Cæl Aur Tard* 2, 13 (6) Lamina mollis adhuc tenero est in lacte, *Ov* de *Nuce*, 95 ¶ Laminæ candentes *hot glowing plates of iron, which were put to the bodies of offenders*, Cic Verr 7,63

|| Lamino, āre *To emboss, or cut into plates*, Apul

|| Laminōsus, a, um *Full of plates or embossed*, Litt ex Apul

Lamium, i n [quod id limas ... Matt] *Archangel, deadnettle* Plin 2 14

Lamna, æ f per Sync *pro* lamina, q v

|| Lamnŭla, æ f dim [a lamna] *A little plate*, Tert ✝ Lamella

|| Lamōsus, a, um adj *Full of ... cs watry ditches, plashes*, ... Litt

Lampadias ... æ f [... Gr] ... *hairy comet* ... *Plaut C.* 4, 16

* Lampadias æ m *A comet or blazing star ... resembling a burning torch*, Plin ...

LAMPAS ... f ... (1) *A lamp* (2) *A ... torch* ... (1) Lampas ... Cic ...

æn a, *Juv* 3, 285 (2) Ardentem conjecit lampada Turnus, *Vir Æn* 9, 535 (3) *Plin* 2, 26 (4) Rutilantem it taken lampada Titan *Sil* ¶ Lampada alicui tradere, *to leave his part to be performed, or finished by another, to appoint a successor*, Pers 6, 61

|| Lampena, æ f [a λαμπη, splendeo] *A gallant caroch, a fine coach*, Hier

|| Lampetra, æ f [a lambendis petris] *A lamprey, a suckstone, a lamprey*, Sipont ✝ Muræna

* Lampsana, æ f λαμψάνη *Corn sallad, a weed growing among corn*, Diosc 2, 107

* Lampŭ us Gr λαμπτηρος [ex splendore caudæ] *Wittetail*, or *firetail, a bird's name*, Litt ex Ov

* Lampyris, idis f λαμπυρις, quod caudá splendeat *A glow worm that shineth by night*, Plin 11, 28 *Lat* Cicindela

* Lamyrus [a λαμυρος, impudens] *A kind of sea lizard*, Plin 32 11

LANA, æ f (1) *Wooll that groweth on sheep* (2) *Also the down of birds* (3) *Meton Cloth* (4) *The moss, or cotton that groweth on trees or fruits* (1) Quando id me venis cum tenui vellus & lana *Cic de Orat* 2, 68 ex poeta (2) Cygni ana, *Mart* 1, 161 (3) *Up* (4) *Mart* 14, 152 ¶ Lana succida, *unwashed wooll*, Juv 5, 24 Lana tincta, *yarn*, Ulp ¶ Rixa Lana caprina, *goats hair, a thing of no value*, Hor Epist 1, 18, 15

Lanaria, æ f [dict quod ad eluendas lanas adhibeatur] *Fullers weed, the herb that fullers use in scouring cloth cotton weed, fullers herb* cudwort, Plin 24, 18

Lanaris, e adj *That hath, or beareth wooll* Pecus lanare, *Varr R R* 2, 9

Lanarius a, um adj *Of, or belonging to wooll*, Plin 24, 18

Lanarius, i m *A woollmerchant, a clothier, a draper, any one that worketh, or deal th in wooll* Stat fullo, Phrygio, aurifex lanarius, *Plaut Aul* 3, 5, 34

Lanata, æ f *sc* ovis *A sheep*, Juv 8 155

Lanatus, a, um or, & ius, comp (1) *Woolly, bearing wooll* (2) *Also having a softness like wooll* (1) Lanatæ oves, *Col* 7, (2) Folia mollioia & lanatiora canique, *Plin* 21, 20 ¶ Lanati lupi, *the best kind of pikes, white and soft like wooll*, Plin 9, 17

LANCEA, æ f [vox Hispanica vel Gall a, quamvis argutum gis quam vere derivat *Fest* a Gr λογχη] *A lance, or launce a Spanish weapon with a broad head, any pike, spear, or javelin*, Plin 11 *head of a spear, or dart*, Bud Lancea infesta medium feriunt, *Hirt ap Cæs B* ... 9

|| Lanceārius, m *He that beareth a spear, or that useth a pike*, Amm 21, 13 ✝ ...

|| Lanceātus, a, um *Armed, or encountered with lances*, ...

|| Lanceola, æ f *A little lance*, Capitol ✝ Lanceam ...

|| Lancĕŏla, æ f dim [a lancea] *A little lance, a spear*, Apul ... *lamb as plant go* ...

Lancea ... *lanx*

Lanceolatus, a, um ... *A demi-lancer, a light horseman*, Cæs ...

Lancinātio, onis f verb *A lancing of a sore*, Cels ap Litt

|| Lancinātor, oris m *He that lanceth*, Prud Rom 1057

Lancinatus, a, um part *Wasted and consumed*, Catull 27, 17 *Vid* Lancino

Lancino, āre [ex lance, vel a lacinia, quod a λακιζω, lacero in inferte, Voss] (1) *To strike, or thrust through, to rend, or tear* (2) § Met *To consume, waste, and make havock of* (1) Plin 11, 54 (2) Dividimus vitam in particulas, ac particulas lancinamus, *Sen* Paterna lancinata sunt bona, *Catull* 27, 17 *Male, ut puto*, Litt ... *item adducit Cic*

Lanĭ ... *id quod* lanista *A butcher's shop*, Juv *ascrib* Scal

|| Laneum, i n [ex lana, ut quercus querceus] *A garment made of unwashed wooll*, Fest

|| Lanestris, e adj *Of wooll*, Venus Fest ...

Laneus, a, um adj *Woollen, or made of wooll, or flocks* ¶ Lanus lupus, *a fish in the river Timavus, because near his river was great store of sheep and plenty of wooll*, Mart 13, 89 Pallium laneum, *Cic N D* 3, 34

Langia, æ f *A brook of Italy, called also Languia, of whose water the Grecians held and a ... was made*, Plin 37 2

Languefacio, ere [ex langueo et facio] *To weary, to tire one's* ... ✗ Vis canendi languefacit excitatos, & incitat languentes, *Cic de Legg* 2, 15

Languens, & languescens, tis part *Languishing, fainting*, &c *Vid locum nos* ... langitent or, *leg in* Priap

LANGUEO, ēre langui, sup ... [a λαγγευω, pigreo] (1) *To languish, to be sick, feeble, or faint* (2) *To grow cool, or droop, to sneak* (3) *To fade and decay* (4) *To become listless, to grow dull and heavy* (5) *To be cloyed and weary* (1) Corpora languebunt morbo, *Vir Geor* 4, 252 (2) Si vos languere viderint, jam omnis feroce aderunt, *Sall B C* 56 (3) Vires in corpore languent, *Ov ex Pont* 1, 4, 3 (4) Otio me tuo ... languere nec ... *Cic de Sen* 9 (5) Scis in breve te cogi, cum plenus languet amator, *Hor Ep* 1, 20 ¶ Languet jubar lunæ, *the moon shineth dim, or faintly*, Stat

Languesco, ĕre incept [a langueo] (1) *To grow languid* (2) *To become remiss, or dull* (3) *To abate, or decay* (4) *To shed, or fade* (1) Languescit lumina morte, *Catull* 62, 148 (2) ✗ Languescet industria, intendetur socordia, *Tac* *Vid* Langueo, n 4 (3) Omnium rerum cupido languescit, *Plin* (4) Languescit color in luteum, *Plin* 24, 17

Languide adv languidius, comp *Faintly, feebly, carelessly, idly, lithely, without quickness, or spirit, a little, or somewhat* ✗ Ne familia ... cunctanter & languide procedat, *Col* 11, 1 Cæsar suos ... languidius in opere versari jussit, *Cæs B C* 7

|| Languidŏ, āre *To make faint*, Sidon ✝ Languefacio, *Cic*

|| Languidŭle adv *Some what faintly*, Aug ✝ Paulo languidius

Languidulus, a, um dim (1) *Somewhat faint, weak, or feeble* (2) *Withered, or fading* (1) Somno languidulus, *Catull* 62, 3 (2) Coronæ languidulæ, *Quint* ...

Languidus, a, um [a langueo] (1) *Faint, weak, feeble* (2) *Enervated* (3) *Slow, lazy* (4) *Decayed, faded* (5) *Spiritless, without life, sluggish, unactive, dull, listless* (1) Tarda & languida pecus, *Cic de Fin* 2, 13 (2) § Languidus vino & vigiliis, *Cic Catil* 2, 5 (3) ✗ Veniebat gressu molli & languido, *Phædr* 5, 1 ✗ Languidus aut creber ictus, *a slow, or quick pulse*, Plin 11, 37 (4) Languido colore herba in candidum vergente, *Plin* 12, 12 (5) Languida auctoritas patrum facta est, *Plin* 5, 29 ¶ Languidiora vina, *racy, mellow wine*, Hor Od 3, 21

✠ Languificus leo *That causeth faintness, by reason of the heat in the dogdays*, *Auson*

|| Languila dim [a lanx, quasi lancula, Gloss lancla λεκανη] species patinæ sive catini, *Varr* v *Magis a latitudine dict*] *A broad platter, or charger*

Languor, oris m [a langueo] (1) *Faintness, feebleness, weakness* (2) *Languishment, want of spirit, a fainting fit* (3) *Weariness* (4) Met *Laziness, litherliness, listlessness, dulness, drousiness* (1) Perpetuus corpora languor habet, *Ov* (2) Amantem & languor & silentium arguit, *Hor Epod* 11 (3) Me hæc deambulatio ad languorem dedit, *Ter Heaut* 4, 5 (4) ✗ Ne senectus languori se dedidaque dedit, *Cic Offic* 1, 34 ¶ Aquosus languor, *the dropsy, a sluggish distemper*, Hor Od 2, 2, 16

Languria, æ f *A kind of beast*, Plin 37, 2 *Vid* Langa

Languriium, i n *A langurit of amber, like to a bead stone*, Plin 37, 2

Laniandus, a, um part [a lanior] *Ready to be cut, or torn in pieces* Lanianda viscera præbere, *Liv* 9, 1

Lanians, tis part [a lanio] *Cutting, or quartering, butchering, tearing to pieces* ✗ Lanians se, totosque cruentans, *Cic de Div* 1, 47 ex poeta

Lanarium, i n *A butchery, a butcher's shop, a butcher row, a slaughter house* Varr R R 2, 4

Laniātio, onis f verb *A slaughter, or carnage* ✗ Cædes & laniationes hominum, *Sen de Clem* 2, 4

|| Laniator m *He that cutteth, or teareth*, Aug

Laniātus, a, um part (1) *Rent, torn* (2) *Shattered* (1) Corpus laniatum, *Cic Phil pp* 11, 2 Laniata genas *Vir Æn* 12, 602 (2) Classis laniata, *Ov Epist* 7 175

Laniātus, ûs m *A tearing, or cutting to pieces, a quartering, a butchering* Quid mihi ferarum laniatus oberit nihil sentienti? *Cic Tusc* 1, 43

Lanicium, i n [a lana lanæ proventus] (1) *The commodity of wooll, or cotton the increase, or gain of it, the dressing, or ordering of it, the woollen, or cotton trade*, Plin 16, 17 & Vir Geo 2, 84

✝ Lanĭcĭus, a, um adj Lanicium cutem habens, *quod wooll skin that beareth wool*, Laber Epithet ...

Lanĭēna, æ f (1) *The flesh shambles, the butchery, a slaughterhouse* (2) ✝ ... *putting in pieces, the trade of butchers, slaughtering and cutting up of cattle* (1) ... ad ... *Plaut Epid* 2 2, 15 (2) Laniena ... *Prud Rom* 498 (2) Civium laniena impune committere, *Apul Met* 3, p 75

Lanĭfer, ĕra, um quod lanam fert *That beareth wooll*, c ... *cotton* Arbor lanifera, *Plin* ...

Lanĭfica, æ f *A maker, spinster, or carder of wooll*, ... ex Val Max

Lanificium i n *Spinning or carding, working of wooll, ... ing, the art of making cloth, spinstry, housewifery*, Col in proœm 1 2

Lanificus, a um *That maketh wooll meet for the cloth, or a worker of woollen ... pertaining to the working in wooll, ... working* Ars lanifica, *Claud* ... *Eutrop* 2, 281 Non audent lanificam imposuisse manum, ... 2, 1, 10 ✝ Lanifica ... *fates*, Mart 6, 58, 7

Lanĭger, era, um adj ... *beareth wooll, or hath a ... on* Greges lanigeri, *Vir Geor* 3, 287 Pecudes lanigeræ, ... 2, 642

Lanio, ōnis m *A butcher, slaughterman*, Petron & ... JC *sed usitatius est* lanius

Lanio, āre [ex lanius] *To cut like a butcher, to rend, tear or pull in pieces, to cut up a butcher* Duo lanii ... vicus ... verunt, *Liv* Laniabant dentibus corpus, *Vir Geor* 3, 514 ... los, corpus, mundum laniate, *Ov*

Lanĭōnĭus, a, um adj *Of, or belonging to a butcher* Laniona mensa, *a butcher's or cutioner's block, or board to cut meat, or to cut off a man's head, or hand upon*, Suet Claud 15

Lanĭpendia, æ f *A spinster, or maker of yarn, or she that weigheth, or giveth out wooll to the spinners*, Plin ap Lit ... certè Pomp JC

LANISTA, æ m [a laniandis corporibus, Don] *A master of defence, one that bought by ... bred them up fencers ... ing master at swordplay* ... nuper ... ad lanistam centuriones ... pro S Rosc 6 Lanista avium, a *cockmaster*, Col 8, 2

Lanitium *Col* 7, 3 *Vid* Lanicium

LANIUS, i m (1) *A butcher, or slaughterman* (2) *The ... who killed victims, ... the sacrifice* (1) Lanius ... cultrum bovem ... *Varr R R* 5, 9 (2) *Plaut Pseud* 1, ...

Lanōsus, a, um adj *Full of wooll, woolly*, Palad 8, 4

Lanūgĭnōsus, a, um adj or comp *Downy, soft, covered with cotton, or soft hair like wooll, or cotton*, Plin 19 Lanuginosior, *Id* 22, 20

Lanūgo, inis f propter lanæ mollitudinem (1) *Soft and ... hairs which first appear on the faces of young people* (2) *The soft wooll, cotton, or ... of fruits, herbs, leaves, &c* (3) *down feathers in birds* ... or *powder of timber* ... (1) Primæ lanuginis ... (2) Cana ... lanugine mala, *Vir Ecl* ... *Id* ... *Col* ... 29

Lanŭla, æ f [a lana] *A little piece, or small lock of wool*, Cels ... 27

LANX, cis f (1) *A great broad plate, charger, or platter, a deep dish, or platter* ... *for a meat up in* (2) *A scale or balance of the balance* (1) ... trutina ... rotunda cum lances, *Hor Sat* ... 41 (2) ... tutis amplitudinem ...

lance ponere, *Cic Tusc* 5, 17 Geminis lance ancipitis libr Pers 4, 10

Lapathum, i n [ex λαπάθω, quod alvum vent em] *The herb called dock,* Plin 20, 21 ... Plin 20, 21 olim lex lapathum ... Lucil ap ... Col K R 10, 371

Lapicida, æ m *A digger of stones in quarries, an hewer of stone, a stonecutter, a free mason* Qui lapides cæ lunt lapicidæ ... non dicuntur, Varr L L 7, 35

Lapicidina, (*pro quo corrupte* lapidina) æ f *A quarry of stone* Lapicidinæ Chiorum, *Cic* Div 1, 13

Lapidarius, a, um adj *Pertaining to stones* Lapidaria ... *an artist of stone,* Plaut Capt ...

|| Lapidarius, i m *A digger of stones, a mason,* Dig ✝ Lapicida

Lapidatio, onis f verb (1) *A stoning* (2) *a raining of stones* (3) *A stoning unto death,* used by the Jews, but ... (1) Lapidatio facta est, *Cic* pro Domo, 5 Lapidatio ... Romanos, ... (2) ... *Cod Th* ... Ex vi verbi, ... fin

Lapidator, oris m *An hurler of stones* ... pro Domo, 5

Lapidatus, a, um part *Stoned, beaten, or knocked with stones,* Suet ... 5

Lapidescit & lapidatum est im ... *It rained stones* Reate imbri lapidavit, *Liv* 43, 13 De cœlo lapidatum est, *Id* 29, 14

Lapidesco, ere *To wax hard as a stone, to turn to stone* Sponte ... lapidescunt, *Plin* 24, 12

Lapideus, a, um adj (1) *Stony,* ... (2) *Made of stone* (3) ... *as stone,* ... (1) Lapideo imbri ... (2) Lapidea duritia, *Plin* 27, 11 ¶ Lapideus ... *like a statue, I can stir hand nor foot,* Plaut ... 4, ... 44

Lapido, are (1) *To strike, or kill with stones, to stone to death* (2) *To rain stones* (3) *To cover with an heap of stones,* by way of ... (1) *Suet Cal* 5 (2) ... lapidavit (3) Aliquis præ... humanitate nos ... *Petron* c 114

Lapidosus, a, um adj or, comp (1) *Stony, full of stones, gravel* (2) ... *hath a gravelly core* (3) *So hard like a stone* (5) Also the same as lapideus, *of stone* (4) *Knotty* (1) Jussit lapideos ... mon es, *Ov Met* ... (2) Videmus prunis lapidosa ... corna, *Vir Geor* 2, 34 (3) Lapidosus grandinis ictus, ... (4) Lapidosa chiragra, *Pers* 5, 58 *quam nodosam appellat* Hor Epist 1, 1, 31 ... Plin 21, 12

Lapillus, i m dim [a lapis] (1) *A little stone* (2) Also *a precious stone* as a diamond, emerald, &c (1) ¶ Hunc diem ... lapillo, *reckon this a happy day,* Pers 2, 1 (2) Incom ... virides que lapillos, *Hor* ... 1, 2, 80

✝ Lapio *To make hard as a stone,* Met *to grieve, to make ... as a stone* Lapit cor curâ, ... corpus conficit, *Pacuv ap Non* 1, 87

LAPIS, idis m (✝) cujus etymon incert (1) *A stone, a pebble* (2) *A precious stone, a gem* (3) *A mile* (4) Meton *A place raised high, whereon things were cried* (5) *A slow, heavy, dull fellow* (6) *An hard earted man* (1) ✝ Lapis ... est, *Plin* ... 18 (2) *Hor Od* 4, 13, 14 (3) Ad centesimum lapidem, *Id* ... 5, 69 (4) Nullos venire ... de lapide, ubi præco prædicat, *Plaut Bacch* 4, ... (5) S nisi ... 5, 1, 44 (6) Lapis est ... suum puellam ... *Plaut* § Oh ... lapidibus, *to stone one* ¶ Lapidem ... altera manu, panem ostentat altera, *to give one to stone, and beat him with the spit,* Plaut ¶ De lapide emptu, *slaves good for nothing* ¶ Jovem lapidem jurare, *to swear throwing a stone out of his hand, and saying, If I slip this, cast me away,* Cic ¶ Lapis Parius, *white marble,* Vir Lapis bibulus, *a pumice stone,* Id Lapis lævigatorius, *a slick stone,* Jun Lapis incusus, *Vir* molaris, *Quint a millstone* Lapis sacer, *a boundary,* Tibull 1, 1, 1

Lapit dolore afficit [quasi ...] *Fest* Vid Lapio

LAPPA, æ f [ex λαβεῖν, quod vestes prehendat, vel quod ... lapide crescat] *A bur, a clot-bur* Mixta tenax segeti crescere lappa solet, *Ov ex Ponto,* 2, 1, 14

Lappaceus, a, um adj *Of, or like a bur,* Plin 22, 18

Lappago, inis f [quod lappæ similis] *An herb called maidenlips, shepherds rod, or teazel,* Plin 26, 10

Lapsabundus, a, um *Ready to fall, or slip* Fundamenta lapsabunda, *Sen Ep* 52 al ex ... lassatum

Lapsana, æ f *Wild colewort, or dockcress* § Lapsana vivere, *Prov to fare hard* as Cæsar's army did that lived upon the roots of this herb a long time at *Dyrrhachium,* Plin 19, 8

Lapsans, tis part [a lapso] *Sliding, slipping* Vir Æn 2, 551

Lapsio, onis f verb [a labor] *A sliding, or slipping, a trip, or fall,* Cic Tusc 4, 12

Lapso, are freq [a labor] *To slip often, to trip,* Vir ... lapsans, *quod vid*

Lapsurus, a, um part *Ready to fall, or slip* = Silex lapsura cadentique assimilis, *Vir Æn* 6, 602

Lapsus, a, um part [ex labor] (1) *Falling, trickling slipping* (2) *Winding* (3) *Gliding, or having fallen down* (4) *Past over* (1) Lapsis vertice silvæ fontibus ora lavit, *Ov Met* 12, 412 ✠ Lapsæ Heliadum lacrymæ, *amber,* Ov Metam 10, 262 (2) § Colubræ circum tempora lapsæ sibyla dant, *Ov Met* 4, 493 (3) § Pompeium sicut de cœlo lapsum intuentur, *Cic* (4) Cassius lapsis paucis post diebus consequebatur, *Cic Philipp* 1, 10 4 § Lapsus spe, *disappointed in his expectation,* Cæs Lapsus animi, *mistaken,* Plaut Lapsæ res, *losses, a poor mean condition,* Vir Fides lapsa, *breach of promise,* Ov

Lapsus, ûs m verb (1) *A sliding, winding, or gliding* (2) *A slip, or fall* (3) *A trip, a mistake, or oversight* (1) Lapsus serpentum, *Vir Æn* 2 225 Lapsus fluminum, *Hor Od* 1, 12, 20 (2) Lapsu scalarum exanimatus est, *Plin* 7, 37 (2) *Plin* 5, 11 ✠ Lapsus equi, *a fall from an horse,* Vir ✠ Lapsus avium, *flying,* Id

Laquear, is n & laqueare, is [a lacu, quasi lacum] *A roof, the inward roof of an house, or the roof of a chamber, embowed, chamfered, and done with fret-work* Dependent lychni laquearibus aureis, *Vir Æn* 1, 730

Laqueans, tis part *Vaulting, arching, embowing* Sydera cœlum laqueantia, *Manil* 1, 535

Laqueatus, a, um part *Fretted* laqueatis ... *Arched vaulted, chamfered, cieled, embowed* Laqueata tecta, *Hor Od* 2, 16, 11

Laqueatus, a, um part *Fettered in a* laqueo impeditus *Haltered, insnared, intangled,* Col 6, 19

Laqueo, are (ad laqueum, & ad laqueare refertur *To halter, or ensnare, to roof an house* Vix occurrit nisi in particip modo adductis, *quod vide*

|| Laqueolus, i m dim *A loop, or ouch,* Biol ✝ Parvus laqueus

LAQUEUS, i m (✠) [a λάξ, i e fraus, ut inquior a lix, *Scal* Cann ... laqueus, est autem ... vi ... filix MS ... Lcius quod ex licio, ...] (1) *A noose or snare, a trap, or gin, a halter, or cord to hang one, to ensnare one with* (2) Met *A wile, equivocation, a trick, or device* (1) Hominum collum in laqueum inserenti subvenisti, *Cic Verr* 4, 17 Tum laqueis captare feras, & fallere visco inventum, *Vir Geor* 1, 139 (2) Ad Chrysippi laqueos revertamur, *Cic de Fato,* 4 Laquei judicii, laquei verbi, *Id*

LAR, laris m Gr ... (1) *A god who preserved both house and land, and presided over cities and private houses* (2) *The chimney, or fireside* (3) Synecd *A dwelling house, one's home* (1) ... compital. ... *sunt* Compitales lares ornare bis anno instituit *Suet Aug* 31 It n. viales Invoco vos lares viales, ut me juvetis, *Plaut Merc* 5, 2, 24 Præstites etiam Præstitibus Majæ laribus venere calenda, *Ov Fast* 5, 129 *Cujus nominis causam mox aperit,* v 133 Quod præstent oculis omnia tuta suis Ego lar sum familiaris ex hac familia, *Plaut Aul prol* Lares paupris agri custodes, *Tibull* 1, 1, 25 (2) Consuescat rusticos circa larem domini epulari, *Celf* (3) Qui patrium minor donat fundi minore laremque, *Hor Sat* 1, 2, 56 ¶ Ab ipso lare, *Prov to begin at home*

|| Lararium, i n [a lar] *A private chapel in an house for the household god,* Lamprid

* Larbason, i n *Antimony,* Plin 33, 6

|| Lardarium, i n [ex lardum] *A larder, or place to keep cold meat in,* also *a larding stick,* Jun

LARDUM *Hor vel* laridum, i n [*qu* large aridum, *Macrob* 7, 12] *Bacon, the fat of bacon, lard* Uncta satis pingui ponuntur olusculi lardo, *Hor Sat* 2, 2, 64 Juben laridum foveri foculis ferventibus? *Plaut Capt* 4, 2, 67

Large adv ius, comp issime, sup *Abundantly, liberally, bountifully, plentifully, in great abundance* = Pastum animantibus large & copiose natura comparavit, *Cic N D* 2, 47 Nemo dat largius, *Ter Eun* 5, 8, 48 Largissime mihi copia facta est ejus rei, *Cic Verr* 2, 8

✠ Largificus, a, um [ex largus, & facio] *Liberal, that giveth largely, frank and bountiful,* Lucr 2, 627

✠ Largifluus, a, um [ex largus, & fluo] *That floweth abundantly* Imbri largifluus, *Cic de Or* 3, 39 sed ex vet poeta

✠ Largiloquus, a, um [ex largus & loquor] *Talkative, full of words, free and liberal of his tongue* Lingua largiloqua, *Plaut Mil* 2, 3, 7

Largior, iri, itus sum dep ... ✝ Largo, re [ex largus] (1) *To give liberally, to bestow* (2) *To grant, to permit* (1) § Tu illum ... largiter ... *Plaut Amph* 1, 1, 155 § Largiri ex alieno, *Cic Fam* 2, 8 (2) Si tempus non largitur, *Col* 2, ... ¶ Civitatem alicui largiri, *to give one his freedom,* Cic

Largitas, atis f *Bounty, liberality, abundance, plenty, largeness* Fruges terra cum maxima largitate fundit, *Cic N D* 2, 62 ✠ Veherm ... nimis, aut parsimonia, *Ter Heaut* ... 1, 32

Largiter adv *idem quod* large *Largely, much* § Credo mi ... auri & argenti largiter, *Plaut Rud* 4, 4, 144

Largitio, onis f verb (1) *Liberal expence, bountiful largess, prodigality* (2) *A virtue* ... *It is generally taken in the worse sense* (1) Largitione redemit militum voluntates, *Cæs B C* 1, 39 (2) ✠ Pro virtute audacia, pro ... largitio, vigebant, *Sall B C* ...

|| Largitionalis m *An officer belonging to the lord almoner, to look to the bestowing of the emperour's charities and gifts,* Vopisc

Largitor, oris m verb *A liberal giver, a prodigal spender* ... Homo largitor & prodigus, *Cic C* ... 4, 5 *a briber* Existunt in republ largitores & factiosi, *Id Offic* 1, 19 ☞ *Plerumque in malam partem*

Largitus, a, um part pass (1) *Having bestowed or given* (2) Pass *Granted* (1) Secunda fortuna regnum largita, *Cic de Har Resp* 25 (2) Si conditio largita ... *Plin* 17, 11

|| Largitus adv *pro large, Non* 11, 44

LARGUS, a, um adj or, comp issimus, sup (1) *Very great, or large* (2) *Giving, bestowing, openhanded* (3) *Plentiful* (1) Largior æther, *Vir Æn* 6, 640 (2) Duo genera sunt largorum, quorum alteri prodigi, alteri liberales, *Cic Off* 2, 16 (3) § Largus opum lingua melior, *Vir Æn* 11, 338 Largissimus, *Cic Verr* 5, 50

Laricina, *sc* resina laricea *Common turpentine,* Litt ex Plin

Laridum, i n *Bacon,* Plaut Vid Lardum

LARIX, icis f (✠) & larex ut al volunt *The larch tree,* Vitruv 2, 9

LARVA, æ f (1) *A visard, or mask* (2) *A walking spirit, a ghost, a phantom, an hag, an hobgoblin, a bugbear* (3) ✝ *A skeleton* (4) *A madman* (1) Nil illi larvâ, aut tragicis opus cothurnis, *Hor Sat* 1, 5, 64 (2) Larvæ stimulant virum, *Plaut Capt* 3, 4, 65 (3) Larva ... *Gloss* (4) Etiam loquere, larva? *Plaut Merc* 5, 4, 20 *vid & Cas* 3, 4, 2 interpr Camer malim exponere Angl *a scarecrow* ¶ Luctari cum larvis, *to speak ill of the*

the dead, Prov *Plancus* apud *Plin*

Larvalis, e adj mortuinus *Ghastly, like a ghost* Larvalis habitus, *a dismal*, or *frightful shape*, *a raw-head and bloody-bones*, as we say, *Sen Ep* 2, 4

Larvatus, a, um [larva indutus, vel a dæmone possessus, *Fest*] (1) *Visarded, disguised* (2) *Frighted with spirits, distracted, mad, out of his senses* (1) Larvata fures, *Apul Apol* interpr Kitchin *fed al aliter* (2) ⁎ Num larvatus aut cerritus? *Plaut Men* 5, 4, 2

|| Larvo, are *To put on a visor*, Sylv

|| Larvōsus, a, um *Terrified with spirits*, Aug

Larus, i m *A sea mew, cob, or gull* § Larus parturit, *Prov he promiseth much, and performeth little* § Larus hians, *Prov he gapeth for preferment*

* LARYNX, gis f λάρυγξ, guttur *The throat, the top of the windpipe by which we fetch breath, and form the voice*, Anatom ✝ Gula, guttur

Lasanum, i n *A chamberpot, or closestool for men*, as scaphium *for women*, Hor Sat 1, 6, 109

|| Lascivè, lasciviter adv *Wantonly, effeminately*, Apul Apol p 413 ✝ Molliter, effeminatè

Lascivia, æ f (1) *Sportiveness, playfulness, wantonness* (2) Also in a bad sense, *ribaldry, lustfulness* (1) Læti piscium lasciviam intuentur, *Cic de Div* 1, 14 (2) *Suet Cal* 36

Lascivibundus, a, um [à lascivio] *Wanton, sportive*, Plaut Stich 2, 1, 16

Lasciviens, tis part *Playing the wanton, sporting*, &c Plebs nimio otio lasciviens, *Just* 16, 4

Lascivio, ire, ivi, itum neut (1) *To be, or to play the wanton, to frisk and play up and down* (2) *To grow wanton* (3) Of trees, *to grow rankly* (1) Fugit lascivit agnus, *Ov Met* 7, 321 (2) Nunquam vacat lascivire districtis, *Sen Epist* 56 (3) *Budæus*, unde nescio

✝ Lascivulus, a, um dim *Somewhat wanton*, Prisc

Lascivus, a, um adj or, comp issimus, sup [à laxus, *qu* laxivus, *ut* lasciare, *Ital* ex *Lat* laxare] (1) *Frolicksome, sportive, gamesome, skittish, frisking* (2) *Leacherous, ribaldrous* (3) *Smutty, bawdy* (1) Malo me Galatea petit lasciva puella, *Vir Ecl* 3, 64 Tenero lascivior hœdo, *Ov Met* 13, 792 (2) Lascivissimæ picturæ, *Suet Tib* 43 (3) ⁎ Lasciva est nobis pagina, vita proba, *Mart* 1, 5

LASER, ĕris n (x) [decurtatum ex laserpitio] *alii* lasur *A gum, or juice issuing out of the herb* laserpitium Some take it to be *benzoin*, the worst kind of it is *assa fœtida*, Col 5, 10

Laserpitiātus, a, um *ut* laserpitiatum acetum *Mixed with benzoin*, Cato, & Plin 18, 30

⁎ Laserpitifer, ĕra, um adj Laserpitium ferens, *bearing benzoin, or benjamin* § Laserpitiferæ Cyrenæ, *Catull* 7, 4 *whence* Laser Cyreniacum, *benjamin*, or *benzoin*

Laserpitium, i n [dic *qu* lac serpitium, *i e* ὀπὸς σιλφίου, succus è radice silphii expressus] *An herb the gum whereof is called* laser; some call it *masterwort* || Laserpitium Gallicum, *pellitory of Spain* Eo laserpitii libram pondo diluunt, *Plaut Pseud* 3, 2, 27

|| Lassātio *A weariness*, or *tiring*, Capell ✝ Fatigatio

|| Lassātor, oris m *One that wearieth*, Aug

Lassatus a, um part *Wearied, tired* Lassata membra, *Ov Met* 4, 353 Lassata viris, nondum satiata recessit, *Juv* 6, 129

Lassesco, ere *To grow weary, to begin to be tired*, Plin 30, 6

Lassitūdo, inis f *Weariness, lassitude, a disease like the greensickness* Nulla lassitudo impedire officium & fidem debet, *Cic Fam* 12, 25 ⁎ Exercitationis finis esse debet lassitudo, quæ citra fatigationem est, *Cels* 1, 2

Lasso, are [à lassus] *To weary, to tire, to jade one* Calamo lassavimus artus, *Ov Ep* 21, 245

Lassor, āri, ātus pass *To be wearied*, or *tired* In molli lassor arena, *Ov Met* 2, 577

⁎ Lassŭlus, a, um adj dim *Somewhat weary* Lassulus nimio è labore, *Catull* 61, 55

LASSUS, a, um adj [*qu* laxus, quod laxentur ei vires] (1) *Weary, tired, jaded, spent, worn out* (2) *Faded, glutted* (3) *Faint, ill* (1) § Operi foris faciendo lassus, *Plaut Asin* 5, 2, 2 § Lassus maris & viarum, *Hor Carm* 2, 6 de via, *Plaut Pseud* 2, 2, 66 (2) Lassus stomachus, *Hor Sat* 2, 8, 9 (3) Enim lassam tum oppido aiebant, *Ter Hec* 2, 1, 41 ¶ Res lassæ, *adversity*, Plaut. Stich 4, 1, 16

Lata, æ f *sc* assula [*ab* adj latus, *i e* lata tabula, &c] *A lath*, Varr

Latè adv, issimè adv (1) *Abroad, far abroad, wide, in many places, far and wide* (2) § *Amply, copiously* (1) Fidei bonæ nomen manat latissimè, *Cic Orat* 33 Latè dispersum bellum, *Id* pro *Manil* 11 (2) ⁎ Latius loquuntur rhetores, dialectici autem compressius, *Cic de Fin* 2, 6 ¶ Latè vagari, *to spread far*, Liv Latè patet, *is of great use, hath a great compass*, Id Longè latèque, *far and near*, Hor = Latè atque inflatè perscribere, *amply and at large*, Cæs

Latĕbra, æ f [à lateo] (1) *An hiding place, a lurking hole, a close corner, a shelter, a covert, or den for beasts* (2) *A recess, or retreat* (3) *A disguise, or shift, a pretence, a cloke, or cover, a feigned excuse* (1) Inter vepres & latebras ferarum delituit, *Liv* (2) = Latebræ & recessus in animis hominum, *Cic* pro *Scaur* 4 (3) Ne quæratur latebra perjurio, *Cic Offic* 3, 29 ¶ Latebra tabellæ, *when the judge giveth his opinion in a written bill, not by word of mouth, the ballot way*, Ap JC

Latebricola, æ com gen *A lurcher, one that keepeth private, or least in sight*, Plaut Trin 2, 1, 14

Latĕbrōse adv *Privily, closely*, as it were *in a corner* Non latebrosè me abs tuo conspectu occultabo, *Plaut Trin* 2, 2, *init*

Latĕbrōsus, a, um adj (1) *Full of dens, coverts, holes, or hiding places, to lurk and ly close in* (2) *Dark, shady* (1) Latebrosus locus ad equites tegendos, *Liv* 21, 54 (2) Nox latebrosa, *Luc* 6, 120

Lătens, tis part *Lurking, hiding, lying hid* In alvo matris latentes, *Hor Od* 4, 6, 19

Lătenter adv *Secretly, privily, in secret manner* Latenter efficitur, *Cic Topic* 17

LATEO, ēre, ui, itum neut [à λήθω, fut secund λαθῶ, Ion λαθέω] (1) *To ly hid, or concealed, to lurk, to sculk, to abscond* (2) *To be hid from, or concealed* (1) Sæpe summa ingenia in occulto latent, *Plaut Capt* 1, 2, 62 (2) § Vis & potestas, quæ & oculis & auribus latere solet, *Varr L L* 8, 52 § Ubi nobis hæc auctoritas tanta tam diu latuit? *Cic post Red in Senat* § Nec latuere doli fratrem, *Vir Æn* 1, 134 Semen latet nostrum senium, *Varr R R* 1, 40 Me causa latebat, *Ov Met* 7, 525 ☞ *Sed hæc constructio Græcismum olet, illa omnino tutior Certè præstat, monente C Ilario, ambigua constructione evitata*, dicere, fugit, præterit, &c ¶ Latere clam, furtim, *Ov* abditè, in occulto, *Cic* § Res latuit patrem, *her father knew nothing of it*, Ov Latet mihi causa, *I know not the reason*, Luc 1, 419

LATER, ĕris m (x) *A brick, tile, or such like* § Later coctus, *a brick*, Vitruv 2, 3 Lateres coctiles, *burnt bricks*, Cæs Laterem lavare, *to labour in vain*, Ter Phorm 1, 4, 8 Lateres aurei, *ingots*, or *wedges of gold*, Plin

Latĕrālis, e adj *Belonging to the side* Dolor lateralis, *the pleurisy, or stitch in the side*, Plin 21, 21

✝ Laterāmen, inis n *An earthen pot, or jug for wine*, Lucr ap Litt

Laterani pl m *Yeomen of the guard*, Varr L L 6, 3 *malè citatur* Juvenalis

Lateraria, æ *sc* fornax [à later] *A place where bricks, or tiles are made, a brick kiln, or tile kiln*, Plin 7, 56

Laterārius, a, um adj [à latus] *That is of the side, or belonging to the side* Lateraria ligna, *i e* ad latus posita, *side planks*, Vitruv 10, 20

Laterarius, a, um [à later] *Belonging to a tile, or brick* Lateraria terra, *Plin* 19, 8

|| Laterculum, i n *A flat, or muster roll, a book of all offices and dignities belonging to civil affairs, or the wars*, also *a bath for the emperour* Inde laterculenses, *the officers that kept these rolls, or books*, Cal

Laterculus, i m dim [à later] *parvus later* (1) *A little brick, or tile* (2) *A muster roll, a pay book, a list* (3) *A kind of sweet cake, or bisket made square like a brick* (1) Laterculo coctili structi fuerunt muri Babylonii, *Curt* 5, 1, 25 (2) *Ap JCC* (3) *Plaut Pœn* 1, 2, 112

✝ Laterensis, is m *i e* latero, qui semper est à latere, *Fest* *A waiter, or one of the guard*, Tert ✝ Satelles

Latĕritius, a, um adj *Made of brick, or tile* Lateritius paries, *Plin* 18, 30 Opus lateritium, *Col* 9, 6

Lāterna, æ f [à lateo, quod intus lux candelæ latet] *A lant horn, or lantern* A portu illic cum laterna advenit, *Plaut Amph Prol* 149

Laternārius, i m *A lantern bearer* Catilinæ laternarius, *Cic* in *Pis* c 9

|| Laternula, æ f *A little lantern*, Lexicogr ex Apul

Lateriōnes, & latrones [à latus, ĕris] *Yeomen of the guard*, Plaut Mil 1, 1, 75

Laterunculāria [tabula in quâ latrunculis luditur] *Sen Ep* 117

alibi latrunculārium *voc* & latrunculos, laterunculos *A chess board a pair of tables*, Cal

Lātesco, ĕre [à latus] *To wax broad and large* Ripæ non in ventrem latescunt, *Col* 10

Lātesco [à lateo] *To begin to be hid*, Cic *in Arat* 6, 4

Latex, icis m *All manner of liquor, or juice*, but most commonly *water and wine, spring water, a spring, or fountain, fresh water* § Uvam Lucæ cat liquoris vitigeni laticem, 5, 1, ¶ Latex Lyæus, *wine*, Vir *Æn* 1, 650 palladius, *oil*, Ov *Met* 8, 274 absynthii, *juice of wormwood*, Lucr 1, 940

Lathyr, is m Seren & lathyris, idis f *The herb spurge*, Plin 27, 11

Latialis, e & latiaris, e adj *Of Italy* ¶ Latialis sermo, *the Latin tongue*, Plin 3, 1 Jupiter Latiaris, *Cic* pro *Mil* 31

✝ Latibulo, āre *Varr* & latibulor, āri *To lurk, to hide himself in a corner privily, to skulk*, Non 2, 495 ✝ Lateo

Latĭbulum, i n locus ubi quis latet (1) *A den, or burrough* (2) Met *A covert, or place of retirement, shelter*, or *retreat* (1) *Cic Offic* 1, 4 (2) *Cic Att* 12, 13

Laticlāvius, i m *A senator, or one that weareth a rich purple studded garment, an alderman*, Suet Aug 38

Lăticlāvius, a, um [Laticlavii senatores appellati sunt à lato clavo] ¶ Laticlavia tunica, *a parliament robe with purple studs*, Val Max 5, 1, 7

Lătifolius, a, um adj *i e* lata folia habens *That hath broad leaves, broad leaved* Laurus latifolia, *Plin* 15, 7 myrtus, *Id ibid*

Lătifundium, i n latus & amplus fundus *A great, or large field, great, or large possessions, a broad, or wide ground*, a common, Sen Ep 88 & Plin 18, 6

Latinè adj *In Latin, after the form and fashion of Latin* ¶ Latinè scire, *to be skilled in the Latin tongue*, Cic de Cl Orat ⁎ Latinè, non accusatorie, loqui, *Id* = Planè & Latinè loqui, *to speak as the thing is, plainly, without any amplification* Ipsum Latinè loqui est in magna laude ponendum, *to speak good Latin is very commendable*, Cic Nam Latinè loqui *est purè & emendatè loqui*, teste eodem, de Opt gen Or c 2

Latinitas, ātis f (1) *The Latin tongue, the propriety of that language* (2) Also *the freedom or infranchisement of Italy* (1) Cæcilius non bonus auctor Latinitatis, *Cic Att* 7, 3 (2) ⁎ Urbes aliquot Latinitate, vel civitate donavit, *made them free of Italy, or Rome*, Suet Aug 47

Latinus, a, um adj [ex Latino Latii rege] (1) *Latin*, or (2) *the people of Latium* (1) Latini sermonis nativus lepor, *Nep Att* 4 ☞ *Gradus hujus adj non sunt tantæ auct agnoscit tamen* Hieron (2) Latinæ feriæ, *Varr L L* 4

Lătio, ōnis f verb [à fero] ✝ *A bearing, or carrying*, M t *a giving, or making of laws* Legum latio, *Cic Attic* 3, 26 suffragii, *Liv* 26, 38 ✝ Exemplum propr notionis non reperio

Latitans, tis part *Lurking*, Hor Od 3, 12, 12

Latitātio, ōnis f verb *A lurking, or hiding*, Quint 7, 2

|| Latitator

|| Latitator *A lurker*, Aug ✝ Qui latitat

Latito, are freq [à lateo] (1) *To lie hid, to lurk* (2) *Not to appear when one is summoned by law, to skulk and keep out of the way* (1) Extrahitur domo latitans Oppianicus, Cic pro Cluent 1 (2) Latitavit, procuratorem nullum reliquit, Cic

✝ Latito, are freq [a fun latum] pro lata tulerunt, Cato

Latitudo, inis f [a latus] (1) *Breadth* (2) Met *Latitude, extent, width* (1) Immensitas longitudinum, latitudinum, altitudinum, &c Cic N D 1, 20 Latitudo possessionum, Cic (2) Latitudo verborum, *a broad, or drawling speech*, Quint

Latius, a, um adj *Of Italy* Gens Latia, Ov Fast 4, 42 Latia lingua, *the Latin tongue*, Id ex Pont 2, 3, 75 *Vid* Propr

✝ Lato, are unde dilato *To make broad*

Latomiæ vel, quod magis placet, latumiæ, lautumiæ, arum pl f [a λᾶς, lapis, & τέμνω, sectio] (1) *Quarries of stone, whither slaves condemned and vagabonds were sent to work* (2) *A prison at Syracuse so called* (3) Synecd *Any prison* (1) Vel in latumiis, vel in pistrino mavelim ætatem agere, Plaut Pœn 4,2,5 (2) Cic in Ver 27 (3) Ulp

• Latomus, i m *A quarrier, one that getteth stones out of a quarry, an hewer of stones, a mason*, Recent ✝ Lapicida

Lator, ōris m verb [à fero, latum] (1) *A bearer, a porter, a messenger* (2) *A maker, or giver of laws* (1) Debet plus vitium esse in latore, quam in onere, Sen de Tranq anim 5 ☞ Hic tamen proprius vocabulo ... displicet Mallem ... dicere abellarius (2) Lator legis Sempronia, Cic Catil 4, 5

Latrans, tis part (1) *Barking* (2) Met *Craving* (1) Multum latrante lycisca, Vir Ecl 3, 18 (2) Cum fine panis latrantem stomachum bene leniet, Hor Sat 2, 2, 18

|| Latratio f *A barking*, Capell ✝ Latratus

Latrator, ōris m verb *He that barketh, a barker* Latrator Anubis, Vir Æn 8, 698

Latratur impers *A barking is made*, Ov Trist 2, 459

Latratus, a, um part (1) *Barked at* (2) Met *Craved, or begged* (1) Caphareus latratum pelago tollens caput, Stat Achill 1, 451 (2) Cui dat latratos obvia turba cibos, Mart 4, 53

Latratus, ûs m verb (1) *A barking, or baying of dogs, a cry of hounds* (2) Met *Railing, or bawling* (1) Sævique canum latratus in auras, Vir Æn 5, 257 (2) Ap recent

• Latria, æ f [λατρεία, i e servitus, a λάτρις, servus] *Honour, service, religious worship due to God alone*, Aug

Latrina, æ f [a lavando, quasi lavatrina, Varr 2 de analogia] leg & latrina ... Non ex Lucil (1) *An house of office, a jakes, a privy, the sink of a private house* (2) *A washhouse* (1) Immundis quæcunque vomit latrina cloacis, Col (2) Ancilla quæ latrinam lavat, Plaut Curc 4,4,24

LATRO, are [fortè à sono, nisi malis à λατρεύω, famulor, quod canes faciunt latrando] (1) *To bark and bay as dogs do* (2) *To open, as hounds* (3) Met *To bawl* (4) *To inveigh, to rail against* (5) *To ask, beg, or crave* (1) Canes quoque luce latrant, Cic pro S Rosc 20 (2) § Venaticus cervinam pellem latravit in aula, Hor Epist 1, 2, 65 (3) ⚹ Latrant jam quidem oratores, non loquuntur, Cic de Cl Orat 15 (4) A Philippo interrogatus, quid latraret, furem se vidisse respondit, Cic de Orat 2, 54 (5) Nonne videtis nihil aliud sibi naturam latrare? Lucr 2, 17

LATRO, ōnis m (1) olim miles conductus, vel ἀπὸ τοῦ λάτρευ, a stipe, quod stipendiarius esset, deinde viarum obsessor, quod plerumque tales sunt milites, i e latrones (1) *An hired soldier* (2) *One of the emperour's guard, a lifeguard man* (3) *A robber, an highwayman, a padder, a cutthroat* (4) *A table, or chessman* (5) *An hunter* (1) Ut latronibus dinumerem stipendium, Plaut Mil 1, 1, 74 (2) Quod stiparet regis latus, Varr L L 6 (3) Ut jugulent homines, surgunt de nocte latrones, Hor Epist 1, 2, 32 (4) Prælia latronum ludere, Ov A Am 3, 357 (5) Fixum latronis impavidus leo frangit telum, Vir Æn 12, 7

|| Latrocinalis, e adj *Belonging to robbers* Latrocinales globi, *companies of robbers*, Amm 31, 16 Latrocinalis manus, *a pack of thieves*, Apul

Latrocinatio, ōnis f *Robbing, plundering, pillaging, rifling*, Plin 19, 4

|| Latrocinator, ōris m *A thief, a robber, &c* Dig ✝ Latro

Latrocinium, i n (1) *Warfare, or soldiery* (2) *Theft, robbery, larceny* (3) *Fraudulent dealing, a trick, or trap* (1) Catilinam ex occultis insidiis in apertum latrocinium conjecimus, Cic Catil 2, 1 Decisiones, latrocinia, cædes, Id pro Prov Cons 4 (2) ⚹ Cum dicas esse pares res furta latrociniis, Hor Sat 1, 3, 122 (3) Putares hic latrocinium, non judicium futurum, Cic pro S Rosc 22

Latrocinor, āri, ātus sum dep (1) *To serve in war for pay* (2) *To rob by the highway* (1) Quia latrocinamini, arbitramini quidvis licere facere vobis? Plaut Mil 2, 6, 19 (2) Jus esset latrocinari, jus adulterare, &c Cic de Legg 1, 16

|| Latrunculator, ōris m *A justice of goal-delivery, a judge of the sessions, or assises upon offenders, a provostmarshal*, Ulp

Latruncularius, a, um Latruncularia tabula, *a chess table*, Sen Epist 117

Latrunculus, i m dim [à latro] *A little thief, or robber* Latrunculi, *the table-man, or chess man* ¶ Latrunculis ludere, *to play at chess, or tables*, Sen Epist 117

Latum sup [a fero, quod vide] *To bear, or suffer*

Latumiæ, ārum & rectissime lautumiæ *Quarries of stone* Vid Latomiæ

|| Lātūra *The price of portage, or carriage, a porter's, or waterman's fare, also sufferance*, Litt ex Sen ✝ Vecturæ merces

|| Laturarius, i m *A porter*, Aug ✝ Bajulus

Latūrus, a, um part [à fero] *About to bear, &c* ¶ Laturus meritorum præmia, *to be justly rewarded*, Horat Epist 2, 2, 38 Vid Fero

Latus, a, um part [a feror] (1) *Born, carried* (2) *Given, published, made, appointed* (1) Operta lectica latus est per oppidum, Cic Philipp 2, 41 & Met Studio ad rempub latus, Sall B C 3 (2) Neque pœnam, neque legem latam esse dico, Cic pro C Balbo, 14 ☞ Cæt rotionis vid in Fero

LATUS, a, um adj (a) or, comp ssimus, sup [ex πλατύς, per Aphær] (1) *Broad, large, wide, great, spacious* (2) Met *Elated, exalted* (1) Latissima regna, Ov Epist 2, 111 (2) Erigimur, latiores fieri videmur, humana despicimus, Cic

LATUS, ĕris n (ǎ) (1) *A side* (2) *The waist* (3) Meton *A companion* (4) *A climate* (5) *A kindred* (6) *A vehemency, or earnestness in speaking* (1) Laterique Argivum accommodat ensem, Vir Æn 2, 393 (2) Longo latus mucrone cingens ensis, Sen Hippol 517 (3) Eutychus, ille tuum, Castrice, dulce latus, Mart 6, 68 (4) Quod latus mundi nebulæ, malusque Jupiter urget, Hor Od 1, 22, 19 (5) A meo tuoque latere, Plin Ep 3, 10 (6) Cic Verr 4, 21 ¶ Dolor laterum, *a stitch of the side, or pleurisy*, Hor Honor lateris, *the upper hand*, Quint Homines a latere, *a prince's attendants, that are always about him* ¶ Latere tecto decedere, *to come clear off, to be secure*, Ter ⚹ Latere operto, *unguarded, undefended*, Cic

Latus clavus, rect divisè clavus latus *A garment powdered with purple studs, which the senators wore under their parliament robes*, § *such a coat studded, or fringed with purple, senatorship, or the privilege of a parliamentman*, Plin jun

Latusculum, i n dim *A little side*, Catull 23 ad Thallum

Lăvācrum, i n (1) *A washing place, a bath, or bagnio* (2) *A font* (1) Avidus splendere lavacris, Claud Eutrop 2, 410 (2) Ap Christianos ✝ Lavatio, Cic

|| Lavandula, æ f *Lavender-spike*, Jun

Lavātio, ōnis f verb [à lavo] (1) *A washing* (2) Per Synecd *A bath* (1) Lavatione aquæ traduntur pinguescere, Plin 8, 45 (2) Ante te certiorem faciam, ut lavatio parata sit, Cic Fam 9, 5

Lăvātor, ōris m *He that washeth, a washer*, Litt ex Cels sed q.

Lavatrina, æ f *The sink, or square stone in a kitchen, to wash dishes on, also a bathing vessel*, Varr L L 8, 41 Idem quod latrina, Non 3, 131

Lavatrix, icis f *She that washeth, a laundress*, Jun sec Litt

Lavātūrus, a, um part *About to wash* Sacras lavaturas mane petebat aquas, Ov Fast 2, 12

Laudābilis, e adj or, comp *Commendable, praiseworthy* Honestum laudabile est natura, Cic Offic 1, 4 Voluptas nec meliorem efficit, nec laudabiliorem, virum, Id Parad 1, 4

Laudabilitèr adv *Commendably, praiseworthily* = Rectè, honestè, laudabilitèr vivere, Cic Tusc 5, 5

Laudandus, a, um adj *To be praised* Philosophia omnium laudandarum rerum procreatrix, Cic de Orat 1, 3

Laudātio, ōnis f verb (1) *A praising, or commending, a laudatory oration* (2) *A public commendation, the thanks of the house* (1) Laudatio est oratio in demonstrativo genere, Cic de Or 2, 10 (2) Laudationem alicui decernere, Cic Verr 4, 65

Laudativus, a, um adj *Of, or belonging to praise, commendatory*, Quint 2, 16 § Casus laudativus, *the accusative case*, Gramm

Laudātor, ōris m verb (1) *A praiser, or commender* (2) *A witness produced* (3) *One who maketh a laudatory oration* (1) Nolo esse laudator, ne videar adulator, Ad Herenn (2) Eo laudatore & teste utemur, Cic pro Font 3 (3) Supremus felicitati ejus cumulus accessit laudator eloquentissimus, Plin Ep 2, 1

Laudātrix, icis f verb *She that praiseth* Vitiorum laudatrix est fama popularis, Cic Tusc 3, 2

Laudātus, a, um part (1) *Praised, commended* (2) Item adj or, comp ssimus, sup *praiseworthy* (1) ⚹ Laudatus abundè, si fastiditus non ero, Ov Trist 1, 6, 31 (2) Saccaron & Arabia fert, sed laudatius India, Plin 12, 8 Virgo laudatissima formæ dote, Ov Met 9, 715

Laudicœni, m vel laudicœnus *he that is hired for a supper to praise one, or he that out of flattery commendeth the supper, or entertainment it self* Sic Σοφοκλεῖς Latinè reddidit, Plin Epist 2, 14

Laudo, āre act [ex laude] *To praise, or commend, to name one with honour* ¶ Aliquem testem laudare, *to take, or bring one as a witness*, Plaut auctorem, *to quote one for his author*, Cic de Orat 3, 18 ¶ Laudare pleno ore, *to praise one highly, largely*, Id cum exceptione, *to commend one with a but*, Id

|| Laudum, i n i e sententia arbitri, Turn Putant jurisconsulti, nullum esse verbum Latinum, quo sententia arbitri vocetur itaque ipsi verbum cuderunt *Laudum* ut vere dicam, illaudatum *An award, judgment, or opinion*, Ulp

Lavendula [a lavando, quod lotionibus inserviat] Vid Lavandula

Lăver, ĕris n & aliqu f [ex lavo, scil per Syncresin] *An herb growing in the water like alisander, but having less leaves, some call it belders, or bellrags, some yellow watercresses, or waterparsley*, Coop Laver nascens in rivis torminibus medetur, Plin 26, 8

Laverna, æ f *The Goddess of thieves* Vid Propr

|| Lavernio, ōnis m [à Laverna] *A thief, a nightwalker, one that sleepeth by day that he may pilfer in the night time*, Fest

LAVO, āre & ĕre act lavi, antiq lavavi, lautum, lotum, & lavatum [à λούω] (1) *To wash, to rinse, to bathe* (2) *To besprinkle* (3) *To purge, or expiate an offence* (4) *To clear himself, to throw off, to shake off* (1) ⚹ In toto corpore potius utimur *lavamur*, in partibus *lavamus*, Varr L L 8, 61 *sed hanc differentiam non attendunt boni auct* Virgo it, lavit, redit, Ter Eun 3, 5, 45 & Plaut Jam exibit, nam lavavit, Truc 1, 2, 35 (2) Tabellas lacrymis lavis, Plaut Pseud 1, 1, 8 (3) Venias nunc precibus lautum peccatum tuum? Ter Phorm 5, 7, 80 (4) Dulci mala vino lavere, Hor Od 3, 12, 3

Lăvor, āri, ātus pass *To be washed, &c* Lavari separato a plebe balneo, Val Max 9, 5, ext 4 Lavitur victor, Val Flacc 4, 229 *est etenim tam primæ quam tertiæ*

Lauren,

Laurea, æ f *sc* corona, est n prop in *A laurel tree*, or *garland of laurel*, or *bays* Concelat laurea lingua, *ap Cic Off* 1, 22

Laureātus, a, um *Crowned with laurel, adorned with laurel*, as the consul's mace, or bundles of rods were Laureati fasces, *Cic de Div* 1, 28 ¶ Literæ laureatæ, *i e* laureâ in volutæ, *letters bound up with bays, a victory in token of victory obtained against the enemy, sent by the Roman general unto the senate*, Cic Att 5, 20

Laureo, are *To crown with laurel*, Col teste Lit *sed* laureâ donare tutius dixeris

Laureŏla, æ f dim [laurea] *A garland that victors were wont to wear, a wreath of laurel*, Meton *a smaller triumph* Velle ut haberem tantum negotii quod esset ad laureolam satis *Cic Fam.* 2, 10 ¶ Laureolam in mustaceo quærere, *Prov to seek an empty praise by some mean trifling performance* Id Chil

Laurĭōtis, idis f *Goldsmiths' dust that came of trying of silver*, Plin 33, 5

Laurētum, i n *A place where bay trees grow*, Plin 15, 30

Laurĕus, a, um adj *Of bays*, or *laurel* ¶ Laurea ramus *a bough*, or *sprig of laurel*, Plin 15, 30 Laurea corona, *a garland of bays*, Liv Laureæ serta, *wreaths of laurel*, Ov Laureum, *sc* lignum, *the wood of the tree*, Cat

Laurĭces, um m [vox Hispanica, *Lat*] *Young rabbits cut out of the dam's belly, or taken from the teats, dressed and eaten whole, and reckoned a dainty dish*, Plin 8, 55

✠ Laurĭcŏmus, a, um [ex laurus, & coma] Montes lauricomi, *hills full of bay-trees at the top of them*, Lucr 6, 151

✠ Laurĭfer, era, um *That beareth, or weareth bays*, Luc 5, 332

✠ Laurĭger, era, um *That weareth a garland of laurel* Lauriger triumphi, *Mart* 3, 66

Laurīnus, a, um adj *Of*, or *belonging to bays, made of laurel* ¶ Folia laurina, *bay leaves*, Plin 19, 8

LAURUS, i & ûs f [a lavo, *i e* purgo pollet enim singulari vi ad purgandum sanguinem, *vid* n 2] (1) *The laurel*, or *bay tree*, dedicated to Apollo, used in triumphs, planted before the gates of emperours and pontiffs with which they also adorned their palaces, and made garlands for their heads, (2) used also in their *purifications*, (3) and fancied to be eat by their Sibyls poet, &c (1) Phœbe triumphali de inctus tempora lauro, *Tibull* 2, 55 (2) Postibus Augustis laurus fidissima custos, ante fores stabis, *Ov Met* 1, 562 *Quod plenius testatur*, Plin 15, 30 (3) Vera cano, sic usque sacras innoxia lauros vescar, *Tibull* 2, 5, 58 Ubi Phœbada in troducit loqu *v* & *Juv* 7, 11

LAUS, dis f *Praise, laud, commendation, glory, renown, a good name, a good report* ¶ Laude afficere, *to praise*, Cic ¶ Efferre laudibus summis usque ad cœlum, *to commend highly to the skies*, Id ¶ Id Metello laud datum est, *he was commended for it*, Id ¶ Posteri crescam laude recens, *I shall flourish in future ages*, Hor Od 3, 30, 8

Laute, adv ius, comp (1) *Finely, gayly, trimly, sprucely, daintily* (2) *Prettily, wittily* (3) *Bravely, magnificently, nobly* (1) = Laute vestitus exornatusque ambulat, *Plaut Cas* 4, 1, 10 (2) Facete, laute, lepide, nihil supra, *Ter Eun* 3, 1, 37 (3) Lautè ad munus sit are munus suum, *Ter Adelph* 5, 1, 2

Lautia, orum n *vel* lautiæ, arum f [ex lautus, *sc* quæ ad victum & lautitias epuli spectant] *Presents bestowed by the Romans on foreign embassadors, viz* an allowance of provisions for their entertainment at the publick charge, *Liv* 28, 39 & 30, 17

Lautitia, æ f [lautus] *Fineness, daintiness*, chiefly in diet, or apparel Fama ad te de mea nova lautitia veniet, *Cic Fam* 9, 16 Munditiarum lautitiarumque studiosissimus, *Suet Cæs* 46

Lautolæ, *vel* lautolæ, arum f [a lavando] *Hot baths near Rome*, Varr L L 4, 32

Lautumiarius, *al* lautumiarius [qui in lautumiis condemnatus fuerat] *A gaoler, a bridewell-bird*, vid Cic Verr *in ult* 27 & *in Pison* 9

Lautumia Chil *the prison or dungeon*, but used for *any other prison* Vel in lautumias, vel in latrinas, vellem abitum ire, *Plaut Pæn* 4, 2, 5 *vid* & Lautumiæ

Lautus, a, um *quod & lotus* part [a lavo] (1) *Washed* (2) *Bathed* ( ) Lautis manibus senex manibus currebant, *Hor Sat* 2, 2, 28 (2) Unctis atque lautus e cal neis, *Ter Phorm* 2, 2, 25

Lautus, a, um adj, or, comp ssimus, sup *quasi* lavatus, *vel* lotus (1) *Gentle, well bred* (2) *Clean neat, handsome* (3) *Noble, splendid* (4) *Rich* (5) *Sumptuous, costly* (1) = Homines lauti & urbani, *Cic Verr* 1, 6 (2) Lautiore ferri, *Cic Att* 13, 52 (3) = Civitas lauta & nobilis, *Cic Fam* 13, 2 (4) = Omnes te in lauta & bene parte aucta putant, *Ter Heaut* 4, 5, 50 (5) Lautissimum convivium, *Plin* 14, 14 ¶ Lauta mulier, *a woman who hath had a child*, Plaut Mil 3, 1, 192 ☞ It is applied to *clothes, building*, and *all accommodations of life*

|| Lax [a lacio] *Fraud, deceit*, Fest

Laxāmentum, i n (1) *Room*, or *space* (2) *Relaxation, remission* (3) *Leisure* (4) *Refreshment, ease* (1) Amplum laxamentum cel æ, *Vitr* 4, 7 (2) Legi nihil laxamenti datum est, *Cic pro Cluent* 33 (3) Nactus pullum laxamenti, munusculum tibi concinnavi, *Trebon inter Cic Fam* 12, 16 (4) Laxamenta curarum, *Plin Paneg* 82

Laxātio, ōnis f, verb *A widening*, or *easing*, &c Compactura habeat laxationem, *Vitruv* 4, 7 = Relaxatio

Laxātus, a, um or, comp (1) *Made wider, extended, dilated* (2) *Released freed, eased* (1) Laxatior membrana, *Plin* 19, 1 Densitus & laxatus dei, *Quint* (2) Curis laxatus, *Cic Tusc* 1, 19

Laxè adv ius, comp issime, sup (1) *Largely* in quantity, or quality, *loosely* (2) *Far off* (3) *Supinely, remissly* (1) ✕ De numero pastorum alii angustius, alii laxius constituunt, *Varr R R* 10, 8 (2) Laxè distans, *Plin* 2, 16 Ab his Mercurii stella laxissimè fertur, *Id* 2, 16 (3) = Romani remoto metu laxius licentius futuri, *more negligent and remiss*, Sall B J. 87 ¶ = Laxè & magnificè habitare, *to live in a large and stately house*, Cic pro Domo, 44

Laxĭtas, ātis f (1) *Looseness, expansion* (2) *Wideness, largeness* (3) Also *cheapness* (1) Aeris laxitas, *Pallad* 1, 5 (2) Omnium domos laxitate superat, *Cic pro Domo*, 44 (3) *Litt sed non adfert exemplum*, at, Annona laxior, *Liv* 2, 52

Laxo, are act [laxus] (1) *To loose*, or *undo* (2) *To open*, or *unlock* (3) *To inlarge, dilate*, or *expand* (4) *To set at liberty, to refresh, to recreate*, or *refresh* (5) *To prolong* (6) *To fall*, or *abate in price* ( ) Laxare catenas, *Luc* oculi ep stolæ, *Nep Pausan* 4, 1 (2) Laxat claustra Sinon, *Vir Æn* 2, 259 ✕ Nunc istringis, nunc granaria laxes *Pers* 5, 110 (3) = Ut Forum laxaremus, & explicaremus, *Cic Att* 4, 16 *Met* Munera Bacchi laxarunt durum mentem, *Sil* (4) Laxare animum a laboribus, *Liv* 32, 5 (5) Laxare tempus immitis fugæ genero, *Sen* (6) Annona haud multum laxaverit, *Liv ubi se supplenimus deinde*

Laxor, ari, atus *pass To be unloosed, untied unbound*, or *released, to have flagging*, Cic A 6, 1

LAXUS, a, um adj or, comp ssimus sup (1) *Loose, slack* (2) *Wide spacious, large* (3) *Open* (4) Met *Unbent, unstrung* (5) *Long* (6) *Plentiful* (1) Calceus laxus hæret in pede, *Hor Sat* 1, 3, 31 *Met* Laxissimæ habenæ amicitiæ, *Cic de Amic* 13 ( ) ✕ Manus reddit laxus iter, non recte et lus, quam angustus eximie, *Col* ¶ Laxior domus, *Plin Paneg* 50 Janua, *half open, standing on char*, Ov Fast 2, 456 (3) Multis cædibus laxior factus terram, *Plin* 2 68 (4) Laxus arcus, *Vir Æn* 11, 874 (5) Ego diem statuo satis laxam, *Cic* quam si solvant, *&c* Cic (6) Urbi cum pace laxior annona redit, *Liv* 2, 52

L ante E

Lea, æ f [a leo] (pro quo *Plaut* Leo fœmina) (1) *A lioness* ( ) ¶ *A kind of colewort* (1) Lea sæva sitim compescuit unda, *Ov Met* 4, 102 (2) *Plin* 19 9

Leæna, æ f *A lioness, a she lion* Torva leæna lupum sequitur, *Vir Ecl* 2, 63

Lēbĕris, idis f *The old dry cast skin of a serpent, a slough*, Plin 30, 10 ✝ Leberide nudior, *Prov as bare as my nail* Lebe ide cæcior, *stark blind*

LEBES, etis m [quod aqua in eum infunditur, *i e* funditur, *Eust*] *A cauldron, a kettle, a brass pot* Gemini ex ære lebetes, *Vir Æn* 5, 266

|| Lecebra a f *An enticement*, Aug ✝ Illecebra

Lectè adv issim , sup *Choicely* Lectissime dicere, *Cic Or* 68

Lectica, æ f [ex lectus] *A litter, an horselitter, a noble couch, or chair with a bed in it, wherein the grandees were carried by their servants, a sedan, or chair* Eadem lectica usque in cubiculum deferebatur, *Cic Verr* 5. 11

Lectīcārĭŏla, æ f *A common slut, that followeth porters and sedanmen*, Mart 12, 58

Lectīcārius, i m *A sedanman, a litterbearer, one of the six, or eight, that helped to carry the litter* Coactus sum meis lecticariis in urbem eum referre, *Sulp Cic inter Ep Fam* 4, 12

Lectĭcŭla, æ f dim *A little horselitter, sedan*, or *chair*, *Cic Fam* 7, 1 ¶ Lecticula lucubratoria, *a couch to study in*, Suet Aug 78

Lectio, ōnis f verb [a lego] (1) *A reading, a lesson* (2) *A choice* (3) *A gathering* (1) Lucullus delectabatur lectione librorum, *Cic Acad Q* ( ) Jam lectionem senatum Pinto aperit, *Liv* (3) Lectio lapidum, *Col* 2, 2

Lectisterniātor, oris m qui lectos diceba ornabat *The chamberlain that looked to the making of the bed, the* or *that laid the cloth, and set things for the guests*, Plaut Pseud 1, 2, 29

Lectisternium, i n *A ceremony of the table at public festivals, a preparing a royal banquet to the gods*, *ceremonies of heathen* ... *ap* Liv passim

Lectito, are freq [a lego] (1) *To read*, or ( ) *gather often* (1) Lectitasse Platonem dicitur, *Cic Or* (2) Conchas & umbilices con lectitasse constat, *Val Max* 8, 8, 2

Lectiuncula, æ f dim [lectio] *A little, or short lesson*, Cic Fam 7 1

Lector, ōris m verb *A reader, rehearser*, &c Nihil est aptius ad delectationem lectoris, *Cic Fam.* 5 12

|| Lectŭla, æ f *A little bed*, or *a nest for an hen to lay eggs in*, Apul *pro*

Lectŭlus, i m dim [lectus] *A little bed*, or *couch* Ecce illos in lectulo ignis perditus facturo dedit, *Ter Adelph* 4, 4, 46

|| Lectūra, æ f *A lecture* or *reading*, Recent ✝ Lectio

Lectūrus, a, um part *About to gather*, or *to read*, &c Lecturus poma, *Ov Met* 14, 650 *vid* Lego

Lectus, a, um part [a lego] (1) *Read* (2) *Gathered* ( ) *Culled, picked chosen*, &c (1) Lecti indices *Cic* (2) Ex arbore lecta poma, *Vir Ecl* ( ) Mactant lectos de more bidentes, *Vir Æn* 4, 57

Lectus, a, um adj or, comp ssimus, sup *Choice, notable, excellent* Virgines lectæ, *picked young ladies*, Hor Carm Sæc ¶ Lectissimus adolescens, Lectissima fœmina, *a gallant young gentleman and lady*, Cic Lectior femina, *a finer lady*, Cic de Inv 1, 31

Lectus, ûs m *A choice*, or *election*, Tac Hist 4, 70, 5

Lectus, i m dict & ûs *Plaut Amph* 1, 3, 15 [quod legebant in eo eum facerent, frondes & herbas, *Varr*] *A bed to lie on*, or *couch*, *after the old fashion*, *a couch, a lodging* ¶ Lectus funebris, *a bier*, or *hearse*, Val Max 2, 10, 3 Lectus genialis, Horat Epist 1, 1, 87 *juralis*, *marriage*, or *bride bed*, Vir Æn 4, 496 Lectus cubicularis, *a common lodging bed*, Cic de Div 65 ¶ Lecto teneri, *to keep bed*, Tac

Lecythus, i m *A cruse, a vial, a glass*, or *pot for oil*, Cic Attic 1, 14

Legālis, e adj *Lawful, legal, belonging to the law*, Quint

✝ Legārium, i n [legendo] *Pulse*, Varr R R 1, 32

Legātārius, a, um adj *Belonging to a lieutenant* Legataria provincia p ot ncia, *a lieutenancy, a country governed by a viceroy*, Cic A c 15, 6

|| Legatarius, i m ad quem ... legatum Legataria ... *party to whom a legacy is made*, Ap JCC

... lego, ... *an embassy, or the office of an ambassador, a lieutenancy* ¶ ... *an embassy got ... in order to manage his ... matters in the country ... he was sent, with ...* Cic Fam 12, ... ¶ ... legatio, *where one ... title of an embassy ... lieutenant, more honour ... a vow that he ...* Cic Att 15, 8

Legatarium, n *An embassador's allowance for his charges*

Legator, oris m vero *He that ... or leaveth any ... will a testator*, Suet

... *Appointed, or ... by will* ... anquam testamen... obtine e, Cic

|| Leg... adj *Easy to be read*, ... Ulp ✝ Lectu fi...

... *One that talketh ... of the law*, ... 1, 56

... *aring laws* ...

... *a legion, or regiment of ... cohorts* ... ¶ Legionum ... Cæs ¶ ... *to recruit*, Liv 29, ... *to provide every* ... ¶ ... Geor 2, ... Cic ... *the conquest ... ment*, Cæs B G

... adv *By legions*, ... Suet ap Lit

Leg... qui rumpit le... *of laws*, Plaut ... 11)

... Idem, ...

... pi, a, um Prud Ha-

|| Legisdoctor, õris m *A doctor of laws*, Ap JCC

|| Legislator, õris m *A lawgiver, a maker, or giver of laws* ✝ Legis lator, legum lator, *Liv*

|| Legisperitus, i m *A lawyer, one skilful in the law*, Ulp ✝ Jure vel juris consultus

|| Legista, æ m *A lawyer*, Dig ✝ Juris peritus

Legitim adv *Lawfully, according to law and order* = Juste & legitim imperare, *Cic Off* 1, 3

Legitimus, a, um adj (1) *Lawful, right, convenient, meet* (2) *Belonging to law* (3) *Just, complete, in which nothing is wanting* (1) Legitimo fœdere junctus amor, *Ov Trist* 2, 536 (2) Legitima verba, *law terms*, Sen Legitima scientia, *knowledge of the law*, Justinian (3) *Suet Claud* 21 ¶ Legitimi dies, vel legitimæ hora, *days of return, when the party is to appear and plead*, Cic

Legiuncula, æ f dim [a legio] *A small legion, or regiment*, Liv 35, 49

LEGO, are act (1) *To send as an embassador, legate, deputy, or lieutenant* (2) *To dispatch, or send away* (3) *To intrust* (4) *To impute* (5) *To bequeath, or leave by will* (1) § Dolabella me sibi legavit, *Cic Att* 15, 11 (2) Famulum legare aliquo, *Catull* 64, 57 (3) Legere negotium alicui, *Plaut C. s* 1, 1, 12 (4) Alicui ... legare, *Liv* 28, 42 (5) Coram ... testamento Romano populo legavit, *Plin*

Legor, ari, ãtus pass *To be sent, bequeathed*, &c

LEGO ere, legi, lectum act [a Gr λέγω, colligere, & dicere, ... literas & syllabas ore colligere, quod oculis facit, qui legit] (1) *To gather* (2) *To choose* (3) *To read* (4) *To gather up* (1) Legitis flores, *Vir Ecl* 3, 92 (2) Summa locum sibi legit in arce, *Ov Met* 1, 27 (3) Eos libros per te ipse legeres, *Cic Topic* ... (4) Spolia ... legentem ... *Lu* ... ¶ Legere vela, *to furl the sails*, ... Legere iter ... *to take, or receive one's breath*, Id Legere vestigia, *to follow one step by step*, Ov Legere littus, *to coast, or keep to the shore*, Vir Æn 3, 292 Legere milites, *to list or muster soldiers*, Cic Att 1, 8 Legere sacra, *to steal* Legere pugno, *to prick*, Plaut Amph 1, 1, 160 Legere sermonem, *to overhear what one saith*, Plaut Pseud 1, 2, 21

Legulëius, i m *A dabbler in the law, a young clerk, a solicitor, or pettifogger* ✝ ... juris consultus, ipse per se nihil nisi leguleius quidam ... cautus, Cic Cic Orat 1, 55

Legulus, i m *A gatherer of fruit things, as grapes, olives*, &c A legendo ... *Varr L L* 5, 7

Legumen, inis n [a legendo quod manu legitur, Serv] *All manner of pulse, as peas, beans*, &c Unde prius lætum siliqua quassante legumen, *Vir Geor* 1, 74

Legumentum, i n *Pulse*, Varr R occ

|| Leguminarius, ... m *He that keepeth, or selleth pulse*, Gl vet

Leguminosus, a, um *Full of pulse* Legum nosse ... *Lexi cogr ex Cels*

✝ Leiostreum, i n *A smooth oyster*, Lampr

* Lema, æ f [λήμη, lama, ... μαω, lippio] *A white humour, or matter congealed in the eyes bleareyedness* Si lemæ in oculis erunt, *Plin* 23, 1

|| Lembarii, orum *Soldiers serving in the pinnaces appointed to guard the Rhine and Danube*, Au cl

Lembulus, i dim *A small bark*, Prud in Vincent 455

Lembunculus, i m dim [a lembus] *A little bark, or pinnace*, Tac Ann 14, 5, 6

LEMBUS, i m λέμβος ... valdè, & βαίνω, ire] (1) *A pinnace, or bark, a smack* (2) *Also a fisherboat* (1) Duos lembos, qui non plus quam decem remis agerentur, abuit, *Liv* (2) *Vir Geor* 1, 01

Lemma, atis n *Lemma res quæ accipitur*, Gl λῆμμα, acceptum *An argument, or subject, a title of an epigram, copy of verses, oration, discourse*, &c Si malueris, lemmata sola legas, *Mart* 1, 5, 2

Lemniscatus, a, um [a lemnisco ornatus, insignis, ...] *Ribbanded, dressed with ribbands, having labels, or silk strings hanging down* Palma lemniscata, *a notable victory, that dis... eth a garland with ribbands*, Cic pro Rosc Amer 35

LEMNISCUS, i m ( ) *A coloured riban, or ribband or a label hanging down on garlands, or crowns* (2) *A hawk's jesses* (1) Philyræ coronarum lemniscis ... les, *Plin* 16, ... (2) *Cels* 7, 28

Lemonium, i n ... *A certain herb*, Plin 25, 9 *a limonium*, Vulg

Lemüres, um pl m *Ghosts, spirits that walk by night, hobgoblins* Tum nigri lemures, ovoque pericula rapto, *Pers* 5, 185

Lemuria, orum pl n *que prius remuria*, Ov Fast 5, 421 & 479

Lena, æ [ex leno] *A bawd* Venit in exitium callida lena meum, *Tibull* 1, 5, 48

✝ Lenculus, i m *A little ... gget*, Varr

Lendes, lcis f [ex lens, ...] *A maggot, or gentil* Varr

Lenè adv *Softly, gently*, Mart 1, 50 *sed nihil certi ex isto loco colligas* Potest enim esse adj ✝ Leniter

|| Lenes, vel lenis, is genus vasis [ex ληνὸς, lacus, alveus, canalis] Non

Lenibo, *pro* leniam, *Propert* 3, 21, 32

Lenimen, inis n verb [a lenio] *An ease or refreshment, an assuagement of pain, or grief, a ... trifle* Laborum dulce lenimen, *Hor Od* 1, 32, 15

Lenimentum, i n *Ease*, Plin 25, 5

Lenio, ire act [ex lenis] (1) *To ease, assuage, or mitigate* (2) *To allay, appease, or dim ...* (3) *To stint, or hush* (4) *To tame, to make tame* (5) *To polish, or make smooth* (6) ... *To be mitigated, or assuaged* (1) Quo illum mihi lenirent miseriam, *Ter Heaut* 1, 1, 75 ¶ Lenibant curas, *pro* leniebant, Vir ... 4, 528 (2) Tempus lenit odium, *Ov Ibis*, 1, 4 (3) Iarpiam lenire clamorem *Hor Od* 1, 27, 7 (4) Lenire tigres, *Hor A P* 393 (5) Cum truncum recisis, truncum lenito, *Col* 5, 11 *si sana leni ...* (6) Iræ leniunt, *Plaut Mil* 2, 6, 100 ... movetur, Cic

LENIS, e adj or, comp ... sup (1) *Gentle, soft, easy* (2) *Mild, calm, still* (3) *Pleasant to the taste, smell, hearing*, &c (4) *Good natured, complaisant* (1) Somnus agrestium lenis virorum, *Hor Od* 3, 1, 2 (2) = Lenissimus Auster & mitis, *Cic* ... 7, 7 (3) ✝ ... asperum ... est, illud lenius, *Ter Heaut* 3, 1 ✝ ... austerum & lene, *Cels* 2, 18 Nardi lenis aristæ, *Ov Met* 15, 398 Lenis sinus, *Cic* (4) Homo lenissimus & natura & consuetudine, *Cic Verr* ..., 2

✝ Lenis, is f [ληνός, torcular] *A kind of vessel* Labelli, lenis, *Apian*

Lenitas, atis f (1) *Softness, smoothness, mildness, calmness, good nature* (2) In a bad sense, *too much easiness, indulgence to a fault* (1) ✝ Lenitas verbi tristitiam rei mitigat, *Cic* Patris lenitas amanda, potius quam negligenda, *Id* (2) = In patre lenitas patris & facilitas prava, *Ter Adelph* 3, 3, 57

Leniter adv ius, comp issime, sup *Gently, softly* ✝ Leniter aut minacit tentare *Plaut Asin* 1, 2, 20 = Leniter ac remissius accere *Cic de Orat* 1, 60 Lenissime sentire, *Id Fam* 5, 2

Lenitudo, inis f *Gentleness, easiness* Lenitudo orationis, *Cic Tusc* 5, 16 Nimia ... aliquem lenitudo, *Id Verr* ..., 51

Lenitus, a, um part [a lenio] *Assuaged, appeased, softened*, &c Lenitæ te Dianæ *Ov Met* 1, ...

Leno, ōnis m [a leniendo] Conciliator stupri, inquit *Isid* eo quod mentes miserorum delinendo seducat *A pimp, a pander, a procurer, one that bringeth whores and rogues together* Leno communis pernicies adolescentium, *Ter Adelph* 2, 1, 34

|| Lenocine adv *Bawdily*, Lampr

Lenocinium, i n (1) *The practice of bawdry, playing the bawd* (2) *Inticement, inveiglement, complaisance, alluring language, or carriage* (3) *Any winning dress* (1) *Suet Cal* 50, ... (2) = Si vitiorum illecebris & cupiditatum lenociniis deditetur, *Cic* pro S xt 66 (3) Omnis lenocinii negligens erat, *Suet Aug* 79

Lenocinor, ari, ātus sum dep (1) *To be, or play the bawd* (2) *To intice with fair words wanton gestures, or gay attire, to decoy, cajole, wheedle, or trepan and draw one in* (3) *To procure one favour, or advantage* (4) *To set off and bring into request* (1) Prop sign deest exemplum (2) § Tibi servet, ubi lenocinabitur, *Cic Div in Verr* 15 (3) § Libro ... novitas lenocinatur, *Plin Ep* 1 2, 19 (4) Mangonio... negotiatores formæ puerorum virilitatem excisa lenocinantur, *Quint* 5, 12

Lenonius, a, um adj *Of, or belonging to a bawd* ¶ Fides lenonia, *a bawd's honesty*, Plaut P ... 2, 2, 62 Lenonia lex Don in ... qua semper commodum est prius quam fides

Lens, tis f [forte à similitudine ...] *A nit* Lende tolluntur adipe canino, *Plin* 29, 6

Lens, tis [quod humida & lenta sit, *Ibid*] *A kind of pulse called lentil*, Vir Geor 1, 228 ¶ Lens palustris *seu* lacustris, *water lentiles, ducks meat, reats*, Veg Lentum in acc Cato, 35 & alibi

Lentandus, a, um part [a lento] *To be bent, or made crooked*

Lentandus

Lentandus remus in unda, *Vir Æn* 3, 384

Lentè adv ius, comp ſſimè, ſup *Slowly, ſlackly, without haſte, leiſurely, at leiſure* = Lentè cunctè incurſu veniunt, *Plin* Hæc lentius diſputantur, *Cic Parad* 1. Lentiſſimè mandere, *Col* ¶ Lentè ferre, *patiently*, *Cic Att* 2,1 Lentè agere, *carelesly*, *Liv* 1, 10

† Lenteo, ere Lentet opus, *it goeth on ſlowly*, Lucil

Lenteſco, ĕre neut (1) *To be come clammy*, or *gluiſh*, *to cleave*, or *ſtick like pitch*, *to rope* (2) Met *To grow gentle*, or *ſupple* (1) Picis in morem ad digitos lenteſcit habendo, *Vir Geor* 2,250 (2) Lenteſcunt tempore curæ, *Ov A Am* 2,357

Lenticula, æ dim [à lens] (1) *A little lentil* (2) *Portage of lentils* (3) *A freckle*, or *little round pimple riſing in the body, and eſpecially in the hands and face* (4) *A little veſſel*, or *pot of ointment, out of which princes were anointed* (5) *A chriſmatory* (1) Folia lenticulæ ſimilia, *Plin* 25, 11 (2) In adagio Unguentum in lenticula, *de quo vid Turneb Advers* 21 (3) Lenticulas tollunt galbanum & nitrum, *Celſ* 6,5 (4) *Herm ex Plin* (5) *Plin* 7,12

Lenticularis, e adj *Like a lentil*, Apul Florid 2 ‡ Lenticulæ ſimilis

|| Lentiginōſus, a, um adj *That hath his face full of freckles, pimples*, or *ſpeckles*, Gloſſ ‡ Sparſo ore, *Ter*

Lentigo, ĭnis f [a simil lentis] *A pimple, ſpeckle*, or *little red ſpot in the face*, or *other part, like a lentil*, Plin 20,20

|| Lentipedes, ĕdis omn gen *Slow footed*, Auſon Epiſt 21, 40 ‡ Qui teſtudineo eſt gradu

✠ Lentiſcifer, *vel* lentiſciferus, a, um [ex lentiſcus, & fero] *Bearing maſtic trees*, Ov Met 15, 713

Lentiſcinus, a, um adj *Made of maſtic tree* Lentiſcina reſina, *maſtic*, Plin 22,7

Lentiſcus, i f [forte dict quod lenteſcit] (1) *The tree whence the maſtic cometh, the lentiſk*, or *maſtic tree* (2) *A toothpick made of that wood* (1) Lentiſcus ter fruges tundens, *Cic de Div* 1, 9, ex poeta (2) *Mart* 14,22

Lentitia, æ f *Softneſs, pliantneſs, limberneſs* Virgæ ſequacis ad vincturas lentitia, *Plin* 16, 37

Lentitūdo, ĭnis f (1) *Slowneſs, negligence, ſlackneſs in doing, lingring long, loitering* (2) † *Eaſineſs, moderation* (1) ✱ Illud non ſolum eſt gravitatis, ſed lentitudinis, *Cic Q fr* 1, 1, 13 (2) Stoici, quam nos dicimus lenitatem, lentitudinis nomine appellant, *Cic Tuſc* 4, 19

Lento, āre *To make pliant*, or *flexible, to bend* unde lentandus, q vide

Lentor, ōris m *A clammy*, or *gluiſh humour, toughneſs, clamminess* Lentor reſinoſus, *Plin* 13,5

Lentŭlus, a, um adj dim *Somewhat pliant, ſlow*, or *ſlack* Lentulus aut reſtrictu, *Cic Att* 2, 11

Lentus, a, um adj or, comp ſſimus, ſup [a lemo lentus, per Sync lentus] (1) *Slow, lingring* (2) *Gentle, moderate, not exceſſive* (3) *Limber, pliant, flexible* (4) Met *Heavy, dull, ſtupid, inert* (5) *Tough, clammy* (6) *Idle, lazy, at leiſure, at caſe, having nothing to do*, [illegible] *dilatory* (1) Lenta ira deorum eſt, *Juv* 13, 100 (2) Lentus ignis, *Plin* 20,1 Lentus vapor, *Id* 24, 14 (3) Lenta ſalicis virgis, *Ov Met* 13,800 (4) Tellus lenta gelu, *Prop* 4, 3, 29 *Met* Sæva & lenta natura ne in puero quidem latuit, *Suet Tib* 57 Hoſtibus eveniat lenta puella meis, *Prop* 3, 8, 20 Velleret capi, & premiare manu lentiſſima brachia, *Hor Sat* 1, 5, 67 (5) Iſthæc nimis lenta vincla ſunt eſcaria, *Plaut Men* 1, 1, 18 (6) Dum lentis paſſibus ſpatiarer arena, *Ov Met* 2,573 Lentus color, *a dark dusky colour*, Id

Lenulus, *vel* lenullus, i m *A little young bawd* Lenullus, *Plaut Pœn* 2,25

Lenunculus, i m [a leno] (1) *A young bawd* (2) [a lenis] ſubſt ob ſimili vaſis *A fiſher's boat, a little light ſhip, a skiff* (1) *Plaut Pœn* 5, 5, 7 (2) Pauci lenunculi convenicbant, *Cæſ B C* 3, 4, *ubi tamen in MS leg* lembunculi

LEO, ōnis m [a Gr λέων] (1) *A lion* (2) *A ſign in heaven* (3) Leo marinus, *a kind of lobſter*, or *ſea crab* (1) Fraus quaſi vulpeculæ, vis leonis videtur, *Cic Offic* 1, 13 (2) Stella veſani leonis, *Hor Od* 3, 29, 19 (3) *Plin* 32, 11

† Leo, les, levi inuſit *To anoint, to beſmear* Cujus tamen comp etiamnum ſunt in uſu

Leōninus, a, um adj *Of a lion* Leonina ſpecies, *Varr R R* 2, 9 || Verſus leonini, *verſes that like a lion's tail rhime in the middle and at the end, ſuch as this*, Juro tibi ſanè per myſtica ſacra Dianæ, *Ov*

Leontice, es f *An herb, wild chervil*, Plin 25, 11

* Leontios, i m *A kind of precious ſtone like a lion's skin*, Plin 37, 11

* Leontopetălon *An herb having leaves like caulworts, called pata de lion, good againſt the ſtinging of ſerpents*, Plin 27, 11

* Leontophŏnos *A little worm that preſently killeth any lion that eateth it*, Plin 8, 38

* Leontopodion, i n λεοντοπόδιον [à ſimilit pedis leonini dict] *An herb called lion's foot*, Plin 26, 8

Leopardus, i m [quod ex leæna & pardo natus eſt] *A leopard*, or *panther*, Plin 8, 16

* Lepas, ădis f [à λεπω, decortico, quod teſta fit inſtar corticis] *A kind of ſhellfiſh leſs than an oyſter, that ſticketh cloſe to the rocks*, Plaut Rud 2, 1, 8

Lepĭdè adv *Prettily, pleaſantly, with a grace, handſomely, wittily ſmartly*, &c Lepide animum tuum tentavi, *Plaut Aul* 5, 17

Lepidium, i n *An herb, a kind of creſſes*, Plin 19, 8

* Lepidōtes, æ m *A precious ſtone reſembling the ſcales of a fiſh*, Plin 37, 10

Lepidulè adv *Prettily, pleaſantly, wittily*, Plaut Pſeud 1, 5, 115

Lepidum adv *pro* lepidè, *Plaut*

Lepidus, a, um adj or, comp ſſimus, ſup *Pretty, witty, conceited, ſmart, briſk, merry, jocund, pleaſant, waggiſh, quick, tart, dainty* Lepidi & delicatuli pueri, *Cic Catil* 2, 10 Apud me ut lepidus cum lepidâ accubet, *Plaut Bacch* 1, 1, 48 = Lepida & ſuavis cantio, *Id* Non invenies alterum lepidiorem ad omnes res, *Id Mil* 3, 1, 66 O capitulum lepidiſſimum! *O charming little rogue!* Ter Eun 3, 3, 25

* Lĕpis, ĭdis f λεπίς, *i e* ſquama *The ſcales of braſs, the droſs of ſilver*, Plin

Lĕpeſta, æ f *vel* lepeſta *A little pot*, or *vial uſed in temples*, Varr de quo omninò vide *Voſſ etym* 285

LEPOR, *vel* lepos, ōris m (1) [aliqui qu λέως ἔπος, lene dictum, *vel ex* λα valdè & ἔπω, dico, ut lepidus ſit dicax, lepos dicacitas, *Onom* fortè acutius quam verius] *Mirth, wit, drollery, a good mein, a pretty conceit, complaiſance* = Nec quicquam plus ſalis, pluſque leporis habet, *Plaut Caſin* 2, 3, 2 Lepos & feſtivitas orationis, *Cic ad Herenn* 1, 23 Lepor dicendi, *Id Acad Q* 4, 6

Lepŏrārium, i n *Any place incloſed to keep beaſts for pleaſure, a park eſpecially for hares, an hare warren*, Varr R R 2, 3

Lepŏrinus, a, um adj *Of an hare* Lac leporinum, *Varr R R* 2, 11

Lepra, æ f [ex lepis ſquama] *The lepry*, or *leproſy*, Plin 26, 8 *ſed ſæp in pl* Lepras emendant lilii radices, *Id* 21, 19 = Mala ſcabies, *Hor*

|| Leprōſus, a, um adj *One ſick of the leproſy, leprous*, Eccleſ frequ

* Leptocentaurium, & lepton, i n *Small centaury*, Plin 25, 6

* Leptophyllon. *A certain kind of ſpurge with ſmall leaves*, Plin 26, 8

* Leptŏrages *A certain kind of ſmall grapes like corinths*, or *currants*, Plin 14, 1

LEPUS, ŏris m [Æoles Bœotii λέποριν vocabant, quem nos leporem, *Varr R R* 3, 12] (1) *An hare* (2) *A fiſh that is poiſon to a man, and a man to him* (3) *A ſtar*, or rather *conſtellation* (1) Inter quadrupedes gloria prima lepus, *Mart* 13, 92 (2) *Plin* 9, 48 (3) *Col* 11, 2

Lĕpuſculus, i m dim [a lepus] *A leveret, a young hare*, Cic N D 1, 31 Col 9, 1

Leſſus, ûs m *A lamentable voice uſed at the death and burial of men, alas!* or *the Iriſh o hone!* Cic de Legg 2, 23

Lethālis, e adj *Mortal, deadly*, &c Hæret lateri lethalis arundo, *Vir Æn* 4, 73

Lethaliter adv *Deadly, mortally*, Plin 11, 37

* Lethargia, æ f *The lethargy*, Plin 24, 9

Lethargicus, i m *One ſick of the lethargy*, Hor Sat 2, 3, 30

* Lethargicus, a, um adj *Pertaining to the lethargy* Gravedinem, morbúmque lethargicum patitur, *Plin* 20, 4

Lethargus, i m ληθαργος [ἀπὸ τῆς λήθης, *i e* oblivione, & ἀργός, otioſus, iners] *The lethargy, a ſleepy, drowſy, and forgetful diſeaſe* Lethargo grandi eſt oppreſſus, *Hor Sat* 2, 3, 30 Gravi lethargo fertur in altum, *Lucr* 3, 466

Lēthātus, a, um part [a letho] *Killed, murdered put to death* Lethata corpora, *Ov Met* 3, 55

✠ Lethifer, era, um *That bringeth death, deadly* Lethifer morbus *Celſ* 7, 12 annus, *Vir Æn* 3, 139

✠ Lethificus, a, um *Idem*, Stat Theb 8, 2 *ſed variant libb*

Letho, āre *To kill*, or *put to death*, Vir in Culice, 322

* Le[illegible]phagus, i m *A worm that eateth the bodies of the dead*, [illegible] ex Ov *ſed non inven*

LETHUM, i n & letum [a λήθη, *i e* oblivio, *Feſt*] *Death* Dolor, ac morbus, lethi fabricator uterque, *Lucr* 3, 472

Levāmen, ĭnis n [à levo] *Eaſe, comfort, an eaſing, diſburdening*, or *lightning of grief*, or *care* Si eſſet aliquod levamen, id eſſet in te uno, *Cic Attic* 12, 16

Levamentum, i n *Eaſe, comfort* Levamentum miſeriarum, *Cic de Fin* 5, 19

† Levaſſo, *pro* levâro in fut ſubj *Enn ap Cic*

Levātio, ōnis f verb *An eaſing of pain*, or *ſorrow* Ægritudinis levatio, *Cic N D* 1, 4

|| Levator *He that lifteth up*, Aug ‡ Qui levat

Levātus, a, um part (1) *Lifted up* (2) *Aſſiſted, ſupported, eaſed* (1) Levatæ aeri pendebant picæ, *Ov Met* 5, 675 (2) Baculo levati, *Ov Met* 8, 693 Levatus auxilio, *Vir Æn* 4, 537

|| LEUCA æ f *al* leuga, *vel* leuva *A league, a meaſure chiefly uſed at ſea, containing three miles, by land it is variouſly reckoned* Voc Gallicum, quod ap antiquiorem Ammiano Marcell non occurrit

Leucăcantha, æ f *St Mary's thiſtle, others take it to be the white thorn*, Plin 22, 16 & [illegible]

* Leuchăchātes, æ m *A white agate*, Plin 37, 10

* Leucanthĕmis, ĭdis f & leucanthomum, i n *The herb camomile*, Plin 22, 21

* Leucargillion, *vel* leucargillum, i n Argilla candida, *white clay*, Plin 17, 7

* Leucanthes, is f *A ſort of dill*, Plin 21, 30

* Leuce, es f λεύκη [ex colore albo dict] *A foul ſpotting of the body, like the white morphew*, Celſ 5, 28

* Leuchochrum, i n *A kind of ſmall white wine, diluted with water*, Plin 14, 8

Leucochryſos, i m *A kind of jacinth ſtone of a gold colour with a ſtreak of white*, Plin 37, 9

* Leucogæa *A precious ſtone of a white colour*, Plin 37, 10

* Leucogrăphis, ĭdis f *An herb good for thoſe that ſpit blood*, Plin 27, 11

* Leucoion, con n *i e* viola alba *The general name of violets, but properly it is taken for the winter gilliflower, which too is of ſeveral colours beſide white*, *Plin* 34, 12

* Leucon *A white heron* Ardeas ex ardeolarum genere, *Plin* 10, 60 *Also a dog's name*, Ov Met 3, 216

Leuconicus, a, um *al.* lingonicus [à loco juxta Leontinum, quod λευκόνιον dicitur, appell] *Of Leuconium* ¶ Fomentum Leuconicum, *flocks of white cotton wooll to ſtuff bedticks with*, Mart 14, 159

* Leucŏnŏtus, i m *A dry and fair ſouthweſt wind* Auſon Edyll 12, 8

Leucopetălos *A white precious ſtone* A πέταλον, folium, q albifolius, *Plin* 37, 10 *ſed Hard leg* leuco pœcilos

* Leucophæātus, a, um λευκοφαιάτος *That weareth grey*, or *ruſſet colour of wooll unſtained*, Mart 1, 97

* Leucophæus, a, um adj λευκὸς, albus, & φαιὸς, niger *Gray*, or *ruſſet*, or *browniſh colour*, Plin 32, 10

* Leucophl[illegible]

fy ring of white phlegm, Cel

Leucophorum, i n *ol* chrysocolium, est enim glutinum quo aurum ligno inducitur *Horace, Gilding gold,* Plin 23, 3

* Leucopoecilos *A sort of precious stone,* Plin 37, 10

* Leucophthalmos *A precious stone like the white eye,* Plin 37, 10

Leucostictos, i c g [à λευκὸς, albus, & στικτὸς, pictus,] lapis albis punctis distinctus] *A kind of marble with white streaks in it,* Plin 36, 7

* Leucocrota, æ f Leocrocuta, *a mongrel, a beast in Ethiopia having the head, tail, and breast of the head of a camel,* & Plin 8, 21

|| Leviathan, i e societas seu collectio anguium LXX δράκων, & gnarretur, vulg draco, balæna, ut patet ex descriptione, *Job* *A water serpent, a whale, a crocodile,* or *alligator,* Bibl

Leviculus, a, um dim [à Levis] *Light, wanton,* or *vainglorious,* Cic Tusc 5, 36

Levidensis, e adj levi et densis *Coarse and slight* ¶ Unde *Met* Levidense munus, *a very small present,* Cic Fam 9, 12

Levifidus, a, um adj [à levis, & fides] *Of light credit, not to be trusted* Omnes sunt lena levifidæ, Plaut Pers 2, 2, 61

|| Levigo, are *To make light and easy, to disburden,* Apul *ap* Litt

† Levigo recte *scrib* lævigo

Levipes, edis omn gen *Light-footed, swift of foot* Lepus levipes, Cic in Arat 121 & Varr R R

Levir, iri m [ex δαήρ, olim δαιϝήρ] Frater uxoris, *A husband's brother,* Non uxor or mariti, *the husband's, or wife's brother,* Dig

LEVIS, e adj or, comp ssimus, sup (1) *Light, small* (2) *Swift, nimble* (3) *Met Inconsiderable, trifling* (4) *Of no esteem, or note* (5) *Easy, gentle, tolerable* (5) *Fluttering, unsettled, wavering* (7) *False, corrupt,* unweighed (1) Leve pondus, Ov Met 2, 161 Levior cortex, Hor Od 3, 9, 22 Leve vulnus, Ov ex Pont 1, 7, 50 (2) Messapi levis cursu, Vir Æn 12, 489 (3) Levia hæc sunt, quæ tu pro gravia esse in animum induxti tuum, Ter Hec 3, 1, 12 (4) Auctorem levem, nec satis fidum, Liv (5) At Dolor in longinquo levis, in gravior ... solet, Cic de Fin ... Ter Ph ... (6) Levis juventas, Hor Od ... Levissimus quisque & ... Tac Hist 1, 88, ... nummarii judices, Cic ... 28

... *smooth* Vid Lævis

Levisomnus, a, um adj *Easily waked,* Lucr 5,

Levitas, atis f (1) *Levity, lightness* (2) Met *Vanity, inconstancy* ... *want of gravity* (3) ... *inconstancy* (1) Plumæ ... cadunt gravatim, ... (2) Non levitas ... causam scribere, Pl ... 4, in fin (3) ... in levitate, Ov ... 9

Leviter, adv ius, comp issime, sup (1) *Lightly, slightly* (2) *Easily, gently, patiently* (1)

Levissime lotus, *Plin* ¶ Leviter eruditus, *a poor, or sorry scholar,* Cic de Orat 3, 6 ¶ Bene volumus levitei lenonibus, *we are not over fond of them,* Plaut Pan 3, 3, 9 (2) Brachium levi et fum ... (3) Levite unumquodque tangam, Cic pro S Rosc ... (4) Gravius equidem ... sed aliquanto levius ferant, Cic Fam 4, 3

|| Levitudo, inis f *Lightness,* Lact ¶ Levitas

Leviusculus, a, um adj dim *Somewhat light, or of the lightest,* Plin *ap* Litt

Levo, are act [ex levis, nam quæ sunt levia sursum feruntur] (1) *To lift, or hold up* (2) *To ease one of a thing, to lighten, to disburden, to deliver, or rid out of* (3) *To help, or relieve* (4) *To lessen, extenuate, or diminish* (5) *To make a thing easy and light to one* (1) Pars molli gramine membra levat, *Ov Fast* 6, 328 Membra cubito levare, *Id Epist* 21, 16 Palmas ad cœlum levavit, *Stat* (2) § Ego hoc te fasce levabo, *Vir Ecl* 9, 65 *Met* Epistola tua me ægritudine levavit, *Cic Fam.* 5, 13 Sæpe suis opibus inopiam eorum publ cam levavit, *Nep Attic* 2 (4) Multa fidem promissa levant, *Hor Epist* 2, 2, 10 (5) Vario viam sermone levabis, *Vir Æn* 8, 309 ¶ Annonam levare, *to bring down the price of corn,* Liv ¶ Levare fimem, *to eat,* Ov sitim, *to drink,* Id Trist 4, 8, 26 animum, *Cic Att* 13, 13 corpus, *Hor Carm Sec* 63 *to refresh* ¶ Dentes levare penna, *to pick his teeth,* Mart 14, 22 ¶ Levare morbum, *to cure,* or *heal,* Plin

Levor, ari, atus pass *To be lifted up, taken off,* &c ¶ Levari pœna, *to be eased, or rid of his pain* Plin ¶ Obsidione levari, *to be delivered, or freed from a siege,* Liv

LEX, legis f [à lego, ut rex à rego, *Varr L L* 5 quia legi solet, ut innotescat, *Voss* sed cum *Lex* antiquior sit omnibus scriptis, & latius pateat, propius i vero absunt, qui à λέξις dictio, quo sensu leges ῥήσεις dictæ, originem petunt Cicero à lego, deligendi notione deducere videtur, ut sit delecta sententia Alii à ligando Sed commodissimè ad primam τῷ lego significationem, *sc* colligendi, referri posse etymon nemini in mentem venisse miror, cum indocile ac dispersum genus humanum leges in civitatem primum legerunt, & etiamnum conservant] (1) *Law, the universal reason of mankind* (2) *The law of nature and nations which give a sanction to all other laws* But in common acceptation, *The civil, or the common law, any statute, ordinance, or decree of state, or canon of the church* (3) *Any rule, plan, measure, or design* ... *by* (4) *Good order* (5) *Condition, stipulation, or terms agreed on* (1) LEX EST RATIO SUMMA insita in natura, quæ jubet ea, quæ facienda sunt, prohibetq, contraria, *Cic de Legg* 1, 6 Naturæ ratio est lex divina, & humana, *Id Off* 3, 5 A lege ducendum est juris exordium, *Id* (2) Populariter loquendo lex est, quæ scripto sancit quod vult, aut jubendo, aut vetando, *Cic* (3) Aliæ in historia leges observandæ sunt, aliæ in poëmate, *Cic de Legg* 1, 1 Ultra legem tendere opus, *Hor Sat* 2, 1, 2 (4) Sparsi sine lege capilli, *hanging loose, dishevelled,* Ov Ep ... (5) Pone ... pacto et conventu ... *Cic* ... ¶ Legem ferre, jubere, *to make a law,* ... sciscere, rogare, *to repeal a law,* ... *it,* derogare, *to take away some clause,* ... *thing,* obrogare, ... ¶ Agere lege ... *sentence of the law against malefactors,* Liv ¶ Agere lege ... hæreditatem paternam, *to go to law, to sue for his father's estate* ¶ Lege agere cum ... *to plead, to manage,* ... ¶ Lex Julia, Papia ... *laws made by those persons ... governed, as occasion required, like our statutes* ¶ Solvi legibus, *to be dispensed with, to have an extraordinary privilege*

* Lexicon, i n [à λέξις, à dictione, & ...] *A dictionary, or word book*

* Lexiphanes ... [à λέξις, & φαίνω ...] *Good at using fine words,* ... *to be ... verbosus* ... & *Prisc* ...

* Lexis, is f ... dictio ... *Lucil ap Cic de Orat* 3, 43

L ante I

Liaculum, i n [à liare, ut a signare signaculum] *A smoothing or plaining,* Vitruv 7, ..

Libadium, & libadion, i n [quod loca irrigua gaudeat] *The lesser centaury,* Plin 25, 5

Libamen, inis n *A sacrifice, a drinkoffering* Prima libamina were *some hairs which the priest, before he slew the sacrifice, pulled off from between the beasts horns, and threw into the fire,* Godw ex Rosino

Libamentum, i n *An offering of sacrifice, a drinkoffering,* Cic de Legg 2, 12

* Libanos *Vid* Libanus

* Libanochrus, i m *A precious stone of the colour of frankincense,* Plin 37, 10

Libanotis, idis f [λιβανωτὶς, ab odore thuris] *An herb that smelleth like frankincense, rosemary,* Plin 19, 12 & 26, 8

Libanotus, i [à λείβω, stillo & notus, i libo, & noto] *The southwest wind,* Plin 2, 47

Libanus, i *Gal pro* arbore f pro ipso thure m [à monte Libano ubi præcipuè nascitur, *al* a libando] vox vetr ignota Nam thuream plantam vocat *Col* arborem thurificam, *Plin the frankincense tree*

Libarius, i m *He that maketh cakes, or wafers to sell, one that keepeth a cakehouse,* Sen Ep 56

Libatio, onis f verb [à libo] *A drinkoffering, a light tasting of the wine to be offered,* Cic de Har Resp 10 Met *a small taste of any thing*

|| Libator m *He that offereth, or tasteth,* Aug ‡ Qui libat

|| Libatorium, i n *The chalice, or cup for drinkofferings,* Fest

Libatus, a, um part (1) *Tasted, sipped* (2) *Essayed, proved, tried* (3) *Offered, sacrificed* (4) *Gathered, or fetched from* (5) *Cropped,* Met *defiled* (1) Rejicit libatos ore cibos, *Ov Amor* 1, 4, 34 Libata gustu potio traditur Britannico, *Tac Ann* 13, 16, ... (2) Integris belli, nusquam ante libatis viribus, *Liv* 2, 29 (3) Libatum fundens in tua sacra merum, *Prop* 3, 17, 38 (4) Animos haustos, aut acceptos, aut libatos ex divinitate habemus, *Cic de Div* 2, 11 (5) Virginitas libata, *Ov Ep* 2, 115

Libella, æ f dim [à libra] (1) *A little balance, a mint-scale* (2) *A small Roman coin, the tenth part of a denarius, about three farthings of our money* (3) *A line, level, or plummet, used by masons, or carpenters* Hinc Angl *a level* (4) *The same as,* ... *the tenth part of an inheritance* (1) *Bud* (2) *Plaut Pseud* 2, 2, 34 (3) *Vitr* ... ¶ Ad libellam exigere, *to measure by line and level,* Plin (4) Hæredem facere ex libella, *to leave one his whole estate,* Cic Attic 7, 2

|| Libellarius, a, um adj ... libellis ... *Ap JC* & ... *a ... to have a thing for ...* Cal ...

|| Libellatici *Those Christians who, that they might not be forced to idol worship, gave up their names in petitions, or perhaps subscribed their names to pay a fine,* St Cypr

|| Libellensis, ... qui libellis suscipiendis præerat ... *Clerk to the masters of requests,* Pancirol

Libellio, onis m ... qui libellos ... *A petty writer* (2) *He that writeth hard little books* (1) *Non* 2, ... (2) *Stat* ... 21

|| Libellulus, i m dim ... *A little book,* Hier

Libellus, i m dim [à liber] (1) *A little book* (2) § *A petition, supplication, or bill of request* (3) *A citation, or bill of process* (4) *A libel, or declaration in the law, of debt, trespass,* &c (5) *A writ of attachment* (6) *A bill of record* (7) *A certificate, or bill under an hand* (8) *A lampoon* (9) Meton *A bookseller's shop* (10) *A kind of measure* (1) Tristes deponere libellos, *Propert* 1, 9 (2) *Suet Aug* 53 (3) Ubi tu es, qui me libello Venerio citasti? *Plaut Curc* 1, 2, 6 (4) *Plin Ep* 10, 81 (5) *Cic pro Quint* 19 (6) *Quint* 12, 8 (7) *Paul JC* (8) *Suet Aug* 55 (9) ... in Circo, ... in omnibus libellis, *Catull* 55, 4 (10) *Cato,* ... ¶ Libelli, *letters missive,* Cic Fam 11, 12 ¶ Supplex libellus, *a petition,* Mar 8, 31 ¶ Porrigere libellum, *to present a petition,* Suet Aug 53 ¶ A libellis, *a master of requests,* Id Ner 49 ¶ Libellus memorialis, *a register, or roll,* Id Cal 56 ¶ Libellus repudii, *a bill of divorce,* Ap JCC ¶ Famosus libellus, *a libel, or scurrilous pamphlet,* Suet Aug 55 ¶ Dejicere libellos, *to put in security to redeem a man's goods, which were to be publickly sold,* Cic pro Quint

Libens, ... liben, tis part ... ior, comp ssimus, sup *Willing, glad, joyful, pleased* ... Me libente eripies mihi hunc errorem, *Cic* Ego illos libentiores faciam, quam ipsi lubenter est, *Plaut A Fin* 2, 2, 2 Porticum demolisti sunt, lubentissimis omnibus, *Cic Att* 4, 2

Libenter adv ius, comp issime, sup (1) *Willingly, joyfully, gladly ly* (2) *Eaſily* (1) Libentiſſime dare, Cic Verr 4, 27 Memini lubentiſs illud, Hor Epiſt 2, 1, 263 (3) Tu cum illis, Phædria, libenter vivis, Ter Eun 5, 8, 45

Libentina Venus dict à libendo, Varr vel à libidine, Aug

|| Libentia, æ f *Delight, pleaſure*, Gell 15, 2

LIBEO, vel lubeo, (1) inde impers libet *To pleaſe, to like* Quæ cuique libuiſſent dilargitus eſt, Suet Cæſ 20

LIBER, bri m (1) *The inward bark, or rind of a tree* (2) *A book, or work written*, at firſt made of barks of trees, afterwards of paper and parchment (3) *An inventory, or regiſter* (4) *An epiſtle, or letter* (1) Moriens liber haret in ulmo, Virg Ecl 10, 67 (2) Librum de concordia tibi remiſi, Cic Att 9, 11 (3) Cic Verr 5, 142 interp Budæo (4) Nep Lyſand ſub fin ¶ Librum componere, conficere, *to make a book*, Cic edere, emittere, vulgare, *to put it out, or publiſh it*, Quint

LIBER, era, um adj (1) liberior, comp liberrimus, ſup (1) *Free, at liberty* (2) *Not ſubject to, exempt from* (3) *Void of, or without, &c* (4) *Bold, open* (5) *Free, not a ſlave* (6) *Uncontrouled* (7) *Liberal* (8) *Without buſineſs, at leiſure* (9) *At one's pleaſure* (1) Liberrima otia, Hor Ep 1, 7, 36 Liberiore frui cœlo, Ov Met 15, 301 (2) Ambitio jam more ſancta eſt, libera eſt a legibus, Plaut Trin 4, 3, 26 (3) § Liber religione animus, Liv omni cura, Cic (4) Truculentior, atque plus æquo liber, Hor Sat 1, 3, 51 (5) Liber eſto, atque abito quo voles, Plaut (6) Liberam juriſdictionem & ſine ſui appellatione magiſtratibus conceſſit, Suet Cal 16 (7) § Quam liber pater meus harum rerum ſiet, Plaut Amph prol 105 (8) In te, qui dicit, Charile, liber homo eſt, Mart 1, 68 (9) Liberum erit nobis vel publicare, vel continere, Plin Epiſt 1, 8, 3 ¶ Liber laborum, *at leiſure*, Hor A P 212

Liber, i m *A name of Bacchus* Vid Prop

Liberalis, e adj or, comp ſſimus, ſup [a liber] i e homine libero dignum, cum de rebus dicitur, vel qui ſe gerit ut liberum decet, cum de perſonis (1) *Belonging to freedom* (2) *Genteel, gentlemanlike, wellbred, becoming gentlemen* (3) *Wellfavoured, handſome, faſhionable, becoming* (4) *Liberal, openhanded, free hearted, bountiful, free, frank, generous* (5) Alſo *exalted, ample* (1) Eas liberali cauſa aſſeres manu, Plaut Pæn 5, 2, 4 *you ſhall aſſert their freedom, or prove them free* (2) In urbe liberaliſſimis ſtudiis affluenti, Cic pro Arch 3 (3) Hem Eunuchum tibi quam liberali facie? Ter Eun 2, 2, 20 = Virgo forma honeſta & liberali, Id Andr 1, 1, 96 (4) = Roſcius ſemper liberaliſſimus munificentiſſimuſque fuit, Cic pro Q Roſc 8 ⚹ Laudis avidi, pecuniæ liberales, Sall B Catil 7, 7 (5) Animos ad ſpem liberalioris fortunæ fecit, Liv 22, 26 ut leg Gron ¶ Liberales artes, *liberal arts and ſciences*, ſo called as being fit for ſcholars and gentlemen

Liberālĭtas, ātis f (1) *Generoſity, ingenuity* (2) *Bounty, liberality, freedom, kindneſs, or goodnature* (3) *Fair means, good uſage* (1) Liberalitas, quia à liberali animo proficiſcitur, ita nominata eſt, Sen de Vita beata, 24 (2) = Juſtitia eſt conjuncta munificentia, quam eandem vel benignitatem, vel liberalitatem appellari licet, Cic (3) ⚹ Pudore & liberalitate liberos retinere, ſatius eſſe credo, quam metu, Ter Adelph 1, 1, 32

Liberālĭter adv ius, comp iſſimè, ſup (1) *Genteely, like a gentleman* (2) *Splendidly, profuſely* (3) *Amply, largely* (4) *Freely, hoſpitably, liberally, handſomely* (1) Liberaliter educatus, Cic de Orat 1, 31 erudiuus, Id Tuſc 2, 2 = Inſtructus, Cæſ (2) Vivebat laute, & liberalius ſibi indulgebat, quam ut invidiam vulgi poſſet effugere, Nep Chab 3 (3) Liberaliſſime pollicitus eſt his omnibus, tamen, &c Cic (4) = Large, liberaliterque aliquem tractare, Cic Verr 5, 88

Liberandus, a, um part *To be freed, or ſet at liberty* Civitatibus facultatem ad ſe ære alieno liberandas aut levandis dedi, Cic Att 6, 2

† Liberata ponebant pro effata *Delivered, i e ſpoken*, Feſt

Lībĕrātio, ōnis f verb *A delivering, a releaſe, a riddance* Liberatio moleſtia, Cic ad Q fr 1, 1, 12 malorum, Quint

Liberator, oris m verb *A deliverer, a releaſer* Liberator urbis, Liv 1, ult patriæ, Nep Dion 10

Līberātus, a, um part *Delivered, freed, ſet free, or at liberty, diſcharged, rid, quitted* § Libera a dominatu reſpublica, Cic Tuſc 4, 1 Liberatus ſum tua opera, Ter Andr 2, 2, 33

Libere adv ius, comp (1) *Genteely, liberally* (2) *Frankly, freely* (3) *Without conſtraint, at his pleaſure* (4) *Boldly, without fear* (5) *Profuſely, extravagantly* (1) Adoleſcentuli libere educti, Ter Andr 5, 4, 8 ⚹ Libere facere, non aſpere, Cic de Amic c 25 (2) Tellus omnia liberius, nullo poſcente, ferebat, Virg Geor 1, 128 (3) ⚹ Ingredi libere, non licenter errare, Cic Orat 23 Liberius vivendi poteſtas, Ter Andr 1, 1, 25 (4) Conſilium verum dare gaudeamus libere, Cic = Tuto & libere decernere auſus eſt ſenatus, Liv (5) Liberius vivebat, & rem familiarem negligebat, Nep Them 1

Lībĕri, ōrum pl m [dict quod ſint liberi, i e ingenui, non ſervi] (1) *Children, ſons and daughters* (2) Alſo *grandchildren* (3) ☞ It is often uſed of *one child* (1) Vagamur egentes cum conjugibus & liberis, Cic Att 8, 2 (2) Ap JCC potiſſimum (3) Fratris liberos vita privavit, Cic pro Cluent 11 de uno tantum Ingenio te in liberos leni puto, Ter Heaut 1, 1, 99 *Chremes inquit Menedemo, qui unicum filium habuit*, Ilid v 41 ☞ † *Legitur tamen liber in ſing* Dig

Lībĕro, āre [ex liber] i e liberum facio (1) *To unlooſe, or ſet free* (2) *To free, to enfranchize* (3) *To rid out of* (4) *To releaſe, to acquit* (1) Vid Liberor, n 1 (2) Servos omnes puberes liberaverunt, Cæſ B G 3, 9 (3) = § Remitto tibi hoc totum, atque iſta te cura libero, Cic § ⚹ Senatus neque liberavit ejus culpæ regem, neque arguit, Liv more Græcorum (4) ⚹ Bis condemnatum judices liberaverunt, Cic ¶ Liberare ſe ære alieno, *to clear his debts*, Cic Attic 6, 2 enſim vagina, *to draw out, or unſheath his ſword*, Ov ¶ Liberare fidem, *to make good his promiſe*, Cic pro Flacc 20 ¶ Liberavi animam, *I have diſcharged my conſcience*

Liberor, āri, ātus paſſ (1) *To be looſed* (2) Met *To be ſet free, &c* (1) Linguæ ſcalpello reſectæ liberantur, Cic de Div 2, 46 (2) Liberatus ſum tua opera, Ter Andr 2, 2, 33

Liberta, æ f *A ſervantmaid or bondwoman made free*, Hor Sat 1, 1, 99

Libertas, ātis f [ex liber] (1) *Liberty, as oppoſed to ſervitude* (2) *A freedom, or power in acting* (3) *Boldneſs of ſpeech* (4) *Frankneſs, goodnature* (5) *A democracy, a commonwealth* (6) *A goddeſs ſo called* (1) ⚹ Aliæ nationes ſervitutem pati poſſunt, populi Romani eſt propria libertas, Cic Philipp 6, 7 (2) Libertatis proprium eſt ſic vivere, ut voles, Cic Offic 1, 20 ex mente Stoicorum, *ſed addendum videtur ex Perſio*, excepto ſi quid Maſuri rubrica vetavit, Sat 5, 89 & ex Seneca, Deo parere libertas eſt (3) ⚹ Aſperitas agreſtis vult libertas mera dici, veraque virtus, Hor Sat 2, 18, 6 & ſeq ⚹ Vero libertatem Seneca, quam ſervitium ſæpius expertus eſt, Tac Ann 15, 61 (4) Fides, libertas, amicitia præcipua animi humani bona ſunt, Tac Hiſt 1, 15 (5) Libertatem & conſulatum L Brutus inſtituit, Tac Ann in princip (6) Suet Aug 31

Libertina, æ f *A bondwoman made free* Me grata detinuit compede Myrtale libertina, Hor Od 1, 33, 14

Libertinus, i m (1) *The ſon of him that was once bound, but is now free*, (2) or *one that was himſelf a bondman, and ſince made free* (1) Ex uſu ſuperioris ſec (2) Ex uſu inferioris Utrumque colligitur ex loco Suet Claud 24

† Liberto, āre *To make free*, Litt ex Plaut ſed q

Libertus, i m [quaſi liberatus] *One that of bond is made free, a late ſervant, or bondman* ⚹ Feci e ſervo, ut eſſes libertus mihi, Ter Andr 1, 1, 10 ⚹ Magis decorum eſt libertum, quam patronum, onus in via portare, Plaut Aſin 3, 3, 100

Libet, libuit, & libitum eſt impers *It liketh, or contenteth me, thee, him, us, &c* Non libet plura ſcribere, Cic Att 2, 18 ⚹ Minimum decet libere, cui multum licet, Sen Troad 336

Libidinans, tis part *Leacherous, wanton, luſtful*, Petron Arb

Libidinor, āri, atus ſum dep *To play the leacher, or wanton*, Suet Ner 28

Libidinōſe adv || ius, comp *Luſtfully, wilfully, after his own luſt and pleaſure*, Cic Div in Verr 12 Libidinoſius ſævire, Tert

Libidinōſus, a, um or, comp ſſimus, ſup (1) *Arbitrary, unreaſonable, wilful* (2) Synecd *Luſtful, wanton, leacherous, fleſhly, ſenſual* (3) *Provoking luſt and pleaſure* (1) ⚹ A libidinosa ſententia certum & definitum jus religionum eos deterret, Cic pro Domo (2) = Nihil iſto ſcitote eſſe luxurioſius, libidinoſius, Cic in Piſon 27 Libidinoſiſſima mulier, Id in Verr 5, 53 (3) Libidinoſæ dapes, *provocative diſhes, corroborating meats*, Col in Præf l 10

Libido, inis f [a libere, i e placere] (1) *One's will, humour, or fancy* (2) *Luſt, wantonneſs, leachery, concupiſcence, ſenſuality* (3) *Any unbridled paſſion, or unlawful deſire* (1) Maturandum libido eadem hæc maneat, *whilſt he is in the ſame mind*, Ter Phorm 4, 5, 4 Magis in decoris armis, quam in ſcortis libidinem habebant, Sall B C 7 (2) = Quæ ad ſuſpicionem ſtuprorum & libidinum pertinent, Cic pro Font 1, (3) = Docemur ... tas habere libidines, coercere ... nis cupiditates, Cic de Or ...

Libitina, æ f prop Dea, in cujus templo vendebantur, quæ ad funera pertinerent [a libendo, ut libens Venus libentina dict ... Propr] Hinc fictum, ut ... penſis funebres, Suet ... randi funeris, Val Max & ... mortem, ſive feretrum, in quo mortui efferuntur (1) *The goddeſs Venus or Proſerpina, in whoſe temple all things ... ſold that belonged to burials, thence fancied to be the goddeſs of death* (2) *The car or provi... riding for a funeral* (3) *The bier whereon the corpſe is carried* (4) *Death itſelf* (1) ... gin a funerum millia in rationem Libitinæ venerunt, Suet Ner ... *the weekly bill, a book in which was ſet down the money paid into the treaſury at the death of any perſon*, a cuſtom as ancient as Servius Tullius (2) Val Max 5, 2, 10 (3) Multa pars mei vitabit Libitinam, Hor Od 3, 30, ... interpr Acrone ſed commode ... ſeq notione exponi poteſt (4) Si Libitinam evaſerit æger, Juv 12, 122

Libitinārius, i m qui libitinam exercebat (1) *He that hath the ſurvey and charge about interments, the ſteward, or provider and overſeer of obſequies* (2) But moſt properly *an undertaker, who ſelleth, or letteth to hire all things neceſſary for a funeral* (3) Alſo *an old decrepit man that hath one foot in the grave* (1) Vett Gloſſ Libitinarius Ἐντάφιος (2) Sen de Benef 6, 38 (3) Litt ex Plaut

Libitum, i n vel forte libitus, ûs verb [a libet] *One's will and liking* Vix leg niſi acc ad libitum, *at his pleaſure*

LIBO, āre (1) (1) *To taſte, or ſip* (2) *To pour out in offerings* (3) *To ſacrifice, or offer, to moiſt, to ſprinkle* (4) *To touch lightly* (5) *To gather, or pick out by reading* (1) Apes flumina libant, Virg Geor 4, 54 (2) In menſa libaticum libavit honorem, Vir Æn 1, 740 (3) Ceteras fruges ceteraſque baccas ſacerdotes libanto, Cic Legg 2, 8 (4) Ex variis ingeniis excellentiſſima quæque libavimus, Cic de Inv 2, 2

Libonotus, i m ventus flans inter liba, Sen Nat Q 5, 16 al leg leuconotus, ut ſit albus notus ap Hor Od 7, 15 *The ſouth weſt wind, in the midſt between ſouth and weſt* Vid Libonotus

LIBRA, æ f (1) [ex libra lingua Sicula] (1) *A pound, a pound Troy weight of 12 ounces, averdupois, 16, § a pound in money, 20 ſhillings* (2) Alſo a meaſure holding ſomewhat more than a *pound weight in liquids* (3) *A balance, or pair of ſcales to weigh with* (4) *One of the twelve ſigns* (5) *A carpenter's line, or maſon's rule, a plummet, or level* (6) *A poiſe, or ...*

fili, or balliyt (7) The height ... mis of a place (1) Cui ... um tirris libri foret, Hor ... 1, 5, 69 (2) Populo denos ... totidem ol i libras di... Cels 38 (3) Lance an... suspendere aliquid, ... (4) Iurn dic somni... pares ubi fecerit horas, Vir ... 1, 208 (5) Col 8, 1 (6) ... 16, 26 (7) Cæs B G 2, 11

Libralis, ... adj That is of a pound weight, or measure Ma... cotoneum pondere librali, Plin ...

Libramen, inis n [ex libro] A ... or counterpoising, ... poise, or weight, stand... or even weight, a balass, ... Liv 42, 65

Libramentum, i n id (1) A counterpoise, or even weight (2) The tongue of a balance, a ... (3) A thong, or cord to ... with (4) A weight ... &c to make the mo... (5) A forcer, ... and water up hill (1) Col ... (2) Plin Epist 4, 30, to (3) ... (4) Libramenti ... aut saxorum, Liv 38, 5 ...

Libraria, æ f [a liber] (1) A ... of book, a bookseller's ... (2) § A libra, a woman ... of wooll, or flax, a ser... (1) Gell 5, 4 (2) ... 4, 6

Librariolus, i m dim [a librarius] A petty writer, or un... clerk, a bookkeeper, Cic Att 4 ... & de Legg 1, 2

Librarium, i n [a liber] A ... register, a chest to keep books, or any such things in, a ... Exhibe librarium illud legum vestrarum Cic pro Mil 12

Librarius, a, um adj [a liber] ... to books ¶ Scalprum librarium, a penknife, Suet Vitell 2 ¶ Librarium atramentum, printing, or writing ink, Plin 35, 6 ¶ Libraria taberna, a book... or stationer's shop, Cic Phil 2, 9 ¶ Scriptor librarius, a transcriber, a writer of ... works, Hor A P 354

Librarius, i m subst (1) A ... a clerk, an amanuen... (2) A bookwriter, a tran... (3) Al... a keeper of books of accompts, a clerk of a company (4) || A printer, a bookbinder, or station... (1) Legi literas non tuas, sed ... tu, Cic Attic 6, 6 (2) ... qui exscri... hypomnemata, Cic Fil ad ... (3) ... (4) Ex usu ... commode

Librarius, a, um adj [a libra] ... weigheth a pound, of a ... Caro in frusta ... conciditur, Col 12, 53 vid ... 8, extr

|| Libratio, onis f A weigh... the pound, a poising, ...

Librator, oris m verb [a libro] (1) A conveyer of waters from ... conduits, by levelling ... ground (2) A slinger, an ... (1) Li... qui explorent situs ... Plin Ep 10, 50 ... funditoribusque ... Tac Ann 15, 39

Libratus, a, um part or, comp ... poised, levelled (2) ... advised (1) ... libratu suis, Ov Met 1, 15 Pondere ipso librator, ... 10 (2) Apul

... The beam of the ..., est ✝ Scapus libra

Librilla, ōrum n instrumenta bellica, Fest ... Slings used heretofore in war to hurl stones, Cæs B G 7, 8

Libripens, dis m [ex libra, & pendo] A weigher, an officer that held th, or looketh to the balance in weighing money betwixt buyer and seller, whence it was called per æs & libram venditio, concerning which, as it relateth to an imaginary sale, see Boeth comm 3 and Hor saith, Librâ mercatur & ære, Epist 2, 2, 158 Stipis ponderandæ pensatores, paymasters in the army Libripendes dicuntur Plin 33, ...

Libro, āre [i e libra pondero] (1) To weigh, or poise (2) To counterpoise, to counterbalance, to level, to try by plumb rule (3) To divide equally (4) To throw, fling, or swing (5) To gage (1) Stabat anxius heros, librabatque metus, Stat (2) Lapillis ajes sese per nubila librant, Vir Geor 4, 196 (3) Cum paribus Titan orbem libraverit horis, Col 10, 42 (4) Summâ telum librabat ab aure, Vir Æn 9, 417 (5) Librare aquam, Plin ¶ Librat se ex alto aquila, the eagle hovereth on high, Plin 10, 3 ¶ Librare glandes, to shoot, discharge, or carry bullets as guns do, Veget

Libror, āri pass To be poised, &c Manus libratur tibici temperamento, Plin 12, 25

Libs, libis m λίψ, ventus ex Libya, sc Africus [a λιβὸς] The southwest wind, Plin 16, 34

Libum, i n dict quod libaretur priusquam ederent A cake made of honey, meal, and oil, a wafer, leg & libus, i m ap Non Adorea liba per herbam subjiciunt epulis, Vir Æn 7, 109

Liburna, æ f navis [a liburnis, pop qui ea usi] A light and swift ship, a foist, or pinnace, a privateer, a galley, Hor Ep 1, 1

Liburnica, sc navis idem quod liburna, Plin 6, 16

Liburnus, i [similitudine liburnicæ navis] A litter, or couch, made like a foist, or brigandine, for noblemen to be carried in soft ly and easily, Juv 4, 476

Licebit fut [ab impers licet] pon in erdum pro con ... albeit, Hor Epod 15, 19

Licens, tis part [a liceor] Offering the price, cheapning, Cæs B G 1, 18

Licens, tis adj ex part or comp Unconfined, licentious, extravagant, luxurious Joci licentes, Stat Silv 1, ut Licentior & divitior fluxit dithyrambus Cic de Orat 3, 48 Licentior vita, Val Max 5, 1, 2

Licenter adv ius, comp Licentiously, overfreely with too much liberty, ... ly ✝ Ingredi libere, non licenter ... Cic Orat 2 ... Licentius errare, Vir Æn 7, 557 & Ov ex Ponto, 4, 10, 29

Licentia, æ f Licentia proprie est facultas secundum quam aliquid licet, ut quis faciat, vel omittat, vel impediat (1) Licence, liberty in a middle sense (2) But commonly used for an excess thereof, licentiousness (3) Arbitrary proceeding (4) Unruliness, or boisterousness (1) Omnes deteriores sumus licentiâ, Ter Heaut 3, 1, 74 = Licentia liberiusque vivendi, Cic (2) ✝ Civitas inter libertatem licentiam incunque divisi, Tac (2) Eadem licentiâ in plures annos ordinavit, Suet Cæs 76 = libido, Id ibid (4) Obruere tumulos immensa licentia ponti, Ov Met 1, 309 ¶ Infinita licentia, Full power, an unlimited commission to do as he pleased, Sen Poetica licentia, a liberty assumed by poets of using some syllables, words, or phrases in a peculiar manner, coining new words, &c

|| Licentiatus doctus cum dignitate licentiæ Licensed, authorized, approved Ex usu hodierno

Licentiŏsus, a, um adj (1) Rash, licentious, dissolute, unruly (2) Assuming, improper (1) ✝ Ex moribus imperatoris miles aut intactus aut licentiosus, Tac (2) Quint 1, 6

LICEO, ere, ui, itum neut (1) To be lawful (2) To be prized, or valued, to be set at a price for what it is to be sold (1) Felices quibus ista licent, Ov ☞ Sed hæc notio vix obtinet præterquam tertiis personis (2) Parvo cum pretio diu licerent, Mart 6, 66 ex Gronov cæteri perperam liceret

Liceor, eri itus sum dep To cheapen a thing, to bid money for it, to offer the price Jocos ridiculos vendo, agite, licemini, Plaut Stich 1, 3, 9

Liceriana pyra, pro licernina, ab auctore dicta, Plin 15, 15

Licessit, pro licuerit, Plaut A sin 3, 3, 13 ut prohibessit pro prohibuerit, Cic

Licet, ēbat, licuit, licitum est impers (1) It is lawful (2) It is free, or possible I, thou, he, we, &c have power, authority, or leave to do it, I am content, you may if you will (1) Peccare nemini licet, Cic Tusc 5, 19 (2) Id licere dicimus, quod cuique conceditur, Ibid Modo liceat vivere, est spes, Ter Eun 2, 2, 31 Quieto tibi licet esse, you may set your heart at rest, Plaut Bi bas licebit, you may drink if you please, Cic Pugnes licet, Varr Licet janitor exangues terreat umbras, Vir Æn 6, 400 ☞ Hac formula fere est ellipsis ... ut ¶ Licet tibi esse bonum viium, Quin & bono viro, Cic ¶ Per me licet, you may for all me, Cic Acad Q 4, 29 ¶ Si ... te licet, if you give me leave, Plaut

Licet ... consentiendi formula, sive concedendi ... But so, content

Licet conjunct adversat quam sequitur fere tamen, & regit subj Although, albeit Fixerit æripedem cervam licet, Vir Æn 6 802 ☞ Sanctius, Fabius, Lit aliiq, ... ex aliorum exemplo judicent licebit

* Lichen, enis m (1) A tetter, or ringworm (2) Also the herb liverwort In plur fere morbum sign lichenes (1) Sordidi lichenes, Mart 11, 99 ☞ Circum ... Menagram Plinii seculo aliqui dixerunt Linne, test ipso 26, 1 ... Gloss (2) Plin 26, 4

|| Licinatorium, i n Lignum in quo licium involvitur, a weaver's beam, Hier ✝ Jugum

Licinia, æ f sc olea (1) A kind of olives (2) Also the herb star vervain (1) Col 11, 49 Licinianam appellat Cato c 6 (2) Apul

|| Licinus, a, um Licinum quod sursum versus reflectitur Hinc licini boves, having their horns turned upwards, Serv

Licitatio, onis f verb A setting out to sale to him that will bid most, a prizing, or cheapning Exquisitis pretiis & licitationibus factis, Cic Verr 2, 5, Licitationem potius opponam, quam illud minoris veneat, Id

Licitator, ōris m verb One that enhanceth the price, one that in cheapning outbiddeth others, a chapman, Cic Offic 3, 15

|| Licitatrix A chapwoman, Dig

|| Licite, vel licito adv Lawfully, warrantably Inclinatæ ... ✝ Legitime

Licitor, āri dep freq [liceo] (1) To cheapen, to offer a price, to bid for a thing, to set a price upon (2) Also to outbid to enhance the price and set it higher, to vie with one another who shall bid most (3) To skirmish, to box, or buffet (1) Licitamini hostium capita, Curt 4, 1 (2) Calor licitantium vectigalia ultra modum solita conductionis inflavit, Cæs JC (3) Parsfixa ... inter se licitantur, Enn ap Non 2, 505

Licitum est præt [a licet] imperf I, thou, he, we, &c might Dum licitum est illi, as long as he might, Ter Andr 2, 6, 12

Licitūrus, a, um part fut [a liceo] That shall be lawful Quod nihilo magis ei liciturum esset plebeio, rempubl perdere, quam, &c Cic Attic 2, 1

Licitus, a, um part [a licet] (1) Lawful, allowable Item part [a liceor] (2) Cheapning, having cheapned, or bid (1) Si esset licitum per nautas, if the seamen had been willing, Cic (2) Cic ap Litt sed locum non reperio

LICIUM, i n [licia sunt quibus stamina ligantur, qu ligia, Isid] (1) The woof about the beam, or the threads of the shuttle (2) Thread, or yarn (1) Licia telæ addere, Vir Geor 1, 2 (2) Terna tibi licia circumdo, Vir Ecl 8, 74

Lictor, oris m [a ligo, ut a lego lector, Voss sc a ligandis reis, Non] A lictor, colligam inus, Ita a serjeant, or beadle, a ... or ... a consul had twelve of these officers to go before him, they carried each a bundle of rods tied up with an ax, his for capital, those for smaller crimes, a serjeant at arms, a marshal, an executioner, Cic pro Rab 4

Lictorius, a, um adj Pertaining to a serjeant Lictorii fasces, Plin ...

Licuit præt [a licet] It was lawful, or fit, Cic § Item præt a liqueo, unde deliquit, Ov Met 4, 252 He melted

LIEN, enis m & lienis, s The milt, the spleen Sedationem fecit lien, Plaut Merc 1, 13 Lienis ubi affectus est, intumescit, Cels 4, 9

Lienicus, a, um adj Sick of the spleen, splenetic, or that hath his spleen swollen, or a great pain in the milt, Plin 29, ... ubi ... Harduin leg & emendat lienteriis

Lienis idem quod ... quod ...

Lienosus, a, um adj (1) Sick of the spleen (2) Swollen, inflated or is tome subject to palpitation, panting (1) Pyrrhi pollice in dextro pede tactus lienosis medebatur, Plin 7, 2 (2) Cor lienosum habeo, jamdudum salit, Plaut Cas 2, 6, 62

* Lienteria,

* Lene... *A lash, or ... a kind of flax, which ... it ... from ... concoction, or digestion, as ...* stimorum ... Celf 2, 1

* ... *that ... a flax, or lash, ... with a loofe ...*, Pan ...

|| Ligni... Lign... hominis ...

|| ... *A fiool or ...*, Linum

Ligamen ... *A band, or ... ribband ... with any thing to ... for wounds, a ligament* Ligamina vulneribus ... *Tac* ...

|| Ligarius, i *A kind of fish*, ... ex Aufon

Ligatio, onis f *A binding, or tying* Litt ex Celf

Ligatura, æ f (1) *A binding, a ligature, or bandage* (2) *An ...* (1) Ligatura in vitibus ... mutare, Pallad 1, 6 (2) *Ictuftin*

Ligatus, a, um part (1) *Bound, tied up* (2) *Fettered* (3) *Compact, joined together* (1) Crines ligatos impedire vitta, *Tibull* 1, 66 (4) Ligatus prætore, *Catull* 4, 6 (5) ... Mundus ... non poteft, nifi ab eodem, quo est ligatus, *Cic* de *Univ* 5 *fed alii leg* colligatus

|| Lignifium, i n Perperam habent alii ... pro *tig llo*, ap *Plaut Aul* 2 4, 22

Lignarium, i n *A wood-yard, a pile, or stack of wood*, Varr

Lignarius, a, um adj *Belonging to wood, or timber* Faber lignarius, *a carpenter*

Lignarius, i m *He that heweth, or purveyeth wood, a woodmonger, a timbermerchant*, Liv 35, 41

Lignatio, onis f verb (1) *A felling, an hewing, fetching, or purveying of wood to burn* (2) *Also a grove where wood may be taken* (1) Milites lignationis causâ ... *Cæf B G* 5, 38 (2) *Col* 1 5

Lignator, oris m verb *He who goeth forth to get wood, and to provide fuel, a purveyor for wood, a woodmonger, an hewer of wood* Lignatores oppressi, *Cæf B G* 5, 26 Pabulatores & lignatores tueri, *Liv* 41, 1

Lignculus, a, um dim *Made of wood* Hæc fcripsi ad ... gnculum, *Cic* ad ... ¶ Lignola hominum figuræ, *puppets*, Apul *de Mundo*, p 741

Ligneus, a, um adj *Wooden, made of wood, of timber* Soleæ ligneæ, *wooden shoes, pattins*, ... Equus ligneus, *Propert* 3, 9, 42

|| Ligneolus ... *A wood-house, or a woodloft, a place of wood*, Jun

|| Ligniperdus ... *A pattin, a wooden shoe*, Feft

Lignor, ari, atus fum dep *To go to purvey and get wood, to gather fuel* Equites in olivete, ... lignantur, ... *Hirt B Hisp* 2.

Lignosus, a, um adj *Hard like wood, woody* Radix lignosa, *Plin* 1 , 7

LIGNUM, i n [à legendo, de caduco enim propriè dicitur, ... *L L* 5, 7] (1) *Wood properly for fire, sometimes for other uses* (2) *A log, clump, or block* (3) *The stone, or kernel in fruit* (4) *Tables of stone to write on* (1) Audium componere lignum, *Hor Od* 3, 1 Nonne ex quovis ligno Mercurius ... , *Prov* (2) Dissolve frigus, ligna super foco large reponens, *Hor Od* 1, 9 Truncus ... inutile lignum, *&c Id Sat* 1, 8, 1 (3) *Plin* ... (4) *Horat JC*

LIGO, āre (1) (1) *To bind, to tie, or wrap, to tie up, to fast* (2) *To bewitch as a diabolic* Ligare vulnera, *Ov Met* ..., 850 ... *Stat Sylv* 4, 3, 75 (2) *Idn* 8, 9

Ligo, ōnis m *A spade, a shovel, a mattock, a ploughshare, an iron rake, or such like instrument, to dig and delve with*, Hor Ep 5, ...

Ligonizo, āre *To dig, or cast up earth with a pickax*, Litt ex ...

Ligula, æ f ... lingula, *Prisc* promiscuè ... vett [dim lingua, per Sync ...] (1) *A little tongue* (2) Propter similitudinem, *A latchet of a shoe, a ...* (3) *A tenon* (4) *The tongue of a pipe* (5) *A spoon, skimmer, or ladle, an apothecary's spatula* (6) *A measure containing three drams and a scruple* (quarta pars cyathi) (7) *A long sword, or dagger made like a tongue* (8) *A small slip, or neck of land* (9) *A word of contempt said of any thing that is thin, slim, and slender* (10) *The hollow, or flap and tip of the ear* (11) *The flap, or cover of the throat* (1) In primo sensu vix occurrit (2) *Mart* 2, 29 (3) ... ap *Litt* (4) *Vitruv* ap *Litt* (5) Olis adipis liquamine tinctis lingula demittito, *Col* 6, 2 (6) Duarum aut trium ligularum mensura, *Plin* 20, 5 (7) *Gell* 10, 25 (8) Oppida posita in extremis lingulis promontoriisque, *Cæf B G* 3, 12 *ita leg* Budæus (9) *Plaut Pæn* 5, 5, 30 (10) † ... (11) ‡ Ex usu medd = Epiglottis ¶ Ligula astrictoria, *vel simplicites*, ligula, *a lace, or point*, Jun || Ligula cruralis, *a garter*, Id

LIGURIO, ire (1) *al scrib* ligurrio *in vett libb* [an à λιχνεύω, suave, aut à lingo, in extrito] (1) *To eat deliciously, to pick and choose tid bits, to feed nicely and delicately* (2) *To slabber up* (3) *To hanker after, or long for* (4) *To consume, waste, and spend riotously, to play the glutton* (1) Qua, cum amatore suo quum cœnant, liguriunt *Ter Eun* 5, 4, 14 (2) *Hor Sat* 2, 4, 70 (3) Cum quidam agrum in curationem ligurrient, disturbavi rem, *Cic Fam* 11, 21 (4) Non lætiter improbissima lucra liguriens, *Cic Verr* 3, 76

Ligurritio, ōnis f verb *Greediness, gluttony, liquorousness*, Cic Tusc 4, 11

|| Ligurritor, ōris m *A lickdish, a glutton*, Aufon Epigr 120

Ligusticum, i n *To ... of ...*, Plin 19, 8 Col 12, 57

Ligustrum, i n *Privet, or prim print, also white withwind, or withwind* Alba ligustra cadunt, *Virg Ecl* 2, 18

|| Liliaceus ... un adj *Of, or belonging to lilies*, Oleum liliaceum ... *of lilies*, Pallad 6 14

Lilietum, i n *A place where lilies grow, a lilybed*, Pallad 3, 21

LILIUM, i n (1) [à Gr λείριον] *A lily, a flower of ... colour, there ... 4 n 6, 709* Breve lilium, *Hor Od* 1, ...

LIMA, æ f (1) [ex limus ... unde ... obliquus ...] (1) *A file* (2) *Met Ars ... or mending, or any thing, as a book, &c* (1) Nec lima, nec ... genus ornamentis ... *Apul Florid* 2, p ... (2) Limæ labor & mora, *Hor A Poet* 91

|| Limate ... comp Exactly, accurately, correctly, to ... neatly, finely, Amm 15, ult ‡ Accurate

|| Limatio, ōnis f *A filing, or polishing*, Aug

Limatula, æ f *A little file*, Nev

Limatulus, a, um adj dim bel le limatus, politus *Neat, subtile, accurate, fine, quaint* = Opus hic est limatulo & polito judicio tuo, *Cic Fam* 5, ult

|| Limatura, æ f *Powder, or dust that cometh of filing*, Onom vett limatura ...

Limatus, a, um part & adj or, comp (1) *Filed, polished* (2) *Neat, trim, pure, elegant, curious* (1) Oratione limatus, *Cic* de *Orat* 1, 39 (2) Limatius dicendi genus, *Cic* de *Cl Orat* 24

Limax, ācis m *Col* f *Plin* [ex limo in quo delitescit, *vel* quod de limo nascatur, *Varr L L* 6, 3 unde *Plaut Met pro* meretrice, quod mustior amans ... ut limax olera & folia plantarum arrodit] (1) *A snail, a dewsnail, or slug* (2) *A thief, a whore, a cutthroat, a quean, an harlot* (1) Implicitus conchæ limax, *Col* 10, v 324 Limaces lividæ, *Plaut* ap *Varr* (2) *Plaut* in *Fragm*

Limbator, ōris m trix f *An embroidered stuff for covering, or bedding*, Lit ex Catull *sed q*

|| Limbatus, a, um *Garded, or purfled, embroidered*, Treb Poll

Limbellus, i m dim [à limbulus] *A little hem*, Plaut ap Litt *sed q*

Limbolarius, i m [limbulus] *A maker of gards, or purfles, an embroiderer*, Plaut Aul 3, 5, 45

|| * Limbōrātus in vett libb pro limbolarius, *Toff*

|| Limbulus, i m dim [à limbus] *A little hem, or fringe* Litt qui tamen non dicit

LIMBUS, i m *A purfle, a welt, lace, border, or gard about a coat, or gown, a fringe, or selvedge* Aureus limbus obibat chlamydem, *Ov Met* 5, 51 ¶ Limbus duodecim signorum, *Varr* Limbus *scholasticis theologis est pars inferorum*

LIMEN, inis n [à limus, ... tus, ... quod transversè locatur, *Fest q* luminis, *aliter* limes, est enim limes ...] (1) *The lintel, or threshold of a door* (2) *A goal, a station, a limit* (3) *An entry, or entrance* (4) Synecd *The house* (1) Limen superum inferumque salve, *Plaut Merc* 5, 1, 1 (2) Signo ... ripuntur ... limenque repente, *Vir* ... (3) ... *the ... redit, ...* (5) Limen interni maris ... eum locum appellavit, *Plin* ... (4) = Exilio domos & dulcia limina mutant, *Vir Geor* 2, 511 ¶ Perrumpere limina, *to break down the gates*, Id *Æn* 2,

490 ¶ Limina impetrare, ... *or ...* ... *longer ...* ... *lier*, Stat ... Ep 49

* Limenarcha, a m *The warden of the ports* Dig

LIMES, itis m [à limus ... quod ... vias ...] (1) *A bound, a limit, a border, a frontier, a boundary, or landmark* (2) *A great broad way* (1) Limes agro politus limitem ut discerneret agris, *Vir Æn* 12 898 (2) Sectus in obliquum limes, *Ov Met* 2, 1 ... (3) ... *any ... locum* ap Liv ...

Limeum, i n *Limeum poisonous herb, called* ... bane, *Plin* 27, 11

|| Limicola, æ com g n *Breeding, or living in mud* Limicolæ ... treæ, *Aufon*

|| Limiger, era, um *Overlimgeræ ... reeds daubed over with mud*, Aufon ‡ Limofus

|| Liminare, is n *A threshold* ... Adlimen ... *Liminares trabes*, *Vitru* 6, 4

|| Liminium, i n *Banishment, ... exile*, Prud *q d* ... limen

Limis, e adj *Crooked, aslant*, Fest ‡ Limus

|| Limitaneus, a, um adj *Belonging to the marches, bounds, or frontiers* Dux limitaneus, *a marquis that is to defend the marches* Limitanei, *sc* milites, *soldiers in garison upon the frontiers*, *qui &* limitantes, *dicebantur* Sæpe apud posterioris ævi scriptores reperitur

Limitaris, e adj Iter limitare, *a footpath five foot broad betwixt one man's ground and another's*, Varr L L 4, 4

Limitatio, ōnis f verb *A bounding, or limiting* Limitatio terræ vinealis, *Col* 3, 12

Limitator, ōris m *A limiter*, Lexicogr ex Liv

Limitatus ager *A country, or county divided into bounds, or ploughlands*, Fest ‡ Limitibus descriptus

Limito, āre act *To bound, or limit, to divide and part, to set bounds and limits* Vineas limitari decumano oportet, *Plin* 17, 22 *Invenitur & apud Cic* Ep ..., 8 *in vett libb teste* Budæo, *ubi al leg* limavit

Limitor, āri, atus fum dep *Id* Vineas limitari decumano oportet, *Plin* 17, 22

* Limma, λεῖμμα, *i e defect* ... *An half note in music*, Macrob Somn Scip 2, 1

Limo, āre act [à lima] (1) *To file, to take away what is superfluous, to finish* (2) *To amend, to correct* (1) = In ... bores exacuunt aman... ... Elephanti, *Plin* 18, 1 (2) = Stylo ... *Cic* ... *Orat* 3, 49 ... *cut diamonds*, Plin ¶ Limare commoda, *to ... or ... any one's profit*, Hor ...

Limo, āre [à limus ...] ... *to look askew*, Plin ... Pan 1, 2, 31

Limo, are [à limus, ...] ... ol limo, *Vir Geor* 3, 1... mo impleo

Limor, āri, atus ... *filed, polished, &c* Cic ... *Ov ex Pont* 4, 6, 37

Limo...

Lmo ιns m *A range, or*
... *colours* ...
... Solin
... pl m *lemons*,
... herba, alterum
... Plin 21, 11
... Limons or re-
... pratensi virore
... *stone, the emerald*,
... *monium The*
... *green, or wild beets*,
... *Abundance*
... *muddiness*, Litt ex Plaut
Limosus, a, um adj *Full of mud*, or *mire, muddy, slimy* Limosus ... Ecl 1, 49 lacus, Il ...
Limpidus, a, um adj [ex lim ... limphidus, *vel qu* a λαμπ- ...] ssimus, sup *Clear, bright, pure, transparent, clear water* Lacus limpidi, *Catull* ... = Vinum defæcatum & limpidissimum, *Col* 1, 28
Limpitudo, inis f *Clearness, brightness*, Plin ... in fin
Limulus, a, um adj dim *Somewhat awry*, or *askew*, Plaut Bacch 5, 1, 12
LIMUS, a, um adj & limis, e obliquus, transversus [a λεῖμαξ, unde & limax λεῖμα animal cochleæ simile tortuosum, *Hesych*] *Crooked, awry, askew* Ego limis, *scilicet*, specto, *I looked askew upon*, or *cast a sheep's eye at*, Ter Eun 3, 5, 53
LIMUS, i m [al ex λίμ©, lacus, ... λῦμα, sordes, ... limus, lacus ... ex λύω, limo obdu... limus] (1) *Mud, slime, clay, loam, mortar* (2) *A kind of garment they wore that attended on public officers*, or *at* ... (1) Defecit limus ... *Col* 8, 8 (2) Nig & ... in *Vir Æn* 12, ... *forte rectius*, lino
Linamentum, i n (1) *Linen, that which is made of flax* (2) *Lint, a tent for a wound* (1) *Col* 6, 11 (2) *Cels* 6, 9 & 7 ¶ Linamenta pl ... *made of linen*, Plin
Linarium, i n *A flaxplat*, Col
Linarius, i m *A flaxdresser*, ... *that selleth*, ... *flax*, or *linen*, Plaut Aul ...
... part [a lingo] ... *licked*, Plin
Linctus, ûs m [a lingo] *A ... or sucking down softly* ... *a lohoc*, or *electuary* ... linctu ... discussere, ... 26, 17
Linea æ f proprie est funicu... ex lino (1) *A line*, or *any* ... (2) *A carpenter's* ... *plumbline, a founda...* ... (3) *A fishing line* ... *in a hook* (5) *A bound, a long cord*, ... *a rail, dividing the* ... *as they sit, to* ... *their places* (7) *A* ... *a lineage* (9) ... *showing the* ... *in the table* ... longâ lineâ galli... (2) Linea & ... 2, 1 ... 5, 1, 22 ... *Mart* 5, 5 ... versiculus, ... 5 10 (6) Quid ... cogit nos linea

... ngi, *Ov Amor* ... 19 & *Met* ... *Hor* ... *Epist* 1, 16, ult (7) *Ap JCC* ... *Plin* 2, ... (8) *Salmas* ¶ Linea margaritarum, *a string of pearl, a bracelet*, or *row of pearls*, Scæv ¶ Linea dives, *the pit and boxes in the theatre wherein the senators and questrian order sat* Mart 8, 78 ¶ Extremâ lineâ amare, *to love at a distance, to love without ever so little encouragement*, Ter Eun 4, 2, 12
|| Linealis, e adj *Lineal, in a line*, Amm 22, 0 ✝ Linearis
|| Lineamentatio, ōnis f *The draught of the shape, or proportion*, &c *Jul. Firm* ✝ Graphis
Lineamentum, i n (1) *The form and feature, the proportion, draught, or shape of a body, or visage, the strokes or lines drawn either in painting, or geometry* (2) *A lineament, a diagram* (1) Quæ compositio membrorum? quæ conformatio lineamentorum? *Cic N D* 1, 18 (2) In geometria lineamenta, formæ, intervalla, *&c* Cic *de Orat* 1, 42
Linearis, e adj *Pertaining to a line, drawn out in lines*, Plin 35, 3
Lineatio, ōnis f *A drawing of lines*, Vitruv 9, 4
|| Lineātor, ōris m *He that draweth lines*, Boēt
Lineātus, a, um part *Drawn out by way of model, or plan*, Plaut Mil 2, 3, 42
Lineo, are *To draw lines, to draw the figure of a thing in lines*, Vitruv 9, 4
|| Lineola, æ f *A little line, or streak*, Gell 10, 1
Lineus, a, um adj *Flaxen, or linen, made of flax* Linea vincula, *Vir Æn* 5, 510 Lineæ vestes, *Plin* 12, 6
LINGO, ĕre, xi, ctum act [a Gr λείχω, fut secund λιχῶ, in terto n, unde & Angl *to lick*] (1) *To lick with the tongue* (2) *To suck softly, and let go down by little and little* (1) Mel mihi videor lingere, *Plaut Cas* 2, 8, 21 (2) *Plin* 27, 10
Lingua, æ f [ex lingo, qu lingimus, *qu* linga] (1) *A tongue* (2) Meton *A language*, or *speech* (3) *Detraction, slander, calumny* (4) *Eloquence* (5) *A promontory*, or *narrow piece of land, running into the sea* (6) *The name of several herbs*, as lingua bubula, *lang de beuf*, &c (1) Linguis micat ore trisulcis, *Vir Æn* 2, 439 (2) Doctus sermones utriusque linguæ, *Hor Od* 3, 8, 5 (3) Vitemus oculos hominum, si linguas minus facile possumus, *Cic* (4) Concedat laurea linguæ, ap *Cic Offic* 1, 22 (5) = Oppida posita in extremis linguis promontoriisque, *Cæs B G* 3, 12 (6) *Plin* 24, 19 ¶ Linguam ... entis canis imitari, *to loll out the tongue*, Pers ¶ Hæsitâ e linguâ, titubante linguâ loqui, *to stammer*, or *stutter*, Ov
Linguace, es *idem quod* lingulaca *Plin* 25, 11
Linguācŭlus, a, um dim [a linguax] *Tattative, full of tongue, tittletattle*, Litt ex Plaut *sed non reperio*
Linguārium, i n (1) *An instrument wherewith one's tongue is stopt, a gag*, or, *as others a penalty imposed on one who hath a lavish tongue* Linguarium indi... get, *Prov* ... *Sen de Benef* 4, 36 Ita Muret explicat in *Lab*... *1*2, & *I p* ... *legum*
|| Linguātus, a, um *That hath*

a good tongue, well languaged, well spoken that hath skill in several languages, a linguist, Tert ✝ Linguarum peritus
|| Linguax, ācis adj *Long tongued, a tattler full of words, a great speaker, a prattler*, or *chatterer*, Gell ..., 15
Lingula, æ quæ & ligula, æ f dim [a lingua] *A little tongue, a lingel, a latchet, the tip, point or end of a pin*, or *lever, which is thrust into the rollers* ... or *to put into a mortoise*, also *a promontory, or part of land running into the sea, a small measure, a spoon*, or *slice* Quin ta cyathi pars, *a skimmer*, or *ladle, the tongue of a balance, the herb seggs*, or *gladen* Vid Ligula
Lingulāca, æ f (1) *A sole fish* (2) *A prating gossip, a tattlebasket* (3) Also *the herb adders*, or *serpents tongue* (1) Num lingulacas? *sc* pisces, ST (2) Quid opus est, quando uxor domi est ea lingulaca est, *Plaut Cas* 2, 8, 67 (3) *Plin* 25, 11 *al leg* lingulata
Lingulātus, a, um *That hath a tongue*, or *teron*, Vitr 8 ... ult
|| Linguōsus, a, um adj *Full of tongue, talkative*, Hier ✝ Garrulus
‡ Liniger, ĕ a, um *Bearing linen*, or *flax, one that weareth linen, a priest of Isis* Linigeri fugiunt calvi, *Mart* 12, 29 Linigera juvenca, *Ov* ... *Ars* 1, 77
|| Linimentum, i n *An ointment*, or *liniment*, Ap Medd
Linio, ire, ivi & ii, itum act [qu lenio, delinio] *To anoint*, or *besmear, to rub softly, to chafe gently* Oleo linire, *Col* 17 Luto linuntur, *Vitruv* 7, 3 Vid Lino
|| Linipulus, i m *A strick of flax*, Fest
|| Linis vas, solum *A kimnel, bowl*, or *tray*, Turn Vid Lenis
|| Linium, i n *The woof which unto the warp is applied*, Fest ✝ Licium transversum
Linnæ, arum f [al od ex læna] *A kind of square rough mantles*, Litt ex Plaut
LINO, ĕre, lini, *Quint* livi & levi (vul qu à leo) litum (1) *To anoint* (2) *To daub*, or *paint* (3) *To besmear*, or *bewray* (1) Dolia gummi liverunt, *Col* 12, 50 (2) Auro tecta linuntur, *the roofs are gilded*, or *gilt*, Ov *de Med fac* 7 (3) Linit ora luto, *Ovid Fast* 3, 760
Linor, ni, itus pass *To be ... wiled, clotted, besmeared*, &c *Col* Vid Lino
Linositas, ātis f *Abundance of flax*, Plin *test* Litt
* Linostrōphon, i n ... lino verso, *al* ... *al* marrubium ... *The herb horehound*, Plin 20, 22
Linōzostis, is f *The herb mercury*, Plin 25 5
Linquens ... part *Departing, fainting* Linquentem revocavit animum, *Curt* 9, 5, 11
LINQUO, ĕre, liqui, ✝ lictum (1) *To leave, quit*, or *forsake* (2) *To descend*, or *cast off* (3) § Neut *To faint*, or *shrink* (1) Fortuna potentes domos inimica linquit *Hor Od* 1, 35, 23 (2) Linque severa, *Hor Od* 3, 9, 28 (3) Vid Linquens
Linquor, i pass *To be left*, &c Linqui animo, *to swoon*, Suet *Cæs* 45
|| Linteāmen, inis n *A linen cloth, a sheet*, Apul Met 11 ✝ Linteum

|| Lintearius, a, um adj *Of or belonging to linen*, Ulp Lintearia negotiatio, *the trade of a linendraper, buying and selling of linen*, Dig ✝ Lini...
Lintearius, i m *A merchant of linen, a linendraper*, also *a sempster* Ulp ✝ Linteo
Linteātus, a, um *That weareth a rochet, surplice*, or *other linen vesture* Linteata legio, *a regiment of the Samnites*, Liv 10, 38 *ubi* ... interpretes Linteati ... *one of the priests of Isis*, Sen *de Vit b* ... 2
Linteo, ōnis m *A linenweaver, a seller of linen*, Plaut Aul 3, 5, 38
Linteōlum, i n dim [ex linteum] *A little piece of linen cloth, a rag, or clout* Linteolum cæsicium, *Plaut Epid* 2, 2, 46 Linteola ... imbuit, *Col* 6, 16
LINTER, tris f & interd m Grammatici est duo gen Virg (1) *A little boat, a freshwater boat, a wherry, a sculler* (2) Also *a trough*, or *tray* (3) Also *a basket to carry grapes into the winepress* (1) Lintribus in insulam materiam convexit, *Cic* pro *Mil* 27 Lintre ... tremorum sonitu ..., *Cæs B G* 7, 60 Exiguus linter, *Tibull* 2, 5, 3 (2) Cavat arbore lintres, *Vir Geor* 1, 262 (3) Servabit pleno ... lintribus uvas, *Tib* 1, 5, 2
Linteum, i n [qu lineum, ex lino] (1) *Any linen cloth, a towel, a napkin* (2) Meton *A sail* (1) Linteum cape, atque exterge tibi manus, *Plaut Most* 1, 3, 110 (2) Certum est dare lintea retro, *Vir Æn* 3, 686 Lintea inferre fluctibus, *Val Flacc* 4, 83
Linteus, a, um adj [a linum] *Of linen*, or *lint* Vestis lintea, *Cic Verr* 5, 56 Lintei libri, *Liv* 9, 40 Lintea volumina, *maps, and sometimes public records, upon linen*
|| Lintrarius, i m *A boatman, bargeman*, or *ferryman, a sculler*, Dig
LINUM, i n (1) [ex Gr λίνον] (1) *Flax, linen* (2) Meton *Thread* (3) *A rope in a ship* (4) *A casting net*, or *drag net* (5) *Hunt purse net*, or *hays* (1) Urit lini campum seges, *Vir Geor* 1, 77 (2) *Cels* 7, 11 & *sæpe alibi* (3) Parant torto subducere carbasa lino, *Ov Fast* 3, 587 (4) Pelago alius trahit humida lina, *Vir Geor* 1, 142 (5) Nodosa retia lina, *Ov Met* 3, 151 ¶ Lini semen, *linseed*, Plin ¶ Lini stupa, *tow, hurds*, or *oakum* Lini ... tum, *flax spun, yarn*, Ulp intectum, *unwrought, unspun*, Id Linum catagraphum, *i e* linteum variis figuris notatum, *such as damask, diaper*, &c *Catull* 23 7 *sed al leg* catagraphos Thynos ¶ Linum incidere, *to cut the thread, i e to open a letter*, for *they tyed their letters with thread, and sealed them not with wax*, *Cic Cat* 3, 5
* Lio, are [ex λεῖος, λεῖος, lævigo] Liare cisternas, *to smooth over, lay with lime, i e gypsire, to stop with mortar*, or *terrace*
* Lipāra, æ f [a λιπαρὸς, pinguis] *A salve*, or *soft plaister*, Medicamenta quæ vocant liparas, *Plin* 34, 6 *Cels* 5, 19, 25 *Gr vocem retinuit*, emplastra, quas λιπαρὰς Græci nominant
* Liparis f (1) *A kind of lizard*, or *fish* (2) Also *a certain gem* (3) *A river of Cilicia* (1) *Plin* 32, ... (2) *Plin* 37, 10 (3) *Vid* Propr

* Lipothymia,

* Lipothymia, æ f *A fainting, a swooning away*, Lat Defectio animi

Lippio, ire, ivi, itum n *To be purblind, pur-blind, or dim sighted*, to be blear eyed Cum leviter lippirem, his ad te dedi, *Cic Att* 7, 13 ¶ Lippiunt fauces mihi, *my jaws are clammy*, Plaut Curc 2, 3, 39 *and stiffened with inflatio*

Lippitudo, inis f *A watering, a rheum of the eyes, or bloodshot of them* Lippitudinis meæ signum tibi sit librarii manus, *Cic Att* 8, 13

Lippitur impers Ne omnino lippitur, *that he may not be stark blind*, or *bear eyed*, Plin 28, 8

LIPPUS, a, um adj [qu λεῖπος, vel a λίπος, pillo, quod lippientibus ipsum oculi, ligas, quod humor pingus circa illum ex oculis, *Fest*] (1) *Blear eyed* (2) *Clammy, dropping, or watering eyes, moist, or wholly eyes running with rheum* (1) Lippo oculo ne te causa mea minuit. *Plant Pers* 1, 1, 1 (2) Omnibus & lippis notum & tonsoribus, *Hor Ser* 1, 7 Oculis lippis, in iis, *Id* 1, 25 ¶ Lippientem, *dropping*, *distilling*, or *waking* ¶ Lippi ficus, *poss, of a most mild juice*, Mart 7, 19

|| Liptote vox barbara apud recentiores gram pro litotes, *quod vid*

|| Liquabilis, e adj *Which may be melted, or made soft and liquid, as wax* Cera liquabilis, *Apul Apol* p 451

Liquamen, inis n [a liquo] (1) *Dripping, any thing wherewith meat is basted, suet melted and tried, grease, tallow* (2) *Ointment, pickle* (3) Offa adipis liquamine tinctæ, *Col* 6, 2 (2) *Col* 7, 4

Liquandus, a, um part Liquandi dr nivus, *to be loosened, or made loose*, Cels 4

|| Liquasco [a liquo, ut a labo labasco] *To melt away, to arose*, Voss

Liquatio onis f verb *An melting* Aur Vopisc

|| Liquator *A melter*, Lexicogr ex Gl

Liquatus, a, um part *Melted, dissolved* Gutta liquatæ solis ardore, *Cic Tusc* Io Molli liquatis fibris, *Ov Fast* 4, 152

Liquefaciens, is part *Melting* Liquefaciens omentum in illum, *Col* 87, 6

Liquefacio, ere, feci, factum act liquo & facio *To melt*, or *to make to melt, to soften, or make soft* Quo nihil sit quod vel liquefacere voluptas possit, *Cic Fin* 5, 60 ¶ *Ap non to languish at in pleasures*

|| Liquefactio, onis f *A melting*, Postel

Liquefactus, a, um part *Melted, dissolved, made, con umed, clarified, tried and settled, cleared* Ligna aera liquefacta, *Cic*

Liquefio, fieri *To be melted, or dissolved* Flamma dura liquefiunt, *Ov Met* 7, 1

Liquens, tis part [quod liquidus] *Melting, liquid, moist* ¶ Campi liquentes, *the sea*, Vir Æn 6, 724

LIQUEO, ere, licui *unde* in comp deliquit, *Ov* prima communis [a λίξ, i e aqua, quod contracte dicitur pro liquis] (1) *To melt, to dissolve, to become liquid and moist* (2) Met *To be clear and plain* (1) Vina liquentia fundam, *Vir Æn* 5, 238 Cum liquentia mella stipant, *Id Æn* 1, 436 (2) Si haberem aliquid, quod liquere, *Cic N D* 2, 1 ☞ *Sed hac notio tert is per onis* ... *in compl t* ☞ Pro acueo, *in participiis, usurpatur potius liqueco*

Liquescens, tis part *Melting, dissolving* as snow doth Nix liquescens, *Liv* 21, 36 *Unc*

|| Liquescentia æ f *Melting*, Hon

Liquesco, ere incept a liqueo] (1) *To melt like wax* (2) *To run as melt down* (3) *To thaw as snow doth, to grow liquid and moist* (4) Met *To be dissolved, to grow soft and effeminate* (5) *To relent, to faint* (1) Igni cera liquescit, *Vir Ecl* 8, 80 (2) Silex liquescit, *Stat* (3) Mens mea tabida facta de nive manantis more liquescit aqua, *Ov ex Pont* 1, 1, 68 (4) Voluptate cum liquescimus, fluimusque mollitia, *Cic Tusc* 2, 22 (5) *Vir* 3 ✝ Dulcesco, *Vir* = Fluo, *Cic* leg ibi causæ

Liquet impers [a liqueo] Liquet, i e liquidum, manifestum & certum est, *Don It appeareth, it is sure, clear, certain and manifest, it is apparent, or well known* Absolvere non quivi, & propterea juravi *non liquere*, Cic ¶ Liquet mihi dejerare, *I may take my oath of it*, Ter Eun 2, 3 ¶ Liquet inter nos, *we are sure of it*, Cic ¶ N L i e non liquet, *it doth not appear*, a form used when the jury brought in their verdict *ignoramus*, and the business was put off to another hearing

Liquide adv ius, comp issime, sup *Plainly, clearly, manifestly, apparently* Liquidè serenum cœlum, *Gell* 1, 1 ✝ Liquido Liquidis de nimio, *Cic Fam* 10, 10 ✝ Liquidissime constat, *August*

Liquidiusculus, a, um adj *Somewhat more mild and smooth* In quo et usque ero, quam vivo hunc, *Plant Mil* 3, 1, 71

Liquido adv *Clearly, plainly* Liquido jurare, *to swear positively*, to swear with a safe conscience, Ter An 1, 3, 14

|| Liquido, are *To make moist*, or clear, Pip ✝ Liquefacio

⚘ Liquidum, i n subst et adj *Water, moisture* Liquidi urna, *Hor Sat* 1, 1, 54

Liquidus, a, um adj or, comp issimus, sup [a liqueo] (1) *Liquid, moist, soft* (2) *Clear, pure, without mud, or water* (3) *Serene, calm, clear* (4) *Evident, plain, manifest* (1) Liquidi odores, *Hor Od* 1, 5, 2 ¶ Crassaque conveniunt liquidis & liquida crassis, *Lucr* 4, 1252 ☞ *Ubi notandum licentia produxisse primam, ut in f qu iti* (2) Liquidus humor aquæ, *Lucr* 5, 428 Amnis liquidior, *Plin* 34, 8 (3) Liquidissimus æther, *Lucr* 5, 501 & *Met* = Animo liquido & tranquillo es *Plaut Epid* 5, 1, 36 (4) Ad liquidum exploratio veritatis, *Liv* 33, 8 ¶ Plumbum liquidum, *melted lead*, Hor Od 1, 35, 2 ¶ Liquidus venter, *a loose, or soluble belly*, Mart 13, 116. ⚘ Iter liquidum, *a voyage, or journey by sea*, Prop 3, 21, 14. ⚘ Sorores liquidæ, *the nymphs*, Ov ¶ Vox liquida, *a clear shrill voice*, Lucr ¶ Mens liquida, *free from passion, or prejudice, undisturbed*, Catull ¶ Liquidus ignis, *pure æther, al fire*, Vir ¶ Literæ liquidæ, *l, m, n, r*, quod quasi sono liquescant, *Gramm*

Liquo, are act a e liquere facio [a liqueo] *To melt, to dissolve, to thaw* Capulos solutis persudit gladius, ereptaque pila liquavit, *Luc* 7, 159 ¶ Liquare alvum, *to loosen, or make one loose*, Cels 4, 4 ¶ Liquare vina, *to rack, or fine wines, and take them off the lees, to strain, to decant liquor out of one vessel into another*, Hor Od 1, 11, 6

Liquor, ari, atus pass *To be melted, &c* Mart 9, 3

LIQUOR, eris Poet car præt & sup Depon aut saltem passiv aoc act (1) *To be dissolved, or melted, to drop* (2) *To run, or glide along as rivers do* (3) Met *To waste, or wear away*, as time (1) Liquuntur ut glacies, *Ov Met* 2, 808 (2) Liquitur montibus humor, *Vir Geor* 1, 43 (3) In partem pejorem liquitur ætas, *Lucr* 2, 1140 Attenuatus amore liquitur, *Ov Met* 3, 490

Liquor, oris m [a liqueo] (1) *Fluidity* (2) *Any moisture, juice, or liquor* (3) ⚘ *The sea* (1) ✕ Causæ quæ vim habeant concretionis & liquoris, *Cic de Univ* 14 (2) Liquor mellis, *Lucr* 1, 9 aqua, *Cic* ⚘ Vitigenus liquor, *wine*, Lucr 5, 15 (3) Medius liquor secernit Europen ab Afro, *Hor Od* 3, 3, 46

LIRA, æ f (1) *A baulk, or ridge of land between two furrows* (2) *A furrow* (1) *Col* 2, 4 = Porca ibidem (2) *Nonn*

* Liræ, pl [a λῆροι] *Trifles, toys, fooleries, tittletattle, a flimflam* = Cerra germana atque liræ, liræ, *Plaut Pan* 1, 1, ...

Liratim adv *In ridges, ridge by ridge, ridgeways*, Col 7, 3

* Lirinum, i n *Sc* unguentum *sive* oleum *Oil, or ointment of lilies*, Plin 21, 5

|| Liripipium, i n M Gr vox barb *vel* qu cleri epitippium, ut cingulum sacerdotale vulgari scommate dic *A tippet, which doctors and noblemens chaplains wear with their gowns, a liripoop* * Epomis

Liro, are act [a lira] *Sc* liras facio *To make baulks, or ridges in land, to plough land the third time* Cum primo aratur *proscindi* dicitur, cum secundò *offringi*, cum tertio *lirari* § *To roll the ground and so to break the clods and cover the seed* Tabula aratro adnexa, quod vocant *lirare*, operientes semina *Id* plura ap *Plin* 18, 20

LIS, litis f certe olim stlis dicebatur in recto [an a λῖτη, vel a ...] (1) *Any strife, or dispute, a vehement contention* (2) *A falling out, a quarrel, a brangle, a wrangling dispute* (3) *A suit, process, or action at law* (1) Philosophiæ ... tem in libus contenium, *Cic de Legg* 1, 20 (2) Inter si superantis, ut ... & magni ... abstinerem ... *Cic de Div* 1, 45 (3) = Litium & rixæ cupidus potius *Hor Od* 3, 14, 26 ¶ Lis con estitio, *the producing of witnesses in court*, redemptio, *an agreement upon composition*, æstimatio, *rating the costs and damages with the suit*, sometimes *amercing* Nep ¶ Lite persequi, *to go to law*, Cic ¶ Litem intendere alicui, *to sue one, or bring his action against*, Id ¶ Litem capitis in aliquem inferre, *to sue for his life* ¶ In ... rare, *to swear to the truth of the action before he enter it* Id ¶ Lite cadere, *Fest* litem perdere, *to loose his action*, *to be cast* ¶ Litem secundum tabulas alicujus dare, *to give the cause on his side*, Cic ¶ Nostra omnis lis est, *we have got the day*, Plaut

Lisæ, arum pl f *The great throat veins*, Cels 4, 1

|| Litamen, inis n *A sacrifice*, Prud pr f Ham 50

|| Litania, æ f λιτανεία *A supplication, a supplica tory, litany*, Eccl

Litatio, onis f verb [a lito] *A pleasing of God by sacrifice* Hostia in ... litatione cæsa, *Liv* 27, 23

Litatò adv *Luckily, fortunately, with the good pleasure of the gods* ✕ Nec auspicato nec litato instruunt aciem, *Liv* 5, 38

|| Litator m *He that offereth sacrifice and appeaseth the gods*, Arnob ✝ Qui litat

Litatus, a, um part *Sacrificed, paid to the gods* Posse Deo numinum, sacrifique litatis, in lule hospitio, *Vir Æn* 4, 50

|| Litemus, i m *A mossy ...*, R ex Plin

Litera, æ f Poet littera ... qu legendo iteretur, *Prisc* ... neatura, per Sync dicit ut γράμμα & γραμμὴ, vel a λῖτος, quod tenuis & exilis ductus ... sup litum, ut & litura, quod illinitur chartæ, *unde* olim ... Litera est pars orationis indivisibilis, defin ... (1) *A letter of a book, a letter of the cross row* (2) *One's handwriting* (3) *A letter, or epistle* (4) *A bill, or scroll* (1) Ut totidem terminis ... & ... plenissimum dicas, *Cic de* ... 3, 12 (2) Accedit ad similitudinem tuæ literæ, *Cic Att* 7, (3) A rapta Briseïde litera venit, *Ov Epist* 3, 1 (4) *Cic Ver* ... 6 ¶ Litera maxima, *a capital, or upper case letter*, minuta, *a small, or lower case letter*, Cic ¶ Litera salutaris, *A*, *for* absolutio ¶ Litera tristis, *C*, *for* condemnatio ¶ Trium literarum homo, *i e* FUR, *a thief*, Plaut Aul ... ¶ Literam longam facere, *to be hanged, to make the letter I*, Ibid 2, 1, 39 ¶ Præscribere literas, *to set one a copy*, Quint ¶ Ad literam, *to a tittle, word for word*, Id

Literæ, arum f pl (1) *An epistle, or letter sent to a friend, &c* (2) *Writings, deeds, evidences* (3) *Learning, study, knowledge* (1) Pom ... literas de omnibus rebus diligenter ... *Cic Att* 5 1 (2) Conditæ in ... rario literæ, *Cic Ver* 6 (3) Refero me ad literas, & ... nostra, *Cic Att* 4, 16 ¶ Literas dare ad aliquem, *to send one a letter*, Cic ¶ Unis literis, *in one letter*, Id ¶ Binæ centiæ ... *two letters*, *not one*, ¶ Addere se literis, *to apply to his book*, Id ¶ Literas nescibat, *he was no scholar*, Id ¶ Interiores & reconditæ literæ, *deep learning*, Id ¶ Conjicere in literas, *to write down, to commit to writing*, Id ¶ In literas publicas referre, *to register* Id

|| Literalis, e adj *Literal, of the letter* Sensus literalis, *The ...*

|| Literaria, æ f scientia *Grammar learning*, Aug

Literarius, a, um adj *Belonging to letters and learning* Ludus literarius, *a school*, Plin ...

Literate adv ius, comp *Learnedly, scholarlike* = Literæ perfecte & literate, *Cic* in Pis. L Philus perbene loqui ... abatur, literatiusq; quam ... *Cic Orat* 28

|| Literatio, ōnis f *Pedantry*, ... *learning* Afferun aliqui ...

Literator, ōris m *A petty ... a pedant, a teacher ... ABC, a smatterer*, Suet ... Gramm 4

Literatorius, a, um adj *Very ...* † Literatus

Literatūra, æ f [a literis] (1) *Grammar, ... writing and ... (2) Learning in ... scholarship, good literature* (1) Prima illa literatura, per ... rudimenta traduntur, ... (2) *Cic Philipp*

Literatus, a, um adj or, comp ... (1) *Marked with ... (2) Learned, lettered, ... (3) Stigmatized ... in the hand*, or ... (1) Enculus aureolus ... *Plaut Rud* 4, 4, 102 ... literatissimum ... *Cic Fam* 9, 16 (3) ... literatus ... *Plaut* ... ¶ Otium literatum, ... *Cic* ... dicti sunt literati ... *Gramm* 4

|| Literosus ... *A smatterer ...* Amm Marc 17, ... † Literator

Litterosus, a, um adj *Creat...* Non ex Cass Homo ... *a man ... scho...* † Literatus

Litteræ, arum pl f (1) *A letter from a friend* (2) ... (1) Hoc litterula ... ad ... *Cic Attic* 14, 1 (2) *Cic Fam* 16, 10 ¶ Græcæ literulæ, ... *a pretty Grecian*, ... 2, 2, 7

Lithostrotus *One that hath ... stones, or a ladder*, ...

|| ... *coal*, or ...

* Lithargyros, i m [ex λίθος, ... ἄργυρος] argentum, argenti spuma, *Litharge, the scum, ... or spume of lead, silver, or gold*, Plin 26, 9 for there are ... *silts, argyrites, ...* Ex eod m

Lithias, f [λίθος, lapis] *... stone in the kidneys, or bladder*

* Lithizontes [λιθίζοντες, quod ...] *A kind of ordi... carbuncle*, Plin 37, 7

* Lithocolla, æ f [λίθος & κόλλα, gluten] *Cement wherewith stones are joined ... glued together, ... glue*, Plin 7, 5...

* Lithoglyphus, i m [λίθος & γλύφω] *A graver in stone, a stonecutter* † Lapidum sculptor

Lithospermon, i n *The herb ... gromwell, or stone-crop*, Plin 27, 11

* Lithostrata, pl n [λίθος & στρωτά, ...] *... paved with fine little ... of marble of several colours* † Pavimenta tessellata

* Lithostroton, i n sing *A ... pavement, ... small pieces of marble of different colours* Nunc ... emblematum lithostroton, ... 5, 2

* Lithotomia, æ f [λίθος, lapis, & τέμνω, cædo] *A stone quarry*, also *a prison in Syracuse* for malefactors, Cic Lapicidinæ, Varr L L 4, 32

* Lithotomus, i m (1) *A mason, a stonecutter* (2) *A surgeon that cutteth out the stone in the bladder* (1) *Litt ex Plin* (2) *Cels* 7, 26 *sed Græcis literis*

Liticen, ĭnis m *A blower of a clarion*, Varr L L 4, 16

Litigans, tis part *Wrangling, pleading* Tum viderem frustra litigantem, *Cic* pro *Cæl* 11

|| Litigatio, ōnis f *Quarrelling, brawling*, Postea

Litigator, ōris m verb *A wrangler, quarreller, or petty pleader, a barreter*, Cic pro Domo, 41

Litigatrix, icis f (1) *She that is a party in a suit, or action* (2) *A scold, or quarrelsome and brawling woman* (1) *Ap ICC* (2) *Suet ap Litt*

Litigatus, us m verb *A debate, or quarrel, a wrangling in law* In hoc litigatu quodammodo tibi excidisti, *Quint Decl* 6

Litigiōsus, a, um adj (1) *Litigious, quarrelsome, full of dispute and wrangling* (2) *A thing in dispute* (1) Disputatio litigiosa, *Cic de Fin* 5, 26 (2) Litig osus ager, *Ov Fast* 2, 660

Litigium, i n [à litigo] *Strife, a-bate, contention, quarrel* Cum viro litigium natum, *Plaut Men* 5, 2, 15

Litigo, āre lites ago (1) *To quarrel, strive, wrangle, scold, &c* (2) *To sue one another, to go to law* (1) Cum illo litigat, *Ter Andr* 5, 2, 12 (2) = Non pati litigare fratres, & judicus contendere, *Cic Fam* 9, 25

LITO, āre act (1) [λιτή, preces] (1) *To sacrifice, or offer up in sacrifice* (2) *To appease, atone, to make satisfaction* (1) § Pastor extra litabat ovis, *Prop* 4, 1 (2) § Animā litandum Argolica, *Vir Æn* 2, 118 ¶ Me Juppiter facit, ut semper sacrificem, nec unquam litem, *Plaut Most* 2, 42

Litor, āri pass *To be atoned* Quid, cum pluribus dus immolatur, qui tandem eveniat, ut litetur aliis, aliis non litetur *Cic de Div* 2, 17

Litorālis, e adj *Of, or belonging to the seaside, or shoar* Votis litoralibus facta dis, *Catull* ...

Litoreus, a, um adj *On the shoar, or seaside* Oves litoreæ, *Vir Æn* 12, 248

|| Litoricus, a, um R & G ex Ov

Litorōsus, a, um adj Litorosum mare, *the sea, or near upon the shoar* Lapis litoroso mari similis, *Plin* 37, 10

* Litŏtes, ten ητας [λιτός, tenuis] *A figure in rhetoric, wherein by a negation of the contrary, less is pressed than intended* as Pythagoras non sordidus auctor naturæ, verique, i e præclarus, *Hor Od* 1, 28, 14 Vol go male feriatur liptotes

Littera, littus, &c V L tera, li us, &c

Litūra, æ f [à lino, litum] (1) *Daubing, or smearing* (2) *A blot, streak, or dash thorough any writing, a blur* (1) *Col* 4, 24 (2) Lachrymæ fecere lituras, *Ov Epist* 3, 3

Liturarius, a, um adj Liturarii, *Auf præf in Cont ... libri quos* Cic Liturarum adversarios vocat *Blotting books, foul blurred copies*

* Liturgia, æ f [λειτουργία], quæ est λειτουργεῖν, i e opus facere publicum, *vel* publice, *Suid*] *Public service, a form of public service, the liturgy, or public service of the church*, Eccl

* Liturgicus, a, um adj mini sterialis *Belonging to the liturgy*, Eccl

* Liturgus, i m λειτουργός, minister publicus, qui facit opus publicum, præcipue circa res sacras, *Eccl*

|| Litŭro, āre *To blot, or strike out with the pen*, Sidon ‖ Deleo

Litus, a, um part [à lino] (1) *Anointed, smeared* (2) *Spotted, marked* (3) Met *Adorned, embellished* (1) *Suet Ner* ... (2) Parvulis litus corpora guttis, *Vir Georg* 4, 99 (3) Lucretii poemata ita sunt multis luminibus ingenii, *Cic* ad *Q fr* 2, 10

Litus, ūs m verb [à lino] *A besmearing*, Plin 33, 6

Litus Poe littus, oris n quasi fluctus eludit, *al* ... eludit, *al* ... ... frango, *Perot* ... *forte a* ... litum, quod fluctibus illinatur] *The shoar, the seaside, the bank, or coast, land lying near the sea* ¶ Arare litus, *to labour in vain*, Vir = Amœnitates orarum & litorum, *Cic*

Lituus, i m [a lite, quod sit litis, i e belli ... certaminis testis & index] (1) *The augur's crooked staff, wherewith he used in his office to quarter out the heaven* (2) *A crooked trumpet for horse, a clarion*, as ... straight one for foot (1) Romuli lituus, ... incurvum, & leviter a summo inflexum bacillum, *Cic* de *Div* 1, 17 (2) ✱ Lituo tuba permistus sonitus, *Hor Od* 1, 1, 23

Livens, tis part (1) *Black and blue* (2) Met *Envious* (1) Liventes racemi, *Propert* 4, 2, 13 = Margarita suffusa & liventia, *Tac Agric* 12 Pustulæ liventes, *Plin* 20, 43 (2) Fata liventia, *Stat*

LIVEO, ēre, car prat neut (1) (1) *To be black and blue, or pale and wan, to grow black and blue* (2) *To be rusty and foul* (3) Met *To envy, or grudge* (1) Liventia pectora tundunt, *Ov Met* 8, 535 (2) Livent rubigine dentes, *Ov Met* 2, 776 (3) Livet Carinus, rumpitur, *&c* Mart 8, 61

Livesco, ēre (1) *To wax blue* (2) Met *To envy, or pine* (1) Digiti livescunt in pedibus, *Lucr* 6, 530 (2) = Haud equidem invideo, neque enim livescere fas est, *Claud de Rapt Pros* 3, 27

|| Livia, æ f [à livido colore] *A stockdove, a blue woodpigeon*, Jun

Livia, *sc* Liviana charta [in honorem Liviæ Augustæ ...] *A sort of imperial paper, thicker much than the Augusta*, ... Livia charta, *Plin* ... *Col* 10, 414

Livianum æs *A sort of brass, so named of Livia the wife of Augustus* Livianum æs, *Plin* 34, 2

Livide adv *Bluishly, enviously*, Lit qui ... ipse videat

Lividŭlus dim [à lividus] *Somewhat envious and spiteful* Quibus invideas, si lividulus sis, *Juv* 10, 110

Lividus, a, um adj or, comp ssimus sup [à liveo] (1) *Black and blue, pale and wan, of the colour of lead* (2) *Dark, dusky* (3) *Envious, spiteful, backbiting* (1) Livida gestat armis brachia, *Hor Od* 1, 8, 10 (2) Animæ remis vada livida verrunt, *Vir Æn* 6, 320 (3) Omnibus invideas, livide, nemo tibi, *Mart* 1, 41

Livor, ōris m [ex liveo] (1) *Blueness, wanness, paleness, the trace, or mark of a blow, or bruise* (2) Met *Spite, envy, malice* (1) Niger in vacca pectore livor erat, *Ov Amor* 3, 5, 16 Oliva ex contusione livorem tollit, *Col* 12, 47 (2) Pascitur in vivis livor, post fata quiescit, *Ov Amor* 1, 15, 39

LIX, licis f Anciently it signified *water, or liquor in general* Also *lye made with ashes* Lix cinis foci, *Plin* 6, 27

Lixa, æ m [à lix aqua, *Non* quod eorum munus esset aquam ferre militibus ad castra *vel* forte a lixando, i e coquendo cibos militum] *A scullion, or drudge to carry water and dress meat* &c *in a camp, or a kitchen, a soldier's knapsack boy, a sutler, a victualler at the camp* Non lixa sequebatur, non iumento unlo ... agmen extendebat, *Liv* ... Justinus *coquos & pistores* etiam *& histriones* ... vocat

† Lixa, æ f ... *Water*, Non

† Lixabundus, a, um *To ... ing the camp, playing the scullion, or doing any ... like a drudge, scullion like*, Plau ap Fest

|| Lixamen, ĭnis n & Lixamentum, i n *Boiling, or seething in water*, R ex Pipin

|| Lixatūra, æ f coctura *A boiling, or seething*, Sidon

Lixatus, a, um *Boiled*, Lit ex Plaut † Elixus

Lixivia, æ f [ex lix] *Lye made of ashes*, Col 12, 16

Lixivium, i n *Lye, to wash with*, Col Litat ... Ling Comp 182

Lixivius, a, um adj *Of lye* Cinis lixivius, *lye ashes*, Plin 14, 20

Lixivus, a, um [quod colatur atque transit, seu eliquatur per cineres] *Of, or like unto lye* Lixivum mustum, *the wine that runneth out of the grapes before they be pressed*, Col 12, 41 *al leg* lixivium

Lixo, āre act unde elixo *To boil, or seethe* ‖ Coquo

|| Lixus, a, um *Sod, boiled* ‖ In aqua coctus, elixus

L ante O

* Lŏba, æ f *The stalks, or stems of Indian wheat, or millet*, Plin 17, 7

* Lobus, i m ima auricula, λοβός, *The lap of the ear, the tip, also the pieces of the liver that jut out*, Ap Medd

|| Locālis, e adj *Pertaining to a place, local*, Ter ... Adverbium locale, *an adverb of place*, Gramm

|| Localiter adv *Locally, signifying place*, Amm 19, 12

Locărium, i n [à loco, as] (1) *Rent for lodging, or houseroom, houserent, stallwages that one payeth for standing in a fair, or market, and may be used for a waterman's fare, boat hire, or any that one giveth to see plays, or public shows*, &c Varr L L 4, ...

Locārius, i m *He that placeth the people at public shows, a clerk of the market, a pewkeeper* Hermes divitiæ locariorum, *Mart* 5, 25, 9

† Locassim, pro locaverint, ap *Cic de Legg* ...

Locatio, ōnis f verb *The letting of an house, a setting to hire, setting, or taking work to great* Ut induceretur locatio, postulaverunt, *that the bargain might be void* or as some ...

[illegible] ab timent might [illegible] evade, Cic [illegible] 1, 17

Lŏcātor, ōris m verb (1) *A lessor, he that letteth an house, &c. he that setteth to hire,* (2) *or [illegible], [illegible] by great* (1) Locator fundi, domus faciendæ, *Cic Ap Fr* (2) *Plin* [illegible], 5

Lŏcātus, [illegible] part (1) *Placed, set, or laid* (2) *Let [illegible] to hire* (1) Magni [illegible] corpore locati sunt, *Cic Tusc* 1, [illegible] (2) Ar[illegible] conner bus locat[illegible], [illegible] *de L g [illegible]* 19

‖ Lo[illegible], *vel* [illegible] [illegible] lucro] *A [illegible] to hire for gain,* [illegible]

Lŏcellus, i m dim [[illegible] loculu] *A little purse, or bag,* Mart 14, 13

Loci [illegible] pl *f* mul [illegible] & lo[illegible], orum n *The secret part of a woman, the womb, the [illegible]* Vari L L [illegible] Quæ [illegible] femi[illegible] na locos, [illegible] nimalibus vul[illegible] [illegible] pullum, [illegible] 11, [illegible] *Qui tamen [illegible]* [illegible] mel in [illegible] & *de pa[illegible]*, Dig [illegible] femi[illegible]arum [illegible] *[illegible]* [illegible] Loci [illegible] [illegible], *Lucr* 4, 1057 ¶ Loci com[illegible]lectici, *the topics, or common-places*

Lŏcito, are freq [loco] *To let to hire, to lease out* Paul[illegible] [illegible], quod locitas [illegible], *Ter Ad [illegible]* 5, 8, [illegible]6

Lŏco, are act [[illegible] locus] (1) *To place, to set, or lay* (2) *To let or set to hire for rent, to let a lease* (3) *To lay out* (4) *To bargain to have a thing done, to put, or [illegible] a thing to great* (5) *To bestow, or give in marriage* (1) Alta theatri [illegible] locant, *Vir Æn* 1, 432 (2) § Fundos colono locare *Cic* ✠ conducere, *Ia* (3) Triginta minas dedi, nec quicquam argenti locavi usquam æquè bene, *Plaut Most* 1, 2, 144 (4) In secanda marmora locas sub ipsum funus, *Hor Od* 2 18, 17 (5) Quid si [illegible] [illegible] suam unicam locare? *Ter Phorm* 4, 3, 31 ¶ Locare ædes, *to let his house,* castra, *to pitch his tents, to encamp,* Id operam, *to bestow his pains,* Plaut ¶ In [illegible] veterum locare, *to reckon among the antients,* Quint ¶ Argentum fœnori locare, *to put his money out to use,* Plaut ¶ Locare operam pistori, *to hire himself, or bind himself apprentice to a baker,* Id insidias alicui, *to lay a snare, to lie in wait for,* Id

Lŏcŭlāmentum, i n (1) *A partition, or apartment, a box or drawer to put any thing in* (2) *A locker for pidgeons, a basket and pot for birds to breed in, an hutch for rabbets* (3) *The comb in beehives* (4) *A case for books* ‖ *The bag of seed in herbs and flowers* (1) = Tympani thecas [illegible] loculamentum, *[illegible]* 10, 8 (2) *Col* 8, 8 (3) *Col* 9, 12 (4) Librorum tecto tenus extructa loculamento, *Sen de Tranq* 9

Lŏcŭlāris, e adj *Kept in little bags* Loculáris resina, *Pallad Febr tit* 25

Lŏcŭlārius, i m *A pursemaker,* Litt ex Catull

Lŏcŭlātus, a, um [denom a loculus] *That hath holes and places distinct one from another* Arca loculata, *a box of drawers that hath many tills in it,* Varr Piscina loculata, *a fishpond with partitions for several sorts of fish,* Id R R 2, *ult*

Lŏcŭli pl *i e* pecuniarum sacculus *a pocket,* by Varr used in the singular

Lŏcŭlōsus, a, um adj *Full of holes or distinct places* Putamen loculosum, *Plin* 15, 22 de jug[illegible] [illegible], *i e* loculis plenum

Lŏcŭlus, i m dim [a locus] (1) *A little place, a partition, a leather bag, purse, or little coffer* (2) *A coffin, or bier* (1) Gestit nummum in loculos [illegible] mittere, *Hor Ep* 2, 1, 175 & 1, 1, 56 Gemma quæ custodiu loculis eburnis, *Juv* 13, 13 (2) *Plin* 7, [illegible]

Lŏcŭples, tis adj cum gen or comp [illegible], [illegible] [a locus, [illegible] [illegible], & ples pl[illegible], ut [illegible] loci, [illegible] agri, [illegible], *Quint* 5, 9 vel ut [illegible] cujus loculi pleni In [illegible] [illegible] locuples, *Cic* [illegible] & in gen[illegible] [illegible] locupletum & locupletium] (1) *[illegible], rich, well stored [illegible] well [illegible], able [illegible]* (2) *Copious, plentiful, abundant* (3) *Substantial, sufficient, credible, of good account* (1) ✠ Locupletissimi [illegible] [illegible], tenuissimi uxe[illegible], *Cic Verr* 2 [illegible] = Copiosi & locupletissimi [illegible] *Verr* 17 = § Locuples copiis rei familiaris, & pecunia [illegible] *Id pro Q Rosc* 15 (2) Locuples oratio [illegible] Latina [illegible] [illegible] Græca, *Cic de Fin* 1, [illegible] Pythagoras & Plato locupletissimi auctores, *Id de Div* 2, 58 (3) Locuples auctor & testis, *Quint* 5, 11

Lŏcŭplĕtandus, a, um part *To be enriched, improved, amplified, adorned* = Quæ pertinent ad exaggerandum & locupletandum orationem, *Ad Herenn* 2 29

Lŏcŭplĕtātus, a, um part *Enriched, increased, well or adorned* Locupletatis mihi [illegible], argento, [illegible], *Cic Verr* 2, [illegible]

Lŏcŭplĕtissĭmè adv *Most richly* Locupletissime dotata, *Aur Vict Epit* 9, 2

Lŏcŭplēto, are act [a locuples] (1) *To make rich, to enrich* (2) *To enlarge* (1) § Multitudinem [illegible] crebris excursionibus locupletavit, *Nep Milt* 2 (2) *Cic Verr* 5 ¶ Locupletare aliquem egregiis pictúris, *to furnish, or set off,* Cic *[illegible] In* 2, 1 = Exaggerare

LŎCUS, i m (ŏ) pl loci & loca [ab in locum, *Macrob* ex [illegible] [illegible], cubo, jacio, *unde* [illegible] lectus, locus cubandi unde & Angl *to lodge,* vel à [illegible], locus insidiis accommodus, *Scal & Camin*] (1) *A place, room, or stead* (2) *A condition, circumstance, state, or case* (3) *An occasion, or season* (4) *Time, opportunity, leisure* (5) *Account, repute in a good, or bad sense* (6) *A family* (7) *House, or kindred* (8) *A commonplace, or topic* (9) *A point of the tables* (10) *A tomb, or sepulchre* (1) Locus est ubi quicquam consistit, *Varr L L* Loca hæc circiter excidit mihi, *Plaut Cist* [illegible], 2, 8 Devenere locos lætos, *Vir Æn* 6, 638 (2) Videtis quo in loco hæc res siet, *Ter Phorm* 2, [illegible], 6 (3) Dulce est desipere in loco, *Hor Od* 4, 12 Epistolæ offendunt non loco redditæ, *Cic Fam.* 11, 16 (4) Valde gaudeo, si est nunc ullus gaudendi locus, *Cic Att* 9, 7 (5) = Quem locum apud Cæsarem obtinuisti? quo fuisti? *Cic Philipp* 2, 29 Ph.niæ familiaritatem perspexisse videbar, & posse locum quem apud te is teneret, *Id* Ipsi in hostium numero locoque ducemini *Id* (6) Loco summo natus, *Liv* 1, 34 (7) Eum Plautus locum reliquit integrum, *Ter prol Adelph* (8) Conjecere in communes locos, *Cic* P[illegible] omnis, quoties poterit, instant huic loco, *Quint* (10) In [illegible] inscriptionibus freq ¶ Ex æquo loco agere, *upon [illegible] [illegible]*, Cic Ex loco in[illegible]o, *as a lawyer at the bar* Ex superiore loco, *as a judge upon the bench, or a preacher in the pulpit* ¶ Interea loci, *in the mean time* ¶ Lo[illegible] [illegible], *to that pass* ¶ In loco beneficii numerare, *to take it as a courtesy*

Lŏcusta, æ f [re cujus etymo nihil certi affertur] *A locust, a [illegible] [illegible] insect that doth a great deal of hurt to corn, and eateth plants, pouch and green things* In some countries where they are large, they eat them D[illegible] [illegible] 11, 29 § *A lobster, a crab*

Lŏcūtio, ōnis f verb [à loquor] *Speaking, speech, discourse, parlance, or manner of speech* ✠ O[illegible] [illegible] Locutio recta, emendata, Latina, *Cic de Clar Orat* 74

‖ Lŏcūtor, ōris m verb *A talker* Importuni locutores, *Gell* 1, 15

‖ Lŏcūtŭlēius, ii m *A prater, a great talker, an errant tittletattle, vid* Gell 1, 15 ✝ Loquax, *Cic*

Lŏcūtūrus, a, um part *About to speak* Plura locuturum timido Pœnia cursu fugit, *Ov Met* 1 525

Lŏcūtus, a, um part *Having spoken, or said* Sic ore locuta, *Vir Æn* 1 618

‖ Lŏcūtus, ûs m *A speech,* Apul Florid 2, p 794 ✝ Locutio, *Cic*

Lŏdĭcŭla, æ f *A little sheet, or blanket* Suet Aug 83, [illegible]

Lōdix, [illegible] [a lotum, [illegible] sæpe otæ, *Perot* Iudices, [illegible] heat[illegible], *[illegible] [illegible] [illegible]* *A sheet, blanket, or coverlet* Lodices mittet docti tibi terra Catulli, *Mart* 14, 15[illegible]

Lœdŏr[illegible], æ f *A bitter taunt or reproach,* Macrob Sat [illegible], 3 ✝ Convitium

* Lœmōdes adj *Pestilential,* Amm

* Lŏgārion, i n [ex λόγος, ratio vel collectio] *A book of accounts of what is laid out in small matters, a small reckoning, a tavern bill, &c* Ulp ✝ Diurnum

Lŏgi, orum m λόγοι *Trifling words, fooleries* Logos ridiculos vendo, *Plaut Stich* 1, 3, 68 *it.* & *Ter Phorm* 3 2, 8

* Lŏgĭca, æ f & logice, es f quæ vox & rationem, & orationem significat *Logic, the art of reasoning* Ratio disserendi interpr *Cic de Fato,* 1

* Lŏgĭca, orum n *Subtil disputations according to the art of logic* Lat Disputationes subtiliores, *Cic*

Lŏgĭcè adv *Logically,* R ex Quint

* Lŏgĭcus, a, um adj *Pertaining to logic,* Quint

* Lŏgistŏrĭcus, i m *vel* logistoricum neut [illegible] λογιστορικά *A book of Varro's so called, quoted by Gellius and Macrobius, wherein he giveth an account of many notable sayings*

* Lŏgŏdædălia, æ f *A goodly show and flourish of words, without any great matter,* Aus Ita & logodædalus citatur ex Cic Orat 12 sed Græcis elementis *An affecter of newfangled words, a coiner of words*

* Lŏgŏgrăphi, orum pl m *Lawyers clerks, they that write [illegible] [illegible] [illegible] [illegible] clerks of accounts* Dig [illegible] [illegible] [illegible] [illegible] [illegible]

Lŏg[illegible], [illegible] λόγ[illegible] [illegible] *[illegible] word, a [illegible] reason, [illegible] [illegible]* [illegible]

Lŏl[illegible], a, um [illegible] *[illegible] darnel, cockle, or [illegible]* [illegible] [illegible], *[illegible] R R* 3, 9

Lŏlĭārius, a, um adj Cibum loliarium, *a cock [illegible] to [illegible] [illegible] out of the corn,* [illegible] 8, 5

Lŏlīgĭnōsus, a, um adj [illegible] [illegible] loliginous *full of that sort of fish called loligo, [illegible] [illegible]* L g & loligineus, [illegible] *Plin*

Lŏlīgo, inis f al lolligo [illegible] lolius, [illegible], [illegible] [illegible] [illegible] quasi voligo, [illegible] [illegible] [illegible] de [illegible] [illegible] *A [illegible] [illegible] [illegible], [illegible] cuttlefish, [illegible] [illegible] fish, a fish that [illegible] [illegible]* [illegible] [illegible] ink, *Ov* § Succus lolliginis, *[illegible] envy,* Hor Sat 1, 4, 100

Lŏlīguncŭla, æ f [illegible] lolligo [illegible] [illegible] *[illegible] [illegible]* [illegible] [illegible] *A little [illegible] fish,* Plin [illegible] 8, 5

LŎLIUM, i n [illegible] [illegible] [illegible] [illegible] [illegible] [illegible] [illegible], [illegible] [illegible] [illegible] noxia] *[illegible] growing among corn, called [illegible] [illegible], cockle, or tares* [illegible] [illegible] the [illegible] Mirum [illegible] [illegible] [illegible] [illegible], tam [illegible] [illegible] [illegible] Quid [illegible]? [illegible] Quia infelix lolium, *[illegible]* 2, 51

‖ Lŏlĭus, [illegible] m *A [illegible] fish like the loligo,* Herm

Lŏm[illegible], i n [a lotu] [illegible] *[illegible] [illegible] kind of [illegible] [illegible] flour,* Col [illegible] Cic 8, 14 Lomento [illegible] [illegible] [illegible] *Mart* [illegible]

Lonch[illegible], [illegible] f [illegible] [illegible] [illegible] [illegible] λόγχη, lancea, [illegible] *The herb spleenwort* Plin 25

Longăo [illegible] [illegible] [illegible] longano [illegible] *The [illegible] [illegible]* [illegible] [illegible] Vitr

‖ Longævĭtas, ātis f *Long life, or old age,* Macrob Sat ✝ Senectus [illegible] diuturnitas, longinquitas ætatis

Longævus, a, um [illegible] [illegible] Cujus longum est ævum, *long [illegible] [illegible] antient, of many years [illegible]* [illegible] Longævi [illegible] [illegible] [illegible], [illegible] 6, 321 conjux, *Id* [illegible] 5, 6[illegible]

‖ Longănĭmis, e adj [illegible] [illegible] tardus *That suffereth long, long suffering,* Tert ✝ In [illegible] remissior, *Cic* lentus in [illegible]

‖ Longănĭmĭtas, ātis f *[illegible] suffering, or forbearance* Tert

Longāno, ōnis m [illegible] Intestinum rectum, *Varro* est longano, *Cel* longao, *Aurel* longavo, *Veget* longanon, *Onom.* *the straight [illegible] the arse gut* Longanonem [illegible], *Apic*

Longè adv [illegible], [illegible] comp [illegible] [illegible]mè, [illegible] (1) *Far from, a great distance off, a great way,* [illegible] (2) *A great [illegible]* (3) *[illegible] [illegible] very much, a great deal* (1) Quam longe est hinc in saltum vestrum Gallicanum? *Cic* [illegible] *Quint* [illegible] § Longe [illegible] est, *Id Att* 6 [illegible] (2) Quin longe sime meministi in patria tui *Plaut Men* 5, 9, 52 [illegible] [illegible] gius in amicitia provectus [illegible] (3) Res aliter longe evenit, *Li* ✠ Prope, *Id* ¶ Longe [illegible] [illegible] pinione *you are quite [illegible] [illegible] or mistaken,* Cic [illegible] It is used with words of unlikeness, as dissimilis, dispar, diversus, alius, [illegible] ter, &c and with comparatives for multo, and superlatives for valdè § Longe lateque, *far and wide, or far and near,* Cic de Fin 2, 34 Longe longeque [illegible] [illegible]

[illegible] *to compare*, Ov Longe [illegible] *exceeding much*, Cic

[illegible] longius, ius, comp idem [illegible] *far off, much* [illegible] *inter*, Enn apud [illegible]

[illegible] (1) [illegible] (2) [illegible] *or long* [illegible] (1) Num [illegible] ( ) [illegible]

[illegible] *Of long* [illegible] (1) = [illegible] Non [illegible]

[illegible] *far off*, Plin

[illegible] adv Longe [illegible] vel longa [illegible] longiores,

[illegible] *To grow long*, [illegible]

[illegible] adv *afar off*, [illegible]

[illegible] *Stretched out in* [illegible]

[illegible] *The* [illegible] *shall that go* [illegible] *to the other*,

[illegible] (1) *Length* [illegible] (2) [illegible] 5, 10 (2) [illegible] longitudinem, [illegible] Cic N D [illegible] in longitudinem [illegible] *for futurity* [illegible] *long time to come*, [illegible] 5, 2, 10

Longiusculus, a, um adj dim [a comp longior] *Somewhat long* [illegible] *the longest* [illegible], Cic pro Arch

Longule, adv *Somewhat long*, [illegible] An [illegible] haud longule, Plaut Men prol 64 Longule [illegible], Ter Heaut 2, 2, 10

Longulus, a, um adj dim [a longus] *Somewhat long* Longulum iter, Cic Att 16, 13

Longum adv *For a long time*, [illegible] Vir Ecl 3, 79

Longurio, onis m [a simil longurius] *A long gangrel, a tall*, [illegible], Varr ap Non

Longurius, i m *A long thwart pole, or piece of timber*, [illegible] *laid across in hedges*, [illegible] A castris longurios, [illegible] profert, Cæs B G

LONGUS, a, um adj ior, comp [illegible], sup (1) *Long, tall* (2) [illegible] (3) *Tedious* (1) Homo [illegible] pede quam tu longior, Plaut Trin 4, 2, 58 (2) Longissimum agmen, Cæs B G 2, [illegible] longa pedes [illegible], Plin [illegible] Areas longas pedum quinquaginta [illegible], Col § Longum [illegible] latum pede, Plin [illegible] longa, Cic [illegible] Ov (3) De [illegible] longum est dicere, *it would be too long, it would take up too much time*, Cic Verr 1, 60 [illegible] longum facimus, *to make the* [illegible], Hor

[illegible] dis f *A kind of* [illegible] Rh [illegible] 2, 1, 8

Lŏquacĭtas, ātis f *Much talking, or babbling, talkativeness, prating* Acer loquacitas habet [illegible] liquid argutiarum, Cic de Legg 1, 2

Loquacĭter adv *Babblingly, pratingly* Loquaciter litigiosus, Cic pro Mur 12

[illegible] are *To babble*, or *talk much*, [illegible] Gatio

Loquaculus, a, um adj [illegible] *A great talker*, [illegible], Lucr 4, 1158

Lŏquax, ācis adj [illegible] ior, sup (1) *Full of words, prating, talkative* (2) [illegible] *making a noise* &c (3) Also [illegible] things, [illegible] *murmuring*, & (1) Senectus [illegible] loquacior, Cic de Sen (2) Fluctus [illegible] Ov Amor 2, 6, [illegible] Geor 3, [illegible] (3) Lympha loquaces, Hor Od 3, [illegible] 5

[illegible] f [illegible] *Speech, talk, discourse, language* Suaves ex ore loquelas [illegible], Lucr 1, 40 [illegible] loquela, Cic de Fin [illegible] 25 [illegible]

Loquitor, [illegible] *A servant sent to carry messages to and fro*, Enn [illegible] inscriptiones, [illegible] dis, vet Grammaticis *Loquitores* [illegible] quod [illegible] comp loquelis inhæserunt, Prob qu [illegible] opponit *actuales* quas vocat

Loquendus, a, um *To be talked, or spoken of*, Mart 5, 26

Loquens, tis part *Speaking*, &c [illegible] stratus lex est loquens, Cic de Legg [illegible] 1

Loquentia, æ f *Talking, prating, prattling* [illegible] Satis loquentiæ, [illegible] parum, Sall *Sic enim legi oportere*, Vale *Grammaticus probat ap* Gell 1, 15 [illegible] Aliud loquentia, aliud eloquentia, Plin Ep 5, 20

¶ Loquitor, ari *To speak much, or often, to tattle*, Plaut Bacch 4, 7, 5

† Loquo, *pro* loquor, Enn

LOQUOR, (ŏ) loqui, locutus *vel* loquutus dep [illegible], *Scal ex Canin ut sit quasi* [illegible] (1) *To speak* (2) *To tell* (3) *To talk, or discourse* (4) *To set forth, to report, to declare* (1) [illegible] Non idem loqui est quod dicere, Cic Orat 32 *cum hoc sit oratoris, illud cujuslibet* (2) § Loquere nomen tuum, Plaut (3) § Ita sum cum illo loquutus, Cic Fam 1, 2 (4) Annales loquuntur, Cic Res ipsa loquitur, Id pro Mil 20 § Apud aliquem, inter se, de re aliqua loqui, aperte, ad voluntatem, Cic

Lōra, *vel* lōrea, æ f [illegible] vinum secundarium *A small, or thin wine, made of the husks of grapes after they have been pressed, laid to soak in water, and then squeezed again* Lora pro vino operariis [illegible] hyeme, Varr R R 1, 54 Cato, c 25 loream vocat

Lōrāmentum, i n [a lorus] *A great thong, or leather cord* ¶ Alexander gladio loramenta cædit, Just 11, 7, in fin ¶ Loramentum ligneum, *a groundplat about the foundation of a building*, Hier

Lōrārius, i m [qui lorum fert, & eo cædit, lictor] *A servant who bound and scourged others at his master's pleasure*, Plaut *a beadle, a marshal's man, an officer that whipped slaves doing amiss* § *A string used to be put in the throat to cause a vomit*, Cels Vid Gell [illegible]

|| Loratus, a, um [illegible] corrigatus Lorata juventus, Auson Mo[illegible]

|| Loritus, [illegible] *Trimming with thongs of leather*, R C G [illegible]

† Loretum, i n *A grove of bay-trees*, [illegible] † Lauretum

Loreus, a, um adj *Made of leather thongs* Loculus [illegible]

Lōrīca, æ f [a [illegible] loris, ce [illegible] (1) *A coat of mail, a brigandine, an haubergeon* (2) *A [illegible] coping, or head of a wall*, [illegible] *of a wall* (3) *A making [illegible] floors, the upper crust, [illegible] plaister* ¶ Lorica [illegible] *such a crust, or plaister* [illegible] (4) *A fort, or fence* [illegible] *a parapet, a breast-work* (1) Lorica conserta [illegible] (2) [illegible] 2, 8 & 7, 1 (3) Vitruv (4) Pinnæ, loricaque ex cratibus attexuntur, Cæs B G 5, 9

Lōrīcātio, onis f (1) *An haubergeon, an haubergeon, a coat of fence, or mail* (2) *The [illegible] of the walls with mortar* (1) Paul (2) Vitruv 7, 1

Lōrīcātus, a, um part *Armed with a brigandine, or coat of mail, clad in armour* Loricati milites, Hirt B Hisp 4

Lōrīco, āre (1) *To put on a coat of mail, to arm* (2) *To parget, or plaister* (1) Ichneumon [illegible] luto corpus se loricat, Plin 8, 24 (2) Vitr [illegible] R 1, 24

Lōrīcŭla, æ f dim [a lorica] (1) *A little haubergeon, a coat of mail* (2) *A fortification, a bulwark, a fence, a breast-work about a camp, a gallery, or balcony on a wall side, with grates to keep one from falling* (1) Via Lorica (2) Quorum frontes viminea loricula muniebantur, Hirt B G 8 9

Lōrĭpes, ĕdis c g [qui pedes in morem lori tortos habet] (1) *Bow legged, wry legged, having bandy legs* (2) Met *Slow, backward* (1) ¶ Loripedem rectus derideat, Juv 2, 23 (2) = Nequicquam hos patronos mihi elegi, loripedes tardissimos, Plaut Pan 3, 1, 7

LŌRUM, i n (1) *A thong of leather, a strap* (2) Meton *A bridle, the rein of a bridle* (3) *Horse harness, a girth, or leash* (4) *A whip, or scourge made of thongs* (5) *A bed cord, the girths of stools and chairs* (1) Videbimus Androclum & leonem tenui loro revinctum, Gell 5, 14 (2) Corripe lora manu, Ov Met 2, 14 (3) Abrupta lora [illegible] nquunt, Ov Met 2, 315 (4) Usque ad necem operiere loris, Ter Adelph 2, 1, 28 (5) Recens fula linteis lorisque, Mart 2, 57

Lōtio, ōnis f verb [a lavo] *A washing*, Vitruv 7, 9 = Lavatio, Cic

† Lotiolente adv [a lotium, & olens] *Stinking like piss*, Titin ap Non ‡ Fœde, lutulente, sordide

Lotium, i n [ex lavo lautum] prima longa] *Urine, piss, or stale* Vid Barthol ad lib 2 Stat Theb 646 Si lotium difficilius transibit, Cato, 122

* Lotometra, æ f *Bread made of the seed of the herb* lotus, *being like millet, and used by the Egyptians, also the herb itself* Plin 22, 21

Lotio, onis [illegible] [a lavo] *A wash*, [illegible] Plin [illegible]

* Lotos, [illegible] m [illegible] [illegible] *the* [illegible] *of the* [illegible] [illegible] *answer* [illegible] (1) *the* [illegible] *whole fruit* [illegible] *of a* [illegible] (2) Also *a* [illegible] *of the* [illegible] (1) [illegible] Plin [illegible] (3) [illegible] (1) [illegible] (2) [illegible]

[illegible] in [illegible] in extr[illegible] [illegible] structum [illegible] [illegible] adveniens [illegible]

|| Lotrix, icis f *A laundress, one that washeth* [illegible] *linen and woollen cloth* Pen[illegible] ex [illegible] [illegible], & [illegible] operi [illegible] [illegible]

[illegible] *lentus*, a, um [illegible] quod [illegible] Pip[illegible], Non

Lotura, æ f *A* [illegible] *or washing*, Plin 3[illegible]

Lotus, i Vid Lotos

Lotus, a, um [a lavo] (1) *Washed, rinsed, made clean* (2) *Dyed* (1) Lotus [illegible], stat Sylv 1, 5, 62 (2) Hi [illegible] tu, [illegible] *dyed*, Petr Arb [illegible]

L ante U

Lua, [illegible] dea, quæ lu[illegible] [illegible] purgabat, *vid* Propr

Lubens, tis part (1) *Willing, glad, fain* (2) *Merry, cheerful* (3) Also *willingly* (1) Me vero lubente, *with all my heart*, Cic de Orat 2, 7 (2) = Hilarum ac lubentem fac te in gnati nuptiis, Ter Andr 4, 7, 9 (3) Lubens fecero, *I will do it with all my heart*, Plaut Cas 5, 1, 14

Lubenter adv ius, comp issime, sup *Willingly, gladly* Nimium lubenter audivi sermonem tuum, Plaut Omnes liberi lubentius sumus, quam servimus, Id Capt 1, 2, 10 Vid Libenter

Lubentia, æ f (1) *Mirth, pleasantness, a grace in words* (2) *The goddess of pleasure and delight* (1) = Lubentia gratiæque conviviorum, Gell 15, 2 (2) Onustum [illegible] porto lætitiæ lubentiaque, Plaut Stich 2, 1, 3 interpr Pareo

Lubet imperf idem *sic* quod libet *It pleaseth, it liketh* Quamobrem? SI Quia lubet, Ter Andr 5, 2, 21

† Lubidinitas *pro* lubidine, *vel* libidine Lubidinitate labitur, Lab ap Non

Lubido, inis f *pro* libido *Pleasure, lust, lust* Lubido est observare quid agat, Plaut Trin 4, 2, 23 *Cæteras notiones vide in* Libido

Lubrice adv *Slipperily, waveringly, unconstantly, doubtfully, dangerously* Lubrice versatus in bello est, Cic Philipp 2, 24 Sic leg ex vet cod

Lubrico, are *To make slippery*, Juv 9, 173

Lubricum, i n *Slipperiness, inconstancy, unsteadiness* In hoc lubrico ætatis, Plin Ep 1 2, 3 ¶ Lubricitas, *quæ illi sunt aliqui non indocti, nullius est auct*

Lūbrĭcus, a, um adj [qu lubricus à labendo] (1) *Gliding, or sliding along* (2) *Slippery, wavering*,

vering, moving (3) Met *Muta bil, inconstant, variable, deceitful* (4) *Dangerous, difficult* (1) Lubricos anguis, *Vir Æn* 5, 84 amnis, *Ov Amor* 3, 6, 81 (2) Lubrica tota via est, *Prop* 4 4, 49 (3) Lubrica adolescentia, *Cic* pro *Cæl* 17 Lubricus assensus, *Id* (4) Lubricus & periculosus locus, *Cic* *Orat* = Periculosus, perdifficilis, *Id* ¶ Vultus lubricus aspici, *Hor* ¶ Versari in lubrico, *to be at a ticklish point*, *Cic* Orat 28

Lucæ boves [*Lucaniæ regione, ubi primum conspecti*, Pyrrhi bello] Boves a voce quod maximam quadrupedem, quam ipsi haberent, vocarent bovem *Elephants so called* Lucæ boves turrito corpore, *Lucr* 5, 1301

† Lucana, æ, n *A fox's, or badger's hole*, Varr

Lucani, scarabæorum genus *The stagfly, or horned beetle*, Plin 11, 28

Lucanica, æ f [dict quod milites Romani a Lucanis didicerint] *A sausage, a pudding made of flesh, of pork, &c* Filia Picena venio lucanica porcæ, *Mart* 13, 35

|| Lucanicum, i n *Idem*, Ainsb

|| Lucanus, a *A bell, god, a glutton*, Amm Marc 28, 4

Lucanus, a, um adj *Pertaining to the light, or morning*, unde antelucanus

Lucar, n [forte a *luco*, scilicet nihil valet conjectura olim lucari, ut sit pecunia quam pro loco solvunt spectatores, pecunia th otii cra] *Money bestowed upon plays and players, or as some money given for one's place, or seat at plays*, Fest lb

Lucaria, orum pl *Feasts accustomed to be solemnized in holy woods, or groves* Propter lucem inmissam, a libertatem vel victam, *vid Varr L L* 5, *fe l forte rect us à luco, quod Romani a Gallis victi in luco, qui est inter viam Salariam & Tiberim, se occultarunt*, Fest

|| Lucaris pecunia *Money that is given, or bestowed in woods, or groves, upon plays*, Fest *Vid* Lucar

|| Lucarius, i m *A woodman*, Fest

Luce adv ex abl *i e* in cum, vel de luce *Openly in the day time* Plaut

Lucellum, i n dim [a lucrum] *A little gain, a small advantage* Dare aliquid lucelli, *Cic Verr* 3, 50 Dulce lucellum, *Hor Epist* 1, 18, 102

Lucens, tis part *Shining, glistering, bright, light* Lucens globus lunæ, *Vir Æn* 6, 725

Luceo, ere, xi neut (1) *To give light, to shine, to glister* (2) Met *To appear, or be apparent* (3) Also in an active sense *to hold the candle* (1) Lucere luce illena ad cum luna, *Cic Som* n *Scip* 3 (2) Mea officia parum enituxerunt, *Cic Att* 7, 13 (3) Lucebis novæ nuptæ facem, *you shall light, or carry the light before the bride*, Plaut *Cas* 1, 30

Luceres, um pl *The third part of the Roman people and r Romulus, so called from one Lucumon their leader*, Varr L L 4, 10 *Tuis three old is ition is ment oned by Prop* 4, ns Ramnesque viri Luceres que coloni, 1 4, 1, 81

Lucerius, vel lucetius, lucis auctor, Jupiter, *vid* Propr

Lucerna, æ f [a *lucere* vel commodius a *λύχνος*, lux, propter pri-

mam] (1) *A candle, light, or lamp* (2) Also *a fish, the lantern of the sea* (1) Eadem lucerna hanc epistolam scripsi, *Cic Att* 8, 2 ¶ In sole lucernam adhibere, *to burn daylight*, *Cic* Lumen lucernæ obscuratur luce solis, *the sun putteth out the candle*, Id de Fin 3, 14 ¶ Vigil lucerna, *a watchlight*, Hor ¶ Olet lucernam, *Prov an elaborate piece* (2) *Plin* 9, 26

|| Lucernalis herba *The herb lungwort, otherwise called torch herb*, Jun

|| Lucernarium, i n *A candlestick, a sconce, also candle lighting*, Aug

|| Lucernarius, i m *He that carrieth a candle*, Spart ✝ Qui cereum lucet

Lucescit imperf *vel* lucescit *It is day, it is bright day, it groweth light*, Ter Heaut 3, 1

Lucesco, ere incept *To wax clear* Novum tum ut stupent lucescere solem, *Vir Ecl* 6, 37

Lucet imperf *It is light, it is day, it is well known* Simul atque lucebit, *at daybreak*, Cic Philipp 8, 10 Lucet hoc, nquam, *it is broad day*, Plaut Mil 2, 2, 63

Luci adv *In the morning, in the daytime, by day* Quis audeat luci, *Cic* Phil

|| Lucibilis, e adj *That is light of it self, that is apt to shine*, Scr *ad Æn* 6

|| Lucidarium, i n *A comment, or gloss*, Fest ✝ Commentarius, scholium

Lucide adv ius, comp (1) *Clearly, plainly* (2) *Calmly, sedately* (1) Lucide breviterque definire, *Cic de Orat* 2, 25 (2) = Animus lucidius tranquilliusque inter dies in minoribus, *Sen Ep* 2

Lucidulus, a, um adj *Somewhat bright* Habet *Titt* unde N I

Lucidus, a, um adj or, comp ssimus, sup (1) *Bright, light, glittering, sparkling* (2) Met *Clear, plain, perspicuous* (3) *Frolicksome jolly, debonair* (1) Diana lucidum cœli decus, *Hor Carm Sec* 2 Lucida gemma, *Ov Epist* 15, 74 Lucidior glacie, *Id Met* 13, 796 Lucidissima stella, *Vitruv* 9, 6 (2) Lucidus ordo, *Hor A P* 41 (3) *Vid* Barth ad Stat Sylv p 266

Lucifer, eri m ferens lucem (1) *The day star, the morning star* (2) *Lucifer, the archdevil* (1) Lucifer ortus erat, *Ov Met* 4, 664 (2) *Eccles*

Lucifuga, æ m *id quod* lucifugus, *Sen Epist* 122, sub fin

Lucifugus, a, um qui lucem fugit *That flieth from the light, that delighteth in darkness, that lurketh, skulketh or hideth himself, one that sleepeth by day and waketh by night* Difficiles, lucifugi, maledici, *Cic de Fin* 1, 18 Lucifuga blattæ, *Vir Geor* 4, 243

Lucigena, æ m qui luce genitus est (1) *Begotten in the day time, born in the day time* (2) *That engendereth light* (1) *Litt ex Sen* (2) *Coop* nem ne laudato

† Lucinium, i n *A glowworm, a candle*, Varr *Vid* Cicindela

† Lucinius, lucinus, luscinius [*a luce, & vitio lucis oculos parvos habens*] *Which hath little eyes and small sight, pink eyed*, Fest ex Pl *Rer* † uscitius

† Lucino, are *To shine, glitter, or glister*, Obsol

Luciola, æ f *The herb called adders tongue*, Dod

Lucipor m *The servant of Lucius, as Marcipor of Marcus* Marcipores, Lucipores, dom norum gentiles, *Plin* 33, 1

|| Lucisator *The maker of light*, *Coripp*, Prud Cath 3, 1

Lucescit *id quod* lucescit *It groweth light* Cum lucisceret, *at break of day*, *Cic*

Luciseo, ere *Idem* Lucesco *To shine bright* Luciscit hoc jam, *it is broad day*, Ter Heaut 2, 1, 1

Luciscus, i m *He that setteth little in the evening and morning* Jam tibi lucisfico juverentur, *Cic Att* 4 15

Lucius, i m [*a* λύκος, quia est quasi lupus inter pisces, *V*] *A pike, a jack* Cui os stagnorum lucius, *Auson in Mosella* 120 = Lupus

Lucrativus, a, um adj *That is got ten by the bye* Lucrativa opera ad scribendum, *spare time to imploy one's self in writing*, Quint 10, 7 = Subsecivum tempus

Lucrifacio, ere, feci, factum act *To win, to gain, to get, to make gain of* Minus igitur lucrifacit, *Cic Fam* 11, 20 ¶ Injuriam lucrifacere, *to go off with it, not to be punished for it*, Plin 7, 39 ¶ Lucrifacere censoriam notam, *to escape it*, Val Max 4, 1, 10 ☞ *Eleganter dividi & transponi potest, ut*, Quæ ille universi naturali quodam bono fecit lucri, *Nep Thrasyb* 1

Lucrifactus, a, um part *Gained, won, gotten* Pecunia ex ærario lucrifacta, *Cic Verr* 1, 75

† Lucrificabilis, e adj *That bringeth gain*, Plaut Pers 4, 3, 46 ✝ Quæstuosus

|| Lucrifico, are *To gain, or get, to make after gain*, Dig ✝ Lucrifio

Lucrificus, a, um adj *Gainful* Lucrifica fiscina, *Plaut Pers* 4, 3, 46

Lucrifio, eri, factus sum *To be won, to be gotten in advantage, to be gained* Quid si ostendero lucrifieri tritici modios centum *Cic Verr* 3, 46

Lucrifuga, æ c g *He, or she that flieth from profit, or gain*, Plaut Pseud 4, 7, 33

|| Lucrii dii, *i e* lucri præsides, *Arnob*

|| Lucriones, *& in sing* lucrio, onis Lucri cupidi, *covetous men that seek gain by all manner of means, by hook, or by crook*, Litt ex Calep

† Lucripeta, æ m *An usurer* Lucripeta fœnerator, *Plaut Most* arg 6

Lucror, ari, atus sum dep *To gain, to win, to get advantage, or profit, to earn* Missorum nautarum stipendium lucrari, *Cic Verr* 5, 24 Lucrabere moram fati, *Stat Theb* 9, 779

|| Lucrose adv *Gainfully*, Hier

Lucrosus, a, um adj or, comp ssimus, sup *Full of gain, or lucre, profitable, gainful* ✠ Cur mihi sit damno, tibi sit lucrosa voluptas? *Ov Amor* 1, 10, 35 Neque est ulla fraus vitæ lucrosior, *Plin* 37, 12 Annona utriusque anni uti est lucrosissimum, *Id* 18, 21

LUCRUM, i n (ŭ) *Lucre, gain, profit, advantage, earning* ✠ Haud scio hoc paulum lucri quantum ei damni apportet, *Ter Heaut* 4, ext ¶ In lucro ponere, *Cic* deputare, *Ter to reckon it gain*

|| LUCTA, æ f *A wrestling, or fighting, a struggling, or striving, a scuffle*, Auson Ep ✝ Luctamen, *Vir* Luctatio, *Cic*

Luctamen, inis n *A wrestling, a struggling, a striving*, Vir Æn 8, 89

Luctans, tis part [*a* luctor] *Struggling, striving* Luctans carpit oscula, *Ov Met* ...

Luctanti venti, *Vir Æn*

Luctatio, onis f verb *A wrestling, struggling, striving, contending* Cum Diadoro vehementi a lectico tibi magna luctatio, *Cic de Fato*, 6

Luctator, oris m verb *A wrestler* Vinum procaccipit primum, luctator dolosus, *Plaut Pseud* 5, 1, 6

Luctatus, a, um part *Having wrestled, striven, or fought* Luctatus diu furorem vinci non potuit, *Ov Met* 1, 701

Luctatus, ûs m verb *Striving* Sentire imparem luctatum contra nexus, *Plin*

Luctifer, era, um *That causeth mourning* Bubo luctifer, *Sen Herc fur* 687

Luctificabilis, e adj *That is sorrowful, mourning, or sad*, Cic luctificabile, ap *Pers* 1, 8

Luctificus, a, um *Mournful, sorrowful, doleful, woful* Luctifica clades, *Vet Poet ap Cic* ... 2, 10

✝ Luctisonus, a, um adj *Mournful, wailing, pitiful, having a mournful sound* = L gemitu lacrymis & luctisono mugitu cum Jove visa queri, *Ov Met* 1, 732

Luctitor, ari, atus sum dep *To* luctito, are act *To wrestle often*, Prisc

Lucto, are act *To wrestle* Dicit se ei annulum, dum luctat, detraxisse, *Ter Hec* 5, 3

Luctor, ari, atus sum dep (1) *To wrestle, to struggle* (2) Also *to endeavour, to strive, to contend* (1) Fulva luctantur arena, *Vir Æn* 6, 643 (2) Non luctabor tecum, Crasse, amplius, *Cic* ¶ Fatis luctari, *to struggle with, or against it*, Sil 2, 51 inter se, *Plin* equo, *Sil*

Luctuose adv ius, comp *Lamentably, mournfully*, Aug Imperatores vestri luctuosius perierunt, *Liv* 28, 39

Luctuosus, a, um adj [*a* luctus] or, comp ssimus, sup *Lamentable, sorrowful, sad, pitiful, doleful* = Acerbus & luctuosus populo Romano dies, *Cic* Luctuosum est tradi alteri cum bonis, luctuosius inimico, *Id pro Quint* Luctuosissimum bellum, *Id Philipp* 2, 32

Luctus, ûs m [*a* lugeo] (1) *Mourning, wailing, sorrowfulness, lamenting* (2) *Mourning apparel* (1) = In squalore & luctu suppl cem videtis, *Cic pro Planc* 8 (2) Censuerunt P C ne feminæ ultra XXX dies in luctu essent, *Liv*

|| Luctus, i *Idem*, Accius

Lucubratio, onis f *Studying or working by candlelight, sitting up to study, lucubration* Ad lucubrationem vespertinam & antelucanam palos conficere, *Col* 11, 2 Multis lucubrationibus commentata oratio, *Id*

|| Lucubratiuncula, æ f dim *Gell in præf*

Lucubratorius, a, um adj *Of, or belonging to study ng, or working by candlelight* Lucubratoria lecticula, *a study ng couch to sit up a-nights on*, Suet Aug 78

Lucubratus, a, um part *Made by candlelight* ¶ Lucubrata nox, *a night one sitteth up in studying* ¶ Lucubratum opusculum, *Cic Parad in proœm*

Lucu-

Lucubro, are act [a luce] To ... and do, or make any thing ... idnelight, to sit up at study, or work Ad Clemens lucubravi, Varr

Lucubratio, onis f & lucubra, æ [a luceo] A match, or touch ... to keep fire in Vid Plin ... Dalech

Luculente adv (1) Clearly ... (1) Luculente scrip... minus quam tu po... 14 21 (2) Eamus ... hunc hodie diem ... Plaut Epid

Luculenter adv (1) Clearly, plainly, evidently, (2) Bravely, ... high price (1) Luculenter ... Plaut (2) Hoc ... luculenter, ut ab ho... Cic ¶ ... culenter scire, to be a ... Grecian, to understand ... well, Cic de Fin 2,5

|| Luculentia æ f Clearness, ... Luculentiæ verborum, ... and fine speeches, Ai...

|| Luculentitas, atis f Brightness, ... Cæcil ap Non 2, 512

Luculento, are To lighten, or ... to watch, Lexicogr ... ✝ Illuceo

Luculentus, a, um adj or, comp quod luce plenus Clear, ... beautiful, renowned, notable, rich abundant, ... bright, brave ¶ Scrip... an handsome writ... Cic Att 7, 17 Luculentus ..., a creditable reporter, Id ... matrimonium, a gal... rich match Luculenta plaga, a shrewd blow, a great gash, or wound, Cels Caminus luculentus, a bright fire Conductio luculenta, a fair profit, a rich ... Plaut ¶ Luculentioribus verbis rem comprehendere, to ex... plainer words, Cic Att

|| Lucomones, um pl m Certain people so called, because ... made the places unhappy ... they came, Fest The ... so called Vid Voss E... m

|| Lucuns, tis ... & lucunculus ... a kind of meat, or ra... baked thing, Non

Lucus, i m pro lux Light, ... Ras cum primo lu... hunc, Ter Adelph ... 55

Lucus, i m sylva sacra [a lu... quod ... luminibus col... religionis causa, Isid forte ... sylva, unde & ... Hesych] ... or wood dedicated ... (2) Also ... or monastery ... (1) Colgan ... lucus, Vir Geor 4, 468 ... Annium de rebus Etru... 4 2 & seqq ☞ Quo ... sylva, nemore, & ... Villam, 4, 56

Ludens, tis part Playing, or ... sport ... Hor Epist 1,5,59

Ludi, orum m pl Sports pas... plays pageants, sights, ... to delight the ... plays in ho... gods, scenics, ... to oblige the people, ... and prizes of fen...

Ludia, æ f An actress that ... Qua ... incipient nos habitus? Juv 6, 265

|| Ludibriosus, a, um adj Reproachful, shameful, ridiculous, Amm Marc 15, 13

Ludibrium, i n [a ludo] A mock, a mockery, a mocking stock, a may-game, a scorn, or sport Ludibrio erant minæ tribuni, were laughed at, Cic ad Brut 2

Ludibundus, a, um adj Full of play, playsome, sportive, in sport Omnia ludibundus perficies, Cic Verr 5, 67

Ludicer, cra, crum vel ludicrus incert (1) Belonging to play (2) Sportive, in jest, ludicrous (3) Vain, trifling (1) Ludicra tibiæ loto, ossibus que ... n nis sunt, Plin 16, 36 (2) Certamen ludicrum, Sen Agam 935 (3) = Neque enim ludicra aut ludicra petuntur præmia, Vir Æn 12, 764 ¶ Ars ludicra armorum, fencing, Cic de Orat 2, 20 ¶ Sermones ludicri, drollery, Id Acad Q 4, 2 ¶ Meum cor cœpit facere artem ludicram, went pit-a-pat, Plaut Aul 4, 3, 3

|| Ludicre adv Wantonly, sportingly, Apul Met 9

Ludicris, e adj id quod ludicer, in abl ludicri, Prisc

Ludicrum, i n (1) A play, or pastime (2) An interlude (3) A play, or show (1) Catull 62 21 (2) Ludicrum olympiæ, Liv 1, 10 ... ludi olympici (3) Indulserat ei ludicro Augustus, Cic Tac Ann 1, 54, 3 Ludicrum ... σκηνικόν, Gloss vett

Ludicrus, vel ludicer Habet Nizolius, sed neque hæc, neque illa terminatio reperitur

Ludificabilis, e adj That maketh sport, or pastime, pleasant Ludi ludificabiles sunt nostro Plaut Cas 4, 1, 3 pro more suo

Ludificans tis part Mocking, cajoling Ludificante ducem Fabio, Sil 7, 214

Ludificatio, onis f verb A deceiving, or mocking, abuse ... = Omni mora, ludificatione, calumnia, senatus auctoritas impedi... Cic pro Sext 35

Ludificator, oris m A mocker, or scorner, Plaut Most 5,1,18

Ludificatus, a, um part act (1) Mocking, or deceiving (2) Pass Mocked, or deceived (1) Te ludificatus & me in perpetuum modum, Plaut Most 4, 3, 41 (2) Ludificati incerto prælio, Sall B Jug 50

Ludifico, are act Plaut pro

Ludificor, ari, atus sum dep ludum facio (1) To mock, to make a fool of, to affront, to baffle (2) To cajole, or choufe (1) Quid superbius quam ludificari omne nomen Latinum? Liv Ludificari fuga rostra, Flor 2, 2 (2) Pacis mora consulem ludificare, Sall B J 36 & sic Plaut sæpe active dixit

Ludimagister, tri m A school master Epicuri pater ludimagister fuit, Cic N D 1, 26

Ludio, onis m Liv & ludius, i m [a Lydis, qui erant primi saltatores] (1) A player at the long sword, or a flourisher of a two-handed sword before a show (2) A puppetplayer, a young morrice-dancer, or at least shaver, &c (1) Vid Salm ad Hor 3, 20, ... (2) Ludiones Hetrurià acciti ad tibicinis modos sal... antes, Liv 7, 2

Ludius, i m A stage-player, a dancer Ludius æquatum ter pede pulsat humum, Ov ... Am 1, 112 Vid Ludio

LUDO, ere, si, sum act (a) [a Lydis, qui ludos invexere in He-truriam] (1) To play, to sport, to frisk, or dance (2) To make pastime (3) To play the wanton, to dally (4) To vaunt, or be in jest (5) To play at a game (6) To play upon an instrument (7) To write verses (8) To cheat, to choufe, or beguile (9) To prepare by way of essay, or exercise (1) Equa trima campis ludit exultim, Hor Od 3, 11, 10 In numerum Faunosque ferasque ... dere ludere, Vir Ecl 6, 28 (2) Non illo vetere verbo, quod ... lusisti, Cic Fam 7, 5 (3) Ludite, ut libet, & brevi liberos date, Catull 59, 211 (4) ✱ Ludere me putas, serio peto, Plin (5) § Ita vita hominum est quasi cum ludas tesseris, Ter Adelph 4, 7, 21 § Aliquando ut vincat ludit assidue aleam, Poeta quidam de Augusto ap Suet 70 (6) Ludere quæ vellem calamo permisit agresti, Vir Ecl 1, 10 (7) Læta & juvenilia lusi, Ov (8) Quid natum falsis ludis imaginibus? Vir Æn 1, 412 (9) Ludere qui nescit, campestribus abstinet armis, Hor A P ... ☞ Hac ratione schola dicitur ludus § Ludere aleà, Cic ... Suet to play at dice ¶ Disputationem facetiis ludere, to put it off with a droll ¶ Ludere operam, to lose his labour, Ter

Ludor, i, sus pass (1) To be played, (2) To be jeered, to be flouted (1) Si luditur alea pernox, Juv 8 10 (2) Pater ludi ... arte, Ov Cæteras notiones au... in Ludo ¶ Opera luditur, our labour is lost

Ludus, i m [a Lydis, Asiæ populis] (1) A play, sport, or pastime (2) A game (3) A trick of youth, a feat, a prank (4) A jest (5) A show, or sight (6) A school, or place of exercise (1) Operam ludo & deliciæ dabo, Plaut (2) Ludus pilæ vel tesserarum, vel talorum, Cic (3) = Ludum jocumque dices fuisse illum alterum, Ter Eun 2, 2, 8 (4) ✱ Amoto quæramus seria ludo, Hor Sat 1, 1, 27 (5) Instituit sacros celebri certamine ludos, Ov Met 1, 446 (6) Dionysius dicitur Corinthi ludum aperuisse, to have set up a school, Cic ¶ Dare ludum amori, to indulge it, Hor ¶ Ludus gladiatorius, a fencing school, Suet ¶ Ludus literarius, a grammar school, Quint ¶ Ducere filium in ludum, to put his son to school ¶ Ludos aliquem facere, to make a mocking stock of one, to gull, or choufe, Plaut ¶ Ludi circenses, games, or exercises, scenici, comedies, or tragedies

✝ Lula, æ f [luo, ut ... loquor, loquela] Punishment Sceleris luela ... Lucr 6, 1028

Luendus, a, um part [a luo] (1) To be punished, or atoned for (2) To be undergone (1) Innocentium sanguis istius supplicio luendus est, Cic Verr 1, 3 (2) Pœna luenda, Cic pro Mil 4

Lues, is f [a luo, quia corpora solvuntur, Prisc] (1) Pestilence in men, or murrain in cattle, a common, or great mortality, (2) A blight, or blasting (3) Met Plague, ruin, destruction (1) Luem sparsura per populos, Sen (2) Miseranda venit ... ... boribus satisque lues, Vir Æn 3, 139 (3) Ut eos ludos hæc lue impura polluerit, Cic de Harusp resp 12 ¶ Lues venerea, the French pox, Fern ✱ Differt peste ut a specie genus ... doct exemplum

Lugendus, a, um part To be lamented, or lamented ... Varr ... O Trist ...

LUGEO, ere, xi, ... act (a) (1) To mourn, lament, or bewail (2) To imitate a mourner in his voice (1) Quid ego nunc lugeam ... tam hominum? Cic Tusc 1 ... (2) Mart 4, 8, 5

Lugesco, ere incept To begin to lament, Amm ... ut tamen Vales ex MSS leg ... vig scunt

Lugetur impers They weep and lament Semper ... fuit lugetu, Catull 37, 5

Lugubre adv pro lugubriter Lamentably, pitifully, Plaut ... 1, 1, 47

Lugubris, e adj Mournful, lamentable, sorrowful, grievous, pertaining to grief and mourning Lugubris ornatus, Cic ... Tib Hemut 2, ... 15 Lugubria al... mourning apparel, Sen Dilacrymas lugubriaque indue, Ov Met 11, 669 Nunquam mater lugubria sumpsi, Propert 4, 12, 97

Lugubriter adv ... mournfully Lugubriter ejulantes, Apul Met 3, p 78

Lugubro, are To ... lament able, Lucil

|| Lugubrum, i n & lugubra, æ f A lamentation, Nigr ✝ Luctus, ejulatus

|| Luitio, onis f verb [a verbo luo] A paying of ransom, an acquitting of a debt, Ulp

Luiturus, a, um part That shall pay, or suffer punishment Luitura pœnas puppis, Claud Cons Hon 6, 140

Luma, æ f A certain kind of thorn growing in meadows and moist places, Varr L L 4, 31

Lumarius, a, um adj Belonging to that kind of thorn Lumaria falx, an hedgebill to cut thorns with, Varr L L 4, 31

|| Lumbago, inis f lumborum debilitas Feebleness, pain, or ache of the loins, Fest ✝ Lumborum vitium

|| Lumbare, is n A covering of the privities, a garment about the loins, a girdle, an apron Vulg Interp

|| Lumbellus, i m dim A little loin Apic 7, 1

Lumbifragium, i n ... fractura lumborum A breaking of the loins Si me irritassis, lumbifragium auferes, Plaut Amph 1, 1, 298

|| Lumbricosus, a, um adj Full of worms, Aurel ✝ Lumbricis ... ens

Lumbricus, i m (1) An earthworm (2) Also a bellyworm, a mawworm (3) A little fish in brooks like a lamprey (4) Also the same as terræ filius (1) Terram fimentur, effodiantque lumbricos, Col ... 9 (2) Cels 4, 20 (3) Lut ... Col (4) Forms, lumbrice, qui sub terra erepsisti modo, Plaut Aul 4, 4, 1

Lumbulus, i m dim A little loin, Plin 28 11

LUMBUS, i m (1) The loin, ... or flank (2) The reins, or privities (1) Duros qui nequiunt movere lumbos, Catull (2) Cum carmina lumbum intrant, Pers 1, 20 Titillatio est plus quam fit ¶ Dolare lumbos fustibus, to cudgel, or lamb one well-favouredly, Hor Sat 1 6, 22 || Lumbus vitulinus, a leg, or knuckle of veal, Coop

Lumectum, i n [a luma] rect lumetum ut ... fimetum] A thicket or bush of thorns and briars Varr L L ... 31

Lumen, inis n [a luceo, quasi lucimen per Sync ut fulmen a fulgeo]

geo] (1) *Light* (2) *Any bright body*, ... (3) *A star* (4) *An eye* ... (5) *The lights, or windows* ... (6) *Life* (7) *Meton* ... (8) *The light in a picture opposite to* ... (9) *A painting* ... (10) *An ornament, or embellishment*, ... (11) *Light, instruction* (1) Luminis ... putatur, ... Lucr (2) ... lumen candelæ, *Juv* 3,286 ... Virg ... (3) Accendit lumina ... Virg Georg 1,251 (4) ... Ov ... Dum ... lumina ... *Cic Tusc* 5, ... (5) ... *Cic Att* 2, 3 ‖ ... *to stop up lights*, ... *to eclipse the honour of another*, Cic (6) Lumina ... lumine cassus, ... Æn 2,85 (7) Doctorem lumen ... derant, *Cic Fam* ... (8) ‡ Ais ... lumen ... *Plin* 35,5 (9) Clarum ... lumine ... *Ex prob* ... (10) Luminibus ornare orationem, *Cic de Orat* ... Orationum lumina, *beautiful figures*, ... (11) Menti ... lumini præferre, *to inspire*, Cic ... exit

Luminare, is, n *A light as a light hole that giveth light* ... *the sun, moon, or stars*, ... *Plin* ... *Cic Phil* ... 2,2

Lumino, are *To light, to enlighten*, ... *to clear up*, ... Lumin...

Luminōsus, a, um *Full of light, glorious* (1) ... *clear, bright* (1) ... *Cic in Orat* 36

LUNA, æ f [a lucendo, quasi Lucina, *Cic*] ... (1) *The moon*, ... *like the moon* (2) ... (3) ... Luna crescens, *the moon increasing*, ... *Hor* ... (2) ... *Stat Sil* 5, 2, 28

‖ Lunaria, æ f *Moonwort*, a kind of ... *used by old women for love potions*, Matth

Lunaris, e adj *Pertaining to the moon* Lunaris cursus, *the course of the moon*, Cic Somn Scip ... *Claud de Rapt Pros* 2, 98

‖ Lunatus, a, um adj *That is half moon*, ... *the moon* ... Ap postestione ‡ Corn ...

‖ Lunātim adv [a luna] *In figure like the moon, moonlike*, ... Lunari forma

‖ Lunātio, ōnis f *A crooking, or bending like the moon*, also *a change of the moon*, Litt ex Liv ... non dicit

Lunatus, a, um *Made like an halfmoon, crooked, horned*, or *plated like the moon* Peltis ... *Virg Æn* 1,494 ... *Col* ... *Stat Theb* 5,145

‖ Lunātus, i m *A spear*, Tert

Lūno, āre *To crook, or bend like an halfmoon* Lunavit genu ... *Ov Amor* 1, 1, 2 ... *Prop* 4 6,25

Lunula, æ f dim (1) *A gem in a ring, an hoop, or ring to put on the finger* (2) *An halfmoon that the Roman senators wore on their shoes, called also* ... (1) ... *Plaut Epid* 5, 1 (2) ... *Juv* 7, 192

Lunus, i m Deus ... *Spart in Caracal*

LUO, ere, ui, tum (ap *Lucr*) ... *unde* abluo, ... (1) *To pay* (2) *To expiate, or atone* (3) *To suffer punishment in death* (4) *To purge, or wash away* (1) ... vestrum ... *Curt* 10, 2, 25 (2) ... *Cic de Fin* 5, ... (3) ... *Liv* 8, 46

Luor, i pass *To be atoned, or expiated* ... *that the fathers sin should be visited upon the children*, Cic ad Brut 12

Lupa, æ f ... (1) *A she wolf* (2) *An harlot, a common whore, a bawd* ... *Ov* ... (2) ... *Plaut* ... 2,22

Lupanar, āris n ... (1) *A brothel, or bawdy house* (2) *Also an harlot* ... *Juv* 6, 1 ...

‖ ... *Pertaining to a brothel house*, ap Mc 9

‖ Lupanarium ... *Trebell* ... Litt

‖ Lupatius, a, um ... *Ammianus* ... Serv

Lupatum, i n *A sharp bit for an horse* ... *Virg Georg* 3,208

Lupatus, a, um adj *Bitted with a sharp bit* Lupatum frenum, *a bit or bride* Hor Od 1 8, 6

‖ Lupercus ... *A bit, or snaffle*, Schol ‡ Lupatum, Virg

Lupercal, is n [a lupa, quæ Romulum & Remum nutrivit, Ov ...] (1) *A place at the foot of the mount Palatine, consecrated to the god Pan* (2) *The place where Romulus and Remus were fostered by a she wolf* (1) ... in *Æn* 8, 343 (2) *Ov Fast* 2, 381

Lupercalia, ium n pl *Solemn feasts celebrated to Pan, kept* ... *of Febr* Hodie ... dies ... gestis lupercalibus habebis, *Cic* ... *Frat*

Luperci, ōrum pl m *The priests of Pan* Quid vetat Arcadie dictos a monte Lupercos? *Ov Fast* 2,423

‖ Lupinarium, ōrum pl m *Sellers of pulse*, Lampr ‡ Lupinorum venditores

Lupinus, i m & lupinum, i n ... (1) *A kind of pulse of most bitter and harsh taste, lupines, or hops* (2) *Counters, money made thereof* (1) Tristis lupini ... *Virg Georg* 1,75 (2) Ignorat quid distent æra lupinis, *like our proverb, He knoweth not a pig from a dog*, Hor Ep 1, 7

Lupīnus, a, um adj *Of a wolf* Uberibus ... *Cic*

Lupo, āre *To be as hungry as a wolf* ... *Plaut Curc* 2, 3, 35 ... *Lippio*

‖ Lupor, ari *To haunt bawdy houses, to whore*, Non ‡ Abiit ... in ganeum

Lupula, æ f *A little she wolf*, Apul Met 5

‖ Lupulatus, a, um adj *That hath hops*, & Lupulatus potus, *beer*, Jun

‖ Lupulus, i m dim *Jun* ... *Hop, or hops*

LUPUS, i m ... (1) *A wolf* (2) *A fish, some take it for a pike, some a sturgeon* (3) *A sharp bit, or snaffle* (4) *An hook to draw things out of a well, a drag* (5) *Hops, or hops for beer* (6) *A sort of spider* (1) Auribus teneo lupum, *Ter Phorm* 3,2,21 Prov *I know not which way to turn me* Ovem lupo commisisti, *Ter Eun* 5, 1, 16 Prov *You have set the fox to keep the geese* Lupus in fabula, *Ter Adelph* 4, 1, 21 Prov *Talk of the devil* Non curat numerum lupus, *Prov* (2) *Plin* 32, 2 (3) ... *Ov Trist* 5, 6 (4) *Liv* 28, (5) ... *Plin* 11, 24 ... *Plin* ...

‖ Lura, æ f ... *The mouth of a sack, or bottle, a leather bag*, ... Festus

‖ Lurcinor ... *Non*

‡ Lurco, are ... *Non* ... *To eat greedily*, Lucil

Lurco, ōnis m [a lura] ... *A glutton, a gulligut, a greedy gut, a great eater, a prodigal, a cormorant*, ... *Plaut Pers* 3, 3, 16 ... *Lucil* ap Non 3, 4

‖ Lurconianus, adj Condimentis lurconianis, *Tert* ‡ Gulosis

Lūrĭdus, a, um adj [a loro, *quasi* lorid... *Pale, wan, ghastly, ghastly, black and blue, dismal* Luridus pallor, *Ov Met* 4, 267 Luridi dentes, *Hor Od* 4, 13, 10 Luridi ... *Ov Met* 1, 14?

Lūror, ōris m [quasi luco, ... pallore] *A pale ... colour* ... *Lucr* 4, 3??

Luscinia, æ f [quod lugubriter canat] *A nightingale* ... *Hor Sat* 2, 3, 245

Lusciniŏla, æ f *A little nightingale* Metuo ne ... fuat cantio, *Plaut Bacch* ...

Luscinius, i m ... *Phædr Fab* 3, 19 ...

Luscinus ... *Dimsighted* ... Annorum, *one who hath his eyesight by accident* ... *Plin* 8, 27

Lusciosus, *Plin* & luscitiosus, ... *Non* ... *Varr* ... *Dimsighted, that cannot see well, purblind* ... *that seeth better at night* ... *owl eyed, that cannot see at a distance* ... Bud

‖ Luscitio, ōnis f ... *night* ... Fest ... *blindness* ... Ulp ‡ Nyctal...

LUSCUS, a, um *Blind of one eye, he that hath but one eye, blinkard*, Cic de Orat ...

Lūsio, ōnis f verb *Playing, gaming, disport, recreation* Nobis ... *Cic de Sen* 16 ... pila, *Id de Orat* 1, 6

Lūsito, āre freq *To play often, to frisk and skip* ... *Plaut Capt* 5, 4, 6

Lūsor, ōris m verb *A gamester, a player* ... *a love poet*, Ov Trist 4,10,1

‖ Lusorium, i n *A place to play in, a gaming ordinary, theatre, or amphitheatre*, Lampr

Lusōrius, a, um adj *Belonging to play, merry, frolicksome, for sport, in jest, that maketh sport* Alveus lusorius, *a pair of tables*, Plin 17, 56 ... innoxium, Sen ... *Id de Brev* ... *jachts* ... Sen Ep ... ‡ Decretorius

‖ Lustrāgo ... *Apul* ... *base vervain*, ...

Lustralis, e adj ... (1) *That which is to ... fifth year* ... (2) ... *Having power to purge* ... *Liv* ... *Stat* ...

Lustratio, ōnis f (1) *A going about, or wandering over* ... Liv ... *Æn* 8, 18 ... *a purging* ... *Plin* ...

Lustramen, inis n ... *Plin* ... *Lustrations, the changing of* ... *Val Max* ... Cic ...

Lustrandus, a, um part ... *viewed, surveyed* ... *Lucr* ...

Lustratio, ōnis f (1) ... *about one every* ... *Purging by sacrifice* ... *cardinal* ... *Liv* ... (1) = Peragratio ... *Cic* ... 2,23 (2) De ...

[illegible] cæterorumque sacrificio-rum, [illegible] 22 (3) Eid [illegible] Herculis lu[illegible] Apul Apol p 431 [illegible] (1) surveyed [illegible] (1) Pede barbaro [illegible] Rhodope, Hor Carm 3, [illegible] = [illegible] civitas expiata & [illegible] Flor 1, 15

[illegible] a, um adj Pursy [illegible] || Lustricus [illegible] day when children [illegible] which formal child [illegible] names, unde dict [illegible] Macrob Sat 1, 16 [illegible] the eighth [illegible] signum evidens dic [illegible] Ner 6 || [illegible] the [illegible] naming day [illegible] um [illegible] quod lu-[illegible] Lustri [illegible] contentus, [illegible]

[illegible] Lustrum, ex-[illegible] lustrandos cives ui-[illegible] unde [illegible] Item [illegible] (1) To [illegible] to purify [illegible] to [illegible] to go the circuit, to [illegible] (3) To [illegible] to [illegible] (1) = [illegible] & purgante [illegible] Ov Met [illegible] lumen [illegible] lampade [illegible] Æn 4, 6 ubi Servius, [illegible] ut revera lustra[illegible] nam [illegible] poluit [illegible] (2) [illegible] lustrat, [illegible] 1, 19 (3) Cum omnia [illegible] lustraverit Cic [illegible] To [illegible] and purify [illegible] Vir Ecl [illegible] 2

[illegible] To be [illegible] Valer [illegible] ext 6 Lustio [illegible] [a lustrum] [illegible] burden Tamen ipse [illegible] lusto, Catull [illegible]

[illegible] lustri, [illegible] bruis, [illegible] lust [illegible] Plaut [illegible] 20

[illegible] Lustrum, [illegible] (1) [illegible] of [illegible] every five years [illegible] the space of [illegible] fifty months [illegible] which [illegible] were [illegible] the city purged [illegible] second [illegible] out of of-[illegible] rents were [illegible] Varro deri[illegible] lu-[illegible] lavando, [illegible] sacrificed a sow, a [illegible] Marshis field, [illegible] number [illegible] or [illegible] (1) [illegible] ove, tauri-[illegible] lustra-[illegible] condidit Lustrum ap-[illegible] censendo fini-[illegible] L 1, 44 (2) = S [illegible] Vir Geor [illegible] uxor ex [illegible] 5, 2, 84 [illegible] part [a ludo] [illegible] deluded, or [illegible] Sen [illegible] lusos videmus [illegible] Sen [illegible] 2, 1

Lūsus, us m verb *A play, a sport, dalliance, pastime, recreation* Nec, juvenis, lusus, qui placuere, placent, *Ov ex Pont* 1, 4, 4

Lutamentum, i n *A wall, or other work, made of, or covered with mud, loam, or clay*, Cato R R 128

Lutarius, a, um *Living in the mud* Lutaria testudines, *Plin* 32, 4

Lutatus, a, um part [a luto] *Dawbed over, besmeared* Crassis amom lutatus, *Pers* 3, 104

Lutea, æ f *Sc herba* [quod in lutosis locis nascitur, *vel* a colore luteo] *An herb growing in watry, or fenny places, called also* carneola, *or* lysimachium, *Plin* 25

Lutensis, e adj *That feedeth upon mud, as some fish do*, *Plin* 5, 7

Luteolus, a, um adj *Yellowish, somewhat yellow* Luteola viola, *Col* 5, 4 Luteola pingit vaccinia calth*a*, *Vir Ecl* 2, 50

|| Luter, eris m *A* [illegible] *cup or bowl, wherein wine was allayed with water*, Sypont

Lutesco, ere inc *a* luteus fio *To turn to clay, to wax dirty* Stagna qua limo, cœnoque lutescunt, *Col* 8, 1

Lūteum, i n [*a* colore luteo herba] Luteum ovi, *the yolk of an egg*, Plin 10, 53 § Herba quæ luteum vocatur, *woad*, Vitruv 7, 14 Croceo mutabit vellera luteo, *sic enim aliqui leg ap* Vir Ecl 4, 44

Luteus, a, um adj (1) *That is made of clay, loam, morter, mud, or dirt* (2) *Dirty, foul, pitiful* (1) Luteus paries, *a mud wall*, Cic apud Ov Fast 1, 158 Vasa lutea, *earthen vessels* (2) Luteum negotium, *a sorry commodity, poor ware*, Cic Verr 4, 14 Lutei meretricis, *a dirty child, a nasty slut*, Plaut Truc 4, 4, 1

Luteus, a, um adj *Pale, yellow, like the yolk of an egg* Luteus pallor, *pale, like the yellow jaundice*, Pers Aurora lutea, *Vir Æn* 7, 26 Lutea flammea, *yellow veils, or hoods, which* brides *wore at their wedding*, *Luc* Luteus color, *the saint's gillyflower*, Plin 21, 6

|| Lutinæ, arum pl f Sc ædes *Houses, huts, &c made of loam and clay*, Cha[illegible]

Luto, āre *To dawb, to plaster up, to bewray* Ne lutet immunda [illegible] ceroma capillo, *Mart* 7, 31

|| Lūto, are freq [a luo] *To pay, or suffer oft* Lutavi, *a* [illegible] *Non*

Lūtōsè adv *Dirtily*, R [illegible] Mart

Lutōsus, a, um adj *All dirt, and muddy* Terra lutosa, *Plin* 17, 19

Lutra, æ f *vel* lytra [e genere fibrorum, *a* luto quod in lutis & lutosis locis degit, *vel* quod frequenter [illegible] iniquis litet] *An otter*, Plin 8, 30

Lŭlentus, a, um adj (1) *Miry, dirty, muddy* (2) Met *Illand filthy* (1) Amnis lutulentus, *Ov Amor* 3, 6, 95 (2) Vita lutulenta, *Cic in Pison* 1

Lutulo, āre *To dirty, or bedawb* Eosdem lutulent, quos collaudant, *Plaut Trin* 2, 2, 15

Lŭtum, i n [a sup lutum, *a* luo, *i e* lavo] (1) *Clay, loam, mire, dirt, mud* (2) Meton *A dirty yellow* (1) Milites luto frigore & assidui imbribus tardabantur, *Cæs B G* 7, 24 In eodem hæsit is luto, *Prov* *You are in the same danger*, Ter Phorm 5, 2, 15 (2) *Plaut Mil* 2, 3, 54 In plur Luta, *Non ex Cic* Lutum acerratum, *morter*, Fest

Lūtum, i n prima longa, *sive* luteum, [illegible] [a luo, lu um, *i e* diluo] *An herb fit to dye yellow withal, also pale, or yellow colour* Et enim luteus color croceus dicitur Aries croceo mutabit vellera luto, *Vir Ecl* 4, 44 *al leg* luteo, per Synæresin

|| Lutus m *pro* lutum, *Claud Ann*

LUX, lucis f [per Sync *a* [illegible] lux, *Macrob*] (1) *Light* (2) *Day* (3) *An eye* (4) *Season* (5) *Life* (6) *In plu the stars glittering* (7) *Glist, or shining* (8) *The publick* (9) A word of endearment, *my light, my life* (1) Tenebræ & lux a rerum tempore gignuntur, *Lucr* 5, 976 (2) 4 Et profestis lucibus & sacris, *Hor Od* 4, 15, 25 Centesima lux est [illegible] *Mil* [illegible] (3) Effossa lumenes[illegible] luces, *Stat Theb* 11, 585 (4) [illegible] in indomito [illegible] luce profundo, *Ov Trist* 1, 8, 7 (5) = Eri aliquando finis hujus lucis, & amissio omnium vitæ commodorum, *Cic Tusc* 2, 4 (6) Illa quæ fulgent luces ex ore corusco, *Id in Arato* (7) Viridi cum luce smaragdi, *Lucr* 4, 1120 Pyrrhus exultat, [illegible] & luce coruscus ahena, *Vir Æn* 2, 470 (8) = Nec in luce modo, atque in oculis civium magnus, sed intus domique præstant or, *Cic* (9) Hem, mea lux! meumque desiderium! *Cic* *Trent* [illegible] ¶ Cum prima luce, *by break of day*, Ter Adelph 5, 3, 55 § In ablating luci ap Cic Ph lipp 12, 10 & *Plaut Cas* 4, 2, [illegible]

Luxi præt *a* luceo (1) *I shone*, *a* lugeo (2) *I mourned* (1) Mea officia & studia [illegible] luxerunt, *Cic* [illegible] 3, 1 (2) Luxere matres Iliæ, *Hor* [illegible] 17, 11 *sed al* unxere

|| Luxatio, onis f *A loosing of a joint* Vett Gloss Luxatio [illegible]

Luxatus, a, um *Put out of joint, loosed* Membra luxata, *Plin* 25, 29

Luxo, āre fort freq [a luo] (1) *To loosen* (2) *To put out of joint* (1) Subjiciatur [illegible] luxavi radices, *Plin* 17, 24 (2) [illegible] luxata in locum reponuntur, [illegible] *Epist* 103

Luxor, ari dep *To riot*, R [illegible] Plaut

Luxŭria, æ f [ex [illegible] freq a luo quod sit omnium solutio [illegible]] (1) *All excess in carnal pleasure, sumptuous fare, or building, riot* (2) *Rankness* [illegible] *plenty, luxury* (1) = Utilius animum [illegible] luxuria & lasciviâ diffluit, retundas, *Ter Heaut* 5, 1, 72 (2) ¥ Odit populus Romanus privatam luxuriam, publicam magnificentiam diligit, *Cic pro Muren* 36 (2) ¶ Luxuria foliorum, *Vir Geor* 1, 191 humoris, *Plin*

Luxuriō, [illegible] *Superfluous*, [illegible] *Hor Ep* 2, 2, 122

Luxuriantus, a, um part *Having* [illegible] *riotous, or pro*[illegible] nostra joco luxuriata suo, *Ov Tr* 5, 1, 44 Sanguine [illegible] luxuriata fumes, *Stat Theb* 2, 676

Luxuries, ei f *id* quod luxuria (1) *Lasciviousness, wantonness* (2) *Profusion, lavishness* (3) *Rankness, as of herbs, corn, &c* (1) Perferre non possunt luxuriem, crudelitatem, *Cic* Cic (2) In urbe luxuries creatur, ex luxuria avaritia, *Cic* pro *S Rosc* 27 (3) Luxuries segetum, *Vir G* [illegible] 1, 112

Luxurio, āre (1) *To grow rank* (2) *To be wanton and riotous* (3) *To swell out, to be lusty, brawny, &c* (1) Luxuriat Phrygio sanguine pinguis humus, *Ov Epist* 1, 54 (2) Ne luxuriaret otio animi, *Liv* 1, 19 (3) Luxuriat toris animosum pectus, *Vir Geor* 3, 81 *de equo*

Luxurior, ari dep *To grow rank, &c* Cacumina virgarum ne luxurientur demutilato, *Col de Arb* 11

Luxuriōsè adv [illegible] comp [illegible] *Riotously, over rankly, lavishly, superfluously* Luxuriosè vivere, *Cic de Fin* [illegible] Luxuriosius epulari, *Nep Pausan* [illegible] Luxuriosissimè bibere, *Aug* [illegible]

Luxuriōsus, a, um adj [illegible] (1) *Rank, luxuriant* (2) *Luxurious, sumptuous, riotous, wasteful, prodigal in diet* (1) Luxuriosa pabula pinguis soli non semper indicium habet, *Plin* 1, 4 || Luxuriosissima pestis, *Treb Poll* (2) Avarior [illegible] luxuriosior, *Sen Ep* [illegible] *turb* [illegible] *stands*

Luxus, a, um [illegible] dissolutus [a quo luxurio[illegible] in re familiari so lutus, *Fest*] *Loose, slack, out of joint* Luxo pede, *Sall* [illegible] *fragm*

Luxus, us m *id* quod luxatio (1) *A dislocation, or putting out of joint* (2) Met *Riot, excess, profuseness, extravagancy* (3) *Also state, magnificence* (1) *Apul Met* 2 (2) Adolescens luxu perditus, *Ter Adelph* 1, 2, 42 (3) Domus regali splendida luxu, *Vir Æn* 1, 641

Lyæus, i m *A name of Bacchus, often used for wine*, per Meton Ossa annosi spargunt collecta Lyæo, *Tibull* 3, 2, 19

Lyæus, a, um adj *Belonging to wine* Regales inter mensas latices que Lyæum, *Vir Æn* 1, 690

* Lycanthropia, æ f *A deep melancholy which maketh men privily themselves to be wolves, and therefore shun company, and go into the woods under fort places howling like wolves* [illegible] Those that are thus troubled are called Lycanthropi

* Lycaon, onis m *An Indian wolf with a mane*, Plin 8, 34

* Lychnis, idis f [illegible] [a lucido colore] *A kind of rose* Lychnis [illegible] sylvestris, *calves snout* Lychnis coronaria quam & *rosam Græci* vocant, *Plin* 21, [illegible]

* Lychnites, æ m quod [illegible] me luceat lucernis [illegible] *A gem which shineth by candlelight, a kind of* [illegible], Plin 36, 5

* Lychnitis, idis f *An herb mentioned by Plin* 25 10

* Lychnobius, m [illegible] *candle* [illegible] vit [illegible] *That turneth day into night and night into day, a nightwalker*, Sen 12, 2, [illegible]

* Lychnuchus, i m [illegible] *A candlestick, a* [illegible] *linkboy* Lychnuchus ligneolus, *a wooden candlestick*, [illegible] Cic [illegible] Q [illegible] 2, 7 Lychnuchus pensilis, *a branch to hang candles*, Plin

Lychnus,

Lychnus, i m *A lamp, a candle, a light, a link* ¶ Lux aliata ignis & lychnorum, *Cic* pro *Cal* 28 Dependent lychni laquearibus aureis, *Vir Æn* 1, 730

* Lycisca, æ f *A dog engendred of a wolf and a bitch, or a shepherd's dog, a wolf dog* Multum latrante Lycisca, *Vir Ecl* 3, 18

* Lycium, i n *A medicine made of the roots of boxthorn,* Plin 24, 14

* Lycophthalmos, i m *i e* lupi oculus *A precious stone like a wolf's eye,* Plin 37, 11

* Lycopsis, idis f *Garden bugloss, or the herb called hounds-tongue,* Plin 27, 11

* Lycos, i m *The least kind of spider,* Plin 29, 6

Lydius lapis *The touchstone, wherewith gold is tried,* Plin 33, 8 *al voc* heraclium, *al* indicem

Lydius modus *An effeminate sort of music used by the Lydians,* Apul Florid 1, p 764

Lygdinus *A kind of stone fit for boxes to keep ointments in,* Plin 36, 8

Lympha, æ f Poet *pro* aqua [*a Gr* νύμφα, mutato ν in l] *Water* Obliquo laborat lympha fugax trepidare rivo, *Hor Od* 2, 3, 12

Lymphans, tis part *Making one mad, or putting one beside himself* Lymphante deo, ou furens, *Stat Theb* 7, 662

Lymphaticum, i n subst *Rage, distraction, madness* Fixo actutum constiterit lymphaticum, *Plaut Pœn* 1, 2, 13

Lymphaticus, a, um adj [lymphatici, qui nympham, *i e* speciem in fonte conspectu n, furorem vertit, quod antiqui credebant] *Mad, stark and staring mad, frighted out of his wits, as those that have seen spirits, or furies* Lymphaticus pavor, *a distracting fright,* Liv 10, 28 Lymphatica somnia, *mad, frightful dreams,* Plin 26, 9 Lymphatici nummi aurei, *gold that burneth in one's pocket,* Plaut Pœn 1, 2, 132

Lymphatio, onis f *A fright, or terror by night,* Plin 37, 5

Lymphatus, ûs m *A fantastical delusion* Alpiliace contra lymphatum habenda, *Plin* 37, 10

Lymphatus, a, um part (1) *Mad, affrighted, furious, distracted, beside himself* (2) *Intoxicated, or drunk* (1) Discurrunt lymphatis similes, *Curt* 6, 2 (2) Mentem lymphatam mareoti co redegit in veros timores Cæsar, *Hor Od* 1, 37, 15 *De Cleopatra, nam modo de vino* Forum lt *Includitur tamen prima significatio in hoc exemplo, quia veros timores opponit potentia falsis, quibus exagitatur lymphatis* Nota etiam os ... lymphata vino

Lympho, are act *To disturb, to fright, or scare out of his wits, to enrage, or make mad* Deus ancipitem lymphaverat urbem, *Val Fl* 1, c 3, 46

Lymphor, ari, atus pass *To be intoxicated, or put beside himself* Hac herba ... lymphari homines, &c Plin 24, 17

† Lymphor, oris m *Water* Impermistum lymphorem, *Lucil.* ap Non † Lympha

Lynceus, a, um adj *Of the lynx* Also *quicksighted* ¶ Oculis lynceis contemplari, *to spy, or look through,* vel a lynce, vel ut al a Lynceo Vid Propr

Lynceus, i m *sc* pro lynx, quod est animal visu perspicax, quo modo usus & *Cardanus* (1) *The beast called* lynx (2) *One that is sharpsighted,* as that beast is, or as one *Lynceus* was (1) Ultor lest Pallas & Lyncea perforat hasti, *Ov Fast* 5, sub fin (2) *Vid* Propr

* Lyncurium, i n *A precious stone ingendred of the congealed urine of the beast* lynx, *Plin* 8, 38 & 37, 3 de quo *Ov Met* 15, 413 & seqq

Lynx, cis f *Vir* (& m *Hor*) [*a* τὸ λύγξ, *i e* luce, perspicacissimum enim animal, *Plin* 28, 8 vel quia in luporum genere est numeranda, *Isid* λύκος, lupus] (1) *A beast of the nature of a wolf, having many spots like a deer,* (2) *and is very quicksighted* (1) Maculosæ tegmine lyncis, *Vir Æn* 1, 327 (2) Timidos agitare lynces, *Hor Od* 2, 13, 40

LYRA, æ f (1) *An harp* (2) *A constellation* (3) *Also a fish called* cornuta (1) Themistocles, cum in epulis recusasset lyram, habitus est indoctior, *Cic Tusc* 1, 2 Mercurius curvæ lyræ parens, *Hor Od* 1, 10, 6 (2) Ubi est hodie quæ lyra fulsit heri? *Ov Fast* 2, 75 (3) *Plin* teste *Litt*

Lyrica, orum pl n *Lyric verses, or songs to the harp* Scribit lyrica doctissima, *Plin Epist* 7, 17, 3

Lyricen, inis m *An harper, one that playeth upon the harp, or singeth to the harp,* Hor laudat Litt perperam, puto Onomast vet fidicen λυρῳδός, ‡ fidicen, *Hor*

Lyricina, æ f *leg* lyricina *A woman harper, or fidler,* Litt ex Col *sed q*

Lyricus, a, um adj *Pertaining to an harp* Lyrici modi, *strains with great variety of verse,* Ov Fast 5, 386

* Lyristes, æ m *vel* lyrista [verbale *a* λυρίζω, lyra cano] *An harper, one that singeth to the harp* λυριστής, fidicinarius Cum ... lyrista aut comœdus ... est, *Plin Epist* 9, 17

* Lyron n herba ... quam alii *damasonion,* ... appellant *An herb with ... ed leaves, like plantain,* Plin 10

* Lysimachia f λυσιμάχιον *Diosc* [... τὸ λύειν τὴν μάχην] quia pugnam dirimit, quod jumentis discordantibus jugo imposita asperitatem cohibeat, *Plin* vel ex Lysimacho inventore, *The Willow herb, or loosestrife, ... willow*

* Lysimachus *A precious stone with veins of gold in it* Plin 37, 10

Lysis, is & ios f λύσις ut exponit, *Cic* solutio [*a* λύω, solvo] *A solution, or the breaking of the lord, by an ... Cic Tusc* 3, 25 In architectura ... *a loosning, chinking, or gaps of a wall,* Vitr ... 6, 11 *conf* Lexic *Vitruv* p 67

* Lytæ, æ m λύται, *i e* qui ita dicti *a* λύω, *i e* solvo, quod jam juris nodos solvere inciperent, vel quasi λυτοὶ, *i e* solubiles, ... ten lus jam ... præhonit studiorum ratione, *vid* Voss *A ... term of civil law, when after ... years study, they were ... to be able to answer any question of the law,* Ap JCC

Lytra, æ f *An otter,* Varr L L 4, 13 *scrib* & lutra

* Lytra, *vel* lutra Hectoris λύτρα, pretium redemptionis *Hector's ransom,* the title of one of Ennius's plays

* Lytta, æ f [λύσσα, ... *i e* rabies] *Madness,* properly *of a dog,* Plin Also *a worm under a dog's tongue, which will make him mad if it be not taken out,* we call it *the greedy worm* Id 29, 5

M in Latin, M μ Greek, called Mῦ, either from its sound, the Greek μυκάω and the Latin *mugio* being formed from hence, or rather from μύω, *claudo,* because it opens and shuts the lips, מ Hebrew in the beginning and middle of words, ם, or, if the vacant space in the end of a line require it, ▭ : it is perhaps called מם *mem* from its double form, open and shut, which in writing its name is represented, or it may be from מום *a blot,* which the Arabians use for its figure · 𝔐 m English and German black letter. Its sound is inarticulate, formed by the mouth through the lips This letter, tho a liquid, suffers no mute in Latin to stand before it in the same syllable, except *g,* and that only in one pure classical word, *viz agmen,* although among the Greeks, who perhaps gave it a softer sound, it follows δ, σ, and τ, as δμωή, ἄσθμα, τμῆσις, but in different syllables it doth not refuse to usher its sister labials *b* and *p,* as *ambulo, amplus,* also itself and *n,* as *mamma, damnum,* but no other. For in order to avoid the company of the rest, it prevails with its neighbour *n* to be its substitute, as in *anceps, anfractus, anhelo, anquiro, ansanctus* (but this is also writ *amsanctus*) which are all compounded of the inseparable preposition *am* but the preposition *circum* for the most part keeps its *m* before all letters, though in some few words *n* is used sometimes indifferently for it, as *circundo,* or *circumdo* ; and sometimes loseth it, as in *circueo, circuitio,* which however it may equally retain Before its sister semivowels *l* and *r,* its cognates, soften the sound But *m* is not behindhand in office with its neighbour *n,* willingly taking its place before the labials *b, p,* and *m,* as in *imbellis, impius, immodestus, combibo, compleo commendo* also in the Greek tongue, as ἐμβάλλω, ἐμμένω, ἐμπίπτω, and also antiently in diverse words, as in the Sigean Psephism in honour of *Antiochus,* τὴμ βασιλείαν, τῶμ πραγμάτων, τὴμ μὲν ἱέρειαν · Also before *t, d,* and *q,* as in *tantum* from *tam tum, quendam* for *quemdam, quenquam* for *quemquam* M also in Latin words is put for the Greek ν, as in *musam* for μοῦσαν, *organum* for ὄργανον, &c. But in Latin accusatives

satives of the third declension, which answers to the fifth of the Greeks, *m* is often a formative only, as in *patrem, matrem*, from πατέρα, μητέρα. It is also servile in forming tenses of Latin verbs, as *notabam, notarem*, from *notare* This servility perhaps might be the reason why the antients very obscurely pronounced this letter, especially before a vowel, as *optimu'st, factu'st* Cato writ *die' hanc* for *diem hanc*, and probably when not cut off by the poets, who then use it short, as *Cujus non hederê circumiere caput*, Propert not fully pronounced. M in numerals is one thousand, from the first letter of *mille* according to *Priscian*, but with more probability from this antient mark CIↃ, which by the negligence or ignorance of transcribers was drawn together and made ↀ, the half of which, D, from hence stands for five hundred. In the compendious notes of the antients, M. *is used for* Manlius, Marcus, Martius, *or* Mucius, M' Manius ; M.B. Mulier bona ; MAG.EQ Magister equitum , MAG MIL Magister militum ; MAT.P.FEC. & S.P.Q. Mater pia fecit & suis posterisque , M M P Manu, mancipio, potestate.

M ante A

|| MAccus, *i e* fatuus, *Diom* l 3 cap de poem gen In atellanâ inducuntur oscæ personæ, *ut macci*, *Diom* l 3 *A fool, a fool in a play* Macci & buccones, *Apul Apol* p 520

Macellarius, a, um adj *Belonging to the shambles* Macellaria taberna, *a butcher's*, or *victualler's shop*, or *stall*, Val Max

Macellarius, i m *A seller of any kind of victuals* Ea quæ ad epulum pertinerent, quamvis macellariis oblocata, etiam domestica in apparabat, *Suet Cæs* 26

MACELLUM, i n (ă) [dict a Macello quodam, ex cujus ædibus publicè dirutis, primum erat Romæ extructum, vel à μάκελλος, *i e* φραγμὸς, ut sit macellum, locus circumseptus , si displicet utrumque plura etyma invenies ap *Voss*] (1) *A marketplace for flesh, fish, and all manner of provisions, a shambles*, or *butcher-row* (2) In plur macella *Dainties bought in the market* (1) Quæ est ista laus, quæ possit è macello peti ? *Cic* de *Fin* 2, 15 (2) Fercula nullis ornata macellis, *Juv* 11, 64

Macellus, a, um adj dim [à macer] *Somewhat bare*, or *lean*, Lucil *ap* Non *&* ut al volunt *Mart* 10, 96 Conturbat macellus, *ubi al al interpret*

MACEO, ēre, ui neut (ă) [ab H br מק *mak*, tabes, macies, *Voss*] *To be lean and thin* Ossa atque pellis totus est, ita curâ macet, *Plaut Aul* 3, 6, 28

Măcer, cra, crum adj macrior, comp macerrimus, sup [à maceo, ut rubeo ruber] (1) *Lean* (2) *Barren, unfruitful* (3) *Thin* (1) Taurus macer, *lean*, Vir Ecl 3, 100 Macra cavum repetes, *Hor Epist* 1, 7, 33 (2) = Exile & macrum solum, *Cic* contra *Rull* 2, 2 Macrior vitis, *Col* 4, 24 Macerrima pars vineti, *Id* 4, 23 (3) Macer libellus *a thin book*, Mart

Măceratio, onis f verb *A watering, a steeping, a soaking in liquor*, Vitruv 7, 2

Măcĕratus, a, um part (1) *Consumed, wasted away* (2) *Soaked, steeped, watered, softned by watering* (1) Siti maceratus, [illegible] (2) Macerato hoc [illegible] boves, *Plaut* [illegible] 2, 21 *sc* auro comico, [illegible]

Măcesco, ĕre incept *To look*, or *be steeped*, Cato, 99

MACERIA, æ f *&* măcĕries, ei f *Any wall*, or *mound about a ground* Hanc in horto maceriam jube dirui, *Ter Adelph* 5, 7, 10 Maceries opere tectorio levigatur extra intrique, *Varr* De maceriis ædificandis, *vid Caton* c 15

Macĕries, ei f *A wall Vid* Maceria

Măcĕro, āre act [à macer, *i e* attenuo, macium reddo , *vel* macero, quod τακερῶ à τακερὸς, liquatus, mollis è liquatione, quod à τήκω liquefacio, *Voss* Gl maceratum, τετηγμένον, *Aben* [illegible] מזוך] (1) *To make soft by steeping* (2) *To dissolve*, or *melt away* (3) *To make one pine away*, as with hunger (4) *To fret*, or *teeze* (1) Macerare brassicam in aquam, *Cato* (2) Salsamenta fac macerentur probe, *Ter Adelph* 3, 3, 27 (3) Inclusos fame macerare, *Liv* 26, 13 (4) Noli te macerare, *Ter Andr* 5, 3, 15

Măcĕror, āri, ātus pass (1) *To be steeped* (2) *To be consumed, to pine*, or *waste away* (3) *To be fretted*, or *grieved* (1) *Vid* Macero (2) Macerari lentis ignibus, *Hor Od* 1, 13, 8 (3) Maceror interdum, quod sum tibi causa doloris, *Ov Epist* 20, 125 ¶ Macerari fumo, *to be reeked in smoke*, Plin 28, 15

Măcesco, ĕre (1) *To grow lean*, or *pine away* (2) *To grow poor*, or *barren* (1) Olea macescit, *Cato*, 55 (2) Arva macescunt, *Col*

* Măchæra, æ f *A sword, a dagger, a knife*, Plaut Merc 5, 2, 88

* Machærium *A little sword, a cook's knife*, Plaut Rud 2, 2, 9

* Machærophŏrus, i m [à μάχαιρα, gladius, *&* φέρω, fero] *A swordman*, or *attendant with the sword*, Cic *ad Q* frat 2, 9

MACHINA, æ f (ā, ĭ) [μηχανή, *i e* bellicum instrumentum, à μάχη, pugna] (1) *An engine*, chiefly of war (2) *A crane*, or *such like device* (3) *A frame*, or *fabrick* (4) *A scaffold for building* (5) *The place over the stage where the gods appeared and spake, a machine* (6) Met *A device, trick, shift, invention to bring about some end*, in which sense the plural is more used (1) Rex admoveri machinas jussit, *Curt* 8, 10, 31 (2) Portat nunc lapidem, nunc ingens machina tignum, *Hor Ep* 2, 2, 73 (3) *Plin* 19, 2 (4) *Ulp* (5) *Hinc prov* ἀπὸ μηχανῆς θεός, *help at a dead list*, *&* Machinam attrahere, *to escape by a miracle* (6) = Nec quem dolum machinamve commolitur scio quicquam, ap *Cic N D* 3, 29, *ex poeta*

Măchĭnālis, e adj *Belonging to engines* Machinalis scientia, *skill in making engines*, Plin 7, 57 Machinale pondus, *the weight of a millstone*, Auson Epist 21, 54

Măchĭnămentum, i n *An engine to batter walls with* Machinamenta quatiendis muris portabant, *Liv* 24, 34

|| Măchĭnārius, i m *One that with machines*, or *engines and pulleys, draweth up stones for building*, Paul

|| Machinarius, a, um adj *Of*, or *belonging to engines* Mensor machinarius, *a measurer of work by rule*, Ulp Machinaria mola, *an horsemill*, Apul Met 7, p 220 Asinus machinarius, *an ass that turneth the mill round*, Dig ¶ Machinarius commentor, *an engineer*, Solin

Măchĭnātio, onis f verb (1) *Any mechanical instrument* (2) Met *A device*, or *artifice* (1) *Cæs B G* 2, 31 = Impensâ magnâ eget in machinationes & tormenta, *Liv* (2) = Machinatio quædam & solertia, *Cic N D* 2, 48

Măchĭnātor, oris m verb (1) *An engineer* (2) Met *A cunning deviser, a subtil contriver* (1) Archimedes machinator bellicorum tormentorum, *Liv* 24, 34 (2) Machinator scelerum, *Cic Catil* 3, 3

Măchĭnātus, a, um part (1) *Having invented*, or *plotted* (2) Pass *Invented, contrived, devised with engines* (1) Alteri exitum per insidias machinata, *Justin* 39, 4, 6 (2) Simulacrum cum machinato strepitu tonitruum, *Sall* ap *Non* 2, 859

|| Măchĭnātus, us m *A device, contrivance, means*, ap seq ævi scriptt ✝ Machinatio

Măchĭnor, āri, ātus sum dep (1) *To frame*, or *make* (2) *To devise, to contrive, to plot* (1) § Deus machinatus est hæc omnia, *Cic* (2) § Senatoribus perniciem machinabantur, *Sall B C* 18 ¶ Machinari pestem sibi, *Cic N D* 3, 26 calamitatem alicui, *Ad Herenn* 4, 8

Măchĭnōsus, a, um adj *Cunningly contrived* Machinosum navigium, *a ship so contrived as to fall in pieces*, Suet Ner 34 quod paulo ante dixerat *solubilem navem*

Machlis, is f *al leg* achlis [ab α priv *&* κλίνω, cubo, quod non cubet, *Dalech* sed nomen feræ, ut ipsa, est peregrinum] *A beast in the north parts of Europe*, see him described *Plin* 8, 15

Măcies, ei f [à maceo] *Leanness, bareness of flesh* ¶ Corruptis equis macie, *spoiled with leanness*, Cæs B C 3, 58 Macie confectus supremâ, *brought to skin and bones*, Vir Æn 3, 590

Măcĭlentus, a, um adj Macie tenuatus, *lean, thin, lank* Macilentis malis, *thin jawed*, Plaut Asin 2, 3, 20 Macilento ore, *Id Capt* 3, 4, 114

|| Macir *Plin* 12, 8 *al* macer μάκερ, *Diosc* 7, 111 macis, *Offic Mace, spice*

|| Macis, idis f Gr τὸ μάκερ, *Diosc* cortex aromaticus *Mace, the middle husk of the nutmeg.*

|| Maclis *Vid* Machlis

✝ Măcor, ōris m [à maceo] *Leanness* Corpus meum tabo, mœrore, macore senet, *Pacuv* ap *Non* 2, 525 ✝ Macies

|| Macrēdo, inis f *Leanness*, Lexicogr ex Col ✝ Macies

Macresco, ĕre, macrui incept [à macreo, inusit] (1) *To wax lean*, or *thin* (2) *To pine away* (1) Penuriâ cibi macrescit pecus, *Col* (2) Invidus alterius rebus macrescit opimis, *Hor Ep* 1, 2, 57

Măcrĭtas, atis f *Idem* Macritas arenæ, *Vitruv* 2, 4

Măcrĭtūdo, inis f *Leanness* Ossa atque pellis sum miser macritudine, *Plaut Capt* 1, 2, 32

✝ Macro, āre *To make very lean*, Litt ex Plin ✝ Macero

|| Macrŏbius, i m *Longlived*, Herm

Măcrŏchīra, æ f *sc* tunica, *M* leg per *e*, tunicas macrocheras, ut sit adj macrocherus, a, um [à μακρὸς, longus, *&* χεὶρ, manus, *sive* manica] *A coat with long sleeves*, Lampr

* Macrŏcōlum, i n *Sic legendum videtur nonnullis, licet in* Cic *&* Plin macrocollum *legatur* [à μακρόκωλον, *i e* μακρὸν κῶλον, *quod* longum schedæ membrum *sive* schedion, *vel* longa membrana] *The largest sort of paper*, or *skins to write on, paper royal*, qui yet lection amplectuntur à μακρὸν *&* κόλλη, agglutinare deducunt ut charta compaginata atque agglutinata sit Loca *Cic* sunt *Ep* ad *Attic* 16, 3 & 13, 25

* Macrŏcŏmus, i m *Long haired*, Cato

* Macrologia, æ f *A tedious multiplying of words beyond what is necessary*, Isid.

* Macrŏnosia, æ f μακρονοσία *A long sickness*, Aug ✝ Ægritudo

Macror,

¶ Macor, ōris m [macreo, ut macor a macio] *Leanness*, [illegible] cus ✝ Macie

Mactābilis, e adj plaga m [illegible] *A [illegible] stroke*, Lucr 6, 805

Mactāndus, a, um part *To be killed, or slain* [illegible] *to be punished*, Cic in Vatin [illegible] *to be sacrificed to revenge*, Liv

Mactans, tis part [a macto] Mactans malo & damno viros, *doing them harm and damage*, Plaut Macrans incuria, *Lucr* 6, 1239

Mactātor, ōris m verb *A killer, a slayer, a murderer* Perge macta ut tenais, *Sen Tread* 1002

Mactātus, a, um part *Sacrificed, killed in sacrifice* Hostia mactatus [illegible] *Cod* 1, 19,16 Mactatus id [illegible], *Ov Met* 15, 111 § Dente [illegible] *a bird devoured by a dragon*, Cic Tusc 2, 9 ex poeta

Mactātus, ûs m verb *The killing [illegible] for sacrifice*, Lucr 1, 98

Macte voc [mactus quod mauctu, i e [illegible] Hinc [illegible] herbam [illegible] mactam § Macte [illegible] in [illegible], *Perf* [illegible] It qu [illegible] formula, *Macte [illegible] macte [illegible]* D orum [illegible] *this [illegible] a token of that honour we [illegible]* Macte esto [illegible], O Hymenæe [illegible], *Mart* 4, 12 Transfertur & ad homines & est dictio [illegible] adhortatio simul & laudantis *Hence is often understood* Re fit abl Macte [illegible] virtute, *you have been*, Vir *Æn* 9, 641 Macte virtute & [illegible] virtute esto, *Cic* Item macte, *Inf Id Tusc* 1 Reg t & genitivum Macte animi, *Stat Sylv* 5, 1, 37 § Pon & [illegible] Jubetem macte virtute esse, i e mactum *I would wish you might proceed prosperously*, &c *Liv* [illegible], 12 It pro adverb Macte amare, i e valde, *mightily*, Plau

Macta, a f *pro* mattea ut leg ap *Sen* [illegible] mittua, *vel* mactya [illegible], ut ap *Mart* 10, 59 [i e Gr ματτύη] *A delicate sort of food*, Suet Cal 38

‖ Macteola, æ f corr *pro* matteola, dim a mattea *A small dainty*, Arnob

‖ Macticus, m qui magnas habet malas & os patens, *quod* [illegible], *Fest* *Vid* Mattici

Macto, āre act [a mactus, quod quasi mauctus, i e magis auctus, magis augere, *Non* verbum medium inquit *Martin* nempe bono & malo augere] (1) *To augment*, ap vett mactare honoribus, *Non* ex *Cic* *to heap honours upon one* § Mactare aliquem infortunio, *to do one a great deal of mischief*, Ter Phorm 5, 8, 39 malo & damno, *Plaut Aul* 3, 5, 61 (2) *Meton & κατ' ευφημισμὸν* ne verbis mali ominis in sacris uti cogerentur, *to kill in sacrifice*, because they poured wine and put frankincense on the head of the victim before they killed it § Mactare ovem, *Vir Geor* 4, 546 ✱ Mactare honoribus, *to sacrifice victims in honour*, Id Æn 3, 118 ¶ Mactare aliquem orco, *to sacrifice one to Pluto*, Liv ¶ Pucio-

rum extis deos manesque mactare, *to sacrifice* [illegible] *to the infernal god*, Cic in Vatin [illegible] Mactare [illegible] *to destroy*, Cic [illegible] ¶ Quod me mactas *that which hast* [illegible] Plau

Macto, [illegible] *To kill* [illegible] summo supplicio mactari, *Cic* [illegible] 1, 11 Mactari jus civitatis [illegible] *the* [illegible] *of the Roman freedom* [illegible], Id

Mactra, æ f [illegible] μάκτρα *A kneading trough, an hutch, or bin* [illegible], *Pollux* c 7

Mactus, a, um q i mauctus, i e magis auctus, *Fest* Sed usus [illegible] voc [illegible] quam [illegible] Cato [illegible] mactus hoc ferto, [illegible] Herba [illegible] Mactus [illegible], *Cat* [illegible], 10 [illegible] *Plin* [illegible], 12 ¶ Bos [illegible] *the* [illegible], *Lucr* 1, 13.8

MACŬLA, æ f [illegible] (1) *A spot, or stain* (2) *A natural spot, or mark* (3) *A flaw, or fault* [illegible] (4) *A mesh in a net* (5) Met *A stain* [illegible] (1) Full [illegible] *Plin* (2) [illegible] Thraciis albis maculis, *Vir Æn* 9, [illegible] (3) Non ego paucis offendar maculis, *Hor A Poet* [illegible] (4) Reticulum minutis maculis, *Cic Verr* 5, 11 (5) [illegible] num non decet effugere, *Ter Ad* [illegible] 5, 8, 1

Maculans, tis part *Staining* Maculans [illegible] sola terræ, *Catull* 61

‖ Maculatio, ōnis f verb *Infamy, reproach*, &c *Jul Firm* 3, 15 ✝ Macula

Maculātus, a, um (1) *Stained, soiled* (2) *Spotted, dyed, speckled* (3) *Defiled, blemished* (1) Maculatum sanguine ferrum, *Ov Met* 15, 10[illegible] (2) Tygris maculata, *Val Flacc* 6, [illegible] (3) Stupro maculatus, *Cic*

Macŭlo, āre act (1) *To stain* (2) *To defile, violate, or pollute* (1) Terram tabo maculare, *Vir Æn* [illegible], 29 (2) Castissimos ludos omni dedecore maculavit, *Cic de Har Resp* 12

Maculor, āri pass *To be spotted*, &c Viden' tu illi maculari corpus totum maculis luridis? *Plaut Capt* 3, 4, 63

Maculōsus, a, um adj (1) *Spotted, or blotted* (2) *Naturally speckled, or spotted* (3) *Stained or spotted* (1) Littera maculosa, *Ov Trist* 3, 1, 15 (2) Maculosa lynx, *Vir Æn* 1, 321 (3) Vestis maculosa, *Cic Phil pp* 2, 29 § *Infamous, scandalous* Maculosi senatores, *Cic Attic* 1, 16 Maculosum nefas, *Hor Od* 4, 5, 22 Avaritia & libidine fœdus & maculosus, *Tac Hist* 2, 7, 2 ✱ Pudicus ¶ Maculosa oratio, *a gawdy style, and as it were finely speckled*, Petron c 2

Madefăcio, ĕre, ēci, actum [i e madere facio *To wet, or moisten* ¶ Vindes madefecerit herbas *Vir Æn* 5, 330 ¶ Vino vos vestrosque pantices madefacitis, *you fill your guts with wine*, Plaut Pseud 1, 2, 51

Madefactus, a, um part *Made wet*, or *moist* ✱ Cladu sanguine imbuti, vel madefacti potius, *Cic Attic* 14, 6

Madefio, eri, factus sum *To be made wet*, or *moist* Sepulcra madefient cæde, *Catull* 62, 368

Madens, tis part [a madeo] *Wet*, or *moist* Cæde madentes terras Astræa reliquit, *reeking with*

slaughter, Ov Met 1, 149 ¶ Ensis madens, *bloody with a wound received by a sword*, Stat [illegible] [illegible] madens, *weeping*, Id

MADEO, ēre, ui neut (1) (1) *To be wet, or moist* (2) *To be* [illegible] (3) *To be drunk* [illegible] Met [illegible] (1) Madebit [illegible], *Ov Met* 1, 95 [illegible] *a sweat* [illegible], Plaut [illegible] 2, 1, 18 [illegible] *well tinctured with sophistry* [illegible] *Cod* [illegible] *to be* [illegible], Lucr [illegible] *from the custom of ancient* [illegible] *are full of* [illegible], Tib [illegible], 12 [illegible] & [illegible], *Plin Paneg* [illegible], 12 [illegible] *to* [illegible], Vir Geor 1, 196 (3) Madet homo, *the man is drunk*, Plaut Most 1, 4, [illegible]

Madesco, ere (1) *To grow wet, or moist* (2) *To be* [illegible] (1) [illegible], *Ov Met* 1, 15 (2) In [illegible]

Madidans, tis part [qu a madido] Madidans [illegible], i e [illegible], *dropping wet*, Claud de Rapt Pros 2, 88 ✝ Madens

‖ Madidatus, a, um part *Wetted, soaked, and moistened*, Arnob ✝ Madidus

* Madidus, a, um adj [a madeo] (1) *Wet, moist, dropping or wringing wet* (2) *Drunk* (3) *Dyed* (4) Met *Tainted, or imbued* (5) *Sodden, boiled* (1) Madidis notis evolat alis, *Ov Met* 1, 264 (2) [illegible] sic fomius, *Plaut Amph* 3, 1, 18 *Jocus ex imbrero, i e natus plane [illegible]* [illegible] Non [illegible] (3) Cocco madida vestis, *Mart* 5, 24 (4) Cecropia madidus [illegible] Minerva artibus, *Mart* 1, 40 (5) ✱ Nihil sum cruda, nisi quis madida glutis, *Plaut Pers* 1, 2, 12 & seqq

Madifico, āre *id quod* madefacio Oculorum anguli subinde madificentur, *Plin* 28, 7 Rar occ

* Madon *A kind of white vine, which goeth by several names*, Plin [illegible], 1

Mădor, ōris m verb [a madeo] *Moisture, dankness*, apud *Sall in Fragm*

Madulsa, æ m *vel* c g Madusa fin *Fest* Madusa inquit ebrius e Gr μαδᾶν, (al leg μυδᾶν) vel quia madidus fit vino, *a drunkard* Prope abeo madulsa, *Plaut Pseud* 5, 1, 7

* Mæander, & Mæandrus, i m μαίανδρος Fluvius Phrygiæ admodum sinuosus & tortuosus (v *d* Propr) unde etiam omnia obliqua vett Mæandros appellarunt (1) *A river of Phrygia very crooked and winding*, whence (2) Met *turns, shifts, tricks* (3) *A lace, or welt of purple, set round in crooks and turns about the border of a garment* (4) * Also *fretwork in arched roofs* (1) Recurvatis ludit Mæander in undis, *Ov Met* 2, 246 Mæandrus oberrat, *Sil* 7, 139 (2) ✱ Quos tu mæandros? quæ diverticula flexionesque quæsisti? *Cic in Pison* 22 (3) *Vir Æn* 5, 250 (4) * *Hesych*

✝ Mæandratus, a, um adj *Bent to and fro, turned, intricately wrought, engrailed*, Varr *apud* Nonn 2, 550

Mæanadrum genus [illegible] a simili dine [illegible] *Vid* Mæa[illegible]

Mæna, æ f [illegible] (1) *A pickrel* [illegible] *it* [illegible] *a kind of fi*[illegible] *chard, of which* [illegible] *kle*, (2) [illegible] *clothes* [illegible] *kept* [illegible] (1) [illegible], *Cic* [illegible] 31, 7 (2) [illegible] *Vid* [illegible]

Mænas, adis f [illegible] *of Bacchus, or a* [illegible] *Cybele* [illegible] *Prop* [illegible] Mænades [illegible] 38 [illegible] *Troian priest* [illegible] Cassandra, *Prop* [illegible]

Mæniana, *orum* [illegible] Mænio [illegible] *or open galleries* [illegible] on Menius, who [illegible] to Cato, reserved one [illegible] which he might [illegible] 18 & [illegible] Mæniana [illegible]

* Mænomenon [illegible] *which make the people* [illegible] *who eat of it*, Plin [illegible]

Mæreo, mæstus [illegible] & [illegible] מרר marar [illegible]

¶ Mæsorium [illegible] quod [illegible] *kind of gown that* [illegible] *the* [illegible] *Vid* Mavors

‖ Măga, æ f *A witch or* [illegible], *Ov* [illegible] certe *Aug* Maga famosissima [illegible]

Magalia, um n pl [illegible] casæ Afrorum, *Dicunt a quod* [illegible] magar, quod Punica lingua [illegible] sive casam pastoral [illegible] *Numidian cottages* Miratur molem Æneas magalia quondam, *Vir Æn* 1, 425

✝ Magaria, [illegible] in *urbe* magaribus ap *Plaut Pœn* 86 *A grove, or* [illegible] *near Carthage* Vid [illegible] an in Punic

Mage, *pro* magis *More, rather* Mage [illegible] hanc quam [illegible], *Plaut Truc* 3, 1, 17

‖ Magganum, i n *Hesych* μαγγανον, i e machina μηχανὴ [illegible], *Hesych* [illegible] *instrument, or tool*, Gl

Măgia, æ f (1) *Natural* [illegible] *gic, or* [illegible] *knowledge*, as Pl[illegible] *to calleth it* (2) Also *soothsaying, witchcraft, sorcery* (1) *Plin* [illegible] *Cal* 9, 23 & *Porphyr* lib [illegible] τεχνης [illegible] (2) [illegible] *Apul Apolog* p 4[illegible]

* Magice, es f *Magic*, Plin 30, 1

Magĭcus, a, um adj *Of, or pertaining to witchcraft*, [illegible] *or enchanting* Magicum carmen, *Cic* [illegible] *Ov* Magicæ artes *Vir Æn* 4, 493 ✱ In his [illegible] artes pollent, non magicæ, *Plin* 30, 2

* Magida, æ f *A kind of broad platter*, Varr

‖ Maginor, ari [illegible]

* Magiriscium, i n dim [illegible] μάγειρος, coquus] *A cook*, [illegible]

gra in image resembling a cook, mad by Pytheas, *Plin* 35, 12

Magis, idis f [μαγὶς à μάσσω, ... mage] (1) *A vat to knead bread in* (2) *Arundle*, or *rollingpin to make paste with* (3) *A dish or platter* (1) *Plin* 33, 11 (2) ... (3) *Plin* 33, 11

Magis, adv [a magior, pro magis, per Sync *Scal* vel à magnus, pro ... conf potiu o, vel imminuta ... masc μέγα mage, ut ... in utroque genere, ... apud Græcos fit] (1) *More*, before a positive adjective, or ... for the comparative de... (2) With a comparative it ... (3) Sometimes un... (4) *More at large, more* ... (5) *More in number* (6) ... (1) Neque lac lacti magis ... est, *Plaut Amph* 2, 1, ... Si dicendum est ... i e apertiùs, *Cic* ... hic magis est dulci-... *Stat* 5, 4, 22 (2) Ta-... mulier semper, quam loqueris, *Plaut Rud* 4, 4, 70 (4) ... magis ... loquar, nunc ..., *Plaut Cas* 2, 2, 40 (5) Annos ... magis quadraginta, *Cic* pro *S Rosc* 14 Tibi nos dedimus ... tibimusque etiam magis, *Pers* 5, 2, 66 (6) Magis ... eo facilitate, quam ulla alia ... mea contigit, *Cic de Orat* ... 4 Oscula poscente magis gaudet erip., *Hor Od* 2, 12 ¶ Magis ex usu tuo, *more for your purpose, or turn*, Ter Aliud magis ... *a thing that more nearly concerneth him*, Id ¶ Magis & magis, magis magisque, *Cic* Magis atque magis, *Vir* Magis ac magis, *Plaut* ✠ Magis magis, *more and more*, Catull Eo magis, *so much the more*, Cic ¶ Magis est ut moleste ferat, *there is more reason that*, Cic

Magister, tri m [Variis conjecturis ... queunt etymon hujus vocis, ut plane nescias an prima notio ... pot statis, an sapientiæ, alludens ... affirmatio μαίω, *Voss* hoc ... *Jul Cæs Scal* qui magister ... μαγιστήρ, sive μαγείας ἐστωρ, ... nihil aliud quam σοφῶν ... Quo quidem etymo paulo reconditiori non tam moveo, ut doctoris notionem rectoris ... præponam, quum ex ... multitudine huc ficien... cui accedit etiam *Serv* auc... magistri non solum doctorum, sed & pagorum, so... corum, collegiorum, ... nuncupantur] (1) *A master*, ... (2) *A pedagogue* (3) ... *writer, a tutor* (4) *A* ... (5) *A physician* (6) *A pilot of a ship* ... *that maketh a public sale of debtors goods* (1) Magister equitum, *a general of horse, or the dictator's lieutenant*, Liv ... Cic de Legg ... *the censor*, Id Fam ... *the master of a court*, ... *among those that belonged to it*, Plaut Aul ... *the master, or ... of a company*, Suet scrip... *that had the letting out of ... pastures and kept account*, Id Att 5, 15 ... *master of a street, a constable* ... *a chief* ... Vir collegiorum, ... *of a society*, Fest ... Suet Aug ... census, ... &c *Ap JCC* ... *a general* Amm ... *a master of the ce-*

remonies, Id officiorum, *an officer that received and treated with ambassadors*, Id libellorum, *a master of requests*, Id (2) ✠ Magistrone quenquam discipulum minitari? *Plaut Bacch* 1, 2, 44 (3) Ut puerum sævo credis dictata magistro reddere, *Hor Epist* 1, 18, 13 (4) Stylus optimus dicendi effector & magister, *Cic de Or* 1, 33 (5) Barbatum hoc crede magistrum, *Pers* 4, 1 *de Socrate* (6) Pronus magister volvitur in caput, *Vir Æn* 1, 120 (7) *Cic*

|| Magisteria, æ f *The office of the magister officiorum*, *Amm* Vid Magister

Magisterium, i n [à magister, ut à minister ministerium] *The place, or office of a master, or governour* Magisterium equitum, *Suet Tib* 3 peditum, *Aur Vict de Cæs* 41, 26 Magisterium morum, *his office who was* arbiter bibendi, *Cic in Catone maj* 14, 5 *the place of the chief hind* In eo magisterio, *Col* 11, 1 loquitur de villici officio, *the office of him that governed young men*, Plaut Bacch 1, 2, 44 *vid* & Most 1, 1, 32 Magisteria sacerdotii, *the places of masters, or governours in an order, or college of priests*, Suet Cal 22 Magisteria municipalia, *offices in a corporation*, Suet Aug 2 § In pl *dictates, precepts* Mea redibunt vana magisteria, *Tibull* 1, 4 *a trial, or practice in physic*, Cels

Magistra, æ f *A mistress* Ei ludo magistra hæc est, *she is a mistress of that school*, Ter Hec 2, 1, 7 § *a teacher* Magistra parsimoniæ, *Cic* pro *S Rosc* 27 ✠ Discipulus venio ad magistras, *Plaut Stich* 1, 2, 48 Dux vitæ & magistra officiorum, *Cic N D* 1, 15

† Magistrates m pl Magistratus & magistrates invenimus, *Charis*

|| Magistrationes publicæ *Public schools*, Cod Theod

Magistrātus, ûs m [à supino verbi *magistro*, *i e* rego, *Fest*] (1) *Civil government, magistracy, the office, or place of a magistrate* (2) *A magistrate* (1) ✠ Nemo cum imperio, aut magistratu, *&c* Suet Tib 12 In urbe magistratum gerebat, *Cic* (2) Vere dici potest, magistratum legem esse loquentem, legem autem mutum magistratum, *Cic de Legg* ... 1

|| Magistro, āre act [à magis, *sc* magis possum quam alii] *To rule, to govern*, also *to teach, to discipline* Vitam mihi arem magistrare, *Jul C P*

Magma, ătis n μάγμα [ἀπὸ τοῦ μάσσω], quod liquidiore materia expressa μάγμα relinquatur, spissior pars, vel quod in massam redigatur, *M*] (1) *The dregs of an unguent* (2) *The refuse, or dross of a thing* (3) || *Any perfumes made up dry, as pomanders, washballs, &c* (1) Fæcem unguenti magma appellant, *Plin* 13, 2 (2) Croci magma ..., quod quasi recrementum ejus est, *Cels* 5, 18 (3) *Gorr*

|| Magmentārius, a, um adj Magmentaria ... *where in their offerings to the gods were put and brought to the altar*, Gloss vet

† Magmentum, i n *i e* magnus augmentum ... mactus, *e* magis auctus, *Fest* quod ad religionem (regionem, *Scal*) magis pertinet, vel quod, cum id deo pol-

lucerent, macte dicerent, *Varr L L* 4, 22 [à μάγμα, *i e* farina subacta, quod Gr μάγμα, fit magmen, magmentum, *M*] *That which they offered to their gods, the wine and frankincense, which was put upon the head of the sacrifices before they were slain*, Arnob

|| Magnālia, um pl n *Great and wonderful works*, Tert † Magnifica opera

Magnanimitas, ātis f *Valiantness of heart and courage, stoutness, magnanimity, greatness of spirit*, Cic Offic 1, 16

Magnanimus, a, um adj [qui magno est animo] *Magnanimous, he that hath the virtue of fortitude, courageous, brave* ⚌ Quos fortes & magnanimos, eosdem bonos & simplices, veritatis amicos, minime fallaces esse volumus, *Cic Off* 1, 19 ✠ Magnanimi equi, *high mettled*, Vir Æn 3, 704 magnanimus leo, *a bold lion*, Ov Trist 3, 5, 33

|| Magnarius, i m *i e* magnus negotiator *A great dealer, or one that dealeth in great, a merchant that buyeth and selleth all kinds of wares by wholesale*, Apul Magnes 1, ita im à princip

|| Magnātes, um m pl [à sing magnas] *Great men, nobles of greatest power and esteem, great peers of the realm, grandees*, Onom vet Magnates μεγιστᾶνες, *Vulg interp* habet *magnatorum* & *magnatis* in pl quod à sing magnatus † Optimates, summates, primores

Magnes, etis m [μάγνης, μαγνῆτις, seu μαγνῆτης, ab inventore ejus nominis, *Plin* 36, 16 potius *a* Magnesia Lydiæ regione, magnetum *quia fit patriis in finibus* ortus, *Lucr* 6, 909 ibi enim, circa Heracleam urbem, primum inventus est, unde Heraclius dict] (1) *The loadstone, which hath the property to draw iron unto it* (2) Also *another stone of this name, of the colour of silver* (1) Magnes ad se ferrum allicit & trahit, *Cic Div* 1, 39 (2) *Theophr*

Magnetarches, æ m *The chief magistrate of the* Magnetes *so likewise he of the* Magnesians *was called*, Inscript Arundel

Magneticus, a, um adj *Of, or belonging to the loadstone* Venerem magnetica gemma figurat, *Claud de Magn* 26 Magneticus index, *the needle of the compass*

✠ Magnidicus, a, um adj *Bragging, boasting, that talketh big words* Dum tuis ausculto magnidicis mendaciis, *Plaut Rud* 2, 6 31

Magnifacio, ēre, eci, actum act *To esteem, or value much*, Ter Hec 2, 2, 18

|| Magnificātio, ōnis f *An extolling, or magnifying*, Macrob Sat 5, 13 † Prædicatio

Magnificē adv *Magnificently* Magnifice dicere, *to speak with a lofty air*, Ter se efferre, *to extoll himself mightily*, Id incedere, *to walk with a stately pace*, Liv 2, 6 habitare, *to have a noble seat*, Cic vivere, *to live honourably*, Id se circumspicere, *to view one's self haughtily*, Id tractare aliquem, *to manage one cleverly*, Ter ¶ Magnifice utilis, *very useful*, Plin 2, 7

Magnificentius adv ius, comp issime, sup *Magnificently, stately, loftily, nobly* Oppidum magnificenter ædificatum, *Vitruv* 1, 6 ⚌ Omnia excelsius & magnificentius & dicit & sentit, *Cic Orat* Cum consulatum magnificentissime gessisset, *Id Varr* 4, 7

Magnificentia, æ f (1) *A largeness of soul in conceiving and managing of great things* (2) *Magnificence, grandeur* (3) Also *an high value and esteem* (1) Magnificentia est rerum magnarum & excelsarum cum animi ampla quadam, & splendida propositione agitatio & administratio, *Cic de Inv* 2, 54 (2) ✠ Odit populus Romanus privatam luxuriam, publicam magnificentiam diligit, *Cic* pro *Muræn* 36 (3) ✠ Magnificentia & despicientia rerum humanarum, *Cic Off* 1, 2 Magnificentia scenæ, *Cic* verborum, liberalitatis, *Id*

Magnificentior, ius adj comp issimus, sup *More and more noble, stately, magnificent* Ad magnificentiora nati sumus, *we are born to more noble things*, Cic Magnificentissima ædilitas, *Id Offic* 2, 16

† Magnificius adv comp [a magnifice] *pro* magnificentius, *Cato ap Fest*

Magnifico, āre *Highly to praise, extoll, or commend, to magnify, to value one greatly* Pudicitia est eos magnificare, qui nos socios sumpserunt sibi, *Plaut Stich* 1, 2, 44 Venus voluit me magnificare *Id Men* 2, 3, 19

Magnificor pass *To be highly extolled*, &c Magnificatur alia turris, *Plin* 36, 12

Magnificus, a, um adj entior, comp entissimus, sup *Magnificent, stately* Magnificus apparatus, *Cic Offic* 1, 8 Magnificæ ædes, urbes, *Ov* Mea est magnifica, *mine is a stately dame*, Ter Heaut 2, 1, 15 ¶ Animus magnificus, *a large soul*, Cic Magnifica verba, *great vaunting words*, Ter ✠ Elegans, non magnificus, *he loved neatness, not state*, Nep Attic 13

Magniloquentia, æ f *A lofty and high strain, or manner of speaking*, Cic Fam 13, 15 *high vaunting talk*, Liv 44, 15

Magnilŏquus, a, um qui magna loquitur (1) *He that hath a lofty stile, or an high strain* (2) *Highflown, vaunting, boasting* (1) Magniloquus Homerus, *Stat Sylv* 5, 3, 62 (2) *Ov Met* 8, 391

Magnipendo, ĕre act *To have in great esteem, to set much by* Non magnipendo ne duit, *Plaut Asin* 2, 4, 54 sed forte divise rectius scrib

Magnipendor, i pass *To be esteemed, highly valued and regarded* ⚌ Amicis mari & magnipendi postulo, *Ter Adelph* 5, 4, 25 *sed* magni pendi *forte rectius*

|| Magnitas, *pro* magnitudo, *Accius*

Magnitūdo, inis f *Greatness in quantity, magnitude, the bulk of any thing, great, or small* Magnitudo non habet certum modum comparatio illam aut tollit, aut deprimit, *Sen Epist* 43 Magnitudo solis, *Cic* Plura persequi magnitudo operis prohibet, *Nep in Præf* sub fin Orationis magnitudo, *the length of an oration*, Cic ¶ Magnitudo æris alieni, *the being deeply in debt*, Id periculi, judicii, injuriæ, animi, *Id* ¶ Hiemis magnitudo, *the severity of winter* Id ¶ Magnitudo servitii, *abundance of slaves*, Id Magnitudines in pl *Cic*

Magnoperē adv *leg & divise* magno opere *With great care, or pains, greatly* ¶ Magnopere

provi

providendum est, *great care must be taken*, Cic Magnoperè interminari, *to threaten severely*, Ter. —dictum est, *there was a strict order given*, Plaut ¶ censeo, *I would have you by all means*, Cic eminere, *to be very eminent*, Liv ¶ Quid magnopere potuit facere? *what could he do to speak of?* Cic Non magnopere visus, *rarely seen*, Plin ¶ Non magnopere quæretis, *ye will not be eager to know*, Cic

Magnum adv *Greatly, aloud* Magnum clamat, *Plaut Mil* 3, 2, 10 more Græc

MAGNUS, a, um adj major, comp maximus, sup [ab inusit μεγάλος, pro magilus] *Great, much, large, rich, powerful, hard, difficult* Acervus magnus, *Vir Geor* 1,158 intervallis, *Lucr* numerus frumenti, *a great many bushels*, Cic amator mulierum, *a mighty lover*, Plaut ¶ Magna voce, *with a loud voice*, Cic ¶ Dii magni, *the great Gods*, Vir *scil* Jupiter, Juno, Minerva, *&c* Magni pueri, *great mens sons*, Hor Magna & veteri prosapia, *of a rich and antient family*, Suet Magnum opus & arduum, *a difficult undertaking*, Cic ¶ Vir magno natu, *of great age*, Liv ✠ Pectus magnum, *a great heart*, Vir *Æn* 4, 448 ✠ Os magnum, *a strong voice*, Id Geor 3, 294 ✠ Magna lingua, *proud language*, Hor ¶ Magnum mare, *a tempestuous sea*, Catull 23, 12 ¶ Magnum fecit, *he did a great matter*, Hor In magno negotio habuit, *he thought it a great matter*, Suet Magna ex parte, *in great measure*, Id ✱ omnino, *Id* ¶ Magni esse, *to be highly valued*, Cic Magno vendere, *to sell dear*, Id ¶ Magna urbs, *Rome*, Tibull Magna dea, *Catull* Magna mater, *Cic Cybele mother of the gods*

Magudaris, *Plaut* semen silphii, *Gal* *A kind of the herb* laserpitium, *the stalk of it only* Plin *the root*, as Dioscor *juice*, as Hesych and *seed*, as Poll In this last sense *Salmasius* taketh the place in *Plaut Rud* 3, 2, 19

Măgus, i m [ab Hebr מהגה *i e* meditans, mussitans] (1) *A philosopher and priest amongst the Persians* (2) *A magician, or any sort of diviner* (3) *An inchanter, charmer, an impoisonner* (1) In Persis augurantur & divinant magi, *Cic de Div* 1, 41 Sapientum & doctorum genus magorum habebatur in Persis, *Id de Div* 1 33 (2) Magi ex notis corporis respondebant, *Paterc* 2, 24 (3) Quis te solvere Thessalis magus venenis poterit? *Hor Od* 1, 27, 21

Magus, a, um adj *Magical* = Illa magas artes Æææque carmina movit, *Ov Amor* 1, 8, 5

Măia, æ f μαῖα Cancri genus *A kind of sea crabfish*, Plin 9, 31 Maia dea, cui mense Majo res divina celebrabatur, *i e* *Terra*, a magnitudine, *unde & magna mater voc Macr* ab ant majus *pro* magnus, *Voss*

Majalis m *A barrow pig, or hog*, Varr R R 2, 4, 7

Majestas, ātis f *i e* magnitudo, dignitas Majestas populi Romani, *the authority, power, and grandeur*, Cic imperii, *Hor* consilium, *Liv* judicum *Cic* dierum festorum, *the solemnity*, Pers ¶ Tanti majestas ducis, *i e* Tiberii, *his imperial majesty*, Phædr Regia majestas, *the king's majesty*, Claud. Sancta majestas, *his sacred majesty*, Ov Crimen majestatis, *high treason* Judicium majestatis, *a trial about treason*, Cic § De majestate damnatus, majestatis damnatus, *Id* ¶ Majestatem lædere, *Suet* minuere, *Quint* imminuere, *Cic* *to commit treason* ¶ Accusare majestatis, *to accuse of treason*, Liv ¶ Majestatem conservare, *to keep up his royal prerogative*, Cic solvere, *to let it fall*, Liv Retinere jus & majestatem viri, *to keep up the power and dignity of the man*, Id

Mājor, us, comp [*a* μείζων, major, magnus facit magnior, magnius, & per Sync magius, ac tandem majus, *vel* ab ant majus, *pro* magnus, *V*] (1) *Bigger, greater* (2) *Elder* (3) *More efficacious, more powerful, more vigorous* (4) *Weighty, momentous, important* (1) Major pede calceus, *Hor Epist* 1, 10, 42 (2) Annos nata est sedecim, non major, *Ter Eun* 2, 3, 20 (3) Majorem ad res gerendas animum facit cura, *Cic Offic* 1 (4) Nihil majoris rei nisi auspicatò gerebatur, *Cic de Div* 1, 16 ¶ Major animus, *greater courage*, Cic Major gratia, *greater thanks*, Hor Bello major, *more excellent in military affairs*, Vir ¶ Quod majus est, *which is more*, Cic ¶ Major natu, *elder*, Cic ¶ Eum tibi majorem in modum commendo, *more earnestly*, Cic ¶ Major morbus, *the falling sickness*, Cels ¶ Major consul, *he that had the fasces, or he that was first declared*, Fest Prætor major, *the city prætor*, Id Major hostia, *pro* maxima, *Phædr* 2, 3, 11 ✱ *Majores Flamines* appell patricii generis, minores, plebeii, *Fest* ¶ Majora viribus audere, *to venture beyond his strength*, Vir

|| Majoratus, ûs m *A majorality, or majorship*, Justinian

Majōres, um pl m (1) *Ancestors, forefathers* (2) *Noble ancestors* (3) *Founders of a sect* Majores sunt qui a tritavo sunt, & ita hunc in infinitum, *Justinian* (1) Vir avo patre, majoribusque suis dignissimus, *Cic Philipp* 3, 10 (2) Nullis majoribus orti, *Hor Sat* 1, 6, 10 (3) Majores meos Aristotelem dico & Theophrastum, *Apul Apol* p 462

|| Majuma, æ f *Feasts, or sports at Rome and Ostia in honour of the goddess Maia, kept in the month of May, maygames*, Theod Cod

Majus, i m [à majoribus, *ut* Junius à junioribus, *Varr* *vel* à Maia m tre Mercurii] *The month called May* Mensis erat Majus majorum nomine dictus, *Ov Fast* 5, 427

Maius, a, um adj *Of May* Maia calendæ, nonæ, idus, *Cic*

Majusculus, a, um adj dim [à majori] (1) *Somewhat greater, or bigger* (2) *Somewhat elder* (1) Folia majuscula sunt quam hederæ, *Plin* 16, 6 Thais quam ego sum majuscula est, *Ter Eun* 3, 3, 21

Māla, æ f [contracte ex maxilla, ut ala ab axilla *Cic* test *Orat* c 45] (1) *The ball of the cheek, the cheek* (2) *The jaw, or cheek bone* (1) Malas prisci genas vocabant, pudoris hæc sedes, *Plin* 11, 37 (2) Horribilis mala leonis, *Hor Od* 2, 9 24 ¶ Mandere malis, *to eat*, Cic *de* Orat 3, 58 *ex poeta*

Mălabathrum, *rectius* malobathrum, thri n *Plin* petalion, *Plaut* (1) *A kind of leaf, or Indian spikenard*, (2) *of which a sweet ointment is made*, *vid* Malobathrum (1) *Plin* 12, 26 (2) Coronatus nitentes malobathro Syrio capillos, *Hor Od* 2, 7, 8

* Mălăche, es f μαλάχη, malva, *quasi* μαλακή, *i e* mollis, *scrib & moloche* *A kind of mallows* Malache prosequitur, quæ vertice solem, *Col* 10, 247

Mălăchites, *vel* molochites m [*a* colore malvæ] *A stone of a dark green colour*, Plin 37, 9

Malachra, æ f *al* maldacon *A tree in Bactria of the bigness of an olive tree, whereof cometh the gum called* bdellium, *Plin* 12, 9

* Malacia, æ f *i e* maris tranquillitas μαλακία, mollities (1) *A calm, when the sea is quiet and still, without the least breath of wind, calmness, quietness, stillness* (2) *The longing of women with child, the greensickness, when young women eat chalk, ashes, &c* (3) *Also* *raw driness*, or *the affecting gayish habits* (1) = Tanta subito malacia ac tranquillitas extitit ut se loco movere non possent, *Cæs B G* 3, 15 (2) *Plin* 23, 6 (3) Non forte ex usu Græc ¶ Stomachi malacia, *Plin* 28, 7 *i e* languor & imbecillitas, *a queasiness, or squeamishness of stomach*

* Mălăcisso, āre μαλακίζω, mollio *To soften, to stroke, to make soft and gentle* Malacissandus es, *Plaut Bacch* 1, 1, 31

Malacus, a, um adj μαλακός, mollis (1) *Soft* (2) *Supple, pliant, flexible* (3) *Easy, voluptuous* (1) Pro lorica malacum sumam pallium, *Plaut Bacch* 1, 1, 38 (2) Ad saltandum non cinædus malacus æque est atque ego, *Plaut Mil* 3, 1, 74 (3) Nostra agetur ætas in malacum modum, *Plaut Bacch* 2, 3, 121

* Mălagma, ătis n *Cels* & *Col* † & æ f *Veg* μάλαγμα [*a* μαλάσσω, mollio] *An emollient pultiss, wherewith imposthumes are softened and ripened* Quomodo differunt malagmata ab emplastris & pastillis, *vid Cels* 5, 17

* Mălaxo, āre μαλάσσω, fut μαλάξω, *i e* mollio *To soften, to supple*, Laber *ap* Gell 7, 17

Malè adv [*a* malus] (1) *Ill, wickedly* (2) *Hurtfully* (3) *Unhappily, unfortunately* (4) *Amiss, not rightly* (5) *Greatly, much* (6) *Scarcely, not at all* (1) Male sudendo & lustris lacerant homines, *Plaut Curc* 4, 2 22 (2) Male animatus erga principem exercitus, *Suet Vitell* 7 (3) Ubi suos labores male cecidisse viderunt, *Cæs B C* 2, 15 (4) ✱ Benevertere & describere male, *Ter prol Eun* (5) Male metuo ne morbus aggravescat, *Ter Hec* 3, 2 (6) Curvis male temperat unda carinis, *Ov Geor* 1, 60 ¶ Male est mihi, *it is very ill with me*, Catull ¶ Ob male sit, *a mischief take you* Id Male vertat tibi, *much harm may it do you* *Ter* Malè precari alicui, *to curse one*, Plaut Malè narras, *you tell me ill news*, Plaut Hæc res me male habet, *it troubleth me*, Ter Male animo est, malè maceror, *it grieveth my heart*, Id Male cogitare de aliquo, *to design him ill*, Cæl *ad* Cic mereri, *to deserve ill of one*, Cic accipi, multari, *to be used ill*, Id Malè factum est animo, *he is in a swoon*, Luci § *Ill*, or *amiss* ¶ Male credere alicui, *to trust one that is not to be trusted*, Plaut docere, *to teach amiss*, Ter Male feriari, *keeping holiday at an unfit [illegible]* Male nati versus, *unhappily made*, Id Male audire, *to be ill spoken of*, Ter ¶ Male olere, *to stink*, Plin § Sum negat *is* [illegible] *significante rem bonam*, male [illegible] male gratus, *unthankful, ungrateful*, Ov Male pinguis, *barren*, Vir Male sanus, *mad*, Cic Male sobrius, *drunk*, Ov ¶ Male conciliatus, *dear bought*, Ter Domus empta male, *dearly bought*, Cic Male emere, *Id* ¶ Male audire, *to have a bad report*, Id. Male animatus erga aliquem, *ill affected to, bearing ill will*, Suet

Maledice adv *Railingly, reproachfully, abusively* = Cum de absentibus male hic contumelioseque dicitur, *Cic Off* 1, 37

|| Maledicentia æ f *Slanderous and reproachful speech, detraction, ill report* Gell † Contumelia, procacitas, *Cic*

Maledicentior, comp issimus, sup [*a* maledicus] *More and most given to report slanderously, slanderous, backbiting, detracting* Hominem maledicentiorem quam te, novi neminem, *Plaut Merc* 1, 2, 31 Maledicentissimâ civitate omne crimen effugit, *Cic pro Flacc* 3

Maledīco, ere, xi, ctum *To rail at, or call names* Maledicere alicui, *to revile one*, Phædr Maledicere liberius, *to be free of ill language* Verbo maledicere alicui, *Plaut* ✱ Aliud est maledicere, aliud accusare, *Cic pro Cal* 3

Maledictio, ōnis f *Slander, railing, backbiting* Maledictio nihil habet propositi præter contumeliam, *Cic pro Cæl* 3

Maledictum, i n *A railing accusation, abusive, or foul language, opprobrious words* = Vexare aliquem probris & maledictis, *Cic pro Flacc* 20 ✱ Nihil loci est maledicto quod hic omnia occupavit, *Id pro Mur*,

|| Maledictus, a, um part *Cursed, or banned*, Spartian *ad Eccles pertinet* † Devotus, execratus, *Vett*

Maledĭcus, a, um adj *Foul-mouthed, backbiting, reproachful, slandering, reviling* Maledicus conviciator, *a slanderous railing fellow*, Cic *pro* Mur 6 § Maledicus in omnes, *one that rails at all people*, Quint

Malefacio, ere, eci, ectum *To do an ill, or shrewd turn, to do wrong, to abuse, to [illegible]* [illegible] que tu verbis unquam solve, quod mihi re malefeceris, *[illegible] shall never make amends [illegible] deeds*, Ter Adelph [illegible]

† Malĕfactor, oris m *[illegible] doth evil* Malefacto enim [illegible] civibus quam relinqui beneficium [illegible] *Plaut Bacch* 3, 2, 11 [illegible] *cum nemo puri sermonis* [illegible] *ab illo usus fuerit*, præter [illegible] Cic. *dicere maleficus*, quod [illegible] *γ ς* respondet τῷ Plautin[illegible] *licus*

Malĕfactum, i n *An ill [illegible] a shrewd turn, a discourtesy* [illegible] Beneficia male locata malefacta [illegible] arbitror, *Enn ap Cic Off* [illegible]

Malefice adv *Mischievously, maliciously*, Plaut Pseud [illegible]

Maleficentia, æ f *Mischievousness*, Plin 9, 9

Maleficentissimus, *sup* [illegible] *wicked and mischievous* [illegible] Maleficus

Maleficiosè adv *Mischievously* [illegible] *ly*, al rect leg *maligne* [illegible] pro *Cæcin* 7

Maleficium, i n (1) *Any wicked action* (2) *Any act of hostility* (3) *Witchcraft, or inchantment* (1) Admittere, committere maleficium, *Cic pro S Rosc* 22 — Injuria, scelus *Id* (2) In foro & portubus sine maleficio consistere, *Cæs B G* 2, 20 Sine maleficio iter facere, *Id B G* 1, 7 (3) *Tac Ann* ..., 69, 3

Maleficus, a, um (1) *Impious, ... villainous* (2) *Hurtful, mischievous, malign* (3) *... a sorcerer, or ...* *inchanter* (1) Hominum maleficorum scelera ... *Cic Verr* 5, 55 (2) Hic ... is vir, ut ... in tribus ... ut ... bus, sic maleficium ... in corpore *Nep Ages* ... *Tac* 18 *Leg* 9

Male..., a, um adj *Not to be trusted* Caput male ... *that's ... h*, *Ov* ... Sinus male ... carinis *an unsafe harbour*, *Vir Æn*

Malesuadus, a, um *Persuading ... arts* Malesuada ... *Plaut Most* 1, ..., 56 *ubi* Gru... *al* vulgi lenni ... *... that tempteth to* ... *Vir Æn* 6 276

Malevolens, tis, issimus, sup *Ill-... of an envious temper*, or *ill-natured* = Est misericordum ut ... malevolentes sint, atque invidentiores *Plaut Capt* 3, 4, 51 Malevolentissimæ obtrectationes, *Cic Fam* 1, 7 ✱ Salutem mittunt benevolentibus malam rem malevolentibus *Plaut Pseud* 4, 7, 49

Malevolentia, æ f *Ill-will, spite, or malice* Malevolentia & ... liberatus, *Cic* ... 1, 15 Malevolentia est voluptas ex malo alterius sine emolumento suo, *Cic Tusc* 4, 9

Malevolus, a, um *Bearing ill will, or owing a grudge, malicious, spiteful, envious* Malevolis ... criminibus credere, *Cic Fam* ..., 10

Malicorium, i n *The rind, or outward coat of a pomegranate*, *Plin* ..., 6

‖ Malifĕrus, a, um *Producing the fruit of trees* Maliferæ mœnia Abellæ *Vir Æn* 8, 740

‖ Malignans, tis part *Malignant, a malignant*, Bibl ✝ Malevolus

Malignè adv ius, comp (1) *Enviously, spitefully, maliciously* (2) *Sparingly, or niggardly, little* (1) Neque enim bene facta malignè detrectare meum est, *Ov Met* 13, 270 Rex suspicabitur malignius habitum esse sermonem, *Curt* 8, 1, 29 (2) Malignè virens, *Plin* 34, 11 Maligne omnia præ..., *Liv* 39, 9 Malignè respondet fidelia, *the jarr doth not ring well*, *Pers* 3, 21

Malignitas, atis f (1) *Malignity, ill will, ill nature* (2) *Envy* (3) *Sparingness, or niggardliness* (1) Hic dies malignitate ... omnes mortales mihi *Plaut Capt* 3, 1, 5 (2) Obtrectat malignitas, *Phædr* 5 *prol* 15 Malignitas conferendi ex privato, *Liv* ..., 42

‖ Maligno, āre act *To make worse, to enrage, to exasperate*, *Amm*

‖ Malignor, āri, ātus sum dep *To be malicious, wicked and spiteful*, *Hier*

Malignus, a, um adj or comp ... issimus, sup [- malus *ut* benignus a bonus] (1) *Envious, malicious, spiteful* (2) *Peevish, morose, sower* (3) *Little, small, not plentiful* (1) Malignum vulgus, *Hor Od* 2, 16, 39 Nec ... metues malignorum, *Mart* 4, 87, 7 = Malignissima capita & optimo cuique inimicissima, *Sen de Ira* ... 18 (2) *Vid Buchn ad Plin Ep* 8, 1... n 394 (3) ✱ Tepet igne maligno hic focus, ... *Mart* 12, 5... ¶ Oculi maligni, *Vir Æn* 5, 654 Maligni ... *Plaut* 3, 10, 5 Menia ... *not communicative*, *Catull* 66, ... ¶ Aditus maligni *narrow passages to a place*, *Vir Æn* 11, 525 Terra ... maligna ... *doth not produce the rest ... plentifully*, *Plin*

‖ Malil... adj *A ...*, *Paul* ..., m ... Malolus

Malinus ... in ... minor, ut ... una, vel Leduna, minor ... Saxonic *Bede* [ab Hebr מלא, ...] *The spring tide of the sea, as Leduna is the ...*

Malinus, a, um adj *Of an apple-tree* Lignum malinum, *Col* ..., 8 *ubi tamen al leg* malign... Plura malina, *Plin* 15, 15

‖ Malitas (neut ponitis) *Evilness*, *Ulp*

Malitia, æ f [ex malo] (1) *Perverseness, the doing mischief designedly* (2) *Fraud and craft* (3) Also *vice, wickedness* (1) Malitia præmiis exercetur, *Sall Orat* 2 *de R P ordin* (2) ✱ Malitiæ certi cujusdam vitii nomen est, vitiositas omnium, *Cic Tusc* 4, 15 Malitia est versuta & fallax nocendi ratio, *Id N D* 3, 30 ✱ Prudentiam malitia imitatur, *Id Part Orat* 23 = Insidiis & malitia laudem est adeptus, *Id* (3) ✝ Quicquid facimus aut malitiæ aut virtutis gerimus imperio, *Sen Ep* 106 & sæpe alibi ¶ Malitia cœli, *the hardness of the weather*, *Plin* soli, *the ill temper of the ground*, *Varr* ☞ *Sed qui mallent cum Cic loqui, se ab hoc usu abstinebunt*, *vid Tusc* 4, 15

Malitiosè adv ius, comp (1) *With a malicious and mischievous design, spitefully* (2) *Deceitfully, wilily, knavishly* (1) ✱ Nihil malitiosè, quanquam sceleste agere, *Cic Attic* 15, 13 = Ut nihil malitiose neque consultò fecisse videatur, *Id* (2) = Quicquam agi dolose aut malitiosè potest? *Cic Off* 3, 15 Si rem mandatam malitiosius gessisset, *Id pro Rosc Am* 38

Malitiōsus, a, um adj *Cunning, crafty, knavish* ✱ Hoc non est aperti, non simplicis, non ingenui, non justi, non viri boni, versuti potius, obscuri, astuti, fallacis, malitiosi, callidi, veteratoris, vafri, *Cic Offic* 3, 13 ¶ Malitiosa interpretatio juris, *a wrested and crafty exposition of the law*, *Id Offic* 1, 30 Malitiosæ blanditiæ officiorum, *Id*

Malleātor, ōris m [quod à verbo malleo, as] *Working with an hammer, or beetle* Balneis malleator hispanæ, *a beater of Spanish gold* Sic *Salm* legendum videtur ap *Mart* 12, 57 *vulg lect* Paludis malleator Hispanæ, *a beater of Spanish hemp*, § also *a minter, or coiner of money*, Inscript vett

Malleātus, a, um [qu à malleo, as] *Hammered, wrought, or beaten with an hammer, or beetle* ✝ Ex crudo, id est, non malleato sparto, *Col* 12, 19

Malleŏlāris, e adj Malleolaris virga, *a twig, or young branch fit for planting*, *Col de Arb* c 3

Malleŏlus, i m [dim mallei] (1) *A little hammer, or mallet* (2) *The small branches, or shoots of a vine, fit for planting* (3) *Bundles of hemp, or Spanish broom besmeared with pitch and other combustible matter* (4) *The ankles, or anklebones* (1) *Col test Litt* (2) *Cic de Senect* 15 (3) Domus plena malleolorum ad urbis incendia comparatorum, *Cic pro Mil* (4) Mall... *Gorrh*

MALLEUS, i m (1) *A mallet, an hammer, a maul, or mall* (2) Also *a disease in cattle* (1) Navis sæpe excussi malleo, *Plaut Mil* ... 2, ..., 5... (2) *Veget*

‖ Malluviæ, ārum f [qu manuluviæ, *et* pelluviæ in quo pedes] *A bason wherein to wash the hands* *Fest*

Mālo, mavis, vult plur malumus, vultis, malunt ... malui, ... malle [contract ... ex magis volo, quo usi sunt *Plaut & Ter* ... magis volo, *Cic* ... *I ... rather, I would rather with* ¶ Quanquam illi omnia malo, quam mihi, *Cic* § Mallem ..., *Id* § Mallem ut ..., *Id* § Viginti nummis non ego malo famem, *Mart* § Maluit fieri, *Cic*

Malobathrarius, i m qui malobathrum vendit, *Plaut Aul* 3, 5, 37 *al leg* murrobathrarii, *al* myrobathrarii, qui μύροις βρέχουσι, unguento capillitium ungunt, *Al*

Malobathrum, i n μαλόβαθρον Folium Indicum quod hodie *tamalabatra* Indi vocant *al* quod crescat in regione. In hac *Malabar* dicta, videtur comp ex Gr ..., Dor μαλον, malum, & ..., profunditas, q d in paludibus crescens *Hor* Syrium vocat, *Od* 2 7, 8 *An Indian leaf whereof spikenard is made, the unguent itself* Dat & malobathron Syria arborem folio convoluto, arido colore, ex quo exprimitur oleum ad unguenta, *Plin* 12, 26 *Vid* Malabathrum

* Malope, es f *The greatest kind of mallows, reckoned among planted, or set herbs*, *Plin* 20, 21

* Maltha, æ f μάλθα sive μάλθη, *i e* κηρὸς μεμαλαγμένος, cera mollita, *Hes* pix cum cera mista, *Fest* πισσόκηρος, *Gloss* cera, quâ illinerentur judicum tabellæ, *Poll* *A combustible mass made of unslacked lime, wine, fat, and oil, which set on fire burneth vehemently*, *Plin* 36, 24 *Softned wax, to draw upon writing tables*, *Pollux* *A kind of terrace made of quick lime and hogs grease*, *Plin* Also *liquid brimstone*, *Id*

‖ Malthinus Malthinus tunicis dimissis ambulat, *Hor Sat* 1, 2, 24 *Turneb* interpr mollis & effeminatus ☞ *Sed videtur esse nomen fictum*

Maltho, āre act *i e* maltha solidare, conglutinare *To dress with lime, or morter, to glue, or solder* Quod malthatur oleo perfricatur ante, *Plin* 36, 24 *Vid* Maltha

Malva, æ f [à μαλάχη sive μαλη, *Hesych*] *The herb mallows* Beta, & malva, *Cic Fam* 7, 26 Læves malvæ, *purging, cathartic*, *Hor Od* 1, 31, 16 salubres, *Id Epod* 2, 58 virides, *Ov*

Malvaceus, a, um *Like, or pertaining to mallows, made of them* Caulis malvaceus, *Plin* 21, 4

✝ Malvāceus, i m dim [à malva] *A little mallow*, *Sosip ex Varr*

✝ Malugeniātus κακοδαίμων ἄνθρωπος *Unlucky, or unfortunate, born under an unlucky planet*, *Scal ex Vett*

MALUM, i n [à μᾶλον, Dor pro μῆλον] *An apple* Malum aureum, *an apple of a golden colour, some think a citron, orange, or quince* Malum granatum, *Col* 12, 41 Punicum, *Plin* 26, 8 *a pomegranate* ¶ Malum terræ, *an herb called birthwort*, *Plin* 25, 8 ¶ Malum cotoneum, *a quince*, *Plin* 15, 11 ¶ Malum Medicum, Assyrium, citreum, *a lemon, or pomecitron*, ... *Plin* ... Epiroticum, *an apricot*, *Id* ‖ ... *the ... of the ...*

Malum, i n ... (1) ..., *wickedness* (2) *Punishment* (3) *A mischief, an ill* (4) *an evil ...* (5) *Misfortune, difficulty, danger* (1) Veterum malorum supplicia expendunt, *Vir Æn* 6, 740 (2) Pepulit misero garrula lingua malum, *Tibull* 4, 1, 20 (3) Quid si eris illi, qui dederit damnum, aut malum? *Ter Andr* 1, 1, 116 (4) Malum late solet immedicabile cancer serpere, *Ov Met* 2, 825 Arte Apollinea levare malum, *Id Trist* 3, 3, 10 Jucundum malum, *Id Rem Am* 137 *amorem vocat* (5) Tu ne cede malis, sed contra audentior ito, *Vir Æn* 6, 95 ¶ Malum nascens, *a growing evil*, *Cic Philipp* 5, 11 ¶ Majus malum, *a greater calamity*, *Phædr* 1, 2, 31

Malum adv *Illy, amiss* Ne gallina malum responset dura palato, *Hor Sat* 2, 4, 18

Malum! interj *With a mischief, with a pox* Quæ, malum! ista fuit ratio? *Cic Philipp* 10, 9

Mālus, i f arbo [ex μηλέα, Dor μαλέα, ejus fructus malum] *An appletree*, *Vir Geor* 2, 70

Mālus, i m quod ex trunco mali, *i e* arboris, fit per Synech speciei *A mast of a ship* Alii malos scandunt, alii per foros cursant, *Cic de Senect* 6

MALUS, a, um adj (✱) (1) *Evil, sinful* (2) *Ill meaning, or designing* (3) *Unjust, fraudulent* (4) *Silly, foolish* (5) *Poisonous* (6) *Bewitching, illboding* (7) *Magical* (8) *Mischievous, hurtful* (9) *Cowardly, weak*, as the Greeks use κακός (10) *Ugly, deformed* (1) Via lævâ malorum exercet pœnas, *Vir Æn* 6, 542 (2) O hominem malum! ut dissimulat! *Plaut Men* 4, 2, 77 (3) ✱ Hic inerunt viginti minæ bonæ malâ operâ partæ, *Plaut Asin* 3, 3, 144 *by tricking, or cheating* (4) Stultorum incurata malus pudor ulcera celat, *Hor Ep* 2, 16, 24 (5) Coluber mala gramina pastus, *Vir Æn* 2, 471 (6) Ne vati noceat mala lingua futuro, *Vir Ecl* 7, 28 malus ales, *Hor* (7) Sola tenere malas Medeæ dicitur herbas, *Tibull* 1, 2, 53 (8) Quid juvat modo nata malâ vellere poma manu? *Tib* 3, 5, 19 Malâ vites incidere falce novellas, *Vir Ecl* 3, 11 (9) Terra malos homines nunc educat atque pusillos, *Juv* 15 70 (10) Formâ malâ mulier, *Plaut* ¶ Mala mens, *madness*, *Catull* 16, 14 Haud malum huic est pondus pugno, *this is a good weighty fist*, *Plaut Amph* 1, 1, 156 § Malam rem, *pro* malum, *a mischief*, *Ter*

✝ Mamers, rtis m Linguâ Oscâ, Mars, dict *Fest* per redupl *Scal*

Mamilla, æ f dim [à mamma] (1) *A little teat, or breast* (2) *A*

A dug Mamilla omnis eminentia uberis, *papilla* breve illud, unde lac trahitur, *Serv* (1) *Juv* 13, 16 (2) *Varr R R* 2, 3

Mamilliana, *sc* ficus [*a* mamillæ similitudine] *A kind of fig like to a pap*, or *breast*, Plin 15, 18

Mamillare, is n [*a* mamilla] *A breastcloth*, *a stomacher*, Mart 14, 66 in lemmate

MAMMA, æ f μάμμη, ἡ μήτηρ τῶν γειτόνων ἡ ὑπερκεισομένη μητρός, *Hes* ex voce infantium μᾶ, μᾶ, μάμμα, μαζὸς ... (1) *A breast*, *a pap of* woman, *or man* (2) *Dugs of cattle* (3) *A child's word calling mother*, mam ma (4) *A grandam*, or *grannam*, μάμμη, avia, quod ab אם matre (5) *The bump of trees*, *out of which the branches sprout* (1) Puer mammam appetens, *Cic* de *Div* 2, 41 Primam mammam dare, *Ter Adelph* 5, 9, 17 (2) Pressis manibunt ... mammis, *Vir Geor* 3, 310 (4) Iratus mamma lallare recusas, *Pers* 3, 18 (4) *Mart* 1, 101 (5) *Plin* 17, 16

† Mammeātus, a, um adj *Having teats*, or *dugs*, or *having great dugs*, Plaut Pœn 1, 2, 181

† Mammo, āre *To give a young one the dug*, Aug ‡ Dare mammam infanti, *Ter*

* Mammona *Riches*, *mammon*, Bibb

Mammōsus, a, um adj *Having great breasts*, *dugs*, or *paps*, Mart 14, 149 Canes mammosæ, *Varr R R* 2, 9 ¶ Mammosa pyra, *a sort of pears*, Plin 15, 15 Mammosum thus, *female frankincense*, Id 12, 14

* Mammŏthreptus μαμμόθρεπτος *A child sucking long*, or *a child wantonly brought up*, Aug *A cockney*, *a milksop*, Erasmo interprete

Mammula, æ f dim *A little dug*, or *teat* Urinæ iter mammulæ simile, *Cels* 1, 26 Mammulæ pensiles, *Varr R R* 2, 3

† Mamphūla, æ f *A kind of bread in Syria*, Lucil *ap* Fest

† Mamphur, ris *A round piece of timber*, *which turners use in working with the wheel*, Fest

Mānābilis, le adj *Apt to pierce*, or *flow* Manabile frigus, *Lucr* 1, 525

* Manăcus, i m *Vitruv* 9, 8 *al scrib* manachus, monachus *corrupte*, Turneb *leg* menæus, *i e* μηναῖος *The orb of the moon*, *a month*, whence by adding the Arabic article *al*, we have the word *almanack*, Scal *Vid Dalechamp* ad *Plin* 2, 9

† Manale Urceolum aquæ manale vocamus, quod eo aqua in trullam effundatur, id quod *aquiminale*, non a manando, sed a manibus dict *An ewer to pour water on one's hands*, Scal

Manalis, e adj [vel à manibus, *i e* diis inferis] *That which belongeth to the ghosts*, or *gods below*, Nonn ex Varr [vel à manando, *i e* fluendo] *That out of which water always floweth* § *Manalem lapidem* putabant esse ostium Orci, per quod animæ inferorum ad superos *manarent*, qui dicuntur *manes*, Fest *the door of Hell*, *by which the souls were thought to ascend to this world* § Manale sacrum erat deorum *manium* § Manalis fons, *a fountain never dry*, Fest Manalis lapis, *a stone whereout runneth a fountain*, or *spring*, or *whereout water gusheth*, Id § Manales petræ, *h e* quas antiqui solebant in modum cilindrorum per limites trahere, pro pluviæ commutanda inopia

Manans, tis part βρύων *Flowing*, *gushing out*, *running*, or *trickling down* Manante toro lacrimis, *Ov Epist* 10, 55 Arbores succo piceam resinam unique manante, *Plin* 14, 20 ¶ Manantia ulcera, *spreading sores*, Plin 22, 25

Manceps, cipis c g dict *qu* manuceps, quod manu capiat (1) *A farmer of any part of the public revenue* (2) *An undertaker of any public work that giveth security for its performance* (3) *He that buyeth the goods of one proscribed* (4) *A proprietor who selleth a thing upon warranty* (5) By a metaphor those are called *mancipes*, that undertake to engage men to applaud an orator (6) *A postmaster* (1) Mancipes à civitatibus pro frumento pecunias exegerunt, *Cic Div* in *Verr* 10 (2) *Tac Ann* 3, 31 (3) Hominis studiosissimi nobilitatis manceps fit Chrysogonus, *Cic* pro *S Rosc* 8 (4) Ego mancipem te nihil moror, *Plaut Curc* 4, 2, 29 (5) *Plin Epist* 38 (6) *Cod* Manceps operarum, *one that hireth labourers under him*, *to get by their work*, Suet Vesp 1 Manceps sutrina, *a master of the shop who buyeth by wholesale and selleth by retale*, or *because of his hiring servants to work under him*, Plin

Mancipātio, ōnis f verb *The parting with a thing and giving it up to another*, *a manner of sale before witnesses*, *by seisin and delivery* Scrib & mancupatio, *Plin* 9, 35 *ubi leg* Harduin ex *MS Vid* Mancipium

Mancipātus, a, um part [à mancipor] *Sold*, or *given up to the power of another*, *engaged*, *enthralled*, *enslaved* Venditus atque mancipatus tribunatus, *Cic Phil* 2, 21 Senectus nemini mancipata, *free*, *at no body's command*, Id de Sen 11

Mancipātus, ûs m verb *A selling*, or *sale of a thing upon warranty*, *a solemn parting with a thing before witnesses*, Plin 9, 35

Mancipi, *vel* mancupi [per Apoc ex gen mancipii] Mancipi res, *wherein a man hath the property and full possession*, Cic pro Mur Mancupi emptio, *a buying of a thing upon bargain and sale*, Plin 32, 3

Mancipium, i n [*qu* manucapium, quod ab hostibus manu caperetur, *Varr* vel à manceps mancipium, *ut* principium *à* princeps] (1) *Property*, or *right of perpetual possession*, as free land, servants, *&c* (2) Meton *The thing*, or *person made over and bought* ¶ Mancipio promittere dare, *to warrant the title*, *&c* Plaut accipere, *to have a conveyance of an estate made to him*, Varr Sui mancipii esse, *to be at his own disposal*, Brut *ad* Cic Epist 16 § Lex mancipii, *the conditions in the making over any thing*, Cic In mancipio, *in the act of conveying*, Id (1) Fundum mancipio alicui dare, *Cic* domus, *Id* (2) Davus am cum mancipium domino & frugi, *Hor Sat* 2, 7, 2 ✠ Vita mancipio nulli datur omnibus usu, *Lucr* 3, 985 ✠ Fructus est tuus, mancipium illius, *Cic*

Mancipo, āre [*a* manceps, *i e* in mancipium, *h e* dominium alterius trado, vendo, obligo, *vel* quovis modo alieno] *To give up his right and title to a thing to another*, *to give away*, *sell*, or *alienate* § Torquatus filium in adoptionem D Syllano mancipavit, *Cic* Quædam mancipat usus, *long possession giveth a title to some things*, Hor Epist 2, 2, 159 Mancipare alienos, *to warrant the title to slaves in sale*, *whereof he hath none*, Plaut Curc 4, 2, 10 Mancipare prædia, *to sell farms*, Quint

Mancupium, *Varr idem quod* mancipium [*a* manceps] *quod vide*

Mancus, a, um adj *qu* manicus [*a* manu] prop manu debilis Mancus, manu ancus, vel manu calius, *Isid* Ancus, mancus, κυλλὸς, λεβδὸς, *Gl* Ancus ab ἀγκών, a vitio cubiti Deinde mutilus quovis membro, κυλλὸς, πηρὸς, Qui im ecillitate dextræ validius sinistra utuntur, non *scævæ*, sed *manci* dicuntur, *Ulp* (1) *Maimed*, *lame*, *defective of any limb*, or *member* (2) Met *Weak*, *wanting power* (3) *Imperfect*, *not consummate* (1) = Scævola mancus ac membris omnibus captus, ac debilis, *Cic* pro *C Rab* 7 (2) = Manca ac debilis prætura, *Cic* pro *Mil* 9 (3) Mancam fore putaverunt sine ulla accessione virtutem, *Cic* de *Fin* 3, 9

Mandans, tis part *Commanding*, *committing*, &c Utere mandantis simplicitate viri, *Ov Epist* 16, 311 Rem mandans lapidi maximo, *trusting a blockhead with it*, Plaut Merc 3, 4, 47

Mandātor, ōris m (1) *One who committeth a thing to another's charge* (2) *One who suborneth an informer*, also *a kind of surety* (1) *Tert* (2) Inter adversa temporum & dilatores, mandatoresque erant, *Suet Tit* 8 ubi *vid Torrent*

Mandātum, i n *A commission*, *command*, or *charge* Veniunt cum mandatis, veniunt cum testimoniis publicis, *Cic Verr* 2, 64 § Mandata dare alicui ad aliquem, *to charge one with a message to another*, Cic de magnis rebus, *to give one orders about great affairs*, Id ¶ Alicui mandata deposcere, *to wait on one*, *to know his pleasure*, Id In mandatis alicui aliquid dare, *to give him orders*, Cæs Libera mandata, *a commission at large*, *the power of a plenipotentiary*

Mandātus, a, um part *Commanded* Res mandata, *a trust*, Cic Judicium mandati, *a trial about a breach of trust*, Id Mandata imperia alicujus, *office committed to one*, Id ✠ Mandata æternæ saluti, *put into a state of continuance*, Lucr 6, 601

† Mandātus, ûs m verb *A bidding*, *a charge*, or *command* Mandatu prætoris, *Suet Cæs* 7 ‡ Mandatum

† Mandibula, æ f [*a* mando, is] *The jaw*, or *mandible*, wherein the teeth are set Cibaria confecta mandibulis, *Macrob Sat* 7, 4 ‡ Maxilla

† Mandibulum, i n *id quod* mandibula, *the jawbone*, Gloss

MANDO, āre act *quasi* manu do (1) *To commit a thing to one's charge* (2) *To give one orders*, *to bid* (3) *To commit to one's charge*, or *care* (4) *To send away* (1) = Bona nostra hæc tibi committo, & tuæ mando fidei, *Ter Andr* 1, 1, 62 (2) § Accersi illum mandavi, *Ter* § Mihi mandavit ut emeretur, *Plaut* (3) § Huic mandes si quid recte curatum velis, *Ter Adelph* 3, 3, 19 (4) = Quam incredibile est eum familiarissimum suum dimittere ab se, & mandare in ultimas terras? *Cic* pro *Sulla*, 20 ¶ Mandare honores alicui, *Cic Verr* 4, 27 magistratum, *Id Verr* 5, 14 consulatum, *to put one in office*, Liv § Mandare semina terræ, *Ov Ep* 5, 115 terræ *Col* 1, hordea sulcis, *Vir Ecl* 5, 36, *to sow it* § Mandare aliquid memoriæ, *to commit to one's memory*, Cic N D 1, 4 animis & memoriæ, *Id Catil* 1, 11 § literis monumentisque, *to put in writing*, *and deliver down to posterity*, Cic Offic 2, 2 scriptis, monumentis, *Id* pro *Domo*, 29 § Salutem alicui, *to present his service*, Ov *ex* Pont 4 6, 13 § Mandare aliquem humo, *to bury*, Vir Æn 9, 214 § Mandare se fugæ, *to run away*, Cæs B C 5, 18 vitam suam fugæ, solitudini, *to put himself into exile and solitude*, Cic § Mandare malis, *to eat a thing*, Lucr 2, 6, § tenebris vinculisque, *to fetter one in a dungeon*, Suet Tib ... Fortuna cum mandavit laqueum, *to bid threatning fortune go and be hanged*, Juv 10, 5

Mandor, āri, ātus pass (1) *To be given in charge*, *to be ordered*, or *commanded* (2) *To be committed* (3) *To be exiled*, or *sent away* (4) *To be appointed*, *ordered*, or *made* (1) = Ita mandatum atque imperatum est, *Cic* (2) Hæc monumentis annalium mandantur, *Cic* pro *S xt* 48 (3) Infra mortuos mandatur, *prosecuted beyond the grave*, Cic pro Quint 15 *sed al leg* amandatur (4) Sacerdotia a populo mandantur, *Cic*

MANDO, ĕre, di, sum act (1) *To chew*, or *grind with the teeth* (2) *To eat* (3) *To champ* (1) ✠ Alia sugunt, alia carpunt, alia vorant, alia mandunt, *Cic N D* 2, 47 ✠ Ferram elephanti ... edisse ... abitu cum est, nihil sæpius mandant, *Plin* 8, 10 (2) Perdicem mandere sæpè soles, *Mart* 1, 65 (3) Stat sonipes & frœna ferox spumantia mandit, *Vir Æn* 4, 135

Mandor, i pass *To be chewed* = Dentibus manditur, extenuatur, & mollitur cibus, *Cic N D* 2, ...

† Mando, ōnis m *A great eater*, *a devourer*, Lucil & Varr *ap* Nonn 1, 58 = Lurco

Mandra, æ f (1) *A fence*, *lodge*, or *any such like place for any sort of cattle* (2) Meton *A company*, or *team of horses*, *oxen*, *mules*, or *other beasts that bear burdens* (3) *The points*, *or places where the chess men stand* (4) || *A monastery*, or *convent* (1) Vix datur longas mulorum vincere mandras, *Mart* 5, 2 (2) Stantis convicia mandræ, *Juv* 3, 237 (3) *Mart* 7, 71, 9 (4) *Eccles*

Mandrăgŏras, æ f *An herb called mandrake* ✠ Semihominis mandragoræ flores, *Col* 10 statim ab initio

|| Mandūcātio, ōnis f verb *A chewing*, or *eating*, Hieron

Mandūcātus, a, um part *Chewed*, *eaten*, Varr

Mandūco, āre [à mando] *To chew*, *to eat* Bini cotidie duas baccas manducavi, *Suet Aug* 76 *al* baccas

† Mandūco, ōnis m *A great eater* § Manducones qui & manduci dicti sunt, & mandones, edaces, *Nonn*

Manducor, āri dep *To eat*, or ..., Pomp Lucil & Afran ap Non

Manducum, i n [a manduco] *Mat* A mandendo in Atellanis obsonium vocant manducum, *Varr L L* 6, 5

Manducus, i m [a manduco] ... *A great eater*, Gloss *a* ..., *or hobgoblin drest up* ... *terrible shape, with wide* ... *a great teeth granching*, ... *at plays* Si recte siltem ... *Festus locum Plaut* ... Quid si aliquo ad ludos me pro manduco locem? *Rud* 2, 6, 51

MANE adv (1) [a manum, i e bonum] *Early in the morning* ✠ Mane egredior, vesperi ... reverior, *Ter Heaut* 1, 1, 15 † Hodi mane, *Cic Att* 13, ... Mane subst n nom acc & abl ... *the morning, daylight* ... mane fenestras intrat, ... 1 Mane totum dormies, ... 1, 50, 36 ✠ Noctes vigilabat ad ipsum mane, *Hor Od* 1, ... sub obscuro mane, *Col* 7, ... A mane ad portum procedere, ... *Pan* ... 3, 57

Manebitur impers *I, thou, he, we, ...,* *they will tarry*, Cic ... 8, ...

Manedum imper [a maneo] ut ... *Tarry awhile*, Plaut ... 3, 2, 39 Ter Hec 5, 4, 4

Manendus, a, um part *To be stayed*, Lucr 2, 1088

Manens, tis part *Continuing* Terra immobilis manens, *Cic Som n* ... 5

MANEO, es, ēre, si, sum neut (1) [a μένω] (1) *To tarry, to stay* (2) *To wait*, or *expect* (3) *To ..., abide*, or *hold to a thing* (4) *To be inferred, to be consequential* (5) *To expect*, or *stay for* on (1) *Revocantis particula* Mane mane, inquam, *Ter Phorm* 1, 4, 40. (2) Servus manet, ut moneatur, *stayeth till he is bidden*, Plaut Stich 1, 2, 1 (3) Immota manent fata, *continue fixed*, Vir ... 1, 261 Mansit Sylvius omnibus cognomen, *Liv* § Lex manet, ... Cic ✠ abrogata ... Manere in eo quod convenit ... (4) Manet ergo, quod ... id nunquam esse utile, *Cic Offic* ..., 12 (5) Mansurus est ..., dum adveniat, *Ter Phorm* ... 1, 16

Manes, ium pl prima ... cum tamen solus, ut opinor, ... *Lucr* 3, 52 [ab ... manis veteribus, i e bonus, ... veneratites manes vocat ... Hos deos, ... *Lucr* ... (1) *An order of gods both celestial and infernal* ... former, whereof were ... to protect infants, it is ... generally us... in the latter ... (2) *A spirit*, or *ghost*, or ... *of one living*, or ... (3) *The furies, tormentors* (4) Meton *The place of the dead*, ... *Geor* 1, 243 ... (5) *Dead bodies* (6) ... which Plato believed ... after death, and ... *or, as we* ... *the remorse and sting* ... (1) Hisce manibus ... non vino, *Cato* ✠ Æqui ... superos deos, alteri ad ... ad superos pertinet, ... (2) Virginiæ manes ... quam viva, *Liv* ... Magni Manes ter voce ... *Æn* 6, 506 (3) Denegata ignoscenda, ... terent ... noscere manes, *Vir Geor* 4, 489 (4) Hæc manes veniet mihi fama sub imos, *Vir Æn* 3, 565 (5) Sepulcra diruti, nudati manes, *Liv* (6) Quisque suos patimur manes, *Vir Æn* 6, 743

Manetur impers *To be tarryed* Hic maneri diutius non potest, *here is no longer staying*, Cic

Mango, onis m ... & ali, f [dict quia τὰ μαγγανεύει, i e fuco colorem mentitur, *Quint* Quo mancipia carius vendat] (1) *A buyer and seller of boys and girls or slaves, who pampereth and painteth them to set them off, and sell them the dearer* (2) *A regrater, who buyeth and setteth off any kind of ware, to make it seem fairer* (3) *An horsecourser, a jockey, a keeper of horses, mules, &c* (4) *A breeder and keeper of dogs* (1) Millia pro puero centum me mango poposcit, *Mart* 1, 59 *Vid Suet Aug* 69 Spadonum mangones, *Id Dom* ... (2) Mangones gemmarum, *Plin* 37, 16 *vid & Sen Ep* 80, in fin Mango obstetrix erat, *Plin* (3) Mangones equorum, *Plin vid & Suet Vesp* 4 (4) *Vet Gloss* Mango, κυνοτρόφος

Mangonicus, a, um adj *Belonging to the trade of regraters, which polish things for sale* Radix hyacinthi mangonicis venalitiis pulchre nota, *Plin* 21, 26 Ad mangonicos quæstus descendit, *Suet Vesp* 4

Mangonium, i n [a mango] (1) *The trade of brokers, &c* (2) *Brokery, the art of dressing meat and setting it off* (1) Ex vocis origine (2) *Plin* 10, 50

Mangōnizatus, a, um part (1) *Pampered* (2) *Painted*, or *trimmed up, set off* (1) Equi mangonizati, *Plin* 23, 1 (2) Mangonizatæ villæ, *Plin* 9, 54

Mangōnizo, āre *To polish, paint, and trim up a thing to make it sell the better* Pueros mangonizavit sæpe obstetrix, *Plin* 32, 10

† Mani abl [a mane] usque a mani ad vesperum, *Plaut*

† Maniæ, ium f [a μανία, vel a manes, quia ab inferis ad superos manare credebantur, *Fest*] *Hobgollins, deformed and misshapen images, bugbears with which nurses used to fright their children, as rawhead and bloody-bones, images of dough* Cato haret in dat plur maniabus, & ficit eas infantum deas, qualis Cunina & Rumina *Vid Propr*

* Maniacus a, um adj [a μανία] *Brainsick, mad, a maniac*, Jun ‡ Insanus

Manica, æ f [a manu] (1) *A sleeve of a garment* (2) Manicæ, ārum f *Manacles to tie the hands* (3) *Mittens, gloves* (4) Also *grapling irons wherewith ships are fastned together in fight* (5) Also *gauntlets and splints* (1) Tunicæ manicas habent, *Vir Æn* 9, 616 (2) Manicis jacentem occupat, *Vir Geor* 4, 439 (3) Cujus manus hyeme manicis muniebantur, *Plin Ep* ..., 5 (4) *Liv* 3, 560 (5) *Juv* 6. 255 ✠ Manicis & compedibus tenere aliquem, *to keep one bound hand and foot*, Hor Ep 1, 16, 77 Manicas accipere, *to yield himself prisoner* Cic

Manicātus, a, um denom *Having sleeves* Manicata tunica, *Cic Catil* 2, 10 *quæ & manuleata*, *Plaut a coat with sleeves* Pellis manicata, *a muff*, Col 11, 1

Manicon, *called also* dorgenion [a μανία, quod insanire facit] *The herb nightshade*, Plin 21, 31

Manicula, æ f dim [a manus] (1) *A little hand* (2) *The plough-tail handle* (1) Ubi mamma manicula opprimitur alia, *Plaut Pseud* 5, 1, 16. *ibi vult reponi* mammicula *vel* mammillula, *Boxhorn at nonnum mutandum censet Scal* (2) Manicula transversa regula in stiva, ita dict quod manu bubulci tenetur, *Varr*

† Manifestārius, a, um adj [a manifestus] *Notorious, manifest, openly known* Fur manifestarius, *a thief taken in the act*, Plaut Aul 4, 4, 10 *A sol* manifestarius, *Id Trin* 4, 2, 50 Manifestaria es res, *it is a plain case*, Id

Manifestè adv ius, comp issime, sup *Manifestly, openly, plainly* Tota re manifeste deprehensa ..., *Cic Catil* ..., 2 Manifestius apparere, *Vir Æn* 8, 16 Quo vivus manifestius spectaretur, *Tac* ut omnibus manifestissime pateat, *Apul Apol* p 510

Manifestò adv *Plainly, manifestly, openly* Teneor manifesto miser, *Plaut Trin* 4, 2, 66 Manifesto fur, *Id Pan* 3, 5, 40

Manifesto, āre *To manifest, to make apparent, to bewray*, or *discover* ✠ Insidia prodit, manifestabitq, latentem, *Ov Met* 13, 106

Manifestor, āri, ātus pass *To be manifested, &c* Hoc etiam ipsorum vocabulo manifestatur, *Just* 41, 1

Manifestus, a, um adj ior, comp issimus, sup [a manu & antiq fendo, *unde* offendo *pro* invenio, proprie igitur sumitur pro eo quod ita est clarum, ut manibus quasi palpari possit *Voss*] *Manifest, clear, plain, evident, apparent* Manifestum furtum, *Cic Verr* 2, 20 Manifestius est, quam ut, *&c* Quint 3, 8 Manifestissimum scelus, *Id Decl* 14 § Manifestus sceleris, *Sall Jug* 35 ¶ Manifestis in rebus teneri, *to be taken in the fact*, Cic Manifestum aliquem habere, *to discover one's designs and get plain proof against him*, Sall § Spirans & vitæ manifesta, *shewing evident tokens of life*

† Maniolæ dim *id quod* maniæ, *Fest*

‡ Maniplaris, *pro* manipularis, *Scal* miles *A soldier*, perhaps the *standardbearer* Pertica suspensos portabat longa maniplos, unde maniplaris nomina miles habet, *Ov Fast* 3, 117 *Vid* Manipularis

✠ Maniplus, i m *pro* manipulus, per Syncop Agmina Volscorum ducere maniplis, *Vir Æn* 11, 463 *Vid* Manipulus

Manipulāris, e adj *Of, or belonging to a band of men*, Subst *a common soldier*, Cæs B G 7, 50 Manipulares judices, *judges chosen out of the soldiers*, Cic Philipp 1, 8 *Vid* Maniplaris

Manipulārius, a, um adj *Of, or belonging to a common soldier* Manipularis habitus, *Suet Cal* 9

Manipulātim adv (1) *By bands, or companies* (2) Met *In heaps* (1) Manipulatim excurrunt, *Liv* 2, 53 (2) *Plaut Pseud* 1, 2, 48

Manipŭlus, i m & per Syncop maniplus [quod manum pleat, i e impleat, *Isid*] (1) *An handful, gripe, bottle, or bundle* (2) Synecd *An ensign of a band of soldiers*, so called from a bundle of hay tyed to the end of a pole, which the first Romans used instead thereof *Vid* Maniplaris (3) Meton *A band, or company of soldiers under one captain* (4) *A small number of men under one division* (5) It is taken also for *a glove*, or *gauntlet* (1) Stipula ... maniplis sternere humum, *Vir Geor* 3, 297 (2) *Vid* Maniplaris (3) Disjecti que ..., desolatique maniplis, *Vir Æn* 11, 870 (4) *Veget* ..., 13 (5) Manum manipulo involutam, *Suet*

Manliana, orum n *A kind of apples*, so called from one Manlius, who first grafted them, *Plin* 15, 14

Manna indecl n ut & Gr μάννα ... manna, a ... paret ..., ... [מָן הוּא] præpara... vel ... definitio, ... vel quod ... מָן הוּא ... (1) *Manna, the food of angels, or bread of heaven* (2) Also *a kind of honey, dew, which is gathered in great plenty ... Libanus, which ... led ros Syriacus* (3) *The crumbs, ... in mocks, or dust of frankincense* (1) *Bibl* (2) *Vet Calep & ...* & omnino *Cl Scal ...* manna commentarium (3) *Plin* 29, 6

Mannŭlus, i m dim *A little gennet, or ambling nag, a galloway* Habebat mannulos multos, *Plin Ep* 4, 2

Mannus, i m equus brevior [dict quod consuetudine manum familiarius sequatur] *A nag, a jennet, an ambling nag* Mut paullos mulos vocat Currit agens mannos ad villam, *Lucr* 3, 1076

Mānans, tis part [a seq] (1) *Flowing* (2) Also *flowing with* (3) *Spreading* (1) Manans ... unda ... pedem, *Catull* 6, 6 (2) Arbores succo picem resinamque manantes, *Plin* 14, 20, pr (3) Manantia ulcera, *Plin* 22, 25

MANO, āre neut & act (1) [a מַיִם Chald מַיִן aquæ] (1) *To run in a small stream* (2) *To trickle down, to let fall* (3) Act *To drop, to distill* (4) Met *To diffuse, to extend, to spread* (1) § Tigris & Euphrates uno fonte manant in Armenia, *Sall teste Tac* ✠ Quæ natura manant & fluunt, *Cic N D* 1, 15 § De ... nive manat aqua, *Ov Trist* ..., 2, 20 (2) Sudor ad imos manabat talos, *Hor* Manabit olivo cervix, *Prop* 3, 17, 31 *Met* Ingenium veni quod pauper manat, *Ov ex Pont* 2, 5, 21 (3) § Lidis enim manare poetica mella te solum, *Hor Epist* 1, 19, 44 *Gemma in* ... sudorem purpureum manat, *Plin* 37, 10 Lachrymas etiamnum marmora manant, *Ov Met* 6, 312 (4) *Vid* Manans, n 3 ✠ ... in ... malum, & manat indies latius, *Cic Philipp* 1, 2 ... bona nomen manat latissime, *Id*

* Manon [ἀπὸ τοῦ μανὸν, ... rarietate] *A kind of spunge, somewhat thin and soft*, Plin 9, 25

Mansio, ōnis f verb [a maneo] (1) *A tarrying*, or *staying* (2) *A continuance*, as in life (3) *An inn* (4) *A day's journey* (5) *A kind of punishment, little ease* (1) ✠ Is mecum sæpe de tua mansione aut decessione communicat, *Cic Fam* 4, 4 Mansiones diut næ Lemni, *Ter Phorm* 5, 8, 23 (2) ✠ ... vita, & in vita mansio, *Cic de Fin* 3, 18 (3) Ad primam mansionem febrim nactus, *Suet Vesp* 10 (4) Hoc spatium dividitur in mansiones camelorum LXII, *Plin* 12, 14 (5) *Ulp*

Mansito,

A dug Mamilla omnis eminentia uberis, *papilla* levcillud, un de lac trahitur, *Varro* (1) *Juv* 13, 16 (2) *Varr R R* 2, 2

Mamillana, *sc* ficus [*a* mamilla similitudine] *A kind of fig like to a pap*, or *breast*, Plin 15, 18

Mamillare, is n [*a* mamilla] *A breastcloth, a stomacher*, Mart 14, 66. in lemmate

MAMMA, æ f μαμμη, η μητηρ ωνγ γενεν η ··· κεφισμα μιτρος, *Hesych* ex voce infantium ··· (1) *A breast, a pap* of woman, or man (2) *Dugs of cattle* (3) *A child's word calling mother*, mam (4) *A grandam*, or *granam*, ··· avia, quod ab אם mater (5) *The bump of trees, out of which the branches sprout* (1) Puer mammam appetens, *Cic* de Div 2, 41 Puer mammam dare, *Ter* ··· 5, 9, 17 (2) Pecus ··· manibus humana ··· *Virg Geor* 3, 10 (3) Ii tus mamma ··· *Perf* 3, 18 (4) *Mart* 1, 101 (5) *Plin* 17, 16

† Mammeatus, a, um adj *Having teats*, or *dugs*, or *having great dugs*, Plaut Pœn 1, 2, 181

† Mammo, āre *To give a young one the dug*, Aug ✝ Dare mammam infanti, *Ter*

* Mammona *Riches, mammon*, Bibb

Mammōsus, a, um adj *Having great breasts, dugs*, or *paps*, Mart 14, 149 Canes mammosi, *Varr R R* 2, 9 ¶ Mammosi pyra, *a sort of pears*, Plin 15, 15 Mammosa mulus, *female frankincense*, Id 12, 14

* Mammothreptus μαμμοθρεπτος *A child sucking long*, or *a child wantonly brought up*, Aug *A cockney, a milksop*, Erasmo interprete

Mammula, æ f dim *A little dug*, or *teat* Urinæ iter in mammulæ simile, *Cels* 7, 26 Mammulæ pensiles, *Varr R R* 2, 3

† Mamphūla, æ f *A kind of bread in Syria*, Lucil *ap* Fest

† Mamphur, ris *A round piece of timber, which turners use in working with the wheel*, Fest

Manābĭlis, le adj *Apt to pierce*, or *flow* Manabile frigus, *Lucr* 1, 5 5

* Manācus, i m *Vitruv* 9, 8 *al scrib* manachus, monachus corrupte, Turneb *leg* menæus, *i e* μηνιαιος *The orb of the moon, a month*, whence by adding the Arabic article *al*, we have the word *almanack*, Scal *Vid Dalechamp* ad *Plin* 2, 9

† Manale Urceolum aquæ manale vocamus, quod eo aqua in rullam effundatur, id quod *aquiminale*, non à manando, sed à manibus dict *An ewer to pour water on one s hands*, Scal

Manalis, e adj [vel à manibus, *i e* dus inferis] *That which belongeth to the ghosts*, or *gods below*, Nonn ex Varr [vel à manando, *i e* fluendo] *That out of which water always floweth* § Manalem lapidem putabant esse ostium Orci, per quod animæ inferiorum ad superos manarent, qui dicuntur *manes*, Fest *the door of Hell, by which the souls were thought to ascend to this world* § Manale sacrum erat deorum manium. § Manales fons, *a fountain never dry*, Fest Manalis lapis, *a stone whereout runneth a fountain*, or *spring*, or *whereout water gusheth*, Id § Manales petræ, *h e* quas antiqui solebant in modum cilindrorum per limites trahere, pro pluviæ commutandæ inopia

Manans, tis part βρυων *Flowing, gushing out, running*, or *trickling down* Manante cruore ··· *Ov Epist* 10, 55 Aliores succo piceam ··· manante, *Plin* 14, 20 ¶ Manans ulcera, *spreading sores*, Plin 2, 25

Manceps, cipis c g dict quasi manuceps, quod manu capiat (1) *A farmer of any part of the public revenue* (2) *An undertaker of any public work that giveth security for its performance* (3) *He that buyeth the goods of one proscribed* (4) *A proprietor who selleth a thing upon warranty* (5) By a metaphor those are called *mancipes*, that undertake to engage men to applaud an orator (6) *A postmaster* (1) Mancipes à civitatibus pro frumento pecunias exegerunt, *Cic Div in Verr* 10 (2) *Cic Att* 4, 31 (3) Hominis studiosissimi nobilitatis manceps fit Chrysogonus, *Cic* pro *S Rosc* 8 (4) Ego mancipem te nihil moror, *Plaut Curc* 5, 2, 29 (5) *Plin Epist* 38 (6) *Cod* Manceps operarium *one that hireth labourers under him, to get by their work* Suet Vesp 1 Manceps sutrinæ, *a master of the shop who buyeth by wholesale and selleth by retale*, or *becaus of his hiring servants to work under him*, Plin

Mancipatio, ōnis f verb *The parting with a thing and giving it up to another, a manner of sale before witnesses, by seisin and delivery* Scrib & mancupatio, *Plin* 9, 35 ubi *leg* Harduin ex MS *Vid* Mancipium

Mancipātus, a, um part [à mancipor] *Sold*, or *given up to the power of another, engaged, enthralled, enslaved* Venditus atque mancipatus tribunatus, *Cic Phil* 2, 21 Senectus nemini mancipata, *free, at no body's command*, Id de Sen 11

Mancipātus, ūs m verb *A selling*, or *sale of a thing upon warranty, a solemn parting with a thing before witnesses*, Plin 9, 35

Mancipi, vel mancupi [pro A-poc ex gen mancipii] Mancipi res, *wherein a man hath the property and full possession*, Cic pro Mur Mancipi emptio, *a buying of a thing upon bargain and sale*, Plin 32, 3

Mancipium, ii n [*qu* manucapium, quod ab hostibus manu caperetur, *Varr* vel à manceps mancipium, *ut* principium à princeps] (1) *Property*, or *right of perpetual possession*, as free land, servants, &c (2) Meton *The thing, or person made over and bought* ¶ Mancipio promittere dare, *to warrant the title*, &c *Plaut* accipere, *to have a conveyance of an estate made to him*, Varr Sui mancipii esse, *to be at his own disposal*, Brut *ad* Cic Epist 16 § Lex mancipii, *the conditions in the making over any thing*, Cic In mancipio, *in the act of conveying*, Id (1) Fundum mancipio alicui dare, *Cic* domus, *Id* (2) Davus amicum mancipium domino & frugi, *Hor Sat* 2, 7, 2 ✠ Vita mancipio nulli datur omnibus usu, *Lucr* 3, 985 ✠ Fructus est tuus, mancipium illius, *Cic*

Mancipo, āre [*a* manceps, *i e* in mancipium, *h e* dominium alterius trado, vendo, obligo, *vel* quovis modo aliono] *To give up his right and title to a thing to another, to give away, sell*, or *alienate* § Torquatus filium in adoptionem D Syllano mancipavit, *Cic* Quædam mancipat usus, *long possession giveth a title to some things*, Hor Epist 2, 2, 159 Mancipare alienos, *to warrant the title to slaves in sale, where one hath none*, Plaut Curc 4, 2, 10 Mancipare prædia, *to sell farms*, Quint

Mancupium, *Varr idem quod* mancipium [*a* manceps] *quod vide*

Mancus, a, um adj *qu* mancus [*a* manu] prop manu debilis Mancus, manu ancus, vel manu cassus, *Isid* Ancus, mancus ἀγκυλος, κυλλος, *Gl* Ancus ab ἀγκων, *a* vitio cubiti Deinde mutilus quovis membro, κυλλος, πηρος Qui imbecillitate dextræ validius sinistra utuntur, non *scævæ*, sed *manci* dicuntur, *Ulp* (1) *Maimed, lame, defective of any limb*, or *member* (2) Met *Weak, wanting power* (3) *Imperfect, in one's sum made* (1) = Scævola mancus & membris omnibus captus, ac debilis, *Cic* pro *C Rab* 7 (2) = Manca ac debilis prætura, *Cic* pro *Mil* 9 (3) Mancam fore putaverunt fine ulla accessione virtutem, *Cic* de *Fin* 2, 9

Mandans, tis part *Commanding, committing*, &c Utere mandantis simplicitate viri, *Ov Epist* 16, 51 Rem mandans lapidi maximo, *trusting a blockhead with it*, Plaut Merc 3, 4, 47

Mandātor, ōris m (1) *One who committeth a thing to another's charge* (2) *One who suborneth an informer*, also *a kind of surety* (1) *Tert* (2) Interdum versa temporum & dilatores, mandatoresque erant, *Suet Tit* 8 ubi *vid Torrent*

Mandatum, n *A commission, command*, or *charge* Veniunt cum testimoniis publicis, *Cic Verr* 2, 64 § Mandata dare alicui ad aliquem, *to charge one with a message to another*, Cic de magnis rebus, *to give one orders about great affairs*, Id ¶ Alicui mandata deponere, *to wait on one, to know his pleasure*, Id In mandatis alicui aliquid dare, *to give him orders*, Cæs Libera mandata, *a commission at large, the power of a plenipotentiary*

Mandātus, a, um part *Commanded* Res mandata, *a trust*, Cic Judicium mandati, *a trial about a breach of trust*, Id Mandata, *i e* injuncta officia, *office committed to one*, Id ✠ Mandata terræ saluti, *put into a state of continuance*, Luc 6, 601

† Mandātus, ūs m verb *A bidding, a charge*, or *command* Mandatu prætoris, *Suet Cæs* 7 ‖ Mandatum

† Mandibula, æ f [*a* mando, is] *The jaw*, or *mandible*, where in the teeth are set Cibaria confecta mandibulis, *Macrob Sat* 7, 4 ‖ Maxilla

† Mandibulum, i n *id quod* mandibula, *the jawbone*, Gloss

MANDO, āre act *quasi* manu do (1) *To commit a thing to one's charge* (2) *To give one orders, to bid* (3) *To commit to one's charge*, or *care* (4) *To send away* (1) = Bona nostra hæc tibi committo, & tuæ mando fidei, *Ter Andr* 1, 1, 62 (2) § Accersi illum mandavi, *Ter* § Mihi mandavit ut emeretur, *Plaut* (3) § Huic mandes si quid recte curatum velis, *Ter Adelph* 1, (4) = Quam incredibile est cum familiarissimum suum dimittere ab se, & mandare in ultimas terras? *Cic* pro *Sulla*, 20 ¶ Mandare honores alicui, *Cic Verr* 27 mag stratum, *Id Verr* ··· consulatum, *to put one in* ··· Liv § Mandare ··· *Ov Ep* 5, 115 terræ, ··· hordei ··· Liv ··· *commit* § Mandare ··· morte, *to commit to memory* ··· Cic N D ··· animis & memoriæ ··· Catil 1, 11 § ··· monumentis, *to put in writing*, ··· *deliver down to posterity*, Cic Offic 2, 2 scriptis, monumentis, *Id* pro *Domo*, 29 § Mandare alicui, *to present his service to*, Ov ex Pont 4, 6, 13 § Mandare aliquem humo, *to bury*, *Virg* Æn 9, 214 § Mandare se fugæ, *to run away*, Cæs B C 3, 18 ··· tam suam fugæ, ··· *put himself into exile and solitude*, Cic § Mandare malis, *to eat a thing*, Lucr 2, ··· § tenebris vinculisque, *to fetter one in a dungeon*, Suet ··· mandavit laqueum, ··· *threatning fortune go and be hanged*, Juv 10, 5

Mandor, āri, ātus pass (1) *To be given in charge, to be ordered*, or *commanded* (2) *To be committed* (3) *To be exiled*, or *sent away* (4) *To be appointed*, or *directed*, or *made* (1) = Iram datum atque imperatum est, *Cic* (2) Hæc monumentis annalium mandantur, *Cic* pro *Sext* 48 (3) Infra mortuos mandatur, *persecuted beyond the grave*, Cic pro Quint 15 *sed al leg* amandatur (4) Sacerdotia a populo mandantur, *Cic*

MANDO, ĕre, di, sum act (1) *To chew*, or *grind with the teeth* (2) *To eat* (3) *To champ* (1) ✠ Alia sugunt, alia carpunt, alia vorant, alia mandunt, *Cic N D* 2, 47 ✠ Ferram elephant ··· edisse tabulicum est, nil sæpius mandant, *Plin* 8 10 (2) ··· cum mandere sæpe soles, *Mart* 1, 65 (3) Stat sonipes & frœna ferox spumantia mandit, *Virg Æn* 4, 135

Mandor, i pass *To be chewed* = Dentibus manditur, extenuatur, & mollitur cibus, *Cic N D* ···

† Mando, ōnis m *A great eater, a devourer*, Lucil & Varr *ap* Nonn 1, 58 = Lurco

Mandra, æ f (1) *A hovel, lodge*, or *any such like place for any sort of cattle* (2) Meton *A company*, or *team of horses, oxen, mules*, or *other beasts that bear burdens* (3) *The points, or places where the chess men stand* (4) ‖ *A monastery*, or *convent* (1) Vix datur longas mulorum vincere mandras, *Mart* 5, 22 (2) Stantis convicia mandræ, *Juv* 3, 237 (3) *Mart* 7, 71, 9 (4) Eccles

Mandragŏras, æ f *An herb called mandrake* ✠ Semen ··· mandragoræ flores, *Col* 10 statim ab initio

‖ Mandūcātio, ōnis f verb *A chewing*, or *eating*, Hier ···

Mandūcātus, a, um part *Chewed, eaten*, Varr

Mandūco, āre [à mando] *To chew, to eat*. Balneo duas baccas manducavi, *Suet Aug* 76 il baccas

† Mandūco, ōnis m *A great eater* § Manducones qui & manduci dicti sunt, & manducones dicti ···ces, Nonn

Manducor, āri dep *To eat*, or *chew*, Pomp Lucil & Atran *ap* Non

Manducum, i n [à manduco] [illegible] a mandendo in Atellanis [illegible] vocant manducum, [illegible] 1 6 5

Manducus, i m [à manducando] *A great eater*, Gloss *a [illegible], or hobgoblin drest up in a terrible shape, with wide [illegible] and great teeth grinding*, [illegible] *plays* Si recte saltem [illegible] Festus locum Plauti [illegible] Quid si [illegible] ad ludos me [illegible] manducum? *Rud* 2, 6, 51

MANE adv (ā) [à manum, [illegible]] *Early in the morning* Mane egredior, vesperi [illegible] revertor, *Ter Heaut* 1, 1, 15 † Hodie mane, *Cic Att* 13, Mane subst n nom acc & abl [illegible] *the morning, daylight* [illegible] mane fenestras intrat, [illegible], 1 Mane totum dormies, [illegible], 50, 26 ✠ Noctes vigilare ad ipsum mane, *Hor Od* 1, [illegible] sub obscuro mane, *Col* 7, [illegible] A mane ad por[illegible]um procedere, [illegible] *Pan* 3, [illegible]

Manebitur imperf *I, thou, he, we, ye, they will tarry*, Cic Att 8,

Manendum imper [à maneo] ut [illegible] *Tarry awhile*, Plaut [illegible] Ter Hec 5, 4, 4

Manendus, a, um part *To be [illegible]*, Lucr 3, 1088

Manens, tis part *Continuing* Terra immobilis manens, *Cic Somn Scip* 5

MANEO, es, ere, si, sum neut [illegible] (1) *To tarry, to stay* (2) *To wait, or expect* (3) *To [illegible], abide, or hold to a thing* (4) *To be inferred, to be consequential* (5) *To expect, or stay for one* (1) *Revocantis particula* Mane, mane, inquam, *Ter Phorm* 1, 4, 40 (2) Servus manet, ut moneatur, *stayeth till he is bidden*, Plaut Stich 1, 2, 1 (3) Immota manet fatis, *continue fixed*, Vir [illegible] Mansit Sylvius omnibus omnomen, *Liv* § Lex manet [illegible] *in force*, Cic ✠ abrogata est [illegible] Manere in eo quod convenit [illegible] (4) Maneat ergo, quod [illegible] sit, id nunq iam esse utile, *Cic Offic* [illegible] (5) Mansurus est [illegible], cum advenit, *Ter Phorm* 1, 16

Manes, ium pl prima syll [illegible] quem tamen solus, ut [illegible] *Luc* 3, 52 [illegible] manis vel manus, i e bonus, [illegible] manes vocarunt Græc, [illegible] *Hor* [illegible] *Luci* [illegible] (1) *An order [illegible] celestial and infernal [illegible] whereof we [illegible] protect infants, it is [illegible] in the latter [illegible]* (2) *A spirit, or ghost, or [illegible] of one living or [illegible]* (3) *The [illegible] furies, tormentors* (4) *[illegible] of the dead, [illegible]* Vir Geor 1, 24, (5) *[illegible] and bones* (6) [illegible] which Plato believed [illegible] after death, and [illegible] thors, *or, as we [illegible] the [illegible] and sting* [illegible] (1) Hisce manibus [illegible], non vino, *Cato* ✠ Æquo[illegible] deos, altera ad [illegible] superos pertinet, [illegible] (2) Virginiæ manes [illegible], quam viva, *Liv* [illegible] Manes [illegible] *Æn* 6, 506 (3) Deinde ignoscenda, scirent si ig-noscere manes, *Vir Geor* 4, 489 (4) Hæc manes veniet mihi fama sub imos, *Vir Æn* 3, 565 (5) Sepulcra diruta, nudati manes, *Liv* (6) Quisque suos patimur manes, *Vir Æn* 6, 743

Manetur impers *To be tarried* Hic maneri diutius non potest, *here is no longer staying*, Cic

Mango, onis m [illegible] & aliq f [dict quasi [illegible] i e fuco colorem mentitur, *Quint* Quo mancipia [illegible] vendat] (1) *A buyer and seller of boys and [illegible] or slaves, who pranketh and painteth them to set them off, and sell them the dearer* (2) *A regrater, who buyeth and setteth off any kind of ware, to make it seem fairer* (3) *An horse-courser, a jockey, a keeper of horses, mules, &c* (4) *A breeder and keeper of dogs* (1) Millia pro puero centum me mango poposcit, *Mart* 1, 59 *Vid Suet Aug* 69 Spadonum mangones, *Id Dom* [illegible] (2) Mangones gemmarum, *Plin* 37, 16 *vid & Sen Ep* 80 in fin Mango obstetrix erit, *Plin* (3) Mangones equorum, *Plin* [illegible] & *Suet Vesp* 4 (4) *Vet Gloss* Mango, [illegible]

Mangonicus, a, um adj *Belonging to the trade of regraters, which polish things for sale* Radix hyacinthi mangonicis venalitiis pulchre nota, *Plin* 21, 26 Ad mangonicos quæstus descendit, *Suet Vesp* 4

Mangōnium, i n [à mango] (1) *The trade of brokers*, &c (2) *Brokery, the art of dressing meat and setting it off* (1) Ex vocis origine (2) *Plin* 10, 50

Mangōnizatus, a, um part (1) *Pampered* (2) *Painted, or trimmed up, set off* (1) Equi mangonizati, *Plin* 23, 1 (2) Mangonizatæ villæ, *Plin* 9, 54

Mangōnizo, āre *To polish, paint, and trim up a thing to make it sell the better* Pueros mangonizavit Salpe obstetrix, *Plin* 32, 10

† Mani abl [à mane] usque à mani ad vesperum, *Plaut*

† Maniæ, arum f [à μανία, vel à manes, quia ab inferis ad superos manare credebantur, *Fest*] *Hobgoblins, deformed and misshapen images, bugbears with which nurses used to fright their children, as rawhead and bloody-bones, images of dough* Cato habet in dict plur maniabus, & facit eas infantum deas, quales Cunina & Rumina *Vid* Propr

* Maniăcus, a, um adj [à μανία] *Brainsick, mad, a maniac*, Jun [illegible] Insanus

Mănica, æ f [à manu] (1) *A sleeve of a garment* (2) Manicæ, arum f *Manicles to tie the hands* (3) *Mittens, gloves* (4) Also *grapling irons wherewith ships are fastned together in fight* (5) Also *gauntlets and splints* (1) Tunicæ manicas habent, *Vir Æn* 9, 616 (2) Manicis jacentem occupat, *Vir Geor* 4, 439 (3) Cujus manus hyeme manicis muniebantur, *Plin Ep* [illegible] 5 (4) *Luc* 3, 560 (5) *Juv* 6, 255 ✠ Manicis & compedibus tenere aliquem, *to keep one bound hand and foot*, Hor Ep 1, 16, 77 Manicas accipere, *to yield himself prisoner* Cic

Mănicātus, a, um denom *Having sleeves* Manicata tunica, *Cic Catil* 2, 10 *quæ &* manuleata, *Plaut a coat with sleeves* Pellis manicata, *a muff*, Col 11, 1

Manicon, *called also* dorycnion [à μανία, quod insanire facit] *The herb nightshade*, Plin 21, 31

Manicula, æ f dim [à manus] (1) *A little hand* (2) *The ploughtail handle* (1) Ubi mamma manicula opprimitur alia, *Plaut Pseud* 5, 1, 16 *ubi vult reponi* mammicula *vel* mammillula, *Boxhorn* at nihil immutandum censet Scal (2) Manicula transversa regulæ in stiva, ita dict quod manu bubulci tenebatur, *Varr*

† Manifestārius, a, um adj [à manifestus] *Notorious, manifest, openly known* Fur manifestarius, *a thief taken in the fact*, Plaut Aul [illegible], 1, 10 *A [illegible]* manifestarius, *Id Trin* 4, 2, 50 Manifestaria [illegible] *Id*

Manifestè adv ius, comp issime, sup *Manifestly, openly, plainly* [illegible] manifeste deprehenditur, *Cic Catil* [illegible] 2 Manifestius apparere, *Vir Æn* 8, 16 Quo virtus manifestius spectaretur, *Tac* ut omnibus manifestissime pateret, *Apul Apol* p 510

Manifestò adv *Plainly, manifestly, openly* Teneor manifesto miser, *Plaut Trin* 4, 2, 66 Manifesto fur, *Id Pœn* 3, 5, 40

Manifesto, āre *To manifest, to make apparent, to bewray, or discover* = ✠ Insidias prodet, manifestabitq, latentem, *Ov Met* 13, 106

Manifestor, āri, ātus pass *To be manifested*, &c Hoc etiam ipsorum vocabulo manifestatur, *Just* 41, 1

Manĭfestus, a, um adj ior, comp issimus, sup [à manu & antiq fendo, *unde* offendo *pro* invenio, propriè igitur sumitur pro eo quod ita est clarum, ut manibus quasi palpari possit *Voss*] *Manifest, clear, plain, evident, apparent* Manifestum furtum, *Cic Verr* 2, 20 Manifestius est, quam ut, *&c* Quint 3, 8 Manifestissimum scelus, *Id Decl* [illegible] § Manifestus sceleris, *Sall Jug* 35 [illegible] Manifestis in rebus teneri, *to be taken in the fact*, Cic Manifestum aliquem habere, *to discover one's designs and get plain proof against him*, Sall § Spirans & vitæ manifesta, *shewing evident tokens of life*

† Maniolæ dim [illegible] *quod* maniæ, *Fest*

Maniplaris, *pro* manipularis, *sc* miles *A soldier*, perhaps *the standard-bearer* Pertica suspensos portabat longa maniplos, unde maniplaris nomina miles habet, *Ov Fast* 3, 117 *Vid* Manipularis

✠ Maniplus, i m *pro* manipulus, per Syncop Armari Volscorum edice maniplos, *Vir Æn* 11, 463 *Vid* Manipulus

Manipulāris, e adj *Of, or belonging to a band of men*, Subst *a common soldier*, Cæs B G 7, 50 Manipulares judices, *judges chosen out of the soldiers*, Cic Philipp 1, 8 *Vid* Maniplaris

Manipulārius, a, um adj *Of, or belonging to a common soldier* Manipularius habitus, *Suet Cal* 9

Manipulātim adv (1) *By bands, or companies* (2) Met *In heaps* (1) Manipulatim excurrunt, *Liv* 2, 53 (2) *Plaut Pseud* 1, 2, 48

Manĭpŭlus, i m & per Syncop maniplus [quod manum pleat, i e impleat, *Isid*] (1) *An handful, gripe, bottle, or bundle* (2) Synecd *An ensign of a band of soldiers*, so called from a bundle of hay tyed to the end of a pole, which the first Romans used instead thereof *Vid* Maniplaris (3) Meton *A band, or company of soldiers under one captain* (4) *A small number of men under one division* (5) It is taken also for *a glove, or gauntlet* (1) Stipulæ filicumque maniplis sternere humum, *Vir Geor* [illegible], 297 (2) *Vid* Maniplaris (3) Disjecti qui duces, desolatique manipli, *Vir Æn* 11, 870 (4) *Veget* [illegible] (5) Manum manipulo involutam, *Suet*

Manliāna, orum n *A kind of apples*, so called from one Manlius, who first grafted them, *Plin* 15, 14

Manna indecl n ut & Gr μάννα [illegible] *Plin* [illegible] Heb [illegible] [illegible] [illegible] vel à [illegible] vel quod [illegible] (1) *Manna, the [illegible] of angels, or bread of heaven* (2) Also *the [illegible] of honey dew [illegible] gathered in great plenty [illegible] Libanus, which [illegible] Syriacum* (3) *The [illegible], or dust of [illegible]* (1) *Bibl* (2) [illegible] & omnino *Cl Scal* de manna commentarium (3) *Plin* 2[illegible]

Mannŭlus, i m dim *A little gennet, or ambling nag, a galloway* Habebat mannulos multos, *Plin Ep* 4, 2

Mannus, i m equus brevior [dict quod consuetudine manum familiarius sequatur] *A nag, a gennet, an ambling nag* Mannulos mulos vocat Currit agens mannos ad villam, *Luci* 3, 1076

Manans, tis part [à seq] (1) *Flowing* (2) Also *flowing with* (3) *Spreading* (1) Manan illuvies [illegible] pedem, *Catull* 6, 6 (2) Arbores succo piceam resinamque manantes, *Plin* 1[illegible], pr (3) Manantia ulcera, *Plin* 2[illegible], 25

MANO, āre neut & act (ā) [à מיין Chald מים aquæ] (1) *To run in a small stream* (2) *To trickle down, to let fall* (3) Act *To drop, to distill* (4) Met *To diffuse, to extend, to spread* (1) § Tigris & Euphrates uno fonte manant in Armenia, *Sall* [illegible] *Tac* = Quæ natura manant & fluunt, *Cic N D* 1, 15 [illegible] De [illegible] nive manat aqua, *Ov Trist* [illegible] 2, 20 (2) Sudor ad imos manabat talos, *Hor* Manabit olivo cervix, *Prop* 3, 17, 31 Met Ingenium veni quod paupere manat, *Ov ex Pont* [illegible], 5, 21 (3) § Fidis enim manare poetica mella te [illegible], *Hor Epist* 1, 19, 4[illegible] Gemma in [illegible] sudorem purpureum manat, *Plin* [illegible], 10 Lachrymas etiamnum marmora manant, *Ov Met* 6, 12 (4) *Vid* Manans, n 3 = Serpit in [illegible] malum, & manat indies latius, *Cic Philipp* 1, 2 [illegible] bonæ nomen manat latissime, *Id*

* Manon [à μανόν, μανότης, à raritate] *A kind of spunge, somewhat thin and soft*, Plin 9, 2

Mansio, ōnis f verb [à maneo] (1) *A tarrying, or staying* (2) *A continuance, as in life* (3) *An inn* (4) *A day's journey* (5) *A kind of punishment, little ease* (1) ✠ Is nec in sæpe de tua mansione aut decessione communicat, *Cic Fam* 4, 4 Mansiones diutinæ Lemni, *Ter Phorm* 5, 8, 25 (2) ✠ Excessus vitæ, & in vita mansio, *Cic de Fin* [illegible], 18 (3) Ad primam mansionem febrim nactus, *Suet Tib* 10 (4) Hoc spatium dividitur in mansiones camelorum LXII, *Plin* 12, 14 (5) *Ulp*

Mansito, āre freq [a maneo] *To tarry usually* Mansitare sub eodem tecto *Tac Ann* 14, 42

Mansito, are freq [a mando, is] *To eat* Mansitare leluns, *supp Anpr Plaut* v. interpr I. Xic l t. a man o, *to continue*

† Mansitor, ōris c g *Plaut* qui manui tueta ... l g manitor e *A protector, or guardian*

† Manticu ... al manticus fort *pro* manducu *A gormandizer, a glutton*, Fest

Mansuefacio, is ... mansu ... *To make tame*, ... ortorialla Man ... plenn *Liv* ... crudelitaten *Val Max* ... 1

Mansuefactus, a, um part [a ... (1) *Tamed*, or ... (2) *Sunned* ... (3) *Isolated and mean* ... (4) *... and soft* (1) Mansuefactus leo, *Plin* 8, 16 Mansuefacta ove, *Var* (2) = Mansuefacti & exculti homines, *Cic Inv* 1, 5 (3) *Lexicogr ex Cel* (4) ... don itum & qu ... mansuefactum, *Plin* 1, 9

Mansuetio ... lectus tum *To be made tame and tractable, to be tractable* = Assuescere a hominis & mansuefieri ... quidem ... excepti possunt, *Cels* ... 6, 8

Mansuetis, etis c g *pro* mansuetus, *Nonn* ... *Plaut* ... mansuetem, *Al ex Apul* mansuem

Mansuesco, ere, ēvi, inc (1) *To grow tame or gentle, to become tractable* (2) *To grow mellow*, ... *to grow soft and mild* (3) † *To make tame* (1) Per hæc ... blimenti ... mansuescunt, *Col* 6, 2 (2) Tellus mansuesce ... colendo, *Vir Geor* 2, 2 9 Cord ... nescit mansuescere precibus, *Ibid* 4, 4 0 (3) Deprehendere animalia & mansuescere, *Varr R R* ... *si sana sit lectio, forte* mansu facere

Mansuetē adv *Gently, mildly*, *Cic pro Marc* 3

Mansuētūdo, inis f *Gentleness, mildness, clemency* ✱ = Illam clementiam mansuetudinemque nostri imperii in tantam crudelitatem mansuetudinemque esse conversam, *Cic Verr* 5 1

Mansuētus, a, um adj ior comp ssimus, sup ad manum suetus (1) *Tame* (2) *Gentle, goodnatured* (1) ✱ = Ex feris & immanibus mites reddidit & mansuetos, *Cic de Inv* 1, 2 (2) Mansueti ... officia, *Ter Andr* 1, 1, 87 Pectus mansuetum, *Val Max* 3, 8, ext 2 Amor mansuetus, *Propert* 1, 9, 12 *gentle love* Mansuetiores musæ *Cic Fam* 1, 9 In moribus mansuetissimus visus est, *Cic de Orat* 2 49 Mansuetissimum ingenium, *Val Max* 2, 7, 11

Mansum, i n [ex mando, *i e* comedo] *Meat chewed by the nurse and given to the child*, *Cic de Orat* 2, 49

Mansūrus, a, um part [à maneo] (1) *That will be, continue, or abide* (2) Act *That will stay for* (1) Monumenta mansura per ævum, *Ov Met* 5, 227 firma in secula, *Luc* 8, 74 Opus mansurum post mea fata, *Ov* § Urbem mansuram da, *a lasting city*, *Vir Æn* 3, 86 (2) Mansurus patruum pater est, *Ter Phorm* 3, 1, 16

Mansus, a, um part [a mando] *Chewed, champed*, *Quint* 10, 1

|| Mansus, i m [à manendo, locus mansionis, *Veg*] *A farm, a dwellinghouse with land belonging to it*, Ap JCC

Mantēlium, & mantelum, & mantellum, i n quasi manuterium, ubi manus terguntur, *Varr L L* 6

Mantele, i n (1) *A towel, or napkin to wipe the hands with* (2) *Also a mantle* (1) Villis mantele solutis, *Ov Fast* 4, 933 (2) Nec mantelium ... mantelium est meis, *I have no cloke for my knavery*, Plaut *Capt* ... quibus cum ea pallio pro mantelibus ... pectore uti *to wear skins for defensive covers before their breasts*, Plin 7, 2 *Vid* Mantic

* Manteum, i n μαντεῖον, *i e* locus unde oracula dantur *The place of oracle* Medicamen ... inquam de manteo ... *Cic de Fin* ... ubi ... *leg* mantheio, *ad Plin* 5, 2 *cert Dime* ... *p*

Mantica, æ f pera viatoria [quod manu gestatur *Perot*] *Sc Casaub* est vox peregrina, quæ in Arabum libris sæpe legitur (1) *A wallet, a little bag, or scrip* (2) *A portmanteau or clokebag* (1) Pars ... spectatur mantic ... tergo, *Pers* 4, 24 ... non videmus manticæ quod in tergo est, *Catull* 20, 21 (2) ... mantica ... cui lumbos onere ... ceret, *Hor Sat* 1 6, 105

* Manticōra, æ f & manticora, vel mantiora ... *A beast in India, having three rows of teeth, the face of a man, the body of a lion, and preyeth much upon mens flesh*, *Plin* 8, 21

† Manticula, æ f dim [a mantica] *A little bag, or purse* Manticulum usus pauperibus in nummis recondendis, *Fest*

† Manticulāria, quæ ad manum sunt *Things ready at hand*, Fest

† Manticulārius, i m [dict a manticulis, in quibus pecuniam recondebant] *A cutpurse, pickpurse, or pickpocket, a stealer of napkins*, Tert

|| Manticulor, āri dep [manticulari dicuntur, qui furandi gratiā manticulas attrectant, *Fest*] (1) *To pick a purse* (2) *To do a thing slily* (1) Cum utrem ventosissimum manticularentur, *Apul Apol* p 494 (2) *Pacuv*

Mantile, is n ant mantele [à manus] *Vid* Mantelium (1) *A tablecloth* (2) *An hand towel* (1) Villosa tegant tibi lintea citrum, *Mart* 14, 128 (2) Tonsisque ferunt mantilia villis, *Vir Geor* 4, 377 ✱ *Mantile* villosum erat, *mappa* non item præterea tegendæ mensæ inserviebat, uti mappa tergendis manibus, *Voss ex Mart*

* Mantis, is m *Cic* in plur mantes μάντις *A diviner of things to come, a prophet* = Divini sacerdotes, quos mantes vocant, *Cic de Div* 1, 43

Mantissa, æ f *seu* mantisa [additamentum dicitur linguā Tusca, & tamen *Scal* sic dici vult, quasi manutensa, eo quod manu porrigitur] *Over-measure, advantage, the vantage, or over-weight* Mantissa obsonii vincit, *Lucil ap Fest* Magnam mantissam habere, *Petron c* 65

Mantiscinor, āri *seu* mantiscinor, *i e* vaticinor *To prophesy*, Plaut Capt 4, 2, 116 ☞ *Sic habent lexica ego prope ... a mente poetæ abesse puto, ut scribatur, vel* panticinari à pantice, *ut legit* Salm *cum p & m sæpe apud veteres mutuas operas præstant, vel nulla literā mutatā* manticinatus à mantica, *& reddatur Anglice* to cater, to purvey *Perspectā loci indole judicent eruditi*

† Manto, āre freq [a maneo, manso, *ut* pulto *pro* pulso, *V* vel potius *Sync pro* mansito, pulsito, manto, pulto] *To stay, or tarry, to expect, or wait for* Nescio ... manat, *Plaut Pæn* 1, 2, 52

Manuāle, is n ἐγχειρίδιον *An handful, a manual, a little book to carry in one's hand*, Mart 1, 3, 84 *in lemmate*

Manuālis, e adj [à manus] (1) *Of, or belonging to the hand* (2) *That filleth the hand* (1) Pecten manualis *an hand comb*, Plin (2) Manualis ... *taken in hand* ... Plin ... *as much as one can carry in one's hand*, Id 19 1 Saxa manualia, *thrown with the hand* Tac Ann 3, 51, 1

|| Manuārius, a, um adj *Belonging to the hand* ... manuarium, *money which one getteth by handywork* Gell 18, 13

† Manuarius, i *A thief*, Labe ... ✝ Fur

Manubiæ, arum f pl [a manu ... seu ... *Nonn*] (1) *The captain's, or general's share of the booty* (2) *The spoils of war, or the money for which they were sold* (3) *Booty, plunder, pillage* (4) *Hurling of thunderbolts* (1) Qui ex prædā, aut manubiis ... ad donatio constituta est, *Cic Verr* 3, 80 (2) Quod ad quem ... pervenit, pervenit ex prædā, ex manubiis, ex auro coronato, *Cic pro Leg Agrar* 1, ... interpr *Nonn* (3) Manubias ... Metelli manubias fecit, *Id* ... & *Suet Vesp* 16 & ... *Verr* ... item *Gell* 13, 23 (4) Fulmina dicunt a Jove mitti, & ... manubias dant, *Sen N Q* 2, 41 unde & *Fest* Manubiæ Jovis tres dicuntur, &c *Vid* loc ✱ *Prædæ* sunt corpora ipsa rerum, quæ capiuntur, manubiæ pecunia ex prædā venditā redacta, *Nonn*

Manubiālis, e adj Manubialis pecunia, *money that the spoils of war were sold for*, Suet Aug 30

Manubiārius, a, um adj Manubiarius amicus, *Plaut Truc* 4, 4, 27 *alii leg* manubriarius

|| Manubriātus, a, um *That hath an haft or handle*, Amm ✝ Habens manubrium

Manubriolum, i n dim [manubrium] *A little haft, or handle*, Cels 7, 6

Manubrium, i n [a manu, *unde & alii leg* manuhium *apud Vet*] (1) *The hilt, haft, or handle of any thing* (2) Met *Power, opportunity* (1) Trulla cum manubrio aureo, *Cic Verr* 4, 27 (2) Eximi ex manu manubrium, *Plaut Aul* 3, 4, 12

|| Manucaptus, a, um *Taken in war*, Gloss *rect dict* manu captus

Manufactus, a, um & *divisim* manu factus *Made by hand* Manufacta pecunia, *Varr R R* 3, 11

Manulea, æ f [à manus] *A sleeve, or flap covering the hand* Plaut Est & ap *Vitruv* ubi *Turn* legit chele, *al* manuela

Manulearius, i m *A maker of garments, or clothes with sleeves*, Plaut Pseud 2, 4, 43

Manuleātus, a, um (1) *Having, or wearing long sleeves* (2) Met *Effeminate, beauish* (1) *Plaut Pseud* 2, 4, 43 Manuleatus & armillatus in publicum processit, *Suet* manicatus, *Cic* (2) *Hac notione Epicurum* manuleatum dicit *Sen Ep* 33

† Manum [à μανόν, *i e* clarum] Unde clarum mane, *clear day*

Manumissio, ōnis f [quasi de manu, *i e* de potestate, missio] *A making of a servant free, the giving him his freedom, a discharge from serving an ...*, Cic *pro Cœl* 29

Manumissus, a, um [pro e manu missus] *Made free, infranchised, set at liberty*, Cic Att ... 8

Manumitto, ere, isi, issum *To manumise, infranchise, or make a bondman free*, Cic *pro* ...

† Manuor, āri ... Manu auferre ... tus est, *i e* furatus est, *Laber ap Gell* 16, 7

Manupretium, i n [a manu & pretio] (1) *Wages for work* (2) *A reward* (1) *Cic* ... *Verr* ... & *Liv* 34, 7 (2) Provinciæ manupretium fuit ... *Cic*

MANUS, us f [de cujus ... nominis compositione ...] (1) *A hand* (2) Met *Art, workmanship, labour* (3) *A blow, a fight* (4) *Style* (5) *A workman* (5) *An elephant's trunk* (6) *The right, power* (7) *A grappling hook* (8) *A throw at dice* (9) *... administration, conduct* (10) *Power, pleasure, choice, disposal* (11) *A band, or number of soldiers, or others* (12) *An handwriting* (13) *The action of an orator, or lawyer in pleading* (1) Natura dedit homini manus ... & multarum artium ministras, *Cic* ☞ Hinc ... nominantur ... genera, quorum hæc ... (2) Quædam ingenia ... expedita, ... in manu ... habuit) facienda sunt *Sen* ... exacta, seu magis ... *Propert* 3, 21 (3) = Pugnae ... manus atque ad pugnam veniebant ... ☞ *Quin & gladiatoriæ petitiones appellantur* manus, *Quint* 5, 13 (4) ... multas manus posci, *Plin* ... (5) Manus etiam data ... *Cic N D* 2, 47 ext (6) ... 11 & 4, 1 (7) *Curt* 4, ... (8) Manus remisi cuique, *Aug* ... *Suet* 71 ☞ *Sed intelligitur aliquis* pecuniam in alearum collatam (9) Lepidè hoc succedit sub manu negotium, *Plaut Mil* ... ult (10) Terra autem in manu ... nostris, *Vir Æn* 9 132 Hæc ... sunt in manu nostra, *Cic* (11) Hic manus, ob patriam pugnando vulnera passi, *Vir Æn* 6, 660 O ... ratorum ingens manus, *Quint* Cuncta festinat manus, *Hor Od* 4, 11 (12) Librariolus meæ ... num tibi fit librarii manus, *Cic* (13) *Mart* 6, 19 Prima manus, *the beginning, or first draught of any thing*, *Quint* extrema, *the finishing part*, *Cic* A manu, *a waiting man*, *Id* In manibus, *near at hand*, *Vir Geor* 2, 45 ... in potestate nostrā, *v* & *Æn* ... 132 aliter quidem, sed perperam explicat *Serv* Sub manum *readily, expeditiously*, Suet Aug ... *al* sub manu, manum de tabula, *so much for this*, Cic Manu mittere, *to make free*, *Id* || Disciplina tradita per manus, *from hand to hand, traditional*, Liv Ad manum habere *to have in readiness*, Nep Dedere manus, *to yield, to submit*, Lucr ... *Plaut* Inter manus auferre, *to carry in one's arms*, Cic Afferre manus sibi, *to kill himself*, Id Manum non vertere, *not to care or matter*, Cic. Inferre & injicere manus

... to seize, Id Conferre & conserere manus & manum, to encounter, to engage, Id Tendere manus, to supplicate, to ... Id admovere, Liv U ... manu amplecti, joyfully, ... Mart Pia manibus, ... one's possession, Ter ... manus, to refuse, Cic ... dibusque, with all ... Ter Manum adire, ... to impose upon, Plaut ... tertia subducere, to be ... hoolboy, to be a pro ...

... pl mapalia, id ... Vox Punica ... built round ... or like the keels of ...

... Vox Punica tes- ... A table ... 1, 5, 22 ¶ Megalensia ... mappæ, the games ... throwing of a napkin ... for the horses to ... 11, 191

... [dict. quod ... infusum habet] Wine ... hath been infused, ...

... n The herb ...

... m Fennel Ma- ... Ov de ...

... part Withering ... a withered ... weak, Ov ... a weak sight, Sen ... Potorem marcen- ... to refresh one that ... Hor Sat 2, 4, 58

MARCEO, ... neut (1) To pine away, ... (2) To be faint, ... (3) Sylva marcet ... Stat (4) § Corpus marcet ... Luc ... 95) Vir marcet ... Ov Ibid 1, 13, 41 (5) ... Cels 2, 2

..., tis part Qualmish, ... faint Marcescente stomacho ... Suet Cal 58 al ...

... incept (1) To pine ... (2) To putrify (3) To ... or unactive (1) Pe- ... marcescunt, Col 7, 7 ... statim marcescit, ... 48 (3) Marcescit otio, ... Liv 28, 35

|| Marchio, onis m Qui præest ... marquis, who was by ... to the marches, ... of the country ...

... um adj [à mar- ... (1) Rotten (2) Dead, flat, ... lost its strength (3) ... lazy (4) Hang- ... (1) Litria (2) ... (5) Marci- ... Pernicie exem, Plin ... Fessis ... aures ... Ma- ... Claud de Cons ... Marcida senectus, ... Val Max ...

... the ... Plin 3, 2

... m [à marceo] ... (2) Drowsiness ... laziness, sloth (1) ... surgentem ... 3, 27 (2) = ... ignabilis dormi- ... Cels ... 20 Exci- ... ducis, Paterc ... expositas ... montes, Stat Theb

Marcul..., i m A brasier's, tinker's, or coppersmith's little hammer, Mart 12, 57

MARE, is n [à מרה vel à מרר quod aquæ ejus amaræ (ir)] (1) The sea (2) Sometimes a great river (3) The vast expanse (1) Mare inferum, i e Tyrrhenum, sive Tuscum Mare superum, i e Adriaticum, vel Ionicum (2) It mare præruptum, Vir Æn 1, 250 de fluvio Timavo (3) Actis in gnum mare, Luci 5, 277 ¶ Mari terraque quærere, by sea and land, every where, Plaut Mare cœlo confundere, to make a great stir, Juv ✠ Maria omnia cœlo miscuit, Vir Æn 5, 791 In reliquis maribus, in the other seas, Cæs Mare magnum, the ocean, Cic Mare oceanus, the ocean sea, Id

Marga, æ f A kind of earth called marl Vox Britann & Gall teste Plin 17, 6

* Margaris, idis f A kind of dates like pearls, Plin 12, 4

* Margarita, æ f A pearl, a precious thing, which groweth in a shellfish in the eastern seas, particularly in the Red Sea, sometimes also found in our oysters and muscles Ornatus margaritarum insignis, Cic Orat 23

|| Margaritarius, i, m i e negotiator & mango margaritarum A buyer and seller of pearls, Firm 7, 16

Margaritifer, a, um That bringeth forth, or hath store of pearls Margaritiferæ conchæ, Plin 32, 11

Margaritum, i n A pearl Nec pæcandida margaritaquiro, Mæcenas ap Suet in vit Horat Gignit & oceanus margarita, Tac Agr 12, 9

Marginandus, a, um part To be edged, to have borders made to it, Liv 41, 27

Marginatus a, um That hath a great border, or broad brim, edge, or margin, broad brimmed Tabula marginata, Plin 35, 12

Margo, inis m vel f [à mari] (1) The brink or bank of any water (2) Sides, or banks (3) The margin in writing, or printing (4) The extremity, brim, or edge of any thing (1) Margines lapidei fluminis, Varr (2) Gramineus margo fontis, Ov Metam 3, 162 (3) Plena jam margine libri Juv 1, 5 (4) Margine terrarum, Ov Met 1, 13 imperii, Plin

|| Marinus mulus [à C Mario inventore] A packstaff, a forked, or crooked stick, on which burdens and fardels were wont to be trussed and carried on pick-pack Front

Marinus, a, um adj [à mare, quod mare incolit, vel quod ex mari est, Vall] Of the nature of the sea, inhabiting the sea Aqua marina, Plin 14, 16 Fontes litteris pæne marini, Ov ex Ponto, 1, 1, 17 Thetis marina, Hor Od 1, 8, 13

Mariscа, æ f [à mas, maris, ut à mare mariscus quia mas ut quod grandior, M] (1) A great unsavoury fig, a fig that openeth so that the seeds may be seen (2) The piles, or hemorrhoids, blisters, or tumors in the fundament of a man (1) Fatuæ mariscæ, Mart 7, 24, 7 Fici mariscæ, Cato, c 8 (2) Podice cædentur tumidæ mariscæ, Juv 2, 1

Mariscum i n vel mariscus, i m [à mari, ut à Syro Syriscus, Voss] A kind of bulrush whereof they made mats and fishing-weels, Plin 21, 17

Marita, æ f sc mulier A married woman Marita rotundis oribus ornata baccis, Hor Epod, 8, 1

Maritalis, e adj Belonging to wedlock, or marriage, Maritale conjugium, the wedlock bands, Col 12, 1 capistrum, the matrimonial noose, Juv 6, 43

Maritandus, a, um part (1) To be married (2) To be joined as vines to trees (1) Legem retractavit de maritandis ordinibus, Suet Aug 33 (2) Maritandæ arbores, Col 5, 5, & 4, 1

Maritimus, a, um adj [à mari] Of, or belonging to the sea Filius maritimus, the sea waves, Nep Attic 6 cursus, voyages, Cic Maritimi mores, fickle, deceitful, or cruel, Plaut Maritimum bellum, a war at, or on the sea, Cic pro Leg Manil 12 prælium, a sea fight, Gell Vita maritima, i e a fishing life, Id Maritimæ res, maritime affairs, Cic Homines maritimi, near, or adjoining to the sea, Id Ver 5, 27 Ora maritima, the sea coast, Id oppida, sea towns, Cæs Alpes, lying near the sea, Plin Maritimum hospitium, Cic fundus, Id In maritimis esse, to live on the sea coast, Id

Marito, are act (1) To marry, to wed, to give in marriage (2) Also to set vines, elms, or other trees (1) Vitelli filiam splendidissime maritavit, dotavitque, Suet Vesp 14 (2) Marita e populos propagine vitium, Hor Epod 2, 9 Mas maritat fœminam, Plin 13, 4 de palmis

Maritor, ari pass (1) To be married to be coupled, as vines are to other trees (2) To be joined with the male, to be lined (3) To be impregnated with young, &c (1) Vid Maritandus (2) Tum dicuntur catulire, id est, se tentere se velle catulire, Varr Equæ maritantur, Solin Fœmina ovis post bimatum maritari debet, Col 7, 3 (3) Col

Maritus, a, um adj [quasi ex parte ut a mas maris fiat mario, & inde maritus, q d married] Belonging to wedlock, or marriage Maritæ domus, houses of married persons, Liv 27, 31 Faces maritæ, bridal torches, Ov Epist 11, 101 ✠ Venus marita, the marriage bed, Id Epist 16, 283 fides, the wedlock faith, Propert 4, 3, 11 fœdus, Ov ex Pont 2, 1, 73 Arbores maritæ, married trees, i e which have vines married to them Col Vites maritas populos complexæ, Plin

Maritus, i m subst (1) A married man, an husband (2) The male in beasts and other creatures (1) ✠ Utrum cœlibem te mavis esse liberum, an maritum servum ætatem degere? Plaut Cas 2, 3, 11 (2) Olentis uxores mariti, Hor Od 1, 17, 7 Aves maritæ, Col 8, 5

* Marmaritis, idis f The herb bear's breech, or as Diosc fumitory, Plin 24, 17

MARMOR, oris n [à μαρμαίρω, i e λευκὸν λίθον, Hesych] (1) A marble stone (2) Meton A statue (3) The sea (1) Simulacrum è marmore, Cic pro Domo, 43 (2) Nobilitatus marmore Praxiteles, Plin 7, 38 (3) In lento luctantur marmore tonsæ, Vir Æn 7, 28 In pl marmora, Hor Quint

Marmorarius, i m One that worketh in marble, Vet Inscript ap Grut p 640 item adj Marmorarius faber, Sen Ep 90

Marmoratum, i n Tectorium è marmore & calce, the marble plaster of marble, mortar of lime and marble beaten together, terrace Vitr R R 1, 57

Marmoratus, a, um Cased, or covered with marble Tectorium marmoratum, Varr R R 1, 57 Ingenti via marmore tecta, Stat Silv 4, 3, 96

Marmoreus, a, um adj (1) Made of marble (2) Met White, smooth, or hard as marble (1) Columna marmorea, Cic pro Domo, 21 Opus marmoreum, Ov Met 4, 674 (2) Cervix marmorea, Vir Geor 4, 523 Candor marmoreus, Lucr 2, 764 colla, Ibid ... ✠ gel, Ov Trist ... 10, 10

Marmorosus, a, um adj Like marble for hardness, Plin 36, 6

† Maron A kind of spice Plin ...

† Marophlcidæ, arum f mari placidæ, ... navigia quorum usus mari placido Steph legit camaræ placidæ A kind of ships, or barges in Sicily, Gell 10, 25

MARRA, æ f A mattock, pickaxe, weeding hook, or some such like tool, an hough Herbam contundat marræ & fractis dente ligonis, Col 10, 89 Ne marræ & sarcula desint, Juv 3, 311

Marrubium, i n [ex רב מר Arab propter amarum succum] The herb horehound Marrubium nigrum, Plin 20, 22

Mars, tis m (1) The planet Mars (2) The heathen god of war (3) Meton War (4) A fight, a battle (5) Warlike fortitude (6) Strength ability industry (1) Vid Cic N D 2, 20 (2) Leges Martia a Marte traxit nomen, Cic Philipp 4, 2 Mars non concutit sua ipsius arma, Prov Vid Chiliadas Apud magis Veneri, quam sunt ita corpora Marti, Ov Epist 17, 253 Aperti campi Martis, Id Met 1, 268 (3) Invadunt Martem clypeis, Vir Æn 12, 712 (4) Pugnatum longo agmine & incerto Marte, Tac Hist 4, 35, 4 (5) Rex suo Marte res suas recuperavit, Cic Philipp 2, 37 (6) = Hanc partem explebimus, nullius adminiculis, sed Marte nostro, Cic Off 3, 7 ¶ Mars forensis, eloquence, Ov

† Marsolter, Gell 5, 12 i e Mars pater In gen Marspitris probante Varr L L 8, 36

Marsupium, i n A purse, pouch, or bag to put money in Potius marsupium domini exinaniunt, quam replent, Varr R R 2, 17 ¶ Exenterare marsupium, to cut a purse, Plaut Epid 2, 2

Martes, is f [à Marte, quod maritima vel ferox bestiola sit, Vossius] A marten, a ferret, a kind of weesil, an ermin Venator capta marte superbus adest, Mart 10, 37 ubi al mele

Martialis, e adj Belonging to Mars Flamen Martialis, Cic de Har Resp 6 Ministri martiales, Id pro Cluent 15 Martialis lupi, Hor Od 1, 17, 9 ¶ Martiales, the soldiers of the legio Martia, Cic

✠ Marticola c g Warlike Mars co a Getes, Ov Trist 5, 3, 22

‡ Martigena, æ c g Begotten of Mars Quirinus martigena, Ov Amor 2, 4, 30

|| Martiobarbulus, i m A kind of barbed dart, which soldiers were wont to exercise themselves with in flinging, Veg 1, 17

Martius, a, um adj (1) Dedicated to Mars (2) Belonging to war

war (3) *Belonging to the month of March* (1) Marti a avis, *Ov* Martius campus, *Cic* pro *C Rab* 4 Legio Martia, *Id Philipp* 4, 2 (2) Canor Martius rauci æris, *Vir Geor* 4, 71 ✠ Castra Martia, *Tibull* 1, 2, 10. ✠ Martia bella, *Hor A P* 402 Vulnera martia, *wounds received in battle*, Vir Æn 7, 182 (3) Calendæ Martiæ, *Cic* Martius mensis, *Plin*

Martulus, i m [à Marte inventore dict] *A brasier's hammer*, Plin 7, 56 *al* marculus

* Martyr, tyris c g *Isid* *A witness, a martyr* Martyres non pœna, sed causa facit, *Augustin Lat* Testis

* Martyrium, i n μαρτύριον (1) *Martyrdom* (2) Also *a church*, or *temple where some martyrs relicks are*, or *that is dedicated to some martyr* (1) Ad martyrii palmas gloriari, *Tert* (2) *Vid* Gloss Spelm

Marum [dict ex Hebr מר amarus] *An herb like marjoram, but of a stronger smell*, Plin 12, 24

Mas, maris m [cujus etym incertum] (1) *The male* in all kinds of creatures (2) It is used also adjectively (1) ✱ Ne genus humanum occideret, mas cum femina conjunctus est, *Col* 12, pr Bestiæ aliæ mares, aliæ feminæ, *Cic* (2) ✠ Animi mares, *Hor A P* 403 ✠ Mas strepitus, *Pers* 6, 4 Mas vitellus, *Hor. Sat* 2, 4, 14

Mascŭlesco, ĕre *To become of the male kind, to turn male*, Plin 18, 13

Mascŭletum, i n *A place where male vines grow*, i e such as are let to grow on high, without lopping or pleaching them, *Plin* 17, 22

Mascŭlinus, a, um adj *Of the male kind, masculine* Masculina membra, *Phædr* 4, 14

Mascŭlus, a, um dim [à mas] (1) *Male, of the male kind* (2) *Manly, stout, hardy* (1) Masculus agnus, *a ram lamb*, Phædr 3, 15, 11 Masculum thus, *Plin* 12, 14 (2) Mascula bilis, *Pers* 5, 144 Pede mascula Sappho, *that composed in sounding*, or *masculine numbers*, Hor Epist 1, 19, 28

Mascŭlus, i m subst *A little male, a man*, or *mannikin* ✱ Boni femina, malus masculus, *Plaut Cist* 4, 2, 39 Incertus, masculus an femina esset, *Liv* 31, 12

Masora, æ f [מסורה] *The Jewish masora*, or *philosophy*, criticizing upon the Hebrew text of the Bible, taking notice of the various readings, and shewing how oft and in what form every word is met with throughout the Scripture It is thought to be made by the great synagogue wherein Esdras presided

* Maspĕtum, i n *The leaf*, or as some *the stalk of* laserpitium, *Plin* 19, 3

Massa, æ f [a μάζα, farina subacta, & massa] (1) *A mass*, or *lump of paste*, (2) Synecd or *any other thing* (3) *The body of a book* (4) *A farm*, or *grange* (5) Also *a weight to swing in one's hand, in order to provoke sweat in bathing* (1) Gloss vet Massa, Μάζα φύραμα, μαγμα (2) Lentis Cyclopes fulminum massis properant, *Vir Geor* 4, 170 (3) *Mart* 14, 192 (4) *Amm* 14, 11 (5) Lassata gravi cecıderunt brachia massâ, *Juv* 6, 420 Picis massa, *Vir Geor* 1, 275 Massi ferri, *Col* 12, 5 Ardens massa, *Juv* 10, 130

Massaris *A kind of wild grape*, Plin 12, ult

Massŭla, æ f dim [à massa] *A little lump*, or *clot of any thick matter*, Col 12, 38

* Mastiche, es f *The sweet gum called mastic*, Plin 12, 17

|| Mastĭco, are *To eat*, or *chew*, Macer ✝ Manduco, *Sen* mando, *Cic*

* Mastigia, æ m *A rogue, a slave that is used to be beaten* or *whipt* Non manum abstines, mastigia? *Ter Adelph* 1, 5, 2. *Lat* Verbero

* Mastīgŏphŏrus, i m *A beadle*, or *officer, who at public prizes carried rods, to clear the crowd, and keep order*, Prud *in* Symm 2, 516.

* Mastos, i f (1) *A cock to a waterpipe* (2) *An herb good for some distemper in the breast* (1) Masti salientes, *Vitruv* 8, 3 *Latinè* papilla, *Varr*. (2) *Plin* 26, 15

Mastrūca, æ f *A fur garment that the men of Sardinia used* ✱ Quem purpura non commovit, eum Sardorum mastruca mutavit, *Cic* pro *Scaur*

Mastrūcatus, a, um *He that weareth such a garment*, Cic. *de* Prov Cons 7

Mastrupor, ari [à mas, & stuprum, *al* masturbo] Apage & vocem & rem.

* Mastus, i m [μαστός, mamma] *The cock*, or *teat of a cistern*, or *pipe, by which the water runneth out*, Vitruv 8, 3. *Latinè* papilla, *Varr*

Matara, æ f & mataris, is f in abl matari *A Gallic javelin*, or *spear* Mataras ac tragulas subjiciebant, *Cæs B G*. 1, 26 Lævo humero matari prope trajecto, *Liv* 7, 24 *scrib*. & materis

✝ Mataxa, æ f *Raw silk, any silk*, or *thread, a rope*, or *cord made of silk*, or *thread; thread wound in a bottom, a bundle of reeds*, Vitruv. 7, 3 *Vid*. Metaxa

Matella, æ f dim [à matula] *A chamberpot, a pisspot, a little urinal*, or *waterpot*, Mart. 10, 11 = Aquarium vas

Matellio, ōnis m *A waterpot* Matellio Corinthius, *Cic Parad* 5, 2

Mateŏla, æ f [*qu* marteola à martulus] *A little wooden mallet*, or *beetle*, Cato R R. 46

MATER, tris f. (ā) [μήτηρ, nempè à voc Dor μάτηρ, nam si à recto esset, produceretur ultima] (1) *A female which bringeth forth*, whether animate, *or* inanimate (1) *A mother* (2) *A foster mother* (3) *A dam* (4) *A tree* in respect of the boughs, which it produceth (5) *A maker, causer*, &c (6) *A name given to goddesses* (7) *A name given to matrons, by way of honour* (8) *Maternal affection* (1) Matre carentes privigni, *Hor Od* 3, 24, 17 (2) Mater non internosse potuit, quæ mammam dabat, neque adeò quæ illos pepererat, *Plaut Men prol* 21 (3) Prohibent a matribus hœdos, *Vir Geor* 3, 398 Fœta mater, *Stat de vacca* (4) Rami emicant vasto matris corpore, *Plin* (5) Apes mellis matres, *Varr* Luxuria avaritiæ mater, *Cic* (7) Jubemus te salvere, mater, *Plaut Rud* 1, 5, 5 (8) Mater totâ conjuge expulsâ redit, *Sen. Med* v 628 ¶ Magna mater, *the earth so called*, or *Cybele the mother of the gods*, Cic. Atque mater absolutè idem sign *Vir* ✠ Bona mater, *the ship Argo*, in cujus ventre Argonautæ, *Catull* Mater matrima dicitur, quæ cum mater sit, habet matrem viventem, *Fest* || Pia mater & dura mater, *two membranes which infold the brain, the inner of them soft, the other hard*, Ap Med

Matercŭla, æ f dim *A little mother*, Cic *pro* Flacco, 36

Māterfămĭlias, gen matrisfamilias, &c Cæs *vel* materfamiliæ, i e totius domus, nam more Græcorum familia gen familias (1) *The lady, mistress*, or *good wife of the house*. (2) *The housekeeper, that hath rule of others in the family*, whether she be married, *or* single, freeborn, *or* naturalized (1) ✱ Hunc justa matrefamilias, illum pellice ortum fuisse, *Liv* (2) Non intererit nupta sit, an vidua, ingenua an libertina, nam neque nuptiæ, neque natales faciunt matresfamiliarum, sed boni mores, *Ulp* de verb. sign. ☞ Sed *Gell* & *Fest* hanc propriè ita dici, quæ in mariti manu, mancipioque, contenderunt.

Māteria, æ. f. & materies, ei. f [*quasi* à mater, dict quod in corporum generatione habeat se instar matris] (1) *Matter*, or *stuff* whereof any thing is made, *matter*, in opposition to *form*. (2) *Timber*, or *wood* for building (3) *A sort of branch of a vine*. (4) *The subject*, or *argument of a book*, or *discourse*, *the subject of any art*, or *science* (5) *An occasion*, or *cause* (6) *A subject matter*, or *ground* (1) *Lucr*. 1, 173 Materiem superabat opus, *Ov Met* 2, 5 (2) Multam materiam ceciderat miles, *Cæs* (3) *Col*. 5, 6 (4) Sumite materiam vestris, qui scribitis, æquam viribus, *Hor A P*. 38 Ea est oratori subjecta materies, *Cic* (5) Gravius Saturnia justo, nec pro materiâ fertur doluisse, *Ov Met* 3, 334. (6) Benefaciendi materiam filio reservavit, *Plin. Paneg*. 38

|| Materialis, e adj. *That is of some matter, material*, Macr ✝ Ex materiâ

|| Mātĕrĭālĭter adv *Materially*, Sidon. ☞ Vox dicitur sumi materialiter, i e τεχνικῶς, apud Gramm quando pro seipsâ ponitur, non sec sign quæ est forma vocis, ut *a* in *amo* corripitur

Mātĕrĭārius, a, um adj. *Of*, or *belonging to timber* Materiariam fabricam Dædalus invenit, *Plin* 7, 56. ✝ Ad materiam spectans

Mātĕrĭārius, i m *He that findeth timber, a timbermerchant*, Plaut Mil 3, 3, 45.

Materiātio, ōnis f (1) *The felling of timber for building, provision of timber wood for use and service in war* (2) *Timber work*. (1) *Litt* ex *Cæs*. (2) *Vitruv* 4, 2

Materiātura, æ. f *Timber work*, or *carpentry*, *the work*, or *trade of carpenters*, Vitruv 4, 2

Materiātus, a, um part *Timbred* Ædes malè materiatæ, *made of bad timber*, Cic Offic 3, 13

Mātĕries, ei f *id quod* materia, de ligno præsertim apud vett *Matter*, or *stuff* whereof any thing is made. *Vid* Materia

✝ Materina terra, *Cato Turneb*. exponit duram & solidam, & propriè ligneam, à materia dict *pro* ligno, *al* leg macerina, *quod sit* macra

Materior, ari Eâdem formâ quâ lignor *To make provision of timber for trenches, and other service in war* Erat materiari & frumentari necesse, *Cæs B G*. 7, 73

* Materis, is f *A kind of spear used by the old Gauls, which in French is still called* un materas ✱ Gallia materibus, Suevi lanceis configunt, *Sisen* ap *Nonn*

Māternus, a, um adj *Of*, or *belonging to a mother, motherly, maternal* Maternus sanguis, *Cic* pro *S Rosc* 24. Avus maternus, *the grandfather by the mother's side*, Vir Æn 4, 258 Res materna, *the estate which a mother leaveth her son*, Hor Epist 1, 15, 26 Materna tempora, *the time that a woman goeth with child*, Ov Met 3, 312

Mātertera, æ f Matris soror, [à mater] *An aunt by the mother's side, as* amita *is by the father's, the mother's sister*, Cic *de* Orat 2, 1

Mathēmaticus, i m (1) *A mathematician*, or *one that is skilful in arithmetic, geometry, and astronomy*. (2) *An astrologer, caster of nativities*, or *fortuneteller* (1) *Cic de Orat* 1, 3 (2) Nota mathematicis generis tua, *Juv* 14, 248.

* Mathēsis, is *vel* eos f *Judicial astrology*, Ap rec Involvit mathesi *Dæmon* magicas impellit in artes, *Prud* in *Symm* 2, 893 ☞ *Hic obiter notandum venit, mediam, etsi vocalem longam, corripi, neque id ignoratione, aut negligentia, sed pro more istius seculi, qui sæpe breves ponebant syllabas, ubi accentus non esset, & contra producebant, ubi esset, in Græcis vocabulis, neglecta ratione vocalium.*

Mātrālia, orum n pl Matris Matutæ festa, nonas Junii, *a feast dedicated to the goddess* Mater Matuta, *or* Leucothea, *the feast of matrons*, Ov Fast 6, 475

✝ Matresco, ĕre *To grow like one's mother*, Pacuv *ap* Non 2, 526

|| Matrīcālis, e adj *Belonging to the matrice* Matricalis vena, *Veget* 1, 10

|| Matricāria, æ. f *Feverfew, whitewort, motherwort*, Jun

Matricida, æ c g [*ex* mater & cædo] *A murderer of one's mother*, Cic *de* Har Resp 18

Matricīdium, i n *The murdering of one's mother*, Cic *de* Inv, 1, 13

|| Matricŭla, æ f dim [à matrix, quod ea velut matrice continentur milites, *V*] *A roll*, or *list of names, wherein persons are registered and matriculated*, Veget 1, 26. ✝ Catalogus militum, album

|| Matriculārius Ecclesiæ œconomus, qui matriculam bonorum ecclesiæ servat. *An officer that keepeth a register of the church's goods*, Cujac.

Matrimoniālis, e adj *Of*, or *belonging to marriage* Tabulæ matrimoniales, *a contract of marriage*, Firm 7, 17 ✝ Nuptialis.

Matrimonium, i n [à mater, *sc* femina nubit, *ut* mater fiat] (1) *Wedlock, matrimony, marriage* (2) Meton *A wife* (1) Stabile & certum matrimonium, *Cic. Philipp* 2, 18 ¶ Abire ex matrimonio, *to be divorced*, Plaut Matrimonio multare aliquam, *to divorce one's wife, and beside make her lose her dowry*, Id. Ducere aliquem in matrimonium, *to marry*, Cic. dare, *Cæs* collocare, *Cic* Locare aliquam in matrimonio, *to give her in marriage*, Id (2) Ut severius viri matrimonia sua coercerent, *Just* 3, 4 *Vid.* & *Suet Cal* 25

Matrimus, a, um Cui mater est superstes, *ut* patrimus cui pater quorum mother yet liveth Pa- trimi omnes matrimique ad id sa- ... Liv 37, 3

Matrix, cis f [à mater, ut Gr μήτρα ... dict quod mater sit ... quia ma res facit] Ea pars in qua mulier mater est (1) *The matrix in a woman, where- in the child is conceived, the womb* (2) *Any female kind that conceiveth and beareth, or ... breed* (3) In herbs and ... *the pith* (4) It ... of a tree with relation to ... or cyons (1) Plin ... (2) Ap Varr aliosque rei rusticæ scriptores (3) Theophrast (4) Suet Aug 94

Matrona, æ f [à matre, ut pa- tronus à patre] quæ in matrimo- nio cum viro jam convenit, etiamsi ... non sint suscepti, Gell ... & omni ominis causâ, utpote ... mater fieri potest, *a matron*, ... ✠ Matrona tonantis, *Juno*, Ov Fast 6, 33 Matrona potentis, *a lady*, or *woman of quality*, Id ✠ Matrona mere- trici dispar, Hor Ep 2, 18, 3

Matronalia, um n Festum ma- tronarum, *the matron's feast*, wherein they prayed to *Juno* for ... preservation of their husbands, ... upon the first of *March*, Ov Fast 3, ...

Matronalis, e adj *Pertaining to a matron*, or *a married wo- man*, *matronlike*, *modest* Matro- nalis gravitas, Plin Epist 5, 16, ... dignitas, Suet Tib 35 Decus matronale, Liv 26, 49

|| Matronatus, us m *The state, or port of a lady, ladyship*, Apul ... 4 + Matronæ conditio

Matruelis, is c g *The child of an aunt*, or *uncle by the mo- ther's side*, *the mother's sister, or brother's child*, Dig

Matta, æ f [ex Hebr מטה ... lectu, quod ea cubarent, à ... inclinare] *A matt*, or *mat- tress* In plaustro scirpea matta ... Ov Fast 6, 680

Mattea, æ f al mattya [à μά- ...] ..., corr mactea ap Suet ... 8 primo fuit certum delicati ... genus, quod è farinâ subactâ ... *Any dainty dish of meat* Suet Calig 38

|| Matteola, æ f delicatus ci- bus ... mattea, corr mactea- ... Ann

Mattiacæ pilæ [dict quod præ- ... apud Mattiacum confi- ... quo Plin 31, 2] *Soap ... balls*, Mart 14, 27

* Mattya, æ f (non orum n pl ...) Mattya sola ... Mart 10, 59 [sed ματτύη ...] ... Cal Rhod] *A ... costly meat*, or ... Suet Cal ... & Torrent

Matula, æ f [an qu matula, ... excipit siccatum ... humorem ut loqu Lucr ...] (1) *An urinal*, or *cham- ber-pot* (2) *A silly coxcomb* (1) ... habebo, nisi ... Plaut Most 2, 1, ... Plaut Pers 4, ... viroium, *sca- ...*

Matura... part *To be ...* Matu an ... sibi existi- ... Cæs B C 1, 37 Ad ma- ...

Maturans ... *Hastening* ... Lucifer, Plin 2, 8

Maturanter, adv *Quickly, hasti- ly* ... 2, 6

Maturatio, onis f verb *An ... speed*, Ad ... 2

Māturātus, a, um part (1) *Ripened*, or *ripe* (2) *Full, per- fect* (3) *Hastned, soon finished* (1) Uva maturata dulcescit, Cic de Sen 15 (2) Maturata concoc- tio, Plin 11, 37 (3) Ni matura- tum ab dictatore Romano esset, Liv ¶ Maturato opus est, *we must make haste*, Id 1, 58

Matūre, ius, comp issime & rrimè, sup (1) *In due time, sea- sonably, neither sooner nor later* (2) *Early* (3) *Quickly, very soon* (1) Sic Nigid ap Gell 10, 11 explicat, vid locum (2) ✠ Juxta maturius horâ sic semper venias, nec nisi serus abi, Ov A Am 2, 223 (3) ✠ Hunc fructum maturè fortuna ademit, nam brevi tempore Fulcinius mortuus est, Cic ✠ Maturissimè judicanda est res turpissima, at ea in qua existimationis periculum est, tardissimè judicatur, Id pro Cæcin 2 Rebus quam maturrime occurrere, Cæs B G 1, 33

Mātūrescens part *Growing ripe*, Plin 21, 3

Mātūresco, ere incept (1) *To ripen*, or *grow ripe* (2) *To be ripe*, or *come to maturity* (3) Met *To come to an head, to be ready for action* (1) Frumenta incipiunt maturescere, Cæs B G 6, 28 Uvæ maturescere incipiunt, Col (2) Lucus pleno matur uit anno, *was of a full year's growth*, Ov Met 11, 91 (3) Cœlianum illud maturescit, Cic

Mātūrĭtas, atis f (1) *Ripeness, maturity* (2) *A ripeness for breaking out into action* (3) *Ma- turity and perfection* (4) *At season, time convenient* (1) Ma- turitas frumentorum, Cæs B C 3, 49 frugum, Cic Tusc 1, 28 (2) Metaph Scelerum, furoris, & au- daciæ, Cic Catil 1 (3) Maturitas virtutis, Cic pro Cæl 31 Latinè dicendi, Id de Cl Orat 43 (4) In Jucendi senatûsconsulti maturi- tas nondum est, Cic Fam 1, 17 Ejus rei maturitas venit, Id ¶ Festinata maturitas occidit cele- rius, *soon ripe, soon rotten*, Quint

Mātūro, āre act Maturum fa- cio, & absol maturus fio (1) *To ripen*, or *make ripe* (2) Met *To do a thing with convenient speed* (3) *To hasten* (4) *To make haste*, or *speed* (1) Annus in apricis maturat collibus uvas, Tibull 1, 4, 19 (2) ✠ Multa forent, quæ mox cœlo properanda sereno maturare datur, Vir Geor 1, 261 (3) Falsis criminibus maturare ne- cem alicui, Hor Od 3, 7 (4) Ter Andr 4, 2, 32

Maturor, āri, ātus pass *To be ripened*, Plin 15, 18

Maturrime adv superl *With all speed*, Cæs Vid Maturè

Maturrimus, a, um sup *Most ripe* Vid Maturus

Mātūrus, a, um adj [à matuta, i e aurora, quod quæ bei è manè fiant, mature fiant, qu matutus, Scal] or, comp issimus & rrimus sup (1) *Mellow*, properly of fruits (2) *Ripe*, or *fit for any action*, or *thing* (3) *Mature and perfect* (4) *Opportune, timely, seasonable* (5) *Early* (6) *Quick, speedy* (7) *Too soon*, or *hasty* (1) ✠ = Poma, si cruda sunt, vi avelluntur, si matura & cocta, decidunt, Cic de Sen 19 Semina quam maturissima legi oportet, Col 11, 3 (2) Robur ætatis ma- turrimum, Tac Ann 12, 66 Ma- turum judicium, Cic § Ævo ma- turus, Ov animi, Vir ad arma, Cæs imperio, Liv (3) = Thu- cydides si posterior fuisset, matu- rior fuisset & mitior, Cic de Cl Orat 83 Gloria matura, Liv Mala res matura & matura, *great and compleat*, Plaut Pseud 1, 3, 5 (4) Scribendi expectandum est tempus maturius, Cic Att 15, 4 (5) Ubi Gallia at septentrionem vergit, maturæ sunt hyemes, Cæs B G 4, 20 Maturissima senectus, Ad Herenn (6) Maturum reditum pollicitus patrum sancto con- cilio, redi, Hor Od 4, 5, 3 (7) Matura dies celerem propera, mor- tem, Tibull 4, 1, 205

Mātūta, æ f diei mater [à manè, i e tempore, cui præest, qu manuta, Casin] *The goddess of the morning*, Ov Fast 6, 545

Matutinum, i n τὸ πρωϊνόν, id quod Matuta *The morning* Ma- tutino, Plin i e tempore, *in the morning* Matutinis omnibus, *eve- ry morning*, Id

Mātūtīnus, a, um adj [à Ma- tuta, i e Aurora, Prisc] *Of*, or *in the morning*, *early* Tempus matutinum, Cic Fam 7, 1 Literæ matutinæ, *that come in the morn ing*, Id Matutina lumina solis, Lucr 5, 463 ¶ Matutini alites, *cocks* Æneas se matutinus age- bat, *was up early*, Vir Æn 8, 465

† Māvŏlo [i e magis volo] conti malo, sic mavelim, *pro* malim, & mavellem, *pro* mallem Vid Malo

Mavors [ex Mars, vel quod magna vorterit] *Mars the god of war*, Cic N D 2, 26 Vid Propr

✠ Mavortius, a, um adj *War- like, belonging to Mars* Mavor- tia tellus, Vir Geor 4, 462 mœnia, Id Æn 1, 280 cuspis, Stat fac- ta, Sil

† Mauricatim adv *After the fashion of the Moors*, Laber

Maurus, i m *A black Moor*, Sall Vid Propr

Maurus, a, um ✠ Maura un- da, *the waves of the Mauritanian coast*, Hor Od 2, 6, 3

✠ Maurusiacus, & Maurusius, a, um adj *Of Mauritania* Gens Maurusia, Mart 12, 67

Mausōlēum, i n (1) *A famous tomb made by queen Artemisia for her husband Mausolus, reckoned one of the wonders of the world*, (2) whence *any sumptuous*, or *stately monument*, or *sepulchre* may be so called (1) Plin 36, 5 (2) In mausoleum se Cleopatra, se- pulcra regum sic vocant, recipit, Flor 4, 11 extr Cum mausoleum Cæsarum derepente patuisset, Suet Vesp 23

Maxilla, æ f dim [à mala, Prisc sed contra a maxilla, ma- la, Cic] *The cheek bone*, or *jaw bone*, *the mandible*, Cels 8, 1 ✠ *A comb* Maxillis pectere, Pers 4, 37

Mǎxillāris, e adj *Belonging to the jaw bone* Maxillares den- tes, Plin 11, 37 Maxillaria ossa, Veget 4, 1

Maxime adv superl (1) *Most, most of all*, cum posit facit superl Digna maximè, Ter i e dignissi- ma, cum superl maximè liberalis- simus, maximè pessima corpora, Id (2) *Chiefly, especially*, or *for the most part* (3) *Greatly*, or *mightily* (4) *Never so much* (5) *Yes, it shall be done* (1) Ut quisque maximè opis indigeat, Cic Offic 1, 16 Quam estis maximè potentes, dites, fortunati, nobiles, Ter Adelph 3, 4, 57 Aberratio à dolore maximè liberalissima, Cic Att 12, 37 Sævior avis maxime pessima est, Col 3, 3 (2) Id maxi- me fit temporibus hybernis, Cic N D 2, 9 Scribe aliquid & maxi- mè si, Id (3) Maximè equidem vellem ut, Cic Philipp 8, 0 (4) Si cognata est maximè, Ter Phorm 2, 1, 65 (5) Duc me ad eam, ☞ maximè, Terent Andr 4, 0, 1 ☞ Eleganter conjungitur particulis cum, quam, & vel Quæ nunc cum maxime filium in- terfectum cupit, Cic Quæ patet quam maximè ire tuo, Id Offic 2, 7 Mihi videtur quam maximè confirmare, Id ¶ Quam maximè abs te postulo, *I do most earnestly desire you*, Ter Ut nunc maximè memini, *to the best of my remem- brance at present*, Plaut

† Maximitas, Vett *pro* magni- tudo *Excessive greatness*, Lucr 2, 497

Maximopere adv & maximo opere, divis *Very earnestly, ve- ry greatly* Abs te maximopere quæso & peto, Cic Fam 2, 2 Illius ... te maximo erabat opere, ut cras redires, Ter Eun 3, 4, 26

Maximus, a, um adj sup [a magnus, con ex magnissimus] (1) *Biggest, greatest* (2) *Very great, most mighty* (3) *Eldest* (1) Rescripsi epistolæ maximæ, audi nunc de minuscula, Cic Q fr 3, 1, 4 Vir maximi consilii omnium barbarorum, Nep Tim 4 (2) Optimus maximus Jupiter, Cic Tres exercitus maximos compara- vit, Nep Hannib 3 Homo maxi- mi corporis, Nep Dat 3 Maxi- mum montem supervehitur, Ca- tull 64, 43 (3) Natorum Tyrrhei maximus Almon, Vir Æn 7, 532 Maxima natarum Priami Ilione, Id 1, 657 ¶ Est maximo pretio, *it is very dear*, Plin Maximi aliquem facere, *to love one dear- ly*, Ter § Illud mihi multo maxi- mum est, *I lay most stress upon that*, Id § Maximus pontifex, *the highpriest*, Cic Maximi na- tales, *the annals of the pontifex maximus*, Fest Maximus curio, *the chief of the curiones*, Id Maximus prætor dicitur, qui ma- ximi imperii sit alii qui ætatis maximæ, Fest Maxima virgo, *the chief of the vestal virgins*, Valer Max Optimus maximus fundus, *freehold land*, Cels ✠ Minores, minimus ☞ Elegan- ter præponuntur huic voci quam & vel Ignes faciunt quam maxi- mos, Nep Hujus victoriæ vel maxima fuit laus, Id

* Maza, æ f μᾶζα [Apollodo rus ducit ex μασσάσθαι, mandere, Athen & Eustat ex μάσσειν, subige- re, pinsere pot à מצה placenta, panis azymus] *A thing made of water and oil*, or as others say *of milk and flour, which poor people used instead of bread, hasty pudding, flummery*, &c

* Mazonomum, i n [μαζονόμιον, dict quod mazæ in eo apponi so- litæ] *A platter*, or *charger to carry meat in*, Hor Serm 2 Sat ult v 86

M ante E

Meābĭlis, e [a meo] act *That runneth* or *passeth easily* Per cuncta meabilis, Plin 3, 5 Bu- bus meabilis transitus, Id 6, 1

Means, tis part [a meo] *Pas- sing, gliding along* Lucr 1, 4, 8

Meapte ablat fem meâ cum syllabicâ adject pte Meapte cau- sâ, *for mine own sake, upon mine own account*, Ter Heaut 4, 3, 8

Meatus, ûs m verb [a meo, are] (1) *A movement*, or *course* (2) *The manner of moving*, or *go- ing* (3) *A passage, the mouth of* ct a r ver (1) *The pores of the body* (1) Meatus fluerum, *Plin* 6, 8 folis inæqua, *Lucr* 1, 129 cœli, *Vir Æn* 6, 849 (2) Aves filæ vario meatu feruntur, & in terrâ & in aere, *Plin* 10, 38 (3) Danubius in Ponticum mare sex meat. us erumpit, *Tac Germ* 1, 4 (4) Succus malvæ decoctæ poris meatus suaves facit, *Plin* 20, 21

Mecœnas, ātis m Sic debere mihi contendit Beckmannus de orig ut it ... non, & ... communis, sed Mæcenas scribendum ... cord & marmora ... *A certain nobleman of Rome in the time of Augustus, patron to Virgil and Horace, &c him whom all benefits to ... and friends to scholars ... Mæcenates, also ... persons*, because ... vers ... in cio

Mecastor, pur ... adverb ... *By Castor* ... com cos frequenter ☞ Ob ... Gell ... ap ... doneos aucto ... *nisi unam virim ... cere* mecastor, at ... *meam* mehercules

Mechanicus, i m *A designer, an engineer, one who contriveth as well as worketh*, Suet Vesp 18 ☞ *Cazendum pueris ne abutantur hoc vocab pro certo, quod e im dicimus Anglicè* a mechanic

* Meconis f [à μήκων, papaver] *A kind of lettuce of a sleepy quality*, Plin 19, 8

* Meconites, æ m [à μήκων, papaver] *A precious stone like unto a poppy*, Plin 37, 10

* Meconium, i n *Juice of poppy*, Plin 25, 12 & 32, 3

Mecum, *pro* cum me De ratione postpositæ præpositionis, *vid Cic* in *Orat* 45 *With me, with my self* ¶ Mecum facit, *it maketh for me, for my purpose*, Cic Mecum sentit, *he is of my opinion*, Ter Andr 2, 1, 26 Nihil mecum tibi, *you have nothing to do with me*, Plaut Indignabar mecum, *I was angry within my self*, Vir Æn 2, 93 Ut tacita mecum gaudeam, *Ter Hec* 1, 2, 32 Colloquitur mecum unâ, *together with me*, Id Mecum unâ simul, *Id* Mecum simul, *Plaut*

Meddix m Oscum [ex μέδω, imperium teneo] *The name of the chief magistrate among the people called* Osci Summus ubi capitur meddix, *Enn ap Fest Vid* Mediastuticus

Medela, æ f *A medicine, a remedy, a cure*, Gell 12, 5 ☞ *Vix leg ante Gell ten pora, quocirca mallem dicere* medicina, medicamentum

Medendus, a, um part *To be healed* Medendæ valetudini leniendisque morbis, nullam divinam humanamque opem non adhibuit, *Suet Vesp* 8 Ista superis medenda linquite, *Stat Theb* 2, 288

Medens, tis part *Healing, curing* ✠ Verba medentum, *Stat Subst a physician* Absynthia te ra medentes cum dare conantur, *Lucr* 1 834

MEDEOR, ēri depon (*C*) [ex μήδομαι, curo, *Canin*] curo, consulo *To heal, cure, or remedy* § Morbo mederi, *Cic de Orat* 2, 44 § cupiditatibus, *Ter Phorm* 5, 4, 3 Contra serpentium ictus medentur, *they are a remedy against, or good against*, Plin reipublicæ afflictæ, *to apply remedies to the diseases of the state*, Cic *pro Sext* 13 inopiæ frumentariæ *to avoid the inconveniences of a dearth*, Cæs B G 5, 24 vitiis, criminibus, *to reform them*, Plin jun satietati lectoris, *to prevent tiring him*, Nep Pelop 1 religioni, *to expiate the violation of things sacred*, Cic Capiti mederi, *to apply one's skill to save one's life*, Cic *pro S Rosc* 44 crimini, *to bring one's self off from an accusation*, Id confessioni, *to excuse what one hath confessed*, Id § Cupiditatibus me leniri paulo, *to satisfy one's desires at a small expense*, Ter ✠ *Pass* Ægrescit medendo, *he is the more obstinate for being persuaded*, Vir Æn 12, 46

Medetur impers formâ pass [à med or] Medetur oris ulceribus perunctis hoc succo, *they cure sore mouths*, or *sore mouths are cured with it* Celf Medetur, *i e* medela præstatur act permultis erit medendum, *many abuses must be reformed*, Cic Fam 12, 10

‖ Medialis Quod medium est in re, ut est in plantis *The pith of a tree, the middle of the wood* Arboris medialis, *Solin*

Medians, tis [qu à medio] Mediante Junio, *in the middle of June*, Pallad

Medianus, a, um adj Medianæ columnæ, *Vitruv* 3, 1

† Mediastinum, i n Medici dicunt membranas, quæ medium ventrem, *i e* totum thoracis spatium à jugulo ad septum usque in duos sinus dividunt [à διαφράττοντες υμένες, *Gorrh*

Mediastinus m [quod in mediâ domo stat, ad omnium imperia paratus, mediastinus à medio stando *vel* tenendo componi videtur, *Prisc* verum *stinus* est vocis productio] *A slave, or drudge at every one's command, and in the basest work, a kitchen slave* Rustici mediastini, *servants in country works, distinct from plowing*, Col Tu mediastinus tacita prece rura petebas, *Hor Epist* 1, 14, 24

Mediastuticus, i m *The name of a chief magistrate in Campania*, Liv 24, 19 & 26, 7

‖ Mediatio f *An intreating, or interceding, a mediation*, Ulp ✝ Intercessio

† Mediator, ōris m *A mediator, an umpire, an intercessor, a gobetween, one that endeavoureth to reconcile parties, or undertaketh business betwixt them*, Theol ✝ Sequester, arbiter

Medica æ f [à medicus, i] *A midwife* Sæpe reperitur in antiq inscript *Vid etiam* Gloss Isid

Medica, æ f & arbor, quæ etiam citrus dic & herba [à Medis dict unde in Græciam advecta, *Plin* 18. 16] (1) *The pomecitron tree* (2) *Also an orange, or limon tree* (3) Medica herba *A kind of clovergrass*, very good food for cattle, being once sown it lasteth ten years, *Spanish trefoly*, or *threeleaved grass of Spain* (1) *Plin* 18, 16 (2) *Ruell* (3) Te quoque, medica, putres accipient sulci, *Vir Geor* 1, 215 *vid* & *Col* 2, 11

Medicābilis, e adj [à medicor] (1) *Curable, medicinal, that may be cured, or healed* (2) Interdum Act *Medicinal, that hath the virtue of healing* (1) Nullis amor est medicabilis herbis, *Ov Met* 1, 523 (2) Lenis succus medicabilis, eporus humorem compescit, *Col* 7, 10

‖ Medicabulum, i n medicandi locus *A place of physic, or remedies, such as the Bath, the Spaw, &c an infirmary* Ægris medicabula, *Apul Flor* p 797

Medicāmen, inis n (1) *Any sort of medicine used inwardly, or outwardly* (2) *Tincture to dye wooll with*, such as the juice of the purple (1) Violentis medicaminibus curari, *Cic in Pison* 6 Insiti medicamine oculi, *eyes having an unguent applied to them*, Plin 7, 16 Nec vis medicaminis statim intellecta, *Tac Ann* 12, 67, 1 (2) *Plin* 14, 6

Medicāmentaria, æ f *sc* ars conficiendi medicamenta *The art, or skill of making, or preparing medicines*, Plin 7, 56

Medicāmentārius, i m *An apothecary, one that prepareth medicines* Quo utuntur medicamentarii, *Plin* 19, 6

Medicāmentōsus, a, um adj or, comp *Medicinal, medicinable, apt to cure, or heal, that serveth for medicine* Aqua medicamentosa, *Vitruv* 8, 3 Herba medicamentosior, *Cato*, c 157

Medicamentum, i n vox media est, quæ, ut φάρμακον Græcè, & in bonam, & in malam partem sumitur (1) *A medicine, physic* (2) Synecd *A purge* (3) *A paint, or wash for the face* (4) *Ointment* (5) *Poison* (6) Met *A remedy*, as for any grief, vexation, &c (7) *A tincture to dye wooll with*, such as the juice of the purple (1) Medicamentum salutare, *Cic N D* 2, 53 (2) Nunquam in adversâ valetudine medicamentum recte datur, nisi is morbus fine febre est. *Celf* 2, 12 *Iterum* Medicamenta stomachum ferè lædunt, *Id ibid* (3) Fucati medicamenta candoris & ruboris, *Cic Orat* 23 (4) Multis medicamentis delibutus, *Cic de Cl Orat* 60. (5) Medicamentum malum musti dedam, *ap Sen vid & Curt* 6, 10, 34 (6) *Met* Medicamenta doloris, *Cic* (7) *Plin*

Medicans, tis part [à medico] *That giveth a medicinal tincture and virtue*, Vir Æn 12, 418

Medicātio, ōnis f verb *A preparation*, as of grain prepared with several liquors, &c that vermin may not devour it Potest etiam citra istam medicationem commode servari, *Col* 2, 10

Medicaturus, a, um [à medico] Seria quam medicaturi sumus, *which we design to give a preparation to*, Col

Medicatus, ûs m *A medicinal preparation*, or *application* Populi doctis medicatibus ignes, *Ov Fp* 12, 165

Medicatus, a, um or, comp ssimus, sup (1) *Medicinal, physical*. (2) *Medicinally*, or *physically prepared* (3) *Bedaubed with ointments* (4) *Envenomed, or poisoned* (1) Ruta & hedera res medicatissimæ, *Plin* 28, 7 Lac hub illum medicatius, *Id.* 28, 9 (2) Medicatis frugibus offam objicit, *Vir Æn* 6, 420 (3) Medicatæ sedes, *Vir Geor* 4, 65 (4) Medicatum boletum, *Suet Claud* 44 Medicata veneno tela, *Sil* 7, 453 ✠ Santonica medicata pocula virga, *a wormwood potion*, Mart 9, 96 Lana medicata fuco, *dyed*, Hor Od 3, 5, 28 Medicata, *Mercury's rod, magically prepared to cause sleep*, Ov ✠ Medicatus somnus, *a sleep caused by magical preparations*

Medicina, æ f (1) *Physic, or the art of physic* (2) *A physician's, or chirurgeon's shop* (3) *Physic, medicine*, Met *a remedy* (4) Synecd *A purging medicine* (5) Met *Physicians* (6) *Poison* (1) ✠ Imbecillior est medicina quam morbus, *Cic* Ut alimenta sanis corporibus agricultura, sic sanitatem ægris medicina promittit, *Celf* in *Præfat* (2) Defessus sum quærere per medicinas, per tonstrinas, in gymnasio, atque in foro, *Plaut Epid* 2, 2, 14 ☞ *Hanc ego vocem crederem ... naturâ suâ adjectivum, & ... cere vel* artem *vel* tabernam ... *coque contra quam faciunt ... qui lexicographi, has duas ... ficationes in fronte ... stipulante* Varr de L L 4, 18 ab arte medicina medicus, a sutrina sutor Libri medicini, *Id* Ne quis servus artem medicina ... *Hyg Fab* 274 (3) Admittere medicinam, *to be curable*, Celf Medicinam facere alicui, *to administer physic*, Cic Fam 14, 7 *Met* Medicinam adhibere reipublicæ, *to apply remedies to the state*, Cic *pro* Sext 6 Medicinam ... cui consilii atque orationis ... afferre, *Id* Medicinam incommodis reperire, *Id* (4) Immittenda in alvum, si levi medicinâ contenti sumus, pura aqua, *Celf* 2, 1 (5) Mussabat tacito medicina timore, *Lucr* 6, 1177 ut Græc φάρμακον

Medicinālis, e adj *Belonging to physic, physical, medicinal* Herba medicinalis, *a physical herb*, Plin 32, 10 Ars medicinalis, *Celf* in *præfat*

Medico, āre act (1) *To cure or heal* (2) *To give an artificial preparation, or tincture to a thing* (1) Vulneris æstus medicare, *Sil* 6, 98 (2) Semina medicare, *Vir Geor* 1, 193 capillos, *Ov Amor* 1, 14

Medicor, āri, ātus pass Ficus maturitatis causâ medicatur, *by an artificial preparation given to it*, Plin 16, 28

Medicor, āri, ātus sum dep *To give, or apply any thing in order to a cure* (2) Metaph *To amend, or reclaim* (1) Senibus medicantur anhelis, *Vir Geor* 2, 135 Medicari cuspidis ictum non valuit, *Id Æn* 7, 756 (2) Nato in medicarei tuo, *that I might give a remedy to reclaim your son*, Ter Andr 5, 1, 12

Medicus, a, um [à Media Persia, those two nations being often confounded in authors, *vid Freinsheim* ad *Curt* 6, 6] Malum medicum, *a citron, or limon tree* Apparatu regio utebatur, veste Medicâ, *Nep Pauf* 3 *i e* purpureâ, teste *Xenoph* de *Cyri vitâ*, 1 1

Medicus, a, um adj *Physical, pertaining to physic, or to a physician* ✠ Inerdum medici plus valet arte malum, *Ov ex Pont* 1, 3, 18 Medicæ manus, *Vir Geor* 3, 455

Medicus, i m [à medeor] *Varr*] (1) *A physician* (2) *A chirurgeon, or apothecary* ‖ Nec medici, nec curatores e re, *Hor Epist* 1, 1, 10. ✠ æg ... (2) *Plaut Aul* 3, 2, ... *Celf* ... duntur tumidæ, med co ... mariscæ, *Juv* 2, 13

‖ Medie adv *Indifferently, in a middle way, equally between both parties*, Ulp

† Medieponus, *Cato Vid* Medipontus

‖ Medietas, ātis f *The half of a thing, a moiety* Vix audeo dicere medietates, *Cic de Univ* ... ✝ Media pars

Medimnus, i m & medimnum, n [à מדה mensura pl ... *A ... taining measure contain ... bushels* = Singuli ... modii ... dabantur, qui modus ... medimni

-limnus Athenis appellatur, p Att ‹ 6 Medianum ferè ..., C ... 8, 47

Mediocris, e adj [ex medius, ... ling, tolerable, ordinary, indifferent Mediocris ..., Cic de Cl Orat 26 actor ... Hor A P 370 Omnia ... etiam mediocre magnum ... Cic

Mediocritas, ātis f (1) A mean (2) Meanness in any circumstance (1) In plerisque rebus optima est mediocritas, Cic Offic 2, (2) Mediocritas nostra, Pater de se loquens hominum, Id ¶ Legitur ine nocritates in plur non semel ap Cic

Mediocriter adv ius, comp With moderation, indifferently, after an ordinary manner, tolerably ✠ Nihil egregiè & præter cætera studebat, & tamen omnia mediocriter, Ter Andr 1, 1, 32 Mediocriter doctus, Plin Epist 1, 10 Non mediocriter conqueri, Cic pro Quint 18 Litotes, i e ... Hoc vellem mediocrius, Id Attic 1, 20.

† Medioxumè adv Ad mortalium modum medioxumè, Varr i e medio actum modo, Nonn

Medioxumus (antiq mediotumus) mediocris, medius Middlemost † Dii superi atque inferi & medioxumi, Plaut scil qui Δαίμονες a Græcis appellantur, Plaut Cist 2, 1, 36 Medioxuma uxor, one's middlemost wife, Plaut Cist ..., 67

Mediopontus, i m [q d Medii ... pons, scil funalis, quo is Hellespontum junxerat, vel à similitudine vel captando usum] An instrument of ropes, or cords, used in making oil, for the squeezing, or pressing of it, Cato al leg melipontus

Meditāmen, inis n Prud Psych 2, ... id quod

Meditamentum, i n An exercise Meditamenta belli, Tacit hist 4, 26, 4

Meditans, tis part [à meditor] (1) Musing, considering or thinking upon (2) Designing, aiming (1) Exilium meditans, Cic (2) Meditans ictum, Hor Od 3, 2, 7

Meditāte adv (1) Upon premeditation (2) Perfectly, at one's fingers ends (1) Sen (2) Novisse mores me tuos meditatè decet, Plaut Mil 1, 1, 40

Meditatio, ōnis f verb [à meditor] (1) Meditation, thinking beforehand (2) Study (3) Practice, or exercise (1) Stulta est meditatio futuri mali, Cic (2) Locos commentatione atque meditatione paratos habere debetis, Cic de Or 2, 27 by much thought and study (3) Multi etiam naturæ vitium meditatione atque exercitatione sustulerunt, Cic de Div ..., 16

Meditātīvus, a, um adj ut me ... verbum quod meditandi naturam videatur habere, ut esurio, Prisc Valla desiderativum voc

Meditātus, a, um part (1) Dep Having used, considered or bethought himself (2) Pass Thought upon, studied, forecast, premeditated, prepared aforehand (3) ...ed and exercised (1) Cum paratus meditatusque venisse, Cic Verr 2, 6 (2) Attu... ... meditatum & cogitatum scelus, Cic Philipp 2, 4 (3) Ad hujus vitæ studium meditati labores, Cic Catil 1, 10

Mediterraneum, i n subst ex adj The middle of the land, or country, Plin 3, 1

Mediterrāneus, a, um adj qui in media terra (1) In the middle of the land, far from the sea (2) That lieth far from the sea (1) ✠ Nascitur plumbum in mediterraneis regionibus, in maritimis ferrum, Cic (2) Mediterraneum mare esse non credunt, Cic N D 1, 31 ¶ Mediterraneum mare, the sea which divideth Europe from Africa, Plin

† Mediterreus, a, um Fest ex Sisen ✝ Mediterraneus

MEDITOR, ari, ātus sum dep (ex ...) [qu melitor, a Gr μελετάω, modulor, can o, meditor] (1) To meditate, muse, think upon, or forecast (2) To exercise, or practise (3) To play upon an instrument (1) Meditari tecum, quo pacto ferant, to forecast with themselves, Ter Phorm 1, 5, 12 § Causam meditari, to study how to plead his cause, Id Adelph 2, 1, 41 causam adversus aliquem, Cic Ad aliquid meditari, to study what to answer to a thing, Id de suâ ratione, how to order his matters, Id de ducibus hostium, what defence to make concerning them, Id Meditor esse affabilis, I study to be affable, Ter Meditabar quomodo loquar, I studied how to speak, Cic § ut accusem, to plot, or design, Plaut Meditari exilium, to design, Cic fugam, Col insidias, dolum alicui, to contrive against one, Virg ✠ Aufidus diluviem meditatur agris, designeth a deluge over the fields, Hor Od 4, 14, 28 pœnam in fratrem, Cic arma ad Indos, to design an expedition to India, Propert (2) Ad cursuram meditabor me, Plaut Stich. 2. 1, 34 Alio vultu, alio incessu esse meditabatur, he practised to alter his look and gate, Id Meditari amorem, to practise love, Vir (3) ✠ Musam meditari avenâ, Vir Ecl 1, 2 arundine, Ibid 6, 8 to tune verses on a pipe ✠ Meditor & melito, ut putat Plinius meditantem esse secum cogitantem, melitantem, voce dicentem

Meditrina The goddess of physic, Fest nomen officii, Scal ut sit meditrina studium & cura medendi, sicut lavatrina lavandi

Meditrinalia, orum n pl Feasts, or sacred rites of the goddess Meditrina Quod hoc die solitum vinum novum & vetus degustari medicamenti causâ, Varr

Meditullium, i n [ex medium, & tullium, productio vocis, Cic meditullium qu meditellium, à Tellus, Fest] Hinc μεσόγαιον, meditullium, mediterraneum, Gloss the very middle

Medium, i n (1) The midst, or middle of a thing (2) That which is placed in the middle (3) What is common to several (4) The public (1) Per medium densi populi, Catull (2) Virtus est medium vitiorum utrinque reductum, Hor Epist 1, 18, 9. (3) ✠ Nec ignare quidem, aut partiri limite campum fas erat, in medium quærebant, Vir Geor 1, 126 (4) ✠ Aurum Italicis totum, medium provincialibus reddidit, Capitol in Pio, c 4 sed novè hoc dictum Casaub observat Medium campi, Tac montium, paludum, Id diei, Liv Cic in pl media

MEDIUS, a, um adj [a Gr μέσος] (1) The middle (2) Middling, ordinary, not singular (3) Equally suited, or inclined (4) Common, very frequent (5) General (6) Mediating, or determining (7) Neutral, of neither part (8) Middle-aged (1) Medius dies Hor Media nox, Cic (2) Annocent ... eximius, facultate præcipuus, eloquentiâ medius, Pater ..., 9 (3) Medium erat Anco ingenium, Liv 1, 32 Pacis erat mediusque belli, Hor Od 2, 19, 28 (4) ✠ Non sunt quæsita ex occulto aliquo genere literarum, sed sumpta de medio, Cic pro Domo, 54 (5) Mediotempore, Liv 39, 9 (6) Sequester ille & media litium manus, Quint 12, 8 Medius amicis jungi finium, Cassiod (7) Ipse medius & neutrius partis, Suet Cæs 75 (8) Qui post mediam ætatem med am mulierem ducit domum, &c Plaut Aul 2, 1, 40 Medium arripere, to seize one by the middle, Ter Amplecti, to take one about the middle, Id distruncare, to cut one in two in the middle, Plaut Medius dirumpi, to burst in the middle, Id Poni contra medium diem, Col Ad medium conversa diem, towards the south, Vir Geor 2 ✠ Media regio diei, the southern region, Lucr Frigoribus mediis, in the middle of winter, Vir Ecl 10, 65 Medio æstu, in the heat of the day, Id Geor 1, 297 In medii potione, in the middle of her draught, Id Medium sermonem abrumpere, to break off in the middle of the speech, Vir Æn 4, 388 ✠ Media nimborum in nocte, amongst the blackest clouds, Id Geor 1, 328 Medii hostes, & medius hostis, the midst of the enemy, Id In mediâ morte, in the greatest danger of death, Id Ex media morte reservatus, rescued from the very jaws of death, Cic Quæ sunt ex mediâ laude justitiæ, which are some of the most commendable things under the head of justice, Id Quæ sunt è mediis C Cæsaris partibus, they are as deeply engaged as any on Cæsar's side, Id § Medius vir, Catull obscœn § In medio omnibus palma est posita, free for every one to strive for, Ter In medium aliquid afferre, for public benefit, Cic Consulere in medium, for the public good, Vir Quærere in medium, to get for the common stock, Id § Tabulæ sunt in medio, are ready to be produced, Cic Dicendi omnis ratio in medio posita est, is plain, Id Voluptates in medio sitæ sunt, easy to be had, Id § Ex medio comœdia res accessit, taketh its subject from common life, Hor § E medio excedere, to dy, Ter De medio tolli, to be put to death, Id E medio discedere, to retire to a private life, Suet Recede de medio, interpose not your self, Id § Proferre in medium, Id dare, Lucr to make public Procedere in medium, to make one's appearance, Cic venire, Id Rem in medio ponere, to give an account of a thing publickly, Id ¶ Rem in medio relinquere, to leave it undetermined, Sall In medio relinquere, to speak in the general, naming no body, Cic In medio sit, let it remain undecided, Suet Inter bellum & pacem medium nihil est, there is no mean, Cic ✠ Medius Titan venientis & actæ noctis, midnight, Ov medius, one of neither faction, Cic Medium tempus, time since a thing was done, Plin jun ✠ Mediæ artes, neither good nor bad, Quint Media officia, that arrive not at the perfection of virtue, Cic Media responsum, doubtful, ... Si ... ino, ... Pl s medii partes, half, Ov Grati ... medii ... thanks, Liv ... medium ... cultum ... ominus, ... of ordinary ... postions, Col ¶ Media ... words used in a good, or bad sense, as valetudo, facinus, gratia, Cic

Med..usfidius adv idem quod mehercule, nam Dius Fidius est Διός, i e Jovis, Filius, i e Filius, ... enim sæpe d... ... pro l ponebant, Fest Me vero vel pronomen est, ut in ellipsis ita supplenda ... me D us Fidius amet, ut Meh rcules, ita me Hercules juvet, Fest ✠ Mediusfidius vitiorum proprie juratio, ut fœminarum ædepol, ecastor, ejuno, Charis By Hercules, Cic

Meddixtuticus, i m The chief magistrate among the Campanians, Liv ... Mediastuticus

Medulla, æ f [à μέλος medulla, Gr ...] (1) Marrow in the bones (2) An log In herbs, or trees, the pith, or heart (3) Flower, meal (4) Met The quintessence, or prime of any thing (1) Ossa vides regum vacuis exhausta medullis, Juv 8, 90 Medullam lassitudo perbibit, Plaut Stich 2, 2, 16 (2) Plin (3) Quæ frumenta siccea molantur, plus farinæ reddunt, quæ falsâ aquâ sparsa candidiorem medullam, Plin 18, 9 (4) Medulla line, Plin Suadæ medulla, Enn ap Cic ¶ § Metaph Mihi hæres in medullis, I love you at my heart, Cic Fam 15, 16 In medullis populi Romani ac visceribus hærebant, very dear to the Romans, Id Philipp 1, 15 In mediis iisum medullis versantur, conversant about the chief points of causes, Quint 2, 1 Medulla lini, the tear of flax, Plin

|| Medullāris, e adj Ad medullas pertinens, Apul Met 7 Ut usque plagarum mihi medullaris insideret dolor Pertaining to the marrow, inward ✝ Intimus

† Medullatus Fat, full of marrow, Bibl

Medullitus adv i e ex intimis medullis Intimately, to the very marrow, deeply, heartily, affectionately, cordially Ut videas eam medullitus me amare Plaut Most 1, 3, 86 Versus propinas flammeos medullitus, Enn apud Nonn

Medullo, āre To take out the marrow, Enn ✝ Emedullo, Plin

Medullōsus, a, um Full of marrow Medullosus humerus, Cels 8, 1

Medullula, æ f dim Anseris medullula mollior, softer than the finest down, Catull 25, 2

Megalēsia, Liv Megalensia, Cic qui & ludi Megalenses, μεγάλησι v ejus templum, ... τῆς μεγάλης θεᾶς, scil Pessinunte, inde advecta Romam, Varr Plays in honour of Cybele, on the fourth day of April, Ov Fast 4, 355

* Megalium, ii n A sweet ointment, Plin 13, 1

* Megalŏgraphia A drawing of pictures at large, Vitruv 7, 4

* Megistānes m pl [ex μεγιστᾶνες, maximus, q d maximates, uti optimates] Princes, peers, states, nobles, grandees, Suet Cal 5

Mehercle, mehercule, mehercules adv [q d Ita me Hercules juvet, Fest vel ut me sit a Gr μα, per Herculem] So help me Hercules, Cic ✠ Viri per Herculem, mulieres m nutes per Castorem, utque per Pollucem, jurare solit, Gell 11,6 ‖ Ead Mel hdus

Mel . . . [. . .] . . . Ong, . . . 94

Mel, . . . medium neut [vel . . . meo, quod . . . menti, . . . tum . . . Ironice . . . ter, or urine, . . . Mel . . . cod m, cum . . . , Hor . . . Sat . . . 7,32

MEL, . . . n [. . .] . . . (2) . . . sweetness of . . . (3) . . . (4) . . . Poetica mella . . . (5) . . . (6) . . . Melior . . . quam . . . meum, . . . Cat . . . & . . . flat-tering to m. Hor Sat . . . 6,32 . . . full . . . your words are . . . , . . . , Plaut . . . 1, 56

* Mel . . . n . . . but . . . sort of . . . gl . . .

* Melamph . . . n [. . .] . . . di . . . 22, 22

Mel . . . n . . . Venetum . . .

Mel . . . n Plin . . . 4, 9

Mel . . . Black . . . a dog's name, Ov . . .

Mel . . . Dodon

Mel . . . , m . . . a . . . Mel . . .

Mel . . . plus . . . Mart . . .

Mel . . . Mel . . . 2, I

Mel . . . Plin . . .

* Mel . . . Arist . . .

* Mel . . . Plin . . . Lat Atrament . . .

* Mel . . . Plin . . .

Mel . . . (I) . . . black . . . to . . . taken away (3) Plin 26, 7 (2) Mart . . . 7

* Melasma, æ f [. . . μέλας, ni-ger] Blacknes, a black speck, or . . . , Plin 24, 8

* Mel . . . on, n Theophr . . . Black . . . , Plin

Mel . . . , Plin 2 . . .

Mel . . . , Plin . . . Di . . .

Mel . . . Rom . . . Col . . . 15

Mel . . . , Col . . . for the . . . Plin . . .

Mel . . . (5) . . .

Mel . . . m . . . Ap . . . Plin 15, 14

Melimum, i n . . . mel] . . . Plin

Mel . . . Tunes, notes . . . Mel . . .

* Mel . . . Col 8, 2 ‖ Mel . . . Plin 10, 26 . . . Galli . . . A frica . . . Numidiæ, Varr . . . Turkey hen

Meles, . . . m . . . mel . . . 2 . . . Mart . . . 15, 3 . . . Plin 8, 38 . . . p 32.

Meliteus, a, um Belonging to Meles, a river near Smyrna, whence . . . Homer, . . . Hom . . . II

‖ Mel . . . pipe, or play tunes . . . Cano

‖ Mel . . . Plin . . . μέλος . . .

Mel . . . Of Melibœa . . . purpl . . . Lucr . . . 49 . . .

Mel . . . Turkey hen, Col 8, 2

Mel . . . bees, . . . Plin . . .

Mel . . . Col . . .

* Mel . . . A sort of . . . Plin . . . 11

Mel . . . A precio s . . . sincero melle . . . A stone

. . . n India of the topaz kind, Plin 37, 8

* Melicraton, i n [. . . μέλι, mel, & κεράννυμι, misceo, Lat . . . mulsum] A drink made of water and honey boiled together, . . .

Melic . . . m [. . .] . . . Tuneful, harmonious . . . Ov . . .

Mel . . . Plin 24, 4 . . .

Mel . . . Ius, a rear melomeli . . . A syrup of quinces preserved in honey, Col 1, 45

Melinelum . . . μῆλον . . . (1) A kind of . . . apple, . . . (2) . . . quince apples . . . Plin 15, 11 (2) Mart 7, 25

Melina, æ f . . . [vel . . .] . . . A kind of . . . of a yellowish, or whitish colour . . . Plin 15, 12 . . . a badger's skin . . .

Melin . . . μέλι, . . . pipe, a flagelet, Fest

* Melin . . . Balm-mint, balmgentle

* Melinum, i n [ex μῆλον, ma-lum] (1) An oil, or ointment of the blossoms of apples, or quinces (2) . . . colour . . . (3) Balm-gentle, or mint (1) . . . Plin 23 . . . (2) Plin . . . 6 (3) . . .

Mel . . . Dig

Mel . . . Hor Epist 1 10,

. . . pugn . . . menor, Hor Epist 1 10,

. . . (2) Jaculo incedit melior . . . 5, 68 . . . (4) . . . Ov . . . 1, 532 . . . Hor . . . 6, 15 . . . Bonus . . . 1, 12 . . . Lucr 4, 182 ¶ In causa . . . to be in a better . . . Meliore . . . haud vituperare, . . . ad Cic . . . Animo meliore . . . more patiently, . . . Phædr . . . Lucr . . . Idem . . . Vir . . . Meliores . . .

Melioresco, ere . . . to improve, . . .

‖ Melioro, are . . . to make better, . . . Ulp

† Melophyllon . . . Sync ex melissophyllon . . . Theophr . . .

‖ Melipontus . . . Melipontu . . .

Mel . . . lagena, . . . Mel . . .

† Mel . . .

* Melissophyllon . . . balm-gentle . . .

Mel . . . Plin 3, . . .

Mel . . . Mel . . . Gr . . .

* Melitite . . . Mel . . . colour . . . 37 II

Melitensis . . .

Mel . . . Plin cocet 1, 9 (2) Mel . . .

[illegible] succum dulcem mellitumque [illegible] *Plin* 36, 19

Meliton, onis m [ex μέλισσα, apiarium] *A place where* [illegible] *kept, or where their hives stand, a bee-garden* = [illegible] facere oportet, quos [illegible] appellant, eandem quidam mellarium, *Varr R R* [illegible]

* Me[illegible]gus, i m [a μελι, mel, [illegible]] *He that hath the* [illegible] *ordering of honey, a* [illegible], *Varr R R* [illegible], 16 [illegible] vocatur, *Id*

† Me[illegible]um, i n cingulum ex corio [illegible] cum clavis capitatis *A dog's collar made of leather with nails in it*, Varr R R 2, [illegible] *In quibusdam edit* mælium, [illegible] & mullus *quod rec-* [illegible] ste[illegible] sto

Melius adv [comp à bene] *Better in all respects* Melius [illegible] vivere, *Id* Melius, [illegible] *with more grace and* [illegible], Cic Melius se habere, *to be in a better case*, Id [illegible], *it goeth better*, Id [illegible] *better success*, [illegible] *cunningly* Suadere melius, *to give better counsel*, Hor Melius, pejus, prosit, obsit, [illegible] *or worse*, Ter Melius [illegible], *more conveniently*, [illegible] § Orare causas melius, *with more eloquence*, Id scribere, [illegible] Melius [illegible] magnas res, [illegible] *more cleverly*, Id Meliuscule [illegible] esse, *Ter* Melius [illegible] ctum, *he is amended*, [illegible] Cic Erit isti mor- [illegible] *Plaut* Melius credo [illegible] *will be better* [illegible] § Leni præcordia [illegible] meris melius, *Hor* Non [illegible] melius cum Bubo Bac- [illegible] Au um irrepertum & [illegible], *Id* Contra [illegible] cupidine vectigalia [illegible], *Id* Comp stres melius [illegible] sunt, *Id* Soles melius [illegible], *Id* Hoc faciens vivam [illegible], *Id* Vatibus oblectat populum [illegible] mortuus, *Id* = [illegible] Di melius fecere, [illegible] nemo melius, *Ter* [illegible] gates, bis terque [illegible], *Id*

Meliusculus, a, um adj dim [a melius] (1) [illegible] *or a little better* [illegible] (2) *More largely* (1) Quum [illegible] meliusculè tibi esset, *Cic* [illegible] (2) Meliusculè quam [illegible] bibere, *Plaut Most* 2, 4, 51

Meliusculus, a, um adj dim [illegible] (1) *Something better* [illegible] *or condition* [illegible] (2) *Something bet-* [illegible] (1) Meliusculum est [illegible] *Cic* 4, 2, [illegible] (2) ✱ [illegible] ex melle [illegible] *Capt* [illegible], 2, 6 [illegible] *colour, or* [illegible] Adjicere [illegible], *Apic* 1, 2

[illegible] n *The place* [illegible] *Varr R R* [illegible] *Ser* [illegible] *Plin* 21, 1 [illegible] *a bee-master*, V [illegible]

[illegible] *The time of* [illegible] *of th-* [illegible] 11, 2

[illegible] adj *Of honey*, [illegible] *sweet, yellow, a* [illegible] Mellcus [illegible] *Plin* 15, 14 & 11, 16

Melliculum, i n dim blandientis [a mel] *My little pretty honey, my dear, my sweetheart* Meum corculum, meum melliculum, *Plaut Cas* 4, 4, 14

Mellifer, era, um adj *That beareth, bringeth, or maketh honey* Mellifera apes, *Ov Met* 15, 383

Mellificatio, onis f verb *The making of honey*, [illegible]

Mellificium, ii n *The making, or working of honey* Ad mellificium thymum aptissimum, in pl *Col* 9, 16

Mellifico, are *To make honey*, [illegible] *Virgil* & *Plin* 11, 18

Mellificus, a, um adj *That maketh honey* Opus mellificum, *Col* 9, 1, Locus mellificus, *Id* 9, 8

☩ Mellifluens adj *Sweet of speech, eloquent* Mellifluens Nestor, *Auson* ex illo Hom [illegible]

|| Mellifluus, a, um adj *Flowing with honey, that which droppeth honey delicious, sweet* Homerus mellifluus, *Boeth* 5, 2

Melligenus, a um adj *Of the same kind with honey like honey* Pr[illegible]la melligeni succi, *Plin* 16, 7

Melligo, inis f (1) *The gum, or juice of trees, where with bees daub their hives on the inside* (2) *Also the juice of the unripe grape* (1) *Plin* 11, 6 (2) *Plin* 12, 27

Mellillus, a, um adj dim [a mellinus, qu mellinulus, mellillus] *My sweeting, my darling, my honey* Mea vita, mea mellilla, *Plaut Cas* 1, 1, 47

† Mellina, *sc* potio *A kind of* [illegible], Plaut *al scrib* melina [illegible]

† Mellina, æ f *Sweetness, delight* Hoc magnæ mellinæ mihi, *Plaut Truc* 4, 16

† Mellinum *A garment of the colour of honey*, al leg melinum *Vid* Melinus

|| Mellitus, a, um adj Fomenta mellina, *plaisters, or pottises perhaps of honey, to dissipate aches, or pains*, Veg

Mellitulus, a, um dim Corpusculum mellitulum, *vox blandientis*, Plaut Cas 4, 4, 19 *My sweet heart, my honey* Mellitula, *my sweet miss, my pretty honey*, Apul Met 5

Mellitus, a, um adj ssimus, sup (1) *Preserved, or sweetned with honey* (2) *Of an honey taste* (3) Met *Delicious, lovely* (1) Pane egeo jam mellitis potiore placentis, *Hor Epist* 1, 10, 11 (2) = Mellitus [illegible] succum [illegible] dulcem mellitumque, *Plin* 36, 19 Mellitissime [illegible], *Apul A-* *fin* p 46 (3) Mellitus, *Cic Att* 1, 18 passer, *Catull* 3, 6 Melli[illegible] *Plaut* [illegible] 1, 2, 47

Mellin[illegible] *The* [illegible] *of honey*, Arnob

* Melo, [illegible] μῆλον, malum [illegible] *a kind of pompion, a musk melon* [illegible] cul [illegible] *Pallad* [illegible] 9

|| Melocarpum, [illegible] *melons* [illegible] *Prof* 16 ☩ Suaviter modulans [illegible]

* Melodia [illegible] *Fust* [illegible] Joel 2, 28 *Jo* [illegible]

* Melomeli [illegible] μῆλον, malum, [illegible] cotoneum, & μέλι, mel] *Quinces, marmelade*, *Col* 12, 15 *al scrib* melomel

Melomelum mali genus a sapore [a μῆλον, malum, & μέλι, mel] *A sweeting, a sweet apple*, Plin 15, 14

* Melopepo, onis m in pl acc melopeponas [a μῆλον malum, & πέπων, pepo, quod sit pepo mali cotonei effigie, *teste Plin*] *A melon, or garden cucumer, a sort of pumpion like a quince, a musk-melon*, Plin 19, 5

Melos n def *Hor* abl melo, pl mele, *Lucr* 2, 504 & thus [illegible] μέλος, membrum, est enim oratio membris incisa, vel a dictio, ut ex מלה & verbum & carmen [illegible]] *Melody, harmony, a song, or tune, singing in measure, or tuneable singing, music* Longum melos dicite, *Hor Od* 3, 4, 2 Scripsit egregium melos, *wrote admirable verses*, Phædr 4, 21, 2 Luscinio melos datur, *melody*, Id 3, 18, 11 † Est & m g Habere debent quosdam melos, *Cat* p *Nonn*

* Melota, æ f μηλωτὴ, *a* pellis ovina [a μῆλον, ovis] *A sheep-skin, or fell*, Bibl

† Meltom, pro meliorem, dicebant, vett *Fest* Rectius meliom, *Scal*

† Melum, i n ductor melorum *A song, or tune*, Isid ☩ Melos

Membrana, æ f [quod membra tegit, *Prisc*] (1) *The upper and little thin skin of any thing* (2) *The peel of wood between the bark and the tree* (3) *Parchment, or vellum* (4) *The surface, or utmost shape of a thing, the Epicurean effluvia* (1) Oculos membranis tenuissimis vestivit & sepsit, *Cic N D* 2, 57 (2) *Plin* 16, 11 (3) Positis bicolor membrana capillis, *Pers* 3, 10 ☞ *In inventione membranæ, quæ vice chartæ essent, vid* Plin 12, 11 & B Hercon [illegible] ad Chromatium Jovinum, & Eusebium, *scribens* (4) *Lucr* 4, 48 [illegible] implicat, iocum integrum § Lignea membrana, *the ligneous substance in the middle of a walnut*, Plin 15, 23

Membranaceus, a, um adj *Like parchment, or a thin skin*, skinny Membranaceæ pinnæ, *skinny wing*, such as a bat hath, *Plin* 10, [illegible] Membranaceus cortex, *a bark made up of several films*, is [illegible] of the [illegible], *Id* 16, 31

|| Membraneus, a, um adj *Made of parchment, or vellum*, Ulp

Membranula, æ f dim [illegible] membrana] *A little skin, a piece of parchment*, Cels 1, 7

|| Membranulum, i n *A little membrane or skin, that particularly about the heart*, Apul Met 6, p 19[illegible]

|| Membranum, i n *A parchment, or roll*, Ulp ☩ Membrana

Membratim adv (1) *Limb by limb, in pieces, piecemeal* (2) *From point to point* (3) *In little clauses, or colons* (4) *Specifically, particularly* (1) [illegible] membratim cæsus, *Plin* 9, 15 Sensum vitæ [illegible] in membra im deperdere, *Lucr* 3, 526 (2) Membratim agere ex [illegible] ratio, *Cic Part Orat* 35 (3) Incidenter, membratimve dicere, *Cic* [illegible] 6[illegible] Membratim, cæsim *Quint* (4) ✱ Animum in [illegible] generatim, membratim [illegible] *Plin Proœm* 1 12

Membratura, æ f *A forming or shaping of the limbs* Animadvertant, nimoque advertimus, quod membratura finit, qui circa cos fontes habitant homines, *Vitruv* p. 5

|| Membror, ari pass *To be formed limb by limb, to be shaped in every member, or part*, Cen[illegible] forum ☩ Per membra formor

Membrosus, a, um adj ior, comp *Having great members, well limbed*, [illegible] *Plaut* hortorum custos, membrosior æquo, *Priapus*, [illegible] *Martial* [illegible] carm [illegible]

MEMBRUM, i n [ex μέρος, [illegible]], quod membrum [illegible] partem corporis, *qu* [illegible] *Parts of any thing* (1) As an human body, *a member, a limb* (2) Of a state (3) Of the [illegible], *the elements* (4) Of an art, or science (5) Of an house, *a room, a chamber* (6) Of a sentence, as *a clause in a period, a colon* (1) Kai [illegible] pro pudendis (1) Membrorum, [illegible] partium corporis [illegible] propter eorum usum a natura esse donata, [illegible] *Cic de Fin* [illegible] 10 (2) *Suet* [illegible] (3) = Maxima mundi membra, *Lucr* 5, 245 (4) = Partes & membra philosophiæ, *Cic N D* 1, 5 (5) Non admodum habere poterat [illegible] & cubiculi membra, *Cic* [illegible] (6) Quem Græci κῶλα nominant, nos membra & membra dicamus, *Cic* [illegible] 66 (7) Alcumbi [illegible] in membrum, *Pl* [illegible]

* Memecylon *The fruit of the shrub* [illegible] *like a* [illegible] *the wise called* Arbutus, *Plin* 15, 2[illegible]

Memet acc pron Ego, me *Met* adicitur *Id*, [illegible] Sall B [illegible]

Memini, meminisse, [illegible] meminero, meminisse vero [illegible] meminisse [illegible] *reduplicat* [illegible] meminisse [illegible] memini] (1) *To remember, or have in mind* (2) *To make mention of* (3) *To take care, to provide for* (4) *An elegant word in giving thanks* (5) *Memento, a form in threatning* (6) || In the ancient church, *to pray, to remember in one's prayers* (1) § ✱ Si dies nobisque meminerit, non obliviscetur profecto, *Cic* Cent [illegible] meminit me condere falsis, *Ter Eun* 9 52 Memini [illegible] meminero, *Plaut Capt* 2, 1, 52 Minus meminisse videbor consentitur [illegible], *Cic* Num tos meminit [illegible] ten rem, *In Lel* 9, 45 Dabo memento ambo, *Plaut* [illegible] 9, 2, 89 § Memini memoria, *Plaut* [illegible], *Id* (2) Neque hujus rei meminit usquam poeta ipse, *Quint* 11, 2 § De quibus multi meminerunt, *Id* (3) Non solum administerit [illegible] tum, verum etiam [illegible] meminerit [illegible], *Cic* (4) Dum [illegible] constabit, pulchrè meminero *Phædr* 1, 25 (5) Injus occore *LL* non co ME monitis memento *Plaut* [illegible] *Asin* 2, 4, 71 § Meminisse juvet, *the memory is thankful*, [illegible] 66, (6) Tantum oro, ut cum petitis [illegible] precem meminentis, *Tertull de Baptism* [illegible]

Memnonide aves *Solin* Memnonides, *Ov Met* 13, 619 [Memnonis Æthiopum regis] *Birds which come every year out of Ethiopia to Memnon's tomb at Troy, and there fought till they killed one another* Domus Memnonæ, *Prop* 1, 6, 4

Memor, oris adj omn g [a memini] (1) *Mindful, remembring* (2) *Thankful* (3) *Proceeding from one mindful* (4) *Lasting durable, or that maketh it self remembred* (1) Facies pro- [illegible] mihi memo, *Pl* ... *Pseud* 1, 5, ... (2) ... nomen me dices, & ... 1, 2, ... (3) ... (4) ... ¶ MEMORATIO, ... de ... Dei, ... comp ... mero all ... (1) ... est ... fecimus ... & memor ... Bello quam ... tibi ... = ... *Cic* ... 1, 1

|| Memoramentum, ... *A memorial*, ... *Apol* ... ✝ Monumentum.

Memorabilis, e, ... (1) ... (2) ... (3) ... (4) ... Fictis ... (5) ... *Ter An* ... 3, 1 ... Hæc memor ... tibi ...

Memorandus, ... *Plaut* ...

Memorans, ... part ... *Plaut* ...

Memoratus, a, um part ... (1) *Remarked*, ... (2) *Much spoken of, famous* (1) Quid his memorabo ... *Plaut Mil* ... (2) Erat ... memoratio ... *Gell* 10 8 ... *Id* 10, 18

Memoratorium, ... *A* ... *Gell* ... *Plaut Bacch* 1, 1, 29

✝ Memoriter, *from memory*, Non

✝ Memore, *from memoriter*, Non ex Pompil

Memoria, æ f [a memor] (1) *Memory, the faculty* (2) *Remembrance, calling to mind* (3) *Consciousness, reflection* (4) *Memory, as relating to the thing remembered* (5) *The time within which a thing is remembred, or the persons remembring in that time* (6) *Memorials, chronicles, records* (7) *A sepulchre, or monument* (1) Memoria est per quam animus repetit illa quæ fuerunt, ... *Cic de Orat* 1, 5 (2) ✕ Non sum ... oblivionis ... quam memoriæ mallem, *Cic* (3) Memoria ... (4) Memoria ... prodenda libris nostris, *Cic ad Q fr* 1, 1 Memoria ... *Id* ... (5) ... memoria, *Cic* ... post ... memoriæ princip, *Id* (6) In veteribus memoriis ... est, *Gell* 4, 16 (7) PROBUS ... comparavit memoriam sibi & suis, *Ins* ¶ Ut ... memoria est, *to the best of my remembrance*

In memoriâ insidere, *to be well remembred*, Cic Redire in memoriam, *Id Ter* 1, 46 ... *Plaut to bethink, or recollect* ... Publicis literis ... mandata ... *Cic*

Memoriosus, adj *Belonging to memory, or remembrance* § Memoriæ libelli, *a book of remembrance*, ... *Cæs* 56 § Memoriæ ... *Ap Jcc*

Memoriola, æ f dim [a memoria] *A little, or small memory* ... memoriola est ... *Cic Att* 12, 1

✝ Memoriosior, adj ... comp ... *Auli quali*

✝ Memoriosus, a, um adj ... comp ... *That hath a good memory*, Corn Front ✝ Bene memoriæ præditus

Memoriter adv (1) *by heart, without book* (2) ... (3) ... (1) Memoriter ... oratio, *Cic* ... (2) ... memoriter ... 6 ... *Id Phorm* 2, 2, ... (3) Memoriter ... *Liv* ... (4) ... *without a ...*, Suet ... 10, 10

Memoro, āre act [a memor] (1) *To remember* (2) *To tell, rehearse, or recite, make mention, or speak of* (3) *To call, or name* (1) *Memorare* ... nunc ... memoriae mandare, *Fest* ... *certum hujus signi exemplum* ... *Sen* (2) § Nomen tuum primum memoro mihi, *Plaut Trin* 1, 2, 41 Mihi causa memoro, *Ter An* 1, 2 Virorum honoratorum laudes in concione memorare, *Cic de Legg* 2, 24 Cujus de potentia memoravi, *Tac* (3) Anaxagoræ ... quem Græci memorant, *Lucr* 1, 831 Memorant, *they say*, Liv De natura memoravit, *he wrote of*, Cic

Memoror, āri, ātus pass (1) *To be rehearsed, or spoken of* (2) *To be a report, or common saying* (3) *To remember* (1) Ex ... *Plaut Amph* 1, 3, 14 (2) Verum est verbum, quod memoratur, *Plaut Truc* 4, 3, 32 (3) *Vulg Interp*

Mena, æ f *A little fish, black in summer, and white in winter*, Plin 32, 26 Gaza takes it for *an Herring, or pilchard*

MENDA, æ f & mendum, i n [cujus de ... nihil comperi] (1) *A blemish, a spot* (2) *A fault, a mistake, an error, or faute in writing* (1) In toto nusquam corpore menda fuit, *Ov Amor* 1 5, 18 (2) Mendum scripturæ ... *Cic Fam* 6, 6, 2

✝ Mendaciloquus, *unde* mendaciloquior, us *Telling lyes* Nihil mendaciloquius, *Plaut Trin* 1, 2, 162

Mendacium, i n [a mendax] *An untruth, a deceiving, a story, a lie* Blanda mendacia lingua, *Ov Epist* 15, 55 Candidum ..., hercle, optimum esse mendacium, *Plaut Most* 3, 1, 136 Magnum & impudens mendacium, *Cic pro Cluent* 6 ✕ Inter mentiri & mendacium dicere *sic distinguit Gell ex Nig* 11, 11 vir bonus præstare debet, ne mentiatur, prudens ne *mendacium dicat*

sæpe tamen confunduntur Sic *enim* Nep Mentiri neque ... neque potuit, *Attic* 15

Mendaciunculum, i n dim *A little lie*, ... Orat 2, 59 ubi ... Rocc

Mendaciolus, i m *A liar, one apt to tell lyes*, Litt ex ...

Mendax, ... or, comp ... mendacium, ... minus ducit, ... *Perot*] (1) *Lying, deceitful* (2) ... (3) ... (1) Mendaci homini, ne verum quidem dicenti credere solemus *Cic de Div* 2, 71 ... ego ... mendacissimus, *Plaut Rud* 2, 4, 46 (2) Infidus mendax, *disappointing the expectation*, Hor Od ... (3) Parthis mendacior, *Hor Ep* 2, 1, 112 ... *I deceived my self* ..., Ov Ep 2, 11 In ... mendax, *lying to his* ..., Hor ... 11, 5 Hujus ... *false in this thing*, ... Mendax ... *Tibul* ... 4, 12 ... mendax, *that dyeth with purple*, Mart 12, 64

Mendicabulum, i n *Mendicant* ... *those beggerly fellows*, Plaut Aul 4, 5, ...

Mendicans, tis part *Begging* Ille mendicans pene inventus ... *Plaut Bacch* 4, 5, 26

Mendicatio, onis f verb *A begging*, Sen Ep ...

Mendicè adv *Beggerly*, Sen Ep

Mendicatus, a, um part *Begged, gotten by begging* Mendicato pascitur ... cibo, *Ov Ibis* 5, 8, 11

✝ Mendicimonium, ii n *Begging, the art and trade of begging, beggerliness*, ... Nonn ✝ Mendicitas

Mendicitas, ātis f *Extream poverty, beggerliness* Mendicitatem multi perpetiuntur ut vivant, *Cic de Fin* 5, 11 ✕ Expugnata paupertas nova mendicitate ... est, *Petron* c 12

|| Mendicium, ... [quod ... esse ...] *A sail which is set in the fore part of a ship*, Fest

Mendico, are *To beg, to ask alms* Mendicare ... *Juv* 6, 54 ¶ ... a quo mendicare malum, *to provoke one to beat him*, Plaut Amph 4, 2, 12

✝ Mendicor, āri, ātus sum dep *To beg*, Nonn ex Plaut

✝ Mendicula, æ f vestis, *scil* *A kind of garment fit for a begger, a patched coat* Quid ... indutus ... mendiculam? *Plaut Epid* 2, 2, 39 *sed* ... *captans*

Mendiculus, i m dim [a mendicus] *A little begger, a tatterdemalion* Exercitus collectus ex ... mendicul ..., *a ragged regiment*, Cic Catil 2, 3

✝ Mendicum, ... *Fest* ... Mendicum

Mendicus, i m *A begger, a common begger* Placet ... mihi mendicus, *Plaut Stich* 1, 2, 76

Mendicus, a, um adj *Begger-like, sorry, mean, pitiful* = Quid ... ? Quid mendicius? ... sapientes ... mendicissimi divites, *Cic pro Mur* 29

Mendosè adv flung, comp (1) *Uncorrectly, corruptly* (2) *Falsly, erroneously, unskilfully* (1) ... mendosè & scribuntur & veneunt, *Cic ad Q fr* 3, 5 (2)

Reddere mendosè causas, ... *give the causes* ... 565 Mendosè ... *Plin* 85 ...

Mendosus, a, um ... (1) *Full of blemishes* ... (2) ... *Blundering* (1) ... *Hor Sat* 1, ... acta natura, *Hor Sat* ... His ... *Cic de Cl* ... *Orat* 6 ... qui conficit tabulas ... nomine mendosus est, *Cic*

Mendum, i n ... *Menda*

✝ Menevo, ... *Sal* ... carmine, *Scal* ...

Meniana, orum ... [a Mænio, qui primus ... ultra ... tur superiora, *Fest*] Serb ... *A building* ... *jutting out for prosp* ... *galleries* ... *shews out of*, Suet Cal ... & Ascon ...

|| Menina, æ f *Titon* ... *id quod* ...

• Meninx, gis f *A thin membrane, which incloseth the* ... whereof there ... the thicker call'd *dura mater*, the ... the thinner, called *pia mater*

• Mensis, idis f ... *Vitr* ... ut ... luniculam ... qua cum ... & ... vocitant ...

pro initio sumi, ... Hom ... *The beginning, or first* ... *book*

✝ Menor *To remember* ... reminiscor

MENS, tis f [ut ... sic μένος, men ... impetus animi, ... ipse ... à μηνύω, indico, *Jul Sc* ... qua est indicatrix rationum] (1) *That part of the rational* ... *which is the seat of* ... *parts and acquired virtues*. (2) *Reason, The reason, the understanding* (3) *Thought* ... (4) *opinion* (5) *Affection, inclination* (6) *Providence* ... (7) *The temper of the mind* (8) *The memory* (9) *advice, counsel* (10) ... (11) *A goddess so called* (1) Animi partis, ... quaque Mens ... sunt virtutes, *C* ... Hor ... cor ... quirit, aut ... (2) Differor, distrah... mentem ... *Plaut Cist* 2, 1 5 ... comitos ... *Cic* ... ✕ Deus non sensu sed mente cernitur, *Id N D* 1, 18 ... vestræ mentes, atque ... populus Romanus voluntas ... consentiat *Cic* ... mentes deorum, ... mens, *Vir Æn* ... quod mens ... *Æn* 4, 100 ... *Catull* ... = Deorum mente ... omnis administrari, *Cic N D* 1, 2 Furtivæ ... *Ov Epist* ... omnibus una, *Vir G* ...

(5) Ih ...

[illegible] Istin oio, exue men em, *Vir* Immota manet mens, (2) Munera Bac- [illegible] unt mentem, [illegible] men [illegible] Mens et aurmente [illegible] Parrhis, *Tit An* [illegible] Qua facere id possis [illegible] recipe mentem, [illegible] Demit unt mentem [illegible] (11) Men [illegible] *Ov Fast* 6, [illegible] fi quid dea es, [illegible] *Prop* [illegible] Mentis fuæ esse, *to be* [illegible] Sed menti ut [illegible] *to let him take* [illegible] *Sil* 11, 326 ✱ [illegible] *Mens*, qui [illegible] quod me- [illegible] eos, qui cibum [illegible] (1) *A table*, or [illegible] (2) Mel on *A* [illegible] *supper* (3) *A* [illegible] *of dishes* (4) [illegible] *plate* (5) *A* [illegible] *on which bank-* [illegible] *money* (6) *A ta* [illegible] *his gold* [illegible] Par [illegible] mensis, *Vir Geor* [illegible] mensæ capitur an [illegible] *in Tinct* 152 (2) [illegible] mensa est data, [illegible] Tisamus sedia [illegible] 44 (3) Circum [illegible] tributa secundis, [illegible] Alteras [illegible] *Hor* (4) Te fames [illegible] capibus consumere [illegible] 1, 25 (5) Sti [illegible] palam proposins [illegible] *Pison* 26 (6) [illegible] pices avertere [illegible] 1, 2, 37 § Mensa [illegible] *Hora* [illegible] like th [illegible] Mensa lan [illegible] *tioner's shopping* [illegible] *Of, or be-* [illegible] *Argentum* [illegible] Vinum mensale, [illegible] (1) *A bank* [illegible] *and payeth* (2) *An exchanger* [illegible] Quinquevirtiet [illegible] dispensatione [illegible] *Liv* 7, 21 [illegible] *The* [illegible] *terms of wo-* [illegible] *Plin* 2, 15 [illegible] [e metio] [illegible] In se continet vo- [illegible] mentionem, *Cic Or* [illegible] [e mensione] [illegible] non mantur, [illegible] hom cennit, [illegible] menti [illegible] the n [illegible] of the e- [illegible] through all [illegible] (1) [illegible] men [illegible] Mensi munerum [illegible] *Id* 2,8 [illegible] [e me- [illegible] *measurer*, [illegible] (2) *A mo-* [illegible] Mensores, *whom* [illegible] *times*, [illegible] *the* [illegible] *pitching* [illegible] *fields*, or *tak-* [illegible] *quarters in towns*

(1) Quon ego non agricolæ, sed mensoris esse dicebam, *Col* 5, 1 Cujus humum longo signabat li- mite mensor, *Ov Met* 1, 136 (2) Maris & terræ nt metique carentis arenæ mensor, *Hor Od* 1, 28, 2 (3) *Veg* 2, 7

Menstrua, orum n *The month- ly flux of women's terms* In men- strua esse, *Col* 11, 3

Menstruālis, le adj (1) *Month- ly*, or *every month*, or *lasting for a month* (2) *Belonging to the terms* (1) Scelerum menstruales ep ilas [illegible], *Plaut Capt* [illegible] 1, 23 (2) Solum animal menstru- ale mulie est, *Plin* 7, 15

‖ Menstruans part [illegible] Mulier menstruans, *Pall* [illegible] *a woman that hath the terms* ✝ Menstrua

✝ Menstruata, *sc* mulier *Ha- ving the flowers*, *Vulg interp* ✝ Menstrua

Menstruum, i n (1) *A month- ly allowance for maintenance* (2) *A non* (1) Consul menstruum jussit militem secum ferre, *Liv* 14, 2 (2) *Ulp*

Menstruus, a, um *Of a month, monthly* Menstruum spatium, *Cic N D* [illegible] cursus, *Catull* 32, 17 Menstr cibaria, *Cic* [illegible] 5, 30 usura, *Id lasting for a month* Adversaria menstrua, *Cic* ❡ Menstrua luna, *performing her course in a month*, *Vir Geor* 1, 353 Thura menstrua reddere Lar, *every month*, *Tibull* 1, 3, 34

Mensŭla, æ f dim [a mensa] *A little table* Puer, appone hic mensulam, *Plaut Most* 1, 2, 150

Mensularius, i m *A banker*, *Sen Contr* 4, 24 ✝ Mensarius

Mensum, i n *A measured quantity* Mensum unguinis, *Cato*

Mensūra, æ f [a metior, men- sum part fut mensurus Pro- cedit Hebr [משורה] (1) *A measure*, or *the quantity of the thing measured* (2) *The measure whereby any thing is measured* (3) Meton *Dignity, place, authority* (4) *Capacity, ability* (5) Met *A proportion* (1) Men- sura agrorum, *Col* roboris, *Ov* (2) Mensuras pondera Pla- don invenit *Plin* [illegible], 56 (3) Nec consularis [illegible] gati mensu [illegible] om [illegible] marus accipiebantur, *Tac Hist* 1, 5 (4) Buccæ noscenda est mensura tuæ, *Juv* 11, 34 (5) Ut rebus læris par sit mensura minorum *Juv* 10, 98

‖ Mensurābilis, e adj *Measu- rable* Spatium non mensurabile, *Prud Apoth* 8[illegible]

‖ Mensurator, ōris m *A mea- surer* Bud *agrorum, a sur-* Veg ✝ Mensor

‖ Mensuro, āre *To mete, or measure*, *Veg* 1, 25 ✝ Metior

Mensus, a, um part pass *Measured* Mensi spatii *Cic N D* 2, [illegible]

Menta, æ f *equ [illegible]*, in dex, qui [illegible] (1) [illegible] (2) [illegible] (1) [illegible] *Etym* [illegible] (2) *Id* [illegible]

Mentagra, æ f vox hybrida [ex μέντον mentum, & ἄγρα captura] *A foul tetter or scab like a ring- worm*, which beginneth at the chin, and runneth over the face, neck, breast, and hands Hanc lu- em primum sensit Italia in dio Claudii medio, cum mentum imprimis caperet, oculum hinc in *mentagram* appellarunt, postea se- rio usurpari coeptum est vocabu- elegantius Græco nomine vocatur Leichenes *Vid Plin* 26, incunte

Mentha, & menta, æ f [a no- mine Minthes Cocy thiæ, [illegible] hanc [illegible] mutata, *Ov*] *The herb called mint*, or *mints* Ruta, & mentha, recte utrumque, *Cic Fam* 9, 22 Leg etiam in plur *Ov Met* 10, 12

Menthastrum, i n & mentastrum [dict quod mentham imitatur] *Wild mint*, *Plin* 20, 14

‖ Mentior, *pro* mentiar, *Plaut Mil* 1, 1, 35 ut multis [illegible] jusmod

Mentiens, tis part [a mentior] *Lying*, *Quint*

Mentigo, inis f [*quod in ipsum pecud* [illegible]] *A scab or morphew about their mouths and lips*, called *the pock* Est etiam mentigo quod pastores ostiginem vocant *Col* [illegible], sub fin

Mentio, ōnis f [a mentiom] quod [illegible] *Mention, or speaking of* [illegible] eorum mentionem [illegible], *Cic Div* [illegible] ¶ *Mentio* [illegible] *in posterum*, [illegible] *written cutur*, *vid Tacb in Plaut Aul* 2, 2, 27

Mentior, iri, itus sum dep [illegible] mentum, [illegible] & men io, ut [illegible] communiscer & menti [illegible] (1) *To lye* (2) *To break one's word* (3) *To counterfeit*, or *re- semble* (4) *To invent*, or [illegible] as poets do (5) *To deceive*, or *impose upon* (6) *To feign*, or *pretend falsly* (1) In virum bo- num mentiri non cadit emolu menti sui causa, *Cic Offic* 3, 20 (2) Nox longa quibus mentitur amica, *Hor Epist* 1, 1, 20 (3) Mentitis juvenem crap [illegible], *Mart* [illegible], 4 (4) Atque ita *poeta* mentitur, *Hor Art Poet* 151 (5) Frons, oculi, vultus persæpe mentiuntur, oculi vero sæpissime, *Cic* (6) Causam fugæ mentitur, *Ov Met* 11, 281 ✱ Quid distat *mentiri* & *mendacium dicere*, *vid in Mendacium* § Adversum aliquem mentiri, *to tell one a lye*, *Plaut* In aliquem *to invent lyes against one*, *Cic* [illegible] aliquo, *to lye to one*, *Plaut* ad [illegible], *Gell* de aliquo, *Cic* ✤ Mentiar, [illegible] *let me not be credited un- less*, &c *Ov* ¶ Et [illegible] utrumque [illegible] mentitur, *I falsly write that*, &c *Plin* ¶ Non mentiar, *I will not deny*, *Hor*

‖ Mentis, is f [illegible] quod mens, quod vid [illegible]

Mentitio, onis f *A lying*, or *telling a ly*, *Ad Herenn* [illegible]

Mentiturus, a, um *That will lye or be false* Non mentitura tibi voce refer, *Ov Trist* 4, [illegible], 16

Mentitus, a, um part dep (1) *Having lyed, having deceived* (2) pass *Feigned, false* (1) Dabo operam, ut in hunc minime mentitus esse videar, *Cic in Sall* 1 (2) = Mentita & falsa, plenaque errorᵢs, *Cic N D* 2, 21 ✤ Spem mentitis seges, *that hath disappointed the hope*, *Hor Epist* 1, 7, 87 Portat mentitæ lignea monstra Iovis, *Prop* 4, 7, 59

Mentŭla, æ dim [a menta] *A man's privy parts* *Vid* Menta, & exempla in carm Priap

Mentulātus, a, um adj ior, comp *That hath a large privy member, well hung* Priapo mentul tior, *ap Poet Priap*

MENTUM, i n [illegible] (1) *The chin* (2) *The same part in beasts*, as *cows*, *&c* (1) Mento summam aquam attingens siti enectus Tantalus

Cic Tusc 1, 5 (2) Mento [illegible] [illegible], *Vir Geor* [illegible]

Meuns, tis part *Going* [illegible] *Resp* [illegible], *Lucr* 1, 18

MEO, āre [illegible] *To go, or pass*, [illegible] or *way* Mobilis meandi [illegible] *swiftness of not* [illegible] Stimuli [illegible] *hat a rou and diffi- cult passage*, [illegible] be [illegible] *Plin* [illegible] cuum, [illegible] 2, 150 In [illegible] meare, *to* [illegible] *Luc* [illegible] 5 Mephitis [illegible] *Vir Geor* [illegible] 2, [illegible]

‖ Mephiti [illegible]

‖ Mephiticus [illegible]

[illegible] *sulphurous* [illegible] *that* [illegible] Sulphur [illegible]

Meracŭlus, a, um adj [illegible] *the mixed with water* Vinum meraculum, *Cal*

Meracus, a, um adj or, comp ‖ issimus, sup [illegible] (1) *Pure, clear, without mixture* (2) *Yielding pure* [illegible] (1) Meracius vinum [illegible] dilutius, *Cels* 1, 2 (2) A[illegible] fert quicunque meraci [illegible] uvas, *Prop* 4, 3 [illegible] rœ meracæ, *whole* [illegible] *of pure hellebore*, *Pers* 4, 16 Meracæ potiones, *draughts of pure wine*, *Plin* 23, 1 Meracius us[illegible] fons, *Sidon* 3, 13

Mercābĭlis, e adj *That may be bought*, or *hired* [illegible] certo cuivis mercabilis ære, *Ov Amor* 1, 10, 21

‖ Mercalis, e adj [a merx] *That may be bought*, [illegible] *merchantable*, *Cod* [illegible] *leg* mercimoniis, [illegible]

Mercandus, a, um part *To be purchased*, or *bought* Ego [illegible] hæc oleti mercandi [illegible] *Cic Att* 9, 5.

Mercans, tis part [a mercor] *He that buyeth, a bargainer*, *Col* 7, 6 [illegible] mercantibus

‖ Mercatio, onis f verb *A buy- ing, trading, dealing, chaffer- ing, playing the merchant* Pecunia in mercationibus perdita, *Gell* 3, ✝ Mercatura

Mercātor oris m verb *A merchant one that buys and tradeth in any thing* [illegible] currit mercator ad Indos, *Hor Epist* 1, 1, 45 Mercator [illegible] rum [illegible] *Cic* Mercatores [illegible] *Cæs B G* 6, 36

Mercatōrĭus, a, um adj *Mercatorius navis*, *a merchant man*, *Plaut Bacc* 2, 3[illegible]

Mercātūra, æ f *The trade of merchandise* Mercatura, si tenuis, est sordida putanda, *Cic Off* 1, 42 In plur Mercaturas facere *to trade as a merchant*, *Id Verr* 5 2[illegible] *Plaut* Mercatura bonarum artium, *Id Off* [illegible] *a place of traffick for learning*

Mercātus, a, um part dep (1) *Having bought*, or *purchased* (2) Pass *Bought*, or *purchased* (1) Agrum mercatur [illegible], *Hor Sat* 2, 6 [illegible] (2) Trajectione [illegible] multos annos mercata, *Plin* 37, 2

Mercātus

Mercatus, us, m (1) *A buying and selling, the trade of merchandise* (2) *A market* (1) ... mercatu omnium ... (2) ... Me- ... *the pic* ...

† Mercatura, æ ... mercatur ...

Mercedonius ... mercedonius, i ... *The intercalary month* ... *for the payment of rent* ... Mercedonia ... *month* ... MIRR ...

Merc... *in buying and selling, wares, goods, traffick* In mercimonii ... vendundisque, *Plaut Amph prol prine*

Mercor, ari, atus sum dep [a merx] *To buy, to purchase* Mercari aliquid ab ... Græci, *Plaut Asin* 1, 3, 47 ... Hor *Epist* 2, 2, 158 *with ready money*, præsenti pecunia, *Plaut Capt* 2, 2, 8 Hoc ... magno mercentur Atridæ, *would give never so much to have this done*, Vir *Æn* 2, 104

Mercurialis, is f *The herb called mercury*, [a Mercurio inventore] *Plin* 25, 5

|| Mercurius *Quicksilver, for it is vulgarly called mercury*, Ap Chym ¶ Argentum vivum

Merda, æ f ... *Ordure, or dung, a turd* ... Hor *Sat* 1, 8 ... *Hor Sat* 1, 8, 37

Mere ... *Purely, without mixture* ... poculum ... *to take a strong potion of wine*, Plaut ... 1, 1, 2

Merenda, æ f [a merendo, ...] ... merenda ... *A beaver, or afternoon's ... betwixt dinner and supper* ... merenda ... Plaut *Most* 4, 2, 51 ...

† Mercenarius ... *hired* ...

Merens, tis part [a mereo] (1) *Deserving* (2) ... (1) ... *Plaut* ... Merens ... *Luc* ...

MERCO, ere, ui, itum & mereor, eri, itus dep ... *To earn, or gain* (2) *To deserve the good, or evil* ... (3) *To take pay, or serve in war* (4) *To purchase* ... (5) *To hold* ... (1) Merere non amplius ... duodecim æris, *Cic* ... (2) ... *Cæs B G* ... *Liv* ... (3) ... Meretrix ... *Plaut Asin* 1, 3, 22 ... *Plaut* ... *Plaut Most* 1, 3, 124 (5) Quid mereas, ut Epicureus esse desinas? *Cic* ... Memorem ... merendo, *by obliging or deserving well of them*, Plaut ... *Ter Hec* 5, 4, 36 ...

Meretrix ... *to be deserved* Pass Ignavus ... poena merita esset, *Liv* ... *hac not occur*

Meretricie adv *Whorishly, harlot like*, Plaut *Mil* 3, 2, 5

Meretricium, ii n *The trade of whoredom*, Suet *Cal* 40

Meretricius, a, um adj *Of, or belonging to an whore* Meretricios amores nuptiis conjunctos, *Ter Andr* 5, 4, 10 Domus meretricia, *Liv* 5, 5, 18

Meretricor, ari dep *To whore, or go a whoring*, Cæl ... 11, 1

Meretricula, æ f dim [a meretrix] *A little whore* ... meretricula communis ... *Cic* ... *Ter* ...

Meretrix, icis f [a merendo, quod corpore mereatur] *An whore, a strumpet, an harlot, a courtesan* Meretricibus certo ... *Ov* ... Meretricem ego item esse reor ... quod des, ... *Plaut* ... 2, 7, 16

Merges, itis f Merga furculæ, quibus acervi frugum fiunt ... [a mergo, quod etiam in segetes mergunt ...] (1) *A pitchfork, or prong to cast up sheaves, or bundles of corn with* (2) *A kind of iron hatchel, or rippler, to take off the ears of corn* (1) ... *Plaut Rud* 4, 4, 58 (2) *Col* 2, 21

Merges, itis f ... spicarum ... *A sheaf* ... *Plin* 18, 30

MERGO, ere, si, sum act [a mare, Scal] (1) *To put under water, or any other liquid thing, to sink, dip in, duck, or plunge over head and ears, to immerse* (2) Met *To overwhelm* (3) Met *To sink, ruin, or destroy* (4) ... Mergit ... *Plin* 8, ... *Æn* 6, 512 Aves se in mare mergunt, *Vir* ... Mergit ... (2) ... *Plin* ... (3) ... *Hor* ... *Vir Æn* 6, 429 Meritum ...

Mergor, i, sus pass (1) *To be put under water, &c to be dipped, or sunk* (2) *To disappear by going under ground* (3) *To be immersed* ... (1) Mergi in aquam ... *Cic* ... *Curt* 10, 4 ... (2) Flumen ... (3) ... *Cic* ... (4) Neque in hac ... *Ulp* ... Mergitur ... *the dolphin settles*, ... *Arat* ... *is sunk*, Lucan

|| Mergulus, i m ... *A little ..., or didapper* ...

Mergus, i m ... *A diver, or didapper* ...

† Mericarpus ...

Meridianus, a, um adj *Of, or belonging to noon, noontide* (2) *Meridian* ... *players, or fencers, because they exercised at noon* ... *Sueton* (1) Meridiano tempore, *Cic* ... (2) *Suet Claud* ... Meridianus circulus, *the meridian line, to which when the sun cometh he maketh high noon* ...

Meridiatio, onis f verb [a meridio] *Noon rest, taking a nap after dinner* In plur ... meridiationes, *Cic de Div* 2, 69

Meridies, ei m ... *Noontide, midday* ... *Vitr* ... *The south, or southern part of the world* (1) ... *Cic* ... (2) ... *Cic* ... 2, 19

Meridio, are & meridior, ari dep *To take a nap, to sleep at noon, before dinner, or after* ... *Cels* ... *Suet Cal* ...

Meritissime adv sup ... *Most deservedly* ... meritissimo ... *Cic* ... *Plaut* ...

† Meritissimum, i n *A great, high or extraordinary merit* ... *Plaut* ...

Merito adv ... *deservedly, upon good cause, with good reason* ... *Ter* ... 166 Merito ... *Cic* ... 5, 68

Merito, are freq [a mereo] (1) *To earn, or get* (2) *To be rewarded at, or hired out for rent* (3) *To serve* ... (1) ... *Cic* ... (2) ... *Cic* ... (3) ... *Plin* ...

Meritorium, ii n ... *An house, or place where men with their people* ... *whore house* ... *A bawdy house* (1) ... *Ulp* ... 2, 4 (2) *Ulp* ...

Meritorius, a, um adj (1) *To earn, or bring in gain* (2) *Designed* ...

Mercimonium, ii n [a merx] *That which is returned* ...

... (3) *That is let, or set for ... age* (1) ✠ Ingenui pueri cum meritoriis vectabantur, *Cic Phil pp* 2, 41 *with catam tes* (2) Merito in salutatio, *Sen* (3) ... um cœnaculum, *Suet Vitell* Meritoria vehicula, *Id*

Meritum, i n [a mereor, atque ... & tam in malam ... bonam partem sum] (1) *... hire, stipend, or reward* (2) *Desert, merit, in a good, or ill sense* (3) *A kindness, favour, pleasure, or good turn* (4) *The worth, value, or excellency of a thing* (1) Non id tempus, ... ta tantum exolveren ur, ... (2) Merito vestro amo ... Leniter ex merito ... pa... fere dum est, *Ov Epist* 5, ... (3) Meriti tanti non ... un juam, *Vir Æn* 9,256 (4) Et quo... merito quaque no... *Ov Fast* 1,8 Grande ... meritum est, *Mart* 8,65 Se... meriti ager, *Pallad R R* 1,5 Sec... & tertii meriti mel... *Id* tit 37

Meritus, a, um part Benè ... mihi ... de tuis civib... *you will lay a great ... on your countrymen*, ... *Cic Acad Q* 1,7

Meritus, a, um part [à mereor] (1) *Deserving, or having deserved* (2) Pass *Deserved, ... desert* (3) It nomen ... ex ... sup ... mus *Due, fit, convenient, seemly, suitable, ...* (1) § Meritus novissima ... *Tac Ann* 12,20,4 ... *Hor Sat* 1,3,120 Erat in... bene de me meritos omnis nomina... *Cic Fam* 1,9 (2) Qui duxit ab oppressa meritum Carthagin nomen, *Hor Sat* 2,1,66 (3) Meritos ... mactavit honore, *Vir Æn* 3,118 Meritissimum ... *Plin Epist* 5,15,...

✠ Meribibus, a, um qui merum bibit *That drinketh wine without water, pure and unallayed*, *Plaut Curc* 1,1,77

† Meroctes, is m *A precious stone so called* Meroctes porr... ... fidas, *Plin* 37,10 *ubi* ... *leg* ... rochites

Meroe, ... f [à Meroe regione ... & Æthiopis dict] *... growing about Meroe, with a leaf like a lettuce, good for the dropsy*, Plin 24,17

Merops, ŏpis m [avis qua & apiaster & apiastra, quia apes comedit, ... dict a partitione ... næ, *Pomp Sabin*] *A bird that eateth bees*, Vir Geor 4,14 ... is to feed and ... which never cometh ... perhaps a ... *martinet, or some ... bird*, it is described by ...

... a, um adj *He that ... is not allayed*, Litt ...

Mersatus, a, um part *Dipped ... condimento*, *Sen* ...

|| Mersio, onis f *A drowning* ...

|| Mersito, are freq [à merso] ... *up into the water, as an ... note, when he drinks* ...

Merso, ... freq [à mergo, ...] (1) *To wash, to dip often* (2) Met *To drown, or ...* (1) Mersitur ovis, ... (2) ... um copia ... *... and running* ... balantum gregem fluvio, *Vir Geor* 1,272

Mersor, āri, atus pass (1) *To be plunged, washed, &c* (2) Met *To be overwhelmed, sunk deep into* (1) Aries in gurgite mersatur, *Vir Geor* 3,446 (2) ✠ Mersor fortunæ fluctibus, *Catull* 66,13

Mersūrus, a, um *About to drown* Mox eadem Teucris fuerat mersura carinas, *Ov Met* 14,72

Mersus, a, um part [à mergor] (1) *Drowned, sunk* (2) Met *Overwhelmed, lost* (3) *Hidden, covered* (1) Mersus foret ill. pro fundo, *Luc* 3,631 Mersus omni flagitiorum conc... ntil, *Paterc* 2,91 ✠ Campus mersus cruore, *Sil* (2) Mersus secundis rebus Alexander, *Liv* 9,18 ✠ Res alti ... & caligine mersæ, *Vir Æn* 6,267 ✠ Telum mersum in robora, *struck deep into, hidden*, Luc 4,435 ✠ Dolor mersus in corde, *sunk deep into*, Stat Sylv 5,1,201

† Merto, āre *pro* merso, antiq dicebant, *Fest*

Merula, æ f avis dim [a mera, *i e* sola, quod mera, *i e* sola volitat, uti graculi gregatim, *Varr*] (1) *The bird called a black mask, or ouzel with a yellow beak, a mearle, a blackbird* (2) *An instrument of music which playeth by the motion of water* (3) *A fish called a merling, a whiting* (1) *Vid Cic de Fin* 5,15 & *Plin* 10,29 (2) *Vitruv* 10,12 (3) *Plin* 32,7 & 9,15

† Merulus, *pro* merula, *Aut* *Phil* v 14 *Lat* dic corvus, non corva, contra, dic merula, non merulus, *Varr*

Merum, i n *sc* vinum, uti habet *Plaut* subst ex adj *Plin* vinum purum, non mistum *Pure wine, as it is pressed out of the grape, without mixture, or allay, racy, neat wine* Noctu... non ceatic mero, *Hor Epist* 1,19,11 Ingurgitare in se merum, *Plaut Curc* 1,2,35 Dilutum cura mero, *Ov A Am* 1,238

MERUS, a, um adj (1) Merum antiq dicebant solum, ut nunc merum purum appellamus, *Fest* [à ..., divido, divisus] (1) *Very, mere, plain, stark, alone* (2) *Pure, unmixt, neat* (3) *Bare, naked* (1) Nugæ meræ, *Cic Att* 6,3 Jus merum, *Plaut Rud* 4,4,9 Meri soli udo, *mere solitude*, Cic Att 1,15 bellum, *Id Attic* 9,13 Mera meri, *Plaut Capt* 2,3,36 Claros merus, *Id Most* 2,1,112 (2) Mera aque virtus, *Hor Ep* 1,18 Hinceam vini eduxi meri, *Plaut Amph* 1,1,273 (3) Observant ubi festa mero pede sabbata reges, *Juv* 6,158

MERX, cis f antiqu mercis in nom [à מכר ... venalis, per Metath] (1) *Any kind of merchandise, chaffer, ware that is bought and sold, goods, commodities* (2) Meton *A slave dear bought, a good for nothing fellow, or woman, not worth having* (1) Proba merx facile emptorem reperit, *Plaut Pan* 1,2,129 Non ego mutandis mercibus æquor aro, *Ov Trist* 1,2,76 (2) *Vid Plaut Cist* 2,2,61 *Pers* 2,2,56 *Pseud* 4,1,44

* Mesa, æ f *The middle part*, Plin 15,9 & pl n *the middle parts of an house*, Vitruv = Mediana, *Id*

* Mesancylum, i n ... genus, *Fest pro quo vulgo male leg* Mesancilum, *i e* medio amento, quod in medio amentum haberet *A kind of dart to be hurled, or thrown*, Gell 10,25

* Mesaula, æ f *i e* statio, &c *vel* mesaulus, *i e* M... janua media inter duas aulas *An entry, or passage between the hall and the parlour, or any other rooms in the house, a gallery, lobby, or space from chamber to chamber*, vid *Vitruv* ..., 10 & *Bald Lex Vitruv* p ...

* Mese, es f μέση, *sc* χορδὴ *The middle string*, which in seven is the fourth, and therefore Boethius maketh it to be the sun's note In the music scale now it goeth for *a, la, mi, re*, Vitruv 5,4, *vid* Bald Lex c Vitruv 71

* Meses, æ m ... nomen [quod sit μέσος ... Arist medius inter Boream & Cæcium] *The north-west wind and by north*, Plin 2,47

* Mesochŏrus, i m [a medio choro dict] *He that standing in the midst of the company, giveth to others a sign to sing, or to do any other thing, the chanter or orderer of the choir*, Plin Epist 2,14,6 *vid* & Rhod 1,14 On shipboard he is called *portisculus*, Plaut Asin 3,1,15

* Mesolabium, & mesolabium, ii n [ἀπὸ τοῦ λαβεῖν μέσος, ... capien ... medius] *An instrument to find out one or many middle proportional lines*, Vitruv 9,3

* Mesoleucus, i m [quod in medio albam habet lineam] (1) *A precious black stone, having a white stroke in the middle* (2) *An herb like to the herb mercury, with a white stroke through the middle of the leaf* (1) *Plin* 37,10 (2) *Plin* 27,11

* Mesomelas [quod in medio nigram habet lineam] *A precious stone, having a black vein parting every colour in the midst*, Plin 37,10

* Meson μέσων, *sc* πρόσωπον Meson persona comica apud ... aut coci, aut nautæ, aut ejus generis, dict ab inventore ejus Mesone comœdo ait *Aristoph Gramm* [μέσον, medium quod hujusmodi persona medium inter servo, & liberos locum obtinet] *The person of a cook, mariner, or such like, in a play*, *Fest*

* Mesonauta, æ m [à μέσος & ναύτης, qui medium inter nautas, *i e* remiges, locum obtinet, *Hot*] *He that doth some work, and yet payeth something as a passenger*, Ulp

* Mesosphærum, i n *A sort of Indian spikenard of the middling leaf and rate*, Plin 12,12

* Mespilum, i n *A medlar, or open-arse*, vid *Plin* 15,20

* Mespilus, i f [a quinque ossiculis] *A medlar tree*, Plin 17,24

* Messias, æ m μεσσίας [ab Hebr משיח unctus] *An Hebrew name of our blessed Lord and Saviour, signifying the same as Christ doth in Greek*, viz *the anointed*

|| Messio, ōnis f verb [a meto] *The action of reaping, or mowing*, Vulg Int Job 29,19

Messis, is f [à meto, messum, messem] in acc messim, *Plaut* (1) *An harvest, or crop of ripe corn, or of any thing else* (2) Syn *Corn at large* (3) Meton *Harvest, or harvest time* (4) *Harvest work, or mowing and reaping* (5) Met *Advantage, gain, booty* (6) *Plenty, or store* Messis propriè dicitur in iis quæ metuntur, maximè in frumento, *Varr R R* 1,50 (1) Spicea jam campis cum messis inhorruit, *Vir Geor* 1,314 Messis una a ... absynthii, *Ov* (2) Quæ vix... non vidit in granariis messem, *Varr R R* 3,2 ... horrea m... *Vir Geor* 1,49 (3) ✠ A... torum, ... messis, in umbra, *Vir Ecl* 5,70 (4) ✠ Semente prohibiti ... aut messe ... fructus non iis ... *Cic* ... *Verr* 4,54 (5) ... temporis messis, *Cic Pis* ... (6) Morum ... messis, *Plaut* ¶ Tua messis in herba est, *your hopes are but in the bud*, Ov Epist 17,263

Messor, ōris m verb [à metor] *A reaper, or mower* Non oratores, sed messores ... *Cic de Orat* ... § Metaph Sed ... in ... *one employed in the husbandry of villany*, Plaut Capt 3,1,...

Messōrius, a, um adj *Pertaining to reaping, or mowing* Messoria ... corbi ..., *Cic pro Sext* 38 ¶ Messoria falx, *Ulp*

|| Messūra, æ f *A reaping, or mowing*, Diom ‡ Messis

Messus, a, um part *Mowed, reaped* Herba messa falcibus, *Vir Æn* 4,513

META, æ f (1) [à ... nto, *Perot* vel forte à Syr מטא pervenit] (1) *A pillar in form of a cone, at the end of the place in racing, where the chariots turned*, as carceres were the places of starting (2) Any goal, though not in the same form, *the upper millstone*, as catillus is the lower (3) *Any thing ... a conical form* (4) *A turning, or place of turning* (5) *A boundary* (6) Met *The limit, or end of any thing* (1) Meta fervidis evitata rotis, *Hor Od* 1,1,5 (2) Metas imitata cupressus, *Ov Met* 10,106 Viridis frondes ... ilice meta, *Vir Æn* 5,129 (3) In metas exstitui fœnum conveniet, *Col* 2,19 *vid Scal ad Manil ubi falsò insimulat* Paul JC *qui scripserat molem inferiorem molæ partem*, catillum *vero superiorem* (4) Meta viarum, *Vir Æn* 3,714 (5) *Front de coloniis* (6) His ego nec metas rerum, nec tempora pono, *Vir Æn* 1,278 Voluptas ad metas venit, *Ovid* Metæ vitæ, *Vir Æn* ... § Proverb Fama adolescentis paulum hæsit ad metas, *his reputation met with a rub at the very goal*, Cic pro Cœl 31 ✠ Sol ex æquo meta distabat utrique, *high noon*, Ov Met 3,145

* Metalepsis, *Lat* transumptio, *Quint* 8,6 apud rhetores est status quidam, nempe controversiæ quædam judicium præcedens, *Cic in Partit* Aliis *Metal psis* est una voce continuatio tropi per successionem significationum, *ut* Post aliquot, mea regna videns, mirabor, aristas, *Vir Ecl* 1,70 *ubi* aristas *pro* segete, seges *pro* messe, messis *pro* æstate, & æstas *pro* anno ponitur, *i e* post aliquot annos *Vid* libros de schematibus

|| Metallarius, ii m *A metalman, or one condemned to the mines*, Dig

Metallicus, a, um adj *Of, or belonging to metals, metallic* Natura metallica, *Plin* 27,4

Metallicus, i m *A digger, worker, or refiner of metals*, Plin 34,16

✠ Metallifer, a, um adj *That bringeth forth metal*, Sil 15,498

Metallum, i n [*quæ vel a* מטיל lamina ferrea, interpr *Hier* vel ita dict quod μετ' ἄλλα, aliud post aliud [illegible] *A buying,* [illegible] *the trade of* [illegible] *A traffick* (1) [illegible] omnia [illegible] (2) Me- [illegible]

† Me[illegible] [illegible] ne- ce- [illegible] fol [illegible] cede [illegible] *The inter* [illegible] *month* [illegible]

MER [illegible] ERS, [illegible] f. [merco] [illegible]

[illegible] Mercun[illegible] [illegible] *That which is returned*

in buying and selling, ware, goods, the stock In mercimonii [illegible] vendunt[illegible], *Plaut* *Epid* prol [illegible]

Merco[illegible] [illegible] dep [illegible] *To buy, to purchase* Mercari [illegible] ab [illegible] de [illegible] Græci, *Plaut Asin* 1, 3, 49 [illegible] & [illegible] *Hor Epist* 2, 2, 158 *with ready money,* [illegible] *Plaut Capt* 2, 2, 8 Hoc [illegible] Atridæ, *would give nice so much to have this done,* Virg *Æn* 2, 104

Mer[illegible] *The herb called* [illegible] Mercurio inven[illegible] *Plin* 25, 5

‖ Mercurius [illegible] [illegible] called [illegible]

Merda, æ f [illegible] cornutam [illegible] *Hor Sat* 1, 8 [illegible]

Mer[illegible] *Purely, without* [illegible] *to take it strong* [illegible] *Plaut* [illegible] 1, 1, 22

[illegible] [illegible] [illegible] In merendo [illegible] quam [illegible] *Plaut Most* 4, 2, 31 [illegible]

[illegible] *Plaut* 5, 11 [illegible] 49

MERIO, ere, ui, itum [illegible] [illegible] (3) *To* [illegible] (4) *To purchase* [illegible] (5) *To take by way* [illegible] Quantum [illegible] Alcimides, [illegible]

[illegible] *Ter* [illegible] *Plaut* [illegible] 1, 2, 22 [illegible] Hic [illegible] *Ter* [illegible] *Plin* [illegible] *Plaut Men* 1, 2 [illegible] [illegible] *Ep* [illegible] *Plaut* [illegible] Uxo[illegible] dote meruerunt *Plin Mor* 1, 3, 124 (5) Quid mere[illegible] Epicureus esse definas? *Cic* [illegible] 24 Mereri cum aliquo, *Id* [illegible] *Stat* ære parvo, *Luc* ¶ Memo[illegible] *to oblige or* [illegible] *Plin* [illegible] [illegible] & [illegible] *Demerit* [illegible] *in bonam, third vero in malam partem* [illegible] Meritor [illegible]

to be deserved *Pass* Ignavus, lai[illegible] [illegible] *Liv* [illegible] *hac* [illegible] *occur*

Meretrice [illegible] *Whorishly, harlot like,* Plaut Mil [illegible] 5

Meretricium, [illegible] [illegible] *Suet* *Cal* 40

Meretricius, a, um *adj* *Of, or belonging to a whore* Mere[illegible] *Ter Andr* 5, 4, 10 Domus [illegible] *Ter Eun* 5, 5, 8

Mer[illegible] *To* [illegible] *Cic* [illegible]

Mer[illegible] *Ter* [illegible]

[illegible] Meretrix [illegible] *Plaut* [illegible] 2 [illegible] 16

Merga, æ f Merga surcula, [illegible] in [illegible] mer[illegible] (1) *A pitchfork, or prong to cast up sheaves, or* [illegible] *of corn* [illegible] (2) *A* [illegible] *pitchfork,* [illegible] *Plaut* [illegible] 3, 58 (2) *Col* 2, 21

Merg[illegible] [illegible] spicarum, [illegible] *pitchfork take up* [illegible] (2) [illegible] *to take off the ears of corn* (1) [illegible] *Plin* 18 [illegible]

MERGO, ere, si, sum *act* [illegible] *To put under* [illegible] *to sink,* [illegible] *duck or plunge over head and ears, to immerse* (2) *To overwhelm* (3) *Met* [illegible] *To* [illegible] *Plin* 8 [illegible] *Virg Æn* 6, 512 [illegible] Mergere [illegible] [illegible] (2) [illegible] Mergor, [illegible] (1) *To be put under water,* [illegible] (2) Flumen [illegible] *dolphin* [illegible] [illegible] *as sunk,* Lucan

‖ Mergus [illegible] *A* [illegible]

Mergus, [illegible] [illegible]

[illegible] *Col* [illegible]

Meridi[illegible] *Suet* [illegible]

[illegible] *belonging to noon,* [illegible] *noonday* (2) *Meridian* [illegible] *prayers, or* [illegible] [illegible] *Suet Claud* [illegible] Meridianus cœli [illegible] *Meridianus circulus, the meridian line, to which when the sun* [illegible] *he maketh his noon,* [illegible]

Meridi[illegible] *after dinner* In [illegible] *Cic* [illegible]

Meridies, ei m [illegible] medius dies [illegible] *Noon, midday* [illegible] *The south, or south* [illegible] (1) [illegible] *Cic* [illegible] *Hor* [illegible] *Ov* [illegible] *A D* 2, 19

Meridio are [illegible] dep *To take a nap, to sleep at noon, before dinner* [illegible] *Suet Cal* [illegible]

Meritissime *adv* [illegible] *Cic* [illegible] meritissimo [illegible] 1 55 [illegible]

† Meritissimum, i [illegible] [illegible] Meritissimo [illegible] *Plaut Amph* [illegible]

Merito [illegible] *Ter* [illegible] 166 Merito [illegible] *Cic* [illegible] 6 [illegible]

Merito, [illegible] (1) *To* [illegible] (2) *To* [illegible] Fundus [illegible] *Cic* [illegible] *Sil* [illegible]

Meritorium, ii [illegible] *An house, or place* [illegible] (1) [illegible] (2) *Plin* [illegible] *Ep* 6, 1

Meritorius, a, um *adj* [illegible] *gain* (2) [illegible]

[illegible] ( ) *That is let,* or *set for* [illegible] *intare* (1) ⅋ Ingenui pueri cum mer[illegible] vertabantur, *Cic* *Philipp* [illegible] *with catamites* [illegible] [illegible] salutatio, *Sen* (3) [illegible] in canicul[illegible], *Suet Vit* [illegible] Meritoria vehicula, *Id* [illegible]

Mer[illegible], n [à mereor, atque [illegible], & tam in malam [illegible] partem sum] (1) *A [illegible], [illegible], or reward* (2) [illegible], *in a good, or* [illegible] ( ) *A kindness, favour, pleasure* or *good turn* (4) [illegible], *value,* or *excellency* [illegible] (1) Non id tempus, [illegible] exolverentur, [illegible] (2) Merito vestro amo [illegible] ex merito [illegible] ndum est, *Oc* [illegible] ( ) Meri[illegible] tamen non [illegible], *Vir Æn* 9,256 [illegible] merito quæque no- [illegible], *Ov Fast* 1,8 Grande [illegible], *Mart* 8,65 Se- [illegible] mer[illegible] ager, *Pallad R R* [illegible] & tertia meriti mel [illegible] 7

Mer[illegible], a, um part Ben. [illegible] de tuis ci- [illegible] *you will lay a great* [illegible] *on your countrymen,* [illegible] *Cic Acad Q* 1,7

Me[illegible]s, a, um part [à mere-or] (1) *Deserving,* or *having* [illegible] (2) Pass *Deserved,* [illegible] (3) It nomen [illegible] sup ssimus *Due,* [illegible], *seemly, suitable,* [illegible] (1) § Meritus novissima [illegible], *Tac Ann* 12,20,4 ma- [illegible] *Hor Sat* 1,3,120 Erat in- [illegible] de me [illegible] omnes [illegible], *Cic Fam* 1,9 (2) Qu[illegible] ab oppressa meritum [illegible] men, *Hor Sat* 2 1, 6 ( ) Merito [illegible] ho- [illegible], *[illegible] Tu* 3,119 Meritissi- [illegible], *Plin Epist* 5,15,2

Me[illegible]us, a, um qui merum [illegible] *That drinketh wine with-out water, pure and unallayed,* [illegible] 1,1,77

[illegible] es, is m *A precious* [illegible] Meroctes poir- [illegible], *Plin* 37,10 *ubi* [illegible] mnochites

Me[illegible] f [à Meroe rege [illegible], & Æthiopis de [illegible] *growing about Meroë,* [illegible] *a lettuce, good* [illegible] *Plin* 24,17

Mer[illegible] m [avis quæ & [illegible], quia apes [illegible] dict [illegible] partitione [illegible], *[illegible] Sabin*] *A bird* [illegible], *Vir Georg* 4,14 [illegible] to feed and [illegible] which never cometh [illegible], perhaps a [illegible] *not, or some* [illegible], it is described by

[illegible], a, um adj *He that* [illegible] *not abashed,* Litt [illegible]

[illegible] part *Dipped* [illegible], *Sen Q N* [illegible]

[illegible] f *A drown-* [illegible]

[illegible] eq [à merso] [illegible] *water,* as an [illegible], when he drinke[illegible]

[illegible] freq [à mergo, [illegible]] ( ) *To [illegible], to deep of-* [illegible] (2) *[illegible] to drown,* or [illegible] (1) M[illegible] ovis, [illegible] ( ) [illegible] um copia [illegible] *and ruin-* [illegible] balan sun [illegible], *Vir Geor* 1,272

Mersor, āri, atus pass (1) *To be plunged, washed, &c* (2) Met *To be overwhelmed, sunk deep into* (1) Aries in gurgite mersatur, *Vir Geor* 3,446 (2) ⚘ Mersor fortunæ fluctibus, *Ca tull* 66,13

Mersūrus, a, um *About to drown* Mox eadem Teucris fu erat mersura carinas, *Ov Met* 13, 72

Mersus, a, um part [à mergor] (1) *Drowned, sunk* (2) Met *Overwhelmed, lost* (3) *Hidden, covered* (1) Mersus foret ille pro fundo, *Luc* 3 631 Mersus omni flagitiorum consci[illegible], *Patrc* 2, 91 ⚘ Campus mersus cruore, *Sil* (2) Mersus secundis rebus Alexan der, *Liv* 9,18 Res alta terra & caligine mersæ, *Vir Æn* 6,267 ⚘ Ferrum mersum in 10[illegible], 435 *struck deep into, hidden,* Luc ⚘ Dolor mersus in corde, *sunk deep into,* Stat Sylv 5, 1, 201

† Mero, āre *pro* merso, antiq d cebant, *Fest*

Mĕrŭla, æ f avis dim [à meta, *i e* sola, quod mera, *i e* sola volitat, uti graculi gregatim, *Varr*] (1) *The bird called a black mask,* or *ouzel with a yellow beak, a mearle, a blackbird* (2) *An instrument of music which playeth by the motion of water* (3) *A fish called a merling, a whiting* (1) *Vid Cic de Fin* 5, 15 & *Plin* 10, 2) (2) *Vitruv* 10,12 (3) *Plin* 32,7 & 9 15

† Merulus, *pro* merula, *Aust Phil* v 11 *Lat* dic corvus, non corva, contra, dic merula, non merulus, *Varr*

Merum, i n *sc* vinum uti habet *Plant* suost ex adj *Plin* vinum purum, non mistum *Pure wine, as it is pressed out of the grape, without mixture,* or *allay, racy, neat wine* Noctu no cerrare mero, *Hor Epist* 1,19, 11 Ingurgitare in sc merum, *Plaut Curc* 1,2,35 Diluit in cura mero, *Ov A Am* 1,238

MERUS, a, um adj (c) Merum antiq dicebant solum, at nunc merum purum appellamus, *Fest* [à μείρω, divido, divisus] (1) *Very, mere, plain, stark, alone* (2) *Pure, unmixt, neat* (3) *Bare, naked* (1) Nugæ meræ, *Cic Att* 6, 3 Jus merum, *Plaut Rud* 4, 4, 94 Mera solitudo, *mere solitude,* Cic Att 1, 15 bellum, *Id Attic* 9,13 Mora mera, *Plaut Capt* 2, 2, 36 Clamor merus, *Id Amph* [illegible] 1, 11 (2) Merum aque virtus, *Hor Ep* 1 18 Hinc meum vinum eduximeri, *Plaut Amph* 1, 1, 273 (3) Obi[illegible] ab festi mero pede sabbata reges, *Juv* 6, 158

MERX, cis f antiqu mercis in nom [ex מכר res venditis, p[illegible] Merath] (1) *Any kind of merchandise, chaffer, ware that is bought and sold, goods, commodities* (2) Met on *A fare dear bought, a good for nothing fellow,* or *woman, not worth hanging* (1) Proba merx facile emptorem reperit, *Plaut Pan* 1,2 129 Non ego mi randis mercii usaqe iorato, *Ov Trist* 1,2,76 (2) *Vid Plaut Cist* 2,2,6 *Pers* 2,2,56 *Pseud* 4,1 44

* Mĕsa, æ f *The middle part,* Plin 15,9 & pl n *the middle parts of an house,* Vitruv = Medianum, *Id*

* Mesancylum, i n *Genus missilis genus, Fest pro quo vulgo male leg* Meancilum, *a e* medio amento, quod in medio amentum haberet *A kind of dart to be hurled, or thrown,* Gell 10,25

* Mesaula, æ f *i e* statio, *&* mel mesaulus, *i e* Medianus ne-dia inter duas aulas *An entry, or passage between the hall and the parlour, or any other rooms in the house, a gallery, lobby, or space from chamber to chamber,* vid *Vitruv* 6, 10 & *Bald Lex Vitruv* p [illegible]

* Mese, es f μέση, *sc* χορδή *The middle string, which is seven is the fourth, and therefore Boethius [illegible] it of the sun's note* In the music scale now it goeth for *a, la, mi, re,* Vitruv 5, 4, *vid* Bald Lexic Vitru[illegible]

* Mese, æ m [illegible] *mesen,* [illegible] [quod sit μέσος [illegible], *Arist* medius inter Loreum & Cæciam] *The north-east wind and by north,* Plin 2,47

Mesochorus, i m [à medio choro dict] *He that standing in the midst of the company, giveth to others a sign to sing, or to do any other thing, the chanter, or orderer of the choir,* Plin Epist 2, 14, 6 *vid* & Rhod 4, [illegible] On shipboard he is called *portisculus,* Plaut Asin 3,1,15

* Mesolabium, & mesolabium, ii n [μεσολάβιον, μέσας λαβεῖν, *i e* capiendis medius] *An instrument to find out one or many middle proportional lines,* Vitruv 9, [illegible]

* Mesoleucus, i m [quod in medio albam habet lineam] (1) *A precious black stone, having a white stroke in the middle* (2) *An herb like to the herb mercury, with a white stroke through the middle of the leaf* (1) *Plin* 37,10 (2) *Plin* 27,11

* Mesomelas [quod in medio nigram habet lineam] *A precious stone, having every colour parting every colour in the midst,* Plin 37,10

* Meson [μέσον, *sc* πρόσωπον] Meson persona comica apud aut coci, aut nautæ, aut ejus generis, dict ab inventore ejus Mesone comœdo aut *Aristoph Gramm* [à μέσον, medium, quod hujusmodi persona medium inter servos & liberos locum obtinet] *The person of a cook, mariner,* or *such like, in a play,* Fest

* Mesonauta, æ m [à μέσος, & ναύτης, qui medium inter nautas, *i e* remiges, locum obtinet, *Hist*] *He that doth some work and yet payeth something as a passenger,* Ulp

* Mesosphærum, i n *A sort of Indian spikenard of the middling leaf and rate,* Plin 12,12

* Mespilum, i n *A medlar, or open-arse,* vid *Plin* 15,20

* Mespilus, i f [à quinque ossiculis] *A medlar tree,* Plin 17, 24

* Messias, æ m μεσσίας [al Hebr משיח unctus] *An Hebrew name of our blessed Lord and Saviour, signifying the same as Christ doth in Greek, viz the anointed*

|| Messio, ōnis f verb [à meto] *The action of reaping, or mowing,* Vulg Int Job 29,19

Messis, is f [à meto, messum, messum] in acc messim, *Plaut* (1) *An harvest,* or *crop of ripe corn,* or *of any thing else* (2) Syn *Corn at large* (3) Meton *Harvest, or harvest time* (4) *Harvest work* or *mowing and reaping* (5) Met *Advantage, gain, booty* (6) *Plenty, a store* Messis propriè dicitur in iis quæ metuntur, maximè in frumento, *Varr R R* 1,50 (1) Spicea jam campis cum messis inhorruit, *Vir Geor* 1,314 Messis mari[illegible], *sed* absynthii, *Ov* (2) Quæ vix non vidit in granariis in sicm, *Varr R R* 3,2 [illegible] horrea m[illegible] tes, *Vir* [illegible] 1,49 ( ) Ante locum, in [illegible] messis, in umbra, *Tib L* 1, 5,[illegible] (4) ⅋ Sementi[illegible] oh[illegible], ac messi annis tractus [illegible], *Cic Verr* [illegible] (5) Illam temporis messis, *Cic Part* [illegible] ( ) Mo um malorum messis, *Plaut* [illegible] Tua messis in herba est, *your crops are but in the bud,* Ov Epist 17, 263

Messor, oris m verb [à meto] *A reaper,* or *mower* Non orator, sed messor, [illegible], *Cic de Orat* 3, 12 § *Metaphor* Se[illegible] m *not employed in the husbandry of vineyards,* Plaut Capt [illegible]

Messōrius, a, um adj *Pertaining to reaping,* or *mowing* Messoria corbis messis, *Cic* [illegible] 3, 8 ¶ Messoria falx, *Ulp*

|| Messūra, æ f *A reaping,* or *mowing,* Diom | Messis

Messus, a, um part *Mowed, reaped* Herbæ messæ falcibus, *Vir Æn* 4,513

META, æ f (c) [à metiendo, *Perot* vel forte à Syr מטא pervent] (1) *A pillar in form of a cone, at the end of the place in racing, where the charioteers turned, as also where the places of starting* (2) *Any goal, though not in the same form, the upper millstone, as catillus is the lower* (3) *Any thing in a conical form* (4) *A turning,* or *place of turning* (5) *A boundary* (6) Met *An limit,* or *end of any thing* (1) Meta fervidis evitata rotis, *Hor Od* 1,1,5 (2) Metas imitata cupressus, *Ov Met* 10,106 Viridi fronde[illegible] ex ilice meta, *Vir Æn* 5,129 (3) In metas exstruit fœnum convenit, *Col* 2,19 *vid Scal ad Manil ubi falsò insimulat* Paul JC *qui scripsit at molem inter orem molæ partem, catillum vero superiorem* (4) Meta viarum, *Vir Æn* [illegible] (5) *Front de coloniis* (6) His ego nec metas rerum, nec tempora pono, *Vir Æn* 1,278 Voluptas ad metas venit, *Ovid* Meta vitæ, *Id* xvi, *Vir* § *Proverb* Fama adolescentis paulum hæsit ad metas, *his reputation met with a rub at the very goal,* Cic *pro Cœl* 31 ⚘ Sol ex æquo metâ ascitabat utrinque, *high noon,* Ov Met 3,[illegible]

* Metalepsis, *Lat* transumptio, *Quint* 8, 6 apud rhetores est status quidam, nempe controversia quæ an judicium præcedens, *Cic* in *Partit* Ant. *Metalepsis* est una voce continuatio trium vel successionem significationum, *ut* Post aliquot, mea regna videns, mirabor, aristas, *Vir Ecl* 1,70 *ubi* aristis *pro* segete, seges *pro* æst., messis *pro* æstate, & æstas *pro* anno ponitur, *i e* post aliquot annos *Vid* libros de schematibus

|| Metallarius, ii m *A metal-man, or one condemned to the mines,* Dig

Metallicus, a, um adj *Of, or belonging to metals, metallic* Natura metallica *Plin* 27, 1

Metallicus i m *A digger, worker, or refiner of metals,* Plin 34, 16

⚘ Metallifer, a, um adj *That bringeth forth metal,* Sil 15,498

Metallum, i n [qu vel à מטיל lamina ferrea, interpr *Hier* vel ita dict quod μετ' ἄλλα, aliud post aliud illud invenitur. Ubicunque una in una vena est, non procul in venitur alia, unde nomen illi Graeci videntur dixisse, *Plin* 33, 6 (1) *Metal, all that is digged and if taken out of the earth*, as gold, silver, brass, lead, *also* stone, sand, and kind of ore (2) *Mine*, *a vein* (1) Pocula metalli as, *Hor Epist* 1, 10, 39 Fulvum metallum, *Sen* Secutum Ni- veum metallum marmora *il* ☞ Dicitur ab gen vid Plin 33, 6 (2) Pecunia publica, quae ex me- tallis redibat, *Nep* *Them* Me- tallum ... ... numerum, numbarum, mi metalla, *Plin* ¶ Damnum in metallum, *condemned to the mines*, Plin Epist 2, 11, 8

* Metamorphosis, f [ἐκ με- ταμορφόω, transformo] *A trans- formation, a change of shape and figure* ... a metri ... *Quint* ... *Lat* Transformatio

* Metanoea [ex μετὰ, mens, & νοέω, intelligo] Mentis mutatio, *re- pentance*, Auson 12, 12 Also *a figure of rhetoric*

* Metaphora, æ f *A meta- phor, a trope, when a word is translated from its proper signi- fication to another more ornamen- tal*, or *cute* Nihil tum gratu- est, tum ... translatum, quam me- taphora in loco usurpata, *Cic Orat* 3, 38 ☞ *Vid* *Fyt* & *Quint* 8, 6

* Metaplasmus *A figure when some letter in a word is changed upon the account of verse, orna- ment* or *necessity*, Quint

* Metathesis, ... transpositio ... *A transpo- sition of a letter, as* Tymbre *for* Thymber, pristis *for* pistris, *Vir*

Metatio, onis f verb [metor, ari] *A measuring, or ordering of land for planting*, &c In quin- cuncem vinearum metatio, *Col* 3, 15

Metator, oris m (1) *A sur- veyor*, or *measurer of land, a land meter* (2) *A quartermas- ter that meteth out the ground for pitching the camp in the field* (3) *He who measureth*, or *setteth out ground for planting, a plant- er* (1) Peritus metator & callidus decempeda sua fixa diviserat, *Cic Philipp* 14, 4 (2) Castrorum me- tator, *Cic Philipp* 11, 5 (3) Me- tator oliveti, *Plin* 18, 33 Meta- tor urbis *that quartereth out the city for the soldiers to plunder*, Id

|| Metatorius, a, um adj *Be- longing to measuring*, or *provid- ing quarters* Metatoria epistola, *a letter sent beforehand to be- speak one entertainment*, Sidon

Metatus, a, um part *Meted, measured out* Decempedis metata porticus, *Hor Od* 2, 15, 14 Agel- lus metatus, *measured out for, and given to a soldier for his share*, Id Sat 2, 2, 114 interpr Torrent

|| Metaxa, æ f al mataxa *Raw silk, thread, a rope*, or *cord, a line*, or *bottom of silk*, or *thread* In metaxa, *a rope*, or *string*, Dig *Lat* Sericum

|| Metaxarius, ii m *He that selleth silk, a mercer, a silkman*, Justinian

|| Metella, æ f al leg metilla, *al* metula [dim à meta] *A bas- ket filled with stones, to throw down from the wall upon the besiegers heads*, M ex Veg 4, 6

|| Metellus, i m *A mercenary soldier*, Fest

* Metempsychosis, is f translatio animæ *A passing of the soul from one body to another*, an op- nion which *Pythagoras* held, *Her*

Metendus, a, um part pass *To be reaped, mowed*, or *cut down* ☩ Ut tantum semen metendum, ut fru- gis, *Vet Poet* ap *Cic Tusc* 3, 5 Nihil horum num metenda peccata, *Cic*

* Methodice, es f *The part of grammar teaching the way of speaking*, Quint 1, 15

Methodicus, a, um *Observing a method* Methodici sc medici, *physicians who consult only some common symptoms and general rules in diseases, contemning ape- rience*, Cels præf lib

* Methodium, ii n *A trick, a cheat, a cunning jest*, Petron c 6

* Methodus, i f [ex μετ' & ὁδὸς, via] *A method*, or *ready way to teach*, or *do any thing* Viam, ratio, interpr *Cic* Breve esse nihil compendium, *Quint*

Meticulosus, a, um adj [a me tus] (1) *Fearful, timorous* (2) *Hazardous, frightful* (1) Nullus est hoc meticulosus æque, *Plaut Amph* 1, 1, 137 (2) Meticulosa res est, ire ad judicium, *Plaut Most* 5, 1, 52

Metiendus, a, um part pass *To be measured*, or *esteemed* Syllabis metiendos pedes, non intervallis existimat, *Cic Orat* 57

Metiens, tis part *Measuring, passing over*, Met *esteeming* Si- ccam metiens viam, *Hor Epod* 4, 7 Metiens aliorum in se odium suo in alios odio, *Liv* 3, 54

METIOR, iris, mensus sum & metitus, *Lact* 7, 14 dep (e) [à μετρέω] utrumque vero ab Hebr מדד (1) *To mete*, or *measure*, *to survey*, or *take measure of* (2) *To measure out*, or *deliver by measure* (3) *To pass*, or *go over* (4) *To take a survey of* (5) *To bound*, or *limit* (6) *To value, esteem*, or *judge of, to place the quality of a thing in* (1) Me- tiri solem, *Cic* Agrum, *Id Fam* 9, 17 Intervallis æqualibus ali- quid, *Id* (2) Frumentum parce & paulatim metiri, *Cæs B G* 7, 71 (3) Metitur littora cornix & essu, *Luc* 5, 556 (4) Metiri ter as oculis, *Luc* 6, 32 prospec- tu æquora, *Ov Epist* 10, 28 ani- mo aliquid, *to guess at the quan- tity*, Id Met 2, 168 Quin hinc metimur gradibus militaris, *Plaut Pseud* 4, 4, 11 aquas carinâ, *Ov Met* 9, 447 (5) Longum metior annum, *Ov Met* 4, 226 *de sole* (6) Omnia metiri officio, *Cic Att* 8, 16 Honestate summum bonum metiri, *to place the chief good in probity*, Id Offic 1, 2 res expe- tendas indole ... *to place the de- sirableness of things in the ab- sence of pain*, Ibid 3, 3

|| Metitus, a, um *Having measured*, or *measuring* Per- currit proprium metitus signifer annum, *Claud Epigr* 18, 9 ✝ Mensus

METO, ere, messui, messum act (e) [ab ἀμάω, messis, *pro* ἀμη- τός, *qu a* μάω, meto, fit ἀμάω, -μω, inde meto] (1) *To reap, mow*, or *cut down* (2) *To crop, gather*, or *strike off* (3) Met *To mow down, to cut off* (1) ✠ Ut sementem feceris, ita & metes *Cic de Orat* 2, 65 ¶ Rur sibi quisque metit, *every man for him- self*, Prov *Plaut Most* 3, 2, 112 (2) Proxima quæque metit gladio, *Vir Æn* 10, 513 (3) = Gregem metite imbellem, & succidite ferro, *Sil* 14, 135 ¶ Acerbum est, pro benefactis cum mali messem me- tas, *are rewarded with evil for good*, Plaut Epid 5, 2, 53 Fructum metere, *to receive the benefit*, *Cic* In metendo occupati, *Cæs B G* 5, 32 Pabula falce metere, *Ov Met* 6, 84 ✠ In vestris ossibus herba metunt, *they mow the fields where your bones lye*, Prop 4, 11, 30

Metor, eris pass *To be mowed* Metitur cardamomum eodem mo- do & in Arabia, *Plin* 12, 13 Mihi istic nec seritur, nec metitur, *I am no way concerned*, Plaut Epid 2, 2, 80

* Metœcus, i m [ἐκ μετὰ, trans, & οἶκος, domus, qui domum trans- fert] *He that cometh out of one country and dwelleth in another*, especially that is banished and con- fined to another place, *Pompon.* ✝ Advena

* Metonymia, æ f μετωνυμία [ἐκ μετ' & ὄνυμα] nominis pro nomine positio *A trope when the cause is put for the effect, the subject for the adjunct*, or *contrary*, &c Cum summutan- tur verba pro verbis, Metonymiam grammatici vocant, quod nomina transferuntur, *Cic Orat* 27 *Ex- empla quære in libellis de schem Lat* Translatio

* Metopa, æ f *The distance*, or *space between the mortise- holes of the rafters and the planks*, Vitruv 4, 3 *vid* & Baldi Lexic Vitruv p 71

* Metopion μετώπιον (1) *Oil of bitter almonds* (2) *A tree in Africk from which the ammoniack gum droppeth* (1) *Plin* 15, 7 (2) *Plin* 12, 23

* Metoposcopus, i m *i e* fron- tispex [à μέτωπον, frons, & σκο- πέω, inspicio] *A physiognomist, one that by looking on one's face can tell one's fortune*, Suet Tit 2

Metor, ari, atus sum dep [à meta] (1) *To set out, divide, dis- pose, order*, or *limit by measure* (2) *To set out a camp, to encamp* (3) *To set*, or *lay out for plant- ing* (1) Templum iis regionibus, quis modo animo metatus sum, *Liv* 1, 10 (2) Ipso loco metari suos castra jusserat, *Curt* 3, 8, 19 (3) Pinguis agros metabere campi, *shall make your vineyard in a rich soil*, Vir Geor 2, 274 ✠ Cœlum metari, *to quarter out and divide the heaven into regions*, as astronomers do

* Metreta, æ f *A vessel*, or *measure containing about twelve gallons, a kilderkin, firkin*, or *rundlet* Oleum in metretam no- vam indere, *Cato R R* 100 *Vid Rhodig* ant lect 29 cap 9 *Athen* 10, 12

Metricus, a, um adj *According to*, or *keeping time and measure* Leges metricæ, *Plin* 11, 37 Pedes metrici, *Quint* 9, 4

|| Metrocomia, æ f [qu μήτηρ τῶν κωμῶν, mater vicorum, sive matrix villa] *A shire town*, Jus- tinian

* Metropolis f [à μήτηρ, mater, *sive* μήτρα, matrix, & πόλις, urbs] *The chief, head*, or *mother city*, or *town* *Lat* Urbs primaria

Metropolitanus *The bishop of the chief city, an archbishop*, or *metropolitan*, Ibid

Metrum, i n [à μέτρον, *i e* mensura, carmen ita dict quod certis pedum mensuris terminetur] *A measure*, Met *metre*, or *verse* Nullo scripto proditum exceptis metris Virgilii, *Col* 10 Compo- siti metro Tibulli libelli, *Mart* 4, 6 *vid Quint* 9, 4

Metuendus, a, um part *To be fear'd*, ... ¶ Equus metu ... *Hor Od* 3, 2, 4

Metuens, tis part *Fearing* Ter Phæd Inopi metuens ... mica senectæ, *being concern'd for*, Vir Geor 1, 186 ... or, comp *Fearful*, ... gum metuentes, *Cic* ... entior factus mihi ... dit, *Tac Ann* ... tior unda, *Ov Epist* 11, 8

Metula dim [à meta] *A little butt*, or *mark*, Plin Epist ...

Metuo, ere, ui, (on utum) act [*a* metu, ut *a* statu statuo, ...] (1) *To fear*, or *be afraid of*, or *be fear* (2) *To be solicitous, to be concerned* (3) *To take care, to be cautious, to avoid* (4) *To doubt* (1) = Plus est in metuen- do mali, quam in illo ipso quod timetur, *Cic* ✠ Metuebant eum servi, verebantur liberi, *Id* (2) Haud metuo qualem tu me esse hominem existimes, *Ter Eun* 6, 20 *i e* flocci facio (3) Culpari metuit fides, *Hor Od* 4, 5, 20 Et qua trima campis ludit exsultim, metuitque tangi, *Ibid* 3, 11, 1 (4) Non metuo, quin meæ uxori latæ suppetiæ sint, *Plaut Amph* 5, 1, 54 Ne dolorem perferre non posset metuebat, *Cic* ¶ De lan- ficio neminem metuo, *I fear no one's outdoing me at spinning*, Plaut Merc 3, 1, 22 ¶ Calami- tem pupillo, *to fear lest calamity befall the orphan*, Cic Ab re- ip nihil metuas mali, *you need not fear the harming the publick*, Id Metui à Chryside, *Ter* Me- tuo patres, quot fuere, *I wonder how many fathers there were*, Plaut Metuere de vita, *to be afraid of his life*, Cic Metuo abs te de verbis tuis, *I am afraid of you because of your words*, Plaut Metuo ne magis morbus aggravescat, *I fear lest*, Ter Metuo ut substet hospes, *I fear lest I should not abide by what he hath said*, Ter ¶ Metuo ut ne pereat, *lest he should not perish*, Cic Me- tuit ut non posset, *he doubted whether he should be able*, Id

Metuor pass *To be feared*, &c *Cic* Ne non sat esses leno, id me- tuebas miser, *you should not an- swer your character*, Plaut Pers 4, 6, 4

METUS, ûs m (e) [à μετέω quod inter alia φόβ ... sign *Jos Scal* & cum eo *Voss*] (1) *Fear, dread* (2) *Care*, or *concern* (3) *Religious awe*, or *fear* (1) Me- tus virorum existimationis, *Cic* Evæ recenti mens trepidat metu, *Hor Od* 2, 5 ✠ Metu magis quam benevolentia subjecti, *Tac* 6, 36 (2) Metus duplex, quem patimur, & quem facimus, *Quint* 6, 3 (3) Multos metus servata per annos, *de lauru*, Vir Æn 7, 60 In pl Lætitiæ misti motus, *Ov Epist* 16, 6 ✠ Spem metumque inter dubii, *Vir Æn* 1, 222 ¶ Adducere aliquem in metum, *Ter* Afferre metum alicui, *Cic* Metu aliquem afficere, *Id* In metum aliquem conjicere, metum alicui ficere, *Tac* inferre, *Liv* injicere, *Cic* incutere, *Cæl Cic to put one in fear* Metum ... *Cic* admere, amovere, ... auferre, *Vir* demere, *Ov* ... tere, *Id* exsolvere, ... *it off*, or *cast it away*

Metutus, a, um part [à metuor] *Feared* Cupidè conculcatur nimis ante metutum *Lucr* 5, ...

Meu, *vel* meum [μῆον & μῆνον] *i e* minus, à parvulis ... *An herb with a stalk* ...

[illegible] anise, mew, spicknel, wild [illegible] Plin 20, 23 *Vid* Propr. [illegible] (1) *My, mine, mine own,* being a part of me (2) *At my own disposal, free, my own* (3) *Mine own* by [illegible] (4) by right, (5) by blood, [illegible] performance (7) [illegible] *thing,* or *contrive* [illegible] (9) *Mine* by nature, (9) [illegible] (10) by belonging or appertaining to me, [illegible] purchase, (12) by being [illegible] family, *or* country, [illegible] mutual agreement, *or* con[illegible] Meus [illegible] (2) Vindicta post [illegible] praetore recessi, *Pers* [illegible] (3) [illegible] mea [illegible] veteres [illegible] *Vir Ecl* 9, 4 [illegible] (5) Meus frater Q [illegible] ne semper me, manu [illegible] *Cic Att* 5, 14 [illegible] *Hor Sat* 1, 4, 22 (7) [illegible] *Phaedr* 1, 25, 8 (8) [illegible] avaritia ego sum [illegible] coquus, non me[illegible] *Plaut Pseud* 2, 2, [illegible] (10) [illegible] familiaris [illegible] *Cic Philipp* 2, [illegible] Non est mentis meum, [illegible] 2, 8 Non meret [illegible] (11) Re[illegible] mihi meum, *Catull* [illegible] (12) Ego meorum solus sum [illegible] 4, 1, 21 Dul[illegible] meorum reliquiae, *Vir Æn* 4, [illegible] (13) Quod tuum est meum [illegible] meum est id em tuum, [illegible] 2, 2, 75 ¶ Hoc meum [illegible] sedulo, *it concern-*[illegible] *to* [illegible], *Id* Si ante [illegible] meum [illegible] scire, *if you un*[illegible] *how deeply I am con-*[illegible] *to know it, Cic* In vocat [illegible] Mi vir, *my dear* [illegible] Anime mi, *my* [illegible] *Id* Mi Chremes, *Id* Mea Pythias, *Id* Mea tu, *Id* § Meus homo, *my, how est blunderer, this special fellow of mine,* [illegible] de meo, *no-*[illegible] *my own invention,* Cic [illegible] Mea lex hominis ini[illegible] mei qui sum homo [illegible] § Meus carnifex, [illegible] me carnifex, *Don* [illegible] meo, *i e* in me irato, [illegible] Meus hic dies est, [illegible] formula ap Plaut *a jovial* [illegible] *I will be merry this day* [illegible] est, habitum vorat, *I* [illegible] *I have gulled* [illegible]

M ante I

Mi, [illegible] [contract ex mihi] *To* [illegible] mi aurum posco, *Enn* [illegible] *Æn* 6, 10, *Tib*

[illegible] mius, a, um ant *pro* [illegible] filius

[illegible] (1) [μικρός, Dor [illegible] (1) *A crumb,* or [illegible] *of any thing that* [illegible] (2) *A little ban-*[illegible] (3) || *The conse-*[illegible] *used at the commu-*[illegible] mica, *Col* 6, 30 [illegible] 9 (2) *Mart* 2, [illegible] Senens mi-[illegible] *in the fire,*

[illegible] (1) *Glittering,* [illegible] *painting* [illegible] (1) Aurum [illegible] 2 (2) Fe[illegible] micante gradus, [illegible] (3) Crura mican-[illegible]

[illegible] rus, *al* microtrogus [illegible] qui paullum edit, qui escas alienas rodit, adulator muris; *A nibbler, a* [illegible] or *a parasite,* P[illegible] 1, 5, 8

† Michi *pro* mihi, ant ut dis paretur a vocativo mi, *Gel* 24, 5 Pot ex vitio pronunciationis ortum videtur

MICO, āre, ui, cui sup neut (1) [a mica, [illegible] quod mica in arena fulgens, nam mica est rubin le & per intervalla, ut micae fulgent, fulgere Ex quoniam in his quaedam variatio, dum digitis intimur, appa et, *micare digitis* [illegible] pro [illegible] sortire, [illegible], *Perot*] (1) *To glitter, glister, sparkle,* or *shine* (2) *To move briskly, to wag up and down swiftly* (3) *To pant,* or *beat,* as the heart, *or* pulse doth (4) *To move the fingers up and down very swiftly,* the number of which, or several fingers, were guessed at for the determining things in question, as they hit *or* mistook the number of fingers (5) It was used *to act raise the price* in buying and selling, which afterwards was taken away by a law, whence that proverb, *Dignus quicum in tenebris mices,* Cic *de Offic* 3, 19 spoken of a right honest man, who may be trusted in the dark, or with untold gold, as we say Some take it for a common sport, *or* play, but I think not rightly (1) Micat Julium sidus, *Hor Od* 1, 12, 46 [illegible] ensis, *Vir Æn* 7, 743 gemma, *Id Æn* 10, 134 crebris ignibus aether, *Ibid* 1, 94 (2) Venae & arteriae micare non desinunt, quasi quodam igneo motu, *Cic N D* 2, 9 (3) *Vid* Micans, n 2 (4) Quid enim fors est? idem propemodum quod micare, quod talos jacere, quod tesseras, *Cic de Div* 2, 85 ═ Surculum *vitis* sagittam vocant rustici, quia longius recessit a matre, & quasi micuit atque prosiluit, *Col* 3, 17 (5) Ex auctoritate Turci Aproniani V C praefecti urbis, ratio docuit, utilitate suadente, consuetudinem micandi summota, sub exagio potius pecora vendere, quam digitis concludentibus tradere, *Gruter* p 647 n 6 *Impers* Micandum erit cum Graeco, utrum, *&c* Varr *ubi non respicit lusionem, sed consuetudinem transigendi de pretio in emptione*

Micropsychus, a, um [illegible] ψυχή anima, & μικρός, parvus] *Faint hearted, low spirited mean spirited, covetous* Homines animi humilis ac praeparci, quos illi dixere micropsychos, *Plin* 22, 24

* Microsphaerum [illegible] [à parvi rotunditate dict] Tria genera nardi, Hadrosphaerum, majore folio, Mesosphaerum, minore, Microsphaerum, minimo & tamen maximi pretii *The leaf of spikenard,* as the least of the three kinds, so far the best, *vid Plin* 12, 12

|| Mictura, æ f *al leg* minctura *Water, piss,* Veg ‡ Urina

Micturio, ire, ivi & ii, itum verb meditat vel desiderat [a mingo, mictum, micturio] *To have a list to piss,* or *desire to make water,* or *simply, to make water* Micturiunt hic, *Juv* 6, 308

|| Midas, æ f *The luck is cast at dice,* also *a little worm that breedeth in beans,* Hermol in Plin

|| Midion genus navigii apud Fest

Migdolbs, *q d* mixtus Libys, partim Tyrius partim Afer *A Carthaginian, being one of both* [illegible] *and language,* Plaut Poen 5, 2, 7

[illegible] *Votare.* [illegible] *ed, or* [illegible] *cattle, herbs and other stuff together, horse-cloth,* Bibl

Migrans, tis part *Departing to another count,* Migrantes, [illegible] ex urbe [illegible], *Vir Æn* 4, 401 ¶ Cornu in mucronem migrantia, *naturally tending to a sharp point,* Plin *vid* Migro

† Migrassit *an* pro migraverit, ap *Cic de Leg* 2, 4

Migratio, ōnis f verb *A departing from one dwelling to another, a changing the habitation* Mors quam migratio est, commutatioque vitae, *Cic Tusc* 1, 41 § Migrationes in alienum, *a word metaphorically used to things of a different nature from its own signification,* Id Tim 16, 7

Migratur impers *It is removed* Ut in alium quendam locum ex his locis morte migretur, *that we must remove by death from these places, to dwell in some other,* Cic Tusc 1, 11 Romam inde migratum est a parente, *they went thence to Rome* [illegible] Liv Etrurii tuncum [illegible] tu[illegible], *although it has then been fit to leave our city,* Id

Migraturus, a, um part *About to remove from one place to another,* Suet Caes 79

MIGRO, āre neut (1) [מגור peregrinatio, [illegible] nam migrare proprie est domicilium mutare, *Perot*] (1) *To remove from one place to another to dwell in, to shift his habitation, to change his quarters* (2) *To be altered,* or *changed* (3) Act *To go,* or *depart from, not to keep* (4) *To go, pass,* or *glide* (1) Veteres migrate coloni, *Vir Ecl* 9, 4 Atticus non ex vita, sed ex domo in domum videbatur migrare, *Nep Att* 22 § Migrare mensa, *Fest* ad severos, *Catull* quo volo, *Plaut* hinc, *Id* è fano foras, *Id* ex vita, *Cic* ex vita, *Id* ad aliquem, *Id* (2) Caerula quae sunt nunquam in marmoreum possunt migrare colorem, *Lucr* 2, 774 ═ Non manet ulla sui similis res, omnia migrant, *Id* 5, 828 (3) ☧ Promissa facere, & quae pertinent ad veritatem, & fidem, ea migrare interdum, & non servare, est justum, *Cic Offic* 1, 10 Civius migrare, *Id* (4) Fac sis vacuas aedes aurum, me a ut migrare dicta possint, quo volo, *that my words may pass whither I would have them,* Plaut Pseud 1, 5, 54 A me officium migrat, *I forget my duty,* Plaut Trin 3, 2, 1 ✠ Flavius migrat adverso mentu, *Claud Cons Hon* 482

Migror, āris, atus pass *To be gone, to be removed* Migrantur Rhaetia regna, *Sil* 7, 471 Relicta quae difficilia migratu essent, *Liv* 10, 34

Mihi dat & nom ego cont (1) *To me, for to my advantage, or detriment* (2) *To me,* or *with me, for in my opinion* (3) *For me,* or *with relation to me* (4) Sometimes it is very gracefully redundant *Ind* Ego (1) Hic mihi quanto plus sapit, quam egomet mihi? *Ter Heaut* 1, 1, 1 Si quid peccet, mihi peccat, *Ter Adelph* 1, 2, 35 (2) Is mihi servus est spectatus satis, cui dominus curae est, *Ter Adelph* 5, [illegible] (3) Quid mihi hic faciet patris? *Ter* [illegible] 1, 1, [illegible] (4) Qui[illegible] [illegible] *Ter Phorm* [illegible]

[illegible] *from* [illegible]

MILES [illegible] (1) [illegible] quod [illegible] mille [illegible] (1) [illegible] (2) [illegible] *A soldier,* [illegible] (3) [illegible] (4) *In other art* (5) *A* [illegible] (6) *A* [illegible] *at* [illegible]

(1) Clarus Manius P Africani discipulus & miles, *Cic* [illegible] *Offic* [illegible], 20 (2) [illegible] (3) [illegible] Cetera [illegible] militi [illegible] complet *Vir Æn* 2, 20 Nemini [illegible] abimperatore [illegible] forum [illegible] *Nep Ter* [illegible] 1 (4) Haec [illegible] Ov Me am 2 [illegible] (5) *Mart* & Rubus ad [illegible] *I was but a* [illegible] Ov Ep[illegible] 11, 48 (6) [illegible] *Liv* [illegible] Miles [illegible], *Liv*

Miletus, a, um adj [illegible] *city Miletus* [illegible] Plin 21, 4 *Vid* Milesi *in Propr*

Milium, i n [illegible] (1) *A vine that [illegible] upon [illegible]* (2) *An herb, or weed, that winds [illegible] about [illegible]* (1) [illegible] (2) *Plin* [illegible], 25

Miliarium, ii n dict (1) *A vessel belonging to an oil mill* (2) *An oil mill* [illegible] (3) *A vessel covered with brass pipes within which water was heated, running many times round the fire* (1) *Cato* (2) *Col Pallad* (3) *Vid Sen* [illegible] *Qu N* [illegible], 24 & [illegible] 9 & [illegible]

Miliaris Vet Gloss [illegible]

§ Miliarium [illegible] quod [illegible] eo [illegible] *A gold* [illegible] *Rome* [illegible] *whence the* [illegible] *began* [illegible]

Miliarius, a, um adj *Col* [illegible] Miliarius [illegible] *R* [illegible] 5

Militans part *Bearing arms* [illegible] Graecis mercede apud Persas militantibus, *serving among the Persians for pay,* Cu[illegible] 6, 5, 7

Militaris, e adj *Belonging to a soldier* [illegible] *martial, military* [illegible] [vel quod e militum [illegible], vel quod [illegible] centum] Aetas militaris, *the age of seventeen, when persons were [illegible] of bearing arms,* Liv Ann [illegible], 60, 4 Sepimentum militare, *military fence* [illegible] *a ditch, a* [illegible] *the soldiers,* [illegible] Res militaris, Nep [illegible] *the art of war* [illegible] Militare munus, *Nep* Militare opus, *the office of a soldier* [illegible]

Militari [illegible] *A* [illegible] Item [illegible] *that* [illegible] *perform* [illegible] Signum militare, [illegible] Cic

Militaris [illegible] *A* [illegible] *of a* [illegible] *I* [illegible] 4 [illegible] [illegible] a Vehicle [illegible]

‡ Militarius a um [illegible] Plaut 4 1 [illegible]

Militia, æ (1) *The being a soldier, warfare* (2) *Any toil, employment, or service* (3) *The militia, or soldiery* (1) Cujus magna pars militiæ mil tia ... Liv (2) Militia urbana, *Cic* togata, *Ovid* (3) Antiochus cum omni militia ... *with all his soldiers*, Just 32, 2 ¶ Imaginaria militia, *soldiers that receive pay without appearing in service*, Suet Claud 25 ‡ Militia Veneris, *the way of love*, Propert Lentas militia ... *the camps of husbands* ¶ Militiæ genit quasi adverbium ... ‡ Quorum virtus erit domi militiæque cognita, *Cic Tusc* 5, 19 ¶ Dare nomen militiæ, *to list himself for a soldier*, ... *quam militia equestris ...* ap Suet ... juvenes, qui ... diebus, qui ...

Milito, are (1) *To go a warfare, to be a soldier* (2) *Met To pursue any person, or thing* (1) Juventus omnis sub signis militat, ... 2, 42 (2) Militat in sylvis catulus, *month in the wood*, Hor Epist 1, 2, 66 = Militat omnis amans, & habet sua castra Cupido, *Ov Amor* 1, 9 1 In eadem legione militare *to belong to the same regiment* ... *served in the legions not without reputation*, Ov ... officio ...

Milium, ii n [a mille, dict propter ...] *A kind of small grain, or corn, call'd millet* ... Geor 1, 216 ... de milio, *Cic Orat* ... Plin ... *Col* 2, 9

MILLE, ... (1) *A thousand* ... Mille passus, *a mile*, Plaut ... *Col* ... *Curt* ... mille ... *Cic* ... *Plin* ... *Pr Every is always ...* ... *greater number* (1) ... quingentarum centum, ... Lucil ap Gell ... mille & ducentarum navium ... *Nep Them* ... Mille curruum, *Col* ... annorum *Id* ... *Ann* 5, 75 ... *Hor* 1, 1 ... (2) ... *Virg Æn* 4, 701 ... mille basia, deinde mille altera, *Catull*

Mille & ant mille n ... gen & dat singul in abl ... plur hæc millia, ium, ibus *A thousand* Mille annorum, *a thousand years*, Plaut Mille hominum versabatur, *Cic* An marum mille multa, *Lucr* 3, 72

Millefolium, ii f Herba militaris, ... sanandis vulneribus, *Plin* 25, 5

Millefolium, ii n ... *The herb milfoil, yarrow, or nose-bleed* ... *Plin* 24, 16

‖ Milleformis, e adj *Of a thousand shapes, or fashions* ... mille formis ... *Cath* 9, 5

‖ Millenarii *The millenaries, who hold that Christ shall reign a thousand years on earth, before the end of the world*, D D ... & *sing* vocantur etiam Milliastæ

Millepeda, æ f qui & centipeda, ... quod multos pedes habet *A worm having a great number of feet and joints, a palmer* ... *Plin* 29, 6 ... *Col* ... *or wood louse* ... *multipede*

Millesimus, a, um adj *The thousandth* Ex quo millesimam partem vix intelligo, *Cic* ... Millesima pagina, ... *pro millesimis, more Græco* ... *a thousandth part*, Pers 5, 28

Milliare, is n *A mile pillar, or stone, a mile consisting of a thousand paces* Hanc formam ... Adquintum milliare ... *Plin* ...

Milliarium, ii n (1) *A mile* (2) *Also a vessel, &c* (1) ... *Cic* ... Hannibalis ... *Pater* 2, 27 ... habet & *Val Max* 1, 8, 4 ... mille passuum dicebant (2) *Cato R R* ...

Milliarius, a, um adj *Of, or pertaining to a thousand, or weighing a thousand pounds, as great ovium milliarius, sheep of a thousand in a flock*, Varr R R 2, 10 ... *Lips* ... *huge fat brawns* ... *that yieldeth a thousand pounds of oil in a year*, Plin 17, 12 ... *a mile long*, Suet Neron 31

Millies adv *A thousand times, very often* ... *Plin* 2, 23 Plus millies jam ... *Ter Eun* ...

Millum, i m & millum, i n *A mastiff's collar made of leather stuck full of nails*, ap Varr R R 2, 9 ... Scipio Æmilianus ... *Fest*

Milus, i *A sort of red colour*, ... *Vitruv* 7, 3

Milvago *A fish that useth to fly* ... *Plin* 32, 2

‖ Milvina, æ f Genus tibiæ ... *Fest* [a milvo ...] *Apul* (quæ vox est milvorum, *Fest*) ... *A shrill kind of pipe, with a squeaking note like a kite*, Solin

Milvinus, a, um adj *Of, or like a kite* Milvinæ ungulæ, Plaut Pseud 3, 2, 63 ¶ Milvinus pes, *the herb kite's foot*, Col 2, 7 Milvinus pullus, *a young kite, an extortioner, a committeeman's son*, Cic ad Q fr 1, 2 Milvina, *scil* appetentia, *a stomach like a kite*, Plaut Men 1, 2, 29

Milvius, ii m *id qui* milvus (1) *A kite, a glead, a puttock* (2) *One of the stars into which the kite was feigned to be turned, for fetching away the entrails of the bull which Briareus was sacrificing* (3) *A fictitious name* (1) ... *Pers Dt* ... *pro* milvo ... *Phorm* 2, 2, 16 (2) *Ov Fast* ... milvus (3) *Hor Sat* 2, 7, 36

MILVUS, *vel* potius milvius m ... vocem edit ... malva, ita ab ... *Litt* (1) *A kite* (2) *A rapacious fellow* (3) *An horned fish that flyeth upon the top of the water, with a fiery tongue that shineth in calm nights* (4) *A sign in the heaven* (1) Milvo est quod ... corvo, *Cic N D* 2, 49 (2) Milvo ... pullum tuum, *Plaut Pœn* 5, 5, 13 (3) *Plin* 9, 27 (4) *Ovid*

Mima, æ f [a mimus] (1) *A wanton woman, counterfeiting the carriage and behaviour of others* (2) *An actress upon the stage* (1) *Cic Philipp* 2, 24 (2) ... centum ... scena pronunciavit, *Plin* 7, 48

* Mimallones, um f ... quod Bacchum imitarentur ... *Mimallones waiting upon Bacchus*, ... Stat ... Mimallonides, *Ov* Bassarides, *Pers* Thyades, *Virg*

Mimallonius, a, um adj *Belonging to the Mimallones* Mimallonis bombis, ap *Pers* 1, 99

Mimesis *A figure called imitation, that is, counterfeiting, or representing of other mens words and gestures*, Donat = Imitatio morum alienorum, *Quint*

* Mimiambus, i m *A kind of verse used in lampoons, farces, and the like*, Plin Ep 6, 21

Mimice adv *Mimically, apishly* Mimice incedere, *to walk like an actress, affectedly*, Catull 4, ...

Mimicus, a, um adj ... *Mimic apish wanton* Mimicum nomen, *the name she bore when she was an actress*, Cic Phil 2, 24 ... jocus ... *a buffoon's jest*, Id de Orat 2, 59 ... & ... *Plin Ep* ...

Mimnulus, i m *An herb called rattle, or lousewort* Herba ... *Plin* 18, 28

Mimula, æ f dim [a mima] *A little actress* ... in ... & ... exemplum ... *Cic Phil* 2, 25

MIMUS, i m ( ) ... (1) *A mimic, a scurrilous buffoon, or jester, who spoke and acted obscenely and lasciviously, or, on the contrary, one who being to act in the second, or third place, by performing on purpose ridiculously, and foolishly, set off and graced the act on of him, or them, who had acted before him* (2) *Abusive, or wanton play, any farce, or ridiculous story* (1) Mimi ... filia, *Cic Verr* 3, 34 ‡ Non ... tellanum, sed mimum introduxit, *Cic Fam* 9, 16 *Jul* ... hic liberius dicax, ille ... Romana lingua, ille cum ... bus, hic solus, ille cum ... hic cum perpetuis ... ingenuus, hic servus, ... ginus, unde Laberius ... ritur tanquam ... quod Cæsar ... suum egerit (2) ‡ ... est ... exitus, non fabula, *Cic* pro *Cal* 27 ... imitanti ... mos, *Ov Trist* 2, 5 5 (2) *Via Sue Cal* ... *Claudius Oth* 3

Min', pro mihine *Ter* ... *Pers* 1, 2

MINA, æ f (1) [a Gr μνᾶ, מנה quod ab Heb ...] numeravit ... 75 drachmarum, nova ... instituta 100, *Agric* ... dica habet uncias 16 Libra ... uncias 12, *Id* Ergo cum ... habet drachmas 8, hæc mina ... 128 drachmarum ... conficiunt talentum Atticum (1) *A pound* It is taken both for coin and a weight, made ... an hundred drachmas ... it is three pounds ... weight it is twelve ... (2) *Also a measure of ground containing* 120 *foot in length and as many in breadth* ... Mina, quam nostri minam ... pendet drachmas ... *Plin* ... in fine Drachma ... tica denarium argenteam ... dus, eademque ex ... re efficit, ... decem ... *Idem ibid* (2) Actus ... qui & latus est pedes ... gus totidem, ... Latini appellant pro ... *Id* ... quam ... agrorum mensuras ... *Fest* ex *Alio*

‡ Minaciæ, arum f pl *Threatenings, menaces*, Plaut Rud ... 16 ... alibi ‡ Minæ

Minaciter adv ... *Threateningly, with great and sharp menaces* An ... tem leniter, ... minaciter ... *I use fair means or* ... Stich 1, 2, 21 Num ... cum minacius ... *Cic Philipp* 5, 8

Minæ, arum f pl ... μνεα, ... menaces ... mina, ... *menaces, either by words, or otherwise* (2) *Terror* ... ‡ = Vir ... denaria, non minus ... tradi ur, *Cic Orat* ... ponebat minis ... 1201 ... *Hyg* ... 2, 5 ... Coluber tollens ... *Virg Geor* 3, ... (2) ... *tur recent* ... *Virg* ... Minas ... *ingentes*, ... *het imperfect*, ... *narr* ... *ingus*

Minans, tis part (1) *Threatening, menacing* (2) ... (1) In ... minis, ... *Virg Æn* ... (2) ... præclara ... minis ... *mighty performances* ... 2, 9

Minanter adv *Threateningly* ... Militi ... minus, ... *Ov A Am* 3, ...

Minatio, onis f *A threatening*, Cic de Orat 2, 71 = ... cratio, *Cic*

Minax, aci [illegible] adj or, comp (1) *Threatning, menacing with words or otherwise* (2) *Haughty* [illegible] (1) Puerum minaci [illegible] Hor Od 1, 10, [illegible] quam perniciosior, [illegible] Minaces & acerbæ [illegible] 16, 10 ✠ Nu[illegible] minax, *Ov Trist* 1, [illegible] Minax unda, *Hor Od* 1, [illegible] (2) Rerum colla mina[illegible] *Hor Od* 2, 1, 12 Minaces [illegible] *Met* 6, 688 Vis tu[illegible] [illegible] *Amm* 19, 21

† Mi[illegible] imm neo, pro [illegible] *T[illegible] ready to fall*, *Luc* 6, 502 & 11, 94

† [illegible], pro minimus, [illegible] minor, *vel po*[illegible]

M[illegible] (1) *The goddess* [illegible] *arts, and* [illegible] *Nature, wit,* [illegible] (4) *W*[illegible] [illegible] Miner[illegible] [illegible] 6, 64 Invita [illegible] Geor 1, 1, [illegible] Miner[illegible] *Hor Od* 2, 12 [illegible] Mi[illegible], *Ov Met* [illegible] 14 475 (2) [illegible] Pene [illegible] falsa poterat [illegible] *Propert* 2, 9, 5 [illegible] Miner[illegible], *Hor Sat* 2, 2, 3 [illegible] *their metres, rude*[illegible] Miner[illegible] [illegible] M[illegible] P 85

[illegible] Minerval[illegible] [illegible] *R R*

[illegible] *To p[illegible] to* [illegible] Minx [illegible] *Hor Sat* 1, [illegible] *with*, Catull 65, [illegible] 10

[illegible] *To be p[illegible]* [illegible] potenti n mo[illegible] 20

[illegible] Expo, nomini[illegible] *with* [illegible], Tunc mini[illegible], *Id*

[illegible] *To be painted* [illegible] A [illegible] [illegible] dus [illegible], *Plin*

[illegible] *T[illegible] where* [illegible] Minium mi[illegible]

[illegible] *red wax*, [illegible] to the [illegible] Cerula [illegible] necess[illegible]

[illegible] part [illegible] Torque[illegible] Minace[illegible] *as* [illegible]

[illegible] m *A*[illegible] *looks with*

[illegible] [minimus] (1) [illegible] (2) *Not at al*[illegible] *by no* [illegible] (1) *Much*

less, or least of all (1) Minimè nul os la[illegible] *Ter Eun prol* 2 (2) Quod minime vul[illegible], *Cic* Ex[illegible] minimè [illegible], *Id* Minimè mirandum, *it is no wonder*, Nep Minime gentium *dict pro eo quod* omnium gentium judicio minimè est faciendum, *Fest vel pro* nusquam gentium, *i e* minimè apud ullas gentes, nullo modo apud ullas gentes, *Al By no means in the world* § M[illegible] verò, & minimè, *elegant* [illegible] *in responsione* (*) [illegible] pedes decem, ve[illegible] minim[illegible] nov[illegible], *Col* (3) Numer[illegible] Le[illegible] [illegible] Ad[illegible] [illegible] ¶ Quam minimè, *as little as may be* Ut quam minime [illegible] *Nep* [illegible] Quam minimum [illegible] vestigia [illegible] *as few as possible*, *Id* Minimè multi decerant, *the smaller number*, *Cic* Minimè mutari [illegible] *I*[illegible] nimè obscurè, *with the greatest clearness*, *Cic* Minimum [illegible] *Id* domit, *Cat*

‖ Minimus, a, um [illegible] *Mart* [illegible] fupe[illegible] minime [illegible] gius, [illegible] *Apul* [illegible]

† Minimopere dicebant veteres, [illegible] *by no means*, *Fest*

[illegible] Minimi [illegible] ad Mini[illegible] [illegible] *Ap*

Minimum, adv (1) *At the least* (2) Non minimum *very much* (3) *Le*[illegible] (4) Singul[illegible] minimum [illegible] Digna [illegible] minimum [illegible] *Nep Dion* (5) Nolo[illegible] minimum [illegible] *Hor Od* 2, 6, 17

Minimus, a, um, adj [sup [illegible]] *The least, or smallest* ¶ Summus minimusque [illegible] *Luc* 1, 613 ¶ Minimus [illegible] *a young fellow, a stripling*, Plaut M[illegible] 2, 2, 24 ¶ Emi potest minimo, *i e* pretio, *at the smallest rate*, Plaut [illegible] 2, 2, 1 [illegible] R[illegible] minimè, *as cheap as* [illegible] *Tr*[illegible] 1, 1, 2 § Minimus [illegible] natu *the youngest*, Liv § Minimo me pro [illegible] *to hold his little finger*, Hor Sat 1, 4, 11

Minio, are *To paint or colour with vermilion, to colour red*, Plin 10, 29 & 35, 12

Minister, stri m [illegible] minus, [illegible] magis magister, [illegible] *An attendant, servant, minister, waiter, servitor, or a [illegible], an helper, or furtherer* S[illegible] ministri *Luc* 1, 61 Centum famula, totidem[illegible] pares [illegible] minist[illegible] *In An* 1, [illegible] Minister in maleficio, *a person employed in* [illegible] Cic [illegible] *an assistant to a pleader*, Id [illegible] [illegible] Minister publicus [illegible] *public servants* [illegible] Minister [illegible] *a cupbearer* Catull [illegible] Minister, *a cupbearer*, Tibull [illegible] Opera vehementer ministri, *one that is* [illegible] *too obliging*, Hor E[illegible] 1, 18

Ministra, æ, f [illegible] *An assistant attending* [illegible] *by the* [illegible] *of heat* Lucr 5, 289 Ministro [illegible] [illegible] *of his* [illegible], Ov Ibis 259 Lum[illegible] minist[illegible], *Ov Ep* 21, 154

Ministerium, ii n (1) *Service, attendance* (2) *Any honourable office, or employment* (3) *Pers*[illegible] *labour, pains* (4) *A*[illegible]

tice, or cupboard of plate (5) *Servants themselves, particularly waiters at the table* (1) [illegible] ministeriis [illegible] *Hor Ep* 2, 2, 6 (2) Pul[illegible] cum a genere ministerium, *Val Max* [illegible] Ministerio [illegible], *Pater* 2, 28 (3) Pecum ministerium *Plin* Diurnis ministeriis [illegible] *Ov Metam* 4, 216 (4) *Tampered* (5) ✠ Quindecim con vivarum [illegible] ministerium capax triclinium, *Plin* 6, 71 ¶ Magicum ministerium *magic rites*, [illegible] 1, 2, 1, *As* [illegible] ministerium, *&c are likewise used*

Ministra, æ f *A maidservant, a waitingmaid, one imployed in any office* [illegible] *Propert* [illegible] 6, 15 [illegible] *Tibull* 1, 5, [illegible] ✠ Ministra dem[illegible] & C[illegible] [illegible] *Catull* 61, 68 Ar[illegible] ministræ orationi, *Cic* O[illegible] 1, 17 Ministra & satell[illegible] voluptatum, virtutes, *Id* M[illegible] [illegible], *Ov*

Ministrans part [illegible] ministrans [illegible] potant bus [illegible] *serving them with*, Vir Geor 4, 16[illegible] Juvenis pocula ministra[illegible], *C*[illegible] *Isle* 1, 6

‖ Ministratio, onis f *Attendance, or service*, Ter[illegible] ✠ Ministerium

Ministrator, oris m verb (1) *A servant, an attendant* (2) *One that is imployed by another to do his business*, as [illegible] his client (3) [illegible] *the* [illegible] (4) Cum aurigantis [illegible] ministratorem [illegible] Suet [illegible] 17 (2) [illegible] Orat 2 (3) Parvus [illegible] calceis [illegible] ministratore, *Mart* [illegible] 4

Ministratorius, a, um [illegible] *which serve[illegible] to serve*, Mart [illegible] *hinnate*

Ministratrix, icis f verb *An attendant, or waiter* [illegible] ministratrices orationis, *Cic de Orat* 1, 17

Ministratur imperf Cum maximis poculis ministratur, *when they are served with cups of the largest size*, Cic Verr [illegible] 1

Ministro, are [illegible] (1) *To attend, serve, or wait* (2) *To perform as a waiter or minister* (3) *To manage* (4) *To afford, yield, or give help to one* (5) *To serve with at table* (1) Ministro, *absol To* [illegible] Tuo [illegible] consignato, hic ministra[illegible], *Plaut Curc* 2, 3, 50 (2) [illegible] *Ov Ep* 20 [illegible] (3) Pecor[illegible] [illegible] *Hor* [illegible] (4) Neque quantum opus est, natura ministrat, *Lucr* 2, 1138 [illegible] ministrant [illegible] *they serve with* [illegible], Vir [illegible] cibos, *Sen* (5) Bacchum ministrant, *they serve with wine*, Vir Æn 8, 181 (6) *Iarr* [illegible] *Lat*

Ministror [illegible] pass (1) *To be served up* (2) *To be carefully looked after* (1) Cœna ministratur pa[illegible] *Hor Sat* 1, 6, 116 (2) Si quis valetudine afficitur, [illegible] erit, ut is [illegible] ministretur, *Cic* 12, 1 [illegible] Sed hoc *nové dictum*

† Ministerium adv *Acc* ap Non ✠ Minaciter

Minitabundus, a, um *With many threats and menaces*, Liv 39, [illegible] & *Tac Ann* 2, 10, 4

Minitans part [a minitor] (1) *Menacing* (2) *Threatning, often*

(1) Minitans [illegible] ferrum, [illegible] minaque, *Cic* (2) *Il* [illegible] Min[illegible] tans [illegible] *Ov Metam* 15 [illegible] minitanti [illegible] compre[illegible], *Lucr* [illegible]

† Minitor, [illegible] Faml[illegible] [illegible] *Per Pione* [illegible] 2 p[illegible]

Minit[illegible] *fore, omine* [illegible]

[illegible]

MINIUM, [illegible]

[illegible]

Minio [illegible]

[illegible] *To th*[illegible]

Minor, i, [illegible]

[illegible] (1) *Le*[illegible] *Less in degree* [illegible] *Younger* (1) Minimo [illegible] 116 M[illegible] Minor [illegible] *Nep* [illegible] (3) Minori p[illegible] *L*[illegible] 7, [illegible] major [illegible] *Plaut* [illegible] 22 (4) Hanni[illegible] minor, 25 [illegible] natus, *Nep* [illegible] 3 ¶ Quam[illegible] *I were less concerned* [illegible] Minor [illegible] *to do* [illegible] Minoris [illegible] *lower rate* Cic [illegible] census, animus, *not able to compre*[illegible] Hor Od 2, 11, 11 § Capit[illegible] [illegible] *th*[illegible] Ind [illegible] 4 [illegible] paulo minore [illegible] *something* [illegible] Cic

Minor, ari [illegible] (1) *To threaten, or* [illegible] (2) *To hold up* [illegible] (1) [illegible] [illegible] 1, *Ærn* [illegible] (2) Minantur in cœlum [illegible] *that are* [illegible] *the mounting* [illegible] *to the* [illegible], Vir *Æn* 1, 166 [illegible] Ab[illegible] *Ter H*[illegible] 1, Pe[illegible] *Plaut* [illegible] 3, 14 Minitor [illegible] 1, 55 Minari divortium, *Cic* [illegible] [illegible] minantur, *they threaten to* [illegible] *the pro*[illegible], *Id* [illegible] minantur, *portending* [illegible] *threatening to fall*, *Id* [illegible] 2, 6 Venti [illegible] minantur, *Lucr* [illegible]

† Minoratus, a, um part *Made less, or diminished*, Ter[illegible] ✠ D[illegible] minutus

Minores, um, m pl [subst ex adj] (1) *Our successors, posterity, or offspring* (2) *The younger men* (1) [illegible] minores, *Vir Æn* 6, 822 (2) [illegible] minoribus, *Hor Epist* 1, 1, 81.

‖ Minoratio, onis f [illegible] *or being under* [illegible] Pub [illegible]

* Minthos *The* [illegible] *of goats* [illegible] Calep [illegible]

[illegible]

Minuens, [illegible] part [illegible] (1) *Diminishing, making less* (2) *Abating, decaying* (1) [illegible] um minuendum laborem, *Ov* [illegible] 215 (2) Minuente æstu, *Cæs* [illegible] 3, 12 Minuente [illegible] *waning, the moon*, [illegible] 24

Minuo, ere, ui, utum act [a minus, *i e* minus facio] (1) *To make a thing less* (2) *To diminish, or make less, to abate, or impair* (3) [illegible] (1) Non tam mirabile quicquam principio, quod non minuant mirari omnes paulatim, *Lucr* 2, 1028 [illegible] Nectuntur causæ [illegible] hæc quæ faces, *Tac Ann* 2, 18 [illegible] (2) [illegible] Ignis [illegible] quam maxime, [illegible] [illegible] *Enn* 9 Minuere animum, *Cic* [illegible] *Hor* dolorem, *Cic* [illegible] [illegible] *Acad* 2, [illegible] (3) [illegible] minuere est [illegible] potestatem [illegible] populus potestatem dedit, [illegible] *Cic de Inv* 2, 17 [illegible] minuere est [illegible] de rep [illegible] potestatem [illegible], admini[illegible], *Id* Magistratum minuere, *to lessen the power and continuance of it*, *Liv*

Minuor, ui, [illegible] pass *To be diminished, impaired, abated, or lessened* Minuuntur atra carmine cura, *Hor Od* [illegible], 11, 35 ✝ Per quæ crescere res posset, minui damnoso [illegible], *Id Epist* 2, 1, 107

Minurio, ire [illegible] *Depalm* [illegible] *Sidon To sing small, or with a low voice, to coo*, [illegible] *to chatter*, [illegible] *Sid* minurrio & minurrio, *Cal* [illegible] minurizo Minuritiones [illegible] minorum [illegible] *Fest* [illegible], *Cal* [illegible] minurizatio [illegible] *The chirping, or singing of small birds* Minuritionem [illegible] *Cic d Orat* 1, 59 [illegible] *Turn* [illegible] *to sing with a soft low voice*

✝ Minus, a, um adj minor ovis, *i e* [illegible] nus habet [illegible] [illegible] quæ & pici ovis, *i e* [illegible] *Arist* (1) [illegible] (2) *An empty breast, a* [illegible] *bag* (3) Minus ovis [illegible] *Varr R R* 2, 2 (2) Mina mamma, lacte [illegible] *Fest* [illegible] Minute [illegible] mammam voc *Plin* quæ [illegible] piperie

Minus, oris n [a comp minor] [illegible] cum [illegible] minus & minus [illegible] *Lucr* 5, 516 [illegible] Plus damni, & rixa multo minus, *Hor Epist* 1, 17, 51 Resta minus, *Lucr* 1, 1004

Minus, adv [a comp minor] (1) *Less* (2) *Less than* (3) *Fewer, or less time than* (4) *Not so well, not as* [illegible] (5) *Not so* [illegible] (6) *Not so often, seldom* (7) *Not at all* [illegible] (1) Minus [illegible] *Liv* 1, 241 (2) [illegible] Minus [illegible] est, quod, *Plin* [illegible] horis [illegible] Quid minus? *Luc* [illegible] (5) [illegible] *Col* 1, 12 [illegible] (6) Minus [illegible] (7) [illegible] est in causa [illegible], *Cic*

[illegible] ✝ R scripsi [illegible] de minutis [illegible] ☞ *Animasculæ qui gratis* [illegible] fuit [illegible] Minutum [illegible] Minutissime, [illegible]

[illegible] *crowd* [illegible] 14, 18

Minutatim, adv (1) *Piecemeal* [illegible] (2) *Drop by drop* [illegible] (3) *By little and little, by degrees* (1) [illegible] *R R* 8, 4, [illegible] minutatim [illegible] (2) [illegible] minutim [illegible] *L L* 4 (3) Bove minutatim [illegible], *L L* 1, 2 = Cum [illegible] minutatim [illegible], *Cic Acad* 2, 6 [illegible] minutatim frangit [illegible], *Lucr* 2, 1151

Minute, adv [illegible] comp [illegible], minutissime, sup (1) *In small pieces* (2) *Nicely, precisely* (3) *Meanly, low, poorly* (1) Fœnum Græcum commolito minutissime, *Col* 12, 28 Dens [illegible] minute diffindit humum, *Id* 2, 4 (2) Minutius & scrupulosius scrutari omnia, *Quint* 5, 14 (3) Dicere grandia minute, *to handle a grand subject in a poor low style*, *Cic Orat* 36

Minutia, æ f [ab adj minutus] *The smallest thing that may be seen, an atom* Granum in minutiam [illegible] redigantur, *Sen* [illegible] *Ep* 91 ¶ In plur *Little niceties*, *Pall* [illegible]

✝ Minuties *Smallness, littleness*, *Apul Met* 0, p 205

Minutim, adv [a minuo] *In little pieces, or morsels, in crumbs* ✝ Miteriam crassiam concidito minutim, *Cato R R* 123

Minutio, onis f verb [a minuo] *A minishing, or lessening* ✝ Omnis amplificatio [illegible] minutio, *&c* *Quint* ¶ [illegible] *Gell* 1, 12 *Vid* Diminutio

Minutulus, a, um dim [a minutus] *Little, pretty* Pueri infantes minutuli *Plaut Pœn prol* 28

Minutus, a, um part (1) *Diminished, lessened* (2) Metaph *Disheartened, dispirited* (3) *Subtil,* [illegible] (1) Spes minuta, *Tac* (2) Consul equestri prælio uno & vulnere suo minutus, *Liv* (3) Minutæ interrogatiunculæ, *Cic Parad* 1 = Genus sermonis minutum & concisum, *Id* adj [illegible], comp [illegible] minutissimus, sup (1) Met *Low, mean, poor spirited* (2) *Small, little* (1) = Minuti semper & infirmi est animi, exiguique voluptas, ultio, *Juv* 13, 18, (2) Minutæ aves, *Col* minuti nip, *Id* ✝ Dii omnes magni, minuti que & patellarii faxin, *Plaut Cist* 2, 1, 46 ☞ Eleganter [illegible] *Curcul* [illegible] minutos fibul [illegible], *Plaut Rud* [illegible], 2, 38 Pisciculi minuti, *Ter Andr* 2, 2, 32 Minutior est cura, *Quint* 8, 6 Minutissimi [illegible], *Suet* [illegible] 17

* Minyanthes, a m *A kind of trefoil*, *Plin* 21, 9

* Mirabilis, e adj [illegible] or, comp [illegible] issimus, sup *Wonderful, strange, marvellous, to be wondred at* § In [illegible] ferrarum molibus miraculis, *Col* 3, 8 Quo [illegible] nihil [illegible] est visum, *Nep Lim* 5 [illegible] mirabiliora [illegible] expectari [illegible], *Cic de Or* [illegible] § Mirabilissimum [illegible] formæ vel sexu [illegible], *Col* 6, [illegible] Mirabilia exempla, *admiranda*, *Cic* Mirabile donum, *Vir Æn* 656 Illa [illegible] mirabilia fuerunt, *these extraordinary things*, *Cic* Dictu mirabile monstrum, *a prodigy that sounds strangely*, *Virg Æn* 2, 680 *abril a strange story*, *Id* Mirabile visu [illegible], *wonderful to be seen* [illegible] Tu mirabilis [illegible] *you are to be admired* [illegible] *taken for a pattern by him*, [illegible] 6, 25

Mirabilitas, atis f *Admiration*, [illegible] *Cic* [illegible] tribuit [illegible], *Offic* 2, 11 [illegible] *al* admirabilitas

Mirabiliter, adv (1) *Admirably, wonderfully, marvellously* (2) *Exceedingly* (3) *Honourably* (1) Mirabiliter [illegible] *Plin* Mirabiliter [illegible] mutata est voluptas, *Nep Dion*, sub fine (2) Mirabiliter, mi Brute, lætor, *Cic Fam* 11, 14 (3) Mirabiliter de te & loquuntur & sentiunt, *Cic Fam* 4, 13

Mirabundus, a, um *Full of admiration, much marvelling* Plebs mirabunda, *Liv* 3, 38

✝ Miracula, æ f scortum turpe [a miris, *i e* monstris, *unde &* mirmiones personas distortis oribus deformes vocat *Ælius* teste *Varron*, qui & locum ex *Plauti Cistell* affert] Diobolares, scœnicolæ, miraculæ, *Plaut* in *Fragm an ugly whore, an illfavoured courtezan* Miracula, quæ nunc digna admiratione dicimus, antiqui in rebus turpibus ponebant, *Vid* Turneb [illegible] *ad Plaut* p 145

✝ Miraculose adv *After a marvellous manner*, *Aug* ✝ Mir.

Miraculum, i n *A miracle, a wonder, or marvel, natural, or artificial, preter or supernatural* Ingeniosa miracula fecit natura, *Plin* 7, 2 ☞ *Quæ idem vocat* mundi miracula, *Id* 36, 12 *&* *seqq* Omnia transformat sese in miracula rerum, *Vir Georg* 4, 441 = Terrores magicos miracula, sagas, *&c* *Hor Ep* 2, 2, 208

Miraculus, a, um *Vid* Miracula

Mirandus, a, um *Marvellous, wonderful, to be wondred, or marvelled at* Hic [illegible] miranda fecit dicis, *Plaut Rud* 2, 3, 1, Magnus mirandusque cliens, *Juv* 10, 161 Miranda conjux, *Prop* 3, 12, 23 Mirandum in modum, *wonderfully*, *Cic Att* 9, 6

Mirans, tis part [a miror] (1) *Marvelling, wondring* (2) *Delighted with* (1) Domum mirans genetricis, *Vir Geor* 4, 362 (2) *Propert* 2, 11, 3

Miratio, onis f verb *A wondring, admiration* Causarum ignoratio [illegible] miratione [illegible], *Cic Div* 2, 22 [illegible]

Mirator, oris m [illegible] *an admirer, or wonderer* [illegible] Mirator [illegible] *Prop* 2, 1, 9

Miratrix, icis f [illegible] *marveller* [illegible] miratrix, *the* [illegible] 62 [illegible] *Sen Hippo* 74 [illegible] miratrix [illegible], *Luc* [illegible], 655.

Miraturus, a, um part *That marvelleth, or* [illegible] *to marvel* Miraturus erat [illegible] columbam, *Ov* [illegible]

Miratus, a, um part [illegible] *Admiring, wondring* (2) [illegible] *with* (1) Pater [illegible] [illegible] *Ov* [illegible] (2) *Hor A P* [illegible] 72

Mire, adv (1) *Wonderfully, strangely* (2) *Exceedingly, extremely* (1) Syrus [illegible], *Ter Heaut* 5, 1, (2) [illegible] est, & [illegible] *Lucr* 4, 752

Mirifice, adv (1) *Strangely, wonderfully* (2) *Exceedingly* (1) Mirifice conturbatum [illegible] *Cic Att* [illegible] (2) [illegible] sperabat se esse locutum [illegible] 82, 3 ¶ Mirifice [illegible] *very pretty manner*, [illegible]

✝ Mirificor [illegible] *to* [illegible] *or a strange thing*, [illegible] *Plaut Amph* 2, [illegible], 46 [illegible] *MS* rumificant [illegible] Lamb

Mirificus, a, um adj [illegible] sup [illegible] entissimus *Marvellous, wonderful, strange, extraordinary* [illegible] puerilis [illegible] *Cic Att* 1, 13 [illegible] mirificissimum, *Ter Phorm* 5, 6 Fictio magis ad arcelegias [illegible] Alexandri [illegible] *Cic Div*, 18, 42 pr

✝ Mirio, onis m [a miro, *i e* monstris, a quo Acc [illegible], [illegible] distortas, oribus deformes, [illegible] nes, *Varr*] *Vid* Miracula, æ

Mirmillo, onis m [illegible] formica, quod gravitate armorum viderentur repere, non incedere, sicut formicæ onusta solent, [illegible] & *crupellarii* & [illegible], [illegible] *Lips* [illegible] *Mirmonis* in. genus armaturæ Gallicum est, [illegible] mirmillones, ante Galli appellabantur, [illegible] rum galeis piscis effigie [illegible] *Fest* [illegible] genus [illegible] = ✝ Gladiatorem [illegible] *lo, Gallus, &* [illegible] *Retiarius & Tor* [illegible] *or swordplayer*, armed with a shield, scythe, and headpiece, with a [illegible] of a fish upon the crest, as the other that fought against him was with a net and [illegible] Cicero [illegible] Antonium mirmillonem & gladiatorem sæpe vocat, [illegible] *Phil* 6

✝ Miro, are act *To marvel* Hospes quid miras? *Varr* [illegible]

Miror, ari, atus sum dep [illegible] mirus, *i e* pro re mira habeo, (1) *To wonder, marvel, admire, to think strange, or make* [illegible] *at* (2) *To be fond of, to take* [illegible] *with* (3) *To admire for* [illegible] *tate* (1) Illum placuisse [illegible] mirabere morem, *Vir Geor* [illegible] (2) § Justitiæne prior mirer [illegible] laborum? *Vir Æn* 11 [illegible] *Græca sunt* § De impudentia singulari, sunt qui mirer [illegible] mo mirabatur [illegible] Africano [illegible] quod in me similem [illegible] *Id* (3) Primis & te miretur [illegible] annis, *Vir Æn* 8, 517 [illegible] non jussisse, *Ter Heaut* [illegible] Mirabar, hoc si sic abiret, [illegible]

... tus, ... after your ... Mirc 2, ...

† ... *A myrtle* ... is myrtetum, ...

... vel Heph ... *to trifle, ... Ex. d ... Pro ...* (1) Id quum ... Prop 2, 8, ult ... Catull ... Eius mi ... quem fecerat ... Æn 9, 361 ... 5, 102 § Mi ... Plaut Mi ... Id Mira sunt ... credimus, Plin ... Plaut

† ... *pro* mei, ...

Mi... orum n pl [a mis-...] (1) *A mixture, things without any order, a gallimaufry, or hotchpotch,* ... the swordplayers used to ... (2) or rather *a sort of mixed* ... wherein there ... either in the ... of the exercises, *or in* ... of the people (3) ... *miscellanies, col-* ... *without method* (1) ... miscellanea ludi, ... (2) ... in ... (3) Ap Pyter ... *mixed, confused,* ... *with an hurdle* ... *the rabble rout,* ...

... Aug ... Gallia ... Augusti ... *at Lyons in* ... *grape,* Varr ... *grew in any soil,* Colum ... Mi... 3, ...

... *To* ... *mix* ... Mis- ... 12, 21 ... *In the prop* ... *of ...,* Cic

... part *Mingling,* ... dolorem dam- ... Phædr 1, ...

... quod ... (1) *To mingle, ... to blend, to* ...

... *to conceive* ... (4) *To stir, to beat together* (5) *To contrive, ... or order* (6) *To communicate* ... (1) ... continere, Ov ... Mulsum ... Col Ad ... oum, *Id* ... vinc, *Id* ... 1, 756 ... eant conas, ... 10, 94 (2) ... Pon ... miscet, Cic ... Plu ... ma miscere cœpit, *Nep Paul* 1 = Omnia ... miscent, Cic de ... 9 (3) Misceo gaudia ... uris, *Catull* 64, ... Cum du is vena ibus ... miscet, *Ov Met* 4, 69 (4) ... tot ... mu ... bus emptus pauperibus misce ... te puer, *Juv* 5, 61 (5) ... uthac tui misceto, ne ... *Ter Heaut* ... 5, ... (6) Cum amico omnes curas, omnes cogitationes tuas misce, *Sen* Consilia cum Vestino non ... miscuerat, *Tac* (2) Mista deo mulier, ... *Æn* 7, 661 quo ... *Hom*

Misceor, eri pass *To be mingled, or mixed together,* ... ed, &c Miscentur tristia lætis, *Ov* ... Fors & virtus miscentur in unum, *are confounded,* Vir *Æn* 12, 714 An Jupiter misceri probat populo, *to be incorporated,* Id *Æn* 4, 112 Mœnia miscentur luctu, *are full of lamentable confusion,* Id ... pectora vario motu, *ruffled with divers passions,* Id *Æn* 12, 217 = Nova quædam misceri & concitari mali ... lebar, *I saw there was a new storm of mischief and confusion raising,* Cic ... 4, 3

Misellus, a, um dim [a miser] (1) *Poor, miserable, wretched* (2) *Pitiful, sorry* (3) *Shabby* (1) Nihil Ciceroni meo misello relinquo præter invidiam & ignominiam, *Cic Attic* 3, ... sub fin (2) Sp... *Lucr* 4, 1 ... (3) Misellum pallium, *Plaut Rud* 2, 6, 66

MISER, ĕra, um adj or comp ... mus, sup (1) [a ... odiosus, exosus] (1) *Miserable, pitiful, ... plight* (2) Meton *That maketh miserable* (3) *Sorry, paltry, mean, abject, pitiful* (4) *Sick, affected* (5) Meton *Innocent* (6) *Tearing, ... really covetous* (1) Quo ... sum, non ... miser (natura ... abhorret ...) ... certe ... Cic ... laboriosos, non miseros, ... nos dolor ... ferunt, ... *Philipp* 11, 4 = Ærumnosus, in ... miser, *Id in Parad* ... est miser ... *Ter Heaut* 2, 22 Mortem miserrimus ... *Vir* ... 665 ¶ Miserrimus ... fui ... *unhappy and* ... *Ter Eun* 5 2, 8 ... *Donato* (2) Amor miseria, *Hor Sat* 1, 3, 26 (3) Carmen miserum, *Vir* ... 27 Miserum ingenium, ... Miseræ preces, *Hor Od* ... 58 ... *Id Sat* 2, 8, 18 (3) ... dolor *Hor Sat* ... 29 (5) Defensio miserorum, ... improborum, *Cic* ... (6) Sed habet patrem ... *Ter Heaut* 2, 2, 15 ¶ Miseros nos! *unhappy as we are!* Cic Miseris modis, *in a miserable manner,* Ter Miseri ... *Manil* Miserum memoratu, *a sad story,* Plaut ... 2, 1, 15 ... Mis... *... out of* ... R R ... Do ... Mis... *Id* ... 6, ... *interpr* ...

Miserabil..., *pro* mis... ibi ter ... *Miser* ... 2, 558 ... interim ... iter, more Græc

Miserabilis, e, adj (1) *That deserveth, ... pity, ... miserable, lamentable* ... (2) *Pitiful* ... (3) ... est ... miserabile ... *Cic Part Orat* ... Miserabile ... *Hor* ... Miseria carmen, *Id* ... 5, 4 ... *Id Æn* ... 68 ... tium, *Id Georg* 3, 5, 2 § ... *Æn* 1, 15 (2) § Nec ... *Ov*

Miserabiliter adv (1) *Pitifully, so as to raise commiseration,* ... (2) *Sadly, miserably,* (1) ... *Ter* ... 1 Epistola ... *Att* ... 10 Miserabiliter ... *Liv* 45 42 ... *Cic* ... 14, 10 (2) Non miserabiliter ... *Cic Tusc* ...

Miserandus, a, um part (1) *To be pitied, or lamented* (2) *Moving pity, lamentable* (1) ... § Aliis miserandus, aliis ridendus videtur, *Cic de Orat* 1, 37 Res miseranda omnibus, *Id* (2) Miserandum carmen, *Manil*

Miserans, tis part *Moved with pity, pitying,* &c Ab hamo miserans attollit amicum, *Vir Æn* 5, 452 Miserans inopem, *Id Geor* 2, 499

|| Miseranter adv *So as to raise pity,* Gell 10, 3 ‡ Miserabiliter

Miserātio, ōnis f *Complaining to raise compassion* Miseratione mens judicum permovenda est, *Cic* Miserationes, *clauses of speech to raise compassion,* Cic Orat 38 § Fragilitatis humanæ miseratio, *pity for human frailty,* Plin ...

Miserātus, a, um part [a misereor] *Having compassion, or pity on* § Verus ... labores, *Ov Met* ... 50 Instantis ... miseratu, *Manil* ¶ *Sed prior sunt ... to miseritor*

Miserè adv (1) *Wretchedly, miserably, pitifully, ...* (2) *Mightily, exceedingly, desperately, with much pains and labour* (1) ✻ Quæ mihil valere ... *Cic de Fin* 3, 15 ¶ = Quo ... *he who is ill,* ... (2) ... *Ter Adelph* 4, 5, 6, Miser ... *Sat* 1, 9 14 Oculos ... *Ter Eun* 1, 2, 23

† Misereo, ēre ... [a miser, ... in usu miseret] *To pity, to take pity, or compassion on* ¶ Ipse sui miseret, *Lucr* ... 894 *Vid* Misere

Misereor, eris ... dep *To take pity of one, to have ... on him, to be sorry for him* § Misereri supplicum *Cic de Inv* ...

Miserētur impers *It pitieth* Inopis nunc te miserescat mei, *take pity of helpless me,* *Ter Heaut* 5, ... 3

Miserĕsco, ĕre incep [a misereo] *To pity, or compassionate* Arcadii miserescite regis, *Vir Æn* 8, 57

Miseret, miseritum, & misertum est impers *It pitieth me, I am sorry, or troubled for* § Miseret me tui, *Ter Eun* 4, 7, 32 ... Mis... *Ter* ... Mis... um ... *Ter* ... trum ... ¶ Mis... *Ter Heaut* 3, 1

† Miseriu... *pro* ... Non

Miseria, æ f (1) *Wretchedness, ... misery, ... trouble* (2) ... = Miseriis & ... Miseriam ... Ter ... *Ter Heaut* 1, 1

Misericordia, æ f [a misericors] (1) *Compassion, pity* (2) *Charity, alms* (1) Misericordia est ægritudo ex miseria alterius injuria laborantis, *Cic Tusc* ... = Clementia & misericordia ... Misericordia jam ... hominem oportet *Plaut Mostel* ... 2, 111 (2) Ap Christ scriptt ¶ Misericordia humana, *the compassion I have for her,* Ter Andr 1, 5, 27 Misericordia vulgi, *pity shewn by the vulgar,* Cæs

|| Misericorditer adv *Mercifully, pitifully,* Lact 6 18 ‡ Clementer, *Cic*

Misericors, dis adj ... ior, comp [a miseret & cor] (1) *Merciful, pitiful, compassionate, tender-hearted* (2) *Proceeding from compassion* (1) = Mitis & misericors animus auditoris, *Cic de Inv* 1, 55 Misericordior nulla me est feminarum, *Plaut Bacch* 1, 5 ... (2) Honestum & misericors mendacium,

Miseritĕ adv *Pitifully, miserably* ... loqui ... miserabiliter, *Catull* 63, ...

† Miseritudo, *pro* miseria, *Acc* ap *Non*

† Miseror ... *pro* miseror, *Acc*

Miseror, āris, ātus sum dep (1) *To deplore, lament, bewail* (2) *To pity, or compassionate* (1) Commune periculum miserabantur, *Cæs B C* 1, 9 Mulier ipsa ... *Plaut Epid* ... (2) R... miserante ... *Vir Geor* ... ✻ Miserari est ... & deplorare, ... alterius infelicitate moveri, ... miseramur ... communem ... *Hist Popm* Illud ... hoc pass ... *Nonn* ... *Sed poste ... has voces conjunctim, & promiscuè ... neque servari ullam differentiam præterquam constructionis agnosco, quem videat* ... *Æn* 1, 601

† Miserulus, a, um dim [a miser] *Poor, helpless, wretched* Anima misellula, *Catull* ap *Non* 11, 6

Missa, æ f *... a sign* ... for the dismission, or sending away of the people, in that either before the communion or after ... hence it came to signify the whole church service, or common prayer, more particularly the communion service, the office of the sacrament, after which the people were dismissed, Eccl

† Missiculo, ... [a ... mitto] ... minutatim mitto ut frequ... vel dum ... missam ... pendulo *To send often and* ... literis missiculabis, *Plaut Epid* 1, 2, 29

Missile, is n [... mitto] *A dart, or other thing to be cast or thrown* Lacedæmonii missilibus pugnabant, *Liv* ... Mi...

ius e in tum m ina flammâ, *Stat Theb* 5, 587

Missilia, um pl dona a principe populo in... sive missa *Gifts which the emperors were wont to throw among the people*, ... Suet Calig 2

Missilis, e adj [a mitto, missum] (1) *That is, to be thrown, cast, hurled, or flung* (2) A t *A jack that is thrown* (1) Missilis lapides, *Liv* 1, ... Res missiles, *Suet Aug* 98 (2) *Plin* 8, 2...

Missio, onis f verb [a mitto] (1) *A sending* ... (2) ... *throwing* ... (3) ... *discharge* ... *a dismission*, *by reason*, *sickness*, or ... *commission*, *leave* ... *of judgment* (4) ... *a prisoner free* (5) *The giving leave* ... *to* ... *gladiators*, *sometimes to* ... *to fight* ... conceded gladiatoribus (1) De literarum missione ... *Cic* ... *Liv* 26, ... (2) ... *Liv* ... *Cels* & ... non ... (4) Si ... in Midia captus, h... muneris pro sua missione dedisse ... *Cic Tusc* 1, 9 ¶ Missio sanguinis, *blooding*, *Cels* ... Iudorum missio, *the end or break up of games*, *Cic Fam* ... (5) Gladiatorium ... sine missione ... *Suet Aug* 45

Missitius, a, um ... Copiae ... missitii ...

Missito, are freq [a mitto] *To send often* Missi ... *Sall* ...

Missurus, a, um part ...

Missus, a, um part [a mitto] (1) *Sent* (2) *Thrown*, *shot*, &c. (3) ... *forth*, *uttered* ... (5) Missum, ... *let alone*, ... *to meddle with* ... (1) Missi ... (2) ... *Hor A P* ... *Cic* ... Missus ... *Liv* ... *Hor* ... (5) ... missum ... *Cic* ... (6) ... Missum ... *Plaut Merc* 1, ... Missam ... *Plaut* ... Missum hanc facio, *Cic* ... ¶ Missio ... *Phaedr* ... 11 Missa ... *lasting*, ... *taken up* ... *ep*, Ic In ecclesiis, palatiisque ... MISSA ...

nunciatur, cum populus ab observatione dimittitur, *Alcim Avit*

Missus, ûs m verb [a mitto, missum] ... *Hebr* ... שלח ... (1) *A sending*, or *dispatch* (2) *A cast*, *or hurl*, or *throw* (3) *A mess*, *a course*, or *service of meat* (4) *A course*, or *turn*, *the playing of beasts by turn*, or *order*, as *at horseraces*, *bearbaitings*, &c (1) Duas legiones missu Caesaris cognoscunt, *Caes B G* 6, 6 ... *Sed non occurrit in hac notione nisi in ablat sing* (2) Pilum haud paullo, quam hasta, vehementius ictu missuque telum, *Liv* 9, 19 (3) Novem libras cum ... tres missus ponebat, *Capitol* (4) Spectaculum multiplicibus missibus in ... circum ... *Suet Ner* 22

Mistarius, i m *A pot wherein wine and water were mixed* ... *Lucil* ... *leg* ...

Mistim adv *Mixtly*, *by mingling* Per venas & viscera mistim, *Lucr* 5, 595

Mistura, æ f (1) *A mixture*, *an intermixture* (2) *A mixture*, *a compound* Rerum mistura, *Lucr* 2, 9... (2) La... mistura ... *Col*

Mistus, a, um part [a misceo] *Mingled*, *mixed*, *tempered*, *blended*, *put together*, *joined together* = Varium, mistum, & turbulentum genus hominum, *Cic Catil* 2, 10 § Mistus candore rubor, *Id N D* 1, 2... ¶ ... mista ... *Stat* § ... Epist 10, 58 ex dissimilibus, *Cic N D* ..., 27

Mistus, ûs m verb *A mixture* ... corporum sanguinis mistu reddunt ... *Col* 6, 27

* Mitha, ... משחא unctio, quod ... oculorum ... *M ex Hippocr*] *That which ... called* ... *a kind of delicious mushroom*, *Plin* 19, ...

Mitella, æ f dim [a mitra] (1) *A little mitre*, *a turbant*, ... *an ornament of the head* (2) *Also a scarf*, *or napkin to wrap one's arm in*, *when it is hurt* (1) ... cum mitel... *Cic pro Rab Post* 10 (2) Brachium mitella ... *Cels* 8, 10

Mitescens, tis par (1) *Waxing mild* (2) *Growing ripe* (1) Mitescente hyeme, *Liv* 2, ... (2) ... mitescentia, *Plin* 15, ...

Mitesco, ere incept [a mitis] (1) *To grow tame*, *gentle*, or *mild* (2) *To be appeased*, *pacified*, or *reconciled* (3) *To grow more moderate* (4) *To be come* ... (5) *To grow mellow and soft*, *to lose their crudity*, *as fruits*, *or flesh*, *by being boiled*, *roasted*, &c (6) *To grow ripe* (1) Nemo adeo ferus est, ut non mitescere possit, *Hor Epist* 1, 1, 39 (2) = Referam ... & mitescere ... *Ov Met* 14, 69... (3) ... Zephyris, *Hor Od* 4, 7, 9 (4) ... mitescunt, *Ovid Ep* ... (5) ... verberibus radiorum, *Lucr* ..., 1102 (6) Uvae ... mitescunt, *Col* 3, ...

Mithras ... *The sun worshipped by that name among the Persians*, Stat Theb 1, 720

* Mithrax, ... mitridax ... in Perside [... μίθρα, Persice sol, q d gemma solaris] *A stone of the rose colour*, *but against the sun changeable*, *Plin* 37, 10

Mithridaticum antidotum [a Mithridate rege inventore] *Mithridate*, *a particular confection used in physic*, *Plin* 25, 2

* Mithridax, *Solin* c 50 *Vid* Mithrax

Mitificatus, a, um *Concocted*, *digested* In omne corpus ... & mitificatu cibus, *Cic de Div* 2, 26

Mitifico, are *To soften*, *Gell* 2, 1...

Mitificor, ari pass *To be tamed*, *or made gentle* ... mitificari ... *Plin* ...

Mitigandus, a, um part *To be boiled*, *or roasted*, *as meat is* Igni ad mitigandum cibum ... *Cic N D* 2 60

Mitigatio, onis f verb *A mitigation*, *or easing*, *an appeasing*, *Cic de Orat* ... Mitigationes, *softning expressions* ... mitigationibus ... *Id Herenn* ...

Mitigativus, a, um adj *Having virtue to asswage*, or *ease pain*, *Plin* 28 6

Mitigatus, a, um part [a seq] (1) *Tamed* (2) *Become mild*, or *calm* (3) *Pacified*, *appeased* (1) ¥ = Quod genus ... ferum mitigatum, domesticum factum est, *Col* 8, 14 (2) Mitigata hyems, *Curt* 5, 104 (3) Mitigatus ... *Cic* ... *Vid* Mitigo

Mitigo, are [a mitis] (1) *To tame* (2) *To civilize* (3) *To make ripe*, or *mellow* (4) *To mitigate*, *asswage*, *allay*, or *ease* (5) *To pacify*, *to reconcile* (6) *To boil*, *or roast meat* (1) Feras inclusas ... mitiga..., *Curt* 6, 5, 8 (2) ¥ = Quibus ... agresti immanique vita exculti ad humanitatem & mitigati sumus, *Cic de Legg* 2, 14 (3) ... *Cic* ... (4) Dolorem mitigat ... vetustate, *Cic Attic* ..., 15 (5) = Reconciliare & mitigare ... *Cic Fam* 1, 9 (6) ... *Cic de N D* 2, 60 ✠ *Metaph* Silvestrem flammis & ferro mitigare agrum, *fitteth it for tillage*, *Hor* Epist 2, 2, 186

Mitigor, ari, atus pass *To be tamed*, *made gentle*, *to be asswaged*, *appeased*, *abated*, &c ... compensatio ... *Cic de Orat* ..., 4

MITIS, e adj or, comp ... [qu μείλιχος, vel μείλιος, ... mitto, lenis & ... (1) *Mellow*, *ripe*, *sweet* (2) *Gentle*, *tame*, *mild*, *quiet* (3) *Calm*, *still* (4) *Soft*, *pliant*, *flexible*, *easy to be moulded* (5) *Goodnatured*, *kind*, *gracious* (1) Mitia poma, *Virg Ecl* 1, 81 ... *Petr* c 1..5 Mite solum, *Hor Od* 1, 18, 2 In ... *Catull* ..., 5... (2) *Taurum* ... mitem ... *Ov Met* 2, 86... (3) = Mitis in morem stagni placidaeque paludis, *Virg Æn* 8, 88 (4) Natura ... fixis, contigit, *Ov Met* 1, 40... ¥ Mite ... rigido ... pectore pone caput *Id Amor* 1, 4, 36 (5) = Si mitis & aequus debuit ... *Ov Met* 8, 5... Mitissimus ... *Curt* 10, 5, 9 ... verba ..., *Tibull* 1, 8, 2

Mitius adv comp ... (1) *More mildly*, *more patiently* (2) *More easily*, *most courteously*, *most gently* (1) Aliorum ... fus, mitius ista feres, *Ov* ... (2) Mitius ... *Ov* ... Caesar ... mitissime ... appell..., *Caes B* ...

Mitra, æ f [... מיתרא ... *Chald*] ... id sit quod ... (1) ... *turbant*, *an attire for the head*, *with labels hanging* ... *used formerly by women* ... *feminate persons* (2) ... *a kind of* ... *called* ... *bishops*, or *abbots* ... (1) ... mitra ... (2) Paris cum semiviro comitatu ... ad quem ... *Mart* 2, 36 (4) ... mitra ... *Redimicula mitrae* ... *strings with which it was* ... *Virg Æn* 9, 616

Mitratus, a, um *Having a bonnet*, or *mitre* ... *Prop* 4, 7, 62

Mitrax *Vid* Mithrax

Mittens, tis part *Sending* ... *ing*, *flinging*, *throwing*, &c ... part ...

MITTO, ere, misi, missum (* misi pro misisti) missum a μεθίημι, idem ... *Chald* משא perveni... (1) *To send* (2) *As for* ... *ambassadors*, or *messengers* (3) *To send an account*, ... (4) *To write* (4) This verb is often used for its compounds, for dimitto, *to dismiss*, *to send away*, ... *cast off*, *to throw off* (5) For demitto, *to let down* (6) ... *throw*, *to hurl*, *or fling*, as javelins, stones, &c (7) ... as cocklebones, dice, &c (8) ... *throw away*, *to cast away* (9) *To put in*, Met *to put* ... *present with*, *to make a present* (11) *To offer*, *to make* ... (12) *To make to pass*, *or go* (13) For transmitto, *to shoot over* (14) For omitto, *to let alone*, ... *to cease*, *to forbear* (15) For remitto, *to forgive*, *to pardon* (16) A word in the Roman circus, *when the racers had a sign to start* (17) For emitto, *to put forth*, *to bring forth*, ... *let out* Met ... (18) For admitto, *to put the male to the female* (19) For ... mitto, *to lift up* ... (20) For immitto, ... *loose*, *to slacken* (1) ... ad Caesarem mittunt, *Caes B* ... Orant ut sibi praesidium mitteret, *Hirt B Afr* 36 ... mittere ... *Cic* ... Ter legatos ... *Cic* ... milites ... *Caes* ... *Ov* legatos ... *Liv* ... munera ... ¶ Libellum ... *Cic* ... Ad ... *Ter* filios, *to send* ... *away*, *Quint* (2) ... *Nep* ... consultum, ... legatos ... *Plaut* ... quin ... ad suorum ... *Cic* ... Non ego te gaudens ...

or mittam, *Catull* 62, 221 *In* [illegible] *& comitiali* In [illegible] mittere, *Cic* pro *Cluent* [illegible] *Ascon* in suffragia, ¶ Mitte hanc de pectore [illegible], *trouble not your self about* [illegible] (5) Mittere [illegible] 5, 7, 23 (6) Mit[illegible] corpora, *Ov Met* 4, Eum volo de tuo ponte mit[illegible] pronum, *Catull* 18, 2. Has[illegible] in ora, *Ov Metam* 6, Partem montis revulsam [illegible], *Il Aut* 1, 882 (7) Cum [illegible] illos, *Sen de mot* [illegible] Ut quisque canem aut [illegible], *Aug* ap *Suet* [illegible] (8) In mare proximum gem[illegible] & lapides, aurum & inutile [illegible], *Hor Od* 3, 24, 50 *Met* [illegible] *Vir Æn* 1, 207 [illegible] curas, *Hor Od* 3, 8, (9) Myrti baccas mittis in [illegible] *Pallad* tit 31 Pyra [illegible] in vasculo, cui fontana [illegible], *Id* 3 tit 25 ¶ In [illegible] mittere, *to record*, or *regis*[illegible] sub jugum, *to bring un*[illegible], *Cæs* animas in a[illegible] pericula, *to put them in ma*[illegible], *Vir* (10) = Non [illegible] mittat amico, Quin [illegible] habet, *Juv* 7, 74 [illegible] mittimus hœdos, *Vir Ecl* 9, 6 (11) Nigras mactent pecu[illegible]des, & manibu' divis inferias mit[illegible] 3, 53 Tumulo solen[illegible], *Vir Æn* 6, 380 (12) [illegible] mittere equum medios [illegible], *Hor Od* 4, 14 *to charge through* (13) Fundum Varro vo[illegible], quem possum mittere fundâ, [illegible] *Quint* (14) ✱ Mitte id [illegible], dic quod rogo, *Ter* [illegible] 5, 5 Mitto de illo & [illegible], *Plaut Pan* 5, 2, 101 [illegible] mitte super vacuos hono[illegible], *Hor Od* 2, 20, 24 (15) Hanc [illegible] mitte, si aliam unquam [illegible], occidito, *Ter Eun* 5, 2, 14 (16) Ex[illegible] ctant veluti consul cum [illegible] vult, *Enn* ap *Cic de D* 1 Mittere mappam, *Suet* [illegible] (17) Radices e capite, quâ [illegible], æquè mittit, *Col* 3, 18 [illegible] cortice mittit, *Plin* [illegible] venâ mittere no[illegible] est, *Cels* 2, 10 *Met* Ti[illegible] mittere, *to shew signs of* [illegible], *Cæs* Vocem pro Repub [illegible], *Cic* (18) Mitte in Ve[illegible] primus, *Vir Geor* [illegible] (19) Clamorem ad sydera [illegible], *Stat* (20) Mittere habe[illegible], *Petr Arb*

[illegible]tor, eris pass *To be sent*, &c

[illegible] m *A kind of shell-*[illegible] *a limpin*, Hor Sat 2, [illegible] Mytilus

‖ Mixtinus, a, um adj *Ming-*[illegible] ✝ Mixtus

[illegible] f *A mingling to-gether* Plaut *Vid* Mistura

[illegible] part [a misceor] [illegible], *mingled* *Vid* Mistus

M ante N

* Mna, æ f *pro* mina, *Meurs* [illegible] *A pound in mo*[illegible] Mina

* [illegible]on ea, orum n *Pre*[illegible] *and commonplaces* [illegible] Ad Herenn 3, 17

* [illegible] f [ex μνήμων, [illegible] *Memory* Auson Epist

[illegible]num, i n μνημα του [illegible], *a token*, or *pledge* [illegible] *friend in remem*[illegible] Mnemosynon mei [illegible] 12, 13

M ante O

Mŏbĭlis, e adj or, comp ssimus, sup (1) *That may be, or is moved, moveable* (2) *Easily moved, wagging* (3) *Rolling, quick* (4) *Tractable, manageable* (5) *Inconstant, fickle, various, not lasting* (6) In a good sense, *having a quick turn of thought, acute, sharp* (1) Naves annis mobili lignum, *Hor Sat* 2, 82 Mobilior aer, *Lucr* 4, 271 (2) Mobilia fela, *Hor Od* 1, 23, 5 (3) = Iucundi & mobiles oculi, *Cic N D* 2, 5 (4) = Vivam iste dominandi, dum faciles animi juvenum, dum mobilis ætas, *Tib Geor* 3, 165 (5) = Mobilis & varia est ferme natura malorum, *Juv* 13, 236 ✱ Homo mobilis, imo constantissimus, *Cic* Mobilissimus ingenio *Tac Hist* 1, 2 = Caduca & mobilia fortunæ munera, *Id* (6) = Architectus erit ingenio mobili, solertique non fuerit viduatus, *Vitruv* 5, ✱ *Mobiles* res, quæ animâ carent, ut vasa, vestes, *&c Moventes* quæ per se moventur, ut servi, pecudes

Mōbĭlĭtas, ātis f (1) *Mobility, moveableness* (2) *Swiftness of motion, quickness, activity* (3) *Unconstancy, fickleness* (1) Mobilitates dentium, *looseness of teeth* Plin 20, 21 (2) Quod longo venit impete sumere debet mobilitatem, *Lucr* 6, 340 (3) = Quid est inconstantiâ, mobilitate, levitate turpius? *Cic Philipp* 7, 3 ¶ Mobilitati navium locus dabatur, *there was sea room*, Cæs B C 2, 6 = Linguæ mobilitas, verborum celeritas, *Cic* de *Orat* 1, 28 Crebra mobilitas, *Ov Epist* 15, 48

Mōbĭlĭter adv ius, comp (1) *Swiftly, with quickness* (2) *Lightly, inconstantly* (1) = Mobiliter summâ levitate feruntur, *Lucr* 4, 749 Ut hæc ad signum quodque reverti mobiliter videatur, *Id* 5, 635 (2) Ad bellum mobiliter celeriterque excitari, *with much levity and suddenness*, Cæs B G 3, 10

Mōbĭlĭto, āre *To make moveable, to give motion* Lætitia me mobilitat, *Cæc* ap Non 4, 100

Mobilitor pass [*fed* ut à nobilis nobilitor] Inde æter, inde omnia mobilitantur, *Lucr* 5, 249

✝ Mocosus, a, um adj [à μῶκος, sanna] *Salm* ex *Cic generi illo mocoso*, ubi vulgò leg *moroso*, it ex *Quint actionem mocosam*, ubi vulg *motiosam*, *al* jocosam, *full of mockery*, or *ridicule*

Mŏdĕrābĭlis, e adj *Moderate, measurable, governable* Nox, & amor, vinumque nihil moderabile suadent, *Ov Amor* 1, 6, 59

Mŏdĕrāmen, inis n *Management, conduct, guidance* Moderamen equorum, *Ov Met* 2, 48 Moderamina, *sc* navis, *the helm*, Ov Met 3, 644 Prona via est, & eget moderamine certo, *a steady rein*, Ibid 2, 67

✝ Moderamentum, i n *An accent* Quas Græci προσῳδίας dicunt, eas veteres docti tum notas vocum, tum moderamenta, tum accentiunculas, tum voculationes appellabant, *Gell* 13, 6

Mŏdĕrandus, a, um part *To be moderated, managed*, &c Actio vocis conformatione moderanda est, *Cic de Orat* 1, 5

Mŏdĕrans, tis part [a moderor] (1) *Ruling, governing, bounding* (2) *Moderating, bringing within reasonable compass* (1) Officii consilio moderantes, *Cic* ✤ Moderans fræna theatri, *Juv* 10, 128 (2) Moderans hoi [illegible] *Plin Jun*

Mŏdĕranter adv ius, comp (1) *With government, like a* [illegible] *charioteer* (2) *Moderately*, [illegible] (1) Habet moderanter [illegible] habenas, *Lucr* 2, 1095 (2) In[illegible] moderantius, [illegible] *Met* 1, 5, 10 [illegible] *membranis tam bene, quam aliis Ov locis, habent* [illegible]

Mŏdĕrāte adv ius, comp ssimè, sup (1) *Evenly, moderately*, [illegible] (2) *Fair and softly, leisurely, by degrees* (1) = Omnia humanâ placite & moderatè ferre, *Cic Fam* 6, 1 (2) Sensim & moderatè ad[illegible], *Cic Tusc* 3, 68 [illegible] moderatius [illegible] Res [illegible] constitutæ, *Id* *de Legg* 3, 5 Sanctè aut moderatè dictum, *delivered without perjury, or eagerness*, Id

Moderatim adv *Leisurely*, Lucr 1, 324

Mŏdĕrātio, onis f verb (1) *Government, management* (2) *Moderation* [illegible] (3) *A proportion, a* [illegible] *degree* (1) Omnium [illegible] moderatio [illegible] *Cic* Moderatio cupiditatum [illegible] (2) = Novi moderationem animi tui, & æquitatem, *Cic* de [illegible] *princ* ✱ Moderatio in privatis rebus, splendor in publicis, *Id* (3) ¶ Moderatio virium, *a moderate degree of strength*, Id

Mŏdĕrātor, ōris m verb *A governour, a guide, a ruler, a master* Moderator operis, *Cic N D* 2, 35 juventa, *Mart* 2, 90 Moderator arundinis, *a fisherman*, Ov Met 8, 856 = Moderator quidem aut gubernator, *Cic Fam* 2, 6. ✤ Curvi moderator aratri, *Lucr* 5, 931

Mŏdĕrātrix, icis f *A governess* Materiæ universæ fictrix & moderatrix divina providentia, *Cic N D* 3, 39 Temperantia moderatrix omnium commotionum, *Id Tusc* 5, 14 ‖ Cynthia noctis, *the mistress of the night*, *Stat* ✤ Moderatrix judicis hasta, *Id Sylv* 4, 4, 43

Mŏdĕrātus, a, um part (1) *Act That governeth* (2) Pass *Governed, regulated, moderated* (1) Rei frumentariæ inopiam moderatus, *Paterc* 2, 94 (2) Virtutes omnes mediocritate quadam sunt moderatæ, *Cic* pro *Mur* 30

Mŏdĕrātus, a, um adj ex part or, comp ssimus, sup (1) *Moderate, well governed, well ordered, discreet, within compass, sober, temperate* (2) *Mild, moderate, not too severe* (1) = Moderatus & temperans in omni vitæ partibus, *Cic* Convivium moderatum atque honestum, *Id* pro *Mur* 6 (2) Moderatiora, *Ov Trist* 5, 2, 55 Moderatiorem ti, *Ibid* 4, 4, 57 Nec solet irasci, neque enim moderatior alter, *Ibid* 1, 8, 25 Moderatissimus sensus, *Planc* ap *Cic Fam* 10, 24 ¶ Nihil pensi, neque moderati habere, *to make no difference, or keep no bounds in things*, Sall B C 12

‖ Modernus, a, um adj [eu ab hodiernus, vel potius ab adv modò, modernus, ut à die, diurnus] *Modern, of this time* ✝ Recens

✝ Modero, āre act [à modus] *To moderate, govern, set bounds, keep within compass* Dis temoderarier animo, si sis cupidus, *Plaut Mil* 5, 16 [*sed varia lg*] Ego voci moderabo me, *Ibid* 2, 2, 115

Mŏdĕror, ari dep (1) *To moderate, limit, bound, refrain* (2) *To govern, rule, manage, guide, order* (1) ¶ Si hoc moderari possemus, [illegible] *Cic Cæl ad Cic Ep* [illegible] 8, 5 Linguæ moderari, *Plaut* [illegible], *to slacken his speech in speaking*, [illegible] (2) = [illegible] horrore [illegible] & moderere prudenti, [illegible] 2 Animo & orationi moderantur, cum sis iratus, non mediocris ingenii est, *Id Q fr* 1, 1, 13 Ex suâ libidine moderantur, *Ter Heaut* 2, 1, 1 ¶ Moderari equum frænis, *to manage an horse*, Lucr 5, 1297 cursum, *to steer his course*, Liv [illegible] indius Orpheo flectum moderare, *to tune it more sweetly*, Hor Od 1, 24, 14

Modestè adv ius, comp ssimè, sup (1) *Soberly, temperately, within a mean* (2) *With* [illegible], *without oppression* (3) *Modestly, shamefacedly* (4) *Orderly*, [illegible] (5) [illegible] bus [illegible] ampli[illegible], *Plaut Stich* 5, 5, 10 Quid [illegible] posse [illegible] hoc [illegible] Modestè [illegible], *Curt* 1, 19 (2) [illegible] (3) [illegible] *Plin Ep* 1, 19 [illegible] & [illegible] (4) [illegible] (5) [illegible] *Hirt B* [illegible] *Cic de L* [illegible] mitens modestè [illegible] *Ov* [illegible]

Mŏdestia, æ f (1) *Temperance, moderation, sobriety*, [illegible] (2) *Orderly behaviour* [illegible] *tion of decorum* [illegible] *place of actions* (3) [illegible] *bashfulness* [illegible] (1) Modestia est in animo continens moderatio cupiditatum, *Ad Herenn* [illegible] (2) Modestia scientia est opportunitatis idoneorum ad aliquid agendum temporum *Cic Offic* 1, 40 Deum benignitate, & modestiâ hiemis rebus extremis subventum, *Tac Ann* 12, 43 (3) Virginalis modestia, *Cic* [illegible] compositione, [illegible] tus modestia, *Quint* [illegible] modestia lecti, *Stat*

Mŏdestus, a, um adj or, comp ssimus, sup [à modus, ut ab honor, honestus, qui servat modum] (1) *Moderate, sober, that keeps within due bounds* (2) *Not large, moderate* (3) *Modest, bashful* (4) *Civil, courteous, good humoured* (5) *Chaste, reserved* (1) = Modestus & prudens homo, *Cic Brut* 1, 11 (2) C [illegible] modestia [illegible], *Tac Ann* [illegible] (3) Modestissimus [illegible], *Cic pro Mur* 26 (4) hoc [illegible] est, ut semper in [illegible] sint, *Plaut Trin* 4, 1, 12 (5) Plerumque modestis occurrit [illegible], *Hor Ep* 1, 17 [illegible]

Modiālis, e adj *Which containeth a bushel* Calices modiales, *large cups* [illegible] *bushel*, *Plaut Curc* 4, [illegible]

‖ Modiatio, onis f *A measuring by the bushel* Dig

Mŏdĭcè adv (1) *Moderately, indifferently, tolerably* (2) *But little, not much* (3) *Within the proportion, patiently* (4) *Modestly* (5) *Plainly and meanly* (1) Animo [illegible] contemptu, [illegible] Tu fune [illegible] ut, ne [illegible] tentur, *Id* ✤ Modice hoc [illegible] um, aut certè intra modum [illegible] *shall not immoderately*, or perhaps *l ssummumerited*, Cic I in pr (-) Modicum tangit, Cic Att c ( ) Saepe p tot inc ... recce occ nutui, c dc Fr 1, 14 ( ) A little modico ... Cic pro ... ur. 20 ... Mc ... *what useful* Cic ... *be at eight*, Pin ... *little* ... o Modicelli cultura ...

... odicum, in fuse ex ... *A little* Modico contentus, Fu...

Modicum adv *But a little* ... Plin

Modicus, a, um adj [a modus] (1) *Moderate*, *in quantity*, *or quality*, *not very big*, *moderate*, *ordinary*, *not great* (2) ... (4) In pl ... (1) Igni modico, Plin Sneel ... pecori op ... Col 6, 2 ... (3) ... Cic Att 4 5 (5) Animi modici, Plaut Modicus cultu, mentis, Plaut ... (4) In ... dominationi ... ceirunt, Plaut 9 Pecunia modicus, *of a competent estate*, ...

Modific tio, onis f ... *a meeting into measure* ... ex & modificatio, ...

Modificatus, a, um part pass *Put into measure*, ... Vo ... & ... Cic Part Orat 5

|| Modifico, are ... *To measure*, ... (2) *To* ... (1) Mem ... com ... ( ) ... modifica ...

Modi ... [q mo- ...] ... Cic L L 4 ... Pers 5, 19 voce On- ... *good order and* ... *the* ... Vid Lipf ... & Non c 2

Modi ... [a modus] (1) ... *the fourth* ... (2) *To* ... (1) Intern Plaut (2) ... *A set of wine*, ... Col ... & ... *a little a...* ... Hor ... *the bottom of the wheel*, ... *pin in the round* ... Pln 9, 3 ... Modioli ... *was rem* ... Plin 9, 3

† Modi ... *Non id* ... Plin ... 11, ...

Modius, ii m [... mensu- ... rari] *A bushel* contin ... 26,

unciis ... *Sextarius* ... 20, *Le* ... *acetal* ... & ... modium ... *heaped* ... dich ... & ... unum (1) ... which we call *a bushel*, but it is indeed, as some reckon, but our peck and half, holding 16 sextaries, not only of dry things, but liquids, Cic ... Hor ... Col ... of liquids also (2) Ab... (1) Ann... modium ... Cic Offic ... Modium Pan... ... tos nos sextarios nostro ... octonas ... *But the eight quarts English*, Coop It ... 56 of our ... which differeth much from the account given by him before of dry things, ... modius contained 16 sextaries, and ... the hin, ... our peck and half But an ... being 56 ... maketh 64 ... which ... However ... liquid, being the third part of an amphora, may well be rendered *a tierce* Prov Pleno modio verbo ... honorem, *they give me honours* ... *a bushel*, Cic Mul... ... munus ... Id ... Inuc ... 19 Modius agri, *the same with* quadratus actus, *a square piece of ground*, *six score feet in length*, *and as many in breadth* Also *the bottom of a mast in a ship*, *i e the hole*, or *put wherein it is put*, *because it hath the form of a bushel*, Isid Also *the title of one of Varro's* ...

Modo adv *i e* cum modo (1) *Just now*, *even now* (2) *A while ago*, *a little while since*, *but of late* (3) Geminata *One while*, *another while*, *sometimes*, *sometimes* (4) *In case that*, *provided that* (5) *Only*, *but* (6) Modo non, *almost* (7) *At least* (8) Non modo, *for* non modo non (9) *Sometimes* (1) ⁜ Quid dico modo? imo vero nuper ... paulo ante vidimus, Cic Verr ... (2) Modo quae fuerat rudis tellus, Ov Met 1, 87 ... Modo quid ... men ... capite ... nunc po... ... corpora ... Ovid 1, ... (3) ⁜ Caelo modo sol, modo luna ministrat, Prop ... Dicere modo unum, tum altera plures ... Cic Potentioris ... *vicem alias modo* ... Plus hominum ... modo recta ... interdum ... Hor Sat 2, ... 8 Modo ... modo clementer, ... Herenn (5) Sunt ... modo ... Mantua ... Ecl 9, 2 Modo vita superstit, ... Georg ... *In hac notione* ... Id An ... 109 & 5, 25 (5) ... to castra ... Hor Ecl 4, ... ⁜ Non modo ... Id Georg 2, 284 *not only that*, *but* (6) Modo non ... Ter ... 2, 19 (7) ... ⁜ Saepe ... quod modo po... Ter ... modo ... Hor Sat ... (8) Ut vobis non modo dignitatis retinendae, sed ne libertatis quidem recupe-

... *tunes*, Cic (9) ... *so little*, Cic

Modulamen, inis n *A tune* Alit volucres modulamina ... Aus Phaon 5

Modulamentum ... n *A measure*, as in oratorical compositions, Gell 1, 7

Modulandus, a, um part ( ) *To be measured*, or *proportioned* (2) *To be tuned*, or *played to tunes* (1) In ... modulandaque ... longe ... Herculis ... Gell 1, 1 ( ) Verba modulanda ... Hor Ep 2, 2, 1...

Modulans part *Tuning* Carmina ... & modulans ... Virg Ecl 5, 14

Modulate adv ... comp *Tuneably* Quam modulate & dulciter hic enuntiasti, Cic N D 2 8 Collocata verba accuratius modulate ... Gell 11, 1...

Modulatio, onis f verb [a modulor] *Tuning*, *composing in measure*, *or fitting of notes* Vocis modulatione ... & tibiis ... Quint 1, ...

Modulator, oris m verb *A tuner*, *a composer*, *a songster* = ... optimus modulator ... Hermogenes, Hor Sat 1, 3, 129

Modulatrix f *She that singeth*, *or tuneth*, *a songstress*, Lexicogr ... Stat

Modulatus, a, um part pass (1) *Set*, *composed*, *tuned* (2) Act *Having tuned* or (1) Obstrepit modulatis buccina nervis, Ov ... Modulata carmina, *symmetrical*, *well proportioned*, *harmoniously composed*, *well tuned*, *or disposed*, *agreeable to parts*, *tuneful*, Suet Aug 57 (2) Gr... ... modulatus ... carmen, ...

It adv or, comp ... ssimus, sup = Homo ... modulatus & musicus, Apul Modulatiores ... Gell 1, 11 Modulatissimus ... num aut ... cantus, Flor 2, 7, 15

Modulatus, ûs m *A tuning*, or *playing in measure* Canorus modulatus, ... Herc F ... 6

Modulor, ari dep [a modulus] (1) *To measure sounds*, *to compose*, *or set a tune*, as musicians do (2) *To sing*, *to warble*, *to trill* (3) *To play a tune upon any instrument* (1) Natura ... modulatur hominum orationem, Cic Orat 18 Feminea modulatur carmina voce, Ov Met 14 ... (2) ... cerata modulari ... Ov Met 11, ... Carmina pastoris Siculi modulabor avena, Id

Modulus, i m dim [a modus] ( ) *A size*, *quantity*, *or measure of a small thing* (2) *A measure wherewith a thing is measured* (3) *A measure of proportion for the making and proportion of works in building*, *a model* (4) *A measure*, *or allowance of water*, *drawn from the canal of a public aqueduct to a private person* (5) *Musical notes* (1) Is ... Hor Sat 2, ... 9 (2) ... modulo ... pede, Hor Ep 1, 7, 98 (3) ... 2 (4) Quinarii ... (5) Lydios modulos ... Pln 7, 56

MODUS, i m (8) [a מדד ...] ... (1) *A measure*, *proportion*, *either more*, *or less* (2) *A limit*, *limits*, *bounds* (3) *A rule*, *order*, *method*, *way*, or

manner (4) *The quantity*, *bigness*, or *number of* ... (5) *A manner*, *guise*, ... *of doing* ... *condition* ... *measure in singing*, ... *pitch in speaking* (9) ... *speaking by way of* ... (1) ... mo... ... Sat 1, 1, 10... ... *the government of* ... 1, 1, 9 (3) Pomorum genus modus nascitur ... Maximus ... dus 11 3, 210 (5) ... modo ... Hor Od ... 8 ... more nostro & ... mus, Plaut Amph 1, ... est modus omnis, ... *extremely*, *perfectly* ... *with moderation* (6) Praefectus modo, ... Privatus fugisse modum, ... Ruf 11, 516 (7) Longa ... dant per colla modos, ... 700 = Numeris modisque ... major, Hor A P ... & modos ... noscere non potest Cic (9) ... Gramm

Moecha, ae f (1) *A whore*, or *harlot*, *a strumpet* ( ) ... *an lecherous woman*, ... (1) Ne Paris abducta ... degeret, Catull 66, 10... ... moechas ... venere ... Hor Sat ... 4, 11

|| Moechatio f *Adultery*, Aug † Adulterium

Moechator, oris m ... *an adulterer*, *a lecher* ... Litt ex Plaut ... *id non*

|| Moechia, ae f ... *whoring*, *debauchery* ... Tert

† Moechile, is n ... Duo moechilia, ... Redierat ... Petr c 11,

|| Moechimonium ... Laber ap Gell 16, 7

Moechisso, ... *to play the adultery* ... quod est ... *commit adultery* ... Cilnam perdidit ...

Moechor, ari [a moecha] *To commit adultery*, ... ⁜ Sallustius ... nus ... Hor Sat 1, 2, 49 ... *who employ* ... Catull 91

MOLCHUS, i m (1) *An adulterer*, ... *or virgins* (2) ... (1) ⁜ ... virum ... esse, quae cum ... est? Plaut (2) Moechos ... Hor Od 1, ... † Mocne ... ... Moene ... ... munia ... munire, ... *works of a town*, ... &c (2) ... Meton Cittis, ... Dividimus muros, & ... mus urbis, Vir ...

Mœstus fio

To be made sad.

† Mæstus fio

Mœroris, m [a mœreo, ut ...] (1) *The express[ion of] lamentation, weep[ing], this sorrow, heavi[ness]* (1) Mœror est ægritudo ... *Cic* (2) Mœrores ... *Cic de Fin* 1, ... nobis mœrorem ... *Luer* 3, 921 ... dolorem non pe... 12, 29

† Mœsti ... *pro* mutus ... pro rata parte ... *Aen* 10, 24 ... non *pro* mu... ... *Plaut* ... post muros ... *Sadly, sorrowful* ... ‡ Mœste, hilariter, ... omnes partes commuta... *Heren* 3, 14

... cus, a, um *That mak[eth] ...* Non 2, 5 1 ... *Mournful* ... stus, *Plaut Rud* 1, ...

... *Sadness, heavi[ness], mournfulness* ... œst ... pellit ex ani... *Fin* 1, 13

... *Sorrow* ... ægritudo obtigit, ... 6, 2

... [a mœreo, ... stus] (1) ... *sad, ...* ... *ed woful pen* ... *Causing, or ex*...

pressing grief (1) Ge... mœstæ, ... *Met* ... Mœsti u... ... in mœstum ... tempus ... 1, 80 (2) = ... Christi ... mœstior ... *Ov* ... Mœstum ... lector, ... 2

MOLA, æ f ... molendo, ... (1) ... (2) ... (3) ... *a piece of* ... *cake, or* ... (4) ... *upon the* ... (5) ... or ... *or a mole* ... (1) ... Cic ... *Plin* 6 ... *hand-mill*, ... Pal[lad] (2) Digna molam versare ne... *Juv* 8 67 Mola ... (3) Innumeras ... *Plin* ... 15 (4) Simul ac molam & vinum inspersus, *Cic de Div* 2, 16 Spargi molâ ... *Hor Sat* ... (5) ... (6) ...

Molāris, e adj [a mola] (1) *Pertaining to a mill* (2) *A stone as big as a millstone, a very great stone* (3) *A cheek tooth* (1) Lapis molaris, *that sort of stone whereof millstones are made*, Plin 36, 23 (2) ... portari in claustra molares, *Stat Theb* 5, 571 (3) In ... molares difficili crescente cibo, *Juv* 1, ... a mola, notione quint

Molārius, a, um adj *Belonging to a mill* Asinus molarius, *Cato R R* 11

|| Molendinārius, a, um *Pertaining to a mill* Mola molendinaria, *a grist mill*, Pallad Asinus molendinarius, *a mill ass*, Dig

MOLES, is f (6) [a mola, ... lapis molari, qui nunquam pusillus est, *Val*] (1) *A mass, heap, bulk, any thing huge and vast, a great pile, or fabrick* (2) *A mole, or pier, any work made in the sea* (3) *The heaviness of a great body, Met* ... *a vast quantity, or weight, forces, or power of men* (4) *A defence, or bulwark against* (5) *Met ... Earnest endeavour, difficulty, pains* (6) *Grandeur, cumber* (1) Prima fuit rerum confusa sine ordine moles, *Ov A Am* 2, 467 Moles gigantum, *Cic* India perhibetur molibus ferarum mirabilis, *Col* 3, 8 = Qui l undas ... & ... molem, camposque natantes *Lucr* 6, 404 (2) Contracta pisces ... unt, jactis in altum molibus, se per molem in mare præcipitaverunt, *Hirt B Alex* 18 Adjicet undis ficta manu moles, *Ov Met* 11, 729 (3) Herculem quamvis tarda se mole ferentem, vix cursu tenet æquat Hylas, *Stat* Volat molis adducto concita nervo, cum pet... muros, *Ov Met* 8, 57 Artibi... nus tota mole regni ... *Tac Ann* 6, 36 (4) Tandem ... puam molem contra rempub comparant, *Cic* ... *Rull* 2, ... (5) Aspice quanta mi... mole parentur insidiæ, *Ov Met* 15, 765 Minor moles ... transitu, *Ire* ... Non sine magna mole ... *Cic* (6) Omissis ... & fortunæ suæ mole, *Tac Ann* 15, 5

|| Molestia ... f *A troubling, or molesting*, Dig

Moleste adv ... comp ... sup *Grievously, discontentedly, painfull[y]* = ... & non ... molestè ... quo ... ... *Cic Att* ... *Tusc* ... ... Moleste fer... ... *to be troubled* ... *Cic* ... ... Molestia, æ f (1) *Trouble, o... trouble ...* ... (2) ... quæ ... Hæ ... molestiam *Cic Att* 8, ... molestiæ ... ... *Cic* ... *Tusc* ... 4 Quæ ... ... || Molestiō ... *To trouble or disquiet* ... *Aut* ... aut meliorem ... *Petron* ... *as* ... *p* ... ... Molestiam exhibere

Molestus, a, um adj or, comp ... fimus, sup [a moles ... quod ...] (1) *Troublesome, uneasy, offensive, unenviable, interrupting* (2) ... (1) = Odiosum & molestum est ... *Cic* ... *Sen* 11 ... multitudine literarum ... *Id Fam* 5, ... Omnis arrogantia odiosa est, tum ... molestissima *Id* ... *Verr* 11 (2) ... & molesta ... *Cic pro Mur* 8 ¶ Tunica molesta, *a coat ... with pitch and ... combustible matter, to be put on the ... who ... to be executed, for their greater torture, by setting it on fire*, Juv 8, 235

† Molētrina, æ [a molo ...] *The place where they ground their corn*, Cato ap Non 1, 520 = Pistrinum, *Non*

Molīendus, a, um part *To be raised, or erected* ... sunt ... *Cic de Or* ... 2, 51

Moliens, part (1) *Striving to pull down, or pull out* (2) *Designing, contriving, going about* (1) Molientes obice petrarum, *Lu*... (2) Videtur ... sit ... & semper aliquid ... gens & moliens *Cic de Sen* 8 ¶ Moliens hinc Hannibal, *preparing to leave this place*, *L*...

Mōlīle, is n [vel mola, ut ... a molo, ...] *An instrument put on the neck and shoulders of a man, horse, or ass, to draw the mill about*, Cato R R 11

Molīmen, inis n [a molior] (1) *The greatness of an attempt, or undertaking* (2) *A struggling, or tugging* (3) *Bearing one's self with great pomp, or state* (1) Ipso sceleris molimine Tereus creditur esse pius, *Ov Met* 6, 474 ... tanto molimine ... *Ib* 694 (2) Dum ... magno molimine tentat, *Ov Met* 12, 357 (3) Aspice quanto molimine circumspectemus ædem, *Hor Epist* 2, 2, 92

Molīmentum, i n *Id quod molimen* Sine magno molimento non posse, *Cæs B G* 1, 34 ... *abundance of difficulty* ... molimentis ... *Liv* 5, 52

Molior, īris, ītus sum dep [a moles] (1) *To move, or stir* (2) *To toil, moil, or take pains and labour* ...

... *cast, make ...* ... *to prepare, some ...* (5) *To ...* ... *or ...* ... *to ...* ... () ... *to ...* ...

... Molis ... ¶ ... (4) ... *Ov* ... *Virg* ... Philippi ... Molior ... Molior ... 1 ... Molitor, oris m ... (1) *A plotter, kin... turner* (2) *An author, ...* ... (1) Molitor ... novarum ... *Sen* ... (2) ... molitor ... *Cic* ... = Effector mundi, molitor Deus, *Cic de Univ* 5

Molītus, ... (1) ... *Plin* 18, 9

Molitus, a, um part ... *Ground* ... *Col* ... *G* 1, 5

Molītus, a, um part [a molior] (1) *Having ...* ... *performed* ... (1) ... *Ov* ... 5 ... *Tac An* ... Molesco, ... [a mo... molo] (1) *To grow ... mild, or gentle* ... (1) ... *Plin* ... 67

|| Mollimentum, i n [a mollio] *A help* ...

Mollicellus, ... [a molliculus] ...

Nates molliculæ, *Catull* 23, 10

Molliculus, a, um adj dim (1) *Soft, delicate, tender* (2) *Wanton, effeminate* (1) Velo molliculis escis, *Plaut Cas* 2, 8, 58 Molliculi est, *Ibid* (2) Versus molliculi, *Catull* 17, 4

Molliendus, a, um part *To be softned, to be made less harsh* Diu molliendi nobis verba sunt, *Cic N D* 1, 34

Mollimentum, i n *A softening, or mitigation* Natura calamitatum mollimentum, *Sen de Tranq vit* 10

Mollio, ire, ivi, itum act (1) *To soften, to make soft, tender, or supple* (2) *To be cultivated* (3) *To render weak and effeminate* (4) *To calm, to appease, to pacify* (5) *To move to compassion* (6) *To ease, mitigate, or abate* (1) Ferrum mollit ignis, *Hor Sat* 1, 4, 20 Est mihi, quæ lanas molliat, apta manus, *Ov Epist* 3, 70 (2) Ingenium placidè mollitur ab arte, *Ov A Am* 2, 545 Mollire [illegible], *Acc ap Non* = Mollitque animos, & temperat iras, *Vir Æn* 1, 57 (3) Mollierant animos lectus & umbra meos, *Ov Amor* 1, 9, 42 = Hoc nuncio Martia legio languescet & mollietur, *Cic Philipp* 12, 3 (4) Quæ montes mollivert mare, *Acc ap Nonn* Molliunt modo iras, *Liv* 1, 9 (5) Quid posset impia mollire Thracum pectora, *Hor Epod* 5, 14 (6) Mollire dolorem, *Cic* pœnam, *Ov Trist* 3, 5, 54

Mollior, iri pass *To be softned, cultivated, weakned, appeased,* &c *Cic* Vid Mollio

Mollipes, edis, *Having flexible feet* Mollipedes boves, *Cic de Div* 1, 9

MOLLIS, e adj or, comp issimus, sup [illegible] mollus, *unde* mollis [illegible] (1) *Soft* (2) *Pliant, flexible* (3) *Calm, gentle, temperate, mild, exorable* (4) [illegible], *plain* (5) *Sweet, pleasant, delightful* (6) *Weak, tender* (7) *Effeminate, womanish, wanton, amorous* (8) *Soft, natural, done to the life* (9) [illegible], *mellow, ripe* (10) [illegible], *restive* (1) Mollis [illegible] *Æn* 10, 192 ‡ Mollibus [illegible] pugnabant, *Ov Met* [illegible] (2) Mollissimam ceram ad [illegible] formamus & fingimus, *Cic de Orat* 3, 45 Mollis [illegible] ad accipiendam & deponendam [illegible] opinionem, *Id* = Mollis, [illegible], & [illegible] flexibilis oratio, ut [illegible] quocunque torqueas, *Id Or.* [illegible] Est mollis flamma medullas, *Vir Æn* 4, 66 Hyems mollis, *Stat* [illegible] = Oratio mollis & liberalis, [illegible] Flecti molli vincuntur pectora [illegible], *Tibull* 3, 4, 76 ¶ Molliores [illegible], *modest ears,* Plin [illegible] *Prov* Auriculâ infimâ mollior, *as gentle as can be,* [illegible] Molli brachio [illegible], *gently,* Id Attic 2, 6 [illegible] *Ov* Mollior ascensus [illegible] Utrum putes legem molliorem [illegible] *Cic in Vatin* Mollior [illegible] *Id Epist* [illegible], 44 = Cœlum [illegible] mitique solito videbatur, [illegible], 12 (5) Mollis somnus, [illegible], quies, *Id* 4, 988 umbra [illegible] *Geor* 3, 464 senectus [illegible] Mollis res de equo, Hor Molles oculi, *tender eyes,* Ov [illegible] 240 (7) = Solutus & mollis in gestu, *Cic de Cl. Orat* [illegible] Molles & effeminati, *Suet* [illegible] Molles versus, *wanton,* [illegible] Molle pectus, *amorous,* Id (8) Molle atque facetum Virgilio annuerunt gaudentes rure Camœnæ, *Hor Sat* 1, 10, 45 *Vid* Molliter (9) Molle merum, *Hor* Molli flavescet campus aristâ, *Vir Ecl* 4, 28 (10) Est mollioris generis bos, qui decumbit in sulco, *Col R R* 6, 2

Molliter adv ius, comp issimè, sup (1) *Softly* (2) *Gently, moderately, but a little* (3) *Gingerly, without noise* (4) *Easily, without pain* (5) *Calmly, evenly, patiently, lightly* (6) *Rarely, delicately, nicely* (7) *Easily, to the life, naturally* (1) Tethys miserata cadentem molliter excepit, *Ov Met* 11, 785 ¶ Molliter ossa cubent, *Id Epist* 7, 162 quiescant, *Vir Ecl* 10, 33 Formula benè precandi mortuis, ut nos, *GOD rest his soul* (2) Ager mollissimè devexus, *Col* 1, 2 (3) Molliter impresso adire toro, *Propert* 1, 3, 12 (4) Solvere partus molliter, *Ov* (5) Quod ferendum est molliter sapienti, *Cic de Sen* 2 (6) = Delicatè & molliter vivere, *Cic* Curasti te molliter, *Ter Andr* 5, 1, 1 (7) Excudent alii spirantia mollius æra, *Vir Æn* 6, 847

Mollitia, æ & es, i f (1) *Softness* (2) *Gentleness, mildness* (3) *Calmness* (4) *Weakness, unsteadiness, or want of resolution in the mind, an aptness to be overcome by temptation* (5) *Niceness, wantonness, effeminacy* (1) Auriculæ & nares eminent flexili mollitiâ, *Plin* (2) = Lenitas & mollitia animi, *Cic Part Orat* 22 (3) Per mollitiem maris anguis proximum Æsculapii fanum petiit, *Plin* (4) Animi inertiâ & mollitiâ alius alium expectantes cunctamini, *Sall B Catil* 56 (5) Ejicienda est hæc mollities animi, nimis me indulgeo, *Ter Eun* 2, 1, 16 Leg etiam in pl Sardanapalus, mollitiis fluens, *Paterc* 1, 6

Mollities, ei f *Vid* Mollitia

Mollitūdo, inis f *id quod* mollitia *Softness* Assimilis spongiæ mollitudo, *Cic N D* 2, 55 Vocis mollitudo, *the tuneableness of the voice,* Ad Herenn 3, 11

Mollitus, a, um part *Softned, charmed, made gentle, effeminated* Saxa mollita cœpere ducere formam, *Ov Met* 1, 402 Cuncta tela forent cantu mollita, *Ibid* 11, 15

Mollluscŭlus, a, um dim *Pretty easy, soft, gentle,* Plin Epist 1, 16, 5 *sed variant lectiones*

Mollūgo, inis f Lappaginis ea species quæ mollis, sicut quæ asperioribus foliis est, asperugo dic *A kind of herb,* Plin 20, 10

Mollusca, æ f *scil* nux *A nut with a soft shell, a filberd,* or rather *a kind of walnut,* Plin 15, 22

Molluscum, i n [*a* mollitie] *The bunch of the tree* acer, *Plin* 16, 16

Mŏlo, ĕre, ui, itum act (1) *To grind* (2) Item in sensu obsc (1) Ego pro te molam, *Ter. Andr* 1, 2, 29 (2) *Varr* ap *Non*

* Mŏlŏche, es f quæ & *malache,* utrumque Græcum, nam & μολόχη & μαλάχη, malva dic. *The great mallow,* or *hollihock,* Col 10, 247 § Moloche agria, *the same as* hibiscum, *Plin*

Mŏlŏchinārius, ii m *A dyer of a kind of purple,* Plaut Aul 3, 5, 40

* Mŏlŏchinus, a, um *Of a colour like the flower of mallows, a whitish purple,* Cæcil *ap* Non

* Mŏlŏchites, æ m [*a* colore malvæ dict à μολόχη, malva] *A kind of precious stone of a thick greenish colour, like mallows,* Plin 3, 8

Molor, eris pass *To be ground* Molitur farina, *Plin* 16, 5

† Mŏlorchus, *al* molorthus (à μολυβδος, plumbum, & ορθος, rectus, ut quidam legunt & intelligunt ap *Stat* Sed cum neque conveniat de lectione, neq; intellectu, incerta notatio sit, necesse est) Some take it for *an instrument to sound the depth of the sea,* Stat Sylv 3, 2, 30

Mŏlossus (ut pes molossus à gente Molossâ, hujusmodi enim carmine Pyrrhi regis sui laudes canebant) *A foot consisting of three long syllables,* Gramm

* Mōly, yos n *An excellent herb, but unknown,* some take it for *allheal,* or *woundwort,* some for *rue* *Mercury* shewed its virtue against poison and charms, see *Homer's Odyss* 10, 302 Herbarum laudatissima moly, *Plin* 25, 4

* Mŏlybdæna, æ f (1) *A vein of silver and lead* (2) *A matter like it, sticking to the furnaces where gold and silver are melted* (3) Also *the name of an herb, in Latin* plumbago, from curing a disease in the eyes. (1) = Molybdæna quam alibi galenam vocavimus plumbi & argenti vena communis, *Plin* 34, ult (2) *Id ibid.* (3) = Crescit molybdæna id est plumbago in arvo, &c Id. 25, 13

* Molybditis *The spume of lead* Fit molybditis ex plumbi ipsius fusura, *Plin* 33, 6

† Momar *A Sicilian name for a fool, a mome,* Fest.

Mōmen, inis n [à moveo] *A motion, or impulse* = Pars animæ ad numen mentis momenque movetur, *Lucr* 3, 145

|| Mōmentarius, a, um *Apul Met* 5 & momentaneus, a, um *Tert* *Momentaneous, very short* ‡ Perbrevis

Mōmentōsus, a, um *Of weight,* or *moment,* Quint Decl 13

Mōmentum, i n [*qu* motamentum, à motum, quod *a* moveo] (1) *That which causeth motion,* as a touch, push, weight, &c (2) *The tongue of a balance* (3) *A small bit,* or *quantity of a thing,* as it were to turn the scale (4) *A small point from which a thing moveth* (5) Met *Force, value, power, advantage, moment* (6) *A moment,* or *minute* (7) *A change, turn,* or *alteration* (1) Arbores momento levi impulsæ occiderunt, *Liv* Ea est natura quatuor omnia gignentium corporum, ut quasi partita habeant inter se & divisa momenta, *Cic. Tusc* 1, 17 (2) Stateræ momentum, si in unam partem depresseris, leniorem sine dubio alteram feceris, *Zeno Veterb.* (3) Cinis bibatur in vino, addito resinæ momento, *Plin* 30, 7 (4) Sol quotidie ex alio cœli momento, quam pridie oritur, *Plin* 18, 34 (5) Paria in contrariis partibus rationum momenta, *Cic Acad Q.* 1, 12 Petunt aliquid publicani cavé quicquam habeat momenti gratia, *Id* pro *Mur* 30. Hæc res nullum habet momentum ad beatam vitam, *Id* de *Fin* 4, 17 (6) Horæ momentum, *Hor Sat* 1, 1, 8 temporis, *Liv* 21, 33 turbinis, *Pers* 5, 78 (7) Non ignoras quanta momenta sint in repub temporum, *Cic* ad *Brut*

* Momus, i m *One who envieth,* or *findeth fault* Vix legitur in serie appellat Quære igitur in propriis

* Monachus, i [*i e* solitarius] *A monk, an anchoret, a recluse,* Eccles ‡ Solus degens, vitam agens

* Mŏnas, ădis f *The number one, an unite,* Mac ob Somn Scip 1, 6

* Monaulus, i m [*a* μονος, solus, & αυλος, tibia] *A pipe,* or *flagelet,* Plin 7, 56 & Mart 14, 64

Mŏnedŭla, æ f [*a* Junone Moneta cui sacra est ducit *Scal* Rectius puto, à monendo, quod augures in captandis auguriis mone[illegible] *Voss*] *A jackdaw, a cadess,* Ov Met 7, 470 & Cic *pro* Flacc [illegible]

Mŏnendus, a, um part *To be admonished,* &c Monendi sæpe amici sunt & objurgandi, *Cic de Amic* 24

Moneo, ui, itum, ere act [à μνάω] (1) *To put one in mind, to bring to one's remembrance* (2) *To advise,* or *counsel* (3) *To warn, to give warning* (4) *To rebuke, to chide* (5) *To teach, to instruct* (1) § Terentiam moneas de testamento, *Cic Att* 11, 16 § Habeo pro illâ re illum quod moneam probe, *Ter Andr* 5, 4, 15 (2) Virgo scit se non falsò moneri, *Ov Met* 10, 427 moneo quid facto usus fiet, *Ter* (3) = Moneo, prædico, ante denuncio, *Cic Philipp* 7, 7 Tonitru lenique procellâ contentus monuisse, *Stat Sylv* 3, 3, 160. (4) Adhibeatur ad monendum, non modo apertè, sed etiam acriter, si res postulabit, *Cic* (5) = Blandas voces edocebant parvulos, reddebant illi, quæ monebantur, *Plin Paneg* 26.

Moneor, ēri, ĭtus. pass *To be reminded, advised, taught,* &c *Cic*

* Monēris, is f *A galley having but one bank of oars,* Liv 38, 38

Mŏnēta, æ f [sic dict quod templo Junonis moneta cuderetur *V.* in voce Μονήτα, nisi forte malis simpl à monendo, secundum *Isid.* ducere, quod illius nota tam de pretio, quam auctore moneret Propriè enim nota nummis impressi moneta est] (1) *The stamp, or impression upon money,* which antiently was the effigies of some god, *or* goddess, that looking upon it, they might be put in mind of the deity (2) Synecd *Money, coin* (3) *The mint,* or *place where it is coined* (4) *A style in writing.* (1) Denarii sunt duo, sed unâ monetâ impressi, *Zeno Veterb.* v & *Salm* ad *Lampr* p 218 *Vid* quoque n 4 (2) Victa concedit prisca moneta novæ, *Ov Fast* 1, 222 (3) Ap *Justinian* & *Amm Marc* (4) Communi ferire carmen triviale monetâ, *Juv* 7, 55 *Met* Græcæ voces Latinâ voce percussæ, *Apul* ☞ De Junone Moneta, *Vid* Propria.

Mŏnētālis, e adj (1) *Of,* or *pertaining to money* (2) *A money-er, an usurer* (1) Monetales triumviri, *Pomp JC.* (2) Monetali rescripsi, *Cic Attic* 10, 11

Monetārius, ii m *A mintmaster, a coiner* Μονηταριοι, [illegible] νόμισμα τεχνιται, *Suid* *Vid* Eutrop 9, 6 & *Firm* 8, 17

Mŏnile, is [cujus etym incert] *An ornament for any part of the body* (1) Chiefly the neck, *a necklace, a collar of SS* (2) *A poitrel for an horse* (1) [illegible] Barth ad *Stat Sylv* p [illegible] 2, v 296. Monile baccatum *a pearl necklace,* Vir Æn 1, 659 Suspensa monilia collo, *Ov* [illegible] 9, 57 (2) Aurea pectoribus demissa [illegible] mon lia pendent, Vir Æn 8

Monimentum, al monumentum, n [a moneo] (1) A monument, a memorial of any person, or thing, good or bad, a sign, or pledge (2) A chronicle, or record (3) Any author's work, or writings (4) A monument, or sepulchre, a statue, or any such thing to preserve the memory of any one (5) A token put upon children exposed, in order to discover their parentage whether mean, or not, or that they might be known again (1) = Monimenta regis templaque Vestæ, Hor Od 1, 2, 15 (2) = Judicia & monimenta furtorum, Cic Abolere nefandi cuncta viri monimenta jubet, monstratque sacerdos, Vir Æn 4, 498 = Monimentum & pignus amoris, Ibid 5, 538 (3) = Rerum gestarum monimenta, & vetustatis exempla oratori nota esse debent, Cic Orat 146 Scriptores monimenta hujus belli composuerunt, Tac Hist 2, 101, 1 (4) Carmina erunt formæ tot monimenta tuæ, Prop 3, 2, 18 Condetur tuum monimentis corpus avitis, Ov Met 13, 524 Statua ex auro Philippeo factis monimentum, Plaut Curc 3, 1, 71 (5) Abi tu cistellam, Pythias, domo effer cum monimentis, Ter Eun 4, 6, 16.

Monĭtio, ōnis f verb Admonition, counsel, advice, warning Monitio acerbitate, objurgatio contumeliâ careat, Cic de Am 24

Monĭtor, ōris m verb (1) A remembrancer, one who remindeth another, a monitor (2) A nomenclator, a servant who acquainteth his lord with the names and qualities of persons, that he may salute them (3) A prompter to players, (4) or orators (5) A counseller, an adviser (6) An instructor, or tutor (7) A country bailiff, or overseer (8) A note book (1) Nihil opus fuit monitore, Ter Heaut 1, 1, ult (2) Appellare cives per monitorem, Cic pro Mur 36 interpr Budæo (3) Fest (4) Video mihi non te, sed hunc librum esse responsurum, quem monitor tuus hic tenet, Cic Div in Verr 16 (5) Vos ego habui omnium mearum actionum monitores, Cic in Sall 4 (6) Ter Phorm 1, 5, 3 (7) Col ap Litt (8) Fest

Monĭtōrius, a, um adj Warning, denouncing Monitorium fulmen, Sen N Q 2, 49

Monĭtum, i n (1) Advice, counsel (2) A denunciation, or warning, a prediction (3) A command (4) A lesson, or instruction (1) Monita & consilia scripta ad summos viros, Cic (2) [illegible] monitis exterrita divûm, Vir Æn 8, 504 (3) Cœlestibus [illegible] nt monitis, Ov Met 1, [illegible] jussisque deûm parere recusant, paulo ante dixerat (4) Hæc quoque pars monitis erudita tuis, Ov Am 3, 48

Monĭtus, ûs m verb (1) A warning, or advising (2) A warning, or denouncing, a predicting, or foretelling (3) A command (4) A lesson, or instruction (1) Vir Æn 9, 501 (2) [illegible] monitu timeo, Ov Epist [illegible] = [illegible] dum etiam re[illegible] monitusque vetusti [illegible] Stat (3) = Attonitus [illegible] imperioque deorum, Vir Æn 4, [illegible] (4) Lævo monitu pueros producit avaros, Juv 14, 228

☞ Hæc vox fere in rebus sacris locum habet

Monĭtus, a, um part (1) Advised, admonished. (2) Commanded Vid Moneo (1) Monitus multumque monendus privatas ut quærat opes, Hor Epist 1, 3, 5 (2) Cedamus Phœbo, & moniti meliora sequamur, Vir Æn 3, 188

* Monobiblos A single book, Dig Propertii liber primus olim sic dictus, vid Scal notas ad Prop p 190 Lat Liber singularis

* Monŏcĕros, ōtis m [a μόνον, unum, & κέρας, cornu] An unicorn, Plin 8, 21 Lat Unicornis

* Monochrōmaton [a μόνος, solus, & χρῶμα, color] A kind of picture all of one colour, Plin 35, 8

* Monodus He that hath but one continued tooth in his head, as king Pyrrhus, and the son of Prusias, Fest

* Monogamia, æ f A marrying to one wife and no more, all his life long, Hier

* Monogrammus, a, um [a μόνη, una, & γραμμή, linea] Monogrammi dei, sketches of gods, Cic N D 2, 23 Monogramma pictura, the outlines of a picture, Plin

* Monopodium, ii n A table with only one foot, Plin 34, 3

* Monopōlium, ii n A monopoly, a regrating, or engrossing any commodity in order to sell it dear, whence it hath been in all nations forbidden Habes murrinam & calamum, potes monopolium instituere, Plaut. Monopolium nominaturus prius veniam postulavit, quod sibi verbo peregrino utendum esset, Suet Tib 71

* Monoptōton, i A monoptote, a word read only in one case, as, inficias, dicis, Gramm

* Monostichia, ōrum Epigrams consisting of one single verse, Auson de Cæs 5

* Monosyllăbus, a, um Having but one syllable, Auson Edyll 12

Monotriglyphus, a, um Having only three gravings, Vitruv 3, 3

Mŏnŏtrophus, i One who waiteth on himself at meals, Interpr Turneb & Taubm locum Plauti, qui est Stich 5, 4, 7 Alii monotrophe ibi legunt, & explicant Like those who for want of servants help themselves at meals

* Monoxylus, a, um adj Monoxylus linter, a boat made out of one piece of timber, Plin 6, 23

MONS, tis m [a μένω, præt med μέμονα, a manendo, nempe quod maneant, nec moveri possunt, ducunt aliqui, sed etym plane incert] (1) A mountain, a great hill (2) A great quantity of any thing (1) Vestitus densissimi montium, Cic. (2) Montes frumenti, Plaut Pseud 1, 2 ¶ Montes aurei, Hyperb vast treasures, Ter Phorm 1, 2, 18 Præruptus aquæ mons, an huge wave, Vir Æn 1, 105

Monstrābĭlis, e adj Worthy to be shewn, or taken notice of Vir ingenii elegantiâ monstrabilis, Plin Epist 6, 21

Monstrans, tis part Shewing, pointing at Eriphylen crudelis nati monstrantem vulnera cernit, Vir Æn 6, 446

Monstrātio, ōnis f verb A shewing, a telling, or shewing the way, a directing Te cum tuâ monstratione magnus perdat Jupiter, Ter Adelph 4, 6, 2

Monstrātor, ōris m verb A shewer, teacher, or discoverer of a thing Unci puer monstrator aratri, Vir Geor 1, 19 de Osiri interpr Serv

Monstrātus, a, um part (1) Shewed (2) Taught, invented (1) Monstrata saxa, Ov Epist 15, 175 (2) Monstratis crudeliter ignibus ustus, Ov Trist 3, 11, 53 Vitæ monstrata via est, Hor Art Poet 404

Monstrātus, ûs m verb A shewing, or telling, Sen ap Litt certè Apul Monstratu puellam cognosceret, Met 5, p 168

Monstrĭfer, era, um Monstrous, huge, vast Monstriferæ animalium effigies, Plin 8, 50 Monstriferos sinus agit unda, Luc 5, 620 Monstrifero tumultu, Id 2, 3

† Monstrĭfĭcābĭlis, le adj Very strange, monstrous, fit to be looked on as a monster, Lucil ap Non 2, 540 ‡ Prodigiosus

Monstrĭfĭcè adv Strangely, monstrously, prodigiously Monstrificè repræsentare, Plin 28, 11

|| Monstrifico, āre To make a thing monstrous, Frag Poët

Monstrĭfĭcus, a, um Monstrous and strange Monstrifica hominum ingenia, Plin 25, 5

Monstro, āre act [a monstrum, Cic Serv & Non al a moneo] (1) To shew, declare, or tell (2) To teach, or instruct, to inform. (3) Met To put upon, or persuade (4) To shew a thing, or point at (5) To accuse (1) Qui erranti comiter monstrat viam, Enn ap. Cic (2) Inulas ego primus amaras monstravi incoquere, Hor Sat 2, 8, 51 Rectè hic monstrat, Plaut Curc 1, 2, 43 Si quid librarii non intelligent, monstrabis, Cic (3) Conferre manum pudor iraque monstrat, Vir Æn 9, 44 (4) Quem cum digito monstraret, &c Nep Datam in fine Nunquam hodie monstrabo, I shall not direct you to him, Ter Adelph 4, 2, 31. (5) Vid Monstror, n 4

Monstror, āri, ātus pass (1) To be shewed (2) To be invented, and taught (3) To be shewed, or pointed at (4) To be accused (1) Nec procul hinc monstrantur lugentes campi, Vir Æn 6, 440 (2) Vitæ monstrata via est, Hor A P 404 (3) = Pulchrum est digito monstrari, & dicier, Hic est, Pers 1, 28 (4) Alii ab amicis monstrabantur, Tac Hist 4, 1 v & 1, 4

Monstrōsè adv Strangely, monstrously Nihil tam monstrosè (al monstruosè) cogitari potest, Cic de Div 2, 71

Monstrōsus, a, um adj ssimus, sup Monstrous, beside the course of nature, strange Monstrosi hominum partus, monstrous births, Luc 1, 557 Simia monstrosissima bestia, Cic de Div 2, 32.

Monstrum, i n [a moneo, monestrum, quod monstret futurum, & moneat voluntatem deorum, Fest a monstrum monstro, non contrà, quod ait Cic item Serv & Non] (1) Any strange effect that foresheweth things to come (2) Any thing prodigious, or wonderful (3) A monster, or any thing that is against, or beside the common course of nature (4) Any vast, huge, or deformed body. (5) A person prodigiously wicked, or mischievous (1) Nec dubiis ea signa dedit Tritonia monstris, Vir Æn. 2, 171 Majora monstra putares, si mulier vitulum, vel si bos ederet agnum ? Juv 2, 123 (2) Immania monstra perferimus, Vir Æn 3, 583 (3) Monstrum hominis, Ter Eun 4, 4, 29 de eunucho Aliquid monstri alunt, some foul, or deformed creature, Id Andr 1, 5, 16 Monstrum infelix, de equo Trojano, Vir Æn 2, 245 (4) Sæva monstra ponti, de cetis, Sen Hippol 1204 Injecta monstris terra dolet suis, Hor Od 3, 4, 73 (5) = Monstrum & prodigium vocat Catilinam, Cic Catil 2 Daret ut catenis fatale monstrum, Hor Od 1, 37, 21 sc Cleopatram

Monstruōsus, a, um adj Suet (& monstruosissimus, ut quidam leg ap Cic) idem quod monstrosus, q v

Montāna, ōrum n pl. sc loca Uplandish places, or an hilly country, Liv 21, 34

Montānus, a, um adj (1) Dwelling upon the mountains, mountaineers, feeding, or ranging, being, standing, or situate thereon, ascending from, or growing on the mountains (2) Mountainous, or full of mountains (1) Montanum vulgus, Juv 2, 74 Montana uxor, Id 6, 5 Montana armenta, Ov A Am 1, 305 Montanæ feræ, Id Fast 2, 216 Castella montana, Vir Æn 5, 440. Montanum flumen, Ibid 2, 305 Montana fraga, Ov Met 1, 104 Montana cacumina, the tops of mountains, Ibid 1, 310 Montana numina, presiding over the mountains, Id Epist 4, 170 (2) Montana nunc sunt omnia, Plin 5, 27

✠ Monticŏla, æ c g That inhabiteth, or dwelleth on an hill, or mountain, a mountaineer Monticolæ Sylvani, Ov Met 1, 193

Montivăgus, a, um adj Wandering, or ranging on mountains, or hills Montivagi cursus, Sil 3, 546 Montivagæ feræ, Lucr 1, 405 ✠ Dea montivaga, sc Diana, Stat Achill 1, 450 Montivagum genus ferarum, Lucr 2, 1080

Montōsus, a, um adj sive, ut alii leg montuosus Hilly, full of hills, mountainous (2) Standing, or growing on the mountains (1) ✠ Plani, an montosi loci, Cic Part Orat 10 (2) Montosæ Nursæ, Vir Æn 7, 741 Montosa ulmus, Plin 16, 17

|| Monumentarius, a, um adj Belonging to, or about sepulchres, or monuments Monumentarii ceraulæ, cornetters employed about funerals, Apul Florid 4, p 705

Monumentum, i n [a moneo, ut a doceo, documen, documentum] aliqui per i scrib Vid Monimentum

MORA, æ f (δ) [etym incert. nisi forte a μονά, Dor pro μονή, mansio, n literâ in r mutatâ sic μονὴν ποιεῖσθαι, Thucyd est moram] (1) Delay, stay, stop, let, hindrance (2) A pause, or stop in speaking (3) A stay used by surgeons in splinting of legs &c (4) Mora a μείρω partior, a body of men in the Spartan army, consisting of 200, or 500, or, as some, 50 men, others take it for a tribe (1) = Quid erit moræ aut tergiversationis ? Cic pro Mil 20. ✠ Postquam videt parari nuptias, nec moram ullam, quin ducat, dari, Ter Hec 1, 2, 51 Nulla ad decedendum mora, Cic Mora nulla, quo minus, Juv 6, 332 Moram facere, Liv 31, 32 afferre, Hor creare, Plaut injicere, Stat interponere, Cic moliri, Vir trahere, Cic nectere, Val. Flacc Moram esse, Ter moræ esse, Plaut to put off, to delay Moras abrumpere, Stat dimovere, Sen rumpere, Vir movere ab se, Plaut moram n orem tollere, *to do a thing out of hand to make no delay* ¶ Mo- r tortuum frangere, *to break the gates that stop*, Sat In mo- re esse mecum, *to make one wait*, Ter Nec mora, *and presently*, Vir Haud mora, *immediately*, Id (.) Distinctæ & interpuncte interv alla, moræ, refi ii onique alios de eftant, *Cic Orat* 16 (5) *Cæf* 8, 10, 20 (4) Moram Lace- dæmoniorum interfecit, *Nep I phicr* 2

† Moracis, morax, i e duræ, unde fit cina rio nullum, *Fest*

Mōrālis, e adj *Moral, belong- ing to manners* Eam partem philosophiæ, *de moribus*, appellare solemus fed decet augentem linguam Latinam nominare *mo ralem*, Cic de Fato, 1

|| Mōrālitas, ātis f *Morality, humour, disposition*, Macr Sat 5, 1 § *Gentleness, meekness*, Ambr

|| Mōrāliter adv *In a moral sense*, Aug ⁊ S nfu morali

|| Moramentum, i n *A stop, or stay*, Apul Florid 4 ⁊ Mora

Mŏrandus, a, um part [a mo- ror] *To be stopped* Aliqua frau- de morandus, *to be detained, or kept from going away*, Ov Trist 2, 9, 20 Illecebris & grata novi- tate morandus, *to be drilled on, to be cajoled*, Hor A P 325

Mŏrans, tis part (1) *Delaying, loitering, staying behind* (2) *Stopping, or hindring* (1) Apes morantes ærs rauci canor incre pat, *Vir Geor* 4, 71 (2) Dimo- vit populum red tus morantem, *Hor Od* 3, 5, 52 ¶ Morantem di- em frangere, *to spend a long sum- mer's day, or rather to ease the cares and troubles of the day*, Hor Od 2, 7, 6

|| Moratim adv *By leisure, delays and stops*, Solin c 5 † Paulatim

Mŏrā o f *A staying, or tar- rying* Morationibus impediri, *Vitruv* 9, 4

Mŏrātor, oris m verb (1) *A loiterer, one who stayeth behind, a stayer, or hinderer* (2) *A troublesome lawyer, or accu- ser* (3) *One who took care that those in the circus should start all together* (1) Duo mil- lia moratorum, aut palanti- um *Liv* (2) Morator publici *Ter*, ... *Id* 2, 14 (3) Mora- tores forenses ... 30, 10 (4) F ... *jevatt inscript ap Grut*

|| Mŏrātorius, a, um adj *Be- longing to respite, or delay* Mo- ratoria cautio, *a caveat to stop proceedings*, Paul

Mŏrātūrus, a, um part *About to stop, or stay* Moratura lux, ... 3, 20, 12 Hic atura lumina, ... 3, 52

Mŏrātus, a, um part [a moror] *Having tarried, stayed, or made a stay*, Haud multa moratus, *af- ter a short pause*, Vir Æn 3, 610 Nec plura moratus, *without far- ther delay*, Id Æn 5, 381 Non multa moratus, *using a few words* Ov Fast 1, 161 Quantum ocula unt labris nostra morata *tuis, stayed on*, Propert 2, 15, 10 Illius paulum tellure moratus, *fixed on the earth a short time*, Ov Met 1, 125 ¶ Expenso ... mora a gradu, a ... *Stat* ... 4, 6

Mŏrātus, a, um [a mos] *En- dued with manners, good, or ill, morally the former, of good manners, humour* ... Ita moratus ... postular, *Cic Tusc* ... Bene morata ci- ... *Cic Orat* 2 Lenemo

rati reges, *Id Offic* 2, 12 Qu d mulieris uxorem habes, qui- bus moratam moribus? *Ter Hec* 4, 4, 22 *of what temper* In ma- le moratam ... Is ex te hunc reli- quit filium pariter moratum ut pater, avusque hujus fuit, *Plaut Trin* ... Ita nunc adolescentes morati sunt, *here such ill hu- mours*, Plau Truc 1, 2, 5 Per Catachresin Ita hæc morata est janua, *such is the humour of this door*, Plaut Asin 2, 3, 10 = Vo tax & male moratus venter, *an ill tempered, unreasonable belly*, Ov Met 15, 95

|| Morbide adv *Sickly, diseas ed*, Hier ⁊ Morbose

Morbĭdus, a, um adj (1) *Sick- ly, faint, diseased* (2) *Belong- ing to a disease* (3) *Infectious, apt to breed diseases* (1) Apes morbidæ, *Varr* Morbidum cor- pus, *Plin* 8, 26 (2) Vis mor- bida, *the power of the disease*, Lucr 6, 1090 (3) Morbidus aër, *Lucr* 6, 1095

Morbonia, a f *A mischief* Ito morboniam, in malam cru- cem, *go and be hanged*, Suet Vesp 14

Morbōse adv *Sickly, infirm ly*, Celf

Morbōsus, a, um adj (1) *Sick- ly, or full of diseases* (2) Met *Full of vices, or unreasonable hu- mours* (3) *Passionate, apt to be enraged* (1) Servus morbosus, *Cato*, 2 Pecus morbosum, *Varr* (2) Morbosi pariter, *sc* Mamurra & Cæsar, *Catull* 55, 6 (3) Bene nostri, cum omnia essent in mor- bis vitia, quod nullum erat ira- cundi fœcius, iracundos solos morbosos nominaverunt, *Cic Tusc* 4, 24

MORBUS, i m [a μόρος, i e νόσος, *Hesych* interposito b] (1) *A disease, sickness, or distemper* (2) *Any defect in the body* (3) *Any odd humour, unreasonable passion, or vice* (4) *Trouble, grief* (1) Qui in morbo sunt, sani non sunt, *Cic Tusc* 3, 4 In- tereft fatigatio morbum, an fitis, an frigus, in calor, an vigilia, an fames fecerit, *Celf* ⁎ Morbum ap- pellant totius corporis corruptio- nem, *Ægrotationem*, morbum cum imbecillitate, *vitium*, cum partes corporis inter se dissident, ex quo pravitas membrorum, dis tortio, deformitas, *Cic Tusc* 4, 13 Morbus major, *the falling sick- ness*, Celf qui & comitialem vo- cant Morbus regius, *the jaun- dice*, Hor A P 453 arquatus, *Celf* Campanus morbus, *great bunches, or warts in the face*, Hor Sat 1, 5, 62 (2) Contamina to cum grege turpium morbo vi- rorum, *Hor Od* 1, 37, 9 *sc* eu- nuchorum (3) Quodcunque agit remdet, hunc habet morbum, *Ca- tull* 37, 7 *vid* locum Si te fu- rem judicio magis quam morbo animi petulantia ista uti, *Sall* in *Cic* init *id* & *Hor Ep* 1, 33 & sequentia (4) Idem mihi mor- bus in pectore est, *Plaut Bacch* 5, 1, 24

Mordācĭtas, ātis f *A biting, or stinging quality* Urticarum foliis inest aculeata mordacitas, *Plin* 21, 15

|| Mordāciter adv ius, comp *Bitingly, sharply*, Macrob 7, 3 Eam materiam mordacius scripsit, *Lact* 5, 2

|| Mordāculus, a, um adj *Some- what biting*, Litt ex Plaut *sed q*

Mordax, ācis adj or, comp ssi- mus, sup (1) *Biting, or given to bite* (2) *Biting, stinging* (3) *Cutting, or sharp* (4) *Pinching, disquieting* (5) *Gnawing, de- tracting* (1) Mordax homo, *Cic* de Orat 2, 59 canis, *Plin* ... 5, 2, 27 (2) Vis prunum oriax, eademque quæ ... urtica, *Plin* 9, 45 (3) Mordaci ... fer- ro pinus, *Hor Od* 4, 6, 1 (4) Mordax carmen, ... *Ov Trist* 2, 563 Mordaces ... curas, ... dines, *Hor Od* 1, 18, 4 (5) Mor- dax invidia, *Phædr* 5, 1, 0 = Invidus & mordax, *Hor Sat* 1, 4, 93 Mordacior, *Phædr* 3, 7, 1 Mordacissimus, *Plin* 17, 8

Mordendus, a, um part *To be reflected on satirically* Non mordenda mihi turba fidelis erat, *Ov ex Pont* 4, 14, 15

MORDEO, ere, momordi, (& ant memordi, *Cæf* & *Cic* ap *Gell* & morsi, *ut ex* præmorsi, *Gell* ex *Plaut*) morsum, act qu μέρω v ἔδω, i e partem edo nam qui mordet, partem & abscindit portionem, *Scal* vel qu μείρω ἔδων, divido edere, *M* nam dentes morsu dividunt escas, *Cic* [μο- ρεω, quod a μορ⊖, a μείρω, divido interposito d, ut a τείνω, tendo] (1) *To bite, or gnaw* (2) *To champ* (3) *To bite, or have a sharp taste* (4) *To nip, or pinch, as cold* (5) *To pierce through and take hold* (6) *To wear gently* (7) *To hurt, or damage* (8) *To sting, nettle, or vex* (9) *To backbite and speak ill of one* (1) Latrant & mordent canes, *Cic* pro *Rosc Am* 20 Arenas ore momordi, *Ov Met* 9, 61 (2) Frenos ore mo- mordit equus, *Tibull* 1, 3, 42 *Met* Frena momordit, *received the bri- dle, submitted*, Stat (3) Leniter mordet casia, *Plin* 33, 13 (4) Matutina minus cautos jam fri- gora mordent, *Hor Sat* 2, 6, 45 (5) Summam mordebat fibula vef tem, *Ov Met* 8, 318 (6) Rura, quæ quieta mordet aqua tacitur- nus amnis, *Hor Od* 1, 31, 8 (7) Oleam momordit æstus, *hath da- maged*, Hor Epist 1, 8, 5 (8) Si id te mordet, *Ter Adelph* 5, 3, 21 (9) Invidere omnes mihi, mordere clanculum, *Ter Eun* 3, 1, 21

Mordens, tis part (1) *Of a biting taste* (2) Met *Stinging* (1) Mordens folium, *Plin* 22, 14 (2) Mordens est optimum consci- entiæ post commissum facinus, *Cic*

Mordeor, ēri pass *To be bit- ten*, &c Met *to be concerned at, to be stung* Dente mordeor invido, *Hor Od* 4, 3, 16 Morderi opprobriis falsis, *Id Epist* 1, 16, 38 ¶ Mordetur gallina marito, *the cock tread th the hen*, Juv 3, 91

Mordĭces pl [qu a fing mor- dex, dentes quibus mordemus] *Biters, the teeth, or fangs* A- sini me mordicibus scindant, *Plaut Aul* 2, 2, 57

Mordĭcus adv [qu ipsis mor- dicibus] (1) *By biting with the teeth* (2) Met *Tooth and nail, violently, strongly, obstinately* (1) Oportebat jam nasum intep- tum mordicus, *Plaut Men* 1, 3, 12 Paludamentum mordicus tr hens, *in his teeth*, Suet Jul Cæf 64 (2) Mordicus verbi tenere, *Cic Acad* Q 4, 16

Mōre adv [ab adj morus] *Simply, foolishly* More hoc fit atque stulte, *Plaut Stich* 5, 1, 1

Mōrētum, i n [ut μορετὸν, i e divisum, quod e ...] vistis fit Iisque fiat ... *of sallet made of ... oil, cheese, garlick*, &c *Non* pudet ... *Ov Fast* 4, 367

Mōribundus, a, um *Dying, ready to dy* Fulva moribundum extendit arena, *Vir Æn* ... ⁂ Hunc num moribundo se- ... sit, *Ov Met* 5, 84 ... membra, *dying limbs*, Vir ... 6, 732

...riens, tis part ... (1) *Lying* (2) *Flat, insipid* (3) *Withering* (1) ... cum voce dolorem, *Ov Met* 6, 272 ⁎ Non visit mo- ... qui natus moriensque fefellit, *Hor Epist* 1, 17, 10 (2) ... moriens ... (3) Vir io moriens ... *Vir Ecl* 7, 57

Mōrĭger, analog ce cert mo- gerus, a, um adj *Humoring it Obedient, compliant* ... Ut tibi morigerus ... bodie ... luptati fui ? *Plaut Cas* ... Morigera ad fruges augenda, *Lucr* 5, 81

|| Morigerator, ōris m *He that obeyeth, or complieth*, Sid- don ⁊ Qui morem gerit

† Morigere adv *Obediently* Sidon ⁊ Obedienter

Mōrĭgĕro, are act sed usitatius, Morigeror, ar dep *To humour one, or endeavour to please* ... Cum hac usuraria uxore mi ... rigero, *Plaut Amph* 3, ... Si adolescenti esset morigeratus, *Ter Adelph* 2, 2, 10 Voluptati aurium morigerari debet oratio, *Cic Orat* 48

Mōrĭgĕrus, a, um adj *Vid* Moriger

Mōrio, ōnis m *Stultus* [... μωρίων, dim *Bud*] *A great man's fool, a jester* Morio ... viginti millibus emi, *Mart* 8, 1

† Moriola, *al leg* loriola, ut sit dim a lora *A kind of small wine*, Varr

† Mōrion Indicum, gemma quæ nigerrimo colore translucet μωρίων, obscurum, unde & ... niger] (1) *A certain precious stone* (2) *The white seed of the apple of the mandrake* (3) *A soporiferous poison* (1) *Plin* ... 10 (2) *Plin* 25, 13 (3) *Plin* 21, 31

Mŏrior, mori, mortuus dep neut [a morte qu mortior, ... a forte fortior] leg & mo ... infin ap Ov Met 14, 215 (1) *To dy* (2) *To wither* (3) Per Catachresin, *To be spent, to be worn out* (4) *To dy, or lose its strength, savour, smell*, &c (5) *To be forgotten, or out of memory* (6) *To do a thing with the great est passion and pleasure* (7) ... jurandi verbum, *Let me ... let me not live* (1) Mori ... sapiens mifi rum dixit, *Cic Fin* ... 3 (2) *Vir* Moriens, ... (3) Væ illis virgis, quæ hodie in tergo morientur meo, *Plaut Capt* 4, 117 (4) Unguenti ... mor... tur hori, *Plin* (5) Ne ... mi hominis memoria moreretur, *Cic* in *Pison* 39 Meritum ... gloria vestri, *Ov* (6) Mori ... bamus in studio, *Ov* (7) ... Moriar, si magis gauderem ... mihi accidisset, *Cic Att* 9, 6

Mŏrĭtūrus, a, um adj (1) ... *dy* ... *or that will dy* ... *Resolved to dy* (1) Jam ... moriturus, *Vir Æn* ... (2) Moriture Anna, *Vir Æn* 4, ...

|| Mōrus, i m *A* ... *Apul*

* Mormyr, ... f *A fish of divers colours*, Plin ...

* Morolog ... *foolish* ... morologi, *Plaut Pseud* ...

Mŏror, ār dep [a mora, vel neut i e mo- moram traho, *vel* neut i e mo ram [illegible] cio & act pro remoror] (1) [illegible], tarry, delay, linger, [illegible] the time (2) To [illegible] To stay, stop, or hinder [illegible] on wait (4) To [illegible] on, particularly [illegible] writers (5) To detain [illegible] doubt, to endure, to [illegible] (6) To value, esteem, [illegible] cum negat (1) Sed [illegible] dies, Catull 59, 84 [illegible] inque morari [illegible], Hor A P 132 Paulisper [illegible] morati, having [illegible], Cæs B G 2, 7 Per [illegible] moram, Hor Sat 2, 7, 8 ¶ [illegible] multis moror, to be short, Ter And 1, 1, 87 Ne multis [illegible], not to be tedious, Cic Bel[illegible] Cic Dum [illegible] moror, Vir Ecl 8, 106 (2) [illegible] morari constituit, Cæs [illegible] se morari confide[illegible] Invitus moror urbe [illegible] Epist 18, 124 Sub dio [illegible], Hor Od 2, 3, 23 Met [illegible] conveniunt, nec in una [illegible] majestas & amor, Ov Met 2, 846 (3) Ne affinem morer, cum, Plaut Aul 4, 2, 5 [illegible] ab spe, to dash [illegible] to cause one to despair, [illegible] = Morari atque iter imp[illegible], Cæs Ne longis [illegible] morer, not to detain [illegible], Hor Epist 1, 7, 82 [illegible] plura morabor, Lucr 6, [illegible] (4) Ne quis militis liberos [illegible] moraretur, that no one [illegible] them, Liv Insequeris [illegible] & lite moraris iniquâ, Hor Epist 2, [illegible] (5) Vitam moror [illegible] Æn 11, 177 (6) Nec [illegible] moror, Vir Æn 5, 400 Nil [illegible], Hor Epist 2, 1, [illegible] Nihil moror eos salvos esse, [illegible] that, Cic [illegible] purpuram, nihil [illegible], Plaut Aul 2, 1, 46 Pass [illegible] Ut plus biennium in his [illegible], so that above two [illegible] spent in these tri[illegible]

Moror, ari dep [à morus, i e [illegible]] To play the fool Hanc [illegible] Nero, qui Claudium [illegible] morari de[illegible] homines dixit, vide [illegible]

Morosè, adv issimè, sup (1) [illegible], humorously, severely, (2) [illegible], cautiously (1) A[illegible] respuebat ineptias hominum, [illegible] ingenuo libero [illegible] Cic de Cl Orat 67 (2) [illegible] morosissimè pert[illegible] Suet [illegible] 66 ¶ Rapum [illegible] morosos eligit, it will [illegible], Plin 18, 1

Morositas, ātis f Frowardness, peevishness, [illegible] difficult [illegible] Morositas habet aliquid [illegible], Cic de Sen 18 = [illegible] morositate obscu[illegible], Suet Tiber [illegible]

Morosus, a, um adj or, comp [illegible] Don] [illegible] hard to please, [illegible] peevish, testy, fro[illegible] = Difficilem & [illegible] garrulis, Hor [illegible] Morosior circa cu[illegible] C [illegible] 53 Met [illegible] ingenio solo morosa, [illegible] Plin 14, 2 [illegible] A kind of eagle, [illegible] about fens and [illegible] 9, 3

MORS [illegible] f [à μόρος, quod [illegible] per φθορᾶ, seve[illegible] Mors, quia sex im[illegible] impendet, Cic de [illegible] in plur mortes, Cic mortium, Quint mortibus, Col Omnes per mortes animam sontem dare, Vir Æn 10, 854 ✶ Mors honesta sæpe turpem vitam exornat, Cic Met Mors memoriæ, destruction of memory, Plin ¶ Morte sua defungi, Suet Cæs extr to dy a natural death

|| Morsicans, tis part Limis & morsicantibus oculis, wanton, nipping, Apul Met 2, p 46

† Morsicatim adv Biting like doves, as it were biting one another In labellis morsicatim lusitant, Varr ap Non 2, 537

|| Morsico, are [à mordeo, morsum] To bite often, or a little, to nibble Ore improbo morsicat, Apul Met 2

|| Morsificātio, onis f Scal & morsicātio, Fest A biting, or chewing

|| Morsificātor, ōris m He that biteth greatly, or often, Litt ex Apul

|| Morsilis, e adj That which is apt to bite, or to be bitten, Sidon

Morsiuncula, æ f A little bite, or snap, the billing of lovers Mollis morsiuncula, Plaut Pseud 1, 1, 65

Morsum, i n That which is bitten off Lanæque aridulis hærebant morsa labellis, Catull 62, 316

Morsus, a, um part [à mordeor] Bitten, gnawn Datur morsis à rabioso, Plin 29, 3

Morsus, ûs m verb [à mordeo] (1) A bite (2) A stinging (3) The hold that a button taketh of a thing (4) The biting, or tenacity of that in which a thing sticketh (5) The fluke of an anchor, that part which taketh hold of the ground (6) The sting, gripe, or anguish (7) Met A taunt, backbiting, or slander (1) Viperinus morsus, Cic Tusc 2, 7 serpentum, Id de Div 1, 10 (2) Apes venenum morsibus inspirant, Vir Geor 4, 237 (3) ✠ Fibula morsus loricæ resolverat, Sil (4) Morsus roboris, Vir Æn 12, 782 (5) Unco non alligat anchora morsu, Vir Æn 1, 173 (6) Doloris est morsus acerrimus, Cic Tusc 2, 22 Morsus animi, Liv anguish Ægritudo erit sublata illa mœrens, morsus tamen & contractiunculæ quædam animi relinquentur, Cic Tusc 3, 34 (7) — Non odio obscuro, morsuque venena, Hor Epist 1, 14, 38

|| Morta, æ f One of the destinies, Fate Vid Gellius, 3, 36

Mortālis, e adj or, comp (1) Mortal subject to death, dissolution decay, perishable, extinguishable (2) Shewing mortality (3) Belonging to mortals, done, made, or managed by mortals, humane (4) Earthly, of this lower world (1) = ✶ Mortale & caducum, divinum & æternum, Cic de Legg 1 23 sempiternus, Id N D 1, 9 (2) Acta mortalia, Ov Trist 1, 2, 97 facta, Hor A P 68 (3) Mortalia arma, wielded by a mortal, Vir Æn 1, 5‑6 (4) In clarissimum solem mortale lumen inferre Quint ¶ Genus mortale, mankind, Ov Met 6, 198 = Leges mortales & temporibus mutabiles subject to abrogation and alteration, Liv Mortalis munus, subject to dissolution, Cic N D 1, 9 ✠ Mortales terræ, the multitudes of men, Hor Od 2, 4, 27 Non nostro fato mortale est siderum fulgor, the stars perish not with us, Plin 2, 8 ¶ Nil mortale loqui, nothing in a manner not divine, Hor Od 3, 25, 18 Nec mortale sonans, speaking with a divine energy, Vir Æn 6, 50

Mortālis, is subst A man, a mortal, vid Gell 13, 38 Multos mortales occidit, Liv 3, 50 Istum omnium mortalium sententiis condemnavi, Cic Unus omnium mortalium deterrimus, the worst man alive, Cic de Harusp Resp 26

Mortālitas, ātis f (1) Mortality, frailty, a state subject to decay, or death (2) Mortal man, or mankind (3) A mortality, or plague (1) Supra mortalitatem tibi sunt omnia tributa, Cic ad Octav (2) Inter obsequia fortunæ, contra quam non satis cauta mortalitas est, Curt 8, 4, 24 (3) Eccles

|| Mortariŏlum, i n dim [à mortarium, Hier] A little mortar, an incense pot Semen in mortariolo tritum, Macer 1, 8

Mortārium, ii n [qu morterium, quod in eo mortua fierent, Turn] (1) A mortar wherein things are brayed (2) A place, or vessel wherein lime and sand are mixed to make morter (1) Pistillum, mortarium, quæ utenda vasa semper vicini rogant, Plaut Aul 1, 2, 17 In mortariis plumbeis teritur, Plin 34, 18 (2) Vitruv 7, 3 Vid locum

Mortĭcīni, orum pl m [quod velut morticina caro sit] Ang nails, or rather corns, especially on the feet and toes Clavi pedum vulgo morticini appellantur, Plin 22, 23

Mortĭcīnus, a, um adj [à mors, & cædo vel cado] (1) That dyeth of it self carrion (2) That hath an illfavoured and dead countenance (1) Morticinæ ovis non patiuntur vesci carne, Varr R R 2, 9 (2) Non metuam, morticine, Plaut Pers 2, 4, 12

Mortĭfer, vel mortiferus, a, um Deadly, mortal, causing death = Insanabilis & mortifera plaga, Cic pro Sext 19 Gravis & mortifer morbus, Id de Div 1, 30 Mortifer serpentis ictus, Col 6, 17 Mortiferus dolor, Cels 4, 2

Mortĭfĕrè adv Deadly, to death Ægrotabat mortiferè, was sick to death, Plin Ep 3, 16, 3

|| Mortificātio, ōnis f Mortification, a making dead, a mortifying, Tert

|| Mortificātus, a, um par Mortified Corpora mortificata, Prud Cath 10, 93 ✠ Morte affectus

|| Mortifico, are act To mortify, Eccles ✠ Morte afficio

Mortuālia, um n omnia quæ ad mortuos pertinent, vestimenta quæ sumuntur in luctu, Non It carmina, seu næniæ præficarum (1) Mourning weeds, funeral rites and ceremonies, &c (2) The dirges and songs that the women sung at funerals (1) Næv (2) Plaut Asin 4, 1, 63

† Mortuārius, a, um adj Mortuaria glossaria, sc qualia præficarum carmina, idle talk, pitiful stories, prittle prattle Mortuaria glossaria, Cato ap Gell 18, 7

Mortuus, a, um part [à morior, deinde adj pro moritus, per Sync mortus, & inserto u mortuus, ut à fitus fituus, V à Gr μορτὸς, i e θνητὸς, Hesych quod à μόρος, ut à μάρ [illegible], M] [illegible] (1) Dead (2) In plur mortui The dead, or place of the dead (3) Met Antiquated, obsolete (4) Lifeless, without vigour, faint, senseless (1) Mortuum me, quam ut id patiar, maluerim, Plaut Trin 4, 2, 29 Mortuus veneno concidit Themistocles Cic de Cl Orat 11 Proverb Verba fiunt mortuo, Ter Phorm 5, 8, 26 Mortuo verba facit, he talketh to the wind, he spendeth his breath to no purpose, Plaut Pœn 4, 2, 18 (2) Excitare aliquem è mortuis, to raise one from the dead, Cic de Orat 1, 57 Inferi mortuos imandare, to send below the shades, Id pro Quint 15 (3) = Antiquæ sunt istæ leges & mortuæ, Cic (4) Lacerti mortui, Cic Mortuus plausus, Id = Exanguis & mortuus concidisti, Id in Pison 36

|| Morula, æ f dim [à mora] A little delay, or stay, Aug

Morulus, a, um adj dim [à morus, quod à μαῦρος, niger, obscurus] Somewhat like a black Moor, black and blue Pugnis faciam ut sit morula, Plaut Pœn 5, 5, 10 h e ut sit mauræ instar nigra, V vel, ut Alc instar mori maturi

Morum, i n (1) A mulberry (2) A blackberry (1) Nigris prandia moris finire, Hor Sat 2, 4, 21 (2) In duris hærentia mora rubetis, Ov Met 1, 105

Mōrus, i f [à morus, i e μαῦρος, niger, qui color in pomo est, ubi permaturuit, Ovid] (1) The mulberry tree (2) A blackberry bramble (1) Arborum sapientissima morus, Plin 16, 25 (2) Morus sylvestris, Isid

* Mōrus, a, um adj [à μωρὸς, stultus, fatuus] Foolish, silly Amor mores hominum moros & morosos efficit, Plaut Trin [illegible], 2, 43 = Stulta & mora, Id Mil 2, 4, 17

MOS, mōris m [à modus, i e ratio agendi, per Sync Perot & Scal] (1) A manner, way, fashion, or custom (2) A settled custom, or prescript, the institution observed by a body of men (3) A temper, humour, or nature (4) Mores, in plur Manners, virtue, or vice (5) A law, ordinance, or order (6) Order, decency (7) Morem gerere, to comply with, or humour (1) = Non mos, consuetudoque servit Cic pro Cluent 35 Ut mos est & fieri solet, Id Verr 5, 26 Apis Matinæ more modoque, Hor Od 4, 2, 28 Mos erat antiquus Ov Met 15 41 Mos est hominum, Cic de Cl Orat 21 Scurrilis [illegible], fugere cum hostes more [illegible] licentiam, Plaut Trin [illegible], 37 ¶ Ut mos est, ut moris est, Cic as is usual ad morem, Quint de more, Vir ex more, Hor in more, Cic more, Vir in morem, according to the way, custom, or manner, Id (2) = More agere, instituto ac civilibus, Cic In enumeratione juris civilis, morem etiam nominat, Top 5 quem jus sine scripto [illegible] cat Justinian Amb [illegible] sancta est, Plaut Trin 4, [illegible] etiam in plur [illegible] mor[illegible] ductio fieret Cic pro Cæcin [illegible] (3) Cujus mos est consimilis [illegible] trum, Ter Heaut 2, [illegible] Conveniunt mores, Id Andr 1, 2, 13 Doctus imitator morum, Hor A P. 318 Transfertur etiam ad inanimata, Cœli & anni præsentes more in[illegible]tur, Col (4) A Moresque etiam & vitia, Manil 4, 18 [illegible] his moribus dixit nemo Ter Adel 2, [illegible], 21 (5) Moribus eorum interdici non poterit terat soccio senex, *Nep Ham* [illegible] Moresque viris & mœnia ponet, *Vir Æn* 1, 268 (6) Ra[illegible] sine mo[illegible] *Vir Æn* 8, 635 Sine more [illegible] tem, *Id Æn* [illegible] *Met* [illegible] *Id Æn* 5, 694 (7) [illegible] mo, *Nep Them* [illegible] primo morem [illegible] *Plaut Amph* [illegible]

‖ Motacilla [illegible] *Plin* [illegible]

* Moschus [illegible] *Plin* 21, 4

* Moschus [illegible] *Gesner*

† Mosculus [illegible] *Cato* [illegible]

Most[illegible] comœdia, [illegible]

† Mostellum [illegible] *Gloss*

Mostella [illegible] vicus in urbe Ro[illegible]

† Motabilis [illegible] *Moving*, *moveable*, *Bibl* ‡ Mobilis

Motacilla, æ f [illegible] quod [illegible] moveat cauda[illegible] *Galenus* [illegible] *A wagtail*, *abud* [illegible] *Plin* 37, 10

Motans [illegible] *Moving*, *shaking*, &c [illegible]

‖ Motatio, onis f [illegible] *to and fro*

Motio, onis f [illegible] [a moveo] *A motion, stirring, or moving* Principium motionis, *Cic de Fa*[illegible] 19 Corporum motio [illegible] motione [illegible]

Motiuncula, æ f dim [illegible] *A little stirring*, [illegible] *Suet Ve*[illegible]

Moto, are freq [moveo] (1) *To move often*, *to wag*, or [illegible] (2) Neq[illegible] *Plaut* [illegible] *To be moved*

[illegible] *the rocker of a* [illegible] *Mart* 11 40

[illegible] (1) *That* [illegible] *will move* [illegible] *upon* (1) [illegible] *Hor Ep* [illegible] Motu [illegible] castra, *about to* [illegible] *Cæs B C* [illegible] (2) Mo[illegible] verba queror [illegible]

Motus, a, um part (1) *Moved*, [illegible] &c *changed*, *altered* [illegible] *attempted* (4) *Put into a commotion* (5) *Mentioned* (1) Alio [illegible] motum [illegible] Castris motis, [illegible] *camped*, *Hirt B* [illegible] 27 (2) Quo [illegible] *Liv* (3) Nihil majore [illegible] motum [illegible] *Liv* (4) Motus [illegible] *Vir Æn* 1, 129 [illegible] Moveo (5) Motus [illegible] apud [illegible] seditiones [illegible] omnibus, *Suet Cæs* [illegible]

Motus, us m verb [illegible] (1) *A motion*, *or moving*

(2) *Violent motion*, as in [illegible] (3) *Gesture*, *carriage of the body* [illegible] (4) *Astir*, *trouble*, [illegible] *commotion* [illegible] (5) *Any motion*, or *passion of the mind*, [illegible] (6) *Rage*, *madness* (7) *A* [illegible] (1) [illegible] motus [illegible] orum, *Cic* [illegible] ingenia [illegible] motu est, *Cic* [illegible] *Hor Od* [illegible] *Liv* (4) Ret[illegible] *Cic* [illegible] *Vir* [illegible] Nullum [illegible] *Cic* (5) Motus [illegible] *Cic* (6) [illegible] *Tibul* [illegible] 45 [illegible] *that* [illegible] *put* [illegible] *upon* [illegible] Au[illegible] *Cic*

Movendus, a, um part (1) *To be stirred* (2) *To be appeased*, &c (1) Movendus [illegible] *Cic* 2, 118 (2) Dira [illegible] non movenda numina, *Hor Epod* 17, [illegible]

Movens, tis part (1) *Moving*, *stirring up*, *stirring* (2) *Shaking* (3) *Brandishing*, *tossing* (4) *Wielding* (5) *Moving* [illegible] (6) *Mut* [illegible] *plotting* (7) Movens [illegible] (1) Lab[illegible] *Vir Geor* 2, 261 Movens [illegible] *Vir Æn* 12, 332 (2) [illegible] supplic[illegible] Jupiter, *Hor Od* [illegible] Sax[illegible] movens, *Vir Æn* 12, 904 (4) Arma moventes [illegible] *Hor Sat* 2, [illegible] 69 (5) Præ[illegible] *beasts of* [illegible] *Vir* (6) Omnes [illegible] nimio moventes, *Hor Od* [illegible] (7) Propone[illegible] sunt quædam quasi moventia, *Cic* ¶ Multa movens [illegible] *revolving*, *Vir Æn* [illegible] Moveo

MOVEO, ēre, movi, motum act [ab Heb [illegible] quod idem fign [illegible] movere, motum, [illegible] (1) *To move*, *stir*, *shake*, or *wag* (2) *To stir the earth*, *to dig*, or *plow* (3) *To move*, or *strike a musical instrument* (4) *To brandish*, *to toss* (5) *To wave* in sacrificing (6) Absol *To be shaken* (7) *To affect*, *to influence* (8) *To stir up*, *to provoke* (9) *To cause*, or *effect* (10) *To enrage*, *to* [illegible] (11) *To raise arms*, or *war* (12) *To make a stir*, *to make a rout* (13) Movere se, *to rouze*, *to rise in arms* (14) Movere simpl & movere se, *to depart from*, *to leave a place* (15) *To take away*, *to remove* (16) *To rescind*, *alter*, or *make void* (17) *To turn out*, *to cast out*, *to eject*, *to degrade* (18) Movere liquidum, *to put into any concern* by anger, fear, love, &c (19) *To employ*, [illegible] or *engage* (20) *To attempt*, *to plot*, [illegible] (21) *To begin* (22)

To say, or *sing a thing in a solemn manner* (1) Move oculos te, *Ter Andr* 4, 4, 10 [illegible] movere, *Ov Met* 5, 65 [illegible] *Catull* [illegible] 8 caput, *Ov Epist* 19, 46 [illegible] *Ov* [illegible] *to take breath*, [illegible] *the dice in the box*, *Juv* [illegible] *Tibul* 1, [illegible] 8 (3) Plectro [illegible] *Ov* [illegible] (4) Cithara[illegible] movere, *Ov Met* 5, 112 Ad [illegible] movere, *to* [illegible] *Id* [illegible] 5, [illegible] *Id* Moveri, [illegible] (5) Fictum Jovi [illegible] *Cato* [illegible] (6) Terra [illegible] movit [illegible] Terr[illegible] duo [illegible] movit, *Liv* (7) Quam [illegible] moveri potest [illegible] *Id* [illegible] (8) Move [illegible] clamore, [illegible] non [illegible] tione [illegible] *Cic Orat* 71 (9) Move [illegible] *Hor Od* [illegible] (11) Movere bellum, *Liv* bella, *Vir Æn* [illegible] 3 (12) Omnes [illegible] omnia [illegible] movere, *Cic* [illegible] *Ter Andr* 5, [illegible] 18 (13) [illegible] *Cic* (14) Ut [illegible] movere [illegible] *Cic Fam* 5, [illegible] *Id Att* [illegible] ¶ Castra movere, *Cæs* quod simpl movere, *Suet* [illegible] *Cæsar* [illegible] (15) [illegible] *Cic* (16) [illegible] vero, *Cic* Qui [illegible] *Id Offic* 2, 2, (17) Nonnullos [illegible] co movit, *Cæs B C* 3, 7 [illegible] loco [illegible] *Liv* Tribu cum movi, (18) Quem non [illegible] movebant [illegible] *Vir Æn* 2, 726 Men movent [illegible] *Hor Sat* 1, 10, 78 (19) Ingenium movit [illegible] *Ov Trist* 5, 10, 57 (20) [illegible] mo veo, *Vir Æn* [illegible] 45 Movere [illegible] *Liv* 23, 29 (21) Ab Jove, musa parens, [illegible] nostra move, *Ov* (22) Solenni[illegible] est voce movere preces *Ov Fast* 6, 621 [illegible] arcana, *Vir Æn* 1, 266

Moveor, eri pass (1) *To be moved*, *stirred*, &c (2) *To be troubled* as the sea (3) *To be shaken with an earthquake* (4) *To be made to cease*, or *to be changed and altered* (5) *To be stirred up to an insurrection*, *to mutiny* (6) *To be concerned* (7) *To dance* (8) *To be plotted* (1) Organic[illegible] & mechanice moveri, *Vitruv* 10, 1 ¶ Cum primum aurora movetur, *as soon as it is light*, *Ov* (2) ✻ Pontus movetur, *Vir Geor* 1, 130 (3) Totus moveri mons [illegible] *Vir Æn* [illegible] 5, 1 (4) Sin totum moveri, mutarive [illegible] *Vir Æn* 10, 626 (5) Moveri [illegible] est [illegible] *Cic* (6) Nil [illegible] imperio moveor, *Vir Æn* 10, 42 (7) Festis matronis moveri jussa [illegible] *Hor A P* 232 (8) Res magnæ moventur, *Cic* [illegible] *fr* 2, 3 [illegible] *vid in* Moveo

Mox adv [a moveo, [illegible] quum [illegible] movens [illegible] (1) *By and by*, *quickly*, *anon*,

[illegible] *the next place*, [illegible] Diu[illegible] *Id*

M ante U

* Mu[illegible] (1) [illegible]

Q[illegible] mu[illegible] sic [illegible] audem[illegible] Plin

‖ Muc[illegible] *Id*

† Mucedo [illegible] Mucus

[illegible] Muco[illegible] *Mucor*

Muceo, ēre, [illegible] [a mucus, vel [illegible] (1) *To be musty*, *mouldy*, *mewed*, or *hoary* (2) *To be* [illegible] *or dead*, *to be dreggy* (1) [illegible] Mucidus (2) Vin[illegible] neque muceat, *Cato R R* 148

Mucesco, ēre *To grow mouldy*, *mouldy*, or *musty* [illegible] est inter cæ[illegible] cesce[illegible] *Plin* 1, 20 Expor[illegible] linteum, quod nisi fest[illegible] ga[illegible] lurido colore muc[illegible] *Id*

Mucid[illegible] adv *Mustily*, [illegible] *Litt ex Col*

Mucidus, a, um [illegible] [a muceo, (1) *Hoary*, *musty*, *mouldy*, [illegible] (2) *Palled*, or [illegible] (1) Mucida [illegible] *Juv* 5, 68 [illegible] 128 (2) [illegible] vina facit, *Mart* 8, [illegible]

Mucor, oris m [illegible] *Mouldiness*, *hoariness*, on bread, or meat long kept, *mustiness* Ne [illegible] in contrarium *Col* [illegible]

Mucosus, a, um [illegible] *slimy*, *full of matter* [illegible] mucosa, *Cels* 5, [illegible] prolu[illegible]

MUCRO, onis m [illegible] justis acumen [illegible] *a longitude* [illegible] (1) *The sharp point of anything*, usually of a sword, [illegible] pon (2) *A sword*, [illegible] *other weapon* (1) [illegible] pex pronus imminens mucro, *Col* 4, 25 Mucro [illegible] *Plin* Hebeti mucrone [illegible] aurum, *Lucr* 5, [illegible] mucronem defringes, [illegible] Dextræ mucronem extorquet, *Vir Æn* [illegible] 57

Mucronatus, a, um [illegible] *ed*, *sharp pointed* Mucron[illegible] *Plin* 25, [illegible]

† Mucula, æ f [illegible] *cious stone of the colour of* [illegible] *heart* *Plin* [illegible] 10

‖ Mucilen[illegible]us, a, um [illegible] *of snot*, *snotty* Muculent[illegible] *Prud Peris* 2, 282 m (u) [illegible] quod pro mun- [illegible] mucus, [illegible] the nose Mu- [illegible] Catull [illegible] Mugiens [illegible] Mugio [illegible] a kind of fish [illegible]

MUGIO, [illegible] itum neut [illegible] verbum fict- [illegible] (1) To low, [illegible] (2) To bellow, or dreadful (3) To crack (1) Inde [illegible] boves mugiscunt, &c [illegible] primos mugiverat [illegible] Propert 2, 28, 17 (2) Sub [illegible] mugit solum, Vir Æn 6, [illegible] Æn 4, 490 Ga- [illegible] Hor Epist 2, 1, [illegible] certina reclusis, [illegible] tuba, Lucr 4, [illegible] (3) mugiat Africis malus [illegible] Od 3, 29, 57

Mugitus, ūs m verb [a mugio] (1) The lowing, or bellowing of [illegible] (2) The [illegible] cros, or [illegible] (3) An hollow, dreadful, [illegible] sound (1) Consatoque [illegible] Plin 8, 45 [illegible] (2) = Terræ tremitus & [illegible] de Div 1, 18 [illegible]

Mula, æ f A she mule Gig- [illegible] ex quo & asino, Plin [illegible] partum mula, Hor [illegible] Cum mula pepererit, [illegible] Suet Galb 1, 4 ubi vid [illegible] Sanctum virum fœtæ [illegible] prodigio pro- [illegible] 66

[illegible] Pertaining to [illegible] mularis, [illegible] dicitur [illegible] pro quo [illegible] quod vide [illegible] [a mulceo] [illegible] Lin- [illegible] nullam mulcedinem [illegible] haberet, Gell [illegible] Dulcedo

[illegible] part (1) To [illegible] gently handled [illegible] pleased, or de- [illegible] (1) Mulcenda colla mi- [illegible] prabere solebat, Ov Met [illegible] mulcendo [illegible] Met 5, 561

Mulcens, tis part Stroaking, refreshing, making gentle, &c Sonitus mulcens pectora, [illegible] 18, [illegible] Mulcens tigres, Vir [illegible] 9, 50 Mulcens dictis, Assuaging with words, Id Æn [illegible] Stroaking gently, or smoothly, Cic [illegible] mulcens p [illegible] charming [illegible] Id in Ætn

MULCEO, [illegible] sum & mulc- tum, Prisc Act [a mulgeo, q op- [illegible] Gronov] (1) To stroke, or lick (2) To sooth gently or tenderly, to chirup, or comfort (3) To charm, please, or delight (4) To make gentle, or tame, to appease, to assuage, to calm (1) Cervix dextra mulcetur, Cic [illegible] Mulcendus = Mulcere il [illegible] & fingere cor- pora lingua, Vir Æn 8, 634 (2) Mulcet [illegible] Propert [illegible] 60 Æthera mulcebant cantu, [illegible] Æn 7, 34 Velutras animum mulcet, Ov Rem Am 197 Varia vulnera mulcet ope, Id Fast 5, 402 Dictis mœrentia pectora mulcet, Vir Æn 1, 201 (3) Pastor animum o carmine mulcet oves, Ov Trist 4, 1, 12 Carmine mul- cere puellas, Hor Od [illegible] 11, 24 (4) Viperei generis, &c mulcebat iras, charmed the rage, Vir Æn [illegible] 755 Feras mulcet, to tame, Ov Pectus [illegible] mulcet, Hor Epist 2, 1, 212 Mulcere de [illegible] fluctus & tollere vento, to calm, or still, Vir Æn 1, [illegible]

Mulceor, eri pass To be stroked, soothed, delighted, tamed, charmed Mulceri jure, Ov Fast 1, 155 Vid Mulceo

Mulciber, ĕri m [a mulcendo, i e molliendo ferro] An epithet of Vulcan Vid Propr

Mulco, are act [a mulgeo, ut [illegible] sedo, quod enim verberatur mollitur] To strike, to beat, to pay one off, to pay one soundly P [illegible] verberibus mul- cant, Tac Ann 1, [illegible] Aliquem usque ad mortem male mulcare, to beat him to death, Plaut Leg [illegible] semper ap Ter Cic Vir &c multo aut mulcto, pro mulco, in exemplaribus hodie impressis, an recte [illegible] ulterum, operæ est [illegible] Voss Instit Orat 3, 5, 8

Mulcor, āri pass To be beaten, &c Mulcari verberibus, mul- tari multa pecuniaria, Serv

Mulcta, æ f [a mulgeo, quod quasi emulgeatur pecunia] A fine of money set upon one, a mulct Scrib sæpe multa, q v

Mulcto, āre To fine, &c Vid Multo

Mulctra, æ f [a mulgeo, mulc- tum] (1) A sort of milk meat (2) A milkpail (1) Cibi for [illegible] bus proximi, ut mulctra & recens caseus, Col 8, sub fin, nisi forte sit plur & referendum ad mulc- trum (2) Mulctra repleta lacte, non sine tepore debet esse, Col 7, 8

Mulctrāle, is n [a mulctra] A milking pail Implebunt mulc- tralia vaccæ, Vir Geor 3, 177 Mulctra tempus mulgendi, mulc- trale vas in quo mulgetur, Serv

Mulctrum, i n id quod mulc- tra A milkpail Veniunt ad mulctra capellæ, Hor Epod 16, 49 Vid & Mulctra, n 1

MULGEO, ere, si, sum & xi, ctum act [ab ἀμέλγω] To milk Mulgere oves, Vir Ecl 3, 5 Mul- gere hircos, Id Geor 3, 400 Prov to act absurdly

Mulgo, āre [qu vulgo, unde comp promulgo] To publish, to divulge, Lexicogr ex Plaut

Mul[illegible], a, um part [illegible] sufferin [illegible] (1) [illegible] flowers [illegible] (2) [illegible] Plin Habe [illegible] mul [illegible] flaccum (2) [illegible] ¶ [illegible] ordine [illegible]

Muliebris, [illegible] Of, or belonging to a woman, (2) Meton Womanish, effeminate (3) Like unto a woman, nice, dainty, light, inconstant, &c timorous (1) [illegible] muliebris [illegible] (2) Vos etenim [illegible] animum g- [illegible] muliebrem, [illegible] Ov [illegible] 1, 18 (3) = Molli [illegible] & [illegible] tus commu [illegible] us, C [illegible] pro [illegible] 10 = Enervata & muliebris senten- tia, Id Tusc 2, 6 Muliebri animo [illegible]

Muliebriter adv (1) Like wo- men, womanish, (2) Weakly, fearfully, or meanly (3) Nec muliebriter exanimari [illegible] Od [illegible] 3, 2 (2) Ne quid fer- ter muliebriter [illegible] de- lere, Cic Tusc 2, 2

MULIER, [illegible] (1) [illegible] (1) A woman (2) A town [illegible] (3) Mon [illegible] only that is not a maid (4) A wife (5) A [illegible] upon [illegible] (6) A word of upbraiding the [illegible] with its impotence and vices (1) Qui potestis [illegible] vi- rere, Plaut St [illegible] 1, 2, 64 (2) [illegible] is appellatione [illegible] virgo [illegible] ipotens continentur, [illegible] (3) Si ego me virginem [illegible] puta- rem, cum esset mulier, nuptio vo- lebat, Cic (4) Unico gaudens mu- lier marito, Hor Od 3, 14, 5 (5) Ter Eun 2, 3, 65 (6) Pergin' mu- lier esse? Ter [illegible] 5, [illegible] Mu- lier es, [illegible] jurasse, Plaut Amph 2, 2, 206 q d you are a right woman

Mulierārius, a, um adj Apper- taining to a woman Mulierarii manus, a body of women soldiers, Cic pro Cœl 28

Muliercula, æ f dim [a mulier] A little woman, a poor sorry woman, a weak woman In un- us mulierculæ in mulierculæ [illegible] Sulp Cic inter Ep Fam 4, 5 Bene colligit hæc pue- ris, & mulierculis, & servis [illegible] grata, Cic Offic 2, 16

† Mulierro, āre To make an whore of one, to debauch Hic ephebum mulieravit, Varr apud Non 2, 552 + Stupravit

Mulierŏsitas, ātis f An hank- ering love, or an unlawful lust- ing after women Mulierositas, ut ita appellem eam, qua Græce φιλογυνία dicitur, Cic Tusc 4, 11

Mulierōsus, a, um adj Given too much to the love of women Hunc scribunt & ebriosum & mu- lierosum fuisse, Cic de Fato, 5 Raro occ

Mulio, ōnis m [a mulus] (1) A driver, or keeper of mules, or asses, a muleteer (2) A kind of gnat (1) Mihi commodo mulio [illegible] Juv 8, 5, 17 (2) Plin 11, 18

Muliōnius, a, um adj Of, or belonging to a muleteer Mulio- nia penula, a muleteer's frock, Cic pro Sextio, 58

|| Mulleolus calceus dim [a [illegible]] A scarlet, or purple shoe, Tert

Mulleus, i m [a mullendo, i e suendo, Fest] addito calceus, à co- lore mulli piscis, i e purpureo, quomodo quidam placet dici, Isid] Est nomen adj Tamen ap Fest substantive utitur A kind of red, or purple shoe,

that a [illegible] (1) [illegible] [illegible] & [illegible]

[illegible] barba- [illegible]

[illegible] multitudo [illegible] [illegible] Plin [illegible] Mul [illegible] good [illegible] (1) A [illegible] [illegible] multum, [illegible] &c Plin 22, 24 (2) [illegible] [illegible] Sic [illegible] (1) A penalty, or fine, [illegible] amercement, or forfeiture (2) A punishment (3) [illegible] whereby [illegible] (1) Irrogatio mul [illegible] amercing, or [illegible] Rib [illegible] Leges mul [illegible] imposed by the law, [illegible] Populu [illegible] parts [illegible] Nep Tim 4 [illegible] Multa erat Veneri, a fine was set to be paid to [illegible] Cic (2) Hæc mala [illegible] vino [illegible] Plaut Asin 1, 1, 35 (3) Ut illam multam non committi, Cic pro Cluent 27

Multandus, a, um part [illegible] To be punished Mo [illegible] tandu, Cic

Multangŭlus, a, um adj That hath many corners, full of angles Modis multis multangula quædam Lucr 4, 658

Multans, tis part Amercing, punishing, avenging Infe- rium multantes vindice [illegible] Catull 6, 192

Multātio, ōnis f verb [illegible] ting to a fine, a punishing, [illegible] of forfeits Multatio [illegible] bonorum, Cic pro C Rab

Multatitius, a, um adj Got by forfeits, or fines Mulctat- pecunia, money [illegible] by fine Liv 10, 23, extr Mulctaticium argentum, Id 30, 39

|| Multator [illegible] He that pu- nisheth, or fineth, Dig Qui multam irrogat

Multus, a, um Fined, amerced, punished, mulcted Agris, [illegible] bibus, que multati, Cic pro Font [illegible] multa a morte Camill Vir Æn 11, 839 [illegible] Cic pro Cæcin 34 A fortunis [illegible] multata, Cic pro Rab Post 1

Multesimus, a, um One of [illegible] = Quam sit parvum [illegible] [illegible] multesima [illegible] one part of a thousand, Lucr 6, 651 Perper in quantitatem [illegible] nitam ponit Non

|| Multibarbus, a, um That wearith a great beard, or hath much hair on his face, Litt ex Apul + Hono prol [illegible]

✠ Multibibus, a, um *A tippler, or great drinker, one that is given to drink*, or *that drinketh much* Mult bibi anus, *Plaut Cist* 1, 3, 1 lena, *Id Curc* 1, 1, 17

Multicavatus, a, um *Full of holes* Favus multicavatus, *Varr R R* 3, 16

Multicaulis, e adj *Having many stalks*, Plin 21, 16

Multicavus, a, um *Full of holes* Pumice multicava atria structa, *Ov Met* 8, 561

Multicius, a, um *unde* multicia, *sc* vestis

Multicia, orum n pl Vestes subtili arte contextæ, *Juv* [quod eas pecten *multum* soleat *icere*, *qu* multicia, *contr* multicia *Salm* al qu multilicia [a multis liciis, sive filis] *scrib* & multitia *Garments finely and curiously wrought, so fine that the body might be seen through them*, like taffata Quæro an deceant multicia testem, *Juv* 2, 76

Multicolor, ōris adj *Of divers colours*, Plin 37, 10.

† Multifacio, ecı, ere *To make much account of, to esteem much of*, Cato *ap* Fest ✝ Magni facio

Multifariam adv ex adj *sc* viam (1) *In many places* (2) *Many way*, or *fashions, variously* (1) Aurum multifariam defossum, *Cic* de *Orat* 2, 41 (2) = Multifariam diverseque tendebant, *Suet Galba*, 19

Multifariè adv *Sundry ways* Panis multifariè fit, *Plin* 18, 7

|| Multifarius, a, um adj [quod multis modis est fari] *Of divers*, or *sundry sorts* Militares coronæ multifariæ sunt, *Gell* 5, 6

Multifer, era, um (1) *Bearing many sorts of things* (2) *Also bearing in abundance* (1) = Tam multifera sunt, & tot res præter glandem pariunt robora, &c Plin 16, 8 (2) Nullo æque genere multifero, donec sua fertilitate consumatur, *sc* brassica, *Plin* 16, 8

Multifidus, a, um [ex multus & findo] *Having many slits, clefts or crevices* Multifidi pedes, *feet*, or *hoofs divided into several parts*, Plin 11, 37 Multifido buxus dente, *a comb with many teeth*, Mart 14, 25 Isten multifidus *with many mouths*, or *streams*, Luc 3, 20 Multifidæ faces *Id* 2, 687

|| Multiforābilis, e adj *That is th many holes*, Apul Met 10; ... ✝ Multorum foraminum

|| Multiforatilis, e adj *id ac* multiforabilis, *Apul Florid* 1

Multiforis, e adj *That hath many holes*, or *entrances to go into it* Specus multifores in terra, *Pl* ... 8, 55

Multiformis, e adj *Of many fashions, shapes*, or *sorts* Qualitates variæ sunt, & quasi multiformes, *Cic Acad Q* 1, 7 Partus multiformes, *of many shapes*, Plin 8, 16 Oculi contuitu multiformes, ...

Multiformiter *Diversly, in divers fashions and several ways* ... situ multiformiter auxiliari, *Plin* 36, 27

Multiforus, a, um *That hath many holes* as a pipe to play on ... Multifori tibia buxi, *Ov Met* ..., 1, 9 Tibia multifora, *Sen Ag* ... 343

† Multigener adj *Of many*, or *sundry kinds* Multigeneribus opus est tibi militibus, *Plaut Capt* 2, 1, 56 ✝ Multorum generum

Multigenus, a, um *Of diverse kinds, of many and sundry sorts and fashions* Multigena terrestrium volucrum vita, *Plin* 11, 1 Multigenæ figuræ, *Lucr* 2, 335

Multijugis, e adj [ex multum & jugum] *Many together in a bundle* Tuas literas multijuges accepi uno tempore, *Cic Attic* 14, 9

Multijugus, a, um *Several joined together in the same harness* Iret sublimis curru, multijugis si vellet equis, *Liv* 28, 9

Multiloquax, acis adj *Talking much* Multiloquaces mulieres, *Plaut Aul* 2, 1, 5

Multiloquium, ii n *Much babling, a great deal of talk*, Plaut Pseud 3, 2, 5

Multiloquus, a, um *Full of speech, one that useth many words, talkative* Multiloqua anus, *Plaut Cist* 1, 3, 1 Coquus multiloquus, *Id Pseud* 3, 2, 5

|| Multimeter *A verse of diverse meters* ✝ Numerosus.

Multimodis adv *Many ways, variously, after several manners* Ducere multimodis voces, *Lucr* 5, 1055

Multimodus, a, um *Of diverse sorts, fashions, manners, various* Multimodi motus materiæ, *Lucr* 3, 869

|| Multinodus, a, um *Full of knots*, or *joints*, Apul Met 5 ✝ Multorum nodorum

|| Multinominis *That hath many names*, or *titles*, Apul Met 11

† Multinubus, a, um *He*, or *she that hath been married to many*, Cornut ✝ Quæ multis nubit Qui multas duxit

Multinummus, *vel* multinūmus, a, um (1) *Earning much money* (2) *Costing much money* (1) Multinummi asini, *Varr R R* 17 (2) Multinumus piscis, *Varr*

Multipartitus, a, um *Divided into many parts* Vita multipartita degitur, *they have many ways of life*, Plin 6, 19

|| Multipatens pectus, *Large, and full of subtil fetches*, Plaut Bacch 4, 4, 9 *ubi al leg* multipotens

Multipeda, æ f Eandem esse, dicit *Plin* quæ & multipeda, & centipeda dic *An insect that hath many feet, a cheeslip, a sow*, Plin 29, 6

Multipes, edis adj *That hath many feet*, Plin 11, 45

Multiplex, icis adj [multis plicis constans] (1) *Consisting of many folds* (2) *Having many turnings and windings* (3) *Various, full of variety, of diverse sorts, and ways, different* (4) *Many times as much*, or *more* (1) Aurum multiplicis thoraca tulit, *Sil* (2) Multiplex domus, *Ov* = Ingenium multiplex & tortuosum, *Cic* de *Am* 18 (3) = ✠ Si non in unoquoque unus animus erit idemque semper, sed varius, commutabilis, multiplex, *Cic* de *Amic* 25 = Præturæ jurisdictio res varia & multiplex ad suspicionis & simultates, *many ways exposed to*, Id *pro Flacc* 3 (4) Multiplex spatium, *Lucr* 2, 162 Quicquid communis Mars belli aufert, multiplex, quam pro numero, damnum est, *the loss is much greater than it should seem by the number*, Liv ¶ Multiplex proavis, *of a noble family*, Sil 5, 544

Multiplicābilis, e adj *That hath many windings and twistings* ✠ Tortu multiplicabile draco, *Cic Tusc* 2, 9 *ex poeta*

Multiplicandus, a, um Multiplicandis usuris crescere, *Nep Attic* 2

Multiplicātio, ōnis f verb (1) *A multiplying*, or *augmentation* (2) *Multiplication according to arithmetic* (1) Multiplicatio frugum, *Col* 3, 2 (2) Summa ex multiplicatione effecta, *Col* 5, 2

|| Multiplicātor, ōris m *He that multiplieth*, Aug ✝ Qui multiplicat

Multiplicātus, a, um (1) *Multiplied, augmented, made much more*, or *greater* (2) *Multiplied arithmetically* (1) = Auctus exercitus, auxilia multiplicata, *Planc Cic Epist Fam* 10, 8 Multiplicato sono, *with many echoes*, *Curt* 3, 10, 2 Domus multiplicata, *built larger than before* (2) *Col* 5, 1

Multiplicitèr adv ius, comp *Diversly, manifoldly, very much* Multipliciter animus curis fatigatur, *Sall* de rep ordin De eodem multiplicius, *more fully*, or *particularly*, Plin 7, 14 in lemmate

Multiplico, āre [a multiplex] (1) *To multiply, to make much greater* (2) *To multiply arithmetically* (1) Multiplicare honorem, *Ov* ex *Pont* 4, 9, 67 vires, *Id Trist* 5, 1, 64 æs alienum, *to run into debt*, Cæs B C 3, 32 (2) Duas summas inter se multiplicare, *Col* 5, 1. latus unum in se, *with it self*, Id numerum cum numero, *Id*.

Multiplicor, āri pass *To be multiplied, increased, enlarged* Flumina collectis multiplicantur aquis, *Ov Rem Am* 98

Multipŏtens, tis adj *Of great power and might* Multipotens Jovis frater Neptunus, *Plaut Trin* 4, 1, 1 Venus, *Id Cas* 4, 4, 17

† Multiscius, a, um *One that knoweth much*, or *is skilled in many things*, Apul Met 9 ✝ Multa sciens

✠ Multisŏnōrus, a, um *Sounding loud*, or *making a great noise, creaking like a cart*, or *wain* Multisonora esseda multisonora trahunt, *Claud Epigr* 1, 18

✠ Multisŏnus, a, um *Sounding much* ✠ Multisonæ catenæ, *having many tunes*, or *notes*, Stat Theb 8, 25 Multisonum sistrum, *Id Sylv* 3, 2, 103 Multisona Attis, *Mart* 1, 54

Multitia, & multitius *Vid* Multicius

Multitūdo, ĭnis, f [a multus] (1) *A great company*, or *number, a multitude, great store* (2) *The multitude, many, the mob, the rabble* (1) = Hominum numerus, & multitudo, *Cic* causarum, *Cic* armorum, *Cæs* (2) ✠ Fugiens multitudinem philosophia paucis judicibus contenta est, *Cic Tusc* 2, 1 Testimonium multitudinis non gravissimum est, *Id* de *Fin* 2, 25

Multivăgus, a, um adj [multum vagans] *Wandring*, or *straying much abroad, straggling up and down* Columba avis multivaga, *Plin* 10, 37 Domus Scytharum multivagæ, *Sen Herc fur* 533

|| Multivira, æ f *A woman that hath married*, or *lain with many men*, Arnob ✝ Quæ cum multis viris rem habuit

|| Multivius, a, um. *That hath many ways, manifold*, Apul Met 9 ✝ Multiplex

✠ Multivŏlus, a, um Multivola mulier, *loving passionately*, or *unconstant in love*, Catull 66, 128

Multo, āre act *i e* multam, *sc* pecuniam irrogo *Multare*, aut numerare, sive multiplicare, Plaut Prop Erat in auctione plus is liceri, quam ... Gr similiter ..., cum emptio is ... contenderent, & illi ... rent pecuniâ, *Scal Salm* ... men *Gron* quem adi (1) *To ... or put a fine upon one*, *to amerce* (2) *To punish, to inflict punishment upon* (3) *To beat*, or *treat one to maul and pay him off, handle one ill* (1) Pecuniâ multare, *Nep Pelop* 1 Hic ego mul abo bolo, *Plaut* ... 70 *Met*. Aliquam ... monio, *Plaut* ... *without returning her portion* Dote multare, *to adjudge ... tion forfeit to her husband* (2) Vitia hominum atque fraudes, damnis, ignominiis, vinculis, verberibus, exiliis, morte mulctantur, *Cic* de *Orat* 1, 43 (3) ... minum atque omnium ... multavit usque ad mortem, *Ter Adelph* 1, 2, 10 ☞ Sed ... notione mulcare ... esse videtur

Multò adv *By much, far, long, a great deal*, or *while* Ante multò, *Ter Andr prol* 4 Multò secus, *Cic* ... 4, 9 *far ... wise* ante, *Ter* post, *Cic* ... ita multò post, *Id* ... nere, *Id* Multò præstat, ... Multò plus, *Luc* Multò ... *Ov* Multò minoris vendidit, ... sapientissimus, *Plaut* Multò ... xima pars, *Cic* pro Leg Manil ... Multòperè adj *Very greatly*, Plaut *sed potius divisim* multo opere

Multor, ari pass (1) *To be fined, amerced* (2) *To be punished* (3) *To be beaten*, or *ill handled* (4) It dep *To fine*, or *punish* (1) Pecuniâ multari, *Nep* ... *Milt* 7 Stultitia famâ multatur, *Cæcin ad Cic* § Nisi posuisset Veneri Erycinæ esse multatum ... *was to pay a fine for her service*, *Cic* ¶ Ager pessime multatur, cujus dominus, &c ... *used*, Id (2) *Vid* Multo, are ... (3) In turba ita est multatus, ... vitam amiserit, *Cic* Multari ... genis, *Liv* ☞ *Sed in hac notione* mulcor *pot legendum videtur* (4) Neque reconciliantes gravem multatus est pœnâ, *Suet Aug* ...

Multŏties, adv *Oftentimes, many a time*, Liv Ep t 59 ✝ Sæpe

Multum adv (1) *Much* (2) *Frequently, very often* (3) *Long before*, or *far forward* (4) ... adj *Very, exceeding* (1) Multum jactatus, *Vir Æn* 1, 7 ... liturus, *Hor Epod* 15, 11 ... *Vir Ecl* 3, 18 discrepare, ... Salve multum, *Id* vale, *Id* ... Aliquo uti multum, *to be very intimate with one*, *Cic* ... tecum multum, *Id* Multum ... in his locis, *Id* Multum ... venationibus, *Cæs B G* 4, 1 ... aliquo multum à puero ... (3) Multum in posterum ... dere, *Cic* (4) Multum celer ... que fidelis, *Hor* ... miseri, *Ov* securus, ...

MULTUS, a, um ... [à mole, vel à ... plenitudo] (1) *Many*, with a substantive ... plur (2) *Much, great* ... (3) *Frequent often* (1) ... *too long, prolix, tedious* (1) ... ta litura, *many a blot*, Hor A ... 293 Multa dies, *many a day* ... Id Multas vis possidet ... *Lucr* 2, 596 *fine subst* ... ta deos venerati sunt, ... salutem, *made many prayers for his destruction*, Cæcin ad C ...

Multa illi ad hæc, *returned many things in answer*, Hor Haud multo post, *Id* Quid multa? Ne multa, *Cic* Ne multis, *to be brief* Filium multis modis expecto, *Ter mightily* In multo, multo, *more by many times*, Plaut Ego multo tanto miserior quam tu, *Id* (2) Cædes multis in aris, *Id* aura, *Hor* verba, lius, libertas, merces, *Id* ... furor, *Cic* ¶ Alicui dicere multam salutem, *to wish one much health* Plaut Multa pars mei, *great part of me*, Hor Multi nominis, *of great renown*, Id Multus an ictus, *thick*, Vir Multa grando, *Id falling thick* Multo die, *the day being far spent*, Cic Ad multum diem, *far spent*, Cic Multo mane, *very early*, Id Multa nocte, *late*, Cic De nocte multa, *late in the night*, Cic Multo jam noctis, *Tac* Multi æstimare, *to value highly*, Cic Potes in toto multa jacere toro, *Ov* (3) A solicito multus amante, *Ov Amor* 1, 15, 38 Multa viri virtus, multusque recursat gentis honos, *Vir Æn* 4, 3 In oratione multus, *Cic* (4) Est multus in laudandâ magnificentiâ, *Cic* Nolo nimium multus vobis videri, *that I may not seem tedious to you*, Id Multus & insolens ne sim, *Id*

Mulvianus, a, um Genus mulvianum *a sort of quince*, Plin 15, 11

MULUS, i m (ū) [a μύλλ@, labor, quod sit animal viribus in labore eximium, *Plin*] Curto mulo ire, *Prov* ¶ Muli Mariani, *Fest Vid* Marianus

Mundanus, a, um [à mundus] (1) *An inhabitant of the world* (2) *Celestial* (1) Socrates interrogatus, cujas esset, mundanum se esse respondit, *Cic Tusc* 5, 37 (2) Mundanæ oræ, *Avien* in *Arat* 16

Mundandus, a, um part *To be cleansed*, or *made clean* Vasa mundanda, *Plin* 15, 6

Mundātus, a, um part *Cleansed*, or *made clean* Mundata oliva, *Col* 12, 50

‖Mundialis, le *Worldly, worldly minded, belonging to the world*, Sidon Mundialis lux, *Tert*. gloria, *Prud Cath* 1, 90 ✝ Mundanus

‖ Mundicina, æ f *Cleanness, whiteness*, Apul Apol p 408 ✝ Munditia

Munditer adv issime, sup *Cleanly, neat* Munditer nos habemus, *Plaut Pœn* 1, 2, 26 Aromata quam mundissimè contundito *Col* 12, 51

Munditia, æ f [à mundus] (1) *Cleanness* (2) *Neatness, cleanliness* (3) *Neatness in dress*, or *habit* (4) *Niceness of taste, delicateness* (1) Munditias facere, *to make things clean*, Cato (2) Munditia illecebra animi est amantium, *Plaut Men* 2, 3, 4 *Transl* = Elegantia modo & munditia remanebit, *Cic Orat* 79 Sunt quædam circa proprietatem significationemque munditiæ, *cleanness of language in the propriety of words*, Quint (3) Simplex munditiis, *Hor Od* 1, 5, 5 Munditiis capimur, ne sint sine lege capilli, *Ov A Am* 3, 133 (4) Quâ munditia homines, *Cic* Non Græcâ facundia, neque urbanis munditiis sese exercuit, *Sall B J* 67

Mundities, ei f *Cleanliness* Munditiei munditiës, *Catull* 21, 18

† Mundulè adv *Neatly, cleanly* Linea tunicâ mundulè amicta, *Apul Met* 2 p 43 ✝ Munditer.

Mundulus, a, um dim [à mundus] *Neat, fine, trim, spruce, snug*, Plaut Truc 2, 1, 13

Mundum, i n *Womens ornaments* Legavit quidem uxori mundum omne, *Lucil* ap *Non* ✝ Mundus

MUNDUS, a, um adj or, comp issimus, sup [ab ἀμίαντ@, intaminatus, sit mundus abjectâ per Aphæresi quod amat fieri, *a* priv *Litt*] (1) *Clean, neat, cleanly, decent* (2) *Trim, spruce in habit* (3) *Nice, delicate* (1) Munda supellex, *Hor Epist* 1, 5, 2 (2) Mundus demissis institor in tunicis, *Prop* 4, 2, 38 (3) *Cic* de *Fin* 1 = Quæ *meretrices*, dum foris sunt, nihil videtur mundius, nec magis compositum quicquam, *Ter Eun* 5, 4, 12 Mundissimum cubile, *Col* 9, extr

Mundus, i m [à mundus, à munditie sive ornatu, *Varr L L* 4, 20 Gr κόσμ@] (1) *The world, the universe* (2) *The sky*, or *firmament* (3) *A woman's ornaments* (4) *All kind of provision* (1) Quem κόσμον Græci nomine ornamenti appellaverunt, eum & nos, a perfectâ absolutaque elegantia, mundum, *Cic* (2) Æthereus mundus, *Tib* 3, 4, 18 (3) Munditiæ & ornatus, & cultus, hæc fœminarum insignia sunt hunc mundum muliebrem appellârunt majores nostri, *Liv* 34, 7 Virginalis mundus, *Acc* (4) Rusticus mundus, *Plaut*. ¶ In mundo, *i e* in expedito, ac cito, *ready at hand, and soon to be had*, Charis *int* Pistrinum in mundo fore, *Plaut* Ego, cui libertas in mundo sita est, *Id* Mihi in mundo sunt virgæ, *Id*

Mūnerālis, e adj *Pertaining to gifts and bribes* Muneralis *lex* Lex quâ Cincius cavit, ne cui liceret munus accipere, *a law forbidding orators to take fees*, Fest ex Plaut

Mūnerārius, a, um *Belonging to gifts*, or *bribes*, Sen Contr 4, in *pr ef*

Munerarius, ii m [à munere] *He that setteth forth at his own charge the sight of swordplayers, or other like games unto the people* Munerarium Augustus primus dixit, *Quint* 8, 3

† Munerātio, ōnis f *A giving, or bestowing of gifts*, Ulp

Mūnĕrātor, ōris m *A rewarder, or giver of gifts*, Flor 3, 20, 9

‖ Munerātrix f *She that rewardeth*, or *giveth gifts*, Dig ✝ Quæ dat munera

† Mūnĕrigĕrulus m *A bringer*, or *carrier of gifts*, or *presents*, Plaut Pseud 1, 2, 48 ✝ Qui gerit munera

Mūnĕro, āre act [à munere] (1) *To give gifts*, or *presents* (2) *To reward, recompense*, or *requite to pay*, or *return a kindness* (1) Affectatur, assidet, munerat, *Cic* (2) § Ut beneficium benè merenti nostro merito muneres, *Plaut Capt* 5, 1, 15

Mūnĕror, āri dep (1) *To give, bestow*, or *present* (2) *To offer in sacrifice* (3) *To bribe*, or *fee* (4) Absol *To bear office* (1) Aliud alii muneratur, *Cic* de *Inv* 2, 1 Alexion me opiparè muneratus est, *Cic Att* 7, 2 (2) Uva qua muneretur te, Priape, &c Hor Epod 2, 21 (3) Disciplina est eisdem, munerarier ancillis, ad dominas qui affectant viam, *Ter Heaut* 2, 3, 59 (4) *Ulp*

‖ Munerōsus, a, um adj *Liberal, bountiful, openhanded*, Litt ex Plaut ✝ Liberalis

MUNGO, ĕre, xi, ctum [mut mugo, quod a μύζω, μύξω, μύγω] *To make the nose clean, to wipe*, or *snuff it* Cerebrum e capite mungere, *Plaut* emungere *usit*

Munia, orum. n, pl [ab adj munis, e plur munia, *sc* officia & obsequia lege debita, *Scal* a μοῖρα, pars, ut quisque sui officii partes impleat *hinc* mœnia, *dein* mœnia, *post* munia] *Offices, charges, places of trust*, or *duties which any man in his place, especially in the public, ought to do* Vegetus præscripta ad munia surgit, *Hor Sat* 2, 2, 81 Belli pacisque munia, *Liv* 1, 42 Regis munia, *Id* candidatorum, *Cic* pro *Mur* 35 consulatûs, *Tac Ann* 2, 26, 6 ducis, *Id Hist* 1, 62, 3 urbis & militiæ, *Id Ann* 6, 8, 3 ¶ Diligenter exsequi munia sua, *Col* 11, 1

Mūnĭceps, ipis c g [qui capit munia] *One of a town whose inhabitants were free of the city of Rome, and had a right to the privileges and offices there* Vidi ego fortissimum virum, municipem meum, C. Marium, *Cic* post *red ad Quir* 8 *sc*. Arpinatem Municipes siluros, *Juv* 4, 33 dixit adj *q d the cryer's own countrymen* Hanc testam municipem misit casta Sibylla suam, *i e made at* Cumæ, *Mart* 14, 114

Mūnĭcĭpālis, e adj *Belonging to a town*, or *corporation, free of the city of Rome* ✱ Utinam in summâ repub nobiscum versari, quam in municipali, maluisses, *Cic* de *Legg* 3, 16 A materno genere municipalis, *Id* pro *Sulla*, 8 Municipalis vita, *a private country life*, Mart 4, 66, 1 Municipales homines, *the plain ignorant men of these country towns*, Cic Philipp 2, 24 Municipalia prodigia, *villainous fellows coming from thence*, Flor 3, 18, 6 *interpr Bud* Municipalia sacra, *were peculiar rites of worshipping their gods, after the manner of particular places*, Fest

† Municipaliter natus *Born in a country town*, Sidon

† Municiparius, ii m *Belonging to the freedom of a burrough*, Dig ✝ Municipalis

Mūnĭcĭpātim adv *Town by town, in every burrough* Municipatim dividere, *Suet Cæs* 14

† Municipatus, ûs m *The freedom, or privilege of a corporation, a burghership*, Aug ✝ Jus municipale

Mūnĭcĭpium, ii n *Any city*, or *town corporate, that had some or all the privileges and liberties of Rome, and yet had particular laws and customs of its own to be governed by* Sui municipii primus, *Cic* pro *Rosc* 6 *Vid Gell* 16, 13

† Mūnĭco, āre ap *Fest Vid* Communico

Mūniendus, a, um part. *To be strengthned*, or *secured* Novarum necessitudinum fidelitate contra veterum perfidiam muniendus, *Cic Fam* 4, 14 *Vid* Munio

Muniens, tis part *Fortifying, building*, &c *Curt* 4, 2, 13 *Vid* Munio

Mūnĭfex, icis c g [à munere faciendo, *Sosip*] *He that is not exempted from his charge, but is in office* Munifices milites, qui munia facere coguntur, *soldiers tyed to duty*, Veget 2, 7 ✱ Beneficiarii milites, qui vacabant muneris beneficio *munifices*, qui non vacabant, sed munus reip faciebant, *Fest* Munifex mamma, *performing its office, giving suck*, Plin 11, 40

Mūnĭficè adv *Bountifully, freely, largely* = Munificè & largè dare, *Cic N D* 3, 27 tueri, *Id* de *Fin* 5, 23

Mūnĭficentia, æ f *Munificence, liberality, bounty* Ad copiam rerum addidit munificentiam, *Liv* 7, 16 Sine munificentia præterire, *Id* 22, 61

† Munificior [comp à munificus] *Fest* ex *Catone* ✝ Munificentior

Mūnĭfico, āre act *To enrich* ✤ Munificat mortales salute, *Lucr* 2, 625

Mūnĭficus, a, um [a munera largè faciendo, *Sosip*] entior, comp entissimus, sup (1) *Liberal, bountiful, free of gifts* (2) *Yielding great fruit and profit* (3) *Bounteously bestowed* (1) = Semper liberalissimus munificentissimusque fuit, *Cic* pro *Rosc Com* 8 Ut munifica sim bonis, *ready and free to help them*, Plaut Amph 2, 2, 212 Munificus largi auri, *Claud* 4 *Cons Honor* 499 (2) Munifica sylvarum genera, *Plin* 3, 4 (3) ✤ Munificæ opes, *Ov* ex *Pont* 4, 1, 24 Munificentior, *Fest* ✱ *Munificus* munera largitur, *munifex* munere fungitur, *Charis*

Mūnīmen, inis, n [à munio] (1) *A fortification, a rampart, any work in fortifying* (2) *A shelter, defence*, or *covering* (1) Fossas munimine cingo, *Ov Met* 13, 212 Munimen nullo quassabile ferro, *Luc* 6, 22 (2) Effusos munimen ad imbres, *defence against violent rains*, Vir Geor 2, 352

Mūnīmentum, i n (1) *A fortification*, or *work, a rampart, military defences* (2) *Any thing that defendeth*, or *covereth* (3) *A fence*, or *mound* (1) Quæ munimenta inchoaverat, permunit, *Liv* 30, 16 (2) Munimento corporis sumpto, *having taken his armour*, Curt 4, 13, 25 valido, *Id* 8, 2, 20. Pingues lacernæ, munimenta togæ, *a defence*, or *covering for one's gown*, Juv 9, 29 (3) Hortorum munimenta, *Pallad Febr tit* 24

Mūnio, ire act [à mœnia, ut à pœna punio, ant mœnio à mœne sing unde pl mœnia, ut sit propr mœnibus cingo] (1) *To fortify* (2) Met *To strengthen, arm*, or *secure* (3) *To inclose with a fence*, or *mound* (4) *To make good and strong, to repair, or pave an highway, or passage* (5) *To make*, or *prepare a passage* (1) Magna munis mœnia, *Plaut Aul* 2, 2, 73 Castra munire, *Cæs B G* 2, 5 communire arcem, *Cic* pro *Sulla*, 28 Multâ vi muniet Albam, *Vir Æn* 1, 27 Munientibus coria velaque jussi obtendi, *Curt*. 4, 2, 12 (2) Præsidiis, custodiis, vigiliisque munire coloniam, *Cic Catil* 1, 3 Frumentaria subsidia reipub præsidiis classibusque munire *Cic* pro *Leg Manil* 12 se firmissimis opibus contra scelus inimicorum, *Id* Munio me ad hæc tempora, *Id Fam* 9, 18 A frigore & tempestatibus munire, *Col*. (3) Hortum ab incursu hominum pecudumque munire, *Col* (4) Per montes præmissis qui munirent viam, *Liv* (5) Appius cæcus viam munivit, quâ populus uteretur, *Liv*

Munior, iri pass *To be fortified, defended*, &c Muniri nobis ad retinendas opes nostras tuta via, *Cic Att* 1, 17 *Vid* Munio

† Munus, ... officium ... munera ... *men* ... dicit ... officio ... munus quarte ... donum (1) ... (2) ... *good turn* ... Munire munera ... *Mor* ...

Munitio, ... (1) ... *fortifying* ... (2) ... *fortification* ... *works* ... *paving* ... (1) Munitio ... (2) ... munitioni-... munus ... *Cic* pro ...

Munio, ... freq ... muniri ... *to prepare and* ... *fashion with great* ... Qua ... munire ... affectas, videtis, *Cic* pro ... 48

Munitor, oris m verb [a munio] *A fortifier, a pioneer that works in fortifying* ... H ... munitoribus a ... *Liv* ...

Munitus, a, um part ... (1) *Fortified, fenced* (2) ... (3) ... (4) *Defended* ... munitus, ... *Cic* ... I, 10 ... munitus ... mu-... improbaret, *Cic* ... Munitus ... *Ad* ... munitæ, *Cic* ... consultum ... equus, *an armed horse*, ... (5) Palpebræ tan-... munita sunt, ... Domus ... munitio, *Id Offic* 2, 4

MUNUS, eris n (1) [cujus e-... מנחה mu-... quicquid offer-... officium, sive donum] ... *gift*, or *present* (2) *A* ... *of the gods*, or (3) *A gift, or sacrifice* ... *reward, a retri-* ... *punishment* (5) *A* ... *benefit, a favour* ... *office* (8) ... *present*, or *business* pub-... (9) *An imposition*, ... (10) *A show*, or ... *set forth by the ma-* ... *for the entertainment of* ... *fights, sports*, ... *with beasts*, ... (11) Meton ... *themselves* (12) ... *place or theatre where* ... (1) Ac-... munera sint ... *Ov Epist* 17, ... *to* ... *one*, Hor (2) ... Ad ... munera ... quæ tamen ut ... *Ov Metam* 6, ... munere ... *Hor Od* 2, 1, 10 (3) ... templis, *Ov Met* 9,

590 (4) Promissa munera, dictos ... *Ov Metam* 11, 213 ... munus, *Id* 4, 635 (5) O ... munera, & mu... *Ter* 5, 18, 6 (6) Mu... munus ... *Ov Met* 10, 135 (7) Animum ... *Juv* 3, ... Respub mu... *Id* de Prov Cons 14 ... munus ... *Hor Od* 2, 12 (9) ... = Sine ... munus & ... tolerare poterit, *Cic* (10) Pomp ... *set forth by him*, Cic ... munera ... populariter, *Tac* 5, 57 Bestiæ ad munus po-... munus, quod novissime pugnat, *Plin* (12) Pompeii mu-... restituet, *Vell* ... *Ov* ... *Am* 1, 69

Munusculum, i n dim [a munus] *A little gift*, or *present* Non ... munuscula, *Catull* 6, ...

Munychion, önis m vocab ... lectum & intell ... *A kind of* ... or *hymn*, probably ... if this be the right reading

Muræna, æ f [a ... fluo, quod in humida ...] (1) *A lamprey* (2) *A chain for the neck* (1) *Plin* 9, 23 (2) *Ibid*

|| Murænula, æ f dim *A small collar or fine chain of beaten gold, worn by women used to wear about their necks*, Hi

Muralis, e adj *Pertaining to a wall* Tormentum murale, *a battering ram*, Vir *Æn* 12, 921 ... Muralis ictus, *a blow from an engine upon a wall*, Sil Falx muralis, *a long beam with an hook at the end, to pull stones out of a wall*, Veg Pila muralia, *javelins to defend a wall with*, Cas Corona muralis, *the crown worn by Cybele, representing the battlement of walls* Lucr 2, 606 Corona muralis, *a crown given to him who first scaled the wall, and entred the town*, Liv ... 18 ✠ Muralis honos, *the honour of such a crown*, Claud Laus Seren 182

† Muratus, a, um *Walled*, Vet interpr

Murcia Dea, quæ prius Myrtea, *Plin* 15, 29 *sc* Venus ... *A name of Venus the goddess of sloth*, Scal

Murcidus, a, um adj Murci-... *sluggish*, ... & murcus ... & murceo, hinc marcidus ... murcidus, unde & Murciæ ... *Scal* *A coward, slothful*, Plaut Epid 3, 1, 12

Murcidum, i n *The seed of the myrtle tree*, Col

|| Murcus, i m [a μαλακὸς mollis, ignavus fit μαλκὸς ...] *A sluggard, a coward, a dastardly fellow, one who to excuse himself from being a soldier cut off his thumbs*, Amm Marc ... Marcidus, ignavus

Murex, icis m [a mu..., quem acumine refert, ...] (1) *A shell fish of the liquor of which red purple colour is made, the burret* (2) *The shell of that fish, wherein unguent ...* (3) *The purple colour itself* (4) *A garment, or robe of purple* (5) *A trump made of the shells of this fish* (6) Also *a sharp rock, or the very point and edge of a rock* (7) Murices, um *Caltraps, like the rowels of spurs, cast in*

the way to keep off the enemies horse (1) *Vid* ... (2) ... murici ... murices ... *Hor L* ... *Epod* 12, 21 (4) Murices ... murice tectum ... vocat, *Ov Met* 1, 332 (5) ... *Val Flacc* ... (6) Acuto in murice remi ... pacere *Vir Æn* 5, 205 interp ... *Vid* & Sil ... 17, 281 (7) Murices ferrei in terram ... *Curt* ... 1, 36

† Murginor, ari, tardare, *Pirot* vel ... murices, vel forte insert ... pro murginari, Col 8, 18 & Plin 9, 20

† Murgiso, önis m *An idle, or slothful fellow, a shifter, or crafty companion*, Fest

Muria, æ f [... muria, dict *Scal* ... fluo, propr quod ex ... fluit] (1) *A kind of sauce, or pickle, made of the tunny* (2) *A brine, salt water* (3) Muria dura, *very strong pickle, or brine made of water and salt, so strong that no more salt will melt in it* (1) *Vid Mart* 13, 103 (2) ... magnitudine ... muriæ, *Cic de Fin* ... *Vid* & *Col* 12, 25 (3) *Col* 12, 4

† Muriaticus, a, um adj *Powdered, lying long in brine, or pickle* Muriatica ... *Plaut Pen* 1, 2, 32

|| Muriatus, a, um *Soused, pickled* ... *Mart* ...

Muricatim adv *Wreathed at the top like the fish murex* ... murricatim intorto, *Plin* 9, 33

Muricatus, a, um part *Full of sharp points, or prickles* ... folia muricatis cacuminibus, *Plin* 20, 23 *Met* Muricati gressus, qui per murices ferreos, *timorous, or fearful steps*, Fulg

Muricidus, i, um *A mouse killer* ... tibi, muricide homo, *Plaut Epid* 3, 1, 12 *ubi tamen Mur. libentius leg* murcide

Muries, ei f *Brine, salt liquor, the same as muria dura*, *Cato*, 8, 9

† Murilegulus, i m *A gatherer of purple fishes, a fisher for purple* ... Qui legit murices

Murina, æ f potionis genus, quod Græci nectar ... murrhinæ nomine ... *murrhina* ... *myrrhina* ... Non ex Plaut & ... vinum myrrhæ odore conditum *A noble delicious sort of wine, sweet* ... *strong, hippocras*, ... *rather like Verdea*, ... *or Frontinac, tempered with myrrhe, or other precious odours*, Plin 14, 13 ... the Romans ... used to drink, *Gell* 10, 23

Murinus, a, um adj (1) [a mus, muris] *Of, or belonging to a mouse* ... *Col* 6, ... Pelles murinæ, *martens skin* ... *of other small furred beasts* Justin (2) ... murinus ... *Plaut* (3) ... muro] Murinum hordeum, *a weed like barley, growing commonly on walls*, Plin 22, 25

† Muriscipula, æ f *A mouse trap*, Cato ‖ Muscipula

MURMUR, ŭris n (1 in Non) [... μορμύρω, ... quæ tamen est vox ficti ...] (1) *The noise of water running*

the purling of a brook ... *murmuring, or buzzing* ... *Met A whisp...* ... *part of trees* ... (5) *A rapping* ... *plause* (6) *A* ... *Any terrible noise*, ... *of the sea*, ... *hot tigers*, or ... *of thunder*, ... *of the winds* (9) ... *trump*, &c (9) ... *or grumbling* ... Murmur ... bo... *Rem* ... Murmur ... tonant, *Vir Æn* 12, 591 (2) Haud facile est ... plis, & ... *Plin* 2, 6 (4) Ventosi ... murmura, *Vir L* 5, 58 ... murmur ... 1, 259 (5) Vulgi ... murmur ..., *Ov* ... murmure ... 5, 369 (6) Secreta murmura ... *Juv* 10, 8, (7) In omni murmure Trinacria, *Æn* 3, 581 (8) Minax ... cornuum, *Hor Od* ... buccina ... murmura ..., 4, 4, 61 (9) Quanto ... murmure ... 5, 67

Murmurabundus, a, um *A murmuring, muttering, or grumbling*, Apul Met ...

Murmurans, tis part (1) *Muttering* (2) *Roaring* as the ... (3) *Crackling* as fire doth Murmurans servus, *Pl* ... Fremitus murmurantis mar... *Quæst* 5, 40 (5) Murmurantia ... *Plin* 18, 35

Murmurātio, ōnis f verb *A murmuring, or low sound* ... læna ... sola sine clangore, ... murmuratione, *Plin* 10, ...

|| Murmurātor, ōris m *A murmurer, mutterer, or grudger*, Aug

† Murmurillo, āre *To mutter, or speak softly, to one's self* ... murmurillas tecum? *Plaut Rud* 5, ... 61

Murmurillum, i n dim [a murmur] *A little noise, or whispering* Nolo murmurillum, *Plaut Rud* 5, 3, 48 *sed meliores lib* murmur ullum

Murmuro, āre neut [a murmur] (1) *To yield a low and hollow sound* (2) *To murmur, repine, or grumble* (3) *To roar like the sea* (1) ... Flebile ... murmurat exanimis, *Ov Met* 11, 52 ¶ Mihi intestina murmurant, *my belly crieth cupboard*, Plaut Cas 4, 3, 6 (2) ... scelesta sola secum murmurat, *Plaut Aul* 1, 1, 13 (3) Spumeus ... sub pectore murmurat ..., *Vir Æn* 10, 212

Murmuror, ari dep *Varr* ap *Non* pro murmuro

Murra, æ f al murrha ... murrhina vasa *A ... diverse colours clear as ..., of which they made cups to drink in, or ... some, porcellan* ... A den ... Falerno ... *Mart* 14, 113

† Murratus, a, um *Mingled with myrrhe, or sweet ointment* Murrata potio, ap ... Fest Murrinus

Murreus, a, um adj ... *the flow mure* ... *Porphyry, porcelain* ... *Mart* ... his peculi... ... 5, 26 ‖ Murrhinus

† Murrhina, æ f *A* ... *a ... wine*, Plaut ...

Murrina

† Murrin... a, um *Made of myrrh* § La myrrha conditus

† Murrino... *al myro...*

† Mur... m *Vid* murrinus

Murrinus, a, um adj [murr...] murrina pocula, *Mart*... materia unde fiunt... *Cups made of a sort of matter, like China ware*... Murrina & ... pocula ex eadem terra ... quibus pretium faceret ... *Plin* ... proœm ... *Perpetuum al* ... *confundunt*

† Murt... f *idem quod* myrtus ... My... *unde*

† Murt... um, n *A kind of* ... *instead* ... Plin 15, 29 *Lig &* ... tum

MURUS, m (ū) ant mœrus, ... & pomœrium mansit ... quod quisque pro ... extruere, reficere ... (1) *A wall of a* ... *or* ... *or place for its* ... (2) *A bank raised a* ... (3) *A pro*... *or security* (1) Percussit murum ... *Cic Offic* 1, 11 Mi... *Æn* ... Ne huminem ... nocent ... cos qui ... muros ... (2) ... murus ... *Pison* 4 ... murus Achilles, *Ov Met* ... Crinitum murus, ... *made in the form of* ... *towers*, Claud ... 28

MUS, mūris m [...] *A* ... Cortatro mus pusillus quam ... *Plaut Truc* 4, ... *Plin* 9, 19 ... tanquam mus in ma... *as a lee* § *Mus* ... *Col* ... quod araneæ ... num filum & glad... quod sit muris mag... morsus vene... *The shrew mouse*, Col 6 17

* Musa, æ f ... (1) *A muse* ... (2) *Study*, ... (1) Mens ... *Arch* 9 Musa ... (2) Agrestem ... musam ... (3) Quicum musis ... doctri... commercium ... 23 ¶ Carmina ... Musis Apolline nullo ... *of any mus*... Prop Musum ... Var R R 3, 16 ... Nat Deor ... museum ...

Mus... um adj *Vid* Mu...

MUSCA, æ f [a μυῖα per di... musca] (1) *A fly* ... *impudent person*, a ... (1) ... muscæ ... est meus pater, nihil ... *Plaut* ... 6 (2) Puer ... *Plaut Pœn* ... *tricula diminutiva*, ...

... fœmina est ... *Vid* ... in muscarium ... *Acanthi* ... (1) ... *The top, or round* ... *of any herb, which* ... (1) ... (2) ... Plin 12, 26

Muscarius, a, um adj *Pertaining to flies* ... muscarius, *a spider that catcheth flies*, Plin 29, 6 ¶ Muscarius clavus, *a ... nail*, Vitruv ...

Muscerda, æ f [mus, & cerno, ... excerno] ... *ad ana logiam* ... muccerda, ut sucerda, bucerda *Mouse dung* = Præterea, ut Varro noster tradit, murinum fimum, quod item mus cerdas appellat, *Plin* 29, 6

Muscipula, æ f [mus, & capio] *A mouse-trap*, Varr R R 1, 8

Muscōsus, a, um adj or, comp *Mossy, or full of moss* Muscosi fontes, *Vir Ecl* 7, 45 Muscosum solum, *Prop* 3, 2, ... Apolytono nihil muscosius, *Cic Q fr* 3, 1 2

|| Muscŭla, æ f *A little fly*, August

Muscŭlosus, a, um adj *Brawny, full of muscles and sinews* Cor natura musculosum, *Cels* 4, 1 pectus, *Id* 6, 27

Musculus, i m dim [a mus] (1) *A little mouse* (2) *A shellfish called a muscle* (3) *A fish that guideth the whale* (4) *A muscle in the body* (5) *An engine of war, under which men safely approach to the walls of a town, to fill the ditches* (1) Rusticis ... musculus ... *Plin* 8, ... (2) *Plaut Rud* 2, 1, 9 (3) *Plin* 9, 62 (4) Cicatrix in dextro musculo *Plaut* (5) *Musculi formam vid ap* Cæsarem B C 2 & Veget 4, 16

Muscus, i m [μόσχος, quod & ... ilium arborum lanugo, muscus] (1) *Moss growing upon trees, walls, rocks by the seaside, and brinks of rivers*, &c (2) *Musk which cometh from an imposthume, or the sweat of an Indian beast* (1) Musco circumdat amaræ corticis, *Vir Ecl* 6, ... Saxa circumlita musco, *Hor Epist* 1, 10 7 Virentia stagna musco, *Vir Geor* 4, 18 (2) *H...*

* Mūsēum, i n (1) *A study, or library* (2) *A place for the resort of learned men* (1) ... (2) Conduct ... ad ... sinecura ... est musæum ... *Vid* & ... & ... interpretes

* Musēus, a, um ad musam pertinens *Pertaining to the muses, poetical, sweet, pleasant* ... Musæo melle, *Lucr* 2, 21 Musæo lepore cuncta contingens, *Id* 1, 933

Mūsica, æ f sc ars, ... humaniores literas ... modulationem numerorum, *Bud* *The art of music* Tractat musicam, *Cic* de Orat ... 3 Musicam Amphion ... Plin ... 56 *At quorum tropos ... nostr... ton ... collationem vide ap* Vitruv 5, 4 p 95 edit a J de Laet, 1649

* Musica, orum n pl *Things ... or ...es of music* In musicis numeri, & voces, & modi, *Cic* de Orat 1, 42

Musice, es f *Music* Scientia musices nostris moribus ... ps principi persona, *Nep Epam* 1

* Musice adv *Pleasantly, or merrily* Musice hercle ... ætatem, *Plaut Most* 3, 1 ...

* Musicus, a, um adj (1) *Poetical, or pertaining to poets* (2) *Musical, belonging to music* (3) ... (1) Studium musicum, *Ter Heaut prol* 23 Artem ... tare musicam, *to write plays*, *Id Phorm prol* 18 (2) Musica arti amicus Orphinus ... 9, 8 Aut musici notis ... (3) Non tam concinnus ... musicus, *Cic in Pison* 10

Musicus, i m *A music...* In Græcia musici floruerunt, *Cic* *Tusc* 1, 2

† Mus...mon, ōnis m *qu & musmon* μουσμώνες vocat Strabo *A mungrel creature engendred of a ram and a she goat, a kind of ass, mule, or cutted horse* ... quum musmonem, *Lucil* Equum ... arietem, *Cato Vid* Musmon

|| Musivarius, *An artist in ... maketh Mosaic work*, Cod ...

|| Musivum, i n ... *Mosaic work in the roof of buildings*, Spart *Lat* Opus tessellatum

* Musmon, ōnis m *A kind of ... in Spain and Corsica, that bore goats hair instead of wool* Genus musmonum capr... villo, quam pecoris velleri, propius quos & umbros vocat *Plin* 8, 49 ☞ *Later* ... *& ad asinos, mulos, equos* *Vid* Musmon

Mussans, tis part *Muttering, not speaking out, not acting openly for fear* Mussantes ... *Liv* 7, 25 Cum mussantes medicos vidissem, *Plin Epist* 7, 1, 5

Mussitandus, a, um *To be winked at, or put up quietly* Mussitanda est injuria, *Ter Adelph* 2, 1, 5

Mussitans, tis part *Whispering, muttering* Clam mussitantes, *Liv* 1, 50

|| Mussitator, ōris m *A mutterer*, Bibl † Mussans

Mussito, āre freq [musso] (1) *To speak low, or mutter to one's self* (2) *To be silent for fear* (1) Non ... mussitabas? *Plaut Pseud* 1, 5, 86 (2) Hercle ... mussitabo potius, quam ... *Plaut Mil* 2, 3, 4...

Musso, āre act [... mu ... ut ... quasso, ... quod ... *Varr*] (1) *To mutter low* ... (2) *To mutter, keep to himself, not to speak openly, to doubt* (3) *To be silent for fear, not rest*, &c (1) Mussant ... circum, *Vir Geor* 4, 188 (2) ... mussant, *Liv* Mussat rex ... Latinus, quos generos vocet, *Vir Æn* 12, 657 (3) Mussabat tacito medicina timore, *Lucr* 6 117 Mussanda ... um, ... *Ter* Adelph 2, 1, 5 = *Mussare* ... occulte & depressa voce loquentium, ... in ... multum, *Non*

Mussor, āri pass *Not to be spoken out freely, to be concealed, or kept in* = Neque occultum haberi, neque per metum mussari, *Plaut Aul* 2, 1, 12

Mustācea, æ f [quod mustaceis ... cratur] *A sort of ... with ... great, flavouring ... and ... Plin 15, 30

Mustāceum, ei n *A kind of cake used at weddings a ... cake* ... *R R* 121 Laureolam in musta... quærere, *to seek for glory ... pitiful performances*, Cic Att 5, 20

Mustāceus, ei m *Cato* ...

Mustarius, a, um adj ... *to put new wine in*, ... R R ...

Mustela, æ f [... & mustela] ... (1) *A weasel* (2) *A ...* ... Plin ... (3) ... Sed diversum ... *Auson ... Mo*sell, ... *Col* 8, ult & Plin 9, 1

Mustelinus, a, um adj (1), or *like a weasel* Mustelinus color, *tawny or yellowish* ... Ter Eun 4, 4, 22 ... Plin 10, 14

Musteus, a, um *pro quo ...* mustus (1) *Sweet ... or new wine* (2) *Fresh, ... late made* (3) *Met A book ... lately made, newly come forth* ... (1) ... musteus ... *R* 1, 5 & *Col* 5, 10 ... *Plin* ... Musteus ... *Cato* (2) Succinum musteum *newly dropt from the tree*, Plin Caseus musteus, *green, or soft cheese* ... Piper musteum, *green pepper*, Id 12, 7 Mellis musteum ... tus, *long that hath not perfected its self by working* (3) Musteus liber, *Plin Epist* 9, 21, 6

Mustricula, æ f [... mus, & trica, ... mus intricatur *Al*] (1) *A mouse-trap* (2) *A shoemaker's last* (1) *Gloss Isid* (2) Mustriculam in dentes ... *Lag* & Mustricola

|| Mustulentus, a, um *Smelling strong* Mustulentus aestus ... *Plaut* ... *in MSS* ... *Apul tamen* Musto ... Autumnus, *Met* 1, p 4...

Mustum, i n ... vinum [seq mustus]

† Mustus, a, um adj [... tener] Vinum mustum, *Cato* ... novum † Mustum ... vetustatis ... *Cic* 18 *Mustum non solum* ... verum novellum ... dicitur *Non* ... *Vi*... musta, ... *Cato ap Pr*...

† Mut facere non audet, *Ap ap Char* ... *quod M*

Mutābilis, e adj (1) *Mutable, that may be changed* (2) *Inconstant, or often changed, unconstant, variable, unsteady, wavering* (3) *Various, differing* ... *Act Changing* (1) ... po erit, mens est mutabilis ... *Tib* 3, 4, 63 (2) = Varium & mutabile semper fœmina, *Æn* 4, 569 (3) Vultu mutabilis, *Hor Epist* 2, 2 187 (4) ... mutabilis ... 125

Mutābilitas, ātis f *Mutability, changeableness, ... inconstancy* Mutabilitas mentium, *Lucr* 2, 931 = Inconstantia mutabilitasque mentis, *Cic Tusc* ... 35

Mutabiliter adv *Mutably, fickly, changeably*, Varr ap Non 2, 546

Mutandus, a, um part *To be changed* ... *Hirt ap Cæs* B G 8, ... *Ov* ¶ Lactens ... mutandus, *to be ...*, Col 7, 9

Mutans,

Mūtans, tis part (1) *Changing*) *Altered, changed* (1) Mutans se sedem, *Plin* 2, 57 (2) Diu nur intious verbis rei agendum, ut abolita atque abrogata retinere insolentiæ est, *Quint Instit* 1, 10 Diuturnitate in spei bium mutans *Tac Ann* 12, 29 *Quod etiam in* … *bo fit Vid* Muto

† Mutassis *pro* mutaveris, *Plaut Aul* 2, 6, 49

Mutātio, ōnis f verb *A changing, altering,* or *shifting* ‖ Motibus & mutationibus suis ciens omnia & agitans natura, *Cic N D* 2, 11 Morum institutorumque mutatio, *Id Offic* 1, 33 Magna mutatio loci, non ingenii, *Id* pro *Quint* Rerum mutationes, *Sall B J* § Mutatio vestis, *a going into mourning*, Cic castrorum, *a decamping*, Cæs officiorum, *mutual intercourse*, Cic

Mutator, oris m *He who changeth*, Mercis mutator Eoæ, *Luc* 8, 854

‖ Mutatōrius, a, um *Pertaining to change, changeable* Mutatoria vestes, mutatoria vestimenta, *Bibl* & *Afol* Mutatoria, *the changes of raiment*

‖ Mutātrix, icis f *She that changeth*, Prag Poet

Mutātūrus, a, um part *That will change* Semel mutatas non mutaturus habenas, *Stat Sylv* 5, 2

Mūtātus, a, um par (1) *Altered, changed, turned, transformed* (2) *Transplanted* (3) *Changed for the worse, harsh, sour* (4) *Words used metonymically* (1) Mutato ordine, *Lucr* 1, 687 Mutatis inter se elementis, *Id* 1, 92 Mutata ad celeritatem jumentis, *Cæs B C* 3, 11 Mutato consilio, *altering his mind, taking other measures*, *Id* M Rufus Cæl … mutatum, … verbi, … *varying only in a few words*, Cæs B C 1 (2) *Vir Geor* 2, 50 (3) Ac … mutatum parcit defundere vinum, *Hor Sat* 2, 2, 58 (4) Mutata verba ea dico, in quibus pro vero proprio subjicitur aliud, quod idem significet, sumptum ex re … consequenti, *Cic* … Muto ✠ Mutato sydere, *at a different season*, Vir Geor … Faciem mutatus & ora, *Id* 1, 662

Mutesco, ere incept [*qu* …] *To be* or *wax dumb*, … ✝ Ommutesco

… icus, a, um adj [*a* mutilus] … qui non habet … *An ear of corn without a beard*, Varr R R 1, 48

… tio, ōnis f verb *A maiming* … mutilatio, *Cels*

… ator, ōris m verb *He that mangleth*, or *maimeth*, … ex Cels

… us, a, um part (1) … *mangled* or *cut off* (2) … *Broken* (3) *Diminished* (1) … mutilatus, *Liv* … *Plin* Sa… mutilata cauda colubræ, … *Met* 6, 559 (2) Mutilati … *Vacc* 27 (3) Mutilatus exercitus, *Cic Philipp* 3, 12

Mutilo, āre *To maim*, or *mangle* ‖ Spoliis, mutilis, laceres, … *Ter Hecyr* 1, 1 8

Mutilor, āri, ātus pass *To be maimed* Majore membrorum parte mutilari, *Curt* 5, 5, 14

Mutilus, a, um adj [*a* Gr μίτυλος, *i e* ἄκερως], cornibus destitutus] (1) *Having his horns broken off* (2) Also *wanting horns* (3) Met *Broken* (1) O tua cornu ni foret exsecta frons, in quit quid faceres? cum sic mutilus minitaris? *Hor Sat* 1, 5, 60 (2) ✠ Mutilos oportere esse gregum maritos, non cornutos, *Col* 7, 6 (3) Mutila quædam & hiantia loqui, *Cic Or* 9 ‖ Animus ... fuerit quasdam, & quasi decurtata, *the broken and abrupt periods*, Ibid

Mutilus, i m concha muri similis, *al scrib* mytilus *A kind of shellfish like a mussel*, or *muscle* Quomodo mys, mutilus, & myscus differunt, *vid Plin* 32, 11

Mutinum, *vel* mutinum, *Lucil Vid* Muttinum

Mutinus, *qui & mutunus*, *Id qu* … *Fest* a mutone *sc*

Mūtio, *vel* mutio, ire [*a* mu …] *al scrib* muttio, *a* muttum *quod* … μύζειν, *Gloss vet* … μῦ, … canum est, *Varr*] (1) *To speak softly* as with an imperfect voice, *to mutter* (2) *To creak* (1) Nihil jam mutire audeo, *Ter Andr* 3, 2, 25 Muttire unum verbum audes? *Plaut Men* 5, 1, 11 (2) Num muttit cardo? *Id Curc* 1, 1, 94

† Mūtītio, ōnis f *A muttering*, or *grumbling* Quid tibi hanc curatio est rem, aut mutitio? *Plaut Amph* 1, 3, 21

‖ Mūtito, *al* mutuito, as *To sit one another by turns*, Gell 2, 24

Mutitus, a, um part ex eadem … qua maturato, *senatusconsulto, &c* Neque opus est ideo mutito, *nor indeed is there any occasion that the last word should be made of it*, Ter Hecyr … 26

Mūto, are act freq [*a* moveo, *qu* moto, *ab* Heb … mutare, *Canin*] (1) *To change*, by taking, or giving one thing for another, *to exchange* (2) *To change*, in trading *to barter*, *to traffick* (3) *To take successively, to shift* (4) *To change*, or *alter* (5) Also *To be exchanged*, or *altered* (6) *To change by dying of a thing* (7) *To rescind, disallow, not to hold ratified, to violate* (8) *To cause one to alter his mind* (9) *To turn*, or *transform* (10) *To remove* from one place to another (11) *To pass by*, or *to cross* (1) Mutare corpus, locum, speciem, gestum, tempora, vitam priorem, *Lucr* Mutat cœnacula, lectos, balnea, tonsores, *Hor* lares & urbem, *Id* ✠ mutare habitu, *to change one's attire*, Hor Sat 2, 7, 64 § Mutibus mutare trist … *Hor Od* 1, 16, 26 bellum pro pace, *Sall* Quem cum rebus, quis totus posside orbis, mutare velim, *for whom I would give the whole world* Ov (2) Nec nautica pinus mutabit merces, *Vir Ecl* 4, 39 Mercibus Itrus mutat ungensum piper, *Pers* 5, 55 ¶ Mutare ære, *to sell* Cætera ozæ … reponantur, vel ære mutentur, *Col* 8, 5 Pecus & mancipia mutare cum merce … vino, *Sall* (3) ¶ Mutare solum *to go into exile*, Cic Mutare vestem, *to go into mourning*, Id (4) ‖ Nil ego non patri, nunquam me injuria mutat, *Prop* 2, 24, 39 Nihil in ipso te fortuna mutavit, *Plin Panec* 24 Mutare animum, consilium mentem, voluntatem, sententiam, *Cic* mores, *Ter* tabulas, *Juv* (5) ✠ Quæ prosodiæ fuerunt manent, reliquæ mutant, *Varr vid* & Mutans Mores populi Romani quantum mutaverint, vel hic dies indicio erit, *Liv* (6) Croceo mutabit vellera luto, *Vir Ecl* 4 (7) Mutare decretum, *Cic* Haud muto factum, *Ter Andr* 1, 1, 15 De uxore nihil mutat, *Id* 5, 4, 46 Cum aliquo mutare fidem, *Id* (9) Non illum nostri possunt mutare labores, *Vir Ecl* 10, 64 (…) Crinem mutavit in hydros, *Ov Met* 4, 800 Mutant cum pare … one figuram, *Id* 15, 371 In contraria mutare, *Id* In formam aliquam … *Plaut* (10) … cum omni familia mutes, *Varr* Neque se … quicquam mutat, *Plaut* (11) ✠ Mutare mones, *to pass by* Luci 4, 461

Mutor, āri pass *To be changed*, &c Civitate mutari, *to be made citizen of another city*, Cic pro C Balbo, 11 *Vid et* in Muto

Muto, ōnis m *The privy member of a man*, Hor Sat 1, 2, 68

Mutoniatus *Well hung*, Mart 11, 64 & in Priap

† Muttum, i n [*a* mutio, quod & muttio scrib sive *a* mu *vel* mut] Proverbialiter dicimus, Muttum nullum emiseris, *not a word*, Cornut Hoc est nè mu quidem vel mut facere Hinc Gallic *un mot*

† Mutuarius, a, um adj *Interchangeable, one for another, reciprocal* Mutuariis operis cum vicinis cambire, *Apul Florid* p 450

Mūtuātio, ōnis f verb [*a* mutuor] *A borrowing* Sine mutuatione & versura dissolvere, *Cic Tusc* 1, 2 ✠ Non est hoc depositum sed mutuatio, *Quint*

‖ Mutuatitius, a, um *Borrowed, money hired*, or *taken upon use* Pecunia mutuatitia, *Gell* 21, 1

‖ Mutuator, is m *He that borroweth*, Dig

Mutuatus, a, um part (1) *Having borrowed*, (2) or *having taken from some other* (1) Maximis pecuniis mutuatis, *Cæs B C* 3, 60 (2) A viris *virtus* nomen mutuata est, *Cic Tusc* 2, 18

Mutue adv *id quod* mutuo, *Cic Offic* 5, 7

† Mutuitans, tis part [tanquam *a* freq mutuito] *Desiring to borrow* Mutuitanti credere, *Plaut Merc prol* 52

‖ Mutuito, as, *ing Turneb* ap *Gell Vid* Mutito

Mutuiter, *pro* mutuo, *Varr* ap *Non* 11, 20

Mutulus, i m *qui & mutilus* [*qu* trabs mutila] *A stay cut out of stone*, or *timber in building, to bear up the summer*, or *other part* In masonry it is called *a corbel*, in timber work *a bracket*, or *bragget* Mutuli columnis impositi, *Col* 3, 5 per parietem defixi, *Id* 8, 9

† Mutunium, *in sc* fascinum, *quod & mutonium, & mutinum*, a mutone dict *A filthy charm*, Lucil

‖ Mutunus [*a* mutone dict] (1) *A name of Priapus* (2) *Also the privy member* (1) *Arn Lact* & *Aug* (2) Rubro, Priape, furibus minare mutino, *Poet Phal carm* 73

Mutuo adv *Together, mutually, one with another*, Cic ‖ Gratum est utrique nostrum, quod cupis, mutuo, mehercule, nam invicem deiderio vestri teremur, *Plin Epist* 4, 1, 2 Me mutuo diligis, *Cic Fam* 16, 9

‖ Mutuo, āre act *To borrow*, Non ex Cæsi … Quod regem … finitimis potius mutuari fieret, *Valer Max* 3, 4, 2 *Sed leg etiam* mutuata esset

Mutuor, āri dep *To borrow* A Cœlo mutuabimur, *Cic Attic* 7, 3 ✠ Crassus non mutuatur … laudem, sed sibi … *Id* Met *To borrow*, or *take from another person*, or *thing* Mutuemur hoc quoque verbum, dicaturque tam æther Latine, quam dicitur aër, *Cic N D* 2, 6 Subtilitatem ab academia mutuatur orator, *Id*

MUTUS, a, um (ū) [*a* μυττὸς, μυδὸς, vel μυτης, *i e* ἄφωνος, vel *à* sono, quem muti edunt, *Varr*] (1) *Dumb, that cannot speak*, *naturally, senseless* (2) *Still*, or *speechless, mute* (3) *Without words* (4) *That cannot utter an articulate sound* (5) *Silent, still* (1) Imago etiam muta … tanto scelere revocare debet, *Cic Catil* 3, 5 ‖ Res inanimatæ atque mutæ, *Id N D* 1, 14 (2) *Ter Eun* 3, 1, 27 Mutus metu, *Lucr* 1, 93 (3) Mutus aspectus, *the bare sight*, Quint (4) Mutæ pecudes, *Hor Sat* 2, 3, 21 Mutæ bestiæ, *Cic* (5) ‖ Forum mutum, elinguem curiam, tacitam & fractam civitatem videbatis, *Cic p red in Sen* 3 Muta est hujus temporis accusatio, *for all this time you accuse him of nothing*, Id Tempus mutum a literis, *time silent as to writing*, Cic ✠ Spicula muta, *silent arrows, not singing through the air*, Stat ¶ Mutæ artes, *not greatly famed*, Vir § Hæ quasi mutæ artes, &c *as it were silent arts*, Id (speaking of statuary and painting, in opposition to oratory) Mutæ literæ, *consonants that cannot be pronounced without a vowel, so as to give any sound* Fest Muti lapides, *stones without any inscribed*, Hyg Muta exta, *when they can gather no divination from the entrails*, Fest ✠ Adju oria

Mūtuum, i n [*a* mutuus] (1) *A loan, that which is lent* (2) *An equal return* (1) Mutuum dare, *Plant Trin* 4, 2, 101 Mutuo appendere aliquid, *Plin* (2) Mutuum mecum facit, *he is but even with me*, Plaut Trin 2, 4, 37 Mutua fiunt a me, *I am of the same mind towards you*, *Id* Pers 5, 1, 14

Mutuus, a, um adj [*a* Siculi voce μοιτος, *Varr* vel *a* muto, *à* pasco pascuus, qui … mutuum redditur eadem mensura, … specie] (1) *Lent*, or *borrowed* (2) *Mutual, reciprocal, equally on both sides* … (1) Miser sum, argentum nusquam invenio mutuum, *Plaut* … mitto nostris verba vestris, … Mutua petere sestertia, *Mart* A … dare pecuniam mutuam, *Cic* … Æris mutui summa, *Ov* … mutuum fœnerum … *Cic Att* 2, 30 (2) … perent per mutua vulnera … *kill one another*, Ov … Mutuus effectus, *Tac* … *Hor Epod* 15 … *equally returned* … *Catull* 45, 20 … mutuus, *an equal flame of love*, *Hor Od* … mutua, *Ov Amor* 3, 6 … certamina, vulnera, *Id* … *Virg* voluntas, *Cic* ¶ … operis mutuis, *they assist each other*, Ter Phorm 1, 5 … per mutua nexi, *linked in each other*, Vir Æn 7, 66

M ante Y

* Myagros f [*a* μῦς & ἀγρός] quod præter volantes mures …

... *An herb* ...

... *purp* ... Plin

... *fellows* ...

... *a field mouse* ...

... *a kind of worm* ... Plin 29 6

... Herba dict ... quod odore mures necat ... Plin ...

Myr... *Non ... conscius des...* ... interocc... *A ... long ... plants* ...

... *An herb that* ... Plin 21, 9

... myosotis, Plin ... Id 2, 4 *The ... or ... tongue* ... *A musk pear*

... myrica, es f ... *A ... tamarisk* ... Myrica ... 21 ... Id 4, ...

... *The male kind* ...

... *Of a ...* ...

... umfolorum] *The yarrow*, Plin ...

... (myrica) ... odoris ... *unguentum* ...

... *... cunt ...* ...

* Myrm... ... *(2) ... Plin* ... ( ) Myrmecias ... Prov ...

* Myrmecias, a m *A stone having in it the figure of an emmet, or pismire*, Plin 37, 11

* Myrmecoleon, m ... ex formica & leonis nominibus compositum *A little creature which preyeth upon ants and pismires*, ...

† Myrmi... [...] *Pismire like* Myrmic incedere, *Catull* ... quod formicinum gradum mo... *that is, to go like a pismire, to creep softly along* Legitur & ... unde ...

Myrmillo, onis m *Sect ...* Mirmillo

* Myrobalanum, i n [μυρο unguentum, & βάλανος, glans] *A fruit called by the apothecaries myrobalan, Ben, or a fruit of Egypt, according to the figures of a filbert, of which ... is made ... used in precious ointments* Plin 12, 21

* Myrothecium [...] *Those that anointed their head and perfumed their hair*, Plin ...

* Myrobalum, a m ... *sweet oil, or ointment, or perfumes*, Plin ...

Myropolium, ii n *A place where oils are sold, a perfumer's shop* Plaut Amph ...

Myrrha, æ f [...] hæc ... unguentum ... (1) *A sweet gum called myrrhe, which droppeth from a tree of the same name* (2) *Also a sweet potion to cure drunkenness* (1) Madentes myrrhis ... Plaut Pseud 2, 5

Myrrhatus, a, um *Mingled with myrrhe* ... Sil 15, 48

Myrrheus, a, um *Of the colour of myrrhe, or perfumed with myrrhe* Myrrh... coma, Tib ... 28, & Hor Od ...

Myrrhinus, a, um *Of myrrh, made of myrrhe, ... with myrrhe* Bibl

* Myrrhis, is, ... f quam alii sin... alii myrrham vocant *... call ... like hemlock* Some call *it ... or ... parsley*, Plin 24, 16

* Myrrhites ... m [a colore myrrhæ] *A precious stone having ... colour of myrrh, and when ... like ... ointment*, Plin ...

* Myrsinum [ab odore myrti] ... myrrhinum ... *Wild ...*

* Myrsinites ... mellis in colore ... myrti odorem (1) *A ... kind of spurge* (2) *Also an herb of the kind of spurge* ( ) Plin 20, 10 (2) Herbaceus ... foliis myrti ... Plin ...

† Myrta ... f Cato & ... pro myrtus dixere Sert & multa

Myrtaceus, a, um *Belonging to myrtle* Myrtacea folium, Cels 7, 17

Myrtatum ... n Plin 15, 29 ... Myrtatum

Myrtatus, a, um ad Myrtatus *... seasoned with myrtle*, Plin 12, 1

Myrtetum, i ... *A myrtle grove*, Plin ex Plaut † Myrtetum

Myrtetum ... *A myrtle grove, a number of myrtle trees* ... Cic ... 2, 11

Myrteus, a, um adj (1) *Of myrtles* (2) *Made of myrtle* (3) *Of the colour of myrtles* (1) Myrteta ... Æn 6, 44 ... Ov Amor 1, 1, 34 (2) Myrteum oleum, Plin 15, 1 (3) Myrtea ... *Petron Arb* 21

* Myrtidanus, a, um Myrtidanum, seu ... *A sort of ...*, Plin 15, 20

Myrtinus, a, um adj *Made of myrtle* Oleum myrtinum, ...

Myrtites ... m *Wine made with myrtle berries* ... Plin 14, 6 ... Col ...

Myrtopetalum, n [quod folia habet myrtinis similia] *An herb called also* polygonaton, Plin 27, 12

Myrtum, i n *A myrtle berry* Cruenta myrta, Vir Geor 1, 306

Myrtuosus, a, um adj *Like myrtle, or of the colour of myrtle*, Scal ... myrteolus Plin ...

* Myrtus, ... f ... odoris suaviorem] (1) *A myrtle tree* (2) Meton *A myrtle garland* (1) Gratissima myrtus Ven... (2) ... capiti impedire myrto, Hor Od 1, 4, 9

Myrtus ... Sil ... Catull

Mys, yos ... *A ... of the ... kind, breeding ... sort of ... red pearl*, Plin ... 11 ...

Mysius ... *A kind of ... like a mouse*, Plin ...

* Mysta, æ & mystes, m μύστης [... claudo ... quasi Gr ... quadriennium ...

... *a priest, ... himself ... ...* ... *priests of ...* ... Sen ... *a prelate*, Stat

* Mystagogus, i m *He that sheweth strangers the rarities of a temple*, Cic Verr 2 57

* Mysticus, a, um [...] *... conspiracy, the ... of holy rites ... prelate*, Prud ...

* Mysterium, ii n [μυστήριον ...] ... מסתר ... *a secret, ... thing kept secret in religion ... hidden ... not ...* ... (1) ... Cic ad ... (2) ... & ... Tibull ... (2) ... mysteria ... *the ... rites of Bona ...* Id ... *rites of Ceres, Proserpina*, Cic Id

* Mysticus, a, um ... *Mystical, mysterious and hidden* Mystici ... Ov ... Virg ... Tibul 1, 6, 1 ... It ...

* Mystrum [μύστρον] ... *A kind of ... the fourth part of ... about a spoonful*, ... Plin ... pro mystrum

Myshistoria ... *... making ... & fabulous story*, Vopisc † Historia ... res ...

Mythus, ... *... fables* ... *A fable, a ...* Mart ...

* Myxa, æ f [prop mucus ... unguentorum] ... ex quibus in Ægypto & vina fiunt, ... (1) *A kind of plums, like ... (2) The ... of a candle ...* (1) Plin ... 15, & 15 ... 28 (2) Cum ... myxis ... myxa ... lychnus

Myxon ... *... kind* ... quidam myxon ...

N in Roman, *N n* Italic, both which are as all the other letters, frequently used in most of the modern languages of Europe, especially such as descend from the Latin The English indeed, besides these, have a black character somewhat like the German, in which the letter is thus exprest, 𝔑 𝔫, but of no great antiquity, and seldom used but in printing acts and proclamations, for our Saxon ancestors used a letter very little differing from the Roman The Hebrew tongue hath a double form of this letter, the one initial and medial נ, the other final ן which might be the cause of calling it נון which is expressive of both forms, in analogy to ... which probably was so called from the same cause Indeed there is a great shew of reason why ... should be called נון from the signification of the word, which is *a child*, as being the undoubted

daughter

daughter of her mother מ. The Greeks in taking these two letters from them, seem to have had regard to both these reasons, discarding the finals in both, as having no occasion for them in their tongue, and yet, to shew their near relation, gave them an analogical articulation, calling as the former Mû, so the latter Nυ. Nor are these two liquids nearer in name, than they are in their figure, sound, and mutual offices in Greek and Latin. With respect to their figure, they differ just so much, and no more, in both the capital and small form, as they do in their sound, M m being a fuller sound, having one line more than N n the smaller sound, without any other difference. Their nearness in sound is more remarkable because made by distinct organs, the former being a labial, the latter a dental, which is effected by their equally touching the palate. Nor is their reciprocal use in languages less obvious. The plural termination ים' in Hebrew, in the Chaldee dialect is ין, as on the contrary, the terminations ον and ων in Greek, are um in Latin, as ωον ovum, κοιν ν canum, βραχιων brachium. αν and ιν, the terminations of the accusative sing. of the second declension of the Greeks, am in the first declension of the Latins, as μῦσαν, σχολὴν musam, scholam. In Latin derivatives from the Greek, as ν is sometimes changed into m, as in νέω, meo, so on the contrary μ into n, as in μενδέω, ni... and as before the first rank of the mutes, and their sister labial m, n is changed into m for the better sound, as in imbellis, impius, immodicus, so on the contrary, in the second and third order, m is converted into n before c, q, d, t, as in anceps, nunquis, quendam, tantum. Which also is done before f and h, as in anfractus, anhelus. The change of this letter into her other sister liquids l and r, before another l and r, as in illido, irrideo, is common, as being only made for the better sound in pure Latin words, but the same is also done in Latin derivatives from the Greek tongue, as in re from ῥῆ, lympha from νύμφη (whence our Master Priscian accounts for the use of the Latin numeral L, instead of N the Greek numeral for 50, The most antient Greeks, saith he, used L for N, which we still herein retain) in mora, from μονὴ in crisso from κνίζω. As γ, before κ, γ, χ, is in Greek sounded like n, so in Latin words derived from such, n is substituted for γ, as ancora, angelus, Anchises, for ἄγκυρα, ἄγγελος, Ἀγχίσης, tho the more antient Latins, Accius in particular, as Varro acquaints us, retained g, writing aggulus, aggens, aggula, iggerunt, and this not only in derivatives from Greek, but perhaps in some of their own words. In many Latin words from Greek families, n is inserted, especially before mutes of the second and third order, as in mingo, linqo, jungo, scando, frango, from μιγῶ, λιχῶ, ζυγῶ, σκαδῶ, ῥαγῶ, the second fut tense of μίγω, λείχω, ζεύγω, σκίζω, ῥήσσω, which epenthetical custom is worthy to be noted, as by means whereof from verbs barytones the Latins naturalized many Greek words. But this inserted n disappears often in their derivatives, as in micturio, ligurio, jugum, conjux, fragor, fragilis, as also before gn, as ignarus, ignavus, cognosco, and others. Besides the letters already mentioned, n admits after it itself, s, and x (a compound of s, and the second order of the mutes) as annus, ansa, anxius; and in composition j and v, as conjicio convoco. In writing some Latin proper names, where ns concur either in the middle or end of words, the Greeks, to soften the sound, leave out n; as Ὀρτήσιος, Κλήμης, Πούδης, for Hortensius, Clemens, Pudens. This letter is often omitted by the Latins, when they enfranchise Greek words ending in ων; as Leo, Draco, for Λέων, Δράκων: contrariwise, to Latin words ending in o, the Greeks add n, writing Κάτων, Νέρων, for Cato, Nero. In some inscriptions of the middle age, and transcripts of that time from elder originals, we find this letter in long syllables of many words inserted, as Atlans, gigans, elephans which perhaps may have happened through the ignorance of the transcribers, mistaking a mark set over such syllables by some of the antient writers only to shew their quantity, for the letter n. I should have thought they might have affected to put this letter in the direct case of such words, because they found it in the oblique cases, had not such words as formonsus and thensaurus checkt that opinion. In the notes of the antients, N. is read Nec, nepos, non, num, Nonius, noster, nomisma, nisi, nummorum, numerator, NAV Naves, navibus, navicula, NC. Nunc, N.C. Non certe, vel Nero Cæsar, vel Nero Claudius, N C SN CO S D E Notis civibus senatus consulti suffragium datum est, N.C N. P. Non clam, nec precario, N C C. Non calumniæ causa, NBL. Nobilis; N.L. Non liquet; NO. Nobis, N P. Notarius publicus.

N

N in fine vocis pro ne ... Pyrrhin' con ... vas? Vir Æn ... & ibi

Nabis vocib Æthi ... cum ... vocant ... I beast of Ethio ... It hath a neck ... and feet like a ... camel, of a ... with white, vid

† Nabl, vel nablum, unde in ... נבל ... A psaltery vide ... נבלא ... A psaltery ... palmâ ... Art Am 2,327 po ... nmulia

† Nacæ, ... m vel, ut al ... P ... lanata, ... Gl ... cloth ‡ Fuliones

† Nacta, æ m Pest (ubi leg ... A ... woman of a nasty trade, ... fullers, feltmakers, &c ... Natta

Nactus, a, um part [a nanciscor] (1) Having found, or lighted on (2) Having gotten, or obtained ... Pass Gotten, obtained (1) Nacta gravem ... Ci... ma ... fula nutrix, Ov Met ... (2) Nacta locum tempusque, Ov Met 14, ... (3) Nacta ... Apul Met 7, p 219 Ea occasione nacta, Hygin fab 28

Nædv ... affirmandi [ex Gr ...] really, on my word ... vehementer errant, Cic

Nænia, æ f rect nenia, quod vid

† Nævulus, i m dim [a seq] A little excrescence, a little natural blemish Venustiores nævuli, Gell 1, 1

NÆVUS, i m φακος ... lens faciei vel pot a ... nativus, vel à geno, quasi gnævus Gnævus corporis insigne, & prænomen à generando dicta ... & ca ... ex Gr γεγενη... (1) A natural mark, spot, or ... on the body (2) A ... a fault (3) A knot in wood (1) Nævus in articulo ... Cic N D 1,28 Est macula ... nævus, Ibid (2) Nullus in egregio corpore nævus erit, Ov ... 5, 1, 14 (3) Sen

NAM conj causalis [ex μην, Dor μαν, per inversionem nam, ...] (1) For, in giving a reason ... generally in the first ... (2) But, sometimes in the ... or third place (3) For, ... (4) An elegant particle ... (5) For etenim, or ... being that (6) It is ... in transitions (7) Also ... with vehemency (1) ... oculis suis ama... tus, &c Catull 2, 6 (2) ... nam tuo, Hor Od ... omnia nam dura ... Hor Od 1, 18, 3 (3) ... certam fecere ... Nam pater Amph ... fer... ictio, finierat, &c Ov Met ... 268, &c (4) Nam ... Nam quid ... Carm 3, 11 initio ... (6) Nam is postea ... ephebis, now he, ... 1, 1, 24 Nam he... rus misit, now ... (7) Nam herele in ... ... truly he desired ... &c

Namque conj causalis [ex nam ...] (1) For, generally in the first, but sometimes in the second place (2) For, as for (2) It is used in interrogative transitions (1) Namque ferunt, &c Prop 1, 20, 17 ... namque, &c Id 4, 7, ... Victos namque se fatebantur, Liv (2) Nutricem ... Sienai, namque suam, &c Vir Æn 4, 632 (3) Namque illud quære, Scævola, negasti te fuisse laturum Cic de Orat 1 16

|| Nāna, æ f A woman dwarf, Lampr

† Nancio, ap vett in usu Si nanciam populi desiderium, Prisc ex Graccho ‡ pro nunciscor dep

Nanciscor, i nactus sum dep [ab ant nancio, Prisc ut ab apio, apiscor] In bonam & malam partem accipitur (1) To light upon, to find, to meet with (2) To come by, attain, get, catch (1) Ni nactus Venerem essem, hanc Junonem dicerem, Plaut Bacch 2, 2, 39 Nacti te sumus otiosum, Id Nancisci causam idoneam, Nep Them 6 (2) Nanciscetur pretium nomenque poetæ, Hor A P 299 § Nacta est sibi putrorem tellus ex imbribus, Lucr 2, 871

† Nancito, pro nanciscitur, ... nanciscitur, Fest

Nans, tis part [a no] (1) Swimming (2) Rolling, flowing (1) Nantes in gurgite vasto, Vir Æn 1, 122 (2) ✠ Unda nantes, Catull 62, 275

Nānus, i m ... quo nomine Gr pumiliones appellitant (1) A dwarf (2) A little horse, or mule (1) Prop 4, 9, 15 ✠ Nanum cujusdam Atlanta vocamus, Juv 8, 32 (2) Binis rheda rapit citata nanis, Gell 19, 10 ... Helvio Cinna § Nanus barbatus, a kind of vessel, or cup, Varr

* Nape, es f [a νάπη, saltus] Forrester, ranger, a dog's name, Ov Met 3, 214

* Naptha, æ f [a Chald נפטא quod a נטף stillare, profluit enim bituminis modo] A kind of marly, or chalky clay, or slime, whereunto if fire be set, it burneth so vehemently that water cannot quench it, a stuff like brimstone, liquid petrol Vid Plin 2, 105 & 35 15

Naphthas, æ n seu pot indecl genus olei cedro simile, Prob ex Sallust hist 4

* Naphthe, es f idem quod naptha, Plin 35, 15

Nāpina The bed wherein navews, or turneps is sown, Col 11, 2

Nāpus, i m [a simil rapi, quasi rapus nam & utriusque semen in alterum vicissim mutatur, Plin] Turnep, or navew, navew gentle, or long rapes Napus devexam terram amat, Col 2, 10

* Narcissinus, a, um Of daffodil Narcissinum oleum, Plin 2, 19 unguentum, Id

* Narcissites [a Narcissi colore] A precious stone of the colour of daffodil, resembling the veins of ... Plin 37, 11

* Narcissus, i m [a ... torpore quem adfert, Plin] Daffodil Croceum pro corpore florem inveniunt, foliis medium cingentibus albis, Ov de Narcisso Narcissi duo genera in usu medici recipiunt, unum purpureo flore, & ... herbaceum, Plin 21, 19 vid & eundem 21, 1 Purpureus Narcissus, Vir Ecl 5, 38

* Nardinus, a, um adj (1) Made of spikenard, (2) o smelling like it (1) Unguentum nardinum, Plin 13, 1 (2) Ab odore, myrapia, laurea nardina, Plin 15, 15

Nardum, i n & nardus, i f νάρδος [ab Hebr נרד] (1) Nard, the shrub in India, elsewhere the herb bearing spikenard, and precious leaves (2) Another sort growing near ... (3) An ointment made of it (1) Plin 12, 12 (2) Plin ubi supra (3) Nardum Syriacum, Gallicum, Creticum, rusticum, Plin 12, 12 Illius puro distillent tempora nardo, Tibull 2, 2, ... nardi parvus onyx eliciet cadum, Hor Od 4, 12, 17 Achæmenia nardus Id Epod 13, 1 ‖ Quære annon nardus de fruttice solo, nardum de unguento solo propriè dicatur

Nardus, i [ab Hebr נרד] Unguent made of nard, Hor Od 2, 11, 16

† Nārica, æ f rectius narita, quod vid

NARIS, is f (1) [a ῥὶν, unde per Metath ῥὶνες, nares, ... narritate sive gnaritate, Fest quod per eas odorum gnari reddimur, unde & olfacere pro cognoscere, Isid rect ab Hebr נחיר] (1) The nostril, the hole of the nose (2) Synecd The nose (3) Meton Judgement (4) Banter ... scoffing (1) Inque cava nulus stet tibi nare pilus, Ov A Am 1, 520 Recta sursum sunt nares, quod odor omnis ad ... fertur, Cic N D 2, 56 (2) Balæna de nare locutus, snuffling through the nose, Pers 1, 33 Spiramini nitis, Luc 2, 18, Foramina narium, Plin 7, 2 (3) Emunctæ naris Lucilius, Hor Sat 1, 4, 8 Naris emunctæ senex, of a clear shrewd judgment, Phædr 3, 3, 14 (4) Minus aptus acutis naribus hominum, not able to bear their severe jeers, Hor Sat 1, 3, 30 Nimis uncis naribus indulges, you allow your self too much in ... cutting every thing, Pers 1, 41

* Nārita, æ f Vid Nerita

Narrābilis, e adj That can be told, or declared Linguā, nil ... non est ultra narrabile quidquam, Ov ex Pont 2, 2, 61

Narrans, tis part Telling, recounting Audiam te Iberiam narrantem loca, Catull 9, 7

Narrātio, ōnis f verb [a narro] (1) A narration, account, or story of a thing (2) The narration, that part of an oration where an account is given of matter of fact (1) Narratio verisimilis sit, aperta, brevis, Cic de Orat 2, 19 (2) Narratio obscura totam occæcat orationem, Cic de Orat 2 82

Narratiuncula, æ f dim A little story Narratiunculæ ... tis celebratæ, Quint 1, 9

Narrātor, ōris m verb A teller, or reporter Imitatores & narratores faceti, Cic de Orat 2, 54

Narrātūrus, a, um part About to tell, or recount Verbaque dilectæ fert narraturus Hero usca, Stat Sylv 3, 3, 207

Narrātus, a, um part [a narro] Told, reported Narratores, Phædr 4, 2... 1

Narrātus, ûs m verb The telling of a story Veniet narratibus hora tempestiva meis, Ov Met 5, 499

Narro, are act ... gnaro [a gnarus quod vult Lelius notum ... narum facit, Scal gnarro, ... narro ... narrasse, Fest] (1) To tell, relate, give account of, report, recount (2) Cum correptione con emptione, admiratione rei impossibilis falsæ, frivolæ, nugæ (3) To make the narration in an oration (4) To declare, affirm, or tell plain (1) § Sic tu poetæ narrabo interitum, Hor A P 4... ... Bello ... narrat ... fert, narrat ... Pella ... Prop ... Sic do ... Hor ... 2, 1, 10 ... Hor Epist 1, 19, 10 ... to one that cannot ... de ... Catull 6 ... tat... Propert ... (2) Quid ... non ... Ter Adelph ... Non ... pinor, Dav ... D Optime, narra ... Id Adelph 2, 2 ... Cic ... b bi ... Nihil nimis ... how? nothing ... Hec ... 2, 9 Quis tu mulieres mihi narras ... ubi musca nulla femina est in ædibus, Plaut Truc 2, 2, ... (3) Ut ... probabiliterque narremus, Cic (4) Quid ... narras? Plaut ... ... gratus mihi ... &c Cic ... D... ... volumus, loquimur in ... narramus, quod ignoratur Front Sed hoc non esse perpetuum exempla adducta docent

Narror pass To be reported, related, told, &c Aqua ... legnum narratur, Ov Met 15, ... Narratur & prisci Catonis sæpe mero caluisse virtus, Hor Od 3, 21, 11

Narthēcia, æ f [dicta narthecia ... narthex, ... fruticis humilitate] Narthecia ... ferulago appellatur A kind of fennel growing always low, Plin 13, 22

* Narthēcium, ii n ναρθήκιον ... vasculum medicamentarium [ita dict quod narthecis lignum ... medullæ ... cavum erat, (hinc Hesiod ...) & ideo ad medicamen ... accommodatissimum Heb R ... נרתק ... A box, or place to keep ... in ... Delere medicamenta ... narthecio proiicere, Cic de Fin 2, ...

Narthex, ecis m ... A sort of tree like fennel-giant, Plin 13, 22

* Nasamōnites, æ m [a Nasamonibus pop Libyæ, in ora Syrtis] A stone of sanguine colour with little black veins, Plin 37, 10

Nascens, tis part [a nascor] (1) Being in its birth, coming into the world (2) Springing, growing, in vegetables (3) Met Rising, increasing ... to ... or grow (1) Nascentibus ... natura ... Liv 1, 114 ¶ Nascentem placido lumine videre, to favour one's birth with a benign aspect, Hor Od ... 2 (2) Humi nascentia frag... Ecl 3, 92 Nascentes ... O (4) ✠ Athenis ... multis, ... Cic de Cl Or ... nascens, ... 10, ... Omnium ... nascens facile oppri... in the bud, Cic ✠ Tempori ... the beginning of the ... Ov Fast 1, 16... Nascens luna ... plena conchylia, Hor Sat ... Nascentia ... Id

Nascentia, æ f Part the ... birth, ... 9, ...

Nascitūrus, a, um ... About to come to life Ubi nascituri ... gerum ... Pallad

NASCOR, i natus sum ... gnascor, gnatus [a ... γάω ...

[illegible] nefcor aotus (1) *To be born* (2) *To be born, or springing,* [illegible] *proceed from to be produced, to* [illegible] *up right* (1) Hanc Athi[illegible] esse natam, *Plaut* [illegible] Summo genere natus [illegible] *of a very good family,* [illegible] natus est, *Sen* Qui[illegible] *In Ant* [illegible] 98 [illegible] *Met* [illegible] hominis, *Ter Heaut* 5, 5 [illegible] nascun[illegible] Plin [illegible] *is first* [illegible] *Ter* 3, 20 Anno [illegible] natus est, aut paulo [illegible] *Id Her* 1, 1, 10 [illegible] (2) [illegible] & [illegible] *and custom* [illegible] ut & [illegible] § Nos numerus sumus & fruges consumere nati, *Hor Epist* 1, 2 27 Non [illegible] sibi [illegible] *Plaut* [illegible] natus qui sit, *Plaut* [illegible] nemo [illegible] *Hor Sat* 1, 3, 68 [illegible] surus, *Cic de Fin* 4, [illegible] Repe[illegible] flagitiosi, [illegible] *Id* [illegible] 5, 33 Ego profecto ingenio egregio ad miserias natus sum *Ter Heaut* [illegible] (4) Ab his plerisque [illegible] *that they were* [illegible] *Cic* Aim [illegible] Jun 2, 31 Nascuntur floribus odores, *Juv* 4, 97 Nec [illegible] nascitur, *Hor Od* 2, 20, 12 Adduntur [illegible] *Geor* 2, 68 [illegible] *there are* [illegible] *Cæs B G* 5, 12 Flumen [illegible] nascuntur, *Virg* *Geor* 2, 110 Plinii [illegible] nascuntur, [illegible] (5) Facinus apud nos natum est novum, *Plaut Mil* 2, 5, 10 Periculum [illegible] ab homine nascitur, *Cic Offic* 2, 5 = Ex quo hæc [illegible] *have* [illegible] Omnis ex se [illegible] amor, *Ov* [illegible] esse natum, *Id* [illegible] nasci [illegible] *Cic* [illegible] 16 Unde mihi natus [illegible] *that* [illegible] *Liv* [illegible] 4, 5 [illegible] *Virg* [illegible] 4 [illegible] *Virg Geor* 2, 270 Sinus [illegible] 275 = Nasceretur atque [illegible] *Cæs B G* 7, 18

[illegible] ad [illegible] *Pr* [illegible] *stich* 2, 2, 3 [illegible] fis n 3

Nassiternis, a, um *carry a water-pot to fetch water in,* [illegible] *ap Non*

Nassa, æ f [qu nassa, a nau, no, nato, unde anas] [illegible] quod aquis utrimque [illegible] (1) *A weel,* [illegible] *of twigs,* [illegible] *it put into it to catch fish* (2) [illegible] *a snare* (1) [illegible] nassam, *Sil* 5, [illegible] *Cic Att* 15, [illegible] & nassa

Nasturtium, ii n [qu nasitortium, quod nasum torqueat, *Varr*] [illegible] *an herb called cresses,* [illegible] Acre [illegible] Nasturtium aquaticum, *water-cresses Offic*

Nassum, n *id quod*

NASUS, i m [a nando, per quem [illegible] humor nare [illegible] *Lact*] [illegible] (1) *A nose* (2) *Mocking,* [illegible] *and scoffing* (3) *Anger, wrath* (4) [illegible] *a cup* (1) Pituita manare, *Catull* 21, 17 Sagax nasum habet, *Plaut Curc* 1, 2 1 (2) Suspendere omnia naso, *Hor Sat* 2, 8, 64 Nasus A[illegible] *Suat* Nasu [illegible] denique nasus, *Mart* 1, 2 Non cuique datum est habere nasum *Id* 1, 42 (3) Tumens [illegible] *Mart* 6, 61 Luc[illegible] primas [illegible] *Plin* 1, [illegible] (4) [illegible] *Juv* 5, 47 *a-bac rotten & unfirm*

Nasute, adv *With scornful mocking* Nasute scripta distringere, *Phædr* 4, 6, 1

|| Nasutulus, a, um adj *Shrewd, witty, Lexic ex Apul*

Nasutus, a, um adj [qu nasatus, a nasus] or, comp ssimus, sup (1) *On that hath a great nose* (2) [illegible] *scornful, jeering* (1) *Hor Sat* 1, 2, 93 [illegible] Nasus [illegible] (2) = [illegible] *Mart* 2, 54 Homo nasutissimus, *Sen Suas* 7

Nata, æ f [a natus] *A daughter* Maxima natarum Priami, *Vir Æn* 1, 658

† Natabulum, i n *A swimming place* Granissimi [illegible] *Apul Florid* 16, p 797

Natale, is n *A place of birth, Lit ex Plin*

Natales, ium pl m (1) *The stock, lineage, or family, whereof one comes,* [illegible] *or beginning, parentage, descent, or extraction* (2) *A birthday* (1) Mulier natalibus clara *Plin Ep* 8, 18 ¶ Natalibus [illegible] *Plin* [illegible] & *Tac of those who* [illegible] *their parents, or their ancestors, had been slaves, but also patricians, whether they were made* [illegible] *ennobled, as* [illegible] (2) Brutum & Cassi natalibus, [illegible] *being fifteen years old,* Ov Met [illegible] ¶ Politi[illegible] *in natalities,* [illegible] *Cic*

[illegible] (2) *Blessing* [illegible] (2) *Poet* [illegible] *Hor Od* 2, 17 [illegible] *the content* [illegible] *Tr* [illegible] 2, 185 Natalis deus, *the Genius,* *Tibull* 4, 5, 19 Natalis Juno, *invoked by women on their birthday,* Id 4, 6, 1 (2) [illegible] les diversarum gentium, [illegible] (3) [illegible] natans, *Plin* (1) = [illegible] ingenii [illegible] *Col* 3, [illegible]

Natalis, is m (1) *One's birthday, the day of one's nativity,* (2) *It is [illegible] of [illegible]* (1) Natalis meo, [illegible] 5 Meus est natalis [illegible] 6 (2) [illegible] *year from the* [illegible] *thereof,* [illegible]

Natalitia, orum n pl (1) *A calculating* [illegible] (2) *A birthday feast* (1) [illegible] Dat natalitia in hortis, *Cic Philipp* 2, 6

Natalitium, [illegible] *A present, or a present sent to one on the day of one's birth, Censorin*

Natalitius, a, um adj *Of, or belonging to one's nativity, or birthday* [illegible] *that is made at one's birth,* [illegible] *presented to one on his birthday,* [illegible] *Pers* 1, 16 Natalitia [illegible] *Mart* 7, 39, 12 Lardum natalitium, *Juv* 11, 84

Natans, tis part (1) *Swimming* (2) *Swimming,* [illegible] *and dying eyes* (3) *Waving, moving like waves* (4) *Keeping on the top, spreading on the superficies* (1) Natantis pectora tangebam, *Ov Met* 8, 605 [illegible] es [illegible] pecudes, *fish,* Lucr [illegible] Genus omne natantum [illegible] *Geor* 3, 541 Natantis [illegible] *of a vessel* [illegible] Catull 4 2 (2) Natantia lumina solvit, *Virg Æn* 5, 856 Moriens oculis sub nocte natantibus atra, *Ov Met* 5, 71 (3) Segetes [illegible] natantes [illegible] horrescunt flabris, *Virg Geor* 2, 198 (4) Prima parte terra natantibus radicibus, *Col*

Natatilis, is n *An hollow place by the water-side for ducks, fish,* &c Natatilia sunt excavata antrum stabula, *Varr R R* 3, 5 *Lg & navalia*

† Natatilis, e adj *That swimmeth, or can swim,* Prud Rom 132

Natatio, onis f *Swimming* Natationes atque cursus, *Cic de Sen* 16 Si [illegible] est, frigidis natationibus utendum, *Cels* 3, 24

Natator, oris m verb *A swimmer* Pugnat in adversas ire natator aquas, *Ov Rem Am* 122

† Natatoria, æ f *A swimming place, a fishpool* Sidon Epist 2, 2

Natatum, a, um part *About to swim* Ti [illegible] *Ov Epist* 18, [illegible]

Natatus, ûs m verb [a nato] *A swimming,* Pallad 1, 17

Nates, is *Hor* Crates [illegible] m f *A buttock, an haunch* [illegible] *Hor Sat* 1, 8, 46 A[illegible] *Id Ep* 8, 5

‖ Natinatio, onis f *Trading, Fest* ‖ *Negotiatio*

† Natinatores seditiosi, negotia gerentes *Busy and seditious persons, Fest*

† Natinare [a nato, ut a] [illegible] *Cl Ind* Mercatum [illegible] *Scal ad Fest* [illegible] *busy* [illegible] *Cato* [illegible]

Natio, onis f verb [a nascor] Carnis [illegible] *Fest* (1) *A nation, people, or com*[illegible] (2) *A company,* [illegible] *or party,* [illegible] *Breed,* [illegible] (4) *Nations,* [illegible] *The name of a goddess* (1) [illegible] commoda est, *Juv* [illegible] = Externæ nationes & gentes, *Cic pro Font* 11 [illegible] *Cic* [illegible] 2 [illegible] ges [illegible] nationes [illegible] *Cic pro Cluent* [illegible] *Id* [illegible] (4) [illegible] Pietus [illegible]

‖ Natinus, is [illegible] *the best born* [illegible]

Nativus, a, um adj (1) *Natural, genuine, native,* [illegible] *natural* (2) *Natural,* [illegible] *not artificial* (1) [illegible] mandibus & mortibus [illegible] 48 Animos [illegible] nativos esse [illegible] *Cic N D* 1 10 [illegible] corpus, *Lucr* 2, 542 (2) [illegible] coma, *Ov Am* 1, 14, 56 [illegible] *Id Fast* 5, 14, [illegible] *Id Met* 3, 160 [illegible] *Met* 10, 692 [illegible] *growing with the* [illegible] *Cic N D* 2, 39 [illegible] jecti, *Cæs B G* 6, 9 [illegible] lepor, non adscitus, [illegible] Nativi lapilli, *growing* [illegible] Propert 1, 2, 13 Montes nativis, *Plin* Verba nativa, quæ significata sunt usu, *words* [illegible] *natural and* [illegible] Cic

Nato, are freq [a no, natum] (1) *To swim* (2) *To* [illegible] (3) Act *To swim upon* (4) *swim, or float with* (5) *To swim with a fluctuating* [illegible] (6) *To move to and fro,* [illegible] (7) *To fluctuate, doubt, or be settled in one's opinions,* [illegible] *Lations* (9) *To totter or go* [illegible] *on no grounds* (9) *To* [illegible] *the eyes do* (1) Quasi in oceani fluctu testudo natuet [illegible] 93 (2) Imperium [illegible] virgo [illegible] *Juv* 8, [illegible] Plena [illegible] *Met* 15, 899 Suas melius [illegible] nat[illegible] aquas, *Mart* 14, [illegible] = Hoc natat in labris, & in [illegible] *Pers* 1, 10, (4) Natat [illegible] *Vir Æn* 3, 398 Ruinas [illegible] *Id Geor* 1, 372 [illegible] pavimenta vino, *Cic Phil* 2, 41 (5) Ante oculos natat [illegible] *Ov Met* 1, 1, 6 (6) [illegible] vagus in [illegible] *Ov A Am* 1, 6 (7) [illegible] modo recte [illegible] *floating,* [illegible] (8) [illegible] *Cic N D* 3, 24 (9) [illegible] in [illegible] natabant, *Ov Fast* 6, 3

Nator, oris m *To* [illegible] Mutis piscibus [illegible] *Ov Trist* 5, 2 [illegible] *Var* [illegible]

Natrix, icis m f [a nato] (1) *A water serpent* (2) *A* [illegible] *from heloim* (1) [illegible] *so called* (1) [illegible]

[illegible] cum vipera utrinque [illegible] 8 (2) [illegible] singulum ap [illegible] (5) [illegible] nati- [illegible] circa [illegible] & [illegible] Non [illegible] mixtura [illegible] ( ) [illegible] virus mixt [illegible] 12

[illegible] coal. [illegible] jorty, [illegible] qui [illegible] Hor [illegible] 95 [illegible] potot [illegible] repertum [illegible] ingenio natu, Nep [illegible] minus natu, [illegible] Grin [illegible] Moenia [illegible] Id [illegible] Minor [illegible] Id Maximus [illegible] est [illegible]) are, [illegible]

[illegible] natus [illegible] (1) Nature, th[illegible] which call others [illegible] ( ) Nature, or the [illegible] dispositions, faculties, qualities, or effects [illegible] thing that [illegible] original [illegible] ( ) [illegible] way, or method (4) [illegible] constitution (5) Shape [illegible] privy parts of a man, [illegible] or other animal (7) [illegible] (8) Nature, or the [illegible] (1) = Jam modo [illegible] natura diremit, Ov [illegible] = Nihil aliud est natura [illegible] DEUS, & divina quaedam [illegible] toti mundo & partibus [illegible] Quem ut sapi- [illegible] Ia tant qui sic [illegible] Simulaverat artem [illegible] suo, Ov Metam [illegible] sex [illegible] plus mundi naturae [illegible] & providentia utilitatum [illegible] omnium, Cic [illegible] (2) = Si aliquem [illegible] mus, cujus cum moribus [illegible] congruimus, Cic de A [illegible] Admirabilis ad dicen- [illegible] Id de Cl Orat 81 [illegible] vocis prima positione [illegible] contraria, Quint Na- [illegible] Caes B G 4, 17 [illegible] incommodum natu- [illegible] Alex 44 Si valetu- [illegible] naturam famius sine doctri- [illegible] natura valuisse doc- [illegible] natura poten- [illegible] Juv 10, 30, = Vo- [illegible] hominum occultae niphi- [illegible] naturae, Cic Omnium re- [illegible] cognita, Id Persequu- [illegible] philosophus stirpium na- [illegible] Naturas apibus quas [illegible] Vir Georg 4, 150 [illegible] synthi, Lucr [illegible] naturae insolens & [illegible] Cic (7) Vetat hoc [illegible] Pers 5, 10 Na- [illegible] Cic (4) Loci [illegible] Caes B G 5, 9 [illegible] montis [illegible] ipsa natura regionis [illegible] (5) Insula naturae [illegible] 5, 13 (6) [illegible] Visu est [illegible] habere natu [illegible] Varr [illegible] Cum ea [illegible] equae, Id 2, 7 [illegible] Suet [illegible] partus animalium [illegible] Plin [illegible] ( ) Differunt naturam [illegible] & corp[illegible]

Quatuor naturas ex quibus omnia constare vult, divinas esse censet, Id Cristo [illegible] quantum natu [illegible] esse, [illegible] Id [illegible] Natura [illegible] similia) The world, [illegible] of the [illegible] natura, the whole world, the universe, Cic [illegible] natura [illegible] fint, [illegible] but [illegible] (8) Natu [illegible] Cic [illegible] Anima [illegible]

[illegible] Naturalis [illegible] [illegible] Suet [illegible]

Naturalis, um [illegible] [illegible] natural [illegible] Cic [illegible] 6 [illegible] Cic [illegible]

Naturalis (1) Natural, of or belonging to nature, an [illegible] (2) Agree- able to or sufficient for our na- ture ( ) [illegible] (1) = Naturalis atque insita animis nostris notio Cic de Fin 1, 9 [illegible] lex, societas naturalis, [illegible] ‡ [illegible] Deum [illegible] Cic [illegible] Naturale bo- num, an [illegible] Nep [illegible] Natural [illegible] Cic Naturam [illegible] (2) Natura des divinitas, not contrary to nature Cic Natura [illegible] & de more dedisset, Ov Met 6, 720 (3) Quaestiones naturales, Cic Part Orat 18

Naturaliter adv Naturally Quod homini naturaliter insitum est, eo uti debet, Cic de Sen 9

Natus, a, um part [a nascor] (1) Born, bred, brought forth (2) Created ( ) Framed by na- ture, appointed (4) When [illegible] grown, proceeded or risen (1) ‡ Hippocrates & Epicides nati Carthagine, sed oriundi [illegible] ex [illegible] ‡ Athen [illegible] & natus, & mortuus, Cic de Cl Or 63 Natus antiquissima familia, Caes B G 7, 2 Quod genere natus est Philocrates Plaut [illegible] fratre & sorore natu, Nep Inten- [illegible] Nemo natus in aedi- bus servat, Plaut Cist 2, 2, 21 no living soul Iterum natus videor, I am quite a new man, I am o- verjoyed, Plaut Capt [illegible] 2, 10 Dis- sensionis initium natum Cic (2) = Natus homo est, sive hunc divi- no semine fecit ille opifex rerum, Ov Met 1, 78 ( ) Natus ad do- mini, non laudi, atque gloria, Cic In otia natus Ov Nati sine se- mine flores, Id Alius ager bene natus, alius male, Varr R R 6 Natu in usum laetitiae scyphi, Hor Od 1, 27, 1 Ad furta mira mi- nus, Ov Foro [illegible] eloquentiae, Cic (4) = Ex quo omnia haec nata & profecta esse concedit, Cic Voluptas nata, Luc ¶ Pro re nata, as matters have fallen out, seeing things are as they are, Cic E re nata, Ter V d Nascor

Natus, i m subst [a nascor, na- tus] (1) A young one of any creature (2) Most frequently a son ( ) A nephew (4) Poste- rity (1) Genus pecudis scil equi- num, a non nitorum, novum tra- hit, Cic Col 6, 27 Albi circum ubera nati, [illegible] frondes, [illegible] An [illegible] 62 [illegible] suos [illegible] Phaedr 1 [illegible] (2) Charus [illegible] natos & parentes, Cic de [illegible] (3) Appellatio natorum [illegible] extenditur, Modest (4) [illegible] natorum & qui nascentur ab illis, Vir A [illegible] 98

Nitale, i n subst The face [illegible] a ship is let up, [illegible] or [illegible] where the [illegible] of [illegible] Scaum [illegible] Ov Met 3, 61 [illegible] quasi [illegible] Ir [illegible] Nav [illegible] is, [illegible] Nauta [illegible] victu, [illegible] towed, tied [illegible]

Nav [illegible] naval, belonging to ships, or [illegible] materials for building and rigging ships, Liv [illegible] Id Navalis [illegible] Cic [illegible] 10, 8 Navalis [illegible] Liv 21, 50 [illegible] oars, [illegible] Tumid [illegible] men, towing for a prize [illegible] 4 [illegible] Id G [illegible] 9 Si Navalis corona [illegible] given to him [illegible] an enemy's ship, or by [illegible] means a sea victory was obtain- ed, Liv

Navarchus, a, um part To b[illegible] strenuously endeavoured or per- formed Navarchus [illegible] Tac [illegible] 42 [illegible]

[illegible] us, m The captain of a [illegible] ship, Cic [illegible] 5, [illegible]

Navatur [illegible] perf It is stre- nuously endeavoured [illegible] recon- ciliandam pacem consulti opera na- varetur, Liv

Nauci gen [illegible] nauco abl [illegible] cēto [illegible] naucum vel nauci [illegible] (1) The kernel of an olive, the shell, or [illegible] of a nut, the [illegible] or partition in the midst of [illegible] walnut ( ) Metaph All trifling thing, that is of no value (1) Fest & Cleyin Noctem nauco ducere [illegible] nugis, Fest [illegible] (2) Nauci non habere, Cic de Div 1, 58 facere, not to value [illegible] a straw, Plaut Bacch 5, 1, [illegible]

Nauclericus, a, um Belong- ing to the shipmaster (al ler naucleritus, al naucleriacus) [illegible] clerico ornatu, a shipmaster's ha- bit, Plaut Asin 1, 1, 54

Nauclerus, i m The master, patron, or pilot of a ship, the owner of a ship, Plaut Mil [illegible] 16

Naufragium, ii n [qu navifra- gium, a navis & frango] (1) A shipwreck, or wreck on the sea (2) Ruin, undoing, destruction (1) Naufragio perire, to be cast away at sea, Cic Naufragium facere, to suffer shipwreck, Id Fam 16, 9 pati, Sen Herc Oet 118 (2) Rei familiaris naufra- gia, Cic Fam 1, [illegible] Prov Ex nau- fragio tabula, small remains of a mighty loss, Id Att 4, 17

‖ Naufrago, are, To suffer shipwreck, Sidon ‡ Naufragium facere

Naufragus, a, um (1) Having suffered shipwreck, or driven a [illegible] shipwreck (2) Act Causing shipwreck (1) Naufragus ejectus undis, Prop 2, 24, 27 Naufraga [illegible] Id [illegible] Naufraga puppis, Ov Trist 2, 18 (2) Mar- naufragum, Hor [illegible] Od [illegible] 16, 10 Naufragi undis, Tib 2, [illegible]

Naufragus, i m [pro navifra- gus ne Sync] (1) One that is ship- wrecked [illegible] (2) Met [illegible] &c (1) Cic de [illegible] 2, 51 ( ) Patrimonio naufragus, of broken fortunes Cic pro Sulla, 14 [illegible] Naufragus, one of broken [illegible] Id Otho [illegible]

[illegible] Mari [illegible] bark, a [illegible] Cic [illegible]

Navicula [illegible] a little ship [illegible] Cic Verr 5, 1

‖ Navicula [illegible] Pertain- ing to ship, D[illegible]

Navicularius [illegible] The [illegible] owner of the ship Cic Verr [illegible]

Navicularius, ii m [illegible] navicularius [illegible] of a ship, Cic pro [illegible]

Navigatio, [illegible] To go on a ship, to go [illegible] a ship, or [illegible] 20 [illegible]

‡ Navigium, [illegible] the ship wreck [illegible]

Navigium [illegible] 55 [illegible]

Navigo, [illegible] (1) [illegible] That [illegible] (1) Naviga[illegible] B [illegible] 8 (2) Nam, [illegible] anni tempus navigabile [illegible] mare, Liv [illegible]

Navigandus, a, um part [illegible] navigandum [illegible] ship, or work [illegible]

Navigans, [illegible] part (1) [illegible] (2) [illegible] (1) In alto navigans, Cic [illegible] ( ) Non domini [illegible] gium Cic [illegible]

Navigatio, [illegible] (1) Sailing (2) [illegible] (1) Unav gationis gubernatio [illegible] est prudentia Cic [illegible] 5, 6 (2) Ergo, [illegible] non morabitur, [illegible] debo, Cic Fam 15, 11

Navigator [illegible] Tac [illegible] navigatio [illegible] Quint Declam 12

Navigatius, a, um [illegible] Lacu Romulo [illegible] navigati, Tac [illegible]

Navigatur [illegible] perf [illegible] vigari commode posset, [illegible] Caes B [illegible] 5, 1

‡ Navigerus, a, um [illegible] navis & gero] [illegible] Maren [illegible]

[illegible] tum, ap Cic [illegible] B [illegible]

[illegible] ship, [illegible] from [illegible] Speculatoria navis [illegible] Cic [illegible]

[illegible] Id (2) [illegible] (1) Navem [illegible] Bru [illegible] 8 Difficile [illegible] 22 ( ) [illegible] Tyr- rhenum navigat [illegible] 1 71 ( ) Quinquereme [illegible] Cn Pom [illegible] 12 [illegible] 10 pcio duce bcli impetus navigavit? *Cic* pro *Leg Manil* 12 ¶ In portu navigare, *to be secure*, *Ter Andr* 3, 1, 22

Navigor, ari *pass* *To be sailed on* Fons hodie navigatur occiduis, *Plin* 2, 67

NAVIS, is f (1) [*ex* ναῦς, G ... inserto digammi, ut ... βοῦς, bovis] *A ship, a barge, a vessel of the sea*, or *river* Actuaria navis, *a row barge, a galley*, *Liv* Naves armatæ, *Hirt* ... *merchant ships*, *Cic* ... *boats*, *Cæs* piraticæ, *Liv* ... *a pirate*, or piscatoriæ, *fisherboats*, ... *ships of espial*, ... *the admiral*, Id ¶ ... Una navis est jam bono rum omnium, *all good men are imbarked in one bottom*, *Cic* ... 12, 25 Reipublicæ navis, *Id* In ... *in the same bottom*, Id ... Navis ... non ductitur ... ex *Plaut* ... navis cum remigio ... ventis ... cum ... fluctibus trahitur, ... *by this continued allegory descripton* ... *Hor* ... 1, 14

Navita, æ m [*a* nave, unde per con... nauta, ut ... nauta, ... Poet ... navita] *A mariner, a seaman* Nil pictis timidus navita puppibus fidit, *Hor Od* 1, 14, 14 Vela dabat ventis navita, *Ov Met* 1, 132

Navitas, atis f [*ex* navus] *Industry, diligence* = Operam ... navitatem, animum ... pro ... prætura ... judico, *Cic Fam* 10, 25

Naviter adv (1) *Industriously, stoutly, resolutely* (2) *Perfectly, quite, altogether* (1) Tempus est bellum naviter geri, ... *Liv* 24, 2 ... *to go through with it resolutely*, *Ter Eun* 1, 1, 6 Fum ... oportet esse in ... *Cic* ... 5, 12 (2) Co... nec ple... neviter ... nec porro plenum, *Lucr* 1, 524

|| Navitus, a f *Industry*, ... Navitas

Naulum, ii n *A ferriage* ... *the fare, or fare paid for passage over the* ... *ship* ... *to throw* ... *hatchet*, ... 9, 97

* Naumachia, æ f (1) *The place* ... (2) ... *Claud* 21 (2) ...

Naumachiarius, a, um adj *Ap... to the representation of a sea fight* ... *bridge over the place* ... *a seafight* ... *represented*, *Plin* 16, 9

Naumachiarius, ii m *He that fought in the representation of a fight at sea*, *Suet Claud* 21

Navo, are act *To put forth, to carry on, to do diligently* ... *Cic Fam* 6, ... Navare ... *Cic* ... operam ... *Tac* ... Navare operam reipublicæ, *to labour for its service*, *Id Fam* 10, 25 Utinam operam ... studiumque navarem, *labour to ... you with my performance* ... *Ibid* 15, 12

Navare miles operam imperatori, *had done him good service*, *Id de* ... *Orat* 80 Mihi videor navasse operam, quod huc venerim, *I think I have made it worth my while in coming hither*, *Id* ... *Orat* 2, 7 ... pro se quisque ... *Cæs B G* ... 25 Navare benevolentiam in ... *Cic Fam* 2, 16

Naupegus, i m *A ship wright, or ship carpenter*, ...

* Nauplius, ii m [*ex* ναῦς, navis, & πλέω, navigo, dict quod naviginis effigiem habet] *A fish like a cuttle*, *vid* Plin 9, 30

† Nauscio, ire [nauscit cum granum ... aperit nascendi gratia, quod sit non dissimile navis formæ, *Fest*] *When a bean openeth itself in the earth to spring*

Nausea, æ f [ναυσία, quod navigantibus præcipuè contingit ...] (1) *A being sick* (2) *Crudities, a qualm*, ... (1) Navigavimus sine timore & nausea, *Cic Attic* 5, 13 (2) Quod fluitante nausea ... coercent, me tenobis Cæcubum, *Hor Epod* 9, 35 quod ... *Plin* 20, 14 ¶ Languor ... & nauseam discutitur, *Col* Nauseam facere, *to vomit*, *Cels*

Nauseabundus, a, um adj *Seasick* Gubernator ... in tempestate nausea ... *Sen Ep* 108

Nauseans, tis par [*a* nauseo] *Ready to vomit, oppressed with qualms* Vidit ... nauseantem, *Cic* ... 7, 6

Nauseator, oris m verb *One that is inclined to be sick on the sea*, *Sen Epist* 53

Nauseo, are (1) *To be seasick* (2) *To vomit, or be ready to vomit* (3) *To be uneasy, and out of humour with one's self* (1) ... sum, & navi ut vectus huc sum, etiam nunc nauseo, *Plaut Amph* 1, 1, 173 (2) *Id* Nausean (3) = Nauseare, atque ipsum sibi displicere, *Cic*

Nauseola, æ f dim [*a* nausea] *A little pain at the stomach* Nauseolam causam obtendit, *Cic Att* 14, 8

Nauseosus, a, um adj *That provoketh vomiting, nauseous* Radix nauseosa, *Plin* 26, 8

† Nausum, *vel* nausus *A French pinnace* Nauso abiave quavis navi, *Auson Epist* 22 & *Epist* 38 Nauso devehere

Nauta, æ m [*a Gr* ναύτης, non contr *a* navita] ⁂ Nautas gubernatoresque comparari jubet, *Cæs B G* 3, 9

† Nautilis, e adj *Belonging to a mariner, or seaman*, Auson Mosl ... 22, ‖ Nauticus

Nautea, æ f nausea [... nautis, ...] (1) *The filth lying out of the pump of a ship*, (2) Or as others, *curriers' black or an herb having black berries, that curriers use, ... black briony*, (3) Others, *a red thing wherewith priests garments were coloured*, (4) Others, *foul water, in which hides are tanned* (1) Nauteam bibere malim, *Plaut As* 5, 2, ... (2) ... (3) ... (4) ... *Pont*

* Nautepibatæ, arum m *They that take ship, and instead of paying their fare, do the duty of mariners*, Ulp

Nauticus, a, um adj *Belonging to ships, or mariners* Pubes nautica, *the young seamen*, *Sil* Nauticus cantus, *the seamen's hollow, or huzza*, *Cic N D* 2, 35 strepitus, ... clamor, ... *Æn* 3, 128 pinus, *a ship*, *Vir* ... Verbum nauticum, *a seaman's term*, *Cic Attic* 13, 21 Nautica res, *Cels* Nauticæ res, *the art, or business of navigation*, *Curt* Nauticæ exuviæ, *spoils of a sea victory*, *Cic* Castra nautica, *Nep Alcib* 8

Nauticus, i m ναύτης *A shipman, or mariner*, *Liv* 37, 28

* Nautilus, i [*a* navigo, quod navigantis effigiem habeat] *A certain fish that swimmeth with the belly upwards, like a boat with a sail*, *Plin* 9, 29

Nāvus, a, um adj [*a* γεννάω, quod *Hesych* ἀνδρεῖος, gnavus & navus ut *a* γιγνώσκω, nosco, *a* γεννάω, nascor, unde in comp cognosco, cognatus Porrò ut gnatus & natus dic ita navus & gnavus, *Litt*] (1) *Industrious, active, stirring, diligent* (2) *Laborious, that requireth diligence* (1) = Navus & industrius homo, *Cic Verr* 3, 21 ⁂ Ignavus, cessator, *Col* (2) = Navæ viriliſque operæ, *Vell Paterc* 2, 120

N ante E

NE [*a* νὴ vel νη, in comp unde & *Lat* interdum corripitur, *ut* nefas, interdum producitur, *ut* nequam] (1) Adv prohibentis, vel dehortantis, *Not* (2) Yet sometimes it is used for *non*, and is an adv of denying (3) Exercendi formula (4) Cum subjunctiv formula concedendi (5) Ne conj pro ut non, *that not* (6) Ne pro quod non (7) *So as not* (8) (Adv) ne pro non (9) Utne, and sometimes *ne ut* (10) Utinam ne pro utinam non (11) Ne quidem, *no not, no not even, neither even, not so much as* (12) Note, the particle *ne quidem*, when the verb followeth, transferreth the force of the negative to it, but when the verb cometh before, the negation belongeth to it (13) Conj *Lest, lest that* (14) Ne after a verb of fear, for *ne non* (15) *Much less* (16) Sometimes it seemeth redundant, *and —not*, or at least used as the Greek νὴ, utique, certè (1) Ne ac non adverbia, qui tamen ne *sceleris* dicat pro *non sceleris*, in vitium incidat, quia alterum (*scil* non) negandi est, alterum (*scil* ne) vetandi, *Quint* Ne dolea plus nimio, *Hor Od* 1, 33, 1 Ne compingite oculis, *Id Sat* 1, 2, 91 Ne sæv..., *Vir Æn* 6, 544 Ne quæsieris, *Hor Od* 1, 11, 1 (2) Ex quo efficitur, non ut voluptas, ne sit voluptas, sed ut voluptas non sit summum bonum, *Cic de Fin* 2, 8 (3) Ne vivam, si scio, *let me die, if*, *Cic de Fato*, 15 Ne sim salvus, si aliter scribo ac sentio, *Id Att* 16, 13 (4) Ne sit sane, videri certe potest, *i e be it so, well, suppose it not to be*, *Cic* Ne sint vera, quæ dixerunt, *Liv* ... concedamus ut non sint (5) Ne tibi dura forent, ... *Ov* Ne nimis placeat ... ibi pus justo, cave, *Hor Od* 2, 7, 24 Conturbabimus basia, ne sciamus, *Catull* 5, 11 ¶ Ne longum faciam, *not to be tedious*, *Hor* Ne diutius teneam, *Cic* Ne multa, *Id* Ne multis, *Id* *to be brief* Rationem est hercle inepta, ne dicam dolo, atque absurda, *to speak the plain truth*, *Ter* Qui nos, ne dicam gravius, afflix..., *to say no worse*, *Cic* In tam ... vel, ne ... tam inep... ne ... dixisse, *not to say silly*, *Id* ... de his Castor, ne dicam sceleratum & impium, *Id* An sp... vivo, ne dicam consule ... *Id* (6) In culpa es, ne ... possis, *it is your fault that you cannot see*, *Lucr* 4, 91 (7) ... hostium exercitum in Siciliam ... portatum, ne prius inde dimitti, quam, &c *Liv* (8) Ego ... agam, mihi qui ne detur, *Ter Andr* 2, 1, 27 (9) Obsecro ... ne ducas, *Ter Andr* 2, 1, 29 Ut ne addam, quod sine sumptu ingenuam nactus es, *Id Phorm* 1, ... Tragicis concederem, ut ne omnibus locis eadem contentione uterentur, *Cic* Et ne ter... ut manes Sarmatis umbra meos, *Ov Ex Ponto*, 1, 2, 113 *vid Tac Hist* 4, 15, 3 (10) Utinam ne cæsæ ... dissent trabes, *Enn ap Auct ad Herenn* 2, 22 (11) Ne istius ... dem laudis sum cupidus, *Cic* ... *Rosc Am* 1 Ne ... quidem, *Id Att* 5, 20 Ne tantulum quidem, *not in the least*, *Id* Nihil in locis communibus, ne fam quidem reliquit Verres, *no not so much as* (12) Visam ne nocte hic aut ... turbaverint, *Plaut Capt* 2, 24 *Pro* turbaverintne, ... *est rarum* Nobis, ne, si cupimus quidem, distrahere voces conceditur, *Cic* Non habeo ne me quidem ipsum quicum, &c *Id* (13) Ne forte recuses, *Vir Ecl* ... 29 Verbum unum cave de nuptiis, ne id morbum hoc etiam, *Ter Andr* 1, 5, 67 (14) Vereor ne exercitum firmum habere possit, *Cic* (15) Me vero nihil istorum, ne juvenem quidem, movit unquam ne nunc senem, *Cic* (16) *Hor Sat* 1, 10, 21 *vid* ibi notas Xylandri, & *Prisc* 16, 1

Ne encliticum [*ab* νὴ vel *a*, ... & ... *a* Syr ...] Denoteth (1) an interrogation in general (2) When it is used by way of ellipsis, it expresseth an interrogation of affirmation, mixed with anger and admiration (3) *Whether* (4) Repeated, *whether—or* (5) *Whether or no* (1) Estne novis nuptis odio Venus? *Catull* 64, 15 (2) Nihilne esse proprium cuiquam? *Ter Andr* 4, 3, 1 *strange, that nothing should be*, &c (3) Honestumne factu sit, an turpe dubitant, *Cic* (4) Deorumne immortalium, populine Romani, vestramne hoc tempore fidem implorem? *Cic* (5) Ut videamus satisne ista sit justa defectio, *Cic*

* Nebris, idis f *A skin of a red, or fallow deer worn by the Bacchæ at their solemn rites*, *Stat Theb* 2, 664 *Claud Cons Honor* 4, 606

* Nebrites *A precious stone dedicated to Bacchus*, Plin 37, 10

* Nebrŏphŏnos *An hunting dog's name, kill fawn*, Ov Met 3, 211 *Lat* Interfector hinnulorum

Nebula, æ f [*a* νεφέλη, quod ab אפל caligo] (1) *A mist, or fog* (2) *A cloud* (1) = Obscuro aere & multa nebulæ ... *Vir Æn* 1, 415 Pinguem nebulam vomuere lucernæ, *Pers* 5, 181 Liventes nebulæ ... *Stat* (2) Resolvuntur nebulæ ventis & sole, *Ov Met* 14, 400 ⁂ *Met* Desine tenuem nebulam spargere candidis, *Hor Od* 2, 15, 6 ¶ *Met* Nebulis Helicone legunto, *clouds, swelling vanities, big insignificant words*, *Pers* 5, 7 Cujus ego nebulæ ... septem noctes non emam *will*

... not give the least thing that ... Pan 1, 2, 62 Nebula ... and very thin veil, ... Nebula haud est mollior, cujus cutis est, *Plaut*

† Nebularium, ii n [a nebula] ... in quo vina instituebantur ... fumum, ut vitium exuerent ... in *Col* 1, 6

† Nebulo tus, a, um adj *Co ... with clouds*, Frag Poët 4 ...

Nebulo, onis m [quod minimis ... mus ut nebula, *Donat* vel ... ut & agit nebulas, *i e* ... *Pers*] (1) *An idle ... a paltry fellow, a scoundrel, a lying rascal* (2) *An unthrift, or vain prodigal* (3) *A ... a shadow of a man, ... a cowardly bully* (1) Ex magno nebulone aliquid au... *Cic Att* 6, 1 = Nugator ... maximus nullo, *Lu*... () = Non ego avarum cum ... vappam jubeo ac ... *Horat Sat* 1, 1, 104 ... cedulas dudicit nebulone ... *Juv* 1, 9 (3) ✝ Sane ... tibi videatur esse, hic nebulo magnus est, *Ter Eun* 4, 7, 15

Nebulosus, a, um or, comp (1) *... foggy, thick, hazy* (2) *... out mists, or fogs* (1) Nebulosum & caliginosum ... *Cic Tusc* 1, 25 (2) = Qui ... aut nebulosior erit, ... *R R* 6 Emissus nebulosi ... Averni, *Ov* ad *Liviam*, 445 ... palus, *Sil* 8, 381 Mevi... *Prop* ... 1, 123

Nec conj [ex n que per apoc ...] (1) *Neither* (2) ... *and yet*,—*not, notwithstanding that* (4) *Not even, no ... not so much as* (5) Nec quidem *... not even* (6) Nec ero, ... (7) Nec non, *and* ... (8) Nec positum ab *art q* ... (1) Qua tu volebas, nec ... *Catull* 8, Nec ... præcipitem Africum, *Hor* ... ¶ Nec injuria, *and ... not without cause*. ... Nec omnino, *and besides, notwithstanding that*, ... Nec minimo puella naso, nec ... nec nigris ocellis, nec ... digitis, nec ore sicco, nec, *Catull* 41, 1 Nec caput, nec ... *when an affair is* ... Nec—neque Nec ... neque lucellæ, ... *Epist* 1, 96 Si nec ... Euterpe cohibet, nec ... *Cic Hor Od* 1, 1, ... () Jam non dubitas fal... acta impia fallacium ... cœlicolis placent, *Catull* ... (4) Nec enim illa prima ... *Cic* (5) Nec illi qui de ... Sine qua nec utilitas ... esse potuisset, *Id* *Sed in ... terris quæ asseruntur ... alii legunt ne*—quidem ... vero dialecticis modo fit ... *Id* Negabat ullam vo... nec vero se adesse posse, ... *Id* (7) Nec non vena... funguntur officiis, *Hor* ... (8) Nec recte ... *Plaut* Nec obediens, ... opinatus, *Liv*

Necandus, a, um part *To be* ... Quæ homines in ven... *Ov* ... Antiquissimam & ... patentem patriam fi... putant, *Cic*

Necans, tis part *Murdering* ... matre necanti, ... 2, 14, 2 *Mart* ... & leg-mina, *Sil* ... 2, 25

|| Necator, oris m *A killer, or slayer*, Macrob Sat 1, 12

Necaturus, a, um part *That will kill* O ... necaturi accipimus aquas, *Ov Trist* 1, 2, 36

Necatus, a, um part *Put to death, murdered, or destroyed* Qua tibi virginum, sponso necato, barbara serviet? *Hor Od* 1, 29, 6 In tormentis necatus, *Cic* ... Veneno necatus, *Id* Apes cum stupe necatæ, *destroyed*, Ov ... 1, 36

Necdum, neque adhuc [a nec & dum, *i e* adhuc] *Nor as yet* Necdum omnis abacta pauperies epulis regum, *Hor Sat* 2, 2, ... Necdum illis labra admovi, *Vir Ecl* 3, 43

Necessarie adv *By necessary consequence, necessarily* ✝ Aut probabiliter ostendens, aut necessarie demonstrans, *Cic* de Inv 1, 29

Necessario adv *Necessarily, of necessity* Necessario se aperiunt & timent, *Ter Andr* ... 1, 8 ✝ Expeditiones partim sponte, partim necessario suscepit, *Suet Dom* 6

Necessarius, a, um adj (1) *Necessary, or unavoidable* (2) *Of necessity* () *Necessary, or needful* (1) = Necessarius & ... pene casus, *Cic Philipp* 10, 9 ✝ Illa superior fuit oratio necessaria, hæc erit voluntaria, *Id* pro *Q Rosc* 5 (2) Necessarium tempus, *a time of necessity*, Cæs B G 1, 18 (3) § Inquirere omnia, quæ ad vitam necessaria sunt, *Cic Offic* 1, 4 Præcepta cognitioni sunt necessaria, *Quint* Dictu necessaria, *needful to be spoken*, Plin

Necessarius, ii m *A particularly engaged, or near friend, a particular acquaintance, a closely united confederate* = Sextum Cæsarem amicum, & necessarium suum, legionibus, Syriæque præficit, *Hirt B Alex* 66

Necesse adj n [ab ant necessis, *Donat*] *Absolutely necessary* ✝ Emas non quod opus est, sed quod necesse, *Cato* ap *Sen* Corporis mortale interire necesse est, *Cic* de Inv 2, 57 § Necesse fuit mihi adversus patrem tuum bellare, *Nep Them* 9 Necesse est ... regem, *Id Conon* ... Pugna immortalis fit, necesse est, *Id Epam* 10 Non verbum pro verbo necesse habui reddere, *Cic* de Opt gen Orat 5

|| Necessis adj an. *Don unde* necessis

Necessitas, tis f (1) *Necessity*, or *fate* (2) *Necessity, force, or constraint* (3) *Use, or occasion* (4) *The tie of relation, band of friendship* (5) *An great exigence, want, or very severe circumstances* (6) *Office, duty, service* (1) Necessitate, *necessary charges* (1) Æqua lege necessitas sortitur insignes & imos, *Hor Od* 3, 1, 15 (2) Necessitate coactus, domino navis quis sit, aperit, *Nep Them* 8 Necessitate *of necessity*, Plaut Rud 2, 1, ... Necessitas temporis, *Cæs B G* 2, 22 ... *Hirt B Alex* ... Ultimum & maximum telum, necessitas, *Liv* (3) Necessitatibus ... *Tac* de *Germ* 15 ... (4) Semper se reipublicæ ... privatis necessitatibus habuisse potiorem, *Cic B C* 1, 8 = ... necessitatem ... *Cic* pro ... (5) Tamen & cætera ... *Suet Cæs* ... (6) ... permissis propter aliquas civiles necessitates, ordo exercita...

... ionis corpus affligit, *Cels* 1, 1 (7) ... tributa & vectigalia, & necessitates & largitiones, *Tac Ann* 1, 11

Necessitudo, inis f (1) *Unavoidable necessity, great need* (2) *Strict friendship, close amity, near kindred, or alliance* (3) *An obligation, or tie to close conjunction, or amity* (4) Meton *A person under such obligations, a near friend, or kinsman* (1) Puto hanc esse necessitudinem, cui nulla vi resisti potest, *Cic* de *Inv* 2, 57 (2) I amiliaritatem consuetudo attulit, summam vero necessitudinem magna ejus officia in me effecerunt, *Cic* pro *Deiot* ... Necessitudo contubernii, *Id* legationis, *Cæs* Necessitudo fraterna, *Id* liberorum, *Id* Jugurthæ filia Bocchi nupserat, verum ea necessitudo levis ducitur, *Sall B J* 82 (3) Quocum mihi erant omnes amicitiæ necessitudines *Cic* pro *Sext* 11 (4) = Remittit Antonio necessitudines, amicosque omnes, *Suet Aug* 17 Odium adversus necessitudines, *Id Tib* 50 Quo majores pariunt necessitudines, *Hirt* ap *Cæs Bell Gall* 8, 5

Necessum n indecl [qu *a* necessus, a, um] Necessum est paris respondere, *Liv* 34, 5 Necessum est omnia fieri, *Lucr* 4, 519

Necne, *pro* annon *Or no* Tum inquirunt, conducat id, necne, *Cic Offic* 1, 3 Deliberant utrum trajiciant legiones, necne, *Id* Emitteris hic necne eum servum tuum? *Plaut*

Necnon, *vel divise* nec non *Also* Necnon etiam propter nimium laborem, *Varr R R* 2, 1

Neco, are, avi atum raro ui, ctum leg in simpl [a nex necis] (1) *To slay, to kill* (2) Met *To destroy* (1) Hominem innocentes necavit, *Cic* Hos pestis necuit, *Enn* ap *Prisc* Colubra necuit hominem, *Phædr* 4, 18, 4 ☞ *Hunc tern inat onis præteritæ vix alia sipisset exempla, illius effatis congessit nobis vir doctus, fidelis, & gnavus*, Johnson Gramm commen p 367

Necor, ari pass (1) *To be killed, or slain* (2) Met *To mar, or spoil* (1) Pars cum cruciatu necabatur, *Cæs B G* 5, 44 Quid refert uri virgis, ferroque necari? *Hor Sat* 2, 7, 58 (2) Quid necas rectam indolem, *Sen Hippol* 454 Sic omnes radices herbarum prærupte necantur, *Col*

* Necromantia, æ f *vel* necyomantia *Necromancy, divination by calling up the spirits of the dead*, Isid

* Necromantii, orum m pl *Answers given by spirits called up*, Cic Tusc 1, 16 *sed Græcis literis*

Necromanticus, i m *A necromancer*, Isid

* Necrothapes m *He that burieth the dead*, Ulp

* Necrothytus, a, um *That which was sacrificed to the dead*, Isid

* Nectar, aris n [ex קטר נקטר inde odorum suffitus, ...] (1) *Pleasant liquor fermed to be the drink of the gods, nectar* (2) Metaph *Honey* (3) *A very sweet smell* () *Cic Hor* ... (2) Hyblæum nectar *Stat* ... Dulci distendunt nectare cellas, *Vir Æn* 1, ... = Vina novum fundam calathis Ariusia nectar, *Id Ecl* 5, 71 () Nardi florum nectar qui naribus halant, *Lucr* 2, 848

Nectarea, æ *scil* herba [a nec-...

... tare, ob excellentiam] *The herb elecampane*, Plin 14, 16

Nectareus, a, um adj *Sweet ... nectar* ... aqua, ... Ov Met ... Nectareum ... *Mart* 13, 108 Fonte ... *Claud* de Nupt Hon & Mar 209 *won ... derful sweet*

* Nectaris ... *Adding ... of ... campane*, Plin 14, 16

Nectendus, a, um part *To be knit, or tied together* Nectendis ... *Id* 1, 3

Nectens, tis part *Connecting, linking to it* Cætera fere de ... sequuntur majores necte..., *Ci Acad Q* 4, 7

NECTO, ere, xui & xi, xum (1) *To bind one thing upon another, to link, to join together*, ... knots, nets, &c (3) *To bind, ... or join together* (3) *To bind, ... make* (4) *To congeal* (5) Met *To plot, frame, or contrive* (1) ✝ Nodum informem leti trabe nectit ab alta, *Vir Æn* ... 603 Quo vincula nectis? *Id Ecl* 6, 23 Animam ... nectit opus, *Ov* ... Plus ... *Id* Choros nectere, ... in chori, *Sen Herc Oet* 367 Sponte sua quum fumoso carmine nectit, *two such a ...* (2) Necte tribus nodis ternos colores, *tye three knots*, Vir Ecl 8, 77 Pedibus ... nectit, ... *Id Æn* 4, 239 ... to ... vows to ... *Tac* ... Mira ... fit ... *Id* 5, 85 () Quare ... *Stat* ... 2, 2, 76 (4) ✝ Africus in glaciem frigora ... *freezeth them*, Propert ... 48 (5) Moras nectere, *Tac Ann* 1, 14, ... Causas nequicquam nectis inanes, *frame a long train of excuses*, Vir Æn 4, 219 Modo jurgia nectit, *pretend to rail at you*, Ov Amor 2, 9, 45 Qui nostro nexisti retia lecto, *Prop* 2, 6, 37 *framed a plot on my bed*

Nector, i pass (1) *To be linked together, to hang one upon another, to have a mutual connection and depend one* (2) *To be enriched, to be crowned* (3) *To be delivered bound to serve one's creditor for default of payment* (4) *To be framed, or contrived* (1) = Virtutes inter se nexæ & jugatæ sunt, *Cic Tusc* ... 8 () Flavi caput nectentur ... *Vir Æn* 5, 309 (3) ✝ Ita nexi solutique, ... in posterum, ... *Liv* (4) ... dolus ... *Liv* ... 2

Necubi adv in loco [ne nequa ubi] *non ex nec & ubi* ... *Lest in any place* Necubi effecto ponte Romani copias traducerent, *Cæs B G* 7, 35

Necunde ad de loco [ne nequis, *i e* nequo ex loco] *Lest from any place, or part* Necunde ab stationibus Punicis conspiceretur, *Liv* 28, 1

† Necunquem, *pro* necunquam *quicquam*, Fest

* Necydalus, i m ... *which turneth into a silkworm*, Plin 11, 22 Arist Hist 5, 19

* Necyomantea, æ m ... *An ... romancer*, Dig

Nedum conj (1) *Much less* (2) *Not to say* (3) *Not only* () Satrapes nunquam sufferre ejus sumptus queat, nedum tu, *Ter Heaut* 2, 1, ... (2) Erat domicilium hujus urbis aptissimum ... tua, [illegible] qu[illegible] tota Peloponn[illegible] nefari [illegible] (3) [illegible] num [illegible] ut nos [illegible] [illegible] eventu [illegible] Ait 10, [illegible] *example* [illegible] *confirms* [illegible]

[illegible] um [illegible] sup [illegible] quod [illegible] ut [illegible] [illegible] Nefrendis [illegible] Ter [illegible] 1, 5 [illegible] Non ex Lucil [illegible]

[illegible] *Impiety* [illegible] Nec [illegible] Cic [illegible] *theirs* [illegible]

[illegible] maculorum, *Hor Od* [illegible] 5, 22 [illegible] Fas [illegible] quo fine [illegible] dinum [illegible] Ibid 1, 18, 10 (2) Antonius Bactriae [illegible] Aegyptia [illegible] *woman* [illegible] An 8, 688 Quod [illegible] ne [illegible] finali in merito tenqui, [illegible] Id An 10, 6 [illegible] *wonderful prodigy* Id An [illegible] (5) Extinxisse nefas tamen, [illegible] merentis [illegible] An 2, 585 (4) Solve [illegible], dixit, solvit & ille nefas, *Ov Fast* 2, 4. (5) [illegible] Levius fit [illegible] corrigere est nefas, *Hor Od* 1, 24, 20

Nefastus, a, um [*ne* & fastus] (1) [illegible] *day,* [illegible] *the heads of the people held* (2) *Inauspicious, of evil omen* (3) *Polluted, wicked, profane* (4) [illegible] *polluting* (5) [illegible] *to the manes, or infernal* [illegible] (1) Numa nefastos dies fastosque fecit, quia aliquando [illegible] *Ov Fast* 1, 47 [illegible] um nullus nefastus est [illegible] *it is constantly in* [illegible] *Plaut* (2) Qua [illegible] nefasta vitiosa [illegible] *Cic* [illegible] 8 Prohibete [illegible] Neque terra nefasti sit victoria fas, *Luc* 6, 28 (3) Quid [illegible] intactum nefasti liquimus? *Horat Od* 1, 35, 35 Terra nefasti, *Luc* Loci nefasti, *Stat* Spiritum ne-fastum ferro exige, *Sen Oedip* 1027 (4) Nefastum facinus, *Sen* (5) Acheron [illegible], *Stat* [illegible] *Plin* 10, 11

Nefrendes, is m [Nefrendes a-rietes [illegible] dict quod dentibus frendere non possint, *Fest* al infantes non [illegible] *Var* [illegible] *a* [illegible] *now* [illegible] Animo nomin [illegible] *frendes*, [illegible] eo quod [illegible] *fronture* [illegible] *Fest*, [illegible]

† Nefrendis [illegible] Nefrens [illegible] Nephros [illegible]

[illegible] funera, *Cat* [illegible]

† Negabundus, *Fest* ex *Caton* [illegible] Negans

Negandus, a, um part *To be denied* [illegible] *Ov* [illegible] 16, 48

Negans, [illegible] (1) *Denying* [illegible] (2) *Refusing* [illegible] *Cic* [illegible] hoc est unde non sit, *Cic Topic* 11 (2) [illegible] 8, [illegible] obiectum

Negantia [illegible] Non & hoc & nihil hoc [illegible] *Top* 1.

Negatio, onis f verb (1) *A denying* (2) *A negation, a negative form of speech* (1) = Negatio [illegible] *Cic Part Orat* 29 (2) Dissolutum [illegible] *Cic de Inv* 1, 28 [illegible] conjunctio [illegible] *Id de Fato* 6

Negativus, a, um adj Actio negativa, *Dig* [illegible] Negatorius

|| Negator, oris m *He that denieth*, Paul Cath 1, 50

Negatorius, a, um adj *Of or belonging to denying, negative* Negatoria actio [illegible] negativa *Just* [illegible] Sed [illegible] non sit [illegible] nos [illegible] *Dig* [illegible] Confessoria

|| Negatrix f *She who denieth*, Paul Apoh 549

Negatur impers *It is denied* [illegible] *you shall not be able to get entrance*, &c *Ov*

Negaturus, a, um part *That will deny*, Cic

Negatus, a, um part (1) *Denied* (2) *Difficult* (1) Mercede operis negata, *Ov Met* 11, 214 Palma negata macrum, donata reduci opimum, *Hor Epist* 2, 1, 181 In terra dom bus negata, *uninhabited*, Id Od 1, 22, 22 Virtus negata tentat iter via, *Id Od* 3, 2, 22 Venter negatas artifex [illegible] voces, *Pers prol* 11

Negito, are freq [a nego] *To deny often, or stoutly* Ni fieri negites, *Lucr* 1, 911 Vix negito, *Plaut Bacch* 5, 2, 7

|| Neglectim adv *Carelessly, negligently, slightingly*, Donat † Neglegenter

Neglectio, onis f [a neglego] *Neglecting, disregard* Amicorum neglectio improbitatem coarguit *Cic* pro *Mur* 4 Raro occ

Neglectus, a, um part et adj [illegible] sup (1) *Neglected, disregarded, slighted* (2) *Untrimmed, not cultivated* (1) [illegible] neglecta, *Ov* [illegible] coma, [illegible] *Id* Neglecti capilli, *Id* [illegible] vices, abjecti, [illegible] *Cic de Fin* 3, [illegible] progenies, *Stat* [illegible] (2) Neglectis urenda [illegible] *Hor* [illegible]

Neglectus, us m verb [a neglego] [illegible] *neglect*, [illegible] *Ter Heaut* 2, 1 [illegible]

† Neglego, [illegible] *pro* neglego, *Plaut* [illegible]

Negligendus, a, um part *To be neglected* [illegible] *Cic* [illegible]

Negligens, tis [illegible] comp [illegible] sup [illegible] (1) *Negligent, careless* [illegible] *Careless, heedless, neglectful* (2) [illegible] *Cic Att* [illegible] *Id* [illegible] *Cic Or* 68 [illegible] *Cic Fin* [illegible] *Id* [illegible] Socio um negligens [illegible] *Id* [illegible] Postulat obtegere eam negligens fui, *Plaut* [illegible] (2) Non in hoc sumptu non necessario negligens est, *Cic Fam* [illegible] Modo parciol, modo negligens [illegible] *Suet Galb* 14 [illegible] impense, quomodo & nos, *not valuing what he spent* [illegible]

Negligenter adv ius, comp (1) *Negligently, carelessly, slightingly, slenderly* (2) *Through contempt* (1) Minuta non negligenter tractanda sunt, *Cic Or* 27 Quid est quod negligenter scribamus adversaria? quid est, quod diligenter conficiamus tabulas? *Cic* pro *Q Rosc* 2 = Temere ac fortuito, inconsiderate negligenterque nequit agimus, *Id* (2) Querelas quas professores negligenter ab umbratione parentum acciperent, *Suet de Clar Gramm*

Negligentia, æ f *Negligence, recklessness, ill looking to a thing, carelessness, heedlessness, disrespect* In re familiari laboriosior est negligentia quam diligentia, *Col* 12, 2 Cognatorum negligentia, *Ter Andr* 1, 1, 44 Nam neque negligentia tua id fecit, &c *out of disregard to you*, Ter Phorm 5, 8, 27

Negligo, ere, exi, ectum act [*qu* nec lego, *i e* eligo] *To neglect, or have little regard to, to slight, not to care, or regard, to contemn, or take no notice of, to make very light of* Quorum ego nec auctoritatem aspernatur, nec negligere debeam, *Cic* Pecuniam in loco negligere, *to pass by*, or *slight*, Ter Adelph 2, 2, 8 Negligunt vile hordeum, *they care not for it*, Phædr 2, 7, 9 Verba etiam verbis ou[illegible] coagmentare negligat, *not mind to*, Cic Or 23 Negligat hibernas piscis adesse minas, *not be moved at their approach*, Tibull 2, 3, 50 Amo te, & non neglexisse habeo gratiam, *that you have taken care of it*, Ter Phorm 1, 2, 4

Negligor, i, pass *To be neglected* Quum ejus tam negliguntur internuntii, *are in so mean a garb*, Ter Heaut 2, 3, 58

Nego, are act [a ne, *i e* non, & ago, *i e* dico] (1) *To deny* [illegible] (2) *To* [illegible] *refuse* [illegible] (5) *Not to* [illegible] *to* [illegible]

[illegible] *Bar* 2, 2, 21 [illegible] Non [illegible] *Id Ps* [illegible] *Ter* [illegible] neque [illegible] non [illegible] *C* B [illegible] conditionem [illegible] postulatam [illegible] *Plaut Ep* 2, 2 [illegible] *Cic* Negant [illegible] esse [illegible] *Id* Nego quemquam [illegible] quam sæpe audivi, *Id* (2) [illegible] torum cœnis sæpe negat [illegible] *Mart* [illegible] *to negare* [illegible] *to return* Negat [illegible] id cœnam venturum, *Hor Ep* [illegible] 7, 68 Per [illegible] tenebricosum, [illegible] negant redire quenquam, *C* tull 3, 12 (5) Negat [illegible] qu[illegible] quod difficile est, peti, [illegible] polliceor, *Ter* † Ne[illegible] civitatem, immunitatem o[illegible] *Suet Aug* 40 Frenden[illegible] gant, & fontibus arcent, [illegible] 3, 131 [illegible] vit opem, *Ov Ep* [illegible] 3, 96 [illegible] tum seges ætern negat [illegible] 3, 142 Nec candida cur[illegible] negit, *Id Æn* [illegible] negavit mihi tormam, *Ov Epist* 15, 31 Canes arma negant [illegible] *not fight*, Grat [illegible] Collis Cereri negat, [illegible] *will not bear corn* Stat [illegible] tum corda negant, [illegible] *are inauspicious*, Id

Negor, ari pass *To be denied* In Tarentino agro negatur esse [illegible] cus M[illegible], *Plin* 10, 29

Negotialis, le adj *Of the matter in general, abstract of the circumstances of persons* & [illegible] *Cic de Inv* 1, 11 & [illegible] *Quint* 1 3, c 8

Negotians part & nom *A merchant, an usurer* Negavit [illegible] cuiquam negotianti dare, *Cic* [illegible] 5, 21

† Negotiarius adj Navis negotiaria, *ship of trade*, Spar [illegible] Onerarius

Negotiatio, onis f verb [negotior] *Merchandise, trade* Negotiatio Asiatica, *Cic Fam* [illegible]

Negotiator, oris m *A merchant, a dealer, or trader* Cives Romani negotiatores, [illegible] *P Afr* 90 Mancipiorum negotiatores, *Quint*

|| Negotiatorius, a, um [illegible] *Belonging to trade, or traffic* Aurum negotiatorium [illegible] *merchants pay the* [illegible] Lampr ✝ Aurum [illegible]

|| Negotiatrix, icis f *A woman trader, a she dealer*, Paul [illegible]

|| Negotinummus [illegible] *business of money*, Apul [illegible] p 36

Negotiolum, i n dim [neg tium] *A little business*, [illegible]

r Lut nescio quid negotion, ... (2) To mer ... non negotiandi ... Cic ... Plin 29, 1 ... in many lines, ... patching ...

Negotiosus, ... um ... comp ... full of business ... negotiosa & in ... pro ... Oportet ... & negotiosos dies, ... Tac Ann 1, ... negotiosis, Plaut ... ¶ Negotiosum te ... frequently ... Mil 2, 5, 3 (2) Ne... Cel ... Plaut Stich 2, ...

Negotium, ... (1) The state, ... (2) An affair, ... (5) Business of the ... (6) Implojment ... (3) ... Ut in ... Sic verba ... Plau ... Alienum ... & circa ... 2, 6, 34 (2) Non ... negotium ... Ter Adelph 4, ... it is necessary ... 2, 6, 4, (4) ... Epist ... Augusti ... respublica ... Negotio cum ... Nec ... Non esse negotium ... all things ... ¶ Neque de hac ... Negotium ... Cic ... Od 3, 5 ... Hor Ep ... (8) Vid ... Cic Fuit mix

mus publicanis ... in negotiis gerendis, ... Ad ... negotium, Id (5) Negotium est contegitio personarum, locorum, ... modorum, causarum, ... instrumentorum, sermonum, scriptorum & non scriptorum, ... negotium ... Quint ... 5

* Nemæstinum, ... netum, ... a third Nem... ... all thread Dig

† Nemen ... A web, a spin... Antiq inscript

Nemo ... homo] caret vocativo & numero plurali (1) No man, or woman, nobody (2) Unus ... no one man ( ) Nemo quisquam no one in the world (4) Nemo admitteth homo after it for greater emphasis ( ) Nemo ... former part of a sentence ... the negation, in the latter, ... by reason of a general ... plainly ... (6) Nemo for nullus, no one (7) Nemo admitteth non ... after it, by way of pleonasmus (8) A fellow of no account (1) Adversus neminem, Ter And 1, 1, ... Hic ego ... minem ... Id ... 2, 26 Neminis misereri certum est, ... Plaut Capt ... 5, 107 Nemo nostrum est, quin ... Id (2) Unus omnium ... partes consequi nemo potuit, Id ... Ad neminem ... Nemo unus, ... Nemo unus erat vir, quo magis ... (5) Ecquis me vivit hodie fortunatior? nemo hercle quisquam, Ter Eun 5, 1 (4) Nemo hominum est, Ter Eun 4, 6, 19 (5) Nemo extulit eum verbo, ... dixit, ut ... intelligerent, quid diceret, sed contempsit eum, ... Cic ... sed unusquisque contempsit eum, &c Adversaria in ... nemo ... Id Qui fit, Mæcenas, ut nemo, quam sibi sortem, ... contentus ... Hor Sat 1, 1, ... nemo for nullus, nullus vel nulla ... (6) ... Plaut ( ) Nemo non linguæ ... promptior, ... Ut nemo, illo invito, nec ... possit, Cic (8) Sed me ... nemo magis, quam is, quem tu neminem putas, Cic

Nemŏrālis, e adj Of a grove, or wood, woody, encompassed with woods, or groves Nemorales umbræ, Ov Am 3, 1, 5 Nemoralis sedes, Id Amor 2, 6, 57 ... Mart 1, 13 Templum nemorale, Ov ... Antrum, stagnum nemorale, Id

Nemŏrensis, ... Pertaining to a wood, or grove Nemorensis ... forest honey Col 9 4 Rex nemorensis, the chief priest in the sacrifices of Diana Aricina, Suet Cal

Nemoricultrix, icis f An inhabitant of the wood ... Phædr 2, 4 ...

Nemĭvăgus, ... wandering in woods, or forests ... Catull 61, ...

Nemŏrōsus, a, um adj Woody, or full of woods, ... Montes nemorosi, Ov ... Nemorosi ... Phædr 2 8 1 Antiquæ ... nemorosis, full of thickets, Plin jun

Nempe adv [ex nam & pe, quasi Gr ...] (1) What then ... (2) I suppose ( ) However, to all that (4) It is to be granted, I grant, ... (5) Namely ( ) For example (7) That is, to wit, namely (8) For, ... because (9) Why, why ... (10) Sometimes it is ... only an ornamental particle (1) Nempe ... Ter ... Cic ... Plaut Men ... (2) Nempe ... Ter ... 2, 2, 60 (2) Sed ... reliqua ... Cic I suppose ... Plaut (5) ... Ov ... (4) ... bonus & prudens dici ... Hor Epist 1, 16, 32 Nempe, in composito ... Lucili, Hor Sat 1, 10, 1 (5) ... Plaut ... 5, 4, 47 (6) Nempe, ... patrem, Ter ... (7) Dictum ... Ter ... solis, ... nempe ... Ov Met ... Placa ... vos Nempe, tuo ... Hor ... 2, ... Ar... ... Phædr 4 ... 13 (8) ... Ov Met ... In ... nempe ... Ibid 2, 664 (9) Quid juvenis, magnum ... Nempe, abruptis ... Ov ... 2, 58 In ... nempe in legibus, Cic (10) ... 1, 286 & 2, 907

NEMUS, oris n (1) [a Gr νέμος, quod ... pasco] (1) A wood, or grove (2) Sylva ... The trees of a wood, ... grove, orchard (1) Nemus frondiferum, Lucr 2, 359 ... umbra ... Ov Met 7, 75 ... nemus, Ter ... 6, ... (2) Cerealis nemus violasse ... Ov Met 8, 741 ... nemus, ... Id Geor 2, 308 ... ... Id Geor 2, ...

Nēnia ... f ... funeral song ... Poll (1) A funeral song, a dirge or dirige (2) ... a nursery ... song or writing (4) ... or song (5) ... magic song, a charm (6) ... name of a goddess (1) ... Hor Od 2, 1, ... (2) ... Hor Ep 1, 1, ... 142, 14 (1) ... Hor Od ... (5) Hor Epod 17, 29 (6) ...

Nēo, ... Spinning ... Tibull 1, ... Invenit eum purpuram colo nentem, Just 1, 3

† Nenu [... non] Not Nempotest, Lucr ..., 20 Nenu ... Habet ... Lucil ...

Neo, ... netum ... To spin ... Ter Haut 2, 3, 52 ... quod nostræ ... Nemo ... † Neunt ... stamina ... quæ ... I ... in ...

... A ... Plin ...

Neophytus, ... he that ... the charge ... full ...

* Neophytus ... The ... planted, or ... a novice, ... one turned to the faith, Vulg ... Lat Novitius

* Neoter... Newly, ... of ... Lat More recent

* Neoterismus, ... Minuti...

Nepa, æ ... African vocab ... (1) A scorpion (2) The constellation of the scorpion ( ) The crab fish (4) The ... (1) Nepas ... Cic (2) Cum ... Cic in Arat ... parietem ... Plaut Cas ... (4) Cic ...

Nepenthes ... which being put in wine ... away sadness ... Plin 21 ... 25 ...

Nepeta ... f ... penny royal ... Plin ...

NEPOS, otis ... (1) A grandson (2) ... (1) ... (2) A nephew ... (5) ... the breed ... on the branches ... A ... Cic ... Non ... Roma nepotes, Prop ... A ... Ov ... Quint ... Hor ... Col 6 ... Luxus ... 31, ...

Nepotatus, ... [a nepos ...

ſluous, waſting, or ſpending, debauchery, Plin 14, 4

Nĕpotīnus, a, um adj *Riotous, profuſe* Nepotini ſumptus, *Suet Calig* 37

Nĕpōtor, āri dep *To be profuſe, or extravagant* Veto liberalitatem nepotari, *Sen de Benef* 1, 15

Nĕpōtŭlus, i, um dim [a nepos] *A little grandſon*, Plaut Mil 5, 20, 29

Nĕptis, is f [a nepos] *A ſon's, or daughter's daughter, a grand-daughter*, Catull 62, 29

† Nequam, *pro* nequam, *Charif*

Nequa adv *ſc* via ratione, *vel* divisè ne quâ [a ne, quis] *Leſt any way, leſt by any means* Nequa ſcire dolos poſſit, *Vir Æn* 1, 686

† Nequalia detrimenta, *Feſt* a nequam

Nēquam adj indecl ior, comp iſſimus ſup [forte a ne quis nequam indecl nequam non malum ſignificat, ſed inutilem, *Fl Caper*] (1) *Naught, good for nought* (2) *Unthrifty, lazy, idle, without induſtry* (3) *Unfruitful* (4) *Lewd, that ſpendeth his eſtate lewdly* (5) *Careleſs, inconſiderate* (6) *Lewdly, pro* nequiter (7) Subſt *A miſchief, a bad thing* (1) = Nequam eſſe oportet, cui tu integumentum improbus es, *Plaut Bacch* 4, 2, 20 Ego ſum in uſu factus nimio nequior, *Id Moſt* 1, 2, 66 (2) ⚹ Iiſdem verbis aut laudare ſervum frugi poſſumus, &, ſi nequam eſt, jocari, *Cic* = Nequam & ceſſator Davus, *Horat Sat* 2, 7, 100 Nulla eſt vel nequiſſimi hominis amplior cuſtodia, quam quotidiana operis exactio, *Col* (3) Surculus vitis nequam, *Col* 3, 10 (4) Verres homo nequam, *Cic* Quid nequius aut turpius effeminato viro? *Id Tuſc* 2, 17 (5) Homo non nequam, *Cic de Scriptore probo* (6) Ubi nequam faciat clam, *Plaut* (7) Vin' tu illi nequam dare? *AG* Cupio *MI* En! me dato, *Plaut Pœn* 1, 31

Nequandò adv [ex ne & quando] *Leſt at any time* Metuit nequandò tu aliò fructum conferas, *Ter Eun* 3, 1, 60 Nequandò ea arx hoſtium eſſet, *Liv*

Nēquāquàm adv negandi [a ne non, & abl fem quaquam, *q d* non quaquam viâ] *By no means, in no wiſe, far from* Nequaquam iſta tam citia eſt, *Cic de Fin* 2, 24 Nequaquam poterit, *Id* Nequaquam omnes *Id* Nequaquàm ſatis, *Hor Sat* 2, 1, 48

Nĕque conj [ex ne, *i e* non, & enclitico que] *Neither, nor*, &c *Ter Cic* &c *Vid* Nec, *cui per omnia ferè ſimile eſt* Neque, *præterquam in ſequentibus* § Neque—etiam Sibi neque opus deeſſe, animum etiam ſupereſſe, *Liv* & *opus non deeſſe, & animum vel ſupereſſe* § Neque enim, *for—not* ☞ *Raro invenitur, niſi in parentheſibus, & earum ſimilibus* Æneas (neque enim patriam conſiſtere mentem paſſus amor) &c Vir Æn 1, 647 Dicite, Dardanidæ, (neque enim neſcimus, &c) Id Æn 7, 195 Neque enim hoc poſſum negare, *Cic*

Nequedum *Not yet, not as yet*, Cic *Leg etiam diviſim*

Nĕqueo ire, ivi, itum [a ne & queo] *I cannot, I am not able* Loci ferre diu nequiere Jovem, *could not brook the unwholeſome air*, Ov Met 9, 707 Quod cum vitare nequiret *Id Met* 12, 385 Cum piſces ire nequibant, *Lucr* 1, 381 Nequeo quin lachrymem, *I cannot but weep*, Ter Hec 3, 3, 25 Nunciatur lignum nequire convelli, *Liv*

Nĕqueor, iri *Cannot* Quicquid ſine ſanguine civium ulciſci nequitur, jure factum ſit, *Sall B J* 31 Ut nequitur comprimi! *Plaut Rud* 4, 4, 20. Retrahi nequitur, *Feſt ex cod* Nequitum eſt exaugurari, *Cato in Orig*

Nēquicquam adv *i e* non quicquam, fruſtra (1) *In vain, to no purpoſe* (2) *By no means, not in the leaſt* (3) *Scotfree* (1) Haſtam nequicquam in Perſea miſit, *Ov Met* 5, 33 = Fruſtra ac nequicquàm credite, amici, *Catull* 75, 1 (2) Telum ſummo clypei nequicquàm umbone pependit, *Vir Æn* 2, 546 *Interpr Serv* Rationes dominicas conficere nequicquam rectè poteſt, *Varr* (3) Ne iſtuc nequicquam dixeris tam indignum dictum in me, *Plaut Aſin* 3, 2, 108

Nequidquam, *id ac* nequicquam, *q v*

† Nequiens part [a nequeo] *Not being able* Nequiens idoneum exitium præſenti cladi reddere, *Apul Met* 8, p 246

† Nĕquino, are [*pro* nequeo ant ut *pro* nato natino] *Nequinant*, nequeunt, *Feſt ex Liv* in odyſſ *To deny*, alſo *to play the wanton*, Sipont

Nēquis, nequa, vel nequi, nequid *vel* nequod [a ne, non, & quis, aliquis] (1) *Leſt any one, or thing* (2) Cum ut, *No one, or thing* (1) Nequis tua pectora vulneret imprudens, *Ov Met* 8, 64 Nequi porcellus a matre opprimatur, *Varr R R* 2, 4 Nequa hoſtilis facies occurrat *Vir Æn* 3, 407 Ne quid inauſum fuiſſet, *Id Æn* 8, 205 ☞ *Sed ſcrib ſere diviſè*, ne quis, ne qua, ne quid (2) Ut nequis te de ſententia poſſit dimovere, *Cic Verr* 1, 17 Ut nequid hujus ignores, *Ter Heaut* 2, 3, 28

Nēquiſſimè adv *Moſt cunningly, or ſlily* Balſamum vitiatur nequiſſime gummi, *Plin* 12, 25

Nequiter, ius, comp iſſimè, ſup adv [a nequam] (1) *Waſtefully, prodigally* (2) *Lewdly, wantonly, roguiſhly* (3) *Craftily, ſlily, cunningly* (1) Utrum bellum ſuſceptum ſit nequius, an inconſultius geſtum, dici non poteſt, *Liv* 41, 7 Quod bene, id recte, frugaliter, nequiter, turpiter cœnabat, *Cic Tuſc* 2, 17 (2) Nunquam, hercle, facerem, genua ni tam nequiter fricares, *Plaut Aſin* 3, 3, 88 (3) *Plin* 12, 25

Nequĭtia, æ f [a nequam] (1) *Remiſneſs, neglect of one's buſineſs* (2) *Lewdneſs, waſteful debauchery, vitiouſneſs* (3) *Wantonneſs, lewd amours* (4) *Sly malice, craft* (5) *Tartneſs, eagerneſs* (6) *Roguery, jeſting* (1) = Sed jam meipſum inertiæ nequitiæque condemno, *Cic Catil* 1, 2 (2) = Alter Verres cum luxuria atque nequitia, *Cic* (3) Nequitia eſt, quæ te non ſinit eſſe ſenem, *Ov Faſt* 1, 414 (4) ⚹ Vi & nequitia quicquid oppugnant, ruit, *Phædr* 2, 6, 3 (5) Aceti nequitia, *Plin* 14, 20 (6) *Vid Barth* ad *Claud* p 806

Nequĭties ei f *Waſteful, profuſe debauchery* Illum nequities expulit, *Hor* 2, 2, 131

† Nĕquīto, āre *vel* nequitor, āri, *i e* nequam eſſe *To live lewdly*, Priſc 1 8

† Nēquĭtùs, *pro* nequitèr adv *Non*

* Nērita, æ m *A ſhellfiſh that ſaileth on the ſea*, Plin 9, 33

* Nērium, ii n *A tree, or ſhrub, with leaves like an almond, which ſome call oleander, ſome roſe-laurel, or roſe tree*, Plin 24, 11

Neronianus lapis *Vid Propr*

‖ Nervalis, le adj *Plantain* Herbam quam Græci πεντάνευρον, nos nervalem appellamus, *Scrib Larg Compoſ* 12

† Nervātio, ōnis f *A joining together, a ſtrengthning as it were by ſinews*, Litt ex *Celſ* ſed q

† Nervātor, oris m *He that joineth, or ſineweth*, Litt ex Celſ ſed q

† Nervia, æ f [quod ex nervis fieret] *The ſtring of an inſtrument, or a ſtringed inſtrument*, Non ex Varr & Suet *ap* Gell 9, 7

† Nervĭceus, a, um adj *Made of a ſinew, or ſtring* Nerviceis funibus, *with bowſtrings*, Jud 16, 17 *Vulg Interp*

Nervicus, i m *Having the gout, or pain in the ſinews*, al rectiùs leg *neuricus*, quod vid

† Nervina, crumena, *Plaut Truc* 5, 64 [a nervo, quod obligatos nummos ferret *al leg* pecua nerumina, *quæ non ruminant*, *ſc* nummi argentei ovium imagine ſignati]

‖ Nervinus, a, um *Made of ſinews* Nervini funes, *Veget*

† Nervium, ii n [a nervis] *The ſtring of an inſtrument*, Varr *ap* Non

Nervōsè adv ius, comp *Strongly, ſtoutly, vigorouſly* Ut vigilanter, nervoſeque nos ſubornes, *Planc Cic Epiſt Fam* 10, 23 Qui iſta nervoſius diſſerunt, *with greater ſtrength of argument*, Cic Offic 3, 29

Nervōſĭtas, ātis f *Strength, toughneſs*, Plin 19, 1 *de lino*

Nervōſus, a, um adj or, comp (1) *Sinewy, full of ſinews* (2) *Full of fibres* (3) *Stiff, or unpliant of body* (4) Met *Pithy, having ſtrength of argument* (1) Nulla eſt ei caro, ſed nervoſa exilitas, *Plin* 11, 37 Veſica in ipſo ſinu nervoſa & duplex, *Celſ* 4, 1 (2) Radices nervoſæ, *Plin* 27, 12 (3) Nervoſa & lignea δορκάς, *Lucr* 4, 1154 (4) Quis Ariſtotele nervoſior? Theophraſto dulcior? *Cic de Cl Orat* 31

Nervŭlus, i m dim [a nervus] *A little ſinew, ſtrength, or vigour* Met Si nervulos tuos adhibueris, *Cic Att* 16, 16.

NERVUS, i m [a Gr νεῦρον, *Gell* per Metath ut a πάυρ?, parvus] (1) *A nerve, or ſinew* (2) *The ſtring of a bow, catapulta*, &c (3) *The ſtring of a lute, or other inſtrument* (4) *A pair of ſtocks, or pillory, or ſomething like a cord, or iron for the neck, or feet in torture* (5) *A man's yard* (6) Nervi plur *Strength, force, might, power, vigour, and ſtrious application of mind* (7) In nervum erumpere, *To break and deceive, as a ſtring doth overſtretcht* (8) *Strength, or that wherein the ſtrength of a thing conſiſteth* (9) *The ſpirit and vigour of one's ſtile* (1) Animantem oſſa, cruor, venæ, calor, humor, viſcera, nervi, conſtituunt, *Lucr* 2, 669 (2) Nervo ſtridente ſagitta diverberat auras, *Vir Æn* 5, 502 Nervis temperat arcus, *Ov Met* 1, 108 Volat moles adducto concita nervo, cum petit muros *Id Met* 8, 357 (3) Per me concordant carmina nervis, *Ov Met* 1, 518 Sonant ita in fidibus nervi, ut a digitis ſunt pulſi, *Cic* Citharæ intenta nervis, *Quint* (4) Ut apud te me in nervo enicem, *Plaut Aul* 4, 10, 13 Nervo vinctus cuſtodibitur, *Id Capt* 3, 5, 71 In nervum potius ibit, *Ter Phorm* 4, 4, 15 *i e* in vincula (5) Repente nervus excitat libidinem, *Tib ad Priap* Illi tenti non minus nervi rigent, *Hor Epod* 8, 17 (6) = Quantum in cujuſque animo roboris eſt atque nervorum, *Cic Fam* 6, 1 ¶ Contendere nervos, *Id Verr* 2, 1 intendere, *Ter Eun* 2, 3, 20 *to do one's utmoſt* (7) Vereor, ne iſtæc fortitudo in nervum erumpat denique, *Ter Phorm* 2, 1, 11 *interpr Don* ☞ *Sed potius ſentire ad quartam notionem videtur* (8) Vectigalia nervos eſſe reipublicæ diximus, *Cic Phil.pp.* 5, 2 (9) Sine nervis altera, quicquid compoſui, pars eſſe putat, *Hor Sat* 2, 1, 2 Horum oratio neque nervos, neque aculeos oratorios ac forenſes habet, *Cic Orat* 19

† Neſapus, qui non ſapit, *Scal in Catull*

Neſcientèr adv *Ignorantly*, Auguſt † Ignoranter

† Neſcientia, æ f *Ignorance*, Cl Mamert 1, 11

Neſcio, ire, ivi, itum [ex ne, *i e* non, & ſcio] (1) *To be ignorant, not to know, wot, or tell* (2) *Neſcio quis, neſcio quid*, &c quaſi pro nomine uſurpantur *A form uſed either in ignorance, or contempt, one, or other, ſomebody, ſomething, or other* (3) *Not to be able, not to endure* (1) ⚹ Nil ſciri ſi quis putat, hoc quoque neſcit, an ſciri poſſit, quom ſe nil ſcire fatetur, *Lucr* 4, 471 Tu, pol, ſi ſapis, quod ſcis, neſcis, *i e* præ te feres ſcire, *Ter Eun* 4, 4, 55 Neſcio deos, *i e* quid facient, uſitata ellipſi, *Id Heaut* 5, 4, 15 *quam ſententiam propriam trahunt al ad ignorationem deorum, eodem modo* neſcio anas, *i e* aliæ quæ faciunt *Ibid* 2, 4, 16 Neſcimus iſtum qui ſiet, *Plaut Pœn* 3, 3, 36 Neſcire ſat ſcio de illâ amicâ, *Id* (2) Delia furtim neſcio quem tacitâ callida nocte fovet, *Tibull* 1, 6, 6 Neſcio quid profectò mihi animus præſagit mali, *preſageth ſome evil, or I know not what evil*, Ter Heaut 2, 2, 7 Timonem neſcio quem accepimus, *Cic de Amic* 23 Neſcio quid impendit, *Id* Neſcio, hercle, neque unde eam, neque quorſum eam, *Ter Eun* 2, 3, 1, *a negation followeth this, elegantly redundant* Neſcis nec in pace, nec in bello vivere, *Cic* (3) Neſcit vox miſſa reverti, *Hor A P* 390 Stoici omnino iraſci neſciunt, *Cic* ⚘ Neſcit amor priſcis cedere imaginibus, *Prop* 1, 5, 24 Augmen cur neſciat æquor, *Lucr* 6, 607 ¶ Neſcio quomodo, quum, &c *I know not how it happened*, Nep Thraſ 1

Neſcĭtur imp *They know not, it is unknown, we cannot tell* Ut ſtellarum numerus, par an impar ſit, neſciatur, *Cic Acad Q* 4, 10

Neſcius, a, um adj (1) *That knoweth not, ignorant, unexperienced* (2) *That knoweth not how, or cannot* (3) *Unknown* (1) Non ſum ita neſcius, quanto periculo vivam, *Cic* Iratum te fuiſſe non erant neſcii, *Id pro Dei t* 2 non eram neſcius fore, ut, &c *Id.* Seſe haud neſcia morti inj... *Vir Æn* 9, 552 Neſcia mens hominum

num ... *Id Æn* 10, 501 ⁜ Ille ... movi ad certos nexi membra modos, *Tib* 1, 7, 38 ... mulationum nescia, *unpractised, or unexperienced*, Tac Ann ¶ Ora ... nescia, ... Lucan, 4, 683 (2) ... *Hor Od* 4, 6, 18 ... *Id Od* 1, 6, 6 ... armis, *Ov* ex *Pont* ... ( ) In locis nescius sumus, ... 1, 5, 17 Neque ... *Tac Ann* 16, 14, 2 ... nescia tributa, ... 5, 6

† Neu, pro *ne*, positum est in ... ædis Dianæ Aventinensis, *Fest*

* Net ... ophium, ii n *A place, or yard where ducks are kept to fat*, Col 8, 15

* Nete ... novissima *The sound of the seventh string of a musical instrument* ... synemmenon, *Vitr* 5, 4 D, ... Nete diezeugmenon, E, ... Id ⁜ Hypate, *Id*

Neu..., a, um part p *ex* neo ... *or twisted*, Ulp

‖ Neus, ... m Ex candentis ... *Mart Cap Spin* ... *yarn, thread*

Neu conj ... neve (1) *Nor, neither* (2) *Pro* & ne, *and not* (3) ... *or lest* (4) *And lest* (1) Neu tibi, neve mihi nocitura, ... 0, 28 Neu—ne, *Id* 1, ... N—neu, *Catull* 20, 6 (2) ... cohortatus, ut suæ pristinæ virtutis memoriam retinerent, neu ... turbarentur animo, *Cæs B G* ... ( ) ... obite, ne hic vos ... conspiciet leno, neu falsæ præp... dimentum objiciatur, ... *Pan* 2 2 29 Neu conamen ... caput, *Catull* ... (4) Neu regio foret ulla ... animantibus orba, astra tenent, *Cic* Ov Met 1, 72

Neve [comp *ex ne* & ve] *Nor, neither, and not, lest either, or lest, and lest* It is used as *neu*, whereof examples are very frequent

Nevis, pro nonvis, *Plaut Curc* 1, 8

† Neun..., *pro* nent, *Tibull* 3, 3, ... Neo

* Neuras, ados f *An herb, or ... good against the poison of ... rubeta, weakness of the ...*, Plin 25, 10 & 27, 12 = Poterion, Phrynion, *Id*

* Nervicus, a, um adj qui ex ... laborat, *al leg* nervicus, *sed perperam. Having the gout, or pain in the sinews, sinew ...* Nervi inflatione turgen... neuricos aut podagricos ... homines, *Vitruv* 8, 3

* Neurobata, æ m *A walker on cords or ropes stretched at length, a dancer on the ropes*, Firm

* Neurobates æ m *Idem*, Vo...

* Neuroides ... n *Wild beet*, ... c, 8 = Limonium,

* Neurospaston *An herb called* ... It hath a leaf like ... a black grape, ... in the kernel thereof ... 14 = Cynosbaton, ... *Id* § It ligneola ... *prod* 7, 16 = Nervis ... mobile lignum, *a puppet* ... 2, 7, 82

Neuter, ... gen ... [... non & uter] *Neither the one nor the other, neither of them* ... orum, *Cic Attic* ... & utrumque ... Neuter angui... *the snakes*, Cic *de* Div ... arma, *Ov*

Neutiquam adv [ex ne & utique] *pro* nequaquam, *Donat By no means, not in the least, in no wise, at no hand* Cui te socium neutiquam esse puto oportere, *Cic Attic* 9, 12

Neutralis, e adj *Neutral, neuter, of the neuter gender* Nomina neutrana, *nouns of the neuter gender*, Quint verba, *Id verbs neuter*

‖ Neutraliter adv *Neutrally, in the neuter gender*, Charis

Neutrò adv *Neither to the one part, nor unto the other, neither way* Neutrò inclinata spes est, *Liv* 5, 26

‖ Neutrobì adv *rect* neutrubi *In neither place* Neutrubi habeam stabile stabulum, *Plaut Aul* 2, 2, 56

‖ Neutro-passiva, *Audeo, ausus sum*, &c *Prisc*

† Nevult, *pro* non vult, *Plaut Most* 1, 2, 29

NEX, necis f [... mortuus] (1) *Death, violent, or natural* (2) *Ruin, undoing of one* (1) Neci similis somnus, *Ov Met* 7, 328 Vir in uxores vitæ necisque habent potestatem, *Cæs B G* 6, 18 In necis electu parva futura mora est, *Ov Epist* 2, 144 (2) Si quis imposturam fecerit vel collusionem, in necem alterius, *Ulp interp Bud* Neces in plur Fas ideò miscere neces, *Val Flacc* 3, 381 ¶ Neci datus *propr without wound, as by poison, or famine, Fest* Sed hoc non est perpetuum *Vid* Suet Cæs 14

Nexans, tis part pr [*a* nexo] *Knitting, tying* Nexans nodos, *Vir Æn* 5, 279

‖ Nexibilis, e adj *That may be knit, or tied*, Amm 29, 1, pro

Nexilis, e adj [*a* necto, nexum] (1) *Knit, tied, or wreathed together* (2) *Twining, or winding about* (1) Nexiles plagæ, *Ov Met* 2, 499 corona, *Sen Agam* 562 (2) Ultima pars telæ nexilibus flores hederis habet intertextos, *Ov Met* 6, 128

Nexo, āre freq [*a* necto, unde nexor, āri pass] *To be connected*, Lucr 2, 98

‖ Nexo, ĕre *Idem*, Prisc ex Liv Andr & Acc † Necto

Nexum, i n [*a* nector] (1) *A mortgage, a conveyance according to the formalities of the Roman law* (2) *A possession upon such a title* (1) Nexum Manilius scribit omne quod per libram & æs geritur, in quo sint mancipia Mucius Scævola, quæ per æs & libram fiant, ut obligentur, præterquam quæ mancipio dentur Hoc verius esse, ipsum verbum ostendit, de quo quæritur Nam idem quod obligatur per libram, neque suum fit, inde *nexum* dictum, *Varr L L* 6 p 82 Nexum, quod per libram agitur, *Cic* de *Orat* 3, 40 (2) Horum nexa atque hæreditates, *Cic* pro *Cæcin* 35 *Vid* Sigon de ant jur civium Rom 2, 11 & Cœl Rhod ant lect 12, 20

Nexus, a, um part [*a* nector] (1) *Linked together, hanging one upon another, having a mutual connection* (2) *Tied, fastned, bound, joined together* (3) *A person delivered bound to serve his creditor, for default of payment, till satisfaction was made* (1) Manus nexæ ex ordine, *Ov Met* 8, 747 Pedibus per mutua nexis, *Vir Æn* 7, 66 Rerum causæ aliæ ex aliis aptæ & necessitate nexæ, *Cic Tusc* 5, 25 Nexi torques, *Vir Georg* 4, 276 (2) Causa causæ nexa rem ex se gignit, *Cic* de *Div* 1, 55 Nexæ ære trabes, *Vir Æn* 1, 452 (3) ⁜ Nec tu pater carcerem nexis, sed cædibus civitatem reple, *Just* 21, 2 Nexum æs *Vid* Æs Res nexa pignori, *laid to pledge, pawned*, Martian

Nexus, ûs m verb [*a* necto] (1) *A tying, knitting, binding, winding or twining about* (2) *A lock in wrestling* (3) *The condition of a freeman serving for debt* (4) *A legal solemnity by which possession was given, and the former owner bound to make good the title* (1) Firmis nexibus compagem superstruere, *Tac Ann* 3, 28, 6 Crebro nexu, *bound close, or thick*, Grat (2) Contulerant arcto luctantia nexu pectora pectoribus, *Ov Met* 6, 242 (3) Alicui nexum dare, *to become one's bondman on that account*, Liv Nexum inire, *to submit to that condition*, Id Nexu vincti, somnumque se undique in publicum proripiunt *Id* ..., 2, (4) In rebus repetundis, quæ mancipi sunt, is periculum judicii præstare debet, qui se nexu obligavit, *Cic* pro *Mur* 2 Traditio alteri nexu, *Id Topic* 5 ⁜ Sum χρήσει μὲν tuus, κτήσει δὲ Attici nostri, ergo fructus est tuus, mancipium illius, *Curio Ciceroni Epist Fam* 7, 9 huc sc ... inficiens

N ante I

Ni conj [... nisi, per contr non per apoc quod ostendit quantitas] *If not, except, save that, but, but that, unless* Ni ita se haberet, *if it were not so*, Cic Tusc 5, 39 Ni in noctem prælium esset conjectum, *Hirt B Afr* 52 Mirum, ni domi est, *it is a great chance but he is at home*, Ter Andr 3, 4, 19 Ni facient quæ illos æquom est, haud sic auferent, *Id Adelph* 3, 4, 8 § *Pro ne*, Jussi monent Heleni, ni teneant cursus, *Vir Æn* 3, 686

Nicērōtianum dict ab artifice Nicerote *A very sweet and pleasant ointment*, Mart 6, 65

Nicēterium, ii n *Rewards for victories*, as rings, collars of gold, &c *prizes* Ceromatico fert niceteria collo, *Juv* 3, 68

Nicolai, dactyli [*a* Nicolao Damasceno peripatetico, sic primo vocavit Cæsar Aug in ejus viri honorem, a quo crebro sibi e Syria mitterentur, *Athen*] *A kind of dates* Caryotarum Judaicarum genus

* Nicophoros [forte quod victores ea coronarentur] *A kind of ivy, called also smilax*, Plin 24, 10

Nicotiāna, æ f [sc herba, ab homine quodam sic dicta, qui primus usum ejus ostendit] *Tobacco, yellow henbane*, Gerard ☞ *Rei novæ novum verbum debetur*, Americani *petum* vocant

† Nictic...lus, *sc* canis, ut leg S ... ap *Varr* [*a* nictendo] *al leg* nocticulas, *al* noctucuius *A barking dog*

Nictans, tis part ⁂ Nictantia fulgura flammæ, *lightning that is as quick as the twinkling of an eye*, Lucr 6, 181 Impellens nictantibus ... a pennis, *Catull* 64, 55

‖ Nictātio, ōnis f verb [*a* nicto] *A winking, or twinkling with the eyes*, Solin c 40

Nicto, āre [freq *a* prisco verbo niveo, nixi nictum, ut *a* dixi, dictum, dicto, est enim propriè oculorum nictare] (1) *To wink, or make signs with the eyes* (2) *To twinkle, or wink often, as those do whose eyes are weak*, (1) Ne ... ulli homini natu... nictet, annuit, *Plaut Asin* 4, 1, 9 Non usquam quicquam nuto, neque nicto ibi, *Id Men* 1, 2, 19 (2) *Plin* 11, 37

† Nicto, ... ex voce canum *To scent, or open, as a hound, or spaniel doth, when he taketh the first scent of his game* Venatica voce ... *Enn* ap *Fest*

Nictor, āri dep *idem quod* nictare *To wink*, Plin 11, 37

Nictus, us m [*a* niveo] *A winking, a wink of the eye*, Fest ex Cæcil

† Nicula, æ f dim [*a* nix] *A flect of snow*, Med Gram

Nidamentum, i n *The stuff with which birds make their nests*, Ma... hodie nidamenta congeret, *Plaut Rud* 3, 6, 51

NIDEO, ēre (1) [... *To shine, to glister, or glitter* Vix invenitur, sed hinc Renideo, *quod vide*

Nidificans, tis part *Building a nest* Turdi in cacuminibus arborum luto nidificantes, *Plin* 10, 52

‖ Nidificātio, ōnis f *A building of nests*, Aug

‖ Nidificium, ii n *A nest* Formicarum nidificia, *hillocks*, Apul Met 8, p 254

Nidifico, āre, āvi [ex nidus, & facio] *To build, or make a nest* Sic vos non vobis nidificatis aves Ex epigr inscript *Vir* inven etiam ap *Plin* 9, 26 & *Col* 8, 8

⁂ Nidificus, a, um *Making a nest* Ver nidificum, *the spring time, when birds make their nests*, Sen Med 714

Nidor, oris m [... vel κνίσσα, quasi cnidor] (1) *The savour, or smell of any thing rosted, or burnt* (2) *A stench, or strong smell* (3) *The stink of a candle put out* (4) *The stink of dung* (1) Non in caro nidore voluptas summa, *Hor Sat* 2, 2, 19 Captum te nidore suæ putat ille culinæ, *Juv* 5, 162 ⁜ Nidorem verius quam odorem nosse, *Plin* 1, 1 Dis acceptus nidor, *Ov Met* 12, 153 Nasum nidore supinat, *to snuff up the smell of meat with pleasure*, Hor Sat 2, 7, 38 (2) Illi ingens barba reluxit, nidoremque ambusta dedit, *Vir Æn* 12, 301 Gingarum tuarum nidor atque fumus, *Cic* in *Pison* 6 (3) Recens extinctum lumen acri nidore offendit nares, *Lucr* 6, 792 (4) *Apul Met* 4, p 107

Nidulor, āri dep (1) *To build, or make a nest* (2) *To sit abroad* (3) *To place in a nest* (1) = Cassita habitat nidulaturque in segetibus, *Gell* 2, 29 (2) Dies quibus halcyones hyeme in aqua nidulantur, *Varr* ap *Non* 2, 589 (3) Parvos in iis contra rigorem hyemis vermiculos fœtus sui nidulantur, *Plin* 11, 28

Nidulus, i m dim [*a* nidus] *A little nest*, Cic *de* Orat 1, 44

NIDUS, i m (1) *A nest* (2) *A bee-hive* (3) *The young in a nest* (4) *A little child in the cradle* (5) *A litter of pigs* (6) *A cup, or vessel like a nest* (7) *A shelf, or partition of a shelf, in a library, or bookseller's shop* (1) Fingunt & construunt nidos volucres, *Cic de Orat* 2, 6 (2) ⁂ Nidosque fovent *apes*, Vir Geor 4, 56 (3) Ipse loquaci gaudebit nido, *Juv* 5, 152 *In plurali* Pabula parva legens, nidisque loquacibus escas, *Vir Æn* 12, 475 Irticis volunt oleo ferunt, dulcem nigellæ mixti bulbo escam, *Id Geor* 1, 1 (4) *Vid exemplum proxime antecedens* Ju (5) Suam cuique nigritiem in illis expectar, *Col* (6) *Non Nigrare* (7) *Mart* 1, 118

✝ Nigella, æ f [forte quasi nigrum gramen] *An herb called fennel flower, Rome-fennel, or the gith, pepperwort, &c* Jun

Nigellus, adj dim [a niger] *Blackish, somewhat black* Auson Ep 2

NIGER, gra, grum (1) o, comp nigrior, sup nigerrimus, a nigrans, quod nigri sint, vel quod nigri faciant, ut nigricent, ut Lucr niti his nigrorem etc (1) *Black, swarthy* (2) *One of a black, or swarthy, complexion* (3) *Of a dark purple green* &c (4) *Dark, as a thick shaded* (5) *Black, or deep* (6) *Inauspicious, unfortunate* (7) *Pertaining to funerals* (8) *Ill natured, spiteful, a knave* (1) π Nescio qui nobilis testes non sunt, qui nigra dicunt, *Cic Acad* 2, 3 Folia nigro, *Plin* 2, 15 Nigerrima baccha, *Catull* 18 16 (2) ✱ Quamvis ille niger, quamvis tu candidus esse, *Virg Ecl* 2, 16 (3) Nigræ violæ, *Virg Ecl* 10, 39 (4) Nigri colles, *Hor Od* 4, 12, 11 (5) Spelunca tuta nigro lacu, *Virg Æn* 6, 238 (6) Me mutilat, non labor Alcidæ, non niger ille dies, *Prop* 2, 24, 34 Huncine solem tam nigrum surrexe mihi? *Hor Sat* 1, 9, 72 (7) Nigra superstitio, *Stat* (8) Nec minus niger, nec minus confidens quam Terentianus ille Phormio, *Cic pro Cæcin* 10 Hic nigra comis, & urbanus, Liberque videtur infesto nigris, *Hor Sat* 1, 4, 90

Nigina, æ f *An herb with leaves like endive*, &c *Plin* 2

Nigrans, tis part [a nigro] (1) *Blackish, inclining to black* (2) *Blue* (3) *Dark, cloudy, or shadow,* (4) *Of a rich deep red* (1) Nigrantia cornua, *Varr R R* 2, 5 (2) Nigrantes terga juvenci, *Virg Æn* 5, 97 (3) Atra nigrantis *Stat Theb* 10, 129 (4) Nigrans rosa, *Plin*

|| Nigredo, inis f *Blackness*, *Mart Capella* ‡ Nigror

Nigreo, ēre, fecit, itum *To be black* Quin nidor oleum pingue sit & nigrescit, ?? *Hor* 1, 5

Nigresco, ere, ui *To be black, to grow black* Olivæ cum nigruerint, *Col* 12, 48

Nigrescens, tis part *Waxing black, or encompassed about with blackness*, *Plin* 17 5

Nigresco, ere, ui *To wax black, to turn black* Vidit latices nigrescere sacros, *Virg Æn* 4, 454 Tenebris nigrescunt omnia, *Id Æn* 11, 82,

Nigricans, tis part *Drawing to a black colour, blackish* Color nigricans, *Plin* 10, 8

Nigrico, are *To be somewhat black* Vix leguntur in paucis

Nigritia, æ f *Blackness*, *Plin* 15, 9

Nigrities, ei f *Blackness* Nigrities nigri post cum ex dolore, &c *Cels* 8, 2

Nigritudo, inis f Nulla nigritudo in rostro, *Plin* 10, 6

Nigro, are, avi *To be black* Nigrant nigro de semine nata, *Lucr* 2, 742

Nigror, ōris m *Blackness*, or *a skin-fish, darkness* Nigrorem in ulceribus esse etiam, *Cels* 2, 1 Omnia suffundens mortis nigrore, *Lucr* 3, 39 Noctisque & nimbum occæcat nigror, *Cic de Div* 1, 14 ex *Pacuv*

Nihil n indecl [per apoc a nihilum, *Prisc*] (1) *Nothing* (2) *Nihil aliud, quam*, *nihil præterquam*, *nihil amplius quam*, by an ellipsis may be english ed by *except*, or *only*, (3) Nihil quam *for nothing but*, (4) Me *No body at all* (5) Nihil ad *Nothing, if compared with* (6) Nihil quod, quamobrem cur *No reason why* (7) Nothing, or *a thing of no foundation, or truth* (8) *No at all, not in the least, in nothing* (1) Demonstrant præter arte folium, nihil esse relinqui, *Cæs B G* 1 Nihil est ab omni parte beatum, *Hor Od* 2, 16, 26 Si nihil aliud fecerunt, nisi rem detulerunt, *Cic* ¶ Nihil tu hoc, *I mind not what you say*, *Ter* Nihil agis, *you labour in vain*, *Cic* (2) Nihil aliud quam obnoxii esse, *Col* 8, 9 Hostes, nihil aliud, quam perfusis vano timore Romanis, abeunt, *Liv* Ill no te nihil præterquam vigilatum est in urbe, *Id* Nihil amplius, quam continere se statuit, *Suet Galb* 19 (3) Nihil tota via, quam esse ne sibi salvum imperium, *Suet Tib* 36 Nihil quicquam, *nothing at all* Nihil quicquam egregium in vita, *Cic* Nihil me quidquam lætius, *Ter Adelph* 2, 1, Nihil quidquam est bello, *Id Eun* 5, 2, 45 (4) ✱ Isto ipso genere, in quo aliquid posse, & nihil esse ... *Cic* Nimi homo nihil est, qui piger est, *Plaut Rud* 4, 4, 15 Isto ipse nihil est, nihil potest, *Id* (5) At, nihil ad nostram hanc, *Ter Eun* 2, 3, 69 Virum non illiteratum, sed nihil ad Persium, *Cic* (6) Nihil est quod metuas, *Cic* Quamobrem Roscium similem sui existimant, nihil videtur, *Id* (7) Nec cognovi quemquam, qui majore auctoritate nihil diceret, *Cic* (8) Nihil moror cupedia, *Plaut Stich* 5, 4, 2 Nihil mea carmina curas, *Virg Ecl* 2, 6 Nihil a digna nostri deum natura, *Lucr* 1, 61 Nihil doli subesse credens, *Nep Them* 4 Nihil circuitione usus es, *Ter Andr* 1, 2 31

Nihildum, *i e* nihil adhuc Nihildum audieramus, *Cic Fam* 12, 12 Ad me nihildum suspicantem vocavit, *Cic Catil* 3, 3

Nihilominus adv (1) *No less, nothing less* (2) *Notwithstanding, nevertheless* (1) Dico animum esse hominis partem, nihilominus ac manus & pes, *Lucr* 3, 96 (2) Conatus est nihilominus de pace agere, *Cæs B C* 3, 8 ☞ *Scribitur & divise*

Nihilum, i n [ex ne & hilum, quod vide] *Nothing*, *Ter Cic* Hor Homo nihili, *one good for nothing*, *Cic* Haud redit ad nihilum res ulla, *Lucr* 1, 249 Nihili esse, *to be good for nought*, *Plaut Pseud* 4, 7 Nihili facere, *Id Bacch* 1, 1, 56 Nihili fieri, *to be slighted*, *Id Mil* 5, 1, 16 Nihili pendere, *Ter* putare, *Cic* ducere, Il habere, *Id not to regard, or value* Metuo ad nihilum venturum, *that will come to nothing*, *Cic* Nihilo beatior, diligentior, *Cic not at all the less*, *Id* Nihilo magis, *nothing more, never the more* *Cæs* Nihilo minus, *nevertheless, notwithstanding*, *Ter Cæs* Nihilo plus *nothing more*, *Ter* Secius vel setius, *nevertheless, for all that*, *Cæs* Segnius, *nevertheless rigorously*, or *actively*, *Nep* pro nequiquam Est genu unum stultitia nihilum metuendi timentis, *not at all*, *Hor Sat* 2, 3, 54

Nil contr pro nihil indecl (1) *Nothing* (2) *Not at all* (1) Ubi viderimus nil posse creari de nihilo, *Lucr* 1, 156 *Vid* Nihil (2) Nil attigit præter arma, *Nep Thras* 1b 2

* Nilion [a Nilo fluvio, in cujus littoribus gignitur] *A stone like a topaz, but more dusky*, *Plin* 37, 8

Nilum pro nihilum, per Sync *Nothing* Ad nilum huic posse interire reverti, *Lucr* 1, 238

Nilus, *i e* Nilo &, & nili, orum pl m *A channel, or channels of water brought by aqueducts to great mens houses for pleasure, running in curious windings and figures*, *Cic ad Q fratr* Ep 3, 9

Nimba, æ f, um ?? *Wearing a sort of silk hair, hair which women wore to make their foreheads seem small* r, for a small forehead was then esteemed beautiful Quam magis aspecto, tam magis est nimbata, *Plaut Pæn* 1, 2, 135 *ubi vid Meurs*

Nimbosus, a, um adj (1) *Rainy, stormy* (2) *That causeth, or bringeth rain, or storms* (3) *Covered wrapped about with rain clouds, or mists* (1) Bruma nimbosa, *Stat Sylv* 1, 3, 89 (2) Nimbosus Orion, *Virg Æn* 1, 535 turbo, *Ov Met* 11, 551 ventus, *Id* Nimbosi hadi, *Id* (3) Campus est subjacens montibus nimbosis, *Plin* 18, 11

NIMBUS, i m [a nimpha, *i e* lympha, *V*] (1) *A rain, black cloud driven with storms* (2) *A great quantity of any thing* (3) *A bright cloud accompanying the appearance of the gods* (4) *A violent storm of rain, a sudden shower, a sound, or fierce fall of rain, or hail* (5) Met *A sudden tumult, discord r or confusion* (6) *A glass vessel with a narrow mouth, out of which wine is spouted and poured* (7) *Saffron water spouted up on high, falling like a shower on the spectators, in the amphitheatre, and at other public shows* (8) *A scarf embroidered with gold, which women used to wear on their foreheads, a rich forehead cloth*, by us called *a shadow*, to make the forehead seem less, which was reckoned a piece of beauty (9) *Glory painted about the heads of angels* (1) Nimbi involvere diem, *Virg Æn* 3, 198 = Nimborum tempestatumque potens, *Id Æn* 1, 84 Tanti cinxerunt æthera nimbi, *Id Æn* 5, 13 (2) Ingruit nimbus peditum, *Virg Æn* 7, 793 Fulvæ nimbus arenæ, *Id Geor* 3, 110 (3) Pallas nimbo effulgens & Gorgone sæva, *Virg Æn* 2, 616 Ingens visus ab aurora cœlum transcurrere nimbus, Idæique chori, *Id Æn* 9, 111 (4) Commista grandine nimbus, *Virg Æn* 4, 161 Quam multa grandine nimbi culminibus crepitant, *Id Æn* 5, 459 (5) Hunc quidem nimbum cito transisse lætor *Cic Att* 5, 10 (6) Vitreus nimbus, *Mart* 1, 112 (7) Rubro pulpita nimbo spargere, *Mart* 5, 26, 7 Cilices nimbis minuere suis, *Id Spectac* 3, 8 (8) Imminuebant frontes nimbis, *Arnob* al leg limbis, *uti ap Stat* Gemmatis aut nectant tempora limbis (9) *Isd*

✝ Nimio adv *Too much, overmuch, above measure*, *August* ‡ Nimio

Nimietas, tis f *Too great store, too great abundance, superfluity, excess* Nimietas verni pabuli pecudes exhilarat lascivientes, *Col* 6, 24 ✱ Inter omnes nimietates temperanda natura bit, *Pallad*

Nimio abl comparativo jungitur, sed & aliis vocab ... *a great deal, exceeding* ... Nimio plus, *Cic* Nimio magis, *Plaut Truc* 4, 1, 6 nimio ... *Ter* ... 2, 50 Nimio ... *than is meet, or fit* ... post, *not very ...* 6 1, 4

Nimirum adv confirmandi ... ne antiq n, ... nimirum ... (2) ... Nimirum ... nimbus, *Why certainly* (1) ... mirum hæc ... *Virg Æn* 2, 558 (2) Opportune lege, quam ... ad calendas Junias, *Cic* ... me nisi diceret orator ... qui homo quoque melior ... Sed igitur ... nimium ... cæca, *Lucr* 1, 2?8

Nimis adv (1) *Too much or too little, too, overmuch, ...* (2) *Very much, exceedingly, very* (1) Nimis insidiarum ... dat tui, *Cic* NE QUID NIMIS, *too much of one thing is good for nothing*, *Ter Andr* 1, 1, ... Nimis ... *Hor* Nimis ... Tenera nimis ... *Hor* (2) Longiones nimis pulchras nimis ... *Plaut* Nimis homo ... qui piger est, ... *just good for nothing*, *Id* Fundum tibi ... nimis vellem dari, *Ter Eun* 4, 6

Nimium adv (1) *Too much, overmuch, excessively, too far* (2) *Very much, exceedingly* ... (1) ✱ Mediocritas est inter nimium & parum, *Cic Offic* 1, ... Nimio nimium beatus est, *Cic* ... 5, 27 Nimium foro ... quæritur, *Hor Epist* 1, 7, 78 (2) Amat hominem nimium ... *Plaut* *this word is elegantly doubled* Iratus nimium, nimiumque severus, *Tibull* 2, 6, 21 Omnimium, nimiumq ... *Ov Epist* 1, 41 ¶ Nimium quantum, *exceedingly*, *Gell* 16, 6 *vet* mer *vid* Nimius, n 2

NIMIUS, a, um adj (1) nimium [a nimis, quasi ... non minus, *Voss*] (1) *Too much, excessive, very, or overgreat, overmuch, redundant, superfluous, above measure, enough and to spare* (2) *Exceeding great, very much, very* (1) Nimio opere, *excessively*, *Cic* Ne ... nimia ... partes nimia fundat ... *too luxuriant*, *Cic* ... ¶ Nimium fertatis in illo, *Ov Met* 3, 504 Nimius mero, *Hor Od* 2, 12, 5 In honoribus decernendis nimius, & tanquam prodigus *too liberal*, *Cic ad Brut* 15 *Ver* ... ne timius in hoc genere ... *too tedious*, *Cic* § Ten... aligo, *Anton Cic Att* 10, 9 Ne doleas plus nimio, *Hor* ... § Nimius imperii, *possessed of too great power*, *Liv* ... mon... *too free of speech*, *Tac Hist* ... 5, 2 Differre ... nestum & turpe nim ... *that there is a vast difference*, *Cic*

Ningo, ere, x [a ... ningit] *To snow* Too ... ningit, ... *Geor* 3, 6 *Met* Ningunt rosarum floribus, *throw down, as thick as snow* ...

|| Ningor, ōris m *A fall of snow*, al ... *Mundo*, ...

|| Ninguidus, a, um ... *much snow is, snowy, ... with snow* Ningu ... *Prud* ... *Apot* 1 665 ... d is, *aus Epist* 24, 68 ... ‡ Ningu

A Ninguis, is f anr [à ningo ningo] Snow In campos has extendere ningues subigit Lucr 6,736 ‖ Nix

Nimium Fe ... Nemin ... ap Epist ... To snow ... ingo

... A baron, a lazy ... so called, ... 2 21

... A baron, or ... by Servius ... See the reason and privileges ...

Nisi conjunct ... non, & ... quoties prin ... lenten ... m ... tivum ... etiam subjuncti ... not ... fallit ... except, unless, saving, ... that (2) Nisi quod, Except ... but that (3) Nisi by an elegant pleonasmus, often admit ... (4) Nisi, pro nisi quoa, ... not only, except that

(1) Nisi cortex cortici applicatur, ... confenere, Col ... nisi ... debe ... brum, cave, Hor ... 4 15 Uxor non admittetur ... nisi prop nquorum, ... pr fat Ecce autem de ... nisi quicquid est volo scire, ... Epist 1, 2, 75 (2) Nihil ... quod timeam, nisi quod omnia sunt incerta, Cic Fam. 9,16 ... quod suspicor, ... 1, 13 Nisi si dumosi ... sique montes glandem mi... castaneam, postulabunt, ... Neque anomalia ... analog a est repudianda, nisi ... homo est ex anima, quod ... homo ex corpore & anima, ... 8, ... (4) Non du... est quin mihi magnum ex ... lum nisi quia necesse ... facere, id gaudeo, Ter ... contendat tantopere ... tu repugnes, nisi ... multo minus tibi concedi ... laborare fine ... Cic § Affertur etiam nisi ... ex Cic Liv Col &c ... tempe ... suspecta

Nisus, ... um part [à nitor] ... endeavour, or attempt ... regem nisurum ... B C 2, 3

Nisus ... [forte ab Heb נשר] ... A sparrow hawk com... a merlin that catcheth ... taking ears to be the lark, ... or falcon Scal that ... on herons, Vii Geor 1, ... Propr

Nisus, ... verb [à nitor] (1) ... labour to do a thing, ... effort, a strain (2) The force ... a thing moveth it self, ... or the spring and force ... performed (3) ... (4) A firm posture of ... (5) Tendency, inclina... (1) Intendit ... majore ... 1,24,7 (2) Hastam ... jacit, Sil Dea se ... nisu, Lu Æn ... Pedum nisus, Laps, or ... 5, 912 Pennarum ... of the wings in fly... § Altem verni ... venti, Hor ... ( ) Dura nisu, Sall ... (4) Nisu immotus ... Æn 5, 437 (5) Pari ... nisu ... sua quæque con... 2, 5

... um part [à nitor] ... upon, supporting it self ... æquitate nisi, Cic ... Nisus lævi, Plaut ... 48

Nitedula, æ f [à nitore pilorum & cutis, Dalec] A field mouse that lieth hard in the bushes, and sleepeth in the winter, Cic pro Sext 32 & Fam 8, 57

Nitela, æ f ... nitela, nitela ... sciurus, Gl vett ... eadem quo ... vel qu ... nita... Aureo ... Mart ... videtur ... ndum ... (1) A field mouse of a yellow colour, a squirrel (2) Nitela [à niteo] Glittering, brightness (1) Nitela sciurus, Gloss vett Quæ crin ... auream nitelam, Mart 5, 8 (2) Nitela ... merum, Solin Nitela pulveris, bright, glistering sand, as pulvis, &c Id

Nitelinus, color pro fuso & rutilo Hinc nitelina sal ... of a bright golden yellow colour, Plin 16, 37 interp Voss

‖ Nitella, æ f [à niteo] A dentifrice, or fine powder to rub, scower, and cleanse the teeth withal, Apul al leg nitela

Nitens, tis part [à niteo] or, comp (1) Being clean, neat, &c (2) Shining, looking bright, glittering, glistering (3) Bright, looking bright, fair and beautiful (4) Sleek, well fed, fat (5) Flourishing, looking gay (6) Glaring, affectedly nice (7) Appearing, shewing it self (8) Living splendidly, or deliciously (1) Vid Niteo (2) Galea nitens, Vir Æn 9, 457 Nitens Lucifer, Tibull 1, 3, 93 Squamigeri nitentes, Lucr 1, 375 Flos nitentior ostro, Ov Metam 10, 211 Nitentes malabathro Syrio capilli, Hor Od 2, 7, 8 (3) Uxor ore floridulo nitens, Catull 59, 193 Oculi nitentes, Vir Æn 1, 232 (4) Nitentem mactabam in littore taurum, Vir Æn 3, 20 Nitens juvenca, Ov Met 1, 610 Nitentes equi, Vir Æn 6, 653 (5) Campi nitentes, Vir Æn 6,677 Nitentia culta, Id Geor 1, 153 (6) ⁑ Non valde nitens, non plane horrida oratio, Cic de Cl Orat 67 (7) Interfusa nitentes vites æquora Cycladas, Hor Od 1, 14, 19 ‖ Quicquid sub terrâ est in apricum proferet ætas, defodiet condetque nitentia, Id Epist 1, 6, 24 (8) De hâc notione, vide, si placet, niteo n 6

Nitens, tis part [à nitor] (1) Endeavouring, labouring, striving, straining, &c as at stool, Cic (2) Thrusting, or pushing against forcibly (3) Labouring under with difficulty, resisting the force of a weight (4) Moving with difficulty (5) Relying, or depending on (1) Vultu velut ... Suet Vesp 20 Vid Nitor (2) ... terra appl ... Vir Æn 12, 303 (3) ... Valido nitens sub pondere faginus axis, Vir Geor 3,172 (4) Alternos longâ nitentem cuspide gressus, Vir Æn 12 ... Pr... nitens Cyllenius alis, Id Æn 4, 252 (5) Virtus suis nitens rep publica, Cic ad Brut 4 ¶ Nitens navi, sailing, trusting himself to, or venturing in a ship, Catull 62, 84 Nitens humi, Vir Æn ... 380 ... innitens, walking, or treading on

‖ Nitentius adv More bright and shining Cap ... ‖ Nitidius

NITEO, ere, ui (1) ... vel ... lavo unde Nitidus ... Scal ... Isid ... (1) To be neat, trim, clean, or spruce (2) To shine, to look bright, to glister, or glitt ... (3) To be sleek, or in good liking, to be fair and plump (4) To look fair, bright and beautiful (5) To appear, and shew it self (6) Met To live well and plentifully (7) To flourish (8) To be ... well composed, or ... (1) ... ut nid ... Plaut Truc 2, ... hoc ... pro, ut ni ... Id Pseud 1, 2, 28 (2) ⁼ Nitent unguentis, fulgent purpurâ, Cic Catil 2, ... Nitet diffuso lumine cælum, Lucr 1, 9 Ut tersis niteant talaria plantis, Ov Met 2, 736 Nitebant circum tempora baccæ, Id Met 10, 115 ( ) Unde hic ... tes, ... quo cibo fecisti tantum ... Phæd ... 7, 4 ... & nitens, n 4 (4) Mulieri, quibus ... tentati nites, Hor Od 1, 5, 13 ... nitens, n 3 (5) Vid Nitens n 7 (6) Vicini quo pacto niteant, id animadvertito in bonâ regione bene nitere oportebit, Cato Quanto tu ... ego parcius, aut vos, O pueri, nituistis, Hor Sat 2, 2, 128 (7) Nitescunt ... Pater ... 2, 9 Non dico hoc solum vectigal esse, quod in pace niteat, &c Cic (8) Ubi plura nitent in carmine, non ego paucis offendar maculis, Hor A P 352

Nitescens, tis part Shining Terra post vomerem nitescens Plin 1 5

Nitesco, ere (1) To shine, or be bright (2) To grow sleek and fat (3) To flourish, or thrive, de plantis (4) To be improved (1) Solum candore nitescit, Cic in Arat Gemmæ nitescunt, Plin (2) Armenta herbis & tepore verno nitescunt, Plin Epist 2, 17, (3) § Balsamum rastris nitescit, Plin 12, 25 (4) In artibus fit, ut doctrinâ & præceptione natura nitescat, Ad Herenn 3 16

‖ Nitibundus, a, um adj Relying on, firmly supported with Mentium animorumque conspira ... tacito nitibundi, Gell 1, 11

Nitide adv Cleanly, gayly, trimly, neatly, finely handsomely ... olet ... nitide ... Plaut Truc 2, 4, 3 Ita in prandio nos lepide & nitide accepisti, Id Capt 1, 1, 11

† Nitiditas, atis f Cleanness, brightness, trimness, gayety, finery, bravery, Non ex Acc † Elegan ...

Nitidiuscule adv Somewhat trimly, cleanly, neatly Cura ... aliquem nitidiusculum to keep one handsome or clean and fine, Plaut Pseud 3, 1, 8

Nitidiusculus, a um adj Somewhat more shining, or better anointed with unguents Num quopiam est hodie tuâ tuo um opera conservorum nitidiusculum caput? Plaut Pseud 1, 2, 64

† Nitido, are To make neat, or clean Eunt ad fontem, nitidant corpora, Non ex Enn

Nitidor, ari pass (1) To be made neat or clean (2) To be made bright (1) Non ex Acc (2) ⁼ Ut ... ramenta detersa nitidentur, & ferrugine libe ... u, Col 12, 3

Nitidus, a, um adj or, comp ssimus, sup (1) Neat, clean (2) Spruce, trim, gay, fine, gentil ... or ... (3) Kept fine and clean, all cats looked after (4) Bright, shining, glistering, glittering (5) Looking bright, fair and beautiful, also smooth, splendid, delicate, ... elegant (7) Sleek, well fed, fat, plump (7) Flourishing (1) Nitidiores ædes ... tun, cum ... domum, Plaut (2) Recte is ... ficus, ... nitidior is ... nup ...

Plaut Aul ... ‡ Ex nitido fit rusticus Hor Epist 1, 7 83 ... ura, Ov ... 11, 764 (3) ... dum ... (4) ‡ Sol ... curam ... Geor 1, 4 ... Phœbus ... Ov ... 4, 38 Nitidus ... Hor Epist 1, 14, 32 Nitidi virgin s, Hor Od ... Nitidi ... Plaut (5) ⁼ In ... illos, horrida inculta, abdita & ... contra, hos nitida, leta, collustrata delecta ... ⁼ ... cum ... ... & ... Id (6) ... tida ... Ov ... 69, ... qui ... Vir Æn ... 2 5 ⁼ Me ... & ... um, ... Hor Epist 1, ... 5 (7) Nitidæ fruges, Lucr ... 25 ⁼ Nitidissima viridissimaque ... Cic Verr ... 18

NITOR, i nixus & nisus sum (1) [à נטה inclinare, incumbere, unde מטה baculus, scipio, cui ...] (1) To endeavour, labour, strive, or strain, as at stool, or a woman in travail &c (2) To thrust, or lean against, &c (3) To endeavour ... to have a tendency towards, to move, rise, or mount forwards (4) To travel, or move with difficulty (5) To lean, or rest upon, to be supported (6) Met To depend, to rely on, to trust to, or confide in (1) Vid Nitens, n 1 & Ov Met 9, 702 Centeno sutture niti, Pers 5, 6 Tan um, quantum quisque potest, nitatur, Cic Sed plerumi contra nituntur, Id § Ni ... præstan ... bore, Lucr 2, 12 Ad immortalem gloriam, Cic de causâ regis, Id de æquitate pro ... Ialio Liv contra alicujus honorem, Cic debilem adjuvare, Phæd 4, 25, 17 (2) Corporibus & umbonibus niti, Tac Hist 2,42,4 Quod S ... saxum ... nitens neque proficit hilum, Cic Tusc 1, 5 ... porta ( ) ⁼ Viris ... culmen nititur, & ... Plin jun Ad imperia & honores niti, Sall ... Poma ad ... raptim, ... nituntur, Vir Geor 2, 428 Ater motis nituntur in aera pennis, Ov ex Pont 2, 7, 27 Nito in adversum, Id ¶ Niti gradibus, to mount by steps, Vir Æn 2, 443 (4) Ardua per loca agrest ... Non ex ... (5) Omnis pars ejus nititur æqualiter, Cic Pari juvenis ... hasta, Vir Æn 6, 760 (6) ⁼ Qui hoc unico filio nititur, in hujus spe ... Cic pro Cal 32 ⁼ Nititur & confider aliquo, Id ... 26 ... nomen ... Id ... Id Sorn 5 10 2

Nitor, oris m [à niteo] (1) Neatness, cleanness, trimness, ... (2) ... (3) ... Brightness, shining, lustre (4) ... ( ) Brightness ... (7) Splendour ... elegance ... (1) ... & ... corporis ... Britannos, ... & externo ... nitore ... Prop 2 18, 24 Met ... Naturæ & non ... tor, Cic ...

totâ nitor in cute, *Juv* 9, 1, (2) Hic ultra vires habitus nitor, *Juv* 3, 180 Pro re nitorem qui habent, *Plaut Aul* 3, 6, 5 (3) Nitor orationi, *Cic Att* 1, 3, 19 = ✠ Antipater habuit vires agreſtes, atque horridas, ſine nitore ac palæſtra, *Id* Eloquii nitor, *Ov ex Pont* 2, 2, 51 (4) Solis nitor, *Catull* 64, 3 ſmaragdi, *Plin* ✠ auroræ, *Lucr* 4, 542 galeæ, *Ov Met* 12, 105 (5) Gemmæ nitore & auri ſplendore aſpectus perſtringere, *Ad Herenn* ✠ Splendor muri hinis ſine viribus, nitórque verius quam ſplendor, *Plin* 37, 2 (6) Urit me Glyceræ nitor, *Hor Od* 1, 19, 5 Impatiens nitor Hebri, *Id Od* 3, 12 6 (7) Nitor tui generis *Ov ex Pont* 2, 9, 17

Nitraria, æ f *A place where nitre is found*, Plin 31, 10

Nitrātus, a um adj *Mixed with nitre* Nitratam aquam ſuffundito, *Col* 12, 55

Nitroſus, a, um adj *Having the savour of nitrum, having ſtuff in it whereof nitre is made, full of nitre* Aquæ nitroſæ pluribus locis reperiuntur, *Plin* 31, 10 Eſt aquæ frigidæ genus nitroſum, *Vitruv* 8, 2

* Nitrum, i n νιτρον *Nitre* ☞ *De nitri generibus, & uſu, vid* Plin 31, 10

Nivalis, e adj νιφόεις (1) *Snowy* (2) *Snowy, that cometh from ſnow, or is made of ſnow* (3) *Bringing, or accompanying ſnow* (4) *Covered with ſnow* (5) *As cold as ſnow, or exceeding cold* (1) Nivalis dies, *Liv* 21, 54 Candor nivalis *ſnowy whiteneſs*, *Vir Æn* 3, 538 (2) Nivales undæ, *Mart* 14, 118 ✠ Hœrus nivali compede vinctus, *flowing with ſnow water, or very cold*, Hor Epiſt 1, 3, 3 (3) Venti nivales, *Vir Geor* 3, 318 auræ, *Hor Ep* 1, 11, 18 (4) Nivalis vertex, *Vir Æn* 12, 702 Nivalia loca, *Plin* 26, 8 Tumuli nivales, *Cic de Div* 1, 11 *ex poeta* Victima quæ nivali paſcitur Algido, *Hor Od* 3, 23, 9 In campis nivalis Æmoniæ, *Id Od* 1, 37, 19 (5) ✠ Cœlum neque nivale, nec ſicca, neque rurſus æſtuoſum deſiderat, *Col* 3, 1, *in fin*

Nivārius, a, um adj *Of, or belonging to ſnow* Nivarium colum, *a ſtrainer for ſnow*, Mart 14, 103 *in lemmate* Saccus nivarius, *Id Ibid*

† Nivaticum, i n *A ſnow-ball*, Litt *ex* Plaut

Nivātus, a, um *Of ſnow melted* Nivatæ potiones, *draughts of ſnow water preſerved*, Sen Q Nat 4, 13 piſcinæ, *conſiſting of ſuch water*, Suet Ner 27 Aqua nivata, *Petr Arb* c 31

Nivens, tis part *Winking* Nivientes oculis, *Petr Arb* 115

† Niveo, ere [a νίφω fut ſec νιφῶ Ion νιφέω] Sagittis, plumbo, & ſaxis grandinat, nivit, *Pacuv ap Non* *To ſnow* † Ningo

† Niveo, ere, nivi, nixi, ctum *unde* *nicto* obſol ſed manet *in comp* *conniveo*

† Niveſco incept [*a* nive, niveo] *To grow white as ſnow*, Tert † Niveus fieri

Nĭveus, a, um adj (1) *Of ſnow* (2) *Snowy, white as ſnow, ſhining, fair* (3) *Very bright, i e auſpicious, happy* (1) Aggeres nivei, *Vir Geor* 3, 354 ✠ Salis niveus liquor, *the foam of the ſea*, *Cic de Div* 1, 7 *ex poeta* (2) Niveus lacertus, *Tib* 3, 1, 9 ales, *Id* 3, 6, 8 pes, *Id* 1, 5, 66 Ebur niveum, *Ov Met* 10, 247 Niveus Adonis, *Prop* 2, 13, 53 (3) O niveam lucem, *Tibull* 3, 3, 25

† Nivit impers νίφει *It ſnoweth*, Non ex Pacuv

Nivoſus, a, um adj (1) *Snowy, full of ſnow, covered with ſnow* (2) *Cauſing ſnow* (3) *Mixed with ſnow* (1) Hyems nivoſa, *Liv* 5, 13 (2) ✠ Sidus nivoſum, *Stat Sylv* 1, 3, 95 (3) Nivoſa grando, *Vir*

NIX, nivis f [*ab ant* νὶψ, unde νιφάς, nivoſus] (1) *Snow*, in ſing & plur (2) *A fall of ſnow* (1) Nix alta jacet, *Vir Geor* 1, 10 Poſtquam nives glaciat Jupiter, *Hor Od* 3, 10, 7 (2) Fundunt ſimul undique tela crebra nivis ritu, *Vir Æn* 11, 611 ✠ Capitis nives, *hoary hairs*, Hor Od 4, 13, 12

Nixans, tis part *Labouring, ſtriving and ſtraining, or heaving at, or againſt* Adverſo nixantem trudere monte ſaxum, *Lucr* 3, 1014

Nixi dii appellantur tria ſigna in capitolio ante cellam Minervæ, genibus nixa, velut præſidentes parientium nixibus, *Feſt* Ovidius duos tantum facit, Lucinam nixoſque pares clamore vocabam, *Met* 9, 294

Nixor, āri freq [à nitor] *To lean, or reſt upon* § Fundamenta, quibus nixatur vita, ſaluſque, *Lucr* 4, 508

Nixus, a, um part [*à* nitor] (1) *Leaning, or reſting on* (2) *The conſtellation of Hercules, called* Engonaſi (3) *Truſting to, confiding in, depending on, ſupported by* (1) Nixus cubito Calydonius amnis, *Ov Met* 8, 727 § Muliercula nixus in littore, *Cic* haſt 1, *Id* Nixæ genibus matronæ, *kneeling, on their knees*, Liv ✠ Nixa caput manibus, *ſupporting her head with her hands*, Prop 1, 3, 8 In ſaxa nixa pedem ſolea, *ſetting her foot in*, Id 2, 29, 40 Aurata nixus ad antra lyra, *Id* 3, 3, 14 Poſito pede nixus & haſtâ, *Vir Æn* 10, 736 Cum *in* & *acc* Ingentem nixus in haſtam Æneas, *Id Æn* 12, 398 (2) Nixus genu, *Ov Cic* (3) Veſtrâ æquitate nixi, *Cic pro Cluent* 57 Nixa honeſto virtus, *Id* Nixa eſt mendacio, *Id* Opibus auxilium nixum, *Id*

Nixus us m verb (1) *Force, ſtraining, labour to do a thing, an effort* (2) *Straining in producing a birth, labour, or travail in bringing forth* (3) *Inclination, the tendency of a thing any way* (1) Majore haſtilia nixu aggredior, *Vir Æn* 3, 37 (2) *Cic* in *Arat* 37 & 400 & *Ov Met* 8, 182 O utinam in medio nixu viſcera rupta forent, *Id Epiſt* 4, 126 *& in plur* Nixibus ex alvo matris natura profudit, *Lucr* 5, 226 (3) Aſtra, quæ ſe & nixu ſuo conglobata continent, *&c by the tendency of all parts to the centre*, Cic N D 2, 46

N ante O

NO, nare, navi [à νέω, νῶ, nato, vel *a* νάω, fluo] (1) *To ſwim* (2) ✠ *To ſail* (3) ✠ *To fly* (1) Nat lupus inter oves, *Ov Met* 9, 304 Tu viribus uteie nando, *Id Met* 9, 110 Contra aquam nando mea, *Plin* 9, 17 Navit juventus per medium Atho, *Catull* 64, 46 (2) ✠ Pinus dicuntur liquidas Neptuni naſſe per undas, *Catull* 62, 2 § Stygiâ natat cymbâ, *Vir Geor* 4, 506 § In liquida nat tibi linter aqua, *Tibull* ¶ Nabis ſine cortice, *Prov you will ſhift for your ſelf, not need my help and advice*, Hor Sat 1, 4, 120 (3) Nat per æſtatem apium agmen, *Vir Geor* 4, 59

Nobĭlis, e adj [*a* novi, notum, ut *a* movi, motum, mobilis] (1) *Known, or well known* (2) *Noted, remarkable, notable, famous, renowned, notorious*, in bonam & in malam partem (3) *Noble, high born, of noble birth* (4) Subſtant *A nobleman* (5) *Generous, of good breed, ſort, or original* (6) *Principal, chief* (1) Cum is nec locus, nec ſermo convenit, ubi nunquam nobilis fui, *Plaut Pſeud* 4, 1, 10 § Ex doctrinâ nobilis & clarus, *Cic* (2) § Nobilis in philoſophia, *Cic de Orat* 1, 11 Nobiles ad venandum canes, *Curt* 9, 1, 30 In omne ævum nobilis virgo, *Hor* Palmyra urbs nobilis ſitu, *Plin* = Illuſtre & nobile municipium, *Cic* *In malam* Inſignes genere nequam quam ſunt quam vitiis nobiles, *Cic* Innocentes ſcelere ſe fieri nolunt nobiles, *Plaut Rud* 3, 2, 5 Cum ſint nobiliſſimæ ſibi cum conſule inimicitiæ, *Liv* Nobile ſcortum, *Id* 39, 9 (3) Nobili genere natus, *Sall* Nobili loco, *Cic* = Evander quanquam clarus utroque nobilior ſacræ ſanguine matris erat, *Ov Faſt* 1, 472 Nobilior Latonæ gente, *Juv* 6, 175 ✠ Cæteri homines apud nos noti, inter ſuos nobiles, *Cic* Nobilium juvenum cliens, *Hor Od* 4, 12, 15 (4) Quidam nobilis, *Phædr* 5, 7, 16 Quidam dives nobilis, *Id* 5, 5, 4 Solet hic defendere cauſas nobili indocti, *Juv* 8, 49 (5) Nobilium greges equarum, *Ov Met* 2, 691 Nobilis hic equus, quocunque venit de gramine, *Juv* 8, 60 Teſta nobilis, *Phædr* 3, 1, 2 ¶ Nobiles dei, *Ov* *i e* majorum gentium ✠ Novus, *Cic Sall* NOB CAES *a title of the emperours younger ſons, brothers, and others, who were adopted, and wore the purple, and* nobiliſſima *to women*, Vett inſcript & numiſmat circa Conſtantini tempora, ante dict & PRINCIPES JUVENTUTIS ¶ *Nobilem* ant pro *noto* ponebant, & quidem per *g* literam, *Feſt*

Nobĭlĭtas, ātis f (1) *The being remarkable, or well known, fame, reputation, renown, glory* (2) *Nobility, nobleneſs, honour* (3) Meton *The nobility, or noblemen, the nobleſs* (4) *Generouſneſs, excellence of ſort, or breed* (5) *Generoſity, bravery, or gallantry of mind, excellence, virtue* (1) = In eo ipſo, in quo prædicationem nobilitatemque deſpiciunt, prædicari de ſe ac nominari volunt, *Cic pro Arch poet* 11 Nobilitas urbis, *Id* coronæ, *Id* (2) Genere ac nobilitate ſuæ civitatis primus, *Cic pro S Roſc* 6 (3) Nobilitas conſurrexit, conſiſtunt, *Liv* ✠ Ne nobilitatis diſceſſu plebs inoperetur, *Cæſ B G* 5, 3 Fautor nobilitatis Roſcius, *Cic pro S Roſc* 6 *& in plur* Claudius nobilitatibus externis mitis, *Tac Ann* 12, 20 (4) Deprehendi poteſt nobilitas vini in guſtu, *Col* 3, ult Nobilitas columbarum, *Plin* 10 37 (5) Morum nobilitas, *Ov Triſt* 4, 4 2 Non ea nobilitas animo eſt, *Id Met* 7, 44 Nobilitas ſola eſt atque unica virtus, *Juv* 8, 20

Nobĭlĭtātus, a, um part *Ennobled, famed, or notable, noted, or taken notice of, much talked of, renowned*, in bonam & in malam partem = Clari & nobilitati labores, *Cic Tuſc* 2, 25 O ... nobilitata periculo regis, *Cic* 6, 20 Nobilitatus marmore Praxiteles, *Plin* 7, 38 Phalaris ... jus eſt præter cæteros nobilitata crudelitas, *Cic Offic* 2, 7 ... Meſſalina nobilitatus *Plin* 29, 1

Nobĭlĭtèr adv iſſime, ſup *Bravely, admirably, excellently, nobly* Nobiliter architectatus ... vis ædem Conſtitutu ... *Vitruv* ... ior 7 Nobiliſſime tumulatus, *Epit Liv* 54

Nobĭlĭto, are *To make known, remarkable, famous, renowned*, tam in (1) bonam, quam in (2) malam partem (1) Me in perpetuum victoria nobilitavit, *Curt* 8, 17 (2) Stultum inobſcœnum ... nobilitas flagitiis, *you make him ſcandalous*, Ter Eun 5, 7, 20

Nobĭlĭtor, ari paſſ *To be made remarkable, famous, &c* Diſcipulina multarum nobilitatus eſt, *Corn Nep Iphicr* 1 Phalaris, cujus eſt præter cæteros nobilitata crudelitas, *Cic Offic* 2, 7

Nobis dat pl *To us* Vid Ego

Nobiſcum *With us*

Nŏcens, tis adj or, comp iſſimus, ſup (1) *Hurtful, miſchievous, noxious, pernicious* (2) *Guilty, a criminal, or guilty perſon, an offender* (3) *Poiſonous, deadly, infectious* (1) Nocens ferrum ferroque nocentius aurum, *Ov Met* 1, 141 (2) Noſtra nocens anima eſt, *Ov Met* 7, 10 Si nocentiſſimus homo damnari poſſit, *Cic Verr* 2, 16 = Itaque habendum eſt religioni nocentem aliquando & nefarium impiumque defendere, *Id* ✠ Innocens, ſi accuſatus ſit, abſolvi poteſt, nocens, niſi accuſatus fuerit, condemnari non poteſt, *Id pro S Roſc* 20 (3) ✠ Herbæ nocentes, *Hor Sat* 1, 8, 22 taxi, *Vir Geor* 2, 257 Virus nocens, *Ov Metam* 7, 8... Cœlum nocens, *Luc* 7, 748

Nŏcenter adv *Miſchievouſly, or ſo as to do miſchief* Citra gallorum infeſtis velut ſpiculis nocenter armata, *Col* 8, 2

NOCEO, ere, ui, itum act (5) [*a* נכה percuſſit *M* unde Syr נכא nocuit] *To hurt, to incommode, to endamage, to harm, to annoy, to wrong to miſchief* § Nec venti tantum Cereri nocuere, nec imbres, *Ov Faſt* 4, 917 § *Abſol* Nocet empta dolore voluptas, *Hor Epiſt* 1, 2, 55 Tantum ne noceat, quod, *&c* Ov De quo nihil nocuerit, ſi eris locutus, *Cic* Nocet eſſe deum, *Ov Met* 1, 662 ✠ Neve mihi noceat, quod vobis profuit, ingenium, *Id* Ne capiti ſoles, ne noceantque nives, *Tibull* 1, 4, 2 § Jura te nociturum eſſe homini hac de re neminem, *Plaut Mil* 5, 18 Quem nocuit ſerpens, *Samm* § Ob eam rem noxam nocuerunt, *as if they have made themſelves criminals*, Liv

Nŏceor, ēri paſſ *To be hurt* Græci dicunt fabæ ſemina macerata herbis adverſantibus non noceri, *Pallad* Larix a carie non nocetur, *Vitruv*

Nŏcetur impers *There is hurt done* Mihi nihil ab iſtis noceri poteſt, *Cic Catil* 3, 12 Ipſi nunc nocitum iri, *Cæſ B G* 5, 6 Nihil enim nocebitur ... noctu niſi roribus, aliiſve ex cauſis, *Col* ... 10

Nŏcĭtūrus, a, um part *That will hurt, damage, or miſchief* Munera nocitura ſolvit Liber, *Ov Metam* 11, 104 Pocula privigno non nocitura, *Propert* 2, 1, 52

Nocitura

Nocturna petuntur militia, *Juv* 9

Nocuus, a, um adj *Hurtful, pernicious, destructive* Nocivum [illegible] cum, *Phædr* 1, 30, 3 Peco [illegible], *Plin* 20, 2

Noctes Atticæ, Gellii opus ita [illegible] m, quod hybernis nocti[illegible] rio Attico fuerit elucu- [illegible] *A book of A Gellius so*

Noctesco, ĕre *To grow dark* [illegible] t scunt tenebris caligi- [illegible] ex *Furi Antiatis poem* [illegible], 11 & *Nor*

Noctinor adj *Of a dark, or* [illegible], *like night*, Auson [illegible] D is

† Nocticulus, *Varr* [illegible] Nic [illegible]

Noct[illegible] m [illegible] *The* [illegible] Lcos often hit noc- [illegible] *Catull* 62, 7

Noctiluca [al luce, *Varr* L L [illegible] *The moon* (2) *A candle* [illegible] rite crescentem face [illegible] nocam, *Hor Epod* 4, 6, 38 [illegible] dict noctiluca in Palatio [illegible] *lucet* emplum, *Varr* [illegible] (2) Noctiluca n tollo, ad [illegible], inrho, anima revivis[illegible] *Bin arco*

|| Noctilucerna, æ f *A glow worm*, Anul

† Noctilugus, a, um *Screetching [illegible] night*, Lnith noctuæ ap *Lucil*

† Noctipuga, sc Lucilius vo- [illegible] obscœni quod *noctu pun- [illegible]* excitant Venerem, *Cal*

Noctivagus, a, um adj *Wan- tring or moving in the night* [illegible] noctivago Phœbe medi [illegible] pallida Olympum, *Vir Æn* [illegible] ✝ Deus noctivagus, *the [illegible] sleep*, *Stat Theb* 10, 152 [illegible] norum noctivago strepi [illegible] *noise sounding through [illegible] of night*, Lucr 4, 586

Noctu monopt abl *In the [illegible] night* ✱ De noctu- [illegible] *Sil B Jug* 8 Con- [illegible], *Enn* ap *Macrol* [illegible], *Mil* 1, 4 ✗ Inter- [illegible] 1, 1

Noctua, æ f [illegible] qu noctu canit [illegible] *An owl* ¶ [illegible] noctuas, *owls to* [illegible] *Cic ad Qu frat* 2, [illegible] & alibi

Noctuabundus, a, um *He that [illegible] or is abroad late in [illegible]* Noctuabundus ad me [illegible], *Cic Att* 12, 1

Noctuinus, a, um *Of an owl* [illegible] noctuini, *owl eyes, gray* [illegible] *Curc* 1, 3, 55 *al leg* [illegible]

Nocturnus, a, um adj [a noctu] (1) *Of, or pertaining to night* [illegible], or *done*, &c (3) [illegible] (1) Nocturnam em [illegible] m, *Id* Nocturna [illegible] Nocturni diu nique la- [illegible] n 2, (2) Noctur- [illegible] *Geor* [illegible] metus, [illegible], *Id* dolus, *Ov Ep* [illegible], *Vir Geor* [illegible], 538 [illegible] a, agunt ibri, *nt to be [illegible] amidst one s cups*, [illegible] Mu (3) Deus noctis, [illegible] *Amph* 1, 1, 116 [illegible] *Sed & ha* [illegible] 6, [illegible] Venus [quia Ve [illegible] vigilat] *Plaut Curc* [illegible]

Nocumentum, i n *Harm*, [illegible] Nocumen ni a documen a, *Pr* [illegible] *treads the fire*

Nocuus, a, um adj [a noceo, [illegible] noctivus] *He that [illegible], or is guilty, hurtful*, [illegible] Magistratus nec obedi- [illegible], & noxium civem mulcta, vinculis, verberibusque coercento, *Cic de Legg* 3, 3 *ubi al* noxium

Nodātio, ōnis f *Knottiness or the growing of knots in trees* Propter nodationis duritiem, *Vitruv* 2, 9

Nodātor, ōris m *He that tyeth up in a knot*, *Litt* ex *Col* sed q

Nodātus, a, um part (1) *Tied, or inclosed in a knot, or noose* (2) *Knotted as trees are* (1) Ab ut collum laqueo nodatus ab ne to, *Ov Rem Am* 17 (2) Geniculatis nodata foliis, *Plin* 1, 22

Nodia f *The herb called mulary, used by curriers*, *Plin* 24, 19 = Mularis

Nodo, āre unde nodor, āri pass (1) *To be knotted, or made into knots, to be gathered into or tied in a knot* (2) *To be tied to* (1) Retia succinct nodarentur, *Plin* 37, 3 Crines nodantur in aurum, *Vir Æn* 4, 138 (2) Vites [illegible] nodentur per omn ramos diligenter, *Cato R R* 33

Nodōsus, a, um adj (1) *Knotty, or made up in knots* (2) *Full of knots, knurrs, knobs, or bumps, or causing them* (3) *Knotty*, as wood, cane, *&c* as (4) *Hampering a man, or tying him fast in obligations of law* (5) *Knotty and difficult* (1) ✝ Nodosi na, *nets*, *Ov Met* 3, 153 Nodosi rami, *Sen Epist* 12 (2) Nodosa chiragra, *Hor Epist* 1, 1, 31 podagra, *Ov ex Pont* 1, 3, 23 = Nodosa & scabra plaga, *knobby and rough*, Col (3) Nodosus stipes, *Ov Epist* 10, 101 Nodosa robora, *Id Met* 6, 691 ¶ Nodosa vitis, *wherewith the centurions chastised the Roman soldiers*, Juv 8, 47 Scipio, quem militem extra ordinem deprehendit, si Romanus esset, nodosis vitibus cædebat, si extraneus, fustibus, *Liv Meton* Nodosa arundo, *a pen anciently made of reed, quam & fistulam & calamum appellat* Persius (4) Adde Cicutæ nodosi tabulas centum, *Hor Sat* 2, 3, 70 (5) = Nodosæ & anxiæ quæstiones, *Macr Sat* 17, 1

Nodulus, i m dim [a nodus] *A little knot*, as in the stalk of a lily, *Plin* 21, 5

NODUS, i m [ab Hebr ענד ligavit] (1) *A knot* (2) ✝ Cœlestis nodus, *the constellation of pisces, tied together by chains*, feigned to be fastned to their tails (3) Anni nodus, *the place of aries, or libra in the equinoctial line* (4) Nodus Herculis, *a kind of very strait knot, invented by Hercules, and esteemed sacred* (5) *A noose* (6) *A bond, a connection* (7) *A knot in any tree, cane, shrub, or plant, &c a knurl* (8) *The prominence of a joint* (9) *The ligature, or connexion of a joint, a joint* (10) *A bulla of leather, a note of freemen, worn by the poorer sort of children*, as that of gold was by those of the nobility (11) *A close body, not easily broken* (12) Met a primâ signif *A difficulty, an intricate matter, a strait, a quirk in law* (13) Met a septima sign Proverb (1) = Nodos & vincula linea rupit, queis innexa pedem malo pendebat ab alto ales, *Vir Æn* 5, 510 (2) *Cic in Arat* (3) Nodus anni exæquat lucibus umbras, *Lucr* 5, 687 (4) *Plin* 28, 6 (5) Nodum informis lethi trabe nectit ab altâ, *Vir Æn* 12, 603 (6) Aheni nodi, *Vir Æn* 1, 299 Æterni chalybum nodi, *Luc* 6, 797 Matrices vitales animæ nodos a corpore solvit, *Lucr* 2, 949 = Exsolvit glaciem, nodosque relaxat, *Id* 6, 878 Segnes nodum solvere Gratiæ, *Hor Od* 3, 21, 22 Amabilissimus nodus amicitia, *Cic* Validos Veneris perrumpere nodos, *the strongholds of lo[illegible]*, *Lucr* 4, 114 (7) Baculum sine nodo aduncum tenens, *Liv* Arundines nodi, *Claud Torped* 21 *Prov* Nodum in scirpo quæris, *you seek a knot in a bulrush, or you are scrupulous without a cause*, Ter Andr 5, 4, 39 (8) Crura sine nodis articulisque habent *Cæs B G* 6, 26 (9) Quibus cervix articulorum nodis jungitur, *Plin* 11, 37 (10) Etruscum puero si contigit aurum, vel nodus tantum, & signum de paupere loro, *Juv* 5, 165 *Lit Mi Saturn* 1, 6 & *Ascon* ab *eod* [illegible], & 5 (11) Nodus in exercitu [illegible] dense pedit[illegible] multitudo, quod non facile possit rescindi, *Sipont* (12) = Qui juris nodos, & gumque ænigmata solvat, *Juv* 8, 50 Inciderant in difficilem nodum, *Cal ad Cic* Dum hic nodus expeditus, *Id* Maximus in rep nodus est inopia rei pecuniariæ, *Id* (13) Malo nodo malus cuneus, *via* B Hic on in Mat 21 *when a person, or thing is served as it deserveth*

† Nageum [[illegible] נוגה nogah, splendor, *Sal*] *A white napkin, or thin garment, welted with purple, like an alb* Simul ac lacrymas de ore nœgeo detersit, *i e* candido, *Fest*

† Nōla, æ f vas fusile minus [a Nola civitate dict ubi vas primus, regione Campaniæ dict quod Paulinus *Nolæ* in Campania episcopus Hieronymi æqualis, primus vel invenerit, vel ad pios usus transtulerit] *A little bell, a less sort of bell*, Walfr Strab 6 In tricliniō coa, in cubiculo nola, *Quint* ænigmatis loco, de femina quæ simulet se pa atam ad coitum, & tamen nolit, de quâ & nos dicimus, *you will, and you will not*

Nolens, tis part *Unwilling* Nolens surgere Nilus, *Juv* 15, 12

Nōlo, nonvis, nonvult, pl nolumus, nonvultis, nolunt, infin nolle [ex ne & volo] nevis, *Plaut* nevult, *Id* (1) *To be unwilling, not to will* (2) In the former part of a sentence it denieth, in the latter, sometimes by an ellipsis, it affirmeth (3) *Not to favour, or be of one's side, to be against one* (1) ✝ Nolunt, ubi velis, ubi nolis, cupiunt ultro, *Ter Eun* 4, 7 43 Noite hos vestro auxilio spoliare, *Cæs B G* 7, 77 Nolo me videat, *Ter Andr* 4, 6, 24 mentiare, *Id Heaut* [illegible], 23, suppeditat ✝ Nisi tu nevis, *Plaut Trin* 5, 2, 32 Nec puella noluit *and she was willing*, *Catull* 8, ✝ Multa eveniunt homini, quæ volt, quæ nevolt, *Plaut Trin* 2, 2, 80 ¶ Nolle successum, non patribus, non consulibus, *Liv* ☞ *Ubi obsecra etiam pleonasmum geminat e negationis* Noli impudens esse, nec mihi molestiam exhibere, & a me literas crebrius flagitare, *Cic* & neque velis exhibere, *&c* (3) *Cui dat* Cui qui nolunt, iidem tibi non sunt amici, *Cic Fam* 1, 2

* Noma, æ, um f *Corroding sores, which by creeping on, do eat and consume the body* Mali corporis quæ se punt, *nomas* vocant *Plin* 20, 9

Nomen, inis n [novi notum, ut a stravi, stratum, stramen, al ab ὄνομα, ut ab πρόνομα, ramus] (1) *The name by which any thing, or person is called, a word, term, or title* (2) *A family, or house* (3) *A nation, state, or order of men* (4) *Name, or reputation, renown* (5) *A debt, that which we owe, or is owing to us* (6) Meton *A debt book, or accounts of debt* (7) *A debtor* (8) *Articles, or items of accounts* (9) *A name only*, as opposed to a thing, *or person* (10) *A pretence, pretext, or account, a pretended reason, or excuse* (11) *Reason, or account, respect, or reference* (12) Meo, tuo, suo nomine as principal (13) *A noun* (14) ✝ *Somebody, a thing* (15) *In health drinking according to the number of the letters in the person's name contained, a cyathus for every letter* (1) ✝ Non est possum nomen[illegible] ignoro nota nomini, *Cic* Ede tuum nomen, nomenque parentum, *Ov Met* 3, 580 Cui Servio Tullio nomen fuit, *Liv* Ænea dictique mecum nomen de nomine fingo, *Vir Æn* 3, 18 Nominibus non longissimis appellandi sunt canes, *Col* 7, 12 Fons aqua dulcis, cui nomen Arethusa est, *Cic* (2) Mirificus generis ac nominis vestri fuit erga me semper animus, *Cic* Ut nomen Tarquinium cremare vocemque regem, *Liv* (3) Nomini Campanum agrum Romanum impetum facit, *Liv* 1, 10 Hannibal inimicissimus nomini Romano, *Nep Hann* 7 ✗ Oppidum est vocabulum, Romæ nomen, *Varr L L* 9 *Sed hoc sæpe migrant auctores* Nemna singulis odi, Byblida jam mavult, quam se vocet illa sororem, *Ov Met* 9, 465 Is longe princeps Latini nominis erat, *Liv* Sororis nepotem in nomen adscivit, *Tac* Insidiæ quas ordini, nomini de suque senatoris facere conatur, *Id* (4) Nomen est indelebile nostrum, *Ov Met* 15, 876 *Miltiadis* nobile nomen, laus rei militaris maxima, *Nep Milt* 8 Nomen ingenio quæsitum non excider, *Luci* Magnum nomen in oratoribus habuerunt, *Cic* = Et nos aliquod nomenque decusque gessimus, *Vir Æn* 2, 90 (5) Optima nomina non appellando fiunt mala, *Col* 1, 7 Adduxi ut totum nomen solvere vellent, *Cic* ¶ Nomen facere, *to contract a debt* locare, *to pass one's word*, Phædr Non refert parva nomina in codices? Immo omnes summas, *Cic* (6) Recita nomina Q Tadii, *Cic* (7) Meis rebus gestis hoc sum assecutus, ut bonum nomen existimer, *Cic* (8) Qui tibi certis nominibus grandem pecuniam debuit, *Cic* (9) ✱ Cum primi magis nomen quam vires cum attulisset, *Liv* 7, 29 Breve in exiguo marmore nomen ero, *Prop* 2, 1, 72 (10) Otii nomine servitutem concilias, *Nep Epam* 5 Apollonium Leiti fugitivorum nomine, indicta causa, in vincla conjecit, *Cic* Omni totius provinciæ pecore compulso pellium nomine, *Id* Te id quod promulgasses misericordia nomine, ad crudelitatis tempus distulisse, *Id* (11) Imperare nomine classis pecuniam civitatibus, *Cic* Hoc vero est multis nominibus notandum, *Id* Ego eo nomine sum Dyrrachii, ut [illegible] iam, *&c* *Id* (12) E enim, credo, iste centurio bellum populo Romano suo nomine indixit, *Cic* (13) *Quint* (14) Nec fidum feminā nomen, *Tib* 3, 4, 61 (15) Ut jugulem curas, nomen utrumque bibam, *Mart* 8, 51, 26

Nomenclātio, ōnis f (1) *Calling*

… then names (2) … *calling of persons by their names, as the manner of candidates* … (1) Prudenti magistri … nomenclationes aucupio studi… non laborat, *Col* 2 … nomenclatio (2) *Cic* de pe… … on il

Nomenclātor, oris m [à no… nomen calando, i e vocando, *an* … *A servant … candidates and others, … the names of all … that they might … them … (2) A … gathering … the names of … clients and dependents, … the morning salutations, … picked out of them … to ve… his master's guests … (3) Any one … at a feast … by his name* (1) *Suet Aug* … & *Cal* … Ad urbem iter venit … nemo ullius ordinis homo, … nomenclatori notus fuerit, … *Cic Att* … & *Plin* …

Nomenclātūra, æ f *The names … called, a* … *Plin* …

Nomenclātor, oris m & … *Anon* … Mart *Vid* Nomenclator

|| Nōminālia, dies quo puero nomen imponebatur *Christening* … *feasts when the child was named*, Ter … *Idol* 16 … *Perf* 2 † Lustrici dies

Nominālis, e adj *Belonging to a noun* Nominalis gentilitas, … *r I* … 2

Nominātim adv (1) *By name* (2) *Expressly, or particularly*, (1) … Non nominatim, sed generatim proscriptio est informata, *Cic* … 11, 6 (2) Diote nominatim … primum, &c *Cic* …

Nōminātio, ōnis f verb (1) *A nomination, or designation, a naming in elections* (2) *A coining of a name, or making a word to express a thing by* (1) Nominatio in locum ejus non est facta, *Liv* In patronum augurattis locum … nominatione cooptabo, *Cic Philipp* 13, 5 (2) *Ad He* …

Nominātīvus, … casus Primus … nominis quod declinatur, … *The nominative case*, … *I L* 7, 29 & lib 9 &

|| Nominātor, ōris m *He that … or appointeth*, Ulp

Nominātus, a, um part & adj … *Called, named* … *Famed, or* … (1) Ab Aristippo … *Cic* … (2) Quem ego hominem … potius quam contu… volo, *Cic* … bellum nominatis… … *Plin* … 9

Nominātus, us m subst *The forming a word grammatically* Ad nominum … animadvertendæ, *Varr L L* 9, 1

Nōminitandus, a, um part *To*

be named, termed, or called, Lucr … 8 & … 73

Nōminito, are freq *Usually to name, or call* Meus, quem … nominitamus, *Lucr* 3, 353

Nōmino, are [à nomen] (1) *To call, or name* (2) *To nominate, or elect* (3) *To name, or mention* (1) Quis me nominat? *Plaut Rud* … (2) *Liv* 31, … & … *Tib* … (3) In coopt… candis per collegia … nominavit, *Suet Claud* 22 utitur & *Plin* … non semel

Nōminor, ari pass (1) *To be called, or termed* (2) *To be mentioned, or told* (3) *To be declared, or formed* (1) Nominor uxor, *Ov Epist* 9, 27 Nomino … *Cic* pro … (3) Amor, ex quo amicitia nominata est, *Cic de Am* 8

* Nomisma, ătis n *Vid* Numisma

* Nŏmos, i m [à νέμω, divido] *A division of a country, particularly of Egypt, a district, jurisdiction, or province* (2) *A tune in music* (1) Dividitur in præfecturas, oppidorum, quas nomos vocant *Plin* 5, 9 & 36, 13 … ex quo nomo … *Tit… Plin* … *Epist* 10, 25 (2) Non … cantare … quam inchoatum abiol erect … on, *Suet Ner* 20

† Nomus, pro novimus, *Donat ex Enn*

Non adv negandi [al ant ne … bonus] (1) *Not* (2) *Non non, denieth more emphatically* (3) Non modo *for* … (4) Non, with an adject or particip, intimates the contrary (5) Sometimes *not so much but a measure, not quite, not altogether* (6) Non modo, non solum, neque modo, for non modo non, non solum non &c (7) By way of interrogation, or admiration, *not* (8) Adv prohibendi, *not* (9) Sometimes *it is joined to other words with an hyphen* (1) § Non injuria, *Ter* Non ita multis ante annis, *Cic* pro *Rosc Am* 2. Hinc hileo, … *Ter* Si cades, non cades, quin cadam tecum, *Plaut* Non nollem, *Cic* Non liceret, *Plaut* Non ab re esse visum est, *Liv* Non … *Plaut* Non modo aperte, sed etiam … *Cic* (2) Non, non sic futurum est, non potest, *Ter* (3) Non … quam tuis tiam minimis commodis, non modo … bono … *Cic* (4) Non pauca suis … *Cic* (5) Chærephyllum obrui oportet non frigidissimo loco, *Col* … temperato Me consiliar o fortasse non imperitissimo usus es, *Cic* (6) Regnum non modo Romano homini, sed ne Persæ quidem cuiquam tolerabile, *Cic Attic* 10, 7 *Cætera, ne longus sim, pete a* Basil Fabri Lexic (7) Non loquor? non vigilo? Non hic homo modo pugnis me contudit? *Plaut Amph* 1, 1, 251 Non visus, nec mittis … *Ter Hec* 3, 2 … Non … vobis … perivit? non potuit … *Cic* … *plura in* Boritch … Cogit congesta p 178 quem … loquendi morem … *Quint* 1, 5 (8) Non illa … me … terra mon … funem, *Vir Geor* 1, 456 (9) … ex non-sentibus sensus, *Lucr* …

Nōna, æ f sc hora *Meal time, three in the afternoon*, Mart Some … begin dinner an hour … *Vid* ab octa a … *Juv* 1, 49

Nōnæ, arum f … nonus, quod ab eo … Idus … dies putentur] *The nones of every month, … the seventh day of March, May, July, and October, and the fifth of the rest of the months*, … Nonæ Decembres, *Cic* pro *Flacc* 40

Nonāgēnārius, a, um adj (1) *The ninetieth* (2) *Ninety years old* (1) Motus stellæ Martis nonagenarius, *Plin* 2, 15 (2) Nonagenarius senex, *Spart*

Nonāgēsimus, a, um adj *The ninetieth* Isocrates librum quarto & nonagesimo anno scripsisse dicitur, *Cic de Sen* 5

Nonāgies adv [à nonaginta] *Fourscore and ten times* … ad nonagies sestertium, *Cic* …

Nonāginta adv [à nonus, & ginta, quod pro … ponitur] *Ninety, fourscore and ten* Nonaginta annos natus, *Cic de Sen* 10

Nonānus, a, um adj [à nonus] Miles nonanus, *the soldiers of the ninth legion*, *Tac Ann* 1, 23, 6 Nonanus, absol *Id* Idem

Nōnārius, a, um adj [a nona, sc hora] Meretrix nonaria, *a common strumpet* It was the custom of such … *at three in the afternoon, to open their houses*, … Si Stoico … petulans nonaria vellat, *Pers* 1, 133

Nonassis, *vel* nonussis, … *nine asses, in money*, Varr

† Noncolæ, arum plur f *Fest Vid* Noncolæ

Nondum adv *Not yet, not as yet* Nondum satis constitui, *Cic Fam* 11, 28 Nondum plane est expeditus, *Id Att* 4, 16

† Noncolæ, vocantur papillæ, quæ ex faucibus caprarum dependent, *Fest al leg* noncolæ, *al* nonniculæ, *al leg* nævola Has Varro sub rostro *mammillas* pensiles vocat, & Plin … cervice binas dependentes, fœminarum generositatis insigne *Two wattles, or little teats which hang down from the neck of a she goat*

Nongenti, æ, a pl *Cic* nei Sync pro noningenti *Nine hundred* Emeris millibus nongentis, *Cic* pro *Flacc* 37

Nongentus, i m *Officer that kept the suffrage box in elections* … *Plin* 33, …

Nōningēni, æ, a *Nine hundred* Mille & … *Liv* Quatuor millia & noningenta, *Col*

Noningenties adv *Nine hundred times* Millies mille & noningenties mille passus, *Vitruv* 1, 6

† Nonna, æ f [voc Ægyptium, quod Ægyptus monachas …] *Ant* … castæ vocantur & nonnæ, *Hier*

Nonne, adv interrog [comp ex non & ne, enclit] (1) *—not* (2) *If—not* (1) Nonne … fortunam … pro… ille? *Cic* Nonn … tes Amphi … Nonne … *Fr Il* 2 11 (2) Quum esset … *Cic Tusc* 5, 1

Nonnihil … indecl … *somewhat*, … Nonnihil … literis, *Nep Han* … 13 … *Cic* … *Ter Adelph* 1, 2, 62

Nonnullus, a, um adj … *Something, a little* … *Cic* … Nonnulli … *Id* … nominum, … *Plin Pyl* … 20

Nonnunquam adverb *Sometimes, now and then* † Nonnunquam … *Cic*, *H G* 1

† Nonus, qui sanctus … Ægyptii … quod … vitam monasticam … *Amm* …

Nonussis … *In* … *pieces … with* … Nonussis … *Plin* 11, 12

† Nonuncium, ii n *A weight of nine ounces*, Fest † Dodrans

Nōnus, a, um adj [contr ex novenus, *a* … *ninth* Nonæ dies, & absol nona *market day* Hora nona, *when was about three in the afternoon, the meal, or supper time*, Mart

Nonussis, *Varr Vid* Nonassis

NORMA, æ f [in … γνώριμα, quod … angulos … unde ignoro, quod instrumentum … cognoscendi … *M*] (1) *A square used by builders*, &c (2) *A law, precept, form, pattern* (3) *A shoemaker's last* (1) Longitudines ad regulam & lineam, altitudines ad perpendiculum, anguli ad normam, respondentes exigantur, *Vitruv* (2) Non … Romuli præscriptum, & intonsi Catonis auspicatus, veterem … non … *Hor Od* 2, 15, 11 — Demosthenes ipse, ille norma oratoris & regula, *Plin Epist* 9, 26 … *Hor A P* 72 Nunquam ego dican C Fabricium, &c ad … normam fuisse sapientes, *Cic* (3) *Gl Phil*

Normālis, e adj *Rightly by the rule, made by the square, or rule* Normalis angulus, *Quint* 11, 3 … *Manil* 2, 289

Normātus, a, um adj *Made by rule and square* Col …

Nos, nostrûm, *vel* nostri, nobis plur … ego [… nos, *Catull*] *We*, passim occ … singular … *Tibi* … nobis, *Catull* 104, 5 Nobis inimica merentis, *Tib* 3, 7, 23 Al… so often used for … singular … *Prop* 2, 24, 31 … *pro* … *tibi* ego ero

Noscens, tis part *Knowing* Noscens Juno fur … Jovis, *Catull* 66, 140 *Vid* Nosco

Noscendus, a, um part *To be taken cognizance or account of* Reliquum anni noscendis … rium urbium causis consumptum, *Liv*

Noscitābundus, a, um *Looking wistly as if he knew, taking acquaintance of one seen before*, *Gell* 5, 14.

Noscitans, tis part *Knowing … knowing again, a* … *Liv* … 6 Inter eos … *Id* … M … noscitans, *Id*

Noscito, are (1) *To know, or distinguish by sight, to see, or know* (2) *To observe, look upon, take notice of* (1) Quem ad … *Liv* … similitudinem … *Plaut Cist* … *Contemplat, speculat, atque* … *Id Trin* … noscitat

Noscitor, āri pass *To be known by*

lingu, or face, to be distinguished Facile insci is subjecti ognitu imperitoris nescitur potestas imperatoris, *Liv* Noscitetur ab omnibus, *Catull* 59, 223 Inter nos ... *Curt* ... 10

NOSCO, ere, novi, notum [ant gnosco, unde & in comp agnosco, cognosco, *Cic* D om ... ignosco] (1) *To know, understand, to be acquainted with, to get knowledge of* (2) It is used of *things as well as persons* (3) *To form an idea, or notion of* (4) *To know by sight, to distinguish, to discern* (5) For agnosco, *to know again, to remember* (6) *To be sensual, or knowing in, to apprehend, to understand* (7) *To admit, or allow of* (8) *To celebrate, to extoll* (1) Qui scire posses, aut ingenium noscere? *Ter Andr* 1, 1, 26 Nosmetipsos nosce difficillimum est, *Cic* Non potes celare rem, novi probè, *Plaut* (2) Parin ... sua noslet humus, *Prop* ..., 1, ... Nondum Ascræos norunt mea carmina fontes, *Id* 2, ..., 5 Ista meam norit gloria canitiem, *let me enjoy it till old age*, Id 1, 8, 46 (3) Deus ille quem mente noscimus, *Cic* (4) Adeutum nosces servum illum tuum Sosiam, *Plaut Amph* 2, 1, 80 De forma non queo novisse, *Id* Norunt matres hœdi, *Lucr* 2, 368 Quam tu ne de facie quidem nosses, *Cic* (5) Alarum verbera nosco, letalemque sonum, *Vir Æn* 12, 8, 6 (6) Pomum sapore ferino, quem fermè in apris novimus, *Plin* 1, 4 Non ita institutus, ut officia certi patris-familias nosse posset, *Cic* Linguam Hetruscam probe noverat, *Liv* (7) Vereor ne istam causam nemo noscat, *Cic* = Illam partem excusationis nec nosco, nec probo, *Id* (8) Me ultimi noscent Geloni, *Hor Od* 2, 20, 19 Te omnia sæcla noscent, & qui sis, fama loquetur anus, *Catull* 76, ult

Noscor, ci, notus pass *To be known*, &c Philosophiæ partes noscuntur, *Cic N D* 1, 4

Nosmet *Our selves, we our selves* Nos nosmet perdimus, *Plaut* Cariorem esse patriam nobis, quam nosmetipsos, *Cic de Fin* ..., 19

* Nosocomion, ii n *An hospital, or spittle for the sick* Languentium villam expon *an hospital, or spittle for the sick and ...* Hier

Noster, stra, strum [pronom ... nos] (1) *Ours, our own* (2) *My, mine* (3) *Of our family, or dependents, our friend* (4) *Of our country* (5) *Of our order* (6) *Of our side, propitious* (1) Noster exercitus, *Cæs* Nostra fama, *Cic* Nostrum agmen, *Cæs* Nostræ naves, *Id* (2) Certa quidem nostra est, nostrâ tamen una sagitta certior, *Ov Met* 1, 519 ... nostram hanc, *Ter* (3) Senex noster, *Ter* Bonus est, noster est, *Id* Socer noster ..., *Id* ✠ Nos nostri, an alienæ simus, *Plaut Absol* Noster, *our ... master*, *Ter* Noster, *our ...* (4) Haud similis vir est virorum nostrarum, *Ter Eun* ..., 1 Noster eris, *Vir* Non eodem arboribus pendet vindemia nostris, quam ... capit Lesbos, *Id* ✝ Nostri ... ernique prodidere, *Plin* (5) Noster ludos spectaverat una, luserat in campo, *Hor Sat* 2, 6, 48 (6) Nostra omnis est, *Plaut* i e *vicimus* Nostro omnino ... dies, *Id* Pauci de nostris cadunt, *Cæs*

Nostrapte *Through our own fault* Nostrapte culpâ facimus, ut in ... expediat esse, *Ter Phorm* 5, 2, 1

Nostras, âtis olim nostratis, c adj [à noster] *Of our, or our own country, sect, part, opinion, or side* Tarentina folio minuto, nostras patulo, *Plin* Facetiis maximè nostratibus capior, *Cic Fam* 9, 15 Nostrates philosophi, *Id Tusc* 5, 32 Nostratia verba, *Id Fam* 2, 11

✝ Nostratim adv *After our manner*, Charis ex Sisenn

Nota, æ f [nosco, novi, notum, mutatâ quantitate] (1) *A mark, natural, or otherwise, a note* (2) ☞ The antients marked fortunate days with white, unfortunate with black (3) *A memorial mark, a sign used in the art of memory* (4) *A sort of wine*, the age and goodness being marked upon it, also *of any other thing* (5) Met *A sort, or degree* (6) *A character in writing, sculpture*, &c (7) *A name* (8) Notæ, *Characters* in short-hand (9) *Ciphers* (10) *Characters, symbols* (11) *A sign, mark, argument, evidence, note, or token* (12) *A mark of disgrace, or ignominy*, particularly set upon men by censors (13) Met *A mark, or brand set upon thieves and fugitive slaves* (14) Met A notice, or mark *for reproach* (1) *Vitulus*, quo notam duxit, niveus videri, cætera fulvus, *Hor Od* 4, 2, 59 Pice liquidâ scrofæ notam imponat, *Col* 7, 9 Nulla puella det mihi plorandas per tua colla notas, *Prop* 4, 3, 26 Nota nummi, *Suet Ner* 25 Notæ musica, *Vitruv* Compunctus notis Threiciis, *Cic* (2) Cressâ ne careat pulchra dies notâ, *Hor Od* 1, 36 10 O lucem candidiore notâ, *Catull* 104, 6 (3) *Quint* (4) Anicianâ nota, *wine made in the consulate of Anicius*, *Cic* Interior nota Falerni, *Hor Od* 2, 3, 8 Vini nota optima, *Col* Primæ nota oleum, *of the first pressing*, Col Secundæ notæ mel, *Id* Cujuscunque notæ caseus, *Id* Diversæ notæ stirpes, *Id* Saxatilis notæ piscis, *Id* (5) Quisquis de meliore notâ, *all of the better sort*, *Catull* 66, 28 Successori nos de meliore notâ commenda, *with more than common diligence*, *Curius ad Cic* (6) Mensæ ducat in orbe notas, *Tib* 1, 6, 20 Lapis inscriptis stet super ossa notis, *Id* 1, 3, 54 Incisa notis marmora publicis, *Hor Od* 4, 8, 13 (7) Numantina *Scipio* traxit ab urbe notam, *Ov Fast* 1, 596 = Inusta vapore signa, notæque, *Lucr* 6, 220 (8) Notis excipere velocissimè, *Suet Vesp* 3 (9) Notæ literarum, *Gell* in *tit* Per notas scripsit, *Suet Cæs* 56 & *Aug* 88 (10) Sunt verba rerum notæ, itaque hoc idem Aristoteles σύμβολον appellat, quod Latine est nota, *Cic* (11) Non satis occultis erubui notis, *Ov Epist* 17, 84 = Ut multis in locis notas ac vestigia scelerum suorum relinqui velint, *Cic* Ede notam tanti generis, *Ov* Nequ tamen ignorare oportet in acutis morbis notas & salutis & mortis, *symptoms*, *Cels* 2, 6 (12) Censores notis a senatu adscribebant notas, *Liv* (13) *Ap JCC* (14) Censoriæ severitatis nota non inuretur? *Cic pro Cluent* 46 Hac inusta est a te Cæsari nota ad ignominiam, *Id Philipp* 1, 13

Notâbilis, bile ... or, comp (1) *Notable, remarkable, memorable, extraordinary* (2) *To be noted as a fault* (1) = Conspicuus cunctisque notabilis, *Juv* 6, 373 § Canitie notabilis, *Ov Met* 1, 167 Notabilior paupertas, *Tac de Orat* 8 5 (2) Illic minus sunt notabiles, qui sermo ... genus proprium est, *Quint*

Notâbiliter adv *Notably, evidently, visibly, considerably, remarkably*, Plin Ep 5, 17 Notabilius turbantes, *Tac Hist* 1, 55

|| Notamen, inis n *A mark, note, or sign*, Isid ✝ Nota

Notandus, a, um part (1) *To be marked* (2) *To be noted, or taken notice of* (3) *To be marked as good, or evil* (4) *To be branded with a mark or infamy* (1) Pars ovorum atramento notanda est, *Col* 8, 11 (2) Ætatis cujusque notandi sunt tibi mores, *Hor A P* 156 (3) Ab eventu facta notanda, *Ov Epist* 2, 85 (4) Notandam putavi nimiam libidinem, *Cic de Sen* 12

Notans, tis part (1) *Noting, marking, setting down, observing* (2) *Being for branding, or condemning* (1) Notante judice populo, *Hor Sat* 1, 6, 14 (2) Senatusconsulto notantes ... *Liv*

Notarius, ii m qui notis scribit, etiam ταχυγράφος, qui notis linguam superet, *Manil* *An amanuensis, or short-hand writer, a notary*, Mart 5, 53 Tribunus & notarius, *the chief of the emperors notaries*, as it were *secretary of state*

Notâtio, ônis f verb (1) *A marking, or putting a mark upon a thing, colouring* (2) *A remarking, observing, or taking notice of* (3) *The describing of a man's humours and actions* (4) *The drawing an argument from the original signification of a word* (1) Alia vehemens erat in judiciis ex notatione tabularum invidia versata, *Cic pro Cluent* 47 (2) Eligunt ea quæ notatione & laude digna sunt, *Cic de Cl Orat* 17 (3) Notatio est, cum alicujus natura certis describitur signis, quæ sicuti notæ quædam, naturæ sunt attributa, *Ad Herenn* (4) Notatio est, cum ex vi nominis argumentum elicitur, quam Græci ἐτυμολογίαν vocant, *Cic Top* 8

Notâtus, a, um part (1) *Marked, stigmatized* (2) *Written, cut*, &c (3) *Noted, marked, observed* (4) *Marked out, digested into order* (5) *Bounded, confined, limited* (6) *Expressed* (7) *Marked, branded, disgraced* (8) *Reflected on, touched* (1) Frons calamistri notata vestigiis, *Cic post red in senat* 7 Proscriptum famulus servavit fronte notatus, *Mart* 3, 21 (2) Digitis charta notata meis, *Ov Epist* 1, 62 = Antiquitas in monumentis incisa ac notata, *Cic* Legor Oenone falce notata tuâ, *Ov Epist* 5, 22 (3) *Nep Attic* 18 (4) Quibus bonis fortunæque nostra notatæ sunt, *Cic* (5) Luna oris extremis notata, *Lucr* 5, 583 (6) Multo melius hæc notata sunt verbis Latinis, quam Græcis, *Cic* (7) O hasce omnes res scruinc te tribulium tuorum judicio notatum? *Cic* (8) Visa est se indoluisse notatam, *Ov Met* 9, 261

Notesco ere [ab inus noteo] (1) *To be made, or become known* (2) *To be well known, noted, or famous* (1) Causa notescat nunc primum puellâ meâ, *Phædr* ..., 3, ... § Ut verò cunctis notuit res omnibus, *Id* 5, 7, 55 Quæ ubi Tiberio notuere, *Tac Ann* 1, 73, ... (2) Nec minus hæc nostri notescet fama sepulchri, *Prop* 2, 13, 37 Multis facinoribus notescere, *Tac Ann* 12, 8, 3

* Nothus, a, um adj νόθος *Of mixed or bastard breed, or kind* Nothi pulli sunt optimi, *Col* 8, 2 Alipedes nothi, *Vir Æn* 7, 28 Nothæ declinationes, *Varr L L* 9 ✠ Nothum lumen, *borrowed light*, *Catull* 34, 15 ... luna hæc Atys cecinit nothi muneri, *Catull* 61, 27 *Atys quippe puer, sed eviratus & semum mentitus* Nec capies regna paterna nothus, *Ov Epist* 4, 122

Nothus, i m *A bastard* ✠ Νόθος, qui non sit legitimus, vocant Græci, Latinam rei nomen, ut ait Cato, non habemus, *Quint* 3, 9

* Notia, æ f *A precious stone falling down amidst showers of rain*, Plin 3, 10

✝ Notifico, are, avi *To notify, or make known* Adducitur verbum ex *Gell* 9, ..., *sed non legi*, vocificant, & ex *Ov ex Pont* 1, 2 *sed versus est appositius* Nunc te obsecro stirnem ... vas, meorumque ... nomines mihi, *Non ex Pomponio* ✝ Certiorem facio, monstro

Notio, ônis f [a nosco, novi, notum] (1) *A notion, conception, or idea* (2) *The ... of a thing, in logic* (3) *The ... ing, or trying of a matter, the cognisance of a matter* (1) Naturalis & quasi insita animus notio, *Cic de Fin* 1, 9 Dei notionem nullum animal est quod habet, præter hominem, *Id* Communes rerum notiones in animis ... *Id* (2) Notio sic quæritur, sitne id æquum, quod ei qui plus potest, utile est, *Cic Top* 22 (3) = Censorium judicium ac notio, *Cic de Prov Cons* 19 = Notiones animadversionesque censorum, *Id* Notioni quindecimvirum is liber subjicitur, *Tac Ann* 6, 12, 6 Non ad senatum notionem de eo pertinere, dicentes *Liv*

Notitia, æ f [à notus] (1) *Knowledge* (2) *Carnal knowledge* (3) *Knowledge, or being known* (4) *Acquaintance* (5) *An idea, notion, or conception* (1) Notitia antiquitatis, *Cic* Optimum est ea, dum ægrotant, eorum notitiæ subtrahere, *Cels* (2) Fœminæ notitiam habuisse, *Cæs B G* 6, 20 (3) Mea fortuna plus notitiæ, quam fuit ante, dedit, *Ov ex Ponto*, 3, 1, 50 (4) Notitiam, primosque gradus vicinia fecit, *Ov Met* 4, 59 Hæc inter nos nuper notitia admodum est, *Ter Heaut* 1, 1, 1 Notitiam pars est infinita mei, *Ov ex Ponto*, 4, 6, 42 (5) Ingenuit notitias parvas rerum maximarum natura, *Cic de Fin* 5, 21 Notitiæ rerum, quas Græci tum ἐννοίας, tum προλήψεις vocant, *Id Top* 7 § Notitia imperii, *an account of the empire*, so the present state of England, *notitia Angliæ*

Notities, ei f *Fame, or being well known* Notities parum est assecuta, *Vitr in proœm lib* 6

Noto, are [à nota] (1) *To mark, to brand, to stain* (2) *To write* (3) *To write down, note, or record* (4) *To note, mark, or observe* (5) *To mark out* (6) *To mark out for division, to set forth* (7) *To distinguish, or divide* (8) *To term, or call by, to express* (9) Met ... *To mark with infamy, or disgrace*, as the censors did immoralities and indecencies, *to brand* (10) *To reflect on, on, to rebuke, to reprimand and find fault with* (1) Tempora ferro summa notant pecudum, *Vir Æn* 12, 114 Cum digitis scripta silenda notas, *Prop* 3, 8, 26 Illa prius cretâ, mox hæc carbone notâsti, *Perſ* 5, 108 Nec notet informis pallida membra color, *Tib* 4, 4, 6 (2) *Quint* 1 *præfat* Duces non nominavit, sed sine nominibus res notavit, *Nep Cat* 1 Litera hæc in celebri carmina fronte notet, *Tib* 3, 2, 28 (3) ¶ Notarunt hoc annales, *it is recorded there*, Plin (4) Ea loca diligenter notat, *Nep Epam* ult Animadvertunt & notant sidera Chaldæi, *Cic* Argenti vascula puri, sed quæ Fabricius censor notet, *Juv* 9, 142 Nonnullos signiferos ignominiâ notavit, *Cæſ B G* 3, 74 Ceu notamus in muſcis, *Plin* Cum præp *ad* Notare ad imitandum, *Quint* (5) = Notat & designat oculis ad cædem unumquémque nostrum, *Cic Catil* 1, 1 (6) Possessiones notabat, & urbanas & rusticas, *Cic Philipp* 5, 7 (7) Quæ temporis quasi naturam notant ut hiems, ver, *&c* Cic (8) Verba quibus voces sensusque notarent, *Hor Sat* 1, 3, 103 Agricultura eas res, in quibus versatur, nominibus notavit novis, *Cic* (9) Hanc ejus temeritatem senatus supplicatione negatâ notavit, *Cic* (10) = Arguet ambiguè dictum, mutanda notabit, *Hor A P* 449 Si sciret regibus uti, fastidiret olus, qui me notat, *Hor Epiſt* 1, 17, 14 ✱ Venus notat injustos, supplicibúsque favet, *Tib* 4, 13, 24

Nŏtor, āri pass *To be marked censured, observed*, &c = Notari & vituperari satis insigniter improbus non potest, *Cic* de *Orat* 2 *Vid* Noto

Nŏtor, ōris m *He that knoweth and giveth an account of another, that passeth his word for his quality in a strange place* Qui notorem dat, ignotus est, *Sen Epiſt* 39 Nisi notorem dedissem, *Petr Arb* c 92

‖ Nŏtōria, æ f *ſc An information, declaration, or indictment*, Ap JCC = Elogium, *Dig*

Notoria, ōrum pl n *Testimonies, or evidences in accusations, or impeachments*, Ap JCC

‖ Nŏtōrius, a, um adj *Manifest, notorious, evident* Notoria indicia, *plain, clear evidences, or proofs*, Paul

* Nŏtozĕphyrus, i m *The southwest wind*, Apul

* Notus, i m (1) Νότος, *The south wind* (2) Synecd *Any wind* (1) Eurus notusque jactat vota, *Tib* 1, 5, 35 (2) Tulit iratos mobilis una notos, *Prop* 4, 6, 28 *ſc* Delos *Lat* Auster

Nōtus, a, um part & adj [à noscor antiq gnotus, *Priſc*] (1) *Known, that one is acquainted with, well known* (2) *He that knoweth* (3) Subst *An acquaintance* (1) Pelopidas magis historiis quam vulgo notus, *Nep Pelop* 1 Regio nulla fama nota, *Cic* ✱ Tua virtus historicis est notior, populo vero obscurior, *Cic* Dignitas clarissima notissimaque, *Hirt B Afr* 22 Notus animi paterni, *i e* propter animum paternum, *Hellenism* Hor Od 2, 2, 6 Hinc usque ad sidera notus, *Cic Cum abl* Notus improbitate & vitiis, *Cic* (2) Quem notum aut municipem habebat, conquirit, *Cæſ B C* 1, 74 (3) Ii suos notos hospitesque quærebant, *Cæſ B C* 1, 74

Nŏvăcŭla, æ f [à novando, *Scal i e* radendo, quod faciem quodammodo novam facit] (1) *A rasor* (2) *Any knife* (1) Cos novaculâ discissa, *Cic* de *Div* 1, 17 (2) Raporum summam cutim novaculâ decerpito, *Col* vid & *Plin* 22, 23

Nŏvāle, is n [à novando] (1) *Land first broken up for tillage* (2) *Land that resteth a year after the first plowing* (1) Talis fere est in novalibus, cæsâ vetere sylvâ, *Plin* 17, 5 Impius hæc tam culta novalia miles habebit? *Vir Ecl* 1, 71 *ubi vid Serv* (2) Quidam utique ab æquinoctio verno proscindi volunt --Hoc in novali æque necessarium est Novale est quod alternis annis seritur, *Plin* 18, 19 Sequeris autem novalia non solum herbida sed quæ plerumque vidua sunt spinis, *Col*

Nŏvālis, e adj *That resteth a year after the first plowing, that lieth fallow* Quum ille quam maximè subacto & puro solo gaudeat, hic novali graminosóque, *Col lib* 6 *proœm*

Nŏvālis subst *ſc* terra *Land that resteth a year after the first plowing* Novalis *dicitur* ubi satum fuit, antequam secundâ aratione renovetur, *Varr R R* 1, 29 Alternis idem tonsas cessare novales patiere, *Vir Geor* 1, 71

Nŏvandus, a, um part *To be altered, changed, or transformed* Qua sit rebus causa novandis, *Vir Æn* 4, 290 Naturæ jura novanda mea, *Ov*

Nŏvans, tis part (1) *Making new, or building new* (2) *Innovating, acting to the overthrowing of the government* (1) *Vir Æn* 4, 260 (2) Res novans, ap *Liv*

Nŏvātio, ōnis f [à novo, *i e* rado] *The entering into a new obligation in law, to take off a former*, also *the transferring of an obligation from one person to another*, utrumque ap JCC § Novatio pudendorum, *a shaving of them*

Nŏvātor, ōris m verb [à novo] *He that maketh a thing new, an innovator* Novator verborum, *ſic* Gell 1, 15 *vocat* Sall

Nŏvātrix, icis f *She that reneweth, altereth, or repaireth* Rerum novatrix ex aliis alias reparat natura figuras, *Ov Metam* 15, 252

Nŏvātus, a, um part (1) *Altered, transformed, changed* (2) *Renewed* (3) Ager novatus, *plowed again, tilled* (1) Pariter novata est & vox & facies, *Ov Met* 2, 674 (2) Novato clamore, *Liv* Vulnus novatum scinditur, *Id* (3) Subacto mihi ingenio opus est, ut agro non semel arato, sed novato & iterato, *Cic* de *Orat* 2, 30

‖ Novatus, us m *Diverse changes and alterations*, Auson Eidyll 14, 39 ✝ Mutatio

Nŏvè adv issimè, sup *Newly, after a new manner, contrary to the old fashion* Nequid ambiguè, nequid novè dicamus, *Ad Herenn* 1, 9 *Vid* Novissimè *suo loco*

‖ Novelletum, i n *A plantation, or nursery of young vines*, Paul JC

Nŏvello, āre *To plant young vines, to make a vineyard* Edixit ne quis in Italiâ novellaret, *Suet Dom* 7

Nŏvellus, a, um adj dim [quasi novulus] (1) *Very young, young and tender* (2) *Tender, or of young growth* (3) *Used, or managed by one that is young, first* (1) Novelli juvenci, *Varr* boves, *Id* Nova proles lacte mero mentes percussa novellas, *Lucr* 1, 26 Turba novella, *many young children* (2) Arborem & novellam dicimus, *Cic* de *Fin* 5, 14 Vites novellæ, *Vir Ecl* 3, 11 Agna novella, *Ov A Am* 1, 118 (3) Cum regerem tenerâ fræna novella manu, *Ov* ex *Pont* 4, 12, 24

NOVEM adj indecl plur (δ) [ex novus, *i e* ultimus, quia sit ultimus numerus, post enim fit repetitio priorum] Novem jugera dispensis membris obtinere, *Lucr* 3, 1001

Nŏvember, bris m [à novem, quia nonus à Martio] *The month of November* Novembris, in recto, *Cato* ap *Priſc*

Nŏvembris, bre adj *Of the month November* Idus Novembres, *Cic* kalendæ, *Id*

Nŏvenārius, a, um adj *Of nine, consisting of the number nine* Novenarius numerus, *the number nine*, Varr R R 2, 1 Novenaria regula, *the rule of nine units*, Mart Cap § Novenarius sulcus, *a trench nine foot deep, and as many wide*, Plin 17, 11

Nŏvendiālis, e adj *Of nine days space, or continuance* Novendiale sacrum, *Liv* 1, 31 Novendiales feriæ, *nine days together kept holy, for the expiation of the prodigy of raining stones*, Cic ad Q fr 3, 5 § Novendiales pulveres, *the ashes of the dead yet unburied, or very newly buried*, for the body was kept seven days at the house, burnt on the eighth, and buried on the ninth

Nŏvēni, æ, a pl [à novem] *Nine* Virgines ter novenæ, *Liv* 27, 37 Terga novena boum, *Ov Met* 12, 97 Novenorum conceptu dierum, *Plin* 2, 7

Novensiles, Novensiles à Sabinis, *Varr L L* 4 [à novem & Salio, *Calcagn* qu novem salientes, *al* qu novem sedentes, συνεννέα pro quo in *Mart* συνίας legit *Salm* Dii novem in Sabinis apud Trebiam constituti, quos Granius *Musas* putat, *Arnob* al à novus, qu novitatum præsides, quod curantibus his, omnia novitate integrentur & constent, *Id* vel quod peregrini dii essent, ex ipsa novitate sic appellati, *Id*] Incertum plane qui sint, & unde

Nŏverca, æ f [cujus etym incert à nova, *ſc* mater, qu νέα ἀρχή, *Becm i e* nova gubernatrix, sive mater-familias, *Jul Scal* à novum & erctum, quia nova accedit hæreditas Forte absol à novus] *A step-mother, or mother in law, a step-dame* Noverca filii, *Cic* pro *Cluent* 70 Quid ut noverca me intueris? *Hor Epod* 5, 9 ✱ Taceant quibus Italia noverca est, non mater, *Plin* Volucris nidis noverca suis, *forsaking her young*, Prop 4, 5, 10

Nŏvercālis, e adj *Of a step-mother* Quid alterum novercalibus oculis intueris? *Sen Contr* 4 Novercalia odia, *Tac Ann* 1, 6, 4

✝ Nŏvercor, āri *To play, or do like a mother in law*, Sidon ☞ *Novercalia* odii exercere, & *novercante* fortunâ pro *adversâ* merito notat *Voſſ* ut parum Latina

Nŏvies adv *Nine times* Hoc ter noviès cantare jubet, *Varr R R* 1, 2

‖ Novilunium, ii n *The new moon*, Apul ✝ Nova luna

Nŏvissimè adv (1) *The last time, last of all* (2) *In the end, at the last* (3) *Lastly, finally* (1) Quo ego interprete novissimè ad Lepidum sum usus, *Plancus* ad *Cic Epiſt Fam* 10, 24 (2) Nam desperant, & dolent, & novissimè oderunt, *Quint* Quoties respexit patronus, offerebant palam, & prolata novissimè, *&c* Id (3) Primum--deinde, novissimè, *&c* Sen de Ira, 3, 5 Maximè--tum--novissimè Hæc ex tuâ voluntate maximè ingressus, tum siqua ex nobis ad juvenes bonos pervenire possit utilitas, novissimè, *&c* Quint

Nŏvissimus, a, um adj superl (1) *The last, the hindmost* (2) *Utmost, farthest, most distant* (3) Met *The last, or meanest* (4) *the most extreme, severe* (5) Novissima, orum pl *Death* (1) Ne ex omnibus novissimi venisse viderentur, *Cæſ B G* 1, 53 Novissimum agmen, *the rear*, Id B G 1, 18 Novissima luna, *the last quarter of the moon*, Plin (2) Cum veniret à mare novissimo, *Cato* Terrarum pars pene novissima, *Ov Triſt* 3, 13, 27 (3) Qui ne in novissimis quidem erat histrionibus, ad primos pervenit comœdos, *Cic* pro *Q Roſc* 11 (4) In novissimo casu contemptam habuit, *in the most pressing necessity*, Catull 58, 4 Meritus novissima exempla, *having deserved the severest punishments*, Tac Ann 12, 20, 4 (5) Cum superesse tempus novissimis crederent, *Tac Ann* 5, 7, 1 Cæsar novissima exspectabat, *Id Ann* 6, 50, 8

Nŏvĭtas, atis f νεότης (1) *Newness, being before not made known, seen*, &c (2) *Strangeness* (3) *A being the first great man in a family* (4) *Any new art, or device* (5) *The first entrance upon any place, or lustiness* (1) Mundi novitas, *the infancy of the world, the world presently after it was made*, Lucr 5, 816 anni, *Ov Faſt* 1, 160 regni, *Vir Æn* 1, 563 nominum, *Cic* rerum, *Id* Novitates non sunt repudiandæ, *Cic* de *novis amicitiis* ✱ Cedit novitate extrusa vetustas, *Lucr* 3, 977 (2) Monstri novitate moventur, *Ov Met* 12, 175 Exterritus novitate, *Lucr* 2, 1039 (3) Contemnunt novitatem meam, ego illorum ignaviam, *Sall B J* 88 Video non novitati esse invisum meæ, *Cic Fam* 1, 7 (4) Proposito cunctos invitavit præmio, quam quisque posset, ut novitatem ostenderet, *Phædr* 5, 5, 6 (5) Ne quid in novitate acerbius fieret, *Suet Tib* 25 *adi locum*

✝ Nŏvitiolus *A young Christian, a catechumen, a novice, who hath not yet learned the principles of religion*, Tert ✝ Tiro

Nŏvitius, a, um adj [à novus] (1) *Newly invented, or made* (2) *Newly come, unacquainted* (3) *A slave newly bought raw and ignorant* (1) Novitium mihi quæstum institui, *Plaut Most* 2, 2, 92 Novitium inventum, *a device, or fashion newly come up*, Plin 17, 21 Vinum novitium, *wine upon the must* (2) Tetrum novitius horret Porthmea, *Juv* 3, 265 (3) Syrum nescio quem de grege novitiorum, *Cic* in *Piſon* princip

Nŏvitius m subst (1) *A slave to be sold that never served before* (2) *A slave newly bought* (1) ✱ Venalitiarii interpolant veteratores, & pro novitiis vendunt, *Ulp* (2) Vernalis novitius, *Quint* 8, 2

Nŏvo, āre [à novus] (1) *To make new* (2) *To renew*

To repe... ... to form anew ... change, alter, or transform (5) ... the changes in the ... (6) to make clean and ... (1) ... plurima verba ... (2) Mer tos nova... An 8, 189 ... 10 ... Prop ... ( ) Poi ... incudibus ... la novant, ... Æn 1, 629 ... novant, Id Æn 5, 752 ... An 5, 604 Scripti ... 14, 7 Multa enim ... Met 13, ... Ne quid novaretur, Sall ... C 58 ... novan ... Qui omnia novare ... (6) ... membra novat, Val Flacc ... To transfer an obligation ... &c J C Vid Novatio ... To be made ... to be changed, renovated, &c ... summa novatur, ...

NOVUS, a, um adj (8) [a νέος ... dig mma] (1) New (2) ... with new ... ( ) Coming new, unconcerned, ... prejudiced to (4) ... (5) Novus homo, the first ... of his family (6) Tabula nova a law for the general ... of debts (7) Res novæ, ... of government, alteration ... state (8) Strange, wonderful, unheard of, unexpected (9) Admirable, excellent, extraordinary, wonderful (10) Fresh ... new grown (11) Young, youthful, fresh (1) ✠ Civibus ... restituit, novis bello ... possessiones divisit, ... Nova nupta, Catull 59, 80 Novum munus, Id ... = Nihil inauditum, aut novum, Cic Lac novum, Vir ... Æstas nova, the beginning of it, Id Æn 1, 434 ... nova, divinely inspired, Hor Od ... (2) Nec enim ... ut si sæpius decantata ... semper novus ... Cic (3) Delictis hostium ... Hist 4, 8, 2 (4) ... nobis, si quid forma ... Cic (5) ✠ Videmus ... hominis novi ... & industria, Cic ... B G ... Tabulæ novæ ... argumenti, nisi ... pecunia fundum, & ... habeam ... Cic (7) Quum in illis ... omnes fere Gallos novis rebus ... B G 3, 10 (8) ... Vir Æn 3, ... modo ei faceres ... (9) ✠ Pollio ... nova carmina, Vir ... novum fun... Hor Od 1, 31, 2 ... Ecl 5, 71 ... Æn 6, 206 (11) ... novus ... Vir Æn ... Ut novus serpens, ... 9, 260 ✠ Nova ... flourishing tree,

Nox, ... f [...] (1) The night, or the ... ( ) Mors ... night's ... (3) Noc... (5) ... dark... darkness, and ... (9)

Darkness, or ignorance (10) Darkness and confusion (11) Sleep, rest (12) Death (1) Nox pro noctu, adv (13) A goddess so called (1) ✠ Confunia lucis & noctis, Ov Met 4, ... Stertit noctesque & dies, Ter Eun 5, 9, 49 (2) Noctem vario sermone trahebat Vir Æn 1, 752 (3) Offendi ibi militem ejus noctem orantem, Ter Heaut 2, ..., 124 Pactæ noctes, Prop 4, 3, 11 Alicujus noctes emere, Plaut de ... matoribus (4) Noctem flumine purgas, Pers 2, 16 (5) Nimborum nox, Vir Geor 1, 328 Ad umbras Erebi noctemque profundam, Id Æn 4, 26 Ponto nox incubat atra, Id Æn 1, 93 Cæruleus imber noctem hyememque ferens, Id Æn 3, 195 Noctem peccatis & fraudibus objice nubem, Hor Epist 1, 16, 62 (6) Oculis sub nocte natantibus atra, Ov Met 5, 71 (7) Mei versus aliquantum noctis habebunt, Ov Ibis, 61 (8) Æterna damnavit lumina nocte, Ov Met ... (9) Quantum mortalia pectora cæcæ noctis habent, Ov Metam 6, 472 (10) = In illa tempestate ac nocte reipublicæ, Cic (11) Oculisve aut pectore noctem accipit, Vir Æn 4, 531 Abrupere oculi noctem, Stat (12) Omnes una manet nox, Hor Od 1, 28, 15 Jam te premet nox fabulæque manes, Id Od 1, 4, 16 (13) In XII Tabb Nox, si volet, manebo, Plaut Asin 3, 3, 7 (14) Nocte dea Nocti cristatus cæditur ales, Ov Fast 1, 455

Noxa, æ f [a nocendo] (1) Hurt, damage, mischief, plague, ruin (2) A smaller fault, or crime, guilt, or trespass (3) Punishment for a crime, execution (4) An offender, or criminal (5) A brawl, or scuffle (1) Sive quis saucius in opere, noxam ceperit, adhibeat fomenta, Col Nocte nocent potæ, sine noxa luce bibuntur, Ov Met 15, 334 (2) = In minimis noxis, & levioribus peccatis, Cic pro S Rosc 22 Noxa pœna par esto, Cic Unius ob noxam, Vir Æn 1, 45 Omnis penes milites noxa erat, Liv (3) Noxæ tibi deditus hostis, Ov Fast 1, 25 (4) Noxa est corpus quod nocuit, id est, servus, Justinian (5) In mediam perferrur noxam, Petr Arb c 96 ... & rixam

Noxālis, le adj Belonging to an offence, fault, or punishment Noxalis actio, Casus an action against one for an offence done by his bondman, or cattle, in which case the slave or beast which had done the trespass, or mischief, might be given up for reparation, as now in deodands Causa noxalis, Paul Judicium noxale, Ulp

† Noxatio Punishment, Gloss

Noxia, æ f Sc culpa, causa (1) A crime, fault, offence (2) Disagreement, quarrel (1) Unam hanc noxiam mitte, Ter Eun 5, 2, 15 Nihil eam rem noxiæ futuram, quod se hostibus junxissent, should not be imputed as a crime, Liv (2) Sæpe in conjugis fit noxia, si nimia est dos, Auson

Noxiōsus, a, um ssimus, sup Hurtful Animi perditi noxiosique, Sen Epist 70 Noxiosissimum corpus, Petron c 150

† Noxit, pro nocuerit, Lucil

† Noxitudo, pro noxia Guilt, Acc ap Non

Noxius, a, um adj or, comp (1) Hurtful (2) Destructive (3) Poisonous (4) Guilty (1) Quantum non noxia corpora tardant, Vir Æn 6, 731 Noxissimum animal, Sen de Clem (2) Noxia cæli ... Vir Æn ..., 326 Noxia venena, Claud ... 6 (3) Noxia tela, ... Trist 5, 10, 22 Spicula, Id ... 542 (4) Noxia corda, Ov Met 10, 351 lumina, Id Trist ... membra, Tibull 1, 3, 14 Cum genit § Noxius conjurationis, guilty of, Tac Ann 5 11, 2 Omnibus rebus noxior & solicitior, Sen de Clem 1, 13

N ante U

Nūbecŭla, æ f dim [a nubes] (1) A little cloud (2) A kind of disease (1) Nubecula ventum procellosum dabit, Plin 18, 35 In urina si quæ quasi nubecula innatarint, Cels ¶ Met Frontis nubecula, an afflicted threatning frown, Cic in Pison 9 (2) Purgat cicatrices & nubeculas, Plin 22, 12

Nūbens, tis part Ready to be married, of a woman, upon marriage Filiæ nubenti lectum genialem stravit mater, Cic pro Cluent 5 § Met ✠ Et te, Bacche, ... bentem junget ad ulmos, shall marry vines to elms, Manil

Nūbes, ... f [a nubo, i e operio, unde obnubo, &c quia nubit, i e operit cœlum] (1) A cloud (2) A mist, or thick exhalation, any thing that hath the appearance of a cloud (3) A covering, or disguise (4) A vast multitude (5) Terror, confusion (6) Adversity, distress (7) Severeness of countenance, gravity (1) Opacam nubem pellit ventus, Cic in Arat Scindit se nubes, & in æthera purgat apertum, Vir Æn 1, 591 (2) ✠ Atra nubes turbine fumans piceo & candente favilla, a cloud of smoke, Vir Æn 3, 573 Pulverea nubes, Id Æn 8, 593 Subitam nigro glomerari pulvere nubem prospiciunt, Id Æn 9, 33 Non imbrifera nubes, a cloud of sand, Luc 9, 455 Immensæ nubes, of bees swarming, Vir Geor 4, 557 Cunctæ volucres hostem per auras facta nube premunt, Id Æn 12, 254 (3) Noctem peccatis & fraudibus objice nubem, Hor Epist 1, 16, 62 (4) Rex peditum equitumque nubes jactat, Liv Nube ipsa operient & superfundent equites, equosque, Tac Hist 3, 2 (5) = In illis reip tenebris, cæcisque nubibus & procellis, Cic pro Domo, 10 (6) Pars vitæ tristi cætera nube vacet, Ov Trist 5, 5, 22 (7) Deme supercilio nubem, Hor Epist 1, 18, 94

Nūbĭfer, ĕra, ĕrum (1) Bearing clouds (2) Bringing, or causing clouds (1) ✠ Nubifer Apenninus, Ov Met 2, 226 (2) Nubiferi noti, Ov Epist 3, 58 Nubifer Eurus, Sil

✠ Nūbĭfŭgus, a, um Chasing away clouds ✠ Nubifugus Boreas, Col 10, 288

✠ Nūbĭgĕna, æ c g (1) Begot of, or from a cloud, a centaur, so called because the race of centaurs had its original from Ixion and a cloud (2) Born of Nephele, or Nebula (3) Coming from clouds (1) Nubigenæ centauri, Virg Æn 7, 674 Nubigenæ bimembres, Id Æn 8, 293 feri, Ov Met 12, 211 (2) Nubigena Phryxus, Col 10, 155 (3) Nubigenæ amnes, Stat Theb 1, 365 Nubigenæ clypei, that fell from heaven, the Ancilia, Id Sylv 5, 2, 1..

✠ Nūbĭger, a, um Bringing clouds Nubigeri clypei Stat Sylv 5, 2, 1.. Sic leg Gevartius, Heins autem leg nubigenæ

Nūbĭla, orum pl n (1) Clouds, mists (2) Met Melancholy

(1) Nubila cœli, Vir Geor 4, 166 Tenues ... fumos nubila, Ov Met 1, 57 (2) Sol nubila ... Plin 2, 7 Quis ... nubila ... Stat Sylv ... 12

Nūbĭlans tis part Dazling the eyes Fulgor carbunculi extremo ... Plin 37, 7

Nūbĭlar, ... Vid Gronov ... A shed, or barn, built close to the threshing floor Seges in acervum vel in nubilar congeritur, Col 2, 21 Quid sit & usum, docet Varr R R 1, 13 & Col 1, 6

Nūbĭlārium, i n Vid Nubilar

Nūbĭlātur impers It is cloudy Ubi nubilabitur, Cato R R 88

Nūbĭlis, le adj Marriageable, ready for an husband Nubilis filia, Cic = Jam matura viro, jam plenis nubilis annis, Vir Æn 7, 53

Nūbĭlo, āre To be dark, or cloudy, to grow dusky Nubilat aer, Varr Si nubilare cœperit, Id R R 1, 13

Nūbĭlum, i n Sc tempus aut cœlum (1) Cloudy weather (2) Nubila Sc loca, Clouds (1) Venti qui nubilum inducunt Plin Epist 2, 17, 7 Ferrent nubila mentem, Ov Met 1, 57 (2) Caput inter nubila condit, Vir Æn 10, 767 Nubila ventus agebat, Id Geor 1, 321

Nūbĭlus, a, um adj (1) Cloudy (2) Causing, or bringing clouds (3) Shady, dusky (4) Dusky, or dark coloured (5) Dark, threatning, adverse, lowring, cloudy (6) Melancholy, sad (1) = Cœlum Austrinum atque nubilum, Plin (2) Nubilus Auster, Ov Met 11, 663 (3) Vir funesta nubila taxo, Ov Met 4, 432 (4) Nubilus color Plin 9, 35 Nubila massa, Mart 8, 51, 4 (5) Nubila nascenti mihi Parca fuit, Ov Trist 5, 3, 14 Mars nubilus ira, Stat Theb ..., 230 (6) Frons nubila, Mart 2, 11 Ita nubilam mentem animi habeo, Plaut Cist 2, 1, 5 Toto nubila vultu, Ov Met 5, 512

† Nubis, is Plaut M... 5, ... 38 pro nubes

Nūbĭtur impers pass It is married Hic cum mala fama facile nubitur, Plaut Pers ..., 1 58

✠ Nūbĭvăgus, a, um Wandring through, or among the clouds Nubivagus Dædali meatus, Sil 12, 102

NUBO, ĕre, psi, & nupta sum, ptum (ii) [a nubo, i e velo, unde obnubo Est enim nubere sponsæ caput velare flammeo] (1) To cover (2) To marry, to be wedded, or married, de feminis (3) To marry, de viris (4) To play the whore (5) To grow up by (1) Udæ vagines nubunt rosa, Catull ... pervigil Ven (2) § Cornelia nubit ... nupsit, Cic Si qua voles apte nubere, nube pari, Ov Epist 9, 32 In familiam clarissimam nubere, Cic Quocum esset nupta regis Armen orum soror, Id Quicum Alcumena est nupta, Plaut Amph prol 99 Ut ... apud ... nupta esset, Gell ... Col 10, 176 (3) Tibi nubere, nympha volentis voti cede dei, Ov Meus ... major nupsit posterius dotatæ vetulæ, Non ex Pompon ¶ Exemplum Juv 2, 134 Nubit amicus, non est hujus loci, etsi vulgo adscribi iste enim amicus, id est, pro uxore erat, nullibi ... passivus ¶ Uxori nubere nolo meæ I will not have a wife that shall be my master,

master, Mart 8, 12 (4) *Plaut Cist* 1, 1, 45 § *Muscebria patr*, Mart (5) Vite in Campano agro populis nubunt, *Plin* 14, 1

Nucamentum, i n [nux] *A cat's tail, or long excrescence hanging down from the pine, pinaster, fir, and pitch tree*, Vid *Plin* 16, 10

|| Nucella, æ f dim [à nux, nucula] *A little nut* Hier

Nucetum, i n *A place where nut-trees grow* Quicquid nobile Ponticis nucetis, *Stat Sylv* 1,6,12

Nuceus, a, um adj [à nux] *Of a nut, or nut tree, hazel* Nucea materia, *Plin* 16, 39 Fibulæ nuceæ, *Cato*

Nucifrangibulum, i n [ex nuces frangendo] *A nut cracker* Mihi cautio est, ne nucifrangibula excussit ex malis meis, *would strike my teeth out of my jaws*, Plaut Bacch 4,2,16

|| Nucinus, a, um adj [à nux] *Made of a nut tree* Mensæ nucinæ, quæ in pretio prinsquam citreæ essent cognitæ, *Vett interpr* Juv 11,119 ✝ Nuceus

Nucipersica, æ f *A peach* Lemma in *Mart* 13, 46

Nucipruinum, i n *A plumb graffed on a nut-tree stock*, Plin 15, 13

Nucleum, i n *Idem quod* nucamentum, *q v*

Nucleus, i m [à nuce, *qu* nuculeus] (1) *A kernel* (2) Met *The heart, or best of iron, steel* (3) *A pearl* (4) *A clove of garlick* (5) *A grapestone* (6) *A pine apple* (7) *The hard crust, or upper laying, next the pavement* (1) *Prov* Qui è nuce nucleum esse vult, nucem frangit, *Plaut Curc* 1, 1, 55 Nucleum amisi, reliquit pignori putamina, *Id Capt* 3,4,122 (2) *Met* Nucleus ferri, *Plin* 34, 14 (3) *Plin* (4) Allii nucleus, *Plin* (5) Nuclei acinorum, *Plin* 23, 1 (6) Abietes masculæ prima in parte nucleos habent, non item feminæ, piceæ vero minimos ac nigros, *Plin* 16, 10 (7) *Vitruv* 7, 1

Nucula, æ f *A small nut*, Plin 15, 22

Nūdandus, a, um part (1) *To be left bare, naked, or unguarded* (2) *To be fetcht out of the husks, to be thresht, or fetched out of the chaff* (1) Neque sibi nudanda litora existimabant, *Cæs B C* 3, 15 (2) ✝ Tertia nudandas acceperat area messes, *Ov Fast* 3, 557

Nūdātio, ōnis f verb *A making bare, or stripping naked*, Plin 18, 6 ✝ Orbitas

Nūdatus, a, um part (1) *Made naked, bare, or uncovered* (2) Met *Discovered, laid open* (3) *Left naked, bare, or defenceless, exposed* (4) *Deprived, destitute of* (5) *Dismantled laid bare of* (6) *Pillaged, plundered, cleared* (7) *Degraded* (1) Superiore parte corporis nudata, *Cæs B G* 7, 46 Nudatus pes, *Tib* 1, 3, 92 Corpus nudatum, *Catull* 62, 17 Nudata cacumina sylvæ ostendunt, *leafless*, Ov Met 1, 346 Cornicula furtivis nudata coloribus, *stripped of*, Hor Epist 1, 3, 20 (2) = Frontus tegumentis dissimulationis nudatusque, *Cic de Or* 2, 86 (3) Pars castrorum nudata defensoribus, *Cæs B G* 3, 4 Nudatus & proditus consul, *Cic* Nudata utrinque cornibus acies, *Liv* (4) Nudata omnibus rebus tribunitia potestate, *Cæs B C* 1, 7 (4) Divina vis ingenii, etiamsi hic scientia juris nudata sit, *&c* Cic *de Orat* 1, 58 (5) Carthago nudata tectis & mœnibus, *Cic* (6) = Fanum nudatum & spoliatum, *Cic* (7) Nudatos opere Censorio restituit, *Suet Cæs* 41

Nudipedalia, *Iter* nudo pede deambulatio Judæorum, *Pap* *A custom among the Jews, in sickness, or any distress, to pray for thirty days, and shave their heads, and go barefoot*, Joseph Which St *Jerom* saith St *Paul* did, when he shaved at *Cenchrea*, nudipedalia exercuit § Also *a rite among the heathens, for the people in time of drought to walk in procession barefoot, to procure rain*, Tert § Also *a sport in* Lacedemon, *wherein a company of naked young lads danced, and sung the praises of those who died in their wars for the service of their country, call'd* γυμνοπαιδία, *i e* ludus nudorum, *which St* Jerom *readeth* γυμνοποδεία, *and rendereth* nudipedalia

Nūditas, ātis f *Simplicity of stile*, Quint 10, 2

Nūdiusquartus adv Nudius quartus *nunc dies quartus* dicitur, *Charis* *four days ago*, Plaut Most 4, 2, 20

Nudiusquintus adv *q* Nunc dies quintus, *five days ago*, Plaut Truc 2, 6, 28

Nudiussextus adv *q* Nunc dies est sextus, *six days ago*, Plaut

Nudiustertius adv *q* Nunc est dies tertius, *the day before yesterday, three days ago*, Cic Att 14, 11 Nudiustertius decimus, *thirteen days since*, Id Philipp 5, 2

Nūdo, āre (1) *To make naked, or bare, to strip of* (2) *To shell, or take out of the husk* (3) *To deprive of the defense of, to pillage* (4) *To expose, to discover, to shew, or lay open* (1) Pectora nudavit, *Vir Æn* 1, 360 Viscera nudant, *Id Æn* 1, 215 Armis nudare jacentem, *Ov Met* 12, 439 Gladios nudarunt, *drew their swords*, Id Fast 2, 693 Montem nudare sylvis, *to hew down the wood*, Sil (2) ✠ Nec tu dubita nudare lupinos, *Ov Med Fac* 69 *Leg &* torrere (3) Præsidio perditos magistratus nudare, *Cic* Nudavit ab ea parte aciem equestri auxilio, *Liv* = Spoliavit nudavitque omnia, *Cic* (4) Terga fugâ nudant, *Vir Æn* 5, 586 Nudant tua ficta tabellæ, *Ov Amor* 2, 5, 5 Nudare animos, *Liv* Magis in dies Ætoli defectionem nudarunt, *Id* Postquam nudavit cassida frontem, *Prop* 3, 11, 15

Nūdor, āri, ātus pass (1) *To be stripped, or left naked, &c* (2) *To be made bare of leaves* (3) *To be deprived, as of defense, &c* (4) *To be robbed, or pillaged of, to have all taken away* (1) Nudari, deligari, & virgas expediri jubet, *Cic* (2) Quædam arbores inter novissimas nudantur, *Plin* (3) Murus defensoribus nudatus est, *Cæs B G* 2, 6 Utrinque equite nudata erat acies, *Liv* (4) = Tu facis, ut spolium ne sim, neu nuder ab illis, *Ov Trist* 1, 5, 7

|| Nudulus, a, um adj dim [à nudus] *Poor naked* ✠ Animula nudula, *Hadrian ap Spart*

NUDUS, a, um adj or, comp (ū) [à ne, *i e* non, *&* duo inus unde induo] (1) *Naked, uncovered, bare of its natural, or artificial covering* (2) *Open* (3) *Empty* (4) *Destitute, without, bare of* (5) *Robbed, plundered, pillaged, cleared, or deprived of all* (6) *Without ability, or power* (7) *Defenceless, helpless* (8) *Without defensive arms* (9) *Bare, mere, only* (10) *Bare, or without ornament* (11) *Natural, unaffected, plain, naked* (12) *Jejune, nice, subtil* (1) Nudus ara, sere nudus, *Vir Geor* 1, 299 Nudo corpore, *Phædr* 5, 8, 2 Ensis nudus, *Vir Æn* 12, 306 Nudum ferrum, *a naked sword*, Ov Met 6, 236 Radices nudæ, *Plin* Nudi capilli, *loose, not covered, or adorned*, Ov Met 4, 261 Nudum arvum, *without trees, or open*, Catull 60, 49 Nuda vallis, *without trees, or bushes*, Liv Lapis nudus, *not covered with earth, or grass*, Vir Ecl 1, 48 Nudi pisces, *out of the water*, Id Ecl 1, 61 Nudi dentes, *open mouth*, Id Geor 3, 514 Nudus in ignota jacebis arena, *unburied*, Id Æn 5, 871 *Cum acc Hellenism* Tempora nudus, *Id Æn* 11, 489 membra, *Id Æn* 8, 425 brachia ac lacertos, *Tac Germ* 17, 5 *Cum gen* Loca nuda gignentium, *Sall B J* 81 Nudus arboris Othrys erat, *bare of*, Ov Met 12, 512 *Prov* Nudo detrahere vestimenta, *to rob the spital*, Plaut Asin 1, 1, 79 (2) Nudo sub ætheris axe, *under the open sky, or air*, Vir Æn 2, 512 (3) = Consulares partem istam subselliorum nudam a que inanem reliquerunt, *left them empty, with no body sitting*, Cic (4) *Cum ablat* Nudus agris, nudus nummis paternis, *Hor Sat* 2, 3, 184 Nudum remigio latus, *Id Od* 1, 14, 4 Et *Præp ab* = Messana ab his rebus vacua atque nuda est, *Cic* (5) E patrimonio nudum expulisti, *Cic* = Nudus inopsque, *Hor Sat* 2, 5, 6 Nudior leberide, *Prov Vid* Chil (6) Neque ad auxilium patriæ nudi cum boni voluntate, sed cum facultatibus accederemus, *Plancus ad Cic* (7) Oenea desertum nuda senecta premit, *Ov Epist* 9, 154 § Urbs nuda præsidio, *Cic* Ducibus mœnia nuda suis, *Ov Fast* 2, 710 Nudus à propinquis, *Cic* Nuda respublica à magistratibus, *Id* (8) Nudo corpore pugnare, *Cæs* (9) Nuda Cæsaris ira malum est, *Ov Trist* 3, 1, 17 Nudum certamen, *Id Met* 13, 159 Nuda ista si ponas, judicare qualia sint, non facile possunt, *Cic* (10) = ✕ Domum ejus exornatam atque instructam fere jam iste reddiderat nudam atque inanem, *Cic* (11) Nuda simplicitas, *Ov Amor* 1, 3, 14 veritas, *Hor* (12) Nudæ artes, *Quint*

NUGÆ, arum pl f (ū) [à נוגה mœror, quod à יגה mœstus fuit] (1) *Verses in praise of deceased persons*, sung by women hired at funerals to sing them before the corps, which, because they were very silly and trifling, this word generally signifieth, (2) *any trifling, silly verses* (3) *Trifles, toys, gewgaws, fopperies, idle stories* (4) *Lyes, rogueries, tricks, cheats* (5) Meton *A trifler, a fellow of no abilities* (1) Hæc non sunt nugæ, non enim mortualia, *Plaut Asin* 4, 1, 63 *Vid* Nenia (2) In nugis poetam non audio, *Cic* Nescio quid meditans nugarum, *Horat Sat* 1, 9, 2 Tu solebas meas esse aliquid putare nugas, *Catull* 2, 4 (3) Magno conatu magnas nugas dicere, *Ter Heaut* 4 1, 8 Tragœdias agamus in nugis, *Cic Orat* 2 (4) Hanc amas, meras nugas, *Plaut* (5) Amicos habet, meras nugas, *Cic*

|| Nūgālis, e adj *Trifling, frivolous, foppish, silly, idle* Theoremata nugalia, *Gell* 1, 2 ✝ Nugatorius

|| Nugamentum, i n *A trifle, a toy*, Apul Met 1, *Juv fir* ✝ Nugæ

✝ Nugarius, a, um adj *Womens ointment belonging to their dress*, Nugarium (*al leg* nugatorium) unguentum, *Varr L L* 6

✝ Nugas indecl *Prisc* (Mo nopt, *Charis*) Ut fas, nefas, pro nugax Non nugas saltator ... in theatro fieret, *Varr de Actæ ne*. *A sport, or maygame, a ridicule, a silly fellow* Nugas, φλύαρος, ἀσελγής, *Gl Vett*

Nūgātor, ōris m verb [à nugor] (1) *A trifler, a silly fellow, an impertinent coxcomb* (2) *A cheater, a lying rogue* (1) Neque in istum nugatorem ... *Cic* pro *Flacc* 16 (2) Nugari nugatori postulas, *you would cheat the cheater*, Plaut Trin 4, 2, 120

Nugatoriè adv *Frivolously, vainly*, Ad Herenn 4, 6

Nūgātōrius, a, um adj *Vain, trifling, silly, slight, impertinent* = Res infimæ & nugatoriæ, *Cic* pro *Cæcin* 23 = Illud valde leve est & nugatorium, *Id Fam* 11, 2 Nugatoriæ artes, *Plaut Trin* 4, 2, 2 § Nomen nugatorium, *a name proper for a knave, or cheat*, Plaut Trin 4, 2, 95

Nugax, ācis adj c g *A trifler, a weak fellow*, Petr Frag Trag p 23

✝ Nūgigerulus, i m *He that selleth ornaments, or finery for women*, Plaut Aul 3, 5, 51 *Sed leg* nugivendus, *ut &* Nonius *legit*

Nūgivendus, i m *He that selleth womens finery, or trinkets, an exchange man, or milliner*, Plaut Aul 3, 5, 51

Nūgor, āri, ātus sum dep. [à nugæ] (1) *To trifle, to toy, to joke, or jest, to talk impertinently, to play the fool, or wag* (2) *To cheat, trick, or bubble* (1) Democritus non inscitè nugatur, *Cic de Div* 2, 13 § Nugari cum aliquo, *Hor Sat* 2, 1, 73 (2) § Non mihi nugari potes, *Plaut Epid* 3, 4, 42

|| Nullatenus adv *In no wise, at no hand by no means* Cassiodor sæpissimè ✝ Neutiquam, nequaquam, nullâ ratione

Nullibī adv *In no part, or place*, Vitruv 7, 1 Haud scio an alibi

Nullus, a, um adj gen nullius, dat nulli (vett nulli, æ, i in gen) Nulli coloris, *Plaut* Nulli consilii, *Ter* In *dat* Nullæ, *Plaut* [ex nè non *&* ullus] (1) *No* (2) *No body* (3) *Void, null, of no force* (4) *None, or no, i e of no moment, account, value, or fame* (5) Nullus, nulla, *for non, nequaquam, or ne* (6) *Lost, undone, ruined* (1) Nullus ordo, nullum imperium certum, *Cæs B C* 1, 51 § Homo nullorum hominum, *fit for no body's acquaintance, or that hath no fool like him*, Ter Eun 3, 1, 19 § D... ... tutibus nulla desit, *Cic* ¶ Nullo numero homo, *of no account* ... *a man of no* ... Nulli consilii sum, ... *thought*, Ter Andr ... Nullius usûs imperator, *good for nothing*, Cæs Nulla alia rei ... *thing*, ... osus fuit, *Plaut* Ita ... *Lucretius* (2) Etiamsi ... nulla ... laudetur, *Cic* (3) Argumentum ... id quidem nullum est, *Cic Tusc* 2, 5 Igitur tu Titias & Apuleias leges nullas putas? *Id de Legg* ... (5) Tuus [illegible] Tuus lucitu nullo tuo præ[illegible] rogo 10, *Cic* Servius Tul[illegible] nu 10, mitte servi, *Juv* (5) Quo [illegible] nimis nullus dis[illegible] natus sum ho[illegible] D At nullis [illegible] 2, 2, 23 N[illegible] non as, *Id* [illegible] Nullas dixeris *Id* [illegible] Pu[illegible] non mo[illegible], *Cic Att* 11, 22 [illegible], *Vir Æn* [illegible], cum rogabe[illegible] *Catull* [illegible], 14 (6) Nullus [illegible] 3 [illegible] Nulli, [illegible] *Cæf* [illegible], 5, 1 Ipse [illegible] ubi visum inimici [illegible] fui, *Liv* Si [illegible] sit, [illegible] me nullum fe[illegible]

[illegible] dum *Non [illegible] as yet*, [illegible] Liv Al[illegible] superatæ, *by no* [illegible]

N[illegible] forte [illegible], pe Me[illegible] (1) *Whether, or no* (2) [illegible] (1) Num [illegible] cerem it ? *Catull* 58, 3 (2) [illegible] enunciare num eodem [illegible] nique obsideretur, *Nep* [illegible] 12

N[illegible] [etym incert] (1) [illegible] *of wood, in which* [illegible] *and feet of offenders* [illegible] (2) *A kind of collar* [illegible] (3) *A yoke, or collar* [illegible] *the necks of beasts* [illegible] *were to be cured* [illegible], *or milked* (1) *Vid* [illegible], 2, 5 (2) Catuli [illegible] levibus numellis, *Varr* [illegible] 6, 19 *ubi tamen legunt* [illegible] num illus, 1 m *Id*

N[illegible] [nuo] (1) *A* [illegible] Met *A tendency, or* [illegible] *one way, or other* [illegible] *pleasure, a determina*[illegible] of the gods (4) [illegible] (5) *The divin*[illegible], *or favour* (6) *The* [illegible] *divine presence* (7) [illegible] *impulse* (8) ✠ [illegible] (9) ✠ *A deity, a god,* [illegible] (10) || *A title given* [illegible] *later Roman emperors,* [illegible] *of sacred majesty* [illegible] (11) Numina pl *A* [illegible] (1) [illegible] capitum qua[illegible] numine cristas, *Luci* 2, [illegible] (2) = Ad numen mentis, no[illegible] uemovetur, *Luci* [illegible], 145 (3) [illegible] numine divûm eve[illegible] *Vir Æn* 2, 777 (4) Nu[illegible] stium, Quirites, mihi grave & sanctum, *Cic* ad *Quirit post* [illegible] (5) Vestio in numine [illegible] (6) Multo suspen[illegible] numine, *Vir Æn* 3, 372 (7) [illegible] suo si numine mutet, *Vir* [illegible] (8) Positas glacint [illegible] numine Jupiter, *Hor* [illegible], 1, 7 (9) Neptunus numen [illegible], *Ov Met* 4, 521 Rusti[illegible] numina Fauni, *Id Met* 1, 192 (10) Præcipua quidem numinis ve[illegible] populus Romanus [illegible] ad *Theodos &* [illegible] (11) Ennææ numina di[illegible] Proserpina, [illegible] 1, 93

N[illegible] adj *That may* [illegible] *or counted* Popu[illegible] parvus, [illegible] *Pont* 2, 6 Numerabilis [illegible], *Ov Met* 5,

[illegible] adj *Numeral,* [illegible] Numeralia nomina, [illegible] Num [illegible] significantia

N[illegible] m (1) *An ac*[illegible] *an auditor of accounts* [illegible] *register* (1) *Cod Just* [illegible]

N[illegible] onis f (1) *A number*[illegible] *paying down of money*

(1) Ubi æris exigi ut num ratio, *Col* 11, 1 (2) Ab isto fuit numeratio, *Sen Ep* 18

Numĕrātō adverbii vice *By way of payment in money* ✠ Numerato [illegible] quam æstimatione, *I had rather pay money for it, than the value some other way*, Cic Attic 12, 25

|| Numerātor, oris m *A numberer*, Aug ✝ Qui numerat

Numĕrātus, a, um (1) *Numbered, counted* (2) *Surveyed, mustered* (3) Of money, *paid down, ready* (4) In this sense it is used substantively in the abl case for *ready cash* (5) Also for *readiness* (1) Fila sectivi numerata includere porri, *Juv* 14, 1 (2) Milite numerato repeterent castra, *Sil* [illegible], 30 (3) Laco pecuniam numeratam accepit, *Nep Timoth* 1 [illegible] Pecuniam sibi esse in nominibus, numeratam non habere, *in bills, not in money*, Cic (4) In numerato reliqui HS DC *Plin* [illegible], 10 (5) In numerato habere ingenium, *Quint* [illegible] 3

Numĕrō adv (1) *Forthwith, presently* (2) *Too soon, too fast* (3) *Exactly* (1) Numero mihi in mentem fuit, *Plaut Amph* 1, 1, 25 (2) Numero huc advenis in prandium, *Plaut Menæch* Cur numero estis mortui ? *Id Pæn* 5, 4, 102 Numero purgitas, *Id* [illegible] *Fest in numero, & ali Scal* (3) Neminem vidi, qui numero sciret, *Nev* ☞ *Quid distent numere & numero, docet* Gell 10, 24

Nŭmĕro, are [numerus] (1) *To number, to count* (2) *To pay, or tell out* (3) *To reckon, account, take for, rank in the number of, or esteem* (1) Pauperis est numerare pecus, *Ov Met* 13, 824 Imbres hibernos [illegible] numeraveris, *Stat* (2) HS decies centena millia numeravit, *Cic* (3) Me uterque numerat suum, *Cic Fam* 7, 1

Nŭmĕror, ari, ātus pass (1) *To be counted, or numbered* (2) *To be told out, to be paid* (3) *To be reckoned, held, or accounted* (1) Avi numerantur avorum, *Vir Geor* 4, 209 (2) Ut numerabatur forte argentum, *Ter Adelph* 3, 3, 52 (3) Inter felices numerabar, *Prop* 1, 18, 7

Nŭmĕrōse, ius, issimè adv (1) *In great number* (2) *In oratorial numbers, fluently, with graceful cadences* (3) *Tuneably, melodiously, harmoniously, musically* (1) Non licebit numerosius onerare vitem, *Col R R* 4, 21 (2) Sententia numerosè cadit, *Cic de Clar Orat* 66 Sententias numerosissime versare. *Quint* [illegible] 5 (3) Ridiculæ numerose sonantes, *Cic N D* 2, 9

|| Nŭmĕrōsĭtas, ātis f *Multitude, numerousness*, Macrob 5, 20 ✝ Multitudo, copia

Nŭmĕrōsus, a, um adj [numerus] or, comp issimus, sup (1) *Numerous, many* (2) *Manifold, great* (3) *Fruitful* (4) *Large, roomy, spacious*, Met *ample, copious* (5) *Oratorial, having round cadences, or periods* (6) *Harmonious in numbers, tuneful, musical, harmonious* (1) Hæc opes numerosis fecit manus, *Plin* [illegible] ✠ [illegible] celebrior cœtus, alius numerosior, *Plin* [illegible] 10, 58 (2) Numerosi [illegible], *Plin* 9, 17 [illegible], *Ov* (3) Numerosus hortus, *Col* 10, princ Lernæ monstra, numerosum [illegible], *Sen* (4) Numerosi subsellii, *Plin Ep* 2, 14 = Gymnasium laxius numerosiusque *Id Ep* 10, 48 Numerosissima [illegible], *Id Ep* 2, 9 (5) Quod quæritur in oratione numerosum, id utrum numero solum efficiatur, an etiam vel compositione quadam, vel genere verborum, *Cic* (6) Detinuit nostras numerosus Horatius aures, *Ov Trist* 4, 10, 49

NUMĔRUS, i m (1 C) (1) *A number, or word signifying number* (2) *A number, i e collection of units* (3) *Quantity, or store of any thing* (4) Numerus eburnus, *a die* (5) *Measure, or feet in verse*, (6) *or prose, an oratorial composition* (7) *A note in music* (8) *Measures in singing, or playing* (9) *A dance* (10) *A regular motion* (11) *Method, order, decency* (12) *Military order, rank and file* (13) *A cohort, or band* (14) *A legion* (15) *A list of soldiers names* (16) *A rank, degree, place, condition, value* (17) *The parts, or circumstances that make a thing perfect* (18) Ad numerum, *numerically* (1) Hæc sunt [illegible] numero, *Cic* Numerus innumerabilis, *Lucr* 6, 484 Irritus numero comarum, *Nep* ¶ Hæc tibi laudatio procedit in numerum, *serves for one, make up the number*, Cic ¶ Nos numerus sumus, *only for tale, or to make up the number, of no other use*, Hor (2) Omnes numeri à duobus sunt versus multi ultimis sunt, *Varr L L* 8 Numero deus impare gaudet, *Vir Ecl* 8, 75 (3) Magno invento hordei, olei, vini, fici numero, pauco tritici, *Hirt B Afr* (4) Numeros manu jactabit eburnos, *Ov A Am* 2, 20 (5) Omnia fere numero poema fecisti, *Cic Acad* Q 1, 3 = Explere numerum, & conficere versus, ejus est, qui fidibus utitur, *Id Acad* Q 4, 7 (6) = Modum & numerum in oratione soluta servari oportet, *Cic de Cl Orat* 8 Isocrates verbis solutis numeros primus adjunxit, *Id Orat* 52 (7) In fidibus pluribus, si nulla earum ita contenta numeris sit, *&c* Cic *de Fin* 4, 27 (8) In numerum exultant, *Lucr* 2, 631 Numeros memini, si verba tenerem, *Vir Ecl* 9, 45 Obloquitur numeris septem discrimina vocum, *Id Æn* 6, 646 Numeros intendere nervis, *Id Æn* 9, 776 (9) Extra numerum membra moventes duriter, *Lucr* 5, 1400 In numerum Faunósque ferásque videres ludere, *Vir Ecl* 6, 27 (10) Illi inter sese magnâ vi brachia tollunt in numerum, *Vir Geor* 4, 174 In numerum pulsâ brachia versat aqua, *Ov Trist* 4, 1, 10 (11) = Quamvis nil extra numerum fecisti modumque curis, *Hor Epist* 1 18, 59 Confusum ingentem cæsis acervum nec numero, nec honore cremant, *Vir Æn* 11, 207 Navita tum stellis numero & nomina fecit, *Id Geor* 1 137 (12) Compositi numero in turmas, *Vir Æn* 11, 599 (13) Nondum distributi in numeros erant, *Plin jun* Nondum per numeros distributi sunt, *Trajanus ad eund* Receptis in officium numeris, *Suet Vesp* [illegible] (14) Si vel unius numeri consensus accederet, *Jul Capit* [illegible] *Sozomen* (15) Neque enim adhuc nomen in numeros relatum est, *Plin Epist* [illegible], 8, 4 (16) Ex [illegible] numero legatos ad Q Marcium [illegible] mittit, *Sall B C* [illegible] 4 Numero beatorum eximit, *Hor Od* 2 2, 18 Hunc ad tuum numerum libenter adjicito, *Cic* Hunc [illegible] numero lectorum, *Id* Barbaro quidam nomo [illegible] numero, *Id* In horum numero [illegible], *Id* Quem possumus imperatorem [illegible] numero [illegible], cujus [illegible] *Cic* [illegible] extrem [illegible] numero [illegible] habetis, [illegible], *Id* In [illegible] orum numerum [illegible], *Id* ¶ The [illegible] numero, *of something, to be looked upon as somebody*, &c ¶ Ib [illegible] numero [illegible] *where you might be somebody's equals, then*, &c *Cic* (17) Per [illegible] numeros componitur [illegible], *Ov* ¶ Quod omnes habet in se numeros veritatis, *perfectly true*, Cic = Quod expletum sit omnibus suis numeris & partibus, *Cic* (18) Neque [illegible] ad numerum permaneret, *Ci*

Numidĭcæ gallinæ [a Numidia ubi [illegible] *African peas*, Plin 15, 15

Numidĭcus [illegible] [a Numidia dict] *se* gallinæ [illegible] & Africanæ & Guineæ [illegible] & Melica *seu* Meleagris *A Guinea, or Turkey hen* Vid Col 8, 2 *ubi de* [illegible] *reperies*

Numidĭcus lapis (quem Libycum vocat Stat) [ex Numidia] *A kind of marble in Africa*, Plin [illegible] Suet *Cæs* 8,

[illegible] Nŭmisma [illegible] & nomisma (1) *Money, coin, a piece of money*, particularly, [illegible] the *same with* [illegible], *Gloss* which word however was not in use till after *Dioclesian's* tim (2) Also *the stamp, or impression of a coin* (1) Retulit acceptos regale numisma Philippos, *Hor Ep* 2, 1, 234 Data sunt [illegible] bis quina numismata, *Mart* 1, 12 ☞ *Hic pone videtur pro nummo sestertio, summa igitur in nostra pecunia est* 1 s 6d ob q (2) En Cæsar agnoscit suum numisma nummis inditum, *Prud Peristeph* 2, 95

Nummārius, a, um adj vel nummarius (1) *Belonging to money* (2) *Corrupted with money* (1) Ratio nummaria, *concern, or business of money*, Cic Attic 10, 1, Difficultas rei nummariæ, *want of money*, Id Theca nummaria, *a money bag*, Id Att 4, 7 Nummariæ [illegible], *money tickets*, Suet Aug 41 (2) Nummarii judices, *Cic* pro *Cluent* 27 Ecquod judicium tam nummarium fore putâsti ? *Id*

✝ Nummātio, onis f *Gathering, or receiving of money*, Cic Phil [illegible] 2, 45 *ubi* [illegible] nundinatio

Nummātus, a, um part or, comp *Rich that hath store of money, a monied man* [illegible] matur [illegible] Suadela Venusque, *Hor Epist* 1, 6, 38 [illegible] revertor, *Apul Met* 1 Adolescens non minus bene nummatus, quam bene capillatus *Cic* [illegible] *Rull* 2, 22

✝ Nummōsus, a, um adj *A bounding with money*, Gell [illegible] Nigidio ✝ Bene nummatus

Nummŭlāriŏlus, i m *A [illegible] changer*, Sen *de morte Claud*

|| Nummulārius, a, um adj [illegible] nummularia, *a money changer's stall*, Scævol

Nummulārius, ii m *A money changer, or banker* Nummularios [illegible] *Luc* [illegible]

Nummŭlus, i m [illegible] *A little coin, or a little money* Nummulorum [illegible] aliquid, *Cic* Nummulis corrogat [illegible], *Id* Nummulis acceptis jus & fas [illegible] *Attic* 1 16

NUMMUS, i m [vel a νόμ@, quod *Aristot* ait esse quoddam ap Tarentinos nomisma, & valere tribus obolis Adducit hoc verbum Pollux etiam ex Epicharmo, rectè, si per m dupl scribi debeat, sin per 1 mp vel a νόμ@, quod ejus usus lege sancitur, vel a Numa rege, qui primus ex ferro & ære fecit, vel denique a numerando deduci potest] In argento nummi id a Siculis, *Varr* אגורה (1) *A piece of money*, or *coin among the Romans Speciatim apud Plautum valet didrachmum, seu duodecim obolos* (2) *Any coin*, or *piece of money* (1) Illi drachmis issent miseri me nemo potest minoris quisquam nummo ut surgam, subigere, *Plaut Pseud* 3, 2, 19 De mina una deminui modo quinque nummos mihi detraxi partem Herculaneam, *Id Truc* 2, 7, 10 Nummus argenti, *Id* § *a sesterce, the fourth part of a denarius*, of our money *seven farthings half farthing* Nummum nummum attigisset, *Cic* = Quinque millia nummûm, quinque millia sestertiûm, & quinque sestertia, idem valent ap *Cic Verr* 5 Bis dena sestertia nummum, *Hor* 1 *Epist* 2, 2, . Duo millia nummum, *Cic* Deleoa nullum nummum nemini, *Id* Audent, subducunt, ad nummum convenit, *Id* (2) Nummus sestertius, *Cic* Nummi aurei, *Id* adulterini, *Id* Pro Tac fis, habet, qui cudere soles plumbeos nummos, *who use to cheat by farthings*, Plaut Most 4, 2, 11 *sed & proprie dici potest, cum nummi plumbei in Saturnalibus hodie existent* § *Money* Recidivus nummus pullulat, *Juv* , 36. Doloni ipes nummi, *Pers Prol* 12 *sed in hoc sensu sæpius invenitur in plur* In suis nummis versabatur, *Cic* Nummi te delectant, *Catull* 100, . Semper eum pedissequi cum nummis sunt secuti, *Nep Cimon* 4

Numnam adv interr Cum aliqua fere dubitatione [ex num & enclit nam] Numnam hæc audivit? *did he hear what I said, I wonder*, Ter Heaut 3, 2, 6 Numnam perimus? *Id Andr* 3, 5, 12

Numn adv *Whether* (1) Interrog Quid? Deum ipsum numne vidisti? *Cic* (2) Indefin Sed quæro numne tibi faciendum idem sit, *Cic*

Numqu. adv *If any where*, Plaut

Numquis *Vid* Nunquis

Numu *Vid* Nummus

Nunc adv temporis [a νῦν γε, *Scal*] v tunc (1) *Now, at present, at this time* (2) Nunc jam, *just now, immediately* (3) Nunc ipsum, *at this very time* (4) *For modo* (5) Nunc nuper, *even now, only lately* (6) Nunc, nunc, *now is the time, now or never* (7) *But as it is ordered now, as things go now* (8) Nunc homines, *the people of the present age* (9) Nunc—nunc, *one while—another while* (10) *But* (11) Nunc, *for* nunc demum (12) *Therefore* (12) Nunc *for* tunc (14) Nunc redendi (15) Nunc *for* nunc primum (1) *A* Honores quos in fuerant rari, nunc iitem effusi, *Nep Milt* 6 *H* Erat tunc excusatio, nunc nulla est, *Cic* ✠ Non, si male nunc, & olim sic erit, *Hor Od* 2, 10, 17 (2) Nunc jam sum expeditus, *Cic* Redi nunc jam intro, *Plaut Aul* 1, 2, 3 (3) Nunc ipsum ea lego, & *Cic* Nunc ipsum non dubito eum tantam abjicere, *Id* Nunc tamen ipsum fine te esse non possum, *Id* (4) ✠ Vidi nuper, & nunc videbam de ea re, *Cic* ✠ Calet juventus nunc omnis, & mox virgines tepebunt, *Hor Od* 1, 4, 20 (5) Idem Menandri Phasma nunc nuper dedit, *Ter Eun Prol* 9 (6) Nunc, nunc insta gite remis, *Vir Æn* 5, 189 Nunc, nunc adeste, nunc, *&c* Hor Epod 5, 5, (7) Vix nunc obsistitur illis, cum sic, *&c* quin lament mundum, *Ov Met* 1, 58 Nunc conde ferrum, *&c* Phædr 5, 2, 12 (8) Non tu nunc hominum mores vides? *Plaut* ( ) Nunc viridi sub arbuto, nunc, *&c* Hor Od 1, 1 Atque e culbante nunc aquas, nunc sydera, nunc fluctus *Id Carm* , 31 Nunc hos, nunc illos aditus, *Vir Æn* 5, 441 Nunc huc, nunc illuc, *Lucr* (10) Nam bona facile mutantur in pejus nunc quando in bonum ce... vitia? *Quint* I nunc, inimitis offer te, i rise, pericula, *Vir Æn* 7, 425 I nunc, & ventis animam committe, *Juv* (11) Nunc ego & illam scelestam esse, & me miserum scio, *Ter Eun* 1, 1, 26 Nunc scio quid sit amor, *Vir* (1.) Haud mansisti, cum ego darem illam, tu te sumpsisti nunc habeas, ut nactus, *Plaut Truc* 4, 3, 69 (14) Copias integras etiam nunc quas secum detinuerat, *Suet Otho* (14) O frater, frater, quid ego nunc te laudem? *Ter Adelph* 2 , *Interpr Donato* (15) Mentire ædepol, gnate, atque id nunc facis haud consuetudine, *Plaut Trin* , 2, 8, I nunc, *a form of anger and contempt*

Nuncine adv interr *What now?* Nuncine demum? *Ter Andr* 4, 1, 6

Nuncia æ f *She that bringeth word*, or *tidings*, *a messenger*, or *reporter* Illa mæ hidissima nuncia vocis, *Ov Met* 11, 585 Nuncia luctus epistola, *Id ex Pont* 1, 11, 9 Historia nuncia veritatis, *Cic de Or* 2, 9

Nuncians, tis part *Telling, declaring, reporting* Hujus unius literis nunciantibus non crederet? *Cic in Pison* 19

Nunciatio, ōnis f verb *A denunciation*, or *solemn declaring the auspicia* ✠ Nos nunciationem solam habemus, consules & reliqui magistratus etiam inspectionem, *Phil* 2, 32

‖ Nunciator, oris m *A reporter*, or *teller*, Arnob § Nunciatores qui per notoria indicia produnt, *evidences, deponents*, Paul JC

‖ Nunciatum, i n *A report*, or *message*, Aug

Nunciatur imperf *News is brought* Ita Romani erat nunciatum, *Cic*

Nunciaturus, a, um part *Going*, or *about to bring news of* Tanquam victoriam nunciaturi Romam essent, *Liv*

Nunciatus, a, um par *Told, reported* Hoc prælio nunciato, *Cæs B G* 1, 54

Nuncio are act [a nuncius] (1) *To tell*, as a messenger, *to bear tidings, to carry news* (2) Salutem nunciare, *to present the service of one absent* (3) *To carry orders, to bid*, or *command* (4) *To tell, bring word of, to shew* or *advise* (5) Verbum augurale, *to tell*, or *denounce what the auspicia were*. (1) Languere pellam nunciat *Tib* 2, 6, 49 Quis iussit nunciare, *Plaut* § Alicui nunciare *Cic* id sententum, *Liv* Pompeio in hortos, *Cic* (2) Mihi et tu me salutem fac, qui semel vendidisti, nunciaret, *Cic* Salutem verbis tuis mihi nunciaret, *Id* Salutem tibi ab sodali solidam nuncio, *Plaut* (3) Senatusconsulto factum est, ut legati Romani nunciarent ei, ut redderet, *Liv* (4) Qui hæc libenter nunciant, *Ter* Ne sensus quidem vera nunciant, *Cic* Clamore opus est, ut sentiat auris, quot puer nunciet horas, *Juv* 10, 216 (5) Dum sacra secundus aruspex nunciet, *Vir Æn* 1, 740 *Vid* Nunciatio

Nuncior, ari, atus pass *To be told*, or *reported* Quorum ductu res male gesta nunciantur, *Nep Datam* 5 Id Lacedæmonius est nunciatum, *Id Conon* 4 Ut inam mihi nunc mortuus pater ad me nuncietur, *Plaut Most* 1, 76

Nuncium, ii n *Tidings, news* Geminis deorum id aures nova nuncia referens, *Catull* 61, 75 *clente Græv Hunc tamen versum Scaliger immutat, in totum damnat Muretus dissentit Isaac Vossius Nonius ita* Nuncius generis masculi neutro apud antiquos non receptæ auctoritatis, fed doctos *It vocab augur* § Ubi noctu in templum censuræ ausp caus, atque de cœlo nuncium erit, *Varr* 1, 5, 1 *Vid* Nuncio ☞ *Multi viri docti loc vocab ab Latin exterminari volunt, alii rursum non inauspicato, ut videtur, liberali causa asserunt, tutius tamen utamur* nuncius masc *id quod probant omnes*

NUNCIUS, ii m qui se novi aliquid affert [ut ab εἰς ἔνος, nia, uncii, sic a νέον νοῦς, i. e. Siculi declinarunt Lat Nuncius, *Jos Scal*] (1) *A messenger*, or *bringer of tidings* (2) Nuncius *pro* nuncius missus, nuncius venit, aut fert (3) *A message, news*, or *tidings* (4) *A bill of divorce sent from the husband to the wife*, or *from the wife to the husband*, the form whereof was HABE TIBI RES TUAS (5) *Met* Nuncium remittere, *to take leave of* (1) Sceleris tui nuncius, *Cic* praetoris, *Id* cladis, *Ov* § Nuncius ibis Pelidæ genitori, *Vir Æn* 2, 547 Ab aliquo nuncius, *Plaut* Nuncium ad Scipionem misit, *&c* Liv (2) Tunc demum nuncius ad tertiam legionem revocandam, & Gallorum præsidium, *Liv* Donec de avunculo nuncius, *Plin jun* (3) Tristes de Bruto nuncii, *Cic* Horribilis nuncius affertur, *Catull* 82, 10 (4) Si vir culpa factum est divortium, etsi mulier nuncium remisit, *Cic Top* 4 (5) Biennium est, cum tu nuncium virtuti remisisti, *Cic Ep* 15, 16 per jocum, *i e* valere jussisti

Nuncius, a, um adj (1) *Bringing tidings of, carrying a message of, reporting* (2) *Met* (3) Voc augurale, *foretelling* (1) Pars cætera nuncia venturi Ascanio rerumque patrisque, *Vir Æn* 8, 550 Fama nuncia veri, *Id Æn* 4, 188 (2) Nec plaga calida ad sensum decurrit nuncia rerum, *Lucr* 4, 708 *Lux & decurrunt, tum referendum ad nuncium*, i *Luciferus* victoriarum nuncia, *Plin* (3) Ventura nuncia fortis exta, *Tibull* , 4, 5 Viden' ut felici bos extis significat placidos nuncia fibra deos? *Id* 2 1, 26 *Vid* Nuncio, & Nuncio n 5

Nuncubi adv loci [a numquis, & ubi, ut aliquis sicubi] Interrog *Did ever?* Nuncubi meam benignitatem sensisti in te claudier? *did you ever find me backward in making presents?* Ter Eun 1, 2, 84

Nuncūpans, tis part (1) *Pronouncing*, or *declaring in solemn words* (2) *Declaring* or *heir* (1) Vota nuncupans, *Liv* 45, 48 (2) Principem nuncupantes, *Tac Ann* 2, 48 2

‖ Nuncupatim adv *By name*, Sidon ✝ De nomine

Nuncupātio, ōnis f (1) *The pronouncing*, or *declaring in a solemn form of words* (2) *The dedicating of a book* (3) *The naming*, or *a title* (4) *The declaring an heir by word of mouth* (5) *The declaring and declaring ones last will and testament* (1) Et ... & solemnis votorum nuncupatio, *Liv* Cum ædem pontifex idem ... rel, ut rique nuncupationem solennium verborum post ... *Val Max* (2) Hæc gemina ... patrocinia ademi nuncupationes *Plin* 1, 1 (3) *Plin* ap *Lit* (4) *JCC* (5) Nuncupare est, quod in tabulis cerisque scripta ... dicens *Hæc, uti in his tabulis cerisque scripta sunt, ita do, ita lego, ita testor, itaque vos, cives Romani, testimonium mihi perhibete*. Et hoc dicitur nuncupatio, *Ulp*

Nuncupātus, a, um part (1) *Called by name* (2) *Pronounced*, or *declared publickly*, *in solemn words* (3) *Engaged by a profession of words* (1) Dein res utiles & salutares deorum vocabulis nuncupatas, *Cic N D* 1, 15 (2) Vota nuncupata, *Liv* *L L* 5, 7 Quum ex XII Tab satis esset ea præstari, quæ essent lingua nuncupata, *Cic Offic* 3, 16 (3) In legibus, ubi, nuncupatæ pecuniæ, sunt scripta, *Varr L L* 5, 7 ¶ Testamentum nuncupatum, *a nuncupative will*, or *a will declared and published*, Plin jun Voce nuncupatus hæres, *declared heir by word of mouth*, Justinian

Nuncŭpo, āre act [ex nomen, & capio, v cer ... in, ex lem forma qua occupo, aucupor] (1) *To name*, or *call* (2) *To recite*, or *rehearse* (3) *To pronounce*, or *declare publickly in solemn words* (4) Hæredem nuncupare, *by word of mouth, without writing to declare last will*, or *testaments* (1) Quem locum vos orbem lacteum nuncupatis, *Cic de Somn Scip* 3 Quem urba Quirini nuncupat indigitem, *Ov Met* 14, 608 (2) Ad decus imperii Romani pertinet Pompeium Magnum titulos omnes, *&c* nuncupare, *Plin* 7, 6 Vota nuncupare, *Cic Philipp* 4 (3) Sicut verbis nuncupavi, ita pro republ Quiritum, *&c* legiones auxiliaque hostium, mecum Diis manibus, Tellurique devoveo, *Liv* (4) Hæredem inter cetera parte sexta nuncupavit, *Suet Claud* 4

Nuncŭpor, ari, atus pass *To be named, declared, &c* Constitutum in senatu, ... nuncupare tur, *should be solemnly declared*, Tac Hist 17, 2

Nundina f *Vid* Propr

Nundĭnæ, ārum f pl [a nono die dicta *quasi* novendinæ] (1) *A fair, a mart*, or *market*, which in Rome was kept every ninth day to which the people ... for et ... buy and sell, and inform themselves what laws were ... proclaimed (2) *The place, &c. a market*, or *fair*. (1) Nundinarum etiam conventus manifestum est propter ... ut nonis tamquam modo di ...

tanæ res ig rentur, reliq us admi- nistrarentur rusticæ, *Col* (2) Nun- dinæ rusticorum Capua, *Cic* con- tra *Rull* 2, 33 Non urbem, non ... nundinas, nisi vendendæ aut ... e necessariæ causa, fie- ... Cujus ... agrorum, oppidorum, ... ect gallium flagi ... næ, *Cic Philipp* ... ad recognitionem ... *Plin*

... adj *Pertaining* ... *market* § Cocus ... *to dress no-* ... *suppers*, ... *shard*, *Ov* ... the poorer sort of ... Novendialis Cocus ... nonum diem ... *Plaut Aul* 2, 4,

... us, a, um adj *Of*, or *pertaining to*, or *keeping of mar-* ... Oppidum nundinarium, *a market town*, *Plin* 12, 17 ... *market-* ... 8 51

... onis f verb ... *Publi*, *open*, *scanda-* ... *sale of jus-* ... *a market* ... us locis nundina- ... fortunarum fore ... grar 1, 3 = Quin ... ad tuum quæstum, ... hominum, tra- ... *It*

... oris m verb *A* ... *that cometh to* ... cum populo ... nundina- ...

Nundinor, aris, atus sum dep [a ... *pro* ... nundino, *Firm.* ... (2) *To sell* ... (3) *To as-* ... *people do at* ... (1) Puer annorum se- ... denum senatori- ... nundinati sunt, *Cic* ... imperium po- ... cantur, *Id* ... (2) = Constabat ... patris nundinari ... solitum, *Suet Vesp* ... locum angustius nun ... *Cic de Div* 2, 31

... (1) *The market*, ... *ninth day*, *when the* ... *and there was* ... (2) *The day* ... *consuls* (1) Comitia ... in trinum nun- ... *Liv* ... *leg* ... (2) Nundina ve- ... *Lamprid* ... ibi illos semper ... omnia nun- ... consulum atqu ... *in omnibus his*

... (4) Nun- ... *always* ... (5) Nundinari ... *world* ...

numquam, *Cic* Iram adtemperatè venit hodie in ipsis nuptiis, ut ve- niret antehac nunquam ? *Ter Andr* 5, 4 (4) Id quidem hodie nunquam poterit dicere, *Plaut* Scio ubi sit, verum hodie nunquam monstrabo, *Ter Adelph* 4, 2, 31 Nunquam hodie effug es, *Vir Ecl* 3, 49 (5) Homine imperito nun- quam quidquam injustius, *Ter A- delph* 1, 2, 18 Nihil ... in men- tem ? G Nunquam quidquam, *Id* Nunquam unquam, *never* Nunquam commodius unquam he- rum audivi loqui, *Id Il aut* ... 18

Nunquando *Whether ever*, *whether at any time* Exstitit hoc loco quædam quæstio subdiffi- cilis, nunquando amici novi vete- ribus sint antenonendi, *Cic de Am.* 19

Nunquid adv (1) *Whether* (2) Also interrogat (1) Atque nunquid redeat incertum hodie, *Supposit Plaut* (2) Nunquid non pelles ferarum a frigore defendere queunt ? *Sen Epist* 90

Nunquis, quæ, quid (1) *Is there any*, &c (2) Nunquid vis, *an u- sual form in taking leave* (3) *If any* (1) Nunquis hic est ? *Ter Eun* 3, 4 Nunquem evocari hinc vis foras ? *Id Eun* 2, 2, 52 Nun- quæ rogatio lata ? Num quæ nova quæstio decreta est ? *Cic* pro *Mil* 7 Nunquid habes quod contem- nas ? *Ter Eun* 5, 2, 22 (2) Quid ! me nunquid vis ? *M* Vale, *Plaut Aul* 2, 1, 5 Rogo nunquid ve- lit, Recte, inquit, abeo, *Ter Eun* 2, 3, 49 Nec cum inde discederet, nunquid vellem, rogavit, *Cic* Fre- quentia prosequentium, roganti- umque nunquid vellet, *Liv* ☞ *In his omnibus aliquæ edd divise*, num quis, num quæ, num quid *habent*

Nunquidnam ? *id quod* nun- quid Nunquidnam, inquam, no- vi ? *Cic de Orat* 2, 2 Nunquid- nam hic, quod nolis, vides ? *Ter Eun* 4, 7, 45 *Scrib & divise*

Nuntio, nuntius, *&c Vid* Nun- cio, *&c*

† NUO, ĕre, nui, nūtum [a νεύω] *To nod*, Met *to approve*, Obsole *hinc tamen*, nutus, an nuo, innuo, *&c*

Nupèr adv temp errime, sup [*qu* novipe *vel* noviter, *Fest* vel *qu* novo opere, *Scal* forte νῦν περ] *Lately*, *of late*, *not long since*, *a few hours*, *days*, *years*, *ages ago* ✻ Quid dico nuper ? immò vero modo ac plane paulo ante, *Cic Verr* 4, 3 Nuper me in lit- tore vidi, *Vir Geor* 2, 25 Exor- diemur ab eo quod ille nuperrimè dixerit, *Cic de Inv* 1, 16 Mene- demus hospes qui nuper Romæ fuit, *Id de Orat* 1, 19 Cinnam nuper quæ res ad consulatum re- cepit, *Sen* *Qui sub Nerone scrip- sit*, *Cinna autem consul fuerat an- no UC* DCCVII Quid ea quæ nuper, id est, paucis ante seculi, medicorum ingenus reperta sunt *Cic N D* 2, 50

Nuperus, a, um adj [*ab* adv nuper] (1) *Late*, *or new* (2) *Newly come* (1) Quam quam hac ... nuperi ... admodum ... (2) ... Re- cens captus homo nuperus & no- vitius *Plaut Capt* ... 5, 6

Nupta, æ f ... *A wife* Pudicè ... *Ov* ... Uxor ... nuptam ... Plu ... *Catull* ... Nova nupta, *a new mar- ried wife* Procedat nova nupta, *Catull* 59, 90

|| Nuptialitius, a, um *idem quod* nuptialis Donum nuptialitium, *an offering at a wedding*, Ulp

Nuptiæ, ārum f pl (1) *A wedding*, or *marriage* (2) *The marriage solemnities* (3) *A wed- dingday* (4) *The marriage state* (5) *Concubinage* (6) Nuptias fa- cere, de nuptiarum solennia imi- tantibus in apparatu stupri (1) Eas nuptias M Cicero conciliarat, *Nep Attic* 5 Vetula multarum nuptiarum, *often married*, *Cic Att* 1, 2 (2) Dum nimis sanctas nup- tias student facere, *Ter Adelph* 5, 7, 1 (3) Cum ejus in nuptiis mul- titudo hominum pranderet, *Cic* (4) Fœcunda culpæ secula nuptias primum inquinavere, *Hor Od* 3, 6, 17 (5) Paris Helenam innuptis sibi junxit nuptiis, *Vet poeta* ap *Cic de Orat* 3 sub fin, Græcia conjurata tuas *Paridis* rumpere nuptias, *Horat Od* 1, 15, 7 *Vid* Nubo, n 4 (6) *Petron*

Nuptiālis, e adj *Pertaining to marriage*, *nuptial*, *bridal* Cœna nuptialis, *Plaut Curc* 5, 2, 62 fax, *Hor* vox, *Liv* Nuptiales faces, *Id* tibiæ, *Ad Herenn* ta- bulæ, *Tac* Nuptialia carmina, *Catull* 59, 12 dona, *Cic* pro *Clu- ent* (

|| Nuptūrio, ire *To long to be married*, *to have an earnest de- sire to marry*, Apul Apol p 516

Nuptūrus, a, um part *Ready*, or *about to be married* Nuptu- ræ toties languida membra cadunt, *Ov Epist* 21, 156

Nuptus, ûs m *Marriage* Mi- norem deinde filiam nuptui col- locasse, *Col* 4, 3 Nuptui solenni filias locare, *Aur Victor de viris illustr* 59, 2 = Illi quidem nup- tum prior, tædasque marito passa aliò, *Stat Sylv* 5, 1, 45

Nuptus, a, um part [a nubo] *Married*, *wedded* Mulier uni nupta, *Cic Verr* 3, 13 Nupta se- natori Hippia *Juv* 6, 82 ¶ Nup- ta verba, *obscene words* Virgo sum, nondum didici nupta verba dicere, *Plaut* in *Dyscolo* cit Fest

|| Nuptus, i m Novus nuptus, *a man in woman's clothes*, *marri- ed instead of a woman*, *a male bride* Lubet Chalinum quid agat scire, novum nuptum cum novo marito, *Plaut Cas* 5, 1, 6

NURUS, ûs f (n) [a Gr νυὸς, quod & νύμφη est, *i e* nova nup- ta, & νυὸς γυνή, *i e* filii uxor] (1) *A son's wife*, *a daughter in law* (2) *A young married lady*, or, perhaps, Synecd *any unmarried woman* (1) ✻ Uno omnes an- mo socrus oderunt nurus, *Ter Hec* 2, 1, 4 (2) ✣ Electa a nuribus ges- tanda Latinis, *Ov Met* 2, 366 ✣ Inter Latias gloria prima nurus, *Mart* 4, 75 Romanas erudiunt nurus, *Ov Trist* 2, 244

† Nuscitio, ōnis f *Not being able to see by candlelight* Pom- pilius Aurelius ait, nuscitiones es- se cæcitudines nocturnas, *Fest*

Nuscitiōsus, *pro* luscitiosus, *l in* n converso *Porcblind*, Fest

Nusquam adv [ex ne, & us- quam] (1) *In no place*, *no where* (2) *In no thing*, *in no point* (3) *Never* (4) *No whither*, *to no place* (1) ✻ Sive lex est illa scripta uspiam, sive nusquam, *Cic de Legg* 1, 16 ✻ Quam non in- venit usquam, esse putat nusquam, *Ov Met* 1, 586 ¶ Nusquam gen- tium *no where in the world*, *Ter Adelph* 4, 2 Nusquam esse, *to be dead*, Id (2) Nusquam e- quidem quicquam deliqui, *Plaut Men* 5, 2, 30 (3) Ad ædes nos- tras nusquam adiit, *Plaut Aul* 1,

2, 24 (4) GN Tu profecturus alio fueras P Nusquam, *Ter Eun* 2, 2, 49

Nutamen, inis n *A nodding*, *a waving* Albentes niveæ tre- mulo nutamine pennæ, *Sil* 2, 399 *de cristis galeæ*

Nūtans, tis part (1) *Nodding* as in sleep, *nodding*, or *waving backward and forward with the wind* (2) *Seeming to nod*, or *bend*, *by reason of its vast height* (3) *Nodding*, or *threatning to fall* (4) *Moving up and down* (5) *Wavering*, or *not standing firmly*, *ready to fall*, or *give way*, *fluctuating* (6) *Making signs*, or *tokens for assistance* (7) Met *Wavering*, or *unsettled*, *un- resolved*, *not determined to either side* (8) Act *Shaking* (1) Fal- cato nutantem vulnerat ense, *Ov Met* 1, 717 ✣ Nutans platanus, *Catull* 62, 290 Nutanda longè venientis vela carina, *Luc* 8, 48 (2) Phario nutan ia pondera saxo, *Mart* 1, 89, 3 (3) Percutiens nu- tanti pectora mento, *Ov Met* 11, 620 Ruina nutantes pendere do- mos, *Luc* 1, 494 Nutantia tem pla, *Plin jun* (4) Impellens nu- tantibus aera pennis, *Catull* 64, 53 *sed al al leg* (5) Protegere ar- mis nutantem vulnere civem, *Juv* 15, 155 Nutante in fugam exerci- tu, *Flor* 3, 10 Nutantem aciem victor equitatus incursat, *Tac Hist* 3, 18, 1 (6) Nutans, distor- quens oculos, *Hor Sat* 1, 9, 64 (7) Curis nutantem Colchida vidit, *Val Flacc* 7, 15 Galliæ nutan- tes, *Tac Hist* 1, 2, 2 (8) § Mag- na molossûm mollia ricta fremunt duros nutantia dentes, *Lucr* 5, 1065 *sed al leg* nudantia

Nūtātio, ōnis f (1) *A nod- ding*, *when one is sleepy* (2) *The moving*, or *throwing of the body* from one side to the other (1) Capitis nutatio, *Plin* 11, 57 (2) Frequens & concitata in utram- que partem nutatio, *Quint*

Nūtātūrus, a, um part *That will nod*, or *shake*, as a plume in an helmet ✣ Est agmina supra nutaturus apex, *Stat Sylv* 4, 4, 68

Nūto, āre freq [a nuo inus] (1) *To beckon*, *shake*, or *wag the head*, *to nod* (2) *To bend*, *to in cline* (3) *To wave to and fro in the wind*. (4) *To nod*, or *threat- en to fall* (5) Met *To tend*, or *incline* (6) Met *To totter*, *to shake*, *to be in danger* (7) *To be uncertain*, or *doubtful* (8) *To doubt*, *waver*, or *be unsettled* (1) Nuta, ne loquar, *Plaut Men* 4, 2, 48 § Capite nutat, *Id Mil* 2, 2, 52 Adjuro me sti non nu- tasse, *Id Men* 4, 2, 53 (2) Rami pondere nutant, *Ov A Am* 2, 263 (3) Geminæ quercûs sublimi verti- ce nutant, *Vir Æn* 9, 682 (4) = Nutant altè, populoque minan- tur, *Juv* 3, 256 Tecta ædificia, *Luc* 6, 136 Tremefacta comam concusso vertice nutat, *Vir Æn* 2, 629 (5) Regum animos & pon- dera belli hac nutat ... *Id* (6) Tanto discrimine urbs nutabat, ut decem haud amplius dierum fru- mentum in horreis fuerit, *Tac Hist* 4, 52, 6 (7) Cum victoria nutaret, *Suet de viris illust* (8) Dico ipsum Epicurum nescire, & in eo nutare, *Cic* Mihi Demo- critus nutare videtur in natura de- orum, *Id N D* 1, 43

Nutricandus, a, um part *To be nursed up*, Col

Nutricans, tis part *Bringing*, or *breeding up* Mulum aut mu- lum nutricantes educamus, *Varr R R* 2, 8

Nutricātio,

... cato ... The nurse ... of ... that Mens ... ... Gell 12, 1

Nutricator ... m He that ... bringeth up ...

Nutricatus, ûs m (1) Nursing, bringing up (2) The time it grows from the dragon ... (1) ... qua obicit ... potuerit, Varr R R ... Gallinæ in nutricatu occupata. Id ... O ... eum ... que eouinem ... educationi nutricatu ... Plaut ... (2) Herba in prato ... non ... in evellendo in nutricatu ... Varr R R ...

|| Nutricia, orum n ... nurse's wages, Ulp ... Præmia cœli ... nutricia ... to pay the reward ... the influence of ... Manil ... Nutricia

Nutricium, ii n The nursing ... Inde primi ... nutricii ... Ulp ...

Nutrico, are To nurse, or ... Non ... Quittemus ... nutrica, ...

Nutricor, ... pass To be nourished ... To nourish ... Mundus ... & continet, ...

Nutricula, æ f dim [a nutrix] (1) A little nurse, a little body, or ... (2) A ... nourisher ... (3) Met ... a ... or ... bringer up (4) An help, or support (1) ✠ Quid voveat dulci nutricula majus alumno? Hor Epist 1, 4, 8 Repetitus ... cunis a nutricula, ... Aug 94 (2) Gellius nutricula seditiosorum omnium, Cic ... Epirota ... nutricula vatum, Domit Marsus ap Suet de Clar gram 16 ad Cæcil ... (4) Nutricula causidicorum Africa, Juv 7, 148 (4) His ... Campaniam ... argutus est A... ... ut habuerit ... Cic Philipp 11, 5

Nutriendus, a, um part (1) To be ... (2) To be physicked, or dieted (3) To be ... (4) ... To be ... or corrected by gentle methods (1) Meo ... vires ejus erunt nutrienda, Cels 3, 25 (2) Pestilentis coorta cogitationes hominum ... certaminibusque ... ad dominum ... nutriendorum corporum ... (3) Ulcera ... nutrienda sunt, Cels 6, 6 (4) Quod naturæ damnum ... Ov ...

Nutrimentum, i n (1) Food, ... nourishing young ... (2) Met ... up (3) Nutriment ... (4) Fuel, ... anything ... (5) Dr... (1) ... Nutrimentis ... Val Flacc 6, ... nutrimentorum ... Cal ... (2) Sed quod cuncta ... nutrimen is eloquentiæ ipsi se post ... colorat & roborat, non tamen ... dicere, Cic Orat 13 (3) Quantum præter ea per hanc nutrimentorum consuetudinem amore & gratia valuerit, Suet Calig 5 (4) Suscept igne ... fotus, atque arida circum nutrimenta dedit, Vir Æn 1, 180 Vicum ... nutrimentis ... Pro nutrimento omni ... vulneris, Plin 17, 2 ...

NUTRIO, ire, ivi, itum act (a) ... (1) To nurse, suckle, or feed young (2) To feed, or nourish (3) ... of inanimates (4) To support, keep up, cherish, advance, encourage, or abet (5) To educate, or breed up (6) To increase (7) To dress, or apply medicines to (1) Quæ me nutrit ... ubere, Prudr 3, 15, 7 ... serpente ciconia pullos nutrit, Juv 14, 75 Mammis & lacte ferino nutribat Vir Æn 11, 571 Bilentes ... Plin 11, 40 (2) Ambrosia ... membra ... Ov Met 4, 216 (3) Ignes foliis & cortice sicco nutrit, Ov Met 8, 643 (4) Mult ... audaciam ... Sall ... amorem, Ov Met 1, ... (5) Liberos suos nonnulli ... nutriunt, nec disciplinis aut ... corporis ... instrumentis, give them but a niggardly education, Col 4, ... Indulgentia nostra nutriamus, Liv Quos ... nutrierat ... Vir Æn 12, 344 Cervum pueri matris ab ubere raptum nutribant, Id Æn 7, 485 (6) Nummi quos hic quincunce modesto nutrieras, Pers 5, 149 (7) ... nutrire, Cels ... & Nutriendus, n 3

Nutrior, iri pass (1) To be nursed, or kept (2) To be fed, or strengthened (3) To be nourished, or receive nourishment from the earth, to grow up (4) To be dressed, or have things applied for cure (5) To be cured of wine in danger of being upon the fret, that it may keep (1) Cum ... nutritum ... Suet Gall ... Nutritur lacte ferino, Ov Trist ... (2) ✠ Nutritur vento, vento restinguitur ignis, Ov Rem Am 807 (3) Plurima ... nutritur vallibus Hebri ... Grat Cyneg 128 (4) Hactenus oculorum morbi ... medicamentis nutriuntur, Cels 6, 6, 16 Id & Nutriendus, n 3 (5) Quanto major æstus erit, eò sæpius convenit vinum nutriri, refrigerarique & ventilari, Col 12, 30

Nutrior, iri dep To nourish, or cultivate, to make to grow Hæc pinguem & placitam paci nutritor olivam, Vir Geor 2, 425

|| Nutrium, ôrum n A nurse's wages, Ulp ... ✠ Præmium cœlo ... nutrium ferre, to pay the reward of preservation by the influence of heaven, Manil Id Nutricia

Nutritius, a, um adj Nursing, or cherishing ... Nutritio ... Col 7, 1 Id Nutricius

Nutritius, ii m A tutor, or governour Pothinus nutritius pueri Cæs B C 3, 107 ... nutritium tuum, Hirt B A ... 1

Nutritor, ôris m verb [a nutrio] (1) He that bred up one from a child (2) Met He that feedeth, or keepeth cattle (3) A servant employed in dressing, bathing, &c (1) A nutritore suo manumissus, Suet de Clar Gramm 7 (2) Tartessiacus stabuli nutritor Iberi Bos ... Mart 8, 28, 5 Volucrum nutritor equorum, Stat Theb 10, 2... (3) Nutritorem ... Claud

Nutritus, a, um part (1) Nursed, or suckled (2) ... or fed so as to make it keep (1) Nutritus lacte ferino, fed Ov Trist 2, 11, 3 Qui nutritur illo cibo est, Prudr 5, 4, 6 (2) Nutritum vinum ... atque oblinimus, Col

Nutritus, ûs m verb Nourishment Multi sine tam longum ... tantum nutritu tolerarere, Plin 22, 24

Nutrix, icis f verb [a nutrio] Pro nutrice, Sync Prisc (1) A nurse, any female bringing up her young (2) Met That feedeth, or maintaineth (3) A nursery, or place where young trees are transplanted the first time, before they are set in the places designed for their continuance (4) Nutrices, the breasts, or paps (1) Cum lacte nutricis errorem suxisse videamur, Cic Tusc 3, 1 Magni dati nutrix præmia lactis habet, Ov Fast 2, 4... de lupa Galline ... parum bona nutrices sunt, Col 8, 5, sub fin (2) Cato nutricem plebis Romanæ Siciliam nominavit, Cic Curarum maxima nutrix nox, Ov Met 8, 81 ✠ Juba tellus leonum arida nutrix, Hor Od 1, 22, 15 (3) Plin 17, 10 (4) ✠ Nutricum tenus exstantes nympha marina, Catull 62, 17

Nutus, ûs m verb [a nuo] (1) A sign that one maketh with his eyes, or head, a beck, a nod (2) Meton The part wherewith one noddeth (3) Met Will, pleasure, consent, or the least signification of them (4) Tendency, or inclinat on downwards (5) Weight (1) Annuit, & totum nutu tremefecit Olympum, Vir Æn 9, 106 Non te decipiat nutu, Tib 1, 6, 19 (2) ... ex Lu ... sed q (3) Nutu Scipionis pro decretis Patrum, pro populi jussis esse, Liv Nulla res per triennium, nisi ad nutum istius, judicata est, Cic Ad nutum, immediately after command given, Cæs B G 1, 31 Auctoritate nutuque legum domitas habere libidines, Cic de Or 1, 4 Regios omnes nutus tuemur, Id Fam 12, 1 (4) ✠ Ut terrena & humida suopte nutu & suo pondere ad pares angulos in terram, & in mare ferantur, Cic Tusc 1, 17 Terra undique per sese nutibus sui conglobata, Id N D 2, 36 (5) Nutu cadens, Val Flacc 6, 382

NUX, nûcis f (a ... nucerus) quod & amygdalam in specie, & in genere nucem ... (1) All fruits that have an hard shell, a nut (2) An nut tree (3) An almond tree (4) Any kind of nut (1) Ca ... quidquid est, solidum ... in ipso nucum genere, Plin 15, 22 Qui e nuce nucleum esse vult, frangit nucem Prov He that would have the gain, must take the pain, Plaut Cu ... 1, 1, 55 Nux cassa a worm-eaten nut, the most worthless thing, Hor Sat 2, 5, 36 Viridis cortex nucis, Tib 1, 8, 4... a walnut Nux pinea, Cato, 48 Col 4, 22 Plin 15, 10, & 23 (2) Annosam si forte nucem dejecerit Eurus, Juv 11, 119 (3) ... 187 ut volunt R R ... (4) Nux Græca, Col & Plin almond Nux Thasia, Id ... amara, Cels the bitter almond Nux avellana, Cato, 12 Col ... abellina, Plin ... or filberd Nux Pinea, ... & Plin ... a sort of ... Nux castanea, ... Heracleotica ... Satur ... 18 a ... (sed Heracleotica eadem est ... Pontica) Nux juglans, ... Col Persica, basilica, Plin a walnut Nux Tarentina, ... with soft shells, ... generous ... Plin 15, & C 10 88 Nucibus relictis ... to be children, Pers 1, 10

N ante Y

* Nyctalops, opis c g Poll ... Plin 8, 50 Lect ... Id 28, 11

* Nyctegretum Almondy ... Plin 21, 11

* Nycteris, dos f ... A reremouse, a bat, Plin 11, 7

* Nycticorax, acis m ... nocturnus corvus ... An owl Hieron Nycticorax ... est noctua, Isid

* Nyctilops, ôpis f Herba ... dicta, quoniam è longinquo noctibus fulgeat, Plin 21, 2 ... nyctilampa An herb so call'd

* Nympha, æ f [...] (1) A nymph, a goddess of the waters, fountains, rivers, hills (2) A nymph, or any royal goddess (3) Fresh, or river water (4) Nymphæ, young bees not formed (1) Earum, nympharum, templum inflammavit ... quarum ope etiam aliis incendiis subventum, Cic Nymphi Peneis, Ov Metam 1, 47 Stagnum nympha colit Id Met 4, 30 Genitor nympharum Oceanus, Catull 85, 6 (2) Nympha Libethrides, the Muses, Vir Ecl 7, 21 Agrestes nymphæ, Id Æn 3, 34 (3) ✠ Ferris occurrit dulcis amaro nympha mari, Stat (4) Plin 11, 16

Nymphæa, æ f Nymphæa Heraclia, Plin 26, 10 [...] quod locis aquosis gaudeat] A water lily, a water rose, yellow and white nenuphar = Heraclion, rhopalon, madon, Plin 25, 7

Nymphæum, i n (1) An artificial public fountain, Jul Capit (apud quem tamen ... leg nymphium ... nympheum, ...) (2) A temple of the nymphs (1) Meo ... istas fistulis hermis tantùm & nymphæis volumus inservire, Cod (2) Lum ... servatum in nymphæo, donec Corinthum Mummius everteret, traduut, Plin 35, 12

Nympharena, æ f A precious stone Nympharena urbis & gentis Persicæ nomen habet ... hippopotami dentibus, Plin ... 10

O, o, immediately from the original Greek of the same form, wherein also it continues in most of the languages of Europe, indeed in all which confeſs a Greek or Latin deſcent, the fourth vowel, and fourteenth letter in the Latin and Engliſh alphabets, had a double ſound, both ſhort and long, as, if we were not told ſo by *Quint* Inſt I, 13. is evident in itſelf. For it could not be otherwiſe before the invention of ω, ſeveral ages after the days of *Cadmus*, which indeed is not a different letter from o, but the ſame, with the connotation of a different quantity, or double time, and that alſo often not obſerved by the Greek poets, or perhaps *o* doubled, as its ſmall figure ω ſeems to evince, and its ſound, which differs very little from that of ου, which moſt antiently was ſometimes expreſſed by a ſimple o, as *Fabius* tells us, and we are further aſſured from the Βυςεροφηδον and Delian inſcriptions in the former whereof we meet ΦΑΝΟΔΙΚΟ ΕΙΜΙ ΤΟ ΗΕΡΜΟΚΡΑΤΟΣ, &c for Φανοδίκου εἰμὶ τοῦ Ἑρμοκράτους; and in the latter, ΤΟ ΑΥΤΟ ΛΙΘΟ ΑΝΔΡΙΑΣ, for Τοῦ αὐτοῦ λίθου And the name of o it ſelf was originally ου, as *Quintilian* intimates What I have ſaid of this fourth vowel, may be alike affirmed of the ſecond ε, which had alſo two ſounds before the invention of η, at which time, as o had both the ſound and name of ου, ε ſeems to have had the ſound, and ſometimes name of ει, for antiently they writ and read ΤΕΙ ΑΓΑΘΕΙ ΤΥΧΕΙ for τῇ ἀγαθῇ τυχῇ, as the more modern Greeks writ wherein, and in the like words, they however ſubſcribed the exterminated ι Indeed this increaſe of the number of vowels ſeems rather introduced from an affectation of novelty, than any real neceſſity, ſeeing the Latins, who took a great part of their language from them, never imitated, and indeed never found any occaſion for ſuch an innovation. But the Greeks reſted not here, for they invented alſo ſix ſupernumerary conſonants ζ, ξ, ψ, and φ, χ, θ, all which are rather *nexus literarum* than real letters, the three former being only a connecting of the three orders of the mutes and the letter σ, the three latter a connecting the ſame orders and the letter H. Thus ζ connects the third order with σ, ξ the ſecond order, and ψ the firſt In like manner, θ includes H in the ſiſter mutes of the third order, χ includes the ſame in the mutes of the ſecond, and φ doth the ſame in the firſt order and all theſe were writ in the firſt Greek alphabet with two diſtinct letters. For the letter *h* held the ſame place in the Greek alphabet as it doth now in the Latin and ours, at the time when theſe letters, or, more properly, compendious ways of writing, were invented And here we may obſerve, that of all theſe eight new letters, as the Greeks pleaſed to call them, the Latins only eſpouſed two κ and χ; the former whereof they ſeldom uſed, as indeed having no occaſion for it, the latter chiefly in Greek words, and ſervile uſes ſo unneceſſary they accounted theſe innovations. This I judged proper in this place to obſerve once for all, to ſhew the perfection of the Cadmean alphabet, and now proceed to a farther diſſertation on the letter O The Greeks, as they framed theirs wholly from the Hebrew alphabet, undoubtedly had this letter from the Hebrew ע, to which it anſwers both in the order of the letters and numerals, which in both is ſeventy. How o by the Greeks came to be adopted for this Hebrew guttural, was ſagaciouſly found out, and judiciouſly accounted for by the learned Dr. *Littleton*, who obſerves, that the Greeks took their three doubtful vowels α, ι, υ, from the Hebrew ו, י, א to which three conſonants they aſſigned the parts of vowels, by the help whereof they read before the invention of points; for א reading *a*, for י, *e* and *i*, for ו, *o* and *u*. Now the Greeks obſerving that the Hebrews had given their firſt guttural א a vocal power, not knowing how better to tranſplant them, gave the ſame power to the three remaining gutturals, making ε from ה *he*, η from ח *kheth*, Chald *hetha*, and o from ע, which, as we ſaid above, was firſt ſounded ου, but afterwards, that o might be upon a level with ε, to which as having a double ſound they had given a double character, to the long ſound of o they aſſigned likewiſe a double figure Ω, which from its largeneſs in reſpect to the o they called Ω μέγα, or the great o, and conſequentially the primitive o began to be called ο μικρὸν, or the little o As to the form of o, this account may be given. Its mother ע ſignifies either *an eye* or *a fountain*, which this figure in ſome ſort repreſents, the former with its corner, the latter with its ſtream The Greeks neglecting the adjuncts drew the eye or fountain orbicular, to expreſs the round form of the mouth in making the ſound This vowel is changed into every other vowel, as every other vowel into it, as from ἄροτρον *aratrum*, ſo from *ſpartum ſporta*, as from γόνυ *genu*, ſo from *pondus*, *ondus*, as from κόνις *cinis*, ſo from ὄπισθε *poſt*, as from *alo alumnus*, ſo from νύξ *nox* This vowel was not in uſe among ſome nations of *Italy*, as *Pliny* informs us, the Tuſcans, and more antient Umbrians, and therefore *u* was ſubſtituted for it And indeed the antient Roman writers ſometimes do the ſame, as *Acherunte*, *bubus*, *frundeſcere* &c *Lucr* On the contrary, others uſed *o* more frequently for *u*, writing *advorſus*, *quom*, *ſervom*, *voltis*, *volnus* &c for *adverſus*, *quum*, &c. O is uſed by the antients for *au* as *codex*, *colis* *plodo*, *ploſtrum* for *caudex*, *caulis*, &c In the notes of the antients, O CON. *is read* Opus conductum; O.C Q Opera, conſilioque, OD M Opere do..., O LO Opus locatum

O

O

O [ὦ Gr. ὦ] adv. *O*, (1) *used in invocating*, (2) *calling to witness*, (3) *rejoicing*, (4) *grieving*, (5) *calling, or speaking to*, (6) *admiring*, (7) *in surprise*, (8) *pitying*, (9) *abominating*, (10) *wishing*, (11) *deriding*, (12) *praising*, (13) *gently rebuking* (14) It is often understood both before an accusative and vocative (1) O, qui res hominumque Deûmque, æternis regis imperiis! *Vir Æn* 1, 234 Huc, pater o Lenæe, veni, *Id Geor* 2, 7 (2) O nonæ illæ Decembres, quæ me consule, fuistis! *Cic pro Flacc* 40 O nox illa! *Id* (3) O Bruti amanter scriptas literas! *Cic Att* 15, 10 O factum bene! *Ter Andr* 1, 1, 78 (4) O me perditum! *Cic Fam* 14, 4 O meam calamitosam senectutem! *Id ad Octav* (5) Audite, ô proceres, ait, *Vir Æn* 3, 103 Huc ades, ô Melibœe, *Id Ecl* 7, 9 Tuas partes sublevavit Appius, ô Merula noster, *Varr R R* 3, 14 (6) O faciem pulchram! *Ter Eun* 2, 3, 4 O quantus facies! *Juv* 10, 157 (7) Quis homo est? *P* Ego sum *D* O Pamphile! *Ter Andr* 5, 6, 2 Jubeo Chremetem *C* O! teipsum quærebam, *Id Andr* 3, 3, 1 (8) Infelix ô semper oves pecus! *Vir Ecl* 3, 3 O gens infelix, *Id Æn* 5, 625 O soror! ô conjux! o femina sola superstes! *Ov Met* 1, 351 O quam indigna perpeteris, Phocion, *Nep Phoc* 4 (9) O portentum in ultimas terras asportandum! *Cic* (10) O qui me gelidis in vallibus Hæmi sistat? *Vir Geor* 2, 489 O si sub rastro crepet argenti mihi seria, *Pers* 2, 11 O, quantum est auri, pereat, *Tib* 1, 1, 51 (11) O præclarum custodem ovium, ut ajunt, lupum, *Cic Philipp* 3, 11 (12) O crus! ô brachia! *Hor Sat* 1, 2, 92 (13) O mi Furni, quam tu causam tuam non nôsti, qui alienas tam facile discas! *Cic* (14) Hominem perditum, miserúmque, & illum sacrilegum! *Ter Eun* 2, 1, 29 bone vir, *Ter* bone Egnati, *Catull* 37, 9 ☞ *More Græco aliquando corripitur, ut,* Te Corydon, ô Alexi, *Vir Ecl* 2, 65

OB præp [ab ἐπὶ, cum Apostropho ἐπ᾽, ut ab ἀπ᾽ ab, ὑπ᾽ sub] (1) *For, i e* for the effecting, *or* attainment of (2) *For, i e* on the account of (3) *By reason of, i e* by the power, *or* force of (4) *For*, denoting both the efficient and final cause (5) *For, i e* in defense of (6) *According to* (7) *Before*, or *over against* (8) *About* (9) *To*, or *towards* (1) Qui ob aliquod emolumentum suum cupidius aliquid dicere videntur, *Cic* pro *Font* 8 (2) Servitam ob navem latus, *Vir Æn* 5, 283 *Themistocles* ob eundem timorem, quo damnatus erat Miltiades, è civitate ejectus, *Nep Them* 8 Alter ob alterius funera mœstus erat, *Ov Trist* 4, 4, 76 Sine te verberem, item ut tu mihi fecisti, ob nullam noxiam, *Plaut Pœn* 1, 1, 15 *Avarus* fixum se dimittit ob assem, *Hor Epist* 1, 16, 64 (3) Unius ob iram prodimur, *Vir Æn* 1, 255 (4) Ergo pretium ob stultitiam fero, *Ter Andr* 3, 5, 4 § A quo pecuniam ob absolvendum acceperis, *Cic* (5) Hic manus, ob patriam pugnando vulnera passi, *Vir Æn* 6, 660 ¶ Ob industriam *pro* de industriâ, *on set purpose, designedly* Illa quasi ob industriam mihi adversatur, *Plaut Cas* 2, 3, 58 Nam quid illæc nunc tam diu intus remoratur, quasi ob industriam? *Ibid* 4, 3, 7 (6) Haud unquam ob meritum pœnas suscitat, *Vir Geor* 4, 454 *i e* pro merito, *ut interpretantur Serv & Prisc* (7) Dolis glaucomam ob oculos objiciemus, *Plaut Mil* 2, 1, 70 Qui lanam ob oculum habebat, *Id Mil* 5, 37 Ob oculos mihi exitium versatur, *Cic* (8) Collum obstringit ob gulam, *Plaut Aul* 2, 4, 25 (9) Ob Romam noctu legiones ducere cœpit, *Fest ex Enn* Cujus ob os Graii ora obvertebant sua, *Cic Tusc* 3, 18 *ex cod*

† Obacerbo *To exasperate, or make angry*, Fest ✝ Exacerbo

† Obaccēro, āre *To stop one's mouth as it were with chaff, that he cannot tell out his tale*, Fest ✝ Obloquor

Obærātus, a, um or, comp *A debtor obliged to depend on and serve his creditor, till payment was made* Liber, qui suas operas in servitute pro pecunia, quam debeat, dum solveret, nexus vocatur, ut ab ære *obæratus*, Varr Omnes clientes obæratósque suos eodem conduxit, *Cæs B G* 1

Obambŭlans, tis part (1) *Walking up and down* (2) *Walking before* (3) *Walking with one, or by one's side* (1) Obambulantes ante vallum portásque, *Liv* 25, 39 (2) Gymnasia interdum obambulans, *Suet Tib* 11 (3) Dextram obambulantis continuit, *Suet Tib* 25

Obambŭlātio, ōnis f verb *A walking about, or up and down* Obambulatio hominum, *Ad Herenn* 3, 19

‖ Obambulator, ōris m *He that walketh about, or up and down*, Recent

‖ Obambulatrix, icis f *She that walketh about, a gadding gossip*, Recent

Obambŭlo, āre [ab *o i e* circum, vel per totum, ut in *obsero, oblino, &* ambulo] (1) *To walk about, or up and down* (2) *To walk before, or round* (3) *To walk with, to walk by one's side* (4) *To walk over against, or to justle one in walking* (1) Totam fremebundus obambulat Ætnam, *Ov Met* 14, 188 (2) Scit cui latretur, cum solus obambulat ipse, *Ov Trist* 2, 459 Nec gregibus nocturnus obambulat, *Vir Geor* 3, 538 Obambulare muris, ut facile nosceretur ab Ætolis, cœpit, *Liv* (3) *Vid* Obambulans, n 3 (4) *Fest* ☞ *Hæc fortè prima fuit notio, etsi minùs usitata*

‖ Obārator m *He that ploweth about*, Serv

† Obarēsco, *i e* circumarēsco *To grow dry*, Lact ✝ Inaresco

Obarmo, āre act *To arm* § Mo unde deductus per omne tempus Amazoniâ securi dextras obarmare, *Hor Od* 4, 4, 20 R occ

Obăro, āre *To plow up all round* Quin hostes obarassent quidquid herbidi terreni extra murum erat, *Liv* 23, 19

Obăror, āri *To be tilled about*, Litt ex Col

Obāter, tra, trum *Black about* Luna si cornu superiore obatro surgat, *Plin* 18, 35 R occ

‖ Obatrēsco, ĕre *To be black all over* Lacus liventibus spumis obatrescit, *Firm*

‖ Obaudio, ire [obedire, obaudire, *Fest*] *To obey*, Gloss ✝ Obedio

Obaurātus, a, um part *Gilt over* Socculis obauratis, *Apul Met* 11, p 368

Obba, æ f [ex Heb. אוב uter, dolium, *Becm* Chald אובא] *A costrel, a bowl with a great belly, a bottle, a jug, a noggin* Sessilis obba, *Pers* 5, 148 Hinc item

† Obbatus, a, um *Having the form of the obba* Cassides obbatæ, *Apul Met* 10, p 347

Obbĭbo, ĕre *To drink up all at once* Cum venenum, ut sitiens, obbibisset, *Cic Tusc* 1, 40 *sed* obduxisset *reponunt* Victor *&* Grut *ad fidem MSS provocantes*

Obbrūteo, ēre, ui [ex ob & brutus] *To be thunderstruck* [a bruto, quod antiqui pro *gravi*, interdum pro stupido dixerunt, *Afran*] *To be astonished, to be stupid* Non possum verbum facere, obbrutui, *Fest*

Obbrūtēsco, ĕre incept [ex ob, & brutus, *i e* stupidus] *To grow senseless, or lifeless*, Lucr 3, 544

Obcæcans, tis part *Blinding* Respersu pennarum hostem obcæcantes, *Plin* 10, 3

Obcæcātus, a, um part *Blinded* Stultitiâ obcæcatus, *Cic Fam* 15, 1 ignorantiæ tenebris, *Col* 3, 7 cupidine, *Id* 6, 36

Obcæco, āre (1) *To blind, to darken* (2) *To cover* (1) Densa caligo obcæcaverat diem, *Liv* 33, 7 *Met* Obcæcat animos fortuna, *Id* 5, 37 (2) *Vid seq* Obcæcor Obcæcare semina terra, unde occatio nominata est, *to cover them by harrowing*, Cic de Sen & 15

Obcæcor, āri, ātus pass (1) *To be covered over, or hid, as ditches, or trenches* (2) Met *To be darkned, to become scarce visible, or distinguishable* (1) ✱ Aliquæ fossæ fiunt patentes, aliquæ etiam obcæcantur, *Col* 2, 2 (2) ✱ Ne aut obcæcentur tenebris imagines, aut splendore præfulgeant, *Ad Herenn* 3, 19

† Obcædes, *i e* occisio *Slaughter* Nolo obcædes, *Plaut Stich* 5, 5, 5 Plinius *vult* nolo obcæves, *i e* auidius vescaris

Obcalleo, ēre, ui (1) *To grow hard, or callous* (2) Met *To be hardned, or insensible* (1) Si tumor jam etiam obcalluerit, *Cels* 4, 27 Si vero tumores obcalluerunt, & dolent, *Id ib* ☞ *Non dissimulandum tamen utrobique legi cum unica l, quæ lectio non spernenda est, eodem enim modo apud Plin* loco mox citando, *omnes libri habent* occalui, *& ap Cic locum hîc recensendum in duobus MSS* occalui (2) Mores obcalluere, *Col* 8, 16 Longâ patientiâ obcalui, *Plin Ep* 2, 15 De aliis rebus angor quidem, sed jam prorsus occalui, *Cic Attic* 2, 18, ex i ubi haud scio an rectius obcallui

† Obcano *Vid* Occano

† Obcantatus, a, um part *Bewitched, inchanted, mad* Mulier obcantata, *Apul Apol* p 537

Obdĭtus, a, um part *Crossed with bars, shut, or barred* Fores obditæ ferratis trabibus, *Plin* 6, 11

Obdo, ĕre, didi, ditum [ex ob & do] (1) *To oppose, or place against* (2) *To interpose, put to, close, stop, or shut* (3) *To put across, to bar* (1) Nulli majlo latus obdit apertum, *Hor Sat* 1, 3, 59 (2) Forem obdo, ne senex me opprimat, *Plaut Cas* 5, 2, 16 Sapiens eris, si clauseris aures, quibus ceram parum est obdere, *to stop them with wax*, *Sen Ep* 31 (3) Postibus obde seras, *lock the door*, *Ov A Am* 2, 636 Arnus foribus obdit pessulum, *he barreth the door*, *Plaut* ...

Obdormio, ire ... (1) *To fall asleep* (2) *To sleep out, to digest by sleeping* (1) Ingenio, nescio quando in lecto obdormivit nondum ... ... rectus est, *Cic Tusc* 1, ... Ubi somnum sepelivi omnem, atque obdormivi crapulam, *Plaut Most* 5, 2, 1

Obdormisco, ĕre incept *To fall asleep* Quid melius, quam in mediis vitæ laboribus obdormiscere, & ita conniventem somno consopiri sempiterno? *Cic Tusc* 1, 4 Quoties post cibum obdormisceret, quod ei fere accidebat, *&c* Suet Claud 8

Obdūco, ĕre, xi, ctum (1) *To lead against* (2) *To bring, throw, lay, or put over* (3) *To have growing over it* (4) *To cover over* (5) *To draw out in length over against* (6) *To drink off a draught* (1) Mecum exercitum protinus obducam, *Plaut Pers* 2, 1, 13 Mihi videtur non obducere, curium obducere, *to set him up as a candidate*, Cic Att 1, 1 (2) Ferro rubiginem obduci, *Plin* 17, 4 Omnibus fulgorem quodam sui claritatis tenebris obduxit, *Quint* Ipse labor quasi callum quoddam obducit dolori, *Cic Tusc* 2, 15 ¶ Obducere frontem, *to knit the brow*, Quint (3) Radices cum creverint, cicatricem obducunt, *Col* Crustam veteris quam cutem, obducunt, *Plin* 1, 4 (4) Terra tuum spinis obducat sepulcrum, *Prop* 4, 5, 1 sentibus, *Vir Geor* 4, 411 Alvum obducit natura, *Lucr* 5, 208 Plagam limo rursus obducit, *Plin* 8, 2 (5) Ab utroque latere ejus collis transversam fossam obduxit, *he opened a trench across the field, right against the enemy*, Cæs B G 2, 8 Obduxi posterum diem, *I continued and spent the next whole day*, Cic § Obducere aperire, Lucil ... 9 (6) Cum venenum Socrates obduxisset, *Cic Tusc* 1, 40 Illam potionem *Socrates*, non aliter quam medicamentum immortalitatis, obduxit, *Sen de Provid* c

Obdūcor, i pass *To be put over, covered* Vestis non ote Amazonum corpore obducitur, *Curt* 6, 5, 27 Obducuntur libro, aut cortice trunci, *Cic N D* 2, ...

Obductio, ōnis f verb *A covering* Obductio capitis, *a hoodwinking, or the veiling of a man when he is to be executed*, Cic pro Rab perduell 5

† Obducto, āre unde obductaret, ari pass *To be brought before one's face, to be brought to one* Nec patiar meam ædem scorta obductarier, *Plaut Mil* 4, 4, 76

Obductus, a, um part [ab obducor] (1) *Brought, thrown, put over, spread over, or before any thing* (2) *Closed together, or over* (3) *Hidden, shut against* (4) *Hidden, covered* (5) *Clouded, or frowning* (1) Obductis communem tenebris? *Prop* 3, ... Nubes obducta tuentur, *Vir Æn* 2, 604 Specularibus & vela obductis, reductisve, *Plin j* ... ut fricare obductam jam rem rem cicatricem viderer, *Cic contra Rull* 3, 2 (3) Surdus inceptam somniet usque feram, *Prop* 4, 5, 78 (4) Pluma ... obducta, *Cic N D* 2, ... Obductum verbis vulgare docerem, *Vir Æn* 10, 64 (5) Obducta ... fronte senectus, *Hor Epod* 13, 5

Interrogat

interrogavit quæ causa frontis tam o... Quint
Obs... impers Quare ob... oc triduum, let us har... Cic Att 12, 3
Obduresco, ére (1) To grow ... hard, or callous (2) ... To become hardned, or in... to be wholly regardless, ... (1) Etiam ... obdurescit, ... Gorgonis & satis fuit ob... Prop 2, 25, 13 ... turpitudinis, ali... non sua satietate obduruisset, ... exol... fructus est (2) ... omnes, qui mecum e... obdurui, Cic Att ... 10 = Jam usu obduruerat & ... civitatis incredibilis ... pro Milon 28 § ... contra fortunam ... Id Tusc 2, 28 § Nisi ... animus ad dolorem no... Fam 2, 16
Obduro, are To harden one's ... be hardned and immovea... patience, resolution, im... &c = Perfer & obdu... Catull 8, 12 ... Jam Catullus ... Catull 8, 12
Obediens, entis part & adj or, ... (1) That ... (2) Pliable, ... Prosperous, success... (1) Homo natu... hominum nocere non ... Cic Offic 3, 5 Nemo obe... Liv Ut ... non minus validus exiret, ... vero efferentur, ... (2) Obedientissima ... opere fraxinus, Plin ... § Appetitiones obedientes ... Cic Offic 2, 5 ... natura prona atque ... finxit, Sall B C ... (3) = Omnia vobis sc... & obedientia sunt, Sall B J 17
Obedienter adv Obediently, ... dutifully Obedienter ... Liv 21, 34 ve... Id 31, 29
Obedientia, æ f Obedience, ... Si servitus sit, sicut ... animi & ab... cæteris suo, &c ... Obedientiam ab... Id Offic 1, 29
Obedio, ire, ivi neut [ex ob ... audio, obedire, obau... (1) To obey, or give ... (2) To follow one's ... advice (3) To com... with (1) Deo obediunt ma... Cic = Ut obtem... magistratibus, ... Leg 3, 2 = Obedire & ... voluntati Dei, Id N D 1, ... Eroni ... fum mihi impera... obedio, ... 12 (2) Quibus ... obediat, Nep Datam ... or obediam = Meo ... amori, obedibo tibi, ... (3) = Multorum obedire ... vel hono... periculo serviunt, Cic de Cl 69
Obeditur impers Obedience s ... Ut in re obnix... obe... est, Liv
Obelisco... [ex ...] A lantern ... at the end of a long ... to light night... Quint ... Turneb
Obeliscus, m [ex ὀβελίσκος ... nomine, quam rel... broad beneath, ... smaller and smaller towards the top, of a great height an obelisk, Plin 16, 40 6, 8, 9, 10, 11
* Obelus, i m ... virgula ja... cens, apponitur in verbis vel sen... tentiis superfluè iteratis, sive in iis locis, ubi lectio aliquâ falsitate notata est, ut quasi sagitta jugulet supervacua atque falsa confodiat Sagitta enim Græce ὀβελὸς dicitur, Isid A dagger, or critical mark set before any word, or sentence of a false, or suspected authority, also where any thing is super... fluous Isid Ibid 1, 20 Obelus superius appunctatus ponitur in iis, de quibus dubitatur utrum tolli debeant, necne, Id
Obeo, ire, ii vel ivi, itum (1) To go to, or be ready at, to come by, or at such a time (2) To go to, or visit, by passing from place to place (3) To go round, to encompass (4) To move up and down, or to and fro (5) To go through, or all over, to go all about (6) To go over with the eye (7) Absol To look over, or view (8) To go through in enumerating (9) To cover, or be round a thing (10) To go through with, discharge, execute, or perform (11) To undertake the discharge, or performance of (12) To make use of, close with, or follow (13) Mortem, lethum, vel diem obire, & absol obire, to dy, alluding to the 10th signif as being the same with defungor (14) To go down, or set, as the sun and stars do (1) Antonius diem edicti obire neglexit, Cic Philipp 3, 8 Obire auctionis diem facile poterant, Id Fam 13, 14 Obiens Q fratris comitia, Id Attic 1, 3 Vad monium mihi non obiit, Id (2) Omnes provincias obire, Cic contra Rull 2, 13 Cum obeunt plures competitores, Q. Cic de Petit Conf 9 (3) Cur Pythagoras tantas barbarorum legiones pedibus obivit? Cic de Fin 5, 29 (4) Luna mensibus id spatium videatur obire, Lucr 5, 617 (5) Industus chlamydem quam limbus obibat, Ov Met 5, 51 Ego Siciliam totam quinquaginta diebus obii, Cic Act in Verr 2 (6) Obit truci procul omnia visu, Vir Æn 10, 447 (7) O it projecta cadavera, Liv (8) Nolite expectare dum omnes obeam oratione meâ civitates, Cic Verr 2, 51 (9) Cum pellis toties obeat circumdata terri, Vir Æn 10, 483 (10) Obire negotia, Cic pro Manil 12 res suas, Id legationes, Nep officia, Plin jun rusticum opus Col Qui tantum modò perciperet quantum videret se obire posse, Q. Cic de Petit Conf 12 (11) Judicii privati magnarum rerum obire, &c insignis est impudentiæ, Cic de Orat 1, 38 (12) Multi mihi ipsi ad mortem tempestiva fuerunt quæ utinam potuissem obire, Cic Tusc 1, 45 (13) Obire nortem, Cic Philipp 9, 1 mori... Suet Aug 4 Diem obiit circiter 55 annos natus Dion, Nep Dion 10 Diem obiit supremum, Id Diem suum obiit, Plaut Ipse ... obiit, decurso lumine vita, Lucr 3, 1055 Ut lethum in... obire, Id 5, 1419 ☞ Ad sc... m notionem refert Fest ut di... ... Romanis ... eduxit, sc pro ad Crede ... (14) Cum ... obit inclinata, Cic In undis sol fit, utì videtur, obire, & condere lumen, Id § Obit infera Perseus in loc, Id in Arat
Obeor, iris, itus pass (1) To be attended, or come to (2) To be covered, &c (3) To be surrounded (1) Quâ tibi horâ vadimonium non fit obitum, Cic (2) Obiti umore foliorum, Plin Campus obitur aquâ, Ov Fast 1, 464 Vid Obeo
Obequito, āre (1) To ride over, against, or before (2) To oppose by riding before (1) Obequitavit stationibus, Liv Cum agmen obequitaret, Curt 3, 10, 1 (2) Satis esse obequitando agmen teneri, Liv
Oberro, āre (1) To run or wander up and down, or about (2) Met To spread about in a wanton, or irregular manner (3) To fly over (4) To mistake (1) Mustela, quæ in domibus nostris oberrat, Plin 29, 4 (2) Amore solis humorisque in summa ... oberrant, Plin 11, 19 de radicibus (3) § Quantum non milvus oberret, Pers 4, 26 (4) Citharœdus ridetur, chordâ qui semper oberrat eâdem, blundereth on the same string, Hor A P 356
† Obesco, oberit vel ... ideit, Fest
Obesco, āre [ex esca] To feed fat, to cram fowl, al leg obesant ap Col 8, 7
Obesitas, ātis f (8) [ex obesus] Fatness, grossness Nimia corporis obesitas, Col 6, 24 Obesitas ventris, Suet Domit 18
Obeso, āre To fatten, to feed, or cram fowl, Col 8, 7 al obesco
Obesus, a, um obesum, ssimus, sup (8) [ab Hebr אבוס fag natus, ... pinguefactus] (1) Fat, plump, gross (2) Swollen (3) Heavy, dull, stupid (4) Lean, spare, slim, as it were gnawn, or eaten round about (1) ✱ Ali graciles, alii obesi sunt, Cels turdus obesus, Hor Epist 1, 15, 40 Minus solertes quibus obesissimus venter, Plin 11, 37 Corporatura robusta, non adipibus obesa, Col 6, 2, sub fin (2) Quatit ægros tussis anhela sues, & fauces angit obesis, Vir Geor 3, 497 (3) Nec firmus juvenis, nec naris obesæ, Hor Epod 12, 3 (4) V Gell 19, 7 qui hanc notionem vult esse primariam
Obeundus, a, um part (1) That must be gone to (2) To be gone through, or visited (3) To be done, performed, looked after (1) Obeunda Marsya, Hor Sat 6, 120 (2) Propterea quod tum ... obeundam esse maximè provinciam, Cic Sceptra finibus immensis vix obeunda, Ov Ep 16, 176 (3) ... humi ad ... obeundum, Cic Quantum cæteris ... obeundas conceditur tempori, Id In ipsa cura & meditati... obeundi muneris, Id Bella ... accenti ... obeundi, Tac Hæreditatum obeundarum causa, Cic
Obex, icis m & interd f [ab objiciendo, quicquid obji... ponitur] In obliquis ... sæpe ... est plerumque pro longo, & scribunt alii eodem objices, ... alii obices, ... &c Vid ... (1) Any thing that shutteth in or out any thing placed in the way, that hindreth passage (2) A bar, a bolt, a ... to secure a gate (3) A stop in the way, ... (1) Per obices ... vivarum, Plin ... hoc obice ... fievior ibat, Ov Hinc ... ruperat obice Nereus, ... Eur ... 2, ... Fido ... certo obice ... fe... sæ ... (2) ... unus obice postes, Vir Æn 8, 227 Post quas obice firma clausa ... Ov ... 14, 780 Nullæ obices, nulli contumeliarum gradus, Plin Paneg 47 (3) Tibi denique ... iste pariet obex, Plaut Merc Prol 72 Id al aliter leg
Obfirmate adv With fixed resolution, firmly, immoveably Obfirmatè resistere, Suet Tib 25
Obfirmatus, a, um Sic offirmatus part & adj or, comp Fixed, settled, resolved, or resolved against Animus fortis atque obfirmatus, Plaut Amph 2, 2, 15 = Voluntas obstinatior & in hac iracundiâ obfirmatior, Cic Att 1, 11
Obfirmo, āre Sic offirmo ... To resolve, to harden one's self in any determination, to become obdurate and inflexible Censen' posse me obfirmare & perpeti, ne redeam intereà? Ter Eun 1, 1, 11 Age, quæso, ne tam obfirma te, Chreme, Id Heaut 5, 5, 8 Certum obfirmare est viam me, quam decrevi, persequi, Id Hec 5, 5, 4
Obgannio, Sic oggannio, ire ... (1) To yelp, as a wolf, or dog (2) To yelp, or mumble to one, to mutter in one's ear (1) Ogganiis SO Nec gannio, nec latro, suppos Plaut ... Varr L L 6 in fin & Non c 6 n 10 (2) Habet hæc, ei quod, dum vivit, usque ad aurem obgganniat, Ter Phorm 5, 8, 41
Obhæreo, ere, si, sum (1) To stick at (2) To stick fast, or stand still (1) Consu genti ei primum lacin a obhæsit, Suet Neron 19 (2) Ubi in medio nobis equus acer obhæsit flumine, Lucr 4, 422
|| Obhæresco, ere To stick fast Rimosum aurum, quod passim stipibus connexum obhæsesit, Apul Met 9, p 185 † Inhæresco, Cic
† Obherbesco, ere To be grown over with grass, Fest
Obhorreo, ere, ui To look fierce, or cast a dreadful colour Cujus alterum genus sanguineis punctis obhorret, Plin 37, 8
Objacens, tis part [Vid ...] Lying before, or lying in the way, and stopping the passage, lying up and down Saxa ... objacentes pedibus fugientium, Liv 10, 36 Insula, quæ illatum vento mare objacens frangit, Plin Epist 6, 31 Cespitibus objacentibus in peditum ... ivum, Col 2, 1
Objaceo, ēre, ui (1) To ly in the way (2) To ly against, or be exposed to (1) ... lapides, & siqui objacent ... obnoxii, colligi debent, Col (2) ... Ionis fluctibus objacet, Mela
Objectaculum, i n ... or sluice, to let the tide in ... out Objectaculum, quo ... in ... rædire ... posset, Varr R R 3, 17
|| Objectamentum, i n A reproach, or reflection ... jurgio prolata, Apul ... 1
Objectatio, ōnis f verb ... upbraiding, or charging ... ... orum objectationibus, ... B C 3, 60
|| Objectator m ... upbraider, or reproacher, Aus...
Objectatus, a, um part ... to one's charge, objected, ...
Objecto, āre freq [al objicio] (1) To throw (2) Met To give to ... (3) To thrust, ... (4) To place ... (5) To expose to ... To object, upbraid, or cast in ... teeth (1) Primam ... notionem, ... exemplum ... sed ... doceat objicio, & quæ sequitur transla

O

O [à Gr. ὦ] adv. O, (1) used in invocating, (2) calling to witness, (3) rejoicing, (4) grieving, (5) calling, or speaking to, (6) admiring, (7) in surprise, (8) pitying, (9) abominating, (10) wishing, (11) terrifying, (12) praising, (13) gently rebuking (14) It is often understood both before an accusative and vocative (1) O, qui res hominumque Deûmque, æternis regis imperiis! Vir Æn 1, 234 Huc, pater ô Lenæe, veni, Id Geor 2, 7 (2) O nonæ illæ Decembres, quæ me consule, fuistis! Cic pro Flacc 40 O nox illa! Id (3) O Bruti amantes scrip as literas! Cic Att 15, 10 O factum bene! Ter Andr 1, 1, 78 (4) O me perditum! Cic Fam 14, 4 O meam calamitosam senectutem! Id ad Octav (5) Audite, ô proceres, ait, Vir Æn 3, 103 Huc ades, ô Melibœe, Id Ecl 7, 9 Tuas partes sublevavit Appius, ô Merule noster, Varr R R 3, 14 (6) O faciem pulchram! Ter Eun 2, 3, 4 O qualis facies! Juv 10, 157 (7) Quis homo est? P Ego sum D O Pamphile! Ter Andr 5, 6, 2 Jubeo Chremetem C O! teipsum quærebam, Id Andr 3, 3, 1 (8) Infelix ô semper oves pecus! Vir Ecl 3, 3 O gens infelix, Id Æn 5, 625 O soror! ô conjux! ô femina sola superstes! Ov Met 1, 351 O quam indigna perpeteris, Phocion, Nep Phoc 4 (9) O portentum in ultimas terras asportandum! Cic (10) O qui me gelidis in vallibus Hæmi sistat? Vir Geor 2, 489 O si sub rastro crepet argenti mihi seria, Pers 2, 11 O, quantum est auri, pereat, Tib 1, 1, 51 (11) O præclarum custodem ovium, ut aiunt, lupum, Cic Philipp 3, 11 (12) O cius! ô brachia! Hor Sat 1, 2, 92 (13) O mi Furni, quam tu causam tuam non nôsti, qui alienas tam facile discas! Cic (14) Hominem perditum, miserumque, & illum sacrilegum! Ter Fun 3, 1, 29 bone vir, Ter bone Egnati, Catull 37, 9 ☞ More Græco aliquando corripitur, ut, Te Corydon, ô Alexi, Vir Ecl 2, 65

OB præp [ab ἐπὶ, cum Apostropho ἐπ', ut ab ἀπὸ ab, ὑπὸ sub] (1) For, i e for the effecting, or attainment of (2) For, i e on the account of (3) By reason of, i e by the power, or force of (4) For, denoting both the efficient and final cause (5) For, i e in defense of (6) According to (7) Before, or over against (8) About (9) To, or towards (1) Qui ob aliquod emolumentum suum cupidius aliquid dicere videntur, Cic pro Font 8 (2) Servatam ob navem lætus, Vir Æn 5, 283 Themistocles ob eundem timorem, quo damnatus erat Miltiades, e civitate ejectus, Nep Them 8 Alter ob alterius funera mœstus erat, Ov Trist 4, 4, 76 Sine te verberem, item ut tu mihi fecisti, ob nullam noxiam, Plaut Pœn 1, 1, 15 Avarus fixum se dimittit ob assem, Hor Epist 1, 16, 64 (3) Unius ob iram prodimur, Vir Æn 1, 255 (4) Ergo pretium ob stultitiam fero, Ter Andr 3, 5, 4 § A quo pecuniam ob absolvendum acceperis, Cic (5) Hic manus, ob patriam pugnando vulnera passi, Vir Æn 6, 660 ¶ Ob industriam pro de industriâ, on set purpose, designedly Illa quasi de industria in mihi advortatur, Plaut Cas 2, 3, 58 Nam quid illæc nunc tamdiu intus remoratur, quasi ob industriam? Ibid 4, 3, 7 (6) Haud ob meritum ob meritum pœnas sufe rat, Ter Geor 4, 454 i e pro merito, ut interpretantur Serv & Prisc (7) Dolis glaucomam ob oculos objiciemus, Plaut Mil 2, 1, 70 Qui lanam ob oculum habebat, Id Mil 5, 37 Ob oculos mihi exitium versatur, Cic (8) Pollem obstringit ob gulam, Plaut Aul 2, 4, 23 (9) Ob Romam noctu legiones ducere cœpit, Fest ex Enn Cujus ob os Graji ora obvertebant sua, Cic Tusc 3, 18 ex eod

† Obacerbo To exasperate, or make angry, Fest ✝ Exacerbo

† Obacero, āre To stop one's mouth as it were with chaff, that he cannot tell out his tale, Fest ✝ Obloquor

Obæratus, a, um or, comp A debtor obliged to depend on and serve his creditor, till payment was made Liber, qui suas operas in servitute pro pecunia, quam debeat, dum solveret, nexus vocatur, ut ab ære obæratus, Varr Omnes clientes obæratosque suos eodem conduxit, Cæs B G 1

Obambŭlans, tis part (1) Walking up and down (2) Walking before (3) Walking with one, or by one's side (1) Obambulantes ante vallum portasque, Liv 25, 39 (2) Gymnasia medium obambulans, Suet Tib 11 (3) Dextram obambulantis continuit, Suet Tib 45

Obambŭlātio, ōnis f verb A walking about, or up and down Obambulatio hominum, Ad Herenn 3, 19

|| Obambulator, ōris m He that walketh about, or up and down, Recent

|| Obambulatrix, īcis f She that walketh about, a gadding gossip, Recent

Obambŭlo, āre [ab ob, i e circum, vel per totum, ut in obsero, oblino, & ambulo] (1) To walk about, or up and down (2) To walk before, or round (3) To walk with, to walk by one's side (4) To walk over against, or to justle one in walking (1) Totam fremebundus obambulat Ætnam, Ov Met 14, 188 (2) Scit cum latitetur, cum solus obambulat ipse, Ov Trist 4, 459 Nec gregibus nocturnus obambulat, Vir Geor 3, 538 Obambulare muris, ut facile noscetur ab Ætolis, cœpit, Liv (3) Vid Obambulans, n 3 (4) Fest ☞ Hæc forte prima fuit notio, etsi minus usitata

|| Obarator m He that ploweth about, Serv

† Obaresco, i e circumaresco To grow dry, Lact ✝ Inaresco

Obarmo, āre act To arm § Mos unde deductus per omne tempus Amazoniâ securi dextras obarmare, Hor Od 4, 4, 20 R occ

Obăro, āre To plow up all round Quin hostes obrarissent quidquid herbidi terreni extra murum erit, Liv 23, 19

Obăror, āri To be tilled about, Litt ex Col

Obater, tra, trum Black about Unus ei cornu superiore obatro fulgat, Plin 18, 35 R occ

|| Obatresco, ĕre To be black all over Lacus liventibus spumis obatrescit, Firm

|| Obaudio, ire [obedio, obaudire, Fest] To obey, Gloss ✝ Obedio

Obaurātus, a, um, part Gilt over Soccis obauratis, Apul Met 11, p 268

Obba, æ f [ex Hebr. אוב uter, dolium, Bcom Chald אובא] A cistrel, a bowl with a great belly, a bottle, a jug, a noggin Sessilis obba, Pers 5, 148 Hinc item

† Obbatus, a, um Having the form of the obba Cassides obbatæ, Apul Met 10, p 247

Obbĭbo, ĕre To drink up all at once Cum venenum, ut sitiens, obbibisset, Cic Tusc 1, 40 sed ob duxisset reponunt Victor & Grut ad fidem MSS pro vocantes

Obbrūtesco, ere, ui [ex ob & brutus] To be thunderstruck [a bruto, quod antiqui pro gravi, interdum pro stupido dixerunt, Afran] To be astonished, to be stupid Non possum verbum facere, obrutui, Fest

Obbrūtesco, ĕre incep [ex ob, & brutus, i e stupidus] To grow senseless, or lifeless, Lucr 3, 544

Obcæcans tis part Blinding Refrectu pennarum rostem obcæcantes, Plin 10, 3

Obcæcātus, a, um part Blinded Sultitiâ obcæcatus, Cic Fam 15, 1 Ignorantiæ tenebris, Col 3, 7 cupidine, Id 6, 36

Obcæco, āre (1) To blind, to darken (2) To cover (1) Densa caligo obcæcaverat diem, Liv 33, 7 Met Obcæcat animos fortuna, Id 5, 37 (2) Vid seq Obcæcari Obcæcare semina terra, unde occatio nominata est to cover them by harrowing, Cic de Senect 15

Obcæcor, āri, ātus pass (1) To be covered over, or hid, as ditches, or trenches (2) Met To be darkned, to become invisible, or indistinguishable (1) ✝ Aliquæ fossæ fiunt patentes, quæ etiam obcæcentur, Col 2, 2 (2) ✝ Ne aut obcæcentur tenebris imagines, aut splendore præfulgeant, Ad Herenn 3, 19

† Obcædes, i e occisio Slaughter Nolo obcædes, Plaut Stich 5, 4, 5 Palmes vult noio obscævis, e avidius vescaris

Obcalleo, ere, ui (1) To grow hard, or callous (2) Met To be hardned, or insensible (1) Si tumor jam etiam obcalluerit, Cel 4, 27 Si vero tumores obcalluerunt, & dolent, Id ib ☞ Non dissimulandum tamen utrolibet legi eum, mica l que lectio non spernenda est, corem enim modo apud Plin loco mox citando, omnes libri habent occallui, & ap Cic locum fibi c endum in duobus MSS occalui (2) Mores obcalluere, Col 8, 16 Longâ patientiâ obcallui, Plin Ep 2, 15 De illis rebus ingoi quidem, sed jam prorsus occalui, Cic Attic 2, 18, ex iis ubi haud scio an rectius occallui

† Obcano Vid Occano

† Obcantatus, a, um part Bewitched, enchanted, mad Mulier obcantata, Apul Apol p 5

Obclūsus, a, um part Crossed with bars, shut, or barred Fores obclusæ ferreis trabibus, Plin 6, 11

Obdo, ĕre, didi, itum [ex ob & do] (1) To oppose, or place against (2) To interpose, put to, close, stop, or shut (3) To put across, to bar (1) Nulli malo latus obdit apertum, Hor Sat 2, 59 (2) Forem obdo, ne sen xime opprimat, Plaut Cas 5, 2, 16 Sapiens eris, si clauseris aures, quibus ceram parum est obdere to stop them with wax, Sen Ep 31 (3) Postibus obde seras, lock the door, Ov A Am 2, 636 Anus fores obdit, shut the door, Ter Heaut

Obdormio, ire To sleep fast, to fall asleep (2) To sleep, to digest by sleeping (1) Inde ... ou, nescio quando obdormivit nondum, ... rectus est, Cic Tusc ... Ubi somnum s... que obdormiscit crapulam, Plaut Most 5, 2, 1

Obdormisco, ĕre incept To fall asleep Quid melius, ... ut ... a laboribus ob... e, & ... a conn... sopiri sempiterno Cic Tusc 1, Quoties post c... um obdormiret, quod ei fere acc... Suet Claud 8

Obdūco, ĕre x, ctum (1) To lead against (2) To bring, draw, lay, or put over (3) To be growing over it (4) To draw over (5) To draw out in length over against (6) To ... a draught (1) Metum exercitum ... protinus obducam Plaut ... 2, 1, 13 Mihi ... obviam ... curium obduce, ... him up as a candidate, Cic ... r, 1 (2) Ferro rubiginem obducit, Plin 17, 4 Omnibus fulgere quodam sire charta ... obduxit, Quint Ipsi labo ... cœlum quoddam obducit dolor Cic Tusc 2, 15 ¶ Obducere frontem, to knit the brow ... (3) Radices cum crescunt, cicatricem obducunt, Col ... terris quam cutem, obducunt Plin 17, 4 (4) Terra tuum ... nis obducat sepulcrum, Prop 5, 1 ... Tibullus, Vir Geor 2, ... Arvum obducat marina, Lucr 5, 208 Plagam limo luto obducit Plin 8, 27 (5) Ab utroque latere ejus collis transversam fossam obduxit, he opened a trench across the field, right against the enemy, Cæs B G 2, 8 Obduxi posterum diem, I continued and spent the next whole day, Cic § Obducere apertura, Lucr 4, 9 (6) Cum venenum Socrates obduxisset, Cic Tusc 1, 40 Jam pot onem Socrates, con ... quam medicamentum immortalitatis, obduxit, Sen ...

Obdūcor, i pass To be put over, covered Vestis pro Amazonum corpore obducitur, Curt 6, 5, 27 Obducuntur ... aut cortice rursus, Cic N D 2, 4

Obductio, ōnis f verb A covering Obductio capitis, the hoodwinking, or blindfolding a man when he is to be executed, Cic pro Rab perduel 5

† Obducto are To be brought before one's face, To be brought into, Col ... Nec patiar meam in ... scorta obductarier, Plaut M ... 4, 4, 46

Obductus, a, um part [ab obduco] (1) Brought, drawn, put over, spread over, hid, covered (2) Closed together, covered (3) Shut against (4) H ... covered (5) Clouded or gloomy (1) Obductis ... nocte tenebris? Prop ... Nubes obducta tuens, Vir Æn 2, 604 Specularibus & velis obductis, reductisve, Plin ... refricare obductam jam reipub. cicatricem videor, Cic ... Rull 4, 2 (2) Suid ... tam somniet usque ... 4, 5, 48 (4) Pluma ... obductæ, Cic N D 2, ... tum verbis vulgare ... Æn 10, 64 (5) Obducta ... fronte senectus, Hor ... Inter ...

In erroga . que causa fron is tam . . . quart . . . ui . np is Quare ob- . . tri luum, *ut us har- . . . lis*, Cic Att 12, 3 . . . . *(1) To grow . . hard, or callous (2) . . . hardned, or in- . . . wholly regardless*, . . . (1) Fraum . . . obdurescit, Gorgonis & . . . fun ob- . . . Prop 2, 25, 13 . . . in turpitudinis, ali . . . fatiscente ob luraflet, . . . Fructus est (2) . . . omnes, qui mecum e- . . . obdurui, *Cic Att* . . . = Jam usu obduruerat & . . . incredibilis . . . *Il* pro *Milon* 28 § . . . contra to unim . . . *Il Tusc* 2, 28 § Nisi . . . animus ad dolorem no- . . . *Fam* 2, 16

Obduro, are *To harden one's . . . be hardned and immovea- . . .* patience, resolution, im- . . . = Perser & obdu- . . . prodent olim, . . . 11, 7 Jam Catullus . . . 8, 12

. . . part & adj or, . . . (8) (1) *That . . .* (2) *Pliable, . . .* () *Propensus, success . . .* (1) Homo natu- . . . omnni nocere non . . . *Ov* . . . 2, 5 Nemo obe- . . . fuit, *Liv* Ut . . . minus validus exiret, . . . efferentem, . . . 9, 1 () Obedientissima in . . . fraxinus, *Plin* . . . appetitiones obedientes . . . *Cic Offic* 2, 5 . . . prona atque . . . finxit, *Sall B C* . . . () = Omnia vobis se- . . . & obedientia sunt, *Sall B J* 17

Obedienter adv *Obediently, . . . dutifully* Obedienter . . . *Liv* 21, 34 . . .

Obedientia, æ f *Obedience*, . . . Si servitus sit, sicut . . . animi & ab . . . carentis suo, *&c* . . . Obedientiam ab . . . *Offic* 1, 29

Obedio, ivi neut [ex ob . . . audio, obedire, obau- . . . (1) *To obey, or give . . .* (2) *To follow one's . . .* (3) *To com- . . .* (1) Deo obediunt ma- . . . *Cic* = Ut obtem- . . . magistratibus, . . . *Leg* 2 = Obedire & . . . *I N D* 1, . . . † Ferum sum mihi impera- . . . obedio, . . . 5, 2, 12 () Quibus . . . *Nep Datam* . . . obedirem = Meo . . . obedibo tibi, . . . () = Multorum obedire . . . vel hono- . . . servire, *Cic* de *Cl*

Obeditur . . . *Obedi necess* . . . omnixe obe- . . . *Liv*

Obelia . . . *A lantern . . . at the end of a long . . . to light night . . . way*, Quint . . .

. . . [ex ὀβελὸς . . .] . . . *A . . . broad beneath, . . . smaller and small r towards the top, of a great height an obelisk*, Plin 36, 9, 6, 8, 9, 10, 11

* Obelus, i m *A virgula ja- cens*, apponitur in v . . . vel sententiis superflue iteratis, sive in iis locis, ubi lectio aliqua falsitate notata est . . . quasi sagitta jugulet supervacua, atque falsa confodiat *Sagitta* enim Græcè ὀβελὸς dicitur, *Isid* *A dagger, or critical mark set before any word, or sentence of a false, or suspected authority, also where any thing is super- fluous* Ibid Isid 1, 20 Obelus superne appunctatus ponitur in iis, de quibus dubitatur utrum tolli debeant, necne, *Id*

Obeo, ire, ii *vel* ivi, itum (1) *To go to, or be ready, at, to come by, or at such a time* (2) *To go to, or visit, by passing from place to place* (3) *To go round, to en- compass* (4) *To move up and down, or to and fro* (5) *To go through, or all over, to go all a bout* (6) *To go over* with the eye (7) Absol *To look over, or view* (8) *To go through* in enu- merating (9) *To cover, or be round a thing* (10) *To go through with, discharge, execute, or per- form* (11) *To undertake the dis- charge, or performance of* (12) *To make use of, close with, or fol- low* (13) Mortem, lethum, *vel* diem obire, & *absol* obire, *to die*, alluding to the 10th signif as be- ing the same with *defungor* (14) *To go down, or set*, as the sun and stars do (1) Antonius diem edicti obire neglexit, *Cic Philipp* 3, 8 Obire auctionis diem facile poterant, *Id Fam* 13, 14 Obieris Q fratris comitia, *Id Attic* 1, 3 Vadimonium mihi non obit, *Id* (2) Omnes provincias obire, *Cic* contra *Rull* 2, 13 Cum obeunt plures competitores, *Q Cic* de *Pe- tit Cons* 9 (3) Cur Pythagoras tantas barbarorum legiones pedi- bus obivit ? *Cic* de *Fin* 5, 29 (4) Luna mensibus id spatium videa- tur obire, *Lucr* 5, 617 (5) In dutus chlamydem quam limbus obibat, *Ov Met* 5, 51 Ego Sici- liam totam quinquaginta diebus obii, *Cic Act* in *Verr* 2 (6) Obit truci procul omnia visu, *Vir Æn* 10, 447 (7) Omit projecta cada- vera, *Liv* (8) Nolite expectare dum omnes obeam oratione mea civitates, *Cic Verr* 2, 51 (9) Cum pelli . . . totos obeat circumdata trun- ci, *Vir Æn* 10, 483 (10) Obire . . . *Cic* pro *Manil* 12 res futuras, *Id* legationes, *Nep* officia, *Plin jun* rusticum opus. *Col* Qui tantum modo recipere quan- tum tueri se obire posse *Q Cic* de *Petit Cons* 12 (11) Judi- cia privata magnarum rerum ob- ire, *&c* insignis est impudentiæ, *Cic* de *Orat* 1, 8 (12) Mul- . . . ipsi ad mortem tempestiva . . . quæ utinam potius obire . . . *Cic* . . . 1, 45 (13) Obire mortem, *Cic Philipp* 9, 1 mor- tem, *Suet* . . . Diem obiit . . . annos . . . *Diod, Nep* . . . 10 Diem obiit supremum, *Id* Diem suum obiit, *Plaut* . . . obiit, decursu lumine vitæ, *Lucr* 3, 1055 Ut lethum insidiis obiret, *Id* 5, 1319 ☞ *Hæc secun- dum* . . . *refert Fest ut de- cat* . . . *quomodo ob Rom* . . . *legio* . . . *duxit, ut* . . . *Cede* . . . *si placet* (14) Cassiope . . . inclina . . . *Cic* . . . sorsit, ut videatur, obire, & condere lumen, *Id* § Obit . . . sfera Perseus in loc, *Id* In *Arat*

Obeor, iris, itus pass (1) *To be attended, or come to* (2) *To be covered, &c* (3) *To be surround- ed* (1) Quæ tibi hora vadimoni- um non sit obitum, *Cic* (2) Obiri umbra filiorum, *Plin* Campus obitur aqua, *Ov Fast* 1, 464 Ibid Oleo

Obequito, āre (1) *To ride over, against, or before* (2) *To oppose by riding before* (1) Obequitavit stationibus, *Liv* Cum agmen ob- equitaret, *Curt* . . . 10, . . . (2) Satis esse obequitando agmen teneri, *Liv*

Oberro, āre (1) *To run or wander up and down, or about* (2) Met *To spread about in a wanton, or irregular manner* () *To fly over* () *To mistake* (1) Mustela, quæ in domibus nos- tris oberrat, *Plin* 29, 4 (2) Amore solis humor usque in summa tellure oberrant, *Plin* 17, 19 *de radici- bus* () § Quantum non milvus oberret, *Pers* 4, 26 () Citharœdus ridetur, chorda qui semper oberrat eadem, *blundereth on the same string*, Hor A P 356

† Obesit, oberit *vel* adesit, *Fest*

Obesco, āre [ex esca] *To feed fat, to cram fowl, al leg* obesant ap *Col* 8, 7

Obesitas, ātis f (8) [ex obesus] *Fatness, grossness* Nimia corpo- ris obesitas, *Col* 6, 2 Obesitas ventris, *Suet Dom* 18

Obeso, āre *To fatten, to feed, or cram fowl*, Col 8, 7 *al* obesco

Obēsus, a, um obesum, ssimus, sup (8) [ab H br אבוס fig na- tur, alias, pingue factus] (1) *Fat, plump, gross* (2) *Swollen* (3) *Heavy, dull, stupid* (4) *Lean, spare, slim*, as it were *gnawn, or eaten round about* (1) ✱ A- lii graciles, alii obesi sunt, *Cels* turdus obesus, *Hor Epist* 1, 15, 40 Minus solertes quibus obesissi- mus venter, *Plin* 11, 37 Corpo ratura robusta, non adipibus obe- sa, *Col* 6, 2, sub fin (2) Quatit ægros tussis anhela sues, & fauci- bus angit obesis, *Vir Geor* 3, 497 (3) Nec firmus juvenis, nec naris obesæ, *Hor Epod* 12, 3 (4) V *Gell* 19, 7 *qui hanc notionem vult esse primariam*

Obeundus, a, um part (1) *That must be gone to* (2) *To be gone through, or visited* (3) *To be done, performed, looked after* (1) Obeunda Marsya, *Hor Sat* 6, 120 (2) Propterea quod tum petint ob- eundam esse maximè provinciam, *Cic* Sceptra . . . immensis vix obeunda, *Ov Ep* 16, 176 (3) Ja- cere humi ad . . . obeundum, *Cic* Quantum cæteri ad suas res obeundas concedit tempori, *Id* In ipsa cura & meditatione ob- eundi muneris, *Id* Belli penè nec netis obeundi, *Tac* Hæc ea- tatum obeundarum causa *Cic*

Obex, icis m & f . . . [ab objiciendo, quicquid obiiciatur & opponitur] In obliquis . . . est plerumque . . . & scribunt . . . *obice* . . . obi . . . &c ali obice, . . . (1) *Any thing that shutteth in or out, any thing placed in the way, that hindreth passage* () *A cart, a bolt, a bar, &c* . . . *the way*, . . . () *A stop* . . . *the way*, . . . obices . . . *Plin* . . . obice . . . *Ov* . . . Nereus . . . *Lucan* 2, . . . ido . . . *Stat* . . . (2) . . . postes, *Vir Æn* 8, 227 . . . quas obice firma clauserat, *Ov* . . . 14, 780 Nulla obices, nulla contumeliarum gra- dus, *Plin Paneg* 47 () Tibi denique latitiam iste paniet obice, *Plaut Merc Prol* 72 *Ibid al ali- ter leg*

Obfirmate adv *With fixed re- solution, firmly, immoveably* Ob- firmatè resistere, *Suet Tib* 25

Obfirmatus, a, um *S t* offirma tus part & adj or, comp *Fixed, settled, resolved, or resolved a gainst* Animus fortis atque ob- firmatus, *Plaut Amph* 2, 2, 15 = Voluntas obstinatior & in hac re . . . obfirmatior, *Cic Att* 1, 11

Obfirmo, āre *S t* offirmo *To resolve, to harden one's self in any determination, to become ob durate and inflexible* Censen' posse me obfirmare & perpeti, ne redeam intro? *Ter Eun* 2, 1, 11 Age, quæso, ne tam obfirma te, Chreme *Id Heaut* 5, 5, 8 Cer- tum obfirmare est viam me, quam decrevi, persequi, *Id Hec* 5, 5, 4

Obgannio, *S t* oggannio, ire neut (1) *To yelp, as a wolf, or dog* (2) *To yelp, or* . . . *to one, to mutter in one's ear* (1) Oggannis *SO* Nec gannio, nec la tro, *suppositi Plaut* . . . L 6 *in fin* & Non 6 n 10 (2) Habet hæc, ei quod, dum vivit, usque ad aurem obganniat, *Ter Phorm* 5, 8, 41

Obhæreo, ere, s, sum (1) *To stick at* (2) *To stick fast, or stand still* (1) Confingenti ei primum lignum obhæsit, *Suet Ne- ron* 19 (2) Ubi in medio nobis equus acer obhæsit flumine, *Lucr* 4, 422

|| Obhæresco, ere *To stick fast* Lapsum aurum, quod passim stir pibus connexum obhæresit, *Apul Met* 6, p 183 † Inhæresco, *Cic*

† Obherbesco, ere *To be grown over with grass*, Fest

Obhorreo, ere, ui *To look fierce, or cast a dreadful colour* Cujus alterum genus sanguineis . . . obhorret, *Plin* 37, 8

Objacens, tis part [a seq] *Ly- ing before, or lying in the way, and stopping the passage, lying up and down* Sarcina objacen te pedibus fugientium, *Liv* 10 36 Insula, qua ulteriùm vento mare objacens frangit, *Plin Epist* 6, 31 Cespitibus objacentibus in- peditum arvum, *Col* 2, 4

Objaceo, ere, ui (1) *To lie in the way* (2) *To lie against, or be exposed to* (1) Omnis lapides & siqua objacent . . . colligi debent, *Col* (2) . . . Ionis fluctibus objacet, . . .

Objectaculum, i n . . . *or sluice, to let the . . . out* Objectaculum, quo . . . ne redire rursum in . . . *Varr R R* 3, 17

|| Objectamentum . . . *reproach, or reflection* . . . Nec . . . jurgio prolata, *Apul* . . . p 401

Objectatio, onis f . . . *upbraiding, or charging one* . . . orum objectatione . . . *B C* . . . 60

|| Objector . . . *to, or reproach* . . . Aston

Objectatus, a, um part . . . *laid to one's charge* . . . object . . .

Objecto, are freq [ab objicio] (1) *To throw* . . . () Met *To lay to* . . . () *To thrust* . . . () *To place* . . . () *To expose to* () *To object, upbraid, or cast in* . . . *teeth* (1) *Primum hæc* . . . *exemplum* . . . docet . . . & . . . transla-

transl tio (2) § Congruntium plebis animis objectabant, *Plin jun* (3) Nunc caput objecta e fretis, *Vir Geor* 1, 386 (4) Corpora bello objectavit, *Vir Geor* 4, 218 (5) Se iisi eum objectare periclis, *Vir Æn* 2, 751 (6) Probrum mihi nullum objectas, *Cic* pro *Domo*, 29 Natis objectat & imputat illi, *Ov Met* 2, 400

Objector, āri, pass *To be charged, laid, or upbraided, &c* Mihi fortuna, illi probra objectantur, *Sall B J* 88

Objectūrus, a, um part *About to oppose, or to place against* A man quoque alios objecturus, ut unius eum urgeret, *Curt* 5, 8, 20

Objectus, a, um part [ex objicio] (1) *Thrown to* (2) Met *Cast in the way* (3) *Lying, or being in the way* (4) *Opposed to* (5) Objectum, *that which is placed in the way, an obstacle* (6) *Exposed, or liable to* Vid Objicio (1) Objecto tenuans in cibo posset capi, *Phædr* 1, 23, 4 Met Plutus objecto cur ita corrumpit lucro, *Id* 4, 11, 8 (2) Visum objectum est deo somnianti, *Cic Acad* Q 4, 16 Met Nulla ibi lita objecta delectat, *Id* (3) Flumina objecta retinebant cursos, *Vir Geor* 4, 50, (4) Oppositum & objectum hostibus propugnaculum, *Cic* pro *Font* 1 (5) Objecta rupium, *Solin* Met *a thing objected* De objectis non confiteri, *Cic* pro *Domo* 35 (6) Ad omnes casus objectus, *Cic Lam* 6, 4

Objectus, us m verb (1) *A placing between, or against, an interposition, or that which is interposed, or placed against* (2) *A placing before, or against for defence, or that which is so placed* (3) *A spectacle, or sight* (1) Manifestum est, occultari lunam terræ objectu, *Plin* 2, 10 Objectus montis, *Tac Ann* 1, 67, [illegible] nolium, *Id Ann* 14, 8, 1 Objectus pectorum, *Id Germ* 8, 1 (2) Non incommode arcentur sol & ventus objectu vestis, aut cujuslibet densi tegiminis, *Col* 2, 19 (3) Quo repentino objectu visio, *Nep Hannib* 5

Obiens, euntis part (1) *Going over and covering* (2) *Surrounding, or encompassing* (3) *Executing, discharging* (4) *Setting, going down* (1) Ab angulis membrana obeunte, *Plin* 11, 37 (2) Magnas obeuntia terras tot maria intravi, *Vir Æn* 6, 58 (3) Militaria opera pugnando obeunti Alexandro cessisset, *Liv* (4) ✠ In obeuntis vel orientis solis ultimis partibus qui nomen tuum audiet? *Cic Somn Scip* 6 Obiens Capricornus, *Id*

† Objexim, *pro* objecerim, *Plaut Pæn* 1, 3, 37 *&* objexi *pro* objeceris, *Id Cas* 2, 6, 5

† Obigitat ante agitat, *ut* obambulat, *Fest*

Objiciendus, a, um part (1) *To be put into, raised, or caused* (2) *To be objected, or upbraided* (1) Erroris objiciendi causa, *Cic de Legg* 2, 19 (2) Cum tu mihi Cornelii defensionem in maledictis objiciendam putaris, *Cic in Vatin* 2 Parcius ista viris tamen objicienda memento, *Vir Ecl* 3, 7

Objiciens, tis part *Placing over against, or interposing* Luna objiciens cæcum radiis ardentibus orbem, *Lucr* 5, 754

Objicio, ĕre, jeci, ectum act [ab ob, *&* jacio] (1) *To throw to, to throw to be eaten* (2) Met *To pay, or give* (3) *To put to, or shut against* (4) *To put, or lay in the way, to interpose* (5) *To put against, or before* (6) *To lay before one's senses, or mind* (7) *To oppose to, or place against* (8) *To object, or lay to one's charge, to mention as one's crime, or disgrace* (9) *To place, or hold against, for one's defence* (10) *To expose to* (11) *To put into, to raise, or cause in one* (12) *To cause to, or be the cause of to* (13) *To put one upon, to cause to do* (14) *To object a thing, with a sign of averting one from any attempt* (1) Noluerunt feris corpus objicere, *Cic* pro *S Rosc* 26 Cerbero offam objicit, *Vir Æn* 6, 421 ✠ Nec jam in [illegible] & in nubibus non tam apponis, quam objicis cibos, *Plin Pan* [illegible] (2) Argentum cuj cras I[illegible] me, *Plaut Asin* 4, 2, 5 (3) Ibi tum eis erant, cui fores portæ objicerent, *Liv* (4) Fores hic sonitu suo mihi moram objiciunt incommode, *Plaut Trin* 5, 1, 9 (5) Nubem oculis objecit, *Ov Met* 1, [illegible] Objicere hostia quædam tortuosa, *Cic de Div* 2, 6, (6) Oculis animoque objecit Frynnim, *Ov* [illegible] Unum ex judicibus selectis objiceret, *Horat Sat* 1, 4, 122 (7) § Dictator Romanus ei se objecit, *Nep Hannib* 5 Singulas binis navibus objiciebant, *Cæs B C* 1, 58 § Objiciunt equites sese ad [illegible] nota, *Vir Æn* 9, 379 (8) Neque ille haud objicit mihi pedibus sese provocatum, *Plaut Epid* 5, 1, 56 Quin tu hoc crimen aut objice ubi licet agere, aut jacere noli, ubi non oportet, *Cic* Quin nobis de morte Cæsaris objiceres *Brutus & Cassius*, ap *Cic Fam* 11, 3 Vobis digna pudore objicit, *Ov Met* 12, 568 § Si neque avaritiam, neque sordes objiciet verè quisquam mihi, *Hor Sat* 1, 6, 68 Mihi ausus es eloquentiam, uti vitium, objicere, *Declam in Sall Cum geminum dat* Camulo crimini objecit, *Plin* (9) Pro vallo carros objecerunt, *Cæs B G* 1, 26 Clypeos ad tela sinistris protecti objiciunt *Vir Æn* 2, 444 (10) Timebat flumini exercitum objicere, *Cæs B C* 1, 64 Objicere aliquem Aquilonibus, *Hor Od* 1, 10, 3 § Objicere se in impetus profligatorum, hominum, *Cic* Ad omnes casus objicere, *Id* (11) Eam pudet me tibi in senecta objicere sollicitudinem *Plaut Mil* 2, 1, 29 Quæ res igitur tantum furorem Sexto Roscio objecit? *Cic* pro *S Rosc* 11 Quo plus terroris hosti objiceret, *Liv* Subitam canibus rabiem Cocytia virgo objicit, *Vir Æn* 7, 480 (12) Qui multa Thebano populo acerba objecit funera, *Plaut Amph* 1, 1, 35 (13) Me tibi istuc ætatis homini facinora puerilia objicere, *Plaut Mil* 3, 1, 25 (14) Ut profecto nisi religionem Veneris, nonnemo objiceret, *Cic* Religionem illic objecit, *Plaut Merc* 5, 2, 40

Objicior, i pass (1) *To be cast, or thrown to, &c* (2) *To be shewn, or laid before one, whether good, or evil* (3) *To be exposed* (4) *To be thrown forced, laid, or put upon* (5) *To be interposed* (6) *To be impressed on or carried to the mind, or any of the senses to become the object of* (7) *To be objected against* (1) Offa cani objicitur, *Varr* v *&* Objicio (2) Etiam argentum est ultro objectum ei, *Ter Phorm* 5, 2, 4 Aliud majus miseris, multoque tremendum objicitur magis, *Vir Æn* 2, 200 (3) Facinorosorum armis meos cives pro me objici nolui, *Cic* pro *Mil* 14 (4) Quibus est alicunde objectus labos, *Ter Hec* 3, 1, 6 (5) Objectus est portis eritius, *Cæs B C* [illegible], 67 (6) Objiciuntur formæ, quæ reapse nullæ sunt, *Cic de Div* 1, 37 (7) Ita confitendum est, ut quod objicitur factum neges, *Cic* [illegible] *Orat* 29 Vid Objicio

† Obiratinus, a, adj *Somewhat angry* Aiunt cum ad lumen sustuleris, quod perlucet, id esse obirratine, *Varr R R* [illegible], 9 *Lg & dic* [illegible], *sed conjungit* Scal

Obirascens, tis part *Angry with, or against* § Obirascens fortunæ animus, *Sen de Tranq* 12, 2

‖ Obirascor, i dep *To be angry, on some account* = Cum male audiunt, commoventur & obirascuntur, *Apul Apol* p 404

Obiratio, onis f verb *A being angry* Nebulonis obiratione Brutus moveri posset, *Cic Att* 6, 3, sub fin *ubi vid* Græv

Obirātus, a, um part *Angry, or incensed against one that is angry* Fortunæ obirati cultum reliquerant deorum *Liv* 1, 31

Obitèr adv (δ) [ex ob, *&* iter, *Prisc* in transcursu, quasi in itinere, & ob viam] (1) *In going along, or as one goeth along* (2) *By the by, by the way* (3) *By chance* (1) Obiter cantare, *Petron* 31 Obiter leget aut scribet, vel dormiet intus, *Juv* 3, 241 Rotis, quas aqua verset obiter, & molat, *Plin* 18, 10 (2) Hæc obiter indicata sint, *Plin* 21, 8 Ut obiter caveam istos Homeromastigas, *Id* in *Proœm* (3) Occurrentia obiter, *Sen* Obiter incidentia fuere declinant, *Plin* ☞ *Hanc vocem Schioppius auctoritate Scauri Gramm antiq & imper Hadriani reprehendit, sed auctores allati fortissimum plebeium, amaverunt, quibus, modo opus fuerit, in subsidiis aderit Augustus Cæsar, si de concinnitate quæratur, si verò de antiquitate, Pacuvius*

Obitūrus, a, um part *That will perform, or execute* Eum obiturum anni regis munia esse, *Liv*

Obitus, a, um part [ab obeor] (1) *Performed, discharged, managed* (2) Morte obitâ, *after death, when one is dead* (1) Legationibus flagitiosè obitis, *Cic* pro *Font* 11 (2) *Cic* pro *Sext* 38

Obitus, ûs m verb (1) *A coming to, or meeting* (2) *Death, decease* (3) *A setting, or going down* (1) *Obitus* dicebant pro *aditus*, *Fest* Obitus *adventus* Acc Antigona *Atat, nisi me fallit in obitum sonitus* *Turp Epiclero* Ecquis est qui interrumpit sermonem meum obitu suo? *Non* Ut voluptati obitus, sermo, adventus tuus, quocunque adveneris, semper siet, *Ter Hec* 5, 4, 18 ubi *vid* Donat (2) = Interitus atque obitus omnium rerum, *Cic de Div* 2, 16 (3) ✠ Ortus, obitus, motusque siderum, *Cic de Div* 1, 56 ✠ Stellarum ortus atque obitus, *Catull* 64, 2 Signorum obitus & ortus *Vir Geor* 1, 257 Solis obitus, *Lucr* 5, 707

Objurgandus, a, um part *To be reproved, blamed, rebuked, or chidden* Monendi amici sæpe sunt, & objurgandi, *Cic de Am* 24

Objurgans, tis part *Rebuking, blaming, or upbraiding* Objurgans me à peccatis, *on account of my faults*, Plaut Trin 3, 2, 54

Objurgātio, onis f verb *A chiding, or rebuking* = Castigatione & objurgatione dignus, *Cic Att* 5, 10 [illegible] *Id de Am* 24 [illegible] *quasi* [illegible] *or objurgatio*, *Id de Orat* 2, 8

Objurgator, oris m verb *A rebuker, reprover, or chider* Bene olos objurgatores [illegible] invidos vituperatores contemnere possumus, *Cic N D* 1, 2

Objurgatōrius, a, um adj *Belonging to chiding* Objurgatoria epistola, *a chiding letter*, *Cic Att* 1, 16

Objurgatus, a, um part [illegible] deponen objurgo.] *Hampered, or chidden* [illegible] p ortus non mediocr[illegible] objurgatus, *Cæl* ad *Cic Fam* 8, [illegible] MSS *pene omnes, leg tamen aliter*

Objurgito, āre freq *To chide much, or often* Mali te ut verbis multum objurgitem *Plaut Trin* 1, 2, 30 Tenti objurgitem *id* vix alibi occ

Objurgo, āre act (1) *To chide, rebuke, blame, or reprove* (2) *To upbraid, or jeer* (3) *To chastise, or correct* (1) § Objurgavit M Cœlium sicut neminem unquam parens, *Cic* pro *Cæl* 11 [illegible] in quo te objurgem id ipsum [illegible] dear imitari, *Cic Fam* [illegible] Me etiam in rogando verecundiam objurgavit, *Id ad Q fr* [illegible] [illegible] nator canem objurgabat, *Phædr* 5, 10, 6 *Cum præp de* Me quodammodo molli brachio de Pompeii familiaritate objurgas, *Cic Att* 2, 1 (2) Leporem objurgabat passer Ubi pernicitas nota illa tua est? *&c* Phædr 1, 9, [illegible] (3) Servulum istum verberibus objurga, *Sen* Vid *S*

Objurgor, āri, ātus pass *To be chastised, or corrected* Prodigus & procax, adeò ut sæpe flagris objurgaretur à patre, *Suet Otho*, 11 Ferulis objurgari, *Id Calig* 20 Soleâ rubra, *Pers* 5, 169 *Cæt vid* Objurgo

Oblangueo, ēre, ui, *sive* oblanguesco, ĕre *To be enfeebled, or wholly to lose its vigour* Literulæ meæ, sive nostræ tui desiderio oblanguerunt, *Cic Fam* 16, 12

Oblātio, ōnis f [à sup oblatum] *An oblation, or offering* Oblatio vocatur, quia offertur, *Isid* § *a benevolence, or aid of tribute, corn, freely given by subjects* Omne genus pensitationum in hoc capite positum est, Canonis, oblationis, indictionis, *Ascon* Canon, est ordinarium tributum Oblatio voluntarium Indictio novum & superadditum, *Lips*

‖ Oblatiuncula, æ f *A little offering*, Lact

Oblatratrix, icis f verb *A woman that barketh, railleth, or scoldeth at one* § Nolo mihi oblatratricem in ædes intromitteré, *Plaut Mil* 3, 1, 85

Oblatro, āre *To bark against one, to rail at one* ✠ In madum vulgi fovet oblatratque senatum, *Sil* 8, 250

Oblatūrus, a, um part [ex offero] *That will offer* Ne ferrum quidem ad bene moriendum oblaturus est hostis, *Liv*

Oblātus, a, um part [ab offeror] (1) *Brought to, or before* (2) Met Absol *That which is brought before the eyes, shewn, appearing, that which is the object to any of the senses* (3) *Injected, or put into the mind* (4) *Offered, profered, freely put* [illegible] to *one's power* (5) *Brought upon, or that hath come upon, or offered to* (6) *Struck, inflicted, given* (7) *Forced, done, or performed upon, or by violence* (8) *By design, or on purpose* (1) Nec tibi cordi fuisse pœnam ... oblatam prope oculis suis, ... (2) Novo genere pugnæ oblato, *Hirt B Afr* 15 Casu mirum oblatum præmissis onerat, *J B* 7 ... Nova res oblata timorem lenit, *Vir Æn* 1, 455 ... casu luminis flexu ... ut oblata est præsentia, *Ov* ... (3) Terror oblatus ducibus, *Cels* Diffugiunt ... *Cic Fam* 15, 1 Ob... cornuto est pillario... *Id* Facti facinoris ... furti invidiæ, *Liv* ... dominationem oblatam ... *Sall de Rep* ... Oblatum a senatu honorem ... *Suet Don.* 14 Oblatis ... honoribus aurei, *Id Claud* 21 ... sibi facultatem putavit, *Cic* ... Desperantibus oblata ... *Hirt B Alex* 50 Germani ... oblatos gavisus ... *Cæs B G* 4, 13 (5) Non ... ego ... acerba esse ex ... unquam oblata ... *Ter Hec* 3, 1, 1 Oblatum ... incens periculum, *Tac Ann* 4, 5, 1 (6) Ictus oblatus, *Lucr* ... (7) Qua stuprum per vim oblatum voluntariâ morte luerit, *Cic de Fin* 5, 22 Incredibile est ... tem oblatam esse patri ... filio, *Id* (8) ✝ Domus ardebat in Palatio non fortuito, sed oblato incendio, *Cic pro Domo*, 24

Oblectāmen, ĭnis n verb *That which delighteth, or pleaseth* C... quos oblectamina nato ... fleret flores, *Ov Met* 9, 342 ... vitæ, *Stat Sylv* 3, 5, 5

Oblectāmentum, i n *That which delighteth, pleaseth, or entertaineth, solace, delight* = ... haberent hæc oblectamenta & solatia servitutis, *Cic Verr* 4, 60 Oblectamenta regni, *Tac Ann* 1, 16, ... rerum rusticarum, *Cic de Sen* 16 Erat ei in oblectamentis serpens draco, *Suet Tiber* 72

Oblectatio, ōnis f verb *A delight, pleasure, delight, recreation* Oblectatio animi, *Cic* ... beatæ vitæ, *Id* ...

Oblecto, āre [ex ob, & lacto, ... lacio] (1) *To attract, allure, or entice to by its pleasantness* (2) *To detain, take up, or entertain by imposing upon by ... discourse* (3) *To entertain, delight, solace, please* (4) *To make to pass pleasantly* (1) ... obl... cultu terra ... *Ov ex Ponto*, 4, 2, 44 Q... & ut te oblectes, scire ... *Cic* Nec flumina ulla queunt ... labentia ripis, oblectare animum, *Lucr* 2, 36. Rura ... *Ov Rem Am* ... (2) Me ... hæc tanta ... promittere, qui vos ob... hanc fabulam dum transigitur, *Plaut Pseud* 1, 5, 151 (3) Oblectant animum jactata petauro ... *Juv* 14, 265 Ubi te oblectasti tam diu? *Ter Hec* 1, ... § Me te oblectes, *Id Eun* ... Habebunt certe quo se oblectent posteri, *Phædr* 3 *Prol* ... cum illa te intus oblectas, *Ter Adelph* 2, 4, 20 § ... oblecto, *Id Adelph* 1, ... (4) ... quæ tuam ... oblectet, *Ter Phorm* 2, 2, 87 Hæc studia adolescentiam alunt, senectutem oblectant, *Cic pro Arch poet* 7 Oblectare tempus studio, *Ov Trist* 5, 12, 1

Oblector, āri, ātus pass (1) *To be delighted* (2) *To be comforted* (1) Si nosmet ipsi ludis oblectamur, & ducimur, *Cic pro Mur* 19 (2) In communibus miseriis hic tantum oblectabar specula, *Cic Fam* 7, 10

Oblēnio, ire, ivi [ex ob, & lenio] *To soften, or make gentle* = Lectio illam ... lenit, & historia fabulis detinent, *Sen de Ira*, 3, 9

Oblīdo, ere, si, sum [ex ob, & lædo] *To be too close for, to squeeze things in one against another, by being too tight* Ut hyeme calida sint stabula, nec angustiæ eorum fœtus oblidant, *Col* 7, 3

Obligans, tis part *Obliging by good turns* Obligantium & obligatorum animus, *Sen de Benef* 1, 4

Obligātio, ōnis f verb (1) *A tying close up* (2) *The engaging, or giving for security* (1) Obligatio linguæ, *Firm* (2) Est gravior & difficilior animi & sententiæ pro altero, quam pecuniæ, obligatio, *Cic Bruto, Ep* 18

‖ Obligātor, ōris m *He that bindeth*, Ap JCC

Obligātus, a, um part & adj or, comp (1) *Tied, or bound about* (2) *Tied to* (3) *Knit together, joined in embraces* (4) Met *Engaged, pawned, or mortgaged* (5) *Due by engagement, vowed solemnly, or promised* (6) *Bound, or engaged by security given* (7) *Engaged, tied up, or hindred* (8) § *Obliged, or bound to, engaged by kindness* (1) Venæ obligatæ, *Tac Ann* 16, 19, 2 = Obvolutus & obligatus corio, *Ad Herenn* 1, 13 (2) § Prometheus obligatus aliti, *Hor Epod ult* (3) Amatores obligati noctibus totis, *Petr Arb* 81 (4) *Met* Nam fundi & ædes obligata sunt ob amoris prandium, *Plaut Truc* 2, 1, 4 (5) Obligatam redde Jovi dapem, *Hor Od* 2, 7, 17 (6) Magnis & multis pignoribus eum resp obligatum tenet, *Cic Philipp* 13, ; *recent tamen edd* illigatum *hab* (7) = Quod eos intelligere videbam, me hoc judicio districtum atque obligatum futurum, *Cic Act in Verr* 9 (8) Magno beneficio ejus, magnoque merito sum obligatus, *Cic Fam* 11, 16 Quantò quis melior & probior tantò mihi obligatior abit, *Plin Ep* 8, 2

Obligo, āre act (1) *To bind, or ty up, to ty round, or about* (2) *To render obnoxious to guilt, or punishment* (3) *To engage, pawn, or lay at stake* (4) Obligare religioni, *to make a thing sacred, and exempt from private use* (5) *To engage, or oblige, by the ties of promise, oath, form of law, &c or by any security given* (6) *To oblige, engage, or bind by kindness* (1) Ait se obligasse crus fractum Æsculapio Apollini autem brachium, *Plaut Men* 5, 5, 9 Age obliga, obligna cito, *Id Bacch* 4, 4, 50 ... *epistolam quam lino obsignavant, ... inde obsignabant* Ne ... mille ducentos manipulos unus obligat, *Col* 11, 2 (2) § Cum populum Romanum scelere obligasses, *Cic pro Domo* 8 Simul obligasti perfidum votis caput, *Hor Od* 2, 8, 5 Furti se obligavit, *Gell* 7, 15 ex *Q Scævola* (3) Audeo obligare fidem meam, P C vobis, *Cic Philipp* 5, 18 (4) Domum in posterum tempus sempiternæ religione obligare, *Cic pro Domo*, 40 (5) Ut secundo cum obligaret militiæ sacramento, *Cic de Off* 1, 11 Qua in re verbo se uno obligavit, *Id pro Cæcin* 3 Qui se nexu obligavit, *Id pro Mur* 2 Unum vadem tribus millibus æris obligarunt, *Liv* (6) Quem fac, ut tuâ liberalitate tibi obliges, *Cic Qu fr* 2, 1, Studiorum beneficio defensionis valdè obligavi, *Id Qu fr* 3, 1

Obligor, āri, ātus pass (1) *To be tied, or bound up, or about* (2) *To be made liable, or obnoxious to punishment, &c* (3) *To be bound, or under an engagement* (1) *Varr R R* 1, 40 (2) Suiciorum pœnis obligari, *Cic de Fin* 1, 1 (3) Obligent ii non solum jurisjurandi atque existimationis periculo, sed etiam communi inter se conscientiâ, *Cic Verr* 2, 72 Populus Romanus injussu suo, nullo pacto potest religione obligari *Id pro C Balbo*, 15 Si quid est, in quod obligari populus possit, in omnia potest, *Liv* Obligor ut tangam ... fera ... Ponti, *Ov Trist* 1, 2, 83

† Obligūrio, ire, ivi, itum act *To waste and spend riotously* Perperam leg ap *Cic & Ter pro* abligurio, *quod v*

Oblimātus, a, um part *Covered with mud* Nilus mollitos & oblimatos agros ad serendum relinquit *Cic N D* 2, 52 *vid & Suet Aug* 18

Oblīmo, āre [ex ob, & limus] (1) *To cover with mud* (2) Met *To make unactive, heavy, or dull* (1) Nilus juvat agros duabus ex causis, & quod inundat, & quod oblimat, *Sen* (2) ✤ Nimio ne luxu obtusior usus sit genitali arvo, & sulcos oblimet inertes, *Vir Geor* 3, 136 Quod dissolutor honesti luxus, & humanas oblimet copia mentes, *Claud de Rapt Pros* 29

Oblimo, āre [ex ob, & limo, as, ... lima] *To consume, or waste an estate* Rem patris oblimare, *Hor Sat* 1, 2, 62

Oblinio, ire, ivi, itum *To anoint, or smear over, to dawb over* Oblinire argillâ, *Varr R R* 1, 41 fimo & cinere, *Col* 5, 9

Oblinitus, a, um part *Smeared over* Passum secundarium vasis oblinitis includere, *Col* 12, 39

Oblino, ere, levi, litum act (1) *To dawb, smear, or lay over with* (2) Met *To defame, or cover with infamy* (3) *To sully, tarnish, or defile* (1) Cum accipitres se obleverint visco, *Varr R R* 3, 7 Cedo cerussam, qui malas oblinam, *Plaut Most* 1, 3, 101 Sanguine gladium oblinere *Sall B J* 107 (2) Quem versibus oblinat atris, *Hor Epist* 2, 19, 30 (3) Eloquentia ita peregrinati tota Asiâ est, ut se externis oblineret moribus, *Cic de Cl Orat* 1,

Obliquans, tis part (1) *Placing obliquely* (2) *Turning aside, or askew* (1) Obliquans caput, *Luc* 4, 746 (2) Obliquantem oculos Cyberen abstraxit, *Ov Met* 7, 413

‖ Obliquātio, ōnis f *A winding about obliquely* Per obliquationem circumfusæ hederæ latente mucrone, *Macrob Saturn* 7, 1

Obliquātus, a, um *Running crookedly* Obliquato aspectu, *Amm* 28, 4 & alibi

Obliquē adv (1) *Obliquely, across, athwart* (2) Met *Indirectly, slily, covertly, by hints, or obscure insinuations* (1) ✱ Atomi quæ rectè, quæ obliquè ferunturi, *Cic de Fin* 1, 6 (2) Obliquè perstringere, *Tac Ann* 5, 2, ... agere, *Gell* 7, 17

Obliquitas, ātis f *Obliquity, or going awry*, Plin 2, 5

Obliquo, āre act (1) *To make, place, or turn oblique, or sideway* (2) *To make to run transverse* (3) *To drive obliquely, or turn aside* (4) *To direct, or turn obliquely* (1) Obliquat sinus in ventum, *veereth the sails windward* Vir Æn 5, 16 Flexo navita cornu obliquat lævo pede carbasa, *Luc* 5, 419 (2) ... obliquent flumina fontes, *Luc* 4, 117 (3) Ille ... obliquavit equos, *Stat Theb* 12, 749 (4) In latus ensem obliquat, *Ov Met* 12, 486 ¶ Oculos obliquare, *to cast oblique glances*, Stat Theb 1 65 Obliquare preces, *to insinuate one's desires by speaking of the matter at a distance*, Id Theb 3, 382

Obliquor, āri, ātus pass *To be formed in an oblique figure* Lunat obliquatur cornibus, *Plin* 6, 13 *de Caspio mari*

Obliquus, a, um [ex ob, & ant liquus *sive* liquis, *i e* transversus *Vid Scal ad Fest in voce sublices*] (1) *Oblique, sideway* (2) *Moving obliquely* (3) *Entering obliquely* (4) *Striking obliquely* (5) *Looking obliquely* (6) *Transverse, or across* (7) *Crooked, bending* (8) Met *Crooked, compassing its ends by indirect means, sly, malicious* (9) *Envious* (10) *Illegitimate, or spurious* (11) Obliquus casus, *the oblique case* (1) ✱ Partim obliqui, partim versi, partim adversi, *Cic* Sublicæ obliquæ adigebantur, *Cæs B G* 4, 17 Sectus in obliquum est ... , *Ov Met* 2, 130 Mixtis obliquo pectore remis, *Luc* 3, 604 (2) Obliquus signorum ordo, *Vir Geor* 1, 239 (3) Qui ... addunt, quatuor a ventis obliquâ luce fenestras, *Vir Geor* 4, 298 (4) ... res obliquum meditans ictum, *Hor Od* 3, 22, 7 (5) Dianam obliquo fugientem lumine cernens, *Ov Met* 2, 787 (6) In obliquum sonipes opponitur amnem, *Luc* 1, 220 Africa serpentem obliquum tota transiit, *Vir Æn* 5, 274 (7) Obliquo laborat lympha fugax trepidare rivo, *Hor Od* 2, 3, 11 (8) Cato adversus potentes semper obliquus, *Flor* 4, 2 (9) Drancem gloria Turni obliqua invidia agitabat, *Vir Æn* 11, 337 Non istic obliquo oculo mea commoda quisquam limat, *Hor Epist* 1, 14, 38 (10) Obliquum ... genus, *Stat Theb* 5, 22 (11) Vid *Quint Instit Orat* 1, 6

Oblisus, a, um part [ab oblido] (1) *Pressed down, or broken with weight* (2) *Squeezed together* (1) Operti alioqui, atque etiam oblisi pondere essemus, *Plin Epist* 6, 20, 16 (2) ... oblisis, *they being strangled*, Tac Ann 5, 9, 3

Oblitterandus, a, um part *To be wiped out of memory, or forgot* Quod maximis rebus, quas postea gessit, oblitterandum, *Cic in Latin* 6

Oblitterātio, ōnis verb *Decay, degeneracy, the loss of an art* Tanto magis deprehendi ars oblitteratio potest, *Plin* 3, ...

Oblitteratus, a, um (1) *Worn out of memory, forgotten* (2) *Obsolete, grown out of use* (1) = Neque vetera peccata repeti jam oblitterata placet, *Liv* 3, 59 ✱ Se rem vetustate oblitteratam, cæterum suæ memoriæ infixam ...

re, *Id* 7, 71 ✕ Memoria patrum renovata rei pene jam obliteratæ, *Id* Obliterata jam nomina, *Tac Hist* 1,55,4 Damnum majoribus aliorum nilum clilibus obliteratum, *Id Hist* 2,66,5 (-) Obliterata a. urbe monumenta, *Tac Ann* 1,22,7

Oblitero, are [ex ob, & litera, *unde* & aliteratus, ut litteris in quid superducere, ut priores deleantur, *V*] *To blot, or rase out of books, records, or memory* ✕ Hæc vigeant mandata, nec ulla obliteret ætas, *Catull* 62,232 Publicæ rei ben ficia memoriâ privatum offensionem obliteraverant, *Cic pyst red in Senat* 8 Bona in ima fene tus flagitiosa obliteravit, *Tac Ann* 6,3..

Oblitero, ari, atus pass *To be blotted out of memory* Adversæ pugnæ nihilus in animo, quam meo, minus obliterari possunt, *Li* Hæc iræ data obliterentur, *Sen Med* 556

✝ Obliteratus, a, um adj Notavimus quod obliteratam gentem Levius pro obliterata dixit, *Gell* 11,

Oblitesco, ere, ui [ex ob, & latesco] *To lie hid, to be concealed* Nec in nimis ejus granis oblitescant, ... Quibus temporibus sidera a nostro aspectu oblitescant, *Cic de Univ* 10

Oblitus, a, um part [ab oblino] (1) *Daubed, smeared, or covered over* (2) Met *Defiled, polluted, stained, disgraced* (1) § Ut non cera, sed cæno oblitus esse videatur, *Cic Verr* 5, 69 Oblita spumis lingua, *Ov Met* 15 519 Oblitus manu fonet ... tutilicus unda, *Tibull* 1,5,85 Lupus oblitus & spumis & sputo ... cruore rictus sanguineo, *Ov Met* 11, 367 § Oblitus dominatu ..., *Id Ep* 11, 2 (-) Noncum ... parricidio oblitus, *Cic Phil pp* 11,12 Libido flagitiosa, quâ Antoniorum oblita est ..., *Id Philipp* 14,7 Sallustii scripta nimiâ priscorum verborum affectatione oblita, *Suet de Clar Gramm* 10

Oblitus, a, um par [ex obliviscor] (1) *Having forgot, forgetful* (2) Met *Having lost* (3) Pass *Being forgot* (1) § Oblitus ... *Cic Att* 4,15 § Cujus ... oblitus totam causam, *Id Cic Or* 60 (-) Pœna sucfor oblita pore, *Vir Geor* 2, 59 (3) Nomen ... per se ... oblito pulvis ..., *Prop* 1, 18, 6 § Nunc oblita mihi tot carmina, *Vir Ecl* 9,5

Oblivio, onis f (1) *A forgetting, or slipping out of memory* (2) *The being forgot* (3) *The being forgot* (4) *Forgetfulness* (5) *An amnesty, or act of oblivion* (6) Obliviones, pl *Certain goddesses of forgetfulness* (1) Oblivio omnis ... *Cic* ... 4, 35 (2) Non oblivione ... tim est, *Cic* (-) Multos oblivio obruet, *Tac Agr* 46, 6 (4) ✕ Meum tuorum in me meritorum memoriam nulla delebit oblivio, *Cic Fam* 2, 1 (5) ... turum ... OBLIVIONI ... *Stat Theb* ... (6) Non tuos ... Obliviones, *Hor Od* ...

Obliviosus, a, um (1) *Very forgetful* (2) *Causing forgetfulness* (1) ✕ Memor, in oblivio ... *Cic de Inv* 1,24 (2) Oblivioso ... *Hor Od* 2, 7, 21

Obliviscendus, a, um part *To be forgotten* Obliviscendus ib illis, *Hor Epist* 1,11,9

Obliviscor, i, itus sum dep [ex ob, & antiq liviscor, quod a λήθω] (1) *To forget, to lose the remembrance of* (2) *To omit, to pass by* (1) ✕ § Meminit, nec unquam obliviscitur illius noctis, *Cic pro Plan* 42 § Nihil obliviscitur ... nisi injurias, *Id* (2) Quam for ... dix, ut illi obliviscar, nunc omnes in ... potuerunt, *Ci*

Oblivium, i n Rara vox in sing In plur oblivia, orum *Forgetfulness, oblivion* Exempt ... modestiam modestiæ ... quisque silentio, deinde oblivio transmisit, *Tac Hist* 4,? ... § Longa oblivia potare, *Vir Æn* 6,715 Oblivia ..., *Lucr* 3, 8..., *Hor Sat* 2,6,6.

Oblivius, a, um *Forgotten, out of date, obsolete* Verba Latina sunt aut nostra, aut aliena, ut oblivia, *Varr L L* ...

Oblocatus, a, um part *Let out, or to be done for hire* Quæ ad epulum pertinebant macellariis obl locata, *Suet C* ..26

Obloco, are *To let out for hire, to hire* Cum operam obiocare ... exhaustum ... ci sit, *Juv* 11, 1c

Oblocutor, oris m verb *An interrupter, or gainsayer* Oblocutor non tum alteri in convivio, *Plaut Mil* 3, 1, 48

‖ Oblongulus, a, um adj *Somewhat oblong* Surculi duo teretes oblonguli, *Gell* 17, ...

Oblongus, a, um (1) *Of a form inclining to long* (2) *Of a pretty good length* (1) Figura oblonga, *Plin* 7, 12 Mapalia oblonga, *Sall B Jug* 21 (2) *Varr*

Obloquor, i, cutus (1) *To speak whilst another is speaking, to interrupt* (2) *To give bad language* (3) Met *To reproach* (4) *To sing in numbers, to sing* (1) Mentiris, *Pli* Ne obloquere *LA* Taceo *Pli* Mulier, perge dicere, *Plaut Cist* 4, 2, 85 = interpellare, *Cic* § ... mihi cum ... obloqueris, *Id Ann* 1, 2, 46 = Canit & obloquitur, *Catull* 81, (-) *Plaut Curc* 1, 1, ... (3) ... nostra expectatio, quæ mihi obloqui videtur, *Cic pro Cluent* (4) Obloquitur numeris septem discrimina vocum, *Vir Æn* 6, 646

Obloquutor *Vid* Oblocutor

Obluctans ... part (1) *Struggling, or labouring against* (2) Met *Hard to be removed* (1) In modum hami repugnant obluctantis forfori, *Col* (2) ✕ Obluctantia saxa summovere, *Stat Silv* 3,1,20

Obluctatus, a, um part *Having struggled against* § Obluctatus ... obluctatus, *Col* Pars turbæ ... obluctata a ..., *Lu* 3,657

Obluctor, ari (1) *To struggle, or strive at, or against, to pull at* (2) Met *To contend with* (1) Fruticibus obluctatur ... ... collum ... *Col* (-) Soli Fabio obluctandum, *Sil* 8, 10

Obludo, ere, si, sum *To play upon, to taunt*, Plaut True 1, 2. 10 *ubi al* obludiant & alludiant

Obmolendus, a, um *To be opposed, or set against*, Liv 37,32

Obmolior, iri, itus sum *To set against, in order to stop, or to set up* Non erat in promptu quod obmolirentur, *Liv* 33, 5 Arborum truncos, & saxa obmoliuntur, *Curt* 6, 6, 24

‖ Obmoveo, ere (1) *To move to, to apply* (2) *To move, or wave in sacrifice* (1) *Fest* (2) *Cato*, 134

Obmurmuro, are (1) *To groan out, to murmur against* (2) *To roar again* (1) *Suet Othone*, 7 (2) Precibus ... obmurmurat Boreas, *Ov Epist* 18, 37

Obmutesco, ere, ui (1) *To become dumb* (2) *To be struck dumb* (3) *To hold one's peace, to be silent* (4) *To be out of use* (1) Si homines obmutuissent, *Cic* (-) Censen' me potuisse verbum pro ... obmutui, *Ter Andr* 1, 5, 22 Lingua obmutuit, ... obtorruit, *Cic* (3) Nulla de me obmutesceret vetustas, *Cic pro Milone*, 35 (4) Lydium studiis ... batur, quod nunc obmutuit, *Plin* 33, 13

Obnatus, a, um part *Grown, or growing about* § In ei obnata ripis ... *Liv* 23, 19

✝ Obnecto, ere *To tie close together, to bind fast*, Fest Nequeunt in nuptiis & in incupiis ✝ Conjungo, obligo

Obniger, gra, grum *Very black*, Plin 20,2, *sed sana lectio* ... Hardu n

Obnitor, ti, obnixus sum (1) *To bear up, or struggle against* (2) Met *To strive, to endeavour* (1) Videntur navigia obniti undis, *Lucr* 4, ... Obniti hostibus, *Tac Hist* 2, 5,1 (2) Triumphum ... obniti, *Pater* 1, 9

Obnixe adv *Earnestly, mightily* Manibus pedibusque obnixe omnia facere, *Ter Andr* 1,1,13 Obnixe te rogo, *Sen Ep* 25

Obnixus, a, um part [ex obnitor] (1) *Thrusting, or bearing against, moving along* (2) *Beating against* (3) *Standing firm against* (4) *Resolute, steady* (1) Obnixi scutis corporibusque urgebant, *Liv* Portas cardine torquet obnixus latis humeris, *Var Æn* 9, 125 Formicæ grandia trudunt obnixæ frumenti humeris, *Id Geor* 4, 406 (2) Ventus urget obnixus magnis speluncis viribus, *Lucr* 6,558 (3) Versa in obnixos urgentur cornua vasto cum gemitu, *Vir Geor* 3,222 (4) Obnixus curam sub corde premebat, *Vir Æn* 4,332

Obnoxie adv (1) *Fearfully, not freely, but as brow-beaten by another* (2) *Gently, so as to be beholden to any one for favour* (1) Obnoxie dictæ sententiæ, *Liv* ..., 9 (2) ✕ Peru, hercle, plane, nihil obnoxie, *Plaut Stich* 3, 2, 41

Obnoxiose adv *Favourably, as if one would have another obliged to him* ✕ Arcte colligi manus, nihil vero obnoxiosè, *Plaut Epid* 5,2,29

Obnoxiosus, a, um *Haughty, expecting others should be at his beck, and subject to him* Moreleges perduxerunt jam in potestatem suam, magis quæ sunt obnoxiosæ, quam parentes liberis, *Plaut Trin* 4,?,31

Obnoxius, a, um adj [pœnæ obligatus ob noxiam, *Fest*] (1) *Under fear of some person, conscious of his crimes, and consequently not daring to disoblige him* (2) *Conscious, under an apprehension of guilt* (3) *Under awe, and so not acting freely* (4) *Complying with, doing as another pleaseth* (5) ✝ Met *In a fearful posture* (6) *Beholden to, obliged, attached, under an obligation to some kindness received* (7) *Obnoxious, liable, or exposed to* (8) *Subject to be hurt, spoiled, or damaged* (9) *Prone, or inclined to* (10) *Precarious* (1) = Obnoxium esse me tibi ... teor, culpæ compotem, *Plaut Truc* 4, ?,61 Obnoxius ... habet aliquem noxia, ... sua conscium, *Gel* ... (2) ... Nec turpi mente obnoxius facio, *Tib* ..., 15 (3) Vivet, hercule, Cicero, qui possit supplex & obnoxius, *Brut Ci* (4) Minus firo, ... obnoxia foret, *Sall B* ... 24 (5) Facies obnoxia mansit, *Ov Met* 5,235 (6) Ut nobis ... obnoxia, nostro devincta beneficio, *Plaut Asin* 2, 2, 18 Facis ... obnoxia gemmis, *Prop* 1, 22 (7) Ventis obnoxia ... *Tib* 2, 4, 9 Terra nulli ... obnoxia, *Ov ex Pont* 1, 8 ... (8) Capita vitium neque vitio, ... quibus obnoxia sunt, *Col* Quæcunque obnoxia morti ..., *Ov Met* 14,600 (9) ✕ Adventu gratiæ, an obnoxius, *Quint* (10) Civitas emersit ex obnoxia pace illius consilio & operâ, *Liv*

‖ Obnubilo, are *unde* obnubilor, ari pass *To be darkned, or obscured*, Gell 1,2 ✝ Obscuror

Obnubilus, a, um adj *Dusky, overcast, cloudy* = Obnubila & obscura tenebris loca, *Cic Tusc* 1, ... ex poeta

Obnubo, ere, psi, tum [ex ob, & nubo] (1) *To veil, or muffle up* (2) *To hide, or cover* (1) Lictor, colliga manus, caput obnubito, arbori infelici suspendito *Cic pro Rab* ? 4 *Formula damnationis ad capitale supplicium* Caput obnubo, *Fest* ... Arsuras comas obnubit amictu *Vir Æn* 11,77, *de stato ... regum* (2) Obnubit mare ... ut nubes cœlum *Varr*

Obnunciatio, onis f verb *A denunciation that the time is inauspicious, or incomitiate, and therefore that the court was actually adjourned* Marco Crasso quid acciderit videmus, dirarum obnunciatione neglecta, *Cic de Div* 1 Obnunciationibus per Sextum volam interpositus, *Id Att* ..., 6

Obnunciatur impers *It is declared that the time is inauspicious* Obnunciari collega jussit, *Li*

Obnuncio, are *To declare publickly, chiefly by the augurs, in sometimes the magistrates, by word of mouth, that it was a festival, or the omens were ill, in the time inauspicious to enter upon public affairs, and so to adjourn the consideration thereof* (2) Also *to tell evil news, to show it at hand* (1) § Auguri augurio consuli consuli obnuncio, *Cic Philipp* 2, ... § Obnunciare concilio & comitiis, *Id* § In comitium *Id* ... pet edicta, *Suet Cæs* ... *vide Torrent & Beroald* (2) Primus mali nostra sciscito, primus porro obnuncio, *Ter* ... 4, 2, 3

Obnuptio, onis f verb *A veiling, or muffling the offender's head, in order to execution* ... mis vero & obnuptio capitis & nomen ipsum crucis, *Cic* ...

Oboleo, ui, ere, itum *To smell strong, or stink of* ... *To be smelt* (1) ... Neut ... antidotum oboluisset, *Suet Cal* 2, 7 Mallem allium obolu... *Id Tesp* 9 (2) Numnam ... oboluit *Plaut Amph* ... Obolum marsupium huic ... quod habes, *Id Aul* ...

Obolus, i m ... *A small Athenian coin, of silver, as it should ...*

n, weighing about 12 grains, ... ict, the still preserved, ... pieces of ... the sixth part of that ... the Roman *dena-* ... money five farthings ... obolo in cœ- ... *Ter Andr* 2, 2, 32
... or us, sum dep ... *to spring up, to ap- pear, to draw on* (2) Met ... *forth, to display it self* ... Lux obortitur, sol ... *Sen Herc Fur* ... (2) § Lux sæpe entitur ... oboritur, *Cic* pro ...

Obortus, a, um part (1) *Arisen, ... sprung* (2) *Over- spread* (3) Met *Caused, produ-* ... (1) Oborta sydera, *Stat* ... Hos ego digrediens ... fabar obortis, *Vir Æn* ... (2) Antigonus, tenebris ... conspicatur, *Nep* ... Saxo duretis oborto, *Ov* ... (3) Terræ motus op- ... 6, 586

Obr... ari *To kiss* Vide ... ovæ flagellorum ve- ... tur, *Petron* c 126

... ere, psi, ptum neut (1) *... privately* (2) *To ... to steal by degrees,* ... (3) *To come beyond, ... to over-reach crafti-* ... (1) Insciens id is nobis sæpe ... obrepit, *Cic* ... (2) § ... adolescentia, *Cic* ... Obrepit non intellecta ... *Juv* 9, 129, *Met* § Ob- ... somno es errore homi- ... *Cic* (3) Tu mihi imprudenti ... *Plaut Trin* 1, 2, 23
|| Obreptio, ōnis f verb *A ... and crafty coming into ... thing, Ulp* ‡ Latens & ... ditio
Obrepto, are freq *To creep, ... or upon*, Plaut Pers ... R occ

Obr... *To be catched in ... entangled* Nec ara- ... fila obvia sentimus, ... obretimur euntes, *Lucr* 3, ... R occ

Ob... (1) *To be frozen, ... stiff* (2) *To be without ... motion* (1) Pris ... nive, & pruina, *Cic* ... (2) Tarda nimium, ... *Suppost Plaut*
Ob... ere, rui *To become* ... Viro non vel ... *Sen Ep* 82
Obrodo, ere, si, sum *To gnaw* ... quod obrodat, sit, ... 2, 92 R occ
Obro... onis f verb *The ... ing, or making a motion, ... be made, contra- ... or some clauses* ... 2, 10
Obrogatio ... *A mo- ... for a new law to ... contrary to a former,* ... Cassius, *Cic* ... obroga- ... est, *Liv*
Obrogo ... *To propose the ... law contrary to a* ... rogat ne- ... Papiæ legis ... obrogavit, ... § A suis obro- ... Consul Philippus,

Obr... a, um part *Gnawed* ... *Plin* 2?, ...

Obruendus, a, um part *To be entirely covered, or disguised* ¥ Firmamenta id idem non a aut diluendis, aut obscurandis, aut digressionibus obruenda, *Cic*
Obruens, tis part *Covering over* Obruentes ora superjecto humo, *Liv*
‡ Obrumpo, ere, ūpi, ptum *Adducitur* ... *R R* 3, 10 *Sed rectius leg* illæ abrumpunt
Obruo, ere, ui, utum, act [ex ob, & ruo] (1) *To cover over, or overwhelm* (2) *to put, lay, or hide in the ground* (3) *Also To bury* (4) *To sink, or drown* (5) Met *To drown, or overcharge with wine* (6) *To bury in obli- vion, or efface the memory of* (7) *To sink, confound, or ruin* (8) *To overcast, or overspread* (9) *To fall upon, and bury in its ruines* (10) *To beat, or strike down, to overthrow* (11) *To weaken, or lessen, to cause no notice to be taken of* (12) *To a- vert, or abolish* (1) Stirpes obruit arvo, *Vir Geor* 2, 24 (2) Crocodili in terra obruunt ova, *Cic N D* 2, 52 ¥ Qui sciet ubi quidque positum sit, is etiam, si quid obrutum erit, poterit eruere, *Id de Fin* 2, 4 (3) *Vid* secundum exemplum, in ... pass Obruor (4) Humor quondam multa opruit urbes, *Lucr* 5, 412 Per æquora vectos obruit auster, *Vir Æn* 6, 336 (5) Vino se obruere, *Cic* Nec obruit vino mentis calorem, *Petron* c 5 (6) = Quæ unquam vetustas obruet, aut quæ tanta delebit oblivio? *Cic* pro *Deiot* 13 = Idem tumulus, qui corpus ejus contexerat, nomen etiam obruisset, *Id* pro *Arch po* 10 (7) Opimio ipsi & fami vestra severitatis obruet sceleratі gladiatoris amentiam, *Cic* Nec ille verbis te obruet, *Id* Ut testem omnium risus obrueret, *Id* (8) Ubi tori ferris terram nox obruit undis, *Lucr* 6, 864 (9) Domus ætatis spatio ne fessa vetusto obruat, *Lucr* 3, 776 (10) Tua hic obrue dextra, *Vir Æn* 5, 692 Potis fratrem gravis obruit armis, *Stat* (11) Alterius successorisne curam famamque obruisset, *Tac* (12) Quod di omen obruant, *Cic*
Obruor, i pass (1) *To be cover- ed, overwhelmed, buried, &c* (2) *To be overmatched, overlaid, or overcome* (3) *To be engaged, or immersed in, and wholly taken up with* (4) *To be overthrown with the multitude of* (5) *To be over- come by, and become ... in comparison of* (1) Tetra bellua, quæ quoniam in foveam incidit, obruatur, *Cic Philipp* 4, 5 Duo Philæni vivi obruebantur, *Sall B J* 81 (2) Ilicet, obruimur numero, *Vir Æn* 2, 424 (3) Neve te obrui, tanquam fluctu, ... magnitudine negotiorum, *Cic ad Q fr* 1, 1 (4) Ne peregrinorum suffragiis obruare, *Cic* = Opprimi, & obrui criminibus, & testibus, *Id* (5) Ea mala virtutis magnitudine obruebantur, *Cic* *Vid* Obruo
* Obrussa, æ f vel obrusa, obrysa, obryza, *vel etiam* obryza *Vitiat etym propter incertam* ... (1) *The test, or assay for gold, whether it be fine, or no* (2) Met *Probation, or trial* (1) Adhibenda tanquam obrussa ratio est, *Cic Brut* 74 (2) *Res dira* ... obrusa est, *Sen* 3
‡ Obrussus, a, um [ab ...] ... conversum, *Her- mol in Plin sed de var* ... *Lugu*

... tur ... ptione, tum etymo, omnino consule Cl Torrent in Suet Ner ... idem quod obryzus Aurum obryzum, *fine gold*, *Plin* 33, ... ubi pro obryzum ... obrussam *leg* Aurum ad obrussam, *Suet Ner* 44 *ubi tamen pro diversi Mss fide al atque al* ... scribitur
Obrutus, a, um part [ex obruor] (1) *Covered over* (2) *Over- whelmed, drowned* (3) *Laid over* (4) *Sown* (5) *Damm'd up* (6) *Buried* (1) Nucem in terra obrutam habeat, *Cato* § Sanguine obrutus ... *Ov Epist* 1, 6 (2) ¥ Male obrutum ... incendium, *Flor* ... 21 (3) Semina obruta sulcis, *Ov Met* 1, 12? (5) Amnis obrutus ... silva, *Flor* 3, 2, 12 (6) Pænam vivi obruti, *Sall B J* 81 (7) *Met Obrutus sleep*, Stat somno legio, *fast asleep*, Stat quomodo urbem somno vinoque sepultam *dixit* Maro, *Æn* 2, 265
* Obryza ... *Vid* Obrussa
|| Obryzatus, a, um *Made of purest gold*, Cod ‡ Ex auro ad obrussam
‡ Obsalūto, as *To offer him- self to salute*, Fest p 342 ‡ Salutatum ... ire
Obsaturo, unde obsaturor, ari pass *To have enough of* § Na ... propediem istius obsaturabere, *Ter Heaut* 4, 8, 29
Obscœna, orum pl n (*sc* membra) (1) *The privities* (2) *The breech* (1) Quidam per obscœna ferrum adegerunt, *Suet Cal* 58 Immisso per obscœna igne, *Id Dom* 10 (2) *Sen Ep* 70 *sub fin*
Obscœne adv *Obscenely* Dicitur non obscœne, *Cic Offic* 1, 35
Obscœnitas, atis f *Obscenity, or filthiness, in things or words* = Verborum turpitudo & rerum obscœnitas vitanda, *Cic de Orat* 2, 59 Orationis obscœnitas, *Id*
‡ Obscœno, are *rectius* obscœvo *quod vid*
Obscœnus, a, um, obscenus, *vel etiam* obscænus, issimus [*Pro di- versa scriptura diversa adducun- tur etyma* In prima, qu contr ex obscævinus, *quod* bono scævæ, i e bono omini objicit vel obsit *In secunda ex* ob & scena, *prop- ter licentiam, & turpitudinem scenarum* Inter ... obscœnum pro cœnum, *quod* ... *vid*] (1) *Inauspicious, ominous, ill-boding* (2) *Foreboded by a dire omen* (3) *Detestable, unna- tural* (4) *Nasty, not fit to be eat, or drunk* (5) *Obscene, ri- baldrous, beastly, lewd, in per- sons, things, or actions* (6) *Baw- dy, obscene in words* (7) *Caus- ing bawdry and obscenity*, (1) Ne me terrete timentem, obscœnæ volucres, *Vir Æn* 12, 876 Obscœni canes, *Id Geor* 1, 471 = Obscœnum & funestum omen, *ap Varr* Annuus dies obscœnissimi ominis, *Fest* (2) Obscœna fames, *Vir Æn* 3, 367 (3) Accipit obscœno genitos sub viscere fœtus, *Ov Met* 10, 465 Obscœnum adulterium, *Id* (4) Pisces obscœni cibi, *Plin* 9, 18 Obscœna pastu ... *Id* 10, 29 Haustus obscœni, *Tac* 4, 312 (5) Obscœnus conjux, *Prop* 3, 11, 31 Obscœnis adulteris, *Id* Obscœna carmina, *Id* 1, 16, 10 Obscœna voluptas, *Cic N D* 1, 40 Obscœne ... , *Prop* 2, 6, 27 (6) = Nihil obscœnum, nihil turpe dictu, *Cic* Re honestum est, nomine obscœnum, *Id* (7) Peregrino obscœna ... *Juv* 6, 207 ¶ Partes obscœnæ, *the privities* Quint

‡ Obscævo, are [*quasi* scævum, *i e* malum omen inferre, Non] *To forebode ill to* Cum dat ... Mettio, quod illic obscævavit meæ falsæ fallaciæ, *Plaut Asin* 2, 1, ...
Obscurandus, a, um part *To be weakned, or lessened* ... Ob- ... tuendus
Obscurans, tis part (1) *Cover- ing, muffling* (2) *Obscuring, lessening* (1) Cum obscurante ... lucerna, *Hor Sat* 2, 7, 55 (2) *Cic*
Obscurātio, ōnis f (1) *A dark- ning, or blinding* (2) *The making to appear as nothing, the ap- pearing of no account, or value* (1) In illa obscuratione et cum- cula lunt ... , *Plin H N* 6 ¶ Solis obscuratio, *an eclipse*, *Plin* 5, ... (2) Obscuratio propter exiguitatem rerum consequitur, *Cic de Fin* 4, 13
Obscurātūrus, a, um part *That will render obscure, or cover* ... laudes tuas nulla unquam obli- ... sit obscuratura, *Cic* pro *Marcell* 10
Obscurātus, a, um part (1) *Darkned* (2) *Covered* (3) *Lost, forgotten* (1) Cælum noctis ... nubibus obscuratum, *Sisenn ap N* ... 42 (2) Obscuratum ... *Petron* ... (3) ... bring their ... *Sall B J* 53 (2) Omnium ... memoria ... obscurata est, *Cic de Orat* 2, 2
Obscurè adv ius, comp (1) *Darkly, not plainly, or manifestly* (2) *Obscurely, not not plainly, with dark expressions* (3) *Covertly, secretly, a-long lin- ly* (4) *Without subtle notice* (1) ¥ Duos miunt ... aliterum palam, alterum ... obscurius, *Cic* (2) Plato in Timæo hoc dixit sed paulo obscurius, *Cic* (3) Neque obscurè has duas legiones ... Cæsari detrahuntur, *Hirt ap Cæs B G* 8, 54 ¥ Partim obscurius ... partim non dissimulanter irati, *Cic* (4) Non obscurè ferre ... quid, *to make no secret of it*, *Id* pro *Cluent* 19 (4) = Perite ... obscure ... *Cic* pro *Quint* 15
Obscuritas, atis f (1) *Dimness, the being without ... light* (2) *Darkness, or dimness* (3) *Ob- scurity, of expression, want of per- spicuity* (4) *Obscurity, difficulty to be found out, or understood* (5) *Meanness of birth, or quality* (1) Ossis ... temporis ... tion 12 est error, ... 25 (2) Obscuritas & ... florum faunt *Plin* (3) ... ubi ... lumen ... obscuritatem & ... *Cic* (4) Causa ... involuta natura, *Cic* ... (5) = Obscuritas & ... somniorum, *Id Div* 2, 64 (5) Quorum primi ... ab obscuritatem, & obscuritatem in ... num ... *Servi Tulli* obscuritatem ... crevit, *Flor* 1, 6
Obscuro, are act (1) *To darken* (2) *To make* ... (3) *To ...* ... (4) *To ...* (5) *To ...* ... (1) *Tenebris* ... obscurant, *Sall* (2) = ... esse est obscuratis, & ...

rere, *Id* (3) Scio amorem tibi pectus obscurasse, *Plaut* (4) Nihil obscurare dicendo, *Cic* Quæ scribam, Ἀλληγορίαις obscurabo, *Id Att* 2, 20 (5) ✠ Fortuna res cunctas ex lubidine magis, quam ex vero, celebrat obscuratque, *Sall B C* 8 (6) Tanta vis est honesti, ut speciem utilitatis obscuret, *Cic* Acta nova obscurant veteres triumphos, *Luc* 1, 121

Obscuror, ari, atus pass (1) *To be darkned, obscured* (2) *Hidden, concealed, disguised* (3) *Made inconsiderable* (1) Nitor solis obscuratur, *Catull* 64, 3 (2) Non dissimulandum, quod obscurari non potest, *Cic* (3) Minora majoribus obscurantur, *Cic de Fin* 5, 21

Obscurum adv ex adj more *Græc Darkly, with but little, or dusky light* ✠ Obscurum nimbosus dissilit aër, *Luc* 5, 631

Obscūrus, a, um adj [a σκιερὸς, quod a σκιὰ, umbra, qu ἐπισκιερος, obscurus] ior, comp issimus, sup (1) *Blackish, dark coloured* (2) *Dusky, darkish, with little light* (3) Obscurum *for* obscuritas (4) *Shady, dark with shades* (5) *Misty, covered with mists* (6) *Hidden or covered* (7) *Not understood, little known* (8) *Doubtful, dubious* (9) *Obscure, or hard to be understood* (10) *Obscure, not perspicuous in expression, not clearly expressed* (11) *Speaking things enigmatically, or by way of riddle* (12) *Secret, mysterious* (13) *Close, secret, reserved, sly* (14) *Subtil, crafty* (15) *Obscure, ignoble, of mean parentage, poor, mean, low, pitiful* (1) Obscura ferrugo, *Catull* 62, 227 Mauro obscurior Indus, *Juv* 11, 125 (2) Errat ad obscuros pallida turba lacus, *Tibull* 1, 10, 40 Jam obscura luce, *in the twilight*, Liv (3) Obscurum adhuc cœptæ lucis, *Tac Hist* 4, 50, 2 *the morning twilight* Obscurum noctis, *Vir Geor* 1, 479 (4) Obscuræ coniiis, *Vir Æn* 6, 139 valles, *Id Æn* 9, 244 (5) Obscuri colles, *Vir Æn* 3, 522 (6) Sydera nullis obscura tenebris, *Prop* 2, 26, 55 (7) Fama est obscurior annis, *Vir Æn* 7, 205 Videre res obscurissimas, *Cic de Orat* 2, 36 ✠ Tua nobilitas literatis & historicis est notior, populo vero & suffragatoribus obscurior, *Cic* (8) = Nolo suspensam & incertam plebem obscura spe, & cæca expectatione pendere, *Cic* (9) ✠ = Jus applicationis obscurum, & ignotum patefactum judicio, & illustratum à patrono, *Id* (10) Nimis obscurus Euphorion poëta, at non Homerus, *Cic* = Flexiloqua, obscura, & ambigua oracula, *Id* (11) ✠ Obscuri ambages oris, *Ov de Sphinge* (12) Pars obscura cavis celebrabant orgia cistis, *Catull* 62, 259 (13) Plerumque modestus occupat obscuri speciem, *Hor Epist* 1, 18, 95 (14) Obscurus in agendo, *Cic* Odium obscurum, *Hor* (15) = Humili atque obscuro loco natus, *Cic* = Neque enim obscuris personis, nec parvis causis res agetur, *Cic* Obscurissimis initiis ortus, *Paterc* 2, 76

Obsecrandus, a, um part *To be intreated or begged* Venia obsecranda est, *Plin jun*

Obsecrans, tis part *Beseeching* Sere obsecrans me ut veniam, frustra veniet, *Ter Heaut* 4, 1, 3

Obsecratio, onis f verb (1) *A supplication, or solemn prayer to the gods* (2) *An earnest begging, conjuring, or beseeching, a suppliant intreaty* (3) *A set form of begging, by way of adjuration* (1) = Constituendæ nobis sunt procurationes & obsecratio, *Cic de Harusp Resp* 28 (2) Obsecratio illa judicum per charissima pignora, *Quint* (3) = Prece, & obsecratione humili, & supplici uti, *Cic de Inv* 1, 16

Obsecraturus, a, um *That will beseech*, Ter Adelph 3, 2, 36

Obsecratus, a, um part (1) *Prayed to with solemn supplication* (2) *Earnestly besought, vehemently intreated* (1) Obsecrati circa omnia pulvinaria dii, *Liv* (2) Evocati nominatim atque obsecrati navem conscenderent, *Cæs B C* 2, 5

Obsecro, are [ex ob, & sacer, qu per sacra rogo, vel opem a sacris peto *Fest*] (1) *To beg, or conjure by all that is sacred, to beseech, or beg for god's sake* (2) *A form in vehement admiration*, (3) *in surprize* (1) ✠ Non rogavit solum, verum etiam obsecravit, *Cic ad Quirit post red* 7 § Si me fas est obsecrare abs te, *Id* § Te obsecro istis precibus, *Id* § Obsecro, adhibeatis in hominis fortunis misericordiam, *Id* § = Per genium, dextramque, deosque penates obsecro, & obtestor, *Hor Epist* 1, 7, 95 § = ✠ Cum multis lacrymis eum oraret & obsecraret, impetrare non potuit, *Cic* ✠ Rescio, mater, quod dudum obsecraveram, *Plaut Aul* 4, 7, 4 (2) Videam? obsecro, quem? *Ter Eun* 4, 4, 9 *see, quotha! whom, pray ye?* Obsecro, hercle, quantus & quam validus est! *Plaut Amph* 1, 1, 143 *O wonderful, what an huge, brawny fellow!* Hera mea tace, tace, obsecro, salva sumus, *Ter Eun* 5, 2, 25 (3) Perii, obsecro, tam infandum, *&c* Ter Eun 4, 3, 22 *O ye gods!*

† Obsecundanter adv *Compliantly, obediently* § Obsecundanter naturæ vivere, *Non ex Nigidio* ‡ Ex lege

Obsecundo, are act *To humour, to comply with, to do readily as one is bid* Obsecundato in loco, *Ter Heaut* 4, 6, 23 § Ut ejus semper voluntatibus—venti tempestatésque obsecundârint, *Cic* pro *Leg Manil* 16

Obsecūtus, a, um part *Having submitted to, or complied with* Obsecutus mihi, *Ter Hec* 4, 4, 66

Obsepio, ire, psi, ptum [ex ob, & sepio] (1) *To stop, or shut up against, to block up* (2) Met *To hinder, to preclude* (1) ✠ Aperire quæ vetustas obsepserat, *Tac Ann* 15, 27, 1 (2) ✠ Hæc omnia tibi accusandi viam muniebant, adipiscendi, obsepiebant, *Cic* pro *Mur* 23

Obsepior, iri pass *To be stopped up* § Ibi nunc oppido obsepta est via, *Plaut Pseud* 1, 5, 10 *Met* Obseptum plebi ad honores iter, *Liv*

Obseptus, a, um part (1) *Hedged, or shut up against* (2) *Stopped, precluded* (1) Alii, obseptis itineribus, super vallum saliunt, *Liv* 25, 39 (2) § Postquam dolo viam obseptam vidit, bellum aperte moliendum ratus, *Cic*

Obsequēla, æ f *Compliance, humouring* Parentes liberis suis faciunt obsequelam, *Plaut Asin* 1, 1, 50

Obsĕquens, tis adj ior, comp issimus, sup *Compliant, obedient, dutiful, submitting to* Patri mini obsequens, *Ter Heaut* 2, 3, 18 Filii obsequentior tibi quam parenti par est, *Sall in Cic le Inanim* Italia curæ mortalium obsequentissima, *Col* 3, 8 ¶ Voluptati obsequens, *given to pleasure*, Ter Hec 3, 5, 9

Obsĕquentèr adv issime, sup (1) *With compliance* (2) *Dutifully* (1) Hæc obsequentèr collegæ facta sunt, *Liv* 41, 10 (2) Obsequentissime aviæ contubernio inhæsit, *Plin Ep* 7, 24

Obsĕquentia, æ f *Compliance* Nimia obsequentia reliquorum, *Cæs B G* 7, 29 vix alibi occ

† Obsĕquĭbilis, le *Ready to serve, or assist*, Gell 2, 29 ‡ Obsequens

Obsĕquiōsus, a, um *Obsequious, serviceable, very ready to assist, or obey* Mihi obsequiosus semper fuisti, *Plaut Capt* 2, 3, 57

Obsĕquium, ii n [ex obsequor] (1) Properly *a waiting upon a dead corps to burial* (2) Met *Obsequiousness, or an attendance on some great person* (3) *An obligation, or kindness* (4) *Compliance, humouring, giving way to one's humour* (5) *The desire of coition in females* (6) Met *Gentle management, or usage* (7) *Flattery* (8) *Smoothness, easiness to be forded* (9) *Indulgence to, or making much of one's self* (10) *Indulgence to children* (11) *Ready submission, obedience, loyalty, subjection* (12) *Slavery* (1) Dum funeri obsequium pararat, ipse funus sine obsequio manebat, *Paul Diac de gente quadam* Ego quoque in funus prodeo, *Ter And* 1, 1, 88 *hoc est*, in obsequium funeris, *Eugraphius in loc* (2) Antonium patientia, & obsequio mitigavi, *Cic in Pison* 2 (3) Obsequium grande tuli, *Ov Epist* 6, 18 (4) Obsequium amicos, veritas odium parit, *Ter And* 1, 1, 41 ✠ Invidiam ille non lenire obsequio, sed acerbitate opprimere studuit, *Nep Dion* 6 (5) Assidue admovetur, qui sentit obsequium feminæ, *Col* 6, 37 (6) Flectitur obsequio curvatus ab arbore ramus, *Ov A Am* 2, 179 Obsequio tranantur aquæ, *Ibid* (7) Blandi carminis obsequium, *Propert* 1, 8, 40 Inter obsequia fortunæ, *Curt* 8, 4, 24 (8) Obsequio differri spernit aquarum, *Ov Met* 9, 117 (9) Animo obsequium sumere, *Plaut* = Corporis obsequium indulgentiaque, *Cic* Obsequium ventris, *Hor* (10) Omne meum obsequium in illum fuit cum multa severitate, *Cic Attic* 10, 4 (11) ✠ Obsequio pereunte petit imperium, *Tac Hist* 1, 83, 6 (12) Subeas alternus oportet ancipiti obsequio, *Pers* 5, 156

Obsĕquor, i, cutus sum dep (1) *To follow, or attend*, particularly at funerals (2) Met *To follow, or attend to* (3) *To humour, or comply with, to submit to* (4) *To be assistant to, to do good, or friendly offices, to serve* (5) *To humour, or please* (6) *To flatter, or cringe to* (1) Restabat ipse insepultus, & dum obsequebatur, perimebatur, *Paul Diaconus* 1, 1 Obsequium, n 1 (2) Idoneum tempus ratus studiis obsequendi suis, *C Nep Att* 2 Obsequar studiis nostris, *Cic* (3) § Imperio obsequi, *Plaut* pudori, amori, parenti, *Tac* consuetudini, naturæ, bonitati, *Cic* § Quæ obsequi non oportet, *Gell* 2, 7 *Met* Tempestati obsequi artis est, *Cic* (4) Senes est æquum senibus obsequi, *Ter Heaut* 3, 1, 10 = inservire, *Id* (5) § *Hellenism* Id ego percupio obsequi gnato meo, *Plaut Asin* 1, 1, 61 (6) Quem maxume odisti, maxume obsequeris, *Sall in Cic* ¶ Animo obsequi, *Plaut Ter to indulge one's self, or make merry*

Obserātus, a, um part (1) *Locked, or barred up* (2) Met *Shut up* (1) Foribus ædium obseratis, *Curt* 7, 4, 12 ✠ Ædiumque obseratis, patentibus atriis, *Id* 5, 41 (2) ✠ Obseratæ aures, *illæ*, *pitiless*, Hor Epod 18, 1

Obsĕro, are [ex ob, & sera] (1) *To lock, or bolt a door fast* (2) *To shut in* (3) *To hinder by shutting in* (4) Met *To cope up* (1) Abi, atque ostium obsera intus, *Ter Eun* 4, 6, 25 (2) Obserat herbosos lurida porta rogos, *Prop* 4, 12, 8 (3) Rumices, qui exitus ferarum obseren, *Col* 9, 1 (4) Si vis, licet obseres palatum, *Catull* 53, 21

Observābilis, e *Observable, that may be foreseen, or prevented* Rectæ manus minus sunt observabiles, *Quint* 9 1

Observans, tis part & adj or, comp issimus, sup (1) *Observing, taking notice of*, as the augurs (2) *Finding* (3) *Observant, minding what one saith, careful to please* (1) Observans quo signo ferant columbæ, *Vir Æn* 6, 198 (2) Durus arator observans implumes fœtus nido detraxit, *Vir Geor* 4, 513 (3) § Observantior æqui, *Claud 4 Cons Honor* 56. = Observantissimus studiosissimusque nostri homo, *Cic Fam* 1, 3, de cæteris not vid Observo

Observantia, æ f (1) *Observation, a curious minding* (2) *Regard, esteem, honour* Act & Pass (1) Observantia temporum, *Val Max* (2) Quæ magnitudo observantiæ tot beneficiis respondere poterit? *Cic* Observantia sua cara fuit omnibus, *Nep Attic* 6 sc quâ ipse alios observabat

Observātor, ōris m verb (1) *An observer, a witness, one that taketh account, a register* (2) *A public officer, or inspector* (1) Sacer intra nos spiritus sedet, bonorum, malorumque nostrorum observator, & custos, *Sen* (2) Nemo observator, nemo castigator assistet, *Plin Paneg* 0

Observātus, a, um (1) *Watched, marked* (2) Met *Heeded, minded, observed, put in execution* (1) = Vestigia observata sequor per noctem, & lumine lustro, *Vir Æn* 2, 754 (2) Quo præcepto diligenter ab iis observato, quum, *&c* Cæs B G 5, 5 *vid* Observo

Observātus, ûs m verb *Observation, experiment* Ex observatu dicunt, *Varr R R* 2, 7

Observo, are [ex ob, & servo] (1) *To mind heedfully, to watch* (2) *To keep, to look after* cattle (3) *To ly perdue, on the catch* (4) *To wait a time, or opportunity* (5) *To stand to, to keep, observe* a rule, custom, law, &c (6) *To esteem, honour, reverence* (1) Observes filium, quid agat, quia consilii capiat, *Ter Andr* 1, 1, ult (2) Non hic armenta gregésve horridus observo, *Ov Met* 1, 514 (3) Alia ut ex inopinato observans, etsi quid incidit, arripiant, *Cic* (4) Ut tempus observaret epistolæ tibi reddendæ, *Cic* (5) Quod quidem lingua Latina sic observat, *&c* Cic Observare leges, *Id* animadversionem censoriam, *Id* (6) = Omnes me observant & colunt, *Cic* = Amare diligere, *Id* Annorum initia sic observant, ut noctem dies subsequatur, *Cæs B G* 6, 17

Observor, ari, atus pass (1) *To*

be ... erved, *attended to, taken* ... of (2) *To be pryed into,* ... *pried narrowly* (3) *To be* ... *aid against* (4) *To be ho* ... *ured, esteemed,* &c (1) Res ... ari ... madvertique posi nt, (2) Postquam poeta sensit ... ram sam ab iniquis obser- ... *Ter Ad pr prol* (3) Quod, ... a ... obse... n non potest, (4) = Col & observari ab ... *Amic* 8

Obses, ... m & f [quod is, ... obside ur, i e cus- ... (1) *An hostage, given as* ... *security, or pledge for perform-* ... *covenants* ... *, or peace* (2) ... *pledge, or security* ... Cæsar ... arma, servos, ... eos perfugissent, poposcit, ... 1, 2, Obsides uti inter ... Sequani, ne ... prohibeant, Hel ... maleficio, & injuria ... *Id ib* 18 (2) = Hy ... fon ... sponsor & ob- ... habemus à Cæsare senten- ... tanquam obsidem perpetuæ ... voluntatis, *Cic Catil* ... Vel obsides periculi, vel ... voluntatis, *Cic* pro *Cæl*

Obsessio, onis f verb (1) *A* ... *ting up any place* (2) *A* ... *ging, a beleaguering* (1) ... Formiani ... viæ, *Cic* in *Pis* ... *Id* (2) Antonius ... Mutinæ obsessionem relin- ... *Cic Fin* 10, 3

Obsessor, oris m verb [ex ob- ... (1) *A constant frequent-* ... *that keepeth a place* ... *others* (2) *A besieger, or* ... *up* (1) Obsessor fori, ... 2, 18 (2) Obs ... *Cic* pro *Domo,* 5 (3) ... Lucerinæ urbis, *Liv* 9 15

Obsessus, a, um part [ex obsi- ... (1) *Beset, closed as with a* ... (2) *Besieged, blocked up* (3) Met *Straitned, beset, sur-* ... (4) *Frequented, throng-* ... (1) Trachas obsessa ... *Ov Met* 15, 717 (2) Ig- ... obsessam Ilion, *Hor Epod* 14, 14 (3) Omnibus rebus ... colloquium petunt, *Cæs B C* 1, 84 (4) Tyrio tellus obsessa ... *Sil* 4, 1, 139

‖ Obsibilo, are *To whistle as wind in trees,* Apul ✝ Insibilo

Obsideo, ere, edi, essum [ex ob, ... circum, & sedeo] (1) *To sit* ... *to take up a place by sit* ... (2) Met *To cover, to over* ... (3) *To wait, or attend* ... (4) *To sit waiting at a* ... *for one, that he may be sure* ... *to miss him* (5) *To fix in,* ... *up in a place* (6) *To se-* ... *cure, or guard, to keep a strict* ... (7) *To plot, or have a* ... *design upon* (8) *To besiege, to* ... *up* (9) *To surround, to en-* ... (1) ... obsiderant, ... locus, *Plaut Pœn* ... (2) Cum Cnidianæ, Ma- ... partes Italiam obsiderent, ... 2, 24 (3) Tacitum obse- ... Amatæ, *Vir Æn* 7 (4) Nunc vero domi certum ob- ... eis, usque donec redierit, ... 4 6, 6 (5) ✱ Ita ... mentes obsidet, eruditas præ- ... *Petron* (6) Opportu- ... hominibus capit ... *Cic* (7) = Cum specu- ... obsid ... rostra vindex ... *Cic Met* Qui me ... obsideret, *Cic* (8) ... & consulem designatum ... *Cic Met* Viam & incer- ... humanam vitam obsi- ... *Cic*

Obsideor, eri, sessus pass (1) *To be taken up by sitting in* (2) *To be overspread* (3) Met *To be wholly shut up, or prepossess-ed* (4) *To be besieged* (5) *To be charmed, taken, or pleased with* (1) *Vid* Obsideo (2) Mare supe- rum obsidetur classe, *Cic Att* 10, 1 Corporibus omnis obsidetur locus, *Id* (3) Cum obsideri pa- tris aures a fratre videret, *Liv* (4) Obsideri immensis copiis, *Pa- terc* 2, 120 (5) = Cum is qui audit, ab oratore obsessus est & te- netur, *Cic Orat* 62

Obsidianum vitrum [ex obsidio quodam inventore] *A kind of black thick glass, sometimes transparent,* of which images and o- ther things were made, *Plin* 36, 26 & 27, 13

Obsidio, onis f (1) *A sur- rounding, or hemming in* (2) *A siege, a blockade* (1) Cæsar Pom- peii castra obsidione munimentis- que complectebatur, *Paterc* 2, 50 (2) Urbes partim vi partim obsi- dione cepit, *Cic* pro *Mur* 9

Obsidionalis, e adj *Of, or be- longing to a siege* Corona gra- minea obsidionalis, *Liv* 7, 37 *A chaplet, or garland made of the grass that grew in the place besieged, and given to him who had raised the siege Vid* Plin 22, 4, Gell 5, 6 & Fest Scipio obsidionali corona donatus est, *Paterc* 1, 12

Obsidior, ari, atus sum dep *To ly in wait,* Col 9, 14 *ubi tamen al* insidiantur

Obsidium, ii n (1) *A siege, a blockade* (2) Met *A watching, or looking after* (3) *An ambush* (4) *Apparent danger* (1) Obsi- dium dictum est ab obsidendo, quo minus hostis egredi possit inde, *Varr L L* 4, 16 Obsidium solve- re, *Tac Ann* 4, 73 (2) Anum fœtus, nisi curatoris obsidio excep- ti sint, diffugiunt, *Col R R* 9, 9 (3) Ne obsidiis hominum diripian- tur, *Col* (4) Viden' hostes tibi adesse tergoque tuo obsidium? *Plaut Mil* 2, 2, 64

Obsidium, ii n [ab obses] *An hostage* Maherdates nobis obsi- dio datus, *Tac Ann* 11, 10, 7

✠ Obsido, sidi, ere [ex ob, & sido] (1) *To seat himself in, to possess himself of* (2) *To ly in ambuscade at* (3) *To keep blocked up* (1) Obsidere vias, *Lucr* 4, 51 partes, *Id ib* 1085 (2) Bivias ob- sidere milite fauces, *Vir Æn* 11, 516 (3) Vigilum excubiis obsidere portas, *Vir Æn* 9, 159 *Met* Ob- sidere vias oculorum, *Lucr* 4, 35.

Obsignandus, a, um part *To be sealed up* Literas obsignandas publico signo curavi, *Cic Verr* 4, 63

Obsignator, oris m verb *A sealer, one that signeth and seal- eth* Obsignator testamenti, *Cic Att* 12, 18

Obsignatus, a, um part (1) *Sealed against* (2) *Sealed up* (3) Met *Sealed, or safely laid up in memory* (1) § Cui nihil obsignatum, *Cic* de *Orat* 2, 61 (2) Obsignatâ epistolâ superiore, *Cic Attic* 8, 6 (3) = Obsigna- tum, & memoriæ mandatum mente tenere, *Lucr* 2, 581 ¶ Tabellis obsignatis agere cum aliquo, *to hold one to his bargain, to take him at his word,* Cic Tusc 5, 11

Obsigno, are act (1) *To seal up against* (2) *To seal up* (3) *To seal,* as by witnesses (1) § Qui salinum servo obsignant cum sale, *Plaut Pers* 2, 3, 15 § Con- tra M Scaurum obsignaverat sta-

tutas, *Cic* (2) Pauca conscribit obsignatque, & liberto dat, *Tac Ann* 2, 15, 5 (3) Ejus rei condi- tionisque tabellas obsignaverunt viri boni complures, *Cic*

Obsignor, ari pass *To be seal- ed up,* &c *Nep Lysand* 5 Ob- signari nihil mane solet, *Cic* de *Div* 2, 70

Obsipo, are [ex ob, & antiq sipo, *unde* & dissipo, i e disper- go] *To scatter, throw on, or sprinkle* Aquulam obsipat, *he sprinkleth water on me,* Met *he reviveth me,* Plaut Cist 1, 3, 37

Obsistitur impers *Opposition, or resistance is made* § = Mag- nitudine animi repugnari obsisti- que potest fortunæ, *Cic* de *Fin* 4, 7

Obsisto, ere, stiti, stitum (1) *To stand, or post one's self in the way* (2) *To stop, or hinder* (3) Met *To oppose, to withstand* (1) § Ne quisquam sit, qui mihi obsis- tat in via, *Plaut Curc* 2, 3, 5 Hic obsistam, ne imprudenti huc ei ... surrepsit mihi, *Id Mil* 2, ... 62 (2) Neque mihi ulla obsistet amnis, neque mons, neque adeo mare, *Plaut Mil* 5, 2, 18 (3) = Catilinæ occurri atque obstiti, *Cic Catil* 3, 7

Obsitus, a, um part [ex obse- ror] (1) *Sown over with seed* (2) *Set, or planted* (3) *Over- run, overgrown with* (4) *Co- vered all over* (5) Met *Full of, oppressed with* (1) *Litt* ex *Varr* & *Cic* (2) Obsita pomis rura, *Ov Met* 13, 717 (3) Obsita virgultis loca, *Liv* Obsita sentis lo, *Vir Æn* 7, 790 (4) Iter ob- situm nivibus, *Curt* 5, 6, 13 Ob- sita squalore vestis, *Liv* 2, 23 (5) Obsitus annis, *Ter Eun* 2, 2, 5 Rex obsitus ævo, *Vir Æn* 8, 307

Obsolefacio, *unde* obsolefio *To become obsolete,* Met *to be debas- ed, grow into contempt, be vilified, or made cheap* August- tus admonebat prætores, ne pate- rentur nomen commissionibus ob- solefieri, *Suet Aug* 89

Obsolefactus, a, um part ex præced *Grown obsolete, old, or unfit for use* Toga maculis ob- solefacta, *Valer Max* 3, 5, 1

Obsoleo, ui & evi, ere [ex obs, & ὀλέω, perdo] (1) *To grow out of use, or fashion, to decay* (2) *To lose its grace, and authority* (1) Propter vetustatem obsoleve- runt res, *Cic Acad* Q. 1 (2) In homine turpissimo obsolebant dig- nitatis insignia, *Cic Philipp* 2, 41

Obsolesco, ere (1) *To grow out of use,* or *memory* (2) *To lose its reputation, value,* &c (3) *To be dishonoured, stained,* or *polluted* (1) ✱ Hæc, ne obsoles- cerent, renovabam legendo, *Cic Acad* Q. 1, 3 Obsolevit jam ista oratio, *Id* pro *Leg Manil* 17 (2) Cito ... obsolescit in sordidis hostibus, *Curt* 9, 6, 14 (3) Virtus nunquam ... sordibus obsoles- cit, *Cic* pro *Sext* 28

Obsoletè adv *unde* comp obso- letius *Very oldfashionedly* Ob- soletius vestitus, *Cic Verr* 3, 58

Obsoletus, a, um [ab obsoleo] or, comp ssimus, sup (1) *Grown out of use, antiquated, obsolete* (2) *Stale, common, vulgar* (3) *Disregarded, worthless* (4) De veste, *Dirty, sorry* (5) *Stained, dishonoured* (1) = Vereor ne hæc nimis antiqua & obsoleta vi- deantur, *Cic Verr* 1, 21 (2) = Abjecta & obsoleta verba fugien- da, *Cic* de *Or* 3, 37 ✱ = Ho- nores olim rari & tenues, ob eam- que causam gloriosi, nunc autem

effusi & obsoleti, *Nep Milt* 6 (3) Obsoleta spolia, *Curt* 9, 1, 2 (4) Obsoletior vestitus, *Cic* con- tra *Rull* 5 Obsoletissimus vesti- tu, *Apul Florid* 19, p 819. (5) Dextera obsoleta sanguine, *Sen Agam* 977

Obsolidatus, a, um *Made hard, hardned* Tectorio inducto rigi- deque obsolidato, *Vitruv* 2, 3

Obsonator, oris m verb *A caterer, or purveyor* Obsonator optimus, *Plaut Mil* 3, 1, 73

Obsonatus, ûs m verb *A ca- tering, or buying of victuals* Priusquam ego obsonatu redeo, *Plaut Men* 2, 2, 5

* Obsonium, ii n ὀψώνιον (1) *Any victuals eaten with bread,* (2) especially, *fish* (1) Convertam me domum cum obsonio, *Ter Adelph* 2, 4, 22 Omnia conduc- tis coëmens obsonia nummis, *Hor Sat* 1, 2, 9 (2) Ὀψον & ὀψάριον Græci non temere nisi de piscibu efferunt, & sane sic intelligi vide- tur locus *Nepotis, Themist* c 10

Obsono, are act *To cater, to buy victuals* Postquam obsona vit herus, & conduxit coquos, *Plaut Aul* 2, 4, 1

Obsonor, ari pass *To be pro vided, or catered* § Obsonatum nobis sit opus ... obsonium, *Plaut Bacch* 1, 1, 64 An hoc ad eas res obsonatum est? *Id Ibid* 1, 2, 55

Obsono, are *To speak whilst another is speaking, so that he cannot be heard* § Sermone huic obsonas, *Plaut Pseud* 1, 2, 74

✝ Obsonus, a, um *Harsh, ill sounding* Humili, obsono, & tu- multi voce, *Varr Fort legend* ab- sona

Obsopio *To cast into a sleep,* unde

Obsopior, iri pass *To fall a- sleep* A somno tempore prohi- bere, ne obsopiantur, *Scrib Larg Comp* 180

Obsorbeo, ui & psi, ere *To suck up, or suck in* Da obsecro, hei- cele, obsorbeam *aquam,* Plaut Truc 2, 3, extr ✱ ✱ Ter die ob- sorbebat, térque eructabat, *Hyg Fab* 125

✝ Obsordeo, ui, ere Obsorduit jam hæc in me ærumna miseria, *Cæcil* ap *Non*

‖ Obstaculum, li n *Adducitur ex* Plaut Pseud 1, 5, 10 *sed mil lib* obsepta est via Obstaculum ἐμπόδιον, *Gloss* ✝ Impedimentum

Obstans, tis part *Hindring, letting, standing in the way* Obstantes catervæ, *Hor Od* 4, 9, 43 Obstantes pelle moras, *Ov Amor* 1, 11, 8

‖ Obstantia, æ f *Opposition* Propter obstantiam aëris, *Vitruv* 1, 6 vid & 8, 1 & 10, 14 ✝ Op- positio

Obstatur impers *Opposition is made* ✱ Nec, si non obstatur, propterea etiam permittitur, *Cic*

Obstaturus, a, um part *That will withstand, or oppose* § Obstatura Pelasgis vexilla, *Stat Theb* 7, 247 Sævis obstatura ani mis, *Id* vid & *Quint* 2, 12

‖ Obsterno, ere *To lay down before one* § = Mulierem puero obiicit & obsternit, *Apul Apol* p 554

Obstetricium, ii n *Midwifery,* Plin 35, 11

Obstetrix, icis f *pro* obstitrix [ab obsisto, obstiti, obstitum, quod obsistat, *Prisc* i e adsistat puer peræ, *ob,* enim ant pro *ad*] *A midwife* An tu fuisti meæ matri obstetrix? *Plaut Capt* 3, 4, 96

Obstinatè adv ius, ssime *Re- solvedly, resolutely, constantly, stiffly,* iere, *Il* (.) Scio miorem tibi pectus obscuri ille, *Plaut* (4) Nihil obscurae dicendo, *Cic* Quæ scribam, ἄλλως obscura o, *Id Att* 2,19 (5) ✝ Fortuna res cunctas ex lubidine magis, quam ex vero, celebrat obscuratque, *Sall B C* 8 (6) Linta vis est honesti, ut speciem utilitatis obscuret, *Cic* Acta novi obscurant veteres triumphos, *Luc* 1 121

Obscuror, aris, atus pass (1) *To be darkned, obscured* (2) *Hidden, concealed, disguised* (3) *Made inconsiderable* (1) Nec solis obscuratur, *Catull* 64,5 (2) Non dissimulandum quod obscurari non potest, *Cic* (3) Minora majoribus obscurantur, *Cic de Fin* 5,21

Obscurum adv ex adj more *Græc Darkly, with but little, or dusky light* ✻ Obscurum nimbosus dissilit aer, *Luc* 5, 6,1

Obscurus, a, um adj [a σκία, quod σκιά, umbra, qu επ σκιερος] obscurior, comp ssimus, sup (1) *Blackish, dark coloured* (2) *Dusky, darkish, with little light* (3) Obscurum *for* obscuritas (4) *Shady, dark with shades* (5) *Misty, covered with mists* (6) *Hidden, or covered* (7) *Not understood, little known* (8) *Doubtful, dubious* (9) *Obscure, or hard to be understood* (10) *Obscure, not perspicuous in speech, not clearly expressed* (11) *Speaking things enigmatically, or by way of riddle* (12) *Secret, mysterious* (13) *Close, secret, reserved, sly* (14) *Subtil, crafty* (15) *Obscure, ignoble, of mean parentage, poor, mean, low, pitiful* (1) Obscura ferrugo, *Catull* 64, 227 Mauro obscurior Indus, *Juv* 11,125 (2) Errat ad obscuros pallida turba lacus, *Tibull* 1, 10, 40 Jam obscura luce, *in the twilight*, *Liv* (3) Obscurum adhuc cœptæ lucis, *Tac Hist* 4, 50, 2 *the morning twilight* Obscurum noctis, *Ter* ... 1, 479 (4) Obscuræ convalles, *Luc Æn* 6,139 valles, *Id Æn* 9, 244 (5) Obscuri colles, *Vir Æn* 3, 522 (6) Sycomæ nullis obscura tenebris, *Prop* 2, 26, 55 (7) Fama est obscurior annis, *Vir Æn* 7, 205 Videre res obscurissimas, *Cic de Orat* 2, 26 ✝ Tua nobilitas literatis & historicis est nota, populo vero & suffragatoribus obscurior, *Cic* (8) ≡ Nolo suspensam & incertam plebem obscura spe, & caeca expectatione pendere, *Cic* (9) ✝ Jus applicationis obscurum, & ignotum patefactum judiciis, & illustratum a patronis, *Id* (10) Nimis obscurus Euphorion poeta, at non Homerus, *Cic* ≡ Flexiloqua, obscura, & ambigua oracula, *Id* (11) Obscuris ambages ore, *Ov de Pont* ... (12) Pars obscura cavis celebrabant orgia cistis, *Catull* 62,259 (13) Plerumque modestus occupat obscuri speciem, *Hor E p* 1, 18, 95 (14) Obscurus in ... *Cic* Odium obscurum, ... (15) ≡ Homini atque obscuro loco natus, *Cic* ≡ Neque tam obscuris personis, nec parvis ... agitur, *Cic* Obscurissimis initiis natus, *Paterc* 2, 76

Obsecrandus, a, um part *To be intreated or begged* Venia obsecranda est, *Plin* ...

Obsecrans, tis part *Beseeching* ... obsecrans ... *Ter Heaut* ...

Obsecratio, onis f verb (1) *A supplication, or solemn prayer to the gods* (2) *An earnest begging, a supplicating, or beseeching, a supplicant intreaty* (3) *A set form of begging, by way of adjuration*

(1) ≡ Constituendæ ... sunt procurationes & obsecratio, *Cic de Harusp Resp* 28 (2) Obsecratio illa judicum per charissima pignora, *Quint* (3) ≡ Preces, & obsecratio ... humili, & supplice uti, *Cic de Inv* 1, 16

Obsecraturus, a, um *That will beseech*, *Ter Adelph* 3, 2, 36

Obsecratus, a, um part (1) *Prayed to with solemn supplication* (2) *Earnestly besought, vehemently intreated* (1) Obsecrati erant omnia pulvinaria diis, *Liv* (2) Evocari nomina in atque obsecrati nautam conscendere, *Cæs B C* 3,5

Obsecro, are [ex ob, & sacro, quasi per sacra rogo, vel opem a sacris peto, *Fest*] (1) *To beg, or conjure by all that is sacred, to beseech, or beg for god's sake* (2) *A form in vehement admiration, or surprize* (1) ✝ Non rogavit tolum, verum etiam obsecravit, *Cic* ... *Quint post* ... § Si mihi fas est obsecrare abs te, *Id* § Te obsecro multam precibus, *Id* § Obsecro ... beatis ... omnibus ... terris ... ricordiam, *Id* § ≡ Per ... dextramque, deosque penates obsecro, & obtestor, *Hor Ep* 1, 95 § ≡ ✝ Cum multis lacrymis eum orarct & obsecraret, ... trare non potuit, *Cic* ✝ Rese... mater, quod ... obsecrav... *Plaut Aul* 4, 7, 4 (2) Videam obsecro, quem? *Ter Eun* 4, 4, 9 *See, quotha' whom, pray, ye?* Obsecro, hercle, quantum & quam valid... est *Plaut Amph* 1,1,1... *O wonderful, what an huge, brawny fellow!* Hera mea ... tace, obsecro, salva sumus, *Ter Eun* 5,2,25 (3) Pern, obsecro, tam infandum, *&c Ter Eun* 4, 5,22 *O ye gods!*

✝ Obsecundanter adv *Complaisantly, obediently* § Obsecundanter naturæ vivere, *Non ex Nigidio* ✝ Ex lege

Obsecundo, are act *To humour, to comply with, to do readily as one is bid* Obsecundato in loco, *Ter Heaut* 4, 6, 2 § Ut ejus semper voluntatibus ... venti tempestatesque obsecundarint, *Cic* pro *Leg Manil* 16

Obsecutus, a, um part *Having submitted to, or complied with* Obsecutus mihi, *Ter Hec* 4, 1, 66

Obsepio, ire, psi, ptum [ex ob, & sepio] (1) *To stop, or shut up against, to block up* (2) Met *To hinder, to preclude* (1) ✝ Aperire quæ vetustas obsepserat, *Tac Ann* 15,27,1 (2) ✝ Hæc omnia tibi accusandi viam muniebant, adipiscendi, obsepiebant, *Cic* pro *Mur* 25

Obsepior, iri pass *To be stopped up* § Ibi nunc oppido obsepta est via, *Plaut Pseud* 1, 5, 10 *Met* Obseptum plebi ad honores iter, *Liv*

Obseptus, a, um part (1) *Hedged, or shut up against* (2) *Stopped, precluded* (1) Aditus obseptis ... ribus, ... vallum ... nunt, *Liv* 25, 39 (2) § Postquam dolo viam obseptam vidit, bellum aperte molitundum ... ratus, *Cic*

Obsequela, æ f *Compliance, humouring* Parentes liberis sufficient obsequelam, *Plaut Asin* ... 1, 50

Obsequens, tis ... ior, comp issimus, sup *Compliant, obedient, dutiful, submitting to* Patri mihi obsequens, *Ter Heaut* 2, 3, 18 Filii ... obsequentior ... quam ... parentis ... , *Sall in Cic* ... *Iranm* Italia ... mortalium obsequentissima, *Col* ... 8 ¶ Voluptati obsequens, *given to pleasure*, *Ter Hec* 4, 5,9

Obsequenter adv ... sup (1) *With compliance* (2) *Dutifully* (1) Hæc obsequenter collegæ facta sunt, *Liv* 41, 10 (2) Obsequentissime ... vixi, *Plin Ep* 7, 24

Obsequentia, æ f *Compliance* Nimia obsequentia ... quorum, *Cæs B G* 7, 29 ... ibi ...

✝ Obsequiosus, le *Ready to serve, or assist*, *Gell* 2, 29 ✝ Obsequens

Obsequiosus, a, um *Obsequious, serviceable, very ready, to assist, or obey*, Mihi obsequiosus semper fuisti, *Plaut Capt* 2, 3, 51

Obsequium, ii n [ex obsequor] (1) *Properly a waiting upon a dead corps to burial* (2) Met *Obsequiousness, or an attendance or following* ... (3) *An obligation, or kindness* (4) *Compliance, humouring, giving way to one's humour* (5) *The desire of motion in fluids* (6) Met *Gentle management, or usage* (7) *Flattery* (8) *Smoothness, easiness to be forded* (9) *Indulgence to, or making much of one's self* (10) *Indulgence to children* (11) *Ready submission, obedience, loyalty, subjection* (12) *Slavery* (1) Dum funeri obsequium pa... ipse funus ... quo ... *Paul Diac de ... quadam* Ego quoque in funus prodeo, *Ter And* 1, 1, 88 *hoc est*, in obsequium funeris, *Fu... in loc* (2) Antonium patientia, & obsequio mitigavit, *Cic in Pison* 2 (3) Obsequium grande tuli, *Ov Ep* 6, 18 (4) Obsequium amicos, veritas odium parit, *Ter And* 1, 1, 41 ✝ Inv... non ... obsequio, sed acerbius opprimi studuit, *Nep Dion* ... (5) Ad illus admovetur, quo ... obsequium feminæ, *Col* 6, 37 (6) Flectitur obsequio curvatus ab arbore ramus, *Ov A Am* 2,179 Obsequio tranantur aquæ, *Id* ... (7) Blandi ... obsequium, *Propert* 1, 8, 40 Inter obsequium fortunæ, *Curt* 8, 4, 24 (8) Obsequio differt ... aquarum, *Ov Met* 9,117 (9) Animo obsequium sumere, *Plaut* ≡ Corporis obsequium indulgentiaque, *Cic* Obsequium ven...is, *Hor* (10) Omne meum obsequium in illum fuit cum multa severitate, *Cic Attic* 10, 4 (11) ✝ Obsequio pereunte ... *Tac Hist* 1, 8... 6 (12) Subeas alternus oportet ancipiti obsequio, *Pers* 5,156

Obsequor, i, cutus sum dep (1) *To follow, or attend, particularly at funerals* (2) Met *To follow, or attend to* (3) *To humour, or comply with, to submit to* (4) *To be assistant to, to do good, or friendly offices, to serve* (5) *To humour, or please* (6) *To flatter, or cringe to* (1) Restabat ipse ... & dum obsequebatur, ... *Paul Diac ...* ... Obsequium, ... (2) Idoneum tempus ... studiis obsequendi suis, *C Nep Att* 2 Obsequar studiis nostris, *Cic* (3) § Impe... obsequi, *Plaut* pudori, amori, parenti, *Tac* consuetudini, naturæ, bonitati, *Cic* § Quæ ... qui non oportet, *Gell* 2, ... *Met* Tempestati obsequi artis est, *Cic* (4) Senes est æquum senibus obsequi, *Ter Heaut* 3,1,10 ≡ inservire, *Id* (5) § Hellenist Idego percupio obsequi gnato meo *Plaut Asin* 1, 1, 61 (6) Quem maxume odisti, maxume obsequere

... *Sall in Cic* ¶ ... *Plaut* ... *self, to make merry*

Obseratus, a, um ... *Locked, or barred up* ... *Shut up* (1) ... seratis, ... obseratis, ... *Ov* ... 5,4 (2) ... *Hor Ep* ... 15,1

Obsero, are ... (1) *To lock or bolt a door* (2) *To shut in* (3) *To hinder or shutting in* (4) Met *To cover up* (1) Abi, atque ostium obsera intus, *Ter Eun* 4, 6, 25 (2) Obsera ... *Prop* ..., 8 (3) Rami ... ex ... obseren..., *Col* 9, 1 (4) ... licet obsere... latum, *Catull* 55,21

Observabilis, e *Observable, that may be foreseen, or pre...* Tectæ minus minus sunt observabiles, *Quint* 9 1

Observans, tis part ... comp issimus, sup (1) *Observing, taking notice of* ... (2) *Finding* ... (3) *Observing, minding what one saith, careful to please* (1) Observans ... gemini ferant *columbæ*, *Vir* ... 198 (2) Durus ... inplume ... factus ... *Vir Geor* 4,513 (3) § Observantissimus æqui, *Claud 4 Cons Hon* ... ≡ Observantissimus studiosissimusque nostri homo, *Cic Fam* ... *de ceteris not* ... Observo

Observantia, æ f (1) *Observation, a curious minding* (2) *Regard, esteem, honour* ... (1) Observantia temporum, ... (2) Quæ magnitudo ... tot beneficiis ... *Cic* Observantia ... cara fuit omnibus *Nep Att* ... qua ipse annos observavit

Observator, oris m verb (1) *An observer, a witness, one that taketh account, a register* (2) *A public officer, or inspector* (3) Sacer intra nos spiritus sedet, bonorum, malorumque nostrorum observator, & custos, *Sen* (4) Nemo observator, nemo castigator assistet, *Plin Paneg* 30

Observatus, a, um (1) *Watched, marked* (2) Met *Heeded, minded, observed, put in execution* (1) ≡ Vestigia observata sequor per noctem, & lumine lustro, *Vir Æn* 2, 754 (2) Quo præcepto diligenter ab iis observato, quum, *&c Cæs B G* 5,35 *Vid* Observo

Observatus, us m verb *Observation, experiment* Ex observatu dicunt, *Varr R R* 2,7

Observo, are [ex ob, & servo] (1) *To mind heedfully, to watch* (2) *To keep, to look after cattle* (3) *To lye perdue, on the catch* (4) *To wait a time, or opportunity* (5) *To stand to, to keep, observe a rule, custom, law, &c* (6) *To esteem, honour, reverence* (1) Observes filium, quid agat, quid consilii capiat, *Ter And* 1, ult (2) Non hic armenta gregesve horridus observo, *Ov Met* 1, 514 (3) Aliæ ut ex proximo observent, ... ut quid in ... *Cic* (4) ... tempus ... epistolæ tibi ... *Cic* (5) Quod qui ... lingua Latina ... observat, ... *Cic* ... serva ... leges, *Id* ... consortium, *Id* (6) ... observ... & colui ... diligere, *Id* Annorum ... observent, ut noctem ... *Cæs B G* 6 17

Observor, ari ... pass (1) ...

[illegible] *attended to, taken* [illegible] (2) *To be pryed into,* [illegible] *narrowly* (3) *To be* [illegible] (4) *To be ho*[illegible] [illegible]*med, &c* (1) Res [illegible] *dvertique* [illegible], (2) Post jam poeta [illegible] [illegible] ab iniquis obsi[illegible] [illegible] *prol* (3) Quod, [illegible] (5) = (6) & observ[illegible] ab [illegible] ?

[illegible] f [quod i[illegible], [illegible] obsideri[illegible] [illegible] (1) *An hostage, given as* [illegible] *pledge for perform*[illegible] [illegible], *or peace* [illegible] *pledge, or security* [illegible], arma, servos, [illegible] fugissent, poposcit, [illegible] 1, 2 Obsides uti inter [illegible], Sequani, ne [illegible] Hel[illegible] [illegible] maleficio, & injuria [illegible] 19 (2) = Hy[illegible] sponsor & ob[illegible] Halicius a Cæsare senten[illegible] obsidem perpetuæ [illegible] voluntatis, *Cic Catil* [illegible] periculi, [illegible], *Cic* pro *Cæl*

[illegible] f verb (1) *A* [illegible] (2) *A* [illegible] *beleaguering* (1) [illegible] via, *Cic* in *Pis* [illegible] (2) Antonius [illegible] Mutinæ obsessionem [illegible], *Cic* [illegible] 10, [illegible]

Obsessor, oris m verb [ex ob[illegible]] (1) *A constant frequent*[illegible] (2) *He that keepeth a place* [illegible] (3) *A besieger,* or [illegible] (1) Obsessor fori, [illegible] 2, 18 (2) Obse[illegible] *Cic* pro *Domo,* 5 (3) [illegible] Luceriæ urbis, *Liv* 9 15

Obsessus, [illegible] part [ex obsi[illegible]] (1) *Beset, closed as with a* [illegible] (2) *Besieged, blocked up* (3) Met *Streitned, beset, sur*[illegible] (4) *Frequented, thronged* [illegible] (1) Trachas obsessa [illegible], *Ov Met* 15, 717 (2) Ig[illegible] obsessam Ilion, *Hor Epod* [illegible] (3) Omnibus rebus [illegible] petunt, *Cels B* 1, 8 (4) [illegible] tellus obsessa [illegible], *Tib* [illegible] 1, 139

‖ Obsibilo, are *To whistle as* [illegible] *tree,* Apul ✝ Insibilo

Obsideo, ere, di, essum [ex ob, [illegible], & sedeo] (1) *To sit* [illegible], *to take up a place by sit*[illegible] (2) Met *To cover, to over*[illegible] (3) *To wait, or attend* [illegible] (4) *To sit waiting at a* [illegible] *that he may be sure* [illegible] *him.* (5) *To stay in,* [illegible] *in a place* (6) *To* [illegible] *guard, to keep a strait* [illegible] (7) *To plot, or have a* [illegible] *upon* (8) *To besiege, to* [illegible] (9) *To surround, to en*[illegible] (1) S[illegible] obsideant, h[illegible] [illegible] locus, *Plaut Pæn* [illegible] (2) Cum Cumanæ, M[illegible] obsiderent, [illegible] 23 (3) Tacitum obsi[illegible] Amatæ, *Vir Æn* 7 (4) [illegible] domi certum ob[illegible] donec redierit, *Ter* [illegible] 6, 6 (5) ✕ Ira [illegible] eruditas præ[illegible] (6) Opportu[illegible] omnibus cœpit [illegible] *Cic* (7) = Cum specu[illegible] obsideret rostra vindex [illegible] *Cic* Met Qui me [illegible] obsideret, *Cic* (8) [illegible] & consulem designatum [illegible] *Cic* Met Varia & incer[illegible] vitam obsi[illegible], *Cic*

Obsideor, eri, sessus pass (1) *To be taken up by sitting in* (2) *To be overspread* (3) Met *To be wholly shut up,* or *prepossessed* (4) *To be besieged* (5) *To be crammed, taken,* or *pleased with* (1) *Vid* Obsideo (2) Mare superum obsidetur classe, *Cic Att* 10, 1 Corporibus omnis obsidetur locus, *Id* (3) Cum obsiderent palatæ aures a fratre videret, *Liv* (4) Obsideri immensis copiis, *Paterc* 2, 120 (5) = Cum is qui audit, ab oratore obsideretur & tenetur, *Cic Orat* 62

Obsidianum vitrum [ex obs ho quodam inventore] *A kind of black thick glass sometimes transparent,* of which images and other things were made, *Plin* 36, 26 & 27, 13

Obsidio, onis f (1) *A surrounding,* or *hemming in* (2) *A siege, a blockade* (1) Castra Pompeii castris obsidione munimentisque complectebatur, *Paterc* 2, 50 (2) Urbes partim vi partim obsidione cepit, *Cic* pro *Mur* 9

Obsidionalis, e adj *Of,* or *belonging to a siege* Corona graminea obsidionalis, *Liv* 7, 37 *a chaplet,* or *garland made of the grass that grew in the place besieged, and given to him who had raised the siege* Id Plin 22, 4, 5 Gell 5, 6 & Test Scipio obsidionali corona donatu est, *Paterc* 1, 12

Obsidior, ari, atus sum dep *To ly in wait,* Col 9, 14 *ubi tamen al* insidiantur

Obsidium, ii n (1) *A siege, a blockade* (2) Met *A watching, or looking after* (3) *An ambush* (4) *Apparent danger* (1) Obsidium dictum est ab obsidendo, quò minus hostis egredi posset inde, *Varr L L* 4, 16 Obsidium solvere, *Tac Ann* 4, 73 (2) Apum fœtus, nisi curatoris obsidio excepti sint, diffugiunt, *Col R R* 9, 9 (3) Ne ob insidiis hominum diriperetur, *Col* (4) Viden' hostes ubi illeste tergaque tuo obsidium? *Plaut Mil* 2, 2, 64

Obsidium, ii n [ab obses] *An hostage* Manerdates nobis obsidio datus, *Tac Ann* 11, 10, 7

✠ Obsido, sedi, ere [ex ob, & sido] (1) *To seat himself in, to possess himself of* (2) *To ly in ambuscade at* (3) *To keep blocked up* (1) Obsidere viis, *Lucr* 4, 51 partes, *Id ib* 1085 (2) Bivias obsidere milite fauces, *Vir Æn* 11, 516 (3) Vigilum excubiis obsidere portas, *Vir Æn* 9, 159 Met Obsidere vias oculorum, *Lucr* 4, 35

Obsignandus, a, um part *To be sealed up* Literas obsignandas publico signo curavi, *Cic Verr* 4, 63

Obsignator, oris m verb *A sealer, one that signeth and sealeth* Obsignator testamenti, *Cic Att* 12, 18

Obsignatus, a, um part (1) *Sealed against* (2) *Sealed up* (3) Met *Sealed,* or *safely laid up in memory* (1) § Cui nihil obsignatum, *Cic de Orat* 2, 61 (2) Obsignatâ epistolâ superiore, *Cic Attic* 8, 6 (3) = Obsignatum, & memoriæ mandatum mente tenere, *Lucr* 2, 581 ¶ Tabellis obsignatis agere cum aliquo, *to hold one to his bargain, to take him at his word,* Cic Tusc 5, 11

Obsigno, are act (1) *To seal up against* (2) *To seal up* (3) *To seal,* as *by witnesses* (1) § Qui salinum servo obsignant cum sale, *Plaut Pers* 2, 3, 15 § Contra M Scaurum obsignaverat statutas, *Cic* (2) Pauca conscribit obsignatque, & liberto dat, *Tac Ann* 3, 15, 5 (3) Ejus rei conditionisque tabella obsignaverunt viri boni complures, *Cic*

Obsignor, ari pass *To be sealed up,* Cic *Nep Lysand* 5 Obsignari nihil mittune fore, *Cic* de *Div* 2, 76

Obsipo, are [ex ob, & antiq sipo, *unde* & dissipo, & dissipo] *To scatter, throw on,* or *sprinkle* Aquulam obsipat, *he sprinkled the water on me,* Met *he is with me,* Plaut Cist 1, 1, 97

Obsistitur impers *Opposition,* or *resistance is made* § = Magnitudine animi repugnari obsistique potest fortunæ, *Cic* de *Fin* 4, 7

Obsisto, ere, stiti, stitum (1) *To stand,* or *post one's self in the way* (2) *To stop,* or *hinder* (3) Met *To oppose, to withstand* (1) § Ne quisquam sit, qui mihi obsistat in via, *Plaut Curc* 2, 3, 5 Hic obsistam, ne imprudenti huic ea si surrepta mihi, *Id Mil* 2, 4, 62 (2) Ne quæ mihi ulla obsistet amnis, neque mons, neque ideo mare, *Plaut Merc* 5, 2, 18 (3) = Catilinæ occurri atque obstiti, *Cic Catil* 3, 7

Obsitus, a, um part [ex obsero] (1) *Sown over with seed* (2) *Set,* or *planted* (3) *Overrun, overgrown with* (4) *Covered all over* (5) Met *Full of, oppressed with* (1) *Litt* ex *Varr* & *Cic* (2) Obsita pomis rura, *Ov Met* 13, 717 (3) Obsita virgultis loca, *Liv* Obsita setis *Io, Vir Æn* 7, 790 (4) Iter obsitum invibus, *Curt* 5, 6, 13 Obsita squalore vestis, *Liv* 2, 23 (5) Obsitus annis, *Ter Eun* 2, 2, 5 Rex obsitus ævo, *Vir Æn* 8, 307

Obsolefacio, *unde* obsolefio *To become obsolete,* Met *To be debased, grow into contempt, be vilified,* or *made cheap* Augustus admonebat prætores, ne paterentur nomen commissionibus obsolefieri, *Suet Aug* 89

Obsolefactus, a, um part ex præced *Grown obsolete, old,* or *unfit for use* Toga maculis obsolefacta, *Valer Max* 3, 5, 1

Obsoleo, ui & evi, ere [ex obs, & λέω, perdo] (1) *To grow out of use,* or *fashion, to decay* (2) *To lose its grace, and authority* (1) Propter vetustatem obsoleverunt res, *Cic Acad* Q 1 (2) In homine turpissimo obsolebant dignitatis insignia, *Cic Philipp* 2, 41

Obsolesco, ere (1) *To grow out of use,* or *memory* (2) *To lose its reputation, value, &c* (3) *To be dishonoured, stained,* or *polluted* (1) ✕ Hæc, ne obsolescerent, renovabam legendo, *Cic Acad* Q 1, 3 Obsolevit jam ista oratio, *Id* pro *Leg Manil* 17 (2) Cito laus obsolescit in sordidis hostibus, *Curt* 9, 6, 14 (3) Virtus nunquam alienis sordibus obsolescit, *Cic* pro *Sext* 28

Obsoletè adv *unde* comp obsoletius *Very oldfashionedly* Obsoletius vestitus, *Cic Verr* 3, 59

Obsoletus, a, um [ab obsoleo] or, comp ssimus, sup (1) *Grown out of use, antiquated, obsolete* (2) *Stale, common, vulgar* (3) *Disregarded, worthless* (4) De veste, *Dirty, sorry* (5) *Stained, dishonoured* (1) = Vereor ne hæc nimis antiqua & obsoleta videantur, *Cic Verr* 1, 21 (2) = Abjecta & obsoleta verba fugienda, *Cic de Or* 3, 37 ✕ = Honores olim rari & tenues, ob eamque causam gloriosi, nunc autem effusi & obsoleti, *Nep Milt* 6 (3) Obsoleta spolia, *Curt* 9, 1, 2 (4) Obsoletior vestitus, *Cic* contra *Rull* 5 Obsoletissimus vestitu, *Apul Florid* 19, p 819 (5) Dextera obsoleta sanguine, *Sen Agam* 97

Obsolidatus, a, um *Made hard, hardned* Tectorio inducto rigideque obsolidato, *Vitr* 2, 3

Obsonator, oris m verb *A caterer,* or *purveyor* Obsonator optimus, *Plaut Mil* 3, 1, 73

Obsonatus, ûs m verb *A catering,* or *buying of victuals* Priusquam ego obsonatu redeo, *Plaut Men* 2, 2, 5

* Obsonium, ii n ὀψώνιον (1) *Any victuals eaten with bread,* (2) especially *fish* (1) Convertam in domum cum obsonio, *Ter Adelph* 2, 4, 22 Omnia condiatis cœnis obsonia nummis, *Hor Sat* 1, 2, 9 (2) Ὄψον & ὀψάρια Græci non temere nisi de piscibus efferunt, & sine sic intelligi videtur locus Apotis, *Zwingli* 10

Obsono, are act *To cater, to buy victuals* Postquam obsonavit herus, & conduxit coquos, *Plaut Aul* 2, 4, 1

Obsonor, ari pass *To be provided,* or *catered* § Obsonatum nobis sit opus item obsonium, *Plaut Bacch* 1, 1, 64 An hoc ad eas res obsonatum est? *Id Ibid* 1, 2, 35

Obsono, are *To speak whilst another is speaking, so that he cannot be heard* § Sermone huic obsonas, *Plaut Pseud* 1, 2, 74

✝ Obsonus, a, um *Harsh, ill sounding* Humili, obsono, & tetra multi voce *Varr Fust legend* absona

Obsopio *To cast into a sleep,* unde

Obsopior, iri pass *To fall asleep* A somno tempore prohibere, ne obsopiantur, *Scrib Larg Comp* 180

Obsorbeo, ui & psi, ere *To sup up,* or *suck in* Di obsecro, hercle, obsorbeam aquam, Plaut Truc 2, 7, extr ✕ Ter die obsorbebit, terque eructaba, *Hyg Fab* 125

✝ Obsordeo, ui, ere Obsorduit jam hæc in me ærumna miseria, *Cæcil* ap *Non*

‖ Obstaculum, li n *Adducitur* ex Plaut Pseud 1, 5, 10 *sed mel libb* obsepta est via Obstaculum ἐμπόδιον, *Gloss* ✝ Impedimentum

Obstans, tis part *Hindring, letting, standing in the way* Obstantes caterva, *Hor Od* 4, 9, 43 Obstantes pelle moras, *Ov Amor* 1, 11, 8

‖ Obstantia, æ f *Opposition* Propter obstantiam ætus, *Vitruv* 1, 6 *vid* & 8, 1 & 10, 14 ✝ Oppositio

Obstatur impers *Opposition is made* ✕ Nec, si non obstatur, propterea etiam permittitur, *Cic*

Obstaturus, a, um part *That will withstand,* or *oppose* § Obstatura Pelasgis vexilla, *Stat Theb* 7, 241 Sævis obstatura animis, *Id* vid & *Quint* 2, 12

‖ Obsterno, ere *To lay down before one* § = Mulierem puero objicit & obsternit, *Apul Apol* p 553

Obstetricium, ii n *Midwifery,* Plin 35, 11

Obstetrix, icis f *pro* obstitrix [ab obsisto, obstiti, obstitum, quod obsistat, *Prisc* 1 & *adsistat puerperæ, ob,* enim ant *pro ad*] *A midwife* An tu fuisti meæ matri obstetrix? *Plaut Capt* 2, 4, 96

Obstinatè adv ius, ssime *Resolvedly, resolutely, constantly, stiffly,*

Ju), *pro gli* Obstinati operam dat, *Liv Ann* 1, 5, 8 negare, *Cic* Obstinatius omnia agere, *Suet Cal* 29 Obstinatissime recusare, *Id Tib* 67

Obstinatio, onis f (1) *Inflexible resolution, firmness of purpose* (2) *Obstinacy,* or *stubbornness* (1) Obstinatio quædam sententiæ, *Cic de Prov Cons* 17 Prec s ejus taciturnâ obstinatione repressit, *Nep Attic* ult (2) Obstinatio viris feminisque *Judæorum* par, *Tac Hist* 5, 13, 5

Obstinatum est impers *It is firmly resolved and fixed* = Quando id certum atque obstinatum est, *Liv*

Obstinatus, a, um part & adj or, comp ssimus, sup (1) In a good sense, *steady, fixed, unmoved* (2) In a middle sense, *self-willed, determined* (3) In a bad sense, *resolute, obstinate* (1) Popularium virtus pro regno suo obstinatissima, *Sen Ep* 71 § Obstinati animi ad decertandum, *Liv* 6, 3 mori, *Id* (2) Tiberium sine miseratione, sine ira, obstinatum, clausumque vidit, *Tac Ann* 3, 15, 4 *Alit* Obstinatæ aures, *Hor Od* 3, 11, 8 (3) Appius obstinato animo tribunal adscendit, *Liv* = Voluntas ejus obstinatior videtur, & iracundia obfirmatior, *Cic Att* 1, 11.

Obstineo, ere *Obstinet* dicebant antiqui, quod nunc *ostendit*, ut in veteribus carminibus *Sed jam se cælo candens Aurora obstinet suum patrem*, Fest

Obstino, āre act [ex ob, & ant stano *seu* stino, quod à sto, *unde* destino, præstino] (1) *To be obstinate, to persist firm in a purpose, to make a firm resolution* (2) *To ask so as to take no denial* (1) § Obstinaverant animis vincere aut mori, *Liv* 23, 29 (2) § Ea affinitatem hanc obstinavit gratia, *Plaut Aul* 2, 2, fin

Obstipus, a, um [ex ob, & stipes, i e stipitis instar immotus ac rigidus] (1) *Stiff,* or, *that is carried stiff on one side* (2) *Crooked, awry* (3) *That carrieth its head stiff on one side* (1) Obstipo capite, *Hor Sat* 2, 5, 92. Incedebit cervice rigidâ & obstipâ, *Suet Tib* 68 (2) Omnia men dose fieri atque obstipa necessum est *Lucr* 4, 519 *Legit autem* Fest obstita (3) Cum obstipæ sues transversa capita ferant, *Col.* 7, 10

Obstitum, i n (1) *A place struck with thunder,* or *lightning* (2) *Obliquity* (1) Fulgurita atque obstita pianto, ap *Cic de Leg* 2, 9 (2) Obstitum circulorum, *Apul de Deo Socrat* p 666

Obstitus, a, um [*ab* obsistendo Est enim obstire *pro* obstare] (1) *Thunder-struck,* or *blasted with lightning* (2) *Struck with a panic terror, affrighted into madness by an apparition* (3) *Oblique, crooked* (1) *Obstitum* Cloatius & Ælius Stilo esse aiunt violatum attactumque de cœlo, Fest (2) *Obstitum* Cincius esse dit cum, *qui deo deæque* obstiterit, *i e* qui viderit, quod videre nefas esset, Fest (3) *Fest* ex *Enn Licinio* & *Lucr*

Obsto, āre, itit, stitum & statum (1) *To stand before,* or *over-against, to be in the way,* or *interpose* (2) Met *To interpose* (3) *To stand as a limit,* or *boundary* (4) *To withstand,* or *oppose, to make effectual opposition* (5) *To lett, hinder, to be an impediment,* or *hindrance to* (6) *To be prejudicial,* or *averse to, to stand in the way of* (1) Obstitit in media candida pompa via, *Ov Fast* 4, 906 § Velim à sole mihi non obstes, *Val Max* 4, 3, ext 4 (2) Recens meritum facto obstabat, *Liv* (3) A latere Oceani obstare ipsum quod vocant mare, *Plin* (4) = Contra pugnare & obstare, *Lucr* 1, 338 Quod ne fieret, obstiterat, *Cic* Famam obstare furori, *Vir Æn* 4, 91 Terrore mortis, ac periculo capitis, ne accederes, obstiti, *Cic* (5) § Quid obstat, cur non veræ fiant? *Ter Andr* 1, 1, 76 § Paulum hoc negotî mihi obstat, *Id Heaut* 3, 1, 93 § Sin ne possim, *&c* frigidus obstiterit sanguis, *Vir Geor* 2, 484 (6) § Ita iracundia obstitit oculis, *Plaut Asin* 2, 4, 45 Consiliis obstat fortuna, *Nep* Ne cui meæ longinquitas ætatis obstet, *Ter Hecyr* 4, 2, 20 = Commodis alicujus officere, & obstare, *Cic pro Rosc* 48

Obstrāgulum, li n [*ab* ob, & stragulum] *That which covereth* Crepidarum obstragulis margaritas, *the upper leathers,* or *parts of a slipper,* Plin 9, 35

Obstrĕpens, tis part (1) *Making a noise that one cannot be heard, &c* (2) *Roaring lowdly as the sea before* (3) Met *Making deaf to advice* (1) Obstrepente pluviâ nihil sensere Pœni, *Liv* 21, 56. (2) Mare Baiis obstrepens, *Hor Od* 2, 18, 20 (3) Clausæ erant aures, obstrepente irâ, *Curt* 8, 1, 49

|| Obstreperus, a, um adj Obstreperum carmen cicadarum, *the chirping note of grasshoppers,* Apul p 786 ✝ Obstrepens

Obstrĕpitur impers *They cry out,* or *bawl against* § Decemviro obstrepitur, *Liv* 3, 49

Obstrĕpo, ĕre, ui, itum (1) *To make a noise against,* or *before.* (2) *To sound,* or *make a noise to.* (3) *To make a noise, to hinder the being heard* (4) *To interrupt by noise* (5) *To disturb,* or *interrupt* (1) § Inordinati atque incompositi obstrepunt portis, *Liv* (2) ✻ Fontes lymphis obstrepunt, *Hor Epod* 2, 27 (3) Turba obstrepit, *Tib* 2, 1, 86 § Ululatus obstrepuere sono citharæ, *Ov Met* 11, 18 (4) Ipsi sibi in dicendo obstrepere videntur, *Cic de Orat* 3, 1, (5) Tibi literis obstrepere, *Cic Fam* 5, 4 *Met* Ne tuæ laudi obstrepat, *may not lessen the sound of your praise,* Sen Herc fur 1031

Obstrĕpor, i pass (1) *To have a noise made about it, so that it cannot be heard* (2) *To have a sound made about it* (1) § Ejusmodi res, nescio quo modo obstrepi clamore militum videntur, & tubarum sono, *Cic pro Marcello,* 2 (2) Si nemus non obstreperetur aquis, *Ov Fast* 6, 10

Obstrictus, a, um part (1) *Bound,* or *tied hard about* (2) Met *Obliged, engaged. &c* (3) *Intangled, fast insnared* (1) Collo obstricto trahere, *Plaut Amph* 3, 2, 72. (2) = Addictum, deditum, obstrictum aliquem ha bere, *Cic pro Cæl* 32 ✻ Excogitavi, quamobrem viderer maximis beneficii vinculis obstrictus, cum liber essem, & solutus, *Cic pro Planc* 30 (3) Se obstrictum scelere non sentit, *Cic Verr* 4, 32 Obstrictus patriæ, *owing to his country the suffering of punishment for attempting its destruction,* Cic *pro* Sulla, 2

Obstrictus, ûs m *Closeness,* or *narrowness of a passage,* Sen N Q 5, 14

Obstrĭgillātor, oris m verb *He that detracteth from,* or *reflecteth on* Æmulus illius artis atque obstrigillator, *Varr* ap *Non* 8, n 76 ✝ Malevolus

Obstrĭgillāturus *Vid* Obstringillaturus

Obstrĭgillo, āre *seu* obstringillo [*ex* ob, & strigulo] (1) *To hamper, intangle, to be severe upon* (2) *To reflect,* or *be bitter upon, to jeer* (3) *To stand in the way* (1) ✻ Lex neque innocenti propter simultatem obstringillat, neque nocenti propter amicitiam ignoscit, *Non* ex *Varr* (2) Obstrigillandi causâ figulinas reprehendis, *Varr R R* 1, 2 (3) Nunc multa obstrigillant, *Sen Epist* 115

Obstrĭgillum, li n *The bevil,* or *hollow of the ring, where the jewel is set* Obstrigillum, σφραγιδοφύλαξ, *Gloss*

|| Obstrigillus, li m *A sort of shoe tied upon the foot with a latchet* *Obstrigilli* sunt, qui per plantas consuti sunt, & ex superiore parte corrigia trahitur, ut constringantur, unde & nominantur, *Isid*

Obstringillatūrus, a, um, part *That will hinder,* or *oppose* Obstringillaturus, ne triumphus decerneretur, *Non* ex *Varr*

Obstringillo, are *Vid* Obstrigillo.

Obstringo, ĕre, xi, ictum act. (1) *To ty about hard* (2) Met *To oblige highly* (3) *To plight, to pawn* a thing (4) *To bind,* or *engage one* (5) *To intangle,* or *engage* in debt (6) *To bring under the power,* or *trouble of* (7) *To bring under the guilt of* (8) *To violate and profane* by swearing falsly by (1) Follem sibi obstringit ob gulam, *Plaut Aul.* 2, 4, 23 Meum laqueo collum quando obstrinxero, *Ibid* 1, 1, 39 (2) § Cluentium vobis in perpetuum liberisque vestris obstringite, *Cic pro Cluent* 71 (3) Fidem obstringere, *Liv* (4) § Jurejurando civitatem obstringere, *Cæs B G* 1, 31 Cum sex libris tanquam prædibus me obstrinxerim, *Cic Att* 6, 1 Alii matrimonio se obstrinxisse, *Tac Ann* 15, 53, 5 ¶ Obstringere se hæreditati, *to oblige himself to the performance of what the law requireth of an heir,* Dig (5) Ut amicos ære alieno obstrinxerim, *Brutus* ad *Cic Fam* 11, 10 (6) Ementitus es auspicia, obstrinxisti religione populum, *Cic Philipp* 2, 33 (7) Se obstringere scelere, *Cic* mendacii religione, *Cæs B G* 1, 11. perjurio se suumque caput, *Liv* (8) Obstringere perjurio signa militaria & aquilas sacramentique religionem, *Liv*

Obstringor, i, obstrictus pass (1) *To be highly obliged* (2) Met *To be held fast, to be captivated* (3) *To be under the guilt,* or *obliged to the punishment of* (1) Me omnium officiorum religione obstringi arbitror, *Cic Verr* 5, 14 (2) Voluptatibus obstringi, *Cic* (3) Furti obstringitur, *Gell* ex *Sabino,* 11, 18

Obstructio, onis f verb. *That which stoppeth,* or *covereth,* Cic *pro Sext* 9, *fin*

Obstructūrus, a, um part *That will stop up by building against* § Primò se luminibus ejus esse obstructurum minabatur, *Cic pro Domo,* 48

Obstructus, a, um part (1) *Built,* or *heaped up* (2) *Stopped,* or *shut up* (3) *Obstructed,* or *rendered difficult to attain* (4) *Prejudiced, hard to be persuaded* (1) Muros raptim obstructi saxis refecerunt, *Curt* 4, 3, 1, (2) § Amnes obstructi stragibus, *Sil* 13, 743 = Partes corporis obstructæ & obturatæ, *Cic de Fato,* 5 (3) Omnis cognitio multis est obstructa difficultatibus, *Cic Acad Q* 4, 2 (4) Obstructæ mentes, *Tac Hist* 3, 21, 3

Obstrūdo, ĕre act *To thrust,* or *cram down, to eat hastily,* or *greedily.* Stans obstrusero aliquid strenuè, *Plaut Stich* 4, 2, 13

Obstruo, ĕre, xi, ctum act (1) *To stop up by building against* (2) *To fill,* or *dam up* (3) *To barricade, to shut up* (4) *To stop the way to* (5) *To interpose* (6) Met *To render weak,* or *dull of apprehension* (7) *To eclipse, to render less noted,* or *admired* (1) Se luminibus ejus esse obstructurum minabatur, *Cic pro Domo,* 48 (2) § Cæsar rivos operibus obstruxit, *Cæs B C* 3, 49 ✻ Obstruximus orbem terrarum nobis, ut Crete sola pateret, *Ov Met* 8, 117 (3) Ne exire possit valvas ædis Ephori obstruxerunt, *Nep Paus* 5 Iter Pœnis vel corporibus suis obstruere voluerunt, *Cic de Sen* 20 Aures morbus obstruxit, *Sen* (4) § Obstruite perfugio improborum, *Cic* (5) Luna à terris altum caput obstruit ei *soli,* Lucr 5, 753 (6) Ne sensus nimia dulcedine obstrueret, *Plin* 35, 10 (7) Catonis luminibus obstruxit hæc posteriorum quasi exaggerata altius oratio, *Cic de Cl. Orat* 17

Obstruor, i pass *To be barricaded, stopped up* Portas obstrui jubet, *Cæs B G* 5, 48

✝ Obstrusus, a, um part *Adducitur ex* Plaut Ov *&c* *ubi hodie legitur* abstrusus

Obstŭpefăcio, ĕre, ēci act *To astonish,* or *abash, to amaze,* or *confound* § Constantia sua tribunos obstupefecit, & plebem, *Liv* Timidum obstupefecit pudor, *Ter Phorm* 2, 1, 54

Obstŭpefactus, a, um part (1) *Benumbed* (2) *Astonished* (3) *Made heavy,* or *dull, besotted.* (1) = Obstupefactis nervis, ac torpore hebetatis artubus, *Valer Max* 3, 8, *ext.* 6 (2) = Non obstupefactus ac perterritus, *Cic Catil* 2, 7 (3) Illa pars animi cum sit immoderato obstupefacta potu atque pastu, *Cic Div* 1, 29

Obstŭpeo, ui, ēre *To be motionless, to be amazed,* or *stounded, and have no sense left* Obstupuit hominis improbi dicto, *Cic* Obstupuere animi, *Vir Æn* 2, 120 Animus timore obstupuit, *Ter Adelph* 4, 4, 3

Obstŭpesco, ĕre (1) *To grow dizzy,* or *drunk* (2) *To be astonished, &c* (1) Apes obstupescunt potantes, *Varr* (2) Beneficia quibus illi obstupescunt, *Cic Att* 5, 21

Obstŭpĭdus, a, um *Motionless, bereft of his senses* Quid adstitisti obstupida? cur non pultas? *Plaut Mil* 4, 6, 39

Obsum, es, fui, esse n *To hurt, to be hurtful,* or *prejudicial, to make against* ✻ Pudor non modo non obfuit orationi, sed etiam profuit. *Cic. de Orat* 1, 26 ✻ ad jumento esse, *Ad Herenn.*

Obsuo ĕre, ui, ūtum. *To cover round, and close upon, to stitch up as it were* Crescens arbor pectora obsuerat, *Ov Met* 10, 406 *ubi vulgo* obruerat [illegible] pass *To be stopped*, or [illegible] Spiritus oris multa [illegible], *Vir Geor* 4, [illegible] *tastiff*

[illegible] *To become* [illegible] sermonis oppletæ aures [illegible], *Cic Somn*

[illegible] *To grow*, or [illegible] *not to be persuaded* [illegible] quotidie ad [illegible]

[illegible] um part *Stitched*, or *closed up* Obsutum [illegible] caput, *Ov* [illegible] 5 8 Obsuta lectica, *Suet*

[illegible] *That which* [illegible] Tristis vef-[illegible]

[illegible] part (1) *Covered*, *dis-*[illegible] (2) *Covered*, *dis-* [illegible] ( ) *Defended*, *sheltered*, [illegible] (1) Domus arboribus ob-[illegible] 2, 300 (2) *Tac* [illegible] ( ) Meliorum preci-[illegible], *Tac Hist* 16, 5, 5

[illegible] part *Hiding*, *con-*[illegible] § Divina humanaque [illegible], *Tac Ann* 1, 76, 2 § [illegible] obtegens, *Id Ann* 4,

Obtĕgo, ĕre, xi, ctum act (1) [illegible] (2) *To hide*, or [illegible] (1) Cato, 40 (2) Nunc [illegible] credis posse obtegere [illegible] *Trin* 3, 2, 23

Obtegor, i pass (1) *To be co-*[illegible] with earth (2) *To be hid-*[illegible], or *concealed* (1) Terræ os obtegatur, *Cic* de *Legg* 2, 22 gle-[illegible] (2) Ut adolescentiæ tur-[illegible] sordibus tuis obtegatur, [illegible] 5

Obtemperatio, onis f verb *The submitting to*, or *complying with* § Si justitia est obtempe-[illegible] legibus institutisque [illegible]orum, *Cic* de *Legg* 1, 15

Obtemperatur imper *Obedi-*[illegible] *paid to* Ne auspicus ob-[illegible], *Cic* In quo si ob-[illegible] esset, *Id*

Obtempĕrātūrus, a, um part *That will comply with* Tibi de-[illegible] obtemperaturos ma-[illegible] *Ter Adelph* 4, 5, 70

Obtempĕro, āre (1) *To comply* [illegible], *to act according to* (2) [illegible] *to* (1) = Ut ejus [illegible] voluntatibus cives adsen-[illegible] obtemperarint, hostes [illegible], *Cic* pro *Leg Manil* 16 [illegible] ratio præsit, appetitus [illegible], *Id* (2) *Plaut Most* [illegible] 15

Obtendens, tis part *Using for* [illegible] Diversas fugæ causas [illegible], *Tac Ann* 15, 12, 3

Obtendo, ĕre, di, sum & tum [illegible] (1) *To spread*, or *place be-*[illegible] *hide*, or *cover* (2) [illegible] *an excuse*, or *pretence* [illegible] (1) Pro viro nebu-[illegible] obtendere, *Vir Æn* [illegible] ( ) Rationem turpitudini [illegible], *Plin Epist* 8, 6 § Ad [illegible] cum arbitrium senatûs [illegible] obtenderet, *Tac Ann* 1,

[illegible] or, i pass (1) *To be* [illegible] *thing before*, *to be put* [illegible] (2) *To be ex-*[illegible] *stretched in length* [illegible] (3) *To be pretended*, [illegible] *reason* (1) Corn [illegible] illi obtendi, *Curt* 4, 2, = [illegible] simulationum invo-[illegible] & [illegible] his quibus-[illegible] cujusque ni-[illegible] 1, 1, 5 (2) In [illegible] Hispania obtenditur [illegible] 10 ( ) Frustra [illegible] obtendi [illegible], [illegible] 11, 1, 2

Obtentio, āre [freq ab obtineo] *To take hold of*, or *possess frequently* Spesque jam me obtentabat, *Cic Att* 9, 10 *Leg* & sustentabat

Obtentum est imperf *It was obtained* Ut ægre fit ab eo obtentum, ut vellet vere, *Just* 12, 8

Obtentūrus, a, um part [ab obtineo] *Ready to get* Imperium civitatis obtenturus, *Cæs B G* 1

Obtentus, a, um part [ab obtendor] (1) *Spread over* (2) *Held before* (1) Obtenta nocte, *Vir Geor* 1, 248 (2) Obtenta palla, *Val Flacc* 7, 718

Obtentus, a, um [ab obtineor] *Obtained* Obtenta in præmium captiva, *Just* 2, 4

Obtentus, us m verb [ab obtendo] (1) *The placing*, or *spreading over* (2) *A colour*, *pretext*, or *disguise* (3) *A cover*, or *shelter* (1) Obtentu frondis inumbrare, *Vir Æn* 11, 66 nubium, *Plin* (2) Secundæ res miræ sunt vitiis obtentui, *Sall Lepid Orat contr Sull.* (3) Obtentus fugientibus, *Tac Hist* 2, 14, 9

Obtĕrendus, a, um part *To be crushed*, or *harassed* Domesticis bellis Græcia obterenda, *Just* 5, 2

Obtĕro, ĕre, trivi, itum act (1) *To crush*, *bruise*, or *trample upon* (2) *To overrun*, *to crush*, or *destroy suddenly with number* (3) Met *To trample upon*, *to bear down with violence and contempt* (4) *To contemn and baffle* (5) *To run down*, *disparage*, or *undervalue* (1) Proculcatas obteret ranas pede, *Phædr* 1, 30, 10 Pabula currens obtrivit eques, *Luc* 6, 82 (2) Ordovicum civitas alam, in finibus suis agentem, prope universam obtriverat, *Tac Agric* 18 (3) Qui omnia jura populi obtrisset, *Liv* (4) = Ita calumniam stultitiamque obtrivit ac contudit, *Cic* pro *Cæcin* 7 (5) Invidiâ laudem virtutis obterebant, *Nep Timol.* 1 Majestatem populi Romani senescentem obterere, *Liv* 23, 43

Obtĕror pass (1) *To be broken in pieces*, or *squeezed to death* (2) *To be trampled under foot*, *to be trod to death* (3) *To be despised*, *to ly disregarded* (4) *To be easily overcome*, or *surmounted* (5) *To be run down*, *disparaged* (1) ⁂ Quinquaginta hominum millia eo casu debilitata vel obtrita sunt, *Tac Ann* 4, 63, 4 (2) Elephantorum pedibus obteri, *Liv* (3) Religio pedibus obteritur, *Lucr* 1, 80 (4) Quæ dura, difficilia, adversa videantur, ea virtutibus iis obteri posse, *Cic* (5) Criminibus avaritiæ obterere laudem imperatoriam, *Cic Verr* 5, 1

Obtestans, tis part (1) *Calling to witness*, or *assistance* (2) *Beseeching passionately*, *praying heartily* (3) *Alledging* (1) Tuam in me benevolentiam obtestans, *Cic Brut* 13 (2) Obtestans omnes deos, *&c* *Cic* Fam 3, 10 (3) Famam perditam, pecuniam exhaustam obtestans, *Tac Ann* 1, 45, 3

Obtestātio, onis f verb (1) *An injunction in earnest and solemn words* (2) *An earnest supplication* (3) *An injunction laid upon one by will*, or *the desire of a person upon his death bed* (1) Obtestatio legis, *Cic* pro *C Balbo*, 14 (2) = In preces obtestationesque versæ mulieres, *Liv* 27, 50 (3) Mulier obtestatione viri domo exire non debuit, *Cic* pro *Cluent* 35

Obtestātus, a, um part *That hath conjured*, or *earnestly besought* Collegam obtestatus per literas, ut, *&c* *Liv*

Obtestor, āri, atus sum dep (1) *To call to witness* (2) *To pray*, *to beseech* (3) *To conjure*, or *desire*, *particularly on one's death-bed*, or *by one's last will* (4) *To implore*, or *call upon one for succour* (1) *Serv* in *ilud Virgil* Obtestantique Latinum, *Æn* 7, 576 (2) Ego, quod facio, *&c* me pacis causâ facere clamo atque obtestor, *Cic* (3) = § Te obsecro, obtestorque per senectutem & solitudinem meam, nihil aliud, nisi ut, *&c* *Cic Verr* 5, extr Per tuam fidem perque hujus solitudinem te obtestor, ne, *&c* *Ter Andr* 1, 5, 57 § Illud te pro Latio obtestor, pro majestate tuorum, *Vir Æn* 12, 820 (4) V [illegible] fidem obtestatur, *Cic* p o *Mur* [illegible]

Obtexens, tis part *Covering over as with a garment* Pe- nubes cœlum aliud obtexens, *Plin* 2, 9

Obtexo, ĕre, ui, tum *To cover* Post illa eam obtexere negligens fui, *Plaut Most* 1, 2, 61

Obtexor, i pass *To be covered*, *darkned*, *shaded* Cœlum obtexitur umbris, *Vir Æn* 11, 611 fictum, *Stat Achill* 2, 115

Obthuramentum, obthuratus, obthuro *Vid* Obturamentum, *&c*

Obticentia, æ f *A figure in rhetoric*, called also by the Greek name *Aposiopesis*. Ἀποσιώπησις quam *Cicero* Reticentiam, *Celsus* Obticentiam, *nonnulli* Interruptionem *appellant*, Quint 9, 2

Obticeo, ēre, ui neut [ex ob, & taceo] (1) *To be struck silent*, *to speak never a word*, *to leave off speaking* (2) Met *Not to be heard*, *to be left off*, or *laid aside* (1) Virgo obticet, *Ter Eun* 1, 5, 4 Chorus turpiter obticuit, *Hor A P* 284 (2) Queritur nugas obticuisse meas, *Mart* 10, 17

Obtinendus, a, um *To be retained*, &c Provinciæ obtinendæ causâ relictus, *Hirt B Alex* 48

Obtinens, tis part (1) *Governing*, *obtaining*, &c (2) *Possessing*, *extending over* (3) *Being masters at sea* (1) Sallustio interiorem Africam obtinente, *Cic* in *Sall* (2) Plintanus agros longis obtinens umbris, *Plin* 12, 1 Omnia obtinentibus aquis, *Liv* (3) Obtinentibus maria prædonibus, *Paterc* 2, 45

Obtĭneo, ēre, ui, tentum act [ex ob, & teneo] (1) *To hold*, *keep*, *retain*, *to continue in the possession*, or *practice of* (2) *To continue*, *to last* (3) *To maintain*, *defend*, *support* (4) *To have*, *to be in* (5) *To supply* (6) *To carry*, *win*, *get* (7) *To bear*, *to manage* (8) *To obtain by intreaty* (9) *To prevail upon*, or *be too strong for* (10) *To be in the government of*, *to keep under his power*, *to continue in the government of* (11) *To obtain*, *to accomplish*, *effect*, *bring about*. (12) *To extend over*, *to take up* (13) *To evince*, *to make good* (14) *To hold*, *rule*, or *govern* (1) Suam quisque domum tum obtinebat, *Cic Philipp* 19 Rationem antiquam obtine, conserva, quære, parce, *Ter Adelph* 5, 3, 27 Antiquum obtines, *Id Andr* 4, 6, 22 Firmitudinem animi obtinere, *Plaut Asin* 2, 2, 54 ¶ Obtinere colorem, *to keep one's colour without blushing*, Id (2) Noctem insequentem eadem caligo obtinuit, *Liv* (3) Viri jus suum id mulieres obtinere [illegible] quam, *Plaut Cist* [illegible] nostrum jus contra [illegible] tius *Cic* (4) Quam [illegible] tu [illegible] obtines, *Cic* pro *Ligar* 5 Romanam pube [illegible] quamdiu [illegible] obtinuit, *Liv* Obtinere principem locum, *Cæs* Salutem legionum obtinemus, *Cic* ¶ Aliquem numerum obtinere, *to be in some repute*, Id ¶ Proverbii locum obtinere, *to go*, or *pass for*, Id (5) Turres editæ & conjuncta muri locum obtinebant, *Hirt B Alex* 18 (6) ⁂ Pompeius malas causas semper obtinuit in optima concidit, *Cic Att* 7, 24 (7) Qui hoc judicio partes accusatoris obtinet, *Cic* pro *Quint* 2 (8) Omnia, quæ voles, tu obtinebis, *Cic* [illegible] 1, 8 (9) Quod & plures tradidere auctores, & fama obtinuit, *Liv* (10) Populus Romanus antea obtinebat regna atque imperia Fortunam dono dare, *Sall de Repub ord prim* (11) His obtinuit, ut, *&c* Liv *Vid* Obtineor Cum admitti magna ambitione ægre obtinuisset, *Just* 1, 3 (12) Qui novem dispensis jugera membris obtineat, *Lucr* 3, 1002 Obtinebant longo agmine prope quinque millia passuum, *Liv* (13) Stoici se posse putant duas contrarias sententias obtinere, *Cic* Si non obtinuerit aut verum esse, aut falsum, *Id* (14) § Regnum obtinere, *Cæs* provinciam, *Cic* § imperio, *Id* Galli in armis obtinere, *Liv* Academiam Carneades & Clitomachus & Æschines obtinebant, *were the preceptors there*, *Cic de Orat* 1

Obtineor, ēri pass *To be held*, *gained*, *effected*, &c Regnum quod à Tantalo proditum jure obtinebatur, *Cic Offic* 2, 21 Judicabat liberis sententiis patrum conscriptorum causam suam facile obtineri, *Cæs B G* 8, 52 Non potest hæc res ellebori jugere obtinerier, *Plaut Men* 5, 5, 15

Obtinet imperf *It obtaineth* Hodie obtinuit indifferenter quæstores creari, *Ulp*

Obtingit, that præt obtigit *Legitur tantum in tertiis personis* (1) *To happen*, *chance*, or *fall out to* (2) *To fall to his lot* (3) *To be allotted to* by the order of nature (1) Exoptata obtingent, *Plaut Asin* 3, 3, 16 Obtigit mihi præter spem, *Ter Phorm* 1, 5, 9 Obtigit istud ex sententia, *Id Heaut* 4, 3, 5 Hoc contigit jure obtigisse, *Id Andr* 5, 5, 2 Obtingant ex te, quæ exopto mihi, *Id Hec* 4, 2, 3 Ut hæc res obtigit de filia, *Plaut* (2) Cum tibi provincia sorte obtigisset, *Cic* in *Vatin* 5 Mihi quæstor te optatior obtingere nemo potuit, *Id* (3) Lupis & agnis quanta sortitò obtigit discordia, *Hor Epod* 4, 1

Obtingit imperf *It falleth to by lot* Cum L Paulo obtigisset, ut, *&c* *Cic* de *Div* 1, 46 Cum tibi sorte obtigisset, ut, *&c* Id

|| Obtinnio, ire *To tingle* Ecquid illi aures obtinnirent? *Apul Apol* p 483 ✝ Tinnio

Obtorpeo, *vel* obtorpesco, ere, ui (1) *To grow*, or *be stiff*, or *numb*, *to be void of motion*, or *strength* (2) *To be hardned*, or *insensible* (3) *To be without resolution*, or *sense to act*, *to be under a great consternation*, *dispirited*, or *cowed* (1) Miror manum non obtorpuisse, *Cic* pro *Domo*, 52 (2) Jam subactus miseriis obtorpui, *Cic Tusc* 3, 28 *ex poeta* (3) Obtorpuerant quodammodo animi, *Liv*

Obtorqueo, ēre, si, tum (1) *To* [illegible] *writhe round forcibly* (2) *To*

(2) *To turn against swiftly* (1) Consuli collum obtorsit, *Plin de Vir illustr* (2) Dextras obtorquet in undas proram, *Stat Theb* 5, 414

Obtortus, a, um part (1) *Wreathed, or put round* (2) *Twisted forcibly round, wrested about* (1) Obtorti circulus auri, *Vir Æn* 5, 559 (2) Obtorta gula, *Cic Verr* 4, 10 Obtorto collo, *Plaut Poen* 3, 5, 45

Obtrectans, tis part (1) *Envying* (2) *Detracting from, diminishing, disparaging* (1) ✠ Cum sit æmulantis angi alieno bono, quod ipse non habeat, obtrectantis autem, alieno bono, quod id etiam alius habeat, *Cic Tusc* 4, 6 (2) § Arcesilas Zenoni obtrectans, *Cic Acad* 2, 4, 6 § Lautitiam ejus obtrectans, *Plin*

Obtrectatio, onis f verb (1) *An envying another what himself hath, or desireth* (2) *A detracting, disparaging* (3) *Malevolent opposition* (1) ✠ Efficiebat ut inter quos tanta laudis esset æmulatio, multa nte ceteret obtrectatio, *Nep Attic* (2) ✠ Inter quos maximarum rerum non solum æmulatio, sed obtrectatio tanta intercedebat, *Nep Att* 8 = Livor, æmulatio, *Cic* eodem vertente (3) Obtrectatio laudis, *Cæs B C* 1, = Invidia & obtrectatione impediri, *Cic* = livor, *Tac*

Obtrectator, oris m verb (1) *A diminisher, or disparager* (2) *An envious, or malicious opposer* (1) = Adversarius & obtrectator laudum mearum, *Cic de Cl Orat* (2) Sermoni obtrectatorum locum non relinquere, *Cic pro Flacc* 28

Obtrectatur impers (1) *A slur, or it grace is maliciously put upon* (2) *Opposition is given fully* (1) Ut obtrectetur laudibus ejus, impediri victoria, *Liv* 9, 6 (2) Si obtrectatum, utri auctoritate senatus, *Cic*

Obtrecto, as, avi, atum neut (1) *To detract, or disparage* ... (2) *To oppose, dispute, or act against, out of envy or emulation* (1) § Libellis obtrectare, si velet nation tis, ... § Invicem ... (2) ... *Nep* ... § Qui huic obtrectant ... *Cic pro Leg Man* 19

Obtritus, a, um part [ab obtero] (1) *Broken in pieces* (2) ... (3) ... (4) *Met Dis...*, *despised* (1) ... in tenere terre, *Lucr* 3, (2) Non posse obtritos ... *Cic de Orat* 2, 86 (3) ... *Col* 6, 4 (4) Meæ ... *Plaut*

Obtrudo, is, si, sum act (1) *To thrust* ... *Plin* 18, ...

Obtrudo, ĕre, si, sum act (1) *To thrust, or shut against* (2) *To put, or force upon* (3) *To cram it down, to guttle down, eat, or drink beastly* (1) Abi, obtrudit fores, *Plaut* (2) § Nunquam ausus sum recusare eam, quam mihi obtrudit pater, *Ter Hec* 3, 1, 16 ¶ Obtrudere palpum alicui, *to cajol, or wheedle one*, Plaut (3) Aliquid prius obtrudamus, pernam, sumen, glandium, *Plaut Curc* 2, 3, 87

Obtrudor, i pass *To be put, or thrust upon one, whether he will or no* Nemini ea obtrudi potest, *Ter Andr* 1, 5, 16

Obtruncatio, onis f verb *The cutting off the head of a tree* Totius obtruncatio vitis, *Col* 4, 29

Obtrunco, are act [q d corpus membris mutilatis truncum reddo] (1) *To cut off the head, or limbs* (2) *To kill outright* (1) Puerum obtruncat, memb... *Cic N D* 3, 26 *ex poet* (2) Capio fustem, obtrunco gallum, *Plaut Aul* ... Obtruncat ad aras, *Vir Æn* ...

Obtueor, eri, itus sum dep (1) *To look at, to look steadfastly, to fasten the eyes on, to look in the face* (2) *To discern, to distinguish* (1) At tu ... *Plaut Most* 3, 2, 151 § Inimicos ... *Plaut Amph* 2, 2, 10 (2) ... *Plaut Most* ..., 154

Obtundo, ĕre, tudi, tūsum act (1) *To beat, thump, or buffet all over* (2) *To break, or blunt the edge, or point of a thing* (3) *To weaken, to render less smart, or apprehensive* (4) *To make hoarse, or dull* (5) *To teaze, tire out, or dun, with tediousness, or often repetition* (1) Obtundere os alicui, *Plaut Cas* 5, 2, 50 *Vid* Obtusus, n 1 (2) *Vid* Obtusus, n 2 *Met* = Quod obtundat, enerretque ægritudinem, *Cic Tusc*, 16 (3) ✠ Multa, quæ acuant mentem multa, quæ obtundant, *Cic Tusc* 1, 32 (4) Aciem oculorum obtundit, *Plin* 22, 25 ... *Id* 24, 11 Vocem obtundere, *to weaken, or make hoarse*, *Cic* (5) Deo gratulando obtundere, *Ter Heaut* 5, 1, 6 rogitando, *Id Eun* 3, 5, 6 Obtundere aures frustra, *Lucr* 5, 105 Longis epistolis animum obtundere, *Cic Att* 9, ...

Obtundor, i pass (1) *To be broken, or blunted at the point* (2) *To be confused, inarticulate, or forced* (3) *Met To be dulled* (1) In terra ... telum perpetiuntur obtundi, *Lucr* 6, 98 (2) Vox obtunditur, *Lucr* 4, 617 ... (3) Ingenia obtundi nolui, *Cic*

|| Obtunsio onis f *The pecking of a bird, the striking, or wounding with the beak*, Lampr

Obtunsus, a, um (1) *Buffeted, bruised or beaten all over* (2) *Blunted, cloyed* (1) Obtunso ore nunc pervolum ... *Plaut Cas* 5, 1, 8 (2) Stomachus obtunsus cibis, *Plin jun*

Obturamentum, i n (1) *A stopple, any thing that stopp...* (2) *A damm, or sluice* (1) Cadorum obturamenta, *Plin* 16, 8 (2) *Plin* 23, 4

Obturatus, a, um part *Stopped up* = Societas juguli concava non habebant, nam obstructæ illæ partes & obturatæ fuerunt, *Cic de Fato*, 5 ... *Plin* ... *Vitruv* 7, 13

Obturbans, tis part *Greatly disordering, confusing, or disturbing* Consilia obturbans, *Sil*

Obturbatur impers *Interruption is given, such a noise is made that there is no being heard* = Obturbatur, obstrepitur, *Plin jun*

Obturbatus, a, um part *Greatly disordered, mudded* Obturbata aqua, *Plin* 8, 18

Obturbo, are act (1) *To disorder, or break* (2) *To beat down, or run over* (3) *Met To disturb, or disquiet* (4) *To interrupt, or break in upon* (5) ... *in speaking* (1) Denso agmine obturbat, *Tac Hist* ..., 2 (2) ... clamore territus quosdam occiderunt turbavit, *Tac Ann* 1, 66, 1 (3) ✠ Me stupido & literæ non levant, sed obturbant, *Cic* (4) Itane vero obturbat? *Ter* Obturbabant, neque ... *Tac Ann* 6, 24, 1 (5) Solitudinem non obturbavit, *Cic Att* 12, 18

Obturgesco, ĕre neut *To swell up* Obturgescit sibi pes, *Lucr* 6, 658

Obturo, are [a θύρα, i e ostium, *Fest* ... seu potius ex ob, & tur, i e thure *Sacerdotes aures claustra replebant, ne peregrinis vocibus intercedentibus, confusa carminum memoria turbaretur* Voss ap Non] *To stop up* Obturare aures, *Hor Epist* 2, 2, 105 omnibus os, *Plaut* ... Cap... cibis, ut ... obturet edendi, *may satisfy hunger*, *Lucr* 4, 867

Obtusè adv comp *More flatly, dully, or bluntly* Nihil dici potest obtusius, *Cic N D* 3, ...

Obtūsus, a, um part (1) *Beaten, buffeted, bruised all over* (2) *Dulled, blunted* (3) *Blunt, of a blunt figure, obtuse* (4) *Dim, faint* (5) *Rendered weak, languid, dull* (6) *Senseless, ignorant* (1) Sum obtusus pugnis pessume, *Plaut Amph* 2, 1, 59 (2) Obtusa hebesque falx putatorem moratur, *Col* 4, 24 (3) Angulus obtusus ... *Lucr* 4, 356 (4) Stellis acies obtusa videtur, *Vir Georg* 1, 396 (5) Obtusæ vires, *Lucr* 4, 956 aures, *Stat Sylv* ..., 1, 171 Vigor animi obtusus, *Liv* 5, 18 Obtusus illis stomachus, *Plin Epist* 7, 3 (6) Non obtusa adeo gestamus pectora, *Vir Æn* 1, 571 Animus cui obtusior sit acies, *Cic de Sen* 23

Obtūtus, us [ab obtueor] (1) *A looking at an earnest beholding, an intent posture of the eyes* (2) *A cast of the eyes* (1) Animus obtutum effugit oculorum, *Cic de Univ* 9 (2) Quod in obtutu oculorum ... pro uno lucernæ lumini videntur, *Cic de Div* 2, 58

Obvāgio, is, ivi, itum *To interrupt, or trouble one by crying, or squealing, as a child, or any young creature doth* Neve hic ... hœdi obvagiant, *Plaut Poen prol*

† Obvāgulor, ari dep *To demand one's own back by out-cries* ... obvagulatum ito, *Fest ex XII Tab*

Obvallatus, a, um part *Guarded strongly about* Locus omni ratione obvallatus, *Cic pro Leg Agr* 2, 1

Obvĕnio, ire, eni, entum neut (1) *To meet, or come to one* ... (2) *To happen, or fall out* (3) *To come to, to fall, or descend to* (4) *To fall, or happen to by lot* (1) Qui in primus obvenisset, *Cic* ... obviam venisset (2) Occasio obvenit, *Plaut Asin* 2, 2, 15 Id obvenit vitium, quod tu prævideres, *Cic* (3) Si mihi fundus hæreditate obvenerit, *Varr R R* 1, ... (4) Index quæstionis cum iis judicibus, qui ei obvenerint, *Cic*

|| Obventio, onis f verb *Revenue, that which falleth to one, or ariseth from a public toll*, Ulp

Obventūrus, a, um part *That will come to, or by* ... in tempore pugnæ ..., *Liv*

Obversans tis part *Bustling up and down, or conversant* ... inter cœtus & sermones hominum obversante, *Tac Ann* 3, ...

Obversatus, a, um part *Appearing, or having appeared* ... § Ægro animi ... in somnis obversata species, *Liv* Obversata sibi imago, *Sil* ...

Obversor, ari dep (1) *To go up and down frequently, or in great numbers, to be present under peoples view and notice* (2) *To appear before one, to be, or seem present to one's mind, or senses* (1) Magnam partem ... palam Carthagini obversatum, *Liv* Dum obversaretur muris, *Id* (2) § Caudinæ cladis memoria non animis modo, sed prope oculis obversabatur, *Liv* 35, 11 § Ea mihi obversantur ante oculos, *Lucr* 4, 975 Obversentur species honestæ animo, *Cic Tusc* 2, 22 § Nomen dulce obversatur ad aures, ... *perpetually sounding in the ears*, Lucr 4, 1055

|| Obversus præp *Towards, over against*, Apul Met 2, p ... † Adversus

Obversus, a, um part (1) *Turned, or turning towards one against* (2) *Taken up with, or busied in* (3) *That seeth, or standeth opposite to* (1) Huc obversus & huc, *Vir Æn* 11, 61 Obversis militum studiis, *Tac H* ..., 11, 5 (2) § Milite ad cædem & sanguinem obverso, *Tac Hist* 3, 83, 2 (3) Profligatis obversis, *Tac Ann* 12, 14, 4 Obversos ... *Plin* 9, 57

Obverto, ĕre, ti, sum (1) *To turn towards, or against* (2) *To stand, or be situate towards, or over against* (3) *To turn* ... (1) § Obvertunt pelago proras, *Vir Æn* 6, 3 Ne in re ... nunc mihi obvertat cornua, *Plaut Pseud* 4, 3, 5 Obvertere ... *Liv* Cujus ob os ... obvertunt *Cic ex Enn* (2) Qui ... obvertentis ... *Vir Georg* 4, 2, 1 (3) Cornua obvertimus antennarum, *Vir Æn* 3, 549

Obvertor, i pass *To be situate over against* Fenestra ob... in aquilonem oportere, *Plin*

Obviam adv *i e* contra viam (1) *In the way* (2) *In the way, or to meet one* (3) *In sight, in the way* (4) *At hand, to be come at* (5) *Opposing, opposite, meeting, putting a stop to* (1) Pater quis mi obsistet obviam, *Plaut Capt* 4, 2, 11 (2) Ancgo obviam conabar tibi, *Ter Phorm* ... Omnibus ordinibus obviam effusis, *Liv* Obviam ito, *Cic* ... currere, *Ter* proper... procedere, mittere, *Cic* esse, *Plaut Mil* ... hi accessit obviam, *Id* venit, *Ter Hec* ... Si tibi nulla est ægritudo animo obviam, *Plaut* (3) ... quæ obviam ... effunderet ex ... *Nep* ... *Pat...* 2, 11 ... (4) ... facile obstare posse, si nihil obviam est, *Plaut* (5) Speciei pietatis obviam ... dedecori, *Tac Ann* 15, 5, 3 Obviam eundo periculis, *by exposing himself to them*, Sall B J ... In fœcunditati terrarum ... mans obviam ... *Tac Ann* 4, 6, 7

Obvigilo, āre *unde* par... obvigilatus ...

gilatus, *watched against*, Plaut Bacch 3, 2, 17

Obvius, a, um [ex ob, & via] (1) *Meeting in the way* (2) *Thwarting, or opposing* (3) *Hostile* (4) *Offering itself* (5) *Ready, forward* (6) *Affable, courteous* (7) *Exposed to, liable to* (8) *Going against as a stream, opposite* (1) § Si inimici obvius fueris, Cic pro Mil 2 ... obvia mi venit ... Medium ... aequor, obviaque in ... oscula dextris aquis, Ov ... 19 ... § ... Labentibus ... obvius, carpe viam, *go up, swim up stream*, Ov Met ... (3) Si tute tibi obvius ... 1144 (4) Absol ... pro persinguere, Tib 4, 1, ... (4) Si qua forte ferant oculis ... nostris vestigia, Vir ... 57 (5) Obvium obsequi ... 11, 9, 1 (6) = Est ... & ex... itus, plerumque humana ... quam praecepit, Plin ... 2 (7) Troja, qua fu... mi ... Graius, Vir Æn ... (8) Qui firmioribus animis ... ictu fuerant, Sall B J

Obumbratus, a, um *Shadowed* ... Obumbratus amnis presso ... labitur alveo, Curt ... Columna obumbrata, Pal...

Obumbro, are act (1) *To overshadow, or cover with shade* (2) *To obscure, or darken* (3) Met *To hide, or conceal* (4) *To disguise* (5) *To render obscure* (6) *To ... to defend* (1) § Oleae ... vestitum obumbrat, ... Sibi ipsa non obum... 17, 21 (2) Obumbrant aethera telis, Vir Æn 12, 578 ... Plin 2, 42 (3) Simulationem & lacrymis & vultus conatione obumbrare, Petron c 101 (4) Interis sub imagine crimen obumbres, Ov ex Ponto, 3, 3, 75 ... facti crimen obumbrat, ... 7, 18 (5) Sensus obumbrant, Quint (6) Magnum regiae nomen obumbrat, Vir Æn 11 ... interpr Serv

Obuncus, a, um (1) *Hooked, crooked* (2) *Made by that which is crooked* (1) Rostro immanis vultur obunco, Vir Æn 6, 597 (2) Morsu obuncus, Claud Bell ...

Obunco, are n *To meet with* ... Late deae Sperchios olim ... Stat Achill 1, 102

Obvolvendus, a, um part *To be muffled up* Pictor vidit obvolvendum esse caput Agamemnonis Cic Orat 22

Obvolvo, ĕre, vi, ūtum act (1) *To ...* (2) Met *To disguise, to hide, to palliate, or conceal* (1) Obvolvere caput, Cic (2) Verbis decoris obvolvas vitium, Hor ...

Obvolutus, a, um part (1) *Wrapt up, hood-winked* (2) *Covered over* (3) *Bedawbed, besmeared* (1) Obvolutis capitibus ad necem rapiebantur, Cic ... 5, 29 (2) § = Obvolutus ... corio, Ad Herenn 1, ... (3) Fax obvoluta sanguine ... incendio, Cic de Div 1, 31

Obustus, a, um (1) *Parched* (2) *Burned at the end, or at the point, hardned in the fire* (1) Gleba canenti gelu obusta, Ov Trist 5, 2, 66 (2) Sude sepis obusta, Ov Met 12, 29...

O ante C

OCCA, æ f *An harrow, or drag with teeth, wherewith clods are broken* Affertur ex Col 1 2 c 18 ubi tamen aliqui libri crates habent, extat tamen in Onomastico occa ...

Occaecatio f *A blinding*, Cic ap Non

Occaecans, occaecatus, occaeco, occaecor *Vid* Obcaecans, &c

Occallatio, onis f *The making a thing hard and brawny*, Litt ex Cels

Occallatus, a, um *Hardned, rendered senseless* Fauces occallatae cibis ardentibus, Sen Q N 4

Occalleo, ere, ui [ex ob, & calleo] (1) *To grow hard, or brawny, to be hardned, or callous all over* (2) *To become hardned, fixed, or unmoveable* (3) *To become insensible* (1) Litera occallere plagis, Plaut Asin 2, 4, 1... (2) Quoniam sic mores occalluere, Col 8, 16 Hostibus affectus ex ira in odium occallunt, Sen (3) Angor, sed prorsus occallui, Cic Att 2, 18

Occallesco, ĕre incept *To grow hard, or brawny* Os sic pando occalluit fere rostro, Ov Met 14, 282

Occano, ĕre, ui, entum [ex ob, & cano] *To sound against, or all round* Occanere cornua tubasque jussit, Tac Ann 2, 81 Jussu Metelli cornicines occanuerunt, Pr sc Serv & Diom ex Sall

Occasio, onis f [ab occido, occasum, *scil* opportunitas temporis casu quodam provenientis, Fest] (1) *Occasion, season, or opportunity, fit and convenient time to do any thing* (2) *The thing to be had readily, the being to be found easily* (3) *The goddess of opportunity* (1) Tempus actionis opportunum, Graece εὐκαιρία, Latine appellatur occasio, Cic Offic 1, 40 ... *Sed rectene satis disputat* Scal ... 2 Et certe Auson *Sum dea cui nomen nec Cicero ipse dedit* Ne mihi obvortat cornua, si occasionem capsit, cautio est, Plaut Pseud 4, 3, 5 (2) Signum exc ditur in pecore, cujus rarissima est occasio, Col 8, 17 Olim rara est occasio, Id (3) Vid Propi

Occasiuncula, æ f dim [ab occasio] *A little opportunity, a nick of time*, Plaut Truc 4, 2, 32

Occasurus, a, um part *That will decay, or come to nothing* Vestra beneficia in hujus exitio occasura, Cic pro Mil 36

Occasus, a, um *Fallen, set* Ante solem occasum, Plaut Epid 1, 2, 41 Sole occaso, Prisc ex Luc

Occasus, ûs m verb [ab occido, occasum] (1) *The going down of the sun* (2) Absol *Sun-set* (3) *The west* (4) *Fall, ruine destruction* (5) *Death* (6) *An occasion or opportunity* (1) Solis exortus, cursus, occasus nemo admiratur, quod quotidie fiunt, Ad Herenn 3, 22 Occasus delphini, Col Maiae, Vir Vergiliarum, Plin (2) Praecipiti in occasum die, Tac (3) Alterum fidus ob ortu ad occasum commeans, Cic N D 2, 19 (4) = Urbis occasus & ruina, Vir Æn 1, 242 = Occasus, & interitus reip Cic pro Sulla imperii, Id Trojae, Vir (5) Post Ælii nostri occasum, Cic (6) = Ast occasus ubi tempusque audere repressit, Enn Annal 1 ...

Occatio, onis f verb *An harrowing, or breaking of clods* = Pulverationem faciunt, quam vocant rustici occationem, quum omnis gleba in vineis refringitur, Col 11, 2

Occator, ōris m verb (1) *An harrower* (2) *Also the god of harrowing* (1) Col 2, 13 (2) Serv ex Fabio Pictore

Occatorius, a, um *Belonging to harrowing* Opera occatoria, Col 2, 13

Occedo, ĕre, ssum *To meet in the way* § Bona fecit strenueque obviam occessit mihi, Plaut Stich 5, 2, 25 In conspectum illius occedere, Id Most 5, 2, 4

† Occensus, a, um pro accensus, Fest ex Enn

† Occentassunt ant pro occentaverint, *i e* convicium fecerint, Fest

Occento, āre freq [ab ob, & canto] (1) *To sing before, to serenade* (2) *To rail before* (1) Plaut Merc 2, 3, 73 (2) Noctu occentabunt ostium, exurent fores, Plaut Pers 4, 4, 20 v d & Fest

Occentus, ûs m verb [ab occino] *An ill-boding squeke, or cry* Occentus soricis auditus, Val Max 1, 1, 5

† Occepso, pro occepero *I shall begin*, Plaut Amph 2, 2, 4

Occepto, āre *To begin* Occeptat insanire primulum, Plaut Men ech 5, 5, 18

Occidendus, a, um *To be slain, killed, or murdered* Nullus modus occidendi hominis, Cic pro S Rosc 35

Occidens, tis part (1) *Setting, going down* (2) *Going out, ready to be extinguished* (3) *Dying, decaying, ready to depart* (4) *Ready to fall, or be ruined* (1) Prope jam occidente sole, Cic de Div 1, 14 ex poeta (2) Lucerna occidens, Petr c 22 (3) Naturâ occidentem maturius extinguere vulnere, Cic pro Cal 32 (4) Occidenti reipub aliquid opis ferre, Cic Fam 4, 1

Occidens, tis m sc sol *The west, or the western parts* Qui terras ab oriente ad occidentem colunt, Cic N D 2, 66

Occidentalis, le adj *Belonging to the west, western* Occidentale litus, Plin 18, 34

Occidio, ōnis f [ab occido] *An universal slaughter, a cutting off* Occidione occisus, Cic Fam 15, 4 Copiae occidione occubuissent, Tac Ann 12, 38

Occisio, ōnis f [ab occido ut forte praecedens] *A perishing, or dying of all*. Occidio gregis, Col 7, 5 Nec ad occidionem generis eorum interimenda est, Id 9, 15

Occido, ĕre, di, sum [ex ob, & caedo act] (1) *To kill, or slay, to murder* (2) *To be the death of, or cause of one's death* (3) *To beat to death almost* (4) *To ruine, or undo* (5) *To teaze, to plague, to weary one out, or tire one to death* (1) Si quicquam inventum inveneris, occidito, Ter Andr 5, 2, 22 L Virginius filiam suam sua manu occidit, Cic de Fin 2, 20 Multos ferro, multos veneno occidere, Id (2) Malo mortuum impendere, quam vivum occidere, Petron c 112 (3) Ctesipho me pugnis occidit, Ter Adelph 4, 2, 19 Occidunt me equidem, dum nimis sanctas nuptias student facere, Ter Adelph 5, 7, 1 (4) ¶ Morientes occidere, *to undo the undone*, Petron c 98 (5) Occidis saepe rogando, Hor Epod 14, 5 legendo, Id A P 475

Occidor pass (1) *To be killed* (2) *To be ruined* (1) Metuit ne ipse posterius occideretur, Cic (2) Nimirum occidor, Plaut Aul 2, 8, 23

Occido, ĕre, cidi, asum n [ex ob, & cado] (1) *To fall down* (2) *To fall, or descend* (3) *To set, or go down* (4) *To go out, to be extinguished* (5) *To die, to be slain* (6) *To perish* (7) *To be destroyed, or overthrown* (8) *To be ruined, or undone* (9) *To be spoiled, lost, or come to nothing* (10) *To be answered, or come to no effect, to be lost* (11) *To be wasted, or gone* (12) *To droop, fail, or decay* (13) *To be lost, or forgotten* (14) *To be past, or gone over* (1) ✱ Exurgere, qui terro e loco occiderat, Plaut Amph 5, 1, 14 (2) Signa alia de coelo ad terram occident, Plaut Rud prol 8 Ieg & accidunt (3) ✱ Solis occidere & redire possunt, Catull 5, 4 (4) Occidit brevis lux, Catull 5, 5 Occidit ... lumen, Luc 3, 416 (5) Occidit Daci Cotisonis agmen, Hor Od 3, 8, 18 ... Heribe occidet, ... (6) Quod in ... subito occidit, Cic ✱ ... nihilo orire, Id (7) Occidit cum nomine Troja, ... Æn 12, 828 = Occidit una domus, sed non domus una perire digna fuit, ... (8) Tota, tota occidit Plaut Cis 3, 5, 1 (9) Occidit, occidit spes omnis & fortuna nostri nominis, Hor Od 4, 4, 70 (10) Causa occidit, Luc ... 789 (11) Non ... occiderunt mihi etiam fundi & aedes, Plaut ... 1, 2, 7... Sin plan occidimus, ... (12) Celerius occidit festinata maturitas, Quint (13) Rerum recordatio & memoria occidit, ... (14) Spatium noc ... Plaut Stich ... 1, 35

Occiduus, a, um [ab occido] (1) *Setting, or going down* (2) *Western* (3) *Declining, decaying* (4) *That dieth* (1) Occiduus sol, Ov Met 1, 6... (2) Occiduus orbis, Claud de Rapt Pros ... 2, 38 Occidua domus, ... Sylv 1, 1, 73 Occiduae aquae, ... (3) Occidua senecta, Ov Met 15, 22... (4) Turba ... annorum lege occidua, Plin 7, 49

† Occillo, are [ab occo, dim ut sit quasi occo, continere, ... ab ob, & cillo, unde incillere, Lucr] *To buffet, or beat all to mawl* Qui mihi os occillet probe, Plaut Amph 1, 1, 2... Ieg & occilet † Obtundo

Occino, ĕre, ui (in Diom) entum *To chirp, or sing inauspiciously, as birds do* Quid enim est, si occinuerit avis ? Liv 6, 41

Occipio, ĕre, cepi, eptum act & neut [ex ob, & capio] (1) *To begin or enter upon* (2) *To begin or go to do* (3) Neut *To begin* (1) Quaestum occipit, Ter Andr 1, 1, 52 cum illo sermonem, Id Eun 1, 1, 9 magistratum, Liv (2) Agere porro occepit, Liv (3) Pueris aevo florente juventas occipit, Lucr 5, 88... Hyeme occipiebat Tac Ann 12 12, 5

Occipitium, ii n [ab occiput] *The hinder part of the head* Quae in occipitio quoque oculos habet pessuma, Plaut Aul 1, 1, 25 Prov Frons occipitio prior est, Cato, 4 ✱ Frontem domini plus prodesse quam occipitium *things are better managed in the master's presence than absence* Plin

Occiput, itis n [ex ob, & caput] Sincipiti nempe opponitur *The hinder part of the head* Quos vivere fas est occipiti caeco, Pers 1, 62

Occisio, onis f verb [ab occido] *Slaughter, killing, murder* = Tu vim negabis esse factam, si cædes, & occisio non erit? *Cic pro Cæcina*, 14

† Occisit, pro occiderit, *Fest ex leg Numæ*

† Occisitantur pass *Are commonly murdered* Omnes liberi nunc in oppido occisitantur, *Fest ex C* [illegible]

Occisor, oris m *A slayer* Occisor regum, *Plaut Mil* 4,2,64

Occisurus, a, um part *That will kill*, Plaut [illegible] 5,5,3[illegible]

Occisus, a, um part & adj ssimus, sup [ab occido] (1) *Slain, killed, murdered* (2) *Ruined, undone* (3) [illegible] ( ) Latrone occiso, *Paedi* 5, 2[illegible] Occisi sancta, *Petron* [illegible] (2) Occisus [illegible] homo est, *Plaut Bacch* 1,2,1[illegible] Occisissimum omnium qui vivunt, *Id Cas* [illegible] 52 ( ) Occisi est hæc ic, *Plaut Capt* 3, [illegible] 7

Occlamito [illegible] [ex ob, & clamito] *To make a noise against one, to disturb by bawling* Domino, ne occlamites, *Plaut Curc* 1, 3, 2

Occludendus, a, um part *To be shut up, or against* Occludendæ ædes [illegible] *Eun* 5,[illegible],11

Occludo, ere, si, sum act (1) *To shut against* (2) *To shut up, or shut close* (1) Occlude [illegible] ædes, *Plaut Aul* 3, 1, 11 (2) Occlude [illegible] mihi obul pessulis, *Plaut* [illegible] 1, 2, 25 ¶ Occlusti linguam, *you have stopped my mouth*, Id [illegible] 1, 2, 151

Occludor, i, sus pass *To be shut up* Occlu[illegible] tabernas jubeo, *Ci* [illegible]

Occlusus, a, um part & adj or, [illegible]mus, sup (1) *Shut up* (2) *Shut against* (3) *Close, secret* (4) *Stifled, repressed* (1) [illegible] occlusis tabernis, minui [illegible] *Cic* [illegible] 4,8 Ostium occlusissimum, *Plaut Curc* 1, 1, 15 (3) = [illegible] nihil sit nec obsignatum, nec occlusum, *Cic de Orat* [illegible] (3) Occlusiorem habeant [illegible] loquelam, *Plaut Trin* 1, [illegible] (4) Dum ejus lubido occlusa est contumeliis, *Ter Andr* [illegible] 25

[illegible]co, are act [ab occæcando [illegible], *Cic* al occido, *Varr*] (1) *To harrow, to break the clods of a ploughed field, that the ground [may be] even and the grain be covered* (2) *To cover the roots of [trees] that have been laid open* [illegible] ✠ Tibi aras, tibi occas, tibi [illegible], tibi eidem metis *Plaut* [illegible] *prol* [illegible] § Vilicus occat [illegible]tes, *Hor Epist* 2, 2, 160 (2) [illegible] *R R* [illegible] Arbores & vi[tes] occare, *Pallad* = [illegible]

Occœpi dep [illegible] ob, & cœpi] *[to b]egan* Occœpit loqui, *Phædr* [illegible] 5 Ubi d[illegible] sum age [illegible] [sol]ius occœpit, *Tac Hist* 2, 16, [illegible] Occor, ari pass *To be harrowed*, Col

Occubo, āre, [illegible] itum (1) *To lye dead in or at* (2) *To be dead* (1) Ad tumulum, quo maximus occubat Hector, *Vir Æn* 5, 371 Ubi patrina occubat, *Id Æn* 10, 70[illegible] (2) Neque adhuc crudelibus occubat umbris, *Vir Æn* 1, 551

Occulcātus, a, um part *Trod under foot, trampled down* Pirrum occultatis, per [illegible] dissipatis terrore, quinqueremint, *Liv* [illegible]7,14

Occulco, āre [ex ob, & calco] *To stamp upon, or to tread in* Vineam [illegible] cito, & bene occulcato, *Cato*, 49

Occulo, ĕre, ui, tum act [ex ob, & colo, i e colendo sive arando obtegere, *M*] (1) *To cover all over, or to cover with* (2) *To hide, or conceal one's self* (3) *To keep from view, or knowledge* (4) *To keep secret, or private* (5) *To cause not to be taken notice of* (1) Virgulta [illegible] occulit [illegible], *Vir* [illegible] 2, 346 (2) Caput in terris occuluit Nilus, *Tib* 1, 7, 21 *Met* Puncta argumentorum ut occulat, ne quis ea numerare possit, *Cic de Orat* 2, 41 (3) Hominis novere deos, quos arduus æther occulit, *Ov ex Pont*, 2, 8, 62 (4) Fido pectore arcana occulit, *Hippol* 875 (5) [illegible] [illegible] culpam parentum occulunt, [illegible]

Occulor, pass (1) *To be hid, or concealed* (2) *To be kept private, or under cover* (1) [illegible] [illegible] vulnera non refugio, sed [apparent] [illegible] occulti [illegible]fiunt, *Cic Att* 5, 15 (2) Quæ parietum umbris occuluntur, *Cic Tusc* 2, 15

Occultatio, onis f verb (1) *An hiding* (2) *A concealing* (1) Ex animantibus, in orsu [illegible], aliæ fuga, aliæ occultatione tutantur, *Cic N D* 2, 50 (2) Cujus rei nulla est occultatio, *Cæs B G* 6, 20

Occultātor, oris m verb *That often hideth, or is fit to hide, or conceal*, pro *Adj* Ille latronum occultator & receptator locus, *Cic pro Mil* 19

Occultātus, a, um part *Hid, kept close, or secret, concealed* Numida occultati humilitate arborum, *Sall B J* 5[illegible] = Latentis [illegible] [illegible] crassis occultati & circumfusa tenebris, *Cic Acad Q* 4, 39

Occultè adv [illegible]ius, ssime (1) *Privately, secretly, privily* (2) *Closely, cunningly* (3) *Insensibly, imperceptibly* (1) Castra quam potest occultissime locat, *Liv* 9, 2 In navem clam imponenda, occulte exportanda curabat, *Cic* Occultius conari, *Id pro Deiot* 6 (2) ✠ Quæ res aperte petebatur, ea nunc occultis cuniculis oppugnatur, *Cic contra Rull* 1, *princ* ✠ Scire esse & conscio, *Id* ( ) Labitur occulte, fallitque volatilis ætas, *Ov Met* 10, 519

‖ Occultō adv *Privately*, Charis [illegible] Afranio

Occulto, āre freq [ab occulo] (1) *To hide, or to cover* (2) *To hide, or keep from the sight* (3) *To keep close* (4) *To hide, or disguise* (5) *To keep secret, or conceal* (1) = Quæ natura occultavit, eadem omnes, qui sana mente sunt, ab oculis removent, *Cic Offic* 1, 35 (2) Occultant spineta lacertos, *Vir Ecl* 2,9 (3) Se Cappadociæ latebris occultare, *Cic pro Leg Manil* 4 (4) = Occultare & dissimulare appetitum voluptatis propter verecundiam, *Cic Offic* 1, 30 (5) Occultare consilium fugæ, *Cæs B C* 3,102 Res, quam occultabam tibi dicere, *Plaut Perf* 4, 3, 22

Occultor, āri pass (1) *To be hidden, or kept secret* (2) *To disappear, or set* (1) ✠ Eò magis elucet, quò magis occultatur, *Cic pro* [illegible] *Rosc* 31 Intemperantis est scribere, quod occultari velis, *Id Acad Q* 1, 1 (2) ✠ Hæ stellæ tum occultantur, tum rursus aperiuntur, *Cic N D* 2,20

Occultus, a, um [ab occulo, part & adj] or, comp ssimus, sup Occultum offerre [illegible] sub terram ferre ponere, *Fest*] (1) *Hidden* (2) *Kept private, not made public* (3) *Adj Secret, internal* (4) *Obscure, abstruse, hard to be found out, or understood* (5) *Scarcely to be perceived, not taken notice of, passing insensibly* (6) *Dark* (7) *That is close, dissembling, crafty and disguised* (8) *That doth a thing privately* (1) = Occultior atque [illegible] cupiditas, *Cic pro S Rosc* 36 ✠ Occultus conspicuusque polus, *Ov Trist* 5, [illegible] 108 = Res occultæ & penitus abditæ, *Cic N D* 1, 18 (2) Vi[illegible] occultas concipiunt terræ, *Vir Geor* 1 86 *Met* Occultum, intestinum, & [illegible] est cum malum, *Cic Verr* 2, 15 (3) Amores occulti, *Ov Fast* 2, 81 dolores, *Prop* 1, 18, 2 Occultiora [illegible], *Sall B J* 42 Res occultissimas [in] lucem proferre, *Cic Acad Q* 4, 19 (4) = Res occultæ, & ab ipsa natura involutæ, *Cic Acad Q* 1, 4 (5) Crescit occulto velut arbor ævo fama Marcelli, *Hor Od* 1, 12, 45 (6) Occulta itinera, *Cic* ✠ [illegible] illustris, *Id* ✠ Occultum [illegible] iter, *Prop* 3, 11, 54 ( ) = Occultum & subdolum esse fingendis virtutibus, *Tac Ann* 6, 51 § Non occultus odii, *Id Ann* 4, 7, [illegible] (8) Occulti lætabantur, *Tac* Sine Subst Occulta, *secrets*, Ter Heaut 5, 3, 14 In occulto, *in obscurity*, Plaut Capt 1, 2, 62 Per occultum, *privately*, Id Ex occulto, *from a place by surprize*, Plin

Occumbens, tis part *Lying, falling* Pro vestra victoria morte occumbens, *Liv*

Occumbo, ere, ui, itum n [ex ob, & cumbo] (1) *To fall upon* (2) Meton *To die* (1) § Occumbere in gladium, *Paterc* 2, 70 (2) Occumbere morti, *Vir Æn* 2, 6[illegible] mortem, *Liv* morte, *Id*

Occupandus, a, um part *To be seized, &c vid* Occupo Occupanda urbs, *Tac Hist* 1, 62, 2 ripa, *Id Hist* 4, 11, 5

Occupans, tis part (1) *He that seizeth, or cometh first* (2) *Being possessed of* (1) Facilis occupantibus & melioribus incuriosi, *Tac Hist* 2, 17, 1 (2) Multa quæ libera fuerunt, transierunt in jus occupantium, *Quint*

Occupātio, onis f verb (1) *The taking possession of what is vacant* (2) *Violent seizure, possessing, or holding* (3) *Business, employment that taketh one's time up* (4) Ante occupatio, *the preventing an objection* (5) *Proterition*, a figure in rhetoric (1) Sunt privata nulla natura, sed aut vetere occupatione, ut qui quondam in vacua venerunt, *&c* Cic Offic 1, 7 (2) Obsessio templorum, occupatio fori, *&c* Cic *pro* Domo, 3 (3) In maximis occupationibus nunquam intermittis studia doctrinæ, *Cic Orat* 10 (4) In hilaritatem impulsio, ante-occupatio, *Cic Orat* 3, 53 (5) Occupatio est, cum dicimus non præterire, aut non scire, aut nolle dicere id, quod tunc maxime dicimus, *Ad Herenn* 4, 27, pr

† Occupatitius ager dicitur, qui desertus à cultoribus propriis, ab aliis occupatur, *Fest*

† Occupātōrius ager, qui & *Arcifinalis*, seu *arcifinius*, *Siculo Flacco* dict quòd in tempore occupatus sit a victore populo, *vid Calv Lexic Jurid*

Occupatūrus, a, um part *That will take up, or seize upon* Colles vineis vel arbustis occupaturus, *Col* Occupaturi omnia, quæ hostium sunt, *Curt* 4, 15, 7

Occupātus, a, um part & adj or, comp ssimus, sup (1) *Seized, apprehended* [illegible] (2) [illegible] *Engaged, prepossessed, entangled* (3) *Taken up* [illegible] ( ) *Troubled, turmoiled* [illegible] *not at leisure* (6) [illegible] [illegible] (1) A quibus [illegible] [illegible]vus in cubiculo [illegible] *Just* 5, [illegible] (2) [illegible] [illegible] animi, *Ter* [illegible] in [illegible] [illegible] *Vir* [illegible] 5, 1, [illegible] ( ) = Neque occupationem [illegible] [illegible] pedito [illegible] [illegible]esse, *Cic de Legg* [illegible] [illegible] tempora [illegible] [illegible] pati, *Cato* § [illegible] [illegible]tus, *Im* Occupatissimus [illegible] *of thoughts and* [illegible] *Juv* 1, 22 ( ) Occupa[illegible] [illegible]nibus [illegible], *Phr* [illegible] ✠ Ut si occuparimus [illegible] quid civibus [illegible] [illegible] im, si possimus [illegible] festinatam, & [illegible] Q [illegible] lo, *Id* Non [illegible] [illegible] eris occupatiss[illegible]us, *Id* [illegible] (6) Id non decem occupatum [illegible] erit argentum dies, *Plaut* [illegible] 2, 1[illegible]

Occŭpo, āre act [ex ob, & capio, vel ab occ[illegible] in te[illegible] occupo in prima, ut [illegible] conficio, conspicor] (1) *To take [illegible] before* (2) *To seize, or enter upon what is vacant* (3) *To make the first interest in* (4) *To take possession before another* (5) *To seize upon forcibly, or without right* (6) *To hold, or* [illegible] (7) *To get into one's power, to hold* (8) *To seize, as* [illegible] *passion doth* (9) *To get into possession by numbers, to overspread, or take up* (10) [illegible] *up place, or time* (11) *To overrun* [illegible] (12) *To fill, to take or employ* (13) *To engage one's mind in* (14) *To disturb, or take from business* (15) *To put money to use* (16) *To do a thing before another* (17) *To anticipate by offering first* (18) *To take advantage of before one is hindred* (19) *To prevent* (20) *To get at an advantage, to* [illegible] (21) *To do any thing by way of prevention* (1) Cum occupâris, teneas, cluis m[illegible] non ipse possit Jupiter reprehendere, *Phædr* 5, 8, 2 (2) Occupat [illegible] [illegible]itum, *Vir Æn* 6, 424 [illegible]gros, *Tac Ann* 1, 5, 1 ( ) Spes occupandi principem adhuc vacuum, *Tac Hist* 5, 1, 4 (4) Occupare possessionem laudis, *Cic* [illegible] [illegible], *Curt* (5) Occupare tyrannidem, *Cic Offic* 3, 23 (6) Fortiter occupa portum *navis*, Hor Od 1, 14, 2 Occupat obscuri speciem, *go[e]th for*, Id Epist 1, 18, 95 (7) = Occupavi [t]e, Fortuna, atque cepi, *Cic Tusc* 5, 9 Mors occupat eam, *Ter Andr* 1, [illegible], 6 ✠ Totum prope [illegible] occupat amnem, *drinketh up a river*, Lucr 4, 1019 ✠ Hostem rursus occupat humor, *lightteth on*, Id 4, 1045 (8) Metus membra occupat, *Plaut Rud* [illegible] Desperatio animos, *Cic* terror, *Cæs* pavor, *Liv* superstitio mentes, *Id* eum furor, *Vell. Paterc* tremor artus, *Vir* (9) = Rullus [illegible] Italiam suis præsidiis obsidere & occupare cogitat, *Cic de Leg Agrar* 2, 28 (10) Cæmentis licet occupes Tyrrhenum omne, *Hor Od* 3, 24, 3 Hæc causa primos menses occupabit, *Cæl ad Cic* (11) Ingenti fragmine montis occupat [illegible]os, *Vir Æn* 10, 698 (12) Famos, *Vir Æn* [illegible], 294 occupat aures, *Vir Æn* [illegible] Omnium animos oculosque occupaverat certamen, *Liv* In [illegible]bulo animum occupâ[illegible]t *Ter* [illegible]

(1) Ne ante te ... [illegible] ... *Plaut Pseud* ... (1) Qui orationem ... ne occupes, *Plaut* ... (13) § Pecuniam ... fœnore occupare ... § Pecuniam occuparat apud populos, ... (5) Quid ... esse ... occupare, aut mori ... homines ... occultum, *Plaut Stich* ... (1) ✠ Pacem non dare ... occupare debes, ... § Occupat Tullus ... in Sabinum transire, *Liv* ... hostium mortis ... (1) Hostium ... voluntaria morte occ... (20) Manicis ... occupat, *Val Geor* ... I am ... occupate, *to get the start of, to get his own by stealing*, Plaut ... Domus ... occupavit *Tac Ann* 6, 8, 4 (21) ... mihi consilium, ... Occuparet ... *Lit* 1, 1

Occupor, pass *To be seized, to be possessed, to be anticipated*, & C ... Occupo

Occurrens, tis part (2) *Running towards* (2) *Meeting* (3) *Happening to* (1) Video parasitum ... occurrentem, *Plaut* ... 2, 2, 28 (2) *Petron* c 79 ... imago sæpius occurrens ... *An* 6, 696

Occurritur imp (1) *Hostile opposition is made to* (2) *A stop is put, or resistance is made to* ... (1) Cum ... armis ... occurritur ... (2) ... ab nostris occurritur, *Cæs B G* 7, 16 (3) ... nobis, & quidem ... doctis & eruditis, ... C ... *Offic* 2, 2

Occurro, ĕre, ri (& occucurri, ...) rsum neut (1) *To run to meet* (2) *To run to them, assist* ... *or hasten to the assistance* (3) *To hinder* (4) *To come together* (5) ... *present at such a time* (6) ... *or run to meet* (7) ... *before* (8) *To shew it* ... *to appear* (9) *To run against, to go to resist, to oppose in fight, to charge, to set it against, to expose himself to* (10) *To oppose, resist, to put a stop to* (11) *To interrupt, to prevent farther ...* (12) *To check, ... to correct* (13) Met *To ... oppose, or assault* (14) *To answer, or refute* (15) *To prevent, anticipate* (16) *To answer ... of prevention, to meet with an object one foreseen* (17) ... *To find a remedy before* (18) ... *or come readily into ... mind* (19) *To come in one's ... an objection* (20) *To ... self readily, to offer itself ... thought* (21) *To light, or happen into one's hands* (22) *To be good against, to cure* (1) Quam ... multitudo occurreret ad ... *Liv* § Alicui subsidio occurrere, *Hirt B Afr* 85 (2) ... qui fatigentibus celeriter occurrere, *Hirt B Afr* 78 (3) ... in civitatem occurrere, *Cic* ... Eorum sagittam ... uno compactu Cæsari occurrere, *Hirt B* ... (5) Occurrere ad concilium, ... Occasioni occurrere, *Brut* ... (6) § Breviore itinere occurrere, *Cæs B C* 3, 41 § Ut ... occurreret, *Brut* ... *Cic* ¶ Jugulo occurrere, *to ... weapon with his throat*, *Tac Ann* 16, 15, 3 (7) Et visa quietis occurrent tranquilla, *Cic* ... 1, 29 Occurrebant oculis tot paludes, *Col* (8) Occurram oculis intumulata tuis, *Ov Epist* 2, 136 *It absol* Nec jam amplius ulla occurrit tellus, *Vir Æn* 5, 9 (9) = Obvius ... ensique occurrit, seque viro vir contulit, *Vir Æn* 10, 734 ... occurrere, *Id Æn* 11, 808 (10) = Consiliis Catilinæ occurri atque obstiti, *Cic* ... (11) = Occurri, atque interpello, mi ... *Plaut Merc* 1, 2, 5 (12) Parentes liberis si occurrunt, *Curt* 7, 1, 25 (13) Sæpe ... fortuna occurrit amanti, *Prop* ... (14) Chrysippus ... occurrit, ... *Cic de Fato*, 18 Quod meditata oratione tua statim occurram, *Tac Ann* 13, 55 Occurrere magnitudini criminis, *Cic* (15) Occurram expectationi, *Cic pro Cluent* 2 (16) Huic talibus occurrit dictis, *Vir Æn* 12, 625 (17) Expectate tempus, ... occurrere potentiæ ... *Sulpit ad Cic* (18) = Hæc contemplantibus omni acie ingenium ostendunt se & occurrunt *Cic de Or* ... ✠ Nihil te effugiet, atque omne quod erit in re occurret, atque incidet, *Id ibid* 2, 24 (19) De ... nostro permulta in utramque partem occurrunt *Cic Att* 15, 23 (20) Misericordia occurrere ... solet supplicibus, nullius oratione evocata, *Cic pro D* ... (21) Deest ... occurrit labor, *Phædr* 2, 9, 15 (22) § Occurrit perniomibus herba hæc, *Plin* 20 8

Occurrens, tis part (1) *Running to, or against* (2) *Running in the way, or before* (3) *Flying at, or against* (4) *Putting forth opposite branches, growing intangled one in another* (1) Ad tria diversa bella occursantes, *Liv* (2) = Corpus ... omnimodis occursans, officiensque, *Lucr* 5, ... (3) *Plin* (4) Palmites occursantes, *Plin* 17, 22

Occursatio, onis f verb *The running to meet and attend one for his honour* Occursatio & blanditia populi, *Cic pro Planc* 12

|| Occursio, onis f *A meeting*, Sidon Epist 7, 10

Occurso, are freq [ab occurro] (1) *To run to often* (2) *To run before, or against* (3) *To run in the way of* (4) *To run at, or upon* (5) *To be ready at will, to flow readily* (6) *To be frequently in one's mind* (1) Quid tu huc occursas? *Plaut Truc* 2, 2, 27 (2) Occursant portis, *Liv* (3) Occursare capro caveto, *Vir Ecl* 9, 25 (4) Advenis feras occursare, *Plin* 6, 22 (5) Occursant verba, *Plin Epist* 2, 3 (6) Ita me occursant multæ, meminisse haud possum, *Plaut Mil* 4, 2, 56

† Occursorius, a, um adj Occursoria potio, *that draught which is drank immediately before eating*, Apul Met 9, p 291

Occursūrus part Non quo me ad tempus occursurum putarem, *Cic Philipp* 1, 4

Occursus, ûs m (1) *Meeting, or running to* (2) *The meeting a thing in its course, stopping, or being in the way* (3) *The meeting, or striking upon one another* (4) *Opposition, or malign influence* (1) Utrique locoque occursu fecere metum, *Ov Met* 14, 256 (2) Rota stipitis occursu fracta, *Ov Met* 15, 523 (3) Dentes serrati pectinatim coeuntes, ne contrario occursu atterantur, *Plin* 11, 37 (4) Occursus maleficorum siderum, *Plin* 7, 49

* Oceănus, m m subst sed est prope ... *vid seq* [...] (1) *The god of the ocean* (2) *The ocean, or main sea encompassing the earth* (3) *By need the sea, as denominated from the shore it washeth, or otherwise distinguished* (4) *A ... bathing ... prodigious great bath* (1) ... Prop (2) Oceani ... majoribus altius sol igneus, *Cic N D* 2, 15 Fuso Britannum navigat oceano, *Luc* 4, 134 (3) Oceanus Gaditanus, Persicus, &c ... probos auctores ... ruber, *Hor* (4) *Lamprid*

Oceănus, a, um adj Mare oceanum, *Cæs* Oceanensis ... ✠ ... 11, 94 Oceanum litus, *Id*

Ocellātus, a, um ... calculus, ... *pro ocellus, i e* ... lapillus oculi speciem ... Nux ... *Salm*] *Some kind of pretty little stones, or the like, to play with* Modo talis ... ocellatis, nuc ... que ... cum pueris ... *Suet Aug* 83 ... *Catull* & *Tori Sedulial* ... *pon*

Ocellus, li m dim [ab oculus] (1) *A little eye, an eye* (2) Vox amatoriolum, *my dear, my life, my pigsney* (3) *The most neat and pretty* (4) *A bud or knob where a bud ...* (1) Nostros vidisti flentes ocellos, *Ov Epist* 5, 45 (2) Volo placere meo ocello, *Plaut Most* 1, 3, 11 (3) Peninsularum, Sirmio, insularumque ocelle, *Catull* 29, 2 Ocelli Italiæ, villulæ meæ, *Cic Fam* 16, 6 (4) Ocelli radicis, *Plin* 21, 4

* Ochra Ocr ... Plin 35, 6 Vitruv ... *pro* ... Attico ... *vid* Bald Lexic ...

* Ocimum, mi ... & ocimus, mi ... *The herb garden-basil, basil royal, basil gentle*, Varr R R 1, 31 ... Cantare ocima verna, *to rail at him*, Pers 4, 22 It being the common opinion that this herb grew best, if sown with cursing and railing, *Plin* 19, 7

Ocior, ociosè, ociosus, ocium *Id Otior, &c*

Ocior, us ... ocyor, ius comp ... mus, sup [à Gr ὠκύς] dignandi ... enim ... de scriptione probabilibus hinc inde argumentis, *nec opis est nostræ* ... *Swift, quick, speedy* Fulminis ocior alis, *Vir Æn* 5, 319 Euro *Hor Od* 2, 16, 21 Senectus ocissima, *Plin* 16, 31

Ocius adv comp ssime, sup (1) *More speedily, sooner* (2) *Quickly, very speedily* (1) Deseremur ocius a repub quam a familiari, *Cic Att* 16, 3 ✠ In morbum incidunt tardius, & recreantur ocius, *Cic Tusc* 4, 14 Tanto ocius ut te poscat, & tu id, quod cupit, ocissimè ut des, *Ter Heaut* 4, 8, 27 (2) Nemon' oleum feret ocius? *Hor Sat* 2, 7, 34

† Ocquinisco *To bend down to, to incline*, Non ex Pompon ✝ Quinisco

Ocrea, æ f [quod crus tegit, *Varr*] *A boot, a greave* Sinistrum crus ocreæ tectum, *Liv* 9, 40 Leves ocreæ, *Vir Æn* 7, 634

Ocreātus, a, um *Booted* In nive Lucana dormis ocreatus, *Hor Sat* 2, 3, 234 Ocreata crura, *Plin* 19, 2

* Ocris ... mons confragosus, *Fest ex Accio* Philologos ... (unde oppida Italiæ *Interocrea* & *Ocriculum* dict] *A rough, or craggy hill*

Octans, tis m *An eighth part*, Vitruv 10, 11

* Octaphŏrum, i n *A sedan carried by eight*, Mart ... octophorum, *quod vid*

* Octastylos *Having eight pillars in front*, Vitruv 3, 2

|| Octava, a f ... *The eighth, a ... laid on things bought and sold*, Cod

|| Octavarii, orum m *They that gathered the ... being an eighth part of the price of things sold in the market*, Cod

Octavum adv *The eighth time*, Liv 6, 36

Octavus, a, um *The eighth* Sab ... octavus, *Hor Sat* 2, ... 206 ... *two a clock in the afternoon*, Id

Octies adv *Eight times* Octies septem solis infractus, *C Somn Scip* 2

Octingenarius, a, um *Consisting of eight hundred* ... greges, Varr R R 2, 9

Octingentesimus, a, um *The eight hundredth* Octingentesimus ... *Cic de Se* 2

Octingenti, æ, a adj pl [ex octo, & centum, ... mutato] *Eight hundred* Mille & octingenta stadia, *Cic* ...

Octipes, edis ... *That hath eight feet* Octipedis brachia cancer, *Ov* ...

* Octo ... indecl *Eight* Octo pœnarum genera, *Cic de Legg*

October, bris m [dict quod octavus ... mensis, *ab octo, cum term ber*] *October*, Paterc 2, 56

|| October, bris, bre adj October equus ... quo mense Octobri immolatur quo ... biga ... victricium dextrior, *Fest* Kalendis octobribus, *Cic*

Octodecim adj indecl *Eighteen*, Cæs B G 1, 2

Octogeni, æ, a adj (1) *Eighty each* (2) *Eighty at a time* (1) Octogeni æris militibus dati, *Liv* 10, 30 (2) Octogeni ... habens torpedo invenitur, *Plin* 9, 51

Octogesimus, a, um adj *The eightieth* Octogesimus annus, *Cic de Sen* 10

Octogies adv *Fourscore times* HS centies & octogies, *Cic in Son* 35

Octoginta adj indecl [à ...] *Fourscore* Octoginta regnavit ann *Cic de Sen* 19

Octojŭgis, ge adj [ab octo, & jugum] *Eight together, eight at a time*, Liv 5, 2

Octonārius, a, um *Of the number of eight* Fistula octonarius, *eight fingers round*, Plin ...

Octonarius, ii [sc versus] *A sort of verse consisting of eight feet* Octonarius est, ut Iambi ... cit, cum duo Iambi pedes ... co metro præponuntur, *Diom*

Octoni, æ, a *Eight*, ... Octonæ Idus, *falling the eighth day after the nones*, Hor ... mensibus ferunt partus, ... *eighth month*, Plin 32, 1

* Octophŏrum, ri *A litter, a sedan carried by eight servants* Hominem octophoro portare, *Cic ad Q fratr* 2, 9

Octuagesimus, *Censorin* Octuaginta, *Id Vitruv Gell* Vid Octogesimus, & Octoginta

Octuplicatus, a, um *Eight times doubled* Octuplicatus sensus, *Liv* 4, 24

Octuplus, a, um *Eight times as much* Judicium in octuplum, *Cic Verr* 3, 10 Octupli, *Ia Pœna octupli, by which the wrong was to be repaired eightfold* §

Pus

is octupla primæ partis, *Id* de ...

Octuſſis, is m [*i e* octo aſſes] *Eight aſſes in money* Empta octuſſibus, *Hor Sat* 2, 3, 156, *ſed al leg* octo aſſibus

Ocularius, a, um *Pertaining to the eyes* Ocularius medicus, *an oculiſt*, *Celſ* 6, 6 Ars ocularia medicina, *the art of an oculiſt*, Hyg

Ocularius, ii m (*ſc* medicus) *An oculiſt*, Scrib Larg Comp 37, *& ſeq*

Ocularta, æ f [*ab* oculorum magnitudine ſic dict Gr φθαλμίας, etiam de causa Ophthalmia, *Plaut*] *A kind of ſeafiſh like a lizard, with great eyes*, Plin 32, 7 *it* Celſ 2, 18

Oculatio, onis f *The taking away of ſuperfluous vine-buds* Pampinatio & oculatio, *Plin* 17, 1 *ubi al* occatio

Oculatus, a, um *Made oculatus, that hath had eyes*, Suet Rhet 5 Oculatus teſtis, *an eyewitneſs*, Plaut Truc 2, 6, 8 ✶ Emi die cæci olivum, id vendito oculatâ die, *buy upon truſt, ſell for ready money*, Plaut Pſeud 1, 3, 67 Oculata manus, *that are content with nothing but what they ſee*, Id Aſin 1, 3, 50

Oculeus, a, um *All eyes, all over eyes* Argus totus fuit oculeus, *Plaut Aul* 3, 6, 19 Salve, oculiſſime homo, *Id Curc* 1, 2, 28 *al* perſpicaciſſime, *al* chariſſime *interpretantur*

¶ Oculicrepida, nom propr fict *Plaut Trin* 4, 3, 14 *i e* quorum oculi crepant, *i e* pugnis contundi ſolent

† Oculiſſimus adv Oculitus amare, *to love one as dear as his eyes*, Plaut *ap* Non

|| Ocillo, are *To enlighten one, or clear his ſight* Deceptos in iſti unionem veritatis oculare, *Tert* ¶ Oculi ſuos reddere Veſtes purpurâ oculare, *to beautify them with round figures made of purple*, Id ✝ Prætexere

OCULUS, i m dim [*ab* ὄκκος, *i e* ὀφθαλμός, *Heſych*] (1) *An eye* (2) *View, or ſight* (3) *One's mind, or dearest* (4) *The ornament, beauty, or glory of* (5) *A bud juſt putting forth, or the knob out of which the bud riſeth* (1) Oculi, tanquam ſpeculatores, altiſſimum locum obtinent, *Cic N D* 2, 56 Senſus oculorum acerrimus, *Cic de Fin* 2, 16 Oculi natantes, *dozing eyes*, Ov Met 5, ... ‡ Amare aliquem plus ſuis oculis, *to love him dearly*, Ter ... ſtare in oculis, *Id Eun* 3, 1, 11 ... *Cic ad Q fr* 3, 1, 3 (2) Ut ego oculis rationem capio, *Plaut Pſeud* 2, 2, 2 ¶ In oculos incurrere, *to be preſent before one*, Cic In oculis civium, *in public*, Id ... ad omnia veſtra cupiditatis oculos adjeciſſent, *Id* Adjectus ... oculus hæreditati, *there was a ſign upon the eſtate*, Id A ... non dejicere oculos, *to have his ... eye perpetually fixed upon*, Id Quum maxime intentis oculis, *with the moſt intenſe application of mind*, Id Sit ante oculos Nero, *remember his example*, Tac (3) Bene vale, ocule mi, *Plaut Curc* 1, 3, 47 (4) Corinthus, Karthago,—duo illi oculi oræ maritimæ, *Cic N D* 3, 38 ✶ Mundi oculus, *of the ſun*, Ov Stellarum collucentium illi oculi, *Plin* Maculatum oculi, *the ſpots of panthers*, Plin Pavonum caudæ oculi, *the round ſpots in peacocks tails*, Id (5) Intereſt plures oculos, quibus egerminet, ineſſe, *Col* 4, 29 Oculos imponere, *to inoculate*, Vir Geor 2, 7...

Ocymum, ocyoi, *&c* *Vid* Ocimum, *&c*

O ante D

* Ode, es *vel* oda, æ f (1) *An ode, a ſong* (2) *A copy of lyric verſes* (1) Et merulus modulans tam pulchris concinit odis, *Auct Philom* 25 (2) Tit lyricorum Horatii

* Odeum, ei neut *A muſic-room, a place for rehearſal and practice, before they were preſented upon the theatre*, of which there were four at Rome, *vid* Vitruv 5, 9 *& ibi* Philandrum ☞ *Adducitur etiam ex* Cic & Suet *ſed variante lectione*

ODI, iſti, it *ſcil ab* odivi, *quo uſus* Antonius *ap* Cic *&* oſus ſum *vel* fui, *Plaut* oderam, rim, *&* erem, *Chariſ* ero, odiſſe verb defect [*ab inuſ* odio, quod *e Gr inuſ* ὀδύω, unde ὀδύσσομαι, *iraſcor*] *I hate, or I have hated* Met *Not to endure* Oderunt hilarem triſtes, *Hor Epiſt* 1, 18, 89 ✶ Et oderit ſe & ſimul diliget, quod fieri non poteſt, *Cic de Fin* 5, 10 ✶ Inimicos oſa ſum ſemper obtuerier, *Plaut Amph* 3, 2, 19 favere, *Id* amare, *Id* ¶ Odiſſe quem odio Vatiniano, *Catull* 14, 3 male, *Cic* *to hate him mortally* ☞ *Non ita deficere hoc verbum, ut quidam Grammatici exiſtimant, docet* Voſſ *de* Analog 3, 39

✝ Odibilis, le *Odious, hateful* Vitâ, moribus, improbitate ita odibilis, *&c* Lampr ✝ Deteſtandus

* Odinolyon, tis n *The Greek name for the fiſh* remora, given to it becauſe it was ſuppoſed to cauſe a ſpeedy delivery to women in travail, if applied ſalted, *Plin* 32, 1

|| Odior, iri paſſ *Tert*

Odiosè adv (1) *Troubleſomely* (2) *Tediouſly* (3) *Unſeaſonably, impertinently* (4) *Affectedly* (1) Nolo rurum credi mihi *N* Odioſe facis, *Plaut Bacch* 4, 9, 139 (2) Æſchinus odioſe ceſſat, prandium corrumpit, *Ter Adelph* 4, 2, 49 (3) Odioſe interpellare, *Cic* (4) Vivis invidioſe, delinquis ſtudioſe, loqueris odioſe, *Ad Herenn*

✝ Odioſicus, a, um *Very troubleſome and intruding*, ex fabrica *Plaut Capt* 1, 1, 119

Odiōſus, a, um adj or, comp ſſimus, ſup (1) *Hateful, odious* (2) *Unwelcome, unacceptable* (3) *Troubleſome, teazing, impertinent* (4) *Tireſome, irkſome, not to be borne* (5) *Diſhonourable, ſcandalous, baſe, indecent* (6) *Diſtaſteful, that ſavoureth of arrogance and aſſuming* (7) *Offenſive, provoking* (8) *Affected* (9) *Nice, curious* (10) *Tedious and ſlow in doing* any thing (11) *Taken ill, reſented* (1) ✶ Quorum alterum eſt gravius & odioſius, alterum levius, & facilius, *Cic* pro *Q Roſc* 6 (2) Odioſa hæc eſt ætas adoleſcentulis, *Ter Hec* 4, 2, 13 (3) Non dubito quin odioſæ ſunt epiſtolæ quotidianæ, *Cic Attic* 8, 22 Si porrò eſſe odioſi pergitis, *Ter Phorm* 5, 9, 44 (4) ✶ Cupidis rerum talium odioſum & moleſtum eſt carere, ſatiatis vero & expletis jucundius eſt carere, *Cic de Sen* 14 (5) Multos amavit, in quorum amore multa odioſa fecit, *Nep Alcib* 2 (6) Omnis arrogantia odioſa eſt, *Cic Div in Cæcil* 11 (7) Palæſtrici motus ſæpè ſunt odioſiores, *Cic Offic* 1, 36 (8) ✶ Verbum odioſum & inſolens, *Cic Orat* 8 (9) *Lucr* 4, 1158 (10) Ubi ſita eſt? ¶ In riſco, odioſa, ceſſas? *Ter Eun* 4, 6, 17 (11) In ſingili corpore odioſi omnis offenſio eſt, *Cic de Sen* 18

Odium, ii n (1) *Hatred, grudge, illwill* (2) *Hatred ariſing from* (3) *That which is the ſubject of hate, or averſion* (4) *Diſlike, unacceptableneſs* (5) *Wearineſs, or being tired with* (6) *Importunity, perpetual teaſing and dunning* (7) *Tediouſneſs, over much inculcating, and repeating a thing* (8) *Trouble ariſing from impertinence and intruſion* (1) Odium eſt ira inveterata, *Cic Tuſc* 4, 9 Odium in hoſtem immane, *Id* pro *Planc* 29 ✶ Cum odio Neronis, tum favore in L Piſonem, *Tac Ann* 15, 5, 48 ✶ gratia, *Phædr* 3, 10, fin (2) ✶ Odio finire amorem, *Ov Rem Am* 657 ✶ Conveniunt quibus aut odium crudele tyranni, aut metus acer erat, *Vir Æn* 1, 365 § Odium inimicitiarum mearum, *Cic* (3) Odium terræ inambulat, *Plaut* populi, *Id* (4) Odium libellis importare, *Hor Epiſt* 1, 18, 4 (5) Agri, urbis, negoti odium, *Ter* (6) Tundendo, atque odio denique effecit ſenex, *Ter Hecyr* 1, 2, 48 (7) Ah, odio me enicas, *Plaut Perſ* 1, 1, 49 (8) Quis me prehendit pallio? E Familiaris ¶ Fateor nam odio es nimium familiariter, *Plaut Epid* 1, 1, 2

* Odontides *An herb*, Plin 27, 12

Odor, ōris m [*ab inuſ* odeo, *i e* oleo, quod *ab* ὄζω] (1) *A ſavour, ſcent, or ſmell, good or bad* (2) Meton *Any ſweet odour, unguent, perfume, frankincenſe* (3) *An hope, gueſs, ſlight hint, or ground of* (1) Unguentorum odor, *Cic poſt Red in Sen* 7 Suaves odores miſcent herbæ, *Vir Ecl* 2, 55 Teter odor, *Vir Æn* 3, 228 Fœdi odoris fames, *Celſ* ¶ Lucri bonus eſt odor ex re qualibet, *any thing for gain*, Veſpaſiani adagium ap *Juv* 14, 204 (2) Incendere odores, *Cic Tuſc* 3, 18 Multo odore fumat ara, *Hor Od* 3, 18, 8 *Met* Odor urbanitatis, *ſweetneſs*, Cic (3) Quidam odor ſuſpicionis, *Cic* pro *Cluent* 27 Eſt nonnullus odor dictaturæ, *Id*

|| Odoramen, ĭnis n *A perfume, or unguent*, Macr præf Sat 1 *unde*

Odōrāmentum, ti n *A perfume, or any ſweet thing* Odoramenta, quibus condire vinum conſueverunt, *Col* 12, 2

Odorandus part *To be ſmelt, or ſcented out*, Met *to be diſcovered by ſearch* Albiana pecunia veſtigiis nobis odoranda eſt? *Cic* pro *Cluent* 30

Odorans, tis (1) *Smelling out, following the ſcent* (2) *Finding out by ſuſpicion* (1) Ibo odorans quaſi canis venaticus, *Plaut Mil* 2, 2, 113 (2) Veſtigiis odorantes ingreſſus, *Cic in Piſon* 34

Odōrārius, a, um Myrrha odoraria, *a particular ſort of myrrh*, Plin 12, 16

Odōrātio, ōnis f verb *Smelling* Voluptas odorationum, *Cic Tuſc* 4, 9

Odōrātus, a, um ior, comp ſſimus, ſup (1) *Smelling, freq ſweet-ſmelling, odoriferous, fragrant* (2) *Perfumed* (1) Malè odoratus, *Ov* Odorata cedrus, *Vir Geor* 3, 414 Vina muſtis odoratiora, *Plin* 21, 7 Horrenſium odoratiſſima, quæ ſicca, *Id ib* (2) Capilli odorati, *Ov Faſt* 2, 309

Odōrātus, ûs m verb (1) *The act of ſmelling* (2) *The ſenſe of ſmelling* (1) Pomorum odoratus, *Cic N D* 2, 63 (2) Nihil neceſſe eſt de guſtatu & odoratu loqui, *Cic Acad Q* 4, 7

Odōrĭfĕrus, *vel* odorifer, a, um (1) *That in which odours, or perfumes are carried* (2) *That produceth them* (3) *That inhabiteth where they grow* (4) *Odoriferous, ſweet* (1) Odoriferæ lances, *Prop* 2, 13, 23 (2) Arabia odorifera, *Plin* 5, 11 (3) Gens odorifera, *Ov Met* 4, 209 (4) Odoriferis adſpergit floribus aras, *Sil* 16, 309

Odoro, āre act (1) *To give a fragrancy to* (2) *To perfume, or make to ſmell ſweet* (1) ✶ Colorare, & odorare mella, *Col* 9, 4 (2) Odorant aera fumis, *Ov Met* 15, 734

Odōror, āri, ātus ſum dep (1) *To ſmell to* (2) *To ſmell, or hunt out* (3) *To ſearch out by ſecret means, to get or pump a thing out of one* (4) *To gueſs at the meaning of a thing* (5) *To ſmell the ſweetneſs of, to have a deſign upon* (1) ✶ Odorare hanc pallam, quid olet? *Plaut Men* 1, 2, 55 (2) ✶ Odorantur canes venatici, & perveſtigant omnia, *Cic Verr* 4, 13 (3) ✶ Ex Fabio odorere, & convivam iſtum tuum deguſtes, *Cic Att* 4, 8 (4) Illud ſuſpicionis ... ut ad te ſcribam, tu ſagacius odorabere, *Cic Attic* 6, 4 (5) Odorari decemviratum, *Cic*

Odōrus, a, um (1) *Of a ſweet, or pleaſant ſmell* (2) *Of a ſtrong ſmell* (3) *Quick-ſcented* (1) Flos odorus, *Ov Met* 9, 78 (2) Sulphur odorum, *Claud de 6 Conſ Hon* 325 (3) ✶ Odora canum vis, *Vir Æn* 4, 132

Odos, ōris m *Smell* Permanat odos, *Lucr* 6, 952 Naribus objectus eſt odos, *Plaut*

* Odyſſea, æ f *The Odyſſes of Homer*, *Cic de Cl Orat* 18

O ante E

* Oecōnŏmia, æ f *A certain œconomy, or order in the diſpoſal of parts neceſſary for orators and poets*, Quint 3, 3

* Oecōnŏmĭcus, a, um adj *The title of Xenophon's book of family government*, tranſlated by Cicero Xenophontis liber, qui Oeconomicus inſcribitur, *Cic Offic* 2, 24 *Latinè vertit idem*, De tuenda familia

* Oecus, i m *A large dining-room*, Vitruv 6, 10 *vid & Plin* 36, 25 *&* Bald Lexic p 77

* Oenanthe, es f (1) *The grape and flower of the wild vine* (2) *An herb* (3) *A bird* (1) *Plin* 12, 28 (2) *Plin* 21, 24 (3) *Plin* 10, 29

* Oenanthĭnus, a, um adj Oenanthinum oleum, *an unguent made of the grape and flower of the wild vine*, Plin 23, 4 Vinum œnanthinum, *a compound wine made of muſt and the flowers of the wild vine*, Id

* Oenŏphŏrum, ri n *A wine pot, a veſſel to carry wine in* Vinum diffuſum è pleno œnophoro, *Cic de Fin* 2, 8 Oenophorum ſitiens, *Juv* 6, 425

* Oenŏpōlium, ii n *A ſhop where wine was ſold* Petimus vinum ex œnopolio, *Plaut Aſin* 1, 3, 48

* Oenŏthēra, æ m *An herb*, *vid* Plin 26, 11, & 14

Oenŏtheris,

Oenōth ris, idis *Idem*, Plin

† Oestrum, i n *Fest Isid* id quod *Oestrus*

Oestrus, stri m & œstrum, i n *Latinè* Asilus, *Vir* (1) *A gadfly, a dunfly, a breeze*, ... the summer time ... and succeed him ... combs in hives, ... (2) Met *Poetic rage, in spir tion* in any kind (1) *Id* ... 4, 14 & *Plin* 11, 16 (2) Laureato ... fortior œstro ... caneam, *Stat Theb* 1, 32 Oestro percussu Bellona, tuo, *Juv* 4,

† Oesypum, pi n *A medicament made of the filth and sweat that is in sheeps wooll*, Plin 29, Oesypa ... tepidos ... sinus, ... *Art Am* 3, 213

Oesypus, ... *The filth and sweat ... to the wooll on the flanks ... of sheep*, Plin 29, 2 ... *An Leg ... Epist* ... 15

O ante F

Offa, æ f ... *Æol* co ... (1) *Pudding ... like mear of paste* (2) ... *fowl are fed with* ... *of paste that fowl ... crammed with* ... *or any like compost* ... (3) ... *or piece of any ... lop, or slead, particularly pork* (5) *A round lump of* ... (7) *A lump or swel ... from a bruise* ... *an immature birth ... ill shapen or ugly creature* (?) *A thing that is swoln ... and deformed* (?) Of... fa & ... significat, & quicquid ... in multi ... rotem redactum, *Festus* (?) Cadit offa ex ore ... *Cic de Div* 1, 15 (?) ... ferri in ur offa, quibus aves saginantur (?) Melle soporata ... offa, ... *Virg* ... (5) *Vid Tart L L* ... *Mil* 3, 1, 165 (6) ... = massam, ... (7) ... in facie tumidis ... *Juv* 16, 11 (8) ... similes effunderet offas ... (9) *Plin* 9, 38 ... cadaver offas, *Pers*

Offatim adv *In little bits* ... Te offatim con... *I'll ... you as small as ... the pot*, Plaut ...

† Offector, oris m *A restorer ... who changes ...* ... colorem in ... offectores, ... proprio novum efficiunt,

Offucus, a, um part [ab offi...] ... lumine *the light* ... *Lucr* 5, 774

Offucia, ... n *That which ... but from witch craft* ... oculis ... veneni ... *Cyrig* 406

Offula, f [ab com offula, ut ...] *A collop, piece of flesh, steaks* ... situs ... amicis, *Mart* 12, 48 Quæ ... structoris offella, ... 15

Offendendus, a, um part *To be ... d* Existimatio offen... *Cic*

Offendiculum, ... n *That which ... obnoxious to ... something apt to ...* Sunt in hac materia offendicula nonnulla, *Plin Epist* 9, 11, 1

Offendix, icis f *Offendices* ait Titius esse nodos, quibus apex retinea... & remittitur At Veranius coriola existimat, quæ sint in loris apicis, quibus apex re meatur & remittitur, quæ ab *offendendo* dicuntur nam cum a... mentum perventum est, *offendit* mentum, *Fest* vel quia cum ab utroque pil i latere mentum dum t... ...tur, utroque concurrente ... mentum ... *offenderent*, Voss ex M Offendices nodi quibus l... significantur, *Lat Gloss*

† Offendo, offensio, *Non ex Afran*

Offendo, di, sum, ere, act [ex ob, & inus fendo, ... *vel* ad iram ... *unde* sensus, iratus, *Gl Isid*] (1) *To hit, or strike a thing unawares against* (2) *To strike with* (3) *To strike upon, or run against* (4) Absol *To strike upon a rock, founder, miscarry* (5) *To hurt with a fall, blow, &c* (6) Met *To run, or fall into, to be wracked on* (?) *To mistake, stumble, or make a false step* (8) *To meet with a ... to have some ill success* (9) *To offend, to displease* (10) *To be cast in law* (11) *To lose ones credit with, to give offense to* (?) *To be faulty, to be blameworthy* (?) *To be offensive to* (?) *To light upon, or find* (15) *To find a fault, or cause of exception, or dislike, to be displeased with* (1) § Ne coxam bos offendat, *Col* § Dentem offendet ... *Hor Sat* 1, 1, 8 § Neve ... ad stipitem vehementius offendat, *Col* (2) Ne quem aut pectore offendam, aut genu, *Plaut Curc* 2, 2, 3 (3) Scopulum offendis, *Cic* (4) In quibus offendit naufraga puppis aquæ, *Ov ex Pont* 4, 14 22 (5) Ex equo cecidit, & latus offendit vehementer, *Cic pro Cluent* 62 *Met* Existimationem offendere, *Id pro Planc* 2 rem, *Id* (6) Minus in ... offenderent, *Cic de Inv* 2, 2 (7) Quis est, qui in tantis tenebris nihil offendat? *Cic Fin* 9, 2 = Multa circumspicienda sunt, ne quid offendas, ne quid ... *Id de Orat* 2, 74 (8) Cum multi & terra & mari sæpe ... *Cic* ¶ Naves in redeundo offenderunt, *were unfortunate, fell into the enemy's hand*, *Cæs B C* 3, 8 (9) Neminem ... verbo, offendere, *Cic* ⊰ Plura sæpe peccantur dum demeremur, quam dum offendimus, *Tac Ann* 15, 2 (10) Quibus ... eosdem judices offendisse, *Cic pro Cluent* (11) Offenderant apud hon stos, *Cic* (12) In eo ... ipsi offendissent, alios reprehendere, *Cic pro Cluent* 36 (13) *Lucr* 4, 117 (14) Pat ... nie me offenderet miserum advenientem ..., *Plaut Most* 2, 1, 1 ⁂ Non offendes eundem bonorum sensum, quem reliquisti, *Cic* Imparatos offendere, *to come upon unawares*, Nep Ages 2 (15) In me offenditis *Cæs B C* 2, 32 Si in me aliquid offendistis, *Cic*

Offendor, i, sus pass *To be offended, to be offended at* § Ut non offendar subripi, *Phædr* 4, 10 6 An offendi in his consentiunt, *Cic de Inv* 1, 28 *vid* Offendo

Offensa, æ f (1) *A stumble, or trip* (2) *Miscarriage, the giving off ...* (3) *A disagreeableness, unpleasantness* (4) *A disgust, distaste, displeasure* (5) *An ill disposition, or illness* (1) Ægri non sine offensâ proferuntur, *Sen Epist* 7 (2) Ut pro ... boves non ... offensa, *Pal ...* (3) Offensa nostri ordinis ... judicorum, *Cic* (4) Quæ ... offensa ... tum apud Pompeium, *but that he is highly displeased with me* Cic Attic 5, 2 (5) Si quis offensa in ... *Cels* ... noxii ... *Id*

|| Offensiculum, i n ... *A trip, or stumble*, Apul ... *stumbling* ..., 1 ...

Offensans, tis part (1) *Stumbling, falling, or hurting one's self against* (2) *Tripping, faltering* (3) *Miscarrying, being indisposed* (1) Offensantes in ... quæ desideramus, *Sen* (2) *Quint* 10, 7 (3) Offensanti ... inde Veneri argentum vivum dedit, *Plin* 20, 5

Offensatio, onis f (1) *An hitting, or striking against* any thing (2) *Tripping, faltering* (1) Si subtriti sint, co ... offensatione, *Plin* 28, 16 (2) Offensationes labentis memoriæ, *Sen de Benef* 5, 25

Offensio, onis f verb (1) *A trip, or stumble* (2) *Ill success, misfortune, miscarriage* (3) *The losing of a cause* (4) *Indisposition, disorder, or distemper of body* (5) *Disagreeableness, offensiveness, unpleasantness* (6) *Offending, or displeasing* (7) *Disgust, distaste, dissatisfaction, displeasure* (8) *Dislike* (1) Offensio pedis, *Cic de Div* 2, 40 (2) Non offensionibus belli, sed victoriis, *Cic pro Leg Manil* 10 (3) *Cic ap Litt* (4) Corporum offensione sine culpa accidere possunt, animorum non item, *Cic Tusc* 4, 14 (5) Turpitudo corporis habet aliquid offensionis, *Ci Offic* 3, 29 *Met* ⁂ Non moveri & offensione turpitudinis, *Id* (6) *Cæs B G* 1, 19, fin (7) In medio cultu amicitias, ex ... aliqua offensione, ... *Cic* Offensiones domesticæ, *Varr* (8) *Cic* ⁂ gratia, *Plin* benevolentia, *Cic* = fastidium, *Id*

Offensiuncula, æ f dim (1) *Some little disgrace, or failure* (2) *Some little disgust, or offense* (1) Offensiunculam in ædilitate accepit, *Cic pro Planc* 21 (2) Si qua offensiuncula facta est animi perversitate aliquorum, *Cic Fam* 13, 1

Offenso, are freq (1) *To knock, or strike a thing often against* (2) *To meet, and hit against one another often* (1) ... omnes ... pent, & offensare capita, *Liv* 25, 37 (2) *Lucr* 6, 1051

Offensum, i n *The absurdity of speaking things disagreeable to his audience* Offensum est, quod eorum, qui audiunt, voluntatem lædit, *Cic de Inv* 1, 49

Offensum est imp Quoties in exercitu offensum, *when ill success befell*, *Cæs B C* 3, 72 Si quid erit offensum, *if any thing scandalous shall be committed*, Id

Offensus, a um part (1) *Struck against* any thing *by chance having met, or hit a thing* (2) *That which is stumbled against* (?) *Dissatisfied disgusted, displeased* (?) *Disparaged* (5) *Offensive, disliked, that is in disgrace* (6) *Distempered, out of order* (1) Miles offenso scuto præ... fonitum *Liv* Offensus in portis, *tripping at*, *Tib* 1, 3, 20 (2) Offensum limen *Ov Epist* 13, 88 (3) Animum eius offensiorem ..., *Cic Att* 1, 5 § Offensum ... militum volunt ... *Dion* 7 § Offensus ... *Plancus* ... *Cic* § Offensus ... populo ..., *Tac Ann* 2, 55, 2 (4) Existimatio offensa, *Cic* (5) ... nimis ... multi offensus ... *Cic* ... per ... omnibus offensum quam hic statu ... Offensa forma, ... *which ... is pro ...*, Hor Epod 15, 15 (6) Quoties offensum corpus ..., ... pars ... *Cels*

Offensus, us m verb (1) *The meeting, striking, or clashing of things in motion* (?) *A meeting with ..., or stop* (?) Met *Dissatisfaction, dislike* (1) Cogit ... crebris offensibus ..., *Lucr* 4, 360 (?) Non multis offensibus ... do halitu ... *Lucr* ... Per hujusmodi offensus ... *Sen Ep* 108 (3) Si vita in offensu est cui ... *Lucr* ... 95

Offerendus, a, um part *To be offered*, Sen

Offerens, tis part *Off...* & Se ... ipses morti ... *Cic pro Mil* 34 *vid* Offero

Offero, ferre, obtuli, oblatum act (1) *To bring to, or before* (2) *To present, to give ones service, or imagination* (3) *To offer ... assistance* (4) *To put, or cast ones self upon* (5) *To shew* *To hold forth, to shew ... and confidently* (6) *To give, or bring to one's assistance* (?) *To offer, or put to one* (?) *To give up to* (10) *To ..., to put into, the mind* (11) *To bring upon, or occasion to* (?) *To ..., or bring ...* (?) *To oppose to, to hold forth against* (14) *To put himself in the way, to interpose* (15) *To expose to* (1) Opportune te offers, *I am ... glad to meet with you*, ... 5, 2, 10 § S... offert ... *to meet, or come up to ...* Vir *Æn* 2, 59 (?) ... speciem Simonidi, *Cic de D* ⁂ ... hospita tellus ... fleus, ... Nostra causa non ... mines defuturi, ... suum profitentur, ... *Cic* ... societatem ... *Cic* (5) ... *Tib* 1, 6, 1 (?) ... *Cic* (?) Qui ... *Cic* (9) Jussu ... offerre, ... ferre percussoribus ... *stretch forth*, ... *Hist* 1, ..., 2 O tu ... *vantage over him, ... then in war* ... (9) Nunc te meliori ... *Epist* 1, 2, 61 ... latitem, *Cic* ... (10) Spem ... *Marc* 3, 4, 1 ... *Cic* ... ma optata, *Ter* (11) ... ferre alicui, *Catull* ... rorem ... men, *Cic* (12) ... tum obtulerit, *had ...* A ... *Adelph* 5, 2, 10 ... *Cic* ... nimibus ... *Tib* 1 ... (13) ... tibus offe ... Metonymia ... demen... *Cic* (15) ... offerre ... periculis ... *Cic* ... pœna, *Id* ... *Plaut* ... contumeliæ *Liv* ... pro ... morti, *Id* ... men, *Id*

† Offertumus,

† Officiosissimus, a, um Very pitiful. Plaut. ut offertissimis, ...apt Capt 1, 8 ...

Officumentæ, arum f plur Stripes, or blows, ... Officumentas ha... Plaut Rud 5 4 48 ...

† Officunonum ... Apul ... officcunt, Tert †

Ool 10

|| Officialis, is m An officer, a servant of, or attendant upon a magistrate, Col

Officiens, tis part (1) Making a ... (2) Obstructing (1) ... Sat Ner 20 (2) = Omnimodi occurrens ... officiens Cic N D ... 10

Officina, æ f [ab efficere, q ... olim ... Syne ... officina] (1) A workhouse (2) A shop where goods are ... (3) An house where any thing ... (4) A public school (5) An house ... officinas in ... hic ... nec enim ... quum ... Cic ... 1, 32 (3) Officinas ... vestium exercere, Suet ... (4) ... officinas commentariorum & chirographorum officina, Cic Philipp 2 14 (5) Officina sapientiæ, ... rhetorum, Cic ... vitiorum, ... (5) = Totius officinæ, id est ... tres ... extru ... cella, Col 8, 2

Officinator, is m (1) The master, or overseer of a workhouse (2) The overseer of work ... to the architect (1) ... p 272 (2) Vitruv 6, ext

Officio, ere, eci, ectum [ex ob, & facio] (1) To hinder (2) To ... (3) To stand in the way (4) To stop, or obstruct (5) ... (6) Met To obscure (1) ... obstante ... figura ... Liv ... (2) ... Rosc ... officere ... Cic pro S Rosc ... (3) Officere ... orum ... Officient ... Lucr ... Virg Ge ... 1, 69 (5) Officerent ... Tusc 5, 32 ... Sall ... (4) ... Sall B ... 60 ... (5) Quorum ... officia ... Cic Off ... 16 (6) Nomen officia ... Liv

Officior, eris pass To be hindered, Cic de Orat 1, 59 Lucr ...

Officiose, adv comp issime, sup ... Friendly, kindly, obligingly, courteously ... = Sumptuose, officiose ... Cic Att 6, 1 = Officiosissime & ... Apul A... 55

Officiosus, a, um or, comp issimus, sup (1) Obliging, ready to ... (2) Officious, complaisant, ready to wait on or attend (3) Subst A servant, a waiter (1) ... Debuit in te officiosior esse, Cic Fam 14, 12 Officiosissima natio candidatorum, ... in Pison 2 ... § Summ... in omnes officiosus, ... Terr 1, 24 (2) ⁑ Semper inhumanos habet officiosus amicos, the more officious the client, the less kind the patron, Mart 5, 23, 12 (3) Vestimenta ab officioso ... Sen. ... Petron ... (3) ... Se... Sen ... 1 4 ... Al... ingenium ... otiam manum, Petron ... c 100

Officium, ii n [q opificium, an id ... quod efficio] (1) Business proper to one's condition, employ... (2) Any duty that which ... (3) A part, or portion of ... a person, or thing (4) Morality (5) ... obligations ... (6) ... Hear... conflicting, in discharging ... obligations (8) A kindness, duty of ... (9) ... duty ... (10) Due obedience (11) Devotion, homage, or respect (12) Civility, courtesy (13) Salutation, waiting upon, complement (14) An office, or place, or employment (15) Solemn attendance on any public occasion (16) Office, Performance (1) Nemo meretis, ... ego officium meum, Plaut Aul 4, 9, 1 (2) ... ingeni ... fidei ... Ter Adh 1, 1 8 ... Id (3) = Officium & munus ... rum ... non potest, Cic ... Removebitur omne ... officium ... duty of ... Mart 12, 91 (4) § In officio ... tam ... honestis omnis, & in negligendo turpitudo, Cic Off 1, 2 Omnis ... quæ ... sunt officia justitiæ, Id (5) Pomponius ... orum & officiorum ... Cic Quos ... ipsi ... retinere non potuit, Id (6) ⁑ Magna ... in me, ... potius, Cic (7) Vir summo officio præditus, Cic (8) Officia meminisse debet is in quem collata sunt, non commemorare, qui contulit, Cic de Am ... (9) ... injuria, Cic 2, 15 ⁑ ... Cic (9) Officium ... tuum ut vos malo cogatis commonerier Plaut Pseud 1, 2, 1 (10) In officio futurus, Cic ... continere, Id (11) = Patria benevolis officium & diligentia tribuitur cultus, Cic (12) Petron ... (13) Præcedentis longi agminis officia, Juv 10, 45 v & Sat 2, 132 (14) Officium militare, Paterc 2, 105 Collega officii, Id ... Pi ... ab officiis octavam ... Hor Ep 1, 7, 47 (15) Officium exequiarum, Tac Officium triste, Ov Suprema in matrem officia, Tac ... lucis ad officium, qui tibi prima fuit, Mart 11, 26 Officium nuptiale, Petron & absol Officium, the marriage solemnity, Suet Cal 25 (6) Ter officio continuato meo, Ov

|| Offigo, xi, ere act To fasten to Clavo offigit ad tabulam manum Apul ... 1 2 ⊥ Affigo

Offigor, i pass To be fixed, or nailed to, Plaut Most 2, 1, 15 Leg & Affigor

Offirmatus, a, um part vid Obfirmatus

Offirmo, are vid Obfirmo

Offlecto, xi, xum ere To turn a thing about, or the other way, Plaut Rud 4, 7, 74

Offocandus part To be strangled Cum offocandus ... præbuissent, Flor 2, 11, 6 Leg al Effocandus

|| Offoco, as [ex ob, & fauces] To pour water into the mouth, Fest To choke, or strangle Amm ... Offoco, suffoco, Gl Cyr ... Id & Offocaneus

Offrænatus, a, um part (1) Like ... or a horse ... bridled ... (2) Having his ... stopp... ... (1) ... officium ... Plaut Capt ... 5, 9 (2) Offrænatum ... Capt 199 ... Gr...

Offringo, ere, egi, actum [ex ob, & frango] To break the clod of land by plowing over again, to twy-fallow, or ... to plow the ground ... or twice ... Rus ... cum ... offring... Col ... Varr R R 1, 29 ... offring... Col

Offringor, i To be plowed up ... Offringi ... turri ... Varr ...

Offucia, æ f [ex ob, & fucus] (1) Any wash or paint (2) Met Offucia, cheats, tricks, or gulls (1) Neque cerussam, neque ... neque ... offucias, Plaut ... 1, 3, 105 (2) ... offucias ... Plaut Capt ... 4 12

Offula, æ f dim [ab offa] (1) A little chop, or piece of flesh (2) A little cake, or lump of paste (1) Offula ... Varr R R 2, 4 ... Hinc ... offal (2) ...

|| Offulcio, ire [ex ob, & fulcio] To fasten in parts up offulcire, propping, or cramming, & offultus, stopped, or crammed Vulnus ... offulciens, Apul ... p 21 Multis ... offulto vulnere, Id p 112

Offundo, ere, udi, sum act (1) To pour, or sprinkle upon (2) To spread, or throw over (1) Offundere ... sanguinem, Tac Hist 2, 55 Aquam effundere alicui, Plaut (2) Quum altitudo caliginis oculis offunderet, Liv 26, 45 Tu ... quam turpiter egisti, magnas offundisti tenebris, Cic in Sal 31

Offundor, eris pass (1) To be sprinkled upon (2) To be spread before (1) Crassius ... offunditur, Cic Acad Q 4 25 (2) Met Neque ... vobis offundatur, lest you should be deceived, or in the dark, Liv ¶ Obscuratur ... offunditur luce solis lumen lucernæ, to overcome, Cic to be presented suddenly to one's imagination, senses, or thoughts, ... manner ... to confound one Hosti sonus tubarum, fulgor armorum, ... tanto majora offunduntur, Tac Multa simul offundebantur, Id

Offusus, a, um (1) Sprinkled (2) Presented to the sense, or mind in a strong, or astonishing manner (3) Overwhelmed (1) Cum animam ... offusam oportuit, Plaut Trin 4, 2, 8 (2) Offusa religio oculis & animis ... Liv 2, 40 (3) Pa... offusus, Tac A ... 11, ... 3

O ante G

Oggannio, is (1) To bark as a dog, or wolf, to grin (2) Met To maunder, or grumble at (1) Obgannis ... Nec ... nec gannio, Plaut (2) Plaut Asin 2, 4, 16

Oggero, is, ssi, stum, ere To give, or put in plenty § Osculum ... usque oggerit, Plaut Truc 1, 2, 1 Amarum ... usque oggeri, Id Cist 1, 1, 72

O ante H

Oh ... interj (1) ... (2) ... (3) ... (4) ... (5) ... (6) Of ... (1) ... Oh ... Ter ... (2) ... (3) ... 5, 12 ... (5) ... Capt 2, 6 ... (6) ... Plaut ... 1, 5, 12, & 2, 5, 6

Oho ... interj ... Li... oh enough!

Oho ... purus ... Plaut ... 2, 21

O ante I

Oi ... Ter ... Lug & hoc

O ante L

† Olat & olant, pro ... olent, Non ... Afranio ... porio

OLEA, æ f [pro elæa, ... ex Gr ἐλαία] (1) An olive tree (2) In plur Oleæ, Stipend... ... branches (3) Metor Olive fruit (1) Olea prima ... mor... dorum est, Col 5, 8 ... det ol... Hor Ep ... 1, 8, ... Extra oleas, Prov to go ... the bounds Oleæ ... Sunt ... ultra est oleam, ... Hor Epist ... 1 Adverum in eum, ... non perfactiunt ... ... (2) Olea ... 6 101 (3) Olea distringendi est, ex qua vis oleum ... Col 12, 2

Oleaceus, a, um ... like those of an olive tree, ... Liquor oleaceus, oily, ... Id 35, 15

Oleagineus, a, um Oleaginea ... Varr R R 1, 40

Oleaginus, a, um (1) Of ... tree (2) Of the colour of ... tree (1) Oleaginæ virgula, ... Thasb 4 Radix oleagina, ... Geor 2, 31 (2) Uva oleagina, Plin 14 ...

|| Oleago, inis ... oleas ... Gloss

Olearis, e ... Of olive tree Cleares ... with the oil ... the inner edge, Plin 33, 14 ⊢ Aquariæ

Olearius, a, um Wh... kept Olearia cella, Cic ... dolia, Plin 15 8

Olearius, ii (1) A maker, (2) or seller of oil ... (1) Diligentes olearii ... præcio non ... Col ... (2) Omnes ... quot in Velabro ole... Plaut Capt 3, 1, 29

Oleastellus m dim [ab oleaster] A little low sort of olive tree Oleum Calabrica ... similitudinem ... Col 12, 49

Oleaster, tri m A wild ... Homo ... d just ... in oleastro ... ... Terr ... cap 2... ... dum, ... ex ... ed ... after planting ... Geor 2 ... || Et ... apud Iren ... leastrum genus ... Plin 16, 16

Oleastrensis ... of black lead, Plin 4, 1...

Oleitas, ātis f The time of gathering olives and making oil, Cato, 68

Olens, tis part (o) (1) Smelling, scenting (2) Smelling strong (3) Smelling sweet (4) Smelling musty, stinking (1) Amaracus suaveolens, Catull 59, 7 (2) Latè olentia serpylla, Vir Geor 4, 30 (3) Vir Geor 1, 188 (4) Olenti in fornice, Hor Sat 1, 2, 30

OLEO, es, ēre, ui & evi, itum verb n & act (o) Tria sign (1) crescere [ab alo ere] unde & adolescere, olo, ere, unde olera, &c (2) sufire (3) Odorem emittere [ab Ὄζω, fut secund ὀδῶ Ion pro antiq odeo, Fest unde & odor] (3) Perdere [ab ὀλέω, unde aboleo] (1) To grow (2) To smell, savour, or scent of, to yield a smell, or savour (3) Absol To stink, or smell strong (4) Met To savour of, to give some indications of (5) To be smelt out, or guessed at (1) Vix invenitur in prima sign nisi in compos & derivat adoleo, indolesco, exolesco, adultus, suboles, oboleo, olus, &c (2) Absol Aurei catuli longè olent, Plaut Epid 4, 2 § Cerinum, quam quod crocum olet, unguentum magis laudatur, Cic de Orat 3, 25 Olet unguenta de meo, Ter Adelph (3) Olere hircum, Hor (4) Nonne ipsum caput & supercilia illa penitus abrasa olere malitiam videntur? Cic pro Q Rosc § Nihil olet ex Academia, Id N D 1, 26 (5) O furtum, scortum, prandium, Plaut Aurum huic olet, he hath got some inkling of my gold, Plaut Aul 2, 2, 49

Oleosus, a, um adj (1) Full of oily substance (2) Fat, oily (1) Oleosum semen, Plin 27, 12 (2) Quod supernatat butyrum est, oleosum natura, Plin 28, 9

Oleraceus, a, um adj Of, or unto potherbs Oleraceus frutex, Plin 26, 8

Olesco, 1 [ab oleo] To grow, olesco, cresco, Fest Donicum olescendi summum tetigere cacumen, Lucr 2, 1129

† Oleto, are [ab oletum] To defile with sir reverence, or the like, Lex ap Front de Aquæd

Oletum, i n [ab olea] A place where olives grow, an oliveyard, Cato, 1, 3

Oletum, i n [ab olendo] A jakes, or shiting-place Oletum facere, Pers 1, 112

OLEUM, ei (o) n [a Gr ἔλαιον] (1) Oil (2) Met That which is for exercise and shew only (1) Oleum in metretam novam indere, Cato (2) = Nitidum quoddam genus est verborum & lætum, sed palæstræ magis & olei, quàm hujus civilis turbæ ac fori, Cic Oleo tranquillior, as gentle as a lamb, Plaut Pœn 5, 4, 66 Oleum addere camino vice upon vice, worse and worse, Hor Sat 2, 3, ¶ Et oleum & operam perdidi, I have lost both cost and labour, Plaut Pœn 1, 2, 119 Alludit ad rem culinariam In quibus confitetur se & operam & oleum perdidisse, Cic Fam 7, 1 Alludit ad unctionem athletarum Ego eodem oleo & opera exaravi, Id Att 13, 38 Ne & opera & oleum philosophiæ nostræ perierit, Id Fam 2, 27 ✠ Ego eram decus olei, Catull 61, 64 the glory of the Palæstra

Olfaciendus, a, um part [a verbo olfacio, ĕre, quod ab oleo, & facio] To be smelt to Lethargicis ex aceto olfaciendum, Plin

Olfacio, is, ēci, ctum, ĕre [ex oleo & facio] (1) To give a scent to (2) To smell to, to snuff up (3) To smell (4) To smell out, to find by sagacity (5) To scent, to be in pursuit of, to have a longing and design to get (1) Oportet olficere libra licte, Varr (2) Canis culum olfacit, Phædr 4, 17, ult Olfacere unguentum, Catull 13, 1, (3) Plaut (4) An non sex totis mensibus prius olfecissem, Ter Adelph 3, 3, 43 (5) Nunc quisnam tam abstrusus usquam nummus videtur, quem non olfecerint? Cic contra Rull 1, 4

Olfictandus, a, um part To be smelled to Pulegii ramum olfactandum dare, Plin 20, 14

Olfactans, tis part Often smelling to Olfactantes cœlum boves, Plin 18, 88 edit Hard

Olfactatrix, icis f Vid Olfactrix

Olfactatus, a, um part Smelled to, Plin 28, 16

Olfacto, āre freq To smell to often Summum olfactare oportet vestimentum muliebre, Plaut Men 1, 2, 56

Olfictōrium, ii n A box wherein to carry perfumes, or the like, about one, Plin 20, 9 Olfactoria, things good to smell to, Id 30, 11

Olfactrix, icis f That hath the faculty of smelling Olfactrix enim intelligitur esse vitis, Plin 17, 24 ubi al leg olfactatrix

Olfactus, ûs m verb The smell, or act of smelling Basiliscus olfactu necat, Plin 29, 4 Olfactus ejus generis hominum, Id

Olidus, a, um adj issimus, sup (1) Smelling strong (2) Of a rammish, or rank smell (1) Vasa bene olida, Col 12, 17 Olidæ vestes murice, Mart 1, 50 (2) Olidus senex, Suet Tib 25 Olidissima basia, Petron c 21

OLIM adv (o) [ab עולם seculum, quod id interd sign] notat omne tempus, sed sæpissime præteritum (1) In time past, a good while ago, long since (2) Some time since, lately, not long ago (3) Fabulæ proprium, Don Once upon a time, in former days (4) Now for a long time together, this good while (5) Sometimes, usually (6) At any time (7) Hereafter, long hence, in after times (1) Sic olim loquebantur, Cic de Orat 3, 41 ⚹ Saturnini olim, post Sulpicii, dein Marii, nunc Lepidi satellites, Sall (2) Honorem à me neglectum olim, nunc mihi expetendum puto, Cic Alium esse censes nunc me, atque olim, quum dabam? Ter Andr 3, 3, 13 (3) Panthera imprudens olim in foveam decidit, Phædr 3, 2, 2 (4) Olim jam nec perit quicquam mihi, nec acquiritur, Sen Epist 77 Audio quid veteres olim moneatis amici, Juv 6, 345 (5) Ut pueris olim dant crustula, Hor Sat 1, 1, 25 Saxum, quod tunditur olim fluctibus, Vir Æn 4, 448 (6) Splendor clypei clarior, quam solis radii esse olim, cum sudum est, solent, Plaut Mil 1, 1, 2 An quid est olim homini salute melius? Id (7) ⚹ Non, si male nunc, & olim sic erit, Hor Od 2, 10, 17 Forsan, & hæc olim meminisse juvabit, Vir Æn 1, 207

Olitor, oris m A gardener, a seller of herbs Olitorem commovebis, Cic Fam 16, 18 Ipse ferens olitor diductos pondere qualos, Col 10, 83

Olitōrius, a, um Pertaining to a garden of potherbs Ostiola olitoria, little doors used in the partitions of gardens, Plin Forum olitorium, the herbmarket, Liv 21, 62

Oliva, æ f [a Gr ἐλαία insert digamma] (1) The olive tree (2) A chaplet, or crown of olive branches (3) An olive, the fruit of the olive tree (1) Germinat & nunquam fallentis termes olivæ, Hor Epod 16, 45 (2) Viridi Mnestheus evinctus oliva, Vir Æn 5, 494 (3) Olivæ constant nucleo, oleo, carne, amurca, Plin

Olivans, tis part Olivantibus lex antiqua fuit, oleam ne stringito, neve verberato Gathering olives, Plin 15, 3

|| Olivaris, re Molæ olivares, oilmills, Serv ╋ Olivariæ, Cic

Olivārius, a, um adj Of, or belonging to olives Olivariæ metretæ, Col 12, 47

Olivētum, i n The place where olives grow, an oliveyard Quid de vitibus, olivetisque dicam? Cic N D 2, 62

Olivifer, a, um adj (1) Where many olive trees grow (2) That beareth olives (1) ✠ Arva olivifera, Ov Fast 3, 151 (2) Bœtis olivifera crinem redimite corona, Mart 12, 100

Olivina, æ f An olive-yard, Plaut Pseud 1, 2, 76 ex MSS sic leg Taubm

Olivita seu oliveta, æ f The time of gathering olives, Fest ex ant

Olivitas, ātis f (1) A crop, or harvest of olives, or oil (2) The time of gathering olives (3) A stock of oil (1) Largissimæ olivitates, Col 1, 1 (2) Col 12, 50 (3) Non ex Varr

Olivum, i n Oil of olives Corrumpitur usus olivi, Vir Geor 2, 466

OLLA, æ f & apud vett qui non geminabant literas, ola ab olere, quod in ea coquitur, M unde prov Ipsa olera olla legit, Catull 91 ant aula, Fest inde ola sive olla. ut à lautum, lotum, à caudex, codex A pot chiefly of earth, but sometimes of metal Ollas calicesque confregit, Plaut Capt 4, 4, 8 Bibulæ & malè coctæ ollæ, Col Fictilis olla, Id v & Avien Fab 11 Convenit ollis, is proper to be potted, Hor Sat 2, 4, 71 Aula auri, a pot full of gold, Plaut

† Olla pro illa, Varr

§ Ollar, Varr. uti leg Scal v Aular A cover of a pot, or barrel

Ollāris, re adj That is kept, or preserved in pots Uvæ ollares, Col 12, 43

Ollārius, a, um adj That is made, or prepared in a pot Temperatura æris ollaria, brass of a certain mixture, Plin 34, 9

† Ollî adv pro illi, i e illic Then Ollî subridens, oscula libavit natæ, Vir Æn 1, 260

§ Ollî, ollis, pro illi, illis, Vir Cic Luct

† Ollic, pro illic, Fest

Ollula, æ dim A little pot, or pipkin, Varr R R 1, 54

† Ollus, a pro ille, a Varr ex ant formulis

† Olœs, pro illis antiqui enim literam non geminabant, Fest œs est ex Gr terminatione οις, sic ἀδελφοὶ adelphœ, vid Donat in Ter

* Ololyzon, ontis m The male frog, called so when he croketh in spawning time, Plin 11, 37

OLOR, ōris m (o) A swan Argutos inter strepit anser olores, Vir Ecl 9, 36 Purpurei olores, Hor Od 4, 1, 10 Albus olor, Ov Epist 7, 2

† Olor, ōris m [ab oleo] An offensive strong smell, Apul ╋ Odor

Olōrifer, a, um On which many swans swim ✠ Oloriferi amnis Padi, Claud Ep ad Seren

Olōrinus, a, um Of, or like a swan Pennæ olorinæ, Vir Æn 10, 187 ala, Ov Met 6, 109

OLUS, ĕris n (o) [ab oleo, i e cresco, Scal ab olla, Varr] (1) Any gardenherbs for food, potherbs (2) More especially caulworts (1) Nec modica cœnare times olus omne patella, Hor Epist 1, 5, 2 (2) Vitis adsita ad olus introrsum se reclinat, Varr R R 1, 16, fin Hic olus, & latè fundentes brachia betæ, Auct Moreti

Olus ātrum, tri n An herb called lovcage, with black leaves, alisander, Plin 19, 8 & 20, 11 = Pullum olus, Col 10

Olusculum, i n dim [ab olus] Small herbs good to eat, sallading, a little sallad Olusculis nos soles pascere, Cic Att 6, 1

* Olympia, ōrum n Vid Propr

* Olympias, ădis f The space of four years compleat Vid Propr

* Olympias, æ m A strong western wind that bloweth from mount Olympus, Plin 17, 24

Olympionices, æ m A victor at the Olympic games Nobilis Olympionices Diagoras Rhodius, Cic Tusc 1, 46 Olympionicæ equæ, Col 3, 9

✠ Olympus, i m Heaven, the seat of the gods, Vir Ov Vid Propr

* Olyra, æ f A kind of wheat growing in Egypt and elsewhere = Olyram arincam diximus vocari, Plin 22, 25

O ante M

Omāsum, si n [vocab Gallicum] The thick and fatty part of the belly of a beef, a fat tripe Patinas cœnabat omasi vilis, Hor Epist 1, 15, 34

* Ombria A precious stone, Plin 37, 10 = Notia

OMEN, inis n (o) [omen, q oremen, quod ex ore primum elatum est, Fest] (1) An omen, a token of good, or bad luck, gathered from words, signs, or any accident (2) A good omen (3) An evil, or unlucky omen (4) An augury (1) Omen fati, Cic Philipp 9, 4 Omen communis famæ atque sermonis, Id ⚹ Neque solum Deorum voces Pythagorei observaverunt, sed etiam hominum, quæ vocant, omina, Cic de Div 1, 45 (2) Omen, quo firmans animum, sic incipit ipsa, Vir Geor 4, 386 (3) Quod Di prius omen in ipsum convertant, Vir Æn 2, 190 (4) Omina ni repetant Argis, Vir Æn 2, 178

|| Omentātus, a, um Mixed, made, or stuffed with suet Omentata isicia, Apic 2, 1

Omentum, i n [qu operimentum, i e ob sive circum aliquid manto sive maneo, quod habet Fest ex Liv Andr vel ὑμένιον, i e ὑμὴν τοῦ ἐγκεφάλου & ἐπιπλοῦς, Hes] (1) The caul wherein the bowels are wrapped (2) The membrane inwrapping the brain, called pia mater (1) Ventriculus atque intestina

intestina pingui ac tenui omento integuntur, *Plin* 11, 37 (2) *Macrob* 7, 9 ☞ *Sed locus est suspectus*

Ominātor, ōris m verb. *A foreboder* Ob istud omen, ominator, capies quod te condecet, *Plaut Amph* 2, 2, 90.

Ominātus, a, um part *That hath presaged, presageth,* or *wisheth* Clamore ac favore ominati extemplò sunt felix faustúmque imperium, *Liv* 26, 18

Ominor, āri dep (o) [ab omen, ominis] (1) *To speak words of happy,* or *evil import,* or *presage* (2) *To presage,* or *forebode by wishes,* or *fears, and using words* supposed *of good,* or *evil report* (3) *To forebod*, or *give omen of evil* (1) Varro vera de exitu Antonii ominatus est, *Paterc* 2, 71 (2) Læti precationibus frustum ominari, *Plin* 28, 2 Ominari alicui honores, *Plin Ep* 4, 15, 5 (3) Suo capiti ominetur, *Cic*

Ominōsè adv *Ominously, by an omen* Ominosè retentus est, *Quint Declam* 6

Ominōsus, a, um adj *Inauspicious, ominous, ill-boding* Ominosa res accidit *Plin Epist* 3, 14, 6 Mons avibus obscœnis ominosus, *Gell* 12, 14 ex *Messala*

Omissio, ōnis f *Loss, forgoing* Omissio prædarum, *Aur Vict* de *Cæsar* 11, 11

Omissūrus part (?) *That will,* or *is about to forego* Quæ ingenita ipsi omissuri sint suâ sponte, *Curt* 5, 5, 19

Omissus, a, um part & adj or, comp (1) *Left, laid aside, passed by* (2) *Remiss, careless* (1) Non putare id a me esse omissum, *Cic* pro *Sull* 16 Omissis deliciis, hoc age, *Hor Epist* 1, 6, 31 (2) Animo esse omisso, *Ter Heaut* 5, 2, 9 § Ab re omissior, *Id Adelph* 5, 3, 45

Omittendus part *To be let alone* or *neglected* Omittenda est cura omnibus, *Sall de Rep ordin*

Omitto, ĕre, si, ssum act (o) [ex ob, & mitto, eliso *b*, ut prima brevis sit] (1) *To lay aside, throw away,* or *not use* (2) Met *To put away,* or *lay aside, to throw away* (3) *To send away, to pack off* (4) *To leave behind* (5) *To let one alone, to leave speaking to,* or *troubling him* (6) *To let one go, not to punish* (7) *To say nothing of, to pass by, not to mention* (8) *To put off, to defer* (9) *To leave out* (10) *To neglect, to slight* (11) *To leave off* (1) Pila omittunt, gladiis res geritur, *Sall B C* 6, (2) Pompeii insequendi rationem omitto, *Cic* (3) ✠ Non potest hac in ædes recipi, quam illam omiserim, *Plaut Mil* 4, 3, *al* amiserim (4) Ceteros omittit homines ad infimos montes, *Nep Eumen* 9 (5) Vah! mantã B Omitte, *Plaut Pseud* 1, 3, 23 (6) Nunc omitte, quæso, hunc, cæterum posthac si quicquam, *Ter Phorm* 1, 2, 91 (7) Ut alia omittam, hoc satis est, *Cic* pro *Quint* 2. (8) Pleraque differat, & præsens in tempus omittat, *Hor A P* 44 (9) Quo pacto divinabit, quidnam omiserim, *Phædr prol* 1 5 (10) An id omisisset curare in hospite? *Cic* pro *Cal* 22 ✠ Quod petiit spernit, repetit, quod nuper omisit, *Hor Epist* 1, 1, 98 ✠ Honores omiserit, receperitve, in incerto est, *Tac* 4, 45 (11) Omitte mirari, *Hor Od* 3, 29, 11 Omitte de te dicere, *Ter Eun* 5, 5, 19

Omittor, i pass *To be let alone, passed by,* &c ✠ Voluptates omittantur majorum voluptatum adipiscendarum causâ, *Cic* de *Fin* 1, 10

† Omnicarpus, a, um adj *Capra*, carpa, à quo scriptum *omnicarpæ capræ That croppeth every thing,* Varr L L 4, 19

|| Omnifariàm adv [qu omnibus modis est fari] *All manner of ways, on every side,* Gell 12, 13 = undique, *Id* ✠ Ex omni parte, *Cic* = Omnino, *Id*

✤ Omnĭfer, a, um adj *That beareth,* or *bringeth forth all things,* or *of all kinds* Terra sustulit omniferos vultus, *Ov Met* 2, 275

|| Omniformis, me adj *Of all kinds of shapes* Verbo creavit omniformem machinam, *Prud Rom* 239

✤ Omnigĕnus, a, um *Of all kinds,* or *sorts* Omnigeni colores, *Lucr* 2, 758 Omnigenum Deûm monstra, *Vir Æn* 8, 698

✤ Omnimŏdis adv i e omnibus modis *All manner of ways, wholly, totally,* Lucr. 1, 684 ✠ Magnâ parte, *Id*

|| Omnimŏdus, a, um adj *Of all sorts, tunes,* or *notes* Omnimodæ voculæ, *Apul* p 164 ✠ Omnigenus

Omninò adv [ab omnis] (1) *In all, but* (2) *Wholly, entirely, altogether, utterly* (3) *Very, by far* (4) *In general* (5) *Whatsoever* (6) With a negative, *at all* (7) *By all means, surely* (8) *Indeed,* or as others *in short* (1) Duo omninò, *Cæs B G* 1 Quinque omninò, *Cic* (2) Omninò est amans sui virtus, *Cic* ✠ Omninò, aut magna ex parte liberatus, *Id* ✠ Vix aut omninò non posse ferri, *Id* ✠ Non multum, aut nihil omninò, *Id* (3) Aptissima omninò sunt arma senectutis artes, &c *Cic* (4) Plurimum poetis nostris, omninoque Latinis literis luminis attulisti, & verbis, *Cic* (5) Ulla omninò in re, *Cic* Omninò omnis argumentatio, *Id* (6) Ut nihil omninò gustaremus, *Hor Sat* 2, 8, 94 Omninò nusquam reperiuntur, *Cic* Nequis omninò, *Id* (7) Omninò excidia n hominem, *Cic* (8) Omnino Bruttius Romæ mecum est, sed tamen, &c *Cic Fam* 13, 38

✤ Omnĭpărens, tis adj *Which beareth and bringeth forth all things, father,* or *mother of all things* Terræ omniparentis alumnus, *Vir Æn* 6, 595

Omnĭpŏtens, tis part *Omnipotent, almighty* Téque Neptune omnipotens invoco, *Cic Tusc* 4, 34 ex *poeta* ✤ Rex omnipotentis olympi, *where the omnipotent gods inhabit,* Vir Æn 12, 791

|| Omnipotentia, æ f *Almightiness,* Macrob Sat 5, 16

OMNIS, e adj [ἀπὸ τοῦ ὁμῶς, simul] unde ἅμας, universitas, collectio specierum (1) *All* (2) *The whole* (3) *Any* (4) *Every* (5) *Utmost, most earnest* (6) *The universe* (1) Macedonum omnes, *Liv* Omnes tres status, *all the three,* Quint Omnes extra te unum, *Plaut* Omnis homines summâ ope niti decet, &c *Sall* (2) = Totâ mente, atque omni animo aliquem intueri, *Cic* In profundenda voce omni corpus intenditur, *Id* Eo tempore omni Neapoli fui, *Id* Quod scio, omne ex hoc scio, *Id.* Omne cœlum, *Id* (3) Sine omni periculo, *Ter* (4) Fortuna sit hujus diei, nam volet in omnes dies, *Cic* Audimus quidem te omne munus consulis obiisse, *Plin jun* Non omnis fert omnia tellus, *Vir* (5) Omnibus precibus petere, *Cæs* Omni contentione, *Cic* (6) Omne immensum peragravit mente animoque, *Lucr* 1, 75

✤ Omnĭtuens, epith solis, πανθ' ἐφορῶν, *Hom All seeing* Omnituens sol, *Val Flacc* 5, 247

✤ Omnĭtuens, tis [ex omnis & tueor] *All conserving* Omnituentis sensus, *Lucr* 2, 941

✤ Omnĭvagus, a, um *Wandring every where* Omnivaga Diana, *Cic N D* 2, 27 ex *poeta* Leg *tamen & omnivaga*

✤ Omnĭvŏlus, a, um *Coveting,* or *falling in love with all beautiful women* Omnivoli furta Jovis, *Catull* 62, 140

Omnĭvŏrus, a, um *That eateth all sorts* Boves omnivoræ sunt in herbis, *Plin* 25, 8

* Omoplatæ, arum f *The shoulder blades,* Cels 8, 1

* Omphăcĭnus, a, um adj Omphacinum oleum, *the oil made of unripe olives,* Plin 23, 4

* Omphăcius, a, um adj [ex omphaces fructus immaturi] Oleum omphacium, *Plin* 12, 27 Omphacium, *sc* vinum, *medicinal wine made of unripe grapes,* Plin 23, prol

* Omphălŏcarpon *A kind of burr,* Plin 27, 5 = Aparine, philanthropos, *Id* ☞ *Leg & omphacarpon*

O ante N

* Onăger, ri (o) [ex ὄνος asinus, & ἄγριος silvestris] (1) *A wild ass* (2) *A warlike engine that flung great stones* (1) Asinorum ferum genus, quos onagros vocant, *Varr R R* 2, 6, (2) *Ammian Marcell* anagram vocat, *Veg* 4, 9, & 22

* Onagrus, gri m *Varr idem quod* onager

Onĕrans, tis part (1) *Loading* (2) Met *Being burdensome to* (1) *Vid* Onero (2) Verba onerantia lassas aures, *Hor Sat* 1, 10, 10

Onĕrārius, a, um *Serving for burden,* or *carriage* Asinus onerarius, *an ass for burden,* Cato Oneraria navis, *a ship of burden, a merchant ship,* Cæs Et *absol* Oneraria, æ *scil.* navis, *Cic Att* 10, 14

Onĕrātus, a, um part (1) *Burdened, laden* (2) *Full of* (1) Humeros oneratus Olympo, *Ov Fast* 5, 169 (2) Vino & epulis onerati, *Sall B J* 79 = Ille est oneratus rectè, & plus justo vehit, *the ass is rarely saddled,* i e *he is finely gulled,* Plaut Bacch 2, 3, 115

Onĕro, āre act (o) [ab onus, oneris] (1) *To load* (2) Met *To lay in in great quantities* (3) *To press,* or *fill with* any thing that is weighty (4) *To heap, load,* or *fill with* (5) *To lay upon, to trouble* (6) *To burden,* or *weary with* (7) *To offer, give,* or *lay on plenty of, to accumulate* (8) *To oppress with* (9) *To cloy,* or *glut with* (10) *To accuse heavily* (11) *To inhance* (12) *To aggravate* (13) *To be too heavy,* or *chargeable* (1) Costas aselli onerat pomis, *Vir Geor* 1, 274 (2) Onerant canistris dona Cereris, *Vir Æn* 8, 180 (3) Humerum onerare pallio, *Ter Phorm* 5, 6, 4 manus jaculis, *Vir Æn* 10, 868 ✤ Onerare membra sepulcro, *Id Æn* 10, 558 Ossa aggere terræ, *Id Æn* 11, 212 *to bury* (4) Dapibus mensas onerare, *Vir Æn* 1, 710 ✤ Qui in annuo proventu oneret sulcos, *Id G* or 2, 518 (5) Te cuibus mendaciis omnes levissimi onerarunt? *Cic Fam* 3, 10 (6) Famulam pensis oneravit iniquis, *Propert* (7) Onerat te bonis conditionibus, *Cic* contumeliis, *Id* injuriis, *Ter* maledictis, *Plaut* laudibus, *Phædr* præceptis, *Plaut* lætitiâ, amœnitate, *Id* ætheria votis, *Vir Æn* 9, 24 argumentis, *Cic* § Quamvis commoditatibus meo hero opera vestrâ hunc onerastis diem! *Ter Phorm* 5, 6, 2 Hic dies malignitate oneravit omnes mortales mihi, *Plaut Capt* 3, 1, 5 (8) Furentem his malis oneras, *Vir Æn* 4, 549 (9) Argumentis quamplurimis onerare judicem, *Cic N D* 3, 3 Ejus aures, quæ sunt mandata, onerabo, *Plaut Pers* 2, 1, 13 (10) Sabinus audentius jam onerat Sejanum, *Tac Ann* 4, 68, 6 (11) Numero suo rationem curatoris onerant, *Col* (12) His onerat dictis iras, *Vir Æn* 1, = Accendebat hæc, onerabatque Sejanus, *Tac Ann* 1, 69, 6 (13) Si instructio novi balinei oneratura vires Prusensium non est, *Trajan ad Plin jun*

Onĕror, āri, ātus pass (1) *To be loaden,* &c (2) *To be overpowered,* or *oppressed* (3) *To be full of* (4) *To be employed,* or *taken up* (5) *To be obliged, to come up to* (1) Oneratur Æneas sacro pondere, *Ov* (2) Non epulis oneror, *Id* Prope oneratum est sinistrum Romanis cornu, *Liv* (3) Stipes gravidis oneratur olivis, *Ov Met* 6, 281 (4) Antiquis onerentur legibus aures, *Prop* 15 (5) = Quibus imaginibus onerentur, quæ nomina & quanta sustineat, *Plin jun*

Onĕrōsus, a, um (1) *Heavy, weighty* (2) *Troublesome, burdensome* (3) *Heavy,* or *oppressing* (4) *Too chargeable,* or *heavy to* (1) Hasta onerosa ac gravis, *Ov Met* 13, 108 Ar onerosior igni, *Id Met* 1, 52 Vlis onerosum atque unguibus aurum, *Vir Æn* 5, 352 (2) Plurima sibi amputari volunt onerosa, & supervacua, *Plin* (3) Capiti & stomacho onerosum, *Plin* 22, (4) Ne sit mihi ista onerosa donatio, *Plin Ep* 4, 2

Oniscus, i m *A sow, a chesslip,* or *woodlouse,* Plin 30, 8 & 29, 6 = Porcellio, *Cal Aurel Tard*

* Onŏchilus, *sive* onochiles n *A kind of the herb alkenet,* Plin 22, 21

* Onŏcrŏtălus, i m [ex ὄνος, asinus, & κρόταλον, crepitaculum] *A large water-fowl that brayeth like an ass,* thought to be the *bittourn,* Plin 10, 47

* Onŏmătopœia *A figure whereby a word is made to imitate the sound, as* tarantara, *vid Voss Rhet* p 2, p 241

* Onōnis *Rest-harrow, cammock, petty-whin,* Plin 21, 16

* Onŏpordon [ab ὄνος, asinus, & πέρδω, pedo] *A kind of herb, which being eaten by asses maketh them fart,* Plin 27, 12

* Onopyxos *Asses thistle,* Plin 21, 16

* Onosma *Stone bugloss,* Plin 27, 12

Onūris, *Plin* 26, 11 *id quod* œnothera

ONUS, ĕris (o) n ab ὄνος, asinus, quod id animal oneribus ferendis natum sit Al ab Heb אוֹן Pec. *fortis*, pressit, oneravit. אֹנִי אוֹן, *und & Gr* molestia,

molestia, &c nam ut mera est erminatio] (1) *A burden, a load, a weight* (2) *The lading of a ship, a cargo* (3) *The burden of pregnancy* (4) *Trouble*, or *charge* (5) *Impediment, hindrance* (6) *Pressure, an affliction* (7) *An inmate* (8) *Severity, yoke, restraint* (9) *A troublesome impediment* (10) *Impositions, taxes, tributes* (11) *The weight of disgrace*, or *scandal* (12) *A strict charge* (1) Juvenca vitæ onus, Catull 61, 33 Gravius dorso subiit onus, Hor Sat 1, 9, 21 (2) = Dolon undique cum mercibus atque onerious commeabant, Cic pro Leg Manil 18 (3) Portat onus ignotum certis mensibus, Ov 3, 15, 5 (4) Exercitum non in agrum Hirpinum, ne & oneri esset, adducturum, Liv ✝ Rebus oneri, non usui futurum, Liv 1, 56 (5) Conjugii onus, Luc 5, 725 (6) Paupertas onus est, & miserum, & grave, Ter ( ) Plus oneris sustuli, quam ferre me posse intelligo, Cic (8) Non quia crudelis Pisistratus, sed omnino grave omne insuetis onus, Phædr 1, 2, 8 (9) Etiam nescius quantis oneribus premerere suscep tarum rerum, Cic Fam 5, 12 (10) Municipium maximis oneribus pressum, Cic Fam 13, 7 (11) Causa perorata, sententias si rogaturum rogavit, ne quod onus simultatis nobis imponeret, Cic (12) Onerivm ra onus magnum alicui imponere, Cic Qu fr 2, 1

Onustus, a, um adj (8) (1) *Laden* (2) *Filled with, full of* (3) Met *Overcharged, depressed* (1) Onustis prædā, Liv 3, 29 Naves frumento onustæ, Cic Offic 1, 34 Onusto humero, Hor Sat 1, 1, 47 (2) § Arca onusta auri, Plaut (3) Corpus onustum hesternis vitiis, Hor Sat 2, 2, 77

* Onychinus, a, um (1) *Of a purple colour, the colour of the bell of the Indian* blatta (2) *Of the shape of a man's nail* (1) Onychina pyra, Plin 15, 15 (2) Pruna onychina, Col 12, 10 *interp Steph*

✝ Onychipuncta *A precious stone, a sort of jasper*, Plin 37, 9 = Jasponyx, Id

* Onychitis, itidis f *A kind of cadmy found sticking to the sides of furnaces in which brass ore is melted*, Plin 34, 10

* Onyx, ychis m & f (1) *A precious stone* (2) *Alabaster* (3) *A vase, a box* (4) Absol *A box for unguents* (5) *The name of a shellfish supposed to be a muscle* (6) *The shell of the same* (1) Indica, Arabica, vera onyx, Plin 35, 7 *hinc notione fœm. gen* (2) Effusus in aula calcabatur onyx, Luc 10, 117 & Plin 36, 7 (3) Unguentum quod onyx modo parva tulit, Mart 7, 93 (4) Murrinus onyx, Prop 3, 10, 22 (5) ... 32, 11 (6) Plin 32, 10 = Conchylium

* Oogala, æ f *A custard*

O ante P

* Opa, æ f *The cavity wherein beams are laid in walls*, Vitr 4, 2

Opacitas, ātis f *Darkness, shadowiness* Plus nocet piscibus putris ... quam prodest opacitas, Col 8,

Opaco, āre act (8) *To shade, cover* ... Sol ... modò ... partibus opacat, ... 19 Rami opacant ... em Virg Geor 2, 58

Opacor, āri pass *To be shaded*

Nisi tegminibus vites opacentur, Col

Opācus, a, um adj or, comp ssimus, sup (8) [ab ope, hoc est, terra, Scal Nam umbræ & frigoris captandi causā in subterraneos se specus abdebant] (1) *Shadowing, darkning* (2) *Dusky* (3) *Dark* (4) *Shady* (5) ✝ *Growing thick, matted* (6) *Growing in the shade* (1) Ulmus opaca, Vir Æn 6, 283 ✳ Opacissima montium, magis quam plana pascua, Col 6, 22 (2) Crepuscula opaca, Ov Met 14, 122 nubes, Id (3) Opaca locorum, Vir Æn 2, 725 viarum, Id Æn 6, 633 (4) Ruris opaci umbræ, Vir Geor 1, 156 Opaciores latebræ, Col 8, 17 (5) ✝ Opaca barba, Catull 62, 324 (6) Opaca herba, Ov

Opalia n pl *Feasts dedicated to the goddess Ops, in December, a little before the* Saturnalia, Plin 19, 6

Opălus, i m & opalum, i n [ant ab ὤψ, ὠπός, oculus, quod oculorum aciem & nitorem conservet] *The opal, a kind of precious stone shining like fire*, Plin 37, 6

Opēconsiva, orum n [dies ab dea Ope Consiva dict] *Holidays dedicated to the goddess* Ops Consiva, Varr L L 5, 3

Opella, æ f dim (8) [ab opera] (1) *Little labour, or application* (2) *Little business, assiduity* (1) Parvā productus opellā, Lucr 1, 1105 (2) = Officiosa sedulitas & opella forensis, Hor Epist 1, 7, 8

Opĕra, æ f [ab opere, est n actio qua fit opus] (1) *Work, labour* (2) *Workmanship* (3) *The service, or performance of a slave, or hired workman* (4) *A task* (5) *Employment, business, trade* (6) *Endeavour* (7) *Service, assistance* (8) *Attention, the applying one's self to any thing* (9) *Time, or pains* (10) *Means, performance, help, good or ill service, default, or cause* (11) *Effect, usefulness* (12) In plur operæ, *a public employment, the business of a public place*, particularly in the matter of *the customs* (13) *A slave, or labourer* (1) ✳ Mercenariorum opera, non artes emuntur, Cic Offic 1, 42 Pauper cui opera vita erat, Ter Phorm 2, 2, 16 Mercenariis operā præbendā, justa solvenda, Cic Res multæ operæ, *a laborious work*, Id ✳ Fructus est in illis, in illis opera luditur, Ter Phorm 3, 2, 18 (2) = Operā, & artificio singulari simulacrum, Cic Verr 4, 32 (3) Hominis operas locavi, non caballi, Petron c 117 (4) Non teneris protinus acerbe instandum puto, exigendamque plenam operam, Quint (5) = Operam & munus aliquod suscipere, Cic ✳ Opera vestra conducta est, non oratio, Plaut Amph 3, 3, 7 ¶ Quam propter opera est mihi, *for whom I am busied, or concerned* Quibus operæ est trahere bellum, *whose interest, or business it is*, Liv (6) Ut ... operam daret, Plaut Tric 1, 2, 99 Deditā operā, *on set purpose*, Ter (7) Cononis opera in bello magna fuit, Nep (8) Lubido est observare quid agant, ei rei operam dare, Plaut ¶ Operam dare amori, *to give one's self up to love*, Ter præcep ori, *to ... of him*, Suet tonsori, *to be under his hand*, Id rebus divinis, *to sacrifice, or attend devotion*, Cic valetudini, *to take care of it*, Id liberis, *to beget ch...*, Id Dat

operam ventus, *the wind serveth*, Plaut Mil 4, 8, 7 (9) Est operæ pretium, *Ifid* Est operæ, *it is worth while*, Plaut Non operæ est Scelestro, *he is not at leisure, is otherwise employed*, Plaut Eādem operā, *at the same time, all under one*, Id Unā operā mihi sunt sodales, quā iste, Id (10) Illius operā nunc vivo, Ter Non meā operā, neque pol culpā evenit, Id O infelix passer, tuā nunc operā, &c Catull *on thy account, for thy sake* Operā tuā ad restim mihi res redit, Ter Adelph 4, 7, 34 (11) Quibus videtur tibi opera hæc vocis meæ? Phædr 1, 11, 13 (12) A te peto ut Pupium, qui est in operis ejus societatis, omnibus officiis tutare, Cic Crassipedi, 1, 10 Navis publicis operis ædificata, Cic ☞ De operarum generibus, vid Col 2, 23 (13) Accedes opera nona Sabino, Hor Sat 2, 7, ult ¶ Theatrales operæ, *those that were hired, or employed to hiss, or applaud, to make parties in the theatre*, Tac 1, 16, 4

Opĕrans part (1) *Working, making, or framing work* (2) *Busily employed in, bestirring himself at his work* (1) Apul (2) Plin

Opĕrāria, æ f *A workwoman* Nimium pretiosa es operaria, Plaut Bacch 1, 2, 41

Opĕrārius, a, um adj *Of work, or servile labour* Operarii lapides, *used by workmen as whetstones, stones used in building*, &c Plin 36, 22 Operarius homo, *a mechanic, a fellow brought up to nothing but work*, Cic Attic 7, 2 Vina operaria, *such as are allowed to labourers*, Plin Pecus operarium, *working cattle*, Col

Opĕrārius, ii m *scil* homo (1) *A workman, or labourer, a mechanic* (2) *A slave bred to hard, or country work* (1) Operarii, ut bajuli deesse non possunt, Cic de Clar Orat 73 (2) Varr R R 1, 17

Opĕrātio, ōnis f verb (1) *Working, the making a work* (2) *A sacrificing, or celebrating an holiday* (1) Aranearum genus eruditā operatione conspicuum, Plin 11, 24 (2) Ut isthæc operatio crimen expiet, Fragm Plaut

‖ Opĕrātor, oris m *An handycrafts man*, Firmic ✝ Operarius

✝ Operātus, us m verb *A sacrificing, an attending at solemn devotion*, Non e Lucil ✝ Operatio

Opĕrātus, a, um part (1) *Working, labouring* (2) *Employed, busied about, taken up with* (3) Absolutè, *sacrificing, assisting at a sacrifice, sacrificing to, performing religious ceremonies to, keeping a time holy in honour of* (4) Suppl ... (1) § Textrix operata Minervam, Tib 2, 1, 65 (2) § In cute curandā plus æquo operata juventus, Hor Epist 1, 2, 29 Suboles liberalibus studiis operata, Tac Ann 3, 43, 2 connubiis, arvisque novis juventus, Vir Æn 3, 136 Studiis operata Dianæ, Ov Met 7, 746 Corpus operatum reipublicæ, *engaged in the service of*, Liv Operata superstitionibus, Id (3) § Pueri operata Deo, Tib 2, 5, 95 (4) Tibi operata resolvimus ora, ... *in play, to you*, Ov F ... 6, 24)

Operculatus, a, um part *Covered with a cover* Operculati fa..., Col 12, 2

Operculo, are [ex operculum] ...

To cover, or clap the lid on a vessel, to stop up with a stopple Vasa operculare & oblinere convenit, Col 12, 15

Operculum, i n [ab operio, contr pro opericulum] *A cover, a lid* Operculum aheni, Cato, c 10 & Plin 8, 39

✝ Operibo, *pro* operiam Hic mi operibo caput, Non ex Pomp

Operiendus part *To be covered, or concealed* Mala tristitiā operienda, Tac Ann 3, 18, 3

Operiens part *Covering*, Plin

Operimentum, i n (1) *A covering* (2) *A coverlet, or counterpane of a bed* (3) *Housings of an horse* (1) Corpus operimento matris terræ obducitur, Cic Doliorum intactis operimentis, Plin 2, 51 Oculorum operimentum, *a winkle for an horse, that wherewith he is hood-winked* (2) Cato, 10, fin (3) Equis parva operimenta erant, Sall ap Serv

Operio, ire, ui, tum act [ex ob, & pario, *h* extra, *o*, cùm & perio olim quintæ fuerit] (1) *To shut up, or close* (2) *To cover* (3) *To hide, or conceal* (4) *To hide, or bury out of sight* (1) Ubi abiere intrò, operuere ostium, Ter Heaut 5, 1, 33 ✳ Morientibus oculos operire, rursusque in rogo patefacere Quiritium magno ritu sacrum est, Plin Met Privata vulnera reipub malis operire, Tac Hist 1, 53, 2 (2) Umbris nox operit terras, Vir Hinnuli ... pellis totos operibat amantes, Prop 3, 35 Fronde operire casam, Tibull 2, 1, 40 mare classibus, terram pedestri exercitu, Val Max 1, 6, ext 1 (3) Operire luctum Tac (4) Operire reliquias malæ pugnæ, Tac Ann 15, 28, 3

Opĕrior, iri pass (1) *To be shut* (2) *To be covered over* (3) *To be clothed* (1) Operiri fores jussit, Tac Ann 3, 15, 6 (2) Arbos operitur frondibus, Ov (3) Neque sub divo dormire oportet, aut certe benè operiri, Cels 1, 3

Opĕror, āri dep [ab opus, operis] (1) *To work, make, or frame work* (2) *To be employed in, or taken up with* (3) *To be concerned in* (4) *To be the one's ...* (5) *To be taken up with sacrificing, or performing any holy rites* (1) Adolescentiores ... excunt, fimores intus operantur, Plin (2) Discendis ... operati sunt, Suet (3) Rebus veneris si fuerit operatus ... vel femina, decere ... Col 1?, 4 (4) Prædia multi est operata malis, Tibull 2, ... *S a lecto est suspecta* (5) Procurandis prodigiis civitas operata fuit, Liv ... operata decem, Prop 2, 33 Omnia sint operata Deo, *let all things keep the day holy to*, Tib 2, 1, ...

Operōsè adv ius, comp ssimè, sup (1) *With much labour, or pains* (2) *Copiously* (3) *With too much ...* (1) Ut hi ... structura quædam ... op ... Cic ... (2) Dicimus paulò operosius, Plin 18, 26 (3) Plantas ex seminario transferre in aliud, priusquam suo loco ponantur, operosè præcipi arbitror, Plin 17, 11

‖ Operōsitas, ātis f ... *Overmuch nicety* ... part ... ... Quint 8, 3 ...

Op... ... ...

much labour, pains, or diligence, hard, difficult (4) That about which much workmanship is employed, well wrought (5) Built, or adorned with great cost and charge (6) Huge, mighty, vast (1) Colossus operosus, Ov ⊨ ⟡ Senectus non modo langu da, atque iners non est, verum etiam operosa & semper agens aliquid, Cic de Sen 8 ⚹ Cyclopum operosa brachia, Stat Theb 1,217 § Vates operosi dierum, employed in the great work of writing Fasti, Ov Fast 1,101 Operosissima securitas mortis, Plin 7,53 (2) Operosæ vires herbæ, Ov Met 14,22 (3) Multo seipsum, qui in hostem superare operosius est, Val Max 4,1,2 Operosi agri, Ov Opus operosum, Cic Operosa carmina, Hor gloria, Ov Epist 2, 63 Cum dat Vitia nec ipsa agricolis operosa, Plin 18,15 Operosus cibus, hard of digestion, Plin (4) Æs operosum, Ov Ep 3,31 (5) Lege sanctum est, ne quis sepulcrum faceret operosius, quam quod decem homines effecerint triduo, Cic Templa operosa, Ov Metam 15,667 Operosæ cultibus, very rich in attire, Id (6) Mundi moles operosa, Ov

Opertāneus, a, um Secret Gallinæ ad opertanea sacra nigra, Plin 10,56 Opertanea sacra, ceremonies privately performed, at which it was not lawful for every body to be present, Plin 10,56

Opertio, ōnis f verb [ab operio] A covering over ⊨ Neptunus ... nuptiæ, id est, opertione, Varr L L 4

† Operitat, sæpè operit, Fest

Opertōrium, i n [ab operio] A coverlet Ex penula opertorium facere, Sen Ep 87 ⟡ Stragulum Hoc ... substernitur, illud superinjicitur

Opertum, i n Opertum Bonæ deæ, a secret, or close place, where women only met to supplicate that goddess, ne then was it lawful for any man to be there, Cic Operta Apollinis, mysterious oracles, Id de Div 2,55

Opertus, a, um part (6) (1) Shut, ... up (2) Covered over, wrapt about (3) Most secret, concealed (4) Private, ... (5) ... (1) Fores operte ... Nemo ... adduci, ut ... operto ... Cic Pectus operto ... Pelias, Prop 2, 2, 6 (2) ... quæ fuere aperta ... Plaut Capt 3,3,9 ⊨ Abditum ... Sen ⟡ Patefactum ... operto, Cic de ... R ... (4) Judicia ... (5) ⊨ Contumelis operta ... Cic

|| Operimentum, is m A covering, or ... Apul Apol 96 ⊥ Opertio

|| Opertula ... f dim Opula, little matter of small value, Apul ... 14 ... Cic

Ops ... ops gen sing ... Op

* Ophecstaphyle, es f ... shrub ... Plin ...

* Ophiusa ... A precious stone ... Opin ... ibid ...

* Ophidion ... A fish, ...

... Perhaps for a small sort of ...

... 11 22 A ... Some ... writeth ...

* Ophion ... A ...

na, less than an hart, with hair and teeth like it, Plin 28, 9 & 30, 14

* Ophiostaphylos The herb briony, or white-vine, Plin 23, 1

* Ophites, is m A kind of black marble, full of spots like a serpent, Plin 36, 7, & 22 Mœret onyx longè, queriturque exclusus ophites, Stat Sylv 1, 5, 35

Ophiuchus, i m A constellation so called, Manil 1,331 ⊨ Anguitenens, Cic Anguifer, Col Serpentarius, Cæs Germ

* Ophiusa, res us ophiussa [ex ὄφεως, inguinus] An herb, Plin 24, 17

* Ophrys, yos f An herb so called, Plin 26, 13

Ophthalmias, æ m A kind of sea-fish, Plaut Capt 4, 1, 10 Lat Oculata

* Ophthalmicus, ci m An oculist ⟡ Hoplomachus nunc es, fueras ophthalmicus ante, Mart 8, 74

Opicus, a, um adj [i e rudis, impolitus, agrestis Significatio tracta ab antiquissimis Italiæ populis, ad Tyrrhenum mare habitantibus, qui ita appellabantur ab ope, i e terra, quod essent indigenæ, & αὐτόχθονες, i e aborigines, Scal] Barbarous, rude, unlearned ⊨ Nos Græci dictitant barbaros, & spurcius nos quam alios opicos appellant omnes fœdant, Cato ap Plin 29, 1 Opicæ castigat amicæ dicta, Juv 6, 454

Opidum, i n recte, ut videtur, ut sit ab ope, Cic Nos tamen cum vulgo explicabimus in oppidum, q iod vid

Opifer, a um [ex opis, & fero] Which aideth, or helpeth, succourer Opifer per orbem dicor, Ov Met 1,521 de Apolline Deus in son nis opifer consistere visus ante torum, Id Met 15, 653, de Æsculapio Dea opifera, Plin 11, 37

Opifex, icis com gen adj [ex opus, & facio] (1) That worketh, that maketh, or frameth work (2) The maker, or framer of (3) An artificer, or mechanic, one of a working trade (4) An inventer, deviser, or framer (5) The producer, causer, or effecter (1) Sylvestres apes sunt opifices magis, Varr R R 3,16 Opifex corona, Hor Od ... 27, 30 (2) ⊨ Opifex ædificatorque mundi deus, Cic N D 1, 18 Opifex rerum, Ov Met 1, 79 ⚹ Tristici fulminis deus, Sen Hippol 189 Vulcan (3) Opifices omnes in sordida arte versantur, Cic (4) Zeno, verborum opifex, Cic Tusc 5,11 (5) Rhetorice, persuadendi opifex, Quint Stylus dicendi, Cic

Opificina, æ f The framing contriving, or doing of a thing Si ea in opificina nescium esse fraudulenta, Plaut Mil 3,3,7

Opificium, ii n The making, or doing of a work Nisi opificii apes urget tempus, Varr R R 3, 16

Opilio ōnis m (1) A shepherd (2) A kind of bird (1) Opilio qui pascit alienas oves aliquam habet peculium, Plaut Asin 3, 1, ... & Col 7, 3 (2) Fest ☞ Scrib ... & upilio metri causa, ... Serv & Prisc

Opimè adv Abundantly, plentifully ⊨ Domus instructa opimè & opipare, Plaut Bacch 3,1,6

Opimianus, a, um Opimianum vinum, Petron ... Plin 14, 4, & 14, ... & ... quod Lucio Opimio consule (anno U C 633) diffusum ... old wine that had been ...

Opimitas, atis f Plenty of good things Maxumæ opimitates, Plaut Capt 4, 1, 2 R occ

Opimo, are To fatten, or make fat Offæ panis vino madefactæ celeriùs opimant, Col. 8, 9

Opimus, a, um adj [ab opibus, i e divitus, vel ab ope, i e terra, Fest ut proprie dicatur de pingui solo] (1) Fruitful, rich, fertile (2) Fat, well-grown, large, gross (3) Large, fair, plentiful (4) Abounding with all good things, rich, well furnished (5) Most honourable, or great (1) ⊨ Syria opima & fertilis, Cic pro Domo, 9 Arva opima, Vir Æn 2, 782 (2) ⟡ Studiosi, qui non tam habitus corporis opimos, quam gracilitates consectantur, Cic de Cl Orat 16 Jecore opimo fartus, Cic Tusc 2,10 pingui, Pers ⟡ Palma negata macrum, donata reducit opimum, Hor Epist 2, 1, 181 Met ⊨ Opimum quoddam, & tanquam adipatæ dictionis genus, Cic Orat 8 ⊨ Boves altiles, ad sacrificia publica signati dicuntur Opimi, Varr Opimorum boum alba colla, Ov (3) ⟡ Amicos res opimæ pariunt, adversæ probant, prosperity, Publ Syr Opima præda, Cic pro S Rosc 3 (4) Regio rebus opima bonis, Luc 1, 729 Opima pax, Sil 16, 68, mensa, Id 11, 282 ¶ Opima accusatio, well-grounded, full of things material, Cic pro Flacc 33 (5) Ea rite opima spolia habentur, quæ dux duci detraxit, Liv ⚹ Opimi victi regis, Sen Herc fur 48 Opimus triumphus, Hor Od 4, 4, 51 ☞ Ferè movet per gradus

Opinābilis, le Imaginary, fanciful, conjectural Omnis opinabilis est divinatio, conjectura enim nititur, Cic de Div 1, 14

Opinandus, a, um part To be imagined, or expected Tantummodò affert, nihil evenisse, quod non opinandum fuisset, Cic Tusc 3, 23

Opinans, tis part (1) Imagining, having an opinion (2) Thinking of (3) Speaking (1) Cic (2) Prima luce neque opinantibus hostibus, locum cepit, Hirt B Alex 7 (3) Gravissimè de se opinantem servum non ultra quam comm... dis coercuit, Suet Aug 67

Opinātio, onis f verb The receiving, or holding an opinion, the believing things without sufficient evidence, imagination, too forward assent Hac opinatio est, judicare se scire, quod nesciat, Cic Tusc 4, 11 ⊨ Opinationem volunt esse imbecillam assensionem, Id Sophistæ ineptæ & mordacis opinationis, Val Max 1, 8, ext 9

Opināto adv Suddenly, unexpectedly Aliud in lum, nec opinato, exortum, Liv 3, 15 ☞ Al i per ... nec-opinato

Opinator, oris m verb An opinator, or fond supposer, Cic Acad 4, 20

Opinātus, ūs m (6) Fansy, or imagination Opinatus animi, Luc 4, 467 vix alibi

Opinātus, a, um part & adj ssimus, sup (1) Imagined, supposed (2) Famous, in good repute (3) Speaking (1) Duo opinata bona, Cic Tusc 4, 6 (2) Rhodos opinatissima insula, Flor 2, 7, 8 Opinatissimi auctores, Gell (3) Suet Cal 27

Opinio, ōnis f [ab opinor] (1) Imagination, belief, fansy (2) Opinion, judgment, belief, sentiment (3) Common bruit, rumour, talk, vogue (4) Esteem, credit, value, account, reputation (5) A guess, or conjecture, a ground for suspicion (6) Selfconceit self love (1) ⟡ Non re, sed opinione duci, Cic pro Mur (2) Opinio de diis immortalibus & omnium est, & quotidie crescit, Cic N D 3, 4 Cum conciliatrix amicitiæ virtutis opinio fuerit, & c Id d Am 11 Bona de me opinio, Id Cum enim Opinio te esse venturum, Id (3) Opinionem afferunt populo, eorum similis fore, Cic ⟡ Hic nisi de opinione, certum nihil dico, Plaut Rud ... 4, 3 Opplevit opinio totam Græciam, Id Opinio illius religionis, Id (4) ⊨ Magna hominum opinio de te, magna commendatio ingenii tatis, Cic ⊨ Existimatio & opinio virtute parta, Id De quo nulla unquam opinio fuerit, Id (5) Concurrunt multæ opiniones, Ter Heaut 2, 2, 3 ⟡ Siquidem nec vidulus est, quem suspicor, ... nisi de opinione, certum nihil dico, Plaut Rud 4, 4, 18 (6) Homines opinionibus inflati ... irridentur, & in maximis erroribus versantur, Cic Offic 1, 9

Opiniōsissimus, a, um Very opinionative, full of new hypotheses, given to novelty, Cic Acad 4, 47 Positivum opiniosus habet Tert contra Marc ...

OPINOR, ari dep [ab ἔπιεν, cogito, unde & ἐπί ..., opinio, Litt] (1) To hold, believe, or assent to without full evidence (2) To think, judge, or suppose, to fansy, imagine, or guess (3) By way of irony, as also puto and credo Vid ap Ov de Nuce, v 57 (4) To speak (5) Pass to be supposed (1) ⟡ Desinant opinari, mihique, qui comperi, umma beo, credant, Suet Cæs 66 Falso multa in vita homines opinantur, Cic pro Domo 40 ⟡ Se non opinari, sed scire, dicit, Id (2) ⟡ Opinor, narras? certa res est, Ter Andr 2,2,29 § Non opinor deos quidem, neque jus esse, & c Cic § De vobis opinatur non secus, ac, & c Id (3) Ex hoc, opinor ... tenditur, Cic (5) Suet Aug 51, & Cal 27 Sen Ep 31, & 68 (5) Malum, quod opinatum sit esse maximum, Sen

Opinus, a, um adj Thought of, Ov vid Nec opinus

Opĭpărè adv Richly, plentifully, sumptuously, magnificently ⊨ Instructa domus opimè atque opiparè, Plaut Bacch 3, 1, 6 ⊨ Cæsar edit & bibit opipare atque apparatè, Cic Att 13, 52

‡ Opipăris, re adj Apul p 5 idem quod opiparus

Opiparus, a, um adj [ex opes & paro] (1) Abounding with wealth (2) In happy and plentiful state (3) Sumptuous dainties (1) Athenæ opiparæ, Plaut Pers 4, 4, 1 (2) Maximis opimitates opiparasque adfore, Plaut Capt 4, 1, 2 ... (3) Opipara obsonia, Plaut Mil 1, 2, 49

Opis gen opem acc ope abl Vid Ops

* Opisthographum, i neu A book written on the backside, or so papers wrote foul, and on both sides, for present use, to be afterward blotted out, a book of minutes, memorandia, Ulp

* Opisthographus, a, um adj Written on both sides Commentarii opisthographi, Plin Ep 3, 5, 17 Lat In tergo scriptus, ... adversaria, Cic

* Opisthotonos Ad. spasmus causing a distortion of the neck, Plin 28, 12 Lat Dolor inflexibilis, ... ib Hic

* Opisthodónicus,

* Opisthŏtŏnĭcus, a, um adj Wry necked, Plin 20, 18

† Opiter, ĕris m Opiter est, cujus pater, avo vivo, mortuus est duo vocabulo, aut quod obito patre genitus sit, aut quod avum patrem habeat, i e pro patre, Fest

|| Opitŭlātio, onis f Helping, or aid, assistance, relief, help

|| Opitulator, oris m verb An helper Opitulator Jupiter dictus est, qu opis lator, Fest

† Opitulo, are Non ex Liv Andr id quod opitulor

Opitŭlor, ari dep antiq opitu lo, L) Andron [ab opem tollendo, i e ferendo, Donat] (1) To help, assist, or aid (2) To relieve one in distress (3) To help, or be good for (1) § ═ Patriæ sulvenire opitularique, C c Offic 1, 4 § Permultum ad dicendum opitulati sunt, Id de Inv 2, 1 (2) Tectis suis prohibito prætor quemadmodum more & exemplo opitulari posset, Cic Ale Cui misericordia opitulari debeat, Id (3) § Contra varias species opitulari, Plin 28, 8

† Opitulus, a, um Opitulus Jupiter, & opitulator dictus est, quasi opis lator, Fest

* Opium, ii n The juice of poppy, Plin 20, 17

* Opobalsamum, i n [quī oπòς βαλσάμου, succus balsami] (1) Balm of Gilead, the juice of the balm tree (2) The tree (1) V Plin 12, 25 (2) Just ap Litt

* Opocarpăthum, i neut Malè opocarpasum The juice of carpathum, a poison, Plin 28, 10

* Opŏpănax The juice of panax, or the herb all-heal, Plin

* Oporice, es f [oπωρική, sc φαρμ.] An excellent medicine made of fruits, v d Plin 24, 14

* Opothēca, æ f An apple-loft, or place where fruits are laid up Non ut videant pinacothecas, sed oporothecas, Varr R R 1, 2

Oportĕo, ere [eis To behove, to be needful, convenient, or fit Signa quæ absolent, quæque oporteri, Ter Andr 3, 2, 1 Hæc facta ab illo oportebant, Syre, Id Heaut 2, 25

Oportet, ebat, uit, ēre impers [ab opus, i e necesse, quod opus sit] (1) It behoveth, it is meet, fit or proper (2) It ought (3) It must needs be that (1) Est quod non oportet, quicquid verò non licet, quicquid verò non licet, certè non oportet, Cic Quod factum est oportuit, Id Tanquam non solum oporteret, sed etiam necesse esset, Id Al ud est, aut decere, aut oportere, Ci Orat 3 (2) Si loquendi de rep quod oportet, infamis, quod opus est, servus ex..., Ci Att 1, 6 Oportet ... officiis ... & semper ... endum est, & omnibus Decere, quasi aptum esse, ... inemque tempori & personæ, Id Orat 22 (3) Exo... quem ... probe ..., Plaut Am pro 1, 1, 162 ... consentiant, Petron ... oportet, he cannot ... Plaut

O... To spread ... over-against Illa ... opp in le serenæ, Grat ... 55

O... ere, ... ectum To ... close kiss to, Plaut ... 1, 59

O... ... pass To be ..., or pulled, to be eaten Nimio melius oppectuntur frigida, Plaut Pers 1, 3, 30

Oppēdo, ĕre To fart against one, to cry a fart for one, to affront and contradict § Curtis Judæis opped re, Hor Sat 1, 9, 70 R occ

Oppĕriens, tis part Waiting, staying for one, attending his coming Operiens reginam, Vir Æn 1, 458 hostem, Id Æn 10, 771

Oppĕrior, iri, tus & itus sum dep [ex ob, & perior, ut & experior] (1) To stay, wait, or tarry for (2) To watch, to observe (1) Ego interim te apud vos opperibor, Plaut Truc 1, 2, 106 Horam ne oppertus sies, Id Phorm 3, 2, 29 Otium sum opperitus, Plaut Most 3, 2, 101 Favonium opperiri lenti est agricolæ, Col (2) Opperior hic, quam gerat rem, Plaut

Oppessŭlātus, a, um Bolted, or barred against Oppessulatæ fores, Petron c 97

Oppĕtendus, a, um part Si oppetendi mors esset, if one were to die, Cic Fam 4, 7

Oppĕtitus, a, um part Mortes pro patria oppetitæ, deaths undergone, Cic Tusc 1, 48

Oppĕto, ĕre, ivi ...ii, itum [ex ob, & peto, i e contra peto] (1) To undergo (2) Absol To die (1) Oppetere mortem, to die, Cic pro Sext 60 pestem, to be ruined, or killed, Plaut Eadem ratione mortem oppetisse, Cic (2) Beati, queis contigit oppetere, Vir Æn 1, 98 § Conjugis dextrâ oppetiit, Id Æn 11, 268

Oppĕtor, ĕris pass Mors tum æquissimo animo oppetitur, Cic

|| Oppexus, ûs m The kembing and setting of the hair Oppexus crinium regalium, Apul p 369 ✝ Pexus

Oppico, āre act [ex ob, & pico] To do over with pitch Corticem oppicato, Cato, 120

Oppĭdānus, a, um Belonging to a town, or city Oppidanum jus, Cic pro Planc 12 Met Oppidanum genus dicendi, a rude impolite way, Id de Cl Orat 69

Oppĭdānus, ni m A citizen, or townsman Ne oppidani a militibus injuriam acciperent, Cæs B G 2, 33

Oppidātim adv Town by town, or from town to town, Suet Galb 18 & Aug 59

Oppĭdo adv [Ortum est hoc verbum ex sermone inter se confabulantium, quantum quisque frugum faceret utque multitudo significaretur, sæpe respondebatur, quantum vel oppido satis esset Hinc in consuetudinem venit, ut diceretur oppido pro valde multum, Fest] (1) Very much, exceeding, very (2) Utterly, quite, altogether, wholly (1) Paulum oppido differunt definitiones, Cic de Fin 3, 10 Oppido pauci, Id Fam 1, 4 Itan' tu ego videor oppido Acheruntícus? Plaut Mil 3, 1, 33 (2) Oppido interii, Plaut Amph 1, 1, 143 Omnene? Mi Oppido, Id || Opp do-quam, very, Gell

Oppĭdŭlum, li n dim A little town Melitæ, aut alio in loco simili oppidulo, Cic Att 10, 7

OPPIDUM, di (i) n al ut vigetur, restius opidum [ab ope, Scal] (1) A walled town, a town, or borough (2) Emphatically, the city Rome, in antient writers (3) A city ☞ Et si oppidum & urbem aliquantulum distinguunt Grammaticorum filii, tamen confundunt scriptores optimi (4) The starting place at horse-races at the entrance of the Circus, so called, because on the wall side, there were turrets and battlements, as about a town (1) Eruta convulsis prosternes oppida muris, Sil ═ Pheræ, urbs Thessaliæ, in quo oppido, &c Cic de Div 1, 25 Quid id quod vidisti, ut munitum muro tibi visum est oppidum? Plaut Pers 4, 4, 5 Simulans iter ad villam clam in oppido subsedit, Phædr 3, 10, 19 (2) Vid Scal in Append Conject in p 284 (3) Conf Nep in Miltiade, c 3 & c 7 (4) Oppidum dicitur & locus in Circo, unde quadrigæ emittuntur, Fest i e Carceres, Varr ex Næv

Oppignĕro, āre [ex ob, & pignus, pigneris, antiq] (1) To pawn, to lay to pawn, to gage (2) Met To engage, or bind one's self (1) Oppignerare filiam, Ter Heaut 4, 5, 46 Oppigneravit ad mensam vix octo nummis annulum, Mart 2, 57 (2) Verbum, quo se oppigneraret, Sen de Benef 2, 15

Oppignĕror, ari pass To be pawned Libelli pro vino sæpe oppignerabantur, Cic pro Sext 51

Oppĭlātio, onis f The stopping Oppilatio aurium, Scrib Larg Comp 47

Oppĭlātus, a, um part That hath the entrance stopt against Scalis tabernæ oppilatis, Cic Philipp 29

Oppīlo, are [ex ob, & pilo, i e denso] To stop, or fill up against Fluctibus navibus oppilare ostia contra, Luc 6, 725

Opplĕo, ēre, evi, tum To fill full, or all over Qui ædes ipse lius opplebit tans, Plaut Truc ..., 6, 11 Odor nares opplet, Varr Loca oculus opplent, L cr 2, 1, 5 Lacrumis opplet os totum sibi, Ter Heaut 2, 3, 65 Opplebit aures vaniloquentia, Plaut Rud 4, 1, 14 Totam urbem opplevit luctus, Liv 22, 56 Opinio Græcam opplevit, hath prevailed over, Cic N D 2, 2

Oppleor, eri pass To be fill d Oppletur lætanti regia cœtu, Catull 62, 22

Opplētus, a, um Filled ═ Nilus Ægyptum quum totâ æstate obrutam, oppletamque tenuerit, tum recedit, Cic N D 2, 52 § Oppleta tritici granaria, Plaut Truc 2, 6, 42 § Mentes oppletæ tenebris ac sordibus, Cic post red in Senat 4

Opplōro, are To weep, wail, or make moan to, to keep a whining about § Quin auribus meis opplorare desinitis, Ad Herenn 4, 52

Oppōno, is, sui, ivi, Plaut itum (1) To put to, or lay close (2) To build over against (3) To place, fix, or clap against (4) To put before, to place for covering, or hiding (5) To thrust, put, or give to (6) To hold up against (7) To lay, or stake down against (8) To interpose (9) To put, or lay in the way of (10) To place against, to oppose (11) Met To oppose to (12) To offer against as an argument (13) To pretend for an excuse, or defense (14) To use, or move against, to the intent to discourage, or affright (15) To set up against, as an equal, rival, or match (16) To give up, or consign to, to oblige to (17) To turn towards (1) Opponebam formi... oculos, Petron 96 (2) Stabula à ventis hyberno opponere soli, Vir Geor 3, 302 (3) Opposuit genu costis, Ov Met 12, 347 (4) § Opposuit manum fronti, Ov Met 2, 276 oculis, Petron 132 § Ante oculos opposuit manum, Ov Fast 4, 178 (5) Quod cuique opus sit, oppone, Cic (6) Manum pulla suavio opponat tuo, Hor Epod 3, 21 (7) Pono pallium, ill suum annulum opposuit, Plaut Curc 2, 3, 77 (8) Non omnis nostri corporis opponimus? Cic Att 7, 22 (9) Ut mihi impedimenta opponerem, Plaut ... Cic (10) § In parte sinistra opposuere ... em, Vir Æn 9, 469 § Ad omnes introitus armatos hominas opponit, Cic pro Cæcin 8 § Lævo in cornu adversus Gladium, Gallos opponit, Liv (11) Se opponere invidiæ, Cic Virium virtuti opponere, Id de Fin 3, 12 Aliis profugis toto me opponere ponto, Vir Æn 7, 300 (12) Non quo probaret, sed ut opponeret Stoicis summum bonum esse, Cic (13) Opposuisti semel Ciceronis nostri valetudinem, Cic Q fr 2, 9 Muri causam opponit, Id (14) Opponebant nomen P Africani, Cic Verr 5, 29 Nolite mihi ista nomina civitatum opponere, Id (15) Ut urbi Capuam ad certamen dignitatis opponerentis, Cic Latium plures nab bit, quo opponat Græcis, Phædr 2, 9, 9 (16) Sese opponere morti, Vir Æn 11, 115 (1) Oppono auriculam, Hor Sat 1, 9, 77

Opponor, ĕris, i pass To be opposed, to be opposite, or contrary Omni virtuti vitium contrario nomine opponitur, Cic de Fin 5, 12

Opportūnē adv ius, comp ssimè, sup (1) Opportunely, conveniently (2) In good time, in happy hour, seasonably (1) Opportune facere, Cic de Fin 3, 18 Ancyræ opportunissime iter, Liv 32, 18 (2) Opportune hic mihi obviam, Ter An 3, 4, 11 Accidere opportunius nihil potent, tepsum cupio, Cic Fam 1, 9

Opportūnĭtas, ātis f (1) Convenience, fitness (2) Opportunity (3) Seasonableness (4) Benefit, use, advantage (5) The being defenceless, weak, or exposed (1) Loci opportunitas, Cæs B G 3, 19 Fluminis opportunitates, Cic Quæ sit utilitas, quæ opportunitas in homine membrorum, considerare, Id N D 1, ... (2) Opportunitas ad negot um adimnistrandum, Cic (3) Optima opportunitate ambo advenistis, Plaut Mil 5, ...3 (4) Amicitia tanti opportunitates habet quantas vix queo dicere, Cic ═ utilitas, Id (5) Opportunitas sui, heroumque ... Sall B J ...

Opportūnus, a, um adj or, comp ssimus, sup [ex ob, & portus, qu ob portum, portui propinquus, quod navigantibus maxime utile, opportunique fuit portus, Fest] (1) Commodious, fit, convenient, meet for the purpose (2) Useful, advantageous, serviceable (3) Seasonable (4) Happening in good time, found by good chance (5) Ready, to assist or serve one on occasion (6) Well-timed patly, or dextrously managed (7) Apt to, obnoxious or subject to (8) Exposed to, in danger of (9) Giving the enemy an advantage over him (10) Under one's power (11) That hath advantages against one (1) § Urbs opportunissima portu, Liv Loco opportuniore in his malis nullo esse potuisti, Cic Fam 6, 20 Opportunissimus ac fructuosissimus locus, Cæs B G 1, 20 [illegible] opportuna permunivit, *Tac Ann* [illegible] 2 ¶ Locus Jugurthæ opportunus, *Sall* collis [illegible], *Id* [illegible] domus, *Vir Æn* [illegible] *A sol* Alii opportuni, [illegible] *Sall* (2) [illegible] nunc mihi opportuna esset, salva [illegible] foret, *Plaut* (3) Ubi primum opportunum fuit, *Sall* (4) Receptus [illegible] [illegible] perfectus, ob mortem opportunam, *Tac Ann* 4, 21, 3 (5) Cervus opportuno se cubili condidit, *Phædr* 2, 8, 4 (6) Nihil homini amico est opportuno amicius *Plaut Epid* 3, 3, 44 (7) Destillationibus opportunus, *Cels* Femina [illegible] sexu huic malo maximè opportunius, *Plin* 7, 52 Opportuniora [illegible] corpora, *Id* ¶ Opportunius flammis, *combustible*, Lucr 6, 317 (8) Ætas maxime opportuna injuriæ, *Liv* Opportunus criminibus, *against whom accusations are easily believ'd*, Id (9) Haud sanè opportunus [illegible], *Liv* (10) *Sen* (11) Hostes opportuni & scelestis [illegible], *Sall Jugurth* 1 [illegible]

Oppositio, onis f verb *Opposition, contrariety* Per oppositionem negationis, *Cic de Inv* 1, 28

Oppositus, a, um part (1) *Set, put, or placed against* (2) *Pawned* (3) *Objected* (4) *Lying between, or in the way, opposite* (1) Ad omnes portas milite opposito, hostibus viam clauserat, *Liv* Lucullus Mithridati oppositus, *Paterc* 2, 3[illegible] (2) Rebus meis in securitatem creditoris oppositis, *Sen de Benef* 7, 1, Villula non ad Austri flatus opposita est, verum ad millia quindecim & ducentos, *Catull* 24, 2 *ludens in utraque notione* (3) Ne, opposito dedecore, sententiâ depellerere, *Cic Tusc* 2, 6 (4) Post montem oppositum, & trans flumina lata, *Vir Geor* 3, 213

Oppŏsitus, ûs m verb (1) *Interposition, or opposing* (2) *The being interposed, or between* (3) *Opposition, or being against* (4) *The objecting* (1) Laterum nostrorum oppositus & corporum pollicemur, *Cic* pro *Marcell* sub fin (2) Oppositus circum undique aliarum ædium, *Gell* 4, 5 (3) *Val Max* 3, 8, ext 3 (4) Oppositu [illegible] vocabulorum commotus, *Gell* 11, 5

Oppostus, a, um *Lucr* 4, 151 [illegible] Oppositus

Oppressio, onis f verb (1) *Oppression, extortion, violence* (2) *The bearing down, or stifling by violence* (1) Per oppressionem ut hanc mihi eripere postulet, *Ter Adelph* 2, 2, 30 (2) = Legum & libertatis interitus, & oppressio, *Cic Offic* 2, 21

Oppressiuncula, æ f dim *A little pressing* Papillarum oppressiunculæ, *Plaut Pseud* 1, 1, 66

Oppressor, oris m verb *He that hath destroyed, or violently exterminated* Oppressor dominationis, *Brutus* ad *Cic Ep* 16

Oppressurus, a, um part *That will sink* Classibus navem oppressurus, *Cic*

Oppressus, a, um part (1) *Pressed down, squeezed flat* (2) *Stifled, concealed* (3) *Borne down, overset, overlaid, overpowered* (4) *Heavy, or overcharged* (5) *Routed, vanquished, subdued* (6) *Violently brought to an end* (1) Lapis oppressus [illegible] è frugibus asper, *Lucr* 3, [illegible] Terrâ oppressus, *Cic* Oppressa [illegible], *Ov Met* = Memoria onerata & quasi oppressa, *Plin jun* Oppressus sol, *the sun having his light stopt*, Lucr 5, 762 (2) ✕ Literæ neque suppressæ, neque oppressæ, *Cic Offic* 1, 37 (3) Oppressus [illegible] prædonibus & captus est, *Cic* = Oppressus & afflatus, *Id Met* ¶ Oppressus ære alieno, *deep in debt*, Cic Oppressi jam sumus opinionibus, *Id* (4) Vino & somno oppressi, *Cic* (5) Pompeius apud Siciliam oppressus, *Tac Ann* 1, 2, 1 (6) ✕ Ut extinctæ potius amicitiæ quàm oppressæ videantur, *Cic De cæteris notionibus*, *vid* opprimo, & opprimor

|| Oppressu monopt *By a violent crush*, Sid Epist 9, 11

Opprimendus, a, um part *To be oppressed, destroyed, quashed*, &c *vid* Corn Nep Themist 8, & 10 *It* Pelop 2

Opprimo, essi, ĕre act [ex ob, & premo] (1) *To press, or thrust down* (2) *To crush to death, to squeeze flat* (3) *To stop* (4) *To cover* (5) *To dispirit, or depress* (6) *To fall heavy upon* (7) *To be too hard for, overthrow, or cast* (8) *To make one yield, or comply by his urgency* (9) *To bury, efface, overwhelm, or make to be not taken notice of* (10) *To enslave, or get under his power by force* (11) *To destroy*, Met *to root out* (12) *To fall, or come upon suddenly, or unexpectedly, to surprize, or take unprovided* (13) *To overtake, to catch, or lay hold of* (14) *To come, or fall upon* (15) *To quench, to put out, to beat down at the first* (16) *To come on, and put a stop to* (17) *To stifle, to hide, to conceal, to suppress, to cover* (1) Pede taleam opprimito, *Cato*, 45 (2) Apri quercum vult evertere, ut nostram progeniem opprimat, *Phædr* 2, 4, 10 (3) Voluit deus ora loquentis opprimere, *Ov Met* 3, 290 Os opprime, *Ter Phorm* 5, 7, 93 Querelas consilio oppressimus, *Cic* (4) Terras opprimere imbri, *Lucr* 6, 265 (5) Quin servorum animos summâ formidine oppresserit, *Cic* (6) *Fabulam* oppressit calamitas, *Ter Hec prol* 30 (7) ✕ Latronem eripere, honestum opprimere, *Cic* pro *Cal* 32 Innocentes iniquo judicio opprimere, *Id* (8) Si posset impetrari—dedi operam, verum oppressit, *Plaut Mil* 4, 5, 10 (9) Oppressit mentionem omnem memoriamque contentionis hujus majus certamen, *Liv* (10) Libertatem populi opprimere, *Nep Alcib* 3 Quicunque remp oppressisset armis, *Cic Fam* 4, 3 (11) Opprime, dum nova sunt, subiti mala semina morbi, *Ov Rem Amor* 81 (12) Prius nox oppressisset, *Ter Adelph* 4, 1, 9 Antonium in mediis ejus injuriis & cupiditatibus mors oppressit, *Cic* Faxo ipsum hominem in manifesto opprimas, *Plaut Asin* 5, 2, 26 Te tertia jam epistola ante oppressit, quam, [illegible] Cic Fam 15, 16 Ne se penuria victûs opprimeret, *Hor Sat* 1, 1, 98 (13) Ibi eum missæ à Paulino Liburnicæ oppressere, *Tac Hist* 3, 43, 4 *Met* Occasionem opprimere, *Plaut* (14) Somnus virguncm opprimit, *Ter Eun* 3, 5, 5 Quum eum sopor oppressisset, *Liv* (15) Urda flammas opprimat, *Sen* Nisi orientem illum ignem oppressissent, *Liv* (16) Muscam opprimere captans, *Phædr* 5, 3, 2 (17) *Vid* Opprimor Iram oppressit, nequa ex eo negotio seditio oriretur, *Sall*

Opprimor, i pass (1) *To be stifled* (2) Met *To be dissembled, hid, or suppressed* (3) *To be overcharged, or burdened* (4) *To sink under* (5) *To be run down, or forced to give way to* (6) *To be abolished, or brought into oblivion* (7) *To be enslaved or wholly engaged by* (1) Postquam cum bello opprimi non posse animadvertit, insidiis interficere studuit, *Nep Dat* 9 Opprimi se nem injectu multæ vestis jubet, *Tac Ann* 6, 50, 8 (2) = ✕ Est quiddam quod occultatur, quod quò studiosius opprimitur, & absconditur, eò magis eminet & apparet, *Cic* (3) Dicitur opprimi memoriam imaginum pondere, *Cic* (4) Opprimi me onere officii malo, *Id* (5) *Vid* Oppressus, n 3 (6) Quæ verba, non solùm tenebris vetustatis, verumetiam luce libertatis oppressa sunt, *Cic* (7) Quorum mens fuerit oppressa præmio, *Cic De cæteris notionibus*, *vid* Opprimo

† Opprobramentum, i n *A reproach, or disgrace*, Plaut Merc 2, 3, 87 ✝ Opprobrium

|| Opprobratio, onis f *An upbraiding, or reproaching*, Gell 2, 7 † Exprobratio

Opprobrium, ii n [ex ob, & probrum] (1) *A reproach, or taunt* (2) *A disgrace, a scandal* (1) = Dedecus habetur opprobriúmque meritum, *Plin* (2) Falsis opprobriis morderi, *Hor Epist* 1, 16, 38

Opprobro, are [ex ob, & probrum, i e probrum objicio, *Fest*] *To object to as a disgrace, to upbraid with, to twit, or hit in the teeth* Ut hic ipsa re opprobraret adversariis, facere eos deridiculum, *Gell* 17, 1 Rus tu mihi opprobras? *Plaut Truc* 2, 2, 25

Opprobror, ari pass *To be hit in the teeth, or upbraided with* = Egone id exprobrem, quin mihimet id opprobrarier, *Plaut Most* 1, 3, 143

Oppugnandus, a, um part *To be attacked, or assaulted* ✕ Consilus ab oppugnandâ urbe ad obsidendam versis, *Liv* 2, 11

Oppugnātio, ōnis f verb (1) *The act of attacking, or assaulting* (2) *An assault* (3) *A siege* (4) *Opposition* (5) *The acting against another's interest, to weaken or overthrow it* (1) ✕ Non segnior oppugnatio est, quam pugna fuerit, *Liv* 4, 29 (2) Oppidorum oppugnatio impediebatur, *Cæs B G* 3, 22 (3) Oppugnationes oppidorum, *Cic de Orat* 1, 48 (4) ✕ Cum hoc genus oppugnationis inferetur, propulsare debebitis, *Cic* pro *Cal* 9 (5) Inimicorum oppugnatio, *Cic*

Oppugnātor, ōris m verb (1) *An enemy, opposer, or underminer* (2) *A besieger* (1) Meæ salutis oppugnator, *Cic* pro *Planc* 31 ✕ propugnator, *Id* (2) Flamma ab oppidanis & oppugnatoribus visa, *Nep Milt* 7

Oppugnātus, a, um part (1) *Assaulted* (2) *Weakned, having suffered by* (1) Domus est oppugnata ferro, facibus, &c Cic (2) Propriis circum oppugnata triumphis Roma, *Prop* 2, 15, 45

Oppugno, are act [ex ob, & pugno] (1) *To fight against, to assault* (2) *To oppose itself against* (3) Met *To thwart, or oppose, to endeavour to overthrow, or disappoint* (4) *To endeavour to run down, or confute* (5) *To endeavour to get into one's power* (1) Oppugnabant Athenienses Chium, *Nep Chabr* 4 Ausi ab equo oppugnare sagittis Danaum rates, *Propert* 3, 11, 13 (2) Nec prius absistit fessam oppugnare carinam impetus undæ, *Ov Met* 11, 531 (3) Clandestinis consiliis oppugnare aliquem, *Cic Or* 66 pecunia, *Id Fam* 1, 1 [illegible] æquitatem, *Id* existimationem, *Id* consilia, *Plaut* (4) ✕ Carneades nullam rem oppugnavit, quam non everterit, *Cic de Orat* 2, 38 (5) Qui albo rete aliena oppugnant bona, *Plaut Pers* 1, 2, 22

Oppugnor, iri [ex ob, & pugnus] *To be cuffed, or buffeted* Postquam oppugnatum est o[illegible], *Plaut Cas* 2, 6, 60

Opputo, *unde* opputor, ari pass *To be pruned, or cut off* Opputatur, quicquid proximo tulit fructum, *Plin* 17, 21

† Oppuvia, orum n pl *sc* oppuviæ, arum f pl [illegible] pueri coercentur, *Afran* (à verbo *oppuvio*) *Stripes, blows* ✝ Plagæ

Ops f *vel* opis, *Plaut Bacch* 4, 8, 52 Mater Jovis *Ops* dea nempe Terra ([illegible] *sc* [illegible], est epitheton Dianæ *Etymol*) unde

Opis gen opem accus ope abl (opes plur) [quia omnes opes humano generi terra tribuit] (1) *Power, might* (2) *Help, assistance* (3) *That which contributeth, or is effectual towards* (4) *Rule, dominion, empire* (1) Quantum dii tibi dant opis, *Ter Heaut* 3, 5, 32 Non opis est nostræ, *it is beyond our power*, Vir Æn 1, 605 (2) = Arripere opem, auxiliumque, *Plaut Mil* 2, 65 (3) Quibus nihil est in ipsis opis ad benè beatèque vivendum, *Cic de Senect* 2 (4) Astante ope barbaricâ, *Cic Tusc* 3, 19 *ex poeta*

Opes, um, ibus pl fem (ŏ) (1) *Power, influence, interest* (2) Met *Strength* (3) *Greatness, dominion, empire* (4) *Help, assistance, power to help* (5) *Riches, wealth, substance, estate* (1) Cum Atheniensium opes senescere videret, *Nep Alcib* 5 (2) ✕ Opes acquirit eundo amnis, *Ov A Am* 2, 343 (3) Inclementia divum has evertit opes, *Vir Æn* 2, 603 (4) Non hæc humanis opibus proveniunt, *Vir Æn* 12, 427 Expectare alterius opes, *Cic* (5) ✕ Magnas inter opes inops, *Hor Od* 3, 16, 28

† Ops adj antiq *pro* opulentus, *Fest* unde in comp inops It pro opem ferens, Quorum genitor fertur esse ops gentibus, *rich, helpful*, Accius

Opsidianus *Vid* Obsidianus

Opsonator, opsonatus, opsonito, opsonium, opsono, &c *Vid* Obsonator, &c

Optābilis, le adj or, comp *Desirable, eligible* Exitus optabilis, *Cic* ad *Brut* = Optabile & expetendum, *Id* [illegible] *Orat* 1, 51 Nihil hoc bono optabilius, *Id*

Optabiliter, *vid* seq

Optābilius adv comp [al optabiliter] *More desirably*, Val Max 5, 1, *fin*

Optandus, a, um part *To be wished for* = Optanda & expetenda fortuna, *Cic* in [illegible]

Optans, tis part (1) *Wishing, or chusing, or desiring* (2) *Pick[illegible], or choosing* (1) = Neque nobis cum [illegible] & optantibus fructus otii datus est, *Cic* de *Orat* 1, 1 (2) [illegible]

Optātio, onis f verb *A wishing, or wish* Cui cum tres optationes Neptunus dedisset, *Cic Offic* 3, 25

Optatò adv *As one would wish, according to one's desire, desirably* Optatò advenis, *Ter* 3, [illegible] Quo[illegible]

Quod mihi optatiùs acciderit, si, &c Cic Fam 5, 12

|| Optativus, a, um adj Optativus modus, *the optative mood*, Ap Gramm

Optatum, ti n *A wish, or desire* Meis optatis fortuna respondit, Cic Fam 2, 1 Quod vis donum a me optato, id optatum feres, Ter Eun 5, 9, 27 Optata loquere, *speak agreeably, do not say so*, Ter Heaut 5, 3, 51

Optatus, a, um part & adj or, comp issimus, sup (1) *Wished, desired, longed for* (2) *Implored, intreated* (3) *Acceptable, desireable* (1) Dies optata parentibus astat, Ov Epist 21, 43 Optatâ potiuntur arenâ, Vir Æn 1, 76 Optata hostia, Fest (2) Plaut Aul 2, 1, 1 (3) Nihil mihi accidere potuit optatius, Cic Optatissimus nuncius, Id Fam 2, 19

Optimas, ātis c g adj [ab optimus, ut à primus primas] (1) *Belonging, or that is for aristocracy, that is for maintaining the authority of the senate* (2) *Of the highest rank, of the first quality* (3) Optimates, *defenders of the senate, and regular government, such as were averse to popularity, or faction, the great men, those of highest rank* (1) Dum putet te parùm optimatem esse, vide ne parum diligenter quod optimum est, eligas, Cœl ad Cic Sub epistola ad Atticum, post libr 10 De optimati ratione discedere, Cic Id mandavi Philotimo, homini forti ac nimium optimati, Cic (2) Matronæ opulentæ, optimates, Cic Fam 7, 6 (3) ✕ Populi potentiæ non amicus, & optimatum fautor, Nep Alcib 5 ✕ Populares Polysperchonti favebant, optimates cum Cassandro sentiebant, Id Phoc 3

Optime adv (1) *Very well, best* (2) *Most easily, or conveniently* (3) *Most opportunely, or seasonably* (1) Optimè omnium, Cic Fam 4, 13 Optimè est, *it is well done*, Ter (2) ✕ Humanitatis est vel non facere quod non optimè possis, vel facere quod non pessimè facias, Cic de Orat 2, 20 (3) Syrum optime, eccum, Ter Heaut 4, 5, 9

Optimus, a, um [contract pro optatissimus, ab opto, i e eligo, unde propriè maxime optandum, eligendum] (1) *Best, most eligible* (2) *Most fit, meet, proper, or convenient* (3) *Most seasonable* (4) *Most excellent, most perfect* (5) *Most beneficent* (6) *An appellation of Scipio Nasica, also added to the titles of Augustus by the senate, afterwards to Trajan, and succeeding emperors* (7) Opt Max *An appellation of Jupiter, but impiously assumed by Caligula* (8) Optimus maximus fundus, optimæ maximæ ædes, *a freehold* (9) *Most innocent, most virtuous, very honest* (10) *Most fine, delicate, rich, in meat, or apparel* (11) *Most expert, skilful, or dextrous* (12) *Senatorian* (1) Optima nostra est, quam adiis tribus constitutis hostiis optat, quam immolari velit, Fest Optima mors, parcâ quæ venit apta die, Prop 5, 5, 18 (2) Quod erit optimum factu facito, Cic ✕ deterrimus, Id (3) ✕ Quod optimo tempore facere non licuit, id minimè idoneo fiet, Cic (4) In præstantibus rebus magna sunt ea, quæ sunt optimis proxima, Cic Orat 2 (5) Jupiter optimus, id est, beneficentissimus Cic N D 2, 25 (6) Vid Victor, 2, 48, 1 & Plin Panegyr 1, 88 & Numismata, SPQR OPTIMO PRINCIPI vid & Papin L Jurisp 30 D de excusat Tut (7) Cic N D 2, 25 Suet Calig 22 (8) Ap JCC (9) Ab optimo quoque probari, virtute, non malitiâ, Sall B J 25 ✕ Ut quisque est vir optimus, ita difficillimè esse alios improbos suspicatur, Cic (10) Optimis rebus fruor, Phædr 4, 23 Thyum optimâ veste contexit, quam satrapæ regii gerere consueverant, Nep Datam 3 (11) Optime furum, Catull 31, 1 Optima gens flexis in gyrum frenis, Luc (12) Optimam rempub judico, quæ sit in potestate optimorum, Cic

Optio, onis f [ab opto] *A choice, option, or election* Optio hæc tua est, utram harum vis conditionem accipe, Plaut Cas 2, 4, 13 Si mea optio esset, Cic

Optio, ōnis m [ab opto, i e eligo] (1) *An assistant, one chosen for an helper, or underpuller* (2) *A deputy, lieutenant, mate, or assistant* (3) *An advantage* (1) Tibi optionem sumito Leonidam, Plaut Asin 1, 2, 88 (2) Tac Hist 1, 25 ¶ Optio fabricæ, *the overseer under the master*, JC [Quos decuriones primò administros ipsi sibi *adoptabant*, *optiones* vocari cœpti, quos nunc propter ambitionem tribuni faciunt, Varr L L Optio qui nunc dicitur, antea appellabatur *accensus*, is adjutor dabatur centurioni a tribuno militum, &c Fest] (3) Non mihi jus meum obtinendi optio est, Plaut Cas 2, 2, 16

† Optionātus, ūs m *The office of a lieutenant, a lieutenancy*, Fest ex Catone

Optivus, a, um adj *Assumed, additional* Optivum cognomen, Hor Ep 2, 2, 101 vix alibi

OPTO, āre act [ab ὀπτῶ, ὀπτομαι, *video, considero* Fort ab ἐπαιτῶ, Id] (1) *To wish, to wish for, or desire* (2) *To want, or require* (3) *To choose, or desire to do* (4) *To choose, or prefer, to be willing to do rather* (5) *To desire, prefer, or be for* (6) *To take one's choice, to ask at one's own election* (7) *To choose out for* (8) *To pick and choose* (1) ✕ Non modo, non est quid sperem, sed vix jam quid audeam optare, Cic Furorem & insaniam optare vobis, Id Ab diis immortalibus opto, ut, &c Id Opto ne se moveat, Id Illum, ut vivat, optant, Ter Adelph 5, 4, 20 Hunc videre sæpe optabamus diem, Id Hec 4, 4, 29 Optat arare, Hor Epist 1, 14, 43 (2) Visus est mihi intelligere præclarè, quid causa optaret, Cic (3) Te optem necare majore incommodo, Phædr 5, 3 (4) Quæ se inhonestè optavit parare divitias potius, quàm, &c Ter Andr 4, 6, 2 (5) Externos optate duces, Vir Æn 8, 503 (6) Quodvis donum & præmium a me optato, id optatum feres, Ter Eun 5, 9, 27 (7) Optare locum tecto, Vir Æn 1, 429 regno, Id Æn 3, 109 (8) ✕ Optare hoc quidem est, non disputare, Cic de Fato, 20

Opulens, tis adj *Wealthy, or full of riches* ✕ Non animo æquo pauperes alienam opulentium intuuntur fortunam, Nep Chabr 3 Civitas opulens, Sall B J 72

Opulenter adv ius, comp (ŏ) *Magnificently, plentifully, abundantly* ✕ Neque milites arctè colam, me opulenter, Sall B Jug 85, 34 = Ludos opulentius instructiusque quam priores reges, fecit, Liv 1, 35

Opulentia, æ f (ŏ) (1) *Power, greatness* (2) *Plenty, abundance* (3) *Wealth, riches* (1) Invidia ex opulentia orta est, Sall B C 1 (2) = Non volis divitiis uberi agri, Trojæve opulentia deerit, Vir Æn 7, 262 (3) ✕ Publicè habemus egestatem, privatim opulentiam, Sall B C 56

† Opulentitas, ātis f *Power, greatness*, Plaut Mil 4, 4, 35 † Opulentia

Opulento, āre act (1) *To furnish plentifully, or daintily* (2) *To enrich and make wealthy* (1) Cum villaticæ pastiones mensam pretiosis dapibus opulentet, Col 8, 1 (2) An fundus herum baccis opulentet olivæ, Hor Ep 1, 16

Opulentus, a, um adj or, comp issimus, sup (ŏ) [ut à luce, luculentus, sic ab ope, opulentus] (1) *Potent, mighty, of great interest* (2) *Magnificent, sumptuous, noble* (3) *Full of, plentiful, abounding with* (4) *Rich, wealthy* (5) *Dainty* (6) *Enriched with, rendred august, or splendid by* (1) ✕ Amicitiarum præsidia quærunt inopes magis quam opulenti, Cic (2) Opulenta regia, Catull 62, 43 (3) § Pars provinciæ agro virisque opulentior, Sall B J 19 § Opulentus prædæ exercitus, Liv (4) Opulentior Arabum thesauris, Hor Od 3, 24, 1 Rex Asiæ opulentissimus Crœsus, Cic de Div 2, 56 ✕ pauper, Plaut (5) Opulentum obsonium, Plaut Bacch 1, 1, 63 (6) Templum donis opulentum, & numine Divæ, Vir Æn 1, 45

Opulesco, ere n *To grow rich*, Furius ap Non & Gell 18, 11

Opulus, li f *A tree which the French call opier, some a witch-hazel*, Col 5, 4 & Varr R R 1, 8

Opuntia, æ f [ab Opunte urbe, ubi nascitur] *A kind of herb*, Plin 21, 17

OPUS, ĕris n (ŏ) [ab ἕπω, *facio, administro, operor* Ἕπουσι, ἐνεργοῦσιν, Hes ἔποντα, Hom i e πενόμενον, Eust] (1) *A work, a performance, done, perfected, or accomplished by pains, or art* (2) *Labour, pains* (3) *Country labour, or work* (4) *Difficulty, toil, travail* (5) *Business, or task* (6) *The part, the concern* (7) *The use, or service* (8) *Workmanship, manufacture* (9) *Imployment, the particular business of any way of life* (10) *An act, or deed* (11) *A building, pile, or structure, a work, or fortification* (12) *A military exploit, an achievement* (13) For χρῆμα, or res, *a thing* (14) *A manly exercise* (15) In re obscœna, euphemismus (1) Opus ex auro & gemmis, Cic Verr 4, 28 Pictores, & veri etiam poetæ, suum quisque opus à vulgo considerari vult, Id Offic 1, 41 ⚘ Chimæra urbis opus, *prodigiously big*, Vir Æn 5, 119 (2) Patiens operum, Cic Maximo opere, Ter magno, Plaut Omni opere, *with all earnestness, with the utmost endeavour*, Plin (3) Quod in opere faciundo operæ consumis tuæ, Ter Heaut 1, 1 (4) = Hoc opus, hic labor est, Vir Æn 6, 129 (5) Extremum ferri superest opus, Luc 7, 345 (6) Famam extendere factis, hoc virtutis opus, Vir Æn 10, 469 (7) Mucro perdidit ensis opus, Luc 6, 188 (8) Mirabili opere effectum candelabrum, Cic Verr 4, 28 Loricæ cœlatæ opere Corinthio, Id Verr 4, 44 (9) Præclarum opus est instituere adolescentes, Cic de Sen 9 Operâ fabrilia, Vir Æn 8, 415 Minervæ, Id Grave Martis opus, Id Æn 8, 516 Id viri docti est opus, Plaut Most 2, 1, 64 Obscœnum opus, Ov Am 3, 14, 28 (10) Absol Operum certamen, Ov (11) Locus naturâ & opere munitus, Cæs = Operibus & munitionibus urbem sepire, Cic (12) Vix quidquam in Sullæ operibus clarius duxerim, quàm quod, &c Paterc 2, 24 (13) Miserum est opus, Plaut ut nos *it is a sad business, or thing* (14) Hor Ep 1, 18, 48 (15) Plaut Asin 5, 2, 23

Opus subst indecl *Need, occasion* = Oportet, & opus est hoc fieri, Cic Argentum est opus, Ter Multæ immensæ nobis opus fuerunt, Plancus Senat ap Cic Fam 10, 8 ✕ Tacito, cùm opus est, clamas, cùm loqui convenit, obmutescis, Ad Herenn 4, 15 § Nihil opus est te isthic sedere, Cic § Opus est carbonibus, Plaut § cibum puero, Id Truc 5, 1, 10 § morum alicui, Cic

Opus adj indecl *Needful, expedient, necessary* Multa sibi opus esse, Cic § In torcularium usum quod opus sict, Cato § ad oppugnationem, Cæs

Opusculum, li n dim (1) *A little frame, fabrick, or composure* (2) *A little piece, a small treatise, or work* (1) Opusculorum fabricator, Cic Acad Q 4, 38 (2) Lucubratum opusculum, Cic Parad proœm

O ante R

Ora, æ f (ō) [ὅρος, i e regio, Becm.] (1) *A coast, region, part, or country* (2) *The border, or coast of a country, particularly the sea-coast* (3) *A tract, or climate* (4) *The extremity, edge, brim, margin, hem, or border of any thing* (5) Met *Extent, circumference, limits* (6) *The rope which fasteneth a ship to the shore* (1) = Quicunque in ora, ac parte terrarum, Cic N D 2, 66 Quæ caret ora cruore nostro? Hor Od 2, 1, 6 (2) Apud scopulos, & prominentes oras, Tac Ann 2[illegible] = Amœnitates orarum, & litorum, Cic N D 2, 39 ✕ Luminis oræ, *the light, or regions of light*, Lucr 1, 23 (3) Globus terræ, duabus oris distantibus, habitabilis, Cic Tusc 1, 28 (4) = Æther extrema ora, & determinatio mundi, Cic N D 2, 4[illegible] = Regiones quarum nulla esset ora, nulla extremitas, Id de Fin 2, 31 Oræ thoracis, Vir Æn [illegible] clypei, Id Æn 10, 588 [illegible] co & floribus oras explent, [illegible] Georg 4, 39 Oræ vulneris, *the lips, or edges of a wound*, C[illegible] (5) Ingentes oras evolvite [illegible] Vir Æn 9, 528 Enni an[illegible] (6) Alii resolvunt oras, alii ancoram vellunt, Liv 22, 19 & 28, 36 Oram solvere, *to unmoor a ship*, Quint 4, 2

Oraclum, li n per Sync pro oraculum, ap Poetas

Orāculum, li n [ab oro, i e dico, ore pronuntio, ut λόγιον à λέγω Oracula ex eo ipso appellata sunt, quòd inest in his deorum oratio, Cic] (1) *An oracle, answer, counsel, or sentence from the gods* (2) *A prophesy, or prediction* (3) *An oracle, or place where divine answers are given* (4) *A famous true saying, an adage* (1) Oraculum est voluntas divina humano ore pronunciat, Sen Præf Controv 1 Iisdem

... de rebus semper aut Dii... o... culum, ... Ammone, ... Dodon... Cic de Div 1,45 (2) Quæ à precor, evenit, sint qui ... oracula vatum, Ov ex Ponto, 2, 1, 51 ✠ Oracula mortuorum, answers given by the dead, necromancy, Luc 6, 772 (4) ... ad oraculum re... indum spoliandumque proceta funt, Cic pro Font 10 (4) Illud ve... est M. Catonis oraculum, NIHIL agendo homines male agere ... Col

✝ Oramentum, ... n An intrica... ty, Plaut Truc 2, 2, 6 al leg ornamentum

Orandus, a, um part (1) To be pleaded (2) To be prayed unto (1) Cum ad causam orandam ... Cic Liv (2) Orandi numina, ... Æ ... 2, 2, 2 ... Oro

Orans, ... part (ö) (1) Desiring, ... intreating (2) ... Suppliant (1) O... facere, Ter Eun ... (2) Orantem ... dum ... Orantia brachia tendo, Ov ...

Oranus, a, um [ab ora, ...] ... commit... Of the shore, or sea-coast. Naviculæ ... shore-ships, ... or small barks that sail near the shore, Plin Epist 10, 28, 2

Orata, æ f [orata, genus piscis ... colore auri, quod ... dicebant, ... auriculis, ... A fish called the gilt-head, ... Macrob Sat 2, 15

Oratio, ōnis f verb (ö) [ab oro] (1) A speaking, more particularly a declaiming, a making speeches (2) A word, a speech (3) A plea, a reason, a defense (4) ... somewhat to say (5) A manner of speaking, or writing (6) ... oration, a speech, a declamation (7) An adage, a saying (8) An edict, ... or mandate (1) ✠ Philosophorum sermo, potius quam oratio dicitur, Cic = ✝ Quanquam enim omnis locutio oratio est, oratoris tamen unius ... proprio signata nomine, Cic Orat 64 ✝ Neque ... esse, ut poema neque ... numerum, ut sermo vulgi est, ... Id ... 195 (2) Orationis ... est, ... Plaut ... oratione ... non posset, copias ... duxit, Nep Milt (3) ... oratio est, Ter Andr 1, ... (4) Orationem sperat invenisse se, qua ... Cic Ter Andr 2, (5) ... Præcat... philosophorum oratio, oratorum pugnacior, Cic (6) Oratio purus, & electis verbis composita, Cic Est in manibus oratio, ... circumfertur, Id (7) = Vetus verbum est, Communia ... amicorum omnia ... Ter Adelph ... Tit C

Oratiuncula, æ f dim A little oration, or speech, Cic N D

Orator, oris m verb [ab oro] (1) A speaker (2) An orator (3) Mercator The title of a book of ... (4) An advocate, an ... (5) An embassador, a ... (1) Mihi te cum ... dum ... nimis quam ... Plaut ... 5, 2, 21 (2) Eloqui ... posite, ornate, copiose, oratorem ... (3) Oratorem meum ... enim inscripsi Sabino tuo ... Cic (4) Oratorum ...

datus, qui ... patre ejus conciliarem pacem, Plaut Pœn 5, 2, 6 Oratorem ... tabilis, Id Mo... (5) Iidem ... p... cis, belli, induciarum oratores, ... Pacis petendæ oratores miserunt, Liv

✝ Oratoria, æ f Rhetoric, oratory Rhetoricen in Latinum transferentes, tum oratoriam, tum oratricem nominaverunt, Quint 2, 15 ✝ Ars dicendi, ars oratoria

Oratoriè adv Oratorically Pulchre, & oratoriè dicere, Cic Orat 68

Oratorius, a, um adj (1) Of, or pertaining to an orator, or oratory (2) Befitting an orator (1) Diserta & oratoria oratio, Cic de Orat 1, 54 (2) Vestimenta oratoria, Cic

✝ Oratrix, icis f Quintil ... Oratoria

Oratum, ... n subst ex part A thing desired, a request, a petition, ... entreaty ... oratum nostra nequeat diutius celare, Ter Hec 4, 1, 60

Oratus, a, um part Prayed, intreated, besought Sed satin' oratus ... Plaut Mil 2, 6, 91

Oratus, us m A desire, request, or entreat, Scripti oratu tuo, Cic pro Flacc 27 Procerum magnis oratibus ictus, Cor pp ... 2, 11

Orbātio, ōnis ... Privation Non per positionem, sed per detractionem dicitur, vel (ut ... Græci ... runt) per orbationem ... Græci dicunt κατὰ στέρησιν, Sen Ep 87

Orbātor, ōris m verb He that bereaveth one of children Nostri orbator Achilles, Ov Met ... 12, 580

Orbātūrus, a, um part That will bereave of a child, or children Orbatura patres fulmina, Ov Met 2, 391

Orbatus, a, um part (1) Left childless (2) Bereaved of (3) Met Deprived of, left utterly without (1) Orbata filio mater, Cic pro Cluent 15 (2) Orbatus tali amico, Cic (3) Orbati vitæ commodis, Cic pristinis muneribus, Id ansites duce, Petron c 136

✝ Orbiculatus, sc herba The herb called sow-bread, or swine-bread, Apul interpr Jun

Orbiculatim adv In round figures Cervix ... multis vertebrarisque orbiculatim ossibus flexilis, Plin 11, 37

Orbiculatus, a, um Of a round, or circular form. Mala orbiculata, a sort of delicate apples, Col 5, 10 Capita caulium orbiculata, Plin 27, 13

Orbiculus, i m dim (1) A little round ball (2) The wheel of a pully (1) Plin 25, 13 (2) Cato, 2, 3

✝ Orbicus, a, um Circular Motus orbicus, Non ex Varr ✝ Circularis

Orbile, is n The end of the axletree that goeth into the hollow of the nave, Varr R R 3, 5

ORBIS, is (in abl aliquando orbi, ... Cic & Rutil) m [ab ... urbium sive urvum, ... quod redit sursum versum, unde & urbare nam urbare & orbare est circulo circumscribere, Scal] Any round thing, imaginary, or real, as (1) A circle, an orb (2) A perpetual circuit, or circulation of things, or persons, a ring, a round (3) A roundness of style, or neatness of periods (4) A round, or circular figure in dancing (5) The bound, or limit of a discourse (6) A compass, or circuit (7) A round trench (8) The wreathe of a snake (9) A coil of such wreathes (10) Absol A snake (11) A wheel (12) The nave of a wheel (13) A military term, as globus, cuneus, &c namely when soldiers are drawn up in a round figure (14) A curl, or ringlet of hair (15) A set of curls, a woman's tower (16) A globe, or any thing of that form (17) The world (18) The Roman empire, and sometimes lesser districts and parts of the world (19) ✝ A concourse of people from all parts (20) ✠ Magni orbes, years (21) A table (22) A shield, or buckler (23) A round roll, as of wooll (1) ✝ = Duæ formæ præstantes, ex solidis globus, ex plana autem circulus, aut orbis, Cic N D 2, 18 Orbis duodecim signorum, Id N D 2, 20 signifer, the zodiac, Id ib finiens, the horizon, Id ✠ Annuus orbis, Vir Æn 5, 46 perfectus temporis, a year, Id Æn 6, 745 (2) Redit labor actus in orbem, Vir Geor 2, 401 Exercitus fuis horis in orbem successit prælio, Liv (3) In Thucydide orbem orationis desidero, Cic Orat 71 = contextus, Quint = Cum circulum & quasi orbem conficere non potuerit, Cic (4) Saltatorium orbem versare, Cic in Pison c 10 (5) Sententiæ eorum in hunc orbem, quem circumscripsimus, incidere non possunt, Cic ... (6) Exiguo flexos miror in orbe pedes, Ov Ep ... (7) Col ... (8) Rapit immensos orbes per humum, Virg Geor 2, 15 (9) Immensis fum ... fluctibus ... Ov Met 2, 7 (10) Tortis orbes, ... Ætna (11) Unam circo ... orbis, Vir Geor 3, 61 (12) Varr R R 3, 5 (13) Fumus quodam orbe ... in orbem se tutaventur, Liv 4, 39 (14) Multiplices in orbes ... crinis Claud Rapt Pros 15 (15) Pectit comas & volvit in orbem, Juv 6, 495 (16) Terrarum orbis universus in tres dividitur partes, Plin Solidus orbis, Ov Met 1, 31 Mani concrevit orbis, Vir Ecl 6, 34 Oculi orbis, the eye-ball, Luc 6, 216 ✠ absol Id 2, 181 genuum, the round bone of the knee, Ov Met 8, 808 (17) Primus in orbe deos fecit timor, Petron Sol emperat orbem, Ov (18) Pacatum reget patriis virtutibus orbem, Vir Ecl 4, 17 Quem procul a patria diverso maximus orbe excipit Eridanus Ov Met 2, 323 (19) Ingens orbis in urbe fuit, Ov A Am 1, 174 (20) Triginta magnos volvendis mensibus orbes imperio explebit, Vir Æn 1, 273 (21) Juv 11, 122 = mensa, Ibid (22) Petron (23) Lanam glomerabat in orbes, Ov Met 6, 19

Orbita, æ f [ab orbe rotæ, Isid] (1) The track, or rut of a chariot, or chariot wheel (2) A coach, or cart (3) A print, or impression of a thing (4) Met A mark, or trace (1) Rota in altiorem orbitam depressa, Liv Met Veteris orbita culpæ, Juv 14, 37 (2) Orbita & rota ipsa intelligitur, & vestigium in molli solo, Ascon Ped (3) Orbita vinculi ... itur vexatione non dubia, Plin 17, 2 (4) Orbita impressa conversæ orbis reipub Cic Attic 2, 21

Orbitas, tatis f (1) The being without children (2) The being fatherless (3) Destitute of any thing (1) ✝ Bonum, ... misera orbitas, Cic de Fin ... (2) In orbitatem liberos ... rem, Plaut Capt ... 5, 25 (3) Orbitas luminis, Plin ... maxima orbitas ... virorum tantum, Cic

✝ Orbitūdo, inis f The being childless, Non ex Accio, Turpilio, & Pacuv ✝ Orbitas

Orbius clivus appellatur, quod pronus cum esset, per orbem ... ossos in Esquilinarum collem ducer, Fest

Orbo, āre act [ab orbus] (1) To bereave, as of parents, children, &c (2) To deprive of, to leave helpless and naked without (1) Orbari filio, Cic ... Cum orbabis Italiam juventute, Id (2) Ne fortibus ... orbaret, Cic pro Sext 16 = Privat approbatione omni, orbat sensibus, Id Tu te orbabis ... Id

Orbor, āri pass To be bereaved, or deprived, &c ... filio non esset orbatus, Cic ... orbetur auxilio reip Id

ORBUS, a, um [ab ὀρφὸς ...] (1) Children without father or mother, &c (2) Deprived of, or left without (3) In the state of an orphan, that hath lost its best friends, or defenders (4) Having no afsters, or ... (5) Bearing no fruit (6) Destitute of any thing that was dear, necessary, or useful (7) Lame, defective, imperfect (8) Without, not having (1) Quin nutum locupletis fei is orbi non obferuat ? Cic Incolumi, orbi non erunt filii, Id ... § Virgo orba est patre, Ter And ... 4, 5, 16 (2) Orba nato, Phædr 3, 10, 45 Met Orbæ natis suis oves, Col (3) Tam orba civitas, Cic Fam 2, 11 (4) ... in philosophia ratio, Cic quam nuper ... modum orbam esse in ipsa Græcia intelligo, Cic N D 1, 5 Neve plebem orbam tribunis relinquunto, Id de Legg 3, (5) ✝ Nec orbos tantum ... palmites, sed etiam frugiferos, Col (6) Orbus iis rebus omnibus, quibus & natura me, & voluntas, & consuetudo assuefecerat, Cic § Orba consilio auxilioque ... bina res, Liv § Orba auxilioque opumque, Plaut Rud 2, ... 19 (7) Legationem orbam & debilitatam reliquit, Cic (8) ... Manu potitus orbum, Ov Funera orba rogis, Stat ... Por enta orba pedum, born without feet, Lucr 5, 838

Orca, æ f [Gr ὄρυξ, Strab ex cujus Acc ὄρυγα, Lat orca] A sort of great fish, Plin 9, 6

* Orca, æ f [... Gr ... Ion ...] (1) A jar, or like earthen vessel, in which they put new wine, dried figs, &c (2) A dice-box (3) A kind of ship (1) Varr R R 1, 13 Col 1, 15 (2) Interim dum contemplor orcam, taxillos perdidi, Prisc ex Pomp Angustæ collum orcæ, Pers ... 53 (3) Gell 10, 25

Orca, æ f A precious stone Orca barbari nominis, Cic Plin 37, 10

Orchas, ădis f in pl orchades, Vir Sic Prob at Plin leg orchites vid Orchis

* Orchestra, æ f [ab ὀρχέομαι, salio] (1) The stage, or ... of the theatre, whereon they danced in the Greek theatres, but among the Romans it was the space between the stage and the common seats, where the senators and nobles sat to see plays

plays acted, the boxes by the stage (2) Meton *The senate, or persons of best quality, sitting next the stage* (1) Cic de Pro-... Conj c 6 Vitruv 5, 6 (2) Similem videbis orchestram & populum, Juv 3, 178

* Orcitis, itis f [ὄρχις, i e olı-... testicularis] Ali *Orchitis* vo-... ... nom (1) *A sort of olive* ... (2) *A kind of large ol ve* ... (1) Oleæ orchites, Col 5, 8

* Orchis, is m (1) *An herb* (2) *A round fish without scales* (1) Orchis radices, Plin Orchis ... five serapias, foliis porri, ... palmeo, flore purpureo, gemina radice testiculis simili, Id 26, ... = Cynosorchis ... orchin ... &c Id 27, 8 (2) Plin ... orbis

Orchita, æ f I at term quæ al ... orchis, ex cujus Acc ... factum nom Lat Col 12, 47

† Orchus, ap vett pro ✝ orcus, ... Prob

Orcinianus, a, um [ab orcus] *Belonging to funerals* Orciniana sponda, *a bier to carry the dead*, Mart 10, 5

Orcinus, a, um [ab orcus] *Pertaining to death, or the dead* Orcinus libertus, *one who had his freedom given him at his master's death*, Ulp Orcinus, velut ... orci ... senator, *made by favour, or bribery*, Suet Aug 35

Orcinus thesaurus, *seu* orcinus ... *repository*, or *receptacle of the dead*, Gell 1, 24

Orcula, æ f dim [ab orca] *A little vessel*, or *jar*, Cato, 117

Orcus, ci m [ab ὅρκος, juramentum, quia per Stygiam paludem juratur dii Ab ἔρκος, sepes, ... olim nempe legebatur ... ab ארקא Chald terra, ... ab ὀρύσσω, fovea, in quâ condantur mortui, qui ὀρυκτοὶ ab ὀρύσσω, fodio, M nam antiq scrib orchus] (1) *Pluto, the god of those ...* (2) *The state house, place, or receptacle of the dead* (1) ... orcus non Proserpinam, sed ipsam Cererem abripuisse ... Cic Verr 4, 50 ¶ Ubi ... cum orco habetur, Varr ... cum orco ratio ponenda, ... *exposeth his life to danger for an uncertain advantage*, Co. (2) ✝ Ab orco mortuum me ... reducem, Ter Hec ...

† Orcynus *A sea-fish*, Plin 32, 11 Leg & orcynus

† Ordeum *vid* Hordeum

† Ordior, pro ordiri, Non ex ...

Ordinandus, a, um part *To be ...*, Cic Ordinandus, Liv Præf

Ordinandus a, um part (1) *To be ...* (2) *To be managed* (3) *To be settled, or governed* (1) ... bibliothecarum, Suet de Ill Gramm 21 (2) ... ordinanda, Cic de Or ... (3) Antonius Orientem ordinandum suscepit, Suet Aug 13

Ordinarius, a, um adj (1) *Placed, set, or planted in order* (2) *Of a regular and corresponding figure, of like size and form* (3) ... structura, building ... of such stones (4) *Ordinary, regular* (5) *Ordinary, the course of common law, contrary to summary* ... or extraordinary e-... to be heard by the prince ... (6) Oratio ordinaria *a set discourse* (7) Dii ordinarii, *a principal god, a god of the first rank* (8) Ordinarius homo, *an idle fellow, one who walketh up and down in courts of justice, and other public places for news* (1) Ordinariæ vites, Col 3, 16 Ordinaria semina, Id (2) Silices ordinarii, Vitruv interpr Budæo Coctili latere munivit, quem hodie dicimus *ordinarium lapidem*, Schol Juv (3) De silice seu de lapide duro ordinario, Vitruv 2, 8 (4) Consiliis ordinariis bellum gerere, Liv (5) ✝ Res non cognitionis, sed ordinarii juris, Suet Claud 15 (6) Sen Ep 38 ✝ Breviarium, summarium, Id ib (7) Sen ✝ De plebe dei, Id (8) Oppius ait, dici solitum scurram & improbum, qui assiduè in litibus moraretur, ob eamque causam in *ordine* staret adeuntium prætorem, Fest = subbasilicanus, Plaut

Ordinatè adv *Methodically* = Distinctè, & ordinatè dispo nens, Ad Herenn 4, 56

Ordinatim adv (1) *In good order, or array, in rank and file* (2) *Regularly* (3) *One after another* (1) Ordinatim sequi, Hirt B Afr 12 ✝ Antonius it passim, ego ordinatim, Brutus Cic Ep Fam 11, 13 (2) Cæs B G 2, 60 (3) Honores ordinatim petere, Sulpic Cic Epist Fam 4, 5, 6

Ordinatio, ōnis f verb (1) *A method, or body of rules* (2) *A practice, way, or custom* (3) *A creation, or appointing of governors* (4) *Administration, government* (1) Col 2, 3 (2) Vitæ ordinatio, Plin Ep 9, 28, 4 (3) Suet Dom 4 (4) Ordinatio Orientis, Suet Ner 40

† Ordinativus, a, um adj Adverbia ordinativa sunt, *Deinde, continuo*, &c Prisc ✝ Ordinem denotantia

Ordinator, ōris m verb *He that putteth things in a method, a manager* Litis ordinator, Sen Ep 19

Ordinatus, a, um part (1) *Set in order, disposed, ranged* (2) *Drawn up in rank and file* (3) *Regular, well ordered* (4) *Acting regularly, or methodically* (5) *Contrived, settled, or ordered* (1) Aliter apud alios ordinatis magistratibus, Liv (2) Ordinatæ copiæ, Nep Iphicr 2 Ordinati proximi morem Rom Liv (3) Tam ordinata disciplina, Liv (4) = Intelligitur compositum ordinatumque fore talem virum, Sen (5) Petron Arb c ...

Ordino, āre act (1) *To put into order* (2) *To set, or plant in rows* (3) *To set, or take up with rows of* (4) *To set in array, to draw up, or exercise in military order* (5) *To reckon, or count in order* (6) *To settle, to order, to compose* (7) *To contrive, or cast in the mind* (8) *To ordain, or settle an order of things by a decree* (9) *To create, or commission one to be a public officer* (1) Suet Aug 44 (2) Ordinant vineam paribus intervallis, Col 3, 13 (3) Per senos pedes vitibus locum ordinare, Col 5, 3 (4) Scipio milites voluntarios ordinavit ... armavitque, Liv 29, 1 (5) Ex hic luce affluentes ordinat annos, Hor Od 4, 11, 20 (6) Uoi publicas res ordinaris, Hor Od 2, 1, 11 (7) Cupiditates improbas ordinant, Sen 30, 10 (8) Ita deorum fata ordinaverunt, ut, &c Curt 4, 14, 20 (9) Suet Vesp 2

Ordinor, āri, atus pass (1) *To be ordered, or put in order* (2) *To be orderly distributed*, or *divided* (3) Met *To be regulated* (1) = Cum omnia ordinarentur, instituerentur, pararentur, &c Cic pro Sulla, 19 (2) Modicum tempus est, quo in totum diem velut opus ordinetur, Quint (3) Ordinatur istâ ratione animus, Sen

ORDIOR, iri, orsus & orditus [ab orior, inserto d, ut cano, candeo vel ab ὄρω ὀρθέω, unde ὄρθημα, i e. plena carpta & operi parata, Hes sane ordiri propriè vox est textorum, cum tenere incipiunt, unde ordiri sive exordiri, & detexere sive pertexere opponuntur, Voss] (1) *To begin, properly to spin, or weave* (2) Met *To decree, or ordain to* (3) *To begin, or enter upon* (4) *To write, or speak of* (1) Lachesis plena orditur manu, Sen Orditur telas, Plin 11, 24 (2) ✝ Totos in pœnam ordire nepotes, Stat (3) Ordiri orationem, Cic Orat 35 ✝ terminare, Id Jam ordiri explicare, Id de Legg 1, 4 Orditur loqui, Plaut Trin 5, 2, 12 (4) ✝ Ordior arma, Sil Reliquas res ordiri, Cic Fam 5, 12 De quo si paulo altiùs ordiri videbor, Id Att 4, 1

† Ordium, ii neut [ab ordior] ut exordium Ordia prima, i e primordia, per Metathesin *First principles*, Lucr 4, 32

ORDO, inis m [forte ab ordior, docet enim unde ordiri oporteat] (1) *An order, or law of nature* (2) *A beginning, series, tenor and succession of time, or things* (3) *An established rule, or law* (4) Κατ' ἐξοχὴν, *the decree of fate* (5) *A regular arbitrary placing, or disposition* (6) *Method* (7) *A degree, rank, or quality, high, or low* (8) Κατ' ἐξοχὴν, *the senate, or which is analogous in the provinces, the decurionate* (9) *State, condition, circumstances* (10) *Troops, forces* (11) *Military array, a way of drawing up men, or ships* (12) *A rank, or file of soldiers* (13) *A rank, or row of any thing* (14) *A set of curls* (15) *A bank of oars* (16) *A bench, or long seat, with people sitting on it* (17) *Regularity, or a constant way, or course of life, or action* (18) *Order, discipline* (1) = ✝ Ea, quæ tanta mente fiunt, ut vix quisquam arte ullâ ordinem rerum, & vicissitudinem persequi possit casu fieri putet? Cic Tertium ordo, Plin 12, 1? (2) Ordo sæclorum, Virg Ecl 4, 5 = Ordo & series causarum, Cic de Div 1, 55 vitæ continuus, Tac Ann 16, 26, 7 (3) Fati ordo, Sen (4) Pers 5, ?7 (5) = Ordo, & modus omnium quæ fiunt, quæque dicuntur, Cic Offic 1, 5 Et quod prius ordine verbum est, posterius facias, præponens ultima primis, Hor Sat 1, 4, 59 ¶ Nomina in ordinem referre, *to post debts*, Cic ✝ in adversaria relinquere, Id = Rectè atque ordine, *regularly, legally, duly*, Id pro Quint 7 ✝ extra ordinem, *out of course*, Id (6) Affert maximè lumen memoriæ ordo, Cic de Orat 2, 86 (7) Amplissimus ordo, Cic pro Mil 2 senatorius, Id pro Flacc 18 equester Id pro Dom, 28 medius, Plin Omnium ordinum, & ætatum homines Cic Præstantior ordo tribuni, Stat Ordo publicanorum, Cic Ornatorum, pecuniariorum, mercatorum, Id (8) Tac Ann 11, 25, 2 & Hist 2, 52, 4 (9) = Convenit quendam mei loci, atque ordinis, Ter Eun 3, 2, 3 Rerum mearum ordo, Cic ¶ In ordinem coactus, *reduced from an officer to a private man*, Liv ✝ Uno ordine habere omnes, *to count all alike*, Vir Æn 2, 102 ¶ In ordinem redigere, *to humble, or degrade*, Plin Jun (10) Vir fortissimus, qui ordines duxit, Cic Philipp 1, 8 (11) His ordinibus instructus exercitus, Liv 8, 8 vid & Tac Hist 5, 23 (12) Incomposito agmine, solutisque ordinibus sequi, Curt 8, 1, 5 Dispositi in turmas iterum, legemque severi ordinis, Stat (13) Ordines arborum, Cic de Senect 16 & Prop 2, 43 maxillarum, Plin 11, 37 (14) Tot premit ordinibus, tot adhuc compagibus altum ædificat caput, Juv 6, 501 Ponit in ordine crines, Ov (15) Terno consurgunt ordine remi, Vir Æn 5, 120 (16) Quatuordecim ordines, Cic Philipp 2, 18 Quieti ordines deorum, Hor Od 3, 3, 36 (17) Ordo actionum, Cic (18) = Tua, Cæsar, ætas—ordinem rectum & vaganti fræna licentiæ injecit, Hor Od 4, 15

Orea, æ f [quod ori inseritur Fort pot ab auris, area, *hinc* orea, ut *pro* aurata, orata] *The part of the bridle which is put into the horse's mouth*, or *rather that part of it which cometh about his ears, the reins*, or *headstall*, Fest ex Catone, Non &c usus est & Auson Ecl de solstitio

* Oreon, ei n [dict quod ἐν ὄρεσιν, i e in montibus nascitur] *A kind of knot-grass*, by some called *blood-wort*, described Plin 27, 12

* Oreoselinon, ni n *A kind of wild parsley*, so called because it groweth on hills, Plin 19, 8 & 20, 11 Lat Apium montanum

* Orexis, is f *A stomach, or appetite to meat*, Juv 6, 426 & 11, 127 Lat Adpetitio, Cic

† Organarius, ii m (1) *A maker of musical instruments* (2) *An organist, a player on the organs* (1) Firm (2) Organarius, ὑδραύλης, Gloss

Organicus, i m *He that playeth on musical instruments*, Lucr 2, 412

Organicus, a, um (1) *That is done by an engine, frame, or machine* (2) *Musical* (1) Telarum organica ... Vitruv (2) Ab organico saltu Heliconis, Lucr 2, 412

* Organum, i n *A general name of all instruments, or machines for divers uses, as* (1) *builder,* (2) *drawing water,* (3) *measuring,* (4) *music, &c* (5) *An organ, an instrument* (1) Vitruv 10, 1 (2) Organa, quæ ad hauriendam aquam inventa sunt, Vitruv 10, 9 ✝ Inter machinas & organa quid intersit, Vitruv (3) Col 3, 13 (4) Quint 9, 4 Juv 6, 379 ... mitur pro testudine (5) Lamp ... Tert ...

* Orgia, ōrum n pl (1) *Sacred rites*, (2) Κατ' ἐξοχὴν, *the mystical rites of the Bacchanals* (3) *Large bowls* (1) Peridum orgia, Stat Sylv 5, 5, 4 (2) Pars obscura cavis celebrabant orgia cistis, Cat 64, 259 (3) Orgia, cantari maximi, pleni vino, Suet

Oria, æ f [quæ circa oras & littora navigatur] *A fisher's boat, or skiff*, Plaut *vid* Horia

* Orichalcum, ci neut [ab ὄρος, mons, & χαλκός, æs] *A kind of mountain brass metal of great price* Si quis aurum vendere, orichalcum se putet vendere, &c

&c Cic Offic 3,23 Tibia vincta orichalco, *Hor A P* 202

† Oricilla, æ f dim [*ab* auricula, *pro* auricilla, dialecto rustica, *ut* orata *pro* aurata] *The lap of the ear, or a little ear* Mollior imula oricilla, *Catull* 23, 2 *ubi leg & auter* Auricula infima mollior, *Cic Q fr* 2, 14

Oricularius, a, um adj *pro* auricularius *For the ears* Oricularium specillum, *Cels* 7, 30 Oricularius clyster, *Id* 6, 7

Oriens, tis part (1) *Rising, arising, or getting up* (2) *Rising, blowing* (3) *Growing up, or beginning to flourish* (4) *Growing, or increasing* (5) *Rising, or beginning* (6) *Rising, as stars, constellations, &c* (1) Oriens consul magistrum populi dicit, *Vel Longus* (2) Ventus a septentrione oriens, *Nep Milt* 1 (3) Orientium juvenum initia, *Vell Paterc* 2, 29 (4) Vir oriens, *Cic pro Domo*, 25 (5) Oriens incendium, *Cic* mos, *Liv* (6) Oriens sol, *Cæs B G* 7, 3 Phœbe, *Ov* Noctis orientia signa, *Vir Æn* 7, 138 Oriens hœdus, *Hor Od* 3, 1, 28

Oriens, entis m (6) (1) *The East, or East country, eastern parts, or provinces* (2) *The rising sun, the morning* (1) Lapides extremo oriente petiti, *Ov Met* 7, 266 ✠ Occidens, *Sall* (2) Me sævus equis oriens afflavit anhelis, *Vir Æn* 5, 739 ☞ *Antiquiores pertrio casu fere efferunt, ut,* Orientis oceanus, *Plin* 19, 25 populi, *Suet*

Orientalis, le adj *Eastern, belonging to the East* Auxilia Orientalia, *Just* 14, 4 India Orientalis, *Pallad*

‖ Orificium, ii n [*ab* ore, & facio, tanquam os factum] *An orifice*, Macrob Sat 7, 4 ✝ Os

Origanum, i n [*origanum, quasi* ... , non e gaudens] *An herb, organy, or bastard marjoram*, Plin 20, 17

‖ Originatio, onis f *Etymology, or the deriving and giving the etymon of words* Sunt qui originationem vocant, *Quint* 1, ✝ Verborum origo

‖ Originitus adv *By original, or descent* Qui sunt originitus Scythæ, *Amm* 31, 6 ✝ Origine

Origo, inis (6) [*ab* orior, ut a verto, vertigo] (1) *The head, as of a spring* (2) *That which is born* (3) *A beginning* (4) *A breed, or kind* (5) *A pedigree, lineage, or descent* (6) *Original principle, fountain, or moving cause* (7) *The founding of cities, or first beginning of a nation* (8) Origines, *mother-cities, or towns that had founded colonies* (9) Origines, *a book of Cato's, treating of antiquities* (10) *A stock, or top of nobility whence a family is descended, the first, or greatest ancestor, the founder* (1) Fontium origines celat Nilus, *Hor Od* 4, 14, 45 (2) Mulichris origo, *Lucr* 4, 1226 (3) Prima ab origine mundi, *Ov Met* 1, 3 (4) *Vir Geor* 3, 473 (5) Vilis originis ... gaudia longa feras, *Juv* 8, 46 Pseudophilippus appellatus a mendacio simulatæ originis, *Paterc* 1, 11 (6) = Originem & progressionem certarum rerum persequi, *Cic* = Mentis mala causa & origo, *Juv* 14, 226 (7) O quam de tenui Romanus origine crevit! *Ov* vid & *Liv præf* 1 (8) Pars originibus suis præsidio, pars decori fuere *Sall B J* (9) Citat a *Varr* & alus (10) Æneas Romanæ stirpis origo, *Vir Æn* 12, 166

Oriola, a f *Vid* Horiola

ORIOR, iri, ortus sum dep [*ab* ὄρνυμαι, excitor, *Canin* sc *ab* ὄρω, Ion ὄρω] (1) *To rise, or get up* (2) *To rise, as the sun, moon, stars, &c* (3) *To rise, or spring, as a fountain* (4) *To spring, or shoot up, as a flower, &c* (5) *To break out, as an ulcer* (6) *To spring, or break, as the day* (7) Met *To start up, or become of a sudden* (8) *To appear* (9) *To rise, or begin, to be occasioned* (10) *To be made, to have a beginning* (11) *To be born* (12) Met *To arise, or result from* (1) Ex consueto quasi collis oriebatur, *Sall B J* 52 (2) Stellæ, ut quæque oriturque caditque, *Ov Fast* 1, 295 *vid* Oriens (3) Fons oritur in monte, *Plin jun* (4) Tyrioque ardentior ostro flos oritur, *Ov Met* 10, 211 (5) Ulcera in gingivis oriuntur, *Cels* (6) Lux oritur, *Ov* (7) Repentè animi beneficio rex ortus est Lydiæ, *Cic* (8) Oritur mirabile monstrum, *Vir Æn* 11, 885 (9) Oritur cædes, *Vir Æn* 2, 411 suspicio, *Cic* § Neque ex eo negotio seditio oriretur, *Sall B J* 15 § Sermo oritur de villis, *Hor Sat* 2, 6, 71 § Hinc orta ... est, *Phædr* 4, 3, 3 § Orietur ... horior *Prop* 1, 5, 15 § Ab his sermo oritur, *Cic* (10) An mundus ortus sit ab aliquo temporis principatu, *Cic* (11) = Oriri & procreari, *Cic* = nasci, *Id* (12) A suo cujusque genere virtutis officia oriuntur, *Cic de Fin* 5, 24

* Oripelargus, i m *An eagle shaped like a vulture*, &c *Plin* 10, 3 = Percnopteros, *Id ib*

* Orites, æ m *A round precious stone*, Plin 37, 10 = Siderites, *Id ib*

Oriturus, a, um part *That will appear, or be born* Nil oriturum alias, nil ortum tale fatentes, *Hor Epist* 2, 1, 17

Oriundus, a, um [*e* in *u* mutata] (1) *That deriveth his pedigree from, descended from* (2) *Whose parents, or ancestors lived among or were born at* (3) *That had its rise from, by imitation* (4) *Born of, or at* (1) Ab Ulysse deaque Circe oriundus, *Liv* 1, 49 Materno genere ab Achille oriundus, *Plin de Vir illustr* *Met* ✠ Cœlesti sumus omnes semine oriundi, *Lucr* 2, 989 (2) § Oriundi ex Albanis & Sabinis, *Liv* § ab Sabinis, *Id* § Cumis oriundi, *Id* ✠ Nati Carthagine, sed oriundi ab Syracusis, *Id* 24, 6 (3) Albâ oriundum sacerdotium, *Liv* 1, 20 (4) Ab ingenuis oriundi, *Cic* liberis parentibus, *Col* 1, 3

Ornamentum, i n verb [*ab* orno] (1) *Any furniture to equip, or set off* (2) *A sett of harness* (3) *Armour, or accoutrements* (4) *The ensigns, or marks of authority, or dignity* (5) *An ornament, or credit* (6) *Endowments of mind, or fortune* (7) *An ornament, or embellishment in writing* (8) *Any advantage of honour, or profit* (1) Ornamenta scenica, *Varr* vid *Plaut Amph prol* 85 Ornamentum abaci, *Juv* 3, 204 Pecuniam omnem, omniaque ornamenta ex fano Herculis in oppidum Gades contulit, *Cæs B C* 2, 89 = Ornamentum pueritiæ indicium atque insigne fortunæ ereptum, *Cic* (2) Ornamenta bubus sex, *Cato* (3) *Sen Præf lib* 4 N Q *Cic Catil* 2, 11 *Suet Tit* 9 *ubi tamen* ferramenta *al leg* (4) Ornamenta magistratibus à populo Romano data, *Cic* (5) = Si splendorem ordini atque ornamentum curiæ constituere velitis, *Cic* = decus, *Id* Magno tibi erit ornamento nobilissimum adolescentem tuo beneficio esse salvum, *Cic* (6) Suscepi mihi perpetuam propugnationem pro omnibus ornamentis tuis, *Cic Fam* 5, 8 (7) Orationis ornamenta negligere, *Cic* (8) *Nep Attic* 7

Ornandus, a, um part (1) *To be adorned, or dressed* (2) *To be enriched, or beautified* (3) *To be honoured* (4) *To be got ready, to be set out* (1) Famula operosa ornandis capillis, *Ov* (2) *Cic* (3) = Ornanda & celebranda senectus, *Cic de Orat* 1, 45 (4) Classis ornanda, *Cic*

Ornatè adv ius, comp issimè, sup *Gracefully, eloquently, in good language, or dress* = Ornatè splendideque aliquid facere, *Cic Offic* 1, 2 = Ornatè, politeque dicere, *Id pro Cæl* 3 Uberius & ornatius explicare, *Id* Ornatissimè & copiosissimè defendi, *Id de Cl Orat* 5

‖ Ornātor, oris m *An adorner, or setter out*, Cassiod Ep 1, 2 ✝ Qui ornat

Ornātrix, icis f verb *A waiting maid that dresseth her mistress's head* Tuta sit ornatrix, *Ov A Am* 3, 239 *vid* & *Suet Claud* 40

Ornātus, a, um part & adj ior, comp issimus, sup (1) *Set off, decked, adorned, fine* (2) *Clothed, dressed* (3) *Equipped, harnessed, accoutered, rigged, &c* (4) *Crowned with* (5) *Furnished, contrived* (6) Met *Graced, adorned, or accomplished* (1) Capillo ornato procedere, *Prop* 1, 2, 1 Agro benè culto nihil specie ornatius, *Cic* ¶ Pessimè ornatus eo, *I am in a sad plight*, Plaut (2) Ornata lepidè in peregrinum modum, *Plaut* (3) ✠ Græcia M Bruti auctoritate imperio, copiis non instructa solum, sed etiam ornata, *Cic* Ornatus vestitu militari, *Nep Datam* 9 ✠ Effecit ut eâ Elephantus ornatus ire posset, quâ antea unus homo inermis vix poterat repere, *Id Hannib* 3 (4) Apio crines ornatus, *Vir Ecl* 6, 69 caput foliis, *Id Geor* 3, 21 & *absolut crowned* Ornati dei, *Tib* 2, 1, 54 (5) Ornata cuncta in ordine animo, ut voluerant, habebam, *Plaut Pseud* 2, 3, 10 (6) Tali fide, virtute, gravitate, auctoritate ornatus, *Cic* Lectissimus atque ornatissimus adolescens, *Id*

Ornātus, ûs m (1) *Dress, properly of the head* (2) *Garb, habit* (3) *Company, attendants* (4) *Appurtenances, furniture, attributes* (5) *A feast, or entertainment* (6) *Adorning, beautifying, a set of ornaments* (7) *An ornament* (8) *Preparation* (9) *Accoutrements, or arms* (10) *Beauty, or ornament of expressions* (1) Vid *Varr L L* 1 4 & conf *Vir Æn* 7, 74 (2) Vestitu humili, ut eorum ornatus in his regem significaret neminem, *Nep Ages* 8 Ornatus nauclericus, *Plaut Asin* 1, 1, 54 Ornatum alicujus in superbiam trahere *Tac Hist* 2, 20, 2 Ornatus regalis, *Cic de Fin* 2, 21 = vestitus, *Id* ☞ *De ornatu vario vid* Ov A Am 3, 1, 5 & *seqq* (3) Non hic placet mihi ornatus, *Plaut Bacch* 1, 2, 17 (4) Pompeius emptus est tapetis ornatus, *Cato*, 22 ✠ Deos novimus, ornatu, ætate, atque vestitu, *Cic N D* 1, 29 (5) In ornatibus publicis gallinæ solent poni cum psittacis ac merulis albis, *Varr R R* 3, 9 (6) Afferunt hæc, quasi lumina, magnum ornatum orationi, *Cic Orat* 39 (7) *Phædr* 4, 15, 5 (8) *Vid seq* ornatus, i (9) Ornatus militaris, *Tac Hist* 1, 22, 51 (10) Verborum ornatus oratoris putandus est, *Cic de Or* 1, 11

† Ornatus, i m (1) *Dress, habit* (2) *Provision, preparation* (1) Quid istuc ornati est *Ter Eun* 2, 2, 6 (2) Nihil ornati, nihil tumulti, *Ter Andr* 2, 2, 28

Orneus, a, um adj *Of the wild ash* Orneam frondem bubus recte præbebimus, *Col* 12, 9

* Ornithias, æ m [*ab* ὄρνις, avis, *sc* hirundo] *A north wind blowing gently for about a month together, about the twentieth of February, when the swallows are come* Ex his Martii venti septentrionales, qui vocantur ornithiæ, per dies XXX flare solent, *Col* 11, 2

* Ornithŏboscion, ii n *A great pen, coup, or cage to breed poultry in*, Varr R R 3, 9 *Lat* Aviarium

* Ornithŏgăle neut *An herb called dog's-onion, star of Bethlehem*, Plin 21, 17

* Ornithon, ōnis m *A great pen, a yard, or other place where fowl are bred and fatted*, Col 8, 1 & Varr R R 3, 3

* Ornithŏtrŏphium, ii n *A coup, or place to feed fowls in, and make them fat*, Varr R.R 3,

ORNO, āre act [*qu* ornore *vel* horno, *ab* ὥρα, venustas, ὡραῖον, pulcrum & venustum reddo, *Bc* vel ex ore, oris, sicuti Heb ... & *os* & *ornatum* sign aut fort ab *ordino* per contr] (1) *To deck, or adorn* (2) *To dress, curl, or set hair* (3) *To dress one, to put on his clothes* (4) *To set out with furniture* (5) *To crown with* (6) *To furnish* (7) *To provide things ready for* (8) *To arm, or accoutre* (9) *To rigg* (10) *To be an ornament, or credit to* (11) *To extol, set off, or commend* (12) *To render graceful, to improve* (13) *To render honourable, to prefer, to advance* (14) *To do one honour* (1) Sepulcrum floribus ornare, *Cic* ædem frondibus, *Prop* 4, 10, 29 Gemma ornat manus, *Id* ., 6, 12 (2) Ornare capillos, *Mart* (3) Age, eamus intro, nunc jam orna me, *Ter Eun* 2, 3, 85 *Met* = Vestire & oratione ornare invenia, *Cic de Or* 1, 31 (4) Domesticis copiis ornare convivium, *Cic Verr* 4, 20 Ornare magnificè splendideque convivium, *Id pro Quint* 30 (5) Ne me frondis brevoribus ornes, *Hor Epist* 2, 19, 26 Hedera ornate poetam, *Vir Ecl* 7, 25 (6) Magistratus tabernaculis, & omni alio instrumento ornare, *Liv* 42, 1 Ornare provinciam, *Id* Ut sibi penum aliud ornet, *Plaut Capt* 4, 4, 12 (7) Non ornatis nuptias? *Plaut Cas* 3, 2, 16 Paululum si cessassem, domi non offendissem, ita ornarat fugam, *Ter Fun* 4, 4, 6 (8) Ornare se armis, *Ov Epist* 9, 103 scuto frameaque, *Tac* (9) Ornare classem *Liv* 26, 37 (10) Pudorem ornaverat ætatem, *Cic* (11) Munus nostrum ornato verbis, quod poteris, *Ter Eun* 2, 1, 8 Eum ornavi veris laudibus, *Cic* (12) Cum res Italiam moribus ornes, *Hor Epist* 2, 1, 2 (13) M Furium, quem mihi commendas, vel regem Galliæ faciam, vel Lepidi legatum Si vis, ad me alium mitte, quem ornem, *Cic Fam*

Fam 7, 5 Ornare aliquem divitiis, *Nep Them* 2 (14) ✱ Tibi ad ornandum semper datur facultas, mihi ad remunerandum nihil suppetit, *Cic Fam* 15, 13

Ornor, ari, ātus pass (1) *To be dressed*, or *adorned* (2) *To be honoured* (3) *To be provided*, or *got ready* (1) = Lectum sibi ornari & sterni jubet, *Cic* pro *Cluent* 5 Ornata *mulier* sine auro, ut quæ ornantur sibi, *Ter Heaut* 2, 4 (2) Omnibus decretis ornari, *Cic* (3) Jubere prandium ornari domi, *Plaut Rud* 1, 2, 53 = parari, *Cic*

Ornus, i f [ab ὀρεινός, montanus, ὀρεινὴ μελία, quia fraxinus sylvestris, uti *Col ornum* vocat, montibus propria est, ut βουμελία campis nisi potius ex Hebr ארן Chald ארנא orna, quod *pinus*, Hier *ornus*, Jun vertit] *A wild ash*, *with broad leaves* Steriles saxosis montibus orni, *Vir Geor* 2, 111 Ingentes advolvunt montibus ornos, *Id Æn* 6, 182 Antiqua in montibus ornus, *Id Æn* 2, 626

Oro, āre [ab os, oris, quo oramus, *i e* loquimur] (1) *To speak* (2) Synecd *To make*, or *deliver an oration* (3) *To beg*, or *intreat* (4) *To plead* (5) *To pray to the gods* (6) *To deprecate*, *to ask pardon of* (1) ST Si peccassis, multa hic retinebo illico SA Optimum atque æquissimum oras, *Plaut Stich* 5, 4, 46 (2) Pro meritis complecti orando, *Cic post red in senat* 1 (3) Orat, atque obsecrat, ut, *&c* Cic Orare, & obtestari aliquem *Id* Oro & quæso te, *Plaut* ☞ *In quibus orare est minus* ✱ A te peto, vel potius oro, & obtestor, ut *Cic* Rogare & orare aliquem, *Id* ☞ *Ubi peto, & rogo, minus est quam oro* § Scin' quid te orem, Syre? *Plaut Pseud* 2, 2, 62 § Egi atque oravi tecum, *Cic* § Omnibus precibus orare, *Cic* § uxorem gnato, *Ter* § Gentes orare, & urbes, *Vir Æn* 6, 92 (4) Servum hominem causam orare leges non sinunt, *Ter Phorm.* 2, 1, 62 (5) Deum oraverit, *Ov Met* 15, 646 § Veniam dapibus, nullisque paratibus orant, *Id Met* 8, 68, Quod te, Æsculapi, & te, Salus, nequid sit hujus, oro, *Ter Hec* 3, 2, 3 (6) *Tac Ann* 13, 25, 3

* Orobanche, es f *A sort of herb*, *vid* Plin 26, 8, & 18, 17 Orobanchen appellavimus *necantem ervum & legumina*, Id 22, 25 = Cynomorion, *Id ib*

* Orobathron, ii neut *id quod* orobanche, *Plin* 26 8

* Orobia, æ f *Frankincense in little grains like vetches*, Plin 12, 14

Orobitis, is f *A kind of gold solder*, *made up into little balls like vetches*, Plin 33, 5

Oror, ari pass *To be desired*, *begged*, or *intreated* § Orabunt ut, *&c* Cic § Si mora leti oratur juveni, *Vir Æn* 10, 623 § Qui secundis rebus suis ad belli facultatem orantur, *Sall inter fragm* *Vid* Oro

* Orphus, phi m *A kind of sea fish* Plin 9, 16, & 32, ult

* Orrhopygium, ii n *The rump of a bird* or *beast*, Ap Med

Orsa, orum n pl [ex ordior] (1) *An undertaking*, or *design* (2) *Words spoken*, *a speech* (1) Orsis tanti operis, *Liv in præf* libri (2) Orsa vicissim ore refert, *Vir Æn* 11, 124

Orsus, a, um part (1) *That hath begun* (2) *That beginneth*, or *hath begun to speak*, or *write* (3) *That hath spoken*, or *said* (1) Bonis initiis orsus tribunatus, *Cic* de *Clar Orat* 34 (2) *Cic* de *Legg* 1, 3 (3) Sic orsus, *Vir Æn* 2, 2

Orsus, ûs. m verb *A word delivered* Rati, an vani pectoris orsus, *Cic* de *Div* 2, 30

* Orthæ f pl [ὀρθαί, subint οἰκοδομαί] *Balconies*, or *any buildings jutting out*, Dig

* Orthampĕlos, i f *A kind of vine needing a prop*, or *support*, Plin 14, 3

* Orthius, i, um *Orthium carmen*, *A kind of loud music used by Arion according to* Herodotus Stansque in summæ puppis foro carmen, quod *orthium* dicitur, voce sublatissima cantavit, *Gell* 16, 19 Pes orthius, ex brevibus quinque, & totidem temporum, *Diom*

* Orthŏcōlus, a, um Orthocola jumenta, *beasts that have the cramp so that they cannot set their feet on the ground*, *but are fain to go on the top of their hoof only*, Veg 2, 54 *ubi al leg* orthocylla, *a* κυλλός, *mancus*

* Orthŏgraphia, æ f (1) *A draught*, or *model of the front of a building* (2) *Orthography*, or *the art of writing according to grammar* (1) Orthographia est erecta frontis imago, modiceque picta rationibus operis futuri figura, *Vitruv* 1, 2 (2) Orthographiam, id est, formulam rationemque scribendi a Grammaticis institutam non adeo custodit, *Suet Aug* 88

* Orthŏmastĭcus, a, um. Orthomastica mala [*mammarum effigie*, quod ὀρθὸν μαστὸν, erectam mammam, referant] *A kind of fruit like to womens teats*, *breast-apples*, Plin 15, 14

* Orthominum, i n *A sort of flax*, or *hemp*, Plin 19, 1

* Orthopnœa, æ f *An asthma*, *a difficulty of breathing*, *when one cannot fetch his breath without holding his neck upright*, Cels 4, 7, 2 *Lat* Respirandi difficultas

* Orthopnoicus, a, um *Pursy*, *phthisical*, *that cannot take his breath without holding his neck upright*, Plin 20, 17 & sæpe alibi *Lat* Difficilis respiratio

* Orthostătæ, arum f pl *Supporters*, *buttresses*, or *pilasters*, Vitruv 2, 8

* Orthragŏrĭscus, i m Appion maximum piscium esse tradit porcum, quem Lacedæmonii *Orthragoriscum* vocant, grunnire eum cum capiatur, *Plin* 32, 2

|| Ortivus, a, um *Eastern* Ortivus cardo, *Man l* 3, 189 Ortivus sol, *the rising sun*, Apul ✝ Oriens

Ortus, a, um part (1) *Risen* (2) *Sprung up* (3) *Born*, or *descended from* (4) Absol *Born* (5) *Proceeding from* (6) *Happening*, *occasioned*, *begun* (1) Ortâ luce, *Cæs B G* 5, 8 Ortus lucifer, *Ov Met* 1, 664 (2) Flos e sanguine concolor ortus, *Ov Met* 10, 735 (3) Ortus a diis, *Cic* Pueri claris patribus orti, *Hor Od* 4, 6, 31 § Cato ortus municipio Tusculo, *Nep in vita*, *princ* Ex eodem ortus loco, *Ter Eun* 2, 2, 10 ¶ A se ortus, *being the first of his family*, Cic (4) Quod sylvis fuit ortus in altis, *Ov Fast* 4, 41 (5) Ab sensu falso ratio orta, *Lucr* 4, 485, (6) Dissensione orti, *Nep Dion* 6

Ortus, ûs. m verb (1) *The rising of the sun*, *stars*, *&c* (2) *The rising of a wind*, or *quarter from whence it bloweth* (3) *The eastern part of the world*, *the people of the east* (4) *Birth*, *nativity* (5) *Extraction*, *descent* (6) *Production*, *a beginning* (7) *Rise*, or *cause* (1) ✱ Signorum ortus & obitus, *Cic* de *Inv* 1, 34 Canis æstivos ortus vitare sub umbra, *Tib* 1, 1, 27 (2) Non, Eure, tuos ad ortus, *Vir Geor* 3, 277 (3) Totos per ortus, *Luc* 2, 642 (4) Ortus nostri partem patria vendicat, *Cic Offic* 1, 7 (5) Materno ortu generosior, *Ov Met* 13, 148 (6) Repetere ortum juris a fonte, *Cic* de *Legg* 1, 6 ✱ Si ortus sit deorum, interitus sit, necesse est, *Id N D* 1, 25 (7) Ortus amicitiæ, *Cic*

* Ortygŏmētra, æ f *The captain*, or *leader of the quails*, *somewhat bigger and blacker than the ordinary quail is*, *Plin* 10, 23

* Ortyx, ygis f Plantum, *Plin* 21, 17 = Plantago

* Oryx, ygis *vel* orix m *A sort of wild goat*, Plin 9, 1 Unicorne, bisulcum, oryx, *Plin* 11, 46.

* Oryza, æ f *A grain called rice*, Hor Sat 2, 3, 155

O ante S

OS, ōris n [*a* simil literæ O, ob figuram rotundam, *Scal* vel *ab* ὄσσα, vox, ut Angl. *mouth*, a μῦθος, sermo] (1) *The mouth of any creature* (2) Met *Talk*, *discourse* (3) *Speech*, *tongue*, *language* (4) *Pronunciation* (5) Synecd *The face*, or *countenance of any creature* (6) Absol *Impudence* (7) Ora, *vizards* (8) *The look*, *favour*, or *make of the face* (9) *Presence* (10) *The shape*, or *figure of any thing* (11) *The bill*, or *beak of a bird* (12) *The front of an army* (13) *The mouth of any vessel*, *bag*, *&c* (14) *Any gap*, *breach*, or *hole to enter at* (15) *The mouth*, *passage*, or *entrance into any place* (16) *The head*, or *fountain* (1) Quædam animalia cibum oris hiatu, & dentibus ipsis capessunt *Cic N D* 2, 47 Cadit frustum ex pulli ore, *Id* Os equi frenatum, *Hor Epist* 1, 15, 13 (2) = Brutus erat in ore, & in sermone omnium, *Cic Philipp* 10, 7 In ore vulgi versatur, *Id* In ore est omni populo, *it is town talk*, *it is in every body's mouth*, *Ter* Ne in ora hominum pro ludibrio abiret, *lest it should become a common laughing-stock*, Liv Venturus in ora, *that will be read*, or *famed*, Hor Epist 1, 3, 9 Virum volitare per ora, *Vir Geor* 3, 9 Uno ore, *with one consent*, *Ter* Animosi Accius oris, *that wrote strong lines*, *Ov Amor* 1, 15, 19 (3) Mithridates duarum & viginti gentium ore loquebatur, *Plin* Ora sono discordia signant, *Vir Æn* 2, 423 (4) *Liv* (5) Homo acutis oculis, ore rubicundo, *Plaut Pseud* 4, 7, 121 Phœnix ore & distinctu pennarum diversus, *Tac Ann* 6, 28 ¶ Ora suffundere rubore, *Ov Amor* 3, 3, 5 Os alicujus oblinere, *Plaut* sublinere, *Id to cheat*, *to make a fool of* Os durum, *Ter Eun* 4, 7, 36 ferreum, *Cic* impudens, *Ter a brazen face*, *an impudent fellow* (6) *Plaut Mil* 2, 2, 33 = Nostis os hominis, nostis audaciam, *Cic Verr* 2, 20 = Os hominis, insignemque impudentiam cognoscite, *Id* (7) Ora corticibus sumunt horrenda cavatis, *Vir Geor* 2, 387 (8) Hic color, hæc facies, hic decor oris erat, *Ov Fast* 2, 774 (9) Concedas ab ore eorum, *go out of their sight*, Ter Heaut 5, 3, 11 In ore ejus jugulatur, *Tac Hist* 3, 77, 4 Ante ora, *Vir Met* In ore atque in oculis provinciæ, *in the most public and frequented place*, Cic Nulli lædere os, *to disgust no man in his company*, *Ter Adelph* 5, 4, 10 Ora virum, *heads*, Vir (10) Quoiusquemodi formarum ora, *Lucr* 4, 136 (11) Corvus, dum vult vocem ostendere, emisit ore caseum, *Phædr* 1, 13, 10 Cornea ora, *Ov Metam* 8, 545 § ✱ Ora navium gravi rostrata pondere, *gally-beaks*, Hor Epod 4, 17 (12) ✱ In ore, in latere, & a tergo, *Tac* (13) Vascula oris angusti, *Quint* Pleno turget cum sacculus ore, *Juv* 14, 138 Ulceris os, *the lips*, or *opening of a sore*, Vir Geor 3, 454 (14) Ingentem lato dedit ore fenestram, *Vir Æn* 2, 482 ✱ Ora & exitus specuum, *Tac Ann* 14, 23, 3 (15) Per ora novem it mare præruptum, *Vir Æn* 1, 249 Os portus, *Cic Verr* 5, 12 Geminus portus in ora duo versus, *Liv* Os Ponticum, *Tac* (16) Ora fontana, *Ov* Nili ora, *Luc* 10, 214

Os, ossis n [ab ὀστέον, ὀστοῦν, in plur ὀστᾶ, ossa, *Prisc*] (1) *A bone* (2) *A tooth* (3) *The stone in any fruit* (1) Ossa subjecta corpori mirabiles commissuras habent, *Cic N D* 2, 55 Ossa atque pellis sum miserâ macritudine, *Plaut Capt* 1, 2, 32 (2) Disjecta ossa oris, *Ov Met* 12, 252 (3) Ossa olearum, ac palmularum, *Suet Tib* 8 persicorum, dactylorum, *Pallad*

Osce adv [ab Oscis Campaniæ pop] Osce loqui, *i e* lingua inpura, *Gell* 17, 17

|| Oscēdo, inis f (1) *An aptness to yawn*, *a disease when one cannot help yawning* (2) *Soreness of the mouth* (1) *Gell* 4, 20 ✝ Oscitatio (2) *Oscedo* est, in qua infantium ora exulcerantur, dicta ex languore oscitantium, *Isid*

Oscen, inis *vel* oscinis, is adj *Oscines* Nominativum Cicero de auguriis *Oscen* dixit, & ita utitur *Charis* *Oscen* augurium, consuetudo dicit Cicero tamen, inquit *Plinius*, de auguriis & *hic oscinis* dixit, *Id* [ab os, & cano] *A bird that forebodeth by singing*, *chirping*, or *the like* Tum a dextra, tum a sinistra parte canunt Oscines, *Cic* de *Div* 1, 53 Oscinem corvum prece suscitabo, *Hor Od* 3, 27, 11 Oscines dicuntur apud augures, quod ore faciunt auspicium, *Varr* ✱ Secundus ordo, qui in duas dividitur species, *Oscines* & *Alites* Illarum generi cantus oris, his magnitudo differentiam dedit, *Plin* 10, 19

Oscillātio, ōnis f verb *A swinging up and down in the air of figures of men*, or, as some say, *of figures of the* obscœna virilia, it was a sacred rite Erigonæ diem festum oscillationis, pestilentiæ causâ, instituerunt, *Hygin fab* 130 *quem vid*

✝ Oscillo, āre *i. e* inclino, præcepsque in os feror, *Fest* *Vid* Oscillum

Oscillum, li n [ab dim osculum] (1) *An head*, or *face* (2) *The head of a battering ram* (3) *Vizards* (4) *Little figures of heads* (1) Universitatis oscillum, *Tert* Oscillum penduli impetus, *Id* (2) Oscilla lupinorum, *Col* 2, 10 *vocat*, *quæ Plin* umbilicos (3) Πρόσωπα

(3) Προσωπεῖα, oscilla, *Gloss* (4) ---capita non viventium, sed fictilia, *&c* Et in sacellum Ditis aræ Saturni cohærens oscilla quædam pro suis capitibus ferre, *Macrob*

Oscillum, i n [ab os, & cilleo, i e moto] (1) *An image, perhaps of Bacchus, hung on ropes and swung up and down in the air,* it being a rite performed by the country people in the service of Bacchus, to render their vines fruitful, that part being accounted most fertile to which the image happened to look most frequently, moved by the wind, or otherwise (2) Also *a small image in human shape, hung up in honour of Saturn and Pluto* (1) *Virg Geor* 2, 389 (2) Vid *Macrob Saturn* 1, 7

Oscinis *Vid* Oscen

Oscinum, ni n *The singing, or chirping of some birds foreboding things to come* Oscinum tripudium est, quod oris cantu significat quid portendi, cum cecinit corvus, cornix, noctua, parra, picus, *Fest*

Oscitans, tis part (1) *Yawning, or gaping* (2) Met *Regardless, secure, careless* (3) *Easy, indolent, unactive* (1) Adde inscitiam pransi, poti, oscitantis ducis, *Cic* pro *Mil* 21 Hesterna potatione oscitantes *Quint* 8, 3 ex *Cic* (2) Oscitantes opprimere, *Ter Andr* 1, 2, 7 (3) = Oscitans & dormitans sapientia, *Cic de Orat* 2, 33

Oscitanter adv *Carelesly, easily, sleepily,* Cic de Clar Or 80

Oscitatio, onis f verb (1) *Gaping, yawning* (2) *Books written carelesly, supine, negligent* (1) = Oscitatio in enixu lethalis est, *Plin* 7, 6 (2) Oscitationes Bruti, *a book of his carelesly writ,* Stat Sylv 4, 9, 20

Oscito, are neut [ex os, & cieo, vel cito, i e moveo] (1) *To yawn* (2) *To be listless* (3) Met *To open,* as leaves of a tree do (1) Clare nimis & sonore oscitavit, *Gell* 4, 20 (2) *Lucr* 3, 1078 (3) Omnium folia quotidie ad solem oscitant, *Plin* 16, 24

Oscitor, ari, atus sum dep *To yawn,* Plaut Men 5, 2, 80 Oscitatur, χασμᾶται, *Gl Phil*

Osculabundus, a, um *Kissing often* § Socculum osculabundus, *Suet Vit* 11

Osculana pugna, *Prov* [pro ausculana, *Scal*] *A battle when the victors are afterwards themselves overcome,* Titin *ap* Non c 7, 7

Osculans, tis part *Kissing* § Ille me complexus atque osculans flere prohibebat, *Cic Somn Scip* 3 § Osculans cum adolescente, *Plaut Mil* 2, 3, 17

Osculatio, onis f verb *A kissing* Flagrantia osculationis, *Cic* pro *Cal* 20 seges, *Catull* 46, 6

Osculatus, a, um part act (1) *Kissing, having kissed* (2) Pass *Kissed* (1) Eum complexus osculatusque dimisit, *Cic Attic* 16, 5 Osculatus epistolam, *Id* (2) *Apul*

† Osculo, are Quod osculavi caput, *Non ex Titin* || Osculor

Osculor, ari, atus sum dep *To kiss* Videris istam scientiam juris tamquam filiolam osculari tuam, *Cic* pro *Mur* 10

Osculum, li n dim [ab os] (1) *A little pretty mouth* (2) *Holes in a pipe* (3) Oscula, *lips* (4) *A kiss* (1) Vidiet osculum, quæ non est vidisse satis, *Ov Met* 1, 499 (2) Cui fistula collo hæret, & voces alterna per oscula ducat, *Manil* (3) Oscula libavit gnatæ, *Vir Æn* 1, 260 (4) Dividere oscula sodalibus, *Hor Od* 1, 36, 6

Oscus, a, um *Oscum*—Cloatius putat eo vocabulo significari *sacrum,* quo etiam leges sacratæ *oscæ* dicuntur, *Fest Scal leg* oscitæ, *vel* obscitæ, *i e* ascitæ Lana osca, *rough hard wooll,* Varr L L

† Osiris, *vel* Osyris *An herb called toad-flax,* Plin 27, 12

Osirites, æ m [fort dict ab Osiride, propter divinam virtutem contra venena] *The Egyptian name of a supposed herb* = Cynocephalia, *Plin* 30, 2

Osor, oris m verb (2) [ab odi, osum] *An hater* Osor mulierum, *Plaut prol Pœn* 74

Osseus, a, um adj (1) *Of bone* (2) *Made of bone* (3) *Bony, of a substance like bones, as hard as a bone* (1) *Plin* 1, 49 (2) *Col* 5, 11 ¶ Ossea larva, *a sprite, or skeleton of bare bone,* Ov Ib 144 ¶ Manus ossea, *nothing but skin and bone,* Juv (3) *Plin* 36, 18

Ossiculatim adv *Bone by bone,* Non ex Cæcil c 2 n 609

Ossiculum, li n dim [ab os, ossis] *A little bone,* Plin 11 37

Ossifraga, æ f [ab ossibus frangendis] *A kind of eagle,* that breaketh bones by letting his prey fall from on high, *Isid an osprey,* Lucr 5, 1078

Ossifragus, a, um *That breaketh bones,* Sen Controv 33

Ossifragus, i m *id quod* ossifraga, *Plin* 30, 7

|| Ossilegium, ii n [ab ossibus legendis] *The gathering up of the bones after the body was burnt* Ὀστολογία, ossilegium, *Gl Gr Lat & Lat Gr* ☞ De ossilegii more *vid* Tibull 2, 3

† Ossu n indecl *id quod* os, *Charis* ex *Plin* unde

|| Ossuarium, ii n *A charnel-house,* Ulp 1 2, ff de Sepulc viol

Ossuarius, a, um [ab ossu, in plur ossua, *vel* ab ossum, ut a dorsum dorsuarius] Ossuariæ ollæ, *Ant Inscript*

† Ossum, i n [ex ὀστοῦν, *Prisc* ex *Pacuv & Accio,* & *Charis* & *Prisc* ex *Cn Gellio*] Antiq pro os, ossis

Ostendendus, a, um part *To be made plain, set forth, or proved,* Ad Herenn 2, 16

Ostendo, ere, di, sum & tum act [ex ob, & tendo, vet obstendo, & cano b, ab os, & teneo, *i e* ob oculos, nam veteres dicebant *ostinet* pro *ostendit,* vid Obstineo] (1) *To shew, to hold forth, or expose to sight, to let one see* (2) *To shew* as a strange, or ridiculous sight (3) *To publish, or compose* (4) *To shew in a boasting manner, to give proof of* (5) *To represent* (6) *To make one know* (7) *To signify, or make a shew* (8) *To tell,* or *shew where one is* (9) *To give one to understand, to let one know, to make plain* (10) *To manifest,* or *discover* (11) *To prove,* or *evince* (12) *To betray, to discover* (13) *To point at* (1) § Jamne ostendisti signa nutrici ? *Ter Eun* 5, 3, 5 Ubi aurora suos ostenderit ortus, *shall have shewn her rising light,* Vir Geor 4, 544 Supinatas Aquiloni ostendere glebas, *to plow up and expose to,* Id Geor 2, 261 (2) Cœpit, Pani quæ solebat, ostendere Canium Terentos, *Mart* 1, 70 (3) Parios ego primus Iambos ostendi Latio, *Hor Ep* 1, 19, 23 (4) Dum vult vocem ostendere, *Phædr* 1, 13, 9 (5) Tabula, quæ Trojæ halosin ostendit, *Petron* c 89 Ipsam vitam & mores hominum ostendere, *Phædr prol lib* 3, 51 (6) Tibi ostendam, herum quid sit pericli fallere, *Ter Andr* 5, 2, 26 (7) Peto, ut ea, quæ initio ostendisti, deinceps fecisti, ad exitum augeri & cumulari per te velis, *Cic Fam* 13, 41 (8) Ut ostenderet fratrem, *Petron* c 97 ¶ Consules se optimè ostendunt, *carry themselves so as to give great hopes from them,* Cic (9) Neque ubi, neque per quos, neque quâ spe, aut quo pretio potes ostendere, ego contra ostendo, *Cic* (10) In me dii potestatem tuam omnem ostendere, *Ter Eun* 5, 9, 3 Nobis dii animum ostenderunt suum, *Plaut* (11) Te plura in hac re peccare ostendam, *Ter Adelph* 2, 1, 44 (12) Tot peccata in hac re ostendis, *Ter Heaut* 4, 1, 21 = patefacio, *Cic* (13) De excelso loco ostendere aliquem, *Cic*

Ostendor, i pass (1) *To be shewed* (2) *To be made a shew of* (3) *To be exposed to* (1) Non laboranti certum subsidium nobilitatis ostenditur, *Cic* (2) Nihil aliud opus esse quam indici, ostendique bellum, *Cic* (3) Ager qui soli ostentus erit, *Cato Vid* Ostendo

Ostensio, onis f verb (1) *A shew,* or *public appearance* (2) *A proof* (1) Facta hominum armigerorum ostensione, *Vet Sax* (2) Ostensio, δεῖγμα, *Gloss*

|| Ostensionalis, e adj *That is used for state, pomp and shew, rather than service* Milites, quos ostensionales vocant, *Lampr Alex* 33

Ostensus, a, um part *Shewed publickly, made a shew of* Cædes ostensi, *Luc* 2, 192 Nimis mihi esset spes ostensa hujusce habendæ, *unless I had some encouragement to hope,* Ter Phorm 5, 4, 7

Ostentandus, a, um part (1) *To be done publickly, to be exposed, or recommended to public notice* (2) *To be boasted of* (1) Additurum principem defunctæ templum & aras, & cetera ostentandæ pietatis, *Tac Ann* 14, 3, 6 (2) Ficta oratio memoriæ ostentandæ causâ, *Ad Herenn* 2

Ostentans, tis part (1) *Shewing, holding up as if he were proud of it* (2) *Making shew, or proof of* (3) *Boasting* (1) Frontemque ostentans arduus albam, *Vir Æn* 5, 567 (2) Ostentans artem pariter arcumque sonantem, *Vir Æn* 5, 521 (3) *Tac* 14, 25, 2

† Ostentarius, ii m *He that telleth what prodigies portend,* Macrob Sat 3, 7 ¶ Ostentorum interpres

Ostentatio, onis f verb (1) *The making any pompous, or public shew* (2) *The endeavouring to set a thing out, and make it appear great* (3) *Such as raiseth great expectations of one* (4) *Ostentation, vain-glory, making a fair shew outwardly* (5) *A vain-glorious temper,* or *design* (1) Scenæ ostentatio, *Petron* c 126 (2) Lacrumæ ad ostentationem doloris paratæ, *Petron* c 17 (3) Multorum annorum ostentationes meæ, *Cic* (4) = Simulatione, & inani ostentatione se gloriam consequi posse putant, vehementer errant, *Cic Offic* 2, 12 ✱ In fronte ostentatio est, intus veritas occultatur, *Id de Fin* 2, 24 (5) ✱ Beneficia profecta magis ab ostentatione, quam a voluntate, *Cic Offic* 1, 14

Ostentator, oris m verb (1) *He that recommendeth things to public fame, that placeth them in the best light, to make them appear considerable* (2) *A pretender,* or *boaster* (1) Romulus cum factis vir magnus, tum factorum ostentator haud minor, *Liv* 1, 10 (2) Ostentatores meri, confidentes meri, garrulique & malevoli, *Plaut Curc* 4, 1, 15

Ostentatrix, icis f *She that endeavoureth to bear herself so as to make many gaze upon and take notice of her* Immodica sui ostentatrix, *Apul* p 545 pomp, *Prud Psychom* 439

Ostentatus, a, um part (1) *That which one hath been put in hopes of* (2) *Presented, fairly offered, held forth to one* (1) Pecunia, quæ ex liberalitate hujus promissa sit & ostentata, *Cic* pro *Q Rosc* 6 (2) Egone occasionem mihi ostentatam amitterem *Ter Eun* 3, 5, 56

Ostento, are freq [ab ostendo, *i e* sæpè ostendo gloriandi causa, *Fest* vel desiderandum, *i e* ostendere cupio, *Perot*] (1) *To shew often,* or *much, to hold forth to view* (2) *To shew off in a boasting manner* (3) *To threaten, to menace* (4) *To publish, to recite in public* (5) *To expose freely to public view* (6) *To yield,* or *expose to* (7) *To make shew of* (8) *To put upon, to give hopes of* (9) *To shew a thing, to point to* (10) *To prove, or give evident marks of* (11) *To endeavour to shew* (12) *To endeavour to make appear considerable, to go to set out, or recommend to public notice, to vaunt* (13) *To shew, to discover* (1) Velamenta & infulas pro muris ostentant, *Tac Hist* 3, 31, 4 (2) Neque pugnas narrat, neque cicatrices suas ostentat, *Ter Eun* 3, 2, 30 = Jactare se & ostentare, *Ad Herenn* 4, 21 (3) Cædem ex altera parte belli exitus ostentat, ex altera servitutem, *Cic Fam* 4, 14 (4) Famam carminum ejus premebat Nero, prohibueratque ostentare, *Tac Ann* 15, 49, 2 (5) Faciem ostentabat, & udo turpia membra fimo, *Vir Æn* 5, 357 (6) Ut jugula sua pro meo capite Clodio ostentarint, *Cic Att* 1, 16 (7) ✱ Ostentare potius urbi bellum, quam inferre, *Tac Hist* 2, 78, Ostentasse Romana arma, *Id Ann* 6, 37, 7 instructas legiones, *Id Hist* 5, 10, 4 Alterâ manu fert lapidem, panem ostentat alterâ, *Plaut Aul* 2, 2, 18 Aliud specie simulationis ostentant, *Cic* 2 contr *Rull* 4 (8) Quod cuiquam sit, id ostentat, *Plaut* (9) Campos desuper ostentat, *Vir Æn* 6, 678 (10) Castra lato ambitu, & trium legionum manus ostentabant, *Tac Ann* 1, 61, 3 (11) Qui se comem ac magnificum militibus ostentet, *Tac Hist* 1, 9, 1 (12) Se ostentare, *Cic Att* 2, 1 integrum judicium, *Tac Ann* 8, 2 artem, *Id Ann* 2, 8, 3 fidem atque animum, *Id Hist* 1, 39, 4 ✱ Ut potius amorem tibi ostenderem meum, quam ostentarem prudentiam, *Cic Fam* 10, *Met* Agrigis ostentat maxima longe mœnia, *Vir Æn* 3, 703 (13) Incipit ex illo montes Apuliæ notos ostentare mihi, *Hor Sat* 1, 5, 77

Ostentor, ari, atus pass (1) *To be shewn publickly, &c* (2) *To be talked of publickly* (1) Nero omnes per exercitus ostentatur, *Tac Ann* 1, 3 (2) ✱ Largitio verbis ostentari potest, re verâ non nisi exhausto ærario, nullo pacto potest, *Cic* 2 contr *Rull* 4 *vid* Ostentio

Ostentum, ti n [*ab ostendo, in sup ostentum*] *Any thing that happeneth contrary to the ordinary course of nature, and is supposed to foreshew something to come, either good or bad* Periculorum metus ex ostentis, *Cic Verr* 4, 19 Per hæc ostenta confecium in spem imperii venit, *Suet Vesp* 5 *Met* Præcipuum ipse Vitellius ostentum erit, *Id* ¶ Ostenta facere, *to do very odd, or strange things*, Cæl *ad Cic*

Ostentus, a, um part [*ab ostendo*] (1) *Shewed, or appearing in view* (2) *Lying open to* (1) In ipso tempore ostentus senex, *Plaut* *Rep Fest* (2) Ager soli ostentus, *Cato* locus, *Varr*

Ostentus, ûs m verb (1) *A sight, a shew, or spectacle, a gazing-stock* (2) *A mere shew, without any real effect* (3) *That which is done for shew, or dissimulation* (4) *Proof, declaration, setting forth* (1) Iturus ostentui gentibus, *a public example*, or *spectacle*, *Tac Ann* 15, 29, 6 Corpora extra vallum abjecta ostentui, *Id Ann* 1, 29, 6 (2) Nova jura dedit ostentui magis quam mansura, *Tac Hist* 1, 78 (3) Metellus illa deditionis signa ostentui credere, *Sall B J* 50 (4) Inhere jubet ostentui clementiæ suæ, *Tac Ann* 12, 14, 6 Ut Jugurthæ scelerum ostentui essem, *Sall B Jug* 16

Ostiarium, ii n *Sc* tributum *A tax by which a certain sum was to be paid for every door* Ostiarium imperabantur, *Cæs B C* 3, 32 & *Cic Fam.* 3, 8

Ostiarius, ii m *A porter, or door-keeper* In aditu ipso stabat ostiarius, *Petron* c 28

Ostiatim adv *From door to door, without missing a door* Ostiatim totum oppidum compilavit, *Cic Verr* 4, 24 Crimina agere ostiatim, *to particularize in the houses and houses on whom rapine hath been committed*, Id Ib

Ostigo, inis f [*ab os*] *The itch in limbs, or kids, about the mouth and lips* = Mentigo quam pastores ostiginem vocant, *Col* 7, 5

Ostiŏlum, li n dim [*ab ostium*] *A little door* Aditus firmi ostiolis munire, *Col* 8, 14

Ostium, ii n [*ab ore, quod sit quasi os domus*, *Prisc* vel *ab ostendo*] (1) *A door* (2) *An entrance, or passage* (3) *The mouth of a river, or haven* (1) Ostio pessulum obdo, *Ter Eun* 3, 5 Pat alta ostia Ditis, *Vir Æn* 6, 127 (2) Recta viarum ostia, *Lucr* 4, 92 (3) Ostium Tiberinum, *Cic* Ostium fluminis, *Id* Ostia Nili, *Juv* 13, 27

Ostracias, æ m *A kind of precious stone like an oystershell*, *Plin* 37, 10

* Ostracites, æ m *Idem*, Plin 37, 10

* Ostracitis, idis f *A kind of cadmia sticking to furnaces where brass ore is melted*, Plin

* Ostracium, ii n *The shell of certain fish called also* onyx. *Plin* 32, 10

* Ostrea, orum n pl Sic *Charis* ὄστρεα, seu ὀστρεα] *Any kind of fish with an hard shell, as oysters* Ostreis & conchiliis omnibus contingit, ut cum luna pariter crescant, pariterque decrescant, *Cic de Div* 2, 14 Ostrea Circæis, Miseno oriuntur echini, *Hor Sat* 2, 4, 33 Grandia ostrea mordet, *Juv* 6, 302

Ostrea, æ f *An oyster* Neque ostrea illa magna capta potuit paululum suscitare, *Varr*

Ostrearium, ii n *An oyster-pit, or place where they are kept* Sergius Orata primus ostrearia in Bajano locavit, *Plin* 9, 54

Ostrearius, a, um Panis ostrearius, *a sort of bread which they eat with oysters*, Plin 18, 11

† Ostreatus, a, um *Hard, or rough and rugged like an oyster-shell* Quasi ostreatum tergum ulceribus gestito, *Plaut Pan* 1, 2, 186

Ostreōsus, a, um or, comp *That is very plentiful of, or breedeth many oysters* Cyricus ostreosis, *Poëta phallic carm* 77 Ora Hellespontia cæteris ostreosiora oris, *Catull in Priap carm* 18

Ostrifer, ra, rum adj *That is plentiful of oysters* Ostriferi fauces Abydi, *Vir Geor* 1, 207

Ostrinus, a, um adj [*ab ostrum*] *Of scarlet colour* Ostrinus torus, *Prop* 1, 14, 20

* Ostrum, i n (1) *The fish of the liquor whereof a sort of purple, or scarlet colour is made* (2) *The liquor, or colour* (3) *Cloths, &c dyed of that colour* (1) Quo Pœnis tibi purpura fulgeat ostris, *Prop* 4, 3, 5 (2) Vestes perfusæ ostro, *Vir Æn* 5, 112 Ostro rigentes, *Id Æn* 11, 72 (3) Strato super discumbitur ostro, *Vir Æn* 1, 704

Ostrya, æ f *A sort of tree*, Plin *vid seq* ostrys

* Ostrys, yos *& ab* ræc ostrya, æ *A sort of tree in Greece*, Plin 13, 21

Osūrus, a, um part [*fut ab* odi] *That shall hate hereafter* ⁜ Amare oportere, ut si aliquando esset osurus, *Cic de Am* 16

Osus, a, um part [*ab odi*] *That hath hated* Inimicos semper osa sum obtuerier, *Plaut Amph* 3, 2, 19

O ante T

* Otacusta, æ m *An intelligencer, or spy to a prince* Ὠτακουστής, auricularius, *Gl Gr & Lat*

* Othonnes, es f [*ab* ὀθόνη, linteum, *al*] *An herb having leaves full of holes*, Plin 27, 12

* Otia pl n [*ab* ὠτίον, auricula, pl ὠτία, quomodo ostreum quoddam ὠτάριον voc] *A kind of oysters, sea-ears*, Plin 32, 11

Otiŏlum, i n dim *A little, or short leisure* Ubi delectem otiolum meum non habeo, *Cæl Cic int Ep Fam* 8, 3

Otior, iri *To spend one's time at one's own pleasure, free from business* ⁜ Otiandi, non negotiandi causa, se quo conferre, *Cic Off* 3, 14 Domesticus otior, *Hor Sat* 1, 6, 128 *i e* privatus sum domi

Otiōse adv (1) *At ease, without toil, or trouble* (2) *Easily, leisurely, as if one had nothing else to do* (3) *Securely, unconcernedly* (4) *At leisure, quietly, without interruption* (5) *Gently, softly* (6) *By little and little* (1) *Cic Offic* 3, 26 (2) Contemplari unumquodque otiose, *Cic Verr* 4, 15 (3) *Liv* 2, 58 (4) Tecum otiose, si otium est, cupio loqui, *Plaut Aul* 4, 10, 41 (5) = Secuta sum placide, otiose, meo arbitratu, *Plaut Mil* 4, 6, 6 Otiose ambulare, *Id Pseud* 4, 1, 14 ⁜ cito, *Id* (6) Properavistis olim, rapere otiose oportuit, *Plaut Trin* 1, 2, 67

Otiōsus, a, um or, comp ssimus, sup [*ab otium*] (1) *Free from business, toil, or trouble* (2) *At leisure, without any haste, or earnestness* (3) *Secure, unconcerned* (4) *That hath nothing to do, out of employment* (5) *Unconcerned* (6) *Pleasing, easy* (7) *Being still, discharged from work* (8) *That is in no public post, or employment* (9) *Peaceable, one that is a neuter in war* (10) *Void, vacant* (11) *Sedate, calm, without passion* (12) *Insignificant, idle, of no value, trifling* (1) ⁜ Vos laboriosos existimat, quibus otiosis ne in communi quidem otio liceat esse, *Cic* pro *Cæl* cap 1 (2) Otiosissimum te esse arbitrabar, *Cic* Aliam otiosus quæret, *Ter Andr* 2, 2, 21 (3) Animo otioso esse impero, *Ter Andr* 5, 2, 1 Otiosus ab animo, *without disquiet of mind*, Id Phorm 2, 1, 26 (4) Nemini hi otium quidem fuit unquam otiosum, *Cic* ⁜ occupatus, *Id* (5) Spectato otiosus dicitur calamitatis, *Cic Offic* 2, 7 Vide ut otiosus it, si dius placet, *Ter Eun* 5, 3, 10 (6) Quid quietæ otiosius animi? *Sen* (7) Otiosus bos, *Hor Od* 3, 18, 11 (8) Si habet senectus aliquid tanquam pabulum studii & doctrinæ, nihil est otiosâ senectute jucundius, *Cic de Sen* 14 = privatus, *Id* Judicandum est maximas geri res & maximi animi ab iis, qui respublicas regant, esse autem magni animi & fuisse multos in vita otiosi *Id* (9) *Cic Fam.* 5, 9, 4 & pro *Marcello*, c 6 ¶ Res placidā atque otiosā, *in time of peace*, Plaut Truc 1, 1, 56 (10) = Honor otiosus ac vacans, *Plin jun* (11) Cicero lætus est in principiis, longus in narrationibus, otiosus circa excessus, *Auct Dial de Orat* c 18 (12) Otiosæ sententiæ, *Quint* 1, 1 Otiosus sermo, *Id* 8, 2

* Otis, idis f *A sort of owl* = Afo, *Plin* 10, 23 & 29, 6 Quas Hispania aves tardas appellat, Græci otidas, *Plin* 10, 22

OTIUM, ii n (1) *Leisure, spare time, freedom from any business* (2) *Retirement from public business, a private life* (3) *The time of recreation and refreshment* (4) *Peace, public tranquillity* (5) *Idleness, a doing nothing* (6) *The living at ease, and in security* (7) *Meton The product of one's leisure, sport, waggery* (1) ⁜ Ut in otio esse potius, quam in negotio, *Ter Hec prol* 20 Literato otio quid dulcius? *Cic* Otium nusquam, *Ter Adelph* 3, 3, 66 Humanum ab re tua est otii tibi? *Id Heaut* 1, 1, 23 (2) ⁜ Ubi mihi reliquam ætatem a rep procul habendam decrevi, non fuit consilium socordia atque desidia bonum otium conterere, *Sall B C* 4 (3) Cum d... venatibus otia misce, *Ov Met* 4, 307 Cum fuerit ne otium quidem unquam otiosum, *Cic pro Planc* 27 (4) ⁜ Ex maximo bello tantum otium toti insulæ conciliavit, ut, *Nep Timol.* 3 (5) ⁜ Honestum pacis nomen segni otio imponere, *Tac Ann* 14, 39 Quæ... cæteris otia terris? *Vir Æn* 4, 271 (6) Otium Divos rogat in patenti prensus Ægæo, *Hor Od* 2, 16, 1 (7) Ex cutis oculis otia nostra tuis, *Ov Trist* 2, 224

O ante V

Ovalis, le adj (0) *Belonging to ovation* Ovalis corona, *Gell* 5, 6 † Ovans

Ovans, tis part (0) (1) *Triumphing in the lesser triumph, or ovation* (2) *Rejoicing publickly with great magnificence for* (3) *Prevailing, or triumphing* (4) *Expressing joy by public procession, shouting, &c* (5) *Rejoicing with loud shouts, shouting for joy* (6) *Full of success and joy, triumphing* (7) *Making a joyful sound* (1) ⁜ Valerio triumphus, Manlio, ut ovans ingrederetur urbem, decretum est, *Liv* v & *Suet Aug* 22 Ascendit ovans in Capitolium M Aquilius, *Cic de Orat* 2, 47 (2) Duplici victoria ovans Romulus, *Liv* Magnus ter ovans, *Petron* c 129 Taurus ovans, *bearing himself triumphantly, rejoicing for victory*, Val Flacc 5, 68 Ovans gradus, *a large, or joyful step, such as becometh a victor*, Id 2, 545 Ovantem gressum feret, *shall dance for joy*, Petron c 123 (3) Flammæ ovantes, *Vir Æn* 10, 409 Vulcanus ovans, *Sil* (4) Per Graium populos ibat ovans, *Vir Æn* 6, 589 (5) = Romani ovantes ac gratulantes Horatium accipiunt, *Liv* 1, 25 (6) Mihi eveniat, ut ovans præda onustus incederem, *Plaut Bacch* 4, 9, 136 Successu exsultans ovans, *Ov Met* 12, 298 (7) Ovans lyra, *Stat* Sistrum, *Val Flacc* 4, 418 Ovantes gutture corvi, *Vir Geor* 1, 346

Ovātio, ōnis f verb [*ab ovo*, as] *The triumphing in the lesser triumph* ⁜ Perpenna fuit de servis ovatione contentus, ne dignitatem triumphi inscriptione servili violaret, *Flor* 3, 19 v & *Suet Tib* 1 Prætereundum non est, quod ad ovationes attinet super quo dissensisse veteres scriptores scio, partim enim scripserunt, qui ovaret introire solitum equo vehentem at Sabinus Massurius pedibus ingredi ovantes dicit, sequentibus eos non militibus, sed universo senatu, *Gell* 5, 6

Ovātio, onis f [*ab ovum*] *The time of laying eggs*, Plin 10, 5 *ubi tamen al* operationem *leg*

Ovātus, a, um (0) [*ab ovum*] (1) *Made like an egg, of an oval figure* (2) *Marked with oval figures* (1) Alii sortis ... in modo ... ovatum species, *Plin* 5, 27 (2) Numidicus lapis ovatus *Plin* 35, ... *de marmoribus agens*

Ovātus, a, um (0) [*ab ovo*] *That had been gotten ... triumph* Auro ovato ... perducere, *Pers* 2, 5

Ovātus, ûs m verb (0) Plebs ... rici glomeramina ovatus, *shout for joy, or victory*, Val Flacc 6 18

Oviārĭum, ii ... *a flock of sheep* In Apulia oviaria habent grandes, *Varr R R* ... 1

Oviārius, a, um *Of, or belonging to sheep* Oviaricum pecus, *Col* 7, 6

Oviculă, æ f dim [*ab ovis*] (1) *A little sheep* (2) *A surname of ... Maximus, for his gentleness* (1) Oviculæ, ... *Oron* ... (2) *Vict de ... illustr* 4...

Ovile, is n (1) *A sheep cote, a sheep-fold* (2) *Ovile, or goats* (3) *A sept in the Campus Martius, in one of them each century gave* it

(3) Προσωπεῖα, oscilla, *Gloss* (4) -- capita non viventium, sed fictilia, &c. Et in sacellum Ditis aræ Saturni cohærens oscilla quædam pro suis capitibus ferre, *Macrob*

Oscillum, i n [ab os, & cilleo, *i e* moto] (1) *An image, perhaps of Bacchus, hung on ropes and swung up and down in the air,* it being a rite performed by the country people in the service of Bacchus to render their vines fruitful, that part being accounted most fertile to which the image happened to look most frequently, moved by the wind, or otherwise (2) *Also a small image in human shape, hung up in honour of Saturn and Pluto* (1) *Vir Georg* 2, 389 (2) Vid *Macrob Saturn* 1, 7

Oscinis Vid Oscen

Oscinum, ni n *The singing, or chirping of some birds foreboding things to come* Oscinum tripudium est, quod oris cantu signum quid portendit, cum cecinit corvus, cornix, noctua, parra, picus, *Fest*

Oscitans, tis part (1) *Yawning or gaping* (2) Met *Regardless, secure, careless* (3) *Easy, indolent, unactive* (1) At id- inscitiari pransi, poti, oscitantis ducis, *Cic pro Mil* 21 Hesterna potatione oscitantes *Quint* 8, 3 ex *Cic* (2) Oscitantes opprimere, *Ter Andr* 1, 2, 7 (3) = Oscitans & dormitans sapientia, *Cic de Orat* 2, 33

Oscitanter adv *Carelessly, easily, sleepily,* Cic de Clar Or 80

Oscitatio, onis f verb (1) *Gaping, yawning* (2) *Books written carelessly, supine, negligent* (1) = Oscitatio in enixu lethalis est, *Plin* 7, 6 (2) Oscitationes Bruti, *a book of his carelessly writ,* Stat Sylv 4, 9, 20

Oscito, āre neut [ex os, & cieo, vel cito, *i e* moveo] (1) *To yawn* (2) *To be listless* (3) Met *To open,* as leaves of a tree do (1) Clare nimis & sonore oscitavit, *Gell* 4, 20 (2) *Lucr* 3, 1078 (3) Omnium fol a quotidie ad solem oscitant, *Plin* 16, 24

Oscitor, ari, ātus sum dep *To yawn,* Plaut Men 5, 2, 80 Oscitatur, Χασμᾶται, *Gl Phil*

Osculabundus, a, um *Kissing often* § Socculum osculabundus, *Suet Vit* 2

Osculana pugna *Prov* [pro Ausculana *Scal*] *A battle when the victors are afterwards themselves overcome,* Titin ap Non c 7, 7

Osculans, tis part *Kissing* § Ille me complexus atque osculans flere prohibebat, *Cic Somn Scip* 2 § Osculans cum adolescente, *Plaut Mil* 2, 3, 17

Osculatio, onis f verb *A kissing* Flagrantia oscula onis, *Cic pro Cal* 20 seges, *Catull* 46, 6

Osculatus, a, um part act (1) *Kissing, having kissed* (2) Pass *Kissed* (1) Eum complexus osculatusque dimisit, *Cic Att c* 16, 5 Osculatus epistolam, *Id* (2) *Apul*

† Osculo, are Quod osculavi ... pu, *Non ex Titin* || Osculor

Osculor, ari, ātus sum dep *To kiss* Viderer istam sicenti am iuris tamquam filiolam osculari tuam, *Cic pro Mur* 10

Osculum, li n dim [ab os] (1) *A little pretty mouth* (2) *Holes in a pipe* (3) Oscula, *lips* (4) *A kiss* (1) Videt oscula, quæ non est vidisse satis, *Ov Met* 1, 499 (2) Cui fistula collo hæret, & voces alterna per oscula ducit, *Manil* (3) Oscula libavit gnatæ, *Vir Æn* 1, 260 (4) Dividere oscula sodalibus, *Hor Od* 1, 36, 6

Oscus, a, um *Oscum* —Cloatius putat eo vocabulo significari *sacrum,* quo etiam leges sacratæ oscæ dicuntur, *Fest Scal leg* oscitæ, *vel* obscitæ, *i e* ascitæ Lana osca, *rough hard wooll,* Varr L L

† Osiris, *vel* Osyris *An herb called toad flax,* Plin 27, 12

* Osirites, æ m [fort dict ab Osiride, propter divinam virtutem contra venencia] *The Egyptian name of a supposed herb* = Cynocephalia, *Plin* 30, 2

Osor, oris m verb (3) [ab odi, osum] *An hater* Osor mulierum, *Plaut Prol Pœn* 74

Osseus, a, um adj (1) *Of bone* (2) *Made of bone* (3) *Bony, of a hard texture like bones, as hard as a bone* (1) *Plin* 1, 9 (2) *Col* 5, 11 ¶ Ossea larva, *a sprite, or skeleton of bare bone,* Ov Ibis, 134 ¶ Minus ossea, *nothing but skin and bone, Juv* (3) *Plin* 36, 18

Ossiculatim adv *Bone by bone,* Non ex Cæcil c 2 n 609

Ossiculum, li n dim [ab os, ossis] *A little bone,* Plin 11, 37

Ossifraga, æ f [ab ossibus frangendis] *A kind of eagle, that breaketh bones by letting his prey fall from on high, and an osprey,* Lucr 5, 1078

Ossifragus, a, um *That breaketh bones,* Sen Controv 33

Ossifragus, i m *id quod* ossifraga, *Plin* 30, 1

|| Ossilegium, ii n [ab ossibus legendis] *The gathering up of the bones after the body was burnt* Ὀστολογία, ossilegium, *Gl Gr Lat & Lat Gr* ☞ De ossilegii more *v d* Tibull 2, 3

‡ Ossu n indecl *id quod* os, *Charis* ex *Plin* unde

|| Ossuarium, ii n *A charnel-house,* Ulp l 2, ff de Sepulc viol

Ossuarius, a, um [ab ossu, *in plur* ossua, *V vel ab* ossum, ut a dorsum dorsuarius] Ossuariæ ollæ, *Ant Inscript*

† Ossum, i n [ex ὀστέον, *Prisc* ex *Pacuv & Accio* & *Charis* & *Prisc* ex *Cn Gellio*] Antiq pro os, ossis

Ostendendus, a, um part *To be made plain, set forth, or proved,* Ad Herenn 2, 16

Ostendo, ĕre, di, sum & tum act [ex obs, & tendo, *vel* obstendo, & *ob*, *ab* os, & teneo, *i e* teneo ob oculos, nam veteres dicebant *ostinet* pro *ostendit,* vid Obstineo] (1) *To shew, to hold forth, or expose to sight, to let one see* (2) *To shew as a strange, or ridiculous sight* (3) *To publish, or compose* (4) *To shew in a boasting manner, to give proof of* (5) *To represent* (6) *To make one know* (7) *To signify, or make a shew* (8) *To tell, or shew where one is* (9) *To give one to understand, to let one know, to make plain* (10) *To manifest, or discover* (11) *To prove, or evince* (12) *To betray, to discover* (13) *To point at* (1) § Jamne ostendisti signa nutrici? *Ter Eun* 5, 3, 5 Ubi aurora suos ostenderit ortus, *shall have shewn her rising light,* Vir Geor 4, 544 Supinatis Aquiloni ostendere glebas, *to plow up and expose to,* Id Geor 2, 261 (2) Cœpi, Pana quæ solebat, ostendere Canum Terentos, *Mart* 1, 70 (3) Parios ego primus Iambos ostendi Latio, *Hor Ep* 1, 19, 23 (4) Dum vult vocem ostendere, *Phædr* 1, 13, 9 (5) Tabula, quæ Trojæ halosin ostendit, *Petron* c 89 Ipsam vitam & mores hominum ostendere, *Phædr prol lib* 3, 51 (6) Tibi ostendam, herum quid sit pericli fallere, *Ter Andr* 5, 2, 26 (7) Peto, ut ea, quæ initio ostendisti, deinceps fecisti, ad exitum augeri & cumulari per te velis, *Cic Fam* 13, 41 (8) Ut ostenderet fratrem, *Petron* c 97 ¶ Consules se optime ostendunt, *carry themselves so as to give great hopes from them,* Cic (9) Neque ubi, neque per quos, neque qua spe, aut quo pretio potes ostendere, ego contra ostendo, &c Cic (10) In me dii potestatem suam omnem ostendere, *Ter Eun* 5, 9, 3 Nobis dii animum ostenderunt suum, *Plaut* (11) Te plura in hac re peccare ostendam, *Ter Adelph* 2, 1, 44 (12) Tot peccata in hac re ostendis, *Ter Heaut* 4, 1, 21 = patefacio, *Cic* (13) De excelso loco ostendere aliquem, *Cic*

Ostendor, i pass (1) *To be shewed* (2) *To be made a shew of* (3) *To be exposed to* (1) Non labor inter certum subsidium nobilitati ostenditur, *Cic* (2) Nihil aliud opus esse quam indici, ostendique bellum, *Cic* (3) Ager qui soli ostentus erit, *Cato* Vid Ostendo

Ostensio, onis f verb (1) *A shew, or public appearance* (2) *A proof* (1) Facta hominum armigerorum ostensione *Vet Sax* (2) Ostensio, δεῖγμα, *Gloss*

|| Ostensionalis, e adj *That is used for state, pomp and shew, rather than service* Milites, quos *ostensionales* vocant, *Lampr Alex* 33

Ostensus, a, um part *Shewed publickly, made a shew of* Cædes ostensa, *Luc* 2, 192 Ni mihi esset spes ostensa hujusce habendæ, *unless I had some encouragement to hope,* Ter Phorm 5, 4, 7

Ostentandus, a, um part (1) *To be done publickly, to be exposed, or recommended to public notice* (2) *To be boasted of* (1) Additurum principem defunctæ templum & aras, & cetera ostentandæ pietatis, *Tac Ann* 14, 3, 6 (2) Ficta oratio memoriæ ostentandæ causa, *Ad Herenn* 2

Ostentans, tis part (1) *Shewing, holding up as if he were proud of it* (2) *Making shew, or proof of* (3) *Boasting* (1) Frontemque ostentans arduus albam, *Vir Æn* 5, 567 (2) Ostentans artem pariter arcumque sonantem, *Vir Æn* 5, 521 (3) *Tac* 14, 25, 2

† Ostentarius, ii m *He that telleth what prodigies portend,* Macrob Sat 3, 7 ‡ Ostentorum interpres

Ostentatio, onis f verb (1) *The making any pompous, or public shew* (2) *The endeavouring to set a thing out, and make it appear great* (3) *Such as raiseth great expectations of one* (4) *Ostentation, vain glory, making a fair shew outwardly* (5) *A vain-glorious temper, or design* (1) Scenæ ostentatio, *Petron* c 126 (2) Liciniæ ad ostentationem doloris paratæ, *Petron* c 17 (3) Multorum annorum ostentationes meæ, *Cic* (4) = Simulatione, & inani ostentatione sc gloriam consequi siqui posse rentur, vehementer errant, *Cic Offic* 2, 13 ✱ In fronte ostentatio est, intus veritas occultatur, *Id de Fin* 2, 24 (5) ✱ Beneficia profecta magis ab ostentatione, quam a voluntate, *Cic Offic* 1, 14

Ostentātor, ōris m verb (1) *He that recommendeth things to public fame, that placeth them in the best light, to make them appear considerable* (2) *A pretender, or boaster* (1) Romulus cum factis vir magnus, tum factorum ostentator haud minor, *Liv* 1, 10 (2) Ostentatores meri, confidentes mali, garrulique & malevoli, *Plaut Curc* 4, 1, 15

Ostentātrix, icis f *She that endeavoureth to bear herself so as to make many gaze upon and take notice of her* Immodica sui ostentatrix, *Apul* p 545 pom, *Prud Psychom* 439

Ostentātus, a, um part (1) *That which one hath been put in hope of* (2) *Presented, openly offered, held forth to one* (1) Pecunia, qua ex liberalitate hujus promissa sit & ostentata, *Cic pro Q Rosc* 6 (2) Egon' occasionem mihi ostentatam amitterem? *Ter Eun* 3, 5, 56

Ostento, are freq [ab ostendo, *i e* sæpe ostendo gloriandi causa, *Fest* vel desiderativum, *i e* ostendere cupio, *Perot*] (1) *To shew often, or much, to hold forth to view* (2) *To shew often in a boasting manner* (3) *To threaten, to menace* (4) *To publish, to recite in public* (5) *To expose freely to public view* (6) *To yield, or expose to* (7) *To make shew of* (8) *To put upon, to give hopes of* (9) *To shew a thing, to point to* (10) *To prove, or give evident marks of* (11) *To endeavour to shew* (12) *To endeavour to make appear considerable, to go to set out, or recommend to public notice, to vaunt* (13) *To shew, to discover* (1) Velamenta & infulas pro muris ostentant, *Tac Hist* 3, 31, 4 (2) Neque pugnas narrat, neque cicatrices suas ostentat, *Ter Eun* 3, 2, 30 = Jactare se & ostentare, *Ad Herenn* 4, 21 (3) Cædem ex altera parte belli exitus ostentat, ex altera se virtutem, *Cic Fam* 14 (4) Famam criminum ejus premebat Nero, prohibueratque ostentare, *Tac Ann* 15, 49, 7 (5) Faciem ostentabat, & udo turpia membra fimo, *Vir Æn* 5, 358 (6) Ut jugula sua pro meo capite Clodio ostentarint, *Cic Att* 1, 16 (7) ✱ Ostentare potius urbi bellum, quam inferre, *Tac Hist* 2, 78, Ostentasse Romana arma *Id Ann* 6, 37, 7 instructas legiones, *Id Hist* 5, 10, 4 Altera manu fert lapidem, panem ostentat altera, *Plaut Aul* 2, 2, 18 Aliud specie simulationis ostentant, *Cic* 2 contr *Rull* 4 (8) Quod dubium sit, id ostentat, *Plaut* (9) Campos desuper ostentat, *Vir Æn* 6, 678 (10) Castra lato ambitu, &c trium legionum manus ostentabant, *Tac Ann* 1, 61, 3 (11) Quibus se comem ac magnificum muneribus ostentet *Tac Hist* 3, 1 (12) Se ostentare, *Cic Att* 2, 1 integrum judicium, *Tac Ann* 8, 2 artem, *Id Ann* 2, 8, 3 fidem atque animum, *Id Hist* 1, 39, 4 ✱ Ut potius amorem tibi ostenderem meum, quam ostentarem prudentiam, *Cic Fam* 10, Met Agmina ostentat maxima longe mœnia, *Vir Æn* 3, 703 (13) Incipit ex illo montes Apulia notos ostentare mihi, *Hor Sat* 1, 5, 77

Ostentor, āri, atus pass (1) *To be shewn publickly,* &c (2) *To be talked of publickly* (1) Ceteri omnes per exercitus ostentantur, *Tac Ann* 1, 3 (2) ✝ Largitio verbis ostentari potest, ac verbis ...

nisi exhausto ærario, nullo pacto potest, *Cic* 2 contr *Rull* 4 *vid* Ostento

Ostentum, i n [*ab* ostendo, *in sp* ostentum] *Any thing that happeneth contrary to the ordinary course of nature, and supposed to foreshew something to come, either good or bad* Prodigiorum metus ex ostentis, *Cic* [illegible] Per hæc ostenta con[illegible] in spem imperii venit, *Suet* [illegible] *Met* Præcipuum ipse [illegible] ostentum erit, *Id* ¶ Ostentum facere, *to do very odd, or* [illegible]

Ostentus, a, um part [*ab* ostendo] (1) *Shewed, or appearing* [illegible] (2) *Lying open to* (1) [illegible] tempore ostentus senex, [illegible] (2) Agri soli [illegible] locus, *Varr*

Ostentus, ûs m verb (1) *A shew, or spectacle, a gazing* [illegible] (2) *A mere shew, without any real effect* (3) *That which is done for shew or dis[illegible]* (4) *Proof, declaration, testimony* (1) Iturus ostentui [illegible] *a public example*, or [illegible] *Tac Ann* 15, 2, 6 Corpora [illegible] ostentui [illegible] *Tac Ann* 1, 29, 6 (2) Nova [illegible] ostentui magis quam [illegible], *Tac Hist* 1, 78 (3) M[illegible] illa deditionis signa ostentui credere, *Sall B J* 50 (4) [illegible] ostentui clementiæ [illegible] *Ann* 12, 14, 6 Ut Ju[illegible] ostentui essem, [illegible]

Ostiarium, ii n *sc* tributum *A tax by which a certain sum was to be paid for every door* [illegible] *Cæs B C* [illegible]

Ostiarius, ii m *A porter, or keeper* In aditu ipso stabat ostiarius, *Petron c* 28

Ostiatim adv *From door to door, without missing a door* Oppidum [illegible] compilavit, *Cic Verr* 24 Crimina agere ostiatim, *to particularize in the [illegible] and houses on whom [illegible] hath been committed*, Id Ib

Ostigo, inis f [*ab* os] *The [illegible] about the [illegible] lips* = Mentigo quam [illegible] ostiginem vocant, *Col*

Ostiolum, i n dim [*ab* ostium] *A little door* Aditus ni[illegible] ostiolo munire, *Col* 8, 14

Ostium, ii n [*ab* ore, quod fit [illegible] domus *Prisc* vel ab [illegible] spect] (1) *A door* (2) *An entrance, or passage* (3) *The mouth of a river, or haven* (1) [illegible] ful[illegible] obdo, *Ter Eun* [illegible] ostia Ditis, *Vir Æn* [illegible] (2) Recta viarum ostia, [illegible] 92 (3) Ostium Tiberinum, *Cic* Ostium fluminis, portus [illegible] Ostia Nili, *Juv* 13, 27

Ostracias, æ m *A kind of [illegible] like an oystershell*, [illegible]

Ostracites, æ m *Idem*, Plin

Ostracitis, itidis f *A kind [illegible] sticking to furnaces [illegible] is melted*, Plin

Ostracium, ii n *The shell of [illegible] fish called also onyx*.

Ostrea, orum n pl Sic *Charisius* [illegible] *Any [illegible] fish with an hard shell*, [illegible] Ostreis & conchilis om[illegible] continent, ut cum luna pa[illegible], pariterque decrescant, *Cic* de *Div* 2, 14 Ostrea Circæis, Miseno oriuntur echini, *Hor Sat* 2, 4, 33 Grandia ostrea mordet, *Juv* 6, 302

Ostrea, æ f *An oyster* Neque ostrea illa magni capti potuit pabulum suscitare, *Varr*

Ostrearium, ii n *An oysterpit, or place where they are kept* Sergius Orata primus ostrearia in Baiano locavit, *Plin* 9, 54

Ostrearius, a, um *Panis* ostrearius, *a sort of bread which they eat with oysters*, Plin 18, 11

† Ostreatus, a, um *Hard, or rough and rugged like an oystershell* Quasi ostreatum tergum ulcerosus gestito, *Plaut Pan* 1, 1, 186

Ostreosus, a, um or, comp *That is very plentiful of, or breedeth many oysters* Cyzicus ostreosis, *Poeta phallic carm* 77 Ora Hellespontia cæteris ostreosior oris, *Catull in Priap carm* 18

Ostrifer, ra, rum adj *That is plentiful of oysters* Ostriferi fauces Abydi, *Vir Geor* 1, 207

Ostrinus, a, um adj [*ab* ostrum] *Of scarlet colour* Ostrinus torus, *Prop* 1, 14, 20

* Ostrum, i n (1) *The fish of the liquor whereof a sort of purple, or scarlet colour is made* (2) *The liquor, or colour* (3) *Cloths, &c dyed of that colour* (1) Quo Pœnis tibi purpura fulgeat ostris, *Prop* 4, 3, 5 (2) Vestes perfusæ ostro, *Vir Æn* 5, 111 Ostro ingentes, *Id Æn* 11, 72 (3) Strato super discumbitur ostro, *Vir Æn* 1, 704

Ostrya, æ f *A sort of tree*, Plin *vid seq* ostrys

* Ostrys, yos & ab acc ostrya, æ *A sort of tree in Greece*, Plin 13, 21

Osurus, a, um part [fut *ab* odi] *That shall have hereafter* ✠ Amare oportere, ut si aliquando esset osurus, *Cic de Am* 16

Osus, a, um part [*ab* odi] *That hath hated* Inimicos semper osa sum obtuerier, *Plaut Amph* 3, 2, 19

O ante T

* Otacusta, æ m *An intelligencer, or spy to a prince* Ὠτακουστής, auricularius, *Gl Gr & Lat*

* Othone, es f [*ab* [illegible]] teum, *Al*] *An herb having leaves full of holes*, Plin 27, 12

* Otia pl n [*ab* ὠτίον, auricula, pl ὠτία, quomodo ostreum quoddam [illegible]] *A kind of oysters, sea ears*, Plin 32, 11

Otiolum, i n dim *A little, or short leisure* Ubi delectem otiolum meum non habeo, *Cal Cic int Ep Fam* 8, [illegible]

Otior, ari *To spend one's time at one's own pleasure, free from business* ✠ Otiandi, non negotiandi causa, se quo conferre, *Cic Off* 3, 14 Domesticus otior, *Hor Sat* 1, 6, 128 [illegible] privatus sum domi

Otiose adv (1) *At ease, without toil, or trouble* (2) *Easily, leisurely, as if one had nothing else to do* (3) *Securely unconcernedly* (4) *At leisure, quietly, without interruption* (5) *Gently, softly* (6) *By little and little* (1) *Cic Offic* 3, 26 (2) Contemplari unumquodque otiose, *Cic Verr* 4, 15 (3) *L* [illegible] 2, 58 (4) Tecum otiose, si otium est, cupio loqui, *Plaut Aul* 4, 10, 11 (5) = Secura sum placide, otiose, meo arbitratu, *Plaut Mil* 4, 6, 6 Otiose ambulare, *Id Pseud* 4, 1, 14 ✠ cito, *Id* (6) Properavistis olim, rapere otiose oportuit, *Plaut Truc* 1, 2, 6

Otiosus, a, um or, comp ssimus sup [*ab* otium] (1) *Free from business, toil, or trouble* (2) *At leisure, without any hurry, or earnestness* (3) *Secure, unconcerned* (4) *That hath nothing to do, out of employment* (5) *Unconcerned* (6) *Pleasing, easy* (7) *Being still, discharged from work* (8) *That is in no public post, or employment* (9) *Peaceable, one that is a neuter in war* (10) *Void, vacant* (11) *Sedate, calm, without passion* (12) *Insignificant, idle, of no value, trifling* (1) ✠ Vos laboriosos existimat, quibus et otiosis ne in commune quidem otio liceat esse, *Cic* pro *Cæl* cap 1 (2) Otiosissimum te esse arbitrabar, *Cic* Alia in otiosus quæret, *Ter Andr* 2, 3, 24 (3) Animo otioso esse impero, *Ter Andr* 5, 2, 1 Otiosus [illegible] animo, *without disquiet of mind*, *Id Phorm* 2, 1, [illegible] (4) Nec mihi otium quidem fuit unquam otiosum *Cic* ✠ occupatus, *Id* (5) Spectator otiosus aliena calamitatis, *Cic Offic* 2, 7 Vide ut otiosus sit, 1 dis placet, *Ter Eun* 5, 3, 10 (6) Quid quiete otiosius animo? *Sen* (7) Otiosus bos, *Hor Od* 3, 18, 11 (8) Si habet senectus aliquod tanquam pabulum studii & doctrinæ, nihil est otiosa senectute jucundius, *Cic de Sen* 14 = privatus, *Id* Judicandum est maximas geri res & maximi animi ab iis, qui respublicas regunt, esse autem magni animi & fuisse multos in vita otiosa *Id* (9) *Cic Fam* 5, 9, 4 & 1 [illegible] *Marcello*, c [illegible] ¶ Res [illegible] atque otiosi, *in time of peace*, Plaut [illegible] 1, 1, 56 (10) = Honor otiosus ac vacans, *Plin jun* (11) Cicero lenitus est in principiis, longus in narratione, otiosus circa excessus, *Auct Dial de Orat* c 18 (12) Otiosa sententia, *Quint* 1, 1 Otiosus sermo, *Id* 8, 2

* Otis, idis f *A sort of owl* = Avis, *Plin* 10, 23 & 29, 6 Quas Hispania aves tardas appellat, Græci otidas, *Plin* 10, 22

OTIUM, ii n (1) *Leisure, spare time, freedom from any business* (2) *Retirement from public business, a private life* (3) *The time of recreation and refreshment* (4) *Peace, public tranquillity* (5) *Idleness, a living nothing* (6) *The living [illegible] and in security* (7) M[illegible] on *The product of one's leisure*, [illegible] *waggery* (1) ✠ Ut in otio [illegible] potius, quam in negotio, *Ter Hec prol* [illegible] *Cic* Otium nusquam inde, *Ter Adelph* 3, 3, 66 [illegible] abrenuntiare ut otium tibi? *Id Haut* 1, 1, 23 (2) ✠ Ubi mihi reliquam ætatem a rep procul habendam decrevi, non fuit consilium socordia atque desidia conterere, *Sal B C* 4 (3) Cum datis venatibus otia misceo, *Ov Met* 4, 307 Cum fuerit ne otium quidem unquam otiosum, *Cic* pro *Planc* 27 (4) ✠ Ex maximo bello tantum otium toti insulæ conciliavit, ut, *Nep Timol* 3 (5) ✠ Honestum pacis nomen segni otio imponere, *Tac Ann* 14, 39 Quâ [illegible] *Vir Æn* 4, 271 (6) Otium Divos rogat in patenti prensus Ægæo, *Hor Od* 2, 16, 1 (7) Ex[illegible] oculis otia nostra tuis, *Ov Trist* 2, 224

O ante V

Ovilis, le adj (6) *Belonging to ovation* Ovalis corona, *Gell* 5, 6 ✝ Ovans

Ovans, tis part (6) (1) *Triumphing in the lesser triumph, or ovation* (2) *Rejoicing publickly with great magnificence* (3) *Prevailing, or triumphing* (4) *Expressing joy by public procession, shouting, &c* (5) *Rejoicing with loud shouts, shouting for joy* (6) *Full of [illegible] and [illegible], triumphing* (7) *Having a [illegible] sound* (1) ✠ Valerio triumphus, Manlio, ut ovans ingrederetur urbem, decretum est, *Liv* & *Suet Aug* 22 Atque [illegible] in Capitolium M Aquilius, *Cic de Orat* [illegible] 47 (2) Duplici victoria ovans Romulus, *Liv* Magnus ter ovans, *Petron c* 129 Taurus ovans, *bearing himself triumphantly*, [illegible], Val Flacc 5, 68 Ovans [illegible] us, *a large, or joyful [illegible] as became [illegible]*, Id 2, 5[illegible] Ovantem [illegible] ferret, *shall dance for joy*, Petron c [illegible] (3) [illegible] ovant, [illegible] (4) [illegible] (4) Per Gradum populo ibat ovans, *Vir Æn* 6, 589 (5) = Romani ovantes ac gratulantes Horatium accipiunt, *Liv* [illegible] 5, 30 (6) Mihi eveniat, ut ovans præda onustus incedere, *Plaut Bacch* 4, 9, 146 Successu [illegible] ovan[illegible], *Ov Met* 12, 298 (7) Ovans lyra, *Stat Sylv* [illegible], *Val Flacc* [illegible] 518 Ovantes gutture corvi, *Vir Geor* 1, 325

Ovatio, onis f verb [*ab* ovo, as] *The triumphing in the lesser triumph* ✠ Perpenna tum de servis ovat one content[illegible], ne dignitatem triumphi inscriptione servili violaret, *Flor* 3, 19 *V* & *Suet Tib* 1 Prætereundum non est, quod ad ovationes attinet [illegible] quo dissensisse veteres scriptores scio, partim enim scripserunt, qui ovaret introire solitum equo vehementem at Sabinus Massurius pedibus ingredi ovantes [illegible], [illegible] quentibus eos non militibus, sed universo senatu, *Gell* 5, 6

Ovatio, onis f [*ab* ovum] *The time of laying eggs*, Plin [illegible] ubi tamen ad operationem [illegible]

Ovatus, a, um (1) [illegible] (1) *Made like an egg*, [illegible] *figure* (2) *Made* [illegible] (1) [illegible] (2) [illegible] *Plin* [illegible]

Ovatus, a, um (3) [illegible] *That had [illegible] and who [illegible] umph* Auro ovato [illegible] perducere, *Pers* 2, 5[illegible]

Ovatus, ûs m verb (3) [illegible] conglomerantur ovatu, *shout for joy, or victory*, Val Flacc 6, 18

Ovarium, [illegible] *Lo [illegible] sheep* In Apulia [illegible], *Varr R R* [illegible]

Ovarius, a, um *Of, or belonging to sheep* Ovarium pecus, *Col* 7, 6

Ovicula, æ f dim [*ab* ovis] (1) *A little sheep* (2) *A [illegible] of [illegible] for his [illegible]* (1) Ovicula [illegible] *Onomast* (2) *V* [illegible] *lustr* [illegible]

Ovile is n (1) *A sheep-cote, a sheep-fold* (2) *Certa hærb [illegible] fold for kias, or goats* (3) [illegible] *kept in the Campus Martius, in one of them each century gave* [illegible]

ts suffrage (1) Fabaria, quibus villa con ternuntur, ut in percu it grex, Col , 4 (2) Al s 11 ovilibus hœdi, Ov Met 1, 828 (3) Datum secreto in ovili cum his colloquendi tempus, Li 26, 22 ¶ Septa ubi pote ei marmorea jacta fuerunt, & porticis circuitis habuerunt, vid Alex ab Alex 2, 18

† Ovilis le adj Belonging to sheep Ovili stabulationi commodi, Apul Met 4

Ovillus, a, um adj [ab ovinus] Of or belonging to sheep Grex ovillus, Liv 22, 10

Ovinus, a, um Belonging to sheep Sume pilam, quæ caudis hæret ovinis, Seren Samon c 15 R occ † Ovillus

Ovipărus, a, um [ab ovum, & pario] That breed by spawn ♓ Discrevit natura viviparos & oviparos pisces, Apul Apol p 465 Gobio ovipara congestior alvo, Manil † Ova pariens

OVIS, is f (& in vid Gell 11, 1) a Gr ς, interjecto di gamm] (1) A sheep, male, or female (2) Met A fleece (1) Vid Valla, 4, 13 (2) Niveam Tyrio murice tingit ovem, Tib 2, 4, 28

OVO (ŏ) inusit unde ovas, ovat Quædam verba primam personam amittunt, veluti, ovas, ovat, nam enim reperimus ovo dictum, Di om Nos reperimus in tertia sola, & ita Phoc & Alcuin ab ove, quam tunc immolabant, P st Serv (1) To triumph in the lesser triumph (2) To appear great and joyful in (1) Quis ob res ovandi jus, & triumphalia ornamenta percepit, Suet Claud 1 π Ovandi, ac non triumphandi causa est, quum aut bella non ritè indicta, neque cum justo hoste gesta sunt, aut hostium nomen humile & non idoneum est, ut servorum piratarumque aut deditione repente facta, impulverea, ut dici solet, incruentaque victoria obvenit, Gell 5, 6 vid Plin 15, 29 (2) Quo nunc Turnus ovat spolio, Vir Æn 10, 500 Utei solio ovaret, Stat Theb 1, 153 Non Afri cu alto tantus ovat, doth not ride over it with so great power and force, Val Flacc 2, 507

OVUM, i (ŏ) n [a Gr ὠόν, interp digamm] (1) An egg (2) The spawn of fish, &c (3) Ova, pieces of wood of an oval figure, by which the number of courses in the chariot-races of the Circus were reckoned (1) In pullos animales vertier ova cernimus alituum, Lucr 2, 926 Supponere anatum ova gallinis, Cic Columbinum ovum, Hor Sat 2, 4, 56 Albumen ovi, Plin 28, 6 Album, Cels 7, 7, 15 Albus liquor ovi, Plin 10, 53 Candidum ovi, Id 33, 3 the white of an egg ♓ luteum, the yolk, Id 10 Ova decumana, large eggs, Fest Ovum hypenemium, seu irritum, Plin 10 80 zephyrium, a wind, or addle egg, urinum, rotten, let upon, Id ib geminum, with two yolks, Id Parere ova, Cic gignere, Id ponere, to lay eggs, Ov § Incubare ovis, Col 8, 5 ova, Varr & Plin 9, 10 to sit as a fowl, or bird Excudere pullos ex ovis, to hatch them, Cic ¶ Non tam ovum ovo simile, of things very like, Hor Sat 2, 4, 1 vid Chiliad Integram famem ad ovum offero, to the beginning of the supper, Cic § Ab ovo usque ad mala, from the beginning of the supper to the end, Hor (2) Gignunt ova pisces, Cic Ova rana, Hor (3) Salm ex Varr & Cassiod

O ante X

* Oxălis, idis f A sort of wild sorrel, Plin 20, 21

* Oxaline, es f A sharp salt composition of vinegar and brine, Plin 23, 2 Latinè protulit acetum salsum Id 24, 4

† Oximè, pro ocissimè, Fest

‖ Oxyblatta, æ f vox hybrida [ab ὀξύς, & blatta] A deep purple, or scarlet colour, Sol

* Oxycedros, i f A kind of small cedar having prickly leaves, Plin 13, 5

* Oxygăla, actis n A composition made of the thickest cream and salt, or of sower milk, Plin 28, 9

† Oxygăla, æ f A conserved composition of sowered milk and herbs, Col 12, 8 ubi fortè rect oxigala

* Oxygărum, i n Ὀξύγαρον, acetarium, Gloss (1) A sharp pickle, or sauce (2) A sort of moretum (1) Mart 3, 50 (2) Col 12, 57 ubi al oxyporum

* Oxylapathon, i n A sort of wild sorrel, Plin 20, 21

* Oxymel, lis n A preparation of vinegar, honey, &c Plin 14, 17 & 23, 2

* Oxymeli, itis n Idem, Plin 26 11

* Oxymyrsine, es f (1) Wild myrtle, or a sort of it (2) An oil made of it (1) Plin 15, 7, 28 & 23, 9 = Scopa regia, Scrib Larg (2) Plin 23, 1

* Oxymōron Fig rhet Sententia tam acutè enunciata, ut fatua videatur, quoniam idem insulsa videtur de seipso, ut, Festina lente, v Voss Rhet 2 07

* Oxypæderōtinus, a, um adj qu ὀξυπαιδέρωτινος [ab ὀξύς, & παιδέρως, i e opalum] Of a bright opal colour, Vopisc

* Oxyporium, ii n A medicament that causeth a quick digestion, or of other quick operation Marc Emp

* Oxypōrŏpōla, æ m One that selleth sharp sauces, and pickles Plin 20, 7

* Oxypōrum, i n A sort of moretum, Stat Sylv 4, 9, 6 al Oxygarum

* Oxypōrus, a, um That easily passeth, or digesteth Oxyporum moretum, Col Condimenta oxypora, sauces, or pickles that cause a quick digestion, Plin Antidota oxyporæ, of quick operation, Id

* Oxys, yos m An herb, otherwise called trifolium acetosum Plin 12, 27

* Oxyschœnos, i m A sea bulrush, Plin 21, 18 Lat Juncus marinus, Id ib

* Oxytriphyllon, i n Trefoil with the sharp leaf, Plin 21, 9

O ante Z

* Ozæna, æ f (1) A sort of the fish polypus, dicta a gravi capitis odore (2) An ulcer in the nose (1) Plin 9, 30 (2) Cels

* Ozanitis, idis f A sort of nard of a strong rank smell, Plin 12, 12

* Oze es f A stinking breath, Cels 6, 11

P, p, Roman, *P, p*, Italic, 𝔓, 𝔭, English black letter, but of no great antiquity, nor indeed use, the Roman and Italic character having prevailed not only with us, but generally through Europe The figure of this, as indeed of all the Roman letters, was antiently the same with the Grecian, as *Pliny* informs us, and is confirmed by antient monuments. And indeed it is still but very little different, which may be seen, as in the rest, so particularly in this letter, P being only π with the transverse and depending line drawn semicircular. And indeed the Greek itself differs no more, scarcely so much, from its original the Hebrew final ף when turned towards the right. The name of this letter is the same in English, Latin, Greek, and Hebrew, פה *pe*, signifying in that tongue *a mouth*, which the figure somewhat represents. Its place is the fifteenth letter in the English and Roman alphabets, and the first in the first order of the mutes, wherein is a frequent permutation because of their nearness in sound and use; for *p* is only a softer *b*, as *b* an harder *p*. The antient Latins writ *Burrhus* for the Greek Πυῤῥός, and in their own language sometimes were at a stand whether to write *b* or *p*, as in the instance of *Fabius*, whether *obtineo*, or *optineo*, since more of this than that was heard in pronunciation. This is also proportionably demonstrated in their very figure, P being half of B. Yea that they have actually changed *b* into *p* in many words for this reason only, will be evident in declining verbs ending in *bo*, and *bor* of the third conjugation, as in *nubo*, *scribo*, *labor*, wherein the harder sound *b*, when a consonant is to follow, is changed into the softer, *p*, and this not only in declining such words, but this *p* from *b* remains also in their participles, verbal nouns, and derivatives, as from *scribo*, *scriptus*, *scriptura*, *scriptio*, *scriptito*, &c Their near affinity, in the learned languages especially, leads us into the derivation of words wherein they are found Thus we deduce the etymology of *pario*, and *precor*, from the Hebrew ברא and ברך, thus the Latin *palpebra* and *pubes*, from the Greek βλέφαρον and βυβῶν, and *vice versâ*, *ab* and *sub* from ἀπό and ὑπό This their proximity in nature, sound, and use, is excellently denoted in their Greek and Latin figures, π and P, representing one half of B Nor is *p* changed only into *b* its middle sound, but also into its aspirate φ, especially in declining verbs and nouns, as is plain in in λείβω, λείπσω, λέλειφα, where we find β before a vowel changed into π before a conſonant (as was before noted in Latin verbs of the ſame termination) and π again changed into φ. So in χαλύβλιπς, ιφος, &c. gryps, gryphis, i, &c and on the contrary φ in etymologies is changed into p, as Περσεφόνη, Proſerpina. To this firſt order of the mutes belong f and v, into which p is alſo changed, as πήγω, figo, πείθω, fido, pilus, filum; and as from λεπὶς, levis, ſo on the contrary from ovis, opilio. Nor doth p refuſe the intercourſe of her ſiſters of the ſecond order. Hence is lepus from λαγὼς, lupus from λύκος, nor of q, which belongs to this order For from ἵππος, Æol ἴκκος, comes equus; πόσε, Ion. κόσε, quoties, πῆ, Ion. κῆ, quà The correſpondence of this mute with the ſiſterhood of the third rank is viſible in σπουδὴ, ſtudium, πέραν, trans as on the contrary in appeto, applico, &c. for adpeto, adplico. Some kindred between p and the liquids is alſo averred by etymologiſts, but which is, in my opinion, precarious, as too far removed to be depended upon In pure Latin words this mute only precedes l and r, as plaga, promo, but in Greek words, or of Greek extraction, h, n, ſ, t, as phaſma, philus, phanaticus, dyſpnœa, pſephiſma, pſila, Ptolemæus, diptoton. Here it may be proper to note, that when the Latins enfranchiſe a Greek word in which pt begins a ſyllable, they leave out either the former or latter, writing cubo, perna, tiſſis, for κύπτω, πτέρνα, πτίσις. In the middle of words, p admits before it three of the liquids, l, m, r, as culpa, campus, carpo n alſo, but always by her proxy m, as compleo, compono, for conpleo, conpono In derivatives from Greek the initial p is ſometimes omitted, as in latus from πλατὺς, uro, from πυρῶ, which however ſeems to appear in comburo for compuro. This letter ſeems alſo ſometimes to be inſerted in ſome Latin words derived from Greek, to hinder the colliſion of two vowels, as in lapis from λᾶας, dapes from δαίς. P in the notes of the antients, is read Publius, pondo, PA.DIG Patricia dignitas, P C. Patres conſcripti, P F. Publii filius, P.P. Propoſitum, Propoſitum publicè, P P P.P.E.S S.S.E V V.V.V V V V F F F F. Primus pater patriæ profeſſus eſt. Secum ſalus ſublata eſt, venit victor validus vincens vires urbis veſtræ ferro, fame, flammâ, frigore Val. Prob. de Lit. Antiq. P.R. Populus Romanus, PR.S Prætoris ſententia, PRS.P. Præſes provinciæ.

P ante A

† PA, pro parte In Saliari carmine, Feſt

Pabulandus, a, um part To be fed, or dunged Fimo pabulandæ ſunt oleæ, Col 5, 9

Pabulans, tis part Foraging Pabulantes hoſtes, Valer Max 5, 6, ext 1

Pabularis, e adj That is fit for cattle to eat, or is ſown for them ‡ Viciæ pabularis modios ſeptem vel octo, viciæ ſeminalis modios quinque, vel ſex, jugerum agri requirit, Col 11, 2

Pabulatio, ōnis f verb (1) Feeding (2) Foraging, or gathering of food (1) Sus in pabulatione m ſpurce verſatur, Col (2) Hoſtis pabulationes noſtras obſervabat, Cæſ B G 7, 16 Si apes in ... is eo, ubi idonea pabulatio non eſt fugitivæ fiunt, Col Pabulationes ſecretiſſimæ, Id 9, 4

Pabulator, oris m verb A forager Vagi per agros pabulatores Liv 27, 43 & Cæſ non ſemel

Pabulatorius, a, um adj Frondis col pabulatorius modiorum ... Col R R 11, 2 a basket to gather, or carry fodder in = Pabulatorum, Id 6, 3

Pabulor, āris, ātus ſum dep (1) To feed, or graze (2) To forage, or look for proviſion for cattle (3) To gather proviſions for man's uſe (1) Capella pacifice bene pabuletur, Col 7, 3 ¶ Pabulari oleas fimo, to manure them, Id 5, 9 (2) Quo in ... conſtiti pabulari conſueverant, Cæſ B G ... (3) Ex urbe ad mare hoc prodimus pabulatum, Plaut Rud 2, 1, 6 de piſcatura loquens

Pābŭlum, i n [a paſco, pavi] (1) Food for cattle, or beaſts, fodder, forage, meat for birds, or bees (2) Sometimes meat for man (3) Alſo that by which inanimate things are fed, and grow (4) Elegantly tranſlated to the mind (1) Habitu extorum pabuli genus declarari cenſuit Democritus, Cic de Div 2, 13 Hirundo pabula parva legens, Vir Æn 12, 475 Immunis aliena pabula melli, Id Geor 2, 456 Ad pabula fucus, Id Geor 4, 244 (2) Pabula dia, miſeris mortalibus ampla, Lucr 5, 942 (3) Pabula præbere novali, Col Vires & pabula terræ pinguia concipiunt, Vir Geor 1 86 = Pabulum & nutrimentum dare olivis, Col (4) Pabula amoris, Lucr 4, 1056 Eſt animorum, ingeniorumque, naturale quoddam quaſi pabulum, conſideratio, Cic Acad Q 4, 41 ¶ Pabulum Acheruntis, an old fellow ready to drop into the grave, Plaut Caſ 2, 1, 12

Pācālis, e (1) Significative of peace (2) Belonging to the goddeſs Pax (1) Laurus pacalis, Ov Metam 15, 591 (2) Pacales flammæ, Ov Faſt 1, 719

Pacandus, a, um part To be reduced, or ſubdued Nihil horum ad pacandas Hiſpanias deſideravit, Cæſ B C 2, 85 Pacanda Germania, Suet Tib 16

Pacātè adv ius, comp iſſimè, ſup Peaceably, quietly, without diſturbance, gently Pacate per provinciam iter facere, Faber ex Cæſ B G 1 ☞ ſed locum non inveni Pacatius ad reliqua ſucceſſimus, Petron c. 10 = Pacatiſſimè & commodiſſimè placuit, Auguſtin

Pācātor, ōris m verb He that hath given quiet, or peace, that hath freed from all things hoſtile, a ſubduer, or conqueror Orbis pacator, Sen Herc Oet 1990. Rheni pacator & Iſtri, Claud Stilic 2, 13 Nemeæ, ſcil Hercules, Sil 2, 483

Pācātus, a, um adj or, comp iſſimus, ſup (1) Reduced to obedience, and peaceable ſubjection, ſo as not to riſe in arms againſt one (2) Living in peace, free from enemies, or pirates, quiet, undiſturbed (3) Calm, ſtill, ſerene (4) Reconciled, in friendſhip with one (1) Pacatus victoris terrarum orbis, Paterc 2, 89 (2) ‡ Neſcio quo fato, magis bellantes quam pacati propitios habemus deos, Liv 5, 19 ‡ Matrem, orbe victo, magis quam pacato, relinquis, Sil Dent que ſi moriar ſubeam pacatius arvum, Ov ex Pont 1, 2, 109 Pacatiſſima provincia, Cic pro Ligar 2 (3) Aeris pacati ſtatus, Lucr 3, 293 ¶ Ex pacatis, out of a friend's, or ally's country, Sall B J 37 ‡ in hoſtico, in an enemy's country, Liv (4) Huic pacatus poterit ne eſſe Antonius? Cic Philipp 7, 9

Pācĭfer, a, um. (1) Making, or bringing peace (2) Betokening, or ſignifying peace (1) Pacifer Hercules, in nummis antiquis (2) Laurus pacifera, Plin 15, 30 oliva, Vir Æn 8, 116

Pācĭfĭcans, tis part (1) Making peace (2) Endeavouring to make peace with (1) Pacificans divos, Sil 15, 421 (2) Sall B Jug 66

Pācĭfĭcātio, ōnis f verb (1) Pacification, or making of peace (2) Mediation, or treating for peace (1) Nulla ſpes pacificationis eſt, Cic Att 7, 8 (2) Sapientius feceris, ſi te in iſtam pacificationem non interponas, Cic Att 10, 27

Pācĭfĭcātor, ōris m verb (1) He who reduceth to peace, or ſettlement (2) He who mediateth, or interpoſeth to make peace, or agreement, an ambaſſador for compoſing a quarrel (1) Pacificator Allobrogum, Cic Att 1, 10 (2) Pacificator Carthaginienſium, ſent by them, Juſtin 18, 2, 4

Pācĭfĭcātōrius, a, um Pertaining to peace, or agreement Pacificatoria legatio, Cic Att 12, 3

Pācĭfĭcatus, a, um part Reconciled Satin' ego tecum pacificatus ſum? Plaut Stich 4, 1, 13

Pācĭfĭco, āre act [pacem facio] (1) To make, or deſire peace (2) To appeaſe, or render propitious (1) Pacificatum venerunt, Liv 5, 23 (2) Cum ſanguine ſacro hoſtia cœleſtes pacificaſſet heros, Catull 66, 76

Pācĭfĭcus, a, um (1) Pertaining to, or making for peace and compoſing matters, tending to an amicable compoſition (2) Peaceful, that loveth and eſtabliſh the peace and civil government (1) ‡ Ecqua pacifica perſona deſideretur, an in bellatore ſunt omnia, Cic Att 8, 12 (2) Pacificus Numa, Mart 12, 63 Pacificus Janus, preſident of peace, whoſe temple was ſhut when there was univerſal peace, Id 8, 66 Pacificæ ſecures, the guardians of peace and civil adminiſtration, Luc 5, 205

† Pacīſco, ĕre Non ex Nævio quod

Pacīſcor, i, pactus ſum [ab antiq

Dio nec, hi c ... bi ... Li ... p sod is in ... pactum] (1) *To covenant, bargain, to come to terms, to treat, or intervene* (2) *To exchange, to barter* (3) *Pit To lean upon, to covenant* (5) *To be promised,* (6) ... *to be contracted to another* (1) Dimicandum, quod pactus esset, pro illo ... Cic ... 80 ... Pactus sibi aliquid, *Id* cum ... quo paululum decennium, *Plaut Bacch* 4, 8, 25 de mercedibus, *Suet* de *illustr Gramm* 7 (2) Pacisci tum ... cum ... copiis ... ubi ... *Liv* Pacisce ... *Plaut Bacch* 4, 8 ... *Ter* ... pro laude pacisci, ... 5, 230 (4) Quum ... ita ... essent ... pactæ, *Cic* ... 1, 10 (5) ... pactum est, *Ov Ep* 2 4 (6) D ... filio pacta ... *Cic Att* 5, 21 ... *To covenant, to bargain* ... *To be tractable, or gentle* (-) *Appeased, or rendered peaceable* ... Placare Annum agere per ... *Cic* ... 15, 4 *vid* Placatum ... Pacantur ... *Hor Ep* 1, 2, 15 Si voce ... traxerit Orpheus, *Claud Epi* 1, 19 (3) Parvula ... pacavit ... *Tib* 4, 1, 14

Pactus, ... [... pango ...] ... *wreathed* ... *Plin* ...

... *an agreement, or covenant* ... (2) *The form of words in* ... (3) *A promise, or covenant of marriage* (1) In nostra ... confectæ sunt pactiones, ... provinciis & publicanis, *Cic Att* 5, 1 Pactionibus ... facere, *Nep Dion* 5 (2) ... verborum, *Cic* pro Q ... 16 (3) Nemo invitum pactionem ... quenquam ... coegisset, *Liv*

‖ Pactitius, a, um [a pactus] *Made by agreement* = Cessitio pugnæ, pactitiæ ... *Gell* 1, 25 ✝ Pactio

Pactor, ōris m verb [a paciscor] *A maker, or signer of a treaty* Societatis pactores, *Cic* ...

Pactum, i n [ex part pactus] (1) *A contract, covenant, or agreement, a condition* (2) *In abl* ... *way, or means* (1) Pactum est, quod inter aliquos convenit, *Cic de Inv* 2, 22 ⁂ Pactum est duorum consensus atque conventio ... promissio ... *Ulp* (2) Quemadmodum ... quo pacto ... *Cic* pro *Quint* 1

Pactus, ... m verb *A bargain, a contract, or agreement* Ut ... nostis pacti ... *Ter* ... *Plin* ...

Pactus, a, um part [a paciscor] (1) *Having bargained* (2) *Having agreed by agreement* (3) *Pass* ... *covenanted* (4) *Promised by agreement* (5) *Promised in marriage, betrothed, or espoused* (1) ... *Met* 5, 28 (2) ... *Cic Off* 1, 10 (4) ... fuit ... merces ... *Hor Od* 3, 22 (5) ... Pactor, ... 6 & *Plaut Aul* 2, ... 25

Pæan, ānis m παιὰν [ἀπὸ τοῦ παύειν τὰς ἀνίας, vel forte simpl à παίω, sanare, *Eustath* nisi mavis ... ludare] (1) *An hymn sung to any of the gods, but most commonly a triumphal song to Apollo* (2) *A foot in prose, or verse, consisting of one long and three short, as incipite, deficit, or on the contrary, three short and one long, as dominerant, sonipedes* (3) *Apollo so called* (1) Hinc ... παιὰν ... in honorem Martis, *Plutarch* in *Lycurg* ... *Xenoph Hellen* 4 Lætum pæana canentes, inter odoratum lauri nemus, *Virg Æn* 6, 656 (2) *Cic de Orat* (3) Consulitur Pæan, *Ov* ... 4 ... Parce, precor, Pæan, *Tib* 4, 6 ...

* Pæantides, um f pl *Precious stones, having the likeness of frozen water, big with little stones in them, and good for women in child-birth*, *Plin* 37, 10

Pædagōgium, ii n (1) *An apartment for the pages, or young slaves* (2) Met ... *A young slave, or page* (1) Pueri in pædagogio ... plurimus domi ... *Plin Epist* 7, 27, 13 (2) *Ulp*

* Pædagōgus, i m (1) *A servant who followeth his young master, taketh care of his behaviour, and particularly attendeth him to his exercise and to school* (2) *A servant that constantly attendeth and governeth a child, and teacheth him his letters* (3) *He that tendeth upon and leadeth one that is blind* (4) Met *Any one that is followed, lead to up and down, or attending upon* (5) *Also others, censurers of other mens actions* (6) *A tutor, a pædagogue, or any one that reigneth, or governeth another, so called by way of affront* (1) Servitum ... quid ... puero parvulo mihi pædagogus fuerat, *Plaut* (2) ... pædagogo ... *Plaut Bacch* ... *Cic Attic* 12, 33 (3) *Sen de Ira*, 2 ... *Phorm* 1, 2, 94 (5) *Cic* (6) *Plaut Pseud* 1, 5, 22 *Suet Galb* c 14 & *Sen* ... *quid distat pædagogus & præceptor*, *vid Sen de Ira*, 2, 22 & *Lips* ibid

* Pæderos, ōtis m (1) *The opal stone* (2) *A sort of amethyst* (3) *The herb chervil* (4) *The smooth acanthus* (1) *Plin* 37, 6 (2) *Plin* 37, 9 (3) *Plin* 19, 8 (4) = Melamphyllum, *Plin* 22, 22

Pædīcātor, ōris m [a seq] *A bugger*, *Suet Cæs* 49

Pædīco, āre act [...] *To commit buggery with a boy*, *Catull* 17, 1

Pædīcor, āri, ātus pass *To be abused, or buggered*, *Fragm Poët*

✝ Pædidus, a, um [a pædor] *Nasty*, Pædidos sordidos significat ... *Fest*

Pædor, ōris m [...] *Nastiness, filth for want of dressing* Barba pædore horrida, & ... intonsi pectus illuvie scabrum *Cic Tusc* 3, 12 ex poeta

✝ Pæne *Vid* Pene

✝ Pæniteo *Vid* Pœnitet

Pænula *Vid* Penula

✝ Pænularium, ii n *A place where cloaks are laid up*, *Non ex Nævi*

Pænulatus, a, um adj *Clothed in a strait, thick coat*, *Cic pro Mil* 10

Pæon, ōnis m *Gr rel* & pæan *A compound foot in verse, or prose, of which there are these four kinds, the first consisting of a trochæus and pyrrichius, thus, - ᴗ, ᴗ ᴗ, the second of an iambus and pyrrichius, thus, ᴗ -, ᴗ ᴗ, the third of a pyrrichius and trochæus, thus, ᴗ ᴗ, - ᴗ, the fourth of a pyrrichius and iambus, thus, ᴗ ᴗ, ᴗ -*, *vid Cic Orat* 57, 64 *Quint* 9, 4 adde *Voss Inst* 1 6 p 405 & seq

Pæonia, æ f [a Pæone inventore] (1) *An herb called peony, or piony* (2) *Also a famous physician so called*, *vid* Propr = Vetustissima inventu pæonia est, nomenque auctoris retinet, quem quidam pentorobon appellant, alii glycysiden, *Plin* 25, 4

Pætulus, a, um dim [a pætus] *Having a cast with his eyes* ⁂ Equos deos non tam strabones, quam pætulos esse arbitramur *Cic N D* 1, 29

Pætus, a, um (1) *Pink-eyed, that hath little leering eyes* (2) *Having a cast with the eyes* (1) Si pæta, est Veneri similis si flava, Minervæ, *Ov A Am* 2, 659 (2) Strabonem appellat pætum pater, *Hor Sat* 1, 3, 45 *ubi vid & Schol* ⁂ Strabo dicitur qui est distortis oculis, pætus, qui leviter declinatis, cujus huc ac illuc tremuli volvuntur, *Porph*

Pāgānālia, ium n pl [a paganus] *A feast of the country people in honour of Tellus and Ceres, after the first seed time*, vid *Varr L L* 5, 3

Pagānicus, a, um adj (1) *Of, or belonging to the country, or to country men* (2) *Also pertaining to the peasantry*, contradistinct from the soldiery (1) Pila ganica pila, *a stow-ball stuffed with feathers* Mart 14, 45 Paganicum, *sc* prædium, *a country farm* Dig Paganica feriæ, *a yearly country wake*, the same, as it should seem, with the *Paganalia*, celebrated on the fifth of December, concerning which see *Hor Od* 3, 18 (2) *Vid* Paganus

Pāgānus, a, um adj [a pagus] *In, or of the country, or country village* Pagani foci, *Ov Fast* 1, 670 Pagina ferculi, *Propert* 4, 5, 76 *not proper for a soldier* *Met* Sunt, ut in castris, sic etiam in literis nostris, plures cul ... pagano, quos ... & armatos, & quidem ardentissimo ingenio diligentius scrutatus invenies, *Plin Epist* 7, 25, 6

Pāgānus, i m (1) *A country man, or peasant* (2) *Any one that is not a soldier* (1) Pagani, *Cic pro Domo*, 28 A division of the *plebs urbana*, those that lived in the lower parts of Rome (2) ⁂ Miles, si ... paganus erat, fecit testamentum, &c Scævola JC vid & *Juv* 16, 32 *Hinc* & *fortè Christiani Gentiles dixere paganos, quod sub Christi vexillo non militarent*

Pāgātim adv *In separate districts, or cantons* Pagatim Atheniensis templa deum sacrata habebant, *Liv* 31, 26

Pāgella, æ f [a pagina] *A little leaf, or page* Extrema pagella pupugit me, *Cic Fam* 2, 13

✝ Pāges, is f [ab antiq pago, i e pango] *Pages compactio, unde compages*, *Non*

Pāgina, æ f [a pag ndo, i e pangendo quod pacta ... vel quod in pag ... versus panguntur, i e figuntur, *Fest*] (1) *A page of a book* (2) *An whole book, or work* (3) *A little space, or path between vines* (1) Epistolæ prior pagina, *Cic Att* 13, 9 *Met* In ... ratione ... fortuna sola ... utramque paginam facit, *Plin* 2, 7 *is all in all* (2) Docti pagina Calvi, *Prop* 2, ... Lasciva est nobis pagina, vita proba est, *Mart* 1, 5 (3) *Plin* 17, 22

Pāgĭnula, æ f dim *A little page, or side of a leaf*, *Cic Att* 4, 8

✝ Pāgo, &c pepigi, pactum ant pro pango, *Quint* 1, 10 ex *XII Tabb* & *Ad Herenn* 2, 13

* Pāgrus, gri m *A sort of fish*, one kind of which loveth the fresh, the other the salt water, *Plin* 32, 10 *Isid* 12, 6

* Pāgurus, i m *A sort of crabfish*, *Plin* 9, 31

* Pāgus, i m [a πάγος, collis, quia primitus in colle, securitatis causa ædificia extruere, vel a πηγή, Dor fons, ut ... illorum qui ex eodem fonte bibunt] (1) *A village, or country town* (2) *A tribe, or division of country and people, a canton, a district* (1) Tunicam mihi malo lupini ... me toto laude ... vicinia pago, *Juv* 14, 154 (2) Omnis civitas Helvetia in quatuor pagos divisa est, *Cæs B G* 1

Pāla, æ f [pala ... pangendo, g in l mutato, *Varr L L* ... quia pagitur in terra] (1) *A sort of shovel, or spade* (2) *Also a fan to winnow corn* (3) *The beazil of a ring* (4) *A kind of Indian figtree* (1) *Cato*, c 11 (2) Pala ..., *Gl Philox* ... quidem in Gl Cy ... labrum quam ventilabrum ... cat, ut certe ventilabrum designat *Tertull de Persec* c 2 *Hac pala illa* quæ & nunc dominicam aream purgat, nisi quis putet palas ligneas (*shovels*) id opus commiterc ... (3) Palam ... ad palmam converterc, *Cic Offic* 3, 9 (4) *Plin* 12, 6

Palacra, *seu* palacrana, æ f Verbum Hispanicum *A mass, or lump of gold*, as it is found Inveniuntur ita auri massæ nec non in puteis etiam denis excedentes libris Palacras Hispani, alii palacranas, item quod minutum est, Balucem vocan, *Plin* 33, 4

* Palæstes, æ m *A wrestler*, *Lamprid* Lat Luctator

* Palæstra, æ f *Lat* luctatio, *vel* locus luctationis (1) *A wrestling* (2) *A place for wrestling, and other exercises* (3) *A place for disputation, study, or discourse, or any place where one constantly spendeth his time* (4) *In raillery, a stews, a bawdy house* (5) *Skill, readiness in the exercises of the palæstra* (6) *That which is for seemliness and show only* (7) *The comely carriage and decent management of the body, which resulteth from being learned one's exercises* (8) *Dexterity, address, management* (1) Exercent patrios oleo ... palæstris, *Virg Æn* ... Nisi in palæstram veneris, ubi cursu, luctando, hasta, disco, pugilatu, pila, saliendo sese exercebant, *Plaut Bacch* 3, 3, ... (2) *Vitruv* 5, 11 (3) ... *Ter Phorm* ... Hic periculum in palæstra, *Ter* ... 3, 2, 24 (6) = ⁂ Nitidum ... dam genus est verborum, & ... tum, sed palæstræ magis & olei, quam hujus civilis turbæ ... *Cic de Orat* 1, 18 ... rus quasi quendam palæstram & extrema lineamenta orationi ...

[illegible] (8) Utinam ex [illegible], quam à te didicimus, *Id*

Palæstrita, æ f *A woman that [illegible] with oil, before or [illegible] performed* Palæstram [illegible]

[illegible] *Like those [illegible] their time in the* palæstra [illegible] Xysto, [illegible] *Orat* [illegible]

[illegible] um (1) *Of, or [illegible] exercises of the [illegible] of the [illegible] the* Pa[illegible] (3) *That [illegible], or [illegible] the* pa[illegible] (1) Palæstrici & gymnasi[illegible] *Id* 2, 1, 7 [illegible] *C c Verr* 2,

[illegible] m *He that teach[illegible] exercise of the palæstra, [illegible] of the body, or re[illegible]* Nec illos quidem [illegible], qui paulum etiam [illegible], *Quint* 12,2

[illegible] m (1) *A wrestler [illegible] of a school of exer[illegible]* (2) *[illegible] that spendeth his [illegible] exercises of the* pa[illegible] (1) Non perdit oleum lu[illegible], *Mart* [illegible], 58 [illegible] hæc plan[illegible] *Pers* 4, 39 [illegible] pro [illegible], vul[illegible] (2) *Cic Verr* 2, 14 (3)

[illegible] f *The herb sow-[illegible], or swines-bread*, Apul

Palam [illegible] [illegible] palo, ire *ut* [illegible] (1) *Openly, pub[illegible], before all [illegible] sight of all the peo[illegible]* (2) *[illegible], notoriously* (1) [illegible] Pompeiu clam & noctu, Cæ[illegible] & interdiu, *Cæs* ⚹ [illegible], sed aperte, ac pa[illegible], *Cic Orat* 12 ⚹ dissimulan[illegible], *Cic Clau Orat* 79 ⚹ [illegible] palam blandiuntur, [illegible] subdole suffundunt, [illegible] 1, 1, 6 § Palam po[illegible] (2) Pisces audire pa[illegible] est, *Plin* 10, 70 Palam men[illegible], *Plaut Truc* 1, 2, 89

Palandus, a, um part *To be [illegible], or supported with poles* [illegible] palandæ, *Col* 4,

Palanga, palangarius, palango [illegible], *C c*

Palans, [illegible] part [à palor] (1) *[illegible] straggling, dispersed, [illegible] order, or aray* (2) *[illegible], broken, scattered in fight [illegible], or losing the way* (3) *[illegible] straggling, without [illegible] order* (5) *Waver[illegible], unsteady* (1) [illegible] palantes in agris [illegible], *Liv* 1, 11 (2) Femina [illegible] atque hæc agmina [illegible] *Æn* 11, 734 (3) Pa[illegible] certo de tramite pel[illegible] 2, 49 (4) Palan[illegible] *Æn* 9, 21 (5) Pa[illegible] rationis egentes, [illegible] timentes ev[illegible] *Met* 11, 150

[illegible] n pl *The [illegible] soldiers were exercis[illegible] or poles fixed in [illegible]* Hæc palaria cum mi[illegible] ex [illegible]entur, *Charis*

[illegible] adj *A coppice [illegible] of pole, or stake-[illegible]*, *Ulp* 1 9 § 7

[illegible] adv *Wandringly* [illegible], *Onom*

[illegible] adj [de variis [illegible]] *Belonging to*

the Roman emperors court Palatinus Apollo, *so called from his having a temple in the place*, adjoining to which was a famous library, which received only the noblest writers, *Hor Ep* 1, 3, 17 Palatini ludi, *plays in honour of* Augustus, three days successively, celebrated *in the palace*, instituted by his relict Livia, *v Dion*, lib ult

|| Palātinus, i m *A courtier that was in an employment under the Roman emperor*, *Cod*

Palatio, onis f verb [à palo] *A foundation made in a wet ground by driving in alder piles*, Vitruv 2, 9

Palatium, ii n *The mount Palatine* so called, where Evander the Arcadian first dwelt, after wards Romulus, also the Roman emperors down from Augustus, whence it signifieth (1) *properly their court*, (2) *but is used for the place of any other prince's residence* (3) Also *a great tower, or building* (1) Venit id in nostros pecorosi palatii montes, *Prop* 4, 10, 3 Decepta palatia tauris, *Id* 3, 9, 49 (2) *Ap [illegible] errores script* (3) Romana palatia, *Vir Geor* 1, 499 [illegible] secreta palatia matris, *Juv* 9, 23

‖ Palatualis, e adj [à dea Palatua] *Varr* Palatualis, flamen ad sacrificandum ei deæ constitutus erat, in cujus tutelâ Palatium esse putabant, *Fest*

Palatum, i n [à [illegible], edo, *unde etiam* pasco, & pabulum, & pales Vere si hæc esset prima notio, qui non videtur, sed cum ad cœli templum antiquitus referebatur, a *falantum* H trusc cœlum non [illegible] cendum put] (1) *The cope of heaven* (2) Meton *The palate, or roof of the mouth* (3) *The palate, or taste* (4) *The mouth* (1) Epicurus dum palato quid sit optimum judicat, cœli palatum, ut ait Ennius, non suspexit, *Cic N D* 2 18 (2) Intellectus saporum hominis est in palato, *Plin* 37, 47 (3) Quibus in solo vivendi est causa palato, *Juv* 11, 11 (4) Licet obseres palatum, *Catull* 53, 21 καταχλαστιχῶ,

Palatus, i m *idem quod* palatum, *Cic de Fin* 2, 8

Palatus, a, um part pass *Poled, or propped* Vineæ palatæ, *Col* 11, 2

Palātus, a, um part [à palor] (1) *Having straggled, out of order, or aray* (2) *Flying in disorder, routed, broken* (1) Milites palati per agros, frumentum retulerant, *Liv* (2) Contrahens suos ex fuga palatos, *Liv* 8, 24

Palea, æ f [à πάλλω, jacto] qua ratione etiam Vannus ab eadem jactatione, *Scal* vel a Pale frugum inventrice, *Isid*] (1) *Chaff* (2) *Short straw* used in making mud walls (3) *Refuse, or scum* (4) *The wattle, or gills under a cock's neck* (1) ⚹ Acus vocatur, cum per se pinsitur spica, tantum aurificum ad usus, si vero in area teritur cum stipula, *Palea*, *Plin* ⚹ Faba quæ exiguas paleas & multam siliquam facit, *Col* 2, 10 (2) Paleæ inani satiatus paries, *Petron* c 135 (3) Expulturæ æris palea quædam, *Plin* 34, 12 (4) Paleæ ex rutilo albicantes, quæ velut incanæ barbæ dependent, *Col* 8, 2

Palear, āris n [à similit paleæ gallinacei] *Sen Hippol* 1041 habet in sing recto *The dewlap of a beast*, usitatius tamen in plur palearia *vid Vir Geor* 3, 53 & *Stat Theb* 3, 332

Palearе, is *vel* paleatium, ii n Palearе, *Gl Phil* *A chaff-house*, *Col* 1, 6

Paleātus, a, um *Mingled with chaff, or short straw, clay, or dirt with short straw beaten in it* *Col* 8, 2

Palilia *The feast of* Pales *vid* Propr

Palimpissa, æ f *The [illegible] of the pitch of cedar that hath passed a second decoction*, *Plin* [illegible]

Palimpsestos, i m [illegible] [πάλιν, rursum, & ψάω, rado] idem quod Charta deletitia *A sort of paper, or parchment, [illegible] generally for writing things in first time, [illegible], which might be wiped out and new wrote in the same* [illegible] [illegible] in palimpsesto relin[illegible], *Cic Fam Ep* [illegible], 18

* Palinodia, æ f *A recantation, a contrary song, a retracting of what one hath spoken, or written* Sed turpis mihi videbatur palinodia, *Cic Attic* 4, 5 Palinodiam canere, *Id* 2, 9 PALINODIA AD AMALAM PUELLAM, Lemma odes *Hor* 1, 16

‖ Paliurus, [illegible] [qu à palor] *Wandring, straggling up and down* *Plaut* [illegible] 5, 2, 5 [illegible]

Paliurus, i m (*in accus* paliurон) *A sort of thorn* Spinis [illegible] paliurus, [illegible] que rubi, & paliuri, *Col* 11, 3 Spinis surgit paliurus acutis, *Vir Ecl* 5, 39

Palla, æ f [à πάλλω, quod in gestu vibratur [illegible]] (1) *A large upper robe having down upon the ground, worn [illegible] by women of honest fame*, (2) also *by princes*, (3) also *by musicians, dancers, and actors in tragedies* (4) *A kind of short jerkin, that reached no lower than the pockets* (1) Fusa ad tenero lute palla pedes, *Tib* 1, 7, 46 Pallam induta nitentem, *Ov Met* 1, 262 (2) Palla Darii auro distincta, *Curt* 3, 3, 18 (3) Induta videbatur talis illudere palla, *Tib* 3, 4, 35 *de Apolline* Cum palla tunicaque talari prodiit, ac, desaltato cantico, abiit, *Suet Calig* 54 Venit & ingenti violenta tragœdia passu, palla jacebat humi, *Ov Amor* 3, 1, 12 (4) Dimidias nates Gallica palla tegit, *Mart* 1, 93 ex illis, ut videtur, *Strabonis* descript Οἱ Κέλται [illegible] σχιστοὺς χειριδωτοὺς [illegible] [illegible], *L* 5

* Pallaca, æ f *vel* pallace, es f παλλακή *A concubine*, *Suet Vesp* 21

Palladēna, æ f *A sort of onion*, *Plin* 19, 6

Pallens, tis part (1) *Growing, or turning, looking, or being pale* (2) Meton *That causeth paleness* (1) Pallentes violæ, *Vir Ecl* 2 47 (2) Morbi pallentes, *Vir Æn* 6, 275

Palleo, ere, ui neut [à πάλλω, trepido, est enim color timentium, unde πάλλοι φόβῳ dixit *Sophocl* vel à πελιός, niger, pallidus, *M*] (1) *To be, or look pale, or wan* (2) *To be solicitous by reason of* (3) *To look pale with many changes of countenance* (4) *To turn black, or smutty by reason of* (5) *To look pale for fear of* (6) *To be very much concerned for* (1) Necesse est, quoniam pallet, ægrotare, *Ad Herenn* 2, 25 (2) Argenti pallet amore, *Hor Sat* 2, 3, 78 (3) § Multos pallere colores, *Propert* 1, 15, 39 (4) Vitio cœli,

pallet ærea seges, *Ov Fast* 1, 688 (5) Mecnas fraude pall [illegible], *Hor Od* 3, 27, 27 (6) [illegible] intercula pallet, *Hor Epist* 1, [illegible]

Pallescens, tis part *Growing, or turning pale* Rubentium [illegible] malum multiplici mutatione pallescen, *Plin* 9, [illegible]

Pallesco, ere incept (1) *To grow pale* (2) *To grow [illegible] for [illegible], or [illegible]* (1) Ocimum sub [illegible] pallescit, *Plin* [illegible] (2) In [illegible] pallescere [illegible], *Pers* [illegible]

‖ Palliatum, [illegible] *A [illegible] pall* [illegible], *p* [illegible]

Palliatus, a, um part (1) *Cloaked, [illegible] (2) [illegible] Greeks* (2) [illegible] (3) *[illegible]* [illegible] palliatus, modo [illegible], *Plaut* [illegible] 5, 5 [illegible] *Pseud* [illegible] (3) Comœdia palliata, [illegible] tis robore palliatis [illegible], *Mart* 3, 8, [illegible]

Pallidulus, a, um dim *Somewhat pale, palish*, [illegible], *Juv* [illegible], 82

Pallidus, a, um [illegible], comp [illegible] issimus, sup (1) *Pale, wan, white* (2) *Making pale* (1) [illegible] fame, *Vir Æn* 3, 218 Dido pallida morte futura, *Id* [illegible] 644 Pallidus [illegible], *Plin* 2, 25 Membra [illegible] nova, *Ov* [illegible] ex Ponto, 1, [illegible] tui inaurata, *Catull* [illegible] Pl[illegible] pallidus oris *Ov Rem* in 25 (2) Pallida regio, *Sil* [illegible], *Claud Rapt Pros* 2, 326 (2) Pallida Rheni frigora, *Stat Sylv* 1, 5, 128

‖ Pallio, ire [unde pallio [illegible] pass] *To [illegible] cloak, hidden, or palliated*, [illegible]

† Palliolatim adv *With a little cloke* Palliolatim amictus *Plaut Pseud* 5, 1, 2 *ubi leg* palliolatus

Palliolatus, a, um (1) *Clothed in a little poor mantle, or [illegible] garment* (2) *That weareth a kind of little cap, or covering for the head* (1) Quæ palliolata vagatur, *Mart* 9, 33 (2) Ob valetudinem palliolatus novo more prætedit, *Suet Claud* 2 Tunc palliola, *to which the coverings of the head were joined, so as to make one garment*

Palliolum, ii n dim (1) *A short cloke, or little upper garment for men*, (2) *or women* (3) *A little cap, or covering for the head, worn by women, men effeminate, or sick* (1) Sapiens in sub palliolo sordido [illegible] dixit *Cæcil ap Cic Tusc* [illegible] (2) Uxorem comœdus [illegible] Domi nullo cultam palliolo, *Juv* [illegible] (3) *Id Sen Ep* 115 mon[illegible] Mæcenatis describentem [illegible] tu facito ut simules, nec turpe [illegible] taris palliolum [illegible] imposuisse comis, *Ov A Am* [illegible] 4

Pallium, ii n [illegible] *A cloke, a sort of upper garment worn by the Greeks, men and women, freemen and servants, always by philosophers*, also commonly *worn by both sexes at table* (2) *Pillows or coverlets, or upper bedclothes* (3) *A sort of cap, or covering for the head* (1) *Id* Palliolum Conjiciam in collum pallium, primo ex [illegible] hanc rem ut [illegible], *Plaut Capt* 4, 1, 12 Pallium [illegible] *Id Bacch* 3, 3, 30 ⚹ Tunicam nec chlamydem do foris, nec pallium,

Id

Id Menæch 4, 2, 95 Barbam & pallium video, philosophum nondum video, *Gell* 9, 2 ¶ ✱ Tunica pallio propior est, *Prov Some are to be regarded more than others, near is my shirt, but nearer my skin*, Plaut Trin 5, 2, 30 Sic divisa tecum bes, ut non tangantur pallia nostra tuis, *Mart* 11, 24 Corpore sano advocat Archigenem, onerosque pallia jacta, *Juv* 6, 235 (7) *Vid* Palliolus

Pallor, ōris [a palleo] (1) *Paleness* (2) *Gloominess* (3) *Mouldiness in vessels* (4) *Pale colour* (1) Terrorem tremor & pallor consequitur, *Cic Tusc* 4, 8 ✱ Pallor fugit ore meum, *Sen Med* 859 (2) Totus perennium pallore continuo, *Plin* 2, 10 (3) *Col* 12, 5 (4) *Lucr* 4, ...

Pallula, æ f dim *A little cap or garment, or gown for a woman*, Plaut *Truc* 1, 1, 32 & 2, 2, 16

Palma, æ f [ā Gr παλάμη] (1) *The palm of the hand, an open palm, or hand* (2) Palmæ, plur *the hands* (3) *A span or three quarters of a foot, or the breadth of four fingers* ... (4) *A palm, or date tree* (5) M on *A palm chaplet, being the token of victory* (6) *A besom, or broom made of palm twigs* (7) *A date, the fruit of the palm* (8) *The mark, or token of victory excelling others* (9) Met *Victory* (10) Met on *Palm* (11) *Preference, pre-eminence, principal honour, or place* (12) *The shoot of a vine that may bear grapes* (13) *The broad end of an oar* (1) ✱ Rhetoric m palmæ, dialecticam pugno similem esse dicebat, *Cic de Fin* 2, 6 (2) Tenerās utrebant nectere palmas, *Vir Æn* 2, 406 (3) Palmus palmi, *Gl Cyr* & ... ut modum palmæ hominis ... Fructus ejus dicti, ... *Plin* ... nunc ulnam ... (4) ... palma ... *Hor Od* 4, 2, 17 (6) ... *Hor Sat* 2, 4, 82 (7) ... exempli ... palmas ... *Plin* 13, 4 (8) ... quadrigis, qui palmam jam ... *Cic de Cl Orat* (9) Plurimarum palmarum ... *Cic pro Rosc Amer* ... Marc llus Col ... de rege ... *Mart* (11) ... tertiam palmam ... bon ... interpr ... contio palmam do, ... (12) *Varr R R* 1, 31 (13) ... abiegnis ... *Catull* 4, 17

Palmāris, re [ā palma] (1) *Of a palm tree* (2) *Wearing, or ...* (3) *That is pal, ...* (1) P... *Varr* 1, 5 (2) ... *Plaut* ... 30 (3) ... palmaris sententia, ... *N D* 1, 8

Palmāris, re [ā palmus] *That is the breadth of four fingers* V gula palmares, *Varr* ... Statu palmaria, *Col* 8, 5

|| Palmarium, ii n *A reward of victory, or getting a cause*, ...

Palmārius, a, um adj [ā palma] *Deserving to bear the prize, most excellent* Quod ego mihi puto palmarium, me, &c Ter Eun 5, 4, 8

Palmātus, a, um [a palma] (1) *Having upon it the figure of a palm tree, or branch* (2) *Having their horns broad, with little shoots growing out like fingers* (1) Tunica palmata, *a triumphal robe worn upon solemn occasions, powdered with broad studs of gold* (2) *Of a robe interwoven, or embroidered with palms, or other devices, worn by the emperors, and the consuls under them.* (1) Lapides palmati, *Plin* 36, 18 (2) *Plin* 11, 37 (3) *Liv* 30, 15 (4) *Mart* 7, 1

Palmātus, a, um [ā palmo, as] *Marked with the palm of one's hand* Palmatus paries, *Quint Decl* 1

Palmes, ĭtis m [ā palma, no tone ...] (1) *The shoot, or young branch of a vine* (2) *The shoot of the palm tree on which its fruit hangs*, so called because it is like those shoots on which grapes hang (3) *The bough, or branch of any tree* (1) Si læta vitis est, ultimi potius palmites per cacumina ramorum præcipitentur, *Col* 5, 6 (2) *Plin* 17, 22 (3) Palmites arborum eminentium, *Cic* ... 4, 3, 10

Palmensis, orum *sc* vini *A sort of wines* Quæ, a palmā una forte enata, palmesia appellantur, *Plin* 14, 6

Palmētum, i n *A place planted with palms, or date trees* Unus præfert Herodis palmetis pinguibus, *Hor Epist* 2, 2, 184

Palmeus, a, um [a palma] (1) *Made of the leaves of the palm tree* (2) *Made of dates* (1) M ... Columella palmeis tegetibus vineas obumbrabat, *Col* 5, 5 (2) Palmeum vinum, *Plin* 24, 1...

Palmeus, a, um adj [ā palmus] *Of a span, or three quarters of a foot long* Caulis palmeus, *Plin* 26, 10

Palmĭfer, a, um adj (1) *Bearing palm trees* (2) *That lies in that part where palm trees grow* (1) Palmifera Pharos, *Ov Amor* 2, 13, 8 (2) Palmiferi Arabes, *Ov Met* 10, 478

Palmĭger, a, um adj *Bearing palm trees* Nemæa palmigera, *Plin* 31, 1

Palmĭpĕdālis, e adj [ā seq palmipes] *Of the measure of a foot and a span, the space between the thumb and the little finger stretched out, or a foot and one hand's breadth* Malleolus palmipedalis, *Col* 3, 19 Limen ... palmipedale, *Varr* Crassitudine palmipedalis, *Vitruv* 10, 20

Palmĭpes, ĕdis adj [ex palma, & pes] *Having its feet closed with a film, or web, as water-fowl* ✱ Avium aliæ digitatæ, aliæ palmipedes, &c Plin 11, 47

Palmĭpes, ĕdis m [ex palmus, & pes] *The measure of five hands breadth* Palmipede interv... *Plin* 17, 20 *leg* & Palmopes

Palmĭprīmus, a, um *A sort of wine made of figs like date wine* Fit & sycites e fico, quem alii palmiprimum vocant, *Plin* 14, 16 *leg* & palmiprimum

Palmo, āre act [ā palma] *To make the print, or mark of the palm in one's hand* (2) *To bind the young shoots of a vine to the wood that supporteth it* (1) Palmare vestigium, *Quint Decl* 1 (2) A palma, *i e* palmite, palmare, *i e* materias alligare, *Col* 11, 2

Palmor, āri dep *To sooth*, or *humour* Scribenti ad me ejusmodi literas palmater plane necesse fuit, *Pollio ad Cic* 10, 33 *ubi tamen, quia rarum est*, Victor & Lamb palparer *obtruunt*

Palmōsus, a, um *Full of palm trees*, Vir *Æn* 3, 705

Palmŭla, æ f dim (1) *A little palm, or hand* (2) *The date, or fruit of the palm tree* (3) *The broad part of an oar* (1) *Apul* p 159 (2) Palmulas, pomaque & similia primo cibo melius assumit, *Cels* 1, 2 (3) Imbuere palmulas in æquore, *Catull* 4, 18

Palmus, i m [a palma] (1) *A span from the thumb to the little finger, three quarters of a foot* (2) *Three quarters of any thing* (1) *Cato* (2) = Decoquis ad palmum, id est, ad quartas, *Col* 12, 34

Pālor, āri pass [ā palo] *To be set, or supported with pales, or poles*, as vines are Vitis paletur, & capite tenus abligetur, *Col* 11, 2

Pālor, āri dep [verbum castrense, inde, ut opinor, tractum, quod milites dum palos ad opus faciendum in sylvis cæderent, ordinibus neglectis, spargerentur] *To straggle, wander, or be disordered*, Liv 1, 11

Palpandus, a, um part *To be stroked* Pectora palpanda manu, *Ov Met* 2, 867 *ubi leg* & plaudenda

Palpātio, ōnis f verb *A stroking, fair speaking, soothing* Palpationes aufer hinc, *Plaut Menæch* 4, 2, 43

Palpātor, ōris m verb *A flatterer, cogger, or soother*, Plaut R d 1, 2, 58

|| Palpātus, a, um part pass *Stroked* Manu palpare, *Prud*

Palpebra, æ f [a Gr βλέφαρα, *Canin*] (1) *The eyelids* (2) *The hair on the eyelids* (1) Palpebræ, quæ sunt tegumenta oculorum, *Cic N D* 2, 57 (2) *Plin* & *Non* ex *Varr* ☞ *Lexica ferè afferunt in plurali tantum, cum ap Cels* 7, 7, 8 *plus decies in singulari occurrat, ut taceam de aliis locis* v & *Scrs Comp* 320

|| Palpebrum, i n *An eyelid* Palpebrum genere neutro consuetudo dici vult, *Non*

Palpĭtans, tis part (1) *Often wagging and shaking* (2) *Under strong apprehensions* (1) Palpitans vertex summæ inter cuncta animalia imbecillitatis indicium, *Plin* 7 princip (2) *Met* Animus palpitans, *Petron* c 100

Palpĭtātio, ōnis f verb *A panting, or beat ng quick, the place where the heart beateth* Supra cordis palpitationem, *Plin* 31, 5

Palpĭto, āre [ā πάλλω, palpito, πάλλομαι, *Onom*] (1) *To pant, beat, leap, or throb* (2) *To breathe short, or quick* (3) *To move with any violent tremulous motion* (4) *To struggle, strive, or heave* (1) Cum cor animalis evulsum ita mobiliter palpitaret, ut imitaretur igneam celeritatem *Cic N D* 2, 9 Trepidum palpitat venis jecur, *Sen Herc Oet* 709 Lingua exsecta palpitat, *Luc* 2, 181 (2) Ut semel atque iterum super illam palpitet, *Juv* 2, 124 obscœn (2) His arduus ignis palpitat, *Stat* (4) Bellua marina brevibus deprensa vadis, ignara reverti, palpitat, *Claud Lutrop* 2, 451

Palpo, are act [ā ψηλαφῶ, & Æol ψαλαφῶ, palpo, *Canin* adjecta sc s initiali, ut a σφάλλω, fallo] (1) *To stroke, to make, or use like tame and gentle* (2) *To sooth, caress, or endeavour to make his friend* (1) Palpare lupos, *Manil* Pectora palpare manu, *Ov* (2) Quem munere palpat Carus, *Juv* 1, 35 Palpare iram, *Apul* to sooth it

Palpor, āri dep (1) *To stroke gently* (2) *To wheedle, cajole, flatter, or sooth* (1) Cui male si palpere, recalcitrat, *Hor Sat* 2, 1, 20 = Cum quum permulsi quis vel palpatus est ? *Ulp* (2) Quam blandis mu... palpatur, *Plaut Amph* 1, 3, ...

Palpo, ōnis m *A flatterer* Hab Lexic a *Pers* 5, 176 ... establ ... cum ...

Palpum, i n ... *A gentle stroking, or soft blandishment* ... *the hand* Met ... *Plaut Amph* 1, 3 ... palpum alicui, *Id Pseud* ... *to wheedle, flatter, or* ...

Palūdāmentum, i n [...] ... lamentum, ... Palud... ... apud Rom ... run, 1, 5 ... per cocco purpura ... tinctum, *Isid* (1) *Principally a military garment* (2) *A general's white, or purple robe which he publickly ... of Rome to an expedition, ... used in battle* (3) *Any ... or principal robe* (4) *All military ornaments were ... called by this name* (1) ✱ To ... Romani in pace ... bello, paludamentis ... (2) Quibus erat mos ... to mutare prætextam, ... (3) Agrippina Claudii ... indutam palud mento auro ... sine alia materie, *Plin* (4) Paludati in libris augurum ... Veranius, *armati, ornati*, ... enim militaria ornamenta ... menta dicta sunt, *Fest* ...

Palūdātus, a, um [ā pro paludamentatus] *Clothed in military garments*, whether generals, or soldiers Consules veren ... senatusconsulto fiat, ... exeant, *Cæs* id *Cic inter Epist Fam*. 8, 10 ¶ Pansa noster paludatus profectus est, *Cic Fam* 15, 17 Hujus etiam milites paludatos vocat *Sidonius*

Palūdōsus, a, um (1) *Marshy, fenny, moorish* (2) *That lies in a country full of fens, ... or lakes* (3) *Causing ... standing waters* (1) Paludosa humus, *Ov Met* 15, ... (2) Paludosæ Ravennæ, *Sil* 8, 6... (3) Paludosus Nilus, *Stat* ...

† Palum, i n *A prop for vines*, Non ex Varr

Palumbes, is m & f [ā Gr πέλειαι] *A ring dove, or wood pidgeon* Duas unum palumbem expetis, *Plaut Bacch* 1, 1, 17 Aeriæ palumbes, *Vir Ecl* 1, 59 ... *Id Ecl* 1, 58

Palumbīnus, a, um adj *Of a ring-dove* Caro palumbina, ... 30, 12

|| Palumbulus, i m *A little pidgeon* or dove Apul p 848

Palumbus, i m *A wood pidgeon*, Cato R R 90 Mart 1, 67

Pălus, ūdis f [ā πηλὸς Dor πάλος, lutum] (1) *A moor, fen, or marsh, a standing water, but sometimes dry* (2) *Sea, or the like, that groweth in marshes* (1) Mithridates Mæotidis paludibus defenditur, *Cic* ✱ Gravior aqua ex lacu, gravissima ex palude, *Cels* 2, 18 ✱ Stagna, *Id* palude, *the* ¶ Dis juranda palus, *the infernal river St*, *Ov Met* 2, 46 (2) Tomentum conc... palus Circense vocatum, *Mart* 14, 160

Pālus, i m [ā pago, pigulus, palus] (1) *A peg, or* ...

[illegible] o *which the condemn-ed were tied to be scourged and* [illegible] (2) *A pole, or prop* [illegible] (1) Ruber porrectus [illegible] palus, *Hor Sat* 1, 8, [illegible] qui sit pro pene (2) Dam-[illegible] adliguntur, *Cc* [illegible] (3) *Ostris* primus co-[illegible] te virem, *Tib* 1,

[illegible] *incertus* [illegible] palustris, & hoc palus-[illegible] *Moorish, fenny, of, or be-longing to a fen* (2) *Growing* [illegible] (1) Met *Cloaca*, [illegible] (1) Loci palustres, [illegible] Aqua palustris, [illegible] *Claud* [illegible] (2) Canna palustris, [illegible] (3) = Crassos tran-[illegible] palustrem inge-[illegible] *Pers* 5, 60

Pampinaceus, a, um adj *Made of vine leaves* [illegible] Crispa pampinacea, [illegible]

Pampinarium, ii n *A young* [illegible] *springing out of the stock* [illegible] Pampinaria sæpissime [illegible], *Col* 4, 11

[illegible] um adj *Be-longing to a vine branch* Pam-[illegible], *Col* 4, 24 Pam-[illegible] *Id*

Pampinatio, ōnis f verb *The* [illegible], *or pulling off superflu-ous* [illegible] *and* [illegible] *shoots from* [illegible] 4, 6, 10

Pampinator, ōris m verb *He* [illegible] *or pulleth off su-perfluous leaves, and tender shoots* [illegible], *Col* 4, 10

Pampinatus, a, um part (1) [illegible] *like a vine leaf* (2) [illegible] *leaf, or branch-* [illegible] (1) *Plin* 16, 22 (2) [illegible] *Gallienus* ap *Treb* [illegible] c 17

Pampineus, a, um adj (1) *Of vine* [illegible] (2) *Of, or belonging to* [illegible], *or shoots* (3) *Full* [illegible], *or shoots* (4) *Co-vered with vine leaves, or shoots* [illegible] *Met* [illegible] *of vine* (1) [illegible] frondes, *Ov Met* 10, [illegible] (2) Pampineæ umbræ, [illegible] (3) Pampineæ vites, [illegible] ex *Ponto*, 3, 1, 12. (4) [illegible] *Prop* 3, 17, 26 [illegible] habenæ, *Vir Æn* 6, [illegible] Pampinea hasta, *Id Æn* 7, [illegible] (5) Pampineus o-[illegible] *Prop* [illegible]

[illegible] *To pluck,* [illegible] *superfluous leaves, or* [illegible] *of a vine*, *Calo* [illegible]

Pampinatus, [illegible] part *To* [illegible] *superfluous leaves or* [illegible] *plucked, or rubbed* [illegible] *R R* 1, 30

Pampinosus, a, um (1) *Full of* [illegible] *tender shoots, as a vin* [illegible] *leaves* (1) Parum [illegible], *Col* 5, 5 (2) [illegible] *Plin* 22, 1

[illegible] (1) *A young* [illegible] (2) *A vine* [illegible] (1). Om-[illegible] Defendit pam-[illegible] *Claud* [illegible] (1) [illegible] *wreathed and* [illegible], *like a tendril*, *Plin*

[illegible] *A sort* [illegible] *so called from the* [illegible] *of Rha* [illegible] *Mart* 14, 100 [illegible]

Panacea, æ f *An herb of which there are three kinds, he-raclium, asclepium, and chironi-um, vid Plin* 25, 4 Odoriferi panacea, *Vir Æn* 12, 419 potens, *Luc* 9, 921 *Dicitur etiam pana-ces & panax*

Panaces, is n [illegible] *omne,* [illegible] Id n *quod pana-ces* Panaces n [illegible] nom ne omni-um morborum remedia promittit, *Plin* 25, 4

Panariolum i n dim [illegible] *A little basket of, or for bread*, *Mart* 5, 50

Panarium, ii n (1) *A bin, or pantry to keep bread in* (2) *A basket, pannier, or bag to carry bread in* (3) *A basket of bread given to each man at a public largess, or dole* (1) *Varr* (2) *Plin Ep* 1, 6 (3) *Suet Dom* 4

|| Panarius, ii m *He that selleth bread* Panarius [illegible], *Gl*

* Panathenaicon *A kind of ointment much in request at A-thens*, *Plin* 13, 1

* Panax, acis f *An herb the same with panacea and panaces* in plur Panaces, *Lucr* 4, 12

* Pancarpiæ, arum pl *Gar-lands made of all sorts of flow-ers*, *Fest*

Panchæi odores, i e thura, *Lu-cret* 2, 417 *Vid Propr*

* Panchrestos, *seu* panchrestus, a, um adj (1) *That is good a-gainst all diseases, a panacea, a catholicon, or universal remedy* (2) *Good against all things coming in the mouth, stomach, &c* (1) Panchrestum medicamentum, *Cic Verr* 3, 65 (2) Panchrestos sto-matice, *Plin* 27, 7

* Panchrus, ōtis m *A preci-ous stone of almost all colours*, *Plin* 37, 10

* Pancratiastes, æ m *He that professeth boxing, or wrestling together*, *Gell* 3, 15 *Plin* 7, 8

Pancratice adv *Strongly, lu-stily, like one exercised in the sports* [illegible] Valuit pancratice atque athletice, *Plaut Bacch* 2, [illegible]

* Pancratium, ii n (1) *The exercise of wrestling, boxing, kicking, &c* (2) *The herb suc-cory* (3) *The sea onion* (4) Pan-cratium *sc* metrum, *a sort of verse* (1) [illegible] duro vulnere pancratio, *Propert* [illegible], 14, 8 (2) *Plin* 20, 8 (3) *Plin* 27, 12 (4) Pancratium constat [illegible] hypercatalecto, ut est hoc *Aeclor optimus*, *Serv*

|| Pandendus, a, um part [illegible] *About to plant*, *Pallad*

Pandatio, ōnis f verb [illegible] pan-do, are] *A yielding, or bending in the middle* Contignationes pandatione sidentes, *Vitruv* 7 1 = Supinitas, *Quint*

Pandatus, a, um part *Bowed, or bent down in the middle*, *Quint* 11, 3 ☓ Supinitus, *Id Inst* 11

Pandectæ, ārum m [illegible] (1) *Books treating of all man-ner of matters, or questions* (2) *A name of a body of the civil law, called Digests* (1) Sunt qui libros suos pandectas, id est, *om-nium receptacula* inscripserunt, *Gell lib ult* Cujus [illegible] *Plin præfatione libri primi* (2) *ICC* manibus ubique teruntur *Hæc nota vulgo insigniuntur ff corrupte, ut videtur, a librariis Græcæ linguæ ignaris pro* [illegible] *script*

Pandens, tis part (1) *Opening wide* (2) *Unfolding, making wide* (1) Tria guttura pandens Cerberus, *Vir Æn* 6, 421 (2) Pandens per arma viam, *Luc* 6, 167

Pandiculans, tis part *Stretch-ing in yawning*, *Plaut Men* 5, 2, 80

|| Pandicularis, re adj *Where in all the temples were opened*, *Fest*

|| Pandiculor, āri, atus sum dep [illegible] pandus] *To stretch in yawn-ing* Pandiculari dicuntur, qui to-to corpore oscitantes, extenduntur, eo quod pandi fiunt, *Fest*

Pando, ĕre, pandum & passum act [illegible], pando, ut [illegible], tendo, inserto d] (1) *To shew, or open* (2) *To open, or set open* (3) *To lay open, or discover* (4) *To tell, relate, or give an account of* (5) *To spread stretch out, or unfold* (6) *To spread asunder* (7) *To extend* (1) Ausoniæ pars, quam pandit Apollo, *Vir Æn* [illegible], 479 (2) Pan-dere portas, *Vir Æn* 12, 584 [illegible] *Id Æn* 6, 5 [illegible] *Id Æn* 2, 24 (3) = Docere iter, & sacra ostendere [illegible] 109 (4) Omnem rerum naturam pandere dictis, *Lucr* 5, 55 (5) Pandere vela, *Ov* [illegible] Pandere orationes, *Cic Tusc* 4, 5 (6) Ulmus brachia pan-dit, *Vir Æn* 6, 28 (7) [illegible] bona [illegible], *Cic Tusc* 5, 27

Pando, āre neut [illegible] pandus] *To bend, to bend in the mid-dle* Ulmus & fraxinus [illegible] pandant, *Vitruv* 1, 9 ☓ Pandan posteriora, & est odiosi omnis su-pinitas, *Quint Inst* 11

Pandor, āri, atus pass *To be bent downwards, to be bent in the middle* ☓ Populus contra omnia infe [illegible] pandantur, palma e contrario fornicatur, *Plin* 16, 42

Pandor, ēris pass (1) *To be shewn, or opened* (2) *To be set open* (3) *To be stretched out* (1) Via prima salutis Graia pandi-tur ab urbe, *Vir Æn* 6, 97 (2) Panduntur portæ, *Vir Æn* 2, 27 (3) Immensa panditur planities, *Liv*

* Pandorium, ii *seu potius* pan-durium, ii n *A musical instru-ment of several pipes joined toge-ther, the shepherds pipe of seve-ral reeds*, *Isid*

* Pandura, æ f *A sort of mu-sical instrument, the antient shep-herds pipe, consisting of seven reeds*, *Mart Cap*

Pandurizo, āre *To play on that instrument*, *Lampr*

Pandus, a, um adj [quasi pan-dens] (1) *Bent, or bowed inward, or down ward in the middle* (2) *Crooked* (1) Pandi pondere rami, *Ov Met* 14, 660 Pandi delphines, *Id Trist* 3, 10, [illegible] (2) Juga pan-da boum, *Ov Ep ex Pont* 1, 8, [illegible]

✝ Pane, is n *Idem quod* panis, *Plaut Cur* 2, [illegible] *Ita seq & Ch-in* [illegible] *Non*

* Panegyricus, a, um [illegible] est enim pro [illegible] (1) *Pleasing* [illegible] *laudatio* [illegible] *oration* [illegible] *a speech deli-vered before a general assembly of people* (2) *panegyric, or oration of thanks, and praise to the emperor* (1) *Cic Orat* 11 & *Quint Inst* 10, 4, fine (2) *Plin jun*

* Panegyris is f *A laudative, or honorary speech, a panegyric*, *Cic Att* 1, 14

* Paneros otis m *A sort of precious stone good against bar-renness*, *Plin* 37, 10 = Panse-bastos, *Id ib*

Pangendus, a, um part (1) *To be planted, or set* (2) *To be com-posed, or written* (1) *Col* 2, 14 (2) Carminibus pangendis inutile sibi elementa doctrina ostenderat, *Tac Ann* 1, 3, [illegible]

Pango, is, ĕre, xi, pegi & pe-pigi [illegible] (1) *To strike, or drive in* (2) *To plant, or set* [illegible] *ground* (3) *To plant, or set up* [illegible] (4) *To fix, set out, or* [illegible] (5) *To write, or compose* (6) *To covenant, or agree upon* (7) *To contract, promise, or give* (1) Clavum pangere [illegible] (2) [illegible] (3) [illegible] malleolum pangimus, *Col* [illegible] (4) Pangam ex ordine colle, *Prop* 3, 17, 15 (4) [illegible] Socrates [illegible] ✝ Pangere [illegible] *to get a king*, *Plaut Capt* 1, 1, 56 (5) Poemata pangere [illegible] *Lucr* [illegible] [illegible] *Cic Ep Fam* 16, 18 (6) [illegible] pacem cum Romani, *Id* [illegible], *Id* (7) Quam [illegible] Venus [illegible] nostro, *Ov Ep* 16, 35

Pangor, ĕris, pass (1) *To be planted, or set* (2) *To be writ-ten, or composed* (1) Cytisus [illegible] pangitur [illegible], *Varr R R* 1, 4 (2) [illegible] pangantur, *Cic Att* 2, 3

* Pantogonius, ii m *A preci-ous stone full of angles* [illegible]

Panicea, æ f [illegible] (1) *A kind of bread, making bread* (2) *A kind of bread* (1) [illegible] *Petr* [illegible] *Apt* 1, 2, 59 (2) [illegible] mensæ [illegible]

Panicula, æ f [illegible] (1) *The woof wound on the quill in the shuttle* (2) *The down of reeds* (3) *Catskin, a long tuft excrescence hang-ing down from the pine, hazel, and some other trees* (4) *Any thing of a little round swollen figure* (1) [illegible] (2) *Plin* 16, 6 (3) *Plin* 16, 10 (4) Rosi [illegible] rum paniculis, *Plin* 21, 1

Panicum i n *Hurts of* [illegible] *or a* [illegible] *Plin* 18, 7 *Agr in like unto millet with a knot full of corn, panic* Panico vescitur [illegible] quæ hordeo corrupto [illegible] alebantur *Col* [illegible]

Panifex, icis m *He that ofwhi* [illegible] *we usually make bread* Quæ ex frumento panifici fiunt, *Cels* Cum panificiis omnium similaginum, [illegible] tamen quædam genera [illegible] menta, *&c* *Id*

Panificium, ii n *The making of bread*, *Varr ap* [illegible] *L L* 4, 12 § Panificia, *cakes*, *Suet Vesp* [illegible]

PANIS, is m (3) [illegible] (1) *Bread* (2) *Any thing made in the shape of loaves, or balls* (3) [illegible] (1) *Cic* (2) *Cic* Panes æris, *brass balls*, *Plin* Panis nitri, *saltpetre balls*, *Stat Sylv* 1, 9, 37

✝ Panicu, *pro* panis *Cic* [illegible] *Lon* [illegible] *Non* ex *Pomponio*

|| Panniculus, a, f [illegible] *What me* [illegible] *pocket-money, and* [illegible] *of worth* [illegible] *five crowns, forfeited by a per-son* [illegible] Panniculari [illegible], *Ulp ex Refer*

|| Pannicularius, a, um adj *Be-longing to that forfeiture* Pan-niculuria ratio, *Ulp*

Panniculus, i m dim [illegible] pan-nus] *A little clout, or rag* self Panniculus bombycinus, *fine thin silk*, Juv 6, 59

Pannosus, a, um adj [a pannus] (1) *Ragged, or clothed in rags, or mean apparel* (2) *Rent, or running together like rags* (3) *Lank, wrinkled* ... (1) Procul pannosi, cum linea lucerna, *Cic Att* 4, ... *Juv* ... (2) ... (3) Pannosæ mammæ, *Mart* ... 2

Panuceus, a, um ... pannus [panus, ut ex pannis] ... (1) *Ragged, or clothed in rags* (2) *Wrinkled* (3) ... *a sort of apples that are soon shrivelled* (1) Pannucea ... *Varr* ... 21 (2) ... 47 (3) *Plin* 15, 14

|| Pannulus ... *A rag*, *Apul Met* ... p 2, 9

† Pannum, i n ... pannus ... ex ...

Pannus, i m ... *Dor* ... (1) ... *cloth* ... *clothing* ... (2) ... *a rag* ... (3) ... *Col* 6, ... Hinc cognomen ... *Plin* 13, 15

* ... *Plin* ...

|| ... *Prisc* ...

Panthera ... Pissus

Panthera, æ f ... (1) *The paunch* ... (2) Pantices, *the paunch, or guts* (3) ... *Plaut Pseud* ... (4) Panthera ... (1) *A sort of ... net* ... *Plaut* ... (2) *A kind of net* (1) Panther ... *Plaut* ...

Pantheris ... Acc Gr ... *a panther*, Cic ...

|| Panthera ... *A great draught ... taking all kind of fowl ... or ... night of it* Panthera ... *Ulp*

Pantherinus, a, um adj (1) *Of a panther* (2) *Like panthers* (3) *Tables of cedar, in which the ... in circles ... after the manner of a panther's skin* (1) Pantherinum ... *Plin* ... 11 (2) Pantherinum ... genus, *Plaut Epid* 1, 1, 15 (3) Mensæ pantherinæ, *Plin* ... tigrinis

Panticinosus ... dep [a pantices] *To fill one's guts, Plaut Capt* 4, ... 16 ... mantic natus, *per-* ... R occ

Pantomima, æ f ... *one who, in farces, sheweth ... mimical and antic postures and dances*, Plin Ep 7, 24

Pantomimicus, a, um adj *Belonging to the actors and dancers of mimical ridiculous farces, motions, and gestures* Pantomimica ornamenta, *Sen* 13

* Pantomimus, i, m (1) *An actor and dancer with many mimical gestures, motions, and postures* ... (2) *A mimical farce* (1) Plin pantomimi, Meton *that sort of farce, or scurrility in which these antick tricks were performed* (1) *Plin Ep* ... 24 (2) *Plin* ...

* Panus, & panucula, ... [a Gr ...] *The woof wound on the quill in the shuttle* ... panus hæc penicula, *Gl* ... *Pa* ... *Panus*

Panus, i, m ... *Dor* ... (1) *A woof about the quill in the shuttle* (2) *A sort of ...* (3) *The down ... in ... growing* (4) ... *a sort of down, of the tree* ... (1) *Non & Prisc & Fest* (2) ... est tumor, non ... pustula ... (3) ... *Plin* 16, 8

Papa, æ ... [dict ... voce ... infantium ... pater, nutritor ... *Meurs* ... *Pap* ... *pope*, ... VIII ... *the bishops of Rome*

... (1) Ostiarii ... *Mart* ... (2) *Right excellent* (3) *Mighty, extremely* (1) Pa... *Mart* ... nummos? ... 5, 9 (2) Papæ! facie honesta hæc superat ipsam Thaidem, *Ter Eun* 2, 1, 25 (3) ... *Ter Eun* 2, 2, 4

Papaver, eris n [... quia papæ puerorum ... *Mart* ... *Poppy* ... *Catull* ... *Propert* ... *Plin* ... Summa papavera ... *Liv*

Papaveratus, a, um adj Papaverata vestes, *Plin* 8, 48 exponit ... *Garments made of a fine sort of linen*, forte quia quod ... papaveris ... ex quo, ut *Plin* ... candore ... papaveris lanugine fierent ... vestes, *Voss*

Papavereus, a, um *Of poppy* ... *Ov Fast* 4, ...

Papilio, onis m [... Festh ...] (1) *A butterfly* (2) *A kind of moth that ... about lighted candles, and is very mischievous to bees* (3) *A tent, or pavilion* (1) *Plin* 18, ... (2) Vermiculi ... papiliones ... *Col* 9, 14 (3) Quod ... *Plin* ... & *Veg* 1, 2

Papilla, æ f dim [a papula quod ... papa, Angl *a pap*] *vid* Papula] (1) *The nipple or teat of the breast of man, or other creature* (2) Meton *The breast* (3) *A cock to a water-pipe* (4) *A pimple, or little bile* (1) Papilla uberis apparet eminentior, *Col* 9, 11 Feminis volunt esse mammosas ... papillis, *Varr* (2) Hasta sub exerta ... papillam hæsit, *Vir Æn* 11, 80 (3) ... papillis imposuere

tenues, quæ e ... aquam, *Varr* R R ... 1, (3) *Serm* ...

Papo, are ... *Pappo*

* Papoa, æ m ... (in gen ...) *Schol in Juv* [a Gr ... pater] *A servant that brought up children* ... pocula ... *Juv* 6, 6...

Pappo, are ... pappo ... *quod est* ... potius ... Cel *pap*, cibo infantium ... (1) *To eat pap* ... (2) ... (3) ... Novo ... est ... *Plaut Epid* 5, 2, 6...

* Pappus, i m (1) *A grandsire* (2) *An old man* (3) *The ... down, soft down upon some herbs, and a certain tree* (3) *An herb that hath much down growing from it, groundsel* (1) *Auson* (2) *Varr* ex *Atellanarum script* (3) ... *Lucr* 3, ... (4) Erigeron ... nostris vocant ... pappus, *Plin* 25, 13

Papula, æ f *A kind of pimple or swelling with many reddish pimples that eat and spread* ... papulis ... *Celsum* 5, 28, 18 *Mart* ⁂ Papulis ... pluribus ulceribus ... *Lucr*

Papyraceus, a, um adj *That is ... of the papyrus* ... *Plin* 6, 22

Papyrius, a, um adj *Of paper*, *Auson*

⁂ Papyrifer, a, um adj *Where papyrus growth* Papyrifer Nilus, *Ov Met* 15, 75...

Papyrus, i f & papyrum, i n (1) *A shaggy shrub growing to the height of ten feet, taper towards the top*, chiefly in the marshes and waters near the Nile (2) *The flags, or leaves of it* (3) *Cloth, mats, ropes, ships, sails, &c. made of it* (4) *That sort of paper which was made of it* (1) Papyrus Augusta, *Plin* Papyrum nascitur in palustribus Ægypti, aut quiescentibus Nili aquis, *Id* 13, 11 (2) *Mart* 8, 44 & ... (3) Succinctus ... papyro, *Juv* 4, 24 *vid Plin* 13, 11 (4) Pagina multa damnosi papyro, *Plin* 7, 101

Par, aris adj ... mus, sup [a ... juxta, quod quæ juxta po... dum judicium comparantur, *Scal in Theophr*] (1) *Equal, even or odd*, the ... (2) *Two* (3) *The drawing in the same yoke, or of a fit size to draw together* (4) *An adversary, opposite, or fair match to try for victory* (5) *Able to deal with, or fight* (6) *Meet, fit, convenient* (7) *Able to encounter, discharge, or bear* (8) ... *period that ... equal, conclude alike, or have the same cadence* (9) *Equal* (10) *Mutual, reciprocal* (11) *Like* (12) Yet this word is sometimes opposed to *similis*, to denote the more exactness (13) *Correspondent, suitable* (14) *Of the same force, import, or signification* (1) ⁂ Stellarum numerus par an impar sit, nescio, *Cic Acad* Q 4, 10 ¶ Ludere par impar, equitare in arundine longa, *Hor Sat* 2, 3, 248 (2) Paribus equis, *Fest* (3) Junge pares, & coge gradum conferre juvencos, *Tib* ... (4) Cantare pares, *Vir Ecl* 7, 5 ⁂ Par studiis, sed robore dispar, *Stat* (5) Si mihi & turbæ meæ par esse potueris, cedam loco, *Phædr* 1, 19, 10 Par bello Romanis, *Liv*

(6) ... *Nep* ... (7) ... nos, quod ... *Plaut* ... & ... (8) Par ... (9) ... *In jen* ... *Prov* ... *Plaut* ... *to balance accounts* (1) Par ... mutua benevolentia, *Cic* ... 4 (11) Eodem vos ... & paria ... *Plaut* ... 4, 2, 20 Par ... *fabula* ... *Booth* ... *Juv* 4, 59 ... Pares eos ... *Quint* 10, 1 ... *Cicero* ... *Cic* ... formicum, paribus ... *Vir Ecl* 5, ... (14) Verbum Latinum par Græco, *Cic de Fin* 2, 4

Par, aris n (1) *A pair, brace, or couple* (2) *A match for fighting* (1) Ex omnibus ... vix tria aut quatuor ... amicorum paria, *Cic de Am* ... Paria complura ... *Id Vert* 2, 19 (2) ... paria nobilissimorum, *Cic* ... *Orat* 6 Ecce par ... dignum ... vir fortis cum mala fortuna compositus, *Sen* Par ... videre dei, *Luc* 6, ...

Parabilis, e adj (1) *Easily had, procured, or ... (2) Ordinary, cheap, not costly, mean* (1) Parabile est, quod natura desiderat, *Sen Epist* 4 = Parabilem amo Venerem, facilemque, *Hor Sat* 1, 2, 119 (2) ... *Cic* ...

* Parabola, æ f [... compare] (1) *The comparing of things together* (2) *An allegory, similitude, or parable* (1) = Parabola, quam Cicero collationem vocat, *Quint* (2) ... *Sen* ... est ... non tam comparationes ... aut collationem, quam allegoriam, vel ænigmaticales, *Stepn*

|| Parabolani pl m [... viri audaces, ad ... dum prompti] (1) *Bold adventurers, striving for mastery with the hazard of their lives, properly those who fought with wild beasts upon the stage* (2) *A sort of physicians appointed to attend upon and administer to the sick* (1) Parabolanos nemo dictos fuisse ignorat, quos aliter confectores appellarunt, Latini, *Salm* (2) *Cod leg* 18 de *Epist ad Cler*

|| Parabolarius, *Firm* Id

* Parabolus, i m [παραβάλλω, projicio] *One who hired himself out to fight with, and kill wild beasts in the amphitheatre*, *Cassiod*

* Paracentesis, is f (1) *The operation performed by physicians in couching the eye for a cataract* (2) *Tapping those that are afflicted with the dropsy* (1) *Plin* 25, 13 (2) *Gorr*

* Parachlamys, ydis f (1) *A* ...

... soldier's garment (2) A ... (1) Litt ex Plaut

... us, i m An adno ... or ... Ind

... (1) A ... which shown ... more ... that ... point, and ... which they differ, ... each is proper ... distinguishing ... by applying ... (1) ... Paradisitole est, quum ... occurruntur contra nos ... Lupus stabulis, ... imbres, &c ... Aurnamo Lat

... n [a παρα-... monstre] An example, ... of something said or ... the priors name, ... He enn 4, 49 & Il 1,

P... [ab Heb פרדס] ... hortus irriguus] (1) ... garden of pleasure ... of Eden (2) The ... (1) Ap Xe-... gum Persarum, ... verba facien-... (2) S... ator

... n A ... ture ... something ... Paradoxe ... nus inopinatum ali-...

... a, um adj unde ... (1) A small ... titled his Para-... (2) Paradoxi m pl Pl ... on a stage (1) Ita ... qui sunt admirabilia, ... opinionem omnium, ... Plin (2) Si primum ... ubi quo item paradoxi, ... prodeunt, Tet ... Stt 8

P... consol is f An ... or admonition Lat

P... a, um adj Ad ... Lat Præ-... Sen 94, 95

P... on n A sort of very ... nous fat matter, the ... on the sea shore = ... maris esse di-... tam cum limo, Plin 35, 7, 7

P... um, n n The colour ... it chalk, Plin 35, 6

P... æ f ... (& ... Treb Poll & ... Vopisc) Vox ... (1) A silk, or li-... wrought with gold, ... mongst the Parthians, ... worn by men, ... women (2) The fringe, ... wherewith the ... (1) Au-... & ... s paragaudas, auro ... quam mulie ... contexta con ... prohibemus, Cod Para-... primus militi-... in Aurel apo ... gaudæ Id ibid

... A gran mati-... written a letter, or ... to the end of a ... potestur, pro potest,

... es f Phot Lat ... exceptio, effugium li-... Et & tropus ... præcedente abse-... transitu, ut, Hac

tenus arva um cultus & sidera cœ-li, Nunc te, Bacche, canam, Vir (Geor 2, - Annotation em five schona succin ... nenem ... scripta parenthesi ... bantur, nam ... est ... Hinc & ... quibus ... paragraphi ... paragraphe dicto

* Paragraphus, i m A para-graph, a par pe, a pilcrow, whatsoever is comprised in one sentence, which in law-books ... this mark §, which seemeth to be made of two SS, and to be an abbreviation of Signum sectionis, Ind

* Paralipomena pl n Lat O-missa The two books of Chro-nicles so called, because they give an account of some things more largely, which had been left out, or past by in the history of the Kings, the Hebrews call them דברי הימים

* Paralipsis f A figure of rhe-toric, when we pretend to omit any thing, which yet we speak of, Cl ... Lat Prætentio

* Paralius, ii m [παρ' ἀλί-ος, se dict quoniam provenit in locis mari vicinis, Diosc] A sort of spurge, Plin 26, 8

Parallelogrammus A parallel line, Vitruv 5, 8

* Parallelus, a, um (1) Paral-lel, e er, where a like distance (2) Parallels, παράλληλοι, the cir-cles and lines in the sphere of the world, drawn from the east to the west, having one of the poles for the centre, and in every part equally distant one from ano-ther, through which the sun pas-sing, causeth variation in the hours of the day (1) Vitruv 5, 8 (2) = Segmenta mundi quæ nostri circulos appellavere, Græci parallelo, Plin 6, 33

* Parallelismus, i m An agree-ment in lines and figures, Geom

* Parallelogrammus, a, um Consisting of parallel lines, Front

* Paralysis, is f A disease which causeth a resolution or slacking of the nerves, infesting either the whole body, or any members of it, the palsy Reso-lutionem nervorum Græci παρά-λυσιν vocant, Cels 3, 27 = Side-rationem vocat Scrib Larg Com-pos 101

Paralyticus, a, um adj (1) One sick of the palsy (2) Obscœn no-tione (1) Id o paralyticis & tre-mulis dari jubet, Plin Quid est, paralytice, ecquid hodie tetu ve-nisti? Petron c 131 (2) Priap

* Paramese, sc l chorda [quæ est μέση, propè medium] The sound of the fifth string be-ing the very next to the middle-most, also B, fa, b, mi, Vitruv 5, 4

Parandus, a, um part (1) To be provided, or procured (2) To be designed, or set about (1) Nec generi hoc nobis more pa-randus erat, Ov Fast 4, 592 (2) Ultimum magno scelus animo pa-randum est, Sen Med 924

* Parinete, sc chorda [παρὰ, juxta, & νήτη, ultima] The sound of the sixth string Parinete syn-emmenon, G, sol, fa Parinete diezeugmenon, D, la, sol, re Pa-ranete hyperbolæon, G, sol, re, ut, Vitruv 5, 4

† Parangaria, æ f Cod 12, 51 A Angaria est, qua cursus publi-cus dispositus est, parangaria alio versum, Gothofr

Paranites A kind of amethyst, Plin 37, 9 = Sapenos, Id ☞

J Harduinus leg pharanitis, & siphenos

Parans, tis part Going about, preparing, designing, attempting ... plum violare parantes, Ov Ibis, 13 ...

* Paraphrasma, æ f A break-mail, Ind Lat + Pronoun

* Paranymphus, i m [παράνυμφ-ος, the groom's man ... πρo-νυμφι-, pronubus, & ab antiquis ... A bridesman, Aug

Parapegma, atis n (1) A brass n table fixed to a ... whereon the laws, ... &c were ... (2) ... table fixed up ... (1) Salm (2) ... Salm Exerc Plin in p 741

* Parapherna, orum n pl [παράφερνα, quæ præter dotalia, quæ sponsa affert ...] All things that the woman bringeth ... besides her dowry, Au ...

† Paraphernalia bona, ... quo paraphernalia, ... Lat Dotalia, ...

* Parapheron, i n A sort of allum of a pale and rough na-ture, Plin 35, 15

* Paraphrasis, is f An expos-ition of the same thing by other words, a paraphrase, Quint 10,

* Paraphroditis f ... A dish to set ... up meat in, Petron ... vid Parops

Paratius, ii m [a parando, ... parat, i e conciliat, ... quæ ... mos, vel à par, quod inter duos medius, Voss μεσίτης, Gloss ...] A money-broker, or scrivener Quidam pecuniam nomi-na secum fieri, ... nominibus ... Sen de Benef 2, 2 ... per tabulas ... positis ... Id

* Parasanga, æ f vox Persica A measure of the roads amongst the Persians, not every where li-mited to a certain number of fur-longs Persæ schœno & parasan-gæ ... mensura determinant, Plin 6, 26

* Parasceve, es f The eve of the sabbath, or other holidays, e-specially Easter-eve, Aug

* Parasiopesis f A figure in rhetoric, when we pretend not to speak of a thing, and yet suffi-ciently hint it to be understood, or at least increase a suspicion, true, or false, Rut Lup

* Parasita, æ f A she para-site, a cokesing woman, Hor Sat 2, 98 Met Otis imitatrix avis, ac parasita, Plin 10, 29

Parasitaster, i m A young parasite, or small feast Parasitas-ter parvulus, Ter Adelph 5, 2, 4

Parasitatio, onis f verb Play-ing the parasite, wheedling, flat-tering, Plaut Amph 1, 1, 23

Parasiticus, a, um adj Belong-ing to a parasite Parasitica ars, Plaut Capt 3, 1, 9 Parasitica mensa, Suet in vita Horatii

Parasitor, ari dep To play the parasite, to flatter, sooth, or fawn for a man's meat Vides ridiculos nihili fieri, atque ipsos parasitarier, Plaut Stich 4, 2, 51

* Parasitus, i m (1) The priest's guest, whom he invited to eat part of the sacrifice with him (2) A flatterer, or parasite, a spunger (3) A player, or actor that recited poets verses (1) Aug Lat Epulo, Id ☞ Hoc sensu raro occurrit ap Lat ap Græc vero passim, vid Athen 1 6 c 6 (2) Assentatio parasito-rum in comœdiis faceta, Cic de Amic 26 (3) Vos me laurigeri parasitum dicite Phœbi, Mart 9, 29

* Parastas, adis f The jamb of a door ... ido parastadis, Vitruv 6, 15

* Parastata, æ f (1) A lat-tice, ... at the sides of ... (2) Certain un-der offices in the wing of a vat tle (3) The ... spindle-bone in the shank of a beast (4) Two spermatic vessels near the neck of the bladder (1) Vitruv 10, 15 (2) Veget (3) Veget ... Pol (4) Veget Gorrh

... In ea ... aut parastatica, ... columnæ atque para-staticæ, Plin 36, 15 Sic loc em recognosit Harduin ad fidem MSS

* ... A conven-ticle, ... meeting ... Pa-rasynaxes & conventicula homi-num tam diurna quam nocturna, Cod de Hæreticis, 1 8 §

Parate adv ius, comp issime, sup (1) Readily, quickly, soon, prepared, with full the ... pre-paration (2) On set purpose, de-signedly ... (1) Id ad di-cendum veniebat audacter magis quam parate, Cic de Cl Or it 68 Respondit paratissime, Plin Ep ... 9 Paratius certamini athleta, Quint (2) ... parata cum ... vi, ut civerem, Plaut Rud 1, 3, 9

Parenthesis A figure in rhe-toric, when something is only lightly touched, of which we promise to speak more fully in a more proper place, Ind

† Paratio, onis f Preparation Silentio opus est, nulla est paratio, Nov ex ... Preparatio, Cic

* Paratitla n pl The sums of trad ... the marks, or contents of chapters, Cod + Capita, Cic

* Paratragœdio, vel paratragœ-do, are To exclaim tragically, to exaggerate a thing with tragical expressions Ut paratragœ-dit carnifex! Plaut Pseud 2, 4, 17

Paratum, i n A thing made ready, provision Parata habeat, Ter Eun 2, 4, ... quod pa... esse ut orni ... &c pro paratus

Paratus, us m [a paro] (1) Preparation (2) Provision, fur-niture (3) Garb, habit, dress (4) Parade, equipage (1) Co-piosus ciborum sit paratus, Quint = Veniam dapibus, nullisque para-tibus orant, Ov Met 8, 96, (2) Luxuriæ nunquam parvo conten-ta paratu, Luc 4, 371 (3) Tyrios induta paratus, Ov Fast 3, 62 (4) Servi, liberti, paratus principis apud adulterum visebantur, Tac Ann 11, 12, 5 Ne domum se-natu & cæteros for una paratus reposceret, Id Ann 11, 0, 2

Paratus, a, um ior, comp issimus, sup (1) Prepared, fitted (2) Ready, quick (3) Equipped, provided, or furnished with (4) Gotten, or procured (5) Expos-ed to (6) Hardy, resolute (1) Epulæ paratæ regifico luxu, Vir Æn 6, 604 = Paratus & in-structus ad judicium venit, Cic Verr 1, 3 § Acies parata neci, Vir Æn 2, 334 Madidumque mero, Venerique paratum, inve-nies, Luc 10, 396 § Paratus ad prædam, Cic Ad secundam for-tunam bene paratus, Id § Te contra fortunam paratum, arma-tumque cognovi, Id § In utrum-que paratus, Vir Æn 2, 61 Fa-tis in tristia bella paratis, Fest (2) = Paratiores erunt & tanquam exercitatiores ad benè promeren-dum, Cic Offic 2, 15 = Celeritas in respondendo, prompta & para-ta, Id (3) Si paratior ab exercitu esses, efsus, *Cæs* Equitatu & peditatu & pecuniā paratus, *Cic* (4) Victoria parata, *Petron* c 15 Hic mihi servitium video, dominamque paratam, *Tibull* 2, 4, 1 (5) Provincia sive ac parata peccantibus [illegible] *Tac* [illegible] (6) [illegible] *Cic* *P C* 8, 42

|| Par[illegible]redi m [illegible] pararedi *Horses of a* [illegible] *used for carrying the* [illegible] *of an army*, Cod Hinc Angl *a palfry*

* Par[illegible]nium, i n *A small sword hanging at a belt, which the emperors gave the tribunes, and girded them with it at their creating them*, Mart 14, 32 [illegible]

Parcæ, arum [illegible] Propr

Parce adv ius, comp [illegible]ssime, sup (1) *Nearly, thriftily, frugally* (2) *Moderately, cautiously* (3) *Rarely, not often* (4) [illegible] (1) = Parcè & duriter vitam agebat, *Ter Andr* 1, 1, 47 ✠ = Turpe est delicatè & molliter vivere, honestum autem parcè, continenter, severè, sobriè, *Cic Offic* 1, 30 (2) Parcius laudare *Plin Epist* 2, 1, 8 (3) Vultute & mutuis coronis quam [illegible] tribuit, *Suet Aug* 24 (4) [illegible] *Hor Od* 1, 25

Parcens, tis part (1) *Sparing, forbearing, abstaining from* (2) *Lazy, slow* (1) § Meo labori [illegible] parcens, *Ter Heaut* 2, 1, 20 (2) Parcentes ego dexteras [illegible] *Hor Od* 2, 19, 1

|| Parcilōquium, n *Sparing of speech, reticence*, Apul [illegible]

Parcimonia, *vid* Parsimonia

Parciōnomus, i m *A niggard* [illegible] *that pinches his own belly* [illegible] cum genus [illegible] *Plaut Truc* [illegible] 2, 9

Parcitas, atis f *Sparingness* [illegible] Parcitas [illegible] *Sen de Clem* 1, 1 [illegible] Parci[illegible] *Quint* 1, 25

† Parcit[illegible], *pro* [illegible] *Non* [illegible]

[illegible] impers *It is spared* [illegible] &c [illegible] 16, 1 [illegible]

Parco, e[illegible] [illegible] *quod* [illegible] parum [illegible] parvum, [illegible] (1) *To use* [illegible] (2) *To* [illegible] *or* [illegible] (3) *To* [illegible] (4) *To save, or spare* [illegible] (5) *To forgive, or pardon* [illegible] (6) *To forbear, to* [illegible] *from, to let alone* [illegible] *To bear with* [illegible] Aut [illegible] *Plaut* 4, 1 [illegible] (2) § Parcere in hostes, [illegible] 2, 208 (3) [illegible] nulla [illegible] *Æn* 10, 5, 1 (4) [illegible] *Petron* [illegible] Cui inimici pepercerunt, inventus est amicus, qui ei [illegible] *Cic Fam* 1, 12 (5) [illegible] satis est parcere [illegible] omnis quibus ob[illegible] *Æn* 6, 6 (6) [illegible] stimulis, & fortius [illegible] *Ov Metam* 2, 127 [illegible] ca[illegible], *Hor Od* 2, 8, 28 (7) [illegible] parce, *Ter Heaut* 1, 1

Parcus, a, um adj or, comp [illegible]ssimus, sup [*a* parvus, *vel* pa-rum, *Gell*] (1) *Frugal, thrifty, not expensive, stingy, near, sparing* (2) *Moderate, temperate, scanty* (3) *Small, little* (4) *Slow, slack, negligent* (1) Senes parci, *Hor Od* 2, 8, 22 = Parcus & [illegible] *Cic* [illegible] 15 (2) [illegible] *Suet* *C* [illegible] 5 [illegible] *Ov ex Pont* 1, 2, 68 Parco [illegible] *Virg Georg* [illegible] = Parcus & brevis somnus, *Plin* [illegible] 4 (3) Parca tellus, *Stat* Parca lucerna, *Prop* [illegible], 60 (4) § [illegible] non parca fugæ, *Sil* = Parcus deorum cultor & infrequens, *Hor Od* 1, 34, 1

* Pardalianches, is n *A kind of* [illegible] *that killeth lizards, or panthers*, Plin [illegible] 2, 2

* Pardalios, i m *A sort of precious stone* [illegible] & [illegible] pardalis & panthera nominatæ, leontios, pardalios, *Plin* [illegible], 11

* Pardalis, is f *A panther*, Curt 5, 1, 21

* Pardalium, ii n *A certain unguent*, Plin 13, 1

|| Pardulus, i m *A plover, or lapwing*, Gesn

* Pardus, i m *A male panther*, Luc 6, 183 [illegible] & pardos qui mares sunt, [illegible] in [illegible] *Plin* 8, 17

* Pareas, æ m *A sort of serpent* [illegible] cauda [illegible] *Luc* 9, 721 Pareas, serpens qui semper in cauda [illegible] & sulcum facere videtur, *Isid*

† Parectatus, ti m *A stripling, or springal, a grown lad*, Non ex Lucil

Parelcon [illegible] n *Serv* (1) *A grammatical figure, when a redundant word, or syllable, is added to the end of a word, as* [illegible]dum, [illegible]dum, *for* [illegible] [illegible] *frequently added* [illegible] [illegible] *quam* (2) [illegible] Nihil ad Parmenonis [illegible] *Ter Andr* 1, [illegible], 6, [illegible] *quicquam* [illegible] Imo [illegible] maximè [illegible] *Id* [illegible] 5, 1, 4 [illegible] too much, *Donat*

Parens, tis c g (in gen plur [illegible] parentum, *Hor*) [illegible] (1) *A parent, or father* (2) *A parent, or mother* (3) *A parent, i e as well father as mother* (4) *An ancestor, or progenitor* (5) *A relation, kinsman, friend, or patron* (6) *It is said both of animate and inanimate, a breeder, cherisher, or nourisher* (7) *It is said of many persons, or things figuratively* (8) *A* [illegible] (9) *A founder, or builder* (1) Pulchrā facie te prole parentem, [illegible] *Æn* 1, 79 (2) Musa parens Orpheo, *Propert* [illegible] 3, 58 Fœcunda parens, *Ov* ad [illegible] (3) Ætas parentum [illegible] *Hor Od* 3, 6, 46 [illegible] parentium [illegible] *Id* *Od* [illegible], 21 (4) Jurisprudentes avos & proavos, [illegible] & [illegible] parentum nomine appellari dicunt [illegible] (5) *Ap inferioris ævi scriptores, vid Casaub ad Capitol in vita M Anton Philos* c 5 (6) [illegible] parentum [illegible] *Virg Geor* 3, 101 [illegible] circa parentem in [illegible] *Plin* (7) Parens patriæ [illegible] Socrates parens philosophiæ *Cic de Fin* 2, 1 Parentem patriam fame necandam putans *Id* (8) Curvæ lyræ parens, *Hor Od* 1, 10, 6 (9) Cujus urbis parens Romulus, *Cic*

Pārens, tis part & adj or, comp [*à* pareo] (1) *Visible, appearing* (2) *Obedient, devoted* (1) Non parentibus lapidibus, *Cic* pro *Flacc* (2) Nil servile gulæ parens habet? *Hor Sat* 2, 7, 111 Ob has causas & parentiore habuerunt exercitus, & fortiores, *Cic* [illegible] 1, 22

Parentālia, um n pl *Feasts, sacrifices and other solemnities performed at the funerals of father, mother, or other relations* Parentalia cum supplicationibus miscere *Cic Philipp* 1, 6

Parentalis, e adj (1) *Belonging to parents* (2) Dies parentales, *days whereon feasts, sacrifices, and other rites were performed for the dead at their graves* (1) Fama, parentales si vos mea contigit, umbræ, *Ov Trist* 4, 8, 87 (2) *Ov Fast* 2, 548

Parentātio, ōnis f *The performance of funeral rites* Quod mortuis litabatur utroque parentationi deferebatur, *Tert de Spec tac* c 12

Parentatur impers *The funeral rites are performed* Ut cujus sepulcrum nusquam extet, ubi parentetur, *Cic Philipp* 1, 6 [illegible] Parento

Parentātūrus, a, um part *About to revenge* Omnium sanguine duci parentaturos, *Curt* 7, 2, 29 [illegible] Parento

|| Parentēla, æ f *The relation of a father, family, kindred*, Jul Cap

* Parenthĕsis, [illegible] f *A clause put into the midst of a sentence, which* [illegible] *left out, the* [illegible] *continueth* [illegible] Interpositio, interclusio, [illegible]

|| Parenticīda, æ c g *He, or she that killeth father, mother*, Plaut [illegible] parenticidā [illegible] *Lex* [illegible] *neutro modo* [illegible] quem [illegible] *nicia*

Parento, āre (1) *To perform the* [illegible] *funeral rites of the dead* (2) [illegible] *to atone* [illegible] *appease the* [illegible] *with the sacrifice* (3) *Met To revenge* [illegible] *death by the blood of the* [illegible] (4) *To appease, satisfy, or revenge* (1) = Parentant & [illegible] gris inferunt pecudes, & [illegible] bus divis inferias [illegible] *Lucr* [illegible], 51 ✠ Iterumus [illegible] parentemus Cethego, *Cic pro Flacc* 38 Hostiā magnā parentare patri [illegible] adjunctum esse putabat, *Id* (2) Præstare, *Cic* quam non civibus Romanis, qui per [illegible] Gallorum interissent, parentarent *Cæs B G* [illegible], 1 (3) Noxio sanguine parentando injuriæ meæ, *Petron* c 81

Pāreo, ēre itum neut [illegible] und [illegible] adsum, *Voss* [illegible] *Gloss*] (1) *To appear, or be seen* (2) *To appear, to be made out, or proved* (3) *To be manifest, or be well understood* (4) *To obey, to be ruled, or governed by* (5) *To comply with, follow, or yield to* (6) *To perform, or fulfil* (7) *To execute a place or bear an office* (1) Ad portum [illegible] quoties paruit Hermogenes, *Mart* 12, 29 (2) Si pareret adversus edictum fecisse, *Cic* Jurisconsultus paret, non paret, habeo, *Petron* c 137 (3) Cui pecudum fibræ, cœli cui sidera parent, *Vir Æn* 10, 176 *interpr Serv* (4) Oppidum illud paret regi, *Plin* 6, 28 Auctoritati alicujus parere, *Plin Epist* 9, 24 Paret Amor dictis charæ genetricis, *Vir Æn* 1, 695 = Nil [illegible] cipere, & victi parere [illegible] *Id Æn* 12, 568 ✠ Phalanx non parere se ducibus, sed imperare postulabat, *Nep Eum* 8 ✠ Britanni domiti ut pareant, nondum ut serviant, *Tac Agr* 13 (5) [illegible] hoc [illegible] non [illegible] in pace [illegible] bello, utilitati paruisse [illegible] In hac sententia dicenda [illegible] parere dolori meo, *Id* (6) [illegible] conjugium, & dicto [illegible] *Vir Æn* 7, 43 [illegible] *Ov Fast* 5, 504 (7) Quum [illegible] ad memoriam, [illegible] paruisset, *Spart* [illegible] no, *pro* [illegible] Parere [illegible] cere, *Id*

* Parerga n pl (1) *Ornamental additions to a principal work* (2) *Little pieces, or paintings on the sides, or* [illegible] *of the chief piece* (1) [illegible] *Vitruv* 9, ult (2) *Plin* 35 [illegible]

Pārētur impers *It is obeyed* Paretur, *Lucr* 4, 151 [illegible] retur, *Liv* [illegible] Utque magis parendum [illegible] putares efficiebatur [illegible] alius minus parebatur [illegible] Pareoitur accusatoris [illegible] *shall be submitted to*, [illegible]

* Parhippus, i m *A led horse, or spare horse*, Cod = [illegible] *Id*

* Parhypăte, es f *The* [illegible] *of the* [illegible] *next to the* [illegible] hypate hypaton, [illegible] hypate meson, [illegible] 5, 4

Parianu[illegible] i m *A kind of* [illegible] *small* [illegible] *in the* [illegible]

|| Pari[illegible]io, onis f [illegible] *balancing, or settling of accounts*, Ap JCC

|| Pariator, oris m verb *He that hath balanced his accounts*, Ap JCC ✠ Reliquator, *Id*

† Paribo, *pro* pariam [illegible] quod olim quarta conj [illegible] Si prægnans non [illegible], paribo [illegible] *Non ex* [illegible]

Paricida, æ c g [illegible] paricida, *vel* parenticida, [illegible] (1) *A parricide, he that hath slain father, mother, grandfather, grandmother, brother, sister, patron, or patroness* (2) *A murderer that hath slain wittingly and willingly any freeman* (3) *He that is liable to the punishment of a murderer, and is reckoned such* (1) Paricida liberûm, *Liv* (2) Paricida civium, *Cic Catil* 12 Si quis hominem liberum dolo sciens morti duit, paricida esto, *Lex Numæ ap Fest* (3) Sacrum sacrove commendatum qui clepserit, rapserit, paricida esto *Lex XII Tab ap Cic de Legg* [illegible]

|| Paricidālis, le adj (1) *Belonging to the murder of one's parent, child, or near relation* (2) *Murderous* (1) *Jul Firm* (2) *Petron* c 80

† Paricidialiter adv *As murderers fighting against their country in a civil war* Paricidaliter pugnare, *Lampr*

|| Paricidātus, us m *The murdering of a parent, or friend* Paricidatus quod in [illegible] tolerabile videtur, [illegible]

Paricidium, ii n (1) *The murder of a parent*, [illegible] *The murder of any near relation* (2) [illegible] (1) [illegible] (2) Hic de [illegible] & [illegible] cogitavit [illegible] Paricidium [illegible] *Cic* [illegible] *Client* 11 (3) *Cic* [illegible] Paricidium patriæ, [illegible]

[illegible] country, or *breaking its constitution*, Cic Philipp 2, 7

Pariendus, a, um part (1) *To be gained* or *invented* (2) *To be gotten*, or *attained* (1) Quæ [illegible] verba parienda sunt, Cic (2) [illegible] non pactione, pari[illegible], Cic Fin 10, 6

Pariens, tis part *Travailing, bringing forth young*, Ov Fast [illegible] Met 9, 322

Paries, etis m *The wall of* [illegible], or *any other building* [illegible] controversiam venirct, [illegible] parietes, aut summo jure [illegible] *put to arbitration*, [illegible], Cic pro Quin [illegible] ¶ In [illegible] mus parietes, *a partition wall*, Plin Eadem fidelia [illegible] parietes dealbare, *to do two* [illegible], Prov

‖ Parietinus, a, um adj Herba parietaria, [illegible] *walls*, Vict

Parietinæ, ārum f *sc* ruinæ *The* [illegible] *of old walls*, Cic Fam [illegible]

Parilia, um pl [à parilis] *A* [illegible], *the stuff whereof is* [illegible] Hinc quod facta duo similia [illegible], parilia primo dicta, [illegible]

Parilicium sidus, *non* palilicium [illegible] pariendo dicunt, quòd [illegible] cosmicum omnia [illegible] sæpè inter [illegible] nihil mutandum [illegible] *The constellation of the Hyades, which ariseth on the first* [illegible] *birthday of Rome*, April [illegible] Sic MSS non palilitium [illegible] 18, 26 *ubi vid* Harduin = Sucula

Parilis, le [à par] *Like, equal, proportionate, suitable* Parili [illegible] Lucr 2, 374 arte, Ov Met [illegible] = Æquus, æqualis, Cic

‖ Parilitas, ātis f *Likeness, equal proportion*, Gell 14, 3 ✝ Æqualitas, Cic

‖ Pario, āre act [à par] *To* [illegible] *accounts even, to gain as* [illegible] *as one is out* Cum [illegible] Quin[illegible] ei pariaverit, Ulp *shall* [illegible] *him all*, or *made even with him.* Mallem tamen dicere *parem facere cum rationibus*, vel [illegible] *facere* cum Colu[illegible] 11 1 & 12 in præf vel *pa*[illegible] simpliciter cum Plin [illegible] Pareg

Pario, ĕre & ✝ire, pĕper[i], par[illegible] [à φέρω, fructus fero, [illegible] פרה fructificavit] (1) *To* [illegible] *child*, or *have a child* [illegible] *to him* (2) *To bring forth* [illegible] *any female doth* (3) [illegible] *eggs, to cast spawn* (4) *To* [illegible] *produce*, or *give life to* (5) [illegible] *bring forth*, or *make* [illegible] (6) *To form*, or *pro*[illegible] (7) *To invent*, or *compose* (8) [illegible] *to obtain, to acquire* (9) [illegible] *to effect, to perfect*, [illegible] *to put in act* (10) [illegible] *cause, occasion* (11) [illegible] or *procure* (12) [illegible] *bring unto* (1) Non [illegible] 6 n 94 ☞ Hanc [illegible] *minus usitatam* [illegible] *inserit e pleræque hic* [illegible] *docent* (2) Ut ei [illegible] pateret, Serv ad [illegible] 5 *ubi tamen al* [illegible] neminem peperisse [illegible] 3 2, 26 Peperere [illegible] humano capite, [illegible] 4 Mulæ & equæ [illegible] decimo pariunt, Varr [illegible] quæ primum [illegible] concluerit, Cato Pluri[illegible] pariunt [illegible] ut struthiocameli, [illegible] Torpedo parit, Id (4) Pu[illegible] imbres ligna vermi[illegible] pariunt, Lucr 2, 897 (5)

Parit flores aura Favonî, Catull 62, 282 Fruges & reliqua quæ terra pariat, Cic (6) Ad hanc te amentiam natura peperit, Cic (7) Dialectici spinosiora multò pepererunt, Cic Orat 32 Nos etiam verba parienda sunt, Id (8) Tu, philosophia, u bes peperisti, Cic (9) ✠ Ut aliquando dolor populi Romani pariat, quod jam diu parturit, Cic (10) Verbi interpretatio contro ersiam parit, Cic Partit Orat 31 Dissidium parere, Lucr 1, 221 Peperit miser o lingua malum, Tib 4, 13, 20 Mero somnum peperi tibi, Id 1, 6, 27 § Lacrymas peperêre minoribus, Lucr 5, 1196 (11) Gratiam apud aliquem parere, Liv 34, 44 Parere opes, Prop amicos, Ter odium, Id § sibi laudem ex re aliquâ, Cic Quæ sanguine nobis hanc patriam peperere suo, Vir Æn 11, 25 (12) Cui laus honores peperit triumpho, Hor Od 2, 1, 16 Qui sibi letum peperere manu, Vir Æn 6, 435

Parior, eris pass (1) *To be brought forth, to be laid, as eggs* (2) *To be gotten, or attained*, &c (1) Ova pariuntur, Plin 10, 52 (2) Mihi immortalitas parta est, Ter Andr 5, 5, 4 Quos neque armis cogere, neque auro parare queas, officio & fide pariuntur, Sall B Jug 10

✝ Pario, ire, Diom ex Enn ivi, unde parierint, Cato *id quod* pario, is, ere

Pariter adv [à par] (1) *In the same proportion, equally, as much* (2) *In like manner* (3) *Even as, as well* (4) *As much* (5) *As long* (6) *Together, at the same time* (1) ✠ Pariter, aut etiam amplius, Ter Heaut 1, 1, 80 Pro meritis, ut referri pariter possit grat a, Plaut Mil 2, 1, 76 Studia docti næ pariter cum ætate crescunt, Cic de Sen 14 (2) Pariter nunc opera me adjuves, ac dudum re opi ulatus es, Ter Phorm 5, [illegible] Pariter hoc fit, atque ut alia facta sunt, Plin (4) Feminæ pariter ac viri, Liv (4) Corpus pariter quam præda exquiritur, Manil (5) Vixisse cum ea pariter, Liv (6) Aperiri nulli viam vis, occumbes pariter, Vir Æn 10, 865 Gigni pariter, pariterque crescere, Lucr [illegible] 458 Tonit us pariter mittuntur, ignis, Id 6, 170

✝ Parito, are freq [à paro] *To prepare diligently, to design with great endeavour*, Plaut

✝ Paritudo, inis f [à pario partu i] *A lying-in, travail, or bringing forth*, vid Paritudo

✝ Paritura, æ f *A bringing forth*, Varr

Pariturus, a um part [à pario] *Ready to bring forth* Lucinam novies partura ocabat, Ov Met 5, 04

Paritūrus, a, um part [à pareo] *That will obey*, or *be subject to*, Vell Paterc 2, 90

Parius, a, um *Of the island* Paros Parium lapis circundatur auro, Ov [illegible] opr

Parma, æ f [vox peregrina, etsi Varro par deducit, quod undique par esset, à medio] *A target or round buckler* Hic miles tripedalem parmam habet, Liv [illegible] 2 Parma leonis albâ, Vir Æn 9, 548 *without any device* Parma equestris, Non ex Sall ☞ Parma Græcis pelta dicitur auctore Pan *distinguit autem Nepos, qui sic scribit*, ✠ Iphicrates peltam pro parma fecit, *ubi vid interpretes*

Parmātus, a um adj *Armed with such a buckler*, Liv 4, 39

Parmula, æ f dim *A little buckler* Relictâ non bene parmulâ, Hor Od 2, 7, 10

Parmulārius, ii m (1) *A gladiator armed with the parma* (2) *A favourer of that sort of gladiators* (1) Thraces gladiatores a similitudine parmularum Thraciarum, Fest Impie locutus parmularius, Suet Domit 10 = Thrax ✠ Mirmillo, Id Ibid (2) Quint

Păro, āre [forte à παρὰ, teneo, nitor, conor] (1) *To make, shape, or contrive* (2) *To make, or get beforehand* (3) *To order, dress, or get ready* (4) *To go about a thing, to prepare, or dispose beforehand, to put in a readiness* (5) *To make, provide, procure, get, or purchase* (6) *To get in a readiness for, to be preparing for* (7) *To endeavour, to design* (1) Hominis tantos natura parare non potuit Lucr 1, 200 Parare machinas, Plaut Mil Orationem sibi adversum senem, Id (2) Crassis ac pellis igneinque pararunt, Lucr 5, 1009 Parare copias Sall necessitudines, Hist subsidium senectuti, Cic ¶ Itane paratis te, ut spes nulla reliqua in te siet tibi *have you armed your self with no better contrivance than*, &c Ter Eun 2, 2, 9 Animo virili ut sis, para, Id Phorm 5, 7, 64 (3) Scena parare, Vir Æn 2, 132 dapes, In epulis, Ov insidias, Id (4) Parare animos, dextrasque, Liv pugnæ memoria, Ov in nefas me, Id Vina parant animos, Id huc te pares, Cic (5) Mihi parare potuisti invidiam, Cic Deformis cultum vendet, ut vinum paret, Phæd 4, 5, 42 Cogito trans Tiberim hortos aliquos parare, Cic Att 12, 19 Non possem otio hominis parare rectos, Catull 10, 20 (6) Ut formosa novo quæ parat ire viro, Prop 1, 15, 9 Reditum parare, Hor profectionem, iter, Cæs furtum, Ter [illegible] llum Romanis, Cic (7) Omnem sui tribunatus conatum in alius perniciem parare, Cic Qui al eri exitium parat, cum ferre oportet, paratam pestem, ut participet parem, Cic ex Poeta Hoc ignes itaque parabant Vir Æn 4, 676 Se paraturum cum collega, *would agree and settle the matter with him about the province*, Cic

* Paro, onis m *A sort of ship, a light ship, bark, or picaroon* Tunc se belligero tradit, mandatque paroni, Isid ex Cic

* Parōcha, æ f *Entertainment, or repast given at the public charge to embassadors, and strangers of quality*, the same with *lautia* Parochæ publica, Cic Att 13, 2 leg tamen & aliter

Parŏchia, æ f [à παροχὴ, præbeo] Parochiæ *quasi* præbitiones, *livings, lands and houses, given to old captains, colonels*, &c *for their maintenance*, Pompon Festus

* Parŏchus, i m [à παρέχω] (1) *An officer that provided salt, wood, and other necessaries, for those that travelled on the public account* (2) Met *He that giveth an entertainment* (1) Præcones & parochi quæ debent ligna salemque, Hor Sat 1, 5, 46 (2) Hor Sat 2, 8, 25 Lex Prabitor

* Parodontides, um f *Swellings in the gums*, ex Cels 6, 12 habent Lexica Alius autem liber habet in lemmate De parulidibus, & in ipso capite παρουλίς & παρουλίδας, rectius, ut opinor

* Parœchia, æ f παροικία *A parish*, Aug Rect Parœcia

* Parœmia, æ f παροιμία *A proverb* Lat Proverbium

Paron, onis m Vid Paro, onis

* Parōnomasia, æ f Lat Agnominatio, Quint Παρωνυμία est veluti quædam denominatio cum præcedenti nomini aut nomen aut verbum annectitur, ex eo cum figuratu, ut, Fugam fugit Diom & al ei paronomasia fit, cum dictio iteratur mutatis tamen aut literis, aut syllabâ, quoties quis nomine simili utitur in significatione diversa, ut, Inceptio est amentium haud amantium, Ter Andr 1, 3, 13 Omnium quasi consensus concentusque, Cic de Div 2, 15

* Parōnychia, æ f *A sore, or imposthume under the root of the nails, a felon, or whitlow*, Plin 24, ult

* Paronychium, ii n (1) *The same as* paronychia (2) *Dirt and filth about the nails of the feet* (1) Plin 28, 8 (2) Petron c 31

* Parŏpsis, idis f *A platter or dish to serve up meat in* Paropsis leguminis, Suet Galb 12 Multâ magnâque paropside cœnat, Juv 3, 142

Păror, āri *To be prepared, provided, gotten*, &c *Vid* Paro

‖ Parōtides, um f *The two arteries on the right and left side of the throat, going upward above the ears*, Perperam idderunt lexica ex Cels 4, 1 nam ibi legi debet, *Arteriæ quas* καρωτίδας *vocant, sursum procedentes ultra aures feruntur*

* Parōtis, idis f *An imposthume, or sore about the ear*, Cels 6, 16 Plin 20, 1

Parra, æ f *A certain unlucky bird* Impios parræ recinentis omen ducat, Hor Od 3, 27, 1

Parricida, parricidalis, parricidatus, parricidium *Vid* Paricida, &c

Pars, tis f abl parti, parte *pas, m. sed & sup* Manil & Plaut [פרש *&* פרס div dere, ut μέρος, à μείρω, divido] (1) *A part, piece, or share* (2) *A part of the body* (3) *Some of any thing* (4) *A part, deal, quantity, or division of* (5) *An astronomical degree* (6) *Half* (7) *A considerable point, or article, a proem, or entrance* (8) *Partly* (9) *A portion, or lot* (10) *A share* (11) *A part, country, place, or quarter of the world* (12) *Company, rank, or order* (13) *An head, or particular* (14) *Number* (15) *Space of time* (16) *A side* (17) Pars, & plur partes, *a side, or party in contention* (18) *A side of a question* (19) *A side in faction, or war* (20) Pars & partes, *the soldiers of a side in war* (21) *A party, body, or detachment* (22) Partes, *a part in the play, or the act, or part of one that sustaineth the person of another in any thing* ☞ Note pars *is elegantly omitted before primum*, secunda, *et tiæ*, &c *see the examples* Pars, *sed freq* partes, *numero multitudinis* (23) *Property, business, place, part, duty, employment* (24) *An office* (25) *A course or turn* (26) *A division, or district where in each town was taken by the public farmers* (27) *A species of a genus* (28) Pars - pars, *some - others* (1) ✠ = Non unum sed illum, sed partibus, & partium præbere convenit, Col Quæ debet betur pars tua modestiæ, audacter tolle, *Phædr* 2, 1, 10 (2) Si cum ndum pait maxime laborent, *Cels* (3) Ne expers esset partis de nostris bonis, *Ter Heaut* 4, 1, 39 De tuis commodis pars, *Id* (4) Optima pars ... est data, *Ov Met* 7, 662 Pont pars sermonis, *Cic* Duabus partibus amplius, *as much again*, *Id* (5) *Plin* (6) Pl ... *Lucr* 2, 20 Pro ... pa ... *Cic* (7) Pars sanitatis est, *Cels* Pars mihi pacis erit dextram tetigisse tyranni, *Vir Æn* 7, 266 Mers in beneficii p ... *a good step towards*, Cic (8) Parte flavus, parte mediius, ... parte verum, *Quint* ex parte *Cic partly true* (9) Fate ... arbitro partes sunt vobis datæ, *Phædr* 2, 18 ... in ... & pon parte audeo putari, *Ter Heaut* 4, ... (10) Sc ... est ... partibus factis, leo, *Phædr* 1, 5 ¶ Partib ..., *to let land upon condition to receive ... a proportion of the crop*, Plin ... ✱ nummo, *Id* Perhec ... aliqua parte apud Thaidem, *Ter Eun* 5, 8, 25 (11) In extremis Phrygiæ partibus, *Cic* Ab orientis partibus, *Id* (12) = In impiorum partem, atque in parricidarum numerum ... aliquem, *Cic* (13) Quod plura in ea parte verba fecerim, *Cic de Inv* 1, 3 (14) Bona pars hominum, *Hor Sat* 1, 1, 6 maxima vestrum, *Ter* Pars multa natat, *Horat Sat* 2, 7, 7 Non era non minimam partem aluntur, *Lucr* 3, 64 § Majorem partem videtur, *Cic in most things*, Cic Comitem pars una, *one*, Ov De ... populo pars exiguissima, *one out of many*, Id Epist 14, 115 (15) ... magnam partem confectus ..., *Cic* Magnam partem occupati sunt, *Id* (16) Murorum in parte sinistra, *Vir Æn* 9, 468 In altera parte fluminis, *Cæs* ... In partes rapit varias, *to various thoughts, and contrivances*, Vir Æn 4, 286 § Nihil est ab omni parte beatum, *Hor Od* 2, 16, 27 Omnis amo tuus ex omnibus partibus se ostendit, *in every instance, or respect*, Cic In eam partem peccant, *on that side*, Id In omnes partes fefellit, *Id* Quod a parte eorum gratia relata non sit, *on their side, or part*, Cæs B C 1, 22 (17) Nunc nostræ parti timeo, ne quid respondeat, *Ter Andr* 2 5, 8 Legem duabus proposuit partibus, *Phædr* 3, 12, 5 Duras fratris partes prædicas, *I find he hath an hard game to play against his rival*, Ter Eun 2, 3, 62 (18) In bonam partem accipere, *Cic* arripere, *Id* In bonas partes, *Phædr prol* 2, 11 ¶ Mitiorem in partem interpretari, *in the softest sense*, Cic Rapere in pejorem partem, *to put the worst constructions upon*, Ter In optimam partem cognoscuntur, *are taken notice of to the greatest advantage*, Cic ¶ Cedere retro possent in deteriores omnia partes, *grow worse and worse*, Lucr 2, 507 In partem pejorem labuntur ætas, *Id* 2, 1131 In hanc partem tutum erit tibi gratificari, *Cic Fam* 8, 6 In partes pacis promptus, *Flor* 4, 12 (19) *Cato* accepta partium clade ... nihil cunctatus, mortem etiam lætus accivit, *Flor* 4, 2 Arma rursus & partes *Id* 4, 2 (20) Si sine momento rerum partisque fiat ruina, *Luc* 7, 418 Quarum partium alter victi sunt, alteri sunt è mediis C Cæsi ris partibus, *Cic* ☞ *In hac notione sæpius multo leg in plur* (21) Spatias extendere parte, *Luc* 2, 595 (22) Huic primas dedisse Demosthenes, huic secundas, huic tertias, *Cic de Orat* 3, 56 ... tenebat, *Id* Quamobrem ... parte ... paucis dabo, *Ter Heaut prol* ... parte ... hinge ... gorum, *Cic* ¶ Sui ... partes ... *Ter Eun* 2, 2, ... (23) ... pars ... cedat, sic ... *Cic* ... non ... parte ..., *Id* Partes accessit ..., *Id* ... & misericordia, *Id* ducis, *Flor* (24) A partibus remotus est, *Jul Cap* (25) Cum ... partes ... hospitum recipiendorum, *Cic* ... *Plaut* ... (26) *Cic* (27) ... partes sunt ... bus ..., *Cic* (28) Cum ... hominum ... etiam in ... *Gell* ... 4, 12

Parsimonia, æ f [a parcimonia, a parco, al a parcendo, parsimonia enim ...] *Parsimony, thrift, sparing* — Vehemens ... partem ... fugitate ... parsimonia, *Ter Heaut* ... Magnum vectigal parsimonia, *Cic Parad* 6, 3 ¶ Sera in fundo est parsimonia, *Prov It is too late to spare when all is spent*, Sen Epist 1

Parsurus, a, um part *That will spare* Ne tenacius quidem nepotibus parsurus crederetur, *Suet Tib* 62

† Parta, æ f ... *That hath brought forth*, ... Col

* Parthenice, es f *A kind of herb with a white flower*, Catull 59, 194

* Parthenion, ... ium, ii n *The herb pellitory*, Plin 21, 15 = Helxine, ... , siderites, *Id* 22, 17 Linozostis, Hermupoa Mercurialis, *Id* 25, 5

* Parthenis, idis f *The herb mugwort* = Artemisia, *Plin* 25, 7

Partiārio adv (1) *By equal division, or sharing* (2) *By way of sharing, when a man taketh part of what he maketh or gathereth, for his pains* (1) *Apul Met* 9, p 133 (2) Cæcem partiario coquendam qui dant, ita dant, *Cato*, 16

Partiārius, a, um adj (1) *That goeth shares* (2) *Divided, or shared proportionably between two* (1) ¶ Partiarius redemptor, *Cato*, 137 ¶ Partiarius legatarius, *who hath a share with the heir in the estate*, Ulp Partiarius colonus, *who payeth his landlord a proportion of the crop, instead of rent*, Dig (2) Partiaria pecora, *Cod*

Particeps, ipis adj [ex partem capiendo] (1) *That hath a share, that hath some of, endued with, in which there is* (2) *That is partaker of* (3) *That shareth, or hath had equally to do in* (4) *Made acquainted with, or privy to* (5) *That is a companion in* (1) ✱ Dolendi particeps, aut honestatis expers, *Cic de Fin* 2, 12 = Animus rationis, consilii ionisque compos & particeps, *Id de Univ* 8 (2) De opsonio particeps, *Plaut* (3) Qui hæreditatis dispiciendæ participes fuissent, *Cic* In oneribus marito particeps, *Quint Decl* (4) Nuncium apporto tibi, cujus maxime te fieri participem cupis, *Ter Heaut* 2, 1, 19 Particeps amoris, *Catull* 53, 22 Particeps ad omne facietum Pisoni erat, *Tac Ann* 15, 50, 2 ... *Id Ann* 1, 6, 6 (5) Particeps studii, *Ov ex Pont* 2, 5, 42

Particeps, ipis subst c g (1) *A sharer with one, a partner* (2) *A fellow soldier, an accomplice, that is of ones part, or side* (1) Ubi nunc ille hic filius ... meus particeps, *Ter Heaut* 1, 1, 98 ¶ Participes operum, *companions in*, Ov Met 5, 14 (2) Omnes participes prædi ... *Plaut Pseud* 2, 1, 4

Participālis, e adj (1) *Like a participle* (2) *Participles* (1) Participialia, quæ sic sonant, sicut participia, *ut*, Clemens, prudens, *Isid* (2) Participalia verba, *Varr* L L

Participandus, a, um part (1) *To be made partaker of* (2) *To be taken part of* (1) Ad participandum ... alio, communicandumque inter omnes, *Cic de Leg* 1, 12 (2) Ad participandas voluptates, *Gell* 15, 2

|| Participātio, ōnis f verb *A participating, or taking part* Participatio Μέθεξις, μετοχή, *Vet Gloss*

Participātus, a, um part *Being taken part of, or shared with* Participato cum ... regno, *Just* ...

Participātus, us m κοινωνία *Partnership*, Ap recent

Participiālis, e adj *Of the nature of a participle*, Quint Participialia, *Diom Participles gerunds and supines* Nomina participialia *participles turned into adjectives* § Participiale verbum, *a participle*, *Misc* Participialia, *Charis*

Participium ii n [participium est pars orationis, sic dicta, quod duarum partium ... in toto sermone, & verbi & nominis, participat, *Diom*] *A participle*, Quint ... Varr L L

Participo, āre act (1) *To take share of, to take, or receive* (2) *To give shares, or divide amongst* (3) *To divide, or communicate with* (4) *To acquaint, to make privy to* (1) Ut participet parem pestis, *Cic Tusc* 2, 17 (2) = Inter participes dividam prædam, & participabo, *Plaut Pers* 5, 1, 5 (3) Laudes cum Cæsone participat, *Liv* 3, 12 (4) Ubi sint, quid agant, ecquid agant, neque participant nos, *&c* Plaut Stich 1, 1, 33 § Servum sui participat consilii, *Id Cist* 1, 3, 17

Participor, āri, ātus pass *To have a share of* Uti dentes sensu participentur, *Lucr* 3, 692

Particŭla, æ f dim [à pars] (1) *A small part, or particle of matter, a little piece* (2) *A little, or some little of any thing* (3) *A little head, subdivision, or particular* (4) *A particle in grammar* (1) Mundi omne animal quasi particula est, *Cic de Univ* 4 Particula undique desecta, *Hor Od* 1 16 (2) ✱ Non privam quamque solemus particulam venti sentire, sed magis universum, *Lucr* 4, 263 (3) *Quint* (4) *Id* Gell 5, 9

|| Particulāris, re adj *Particular, pertaining to a part*, Apul ✝ Singularis, *Cic*

|| Particulāriter adv *Particularly* ✝ Speciatim, separatim, *Cic* Particulatim, *Col*

Particulātim adv (1) *Into little pieces, piecemeal* (2) *Part after part* (3) *With all particulars* (1) Particulatim consecta, *Plin* ✱ Grex particulatim facilius quam universus convalescit, *Col* 7, 5 (2) Mortalia particulatim, *Lucr* 5, 541 ... particulatim, *Id* (3) ✱ Si summatim, non particulatim narrabimus, *ad Herenn* 1, 9

Partiendus, a, um *To be divided amongst several* Actio partienda est ...

Partiens, ... part *Dividing or sharing* In ambo ... partiens, *Phædr* ..., 8, ...

Partim adv [pro partem, ... casus, ... partim, vel partem ... & in abl parte ...] (1) *Partly, in part* (2) ... *as to some, often, ... a good man*, (3) Subit ... (4) Adj *pro* aliquot (1) ... in percunctando, partim ... ais, *&c* Cic (2) Sed eorum partim in pompa, ... illustres esse voluerunt, *Cic Or* 2, 22 Hic rogationi partim ... ibi, ... *&c* ... *Cum gen* Partim ... actus, *Ter Hec prol* 15 (3) Cum ... partim ejus prædæ devo... im, *&c* Cic in Pison 2 Cum partim illorum erat, *Gell* ... ex *Catone* Cum plur Forum partim ejusmodi sunt, *Cic* ... Cum partim copiis hominum, *Gell* 3, 16 ex *Claud Quadr*

Partio, ire, ivi, itum ... [a par] (1) *To part, share, or divide* (2) *To decide ... , to agree* (1) Sol ... partit, *Lucr* 5, 93 Præmium ... iter cum illis partiam, *Plaut* ... 2, 2, 5 ... bona ... *Id* (2) Vos inter vos partite, *Plaut Amph* 4, 3, 1

Partior, iri dep (1) *To divide, or share* (2) *To distribute into heads, or particulars* (3) *To divide, separate, or bound* (4) *To be divided, or distinguished* (1) Quibuscum vivi bona nostra partimur, *Cic Verr* 1, 4 ... Nunquam partitur amicum, solus habet, *Juv* 3, 121 (2) = Genus universum in species certas partiatur, ac dividetur, *Cic Or* 2 (3) Partiri limite campum, *Vir Georg* 1, 126 (4) Pes partitur in tria, *Cic Orat* 56 Partio sectis ..., atque ab illo partita sunt, *Id Or* 3, 30

Partio, ōnis f verb [à pario] (1) *A bringing forth* (2) *The laying of eggs* (1) Partio mulieris, *Gell* 3, 16 Horresco misera, mentio quoties fit partionis, *Plaut Truc* 1, 2, 93 (2) Hæ ad partiones sunt aptiores, *Varr R R* 3, 9 *de gallinis* ...

Partīte adv *Methodically, distinctly, with division into its proper parts, or heads* Partite definire, distincte dicere, *Cic Or* ...

Partītio, ōnis f verb (1) *A parting, sharing or dividing* (2) *A division into particulars, or heads* (1) Versabatur in partitionibus auctionis, & partitionis, *Cic pro Cæcin* 5 (2) Græcos partitionem quandam artium fecisse video, *&c* Cic de Or 1, 6 ☞ De *partitione vide multa pr* ... *ap eundem*, Top 28, 29 & ... Inv 31 & deinceps.

|| Partītō adv *By equal share* Cum aliquo hæreditatem partito dividere *Ulp Tit* 30 in Corp

|| Partītor, ōris m verb ... *Gloss Cyr A distributer or divider* Trio ... *Cic* ... in Vatin 5, si ... lectio

† Partitūdo, inis f propinqua partitudo cui appetit *Sic leg Non ex Plaut Aul* 1, 1 *al* paritudo

Parti...

P... ...s, ... (1) *That ha ...* ... (2) Pass ... (1) Copiis ... ...tus Agrum... ... Hirt B Afr ...
Par... moribus, Cæs B G ... pituita ora soni, ...
... ...um adj [qu ... ...tus, *melius enim termi*... ...ctur] *Fruitful*, ... Pr... ...veneri, Hor ... R occ
... ... f *A bringing* ... Dem... duas res ... suam & partu... pariura ... part *Travail*... *l bear, or ready to* ... Vo o parturientis ad... ...256 Canis partu... ... 1, 19, 3
... desider *five* ... (1) *To le in tra*... *to bring forth*, ... (2) *To ... eggs* ... *to be ready to* ... or *put forth* (4) ... *its bowels, to* ... *to bring to light, to* ... (1) Ubi parturit, ... vocat *Plaut Amph* 5, ... ( ) In cubilibus cum partu... susternendum ... R ... 9 (3) Parturit ar... ... 56 ... ager, *Id* ... Natura soli gramine ... *Col* (4) Quod con... ...periculum parturit, ... 39 Pa turit adver... ... *to ... or to* ... *plish something* ... 1, 1
P... um part [a pario, ... ( ) *Begotten, or generat*... ( ) Parta, *she who bringeth* ... ( ) Met *Gotten, obtained*, ... *purchased* (3) *Pre*... *provided for* (1) ... ...o ... partus Achilles, ... 89 (2) Parta minus ... ...tione fœtus sui, ... *dam, de ovibus loqui*... ( ) ... Magna pestis erat de ... vobis vero parta di... ... *Brut* 15 Tot ... parta, *Hirt B* ... ...ta parta, mal dila... ... *Philipp* 2, 27 (4) ... regn unque, & regia ... tibi, *Vir Æn* 2, ... mea ... neri sunt mu... ... 68
P... m ... & partus, ... & *Vari* ... ( ) *The birth, or the* ... *forth* (2) *A* ... *producing* (3) *The* ... *birth, the time of* ... (4) *The embryo*, ... (5) *That which is* ... *any young crea*... (6) *The ... ing forth and* ... ( ) *The pro*... (8) Met *The con*... *the mind* (1) Rudis ... & nova miles eram, *Ov* ... (2) Diana adhibetur ... N D 2, 27 Tellus ... co pora partu, *Lucr* ... ( ) Appropinquare par... *Cic* pro *Clue* n 11 ... dere partum po... F ... diu ... pa... ... *Orat* 2, ... (6) ... clara urbibus geni... ( ) Densus ... *Æstivus par*... ... *d ... quod ...* ... (8) Neque con... partum mens po... ... c 118
... *A little* Parte ... ...delphinus, ...

Parv... ...us, a, um sup *The least, or smallest* Parvissima cor... pora, *Lucr* 1, 609, 615, & alibi, & recent *Boethius, Festus, alii* ✝ Minimus
Parvitas, atis f (1) *Smallness, littleness* (2) *Meanness* (1) Quæ cerni non possent propter parvitatem, *Cic* de *Univ* 1, (2) Mea parvitas, *Val Max prol* 1
Parum adv [a παῦρον, extrito ν] (1) *Little, but a little* (2) *Too little, not enough* (3) *Not long enough* (4) *Not well, ill* (1) Parum etiam, præ ut futurum est, prædicas, *Plaut Amph* 1, 1, 218 *A sincere, viz* Utilitas, n 1 (2) Consultus parum, *Ter Adelph* 5, 9, 36 Si una hæc decorum est parum, *Id Heaut* 2, 3, 93 (3) Parum diu, *Cic Tusc* 1, 45 (4) Parum prospiciunt oculi, *Ter Phorm* 5, 1, 9 ✝ Statim, *Id* Parum casti, *unchaste*, Hor Od 1, 12, 59 decorum, *unbecoming*, *Id* Od 4, 1, 35 tacitus, *wanting in droll...*, *Cic* Si parum inte... lexti, *Plaut Tric* 4, 4, 59 Processit parum, *it hath had but ill success*, Ter Andr 4, 1, 48
Parumper adv [a παῦρον περ] *A little while, for a short time* Discedo parumper a somnis, *Cic* de *Div* 1, 2 Parumper operire hic, *Ter Andr* 4, 2, 51
Paruncul..., i dim [a paro, ...] *A small light vessel, or boat*, Ind ex Cic
Parvulum adv *Very little, a very small matter* Parvulum refert, an, &c Plin Epist 8 1, 14 Parvulum de ... patiaris adversa, in exercites *Id*
Parvulus, a, um dim *Very small, little, young, or tender, slight* Formica parvula, *Hor Sat* 1, 1, 33 causa, *Lucr* 4, 194 Parvulis prœliis cum nostris contendebant, *Cæs B G* 2, 30 Parvula pecunia, *Cic* ✱ Immanis, *Id* Parvulum ligni, *Plin* Parvulus filius, *Cic* Parvula virgo, *Plaut Rud prol* 39 *Subst* Parvulus, parvula, *a little boy, a little girl, a young child*, Ter
Parvus, a, um adj Minimus, sup *Lucr* 1, 609 *Varr* & recent *Veget Boeth Fest* [a παῦρος, extrito ρ, & inserto digamm] (1) *Little, small* (2) *Narrow, short, scanty* (3) *Short* in stature (4) *Little*, or *young* (5) *Short* in time (6) *Inconsiderable, mean, of little value, or concern* (7) *Ignoble, poor, low, narrow, or poor spirited* (8) *Feeble, weak* (1) Parva insula, *Cic* pro *L Manil* 18 pars, *Id* (2) Parva tellus, *Luc* 7, 461 Parvo brevius, quam totus, *Plin* (3) spatio Parvo ad modum plures, *Liv* (4) e numero (2) Parvum parva decent, *Horat Epist* 1, 7, 45 (3) Nati parvi, *Hor Od* 3, 5, 42 nepotes, *Vir Geor* 2, 514 *Subst* A parvis, *from our childhood*, Ter (5) Parva libellum sustine patientia, *Phædr* 4, 6, 3 Parva nocte, *Luc* 4, 476 (6) ✱ Quæ eximia ple ... que & præclara videntur, parva ducere, *Cic Offic* 1, 20 Putare parvi, *Catull* 21, 25 æstimare, *Plaut* facere, *Id* pendere, *Ter* ducere, *Cic* ( ) Grudens pa vis sodalibus & lare certo, *Hor Ep* 2, 7, 58 = Nihil est tam angusti animi tamque parvi *Cic* (8) Odor parvus, *Plin* ¶ Parvum carmen, *a weak, or low strain*, Hor Ep 2, 1, 257 *A majestas, Ib*
Pascendus, a, um part *To be fed* Plures caballi pascendi, *Hor Sat* 1, 6, 104
Pascens, tis part (1) *Feeding, giving food, or being a shepherd*

(2) *Feeding, or which is fed upon by* (3) *Feeding, grazing, picking* (1) Me pascente, *Vir Ecl* 1, 78 (2) Campus pascentis cycnos, *Vir Geor* 2, 199 (3) *Vir Geor* 3, 467
Pasceolus, i m [qu dim a pasc... lus] *Plaut* Non ex *Lucil* & *Catone* Pasceolus ex aluta saccu... lus, *Non*
✝ Pascha, ătis n το πάσχα [a Chald פסחא פסח pascha] *The passover, or the feast of Easter* Scrib aliq Pascha, æ f
✝ Paschalis, e adj *Of, or belonging to Easter*, Eccl
Pascito, are freq *To feed, or gather its food*, Varr R R 3, 16
Pasco, ĕre, pāvi, pastum act & n [a πάω, nutrio, fit πάσκω, pasco, ut a γηρέω, γηράσκω, al a βόσκω, Caniin] (1) *To feed, or give food to brutes* (2) *To look after cattle*, when feeding (3) *To feed, or nourish* (4) *To let, feed, or drive to pasture* (5) *To feed land, or use for pasture* (6) *To feed, or maintain* ( ) *To keep, or breed* (8) *To find with provisions, to furnish with food* (9) *To make fat, or enrich* (10) *To increase* (11) *To breed, send forth, or make grow* (12) *To increase, nourish, or support* (13) *To let grow* (14) *To feed, or be food for* (15) *To endeavour to please, or satisfy* (16) *To please, delight, feed, or entertain* (17) *Neut To feed, or graze* (18) *To feed, or live upon* (19) *To eat*, de homine, *ludicro* (1) Pasce capellas, & potum pastas age, *Vir Ecl* 9, 23 Tum tenues dare rursus aquas, & pascere rursus, *Id Geor* 3, 335 (2) Pavit Admeti tauros formosus Apollo, *Tib* 2, 3, 11 Propter pauperiem sues puer pascebat, *Cic* de *Div* 1, 17 (3) Pabula, quibus corpora pascunt feræ, *Lucr* 2, 995 (4) *Vir Ecl* 1, 46 (5) Ut multa innumera jugera pascat ove, *Tibull* 2, 3, 46 (6) Oluculis nos soles pascere, *Cic Att* 6, 1 Bene pascere & vestire, *Cato ap Cic* Quot pascit ... ser os? *Juv* 3, 141 ( ) Sine hominum opera, aut equos pascere, aut domare, non possumus, *Cic Offic* 2, 4 Queis cura nitentes pascere equos, *Vir Æn* 6, 655 (8) Maior rerum populum frumenti copia pascat, *Hor Epist* 1, 15, 14 (9) Quos Clodii furor rapinis & incendiis & omnibus exitiis publicis pavit, *Cic* pro *Milon* 2 (10) Nummos alienos pascet, *Hor Ep* 2, 18, 35 (11) Ager filicem pascit, *Vir Geor* 2, 189 (12) Pascere famem alicujus, *Prop* 4, 3, 22 Spes pascis inanes, *Vir Æn* 10, 627 Pascit ignibus iras, *Sil* (13) Pascere barbam, *Hor Sat* 2, 3, 35 Tibi pascere crinem, *Vir Æn* 7, 391 (14) Non pasces in cruce corvos, *Hor Epist* 1, 16, 48 (15) ✱ Animum ingratum naturam pascere semper, atque explere bonis rebus, satiareque nunquam, *Lucr* 3, 1016 (16) Ut in ejus corpore lacerando atque vexando oculos paverit, *Cic Philipp* 11, 3 Animum picturâ pascit inani, *Vir Æn* 1, 468 ¶ Pascere linguam in sacrificiis dicebatur ... coercere, continere, tacere, *Fest* nempe pro *compescere* (17) Saltibus in vacuis pascunt & plena secundum flumina, *Vir Geor* 3, 143 (18) Capella ... dum et ... pascunt, *Col* Pascebant herbosa palatia vaccæ, *Tibull* 2, 5, 25 (19) *Mart* 9, 81
Pascor, ĕris, i pass (1) *To be fed* (2) *To be supported* ( ) *To*

be delighted with, to love as one's food (1) Tuo palato pavo pascitur, *Petron* c 55 *ex Publio Syro* Hic Pascuntur ignes, *Vir Geor* 2, 432 Cui plures ardor acervo pascitur, *is fed*, Id *Æn* 11, 786 (2) Qui maleficio & scelere pascuntur, *Cic Offic* 2, 11 (3) = His rebus pascor, his delector, his perfruor, *Cic* in *Pison* 20 Discordiis civium ac seditione pascuntur, *Id* Pascor bibliothecis fusti, *Id Att* 4, 9 *Vid* Pasco
Pascor, ĕris, dep (1) *To feed, graze*, &c (2) *To feed upon* (1) Longum per valles pascitur agmen, *Vir Æn* 1, 190 De fruticibus pascuntur, *Varr* (2) Pascuntur sylvas, *Vir Geor* 3, 314 Apes pascuntur arbuta, *Id Geor* 4, 181 ¶ Pascitur in vivis livor, *preys th... upon*, Ov Amor 1, 15, 39
Pascuum, i n subst [ex adj pascuus] (1) *Feeding ground, or pasture* (2) *Victuals, diet* (3) Plur pascua, *public rents, income* (1) Liquidas ... mittere in pascuum, *Col R R* 8, 14 Pascuum vindere, *Varr R R* 11, 2 (2) *Apul* ✝ Penus, *Cic* (3) Etiam nunc in tabulis censoriis pascua dicuntur omnia, ex quibus populus redditus habet, quia diu hoc solum vectigal fuerit, *Plin* 18, 3
Pascuus, a, um adj *Serving for pasture or grazing for beasts* Pascuus ager, *Plaut* Pascua reddere rura, *Lucr* 5, 1247
Passer, eris m [a ψάρ Non quod est genus passeris, *Isid* per *Metath*] (1) *A sparrow* (2) *A kind of flat fish, perhaps a flounder* (3) *An ostrich* (4) *A lecherous fellow* (5) In blandimentis, *my pretty ...*, *dear* (1) Passer, deliciæ meæ puellæ, *Catull Ep* 2 (2) Famosa regio planum & ... pisces, velut soleam, rhombum, passerem, *Col* 8, 16 ( ) *Plaut Pers* 2, 2, 17 & ibi *Scal* & *Parum* (4) Dic, passer, cum ... montes, tot prædia servis? *Juv* 9, 54 (5) *Plaut Cas* 1, 1, 50 & *alibi*
Passerculus, i m dim (1) *A little, or young sparrow* (2) *A word in soothing and flattering* (1) Cui autem de passerculis conjecturam facit? *Cic* de *Div* 2, 30 (2) Dic me tuum passerculum, *Plaut Asin* 3, 3, 104
✝ Passernices vox Celtica *A kind of whetstones*, Plin 36, 22
Passim adv [a pando, passum, vel forte a πάσσω, spargo] (1) *Every where, all over* (2) *Here and there, ordinarily, in many places* (3) *Up and down* (4) *Loosely, scatteringly, all abroad, without any order, at random* (5) *Every way* (6) *Several ways, into several parts* (7) *To many, to or amongst every one, or any one* (8) *From all parts, or many different places* (1) = Tabulis ... vidi passim & pervulgari, atque edi populo imperavi, *Cic* pro *Sulla*, 15 (2) Corpora passim sternuntur per vias, *Vir Æn* 2, 364 (3) Huc & illuc passim vagari, *Liv* (4) = Numidæ nullis ordinibus, passim consederunt, *Cæs B C* 2, 38 ✱ Ille ut passim, ego ordinatim, *Brut ad Cic Fam* 11, 13 ✝ Pa... tim, densè (5) Multitudo passim fugere cœpit, *Cic* (6) Corpus passim distrahendum dabis, *Liv* (7) Passim per forum volitare cum magna caterva, *Cic* pro *Rosc* 46 (8) = Passim carpere, & colligere undique, *Cic* de *Orat* 1, 42
‖ Passim adv [a passus, ûs] *After the manner of walking, by steps* Passim natabit, *Manil* ... e modo ambulantis

|| Passio, ōnis f verb [a patior] (1) *Passion, or suffering.* (2) *Violent suffering, or death by martyrdom* (3) *Ailing, disorder, illness, or any bodily infirmity* (4) *A passion of the mind* (1) *Hier* ✝ Perpessio, *Cic* (2) *Prud* ✝ Supplicium sanctorum (3) *Firm* ✝ Valetudo (4) *Aug* ✝ Animorum commotio, permotio, *Cic*

|| Passive adv [a passim, ut videtur] *At liberty, by permission,* [illegible] passim

✝ Passive adv [a passivus, quod a pando] *Up and down, scatteringly,* Apul p 360 ✝ Passim, *Cic*

|| Passivus, a, um adj [a pando, passum] (1) *Putting thro' promiscuously, mixed and confused* (2) [illegible] (1) Sexum promiscuum passivi [illegible] *Apul Met* 6, [illegible] ✝ Confusus, promiscuus [illegible] Passivus, [illegible] *Cic* [illegible]

|| Passivus, a, um [illegible] [illegible] (1) [illegible] (2) [illegible] Passives *Catull* [illegible] ✝ Concessus, *Cic*

Passum, i n *Sc* vinum [illegible] passis confectum [illegible] *Non ex Varr* *a sort of [illegible] wine made of dried grapes* [illegible] *Col* 12, 39 & *Pallad Octob* Tit [illegible]

Passurus, a, um part [a patior] (1) *Going to suffer* (2) *That will bear, undergo, or endure* (1) Ego, quæ sum passura, recordor, *Ov Epist* 12, 9 (2) Passuri sunt æquanda per cuncta, *Id* 14, 34

Passus, a, um part [a patior] (1) *Having suffered, endured* (2) *Having borne, or being brought unto* (3) [illegible] (4) [illegible] (5) *Having lasted, or* [illegible] (1) O passi graviora! *Virg Æn* 1, 203 (2) Bos nullum [illegible], *Ov Met* 5, 11 (3) [illegible] *Id* 8, 24 (4) Passa ligone [illegible] *Id* 1, 170 (5) Novem [illegible] passa, *Ov Met* [illegible]

Passus, a, um part [a pando] (1) *Spread, opened, stretched out* (2) *Having looked, [illegible]* (3) [illegible] (1) Passis palmis [illegible], *Cæs* [illegible] *spread, or full [illegible]* (2) Capilla passus, [illegible] Crines passi, *Æn* 1, 484 (3) Passi racemi, *Georg* 2, 269 [illegible] *Plin* [illegible] passa *a sort of grape hung up in the sun to wither, and after wards scalded in a [illegible], to be preserved [illegible], or to make a sweet [illegible]*, Plaut [illegible] *Col* 12, 16 & *Plin* 14, 9

Passus, ûs m [a pando, passum] [illegible] pedibus passus, [illegible] (1) *A pace in going, containing five foot* (2) *A step* (1) [illegible] *Cic pro Quint* [illegible] (2) Disjunctissimas terras passibus peragrare, *Cic pro Marcell* 2

Pastillico, āre *To grow in form and manner of little round balls,* Plin 21, 8 [illegible]

|| Pastillum, i n [illegible] *Charis* Est in sacris [illegible] genus rotundi, *Fest* Pastillum [illegible] *A little round cake, Gloss*

Pastillus, i m [quasi dim a panis, *Fest*] (1) *A little loaf* (2) *A perfuming, or sweet ball* (3) *A troschisk, or medicine made up in a little round ball* (1) *Fest* p 251 (2) Pastillos Rufillus olet, *Horat Sat* 1, 2, 27 (3) [illegible] Inter [illegible] & pastillum, hoc interest, quod [illegible] pastillum [illegible] in pusillo [illegible] more [illegible], *Cels* [illegible] *Cels* [illegible] 17

Pastinaca, æ f [illegible] figura [illegible] *a carrot* [illegible] (1) *A carrot* [illegible] (2) [illegible] *Col* 11, [illegible] (3) [illegible] *Plin*, [illegible]

Pastinatio, ōnis [illegible] [illegible] *Cic* [illegible]

Pastinator, ōris m [illegible] *He that diggeth up the earth and [illegible] it about a [illegible]* *Col* [illegible]

Pastinatum, i n [illegible] *of earth that [illegible]* [illegible] *Col* [illegible]

Pastinatus, a, um part *So ordered, and prepared for planting* [illegible] *Pallad* [illegible]

Pastinetum, i m [illegible] pastinaco [illegible] pastinatum [illegible]

Pastino, āre act [a pastinum] *To dig up and loosen the earth, or planting of vines, &c* *Col* 3, [illegible] Sic [illegible] pastinemus, aut [illegible], *Pallad* qui [illegible] usus est, *Pastinatio* [illegible]

Pastinor, āris [illegible] pass *To be dug up, and thrown in a continued [illegible], fine loose mould, for planting*, *Col* 3, 13 Pastinari [illegible] adente, *Plin* 17, 21

Pastinum, i [a [illegible] pango] (1) *A [illegible] tool, to set plants with, or to dig up the ground with, and prepare it for planting* (2) *The digging and preparing ground to be planted with vines* (1) Pastinum vocant agricolæ ferramentum bifurcum, quo semina panguntur, *Col* 3, 18 (2) Pastinum fieri in tempus est, quod [illegible] genera, [illegible] fructus, ut [illegible] obibus, *Pallad* 1, 7

Pastio, ōnis f verb [a pasco] (1) *The feeding, or looking after cattle* (2) *Breeding, keeping, or feeding of [illegible]* (3) *The [illegible], or art of [illegible] of cattle, grazing, &c* (4) *Pasture, feeding ground* (1) *Varr R R* 2, [illegible] (2) *Col* Agrestis pastio, *the keeping of poultry, pigeons, [illegible], and all creatures that may be kept about a country farm-house* *Col* pecuaria, *the keeping flocks and herds*, *Id* (4) *Varr* ✝ cultura, *Id* (4) *Varr R R* 1, 9

* Pastomis, idis f [qu [illegible]] [illegible] *A barnacle for an horse's nose*

* Pastophŏri, ōrum m [qui ferunt [illegible]] *Priests of Isis and Osiris*, *Apul* [illegible]

* Pastophŏrium, [illegible] n *The priest's chamber, an apartment of the temple*, *Hier* Lat Sacrarium

Pastor, ōris m verb [a pasco] (1) *One who keepeth any sort of animals, a shepherd, a herdsman, a keeper of poultry, pigeons, peacocks, &c* (2) *Met A king, or governour* (1) *Varr R R* 3, 10 & [illegible] Aquando [illegible] pastori [illegible] *Fest* 11, 151 (2) [illegible] ¶ [illegible] pastoris [illegible] [illegible] globere, *T hen* [illegible] [illegible] *Suet Tib* 32

Pastorālis, e adj (1) *Of, or belonging to a shepherd, or keeper of cattle* (2) *Consisting of herdsmen, or shepherds* (3) *Used by shepherds, or herdsmen; [illegible] or proper to them* (1) Pastoralis [illegible], *Id* [illegible] *Cic* (2) Pastoralis ventus, *Ov Fast* 2, 65 (3) Romuli augustus pastoralis, [illegible] *Cic de Div* 1, 48

Pastorĭcius, a, um adj (1) *Spent, or employed in [illegible] of cattle* (2) *[illegible], or belonging to shepherds, or [illegible]* (3) *Rustic, clownish, befitting shepherds, or [illegible]* (1) Pastoricia [illegible] *Cic* [illegible] pastoria [illegible] *Cic* [illegible] 16 (2) [illegible] pastoricia [illegible], *Cic pro Cal* 11

Pastorius, a, um adj *Belonging to, or used by shepherds or herdsmen* Pastorio habitu speculatus [illegible], *Flor* 1, 17, 4

Pastus, a, um part [a pascor, pastus] (1) *Fed* (2) *Fed upon* (3) *Grown bigger* (4) *Met Increased* (5) *Feasted, used to be fed or enriched with* (1) Agna pasta gramine, *Ov ex Pont* 4, 8, 41 Bovis pastis, *Virg Ecl* 5, 24 [illegible] *Ov* (2) Pasta radices [illegible], *Plin* 9, [illegible] (3) [illegible] pastus in [illegible] solutis Sperchius, *Stat* (4) Mœror pastus [illegible], *Sil* (5) Quæstu judiciario pastus, *Cic pro Cluent* 26

Pastus, a, um part [a pascor dep] *That hath fed upon* [illegible] mala gramina pastus, *Virg Æn* 2, 471

Pastus, ûs m verb (1) *A feeding, grazing, or pasturing* (2) *Food, forage* (3) *The place where any creatures feed, a pasture* (4) *Met Relief, support, or maintenance* (5) *A repast, or delight* (1) Chloes pastu pecudum maxime [illegible], *Cic de Div* 1, 42 (2) Terra fundit ex sese pastus varios, *Cic de Fin* 2, 34 (3) E pastu decedens corvorum exercitus, *Vir Geor* 1, 81 In pastus, armentaque tendit equarum, *Id Æn* 11, 494 Equi diversos pastus peterentes, *Tac Ann* 4, 25, 2 (4) Ad præsentem pastum mendicitatis, *Cic Philipp* 11, 2 (5) Pastus animorum, *Cic Tusc* 5, 23 = Oblectatio

Patăgiārii, m pl *The makers of the patagium*, *vid* Patagium Patagiarii, indusiarii, *Plaut Aul* 3, 5, 35

Patăgiātus, a, um *Tunica patagiata, a woman's upper garment, round the top of which was sewed on a kind of ornament going over the shoulders and breast, embroidered or bedecked with studs, or purple knots*, Plaut *Epid* 2, 2, 47

✝ Patăgium, ii n [a seq [illegible]], quia maculis in [illegible], idem enim erat matronis quod clavus viris, *Seal*] *A kind of ornamental covering sewed to the top of a woman's upper garment, and spreading over the shoulders and breast, embroidered or powdered* [illegible] *with studs, or purple knots*, [illegible] Nec [illegible] quid [illegible] *Fest* [illegible] *Apul Met* [illegible]

* [illegible] of [illegible] [illegible]

Patefacio, [illegible] [illegible] *Tusc* 2, [illegible] [illegible] [illegible] *Cic* [illegible]

Patefacio, ĕre, ēci, actum [illegible] (1) *To open* (2) *To lay open, to discover* (3) *To [illegible]* [illegible] patefacere, *Liv* [illegible] *Met* 2, 819 *Met* Quin nostram [illegible] *Ter Heaut* [illegible] 1, 2 [illegible] *Cic Offic* 2, 26 [illegible] Pom [illegible] [illegible] 6, 11 Per [illegible] [illegible] Hannibal nobis [illegible] [illegible], *Pomp Lp* [illegible] (5) Demonstrationem [illegible] fecit, *Nep Paus* [illegible] [illegible] patefacere capere [illegible] *Id* 46 Patefecerunt [illegible], *Cic* Totum me patefeci, [illegible] *Id* [illegible], *Ter*

Patefactio, ōnis f verb *An opening, or laying open, a [illegible] [illegible], or making [illegible]* Patefactio rerum opinatarum, *Cic Fin* 2, 5

Patefactūrus, a, um part *That will disclose, or make* [illegible] *Cic de Fin* 2, 5

Patefactus, a, um (1) [illegible] (2) *Laid open, made plain, into which an entrance [illegible] opened* (3) *Opened, or made [illegible]* (4) *Met Discovered, [illegible] made known* (5) *Shewed, explained, manifested* (1) Portæ patefactæ, *Cic* (2) [illegible] fores, *Suet Neron* [illegible] (3) Patefactus nostris legionibus ponto, *Cic* (4) Patefactis [illegible] *Id* (5) Patefacta [illegible] *Id* [illegible] consilia, *Cæs B C* 1, 21 (6) [illegible] Jus applicationis obscurum & ignotum, patefactum in judicio [illegible] illustratum est in patrono, *Cic de Orat* 1, 39

Patĕfio, ĭeri, factus (1) *To be opened* (2) *To be discovered* (1) Fenestræ patefiunt, *Prop* [illegible] (2) ✱ Si hoc celetur, in metu, sin patefit, in probro [illegible], *Ter Phorm* 5, 4, 6 ✱ Celare aliquid aliquem, *Id Hecyr* [illegible], 1, 15

Patĕfit, patefactum [illegible] *It is discovered, or made to appear* Quod patefactum esse [illegible] multos, *&c Cic*

Patella, æ f [dim [illegible]] (1) *A sort of deep dish with broad brims, used to put portions of meat in, that were given [illegible]* [illegible] fice (2) *A little deep dish or broad brim, in which [illegible] or meat was seized* (3) *A [illegible], or pipkin with a cover* (4) *[illegible] weazle in trees when they are scorched with the sun* (5) *Kneepan* (1) Reperiemus [illegible] primum [illegible] non religiosos, [illegible] de patella, *Cic de Fin* 2, [illegible] (2) Nec modica cœnare times [illegible] omne patella, *Hor Ep* 1, 5, [illegible] (3) *Plin*

Dignum patellâ operculum, *is like the pipkin, never a one but the better being*, ... = Olei clivum patitur, ... place dici, vel patel- ... (5) *Coll* 8, 1

Patellarius, a, um *Belonging to a platter, or porringer* ⚹ Dii omnes magni, minutique & patellarii ... fixint, *Plaut Cist* 2, 1, ... Dii majorum minorumque ... & lares, quos jocans p ... vocat, quia ut est apud ... ant in patellam dare ... Hinc est *ferialis cœna* ... 5 95

† ... a, f ... libri veteres ...

... part ... adj or, ... (1) *Opened*, *extended* (2) *Large*, ... *or naked*, Met ... (5) ... or ... *ping*, ... () *Open* ... *or free* ... () ... (2) *Exposed to* ... *it*, *luce*, *or plain* ... pateant, *Lir* ... = Cœlum ex omni ... & ... tum intue ... 1, 1 Pateriter ... Domum patentis... *Col* 1, 8 Patens in ... *Petron* ... (2) ... patens, uno ... *Sall* ... Pateriro ... patente ... Patent ... *then though* ... *Domus* ... (5) ... & pateant ... paten- ... *Ep* ... 1, 5 (6) Pa- ... memor ... venas ut ... *Lucr* ... () ... patens ... (7) Cunctis ... patens, *Lir Æn* ... Patens vulne... *Lir* ... directionem omnibus, ... *q* Pateo

Pateo, ere, ... pando, ... vel pot ... פתח ... (1) *To be open* (2) *To be opened at* ... *for one's reception*, or ... *ment* () *To be plain*, ... (4) *To be extended*, ... (5) *To be open*, ... *or easily pass* ... Met ... (6) *To lie open*, ... (7) ... *so as to be easily attacked*, or *come at* (8) *To be* ... or *manifest* (9) *To be entered*, ... *an account in a book* ... *propitious*, or *favourable* ... (1) Patet atri janua Ditis, ... *Æn* 6, 127 (2) Iis omni... ... victusque con... *Cæf B G* 6, 23 Tibi ... fores, *Ter Eun* 2, 2, 51 = ... patet, & æquè promp... *Cic* pro ... (3) Patere tres non ... *Ter Eccl* 3, 105 ... Eratosthenis ratio- ... *Plin* 12, 14 Pla- ... millia passuum III in ... patebat, *Cæf B G* ... () Quâ patebat nunc exitus, ... Syria, ... *Id* ... patere Fabricio, *Id* ... *B C* 10 (6) ... tempus pesti- ... (7) ⚹ Omnis ... nobis pene solis patuit, ... *Cic de Cl Orat* ... cursus pateret, *Id Att* ... (8) Cumen patet, fine teste probatum, *Ov Met* 15, 57 (9) Nomen in adversariis patere condit, *Cic pro Q Rosc* 2 (10) Numen conl... aliquod patet, *Ov Met* 10, 68

* Pater, tris m (1) *A father*, or *sire* (2) *Father*, a name given especially by children, and grandchildren by nature, blood, *or* affinity, and benefactors in any kind, as *pater patriæ*, first given to Cicero upon the discovery of Catiline's plot (3) An honour given by the younger to the elder, though not related, (4) and to preservers (5) A title given to magistrates who had eminently served their country afterward taken by the Roman emperors (6) An appellation belonging to all the gods, but absolutely and eminently to Jupiter (7) A title given to senators in general (8) *The author*, *or producer* (9) *The author or founder of a sect* (10) Pater patratus, *the king of the heralds* (1) *A sire*, *the male of any creature that hath young* (1) *Passim* (2) ⚹ Q Metellus cum ex ... liberos, un... cum ... potestate ..., nurus vero generosque & omnes qui se patris appellatione salutarent, ... *Plin* ... *Ov Met* ... (3) Frater, pater, adde, ut cuique est ætas, *Hor Ep* 1, 6, 54 Appetum, pater, hoc est, aliud lenius sodes vide, *Ter Heaut* ..., 1, 50 (4) Patris pater, parens libertatis, *Cic* ... Olympice ... mi pater, ... *Plaut Cist* ..., 6, 14 Rex ... patresque audistis coram, *Hor Ep* ... *ad Mæcenat* ... (5) *Hoc satis potest ex nostris ut ista* ... *pater patriæ* (6) Item ... terris ... atque diræ ... pater, *Hor Od* ... 2 ... pater, *Vir Æn* ... Pater Apenninus, *Id Æn* 12, 70 ☞ Pater *licet generale sit omnium deorum, tamen propriè Libero semper adhæret, ...* ... Serv (7) Patres Conscripti ... conti... *quod* ... *primum* ... (8) Roma ... & senatores vocabantur patres quod ... censulere civibus, ut pa... liberis, deberent, *Flor* (5) = Tu pater, & rerum inventor, *Lucr* ... *Epicuro* Non nôsti quid pater Chrysippus dicat, *Hor Sat* 1, 3, 126 (10) Sed clus ... ad bellum patrandum ... cendum, ... fœdus, *Liv* 1, 24 (11) *Ov Met* 3, 222

Patera, æ f [dict ... quod pateat, *Varr*] *A goblet, or broad piece of plate to drink in*, used at public feasts, and sacrifices Meri pateram implevit regina, *Vir Æn* 1, 733

Paterfamilias gen patrisfamilias m & paterfamiliæ, patrisfamiliæ, nam olim gen secundæ declinationis desinebat in *as* more Græc in nominibus pure desin [*i e* familiæ pater] (1) *The housekeeper, the master of the family*, or *slaves* (2) Jocose, *Who of slaves are of his own begetting* (1) Ne morte patrisfamilias ... memoriam occideret, *Cic* Bos ... cuidam patrifamilias ... (2) Paterfamilias verus, *Mart* 1, 85 ☞ Familia enim est propriè *famulorum*, qu ... multa

‖ Paternitas, atis f *Fatherhood, the being a father*, ... Paternitas ... *a family* Vulg Int ...

Paternus, a, um adj (1) *Belonging to the father, that is the father's* (2) *That was the father's*, or *did belong to the father* (3) *Received*, or *derived from one's father* (4) *Befitting*, *fatherly*, *like*, or *worthy of one's father*, or *a father* (1) Servus paternus, *Plaut Cist* 1, 3, 17 () Paternus lar, & fundus, *Hor Sat* 1, 2, 56 Res paterna, *Id* spes, *Ov* (3) Paternum cognomen, *Hor Epist* 1, 17, 8 (4) ... paternum ... dedisti, *Ter Adelph* 3, 4, 4 Notus in fratres animi paterni, *Hor Od* 2, 2, 6

Patescens, tis part (1) *Spreading*, *extending*, or *opening* () *Growing larger*, or *wider* (3) *becoming plain*, *distinct*, or *manifest* (1) Patescens primo boletu, *Plin* 2, 2 (2) Patescente ... *Id* () Notitia patescente, *Plin* 6 2,

Patesco, ere [a pateo] (1) *To open* (2) *To yield a passage by opening* (3) *To appear open to be exposed to view* (4) *To open*, ... (5) *To seem to open* (6) *To open wide*, or *spread out distinctly* () *To appear plainly* (1) Nec verbis ... patescit ... *Tib* 1, 5, 57 (2) Patescit ... morum ... *Val Flacc* ... 217 () = Apparet ... & ... longe patescunt *Liv* ... 2, 18, (3) ... lo ... patet in campis, *Liv* 22, 4 (5) Porta patescit ... propi... *Æn* ... 5 (6) Neque ... *Tac Hist* ... (7) = Hæc res patescet, & ... *Cic*

Patibilis, e ... *It is evident, no* ... = Dis... ... est ... *Cic Phil* ... 12, 2

... *father's* ... *that is to* ... *Plin* ... 4

‖ Pathetice, adv *Passionately*, ... *as to move the passions* Macrob Sat ... 4 Animo concitato

* Patheticus, a, um adj *Pathetical*, ... *moving* ... Oratio pathetica, *Macrob Sat* ... ⚹ Vehemens, concitus, *Cic*

* Pathicus, a, um ... *Of a catamite*, or *lewd*, *filthy*, ... Pathicus Mamurra, *Catull* 55 2 Aurelius ... 17, 2 Mœchi pathicissimi libelli, *Mart* 12, ...

* Pathos n *Passion*, Quint ... † Motus animi ... *Cic*

Patibilis, e adj & pass (1) *Capable of suffering by being acted on* (2) *That may be borne*, or *endured* (1) Omne animal patibilem habet naturam, *Cic N D* 3, 12 (2) Patibiles dolores, *Cic Tusc* 4, 23

Patibulatus, a, um adj [a patibulum] *Bearing the furca*, *crucified* Te forabunt patibulatum per vias stimulis, *Plaut Most* 1, 1, 52

Patibulum, i n [a pateo, ut ... quod pateant ... cornua] (1) *The furca*, which was of the form of the letter ∧, to which slaves *or* those condemned to servile punishment, having their arms tied, carried through the streets, being scourged all the while and sometimes crucified after (2) *A cross* (3) *A gibbet*, or *gallows* (4) *A bar to a door* (5) *An instrument used by grape-gatherers* (1) ⚹ Cædes, patibula, ignes, cruces, *Tac Ann* 27, 5 (2) Tibi Marcelli statua ... patibulo in clientes Marcellorum, *Cic Verr* 4, 41 Gloss ... patibulum, ... (5) ⚹ Patibulum appenso ... in ... nunt, ... *Isid* (1) Not ... (5) *Cato*

Patibilis, a, um part *To be endured*, or *suffered* Omnia mihi sunt patienda, *Cic Att* 10, 33

Patiens, tis part (1) *Suffering*, *bearing* (2) *That may bear* (3) Adj or, comp ... issimus, sup *That can or will undergo*, or *endure* (4) *Patient* (5) *That beareth quietly and without reluctance* (6) *That will bear*, or *carry* (7) *Capable of containing*, or *living in* (1) ... *Prior* Manum patiens, *that is so tame and gentle as to endure handling*, *Vir Æn* 7, 490 (2) Patiens ... montibus ... rupes, *Luc* 3, 17 (3) Patiens pulveris atque solis, *Hor Od* 1, 8, 4 ... operum, ... *Geor* 2 472 ... *Æn* 10, 610 = In laboribus ... patiens, *Nep Iphicr* ... Non tam patiens ... *Luc* 8 6, Q ... patiens caput est, *as long as the head will bear drinking*, *Ov* (4) = Mea ... patientiorem ... lenioremque ... *Cic* ... 1, 32 (5) Patientissimo ... luxuriam objecisset, *Cæs B C* ..., 56 Patiens ... *Ov Trist* 4, 6, 1 *Mart* ... *Ter Eun* ..., 223 (6) Amnis navium patiens, *Liv* ... *Luc* 2, 641 () ... patientes ætheris imi, *Luc* 9, 8

Patienter adv ... comp ... issimè, sup (1) *Patiently* (2) *Contentedly* (3) *Calmly*, *without reluctance or passion*, (4) *Tolerably* (1) Non quoque ... ferimus, ... *Ov Trist* 4 6, ... (2) = Patienter, placide, ... ferre dolorem, *Cic Tusc* 2, 24 (3) ⚹ Patienter accipere, non repugnare, *Cic de Am* 25 Ista patientissime Cato toleravit, *Val Max* 4, 3, 11 (4) Si quidem ... patienter ... potentiam ferre potuerint, *Cic* ... 8 8

Patientia, æ f [a patiens] (1) *Aptness to bearing*, or *suffering* (2) *The bearing love*, or ... *being punished*, or ... *with* ... (3) *A patient enduring*, *faculty*, *or ability of suffering*, *hard living* (4) *Willingness to undergo* (5) *Met Bearing unhurt* (6) *Patience or the bearing misfortune and affliction calmly* (7) *Patient hearing*, *hearing out* (9) *Forbearance*, *slowness to resent*, or *punish* (9) *A servile submission to oppression and tyranny* (10) *The bearing with one* (11) Obsc *Pathicism* (1) Patientia turpitudinis aliena, non suâ satietate obduruit, *Cic Verr* 5, 1, (2) Ad conservandam patientiam verborum, *Curt* 8, 6, 25 (3) Adolescentis cogenda est in labore, patientiaque & animi & corporis, *Cic Offic* 1, 34 = Lacedæmonii in moribus summa virtus in patientia ponebatur, sic duritiæ ... dedisse, ... *Nep Alcib* 1, 17 (4) Patientia Martis, *Luc* 9, 93 (5) Vites præstant patientia, utique quæ turbines & imbre sustinent, *Col* ..., 2 Opacitatis patientia, *Plin* 15, ... (7) Levius fit patientia, quicquid corrigere est nefas, *Hor Od* 1, 24 ult (8) *Plin Ep* 6 88 (9) Quousque tandem ... patientia nostra? *Cic Catil* 1, in (9) = Obduruit & percalluit civitatis incredibili patientia, *Cic* pro *Milon* 28 (10) Desideravit & M Agrippæ patientiam, & Mecænatis ts tacitum item, *Suet Aug* 66 (11) Ex fa tate loci, & multiplici patinæ, *Tac Ann* 6, 1

* Patina, æ f [a πατάνη, ut a τηγάνον, tuum] (1) *A pot, or pan of earth, or metal, in which things were boiled, dressed, or roasted, and brought to the table in the broth, or pickle* (2) *A pan to boil any thing in* (1) Ap optimos quosque autores fa te reperitas ¶ Animus est in patinis, *my belly crieth cupboard*, Ter Eun 4, 7, 46 (2) *Plin* 2, 2

Patinarius, a, um adj *Sodden, or stewed in his broth* ✠ Pisces patinarius, vel assus, *Plaut Asin* 1, 3, 28 Strues patinaria, *Id Men* 1, 1, 26

Patinarius, ii m *A glutton, a belly-god, a gormandizer*, Suet Vitell 17

† Patio, is *pro* patior, *Diom*

Patior, eris, passus sum, pati dep [a πάσχω, fut secund παθῶ, non πάσω, patio, *Diom*] (1) *To suffer, or be a passion* (2) *To receive, or suffer, to be grieved with it* (3) *To suffer, or be in another's power* (4) *To suffer, to undergo, or endure* (5) *To share in, to have other good, or evil* (6) *To receive, or bear, to be passive, or on the defensive* (7) *To suffer, be punished, or afflicted with* (8) *To bear, or fall under any thing disagreeable* (9) *To endure, support, bear, or be sufficient for* (10) *To bear with or be subject to one's humour* (11) *To endure longer* (12) *To submit to, or be ruled by* (13) *To bear contentedly* (14) *To bear, or take contentedly, or otherwise* (15) *To be, to live, to be content with, or endure a life* (16) *To forbear, to contain, or refrain* (17) *To suffer, or let* (18) *To allow, or give way to* (19) *To let, or bear possible* (20) *To suffer, or be exercised with* (21) *To last out, or keep* (22) *To bear, or endure* (23) *To bear, or suffer to grow on it* (24) *To be on the defensive* (1) ✠ Mundus per se, & agit & patitur, & facit omnia, *Cic de Univ* 6 (2) Pira ...ior unde omne pati virus, *Luc* 6, 1 (3) Mirum patitur gravitate soporem, *Ov Met* 15, 321 (4) Examen pati, *Vir Æn* 2, 6 8 prœlia, *Id Æn* 1, 507 fastidia, *Id Ecl* 2 5 servitium, *Ov* injuriam, *Cic* nives imbresque, *Phædr* Minus jacturæ pat rentur res publicæ, *Col* ✠ Extrema pati, *to be in the last state, to be dead*, Vir Æn 1, 22, (5) Fortiter malum qui patitur, idem post patitur bonum, *Plaut Asin* 2, 2, 59 (6) Obscœna notione *Plaut Capt* 4, 2, 87 (7) Supplicium pati *Cæs B C* 2, 30 verbera, *Vir Æn* 3, 208 suos manes, *Id Æn* 6, 743 (8) Finitimam patientis inultæ, *Vir Æn* 11, 847 (9) Sumptus vestros otiumque, ut nostra res posset pati, *Ter Hec* 2, 1, 28 Ubi non poterit pati, *Id Heaut* 2, 1, 7 (10) ✠ Facile omnes perferre & pati, *Ter Andr* 1, 1, 35 (11) Ubi non quit pati, *Ter Hec* 1, 2, 109 (12) Jussa aliena pati, *Vir Æn* 10, 866 frenos, *Phædr* 4 4, 9 regna, *Luc* 2, 315 Feræ hominem didicere pati, *Id* 4, 239 (13) Decretum est pati, *Ter Heaut* 3, 1, 56 Si, quod natura dederat, voluisses pati, *Phædr* 1, 3, 14 (14) Æquo animo pati, *Phædr* 1, 26, 12 iniquo, *Ter Phorm* 5, 1, 36 ægrè, *Id Adelph* 1, 2, 63 (15) Disce sine armis posse pati, *Luc* 5, 314 Inter spelæa ferarum malle pati, *Vir Ecl* 10, 52 (16) Non possum pati, quin tibi caput demulceam, *Ter Hec* 4, 5, 14 (17) Nullum patiebatur esse diem, quin aut in foro diceret aut, &c *Cic* Egone illam cum illo ut patiar nuptam unum diem? *Ter Phorm* 1, 5, 74 (18) Noli pati litigare fratres *Cic Fam* 1, 25 Asperius quam tui patiuntur mores *Cic Att* 9, 18 Decerne quod religio, quod patitur fides, *Ph* ... 27 (19) Hoc est, uxores quod non patitur animus, *Ov* (20) Non vastros patietur humus, *Vir Ecl* 4, 40 (21) Lupinum positum in granario patitur ævum, *Col* (22) Semina fruticantia supputare, ac falcem pati consuescere, *Plin* 1, 10 (23) Nec patitur taxos natura soli, *Col* (24) ✠ Civilia ... tui, g ... *Luc* 7, 50

Patiscens, tis part *Opening* Cœlum patiscens, *Sen Epist* 91

† Patior ant *pro* patere, *Plaut Asin* 2, 2, 108

Pator, ōris m [a pateo, ut a palleo, pallor] (1) *An opening, or gaping* (2) *A dish of that which is open* (1) *Apul* ... (2) ... quo ... non semel (2) Nitium pator, *Scrib Larg Comp* 46 Spiramen ... *Luc* 2, 183

Patrandus, a, um *To be performed, or effected*, Tac Ann 2, 82, 1 *Vid* Patro

Patrans, tis part *Robing, drunk with lust* P transocellus, *Pers* 1, 18 *de notionibus translatis vid* Patro

Patratio, ōnis f verb (1) *The acting obsceneness* (2) Met *The finishing, atchieving, or accomplishing* (1) Patratio, rei venereæ consummatio, *Gloss Arab Lat* (2) Patratio pacis, *Vell Paterc* 2, 98

Patrātor, oris m verb *The doer, or causer of* Maternæ necis patrator, *Tac Ann* 14, 62, 2

Patratūrus, a, um part *That will effect, or perform* Patraturus reliqua belli, *Paterc* 2, 12,

Patratus, a, um part (1) *Performed, done, committed accomplished, atchieved* (2) *The chief of the heralds, or feciales* (1) Patrata cædes, *Tac Ann* 2, 59, 3 expugnatio, victoria, *Id Ann* 12, 16, 5 Patratum bellum *Id Ann* 2, 26, 2 remedium, *Id Hist* 4, 81, 6 ✠ Malunt patrati quam incepti facinoris reus esse, *Id Ann* 2, 66, 3 (2) Pater patratus, hoc est, princeps fecialium proficiscebatur ad hostium fines, & præfatus quædam solennia, clara voce dicebat, se bellum indicere propter certas causas, &c *Serv* ... & Pater, n 10

Patria, æ f (*sc* Terra, est enim propr... adj quod aliq expr mit *ut*, Patriam defendere terram, *Lucr* 2, 641) *One's country, or native soil*, Ter Cic Nimborum patria Æolia, *Vir Æn* 1, 55 Patrias nobilitavere mala, *countries where they grow*, Plin 10, 21

* Patriarcha, æ m (1) *The head of a family, a patriarch* (2) *A patriarch, or chief bishop* (1) *Isid* (2) *Isid* & *Topic* ex *Adriano*

† Patricè adv qu *pro* patricè *Stately majestically, like one of the first nobility*, Plaut Cas 3, 6, 1 = magnificè, *Id ibid*

Patriciatus, us m *The place, rank, or dignity of the patrician families*, Suet Aug 2

Patriciè adv *Vid* Patricè

Patricius, a, um adj (1) *Patrician, of, or belonging to the patricians* (2) *Used, or in fashion among the patricians* (1) Patricius magistratus, *Cic ad Brut* 5 ✠ = Patricius, & nondum senator, *Suet Aug* 10 Patriciæ fores, *Stat Sylv* 4, 8, 60 Patricii pueri, *Plaut Capt* 5, 4, 5 (2) Artes patriciæ, *Juv* 4, 102 ☞ Imperante Claudio, patriciorum gentibus defectis alii ex primis senatoribus in horum numerum suffecti sunt, *vid Tac Ann* 11, 25

Patricius, ii m [a pater & cieo, patricios primò esse factos, qui patrem ciere possent, id est, nihil ultra quam ingenuos, *Liv* 10, 8 *Sed sæpè in originibus ... fere vetere, simpliciter à pater, patricius, ut a Faber, Fabricius*] (1) *A patrician, one of the race of those who were created senators in the time of Romulus, who were only an hundred to whom after the Sabine war another century was added, these were called patres, and patricii majorum gentium.* Another century was added by Tarquinius Priscus, in order to settle his new government, but these, and those afterwards by Brutus, were distinguished from the former by being called, *patres minorum gentium*, though Tacitus seemeth to say only these last were so called Under the emperor many of the old patrician families being extinct, were made up out of the plebeians, whence neither were all patricians senators, as under the kings, nor all senators patricians *Vid Sigon de Jure Civ Rom* c 7 *Pithœum, Advers* 2, 7 *Panvin Fast* 1, 12, & seq *Casaub* in *Suet Aug* 2 But later emperors raised to this dignity such as they made of their council as is plain from *Cassiodorus, Procopius, Zosimus*, and others (2) Patricius, *one of the emperor's council* (1) Patricii minorum gentium, *the descendants of those senators created by Tarquinius Priscus and Brutus*, in opposition to the race of the first hundred made by Romulus In the time of the emperors, those of the senators were added to the number of the patricians whom they pleased (2) Patricius est, quem Imperator elegit sibi in patrem, *Gl Isid*

Patriè adv *Fatherly, friendly, tenderly, like a father* ✠ Non inimicè corripere, sed patriè monere videtur, *Quint* 11, 1

Patrimōnium, ii neut [a patre] (1) *A paternal estate* (2) *An inheritance, or patrimony, private, or public* (3) *Any personal estate* (1) Hunc è patrimonio nudum expulisti, *Cic pro S Rosc* 50 (2) Arationes in Rom populi patrimonio, *Cic Philipp* 2, 39 Liberis nostris satis amplum patrimonium paterni nominis ac nostræ memoriæ relinquemus, *Id pro Domo*, 58 (3) Non propter vitam faciunt patrimonia quidam, sed vitio cæci propter patrimonia vivunt, *Juv* 12, 50, 51 Quadrantes augere patrimonio, *Phædr* 4, 19

Patrīmus, a, um adj *Having the father alive* Patrimus & matrimus *Liv* Puer ille patrimus & matrimus terram non tenuit, *Cic de Har Resp* 11

Patrisso, āre [à pater] *To take after his father* Euge, Philolaches patrissat, *Plaut Most* 3, 1, 108 vid & *Ter Adelph* 4, 2, 25

Patritus, a, um adj [à patre, ut avitus *ab avo*] *That was in use among, or was found among our fathers, or ancestors* Patria & avita philosophia, *Cic Tusc* 1, 19 *Sic lig* Non ... to ac patrito ... *Varr*

Patrius, a, um ... (1) *Of a father, the father's* (2) *Belonging to a father, used, exercised ... the father* (3) *Proper, or peculiar to a father* (4) *The father's ... or ... of one's father, paternal, or patrimonial* (1) Patrio nuto ... *Vir Æn* ... (2) ... virtutes, ... *Cal* ... tes, *Id Æn* 11, 1 (3) Patrius animus, *Ter Heaut* 2 2 H... trium est, *Id Adelph* 1, 1, 4 ... Patrio pater ... *Mart* 2 (2) Patria ... arms, *Vir Æn* ... tars of the same ... at ... ... his father was ... (4) Patria qui augurem ... *T Eun* 2, 2, 4

Patrius, a, um [a patria] (1) *Where one was born, native* (2) *Belonging to one's country, as in it, or of it* (3) *National, or peculiar to a country* ... (4) *Proper to it, ... received from one's ancestors* ... (1) Patria Mycenæ *Vir Æn* 2, 180 sedes *Ov* ex *Pont* 14, 59 (2) Ab Actiis Romam cepit, & patrium servat ... honorem, *Vir Æn* 5 601 Nil patrium, nisi nomen, habet Romanus alumnus, *Prop* 4, 1, 37 (3) ... patria, *used, or practised in one's country, peculiar to one's country*, Cic ... 2 1, 17 pen ... *Id* 1, 2, 32 Patria palæstra, *Vir Æn* 3, 281 Patrium sistrum, *Id Æn* 8, 696 Patria charta, *writings in one's mother tongue* (3) Patrii cultusque habitusque locorum, *Vir Geor* 1, 52 (4) In patriis institutis manet, *innovateth nothing in philosophy, but keepeth to the opinions of his predecessors of the same sect* Cic

Patro, āre act [a patre] (1) *To consummate matrimony* (2) *To effect, to perform, to go through with, to atchieve, or finish* (3) *To attain, or get* (4) *To establish, to ratify* (1) Patrat ... ταῖς παλαίσμασιν ... *Gloss* Patro, παιδοποιῶ, Onom *vid* Patrans (2) Vel hoc vitium est quod κακέμφατον vocatur, sive mala consuetudine in obscœnum intellectum sermo detortus est, ut *ductare exercitus & patrare bellum* apud Sallustium dicta sancte & antiquè, ridentibus à nobis, si dis placet, quam culpam non scribentium quidem judico, sed legentium, tamen vitanda *Quint* 8, Patrare facinus, *Liv* ..., 8 promissa, *Cic Attic* 1, 14 incepta *Sall* cædem, *Tac* Constabat plurimorum virtutem cuncta patravisse *Sall* Bellum per familiam ... nefas, *Claud* (3) Hinc decus & famæ primus patravit honorem, *Grat* (4) = Pater patratus ad jusjurandum patrandum, id est, sanciendum, *Liv*

Patror, āris, ātus pass *To be performed, executed, finished, or brought to an end* Cons... trantur, *Lucr* 5, 386 Facinus patratur, *Liv*

Patrocinans, tis part *Defending, or excusing* ... tioribus con... pigra vicinitas sibi patrocinante, *Plin* 1, ...

Patrocinium, ii n [a patronus] Patrocinia appellari cœpta sunt, cum plebs distributa est inter patres, ut eorum opibus esset,

(1) *The business, or office of defending clients* (2) *The protection, or the pleading* (3) *A patronizing, defending, or maintaining* (4) *Support, or defending from injury that is weak* (5) *Excuse, or defence* ... patrocinium ... *Patin* ... *Patrocinia* ... *Plin*

Patrocinor, āri, ātus sum dep ... (1) *To be a patron of, to plead for* ... (1) Inde ... (2) Patrocinari sibi ... *Plin* 14, 2 Quod patrocinari ... *Cic* de *Orat* ... *Hirt B Hisp* 2,

Patrona, æ f (1) *She who defends one's superior, a patroness* ... *Met* *She who defends* ... *oppression* (3) ... (1) Te mihi patronam ... *Ter Eun* 5, 2, 48 ... *Cic Orat* 2, 48 ... *Dig* ... Jus patronatus ... *the rights, which are referred to the patrons, or former masters over their enfranchised, or freed men* ... *Ulp*

Patronus, i m [patronus ab antiquis ... hit manifestum, ... patres filiorum, ... dominos clientum ... *Fest*] (1) *A supporter, friend, that is patron ... the clients from oppression, a protector* (2) ... *the cause of* ... (3) *An orator, or* ... (4) *A defender, maintainer, supporter* (5) *He that* ... (1) ... qui civitates ... bello ... patrem ... *Cic Offic* 1, ... Qui modo patronus ... *Cic Orat* ... *Cic Offic* 2, 14 (5) ... *Ter Eun* ... *Id* ... & Vall ... *qui* ... attulit

Patronymicus, a, um Nomina patronymica, *Names derived from the father, ancestors, or kindred*, Gramm *vid* Dicm

Patruēlis ... Patruelis ori... *brothers children*, ... *Met* 1, 35 Patruelia regna, ... *Plin* ... Patrueles fundi, ... *brother's children* ... *Met* 5, 36 Frater patruelis ... *father's brother s son, or cousin-german*, Liv

Patruēlis, is c g *sc* frater *A cousin-german by the father's side, a father's brother's son* § Teucer patruelis Achillis est, *Ov Met* 13, 157

Patruĭssimus, a, um sup *Bes*, *or truest uncle* O patrue mi patruissime, *Plaut Pan* 5, 3, 24

Patruus, i m [patris frater, *q d* alter pater] (1) *The father's brother, an uncle by the father's side, the brother of the grandfather by the father's side* (2) *A severe reprover, like a morose guardian uncle* (3) *One's father's cousin-german by the father's side* (1) Patruus magnus, *Cic* Major patruus, avi & aviæ patruus, *Fest* ✱ Bellum patri patruusque gerunt, *Ov Ep* 14, 111 (2) Sive ego prave seu recte volui, ne sis mihi patruus, *Hor Sat* 2, 3, 88 Cum sapimus patruos, *Pers* 1, 16 (3) *Plaut Pan* 5, 4, 24 Sic *inter pro* patruelis, *Ov*

Patruus, a, um *Of, or belonging to a father's brother, or uncle, harsh, severe* Metuentes patruæ verbera linguæ, *Hor Od* 3, 12, 3

Patŭlus, a, um [a pateo] (1) *Opened, or open* (2) *Wide, or large, wide and open* (3) *Spreading* (4) *Broad and flat* (5) *Plain, champaign, or spread out* (1) Buculi patulis captavit naribus auras, *Vir Geor* 1, 375 (2) Boves naribus patulis, *Vir Geor* 1, 376 ✱ ☞ *Patuli & camuri boves qui diductis, vid* Camurus Patulæ aures, *gaping after secrets*, Hor *Epist* 1, 18, 70 (3) Platanus patulis ramis diffusa, *Cic* de *Orat* 1, 7 (4) Patulæ quadræ, *Vir Æn* 7, 115 pelves, *Juv* 3, 277 (5) Campi patuli, *Sil* ✱ *Patulum*, inquit Serv quod patet naturaliter, ut nares, arbor, crux, *patens* vero est, quod claudi tur, & aperitur, ut ostium, oculi *Sed rejelli potest ex Ov qui patulum arcum dixit, unbent Patula etiam arcs arte facta ostendunt exempla in 4 allata*

Pavo, æ f [pavus] *A peahen*, Auson Ep 69

Pauci, æ, a adj plur iores, comp ssimi, sup [a παῦρος, *Canin*] Hyginus tamen *Fab* 195 in sing dixit, Post paucum tempus, (1) *Few* (2) *The few, the chief, special, particular* (1) ✱ Pauci ex multis, *Cic* pro *Cluent* 46 ✱ Ne pauciores cum pluribus confligerent, *Sall B J* 5, Paucis diebus, *within a few days*, Catull 1, 2 In paucis diebus quam Capreas attigit, *in a few days after*, Suet Tib 60 ☞ *In seq & hujusmodi verbis, verba elegantur reticetur* Rem in pauca conferre, *Plaut Pseud* 1, 3, 44 Cognoscere paucis, *Lucr* 1, 14 docere, *Vir Æn* 4, 116 responsum reddere, *Id Æn* 6, 672 I etne pauca *may I speak a few words* Ter Andr 5, 3, 22 Paucis te volo, *Id Andr* 1, 1 2 Ausculta paucis, *Id Adelph* 5, 3, 20 Paucis me misit ad eam, *Plaut Bacch* 4, 2, 7 Quam paucissimis absolvam, *Sall B J* 19 Paucis *sc* rebus contentus, *with little, or a few things*, Hor *Sat* 1, 3, 16 (2) Inter paucos familiarium Neroni adsumptus est, *one of his intimate friends*, Tac Ann 16, 18

Pauciloquium, ii n *Fewness of words, want of words to express himself* ✱ Inhæret etiam multiloquium, pauciloquium, *Plaut Merc Prol* 31

|| Pauciloquus, a, um [a pauca loquendo] Βραχύλογος *Of few words*, Sidon

Paucitas, atis f (1) *Fewness, small number* (2) *Scarcity, rareness* (3) *Due brevity, or conciseness* (1) ✱ Generi definita non solum numero, sed etiam paucitate, *Cic* de *Orat* 2, 34 (2) Magni oratorum est, semperque fuit, paucitas, *Cic* de *Orat* 1, 2 ✱ Non multum obesse multitudo hostium sua paucitati potuit, *Nep Dat* 7 (3) Paucitas in partitione servatur, si gen ra ipsa ponuntur, *&c Cic de Inv* 1, 22

Paucŭlus, a, a dim [a pauci] *Very few, little, or few words* I oquitur pauculi, *Ter Heaut* 4, 6, 24 Pauculos dies esse alicubi, *Cic Att* 9, 15

|| Pavefacio, is i e pavere facio *To make afraid*, Gloss vet ✝ Exterreo, conterreo, *Cic*

Pavefactus, a, um part [a pavefio inusit] *Astonished, put in great fear, affrighted* Pavefac ti mergor, *Ov Met* 1, 8-8 Pavefacti corde, *Sil* 6, 178 ✝ Exterritus, territus, *Cic*

Pavendus, a, um *To be feared, or dreaded* Pedibus pavendæ serpentes, *Plin* 8, 23

Pavens, tis part *Fearing, disordered with fear, or dread* Noctem paventes timidi navitæ, *Cic Tusc* 2, 10 ex poeta Rerum novitate pavens, *Ov Met* 2, 31

Paveo, ere, vi n & act [a ψοβεω, pro pheo, usi tal literarum permutatione, *Canin*] (1) *To be in great fear, to fear, or dread* (2) *Met To hate, to be averse to* (1) Pavet animus, *Cic Philipp* 5, 5 Illud paveo, & hoc formido, *Plaut Cist* 1, 2, 59 Pavet acres agna lucos, *Horat Epod* 1, 12, 26 Paves ne ducas, *Terent Andr* 2, 2, 12 Pavere feram, *Ov Met* 7, 765 artes, *Prop* 4, 5, 38 regnum, *Petron* c 139 (2) Si um ferri inhorreas, pavent venæ, *Tac Hist* 5, 6, 3 *de balsamo*

Pavesco, ere incept [a paveo] *To be, or begin to be much afraid, to shew outward signs of fear and disorder of mind, to dread, or be afraid of* Deum pavesce, *Sil* 16, 128 Ne ad ejusmodi tactum pavescant boves, *Col* Omni strepitu pavescere, *Sall B J* 75

|| Pavicŭlo, āre *pro* paviculo [a pavicula] *To beat or ram a floor* Paviculat Παδίει, εδαφίζει, *Gl Phil*

Pavicŭla, æ f *An instrument wherewith the floor of houses, and barns are beaten, to make them plain and hard, a rammer*, Col 11, 3 *& Cato, c* 129

Pavĭdè adv *Full of dread, timorously*, Liv 5, 39

Pavĭdum adv *pro* pavidè *With great fear* Pavidum blandita, *Ov Met* 9, 568 Heinsius

Pavĭdus, a, um ssimus, sup [a paveo] (1) *Full of consternation, fear, disorder, or concern* (2) *Timorous, or fearful* (3) *Afraid of* (1) Pavidæ mentes, *Tib* 1, 3, 8 aures, *Ov Epist* 3, 59 Cervi pun ce pavidi formidine pennæ, *Vir G* or 3, 372 § equi monstris marinis, *Id Æn* 7, 780 (2) Pavidus lepus, *Hor Epod* 2, 35 Tigrillam terruit pavidum genus, *Phædr* 1, 2, 15 (3) § Offensionum pavidus, *Tac Hist* 1, 54, 10 nandi, *Id Hist* 5, 14, 4 maris, *Luc* 8, 811

Pavimentandus, a, um part [a pavimento] *To be beaten, rammed, or made hard and solid as a floor*, Plin 27, 4

Pavimentātus a, um *That hath the pavement of Mosaic work* Porticus pavimentata, *Cic* ad *Q fratr* 3, 1

Pavimento, āre (1) *To ram, or make hard as a floor* (2) *To pave* (1) *V seq* (2) Pavimento, ἐδαφίζω, *Gloss*

Pavimentum, i n [a pavitum, quod dum pavimenta fiunt, multùm paviuntur, ut solidiora sint, ne rimas agant] (1) *A floor* (2) *A pavement, or floor paved with stone* (3) Pavimentum ψηφωτὸν ἔδαφος, *a pavement of Mosaic work* (1) Pavimenta de glarea & calce arenato primum corium facito, *&c* Cato, c 18 (2) Tessellata & sectilia pavimenta, *Suet Cæs* 46 *ubi de luxu vitæ in pavimentis vid* Casaub (3) *Vid* Cic *ad Q fratr* 1

Pavio, s, ire, ivi itum act [a Gr παίω insi digamm ut ab αιών, ævum] (1) *To beat, or strike against* (2) *To beat, or ram* (1) Terram pavire, *Cic* de *Div* 2, 34 (2) Pavimentum pavito, *Cato*, c 18

Pavitans, tis part *Trembling, or shewing signs of disorder, consternation, or fear* Prosequitur pavitans *Sinon*, Vir *Æn* 2, 107 Caudam pavitantem subjicere utero, *put his tail between his legs*, Id *Æn* 11, 813

|| Pavitātio, onis f verb *A trembling, or great fear*, Apul p 730 ✝ Pavor

Pavito, are freq [a paveo] *To be in a violent disorder* Uxorem pavitare nescio quid dixerunt, *Ter Hecyr* 3, 1, 40 *ubi vid* Donat

Pavītus, a, um part [a pavio] (1) *Rammed, well beaten, as floors* (2) *Smoothed, laid close* (1) Extructum pavitumque solum habeat, *Col* (2) ☰ Terra pavita & complanata, *Plin* 9, 10

Paullatim, paullisper, *&c vid* Paulatim, *&c*

Paulātim adv [a paulò] (1) *By little and little, by degrees* (2) *Leisurely, gently, easily* (1) Cujus amicitia me paulatim in hanc perditam causam imposuit, *Col Cic Epist Fam* 8, 17 (2) Colles paulatim rarescunt, *Tac* Aquæ paulatim addito, *Cato*

Paulisper [a paulum] *A little while, for a little while* Commotus est paulisper dum se comparat Milo, *Cic* pro *Mil.* 10.

Paulò *q* adv (1) *By a little, a little, somewhat* (2) Paulò mox, *in a little time, by and by* (3) Paulò minus, *well near, within a little* (1) Paulò post, *Cic* Post paulò, *Hor* secus, *Id* Paulò qui est homo tolerabilis, *Ter Heaut* 1, 2, 31 (2) Et paulò mox calefactum vulneri imponatur, *Plin* (3) Quod paulò minus utrinque evenit, *Suet Tib* 29

|| Paulŭlatim dim [a paululus] *By very little degrees*, Apul p 159

Paulŭlum adv dim [a paulum] *A little, very little, somewhat, a little way, or while* Sol paululum a meridie devexus, *Cic* Huic paululum ad beatam vitam deest, *Id Tusc* 5, 8

Paulŭlus, a, um dim [a paulus] (1) *Little, very little, small, or short* (2) Paululum, *a few words* (1) Pauluh homines, *Liv* 25, 11 Via paulula, *Id* 8, 11 ✝ Polulum labellum, *Cato*, 10 laminæ polulæ, *Id* 21 De suo jure concedere paululum, *Ter Adelph* 2, 2, 10 (2) Mane hoc paululum exaudi, *Cic* ad *Brut*

Paulum, *vel* paullum, *Ter Scaur* (1) *A little, somewhat, small space, time, degree, or matter* (2) *Pro* paulò (1) Paulum oppidò inter se differunt, *Cic* de *Fin* 3, 10

,, 10 Post paulùm, *by and by*, Quint 2, 18 Paulùm modo humanior, *Varr*

Paulus, a, um adj [ὁ παῦρ@, ut a λεῖψιν, l num] *Very small, or little* ✠ Pro peccato magno paulum supplicii satis est patri, *Ter Andr* 5, 3, extr Non paulum nescio quid in rem suam convertit, *Cic* Pau o momento, *Ter Andr* 1, 5, 31 sumptu, *Id Adelph* 5, 4, 22 ☞ *Non reperimus, … in neutro gen acc & abl & singular*

Pavo, ōnis m & f [Gr ταων ταῶν, Æol pavo, … στιγμα, spica, …, Æol] *A peacock* Pavonum formosus grex, *Phædr* 1, 3, Masculus pavo, *Col* 8, 11 Feminæ pavones, *peahens*, Ibid

Pavonaceus, a, um adj Pavonacea tegendi genera *tiles lay Dalecamp the ways of covering roofs … like peacocks tails*, Plin 36 22

Pavoninus, a, um adj *Of, or belonging to a peacock* or *peacock's* Ova pavonina, *Varr* prob, *Col* 8, 5 Genus pavoninum, *Id* 8, 11 Musca … pavonina, … *peacocks feathers*, Mart 14, 67

Pavor, ōris m [a paveo] (1) *Dread, consternation, great fear* (2) *A deity to whom Tullus Hostilius built a temple* (1) Pavor est metus loco movens mentem, *Cic* … 8 … *Liv* 24, … (2) *Id* …

Pauper, ĕris … *poor* … (1) *Poor, or that is poor* (2) *Poor, mean, … ill furnished …* (3) *Having but little* (4) *… that is poor* (5) *Without copiousness* (6) *Feeble, scanty* (1) ✠ Ex paupere dives factus es *Cic* … ✠ Non modo non copiosi ac divites, sed etiam inopes ac pauperes existimandi sunt, *Id* … census par unicuique pauperi … *Mart* … 6 Pauper argenti positi intus & auri, *Hor Sat* … 6 Mortem pauper … *Hor Ep* … (2) Pauper tectum, *Hor* … domus, *Id* Pauperes res, *Plaut* ( ) Pauper aquæ Daunus, *Hor Od* … (4) Custos es pauperis horti, *Hor Epod* 7, 3 … (5) ✠ Neque modo jejunum ac pauperem naturæ eloquentiam fecit, *Quint* (6) Vena pauperis manat carmen, *Ov ex Pont* 2, 5, 21 Pauper venis mas, *ungenerous*, Id Met 8, 6-8

|| Pauperandus, a, um part *To be impoverished*, Lamp ✠ Ditandus, *Id*

|| Pauperātus, a, um part *Made poor, impoverished*, Firm

Pauperculus, a, um dim [a pauper] *Poor and mean* Anus paupercula, *Ter Heaut* 1, 1, 44 Res pauperculæ, *Plaut Pers* 3, 1, 17

Pauperies, e f *Poverty* In Asiam abii propter pauperiem, *Ter Heaut* 1, 1, 59 ✠ Vixit tum Cato in summa pauperie & penè inopia, cum dives esse posset, *Suet Illust Gramm* 11 Pauperies damnum dicitur quod quadrupes facit, *Fest*

Paupĕro, āre, a … pauperem facio (1) *To impoverish, or beggar* (2) *To deprive of, or take from* … (1) Quam pauperetis … hoc vestris sumptibus, *Non ex …* (2) Te cassa nuce pauperet, *Hor Sat* 2, 5, 36 Pro mercis … tio dominum pretio pauperet, *Plaut Mil* 3, 1, 154 Quam ego tanti pauperavi per dolum pecunia, *Id ap Non*

Paupertas, ātis f in plur paupertates, *Non ex Varr* (1) *Poverty* (2) Met *Scantiness, the want of a copi…* (1) ✠ Paupertatem vel potius egestatem, ac mendicitatem nunquam obscure tulisti, *Cic* … *iad* 6 Paupertas omnes artes perdocet *Plaut Stich* … (2) Orationis paupertas, *Cic Fin* 4, … ✠ divitiæ, *Id* ✠ Quanto verborum nobis paupertas, … egestas sit, *Sen*

† Paupertinus, a, um *Mean, low, weak, ill furnished, or ordinary*, Non ex Varr Paupertina lucerna, *Gell* 1, 9

† Pauperus, a, um *Poor, mean* … paupera hæc res est, *Plaut* in *Fragm*

Pausa, æ f [a Gr παῦσις, παύω] (1) *A stop, breaking off, or end* (2) *The steps, resting, or halts in the procession of* … (1) Quæ … *Cic* (1) ✠ Quæ … fit, & quam … familia non … Nep in Fragm Paucis … *Lucr* … Osculando melius est … *Plaut Rud* …, 6, 1 ✠ … Lucr …, 5 … (2) *Sfort*

Pausarius, … m [a pausa] *That officer in the … who gave time to the rowers, and ordered to begin and leave off by words*, or *signs* Pausarius … remigibus … *Sen Ep* 56 *Her* … Qui … modum … voce dat … *Fest* … 619

Pausea … f … *Pausia* … f *olive* … *Col* 5, 8, Plin 15, 3

Pausillum adv *Never so little* Plaut … *To stop, stay* … *Pausa, …, … word*, Plaut Tri 1, 2

|| Paus… [ab Æol …] *A peacock*, Gl … ✠ Pavo

† Pausillatim adv *By degrees* Plaut Epid 1, 2, 6 ✠ Paulatim

† Pausillulum adv *By little and little, or within a little while*, Plaut Truc 5, 1, 21 ✠ Paulùm

† Pausillum adv *A little, a little while, by a little* Pausillo … *Cn …* ex *Afran* ✠ Paulò

Pausillulus, a, um dim [a pausillus] *Very little* De ranunculis … quum paux illum nummorum, *Ter Phorm* 1, 1, 2 Pausillum, *very few*, Plaut Rud …, 58

Pausillus, a, um dim [a paulus, vel pot … a paucus, pauculus, pausillus, & hinc paulus, … paullus] (1) *Very little* (2) *Little or very young* (1) ✠ Offa pausilla, … quæ minuta, *Lucr* … *Id* …, 2 … Pausilla restat, *Plaut Pers* …, 62

Pax, pācis f [ab antiq pacis unde pacifor pactus] (1) *Peace* (2) *A peace, as opposed to after war* ( ) *Peace* … (4) *Want of a …* (5) *An agreement* (6 *Inward peace, quiet, content* (7) *Favour of the gods* (8) *Asan* … (9) *Aid* (10) *Leave, or permission* (11) *Atonement, reconciliation* (12) *A goddess so called* (1) ✠ Nihil tam populare quam pacem, quam concordiam, quam otium reperiemus *Cic* (2) ✠ Pax vel injusta utilior est quam justissimum bellum, *Cic Att* 1, 13 Pacatus perfectus, *Plaut Pers* 5, … ✠ Bella quis & paces longum diffunder in ævum? *Hor Ep* … (3) Pace advenio, *Plaut Amph prol* 32 Illud cum pace agemus, *Cic Tusc* 5, 29 (4) ✠ Accendit pax ipsa loci, movitque furorem Pompeiana quies, *Luc* 6 …, 62 (5) ✠ In amore hæc insunt vitia, injuriæ, suspiciones, — bellum, pax rursum, &c *Ter Eun* 1, 1 Pacis pace in leges conficit suas, *Id Heaut* 5, 2, 45 (6) Quin pacem animis afferre … *Cic de Fin* 1, 4 ( ) Non divum pacem votis adit, *Id* … (8) Ac prece quæ … orum pax … *Lucr* 5, 12, 8 Ubi pax numinis … *Flor* …, 2 … (9) … *Ov* … 6 (10) Pace … *Æn* …, 5 (10) Tua pace … *Cic* … Plaut Rud … 6 Pace quod fiat tua … 2, 1, (11) Sint hic omnes, … pacem … *Pers* 1, 2, … (12) … *Ov* …

* Pax adv Cum … mirum … *Enough, no more*, Plaut … Itaque dum emitor pax jam pudet, I … *no more*, Plaut … dum … pax, nihil amplius, *Ter Heaut* …, 39

Paxillus, … m [ab … pago, pasi, paxus, paxillus, … & hinc palus … velo, … vexillum & inde velum, teste *Cic* … Gr …] *A stake, pin, or peg*, Cels 8, 10 Col 8, 9

P ante E

|| Peccamen, inis n *A sin*, Prud Hamart 619 ✠ Peccatum, & peccatus *Cic*, prob ind Gr … Gl … ✠ Pecco

Peccans tis part *That offendeth, or doth amiss* In … *Cic* Murena 1 … 2, 6

Peccantia, … f *offence* …, Gell 1, 19

|| Peccator … m verb ( ) *A sinner* (2) Particularly *an adulterer* (1) … ✠ Qui peccat (2) ✠ Mœchus

|| Peccatrix, icis f verb *She that sinneth* Peccatrix animæ, *Prud Cathem* … feminæ, *Id Ham* …, 5 ✠ Quæ peccat

Peccatum, i n (1) *A fault, a foolish or unpolite action* (2) *An ill action, fault, or offence* ( ) Absolute *The fault of fornication or adultery* (1) ✠ Gladium infanti tradere peccatum est, … reddere officium, *Cic Off* 3, 95 (2) ✠ Id nostris vitiis peccatisve evenit, *Cic Fin* 8, 21 ✠ Recte facta in lenis actionibus ponere … peccata in malis, *Id ad Q* 1, 10 ( ) Hoc peccatum in virginem est civem, *Ter Adelph* 4, 7, …

Peccatur impers pass (1) *It is done amiss, or erroneously*, (2) *It is done ill, or criminally* (1) Docent ignoratione & inscitia … in oratione sæpissimè peccatur, *Cic Orat* 21 (2) In adulteria peccabitur, *by adulteries*, Sen

Peccatur pass pass Quo could peccatur, *Cic Parad* … Quo in genere multa peccantur, *Id* …, 10

Peccaturus, a um part (1) *About to sin, offend, or do evil* (2) Particularly *by committing fornication, or adultery* (1) Peccaturo obsistit tibi … *Juv* 14, … (2) ✠ … eum peccaturum … *Plorm* 5, 8, … Vid … n 6

Peccātus, ūs m *The committing of an offence*, or *crime* Manifesto peccatu tenens, *Cic Verr* …, … *e putes vendans …*, Gell 1, 20

Pecco, āre neut *To* (1) *To do amiss, fail or mistake* ( ) *To sin, to do evil* ( ) *To blunder, or say wrong* (4) *To … fale … ingenuly* (5) … *to commit a fault* (6) *To commit adultery* (1) Xenophon … peccat *Cic N D* 1, 11 … prodetur … *Ter* … dare, quam peccare … *Ter* … 15, … ✠ … *Juv* … Mas … in pœna est peccatis … Si … peccavisses … *Ter Brech* … (4) … suas … causi … *Orat* … (5) Id in publicum … peccem, *Hor Ep* … Sponsum coactus … *Ter* … *Ter Adelph* 1, 2, 44 Si quid ego erga te … peccavi … *Tul* 1, 10, … ( ) Quinte … in nationi … *Hor Sat* 1 …, 6 ✠ … *esse …*

Pecorosus, a, um adj (1) *Full of cattle, or where many* … (2) *Breeding cattle* (1) Pecorosa palatia, *Pr* … 4 (2) Peco … *Stat Th* …, 229

Pecten, inis m … (1) *A comb* (2) *… the slay of a weaver* ( ) *… a rake* (4) *… curl, or beckle, where with flax is … chopped off the …* (5) *… the fingers clasped …* (6) *… a scallop* (7) *Anciently … by … the … or quill … strings of an instrument …* (10) *The hair … parts* (11) *… a cockle* (12) *Pecten … at equal distance from each other* (13) *Pecten Veneris, a kind of herb, wild chervil* (1) In … calvus pectinem, *Pr* … 1 (2) Mixtis obliquo pectine … *Luc* …, 6 … ( ) Tonsim … *Ov* … (4) … *Rem Am* 1, 192 (4) Alius … nilus … *Cl* … 2 (5) Digitis inter se pectine … *Ov Met* 9, 299 … tim … *Claud Eutrop* … pectinis … 2, 2 (8) … quod … (10) Inguina … (11) Pectinibus … molle Tarentum … (12) Pectinis … in … Herbam … 2, 1

Pectendus, a, um part … est præter capillos, *O* …

Pecten

p rensis per *Corbing* Pec n icula capitos, *Ov A m* 1 67 1 *l* Pec

p ti m d *It tre tyk on r t* of *a coal*, Plin 6,

Pe inatus, a, um Pare lu i probe pectinata, i *Pexu*, *Cic*

tus adj Himil pec n n spatis leve im] ec n t m *a roof ca t or cr i wares* or *bend ng t vo ways*, Fest

Pectior r pati [a pec o (n 7] *To be l e tore 1* tur, i it n t ei as pec n ii herba cogat,

i un part [quas] (1) *Comb it, tetch* (2) Met *Dressed* (1) Pectinæ la- ( ) Pro icinum lu *Col* 10, 55 De *Id* 10, 91 Nec Num ift ix pl quæ pexit a ien pectivi, *Charis* s *un* Mecanas in Oc- in c Pl n *Cic* Pl quod (1) *To comb, dress, or comb* (2) gh, ares, or read n nd, or n 3 ( ) Denon fte c der ecomas, 1 1, 6 ( ) I no icomi & sententi tuleris extermi- h man, *Col* 10, 1 ( ) Hunc as, *Plaut* din 5, 7, 9

Pector, eris, i pass (1) *To be* (2) *To be h t nled* (2) *o be carried*, or *curved* (1) Ipsi comæ pectu, *Ov* 9 (2) Stupa pectitui s humi, *Plin* 19, 1 (7) pectis tur *Plaut Rud* tuli, *Id Capt* 2 116 *A l rea p'at*, Pl

adj *Of*, or *long* In Aiguo tiru ors, *Cels* 8, 1 tun c

a, um ior, comp *a great and broad* ( ) *Putting*, or *thrust* (1) Pectoro- *Col* 8, 2 Nemo est p ctorosior Matre, *Ait* p 6 ( ) Pectorosa cr cis repanda ost natio, *Pl n*

pe ci us, i m dim [pec *A sort of will-fish*, Col 8 16 Pectus, oris n [dict forte quod pectine] o nmodo refert] (1) *T* (2) *The breast bones, around about the ch t* (3) *A* or p (4) *The bosom*, (5) Met *The heart*, or (6) *Courage, resolution* (7) *Th soul* (9) *Strain, genus* toris animorum pec- *G or* , 81 *de equo* ( ) Pectus hoc est, ossa, precordia & quibus natura ci cundedit, ( ) Pectora plena *Luc* 6, 768 (4) lacrymis, & aperto pec- *Ov Met* 2, 3,9 (5) D Singulari s hortis toto pectore *Cic Att* 12, 12 Pec more flammatum *Sen Troad* ærumnis, *Id Agamemn* Amicus per e am tur toto *Cic* de *Legg* 1, 18 patis fila pectus ami- *a faithful hearty friend*, *friendship*, Mart Stat Silv 4 4, 103 1 558 (6) Firmo pec- opus, *Vir Æn* 6, 261

Juv n s, ortissima pectora, *brave h rt*, *valiant youths*, Id *Æn* 2, 348 ( ) Non tu corpus eras sine pectore, *Hor Ep* 1, 4, 6 (8) — O atio habi a nequ iquam ejus pecto is ingen ique, quod simulatum id cum *acem* fuerit, *L v ad C Bi o*

‖ Pectusculum, i n *A little breast*, or *heart*, Onc n

† Pecu n indecl in pl n pecua, uum, ut genu, genua, *Serv ex Cic* [ ] *ποιμ*, lana, (1) *Cattle, a flock of sheep* (2) F n (1) A pecu pal tantes, *Plaut Bacch* 5, 2, 5 ☓ Cum homines & pecua semper fuis nt necesse, *Varr R R* 2, 1 In agris pal in inun latis pecu a ablata, *Liv* 26, 34 Pecu- b s balantibus, *Lucr* 6, 1131 (2) U idum ete fine squamoso p cu, *Plaut Rud* 4, 2, 5

Pecuar a, i m n qu sing pecuaria, *Serv* (1) *Pastures, grounds where cattle feed* ( ) *Public* *pastures that were let out to farmers*, being a branch of the public revenue ( ) *Cattle, herds, or flocks* (1) In pecuaria, *Vir* 5, 4 (2 Scæ e is ouæ ccun in de P Cornelio & L Mummio centi redemerat, *Cic de Cl Orat* — *præ ter rant ie tores* ( ) Solvit in Ven em pecuaria, *Vir Geor* , 63 Armenta pecuaria rude e creans, *Pell* 3, 9

Pecuaria, æ f sc res *The business*, or *trade of feeding and rearing cattle* I bros cripsit de pecuaria, *Varr R R* 2, 1 Pecuariam fac *Suet Cæs* 12

Pecuari æ, arum pl f sc pastiones *Breeds* or *flocks of cattle upon the ground* Pecuarias h bi grandes, *Varr* 2 *pr f*

Pecuarius, a, um adj [a pecu] *Of*, or *belonging to cattle* Res pecuaria *the business of grazing, breeding*, or *feeding cattle*, Varr Res pecuaria, *an estate in*, or *stock of cattle*, Cic *pro Quint* 3 Res pecuaria, *letting and feeding of public pastures*, Plin Pecuarius canis, *a shepherd s dog*, Col 12

Pecuarius ii m (1) *A grazier*, or *breeder of cattle* (2) *A farmer of the public pastures* ( ) Decoratas diligentissimus agricola & pecuarius habentur *Cic pro Dejot* 9 (2) Ex mulctatitia pecunia, quam exegerunt pecuariis damnatis, ludos fecerunt, *Liv*

† Pecuda n pl *Cattle*, or *sheep*, Non ex uic Sisenn Nav & Accio † Pecua, pecora

Pecuinus a um *Of* or *belonging to sheep* or *cattle* Daps assata pecuina, *of sheep s flesh*, Cato, 1 2 Pecuina ossa, *Apul Met* 8, p 264

Peculatio, onis f verb *Gloss* † Peculatus

Peculator, oris m verb *He that hath stolen*, or *embezzled money*, or *goods*, *belonging to the public* Sacrilegi, fure, peculatores, vinculis & carcere fatigandi, *Cic Offic* 3 18

† Peculatoriæ oves *Of private possession*, leg & *peculiar oves*, aliquanto rectius, ap *Varr L L* 4, 19

Peculatus, ûs m verb [a peculor] (1) *The crime of stealing, detaining, or embezzling public money*, or *goods* (2) Met *Despoiling* or *cheating* (1) Cum pecuniam publicam averterit, non fraude poterit carere peculatus *Cic Philipp* 12, 5 Non peculatus ærarii factus est, *Sall B J* 36 (2) *Amor* in me peculatum fecit, *Plaut Cist* 1, 1, 74

Peculiaris, e adj [quod ad peculium pertinet] (1) *That which is of private possession*, particularly *that of a slaves, which a master alloweth him to have of his own* (2) *That which a parent giveth a child as his own* (3) *Peculiar*, or *particular* (4) *Remarkable, singular* (1) Grallus gallina equam nunt peculiaris, *Plaut Aul* 3, 5, 6 Qui parit alien is oves aliquam habe peculiarem, *Id Asin* , 1, 5 (7) Postquam hunc emit, dedit eum gnato suo peculiarem *Plaut Capt prol* 20 ( ) Peculiaris testis, *Cic pro Flacc* 21 Peculii receptum, *P l r* , 1, (4) Peculiaris in- vi n naturæ, *Plin*

Peculiariter adv (1) *By way of private acquisition*, or *possession*, as a slave holdeth something of his own, distinct from his master s goods (2) *By appropriation*, or *particular restriction* by way of eminence (3) *Especially, particularly, or properly, with a peculiar kind* (1) Qui servi peculiariter parti erunt, *Plaut* (2) Quod commune est & aliis non en intell ctu alieni ter peculiariter tribuitur, ut *urbe* Ro mam accipimus, *Quint* 6, 2 ( ) Mo tigna peculiariter efficax i specifice *Plin* 22, 7 Humani es peculiariter splendet, *Id* 36, 20 *Sed al* clarius

Peculiatus, a, um [a peculium] (1) *Having of his own, distinct from his master s goods* (2) Obtain *Well hung*, *well provided for* (1) Servus peculiatus, *Dig* (2) Pulchrè pr nsilibus peculiatì, *Pri p* Planè benè peculiatus, *Asin Pollio* ad *Cic Ep Fam* 10, 32 ☞ *Sed locatur ex ambiguo*

Peculio, are *πριγμα τιμαι*, *Onom To add to a slave s private stock, which he holdeth distinct from his master's* Aliquid te peculiabo, *Plaut Pers* 2, 2, 10 *jocus ad ambiguum ob lien distortus*

Peculiosus, a, um adj *Having great stock of his own, distinct from his master s*, Plaut Rud 1, 2, 24

Peculium, ii n [a pecu] Peculium servorum a pecore dictum est, ut pecunia patrum familia, *Fest* *κτῆσις τῶ ἐν ἄλλα τρια ἐξουσι ντ*, *τὸ ἔστιν υιῶ, η δούλω*, *Gloss* (1) *That which a son*, or *slave hold eth of their own under a father*, or *a master*, and is distinct from either of their stocks (2) *Private possession* (3) *Substance, wealth, goods, possession* (4) *A man's privy parts* (1) Cupiditate peculii nullam conditionem recusant durissimæ servitutis, *Cic Parad* 5, 2 (2) Pecuii probam nihil habere addecet, clam virum, *Plaut Cas* 2, 2, 26 (3) Jovem peculio exorat, *Petron* c 88 (4) *Petron* c 8

Peculor, ari, atus sum dep [a pecu, inde enim initium peculatûs esse cœpit, ante æs aut argentum signatum] *To rob*, or *defraud the public* Peculari rempublicam, *Flor* 3, 17

Pecunia, æ f [a pecu] (1) *An estate*, real, or personal (2) *Money* (3) In plur pecuniæ, *Sums of money* (1) Nomina *pecuniæ* & *peculii* tracta videntur a pecore, quod non solum veteres possederunt, sed adhuc apud quosdam gentes unum hoc usurpatur divitiarum genus, *Col in præf* In *plur* In multas pecunias alienissimorum hominum tanquam hæres esset, invasit, *Cic* (2) Signum pecuniæ magnæ, *Cic* Pecunia numerata mulieri debetur, *Id Topic* 13 (3) Mancipes a civitatibus pro frumento pecunias exegerunt, *Cic Div in Verr* 10

‖ Pecuniariè adv *By action*, or *suit for damages* Si pecuniariè agitur, *Ulp*

Pecuniarius, a, um adj *Pecuniary*, *of* or *belonging to money* Res pecuniaria, *Cic Fam* 1, 18 Difficul as pecuniaria, *Id Att* 10 16

Pecuniosus, a, um adj or, comp simus, sup (1) *Rich, full of money* (2) *Profitable, that will bring in store of money* (1) = Vir locuples & pecuniosus, *Cic pro Q Rosc* 15 Lemnis utrique pecuniosioribus indictum, *Suet Aug* 75 Homo pecuniosissimus, *Cic Verr* 5, 9 ☓ Quæritur pecuniosus sit, an tenuis, *Id de Inv* , 25 ☓ Non tam generosus quam pecuniosus, *Nep Cim* 1 (2) Artes pecuniosæ, *Mart* 5, 57

Pecus, oris n [a *πόκος*, lana, aut vellus, *Scal* potius a בקר armentum, bos] (1) Properly and most usually *sheep*, *a flock of sheep* (2) But sometimes *a single sheep* (3) In pl pecora, *Sheep* (4) But it is used for *other cattle* (5) Also *any brutes that may be kept tame* (6) *Any brutes whatsoever* (7) Met *A brute*, or *any brutish person* (8) *Slaves* (1) Dic mihi, Damœta, cujum pecus? *Vir Ecl* , 1 *vid* & *Plin* 8 47 (2) Caprino villo quam pecoris velleri, propius, *Plin* 8, 49 (3) Pecora cum pastoribus donate mœcha, *Phædr* 4, 4, 38 (4) Capr genum pecus, *Vir Æn* , 221 equinum, *Col* Alia pecora, *Id* (5) Volatile pecus, *tame fowl*, Col 8, 4 aquatile, *Id* (6) Ignavum fuci pecus, *Vir Geor* 4, 168 Nerei repandi rostrum incurvicervicum pecus, *Quint ex Pacuv* Omne quum Proteus pecus egit, *sea-calves*, Hor Od 1, 2, 7 Neptuni pecus, *a sea monster*, Claud *in* Ruf 2, 279 (7) O imitatores, servum pecus! *Hor Ep* 1, 19, 19 (8) Dindymenæ dominæ vaga pecora, *Catull* 61, 13 *de Gallis*

† Pecus, *sed rectius obsolevit*, ŭdis f & m Pecudi mario, *Prisc ex Enn* Pecudes [a *πέκω*, tondeo, quod sit animal lanigerum] (1) *A sheep* (2) Also *one of any sort of cattle* (3) *Any beast* (4) *Any brute* (5) Met *A brutish man* (1) Mactavit nigram hyemi pecudem, Zephyris felicibus albam, *Vir Æn* , 120 (2) Sus —qua pecude nihil genuit natura fœcundius, *Cic N D* 2 64 Expertes sunt rationis, equi, boves, reliquæ pecudes, *Id Offic* 2, 3 ( ) Sagittifera pecus, *a porcupine*, Claud Carm 45 Fe æ pecudes, *Lucr* 1, 14 ☓ Hominum pecudumque genus vitæque volantûm, & quæ marmoreo fert monstra sub æquore pontus, *Vir Æn* 6, 729 (4) Natantes pecudes, *fish*, Lucr 2, 343 (5) Istius pecudis consilium, *Cic in Pison* c 9

† Peda, æ f [a pede] *A footstep*, *vid* Fest

Pedale, is n (1) *The length of a foot* (2) *A cloth to wipe the feet with* (1) ☓ Pedale mensura est pedis, pedule vero sub pedibus præstat utilitatem, *Front* (2) Pedale Ποδεκμαγεῖον, *Gloss Phil* Ποδεκμαγεῖον, pedale, *Gloss Cyr* Pedale πέδιον, *Gloss Phil* *a sock to wear under the feet*, sed hic aliqui leg *pedule*, rep tamen ap *Petron* c 56

Pedalis, e adj *Of a foot measure*, or *space*, *a foot long*, or *wide* Pedales in latitudinem trabes, *Cæs B G* 3, 13 Pedalia in quadratum cubilia, *Col* Pedalia ligna, *a foot thick*, Cæs B G 3, 13

Pĕdāmen, ĭnis n quo quid pedatur, *i e* fulcitur *A stake, prop,* or *pole fixed upright* to support vines, *Col* 5, 4

Pĕdāmentum, i n *Plin Idem quod* pedamen In pluribus pedamentis fructus claudicat, *Col* 4, 2

Pĕdandus, a, um part *To be supported with stakes,* or *props* Pedanda vinea, *Col* 4, 12

Pĕdāneus, a, um (1) *Of the measure of a foot* (2) Judices pedanei, *A sort of inferior judges, delegates,* or *umpires* (1) Scrobs pedanea, *Col* 5, 6 Rudus pedaneum, *Pallad Mart, tit* 11 (2) Χαμαιδικαστής, pedaneus judex, arbiter, *Gloss* Dict vel quod non veherentur curru, sed pedibus proficiscantur in forum, vel quod judicantes in imo loco considerent, ubi magistratus subsellia pedum habebant, vel quia pede plano judicarent, non pro tribunali, *Cujac.*

Pĕdārius, a, um adj Pedarii senatores, *those senators who delivered not their sense in words, but went to the part,* or *side of those whose opinion they were for,* Cic Att 1, 19 *Pedarius* appellatur, quia tacitus transeundo ad eum cujus sententiam probat, quid sentiat, indicat, *Fest* Raptim in eam sententiam pedarii concurrerant, *Cic Att* 1, 19

Pĕdātim adv *Foot by foot, one foot after the other* Leo tantum & camelus pedatim gradiuntur, *h e* ut sinister pes non transeat dextram, sed subsequatur, *Plin* 11, 45

Pĕdātio, ōnis f verb [*a* pedo, āre] *Stakeing, propping,* or *undersetting* of vines, *Col* 4, 12

Pĕdātum, i n [à pedo, āre] Pedato, *i e* repetitu vel accessu, *Non* vice quasi per pedem datâ Τρίτῃ ἐφόδῳ, Ἐκ τρίτου, *Gloss* Primo pedato, & secundo, *Charis* ex *Catone once and again* Sed *pedatu* potius leg puto

‖ Pĕdātūra, æ f *A space,* or *proportion of so many feet set out,* Veg ✝ Pedum mensura

Pĕdātus, a, um adj [à pes] (1) Male pedatus, *ill,* or *weak footed* (2) *That is propped, stayed,* or *underset with stakes* (1) *Suet Otho,* 12 (2) Vineæ pedatæ simplici jugo, *Plin* 17, 22.

Pĕdātu abl m nisi pedatu tertio omnes afflixero *At the third onset,* or *attack,* Plaut Cist 2, 1, 50 *leg &* pedato, *vid* Pedatum ✝ Coitione, impetu

✝ Pĕdepressim adv *i e* pede presso βάδην *Leisurely, warily,* Non 1, 110 ✝ Pedetentim

Pĕdes, ĭtis com g [à pede, ut *ab* equo eques] (1) *On foot* (2) Pedes *&* pedites, *footsoldiers* (3) Et sing pedes, *foot, a body of foot* (4) Pedites, *the common people.* (1) Viatori prosunt in longo itinere pediti, *Plin* (2) ✱ Peditum & equitum copiæ, *Cic* (3) ✱ Interjectus equiti pedes, *Tac Hist* 5, 18, 5 (4) ✱ Romani tollent equites peditesque cachinnum, *Hor A P* 113

Pĕdester, hæc pedestris, *&* hoc pedestre, *vel* hic *&* hæc pedestris, *&* hoc pedestre [à pedes] (1) *On foot,* or *performed on foot* (2) *Belonging to a footman,* or *foot soldier, proper to footsoldiers* (3) *On the land* (1) Pedester exercitus, *Nep Dion,* 6. Acies pedestres, *Vir Æn* 10, 364 Statua pedestris, *Cic Philipp* 9, 6 Iter pedestre, *of a man on foot,* Cæs B G 2, 32. (2) Pedestre scutum, *Liv* 7, 10 Pedestria arma, *Nep Iphicr* 1 ✱ Chabrias classi præfuit, pedestribus copiis Agesilaus, *Id Chabr* 2 ✱ Pedestres navalesque pugnæ, *land and sea fights,* Cic *de Sen* 5 Pedestres historiæ, *in prose,* Hor Od 2, 12, 9 Musa pedestris, *humble, low, like prose,* Id Sat 2, 6, 17 sermo, *Id A Poet* 95 Pedestria auspicia nominabantur, quæ dabantur à vulpe, lupo, serpente, equo, cæterisque animalibus quadrupedibus, *Fest*

Pĕdĕtentim adv [à pede, *&* tenendo *seu* tentando] (1) *Step by step, with gentle, slow, soft steps* (2) *By degrees, by little and little, slowly* (3) *Cautiously, softly, slowly* (1) = Pedetentim ite, & sedato nisu, *Cic Tusc* 2, 21 *ex Pacuv* (2) = Pedetentim & gradatim tum accessus à te ad causam facti, tum recessus, *Cic Fam* 9, 14 (3) = A me omnia cautè, pedetentimque dicentur, *Id* pro *Cluent* 42 = Sensim & pedetentim mutatio facienda, *Id Offic* 1, 33

Pĕdĭca, æ f [*a* pede, ut *à* manu manica] (1) *A fetter, fetlock, a shackle* (2) *A springe, gin,* or *snare* wherewith to catch birds, *or* beasts by the legs (1) *Plaut Asin* 3, 2, 5 (2) Gruibus pedicas ponere, *Vir Geor* 1, 307 Jumenta, velut pedicâ capta, hærebant in glacie, *Liv* 21, 36

Pĕdĭcellus, i m dim [à pediculus, ut *ab* oculus, ocellus] *A little louse* ✱ In alio pedicellum vides, in teipso ricinum non vides? *Petron* c 57

Pĕdĭcinus, i m Pes gracilis edolatusque, quo arbor inferitur foramini fundamenti, *Turneb* l 7 c 25 *the foot of a press,* Cato, 18, bis

Pĕdĭcŭlāria, *sc* herba *An herb good against lice,* Scrib. Larg Compos 8 Σταφὶς ἀγρία, *Diosc*

Pĕdĭcŭlāris, re adj Herba pedicularis, *lousewort, licebane,* or *red rattle,* Col 6, 30

✝ Pedicularius Συντονάρι⊙, *Gl He whose business it was to give time to the music with his feet* Vid *Voss* in Etymol

‖ Pĕdĭcŭlo, āre act *To louse, to look,* or *pick lice* Pediculo φθειρίζω, *Gloss* Φθειρίζω, pediculo, *Gloss Cyr* ✝ Pediculos venari

Pĕdĭcŭlōsus, a, um adj *Lowsy* Menti dominus pediculosi, *Mart* 12, 59 *ubi tamen alii leg* periculosi

Pĕdĭcŭlus, i m dim [à pede] (1) *A little foot* (2) *The stalk,* or *stem* of an apple, pear, grape, fig, *&c* (3) *A louse* (4) *A sort of insect that infesteth hens* (5) *A sort of insect like beetles* (6) *A sort of sea insects* (1) His pediculi octoni omnibus, *Plin* 9, 28 (2) ✱ Dependent alia pediculis, ut pyra, alia racemis, ut uvæ, palmæ, alia & pediculis & racemis, ut ederæ, sambuci, alia ramo adhærent, ut in lauro, *Plin* 15, 28 (3) Inter pilos palpebrarum pediculi nascuntur, *Cels* 6, 6, 5 (4) *Col* 8, 7 (5) Pediculi terræ, *Plin* 30, 5 = tauri, *Id* (6) Vocant & in mari pediculos, *Plin* 32, 7.

✝ Pediolus, i m dim [à pede] *A little foot,* Non. *ex* Afran

Pedes m plur *Lice* Ut muscæ, culicesque, pedesque, pulicesque, *Plaut Curc* 4, 2, 13, *Vid* Pes.

Pĕdissĕqua, æ, *vel* pĕdisĕqua f [à pede, *&* sequor] (1) *A waiting maid,* or *woman* (2) Met *An attendant* (1) Accedo ad pedissequas, rogo quæ sit, *Ter Andr* 1, 1, 96 ✱ Volt placere pedissequæ, volt famulis, volt etiam ancillis, *Plaut Asin* 1, 3, 31 (2) = Juris scientiam, eloquentiæ tanquam ancillulam, pedissequamque adjunxisti, *Cic de Orat* 1, 55

Pĕdissĕquus, i m [à pede, *&* sequor] *al scrib* pedisequus *ap vett & rect* *A footman, a lacquey* Hunc clarissimum virum— à pedissequis conculcari juberes, *Cic* pro *Domo,* 42

Pĕdĭtātus, ûs m [à pedes, itis] *The infantry,* or *foot of an army* ✱ Armatura varia peditatûs, equitatûsque, *Cic Fam.* 7, 1

Pĕdĭtum, i n [à pedo, is] *A foist,* or *silent fart* Subtile & leve peditum Libonis, *Catull* 52, 3 *Nares potius quam aures feriens*

‖ Pĕdĭtus, ûs m *A fart, a scape* Πορδὴ, peditus, peditum, *Gloss Cyr*

Pĕdo, ĕre, pĕpēdi, peditum n [à βδέω, per Metath mediâ in tenuem conversâ, ut à βάθος pateo, à κύβελλα cuppa, *Voss*] *To fart,* or *let a fart.* Pepedi diffissâ nate ficus, *Hor Sat* 1, 8, 46 Coram me pedere, Crispe, soles, *Mart* 10, 14

‖ Pĕdo, ōnis. m [à pede] *That hath broad,* or *splay feet* Pedo, πλατύπους, *Gloss* ✝ Plautus

✝ Pedor, oris m *Nastiness,* rect *pædor,* quod vide

‖ Pĕdŭcŭlum, i n *&* peduculus, i m *A louse* Peduculum φθεὶρ, *Gloss* Φθεὶρ, peduculus, *Gl Cyr* ✝ Pediculus

‖ Pĕdūle, is n *A sort of woollen wrapper for the feet* ✱ Pedale mensura est pedis pedule verò sub pedibus præstat utilitatem, *Front*

‖ Pĕdūlis, e adj *Of,* or *belonging to the feet* Fasciæ crurules, pedulesque vestis loco sunt, quia partem corporis vestiunt. *Ulp*

Pĕdum, i n [à pedibus dict virga scil incurva, unde retinentur pecudum pedes, *Serv*] *A shepherd's crook,* or *staff, a sheephook* At tu sume pedum, *Vir Ecl* 5, 88.

‖ Pĕduncŭlus, i m dim [à pedo, onis] *One somewhat splayfooted,* Prisc.

* Pĕgăsēius, a, um adj [à Pegasus] *Most poetical* Pegaseium melos, *Pers prol* 14

* Pĕgăsēus, a, um adj [à Pegasus] *Most swift* Non si pegaseo ferar volatu, *Catull* 55, 25 Ætas pegaseo corripiet gradu, *Sen Troad* 385

* Pĕgăsus, i m (1) *Perseus his winged horse* (2) *A sort of fowl in Ethiopia with an head like an horse.* (3) *A constellation* (1) *Vid* Propr (2) Pegasos equino capite volucres, & gryphos auritos aduncitate rostri fabulosos reor, illos in Scythia, hos in Æthiopia, *Plin* 10, 49 (3) Sed Pegasus æthere summo veloces agitat pennas, & sidere gaudet, *Germ Cæs*

* Pegma, ătis n [à, πήγνυμι, figo] (1) *A sort of wooden machine used in scenical plays,* (2) *A vast wooden machine used in amphitheatrical shows* (3) *A kind of pageant used in triumphs.* (4) Pegmata, *cases to put books in* (5) *Ornaments of brass,* or *marble, to beautify houses* (1) *De hac machina vid* Serv (2) *Descriptum lege hoc ap* Senecam Ep 89 Priscæ Gloss vocant, *machinam confixilem* (3) Caius princeps in circo pegma duxit, in quò fuere argenti pondo CXXIIII, *Plin* 33, 3 *V* Lips libell de Amphitheatr cap 22. (4) Nihil venustius quam illa tua pegmata, *Cic Att* 4, 8. *adi locum* (5) In emptione domus, & specularia, & pegmata cedere sive in ædificio sint polita, sive ad tempus detracta, *Ulp*

* Pegmăris, re adj [à pegma] Gladiatores pegmares, *the gladiators shewn to the people upon the pegma,* *Suet Calig* 26

Pējĕrātus, a, um Jus pejeratum, *perjury,* Hor Od 2, 8, 1

Pējĕro, āre [*ex* per, *&* juro, abjecta *r*, & *u* in *e* mutatâ] *To violate an oath by not performing what he hath sworn, to forswear* or *be forsworn* ✱ Non falsum jurare, pejerare est, sed quod ex animi tui sententia juraveris, sicut verbis concipitur more nostro, id non facere, perjurium est, *Cic Off* 3, 29, sub fin

Pējor, us [comp à malus, & pessum per Synecd *pro* pessior, pejor, ut à magnus major, *pro* magior sanè in superl dic pessimus, antiq pessumus] (1) *Badder, worse in health* (2) *Worse,* or *more ignominious* (3) *Worse, more hurtful,* or *afflictive* (4) *Worse,* or *more calamitous* (5) *Worse,* or *more severe, unpleasant,* or *less delightful* (6) *Worse, more unsuccessful* (1) A meridie omnis æger fere pejor est, *Cels* 3, 4 (2) Turpis fuga mortis omni est morte pejor, *Publ. Syr* (3) Turpitudo pejor est quam dolor, *Cic Tusc.* 2, 13 (4) Pejore res loco non potis est esse, *Ter Adelph.* 2, 46 (5) ✱ Quid melius Româ? Scythico quid littore pejus? *Ov* ex *Ponto,* 3, 1, 37 ¶ Rapere in pejorem partem, *to put the severest constructions upon,* Ter (6) ✱ Si quid vidit melius, pejus ve suâ spe, *Hor Ep* 1, 6, 13

‖ Pējōro, āre act [à pejor, κακόω] *To impair,* or *make worse* ✱ Homo liber, qui statum suum in potestate habet, & pejorare eum & meliorem facere potest, *Paul* ✝ In pejus mutare

Pējus adv comp [à mal] *Worse, far worse* Quo neminem pejus odi, *Cic* Vide ne tu pejus consulas, *Hor Epist* 1, 17, 6

* Pĕlăgia, æ f *A shell-fish called the purple* = Purpuræ nomine alio pelagiæ vocantur, *Plin* 9, 37

* Pĕlăgĭcus, a, um adj [à pelagus] *Fishes that lye in the deep, bottom fish,* Col 8, sub fin

* Pelagium, ii n *The juice of the purple fish,* Plin 9, 38

* Pĕlăgius, a, um adj [à pelagus] (1) *That liveth in the deep, or bottom of the sea* (2) *Sea bred, living in salt water* (3) *Of,* or *belonging to the sea* (1) Arenosi gurgites pelagios pisces, melius pascunt, *Col.* 8, 6 (2) Pelagii greges piscium, *Varr R R* 3, 3 Gaudent dulcibus aquis, & ubi plurimi influunt amnes, ideo pelagia parva & rara sunt, *Plin* 32, 6. *de ostreis* (2) Pelagiæ volucres, *sea birds,* Petron c, 109. Cursus pelagius, *a voyage by sea,* Phædr 4, 21, 7

* Pĕlăgus, i n *Vir Sen Plin.* & m. *Val Flacc* Pelage plur (1) *The depth of the sea* (2) *The sea, the main sea, the ocean* (1) Rapidum pelagus infimo eversum solo, *Sen Agamemn* 485 (2) Pelagus tenuere rates, *Vir Æn* 3, 8 Pelagos quantos aperimus in usus, *Val Flacc* 1, 169 Pelageque severa, *Lucr* 5, 36 *Met* Materiæ multa, *Id* 6, 188 *Met* Materiæ tanto in pelago, *such an ocean of matter,* Id 2, 550

* Pĕlămis, ĭdis & ys, ydis f [à πηλὸς, lutum] *A sort of fish of the*

...t ... Vas pelamidum, ... Limosæ & luto pela... it vocari, & cum in ... ex eunte tempus, thynni, ... 15

* Pelag s *A sort of laurel*, ... = Eupetalon, Steph... Alexand ... 11

... pelecinus & pel cinum n & ... *A weed growing a-*... *hatchet, fitch*, Plin ... 27, 12 = herba securi-...

|| Pelicanus, i pot pelecanus ... *The fowl called a pelican*, ... which there are two sorts, the ... water fowl, feeding on fish, the ... land fowl, feeding on ve-... creatures, *Hier* = Ono-...

† Pellabor, ĕris *pro* perlabor, ... Pellucio, pelluceo, *to slide a-*...

Pellacia, æ f [a pellax] *An ...* Subdola cum ridet ... pacia ponti, *Lucr* 2, 559

Pellax, ... adj [a pellicio] *De-ceiving by flattery, wheedling* ... invidia pellacis Ulyssei, *Vir Æn* 90

|| Pellectus, a, um part [a pel-licior] *Δελεασθεὶς Enticed, de-ceived, allured*, Amm Marcell

† Pellectus, C c

† Pellego, ere, *pro* perlego *To read over* Tabellas tene has, pel-lege *Plaut Pers* 4, 3, 27

Pellens, tis part (1) *Expelling, driving* (2) *Satisfying* (1) Pel ite lascivos amores canitie, *Hor Od* 2, 11, 7 (2) Glande fa-mem pellens, *Ov Met* 14, 216

Pellex, icis f [a παλλακίς, *Gell* ... extr to ... & converso a in e, ... τάλαντον, talentum, a καμά-... camera] (1) *A married man's ...* or *miss, a woman that ... with another woman's hus-band* (2) *A relatee to another woman's ..., whose place she sup-plieth*, nam Pellex non est viri, sed uxoris (3) *It is said of males* (4) *An whore, a strumpet, an harlot* (1) ⁂ Nomine deposito pellicis, uxor erit, *Ov Ep* 9, 132 (2) Uxor generi, noverca filii, filiæ pellex, *Cic Orat* 30 Tune eris matris pellex? *Ov* (3) Pellex re-ginæ, *Suet* c 49 de *Jul Cæsare* Omnium cubiculorum pellex, *Cic de S...* (4) *Curt* 10, 1

† Pellicatio, onis f *idem quod* ... Pellicatio εἰσωνία, ... *Gloss* Ζηλοτυπία pellica-tus, pellicatio, *Gl Cyr.*

† Pellicator, oris m πανοῦργος, ... *A wheedler, an enticer* Pellicator qui pellicit ad fraudem, ... πανοῦργος pellicator, pelix, ...

Pellicatus, ûs m [a pellex] ... *adultery of a woman who lies with another woman's hus-band* ... quæ nefarium matris pellicatum ferre non posset, *Cic* ... *Cluent* 4

|| Pelliceus, a, um adj *Lea-thern, made of leather*, or *skins* ... pellicium, *Paul JC*

Pellicio, ĕre, exi (vet pellicui, ...) ectum act [ex per, & ... muta is r in l, & a in i] (1) *To inveigle, to deceive by flat-tery, to draw one in, to wheedle, ... allure, entice, invite*. (2) ... *To attract, to draw* (1) ... animum adolescentis pellexit ... omnibus rebus, quibus illa æ-tas ... deliniri potest, *Cic* ... 5 (2) Quæ ferri pelli... *Lucr* 6, 999. *de lapid*

|| Pellicius, a, um adj *Made* ... Solea pellicia, *Lampr*

† Pelliceu...

Pellicula, æ f dim [a pellis] *A little skin* Struat pelliculis hædinis lectulos, *with kidskins*, Cic *pro* Mur 36 Pellicula capri-na, *Plin* 30, 11 *Met* Te memen-to in pellicula tenere tua, *keep within the bounds of your own calling*, or *condition of life*, Mart 3, 16 Pelliculam veterem retines, *your old ill habits*, or *manners*, Pers 5, 116 Pelliculam curare ju-be, *make much of, live deliciously*, Hor Sat 2, 5, 38

† Pelliculatio, onis f verb [a pelliceo] *A deceiving with fair words*, Cato *ap* Fest ‡ Illicium, *Varr*

Pelliculo, āre act [a pellis] Pelliculare ἐρμπτᾶσαι, *Gloss to bind the mouth of a stopped ves-sel over with leather* Opercula gypsare & pelliculare, *Col* 12, 39

Pelliculor, āri, ātus pass *To be bound over with leather* Con-tectum vas pelliculetur, *Col* 12, 46

Pellio, ōnis m [a pellis] (1) *One that maketh garments, and other things of skins* (2) *A tan-ner* (1) Quasi supellex pellionis, palus palo proximus est, *Plaut Menæch* 2, 3, 52 (2) Pellio σκυ-τεύς, *Gl Phil*

* Pellis, is [a φελλός, ut a φαι-νόλης pænula, & a πορφύρα purpu-ra Φελλὸς, φλοιὸς δένδρου, *Hesych* cortex arboris, ita pellis dicatur quasi cortex hominis, *Voss*] (1) *The skin, or hide of a beast flayed off, the fell, or pelt* (2) Pelles, *tents for soldiers*, quia de pellibus fiebant (3) *The skin that is on a live beast, or other creature* (4) Catachrest *A man's skin, made coarse by age, sickness, &c* (5) Meton *Parchment* (1) Laquei lanatis pellibus involuti, *with the wooll on*, Col Aurata pellis, *the golden fleece*, Catull 62, 5 (2) Cum diutius sub pellibus milites contineri non possent, *Cæs B G* 4, 38. Ut non multum imperatori sub ipsis pellibus otii relinquatur, *in the leaguer, or encampment*, Cic Acad 1, 1 (3) Detracta pelle asini sibi fecerunt tympana, *Phædr* 2, ult Atræ duritia pellis, *Ov Met* 3, 64 *de serpente* Rugo-sam inflavit pellem, *Phædr* 1, 24, 4 *de rana* (4) ⁂ Aspice defor-mem pro cute pellem, *Juv* 10, 192 Ossa pelle amicta lurida, *Hor Epod* 17, 22 Surgit tacitæ tibi lutea pellis, *Pers* 3, 95 *Met* Lu-cilius ausus primus detrahere pel-lem, *to disclose all one's vices*, Hor Sat. 2, 1, 63 In propria non pelle quiessem, *not content with my own condition*, Id Sat 1, 6, 22 ⁂ Introrsum turpem, specio-sum pelle decorâ, *having an out-side, or shew of goodness only*, Hor Sat 1, 16, 45 (5) Pellibus exiguis arctatur Livius ingens, *Mart* 14, 190

Pellitus, a, um adj. [a pellis] *Clothed with skins* Pelliti pa-tres, *Propert* 4, 1, 12. Pelliti Ge-tæ, *Ov Ep ex Pont* 10, 2. Pelli-tæ oves, *covered with skins to preserve their wooll, and defend them from the weather*, Hor Od 2, 6, 10

Pello, ĕre, pĕpŭli, pulsum act [ab ἀπέλλω, excludo, secludo, ar-ceo, a init ablato, ut *ab* ἀμέλγω, mulgeo, *Voss* Ἀπελλειν, ἀπωλεῖν, *Hesych*] (1) *To drive, or chase one away, to thrust, or turn out* (2) *To keep off, banish, cast off, send away* (3) *To re-pel, to drive back, to make to re-coil, or give back* (4) *To move, or stir by thrusting, to strike, to smite* (5) *To touch, affect, move, strike* the mind, *or* sense (6) *To vex, to touch, to grieve* (7) *To knock* at a door (8) *To touch*, or *play upon an instrument of music* (9) *To dance* (1) § Hæc me imago domo meâ pellet? *Cic* pro *Domo*, 43 Sitim pellere, *Hor Od* 2, 2, 15 pericula, *Id Epist* 2, 1, 136 Seg-nes pellite nunc somnos, *Col* 10, 0 Lacrymas pelle, *Vir Æn* 2, 784 timores, *Id ib* 5, 812 moram, *Ov Met* 2, 838 Phœbeâ morbos qui pellitis arte, *cure them*, Id Fast 3, 827 *Rapum* frigus pellit è pe-dibus, *Plin* 20, 3 Sol pepulit noc-tis umbras vegetis sonipedibus, *Catull* 61, 41 (2) Vino pellite curas, *Hor Od* 1, 7, 31 (3) Ut perturbatum exercitum pellerent, *Cæs B C* 2, 86 (4) Spatio sæ pel-lere paulum, *Lucr* 2, 219 Frigi-da cum venti pepulit vis missa, *Id* 6, 59 Juvenis pellit vada remis, *Catull* 62, 58 (5) Hæc non me-diocri curâ Scipionis animum pe-pulit, *Liv* Juvenem nullius for-ma pepulerat captivæ, *Id* Quod cum animos hominum, auresque pepulisset, *Id* Sonus & vox ubi pepulere sensum, *Lucr* 4, 528 (6) Quanquam nulla meipsum priva-tim pepulit insignis injuria, *Cic Fam* 4, 13 (7) Quisnam à me pe-pulit tam graviter fores? *Ter A-delph* 5, 3, 2 (8) Nec pudeat pe-pulisse lyram, *Ov* (9) Pelle hu-mum pedibus, *Catull* 59, 14 Gau-det invisam pepulisse fossor ter pe-de terram, *Hor Od* 3, 18, fin Du-ro terram pede pellere, *to knock the ground clownishly in dancing*, Lucr 5, 1401

Pellor, i, ulsus pass (1) *To be driven away*, or *repelled* (2) *To be drawn back*, or *made to give ground* (3) Met *To be per-suaded*, or *beaten off* a thing (1) § Pelli patriâ, civitate, agro, *Cic* ab urbe, *Liv* in exilium, *Cic* è Galliæ finibus, *Cæs Met* Ut avaritiæ pellatur etiam minima suspicio, *Cic* (2) Ut æquo prælio discederetur, & neutri pellerentur, *Cæs B C* 3, c ult (3) = De eo nullâ ratione neque pelli, neque moveri potes, *Cic De cæt vid* Pello

|| Pellonia dea [a pellendis hos-tibus] *Arnob Vid* Propr

* Pellos m *A kind of hern-shaw*, Plin 10, 60

Pellucens, tis part *Clear, per-spicuous* Ita reconditas, exquisi-tasque sententias mollis & pellu-cens vestiebat oratio, *Cic de Clar Orat* 79

Pelluceo, ere, xi n [ex per, & luceo] (1) *To be seen through, to be transparent* (2) *To have holes*, or *windows* (1) Si san-guis rubet & pellucet, integer est, *Cels* 2, 10. (2) Pellucet ea quam cribrum crebrius, *Plaut Rud* 1, 2, 14 *Met* Cretice, pelluces, *your limbs appear through your thin garments*, Juv 2, 78

Pelluciditas, ātis f *Clearness, transparency* Parietes vitri pel-luciditatem habere videntur, *Vi-truv* 2, 8

Pellucidulus, a, um adj *Glit-tering, shining very bright* Pel-lucidulus lapis, *Catull* 67, 4 *al leg* proluciduius

Pellucidus, a, um adj or, comp. *Clear, transparent* Fons pellu-cidus, *Ov Met* 3, 161. *alii autem leg* Perlucidus, *q v*

Pelluo, ĕre, ui, ūtum *Vid.* Per-luo

|| Pelluviæ, ārum f. à pedibus lavandis qu pedelvæ ποδόνιπτρον *A vessel wherein to wash one's feet*. ⁂ Pelluviæ quibus pedes la-vantur, malluviæ quibus manus, *Fest* ‡ Pelvis

* Pelōris, i s f [a Peloro pro-montorio Siciliæ, *Voss*] *A sort of shell fish* Peloris ostrea, echi-nus, *Varr* Lucrina peloris, *Hor Sat* 2, 4, 32 ... squalida, *Mart* 6, 11, 5 Peloride... emolliunt alvum, *Plin* 32, 9

* Pelta, æ f (clypeus et, in incert) *A very short buckler, or target, in form of an half moon, used by the Amazons* Amazonidum lu-natis agmina peltis, *Vir Æn* 1, 494 *Minatæ* pelta, *Id Æn* ... Pelta cetra haud dissimilis est, *Liv* 28, 5 ⁂ *De p ltis vid* Alex ab Alex 6, 22 Lips Ana-lect Mil Rom 32

* Peltasta, *vel* peltastes, æ m [a pelta] *One armed with a pel-ta* Quum nocte cetr tos, quos peltastas vocant, in insidiis abdi-derit, *Liv* 31, 36

Peltatus, a, um adj Peltatæ puellæ, *armed with the pelta*, *Liv* 28, 5 Non ego constiteram sumptâ peltata securi, *Ov Ep* 21, 117 Peltatæ puellæ, *Id Amor* 2, 14, 2 *Amazonian ladies*

Peltifer, a, um adj Pelt fera puella, *the Amazons*, Stat Theb 12, 760

* Pelvis, is f [a πέλυς, quo-modo τὴν λεκάνην, voc tragici, *Poll.* insert digamm ut *ab* ὕλη, sylva, à λεῖος, levis, *Voss*] al a pedibus la-vandis, *qu* pedelvis, *Varr* vel a pelluendo, *Non qu* pelluvis, con-tracte pelvis] *A sort of vessel wherein to wash the feet*, Varr *and other uses* Pelvis, sinus a-quarius, in quo viria abluuntur, unde ei nomen, *Non* Patulas ef-fundere pelveis, *Juv* 3, 277

Pĕnāria, æ f *scil* cella [a pe-nus] *A buttery*, or *pantry*, *a place to keep provisions in* Pe-nariam appellārunt ubi penus, *Varr*

Pĕnārius, a, um adj [a penus] *Of, or belonging to provisions*, or *victuals* Cato cellam penariam reip nostræ Siciliam nominavit, *Cic Verr* 2, 2 vid & *Varr L L* 4, 33

Pĕnārius, ii, m *The place where provisions are kept* Pe-nora dicuntur res necessariæ ad victum cotidianum, & locus eo-rum penarius, *Fest*

† Penas, ātis m in sing unde in plur Penates, *ut & optimas, primas, Fest* Penates alii volunt ut habeat nominativum singula-rem penas, alii penatis, *Id* = Sub uno tecto esse atque in eodem penate, *Liv* 28, 18 *ubi leg* Sigon & Voss. *al aliter*

Penates, ium m Dii penates [sive à penu ducto nomine, est e-nim omne, quo vescuntur homines, penus, sive ab eo quod penitus in-sident, ex quo etiam penetrales à poetis vocantur, *Cic*] Penates Πατρῷοι θεοὶ κατοικίδιοι, *Gloss* (1) *The houshold gods*, small images of the gods worshipped at home. (2) Met *An house, one's seat*, or *fix-ed habitation* (1) Deos penates hinc salutatum domum divortar, *Ter Phorm* 1, 5, 81 Penates oc-cultat gremio, *Petron* c 123 (2) Quem intra Cæsaris penates enixa est Livia, *Paterc* 2, 95

† Penātĭger, a, um *That car-rieth his houshold gods* Penati-gero Æneæ, *Ov Met* 15, 450

† Penātor, ōris m *One that carrieth the provision* Non ex militibus piscatores, sed pena-tores feci, *Fest ex Catone* ‡ Pe-num ferens

Pendens, tis [a pendeo] (1) *Being*

Hanging down, hanging (2) *Hanging at, about, or upon* (3) *Hanging from, or leaning over* (4) *Ready to fall, or happen, impending, imminent, instant* (5) *Archwiſe, in form of an arch* (6) Met *Depending, reſting, or relying on* (1) Ego plectar pendens, *Ter Phorm* 1, 4, 43 Pendens e verticibus præruptis Prometheus, *Catull* 62, 297 Vinum pendens, *unpreſt, yet in the grape*, Cato, c 147 Oleæ pendens, *hanging in the olives on the tree*, Id c 146 (2) Ubera circum pendentes pueri, *Vir Æn* 8, 632 (3) Pendentes è ſummis mœnibus urbis matres, *Luc* 7, 369 Pendens in verbera, *bending forward, ſtooping to laſh*, Vir 10, 586 (4) Securos dormire jubet pendentis ruinæ, *Juv* 3, 196 Pendentibus fatis, *Plin* 29, 1 *Met* Nec amicum pendentem corruere patitur, *ſinking, in a manner ruined*, Sen Epiſt 5 (5) Speluncæ ſaxis pendentibus ſtructa, *Lucr* 6, 194 Thalami pendentia pumice tecta, *Vir Geor* 4, 374 (6) Cauſæ ex æternitate pendentes, *Cic Topic* 15 De te pendens amicus, *Hor Ep* 1, 1, 105

Pendeo, ēre, pĕpendi, n [a pondere, quod pondere res deorſum vergat, *Scal*] (1) *To hang up by the hands, feet, &c* (2) *To hang on, at, from, or about* (3) *To hover, to be in uncertainty, expecting with great concern* (4) *To bend forward, to ſtoop* (5) *To float, or ſwim on, or upon, to be poiſed in the water, or air* (6) *To depend, reſt, ſtay, or rely on, to be ſupported, upheld, borne up by* (7) *To weigh, or be of any weight* (8) *To be doubtful, or in ſuſpenſe, to be in pain for, to be unſettled through hope, or fear of* (9) *To ſtop, to be diſcontinued for a time* (1) Si meo arbitratu liceat, omnes pendeant geſtores linguis, auditores auribus, *Plaut Pſeud* 1, 10, 13 (2) § Pendebat in arbore fiſtula, *Tib* 2, 5, 28 lævâ parte lyra, *Id* 2, 4, 28 Pendebit ſentibus uva, *Vir Ecl* 4, 29 Pendebant poma ſub arboribus, *Prop* 1, 20, 36 Pendere ad linum quidam vidit ſimium, *Phædr* 3, 4 Pependit pater in cervice nati, *Prop* 4, 1, 43 Per quæ pendeat, *Plin* Sagittæ pendebant ab humero, *Cic Verr* 4, 34 De collo fiſtula pendet, *Vir Æn* 5, 661 E cornibus uva pendent, *Tib* 2, 1, 42 Pendet narrantis ab ore, *liſteneth to him with the greateſt attention*, Vir Æn 4, 79 (3) Sex menſibus Galli circa unum montem pependerunt, *Flor* 1, 13, 15 (4) Pronique in verbera pendent, *Vir Æn* 5, 147 (5) Hi ſummo in fluctu pendent, *Vir Æn* 1, 110 Corpus dubiâ ſæpe pependit aquâ, *Ov Epiſt* 18, 52 Corpora pendere putares pennis, *Ov Met* 6, 667 (6) Spe exiguâ pendet, *Cic* pro *Flacc* 2 Totâ ex te pendebat mente, *Catull* 62, 70 In ſententiis omnium civium famam noſtram pendere, *Cic* Nonne olim caſu pendemus ab uno? *Luc* 5, 769 Non ex alieno arbitrio pendet, *Liv* 35, 32 (7) Mina pendet drachmas Atticas centum, *Plin* 21, *extrem* (8) Ne diutiùs pendeas, palmam tulit, *Cic Att* 4, 14 ¶ Animus tibi pendet, *you are in a quandary*, Ter Adelph 2, 2, 18 § Cum Clitipho ſpe pendebit animi, *Id Heaut* 4, 4, 5 (9) Pendent opera interrupta, *Vir Æn* 4, 88 Reos qui apud ærarium pependiſſent, diſcrimine liberavit, *the names of ſuch perſons expoſed in tables whoſe cauſe was depending*, Suet Dom 9 Ut in vacuum lege prædiatoria venalis pependerit, *Claudius, being unable to anſwer his debt to the exchequer, his goods were expoſed to ſale by edict of the prefects of the treaſury*, Id Claud 9

† Pendigo, ĭnis f *A ſort of covering for images* O utinam liceret in ſimulacri alicujus medias introire pendigines, *Arnob*

Penditur impers [a pendor] *They pay*, Liv *Met* Satis pœnarum eſt penſum, *Id*

Pendo, ĕre, pĕpendi, penſum act [a pendeo, quod quæ ponderantur ex libra pendent] (1) *To weigh, or be of any weight* (2) Met *To weigh, to ponder, or poiſe in one's mind, to think of, to deliberate on, to conſider of* (3) *To weigh, eſteem, rate, value, regard, or ſet by* (4) *To pay* (5) *To be puniſhed, or undergo puniſhment* (1) Invenimus thynnos talenta quindecim pependiſſe, *Plin* 9, 15 (2) Rem vobis proponam, vos eam ſuo, non nominis pondere, penditote, *Cic Verr* 4, 1 (3) Te ex virtute tua pendimus, *Cic* Parvi pendo, *Ter Hec* 3, 5, 63 Flocci pendo, *Id Eun* 3, 1, 21 (4) Stipendium pendere, tributa pendunt, *Cæſ* Vectigal pendam, *Cic* contra *Rull* 3, 2 Dignas pendere grates, *to return due thanks*, Stat (5) Syrus mihi tergo pœnas pendet, *Ter Heaut* 2, 4, 6 Exilio pœnam pendit, *Ov Met* 10, 232 Pendere pœnas immani pro ſcelere, *Lucr* 5, 115 Supplicia annua canes pendunt, *Plin* 29, 4

Pendor, i, ſus paſſ (1) *To be weighed, to be conſidered* (2) *To be eſteemed, regarded, or valued* (3) *To be paid* (1) ✱ In philoſophia res ſpectatur, non verba penduntur, *Cic Orat* 16 (2) Nummi magni non pendebantur, *Lucr* 6, 1275 (3) Pro veſtris dictis maledictis pœnæ pendentur mihi hodie, *I ſhall be paid*, Plaut Aſin 2, 4, 77 *ut nos etiam dicimus* *Vid* Pendo

Pendŭlus, a, um adj [a pendeo] *Hanging down, dangling* Palearia pendula, *Ov Met* 7, 117 Pendulis labris, *Varr de canibus* Pendula tela, *Ov Ep* 1, 1, 10 Pinus obliquo pendula trunco, *Stat Sylv* 2, 3, 54 Bombyx pendulus, *that hangeth by its own thread*, Mart 8, 33, 16 Pendulum zonâ lædere collum, *Hor Od* 3, 26, 59. Putator pendulus arbuſtis, *that ſeemeth to hang down from them*, Col 10, 227. Pendula rupes, *falling*, Claud *in* Ruf 2, 507 Pendula veſtigia, *ſoftly, on tiptoes*, Id *de* Conſ Mall 324 § Dubiæ ſpe pendulus horæ, *at uncertainties, doubtful*, Hor Ep 18, 110

Pēnè adv ſup peniſſimè [a πένης, prope, λ in *n* tranſeunte, *Voſſ*] *Almoſt, in a manner* Oratori poëta penè par, *Cic* de *Orat* 1, 16 Erepta mihi penè puella mea eſt, *Prop* 2, 34, 2 Ea ſublevit mihi os peniſſimè, *Plaut Aul* 4, 6, 2

Penĕlŏpes, um f *A ſort of water fowl*, Plin 37, 2. = Meleagrides, *Id*

Pĕnes præp cum acc [a penitus, *Feſt* al *ab* Hebr פְּנִים *i e* penes] (1) *Under one's government, or command, in one's power, or diſpoſal* (2) *In one's hand, poſſeſſion, or cuſtody* (3) *At, with, about, or concerning* (1) Di maris, quos ſunt penes æquora, venti, & undæ, *Prop* 3, 7, 57 Ille penes quem omnis eſt poteſtas, *Cic Fam* 4, 7 (2) Quod penes eum eſſet pecuniæ, tranſdit, *Cæſ B C* 2, 20 Locutionis emendatæ ac Latinæ laudem penes aliquem eſſe, *Cic* de *Clar Or* 74 *Met* Omnia illi aſſunt bona, quem penes eſt virtus, *is adorned with it*, Plaut Amph 2, 2, 21 Illorum eſſe hanc culpam credidi, quæ te eſt penes, *as in you*, Ter Hec 4, 1, 20 (3) Cum omnis frumenti copia penes iſtum Verrem eſſet redacta, *Cic Verr* 3, 73 Hæc jam penes vos pſaltria eſt, *at your houſe*, Ter Adelph 3, 3, 4 Theſaurum tuum me eſſe penes, *laid up with me*, Plaut Trin 5, 2, 22 Penes injuriam virorum, *Tac Met* Penes te es? *are you in your wits?* Hor Fides ejus rei penes auctores erit, *the authors ſhall anſwer for its truth*, Sall B J 20

Pĕnĕtrābĭlis, e adj or, comp (1) Act Διαπεῖραν, *piercing, penetrating* (2) Paſſ *That may be pierced, penetrable* (1) Penetrabile frigus, *Vir Geor* 1, 93 telum, *Id Æn* 10, 481 fulmen, *Ov Met* 13, 857 (2) § Corpus nullo penetrabile telo, *Ov Met* 12, 266 Pectus nulli penetrabile ferro, *Stat* Caput haud penetrabile Nili, *not to be found out*, Stat Sylv 3, 5, 21. Noſti penetrabile tempus irrumpere Getis, *a time of entring, or making an inroad into*, Claud de Bell Get 270 Penetrabilius in venas ... *making an eaſier paſſage*, Macrob Sat 7, 12

Penĕtrāle, is n. Penetral, ālis Macr [a penitus, *i e* locus intimus, *Voſſ*] (1) *The receſs, or inmoſt part of any place*, as a temple, *&c* whether covered, *or* not, *Serv.* (2) *The inner part of a palace*, or *royal ſeat* (3) *The innermoſt part of an houſe* (4) Met. *An houſe, ſeat, place of habitation*, or *abode* (5) *Of a river* (1) Penetralia regum, *Vir Æn* 2, 484 Capitolini penetrale tonantis, *Mart* 10, 51, 12 Penetrale deæ, *Luc* 2, 127 Arcana tecti penetralia, *Stat Theb* 5, 313 Canæ penetralia Veſtæ, *Vir Æn* 9, 259 (2) Indoles nutrita fauſtis ſub penetralibus, *Hor Od* 4, 4, 26 (3) Penetralia ſpargere cruore hoſpitis, *Hor Od* 2, 13, 6 (4) = Ignavi domus, & penetralia ſomni, *Ov. Met* 11, 593 Patrium transferre parabat in ſedes penetrale novas, *Id Met* 13, 34 ✱ = Cæſar non hic penetrale domumque, hoſpitium pœnæ ſed velit eſſe meæ, *Id Triſt* 3, 12, fin Evocat è liquidis piſcem penetralibus, *out of the deeps*, Sil Animi penetralia ima, *Stat Sylv* 3, 5, 56 ¶ Mentis penetralia, *moſt ſecret thoughts*, Claud Rapt Proſerp 1, 213 (5) Magni amnis penetralia, *Ov Met* 1, 574 Cocyti penetralia, *Petron* c 121.

Pĕnĕtrālis, e adj (1) *Of, or belonging to the inmoſt parts of any place*, as a temple, *&c* (2) *Of, or belonging to a palace* (3) *Any innermoſt place* (1) Adyta penetralia, *Vir Æn* 2, 297 = Abditi ac penetrales foci, *the inmoſt altars*, Cic de Har Reſp 27 Dei penetrales, *the houſhold gods*, Catull 66, 102 Penetrale ſacrificium dicitur, quod interiore parte ſacrarii conficitur, *Feſt* (2) Penetrali in ſede, *Vir Æn* 4, 504 (3) Tectis penetralibus extulit ova formica, *Vir Geor* 1, 379

Pĕnĕtrālis, *pro* penetrabilis, or, comp *Piercing, penetrating* Penetrale frigus, *Lucr.* 1, 495 Fulmineo multò penetralior ignis, *Id* 2, 382

Pĕnĕtrans, tis par (1) *Pierc*ing (2) *Entring* (3) *Going through* (1) Pavor penetrans in præcordia, *Sil* (2) *Lucr* (3) Aſtra per cœlum penetrantia, *Cic* de *Univ* 9 *Vid* Penetro

|| Pĕnĕtrātio, ōnis f verb *A piercing, or entrance*, Apul Flor 1d p 816

|| Penetrator, ōris m *He that pierceth through*, Prud Hamar 874

Pĕnĕtrātur impers *They enter, or make their way into* In ... ſpeluncam penetratum cum igni eſt, *Liv*

Pĕnĕtratus, a, um part *Pierced, entred into, being made to enter* Penetrata queunt ſenſum progignere acerbum, *Lucr* 4, 6.. Penetratis omnibus Hiſpaniæ gentibus, *no people ſo remote, or ſtrongly ſeated, but he made his way to*, Paterc 2, 5

Pĕnĕtro, āre act [a penitus, *Voſſ* Penitrare, penitus intrare, *Feſt*] (1) *To penetrate, pierce, or enter into* (2) *To ſcan, to look narrowly into* (3) *To paſs to, or through, to make one's way into, or through, to invade* (4) *To enter, go, or come into, to arrive at, or amongſt* (5) *To ſink down, to deſcend* (6) Penetrare ſe, *to thruſt, run, or put one's ſelf into* (1) Aſpera penetrant hamataque fauces, *Lucr* 4, 666 Tumultus è caſtris & in urbem penetrat, *Liv* 2, 53 *Met* Nihil Tiberium magis penetravit, *more ſenſibly affected him*, Tac Ann 3, 4, 7 Uter magis ad ſenium judicis, opinionemque penetrarit, *ſhall make a deeper impreſſion upon*, Cic Partit Orat 36 (2) Ut in cujuſque vitam famamque penetrarent, *Tac Hiſt* 4, 7, 3 (3) Per ſo Rhodopen Caucaſumque penetravit, *Flor* 3, 4 *Met* Avaritia oppida, agros, fana, *&c* vi ſua penetrat, *Sall* de *Repub Ord* (4) In ipſum portum penetrare cœperunt, *Cic Verr* 5, 37 Ut Herculei penetraret ad hoſpitis urbem, *Ov Met* 15, 8 Quando id primum ad Romanos penetraverit, *came in uſe*, Plin 13, 3 *de unguentis* Tum penetrabat eos, *it came into their minds*, Lucr 5, 1261 (5) Ditem ferunt non longe a Syracuſis penetraſſe ſub terras, *Cic Verr* 4, 48 *Met* Quin prius me ad plures penetravi? *had died*, Plaut Trin 2, 14 (6) Ne penetrarem me uſquam ubi eſſet damni conciliabulum, *Plaut Trin* 2, 2, 33 Quo illic homo foras ſe penetravit ex ædibus? *whither hath he run?* Plaut Trin 2, 2, 1 Neque huc unquam intra portam penetravi pedem, *never ſet my foot within*, Id Men 2, 3, 49.

Pĕnĕtror, āri, ātus paſſ *To be entred into, &c* Lucr 2, 53 *Vid.* Penetro

Pĕnĭcillus, i m & penicillum, i n dim [a peniculus, quod a penis. Caudam antiqui penem vocabant, ex quo eſt propter ſimilitudinem penicillus, *Cic*] (1) *A rubber made of ſponge, or ſuch like, that ſerveth to ſcour, wipe, or make clean* (2) *A ſort of ſoft ſponge* (3) *A painter's pencil, or pencil* (4) Penicilli tectorii, *waſhing bruſhes uſed by plaiſterers* (5) *A ſort of tent put into wounds to keep them open* (6) *A piece of lint laid on the orifice of a vein after bloodletting* (1) Penicillo detergitur, *Col* 12, 16. (2) Molliſſimum genus earum penicilli, *Plin*

Plin 35, 10. de Spongiis ( ) Ut aptot cœlum desiderat, pictor nulla, Quint 2, extr Met Bi arum pingam coloribus tuis, penicillo meo, Cic ad Q fratr 2,) Vir 18, 17 (5) Exigua ... interponenda, Celf (6) ...

† Penicilamentum, i n A ... of a garment Pendent pe... unum ad quemque ... Non ex Enn

Penicillus, i m & peniculum, i n [dim a penis] Vid Penicillus (1) Any thing that serveth to wipe, scowr, cleanse, &c (2) A cook's linen apron ... with he wipeth his hands, ... (3) A painter's pencil (1) Peniculos dicimus, quibus ... tergunt, qui de caudarum extremitate fiunt, Fest (2) ... ignave, peniculone pugnare cogitas? Ter Eun 4, 7, 7 (3) ... penicillo lineam ex colore ... summæ tenuitatis per tabulam, Plin 30, 10 de Apelle

Peninsula, æ f [id est, penè insula] A place almost environed with water, an almost island, joined to the continent only by a neck of land Oppidum Celetrum in peninsula situm, Liv Peninsularum, Sirmio, ocelle, Catull 29, 1

Penis, is m [à pendendo, Fest] (1) A tail (2) A man's yard (1) Caudam antiqui penem vocabant, Cic Fam 9, 22. Lares peni pinxi bubulo, Fest. ex Næv (2) Manu, ventre, pene, bona patria lacerare, Sall Hodie penis est in obscœnis, Cic Fam 9, 22

† Penitè adv antiq ssime, sup Inwardly, deeply Pectore uritur intimo flammâ sed penitè magis, Catull 59, 178 Sic felicior ... in vett MSS restit Scal Actiones ejus penitissimè inspexi, Sidon 4, 9

Penitus, a, um [à penis, i e cauda] That hath a tail Aufer illam offam penitam, that rump, or tailpiece, Plaut Mil 3, 1, 165 Fest interpr

Penitus, a, um or, comp ssimus, sup adj [a penus, Voss] Inward, far within, Ex penitis faucibus, Plaut Asin 1, 1, 28 Penitior pars domus, Prisc ex Apul Penitissima, Plaut Perf 4, 3, 53

Penitus adv [à penus, ut à cœlum, cœlitus, Voss] (1) Inwardly, within, in the inmost and most secret part, deeply (2) Thoroughly, perfectly, intirely, clearly (3) wholly, altogether (4) Remotely, at a great distance, far off (1) Abditum penitus aurum & argentum effodere, Cic Offic 2, 3. Met = Penitus ex intima philosophia haurienda juris disciplina, Id de Legib 1, 5 = Inclusam penitus in venis & visceribus reipub periculum, Id (2) = Totam tenebat rempub penitusque cognorat, Cic de Cl Orat 178 (3) Supercilia penitus abrasa, Cic pro Q Rosc 7 Penitus toto divisos orbe Britannos, Vir Ecl 1, 67 ( ) Penitus alias avexerat oras, Vir Æn 1, 516 Terras penitus penitusque patentes, Ov Met 1, 1, 9

Penna, æ f [a πετεινὸς, Fest ... πτένος, Æol πτέννος, ...] (1) A feather grown, a quill (2) A plume on an helmet (3) Synecd A wing of a bird (1) ⁂ Dixi te pennam tenere, ... sum plumam tantum te... Sen Epist 42 Pennarum contextu corporis tegumenta faciebat, Cæcius ap Cic de Fin 5, 11 Met ♓ Meæ alæ pennas non habent, my wings are unfledged, I have no power, Prov (2) Purpureum pennis & pactæ conjugis ostro, Vir Æn 10, 722 (3) ♓ Fuscæ plumæ nigrisque pennis, Col 8, 2 de gallinis Pennis corruscant, Vir Geor 4, 73 de apibus Boreas excussit pennas, Ov Met 6, 703 Dubiis volat victoria pennis, Id Met 7, 13 Fortuna si celeres quatit pennas, Hor Od 3, 29, 53 Sine pennis volare haud facile est, to work without tools, Plaut Pœn 4, 2, 49 Met Qui mihi pennas incīderant, nolunt eisdem renasci, had reduced me, lessened my authority, Cic Attic 4, 2 Me dimisere Philippi decisis humilem pennis, turned out of my command, and ruined in my estate, Hor Ep 2, 2, 49 Majores pennas nido extendisse loquēris, that I have illustrated the meanness of my descent, Id Ep 1, 20, 21 Felicibus edita pennis, born in an happy minute, to a good fortune, Propr 3, 10, 11 ut ... πτερυγες ap Callimach

Pennātus, a, um adj [à penna] Winged, that hath wings Pennati equi, Plin 8, 21 vermiculi, Id 12, 25 Pennatum ferrum, a winged arrow, Id 34, 14 Met Pennatus Zephyrus, the winged west wind, Lucr 5, 737 Pennata fama, Vir. Æn 9, 473 arundo, Sil 2, 95. Pennati amores, Cupids, Claud in Stilic 2, 356.

Penniger, a, um adj. Having wings Pennigerum corpus, Cic de Univ 10 ex Accio Rex neque vermiculus, sed statim penniger, Plin 11, 16 de apibus Penniger calcaribus ictus amoris, Lucr 5, 1074 Pennigeræ sagittæ, winged arrows, Sil 8, 374

⁂ Pennipes, ĕdis. adj πτερόπους That hath wings on his feet Pennipes Perseus, Catull 55, 24

⁂ Pennipotens, tis, i e pennis potens A bird, a fowl ♓ Quadrupedem in membris & corpore pennipotentem, Lucr 2, 867

Pennula, æ f dim [à penna] A little wing Cum pulli pennulis uti possunt, Cic N D 2, 52

|| Pensābilis, e. adj That may be recompensed, or amends made for, Amm Marcell 31, 13 ✝ Pensandus.

Pensandus, a, um To be paid by way of recompense, to be recompensed Titulus meritis pensandus, Ov Met 13, 372 Nec lætitia ullo minimo mœrore pensanda, Plin. 7, 40 super tantis rebus, Sil 1, 682

Pensans, tis part (1) Weighing (2) Making good, recompensing (1) Pensantes aurum Celtas umbone ferebat, Sil 4, 153 (2) Meliore pensans damna marito, Sen Oed 490

Pensātio, ōnis f verb. A recompense Multorum bonorum pensatio, Petron c 141.

Pensātor, ōris m verb [à pendo] A weigher, Plin 33, 3

Pensātūrus, a, um part That will recompense Exiguā thuris impensā tanta beneficia pensaturi, Curt 8, 5, 10.

Pensātus, a, um part Pondered upon, considered, or thought on Stat pensata diu belli sententia, Sil 7, 23 Pensatis vibicibus animosior, Petron c 132.

|| Pensiculatè adv Considerately, legunt aliqui ap Gell 1, 3 vid Pensim

|| Pensĭcŭlo, āre [à pendo, pensum, ut à missum missiculo] To weigh carefully, to consider well Pensicula utrumque, Gell 13, 20 ✝ Penso

Pensĭlis, e [à pendo, pensum, μετέωρος] Hanging in the air Restim volo mihi emere, qui me faciam pensilem, hang my self, Plaut Pseud 1, 1, 87 Pensilis uva secundas ornabat mensas, hung up to dry, Hor Sat 2, 2, 121 Pensilis ambulatio, a wall upon earth supported by pillars, Plin 36, 12 Pensile horreum, a granary made in the upper part of an house, Col 12, 50 Pensiles horti, Curt 5, 1, 31 Pensiles horti, moveable cases of wood filled with earth, wherein herbs, &c were planted, Plin 19, 5

Pensim adv [à pendo] With great care and consideration, exquisitely = Ea quæ à Theophrasto pensim & enucleatè scripta sunt, Gell 1, 3 ita mel cdd al autem leg pensiculatè

Pensio, ōnis f verb [à pendo] (1) A payment of money (2) Rent of an house, land, &c (3) Recompense, or requital (1) Prima pensio, Cic Fam 8, 18 Pensio altera, Id pro Q Rosc 17 tertia, Id Philipp 2, 44 Bis millies per triennium sex pensionibus pop Rom. solvere, Hirt B Afr 90 (2) Fuscæ pensio cellæ, Mart 3, 30. Neutri pensio tota fuit, got the whole yearly rent of his house, Id 3, 38 Pensio clamat, posce, Juv 9, 63 (3) Jacturæ pensionem anserem obtuli, Petron c 136

Pensĭtātio, onis f verb (1) A payment of money (2) A compensation (1) Ascon (2) Præteriti temporis pensitatione, Plin 19, 6

Pensĭtātor, ōris m verb A critical inquirer into, an examiner of Verborum pensitatores subtilissimi, Gell 17, 1

Pensĭtātus, a, um nom ex part Weighed, & Met considered, pondered, often thought upon Sæpè apud se pensitato, Tac 12, 17, 4 Multùm ac diu pensitatus amor liberalitatis, Plin Epist 1, 8

Pensĭto, āre freq [à penso] (1) To ponder often and long upon, to examine much into (2) To pay often (1) Is vitam æquâ lance pensitabit, qui semper fragilitatis humanæ memor fuerit, Plin 7, 7 (2) Qui vectigalia nobis pensitant, Cic pro Leg Manil 6

Pensĭtor, āri pass To be often considered of, or examined into Quæ pensitanda quoque magnis animis atque ingeniis essent, Liv

Pensiuncula, æ f dim [à pensio] A small payment, an acknowledgment Reliquam fœneris pensiunculam percipe, Col 10 præf

Penso, āre freq [à pendo, pensum] (1) To weigh (2) Met To ponder, to consider well on, to examine (3) Met To esteem, prize, or value (4) To supply, or make to serve instead of (5) To requite, or make amends for, to make good, to compensate (1) Penset, σταθμίζει, Gl. (2) Singula animi consulti pensando, noctem vigiliis extraxit, Curt 7, 8, 2 Quum hostis vires, suasque pensaret, Id 8, 2, 29 (3) Civitates monere, ut ex factis, non ex dictis, amicos pensent, Liv 34, 49 vid & Pensans Cum uno rursus aut altero pensato, Plin Epist 7, 17, 7 (4) Totu apud mediterraneos aquæ marinæ vicem pensat, Plin 31, 8 (5) Amorem mariti egregiâ fide pensavit, Val Max ... 3 § Cum præp cum Laudem ut cum sanguine pensi, Ov Met 13, 192

Pensor, āri, atus pass (1) To be prized, valued, or esteemed (2) To be requited, recompensed, or made good (1) Ut ex se & uno ... complices Pannonium juvenis ... Val M ... 1, 1, ... Nisi ... vestra pensantur, Sall Fragm Hist

Pensum, i n [à pendo, quia pendet ex colo] (1) An handful of wooll, or flax, yarn, thread spun (2) A task, a piece of work enjoined (3) A charge, work, or duty, or office (1) Nisi herilia mavis carpere pensum, Hor Od 3, 27, 63 Met Inexorabile pensum deficit, Sil de Parcis, Parcæ aurea pensa torquentes, Petron c 29 (2) Unum est ei propositum peragere laboris sui pensum, Col (3) = Me ad meum munus pensumque revocabo, Cic de Orat 3, 30. Pensum meum, quod datum est, confeci, Plaut Perf 2, 4, 1

Pensum, i n [à pendo] Thought, care, regard, concern, or account Vobis quid facietis minus pensi est, Liv Nec mihi adest tantillum pensi jam, I care not, value not, Plaut True 4, 2, 52 Quibus si quidquam pensi unquam fuisset, had ever had one sober thought, Sall B C 56 Ut neque fas, neque fidem pensi haberet, olim provisum erat, should make no account of, Tac Ann 13, 15, 6 Nihil pensi habuit quin prædaretur omnimodò, Suet Dom 12

Pensūra, æ f A weighing, or paying Propter pensuram trutinam habet positum, Varr L L 4, 16

Pensus, a, um part & adj [à pendo] or, comp (1) Weighed in the balance (2) Paid (3) Weighty (1) Pensis examinat herbas, Ov Met 14, 217 (2) Stipendium exercitui ab hoste in eum annum pensum, Liv (3) Utra conditio sit pensior, Plaut Stich 1, 2, 61

Pentadactylus, i f A sort of shell fish, Plin 32, 11

* Pentadōron, i f A kind of tile, or brick five hands broad, Plin 35, 14

* Pentagōnus, a, um adj Having five corners Cultellatus lapis, qui pentagoni recipit rationem, Aggen

* Pentamĕter, tra, trum A sort of verse consisting of five feet, Diom In pentametri medio, Quint vid Grammaticos

* Pentaphyllon, i n The herb cinquefoil, or five leaved grass, Plin 25, 9 = Pentapetes, chamæzeleon, Id

* Pentaptōton, i n A noun declined with five various terminations Pentaptota quod tantum in quinque casibus variantur, Isid

* Pentastĭcus, a, um adj A portico, or piazza, with five rows of pillars, Treb Poll

* Pentateuchum, chi n The Pentateuch, or five books of Moses, Isid

* Pentāthlum, i n An exercise consisting of five games, or sports, scil leaping, running, quoiting, darting, and wrestling Pentathlum antiqui quinquertium dixerunt, id autem genus exercitationis ex his quinque artibus constat, jactu disci, cursu, saltu, jaculatione, luctatione, Fest Hæc certamina uno pentametro inclusit, "Ἅλμα, ποδωκείην, δίσκον, ἄκοντα, πάλην, Simonid

* Pentāthlus, i m A statue of one who had been victor in the five games or sports Fecit Myron Delphicos pentathlos pancratiastas, Plin 34, 8 Lat Quinquertio

* Pen ecoo te, es f [illegible] *[illegible] eith aa, after easter, [illegible] or [illegible]

* Pen [illegible] *A vessel rowed* [illegible] *of oars on a side*, [illegible] cap ex eo [illegible] *Hirt B* [illegible]

Pen [illegible] s f *A pen-* [illegible] *ing of two feet and an [illegible]* [illegible] *nature*, or *above* [illegible] cæsura Quod duo- [illegible] pedibus & parte [illegible] Cæsis dicitur, *Quint* 9, 4

Pentaphyllon, bi n *The herb* [illegible] *Plin* [illegible] = [illegible] *Id* *Hanc* [illegible] *Plin* 27 10

|| Penu indecl *id quod* penus *All manner of provisions* Hoc penu Atranius dixit *in* [illegible], *Gell* [illegible]

Penarius, a, um adj [a penus] *Belonging to provision* Cella penuriæ initat, *Suet Aug* 6, 1

Penula, *vel* pænula, æ f (1) *A* [illegible] *napped coat of wooll*, [illegible] *worn in cold*, [illegible] *or in journeys*, [illegible] *poor men*, [illegible] (2) [illegible] *any thing* (1) *Mart* [illegible] *Hor Ep* 1, 11, 18 [illegible] *to hold* [illegible] [illegible] *Bertin* [illegible] *Ferrar* [illegible] (2) *Mart* 14, 84 & 4,

Penulatus, *vel* pænulatus, a, um [illegible] *short* [illegible] *Cic pro Mil* 10

|| Penultimus, a, um adj [*quasi*] [illegible] *The last save one*, *Gell* [illegible] † Proximus a postremo, *Cic*

Penum, i n *All kind of victuals* [illegible] *and drink, store and provision for an houshold* Dicam [illegible] penum aliud omnes, *Plaut* [illegible] Penum, [illegible] [illegible] & penu, *Plaut* [illegible]

[illegible] [a penus], pauper, [illegible] (1) *Extreme want*, or [illegible] *provi-* [illegible] (2) *Scarcity Lack*, [illegible] *things* (3) *Fa-* [illegible] *distress* (1) [illegible] longuentia le ho [illegible] contra in nererum [illegible] *Lucr* 5, 1005 (2) [illegible] 1, 9 [illegible] *for want of* [illegible] *to do with them*, *Plin* [illegible] (3) Penuria sapientium civium, *Cic de Cl Orat* [illegible] amicorum, *Id* [illegible] *Att* 17 illius modi [illegible] *Ter* [illegible] *ceph* 3, 3, 87

[illegible] m (& f *Luc* 1) [illegible] (1) *An inner room* [illegible] (2) *All manner of* [illegible] *of meat and drink for* [illegible] (3) *A store of fodder for* [illegible] (4) *Food or fodder for* [illegible] (5) *A store of* [illegible] &c (1) Penus vocatur locus intimus in ædibus Vestæ, [illegible] *Fest* (2) Est omnia [illegible] dicuntur homines, penus, *Non* [illegible] Famulæ, quibus [illegible] struere, *Vir Æn* 1, [illegible] Cum in cellulam ad te patris [illegible] congererem, *Ter* [illegible] Quibus sunt verba

in penu, ac pecunia, *Plaut Capt* 4, 1, 12 (3) Nisi penus annuus hodie convenit, *Plaut Pseud* 1, 2, 92 In locuplete penu, *Pers* 2, 74 (4) *Gell* 4, 1 *ex Massurio Sabino* (5) *Id ex eod*

Pen[illegible], oris n (1) *All kind of provisions*, *or victuals* (2) *Pickles, conserves, that are preserved in pickle* (1) Portat frumenta penusque, *Hor Ep* 1, 16, 72 Penumque penora contingant, *Col* 12, 4 Penora dicuntur reposita cellariæ ad victum cotidianum, *Fest* (2) Cum ea res innoxia penora conserve, ubi non intra ent, sed semper sunt pure submersa, *Col* 12, 4

* Peplion n *An herb called wild purslain*, Plin 20, 20 = Portulaca, *Id*

* Peplis, & peplos [illegible] *A sort of herb*, Plin 27, 12 = Syce, Meconion, Mecon, aphrodes, *Id ibid*

* Peplus, i m & peplum, i n [illegible] & [illegible] (1) *The sail of the ship* Panathenaica, made and consecrated by the Athenian matrons in honour of Minerva every fifth year, on the feast day of the *panathenæa majora*, on which was wrought the *giganto-machia*, and her other exploits, and the names of those who had behaved themselves stoutly in war This was carried up and down the city in solemn procession (2) *A sort of loose*, or *white purple gown without sleeves*, reaching to the feet, curiously studded and wrought with gold, offered as a gift to the goddess Pallas, Juno, &c as well in times of mourning as joy, and put upon their statues (3) *A long robe worn by the goddesses* (4) *A woman's robe* (5) And sometimes also *a man's* (1) *Suid Vir in Ciri*, 21, & seq Neque nisi quinto anno quoque posse tum visere urbem, atque exemplo inde ut spectavisset peplum, *Plaut Merc prol* 67 (2) Ad templum Palladis ibant Iliades, peplumque ferebant suppliciter tristes, *Vir Æn* 1, 483 *ibi vid Serv & Scal* Hoc peplo tunc Argolicæ sanctum velamine matres induerant ebur, *Stat Theb* 10, 65 *in quem locum vid vett Schol* (3) Cytheree crines festina legit, peplumque fluentem allevat, *Claud nupt Hon & Mar* 123 Pars extima pepli pertert puniceas ad crura ruben ia rugas, *Sidon Apollon de Aurora* (4) Peplum matronale pallium ex purpura signatum, *Isid* (5) Tigranes *ap Xenoph Pæd* 3 [illegible] vid *& Hom Il* Ω, 229 ☞ Quin & simulacris deorum, quæ etiamnum manent, conspiciuntur pepla

|| Pepo, onis m [illegible] *A pompion, a large and sweeter kind of cucumber* Cucumeres cum magnitudine excessere, pepones vocantur, *Plin* 19, 5

† Pepoici, *pro* poposci, *Gell* 7, 9 *ex Valer Antiate*

* Peptĭcus, a, um *Concoctive, digestive*, Plin 20, 18

† Pepugi, *pro* pupugi, *Gell* 7, 9 *ex Cic* Si pepugero, metuet, *Id ex Atta*

Per præp [à [illegible] per Apoc [illegible], quod alie idem sign [illegible] per totam vitam, [illegible] permaneo, vel à [illegible] *Scal* [illegible] perpulcher] (1) *By signifying the manner of an action* (2) *By denoting the cause of action* (3) Per aliquem, *by one's means, ministry, performance* (4) Per me, te, se, &c. *alone, without any other person,* *or thing* (5) Per aliquem, *by any one's authority, or power* (6) Per aliquem, *without one's leave*, or *permission, no one gainsaying, withstanding, or resisting* (7) *Under pretence, or colour* (8) Pro propter, *by reason of, because of, for* (9) *On account of* (10) *In* (11) *Between, betwixt both* (12) It is used in forms of *swearing* (13) Also in forms of *intreating*, (14) and *adjuring* (15) *Through*, [illegible] the place that is passed (16) *During, whilst, when, at such time as* (17) *Athwart, cross* (18) *At*, or *in* (19) An intensive particle put before other words, sometimes separated by Tmesis, as, *very, very much* (1) Quod per scelus adeptus est, per luxuriam effundit, *Cic* pro *S Rosc* 2 (2) Roscius per imprudentiam deceptus est, *Cic* pro *Q Rosc* 7 (3) Agam per me ipse & moliar, *Cic Fam* 6, 10 Si per vos vitam, & famam, potest obtinere, *Id.* Bibulus cum hoc se putat per C Pisonem te posse conjungi, *Id* Per unum servum totum confecit negotium, *Id* (4) Per me didici Cæsar, Ave, *Mart* Contento in mortario per se utrumque, *separately by itself*, Cato (5) Ista omnia quæ vos per Syllam gesta esse dicitis, *Cic.* Hoc neque per naturam fas est, neque per leges licet, *Id.* (6) Quolibet cruciatu per me exeruciare, *Ter Hec* 5, 2, 7 Tibi non licuit per te mihi dare, *Id. Heaut* 5, 2, 12 Per me tibi habeas licet, *Plaut* Ut ne pater per me stetisse credat, *long of me*, Id Per me vel stertas licet, non modo quiescas, *Cic Acad Q* 4, 29 Per legem Papiam non potest, *Id* (7) Alter eniciur per honorem turpissimum, alter per honestissimam calamitatem, *Cic* (8) Dum per ætatem licet, *Ter Adelph* 1, 2, 28 Per tumultum noster grex motus loco est, *Id Phorm prol* 33 Cum per valetudinem, & per anni tempus navigare poteris, *Cic* (9) Per adoptionem pater, *Plin jun* (10) Per illa tempora perraræ literæ fuerunt, *Cic* Per risum & jocum, *Id* Per somnium, *Id* Sub remis fusi per dura sedilia nautæ, *Vir Æn* 5, 837 (11) Via secta per ambas, *Vir Geor* 1, 238, Perque duas in morem flun inis arctos, *Id, Geor* 1, 245 (12) Per deos, *Cic* Per caput hoc, *Vir.* Perque novem juro, numina nostra, deas, *Ov* (13) Per ego te hæc genua obtestor, *Plaut Rud* 3, 2, 13 Per pietatem, *Id Bacch* 4, 8, 64 Per ego te, *&c* Id Trin 2, 2, 4 (14) Per fortunas incuiu bes, *Cic* Per ego te, fili, quæcunque jura liberos jungunt parentibus, precor, quæsoque, *Liv* 23, 9 Per ego te deos oro, *Ter Andr* 5. 1, 15 (15) Per liquidas auras, *Ov ex Pont* 3, 2, 61 Latè per orbem terrarum arma circumtulit *P R Flor pro-œm op* Clœlia per patrium flumen equitabat, *Id* 1, 10. Venit per auras cornix, *Phædr* 2, 6, 7 Fugâ per agros spargi, *Liv* (16) Per tot annos etiam nunc statuere non potuisse, *Cic* Per hæc tempora, *Id* Qui ad triumphum per eos dies venerat, *Id.* Per annonam caram dixit me natum pater, *Plaut.* Servata per ævum, *eternally*, Lucr 1, 550 Per septingintos annos, *Flor* ☞ Notandum in hac notione sæpe intelligi *per* Simul gratulatum quod ita res hos annos in Hispania gessistis, *Liv* Justitium remittitur quod fuerat dies decem & octo, *Id* (17) Per folia folibus coctus prædulci sa-

pore, *Plin* 13, [illegible] (18) [illegible] pus revens, *Ter* [illegible] Video [illegible] *seasonably*, [illegible] Spolia per o [illegible] *their own leisure* [illegible] omni a prætulerim, [illegible] *Cic* [illegible] Per [illegible] that is est, *naturally*, *Cic* (1) Nempe nominibus, *verbis*, *adverbiis, ac participiis, ut infra exemplis*, peradolescens, peragratus, pervelim, perjucundus, perare tus, *observare licet*, *ai* [illegible] *am per tmesin eleganter aliquando disjungitur, ut,* Per mihi, per quam gratum feceris, *Cic*

* Pera, æ f (1) *A bag*, *pouch to carry victuals in* (2) *A satchel, poke, or budget* (1) *Mart* 14, 81 (2) Peras imposuit Jupiter nobis duas, *Phædr* 4, 9, 1 Melotes, quæ etiam pera vocatur, pellis est caprina à collo pendens, præcincta usque ad lumbos, *Isid*

Perabsurdus, a, um adj *Very absurd, contrary to all reason* Perabsurda verba, *Cic Part Or*, Illud, si quis dicere velit, perabsurdum est, *Id de Fin* 5, 11

Peracer, acris, acre (1) *Very sharp, poinant* (2) Met *Piercing, acute* (1) Peracre rectum, *Plaut Bacch* 3, 3, 1 (2) Cæsar habet peracre judicium, *Cic Fam* 9, 16

Peracerbus, a, um (1) *Very sowre, sharp, tart* (2) Met *Grievous* (1) Peracerba gustatu uva, *Cic de Sen* 15 (2) Hoc mihi peracerbum fuit, *Plin Epist* 6, 5

Peracesco, is, ere, ui neut *To be very sowre*, Met *to be very grievous, uneasy, or displeasing to the mind* = Hoc, hoc est, quod peracescit, hoc est demum quod percrucior, *Plaut Bacch* 5, 1, 13 R occ

Peractio, onis f verb [à per ago] *An ending, finishing, or closing.* Senectus ætatis est peractio tanquam fabulæ, *Cic de Sen* 23

Peracturus, a, um part *That will plead, or defend* Se causam, quam susceperat, nullo labore peracturum videbat, *Cic*

Peractus, a, um part (1) *Perfect, finished, accomplished, completed* (2) *Held, kept* (3) *Past, passed over, spent* (4) *Told, declared, discoursed of* (5) *Pleaded* (6) *Obtained* (7) *Dressed, exhausted* (1) Opus peractum, *Stat Sylv* 1, 1, 2. Peractis imperiis, *Hor Od* 4, 14, 39 mensibus, *Phædr* 1, 18, 2 (2) Conventibus Galliæ peractis, *Cæs B G* 5, 1 (3) Vita sine labe peracta, *Ov ex Pont* 2, 7, 49 Si flore caret meliusque peractum tempus, *Id* Hibernis peractis, *the time for winter quarters being over*, *Cæs* (4) Res tenues, tenui sermone peractæ, *Hor Sat* 2, 4, 9 (5) Peracta est causa prior, *Ov Met* 13, 6 (6) Pœnitere aliquem voti peracti, *Juv* 10, 6 (7) = Quum omne peractum est, & jam deficit nostrum mare, *Juv* 5, 93

Peracuo, ere, ui, utum *To make very sharp* Surculum peracuito *Cato*, c 40

Peracute adv *Very sharply, sorely, or severely* Peracute querebare, *Cic Fam.* 3, 7, 2

Peracutus, a, um. (1) *Very sharp, keen, or fine edged* (2) Met *Artful, ingenious, witty* (3) *Nice, fine, subtil* (1) Peracuta falx, *Mart* 3, 24 (2) Peracutum & artis plenum orationis genus, *Cic de Cl. Or* 30. Peracuta præcepta, *Id* *Non, dejecs, sed* [illegible]

peracutum

[illegible] um hoc tibi videtur, [illegible] ( ) [illegible] Cic pro [illegible]

[illegible] tis *Very young* [illegible] loquens, Cic pro [illegible]

[illegible] sen us, i m *A very young man*, Nep [illegible]

[illegible] a, um part [illegible] *[illegible]ed* Domos extru[illegible] perexæ[illegible] icatis cultum adhi[illegible] Col [illegible] R 4, [illegible]

|| Perequatores, Alciat & vet [illegible] Gall *Gatherers of* [illegible] Exactores censuum [illegible] adv *Very equally* [illegible] omnes perrequ[illegible] cæsæ, [illegible] & Nep Attic 13

[illegible] are act *To equal*, [illegible] by producing the like [illegible] Singulæ vites denas am[illegible] perequ[illegible]am, Col 3, 9

[illegible] a um *Very equal*, [illegible] Peræqua proportio, Cic [illegible] 4, 21

Peragendu[s], a, um (1) *To be* [illegible], *performed*, or *done* (2) *To be past* or *spent* (1) Pera[illegible] fabula, Cic de Sen 19 (2) Vita peragenda sub axe Bo[illegible], Ov [illegible] Pont 4, 8, 41

Per[illegible]g[ens], tis part (1) *Perform[ing]* (2) *Forcing forward, mak[ing]* [illegible] (1) Manil (2) Oes[illegible] peragens, Sen

Per[illegible]atus, a, um part *Gall[ed]* [illegible] *hard upon* Vehemen[illegible] ab equitatu, Cæs B [illegible]

Peragito, āre freq (1) *To raise*, [illegible] *to rise by rubbing* or [illegible] (2) *To work things together that they may mix well* [illegible] peragitet, ne quid sub [illegible] possit plumbeum [illegible], Col 12, 13 (2) Rudi[illegible] peragito donec perfec[illegible] frigefiat, Col 12, 46

Peragitor, āri pass *To be stir[r]ed*, or *wrought together* Ru[illegible] ligneo peragitatur, Col

Perago, ere, ēgi, actum act (1) *To* [illegible], *finish accomplish per[form]*, *dispatch* (2) *To bear fruit*, [illegible] tree (3) *To hold*, or *keep* [illegible], or *court* (4) *To pass*, [illegible], or *spend time* (5) *[To] pass through* (6) *To pierce*, [illegible] (7) *To tell, de[clare]*, [illegible] *forth, to write, read*, or [illegible] (8) *To till* (9) [illegible] (10) *To cor[rect]* [illegible] (11) *To kill, slay*, or [illegible] (1) Si citò rem perages, [illegible] 4, 5, 13 (2) Priorem [illegible]ctum peragit, Plin 13, 22 (3) Perag[it] concilium, Cæs B G 6, 4 (4) [illegible] bis undenas æstates peregi[t], [illegible] 4, 21 (5) ✠ Perag[e]r[e] [illegible] to pass the [illegible], Ov Epist 15, 65 Cum [illegible] peregit signa, Ov Ep [illegible] 9 (6) Theseus latus ense [illegible] Ov Ep 4, 119 (7) Res [illegible] gestas peragam, [illegible] peregit verbis auspicia, [illegible] Peragere causas, *to plead them*, [illegible] = Hac intentione [illegible] volumina peregit *perus[ed]*, *read them over*, Plin Epist 3, [illegible] Omnia animo mecum ante per[egi], *I considered them thoroughly*, Vir Æn 6, 105 (8) Ille suam [illegible] humum, Ov Fast 4, [illegible] (9) Bona dente magnanimus [illegible] puer, Pers 6, 22 (10) [illegible] tam igneum fervorem esse [illegible], ut omnem cibum statim peragit, Plin 9, 56 (11) Quam [illegible]orum lex avara fatorum sex[illegible] peregit hyeme, Mart 5, 38, 15.

Peragor, i, actus, pass (1) *To [be] p[erform]ed, performed*, or *com[plet]ed* (2) *To be pleaded* (3) *To be implea[ded], [accu]sed*, &c (4) *To be [decid]ed*, as a judiciary sentence (5) ✠ *To be passed*, or *sail over* (1) Vir Perago (2) Cum bene promissi causa peracta mea est, Ov Epist 21, 152 (3) Et peragar populi publicus ore reus, Id Trist 1, 1, 24 (4) Tam superba centura peragitur, Plin [illegible], 2[illegible] Vid Perago (5) ✠ Peragebantur gravidis freta pressa carinis, Petron c 119

Peragrandus, a, um part *To be travelled over*, Suet Aug 9.

Peragrans, tis part (1) *Wandring, rambling*, or *travelling up and down* (2) Met *Surveying, viewing, considering* (1) Cilices campos & montes peragrantes, Cic de Div 1, 42 rura, Id Offic 3, 1 Stabula alta leo sæpe peragrans, Vir Æn 10, 724 (2) Cætera consimili mentis ratione peragrans, Lucr 2, 675

Peragrātio, ōnis f verb *A travelling up and down, a progress* Quæ fuit ejus peragratio itinerum? Cic Philipp 2, 23

Peragratus, a, um part (1) *Wandred over* (2) *Travelled over* (1) Peragrato celer per saxa monte jacuit Actæon, Sen Phæniss 12 (2) Asia tota peragrata, Cic de Cl. Orat 91

Peragro, āre [ex per, & ager, agri] (1) *To wander*, or *ramble over fields, woods*, or *deserts* (2) *To travel over*, or *through* (3) *To discover, lay open*, or *disclose* (4) *To spread, to diffuse, to display* (5) *To view*, or *to survey* (6) *To affect highly, to make a lasting impression upon* (1) Hanc, Matrem magnam, accepimus agros & nemora cum quodam strepitu peragrare, Cic de Harusp Resp 11 Libyæ deserta peragro, Vir Æn 1, 388 Fugâ sylvas saltusque peragrat Dictæos, Id Æn 4, 72 de cerva (2) Dicitur orbem omnium peragrâsse terrarum, Cic Verr 4, 48 Met Cum orbem terrarum non pedibus magis, quam laudibus peragrares, Plin Paneg 14 Avia Pieridum peragro loca, Lucr 1, 925 (3) Possum omnes latebras suspicionum peragrare dicendo, Cic pro Cæl 22 (4) Non solum fama jam de illo, sed etiam lætitia peragravit, Cic (5) Omne immensum peragravit mente animóque, Lucr 1, 75 (6) Ita peragrat per animos hominum, &c Cic de Orat 1, 51

Peragror, āri, ātus pass (1) *To be wandred over* (2) *To be travelled over*, or *through* (1) Gravidis freta pulsa carinis jam peragraban ur, Petron c 119 *sed al al leg* (2) Nec disjunctissimas terras citius cujusquam passibus potuisse peragrari, quam, &c Cic Vid Peragro

|| Peralbus, a, um adj *Very white* Peralba avis, Apul. Met 5, p 167

Peramans, tis nom ex part *Loving entirely* Homo peramans semper nostri fuit, Cic Attic 4, 8

Peramantèr adv *Most lovingly*, or *affectionately* = Me perofficiose & peramantèr observant, Cic Fam 9, 20

Perambulo, āre (1) *To travel through, about*, or *over* (2) *To go*, or *pass up and down* (1) Vos qui multas perambulâstis terras, Varr (2) Tutus bos rura perambulat, Hor Od 4, 5, 17 Met Perambulabis astra sydus aureum, *shall be conversant among*, Id Epod 17, 41

Perāmœnus, a, um adj *Very pleasant* Peramœna æstas, Tac Ann 4, 67, 3

Perāmplus, a, um adj *Very large* Simulacra perampla, Cic Verr 4, 49

Perangustè adv *Very closely*, or *straitly*, Cic ac Orat 1, 33

Perangustus, a, um adj *Very strait and narrow* Perangustum fretum, Cic Verr 5, 66 Aditus perangustus, Cæs B G 7, 15

Perannō, āre neut [ex per, & annus, *qu* per annum duro] *To live a year* Puella nata non perannavit, Suet Vesp 5

Perantiquus, a, um adj *Very antient* Perantiquum signum, Cic Verr 4, 45, & 49

Perappŏsĭtus, a, um *Very apposite, proper*, or *suitable*, Cic de Orat 2, 67

Pĕrărans, tis part (1) *Plowing, furrowing all over* (2) Met *Writing all over* (1) Vid Peraro (2) Perarantem plena reliquit cera manum, Ov Met 9, 563

Pĕrărātus, a, um part (1) *Plowed over* (2) *Written* (1) Peraratus ager, Col (2) Perarata litera, Ov Trist 3, 7, 1 Peraratæ tabellæ, Id Amor 1, 9, 7

Perarduus a, um adj *Very hard*, or *difficult* Mihi hoc perarduum est demonstrare, Cic Verr 3, 71

Pĕrăresco, ĕre, ui *To be*, or *grow very dry* Solis afflatu peraruit, Col. 4, 24 Dum perarruit herba in pratis, Varr R R 1, 49

Peraigutus, a, um *Very witty, sharp*, or *smart* Homo peraigutus, Cic de Cl. Orat 45

Pĕrāridus, a, um *Over dry, too dry* ✱ Ut neque peraridum, neque rursus viride colligatur, Col 2, 19 *de fæno* Peraridum solum, Id 3, 11

Pĕrarmātus, a, um part *Well armed* Hoc modo instructo exercitu, ac perarmato, Curt 4, 9, 6

|| Perarmo, are act *To arm well* Hujus manum potentem gladius perarmat anceps, Prud Cath 6, 86

Pĕrăro, āre act (1) *To furrow all over with wrinkles* (2) Met *To sail over, to plow the main* (3) *To write*, or *transcribe* (1) Rugis peraravit anilibus ora, Ov Met 14, 96 (2) Perarate pontum fonte timendo, Sen Med 650 (3) Met carmina regina bellorum virgo Cæsareo peraravit auro, Stat Sylv 4, 5, 24

Peraror, āri pass *To be written* Blandis peraretur littera verbis, Ov A Am 1, 455

Pĕrasper, a, um adj *Very rough*, Cels 5, 28

Perastutè adv *Very subtilly, very craftily*, Plaut Truc 2, 2, 43 *ubi tamen aliter legunt quidam recentiores*

|| Perastutulus, a, um *Very cunning, crafty*, or *subtil* = Mulier callida & ad hujusmodi flagitia perastutula, Apul Met 9, p 271

Pĕrāticum, i n *A sort of* bdellium, Plin 12, 9

Pĕrātim adv *Bag by bag, by small parcels at a time* ✱ Nihil moror peratim ductare, at ego follitim ductitabo, Plaut Epid 3, 2, 15

Pĕrattentè, adv *Very attentively*, or *heedfully* Animadverti perattentè, Cic pro Cæl 11

Pĕrattentus, a, um *Very attentive*, or *heedful* Superiore omni oratione perattentos vestros animos habuimus, Cic Verr 3, 5

Pĕraudiendus, a, um *To be heard thoroughly* Auribus peraudienda sunt, Plaut Mil 1, 1, 34

Perbacchatus, a, um par *Raging out* Perbacchata domo in cœnis, Claud de bell Get 42

Perbacchor, āri, ātus sum dep *To spend the time in excessive drinking, revelling, and playing* Quam multos dies in ea villa turpissimè es perbacchatus? Cic Philipp 2, 41

Perbeatus, a, um adj *Very happy*, or *fortunate*, Cic de Or 1, 1

Perbelè adv. [illegible] *Very well, mighty well*, Cic Fam 16, 18

Perbĕnè adv *Passing*, or *exceeding well* Fortuna perbenè fecit, Liv 43, 3 Perbenè loqui Latinè putabatur, Cic de Clar Orat 28

Perbenĕvŏlus, a, um adj *Very friendly*, or *kind* Pescennius est perbenevolus nobis, Cic Fam 14, 4

Perbĕnignè adv (1) *Very courteously*, or *civilly* (2) *Most dearly*, or *kindly* (1) Perbenignè mihi respondit, Cic Q fr 1, 1 (2) Ter Adelph 4, 5, 69

Perbibesia, æ f *The feigned name of a drinking country* Ex fabrica Plautina, Curc 3, 1, 74

† Perbibo, ĕre, bi, bitum *To drink*, or *suck up, to take in* Perbibere liberalia studia, Sen neque tiam, Id Ego pereo quoi medullam lassitudo perbibit, Plaut Stich 2, 2, 16.

Perbito, is, ĕre & ire [ex per, & antiq beto, quod adducit Non ex Pacuvio & Varrone, vel bito quod manet apud Plaut Merc 2, 4, sub fin Ad portum ne bitas] *To perish*, or *be ruined* Malo cruciatu perbitere, Plaut Pseud 3, 1, 12 Ne fame perbitet, Non ex Livio † Pereo

|| Perblandè adv *Very kindly*, Macr Sat 1, 2 † Perbenignè

Perblandus, a, um adj (1) *Mighty fair spoken* (2) *Very kind, courteous, and complimental* (1) Homo perblandus qui hominem a varissimum exoraret, Cic ad Q fratr 1, 2. (2) = Oratio perblanda ac benigna, Liv 23, 10

Perbŏnus, a, um adj (1) *Very good, full, large* (2) *Very convenient, well situate* (3) *Artificial, curious* (4) *Very fruitful* (1) Prandium perbonum, Plaut Most 3, 2, 3 (2) Non in loco perbono emit has ædes, Plaut Most 3, 1, 143 (3) Perbona toreumata, Cic Verr 4, 18 (4) Agri perboni, Cic pro Flacc 29 ¶ Quoad mecum rex fuit, perbono loco res erat, *went mighty well*, Id Attic 6, 1

Perbrĕvis, ve adj (1) *Very short* (2) *Of very small continuance* (1) Literæ perbreves, Cic Fam 4, 15 Et per tmesin Altera pars per mihi brevis videtur, Id pro Cluent 1 (2) Satis sperare perbrevis ævi Carthaginem esse, Liv

Perbreviter adv *Very briefly, in very few words* Quæ ego nunc perbreviter attingo, Cic pro Domo, 15

* Perca, æ f *A fish called a perch*, Plin 32, 10

Percalĕfactus, a, um part [à percalefio] *Throughly heated* Percalefacta vides ardescere, Lucr 6, 177 Glebæ percalefactæ, Varr R R 1, 27 Aër ab sole percalefactus, Vitruv 8, 2

Percăleo, ēre, ui neut *To grow throughly warm, to become very hot* Ubi percaluit vis venti, Lucr 6, 280 Postquam vetus humor ab igne percaluit solis, Ov Metam 1, 417

Percalleo, ēre, ui n (1) *To become hardened*, or *insensible, to be wholly regardless*, or *not to be be moved* ( ) Aſſ *To be exactly skilled in, to know, or understand perfectly* (1) = Sed in ſtudio quo ab ſo jam uſi obduruerat & percalluerat civitatis incredibilis patientia, *Cic pro Mil* 28 (2) Si modò rem ipſum percalluiſſes, *Cic de Orat* 2, 5

Percandidus, a, um *Perfectly white* Percandida compoſitio, *Celſ* 5, 9

Percarus, a, um adj (1) *Very dear, or to affect on* (2) *Very dear*, *to price* (1) Iuven Agrippina diu percara, *Tac Ann* 13, 13 (2) Hui, percara eſt virgo, *Ter Phorm* 3, 3, 5

Percautus, a, um *Very wary* = Dilectus in summi prudentia ho minum Græcorum percautus, & diligens, *Cic* 2 *fr* 1, 1

Percelebratus, a, um *Made public, divulged* = Pervulgata & percelebrata ſermonibus res eſt, *Cic pro Cæl* 29

Percelebror, ari, atus *To be divulged, told much, or spread every where* Verſus tota Sicilia percelebrantur, *Cic* ... 5, 71

Perceler, is, re adj *Very ſpeedy* ... Percel...

Perceleriter adv *Very ſpeedily* ... Receptus perceleriter ... animum ſummo, *Cic F* ... 5, 15

Percello, ere, uli (an perculi) ... Perculſit animum, *Ter And* 1, 1, 98 Metuentem ... ſtæ perculſit ... *Hor Od* 1 ... utroque ſocondo ... perculſ ... ctum act [ex per, & in ... celo ...] *To thruſt ſdo, to put by* ... *or ... or bear, ... To strike* ... *or ſmite* (4) Met *To ſtrike deep ly, to affect, to trouble, to ſtrike the heart to wound it, and ſat it ſore ly to trouble* (5) *To aſtoniſh, amaze, daunt, ſurprize, abaſh, or put out of countenance* ( ) *To ſtir, move, touch with delight* ... *To defer or put off* (1) Quum ſectura ſua ... n perculit, *Ter* (2) Quo trunum perculit ... jam ... *Ter* ... 3, 87 = Mais commune ... perculſit ... & perculit ... *Cic pro Mil* 27 *Met* = Percuſſit plauſtrum perculi, *I have spoil'd the whole deſign*, Prov ... Plaut Ep ... 1, 2, 22 (3) Flectentem cornu perculit ſtipite perculit, *Ov Met* 5, 58 Quem cuſ pide perculit, *Id Amor* 2, 9, 1 ✠ Ex duos aut tres incolumes praſtiti, cæteros ſummi ad ... cauſa ... *Suet Tib* 55 (4) Si te ... dolor aliquis perculerit, ex ... mulier ... *Cic Tuſc* 2, ... Quum ipſum nulla me ipſum ... perculit inſigni injuria, ... (5) Regium nomen ... perculit pectus, quum animus implevit cutis, *Lucr* Primo Africano ... perculerat, *Id* = Hæc te vox non perculit? non ... *Cic Verr* 5, 5 Cœnis ... mendacio univerſos perculit, *Tac Hiſt* 2, 53, 1 (6) Vi ... fœtuum aſpexiſti, ... huju te, & procerit is vultus, oculique perculerunt, *Cic pro Cæl* 15 *Sed hic* ... *Gronov* ... ſepulerunt (7) Ad novum hoc percellit autum, *Lucil*

Percellor, i, culſus paſſ *To be ſtruck, ſurprized, daunted*, &c *Cic Catil* 2, 13 *vid* Percello, & Perculſus

Percenſeo, ere, ui act (1) *To count, reckon up, or recount exactly* ( ) *To travel over* (1) ✠ Quod nunquam poſſis, veſtra in ros ... promerita, non dicam complecti orationo, ſed percenſere numerando, *Cic poſt red* 1 Metus percenſuit, *Curt* 8, 5 10 gaudia, *Tac de Orat* 6 6 (2) Italiam ... percenſuit, ... in Siciam, *Cic contra Rull* 2, 18 Totum percenſuit orbem, *Ov Met* 2, 735

Perceptio, onis f verb [ā percipio] (1) *A taking, gathering, or receiving* (2) Met *A perceiving, knowing or comprehending* (1) Perceptio fructuum ... *Cic Offic* ... (2) = Percepcione ... tere, *Id* Ars ... perceptionibus conſt ... *Cic* ... 4, 1

Perceptum, i n pl um perceptions ... Speculationes Percepta ... quæ dicuntur Græce ... *Cic* ... *Iato*, 6 Aſtrologi ... percepta ... habere præceptum ... *Nep Attic* 17 ... potius principium habendum fuerit

Perceptus, a, um par (1) *Partaken of, enjoyed* (2) *Gotten, procured* ( ) Met *Perceived, underſtood, known* (4) *Learnt perfectly* (1) ✠ Ea omnia deſiderant magis, quam aſſiduè percepta, delectant, *Cic* (2) *Vell Paterc* 2, 13 (3) = Cum nihil habet comprehenſi, percepti, cogniti, conſtituti, *Cic* (4) *Cic*

‖ Percerpo, ere, pſi, ptum act [ex per, & carpo] *To make collections, or gather notes out of* Quum Ariſtotelis libros problematum percerpſimus, *Gell* 2, 30 *Sed Cron MS habet* præcerperemus

‖ Percido, ere, cidi & cecidi act [ā cædo] (1) *To beat all over* ( ) Obſcœn (1) Non, ſi os percidere mihi, metuam, *Plaut Perſ* 2, 4, 12 Lenonis exercitum percecidit, *Plaut* ... 3, 20 (2) Percidit ... *Mart* ... Percidor paſſ ob ... ſenſu *Mart Ep* 4, 48 *Vid* Percīſus

Perciēo, ere, ivi, itum act (1) *To call, or proclaim* (2) *To move throughly* (3) *To ſtrike, or pierce as a ſound doth* (1) Ni iſtum ... percies, *Plaut Aſin* 2, 4, 69 *N ſi forte ſit futurum* ... (2) Ocus ... *Lucr* ... 185 (3) Lodictum ... num percet aures omnibus, *Lucr* 4, 567

Percingo, ere, xi, ctum act *To encompaſs round* Sæpe ſuis ſedes percinxit viribus alois, *Col* 10, 347

Percio, ii & ivi act (1) *To move, or affect very ſtrongly, or vehemently* (2) *To enrage, to provoke highly* (1) Ubi me cuædam divina voluptas percipit atque horror, *Lucr* ... ubi tamen al percipit (2) Iræ fax ſubeita percit, *Lucr* ..., 204

Percipiendus, a, um part (1) *To be reaped, or gathered, as corn, fruit, &c* (2) *To be underſtood, or known* (1) In fluctibus percipiendis, *Cic Offic* 1, 18 ✠ Non ſerendis, non percipiendis fructibus, non condendis, *Id de Sen* 7 *Met* Auribus hic fructu percipiendus erit, *Ov Triſt* 4, 2, 68 Voluptas oculis percipienda, *Id ex Pont* 4, 9, 38 (2) Philoſophia oratori neceſſaria percipienda eſt, *Cic de Orat* 1, 51

Percipio, ere, epi, eptum act [ex per, & capio] (1) *To take up wholly, to ſeize entirely, to poſſeſs, invade, or fill* (2) *To take, receive, gather, reap part ake of, or have* (3) *To perceive, underſtand, know, or apprehend* (4) *To retain* (5) *To mind, regard, or be attentive to* (6) *To take* (1) Cum me ... hominis percepit fervida febris, *Lucr* 6, 804 Cum mitero metus ... percepit ... *Plaut Stich* 2, 2, 17 Neque ... *Ter Eun* 5, 6, 2 (2) Legatiæ conditione percipient, *Petron* c 141 Percipere & condere fructus, *Cic* Vertentis fructum percipimus anni, *Propert* 4, 2, 11 *Met* Pro tantis laboribus fructum victoriæ percipere, *Cæſ B G* ... modeſtiæ fructum, *Cic* ... ſenſum ex mœrore patrio, *Id* ... ex co ... tantos luctus, *Id* ( ) Percipere aliquid auribus, *Cic Orat* 2 oculis, *Id Verr* 4, 28 Facile percipere, *Quint* animis, *Id* animo, *Id* (4) Themiſtocles omnium civium nomina perceperat, *Cic de Sen* 7 (5) Percipe quid dubitem, *Vir Æn* 9, 190 Percipite diligenter quæ dicam, *Cic Catil* 1, 11 (6) Ut quodcunque conſilium tu percipies, *Cic* (...)

Percipior, pi, eptus paſſ (1) *To be taken with* (2) Met *To be underſtood, learned, known perfectly* (1) Cum jucunditate quadam percipi ſenſibus, *Cic de Fin* 1 (2) = Percipi & comprehendi, *Cic Acad Q* 4, 11 Falſa a veris, & quæ percipi non poſſunt, ab iis quæ poſſint, diſtinguere, *Id ibid* 21

* Percis, idis f *A ſort of ſhell fiſh*, Plin ..., 11

Percīſus, a, um part [ā percido] (1) *Beaten, or mauled all over* (2) Obſcœn (1) Os tibi percīſum, *Mart* 2, 7 *Sunt tamen qui legunt* præciſum (2) Percidi gaudes, percīſus, Papile, ploras, *Mart* 4, 48 *vid locum integrum.*

Percitus, a, um par (1) *Moved* (2) *Struck, ſmitten* (3) Met *Moved, or much troubled, highly diſturbed, put into a paſſion* (1) Semine æterno percita motu, *Lucr* 2 1051 Ubi ... percitus ... *Id* 6 686 (2) Percitus ardor, *Lucr* 6, 28, Au ... percita eſt, *Plaut Amph* 2, 2, 95 (3) = Iracundo percito ... aliqua facere, *Cic pro Mil* 2, Percitus timore, *Lentulus ap Cic* furore, *Sen Herc fur* 108 dolore, *Id Hippol* 1156 ira, *Val Ma* ..., 1, 11

Percivilis, e adj *Very affable*, or *gracious* Sermo percivilis, *Suet Tib* ...

* Percnopterus, i m [ā nigro alarum colore] *A kind of baſtard eagle, like a vulture ſhort winged*, Plin 10, 3

* Percnos, i m *The ſecond kind of eagle, living about lakes and fens*, Plin 10, 3 = Plancus, anataria, *Id*

Percoctus, a, um part [ā percoquor] *Throughly boiled* Lens minus percocta, *Plin* 22, 25 In ter nigra virûm percoctaque ſecla calore, *Ethiopians, black Moors*, Lucr 6, 722

Percognitus, a, um part [ā percognoſcor] *Known, or diſcovered throughly*, Plin 1, 14

Percognoſco, ere, novi, nitum act *To know perfectly well*, Plaut Truc 1, 2, 50

Percognoſcor, i, itus paſſ *To be throughly known, or diſcovered*, leg ſub m in particip *percognitus*, q v

Percolatus, a, um *Throughly ſtrained* In terra marina aqua argillâ percolata dulceſcit, *Plin* 31, 6

Percōlo, are act *To ſtrain* throughly Poſtea in lunnes ... ceus vel ſparteis facci percolan, *Col* 12, 17

Percolor, ari, atus paſſ *To be ſtrained throughly* Humor ... ubi per terras ... percolatur, *Lucr* 2, 4..

Percōlo, ere, ui, ... (1) *To grace, deck* ... (2) *To perſe*... *or* ... *lays hand to* ( ) *To reverence greatly, to reſpect highly* (1) Plerosque ſenatorum ordinis honor percolui, *Tac Hiſt* ..., 7 ( ) Aſtro ... ipſe ... perco ... *Plin Epiſt* ... (3) Patrem tuum ... percol ... *Plaut Trin* 2, 2, 4 ... juge in liberoſque ejus percol ... *Tac Ann* ..., 68, ...

Percomis, me adj *Very gentle, courteous, affable* Peritiſſimus juris idemque percomis, *Cic de Clar Orat* 58

Percommŏde adv *Very conveniently, or opportunely* Hoc percommode accidit, *Cic pro Cæc* ...

Percommŏdus, a, um *Very convenient, or ſeaſonable* Id ... percommodum fuit, *Liv* ...

Percontans, tis part *Aſking, enquiring* = Nunquam mihi ... contanti aliquid aut quærenti deſuiſti, *Cic Orat* 1, 21 *alii a* ... percunctanti *leg*

Percontātio, ōnis f verb *An aſking of queſtions, an inquiry by queſtions* ✠ Rogatio ... ma eſt percontatio, *Cic de Or* Non percontatione quærentium ſed dolore expreſſum, *Id pro Cl* ... 65 *Vid* Percunctatio

Percontātor, ōris m verb *An asker of many queſtions* Percontatorem fugito, *Hor Ep* 1, 18 69 *Leg &* percunctator

† Percontor, ire Blanc & doct percontat Ennius, *Non* ex ...

† Percontor, *Cic*

Percontor, ari, atus ſum dep [ā conto, quo nautæ utuntur ad inquirenda loca navibus opportuna *Don*] *ſcrib &* percunctor (1) *To aſk ſtrictly, to inquire, demand, or queſtion* (2) *To expect, tarry, or wait for* (1) = Quid enim tam commune quam interrogare vel percontari? nam utrumque ut mihi indifferenter, cum alterum noſcendi, alter ... ſignificandi videtur adhiber ... = ✠ Quaſi tu non multo in ſis ... rare hoc mihi, quam ego, quæ percontor, ſcire! *Ter Hec* 1, 2, 6 Quod te percontabor, ne id te pigeat prologui, *Plaut Aul* 2, 2, ... Modo iſſe dicito ad ... contatum adventum Pamphili, *Ter Hec* 1 2, 2 § Percontari a ... *Cic* § Ex puella percontari, *Plaut Perſ* 4, 4, 49 (2) Percontari ... ad portum, quoad ſe recipiat, *Ter Phorm.* 2, 1, 22

Percontumax, acis adj *Very ſtubborn, wilful, or obſtinate* Percontumax rediſti huc nobis, *Ter Hecyr* 3, 5, 54

Percopioſus, a, um *Very copious, or large* In quibus percopioſus fuiſti, *Plin Ep* 9, ...

Percoquo, ere, xi, ctum act (1) *To ſeethe, or boil throughly* (2) *To ſcorch* (4) *To heat, or warm* (5) *To* ... (1) Bubulas carnes percoquit, *Plin* 23 7 In digitis percoxit quod ceperit *I will roaſt it upon my fingers*, Plaut Rud 4, 1 ( ) Prandium qui percoquat, *Plaut Merc* 3, 3, 18 (4) Humorem ... dos terram percoxerat ignis, *Lucr* 6, 859 ( ) Qui ... percoquere humorem? *Lucr* 5, ... (5) Fen... ras mori percoquit ...

... *Am* 1, 83 Pingues cci... ...tam m... percoquunt, ... *Ep st* 5, 6, 8

... coctus pass (1) ... *boiled* (2) *To be* ... (3) *To be baked* (4) ... earthen vessels ... *Vid* Percoquo (1) Fruc... *Col* 4, 17 (2) ... in furno, dende panis perco... *Plin* ... (4) Donec ... *Plin* ...

Percresco, cere, ... *To be divulged*, or *spread*, ... *known*, or *common*, to be ... *talked of pub*... ... gladiato... percrebuissent, *Cic* pro ... rumor, *Curt* 6, 2, 15 ... terrarum ... *Cæs B G* ... voluntate percre... *Fam* 10, ... Si hoc ... percrebruisset, *Id Att* ... Opinio quæ apud externas ... sermone percre... *Id Act* in *Verr* ... Ex ... tota urbe percrebuit, *Id*

Percrebuit impers *It hath been* ... or *spread*, &c Percre... ... urbem nostram ... non posse, ... Percrebuit in castris, ... 5, 6, ... 1

Percrepo, ... *To re*... *ring with* Locum il... percrepa ... totum mu... *Cic Verr* 5, 13

... percrucior, ... *To be vexed to the* ... Hoc, hoc est, quod per... quod per... *Plaut Bacch* 5, 1, 13

Percrudus, a, um adj *Very un*... ... percruda, *Col* 12, 10

... *chickens* ... An pulli rostellis ova ... *Col* 8, 5

Perculsus, a, um part [a per... (1) *Struck*, *smitten* (2) ... *affected with*, *wound*... *sorely disquieted* (3) ... *amazed*, *surprized* ... or *touched with ad*... *miration* (1) Percul... prostrata jacent omnia, ... (2) Fractus, af... perculsus, ... formidine ... (3) Op... insolitæ re... ... visis perc... turmæ, *Cæs B* ... Tanto perculsus nomine ... *Æn* 8, 121 (4) Ob... si nil perculsus ... *Vir Æn* 1, 517

Percunctatus, a, um part ... *Throughly trimmed*, *well* ... Quæ lavata est, nisi per... ... animo il... *Plaut Pæn* 1, 2, 24

Percunctans, tis part *Asking*, ... *demanding* Percunc... ... responderet, *Cic* de ...

Percunctatio, onis f verb *An* ... *demanding*, or *asking* ... Percunctatione no... ... *Cæs B G* ... 30 Nos ... percunctationibus re... *Cæs B G* 5, 13 *Vid* ...

Percunctatus, a, um part *Hav*... *enquired* Percunc... *Tac Ann* 12, 5, 8 ... *Æn* ... 27, 1

Percunctor, ari, dep [ex per, ... quod is qu... ... erro... (1) *To ask curiously*, ... *to demand*, or ... (2) Met *To consult*, or *advise with* (1) § Percunctari ... *Hor Epist* 1, 18, 96 § Percunctari ... peritis, ... ex aliquo, *Plaut* (2) Avrum per... ... *Probus* ap *Gell* 13, 20 *Vid* Percontor

Percupidus, a, um adj *Very kindly affected towards* Cognovi Hortensium percupidum tui, *Cic Fam* 1, 7

Percupio, cere, ivi, itum *To desire greatly*, or *earnestly*, *Ter Eun* 5, 2, 51

Percuratus, a, um part *Throughly cured*, or *healed* ... dum ... percurato vulnere, *Curt* 4, 6, ... conf *Liv* 21, 57

Percuriosus, a, um *Very careful*, *diligent*, or *inquisitive* Fidelis servulus, percuriosus, & minime mendax, *Cic* pro *Cluent* 62

Percuro, are act *To cure*, or *heal throughly*, *Sen Q N* 3, 1

Percuror, ari, atus pass *To be throughly healed*, or *cured* Sanguis nisi emissus fuerit tarde percurabitur, *Col* 6, 11 *Met* Quicquid imbecillum in animo... nec percuratum est, exulcerat, *Sen*

Percurrens, tis part *Passing*, or *making its way over*, or *through* Ventus rapido percurrens turbine campos, *Lucr* 1, 274 diversas luna fenestras, *Prop* 1, 3, 31 Arguto tenues percurrens pectine telas, *thickning*, *Vir Geor* 1, 294

Percurritur impers (1) *It is run over with* (2) Met *Recited*, *told*, *set forth* (1) Iterum glutino percurritur, *Plin* 13, 12 (2) ⁜ Multo apertius ad intelligendum est, si sic constituitur aliquando, ac non ita ... vitate percurri..., *Cic* de *Orat* 2, 80

Percurro, ere, ri & cucurri act (1) *To run in great haste*, *to continue running all the way* (2) *To run with speed over*, or *through* (3) *To pass*, or *make its way over*, or *through* (4) *To run over* in speaking of, or discoursing at large upon (5) *To run over* in the mind, thought, &c (6) *To run over* by reckoning, or recounting (7) *To run over* by reciting briefly, or reading cursorily (1) Curriculo percurre, *Ter Heaut* 3, 3, 11 ⁼ Ad te properans percurro ad forum, *Id Andr* 2, ... 18 (2) Cæsar omnem agrum Picenum percurrit, *Cæs B C* 1, 15 Quum omnes regiones Galliæ percurrissent, *Hirt* ap eund *B G* 8, 52 (3) Per mare, & terras rapidus percurrere turbo, *Lucr* 6, 668 Magnum percurrunt murmura cœlum, *Id* 5, 1220 (4) Per omnes civitates percurrit oratio mea, *Cic Verr* ... 42 (5) Orator percurret omnes locos, *Cic Orat* 15 Animo rotundum percurrisse polum, *Hor Od* 1, 28, 6 (6) Omnia pœnarum percurrere nomina, *Vir Æn* 6, 627 (7) Pluribus verbis dicerem, quæ nunc percurrit oratio mea, *Cic* pro *Cluent* ... Id, ... extra causam est, percurram tamen brevi, *Id* pro *Cæcin* 32 ¶ Pan unco labro calamos percurrit hiantes, *run with them over in piping*, *Lucr* 4, 592 Querulas agili percurrit pollice chordas, *playeth nimbly on them*, *Ov Amor* 2, 4, 27 Arguto conjux percurrit pectine telas, *Vir Geor* 1, 294 Grato ... mensis odore percurrit in rusticis dapibus, *Plin* 19, 8

Percurror, i, sus pass (1) *To be run over* (2) *To be recited briefly* (1) Percurritur Hebrus, *Claud* in *Ruf* 2, 290 (2) Ea quæ valde breviter a te de ipsa arte percursa sunt, *Cic* de *Orat* 1, ...

Percursatio, onis f verb *A ranging progress* Italiæ percursatio, *Cic Phil* pp 2, 25

Percursio, onis f verb *A speedy running over in the mind* Propter animi multarum rerum brevi tempore percursionem, *Cic Tusc* 4, 13

Percurso, are freq [a percurro] *To range frequently up and down* Lationum ... percursant totis finibus nostris, *Liv* ... 12

Percursus, a, um part (1) *Run over*, *recounted*, *reckoned up* (2) *Run over in thought*, *revolved in mind* (1) Suis in eum beneficiis modice percursis, *Tac Ann* 4, 40, 1 (2) Quæstiones percursas, & perceptas ... habere, *Cic* de *Orat* 2, 32

Percussio, onis f verb (1) *A knocking*, *beating*, or *striking* (2) *snapping*, or *cracking* of the fingers (3) *A stroke in measuring of time in feet*, or *music* (1) Capitis percussiones, *Cic Tusc* ... 26 (2) Digitorum percussionem heres possit esse, *Cic Off* 3, 19 (3) Sunt insignes percussiones eorum numerorum, & numeri pedes, *Cic* de *Orat* 3, 47 Non sunt in eis tanquam tibicini percussionum modi, *Id Orat* 58

Percussor, oris m verb (1) *A striker* (2) *An hired assassin*, *a cutthroat*, *a bravo* (1) *Plin* 8, 16 (2) Deprehensus cum sica percussor Cæsaris, *Cic Philipp* 2, 29 Sin eos, quos, qui ... nomine appellant, percussores vocant, *Id* pro *S Rosc* 33

‖ Percussura, æ f (1) *A mark of a blow* (2) *A shaking* (3) *A stroke* (1) Percussura ferro vel sude facta, *Apul* de *Herb* 31, 6 (2) Percussura ... *Vulg interpr* (3) *Id Levit* 12, 54

Percussurus, a, um part *About to strike* Percussurus uxorem, *Curt* 8, ... 4 filium, *Id* 8, 7, 7

Percussus, a, um part (1) *Stricken*, *smitten*, *hit*, &c (2) *Struck*, *stamped*, *coined* (3) *Slain*, *killed* in sacrifice (4) Met *Astonished*, *abashed* (5) *Played*, or *otherwise acted upon* (6) *Moved*, *disquieted*, *vexed* (7) *Affected with* joy, sorrow, &c (8) *Cast up*, or *cut*, as a trench, or ditch (1) ⁼ Lapidibus appetitus & percussus, *Cic* pro *Domo* 5 Percussa fluctu littora, *Vir Ecl* 5, 83 Percussa fœdera, *leagues made*, *Flor* 2, 11 Percussa de cœlo turres, *thunder struck*, *Cic Catil* ... 8 (2) Omnia ficta dictaque sint una forma percussa, *Sen* (3) Collum percussa securi victima, *Ov Trist* 4, 2, 5 (4) Percussam saxa secuta lyram, *Ov Amor* 3, 12, 40 Luna solis radiis percussa, *Lucr* 5, 703 (5) Mens dubiis percussa, *Luc* 6, 596 al perculsa Percussi scuta sole, *Val Flacc* 1, 495 (6) Dolore extremo percussa, *Valer Flacc* 7, 475 Percussis temporis calamitate, *Cic* pro *Mur* 24 fortunæ gravissimo vulnere, *Id Acad* 2, 1, 3 (7) Lacte mero mentes percussa novellas, *having their spirits put into a sprightly motion*, *Lucr* 1, 262 Casu percussus iniquo, *Vir Æn* 6, 575 (8) Invenio fossam a rege percussam, *Plin Ep* 10, 50, 3 Fossa in fronte percussa, *Frontin Strat* 3, 17, 5 *Vid* Percutio, & Percutior

Percussus, us m verb (1) *A stroke* (2) Venarum percussus, *the beating of the pulses* (3) *A dashing against* (1) Percussu viatari fimo aprugno curant, *Plin* 28, 17 (2) Inæquabili, ac formicante venarum percussu, *Plin* 7, 51 (3) ... Percussu crebro saxa cavari ... quis, *Ov ex Ponto*, 2, 7, ...

Percutiendus, a, um part *To be smitten*, or *beaten* ... *Ov Fast* 1, 446

Percutio, ere, ssi, ssum act [ex per, & quatio] (1) *To strike*, *hit*, *thump*, or *knock* (2) *To fell*, or *beat down* (3) *To kill*, *slay*, *murder*, or *cut one's throat* (4) *To accuse*, or *condemn* (5) *To affright*, or *astonish* (6) Met *To bewitch*, *fret*, *tease*, *to vex*, *to disquiet sorely* (7) *To strike*, or *make an impression* ... (8) ... *To strike*, or *cut through* (1) ... lapidem ... *Lucr* 6, 101 ... pectus percutere, *Vir Æn* 12, 155 ... venabulo, *Cic* ... *Mar* 9, ... (2) Numnam hunc percussit Jupiter? *Plaut Amph* ... (3) ⁼ Ipse percussit, an alius occidendum dedit? *Cic* ... Si ... percutere, *to behead*, *Hirt B Hisp* 21 fœdera, *to make a league*, *Id* (4) Rufio noster stratagemate percussit Vectorium *Cic Attic* 5, 2 Hunc nuncium probe percutiam, *Plaut Pseud* 2, ... 9 Palpo percutere, *Id Merc* 1, 2, 42 ... dum palpo percutit, *wheedleth*, *flattereth* *Id Amph* 1, 3, 28 (5) Quonam modo ille vos vivus afficeret, qui mortuus inani cogitatione percussit? *Cic* pro *Mil* 29 (6) Percussit illico animum, *Ter Andr* 1, 1, 98 Audivi hoc ... percussit animum, *Cic* ... Quid animum quod percutit ipsum? *Lucr* 2, 685 (7) Utendum est imaginibus ... quæ occurrere celeriterque percutere animum possint, *Cic* de *arte M*... *mor* Acri percussit thyrso laudis spes magna meum cor, *Lucr* 1, 922 Nec me tam Larissæ percussit campus opimæ, quam & *Hor Od* 1, 7, 11 (8) Fossam transversam inter montes percussit, *Front Strat* 1, 5, 8 *Vid* Percussus, n 8

Percutior, i, ssus pass (1) *To be stricken*, &c (2) Met *To be moved*, *shocked*, or *disturbed* (1) Fores percuti de more a lictore vetuit, *to be knocked at* *Plin* ..., 30 Percutitur rapido puppis noto, *is driven*, or *forced away*, *Ov Fast* 3, 588 Sidere percussi est subito tibi lingua, *planet struck*, *Mart* 11, 86 (2) Repente percussus est atrocissimis literis, *Cic Fam* 9, 25

Perdecorus, a, um adj *Very comely*, or *handsome*, *Plin Ep* ... 9

Perdelirus, a, um adj *Very ridiculous*, *silly*, or *foolish* Perdelirus esse videtur, *Lucr* 1, 693

Perdendus, a, um part (1) *To be lost* (2) *To be killed*, or *slain* (1) Non in occulto tibi est perdenda virtus, *Sen Med* 977 (2) Nunc mihi perdendum mortale genus, *Ov Met* 1, 188 *Vid* Perdo

Perdensus, a, um *Very thick and solid* Perdensa humus cœlestes aquas non sorbet, *Col* 3, 12

Perdepso, ere, ui (1) *To knead* (2) In obscœnis (1) *Vid* Depso (2) Patrui perdepsuit ipsam uxorem, *Catull* 72 *Scalig* ... stupravit

† Perdespuo, ere, ... e valde despuo *To slight*, or *scorn one very much*, *Catull* al *leg* perdepsuit, *quod vide*

* Perdicium, i n *Pellitory of the wall* Perdicium & aliæ gentes quam Ægyptii edunt, nomen dedit avis id maximè eruens, *Plin* ⁼ Parthenium, leucanthe, amnacum,

cum, *I* 2, ... = Herba mura-lis, *Gc*

Perdifficilis ... *Very dif-ficult*, or ... Perdifficilis navigatio, *Cic* ... 8 = Perdifficilis & perobscura quæstio, *Id N D* ... 1

Perdifficiliter, adv *Very diffi-cultly*, or ... Quæ perdiffi-ciliter permoventur tamen, *Cic* ... 4, 15

Perdignus, a, um adj *Highly worthy of* ... Sua cor hominum perdignum esse ... *Cic* ... 6

Perdiligens, ... *Very di-ligent, or ...* Res ... est & hominis perdiligentis, *Cic* ...

Perdiligenter, adv (1) ... (2) ... (1) Epistolas tuas ... cum memor ... sum, *Cic Att* 1, 9 (2) ... rerum memor ... & perdiligenter complexus ... *Cic de Or* ...

Perdiscendus, ... um part *To be thoroughly learned* ... *Cic Orat* 1, 18 Lo-... de moribus est ... per ... *Cic de Or* 1, 15

Perdisco, ere, didici, act (1) *To ... perfectly ...* (2) ... (1) = Perdiscere & nosse ... *Cic* pro *Balb* ... Literas ... non perdiscere, ... (2) Per ... *Plin* ...

Perditio, ... pass *To be lost* ... Perditi ... *Plin* 2, 46

Perditè, adv *Desperately*, ... Perditè ... amare ... *Cic de Or* 1, 6...

Perditissimè ... (1) *Corruptly*, ... (2) ... (3) ... (1) Quid ... est ... non ..., *Cic* ... 9, 2 (2) Per-... *Cic* ... (3) Co-... *Quint* 2, 1...

... = Venditores ... *Cic* ... Ego ... hominem ... perditorem ... fuerim? *Id* ...

Perditus, a, um part *That* ... Adversarium ... *Cic de Orat* 1, 46 ... tus, a, um part [a perdor] ... or, comp ... mus, sup (1) *Lost*, (2) *Forgotten*, ... (3) ... (4) ... (5) ... (6) ... (1) = Nec perditi & ... *Cat* ... (7) = Homines ... *Cic* ... *Id* ... & ... *Ter* ... (8) ... perditum ... *Ter Eun* ... Quem ... Omnium ... 26 = ... perditorum hominum ... *Cæs B G* 2, 17 (6) ... perditus, *Cic* ... *Id* (7) = ... perditus ac profusus ne-... *Cic* ... 12

Perdiu, adv *For a great while*, or *a very long time* Boni ora-tores perdiu nulli, *Cic de Or* 1, 2

Perdives, itis adj *Very rich* Mulier perdives & nobilis, *Cic Att* 6, 1

|| Perdius, a, um adj *All day long* ✠ Stare totus Socrates ... perdius ... per ... *Gell* 2, 1

Perdiuturnus, a, um adj *Lasting a very long time* Gravi bel-lum perdiuturnum, *Cic* pro *Sext* 2...

* Perdix, icis f *Plin* ... *A partridge* Plin 10, ... & *Mart* 1, 65, ...

Perdo, ere, didi, itum act *Lex per*, Cic ... (1) *To lose*, (2) *to consume*, ... *or throw away* ... (3) *To kill, slay, destroy* ... (4) *To waste, ... destroy* ... (5) *To corrupt, spoil*, ... (6) *To ruin*, ... (7) *To confound*, ... (8) *To forget, to ...* (1) ✠ Ut locupletem ... *Cic* ... 2, 24 Hunc non ... & ... *Ter* ... Amicitia ... 44 ... *Pl* ... causam, *to lose* ... *Cic* (2) ... *Cic* 1, 1 Non perderetur ... in ... *Luc* ... 506 Nec tempora ... perdidi in somnis, *Id* ... 506 Perdere operam, *to lose* ... *Ter*, *Phædr* 1, 25 ... operam & ... *Cic* ... *Prov A-* ... *he loseth his time* ... for time was ... measured ... *Plant* (3) ... *Ter* ... 1, 107 Genus mortale sub undis perdere, *Ov Met* 1, 261 Quem potes ego cap-... perdam, *I will be his death*, *Plaut* ... Dii te per-dent, fugitive, *Cic* Ut te omnes dii deæque malis exemplis perdant, *Ter Phorm* ... 7 (4) ... & fruges perdidit, *Cic* pro *S Rosc* 46 = Quam provinciam ita vexavit ac perdidit, *Id* (5) Cur perdis adolescentem nobis? *Ter Adelph* 1, 1, 36 *Mart* Cur me tot male perderes poetis? *Catull* 14, 5 (6) ... perdidit *Ter Ad* 2, 5, 1 Pene ... perdiant pro ... *Id Hec* ... (7) ✠ Misit quod ... *Ter Eun* ... 2, 6 = Profundat, perdat, pereat, nihil ... *Id* ... = Sumat, consumat, perdat, *Id Heaut* 2, 50 ... posse perdere, *Id Hec* ... (8) Nomen ... perdit, *Ter Phorm* ... Animus ... perdit, *L* ... 81

Perdoceo, ere, ui, ctum act *To teach perfectly*, ... *thoroughly* Paupertas omnes artes perdo-cet, *Plaut Stich* 1, 3, 24 vid & *Cic* pro *Sext* 14

Perdocendus, ... pass *To be* ... *instructed* Perdocta est probe, *Ter Heaut* 2, 2, 120

Perdoctè, adv *Very know-ingly, exactly*, or *perfectly* Ut per-docte cuncta callet! *Plaut Most* 1, 3, 122

Perdoctus, a, um part & adj (1) *Perfectly instructed*, or *taught* (2) Adj *Very learned*, or *know-*

ing (1) Rerum varietate, atque usu ipso perdoctus, *Cic* pro *C Balbo*, 2... Multorum exitio perdoctis, *Luc* 2, 4... (2) Gen ... perdoc-... *Stat* ...

Perdolesco, ere, ui, ... n *To be very sorry*, ... *to be thoroughly vexed* ... *Cic* ... *Lipsius* ... *Ter Eun* ... *Cic* ... *Gell* ... 1

Perdolatus, a, um ... *made smooth* ...

Perdolo, are ... *To hew timber* ... perdolanti, ...

Perdomandus, a, um part ... *to be* ... *subdued* ...

Perdomitus, a, um part (2) *Subdued*, ... (1) Perdomitos ... novos mox ad ... ... monstra, *Sil* ... *Hor* ... (2) ... perdomiti ... *Liv* ... 90

Perdomo, are, ui, itum act (1) *To tame* ... (2) *To subdue* ... (3) ... *wholly* (1) Perdomi-... 13, 15 ... ros, *Id* ... (2) ... denas ... *Sp* ... 27, 10 ... *Plin* ... 4, 5...

Perdormio, ... (1) *To sleep* ... *till* ... (2) ... *Liv* ...

Perdormisco, ... *To sleep* ... *long* ... Perdormiscam ... *Plaut Aul* ... 5, 5...

† Perduassint, *pro* perdant ... perdant Dii ... *Most* 2, 2... ... tassint

Perducendus, a, um part *To be led*, or *brought* ... mox ... eandem similitudinem perducendus, *Cic*

Perduco, ere, xi, ctum act (1) *To lead through*, or *all the way* (2) *To lead*, or ... *along with, to bring one to* (3) Met *To bring over*, or *persuade to ones party, opinion*, &c by foul, or fair means (4) *To bring down*, or *lower a* ... *in contracts* (5) *To* ..., or *run a wall, trench* or work (6) *To carry on a building*, *Cic* ... *finished* (7) Met *To continue to hold*, or *carry on*, *to prolong, to go through* (8) *To* ..., *daub*, ... (9) *To cross*, ... or *blot out* (1) Is Ch ... perduxit, *Cic* pro *Planc* ... 41 Ut le-gatos acceptos ... ad eum per-ducerent, *Cæs B G* ... 17 (2) In hunc locum me perduxit, *Petron* c 8 ... perducere ... cum ... neum, *Ter Andr* 1, 1 ... perducere ... *Cic* ... Quæ existimatio P Quint ... ad ... em perduxit, *Id* (2) Cui cum perducere non posset, in-terficere conatus est, *Nep Eumen* 2 Is me crebro ad cœnam invi-tat, ac hunc non potui perducere, *Cic* Alios principum domus ad suam causam perduxit, *Liv* ...

... perductus ... perduxit ... *Cic* ... perductum, ... Annorum ... perduxit ... (6) Perducere ... perducere ... extremum ... perduxit ... *Liv* ... (7) ... perducit ... *Id* ... corpus ... perduxit ... Auro ... *Hor* ... (8) ... *Plaut* ...

Perducor, ... etus ... *to be brought*, ... *to be carried* ... or ... women ... (4) ... (5) ... *B* ... *Plin* ... (2) Perductus ... *Plin* ... perduxit ... *Cic* ... (3) Perduco, n 6 (5) Quo ... tempus ... *Cic* ... Res ... medium noctem perduct, *Cæs B C* 3, ... *Perducto*

Perducto, are ... *or to* ... *one along* ... perducetur? *Plaut* ... 2, 1...

Perductor, oris m verb (1) *A* ... *or pimp*, or ... (1) *Plaut* ... 2, 1... (2) ... rum, ... perductorum ... *Cic* ... *Afron* ✠ Perductores in hoc ... runt a lenonibus, quod ... perductores ... personarum, & ... quibus ... legibus ... *Conf* ...

Perductus, a, um part (1) *Brought*, ... (2) *Persuaded*, ... (3) ... (4) ... (5) ... *prolonged* ... or ... (1) Qui ... perductus ... *Plaut* ... Dolo perductus ... *Nep* ... Quo ... perductus, *Petron* ... (3) Or ... *Cæs B G* ... 8 (4) Ex castello ... perducta munitione, *Cæs B* ... (5) ... perductis, *Liv* (6) ...

Perduro ... *Long* ... *Plaut Stich* 4, 1, 69

Perduellio, onis m [duellum dicebant antiqui pro bellum ex ...

perduellio, *Prisc*] (1) *Murder* (2) *High treason against the prince, or state* (1) Duumviros, qui Horatio perduellionem judicent, secundum legem facio, *Liv* 1, 26 (2) Qui perduellionis reus est, hostili animo adversus rempublicam vel principem animatus est, *Ulp* *Lege Dig* *ad leg Juliam*, de majestate

Perduellis, is m [a duello, perduellis qui pertinaciter retinet bellum *Fest*] *An enemy, one engaged in actual war against us* Illud etiam animadverto, quod qui proprio nomine perduellis esset, is hostis vocaretur, *Cic Offic* 1, 12 ✝ Pirata, non est ex perduellium numero definitus, sed communis hostis omnium, *Id Offic* 3, 29

✝ Perduellium, i n ant *pro* bellum, *Varr L L* 6, 3

✝ Perduim, *pro* perdam ant Cum istis me tu te uni perduis, *Plaut Amph* 2, 2, 215 *Execrandi formul* Di illum perduint, *Ter Phorm* 1, 2, 73 & eund *Heaut* 4, 5, 1

Perduiturus, a, um part *That will last* Mori nec in regem perduraturum secundum, *Stat Theb* 1, 1

Perduro, are neut (1) *To last, to continue* (2) Met *To hold out, to endure* (3) *To continue, to abide patiently with* (1) Longum probitas perdurat in ævum, *Ov de Medic fac* 49 (2) Quin tu aliquot dies perdura, *Plaut Curc* 1, 1, 26 (3) Adjurat non posse apud vos Pamphilo se absente perdurare, *Ter Hecyr* 2, 2, 27

Peredia, æ f *A country of eating, a made word, Plaut Curc* 3, 1, 74

Peredo, peres, *vel* peredis, edi, esum (1) *To eat through by fretting* (2) *To consume, or eat* (1) Lacrymæ peredere humore exsangues genas, *Cic Tusc* 3, 1 *a poet* (2) Quos durus amor crudeli tabe peredit, *Vir Æn* 6, 442

‖ Peregér, gris, gre adj [ex per, & ager] *A foreigner* Peregrinus factus sit, *Ulp* unde in accus Velim me peregrem existimes compotem tabulari, *Auson Ep* 17

Peregre adv [ab inus peregei, quasi peragros, *Fest*] (1) *Abroad, from home* (2) *From abroad, i e from foreign parts* (1) ⁜ Peregreque & domi, *Plaut* ⁜ Utinne domis nisve peregreve exirem, *Hor Sat* 1, 6, 102 *Met* Dum peregre est animus sine corpore velox, *busied in contemplations*, Hor Ep 1, 12, 1 Aberat peregrè Demipho, *Ter* Illo abeunte peregrè, *Plin* 5, 12 (2) Pericula, damna, exilia peregrè rediens semper cogitet, *Ter Phorm* 2, 1, 13 Alios peregrè in regnum Romam accitos, *Liv* lib 1

✝ Peregri adv *In a strange country* ⁜ Peregri, cum in loco est Peregre dicimus, cum abit quis in locum, *Charis* ex *Nav* ✝ Pereger

Peregrinabundus, a, um *Of a travelling humour, loving to travel about foreign countries*, Liv 28, 18

Peregrinans, tis part *Travelling in foreign parts* *Met* Nos in nostra urbe peregrinantes errantesque, tanquam hospites tui libri quasi domum deduxerunt, *Cic Acad Q* 1 In universis rerum naturæ operibus cura nostra breviter peregrinantes, *Plin* 8, 16 Mentes peregrinantium, *Id* 31, 6

Peregrinatio, onis f verb *A travelling, or journeying up and down, a progress* (2) *A sitting, or wandring up and down* (3) *A travelling in foreign parts, a being, or living abroad* (4) *A foreign, or outlandish dress, a new fashion brought from abroad* (1) Tempus in peregrinatione consumere, *Cic Att* 16, 3 (2) Bestiæ partim cursu & peregrinatione lætantur, *Cic de Fin* 2, 33 = Gaudent peregrinatione ostreæ, transferrique in ignotas aquas, *Plin* 32, 6 (3) ⁜ Exilium quantum a perpetua peregrinatione differt? *Cic Tusc* 5, 37 (4) Novitatis ac peregrinationis avida est hominum natura, *Plin* 17, 10 Numquid barbam peregrinatione figuravi? *Petron* c 102 *Sed al leg* peregrina ratione, *rect ut videtur*

Peregrinator, oris m verb *One that maketh many journeys, often from home* Non tam sum peregrinator jam, quam solebam, ædificia mea me delectant, *Cic Fam* 1, 18

Peregrinatus, a, um part *Having been abroad, or in foreign parts*, Cic Acad Q 4, 1

Peregrinitas, atis f [a peregrinus] (1) *The corruption of the purity of the Roman language, by the speech and conversation of foreigners* (2) *A tone in pronouncing the Roman language, shewing him that speaketh to be a foreigner, rather than a native* (3) *The condition of a foreigner, or one not a denizen, or free of Rome* (1) Cum in urbem nostram est infusa peregrinitas, *Cic Fam* 9, 15 (2) ⁜ Si fuerit os facile explanatum, jucundum, urbanum, id est, in quo nulla neque rusticitas, neque peregrinitas resonet, *Quint de pronunciat* (3) Splendidum virum in peregrinitatem redegit, *Suet Claud* 15 Si per pœnam deportationis ad peregrinitatem redactus sit patronus, *Ulp*

Peregrinor, ari, atus sum dep (1) *To travel through strange places, to go abroad into foreign parts, or countries* (2) *To be a stranger at, to live a foreigner in any place* (1) = Eloquentia omnes peragravit insulas, atque ita peregrinata tota Asia est, ut, *&c* Cic de Cl Or 13 *Met* Animus latè longeque peregrinatur, *travelleth in contemplation*, Id N D 1, 20 (2) Ut peregrinari in aliena civitate, non in tua magistratum gerere videare, *Cic* pro *C Rabir* 10 *Met* Philosophia adhuc peregrinari Romæ videbatur, *Id* de Fin 3, 12

Peregrinus, a, um adj [a peregre, seu antiq pereger, *Fest*] Ponit subst (1) *An alien, stranger, or foreigner* (2) Peregrina, *an whore, harlot, or courtesan* (3) Adj *Foreign, outlandish* (4) *Coming from foreign parts, or countries* (5) *Remote, far off, at great distance* (6) *Strange, new, fresh* (7) *Raw, unexperienced* (8) *Ignorant* (1) ⁜ Nemo neque civis, neque peregrinus, *&c* Cic Verr 4, 25 ⁜ Peregrini & incolæ officium est, *Id Offic* 1, 34 Hostis apud majores nostros is dicebatur, quem nunc peregrinum dicimus, *Id Offic* 1, 12 ⁜ = Non hospites, sed peregrini atque advenæ nominabamur, *Id contr Rull* 2, 34 (2) Pro uxore habere hanc peregrinam, *Ter Andr* 1, 1, 119 *Hoc nomine meretrices nominabantur*, Donat *in locum* (3) Peregrina constituit hospes humo, *Ov Fast* 5, 98 Peregrinum cœlum, *Id Trist* 4, 7, 25 Graium ornatum adduce lepidè in peregrinum modum, *in a foreign garb*, Plaut Perf 1, 3, 78 (4) Peregrina volucris, *brought from foreign parts, or countries, exotic*, Phædr 1, 26, 11 *de ciconia* Divitiæ peregrinæ, *Hor* Arbores, *Plin* Peregrinum nutrimentum, *Liv* = Peregrinum ignotumque Romanis purpura, *Juv* Peregrini lapilli, *gems, precious stones*, *Ov* (5) Peregrinum ut viseret orbem, *Ov Met* 1, 94 (6) Peregrinus amor, *Ov Epist* 1, 76 Peregrina libido, *Petron* c 110 (7) = Nec peregrinum atque hospitem in agendo esse debere *oratorem*, Cic de Or 1, 50 (8) Quære peregrinum, *one unacquainted with your cheats*, Hor Ep 1, 17, 60

Perelegans, tis adj *Very elegant, neat, or quaint* Genus est perelegans, *Cic de Or* 2, 67 Perelegans ingenii Hesiodus, *Pater* 1, 7, 1

Pereleganter adv *Very elegantly, neatly* = Ornatè & pereleganter dicere, *Cic de Clar Orat* 52

Pereloquens, tis adj *Very eloquent, smooth, or fluent in discourse* In consulatu pereloquens visus est, *Cic de Clar Orat* 70 ⁜ indisertus, *Id ib*

✝ Perennis dicitur auspicari, qui amnem & aquam, quæ ex sacro oritur, auspicato transit, *Fest al leg* perenne *Vid* Perennia

✝ Peremptalia fulgura *Taking off the ill effects of the former* Peremptalia fulmina quibus tolluntur priorum fulminum minæ, *Sen vid & Fest*

Peremptor, oris m *One that killeth, a murderer* Peremptor inclyti regis, *Sen Oedip* 221

Peremptorius, a, um adj [a perimo] (1) *Peremptory, express* (2) *Deadly, that killeth, or dispatcheth quickly* (1) Peremptorium edictum inde hoc nomen sumpsit, quod perimeret disceptationem, hoc est, ultra non pateretur adversarium tergiversari, *Ulp* Peremptoriæ exceptiones sunt, quæ semper locum habent, nec evitari possunt, *Brisson* ⁜ dilatoriæ, *Id* (2) Venenum peremptorium, *Apul Met* 10, p 326

Peremptūrus, a, um part [a perimo] *That will cut off, change, or alter* An fulgura peremptura sint fatum? *Plin* 2, 53

Peremptus, a, um part [a perimor] (1) *Taken away* (2) *Destroyed, ruined* (3) *Consumed, wasted away* (4) *Killed, slain* (1) Non potest miser esse quisquam, sensu perempto, *Cic Tusc* 1, 37 Cum lana stellanti nocte perempta est, *Id de Div* 1, 11 *ex poet* (2) Genus humanum jam tunc foret omne peremptum, *Lucr* 5, 1025 (3) Fædior corporis habitus, pallore ac macie perempti, *Liv* 2, 23 (4) Martis sorte perempti, *Vir Æn* 11, 110 Lycum ferit exceptum matre perempta, *Id Æn* 10, 315 Lege summa perempti verbi patris, *Luc* 10, 92 Fraude peremptus, *Val Flacc* 6, 74

Perendiè adv [*quasi* perempto die] *The day after to-morrow, two days hence* ⁜ Uxor quæ cras veniat, perendiè feratur foras, *Plaut Aul* 2, 1, 34

Perendinus, a, um adj *The next day after to-morrow, the third day from hence* ⁜ Utrum diem tertium, an perendinum dici oporteret, *Cic* pro *Mur* 12 Perendino die, *Cæs B G* 5, 30

Perenna, æ f *A certain goddess* *Vid* Propr

Perennè adv [a perennis, ut facilè à facilis] *All the year round*, Col 12, 18

Perennia, um n plur *Auguries which the consul, or pretor took, at his being about to pass a river* Nulla perennia servantur, *Cic N D* 2, 3

Perennis, e adj or, comp [ex per, & annus, *qu* per omnes annos durans, *vel* per totum annum] (1) *That continueth, or stayeth all the year round* (2) *Lasting, durable* (3) Perennes stellæ, *the fixed stars* (4) *Never failing, ceasing, or fading* (5) *Constant, steady, stedfast* (6) *Perpetual, continual, incessant, uninterrupted* (7) *Eternal, endless, everlasting* (1) ⁜ Temporum magna differentia avibus, perennes, ut columbæ, semestres, ut hirundines, *&c* Plin 10, 25 (2) Exegi monumentum ære perennius, *Hor Od* 3, 30, 1 (3) *Plin* 2, 25 (4) Fons perennis, *Hirt* ap *Cæs B G* 8, 43 Aquæ perennes, *Cic Verr* 4, 48 fluvii, *Lucr* 5, 464 latices, *Id* 5, 263 amnis, *Liv* *Met* Fontem perennem gloriæ suæ perdidit, *Cic* (5) Perennis fides, *Plin jun* Tua processus habeat fortuna perennes, *Ov Trist* 4, 5, 25 (6) Lucrum perenne, *Plaut Amph prol* 14 Cursus solis lunæque perennes, *Lucr* 5, 80 Perennia studia, *Cic de Cl Or* 97 (7) = ⁜ Mortale quod est, immortali atque perenni junctum, *Lucr* 3, 805 Plus uno maneat perenne seclo, *Catull* 1, 10 Prisca fides facto, sed fama perennis, *Vir Æn* 9, 79

Perenniservus, i m *A servant who always serveth one master*, Plaut Perf 3, 3, 16

Perennitas, atis f [a perennis] *Lastingness* Ut quam longissimam perennitatem stirpi acquirat, *Col* 4, 24 *de vinea* Adde huc fontium gelidas perennitates, *their never failing course*, Cic N D 2, 39 ⁜ Ego me metior non ætatis spatio, sed perennitatis, *Curt* 9, 6, 18 *Sed alii leg* gloriæ *A title of honour given to princes*, ap posteri scrip

Perenno, are n [per annum, *vel* per annos duro] *To last, endure, or continue* Si non perennat in totum, certe usque in alteram vindemiam vini saporem servat, *Col* 12, 20 Quo melius ficus perennet, *Id* 12, 15

Perenticida, æ c g [a pera] qui peram exenterat *A cutpurse* Ego tuum patrem faciam perenticidam, *Plaut Epid* 3, 2, 1 *Ludit in similis sono Parenticidæ & Perenticidæ*

Pereo, ire, itum n [ex per, & eo, *i e* penitus eo, *Fest*] (1) *To be quite spent, or gone, to vanish or disappear wholly* (2) *To die, to be killed, slain, or cut off* (3) *To perish, to be annihilated* (4) In the optative mood, present tense, *a form of imprecation* (5) *To be lost* (6) *To be lost, spent in vain, or thrown away* (7) *To be performed, or done in vain, or to no purpose* (8) *To be destroyed, or laid waste, to be spoiled* (9) *To be ruinous, fallen to decay, ready to drop* (10) *To be ruined, or undone* (11) *To be desperately in love with one* (1) Nives pereunt, sole tepente, *Ov Fast* 3, 236 ⁜ Odor tardè venit, ac perit ante paulatim facilis distractus in aeris auras, *Lucr* 4, 696 ⁜ Imago ubi prima perit, alioque est altera nata endo statu, *Id* 4, 776 (2) Occurrunt animo pereundi mille figuræ, *Ov Ep* 10, 81 Varius summo cruciatu supplicioque periit, *Cic N D* 3, 33 Si pereo manibus hominum, perisse juvabit,

juvabit, *Vir Æn* 2, 606 Pereant sane in latrocinio, *Cic* Utraque in ea fuga perit, *C f B G* 1, 53 Marcello circa mortem, cum peri ib Hannibale, defuit in extis, *Plin* 1 [illegible] *Hand in jecore* ( ) ⁜ Corpus ubi interiit, periisse necesse est *Lucr* 3, 799 (3) Pereo, m, ut piscem pitivisse, *let me die, or perish, &c.* [illegible] Pe[illegible] omnes conantem equi se potuerunt, *Plaut* ad *Cic Fam* 11, 2 Pereo, m, in solicitus sum, ac [illegible] veterem & clementem omnium hic esse, quam, &c Castiu ad Cic Pereat mihi, Lesbia, quae te, &c Hor Epod 12 (5) Ecqua inde parva perisset fero, *Ter Eun* 2, 3, 15 ( ) Perit opera nec qui [illegible], *Plaut* [illegible] [illegible] nummi [illegible] *Hor Sat* [illegible] *nilt* Pereunt tempora long [illegible] *Juv* 3, 125 (7) [illegible] civile [illegible] (8) = [illegible] [illegible] *Hor* Sat 2, 1, [illegible] (9) [illegible] *Plaut* [illegible] 1, 2, 70 (10) Ego [illegible] duco, [illegible] *Plaut Bacch* 3, 3, 81 Pereo fun ditus, *Ter* perpetuo, *Id* [illegible] *Plaut* [illegible] *Id* [illegible] In eorum potestatem venire, quisque pervos perisse existimant *C f B G* 2, 27 Bi perit imitor ab re atque animo timui, *Plaut Truc* 1, 1, 26 Mæ[illegible] *hath spent all*, Cic (11) Etiam hic adeo cens[illegible] *Plaut Pæn* 5, 2, 15 Ut vi[illegible] *Ecl* 8, 41

Perĕquitans, tis part *Riding through, or between* Equitans inter duas acies perequitans, *C f B C* 1, 46

Perĕquĭto, āre (1) *To ride quite through* (2) *To ride round, or all over* (1) Qui non bis per hostium agmen perequitabet, *C f B G* 7, 66 (2) Per omnes partes perequitant, & [illegible], *C f B G* 5, [illegible] Claudius [illegible] perequitasse, *Liv* 2[illegible], 47

Pererrātus, a, um part (1) *Travelled over* (2) *Searched over* (1) Pererratis amborum finibus, *Vir* [illegible] 1, 62 Pererratus orbis, *Ov Met* 3, 6 (2) Pererrato ponto, *Vir Æn* [illegible] 295

Pĕrerro, āre act (1) *To wander all over, or round* (2) *To travel over, to go up and down in, to walk up and down in* (3) *To pass, go, or travel over, or through* (4) *To run over in the mind* (5) *To pry, or search into narrowly* (6) *To miss, fail, rot, to prove, in the ingendring of beasts* (1) Pecudum si more pererrant avia, *Claud de Rapt Pros* 3, 42 Semperque homo [illegible] volucrum longinqui littoris peregrinus ignotum pererret orbem? *Col praef lib* 1 (2) Ecqui oreas siccis pererrat aquas, *Ov Fast* 4, 408 *de Cerere* Pererrare [illegible], *Val Flacc* 3, 5[illegible] Ascyltos ut pererravit omnes cum viatore cellas, *Petron* c 97 Vespertinum [illegible] rerro sæpe forum, *Hor Sat* 1, 6, 113 (3) Hos adi[illegible]us, jamque hos aditus, omnemque pererrat undique circuitum, *Vir Æn* 11, 766 Sonus pererravit cornua, *passed, or made its way through the trumpet*, Sil 4, 174 (4) Omnes istos ab infimis, usque ad summos, [illegible], *Sen* Turpi le malum toto [illegible] pererrat, *diffuseth, or spreadeth itself all over her* [illegible] *Æn* 7, 375 (5) Omnem pererrat arte totum, *Vir Æn* 5, 441 Totum pererrat lum inibus tacitis, *surveyeth him from head to foot*, Id *Æn* 4, [illegible]6, (6) Conceptio uno in tu peragitur, quæ si forte pererravit, vigesimum post diem marem taminia repetit, *Plin* 8, 45 *de bubus Indicis*

Pererror, āri, ātus pass *To be overflowed* Arva pererrantur Peligna liquentibus undis, *Ov Amor* [illegible] 5

Pererŭdĭtus, a, um adj *Very learned* P Clodius homo pereruditus, *Cic Attic* 4, 15

Perēsus, a, um part [a peredor] ( ) *Eaten quite through* (2) *Met Lavished, dissipated* (3) [illegible] [illegible] saxa pe[illegible] *Lucr* 1, 32[illegible] morbo illuvieque peresus, *Vir Geor* 3, 561 *Catull* [illegible] Si [illegible] pars oculi medii peresa est, *Lucr* 5, 414

Perexcrŭcio, āre act *To torture sorely, to fret extremely*, Plaut [illegible] 2, 1, 52 R occ

Perexigue adv *Very niggardly, ordidly, or meanly* = Perexigue minutimque, *Cic Attic* 16, 1

Perexiguus, a, um adj *Very little, small, short* Perexiguum frumentum *C f B C* 2, 42 loci [illegible], *Id B G* 5, 15 semen, [illegible] *D* 2, [illegible]2 fretum, *Paterc* 1, 2

Perexīlis, e adj *Very slender, or small* S [illegible] perexilis est, vel [illegible], *Col* 11, 2

Perexpĕdītus, a, um adj *Very easy, or obvious* Perexpedita defensio, *Cic de Fin* 3, 11

Perfabrĭco, āre act *Met* Corruptor iste me Toxilus perfabricavit, *hath ruined me by his deceits and crafty tricks*, Plaut Pers 5, 2, 4

Perfăcētè adv *Very prettily, pleasantly or merrily* Perfacetè dicta, *Cic Verr* 1, 46 *de pretor* [illegible]

Perfăcētus, a, um *Very pleasant, or witty* ⁜ Si non perfacetum, attamen fortasse non rusticum, *Cic pro Planc* 14

Perfăcĭlè adv *Very easily, or readily* Perfacilè capere, *Cic Attic* 1, 32

Perfăcĭlis, e adj *Very easy* Perfacilis in audiendo, *Cic de Or* 1, 20 Perfacile factu, *C f B G* 1

† Perfacul ant ad, & per se facul *aced art*, quod [illegible] facile dicimus, *le perna [illegible] in consuetudine* facultas, *Fest*

‖ Perfăcundus, a, um *Very eloquent*, Apul Flor 4, p 814 In concionibus perfacundus habebatur, *Just* 22, 1, 5

Perfămĭlĭāris, e adj (1) *Very familiar, very well acquainted with* (2) Subst *An intimate friend* (1) Ipse est veterator magnus, & perfamiliaris Philisto, *Cic Q fr* 2, 13 (2) Vident perfamiliarem Nævii L Publicium, *Cic pro Quint* 6

Perfectè adv ius, comp ssimè sup *Perfectly, fully, completely, exactly* ⁜ Oratio neque nimis inflata, neque perfectè diserta, *Cic de Cl Orat* 26 Sed de nec tum ego perfectius, *Apul Flor* p 806 = Perfectissimè & planissimè dictum, *Gell* 11, 16 = Perfectè planeque eruditus vir, *Cic de Clar Orat* 81

Perfectio, ōnis f verb [a perficio] (1) *Perfection, fulness completeness* (2) *The completing, or finishing of a thing* (3) *The making, or framing of a thing* (1) Rationis perfectio est virtus, *Cic* = Absolutionem perfectionemque in oratione desiderare, *Id de Or* 1, 28 (2) ⁜ Si non perfectio, a conatus tamen atque adumbratio, *Cic Orat* [illegible] ⁜ Susceptione prima, non perfectione *Id de Fin* 3, 9 ( ) Dei maxicatum deductis usque ad ipsum [illegible] amicitiamque perfectionem, *C* [illegible] *Acad* 4, 38

Perfector, ōris m verb (1) *An accomplisher, or finisher* (2) *That which perfecteth, or completeth a thing* (1) ⁜ O Parmeno mi [illegible] nearum voluptatum omnium inventor, inceptor, perfector, *Ter Eun* 5, 8, 5 (2) = Stylus ille tuus, quem tu vere dixisti perfectorem dicendi esse ac magistrum, *Cic de Orat* 1, 60

Perfectūrus, a, um part (1) *That will finish, or complete* (2) *That will accomplish, or achieve* (1) *Liv* (2) Quid virtute perfecturus sit, *Cic*

Perfectus, a, um part [a perficio, & facio] (1) *Finished, ended, completed* (2) *Effected, brought about, or to pass* (3) *Performed, fulfilled* (4) *Made, or done* (5) *Made, or formed of* (6) Adj or, comp ssimus, sup *Perfect, entire, complete* (7) *Accomplished, absolute, exact, accurately skilled in* (8) *Excellent, rare* (1) Eo opere perfecto, *C f B G* 1 Perfectum templum, *Cic* bellum, *C f* Corpus perfectum, *Lucr* 3, 679 (2) Eo die nihil perfectum est, *Cic Q fr* 2, [illegible] (3) Sol nimmore [illegible] perfecto, *Lucr* 1, 98 Perfectis ordine votis, *Vir Æn* 3, 548 divinis rebus, *Id Æn* 8, 307 (4) Dianæ simulacrum singulari opera, artificeque perfectum, *Cic Verr* 4, 33 Simili quæ sunt perfecta figura, *Lucr* 2, 52[illegible] Mitto hæc omnia quæ ab isto per triennium perfecta sunt, *Cic Verr* 4, 52 (5) Candelabrum e gemmis auroque perfectum, *Cic Verr* 4, 28 Cymbia argento perfecta, *Vir Æn* 5, 267 (6) = Ut unum opus totum atque perfectum ex [illegible] totis atque perfectis absolveretur, *Cic de Univ* 5 (7) = Absoluti & perfecti philosophi, *Cic de Div* 2, [illegible] = Planus atque perfectus orator, *Id de Orat* 1, 13 Eloquentiæ genus summum atque perfectissimum, *Id* = Perfectus potius ad persuadendum homo, *Id in Pison* 25 =Homini erudito, in geometriaque perfecto, *Cic de Fin* 1, 6 Literis Græcis perfectus Memmius *Id de Cl Orat* 70 (8) Nardum, quæ non perfectius meæ laborarunt manus, *Hor Epod* 5, 60 ⁜ Perfecto sole tenebræ, *after the sun was set*, Stat

Perferendus, a, um part (1) *To be carried, or conveyed* (2) *To be borne, endured, undergone* (3) *To be made, enacted, or passed into a law* (1) Dat literas in oppidum perferendas, *Hirt B Afr* 4 (2) Ad perferendas calamitates *C f B G* 3, 19, *fin* Naves factæ ex robore ad quamvis vim & contumeliam perferendam, *Id B G* 3, 13 (3) Pompeius ad voluntatem perferendæ legis incubuerat, *Cic Vid* Perferor

Perferens, tis nom ex part *Bearing patiently* Perferens injuriarum, *Cic de Orat* 2, 43 *Vid* Perfero

Perfĕro, tŭli, lātum act (1) *To carry, bear, or convey through, or into the designed place* (2) *To bring, carry, or bear commands, orders, or news* (3) *To tell tidings, or to report* [illegible] (4) *Met To bear* [illegible] (5) *To suffer, or undergo* [illegible] *to go through with* (6) *To be born or pass into a law, to* [illegible] *To bear* [illegible] (1) [illegible] gina limina [illegible] [illegible] Ipsius telum non [illegible] tum, *Il* [illegible] 12, 5 [illegible] haud [illegible] *enough to walk* [illegible] *upon him*, *Id Æn* 11, 85 [illegible] Frons ter [illegible] Alno, *will carry* [illegible] *Æn* 11, 71[illegible] [illegible] perferunt partus, *do not* [illegible] [illegible] [illegible] [illegible] *maturity*, Col [illegible] 2c (2) [illegible] communicationis mandata [illegible] *C f B G* 4, 27 Qui de [illegible] calamitatem nuncium [illegible] ferret, *Hirt ap C f B G* 8, [illegible] Hortor omnes, ut hujus quoque generis laudem perferant in [illegible] urbem, *Cic* (3) Hæc cum [illegible] a me pertulisset, collegi [illegible] *Cic Fam* 1, 9. Ver[illegible] mana ad numina perfer, *Ov* ex *Pont* 2, 2, 43 (4) Frigus, tamen, sitim, ac vig has perferre *Cic* [illegible] pertatem una per[illegible] gravem, *Ter Adelph* 2, 4, 50 = [illegible] omnes perferre [illegible], *Id* [illegible] 1, 1, 45 = Id quod [illegible] tuerunt, non pertulerunt, *C* [illegible] Feram & perferam usque, *Plaut* (5) Si, quæ promulgasti, perferre potu[illegible], *Cic pro Dom* 10 Ego hic aut in conspectu vestro mori, aut perferam legem, *Liv* (6) ⁜ Tet difficilia, ut facilia perferas, *Publ Syr*

Perferor, rris, latus pass (1) *To be carried, borne, or brought through* (2) *To be brought, &c as commands, orders, news* (3) *To be told* (4) *To be born patiently* (5) *To be made, or passed into a law* (1) Aliam parvam [illegible] dam ab alio perferri [illegible] 1, [illegible], 4 A[illegible] in mediam [illegible] perfertur, *Petron* c 96 (3) Existimavi a me nunc tempus opportere, *Cic ad Brut* 28 (4) Nostras res ad te in actis perferri certo scio, *Cic* (4) *Id* Pereo (5) Est utique verumus, cum ea lex perferatur, *Cic*

Perfertur impers *It is told* Sermone omnium perfertur ad me incredibilem, *Cic* [illegible]

Perfervĭdo *To be much hot*, Varr

Perfervĭdus, a, um adj *very hot* Perfervida æstas, *Col* [illegible]

Perfĕrus, a, um *Very fierce, or cruel*, Varr R R 2, 1

Perficiendus, a, um *To be finished, or completed* Comitiis perficiendis XI dies tribuit, *C f B C* 3, 2 Ad coria perficienda femine pro galla utuntur, *in dressing them*, Plin 24, 12

Perfĭcĭens, tis part *Perfecting, concocting* Perficientes cibos stomacho, *Plin* 2[illegible], 1 *and seq*

Perfĭcio, ēre, ēci, ctum act (1) *To perfect* [ex per, & facio] (1) *To perfect, finish, complete, or make an end of* (2) *To concoct, or digest* (3) *To effect, accomplish, achieve* (4) *To bring about, or to pass* (4) *To gain, to obtain, to prevail* (1) ⁜ Opus inceptum ille, nostra per fecit manus, *Phædr* 4, 20 ⁜ V[illegible] des illum multa perficere, nos multa conari, *Cic Orat* 30 *Scriptor* centum [illegible] qui perficit annos, *com-* [illegible] *of the standing of,* [illegible] Ep [illegible], 1, 59 ✠ Quæ facra [illegible] perficere est ani- [illegible] *Æn* 4, 639 (2) Cibos [illegible] perficere, *Plin* 11,5 [illegible] qui coria perficiunt, [illegible] (3) Perfe- [illegible] me diligeret, *Cic* [illegible] *Val Flacc* 7, [illegible] *Æn* 6, 629 man- [illegible] *Pont* 2, 11, 24 Per- [illegible] hodie ut habeat [illegible] 1, 1, 90 (4) [illegible] priusquam id, quod [illegible] *Plaut Mil* [illegible] 2, 59 [illegible] inter sese dent, perficit, [illegible]

[illegible] ectus pass (1) *To* [illegible] &c (2) *To* [illegible] (3) *To* [illegible] (4) *To* [illegible] (5) *To be* [illegible] *To be performed, or ful-* [illegible] = In natura necesse [illegible] atque absolvi, [illegible] (2) Difficultatei [illegible] omnia [illegible] cibis [illegible] (3) [illegible] (4) *Sulphur* [illegible] *Plin* [illegible] quin om [illegible] reditu tuo per [illegible] (5) *Quint* 2, 18 [illegible]

Per[illegible]endus, a, um part *To* [illegible] *or kept* [illegible] omni- [illegible] XI dies tribu[illegible] 2

[illegible] a, um adj *Perfect-* [illegible] natura creatrix re- [illegible] ad finem perduxit, [illegible] 15

† Perfid[illegible] adv *Perfidiously,* [illegible], Gell 20, 1 † Per- [illegible] *Cic*

Per[illegible] adj *Very faithful,* [illegible] Serina perfidelis, *Cic* [illegible] 2, 19

Perfidia, æ f *An infringe-* [illegible] *or breach of one's faith,* [illegible] *treachery, perfidious* [illegible] *unfaithfulness* Cum illius in me [illegible] increparet, *Cic* [illegible] 2, 7, 6 § in alium, *Id Philipp* 2 *In plur* Neque de- [illegible] perfidiis meis est, *Plaut Capt* [illegible]

Perfidiose adv *Perfidiously, treacherously* Multa perfidiosè [illegible], *Cic* pro *Rosc Amer* 40

Perfidiosus, a, um [illegible] ssimus, sup *Full of falshood, treachery, or unfaithfulness* = Animo perfidio- so & subdolus, *Tac Ann* 16, 42 Perfidiosissimus C Marius, *Cic N D* [illegible] = Invidiosus, fallax, *Cic*

Perfidus, a, um adj [ex per, & fides] *Breaking his faith, perfidious, false, treacherous, unfaithful* Perfidus amicus, *Cic* Perfidum caput, *Hor Od* 2, 8, 6 [illegible], *Id Od* 2, 17, 9 = Omnes perfidi, improbi, malitiosi [illegible], *Cic Offic* 3, 14 *Met* Vati- can perfida vappa cadi, *Mart* 12, 48, 14

Perfinio, ire *Fully to end* [illegible] perfiniet ulla, *Lucr* [illegible], 612

Perfixus, a, um part [ex per, & figor] *Pierced, stricken, or thrust through* Pectore perfixo, *Lucr* 6, [illegible] *Met* Gelidis [illegible] perfixa p[illegible]oris, *struck with fear,* [illegible] Desiderio perfixa ju- [illegible] *wounded with grief for want of* Id 2, 360

Perfla[illegible]lis, e *That may be blown through* = Deos ipsos [illegible] induxit Epicurus [illegible] & perflabiles, *Cic* de [illegible]

Perfl[illegible]osus, a, um adj *Very* [illegible] *very wicked* = Num tibi perturpe, perflagitiosum esse videtur? *Cic* pro *Cal* 20

Perflans, tis part *Blowing very much, blustering* Perflantibus undique procellis, *Plin* 2, 7

Perflatus, ûs m verb [a perflo] *The blowing of the wind through a place* Perflatus salu- brior, *Col* 4, 17 Ædificio perfla- tum æstivum, hybernum solem ha- benti, *Id* [illegible] in perflatu fir- ma, *used in such works as are exposed to the air,* Plin 16, 40 Perflatus campi accipiunt, *Id* 17, 4

Perflo, āre act (1) *To blow violently through, over, or upon* (2) Absol *To blow* (1) Venti terras turbine perflant, *Virg Æn* 1, 83 Cum venti nubila perflant, *Lucr* 6, 121 [illegible] sylvam cum flamma [illegible], *Id* 6, 134 (2) Jam perflant [illegible] ipsos auram maris, *Curt* 5, 4, 21 Favonius lenis æ- qualique æstivis mensibus perflat, *Col* 11, 21

Perflor, āri, ātus pass *To be blown through* Autumnus aqui lonibus perflatur, *Gell*

Perfluctuo, āre Unde animantûm copia tanta tumidos perfluctuat artus, *swarmeth all over them,* Lucr [illegible], 21

Perfluens, tis part (1) *Running,* as a river (2) *Met Swimming in* (1) Belus amnis in mare perfluens, *Plin* 36, 26 (2) Volup- tatibus perfluens, *Cic* de Fin 2, 35 *leg* & perfruens

Perfluo, ere, xi, xum n (1) *To run* as a leaky vessel doth, *to let the liquor run out* (2) *To flow, or run* (3) *To run down* (4) *Met To abound* (1) Per co- lum vina videmus perfluere, *Lucr* 2, 392 *Met* Plenus rimarum sum, hac atque illac perfluo, *I spring a leak, I cannot keep it secret,* Ter Eun 1, 2, 25 (2) *Cum acc* Quæ Tibur aquæ fertile perfluunt, *Hor Od* 4, 3, 10 *ubi al leg* pro- fluunt Ne quæ dicentur perfluant aures, *come in at one ear, and run out at the other,* Quint *leg* & præterfluent (3) Perfluebant per frontem sudantis acaciæ rivi, *Petron* c 23 (4) Perfluat pomis candidus sinus, *be full with,* Ti- bull 1, 10 70 *leg* & profluat

‖ Perfluus, a, um adj Incessu perfluo feminam mentiebatur, *by a gliding, or mincing gait, or pace,* Apul Met 11, p 368

Perfluxus, a, um *Very fading, transient,* Quint D cl p 314

Perfŏdio, ĕre, ōdi, ossum *To dig through* Posteaquam Lucul- lus perfodisset montem, *Varr R R* 3, 17 ¶ Parietes perfodere, *to break into an house,* in order to steal, *Cic* in *Vatin* 5 Gravibus rastris cunctantia perfode terga, *dress the ground by breaking the clods,* Col 10, 72 Spina argentea dentes perfodit, *Petron* c 32 *Met* Omnium Marcellorum me- um pectus memoria perfodit, *pe- netrateth, maketh a deep impres- sion on my mind,* Cic

Perfŏrātus, a, um part *Bored through* Vitis perforata terebrâ, *Col* 4, 29 Rostris perforatæ *na- ves merguntur, Hirt B Alex* 46 *Met* Viæ quasi quædam sunt ad oculos, ad aures, à sede animi per- foratæ, *Cic N D* 3, 4 = Perfo- rato animo hauriebamus & transf- mittente, *Sen Ep* 99

Perfŏre Tunc mihi ille dixit quod classe tu velles decedere, per- fore accommodatum tibi, *Cic Fam* 3, 5 *i e* fore tibi per accommo- datum, *it,* per hoc mihi mirum, *Id per tmesin*

✠ Performidābĭlis, e adj *Great- ly to be feared,* Fragm Poet

Performidātus, a, um adj *Great- ly feared, much dreaded* Puer auricomo performidate Batavo, *Sil* 3, 608

Performidŏlōsus, a, um *Very fear- ful* Natura performidolosus, *Aur Vict* in *Claudio Cæs* 9

Perfŏro, are act (1) *To bore through* (2) *To run through* with a spear, sword, &c (1) Lig- na perforare, *Liv* Quum tritu mem hostium perforasse, ac de- mersisset, *Hirt B Alex* 25 Qui- cunque cavernas perforat latex, *which its way through,* Claud Apon 14 (2) Pectus perforat in- gens, *Virg Æn* 10, 485 Levum inguen, *Id Æn* 10, 68 [illegible] ense latus, *Ov Trist* 3, 9, 26 uno duo pectora ictu, *Id Met* 12, [illegible] *Met* R[illegible] tonsis per fora[illegible] sol, *entreth, enlightneth,* Stat Sylv 1, 5, 46

Perfŏror, āri, ātus pass *To be pierced through* Vix ullum fuit scutum, quod non pluribus jacu- lis perforaretur, *Curt* 7, 9, 8 Perforari telorum jactu, *Val Max* 1, 8, *ext* 19

Perfortiter adv *Very manful- ly, or bravely* Vicit hu[illegible] perfor- titer, *Ter Adelph* [illegible] 2, 28

Perfossor, ōris m verb [a per- fodio] Perfossor parietum, *an housebreaker,* Plaut Pseud 4, 2, 2

Perfossus, a, um part [a per- fodior] (1) *Dug through* (2) *Turned up as the earth is by plowing, or digging* (3) *Pierced through, having an hole made through* (1) Atho perfosso, *Cic de Fin* 2, 34 Perfossis montibus, *Curt* 5, 7, 8 Aliæ perfossis cuni- culis subterranea domus, *Plin* 36, 15 (2) Solum bidentibus æquali- ter perfossum, in areas dispon, *Col* (3) Ad hoc naves perfossæ, *Plin* 32, 2 *de Xiphia* Bis sex thoraca pe[illegible]tum, perfossumque lo- cis [illegible] *Tn* 11, 10 Perfossum pectus, *Stat Theb* 9, 522

Perfractè adv *Stiffly, obsti- nately* Nimis mihi pertinactè vi- debatur ærarium defendere, *Cic Offic* 3, 22 *al leg* præfractè

Perfractus, a, um part [a per fringor] (1) *Broken in pieces* (2) Absol *Broken* (1) Perfractæ fo- res, *Tib* 1, 10, 56 Offa clavi per fracta tripodi, *Ov Epist* 4, 115 arma, *Val Flacc* 6, 184 (2) Per- fracto capite, acie excessit, *Liv*

Perfrĕmo, ĕre, ui, itum neut *To roar out* Rostris perfremunt del- phini, *Cic N D* 2, 25 *ex vet poet*

† Perfrĕto, āre [ex per, & fre- tum] *To pass over the sea,* So lin c 40 † Mare trajicere

Perfricans, tis part *Rubbing* Caput sinistrâ manu perfricans, *Cic* in *Pison* 25

Perfricātus, a, um part *Rub- bed all over* Perfricata carne a- conito, *Plin* 8, 27 Perfricatâ diu tius fronte, *Petron* c 1[illegible]

Perfrico, āre, ui act *To rub all over* Perfricant sale minuto, *Varr* Cum caput atque os unguento per- fricaret, *Cic Verr* 3, 25 *Prov* Perfricare os, *Id Tusc* 3, 18 *to cast off shame,* faciem, *Plin* 1, princ = Perfricuit frontem, po- suitque pudorem, *Mart* 11, 28

Perfricor, āri, ātus pass *To be rubbed all over* Vulnera ab iis facta perfricantur, *Plin* 20, 16

Perfrictio, ōnis f verb [à per- frigeo] *A vehement shivering by reason of cold* Tussis ex perfric tione, *Plin* 20, 14 *In plur* Per- frictiones, *Id* 18, 18

Perfrigefăcio, ĕre act *To put into a great fear* Mihi ille Sy- rus cor perfrigefacit, *Plaut Pseud* 4, 7, 117

Perfrigeo, ere, xi, ctum neut (1) *To shiver with cold* (2) *To be hoarse with a cold* (1) Ei, qui perfrixit, opus est balneo, *Cels* (2) Perfrixisse tuis quæstio est p[illegible] fitio fauces, *Mart* 3, 18 Tu perfrixit, cantat bene *Juv* 7, 194

Perfrigerātus, a, um part [a [illegible]] *Cooled* ✠ Infervescunt su per carbones, deinde perfrigerata eo [illegible] crebro reponuntur, *Scrib Larg Comp* [illegible]

Perfrigero, are act *To cool,* Plin 25, 13 *sed Harduin* refri- gerare

Perfrigesco, ĕre incept *To grow very cold* Varr R R 2, 9

Perfrigidus, a, um *Extreme cold* Tempestas perfrigida, *Cic Verr* 4, 40

Perfringendus, a, um part (1) *To be broke open* (2) *Met To be broken, or violated* (1) Initium id perfringendarum domuum, *Tac Hist* 4, 1, 4 (2) Ad leges perfrin gendas valuisti, *Cic Catil* 1, 7

Perfringens, tis part (1) *Break- ing through* (2) *Breaking in pieces* (1) Nubem perfringens impete recto, *Lucr* 6, 1[illegible]7 (2) Dolabra glaciem perfringens, *Curt* 5, 6, 14

Perfringo, ere, ēgi, actum act [ex per, & frango] (1) *To break through* (2) *To break, or dash in pieces* (3) *To break the head, neck,* &c (4) *To break up in plowing* (5) *Met To infringe, violate, or break through laws, rights,* &c (6) *To disjoin, or dissipate* (7) *To corrupt* (1) Omnia [illegible] & virtute perfringere *Cic* d[illegible] *Har Resp* 2 (2) M[illegible] perfregit Olympum ful- mine, *Ov Met* 1, 154 N[illegible] perfregerit aliquid, *Ter Adelph* 1, 1, 12 (3) Perfringere colla bu[illegible] *Val Flacc* 1, 19[illegible] Tempora per- fringit fulvo protect[illegible] *Met* 12, 2[illegible] Suam [illegible] perfregit, *Tac* [illegible] 6 1[illegible] (4) [illegible] quos nonnisi [illegible] & fortissima [illegible] perfringunt, *Plin jun* (5) Perfring[illegible] leges, *Cic Catil* 1, 7 [illegible], *Id* (6) = Neque ulla vis conjunctionem vestram & tantam conspirationem bonorum omnium perfringere & labefactare possit, *Cic Catil* [illegible] (7) Sin istius ingentes divitiæ ju- diciorum religionem, veritatemque perfregerint, *Cic*

Perfringor, i, actus pass (1) *To be broken in pieces* (2) *To be dug, or plowed up* (1) *Vid* Perfringo (2) Perfringi solum debet, *Plin* 17, 20

Perfrio, āre *To rub through- ly* Baccas myrti perfriato, *Col* 12, 38

Perfructus, a, um part [à per fruor] *Having fully enjoyed* Om- nia perfructus vitaï præmia, *Lucr* 3, 969

Perfruendus, a, um part *To be throughly enjoyed* Ad perfru- endas voluptates, *Cic Offic* 1, 8

Perfruor, ĕris, itus, & perfruc- tus dep *To enjoy fully, or through- ly* Perfrui maximis animi & cor- poris voluptatibus, *Cic* = His ego rebus pascor, his delector, his perfruor, *Id* in *Pison* 20 Amœ- nitate summâ perfructus est, *Id* in *Hortens* ap *Prisc* Si contige- rit nostris consiliis exitus, quem optamus perfructurus es, *Brutus* ad *Cic* Perfruor recordatione re- rum, *Paterc* 2, 101 victoriis, *Val Max* 3, 2, *ext* 5

Perfuga, æ m *A deserter, one that leaveth his own party and goeth over to the enemy's* A Pyr- rho perfuga venit in castra Fabri- ci, *Cic Offic* 3, 22

Perfugio, ere, gi, itum neut *To fly for succour*, or *shelter* A Scipione in castra Cæsaris perfugerant, *Hirt B Afr* 5 Ad aſy lum turba omnis perfugit, *Id* 1, 8 *Met* In trib natiss portum perfugerat, *Cic*

Perfugium, ii n (1) *A refuge, shelter, a place to fly to for succour* (2) *A sanctuary* (3) *An excuse, a pretence* (1) Vico perfugium Armeni tuit, *Tac Ann* 2, 2 (2) Perfugium inviolabile, *Tac Ann* 3, 1 § Quia media navis erat sub perculi perfugia esse voluerat, *Cic* Hic erit Campanus ager, & Leontinus, quæ duo maxima nostri annonæ perfugia, *Id* *Met* = Paratum nobis perfugium & portum putamus, *Id Tusc* 1, 49 de morte (3) Nonne cogere poterat — loco ut illi perfugio, *Cic Verr* 2, 41

Perfulcio, ire, — *To uphold*, or *support* Eloquio sinistrum modo perfultum enatum, *Ov ad Pison* v 76 R occ

Perfunctio, ōnis f verb [a perfungor] (1) *The going through with*, or *discharging of any honour, office*, or *trust* (2) *An undergoing, an enduring* (1) Qui ei anni us primus ab honorum perfunctione, *Cic de Orat* 3, 2 (2) Laborum perfunctio, *Cic de Fin* 1, 15

Perfunctōriè adv (1) *Slightly, easily, lightly* (2) *Covertly, not fitly* (3) *Carelessly, by halves* (1) Me cœpit non perfunctoriè verberare, *Petron* c 11 (2) = Neque perfunctoriè, aut oscitanter dicere, *Ulp* (3) Hæredibus qui non perfunctoriè debitum officium impleverant, *Papin*

Perfunctus, a, um part [a perfungor] (1) *Having gone through with, done, fully done*, or *discharged* (2) *Being freed*, or *discharged from, by having performed, endured*, or *undergone* (3) *After this shall have lived*, or *enjoyed life* (4) *Clear*, or *free from* (5) *Undergone, run through* (1) Honoribus & reip muneribus perfunctus senex *Cic de Or* 1, 45 Consulatu perfunctis, *Plin* 5, 1 (2) Mihi optanda mors est perfuncto rebus iis, quas adeptus sum, quasque gessi, *Cic Philipp* 2, 46 Me tantis laboribus pro communi salute perfunctum, *&c* *Id* Plebs perfuncta gravissimis seditionibus & discordiis, *Id* *Cum acc* = Ut mihi tam multa pro se perpesso atque perfuncto respub concedere, *&c* Cic Fam 1, 9 Quæ omnia te vita perfuncta sequentur, *Lucr* — 981 (3) Qui vivos nos potuimus perfunctos tam fato dedidimus, *Liv* (4) Perfunctæ a febri, & a foria sues, *Varr R R* 4, 2 (5) Recito memoriam perfuncti periculi, *Cic*

Perfundendus, a, um part *To be spread*, or *anointed all over* Perfundendum oleo corpus & caput, *Celſ*

Perfundens, tis part *Over-spreading* Sol sua perfundens omnia luce, *Lucr* 2, 147 Perfundens humeros cæsaries, *Sen Hipp* 801

Perfundo, ĕre, ūdi, ūsum act (1) *To pour all over, to wash, to bathe* (2) *To wet by sprinkling upon*, or *with, to bedew, to besprinkle* (3) *To besmear*, or *daub over* (4) Met *To imbue, season*, or *give a tincture to, to furnish with* (1) Fluvii perfundent pecus magistri *Vir Geor* 3, 446 (2) Quam perfundat pisces securus olivo, *Hor Sat* 2, 4, 50 (3) Perfundere manus fraterno sanguine fratres, *Catull* 62, 399 Auro tecta perfundimus, *Sen* (4) Apparatus illeri, qui perfundit religione animum potiet, *Liv* Conjux, quæ ti — hexametro mentem perfundit amore, *will bathe, as it were, your soul in love*, Catull 62, 330 ⁂ Si illa notitia te non perfuderit, sed infecerit, *not sprinkle himself with, but dye himself in*, Sen Quā ratione sol calido perfundat cuncta vapore, *warm all over*, Lucr 5, 595 Di immortales, qui me horror perfudit! *seized me all over*, Cic Att 8 6

Perfundor, i, ūsus pass (1) *To be poured through* (2) *To be washed all over* (3) *To be wetted, besprinkled*, or *anointed* (4) Met *To be filled* (1) Alluitur Ludenc omnis, perfunditur Thebaide, *is divided in the midst by its streams*, Plin 5, 29 (2) Quin tu anne vivo perfunderis flumine? *Liv* (3) Finis perfunditur sanguin, *Ov Met* 7, 595 Perfunditur nardo juvat, *Hor Epod* 15, 13 (4) Voluptatem sensus accipiens movetur, & jucunditate quādam perfunditur, *Cic* de *Fin* 2, 3 Postquam est Italo perfusus aceto, *stung with sharp jests*, Hor Sat 1, 7, 33 ⁂ Non illā *studia* quibus perfundi satis est, sed hæc quibus tingendus est animus, *to be slightly acquainted with*, or *superficially versed in*, Sen

Perfungor, i, ctus dep (1) *To discharge*, or *execute completely*, or *fully, to go through with to the end* (2) *To be rid of, freed*, or *delivered from, by having endured, undergone*, or *suffered* (3) *To be clear of*, or *free from* (4) *To share*, or *partake of, to enjoy* (1) § Cum & honoribus amplissimis, & laboribus maximis perfuncti essemus, *Cic Fam* 1, 8 (2) Perfuncta resp est hoc misero fatalique bello, *Cic* pro *Marcell* 10 Qui eadem pericula, quibus nos perfuncti sumus, ingrediantur, *Id* (3) Quidam adjiciunt, perfunctas esse à febri & a foria *scrofas*, *Varr R R* 4, 2 (4) Dum ætatis tempus tulit perfuncta satis sum, satias jam tenet studiorum istorum, *Ter Hec* 4, 2, 18 Reminiscere illam *Tulliam* omnibus bonis prope perfunctam esse, *Sulpitius* ad *Cic Fam* 4, 5

Perfūro, ĕre n *To be in a very great fury, to be outrageous* Perfurit acri cum fremitu pontus, *rageth and roareth*, Lucr 1, 276 mare fluctibus, *Val Flacc* 7, 383

Perfūsio, ōnis f verb [a perfundo] (1) *A washing, bathing*, or *pouring water all over* (2) *A wetting, moistening*, or *besprinkling with water* (1) Perfusio corporis multa prodest ex aqua, *Celſ* (2) Italia hordeum sine perfusione tostum molit, *Plin* 18, 7

‖ Perfūsoriè adv *Confusedly, obscurely, not plainly* = Neque perfusoriè, aut obscurè, *Ulp* ✝ Confusè, *Cic*

Perfūsōrius, a, um adj (1) *Superficial, slight* (2) Perfusoriæ assertiones, *that are repeated carelessly*, or *for form's sake only* (1) Perfusoria voluptas, *Sen* (2) *Suet Domit* 8 *edit Græv*

Perfūsus, a, um part [a perfundor] (1) *Poured all over, washed* (2) *Wetted, besprinkled, dashed, swilled* (3) *Anointed, besmeared* (4) *Stained, defiled* (5) *Covered all over* (6) *Overlaid, gilded over, disguised, coloured, dyed* (7) Met. *Filled*, or *covered with* fear, dread, rage pleasure, *&c* (8) *Endued with a quality of causing* (9) *Dozed with, made drowsy*, or *sleepy by* (1) Exundantes perfuso sanguine campos, *Petron* c 104 Clitumne, greges tuo perfusi flumine, *Vir Geor* 2, 147 Oceani perfusus Lucifer undā, *Id Æn* 8, 589 (2) Perfusum aquā hordeum, *Plin* Exercitus perfusus mollibus cruore Romano, *Liv* (3) Perfusus liquidis odoribus, *Hor Od* 1, 5, Juventus humeros oleo perfusa, *Vir Æn* 5, 135 hic ym is flagrantes genas, *Id Æn* 12, 65 *sanie* vittas, *Id Æn* 2, 221 (4) Perfusi sanguine fratrum, *Vir Æn* 2, 510 (5) Pulvere ac sudore perfusum tegem, *Curt* 5, 2 *Met* Perfusus rubore manifesto, *blushing as red as fire*, Petron c 128 Manla perfusa lepore, *overspread with the beauteous reflection of colours*, Lucr 2, 501 Æterno corpus perfusa frigore lethi, *spread all over with*, Id 4, 92 (6) Perfusa gloria fuco *Ov Fast* 1, 303 Omnigenis perfusa coloribus *Lucr* 2, 820 Ostro perfusæ vestes, *Vir Æn* 5, 112 (7) Perfusus timore, *Liv* 2, 63 Perfusum ulnam supplicii metu, *Id* Omnes sensus dulci dive omni quasi perfusi, *Cic de Fin* 2, 34 (8) Lethæo perfusa papavera somno, *Vir Geor* 1, 78 (9) Multo perfusus tempora Baccho, *Tib* 1, 2, 3

✝ Pergamena, æ f *sc* charta [*a Pergamo dicta ubi inventa est* ab Attalo rege, *Plin ex Varr*] *Parchment*

Pergaudeo, ere n *To rejoice greatly, to be very glad* Trebonium meum a te amari—pergaudeo, *Cic Q fr* 2, 1, 3 R occ

Pergens, tis part (1) *Going on* (2) *Persuading, passing through* (1) Pergens ad littora, *Sil* (2) Neptunum esse dicis animum cum intelligentia per mare pergentem, *Cic N D* 3, 25 *sed var lectiones*

Pergigno, ĕre act *To breed*, or *produce* Quales Eurotæ pergignunt flumina myrtus, *Catull* 62, 86 *al leg* progignunt

Pergitur impers *They go* Inde in ædem Junonis perrectum, *Liv*

Perglisco, ere n *To grow very fat* Quā primā lunā sīg narī cœpit, vigesima perglicit, *de gallinis facundis*, Col 8, 7

‖ Pergnarus, a, um adj *Very knowing*, or *skilful* Magia ars colendi deos ac venerandi pergnara, *Apul Apol* p 447 ✝ Admodum peritus

Pergo, ĕre, perrexi, ēctum n [ex per, & rego quod & præt perrexi ita is indicat, *Voss*] (1) *To go, to go on*, or *forward, to come along, to advance, keep*, or *hold on his way*. (2) *To proceed, to continue on, to keep*, or *hold on, prosecute*, or *pursue* (3) *To pass by, omit, not to mention* (4) *To hasten*, or *make haste to* (5) *To endeavour*, or *attempt* (1) Quis hic est, qui huc pergit *cometh this way?* Ter. Eun 2, 1, 22 Horsum pergunt, *hitherward*, Id Hec 3, 4, 36 ⁂ emergo, *Idem* Illuc pergit, *marcheth thither*, Tac Ann 14, 23, 1 introrsus, *Id Ann* 2, 25, 5 Ad Pomponium perreximus omnes, *Cic de Fin* 5, 32 Pergit iter in sacram viam, *Tac Hist* 3, 68, 6 Maturavere iter pergere, *Sall B J* 81 Quum iter captum rergere cœpisset, *Hirt B Afr* 69 Cum prep in & ad Pergit in hostem, *Vir Æn* 11, 521 Jam ad reliqua pergamus, *Cic Offic* 1, 45 *Cum infin* Domum ire pergam, *Ter Phorm* 1, 4, 17 Ad Crotonem oppugnandum pergunt ire, *Liv* Horum unum quodvis sumere perge, *Lucr* (2) Perge porro dicere, *Plaut* Pergin' pergere? *Id* Sed mel stu, pergis esse, *Ter Adelph* — Pergam connectere rem, *Lucr* 477 = Pergam atque insequar longius, *Cic Verr* 3, 20 Profecti ad instituta pergemus, *Ad Herenn* 3, I Pergit in mea maledicta, *Cic* Perge reliqua, gestio scire ista omnia, *Id* Pergite animo forti, Lacedæmonii, *Id* (3) Pergo præterita, *Cic* (4) = Pronius pergere & properare Romam, *Cic* Perge non dubio gradu *Sen Trag* (5) Perge in virum, *Plaut* ad fores suspenso gradu placide ire perrexi, accessi, institi, *Ter Phorm* 5, 6, 27

Pergracilis, e adj *Very slender*, or *small* Longior — sed pergracili, *Plin* — 5

Pergræcor, ari dep *Epulis & potationibus inservire*, *Fest* *to spend whole days and nights in drinking* Dies noctesque bibite, pergræcamini, *&c* Plaut Most 1, 1, 20 Ut cum solo pergræcetur milite, *Id Truc* 1, 1, 69 Nunquam pergræcatur, *Fest ex Titin*

Pergrandis, e adj (1) *Very large in bigness* (2) *Very great in its sum* (3) *Very aged* (1) Erat vas vinarium ex una gemma pergrandi, *Cic* (2) Pergrandis pecunia, *Cic* Pergrande vectigal, *Id* contra *Rull* 1, 3 natum, *Plaut* (3) Regnum ad fratrem regis O fal em, pergrandem natu, pervenit, *Liv* 29, 29

* Pergraphicus, a, um adj *Notable, complete, perfect, accomplished* Nimis pergraphicus sycophanta, *Plaut. Trin* 5, 2, 15

Pergrātus, a, um adj *Very acceptable*, or *well pleasing* = Pergratum mihi feceris, *Cic de Amic* 4 Pergrata mihi oratio tua, *Id* *Cum inf* Permihi gratum feceris, *&c* Id Att 1, 20

Pergravis, e adj (1) *Very heavy*, or *grievous to be borne* (2) *Very solid*, or *weighty* (3) *Very substantial*, or *material* (1) ⁂ Levia sunt hæc, quæ tu pergravia esse in animum induxti tuum, *Ter Hec* 3, 1, 12 (2) Oratio pergravis, *Cic* pro *Sext* 50 (3) Non dubito quin sint testes pergraves, *Cic* pro *Cæl* 26

Pergrăviter adv (1) *Very grievously, mightily* (2) *Very sharply*, or *severely* (1) Pergraviter esse offensum, *Cic Att* 1, 8 (2) Pergraviter reprehendere aliquem, *Cic de Orat* 1, 5

Pergula, æ f [*a pergo, i.e. porrigo regula*, *i tego tegula* sic dicta quia extra murum porrigatur, *Voss*] (1) *A piece of an house jutting out towards the street, beyond the wall of the house, a sort of gallery*, or *balcony* (2) *A place where painters exposed their pieces to view*, or *to sale* (3) *A stall whereon tradesmen set their wares to sale, a fore-shop* (4) *A place where the professors of any art*, or *science, taught their scholars publicly* (5) *A little cottage, a* — *Gloss* (6) *A place in the stews, where whores used to be viewed*, or *hired* (7) *A trellis*, or *frame of wood, made in fashion of an arbour, to bear up a vine* (1) L Fulvius cum corona rosacea in erdiu è pergula sua in forum prospexisse dicitus, *Plin* 21, 3 (2) Perfecta opera *Apelles* proponebat in pergula transeuntibus, *&c* Plin 35, 10 Pergula pictorum, *Luc l* ap *Lactant* (3) *Ulp* (4) Sed nec structor

tor erit, cui cedere debeat omnis pergula, Juv 11, 137 In pergula docuit, Suet Ill. Gramm 18. (5) Horrent algenti pergula curta foco, Prop 4, 5, 68 (6) Cras faciam, ut deportere in pergulam, Plaut (7) Col 3, 9 & alibi, & Plin 1", 24

Perhibendus, a, um part To be celebrated, or had in esteem. Nec minus est Spartiates Agesilaus ille perhibendus, qui, &c Cic Fam 5, --

Perhibeo, ēre, ui, itum act [ex per, & habeo] (1) To speak, say, or affirm (2) To report, or give out (3) To call, stile, or term (4) To esteem, or account (5) To allow, afford, or give (1) Si ecastor nunc habeas quod des, alia verba perhibeas, Plaut Asin 1, 3, 6. ( ) Ut perhibent, Cic. pro Ligar 8 Septem illum totos perhibent menses rupe sub aëria flevisse, Vir Geor 4, 507 (3) Cœlum nostri, Graji perhibent æthera, Cic N D 2, 36 ex Pacuv (4) Bene qui conjiciet, vatem hunc perhibebo optimum, Cic de Div 2, 5 (5) Cur ergo vestem, aurum, atque alia vobis perhibeo? Plaut Pseud 1, 2, 49 sed al leg præhibeo Constantiæ antiquissimum testimonium perhibuistis, Plin Par g 95

Perhibeor, eri pass (1) To be said (2) To be reported, told, &c (3) To be called, or termed (4) To be esteemed, (5) To be attributed (1) Animo malè factum cum perhibetur, Lucr 3, 596 (2) Nimio minus perhibemur malæ, quam sumus ingenio, Plaut Truc 2, 5, 6 (3) Persarum montes, qui esse aurei perhibentur, Plaut Stich 1, 1, 25 (4) Vos vultis perhiberi probos, Ter Adelph 3, 4, 59 (5) Ut rebus præcipuis honos in primis perhibeatur, Plin 29, 1

Perhiemo, āre neut To ly, or be all winter Sulcos vacuos perhiemare patiemur, Col 11, 3

Perhilum adv Very little, or least of all Perhilum vacillant ma tecta, Luc 6, 575

Perhŏnōrĭfĭcè adv Very honourably, with great respect Perhonorifice Cæsarem salutabant, Cic Att 14, 12

Perhŏnōrĭfĭcus, a, um Very honourable, most respectful Collegi in me perhonorificus, Cic Att 1, 10 Consalutatio forensis perhonorifica, Id Att 2, 18

Perhorreo, ēre, ui n To be sore afraid Bellum quale futurum sit, perhorrui, Cic Attic 9, 10 Cum infin Jure perhorrui late conspicuum tollere verticem, Hor Od 3, 16, 18 Clamore perhorruit Ætna, Ov. trembled at his voice, Ov Met 13, 877 Latum perhorruit æquor, was put into a rage, or became very boisterous, Id Met 6, 704 Perhorrent tribuni exigere pœnam, Val Max 6, 3, 2

Perhorresco, ēre incept To be sorely afraid of, to shake, or tremble for fear of Sine casu Commoveri animo & toto corpore perhorrescere, Cic Div in Cæcil 13 Cum acc If Cum perhorruerit casus pars maxima nostros, Ov Trist 5, 9, 15 Cum abl Nemo est qui non recordatione ipsâ consulatus vestri perhorrescat, Cic

Perhorridè adv Very dreadfully, Frag Poet

Perhorridus, a, um adj Very nasty, stinking, or filthy Stagna perhorrida situ, Liv 22, 16

Perhospitālis, e adj Very hospitable, open to give reception Domus maximè perhospitalis, Cic Verr 4, 2 ubi tamen al hospitalis, & vix alibi occ

Perhospitus, a, um adj Very friendly, kind, hospitable Arecteis unda perhospita campis, Tib 4, 1, 142 leg & per hospita divisa, sed perperam

Perhūmānitèr adv Very kindly, or courteously, Cic Fam 7, 8, 1

Perhūmānus, a, um Very civil, very courteous Vir perhumanus, Cic sermo, Id Q fratr. 2, 8

Perhyemo, āre n Vid Perhiemo

* Periboetos, i m The name of a satyr, one of Bacchus's companions, whose statue of brass was as famous as himself, one of Praxiteles his pieces, Plin 34, 8

* Peribolus, i m The outward wall incompassing any place Peribolus exterior, Vulg Int

* Pericarpum, i n A kind of astringent root, Plin 25, 10

|| Pĕrīclĭtabundus, a, um Desirous to make proof, or trial Sui periclitabunda, Apul Met 3, p 91

Pĕrīclĭtandus, a, um To be hazarded, or proved Non est salus summæ reip periclitanda, Cic Catil 1, 5 = In periclitandis, experiundisque pueris, Id de Div 2

Pĕrīclĭtans, tis part Being in danger of, in jeopardy Eumolpus periclitantium advocatus, Petron c 110

Pĕrīclĭtātio, ōnis f verb A proving, trying, or experimenting = Herbarum utilitates longinqui temporis usu & periclitatione percepimus, Cic N D 2, 64

Periclitatur impers Trial is made, Cæs B G 2, 8

Pĕrīclĭtātus, a, um part pass (1) Exposed to danger, peril, or jeopardy (2) Proved, tried, experimented (1) Quis hunc jure felicem dixerit, periclitatum ad libidinem inimici? Plin 7, 44 (2) In portu periclitati remigio, quid quæque earum quadriremium efficere posset, Hirt B Alex c 13

Pĕrīclĭtor, āri, ātus sum dep [a periclum, sive periclor, pro periculor] (1) To be in danger, or peril (2) To endanger, to expose, or bring into danger (3) To try, or prove, to make experiment, or trial of (1) ⁂ Periclitatur magnitudo principum, minuta plebes facili præsidio latet, Phædr 4, 5, 11 Ut potiùs in sylvis Gallorum vita, quam legionariorum, periclitaretur, Cæs B G 6, 33 Cum ablat Gravidæ feminæ abortu periclitantur, Cels § Vox ima vim non habet, summa rumpi periclitatur, Quint (2) ⁂ Toleremus istorum defensiones, qui perdere alios, quam periclitari ipsi maluerunt, Tac Hist 4, 42, 5 (3) = Homines belli fortunam tentare ac periclitari solent, Cic Verr 5, 50 Periclitemur, si placet, in iis quidem exemplis, in quibus, &c Cic

Perīclum, per Sync pro periculum Hujus opem magnis imploravere periclis, Ov Met 8, 269,

Periclymenos sive periclymenon, i n. [dict quod convolvat se adminiculis quibuscunque] That woodbind which beareth the honeysuckle, Plin 27, 12

Pĕrīcŭlōsè. adv ius, comp. issimè, sup Dangerously, adventurously, with danger, or peril. Navigatur periculosè hieme, Cic Fam. 16, 11 Periculosius hieme navigatur, Hirt B Alex 64, Quod homines periculosissimè & liberrimè faciunt, Sen de Ira, 3, 22.

Pĕrīcŭlōsus, a, um. or, comp issimus, sup Dangerous, perilous Periculosum est credere, & non credere, Phædr 3, 10, 1 Quod omnibus procellis periculosius erat Petron c 114 Periculosius prælium, Paterc 2, 60 Periculosissimus annus, Liv 27, 35 Periculosissimæ dimicationes, Hirt B Alex 22 Populo Romano periculosum videbat, Cæs B G 1, 33 Aliter fuissemus in nosmetipsos penè periculosi, Cic Att 13, 37

Pĕrīcŭlum, i n [a pereo, vel pot ab ant perior, i e conari, tentare, discere, unde peritus & experior, Voss] (1) Peril, danger, jeopardy (2) Met Dangerous, hazardous (3) A trial, essay, experiment, or proof of a thing (4) A libel, or paper containing the minutes of a sentence that the judge, after hearing the cause, is to pronounce (5) An inscription on a tomb (1) = In periculum capitis atque in vitæ discrimen se inferre, Cic pro C Balbo, 10 Periculum facit vulnus quodcunque magnum est, Cels 5, 26, 4 Cum illi nihil pericli ex indicio siet, Ter Heaut 3, 1, 6 (2) Periculum est, ne se stuporis excusatione defendat, Cic (3) Quî sis nisi periculum feceris? Ter Andr 3, 3, 33 Periculum ex aliis facere, Id in literis, in palæstra, Id Eun 3, 2, 23. § fortunæ, Cic Tanquam insonti periculum fecissent, Tac Ann 13, 33 ☞ Nota, periculum facere est tam adire discrimen quam quod frequentiùs experimentum capere (4) In omnibus negotiis ex periculo promatur deliberationis plena sententia, Cod. (5) Nepos in Epam c 8, si locus sit sanus

Perĭdōneus, a, um adj Very fit, or convenient Peridoneus præceptor, Suet de Clar Gramm 2, 11 Quod is locus peridoneus castris habebatur, Cæs B C 2, 24

* Peridromis, idis f An open gallery, or wall incompassing the palæstra, Litt ex Vitruv sed q.

Perignarus, a, um Wholly ignorant Locorum perignari, Sall Fragm

* Perileucos m. A sort of gem, or precious stone with a white thread, descending from its face to its bottom, Plin 37, 10

Perillustris, tre adj Very illustrious, or famous, Cic Attic 5, 4

Perimbĕcillus, a, um adj Very infirm, weak, or feeble Quod quidem est natura perimbecillum est, Cic Att 10, 20 Perimbecillum collum, Col " R 3, 10

* Perĭmetros imi theatri, the pit in a theatre, Vitruv. 5, 6.

Pĕrĭmo, ĕre act [ex per, & emo, ant tollo, Fest] (1) To take away wholly, to deprive of quite, to hinder, or disappoint (2) To destroy, ruine, or deface (3) To kill, or slay (1) Perimit, adimit, tollit, Fest. Si vis, aliqua major reditum peremisset, Cic pro Planc 42. Nisi aliquis casus, aut occupatio consilium ejus peremisset, Id (2) Quæsita labore subiti perimunt imbres, Lucr 5, 217 = Sin autem supremus ille dies perimit ac delet omnino, Cic Cum vetustas non opera solùm manu facta, sed etiam ipsam naturam paulatim exedendo perimat, Curt. 5, 1, 34 (3) Ubi tam teneros volucres matremque, peremit, Cic de Div 2, 30 ex poëta Orphea sacrilegæ perimunt, Ov. Met. 11, 41 Ut à pastu repelli pecora dicantur, ne satietas perimat, Curt. 5, 1, 12

Pĕrĭmor, i pass To be taken away, &c Cic

Perimpĕdĭtus, a, um Difficult to be passed Erat locus quidam perimpeditus ante aciem Scipionis, Hirt B Afr 58

Perincertus, a, um adj Very doubtful, or uncertain Perincertum stolidior, an vanior, Gell 18, 4 ex Sall

Perincommŏdè adv Very inconveniently, or unluckily Accidit perincommodè, Cic Att 1, 17

Perincommodus, a, um adj Very incommodious, or inconvenient Quo nihil admodum Romanis, eadem perincommoda regiis erant, Liv 37, 4

Perinconsĕquens, tis adj Very inconsequent; that doth in no wise follow Per autem, inquit, inconsequens ipsum quidem corpus, &c Gell 41, 1 tmesis

Perindè adv [ex per, & inde] (1) As, so as, according as, in like manner as (2) So (3) So much (4) Equally (1) Fac sis perindè adeo, ut me velle intelligis, Plaut (2) Ut viseret agros, & perinde dominos laudaret castigaretque, Liv (3) Quarè adventus ejus non perindè gratus fuit, was not so very acceptable, Suet Galb 13 (4) Funus Rufi clarissimi civis & perinde felicis, Plin jun Vivendi ars tanta tamque operosa & perindè fructuosa, Cic ☞ Jungitur particulis ac, si, atque, prout, quam, quasi tanquam, ut, apud probos auctores

Perindulgens, tis adj Highly reverencing ⁂ Perindulgens in patrem idem acerbè severus in filium, Cic Offic 3, 31

Perinfāmis, e adj Very infamous Amore libertinæ perinfamis, Suet Vitell 2, 9

Perinfirmus, a, um adj Very weak, of very small force, or weight = Sunt levia & perinfirma quæ dicebantur à te, Cic de Fin 2, 16

Peringĕniōsus, a, um adj Very witty, or ingenious, Cic de Clar Orat 24

Peringratus, a, um Very ungrateful Peringratus est, qui, cum amiserit, pro accepto nihil debet, Sen Epist 98

† Periniquè adv Very unjustly, Macrob

Periniquus, a, um adj (1) Very unjust, or unreasonable (2) Very uneasy, impatient, or discontented (1) = Videant ne sit periniquum & non ferendum, Cic Fam 12. 18 (2) ⁂ Id Romani æquo satis, Pœnus periniquo animo ferebat, Liv

|| Perinjūrius, a, um adj Very injurious, Apul p 528

Perinsignis, e adj Very notorious, apparent, or remarkable Corporis pravitates, si erunt perinsignes, Cic de Legg 1, 19

|| Perinsigniter. adv Very notably, Dig

|| Perintĕger, a, um adj Very innocent, or upright, faultless Qui incorruptus, & castus, & perinteger dicebatur, Gell 3, 5

Perinvālĭdus, a, um adj Very weak and feeble, Litt ex Curt sed non inven

Perinvīsus, a, um adj Abominable to, much hated by Hominem diis ac nobilitati perinvisum, Cic ap Ascon

Perinvītus, a, um adj Very much against one's will. Ne perinvitus legerem tuas literas, Cic Fam 3, 9, 2 vid & Liv 40, 57

Perinunguo, ĕre, xi, ctum act To anoint all over Eam eadem re perinunguunt, Varr R R. 2, 11 R occ

† Perio,

† Perio, ire [à πειρω] A perio activo videtur quibusdam esse, ex perior com[illegible], & opperior deponens, Prisc

* Periocha, æ f An argument, containing the sum of a discourse, as those of Terence's comedies, so intitled by Sulp Apollin † Argumentum, Liv

* Periodicus, a, um That goeth, or cometh by course, or fits Periodicæ febres, Plin 20, [illegible]

* Periodus, di f A period, or perfect sentence Comprehensio & ambitus ille verborum, si sic periodum appellari placet, erat apud illum contractus & brevis, Cic de Clar Or Periodo plurima nomina dat Cicero, ambitum, circuitum, comprehensionem, continuationem, circumscriptionem Genera ejus duo sunt, alterum simplex, cum [illegible] longiore ambitu circumducitur, alterum quod constat membris & incisis, [illegible] Adeo juncto [illegible] [illegible] Habet periodus membra minimum duo, Quint [illegible],4 Periodus a quibusdam majorum circumductione, continuatione, commentatione [illegible] Item communibus [illegible] & in omnibus plurimis [illegible] modus longior esse non debet, quam ut uno spiritu proferatur, Id

† Perior, iri [illegible] comp [illegible], Prisc

Peripatetici m pl [= περιπατητικοί] [illegible] Cic Acad Q 1, 4] The peripatetic philosophers [illegible]

* Peripetasma, atis n A rich sort of hangings for rooms, or coverings for their floors Quid [illegible] tota Sicilia nemini [illegible] peripetasmata? Cic Verr [illegible] Ex Peggado [illegible] ubi solent esse peripetasmata, Varr [illegible] = Peristromata, Cic Philipp 2, 2[illegible]

* Peripher[illegible]os The name of a famous [illegible] Artemona qui Periphoretos appellatus est, Plin [illegible]4, 8

* Periphrasis, eos f Circumlocution, a figure of rhetoric, when that which might have been said in one or two words, is, for greater ornament, expressed by many, Id Quicquid significari brevius potest, & cum ornatu latius ostenditur, περίφρασις est, cui nomen [illegible], non sane oratoris [illegible] virtuti, circumlocutio, Quint 8, 6

* P[illegible], æ f An inflammation [illegible], Ibid & Cels 4, 7 Sed Græcis literis

* Peripneumonicus, a, um adj One troubled with a peripneumonia, or inflammation of his lungs [illegible] tussientibus cum [illegible] datur, & pleuriticis & peripneumonicis, Plin 2[illegible], 24 Vehemens & acutus morbus, quem peripneumonicon Græci vocant, Cels [illegible]

* Peripsema, atis n An offscouring of dirt, or filth, Vulg Int

Perirātus, a, um adj Transported with anger Erant nomini perirati, Cic Fam 9, 6 Fuit Mars meo periratus patri Plaut Truc 5, 1, 11

* Periscĕlis, idis f (1) A garter (2) A kind of garment like breeches, worn by women (1) Sæpe periscelidem raptam sibi flentis, Hor Ep 2, 17, 56 Quæ Græci περισκελῆ vocant, nostri feminalia dicunt, vel braccas usque ad genua pertingentes, Hier

† Periscelium, ii n A garter, Tert

* Perisceuma, atis n A largess to the people, or a donative, or extraordinary pay to the soldiers, to oblige them the more to their generals, Spart in Jul Cap Lat Donativum, Suet

* Perissologia, æ f A figure when more words are used than are needful Circumductio [illegible] cum [illegible] vitium incidit, perissologia dicitur, Quint 8, 6 Sed [illegible] literis

* Perisson, i n A sort of shrub full of flowers, Plin 21, 1 = Dorycnion, manicon, erythron, neuras, Id

* Peristereon, ōnis m & peristereos, ei [illegible] & peristereum, ii n The herb vervain Peristereos vocatur caule [illegible] foliato, cacumine in alios caules se spargens, columbis admodum familiaris, unde & nomen, Plin 25, 10 = Verbenaca [illegible] 25, 9

* Peristeron onis m A dove-house, Varr R R [illegible] Sed Gr lit

* Peristerotrophium, ii n A pigeon-house, dove-house, a dove-cote, Varr [illegible], 7 Sed Græc literis

* Peristrōma, atis n Rich tapestry work, wherewith rooms are hung, or their floors, or [illegible] Peristromata conchyliata, Cic Phil pp 2, 2[illegible] Peristroma Campanicum, Plaut Pseud 1, 2, 13 = Babylonica peristromata consutaque tapetia, Id Stich 2, 2, 5[illegible] = Peripetasma, Cic

* Peristylium ii n A place inclosed round with pillars and portico, Suet Aug 82 Peristylum quadratum [illegible] 5, 2

* Peristylum, i n A place beset with pillars Amplissimum peristylum, Cic pro Domo, 44 tectum [illegible], Varr R R [illegible], 5

Pĕritè adv ius, comp ssime, sup Wisely, skilfully expertly = Scienter & perite dicere, Cic de Orat 1, 2 Multa facit aut peritius, aut exercitatius, Sen Epist 90 = Peritissime & callidissime, Cic Verr 2, 54

Peritia, æ f Knowledge, skill, skilfulness Peritia locorum, Sall B J 5[illegible] futurorum, Suet Tib 6[illegible]

Perĕo, ire fieri [a pereo] To lose one's life, to perish, to a[illegible] — Qui per virtutem periit, non interit, Plaut Capt [illegible], 5, 32 Anima perita parva per auras, Lucr [illegible] leg & periit

Pĕritūrus, a, um part [a pereo] (1) That will, or is near to die, or be killed (2) That will be ruined, laid waste, or destroyed (1) Perituri obsequio Semele, Ov Met 3, 92 Huc, periture, veni, Vir Æn 11, 856 Met Inter nos periturum esse tam horribile secretum should die with us, not be divulged, Petron c 21 (2) Peritura Troja, Vir Æn 2, 660 charta, Juv 1, 18 Vid Pereo

Pĕritus a, um adj or, comp ssimus, sup [ab ant perior, i e conari, tentare, discere, Voss] Skilful, expert, well skilled ¶ Liberalis stultis gratus est, verum peritis irritos tendit dolos, Phædr 1, 23, 2 § Belli gerendi peritissimus, Cic pro Font 15 = exercitatissimus, Cæs B C 3, 73 § Peritior rei militaris, Id B C 3, 61 Juris legumque peritus, Hor Sat 1, 1, 9 Antiquitatis bene peritus, Cic de Cl Orat 21 multarum rerum, Id pro Font 7 § usu peritus, Phædr 3, 3, 1 ¶ Adhibere doctos homines, vel etiam usu peritos, Cic Offic, 1, 41 § Vir ad labores —ad usum, ac disciplinam peritus, Id pro Font 15 § De agriculturi peritissimus, Varr R R 2, 9

Perjūcundè adv Very pleasantly, or delightfully, Cic pro Cœl 1

Perjūcundus, a, um Very pleasant, or delightful Disputatio perjucunda, Cic de Orat 2, 7 Perjucundum mihi erit, Id Q fr 3, 1, 4

Perjūriuncŭla, æ f dim A little forswearing, a small perjury Perjuriunculam parum [illegible], Plaut [illegible] 1, 16

Perjūrātus, a, um Sworn falsly by Perjuratos in mea damna deos, Ov [illegible] 2, 11, [illegible]

Perjūriosus, a, um Full of perjury, often perjured, Plaut Truc 1, [illegible], 52

Perjūrium, ii n (1) Perjury, or the breach of one's oath, by not performing what he hath sworn (2) Perjury, i e the being forsworn by taking a false oath (1) Quod ex animi tui sententia juraris, sicut verbis concipitur more nostro, id non facere, perjurium est, Cic Offic 3, 29 Cœlum fatigas sordido perjurio, Phæd 4, 19, 24 (2) ¶ In perjurio fides jusjurandumque negligitur, Cic de Harusp Resp 17 Perjurii pœna divina exitium, humana dedecus, Id de Legib 2 ex XII Tabb

Perjūro, āre n (1) To violate an oath, by not performing what hath been sworn to (2) To be perjured, or forsworn by taking a false oath (1) Juravistin te illum nulli venditurum, nisi mihi? B Fateor C Perjuravisti, scelesta, Plaut Pseud 1, 3, 120 Non falsum jurare perjurare est, ita quod ex animi tui sententia juraveris —id non facere, perjurium est, Cic Off 3, 29 Vid Pejero (2) Ubi verbis conceptis sciens libenter perjuras, Plaut Asin 3, 2, 16

Perjūrus, a, um or, comp ssimus, sup [ex per & juro] (1) Perjured, or forsworn by not doing what hath been sworn to (2) Perjured, or forsworn by taking a false oath (1) Priami domus perjura, Hor Od 3, 3, 2[illegible] Perjura mœnia Trojæ, Vir Æn [illegible], 811 (2) Perjurus Sinon, Vir Æn 2, 195 Meretrix perjura, Hor Od 1, 35, 26 Perjurum corpus, Prop 2, 5, 2[illegible] Perjuriorem hoc si quis viderit, Plaut Mil 1, 1, 21 Perjurissimus leno, Cic pro Rosc Comœd 7

* Perixyomenos, n An image, or statue resembling one scraping, or currying himself all over, Plin [illegible]4, 8

* Perizonium, ii n A sort of aprons used by virgins, Vatt Sipont & Vulg Int Lat Præcinctorium, Castalio

Perlābor, i, lapsus sum dep To slide, pass, run, or glide over, or through swiftly Nulla inepto perlabitur unda liquore, runneth through, Tib 4, 1, 155 Aëreas volucris perlabitur auras, Id 4, 1, 12[illegible] Luna dum rigidas contra perlabitur umbras, passeth over, Lucr 5, [illegible]63 Cibus per venam cavam ad cor confectus jam, coactusque perlabitur, Cic N D 2, 55 Met Ad nos vix tenuis famæ perlabitur aura, reacheth us, arriveth amongst us, Vir Æn 7, 646

Perlætus, a, um adj Very full of joy Supplicatio perlæta fuit, Liv 10, 21

Perlapsus, a, um part [à perlabor] Sunk down into Hæc mos animi perlapsa recessus, Stat Sylv 4, 6, 4

Perlātè adv Very largely Id in sermonis nostri consuetudine perlatè patet, Cic de Orat 2, [illegible]

|| Perlātor, ōris m verb A letter bearer, Marcell † Tabellarius, lator tabularum

Perlātūrus, a, um part [à perfero] About to carry, or bring In Aventinum usque [illegible] perlaturum spopondisse, Aurel Vict Orig Gent R 22, 3

Perlātus, a, um part [a perferor] (1) Borne, or conveyed through (2) Brought, or carried, as letters, reported, told, as news (3) Made, or past into a law, enacted (1) Hasta [illegible] perlata populum lasit, Vir Æn 11, 80[illegible] (2) Quibus [illegible] nuntiisque Romam perlatis [illegible] B C 1, 53 Tabulæ repertæ sunt literis Græcis confectæ & ad Cæsarem perlatæ, Id B G 1, [illegible] Consilio ejus cognito, & per mercatores perlato ad Britannos, Id B [illegible] 4, 21 (3) Perlata rogatio a C Memmio, Sall B Jug [illegible]

† Perlavat [illegible], Gloss

Perlecĕbræ, arum f plur [a pellicio] Baits, traps, allures or lures, so termed from their inticing and wheedling tricks = Capiis te perdam ego & [illegible], perlecebræ, permities, adolescentum exitium, Plaut Asin 1, [illegible] = Eccas tandem! probri perlecebræ & persuastrices, Id B[illegible] 5, 2, 4

|| Perlecto āre freq [a pellicio] To allure, intice, or draw on Privatâ benignitate perlectans, Cic pro F[illegible] 8 [illegible] legitur pellectat, rectius, ut opinor

Perlectus, a, um par Read over, or through Literis perlectis Cæs B C 1, 19 Perlectam epistolam in conventu multum [illegible] citat, Id B G 5, [illegible]

Perlegendus, a, um part To be read over Perlegendi [illegible], Plin [illegible] 1, sub fin Quod videre non est satis, sed perlegendum erit, Quint

Perlego, ĕre, egi, ectum act (1) To read over, to read through from the beginning to the end (2) Met To take a particular view of, to survey throughly (1) Perlegi, inquit, [illegible] Deorum, Cic de D[illegible] 1, 5 Leges perlege, Plaut Asin [illegible] Verba precantis perlege, Ov Ep [illegible] (2) Quin protinus omnia perlegerent oculi, Vir Æn 6, 4 de Trojanis sculpturam intuentibus Cunctas perlegere animis oculisque sequacibus auras, Stat Theb [illegible], 500

Perlĕgor, i, ctus pass To be read over Alter perlegitur, Mart 3, 50, 5

Perlĕpĭdè adv Very neatly, very finely, very well Perlepide narras, Plaut Cas 5, 2, 47

Perlĕpĭdus, a, um adj Very pretty, very fine, Plaut Pseud [illegible] 4, 53

Perlĕvis, ve adj Very light, or small Inclyti populi regesque perlevi momento victi sunt, by a very small advantage, Liv 21, 4 Perlevi fortunæ momento pendere, Cic pro Lege Agr 2[illegible]

Perlĕvĭter adv Very lightly, or slightly Quod perleviter commotus fuerat, Cic ad Q fr 2, 8, 4

Perlĭbentèr adv Very willingly, with a very good will Mecum perlibenter loquor, Cic Att [illegible] 8 Istud perlibenter audio, Id Fam 7, 1[illegible], 4

Perlĭberālis, e adj Very genteel, well bred, or handsome, Ter Hecyr 5, 4, 24

Perlĭbĕrālitè

Perbenignè adv *Very genteely, most obligingly*, Cic pro … Amer c 37 & Att 15, 15

Perlibratus, a, um *Exactly levelled, or made level* Campum non … planitie, nec per… exigue prona, Col 2, 11 … sum & perlibratum, Id …

…libro, are act *To level, or … or even* Ima … atque perl… Si quis excelsi perlibret … sunt, Sen Q. N … 3, … perlibrat … *through it*, Sil 15, 698

Perlicio, ĕre, xi, ectum act [ex … lacio] *To cajole, allure, … wheedle, or draw in* … necem & arma perli… Tac Ann 1, 48 leg & … Conditionibus in ami… Liv Ut ad in… perlicerent, Id Vid …

Perlicior, i, ectus pass *To be … allured, or enticed* In … perlici posse, Liv

Perlino, ĕre act *To rub all over* … novum loculamen… in hoc præparatum perlinire … herbis, Col 9, 12

Perlinor, i pass *To be rubbed all over* Ulcera … liquida cum … perlinuntur, Col 7, 5

Perlino, *unde* perlinor, i pass *To be daubed, or besmeared all over* Sanguine perlini, Cic pro … 52

Perlitatum est impers = Ea omnia … læta fuerunt, pri… perlitatum est, *they performed their sacrifices successfully, attended with* læta exta, Liv … Vid Perlito

Perlitatus, a, um part [à perlitor pass] (1) *Performed in sacrifice, attended with* læta exta, *or prosperous omens* (2) Act *That had not sacrificed prosperously* (1) Res divinæ factæ … Val Antias ap Gell … (2) Dii non perlitatum … orem, Liv Vid Perlito

Perlito, are act *To perform sacrifices prosperously, with such … as shew the gods appeased therewith*, which word is … litare, In … In eo … Q Pet… in jecinore caput … ad sena… bove perlitare jus… Id Tribus bubus perlitasse … Nec … litare … potuere, Flor …

Perlitus, a, um part [à perlino] *Daubed all over* Cru… perlitus, Cic pro … Unguentis perlitus, ig… Plaut Cas 2, 3, 2… Marcell

Perlongè adv *Very far, a great way off* Perlongè est, sed … properemus, Ter Eun …

Perlonginquus, a, um *Very far off, at a very great distance*, Plaut Bacch 5, ult 77

Perlongus, a, um (1) *Very long … at a great distance* (2) … *or a great while* (1) … & non satis tuta … Cic Att c 5, 20 (2) Si opp… Charmidis, perlon… gum est, Plaut Tri 3, 3, 16

Perlubens, tis adj *Very well pleased* In quibus, me perlubente, Servius … est, Cic ad Q. fr 1, … 8

Perlubet impers *I have a very great desire* Perlubet hunc hominem colloqui, Plaut Capt 4, 2 5…

Perlucens, tis part (1) *That may be seen through, transparent* (2) *Very bright, or shining* (1) Tenuis ac perlucens æther, Cic N D 2, 21 (2) Perlucenti circumdata corpus amictu, Ov Met 4, 41… Perlucentes nu… in pectore … Id Met 6, …91 Saxum mira candoris, a … ad summa perlucens, Plin 9, 15

Perlūceo, ēre verb neut (1) *To shine through, to be transparent* (2) *To be very bright, clear, or shining* (1) Perlucent omnes violaceo colore, Plin …7, 9 de amethystis Si purus & uniu… perlucent color, Id 10, 54 Perlucet villa quam cribrum crebrius, *its walls are full of holes, which let the light through*, Plaut Rud (2) Littora nativis perlucent picta lapillis, Prop 1, 2, … perlucent Met I… lud ipsum, quod decorum honestumque dicimus, maxime quasi perlucet ex iis, quas commemoravi, virtutibus, Cic Offic 2, 9 Vid Pelluceo

Perlucescit, διαφαίνει, Gloss

Perlūcĭdŭlus, a, um dim *Somewhat transparent* Perlucidulus lapis, Catull 6…, 4

Perlūcĭdus, a, um or, comp (1) *Transparent, that one may see through* (2) *Bright, clear, shining* (3) *Also wearing a thin garment exposing the parts to sight* (1) Arcani fides prodiga perlucidior vitro, Hor Od 1, 18, 16 Perlucida uvæ, Col 11, 2 gemmæ, Plin 37, 9 membranæ oculorum, Cic N D 2, 57 (2) Perlucidus ostro, Mart 12, …8 = Stella … & perlucida, Cic N D 1, 51 (3) Hæc ipse perlucidus, crepidatus, armillatus, Sen de Constantia Sap c 18

Perluctuōsus, a, um adj *Very mournful* Tum funus perluctuosum, Cic ad Q. fr 3, 8

Perluens, tis part *Washing* Per eam partem se perluens, Plin 8, 2…

Perluo, ĕre act *To wash all over, to make very clean by washing* Ædem perluunt, Plin 10, 44 Fonte suo formosos perluit artus, Ov Met 4, 310 ✤ Sudor perluit ora, *runneth down*, Petron …

Perluor, i pass *To be washed all over* Gelida cum perluor unda, Hor Epist 1, 15, 4 In fluminibus perluuntur Cæs B G 6, 20 Aqua dulci perlui, Col 12, 53 V… no perluitur os, Id

|| Perlusōrius, a, um *Pretended* Perlusorium judicium, *a pretended trial*, Ulp al leg prolusorium

Perlustrandus, a, um *To be viewed, considered, surveyed* Perlustrandæ animo partes erunt omnes, Cic Part Orat 11

Perlustrans, tis part *Viewing, surveying* Campos perlustrans oculis, Sil 7, 53…

Perlustro, are act (1) *To view all over, to take a diligent view, or strict survey of* (2) Met *To search, or inquire into, to consider seriously* (3) *To purge, or cleanse* by fuming, or smoking (1) Perlustravit nostium agros, Liv Ut discurrerent circa vias, perlustrarentque oculis omnia, Id 25, 9 (2) Perlustra mea dicta, Stat Sylv 4, 3, 143 (3) = Paleas sulphure & bitumine, atque ardente tæda perlustrant, & expiatas cubilibus inducunt, Col 8, 5

Perlūtus, a, um [à perluor] *Washed all over, rinsed fair and clean* Expressa favorum reliquiæ, postquam diligenter aqua dulci perluta sunt, Col 9, ult

Permăcer, cra, crum adj *Very lean, barren, or hungry* Omnis creta coquit, nisi permacra, Pl… 18, 6

Permăcĕro, are *To wet thoroughly, to soak* Cum calculi in opere permacerantur, … …

Permădefăcio, ĕre act Met Amor permadefecit cor meum, *hath drenched, or bathed, as it were*, Plaut Most 1, 2, 62

Permădĕo, ere, *vel* permadesco, ĕre, permadui neut *To be very wet, to be soked with wet* Quod si permaduit, Col de Succiso … 2, 1… Nisi si hibernis pluviis terra permaduerit, Id R R 2, 4 = Rubro purpurea nimbo spargere & effuso permadu… croco, Mart 5 26 Met Quod ocius permaduimus, *have overflowed*, Sen Ep …0, fin Felicitate animi permadescunt, *become effeminate*, Id de Provid 4 Credis te solum multo permaduisse sale, *that you only abound with wit*, Mart 6, 44, 2

Permădĭdus, a, um adj *Very wet, or wet through*, Frag Poet

Permagnus, a, um adj (1) *Very large, or great* (2) *Of very great concern, or consequence* (3) *Very powerful, or effectual* (4) *Very honourable, or reputable* (5) Permagni interest, refert, *it is of mighty consequence, or of the last importance* (1) Permagnus numerus, Cæs B G 7, 31 (2) Tua res permagna agitur, Cic pro Rosc Amer Permagna negotia, Hor Sat 1, 7, 4 (3) Vis est permagna naturæ, Cels 7, 4, 3 (4) Permagnum existimans tres olympionicas una ex domo prodire, Cic (5) Permagni nostra interest te esse Romæ, Cic Att 2, 23 Permagni interest, quo tibi hæc tempore epistola reddita sit, Id Illud permagni referre arbitror, ut nescientem sentiat te id sibi dare, Ter Heaut 3, 1, 58

Permānans, tis part *Passing, or coming to* Ut conclusiunculæ non permanantes ad sensus, Cic Tusc 2, 18 Vid Permano

Permānantèr adv *Continually* Usque adeo permananter vis pervalet ejus *de magnete, continuedly, communicated from one ring of the chain to another*, Lucr 6, 916

Permānasco incept [à permano] *To be diffused*, Met *to be divulged* Unde ad eum id posset permanascere, Plaut Trin 1, 2, 118

Permănens, tis part *Continuing, abiding, remaining* Stabili & fixo permanente bono, Cic Tusc 5, 14

Permănĕo, ere n (1) *To abide, stay, or tarry to the end* (2) *To remain, last, continue, abide, hold on* (3) Met *To persevere, persist, or continue* (1) Secunda acies in armis permanebat, Cæs B G 1, 41 ✱ Nec tamen permanent, sed ante finem recedunt, Plin jun (2) Ira, quæ tam permansit diu, Ter Hec 3, 1, 25 Athenis mos ille jam a Cecrope permansit, Cic de Legg 2, 25 Solus ad id tempus permanserat in armis, Hirt ap Cæs B G 8, 45 Permanere in officio, Cæs B G 5, 4 Neque diutius permanere sine cibariis eodem loco possent, Hirt ap Cæs B G 8, 15 (3) Contudi animum, & fortasse vici, si modo permansero, Cic Ne permaneris in incœpto, Lucceius ad Cic Fam 5, 14 In eadem tristitia taciti permanere, Cæs B G 1, 3… in pristina sententia, Cic Att 1, 17 Qui perpetuò in amicitia Romanorum permanserat, Hirt ap Cæs B G 8, 26

Permāno, āre n (1) *To flow, as water, &c doth, to pass along, or all over by flowing* (2) *To be diffused* (3) *To enter to pass, or come into, to arrive at* (4) *To be disclosed, divulged, or published* (5) Act *To penetrate, pierce, or enter* (1) In saxis, ac speluncis permanat aquarum liquidus humor, Lucr 1, …9 Venenum epotum permanat in venas, Cic pro Cluent 62 Met Permanare animam nobis per membra solere, Lucr 3, 699 (2) = Pythagoræ doctrina, cum longe lateque flueret, permanavisse mihi videtur in hanc civitatem, *spread*, Cic Tusc 4, 1 (3) Quo neque permanent animæ, neque corporis nostri, Lucr 1, 12… = Nec temere huc dolor usque potest penetrare, neque acre permanare malum, Id …, 25… Permanat odor, frigusque, vaporque ignis, Id 6, 952 Hoc ubi uno auctore ad plures permanaverat, *had been spread by report*, Cæs B C …, … (4) Neve permanet palam hæc nostra fallacia, Plaut Capt 2 1, 25 (5) § Permanat calor argentum, Lucr 1, 495

Permansio, ōnis f verb [à permaneo] (1) *A stay, or continuance* (2) *A perseverance, or persisting in* (1) Quodvis supplicium levius est hac permansione, Cic Att 11, 18 (2) In una sententia perpetua permansio, Cic Fam 1, 9

Permansūrus, a, um part [à permaneo] *That will continue* Confidit sibi illud stabile & firmum permansurum, Cic de Fin 2, 27

Permărīnus, a, um adj *Of, or belonging to the sea* Ædem laribus permarinis vovit, Liv 40, ult

Permātūresco, ĕre, *unde* permaturui *To be full, or thorough ripe* In pomo est ubi permaturuit ater, Ov Met 4 165 Semen cum permaturuerit, Col 2, 10

Permātūrus, a, um adj *Very, or thorough ripe* Baccæ permaturæ, Col 12, 48 Non permatura mandere, Cels 6, 13

† Permeabilis, e adj *Passable*, Solin c 47 ‡ Penetrabilis

Permeans, tis part *Having, or making its way through* Dexteriore alveo Babylonem petit, mediamque permeans, Plin 5, 26 Illa aqua permeante tormini, Id 2, 65

Permĕdiocris, e adj *Very indifferent, or moderate* ✱ In animis permediocres, ac potius leves motus debere esse, Cic de Orat 1, 51

Permĕdiocritèr adv *Very meanly*, Litt ex Sen

Permĕdĭtātus, a, um part *Throughly instructed in* Eam permeditatam meis dolis, astutiisque onustam mittam, Plaut Epid 3, 2, 39

Permensus, a, um part [à permetior] (1) *Having measured* (2) Met *Having passed through, sailed, or travelled over* (3) Pass *Measured out* (1) Hujus magnitudinem quasi decempeda permensi, Cic Acad Q. 4, 41 de Sole Permensus montes, Plin 2, 65 altitudinem muri, Liv Ut sese permensi oculis, *heedfully surveyed, or viewed*, Stat (2) Mortifer æstus aera permensus, Lucr 6, 1140 Tumidum permensi classibus æquor, Vir Æn 2, 157 Durum permensus iter, Stat Sylv 1, 2, 202

1, 2, 202 (3) Solum sic permensum & perlustratum, Col 7, 15 Met Permenso defunctus tempore lucis, *having finished the determinate period of life*, Tib 3, 3, 9

Permeo, are n (1) *To pass, or make a way through* (2) Met *To pervade, or diffuse over* (3) Act *To pass over, or through* (1) Si non sunt liberi spatia, quà anates permeent extra lacum, Col 8, 15 (2) = Quod quædam animalis intelligentia per omnia ea permeet, & transeat, *pervades, is diffused over*, Cic Acad Q. 4, 37 (3) Permeat spatia, Plin 8, 2, immensos tractus, Id 11, 29 Dum tot maria ac terras permeat, annus abit, Ov ex Pont 4, 11, 16

Permeor, ari, atus pass *To be passed through* Iter, quo in Galliam permeatur, Aurel Vict

Permereo, ere *To serve as a soldier* Sole sub omni permeruit juncta manus, Stat Sylv 1, 4, 73

Permetior, iri, ensus sum dep (1) *To measure with the eye, to view, or take a prospect of* (2) Met *To compass, pass, or travel round* (1) Liber prospectus oculorum, etiam quæ procul recesserc, permetitur, Curt 4, 9, 10 (2) Sidera cum permensa suo sunt cœlum corpore cuncto, Lucr 4, 395

Permetuens, tis part *Greatly fearing, dreading* Deserti conjugis iras permetuens, Vir Æn 2, 573

|| Permilito, are n *To serve as a soldier* Si tribunus in cohortibus prætoriis permilitaverit, Ulp

Permingo, ere, xi act Hunc perminxerunt calones, Hor Sat 1, 2, 44 obscœn

Perminutus, a, um *Very little, or small* = Bona corporis & fortunæ perexigua, & perminuta, Cic Tusc 2, 13

Permirus, a, um adj *Very wonderful, or strange* Illud mihi permirum accidit, Cic Fam 3, 10, 14 Permirum videatur, Id de Div 2, 47

Permiscendus, a, um part *To be mixed, or confounded* Mundi ruinæ permiscenda fides, Luc 2, 254

Permiscens, is part *Mixing, or mingling* Permiscens cum materia, Cic de Univ 7

Permisceo, ere, ui, stum & xtum act (1) *To mingle, or mix together throughly, to blend, or put together* (2) Met *To jumble together, to disorder, to confound, to put into a great confusion* (1) Fretus ipse anni permiscet frigus & æstum, Lucr 6, 366 Pelago cœlum permiscuit Eurus, Sil 15, 714 § Ne tuas sordes cum clarissimorum virorum splendore permisceas, Cic in Latin 5 Pecuniæ rationem cum damnatione Dolabellæ permiscuit, Id Licet simcem decidere, & permiscere cum purgamentis cortis, Col 2, 15 (2) Divina & humana cuncta permiscuit, Sall B Jug 5

Permisceor, eri, xtus pass (1) *To be intermingled, or mixed together throughly* (2) *To be put into a great confusion, or disorder* (1) Totum sterquilinium rastris permisceri oportet Col Met Ut tua excellens opinio fortuna cum laboribus & miseriis permista esse videatur, *to be chequered*, Cic de Orat 2, 52 (2) Omnia permisceri mallent, quam imperium exercitusque dimittere, Cæs B C 1, 32

Permissio, ōnis f verb (1) *Permission, leave, or licence* (2) *A figure in rhetoric* (1) Permissione tua grata est, 6 Q fr 2, 1 ⁑ Plus valet sanctio permissione, Ad Herenn 2, 10 (2) Permissio est, cum ostendimus in dicendo nos aliquam rem totam tradere, & concedere alicujus voluntati, Ad Herenn 4, 29

Permissurus, a, um part [a permittor] (1) *That will permit, or give leave* (2) *About to intrust with, or put under one's protection* (1) Ut facias quod vis tibi permissurus sum, Cic Q fr 2, 14 Qui cum vexandis prioris anni consulibus permissurum tribunatum credebant, Liv (2) Suas, civitatisque fortunas ejus fidei permissurum, Cæs B G 5, 3 Vid Permitto

Permissu abl [à permissus, verb à permitto] *Permission, leave, licence* Aræ bellis permissu, Cic Offic 1 Permissu tuo, *with your leave*, Id Verr 5, 80 legis, Id contr Rull 2, 14 decemvirorum, Liv 3, 43 populi, Val Max 4, 3, 9

Permissus, a, um part [à permittor] (1) *Put to full speed, as an horse by his rider* (2) *Permitted, suffered, granted, allowed* (3) *Remitted, slackned, abated* (4) *Committed to, intrusted with* (5) *Exposed to* (1) In media primum acie vinci cœptum, quâ permissus equitatus turbaverat ordines Liv (2) Utor permisso, Hor Epist 2, 1, 45 ⁑ Quo in magistratu non institutum est in me regnum, sed non permissum, Cic pro Sulla, 7 (3) = Laxato paulum permissoque subtili justitiæ examine, Gell 1, 3 Vid leg remissoque (4) Quibus si mma imperii permissa est, Cæs B G 7, 79 Quibus & lege & S C permissum est, ut de Cæsaris actis cognoscerent, Cic (5) Permissaque ignibus urbes, *fired, burnt*, Liv Permissus appellatur aries, qui annis compluribus tonsus non est, Fest

Permistè adv *Mixedly, confusedly* = Partes argumentandi confuse & permistè dispersimus, Cic de Inv 1, 30

Permistio, & permixtio, onis f. verb [à permisceo] (1) *A mingling, or mixing together, a mixture* (2) *A confusion, or disorder* (1) Superioris permixtionis reliquias fundens æquabat Cic de Univ 12 (2) Dissensio civilis, quasi permixtio terræ, oriri cœpit, Sall B J 41

Permistūrus, a, um part [a permisceo] *That will mix together* Marcia geminas è sanguine matris permisturi domos, Luc 2, 333

Permistus, & permixtus, a, um part (1) *Mixed, mingled, or blended together* (2) *Out of order, confused* (1) ⁑ Semina permista gerit tellus, discretaque tradit, Lucr. 6, 790 Milites cum suis fugientibus permisti, Cæs 7, 62 Animam credit permistam corpore toto, *diffused all over*, Lucr 3, 35 Permisti cum corpore animi, *acting jointly with it*, Cic de Div 1, 57 Permistis animantes moribus essent, *would be made up of mixed tempers*, Lucr 3, 749 Supercilia confinio luminum pœnè permixta, Petron c 126 (2) Falcatæ regiæ quadrigæ permistos milites perturbant, Hirt B Afric 75

Permitis, e adj *Thorough ripe, mellow* Sorba non permitia, Col 12, 4

Permittendus, a, um part *To be permitted* Mense Julio feminæ maribus plerumque permittendæ, *must take bull*, Col 6, 24 de vaccis

Permittens, tis part *Permitting* Liberum arbitrium eis populo Romano permittente, *leaving them to their choice* Liv

Permittitur impers *It is permitted* Totam Italiam suis colonis ut complere liceat, permittitur, *leave is given*, Cic

Permitto, ere, si act (1) For emitto, *to cast, throw, or fling darts, &c at a great distance* (2) For demitto, *to throw, or cast down from a precipice* (3) *To put on, to spur on an horse, to ride full speed against* (4) *To yield, surrender, or deliver up* (5) For committo, *to trust, to intrust with, to commit, or refer to* (6) *To permit, suffer, allow, give leave, or way* (7) *To expose, to venture, or hazard* (1) Quo tutior altitudine esset, hoc audacius longiusque tela permitteret, *might hurl*, Hirt ap. Cæs B G 8, 9 (2) Multis præmissis armis, ex summo se permitterent, Sisenna ap Non (3) Converso equo, se incautius permittit in prætectum, Hirt ap Cæs B G 8, 48 = Concitant equos, permittuntque in hostem, Liv Infestâ cuspide permisit equum, Id Acer habenis lora permissis quati, Sen Hippol 1006 (4) Se, suaque omnia eorum potestati permittere dixerunt, Cæs B G 2, 3 Se in fidem atque potestatem populo Romano permittere, Id Ipsos se in deditionem consulis permisisse, Liv Tibi me permisisse memini, Cic Neque se populo soli, sed etiam senatui permisit, Cic (5) Ejus judicio permitto omnia, Ter Phorm 1, 9, 56 Quod summam belli, rerumque omnium Pompeio permiserant, Cæs B G 3, 16 Num tu senatui caussam tuam permittas? Cic (6) Huic permisit ut in iis locis legionem collocaret, Cæs B G 3, 1 Sed nec magnitudo fluminis permittebat, Id B C 1, 49 Si fortuna permittitis uti, Vir Æn 9, 240 Quæ hunc tam barbarum morem permittit patria? Id Æn 1, 544 = Permitto aliquid iracundiæ tuæ, do adolescentiæ, cedo amicitiæ, tribuo parenti, Cic ⁑ Lex jubet, aut permittit, aut vetat, Id de Inv 2 ⁑ Negabit se fecisse quod cogeretur, cum altera lex permitteret, Ad Herenn 2, 10 Ipsi permittam de tempore, *leave it to him*, Cic ⁑ Quis equum celeremque arcto compescere freno possit, & effusas tardo permittere habenas? Tibull 4, 1, 92 *give him his head* Neque enim liberum id vobis permittit Philippus, *leaveth it to your choice*, Liv Auxiliis aditus & libera ponti ostia permisit, Luc 10, 515 Mentitur cum amorum non nisi permiserit deus, Plin (7) Gladio permittere mundi discrimen, Luc 7, 109 ¶ Permittere vela ventis, *to hoist sail*, Quint Ep ad Tryph

Permittor, i, ssus pass (1) *To be sent, or carried over* (2) Met *To penetrate, or make its way* (3) *To be intrusted with, committed, or referred to* (4) *To be remitted, or forgiven* (5) *To be permitted*, &c (1) Hoc genus cerasi potest etiam trans maria permitti, Col 7, 8 (2) Sapientem eo loco ponere, quo nulla permittitur injuria, Sen de Const Sap 3, (3) Summa ei belli administrandi permittitur, Cæs B C 1, 36 Multitudinis suffragiis res permittitur, Id B G 7, 50 (4) Debitori reip à curatore permitti pecunias non posse, Ulp (5) Vid Permitto

Permixtus, a, um part [à permisceor] (1) *Mixed, mingled* (2) Met *Concerned, employed* (1) Myrrham in iisdem sylvis permixtam arborem nasci tradidêre aliqui, Plin Permixtum aquæ, Id 35, 15 Permixtus odiis amor, Val Flacc 7, 255 (2) C Proculeius nullis reip negotiis permixtus, Tac Ann 4, 40, 7

Permŏdestè adv *Very modestly*, Litt ex Sen

Permŏdestus, a, um adj *Very moderate, sober, or regular* Homo timidus, & permodestus, Cic Catil 2, 6

Permŏdicè adv *Very little* Permodice fundito, Col 5, 11

Permŏdicus, a, um adj *Very ordinary, or mean* Locus permodicus & cellæ penuariæ instar, Suet Tib 47

Permŏlestè adv *Very grievously* Permoleste ferre, *to be much troubled*, Cic Verr 4, 58

Permŏlestus, a, um adj *Very troublesome*, Cic Attic 1, 18

Permollis, e adj *Very soft* Quod etiam in carminibus est permolle, Quint 9, 4

Permŏlo, ere act (1) *To grind small* (2) *To lye with* (1) Varr ap Non (2) Alienas permolere uxores, Hor Sat 1, 2, 35

Permōtio, ōnis f verb [à permoveo] (1) *An ecstasy, or commotion of the mind* (2) *The putting the mind into any great concern, or passion* (1) = Mentis incitatio & permotio divina, Cic de Div 1, 40 Permotiones animis nostris datæ, Id (2) ⁑ Quā permotione mentis magis quàm natura ipsa sentimus, Cic de Div 1, 12

Permōtus, a, um part (1) *Throughly moved, put into a great agitation* (2) Met Mente permotus, *cast into a trance, or put into an ecstasy* (3) *Put into any great concern of anger, fear, compassion, &c* (4) *Induced, influenced, persuaded* (1) Mare permotum ventis, Lucr 6, 276 Permoti corporis æstu, Id 4, 111 (2) Quod maxime contingit aut dormientibus, aut mente permotis, Cic de Div 1, 57 (3) Concio permotus Jupiter, Phædr 1, 6, 5 Non odio permotus, sed misericordia, Cic contumeliis, Cæs ignominiâ & dolore, Id Nostro adventu permoti Britanni, Id insitato genere tormentorum, Id (4) His verbis Eumenes permotus, &c Nep Eum 6 = His rebus adducti, & auctoritate Orgetoriis permoti, Cæs B G 1

Permŏvendus, a, um part *To be throughly moved, or made to be concerned* by compassion, &c Misit at one mens judicum permovenda est, Cic Orat 38

Permŏveo, ere act (1) Met *To put one into any great concern, as compassion, anger &c* (2) *To persuade, to prevail upon, or influence* (1) Si quem aratorum fugæ, calamitates, exilia, suspendia denique non permovent, Cic Verr 3, 62 Nihil reliqui faciunt, quo minus invidiam, misericordiam, metum, & iras permoverent, Tac Ann 1, 21, 1 (2) Optimus est orator, qui dicendo animos audientium & docet, & delectat, & permovet, Cic Orat B, Eodem mendacio de cæde equitum & principum permovet Cæs B G 7, 38 Conventum Salonis quum neque pollicitationibus, neque denuntiatione periculi permovere posset, Id B C 3, 9

Permŏveor, eri, tus pass (1) *To be put into any great concern by hatred, compassion, &c* (2) *To be persuaded, &c* (1) In commovendis judicibus iis ipsis sensibus, ad quos illos adducere velo, permoveor, Cic de Orat 2, 45 (2) Vid Permoveo

Permulcendus,

Permulcendus, a, um part *To be appeased, assuaged, or contented* [illegible] Vitellius Julianum [illegible] mili um an mis de-[illegible], *Tac Hist* 3, 57, 4 Permul-[illegible] oculos motu corporis tra-[illegible], *Val Max* 8, 10, 1

Permulcens, is part *Gently stroking* Caput permulcens, *Sil* [illegible] Permulcens lumina virga, [illegible] 1, 716

Permulceo, ere, si, sum & ctum [illegible] (1) *To stroke* (2) *To cherish*, [illegible] (3) *To please, cheer*, [illegible] (4) *To appease, as-[illegible], or treat gently* (1) [illegible] colla draconum per-[illegible], *Cic* [illegible] 7, 221 (2) Aram, [illegible] permulcet spiritus Aus [illegible] D 2, 14 *ex Poet* (3) Permulcere sensum voluptate, *Cic* [illegible] Sonus & numerus [illegible], *Id Orat* 49 His [illegible] permulceat aures, [illegible] 1, 16, 26 (4) Permulsit [illegible], *Liv* 39, 20 co-[illegible], *Sil* his dictis pec-[illegible] 5, 816

[illegible] ceri, eris, lus & ctus pass (1) [illegible] *or gently* [illegible] *very much pleased*, [illegible] (3) *To be appeas-[illegible]* (1) Lacuntur [illegible] quam leni voce [illegible] muta sunt, acri clamore [illegible], *Ad Herenn* [illegible], 12 [illegible] audientesque læ-[illegible] permulcentur, *Col* (3) Dein lenita jam ira, [illegible] liberalibus verbis per-[illegible], *Sall Fragm*

|| Permulctus, a, um part [à permulceo] [illegible] *appeased, assuaged* [illegible] mitioribus, *Gell* [illegible]

Permulsus, a, um part [à permulceo] (1) *Used gently, cheered* (2) *Appeased, assuaged* (1) [illegible] voce permulsæ, *Ad Herenn* 12 (2) Eorum animis [illegible], & confirmatis, *Cæs B* [illegible] 6

Permultò adv *By very much, by* [illegible] comp Permultò cla-[illegible] & [illegible] dicit, *Cic de* [illegible] 61 Pendent permultò mi-[illegible] *lighter* Lucr 5, 545

Permultum adv *Very much* Permultum interest, utrum, *&c* [illegible] Permultum ante [illegible] factus eram literis, *Cic* [illegible]

[illegible], a, um adj (1) *Very* [illegible] (2) *Very much* (1) Imi-[illegible] principum permulti exis-[illegible], *Cic de Legg* 3, 14 Permul-[illegible] more prolabi, *Id* [illegible] (2) Haud permul-[illegible], *Plaut Bacch* 2, 3, 86

Permundus, a, um adj *Very* [illegible] Permundæ sunt hæ vo [illegible], *Varr R R* 3, [illegible]

Permunio, ire, ivi, [illegible], itum [illegible] (1) *To fortify strongly* (2) [illegible] *fortification begun* [illegible] opportuna permuni-[illegible] 27, 2 Castra per-[illegible] *Id* [illegible] 39, 2 (2) Quæ [illegible], munimenta permu-[illegible], *L*[illegible], 16

Permunitus, a, um part *Strongly fortified* Castris permunitis [illegible] *Liv* 7, 16

Per[illegible]bilis, e adj *That may* [illegible], Litt ex Cels

Per[illegible]dus, a, um part *To be exchanged* Dari o, & accipi [illegible], & permutandis facultatibus [illegible] *Cic Offic* 2, 4

[illegible] ans part (1) *Alter-[illegible]* (2) *Buying, or* [illegible] (1) Per-[illegible] in contrarium, *Plin* 17, [illegible] (2) *Id* Permuto

Permūtātio, ōnis f verb (1) *A changing, or altering* (2) *An exchanging, or bartering* (3) *A receiving, or paying money by bills of exchange* (4) *A confounding, or disordering* (5) *A figure in rhetoric* (1) Temporum permutatione virtus non mutatur, *Cic Parad* 6, 3 Mulieri placebat permutatio, *Petron* c 15 (2) Permutatione mercium utuntur, *Tac Germ* 5, 6 (3) Dum pecunia accipitur, quæ mihi ex publica permutatione debetur, *Cic Fam* 3, 5 Ego in cistophoro in Asia habeo ad H S bis vicies, hujus pecuniæ permutatione fidem nostram facile tuebere, *Id Att* 11, 1 (4) Ut varia permutatione perturbent, *Quint* (5) *Ad Herenn* 4, 24

Permūtātus, a, um part (1) *Altered, changed, or exchanged* (2) *Bought, or sold* (3) *Altered for the worse, disordered* (1) Permutato colore, *Petron* c 102 Quid [illegible] permutatæ invicem [illegible] *put one for the other*, Quint 1, 4 (2) Mensa H-S XIV permutata, *Plin* 13, 15 (3) = Ita perturbatum itaque permutatum est, *Cic de Har Resp* 21

Permuto, āre act (1) *To change, by taking, or giving one thing for another, to exchange* (2) *To exchange goods, or wares, to barter, or truck* (3) *To buy, or sell with, or for money* (4) Permutare pecuniam, *to receive, or pay money by bills of exchange* (5) *To alter, disturb, or put into a confusion* (1) Migdoniis opes permutare crine Liciniæ, *Hor Od* [illegible], 12 Nomina inter vos permutastis, *Plaut Capt* 3, 5, 19 Galeam permutat Atlhes, *Vir Æn* 9, 307 (2) India neque æs neque plumbum habet, gemmisque suis ac margaritis hæc permutat, *Plin* 34, 17 Ut equos incolæ talentis auri permutarent, *Id* 6, 21 (3) Permutare pretio nolux, *Plin* 9, 55 (4) Quo plus permutasti quam ad fructum insularum, *&c* Cic Att 16, 1 Scripseras ut H.S XII permutaret *Terentia*, *she would pay it at Rome to any one, who by his agents would pay it to Cicero then at Brundusium*, Id Att 11, 22 (5) Nonne omnem reip statum permutavit *Gracchus?* Cic de Legib 3

Permūtor, āri, ātus pass (1) *To be changed* by one thing being taken, *or* given for another, *to be exchanged* (2) *To be bought, or sold*, with, *or* for money (3) *To be received*, or *paid by bills of exchange* (4) *To be disturbed*, or *put into a confusion* (1) Figuræ cum permutantur, mutari res quoque debent, *Lucr* 2, 1020 (2) ⁎ Postea donare opera sua instituit, quod ea nullo satis digno pretio permutari posse diceret, *Plin* 35, 9 Placuit denarium sedecim assibus permutari, *Id* 33, 3 (3) ⁎ Quæro quod illi opus erit Athenis, permutarine possit, an ipsi ferendum sit? *Cic Att* 12, 24 Ut permutetur Athenis, quod sit in annuum sumptum ei, *Id Att* 15, 15 (4) *Vid* Permuto, n 5

Perna, æ f (1) *A gammon, or pestle of bacon with the leg on* (2) *Part of the body of a tree sticking to its suckers when pulled off* (3) *A sort of shell-fish* (1) Quanta pernis pestis veniet, quanta labes larido! *Plaut Capt* 4, 1, 3 Fumosa cum pede perna *Hor Sat* 2, 2, 117 (2) Cum pernis sua avelluntur *stolones*, Plin 17, 10 (3) Pernæ concharum generis, *Plin* 32, sub fin à *simil pedis porcinæ*, Gesner

Pernāvigātor, oris m verb *He that saileth through*, Litt ex Sen

Pernavigatus, a, um part *Vid seq*

Pernāvigor, āri, ātus pass *To be sailed quite through, or all over* Sub eodem sidere pars tota vergens in Caspium mare, pernavigata est Macedonum armis, *Plin* 2, 67

Pernĕcessārius, a, um adj *Very necessary, or needful* Tempus pernecessarium, *Cic Attic* 5, 21

Pernĕcessārius, ii subst m *A particularly engaged friend, or acquaintant, a closely united confederate* = Paternus amicus ac pernecessarius, *Cic* pro *Flacc* 6

⁂ Pernĕco, are, ui *To kill* Iyrrhena pernecat hasta, *Sil* 4, 611

Pernegans, tis part *Denying flatly*, Suet Tib 57

† Pernĕgatio, onis f verb *A flat denial*, Dig † Diserta negatio

Pernĕgātur impers *It is stiffly, or utterly denied* Primo istius adventu pernegatur, *Cic Verr* 4, 7

Pernego, āre act *To deny stiffly, or utterly, with much impudence* Nihil hoc confidentius, qui, quæ videt, ea pernegat, *Plaut Men* 4, 2, 51 ⁎ Etiam fatetur de hospite? *TH* Immo pernegat, *Id Most* 3, 1, 25 Pernegavit ei se culpæ affinem fuisse, *Valer Max* 8, 4, 2

Pernegor, āri, ātus pass *To be utterly denied* Opinor, pernegari non potest, *Plaut Men* 2, 3, 62

Perneo, ēre n Met *To spin out, or finish* Cum mihi supremos Lachesis perneverit annos, *Mart* 1, 89, 9

|| Perniciābilis, e adj (1) *Pernicious, destructive* (2) Met *Of fatal consequence* (1) Rigor insolitus nivis plurimorum oculis præcipue perniciabilis fuit, *Curt* 7, 3, 13 (2) Id perniciabile reo, *Tac Ann* 4, 34 † Perniciosus, *Cic* Pernicialis, *Liv*

Perniciālis, e adj *Bringing, or causing dissolution, destruction, or death* ⁎ Pestilentia— quæ magis in longos morbos, quam in perniciales evasit, *rather chronical than mortal*, Liv 27, 23 Pernicialia odia, *deadly*, Plin 24, princ

Pernicies, ei (& ii Nihil pernicii causa, *Cic* pro *S Rosc* 45) f [ex per, & neco] (1) *Violent death* (2) *Death* (3) *Destruction, ruine, undoing of one* (1) Ut, eis in effectis, eorum pernicie dolorem suum ulciscerentur, *Hirt B Afric* 87 (2) Nec sine pernicie dissolvi posse videntur, *Lucr* 3, 227 (3) = ⁎ Cum summa reip salute & cum tua peste & pernicie, *Cic Catil* 1, 13 Met *de homine*, Leno sum, fateor, pernicies communis adolescentium, *Ter Adelph* 2, 1, 36

Perniciōsè, ius, comp ssimè, sup adv *Perniciously, destructively, mischievously* Quam dissolute, quam turpiter, quam perniciosè, *Cic Att* 14, 13 Perniciosius de rep merentur vitiosi principes, *Id de Legg* 3, 14 Rebus mortalibus perniciosissimè comperdam, *August*

Perniciōsus, a, um adj or, comp ssimus, sup (1) *Bringing, or causing death* (2) *Destructive, pernicious, of fatal consequence, mischievous, very hurtful* (1) ⁎ Perniciosa discernere à salutaribus, *Cels* Perniciosior esset in incerto erat, *Sall B Jug* 46, 7 (2) Lex non modo inutilis, sed perniciosa reip *Cic* Perniciosior reipublicæ nemo, *Paterc* 2, 47 Leges perniciosissima, *Val Max* 9, 5, 1

Pernicĭtas, tis f [etymon quære in Pernix] *Swiftness of foot, speed, fleetness* Pedum pernicitas Papyrio inerat, quæ ei etiam dedit nomen Cursoris, *Liv* 9, 16 equorum, *Tac Hist* 1, 79 Pernicitas decora, *Val Max* 2, 4, 4

Pernicĭtèr adv ius, comp *Nimbly, speedily* Viden' ut perniciter exiluerunt? *Catull* 56, 8 Desilire perniciter, ubi datum signum est, *Liv* Rupicapræ pernicius exultant, *Plin* 8, 53

† Pernicium, ii n *idem quod* pernicies, *Non ex Plaut*

Perniger, gra, grum adj *Very black* Ore parvo atque oculis pernigris, *Plaut Pœn* 5, 2, 153

Pernimium adv *Too too much* ⁎ Nimium in eos, pernimium interest, *Ter Adelph* 5, 4, 30

Pernio, ōnis m [à perna, *Voss*] *A kibe on the heel* Rapum perniones fervens impositum sanat, *Plin* 20, 3

Perniuncŭlus, i m dim *A little kibe, or chilblain*, Plin 26, 11

Pernix, icis adj or, comp ssimus, sup [à pernitor, pernixus, *Voss*] (1) *Swift, nimble, quick, speedy, fleet* (2) *Continuing, persisting, or persevering, patient of labour* (1) = Pedibus celer & pernicibus alis, *Vir Æn* 4, 180 Equa solito pernicior index, *Stat Theb* 9, 33 Pernicissimæ quadrigæ, *Col* 3, 9 Pernix equus, *Plin* canis, *Col* (2) Pernicis uxor Appuli, *Hor Epod* 2, 42 Inter dura jacet pernix instrato saxa cubili, *Vir Geor* 3, 230 *Non ex Serv* [illegible] *fide omnium vett exemplarium sic legi ait Uterque tamen* Scal [illegible] *volunt* pernox

Pernōbilis, e adj (1) *Remarkable, very famous* (2) *Very noble, high born* (1) Epigramma Græcum pernobile, *Cic Verr* 4, 57 (2) Genus ei pernobile, *Aurel Vict*

Pernoctans, tis part *Tarrying, or lodging all night long* Propter inopiam tecti in foro pernoctans, *Cic* pro *Domo*, 30 Animum cum his habitantem pernoctantemque curis, *Id Tusc* 5, 24

|| Pernoctatio, ōnis f verb *A tarrying all night*, Veget Pernoctatio Παννυχισμὸς, *Gloss*

Pernocto, āre n *To pass the whole night, to continue, or tarry all night long, to lodge* Si hic pernocto, *Ter Adelph* 4, 1, 15 Pernoctant venatores in nive, *Cic Tusc* 2, 17 in limine, *Petron* c 79 Matres miseræ pernoctabant ad ostium carceris, *Cic Verr* 5, 45 *Met* Hæc studia pernoctant nobiscum, peregrinantur, rusticantur, *Id* pro *Arch* 7 § Noctem pernoctare perpetem, *to pass the whole night*, Plaut Truc 2, 2, 23 § in stramentis, *Id ibidem* § Pernoctare cum aliquo, *Nep* in *Alcibiade*, 2

Pernonis, idis f [à perna] *A little gammon, or pestle of bacon* Laridum pernonidem aut sinciput, *Plaut Men* 1, 3, 27

Pernoscendus, a, um part *To be throughly known* Mores hominum sunt penitus oratori pernoscendi, *Cic de Orat* 1, 5

Pernosco, ĕre, novi act (1) *To know perfectly* (2) *To discern, or distinguish, to discover* (1) Non satis me pernosti etiam qualis sim *Ter Andr* 3, 2, 23 (2) Qui amici, qui infideles sint, nequeas pernoscere, *Plaut Merc* 5, 1, 10 Hominum mores ex corpore, oculis, vultu, fronte, pernoscere, *Cic de Fato*, 5 ⁎ Rem cognoscite, ut pernoscatis, *Ter Andr prol* 24

Pernōtesco, ĕre, *unde* pernotui n *To be made certainly, or perfectly known* Adeoque cuncta mox pernotuere, *Tac Ann* 11, 67, 1

Pernŏtuit impers *It was made certainly known* Ubi incolumem ... pernotuit, *Tac Ann* 1, ... 2

Pernotus, a, um *Throughly known*, Curt 9,

Pernox adj *Abiding, or continuing all night long, lasting all night* Iuditur ale ... pernox, *Juv* 8, 10 Luna pernox, ... 5, 28 Phœbe, *shining all night long*, Sen Hippol ... 46 Pernoctesque patres ... extrema ... *lying all the night long at the prison door*, Manil 5, 62

|| Pernoxius, a, um *Very hurtful* Pernoxii sunt ... *Mil* ... *cit*

Pernumĕro, āre act (1) *To number, tell, or count over* (2) *To tell out, or pay money* (1) Quæ nec pernumerare ... Catull 7, 11 (2) Pernumerare ... gentum, *Plaut* ... 1, 26 pecuniam, *Liv* 28, 34

Pernumĕror, āri, ātus pass *To be told out*, as money is *to be paid* D... deducite quod ... pernumerari ... *Liv*

Pernuper adv *Very lately* Plaut Trin 2, 4, 6 *sed* ... nuper

Pero, ōnis m [a pera, i e pelle, vel ...] *A sort of high shoe made of raw leather, worn by country people for a defence against snow and cold* ... regit altera ... pero, *Vir Æn* 7, 690 Quem non pudet alto per glaciem perone tegi, *Juv* ... 195

||Perobscurus ... *Very obscure, or intricate, hard to be understood, or believed* Perobscura quæstio, *Cic N D* 1, 1 ... ma, *Id* 1, 6

|| Perŏdi, isti, it verbum def [ab ... periodio] *That hath throughly hated* Quinque vero ... culpamve perodit, *Manil Astron* 5, 10,

Perŏdiosus, a, um adj *Very grievous, or troublesome* Ipppiano non quidem ... perodiosum, *Cic Att* 10, 1 ... D B ... to nostro perodiosum, *Id Att* 13, 2

Perofficiose adv *Most respectfully, or courteously* = Perofficiose & permanenter ... observare, *Cic Fam* 9, 20

Perŏleo, ēre, ui & evi n *To smell very strong, to stink* ... cida perolent ... cadavera, *Lucr* 6, 1154

Peronatus, a, um adj *Wearing a sort of country high shoes* Peronatus arator, *Pers* 5, 103 *Vid* Pero

Perŏnĕr, ... Plaut Men 1, 3, 27

|| Perŏpācus, a, um adj *Very* ... Lact ... 2

Peropportūne adv *In very good time and season, in the nick* Peropportune venis, *Cic N D* 1, 6

Peroppŏrtūnus, a, um adj *Very commodious, or convenient, very seasonable* Peropportunam ... *Cic de Orat* 2, 5 ... Peropportuna victoria, *Id Fam* 5 6

Perorŏtŭto adv *Even as one would wish, or desire* Otium, quod nunc peroptato nobis dat ... est, *Cic de Orat* 2 5

Perŏpus adj indecl *Very needful, most necessary* Peropus est hunc cum ipsa loqui, *Ter Andr* 1, 5, 31

Perōrans, tis part (1) *Making a speech* (2) *Declaiming against* (1) Perorante Appio Cæco, *Flor* 1, 18 (2) Rabie quadam in omnes ævi ... peroran ... *Plin* 29, 1

Perorātio, ōnis f verb *The close, or last part of an oration, or speech* = Conclusio orationis & quasi peroratio, *Cic de Orat* 2, 19 = Peroratio, quæ epilogus dicitur, *Id de Cl Orat* 33

Perorātus, a, um part (1) *Brought to an end, concluded, or made an end of* (2) *Pleaded, as a cause* (1) Perorata narratione, *Ad Herenn* 1, 10 (2) Causa P Sexti est perorata, *Cic pro Sext* 2

Perŏrĭga, æ m [qu perurigo, ...] *A groom, he that putteth the stallion to the mare* Perori-ga appellatur quisquis admittit, *Varr R R* 2, 7 de equis *Vid* Pronga, *legitur & prurigo*

Perŏrnātus, a, um part vel pot adj *Very eloquent in expressing a mind* ... Crassus & perornatus & perbrevis, *Cic de Clar Orat* 1

Perŏrnno, āre act *To do one great honour* ... Demetrius ... perornasset, *Cic* ... *Ann* 6, 26

Perōro, āre act [ex per, & oro, i e dico] (1) *To make an end of speaking, to close, or conclude a speech* (2) *To plead a cause* (3) *To declaim, or make an harangue against* (4) *To answer a charge* (1) Aliud ... inequum perorctur, ... nandi aut agendi causâ, digredi deinde concludere, ac perorare, *Cic de Orat* 2, 19 De qua epistola dum dixero, to ... perorabo, *Id Verr* ..., 66 (2) Contra aliquem ... peroravit, *Cic pro Quint* 24 ad arbitrium alicujus, *Id* in *Latin* 11 in præsentem reum, *Flor* 4, 1 (3) In ebrios, fugiti vosque ... peroravit, *Petron* c 96 In cadaver filii perorat, *roveth the affection, raiseth the passion of anger*, Quint Declam 2 (4) *Nep Epam* 6

Perorātur, ... pass *To be brought to an end, or closed*, as a speech, *Cic* Hæc tum laudamus, cum erunt perorata, *Cic Att* 5, 10 Omnem orationem ejus de legibus peroratam esse ... æstuo die, *Id de Legg* 2, 2

Perōsus, a, um part [a perodi] *That hath thoroughly hated* Perosus decemvirorum celera, *Liv* ... *Ov Fast* 3, 577 Perosi menses, *Luc* 4, 307 Lucem perosi, *Vir Æn* 6, 435 Genus omne perosæ fœmineum, *Id Æn* 9, 14 Plebs consulum nomen haud secus quam regum perosa erat, *Liv* 3, 34 Perosus fata tarda, *Val Flacc* 6, 289

Perpacātus, a, um *Thoroughly appeased, or made peaceable*, *Liv* 36, 21

Perpāco, āre *To bring to a thorough obedience and quiet subjection* Brennos, & Senones, *&c* perpacavit, *Flor* 4, 12

Perpallĭdus, a, um *Very pale and wan* ✱ Color frontis ... niger, aut perpallidus, *Cels* 2, 6

Perparce adv *Very niggardly or sparingly*, Ter Andr 2 6, 24

Perparum adv *Very little* Perparum ex illis magnis lucris, *Cic Verr* 3, 57 *al leg* perparvum

Perparvŭlus, a, um dim *Very little* Sigilla perparvula, *Cic Verr* 4, 45

Perparvus, a, um adj *Very little, very small* ✱ Cur hæc tanta facimus, cum cætera perparva sint? *Cic de Legg* 2, 19 = Perparva & tenuis civitas, *Id Verr* 1, 38 Perparva semina, *very small particles, atoms*, Lucr 3, 217 Perparvum quiddam, *Id* 5, 588

Perpastus, a, um part [ab inusit perpascor] *Very fat, full fed* Cani perpasto lupus occurrit, *Phædr* 3, 7, 2

Perpaucŭli, æ, a dim in plur *Very few* Duxit in academiam perpauculis passibus, *Cic de Legg* 1, ...

Perpauci, æ, a ssimi, sup *Very few* Patres perpauci ... ge nus, *Liv* 9, 21 & 4, 11 Cum perpaucissimis agricolis contegerit, *Col* 2, 20, sub fin Sic homo est perpaucorum hominum, *one of a thousand*, Ter Eun 3, 1, 19 *Non invenies in num sing*

Perpăvĕfăcio, ēre act *To put into a very great fright, to make sore afraid* Earum perpavefaciam pectora, *Plaut Stich* 1, 2, 28 Rar occ

Perpaulŭlum adv dim *As little as may be* Perpaululum loci, *Cic de Orat* 2, 5

Perpaulum adv *Very little* Declinare dixit atomum perpaulum, *Cic de Fin* 1, 6

Perpauper adj *Very beggarly, or poor* Ariobarzanes erat rex perpauper, *Cic Attic* 6, 3

Perpauxillum adv dim *Very small, or little*, Plaut Capt 1, 2, 74

Perpello, ĕre, puli, pulsum act (1) *To force, or constrain one to do a thing* (2) *To persuade, or prevail with* (1) ✱ Suadere, orare, usque adeo donec perpulit, *Ter Andr* 4, 1, 38 Perpuli mendacis spem, *Plaut Epid* 1, 1, 80 Mutare sedes perpulit, *Tac Hist* 5, 2, 5 (2) § Perpulit promissis ... *Tac Ann* 11, 29, 3 Aulum ... perpulit, *Sall B J* 42 Antonium perpulerat, *Id B C* 2 § Nimirum perpulit ... in Siciliam mittat, *Liv* § Perpuli ... dubitarent ex urbe egredi, *Curt* 4, 1, 32

Perpellor, i, ulsus pass *To be forced, or constrained* Nec tamen ... potuere ut acie dirimi carent, *Cic*

Perpendens, tis part *Weighing and considering well* Cato diligentissime perpendens momenta officiorum omnium, *&c* *Cic pro Mur* 2 Perpendens diversæ æstimationis ... judicium, *Val Max* 6, 5, 5

Perpendicularis, e adj *That is directly downright, perpendicular* Linea super rectam stans perpendicularis dicitur, *Boet*

|| Perpendiculātor, oris m *He that useth a plumbline, a carpenter, &c* *Aurel Vict Hadr* 14, 5

Perpendicŭlum, i n *Instrument, quo perpenditur, i e exploratur rectitudo operis A level, a plumbline* ✱ Longitudines ad regulam & lineam, altitudines ad perpendiculum, anguli ad normam respondentes exigantur, *Vitruv* ... *Tigna* ... perpendiculum directa, sed prona & fastigiata, *Cæs B G* 4, 17, 5

Perpendo, ĕre act (1) *To weigh exactly* (2) Met *To ponder, or poise thoroughly in one's mind, to consider of, or deliberate upon strictly, to examine, to try exactly* (1) Perpendere in libram, *Gell* 20, 1 (2) Aciem judicio perpende, *Lucr* ... Si perpendere ad disciplinæ præcepta velis, reperientur pravissima, *Cic pro Mur* ...

Perpensor, i, sus *To be weighed exactly* (2) Met *To be thoroughly pondered, or poised one's mind* (1) ... Perpensa ... (2) ... utrum commodo & voluntate perpenditur, *Cic Verr* ... Amicitia tota veritate perpenditur, *Id de Amicit* 26

Perpensa, æ f ... *a plant*, Plin 21, 19 = Baccharis

|| Perpensans, tis part ... *revolving in his mind* ... *Amm Marcell* ... perpensantes, *Id* ✝ Perpendentes

Perpensātio, ōnis f verb ... *weighing, or pondering* ... summa honorum ... perpensatione, *Gell* ...

|| Perpensius adv comp *by better consideration* ... perpensius ... *Amm Marcell* ✝ Considerantius, *Cic*

Perpensus, a, um part [a perpendor] *Weighed, or thoroughly well considered* = Ut ... perpensum & exploratum ... mus, an, *&c* Col ...

Perpĕram adv [ab ... perperus] (1) *Rashly, lightly, unadvisedly, giddily* (2) *Amiss, wrong* (3) *Falsly, not rightly, corruptly, in speaking* (4) *Badly, ill* (1) Vid Ter Phorm 5, ... & seq Perperam ... (2) ✱ Seu recte, seu perperam ... cere cœperunt, *Cic pro* ... 8 (3) Recte, an perperam ... pretet, *Liv* Cum ... pronunciasset perperam, *Plin Ep* 2, 5 (4) = Perperam & ... facere, *Ad Herenn* 2, 3

✝Perpĕrus, a, um adj (1) *Hardy, rash, unwise, giddy* (2) *Ignorant, foolish, blockish* (3) *Good for nothing* (1) Perperus ... *Gl* ... (2) Decernebant ... populares, *Accius ap Non* (3) Ego perperas, ... *Trin* 3, 1 9 *al* propere ✝ Præceps, stupidus

Perpes, ĕtis adj [de ... rum constat] (1) *Entire, whole* (2) *Perpetual, continual, uninterrupted* (1) ... noctem perpetem, *all night*, Plaut Amph ... cœpit ... perpetem, *Pacuv ap Fest*

Perpessio, ōnis f verb [a perpetior] *An enduring, abiding, or suffering* Rerum arduarum diuturna perpessio, *Cic de Inv* 2 54

Perpessĭtius, a, um adj [a perpetior] *Accustomed to endure, able to suffer, or bear very* Socratem ... pessitium ... omnia ... justatum, *Sen Ep* ...

Perpessu sup [a perpetior] *To be undergone, to be endured* Dolorem ... & difficilem perpessu, *Cic de Fin* ...

Perpessurus, a, um part *to endure* ... perpessurum, quam, *&c* *Col* ... 2, 16,

Perpessus, a, um part [a perpetior] *Having suffered, endured* Perpessos ... inopiam, *Cæs B C* 1, 84 ... *Cic*

Perpetiendus, a, um part *That must be endured* Perpetiendæ ... les rigoresque, *Plin* ...

Perpetiens, tis part *Suffering, or enduring* Casus in ... perpetienti erat voluntas ... de *Fin* 2, 20

Perpetim adv [a perpes] *Pro* perpetem, *sc* diem ... *Fest* of] *Incessantly, continually,* Plin 20, 6

Perpetior, i, ssus sum dep [ex per & patior] (1) *To suffer, abide, or undergo with courage* (2) *To bear, or put to the trouble* (3) *To bear with, to comply with* (4) *To suffer, allow, permit* (5) *To suffer* a thing *to be done* (6) *To have, or receive* (1) Paupertatem facilè perpessus est, *Nep Epamin* 3 Illi omnia perpeti parati *Cæs B C* 3, 8 Omnes difficultates, *Id B G* 6, 10 ... calque marisque perpetimur, *Ov Met* 13, 472 (2) Perpeti memorare, *Ov Met* 14, 466 (3) Neque me perpetiar probri ... *Plaut Amph* 3, = Mini quidem non ità me... facilè omnes perpetior & perfero, *Cic de Orat* 2, 19 (4) ... istam amo, aliam tecum ... facile possim perpeti, *Plaut Asin* 5, 2, 17 Cum perpeti ... interfici, *Ter Eun* 2, 5, (5) ☩ Exponam causas, quibus ... & senatus coactus est fa... & illa perpeti, *Lampr* (6) ... nec vena perpetiuntur, ... *Lucr* 2, 1148

Perpetrandus, a, um part *To be performed, accomplished, or finished* Ad reliqua Judaici belli perpetranda, *Tac Hist* 4, 51, 3

† Perpetratio, onis f verb *An ... or accomplishing* Perpetratio, κατόρθωσις, *Gloss & Aug ... Tr* ... 13, 6

Perpetraturus, a, um part *About to finish, &c* Perpetraturus ... illam, *Suet Calig* 46

Perpetratus, a, um part (1) *Done, finished, performed, atchieved, ended* (2) *Perpetrated, committed* (3) *Obtained, made, procured* (1) Rebus divinis ritè perpetratis *Liv* 1, 8 (2) Pa..pas ... perpetrati, *Just* 1, 9 (3) pace nondum perpetratâ, *Liv* 3, ...

Perpetro, āre act [ex per, & patro, *i e* perficio, *Fest*] (1) *To effect, perform, go through with, ... or finish* (2) *To persist, continue* (1) Opus meum, ut ... omne perpetravi, *Plaut ... * 5, 1, 24 Cuncta ex voluntate Agrippinensium perpetravere, *Tac Hist* 4, 65, 7 (2) ☩ Ma... quod mulier incepit, nisi efficere perpetret, id illi morbo, ... *Plaut Truc* 2, ...

Perpetror, āri, ātus pass *To be done*, &c *Flor* 3, 14

|| Perpetualis, e adj *Universal, general* = Præcepti qua... vocant, *i e* ut dicamus ... modo possumus, universalia, ... perpetualia, *Quint* 2, 13

Perpetuandus, a, um part *To be continued* Judicum potestas perpetuanda, *Cic pro Sulla*, 22

... Perpetuarius, a, um adj ¶ Mulio perpetuarius, *one that hath ... all his life long*, ... morte (lau) ¶ Perpetuarius ... *title by which lands ... which shall never return to the lord, provided the rent be paid*, Cod

Perpetuitas, atis f (1) *Perpetuity, continuance, lasting ness, immortality* (1) = Perpetuitas & continuatio dictorum, *Cic Tusc* ... ludis *Id Fam* 10, 25 voluptatis, *Id Q fratr* 3, 5 (2) *Cic ... T ...*

Perpetuò adv (1) *Continually, perpetually uninterruptedly* ... (1) Faciès perpetuò ... *Cic Q fr* 1, 1 Pho... perpetuò pauper N P ... valuisti ? *Id* Virg,

Plaut Epid 1, 1, 15 (2) Nunquid dubitas quin ego perpetuò periclum? *Ter Eun* 5, 8, 13

Perpetuo, āre act *To continue a thing, to hold on, to persist, to keep on foot, to perpetuate* Non est justus quisquam amator, nisi qui perpetuat data, *is always giving*, Plaut Pseud 1, 3, 72 Verba perpetuare, *to speak on without stop*, Cic Orat 5

Perpetuum adv *Perpetually, continually* Perpetuùm in lætitia degere, *Ter Adelph* 3, 1, 6

Perpetuus, a, um † or, comp † ssimus, sup *Cato ap Charisium* [ex perpes, perpetis] (1) *Continued, perpetual, uninterrupted, continual, without ceasing, lasting* (2) *Universal, always holding good* (3) *Constant, permanent* (4) *The whole, all* (5) *Everlasting, endless, immortal* (6) *All of a piece* (7) *Intire, complete* (1) Palus perpetua intercedebat, *Cæs B G* 7, 26 Perpetua rerum gestarum historia, *Cic Fam* 5, 12 Perpetuum carmen, *Ov Met* 1, 4 (2) Minimè credo sanguis mittendus, tamen ne id quidem perpetuum est, *Cels* = Perpetui & universi generis quæstio, *Cic de Or* 2, 33 (3) = Mens perpetua, atque constans voluntas, *Cic Philipp* 13, 6 (4) Ædes perpetuæ ruunt, *Plaut Most* 1 2, 69 (5) = Perpetuæ & æternæ legis vis, *Cic N D* 1, 15 (6) Quinos adligat ungues perpetuo cornu levis ungula, *Ov Met* 2, 6 0 Trabes perpetuæ, *Cæs B G* 6, 23 Perpetui tergum bovis, *Vir Æn* 8, 183 Perpetua vita, *Cæs B G* 1, 40 (7) Utinam hoc perpetuum sit gaudium, Phrygiam ut uxorem meam unà mecum videam liberam, *Ter Adelph* 5, 9, 15 Studium perpetuum in aliquem, *Cn Magnus Cic Ep ad Att* 8

Perpictus, a, um part *Throughly painted, or painted all over*, Ov Met 10, 262

Perpliceo, ere n *To give great content, to please very well* Cum dat *Cic Attic* 3, 23

Perplacet impers *It pleaseth fully*, Ter Heaut 5, 5, 22

Perplexabilis, e adj [*a* perplexor] *Perplexed, intricate, intangled, hard to be understood*, Plaut Asin 4, 1, 47

Perplexabilitèr adv *Intricately, doubtfully, obscurely*, Plaut Stich 1, 2, 28

Perplexè adv ... ius, comp *Perplexedly, ambiguously, doubtfully, intricately, obscurely* ☩ Jam non perplexè, sed palam revocant, *Liv* ☩ Peragin ... perplexè loqui? Scio, nescio, ... audivi, ego non adfui Non istud dictum apertè es, quicquid est? *Ter Eun* 5, 1, 1 Perplexè respondere, *Liv* 3, 42 Perplexius errat, *Prud* ... 2 847

Perplexim adv *Ambiguously, doubtfully, intricately*, &c *Plaut Stich* 1, 2, 18

Perplexor, āri dep *To act intricately, or captiously* At scio, quo vos soleatis pacto perplexarier, *Plaut Aul* 2, 2, 81

Perplexus, a, um [ex per, & plector] or, comp (1) *Perplexed, confused, jumbled together* (2) *Intricate, difficult, obscure, hard to be understood, doubtful, ambiguous* (1) = Perplexis atque in se inet al ter atque aliter convolutis seminibus, *Plin* 9, 2 (2) Responsum perplexum *Liv* 35, 14 Perplexius carmen, *Id* 25, 12

Perplicatus, a, um *Twisted, plaited, or folded together*, Lucr 2, 394 per tmesin

Perpluo, ĕre n *To rain through, to let rain through* In villa quum pluat, circumire oportet, sicubi perpluat, *Cato* Met Benefacta ... factis illis per regno, ne perpluant, *Plaut Trin* 2, 2, 41 Hæc illa est tempestas mea - quam mihi amor & cupido in pectus perpluit meum, *Id Most* 1, 3, 8

Perplurimum adv *Very much* Perplurimùm refert, *Plin* 2, 54

|| Perpol adv *i e* per Pollucem *An adverb of swearing by Pollux* Perpol sæpè peccas, *Plaut Cas* 2, 6, 18 ☞ *Sed Donatus in his dicit esse* τμῆσιν, *legique debere* persæpè, pol, perquàm pol, *cui etiam adstipulatur* Servius

Perpoliendus, a, um part *To be finished, or perfected* Perpoliendum opus, *Cic pro C Balbo*, 7

Perpŏlio, ire act *To polish throughly, to perfect, finish, or put one's last hand to* a work, *Cic* Id omne perpolirent, & absolverent, *Cic de Univ* 13 Librum, quem rogas, perpoliam & mittam, *Id Attic* 14

Perpolitè adv *unde* sup ssimè *Very politely*, Ad Herenn 4, 32

Perpŏlitio, onis f verb *A polishing, or trimming* Sermonis perpolitio, *Ad Herenn* 4, 13

Perpŏlitus, a, um part (1) *Perfected, completed, finished* (2) Adj *Polished, burnished, brightened* (1) Vita humanitate perpolita, *Cic* pro *Sext* 42 (2) Aurum cursu ipso trituque perpolitum, *Plin* 33, 4 *Met* Perpoliti homines, *very bright*, Cic de Orat 1, 13 Perpolitus sub Anaxagora præceptore, *Val Max* 8, 9, ext 2

Perpŏpulātus, a, um part *Being quite laid waste, destroyed utterly* Perpopulato Fragellano agro, *Liv* 26 9 Cædibus & incendiis eos perpopulatus, *Tac Ann* 14, 26, 1

Perpŏpulor, āri, ātus sum dep (1) *To destroy, or lay wast, to harass, ravage, or plunder a country* (2) *To be laid waste* (1) Cum agrum usque ad Padi ripas cum cædibus & incendiis perpopulatus esset, *Liv* Hannibal perpopulatur Italiam, *Id* 22, 3 (2) *Vid* Perpopulatus

Perpotans, tis part *Drinking continually, or all day long* Prætore tot dies cum mulierculis perpotante, *Cic Verr* 5, 33

Perpōtātio, onis f verb *A continual drinking, a debauching one's self by continual drinking*, Cic in Pison c 10 & Plin 29, 1

Perpōto, āre (1) *To drink continually or all day and night, to quaff, to carouse* (2) Transitivè, *To drink off, or up* (1) Totos dies perpotabat, *Cic Verr* 5, 33 (2) Amarum abijnthî laticem perpotare *Lucr* 1, 9 9

Perpressa, æ f *A sort of herb*, Plin 21, 9 = Baccharis, *Id*

Perpressus, a, um part [*a* perprimor] *Pressed very close, or hard*, Plin 26, 8

Perprĭmo, ĕre act [ex per, & premo] (1) *To press down very hard* (2) Met *To urge, to importune* (1) Tnom nata perprimit cubilia, *Hor Epod* 16, 38 (2) Perprime tentatam, nec, nisi victor, abi, *Ov A Am* 1, 394

Perprŏpinquus, a, um adj *Very near at hand* Commutatio perpropinqua, *Cic ex poet*

Perprosper, a, um adj *Very good and prosperous*, Suet Claud 31

Perprurisco, ĕre *To itch all over*, Plaut Stich 5, 5, 20

Perpugnax, ācis adj *Very stout, or stiff* Perpugnax in disputando, *Cic de Orat* 1, 20

Perpulcher, chra chrum adj *Very fair and goodly*, Ter Eun 3, 2, 15

Perpurgatio, ōnis f verb *A purging away*, Cels ap Litt

Perpurgatus, a, um part (1) *Thoroughly cleansed* (2) *Set in a clear light* (1) *Met* Perpurgatis ambo damus ubi operam auribus, *Plaut Mil* 3, 1, 179 (2) Perpurgatus est is locus à nobis quinque libris, *Cic de D* ... 2, 1

Perpurgo, are (1) *To purge throughly, to scour, to scrub, and make clean* (2) Met *To remove the rubbish, to clear a matter fully* (1) Alvum movebis, & postridiè perpurgabit sine periculo, *Cato* Quæ *herba* sumpta perpurgare corpora nostra solet, *Col* 2, 11 (2) De dote tanto magis perpurga, *Cic Att* 12, 12 *Vid* Perpurgatus, n 2

Perpurgor, āri, ātus pass *To be thoroughly purged*, Cels

Perpusillum *Very little*, Litt ex Cic

Perpusillus, a, um *Very little, or small* Perpusillum rogabo, *the dandiprat, the dwarf, the mannikin*, jocus ex ambiguo, *Cic de Orat* 2, 60

Perpŭto, are act *To clear a business, or perfectly to declare, or give a thorough account of it* Ut ego hoc argumentum vobis plane perputem, *Plaut Cist* 1, 3, 7

Perquam adv jungitur positivis, *ut*, Perquam indignis modis, *Plaut Rud* 3, 3, 9 Rarius superlativis, *ut*, Perquam maximo exercitu, *Curt* 4, 6, 3 *vid Pitiscum in loc* Et adverbiis, *ut*, Perquam fortiter, *Plaut very much* Rarius verbis, *ut*, Perquam scire velim, *I would very fain know*, Plin Epist 7, 27, 1

|| Perquiesco, ĕre *To rest soundly, or thoroughly* Totam perquiescimus noctem, *Apul Met* 8, p 25

Perquirendus, a, um part *To be thoroughly examined, or inquired into*, Cic de Fin 5, 18

Perquiritur imperf *Strict inquiry is made*, Cic pro Cluent 61

Perquiro, ĕre act (1) *To make diligent, or narrow search into, to search thoroughly* (2) *To ask, or demand* (1) = Perquirere & investigare homines ex omni regione, *Cic de Petit Cons* c 8 (2) Non perquiras cui dixerit Apronius, quis audierit, &c Cic Verr 3, 58

Perquiror, i, situs pass *To be narrowly searched into, to be searched for* Perquiritur à coactoribus, *Cic* pro *Cluent* 64

Perquisitius adv comp *With stricter search and inquiry* = Perquisitius & diligentius conscribere, *Cic de Inv* 1, 1

Perquisitor oris m verb *One who thoroughly inquireth* Malevoli perquisitores, *Plaut Stich* 2, 3, 61

Perquisitus, a, um [*a* perquiror] *Thoroughly inquired*, Plin 18, 4

Perrarò adv *Very seldom, or rarely* Perrarò sumenda sunt, *Ad Herenn* 4, 22 Perrarò appellantur ab Epicuro, *Cic de Fin* 2, 16 Perrarò & paucos dies, *Suet Tib* 38

Perrarus, a, um adj (1) *Very seldom, not often met with* (2) *Very rare, or scarce* (1) Perrarum est, ut levior sit aliqua, *Plin* 31, 3 (2) Perraro per eadem tempora literæ fuere, *Liv* 1 6

Perreconditus, a, um adj *Very abstruse, secret,* or *concealed* Aut perreconditi, aut valde difficilis ratio consuetudinis, *Cic de Orat* 1, 0

Perrecturus, a, um part [à pergo] *About to go,* Cic

Perrepo, ere *To get through,* or *along, to crawl,* or *creep over,* or *upon* Tellurem genibus perrepere supplex, *Tibull* 1, 2, 87 Cavendum, ne id prasepia mus aut gallina perrepat, *Col* 6, 5 Perrepsit [illegible] ad satyrarum modos, *Val. Max* 2, 4, 4

Perrepto, are freq *To creep about,* or *all over* Omnibus in latebris perreptavi quærere conservam, *Plaut Rud* 1, 4, 4 [illegible] perreptavi usque omne oppidum, *Ter Adelph* 4, 6, 2

Perridicule adv *Very sillily,* or *ridiculously,* Cic de Or 2, 59

Perridiculus, a, um adj *Very foolish, silly,* or *ridiculous* Homines perridiculi, *Cic Verr* 2, 6 Doctrina perridicula, *Id de Orat* 2, 19 vid & *Val Max* 9, 12, 8

Perrimosus, a, um adj *Very full of cracks,* or *chinks* Æsta perrimosa sigilla, *Varr* Non perrimota, & [illegible] *exemplar,* perrimosa

Perrōdo, ĕre, [illegible] act *To eat,* or *gnaw through,* Plin 34, 18 & Cels 5, 28

Perrōdor, i, sus pass *To be gnawed through,* Plin 30, 16

Perrŏgatus, a, um part *Asked throughout* Perrogatæ sententiæ, *when every senator in the whole house had passed his voice,* Liv 29, 19 conf Plin Paneg 60

Perrŏgo, āre act *To ask all over of all the company* Statim de Atticino perrogavit, *Plin* 6, 22, 5 Perrogavit legem, *Val Max* 8, 6, 4

Perrŏgor, āri pass *To be asked,* &c *Liv* 29, 19

Perrumpo, ĕre, rūpi act *To break through by force* Perrumpere per castra, *Liv* 28, 7 Acheronta, *Hor Od* 1, 3, 36 ad fines, *Liv* in arces, *Sallust* per aciem, *Liv* 3, 70 *Met* Pœnam legum, quas sæpè perrumpunt, non videns, *Cic Offic* 3, 8 Quæstiones omnium perrumpat, *avoid the force of them,* Id = Perrumpere & dividere aciem, *Id Tusc* 1, 19

Perruptus, a, um part *Broken quite through* Moles perrupta, *Sil* 13, 741 Perrupta acie, *Paterc* 2, 112

Persæpe adv *Very often, many a time* Persæpè falsi sunt judicia, Cic de Legg 1, 14 Et per τμῆσιν, Per, pol, sæpe peccas, *Plaut Cas* 2, 6, 18

Persalsè adv *Very sharply, wittily,* or *smartly* Persalsè & humanitèr etiam gratias egit, *Cic Q fratr* 2, 14

Persalsus, a, um (1) *Very salt* (2) Met *Very witty, sharp,* or *smart* (1) *Exemplum primæ notionis desideratur* (2) Persalsum illud est apud Nævium, &c Cic de Orat 2, 69

Persalūtātio, ōnis f verb *An accurate salutation* Non declamatio magis *placet* quam persalutatio, *Cic* pro *Muræn* 21

Persalūto, āre *To salute,* or *complement much,* or *often,* Cic *pro* Flacc 18

Persalūtor, āri, ātus pass *To be complemented* Donec ab exercitu persalutatus est, *Curt* 10, 5, 3

Persānātio, ōnis f verb *A thorough curing,* Litt ex Cels

Persānatus, a, um *Thoroughly healed* Persanata ulcera, *Sen Ep* 8

Persanctè adv *Very solemnly and devoutly* Persanctè Bacchis dejerat, *Ter Hecyr* 5, 2, 5

Persāno, āre act *To cure perfectly, to heal thoroughly,* Plin 20, 22

Persăpiens, tis adj *Very wise,* or *prudent* Homo persapiens, *Cic* de *Prov Cons* c 18

Persapienter adv *Very sagely, very wisely* Persapienter potestatem dare, *Cic* pro *Mil* c 4

Perscienter adv *Very knowingly,* Cic de Clar Or 55

Perscindens, tis part *Tearing in the midst* Omnia perscindente vento, *Liv* 21, 58

Perscindo, ere, scidi act *To cleave,* or *rend in the midst* Ventus perscindit nubem atram, *Lucr* 6, 282 Vestem perscindere e membris, *to tear it off,* Tibull 1, 10, 63

Perscindor, i pass *To be cleft,* or *rent through,* Vitruv

Perscissus, a, um part *Torn in the midst, rent in two* Carbasus perscissa petulantibus euris, *Lucr* 6, 110

Perscitus, a, um *Very fine, very witty* Per mihi scitum videtur, *Cic* de *Orat* 2, 67 tmesis

Perscribendus, a, um *To be recorded,* or *set down* Ad ærarium perscribenda curavit, *Cic*

Perscribo, psi, ĕre act (1) *To write at large,* or *throughout, to take a copy of in writing* (2) *To register, to record* (3) *To pay a creditor, not with money, but by a bill, note,* or *otherwise* (4) *To prescribe* (5) *To write* (6) *To describe* (1) A primordio urbis res P R perscribere, *Liv* (2) vid Perscriptus Dicta omnia indicum perscribere, *Cic* pro *Sulla,* 14 senatus consultum, *Id Catil* 3, 6 (3) Quodne *argentum* ego perscripsi, porro illis quibus debui? *Ter Phorm* 5, 8, 30 Qui de residuis CCCC H-S CC præsentia solvimus, reliqua perscribimus, *Cic* Perscribere pecuniam in ædes sacras, *Id* pro *Flacc* 19 (4) In conservatione rerum, quas natura perscribet, *Cic* (5) Versum puris perscribere verbis, *Hor Sat* 1, 4, 54 (6) Situm loci perscribet, *Sall B Jug* 95

Perscribor, i pass *To be set down in writing, to be recorded* Hæc S C perscribuntur, *Cic*

Perscriptio, onis f verb (1) *A writing, a registring, an inrollment, a record* (2) *A bill,* or *bond under one's hand* (3) *A contract,* or *agreement* (1) Perscriptio legis, *Cic* contr *Rull* 2, 9 (2) *Cic Attic* 12, 5 (3) Pecuniam falsis perscriptionibus donationibusque evertere, *Cic Philipp* 5, 4 *interp Bud*

Perscriptor, ōris m verb *A writer, an inroller, a register, a scrivener,* or *notary,* Cic Verr 3, 72

Perscriptum, i n *A thing put in writing, a record,* Litt ex Cic

Perscriptus, a, um part *Written at large, registred, recorded down* Literas quas in ærario conditas habebant, proferunt, quibus omnia perscripta, &c Cic Nondum perscriptum senatusconsultum, *Id Catil* 3, 6

Perscrūtātio, ōnis f verb *A searching,* or *examining throughly* Quid opus est fundi perscrutatione? *Sen* ad *Helv* c 9

† Perscrūtator, ōris m verb *A searcher, a commissary,* or *harbinger in war, to provide victuals,* Veget

† Perscrūto, āre *To search thoroughly,* or *all over* Jam hunc perscrutavi, *Plaut Aul* 4, 4, 30

Perscrūtor, ari dep *To search thoroughly,* or *all over, to scan narrowly* = Investigare & perscrutari omnia, *Cic Verr* 6, 21 Arculas perscrutari, *Id Offic* 2, 7

* Persea, æ f [à Perside regione, vel a Perseo primo satore, *Plin* 15, 13] *A tree growing in Egypt like a peach*

Persĕcātio, onis f verb *A cutting,* or *lancing through,* Litt ex Cels

Persĕco, āre act (1) *To cut through, to divide* (2) *To put an end to, to prevent* (3) Met *To sport it, in discourse* (1) Rerum naturas persecare, aperire, dividere, *Cic Acad Q* 1, 5 (2) Malum persecare novum prætorem, ne serpere [illegible] latius, [illegible] jusserunt, *Liv* 40, 19 (3) = Quare da te in sermonem, & perseca, & confice, *Cic Att* 3, 23

Persĕcor, āri pass *To be cut through,* or *off,* Cels

Persectans, tis part *Pursuing* Persectantes accipitres, *Lucr* 4, 1003

Persector, ari dep *To search,* or *inquire thoroughly,* or *closely into* Persectari primordia, *Lucr* 2, 165 *sed mel* [illegible] *leg* perscrutari

Persĕcūtio, onis f verb [a persequor] (1) *A pursuit, a following on, a process* (2) *Persecution, giving good men trouble upon the account of religion* (1) In jure civili persecutionum, cautionumque præceptio est, *Cic* in *Orat* c 41 (2) Ap Christiano scriptores, *Sulp Severus persecutiones* vocat, *vexationes populi Christiani, quia vexare ex sententia Ascon ingentis calamitatis usum significat*

|| Persĕcūtor, ōris m verb *A persecutor,* or *a pursuer,* Prud Peristeph 1, 28 & 4, 134

Persĕcūtūrus, a, um part *About to prosecute,* Litt ex Cæs

Persĕcūtus, a, um part (1) Act *Having pursued* (2) *Pursued* (1) Gracchum Opimius persecutus armis morte affecit, *Paterc* 2, 6 (2) *Litt* ex *Cic*

Persĕdeo, ere n *To abide,* or *continue sitting* Hoc quoque quod ridetis, in equo dies noctesque persedendo habeo, *Liv* 25, 15 Ad prandium usque persedere, *Suet Claud* 34 apud philosophum multis annis, *Sen Epist* 108 in sacello, *Val Max* 1, 5, 4

Persegnis, e *Very heavy, slack, remiss,* or *dull* Prælium pedestre persegne, *Liv* 25, 15

† Persegnitèr adv *Very slowly,* Eutrop

Persĕnex, is c g *Very aged,* or *very old,* Suet de Cl Gramm 9

Persentio, ire *To perceive,* or *feel thoroughly* Dum neuter persenserit, *Ter Andr* 5, 1, 20 Magno persentit pectore curas, *Vir Æn* 4, 448

Persentisco, ĕre incept [à persentio] *To begin to perceive, to have some feeling of* a matter, *to discover* Viscera persentiscunt omnia, *Lucr* 3, 250 Ubi possem persentiscere, ni essem lapis, *Ter Heaut* 5, 1, 43

Persĕquendus, a, um part *To be pursued* Ad studium persequendæ suavitatis in vocibus, *Cic Orat* 18

Persĕquens, tis part & adj ssimus, sup *Following after, closely pursuing* Me in Asiam persequens, *Ter Andr* 5, 4, 33 Inimicitiarum persequentissimus, *Ad Herenn* 2

Persĕquor, i, quutus sum dep (1) *To pursue, to trace, to follow on* (2) *To carry on, or go through with* (3) *To follow, to make* (4) *To do,* or *put in execution* [illegible] *to sue for* (5) *To* [illegible] (6) *To imitate* (7) *Also to write,* [illegible] or *discourse of* (1) Quo [illegible] asportabitur terrarum, certum [illegible] persequi, *Ter Phorm* 3, 3, 18 [illegible] Viam persequi, *to hold on his way,* [illegible] *Hec* 2, 5, 4 Judicio persequi aliquem, *to sue one at law,* [illegible] Verr [illegible] bello, *to make war upon,* Cæs [illegible] jus suum persequi, *to maintain his right,* Ter Adelph 2, 1, 9 [illegible] persequi, *to reckon them up,* Cic de Div 2, [illegible] ( ) [illegible] persequi [illegible] *Cic* ( ) [illegible] isti, [illegible] ego [illegible] cum pars [illegible] qui persequi triginta [illegible] ous, *Cic Fam* 2, 6 ( ) [illegible] qui imperium patris [illegible] (7) [illegible] jus tenerem, [illegible] tuam persequar *Cic* pro *Cin* 11 (6) Decretum [illegible] mores patris, *Pl* [illegible] 1, 58 (7) Has res persecutus est Xenophon in eo libro, [illegible] *Cic Offic* 2, 27 Persequi singulas causarum partes, *Quint*

Persĕro, ĕre (1) *To sow* [illegible] (2) Met *To publish, to spread,* [illegible] *report to go about* (1) [illegible] persĕrunt per tecos [illegible] *Varr R R* 1, 41 (2) [illegible] se persĕrit, *Plaut*

Persĕror, i pass *To be sown all over,* as corn is, *Col*

|| Perservio, ire *To serve still,* or *all along,* Vopisc

Perses, æ m *A kind of dog,* perhaps so called from Persia his country Perses in utroque parte [illegible] *sic natura sagax & qui mait* [illegible] *sive arma non odit,* Grat Cyneg 158 *a good hound, a fighting dog withal*

Persĕvĕrans, tis part & adj [illegible], comp ssimus, sup Aversari [illegible] perseverantem metu mortis terret, *Curt* 6, 7, 10 Valerius perseverantior cadendis hostibus in fuga fuit, *Liv* 5, 30 Perseverantissimo colendorum agrorum studio, *Col Præf lib* 1

Persĕvĕranter adv [illegible], comp ssime, sup *Constantly, stiffly, resolutely* Bene cœptam rem perseveranter tueri, *Liv* 4, 60 Quo perseverantius fidem præstarent, *Val Max* 7, 6 Defunctum quoque perseverantissime diligo, *Plin Ep* 2, 21, 3

Persĕvĕrantia, æ f *Perseverance, constancy, steddiness, resoluteness,* Varr L L 41 ✠ *Perseverantia in bonum sumitur, pertinacia in malum,* vid Cic Inv 2, 54

† Persĕvĕratio, ōnis f *id quod* perseverantia, *Apul*

Persĕvĕratum est impers *He held on,* or *out* Non est ibi isto, primo illo adventu, perseveratum, *Cic Verr* 4, 39

Persĕvĕrè adv *Very severely,* Plin Ep 9, 5, 1

Persĕvēro, āre [ex per, & severus, *i e* constans] Persevero est cum constantia & quasi quadam severitate continuo, *Perot to persevere, to persist, to hold on,* or *continue constant* = Perseveras tu quidem & in tua vetere sententia permanes, *Cic* de *Legib* 3, 12

Persĕvērus, a, um adj *Very severe, rigorous,* or *austere, very harsh* ✠ Summum imperium restrictum, nec perseverum voluit, *Tac Ann* 15, 48

Persica, æ f *sc* arbor ex Perside primum in Græciam & Italiam advecta *A peach tree,* Plin 15, 13

Persiccus, a, um Very dry ‡ Oculi persicci, aut subhumidi, Cels 6, 6

Persicum, ci n sc malum A peach, Apic 4, 2

Persicus, a, um Of, or belonging to Persia, princely, royal Persicus ornatus, Cic de Sen 17 Persicos odi, puer, apparatus, Hor Od 1, 38, 1 Persicum malum, a peach, Plin 13, 9

Persideo, ere n [ex per, & sedeo] (1) To continue, or abide ... (2) To last (1) Casta domi persederat uxor, Prop 2, 12 (2) Prima pernicies ... naturam ... persidet, Plin ...

Persi... Fishes of the kind of ... Plin ... ult

Persido, ere [ex per, & sido] (1) To sink, to go down, to settle to the bottom (2) To penetrate, ... (3) To light, or ... (1) Quo pacto persideat humor ... Lucr 1, 308 ... humor ... altius ad ... Virg Geor 3, 442 ... persidit (3) Pestilens ... in ipsas, Lucr 6, ...

Persignatus, a, um part To be ... or sealed, Liv 25, 7

Persimilis, e adj Very like ... istius persimilem de ... Cic in Pison 38 ‡ In ... persimilis, ‡ Cic de Pet Cons 7

Persimplex, icis adj Very coarse, or ordinary Persimplici victu & ... vitam tolerare, Tac Ann 15, 45, 5

Persisto, ere, stiti n To abide, to continue, to persevere, or hold on, to hold out Pertinacissimus ..., si in eo perstiteris, Cic de Fin ...

Persolata, æ f A burr dock, ... clotes that beareth the great burs, Plin 26, 13 = Ungula caballina, Id

Persollennis, e Very solemn Suet Neron 28 ... lectiones

Persoleo, ere To be accustom ... Latt ex Mart

Persolido, are act To make hard and solid, to congeal, Stat Theb ...

Persolvendus, pro persolvendus part To be paid, Ov ad Liv ...

Persolvo, ere act To pay thoroughly, to accomplish, to perform, to make good his promise ‡ Tantum me tibi debere existimo, quantum persolvere difficile est, Brutus Cic Fam 11, 11 ‡ Sinite me, quod vobis fictus huic ... promisi, id ... vobis ei persolvere, Id pro Planc 42 Persolvere grates, to return thanks, Vir Æn 1, 605 pœnas, to be punished Val Max 3, 2, 17

Persolvor, i, utus pass To be paid, discharged, or performed Persolverentur præmia, Paterc 2, ... Persolutum est æs alienum, Val Max 2, 2, 8

Persolus, a, um [ex per, & solus] One only Persolæ nugæ, very arrant trifles, Plaut Curc ... al persollæ Persolus oculus, an only eye, Id Menæch ...

Persolata, vel persolyton A certain herb in Egypt, to make garlands of, Plin 21, 33

Persoluturus, a, um part About to pay, or discharge Persolutu... pœnas, Cic Verr 5, 63

Persolutus, a, um Finished, accomplished, performed Perso... fide, Liv Persolutæ pœnæ, Cic Orat 6...

Persona, æ f dict [quod erat περὶ σῶμα, Scal vel qu περίζωνη, ex περί, circum, & ζώννυμι, inducere, al dict quasi per se una Sanè personam definiunt philos esse naturæ rationalis individuam substantiam] (1) A person, a personage, a man, or woman (2) The quality, state, or condition whereby a man differeth from a brute, or one man from another (3) A person of the blessed Trinity (4) A false face, a vizard, or mask, a disguise, an actor (5) Also a charge, or office (6) A show, or appearance (7) An image, or figure in chalk, clay, &c (1) Propius ... æqua pacifica persona desideretur, quam in bello ... sint omnia, Cic Attic 8, 12 Heroicæ personæ Medea & Atreus, Id N D 3, 29 (2) Imposuit nobis ipsa natura personam magnam cum excellentia præstantiaque animantium reliquorum, Cic Offic 1, 28 Sustineo unus tres personas, meam, adversarii, judicis, Id de Orat 2, 24 (3) Eccl (4) ‡ Mulier ipsa videtur, non persona, loqui, Juv 3, 96 ‡ Eripitur persona, manet res Lucr 3, 58 Persona tragica, Phædr 1, 7, 1 Persona adjicitur capiti, densusque reticulus, Plin 12, 14 (5) Tantam personam, consulis, tam gravem, tam severam, non capiunt angustiæ pectoris tui, Cic in Pison 11 (6) Met ‡ Partes lenitatis & misericordiæ semper egi libenter, illam vero gravitatis severitatisque personam non appetivi, sed a rep mihi impositam sustinui, Cic pro Mur 3 (7) Cretea persona, Lucr 4, 298 Primus Deputades personas tegularum extremis imbricibus imposuit, Plin 35, 12

|| Personalis, e adj Of, or belonging to a person, personal, Ulp Verbum personale, that is declined with persons Gramm

Personaliter Personally, Gell 15, 1

Personata, æ f sc herba quæ & persolata A great clot-burr, Plin 15, 9 = Echios, Id

|| Personatur impers A ringing noise is made, Solin

Personatus, a, um i e personam gerens (1) Disguised, masked, with a vizard on (2) Counterfeit, pretended, false (3) Acted, or represented on the stage (1) Quid est autem cur ego personatus ambulem? parumne fœda est persona ipsius senectutis? Cic Att 15, 1 (2) Personata felicitas, Sen Ep 24, 80 (3) Personatus pater, Hor Sat 1, 4, 56

Persono, are, ui & avi n (1) To cry out, to bawl out, to make a great noise by crying out (2) To ring, resound, or echo (3) To make to ring, or resound (1) Furialis vox acerbissime personabat, Cic pro Planc 35 ‡ Non loquuntur solum, verum etiam personant hujus libidinem, &c Cic pro Cœl 20 (2) Saxa personuere fistula, Hor Od 1, 17, 12 Cum domus cantu & cymbalis personaret, Cic in Pison 10 (3) Personare aures ejus hujusmodi vocibus non est inutile, Cic Fam. 6, 19, 6 Cerberus personat regna latratu, Vir Æn 6, 418 Classicum personavit, Apul Met 5, p 152

Personor, ari A sound is made Nunc citharâ, nunc lyrâ personatur, Plin Epist 7, 4, 9

Personus, a, um Echoing, resounding all over Persona cantu virgulta, Petron c 120 Ovanti persona sistro, Val Flacc 4, 418

Persorbens, tis part Supping up, drinking in Persorbentes spongiæ, Plin 31, 11

Persorbeo, ere, ui vel psi act To sup up all, Plin 31, 11 Vid. Persorbens

Perspectè adv Considerately, discreetly, advisedly = Docte & perspectè sapit, Plaut Mil 3, 1, 162

|| Perspectim adv Advisedly, Non

Perspecto are freq [a perspicio] (1) To look very well about, to take a thorough view of (2) To sit out a show, to continue a spectator to the end of it (1) Perspectate ædes, Plaut Most 3, 2, 151 (2) Naturales pugnas inter maximos imbres perspectavit, Suet Domit 4 Certamen gymnicum perspectavit, Id Aug 98, 11

Perspectum est impers It was perceived Cæs B G 2, 32

Perspectus, a, um part & adj ssimus, sup (1) Plainly perceived, thoroughly seen, or understood (2) Thoroughly tried and approved (1) = Fac ut omnia ad me perspecta & explorata perscribas, Cic Att 3, 15 = Ars cernitur ex rebus penitus perspectis planeque cognitis, Id Fam 15, 14 (2) Omnem spem habeo in tua erga me perspectissima benevolentia, Cic Att 17, 1 Perspectissimum fortitudinis specimen, Val Max 1, 5, 5

Perspeculatus, a, um part Having well viewed Perspeculatus locorum situs, Suet Cæs 58

Perspeculor, ari, atus sum dep To view, or look about diligently Quum de vallo perspecularetur, Hirt B Afric 31

Perspergo, ere act [ex per, & spargo] To sprinkle, or dash all over Ligna amurcâ perspergito, Cato, c 130

Perspergor, i pass To be sprinkled all over Lepos, quo tanquam sale perspergatur omnis oratio, Cic de Orat 1, 34

‡ Perspicabilis, e adj Famous, fair, or beautiful, Marcell

‡ Perspicacè adv In good credit and shew, Non ex Afranio ‡ Perspicuè

|| Perspicacia, æ f Quickness of sight, or understanding, Cic trib Att 15, 16 sed meliores libb vocem Græcam προσηνῆ ibi habent ‡ Perspicuitas

|| Perspicacitas, atis f Quickness of understanding, ut Cic datur, Att 1, 18 sed male Perspicacitas, τὸ συνοπτικόν, Onomast

|| Perspicaciter adv Plainly, clear Quis omnibus perspicaciter inquisitis, Amm 29, 1

Perspicax, acis adj [a perspicio] or, comp Quicksighted, quick witted, quick of judgement and understanding = Ego me non tam astutum neque perspicacem esse id scio, Ter Heaut 5, 1, 1 Perspicacior Argo, Apul Met 2

Perspicibilis, e Plainly to be seen, Vitruv 9, 4

Perspiciendus, a, um part That is to be sounded, proved, or tried Cum esset missus a senatu ad animos regum perspiciendos, Cic Perspiciendis in rebus, Val Max 1, 7, 2

Perspicientia, æ f Perfect knowledge, a thorough understanding, or insight = In perspicientia veri solertiaque honestum versatur, Cic Offic 1, 4, 1

Perspicio, ere act [ex per, & specio] (1) To see, to discover plainly (2) To try thoroughly, to understand fully (1) Par im quæ perspexi his oculis, Ter Hec 3, 3, 3 (2) = Perspicite, judices, & penitus introspicite, Cic pro Sulla, 27 = Cum se ipse perspexerit, totumque tentarit, Id de Legg 22 Intelligo & perspicio non fore in te Cæsarem duriorem, Id

Perspicior, i, ectus pass To be tried, or understood, Cic de Am c 17 = Cognoscor, Id

Perspicuè adv Clearly, evidently, plainly = Planè & perspicuè expedire, Cic de Fin 3, 5 = Apertè & perspicuè, Id Verr 2

Perspicuitas, atis f Perspicuity, clearness, evidence, properly in words, and sentences Ἐνάργειαν perspicuitatem aut evidentiam nos nominemus, Cic Acad Q 4, 6 Perspicuitas argumentatione elevatur, Cic N D 3, 4

Perspicuus, a, um adj [a perspicio] (1) Clear, transparent, perspicuous (2) Met Evident, plain, manifest (1) Amnis perspicuus, Stat Theb 4, 816 (2) ‡ Perspicuis dubia aperiuntur, Cic de Fin 4, 24 Perspicua longa esse non debent, Id de Fin 3, 9 = Perspicuum hoc est, constatque inter omnes, Id N D 3, 4

Perspiro, are act To breathe thorough Venæ non possunt perspirare in toto corpore, Cato R R 157

Perspissò adv Very slowly, Non ex Plaut Pœn 3, 5, 47 al prospisso

Perstans, tis part Abiding, continuing Dictis perstantem cernit in isdem, Val Flacc 4, 143

Perstaturus, a, um par That will persist Se perstaturum in incœpto, Liv 8, 34

Persternor, i, stratus pass To be paved all over Ab ædilibus curulibus via à Martis silice ad Bovillas perstrata est, Liv 10, 47

Perstimulo, are act To continue to incense, or stir up in rage Pravis sermonibus tumidos spiritus perstimulare, Tac Ann 4, 12, fin

Persto, are, stiti n (1) To continue standing, to stand all the time (2) To continue (3) Met To persist, or persevere in a thing (1) Gymnosophistæ ab exortu ad occasum perstant, contuentes solem immobilibus oculis, Plin 7, 2 (2) Remorum in verbere perstant, Ov Met 3, 662 (3) Negant posse, & in eo perstant, Cic Offic 3, 9 § Orantem perstant prohibere, Ov Met 6, 361 Si perstet surdus in armis, Sil 1, 692 Perstat in incœpto, Ov Met 6, 50

Perstratus, a, um part Vid Persternor

Perstrepo, ere n (1) To make a great noise (2) To echo, or resound (1) Perstrepunt ancillæ, ita ut fit domini ubi adsunt, Ter Eun 3, 5, 52 (2) Tellus perstrepit, Sil 8, 431

Perstrictus, a, um part Perstrictus gelu, very hard frozen, Plin 17, 24 Perstrictum leviter femur mucrone, slightly hurt, Curt 3, 11, 10

Perstringo, ere act i e valde stringo, claudo, Non (1) To wring hard, to ty up close (2) Met To touch any thing in discourse, to glance at it (3) To din, stun, or make dizzy (4) To raze, or grate (5) Lightly to run over, to graze upon (6) To dazzle (1) Caveto ne nimium vites perstringas, Cato Met Perstrinxit me horror, bound up all my senses, Liv 1, 25 (2) Asperioribus verbis voluntatem alicujus perstringere, Cic pro Planc 14 (3) Murmure cornuum perstringis aures, Hor Od 2, 1, 18 (4) Portam urbis vomere aratri perstringere, Cic

Cic Philipp 2, 40 (5) Juvenem multo perſtringunt lumine, *Stat* (6) Perſtringere oculorum aciem, *to dazzle*, Liv *Met* aciem mentis, *Cic Philipp* 12, 2

Perſtringor, i paſſ *To be lightly touched*, Cic *contr Rull* 2, 25 Perſtringitur dominus verbo, *Val Max* 8, 4, 3

Perſtudioſe adv *Very carefully, very attentively* Perſtudioſe aliquem audire, *Cic de Cl Or* 56

Perſtudioſus, a, um (1) *Very ſtudious* (2) *Very affectionate* (1) Græcarum literarum perſtudioſus, *Cic de Senect* 1, 10 (2) Perſtudioſus tui, *Cic Attic* 5, 20

Perſuadens, tis part *Perſuading* Perſuadentia verba, *Ov A Am* 1, 371

Perſuadeo, ere act (1) *To perſuade* (2) *To adviſe, or put one upon* (3) *To put into one's mind, or head* (4) *To move to do a thing, to prevail with one* (1) ✱ Confirmavit non ſolum mihi, ſed etiam perſuaſit, *Cic Att* 16, 5 (2) Magnis pollicitationibus perſuadere Eumeni ſtuduit, *Nep Eum* 2 (3) Perſuaſit nox, amor, vinum, adoleſcentia, *Ter Adelph* 3, 4, 24 (4) Perſuaſit populo ut ea pecunia claſſis centum navium ædificaretur, *Nep Themiſt* 2 Sic mihi perſuadeo, judices, *ſo I verily believe*, Cic *pro Roſc Amer* 2

Perſuadeor, paſſ *To be perſuaded, or induced to believe* Non credo tibi temerè quicquid perſuaderi poſſe, *Cic Fam* 11, 28

Perſuadetur impers Mihi nunquam perſuaderi potuit, *I could never be perſuaded*, *Cic de Sen* 22 Perſuaſum eſt illis, ut, *Pa-terc* 2, 85

Perſuaſibilis, e adj *That may be perſuaded*, Quint Inſt Or 2, 15

Perſuaſibiliter adv *Plauſibly, perſuaſively*, Quint Inſt Or 2, 15

Perſuaſio, onis f verb *A perſuaſion, an opinion, or belief*, Cic de Inv 1 2

† Perſuaſor, oris m verb *A perſuader, an adviſer* || Suaſor

Perſuaſorius, a, um adj *Perſuaſive, or apt to perſuade*, Plaut ... Suet Domit 8, 2

† Perſuaſtrix, icis f *A ſhe perſuader*, Plaut Bacch 5, 2, 41

Perſuaſus ûs m verb *A perſuading* Emit ſenex perſuaſu ſervi, *Plaut Epid Argum* v 2 = Cujus perſuaſu, atque—inductu, *Quint Inſt Orat* 5, 10 *vix leg niſi in abl*

Perſuaſus, a, um ſſimus, ſup *Perſuaded, made to believe* Perſuaſum habeo, *Plin jun* Omnibus perſuaſum eſt, *are perſuaded*, *Cic Fam* 11, 21 Perſuaſiſſimum habere, *to be verily perſuaded*, *Col* 12, 1

Perſubtilis, e adj (1) *Very ſubtile, or thin* (2) *Very fine, or neat* (1) *Lucr* 3, 180 (2) = Perelegans & perſubtilis oratio, *Cic pro Planc* 24

Perſultans, tis part *Making inrodes, or incurſions into* Iheno exercitu campos perſultante, *Tac Ann* 11, 9, 1

Perſulto, are n [ex per, & ſalto] (1) *To friſk and ſkip over, as* ... *do in the fields* (2) *To vault, prance, or caper* (3) *To make incurſions and inrodes, as an enemy doth* (4) *To march along, or range about, as an enemy doth* (1) Perſultant pabula pecudes, *Lucr* 1 14 (2) Levibus quis perſultare, *Sil* 3, 385 (3) In agro hoſtium perſultare, *Liv* 34, 2 (4) Ante vallum cum carminibus & tripudiis perſultabant, *Tac Ann* 4, 47

Pertædeo, ere perſ *To be quite weary of, or perfectly tired out with* Jam omnes verbi ejus de-... ſtati per acuiſſent, *Gell* 1, 2 Quarum uxorum matrimonii pertæderet, *Id* 15, 20 *de Eur prid*

Pertædeſcit imperſ *It groweth irkſome* Nolite multum dare, ne pertædeſcat, *Cato*, 156

Pertæduit, *Gell* 1, 2 Pertæſum eſt, *Cic it very much irketh* Pertæſum eſt levitatis, *Cic Q fr* 1, 2 Si non pertæſum thalami tædæque fuiſſet, *Vir Æn* 4, 18

Pertæſus, a, um part [a pertædeo] *Weary of a thing, quite tired out with, diſpleaſed at* § Pertæſus levitatis, *Cic ad Q fr* 1, 2 lentitudinis eorum, *Tac Ann* 15, 51 § Vitam pertæſus, *Juſt* 38, 9 ignaviam ſuam, *Suet Cæſ* 7, 1

Pertĕgo, ĕre act *To perfect what one hath begun, to cover* Pertegimus villam, dum ſudum eſt, *Plaut Rud* 1, 2, 75 *Met* Benefacta benefactis aliis pertegito, ne perpluant, *heap up*, Id *Trin* 2, 2, 41

Pertendens, tis part *Stiffly reſolving, fully purpoſing* Animo pertendens, *Prop* 2, 15, 1

Pertendo, ere act (1) *To extend, or ſtretch over* (2) *To go ſtraight on, or quite through* (3) *To go through with what one intended and began* (4) *To compare things too exactly* (1) *Cato R R* 52 (2) Pertendit ad regem caſtra, *Hirt B Alex* 50 (3) ✱ Video non licere, ut cœperam, hoc pertendere, *Ter Heaut* 5, 5, 9 ✱ Si incipies, neque pertendes naviter, *Id Eun* 1, 1, 6 (4) Nos Pompei decretum recognoſcemus—Cum fœderibus—pertendemus *Cic pro C Balb* 5 *al leg* perpendemus

Pertentatus, a, um part *Tried* Virtus pertentatus, *Hirt B Alex* 17

Pertento, are act (1) *To try thoroughly, to make a full proof* (2) *Met To paſs or run through, to put into motion, to affect, to ſeize* (2) *To diſturb* (1) Cauſam totam perſcrutari & pertentare, *Cic de Inv* 2, 22 Vo ut pertentarem, *et* gratis ſimulavi *Ter Andr* 3, 4, 9 Adoleſcentium animos pertentabant, *Liv* Illam mis corda Lemniadum pertentat amor, *Stat Theb* 5, 45 (2) Tremor pertentat equorum corpora *Vir Geor* 3, 250 Latonæ tacitum pertentant gaudia pectus, *gently diffuſe themſelves over*, Id *Æn* 1, 506 (2) Omnimodis corpora, itaque omnia pertentare, *Lucr* 5, 191

Pertentor, ari, atus paſſ *To be thoroughly tried* Si cauſa niſtra-... io negotii ex omnibus partibus pertentabitur, *Cic de Inv* 2, 12

Pertenuis, e adj (1) *Very ſlender, or thin* (2) *Met Very ſmall, poor, or mean* (1) Secatur in laminas pertenues & rex, *Plin* 16, 43 (2) Pertenuis ſpes *Cic Fam* 13, 3, 4 ſuſpicio, *Id* Pertenue argumentum, *Id* diſcrimen, *Id contr Rull* 2

Pertĕrebro, āre act *To bore through, to drill, or make an hole through* Columnam auream perterebrare, *Cic de Div* 1 24

Pertergeo, ere *To wipe lightly over, to ſtroke gently* Oculos pertergere, *Lucr* 4, 250

Pertergo, ere, ſi *To wipe* Gauſape purpureo menſam perterſit, *Hor Sat* 2, 8, 11

Pertergor, i paſſ *To be wiped* Pertergi ſpongiâ corpora, *Valer Max* 2, 4, 5

Pertĕro, ĕre, trivi act (1) *To rub hard* (2) *To break in pieces by rubbing* (1) Perterunt ita ut interiora ſemina integra permaneant, *Col* 12, 28 (2) Januam ianuâ perterunt, *Plaut Men* 1, 1, 9

Perterrĕfăcio, ĕre, eci, ctum act *To affright, or ſcare* Perterrefacias Davum, *Ter Andr* 1, 1, 14

Perterrefactus, a, um part *Affrighted, ſcared*, Brut *ad* Cic *Fam* 11, 20

Perterreo, ere, ui, itum act *To affright, or frighten, to ſcare, or put in great fear* Ferro te rejeci atque perterrui, *Cic pro Cæcin* 9

Perterreor, eri paſſ *To be frighted* Perterreri ſomnio, *Cic de Div* 1, 27

✱ Perterricrepus *That ſtriketh a dread with the noiſe it maketh* Perterricrepo ſonitu dira miſſa fragorem, *Lucr* 6, 128 Habeo iſtam ego perterricrepam, *Cic Orat* 49 *ex poet*

Perterritus, a, um part *Affrighted, ſcared, diſcouraged* Novo genere pugnæ perterriti, *Cæſ B G* 5, 16 Perterrita mœnia luſtrat, *Ov Ep ex Ponto*, 1, 2, 19

Pertexo, ĕre, ui act (1) *To weave out* (2) *Met To go on with a ſubject of diſcourſe begun* (3) *To cloſe, finiſh, or bring a diſcourſe to an end* (1) *Prima notionis neſcio an extet exemplum* (2) Inceptum porro tum pertexere dictis, *Lucr* 6, 41 (3) Pertexe modo, Antoni, quod exorſus es, *Cic de Orat* 2, ...

Pertica, æ f [a pertingo, pertigi, q pertiga] (1) *A long ſtaff, a pole for various uſes* (2) *A perch, or long meaſuring ſtaff* (1) Nam ſtellam habere perticam *LI* ... *ST* Qui verberabit ... ſinres, *Plaut Aſin* 3 2, 43 Pertica longa porta ... manipulos, *Ov Faſt* 3, 11 (2) Pertica habet paſſus duos, id eſt, pedes decem, *Vet auct limit ap Rigalt* Prov ... Ex quos non una, ut dicitur, pertica, ſed diſtincte gradatim ... *i e aſſigned not with the ſame meaſure, or degree of* ... *or uſed not in the ſame manner*, Plin Ep ... 3

Perticalis, e adj *Belonging to, or ſerving to make perches, or poles* Perticalis ſalix, *Col* 4, 31 virga, *Plin* 17, 20

|| Perticatio, onis f *A meaſuring of land with poles*, Juriſc

Pertimefactus, a, um adj *Thoroughly affrighted* Te pertimefacto, *Brutus ad Cic Epiſt Fam* 11, 20

Pertimeo ēre, *unde* pertimeſco, pertimui, vix enim leg niſi in perfecto, *to fear much, to be ſore afraid* Pertimui, ſcriptumque tuum ſine murmure leg, *Ov Ep* 21 1

Pertimeſcendus, a, um part *To be greatly feared* Famæ inconſtantia pertimeſcenda, *Cic Fam* 1, 9, 36

Pertimeſco, ĕre incept (1) *To fear greatly* (2) *To be afraid of* (1) Quis non pertimeſcat? *Cic* De ſuis fortunis pertimeſcunt, *Id Div in Verr* 22 (2) Rem in fortune pertimeſcere, *Cic in Piſon*

Pertimeſcor, i paſſ *To be much afraid* Imperii nomen etiam in levi perſona pertimeſcitur, *Cic in Leg Agrar* 1

Pertinacia, æ f med notionis vocab ſæpius tamen in malam partem accipitur (1) *Obſtinacy, ſtubbornneſs, frowardneſs, wilfulneſs* (2) *Perſeverance, reſolution, conſtancy* (1) Nec cum pertinacia & iracundia recte diſputari poteſt, *Cic de Fin* 1, 8 ✱ Libertatem non in pertinacia, ſed in quadam moderatione poſitam puto, *Id pro Planc* 39 (2) Pertinacia perſeverantiæ finitima eſt, *Cic de Inv* 2, 54 ✱ Quæ pertinacia quibuſdam, eadem illis conſtantia videri poteſt, *Id pro Marcell* 10 = Ut patientia & pertinacia hoſtium animi ſuorum frangerentur, *Suet Cæſ* 68

Pertinācĭter adv ius, comp ſſime, ſup (1) *Inceſſantly, continually* (2) *Wilfully, frowardly, ſtiffly, ſtubbornly, obſtinately* (3) *Conſtantly, reſolutely* (1) Pertinaciter liberalibus ſtudiis deditus, *Suet Claud* 40 (2) Nimium pertinaciter Lepido infenſus, *Cic Fam* 10, 23 (3) Pertinacius defenſa Capua, *Liv* 26, 28 Pertinaciſſime abſtinuit hoc honore, *Suet Aug* 52

Pertĭnax, acis or, comp ſſimus, ſup [*qu* pertenax, *i e* ſuæ ſententiæ nimis tenax] Med notionis vocab frequ autem in malam partem (1) *Grinding, penurious, cloſe fiſted, holding faſt* (2) *Obſtinate, ſtiff in opinion* (3) *Stubborn, wilful, froward, pertinacious* (4) *Steady, conſtant, ſtedfaſt, reſolute* (5) *Inceſſant, of long continuance* (1) = Quæ ... tenaxne pater eſt *Phil* Imo, edepol, pertinax, *Plaut Capt* 2, 2, 39 (2) Valde pertinax non ero, *Cic de Fin* 1, 8 Pertinacio pars, *Liv* 9, 12 Pertinaciſſimus fueris, ſi in eo perſtiteris, ad corpus ea, quæ dixi, referre, *Id de Fin* 2 ✱ Sermo lenis, minimeque pertinax, *Id Offic* 1, 7 (3) Cupidi, irati, pertinaces, *Cic pro Ligar* 6 Pertinacior impietas, *Val Max* 9, 11, *ext* 1 (4) Vicit omnia pertinax virtus, *Liv* 25, 14 Tu opum contemptor, recti pertinax, *Tac Hiſt* 4, 5 *ubi al* pervicax (5) Dolor pertinax, *Sen Herc Oet* 1854

Pertinens, tis part *Extending, reaching* Per omnem rerum naturam pertinens, *Cic N D* 1, 14 Ex eo medio quaſi collis oriebatur in immenſum pertinens, *Sall B J*

Pertineo, ere n [ex per, & teneo] (1) *To reach, lie, or extend from one place, or perſon to another* (2) *To pertain, or belong* (3) *To be fit, to be ſerviceable* (4) *To tend to, or drive at* (1) Longe introrſus ſylva pertinet, *Cæſ B G* 6, 9 Via, quæ pertinet ad jecur, eique adhæret, *Cic N D* 2, 55 *Met* = Late patet natura & ad multos pertinet, *Id de Or* 55 (2) Europa jure ad Romanos pertinebat, *Flor* 2, 8 (3) Quæ ad oppugnationem oppidi pertinebant, *Cæſ B G* 7, 27 Ad tuam utilitatem pertinere exiſtimabat, *Nep Epam* 2 (4) Non hæc oratio mea ad infirmandum fœdus pertinet, *Cic pro C Balbo*, 15 In tuas ædes pertinet, *Ulp*

Pertinet imp ſ *It pertaineth, it concerneth, or belongeth* Ad rem pertinet, *Cic de Div* 2, 17

Pertingens, tis part *Reaching, or ſpreading itſelf over* Eam cauſis naturam nihil habere præſtantius, ... per omnem mundum pertingentem *Cic N D* 2, 15 & pertinentem

Pertingo, ĕre, igi, actum [ex per, & tango] *To extend, or reach along* Montem, quem pertingere ... ad flumen ſupra demonſtravimus, *Cæſ B G* 7, 19

|| Perdŭrātio, onis f vero *An enduring, or abiding*, Lat ex Eutrop † Perpeſſio

Pertŏlĕro, āre act *To endure, or ſuffer to the end, to bear, or thoroughly*

thoroughly Pertoleratum vim tantam, *Plaut Amph in suppos*

Pertorqueo, ēre act *To writhe*, Centauri fœdo pertorqueri sapore, *Lucr* 2, 401

Pertractandus, a, um part (1) *handled gently* (2) Met *treated of* (1) Thorax leni pertractandus est, *Cels* (2) Si ... totam philosophiam pertractandum dedissem, *Cic N D*

Pertractans, tis part (1) *Handling* (2) Met *Thinking*, or *musing upon* (1) Barbatulos mullos pertractans, *Cic Parad* ...

Pertractatio, ... Pertracto, ...

... adv *After the common manner*, or ... Non pertractate facta est ... *Plaut Capt prol* 55

Pertractatio, ōnis f verb *An handling*, *a diligent perusal*, ... 1, 11

Pertractatus, a, um part Met ... *managed*, or *considered* — ... penitus & pertractata humanas habere, *Cic*

Pertracto, āre act (1) *To handle*, or *feel on* (2) *To treat*, ... (3) *To think* or ... *thoroughly* (1) Bestias ... pertractabant, *Hirt B* ... (2) Ea, quæ rem continent, pertractemus, *Cic Tusc* 4, ... (3) ... negotii summ & ... per tractatum ... pertractatū ... *Cic de Inv*

Pertractor, āri, ātus pass (1) *To be handled gently* (2) Met ... *discoursed of* (1) ... per tractari corpus ... & recentibus morbis ... (2) *Cic Tusc* 3, 1 ...

Pertractus, a, um part [a pertraho] *drawn* Romanus ... effus- ... pertractum, *Liv* ... omnas pertractus, ... *Cic de Cæs* 8

Pertrahendus, a, um (1) *To be drawn*, or *towed as a ship* (2) ... *prolonged* (1) Lembum ... ad pertrahendam ... *Liv* (2) Vita ... pertrahenda, *Plin*

Pertraho, ĕre, xi, ctum *To draw* ... Ut ... collis ... incautum pertraheret, ... pertraxerunt, *Id* ... Pertrahere vitam, *to spin* ... *Plin* 28, 2

Pertrahor, i, ctus pass (1) *To be drawn as a ship is* (2) *To be drawn*, or *haled* (1) *Vid* Per-... Vivus ad Lælium ... Navis ad ripam ... pertrahitur, *Id* 21, 28

Pertransĕo, īre (1) *To pass by*, or *through*, as ... a precious stone ... non pertransit ... *Sen Ep* 4 (2) ... per transit aspec- ... *Plin* ... *smaragdo*

Pertranslucidus, a, um adj *Very* ... *transparent* Charta ... translucida, *Plin*

Pertrecto, āre act *To rub lightly*, or *handle gently* Pe... caput jubet, ...

Pertribuo, ĕre, ui, ūtum act ... *very willingly* ... 10, 18

Pertricosus, a, um adj *Very* ... *trifling*, *Mart* 3, 63 ... pertricosa, & ... *Very sad*, ... (2) *Very severe*, ... (1) Per... ste carmen, *Cic*

de *Div* 1, 8, ex poeta (2) Pertristis patruus, censor, magister, *Cic* pro *Cal* 11

Pertritus, a, um part [a pertero] *Bruised*, or *beaten to powder* Uva pertrita & cum aqua potui data, *Col* 8, 5

|| Pertrux, ucis *Very fierce*, *very cruel*, Apul Met 5, p 151 ✝ Truculentus

Pertumultuosè adv *Very tumultuously*, *in a very tumultuous manner*, *Cic Fam* 15, 15

Pertundo, ĕre, tudi, tūsum act (1) *To beat through*, or *knock*, *to thump*, *to break through* (2) *To bore through* (1) *Col* 6, 15 (2) Terebravitem, quam intercis, pertundito, *Cato* ... Meam pertundere venam, *to let one blood*, *Juv* 6, 46 Pertundere crumenam, *to cut a purse*, Plaut Pseud 1, 2, 37

Pertundor, i, ūsus pass *To be broken*, or *cracked*, *Col* 12, 19

Perturbatè adv *Confusedly*, *disorderly*, *Cic de Inv* 1, 20

Perturbatio, ōnis f verb (1) *Great trouble*, or *disturbance* (2) *Disorder of body*, *indisposition* (3) *Also any troublesome passion*, or *motion of the mind* (1) Videas in quo motu temporum, quanta in conversione rerum, & perturbatione versemur, *Cic* pro *Flacc* 37 Cœli perturbatio, *foul weather*, *Cic de Div* 2, 45 (2) Perturbatione valetudinis tuæ, *Pall*, commotus sum, *Cic Fam* 9, 15 (3) Inveteratio ut in corporibus ægritudo depellitur, sic in animis quoque perturbatio, ... *Cic* = Perturbationes fugiamus, id est, motus animi nimios rationi non obtemperantes, *Id Offic* 1, 8

Perturbatrix, icis f verb *A disturber*, *feminine* Perturbatrix harum rerum omnium Academia, *Cic de Legib* 1, 13

Perturbatus, a, um part & adj or, comp issimus, sup *Troubled*, *disturbed*, *disordered*, *confused* Civitas perturbata seditionibus, *Cic* cont *Rull* 1, 8 = Somnia perturbata & confusa, *Id de Div* 1, ... Somniantium visa multa perturbatiora sunt, *Id de Div* 2, 59 Perturbatissimum ... *Sen Q N* ... 10 Perturbata res ... *mixed*, or ... *with one another*, *Id*

Perturbo, āre act (1) *To disturb*, *to trouble*, *to disorder*, *to distract* (2) *To turn topsyturvy*, *to put in an uproar* (3) *To throw*, or *cast out* (4) *To move*, or *vex* (5) *To ...*, or *blend* (1) Perturbavi omnia, *Ter Andr* 5, 4, 22 Qui pr... adeo perturbavit ... mentem meæ, *Plaut Amph* 4, 2, 10 (2) Cincius est missus, ut eam provinciam perturbaret, *Cic* pro *Sulla*, 19 (3) Ut eum principem ... ex civitate, *Ad Herenn* 4, 8 (4) *A sophistis* ... est, non perturbatio animos sed placare, *Cic Orat* 65 = Nec me clamor iste commovet, aut perturbat, *Cic* pro *Rabir* 6 (5) Quocunque modo perturbes ... nunquam in marmoreum possunt ... colorem, *Lucr* 2, 771

Perturbor, āri, ātus pass (1) *To be disordered*, or *put out of rank* (2) *To be troubled*, or *disturbed* (3) *To become dubious* (1) Ne dispersi perturbarentur, in acie permanserunt, *Hirt* ap *Cæs B G* 8, 15 (2) Perturbari clamore hominum, *Cic* pro *Rabir* ( ) Cum P Attio ageb... ne sua pertinacia omnium fortunas perturbari vellet, *Cæs B C* 2, 5

Perturpis, e *Very lewd* Perturpe & flagitiosum est videri, *Cic* pro *Cal* 20

|| Pertussis f *A continual cough*, ... *Sen* ...

Pertusus, a, um part [a pertundor] (1) *Broken*, *cracked* (2) *Bored through*, or *that hath holes* (1) Pertusa ... *Cato*, c 157 (2) Laticem pertusum congerere in vas, *Lucr* ... 1022 = In pertusum ingerimus dicta dolium, operam ludimus, *we spend our breath in vain*, Plaut Pseud 1, 3, 135

Pervādo, ĕre si (1) *To go over*, or *through*, *to escape*, or *pass through*, *to get by*, or *away* (2) *To enter in at* (3) *To spread over all* (1) Nisu corporis & impetu equi pervasit, *Tac Ann* 2, 11, 5 (2) Nequid in aures, quod noceat, possit pervadere, *Cic N D* 2, 57 ... nuntius ejus belli in Italiam pervasit, *Id Verr* 5, 3 (3) Nulla ... locus ... quo non illius diei fama pervaserit, *Cic* pro *Lege Manil* 15

Pervagatus, a, um or, comp issimus, sup (1) *Having wandered about*, or *travelled over* (2) *Common*, *ordinary*, *public*, *commonly known*, *spread abroad* (1) Ferox natio pervagata bello prope terrarum orbem, *Liv* 38, 17 (2) = Communia & pervagata, *Cic de Orat* 1, 36 = Vulgare, quotidianum, pervagatum, *Id* ... 49 ✕ Late pervagata ... ponuntur angustiis, *Id Topic* 18 Pars pervagatior, *Id de Inv* 2, 14 Pervagatissimus versus, *Id Or* 43

Pervăgor, āri, ātus dep *To go and come over*, *to wander*, or *travel over*, *to rove about*, *to overspread*, *to overrun* Pervagantur molestiæ mentes omnium, *Cic de Legg* 1, 11 Dolor omnia membra pervagabatur, *Plin Epist* 1, 12

Pervăgus, a, um adj *Wandering very much*, or *all about*, *roving* Visto pervagus orbe puer, *Ov A Am* 2, 18 *de Cupidine*

Pervaleo, ēre *To have great*, or *continual strength* Permananter vis pervalet ejus, *Lucr* 6, 916

|| Pervalidè adv *Very strongly*, *Dig*

Pervalidus, a, um *Very strong*, *Liv* 40, 41 ... *exempl* ... *habent* prævalidæ

Pervariè adv *With much variety*, *very variously*, Pervariè & jucunde narrare, *Cic de Orat* 2, 80

Pervastandus, a, um part *To be laid utterly waste* Ad pervastandos fines ducere, *Liv* 6, 4

Pervastatus, a, um part *Laid utterly waste*, *ruined* Pervastata Italia, *Tac Ann* 15, 45, 1

Pervasto, āre *To lay waste*, *to destroy* Liburos cum pervastasset, *Liv* 33, 9

Pervectus, a, um part [a perveho] *carried*, or *brought along* § Tranquillo pervectus Cal... *Liv* § Pervectus in litus, *Plin* 9, 8 Pervectus in Africam, *shipped over to*, *Vell Paterc* 2, 5

Pervehendus, a, um part *To be brought*, or *carried together* Neque commeatibus pervehendis ... *Liv*

Perveho, ĕre, xi, ctum act *To carry along*, *to convey* Virginesque ... in plaustrum imposuit, & Cære pervexit, *Liv Met* Prius oculis mortalium ... natura est eos, quam in cælum sima pervexeret, *placed them in*, *raised them to*, *Curt* 8, 5, 17

Pervehor, i, ctus pass *To be carried along*, *to be transported*, or *come by sea* *Met* Cum prospero flatu ejus utimur, ad exitus per-

vehimur optatos, *Cic Offic* 2, 6 *de Fortuna* Portum quo utinam velis passis pervehi liceat, *Id Tusc* 1, 49 *de morte*

Pervello, ĕre, li, *vel* vulsi act (1) *To pinch*, or *twitch* (2) Met *To fret*, or *afflict* (3) *To excite*, or *raise* (4) *To disparage*, or *decry* (1) Pervellere aurem, *Val Max* 1, 5, 8 (2) Si te dolor ... pervellerit, *Cic* ✕ Jor... ut pervellere te forti... potuerit & pungere, non potuit certe vires frangere, *Id Tusc* 3, 17 (3) Qualis ... pervellit stomachum, *Hor Sat* 2, 8, 8 (4) ... jus civil pervellit, *Cic de Orat* 1, 62

✝ Pervenibo, antiq pro perveniam, *Non*

Perveniens, tis part *Coming to*, *arriving at* Veros refers ... nos non pervenientia nostras, *Ov Met* ... 62

Pervenio, īre, eni, entum neut (1) *To come to a place or time*, *to arrive at* (2) *To obtain*, *procure*, or *get* (3) *To come by*, *recover*, or *regain* (4) *To be made known* (1) Sex millium circuitu in oppidum pervenit, *Cæs B C* 2, 24 (2) Ut a ... ejus consul... ordine, & ad dexterum perveniam, *Hirt B Afr* 60 Sine me pervenire quo volo, *Ter Eun* 1, 2, 41 Ejus morte illi pecunia ad me pervenit, *Cic Topic* 6 In potum filii navi pervenire, *Quint* 2, 17 Ad annum ... *Cic de Div* 1, 23 An ipse ... deceullio perveneni ad hunc ... *invidiam* ... *Id* Per ... ad ... *to come to need*, ... *Quint* ... *to come to hand*, *Cic* ( ) ... turpem aliquot ... pervenire, *Cic* ... vidi perbarum ... veterem scriptorum laudem pervenire, *Id* (4) Ut ... ad ... perveniat, *Cic* Commodissime ad numeros pervenire, *Il Fam* 13, 14 (4) Decem oleorum genera ad meam notitiam modo pervenerunt, *Col* Ad aures ejus hæc res pervenit, *Cic Verr* 4, 28

Perventum impers *They came*, *Cic* in ... Perventum est, *they came* Dum in Bactrianos perventum, *Curt* 7, 4, 25 Dum ... adversi ... pervenire ... *Nep Eumen* 8

Pervenor, āri, ātus dep (1) *To hunt all over* (2) Met *To use the utmost diligence in finding out* (1) *Exemplum desideratur* (2) Defessus sum urbem totam pervenarier, *Plaut Merc* 4, 5, ... R occ

Perventurus, a, um part (1) *That will come to* (2) Met *That will be brought to* (1) Ad proximam legionem perventuros, *Cæs B G* 5, 29 (2) Videte quem in locum rempublicam perventuram putetis *Cic* pro *S Rosc* 53

Perversè, ✝ pervorse adv (1) *Awkwardly*, *unskilfully* (2) *Frowardly*, *peevishly* (3) *Perversly*, *mischievously* (1) Stultè ... perversè ... prudentiam, *Cic Offic* 3, 32 Perversè dicere homines, perversè dicendo ... consequi, *Id de Orat* 1, ... (2) Plerique perversè, ne dicam impudenter, volunt, *Cic de Amic* 22 ( ) Multi deorum beneficia perversè utuntur, *Cic N D* 3, 28

Perversitas, ātis f *Perverseness*, *awkwardness*, or *frowardness* Quæ est in hominibus ... perversitas, ut, inventis frugibus, glande vescantur, *Cic Orat* 9

Perversus, ✝ pervorsus, a, um part & adj or, comp issimus sup (1) *Per*

(1) Perverted, overthrown, turned upside down (2) Askew, asquint, awry (3) Perverse, preposterous, froward, cross-grained (4) Aukward (5) Unlucky, unhappy (1) = Deformati, inquinati, perversi, conturbati animi, Cic N D 1, 28 (2) Roscius erat perversissimis oculis, Cic N D 1, 28 Cachinno perverso distorquere ora, Ov A Am 3, 287 (3) = Itaque ut erat semper præposterus atque perversus initium fecit a Bulbo, Cic pro Cluent 26 (4) Nunc ista separantur, ut disjuncta sint, quo nihil potest esse perversius, Cic de Fin 4, 15 (5) = Hic dies mihi perversus, atque adversus obtigit, Plaut Men 5, 5, 1

Perverto, † pervorto, ere act (1) To turn upside down (2) To batter, or throw down, to overthrow (3) To bring over to a party, or opinion (4) To ruine, or undo, to spoil, or corrupt (1) Dant operam, ne cœnet senex, aulas pervortunt, &c Plaut Cas 4, 1, 10 (2) Ea balista pervortam turrim, Plaut Bacch 4, 4, 59 Si rex obstabit ob viam, regem ipsum pervortito, Id Stich 2, 1, 14 (3) Eam civitatem pervertere concupivit, Nep Lysand 2 (4) Temeritas C Cæsaris, qui omnia jura divina & humana pervertit, Cic Offic 1, 8 Hamilcar largitione vetustos pervertit mores Carthaginiensium, Nep Ham 3

Pervertor, i, sus pass To be overthrown, ruined, or undone, &c Calpurnia illustris fœmina pervertitur, Tac Ann 12, 22, 4

Pervesperi adv Very late Cum ad me pervesperi venisset, Cic Fam 9, 2

Pervestigatio, ōnis f verb A narrow search after Scientiæ pervestigatio, Cic de Orat 1, 3

Pervestigatus, a, um part Thoroughly searched A me pervestigata & cognita, Cic Verr 5, 68

Pervestigo, āre To trace, to make a thorough search after Ut canes venatici optimè odorabantur omnia, & pervestigabant, Cic Verr 4, 13

Pervetus, ĕris adj Very old, or antient Signum pervetus ligneum, Cic amicitia, Id Fam 13, ... epistola, Id ad Q fratr 3 vinum, Cels 5, 26, 30

Pervetustus, a, um adj (1) Very old, or stale (2) Obsolete, antiquated (1) Pervetustus adeps, Plin 20, 9 (2) Pervetusta verba, Cic de Or 3, 52

Perviam adv To be come at, or passed through Angulos omnes mearum ædium mihi perviam fecistis, a thoroughfair, Plaut Aul 3, 2, 24

Pervicacia, æ f (1) Peevishness, obstinacy, frowardness, wilfulness (2) Perseverance, constancy (1) Ægrotationi subjecta sunt mulierositas, pervicacia, liguritio, Cic Tusc 4, 11 (2) Perdurandi pervicacia, Plin 17, 20 ⁂ Pervicacia est interdum bonarum rerum perseverantia, pertinacia semper malarum, Non ex Accio, fallit tamen, vid Pertinacia

Pervicacius adv comp More obstinately Si pervicacius causam orare videat, Liv Pervicacius tueri sententiam suam, Curt 10, 6, 12

Pervicax, ācis adj vox med or, comp issimus, sup [a vico, antiq pro vinco] (1) Inexorable, unmoveable, not to be persuaded, that will not yield, or forego, in a good sense (2) Wilful, stubborn, headstrong, obstinate, sturdy, stiff, surly (1) = Recti pervicax, constans adversus metus, Tac Hist 4, 5 ⁂ In a bad sense pertinax, Hor Epod 11, 14 ubi vet schol Pervicaces dicuntur, qui in aliquo certamine ad vincendum perseverant, Ft Non 5, 40 ex Accio ad etymon simul respiciente, ⁂ Nam pervicacem dicis me esse, & vincere, perfacile patior, pertinacem nihil moror ubi ille pervicacia est interdum bonarum rerum perseverantia, pertinacia semper malarum, & pervicax & pertinax in bonis pariter ac malis, locum habent (2) Adeone pervicaci esse animo, ut, &c Ter Hecyr 4, 1, 17 Pervicacior ira, Curt 8, 6, 1 Pervicacissimus hostis, Flor 1, 11, 11

† Perviscus, veti dixerunt pro pervicaci, teste Non Hic quidem pervicus custodem addidit, Plaut Fragm

Pervideo, ēre act (1) To see, or perceive thoroughly (2) To see at a distance (3) Simply to see, behold, or look on (1) Videt quod evenit, sed cui id accidit, non pervidet, Col 2, 1 (2) Plin ap Litt (3) Cum tua pervideas oculis mala lippus inunctis, Cic Hor Sat 1, 3, 25

Pervigeo, ēre neut To be in a brave, or flourishing condition Uterque opibusque ac honoribus perviguere, Tac Ann 4, 34

Pervigil, is adj Very watchful, watching, wakeful Pervigil draco, Corn Gall anguis, Ov Ep 12, 60 canis, Sen Herc fur 809 studia, Luc Ignis pervigil, the vestal fire, which was always kept burning and never went out, Stat = Pervigiles & insomnes, Plin Paneg c 63

Pervigilātio, ōnis f verb A watching, or sitting up all night long Pervigilationes nocturnæ, Cic de Legib 2, 15

|| Pervigilator, oris m verb He that watcheth, Veget ‡ Pervigil

Pervigilātus, a, um part pass Spent in watching In multo nox est pervigilata mero, Ov Fast 6, 326

Pervigilium, ii n (1) A watching, a sitting up all night long (2) A wake, the vigils of an holiday (1) Pervigilio noctis fatigatis occursum est, Just 1, 8 Pervigilio quidem præcipue vincuntur cibi, Sen (2) Castra campana ut in pervigilio neglecta simul omnibus portis invadit, Liv Simulacrum æneum Fortunæ supplicationibus & pervigilio anniversario coluit, Suet Galb 4, 8

Pervigilo, āre neut To watch, not to sleep all night long Pervigilat noctes totas, Plaut Aul 1, 1, 33 Pervigilare in armis, Liv 21, 58 ⁂ Vigilare leve est, pervigilare grave, Mart 9, 70 Pervigilant castella metu, Val Flacc 7, 9

Pervilis, e adj Very cheap Annona eo anno pervilis fuit, Liv 31, c ult

|| Pervinca, æ f The herb perwinkle, Apul

Pervincendus, a, um part To be overcome, or mastered Pervincendum hoc est tibi, Catull 74, 15

Pervinco, ĕre act (1) To overcome, to get the better of (2) To prevail, or obtain (3) To surpass, or be more (4) To demonstrate, or make out (1) Restitit ac pervicit, Cato (2) Ut de agris dividendis consules ad senatum referrent, pervincere non potuit, Liv 4, 12 (3) Nec potari per se queunt, si non pervincat aqua, Plin de vinis (4) Pervincere dictis, Lucr 5, 100

Pervium, i absol sc iter A thoroughfare, a passage, Tac Hist 3, 8

Perviridis, e adj Very green, Plin 6, 22

Pervivo, ĕre n To survive, or continue to live Si pervivo usque ad summam ætatem, Plaut Capt 3, 5, 84

Pervius, a, um adj [ex per, & via] Passable, having a way through, that may be gone in, or thorough, easy to be passed Transitiones fient perviæ, Ter Adelph 5, 7, 14 Domus est non ulli pervia vento, Ov Met 2, 764 Pervia freta, Val Flacc 1, 720

Perula, æ f dim [a pera] A little scrip, or satchel Fregit exemptum e perula calicem, Sen Ep 90

Perunctio, ōnis f verb An anointing all over Excalficit perunctione, Plin 14, 15

Perunctus, a, um (1) Anointed all over (2) Besmeared, bedaubed (1) Nardo perunctus, Hor Epod 5, 59 (2) Perungi fæcibus ora, Hor A P 277

Perungo, ĕre, xi, ctum act To anoint all over Corpora oleo perunxerunt, Cic Tusc Q 1, 47

|| Pervolgātio, onis f verb A publishing up and down Dig

Pervolgo, are act (1) To make common, or known (2) To pass through (3) To frequent (4) To prostitute (1) Quæ causa Deûm per magnas numina gentes pervolgavit, Lucr 5, 1161 (2) Pervolgant fulgura cœlum, Lucr 2, 163 (3) Volucres quæ pervolgant nemora avia, Lucr 2, 346 (4) Se omnibus pervolgare, Cic pro Cal 16 de meretrice

Pervolitans, tis part Flying all over Pervolgant nemora avia pervolitantes, Lucr 2, 346

Pervolito, āre To fly all over, or about Omnia pervolitant latè loca, Vir Æn 8, 24 Pervolitare tecta, Val Flacc 4, 505

Pervolo, velle To desire earnestly Pervelim scire, I would fain know, Curt 10, 2, 1 ☞ It is scarce found in any other tense or person, save that in Livy is read pervelle id videre, l 35, 42 Pervolunt is indeed quoted out of Plaut Pseud 1, 2, 7, but that reading is not certain

Pervolo, āre (1) To fly about, or all over (2) Met To post, or make great speed in a journey (1) Hirundo pervolat ædes divitis domini, Vir Æn 12, 95 (2) Dum pervolat axe citato Flaminiam, Juv 1, 60 Velocius in hanc sedem pervolabit, Cic Somn Scip 9, 4

Pervolvo, ĕre, vi, lūtum (1) To tumble, or roll along, or over (2) To run over, or read over a book (1) Te pervolvam in luto, Ter Andr 4, 5, 38 Membra celeres pervolvunt rotæ, Sen (2) Smyrnam incana diu secula pervoluent, Catull 92 1 c librum Cinnæ poet e sic dictum

Pervolvor, i, utus pass (1) To be rolled (2) To be deeply intent upon (1) Cic ap Litt (2) Ut in iis locis quos proponam paulo post, pervolvatur animus, Cic de Orat 2, 35

Pervolutandus, a, um part To be tumbled over, or perused Omnium artium scriptores pervolutandi, Cic de Orat 1, 34

Pervoluto, āre (1) To tumble over (2) To read over with care, to peruse (1) E emp desid (2) Pervolutas libros nostros, Cic Attic 5, 12

† Pervorto, ere To overturn &c Vid Perverto

Perurbānus, a, um adj Very courteous, civil, and well bred, very pleasant, witty, Cic de Orat 1, 16

Perurgeo, ēre To urge greatly, Suet Tib 25,

Peruro, ere (1) To burn all over, to set on fire (2) To tease, fret, or teaze one (1) Vid Perustus, n 1 Met Perurit mentes gloria, Val Flacc 1, 76 (2) Illos serves, qui malè cor meum peruriunt, Mart 12, 43

Peruror, i, ustus pass (1) To be burnt up, to be scorched (2) To be blasted (3) To be nipt, or pincht with cold (1) Ardentissima febri peruri, Plin Epist 7, 1, 4 (2) Validoque peruruntur æstu, Ov A Am 2 543 (3) Asparagum substramentis per hyemem operito, ne peruratur, Cato, 161

Perustus, a, um (1) Set on fire (2) Burnt up, scorched, parched (3) Galled (4) Well warmed, scourged (5) One who hath burnt his fingers by an ... (1) Perusti populatique late agri, Liv (2) Ossa perusta, Tib 1, 2 coma, Prop 4, 10, 46 ora, Id 13, 22 (3) Subducunt enim colla perusta boves, Ov ex Pont 1 5, 24 (4) Peruste funibus latus, Hor Epod 4, 3 (5) Perustus inani gloria, Cic Fam 13, 15

Perutilis, e adj Very profitable, or useful Perutilis opera, Cic Attic 9, 17

|| Perutiliter Very profitably, or usefully, Dig

Pervulgatūrus, a, um part About to publish Sil

Pervulgate adv Very commonly, Gell 16, 7

Pervulgātus, a, um part & adj or, comp issimus, sup Published, made public, spread abroad, very commonly used, or known = Notum & pervulgatum, Cic Vitia pervulgata patrum, Ter Heaut 1, 1, 49 Pervulgatior, Gell 7, 17 Pervulgatissimus, Ad Herenn 4, 8

Pervulgo, āre act To publish, to spread abroad, to make common, to prostitute to all covers Scrib & pervolgo, ubi v exempla locorum huc spectant

Pervulgor, āri, atus pass To be published, to be divulged, to be made common Pervulgari artem suam nolunt, Cic Orat 1, 4

Pes, ĕdis m (1) A foot of man, or other animal (2) A stalk of vegetables (3) of artificial things, as of a table, stool, bed, &c (4) ⁂ A stream, or course in liquids (5) A coming to, or approaching (6) The halser in a ship (7) The oar of a ship (8) The foot of a mountain (9) The foundation of any thing, a plot for building (10) The measure of a foot, twelve inches (11) A foot of land (12) A foot in verse, or prose (13) A louse (14) Pes milvinus, the herb hartshorn (15) Pes galinaceus, a kind of fumitory, some take it for bastard parsley (1) Pedes & membra gradiendi, Cic Pedem pede urgeri, Vir Æn 12, 748 Connexæ pedibus apes, Id Georg 4, 257 Tauris pedibus spargit arenam, Id Lel 3, 87 Falsi vagata suspensio pedes, Phædr 2, 4, 18 (2) Pes vinacerum, Col (3) Lectus fecit pedibusque surgit, Ov Met 8, 656, 660 Mensæ pes tertius, Id ibid 661

Pes

convulso mensæ acernæ, *Id* ... (4) Levis crepante ... at pede, *Hor Epod* 16, ... Ipse suo fuerer Bacchus pede, ... *in Ætna* (5) Attulit ... dextei & hora Lycæ- ... Ante pedes, *things* ... *Adelph* 3, 4, 2, ... at a fun, *at a distance*, ... Nec caput nec pedes, *Prov* ... *neither head nor tail*, of an hud- ... confused, and unintelligible ... *Plaut Asin* 3, 3, 258 Me ... pede, *to cut his coat* ... *to his cloth*, Hor Epist ... pedibus servus, & *ab-* ... *a laquey*, or ... Pedem efferre, *to* ... referre, *to return*, ... 6, 1 11 (6) Sive utrumque ... incidiffet ... *Catull* 4, 21 *ubi vid* ... Et flexo navita ... obliquat lævo pede carbasa, ... 5, 18 ¶ Pedem facere, *to* ... *with a side wind*, Vir Æn ... *serv* (7) *Plaut* ... (9) Imos pedes Caffii ... prætermeans, *Amm* ‡ *ra-* ... superiores vocant ... fundamentum pes, a ... in ædificiis area pes ... & qui fundamentum in- ... ponit, *Varr L L* ... (10) ... Porlionem pede lon ... quam quempiam longiffi- ... *Cic* (11) Pedem in Italia ... esse, qui non in illius ... *Cic Attic* 7, 21 (12) ... pedes tres, dactylus, ana- ... & spondæus, *Cic de Orat* ... iambus, *Hor A P* ... & , soluto, ... Certo pede differt ... *Hor Sat* 1, ... (14) Cum perpurgarunt ca- ... habeant pedes, *Varr* ... (14) *Col* 12, 7 (15) ...

† Pinna, *pro* pennna, *Fest*

‖ Pessarius, i, m [*a* pessus] Fo ... pessarium, *applied by a* ... *suppository*, Theod Prisc ...

Pessime adv super *Very bad-ly*, ... or *naughtily* ... quisque pessime fecit, tam ... tutior est, *Sall B Jug* 34 ...

... Pessimo, are Vet Int Bibl ... *ill*, *to afflict one* ...

Pessimus, a, um sup [*a* pessum ... quod pessum ire dignum ... (1) *Very ill*, *very bad* ... (2) *The worst*, *sorriest*, ... (1) Vespere fer ... qui ægrotant, *Cels* ... (2) Omnium pessimus poeta, ... ‡ Formosos sæp ... & turpi facie mul- ... optimos, *Phædr* 3, 4, 7 ... decet fere, et bonis ... fint, *Sall in Fragm*

... m [*qu* parvus pes, ... [illegible], paxillus] ... *of a door*, *an iron*, ... *peg*, or *pin* Occlude ... obus pessulis *Plaut* ... Pessulum ostio ob- ... *the door*, Ter Eun 3, ...

... adv [*a* pes, *qu* sub ... ut pessum pre- ... calcare vel *qu* ... (1) *Right down*, ... (2) Pessum ire, *to sink*, ... *the bottom* (3) Met ... *to come to nought* ... pessum fubie- ... 6, 598 Ubi dul- ... demiseris, ... adhuc cru- ... *Col* ... emere aliquem, ... *Met* Vemens ... (5) Pessum

iere vitæ pretia, *Plin in præm* 1 14 ¶ Pessum dare, *to ruine*, or *destroy*, Luc 5, 616

Pessundo, are, dĕdi, dătum act [*ex* pessum, & do] (1) *To over-throw*, *to throw down*, *to cast under foot* (2) *To vanquish*, or *overcome* (3) *To ruine*, or *undo* (4) *To destroy*, or *lay waste* (1) Honores compluies pessundede-runt, *Val Max* 7, 2 (2) Ingentes hostium copias pessundederunt *Val Max* 4, 4, 5 (3) = Illa tuum perdidit, pessundedit tibi unicum gnatum, *Plaut Bacch* 3, 3, 3 (4) Quæ res plerumque magnas civita-tes pessumdedit, *Sall B Jug* 1, 4

Pessundor, ari pass *To be sunk*, or *depressed* Ad inertiam & vo-luptates corporis pessundatus est, *Sall B J* 1

* Pessus, i m *A pessary*, *a kind of suppository for women*, Cels 5, 29 per totum

Pestifer, a, um [pestem ferens] (1) *Poisonous*, *pleguy*, *pestilent*, *pestiferous*, or *that causeth the plague in man*, or *beast* (2) *Deadly*, *mortal*, *pernicious*, *de-structive*, *poisonous* (3) *Infecti-ous*, *contagious*, *unwholesome* (1) Evincendi funt, quamvis pestiferi morbi, *Col* Pestiferi venter, *Ov Met* 1, 459 *de Pythone* Pestife-ra avibus exhalatio, *Plin* 4, init (2) = Venenata & pestifera vipe-ra, *Cic de Har Resp* 24 *Met* Pestifer civis, *Cic* pro *Domo*, 22 consules, *Id* = Pestiferum, perni-ciosum, mortem afferens, bellum, *Id Fam* 4, 34 (3) = Hinc homi-num pecudumque lues, hinc pesti-fer aër, *Claud B Gild* 514 ‡ Accessus ad res salutares, a pesti-feris recessus, *Cic N D* 2, 12

Pestiferè adv *Pestilently*, *mis-chievously*, *destructively* Multa pestiferè & perniciosè suscuntur in populis, *Cic de Legg* 2, 5

Pestiferus, a, um adj *Contagi-ous*, *infectious*, *pestilent* Sudor frigidus in acuta febre pestiferus est, *Cels* 2, 6

Pestilens, tis adj [*a* pestis, ut *a vis* violens] or, comp ssimus, sup *Pestilent*, or *pestilential*, *contagious*, *infectious*, *unwhole-some* = Gravis & pestilens aspira-tio, *Cic de Div* 1, 57 ‡ Sunt partes agrorum aliæ pestilentes, aliæ salu-bres, *Id de Fato*, 4 Pestilentior annus, *Liv* 4, 21 = Pestilentissimo & gravissimo anno, *Cic Fam* 5, 16, 5

Pestilentia, æ f (1) *The plague*, or *pestilence* (2) *The murrain*, or *other contagion in cattle* (3) *The infection of the air*, or *un-wholesomness of a place* (4) Met *Spite*, *malice* (1) Ubi contagio quasi pestilentia invasit, *Sall B C* 10 ‡ Tum salubritatis tum pesti-lentiæ signa, *Cic de Div* 1, 57 (2) Pestilentia in gregem incidit, *Col* (3) Autumni pestilentia in Italia, *Cæs B C* 3, 87 (4) = Oratio ple-na veneni, & pestilentiæ, *Catull* 42, 12

Pestilentus, a, um adj *Pesti-lent*, Lucil *ap Gell* 19, 7

Pestilitas, ātis *Pestilency*, Lucr 6, 1096 vix alibi occ

Pestis, is f [*a* pasco, pastum, quod depascatur artus, vel *a* pes-sum, quod pessum det] (1) *A pest*, or *infection* seizing any thing animate, or inanimate (2) *Poison* (3) *Mischief*, *calamity*, by fire, enemies, &c (4) *Destruction*, *ruin* (5) *Death* (6) *Distrac-tion*, *madness*, *raving* (7) Met *A rogue*, *a villain* (1) Major vis pestis Pannonum castra quam Romana affecerat, *Liv* 28 vid & *Hor Od* 1, 21 Cum pestis in cessit sub favis acervatim en ætæ *apes* reperiuntur, *Col* 9, 13 (2) Pestes quascunque creat arena Li-bya, *Sen Ep* 115 Ebibit humo-rem pestis, *Luc* 9, 747 Textilis pestis, *an impoisoned garment*, ap *Cic de Legib* 2, 8 (3) Rapi-dam diffundere pestem cœperunt ignes, *Sil* 17, 5, Lentus carinas est vapor & toto corpore pestis, *Vir Æn* 5, 683 (4) = Pestis & pernicies civitatis, *Cic pro Rabir* ¶ Pestem oppetere, *to come to an ill end*, Plaut Capt 3, 5, 11 & *A-sin* 1, 1, 7 Ibant Vejentii populo pes-tem minitantes, *Liv* 2, 49 (5) Sed non augurio potuit depellere pes-tem, *Vir Æn* 9, 328 (6) = *Re-ginam* tali persensit peste teneri, cara Jovis conjux, nec famam ob-stare furori, *Vir Æn* 4, 91 (7) Leno sum, pernicies communis ado-lescentum, perjurus, pestis, *Ter Adelph* 2, 1, 34

* Petalum, i n *A thin plate of gold which the Jewish high-priest wore on his forehead* Pe-talum, aurea lamina in fronte pon-tificis, quæ nomen dei tetragramma-ton Hebraicis literis habebat scrip-tum, *Isid*

Petalium, i n *An ointment made of the leaves of nard*, Plaut Curc 1, 2, 7

Petăsatus, a, um *Wearing a broad hat*, Suet Aug. 82 Petasati tabellarii, *Cic Fam* 15 17, 1

Petăsio, ōnis m *A gammon*, or *flitch of bacon* E Gallia appor-tantur Romam pernæ, tomacinæ, & taniacæ, & petasiones, *Varr R R* 2, 4

Petăso, ōnis m *A gammon of bacon*, *a pestle of pork*, *an hand*, *spring*, or *leg of pork* Mihi cum vetulo sit petasone nihil, *Mart Ep* 13, 55

Petăsunculus, i m dim [*a* pe-taso] *A little gammon of bacon*, or *pestle of pork* Siccus petasun culus & vas pelamidum, *Juv* 7, 119

* Petăsus, i m (1) *A cover-ing for the head*, *like a broad brimmed hat*, *used in journeys to keep off the heat of the sun* (2) *The cuppolo of an house*, so termed because made in the form of a *ga-lerus* (1) Itidem habet petasum, & vestitum, *Plaut Amph prol* 143 (2) Supra id quadratum py-ramides stant quinque, quatuor in angulis, in medio una, ita fastigi atæ, ut in summo orbis æneus, & petasus unus omnibus sit impositus, *Plin* 36, 13

* Petaurista, æ m (1) *One that showed tricks of activity of body*, *from a machine suspended* (2) *A sort of leaping insects* (1) Pe-taurista Lucilius a Petauro appel latos existimare videtur, cum ait Sicuti mechanici cum alto exsiluere petauro, at Ælius Stilo, quod in aëre volant, cum ait Petaurista propriè Græce, quod [illegible], *Fest* (2) Aliæ animalia rursus gignuntur sordibus terræ sonis, posteriorum salientia crurum petauristæ *Plin* 11, 33

‖ Petauristarius, ii m *idem quod* petaurista *Firm* 8, 15

* Petaurum, i n *A machine*, or *wooden engine hung up in an high place*, *out of which the pe-tauristæ were thrown into the air*, *and from thence flew to the ground* Jactata petauro corpora, *Juv* 14, 265, Rota transmissio to-ties impacta petauro *Mart* 11, 22

Petaurus, i m Petaurista, qui & petaurus, *Varr* ap *Non* 1, 277 *vid* Petaurista

Pĕtendus, a, um part (1) *To be sought* (2) *To be assailed* (1) Pax ab rege petenda, *Vir Æn* 11, 230 (2) Si quid ex præcipiti pe-tendum, *Ov Met* 13, 378

Pĕtens, tis part (1) *Desiring*, *asking*, &c (2) *Making towards*, *designing for* (3) *Seeking*, or *getting* (4) Subst *An humble suiter*, or *petitioner* (1) Petens Romanis placidam pacem, *Lucr* 1 41 (2) Tiberius Cæsar petens Neapolin, *Phædr* 2, 5, 7 Littora nota petens phalanx ibat, *Vir Æn* 2, 256 (3) Turba hinc & hinc fixis petens contundet obscœnas anus, *Hor Epod* 5, 98 Mergi fluctibus in salsis victum vitamque petente, *Lucr* 5, 802 (4) Quem fuciam non rejectura petentem, ip-sa petam? *Ov Met* 9, 512

† Petesso, ere [*a* peto, ut *a* la-cio lacesso, capio capesso] *To desire*, or *covet earnestly* Cœlum terrasque petessit, *Cic Divin* 1, 11

Pĕtigo, inis f [dict quod lati us serpendo vicina semper petat] *A sort of disease*, *a running scab* Petigini porcæ brassicam opponi-to, *Cato*, 175

Petilius, ii m [*a* Petilia magnæ Græciæ urbe dict vel *a* seq peti lus, quia parva habet folia] *A kind of flower growing among brambles in the latter end of sum-mer*, *like a wild rose*, *with fine small leaves*, Plin 21, 8

* Petilus, a, um [*a* πέταλον, fo-lium, V al [illegible], per Metath] *Slender*, *small thin*, *petite*, *awind-ling* Petila crura, *Non ex Lu-cil* Non coloratam frontem ha-bet petilis labris, *Id ex Plauti Fragm*

Petimen, inis n *Gl* Petimen Græci [illegible] dic signum ante genua tauri, *Serv* [*a* peto ut & petigo, quo fiunt, *i e* profunda petat] *A disease in the shoulder of an horse*, *a facion*, Fest P 365 Petimen porcinum, *a breast*, *that part be-tween the two fore legs*, Id ex Nævi

Pĕtiŏlus, i m [dim *a* pede, quasi pediolus, vel petilus] (1) *The stalk of fruits* (2) *A little foot* (1) Antequam petioli rumpantur, quibus pendent mala, *Col* 12, 47 (2) Petioli ex agno hædove, *Cels* 7, 18

Petisia mala [*ab inventore* Peti-sio] *A sort of apple very plea-sant to the taste*, Plin 15, 14

Pĕtissens, tis part *Desiring*, *seeking*, or *attempting* Hu-morem fi iens, aurasque petissens, *Lucr* 5, 809

Petisso, *vel* petesso [*a* peto] *To desire earnestly* Pugnam cædes-que petissit, *Lucr* 3, 648 ‡ Qui hinc laudem petessunt, nullum fu giunt dolorem, *Cic Tusc* 2, 26

Pĕtitio, ōnis f verb (1) *A petition*, *demand*, or *request* (2) *A canvasing*, or *seeking for an office*, or *place*, *making interest* (3) *A thrust*, or *pass*, *an onset*, *an attack* (4) *The action of the plaintiff* (1) Petitioni alicuius concedere, *Cic pro Rosc Com* (2) Sequentis anni commen-dare petitionem, *Cæs B G* 8, 50 (3) *Met* Sic oratio nec plagam gravem facit, nisi petitio fuerit ap-ta, *Cic Orat* 68 *vocabulo a gla-diatoribus translato* (4) *Cic*

Pĕtitor, ōris m verb (1) *A demander*, or *seeker* (2) *The plaintiff*, *one that sues another at law* (3) *A suiter*, or *servant to* (4) *A candidate*, *one that putteth up for an office* (1) *Lucil* (2) ‡ Quis erat petitor? Fannius, qui reus? Flavius quis judex? Cluvius, Cic ✱ Possimus petitoris potionem suscipere, accusatoris deponere? Id pro Quint 13 (3) Famæ petitor, Luc 1, 131 (4) Generosior descendat in campum petitor, Hor Od 3, 1, 11

Petitōrius, a, um (1) Belonging to a plaintiff (2) Pertaining to a trial of title (1) Petitorium judicium, Caius JC (2) JCC

Petitrix, icis f A she plaintiff Contra petitricem pronunciavit, Paul JC

Petitum, i n (1) A petition, a request, a thing desired, or asked, a demand (2) A problem (1) Unicuique petiti copia, Catull (2) Ap Mathem

Petitūrio, ire [à peto] To be very desirous of asking Cum Lucceio redii in gratiam, ideo hominem valde petiturire, Cic Attic 1, 14 vix alibi occ

Petitūrus, a, um part (1) About to seek (2) To make for, or go to (3) To stand candidate (1) Lucra petitura rates, Tib 1, 9, 9 (2) Credidit hostes eum locum, quem petebant, petituros, Cæs B G 8, 10 (3) Consulatum petiturus, Sall B J 68

Petītus, ûs m verb (1) A request, or intreaty (2) An inclination, or falling down (1) Consensu petituque omnium, Gell 18, 3 (2) Insequitur languor terræque petitus suavis, Lucr 3, 173

Petītus, a, um part [à petor] (1) Desired, sought, courted (2) Stricken (3) Fetched. (4) Caused, made (1) Pace petita, Cæs B G 1, 13 Fama petita, Ov Met 5, 580 (2) Bellua petita ferro, Hor Epod 5, 10 (3) Spiritus petitus imo latere Hor Epod 11, 15 (4) ✱ Sanguinis profusio fortuita vel etiam petita, Cels

Pĕto, ĕre, ivi, ii, itum act [an à Gr ποθῶ, desidero, an ab ἐπαιτῶ, cum petere proprie sit aliquid suppliciter & precario postulare? Vari] (1) To intreat humbly, to desire to beg of one, to request, ask, or crave (2) To demand, or require (3) To make to fetch (4) To seek after, to be ambitious of to court (5) To get, procure, or obtain (6) Also to set upon, to assail (7) To make a pass at, to aim at (8) To throw at, to pelt (9) To seek out, to look after, or inquire for (10) To make claim in law (11) To go to a place, or make to it (1) Petivit in beneficii loco, Cic Verr 3, 82 = Rogare & vehementer petere, Id Verr 4, 29 § Cum a me peteret & summe contenderet, Id pro Quint 24 Diem posterum Asdrubal colloquio petivit, Liv ☞ Minus tamen est quam oro, ✱ Peto à te, vel, si pateris, oro, Cic Fam 9, 13, 5 (2) ✱ Fidem pacis petitque deditque, Ov Met 3, 128 Met Ut ipsa petitima estas rerum diceret, Lucr 5, 7 Sui laboris præmia milites semper petiverunt, Cæs B G 2, 32 ¶ Petere pœnas ab aliquo, to punish, Id (3) Visne aquam tibi petam? Plaut Trin 4, 3, 85 Prov E flamma petere cibum, to make any shift for it, Ter Eun 3, 2, 8 (4) ✱ Quo minus gloriam petebat, eo magis adsequebatur, Sall B C 57 (5) C Cæsar inde gloriam petiit, Plin 12, 14 (6) Ipse acer, bellicosus, at is, quem petebat, quietus, imbellis, &c Sall B Jug 23 (7) Pectora Lyncidæ gladio petit, inque petendo dextera diriguit, Ov Met 5, 185 Offendisse, quem petas, artis est, Quint 9, 1 (8) Malo me Galatea petit, Vir Ecl 3, 64 (9) Alium navibus accessum jubet petere, Liv (10) Pecuniam non ex tabulis suis, sed ex adversariis, petere, Cic (11) Dyrrachium petere contendi, Cic pro Planc 41

Pĕtor, i pass (1) To be sought (2) To be fetched (3) To be courted (4) To be aimed at (5) To be assaulted (1) Aura petebatur medio mihi lenis in æstu, Ov Met 7, 811 (2) In hunc collem vimina petebantur, Plin (3) Dum petit, petitur Narcissus, Ov Met 3, 426 (4) Da mihi quod petitur certo contingere telo, Ov Met 8, 351 (5) Castellum omnibus petebatur, Curt 5, 3, 9

Petōrĭtum, i n & metri gratia, petorritum [e Celtica petor, quatuor, & rot, rota] A French waggon, or chariot with four wheels, Hor Ep 2, 1, 192 & Sat 1, 6, 104 vid Gell 15, 30

* Petra, æ f (1) A rock (2) A place full of rocks, or stones (3) || A sharp stone (1) Gaviæ in petris nidificant, Plin 10, 32 (2) Curt 5, 3 (3) Vulg Int

Petræus, a, um adj Growing upon a rock Brassica petræa, Plin 20, 9 Alum nascitur in petris, ideò petræum cognominatum, Id 27, 6

Petricōsus a, um adj Stony, rocky, Mart Ep 7, 63

† Petro, onis m (1) A rustic, a clown (2) A name given by Plautus to a bellweather, by reason of the hardness of his flesh (1) Vid Fest & ibi Scal (2) Qui petroni nomen indunt verveci sectario, Plaut Capt 4, 2, 40

* Petroselinon, i n A kind of parsley growing among rocks Alio genere petroselinon quidam appellant in saxis natum, Plin 20, 12

Petrōsus, a, um adj Rocky, or craggy Locustæ vivunt petrosis locis, Plin & Pallad R R 4, 10

Pĕtŭlans, tis adj [à petendo, Cic] or, comp ssimus, sup (1) Insolent, sawcy, malapert, abusive, impertinent (2) Dishonest, lustful, wanton, obscene (1) ✱ Hominem petulantem, modestum reddo, Cic Att 1, 1 = Petulans & improbus scurra, Id pro Cluent 13 || Convitium petulantius, Arnob Desine bonos consectari petulantissima lingua, Orat in Sallust (2) Si petulans fuisset in aliqua generosa ac nobili virgine, Cic Parad 3 Petulans pictura, Plin 35, 11

Pĕtŭlanter adv ius, comp issime, sup (1) Sawcily (2) Lustfully, wantonly (1) Diphilus tragœdus in Pompeium nostrum petulanter invectus est, Cic Att 2, 19 ✱ Contumelia, quæ petulantius jactatur, convicium si facetius, urbanitas nominatur, Id pro Cæl 3 Civem bonum petulantissimè insectatus est, Id pro Sext 52 (2) Si proterva petulanter viveret, Cic pro Cæl 16

Pĕtŭlantia, æ f (1) An unruly, rash, and headstrong inclination towards the commission of any vice (2) Lustfulness (3) Malapertness, sawciness, abusiveness in words (4) Aptness to butt, or gore, unluckiness, mischievousness (5) Ramorum petulantia, the exuberance, or over-rank spreading of them. (1) ✱ Ex hac parte pudor pugnat, illinc petulantia, Cic Catil 2, 11 (2) Quibus liberos, conjugesque suas integras ab istius petulantia conservare non licitum est, Cic Verr 1, 5, (3) Linguæ petulantia, Prop 1, 16, 37 (4) Omni cornuti fere perniciosi sunt propter petulantiam, Col 7, 6 de caprino pecore, (5) Plin 16, 30

Pĕtulcus, a, um adj [à peto, ut ab hio hiulcus, & petulci dicti qui protervo impetu & crebro petunt, cædendi alterius gratiâ, Fest] (1) Wanton, frisking, sportive (2) Lustful, lecherous (3) Apt to butt, or strike, unlucky, mischievous (1) Hædi petulci, Vir Geor 4, 10 agni, Lucr 2, 368 (2) Meretrices petulcæ, Serv (3) Capri vel arietis petulci sævitatem pastores hac astutiâ repellunt, Col 7, 3

Pĕtŭlus, i m dim Having a little cast with his eyes, Cic N D 1, 29 vid Pætulus.

|| Petum, i n Tobacco

Petus, i vel us, i m Vid Pætus

Peucĕdanum, i n A kind of herb called maiden weed, hogs fennel, or sulphurwort, Scrib Larg Comp 123, Apul de Herbis, c 94 & sæpe alibi

Peumene i The scum of silver, Plin 33, 6

Pexatus, a, um Clad in a new garment, having an high nap on it ✱ Pexatus pulchre rides mea palliola, Mart 2, 58 ✱ = Malo quid mihi animi sit ostendere pexatus & gausapatus, quam nudis scapulis aut semirectis, Sen vid & Mart 2, 58

Pexĭtas, tis f Cribrata pexitas telæ, the shag, or nap of the weed, Plin 11, 24 interpr Turneb

Pexus, a, um part [à pector] (1) Combed, crisped, curled (2) That hath an high nap on it, fresh (1) Quos pexo capillo nitidos, Cic Catil 2, 10 (2) ✱ Si fortè subucula pexæ trita subest tunicæ, Hor Ep 1, 1, 95 Munera pexa, coarse, thick, homespun, Mart 7, 45 ¶ Pexum folium, thick, that looketh like woven cloth, Col 11, 3 de lactuca ¶ Pexus pinguisque doctor, silly, ignorant, half learned, Quint 1, 5

* Pezīca, a m A sort of mushroom Sunt in fungorum genere à Græcis dicti pezicæ, qui sine radice aut pediculo nascuntur, Plin 19, 3 ubi al peziza

P ante H

Phæcasiānus, a, um Wearing the phæcasia, or Grecian white shoes, Juv 3, 218 ubi tamen vet codices, hæc Asianorum

Phæcasium, ii n A sort of shoe worn by the Greeks Pythagoricus quidam emerat à sutore phæcasia, Sen de Benef 7, 21

Phæcasiātus, a, um adj That weareth such shoes Phæcasiati milites, Petron c 82

* Phœnicias, æ m [à Phœnicia flans, rectiùs phœnicias] The south west wind, Plin 2, 47

* Phænomenon, i n An appearance, Astron

* Phagedæna, æ f (1) A kind of running canker, which eateth the flesh to the very bone (2) Also a disease among bees (1) Plin 21, 6 & 23, 1 De ejus curatione v Cels 6, 4 (2) Col 9, 13 sed Græcis literis

* Phagedænicus, a, um That pertaineth to that sore Phagedænica ulcera, Plin 24, 4

* Phager, vel phagrus, i m A sort of fish, Plin 32, 11

|| Phago, ōnis m A glutton, a great eater, Vopisc in Aurel ult ✝ Gulosus

* Phalacrocŏrax, acis m A water fowl, called a cormorant, or perhaps a bald coot, Plin 10, 48

† Phalæ, arum f [ab Hetruscorum dict. falando, quod apud Hetruscos sign cœlum, Fest] High towers made of timber, used in war, Alii scrib Falæ, Non 9 5

* Phalanga, æ f [ab Heb פלך unde Arab phalaca, al scrib palanga] (1) A smooth club used in war by the Africans (2) A roller put under a ship, to roll it to, or from the sea (3) Also a lever to lift up any thing of weight (1) Plin 7, 56 (2) Varr ap Non 2, n 725 (3) = Phalangis subjectis ad turrim hostium aliquid admovere, quas Cæ casam scutulas vocat, Cæs B C 2, 10

|| Phalangarii milites Brigadiers, Lampr

Phalangarius ii m One who lifteth heavy weights with a lever, Vitruv 10, 8

* Phalangitæ, arum pl [à phalanx] Decem & sex millia peditum more Macedonum armati fuere, qui phalangitæ appellabantur, Liv 37, 40

* Phalangites, æ An herb that cureth the stinging of the venomous spider, Plin 27, 12

* Phalangium, ii n (1) A venomous spider of which there are several sorts (2) An herb which cureth that spider's stinging (1) Plin 26, 4 (2) Plin 25, c

* Phalanx, gis f Macedones phalangem voc peditum stabile agmen, ubi vir viro, armis arma conserta sunt, Curt 3, 2, 13 (1) A four square army, consisting of eight thousand footmen set in close array (2) A brigade of horse, a battalion of foot (3) A regiment, a squadron, the body of an army, or the ranks (1) Veg (2) Curt 3, 2, 13 ubi v Freinshemium (3) Confertissimâ acie, Cæs Phalange factâ, putting themselves into so close an order, that their shields touched one another, Cæs B G 1, 25 ☞ Macedonibus phalanx fere eadem est, quæ legio Romanis

* Phalārica, a f scrib & falarica [φαλαρική dict quod ea utantur phalarum, h e turrium propugnatores, Serv vel quod è turri incendantur turritæ machinæ, Veget 4, 18] (1) An instrument of war with wildfire inclosed, shot out of an engine, to set wooden turrets on fire (2) A sort of long spear, or dart to be thrown with the hand (1) Tortilibus vibrata phalarica nervis, Luc 6, 198 (2) Magnum stridens contorta falarica venit fulminis acta modo, Vir Æn 9, 705 Vid descript ap Liv 21, 8 & Sil 1, 351

* Phalāris, idis f Phaleris, Col (1) A kind of water fowl (2) A sort of herb (1) Varr R R 3, 11 & Col 8, 15 (2) Phalaris thyrsum habet longum, tenuem, ceu calamum, in summo florem inclinatum, semen simile sesamæ, Plin 27, 12

Phalarismus, i m Tyranny A Siciliæ tyranno cudebat Cicero, Attic 7, 12

* Phalĕræ, arum f (1) Trappings for horses (2) A sort of ornament worn by the Roman gentlemen and men of arms (1) Argenti plurimum in phaleris equorum erat, Liv 22, 52 Phaleras equis suis detractas abjicere, Val Max 9, 3, 3 (2) Ut plerique nobilium aureos annulos & phaleras deponerent, Liv Unum fortissimum corona & phaleris & torque donasti, Cic Verr 3, 80

* Phalerātus, a, um par (1) Trapped (2) Met Fine, magnificent (1) Equos duos phaleratos, Liv

Lr 3, 17 (2) Dicta phalerata, Ter Phorm 3, 2, 15 i e honesta ornata, *Donat*

* Phalarides, um f pl *A kind of water fowl*, Col 8, 15 *vid* ...laris

|| Phallovitrobolus, i m *Jul Capit ubi Casaub leg* phallovitrobolus, *aut* phallovereciobelus, *phallus* vitrum five veretrum, & ... *A kind of drinking vessel*

* Phallus, i m *The figure of a man, which the Egyptians carried in the feasts of Osiris, afterwards the Romans in those of Bacchus* Vid Suidam in hoc verbo, Herodot 5, 48 & Plutarch de Isid & Osir

Phanaticus, a, um (1) *Having visions, or apparitions, inspired* (2) *Distracted, mad* (1) = Philosophi superstitiosi & pene fanatici quidvis malle videntur, ... non inspros, *Cic de Div* ... Ar hi superstitione homo fanaticus, *Id* pro *Domo*, 40 (2) Fanaticus error *Hor* Vid Fanaticus, *f* ... *sic rect scrib*

* Phantasia, æ f (1) *The phantasy or fancy, the imagining faculty* (2) Also *an idea, or notion* (3) *A vision in sleep* (1) Ex usu Græcorum. (2) Nicetas ... disertius hanc phantasiam movit, *Sen suasor* 2 *vid* ... Emergit rursum ... & ... φαντασία, *Cic Att* 9, 6 (3) Vita nocturna quas nos phantasias appellamus, *Amm Marc* visum interpr *Quint Inst Orat* 6, 2 visionem

* Phantasma, ătis n (1) *A phantom, an apparition* (2) *An ... between sleeping and waking* (1) Perquam velim scire ... phantasmata, & habere propriam figuram, numenque aliquod, putas, an inania & vana ex metu nostro imaginem accipere, *Plin Ep* ... *alii leg* phasmata (2) Phantasma quod Cicero visum vocat, *Plin*

* Phanum, i n *A temple*, Cæs ... fanum & forte rectius, ... num

* Pharetra, æ f *A quiver of arrows* Gravis sagittis pharetra, *Hor Od* 1, 22 ☞ *Media pro...*

Pharetratus, a, um *Wearing, or having a quiver* Pharetrata Camilla, *Vir Æn* 11, 649 Pharetrati pueri, *Ov Met* 10, 525

|| Pharetriger, a, um adj *Idem*, ... 1, 87

* Pharias, æ m *A kind of serpent that maketh a furrow with his tail as he goeth*, Lucil *Vid* ...

* Pharicon, i n *A kind of poison*, Plin 28, 10

|| Pharisæus, i m [à פרש ... *interpres*, vel *separare*, ... ἀφωρισμένος, *Hebr* ...] quod & de se D Paulus dix, ... Separatus, *sc* à populo *A Pharisee*, Ind

* Pharmaceutria, æ f *The title of one of Virgil's eclogues, treating of charms, and writ in imitation of Theocritus*

* Pharmacopola, æ m *A quack, a ... that goeth about selling ointments, poisons, or medicines* Pharmacopola circumforaneus, *Cic* pro *Cluent* 14 Pharmacopolæ verba audiuntur, verum ... homo committit, si æger est, ... ap *Gell* 1, 15

* Pharmacum, i n vocab med *A drug, a medicine, a remedy, ... a ... composition, poison* ... pharmacum dicit, debet addere bonum vel malum, *Caius JC*

* Pharmăcus, i m *The chief artist in any villany, or one by whose death any place is to be purified* Pharmace, responde, *Petron* c 107

Pharnaceon, i n [a Pharnace, rege dict] *A kind of centaury*, Plin 15, 4 = Centaurion, *Id*

Phărus, & pharos, i d g sed sæpius f *A small isle in the mouth of the Nile, wherein stood an high watchtower*, v Luc 10, 509 & Plin 36, 12 whence other *watchtowers*, or *light-houses* were so called, *Solin*

Phăselinus, a, um adj *Made of fasels, a sort of pulse* Phaselinum oleum, *Plin* 23, 4 *vid* Phaselus

* Phăselus, i d g & faselus, *sæpius* m brevis navicula, *Serv* navis velox & oblonga, *Acro*, navigium Campanum, *Non* [a Phaselide Pamphyliæ oppido, ubi primum inventus, *Isid* vel a figura phaseoli leguminis] (1) *A little ship* such as *a galliot, a bark, a pinnace, a ketch* (2) *A galley* (3) *A kind of pulse* (1) Inutile vulgus parvula fictilibus solitum dare vela phaselis, *Juv* 15, 127 Gens Canopi circum pictis vehitur sua rura phaselis, *Vir Geor* 4, 289 *ubi v* Serv (2) Phaselus ille, navium celerrimus, *Catull* 4, 1 Uni grandi phaselo, *Sall ap Non* 13, ... (3) *Col* 2, 10

* Phăsĕŏlus, i m *vel* faseolus *A kind of pulse, fasels*, or *long peale*, Plin 18, 31

* Phasganion, ii n *The herb swordgrass*, or *gladder*, Plin 25, 11

Phăsiāna, æ f *sc* avis [a Phasi Colchorum flumine] *A pheasant hen*, Plin 10, 48

Phasianinus, a, um adj *Belonging to a pheasant* Phasianina ova, *Pallad R R* 1, 29

Phasianus, a, um *Colchian of Colchos* Phasianæ aves, *pheasants*, Plin 10, 48 *leg* & phasianus m ap *Mart Ep* 13, 72, *in lemmate*, *sed rectius ad epigramma* phasiana f

Phasianus, i m [a Phasi Colchorum fluvio, ubi frequens hæc avis] *A pheasant cock*, Pallad 1, tit 29 & Plin 11, 37

* Phasma, ătis n (1) *An apparition, a sight, or vision* (2) Also *the title of one of Menander's plays* (3) *A play of Catullus* (1) Plin Ep 7, 27 ut quidam leg (2) *Ter Eun prol* 9 (3) *Juv* 8, 186

* Phatne, es f Quæ cadent lumine phatnæ, *the stars in Cancer, which resemble a cloud so called* Tenui quæ splendent lumine phatnæ, *Cic* ap *Prisc*

* Phellandrion, ii n *An herb like parsley, good to break the stone*, Plin 27, 12

* Phellodrys f *A kind of cork tree like an oak*, Litt ex Plin

* Phellus, i m (1) *A cork* (2) Also *part of a dial of that wood* (1) Vid *Celf* 7, 17 Hinc Pantophelli, *shoes made all of the sole of cork*, Bud unde Angl *pantofle* (2) *Vitruv* 9, 9

* Phengites, æ m *A certain bright stone, as hard as marble*, Plin 36, 22

* Phenion, ii n *A sort of herb*, Plin 21, 23 = Anemone, *Id ibid*

* Phĕretrum, i n *A bier to carry a corpse to the grave on*, *vid* Feretrum

* Phiăla, æ f (1) *A plain pot with a wide mouth to drink out of, a gold cup, a beaker* (2) *A vial or vessel to drink in, made of glass* (1) Inæquales beryllo Virro tenet phialas, ubi non committitur aurum, *Juv* 5, 39 (2) Phialam ex vitro fabricabat, *Petron* Hinc Angl *a phial*, *or vial*

* Phiditia, orum n [à φείδω, parco] *The common suppers amongst the Lacedemonians openly kept in the streets with great temperance*, Cic Tusc 5, 34

* Philanthrŏpos, i f *A sort of bur* Philanthropon herbam Græci appellant hirsutam, quoniam vestibus adhærescat, *Plin* 24, 19

* Philautia, æ f *Self love*, Quint Inst Or 2, 4

* Philetæria, æ f *An herb called wild sage, a kind of bur*, Plin 25, 6

* Philetes, æ m *A sort of thieves in Egypt*, Sen Ep 51

* Philippeus, *sc* nummus *A gold coin of Philip king of Macedon* Nummi aurei Philippei, *Plaut Bacch* 2, 2, 52

Philippicus, a, um *Of Philip* Philippicum argentum, *Plaut Truc* 5, 1, 60 Philippicæ orationes *made by Demosthenes against Philip king of Macedon*, in imitation of whom, Cicero calleth his against Mark Antony by the same name

Philippus, i m *A sort of gold coined by Philip king of Macedon, with his effigies on it* Trecentos Philippos facere lucri, *Plaut Pan* 3, 5, 26 ☞ *Horum multi inter cimelia veteris elegantiæ studiosorum hodie comparent, didrachmæ plerique, tetradrachmæ rariores* Retulit acceptos regale nomisma Philippos, *Hor Ep* 2, 1, 234

* Philŏchares *An herb called horehound*, Plin 20, 22 = Marrubium, *Id*

* Philogræcus, i m *One delighting to use Greek words*, Varr R R 10, 1

* Philŏlŏgia, æ f (1) *Philology, the study of humanity, or love of learning* (2) *Loquacity*, or *the love of discourse* (1) Poetarum parens & philologiæ omnis dux Homerus, *Vitruv pref lib* 7 (2) Et oleum & operā philologiæ nostræ perierit, *Cic Attic* 2, 17

* Philŏlŏgus, i m (1) *A philologer, or humanist, one given to the study of learning, or eloquence* (2) *A lover of discourse* (1) Eratosthenes, qui primus philologi nomen sibi vendicavit, multiplici variāque doctrinā censebatur, *Suet de Illustr Gramm* 10 (2) Homines nobiles, sed nullo modo philologi, *Cic Attic* 13, 12 Nos ita philologi sumus, ut vel cum fabris habitare possimus, *Cic* ad Q *frat* 2, 10

* Philŏlŏgus, a, um *Belonging to philology* Philologis rebus delectari, *Vitruv pref lib* 6.

* Philŏmela, æ f *A nightingale* Mœrens philomela, *Vir Geor* 4, 509

* Philomusus, i m *A lover of learning, or of the muses*, Mart Ep 3, 10

* Philopœs f *The herb horehound*, Plin 20, 22 = Marrubium, *Id*

* Philorhomæus, i, m *A lover of the Roman nation* Ariobarzanem regem, Euseben, & philorhomæum, *Cic*

Philosŏphans, tis part *Philosophizing* Tunc demum videas philosophantes metu, *Sen*

Philosŏphātus, a, um Satis est philosophatum, *I have played the philosopher sufficiently*, Plaut Pseud 2, 3, 21

* Philosŏphia, æ f (1) *Love, or study of wisdom, philosophy, the knowledge of divine and human things, of arts and learning, attended with a suitable practice* (2) *Disquisition, or strict search* (3) In plu Philosophiæ, *sophisms, paradoxes* (1) Philosophia nec aliud quicquam est, si interpretari velis, quam amor sapientiæ, *Cic* de *Offic* 2, 2, 3 Ars vitæ philosophia, *Id de Fin* 3, 2 lex vitæ, *Sen Ep* 94 Cognitio omnis optimarum rerum, atque in iis exercitatio, philosophia nominatur, *Cic Orat* 3, 16 (2) Res non magnoperè indiget philosophiā, *Cic Tusc* 1, 36 (3) Vid *Cic de Orat* 3, 27 *Sen Ep* 48 *Gell* 4, 1

* Philosŏphicè adv *Like a philosopher, philosophically* Philosophicè vivere, *Lact* 3, 14

Philosŏphicus, a, um adj *Philosophical, pertaining to a philosopher, or philosophy* Philosophicæ scriptiones, *Cic Tusc* 5, 41 *sed var lectiones*

Philosŏphor, āri, dep (1) *To play the philosopher, to profess philosophy* (2) *To dispute and reason of it* (1) Cum minimè videbamur, tum maximè philosophabamur, *Cic N D* 1, 3 Philosophari nunquam didici, neque scio, *Plaut Merc* 1, 2, 36, (2) Quid opus est in hoc philosophari? *Cic Tusc* 1, 36

* Philosŏphus, a, um nisi potius, quod *Prisc* volunt, hic & hæc philosophus, ut Gr. ὁ καὶ ἡ φιλόσοφος, *philosophical*, sed homines philosophā sententiā dixit *Pacuv* ap *Gell* 13, 8

* Philosŏphus, i m *A philosopher, a lover of learning and wisdom* Qui studet omnium rerum divinarum atque humanarum, vim, naturam, causasque nosse, & omnem benè vivendi rationem tenere & persequi, nomine philosophi appelletur, *Cic* de *Orat* 1, 49 ✠ Constat non inter philosophos solum, sed etiam indoctos, *Id N D* 1, 17

* Philotechnus, a, um adj *Belonging to the study of arts, to the mathematics, or mechanics* Philotechnis rebus me delectans, *Vitruv præf lib* 6

* Philotheorus, i m *One that is given to contemplation, a contemplative man*, Cic Fam 7, 16

* Philtra, orum n pl *Love-charms, or medicines causing love* Pallentia philtra, *Ov A Am* 2, 105 Thessala, *Juv* 9, 609 Vid *Lelii versus ap Apul in Apol* p 455 *citatos*

* Philus, i m *A woman's friend, a gallant* Quam cito etiam philorum obliviscerentur, *Petron* c 110

* Philyra, & philura, æ f (1) *The linden tree* (2) *The thin skin between the bark and the wood of that tree, which was used to ty chaplets or garlands, as we do ribbon* (3) *A leaf, or sheet of a sort of paper* (1) Philyrā coci & polline nimium sibi cibis eximunt, *Plin* 2, 1 (2) Displicent nexæ philyrā coronæ. *Hor Od* 1, 38, 2 Ebrius ... philyrā conviva capillis ... *Fast* 5, 337 (3) Præparantur ex eo papyro chartæ, diviso ... prætenues, sed quam latissimæ philuras, *Plin* 13, 11

† Phlegma, ătis n *Phlegm, fleam*, Pallad R R 8, 6 ‡ *Lat* Pituita

Phlegmon, ŏnis m *An hot swelling*, Plin 20, 4

jud x? Cluv us, *Cic* ✠ Acerrimus petitoris personam sustinere, accusatoris reponere? *Id pro Quint* 1 ( ) Tam te petitor, *Luc* 1, 131 (4) Generosior descendat in campum petitor, *Hor Od* 3, 1, 11

Petitōrius, a, um (1) *Belonging to a plaint* ‖ (2) *Pertaining to a trial of title* ( ) Petitorium judicium, *Caius JC* (2) *JCC*

Petitrix, icis f *A she plaintiff* Contra petitricem pronunciavit, *Paul JC*

Petitum, i n (1) *A petition, a request, a thing desired, or asked, a demand* (2) *A problem* (1) Utinam que petiti copia, *Catull* (2) *Ap Mitlem*

Pĕtītŭrio, ire [a peto] *To be very desirous of a king* Cum Lucceio redii in gratiam, ideo hominem aliud petiturire, *Cic Att* 1, 1, vix al b c c

Petitūrus, a, um part (1) *About to seek* (2) *To make for, or go to* (3) *To stand candidate* ( ) Lucem petiturae ... es, *Tib* 1, 9, 9 (2) Cic ... hostes eum locum, quem ... clam, petituros, *Cæs B G* 8, 10 (3) Consulatum petiturus, *Sall P J* 68

Pĕtĭtus, ûs m verb (1) *A request, or intreaty* (2) *An inclination or falling down* (1) Consensu petituque omnium, *Gell* 18, 3 (2) Insequitur languor terræque petitus suavis, *Lucr* 3, 17

Petitus, a, um part [a peto] (1) *Desired, sought, courted* (2) *Stricken* (3) *Fetched* (4) *Caused, made* (1) Pace petita, *Cæs B G* 4, 12 Fama petita, *Ov Met* 5, 580 (2) Bellum petita ferro, *Hor Epod* 5, 10 (3) Spiritus petitus imo latere, *Hor Epod* 11, 15 (4) ✠ Sanguinis profusio fortuita vel etiam petita, *Cels*

Pĕto, ere, ivi, itum act [an a Gr ποθῶ, desidero, an ab ἐπαιτῶ, eum petere proprie sit aliquid supplicater & precario postulare? ari] (1) *To intreat humbly, to desire, to beg of one, to request, ask, or crave* (2) *To demand, or require* (3) *To make to fetch* (4) *To seek after, to be ambitious of, to court* (5) *To get, procure, or obtain* (6) Also *to set upon, to assail* (7) *To make a pass at, to aim at* (8) *To throw at, to pelt* (9) *To seek out, to look after, or inquire for* (10) *To make claim in law* (11) *To go to a place, or make to it* (1) Petivit in beneficii loco, *Cic Verr* 3, 82 = Rogare & vehementer petere, *Id Verr* 4, 29 § Cum a me peteret & summe contenderet, *Id pro Quint* 24 Diem posterum Aidrubal colloquio petivit, *Liv* ☞ *Nihil est tam ... est quam oro*, ✠ Peto te, vel, si pateris, oro, *Cic Fam* 9, 1, 5 (2) ✠ Fidem pacis petitque deditque, *Ov Met* 3, 128 ... ipsa petit majestas rerum ... *Lucr* 5, 7 Sui laboris præmia ... hites semper petiverunt, *Cæs B C* 2, ... ¶ Petere pœnas ab aliquo, ... *Id* (3) Visne aquam ... petam *Plaut Trin* 4, 3, 85 *Prov* E flamma petere cibum, *to make any shift for it*, *Ter Eun* 3, 2, 8 (4) ✠ Quid mi is gloriam petebat, eo magis adsequebatur, *Sall B C* 57 (5) C Cæsar inde gloriam petiit, *Plin* 12, 14 (6) Ipse iter, bellicosus, ut is, quem petebat, quietus imbellis, &c *Sall B Jug* ... ( ) Pectora Lyncidæ gladio petiit, inque petendo dextera dirguit, *Ov Met* 5, 185 Offendisse, quem petis, artis est, *Quint* 9, 1 (8) Malo me Galatea petit, *Vir Ecl* 3, 64 (9) Alium navibus accessitum jubet petere, *Liv* (10) Pecuniam non ex tabulis, sed ex adversariis petere, *Cic* (11) Dyrrachium petere contendit, *Cic pro Planc* 41

Pĕtor, i pass (1) *To be sought* (2) *To be fetched* (3) *To be courted* (4) *To be aimed at* (5) *To be assaulted* (1) Iura petebantur me ... ns in æstu, *Ov Met* 7, 81 (2) In hunc collem ... petebantur, *Plin* (3) Dum ... petitur *Narcissus*, *Ov Met* 3, 426 (4) Dum mihi quod petitur ... contingere telo, *Ov Met* 8, 351 (5) Castellum eminus petebatur, *Curt* 5, 3, 9

Pĕtŏrrĭtum, i n & metri gratia, petoritum [a Celtica petor, quatuor, & rot, rota] *A French waggon, or chariot with four wheels*, *Hor Ep* 2, 1, 192 & *Sat* 1, 6, 104 vid *Gell* 15, 30

* Petra, æ f (1) *A rock* (2) *A place full of rocks, or stones* ( ) ‖ *A sharp stone* (1) Gaviæ in petris nidificant, *Plin* 10, 32 (2) *Curt* 5, 3 (3) *Vulg int*

Petræus, a, um adj *Growing upon a rock* Brassica petræa, *Plin* 20, 9 Alium nascitur in petris, ideo petræum cognominatum, *Id* 27, 6

Petricōsus, a, um adj *Stony, rocky*, *Mart Ep* 4, 63

† Pĕro, onis m (1) *A rustic, a clown* (2) A name given by Plautus to *a bellwether*, by reason of the hardness of his flesh (1) *Vid Fest* & ibi *Scal* (2) Qui petron nomen induit verveci sectario, *Plaut Capt* 4, 2, 40

* Petrŏsĕlīnon, i n *A kind of parsley growing among rocks* Alio genere petroselinon quidam appellant in saxis natum, *Plin* 20, 12

Petrōsus, a, um adj *Rocky, or craggy* Locustæ vivunt petrosis locis, *Plin* & *Plin d R R* 3, 10

Pĕtŭlans, tis [a petendo, *Cic*] or, comp ssimus, sup (1) *Insolent, saucy, malapert, abusive, impertinent* (2) *Dishonest, lustful, wanton, obscene* (1) ✠ Hominem petulantem, modestum reddo, *Cic Att* 1, 1 = Petulans & improbus scurra, *Id pro Cluent* 13 ‖ Convitium petulantius, *Ammian* Desine bonos consectari petulantissima lingua, *Orat in Sall* (2) Si petulans fuisset in aliqua generosa ac nobili virgine, *Cic Parad* 3 Petulans pictura, *Plin* 35, 11

Pĕtŭlanter adv ius, comp issime, sup (1) *Sawcily* (2) *Lustfully, wantonly* (1) Diphilus tragœdus in Pompeium nostrum petulanter invectus est, *Cic Att* 2, 19 ✠ Contumelia, quæ petulantius jactatur, convicium si facetius, urbanitas nominatur, *Id pro Cæl* 3 Civem bonum petulantissimè insectatus est, *Id pro Sext* 52 (2) Si proterve petulanter viveret, *Cic pro Cæl* 16

Pĕtŭlantia, æ f (1) *An unruly, rash, and headstrong inclination towards the commission of any vice* (2) *Lustfulness* (3) *Malapertness, sawciness, abusiveness in words* (4) *Aptness to butt, or gore, unluckiness, mischievousness* (5) Ramorum petulantia, *the exuberance, or over-rank spreading of them* (1) ✠ Ex hac parte pudor pugnat, illinc petulantia, *Cic Catil* 2, 11 (2) Quibus liberos, conjugesque suas integris ab istius petulantia conservare non licitum est, *Cic Verr* 1, 5 (3) Lingua petulantia, *Prop* 1, 16, 37 (4) Omni cornua fere perniciosi sunt propter petulantiam, *Col* 7, 6 de caprino pecore (5) *Plin* 16, 30

Pĕtulcus, a, um adj [a peto, ut ab hio hiulcus, & petulci dicti qui proterve impetu & crebro petunt, lædendi alterius gratia, *Fest*] (1) *Wanton, frisking, sportive* (2) *Lustful, lecherous* (3) *Apt to butt, or strike, unlucky, mischievous* (1) Hædi petulci, *Vir Geor* 4, 10 agni, *Lucr* 2, 368 (2) Meretrices ... alcæ, *Varr* (3) Capri vel tanetis petulci ... tatem pastores h... *Col* 7, 6

Pĕtŭlus, i m dim *Having a little cast with his eyes*, *Cic N D* 1, 29 *vid* Pætulus

‖ Petum, i n *Tobacco*

Petus, i vel us, i m *Vid* Pætus

Peucedanum, i n *A kind of herb called maiden weed, hogs fennel, or sulphurwort*, *Scrib Larg Comp* 123 *Apul de Herbis*, c 94 & *sæpe alibi*

Peumene f *The spume of silver*, *Plin* 33, 6

Pexatus, a, um *Clad in a new garment, that ne an high nap on it* ✠ Pexatus pulchre rides mea palia trita, *Mart* 2, 58 ✠ = Malo quid mihi animi sit ostenderet pexatus & gausapatus, quam nudis scapulis aut semitectis, *Sen* vid & *Mart* 2, 58

Pexitas, tis f Cribrata pexitas vestis, *the shag, or nap of the west*, *Plin* 11, 24 interpr *Turneb*

Pexus, a, um part [a pector] (1) *Combed, crisped, curled* (2) *That hath an high nap on it, fresh* (1) Quos pexo capillo nitidos, *Cic Catil* 2, 10 (2) ✠ Si fortè subucula pexæ trita subest tunicæ, *Hor Ep* 1, 1, 95 Munera pexa, *coarse, thick, homespun*, *Mart* 7, 45 ¶ Pexum folium, *thick, that looketh like woven cloth*, *Col* 11, 3 *de lactuca* ¶ Pexus pinguisque doctor, *silly, ignorant, half learned*, *Quint* 1, 5

* Pezica, a m *A sort of mushroom* Sunt in fungorum genere a Græcis dicti pezicæ, qui sine radice aut pediculo nascuntur, *Plin* 19, 3 *ubi al* pezita.

P ante H

Phæcasianus, a, um *Wearing the phæcasia, or Grecian white shoes*, *Juv* 3, 218 *ubi tamen vet codices*, hæc Asianorum

Phæcasium, ii n *A sort of shoe worn by the Greeks* Pythagoricus quidam emerat à sutore phæcasia, *Sen de Benef* 7, 21

Phæcasiātus, a, um adj *That weareth such shoes* Phæcasiati milites, *Petron* c 82

* Phœnicias, æ m [a Phœnicia flans, rectius phœnicias] *The south west wind*, *Plin* 2, 47

* Phænomĕnon, i n *An appearance*, *Astron*

* Phagedæna, æ f (1) *A kind of running canker, which eateth the flesh to the very bone* (2) Also *a disease among bees* (1) *Plin* 21, 6 & 23, 1 De ejus curatione v *Cels* 6, 4 (2) *Col* 9, 13 *sed Græcis literis*

* Phagedænicus, a, um *That pertaineth to that sore* Phagedænica ulcera, *Plin* 24, 4

* Phager, *vel* phagrus, i m *A sort of fish*, *Plin* 32, 11

‖ Phago, ōnis m. *A glutton, a great eater*, *Vopisc. in Aurel ult* ✝ Gulosus

* Phalacrocorax, acis m *A water fowl, called a cormorant, or perhaps a bald coot*, *Plin* 10, 48

† Phalæ, arum f ... nem dicti a fulciendo, ... Hetruscos sign ... *towers made of timber used in war*, Alii scrib Fale, *Non* 9 ...

* Phalanga, æ f [ab Hebr פלך unde Arab phalka, al. scrib palanga] (1) *A smooth club used in war by the Africans* (2) *A roller put under a ship, to roll it to, or from the sea* ( ) Also *a lever to lift up any thing of weight* (1) *Plin* 7, 56 (2) *Varr ap Non* 2, n 725 ( ) = Phalangas subjectis ad ... aliquid admovere, ... scutulas vocat, *Cæs B C* ...

‖ Phalangarii ... *drivers*, *Lampr*

Phalangarius, i m *One who lifteth heavy weights with a lever*, *Vitruv* 10, 9

* Phalangitæ, arum pl [a phalanx] Decem & sex millia peditum more Macedonum armati fuere, qui phalangitæ appellabantur, *Liv* 37, 40

* Phalangites, æ *An herb that cureth the stinging of the venomous spider*, *Plin* 27, 12

* Phalangium, ii n (1) *A venomous spider of which there are several sorts* (2) *An herb which cureth that spider's stinging* ( ) *Plin* 26, 4 (2) *Plin* 25, c

* Phalanx, gis f Macedonum phalangem vocaverunt ... agmen, ubi in uno, ... arma ... sunt, *Curt* 3, 2, 13 (1) *A four square army, consisting of eight thousand footmen set in close array* (2) *A brigade of horse, a battalion of foot* (3) *A regiment, a squadron, the body of an army, or the ranks* (1) *Vir* (2) *Curt* 3, 2, 13 ubi v *Freinshemium* (3) Confertissima acie, *Cæs* Phalange facta, *putting themselves into so close an order, that their shields touched one another*, *Cæs B G* 1, 25 ☞ *Macedonibus phalanx fere ... est, quæ legio Romanis*

* Phalarica, æ f *scrib* & falarica [φαλαρικὴ] dict quod ea utantur phalarum, h e turrium propugnatores, *Serv* vel quod eam ... cendant ur turritæ machinæ, *Veget* 4, 18] (1) *An instrument of war with wildfire inclosed shot out of an engine, to set wooden turrets on fire* (2) *A sort of long spear, or dart to be thrown with the hand* (1) Tortilibus vibrata phalarica nervis, *Luc* 6, 198 (2) Magnum stridens contorta falarica venit fulminis acta modo, *Vir Æn* 9, 705 *Vid* descript ap *Liv* 21, 8 & *Sil* 1, 351

* Phalaris, idis f Phaleris, *Col* (1) *A kind of water fowl* (2) *A sort of herb* (1) *Varr R R* 3, 11 & *Col* 8, 15 (2) Phalaris thyrsum habet longum, tenuem, ceu calamum, in summo florem inclinatum, semen simile sesamæ, *Plin* 27, 12

Phalarismus, i m *Tyranny* A Siciliæ tyranno cudebat *Cicero*, *Attic* 7, 12

* Phalĕræ, arum f (1) *Trappings for horses* (2) *A sort of ornament worn by the Roman gentlemen and men of arms* (1) Argenti plurimum in phaleris equorum erat, *Liv* 22, 52 Phaleras equis suis detractas abjecere, *Val Max* 9, 3, 3 (2) Ut plerique nobilium aureos annulos & phaleras deponerent, *Liv* Unum fortissimum corona & phaleris & torque donasti, *Cic Verr* 3, 80

* Phalerātus, a, um part (1) *Trapped* (2) Met *Fine, gay, glittering* (1) Equos duos phaleratos, *Liv*

Liv 0,17 (2) Dicta phalerata, Phorm 2,2,15 i e honesta ornata, Donat

Phalaridum f pl A kind of water fowl, Col 8, 15 vid

Phallovitrobolus, i m Jul Capit ut Casaub leg phallovitrobolus, aut phallovitrobolus, vitrum sive veretrum, A kind of drinking vessel

Phallus, i m The figure of a ..., which the Egyptians used in the feasts of Osiris, afterwards the Romans in ... of Bacchus Vid Suidam in ... verbo, Herodot 5, 48 & ... d Isid & Osir

Phantasticus, a, um (1) Having visions, or apparitions, inspired (2) Distracted, mad (1) Philosophi superstitiosi & pene ... quidam malle videntur, ... non in p os Cic de Div ... An hi superstitione homo ..., Id pro Domo, 40 (2) ... Hor Vid ... recte scril

Phantasia, æ f (1) The phantasy, the imagining faculty (2) Also an idea, or notion (3) A vision in sleep (1) Ex usu Græcorum (2) Nicetas ... disertius hanc phantasiam ..., ... suasoria, 2 vide ... integrum Emergit rursum ..., & μόσχος φαντασία, Cic ... (3) Visa nocturna quas ... app llamus, ... interpi Quint Inst ... 6,2 visionem

* Phantasma, ătis n (1) An apparition, an apparition (2) An ... between sleeping and waking (1) Perquam velim scire ... phantasmata, & habere proprium ..., numenque aliquod, putes an ... & vana ex metu nostro imaginem accipere, Plin Ep ... phantasmata (2) ... quod Cicero visum vocat Plin

* Phanum, i n A temple, Cæs ... & forte rectius, ... num

* Pharetra, æ f A quiver of arrows Cavila sagittis pharetra, Hor Od 1,2 ☞ Media poetæ ... inceps

Pharetratus, a, um Wearing, bearing a quiver Pharetratæ ..., Vir An 11,645 Pharetratus puer, Ov Met 10, 525

Pharetriger, a, um adj Idem, ...

* Pharias, æ m A kind of serpent that maketh a furrow with ... he goeth, Lucil Vid ...

* Pharicon, i n A kind of poison, Plin 28 10

‖ Pharisæus, i m [à פרש] in ... regis interpres, vel ... ut sit ἀφωρισμένος, He ... quod & de se D Paulus ..., sc à populo A ...

* Pharmaceutria, æ f The title of ... Virgil's eclogues, treating ..., and writ in imitation of Theocritus

Pharmacopola, æ m A quack, ... that goeth about selling ..., poisons, or medicines Pharmacopola circumforaneus, Cic pro Cluent 14 Pharmacopolæ verba audiuntur, verum ... committit, si æger est, ... Gell 1, 15

* Pharmacum, i n vocab med ... medicine, a remedy, ... composition, poison ... pharmacum dicit, debet addere bonum vel malum, Caius JC

* Pharmăcus, i m The chief artist in any villany, or one by whole death any place is to be purified Pharmace, responde, Petron c 107

Pharnaceon, i n [à Pharnace, rege dict] A kind of centaury, Plin 15, 4 = Centaurion, Id

Pharus, & pharos, i d g sed sæpius f A small isle in the mouth of the Nile, wherein stood an high watchtower, v Luc 10, 509 & Plin 36,12 whence other watchtowers, or light-houses were so called, Solin

Phasĕlinus, a, um adj Made of fasels, a sort of pulse Phaselinum oleum, Plin 2, 4 vid Phaselus

* Phasĕlus, i d g & faselus, sæpius m brevis navicula, Serv navis velox & oblonga, Acro, navigium Campanum, Non [a Phaselide Pamphyliæ oppido, ubi primum inventus, Isid vel a figura phaseoli leguminis] (1) A little ship such as a galliot, a bark, a pinnace, a yacht (2) A galley (3) A kind of pulse (1) Inutili vulgus parvulis fictilibus solitum dare vela phaselis, Juv 15, 127 Gens Canopi circum pictis vehitur sua rura phaselis, Vir Geor 4,289 ... Serv (2) Phaselus ille, navium celerrimus, Catull 4, 1 Uni grandi phaselo, Sall ap Non 13, 7 (3) Col 2, 10

* Phaseŏlus, i m vel faseolus A kind of pulse, fasels, or long pulse, Plin 18, 31

* Phasganion, ii n The herb swordgrass, or gladder, Plin 25, 11

Phasiāna, æ f sc avis [a Phasi Colchorum flumine] A pheasant hen, Plin 10, 48

Phasianinus, a, um adj Belonging to a pheasant Phasianina ova, Pallad R R 1, 29

Phasianus, a, um Colchian, of Colchos Phasianæ aves, pheasants, Plin 10, 48 leg & phasianus m ap Mart Ep 13, 72, in lemmate, sed rectius ad epigramma phasiana f

Phasianus, i m [à Phas Colchorum fluvio, ubi frequens hæc avis] A pheasant cock, Pallad 1, 27, 29 & Plin 11, 37

* Phasma, ătis n (1) An apparition, a sight, or vision (2) Also the title of one of Menander's plays (3) A play of Catullus (1) Plin Ep 7, 27 ut quidam leg (2) Ter Eun prol 9 (3) Juv 8, 186

* Phatne, es f Quæ cadent lumine phatnæ, the stars in Cancer, which resemble a cloud so called Tenui qua splendent lumine phatnæ, Cic ap Prisc

* Phellandrion, ii n An herb like parsley, good to break the stone, Plin 27, 12

* Phellodrys f A kind of cork-tree like an oak, Litt ex Plin

* Phellus, i m (1) A cork (2) Also part of a deal of that wood (1) Vid Celf 7, 17 Hinc Pantophelli, shoes made all of the sole of cork, Bud unde Angl pantoffle (2) Vitruv 9, 9

* Phengites, æ m A certain bright stone, as hard as marble, Plin 6, 22

* Phenion, ii n A sort of herb, Plin 21, 23 = Anemone, Id ibid

* Phĕretrum, i n A bier to carry a corpse to the grave on, vid Feretrum

* Phiăla, æ f (1) A plain pot with a wide mouth to drink out of, a gold cup, a beaker (2) A vial, or vessel to drink in, made of glass (1) Inæquales beryllo Virro tenet phialas, tibi non committitur aurum, Juv 5, 39 (2) Phialam ex vitro fabricabat, Petron Hinc Angl a phial, corr vial

* Phiditia, orum n [à φείδω, parco] The common suppers a mongst the Lacedemonians openly kept in the streets with great temperance Cic Tusc 5, 34

* Philanthrōpos, i f A sort of bur Philanthropon herbam Græci appellant hirsutam, quoniam vestibus adhæréscat, Plin 24,19

* Philautia, æ f Self love, Quint Inst Or 2, 4

* Philetæria, æ f An herb called wild sage, a kind of bur, Plin 25, 6

* Philetes, æ m A sort of thieves in Egypt, Sen Ep 51

* Philippeus, sc nummus A gold coin of Philip king of Macedon Nummi aurei Philippei, Plaut Bacch 2, 2, 52

Philippĭcus, a, um Of Philip Philippicum argentum, Plaut Pan 5, 1, 60 Philippicæ orationes, made by Demosthenes against Philip king of Macedon, in imitation of whom, Cicero calleth his against Mark Antony by the same name

Philippus, i m A sort of gold coin made by Philip king of Macedon, with his effigies on it Trecentos Philippos facie lucri, Plaut Pan 3, 5, 26 ☞ Horum multi inter cimelia ... elegantes studiosorum hodie comparent, didrachmæ plerique, tetradrachmæ rariores Retinuit acceptos regale nomisma Philippos, Hor Ep 2,1,234

* Philochares n An herb called horehound, Plin 20, 22 = Marrubium, Id

* Philogræcus, i m One delighting to use Greek words, Varr R R 3, 1

* Philŏlŏgia, æ f (1) Philology, the study of humanity, or love of learning (2) Loquacity, or the love of discourse (1) Poe arum parens & philologiæ omnis dux Homerus, Vitruv præf lib 7 (2) Et oleum & operæ philologiæ nostræ perierit, Cic Attic 2, 17

* Philŏlŏgus, i m (1) A philologer, or humanist, one given to the study of learning, or eloquence (2) A lover of discourse (1) Eratosthenes, qui primus philologi nomen sibi vindicavit, multiplici variaque doctrinâ censebatur, Suet de Illustr Gramm 10 (2) Homines nobiles, sed nullo modo philologi, Cic Attic 13, 13 Nos ita philologi sumus, ut vel cum fabris habitare possimus, Cic ad Q frat 2, 10

* Philŏlŏgus, a, um Belonging to philology Philologis rebus delectari, Vitruv præf lib 6

* Philomēla, æ f A nightingale Mœrens philomela, Vir Geor 4, 509

* Philomūsus, i m A lover of learning, or of the muses, Mart Ep ..., 10

* Philopes f The herb horehound, Plin 20, 22 = Marrubium, Id

* Philorhomæus, i, m A lover of the Romans ... Ariobarzanem regem, Eusebem, & philorhomæum, Cic

Philosophans, tis part Philosophizing Tunc demum videas philosophantes metu, Sen

Philosŏphātus, a, um Satis est philosophatum, I have played the philosopher sufficiently, Plaut Pseud 2, 3, 21

* Philosŏphia, æ f (1) Love, or study of wisdom, philosophy, the knowledge of divine and human things, of arts and learning, attended with a suitable practice (2) Disquisition, or strict search (3) In plur Philosophiæ, sophisms, paradoxes (1) Philosophia nec aliud quicquam est, si interpretari velis, quam amor sapientiæ, Cic de Offic 2, 2, 3 Ars vitæ philosophia, Id de Fin 3, 2 lex vitæ, Sen Ep 94 Cogni io omnis optimarum rerum, atque in iis exercitatio, philosophia nominatur, Cic Orat 3, 16 (2) Res non magnopere indiget philosophiæ, Cic Tusc 1, 36 (3) Vid Cic de Orat 3, 27 Sen Ep 88 Gell 4,1

* Philosŏphicè adv Like a philosopher, philosophically Philosophicè vivere, Lact 3, 14

Philosŏphĭcus, a, um adj Philosophical, pertaining to a philosopher, or philosophy Philosophicæ scriptiones, Cic Tusc 5, 41 sed ... lectiones

Philosŏphor, āri, dep (1) To play the philosopher, to profess philosophy (2) To dispute and reason of it (1) Cum minimè vi debamur, tum maximè philosophabamur, Cic N D 1, 3 Philosophari nunquam didici, neque scio, Plaut Merc 1, 2, 26 (2) Quid opus est in hoc philosophari? Cic Tusc 1, 36

* Philosŏphus, a, um nisi potius, quod Prisc voluit, hic & hæc philosophus, ut Gr ὁ καὶ ἡ φιλόσοφος, philosophical, sed homines philosophi sententiâ dixit Pacuv ap Gell 13, 8

* Philosŏphus, i m A philosopher, a lover of learning and wisdom Qui studet omnium rerum divinarum atque humanarum, vim, naturam, causasque nosse, & omnem benè vivendi rationem tenere & persequi, nomine philosophi appelletur, Cic de Orat 1, 49 ✠ Constat non inter philosophos solum, sed etiam indoctos, Id N D 1, 17

* Philotechnus, a, um adj Belonging to the study of arts, to the mathematics, or mechanics Philotechnis rebus me delectans, Vitruv præf lib 6

* Philothĕōros, i m One that is given to contemplation, a contemplative man, Col 1 m 7, 16

* Philtra, orum n pl Love charms, or medicines causing love Pallentia philtra, Ov A Am 2,105 Thessala, Juv 9, 609 Vid Tertius ... versus ap Apul in Apol p 455 citatos

* Philus, i m A woman's friend, a gallant Quam cito etiam philorum obliviscerentur, Petron c 110

* Philyra, & philura, æ f (1) The linden tree (2) The thin skin between the bark and the wood of that tree, which was used to ty chaplets or garlands, as we do ribbon (2) A leaf, or sheet of a sort of paper (1) Philyra coeri & pollinæ ... cibis eximunt, Plin 2, 1 (2) Displicent nexæ philyrâ coronæ, Hor Od 1, 38, 2 Tertius ... lyræ convivia ... (3) ... papyro chartæ, ... prætenues, sed quam latissimas philyras, Plin 13, 11

† Phlegma, ătis n ... phlegm, Pallad R R 8, 6 ‡ Lat Pituita

Phlegmon, ŏnis m An hot swelling, Plin 20, 4

* Phlegmŏna, æ f *An inflammation in any part of the body, a tumor, or swelling*, Cels in præf lib 1

* Phlegontis, idis f *A precious stone wherein appeareth as it were a flame of fire*, Plin 37,11

* Phleos, ei f *A kind of prickly herb*, Plin 20,15 = Stabe, Id

* Phlogino f *A precious stone of a flaming colour*, Plin 37,10 = Chrysites, Id

* Phlogite, æ f *A precious stone resembling flaming fire* Plin 37,11

* Phlomis, idis f *A sort of flower, a primrose as some think* Sunt & phlomides duæ hirsutæ, Litt ex Plin

* Phlŏmos, i m *A sort of rush, torchweed* Verbascum Græci phlomon vocant, Plin 25,10

* Phlox, gos f *A flower of no smell, but of a fine flame colour*, Plin 21,10

Phlyctæna, æ f *A swelling, rising with blisters, call'd a wildfire, a wheal, push, or blister, a pock, or pimple with matter in it*, Cels 5,15 *sed Græcis literis*

* Phoca, æ f *A sea calf, a seal, a kind of fish which liveth on land* Turpes piscis sub gurgite phocas, Vir Geor 4, 55 = Vituli marini, quos phocas vocant, Plin 2,55

* Phocæna, æ f *A porpoise*, Gesn

* Phœbe, es f *The moon*, Vir Geor 1,431 *Vid* Propr

* Phœbus, i m *The sun*, Ov Rem Am 76 *Vid* Propr

* Phœnice, es f *The south east wind*, Plin 2,47

* Phœnicia f *A kind of herb, wild oats*, Plin 22,25 = Hordeum murinum, *Id ibid*

* Phœniceus, a, um adj *Of purple colour* Flos phœniceus, Plin 25,13 color, Id 10, 49 Chlamys phœnicea, Ov Met 14, 345

* Phœnicites, æ m *A kind of precious stone of a purple colour*, Plin 37,10

† Phœnicius, a, um adj *idem quod* phœniceus

* Phœnicobalanus, i f *The fruit of the Egyptian palm tree, a kind of date*, *Vid* Plin 12,22

* Phœnicopterus, i m [a φοῖνιξ, puniceus, & πτερόν, ala] *A bird having its wings, or feathers of a crimson colour* The tongue of this bird was a great dainty among the Romans, and therefore is before called dainty, Vitellius, and Heliogabalus, *Suet & Lampr* *Vid* Plin 10,48 *Dedecore & sapore linguæ fuc* ... Mart Dat mihi penna rubens nomen, sed lingua gulosis nostra sapit quid si garrula lingua foret? Mart Ep 13

* Phœnicurus, i m *A bird call'd a redtail, or redstart*, Plin 10,29

* Phœnix, icis m [a phœniceo, i e purpureo pennarum colore, vel a φοῖνιξ palma, moriens scil & renascens ex se ipsa] *A bird called a phœnix, breeding in Arabia of the bigness of an eagle, whereof there is never but one which liveth 500 years according to most writers, some say 540, others 1460, and when she is come to her end, she maketh her nest of hot spices, which being set on fire by the heat of the sun, she burneth, and of her ashes there ariseth a worm, which afterwards groweth to be a phœnix*, Plin 10,2 *Tertullian, St Ambrose, Zeno, Veronensis* and others, bring this bird as a rational argument of a resurrection, and it might be so to them, being Heathens, to whom they writ, as being attested and described by their best authors, but others of the fathers doubt the truth of this relation, yea, several positively deny it Una est quæ reparat seque ipsa reseminat ales, Assyrii phœnica vocant, Ov Met 15,392 *ubi cætera*

Phonascus, i m [a φωνή, vox, & ἀσκέω, exerceo] *A master that teacheth to pronounce, or modulate the voice in pronunciation* Dabat assidue phonasco operam, Suet de Aug 84,6

* Phonos, i m *A sort of herb, so called from its juice like blood*, Plin 12,16 = Atractylis, Id

Phorcus, i m *A sort of fish*, Plin 32,11

* Phorimon, i n *A sort of alum*, Plin 35,15

* Phosphŏrus, i m *The day star, or morning star* Phosphore redde diem, Mart 8,21

Phragmus, i f *An herb, the root whereof helpeth dislocations and pains in the joints*, Plin 32 10

* Phragmites, æ m *A reed, or cane of the sea*, Plin 32,10

Phrasis, is, vel eos f *A phrase, or expression, also the proper form, or manner of speech* Mirer & Lucilius legendi quidem, sed non ut phrasin, id est, corpus eloquentiæ faciant, *Quint* 10, 1 ‖ Quam Græci φράσιν vocant, Latine dicimus elocutionem, Id 8,1

* Phrĕnĕsis f *A frensy, or madness, a distemper arising from the inflammation of the brain, together with a fever*, Plin 24,9 = Cum furor haud dubius, cum sit manifesta phrenesis, Juv 14,136

Phrenēticus, a, um adj φρενιτικός, *qui* φρενιτικός, *Cyr Frantic, that hath the frensy*, Cic Plin 30,11

* Phrĕnītis, idis f *An inflammation of the brain which causeth madness*, Cels 2,1 & 3,18 *ubi el ganter describitur*

* Phronesis *Wisdom* Lat Sapientia, *Plaut Truc* 1, 1, 60

Phryganion, ii n *A sort of animal* Chrysippus philosophus tradidit phryganion, idalligatum remedio esse quartanis, *Plin* 30,11 *quod tamen quale sit ignorare fatetur*

* Phrygiānus, a, um adj *Embroidered, wrought with a needle* Togas rasas phrygianas, *Plin* 8, 48 *sed Harduinus ibi notat MSS omnes habere phrygionias*

* Phrygio, onis m *An embroiderer that worketh needle-work*, Plaut Aul 3,5,34 & Plin 8,48

* Phrygionius, a, um adj *Wrought with a needle* Pictas vestes—acu facere Phryges invenerunt, ideoque phrygioniæ appellatæ sunt, *Plin* 8, 48

* Phrygius, a, um Phrygia vestis, *a garment wrought about with needlework*, Non Phrygius modus, *a cheerful vigorous measure in dancing, or tune in singing*, Mart Cap Phrygius lapis, *a kind of pumice*, Id 36,19

* Phrynion, ii n *An herb, or shrub, good against the poison of the rubeta*, Plin 25,10 = Neuras, poterion, *Id*

* Phrynos, i m *A kind of large venomous frog, living amongst brambles and briars*, Plin 8,31 = Rubeta, *Id*

* Phthiriasis, is, vel os f *The lowsy disease*, Plin 20,6 & 24,9

* Phthisicus, a, um adj *Tissical, or phthisical, he that hath a consumption of the lungs* Phthisicis alvus ci ... Cels 3,22

Phthisis, is, vel eos f *A consumption of the lungs, the phthisic, or tissic*, Plin 28,9 *A disease in the eye, which contracteth and weakeneth the sight*, Paul Ægin

Phthirarus, i m *A sort of fish*, Plin 2, ult

* Phthongus, i m *A sound, tune, or note in music* Saturnum Dorio moveri, Mercurium phthongo, Jovem Phrygio, *Plin* 2, 22 *Lat* Modus

Phthorium, a, um *Causing miscarriage in women* Vinum phthorium vocant, quoniam abortus facit, *Plin* 14, 16 *de Scamonite vino*

* Phu indecl *A sort of nard, a shrub described by* Plin 12,12 = Nardum gr um, *Id ib* who sheweth its use 21, 20

Phy [... G φυ ...] interjectio ex sono conficta *Fy, strange, what! phew!* Phy domi habuit unde disceret, *Ter Adelph* 3,3,55 & *Plaut Pseud* 5,2,5

Phycis, is f *A kind of fish which maketh her nest of seaweed, and there layeth her spawn*, Plin 9,26 & 32,11

* Phycitis m [φῦκος, alga] *A precious stone having the colour of seaweed*, Plin 37,10

* Phycos, thalassion *A kind of seaweed* Phycos halassion, id est, fucus marinus, lactucæ similis, qui conchyliis substernitur, *Plin* 13,25

* Phygethlon, i n *A swelling hard and red, not very deep, but broad*, Cels 5,28

* Phylaca, æ f *A jail, or prison for servants*, Plaut Capt 3,5,9

* Phylacista, æ m *Artificers who dun for their wages, waiting the leve, and seem jailors as it were, or keepers* Trecenti cum stant phylacistæ in atriis, *Plaut Aul* 3,5,44

* Phylactērium, ii n (1) *An amulet, a charm, or spell to prevent harm, cure diseases, gain one's desire*, &c (2) *A phylactery, i e a piece, or scroll of parchment, which having some passage of Scripture (as the ten commandments) written in it, the Pharisees wore on their foreheads and arms, and on the hems of their garments* (1) *Vet Gloss* amolitum φυλακτήριον, *vid* Augustin de catechizandi rudibus c 25 Arnob 2, 39, & 50 (2) *Vid* D Matthæum 23, & *ibi* Hieron

* Phylarchus, i m *The head of a tribe, family, or clan* Ab Jamblico phylarcho Arabum, *Cic* Fam 15,1,5

* Phyllandrion n *A kind of herb that groweth in fens and marshes*, Hermol

* Phyllanthes n *A kind of pricking herb*, Plin 21,16

* Phyllanthion n cognom *An herb used to dy purple*, Hermol ad Plin

* Phyllitis, idis f *An herb called harts-tongue, that hath only leaves, no stalk, flower, or seed*, Jun = Radiolus, *Apul*

* Phyllon, i n *A leafy herb*, taken by some to be the same with *leucacantha*, or *knotgrass*, Plin 27,12 & 22

* Phyma, ătis n *An hard round swelling after a fever, which endeth in suppuration*, Cels 5,28,9

* Phyrama, atis n *The gum of a certain tree*, Plin 12,25

* Physēma, ătis n *Mocca, or an empty bubble instead of pearl, occasioned by thunder in the production*, Plin 9,35

* Physēter, eris m *A great fish of the whale kind, called a whirlpool, spouting out water at the top of his head*, Plin 9, 10 Nutrit Nereus delphinos ... physeteras inhelo..., *Auson* in *Apul*

* Physĭca, æ f [a scientia φύσεων] *Natural philosophy, the knowledge of nature* Latine loquar, nil in hujusce modi verbis, ut philosophiam, rhetoricam, aut physicam, aut dialecticam appellem, *Cic Acad* 1, ‖ *Physica, ea est disciplina quæ naturalis, physica, omnis ... est eam pertractans* Hinc *Apul* physic

* Physica, ōrum n pl *Books of natural philosophy* Nec physicorum quidem oratorem ignarum esse volo, *Cic Orat* 34

* Physice adv *Naturally, like a natural philosopher* Quæ ... physice dicta sunt de virgine, *Cic* N D 2,7

* Physĭcus, a, um *Natural, belonging to natural philosophy* Physica ratio, *Cic* N D ...

* Physĭcus, i m *A natural philosopher, a searcher, inquirer, or student of nature, a virtuoso* Speculator, venatorque, naturæ physicus, *Cic* N D 1, 30 ‖ Ut non solum physici docent, verum etiam medici, *Id*

* Physiognŏmon, onis m *A physiognomist, who by the view of body and face, &c can guess at peoples natures, conditions, and fortunes* Zopyrus physiognomon profitebatur se hominum mores naturasque ex corpore, oculis, vultu, fronte, pernoscere, *Cic de Fato* 5

* Physiŏlŏgia, æ f *Natural philosophy, discoursing, or treating of the nature of things by their causes, effects*, &c Physiologia, id est naturæ ratio, *Cic* N D 1, 8

* Physis f φύσις, natura (1) *Theod Prisc* ut *Justin* genitalia naturalia voc *Nature, one's privy member* (2) Physes plur *Some choice precious stones so called by lapidaries*, Plin 37, 12

* Phyteuma, ătis n *A kind of herb used in charms* Phyteuma quale sit, describere super ... habeo, cum sit usus ejus tantum ad amatoria, *Plin* 27, 12

P ante I

Piābilis, e adj *That may be purged, or expiated* Nonnum terrere, piabile fulmen est, *Fast* 3, 289

Piaculāris, e (1) *Expiatory, having power to atone* (2) Piaculare scelus, *an high piece of villany* (3) Piacularis hostia, *when the beast that was to be sacrificed, either fled from the altar, or bellowed when he was struck, or fell otherwise than it should* (4) Piacularis porta, *a gate of Rome where they used to make atonements*, Fest (1) Piaculare sacrificium *Liv* 29, 21 Victima piaculum, *Id* 29,21 ... *Plin* Paneg c 34 (3) ... de Deo Socrat ... 670 (4) Fest

Piāculum, i n [a piando, quasi aliquod commissum, propter quod expiatio debetur, *Serv*] *Sin* ... act & pass est enim & id quod piatur, & quod piat (1) *Any great* [illegible] (2) *Sacrifice for the expiation, or atonement of some* [illegible] (3) *The perform*[illegible] *of any sacred rite* (4) *A* [illegible], *or cure* (1) Difculit in [illegible] commissa piacula mortem, [illegible] *Æn* 6, 569 *i e* Piacula com[illegible] propter quæ expiatio debe[illegible] Piaculum mereri, *Liv* 9 [illegible] piacula nulla resol[illegible] *Hor Od* 1, 28, 34 (3) Priu[illegible] prodigii piacula inve[illegible] *Liv de diriv Albani la*[illegible] que piacula manibus n[illegible] *Ov* [illegible] 6, 569 (4) Sunt [illegible] qua te ter pure lec[illegible] poterunt recreare libello, *Hor Ep* 1, 1, 37

† Piam[illegible] paragoge serviens fl. x[illegible] quispiam, uspiam, ex [illegible] quæ sunt particula en[illegible]

Piamentum [illegible] [a pio] *An ex*[illegible] *or atonement, or that* [illegible] *offered for it* Februa[illegible] *Fast* 2, 19

Pia[illegible] m [illegible] (1) *An atone*[illegible] (2) Met *A* [illegible] *or cure* (1) *Plin* 25, [illegible] terræ ad piamen[illegible] *Id* Piamenta de b[illegible] in expiatio, [illegible] piamen [illegible] 16

Pia[illegible] um part *To be ex*[illegible] *ed*, Prop 4, 10, 25 [illegible]

Pia[illegible], onis f verb *An ap*[illegible], *or atoning*, Plin 28, [illegible]

P[illegible]tus, um *Atoned for, ex*[illegible] [illegible] ibicum magna ex par[illegible] non leviter piatum, [illegible]

Pi[illegible] [omn a m picus] [illegible] pie, *a magpy, or chatter* (2) *The longing of women* [illegible] when they eat chalk, [illegible], &c (1) Ne[illegible] picæ, *Ov Met* 5, [illegible] (2) *Paul Ægin*

Pi[illegible] um *To be pitched* [illegible], *Col* 12, 18

Pi[illegible] part *Drawing over*, [illegible] *with pitch* Psittaceros [illegible] picantium modo, [illegible] *Plin* 11, 7

Pi[illegible] *The place where* [illegible], or perhaps *dug*, [illegible] Orat 22 & Ulp *de* [illegible]

Pi[illegible], a, um part *Laid over* [illegible] *pitched* Vinum pi[illegible] *preserved, or cured with* [illegible] Plin 14, 1 Mart 13, 107

Pi[illegible], æ f [a pix, picis] *The pitch tree, or rosin tree*, less than [illegible] Lucus nigrantibus piceæ [illegible] *Vir Æn* 9, 87

Pi[illegible] m *The pitch*, or [illegible] Plin 14, 20

Pi[illegible], um adj M[illegible]nus pi[illegible] *is lime-fingered*, [illegible] *every thing he lay*[illegible] *hold of*, Mart 8, 59

Pi[illegible]us, a, um adj (1) *That is* [illegible] *pitch* (2) *Black as pitch* (1) R[illegible] picea, *Plin* (2) Cali[illegible], *Vir Geor* 2, 309 Dentes [illegible] que *Mart* 2, 41, 7

Pi[illegible], a, um adj *Of the co*[illegible] Uva picina, *Plin*

Pi[illegible], *unde* picor, ari, atus [illegible] *pitched or daubed* [illegible] *pitch* Ferventissima [illegible] novo alio rutabulo & [illegible] *Col* 12, 18 Ut [illegible] *Suet Claud* 16

Pi[illegible] f *Bitter lettuce*, [illegible] *hawksweed* [illegible] amaritudo impo[illegible], 8

[illegible]n, vel pictæ, *sc l*[illegible] *and swift ships*, [illegible] *antient Britains used that were rowed with many oars*, Veg 5, [illegible] *al* pinca, unde forte Angl *a pink*

† Pictacium, ii n *A patch that is set on a shoe*, Gell ex Laber 16, 7 *al* pittacium

|| Pictilis, e adj *Painted, or embroidered* Pictiles balthei, *Apul Met* 10, p 356

Pictor, ōris m verb [a pingo] *A painter, or picture drawer* Vident multa pictores in umbris, *Cic Acad Q* 4, 7 ✠ Ea facie, qua pictores fictoresque esse vo[illegible] *Id N D* 1, 29

|| Pictorius, a, um adj *Belonging to painters, or painting*, Dig

Pictūra, æ f [a pingo pictum] (1) *Painting, or the art of painting* (2) *The painting, or things painted* (3) *A picture* (4) *Paint* (5) Pictura textilis, *embroidery* (6) Met *A plan, or design* (1) Certamen picturæ institutum est, *Plin* 35, 9 (2) Animum pictura pascit inani, *Vir Æn*, 1, 468 (3) Tabula, in qua inerat hæc pictura, *Ter Eun* 3, 5, 36 Avehere statuas & picturas, *Tac Ann* 1, 6, [illegible] (4) Nova pictura interpolare vis opus lepidissimum *Plaut Most* 1, 3, 105 (5) *Cic Verr* [illegible], 1 (6) *Plaut Mil* 4, 4, 52

Picturātus a, um Opus picturatum metallis, *done with pictures* Picturatæ auri sub emine vestes, *woven, embroidered*, Vir Æn [illegible], 48. Volucres picturata, *speckled*, Claud *ad Seren* 3 Picturatu[illegible] mortuum floribus agger, *adorned*, Stat Theb 6, 58

Pictus, a, um [a pingor] part & adj or, comp (1) *Painted, pictured, drawn* (2) *Embroider*[illegible], *wrought with divers colours* (3) *Set out, adorned, garnished, trimmed* (4) *Speckled, spotted* (1) Pictus acu [illegible] vidis late ignibus *Varr in Marcip ap Non* Tabulæ pictæ, *Cic de Cl Orat* 75 Tabellæ pictæ *Hor Sat* 1, 1, 72 (2) Tapetia picta, *Vir Æn* [illegible] 27 Tegmina picta, *Prop* 4, 4, 53 (3) Lysia nihil potest esse pictius, *Cic de Clar Or* 85 *Met* Controversia in sententiolis vibrantibus picta, *Petron* c 118 (4) Panthera picta, *Ov Met* 3, 669 volucres, *Vir Geor* 3, 243 plumæ, *Phædr* [illegible], 18, 8 Lacerti picti terga squalentia, *Vir Geor* 4, 13

|| Picula, æ f dim [a pix] *A little piece of pitch*, Veg [illegible]

* Picumnus, i m *avis*, eadem cum pico martio, *Non* [illegible] *Deus quidam, vid* Propr

Picus, i m [a Celt bec *vel* pec, rostrum, vel a πείρω, *i e* ξύω, quod arbores tundat, unde & Gr nomen πελεκᾶς accepit] (1) *A bird which maketh holes in trees, or picketh her meat under the bark of them*, of which there are several kinds, a woodpecker, a [illegible]pecker, an hickway, or heighhould, a French pye, a whitwall (2) *A griffin* (1) *Plin* 10, 18 Martius picus avis, *Ov Fast* 3, 37 (2) Pici divites qui aureos montes colunt, *Plaut Aul* 4, 8, 1 *interp Non*

Pie adv issime, sup (1) *Piously, religiously, devoutly* (2) *With a safe conscience* (3) *Affectionately kindly lovingly* (1) Piissime & fortissime tulit, *Sen ad Polyb* 34 (2) Neque fieri, neque me satis pie posse, arbitror, *Ter Adelph* 3, 4 13 (3) = Pie & humane facere, *Cic Fin* 11, 27

|| Pientissimus, a, um sup *Most pious and devout, or kindly affectioned* Sæpe occ *in antiq Inscript ap Grut*

Piĕtas, ātis f [a pius] (1) *Devotion, religion, reverence of the gods* (2) *Love of one's country* (3) *Natural love of parents to children* (4) *Dutifulness of children to parents* (5) *Kindness of relations to each other* (6) *Kindness and attachment to friends* (7) *Justice, righteousness* (8) *Clemency, pity, compassion* (9) *Loyalty, duty, obedience* (1) Pietas erga deos est honesta de numine eorum ac mente opinio, *Cic pro Domo*, 41 (2) Pietas cum sit magna in parentibus, & propinquis, tum in patria maxima est, *Cic Somn Scip* 3 = Nimia pietas & summus amor in patriam, *Id pro Flacc* 38 (3) Pietas erga liberos, *Cic* (4) Pietas est voluntas grata in parentes, *Cic pro Planc* 33 (5) Pie ate propinquitas colitur, *Cic pro Quint* 6 (6) ✠ Ego omni officio, ac potius pietate erga te, ceteris satisfacio omnibus, *Cic Fam* 1, 1, 1 (7) Di, si qua est cœlo pietas, quæ [illegible] curat, persolvant grates dignas, *Vir Æn* 2, 536 *vid locum* (8) *Nep Attic* 5 ✠ rigor, *Claud* (9) *Nep Agesil*

Pigendus, a, um part *To be repented of, that one hath cause to repent of, or be sorry for* Posci ab invita verba pigenda lyra, *Prop* 4, 1, 76

Pigeo, ēre, ui n *To think much of, to be loth, or unwilling to do, to grieve, vex, or trouble* Nequid faxit quod nos postea pigeat, *Ter Phorm* [illegible], 21

Piget, & itum est, *Gell* impers [ab ἐπείγεται, *i e* urget, *ut* pudet ab ἐνδεῖται] *It irketh, grieveth, or repenteth* Ne id te pigeat proloqui, *Plaut Aul* 2, 2, 33 ✠ Piget ad futurum spectat, pudet ad præteritum, piget me facere, pudet me fecisse, *Serv* Pudet verecundiæ est, piget pœnitentiæ, *Non* Pudet ejus quod turpe est, piget ejus quod dolet, & molestum est, *Perot*

Piger, a, um or, comp errimus, sup [a pigeo, ut a rubeo ruber, sed non incommode a פגר cadaver, piger enim cadaver animatum] (1) *Slow, slothful, sluggish, dull, lazy, heavy* (2) *Slack, long before one doth a thing* (3) *Long and tedious in doing* (4) *Unactive, listless* (5) *Benumbed* (6) *Costive bound* (1) Mane piger stertis? *Pers* 5, 132 Interdum piger, interdum timidus videbare, *Cic Fam* 7, 17 = Impetus tardior pigriorque, *Val Max* 7, [illegible], 10 (2) ✠ Sit piger ad pœnas princeps, ad præmia velox, *Ov ex Pont* 1, 12, (3) Bellum pigrum, *Ov Fast* 2, 27 Pigerrimus ad literas scribendas, *Cal ad Cic Fam* 8, 1 (4) Senectus piger, *Ov Met* 10, 396 Situs piger, *Id Am* 2, 3 (5) Serpens frigore pigra, *Ov Met* 1, 17[illegible] (6) Pigra alvus, *Cell*

Pigmentarius, ii m (1) *A maker, or seller of paint for women, or painters colours* (2) *An apothecary, or druggist* (1) *Cic Fam* 15, 17 (2) *Martian*

|| Pigmentātus, a, um part *Trimmed with painting, set off, adorned, spruced* Pigmentato meretrix crine, *Prud Ham* [illegible]15 † Pigmento obductus

|| Pigmento, are act *To paint, or varnish*, Arnob † Pingo, Tertullian

Pigmentum, i n [a pingo] (1) *Women's paint* (2) *Painters colours* (3) Met *The figures or flourishes in rhetoric* (4) *Also a pretence, or disguise* (5) *Also a perfume* (1) Non isthanc ætatem oportet pigmentum ullum attingere, *Plaut Most* 1, [illegible], 106 (2) Aspersa temere pigmenta in tabula, *Cic de Div* 1, 13 (3) Aristotelica pigmenta, *Cic Att* 2, 1 (4) = Sententiæ veræ, sine pigmentis fucoque puerili, *Cic de Orat* 2, 45 (5) *Hieron*

Pignĕrandus, a, um part *That is to be taken as a pledge, or in distress* Bona pigneranda pœnæ præbebant, *Liv*

|| Pignerātio, ōnis f verb *A pledging or pawning, a distraining, or seizing*, Caius JC

|| Pignerātitius, a, um *Belonging to pawns, or mortgages, also put to pawn, or laid for mortgage*, Dig Pigneratitius creditor, *that may take a pawn*, Ulp

Pignerātor, ōris m verb *He that taketh a pledge, or pawn for surety of payment* Publicanus petitor & pignerator, *Cic Verr* [illegible], 11

|| Pignerātrix, icis f *She that taketh pawns*, Dig

Pignerātus, a, um part act (1) *Having engaged or assured* (2) Pass *Laid to pledge, engaged* (1) Primus Cæsarum, fidem militum etiam præmio pigneratus, *Suet Claud* 10 (2) Velut obsidibus datis pigneratos haberent animos, *Liv* 24, 1

Pignero, āre act (1) *To lay to gage, to mortgage, or pawn a thing* (2) *To take to pawn, to receive as a pawn* (1) Ut ex auro matris detractum unionem pigneraverit ad itineris expensis, *Suet Vitell* [illegible] (2) Rubrenus, cujus & alveolos & [illegible] pignerat Atreus, *Juv* 7, 73 ☞ *Sic Stephanus & alii bonæ notæ Lexicogr* [illegible] *prosæ* [illegible] *utiq, accipientes, a quibus mihi fas sit discedere, cum hanc verbi notionem nusquam alibi reperiam, cumque Atreus sit nobilis tragœdiæ argumentum sic enim* [illegible] Rubreni Lappæ *tragœdia Atreo*, pigneratur sæpe eadem, nisi mallet in ea scribendum fame perire, *ut quidem sentius acutior videtur*

Pignĕror, āri, atus sum dep (1) *To take a pledge, or gage* (2) Met *To assume to himself, to challenge as his own* (1) [illegible] *R P ap Non* (2) Mars [illegible] ex acie fortissimum quemque pignerari solet, *Cic Philipp* 14, 12

Pignŏratus, a, um part *Being engaged as by a pledge* [illegible] dem milites præmio pigneravit, *Suet Claud* 10

† Pignoriscapio, onis f *The taking of a pledge, or gage*, Varr *ap Gell* 7, 10

Pignus, ŏris & ĕris *ant* [etym incert] (1) *A pawn, a pledge, a gage, a mortgage* (2) *A pawn, or forfeit* (3) *A token, proof, testimony, assurance, or security* (4) *A wager* (5) *A child, i e* the pledge of love between man and wife (6) Sometimes it is extended to other relations, and comprehendeth children, wife, parents, grandchildren (1) Donicum pecuniam satisfecerit, ut delegarit pecus & familia, quæ illic erit, domino pignori sunto, *Cato*, c 149 Ager oppositus est pignori ob decem minas, *Ter Phorm* 4, 3, 56 (3) Ut nostro genitum te sanguine credas, pignora certa petis, do pignora certa timendo, *Ov Metam* 2 91 Pignora injuriæ, *Cic Philipp* 13, 3 amoris, *Liv* Ancilia & Palladium Romani imperii secreta pignora, *Flor* 1, 2 (2) Quis, unquam, tanto

tanto damno senatorem cœgit ? aut quid est ult a pignus, aut mulctam ? Cic Attic 1, 12 (4) A me contendet factum quovis pignore, Phædr 4, 20 Quovis pignore contendunt te esse Sabinum, Catull 4, 2, 4 (5) Pignus inauspicatum sanguinis mei, Sen Oedip 1022 Sæpius in plur Uteri pignora nostri, Ov Met 8, 490 (6) Obsecratio illa judicum per charissima pignora, utique, si reo sint liberi, uxor, parentes, utilis erit, Quint 6, 1 Pignora chari nepotis, Ov Met 3, 134

Pigrè adv ius, comp Slowly, dully, heavily Pigrè inservitu em transiens, Sen de Ira, 2, 17 Pigrius intrante flumini ad pullos, Plin 10, 24

|| Pigreo, ere n Corn in Pers

† Piger sum

Pigresco, ĕre, ui incep To slacken, abate Mox pigrescit, Plin 18 18 de Nilo

Pigritia, æ f & pigrities, ei f [a piger] (1) Slothfulness, laziness, sluggishness, lothsomeness, irksomeness (2) Leisure, ease (1) ≡ Negligentia pigritia, inertia quidam sic impediuntur, ut, &c Cic Offic 1, 9 (2) In dis ingenuæ munera pigritiæ, Mart 12, 1

† Pigro, are n To stop, or delay, to be slow, or sluggish ✠ Moras pigritie, quam properare est melius, Acc ap Non

Pigror, ari, atus sum dep To be slow, to be lothe to do a thing Tu, quæso, cuicquid novi scribere non pigrere, Cic Attic 14, 1 Vid & Lucr 1, 409

Pigror, oris m [a pigreo, ut a nigreo nigror] Sluggishness ≡ Oppressit languore pigror, torpor quaque netem, Lucil Sat 10 ap Non

Pila, æ f [a pilus, quibus fareitur, Fest vel a πάλλω, quod sign pilam, Eust] (1) A ball to play with (2) Any round thing like a globe, a physician's pill (3) The effigies of a man, or woman, made of pieces of rags, stuffed with straw, wherewith wild beasts were enraged (1) Ad pilam aut ad talos se conferunt homines, Cic de Orat 3, 15 Dii nos quasi pilas homines habent, Plaut Capt prol 22 Terra pilæ similis Ov Fast 6, 269 (2) Pila quæ traduis lapet cennis, sheep urdles, Scien Nunc in pæteris parcius esse pilas, turneps, Mart 1, 30 (2) Jactat ut impositas taurus in astra pilas, Mart Spect 22 Quam us erat cornu, cui pila taurus erat ? Id ibid 9

Pila, æ f pl [a piso, i e pinso, quæ pistula pili, ut quasillus qualus, al a πιλεῖν, densare, quod fit tundendo] (1) A mortar and pestle to beat things with (2) A square pillar, a pilaster (2) A pile, a mole, a dam, or bay to break or stay the course of water (4) A prop, or buttress (5) also a shop (1) Pilam ligneam unam, fistulosi unam, Cato, c 10 (2) Pilas ex lapide angulari, Cato c 14 (3) Vitruv 5, 4 (4) Sen (5) Contubernales a pileatis nona fratribus pila, Catull 37, 2

Pilans, tis part [a pilo, are] (1) Pillaging, ransacking (2) [a pilum] Fastning, sticking, darting (1) Inimicos castra pilantes, Amm Marcell 31, 2 (2) Serv

Pilanus, i m A soldier that fighteth with the javelin called pilum, a lancier, or pikeman, these stood in the rear ✠ Hastati dicti, qui primi hastis pugnabant, pilani qui pilis, Varr L L 4, 16

≡ Pilani triarii quoque dicti, quod in acie tertio ordine extremis subsidio deponebantur, Liv 1, 20

Pilarius, ii m A juggler that playeth pass and repass, a ball player, a tosser, or handler of balls, one who sheweth hocus pocus tricks with them, Quint 10,

Pilates, æ m A kind of very white stone Lapis candidior quam pilates, Cato ap Fest p 367

Pilatim adv [per pilas, i e columnas] (1) Pillar by pillar, by, or at every pillar (2) Also thick, close (1) Quæ pilatim aguntur ædificia, Vitruv 6, 11 ≡ Pila im exercitum duxit, Scaur i e strictim & densè, vid Scal ad Fest

Pilatus, a, um [a pilum] Armed with the pilum Pilata agmina, Virg Æn 12, 121

Pilatus a, um part [a pilo, are, i e depilo] Shaved, having the hair plucked off Atque pilata redit, iam sic subitque cohors, Mart 10 65 Sed Servius & Scal non ut al Et pilata ad pilum sed telum referentes

Pileatus, a, um adj Wearing a cap, or bonnet Turba pileatorum currum sequentium, Liv Pilea tu puerls, Suet Neron 57 Pileati servi, were such as the merchant who sold them did not engage for, Gell 7, 4 Pileati fratres, Castor & Pollux, Catull 35, 2

Pilentum, i n [quasi ben- pilatum, i e compressum, vel quia pilosis pellibus contegebatur, vel πιλητόν, lana coacta, quæ forte in structum erat, ut monstratus fecerunt] A sort of chariot, or coach, that the Roman ladies were carried in, when they went to perform the holy rites, or mysteries of their religion Honorem ob eam munificentiam ferunt matronis habitum, ut pilento ad sacra ludosque carpentis festo profestoque uterentur, Liv 5 25 Pilentis matres in mollibus, Virg Æn 8, 666 confer Hor Epist 2, 1, 191

Pileolum n vel pileolus, i m dim [a pileus] (1) A little bonnet, or cap (2) A sort of covering to defend the tops of trees from the frost (1) Pileolum nitidis imposuisse comis, Ov Her Ep 1, 12, 15 Pileolum textura breve, literam (2) Col de Arb 25

* Pileum, i n [a Gr πῖλος, quod πιλητόν] A cap Hoc nobis pilea donant, Pers Sat 5, 82

* Pileus, ei m a πῖλος, quod id sign ap Hesiod & Aristot al a pilis quos tegit, Serv vel ex quibus fit [a πῖλος, lana coacta, quod ex ea fieret] (1) An hat, cap, or bonnet to cove the head (2) The membrane which incloseth the fœtus (1) Ut ego hic hodie raso capite calvus capiam pileum, Plaut Amph 1, 1, ult The Roman cap was not much unlike our nightcaps, or our seamens caps It is put also for liberty, hence, Servum ad pileum vocare, to give him his freedom, which they did by first shaving his head, and then putting a cap upon it, Liv (2) Vid Salm ad Sol n p 659

Pilicrepus m [ex pila, & crepo] He who supplied the fire of the stove or hothouse with pitch balls when people were to bathe, or perhaps only one who playeth at ball which maketh a noise in the rebound Si vero pilicrepus supervenerit, & numerare cœperit pilas, Sen Ep 56 interpr Cal Rhodig quam quidem interpr illustrat ex Stat Sylv 1, 5, 57 Sed iste locus de pila trigonali potius accip ei dus videtur Lucem quo

que adferre conatur ex Vitruv 5, 10 sed iste locus simpliciter de quacunque sphærula sive globulo loquitur In posteriorem itaque sententiam, quæ est Lipsii, lubentius eo

|| Pililudius, ii m [quia pila ludit] A ball player, one that can play many tricks with balls, tossing them every way, before and behind him, Scal ex Manil

† Pilarius, Quint

* Pilo, are act pl [a Gr πιλόω, denso] (1) To thicken, to thrust, or drive close, to thwack together (2) Also to pilfer, or pillage other mens goods (1) Serv (2) Singulis pilabat, Petron c 44 parium, Id c 4; usitatius in compositis rep Hinc Angl to pill, and to pil-

Pilo, are neut [a pilus] (1) To put forth hairs, to begin to be hairy (2) Act To peel, or pull off the hair, to make bald (1) Corpus meum nunc pilare primum cœpit, Afran (2) Teque pilare tuos efficere nates, Mart 6 56

Pilosus, a, um adj or, comp Full of hair, hairy Pilosæ genæ, Cic in Pison 1 Folium pilosius, Plin 20, 16

Pilula, æ f dim (1) A little ball, a round knob, any thing round like a ball, a pill (2) Sheeps dung (1) Pharmaca illa in globulos conformata vulgò pilulas nominamus, Plin 15, 7 (2) Sordes caudarum concretæ in pilulas, Plin 29, 2 de ovibus

Pilum, i n [quasi pisilum, a piso ant pio pinso] (1) A pestle, or pounder, to bray any thing in a mortar with (2) [a forma pili, gen a pilus, in priore sign] A javelin, or dart of five foot and an half long, which footmen did use, having a three-square head of steel nine inches long (1) In pilis subigito, Cato Pilum fabarium unum, Id R R 10 Pilum ruderarium, a rammer, Id ibid (2) Caput abscidit, idque affixum gestari jussit in pilo, Cic Philipp 11, Primum pilum, the chief band of the Romans about the standard, the eldest, or first company in a regiment, Cæs B C 1, 46 Pilo per cassidem caput ictus, Id Pila in hostes conjicere Id B G 1, 52

Pilus, i m (1) The van of an army (2) Also the same as pilum (1) T Belventius primum pilum duxit, Cæs B G 5, 35 (2) Plerisque centurionum maturius jam primos pilos ademit Caligula, Suet in vita, 44 i e munera primipilariorum

Pilus, i m [a πῖλος, Becm] (1) An hair on the head, beard, or other part of any creature (2) A thing of no value (1) Muniæ sunt palpebræ tanquam vallo pilorum, Cic N D 2, 57 In capite cunctorum animalium, homini plurimus pilus, Plin 11, 37 (2) Ego nè pilo quidem minus me amabo, Cic Q fr 2, ult Ne faceret pili cohortem, valued it not an hair of his head, Catull 10, 13

* Pinacotheca, æ f A place where pictures, and other ornaments are kept In pinacothecam perveni vario genere tabularum mirabilem Nam & Zeuxidis manus vidi, Petron 43 ejus situs vid ap Vitruv 6, 7

Pinaster, tri m A wild pine tree, Plin 16, 10

Pinax, acis m [πίναξ, tabula] A board in the upper part of the organ, whereon the pipes stand, Vitruv 10, 8 A tablet, or frame of a picture, a table book, also a table to eat and drink on,

unde Eustath ducit a πιν, bibo It is also used for the index of a book

Pincerna, æ f [ex πιν & κιρνάω, Bud qui miscet vinum & bibatur] A butler, a skinker, that waiteth on a man's cup, a cup-bearer, Lampr Alex 41

Pinguescens, tis part ...

† Pindo, ere Cornut in Pers i e ferio, percutio, unde pinso, pindo est pilo tundere, vel voc pindo, παίσσω, Onom to pound, or beat as in a mortar † Stringo pinso

Pinea, æ f sc nux or (1) A pine tree (2) || A whirl pool that riseth the dew on high (1) Col 5, 10 (2) Litt ex Apul

Pinetum, i A wood of great pine trees Pineta Lycæi Ov Met 1, 217

Pineus, a, um Of, or belonging to a pine Lignum pineum, Plin 34, 12 Pinea sylva, Virg Æn 11, 85 Pinea velamina, a tent of pine leaves, Luci 4, 351 caul tiu, made of pine wood, Virg Æn 2, 258

Pingendus, a, um part To be painted, Met to be illustrated, or adorned ≡ In verbis pingendis illuminandis sententiis, Cic de Orat 37

Pingo, ĕre, xi, ictum act quasi fingo, Scal vel a φέγγω, illumino] (1) To paint, to describe, to draw out the shape and form of a thing (2) To stain, or daub (3) Met To describe (4) To garnish, trim, deck, or set out, to grace, or beautify (5) To invent, or feign (1) Juvenile decus mihi pingere malas cœperat, Ov in Pison In mensa pingere castra mero, Tib II 1, 10, 32 (2) Sanguineis frontem moris pingit, Vir Ecl 6, 22 Seminà pallor is omnia pingunt, make them look pale, Luci 4, 337 (3) Pingam Britanniam coloribus tuis, penicillo meo, Cic Q fratr 2, 16 (4) Pinge humum, consperge ante ædes, strew it with flowers Plaut Stich 2, 2, 28 (5) Pingere nunc eat fas didicit, cur sola cubaret, Tib 1, 6, 11

Pingor, i, ictus (1) To be painted (2) To be adorned (1) ✠ Alexander ab Apelle potissimum pingi & a Lysippo fingi volebat Cic Fam 5, 12 (2) Qum pictaret ping, cum muncrum, Plaut 2, 2, 9 Vid Pingo

Pingue, is n The fat between the skin and the flesh Omnes impendunt curas denso distendere pingui, Vir Geor 3, 124 In plur Camelorum & pan herarum pinguia, Plin 28, 9

Pinguedo, inis f Fatness, or grossness Pinguedo corporis, Plin 2, 8 Scal Cretæ hic quam alibi ept pinguitudinem vocat, Serv tamen ait pinguedo non esse Lat vox

Pinguefacio, ĕre, ci c cum ct To make fat, to fatten Plin 44 R occ ≡ Opimare, Col ... gignere, Cic

Pingefio, i, ri To be fat, Lucr 1, ... or to be made fat ... Col

Pinguescens, tis part Growing fat Pinguescens inci ... 15

Pinguesco, ĕre, incept (1) To grow fat (2) To be enriched with or fruit ... (1) Congesto ... or pinguescere corpore corp ... Mar 15 99 (2) Sanguine nostro lator Hæmi pinguescere campos, Vir Geor 1, 492

Pinguitudo, inis m ... Camarius sum, pinguia fat ...

[illegible] nium, *Mart* 11, 101 *de*

Pinguis, e or, comp ssimus, sup (1) *Fat* (2) *Plump, in good* [illegible] (3) *Thick, gross, foggy* (4) *Corpulent, unwieldy* (5) [illegible] *lumpish* (6) *Fruitful* (7) *Thick coarse* (8) *Rude,* [illegible] (1) Ovium pingue, [illegible] 6, 516 Pinguior glis, [illegible] Pinguissimus hædu-[illegible] (2) = Pingues & [illegible] Thebani, *Cic* de Fato, [illegible] pingue & concretum cœlum, [illegible] 1, 5 ✠ Tenue, pu-[illegible] (4) *Quint* (5) [illegible] cognomen pinguis da-[illegible] 1, 3, 58 (6) Cam-[illegible] pinguis, *Prop* 4, 5, 5 Eheu [illegible] macer est mihi tau-[illegible] *Vir Ecl* 3, 100 (7) [illegible] *Suet Aug* 82 (8) Pingue ingenium, *Ov Met* 11, 148 Pinguiorum rusticorum lite-[illegible] 14

Pingui[illegible] adv (1) *Thickly,* [illegible] (1) Solum [illegible] *Col* 2, [illegible] (2) [illegible] & pinguiter dentus, [illegible]

|| Pinguities, ei f *Fatness,* [illegible] *Apul Met* 10 ✝ Pin-[illegible] *Col* Pingue, *Plin*

Pinguitudo, inis f *Grossness,* [illegible] Olei pinguitudo, *Col* 12, [illegible] Cicer faba, hordeum afficit [illegible] pinguitudinem, *Varr R R*

Pinifer, fera, ferum adj [illegible] *or abounding with pine trees* [illegible] pinifcrum Atlantis, [illegible] 249 Rupes piniferæ, [illegible]

Piniger, ra, rum adj *Pine* [illegible] Pinigerum Fauni caput, [illegible] 81 Piniger Othrys, [illegible] 6, 92

* Pinna, æ f [a Gr πίννα] (1) [illegible] *which some call a na-*[illegible] (2) *The fin of a fish* (3) [illegible] *pinions, or larger feathers* [illegible] (4) *Feathers used by* [illegible] (5) *and in arrows* [illegible] *in the crest of an* [illegible] (7) *A wing of a bird* (8) [illegible] *battlement in a* [illegible] *fortification* (1) Pinna [illegible] patula conchis, [illegible] & *Plin* 9, 42 [illegible] vice datæ sunt [illegible] 9, 20 (2) Gallina-[illegible] *Varr* ✠ his rebu-[illegible] emundant aves, [illegible] (4) Si feras lineis & [illegible] continuis, *Sen* (5) [illegible] men pinnæ tres, ve-[illegible] solent, circumdabantur, [illegible] Pinnæ — quas insigni [illegible] in galeis solent, [illegible] pinnarum af-[illegible] Minerva, *Cic N D* 3, 23 [illegible] pinnis apta, *Apul* [illegible] *words,* Hom [illegible] Qui mihi pinnas inci-[illegible] eisdem renasci, *haa* [illegible] *wings, lessened my au-*[illegible] *Cic* (9) Argenti loricam [illegible] adjecit, *C s B G* 7, 72 [illegible] sicut alibi fastigium [illegible] *Curt* 9, 4, 30

Pinnatus, [illegible] adj *Woolly, hav-*[illegible] *wooll as is about the* [illegible] *called a naker* Villus, [illegible] pinnalis, *Plin*

Pinnatus, a, um adj (1) *Fea-*[illegible] (2) *Jagged,* or [illegible] *battlements, notched in* [illegible] (3) *Pointed, sharp,* or [illegible] (4) Pinnata plu-[illegible] *stuck with birds fea-*[illegible] *or quills* (1) Diana pinna-[illegible] Cupidinem genuisse fertur, [illegible] *D* 3, 23 (2) Folium pin-[illegible] *Plin* 16, 10 (3) Pinnatus [illegible] *Plin* 37, 7 (4) *Grat*

Pinniculum, i n *Pallad* 4, 1 *al quod* penicillum, *q v*

* Pinniger, ra, rum adj (1) *That hath fins, finned* (2) *Wing-ed* (1) Piscis pinniger, *Ov Met* 13, 963 (2) Pinnige. amor, *Lucr* 5, 10 4 *al.* penn ger

* Pinnirapus, i m Pinnirapi secutores (*al* secutores) gladiatores, quod pinnas rapiunt, *Isid a fencer,* or *swordplayer, who with a net he hid, was to surprize his adversary, and catch off the crest of his helmet, which was adorned with peacocks plumes, in token of victory,* Juv 3, 158

* Pinnophylax, cis [πίννης φύλαξ, qui & πιννοτήρης dicitur] *A little small fish like a shrimp,* which waiteth on the naked fish, and as he openeth, and little fishes pass by, giveth him a prick that he may close his shell and catch them, and he at the same time going in taketh his share, *vid* Plin 9, 42

* Pinnotheras, æ m *The same as pinnophylax,* Plin 9, 42 & 32, ult

Pinnula, æ f dim [a pinna] (1) *A little quill,* or *feather* (2) *A little fin of a fish,* or *any thing like it* (3) *A little wing* (4) *The upper part,* or *tip of the ear* (5) Pinnula plur *Certain ornaments of rich feathers, which were fastned to broad caps by golden needles* (1) Inhibetur gallinæ cupiditas incubandi, pinnulâ per nares trajectâ, *Col* 8, 5 (2) *Plin* 9, 57 (3) Cum pulli pinnulis uti possunt, *Cic N D* 2, 52 *sed al leg* pennulis (4) *Isid* (5) Ego has habebo hic usque in petaso pinnulas, *Arg Amphitr Plautini,* 14

Pinsatio, onis f *A pounding* Vectibus ligneis de curiis inductis crebriter pinsit one solidetur, *Vitruv* 7, 1

Pinsito are freq *To pound in a mortar* Qui polentam pinsitant, *Plaut Asin* 1, 1, 18 *ubi al* pransitant

Pinsitus, [illegible] atus part *To be pounded,* Lat ex Plin

Pinsitus, a um part [a pinsor] *Brayed, bruised, stamped, beaten, pounded* Radices porri cum farre triticeo pinsitæ, *Col* 6, 10 Pinsum pinsitum, *Id* allium, *Id* hordeum, *Id*

✝ Pinso, are, *To bray, or pound,* Varr R R 1, 63

Pinso, ere ui & si, *Varr,* itum & sum, & pinsum, *Vitruv* act [a Gr πτίσσω, antiq piso, *Diom* ut a πτέρα, penna, *Scalig* & n interpos. pinso] (1) *To bruise, stamp, pound,* or *bray as in a mortar* (2) *To knead* (3) *To peck,* Met *to mock,* or *scoff* (1) Ali uvam passim & ficum cum pinserunt, affundunt sapam, *Varr R R* 3, 16 (2) ✠ Cum interim neque molis molui, neque palmis pinsui, *Pompon ap Diom* Pinsunt terram genibus, *Ennius ap Diom* (3) A tergo quem nulla ciconia pinsit, *for one sort of gesture used by the antients in their derision of others, was by their fore finger directed towards him they derided, by often moving whereof bent, they imitated a stork pecking with his beak,* Pers 1, 58

Pinsor, oris m *A pounder of corn to make bread of,* Varr

|| Pinum, i n *The gum, or oil of pine,* Solin

Pinus, i & ûs f (& in m) [a Gr πίτυς, t in n mutato] (1) *A pine tree* (2) Meton *A ship* (1) Ipsæ thymum pinosque ferens, *Vir Geor* 4, 112 Non minus est admirandum de cupressu & pinu, *Vitr* [illegible] 21, 9 Sub hac pinu, *Hor Od* 2, 11, 14 Pinum antiqui acutum vocabant, *Isid* (2) ✠ Non hunc Argoo contendit remige pinus, *Hor Epod* 16, 57

Pio, are act [a pius] (1) *To worship* (2) *To respect, love,* or *shew great kindness to* (3) *To purge, expiate, appease,* or *atone* (4) *To pollute,* or *defile* (1) Ubi piem pietatem, *Plaut Asin* 3, 1, 7 (2) Nemo est, qui magis suos piet liberos, *Nov* ap *Non* (3) Culpam mist[illegible]orum morte piabunt, *Vir Æn* 2, 140 Nefas triste piare, *Id Æn* 2, 184 (4) Piare dicitur impiare, contaminare, *Non*

Pior, ari, atus pass *To be expiated,* or *atoned* Delubra piantur cædibus, *Sil* 4, 821

Pipātus, ûs m *The cry of chickens* Pipatus pullorum, *Varr L L* 6, p 81

Piper, eris n [a Gr πέπερι, quod a πέπτω, quia est concoctionem, et ino[illegible] est vox Indica, *Glen* qui hodie *pp li & pimpilim* voc] *Pepper* Piper minutum, *Petron* c 138 rugosum, *Pers* 5, 55

Piperatus, a, um adj *Peppered, seasoned with pepper* Acetum piperatum, *Col* 12, 47 Ficedulam inveni piperato vitello pipe[illegible]tam, *Petron* c 3[illegible]

* Piperitis, idis f *An herb called Callicut pepper, pepperwort, Spanish pepper, dittander,* or *cockweed,* Plin 20, 3 = Siliquastrum, lepidium, *Id ibid ubi & describit*

Pipilo, are *To chirp* Ad solam dominam usque pipilabat, *Catull* 3, 10 *de passere ubi al* pipiabat

* Pipio, ire, ivi, itum [a Gr πιπίζω, quod ex sono confictum *Hesych*] *To peep like a chicken,* Col 8, 5

|| Pipio, onis m [a pipiendo] *A young pidgeon,* Lampr

Pipo, are *To cluck as an hen* Pipare proprie gallinæ dicuntur, *Non* Mugit bos, ovis balat, equi hinniunt, gallina pipat, *Varr* ap *Non*

Pipulum, i n *vel* pipulus, i m *A railing, scolding,* or *outcry against any one* Pipulo hic differam ante ædes, *Plaut Aul* 3, 2, 3[illegible] *i e* convicio, *Varr Non Fest*

* Pirata, æ m (1) *A robber on the sea, a pirate, a pickaroon a corsair, a rover* (2) *A land thief* (1) ✠ Pirata non est ex perduellium numero definitus, sed communis hostis, *Cic Offic* 3, 29 (2) Qui in pop Rom pirata nefarius reperiatur, *Cic Verr* 5 = Latro, *Id ib*

Piratica, æ f *Piracy,* or *roving on the sea* Piraticam facere, *to turn pirate,* Cic post red in Senat 5

Piraticus, a, um adj *Of,* or *belonging to pirates,* or *rovers on the sea* Piraticus Myoparo, *Cic Verr* 5 lembus, *Curt* 4, 5, 18

Pirum, i n *A pear* Pirum superbum, *a water pear,* Plin Armenium, *a winter pear,* or *St Thomas pear,* Id ampullaceum, *a tankard pear,* Id circurbi um, *a bell pear,* Id hordearium, *a musk pear,* Id decumanum, *a pound pear,* Col quem & plura genera tractantem v 12, 10 & *Plin* 15, 15 *al scrib* pyrum

Pirus, i f [a Gr ἄπιος, per Apoc & r inserta] *A pear tree* Insere nunc, Melibæe, piros, *Vir Ecl* 1, 74

Piscāria, æ f (1) *A place where fish is sold, a fish market* (2) *A selling of fish* (1) Nullus in piscaria piscis erit, *Varr* (2) *Ulp*

Piscārius, a, um adj *Pertaining to fishing, fish,* or *fishermen* Piscarium forum, *the fish market,* Plaut Curc 4, 1, 13 Piscarius hamus, *a fish hook,* Id Stich 2, 2, 17

Piscārius, ii m *A fishmonger* Inter piscarios nemo vendebat, *Varr*

|| Piscātio, onis f *A fishing,* Non ✝ Piscatus, *Cic*

Piscātor, oris m verb *A fisherman* Pythius ad se piscatores convocavit, *Cic Offic* 3, 14

Piscātōrius, a, um adj *Belonging to fishers,* or *fishing* Navis piscatoria, *a fisherman's boat,* Cæs B C 2, 4 Piscatoria linea, *fishing lines,* Plin 24, 9 arundo, *a fishing rod,* Id 16, 36 Piscatorium forum, *the fish market,* Col ☞ *De piscatoriis ludis & ære piscatorio, vid Fest.*

Piscatrix, icis f verb *A kind of frog fish in the sea so called,* Plin 9, 42

Piscātus, ûs, (ti, *Non*) m verb (1) *A fishing,* or *the act of fishing* (2) *Plenty of fish* (3) *The eating of,* or *feeding upon fish* (4) || *A fish market* (1) Piscatu, aucupio, venatione vivere, *Cic de Fin* 2, 8 *Met* Piscatus meo quidem animo hic tibi hodie evenit bonus, *a rich lover,* Plaut Bacch 1, 1, 69 (2) Ipse Neptuno non credetet de piscatu, *Varr R R* 3, ult (3) Vino & victu & piscatu probo, *Plaut Most* 3, 2, 41 (4) *Apul* ✝ Forum piscatorium, *Col*

✝ Pisciceps, ipis qui pisces capit, ut auceps qui aves *A fisher,* Varr L L 7, 23 ✝ Piscator, *Cic*

Pisciculus, i m dim [a piscis] (1) *A little fish* (2) *A fish* (1) Pisciculos exultantes videmus, *Cic N D* 2, 48 (2) Olei & pisciculos minutos fereb it puer, *Ter Andr* 2, 2, 31

Piscīna, æ f (1) *A pool,* or *fishpond, a stove to keep fish in* (2) Also *a tank,* or *place to bathe in* (3) Also *a great vat,* or *treen vessel to hold water,* and may be used for *a cistern,* &c for that use (4) *A pool,* or *pond to water beasts at,* or *to keep geese, ducks,* &c (1) Vid *Varr* 3, 3, & 17 & *Plin* 9, 17 (2) Si natare lubitus aut tepidius velis, in area piscina est, in proximo puteus, *Plin Ep* 5, 6 (3) Piscina ligneæ, *Plin* 24, 12 (4) ✠ Cisternæ hominibus, piscinæque pecoribus instruantur, *Col* 1, 5

Piscīnālis, e *Of,* or *belonging to fishponds* Piscinales cellæ, *Pallad R R* 1, tit 40

Piscīnārius, a, um adj Homines piscinarii, *that have,* or *delight in places stored with fish* Lucullum & Hortensium *piscinarios* vocat *Cic Att* 1, 19 vid & *Varr R R* 3, ult Conchæ piscinariæ, *pit shell fishes,* as oysters, cockles, &c *Fest*

Piscīnārius, ii m *He that keepeth fish,* or *fishponds,* Cic Att 1, 19

Piscīnula, *vel* piscinella, æ f dim *A small fishpond,* Varr R R 8, 45

Piscis, is m [a πίω, unde πίσκω & πιπίσκω, bibo, quia perpetuo bibunt] (1) *A fish properly with scales* (2) Piscis Aquilonicus & Austrinus, *the sign pisces in the zodiac* (1) Piscis nequam est nisi recens, *Prov a new broom sweepeth clean,* Plaut Asin 1, 3, 26 Pisces hamo capere, *Cic de Senect* 13 calamo ducere, *Ov* Piscium vita, tanto damno senatorem coëgit? aut quid est ult a pignus, aut multam, *Cic Attic* 1, 12 (4) A me contende factum quovis pignore, *Phædr* 4, 20 Quovis pignore contendunt te esse Sabinum, *Catull* 4, 2, 4 (5) Pignus inauspicatum sanguinis mei, *Sen Oedip* [illegible] *Sæpius in plur* Uteri pignora nostri, *Ov Met* 8, 490 (6) Obsecratio illa judicum per charissima pignora, utique, si reo sint liberi, uxor, parentes, utilis erit, *Quint* 6, 1 Pignora chara nepotes, *Ov Met* 3, 134

Pigrè adv ius, comp *Slowly, dully, heavily* Pigre inserviunt emtransiens, *Sen de Ira*, 3, 1[illegible] Pigrius intrante femina ad pullos, *Plin* 10, 24

‖ Pigreo, ēre n *Corn in Pers* ✝ Piger sum

Pigresco, ĕre, ui incep *To slacken, abate* Mox pigrescit, *Plin* 18, 18 *de Nil*

Pigritia, a f & pigrities, ei f [a piger] (1) *Slothfulness, laziness, sluggishness, lothsomeness, irksomeness* (2) *Leisure, ease* (1) = Negligentia pigritiā, [illegible] quidam sic impediuntur, ut, *&c Cic Offic* 1, 9 (2) Iudis ingenua munera pigritia, *Mart* 12, 1

✝ Pigro, āre n *To stop, or delay, to be slow, or sluggish* ✝ Melius pigritare, quam properasse est nefas, *Acc ap Non*

Pigror, ari, atus sum dep *To be slow, to be lothe to do a thing* Tu, quæso, quicquid novi scribere non pigrere, *Cic Att* 14, 1 vid & *Lucr* 1, 409

Pigror, oris m [a pigreo, ut a nigreo nigror] *Sluggishness* = Oppressit languore pigror, torpor quietem, *Lucil Sat* 10 ap *Non*

Pila, æ f [a pilis, quibus fieri, vel a πιλέω, quod sentum, *Fest*] (1) *A ball to play with* (2) *Any round thing like a globe, a physician's pill* (3) *The effigies of a man, or woman, made of purple rags, stuffed with straw, wherewith wild beasts were enraged* (1) Ad pilam aut ad talos se conferunt homines, *Cic de Orat* 3, 15 Dii nos quasi pilas homines habent, *Plaut Capt Prol* 22 Terra pilæ similis, *Ov Fast* 6, 269 (2) Pila quæ crudis habet ovinis, *sheep turdles*, Seren Nu-[illegible] poterat parcius esse pilas [illegible] *reps*, Mart [illegible] (3) [illegible] impositas [illegible] in astra pilis, *Mart Spect* 22 Quantus erat cornu, cui pila taurus erat? *Id ibid* 9

Pila, æ f pl [a piso, *i e* pinso, quasi pisula pila, ut quantillus qualus, vel a πιλεῖν, densare, quod fit tundendo] (1) *A mortar and pestle to beat things with* (2) *A square pillar, a pilaster* (3) *A pile, a mole, a dam, or bay to break or stay the course of water* (4) *A prop, or buttress* (5) *Also a shop* (1) Pilam ligneam unam, fullonicam unam, *Cato*, c 10 (2) Pilas ex lapide ingulari, *Cato*, c 14 (3) *Vitruv* 7, 4 (4) *Sen* (5) Contubernales [illegible] nona fratribus pila, *Catull* 35, 2

Pilans, tis par [à pilo, are] (1) *Pillaging, ransacking* (2) [à pilum] *Fastning, sticking, darting* (1) In mira castra pilantes, *Amm. Marcell* 31, 2 (2) *Serv*

Pilanus, i m *A soldier that fighteth with the javelin called pilum, a lancier, or pikeman, these stood in the rear* ✝ Hastati dicti, qui primi hastis pugnabant, pilani qui pilis, *Varr L L* 4, 16 = Pilani triarii quoque dicti, quod in acie tertio ordine extremis subsidio deponebantur, *Ov Fast* 1, 20

Pilarius, ii m. *A juggler that playeth pass and repass, a ball player, a tosser, or bandier of balls, one who sheweth hocus pocus tricks with them*, Quint 10, 7

Pilates, æ m *A kind of very white stone* Lapis candidior quam pilates, *Cato ap Fest* p 367

Pilatim adv [per pilas, *i e* columnas] (1) *Pillar by pillar, by, or at every pillar* (2) *Also thick, close* (1) Quæ pilatim aguntur ædificia, *Vitruv* 6, 11 = Pilatim exercitum duxit, *Scaur i e* strictim & dense, vid *Scal ad Fest*

Pilatus, a, um [a pilum] *Armed with the pilum* Pilata agmina, *Virg Æn* 12, 121

Pilatus, a, um part [a pilo, are, *i e* depilo] *Shaved, having the hair plucked off* Atque pilata rec[illegible] subitque cohors, *Mart* [illegible] *Scal non* [illegible] Et pilata *ad pilum* [illegible]

Pileatus, a, um adj *Wearing a cap, or bonnet* Turba pileata [illegible] quentium, *Liv* Pileata pileos, *Suet Neron* 57 Pileati fratres, *were such as the merchant who sold them did not engage for*, Gell 7, 4 Pileati fratres, *Castor & Pollux*, Catull 35, 2

Pilentum, i n [quasi ben pilatum, *i e* compactum vel quia [illegible] contegebatur, vel [illegible], lana coacta, qua forte instructum erat, ut mollius sederent] *A sort of chariot, or coach, that the Roman ladies were carried in, when they went to perform the holy rites, or mysteries of their religion* Honorem ob eam munificentiam ferunt matronis habitum, ut pilento ad sacra ludosque carpentis festo profestoque uterentur, *Liv* 5, 25 Pilentis matres in mollibus, *Virg Æn* 8, 666 confer *Hor Epist* 2, 1, 191

Pileolum n vel pileolus, i m dim [à pileus] (1) *A little bonnet, or cap* (2) *A sort of covering to defend the tops of trees from the frost* (1) Pileolum nitidis imposuisse comis, *Ov Her Ep* 1, 12, 15 Pileolum textura breve, *Hieron* (2) *Col de Arb* 25

* Pileum, i n [Gr πιλίον, quod à πῖλος] *A cap* Hoc nobis pilea donant, *Pers Sat* 5, 82

* Pileus, ei m [à πῖλος, τὸ πιλεῖν, quod id sign ap *Hesiod & Aristot* al a pilis quos tegit, *Serv* vel ex quibus fit [à πῖλος, lana coacta, quod ex ea fieret] (1) *An hat, cap, or bonnet to cover the head* (2) *The membrane which encloseth the fœtus* (1) Ut ego hic hodie raso capite calvus capiam pileum, *Plaut Amph* 1, 1, *ult* The Roman cap was not much unlike our nightcaps, or our seamens cap It is put also for *liberty*, hence, Servum ad pileum vocare, *to give him his freedom*, which they did by first shaving his head, and then putting a cap upon it, *Liv* (2) Vid *Salm ad Solin* p 659

Pilicrepus m [ex pila, & crepo] *He who supplied the fire of the stove, or hothouse with pitch balls when people were to bathe, or perhaps only one who playeth at ball which maketh a noise in the rebound* Si vero pilicrepus supervenerit, & numerare cœperit pilas, *Sen Ep* 56 *interpr Cal Rhodig quam quidem interpr illustrat ex Stat Sylv* 1, 5, 57 *Sed iste locus de pila trigonali potius accipiendus videtur* Lucem quoque a litere conatur ex Vitruv 5, [illegible] *iste locus simpliciter de quacunque sphærula sive globulo loquitur In posteriorem itaque sententiam, quæ est Lipsii, lubentius eo*

‖ Pililudius, i m [qui in pila ludit] *A ball player, one that can play many tricks with balls, tossing them every way, before and behind him*, Scal ex Manil ✝ Pilarius, *Quint*

* Pilo, are act pl [à Gr πιλῶ, denso] (1) *To thicken, to thrust, or drive close, to thwack together* (2) Also *to pilfer, or pillage* other mens goods (1) *Serv* (2) Singulas pilabat, *Petron* c 44 [illegible] *Id* c 4 *usitatius in compositis rep* Hinc Angl *to pill, and to pile*

Pilo, are neut [à pilus] (1) *To put forth hairs, to begin to be hairy* (2) Act *To peel, or pull off the hair, to make bald* (1) Corpus meum nunc pilare primum cœpit, *Afran* (2) Teque pilare tuos testificare nates, *Mart* 6, 56

Pilosus, a, um adj or, comp *Full of hair, hairy* Pilose genæ, *Cic in Pison* 1 [illegible] *Plin* 20, 16

Pilula, æ f dim (1) *A little ball, a round knot, any thing round like a ball, a pill* (2) *Sheeps dung* (1) Pharmaca in globulos confirmata vulgo pilulas nominamus, *Plin* 16, [illegible] (2) Sordes caudarum concreta in pilulas, *Plin* 29, 2 *de ovibus*

Pilum, i n [quasi pinsilum, a piso ant pro pinso] (1) *A pestle, or pounder, to bray any thing in a mortar with* (2) [a forma pili, gen a pilus, in priore sign] *A javelin, or dart of five foot and an half long, which footmen did use, having a three square head of iron nine inches long* (1) In pilis fabigito, *Cato* Pilum fabarium unum, *Id R R* 10 Pilum tudicularium, *a rammer*, Id ibid (2) Caput abscidit, idque affixum gestari jussit in pilo, *Cic Philipp* 11 2 Primum pilum, *the chief band of the Romans about the standard, the eldest, or first company in a regiment*, Cæs B C 1, 46 Pilo per cassidem caput ictus, *Id* Pila in hostes conjicere *Id B G* 1, 52

Pilus, i m (1) *The van of an army* (2) Also *the same as pilum* (1) T Balventius primum pilum duxit, *Cæs B G* 5, 35 (2) Plerisque centurionum [illegible] jam primos pilos ademit *Caligula*, Suet in vita, 44 *i e* munera primipilariorum

Pilus, i m [à πῖλος, *Beem*] (1) *An hair on the head, beard, or other part of any creature* (2) *A thing of no value* (1) Munitæ sunt palpebræ tanquam vallo pilorum, *Cic N D* 2, 57 In capite cunctorum animalium, homini plurimus pilus, *Plin* 11, 37 (2) Ego ne pilo quidem minus me amabo, *Cic Q fr* 2, *ult* Ne faceret pili cohortem, *valued it not an hair of his head*, Catull 10, 13

* Pinacotheca, æ f *A place where pictures, and other ornaments are kept* In pinacothecam perveni vario genere tabularum mirabilem Nam & Zeuxidis manus vidi, *Petron* 45 *ejus situm vid ap* Vitruv 6, 7

Pinaster, tri m *A wild pine tree*, Plin 16, 10

Pinax, ăcis m [πίναξ, tabula] *A board in the upper part of the organ, whereon the pipes stand*, Vitruv 10, 3 *A tablet, or frame of a picture, a table book*, also *a table to eat and drink on*, unde Eustath ducit à πίνω, bibo It is also used for *the index of a book*

Pincerna, æ f [illegible] *Bud* qui in [illegible] batur] *A butler, a skinker, or that waiteth on a man's cup, a cup bearer*, Lampr Alex 41

Pin[illegible]ricus, a, um [illegible] Propr.

✝ Pindo, ĕre *Conn* in [illegible], *i e* ferio, percutio, [illegible] pindo est pro tundo, [illegible] pindo, μάσσω, *Onom to pound, or beat as in a mortar* ✝ Subigo pinso

Pinea, æ f *scil* arbor (1) *A pine tree* (2) ‖ *A whirl puff* [illegible] *raiseth the dust on high* (1) *Col* 5, 10 (2) *Litt ex Apul*

Pinetum, i *A wood or grove of pine trees* Pinetа [illegible] *Met* 1, 217

Pineus, a, um *Of, or belonging to a pine* Lignum pineum, *Plin* 24, 12 Pinea sylva, *Virg Æn* 11, 85 Pinea velamina [illegible] *of pine leaves* [illegible] 1, 59 [illegible] tra, *made of pine wood*, Virg Æn 2, 258

Pingendus, a, um part *To be painted*, Met *to be illustrated, or adorned* = In verbis pingendis & illuminandis [illegible], *Cic de Orat* 27

Pingo, ĕre, xi, ictum act [qu fingo, *Scal* vel [illegible]] (1) *To paint, to design, to draw out the shape and form of a thing* (2) *To stain, or dye* (3) Met *To describe* (4) *To garnish, trim, deck, or set out, to grace, or beautify* (5) *To invent, or feign* (1) Juvenile decus mihi pingere malas cæpit, *Cic in Pison* In mensa pingere castra mero, *Tibull* 1, 10 [illegible] (2) Sanguineis frontem moris pingit, *Virg Ecl* 6, 22 Semina [illegible] omnia pingunt, *make them to be pale*, Lucr 4, 337 (3) Pingam Britanniam coloribus tuis, penicillo meo, *Cic Q fratr* 2, 16 (4) Pinge humum, consperge [illegible] ædes, *strew it with flowers*, Plaut Stich 2, 2, 28 (5) Pingere [illegible] causas didicit, cur sola cubaret, *Tib* 1, 6, 11

Pingor, i ictus (1) *To be painted* (2) *To be adorned* (1) [illegible] Alexander ab Apelle potissimum pingi & à Lysippo fingi volebat, *Cic Fam* 5, 12 (2) Quum se purpuret pingi cum [illegible] *Plin* 2, 2, 8 Vid Pingo

Pingue, is n *The fat between the skin and the flesh* Omnes in [illegible] pendunt curas demo [illegible] pingui, *Vir Geor* 3, 1[illegible] *Plur* Camelorum & panth[illegible]rum pinguia, *Plin* 28, 9

Pinguēdo, inis f *The fatness, or grossness* Pinguedo corporis, *Plin* 2[illegible], 8 [illegible] *Sed Cicero* [illegible] *hic quam alibi opt* [illegible] pinguitudinem mavult, *Ser* [illegible] *ait* pinguedo *non esse Latinum*

Pinguefacio, ĕre, eci, ctum act *To make fat, to fatten* [illegible] 43 R occ = [illegible] gnare, *Cic*

Pinguefio [illegible] *To be fat, or made fat*, [illegible]

Pinguescens, part [illegible] *fat* Pinguescens [illegible] 15

Pinguesco, ĕre, incep (1) *To become fat* (2) *To be more fruitful* (1) Congesto [illegible] *or fruitful* (1) [illegible] pinguescere corpore corpus, *Ov Met* 15, 90 (2) Sanguine nostro [illegible] Hæmi pinguescere campos, *Vir Geor* 1, 492

Pinguiarius, i m *A lover of fat* [illegible] Carnarius sum [illegible]

i nium, *Mart* 11, 101 dc

... e or, comp ssimus, sup ... *fat* (2) *Plump, in good* ... ( ) *Thick, gross, foggy* ... *lent, unwieldy* (5) ... *lumpish* (6) *Crust-* ... *coarse* (8) *Rude,* ... 1) Olivum pingu ... 6, 5 6 Pinguior glis, ... Pinguissimus hædu- ... (2) = Pingues & ... ni, *Cic de Fato,* ... & concretum cœlum, ... 1, 5 ✝ Tenue, pu- ... ( ) *Quent* (5) ... do cognomen pinguis d ... 58 (6) Cam- ... *Prop* 5, 5 Eheu! ... macet est mihi tu- ... *Ver Ecl* 100 (7) ... *Aug* 82 (8) ... *Ov Met* 11, ... rum rust corm lite

Pingui adv (1) *Thickly,* ... (1) Soluti ... *Col* 2, ... & pinguit r densis,

Pinguitudo, f *Fatness,* ... Apul Met 10 ✝ Pin ... Pingue, *Plin* ... f *Grossness,* ... pinguitudo, *Col* 2, ... fabæ, hordeum afficit ... *Varr R R*

Pinifer, fera, ferum adj *abounding with pine* ... pinifernm Atlantis, ... Rupes piniferæ,

Piniger, a, um adj *Pine* ... Pin gerum Fauni caput, ... 84 Pinig Othrys, ... 92

Pinna, f [a Gr ...] (1) ... which some call *a nacre* ( ) *The fin of a fish* (3) ... *or larger feathers* ... (4) *Feathers* ... (5) *and in arrows* ... *in the crest of an* ... *rising of a bird* ... *battlement in a* ... *bottom* (1) Pinna ... paulo conchis, ... & *Plin* 12 ... 9, 20 (7) Gallina ... His tebus ... communicant ave, ... (4) Si ferns lineis & ... contin 1, *Sen* (5) ... pinn tres, ve- ... circumdabantur ... Pinna — quas insigni ... galeis solent, ... pinnarum ... Min a, *Cic N D* ... *Apul* ... *d words, Hom* ... Qui mihi pinnas incide- ... eundem ren ... *had* ... *wings, lessened my* ... (8) Aggeri lor cum ... *Cæs B G* 7, 72 ... sicut alibi fastigium ... *Curt* 9, 4, 30

Pinnatus, adj *Woolly, having wooll as it about the* ... *a naker* Villus, ... pinnalis, *Plin*

Pinnatus, a, um adj (1) *Fea-thered* (2) *Jagged,* or ... *notched in* ... ( ) *Pointed, sharp,* or ... (4) Pinnata plur *Horses stuck with birds feathers quills* (1) Diana pinna- ... Cupid nem genuisse fer ur, ... (2) Folium pin- ... *Plin* 16, 10 (5) Pinnatus ... *Plin* 37, 7 (4) *Grat*

Pinnicillum, n *Pellad* 4, 1 ... quod penicillum, q v

✝ Pinniger, ra, rum adj (1) *That hath fins, finned* (2) *Winged* (1) Piscis pinniger, *Ov Met* 13, 963 (2) Pinniger amor, *Lucr* 5, 10 4 al p nn ger

✝ Pinnirapus, i m Pinnirapi ... ores (al cautores) gladiato- res, quod pinnas rapiunt, *Isid a fencer, or swordplayer, who with a net he had, was to surprize his adversary, and catch off the crest of his helmet, which was adorned with peacocks plumes, in token of victory,* Juv 3, 158

✝ Pinnophylax ... *A little shell fish like a shrimp,* which waiteth on the naker fish, and as he openeth, and little fishes pass by, giveth him a prick, that he may close his shell and catch them, and he at the same time going in taking a share, ... Plin 9, 42

✝ Pinnotheras, æ m *The same as pinnophylax,* Plin 9, 42 & 32, ult

Pinnula, æ f dim [a pinna] (1) *A little quill, or feather* (2) *A little fin of a fish,* or *any thing like it* ( ) *A little wing* (4) *The upper part, or tip of the ear* (5) Pinnulæ plur *Certain ornaments of nicht others, which were fixt to broad caps by golden medals* (1) Inhibetur gal- ... cupiditas incubandi, pinnulâ ... trajectâ, *Col* 8, 5 (2) *Plin* 9, 57 (3) Cum pulli pinnu- ... possunt, *Cic N D* 2, 52 ... *al leg* pennulis (3) *Isid* (5) Ego has habebo hîc usque in petaso pinnulas, *Arg Amphitr Plautini,* 14,

Pinsatio, onis f *A pounding* Vectibus ligneis de curiis in luctis crebriter pinsatione solidetur, *Vitruv* 7, 1

Pinso, a e freq *To pound in a mortar* Quas olea am pinsitant, *Plaut Asin* 1, 1 18 *ubi al* pran- ... ant

Pinso, ... atus pass *To be pounded,* ... ex Plau

Pinsitus, a, um par [a pinsor] *Brayed, bruised, stamped, beaten, pounded* Radices porri cum farre tritico pinsitæ, *Col* 6, 10 Pini- cum pinsitum, *Id* allium, *Id* hordeum, *Id*

✝ Pinso, ... *To bray, or pound,* Varr R R 1 6,

Pinso, ... ui & si, *Varr* itum & stum, & pinsum, *Vitruv* act [a Gr ... *Scalig* & n ... pinso, (1) *To bruise, stamp, pound, or bray as in a mortar* (2) *To knead* ( ) *To peck, Met* to ... ock, or *scoff* (1) Alii uvam passam & ficum cum pinserunt, ... sapam, *Varr R R* 3, 16 (2) ✝ Cum interim neque molis molunt neque palmis pinsunt, *Pompon ap Diom* Pinsunt ... ernan genibus, *Ennius ap Diom.* (3) A tergo quem nulla ciconia pinsit, *for one sort of gesture used by the antients in their derision of others, was by their fore finger directed towards him they derided, by often moving whereof bent, they imitated a stork pecking with his beak,* Pers 1, 58

Pinsor, oris m *A pounder of corn to make bread of,* Varr

|| Pinum, i n *The gum, or oil of pine,* Solin

Pinus, i & ûs f (& in m) [a Gr ... a mut ito] (1) *A pine tree* (2) Meton *A ship* (1) Ipsa thymum pinosque ferens, *Vir Geor* 4, 112 Non minus est

adiri andum ac cupressu & pinu, *Vitruv* 2, 9 Sub hac pinu, *Hor Od* 2, 11 1 Pinum antiqui acutum vocabant, *Isid* (2) ✝ Non hæc Argoo contendit remige pi- nus, *Hor Epod* 16, 57

Pio, are act [a pius] (1) *To worship* (2) *To respect, love, or shew great kindness to* (3) *To purge, expiate, appease, or atone* (4) *To pollute, or defile* (1) Ubi piem pietatem, *Plaut Asin* 3, 1, 2 (2) Nemo est, qui magis suos piet lib ros, *Nov ap Non* (3) Culpam miserorum morte piabunt, *Vir Æn* 2, 140 Nefas triste piare, *Id Æn* 2, 184 (4) Piare dicitur impiare, contaminare, *Non*

Pior, ari, atus pass *To be expiated, or atoned* Delubra piantur cædibus, *Sil* 4, 821

Pipatus, ûs m *The cry of chickens* Pipatus pul orum, *Varr L L* 6, p 81

Piper, eris n [a Gr πέπερι, quod à πέπτω, quia juvat concoctionem, ut aiq sed est vox Indica, *Galen* qui l orheque pipil & pim pilim voc] *Pepper* Piper minutum, *Petron* c 138 rugosum, *Pers* 5, 55

Piperatus, a, um adj *Peppered, seasoned with pepper* Acetum piperatum, *Col* 12, 1 Ficedulam inveni piperato vitello pipe- ... am, *Petron* c 3

✝ Piperitis, idis f *An herb called Calicut pepper, pepperwort, Spanish pepper, dittander, or cockweed,* Plin 20, = Siliquastrum, lepidium, *Id ibid ubi & describit*

Pipilo, are *To chirp* Ad solam dominam usque pipilabat, *Catull* 3, 10 *de passere ubi al* pipiabat

✝ Pipio, ire, ivi, itum [a Gr πιπίζω, quod ex sono confict *Hesych*] *To peep like a chicken,* Col 8, 5

|| Pipio, onis m [à pipiendo] *A young pidgeon,* Lampr.

Pipo, are *To cluck as an hen* Pipare propri g llinæ dicuntur, *Non* Mugit bos, ovis balat, equi hinniunt, gallina pipat, *Varr ap Non*

Pipulum, i n *vel* pipulus, i m *A railing, scolding, or outcry against* any one Pipulo hic differam an e ædes, *Plaut Aul* 2, 2, 3 ... convicio, *Varr Non Fest*

✝ Pirata, æ m (1) *A robber on the sea, a pirate, a pickaroon, a corsair, a rover* (2) *A land thief* (1) ✝ Pirata non est ex perduellium numero definitus, sed communis hostis, *Cic Offic* 3, 29 (2) Qui in pop Rom pirat ... ne- farius reperiuntur, *Cic Verr* 5 = Latro, *Id ib*

Piratica, æ f *Piracy, or roving on the sea* Piraticam facere, *to turn pirate,* Cic post red in Senat 5

Piraticus, a, um adj *Of, or belonging to pirates, or rovers on the sea* Piraticus Myoparo, *Cic Verr* 5 lembus, *Curt* 4, 5, 18

Pirum, i n *A pear* Pirum superbum, *a water pear,* Plin Amerinum, *a winter pear, or St Thomas pear,* Id ampullaceum, *a tankard pear,* Id cucurbitum, *a bell pear,* Id hordearium, *a musk pear,* Id decumanum, *a pound pear,* Col quem & plura genera tractantem v 12, 10 & *Plin* 15, 15 *al scrib* pyrum

Pirus, i f [à Gr ἄπιος, per Apoc & r inserti] *A pear tree* Insere nunc, Melibæe, piros, *Vir Ecl* 1, 74

Piscaria, æ f (1) *A place where fish is sold, a fish market* (2) *A selling of fish* (1) Nullus in piscaria piscis ... *Varr* (2) *Ulp*

Piscarius, a, um adj *Pertaining to fishing, fish, or fishermen* Piscarium forum, *the fish market,* Plaut Curc 4, 1, 13 Piscarius hamus, *a fish hook,* Id Stich 2, 2, 17

Piscarius, ii m *A fishmonger* Inter piscarios nemo vendebat, *Varr*

|| Piscatio, onis f *A fishing,* Non ✝ Piscatus, *Cic*

Piscator, oris m verb *A fisherman* Pythius ad se piscatores convocavit, *Cic Offic* 3, 14

Piscatorius, a, um adj *Belonging to fishers, or fishing* Navis piscatoria, *a fisherman's boat,* Cæs B C 2, 4 Piscatoria linea, *fishing line,* Plin 24, 9 arundo, *a fishing rod,* Id 16, 36 Piscatorium forum, *the fish market,* Col ... *De piscatoriis ludis & ære piscatorio, vid Fest*

Piscatrix, icis f verb *A kind of frog fish in the sea so called,* Plin 9, 42

Piscatus, ûs, (ti, *Non*) m verb (1) *A fishing, or the act of fishing* (2) *Plenty of fish* (3) *The eating of, or feeding upon fish* (4) || *A fish market* (1) Piscatu, aucupio, venatione vivere, *Cic de Fin* 2, 8 *Met* Piscatus meo quidem animo hic tibi hodie evenit bonus, *a rich lover,* Plaut Bacch 1, 1, 69 (2) Ipse Neptuno non credere ... piscatu, *Varr R R* 3, ult (3) Vino & victu & piscatu probo, *Plaut Most* 3, 2, 41 (4) *Apul* ✝ Forum piscatorium, *Col*

✝ Pisciceps, ipis qui pisces capit, ut auceps qui aves *A fisher,* Varr L L 7, 23 ✝ Piscator, *Cic*

Pisciculus, i m dim [a piscis] (1) *A little fish* (2) *A fish.* (1) Pisciculos exultantes videmus, *Cic N D* 2, 48 (2) Olim & pisciculos minutos ferebat puer, *Ter Andr* 2, 2, 31

Piscina, æ f (1) *A pool, or fishpond, a stove to keep fish in* (2) Also *a tank, or place to bathe in* (3) Also *a great vat, or great vessel to hold water,* and may be used for *a cistern,* &c for that use (4) *A pool, or pond to water beasts at, or to keep geese, ducks,* &c (1) Vid *Varr* 3, ... & 17 & *Plin* 9, 1 (2) Si natare lacus aut tepidius velis, in area piscina est, in proximo puteus, *Plin Ep* 5, 6 (3) Piscinæ ligneæ, *Plin* 24, 12 (4) ✝ Cisternæ hominibus, piscinæ pecoribus instruantur, *Col* 1, 5

Piscinalis, e *Of, or belonging to fishponds* Piscinales cellæ, *Pallad R R* 1, tit 40

Piscinarius, a, um adj Homines piscinarii, *that have, or delight in places stored with fish* Lucullum & Hortensium *piscinarios* vocat *Cic Att* 1, 19 vid & *Varr R R* 3, ult Conchæ piscinariæ, *pit shell fishes,* as oysters cockles, &c Fest

Piscinarius, ii m *He that keepeth fish, or fishponds,* Cic Att 1, 19

Piscinula, *vel* piscinella, æ f dim *A small fishpond,* Varr R R 8, 45

Piscis, is m [a πίνω, unde πίσκω & πιπίσκω, bibo, quia perpetuo bibunt] (1) *A fish properly with scales* (2) Piscis Aquilonicus & Austrinus, *the sign pisces in the zodiac* (1) Piscis nequam est nisi recens, *Prov a new broom sweepeth clean,* Plaut Asin 1, 3, 26 Pisces hamo capere, *Cic de Senect* 13 calamo ducere, *Ov* Piscium vita,

vita, Prov the weakest goeth to the wall, Varr Pisceis ut sæpe minutos magnus comest, Varr in Comest ap Non (2) Col 11, 2

† Piscienfis, e adj Belonging to a fishpond, Fest ex Lucil ✝ Piscinarius, Cic

Piscor, āri, ītus sum dep To fish Abiit piscatum in mare, Plaut Rud 4, 1, 7 Ut ante suos hortulos piscarentur, Cic Offic 3, 14 Jubeas me piscari in aere, Prov to labour in vain, Plaut Asin 1, 1, 86

Piscōsus, a, um adj (1) Full of fishes (2) That may be fished in (1) Piscosum profundum, Mart 10, 37, 15 (2) Piscosi amnes, Ov Fast 3, 581

Pisculentus, a, um Full of fish, or that may be fished in, Plaut Rud 4, 2, 2

Pisens, tis part. Pounding Pisente pilo præfarrato, Plin 18, 10 ubi aliter leg pinsente

† Pisillum, i n [à piso, i e antiq pinso] A pestle Pisillis contenito, Col 12, 55 sed melior libb habent pistillis

* Piso, ĕre, ap Vett pro pinso, Diom in præt pisi [à Gr πτισσω] To pound, or stamp off the husk of corn, or other grain in a mortar, as they did in old times before the invention of mills Ut nisi intenti pisant, concidantur grana, Plin 18, 10 ubi al pinsant Alii ficum & uvam passam quum piserunt, Varr Leg & pinserunt

Piso, āre, unde pisor, ari pass To be pounded, or stamped Ut in pistrino pisetur ac torreatur, Varr R R 1, 63

Pisor, pisi pass [à piso, is] To be pounded, or stamped as corn is Acus vocatur, cum per se pisitur spica, Plin 18, 10 Lentem jubet cum surfuribus leviter pisi, Id 10, 18

Pissasphaltus, i f [ex πισσα, pix, & ἀσφαλτ☉, bitumen ex lacu Asphaltite] Pitch and brimstone mingled together, good to cure the scab of sheep, Plin 35, 15 Some use it for Egyptian mummy

* Pissclæon, i n An oil made of pitch, or of the rosin of cedar, good for the tooth-ach, Plin 24, 5

Pissinus, a, um adj Pissinum oleum, made of pitch, Plin 23, 4

* Pissŏceros, i A juice of wax and pitch, or gum, or rosin, the second part of the bees labour in making wax, Plin 11, 7

Pistacia, æ f & pistacium, i n A pistac nut Pistaciæ planta vel nunc stratui, vel inseri potest, Pallad Febr tit 25 In nucum genere pistacia nota, Plin 13, 5

* Pistāna, æ f A kind of herb growing among sedge, Plin 21, 17

* Pisticus, a, um Nardus pistica, Bibl D Marc 14, 3 νάρδ☉ πιστικη [vel à πίστις, fides, ut sit nardus sincera, & incorrupta, i e fideliter præparata, Theophr nam & Plin meminit ψευδονάρδυ, vel à Lat voce spiculata, corr in πιστικη] Spikenard

Pistillum, i n [à pinso pistum, i e tundo] A pestil to pound, or stamp with in a mortar Cultrum, securim, pistillum, mortarium fures abstulisse dicito, Plaut Aul 1, 2, 17 Pistillis frumentum contere, Col 12, 55

† Pisto, āre freq [à pistum] To pound, or beat in a mortar, Veget 1, 21 ✝ Pinsito, Plaut

* Pistolochia, æ f [à πιστὸς, fide, circa τὰς λοχίας, sicut Aristolochia, quod sit optima puerperis] The fourth kind of astrologe, or hartwort, Plin 20, 4

Pistor, ōris m verb. [à pinso, pistum, qui in pistrino pinsit farinam, Varr.] (1) A pounder of corn to make it into flour (2) A bread baker (1) Nec pistoris nomen erat, nisi ejus, qui ruri far pinsebat, Varr ap Non 2, 643. (2) Ut tuus pistor bonum faceret panem, Id Satyr de edulis, utramque notionem constrinxit Mart 8, 16 A pistore, Cipere, non recedis, & panem facis, & facis farinam

Pistōrius, a, um adj Belonging to a baker, or baking Opus pistorium, pastry work, Suet Tib 34 & Cels 2, 18

|| Pistriensis, e adj Belonging to a bakehouse, or grinding house, Litt ex Apul ✝ Pistorius, Plin

Pistrilla, æ f [à pistrina, Donat] A small baking, or grinding house Est pistrilla, & exadvorsum est fabrica, Ter Adelph 4, 2, 45

|| Pistrillarius, ii m A miller, Dig

Pistrina, æ f (1) A grinding house (2) A bakehouse (1) Varr de L L 4, 31 (2) Opera pistrinarum, Plin 19, 8 & alibi

|| Pistrinārius, ii m The keeper of bridewel, or any workhouse, Ulp

Pistrinensis, e adj (1) Belonging to a mill, or bakehouse (2) An hand-mill to grind corn (1) Mola pistrinensis, Litt ex Apul (2) Jumentum pistrinense, a mill-horse, or ass, Suet Calig 39

Pistrinum, i n [à pinso pistum] (1) A bakehouse, a place where they ground corn with an hand-mill (2) Also a bridewel, a workhouse, or prison (3) Met Any kind of drudgery, or toil (1) Pilum quod eo far pinsunt, id ubi fit pistrinum, Varr L L 4, 31 (2) Pistrino dignus, Ter Heaut 3, 2, 19 (3) Tibi mecum in eodem est pistrino vivendum, Cic de Orat 2, 33 i e vita forensi

Pistris Vid Pristis

Pistrix, icis f (1) A mill, or grinding house (2) A kind of whale fish (3) A sign in the heavens like a sea monster (1) Varr ex Lucil L L 4, 3 (2) Neptunia pistrix, Cic in Arat 440 marina, Flor 3, 5, 16. Pistrix citatas sorbet aut reddit aquas, Sen Hippol 1049 (3) Cic in Orat.

Pistūra, æ f The art, or manner of pounding corn for bread, Plin 18, 10

Pistus, a, um part [a pinso] Pounded, baked, &c Plin 18, 10

* Pisum, i n [à Gr πίσον, Eust] A peas, or pea Pisum facilem & solutam terram desiderat, Col Pisum in apricis seri debet, Plin 18, 12

* Pithaules, æ m A player on a bagpipe, or a tabret with a pipe Sed rect scrib pythaules, q v

* Pithēcium, ii n An ill favoured woman, like an old ape, Plaut Mil 4, 1, 42

* Pitheus, i m A sort of comet Pitheus doliorum cernitur figurā in concavo tumidæ lucis, Plin 2, 25

* Pithias, æ m A sort of comet Sunt pithiæ, cum magnitudo vasti rotundique ignis dolio similis, vel fertur, vel in uno loco flagrat, Sen Q N 1, 14, & 15

* Pitisso, āre i pitissare est parcè vinum gustare, qu tentandi gratiā, Don à Gr πιτυσσω] To taste by little and little, to try by tasting whether wine, &c be good Pitissando mihi quid vini absumpsit? Ter Heaut 3, 1, 48

* Pittăcium, ii n (1) A piece of cloth covered with salve, a plaister laid to the head, or other part, to ease pain (2) Also a schedule, or scroll with some inscription on it (3) A roll, or list (1) Cels 3, 3 (2) Petron c 34 (3) Lampr

Pitui a, æ f [à πιτύα, coagulum, vel à πιττα, pix, ob lentorem pici similem] (1) Phlegm, or rheum in man, or beast (2) Snivel, or snot (3) The pip in poultry (4) Also a watry distemper in trees, when they weep (1) Cum pituita redundat, aut bilis in corpore, Cic Tusc 4, 10 Ea res pituitam elicit, & pecudem expurgat, Col 6, 34 (2) Abest saliva, mucusque, & mala pituita nasi, Catull 21, 17 (3) Gallinis vitandæ pituitæ pernicies erit, Col 8, 5. (4) Plin 17, 27

Pituitaria, æ f sc herba An herb called staves acre, that drieth up rheum, Plin 23, 1

Pituitōsus, a, um Full of phlegm, phlegmatic, Cic. de Fato, 4

* Pituinus, a, um Of a pine, or pitch tree Cera pituina, Marcell Empyr

* Pityis f πιτυὶς, pinea resina The kernel of a pine-apple, Plin 15, 10

* Pitylisma, ătis n An exercise, when a man goeth fast on his toes, and moveth his arms both backward and forward Qui Lacedæmonium pitylismate lubricat orbem, Juv 11, 173 al leg petteumate, al pytismate, al pitysmate, al pyreismate, cum itaque aqua hæreat in lectione, interpretationem, quam quæque habeat, sequi necesse fuerit

* Pityŏcampa, æ f A worm which groweth out of the pine tree, the biting whereof is venomous, Plin 23, 2 & 29, 4

* Pityusa, æ f A kind of herb like spurge, Plin 24, 6

Pius, a, um ssimus, sup q dius à deus, vel à θεῖ☉, Cret θεος (1) Pious, religious, godly, devout (2) Dutiful, as to parents, or superiors (3) Bearing a tender affection, or natural love, as to one's country, or relations (4) Upright, incorrupt (5) Just, lawful. (6) Loving, kind hearted, good natured (7) || Serene, calm (8) Met Meek, mild (9) Ingenious, learned (1) Piæ preces, Liv 34, 2 ⁂ Piorum & impiorum rationem habent dii, Cic de Legg 2, 7 Sum pius Æneas, raptos qui ex hoste penates classe veho mecum, Vir Æn 1, 382 (2) = Neque tamen ea non pia & probanda fuerunt, quod potiùs patriæ opes, quam regis, augeri maluit, Nep Conon, 5 Patriæ ipsi conducit pios habere cives in parentes, Cic Offic 3, 23 ⁂ Ultus parente parentem natus erat facto pius & sceleratus eodem, Ov Met 3, 5 (3) Pius in filios, Cic Socer frustra pius, Ov Met 5, 15. Ipso sceleris molimine Tereus creditur esse pius, Id Met 6, 474 ¶ Bellum nequaquam pium, Lucr 5, 382 (4) = Pius ille memorque juris, Ov Met 10, 354 (5) = Puro pioque duello quærere, Liv Spero equidem mediis, si quid pia numina possunt, supplicia hausurum scopulis, Vir Æn 4, 382 (6) Si qua piis animis manet infelicis Amatæ gratia, Vir Æn 7, 401 (7) Pium cœlum, Germ Cæs in Arat 466, & 637 uti Hesiod ηπιον ἦμαρ, cœli blanda temperatio piumque culmen, Mart Cap (8) Sis pius in primis, nam cum vincamur in omni munere, sola Deos æquat clementia nobis, Claud de 4 Cons Hon 2 5 ☞ Si ab ηπι☉ per Aphæresin quis deducere malit, has posteriores notiones primum locum obtinere oportet (9) Ex interpr doct loc Catull 17, 5 Castum esse oportet pium poetam ipsum, versiculis nihil necesse est ☞ Piissimus Latio exterminavit Cic Philipp 13, 19 asseruerunt autem liberali causa posteriores non contemnendi, sc Seneca uterque, Tacitus, Florus, Curtius, Quintilianus, alii Pientissimus etiam in vett inscriptt sæpè occurrit, vid Grut & Reines Inscriptt

Pix, picis f [à πισσα] Pitch Pix fervefacta, boiling pitch, Cæs B G 6, 23 Pix arida, stone pitch, Plin jun liquida, Col 6, 32

Pixis, idis f A box, rect pyxis, q v

P ante L

Plācābĭlis, e adj or, comp (1) Pass Easy to be pleased, or pacified, mild, gentle, placable (2) Act Appeasing, making propitious (1) Placabilis ira, Vir Æn 7, 764 ∫ Placabile ad justas preces ingenium, Liv ⁂ Optimorum sæpè hominum animi sæpè irritabiles, & iidem placabiles, Cic Att 1, 17 ⁂ Inimicis te placabilem, amicis inexorabilem præbes, Ad Herenn 4, 45 (2) Te ipsum purgare ipsi coram placabilius est, Ter Adelph 4, 3, sub fin vid & eund in Phorm 5, 7, 60

Plācābĭlĭtas, ātis f Gentleness, placability, an easiness to be appeased. = Nihil dignius placabilitate atque clementiā, Cic Offic 1, 25

|| Plācābĭlĭtèr adv Contentedly, peaceably, quietly, Gell 7, 3.

Plācāmen, ĭnis n An appeasing, or propitiation, an atonement Inter alia cœlestis iræ placamina, Liv 7, 2

Plācāmentum, i n An atonement Placamenta deorum Plin 8, 47 hostilis iræ, Tac Hist 1, 63, 4

Plācandus, a, um part To be appeased Ira judicis placanda, Tib. 4, 1, 47

Plācans, tis part Appeasing Divûm placantes numina tauris, Cic de Div 2, 30 ex poeta Placantia carmina manes, Val. Flacc 5, 99

Plăcātè adv iùs, comp Calmly, gently, mildly, meekly = Omnia humana placatè & moderatè feramus, Cic Fam 6, 1 = Remissiùs & placatiùs ferre, Id. Fam 6, 13

Plăcātio, ōnis f verb (1) An appeasing, a quieting, or calming (2) A propitiating, or atoning (1) ⁂ Perturbatio placatione animi abluatur, Cic Tusc 4, 28 (2) Placatio deorum, Id de Div 2, 16

Plăcātus, a, um part & adj or, comp ssimus, sup (1) Appeased, atoned (2) Pacified, pleased (3) Stilled, hushed, or allayed (4) Quiet, still, calm, mild, gentle (1) Deorum devotionibus placatos Deos esse censes, Cic Fam 3, 15 (2) Placatus dolore alicujus, Propert 2, 22, 2.. ⁂ Sæpè incensum irā vidi, sæpe placatum, Cic Attic 6 = Nec minùs propitii erunt asi molā salsā supplicantibus, imò verò, ut palam est, placatiores, Plin 12, 18 Mors placatissimam quietem affert, Cic Tusc 1, 41 (3) Procella placata, Prop

Prop 1, 16 *Met* Maria placata, *Æn* .. 69 (4) = Vita placida, tranquilla, quieta, beata, *Cic* [illegible] ✝ Res placatæ & minimè turbulentæ, *Id Orat* 63

[illegible] centus, a, um part *To be pleased, that ought to please and content, or be liked* Si illa [illegible] placenda dos quoque, *Plaut* 5, .. 25 ☞ *Hunc locum [illegible] observare satiùs quam imitari*

Placens, tis part *Pleasing* [illegible] uxor, *Hor Od* 2, 14, 21 [illegible] contra verum placentia, [illegible]

Placenta, æ f [quod eâ solerent deos placare, vel quod nobis placeat, Perot ex *Isid*] *A cake, a [illegible]* Panis mellitis potior placentis, *Hor Ep* 1, 10, 11

Placentarius, i m *A maker of cakes*, ex [illegible] fabrica, *Capt* 1, [illegible] *jocose ad nomen proprium [illegible]*

PLACEO, ēre, ui, itum n (a) [incert etym] *To please, or content, to delight, to like* [illegible] non probari, quæ ne [illegible] quidem placebant, *Cic Attic.* [illegible] Illa placet gestu, *Ov Amor* [illegible] ¶ Placere sibi, *to think [illegible] himself*, Quint Nunquam [illegible] placui, *I never was [illegible] pleased with myself*, Cic [illegible] 4

Placet, [illegible], uit, *vel* itum est [illegible] (1) *It liketh, or pleaseth* (2) *It seemeth good to, or is [illegible] mind, or opinion of* (1) Si [illegible] immortalibus placet, *Cic* pro [illegible] 6 ¶ Si diis placet, *an't [illegible] you*, Ter εἰρωνικῶς & vulgo dicendum, *Eun* 5, 3, 10 (2) [illegible] dicit de integro sibi crean placere, *Cic* De provinciis placitum est, ut eorum Pompeio [illegible], *Cic Fam* 8, 4 Duo placet [illegible] esse genera visorum, [illegible] 4, 31 Non ita diis placuit, *Ov Trist* 4, 11

Placidè adv iùs, comp ssimè, sup (1) *Softly, gently* (2) *Quietly, peaceably, calmly, patiently* (3) *Mildly* (4) *Deliberately* (1) Placidè pultare fores, *Plaut Men* 1, 2, 65 aperire forem, *Id Bacch* 4, 3, 25 (2) = Ferre placidè, sed [illegible] dolorem, *Cic Tusc* [illegible] || Placidissimè promittere, [illegible] (3) Quò plebem in magistratu placidiùs tractarent, *Sall* [illegible] (4) ✱ Properè hoc, non placidè decet, *Plaut Mil* 2, 2, 65

Placiditas, ātis f *Mildness, [illegible], gentleness*, Gell 13, 21 [illegible] Claudio Propter ovium [illegible], *Varr R R* 2, 1

|| Placidulus, a, um adj dim *Somewhat quiet, or gentle, and [illegible]*, Auson Parental 27, 3

Placidus, a, um [à placeo] or, comp ssimus sup (1) *Soft, gentle* [illegible] (2) *Kindly, not wild* (3) *Calm, smooth* (5) *Quiet, soft*, [illegible] (6) *Meek, mild* (7) *Patient, [illegible], unmoved* (1) = Lenem [illegible], ac modestum, *Plin Pa*[illegible] (2) ✱ Cujuscunque generis animal est placidum *animal*, [illegible] enitur & ferum, *Plin* [illegible] (3) ✝ Aliæ sunt arbores sylvestres, aliæ placidiores, *Plin* 16, [illegible] (4) Placidum mare, *Vir Ecl* [illegible] Hiems placida, *Ov ex Pont* [illegible] (5) = Placida quietaque constantia, *Cic Tusc* 4, 5 Pax placidissima, *Id Tusc* 5, 16 Somnus placidissimus, *Ov Met* 11, 623 (6) [illegible] Cum maximè fervet, tam placidum quam ovem, reddo, *Ter Adelph* 4, 1, 19 (7) Mente placidâ [illegible] ferre, *Ov Met* 13, 214

Placitis, idis f *A kind of ashes that rise from the brass oar as it melteth, and sticketh to the walls*, Plin 34, 10

Placito, āre freq [à placeo] *To please much, or often* Neque placitant mores, *Plaut Bacch* 4, 10, 5

Placitum, i n (1) *A sentence, an opinion, an ordinance, a decree, a resolve* (2) *An aphorism, or maxim* (1) Majorum placita, *Plin* 29, 1 (2) Medicorum placita, *Plin* 1, 22

Placiturus, a, um part *That will please* Placitura puella, *Tib* 2, 5, 35

Placitus, a, um part ssimus, sup *That liketh, or contenteth, pleasing, grateful* Ubi sunt cognitæ fabulæ, placitæ sunt, *Ter prol Hecyr* 21 Placitone etiam pugnabis amori? *Vir Æn* 4, 38 Cultrix placitissima nostri, *Stat Theb* 12, 202 ubi vid *Gronov* v & *Justin* 18, 3, 9

Plāco, āre act [a placeo, mutatâ quantitate, vel à paco, *l* inserto] (1) *To atone, to make propitious* (2) *To pacify, appease, quiet, content, or reconcile* (3) *To make calm, mild, or gentle* (4) *To allay, or satisfy* (1) Hostiis humanis deos placant Galli, *Cic* pro Font 10 (2) = Ipse te placabit ac leniet provinciæ Galliæ, *Cic Philipp* 7, 9 ✱ Perturbo, *q v* (3) Æquora tumida placat *Neptunus*, *Vir Æn* 1, 146 (4) Esca placavit iratum ventrem, *Hor Sat* 2, 8, 5

Plācor, āri, ātus pass *To be atoned, appeased* Tauro niveo placatur Cyllenius, *Sil* 3, 219

Plærique, plæræque, plæraque *The most*, rectiùs plerique, *q v*

Plăga, æ f [a πλὰξ, in acc πλάκα πλὰξ καὶ τὸ ἐπίπεδον ἡ κλίματα χώρας, *Eust*] (1) *A climate, or country, a coast, a part, or quarter of the world* (2) *A space, or tract of ground* (3) *A toil, or net to catch wild beasts* (4) *A stud in a garment* (5) *Plagæ, a bed curtain* (1) Totidem plagæ tellure premuntur, *Ov Met* 1, 48 Plaga lactea cœli, *the milky way*, Stat Sylv 1, 2, 51 ætherea, *Vir Æn* 1, 398 (2) Marmorata plaga ingenti dorso, *Stat Sylv* 4, 3, 96 *viam Domitianam intelligit* Plaga olearum, *Lucr* 5, 1373 (3) *In hac notione rarò invenitur nisi in plur vid* Plagæ, arum *Met* Si ex his plagis te exueris, *Cic Verr* 5, 58 (4) = Ut sit plaga, quam nunc dicimus clavum, *Non ex Pacuv* (5) Grande linteum tegmen, quod nunc torale, vel lectuariam sindonem dicimus, quarum diminutivum est plagulæ, *Non*

* Plāga, æ f πληγὴ, Dor πλαγὰ (1) *A wound, blow, or stripe, a lash, jerk, or stroke* (2) *An incision in the flesh* (3) *The print of a stripe* (4) *A cut, or gash in a tree* (5) *A loss, or overthrow in war* (1) Gladiatores quas plagas perferunt! *Cic Fam* 9, 16 Crepitus plagarum, *Id Verr* 5, 62 *Met* Hæc levior est plaga ab amico quam à debitore, *Id Fam* 9, 16 (2) Plaga paulò major quam calculus sit, *Cels* 7, 26 (3) *Cels* ☞ Nodos plagarum *vocat* Stat (4) Succus è plaga manat, *Plin* 12, 29 (5) Hæc Lacedæmoniis plaga mediocris fuit, *Liv*

Plagæ, ārum f plur [dict quod plagis, *i e* foraminibus plenæ sunt] (1) *Wide nets, or toils with great meshes, or holes, to take wild beasts withal* (2) *The arming cords of a net* (1) Plagis sylvas Erymanthidas ambit, *Ov Met* 2, 499 *Met* Ex his in illas tibi majores plagas incidendum est, *Cic Verr* 5, 62 (2) *Serv* ad versum *Vir Æn* 4, 131

Plăgiārius, ii m [à plagium] (1) *A man stealer, a spirit who stealeth other mens children, or servants* (2) *He who buyeth, or selleth a man for a slave, knowing him to be free* (3) Per Synecd *He who stealeth, or filcheth out of other mens writings, and pretendeth himself to be the author, a plagiary* (1) *Cic* ad *Q fr* 1, 2 (2) *Digest* (3) *Mart* 1, 53

✝ Plāgĭger, a, um adj *Born to be whipt, or beaten*, Plaut Pseud 1, 3, 20

✝ Plāgĭgĕrŭlus, a, um adj Plagigeruli, *sc* servi, *that are used to bear stripes*, Plaut Most 4, 1, 19

✝ Plāgĭpătĭda, æ m [à plagis patiendis] *A base parasite, or shark, who for a meal's meat would suffer a beating*, Plaut Capt 3, 1, 12

Plăgium, ii n [à πλάγιον, obliquum, *Isid* πλάγιος, δόλιος, *Hes*] (1) *The stealing, or spiriting of people, the wittingly buying and selling of freemen, or slaves that belonged to other masters* (2) *A net* (1) Lege 5 § *Dig* (2) Armorum casses, plagiique exordia astus, *Grat Cyn* 24

Plāgōsus, a, um adj (1) *Full of wounds, or stripes* (2) *A flogger, or whipper* (1) Plagosa crura, *Apul Met* 8, p 257 (2) Plagosus Orbilius, *Hor Ep* 2, 1, 70

Plăgŭla, æ f dim [à plaga] (1) *A sort of small covering, curtain, or hanging* (2) *A sheet of paper* (1) Lectos æratos, vestem, stragulam pretiosam, plagulas, & alia textilia, *Liv* 39, 6 Cum inde lectica transferretur, suspexisse dicitur dimotis plagulis cœlum, *Suet Tit* 10 (2) Premitur deinde charta prelis, & siccantur sole plagulæ, *Plin* 13, 12

Plăgūsia, æ f [dict quod non versus caput, sed εἰς πλάγιον, in latera natet, C.] *A kind of fish that swimmeth on her side*, Plaut Rud 2, 1, 9

Planctus, ûs m verb [à plango] (1) *A striking, knocking, or beating* (2) *The noise made by waves beating on the rocks* (3) *Great wailing, plaint, lamentation, mourning* (1) Liventia planctu brachia, *Sil* (2) Planctus illisæ cautibus undæ, *Luc* 6, 691 (3) Planctus immensas resonet per urbes, *Sen Herc Oet* 1545

Plancus, i m [qui habet pedes planos, ut plancæ, *Fest* vel à planus, *qu* planicus] (1) *One that hath a broad foot, splayfooted* (2) *A sort of eagle* (1) Vid *Fest* & *Plin* 11, 45 (2) *Plin* 10, 3

Plānè adv iùs, comp issimè, sup (1) *Manifestly, plainly, evidently, clearly* (2) Also *utterly, altogether, to be sure, quite and clean, without doubt, throughly, without fail* (1) Satin' ego oculis planè video? estne ipsus, an non est? *Plaut Trin* 4, 3, 64 = Planè & perspicuè dicere aliquid, *Cic de Fin* 3, 6 = Planè & dilucidè loqui, *Id ib* = Qui planè & Latinè loquuntur, *Id Attic* 7, 1 ☞ *Ad hanc normam planè & Anglicè loqui fas est.* Ego enim dicturus deus, qui poteram planiùs? *Plaut Cistell* 1, 3, 5 = Apertissimè & planissimè explicare, *Cic Verr* 4, 64 (2) Si planè a nobis deficis, *&c* Cic ✱ Planè vel propemodum efficere, *Id de Clar Orat* 97 Res mihi ad rastros redit planissimè, *Ter Phorm* 4, 4, 5 Non planè par sit numerus syllabarum, *Ad Herenn* 4, 20

* Plănēta, æ m [fort ita dict quod diversis spatiis & intervallis moveatur] *A planet, a wandring star, of which sort are seven, Isid* ✝ Stella errans, *Cic quamvis falso ita dicatur, cum fixa sit*

✝ Plănētāris, e adj *Of, or belonging to a planet*, Aug Conf 4, 3

|| Plănētārius, a, um adj *An astrologer, or caster of nativities*, Aug ✝ Nota *mathematicis* genesis tua, *Juv*

Plangens, tis part (1) *Beating, striking against* (2) *Weeping, wailing, schrieching* (1) Fluctus plangentes saxa, *Lucr* 2, 1154 (2) Plangentia agmina, *Vir Æn* 11, 145

Plango, ĕre, xi, ctum act [à πλήσσω, percutio, fut secund πλαγῶ, plango, ut à παγῶ, pango] (1) *To beat, knock, strike, or dash against* (2) *To bewail, lament, or bemoan* (3) *To roar, ring, or resound* (1) Plangere nuda meis conabar pectora palmis, *Ov Met* 2, 584 Plangunt littora fluctus, *Lucil.* Vid Plangens, n 1 (2) Precor ut me demissis plangas pectore nuda comis, *Prop* 2, 24, ult *Absolutè* Planxere sorores Naïdes, *Ov Met* 3, 505 (3) Nunc nemora ingenti vento, nunc littora plangunt, *Vir Geor* 1, 334

Plangor, i pass *To be beat, bewailed*, &c Planguntur matres, *Ov Met* 8, 527

Plangor, ōris m (1) *A beating, or dashing against* (2) *Great wailing, a yelling noise, a schrieking, or outcry* (1) Leni resonant plangore cachinni, *Catull* 62, 275 Plangor fluctuum, *Sil* (2) ✱ Tu diadema imponebas cum plangore populi, ille cum plausu rejiciebat, *Cic Philipp* 2, 34 = lamentatio, *Id ibid* Femineis ululant plangoribus ædes, *Vir Æn* 2, 487 Quis tantus plangor ad auras? *Id Æn* 6, 561

Plangunc̆ula, æ f *A puppet.* Inventæ sunt quinque plangunculæ matronarum, *Cic Att* 6, 1

✝ Plānĭlŏquus, a, um adj [qui planè loquitur] *Speaking his mind boldly and freely*, Plaut Truc 4, 4, 11

|| Plānĭpedia, æ f. *A kind of comedy acted by persons barefooted*, Donat

Plānĭpes, ĕdis c g [qui pedes planos habet] (1) *One that goeth without shoes* (2) Also *a mimic, or player that acted without shoes, or on the plain ground* (1) Planipes senex, *Quint* (2) *Macrob Sat* 2, 1 vid & *Fest*

|| Plānĭsphærium, ii n *A plain sphere, an astrolabe* Mathematicis condonandum

Plānĭtas, ātis f Sententiarum planitas, *evenness of stile, or expression*, Auct Dial de causis corrupt eloq c 23

Plānĭtia, æ f [à planus] (1) *A plain, a level piece of ground* (2) *Plainness, evenness* (1) Planitia circiter passuum CCC, *Cæs B C* 1, 43 (2) Planitiæ coronarum sunt periculosæ, *Vitruv* 7, 3

Plānĭties, ei f [à planus] (1) *A plain field, level ground* (2) *The smooth, or even surface* (1) In prærupti montis extremo planities erat, *Sall B J* 41 (2) Planitiem ad speculi veniens, *Lucr* 4, 295

Planta, æ f [incert etym] (1) *The foot with the toes, the sole of the foot* (2) ✝ Also *the foot* (3) Also

Also *a plant of an herb, or tree, a graff, or scion* (1) Plantas æ[illegible] fub [illegible] lubrici, *Sil* (2) [illegible] *Ov Met* 2, 7 6 (3) Plin [illegible] *Plin* [illegible] Plantis edura cor[illegible] *Id* [illegible] 5, 55

Plantagenini [illegible] *Plantare*, Plin 22, 7

Plantule [illegible] *A plant of an herb*, &c Non [illegible] hortis, *Juv* 1, 1[illegible]

Plantaris, [illegible] *Belonging to the sole of the foot* [illegible] *Heb* [illegible]

Plantarium [illegible] [a planta] (1) *A plant of a tree or herb, a set with a root* (2) *The same as talaria* (3) *The place where plants are set, a nursery* (1) [illegible] plantarium [illegible] *Georg* 2, 2 Plantaria [illegible] ab exor[illegible] *Catachres* Quinque pa[illegible] plantaria [illegible] *Pers* [illegible] (2) Nunc [illegible] plantaria [illegible] *Val Flacc* 1, 67 (3) Plantaria [illegible]

[illegible] *a plant* [illegible] *Col* 5, 9 [illegible]

[illegible] *A set* [illegible] *Plin* 17, 8

Plantatus, [illegible] unde plantor, [illegible] *To be planted, or set* Hoc [illegible] Punicæ, [illegible] Plin 17, 10 ¶ Nunc [illegible] optimè feruntur, vel plantantur, *Pallad Mart tit* 9

|| Planula, æ f [a complanando dict] *A plane, a joiner's instrument*, also *the hinge of a door* Planula, ἐγκάτειος, *Onom vet*

Planus, a, um adj or, comp ssimus, sup [ab [illegible], planus, [illegible] Aphær] (1) *Smooth, flat, level plain, or even* (2) Met *Evident, clear, manifest* (3) *Flat, not globular* (1) = Æquo & plano loco *Cic* pro *Cæcin* 17 = Apertο & plano littore, *Cæs B G* 4, [illegible] Area planissima campi, *Ov Met* 10, 86 ¶ De plano, *standing on the ground*, Suet Jib 22 ✱ pro tribunali, *from the bench*, Id ibid Planities [illegible] ficium, *having no* [illegible] Vitruv Sibi [illegible] tutum planumque negabitur [illegible] *or upon the plain ground* Ov Qui cadit in plano, *Ov Trist* 3, 4, 1 (2) = Satin [illegible] sunt plana & certa? *Plaut* [illegible] 2, 1 Narrationes plana [illegible] ¶ De plano, *clearly, manifestly*, Lucr 1, 1[illegible] Planum facere, *to demonstrate, to make evident*, Cic Plano a [illegible] (3) Planorum piscium alte[illegible] sunt, *Plin* 9, 24 & *Cels*

* Planus, i m [a πλάνος, deci[illegible]] *An impostor, a cheat, a rogue, a vagrant* H[illegible] planum [illegible] quæstu judiciario [illegible], *Cic* pro *Cluent* 26 Fracto [illegible] planus, *Hor Ep* 1, 17, 59

* Plasma, atis n (1) *A gargle, or medicine to take away hoarseness, and to clear the voice* (2) || *The work of a potter, a piece of work* (3) *A fiction, or fabulous song* (1) Liquido cum plasmate guttur mobile [illegible], *Pers* 1, 17 (2) *Prud Cathem* 7, 184 † Opus figulinum (3) *Auson Lydi* 10 † Commentum

Plasmatura, æ f *The forming, or making any thing of earth*, [illegible] *Sil* [illegible] *cum quercu* [illegible]

|| Plasmo, are Bibl [a πλάσσω, [illegible]] *To make any thing of earth*, as pots, &c † Fingo, *Cic*

* Plastes, æ m [πλάστης [illegible]] *A maker of images, a potter, a statuary, or caster in molds*, Plin 35, 12

* Plastice, es f *The craft of working or making things of earth*, Plin [illegible]

* Platalea, æ f [Pl platea [illegible]] *A shoveler, a kind of bird*, so called by Cicero, N D 2, 49 Called *platea* by Pliny, and by [illegible]

Plataninus, a, um [illegible] *plane tree leaves*, *Col* 12, 16

Platanista, æ [illegible] *A fish in the river Ganges, having a snout and a tail like a dolphin, but much bigger*, Plin [illegible]

* Platanon, onis m *A place planted with plane trees* [illegible] *Plin* [illegible] 126

* Platanus, i f *A plane tree* Platanus [illegible], *Cic de Orat* 1, [illegible] *decl* [illegible]

Platea, [illegible] æ f [a πλατεῖα [illegible]] (1) *A broad way, or great street, a court before great mens houses, where people walk* (2) *A sort of bird with a broad bill* (1) Quis est qui in plateam ingredi? *Plaut Trin* 4, 1, 21 In hac habitasse plateam dictum est Chrysidem, *Ter Andr* 4, 6 1 (2) Plateam palatio stravit Lace[illegible] & porphyretis saxis, [illegible] (3) Plin 10, 40

|| Platessa, æ f *A kind of flat fish broad like a sole* Moliesque platessæ, *Auson Epist* 4, 58

* Platyceros, tum c g *Beasts with broad horns*, Plin 11, 37

Platyophthalmus [illegible] m *A kind of alabaster found in silver mines or as some, antimony* Ideo [illegible] que platyophthalmon [illegible] mulierum dilatet oculos, *Plin* [illegible] 6

* Platyphyllon, n *A kind of spurge with broad leaves* Plin [illegible] = Corymbites amygdalites, *Id* [illegible]

Plaudendus, a, um part *To be gently stroked* Modo pectora præbet virgineâ plaudenda manu, *Ov Met* 2, 867

Plaudens tis part (1) *Clapping, or flapping* (2) *Clapping hands in token of joy* (1) Speculatus [illegible] plaudentem columbam, *Virg Æn* 5, 515 (2) Duo homines bussque plaudentibus, *Cic Q fr* 2, [illegible] Ad pencullum suum plaudens *Plin* [illegible] 15

Plauditur impers *I, thou, he, we, &c rejoice, or clap hands*, Ov Trist [illegible] *Cic Attic* [illegible], 44

Plaudo, ère si, sum [illegible] (1) *To make a noise by clapping, or flapping* (2) *To clap in token of applause*, as in the close of a play (3) *To commend, or applaud, to encourage* (4) *Plaudere sibi, to flatter, sooth, or hug one's self, to love what one hath too much* (1) Pennis plausit perdix, *Ov Met* 8, 2[illegible] ¶ Pedibus plaudunt choreas, [illegible], *Virg Æn* 6, 644 (2) Donec cantor, vos plaudite, dicat *Hor A P* 155 (3) [illegible] stantes plauserunt, *Cic Attic* 2, [illegible] Nec [illegible] caste [illegible] *Stat Sil* 5, [illegible] *Plauditen os, putteth a courage into them by clapping, or stroking their necks*, Id (4) At mihi plaudo ipse domi, *Hor Sat* 1, [illegible], 66 Nec [illegible] *Plin Jun*

Plausor, [illegible] *To be received with clapping the hands and rejoicing* [illegible]

Plausibilis, e [a plaudo] *Plausible, that is well accepted, and received with favour* = [illegible] Hæc [illegible] *Tusc* [illegible]

Plausito, are freq [a plaudo] *To cry, or sing like a quail, or woodculver* [illegible] *Philom* [illegible]

Plausor, oris m [a plaudo] *That clappeth his hands for joy, or in token that he is pleased, an applauder* Sequentibus curruum ovantium [illegible] plausoribus, *Hor Art Poet* 125

|| Plaustrarius, a, um (1) *A wainman, a waggoner* (2) *A cartwright* (1) *Ulp* (2) *Ulp*

Plaustrum, i n & antiq plostrum [dict [illegible] quod plaudit [illegible] (1) *A cart or wain to carry loads upon, a waggon, a dungcart, a dray, a tumbrel* (2) *Also Charles's wain, near the north pole* (1) [illegible] plaustra ju[illegible], *Liv* Omnia plostris [illegible] *Cic Verr* 1, 20 ¶ Plaustrum perculi, *I have ruined all*, Prov *Plaut Epid* 4, 2, 22 (2) *Sen Oedip* 477

Plausus, a, um part [a plaudor] (1) *Clapped, flapped* (2) *Encouraged by clapping and stroking*, as horsemen do their horses (1) Alis plausis [illegible] *Ov Met* 14, 507 (2) Plausæ sonitum cervicis amare, *Vir Georg* [illegible], 186 *de equis*

Plausus, us m verb (1) *A clapping, or flapping* (2) *Also a clapping of hands in token of joy, or praise, shouting, rejoicing, applause* (3) *A beating the hands together in keeping pardon* (1) Cantum gallinacei nunciant plausu laterum, *Plin* 10 21 (2) ✱ Tu diadema imponebas cum plangore populi, ille cum plausu rejiciebat, *Cic Philipp* [illegible], 34 = Plausu & approbatione infimorum, *Id* = Lætitiæ plausus, & missus ad æthera clamor [illegible] *Stat Theb* 12, 5[illegible] (3) Abjectis telis plausu [illegible] *Flor* 3, 6

|| Plautus, i m [a πλατύς, latus] (1) *He that is flat, or splay footed* (2) *He that hath broad flapping ears* (1) *Fest* (2) *Fest*

Plebecula, æ f dim [a plebs] *The poor people, the meaner sort of people* Misera ac jejuna plebecula, *Cic Attic* 1 16 His plebecula gaudet, *Hor Ep* 2, 1, 186

Plebeius, a, um adj [a plebs] (1) *Of, or pertaining to the common people, one of the commonalty, a plebeian* (2) *Also poor, base, mean, simple, homely, of little value, or esteem, of the common sort* (1) Ludi plebeii [illegible] instaurati, *Liv* 29, 11 [illegible] plebeio [illegible] *Cic* (2) = [illegible] [illegible] *Plaut* [illegible]

Plebes, [illegible] *people* ✱ Lo[illegible] patres, [illegible] *B Civil* [illegible] *Juv* 59

Plebicola, æ m *A friend to the common people* [illegible]

Plebiscitum, n [a plebs & scitum] (1) *A law or decree made by the commonalty without the senators* [illegible] (2) [illegible] *Liv* [illegible] *Juv* 1, 1[illegible] (2) In comitiis [illegible]

Plebs is f [con[illegible] plebes] (1) *Properly the common people, all but the senators* (2) *The mob, or rabble* (3) *Or the common people* (4) *It is found of bees in both numbers* (1) Mater Roma [illegible] *Auson Idyll* 11, 8 ¶ Ne omnis nobilitas discessu [illegible] *Cæs B C* 5, [illegible] ✱ In [illegible] ego civitatem dividam [illegible] patres, & plebem, *Sall Orat ad Cæs* ✱ In Hyrcania plebs publicos [illegible] *Cic Tusc* 1, 45 Annum [illegible] medium ordinem, tertium [illegible] patribus [illegible] *Plin* (2) = Plebs & infima [illegible] *Cic* pro *Milon* 35 (3) Plebeius, *Hor Ep* 1, 1, 59 [illegible] Acron (4) Examen [illegible] plebis [illegible], *Col* 9, 1, Du[illegible] vel tres [illegible]

Plectilis, e adj *That is platted, or wound together* [illegible] *Plaut Bacch* 1, 1, [illegible]

Plecto, is, exi, xum [illegible] [a πλέκω [illegible] unde plexus pro ferio, [illegible] percussor] (1) *To twist, or twine* (2) *To punish, to correct* [illegible] *or beat* (1) [illegible] (2) *Cic* [illegible] *Ov* ad *Pison* 169 (3) [illegible] pugnis, *Plaut Men* 5, 7, [illegible] *sed* [illegible] *pecto*

Plector, i, xus pass [a plecto, tertia sign] (1) *To be punished* (2) Met *To suffer, to be tormented* (1) Sine invidia culpa plectitur, *Cic* pro *Cluent* 2 Plecti capite, *to be beheaded, to lose his head*, Id [illegible] *Iegg* 2 20 tergo, *to be whipped, or lashed*, Ho [illegible] Ego plectar pendens, *Ter Phorm* 1, 4, 43 (2) Plectantur sylvæ, te sospite, *Hor Od* 1, [illegible]

* Plectrum, i n [illegible]

... (1) *A quill, bow,* ... thing, *to play w th* ... *strings of musical in-* ... ( ) Arca *helm of a* ... *ship* ... ( ) Flectit simi- ... nostri ... dicere ... *Cic N D* ... (2) D duxit ... magist ... *Stat* ...

... plagus, um f ... quod ... navigationis ... Plenum dendo ... chorus? *Propert* ... *Fast* 5,155

... *completed, abun-* ... *large* Cum ... plene ... *Plin* ... 1,25 Penetra ... *Fin* 4,6

Plenilunium, ii n ... *full moon,* ... 18 ... *Pl ts, fulness,* ... pententes ... *qualis* ...

Plenitudo, inis f (1) *Corpulency* ... (2) *Thickness* ... longitudine ... crassitudine ... *Plin* 11, ... Perticae ... plen- ... dipondii ... excedant,

Plenus, a, um adj or comp ... *Pr* ... [... πλέως ... unde antiq ple ... (1) *Full, large,* ... (2) *Fleshy, gross, plump,* ... *abounding, or fer-* ... *plenteous, that hath* ... *much* (3) Also *large* ... (1) Ca- ... plenus, *Plaut* Mul ... plenis cantharis, *Id* ... (2) Frigus prodest ... & omnibus plenis, ... & speciosior, & colora- ... *Id* ... plenum, ... (3) Vita plena vo- ... *Cic pro Sext* to Vu- ... Plenum plenissi- ... Arethusa, *Id Verr* 1,5, ... gravidam, & ... plenam aspicio, gau ... *Amph* 2,2,49

* Plerimmus, mi m *A gran-* ... *when there are* ... *than need* Don ... cum super- ... oneratur oratio ... satis est ... *Quint Inst Orat* 8, ... *non est diffi-*

Plerique, pleraeque, pleraque [ex ... *The most,* ... Plerique labo ... *Cic de Orat* 1,3 ... *subintell* ... *well near all for* ... *Ter Andr* 1 1,28 ... omnia, *Id Heaut* ... *ving vid* Ple-

... *A term used* ... *heretics to* ... *aeones, or ages,* as ... *Tert*

... plerunque adv ... *often times, sometimes,* ... *for the most part* ... non semper, quae ... fortuna sunt, *Cic de* ... 2,5

† Plerus, a, um *Cat ap Prisc* [a Gr πλήρης] *Full, also most* Pera pars ... *Fest ex Pacuv* + Plenu

Plerusque, ... umque, *vel* un ... hat ... plerae ... Africa imperitabant, *Sall B J* 81 ... Per Eu ... plerumque, ... omnem, *Ter* ... 9 *vid* Plerique

* Plethora, ae f *A plethory,* ... *fulness of body, or humours,* Med

|| Pluritas f *The plurality* ... *vid* Plenitas

Pleurit..., um adj *That hath the pleurisy* Pleuriticorum ... *Plin* 26, & ... *Cels* 4,6 *sed Graecis* ...

Pleuritis, idis f *The pleurisy, the stitch in the side* Vitruv 1,6 *Lat* Lateris dolor, *Hor*

Plexus, a, um part [plecto] ... *plaited* Humen ... ecterne ... Flores plexos ... coronis, *Catull* 62, ...

|| Plicatrix, ... *a plaiter* ... *Plin*

Plicans, tis part *Folding, wr tl* ... *Plin* ... 5,29

Plicatilis, e adj *That may be folded* ... *a small sort of* ... *boats, made* ... thought, *which were carried on the Nile, and were portable* ... Upupa crist ... *Id* 6,2

Plicatio, onis f verb *A fold- ing* Col

Plicatura ae f *A folding*, Plin 7, 51 & 10, 29

Plico, are *und* plicor ari, ... *To knit,* ... Ideo ... feminum ... *Lucr* ... 826 *Usit* ... compl...

* Plinthis, this f *The foot upon which a piller standeth, like a square tile*, Vitruv 3, 2 ... *Plinthio*

* Plinthium, ii n *Properly a little brick, also any thing four square like a brick*, Vitruv 9,9

* Plinthus, ... m (1) *The square foot of a pillar* (2) *Also a dial-* ... *sorts of dials* (1) *Vitruv* ... (2) *Herm Barb*

* Plistolindi, ... f *Playing, a kind of game on the dice, wherein he that throweth most taketh up all*, Pollux, 97 *Jun interpr*

* Plistolochia, ae f *A kind of wild mallow* Plin 25,8 & 20,4

* Plocamos, ... *a shrub that groweth on* ... *like coral*, Plin ...,25

* Ploce, es f *A rhetorical figure, when the same word is repeated in a different sense, as,* Nihil ... dictum ... quod non dictum sit prius, *Ter*

† Plodo, ere, si, sum [pro plaudo] *To clap hands* + Plaudo

Plorabilis, e adj *To be lamented, deplorable* Votum plorabile si quid, *Pers* 1, 34 Verbis ... plorabile quiddam, *Claud in Eutrop* 1, 261

Plorabundus, a, um part *In a weeping, or wailing manner* Homo ploratibus ... orem venit, *Plaut Aul* 2,4,59

Plorandus, a, um part *To be lamented, or bewailed* Dei mihi plorandas per tua colla ... *Prop* 4, 3, 26

Plorans, tis part *Wailing*

Plaut Poen 1,2, 64 & *Ov Fast* 21, 17

|| Ploratio, onis f verb *A bewailing*, ... + Ploratu ... mentatio, ...

Ploratorium ... vero ... *er, a lamenter, a whiner*, Mart 14,5

|| ... *that* ... Quae porta

Ploratus, a, um part *La-* ... Rogus ... *Ov* ... 856 Don ... *Stat* ...

... *ing, or crying* ... 28 Omnia ploratu ... *Ib* ...

Ploro, are ... *to weep, to cry out, to la- ment, to howl, to weep at in fears to whine* Plorare ... *Hor Od* ... 63 ... pro Dono, 21

Plostellum, i n dim ... plost ... *the wain or* ... *that children play with al* ( ) Plostellum Panicum, *a sort of* ... *out corn in* (1) *Hor Sat* 2,3,247 (2) ... *R R* 1,...

|| Plostrarius, a, um adj *Per- taining to a cart*, ... Jun

|| Plostrum ... *A cart* ... *wain* ... *Ampl* ... Plau

Plostrum, i n ... Signa ... Charioteers, ... fluit intro ... *a kind of reed*, Plin 16, ... undo

† Plotus ... postea Plautus dict *Fest* ... Plautus

Ploxemum, i n ... *Fest* ... transpadanum, *Scal* [... πλέκω, *vel* πλοκή, quod fuerit ... *a twisted* ... Gin- ... vero ploxeum habet veteris, *Catull* 94,6 ... circa Padum invent, *Quint* 1,5

Pluit impers *It raineth* Deus, ca- lum, *Cic It raineth*, Cic de Div 2, 27

|| Pluitur impers *It doth rain* Totum illud spatium quo pluitur & ningitur, *Apul Flor* p 760 + Pluit, *Cic*

Pluma, ae f ... unde πτι- λωμα, pluma, ... adjecto, ut penna πτερόν, & per Sync pluma] (1) *A small, or soft feather* (2) *The first down upon the cheeks,* as most interpreters, but I should rather interpret it of *aged white hairs,* according to Marcellus, who illustrateth it by that of Naso, *Jam mea cycnaes imitantur tem- pora plumas* which sense seemeth more apposite to the context (3) *Also a plate of mail, or spangle wrought on the armour, or accou- trements of men, or horses,* one whereof was laid upon another garments also were adorned with gold and purple plumage, feather work (1) Pluma alias, alias squa- ma videmus obductas, *Cic N D* 2, 47 (2) Insperata tua ... veniet pluma superbia, *Hor Od* 4, 10, 2 Homo pluma le... or, *one good for nothing*, *Plaut Poen* ..., 17 (3) *Vid Vir Aen* 11 771 & *Vopisc in Carino*, c 20 & ibi *Seal*

Plumarius, ii m Artifex operis plumarii quod vel e pluma, vel ad instar plumae conficitur, *Varr* (1) *One who maketh feather work* (2) *Also an embroiderer* (3) *A weaver of diverse colours, like birds feathers* (1) *Vid* Pluma (2) Judici ... quid sit bene pictum

e plumario, *Varr ap Non* ( ) Plumariorum textrinae, *Vitruv* 6,...

Plumatilis, e *Made of feathers, or embroidered, wrought in* ... *colours* Cumatile aut plumatil, *Plaut Epid* 2, 2, 40 ... *ma-* ... *Non*

|| Plumatarius, a, um ... *A-* ... *to feather,* ... *put on fea-* ... In ... pluma ... *Jul* ...

Plumatus, a, um part (1) *Fea- thered* (2) *Embroidered with divers colours like feathers* (1) ... *Cic N D* 2, ... poet Corpu ... molli ... *covered with soft down*, Plin 9, ... (2) ... plumae ... *Ju* 10,125

Plumbago, inis f (1) *A mine, or vein of lead or silver* ... *a kind of* ... *metals or gems* (3) *The herb called lead-wort* ... *the eye called* plumbum ( ) *Plin* ... 18 (2) *Plin* 3, 5 ( ) *Plin* 25,1

Plumbarius, ii m part *Of, or for lead, pertaining to a plumber*, Plin 31,18.

Plumbarius, ii m *A worker of lead, a plumber* Vitr 8,

Plumbata ... *A bullet, —* ... *a plummet, or dart of lead with iron pike* ... *as a weapon* ... Veget 1, 17

|| Plumbea, ae f *Jo hasta*, ... *a spear or* ... *with lead* Spart in Sever c 11

|| Plumbatio, onis f verb *Sol- dering with lead*, Cassiod

|| Plumbatura, ae f *A solder or with lead*, Cass

Plumbatus, a, um part *Leaded, made with lead* Plumbatae ... gittae, *Plin* 1, ... tabulis plumbis ... *Val Max* ..., 2

Plumbeum, i n *A leaden cal- dron* Plumbeum ... ... & medicamen ... *Co* 12, 20 Oportebit ... plumbea ipsa intrinsecus ... *Id* 12, 19

Plumbeus, a, um adj (1) *Lead- en, or of lead* (2) *Of the colour of lead* (3) *Dull, thick, heavy, slow* (4) *Very grievous, or weighty* (1) ... nummum ... quam credam plumbeum, *Plaut Trin* 4, 2, 120 Plumbeae ... *leaden pipes*, *Col* 8, ... ( ) Plum- beus color, *Plin* 11, 52 ... smaragdi, *Id* 37, 5 (3) Nil ... in physicis plumbeus sumus, *Cic Tusc* 1, 29 = Caudex ... asinus, plumbeus, *a blo kh* ..., *Ter Heaut* 5, 1, 4 O plumbe- um pugionem! *Cic de Fin* ... 18 (4) ✶ Si quid dixisti ... ... pluma levior est ... quid peccatum sit, plumbeus ... gerunt, *Plaut Pan* 2, 6, 18 Cum illum plumbeo gladio jugulatum iri tamen diceret, *to be knocked down with a pea*, Cic Att 1, 16

Plumbo, are act *To solder with lead* Modiolos qui ... & plum- bet ... *Cato R R* 21

Plumbor, ari, atus pass *To be soldered* Neque argentum ... plumbatur, *Plin* 33, 17

Plumbosus, a, um adj ssimus, sup *Full of lead, or that hath much lead mixed with it* Me- l or molybdaena quanto minus plumbosa, *Plin* ..., 4, ... Faex plumbosissima, *Id* 33, 6

Plumbum, i n (1) *Lead* (2) Meton *A leaden pipe* (3) *A bail, or bullet of lead, a pellet* (4) *Solder* (5) *A plummet to rule withal*

withal (6) *A disease in the eye* (1) Argenti pondus, plumbique potestas, *Lucr* 6, 1241 Plumbi duo genera, nigrum & candidum, *&c* Plin 34, 16 (2) Aqua tendit rumpere plumbum, *Hor Ep* 1, 10, 20 (3) Balearica plumbum funda jacit, *Ov Met* 2, 727 (4) Eadem testa plumbo commissa manebit, *Juv* 14, 310 (5) Membrana plumbo directa, *Catull* 20, 8 (6) *Plin* 25, 13

Plūmesco, is, ĕre incept *To begin to have feathers, to be fledged* Pullus plumescit, *Plin* 10, 53

Plūmeus, a, um *Of feathers* Torus plumeus, *Ov Met* 11, 611 Culcita plumea, *a feather-bed*, Cic Tusc 3, 19 Plumeus apex, *Plin* 10, 2

Plūmiger, a, um adj *That beareth feathers*, Plin 10, 25

Plūmipes adj *Rough footed with feathers, feather footed*, Catull 53, 27

|| Plumo, āre n (1) *To begin to have feathers* (2) Act *To work in feather work, to embroider, to weave with diverse colours* (1) *Gell* 2, 29 (2) Tunicas plumandi difficultate pernobiles, *Vopisc* i e texendi vel acupingendi, *Turneb*

Plūmōsus, a, um *Full of feathers* Pectora plumosa, *Ov* ad *Liv* 109 Faunus plumoso sum deus aucupio, *Propert* 4, 2, 34

Plūmula, æ f dim [à pluma] *A little feather*, or *plume*, Col 8, 5

Pluo, is, ĕre, plui & pluvi, *Plaut* [à πλύω, unde πλύνω, lavo, *Fest*] (1) *To rain* (2) Met *To shower down* (1) Rus ut ibat, multum pluverat, *Plaut Men in prol* v 63 § In Piceno lapides pluisse *Val Max* 1, 6, 5 § Nunciatum est in monte Albano lapidibus pluisse, *Liv* 36, 37 (2) Nec de concussa tantum pluit ilice glandis, *Vir Geor* 4, 81 Jam bellaria adorea pluebant, *Stat Syl* 1, 6, 10

† Pluor, ōris m *Rain*, Laber ‡ Pluvia

Plūrālis, e *That containeth many, plural*, Quint 8, 6

† Plurālitas, atis f *The plural number*, Charis ✱ Singularitas, *Id* ‡ Numerus multitudinis, *Varr*

|| Pluraliter adv *Plurally*, Quint Inst Or 1, 6

|| Plurativus, a, um adj Plurativus numerus, *the plural number*, Gell 1, 16

Plūres plura, & pluria plur (1) *More*, or *many* (2) Also *the dead* (1) ✱ Sentio in columba plures videri colores, nec esse plus uno, *Cic Acad Q* 4, 25 (2) Quin prius me ad plures penetravi, *Plaut Trin* 2, 2, 14 ✱ Pauci, *Ad Herenn* *Vid* Plus

Plurifariam adv [à pluri, ut à multi multifariam] (1) *Sundry*, or *several ways*. (2) *In several places* (1) Aurigabat extructo plurifariam circo, *Suet Calig* 54 (2) = Legionarii plurifariam diversique tendebant, *Suet Galb* 19

Plūrifārius, a, um adj *Of diverse fashions*, Suet Claud 21

|| Pluriformis, m adj *Of sundry sorts*, Apul Florid 1, p 761

Plūrimum adv (1) *Most of all, very much* (2) *For the most part, most an end* (1) Zeuxis pingendo plurimum aliis præstabat, *Cic de Inv* 2, 1 (2) Domum ire pergam, ibi plurimum est, *Ter Phorm* 1, 4, 17

Plūrimus, a, um sup [à multus, & factum est à plus, pluris] (1) *Very much, very many, the most part, in great number* (2) *Very long*, or *large* (3) *Very big* (4) *Most men* (1) Quod me sollicitat plurimis miserum modis, *Plaut Aul* 1, 1, 27 Justitia jucunditatis plurimum affert, *Cic de Fin* 1, 16 ✱ Plurimum gravitatis, concinnitatis minimum, *Id* (2) Cui plurima cervix, *Vir Geor* 3, 52 *interp Serv* Ascendebant collem qui plurimus urbi imminet, *Id Æn* 1, 423 (3) Si quisquam est plurimus, *Grat* (4) Plurimus in Junonis honorem aptum dicit equis Argos, *Hor Od* 1, 7, 8 Plurimum æstimare, *Cic* pendere, *to set very much by*, Plaut

Plūris gen [à plus] (1) *Of more worth, value*, or *price* (2) *Dear, more expensive* (1) Ager nunc multò pluris est, quam tunc fuit, *Cic* pro *Q. Rosc* 12 Eloquentia pluris est quam juris civilis scientia, *Id* (2) Pluris ædificamus, *Col* 1, 4

Plus, ūris in sing n pl plures, plura, & pluria [à πολὺ πλέον, contr plus, *Bcm*] (1) *More* (2) Pluris, *of more value, more to be esteemed* (3) Plures, *the dead* (1) *Cum nom* Plus decem millia capta, *Liv* i e plus hominum quam *Cum gen* Plus plusque sapientiæ, *Plaut Cum acc* Plus trecentos colaphos infregit mihi, *Ter Adelph* 2, 1, 46 *Cum abl* Tecum anno plus vixit, *Cic* ✱ Plure vendunt quod pro minore emptum, *Lucil* De illius peccatis plura dicet, *Ter Heaut prol* 33 Quanto est res amplior, plura eo dispergit corpora, *Lucr* 2, 1134 (2) Pluris se putare quam mundum, arrogantis est, *Cic N D* 3, 10 (3) *Vid* Plures, seorsùm

Plùs adv *More, longer, better* Quos dum ferias, tibi plùs noceas, *Plaut Pseud* 1, 2, 5 Dies plus minus triginta, *about thirty days over or under, more or less*, quod alias dic Plusve minusve, *Mart* 8, 71 Plùs satis, *Ter Eun* 1, 2, 5 Plùs plusque, *more and more*, Cic

† Plusculā, æ f *A buckle*, or *clasp*, Litt ex Plaut

Plusculum, i n *Somewhat more* Plusculum rationis, *Lucr* 4, 620 liquoris, *Plin* mellis, *Col*

Plusculùm adv *Somewhat more*, or *too much* Invitavit sese in cœna plusculùm, *Plaut Amph* 1, 1, 127

Plusculus, a, um dim [à plus] *A little more* Plusculâ supellectile opus est, *Ter Phorm* 4, 3, 61

Pluteus, ei, & pluteum, i *Vitr* [de cujus etym nihil constat] (1) *A kind of engine made of boards like a penthouse, and covered with twigs, hair, clothes, and raw hides, moving with three wheels, under which approaches were made in the besieging of a city* (2) *The cover, or top of the galleries in which they made their approaches* (3) *A shelter in form of a turret over their heads who played the battering engine* (4) *A press, hutch, case, or other place to keep books, or pictures in* (5) *The closure between the pillars, or the space and distance of the lower pillars from the higher, in the front, or fore part* (6) *A parapet, or breastwork* (7) *Boards with which any thing is incompassed, or inclosed* (8) *The bedstead, or bed's-head of those beds on which they lay at meals* (9) Also *a desk to write on* (10) Also *a chair-back*, or *a shelf* (1) *Veg* 4, 15 (2) Quod deustos pluteos turrium videbant, *Cæs B G* 7, 25 (3) Supra caput collocatum erat pluteum, *Vitruv* 10, 20 (4) Et jubet archetypos pluteum servare Cleanthis, *Juv* 2, 7 (5) *Vitruv* (6) *Vitruv* (7) *Fest* (8) ✱ Cœnanti modò ad pluteum, modò ad pedes stare discinctos passus est, *Suet Cal* 26 ✱ Sponda, *Mart* (9) *Pers* 1, 105 (10) *Ulp*

Pluvia, æ f [à pluo pluvi, sc aqua, prop est adject *Cic* enim dixit expresse *aqua pluvia*] Metuo pluvias, *Cic Att* 15, 16 Ingens pluvia, *Vir Geor* 1, 325 tenues pluviæ, *Id ibid* 92

Plŭviālis, e adj (1) *Rainy, of rain, showry* (2) *Bringing*, or *causing rain* (1) Aqua pluvialis, *rain water*, Col 1, 5 Undis pluvialibus auctus torrens, *Ov Fast* 2, 219 (2) Pluviales Austri, *Vir Geor* 3, 429 ¶ Pluviales hædi, *two stars in the heavens so called, because their rising and setting was accompanied with tempestuous weather*, Id Æn 9, 668 Signum pluviale capellæ, *Ov Fast* 5, 113

Plŭviātĭlis, e adj *Rainy*, or *of rain* Aqua pluviatilis, *Cels* 7, 3

Plŭviōsus, a, um adj *Very rainy, full of rain* Nubilo occasu pluviosam hiemem denunciat, *Plin* 18, 25

Plŭvius, a, um adj (1) *Of rain, rainy* (2) *Bringing*, or *causing rain, showry* (1) Aqua pluvia, *Cic Topic* 9 (2) Auster pluvius, *Ov Metam* 1, 66 Pluvius arcus, *the rainbow*, Hor A P 18 Pluvii venti, *Id Od* 1, 17, 4 Pluvius Jupiter, *Tibull* 1, 7, 26

* Plynteria, orum [à πλύνω, quod deæ ornamenta tum lavarent] *Holidays among the Athenians dedicated to Ceres*, Cœl Rhod 14, 9

P ante N

Pneumătĭcus, a, um [à πνεῦμα, spiritus] *Spiritual, windy* Pneumatica organa, *engines to draw up water out of a well by the help of air*, or *wind*, as we see in a syringe, *Plin* 19, 4 Pneumatica ratio, *Id* 7, 37

P ante O

Po, *pro* populo & potissimùm, positum est in Saliari carmine, *Fest*

|| Pocillator, ōris m *A cupbearer, he that waiteth on one's cup* Jovi pocillatorem Phrygium sustulerat, *Apul Met* 6, p 186 ‡ A poculis servus

Pōcillum, i n dim. [à poculum] *A little cup* Pocillum fictile, *Cato*, c 156 Pocillum mulsi, *Liv* 10 42

Pōcŭlentus, a, um adj *Any thing that may be drank* Esculentis & poculentis, *Cic N D* 2, 56 *leg* & potulentis

Pōcŭlum, i n [à potione, *vel* potu dict *qu* potaculum] (1) *Any kind of cup, a drinking pot*, or *bowl* (2) Meton *The liquor that is drunk, a draught, a potion* (3) *A banquet*, or *feast* (1) Duo pocula cælata, *Cic* fagina, *Vir Ecl* 3, 37 (2) Tecum una pocula potitet, *Plaut Asin* 4, 1, 26 Pocula ducentia somnos, *Hor Epod* 14, 3 (3) Illis diligenter legibus, quæ poculis imponebantur, obtemperabat, *Cic*

* Pŏdager, gri adj *Gouty, troubled with the gout in the feet* Atque nihil prorsùs stare putat podager, *Claud Epigr* 29, 4 Nunquam poëtor nisi podager, *Enn ap Prisc* 8

* Pŏdagra, æ f *The gout in the feet* Locuples podagra, *Juv* 13, 96 nodosa, *Ov ex Pont* 1, 3, 23 tarda, *Hor Sat* 1, 9, 32.

* Pŏdagrĭcus, a, um adj *Troubled with the gout* Equitare podagricis alienum est, *Cels* 4, 7 Podagricus homo, *Vitruv* 8, 3

Pŏdagrōsus, a, um adj [à podagra] *Gouty, full of the gout* Podagrosis pedibus, *Plaut Merc* 3, 4, 8

* Podargus, pedibus albis vel velox, nomen canis, *whitefoot*, Litt *ex* Ov

* Pŏdēris, *acc* Poderem tunicam, *Apul.* ποδήρης, *i e* talaris, ad pedes pertingens, *reaching down to the feet* ‡ Talaris, *Cic*

* Poderis, is f Vestitum podere, *Apoc* 1, 13 *a long garment down to the feet, without plaits*, or *wrinkles*, which priests used, and soldiers also in war, *a cassock*, *a surplice*

* Pōdex, icis m [à pedo, is, ut à πέρδω, πορδὴ, à pendo, pondus] *The arse, the fundament, the breech, the bum* Turpis podex, *Hor Epod* 8, 5

* Podismus, i m *A measuring out of ground by the feet*, Veg ‡ Pedaturam *Latine* vocat *Frontinus*

Podium, ii n πόδιον [vel quia pedis modo projectura illa, quæ podium facit, procedat, vel quia ad pedes ædificiorum strui consueverit, sive quod in eo pedibus hæreamus, *M*] (1) *An open gallery made without the walls of an house, for people to stand and behold things in, a balcony*, or *building jutting out* (2) *A sort of scaffold*, or *stage whereon bee hives were set* (3) *That part of the theatre next the* Orchestra, *where the emperour and noble personages sat to see plays acted* (1) *Vitruv* 3, 3 (2) Podia ternis alta pedibus fabricentur inducta testaceo, *&c* - -& supra hæc podia alvearia collocentur, *Pallad* (3) Toto podio adaperto spectare consueverat, *Suet Neron* 12 vid & *Juv* 2, 143 & seq

Pœcile, es f *sc* porticus, ποικίλη στοά, *i e* varia ob multiplicem picturam *A gallery at Athens where the Stoics were wont to walk and discourse*, Nep Miltiad 6

* Poëma, ătis n *A poem, a copy of verses, a piece of poetry* Varium & elegans omni fere numero poëma facere, *Cic Acad Q* 1, 3 Egregium poëma, *Id* Neque numerosa esse, ut poëma, neque extra numerum, ut sermo vulgi est, debet oratio, *Id Orat* 195

* Pœmenis, f *A bitch's name, keeper*, Ov Met 3, 215

* Pœna, æ f (1) *Punishment, penalty, pain* (2) *Trouble* (3) *Remorse, torment, regret* (4) *A Fury* (5) *Any evil*, or *suffering* (6) *A payment of loss at game* (7) Also *a fault*, or *fact worthy of punishment* (1) ✱ Pœnâ & præmio contineri remp dixit Solon, *Cic* ✱ Ne major pœna quam culpa sit, cavendum est, *Id Offic* 1, 25 Perjurii pœna divina exitium, humana dedecus, *Id de Legg* 2, 9 Conscripserunt edictum prætores cum pœna, *Id* (2) Decere illos æquo animo reliquum pati laborem, dum pro civibus suis pœnas caperent, *Sall B Jug* 71 (3) Heu quantum pœnæ misero mens conscia donat, *Luc* 7, 784 (4) = O Pœna! o Furia sociorum, *Cic in Pison* 37 Et flammas & sæva quatit mihi verbera Pœna, *Vir in*

in Culice (5) Mors ultima pœna est, Luc 8, 395 (6) Ov (7) Pœnam octupli commissam non exequebatur, Cic Pœnas dare, sufferre, pendere, dependere, solvere, persolvere, Cic reddere, *to be punished*, Sall ✠ Ire in pœnas, Ov Afficere pœnâ, Cic Capere pœnas, exigere de aliquo, Ov Consurgere in pœnas, Plin Expetere pœnam alicujus rei, Cic Irrogare pœnas peccatis, Hor Multare pœnâ aliquem, Cic Petere pœnam ab aliquo, Id Poscere pœnas, Vir recipere ab aliquo, Id repetere, Cic R poscere ad pœnas aliquem, sumere pœnas, *to punish*, Cic inire, Ov exsolvere, Catull

Pœnalis, e adj *Penal, belonging to, or appointed for pain and punishment* Pœnalis opera, Plin 18 11

Pœnarius, a, um adj *Belonging to punishment* Pœnariæ actiones, Quint 4, 3

† Pœnica pavimenta [à Pœnis] *Paved with marble brought out of Numidia*, Fest ✝ Punica

Pœniceus, a, um adj Pœniceus color, *a red colour*, Lucr 5, 939 Pœniceis indutus tunicis, Valer Max 2 4, 6

† Pœnio, is, ire, & pœnior, iri *To punish* ☞ Hujus antiquæ scripturæ exempla ex MSS libr Ciceronis aliorumque profert Pareus, Lexic crit p 943 ubi hodie in libb impressis punire legitur ✝ Punio

Pœnitendus, a, um adj [a pœnitet] *To be repented of, to be misliked* Sub haud pœnitendo magistro, Liv 1, 35 Ager colono pœnitendus, Col 2, 2 Factum pœnitendum, Suet Vesp 10

Pœnitens, tis part *Repenting himself, penitent* Lepidus pœnitens consilii, Sall ap Charis facil, Suet Vitell 15 Signa pœnitentiæ de matrimonio Agrippinæ, Id Claud 4

Pœnitentia, æ f [à pœniteo, quod a pœna] (1) *Repentance, or after sorrow* (2) *Dislike, disgusting* (1) Pœnitentiam celerem, sed seram & inutilem sequi, Liv Virtutibus effecit ut civitas pœnitentiam ageret, quod, &c Val Max 4, 2 (2) Tam fecunda illi aliorum vitæ pœnitentia est, Plin

|| Pœnitentialis, e *Penitential*, Eccl

|| Pœnitentiarius, ii m *A penitentiary, one that heareth confessions and enjoineth penance*, Hier

Pœniteo, ēre, ui [ex pœna] *To rue it* Sapientis est proprium nihil, quod pœnitere possit, facere, Cic Tusc 5, 28 Et me quidem hæc conditio nunc non pœnitet, Plaut Stich 1, 1, 50

Pœnitet, ebat, uit, ēre impers [a pœniteo] (1) *It repenteth, it irketh, vexeth, or troubleth I, thou, he, we, &c are sorry, troubled, grieved*, (2) *or ashamed of*, (3) *wish a thing never had been done* (1) Stant & oves circum, nostri non pœnitet illas, (2) Nec te pœniteat pecoris, divine poeta, Vir Ecl 10, 16, 17 (3) Quarum rerum si quem pœniteat, eum victoriæ P R pœnitere, Cic pro Domo, 8.

† Pœnitudo, inis f *Repentance*, Non ex Pacuv

† Pœniturus, a, um part *That will, or shall repent, or be sorry* Neque te, neque quenquam arbitror pœniturum laudis, Acc ✝ Eousque processum est, ut non pœniturum pro non acturo pœnitentiam Sallustius dixerit, Quint 9, 3

* Pŏēsis, is f *A poet's work, poetry* Anacreontis tota poesis est amatoria, Cic Tusc 4, 33 ✠ Quamvis sit claris coloribus picta vel poesis vel oratio, Id de Orat 3, 25 ✠ Poësis & poema hanc habet distantiam poesis est textus scriptorum, poema inventio parva quæ paucis verbis expeditur, Non Hinc Ang *poesy*

* Pŏēta, æ m (1) *An artist, a cunning contriver* (2) *A poet, one that writeth, or maketh verses* (1) Tu poeta es prorsus ad eam rem unicus, Plaut Asin 4, 1, 3 (2) ✠ Adstrictior versu poëta oratoris virtutes persequitur, Cic Orat 20

* Pŏētĭca, æ & poëtice, es f *The art of poets, or of making verses, poetry* O præclaram emendatricem vitæ, poëticam! Cic Tusc 4, 32

Pŏētĭcē adv *After the manner of poets, poetically* Ut poëticè loquar, Cic de Fin 5, 4

Pŏētĭcus, a, um adj (1) *Pertaining to a poet, poetical* (2) *Feigned by the poets* (1) Numerus poëticus, Cic de Orat 1, 33 Poeticum verbum, Id de Orat 3, 38 (2) Dii poëtici, Recent

✠ Pŏētĭfĭcus, a, um *That maketh one a poet*, Enn

† Pŏētor, ari dep *To make verses, to play the poet* Nunquam poëtor, nisi podager, Enn ap Prisc 8 ✝ Poëma condere componere, Cic facere, Hor

Pŏētrĭa, æ f *A poetess, or she poet* Plurimarum fabularum poetria, Cic pro Cœl 27 pica, Pers in Prol

* Pōgōnias, æ m *A sort of comet, or blazing star with a beard*, Plin 2, 25

Pol, i e per Pollucem *An adverb of swearing by Pollux*, Plaut Ter

|| Polaris, e adj *Belonging to the pole, polar*, Astron

Polea, æ f [a πῶλος, pullus, πωλεία, sc χόπρος] fimus pullinus *The dung that the she-ass voideth before foaling*, Plin 28, 13

* Pŏlēmōnĭa, æ f *An herb called wild sage, behen Some use it for horse-mint* = Polemoniam alii Philetæriam a certamine regum inventionis appellant, Plin 25, 6

* Pŏlēmōnĭum, ii n Idem, Varr

Pŏlenta, æ f [ex polline a παλύνειν, i e φυρᾶν, vel παλάσσειν, unde fuerat παλυντὴ, i e farina conspersa] (1) *Barley flour dried at the fire, and fried after it hath lien soking in water one night* (2) *A kind of coarse country food* (1) Polenta a farina hordei distat, eo quod torretur, Plin 22, 25 (2) Ubi fient nequam homines, qui polentam pransitant, Plaut Asin 1, 1, 18

Pŏlentārius, a, um adj *Pertaining to barley so dressed* Ex unoquoque eorum exciam crepitum polentarium, Plaut Curc 2, 3, 16

* Pōlia, æ f [a πῶλος, pullus equinus] (1) *An herd, or drove of beasts, or the training up, or teaching horses* (2) *Also a kind of gem* (1) Ulp = Equaria, Varr (2) Plin

Polibant impers [a polio] ex more antiq Vir Æn 8, 436

Pŏlĭendus, a, um part *To be polished, set off, or adorned* Orationis poliendæ ignarus, Cic de Orat 1, 14

Polimenta, n Polimenta, ait Verrius, antiqui diceb. testiculos porcorum cum eos castrabant, Fest sc postquam ex illo folliculo evaginati essent in castratione, Scaliger a pola, unde polire, i e pilâ ludere, quod a ψάλλω, unde & follis vel quod ad similit vestium poliantur, *the stones of hogs when they be gelded* Polimenta porcina, Plaut Men 1, 3, 28

Pŏlio, is, ire, ivi, itum act [polit, pilâ ludit, vel a φαλός, splendidus, unde φαλύνω, splendidum reddo] (1) *To make smooth, to plane, to trim, to deck, to adorn, to make neat, fine, gay* (2) *To polish* (3) *To furbish* (4) *To set off* (5) *To rake, or harrow ground* (6) *To winnow corn* (7) Also *to play at ball* (1) Rogum asciâ ne polito, Verba antiq legis ap Cic de Legg 2, 23 (2) Squatina lignum & ebora poliuntur, Plin 9, 12 Nec fragili geminæ poliantur pumice frontes, Ov Trist 1, 1, 11 (3) Qui polit arma deorum Lemnius, Stat Sylv 4, 6, 48 Hinc polio, onis, q vide (4) Carmina polire sollicita curâ, Ov ex Pont 1, 5, 61. (5) Enn (6) Vid Caton R R 136 & Col (7) Polit, pilâ ludit, Fest

* Polion, ii m *A sort of herb whose leaves appear white in the morning, of a purple colour at noon, and blue when the sun setteth*, Plin 21, 7

Pŏlior, iri pass *To be polished*, &c Vid Polio

|| Pŏlio, onis m *An armour-dresser, a furbisher, or scowrer of harness* Poliones & custodes armorum, Callistrat J C

Pŏlītē adv ius, comp *Finely, gayly, neatly, trimly, smoothly, exquisitely* = Ornatè & politè dicere, Cic pro Cœl 3 Quædam limantur a me politius, Id Acad Q 1, 1

Pŏlītīa, æ f *The government, policy, or rule of a town, or commonwealth, civil government* In Platonis Politia, Cic de Div 1, 30

* Pŏlītĭcus, a, um *Politic, or pertaining to government, civil* Libri politici, Cœl Cic Ep Fam 8, 1 Theses politicæ, Id Att 9, 4

Pŏlītĭo, onis f verb *A polishing, trimming, decking, or husbanding* Recipiens in se politionem, Vitruv 7, 3 Omnes perfectiones antiqui politiones appellabant, Fest Agrorum cultus diligentes, Non ✝ Cultus, cultura

Pŏlītor, oris m verb [a polio] (1) *An harness scourer, or armourer* (2) Also *a tiller, or dresser of ground* (1) Politor gemmarum, Firm 4, 7 (2) Vid Cato R R. 136

Pŏlītŭlus, a, um dim [a politus] *Somewhat fine* Opus est huc limatulo & politulo tuo judicio, Cic Fam 7, 34

Pŏlītūra, æ f *A trimming, polishing, garnishing, or smoothing*, Plin, 11, 24

Pŏlītus, a, um, part (1) *Polished, set off, decked, trimmed, made fine* (2) Adj or, comp ssimus, sup *Trim, neat, spruce, polite* (1) Effigies summis ingeniis expressa & polita, Cic pro Arch Poet 12 (2) Polito tuo ingenio, Cic = Polita, urbana, & elegans oratio, Id de Cl Or 82 Politioris humanitatis expers, Id de Orat. 2, 17 Omni liberali doctrinâ politissimus, Id Fam 13, 1. = Pictus, perfectus, accuratus, Id

Pŏlium, ii n *A kind of herb called poley*, Plin 21, 20. Vid Polion

Pollen, inis n [a πάλη, quod idem notat, Hes] (1) *Fine flour, or the dust that flieth in the mill* (2) Synecd Also *the small dust of any thing* (1) Fumi ac pollinis plena coquendo sit fuvo & molendo, Ter Adelph 5, 3, 60 (2) Thuris polline equi armi linantur, Col 6, 30 ☞ *Incertus sum tam recti casus, quam generis hujus vocab*

Pollens, tis nom ex part *Able to do much, having great power, powerful, of great force, or virtue, abounding with* Genus pollens, Plaut Capt 2, 2, 28 matrona, Ov § Vini pollens liber, Plaut Curc 1, 2, 21 § opibus, Lucr 1, 60 Astus pollentior armis, pollentissimus Nilus, Alcim Avit

Pollentia, æ f *Power, puissance, might, sway* Impiorum potior pollentia quam innocentum, Plaut Rud 3, 2, 4

Polleo, ēre n [ab ant πολλέω, i e πολὺς, multus, nam pollere est multum valere] (1) *To be able, to be very strong, mighty, of great force and virtue, or power, to bear rule, or sway, to carry a stroke, to prevail much, to excel and exceed* (2) *To be better, or more useful* (3) Impers *It is profitable, or more advantageous* (1) Qui in repub plurimum pollebant, Cæs Ad idem faciendam justitia plus pollet, Cic Offic 2, 9 § Pollere adversum omnes, Plin 16, 22. § apud aliquem, Cic (2) Ex oleo & aqua Ciliciæ pollent, Plin 36, 22 de cotibus (3) Is omnibus exemplo debet esse, quantum in hac urbe polleat multorum obedire tempori, Cic de Cl Orat 69

Pollex, icis m & digitus pollex [dict quod vi & potestate inter cæteros digitos plurimum polleat, inde & ἀντίχειρ dictus, qu manus alter, Atteius Capito ap Macrob] (1) *The thumb of the hand* (2) *The great toe of the foot* (3) Also *a thumb's breadth* (1) Pollex, non index, Cic Att 13, 44 (2) Lepidus incusso pollice limini cubiculi, &c Plin 7, 53 (3) Digiti pollicis crassitudine, Cæs B G 3, 13 ¶ Vertere pollicem, *to condemn one*, Juv 3, 36 ¶ Premere pollicem, *to favour one*, Plin Infestus pollex, *a sign of displeasure*, Quint ¶ Aliquid utroque pollice laudare, *highly to commend, or approve of*, Hor Epist 1, 18, 66 Fingere aliquid presso pollice, *to put, or set in order, to regulate*, Prop 3, 10, 14

Pollĭcāris, e adj *Of a thumb's breadth, or thickness* Pollicaris latitudo, Plin 15, 24. = Crassitudo, 13, 23

Pollĭcens, tis part *Promising* Multa pollicens, si se conservasset, Nep Them 8

Pollĭceor, ēri, itus sum dep & ✝ polliceo, comm Priscian [ex per & liceor, pro pelliceor, ut sit prop pretium pro merce offerre ac promittere] (1) *To promise, to engage, to assure* (2) *To affirm certainly, to warrant* (3) *To offer* (1) Ad eam rem operam suam pollicentur, Cic Div in Verr. 6 ✠ Negabon' velle me, modo qui sum pollicitus ducere? Ter Andr 3, 5, 6 ✠ Quod nos de Cn Pompeio pollicemur, id ille facilè perficiet, Cic pro Domo, 7 Ne dares, ne polliceres, Varr ap Non (2) Pro certo polliceor hoc vobis atque confirmo, Cic contr Rull 2, 37 (3) Servos in quæstionem polliceri, Cic pro S Rosc 28 ✠ Pollicemur sponte, promittimus rogati, Servo sed aliquando fallit

Pollĭcĭtans, tis part *Promising often* Pollicitans & nihil ferens, Ter Phorm 3, 2, 26

Pollĭcĭtātĭo, onis f verb *A free and willing promise* Pollicitationes

citationes tuas hinc aufer, *Ter Phorm* 5, 7, 17

|| Pollicitator, oris m verb *He that promiseth*, Dig + Promissor, *Hor*

Pollicitor, ari, freq [a polliceor] *To promise often, to make many promises* Pollicitando illorum animos lactas? *Ter Andr* 5, 4, 9

Pollicitum, i n *A promise* Memore pollicitum, *Col* 11, 2 Dives pollicitis, *Ov* 1 *Am* 1, 444

Pollicitus, a, um part (1) *Having promised* (2) Pass *Promised, assured, warranted* (1) His auxilium fuum pollicitus *Cæs* B G 4, 19 (2) Torus pollicitus, *Ov Ep* 21, 140

Pollinarius, a, um *Pertaining to fine flour*, or *meal* Cribrum pollinarium, *Plaut Pan* 1, 2, 10

Pollinctio, ere, xi, ctum neut [ab eum ... d Pollinctor ap ...] *To dress, to embalm*, or *perfume the dead with ointment, to ...; to ...; to carry the dead ... to ...* Quem ... pollincter ..., cum eum pollinxerat, *Plaut* ... *al* ...

Pollinctor, oris m verb qui funera procurat, ... qui corpora vel polling t (1) *He that washeth the dead body with ointments, and embalmeth the dead* (2) *A sexton, or he that burieth the dead* (1) *Plaut Pan prol* 63 (2) *Id*

|| Pollinctum, i n *A funeral supper* + Cœna funeris, *Ibid*

Pollinctura, æ f *The trimming, dressing, or embalming of dead bodies*, Plaut Stich 5, 4, 6 ubi al leg pollinctura

Pollinctus, a, um adj *Prepared for its funeral* Pollinctum corpus, *Val Max* 7, ...

Pollinio, onis f verb *A dusting of the flour, or meal gotten with a mill, or like ...*, Cato R R 156 interp Scipont ubi ... pollini impressi politio

Pollinor, oris m [a pollen] *One that boulteth, or sifteth out meal*, Cato R R 156 ubi hodie pollinor, q c

Pollis, inis m ut sanguis *Fine flour* Addito pollinem polentæ, *Cato R R* 156 vid Pollen

Pollubrum, i n & pollubrum, *Fest* [a polluo, ... pelluo, ... pello pelvis Quid ... pollum, ... labrum, ... camu] *A basin to wash in, a bowl, a wash bowl* Pollubrum sinistrâ manu tenens, *Fab Pictor* ap *Non* Argenteo pollubro & aureo gutto, *Liv* ap *Non* + Pelvis, *Varr*

Polluceo, ere, xi, ctum [ex per, & luceo, pro pelluceo, vel quod sacrificii lumina admodum lucerent *Scipont* vel quod splendor ejus pellucerect, *Turn*] (1) *To make ready a sumptuous banquet to be offered in sacrifice to Jupiter, or Hercules* (2) *To flourish, to make bright, and be witty* (1) Jovi dapali culignam vini quantum vis polluceto, *Cato*, 132 Uti decumam partem Herculi polluceam, *Plaut Stich* 1, 3, 80 (2) Quam multis hilares pollucent fœtibus horti, *Col* 10, 290 al collucent, *forte rectius*

Pollucibilis, e adj *Chargeable, costly, sumptuous, stately* Cœna pollucibilis, *Macrol Sat* 2, 13 + Opipara, dubia

Pollucibiliter adv *Magnificently, costly, gallantly* Pollucibiliter obsonare, *i e* opipare, *Plaut Most* 1, 1, 23

Polluctè adv *i e* opipare *Bravely, nobly, sumptuously* Pollucte prodigum esse amatorem addecet, *Plaut* in Nervolaria

Polluctum, i n Cœna opipara propriè convivium vel sacrificium, quod Jovi dapali, Herculi, aliive fieret *a polluceo, q* splendidâ esset] (1) *A costly banquet prepared for, and sacrificed to the gods, chiefly Jupiter and Hercules* (2) *Any common feast, good cheer* (1) *Plin* 32, 2 (2) Ne quæ sit unquam polluti domi, *Plaut Rud* 5, 3 *sub fin*

Polluctura, æ f (1) *A sacrifice, or feast to Jupiter, or Hercules* (2) *Good cheer* (1) Ex ... *i e* ... (2) *Plaut Stich* 5, 4, 6

Polluctus, a, um part Libatus ... comunitus, largitè exceptus & tractatus *Consecrated, tithed out, properly of tenths to Hercules*, Varr Non sum polluctâ pago, *Plaut Rud* 2, 4, 11 ... pollutus & expositus pago *Turn* ...

Polluo, ere, ui, utum act [a pro ... polluo, ut pol ...] *To defile, to pollute, to foul*, ... (1) ... *Heu* ... (2) *To foul, or defile* (1) ... *to pollute, or stain* ... (1) Arbitratu populo, urbeque, do nosque pollu, *Ov Met* ... (2) = Volverunt nos ... (3) ... *Cic* pro S ... Arcone pollue for... *Tibull* 1, 9, 17 (4) Cum omnia divina atque humana jura scelere nefario polluisset *Cic* pro S Rosc ...

Polluor, i, utus pass *To be defiled, or polluted* Nullis polluta ... sta domus stupris, *Hor Od* ... polluta & violata sunt, *Cic* ... *Cic Verr* 5, 2

Pollutus, a, um part & adj, ex part o comp ... issimus, sup (1) *Defiled, polluted, fouled* (2) *Violated, broken, infringed* (3) *Unclean* (1) Mensa nullo cruore polluta, *Sil* 15, ... & *Met* Pubis ... pollutæ ... *Id* ... Pollutus ... *Apul Met* 9, ... (2) ... *Æn* ... (3) + Cum castum animi puro corpore forem, *Catull* 66, 46

Pulvinar, aris n [a pollis sive polulis, quod ex alutaceo scorto fiere ... *Græc* ... *q* ... poll] *A cushion, or pillow, a quilt*, Varr

+ Pollus, pro paullus, *Cato*, ap ...

* Pŏlus, i m (1 *The pole, the end, or point of the axletree whereon astronomers imagine heaven to be turned* (2) *Heaven* (3) *Any part of heaven, especially the fixed stars* (1) Quoniam terra a vertice duo ... bus, quos ... flaverunt polos, *Cic* ... Plin 2, 15 totque ubi terra casus ... quot inter ... stellæ conspicuumque polum, *the arctic and antarctic pole*, Ov Trist 4, 10, 108 (2) Polus dum sidera pascet, *Vir Æn* 1, 612 + Invi... vens umbra magni terramque polumque, *Id Æn* ... 251 (3) Intonuere poli, *Vir Æn* 1, 94

* Polyacanthos ... *A certain rough herb with many prickle a thistle, or caltrop*, Plin 21, 16

* Polyanthemon, i n *An herb called crowfoot, gold-cup, gold-knap, batchelor's button*, Plin ... 12

* Polybūtes, æ m *He who hath a great many oxen*, Varr R R 2, 1

* Polychrestus, a, um *Very useful, sovereign*, Apic 1, 1 Corr Polygrestus

* Polycnemon ... quasi multarum tibiarum herba *An herb like wild savory, or organy*, Plin 26, 14

* Polygala, æ ... polygalon *The herb milkwort*, Plin 27, ...

* Polygamia, æ f *The having more wives than one, polygamy*, Ap ... Ecclesiastic ...

* Polygămus, a, um m f *He that hath, or hath had many wives*, Recentiores

Polygonaton n *The herb Solomon's seal*, Plin 27, 12

* Polygonum, i n ... *Having many corners* Polygoniæ turres, ...

Polygonoides *An herb having ... like ... long and ... agnitio ...* = Daphnoides, *Id ib*

* Polygonum, ... *The herb ... knot-grass*, good to stanch blood Plin 27, 12 = Sanguinaria, *Id*

* Polygrammos f *A kind of ... with many ... lines*, Plin 37, 9

* Polyhistor, oris m (1) *A learned man, that hath read much* (2) *Also a title of a book ...* ... propterea ... polyhistor ... *Suet de* ... Libr ...

+ Polyhippus, a, um *He that hath many horses*, Vox hybrida ...

* Polymitus, a, m *A great beaver* ..., Varr R R 2, 1

|| Polymitarius, ii m *An embroiderer, a worker with the ... and gold in tissue, or tapestry*, Bibl + Plumarius ... Plin

Polymĭtus, a, um *Embroidered, or wrought with threads of divers colours, tinsel, or tissue* ... Plin ... vestes ... Alexandria ... instituit, *Plin* 8, 48

* Polymyxos ... *A lamp with divers nozzles, a candle with several wicks, a branch with divers lights* Lucerna polymyxos *Lemma* ap *Mart* 14, 41 *Lat* multa habens ellychnia, vel multas gerens myxas, *Id*

* Polyonymus, a, um *Having many names*, Prisc

* Polyplusius, a, um *Very rich*, Plaut Capt 22, 27

* Polypodium, ii n *The herb called oak-fern, or polypody*, Plin 26, 8

Polypōsus, a, um *He that hath a cancer in his nose* + Nasutum volo, nolo polyposum, *Mart* 12, 37

* Polyptōton, i n (1) *That hath many cases* (2) *Also a figure in rhetoric, when the same word is varied by its several terminations* (1) Ex *usu Græcorum* (2) *Exemplo sint sequentia*, Tu mihi aliquid, aliquo modo, alicunde, ab aliquibus blanditiis ..., *Plaut Epid* 3, 1, 13 Quæ ... præbuistis, ... populo Romano præbeatis, *Cic*

* Polypus ... pedis m [πολύπους] ... i e centenis p...dibus, inde ... (1) ... *or many feet, changing its colour like the place where it is ...* (2) ... *to the nose* ... (3) ... *Plin* ... *Cels* 6, 9 ... ἰδίως ... *Plaut* ...

* Polyrrhizon, ... *herb with many roots*, Plin 25, ..., & 26, ...

* Polysarcia ... *A kind of ... man*, ... Veter ...

* Polysyllabus, a, um *That hath many syllables*, Gramm

* Polysyndeton, i n ... *of speech that abounds with conjunctions, as T* ... *Vir Æn* 4, 51 ... que, ... que ...

* Polytrichon, i n *An herb to make the hair grow on the head, ... shedding* Plin 22, ... = Adiantum, ... *Id* ...

* Polythrix ... *A stone with green ... hairs* ... (1) Plin 26, 11 (2) Plin ...

* Polyzonos ... f ... *A stone with many white ... about it*, Plin 37, 11

Pomarium, ii n (1) *An orchard* ... *fruit, ... trees* ... (2) *An apple loft, or room for fruit* (1) *Horat Od* 1, 7, 14 (2) *Plin* 15, 16

Pomarium ... *Id* Pomœrium

Pomarius, ii m *A fruiterer, a costermonger*, Hor Sat ...

Pomeridianus, a, um adj [ex post, & meridies] *In the afternoon* Pomeridianum tempus *Cic de Orat* 3, 5 Sessio pomeridiana, *Id de Orat* 3, 30

+ Pomerium, *Vid* Pomœrium

Pometum, i n *A place set with apple-trees* Longè abhortus, vineis, atque pometis, *Pall* R R 1, tit 36

Pomifer, a, um adj ... *Bearing any kind of fruits, as apples, ... cherries, ...* Pomifera arbor, *Pall* 4, 11 Pomiferæ ... *Pall* ... tit 19 *Vid* Pomum

Pomilio, onis m (1) *A dwarf, one little of stature* (2) *It is used as well of beasts as of men* (1) *Mart* 14, 212 ... (2) Pomilionum genus in omnibus animalibus est, atque etiam in volucres, *Plin* 11, 49 ... pumilio

Pomilius, a, um *Dwarfish* ... m hæ mulæ, *Mart* ... 14, 197

Pomœrium, ii n [ex post murum ... quasi pos murium] (1) ... *about the walls of a city or town, as well within as without, where it was not lawful to plough, or build, for fear of hindering the defence of the town* (2) *Met A limit, or bound* (1) Pomœrium verbi vim solam intuentes, postmœrium interpretantur esse, ... autem magis circa murum locum, quem in condendis urbibus ... Etrusci, quâ murum ducturi erant, certis circa terminis inaugurato consecrabant Hoc spatium ... neque habitari, neque arari fas erat, non magis quod post murum

... esset, quam quod murus post ... pomœrium Romani appellarunt, ... 41 *In auguriis* ... pomœrium transgrediens ... esset oblitus, *Cic* ... Pomœrium est locus ... effatum per totius urbis ... circum, quæ muros regionesque determinat, qui facit ... urbani auspicii, *Gell* 13, ... (2) Romulus fecisse quoddam ... pomœrio finierunt, ...

... pomorum dea, *Varr* ...

P... um adj *Full of fruit trees*, &c Pomifis ... 1, 1, 17 Pomesi ... 4, 17

... æ f (1) *A pomp, a ... or show* (2) *A train ... or going solemnly by ... procession in triumph* (3) ... *riding, or a funeral ... or attendance ... tation, or show* ... Pompam fercula, *Cic Offic* ... pompa celeber, ... 4, 591 (2) Longæ vi... pompa, *Ov Met* 1, ... Pompa triumphi, *Sil* 8, (3) O... in media ca... *Ov Fast* 4, 90 ... pompa, *Id Met* 14, ... & pom... *Cic pro Milon* 13 ... pompamque parare tri... *Pont* 3, 4, 95 Lic... *Cic Fan* 2, 16 (4) ... traducenda est, ... 4, 17 (5) Sunt illa ... torum pompa, *Cic* ...

† P... us, a, um adj *State-... with a show*, Tert

Pompeianus [à Pompeio] *A ... in the sun to serve the ...* Plin 15, 18

Pompholyx, ygis f *The soil ... of brass*, which is so ... eth up and sticketh ... sides of the work-... is called *nil*, also a ... *stuff, found ... al stones*, v Plin ... Dioscor 1 5

... los, i m *A kind of ... with its bel...*, Plin 9, 29 = Nau...

... inus, a, um adj [ut ... pyrum ab institore ... *pear resembling ... a woman's breast, a ...* Plin 15, 15

Pomum, i n [... potu, *Varr* ...] ... tollerent co... fi nulque essent cibo ... (1) A general name ... *of fruit that grow-... as pears, apples, ... cherries, &c* (2) *The tree* (1) Insere Daph... carpent tua poma nepo... Pomorum jucun... non gustatus solum, sed odo... & aspectus, *Cic N* ... Poma pruni, *Col* ficus, ... 15, 24 Onustis, *Id* ... (2) ... poma quoque ut pri... sentire volentes, ad ... propriâ nituntur, *Vir* ...

... f *A fruit tree* In ...

... us, a, um part *To be ... or considered* Fides ... ponderanda non est, ... *Orat* 4

Pon... us, part *Weighing*, ... voluptatibus & dolo... ponderantes, *Cic de* ...

Ponderatio, onis f *A weighing* In statera æquipondium cum examine progreditur ad fines ponderationum, *Vitruv* 10, 8

|| Ponderatus, a, um *Weighed*, Sidon

† Ponderitas, atis f *Weightiness*, Accius *ap Non* ✝ Pondus

Pondero, are act [*a* pondus] (1) *To weigh* (2) *To estimate, consider, ponder, or judge* (1) Pugnos ponderat, *Plaut Amph* 1, 1, 156 (2) Judex non solum quid possit, sed etiam quid debeat, ponderare debet, *Cic pro Rab Post* 5. Rem æstimare & ponderare, *Cic pro Font* 6 Opinione alterius ne quid ponderarent, *Phædr* 3, 10, 55 Non eventis, sed factis cujusque fortunam ponderare, *Cic in Pison* 41

Ponderor, ari, atus pass *To be considered, judged, valued, or esteemed* Re, non verbis, ponderantur divitiæ, *Cic Jul* ... 5, 41

|| Ponderositas, atis *Weightiness, heaviness*, Recent

Ponderosus, a, um adj or comp issimus, sup (1) *Very heavy, substantial, massy, ponderous* (2) *Long, full, containing much* (3) *Weighty, pithy* (4) † *Bursten, having a rupture* (1) Crata & ponderosæ compedes *Plaut Capt* 3, 5, 64 Lana mollior & ponderosior, *Varr* Spica ponderosior, *Plin* 18, 10 Ponderosissimum semen, *Id* 12, 25 Ponderosissima ... *Val Max* 3, 2, 1 (2) Da ponderosam aliquam epistolam, *Cic Attic* 2, 11 (3) Ponderosa vox, *Val Max* 6, 4, 1 (4) *Arnob* ✝ Ramicosus, *Plin*

Pondo n indecl sing & plur [*a* pendo] (1) *A pound weight* (2) Absol *Weight* (1) Quot pondo te censes esse nudum? *Plaut Asin* 2, 2, ... Duo pondo, *two pounds*, Liv Decem pondo auri, *ten pounds*, Cic Parad 2, 1 Amomi pondo quadrans, *a quarter of a pound*, Col 12, 20 (2) Scribitur coronam auream libræ pondo Jovi dicatam esse, *of the weight of a pound* Liv 4, 20

Pondus, eris n [*a* pendo] (1) *A load, poise, or weight* (2) *A pound weight, twelve ounces* (3) *A thing weighed in a balance, a sum of money* (4) Also *a balance, weight, or scales* (5) *A burden, or load* (6) *Value, authority* (7) *Gravity in manners, judgment*, &c (8) Also *a number, or quantity, a great company* (9) ✝ *A child in the womb* (1) In terram feruntur omnia suo nutu pondera, *Cic Somn Scip* 4 (2) *Litt* (3) Permagnum optimi pondus argenti, *Cic Philipp* 2, 27 (4) Ego hoc meis ponderibus examinabo, *Cic pro Planc* 32 Tellus ponderibus librata suis, *Ov Met* 1, 1, (5) Gravi nequicquam te lassabis pondere, *Phædr* 2, 6, 10 Grave ipsius conscientiæ pondus *Cic N D* 3, 35 Gemuit sub pondere cymba, *Vir Æn* 6, 413 (6) = Id est maximi momenti & ponderis, *Cic in Vatin* 4 (7) Cogat trans pondera dextram porrigere, *Hor Ep* 1, 6, 51 Mentis meæ quo pondera vergant, *Luc* 8, 280 (8) E Græcia comportâsse magnum pondus omnium artificum, *Varr de Vita P R* (9) Ex aliisque suscipiunt aliæ pondus magis, inque gravescunt, *Lucr* 4, 1244 † Pondus genitalium, *a rupture*, Aug ✝ Ramex

Pondusculum, i dim *A small weight* Saxi pondusculum, *Col* 11, 51

Pone præp [*a* pono, ut fine *a* finio] (1) *After, behind* (2) An adverb of place (1) Pone nos recede, *Plaut Pan* 5, 3, 24 Pone ædem Castoris, *Id* (2) Pone subit conjux, *Vir Æn* 2, 725 ⁑ Pone & ante, *Cic Timæ* 1,

Ponendus, a, um part (1) *To be bestowed* (2) *To be reckoned, or accounted* (3) *To be laid aside* (1) Tam multam operam ponendam in ea re non arbitrantur, *Cic de Fin* 1, 1 (2) In capitali fraude non est ponendum, *Cic de Orat* 2, 18 (3) ⁑ Ponendus est ille ambitus, non abjiciendus, *C Orat* 58 *vid seq* Pono

Pono, ere, sui, † sivi itum act [*a* πόω, ... forte *a* בנה ædificavi] (1) *To put, lay, place, or set* (2) *To lay down* (3) *To put off*, as one doth his clothes (4) *To set before one* (5) *To lay a wager* (6) *To lay aside, lose, or leave off* (7) *To institute, or appoint* (8) *To lay out, to employ, to bestow* (9) *To reckon, or account* (10) *To plant, transplant, or sow* (11) *To put the case, to suppose* (12) *To cite, quote, produce, or alledge* (13) *To lay down for a truth* (14) *To set down, or write* (15) *To propose, or propound* (16) *To paint, draw, or pourtray* (17) *To consecrate, to devote* (18) *To put out to usury* (1) In sole ponito biduum *Cato* ¶ Ponere retia cervis, *Vir Geor* 1, 307 Pedem ubi ponat in suo non habet, *Cic* Ponere ova, *to lay eggs*, Col Ponere aras, *Vir* urbem, *Id* castella, *Cæs* templum de marmore, *to build, or erect*, Vir Geor ... 13 Sumptum ponere, *to be at the expense*, Cic accusatorem, *to suborn*, Cœl Cic ¶ *Absol* Venti posuere, *were laid, or hushed*, Vir Æn 7, 27 † Apula sequestrum vidulum posivi, *Plaut Fragm Vidul* 11 (2) Majores ita in legibus posiverunt, *Cato* ⁑ Hæc in præsentia differam, ponam vero ea, *Cels* (3) Tunicam posuit, *Cic Tusc* 5, 20 Nymphæ velamina ponunt, *Ov Met* 2, 460 ⁑ Ponit personam amici, cum induit judicis, *Cic* (4) Mensam ponere, *Hor Sat* 2, 3, 148 *Met* Pone Tigellinum, *expose him*, Juv 1, 158 (5) ⁑ Pono pallium, ille suum annulum opposuit, *Plaut Curc* 2, 3, 77 Fagina ponam pocula, *Vir Ecl* 3, 36 (6) Ut exoret illam, gladium ut ponat, *Plaut Cas* 3, 5, 60 *Met* Niobe posuit finem fixea facta mali, *Ov ex Pont* 1, 2, 32 Ponere moras, *Hor* superbiam, *Id* questus, *Ov* (7) Mores victis ponere, *Vir Æn* 1, 268 leges, *Hor* (8) Se totum in aliqua re ponere, *Cic Tusc* 1, 19 studium, *Id* tempus, *Id* (9) Ponere in lucro, *Cic contr Rull* 2, 18 mortem in malis, *Id de Fin* 2, 8 (10) Ponere vitem, *Cato*, 49 semina humo, *Prop* (11) Pone victum eum esse, at, *Ter Phorm* 4, 3 (12) Ponam unum exemplum, *Cic* In re tanta ipsius verba ponam, *Plin* (13) Breviter, quæ sunt satis aperta, ponemus, *Cic* (14) Ponere pro certo sum ventus, *Liv* In concione mea nihil ponam de rebus meis gestis, *Cic anteq iret in exil* 8 (15) Invitat pretiis animos, & præmia ponit, *Vir Æn* 5, 292 (16) Hic saxo, liquidis ille coloribus, solers nunc hominem ponere, nunc deum, *Hor Od* 4, 8, 8 (17) Sectos fratri posuere capillos, *Ov Met* 3, 506 (18) ⁑ Omnem relegit idibus pecuniam, quærit Calendis ponere, *Hor Epod* 2, 70

Ponor, i, itus pass (1) *To be put, set* (2) *To be accounted* (3) *To be set, or planted* (4) *To be laid aside* (5) *To be exposed* (1) Bacchus in astro ponitur, *Ov Met* 6, 488 Id oportet poni in potestate sapientis, *Cic de Fin* 2, 27 (2) Honesta in virtute ponuntur, in vitiis turpia, *Cic de Legg* 1, 16 (3) *Varr R R* 3, 1, (4) Arma poni jubet, *Liv* (5) Lex obsignatas tabulas in publico poni voluit, *Cic pro Flacc* 9 *Via* Pono

Pons, tis m [à pendeo, quod velut in aere pendeat, al à pono, quia ad transeundum ponitur] (1) *A bridge* (2) *A plank for the convenience of embarking, or debarking* (3) Also *stairs, or planks laid, whereby they ascended towers, are called* Pontes (4) *A float, or raft joined to a ship for the convenience of carrying engines, mortar, stores, &c* (5) *The haunce of a door* (1) Angusto ponte pars oppidi adjungitur, *Cic Verr* 4, 52 Pons lapideus, *a stone bridge*, Curt 5, 1, 29 Pons versatilis, *a drawbridge*, Jun De ponte dejici, *to have a quietus est, or a writ of ease*, Liv A ponte satelles, *an importunate beggar*, Juv 4, 116 (2) Ratis stabat scalis & ponte parato, *Vir Æn* 10, 654 (3) Turris suspectu & pontibus altis, *Vir Æn* 9, 530 (4) *Tac Ann* 2, 6 (5) Inliso capite in pontem lapideum carceris, *Paterc* 2, 71 *sed al* postem *leg*

Ponticulus, i m dim [à pons] *A little bridge*, Cic Tusc 5, 20

Ponticus, a, um Cinus ponticus, *a hazel*, Jun Nux pontica, *a filberd*, Plin 15, 22 = Avellana, *Id* Pontica *gemma, a kind of gem*, Q Scævola

Pontifex, icis m [*ex* posse, & facere, *i e* sacrificare, *Varr* rect à pontem faciendo, quia sublicius pons a pontificibus factus est, primum & restitutus sæpè, *Id*] (1) *A sacred magistrate among the Romans, a pontiff, or chief priest* (2) *A chief bishop* (1) Pontifex maximus, *the highest pontiff*, Cic N D 3, 31 Minores pontifices, *the lower*, Liv (2) *Ibid*

Pontificalis, e adj *Of, or belonging to the pontiff, or chief priest* Pontificalis auctoritas, *Cic de Legg* 2, 21 Jus pontificale, *Id ibid* 22 sacrum, *Ov Fast* 1, 462 Pontificales libri, *books containing their ceremonies*, Liv 4, 3 Pontificale pomœrium quid sit, *v d* Fest

Pontificatus, ûs m *The dignity of the pontiff*, Cic de Harusp Resp 19 In pontificatum assurgere, *Paterc* 2, 51

Pontificia, orum n *vel potius* pontificii m pl *sc* libri *Books containing the ceremonies of the pontiffs* Nominum non magnus numerus in pontificiis nostris, *Cic N D* 1, 30

Pontificialis, e *Belonging to an high priest* Pontificialia sacra, *Val Max* 5, 8, 3 ✝ Pontificalis, *Cic*

Pontificium, ii n *The charge, authority, power, and office of a pontiff*, Gell 1, 12

Pontificius, a, um *Of, or pertaining to an high priest, or pontiff* Pontificium jus, *Cic de L L* 2, 23

Pontilis, e adj *Like a bridge*, Veg 1, 56

Ponto, onis m [*a* ponte] *A ponton, a sort of vessel used in passing an army over a river* Pontones quod est genus navium Gallicarum

Galliciarum Lusi reliquit, *Cæs B G* 1, 20

Pontus, i m ( ) *The black sea*, call'd Pontus Euxinus (2) *Syreed.* *Any other sea* (1) In Ponti ore & angusti *Cic Verr* 5, 58 (2) Pontus Tithyæ, *Ibr Æn* 1, 500 Longus iter Ilion Romanaq ponus, *Hor Od* 3, 3, 37

Popa, æ m [Icer, Æol φυπα] *Ille popa Sam ni antea ex con ecturn* (1) *The priest who slew the sacrifices, and offered them up to a priest* ( ) Also *gluttonous, greedy*, (1) Succedenti erent ad nova *Prop* 4, 3, 62 (2) Omenio popa venter, *Pers* 6, 74 *terpi Calidi*

Popinum, i n [*a* πομα, *ed*] videtur enim esse eq de coqu ..., *buti ponumuni ... broad, ... cake, ... old times offered to the gods* ... ur popano cor uptus Citis, *Je* 6, 540

Popellus m dim [*populus*] *Small, little, or ... poor people, the rabble, or mob* ... pop llus, *Hor Epist* 1, 7, 65 blan us *Pers* 4, 15

Pope & pope, Di, orum lingua Damones, *Cal Rhodig* ...

Popina, æ f [a popa, ut coquina a coquus] (1) *A tavern, an eating-house, a cook's shop* ... (2) *The art of cookery,* (1) In popinam diverti udum ... *Plaut Ampb* 4 1 22 In a ibus tenebra, 1 c 1 e, bibun eitus ... *Id* ... *Hor Ep* ... *Mart* ... (2) ... *Philipp* ... *Sen*

Popinalis, e adj ... *belonging to an eating house, or tavern*, ... *for eating, Col* 16

|| Popinarius ... *a ... cook, or* ...

|| Popinarius, i m ... *cook*, ... ✝ Coquus

Popinatio, onis f verb ... *Gell* ... *propinatio*

|| Popinator, oris m verb *A common haunter of publick houses, ... glutton, or ... god*, Macrob *Sat* 7, 14 ✝ Popino

Popino, onis m *A haunter of publick houses and cooks shops*, ... Impecunius ... addo popino, *Hor Sat* 2, 7, 39

|| Popinor, ari, atus sum dep *To ... or glutton* Dum ... popinatur, *Jul Cap* ✝ Heluare, *Cic*

Poples, itis m [dict quod post pag ... *The ham of ... behind the knee* (2) *Also the knee* (1) Genua, poplites, & crura conficiunt funt, *Col* ( ) ... *Æn* ..., 101

✝ Poplus ant pro populus *Cic* ... & *Plaut Cist* ..., 2, 6

✝ Poplus ant pro populus, *Leg*

Poppæana ... *Juv* 6, 461

* Poppysma, atis n [a ... vocis sono] ... ipsa, est palpus sive sonus linguæ ... manu, ac imbibus modis excitatus ad favorem ostendendum (1) *a smacking with the mouth, used by horse riders* (2) Met *A clapping on the back, or stroking with the hand* (1) *Vet Schol* ... ( ) Præcipit ... poppysma ... *Juv* 6 58

* Poppysmus, i m *A noise made by clapping the hands together*, Plin ... 8, 2

* Poppyzon ... part Græc ... *Whistling to a horse and stroking him gently* ... poppyzon ... *Plin* 35, 10

Populabilis, e adj *That may be destroyed, or wasted* Quodcunque fuit populabile flamma, *Ov Met* 9, 262

Populabundus, a, um *Destroying, or laying waste, spoiling, or pillaging of people* Populabundus hostis vagatur per agros, *Liv* 2, 60 ✝ Populabundi magis quam justi more belli, *Id* 1, 5

Populandus, a, um part *To be laid waste* § Gentes populandæ terris, *Ov Met* 1, 252

Populans, tis part *Wasting, destroying wholly* ... populante capillos, *Ov Met* 2, 319 Igne furtivo populante ... *Sen Hippo* 80

Populāria, um n pl *Places where the commons sit in seeing of plays, or shews, which were the uppermost seats, behind the knights and nobles, Suet Claud* 25 & *Dom* 4

Populāris, e adj or comp (1) *Popular, of, or belonging to the people* (2) ... *of the people* ... *to the people*, ( ) *Favoring the people, or public* (4) ... *people's favour* ... (5) *Of the ... town or city*, ... (6) *A partner, or accomplice* (7) *Of the same breed, or flock* (8) *Out of the mean people and commonalty* (9) *A subject* (10) ... *of our own countrymen* ... (11) *Trivial, trifling, childish* (1) Fama popularis, *Cic de Fin* 1, 15 Lex, *Id de Legib* 2, ... strepitus, *Hor A P* 81 ✝ Populares dei multi, naturalis unus *Cic N D* 1, 13 (2) Nihil tam populare quam bonitas, *Cic* Quo nihil populare est, quibus artibus ... rat ... *Id* ... Animus vere popularis, & ... *Cic Cat* 4, 5 (3) ... 2, 10 (5) ✝ Non gentis hospes, sed popularis, *Ov Met* 9, 20 Amicus ... & popularis ... Geta, *Ter Phorm* 1, 1, 1 Flagitium est ... oculos, quæ fuerunt liberæ, *Plaut Pan* 5, 2, 5 (6) Cum ad jussu ... *Sall B Cat* 22, 1 Conjurationis populares, *accomplices*, *Id B C* 25 ( ) Non congregari nisi populares ejusdem sylvæ, *Plin* 8, 57 *de glis bus* ✝ Alienigena, *Id* (9) ✝ Præstat divitem esse ac popularem, quam nobilem ac mendicum, *Plaut in tripl Donat* (5) ✝ Tertiando nunc sociorum, nunc popularium ... *Liv de Philippo, interp Budeo* (10) = Popularibus verbis est agendum & ... *Cic Offic* 2, 10 Ad vulgarem popularemque sensum accommodata oratio, *Cic de Orat* 1, 23 (11) Popularia ... mus per ludum, *Non ex Lucilio*

Populāritas, tis f (1) *Friendship, or kindness ... from being of the same country* (2) *Popularity, or a desire to please the people* (3) *The favour of the people towards one* (4) *A popular action* (1) ... *Plaut Pan* 5, 2, 81 (2) ... *Plin* ... ( ) Homo ... & ... popularitatis, *Plin Epist* 6 31 (3) Omne genus popularitatis, *Suet Calig* 15

Populārĭter adv (1) *After the fashion, or manner of the people, common, inaccurate* (2) *At the pleasure of the populace* (3) *With the love and favour of the common* (1) ✝ Alterum librorum genus ... scriptum est populariter, alterum limatius, *Cic* (2) Versu ... vulgi quemlibet occidunt populariter, *Juv* 3, 37 (3) Contra ... populariter ... *Cic de Clar Orat* 34

|| Populātim adv *Throughout the people, altogether, wholly*, ... Non ... ✝ Universè

Populātio, onis f verb *A wasting, or destroying, a pillaging, robbing and spoiling of the people, a pillaging of countries* Equi populationis incursioni ... *Liv* ... Populationes ... nostrorum, *Id* Hostem populationibus prohibere, *plunderings* *Cæs B C* 1 Populationem ... *destruction of corn, &c made by ...*, *Col* ... Populatio ... *or ... gem* ... *Plin* ...

Populātor, oris m verb *A destroyer, a waster, or spoiler of a country, &c* ... *a plunderer* Agri populator, *Liv* ... Luxus ... opum *Claud in Ruf* 1, 5 Populator arvi, *Sil* ... *Val Flacc* 1, 68

Populātrix, icis f verb *A destroyer, a waster, spoiler, or consumer* Sicula populatrix virgo ... *Sylla*, *Stat Sylv* 3, 2 86

Populātūrus, a, um part *That will ravage*, *Cæs*

Populātus, a, um part (1) *Having laid waste* (2) *Wasted, destroyed, spoiled, ransacked, robbed, ravaged* (1) Amnes ... *Liv Æn* 12, 525 (2) = Populata ... provincia, *Cic Verr* ... Arva populata Marte, *Hor Od* ... 5, 24 Populata ... raptis auribus, *Virg Æn* 6, 496

Populātus, ûs m verb *A laying waste, destroying, or ravaging* Alcent ... sævis populatibus agri, *Luc* 2, 5 4 ... populatibus agri, *Claud in Eutrop* 2, 2

Populētum, i n *A grove of poplars, a place set with poplar trees*, *Plin* 14, 6

Populeus, a, um adj *Of, or belonging to a poplar* Umbra populea, *Virg Geor* 4,511 Corona, *Hor Od* 1, ... 23 Populeæ frondes, *Val Flacc* 5, 4 ...

Populifer, era, um *That beareth poplar trees* Populifer ... *Ov Met* 1, 579 Padus, *Id Amor* 2, 17, 32

Populifugia, orum pl n *The day when the people of Rome fled from their enemies, either the Gauls, as Varr L L* 5, 3 *or the Tuscans, as Macrob Sat* 2, ...

Populiscītum, id quod plebiscitum *An act of the commons*, *Nep Alcib* 5, 4 & *Epam* ... 4

Populneus, a, um adj [a populus] *id quod* populus] Frons populnea, *a poplar leaf*, *Col* ...

Populnus, a, um ... *of a poplar* ... *Plaut Cas* 2, 6 ...

Populo, are act [a populo prædas ago] (1) *To rob, and spoil people, or desert* ... (2) *To ... spoil* (3) *Also to ... the people* (1) ... popularent penates ... 1, 521 (2) Populant ... vum curculio, *Virg Geor* 1, 185 (3) ...

Populor, ari, atus sum dep (1) *To rob, or plunder* (2) *To waste, or destroy* ... (1) Adjacentium agros populabantur, *Cæs B G* 1 (2) ... populabitur ..., *Ov Met* ... Cum populatur ... *Stat* ... (3) Populat ... num omnium ..., *Liv*

Populonia ... *Macrob Sat* 3, 11

✝ Populosus, a, um *Populous, full of people*, Apul *Met* 8 ✝ Frequens, *Cic*

Populus, i f [✝ in Ἀρκεὶς ... quatio] (1) *A poplar tree, of which Pliny reckons three kinds, the white, ... the Lybian poplar* (2) ... *whose leaves always* ... (1) Populus fluviatili ... *Hor Od* 2, 9 ... *Plin* 16, 1, Inter ... populos, *Cic* (2) *Plin* 16 4

Populus, i m [Gr ... πολὺς] ... populus antiq (1) *A nation under one government, comprising all ranks* (2) *It is most frequently the common sort, the multitude* (3) *The whole of the subjects to a prince, or* ... (4) *A number of men met together, a crowd* (5) *The ... hall of bees* (6) *A community or body of men, a corporation or neighbourhood* (1) ✝ Tribunum populi, sed plebis magistratum, *L* ( ) ... populi ... *Hor Sat* ... 67 ✝ Dat populus, dat gratis, eques dat thura senatus, *Mart* 8, 15 (2) Iene magis salvum populus velit, an populum tu? *Hor Ep* 1, 16, 27 Tu regere imperio populos, Romane, memento, *Virg Æn* 6, 851 (3) Nutriculæ ... populo ... recepto, *Luc* ... 660 ... victorious (5) Idem ... duo populi conjungi debent, *Col* ... 13 *de remed apum laborant* ... *morbo* (6) *Apul*

✝ Por antiq *pro puer* ... Hinc Marcipor, Publipor, &c *A boy, or servant* sed hoc genus cito desuevit

Porca, æ f [a ... Varr R R ... frumentum porricit] (1) *A ... or a land lying between two furrows, whereon the corn groweth, a ball of land* (2) *A measure of land containing 180 feet in length and 30 in breadth* (3) [a porcus] *A sow pig, a porket* (1) Quod est inter ... sulcos ... terra ... rustici vocant porcas, *Col* 2, 4 (2) *Col* 5, 1 (3) ... = ... Avida porca, *Hor Od* 3, 23 ... sa jungebant fœdera porci, *Virg Æn* 8, 641

Porcarius, a, um adj *Of, or belonging to a sow*, *Plin* ...

|| Porcarius, ii m *A swineherd*, *Firm* ✝ Subulcus, ...

Porcellia, æ f [a porca] *The herb purslain*, *Ap* ...

Porcellio, onis f *The cheeslip, or sow, an insect*, Cæl Aur Tard
Portulaca, *Celſ* oniſcos, *Plin*

Porcellus, i m dim [à porcus] *A little hog, a young pig* Porcellus vocem eſt imitatus ſuâ, *Phæd* 5, 17 R occ

† Porceo, ere prohibeo, *Lucil* Porrò arceo, *to hinder*, or *keep off* † Arceo, *Cic*

Porcetra, æ f [à porcus] *A young ſow, or yelt, that never farrowed but once*, Gell 18, 6

Porci ſacres, *Plaut Men* 2, 2 *Rud* 4, 6, 3 *i e* puri & integri, ad ſacrificium idonei, *vid Feſt*

Porcina, æ f [ſc caro] *Pork*, *Plaut Capt* 4, 2, 69

Porcinarius, ii m *A ſeller of ſwines fleſh, or pork* Quanta laniis lucro, quanta porcinariis! *Plaut Capt* 4, 2, 5

Porcinus, a, um *Of, or belonging to hog*, Sen de Ira, 2, 10

Porcilaca, æ f uti *Salm* ſcrib pro portulaca, *porcula unde & porcilaca Purſlain*, Plin 20, 20

|| Porculatio, onis f *The breed or rearing of pigs, or ſwine* Vocatum porcorum porculationem vocant, *Varr R R* 2, 4

Porculator, oris m *A feeder of ſwine to make them fat* ✱ Porculatoris & ſubulci diverſa profeſſio, *Col* 1, *pref*

Porculetum, i n [à porca porculi] *A plat in a garden where many beds are*, Plin 17, 22

Porculum, i n *An implement in the preſs or the ſkrew of the oil preſs, or in that part of it which is called ſucula, to hold the rope which is wound about it* Porculum in mediâ ſuculâ facito, *Cato*, Jubeas porculum afferri tibi, *Plaut Men* 2, 2, 38 *al leg* poculum

Porculus, i m dim *A little pig, a ſhoat, a porket*, Plaut Porculus marinus, *a porpoiſe*, Plin 9, 5

Porcus, i m [à Gr πόρκος, id eſt quod nunc χοῖρος, *Varr*] (1) *A hog* (2) *A ſow, a pig* (3) *Pork, hog's fleſh* (4) *A ſort of fiſh* (5) Obſcene (6) *An hog ſtuffed with fowl, &c in his belly as the Trojan horſe was ſtuffed with Greeks* (7) Catachreſt *A glutton, one high fed* (1) Spumantis porcus, *Prop* 4, 1, 23 (2) Porcam porcum fœminam immolato, *Cato*, 134 Scrofa ſuos alit porcos, *Varr* (3) Abundat porco, hœdo, &c *Cic de Sen* 16 (4) Apion maximum piſcium eſſe tradit porcum, quem Lacedæmonii orthragoriſcum vocant, grunnire eum, cum capiatur, Plin 32, 2 (5) *Varr R R* 2, 4 (6) *Macrob* (7) Epicuri de grege porcum, *Hor Ep* 1, 4, 16

Porgens, tis part per Sync pro porrigens Ea prima duci porgens, *Val Flacc* 2, 656

* Pornæ f pl πορναι, *i e* meretrices *Comedies ſo called from harlots being preſented in them*, Diſ

|| Poroſus, a, um *Full of pores, or little holes, porous*, Med ‡ Meatibus plenus

* Porphyreticus, a, um adj *Pertaining to purple* Marmor porphyreticum, *a purple, or red coloured marble, porphyry*, Suet Ner 50

* Porphyriacus, a, um adj *Of purple colour*, Litt ex Ov

* Porphyrio, onis m *A kind of bird with long red legs and bill, and drinketh as if he bit the water*, Plin 10, 46

* Porphyrites, æ m *Red marble ſtone, porphyry*, Plin 36, 7

* Porphyritis, idis f ſc ficus *A fig of a purple colour*, Plin 15, 18

Porrāceus, a, um adj *Of, or like to leek blades, green, or greeniſh* Porraceus color, *Plin* 37, 10 Porracea folia, *Id* 21, 18

Porrectio, ōnis f verb [à porrigo] *An extenſion, a ſtretching out* ✱ Digitorum contractio facilis, faciliſque porrectio, *Cic N D* 2, 60 Porrectionibus ad centrum, *Vitruv* 10, 8

Porrectus, a, um part [à porrigo] ut adj or, comp (1) *Stretched, or reached out* (2) *Extended, or lying out in ſpace* (3) *Lying along* (4) *Dead* (5) *Delayed, or prolonged* (6) [à porricio] *Laid upon the altar* (1) ✱ Compreſſa palmâ an porrectâ ferio? *Plaut Caſ* 2, 6, 53 ¶ Porrectiore fronte loqui, *without ſuch knit brows*, Id ibid 2, 4, 2 (2) Imperî porrecta majeſtas ad ortum ab Heſperio cubili, *Hor Od* 4, 15, 15 In latitudinem porrecta ſtabula, *Col* 1, 3 Porrecta loca, *Cæſ B G* 2, 19 Longè ſeries porrecta virum, *Stat Sylv* 3, 102 (3) Porrectus novem Tityus per jugera terræ, *Tib* 1, 3, 75 Porrectus ſomno, *Stat* (4) Viderat informem multâ Patroclon arenâ porrectum, *Propert* 2, 8, 34 Si prædâ curvo littore porrecta merges juveris, *Hor Epod* 10, 22 (5) Mora porrecta, *Ov ex Ponto*, 1, 12, 14 (6) Exta porrecta, *Varr* ¶ Inter cæſa & porrecta, *in a trice, out of hand*, Id

Porricio, ĕre, eci, *Non* ectum Verbum ſolenne in ſacrificiis [porricere, an *pro* porrigere, niſi ſit quaſi porrò jacere ſive jacere, *Feſt*] *To reach, or ſtretch out, to lay the entrails upon the altar, in order to the burning of them* Si manibus extra teneam ut porriciam, *Plaut Pſeud* 1, 3, 22 Cruda exta in mare porricit, *Liv* 29, 27 Exta ſalſos porriciam in fluctus, *Vir Æn* 5, 238

Porrigendus, a, um part *To be ſtretched out* Ne digitum quidem porrigendum in eam eſſe dicebant, *Cic de Fin* 3, 17 *Met* Manu porrigenda, *by aſſiſtance to be given*, Id *pro* Flacc 6

Porrigens, tis part *Reaching out, giving*, Cic N D 2, 44

Porrigo, inis f [à porro, quia ut porrum in tunicæ involucra, ita cutis velut in ſquamas reſolvitur, *Voſſ*] (1) *Scurf, or ſcales in the head, beard, and brows, dandriff* (2) *A catching diſeaſe in ſwine* (1) Caput impexâ fœdum porrigine, *Hor Sat* 2, 3, 126 (2) Porci porrigo, *Juv* 2, 80

Porrigo, ĕre, exi, ectum act [ex per, & rego, e in o verſo] (1) *To extend, ſtretch, reach, or ſpread out* (2) *To hold, or loll out* (3) *To proſtrate, to lay along, or ſtretch at length by beating down, to kill* (4) *To prolong, to defer, to lengthen out* (1) ✱ Animal, quò vult, membra flectit, contorquet, porrigit, contrahit, *Cic de Div* 1, 53 ¶ Manum porrigere, *to help, to aſſiſt*, Id *pro Flacco*, 7 ¶ victam manum, *to yield, to ſubmit*, Petron c 111 ¶ Herbam porrigere, *to ſubmit, to yield up the conqueſt*, Plin 22, 4 pedes, *to die*, Mart *Abſol* Felicius radices porrigunt ſolo ſubacto, *Plin Ep* 5 Ad me ſupinas porrigit manus, *Petron* c 114 *Met* Qui mihi primus afflicto & jacenti conſularem fidem, dexteramque porrexit, *Cic poſt red in ſen* 9 (2) Lynx linguam in magnam longitudinem porrigit, *Plin* 11, 47 (3) Volucrem longo porrexit vulnere pardum, *Mart de Spect* 15 (4) Sol porrigit horas, *Ov Met* 4, 199

Porrigor, i, ectus paſſ (1) *To be ſtretched, or reached out* (2) *To be prolonged, continued, or extended* (1) Ipſa precor ſerpens in longam porrigar alvum, *Ov Met* 4, 575 Jubet aciem in longitudinem quam maximam porrigi, *Hirt B Afr* 17 Collum longè porrigitur à pectore, *Ov Met* 2, 375 *Met* Gladius nobis ad occidendum homines aliquando ab ipſis porrigitur legibus, *is offered*, Cic *pro* Milon 3 (2) Impetus mali in id porrigitur tempus, *Celſ*

Porrina, æ f (1) *A garden bed* (2) *Also a kind of leek* (1) Quotannis porrinam inſerito, & habebis quod eximas, *Cato*, 47 (2) Ex reditu oleis & porrinæ, *Scæv JC*

Porrò adv [à Gr πόρρω, longè, procul] (1) *Farther* (2) *Afar off, or at a diſtance* (3) *Moreover, furthermore, beſides* (4) *Hereafter, henceforth* (5) *Afterward, more, ſtill* (6) *Long before* (7) *But* (8) Sometimes it ſeemeth to be an expletive (1) Ubi tu habitas? GR Porrò illic longè, atque in campis ultimis, *Plaut Rud* 4, 3, 95 Quæ ſint ea flumina porrò, *Vir Æn* 6, 711 (2) Si ire porrò pergas, per alium ſaltum arctiorem eſt evadendum, *Liv* (3) Eunuchum porrò dixti velle te, *Ter* (4) Nova res accidit, porrò ab hac, quæ me abſtrahat, *Ter Hecyr* 3, 1, 18 Ut quieſcant porrò moneo, *Id Andr prol* (5) Move ocyus te, ut quid agam porrò intelligas, *Ter Andr* 4, 4, 10 (6) ✱ Altera, quod porrò fuerat, ceciniſſe putatur; altera venturum poſtmodò quicquid erat, *Ov Faſt* 1, 635 (7) Lætabatur civitatem periculis ereptam eſſe, porrò autem anxius erat in maximo ſcelere tantis civibus deprehenſis, *Sall B Catil* (8) V *Cic pro Mil*. 42. & *Ter Andr* 1, 5, 43

Porrum, i n & porrus, i m *A ſcallion* Sectile porrum, *Juv* 3, 293 Catinus porri & ciceris, *Hor Sat* 1, 6, 115 Jus in quo porrus coctus eſt, *Celſ*

Porta, æ f [à portando, quod per eas omnia & importentur & exportentur, *Varr* ſed potior eſt ratio, quod deſignator urbis futuræ, ubi portam volebat eſſe, aratrum ſuſtolleret, & portaret, *Cato ap Iſid*] (1) *A gate of a city, a port, a door* (2) *The entrance in, or out of any place*, (3) Alſo *the ſtrait and narrow paſſages between the hills* (4) Alſo *a mouth* (1) Capit arma atque in porta conſiſtit, *Cæſ B G* 6, 37 (2) Venti, qua data porta, ruunt, *Vir Æn* 1, 87 (3) Saltus, in quo Ciliciæ portæ ſunt ſitæ. *Nep Dat* 7 Caſpiæ portæ, *Plin* 6, 11 (4) *Celſ* ✱ Porta prætoria, *the gate at the front out of which they went to fight* Porta decumana, *was that in the rear, and the largeſt, where their proviſions were brought in*, vid *Veg* 1, 23 Portæ jecoris, *the vena porta*, *Cic N D* 2, 55

|| Portabilis, e adj *Portable, that may be carried*, Sidon

Portandus, a, um part *To be carried* Cadavera portanda, *Hor Sat* 1, 8, 9 Portandæ in Italiam ſtatuæ, *Paterc* 1, 13

Portans, tis part *Carrying* Verba portantia ſalutem, *a ſervice, an how d'ye*, Ov ex Pont 3, 4, 1

Portātio, ōnis f verb *A carrying, or bearing* Armorum atque telorum portationes, *Sall B Catil* 42, 2

|| Portator, oris m verb *A carrier, or bearer* ‡ Portitor, *Stat*

Portāturus, a, um part *About to carry* Præter quod ſecum portaturi erant, *Cæſ B G* 1

Portatus, us m *A bearing, or bringing, a carriage, or conveyance* Gravia jumentis portatu, *Plin* 2, 7 *Met* Sil 12, 443 *ubi al* portatas arva carinas

Portendo, ĕre, di, tum act [ex porrò, & tendo] (1) *To ſignify before a thing happeneth* (2) *To portend, or foretel, to forebode, to foreſhew* (1) Conſulebant oraculum, quam ſibi ſpem populoque R portenderet, *Liv* Illum fatis portendi generum, *Vir Æn* 7, 256 (2) Læta proſperaque omnia portendere, *Liv* alicui periculum, *Cic de Haruſp Reſp* 25

Portendor, paſſ (1) *To be foretold, or foreſhewed* (2) *To be portended, or boded* (1) Significationes rerum futurarum tum dormientibus, tum vigilantibus portenduntur, *Cic N D* 2, 66 (2) Aruſpex aiebat mihi portendi malum, *Plaut Pan* 2, 2, 18

✿ Portentifer, a, um *Effecting wonders* Inquinari portentiferis venenis, *Ov Met* 14, 55 *al* portentificis

Portentificus, a, um adj *Working wonders, or effecting ſtrange things* Portentifica venena, *Ov Met* 14, 55 ſed *al* portentifera Portentificæ animalium figuræ, *Lact* 2, 13

Portentōſus, a, um adj ior, comp iſſimus, ſup *Prodigious, monſtrous, ſtrange, or wonderful* Portentoſa aut ex pecude, aut ex homine nata, *Cic de Div* 2, 28 Portentoſiora ſigna, *Tert* Portentoſiſſima oratio, *Sen Epiſt* 114

Portentum, i n [dict quod portendit aliquid futurum] (1) *A monſtrous, or ſtrange thing, a ſign of ſome good, or ill luck* (2) It is uſed of men chiefly in a bad ſenſe (3) *A vain fanſy* (1) Caſum aliquem portenta ferunt, *Vir Æn* 8, 533 Hominum pecudumque portenta præter naturam, *Cic N D* 2, 5 Ne quære, quem caſum portenta ferunt, *Vir Æn* 8, 533 (2) Gabinium & Piſonem duo reip portenta ac penè funera, *Cic de Prov Conſ* 1 (3) Poëtarum & pictorum portenta, *Cic Tuſc* 9, 1

Portentus, a, um part *Foreſhewn* Quod in quiete tibi portentum eſt, *Plaut Curc* 2, 2, 22

* Porthmeus, eos m *A ferryman, one that carrieth in a veſſel by water*, Petron c 121 Terrum novitius horret porthmea, *Juv* 3, 266

Porticula, æ f dim [à porticus] *A little porch, or gallery to walk in* In porticulâ Tuſculana, *Cic Fam* 7, 23

Porticus, ûs f in abl porticibus [à porta, eo quod ſit aperta, *Iſid*] *A porch, or gallery, a walking place with pillars, a piazza, a portico* In porticibus deambulantes diſputabant philoſophi, *Cic de Orat* 2 Porticibus altis diſcumbere, *Val Flacc* 2, 197 Porticuum contignationes, *Vitruv* 5, 1

Portio, ōnis f [quaſi partio à parte] (1) *A part, or portion* (2) *A quantity, or meaſure* (3) *A proportion, or rate* (4) *Bigneſs or ſize* (1) Breviſſima vitæ portio, *Juv* 9, 127 (2) Mamerti-

Gi i carum Lissi tenquit, *Cels B* C -, 7

Pontus, i (1) *The black fir, called Pontus Pontus* (2) Synecd *A fir other fir* (1) In Ponti ore & anguitin, *Cic* Ieri 5 (2) Ponti Tabyas, *Vir* *Æn* 1 500 Lingus ner Ilion Romanque ponus, *Hor Od* 37

Popa, æ m [πόπας, Æol φότης, hinc popa *Salm*] alter cultei pe (1) *The priest who slew the sacrifices, and offered them up when slain* (2) *A round glutton, a glutton, dainty* ( ) Succinctus dein ad nova popa, *Prop* 4, 62 (2) Om no popa venter, *Pers* 6, 74 *Fi Cu jui*

Popanum, n [πόπανον], videtur enim esse quod est ita appar um, ut liba *A round, broad, thin cake, which they in old times offered to the gods* Pe pano corruptu Ou is, *Fr* 6, 5

Popellus i m d m [a populus] *Small, little, or silly poor people, the rabble, or mob* Tunc tus popellus, *Hor Epist* 1, 1, 65 tunus, *Pers* 4, 15

Popi & popæ, Dy opum lingua Dæmones, *Cel Rhodig*

Popina, æ f [a popa, ut coquina a coquus] (1) *A tavern, or victualling house, a cook's shop or ordinary, a tippling house* ( ) *Popina, victuals sold in such places* (3) *The art of cookery* ( ) In popinam d etundum et mini, lances d e ga n onus, omn su *Plaut Amph* 1, 1, 22 In nuptus tenebræ, inter ebitus, est n, qui in po m, haud scu, *Cic* Ieri 2, 1 Uncta popina *Hor Ep* 1 nebriosi, *Cic* in *Pison* 9 *Mart* 7, 6 (2) Similis ... omnium popina *Cic Philipp* 2 Apicius ... in popina profet

Popinalis, e adj Dicta popi *dainty dishes, exquisite meat fit for eating*, *Col* 8, 16

|| Popinarius, æ f *A mother of a cook, a hostess*

|| Popinarius m *A cook, an alehouse keeper*, ... Coquus

Popinatio onis f verb *Haunting of inns, or tippling houses, riotous living*, *Col* 12, ... *propinatio*

|| Popinator, oris m verb *A common haunter of public houses, a glutton, or belly god*, Macrob ... 7, 14 + Popino

Popino, onis m *A haunter of public houses and cook's shops, a drunken sot* In bellar ... *Hor Sat* 2, 7, 39

|| Popinor, ari, atus sum dep *To riot, to be a sot, or glutton* Dum ... popinari, *Jul Cap* + ... Cic

Poples, itis m [dict quod post ... & curvetur] (1) *The ham of one's leg behind the knee* (2) *Also the knee* (1) Genua, poplites, & crura ... sunt, *Col* ... submisso poplite terra, ... *Æn* 2, 101

+ Poplus ant pro populus, *Carmina Saul* & *Plaut Cist* 2, 6

+ Popolus m pro populus, *Vet Legg*

Poppæana ... unguenta *The ointment, such as Poppæa Nero's wife used*, Juv 6, 461

* Poppysma, tis n [a ποππυσμός, sibilo, a vocis sono] *al* ... est palpus sive sonus ... manu, ac similibus modis excitatus ad favorem ostendendum (1) *A smacking with the mouth, used by horse riders* (2) Met *A clapping on the back, or stroking with the hand* (1) *Vet Schol in Juv* ( ) Plausit vati crebrum poppysma ... *Juv* 6, 58

* Poppysmus, i m *A noise made by clapping the hands together*, *Plin* 8, 2

* Poppyzon, ontis part Græc ... *Whistling to an horse and stroking him gently* ... poppyzonta ... *Plin* 35, 10

Populabilis, e adj *That may be destroyed, or wasted* Quæ ... fuit populabile flamma, *Ov Met* 9, 262

Populabundus, a, um *Destroying, or laying waste, spoiling, or pillaging of people* Populabundus hostis vagatur per agros, *Liv* 2, 60 ⁂ Populabundi ... *Id* 1, 5

Populandus, a, um part *To be laid waste* § Gentes populandis ... *Ov Met* 1, 25

Populans, tis part *Wasting, destroying wholly* Humum populante capillos, *Ov Met* 2, 319 Igne furtivo populante venas, *preying upon*, Sen Hippol 80

Popularia, um n pl *Places where the commons sat to see the plays, or shews, which were the uppermost seats, behind the knights and nobles*, *Suet Claud* 25 & Dom 4

Popularis, e adj or com (1) *Popular, of, or belonging to the people* (2) *A plebeian, of the people* (3) *Of a common people* (4) *Seeking the people's favour* (5) *Of the same town, or city* ... *A countryman, or townsman* (6) *A partner, or accomplice* (7) *Of the same breed, or flock* (8) *Out of the main people and common* (9) *A subject* (10) *Vulgar, ordinary, commonly known* (11) *Trivial, trifling, childish* (1) Fama popularis, *Cic de Fin* ... lex, *Id de Legib* 2, 4 ... *Hor A P* 81 ⁂ Populares ... *Cic N D* 1, 1 (2) Nihil ... popularius quam bonis ... Quo nihil populari ... quibus artibus ... *Liv* 2, ... (3) = Animus vere popularis, & saluti populi consulens, *Cic Catil* 4, 5 (4) *Liv* 2, 10 (5) ⁂ Non gentis hospes, sed popularis, *Ov Met* 9, 20 Amicus summus meus & popularis Geta, *Ter Phorm* 1, 1, 5 Flagitium est tuæ populares pati servire ante oculos, quæ fuerint liberæ, *Plaut Pan* 5, 2, 5 (7) Cum ad jusjurandum populares sceleris sui ... *Sil B Catil* 22, 1 Conjurationis populares, *accomplices*, Id B C ... (7) Non conveniunt ... populares ejusdem sylvæ, *Plin* 8, 57 *de gliribus* ⁂ Alienigena, *Id* (8) ⁂ Præstat divitem esse ac popularem, quam nobilem ac mendicum, *Plaut* *inter pr Donat* (5) ⁂ Ten ando nunc socios in, nunc popularium animos *Liv de Philippo, inter pr Budæo* (10) = Popularibus verbis est agendum & usitatis, *Cic Offic* 2, 10 Ad vulgarem popularemque sensum accommodata oratio, *Cic de Orat* 1, 23 (11) Populariter agunt per ludum, *Non ex Lab*

Popularitas, tis f (1) *Friendship, or kind of alliance from being of the same country* (2) *Popularity, or a desire to please the people* (3) *The favour of the people towards one* (4) *A popular action* (1) ... *Plaut Pan* 5, 2, 81 (2) *Plin* ... ( ) Homo in ... & innoxiæ popularitatis, *Plin Epist* 6, 31 (4) Omne genus popularitatis, *Suet Calig* 15

Populariter adv (1) *After the fashion, or manner of the people, common, inaccurate* (2) *At the pleasure of the populace* (3) *With love and favour of the commons* (1) ⁂ Alterum librorum genus scriptum est populariter, alterum limatius, *Ci* ... (2) Verso pollice vulgi quemlibet occidunt populariter, *Juv* 3, 37 (3) Contra quorum potentiam populariter ... dicendum fuit, *Cic de Orat* 14

|| Populatim adv *Through all the people, altogether, who* ... Non ... 28 + Universe

Populatio, onis f verb *Wasting, or destroying, a pillaging, robbing, and spoiling of the people, a pillaging of countries* + ... incursion ... *Liv* Populationes ... Hostem populationibus prohibere, *Plin* ... Populatio ... *made by them*, *Col* ... *Met* Populatio ... *Plin* ...

Populator, oris m verb *A destroyer, waster, ravager, or robber of people and countries, a pillager, or plunderer* ... populator, *Liv* ... 68 Populator ... *Ov Met* 12, 59 Luxu ... populatorum, *Claud in Rufin* ... Populatori ... *Val F* ... 1, 68,

Populatrix, icis f verb *A destroyer, spoiler, or consumer* ... *Stat* ... 3, 2, 9

Populaturus, a, um part *That will lay waste*, *Cæs*

Populatus, a, um part (1) *Having laid waste* (2) *Wasted, destroyed, spoiled, ransacked, robbed, ravaged* (1) Amnes ... quorum ... populatus ... *Liv Æn* 12, 525 (2) = Populata vexataque ... *Cic* ... 2, 52 Arva populata Marte, *Hor Od* ... 5, 24 Pop ... tempori rapuit ... *bereft*, *Vir Æn* 6, 496

Populatus, us m verb *A laying waste, destroying, or ravaging* ... Hesperii ... populatibus agri, *Luc* 2, 5 4 Squalent populatibus agri, *Cl* ... *in Eutrop* 2, 24

Populetum, n *A grove of poplars, a place set with poplar trees*, *Plin* 14, 6

Populeus, a, um adj *Of or belonging to a poplar* Umbra populea, *Vir G or* 4, 511 corona, *Hor Od* 1, 7, 23 Populeæ frondes, *Val Flacc* 5, 4

Populifer, a, um *That beareth poplar trees* Populifer Spercheus, *Ov Met* 1, 579 Padus, *Id Amor* 2, 17, 32

Populifugia, orum pl n *The day when the people of Rome fled from their enemies, either the Gauls, as Varr L L* 5, 3 or the Tuscans, as *Macrob Sat* 2, 9

Populiscitum, id quod plebiscitum *An act of the commons*, Nep Alcib 5 4 & Enn ... 4

Populneus, a, um adj [a populnus, *id quod* populus] ... populnea, *a poplar leaf*, *Col*

Populnus, a, um adj [a pop] *Of a poplar tree* ... *Plaut Cas* 2, 6

Populo, are, act [a populo prædas agere] (1) *To destroy and spoil people, or destroy their countries* (2) *To waste, ravage, spoil* (3) *Also to* ... *or win the love of the people* ... Libycos populare penates, ... 1, 531 (2) Populat ... *Vir Geor* 1, 185 (3) *Pacu* ... *Non*

Populor, aris, atus sum dep (1) *To rob, or plunder* (2) *To lay waste, or destroy* ( ) ... (1) Ad ... agros populabantur, *Cæs B G* 1 (2) ... 45 Cuja ... Romanum ... *Liv* ... *Stat*

+ Poplon ... *Famous ...*, quod populum ... *Macrob Sat* 3, 11

+ Populosus, a, um *Populous, full of people*, Apul *Met* 8 + Frequens, *Cic*

Populus, i f [a Gr πάλλω] ... *A poplar tree of which many reckon three kinds, the white, the black, and Libyan poplar* (2) ... *tree, whose leaves always* ... (1) Populus ... *Ov* ... alba, *Hor Od* ... 19 ... *Plin* 16, 1, Inter ... populos, *Cic* (2) *Plin* ...

Populus, i m [Gr ... redupl popolus ...] ( ) *A nation under one government, comprising all ranks* ( ) *But it oft frequently the common sort, the multitude* (3) *The whole of the subjects to a prince, or state* (4) *A number of men met together, a crowd* (5) *A hive, a swarm of bees* (6) *A community, or body of men, a corporation, or neighbourhood* (1) ⁂ Tribunum non populi, sed plebis magistratum, *L* ... ( ) Primores populi arripuit, populumque tributim, *Hor Sat* 2, 1, 69 ⁂ Dat populus, dat gratus eques, dat thura senatus, *Mart* 8, 15 (2) Tem magis ... fulvum populus vellet, ... populum ... *Hor Ep* 1, 16, 27 Tu, regere imperio populos, Romane, memento, *Vir Æn* 6, 851 (4) ... populo ... recepto, *Luc* ... 660 ... (5) ... duo populi conjungi debent, *Col* ... 13 *de remed apium laborant a morbo* (6) *Apul*

+ Porcandio pro ... Hinc Marcipor, Publipor, &c *A boy, or servant* ... desuevit

Porca, æ f [a por ... *Varr R R* 1, 29 ... recta sive projecta, quod ... frumentum porricit] (1) *A rising or a land lying between two furrows, whereon the corn groweth, a balk of land* (2) *A measure of land containing* ... *in length and ... in breadth* ( ) [a porcus] *A sow pig, a porket* (1) Quod est ... sulcos ... terra dicitur porca, ... = ... *Col* 2, 4 (2) *Col* 5, 1 Avida porca, *Hor Od* 3, 23, 4 Cæsa jungebant fœdera porca, *Vir Æn* 8, 641

Porcarius, a, um adj *Of, or belonging to a sow*, Plin ...

|| Porcarius, ii m *A swineherd*, Firm + Subulcus

Porcellia, æ f [a porca] *The herb purslain*, Ap recent

Porcellio, onis f *The cheeslip, or sow, an insect*, *Cal Aur Tard* Porcellio, *Cels* oniscos, *Plin*

Porcellus, i m dim [à porcus] *A little hog, a young pig* Porcellum decem est imitatus suâ, *Phæd* 5, 5, 8 Occ

† Porceo, ere prohibeo, *Lucil*

† Porceo, arceo, *to hinder, or keep off* ‡ Arceo, *Cic*

Porcetra, æ f [à porcus] *A young sow, or yelt, that never farrowed but once*, Gell 18, 6

Porci sacres, *Plaut Men* 2, 2 Fest 6, 4 i e puri & integri ad sacrificium idonei, *vid Fest*

Porcina, æ f [*sc* caro] *Pork*, *Plaut Capt* 4, 2, 69

Porcinarius, i m *A seller of swine's flesh, or pork* Quanta lanius bis quanta porcinarius *Plaut Capt* 4, 2, 5

Porcinus, a, um *Of, or belonging to a hog*, Sen de Ira, 2, 10 Porcilaca, æ f uti *Salm* scrib portulaca, porcula unde & *purslain*, Plin 20, 20

|| Porcitatio, onis f *The breeding or rearing of pigs, or swine* Natarum porcorum porcitatio nem, *Varr R R* 2, 4

Porculator, oris m *A feeder of swine to make their fat* ✠ Porculationis & subulci diversa professio, *Col* 1, *pref*

Porculetum, i n [à porca porculetum] *A plat in a garden where beds are*, Plin 17, 22

Porculum, i n *An implement put in the skrew of the oil press or in that part of it which is called sucula, to hold the rope which is wound about it* Porculum in media sucula facito, *Cato*, Jubes porculum afferri tibi, *Plaut Mil* 2, 2, 38 *al leg* poculum

Porculus, i m dim *A little pig, a shoat, a porket*, Plaut Porculus marinus, *a porposs*, Plin 9, 15

Porcus, i m [à Gr πορκος, id est quod nunc καπρος, *Varr*] (1) *A hog* (2) *A sow, a pig* (3) *Pork, hog's flesh* (4) *A sort of fish* (5) Obscene (6) *An hog stuffed with fowl*, &c *in his belly, as the Trojan horse was stuffed with Greeks* (7) Catachrest *A glutton, one high fed* (1) Saginatus porcus, *Prop* 4, 1, 23 (2) Porcum feminam immolato, *Cato*, 134 Scrofa suos oportet porcos, *Varr* (3) Abundat porco, hœdo, &c Cic de Sen 16 (4) Apion maximum piscium esse tradit porcum, quem Lacedæmonii orthragoriscum vocant, grunnire eum, cum capiatur, *Plin* 32 2 (5) *Varr R R* 2, 4 (6) *Macrob* (7) Epicuri de grege porcum, *Hor Ep* 1, 4, 16

Porgens, tis part per Sync *pro* porrigens Ea prima duci porgens, *Val Flacc* 2, 656

Porinæ f pl πορικαι, i e meretrices *Comedies so called from porus being presented in them*, Dig

|| Porosus, a, um *Full of pores, or little holes, porous*, Med ‡ Meatibus plenus

* Porphyreticus, a, um adj *Pertaining to purple* Marmor porphyreticum *a purple, or red speckled marble, porphyry*, Suet Nero 50

* Porphyrianeus, a, um adj *Of a purple colour*, Litt ex Ov

* Porphyrio, nis m *A kind of bird with long red legs and bill, and drinketh as if he bit the water*, Plin 10, 46

* Porphyrites, æ m *Red marble stone, porphyry*, Plin. 36, 7

* Porphyritis, idis f *sc* ficus *A fig of a purple colour*, Plin 15, 18

Porraceus, a, um adj *Of, or like to leek blades, green, or greenish* Porraceus color, *Plin* 37, 10 Porracea folia, *Id* 21, 18

Porrectio, onis f verb [*a* porrigo] *An extension, a stretching out* ✠ Digitorum contractio facilis, facilisque porrectio, *Cic N D* 2, 60 Porrectionibus ad centrum, *Vitruv* 10, 8

Porrectus, a, um part [à porrigor] *&* adj or, comp (1) *Stretched, or reached out* (2) *Extended, or lying out in space* (3) *Lying along* (4) *Dead* (5) *Delayed, or prolonged* (6) [*a* porricio] *Laid upon the altar* (1) ✠ Compressâ palmâ an porrectâ ferio? *Plaut Cas* 2, 6, 53 ¶ Porrectiore fronte loqui, *without such knit brows*, Id ibid 2, 4, 2 (2) Imperi porrecta majestas ad ortum ab Hesperio cubili, *Hor Od* 4, 15, 15 In latitudinem porrecta ftabula, *Col* 7, 3 Porrecta loci, *Cæs B G* 2, 19 Longè series porrecta virum, *Stat Sylv* 3, 102 (3) Porrectus novem Tityus per jugera terræ, *Tib* 1, 3, 75 Porrectus somno, *Stat* (4) Viderat informem multâ Patroclon arenâ porrectum, *Propert* 2, 8, 34 Si præda curvo littore porrecta mergis juveris, *Hor Epod* 10, 22 (5) Mora porrecta, *Ov ex Ponto*, 4, 12, 14 (6) Exta porrecta, *Varr* ¶ Inter cæsa & porrecta, *in a trice, out of hand*, Id

Porricio, ere, eci, *Non* ectum Verbum solenne in sacrificiis [porricere, *ant pro* porrigere, nisi sit quod porrò icere sive jacere, *Fest*] *To reach, or stretch out, to lay the intrails upon the altar, in order to the burning of them* Si manibus exta teneam ut porriciam, *Plaut Pseud* 1, 3, 32 Cruda exta in mare porricit, *Liv* 29, 27 Extra salsos porriciam in fluctus, *Vir Æn* 5, 238

Porrigendus, a, um part *To be stretched out* Ne digitum quidem porrigendum in eam esse dicebant, *Cic de Fin* 3, 17 *Met* Manu porrigenda, *by assistance to be given*, Id *pro Flacc* 6

Porrigens, tis part *Reaching out, giving*, Cic N D 2, 44

Porrigo, inis f [*a* porro, quia ut porrum in tunicas involucra, ita cutis velut in squamas resolvitur, *Voss*] (1) *Scurf, or scales in the head, beard, and brows, dandruff* (2) *A catching disease in swine* (1) Caput impexâ fœdum porrigine, *Hor Sat* 2, 3, 126 (2) Porci porrigo, *Juv* 2, 80

Porrigo, ere, exi, ectum act [ex per, & rego, e in o verso] (1) *To extend, stretch, reach, or spread out* (2) *To hold, or loll out* (3) *To prostrate, to lay along, or stretch at length by beating down, to kill* (4) *To prolong, to defer, to lengthen out* (1) ✠ Animal, quò vult, membra flectit, contorquet, porrigit, contrahit, *Cic de Div* 1, 53 ¶ Manum porrigere, *to help, to assist*, Id *pro Flacc* 7 ¶ Victam manum, *to yield, to submit*, Petron c 111 ¶ Herbam porrigere, *to submit, to yield up the conquest*, Plin 22, 4 pedes, *to die*, Mart *Absol* Felicius radices porrigunt solo subacto, *Plin Ep* 5 Ad me supinas porrigit manus, *Petron* c 114 *Met* Qui mihi primus afflicto & jacenti consularem fidem, dexteramque porrexit, *Cic post red in sen* 9 (2) Lynx linguam mag-nam longitudinem porrigit, *Plin* 11, 47 (3) Voluerem longo porrexit vulnere pardum, *Mart de Spect* 15 (4) Sol porrigit horas, *Ov Met* 4, 199

Porrigor, i, ectus pass (1) *To be stretched, or reached out* (2) *To be prolonged, continued, or extended* (1) Ipsa precor serpens in longam porrigar alvum, *Ov Met* 4, 575 Jubet aciem in longitudinem quam maximam porrigi, *Hirt B Afr* 17 Collum longe porrigitur a pectore, *Ov Met* 2, 375 *Met* Gladius nobis ad occidendum hominis aliquando ab ipsis porrigitur legibus, *is offered*, Cic pro Milon 4 (2) Impetus mali in id porrigitur tempus, *Cels*

Porrina, æ f (1) *A garden bed* (2) *Also a kind of leek* (1) Quotannis porrinam inserito, & habebis quod extimas, *Cato*, 47 (2) Ex rediru oleris & porrinæ, *Scæv JC*

Porrò adv [*a* Gr πορρω, longè, procul] (1) *Farther* (2) *Afar off, or at a distance* (3) *Moreover, furthermore, besides* (4) *Hereafter, henceforth* (5) *Afterward, more, still* (6) *Long before* (7) *But* (8) Sometimes it seemeth to be an expletive (1) Ubi tu habitas? *G R* Porrò illic longè, atque in campis ultimis, *Plaut Rud* 4, 3, 95 Quæ sint ea flumina porrò, *Vir Æn* 6, 711 (2) Si ire porrò pergas, per alium saltum arctiorem est evadendum, *Liv* (3) Eunuchum porrò dixti velle te, *Ter* (4) Nova res accidit, porrò ob hic, quæ me abstrahat, *Ter Hecyr* 3, 1, 18 Ut quiescant porrò moneo, *Id Andr prol* (5) Move ocyus te, ut quid agam porrò intelligas, *Ter Andr* 4, 4, 10 (6) ✠ Altera, quod porrò fuerat, cecinisse putatur, altera venturum postmodò quicquid erat, *Ov Fast* 1, 625 (7) Lætabatur civitatem periculis ereptam esse, porrò autem anxius erat in maxumo scelere tantis civibus deprehensis, *Sall B Catil* (8) V *Cic pro Mil* 42. & *Ter Andr* 1, 5, 42.

Porrum, i n & porrus, i m *A scallion* Sectile porrum, *Juv* 3, 293 Capitus porri & ciceris, *Hor Sat* 1, 6, 115 Jus in quo porrus coctus est, *Cels*

Porta, æ f [*a* portando, quod per eas omnia & importentur & exportentur, *Varr* sed potior est ratio, quod designatori urbis futuræ, ubi portam vovebat esse, aratrum sustollerer, & portaret, *Cato ap Isid*] (1) *A gate of a city, a port, a door* (2) *The entrance in, or out of any place*, (3) Also *the strait and narrow passages between the hills* (4) Also *a mouth* (1) Capit arma atque in porta consistit, *Cæs B G* 6, 37 (2) Venti, quâ data porta, ruunt, *Vir Æn* 1, 87 (3) Saltus, in quo Ciliciæ portæ sunt sitæ. *Nep Dat* 7 Caspiæ portæ, *Plin* 6, 11 (4) *Cels* ✠ Porta prætoria, *the gate at the front out of which they went to fight* Porta decumana, *was that in the rear, and the largest, where their provisions were brought in*, vid *Veg* 1, 23 Porta jecoris, *the vena porta*, *Cic N D* 2, 55

|| Portabilis, e adj *Portable, that may be carried*, Sidon

Portandus, a, um part *To be carried* Cadavera portanda, *Hor Sat* 1, 8, 9 Portandæ in Italiam statuæ, *Paterc* 1, 13

Portans, tis part *Carrying* Verba portantia salutem, *a service, an how d'ye*, Ov ex Pon. 3, 5, 1

Portātio, ōnis f verb *A carrying, or bearing* Armorum atque telorum portationes, *Sall B Catil* 42, 2

|| Portitor, oris m verb *A carrier, or bearer* ‡ Portitor, *Stat*

Portāturus, a, um part *About to carry* Præter quod secum portaturi erant, *Cæs B G* 1

Portātus, us m *A bearing, or bringing, a carriage or conveyance* Gravia jumentis portatu, *Plin* 25, 7 *Met* Sil 12, 443 *ubi al* portitas at vi carinis

Portendo, ere, di, tum act [ex porrò, & tendo] (1) *To signify before a thing happeneth* (2) *To portend, or foretel, to forebode, to foreshew* (1) Consulebant oraculum, quam sibi spem populoque R portenderet, *Liv* Illum fatis portendi generum, *Vir Æn* 7, 256 (2) Læta prosperque omnia portendere, *Liv* Illicui periculum, *Cic de Harusp Resp* 25

Portendor, pass (1) *To be foretold, or foreshewed* (2) *To be portended, or boded* (1) Significationes rerum futurarum tum dormientibus, tum vigilantibus portenduntur, *Cic N D* 2, 66 (2) Aruspex mihi portendi malum, *Plaut Pan* 2, 2, 18

✣ Portentifer, a, um *Effecting wonders* Inquinari portentiferis venenis, *Ov Met* 14, 55 *al* portentificis

Portentificus, a, um adj *Working wonders, or effecting strange things* Portentifica venena, *Ov Met* 14, 55 sed *al* portentifera Portentificæ animalium figuræ, *Lact* 2, 13

Portentōsus, a, um adj ior, comp issimus, sup *Prodigious, monstrous, strange, or wonderful* Portentosa aut ex pecude, aut ex homine nata, *Cic de Div* 2, 28 Portentosiora signa, *Tert* Portentosissima oratio, *Sen Epist* 114

Portentum, i n [dict quod portendit aliquid futurum] (1) *A monstrous, or strange thing, a sign of some good, or ill luck* (2) It is used of men chiefly in a bad sense (3) *A vain fansy* (1) Casum aliquem portenta ferunt, *Vir Æn* 8, 533 Hominum pecudumque portenta præter naturam, *Cic N D* 2, 5 Ne quære, quem casum portenta ferunt, *Vir Æn* 8, 533 (2) Gabinium & Pisonem duo reip portenta ac penè funera, *Cic. de Prov Cons* 1 (3) Poetarum & pictorum portenta, *Cic Tusc* 9, 1

Portentus, a, um part *Foreshewn* Quod in quiete tibi portentum est, *Plaut Curc* 2, 2, 22.

* Porthmeus, eos m *A ferryman, one that carrieth in a vessel by water*, Petron c 121 Iterum novitius horret porthmea, *Juv* 3, 266

Porticŭla, æ f dim [à porticus] *A little porch, or gallery to walk in* In porticula Tusculana, *Cic Fam* 7, 23

Porticus, ûs f in abl porticibus [*a* porta, eo quod sit aperta, *Isid*] *A porch, or gallery, a walking place with pillars, a piazza, a portico* In porticibus deambulantes disputabant philosophi, *Cic de Orat* 2 Porticibus ab his discumbere, *Val Flacc* 2, 19 Porticus contignationes, *Vitruv* 5, 1

Portio, ōnis f [*quasi* partio à parte] (1) *A part, or portion* (2) *A quantity, or measure* (3) *A proportion, or rate* (4) *Bigness, or size* (1) Brevissima vitæ portio, *Juv* 9, 127 (2) Mamertinis

nis frumentum proportione [illegible] rabatur, *Cic in Verr* 5, 21 (.) *Curt* 7, 11, 12 (4) Pulmo cum majorem portionem [illegible] ximus, *Plin* 11, 37

Portisculus, i m (1) *An officer in a ship who ordereth the rowers either to work, or give over* (2) Also *a pole, or hammer that he held in his hand, and knock'd with it to give them row* (1) Non (2) [illegible] *Sen* [illegible] *Met* Ad [illegible] que ad tricennium [illegible] haberi portisculum, *do you direct me when to pull, and when to be silent,* Plaut Asin 3, 1, 15

Portitans, tis part *Carrying,* Gell

Portito, are freq *To carry about with one* Portitans crumenam, *Cels* 2c 1

Portitor, oris m [a portando] (1) *A carrier, a porter* (2) *A ferry man* (3) [portu] *The customer, receiver of a haven, to whom toll is paid* (1) Hyperboreo gelidum portitor [illegible] *Stat Theb* 1, 6 Portitor literarum, *Ir Phorm* 1, 10 (2) Portitor [illegible] horrendus aquas & flumina servat, *Vir Æn* 6, 98 (3) *Plaut Men* 1 2 8 & *Trin* [illegible] 3 65

|| Portiuncula, æ f dim [a portio] *A small, or little part,* [illegible] *portion* Apul + Particula

[illegible] ψέρω, φορά [illegible] porto] (1) *To carry* [illegible] *back,* [illegible] (2) *To carry by* [illegible] *coach,* (3) *Met To* [illegible] (4) *To import or betoken* (5) *To carry away* (1) § Qui portitum [illegible] *Ter Andr* 4, 7 [illegible] *Ep* 1, 1, 12 Recisos portare fustes, *Id Od* 2, 6 § Pa[illegible] portare, *Id Sat* 1, [illegible] ( ) § Portare [illegible] *Cic* [illegible] ego opes, [illegible] *Sall B Cat* 6 [illegible] portu [illegible] *Plaut* [illegible] 4 2, 89 (4) Nescio quid [illegible] hæc nuptiæ [illegible] *Ter Hec* [illegible] 1, 12 (5) Venti [illegible] *Ter* [illegible] 445

[illegible] pass *To be* [illegible] *Col* [illegible] *Lit* 10, 16

Portorium, ii n [illegible] portorium [illegible] *expendit* [illegible] (1) *Custom, or impost paid for goods in* [illegible] ( ) Also [illegible] (4) [illegible] *upon things* [illegible] (5) [illegible] (1) [illegible] *Cic* [illegible] (2) [illegible] *Cic B* [illegible] ( ) [illegible] *Per* [illegible] *Cic B C* 1, 1[illegible] [illegible] *Apul Met* 6, p 181 + [illegible]

P[illegible] *little part,* or [illegible] *Liv* 2 [illegible] 24

[illegible] *thanksgiving* [illegible] *Portunus* [illegible]

Portumnalia, orum n pl *A feast in honour of Portumnus,* [illegible] 1 5

Portuosus, a um adj o comp [illegible] *full of havens, ha-* *ving many good harbours for ships* Portuosum mare, *Cic de Orat* 3 19 [illegible] itus, *Plin* Pars Numidiæ portuosior, *Sall B Jug* 16 Inferum portuosissima, *Plin* 4, 1.

Portus, us m [qu urbis porta, vel quod merces per eum portentur] (1) *An haven, a port, or harbour where ships arrive with their freight, a place where customs, or duties for goods imported or exported, are taken care of* (2) Meton *The customs there paid and received* (3) *A place of refuge against danger, shelter* (1) Portus est locus conclusus, quo importantur merces, & inde exportantur, *Ulp de Verb sign* In aditu atque ore portus, *Cic* Portus pernitissimus [illegible], *Id pro L Manil* 12 (2) ✝ Neque ex portu, neque ex decimis, neque ex scriptura vectigal conservari potest, *Cic pro L Manil* 6 (3) = Excludere a portu & perfugio *Cic Fam* 5, 15 = Portus & aræ [illegible] *Ov Ep* 1, 110 ¶ In portu navigare, *to be out of danger,* *Ter Andr* [illegible], 1, *ult* In portum [illegible], *to be out at first dash,* Quint In portu res est, *all safe,* *Cic Fam* 9, 6, 10 ☞ In *abl plur* portubus -- -Portubus nostris [illegible] ebamus, *Id pro L Manil* 18 Portubus egredior, *Ov Trist* 2, 2, 11

* Pōrus, i m transitus vel meatus per quem sudor & pili erumpunt *A pore, or little hole in the skin for transpiring of vapours,* Med ✝ Meatus, via, foramen

Pōrus, i n *A kind of stone like Parian marble, good to preserve dead bodies,* *Plin* 34, 1

Porxi [illegible] Sync *pro* porrexi *Stat Sylv* 1, 2 [illegible] & *Id* porgi *pro* porrigi, *Virg* 8, 755

† Pos, *id quod* potis, *in compos* compos, impos, *abl* Hinc possum, *i e* pos sum

Posca, æ f [a poto posca, ut [illegible] esca] (1) *Sour wine mingled with water* (2) *Wine diluted or mixed with water in the press* (1) *Cels* 2, 30 (2) ✝ [illegible] poscam potitant, *Plaut Mil* 3, 2 23 ☞ Lo[illegible] *Var* [illegible] & [illegible]

Poscens, tis part *Asking, courting, desiring,* &c ✝ De paupere [illegible] poscente ferent, *Hor Ep* 1, 17, 41 Oscula negat, quæ poscente magis gaudeat eripi, *Id Od* 2, 1, 27 *Vid* Posco

Posco, ĕre pŏposci ☞ בקש [illegible] *Meth* [illegible] co, vel [illegible] pos, unde compe[illegible] pro jure peto] (1) *To ask for, to demand, to dun, to importune* (2) *To pray earnestly, to supplicate* (3) *To ask in marriage* (4) *To call or ask for* (5) *To require, to provoke, or challenge* (6) *To ask, or demand by way of bargain* (7) *To bid or offer a price, or consideration* (1) ✝ Reliquos non [illegible] *Cic Verr* 5 28 ✝ Alius [illegible] poscunt, [illegible] *Plaut Cur* [illegible] 8 (2) Posce deos [illegible] *Vir Æn* 4, 5 (3) [illegible] posco *Plaut Aul* 2 2 42 (4) [illegible] *Plaut Aul* 2 5, 10 (5) [illegible] poscet Turnum [illegible] *Æn* [illegible] (6) [illegible] *Plaut* (7) Commendo [illegible] DE [illegible] quam posce [illegible] *Plaut Merc* [illegible] commodi meo quidem animo [illegible] *ut non ad* [illegible] *dum* [illegible] *grum, sic commodius judicabis* ✝ Petimus precario, poscimus imperiose, postulamus jure, *Don* ☞ *Sed hoc migrant auctores*

Poscor, i pass (1) *To be asked for, or wanted* (2) *To be provoked, or challenged,* &c (1) Ego poscor Olympo, *Vir Æn* 8, 5[illegible] (2) Solum posci in certamina Turnum, *Vir Æn* 11, 221 *Vid* Posco

Pŏsĭtio, ōnis f verb [a pono] (1) *A disposition, site, or situation* (2) *Primitiveness of a word, as opposed to composition* (3) *A position, or state of a question, an affirmation* (4) *Concurrence of consonants together in a word* (5) *A termination in declining a word* (6) *A state, or habit* (7) *The principal of money, or the main of an estate* (8) *A setting, or planting* (1) = Pro[illegible] & positione locorum, *Col* 3, 3 Positio cœli, *Id* 1, [illegible] urbis, *Cic pro Flacc* 26 campestris, *Col in præfat* (2) *Quint* 1, 5 (3) *Quint* [illegible], 10 (4) *Ap Gramm Vid* Gell [illegible] = Positus, us *Ibid* (5) Feminina [illegible] positio, *Quint* 1, 4 (6) In quinquennem [illegible] cum ego nunc, *Sen* (7) [illegible], de manu *Leg* (8) Futurarum spes vindemiarum cohortari nos debet ad positionem vin[illegible], *Col*

Pŏsĭtīvus, a, um part (1) *Positive, as distinct from natural* (2) *Absolute, that is of itself* (1) ✝ P Nigidius docuit nomina non positiva esse, sed naturalia, *Gell* 10, 4 (2) Lex positiva, *Philos* Positivus gradus, *Gramm*

Pŏsĭtor, ōris m verb [a pono] *A founder, or builder* Templorum positor, *Ov Fast* 2, 62 *Vid & eundem Met* 9, 448

Pŏsĭtūra, æ f (1) *A position, or placing* (2) Also *a posture* (1) Positura principiorum, *Lucr* 2, 946 (2) Qualis dorm[illegible] positura dei, *Prop* 4, [illegible] 28

Pŏsĭtūrus, a, um part (1) *About to put away, or lay down* (2) *That will put, lay, or place* (1) Hæc nos extrema manebant [illegible] positura modum, *Vir Æn* [illegible] 129 (2) Hæc mihi mors gravis [illegible] positura morte colores, *Ov Met* 3, 71

Pŏsĭtus, a, um part (1) *Put, placed, or laid* (2) *Situate* (3) *Builded, founded* (4) *Set, or planted* (5) *Laid aside* (6) *Laid out, dead* (7) *Consisting, bestowed, or appointed* (8) *Granted, or supposed* (9) *Bowled, bended* (10) For prepositus, *set over* (1) [illegible] cum habui positum [illegible] puella caput *Prop* 2, 14, [illegible]2 Po[illegible] & armis, *Cic ad Brut* 2, 10 (2) Insula Delos in Ægeo mari posita *Cic pro L Manil* 18 (3) Roma in montibus posita *Cic* contra *Rull* 2, [illegible]5 (4) Seminibus positis, *Vir Geor* 2, 54 Posita ad [illegible], *Plin* 16 10 (5) Posita [illegible], *Ov* [illegible] (6) Positum [illegible] *Tib* 1 1, 61 Sic [illegible] *Vir Æn* [illegible] 681 (7) In eo est positum [illegible] quod cogitamus, *Ci* (8) P[illegible] imprimis, quod post [illegible] *Cic* [illegible] = Hoc autem posito, atque concesso, *Id de Div* 1 52 (9) Supp[illegible] *Ov Fast* 2, 4[illegible]8 (10) [illegible] *Cic* [illegible] *Manil*

Pŏsĭtus, ūs m *The site, situation or placing of any thing* P[illegible] situs siderum, *Tac* [illegible] 4 [illegible] *Hist B* [illegible] 7 Positu variare comas, *Ov Met* [illegible], 41[illegible] = Po[illegible] tum & ordinem nosse [illegible]

Possessio, onis f [illegible] (1) *A possession, a property, or rightful use of any thing* (2) *An estate in goods, or lands* (3) *A possession in trust, a jointure* (1) Bonorum possessio [illegible] in aliqua parte, [illegible] qua teneri, & postea possidere, *Cic pro Quint* 2 [illegible] possessionem mittere, *Id pro Quint* 26 Recupera[illegible] nem am[illegible], *Id* [illegible] (2) Habebat in Italia pret[illegible] sessiones, *Nep Att* 12 Pos[illegible] fiduciariam, *Liv* (3) *Att* [illegible] tinuum sui cuique permane[illegible] lis & certa possessio, *Cic* [illegible] 15

Possessiuncula, æ f dim *A small estate* Possessiunculam a *Cic Attic* 13, 23

Possessivus, a, um adj *Pertaining to a possession, possessive,* Quint 1 5

Possessor, oris m verb (1) *The owner, or possessor of a thing* (2) *A sizer* (3) Also *a tenant, or farmer that occupieth land* (1) Plebs sine querela possessorum agros [illegible], *Liv* Pelle[illegible] dibus possessores, *Cic Offic* Possessor agelli, *Vir Ecl* 9, [illegible] (2) = Acerrimus bonorum possessor, ultor, ereptor, *Cic pro Quint* 8 (3) *Leget*

|| Possessorius, a, um adj *Pertaining to a possession, or possessor* Possessoria hæreditatis [illegible] 10, *Cod* Possessoriæ actiones, *IC*

Possessus, a, um part *Possessed, owned, had in possession* [illegible] Dictæ s possessa colonis, *I* [illegible] 2, 610 *Met* Possessa ferus pectora versat amor, *Ov Amor* 1 [illegible] 8

|| Possessus, ûs m *Possession* ✝ Plurimis rebus possessu careo [illegible] usu fruor, *Apul Apol* p 4[illegible] + Possessio, *Cic*

+ Possestrix, icis f *She that possesseth,* Non ex Afran + Quæ possidet

+ Possetur, *Non ex Quadrig* + Possit

Possibilis, e adj [a possum] *Possible, that may be, or that is likely to come to pass* Quæ nostri possibile nominant, quæ ut dura videatur appellatio, sola tamen est, *Quint* 5, 10

Possibilitas, ātis f *Possibility, or power,* Pallad R R [illegible] 14 + Facultas, vir

Possidendus, a, um part *To be possessed* = Hanc [illegible] utenda ac possidenda traderis, *Cic* [illegible] 2, 19 Bona possidenda [illegible] *to be confiscated,* Id *Philipp* 11, 6

Possideo, es, ere, edi, essum [a pos, *i e* potis, [illegible] habeo potestatem, & [illegible] (1) *To possess, to own, to have* [illegible] *own use* [illegible] (2) *To have or enjoy* (3) [illegible] *obtain* (4) [illegible] (5) *To occupy* [illegible] (6) *To get by* [illegible] num no[illegible] *Cic* bona [illegible] *Fin* [illegible] (2) D[illegible] *Ter Andr* [illegible] *Hor Od* [illegible] 4 ( ) [illegible] *B C* 4 (5) [illegible] & [illegible] &

& ponderi possunt, *Cic* pro Q. it 29

† Possido, ēre *To occupy, to* ... *up* ... *ace* Nempe dei om- ... est — possidat Inanc, ... 87 vix illi occ

† Possim, ... *Cic* pro possim, ... Plaut

Possum, posse, potui, posse [ex pos, ... poten, & sum Leg ... pro possum, plur ... potessunt, *Plaut* (1) *To may,* or *can* (2) *To may* or ... (3) *To be able to effect* ... *To have power and efficacy* ... *To be well and in good health* ... Inc ... (1) Quam maxime ... dabo operam *Cic* Qui ... poterit non negligam, ... Non possum quin, *I can* ... Id (2) Poterat utrum ... *Cic* Potest ut alii ... *Plaut Pseud* 2, 2, 9 ( ) ... face id me venias, ... *Ter Andr* 4, 2, 29 ... uno nitu, *Lucr* ... Quid possunt in bello? ... *what abilities have they in war?* ... Qui potest virtute? *what* ... *valour?* Id (5) ⁜ Nihil ... possunt oculi, po- ... *Cic Tusc* 2 (4) ... potes, *Hor* ... *Euphemism* to be ... T Fun 3, 2, 24 ... po estur pro potest, & ... *Diom*

... [quod pone est ... (1) *After* (2) *Behind* ... (1) § Post hunc diem, ... 5, 6c § Longo ... tempore, *Vir Ecl* 1, 30 (2) ... *Cæs B G* 7, 84 Post ... Post montem, *Id* ... litebas, *Id Ecl* ... Post hominum natos, *Cic Phi-* ... Post hominum me- ... *since the world began,* ... 2, 17

... *Afterwards, after* ... Post ... capione viderimus, ... *Rosc* 3 § Post paulo, ... post, *Cæs* Post id loco ... *Plaut Truc* 3 16 Post ... *Æn* 8, 536 Post ... *Ter Andr* 1, 2, 3 per *Pleonas* ... *Plaut Men* 2, 2, 8

... pro postea Ut nunc sunt ... *Lucr* 3, 870

... *After* ... *the fall of the leaf,* ... Plin 15, 15

... postsceni-

... [quasi post en divise] ... *hereafter,* C c Post ... *after that,* Sall B Jug ... Quid tum postea? *Ter* ... 6

... *After that* Post- ... nnius est rosens, *Cic* ... Postea vero quam pro- ... *after that, Id* Fam 5, 2

... plur *They* ... *that succeed* ... *a race, posterity* ... Degener ... ho- ... *de Fin* 5, 5 Cre ... *Od* 2, 19, 2 ... pro postridie, *Fest* ... [a posterus] ... *future time* (2) ... *come after, a race,* ... (3) *A breed in* ... (1) Homerus posteritate ... *Prop* ... (2) Optimus quisque poste- ... *Cic Tusc* 1, 15 ( ) ... postenitas ... *Juv* 8 62

... adv comp ... *afterward, hereafter in* ... *another day* ... posterius, *Ter Adelph*

Postĕro, *sc* die *The next day,* Tac Ann 1, 45, 1

Postero, are [a posterus] *To be backward, to grow worse,* Pallad Nov Tit 1

Posterus, a, um adj or, comp postremu & *Gell* 15, 12 postre mus simus, sup [a post, ut superus, supra, (1) *That cometh,* or *followeth after, the next after* (2) Posterior, *after, latter, worse* (3) Postremus, *the last, the worst, the meanest, most contemptible* (1) ⁜ Nec præterita, nec præsentia, sed postera *Cic* Spe rigun- tur postera tempori, *Id* ⁜ Præ- ria esse debent posteriora sup- rioribus, *Id* Non tam posteriores, ... partes, *I will not be behind hand,* Ter Andr 5 4, 26 (2) = Posterius & nequius illo nihil est, C (3) ⁜ De firmissimis alia prima ponit, alii postrema, *Cic Orat* 5 Servius malorum omnium postremum, *Id Philipp* 2, 41 Homines postremi lucris pecuniis lo- cupletantur, *Id pro S Rosc* 47 In posterum, *Id* Ad posterum, *for the time to come* Id

Postferendus, a, um part *To be set after,* or *behind* Nulli ju- venum postferendus, *Curt* 7, 4

Postfĕro, postferre, postuli, la- tum act *To put after* or *behind, to set less by, to place,* or *set behind, to esteem less* Qui libertati plebis suas opes postfer- rent, *Liv* 3, 64

Postferor pass *To be less esteemed* or *set less by,* Plin ... 5

Postfœni ... orum n pl *After-grass of hay,* Col 2, 18 *sed rectius divise*

† Postfuit [ex post, & anq fuo, *i* *quod* sum] *It was laid aside,* Sall B C 23, 9

Postfŭtūrus, a, um part *That will be hereafter* Si dolore post- futuri æstimatione evenit, *Plin* 7, 55

Postgĕnĭtus, a um Clarus post gen tis *famous to posterity,* Hor Od 3, 24, 39 *sed rectius divise*

Posthăbeo, ēre, ui, itum act *To set less by, to place,* or *set behind, to esteem less* § Omnes posthabui mihi res, *Ter Phorm* 5, 7, 15 Posthabui illorum mea seria ludo, *Vir Ecl* 7, 17

Posthabitus, a, um part *Not regarded, passed over, less set by* Omnibus rebus posthabitis, *Cic Tusc* 5, 1

Posthac, *vel* post hæc adv *From henceforth, hereafter, after this* ⁜ Non accusabimur posthac, ne- que antea negligentes fuimus, *Cic* Jam si verbum unum posthac, *Ter Adelph* 1, 2, 55

Posthinc adv [a post, & hinc] *Afterward, when that was done* Posthinc ad naves graditur, *Vir Æn* 8, 546

† Posthoc, pro posthac ant *Fest*

Posthumus, a, um adj [quasi post humatum patrem natus est, Varr] (1) *Born after the father's death, posthumous* (2) *Put by, ed after the author's death* (3) Postumus *last born, before or after the father's death* ( ) *Plaut Aul* 2 1, 41 Postumus Clus, *Cic* pro *Cæcin* 18 ... Posthumus *qui natus patre* ... *tuo postumus extrem* ... *postremus, ut aliqui non inducti volunt* (2) Opus posthumum *Vulg* (3) Silius, tua postuma proles, *Vir Æn* 6, 6 ... *Sint qui si omni notione* ... *ass ratione scrib dich re contendunt*

† Postibi, pro postea, ut inter ibi ... *Afterward,* Plaut Pœn prol 108

Postĭca, æ f [*sc* janua] (1) *A back door in the hinder part of the house* (2) Also *a postern, or trap door in a town wall, to sally out at* (3) Also *the north part of the heaven among the augurs,* ... antica was the south (1) *Non ex Plaut* (2) *Ita* uno, non dicit (3) *Ex discipl augurum*

|| Posticæ, ārum f *The inward doors of temples and churches,* Cornut

|| Posticium, ii n *The back side,* or *hinder part of an house,* Gloss

|| Postĭcŭla, æ f dim [posti- ca] *A little back door,* or *postern* Per quandam brevem pos- ticulam introvocat me, *Apul Met* 2, p 57

Postĭcŭlum, i n dim (1) *The back part of an house* (2) *A piece of ground behind the house* (1) Posticulum hoc recepit, cum æ- des vendidit, *Plaut Trin* 1, 2, 157 *CH* Ubi nunc hinus meus habitat? *ST* hic, in hoc posticulo, *Id Trin* 4, 3, 78 (2) *Titin ap Non*

Postĭcum, i n *sc* ostium *A back door* Me per posticum ad congerrones conterram, *Plaut Most* 3, 2, 27 Postico falle clien- tem, *Hor Ep* 1, 5, ult

Postĭcus, a, um adj [a post, ut anticus ab ante] *That is on the back side, or behind an house* Est etiam hic ostium aliud post cum harunce ædium, *Plaut Stich* 1, 41 Portus erat postici ædium partibus, *Liv* 2, 8 Proinus ... postici parte palatii, *Suet Otho,* 6 Postica linea, *that which in dividing of lands lieth from east to west,* Sulpit Sev Postica sanna, *a flout behind one's back,* Pers 1, 62

Post dea, *pro* postea *Afterwards,* Plaut Stich 1, 2, 40 & Ter Hecyr 3, 3, 5 Postidea loci, *Plaut* 5, 5, 11

Postidem adv [a post, ut ab inde in lidem] *Afterward,* Plaut Aul 1, 2, 40

Postilena, æ f [a post ut an tilena ab ante, *M*] *The crupper of an horse,* Plaut Cas 1, 1, ?

† Postino, onis *id quod* postu- latio *apud Augures,* M ex Varr

Postilla adv *ut postea After wards, after that,* Ter Phorm 2, 2 *ult*

Postinde adv *After that, afterward, thereupon* Lucr 3, 548 *Leg & divise,* & *forte* rectius

Postis, is m [quod post osti- stent al a postis] (1) *The upright pillar or post on which a door hangeth, a door-post* ( ) Synecd *The door itself* (1) In curiæ poste, *Cic Att* 4, 15 Au rati postes, *Ov* ferrati, *Hor Sat* 1, 4, 61 (2) Emoti procumbunt cardine postes *Vir Æn* 2, 493

Postliminium adv (1) *By way of recovery* (2) Also *by stealth, ... back door* (1) Qui ... honis amentia sunt, cum id hoc- ... pervenerint, & ex suo ... postliminio ... *Scævola ap Cic Top* 8 (2) *Ap Marc*

Postliminium, ii n [ex post, & limen, ... Gell quod id ... post reditio] (1) *A return of one who hath gone to dwell elsewhere, or had been taken by the enemy, to his own country, into, and estate again* (2) *A law ... which recovereth again that which was lost, a right to one's former estate, a recovery, or reprisal* ( ) Al ... *A ... re* ... (1) Neque

solum dicatione, sed etiam post- liminio potest civitas heri mu- tatio, *Cic* pro *C Balbo,* 11 Cum ignorarent, si illam civitatem essent adepti, hanc se perdidisse, nisi postliminio recuperassent, *Id* (2) *Paul JC* (3) *Apul*

Postmĕrīdiānus, a, um adj *Of,* or *belonging to the afternoon* Tempus postmeridianum, *Cic* de *Orat* 3, 5 ⁜ Ex matutina sta- tione ad meridiem decedi, & in postmeridianam succedere illos jussi, *Liv* 44, 33 fin Postme- ridiana litere, *Cic Attic* 1, 5

Postmitto, ĕre, i *To leave behind, to slight,* or *neglect,* Cic pro Cœl 22 adjerentibus *Nizol & Cal Rhod* Sed optimus auti qui liber habet prætermittere

Postmŏdo adv [ex post, & modo] *Afterwards* Ut facti postmodo pœniteat, *Catull* 28, 1.

Postmŏdum adv *Afterward* Meque abs te immerito esse ... factum postmodum resciscis, *Ter Hec* 2, 1, 11

Postŏmis, idis f [a G ἐπιστο- μὶς] *A hainele set on an horse's nose to make him stand still, a brake to put in his mouth, and make him hold his head quiet,* Lucil R occ

Postpartores, successores & hæ- redes, unde antepar ... demus post ... toribus *they that get after- wards,* Plaut Truc 1, 2, 42 *vix* ...

Postpōnendus, a, um part *To be set after, or less esteemed* Postponenda victoriæ fuga, *Val Max* 9, 3, 5

Postpōno, ĕre, sui, situm act *To set behind, to esteem less, to leave, to lay aside* Postposui om- nia, dum modo præceptis patris parerem, *Cic Fil Tironi, Fam.* 16, 1

Postpŏsĭtus, a, um part *Laid aside,* &c Omnibus rebus post positis, *Cæs B C* 5 7

Postprincipium *The continuance of a thing after it is begun, the course, that which followeth the beginning* Utilitas disci- plinarum in postprincipiis existit, *Gell ex Varr* Itemne ut qui sque ... ceurat suam, sic ei procedant postprincipia, *Plaut Pers* 4, 1, ...

Postpŭto, are *To set less by, to esteem,* or *reckon last, to postpone* Omnia sibi postputavi esse meo commodo, *Ter Adelph* 2, 9

Postquam adv (1) *After that* as (2) *Since,* ( ) *For as much as, because that* (1) Postquam aspexi, illico cognovi, *Ter* ... *Decessit* ... annum quam ... *Nep Aristid* ... (2) Postquam natus sum, satin nunquam fui, *Plaut Stich* 1, 2 ... *Ter Adelph Prol*

|| Postrēmio, ... us, comp ex sup postremus *Worse,* or *more last* Nullum animal in terris homine postremius, *Apul de Deo Socr* ... † Posterior

|| Postrēmissĭmus, a, um sup ex sup *The worst and vilest,* Gell 13 ... † Postremus, *Cic*

† Post ... ris, atis f *Sipont* ... ally, *last of all,* ... Quæ ... primum ... postre- mo ... Postremo id mihi da negoti, *Ter Andr* 1, ... 41

Postrēmum adv *Last, the last time, at last* Si dices, hic die postremum me vides, *Ter Andr* 1, 2, ...

Postrēmus, a, um sup [a post ...

rus] (1) *The last*, or *hindmost* (2) Also *the worst*, *basest*, or *vilest* (1) ✳ De firmissimis alia prima ponet, alia postrema, *Cic Orat* 15 (2) Postremi hominis pecuniis alienis locupletantur, *Cic* pro *S Rosc* 47

Postridie adv *i e* postero die *The next day after*, *the day following* Postridie venit ad me Chremes, *Ter Andr* 1,1,117 § *Cum gen* Postridie ejus diei, *Cic Fam* 5, 12 § *Cum acc* Postridie ludos Apollinares, *Id Att* 16, 4

Postriduanus, a, um Postriduanus dies, *i e* ater, infaustus, qui est postridie Calendas, Nonas, Idus, *Cal Rhod* 5

† Postriduo, *pro* postridie Postriduo natus sum ego, *Plaut Mil* 4, 2, 90

Postscēnium, *vel* poscenium [locus post scenam subductus aspectui spectatorum, *M*] *The tiring*, or *withdrawing room behind the stage* Postscenia vitæ, *actions hid from the sight of the world*, Lucr 4, 1179

Postvĕniens, tis part *Coming after*, Plin 18, 25

Postvĕnio, ire *To come*, or *follow after*, Plin *vid* Postveniens

Postŭlans, tis part. (1) *Calling for*, *demanding* (2) *Desiring*, *requesting* (1) Quæstionem postulantibus iis, qui pulsati fuerunt, *Liv* 2 (2) *Petron* c 25

Postŭlātio, ōnis f verb (1) *A request*, *a suit* (2) *An accusation begun* (3) *A motion at the bar* (4) *A desire* or *request* (5) *A petition drawn up* (6) *An expiation*, *supplication*, or *expiatory sacrifice* (7) *An expostulation*, or *quarrel* (1) In deprecatione ignoscendi postulatio continetur, *Cic de Inv* 2, 33 Concessit senatus postulationi tuæ, *Id* pro *Mur* 2 (2) ✳ In accusatione erant primum postulatio, quâ postulabatur, ut accusare aliquem liceret, deinde nominis delatio, tum ipsa accusatio, *Manut* (3) *Suet Ner* 15 (4) Postulationem hanc Antonius, cum judicaret ab justo nasci timore, veniam petenti dedit, *Hirt* ap *Cæs B G* 8, 48 (5) Postulationum formulæ usitatæ, *Cic Verr* 2, 60 (6) Eodem ostento Telluri postulatio deberi dicitur, *Cic* de *Har Resp* 14 (7) = Neque lites ullæ inter eas, postulatio nunquam, *Ter Hec* 1,2,105

Postŭlātitius, a, um adj *That is demanded*, *sued for*, or *requested*, Sen Ep 7

Postŭlātor, ōris m verb (1) *A suiter*, *petitioner*, or *plaintiff* (2) *An advocate*, *a proctor* (1) *Ulp* (2) *Suet Ner* 15 *interpr Torrent*

Postŭlātōrius, a, um *Expiatory* Postulatoria fulmina, quibus sacrificia intermissa, aut non ritè facta repetuntur, *Sen Q Nat* 2, 49

|| Postŭlātrix, icis f *She that demandeth*, Dig ‡ Quæ postulat

Postŭlātum, i n (1) *A petition* (2) *A demand* (3) *A supplicatory libel* (4) *An accusation* (1) Tota Sicilia quæ in communibus postulatis, civitatum omnium consulibus edidit, rogare atque orare, *&c* Cic (2) Expectat at suis lenissimis postulatis responsa, *Cæs B C* 1, 5 (3) Legati omnium postulata de injuriis unius Decianı detulerunt, *Cic* pro *Flacc* 32 (4) ✳ Quæ non postulata, sed crimina esse viderentur, *Cic Verr* 2, 3

Postŭlatum est impers *I*, *thou*, *he*, *&c requested*, Cic

Postŭlātus, a, um part (1) *Requested*, *demanded*, *sued for* (2) Also *accused*, or *complained of* (3) It pro pustulatus, *blistered*, *rising up in bumps and knobs* (1) *Cic* (2) Sestius de ambitu postulatus, *Cic* ad *Q fratr* 2, 3 (3) *Mart* 7, 85 *ap* Litt *quod dit usum nescio*, *aliæ*, *quas vidi*, *habent* pusulati, *& si legi debeat* postulati *ad primam notionem pertinere videretur*

Postŭlātus, ûs m verb *A requesting*, or *demanding* Postulatu audito matris, *Liv* 4, 9

Postŭlo, āre [a posco, cujus sup apsol poscitum, κατα συγκοπην pôstum] ✳ Petimus precariò, poscimus imperiosè, postulamus jure, obsecramus per sacra, flagitamus cum arrogantia, nec sine convitio, *propriè fortasse*, *sed hæ notiones sæpè confunduntur* (1) *To desire*, or *will a thing* (2) *To intreat*, or *beseech* (3) *To demand*, or *require* (4) *To complain of*, or *to accuse one*, *to sue at law* (5) Postulare pro aliquo, *to make intercession*, or *appeal for one* (6) *To make a postulatum*, *as in disputing* (7) Verbum arenæ, *to call for* (1) Per oppressionem, ut hanc mihi eripere postulet, *Ter Adelph* 2, 2, 30 (2) = Quam maximè abs te postulo atque oro, *Ter Andr* 5, 1, 4 ✳ Quia causa postulat, non flagitat, prætoribo, *Cic* pro *Quint* 3 (3) Omnia volo a me & postules, & expectes, *Cic Appio Fam* 3, 10 Usus postulat, *Id* (4) Impietatis reum postulat, *Plin jun* Lege aliquem postulare, *Cal Cic Fam* 8, 12 § Repetundarum Dolabellam postulavi, *Suet Cæs* 4 repetundis, *Tac Ann* 3, 38, 1 Postulare, est desiderium suum, vel amici sui in jure, apud eum, qui jurisdictioni præest exponere, vel alterius judicio contradicere *Ulp* (5) *Gell* 7, 19 (6) ✳ Do sanè, si postulas, *Cic de Legib* 1, 7 (7) *Suet Cal* 30

Postŭlor, āri, ātus pass (1) *To be required*, *&c* (2) *To be accused* (1) Ab consule induciæ postulabantur, *Sall B Jug* 112 (2) § Sestius de ambitu postulatus est, *Cic* ad *Q fr* 2, 3 § injuriarum *Id Fam* 8, 12 Postulatus lege Licinia, *Id* in *Vatin* 14 *de cæt notion vid* Postulo

Postŭmus, a, um sup [à posterus, pro postimus, ut ab inferus infimus] *The last*, *very late* Sylvius tua postuma proles, *Vir Æn* 6, 763 *interp Steph & Cæsellio*, contra quam Sulpit ex quo Serv Postuma dii genitia, *Apul Met* 6, p 202 spes, *Id Met* 4, p 106

Pŏsta, *pro* posita, *Sync*

Potamantis is f *A sort of herb*, *vid* Plin 24, 17

* Potamogeton, i n *A sort of herb*, Plin 26, 8

Pōtandus, a, um part *To be drunk* Vina potanda, *Ov Fast* 2, 317 Potanda infantibus ubera, *to be sucked*, Juv 6, 9

Pōtans, tis part (1) *Drinking hard* (2) Met *Soking in* (1) Potans in rosa Thorius, *Cic de Fin* 2, 20 (2) Nescit Aquinatem potantia vellera fucum, *Hor Ep* 1, 10, 27

Pōtātio, ōnis f verb *A drinking bout* Temperatis escis modicisque potationibus affectus, *Cic de Div* 1, 51 confer & *Plaut Bacch* 1, 1, 46

Pōtātor, ōris m verb *A bibber*, *a drinker* Potatores maxumi, *Plaut Menæch* 2, 1, 34

Pōtātūrus, a, um part *That will drink* Potaturus est apud me, *Ter Phorm* 5, 5, 9

Pōtātus, a, um part (1) *Drunk freely of* (2) Met *Imbibed* (1) Potata aqua, *Plin* 2, 103 (2) ✳ Ista magis Stoicorum gustata quam potata delectant, *Cic Tusc* 5, 5

|| Pōtātus, ûs m *A drinking*, Apul Met 7, p 215

Pŏte *Vid* Potis

Pŏtens, tis part [a possum] & adj *qu* potis ens, or, comp issimus, sup (1) *Able to do much* (2) *Potent*, *powerful*, *of great power*, *mighty*, *puissant*, *strong*, *valiant* (3) *Having power*, or *influence on*, *having a preeminence*, or *having at command* (4) *Capable*, or *fit for* (5) *Great strength and virtue* (1) Armis potens, *Vir Æn* 3, 164 muneribus, *Hor Od* 4, 10, 1 pietate, *Prop* 3, 22, 21 *eodem modo quo possum*, *ut posse ingenio*, *Cic* pecunia, *Liv* gratia, *Cels* (2) = Ampla & potens civitas, *Cic de Inv* 2, 56 Pugnæ potens, *Liv* ✳ Ex humili potens, *Hor Od* 3, 30, 12 ✳ = Optimi & inopis viri causæ non anteponere gratiam fortunati & potentis, *Cic Offic* 2, 20 (3) Potentior largis muneribus riserit æmuli, *Hor Od* 4, 1, 17 (4) Si propter partium studium potens erit Alphenus, *Cic* (5) Dea sæva potentibus herbis Circe, *Vir Æn* 7, 19 Potentissimus odor, *Plin* 13, 2

Pŏtentātus, ûs m *Dominion*, *rule*, *empire*, *preeminence* Quum de potentatu inter se multos annos contenderent, *Cæs B G* 1, 31 Æmulo potentatûs inimicus, *Liv* 26, 28 R occ

Pŏtentèr adv ius, comp issimè, sup (1) *Mightily*, *powerfully* (2) *Effectually*, *judiciously* (1) Potentiùs fieri, *Quint* 6, 4 Potentissimè dicere, *Id Declam* 274 (2) Cui lecta potenter erit res, *Hor A P* 40

Pŏtentia, æ f [a potens] (1) *Power*, *ability* (2) *Puissance*, *force* (3) *Sway*, *authority* (4) *Efficacy*, *influence* (5) Also *possibility* (1) Potentia est ad sua conservanda, & alterius obtinenda idonearum rerum potestas, *Cic de Inv* 2, 56 (2) Ventosa potentia Neptuni, *Ov Am* 2, 16, 27 (3) Dimicant de sua potentia homines, *Cic Attic* 7, 3 (4) Rapidi potentia solis, *Vir Geor* 1 92 (5) *Apud Metaphys* ✳ Potentia est in eo quod possumus, potestas in eo quod licet, *Papin* = Vis, potestas, *Cic* ✳ Potentia magis pro vi accipitur, potestas autem pro ditione, *Prisc*

|| Pŏtentiālis, e *Potential*, Gramm & Philos

Pŏtentiālĭter adv *Mightily*, *powerfully*, Liv *ap* Litt *non autem invenio* *Extat quidem ap* Sidon Epist 7, 14

* Poterium, ii n (1) *A cup*, or *pot to drink out of* (2) *An herb so called* (1) Tribus poteriis memoriâ esse oblitus, *Plaut Trin* 4, 2, 10 (2) *Plin* 25, 10

† Pŏtesse, *pro* posse, *Ter Eun* 4, 3, 24

Pŏtestas, ātis f [à potis] (1) *Power*, *government*, *authority*, *controll*, *dominion* (2) *A post*, *a command* (3) Meton *One that is in power*, *an officer*, *a magistrate* (4) Also *ability*, *possibility* (5) *Leave*, *license*, *liberty*, *opportunity* (6) *The essential form of an animal* (7) *Force*, *efficacy* (8) *Possession* (1) Tabulas, qui in patris est potestate, nullas conficit, *Cic* pro *Cæl* 7 (2) = Versari cum imperio, & potestate in repub *Cic Philipp* 1, 7 Quemadmodum habuerit in potestatibus gerendis animum, *Ad Herenn* 3, 7 (3) Majorem potestatem comperiri ante se passus est, *Suet Cri* 17 Gabiorum esse potestas, *Juv* 10, 99 Potestates δυναστεῖαι, *Cic* (4) Occapi sequi, vix impetrandi potestas fuit, *Plaut Epid* 1, 1, 13 Si mihi potestas tui præsentis fuerit, *Cic Fam* 1, 9 (5) Largius bibendi potestas danda est, *Col* Si quid dicere vellet, feci potestatem, *Cic Catil* 3, 5 (6) Ex alienigenis membris compacta potestas, *Lucr* 5, 88 (7) = Magnifice me effero, qui vim tantam in me, & potestatem habeam tantæ astutiæ, *Ter Heaut* 4, 3 Potestates herbarum, *Vir Æn* 12 396 (8) *Plaut Capt* 1, 2, ¶ Exire de potestate, *to run mad*, *Id*

|| Pŏtestātus, ûs m *Might*, *power*, *rule*, Quint *ap* Lit ‡ Potestas

† Potestur, *pro* potest Ingenium te colloces dum potestur, *Plaut Merc* 3, 4, 10

* Pothen πόθεν, unde? Pothen ornamenta? *Plaut*

* Pothos, i m [*qu* πόθος, desiderium] *A curious sort of flower*, Plin 21, 11

Potiens, tis part [à potior] Natura voluptatibus potiens, *Cic Tusc* 5, 18

Potin' *pro* potesne Potin' es mihi verum dicere *Ter Andr* 2, 6, 6 Potin' ut abstineas manum? *Plaut Amph* 3, 2, 22

Pōtio, ōnis f [a poto] (1) *The act of drinking* (2) *Drink* (3) *A potion that physicians give their patients* (1) In media potione exclamavit, se mori, *Cic* pro *Cluent* 10 (2) Demus scutellam dulciculæ potionis, *Cic Tusc* 3, 19 (3) Efficaces potiones ad id, *Cels*

† Potio, ire, ivi, *i e* potem seu compotem facio *To bring under* Eum nunc potivit pater servitutis, *Plaut Amph* 1, 1, 23 *i e* servum fecit

† Potionatus, a, um part pass [tanq à potionor] *That hath had a potion*, or *dose given him*, *poisoned* Creditur potionatus a Cæsonia uxore, amatorio quidem medicamento, *Suet Cal.* 50 ‡ Potione sublatus

† Potiono, āre act *To give one a potion*, Veg ‡ Potionem dare

Pŏtior, iris & ĕris, iri, itus sum dep [à potis, ut sit potem, *i e* compotem fieri alicujus rei] (1) *To possess*, *get*, or *obtain*, *to enjoy*, *to be master of*, *to conquer and get the upper hand* (2) Pass *To come into another's power* (1) § Præsentibus potiri, *Cic* Auro vi potitur, *Vir Æn* 3, 56 Tuque tuis armis, nos te poteremur, Achille, *Ov Met* 13, 130 § Patriâ potitur commodâ, *Ter Adelph* 5, 4, 17 § Potiri regni, *Cic Fam* 1, 7 Si essent nostri potiti, *Id* (2) Potitus est hostium, *Plaut Capt* 1, 1, 24 *Vid* ‡ Potio act

Pŏtior, us, comp [a potis, *Prisc*] (1) *More powerful* (2) *Better*, *of the better sort*, *more excellent* (3) *More eligible*, *more to be desired* (1) Prius potiet potiorque est patre, *Cic Tusc* 4, 3 ex poeta (2) Mors servitute potior, *Cic Philipp* 10, 9 (3) Tingere pavimentum mero pontificum cœnis potiore, *Hor Od* 2, 14, ult

Potis, e [à pos] or, comp issimus sup (1) *Able* (2) Also *possible* (1) Non potis est dulces musarum

muſarum exprimere fœtus, *Catull* 63, 2 Potes ſunt dare, *Plaut* (2) Nil pote ſupra, *Ter Adelph* 2, 3, 11 Hoc facies, ſive id non pote, ſive pote, *Catull* 74, 16 Qui pote ſit eſt? *how can that be?* Perſ 1, 56 Potis eſt *for* poteſt, *with a ſubſt maſc* Injurius es, neque ferri potis es, *Ter Heaut* 2, 3, 90 *Cum ſem* Nec potis eſt mens animi, *Catull* 65, 3 *Cum neutro*, ut Corpus non potis cerni, *Lucr* 5, 718 Quid potis eſt ſe jungi *Id* 1, 452 *Vid* Potior, & potiſſimus, *ſuis locis*

Potiſſimè adv ſup [à potis] *Most, eſpecially* Febris potiſſimum cum ardens eſt, *Celſ* 3, 6

Potiſſimum adv ſup *Eſpecially, principally, chiefly, moſt of all* Quærenti quid ad te potiſſimum ſcriberem, *Cic Fam* 4, 13

Potiſſimus, a, um ſup [à potis] *The beſt, the chiefeſt, the choiceſt, the main* Meret, potiſſimus domi noſtræ ut ſit, *Plaut Men* 2, 3, Cura potiſſima, *Sen de Benef* 6, 16 nobilitas, *Plin* Potiſſimi liberorum, *Tac Ann* 15, 65

Potitii m plur [quod epulis ſacris potiti ſint, *Serv* utpote qui ad tempus præſto eſſent] *Hercules his prieſts ſo called*, who fed on the ſacrifices, *Liv* 1, 7, & 9, 29

Potito, are freq *To bib*, or *tipple*, *to drink often*, Plaut Mil 2, 2, 2

Potitor, ōris m *A victor* Annibalem paulo ante ſpe ſuâ Capuæ potitorem, *&c* Val Max 3, 2, 10

Potitus, a, um part [à potior] *Having obtained, gotten, enjoyed, conquered, or atchieved* § Caſtris hoſtium potitus, *Cæſ B G* 2, 26 Mortis letique potitus, *dead*, Lucr 4, 770 Pyrrhi ſceptris potitus, *Vir Æn* 3, 296 Equus campo potitus aperto, *Id Æn* 11, 493 Sparta a potiti Athenienſium, *Ad Herenn* 4, 25

Potiuncula, æ f dim [à potio] *A little potion*, Suet Dom 21

Potiundus, a, um part *To be obtained* Potiundæ victoriæ ſpe ferum pectus, *Val Max* 5, 4, 1

Potius adv comp [*quaſi* potiùs] *Rather, more eligibly, better*, Cic Attic 8, 3

Poto, āre, āvi, & potus ſum, atum & potum act [quaſi potus [illegible]] (1) *To drink hard, to tipple, to fuddle* (2) Simpl *To drink* (3) *To ſuck*, or *ſoke in* (4) *To give drink to one* (1) Ut edormiſcam hanc crapulam, quam potavi, *Plaut Rud* 2, 7, 28 ✶ Neque æger potet, neque nimium turcietur, *Celſ* (2) Potum veniunt per prata juvenci, *Vir Ecl* 7, 11 Potitum dabitur imbecillis bobus, *Col* 12, 51 (3) Quinis lana potat horis, rurſuſque mergitur alternis, donec lana omnem ebibat ſucum *Plin* 9, 38 (4) *Bibb*

Potor, ari, atus paſſ *To be drunk* Plin 11, 37 *Imperſ paſſ* Totos dies potabatur, *they tippled*, Cic Philipp 2, 27

Potor, ōris m verb (1) *A drunkard* (2) Simpl *A drinker* (1) Janua potorum ſaucia rixis, *Prop* 1, 16, 5 (2) Rhodani potor, *Hor Od* 2, 20, 20 Aquæ, *a water drinker*, Id Ep 1, 19 2

Potorium, i n *A veſſel to drink in* Potoria gemmata, *Plin*

Potorius, a, um *Of*, or *belonging to drinking* Ampulla potoria, *a drinking glaſs*, Mart 14, 110 in lemmate

Potrix, icis f *A ſhe drunkard* Perſici ſeponit plenam an[illegible] aquis apothecam cadis, *Phædr* 4, 4, 25

Pōtŭlentus, a, um (1) *Any thing that may be drunk* (2) Alſo *drunk* (1) In eſculentis & potulentis, *Cic N D* 2, 56 *ut vulgò leg Sed* Victor & Gron *ex opt MSS* potulentibus, *ut ſit a* potulens (2) Potulentum quemque corripere, *Suet Oth* 2

Pōtūrus a, um part *That is ready to drink*, or *that would fain drink* Fiſtula poturas ire jubebat oves, *Prop* 4, 4, 6 Terra potura cruores, *about to ſoke*, or *drink up*, Stat Theb 12, 719

Pōtus, a, um (1) Act *That is in drink, drunken* (2) Paſſ *Drunk up* (1) Domum pene potus redieram, *Cic* Ingenium potis irritet muſa poetis, *Prop* 4, 6, 75 (2) Potus fæce tenus cadus, *Hor Od* 3, 15, ult

Pōtus, ûs m [à [illegible]] (1) *Drink* (2) *Drinking* (1) *Celſ* 2, 13 (2) Pars animi obſtupefacti potu atque paſtu, *Cic de Div* 1, 30

† Pōtus, i m [à Gr [illegible]] *A minion, the privy part*, Vir-Catall

P ante R

* Practicus, a, um adj *Belonging to action, practical* Artes practicæ, *Quint* 2, 18 ✶ theoreticæ, *Id*

Præ præp *Serv* abl [[illegible] unde fort [illegible], ut [illegible], [illegible], *Hom*. hinc præ] (1) *Before* (2) *In compariſon, in regard, in reſpect of* (3) *For*, or *by reaſon of* (4) Prefixed to verbs it connoteth *before, beforehand, before*, or *above* (5) To adject *exceedingly, very much* (1) § Stillantem præ ſe pugionem tulit, *Cic Philipp* 2, 12 § *Abſol* I præ, ſequar, *Ter Metaph* Speciem præ ſe boni viri fert, *he pretendeth to be*, Id. (2) Præ lacrymis non poſſum reliqua ſcribere, *Cic Att* 9, 14 (3) Illi Romam præ Capua ſua irridebunt, *Cic* contr *Rull* 2, 35 (4) *As* præcino, præcavco, præficio, præſum, *&c* (5) *As* prædives, præpotens, *&c*

Præăcuo, ĕre *To ſharpen before, to make very ſharp* Surculum durum præacuito, *Cato*, 40

Præăcuor, i paſſ *To be ſharpned before*, Lucil

|| Præăcūtè adv *Very ſharply*, or *wittily*, Litt ex Apul ✝ Acutiſſimè, *Cic*

Præăcutus, a, um adj (1) *Sharpned at the end* (2) *Very ſharp* (1) Præacuta tigna, *Cæſ B G* 4, 17 (2) Falces præacutæ, *Cic* Præacuta bipennis, *Plin* 8, 8

Præalte adv *Very highly*, Enn

Præaltus, a, um adj (1) *Very high* (2) *Very deep* (1) Præalta arbor, *Curt* 6, 4, 3 (2) Præaltum mare, *Curt* 4, 2, 9. flumen, *Liv* 10, 2

|| Præauditus, a, um *Heard before*, Ulp

Præbenda, orum n *Salt and wood, or any thing neceſſary provided for a magiſtrate coming into any country* Præbenda publicè conducere, *Gell* 15, 4 quæ ſic deſcribit *Hor* Tectum præbuit, & parochi quæ debent ligna ſalemque, *Sat* 1, 5, 46

|| Præbendarius, ii m *A prebendary*, Juſtinian

Præbeo, ēre act [ex præ, & habeo, *pro* præhibeo, quo uſus *Plaut*] (1) *To miniſter to, to allow* (2) *To yield* or *afford* (3) *To give up, to expoſe, to offer* (4) *To give occaſion to, to cauſe* (5) *To ſhew*, or *approve* (6) *To give*, or *cauſe* (7) Per Ellipſin in obſcœn (1) Pabula læta præbere, *Lucr* 2, 597 Præbent exiguc ſumptum, *Ter Heaut* 1, 2, 33 (2) Feneſtræ præbent lumen, *Varr* Luna lumen præbebat eunti, *Ov. Ep* 18, 59 (3) Adoleſcenti morem geſtum oportuit *SAN* Quî potui melius, qui hodiè uſque os præbui? *Ter Adelph* 2, 2, 7 Se præbuerunt ferro patientèr & igni, *Ov* (4) Præbet errorem, quod ejuſdem nominis urbs fuit, *Liv* (5) Servum haud illiberalem præbes te, *Ter Adelph* 5, 5, 5 Gratum ſe de bene meritis præbere, *Cic* (6) Præbent ſilentia ſomnos, *Ov* Præbere dolorem, *Lucr* 4, 720 (7) Odi quæ præbet, quia ſit præbere neceſſe, *Ov* ☞ *A notione tertia pendet*

Præbeor, ēri paſſ (1) *To be given*, or *ſupplied* (2) *To be delivered* (3) *To be expoſed* (1) Sumptu præbetur mihi ex re avita, *Hor Sat* 1, 6, 79 (2) Cur Pœnorum crudelitati Reguli corpus eſt præbitum? *Cic* (3) Fige, puer, poſitis nudus tibi præbeor armis, *Ov Am* 2, 9, 35

|| Præbĭbo, ĕre *To drink beforehand, to drink to one*, Apul Met 10, p 354 ✝ Propino, *Plaut*

Præbĭtio, ōnis f verb *A giving, a ſhewing, an allowance* Gravari copiarum præbitione, *Juſtin* 38, 10 Olei frumentique præbitiones, *Aur Vict* de *Cæſ* 41

† Præbīto, ĕre [ex præ, & ant bito, *pro* eo] (1) *To paſs by one, to go by* (2) *To kill*, or *put one to death* (1) Cave præbitas ullas ædes, *Plaut Epid* 2, 4, 1 Ne inter vias præbitamus eas, metuo, *Plaut Pœn* 5, 3, 44 (2) Interminatus eſt cum ſe præbitere, *Plaut Pſeud* 3, 1, 12 *ſed al leg* perbitere ✝ Prætereo

Præbĭtor, oris m verb [à præbeo] *A purveyor*, or *provider* ✶ An tu id agis, ut te non regem, ſed miniſtrum & præbitorem ſperent fore? *Cic Offic* 2, 15

Præbĭturus, a, um part *About to afford*, or *give* Præbituri belli materiam, *Paterc* 2, 62

Præbĭtus, a, um part *Given, allowed* ✶ Ut præcepta, non præbita facultas ſcriptoribus videatur, *Suet Cæſ* 56

Præcalveo, ēre *To be bald before*, Feſt

Præcalvus, a, um adj *Bald before* Capite præcalvo, *Suet Galba* 21

Præcantātio, ōnis f verb *A charming*, or *inchanting*, Quint Declam 14

Præcantātus, a, um part *Charmed, inchanted* Lapillos conjicere in ſinum, quos ipſi præcantatos purpura involverat, *Petron* c 131

Præcantrix, icis f verb *A ſorcereſs, an inchantreſs*, Varr *al leg* præcantatrix, *ut & apud* Plaut Mil 3, 1, 99

Præcānus, a, um adj *Greyheaded before its time*, Hor Ep 1, 20, 24

Præcārus, a, um adj *Very dear*, or *too dear*, Ter Phorm 3, 3, 25 *ubi tamen al* percara *eſt*

Præcăvendus a, um part *To be taken heed of beforehand* Præcavendum ſibi exiſtimabat, *Cæſ B G* 1, 38

Præcăvens, tis part *Taking heed aforehand* = Providens ante & præcavens, *Cic* pro *Planc* 4, Præcaventibus fatis, *Paterc* 2, 12

Præcăveo, ēre, cavi, cautum *To provide againſt a thing, to beware aforehand* § Præcavere aliquid, *Cic* Sibi ab inſidiis, ab aliquo, *Liv* 9, 26

Præcăveor, ēri paſſ *To be taken care of beforehand* Si proviſum fuiſſet, præcaveri potuiſſet, *Cic Tuſc* 3, 22

|| Præcauſor, ari Præcauſati ſumus, *we have proved before*, V Int Rom 3, 9

|| Præcautio, onis f verb *A precaution*, or *taking heed aforehand*, Recent ✝ Cautio, *Cic*

Præcautor, ōris m verb *One who taketh care aforehand*, Plaut Pſeud 2, 2, 12 *ſed var codices*

Præcautum eſt imperſ = A me ita præcautum atque proviſum eſt, *I took that care aforehand*, Cic Attic 2, 1

Præcautus, a, um part *Foreſeen, provided againſt* Præcauto opus eſt, *Plaut Merc* 2, 2, 62

Præcēdens, tis part *Going before* Inſtare præcedentibus, *Hor Ep* 1, 2, ult

Præcēdo, ĕre (1) *To go before, to outgo* (2) Met *To ſurpaſs, ſurmount*, or *excel* (1) Opus eſſe in ipſos præcedere ad confirmandam civitatem, *Cæſ B G* 7, 54 (2) Helvetii reliquos Gallos virtute præcedunt, *Cæſ B G* 1, 1 Vinum aliud præſtantius altero germanitate præcedit, *Plin* 14, 6

Præcĕler, ĕris, ere adj *Very ſwift, quick*, or *nimble* Permeat ſpatia, nec niſi amnibus arcetur, aut præceleri fugâ, *Plin* 8, 2, Vi præceleri repentè rapi, *Id* 9, 26 Præceleres curſu, *Stat Theb* 6, 550

Præcĕlĕro, āre act *To haſten*, or *ſpeed away before* Præcelerant ducem, *Stat Theb* 4, 799

Præcellens, tis part & adj or, comp ſſimus, ſup (1) *Exceeding, ſurpaſſing*, or *ſurmounting* (2) *Excellent* (1) Præcellens robore mentis, *Sil* 3, 603 (2) Vir & animo & virtute præcellens, *Cic* pro *C Balbo*, 10 Suavitate præcellentior, *Plin* 12, 6 Præcellentiſſimus vir, *Cic Verr* 4, 44

Præcello, ĕre (1) *To excel, ſurpaſs, ſurmount*, or *be much better* (2) *To preſide over* (1) Præcellere mobilitate, *Lucr* 2, 160 (2) § Qui Adorſorum genti præcellebat, *Tac* 12, 15, 2

Præcelſus, a, um part *Very high*, or *lofty* = Præcelſus atque editus locus, *Cic Verr* 6, 48 Præcelſa rupes, *Vir Æn* 3, 245

Præcentio, ōnis f verb [à præcino] (1) *The entrance*, or *beginning of a ſong, the flouriſh* (2) Alſo *a ſinging*, or *playing before a company* (1) *Cic de Haruſp Reſp* c 10 (2) *Gel* 1 11

† Præcentor, ōris m verb *The chanter of a choir, he that begins the tune*, Apul de Mundo, *ſub fin*

Præceps, cipitis, † cipis unde præcipe caſu, *Enn* apud *Priſc* [ex præ, & caput, qui prono capite fertur] (1) *Headlong, with the head foremoſt* (2) *Steep, downhill* (3) Met *Dangerous, hazardous* (4) *High, deep* (5) *Haſty, ſpeedy* (6) *Raſh, headſtrong, fool-hardy* (7) *Sudden, unexpected* (8) *Declining, drawing to an end* (1) Præceps aerii ſpeculâ de montis in undas deferar, *Vir Ecl* 8, 59 (2) = In declivi & præcipiti loco equos ſuſtinere, *Cæſ B G* 4, 33 (3) = ✶ Quis non illam viam vitæ, quam ante præcipitem & lubricam eſſe ducebant, huic planæ & ſtabili præponendam eſſe arbitretur? *Cic* pro *Flacc* 42. (4) Præcipiti monte defenditur, *Plin jun* Præcipites foſſæ, *Ov Met* 1, 97 (5) Non fugis

fugis hinc præceps dum præcipitare potestas? *Vir Æn* 4, 565 § Præceps in omnia Cæsar *Luc* 2, 656 (6) Cæcum me & præcipitem ferri confiteor, *Cic* pro *Planc* 3 Præceps ingenio in iram, *Liv* (7) = Subitus discessus, & præceps profectio, *Cic Att* 9, 10 Si incisa vena, præceps periculum est, *Cels* (8) Præcipiti jam die currere corpora milites jubet, *Liv* O meam calamitosam & præcipitem senectutem! *Cic* ad *Octav* 10

Præceps, ipitis subst (1) *A precipice, a summit* (2) Met *A dangerous posture* (1) Præceps immane ruinæ, *Juv* 10, 107 Juvenile, *Stat Sylv* 1, 4, 50 Desenit per præcipitia, *Quint* Omne in præcipiti vitium stetit, *on tiptoes*, *Juv* 1, 149 (2) Casus medicus levavit ægrum ex præcipiti, *Hor Sat* 2, 2, 292

Præceptio, ōnis f verb (1) *A taking up beforehand* (2) *An instruction, a precept* (1) *Dig* (2) Præceptio Stoicorum, *Cic Off* 1, 2 ‖ Lex est recti præceptio pravique depulsio, *Id N D* 2, 31

Præceptivus, a, um *Giving rules, or precepts* Sic partem philosophiæ παραινετικην vocant *Sen Ep* 95

† Præcepto, are freq [à præcipio] *To give command, or charge often*, Litt † Præcipio

Præceptor, ōris m verb [*a* præcipio] *A master, a tutor, an instructor, an adviser, or teacher* = Artium magistri & vivendi præceptores, *Cic de Inv* 1, 25 Eloquentiæ præceptor, *Quint* Præceptor omnium consiliorum, *Cic Philipp* 6 A andi præceptor, *Ov Fast* 6, 1 *de Hesiodo*

Præceptrix, icis f verb *A mistress, she that teacheth* Qua *sapientia* præceptrice in tranquillitate vivi potest, *Cic de Fin* 1, 13

Præceptum, i n (1) *A precept, or rule* (2) *A command-ment* (3) *Admonition, advice, counsel* (1) Ita abundare oportet præceptis institutisque philosophiæ, *Cic Off* 1, 1 (2) Matris præcepta facessit, *Vir Geor* 4, 548 (3) = Sus monitis & præceptis omnis est abjiciendus dolor, *Cic Fam* 5, 13

Præceptus, a, um part (1) *Taken first, or before another* (2) *Foretasted* (3) *Commanded* (1) Tempore jam præcepto, *Liv* 1, 7 (2) = Ad possessa venis præceptaque gaudia serus, *Ov Ep* 17, 107 (3) Ut erat ei præceptum a Cæsare, *Cæs B G* 1, 22

Præcerpens, tis part *Taking before, anticipating* Præcerpens ... *Val Max* 2, 8, ...

Præcerpo, ĕre, psi act [ex præ, & carpo] (1) *To crop, or bite off* (2) *To clip, or cut off* (3) *To take from, to deprive of* (1) Si nteri arbores vitesque ... capistrarum, ne germinum tenera præcerpant, *Plin* 18, 17 *de armentis bobus* (2) § Præcerpunt lævos *Stat Theb* 9, 19 (3) Non præcerpo fructum officii tui, *Cic Verr* 4, 37

Præcerptus, a, part *To be first cropped*, Quint

Præcerptus, a, um part *Gathered, or cropped before* [and] = ... purpura decus non ... præcerptum præfloratumque ... *the con...ship held ... the time at the beginning of the year*, Plin Paneg 58 Victoriæ ... *first spread and celebrated before their arrival*, Liv 45, prin.

Præcertātio, ōnis f *The first assault, or onset, a quarrel, or skirmish*, Ad Herenn 4, 30

Præcharus, a, um *Dearly beloved*, Plin vid Præcarus

Præcīdāneus, a, um adj [ex præ, & cædo, quod cæditur antè] *Slain, or sacrificed before* Præcidaneæ hostiæ dicuntur, quæ ante sacrificia solennia pridiè cæduntur, *Gell* 4, 6 Porca præcidanea, quam inte immolari solet, *that was sacrificed before new corn came in*, Fest *leg etiam* præcidaria, *offered to Ceres*, Cato, 134 Præcidaneæ feriæ, *holiday eves, or vigils*, Gell 4, 6

Præcīdo, ĕre act [ex præ, & cædo] (1) *To pare, cut, or chop off* (2) *To take away clean, to prevent* (3) *To slit, or slice* (4) Præcidere os, *to slap one on the chaps* (5) *To note, or mark with a stroke*, as carpenters do before they saw, *to cut a little before* as drapers do, to rend out the residue, *to note, or tell precisely what points he will speak upon* (6) *To deny stiffly* (7) *To cut one short, or put one out of all hopes, or expectation* (8) Obscœna notione (1) Cotem novacula præcidere, *Cic de Div* 1, 17 manum gladio, *Id de Inv* 2, 20 (2) Omnes causas præcidam omnibus, *Ter Hec* 4, 2, 22 (3) *Ter ap Litt* (4) Præcide os tu illi hodie, *Plaut Cas* 2, 6, 52 (5) Præcide, statue inquit aliquando quod libet, *Cic Bud interpr* (6) *Id* Præcise, primo exemplo (7) Quod quam præciderat, asperius de eo ad te scribere solebam, *Cic Attic* 10 (8) *Mart*

Præcīdor, i, sus pass (1) *To be cut, or chopped off* (2) Met *To be taken off, or prevented* (1) Cinna Cn Octavii præcidi caput jussit, *Cic Tusc* 5, 19 Etsi infra quam rami fuere, præcidatur quod superest, vivit, *Plin* (2) Defensio præciditur, *Cic in Verr* 2

Præcinctio, ōnis f Sic dic gradus latior altiorque in theatro, reliquos minores veluti præcingens, unde & nomen, *a stand, or broader place in stairs, a landing*, Vitruv 5, 3 & 5, 3

Præcinctōrium, ii n *An apron, or kirtle*, Vitruv 10, 21

Præcinctūra, æ f *A girding of one's clothes*, Macrob Sat 2, 3

Præcinctus, a, um part (1) *Girded, tucked up before* (2) *Tied about, inclosed* (3) *Covered, overlaid* (4) *Prepared, made ready* (1) Præcincti recte pueri, comptique ministrent, *Hor Sat* 2, 8, 70 (2) Pars ... caput præcinctus acuti, *Ov Metam* 1, 699 (3) Parietes testaceo opere præcincti, *Plin Ep* 10, 48, 7 (4) *Plaut Mil* 4, 4, 45 Hoc iter ignavi divisimus, altius ac nos præcinctis unum, *more expedite, quick, or nimble*, Hor Sat 1, 5, 6

Præcingens, tis part *Begirting, encompassing, or inclosing* Præcingens rosco tempora vinculo, *Sen Med* 7

Præcingo, ĕre act *To begirt, encompass, or close* Præcinxit littora muro, *Sil* 2, 243

Præcingor, i, ctus pass (1) *To be girt about with* (2) *To be surrounded, or incircled* (1) Ense præcingi, *Ov Trist* 2, 271 (2) Fulvo cervix præcingitur auro *Ov Met* 14, 395 Præcingitur gens mari, *Plin* 5, 2

Præcĭno, ĕre, nui, entum act [ex præ, & cano] (1) *To sing before* (2) *To mumble a charm* (3) *To prophesy, or tell beforehand*

(1) Epulis magistratuum fides præcinunt, *Cic Tusc* 4, 1 (2) Carmine quum magico præcinuisset anus, *Tib* 1, 5, 12 *ubi al* procubuisset (3) Hi gregis lymphati futura præcinunt, *Plin* 8, 46 = Præmonstrare & præcinere aliquid magnum populo Romano, *Cic de Harusp Resp* 10

‖ Præcio, ire, *id quod* proclamo, *Fest*

Præcipiendus, a, um part *To be instructed*, Col lib 10 præf

Præcipiens, tis part (1) *Taking up beforehand, preoccupying* (2) *Instructing* (1) Aliquantum intervalli à cætera classe præcipiens, *Curt* 9, 6, 2 (2) *Cic*

Præcipio, ĕre, ēpi, ptum act [ex præ, & capio] (1) *To prevent, or take first, to anticipate, to take before another, or before the time* (2) *To instruct, to teach, to shew how a thing is to be done* (3) *To command, or charge, to give order* (4) *To foresee, to imagine and conceive in mind beforehand* (1) Præcipias licet gaudia, omnes te diu oderunt, *Cic Philipp* 1, 20 Spe præcipit hostem, *Vir Æn* 11, 491 Veneno fata præcepit, *Flor* 3, 9 Ab iisdem insequentis anni mutuam pecuniam præceperat, *Cæs B C* 3, 31 Si hic præceperit æstus, *shall have dried up*, Vir Ecl 3, 98 (2) Conservis ad eundem præcipio modum, *Ter Andr* 3, 3, 70 Hic artem nandi præcipit, ille trochi, *Ov Trist* 2, 486 (3) = Præcipit atque interdicit unum peterent Indutiomarum, *Cæs B G* 5, 58 (4) Magni animi est præcipere cogitatione futura, *Cic Offic* 1, 23

Præcipitandus, a, um part *To be tumbled down headlong upon* Dare pectora præcipitanda saxis, *Ov Epist* 15, 102

Præcipitans, tis part (1) *Falling down headlong* (2) Met *Falling to ruin* (3) *Violent, hasty, rapid* (1) Gubernaculum præcipitans traxi mecum, *Vir Æn* 6, 351 (2) Impellere præcipitantes inhumanum est, *Cic* pro *Rab Post* 1 Me ad exitium præcipitantem retinuisses, *Id Attic* 3, 15 (3) Præcipitans imber, *Lucr* 6, 291 amnis, *Cic de Orat* 1

Præcipitanter adv *With great speed* Præcipitanter currere, *Lucr* 3, 1075

Præcipitantia, æ f *A tumbling, or falling down from an high place*, Gell 6, 2

Præcipitātio, ōnis f verb *A falling headlong*, Met *too much rashness, or over hastiness*, Sen de Ira, 1, 12

Præcipitātor, ōris m verb *He that tumbleth*, Litt ex Quint Præcipitaturi se ex aliqua rupe, *Plin* 8, 16

Præcipitatus, a, um part (1) *Cast down headlong* (2) *Bent downward* (3) *Come hastily on* (1) Qui se præcipitatos ex locis superioribus dicerent, *Cic* pro *Cæcin* 17 (2) Pars palmitis præcipitata fructu inclinatur, *Col* 5, 6 = Ut cum vita & præcipitata nequeat terram continere, *Id* (3) Nox præcipitata, *Ov Trist* 1, 3, 47 Æstas præcipitata, *declining*, Matius ad Cic Fam 11, 28

Præcipitium, ii n *A steep place, a downright pitch, or fall, a precipice* Deferri per præcipitia, *Quint* 1, 10 In præcipitium impellere, *Suet Aug* 79 A ... præva, ... pravis in præcipitia pervenitur, *Paterc* 2, 10

Præcipito āre in præceps dejicio act (1) *To cast, throw, hurl, or tumble down headlong* (2) *To overthrow* (3) *To over hasten, or hurry, to precipitate* (4) Also *to bow, or bend downward* (5) Absol *To fall, or run down with violence* (6) *To make great haste* (7) *To make too much haste* (8) *To draw towards an end* (1) § Præcipitare se in flumen, *Cæs B G* 4, 15 ad terram, *Lucr* 4, 1015 ex superio, *Id* ... de turri, *Liv* (2) Cedenem ... venem retrò præcipitat, *Stat Theb* 6, 789 (3) ‖ Præcipitare istud quidem est, non descendere, *Cic N D* 1, 32 (4) *Col* vine in præcipitor, n 2 (5) Ubi Nilus præcipitat ex altissimis montibus, *Cic Somn Scip* 5 (6) § Priscos referre dolores præcipitat, *Sil* ..., 165 (7) § Qui in amorem præcipitavit, pejùs perit, quam si saxo saliat, *Plaut Trin* 2, 1, 31 (8) Multi menses transierant, & hyems præcipitaverat, *Cæs B C* 3, 25

Præcipitor, āri, ātus pass (1) *To be cast, or thrown headlong* (2) *Bent, or bowed downwards* (1) Qui ascenderant, de muro præcipitantur, *Cæs B G* 7, 50 (2) Nisi vitis arboris cacumen superaverit, præcipitari palmitem non oportet, *Col* 5, 6

Præcipitur impers *It is ordered, or advised* Rectè præcipi potest in amicitiis, *Cic de Amic* 20 Præceptum erat oraculo, *Val Max* 8, 15, 3

Præcipuè adv *Particularly, especially, principally chiefly* ‖ Neque ego præcipue de consularibus disputo, universi senatus communis est ista laus, *Cic* pro *Sylla*, 29 Hæc una res in omni libero populo, maximeque in pacatis civitatibus, præcipuè semper floruit, *Id de Orat* 1, 8

Præcĭpuus, a, um [à præcipio, quod præ aliis capitur, *vel* quod præ aliis capit] (1) *Chief, singular, the choice, principal, special, proper, particular, peculiar* (2) Also *sovereign, excellent* (1) ‖ Tum communibus malis, tum præcipuis oppressus sum, *Cic Att* 11, 14 ‖ Ut cætera paria sint, hoc certè præcipuum fuit, *Id* pro *Ligar* 9 = Præcipuus & proprius sensus doloris, *Id* (2) § Contra morsus præcipuum remedium, *Plin* 8, 32 § ad serpentis ictus, *Id* 8, 27

Præcisè adv (1) *Precisely, positively, pointblank* (2) Also *briefly, in short* (1) = Nunquam ego cuiquam tam præcisè negavi, &c quam hic mihi plane sine ulla exceptione præcidit, *Cic Att* 8, ... (2) ‖ Id præcisè dicitur, plenè autem & perfectè, &c Cic N D ...

Præcisio, ōnis f verb [*a* præcido] *A brevity in writing, or speaking a scheme in rhetoric*, Cic de Orat ... 53

Præcisum, i n *That part of the bowels which the ... are fastened to* = Illi præcisa quæ epulis capiuntur opimis, *L...* ap *Non* 2, 6, 3

Præcisus, a, um part [*a* præcido] (1) *Cut off, chopped, or taken away* (2) *Concise, short, narrow* (3) Also ... *against nature, beggared* (1) Præcisum caput *Plin* 11, 5... Præcisi pedes, *Val Max* 9, 2, ... *Att* ... Liberius ... *Cic Q fr* 2, 10 (2) Præcisi ... fuit ante legitimum ... *Quint* 9, 2. Iter angustum admodum, utrinque præcisum ... *narrow and having precipices on each side*, Sall B J 97 (3) Præci... & professi impudicitiam, *Sen de Pr vid*

† Præclīm... tio,

† Præ lumitatio, onis f verb ... before, Liv ap Litt

† Præclam ator, oris m verb ... aimer, Test & Ma... Sat I

P e ir adv ius, comp ssimè, ... (1) Very clearly, very plainly (2) very rightly, very well (3) Very successfully, bravely, nobly (1) Præclarè intelligere, Cic ... explicare, Id Acad I ... Præclare meminı, Cic Fam 4, ... () R præclarissime gesta, ... 50 ¶ Præclare cum ... he cometh well off, ... Comparati ...

† Præclar è adv Bravely, Enn † Præclare

Præclarus, a, um or, comp ssimus (1) Very clear and bright (2) Very plain (3) Noble, renowned, famous, goodly, ... gallant (4) Honest, upright. (1) Solis præclari luce nitor Lucr 2, 1031 (2) Aditu vel ... el terræ, præclara ad aspectum Cic (3) Parcere præclarissima ... , Hirt B Alex 24 ... Plin Paneg 88 ... Stat Theb 3,284 ... Cic de Orat 1, 11 ... fidei, Tac Ann ... (4) O præclarum custodem ovium ut aiunt, lupum! Cic Phil... ut interp Villa

Præcludo, ère, si, sum act To ... up that one cannot ... or pass, to stop In p ... tum tibi cursum præclusit, ... Iter præcluserat ... Met 14, 790

Præcludor, i, sus pass To be ... stopped ... arbori ... omnes ... Cæs B G 5, 9 Animus ... ad exponendam ... my thoughts are too ... Cic in eq iret inexil 6

|| Præluens, tis part Excelling ... Prud ... † Egregius, Cic

Præclusio, onis f verb A stopping, or damming up Præclusio ... Vitruv 9, 9

Præclusus, a, um part Stopped, ... Præclusus aditus miseri... Cic Verr 5, 8 Præclusa ... Val. Flacc 4 668

Præco, onis m [qu prædico, ... a prædicando] (1) A common cryer, properly he who in port-sale not setteth the things that are to be sold, and setteth the price on them (2) The ... in games or on ..., who was to command ... to cry what was ... (3) Also a publisher, promoter or setter forth of things (4) Also a preacher (1) Si præco ... jussu tuo ... non ... partes, &c. Cic Verr ... de quo homin ... ex prædicat, & pretium consti... pro Quint 15 (2) ... Præcones ... Fam ... & ... 4 8 (3) Sui ... inveni ... Arch ... (4) Eccl

Præcoctus, a, um part ... boiled beforehand, Plin

Præcogitatus, a, um part ... contrived before Præ... facinus ... 4

Præcogito, are To ponder beforehand, Quint Inst 12 9

Præcognitus, a, um adj Known, ... beforehand, Plancus ... 10,15

Præcolo, ere, ui To love rather ... Novi & incipitia præcolere, Tac Ann 1, 22, 5 = fovere, Id ib R occ

Præcompŏsĭtus, a, um adj Prepared beforehand Cum præcomposito nuntius ore venit, Ov Fast 6, 674

Præconceptus, a, um part Before received Præconceptum spiritum exhalant, Plin 2, 82

|| Præconcinnatus, a, um part Devised, or framed beforehand, Litt ex Apul

Præcōnium, ii n [a præcone] (1) The cryer's office, (2) or voice (3) The publishing, or proclaiming of any thing (4) Also fame, praise, renown, commendation, report (5) Also cryers wages (6) Also a company of cryers, or messengers to summon people (1) Rescripsit eos qui præconium facerent vetari esse in decurionibus, Cic Fam 6, 18, 1 (2) Præconio ubique contendit, Suet Ner 24 (3) Præconium domesticum stultitiæ, Cic de Orat 2, 20 laudum, Id (4) Præconium ab Homero Achilli tributum, Cic Fam 5, 12 (5) Cato (6) Liv ap Litt

Præconsūmo ĕre To waste, or spend beforehand Præconsumere vires suas, Ov Met ..., 489

Præconsumptus, a, um part Wasted aforehand Præconsumptus temporis mali, Ov Trist 4, 6, 20

Præcontrecto, āre To handle beforehand, to deflower beforehand Spectat Tereus, præcontrectatque videndo, Ov Met 6, 478

Præcontrector, āri, ātus pass Litt ex Sil

† Præcŏquis, e adj Soon ripe, early Huic puellæ præcoquis ... inest, Non ex Næv † Præcox, Col

Præcŏquo, ĕre, xi, ctum act unde præcoquor pass (1) To be boil d beforehand (2) To overboil, to boil very much (1) Plin 14, 9 (2) Acini præcoquuntur in calicum, Plin 18, 29

Præcŏquus, a, um adj Early ripe Præcoqua uva, Col 12, 37 Persica præcoqua, Mart 13, 46

Præcordia, ōrum n pl [præcordia appellant quia cordi prætenduntur, Plin 11, 37] (1) The parts about the heart (2) Also the midriff, or skin that parteth the heart and lungs from the other entrails, the ... (3) Also the sides of the belly under the ribs (4) The bowels, as heart, lungs, the spleen, &c (5) Meton The breast (6) Met The mind, the thoughts and affections (1) Plin (2) Plin 11, 26 (3) Cels (4) ... præcordia vocamus uno nomine exta in homine Plin ... (5) ... in præcordia ... Tib 2, 67 ... præcordia ..., Ov Met 12, 140 (6) ... præcordia ..., Prop 2 4 Stolidæ præcordia mentis, Ov Met 11 ... præcordia, Hor Sat 1, 4, ...

Præcorrumpo, ĕre ... act To corrupt, or bribe beforehand Dum præcorrumpere ... domus me cupit, Ov Met 14, 4

Præcorrumpor, i pass Litt ex Stat

Præcorruptus, a, um part Corrupt d beforehand by bribes Illa ... vent, ... præcorrupta, Ov Met ...

Præcox, ŏcis & præcoquis adj [ex præ, & coquo, quod ante cætera ... maturum]

(1) Soon, or early ripe, rather ripe (2) Early, overhasty, untimely, too forward (1) Pyra præcocia, Col 5, 10 Quæ fumi quodam genere præcocem maturitatem trahunt, Id Diuturnum & præcocem fructum, Curt 8, 5, 15 (2) = Risus præcox ille & celerrimus, ante quadragesimum diem nulli datur, Plin præf 1 6 Ingenium præcox, Quint 1, 3 fatum, Sen

Præcrassus, a, um adj Very thick Cortex præcrassus, Plin 16, 8

Præcrudus, a, um Very raw, Col ap Litt forte pro percrudus, quod ap eund legit 12, 10

Præcultus, a, um part (1) Dressed, trimmed, or prepared (2) Adj Very trim and neat (1) Animi habitus ad virtutem quasi præculti, Cic Part Or 23 (2) Præcultum genus eloquentiæ, Quint 11, 1

Præcŭpĭdus, a, um adj Very desirous, or fond, Suet Aug 70

Præcurātio, onis f verb A bespeaking beforehand, Litt ex Quint

Præcurrens, tis part Running before, foregoing = Primordia rerum, & quasi præcurrentia, Cic Part Orat 2 conf de Orat 2, 40 Præcurrentibus fatis adventum Scipionis, Val Max 5, 2, ext 4

Præcurro, ĕre, ri & cucurri, sum act (1) To run, or make speed before (2) Met To overrun to outrun (3) To forerun, or happen before as a sign, or token (4) To answer a foreseen objection (5) Met To surpass, or excel (1) Abi, præcurre, ut sint domi parata, Ter Eun 3, 2, 46 Præcurrunt equites, Cæs B G 6, 38 (2) Amor vot s suis præcurrit, Plin Epist 4, 15 Præcurrit amicitia judicium, Cic de Amic 17 (3) Ea fama jam præcurrerat, Cæs B C 3, 80 Fama de victoria Cæsaris præcucurrisset, Hirt B Afr 87 Ut certis rebus certa signa præcurrerent Cic de Div 1, 52 (4) Illud in his rebus, ne te deducere vero possis, quod quidam fingunt, præcurrere cogor, Lucr 1, 372 (5) = Quum cum nemo anteiret his virtutibus, nulli nobilitate præcurrerent, Nep Thrasyb 1 al leg præcucurre in

Præcurror, i pass Exemplo præcurri, Val Max 5, 2, 1

Præcursio, onis f verb A fore happening, or foregoing Præcursio visorum, Cic de Fato, 19 Alia præcursionem quandam adhibent ad efficiendum, Id Topic 15 vid & Plin 16, 1

Præcursor, ōris m verb A forerunner Levis tamen prælia inter extremum Punicum agmen præcursoresque Romanorum, their foremost men, their scouts, Liv 26 ... Met = Quem iste in decumis, in rebus capitalibus, in omni calumnia præcursorem habere solebat & emissarium, his scout, spy, or setter, Cic Verr 5, 41

Præcursōrius, a, um part Sent before hand Præcursoria epistola, Plin Ep 4, 12 2

Præcursūrus, a, um part That will run before, Hirt B Alex 8

Præcursus, us m verb A going, or running before Statum præcursibus herbis, ... Etesiarum præcursu, Plin 16, 25

Præcurvus, a, um adj Very crooked before Plin ap Litt

Præcĭdo, ĕre, ssi, sum act [ex præ, & quatio] To shake before Tædas Hymenæus Amorque præcutiunt, Ov Met 4, 758 vix alib occ

Præda, æ f etym incert (1) A prey, or booty by force (2) Gain from any fraud (3) Spoil, pillage (4) Meat to be devoured (1) Dicuntur raptæ genitalis præda puellæ, Ov A Am. 1, 155 (2) Hanc prædam omnem jam ad quæstorem deferam, Plaut Bacch 4, 9, ult (3) = Maximos quæstus prædasque fecit, Cic Verr 3, 50 (4) Opimam prædam rapuisti unguibus, Phædr 2, 68

Prædābundus, a, um adj That doth, or will rob, pillage, or plunder Exercitus prædabundus, Liv 2, 26

|| Prædāceus, a, um adj Of, or belonging to prey, or booty Pecunia prædacea, Gell 13, 24 sed melior edit leg prædatitia † Ex præda, Cic

|| Prædamnātio, ōnis f verb A verdi t before judgement, Dig

Prædamnātus, a, um part (1) Condemned beforehand (2) Disapproved beforehand (1) Prædamnatus collega, Liv 4, 41 (2) Prædamnata spe æquo dimicandi loco, Liv 27, 15

Prædamno, āre act To condemn aforehand, to prejudge ¶ Memoria stultum esse perpetuæ infelicitatis se prædamnare, Val Ma 6, 9, 1 Ne prædamnare amicum existimaretur, Suet Aug 56 scrib & prædemno

Prædans, tis part Preying Escam ex prædante capere, Plin 9, 30

Prædātio, ōnis f verb A privateering, a plundering = Latrocinius & prædationibus infestato mari, Paterc 2, 73

|| Prædātitius, a, um Gotten by prey = Ex manubiis, i e ex pecunia prædatitia, Gell 13, 24 † Ex præda

Prædator, ōris m verb A robber, a pillager, or plunderer = Quos ego utrosque in eodem genere prædatorum direptorumque pono, Cic Catil 2, 9 Prædator corporis, a buggerer, Petron c 85 ¶ Prædator apriorum, an hunter, Ov Met 12, 306

Prædatōrius, a, um Of or for robbing, pilling, or plundering Prædatoria ... navis, a pickaroon, a pirate ... Liv ... 36 Prædatoriæ classes, Id ... Prædatoria manus, a party of robbers, Sall B J 2...

Prædatrix, icis f verb She that robbeth, or seeketh for prey D... ope prædatrix Herculei ... Stat Sylv 1, 5, 22

Prædātus, a, um part Having spoiled, or made a prey, or prey of, Ov Amor 1, 3, 1

Prædelasso, āre act To ... or weary aforehand Mo... cursus quæ prædelassat aquarum, Ov Met 11, 730

Prædemno, āre Vid Prædamno

Prædensātus, a, um part ... very thick, Litt ex Plin forte ...

Prædenso, āre act To make ... thick, unde

Prædensor, āri, ātus pass ... ap Litt

Prædensus, a, um Very thick Prædensa ... Plin 18, 18

|| Prædestinātio, onis f verb A ... appointment, predestination, Aug | Præfinitio, atque præfinitio divina, Pontano ...

|| Prædestĭno, āre act To predestine, to decree or ordain before, what shall come after, Eccl

|| Prædestinor, āri, ātus pass Hier

Prædex...

Prædexter adj *Very fortunate, or lucky*, Grat vers 681

Prædiātor, ōris m (1) *A man of law, expert in cases concerning lands* (2) *A buyer of public lands* (1) Apuleium prædiatorem videbis, *Cic Attic* 2, 14 (2) Prædiator ωνητης ὑπεχοντων, *Gbvet vid & Salm De modo usur* c 16.

Prædiatōrius, a, um *Of, or belonging to lands* In prædiatorium, *Cic* pro *Balbo*, 20 & *Val. Max* 8, 12, 1

‖ Prædiātus, a, um part *That hath good lands, or manours*, Apul Florid 13, p 787 ✝ Prædiis munitus

Prædicābile n quod prædicatur de pluribus, ap *Logic*

Prædicābilis, e adj *Vaunted, or boasted of* = Nec in misera vita quidquam est prædicabile, aut gloriandum, *Cic Tusc* 5, 17

‖ Prædicamentum, i n *A predicament* in logic ✝ Quod dicitur de quodam aut quibusdam, *Cic* decem elementa, *Quint Inst Orat.* 3, 6.

Prædicandus, a, um part (1) *To be praised, or spoken well of* (2) *To be related* (1) = Beata vita glorianda, & prædicanda, & præ se ferenda est, *Cic Tusc* 5, 17 (2) *Cic*

Prædicans, tis part (1) *Speaking openly* (2) *Reporting* (1) Ignosces mihi de meipso aliquid prædicanti, *Cic Fam* 5, 13 (2) *Plin* 17, 18

Prædicātio, ōnis f verb. (1) *A publishing, or open declaring* (2) *A common talk and report* (3) *A praising, or vaunting* (1) Beneficiorum prædicatio, *Cic de Har Resp* 8 (2) = Si in mediocri statu sermonis ac prædicationis res tuæ essent, *Cic Q. fr* 5, 1 (3) Prædicatio de laude alicujus, *Cic* pro *Domo*, 11 Prædicatione aliquid jactare, *Curt* 6, 10, 27

‖ Prædicātivus, a, um Prædicativa conclusio, *a simple proposition*, Apul *de* Doctr Plat philos p 632

Prædicātor, ōris m verb *A proclaimer, publisher, or open reporter, a praiser* Te ipso prædicatore ac teste, *Cic Fam* 1 9

Prædicātum, i n quod de subjecto prædicatur, *i.e* dicitur, *Log*

Prædicātus, a, um part *Spoken of, or praised.* Arbor historiis prædicata, *Plin* 16, 41

Prædicens, tis part *Foretelling* Nihil adversi accidit non prædicente me, *Cic Fam* 6, 6

Prædico, āre. act (1) *To proclaim*, as a cryer doth (2) *To own, acknowledge, or confess.* (3) *To say, or affirm* (4) *To report, publish, or noise abroad* (5) *To discover, or disclose, to shew* (6) *To relate, or report* (7) *To say usually*, as a proverbial sentence (8) *To praise, or commend* (9) *To boast, or vaunt of* (10) *To charge, or order* (1) Si palam præco jussu tuo prædicâsset, *Cic Verr* 3, 16 (2) Nihil igitur debuit, ut tu ipse prædicas, *Cic* (3) Quod mihi prædicas vitium, id tibi est, *Plaut. Amph* 1, 1, 246 Ne fortè me hoc frustrà pollicitum esse prædices, *Cic* Libentissimè prædicabo Cn Pompeium studio laborasse, *Id* (4) Ain' tandem? civis Glycerium est? *Pamph* Ita prædicant, *Ter Andr* 5, 3, 4 (5) Quis hominum clariùs, aut tantâ vociferatione bestiam vel furem prædicat quam iste latratus? *Col.* (6) Quam prædicant in fuga fratris sui membra dissipavisse, *Cic* Paucitatem militum nostrorum, suis prædicaverunt, *Cæs B G.* 5, 34 (7) Ut quicquid sincerâ fide gereretur, id Romani Atticâ fieri prædicarent, *Vell. Paterc.* 2, 23. (8) Virtutem alicujus optimè prædicare, *Cic* pro *Arch* 9 (9) De se gloriosiùs prædicare, *Cic* pro *Domo*, 35 (10) Corbulo, ne pugnam priores auderent, prædicat, *Tac.* 13, 36

Prædīco, ĕre, xi, ctum. act (1) *To tell one beforehand, to foretel.* (2) *To portend, or foreshew* (3) *To divine, or prophesy.* (4) *To command, charge, or give order beforehand* (5) *To premise, or speak before.* (1) Id primùm in hac re prædico tibi, *Ter. Andr* 1, 1, 18 § Quem prædiximus, *Vell Paterc* 2, 11 § De quo prædiximus, *the above mentioned*, Id 2, 15. (2) = Cum dii monent de optimatium discordiis, de civium dissensione prædicunt, cum principibus cædem portendunt, *Cic* Cic. *de* Har resp 25 (3) Bellum nobis non obscurè prædixerunt aruspices, *Cic* de *Har resp* 9. (4) Pompeius suis prædixerat, ut Cæsaris impetum exciperent, *Cæs B, C.* 3, 92 (5) At nisi aliquid prædixero, intelligi non poterunt, quæ refellentur, *Sen Ep* 102

Prædicor, āri, ātus pass. *To be proclaimed, to be reported.* = Nostra pugna sæpè feretur ac prædicabitur, *Cic* pro *Arch* 9 Ut prædicatur, *as it is said*, Id *vid.* Prædico

Prædīcor, i pass *To be foretold* Solis defectiones prædicuntur in multos annos, *Cic* de *Div* 2, 6

Prædictio, ōnis f verb. *A prophesy, a foretelling of a thing, a prediction* Hariolorum & vatum furibundæ prædictiones, *Cic* de *Div.* 1, 2. Prædictiones divinæ, *Plin* 7, 57 Prædictione nihil verius, *Val Max* 3, 7, 1.

Prædictum, i n *A prophesy, a thing foretold.* Panætius astrologorum prædicta rejecit, *Cic* de *Div* 2, 42 Vatum prædicta, *Vir. Æn.* 4, 464

Prædictus, a, um. adj (1) *Foretold, prophesied.* (2) *Appointed.* (1) Defectiones solis lunæque cognitæ prædictæque, *Cic N D* 2, 61 (2) Prædicta cœnæ hora, *Suet. Tib* 8

Prædiŏlum, i dim. *A little farm, or manour.* Prædiola nostra benè ædificata, *Cic Fam.* 2, 6.

Prædisco, ĕre, didici act *To learn beforehand* = Exercitationes prædiscere & meditari, *Cic* de *Orat* 1, 32 Prædiscere tempestates, *Vir Geor* 1, 252

Prædiscor, i pass *To be learned beforehand* Ventos ante omnia prædisci, *Plin* 18, 24.

Prædispono, *unde* part prædispositus Nuncii prædispositi, *Liv* 40, 56

Prædĭtus, a, um [ex præ, & datus; qui præ aliis aliquâ re est donatus] *Endued with, having such a quality, or being in such a condition* Summo magistratu præditus, *Cic Verr* 4, 40 Amentiâ præditus, *mad*, Id Verr 2, 42 Natura prædita culpâ, *faulty*, Lucret 2, 181 Præditus tumore, *swollen*, Ad Herenn. 2, 27 studio venandi, ac pilæ, *loving those exercises*, Cic de Amic 20.

Prædives, itis adj (1) *Very rich and wealthy* (2) *Very plentiful* (1) Prædivitis urbe Latini, *Vir. Æn* 11, 213 ✱ Prædives sine pecunia, *Val. Max.* 4, 3, 6 (2) Totum tulit prædivite cornu autumnum, *Ov Metam* 9, 91

Prædivinātio, onis f verb *A conjecture, or guessing at things to come*, Plin 8, 25.

Prædivinator, ōris. m, verb *He that divineth before*, Tac *ap.* Litt

Prædivino, āre. act. *To guess aforehand, or foresee* Prædivinant apes ventos imbresque, *Plin* 11, 10.

Prædivinus, a, um adj Prædivina somnia, *dreams foreshewing things*, Plin 37, 10.

Prædium, ii n. [a præs prædis, quod & prædibus & prædiis caverent, *Cic* i e. obstringerent se creditori, vel quod antiqui agros, quos bello ceperunt, prædæ nomine habebant, *Isid.*] (1) *A farm, or manour, an estate in the country with ground lying to it.* (2) Also *any estate, as well in city as country.* (1) ✱ Prædes sunt res ipsi, prædes homines fide jussores, quorum res bona prædia uno nomine dicuntur, *Asc* (2) Rustica prædia, *Cic* pro *S Rosc* 15 urbana, *Id. Verr* 3, 86, dotalia, *Id Att* 15, 20.

Prædo, ōnis, m. [a præda, qui prædam facit] (1) *A robber, a spoiler, an highwayman, a pillager.* (2) *An unjust possessor of an estate* (1) Templorum omnium atque tectorum totius urbis prædo, *Cic* pro *Domo*, 55 Prædones maritimi, *pirates*, Nep Themist 2 (2) *Ap. JCC*

✝ Prædo, āre. act. *To prey*, Bibl ✝ Prædor

Prædoctus, a, um part. *Forewarned.* Prædocti ab duce, arma mutarunt, *Sall B. Jug* 99

Prædomans, tis. part. *Rubbing hard* Circa surculos ari, cum dentiunt ursi, prædomantes ora, *Plin* 8, 36

Prædŏmo, āre, ui, itum *To tame, subdue, or master aforehand*, Sen Ep 113

‖ Prædonius, a, um Prædonio more, *after the manner of highwaymen*, Hott

✝ Prædōnulus, i. m *A little robber, or thief*, Cato *ap.* Fest Scal leg prædonculus

Prædor, āri, ātus sum dep [a præda] *To rob, to spoil, to poll, or peel, to plunder, to make a prey of, to devour* = Spes rapiendi atque prædandi occæcat animos, *Cic. Philipp* 4, 4 Ad multas lupa tendit oves prædetur ut unam, *Ov. A Am* 3, 419 *Met* Una meos quoniam prædata est fœmina sensus, *Propert* 2, 1, 55 Pisces calamo prædabor, *catch them by angling*, Id 4, 2, 37 Puella prædata est me, *Ov Am.* 1, 3, 1.

Prædūco, ĕre, xi, ctum. *To mark out, by drawing a line beforehand.* Creta vili circum præducere ad victoriæ notam, *Plin.* 35, 17 Lineas itineri præducunt, *mark out the passage by drawing lines*, Id 33, 4 Fossas transversas viis præducit, *cutteth ditches overthwart*, Cæs B C 1, 27 Maceriam sex in altitudinem pedum præduxerant, *Id. B G* 7, 69 Castris præducere fossam, *Tibull* 4, 1, 83

Prædulce q. adv. *Very sweetly* Tyrrhenæ volucres nautis prædulce minantur, *Stat Sylv* 5, 3, 82

Prædulcis, e adj (1) *Very sweet, or luscious* (2) Met *Very pleasing, or delightful* (1) Prædulcis sapor, *Plin* 12, 5. (2) Prædulce decus, *Vir Æn.* 11, 155 nomen, *Val Flacc* 4, 161 Luxuries prædulce malum, *Claud* de *Laud Stil* 2, 132

Prædūrātus, a, um part *Hardened* Præduratum vas sole torrebant, *Plin* 23, 7

Prædūro, āre, *unde* præduror pass *To be made very hard* Phasiani adipes prædurato, *Apic* 2, 1

Prædūrus, a, um adj (1) *Very hard*; Met *very grievous* (2) *Very strong* (3) *Stiff, or stubborn* to be broken (1) Prædurum spongiæ genus, *Plin* 9, 45 Prædurus labor, *Val Flacc* 1, 2, 5 (2) Prædurum viribus Orsen, *Vir, Æn* 10, 748 (3) ✱ Illa ætas tenera est, hæc jam prædura, *Col.* 10

‖ Præēminentia, æ f *Honour, preeminence*, Aug ✝ Primatus, *Varr*

Præeo, ire, ivi, itum (1) *To go before, to lead the way* (2) *To speak, read, or say before, to dictate* (3) *To admonish, advise, or counsel* (1) ✱ Præierat Aruns rex ipse sequebatur, *Liv* (2) Quid jurem? *GR.* Quod jubebo, *LA* Præi verbis, quid vis, *Plaut Rud* 5, 2, 48 § De scripto præire aliquem, *Plin* 28, 2 § Præeunt discipulis præceptores, *Quint Inst.* 2, 5 Agedum, pontifex, præi verba, quibus me pro legionibus devoveam, *Liv* 8, 9 (3) Ut vobis voce præirent, qui judicaretis, *Cic.* pro *Milon.* 2.

Præfăcilis, e. adj *Very obvious, very easy* De præfacili, *Plaut Epid* 5, 2, 21

Præfandus, a, um part *To be forespoken* Honos præfandus est, *saving your presence, or some such expression is to be used*, Cic de Fin. 2, 10.

Præfans, tis part *Speaking, or solemnly reciting before* Pontifice præfante carmen, *Liv* Præfantes talia, *Catull* 62, 82

Præfāri, fātus (1) *To speak before, to preface, to recite* (2) *To invoke, to pray to* (1) Quæ de deorum natura cùm præfati sumus, habeant hunc terminum, *Cic* de *Univ* 10. Præfari honorem, *Cic Vid* Præfandus (2) *Vid.* Præfatus, n. 2.

Præfātio, ōnis. f verb. (1) *A preface, the beginning, or entrance into a discourse.* (2) Also *a preface before the doing any thing* (3) *A title of superscription.* (1) Sua quibusque partibus danda præfatio est, *Quint* 4, 1 (2) Quæ porrò præfatio tuæ donationis fuit? *Cic. Verr* 5, 80 (2) Justæ ultionis hæc præfatio fuit, *Val. Max* 6, 5, 1

Præfātus, a, um part [a præ fari] (1) *Having spoken before* (2) *Having invoked.* (3) Pass *Spoken of, or mentioned before, aforesaid* (4) *Preordained, predestinated.* (1) Rex gratiam sibi à Sysimethre relatam præfatus, *Curt* 8, 4. (2) Præfatus divos, solio rex infit ab alto, *Vir Æn* 11, 301 (3) Cucurbitulæ jam præfatæ, *Apic* 4, 5 (4) Hoc ingrati est, non esse contentum præfato tempore, *Sen de Benef* c 17

‖ Præfectōrius, a, um adj *Of, or belonging to the state of a prefect* Vir præfectorius, *one who hath been a prefect, or ruler*, Ulp

Præfectūra, æ f (1) *The business and post of one in authority, a lieutenancy, a captainship.* (2) *A government, a district, province, or place of jurisdiction* (3) Also *some towns, or places in Italy which were governed by the laws of Rome, and had magistrates sent to them yearly from thence* (1) Præfecturæ consulum, prætorumque, *Nep. Att* 6 Sic præfecturæ alæ, annonæ, ærarii, cohortis,

cohortis, domus, &c apud idoneos auctores passim (2) Cum è præfectura Reatina Romam venisset, Cic N D 2, 2 Præfectura ... um, the government of many ..., the most honourable part of ... præcentorship, Suet Cæs 76 (3) Fest

Præfectus, a, um part That is set over or appointed to oversee the doing of any thing Præfectus moribus, Cic Fam 9, 15 Juno præfecta maritis, Ov Ep 12, 8; Ripæ Rheni a Vitellio præfectus, Tac Hist 4, 55, 33

Præfectus, i m [qui rei alicui præficitur] Any principal officer, or other person who hath the management, care, or charge of any thing, as a viceroy, governour, admiral, lieutenant, provost, &c ✠ Nemo Eumene vivo appellatus est rex, sed præfectus, Nep Eumen 13 ✠ Scribitur tetrarchis, præfectis, ac procuratoribus, ut, &c Tac 15, 25 Præfecti morum, the same amongst the Carthaginians, as the censors were at Rome, Nep. Hamilc 3 Præfectus regius, the lieutenant of a county, Liv Præfectus Augustalis, a viceroy, Alc Præfectus ærarii, the lord treasurer, Id Præfectus classis, the admiral, Nep. Præfectus equitum, master of the horse, Liv Præfectus custodum, a marshal of a prison, Nep Eum 11 Præfectus arcis, the constable, or lieutenant of a tower, or fort, Jun Præfectus augustalis prætorii, a knight marshal, Id Præfectus castrorum, the marshal of the field, or the quarter master general, Tac Ann 12, 38 Præfectus fabrorum, the master of the engineers, Veget Gymnasii præfectus, a schoolmaster, Plaut Præfectus legionis, the lord marshal of the army, a serjeant major of a regiment, Veget Præfectus rationariorum, an auditor that taketh accounts, Jun Præfectus rerum capitalium, a provost marshal, Ascon Præfectus scriniorum, the master of the rolls, Jun Præfecti thesaurorum, under treasurers, Pancir Præfectus vigilum, the captain of the watch Paul Præfectus prætorio, a lord chief justice, or lieutenant general, Tac Hist 4, 2, 2

Præferendus, a, um part To be preferred Brutus cuilibet ducum præferendus, Paterc 2, 69

Præferens, tis part. (1) Casting an excuse, cover, or pretence for a thing (2) Shewing, or discovering (1) Titulum solennis officii occulto sceleri præferentes, Curt 5, 10, 12 Odio suo pietatis præferens speciem, Id 6, 8, 4. (2) Facta quandam sui negligentiam præferentia, Tac Ann 16, 18 2

† Præfericulum, i n A large brass vessel without an handle, like a basin, carried before the ... in sacrifice, Fest

Præfero, ferre, tuli, latum (1) To bear, or carry before (2) To prefer, esteem, or set more by (3) To prefer in choice, to choose rather (4) To shew, to make a shew, to pretend (1) ✠ Præ... subsequiturque manus, Ov ... Met Cui adolescentulorum ad libidinem facem præetulisti? Cic Catil 1, 6 (2) Reipublicæ salutem præferre ... commodis, Cic pro Leg Manil 24 Quo se legionariis militibus præferrent, Cæs B G 2, 27 (3) Prætulerim scriptor delirus, ... videri —quam, &c Hor Ep 2, 2, 126 Ut multi prætulerint carere poëmatibus, Col 1, 3 (4) Præferre sensus aperte, Cic Fam 10, 8 Vultus tuus nescio quid ingens malum præfert, Curt 4, 10, 26

Præferor, ferri pass (1) To be carried, or borne before (2) To be preferred (1) Fasces prætoribus præferuntur, Cic Verr 5, 9 (2) Præfertur illâ bonitate, quæ exprimitur, Plin 12, 21 ¶ Præfertur opinio, an opinion is spread, Cæs B C 1, 47

Præfĕrox, ōcis adj Very fierce, over harsh Præferoces legati, Liv 5, 36 Pharnaces multiplici successu præferox, Suet 35, 5

Præferrātus, a, um part (1) Pointed, or shod with iron (2) Bound in fetters (1) Pilum præferratum, Plin 10, 18 (2) Plusculum annum fui præferratus, Plaut Pers 1, 1, 22

|| Præfertĭlis, e adj (1) Luxuriant, rank (2) Also that springeth up timely (1) Præfertile germen luxuriat, Prud in Symmach 2, 1025 (2) Præfertilis ubere terræ, Alcim Avit 5, 119

Præfervĭdus, a, um adj Very hot, scalding hot ✠ Omni declinatione mundi vitis, nisi glaciali, vel præfervida, curæ mortalium respondet, Col 3, 1 Met Præfervida ira, Liv 9, 18

Præfestinans, tis part Making too much haste, Tac Ann 5, 10, 4

† Præfestinatim adv Very hastily, in post haste, Sisen ap Non 2, 708

|| Præfestinātio, ōnis f verb An over hasting, Aug

Præfestinātus, a, um part vel adj Done too hastily, or too soon Ictus præfestinatus, Ov de Nuce, 98 Præfestinatum opus, Col 11, 2

Præfestĭnè adv Very hastily, Plaut Rud 2, 5, 4 sed variant codd

Præfestino, āre To make post, or too much haste, to haste before time Qui præfestinat præloqui, Plaut Rud 1, 2, 31 Ne deficere præfestinarent, Liv 23, 14

Præfĭca, æ f [a præficio, planctuum princeps, Serv] A woman hired to mourn at one's burial, going before the corpse and praising the dead Præfica alios laudat, eapse verò non potest, Plaut Truc 2, 6, 14 De hac vid. Varr Fest & Meurs

Præficio, ĕre, ēci, ectum [ex præ, & facio] To put in authority, to set over, to make, or appoint one overseer § Brutum copiis præfecit, Cæs B G 7, 9 Præfecerat eum oræ maritimæ, Paterc. 2, 73

Præficior, ci pass To be set over Custos præficitur lateri, Claud Cons Mall 43

Præfīdo, ĕre, di, sum unde præfidens part Trusting too much to, overweening = Exultantem & præfidentem reprimunt validæ legum habenæ, Cic de Orat 3, 41 ex poeta

Præfigo, ĕre, xi, xum (1) To fasten, or stick before (2) To set up in front, or fore end (1) In hastis præfigunt capita, Vir Æn 9, 466 (2) Arma præfigere puppibus, Vir Æn 10, 80 Ferratis præfigunt ora capistris, Id Geor 3, 399

Præfīnio, īre, ivi, itum (1) To determine, set, or pitch upon aforehand (2) To prescribe, or limit (1) § Præfinit successori diem, Cic de Prov Cons 15 (2) Neque de illo quidquam tibi præfinio, Cic Verr 5, 68

Præfinior, iri To be appointed aforehand Sumptus funerum præfinitur, Cic de Legib 2 prope fin

|| Præfīnītio, ōnis f verb An appointment, or limitation, Dig ✝ Præscriptio

Præfīnītò adv By limitation, or appointment when and how one would have it Illi haud licebat, nisi præfinitò, loqui, Ter Hecyr 1, 2, 15

Præfīnītus, a, um part Appointed before, determined ✠ Quod superiore parte legis præfinitum fuit, id rursus liberum infinitumque fecerunt, Cic in Rull 1, 3

Præfiscĭnè adv [qu ab adj præfiscinus, quod a fascino, vel à Gr βάσκανος, vox quam ante laudandum præfari solebant vett quâ invidiam aut fascinum à se deprecabantur, vetus enim erat opinio, periculum esse aliquod à fascino, ubi quis impensius aut laudaret ipse se, aut præsens ab alio laudaretur, Marcel] A word used to prevent exception, q d give me leave to say, I may say it in a good hour, Plaut Rud 2, 5, 4

Præfiscini adv idem quod præfiscinè, ut heri & herè Præfiscini hoc dixerim, nemo me accusavit, Plaut Asin 2, 4, 84

Præfixus, a, um part [a præfigor] (1) Fastned, or set up before (2) Headed, (3) Thrust through (4) Shut close (1) Rostra navium tribunali præfixa, Plin 16, 4 (2) Jacula præfixa ferro, Liv Robur præfixum ferro, Vir Æn 10, 479 (3) Veru præfixa latus, Tib 1, 6, 49 (4) Casus JC

Præflŏrātus, a, um part Met Foretasted of, lightly, or in some small measure fore-enjoyed Gloriam ejus victoriæ præfloratam ad Thermopylas esse, Liv 37, 58 = Summum illud purpuræ decus non nisi præceerptum præfloratumque transmittere, Plin Paneg 98

Præflōreo, ēre, ui To blossom before the time Præflorent, præ germinant, atque in totum præcocia sunt, Plin 16, 29

Præflōresco, ĕre Idem, Litt ex Col

Præflōro, āre act To pre-enjoy Et futuri gaudii fructum spes tibi jam præfloraverit, Gell 14, 1

Præfluens, tis part Running, or passing by, or before Præfluens urbem amnis, Plin 6, 23

Præfluo, ĕre, xi, xum To flow, or run before a place Infima valle præfluit Tyberis, Liv vid & Plin 2, 30 Semnonum fines Albis præfluit, Paterc 2, 106 al. præterfluit

Præfluus, a, um adj Flowing before Hortos esse habendos irriguos præfluo amne, Plin 19, 4

Præfōcātio, ōnis f verb A strangling, a stopping, a suffocation Subitæ præfocationes, Scrib Larg Comp 100. Præfocatio matricis, a fit of the mother, Aurel

|| Præfōcatus, a, um part Choaked Nec præfocata malignum messis habet lolium, Calphurn

Præfocatæ Women troubled with fits of the mother, Med.

Præfōco, āre act [ex præ, & faux, qu præfauco, i e fauces oblido, au in o mutata, more vet.] To strangle, choak, or throttle Præfocent animæ Gnosia mella viam, Ov in Ibin, 558

Præfōcor, āri pass Macrob

Præfŏdio, ĕre, di, ssum (1) To dig before (2) To dig deep (1) Præfodiunt alii portas, make trenches before the gates, Vir Æn 11, 473 interp Serv (2) Plin 17, 11 Ostendit, quod jam præfoderat, aurum, had hid in the ground beforehand, Ov Met 13, 60

Præfōdior, i pass Col

Præfœcundus, a, um part Over-fruitful, Plin 16, 27

Præformātus, a, um part Formed, or fashioned before Incipientibus dandi erit velut præformata materia, Quint 2, 6 Præformatæ literæ, set as in a copy, Id 5, 14

Præformīdo, āre act To fear before the stroke cometh, Quint 4, 5

Præformīdor, āri, ātus pass Litt ex Ov

Præformo, āre act To instruct, or prepare His præformat dictis, Sil 7, 85

Præfractè adv ius, comp Rigidly, obstinately, stiffly Nimis mihi præfractè videbatur ærarium defendere, Cic Offic 3, 22 = Dissolutam disciplinam præfractius & rigidius astringere, Val Max 9, 7

Præfractus, a, um part & adj or, comp (1) Broken before, or broken short off, snapt in two (2) Harsh, severe (3) Short, concise (1) Præfracta pinus, Ov Met 12, 351 (2) = Aristo Chius præfractus, severus, Cic in Hortens (3) Thucydides præfractior, nec satis rotundus, Cic Orat 13 = Præfractior & abscissior justitia, Val Max 6, 5, ult ☞ Al exp contumacior, obstinatior, quibus loci indoles non sinit ut accedam, in medio itaque relinquo

Præfrigĭdus, a, um part Very cold Auster præfrigidus, Ov Ep ex Pont 4, 12, 35

Præfringo, ĕre, ēgi [ex præ, & frango] To break in pieces, or shivers, to snap in two Pugna atroci cum hastas aut præfregissent, aut hebetassent, Liv 8, 10

Præfulcio, īre, si, tum act (1) To prop, or underset, Met to support (2) To secure beforehand (1) Quin me suis negotiis præfulciat, set, or appoint me over, so as they may have a support for them, Plaut Pers 1, 1, 12 (2) = Per fortunas, quoniam Romæ manes, primum illud præfulci atque præmuni, quæso, ut simus in nus, making good that first, Cic Attic 5, 13

Præfulcior, tus pass Plaut Pseud 3, 2, 6

Præfulgens, tis part Glistering, or shining Pellis præfulgens unguibus aureis, Vir Æn 8, 552 Triumphali decore præfulgens, Tac Ann 13, 45.

Præfulgeo, ēre To shine, or glister very much Nitor smaragdi collo præfulget tuo, Phædr 3, 18, 7 Præfulgent nomina coloniarum, Paterc 1, 14

Præfulgŭro, āre act To make to shine, or glister Multo latus præfulgurat ense, Stat Theb 7, 502 al perfulgerat vid & Val Flacc 3, 119

Præhumigo, āre To perfume before, Litt ex Col

Præfurnium, ii n The mouth of an oven, or stove, where they put in the fire Si duobus præfurniis coques, lacunâ nihil opus erit, Cato, 38

Prægĕlĭdus, a, um adj Very chill, or cold Loci prægelidi, Liv 21, 54 Prægelida frigora, Col. 2, 9 Prægelidi rivi, Sil. 4, 226

|| Prægĕnĭtālis, e adj First born, Fest

Prægermino, āre act To bud before the time, Plin 16, 29

Prægestiens, tis part Greatly desiring, Hor Od 2, 5, 9

Prægestio, ire, ivi, itum n *To have a very great desire, to show much joy, or delight* Prægestit animus videre te, Cic [illegible] Cal 28

Prægig[illegible], [illegible] me mortem prægignam militum, *I would not bring [illegible]*, Plaut Pseud 1, 5, 17

Prægnans, tis adj [ex præ, & ant gno, [illegible] gigno, [illegible]] (1) *With child, [illegible] going, pregnant* (2) Also *full of sap* (3) *Full, or abounding with* (4) *swollen, big* (1) Cum mater prægnans Dionysium [illegible] suo contineret, Cic [illegible] Sus prægnans, *Varr* (2) Prægnans arbor, *Plin* 12, 14 (3) Prægnans succo arbor, *Plin* [illegible] Multo hic prægnantior [illegible], *Il* 2, 6 [illegible] *that hath another [illegible] closed in it*, *Id* (4) Prægnans plagæ, *making [illegible]*, Plaut Amph 2, 10

† Prægnans, tis *[illegible] with young*, Afran † Prægnans

Prægnatio, onis f verb *A being with child, or a teeming* Prægnationis [illegible] Varr R R 2, 1 modis, *Id*

Prægracilis, [illegible] der [illegible] et [illegible] ita, [illegible]

† Prægrandis, [illegible] † Prægrandis

Prægrandis, [illegible] *very great, large or long* [illegible] in prægrandi, *Cic* [illegible]

Prægravans, is part *Prævailing, [illegible] numerous, or [illegible]* Prægravans [illegible], *Liv* 5, [illegible] [illegible] *having [illegible] by reason of their heaviness*, Cel 6 de C [illegible]

Prægravatus, a, um part *That [illegible] or [illegible]*, Li.

Prægravatus, a, um part *Overcome [illegible]*, Col 6, & [illegible]

Prægravis, [illegible] (1) *Over [illegible] heavy* (2) Met *Grievous [illegible]* (1) [illegible] prægrave [illegible] (3) [illegible] [illegible] vium *Plin* [illegible]

Prægravo, are act (1) *To weigh down, to press down, to weigh more than another* (2) *To burden, or load* (3) *To depress, or bear down* (4) *To overbalance, to be more heavy* (1) Ne prægravet [illegible] 2 (2) [illegible] (3) Qui prægravat artes infra se positas, *Hor Ep* 2 1 [illegible] Corpus onustum hesternis vitiis animum quoque prægravat una, *Hor Sat* 2, 2 (4) Prægravat [illegible], *Suet* Cal 6

Prægrediens, tis part *Going before* [illegible] *Plaut* [illegible] prægredientibus [illegible], *Sall* [illegible]

Prægredior, i, dep [ex præ, & gradior] (1) *To go before* (2) [illegible] or [illegible] (3) *to prevent, or* [illegible] (4) *To pass*, [illegible] (1) Qui lictores [illegible] *Liv* [illegible] Qui [illegible] *Plin* (2) *Plin* [illegible] (3) [illegible] Prægressu, [illegible] (4) [illegible] *Sall in Fragm*

Prægressio, onis f verb *A going before* Prægressio causæ, *Cic de Fato*, 19

Prægressus, a, um part (1) *Being gone before* (2) *Going before, outgoing* (1) Prægressus [illegible] ad caput Ferentinum, *Liv* Prægressi hominis vestigia occupare, *Plin* 28, 8 (2) Humanæ adventus [illegible] prægressus, *Liv*

|| Prægressus, us m *A going before, or getting the start* = Experti [illegible] quid in [illegible] tumultuosis [illegible] & prægressus, *Amm Mar* 21, 10

Prægustans, tis part *Tasting before*, Plin 21, [illegible]

Prægustator, oris m verb *A taster, a foretaster* Per Halotum prægustatorem, *Suet Claud* [illegible] Met Prægustatorem libidinum tuarum, *Cic pro Domo*, 10

Prægustatus, a, um part *Tasted before* [illegible] prægustatu, *Plin* [illegible]

Prægusto, are *To take a taste, or say before* [illegible] prægusta tipsi, *Ov Amor* [illegible] [illegible] prægustet pocula pappas, *Juv* 6, 62

Præhendo, [illegible] di, sum act *To take, apprehend, or lay hold of a thing* [illegible] Prehendo, *good, or*, [illegible]

Prænsio, onis f verb *An apprehending, a laying hold of*, Id Prehensio

Prahendo, ire, freq *To take [illegible] by the hand, to desire favour at [illegible]*, Id Prenso

Prehensus, a, um part *Taken, apprehended, laid hold of*, [illegible] *good, or* [illegible]

† Prehibeo, [illegible] *Plaut Men* 5, 2, 51 & [illegible] † Præbeo

Prajaciens, tis part *Lying before* [illegible] prajacens A [illegible] *Plin*, [illegible]

Prajaceo, ere, ui n *To lie before* Prajacet [illegible] campus *Id* [illegible] 12, 26

Prajacio, *[illegible]* *To cast before*, unde

Prajicior, i pass *To be thrown, or cast before* Præjicium [illegible] *Col* 8, [illegible]

Prajaciens, entis part [ex præeo] *Going before, or showing the way* [illegible] *Cic* [illegible] *Plin* 5, 21

Præjudicatio, onis f verb *A prejudging, or giving of [illegible] sentence beforehand*, Quint [illegible] prajudicio

Prajudicatum, i n *A prejudice, opinion taken up aforehand* Postulo, ut nequid huic prajudicatum afferatis, *Cic pro Cluent* 2

Prajudicatus, a, um part *Prejudiced, or judged before* Res prajudicata, *Cic pro Cluent* 1 [illegible] prajudicatus, *Liv*

Præjudicium, ii n (1) *A prejudice, a forejudging* (2) *A precedent, or case in law before tried* (3) *A precontract* (4) Also *a prejudice, hurt, or damage* (1) [illegible] [illegible] *Cic Verr* 2, 65 (2) [illegible] præjudicium [illegible], *Cic pro Cluent* 22 (3) [illegible] huju[illegible] pro præjudicio [illegible] *Tac Germ* 10, [illegible] (4) [illegible]

Præjudico, are act (1) *To prejudge, to judge aforehand, to give a prejudice* (2) *To give his opinion beforehand* (1) *Cic pro Cluent* 2 (2) [illegible] De aliquo homine non solum [illegible], sed etiam gravissime judicare, *Cic Verr* 3, 65 Quod [illegible] non censuit, id arrogantes non præjudico *Id Brut* 4

Præjudicor, ari, atus pass *To be prejudged* Ut per illum, qui attulit venenum, de hoc præjudicaretur, *Cic pro Cluent* 62

|| Præjuratio, onis f verb *The oath that is taken by him that first sweareth*, Fest

Præjuvo, are, juv *To help aforehand* Credebatur [illegible] etiam [illegible] fidem præjuv[illegible], *Tac Hist* 3, 65

Prælabens, tis part *Sliding, or gliding along* Prælabentis tenuis [illegible], *Col* 11, 1

Prælabor, bi, psus dep *To slide, or glide and pass before*, [illegible] Prælabitur [illegible], *Cic* [illegible] in poet [illegible], *Val Flacc* [illegible] 581 Met [illegible] quidem [illegible], *passing away without making any stay*, Pet [illegible] 99

Prælambens, tis part *Licking* Prælambens [illegible] ante [illegible] *Hor Sat* 2, 6, [illegible]

Prælapsus, a, um part *Sliding, or flowing by* [illegible] prælapsus [illegible] Romæ *Liv* 6, [illegible]

Prælargus, a, um adj *Very large* [illegible] animæ prælargus, *Pers* 1, 14

Prælatio, onis f verb *A preferring* Prælatio [illegible], *Val Max* 7, 8 4

Prælatus, a, um [a præfero] (1) *Carried, or driven forcibly* (2) *Also carried before the [illegible]* (3) *Preferred, set before, more esteemed and set by* (1) Rapidus gurges amnis & in obliquum prælatus *Liv* (2) Prælatus nostris contentis signis, [illegible] mortalem, *Liv* Præter [illegible] fuit prælatus, *Id* Phalanx [illegible] Oedi [illegible] per [illegible] nec iterato valuit, prælatus [illegible] equo, *Tac Ann* 6, 34 Prælatus dextra lævaque [illegible] *Liv* (3) Quis [illegible] prælata puellis, *Ov Met* 4, 56 Prælatus hono [illegible], *Vir Æn* 5, 541

|| Prælatus, i m *A prelate, or bishop, one who hath a dignity in the church*, Lecc † Antistes, [illegible]

|| Prælavo, are act *To wash before* Apul

|| Prælavor, ari pass *To be washed, or washed before*, Apul [illegible]

Prælautus, a, um part *Very gallant, or brave*, Suet Ner [illegible]

Prælectio, onis f verb *A lesson, or lecture, a reading to others*, Quint 2, 5

Prælector, oris m verb *A reader to others*, Gell 18, 5

Prælegendus, a, um part *To be read before* Pueris, quæ maxime ingenium alant, prælegenda, *Id* 1, 8

Prælego, ere (1) *To be quiet [illegible] place, to go by [illegible]* (2) *To give [illegible] before one death* (1) Fam [illegible] testamento prælegat, *Plin* [illegible] 2 (2) [illegible] *Prælego* [illegible] (3) *to read to his scholars* (3) *To pass, or go by* (1) [illegible] (2) [illegible] Prælego [illegible], *Tac Ann* 6, [illegible]

Prælians, tis part *Fighting in battle* [illegible] *Cic de Div* 1, 5

† Prælians, *pro* præliantur *Plaut*

Præliaris, e adj fig

Præliaris, e adj *Belonging to war, or battle* Prælianes pugnæ, [illegible], Plaut [illegible] 4, [illegible] Præliares dies, *days when they might fight their enemy, for on some holy days they might not*, *Macrob Saturn* 1, 16 *[illegible]* præ[illegible]

Præliator, oris m verb *A warrior, or fighter*, Tac

Prælitus, a, um part *That hath fought*, Plin [illegible] 28 & [illegible] 12 [illegible]

Prælibo, are act *To [illegible] assay before*, Stat Syl [illegible] & Achill 1, 88

|| Prælicenter adv *[illegible] much liberty*, Gell 16, [illegible]

Prælignaneus, a, um *[illegible] gathered* Præng. um [illegible] *wine made of grapes [illegible] before they were ripe [illegible] for that and workfolks*, Cato, [illegible]

Prælignatus, a, um part *Poured before, tied or [illegible]* (2) [illegible] (3) *Bewitched, charmed* [illegible] (1) Os obvolutum [illegible] [illegible] [illegible] & prælignatum, [illegible] 50 (2) [illegible] prælignatus [illegible] (3) O præligatum pectus [illegible] *Becen* 1, 25

Præligo, are act *To [illegible] [illegible]* Prælignetur [illegible] cum [illegible], *Petron* [illegible]

Præligor, ari pass *To be [illegible] or bound before* [illegible] prælignantur [illegible] *Liv* [illegible]

|| Prælio, are act [illegible] *To [illegible]*, Gell [illegible] 14 † Obire

Prælior, ari, atus sum dep (1) *To fight in battle, to [illegible]* (2) Met *To contend, or strive* In ipsis fluminis ripis prælatur, *Cæs B G* 2, 23 Nullum [illegible] temnu, [illegible] extrem cum æqualibus præliaretur, *Id* 5, 16 (2) Vis [illegible], quo [illegible] ego minus quam solebam præliatus sum, *Cic Attic* 1, 16

Prælitus, a, um part [a prælinor] *Daubed over* [illegible] torio prælita, *Gell* 1, [illegible] † Oblitus

Prælium, ii n [illegible] etym incert] (1) *A battle, a fight, or combat in battle, a foughten field* (2) *Wrestling, strife, contention* (3) Met *A warrior* (1) † [illegible] est non prælio modo [illegible] & telo victum, *Liv* [illegible] [illegible] *Suet Aug* 12 ¶ Prælium [illegible] *the game at chess*, Ov [illegible] A [illegible] 2, 35 Concursus [illegible] *an engagement*, Nep [illegible] (2) = In hujus prælio, & certamen [illegible] *Cic Cat* 2, 11 (3) Cous [illegible] pugera prælia [illegible], *Prop* [illegible] dentem prælia [illegible], *Sta* [illegible]

Prælocutus, a, um part *Having spoken of before*, Cato [illegible] 8, 12

Prælongo, are act *To [illegible] very long* Qui [illegible] crura prælongavit *Plin*

Prælongus, a, um adj (1) *Very too long* (2) *Very tall* (3) Prælongi gladii, *Tac* [illegible] (2) Homo prælongus, *Quint* [illegible] 6

Præloquor, i, [illegible] (1) *To speak before* (2) *To speak [illegible] preface* (1) *Plin Ep* [illegible] (2) *Quint*

Prælucens, tis part (1) *[illegible] or carrying [illegible] light before* (2) *Casting, or [illegible] before* (1) [illegible] [illegible] conci[illegible] [illegible] (2) De hoc concentu [illegible] [illegible] [illegible] & [illegible] [illegible] coenæ publicæ [illegible] [illegible], *Plin de Vir Illustr* 8

Præluceo, ere, xi (1) *To give a light before, to light before* (2) *[illegible] or carry a light before* (3) [illegible]

Præf *To be very bright*, [illegible]

[illegible]*ing* (4) Met *To outshine, surpass or excel* (1) Ne ignis noster [illegible] præl[illegible] ceat, *Phædr* 4, 10 [illegible] Prælucens, [illegible] (4) [illegible] mo[illegible] præluc[illegible], *Cic* in [illegible] Bru[illegible] [illegible] imæmis, *Hor Ep* 1, 1, 5

[illegible] a, um adj *Very* [illegible], *Plin* 37, 6

[illegible] *A trial* [illegible] *beforehand* Sen Ep 10,

[illegible], um, n [illegible] palu[illegible] *y, proof, or trial be*[illegible] *flour[illegible], a proem, or* [illegible] *into a* [illegible] Hoc *vocal* al qui ex [illegible] *sunt*, Phil [illegible] *not e refragantibus* [illegible] Prœ[illegible], *Cic* Prælusio, pra[illegible]

[illegible] sum *To pre*[illegible] *f ones self for singing* Dum [illegible] prælucit, *Plin* 37 2 [illegible] expert[illegible], *For*

Prælum [illegible] n *A wine-press,* [illegible], &c *Plin* Vid Prælum [illegible] to, āre act Prælum[illegible] *to [illegible] one s [illegible],* [illegible] *p* Non ‡ Pectere fusti[illegible] impingere fustem ali[illegible]

[illegible] Prælu[illegible] āre *To wash before,* [illegible] Apul

[illegible] f verb *A flou*[illegible] *before a fight*, Plin Epist 6, 1

Prælustris, re adj *Very high,* [illegible] Arx prælustris, *Ov Trist* [illegible]

[illegible] *To order b*[illegible] *Cic* Fam 5 9

|| Præmando, āre, di [illegible] præ, [illegible] *To [illegible] before* [illegible] mihi præmandere, ut [illegible], *Gell* 8, 1 ‡ Man[illegible], *Cic*

[illegible], a, um part [illegible] *before* Præmansum mos [illegible] *Cent* 5, n ‡ Mansum, *Cic*

[illegible] adj *Over hastily,* [illegible], *untimely* Pr[illegible] carzo, *Plaut Most*

[illegible], a, um part (1) [illegible] *others, or before its* [illegible] *time or season* (2) *Over*[illegible] *too early* (1) Q[illegible] [illegible] habere [illegible] 11 2 (2) ✠ Dom[illegible] [illegible] *Plin* 8, 45 Præma[illegible] *Pater* 2, 88

[illegible] a, um [illegible] an[illegible] non præmeditem[illegible] [illegible] *wit [illegible] be* [illegible] Ov Ep 10, 15

[illegible], nis f verb *A* [illegible] *to [illegible] of a thing be*[illegible] *premeditation* Præme[illegible] [illegible] majorum, *Cic*

[illegible] us, a, um par *Pre*[illegible] *thought on before*[illegible] 2, 5

[illegible] or, ari, atus sum dep [illegible] *think [illegible] thing be*[illegible] *premeditate* Acce[illegible] [illegible] tu [illegible] venturum, [illegible] 2, 5

[illegible], a, um part [illegible] *measured out before* [illegible] defunctus tempore lu[illegible] *Tibul* 3, 2, 9 *alii autem* per[illegible]

[illegible] or, [illegible] dep *To buy* [illegible] Præmercatur an[illegible] *Mercat Plaut* [illegible]

[illegible] messum, i n & præmet-um, i n *An offering to Ceres of the ears of corn first reaped, the first fruits* Fest

Præmetuens, [illegible] part *Fearing beforehand* Illi præmetuens do[illegible] lum, *Phædr* 1 16 § Cæsar præmetuens [illegible], *being in fear for*, *Cæs B G* [illegible]

‡ Præmiator, oris m (1) *A rewarder* (2) *Also a thief, or* [illegible] *of burying, any robber that seeketh for a prize* (1) [illegible] pendens [illegible] ‡ Qui [illegible] (2) *Nev* ap Non 2, 629 *vid &* Præmium

|| Præmiatrix, icis f verb *She that rewardeth*, Amm Marcell 14, [illegible] ‡ Quæ [illegible] *Cic*

|| Præmicans, tis part [præmico] *Glittering, shining, bright* Claro lumine præmicans, *Apul Met* 5, p 150

Præmigro, are *To quit first, or remove [illegible]* Ruinis imminentibus musculi præmigrant *Plin* 8, 8

Præmineo, ere [ex præ, & mineo] *To excel far*, Tac Ann 13, 3, [illegible] *hoc vocal deleter videtur*

|| Præministe̅r, tra, um [quasi] [illegible] *A fore at ca*[illegible] *an*, Apul Met 1, p 1

|| Præministro, are act *To wait at table* Sedulò tibi præministramus, *Apul Met* 5, p 1[illegible]

Præminor, ari dep *To [illegible] in aforehand* [illegible] curiositate præminatur, *Apul Met* 5, p 158

Præmior, ari dep *To get money, to make prizes* = Centra[illegible] in cognitionibus patris nundi[illegible] [illegible] solitum, *Suet Tib* [illegible]

Præmiōsus, a, um adj *Rich in money* = Divitem [illegible] præmiosum [illegible], *Fest & Non* ‡ Præ[illegible] potens

Præmissa, orum n pl Ol[illegible] præmissa, *a careful choice of the most exquisite wine and oil*, Plin 1[illegible] Vid Cæl Rhod 6, 6 *qui interpretatur* primitias quæ[illegible] *sicuti* præmissa [illegible] *dicuntur*

Præmissus, a, um part *Sent before* Præmissus Achates, *Vir Æn* 6, 34 Præmissi nostri, *Val F*[illegible] 94

|| Præmitis, e adj *Very mild, or mellow* Ven [illegible] Fort 3, 12 [illegible]

Præmitto, ere, isi, ssum act *To send before* § Hunc ad Acheruntem præmittam, *Plaut Cas* 2, 8, [illegible] § Præmiserat in Hispaniam legiones, *Cæs B C* 1, 30

Præmittor, i, ssus pass *To be sent before* Præmittitur in Siciliam cum imperio *Cic A* [illegible], 15

Præmium, ii n [de[illegible] etym. [illegible] constat] (1) *A reward, or [illegible] recompence of a deser*[illegible] *good or bad, a retribution* (2) *Also [illegible] for a journ[illegible]* (3) *A prize of [illegible]* (4) *A [illegible] profit, or [illegible]* (5) *P[illegible], booty, or plunder* (6) *Honours* (7) *Also [illegible]* (1) ✠ Ext[illegible] facti præmia, [illegible] supplicia, *Cic N D* 3, 35 ✠ Solon [illegible] duabus rebus con[illegible] præmio & pœna, *Id ad Brut* 15 Nunc [illegible] tuo, cape præmia [illegible], *Ov Met* 8, [illegible] (2) *Plin* [illegible] (3) Ceitare [illegible] qui forte velit, & præmia ponit, *Vir Æn* 5 [illegible] 2 (4) Præmia bonorum malorumque bonos ac malos faciunt, *Plin Paneg* 4[illegible] = Periculorum præmia & laborum fructum con[illegible], *Cic* in *Pison* 26 (5) = Multa Laurentis præmia pugnæ aggerat, & longo prædam jubet ordine duci, *Vir Æn* 11, 8 [illegible] *Prop* [illegible], 6 (6) *Cæs B G* 1 (7) [illegible] *Nev* ap *Non*

Præmodulatus, a, um par *Tuned before* Præmodulati gestus cogitatio, *Quint* 11, 3

|| Præmodum adv *Beyond measure*, Gell [illegible] ex Livio vet poeta ‡ Admodum

Præmolestia, æ f *Trouble beforehand* [illegible] metum præmolestiam appellabant, quod est quasi dux consequentis molestiæ, *Cic Tusc* 4, [illegible]

Præmoliendus, a, um part *To be tried or prepared beforehand* Præmolienda tibi ratum [illegible] rem, *Liv* 28, 1

Præmolior, iri, itus sum dep *To make provision for a thing beforehand, to prepare for it, to go about it before*, [illegible] part [illegible]

Præmollio, ire *To soften* ✠ Si quod erit asperum, præmolliemus, *Quint* [illegible]

Præmollis, e adj *Very soft and tender* Ova præmollia, *Plin* [illegible] 37

Præmollitus, a, um part (1) *Softened, made loose, as earth by plowing, or digging* (2) Met *Made mild, soothed* (1) Frustra [illegible] præmollit[illegible] [illegible] sulcus, *Quint* 1, 9 (2) Præmollitæ judicum mentes, *Quint* [illegible]

Præmŏneo, ere, ui, itum act (1) *To forewarn, to give warning before hand, to tell or advise beforehand* (2) *To foreshew* (1) Ut magnopere caveret, præmonebat, *Cic Att* [illegible] (2) Si quartam orbis [illegible] ventos & imbres præmonet, *Plin* 18 35 *de luna*

Præmoneor, eri pass *To be forewarned* [illegible] *Cic de Harusp Resp*

|| Præmŏnĭtor, oris m verb *A forewarner* Dubius præmonitor, *Apul de Deo Socr* p 6[illegible] ‡ Præmonstrator

‡ Præmonitum, i n *A forewarning*, Gell 14, 2

Præmŏnitus, a, um part *Forewarned* Urbs præmonita [illegible] lo, *Plin* 16, [illegible]

Præmŏnĭtus, us m *A foretelling, or forewarning* [illegible] præmonitus, *Ov Met* 15, [illegible]

Præmonstrans, tis part *Teaching before* Si Sphyngos [illegible] præmonstrante, [illegible] *Stat Th* [illegible] 1, 6[illegible]

Præmonstrator, ōris m verb *A forshewer, a guide, a tutor* [illegible] & præmonstrator, *Ter Haut* [illegible], 1, 2

Præmonstrātus, a, um part [illegible] [illegible] præmonstratum [illegible], *Plin* 10, [illegible]

Præmonstro, are act (1) *To foreshew* (2) *To tutor, or* [illegible] (3) *To shew the way* (1) [illegible] præmonstrat [illegible] futuros [illegible], *ap Cic de Divin* 1, [illegible] = Magnum aliquid deos hominibus præmonstrant ac præcinunt, *Cic de Har Resp* [illegible] (3) = Præmonstra docte, præcipe astu filia, [illegible], *Plaut Pers* 1, [illegible], 68 (3) Tu mihi currenti spatium præmonstra, *Lucr* 6, 92

Præmordeo, re, di & præmorsi, sum act (1) *To bite* (2) Met *To strip off, to share, or take part of* (1) Ni fugissem, inquit, medium crevo, præmorsisset, *Plaut* ap *Gell* 7, 9 (2) Tamen ex hoc discipuli custos præmordet, *Juv* [illegible], 2 8

[illegible] dep (1) *To* [illegible] *before [illegible]* (2) *To [illegible]* (1) = Alt ego [illegible] præmoriar primoque exstinguar in ævo [illegible] Ov Ep 8 [illegible] (2) Præmoritur [illegible], *Cic* [illegible] *Plin* [illegible] 57

Præmortuus, a, um adj *Dead [illegible]* [illegible] & [illegible], ita ut [illegible] quam præmortui, vix [illegible], *Suet* [illegible] *Gramm* 3 *Met* [illegible] præmortui jam [illegible], non facturus est, *though [illegible]*, Liv [illegible]

|| Præmulsus, a, um adj *Very sweet, or [illegible]* [illegible], *Apul Flor* [illegible]

Præmuniendus, a, um part *To be raised or supported before hand* Præmuniendæ egili potentiæ gratia, *P[illegible]* [illegible], 6

Præmunio, ire, ivi, itum act (1) *To fortify a place beforehand* (2) Met *To make sure of, to secure, to [illegible]* (1) Cæsar [illegible] noctu præmunit *Cæs B C* 3, ult Aditus duos magnis operibus præmunivit *Id ibid* 56 (2) = Primum illud præfulci, ac præmuni, *Cic* [illegible] 4, 1

Præmuniri, [illegible] pass (1) Met *To be [illegible] strengthened, or guarded* (2) *To be laid as the first foundation of an argumentative discourse* (1) Quamobrem [illegible] quæ ex necessitatum oratione præmuniri [illegible] & fingi intelligebam, *Cic* [illegible] *pro Cal* 8 (2) Quæ præmuniuntur omnia reliquo sermoni [illegible] quo nostra quod [illegible] intelligi possit, *&c* Cic *de Legib* 1 12

Præmunitio, ōnis f verb *A fortifying or strengthening beforehand* Sine ulla præmunitione [illegible], *Cic de Orat* 2, 75

Prænuntio, āre act *To tell a thing beforehand* Oportuit rem prænuntiasse me, *Ter* [illegible] 5 6, 12

Prænatans, tis part *Swimming before*, Plin 9 62

Prænato, are act *To flow, or run by, as a river doth* Domos [illegible] qui prænatat, amnis, *Vir Æn* 6, [illegible]

Prænavigans, tis part *Sailing by* Prænavigantibus, *Val Max* 1 8 [illegible]

Prænavigātio, ōnis f verb *A [illegible] by a place* Prænavigatione Atlantis, *Plin* 6, [illegible]

Prænavigo, are act *To sail, or row by, to row by in a ship, or boat*, Flor [illegible], 9, 3

Prænavigor, ari, atus pass *To be sailed by* Quidam & alia duo [illegible] Tigri prænavigari tradunt, *Plin* [illegible], 29

|| Prænimium adv *Too too much*, Gell 19, 1[illegible]

Prænitens, tis part *Shining very bright* ✠ Luna [illegible], [illegible] præniteus, *Plin* 2, 9 *Met* Prænitens Catonis virtus, [illegible] 2 [illegible]

Præniteo, ere, ui (1) *To shine brighter, or clearer, to glitter more, or have a greater gloss* (2) Met *To be famous* (1) Prænitet omnibus [illegible], *Sen* [illegible] 94 (2) Cura interiorum nominum [illegible] prænitet, *Plin* 5, 29 *vid &* Prænitens

|| Prænobilis, e *Very noble* [illegible] prænobilis, *Apul Met* 8, *princip* Prænobilior proprio ingenio, *Id Florid* p 802

Prænōmen, inis n *The first name*

name of the three which the Romans usually had ¶ Sine prænomine familiari ad ... cognominis, ... Mutare prænomen, *Tac Ann* 3, 17, 8

Prænominātus, a, um part pass Prænomen ... est ... ... gratis, *Val Max* 10

Prænosco, ěre, novi, notum act. *To know beforehand, to foreknow* ... prænoscere possunt, *Cic* ... Rerum prænoscere ... junctura, ... ¶ Prænosse liberum, ... *Theb* ..., 470

Prænotesco, ... *To be fore known* ... antefactionem ... sunt, *Plin* 18, 24

Prænotio, onis f verb *A preconception*, Vocab Ciceronis ... *Amatio* = Anticipatio ... prænotio deorum, *C N D* ...

Prænoto, ... *To mark, or note beforehand*, Plin 9, 8

Prænūbilus, a, um adj *Very cloudy* Densi prænubilu arbore lucus, *Ov Amor* ...

Prænuncia, æ f *A foreteller* ... prænuncia, *Cic* in *Arat* ...

Prænunciandus, a, um part *To be told on before* Ad prænunciandam ... *Plin* ...

Prænunciatus, a, um adj Prænunciatio ..., *Fires kindled to shew that the pirates were come*, Plin ...

Prænuncio, āre act (1) *To foretell, or foreshew* (2) *To carry, or bring word beforehand* (1) Futura prænunciat, *Cic* de *Div* ... (2) Ignis se prænunciat strepitu, *Plin* 16, 32 (3) Prænunciat hanc ventruram, *Ter Phorm* 5, 2, 17

Prænuncius, a, um adj (1) *That foretelleth, foreboding, or forerunneth* (2) Subst *A messenger, harbinger, or forerunner* (1) Chasmata ingentium malorum sunt prænuncia, *Plin* 2, 27 Flagitii prænuncia, blanditia, *Ter Ann* 15, ..., 5 (2) Fama volans tanti prænuncia luctus, *Virg Æn* 11, 19 Ales lucis prænuncius gallus, *Ov Fast* ..., 767

|| Prænuncupātus, a, um part *Forenamed* Prænuncupatus ore propheticō Emmanuel, *Prud Cath* ..., 170

Præoccido, ěre, di, casum *To go down or set before* § Cum præoccidit Canicula ... necesse est, *Plin* 18, 29

Præoccupandus, a, um part (1) *To be seized on before* (2) *To be prevented* (1) Ad præoccupandam Nolam, *Liv* (2) Ad præoccupanda consilia, *Liv*

Præoccupātio, onis f verb (1) *A seizing, or being possessed of before* (2) *An anticipation, prevention, or surprize* (1) Loco rum præoccupatione, *Nep Eum* ..., fin (2) *Ap Rhet*

Præoccupātus, a, um part (1) *Seized on before* (2) *Prevented* (3) *Imployed, taken up with, busied in* (1) Si autes canum ulceribus jam præoccupatæ fuerint, *Col* 8, 13 Præoccupatis castris *Cæs B C* 3, 72 (2) Cæsar præoccupato itinere ad Dyrrachium, *Cæs B C* ..., 1... (3) Præoccupatus legatione a Cn Pompeio, *Cæs B C* 2, 17 Ne præoccupatus animus Lepidi esset, *Hirt P Alex* 63

Præoccupo, āre act (1) *To seize upon beforehand* (2) *To anticipate, or surprise* (3) *To be beforehand with, fall upon, or slay one first* (4) *To prevent, do first, or before another* (1)

Hos colles præoccupat equitatus, *Cæs B C* 2, 42 Sic omnium animo timor præoccupaverat, ut, *Cæs* ... *B G* 6, 40 (2) *Hirt B Alex* 4 (3) Ne alteruter alterum præoccuparet, *Nep Dion* ... (4) Qua partes ipse mihi sumpsi animi, eas præoccupavit oratio tua *Cic Philipp* 10 Præoccupare legem ferre, *Liv*

Præoccupor, āri, ātus pass (1) *To be seized on beforehand* (2) *To be prevented* (1) *Paterc* 2, 6... (2) *Cæs B C* ..., 8

Præoptandus, a, um part *To be rather chosen*, *Liv*

Præoptans, tis part *Desiring, or wishing rather* Mortem ... ce tamen præoptantes, ..., *Cic* Liv

Præopto, āre act *To desire, or wish rather* ... præoptarent scutum manu emittere, *Cæs B G* 1, 25 § Otium urbanum militiæ laboribus præoptat, *Liv* Præoptare nuptias, *Nep Att* 12 Præoptavit parum advocato ca..., *Val Max* 4, ext 5

|| Præordinātus, a, um part [præordino] ... *Fore-ordained, fore appointed* ¶ Prescriptus

Præpando, ěre, di, passum (1) *To set, or lay open* (2) *To spread, or set abroad before* (1) ... in vestibula prapandit, *Plin* 11, ... (2) § Præpandere lumina mentis, *Lucr* 1, 145

Præparātio, onis f verb *A preparing a preparation* Omnibus in rebus a habenda est præparatio ... ingens, *Cic de Inv* 1,29

Præparāto adv *Readily, or with preparation*, ..., Quint

|| Præparatōrius, a, um part *Preparatory*, or *in order to*, Ulp

Præparātus, a, um part *Provided prepared, made ready beforehand* § Pœnæ apud infero imp is præparatæ, *Cic de Inv* 1, 29

|| Præparātus, ûs m *A providing, or preparing*, Gell 10, ... ¶ Præparatio, *Cic*

Præparcus, a, um adj *Very sparing, thrifty, and saving* Præparca apes, *Plin* 11, 19

Præparo, āre act *To prepare, to provide, to make ready, to make provision beforehand* Ad ... defendam præparare res necessarias, *Cic Offic* 1, 4 Cultura animi præparat animos ad satus accipiendos, *Id Tusc* 2, 5

Præparor, āri, ātus pass *To be prepared* Totum cuius hæc præ... ... ur, *Cic de Legib* 1, 19

Præpedimentum, i n *A lett or hindrance* Nec fuluit præpedimentum ... obsiciatur, *Plaut Pan* 5, 2, 29

Præpedio, ire ivi, itum act (1) Properly *to tye the legs* (2) Per Metaph *To intangle, cumber, or hinder* (1) Id Præpedio (2) Præpedit timor ... linguæ, *Plaut Cas* 3, 5, 25 Pudor præpedit ..., *Liv* ..., 6

Præpedior, iri, itus pass (1) *To be shackled* (2) Met *To be hindered* (1) Crura præpediuntur ..., *Lucr* ..., 478 (2) Lumina luminibus præpediuntur, *Lucr* 3, 65

Præpedītus, a, um part (1) *Shackled* (2) *Kept fast* (3) *Hindered, letted* (1) Id Præpedio (2) Præpeditus ... forti fune, *Plaut Pan* 4, 2 6. Gaudio ... ... ditudine præpeditis, *Ter Heaut* ..., 1... (3) Morbo præpeditus, *Cic pro Rabir* ... *sed Grav leg* peditus

Præpendens, tis part *Hanging before*, *Cæs B C* 2,9

Præpendeo, ēre, di, sum n *To hang down before* Præpendent ... ... *Prop* 2, 33, 37 Præpendente mento lana, *Mart* 9, 50

Præpes, etis adj [a præ et pete ... ... ad ... *Turn* ... præ, & pe ...] (1) *Swift in flying, nimble of wing, or foot* (2) *Soaring, or flying aloft* (3) *Long-winged* (4) *A fowl, or bird in general* (5) In soo ... ... *luckily* ... *to the* ... *who make the observation* (6) Also *plain, easy to come at, into, or out of* (1) Præpes is omnia pennis, *Virg Æn* ..., 61 (2) *Sigil* (3) *Fest* (4) Precatus deinde divus, ... præpetem ... ..., *Liv* 7, 26 *de corvo* Jovis præpes, *Ov Fast* 6, 196 armiger, *the eagle*, *Virg Æn* ..., 255 (5) ... (6) Præpes portus, *Enn*

§ Præpeto ... ante ..., *Fest* [ex præ ... peto, ... vo...] *To go, or fly before*, *Fest*

Præpigneratus, a, um part *Mortgaged*, or *pledged beforehand*, Amm Marcell 2, 12.

Præpilātus, a, um adj *Headed with a* ... Hastæ præpilatæ, *Plin* 8, ... Equites ... ... præpilata ... ..., *Hirt B Afr* ... Præpilatis missilibus jaculati sunt *not sharp* ... *point* Liv 26 51 Cornibus qui ... ... *headed with little roundnesses, or bobs*, Plin 9, ... *de locustis* Præpilatis exercent, *to play with foils*, Quint

Præpinguis, e adj *Very fat* Præpingues cervi, *Plin* 8, 32 Præpingue solum, *very fat ground*, Vir Æn ..., 698

Præpollens, tis part Gens divitiis præpollens, *very rich*, or *wealthy*, Liv 1, 5

Præpolleo, ēre neut *To be of great power, to excel, or exceed others in* ... ... une, &c Aliæ gentes deficere ad eum, quibus idem ... præpollebat, *Tac Ann* 2, 45, 2 Virtute præpollent, *Liv* 5, ...4

Præpondero, āre (1) *To outweigh, or be of greater weight* (2) Act *To prefer one before another* (3) *To be of greater* ..., or *esteem* (1) Natura partes suas velut in ponderibus ... ... æquitate turbata mundus præponderet, *Sen* ... (2) Inter duos filios ... ... da bonum patrem, non præponderabit alterutrum, non eliget, *Quint Decl* (3) Tacitè præponderat exul *is preferred, or more favoured*, Stat Theb 5, 615

Præponderor, āri, ātus pass *To be weighed down, or exceeded* Neque ... ... voluntas præponderari honestate, *Cic Offic* ..., ..4

Præpōnens, tis part (1) *Setting before* (2) Met *Preferring, or esteeming better* (1) Præponens ultima primis, *Hor Sat* 1, 4, 59 (2) Doctor alieri dulce ... ... præponens lucrum, *Phædr ... prol* 27

Præpōno, ěre, sui, ... sivi, situm act (1) *To put, place, or set before or first* (2) *To prefer in esteem value, or set more by* (3) *To set over, to give one the charge, or command of any place or business, to make one ruler, or chief, or overseer* (1) Non enim hæc ut oppido præposui, sed ut loco, ... in loco, *Cic Att* 7, 1 ... præponens (2) Agesilaus opu

lentissimo regno præposuit ... existimationem, *Nep Ag* ... ... præposuit quæ et, *Plin* ... 4, 2, 11 (3) § Cælium ... ... præposui, *Cic Fin* ...

Præpōnor, i pass (1) *To be set, or placed first* (2) *To be preferred* (3) *To be set over* (1) Verbum præponi ... ... quod præponitur ... ..., *Cic Fin* 4 (2) ... ... longè præ... ..., *Cic Fam* ..., ... (3) Publico negotio præponi ..., *Cic Fam* 8, 5, 1 *Vid* Præpositus

Præportans, tis part *Carrying before* ... ... inscitus ... ... tans flabile acumen, *Cic* in ... ..., 134

Præporto, āre act (1) *To carry, or bear before* (2) ... (1) ... præportant ... ... naturam, *Lucr* 2,621 (2) ... ... præportat ..., *Catull* ..., 194

Præpositio, onis f ... (1) *A putting or setting before* (2) Also *a part of speech* ... *preposition* (1) ... ... præpositio ad cum ... ..., *Cic de Fin* ..., 16 (2) ... præpositio ... ... in acceptationibus ..., *Cic Orat* 47

|| Præpositōrius, a, um ... ... ponere potest, ... qui præponi ..., *set before*, G... ...

|| Præpositūra, æ f *The office of a captain, or governour*, Lampid ¶ Præfectura, *Nep*

Præpositus, a, um part (1) *Put, or set before, or in the first place* (2) *Preferred* (3) *Set over, made chief commander, or overseer of a business that hath the charge of it* (1) *Vid* Præpono, n 1 (2) *Cic de Orat* 2, 10 (3) § Navibus præpositi, *Cic* ... ... munera, *Id* ... negotio, *Id* § Tyranni præpositi a Lacedæmoniis, *Nep Thrasyb* 1

|| Præpositus, ti m *A provost or warden, &c one that is chief in office, and place* ... ... rum præpositi, *Cod* Præpositus auxiliorum, *Id*

Præpossum, præpotes pŏtui ... *To be more able, or of greater power* Postquam Macedones ... potuere, *Tac* ... 5, 8

Præpostĕrè adv *Preposterously awkwardly, with the wrong end forward, out of order* = Nihil ... præpostere, tam incondite, ... monstrosè cogitari potest, *Cic de Div* 2, 71 ¶ Literas omnes ... ... sed primas præpo... ... ... reliquas ordine, *Cic Att* 7, 16

Præpostĕrus, a, um ... perverse ordine, ut prima in postremo loco sint (1) *Preposterous, topsy turvy, confused, beginning at the wrong end, over thwart* (2) Met *cross-grained, peevish, froward* (3) ( ) *Quite contrary* (4) *Preternatural* (5) Also *unseasonable, that cometh not in its due season* (1) Præposterus ordo, *Lucr* 3, ... Præposteri homines, *Sall B J* 88 = Nihil tam perversum præposterumque, *inverted, perverted*, *Cic pro Rabir* 13 Præposteres ... ... cidere, deinde erubescere, *Id* (2) Ut erat semper præposterus atque perversus, initium facit a Bulbo *Cic pro Cluent* 26 (3) Omnia ... ... præpostera legibus ibunt, *Ov Trist* 1, 7, 5 (4) Præposterus natalis, *a birth of a child with the feet forward*, Plin 7, 8 (5) Præposteri, aut præpropori ... ..., *Plin* 18, 25

Præpŏtens, tis adj *Very powerful*,

rul, or mighty Præpotens terra marique Carthago, *Cic* pro *C* 15 § Præ cæteris omnium ... potentem Iovem, *Id* de ... 18 Opibus præpotentes, ... Plin 36, 5 In primo ... præpotens, *very eloquent, powerful in speaking*, Cic Othe ...

|| Præpotentia, æ f *Exceeding ... or mightiness*, Apul ... p 159 ✝ Nimia po...

Præpo... āre *To drink before*, ...

Præpropere adv *Too rashly*, ... præproperant ... Liv 3, 80

Præpropere adv *To hastily, ... with more haste ... speed*, Liv 2, 45

Præpropĕrus, a, um adj *Very ... hasty* Cogno præ... festinationem tuam ... 9 = Temeritati co ... opero ingenio, mi... fortuna dedit, *too rash*, Liv = Præproperam acturi... ingenium, *an hasty spirit*, ...

... periis quæ ... præputando, se ... ex præ, & putr, ... & ... dixere potui ... *The foreskin that ... the head, or nut of a ... the prepuce* Sil t, ... duct, *Juv* 6, 237

Præ... adv ... quod præut ... *person of* Hoc pul hrum ... sumptus ... petunt, ... *Id* ...

Præ...us, a, um part ... præ ... *confirmed be... requests*, *Ov Met*

... *To cause to shine* Præ ... fignal ... *Ov Ep* 6, 116

... *To shave*, ... Latus alterum præra... *sidal* præacuito ... adj *Met ... all, nasty* ... præri... Gell 13, 20

... a, um part *Very* ... fuga, *Sil* 16, ... *Ita*, 1, 12

... um part (1) ... or *snatcht away* (2) ... (1) Immatu... præreptus, *Aur Vict* de ... immatura, *Paterc* ... () Non ita ... cupi... præreptam ... *Rose* 1 ✝ Præ...

... ĕre, ... eptum [ex ... (1) *To catch, ... or take away any ... before another* (2) ... *to hinder* (1) ... *Cic* de ... Quod ... placeat ... *Plaut Trin* (2) Demosthenes tibi præ... primus orator, *Cic* ... eptus pass *Valer*

... tis part *Biting*, ... Conger & muræna ... prærodentes, *Plin*

... ĕre, ... sum act *To* ... prærodat ... 3, 2, 94 Præ... pampinos &

... pass *To be gnawn*, ... Ne cacumina semi... prærodantur, *Col*

|| Prærogatio, ōnis f verb ... *a debt before the day*,

Prærŏgātiva, æ f *sc.* tribus *vel* tribus (1) *A prerogative, or preeminence above others* (2) *A precedence in giving votes* () *Privilege, gift, or advantage* (1) Prærogativa ... præ ... justum in tegrumque bene factum, ... factum ... significat libe... ab eo, qui nobis benefactum ... *Ascon* in loc *Cic* mos ... differendum (2) Prærogativa ... tribus ... primum suffragium ferrent ... jure vocato, ita dictæ quod prima ... quos ... *In hac utraque significatione ludit Cic to his verbis*, Qui *Metellus* quam ... prærogativam sua voluntate ... ut isti pro prærogativis jam reddidisse videatur, *Cic Act* in *Verr* 9 (3) Facultatis ... prærogativam accepimus, *Plin* 7, 16

Prærŏgātivus, a, um adj *That giveth its voice first* Præ... tribus, *Liv* 10, 22 *the first tribes who began to vote*, termed *prerogative*, because they were first asked whom they would have made consuls, Jure vocati, *the second tribes* ... prærogativ..., *which is of more authority, and generally ... with those which come after* Sit ... constituit ... est, ut ... semper ... prærogativum, *Cic* pro *Planc* 20

Prærŏgātus, a, um part ... in honore non unius tribus pars, sed comitium ... fuerint prærogata, *asked their votes, or suffrage before*, Cic pro Planc 20

Prærŏgo, are [ex præ, & rogo] *To ask before, to put the question first* Prærogabat ... fib... ges, *Val Max* 1, 2, ext 1

|| Prærogo, ... [q ex præ, & erogo] *To pay before the day, to give beforehand* ✝ In antecessum dare

Prærosus, a, um part [præ rodor] (1) *Gnawn, or bitten* (2) *Also eaten, browsed, or fed upon* () Hamus prærosus, *Hor Sat* 2, 5, 25 (2) Si cacumina ... pecoris ... prærosi sunt, *Col*

Prærumpo ... ĕre ... *To break asunder, or in pieces* Prærupit ... retinacula classis, *Ov Met* 14, 547

Prærumpor, i pass *To be broken* His funes prærumpebantur, *Cæs B G* 3, 14

Prærupte adv *Raggedly, ruggedly* Mons prærupte altus, *Plin* 4, 14

Præruptus, a, um part & adj or, comp ... ssimus, sup (1) *Broken, burst, snagged, ragged*, also *broken into, taken by storm* (2) *Craggy, steep, hard, or dangerous to climb, or get up, high* (3) *Met Rough, rugged, surly* (4) *Falling as a cataract* (5) Præruptum in plur *Rocks* (1) *Amm Marc* (2) Montes prærupti, *Catull* 62, 126 Collis præruptior, *Col* 3, 1 Prærupt ... nis saxis munitum, *Id* 3, ... (3) Animo præruptus, *Tac Ann* 16, 7 Audacia prærupti, *Id Ib* (4) Præruptus aquæ mons, *Vir Æn* 1, 109 (5) Ad prærupta ducunt, *Plin* 8, 32

Præs, dis m [a præstando, *Varr* qui præstes, qui alienam præstat culpam, al a præsesse, antiq *pro præsentem esse*, vel simpl a præ, *&* a præsto, qui præsto est ut fidejussor, ut Gr ἐγγυ..., ab ἐγγύς, prope, *V*] (1) *A surety in a money matter, one who engageth for another*, especially to the pub-

lic, *and upon his default is to make it good* (2) *A real security, as bond, or mortgage* (3) *Also a farmer of customs, excise, or other duties, who ... to the exchequer* (1) Laodiceæ me prædes accepturum ... omnis pecuniæ publicæ, ... & populo cautum ... *Cic Fam* 2, 1 ✝ Neque prædes, neque mancipes ... *Dep* ... *Minus ... emptionis*, præs *fide justor* (2) Cautum est populo prædibus prædiisque, *Cic Verr* 1, 57 (3) *Met* Præsertim cum sex libris, tanquam prædibus me ... obstrinxerim, *Cic Att* 6, 1 ✝ Præs ... in ... vas in capitali judicio, *Ascon*

Præsāgiens, tis part *Presaging, foretelling* Hoc ipsum præsagiens animo, præparaverat ante navis, *Liv* 30, 27

Præsāgio, ire, ivi, itum [ex præ, & sagio] () *To presage, divine, or guess, to apprehend, or surmise* (2) *To betoken, or predict* (1) Sagire sentire acute est, ex quo sagæ anus, quia multa scire volunt, & sagaces dicti canes Is igitur, qui ante sagit quam oblata res est, dicitur præsagire, id est futura ante sentire *Cic* de *Div* 1, 31 § Nescio quid ... hi animus præsagit mali, *Ter Heaut* 2, 2, 7 (2) Hæc erant, quæ prodigiosi præsagiverant ostenta *Apul Met* 9, p 307

✝ Præsagior, iri dep *Idem*, *Plaut Bacch* 4, 1, 28

Præsāgitio, ōnis f verb *A divining, or guessing, a perceiving a thing beforehand* Inest in animis præsagitio extrinsecus injecta, & inclusa divinitus, *Cic de Div* 1, 31

Præsāgium, ii n (1) *A presage, an omen, a token* (2) *A surmise, distrust, or forethought* () *A guess, or conjecture from preceding causes* (1) = Plurima præsagia atque indicia futuri periculi, *Paterc* 2, 57 (2) Præsagia mentis, *Ov Ep ex Pont* 2, 8, 57 (3) Utile contingit ... temperatis futuri præsagium, *Col* 11 1

Præsāgus, a, um adj *Apprehensive, sensible, divining, guessing, mistrustful, boding, betokening* Præsaga pectora, *Ov Met* 10, 444 § Præsaga mali mens, *Vir Æn* 10, 843 Suspiria præsaga luctus, *Ov Met* 2, 124

Præsānātus, a, um part *Healed, or cured before*, Plin 26, 11

Præsānesco, ĕre neut *To be healed* Cicatrices, quæ præsanavere, *Plin* 24, 10

Præsāno, āre *To heal, or cure before*, Plin ✝ Præsanatus

|| Præscatens, tis part *Abounding* § Librum doctrinæ omnigenis præscatentem, *Gell* 14, 6 ✝ Repletus, *Cic*

✝ Præscientia, æ f *Prescience, or foreknowledge*, Aug * Prognosis

Præscindo, ĕre act *To chop, or cut off*, Hermol

Præscindor, i, ssus pass *To be chopped, or cut off* Inferiores sedes præscindantur, *Pallad* ... 5, 7

Præscio, ire, ivi, itum *To know beforehand* Nonne oportuit præscisse me ante? *Ter Andr* 1, 5, 5

Præscisco, ere act (1) *To foreknow, to perceive, or understand beforehand* (2) *To determine, or appoint beforehand* (1) Exploratam fugam præsciscere, *Col* 9, 9 *de apibus* (2) Præsciscere quam quisque eorum provinciam, quem hostem haberet, volebant, *Liv* 27, 35

|| Præscitio, ōnis f verb *Prescience, or foreknowledge*, Arnob * Prognosis

Præscitum, i n (1) *A thing foreknown* (2) Also *a token, or omen of things to come* (1) *Plin* (2) ... eorum præscita tran... non queo, *Plin* 10, 18

Præscius, a, um adj *Foreknowing, fore...* ... *Æn* 1, 45 ... præscii ... tur, *Id Æn* 6, 66

Præscriptio, ... præscriptum ... ordered, ... Att 16, ...

Præscribo, ĕre, psi, ptum act (1) *To write before, to prefix* ... (2) *To prescribe* ... *boards* (3) *So ... to teach* (4) *To order, appoint, or ordain* (5) *To lay an exception against*, (6) *or to ... ...* (1) Ut præscriptio ... *already written*, ... Nec Phœbo gratior ulla est quam ... nomen, ... *to him*, Vir Ecl 6, ... (2) ... *Ter Andr* 1, 1, 124 () ... consultum velit, *Cic Off* ... (4) ... præscripsero, ... *Nep Attic* ... Quid faciam, præscribe, *Hor Sat* 2, 1, 5 (5) At tu idem præscribo, ... tuas sordes cum clarissimorum virorum splendore permisceas *Cic in Vatin* 5 () Si ... accusatori ideo præscribit, quod dicit se ab alio accusatum, & absolutum, *Quint Orat* ... ... patri filius præ...

Præscribor, i, ptus pass (1) *To be writ before* (2) *To be ... ed, settled, or regulated* (1) Quæ de necessitudine præscripta sunt, *Ad Herenn* 2, 16 (2) Dummodo ea moderatio fine, ut ... præscribitur, *Cic* Vestra auctoritate hoc constituetur, hoc præscribetur, *Cic Vid* Præscribo

Præscriptio, ōnis f verb (1) *A prescription, an appointment, or limitation* (2) *A title, or law* (3) *A contract* (4) *A ... cleat* (5) *An exception, a demur in law* (6) Also *a pretence, or colour* (1) Privatarum possessionum præscriptio, *Cic* In hac præscriptione semihoræ ... mihi ... reliquisti, *Cic* pro *C Rabir* 2 (2) = Hanc normam, hanc regulam, hanc præscriptionem esse naturæ, *Cic Acad* 4, 46 (3) Præscriptionum & ... adversaria proferre, *Cic* pro *Rosc* ... 2 (4) *Salvian* (5) Quum ex præscriptione lis pendet, de ... quæri non est necesse, *Quint Inst Or* ... = Exceptio, translato, ap *JCC* (6) Ut honesta præscriptione rem turpissimam tegerent, *Cæs B C* 3, 11

Præscriptum, i n (1) *A task, or task for learners, a prescript, a precept, a form, a rule* (2) *An order, or decree in the law* (3) *A limit, or bounds* (1) Scies qua ingenti supercilio philosophi jactant in pueris esse præscripta, *Sen Epist* 49 (2) Legum imperium & præscriptum, *Cic* pro *Cluent* 5, = Quid est, quod præscriptum aliquod ... ferim ... exprimas? *Id Orat* 11 (3) Intra præscriptum Gelonos exiguis equitare campis, *Hor Od* 2, 9, 23

Præscriptus, a, um part (1) *Writ before* (2) *Appointed, limited* (1) Quæ de necessitudine præscripta sunt, *Ad Herenn* 2, 16 (2) Cur tua præscripto sevecta est pagina gyro? *Prop* 3, 2, 21

Præsĕco,

Præsĕco, āre, ui act (1) *To cut, or chop in pieces*, as in sacrifice (2) *To cut off* (1) Exta hostiæ præsecare, *Liv* 5, 21 *Sed al leg* prosecare (2) Pr... impræ... secuisse manu, *Ov Rem Am* 11.

Præsĕcor, ari pass *To be cut off* Fivi par... cul... lo præseca ur, *Varr R R* ... 15

Præsectus, a, um part *Cut off* Radix acuta falce præsecta, *Col de Arbor* 29 Præsectis omnium mulierum crinibus tormenta effecerunt, *Cæs B C* 3, 9

Præsegmen inis n *A paring*, as of nails Ungues collegit, omnia abstulit præsegmina, *Plaut Aul* 2, 4, 34

Præsegnis, e adj *Very slothful*, Plaut ap Litt

Præseminātio, onis f *A sowing beforehand* In corpore præseminatio crescens deti... hit alimentum ... *Vitruv* 2, 9

Præsens, tis part & adj ior, comp ssimus, sup [ex præ, & sum, quod est præ, *i e* coram, & ante oculos, unde & præsse antiq *i e* præsentem esse] (1) *Present* (2) *Present, not future, just now* (3) *Prompt, ready, speedy, out of hand* (4) *Manifestly favourable, gracious* (5) *Effectual, sovereign, useful, wholesome* (1) = Interfuit & præsens vidit, *Cic de Inv* 1, 54 ⁜ Præsens tecum egi, itemque sæpe ... per literas, *Id Fam* 2, 7 (2) = ⁜ Quod præsens tanquam in manum datur, jucundius est, tamen hæc in posterum gratiora, *Cic Offic* ... ⁜ Præsens quod fuerat malum, in diem ... *Ter Phorm* 5, 2, 16 ⁜ Ira & præsens fames, & futura ... *Cic pro Domo*, 5 In præsentia, *for the present*, ... quod etiam ... *Horatius* Pleraque differat, & præsens in tempus omittat, *A Poet* 44 ⁜ In præsens, & in posterum, *Tac Hist* 4, 17 ... Lætus in præsens animus, quod ultra est, oderit curare, *Hor Od* 2, 16, 26 Ad præsens *Tac* In præsenti, *Nep Attic* 12 In præsenti, *Cic* ... (3) ... ingenio præsens semper, *who had wit at will*, *Cic* Præsens imo ... de gradu me tollere corpus, *Hor Od* 1, 35, ... (4) Agrestum præsentia numina Fauni, *Vir Geor* 1, 10 Nec licebat tam præsentes alibi cognoscere divos, *Id Ecl* 1, 41 (5) Sign... præsentius, *Vir Geor* 2, 127 Præsentissimum remedium, *Plin* 32, 10 Præsens medicina, *Col*

Præsensio, ōnis f *A foresight* Divinatio, id est, præsensio, & scientia rerum futurarum, *Cic de Div* 1 1

Præsensus, a, um part *Perceived aforehand, foreknown* Divina præsensio & prædicta, *Cic de Div* 1, 55

‖ Præsentarius, m *Any officer of court in ordinary attendance, a daily waiter*, *Cod*

Præsentāneus a, um adj *Present, ready, of quick dispatch* Remedium præsentaneum, *Plin* ... 2 ... venenum, *deadly*, *Suet Ner* ..., 6 Præsentanea bol... *Sen Ep* ... 15 ✝ Præsens, *Cic*

Præsentans, tis part *Representing, resembling* Folia speciem passerum præsentantia, *Plin* 20, 10

Præsentārius, a, um adj *Present, ready, speedy, done, or paid out of hand* Talenta argenti præsentaria, *Plaut Most* 3, ..., 10 Argentum præsentarium, *Id ib* 2, 1, 14

‖ Præsentatio, ōnis f verb *A presentation*, as to a church, *Eccles*

✝ Præsente, per enallagen numeri, pro præsentibus, ut, Præsente nobis, *Plaut Amph* 2, 2, 14 ex *Pomp* vel sal em adverbiale pro coram, *sic*, absente nobis, *Ter Eun* 4, ... 7

Præsentes *Magistrates, or soldiers, remaining within the city*, Lit ex *Tac*

Præsentia, æ f (1) *Presence, presentness, readiness, a being at hand* (2) *Power, force, efficacy* (1) Quod in præsentia fuit vestimentorum arripuit *Nep Alcib* 10 Animi præsentia, *Cic pro Milon* 2, In præsentia, *at, or for this present*, Id pro quo in præsentiarum, *Ulp* ... qu in præsentia rerum (2) Tanta est præsentia veri, *Ov Met* 4, 612

Præsentio, ire, si, sum act *To perceive, or understand beforehand, to foresee, to preconceive* Sapientissimi cujusque animus præsentit in posterum, *Cic pro C Rab* 10 Cum talem esse deum certa notione animi præsentiamus, *Cic N D* 2, 17 Humanum longe præsentit odorem anser, ... *Lucr* 4, 696 *Impers pass* Quando in ... cursum navigaverant, &c præsentiri ... *they perceived it beforehand*, *Liv* 21, 49

Præsentisco, ĕre incept *To perceive a thing beforehand*, *Ter Heaut* 4, 5, 21 *sed al leg* persentiscere

‖ Præsentor, ari *To be presented* Caput Pompeii Ægyptio velamine involutum cum anulo Cæsari præsentatum est, *Aurel Vict de Vir illustr* 77, 13 ✝ Repræsento

Præsepe, is n [ex præ, & sepio] (1) *Any close place, any place of shelter, or security* (2) *Most commonly a stable, stall, or place for cattle* (3) *A beehive* (4) *A cell, stews, or bawdy house* (5) *A crib, a cratch, a manger, a rack* (6) Per Catachresin *A table at which there is a repast for the mind, as well as the body* (1) Omnia loca clausa & tuta præsepia dicta, *Non* In præsepibus ursi sævire, *Vir Æn* 7, 17 *Vid* Præsepis (2) Stabant tercentum nitidi in præsepibus alti, *Vir Æn* 7, 275 Pisti... tenet præsepia ..., *Id Ecl* ... 59 (3) Fucos a præsepibus arcent, *Vir Æn* 1, 435 (4) Audis in præsepibus, audis in stupris, &c *Cic in Pison* 4 (5) Non alius edita est præsepia conveniunt, quam aut bos aut jumentum ... modo stans velci possit, *Col* 1, 6 (6) Scurra vagus, non qui certum præsepe teneret, *Hor Ep* 1, 15, 28

Præsepes, is f *Any close, or safe place, a private apartment* Præsepibus ... vernas, *Cato*, c 14 Ad ... herum ... intra præsepis meas, *Plaut Rud* 4, 3, 99 *Vid* & *Curc* 2, 1, 14 Sit futurum ... intra præsepis suis, *Id Cas prol* 57

✝ Præsepia, æ f *Varr ap Non* id quod præsepe

Præsepio, ire, ivi, itum act *To inclose about, to barricade, or block up* Aditus maximis defixis trabibus, atque eis præacutis, præsepit, *Cæs B C* 1, 27

‖ Præsepium, ii n *A rack, cratch, crib, or manger*, *Apul Met* 9

Præseptus, a, um part [a præsepior] *Blocked up, barricadoed* Omni aditu præsepto, *Cæs B G* 7, 77

Præsĕpultus, a, um part [a præsepelio] *Buried before, already in the grave*, Quint Declam 9

Præsĕro ĕre, evi, itum *To sow before* Sicco limosum præserenius, *Col al leg* præseremus

Prætertim adv [a præsero, quod præ aliis seritur, *i e* ordinatur] *Especially, chiefly, principally* Suis argumentis tractanda quæque res est, præsertim tanta, *Cic Tusc* 5, 7 Præsertim, ut nunc sunt mores, *Ter Phorm* 1, 2, 5

Præservio, ire, ivi, itum *To do service, to help, or serve one* Ut præservire amanti meo possem patri, *Plaut Amph prol* 126 vix alibi repertum

Præses, idis c g *One who presideth, either alone, or with others, in the administration of affairs public or private, sacred or civil, a magistrate of what name soever* = Mercurius juventutis præses, & custos, *the patron*, *Cic Verr* 5, 72 Tribunus plebis custos præsesque libertatis, *Id in Rull* 2, 6 = Senatus R P custos, præses, propugnator, *the defender*, *Id pro Sext* 65 Custos ac præses templi, *Id pro Domo*, 56 Vos qui huic urbi & R P præsides estis, *Id pro Domo*, 55 Belli præses Tritonia virgo, *presiding over*, *Vir Æn* 11, 483 Præses limitaneus, *a marquis*, interp Jun Præses locus, *a safe place, a garison*, Plaut Casin 5, 1 ...

✝ Præsesit, *i e* præsens est, sponderet qui nos, nostra quia præsesit, vetat, *Ausin Litt Sap* 19 *sic*, præsesse vett pro præsentem esse & hinc part præsens *to be present, or at hand* Abi in malam rem PÆ At tu domum, nam ib tibi parata præsesit, *Plaut Pers* 2, 4, 17 *al divise* præs est

‖ Præsidatus, ûs m (1) *A president's, or chief ruler's place* (2) *A governing, or presiding over* (1) *Vop* ... (2) Macedonas præsidatu regebat, *Aurel Vict de Cæsar* 29, 2 ✝ Præsidis officium, honor

Præsidens, tis part [a præsideo] *Presiding over, governing* Provinciæ Vibio Avito præsidente, *Plin* 3, ...

Præsideo, ere, edi, ssum [ex præ & sedeo] (1) *To have the management care, or charge of persons, things, or places, to be chief, or preside* (2) *To rule, or command as a magistrate, or general* (1) Ego tibi præsidebo, *Plaut Most* 5 1, 47 Præsedit Actiacis ludis, *Suet Tib* 6 Templo præsident dii, *Cic Philipp* 1, 9 Jupiter præsidet arvis, *Vir Æn* 7, 800 Janus foribus cœli, *Ov Fast* 1, 125 (2) § Is proximum exercitum præsidebat, *Tac Ann* ..., ... Cum manu curuli sella ... sedisset, honore ..., *Suet Aug* 26

Præsidiarius, a, um part [a præsidium] *Appointed for defense, or belonging to a garison* Miles præsidiarius *a garison soldier*, *Liv* 29, 8 Palmes præsidiarius, *a branch kept to maintain the vine*, *Col* 4 21 = Custos, resex, *Id* Præsidiaria navis, *a ship of war, for convoy*, Interp Jun

Præsidium, ii n [a præsidendo, præsidium est dictum quia extra castra præsidebant in loco aliquo, quo tutior regio esset, *Varr*] (1) *A garison* (2) *A guard* (3) *A convoy* (4) *A station, or post* (5) *A fortress, a defense, aid, succour, a shelter, any help* (1) Eo opere perfecto præsidia disponit, *Cæs B G* 1, 17 (2) Ad judicium cum præsidio venire, *Cic pro S Rosc* 5 (3) Navem poposcit, quæ eum præsidii causa Myndum prosequeretur, *Cic* (4) Non deseruisse mihi videor præsidium in quo a Pop Rom locatus sum, *Cic* Vetat Pythagoras injussu imperatoris, id est, dei, de præsidio & statione vitæ decedere, *Cic de Sen* 20 (5) = Copiarum atque opum, auxilii, præsidii, viduitas nos tenet, *Plaut Rud* 3, ..., 2 = Nullum perfugium & præsidium salutis, *Cic pro C Rab* 2 = Tu ... ac præsidium bellicæ virtutis, *Id pro Muræn* 10

Præsignifico, āre act *To signify, or shew beforehand* Præsignificare hominibus quæ sunt futura, *Cic de Div* 1, 38

Præsignis, e adj *Excellent, gallant, notable* Præsignis facie mulier, *Ov Fast* 6, 628 vertice, *for stature*, *Stat Sylv* 4, ... ore, *Ov Epist* 4, 39 hasta, *Stat Sylv* 4, 8, 12

Præsigno, āre act *To mark before* Incipientes furunculos ter præsignare jejuna saliva, *Plin* 8, ...

Præsilio, ire, ui, ultum [ex præ, & salio] *To burst out*, as tears do Præ lætitia lachrymæ prosiliunt mihi, *Plaut Stich* 3, 2, 13

Præspergens tis part [a præspergo, quod vix occ] *Strewing, or scattering before one as one goeth*, *Lucr* 5, 738.

Præstabilis, e adj or, comp (1) *Excellent* (2) *Which may be performed* (1) = Præstabilis & insignis virtus, *Cic de Har Resp* 19 Mente nihil præstabilius, *Id de S n* 1 (2) *Sipont*

Præstandus, a, um part *To be shown, or made out* Præstanda fides, *Ov Ep* 20, 182

Præstans, tis part (1) *Performing, doing* (2) Adj or, comp ssimus, sup *Excelling, passing, surmounting in any thing, excellent, gallant, brave* (1) Vicem præstantia teli cornua, *Ov Met* 1, ... 81 (2) Virtute & consilio præstanti exstiterunt, *Cic* ... & prudentia præstans, *Id pro C Balbo*, 22 ingenio & diligentia, *Id Tusc* 1, 10 Victoria & ... præstantis manus, *Id Fin* 7, 5 Corpore præstanti nymphæ, *Vir Æn* 1, 75 Præstantior omnibus ... *Ov Met* 2, 724 Ingenio præstantissimus, *Cic de Amic* 1 Præstans labor, *very great*, *Lucr* 2, 12 Aliud aliud præstantius, *better*, *Id* 2, 506

Præstantia, æ f (1) *Preeminence, superiority* (2) *Excellency, gallantry* (1) = Nobis personam imposuit natura magna cum excellentia præstantiaque animalium reliquorum, *Cic Off* 1, 28 (2) Homo habet præstantiam mentis, cui tota illius natura pareat, *Cic de Fin* 5, 12

Præstat, stitit impers *It is better* Tacere præstat philosophis quam loqui, *Cic N D* 3, ... Meri millies præstitit quam hæc pati, *Id Att* 14, 9

Præstātio, ōnis f verb (1) *A paying of performing* (2) *The paying of legacies* (1) *Sen ap Litt* (2) Legatorum præstatio, *Ap JCC* ‡ Solutio, *Cic*

Præstiturus, a, um part *That will, or is about to perform, make good, or undertake* Id me præstiturum spero, *Cic Fam* 1, 11 Se præstituros, nihil ex eo ... offensionis habiturum *Id Fam* 6, 8

Prætegia pl n [ex præ & tego] *A place covered, where men sat to talk for recreation, a porch, cloister, arbour or such*

ble Plaut Pseud 1, 2, 31
Præst gustus, um part *Clanf- … tasted beforehand* Facito, … omnium vers præstrigi, … Plaut 1, 2, 51 *Grut leg* … patena … præstigi
… e, iti vi atum act *To … beforehand* Quæ sibi … altaria phœnix, … 4
Præ…no, … tus pass Met *To be prepared, or provided …* … ludibus, … campum … *Plin Jun*
Præ… [ex præ, & … antiq qui nunc antistes, … præst… distinct … custodes, … & … *Plaut* … *Catalect* quod præ… omni … tuti … *Ov* (1) … *chief in every affair* a … *a powerful god* (2) Also … *of Jupiter* (3) Præ… ibus … *Fast* 5, 129 (2) JOVI … STITI *Inscript Grut* p
… ium, a f Ut hujus velut … plaustum … *Quint*
… dabo … præstigiæ, quod … oculo, … conveniunt … *Tricks, wiles, false delusions* … *and conveyances* … fallacia, … esse non … palam, … compilavi Verres, … Ne præstigiis & captio … amur, *Id Acad* Q 4
Præstigiator, ōris m Qui præ… situ … *In hocus pocus, one … the legerdemain, or sleight of hand, a cheat that casts tha … before peoples eyes* Sic dia… *orum captiones* sine noxa de… quomodo præstigiatorum … & calculi, *Sen Epist* 45
Præstigiatrix, icis f … *A … er, a cunning gypsy* … trix hacce … est, … oportet, *Plaut Amph* 15
Præstigiosus, a, um *Full of de… tricks*, Gell 10, 8 ‡ Can…
Præstinguo, … (1) *To … the sight* (2) *To render … or inglorious, to make …* (1) … Epicurus g… ingenio superavit, … præstrinxit stellis exor… *Sol, Lucr* 1057
Præstino, … [ex præ, & stino, … *To bargain for, to …* … præstinet … *Id C pt*
Præstitor, ōris m verb *A* … [ex … *To …* … præstituit, … *Cic pro C…* … temporis …
Præstitutus, a, um part *Agreed … fixed, limited* Nulla … *Tusc* 1, 35

Præsto adj indecl vel ut vult Scipion adv [qu ab in præstus, unde præstulus, & præstolis] *Ready at hand* Hostia ad sacrificium præsto non fuerunt, *Cic de Div* 2, 31 Præsto amicis esse ad consilium, *Id* Præsto est, *Ter Eun* 5, 8, 20 Præsto mihi fuit, cum … *Cic Fam* … præsto est … *to help, or assist*, *Id* Et in … *vario sensu*, … præsto adve… *would appear against him*, Id
Præsto, … item & … um [ex præ, & sto] (1) *To excel, to be before* (2) *To bring out* (3) *To supply, or perform the part of* (4) *To … or perform* (5) *To shew, or prove* (6) *To give, or provide* (7) *To make good, or pay* (8) *To warrant, to answer, to be accountable for* (9) *To keep, to turn out, to pay, to execute, to suffer from* (10) Impers *It is better* (1) … prima præstitit … *Liv* 4, 20 (2) Ego illum præstabo … ludificatorem meum, *Plaut* … 5, 1, 16 … præstolabo (3) Ut … præste … *Plin* … 9, 20 (4) … præst… *Cic* … *Plin* Quicq… præsti… *Id Brut* … (5) Præst… *Id de Cl Orat* … (6) … præstas *Ov Trist* … 235 (7) … quod dictum est … *Liv* (8) Non possum mores … præstare, *Cic* … præstare alio … *be answerable for* … *Id Fam* 5, 17 Nihil præstandum in vita præter culpam, *once in his fare of nothing else*, Id Fam 6, 1 Istam culpam, … ego præstabo, *I will take it upon myself*, Id *de Orat* 1, 4 (9) Hominem … *Ter Eun* … Præst… *Cic de Orat* … præstare … *Id Off* 1, 19 ‡ Quamvis … præstat … *Col* § … stat ingenio … § In … præstare, … *Cic in Pison* 7
Præstōlans, tis part *Tarrying for* Hujus adventum ad Clupeam præstolans, *Cæs B C* 2, 23
|| Præstolatio, onis f verb *A waiting*, Vulg
Præstolor, ari, dep & præstolo, … Non Præstolari dicitur, … *Fest* [qu … *Don* … adv præsto, … *Scil a præsto* … præstolus, … *To tarry for, to wait for one* § Quem præstolare Parmeno? *Ter Eun* 5, 6, 5 … locum præstolans, *Cæs* … 1, 9 § Ut in … præstole … *Id Att* 2, 15
Præstrictus, a, um part … præ… *bound* … præstricti … *Ov in Ibin* 549 Præstrictus … *frozen*, Plin 17, 24 Præstrictus metu, *struck with fear*, Id Vinclis manus … præstricta, *Sen Troad* 560

Præstringens, tis part … rious præstringentibus … oculorum, *darkening, making dim*, Liv 4, 38
Præstringo, ere, xi, ictum act (1) *To bind fast, or hard* (2) *To chill* (3) *To dazzle, or dull, to cast a mist before, to darken, or make dim* (1) Tempora præstrinxit … *Stat* … (2) Præstringit … lit *Aquilo* radices arborum *Plin* … (3) … aciem … præstringunt … *Cic* … præstringunt … *Plaut* Acies … præstringitur, *Cic*
Præstringor, i, ctus pass (1) *To be … ed, or stopped in its growth* (2) *To be … to be made dim, or … a mist* (1) … *Plin* … (2) *Plin* … Præstringor …
Præstructus, a, um part (1) *Built first, or before* (2) … *on purpose, ready prepared* (3) *Also stopped, choked up* … præstructus … *Col* …
Præstruo, ere, xi, ctum act (1) *To build first* … *or block up* (2) *To prepare, to provide, to furnish* (1) … *Ov* … 2, 21 In medium … *Tac* … 12, … (2) … *Liv* 29 …
Præsŭo, ere … *To … oat aforehand* … *Cato de Rust* … *Col de Re Rust* … 120 … *Stat* … 6, 4
Præsul, is m [a præsiliendo, quod Salius …] *The chief of the priests of Mars* (2) *A prelate, the chief of other priests, a bishop* (3) *One who presides, or … over* (4) *A … or … er*, (1) … *Cic* … *Div* … 26 (2) … præsule … *Pal* … 6
Præsulcus, a, um adj *Very salt, or salt before* Præsulsa … *Col* 6, 2
Præsultātor, ōris m verb *He that … before the sports began*, Liv 2, 36
Præsulto, are *To dance before* § Ferox præsultabat hostium signis, *Liv* … 10
Præsultor, ōris m verb *He that led the dance* Præsultorem ludis sibi non placuisse, *Val Max* 1, 7, 4 vid & *Lactant* … ‡ Præsul, *Cic* Præsultator, *Liv*
Præsultura, æ f *A leaping first*, Litt ex Var
Præsum, es, fui esse *To be before or above others, to be in authority, to have charge, rule, or oversight of a thing* Præesse provinciæ, *to be over it as chief ruler*, Cic Fam 1, 9 Classi, *to be admiral*, Nep Dion 6 Præesse summo magistratu *to be chief magistrate*, *Cæs B G* 1, 18 ‡ Non solum interfuit his rebus, sed etiam præfuit, *Cic Fam* 1, 8
Præsumens, tis part *Taking first* Alius cicutam præsumentibus, *Plin* 14 22
|| Præsumitur, & præsumptum

est impers *It is presumed*, Ulp
Præsumo, ere, psi, ptum act (1) *To take first, or before* (2) *To presuppose, guess, deem, or conceive … forehand, to anticipate* (3) || *To presume* (1) Potores certiorum præsumunt … rithum unum, *Plin* 23, 5 (2) Animo, & spe præsumere bellum … *Virg Æn* 11, 19 … certam … *Val Max* 1, 6, 10 (3) …
Præsumor, … pass *To be taken first* … *Plin* 25 …
Præsumptio, onis f verb (1) *A … ing beforehand* (2) Also … *presumption, or … ection of one's adversary's objections* (3) *The major proposition in a syllogism* (1) Bona fama … præsumptio, *Plin Epist* … (2) … *Quint* 9, … (3) Præsumptionem, quam Græci πρόληψιν vocant, non dubitur, *Cic de Div* 2, 53
Præsumptus, a, um part (1) *Taken first, or before* (2) *Taken up, or conceived before* (1) Summam … præsumpti pocula in… ns, *Sil* 5, 209 (2) Præsumptum … *taking it for granted*, *Tac Ann* 14, 55
Prætexo, ere, … *To sew before, or about* § Surculos … *Plin* 12, 10
|| Præsuppono, ere *To presuppose*, Lecl ‡ antecedenti…
Prætextus, a, um part *Sowed, or stitched about* … *Ov Met* 1, 6
Prætego, ere, xi, ectum act *To cover* … feminum … *Plin* 15
Prætendens, … part (1) *Holding forth* (2) … (1) … *Ov Met* … 9 (2) … *Tac* 24, 1
Prætendo, ere, di, sum & tum act (1) *To hold, or hang a thing before* (2) *To set before, or put* (3) *To pretend, or place before* (4) *To cloke, or colour* (1) … tem tumidis … *Virg* … (2) … *Cic* … (3) … *Tac* … 1, 599 (4) … *Virg Æn* 1, 2…
Prætendor, i, … (1) *To be spread before* (2) *To be … before* (3) *To be pretended, or made a pretext* (1) … *Plin* … 8 (2) Quo … *Tac Hist* 2, 6 (3) … nomen partibus … detetur, *Tac*
Prætener, a, um *Very soft, or tender*, Plin 25, 13
Prætentatus, a, um part *To be tried before hand* … *Ov Met* … 560
Prætentus, a, um part Met *Pretended, tried before, considered* … *Cic de Orat* 2, 78
Prætentatio, … m verb *The act of groping, or feeling in the way* … oculorum … *Plin* …
Prætento, are (1) *To feel, or grope with one's hand, foot, &c* (2) Met … *or try beforehand* (1) … *Ov in Ibin* … pedibus … (2) … *Ov Met* 8, 7 Præten…

tenta pollice chordas, *Id Met* 5, 9 pectora dictis, *Stat Th* 81

|| Præcursoria, æ f *The forlorn hope, also outguards of soldiers abroad in the frontiers, or in the enemy's country, to pickeer, and keep off alarms, or inroads*, Amm Marcell 14,9 ✝ An ecessores agminis, *Liv*

Prætentus, a, um part [à prætendo] (1) *Set or placed out before* (2) *Spread* (1) Armatum aciem toto prætentam in littore cernebam, *Liv* (2) Gens prævalens his prætenta, *spread before, bordering upon*, Tac Ann 2,56,1 Prætentus Armenia, *Val Flacc* 5,16

Prætĕnuis, e adj (1) *Very small, thin, or slender* (2) *Very narrow* (1) Prætenuia folia, *Plin* 11 15 (2) in ponte prætenui, *Plin* 8,50

Prætĕpeo, ēre, ui n *To be warm before* Si tuus in quoquam prætepuisset amor, *Ov Am* 2,3,6

Præter prep [à præ, ut inter ab in] (1) *Except, saving, beside* (2) *Over and above, more than* (3) *By the side, or near to* (4) *Contrary to, or against* (5) *Before* (6) Præter adv *for præterquam* (7) Præter hac *pro post hac* (1) Nunc quidem præter nos nemo est, verùm tamen mihi scio, *Plaut* (2) Quem ego huic præter omnes, *Plaut Amph* 2,2, 10 (3) Præter ripam, *Liv* (4) Præter civium morem atque legem, *Ter Andr* 5,3,8 (5) Præter pedes, *Plaut Stich* 3,2, oculos, *Cic* (6) Omni incommodi patientes, præter frigoris, *Col* (7) Non pulcram præter hac, *Plaut* al leg præt hac aspentum

Præterăgo, ere, unde

Prætĕrăgendus, a, um part *To be ridden by, or beyond* Diversorii nota prætĕragendus equus, *Hor Ep* 1,15,11

|| Prætĕrbīto, āre freq [à præterbeo, interposito b, quæ præteribo, vel potius præterbito, is, ere, à præter, & antiq bito vel beto] *To go, or pass by* Cave, præterbitas ullas ædes, *Plaut Epid* 3,4,1 ✝ Prætereo, *Cic*

|| Prætercurro, is, ere, sum unde part

|| Prætercurrens *Running, or galloping by* Equis prætercurrentibus, *Veg* 3, 24 ✝ Præterequitans, *Liv*

Prætĕrdūco, ĕre, xi, ctum act *To lead along, or before*, Plaut Mil 1,1 67

Prætĕrea adv [à præter, & ea] (1) *Furthermore, moreover, beside* (2) *Also hereafter* (1) *Cic Fam* 1,2 (2) *Vir Æn* 1,53

Prætĕrĕo, ire, ivi & ii, itum act (1) *To go, or pass by, or over* (2) *To go beyond, to go past* (3) *To avoid, or escape* (4) *To neglect, not to choose* (5) *To let pass, to slip, or pass over, to make no mention of, to leave out, or omit* (6) *To escape the notice, or memory of* (7) *Also to outpass, surpass, or excel* (1) In hortis, quos modo præteribamus, *Cic de Fin* 5 1 (2) Prætereunte hac rectâ plateâ sursum, *Ter Adelph* 4,2 35 § Præterii imprudens villam, *Id Eun* 4,2,5 ✱ Nec quæ præteriit, hora redire potest, *Ov A Am* 3, 64 (3) Nescis quid mali præterieris, *Ter Hec* 3,4,5 (4) Populus & potest & solet nonnunquam dignos præterire, *Cic pro Planc* 3 (5) ═ Cædes relinquo, omitto senatusconsulta, libidines prætereo, *Cic de Prov Cons* 3 (6) An temerè quidquam Parmenonem prætereat, quod facto usus sit *Ter Hec* 5, 4, 38 Certè quæri hoc solere me non præterit, *Cic pro Cæcin* 33 (7) Nulla est gloria præterire asellos, *Mart* 12,36,13

Prætĕrĕor, iri pass (1) *To be passed by in silence* (2) *To be neglected, not to be chosen, or mentioned* (1) Non prætereatur Asinii Pollionis factum, *Paterc* 2, 86 (2) Sapiens & bonus vir suffragiis præteritur, *Cic Tusc* 5, 19 Damna, decora præteреuntur, *Id*

Prætĕrequito, are, unde

Prætĕrequitans, tis part *Riding by, or beyond*, Liv 2,61

Prætĕreundus, a, um part (1) *That is to be let pass* (2) *That is to be passed by in silence* (1) *Ov Fast* 6,419 (2) *Vell Paterc* 1, 2

Prætĕrfĕror, ferri, unde præterlatus part quod vid

Prætĕrfluens, tis part *Flowing by*, Amnis præterfluens mœnia, *Liv* 41,11

Prætĕrfluo, ĕre, xi, xum act (1) *To flow, or run by as a river* (2) Met *To pass by, let slip, or neglect* (1) Flumen præterfluebat muros, *Liv* (2) Animus præteritam voluptatem præterfluere non sinit, *Cic Tusc* 5, 33

Prætergrĕdior, ĕris sus (1) *Pass ed by, or beyond* (2) *To surpass or excel* (1) Nuntiavit te jam castra prætergressum esse, *Cic Fam* 3,7 (2) In te maxime, qui tantum alios prætergressus es, *Sall de Rep Ordin* 1

Prætĕrhac, & præterhàc adv ut Præterea, moreover, Plaut Men 5,1,25 & Rud 4,3,7

Prætĕriens, euntis part (1) *Passing by* (2) *En passant, by the by* (1) Currus præteriens, *Tib* 2, 5, 120 (2) Sic breviter quasi præteriens satisfaciam universis, *Cic Div in Cæcil* 15

Prætĕrĭtūrus, a, um part *About to pass by* Præteriturus eram gladios in principe fixos, *Ov Fast* 3, 697

Prætĕrĭtus, a, um part (1) *Past, past and gone* (2) *Passed by, left out, neglected, repulsed, not chosen* (3) *Left out, or not remembred in one's will* (4) *Dead and gone* (1) ✱ Animus meminit præteritorum, præsentia cernit, futura prævidet, *Cic de Div* 1, 30 O mihi præteritos referat si Jupiter annos! *Vir Æn* 8, 560 (2) Ædilitate præteritos scimus consules esse factos, *Cic pro Planc* 21 (3) *Justinian* (4) ⚜ Fas est præteritos semper amare viros, *Prop* 2,13,52

Prætĕrlābor, i, lapsus sum dep (1) *To slide, glide, or flow by, as water* (2) Met *To slip out of mind* (1) Quæ, Tyberine, videbis funera, cum tumulum præterlabêre recentem! *Vir Æn* 6,874 Qua præterlabitur undâ Alpheus, *Stat Theb* 1, 271 Hanc pelago præterlabere necesse est, *sail by, or beyond*, Id (2) Definitio ante præterlabitur, quam percepta est, *Cic de Orat* 2, 25

Prætĕrlātus, a, um part [à præterferor] *That is passed by, gone, past, or carried beyond* Latebras eorum improvida præterlata acies est, *Liv* 21, 55 Præterlata pars vocum, *Lucr* 4, 573

Prætĕrluo, unde part

|| Prætĕrluens, tis part *Flowing, or running by the side of a place*, *Apul Met* 6, p 184

Prætĕrmeans, tis part *Passing by, or near* Salutantum tactu, præterque meantum, *Lucr* 1, 319 per tmesin

Prætĕrmeo, are act *To go, or pass by* Quo tractus Ister prætermeat, *Amm* 31,23

Prætermissio, onis f verb *A leaving out, or letting pass a thing, the overslipping, or forgetting it* Prætermissio ædilitatis consulatûs repulsam attulit, *Cic Offic* 2, 17

Prætermissūrus, a, um part *That will let pass*, Cic

Prætermissus, a, um part (1) *Omitted, neglected* (2) *Forgotten* (1) Si quid ab Antonio aut prætermissum, aut relictum sit, *Cic de Orat* 2, 29 (2) ✱ Negant eum locum a Panætio prætermissum, sed consultò relictum, *Cic Offic* 3,2

Prætermittendus, a, um part (1) *To be let alone, or passed by* (2) *To be passed by in silence* (1) Prætermittenda defensionis, deferendique officii plures solent esse causæ, *Cic Offic* 1, 9 (2) *Cæs B G* 7,25

Prætermittens, tis part *Omitting*, Cic

Prætermitto, ĕre, misi, ssum act *To omit, to leave undone, to leave out, to pass over, not to speak of, to let pass* Nos nihil, quod ad eam rem pertineat, prætermittimus, *Cic Fam* 1, 5 § De sumptu, &c dicere prætermittam, *Cæs* Sceleris pœnam prætermittere, *to pardon it*, Cic

Prætermittor, i, ssus pass *To be omitted, or neglected* Quæ prætermitti sine nefario scelere non possunt, *Cic Fam* 1, 9

|| Prætermonstro, are, unde part

|| Prætermonstrans, tis *Shewn one by the bye*, Gell 20, 10

Prætĕrnăvigatio, onis f verb *A sailing by*, Plin 3,12

Prætĕro, ĕre, trivi, itum act *To wear, or make small* Præter ejus non mutavit primores, ideoque prætrivit, *filed them before*, Plin 11, 37

Prætĕrpropter (1) *At no certainty at all adventures* (2) Also *thereabout, over, or under, more, or less* (1) Præterpropter vitam vivitur, *Gell* 19, 10 ex Enn (2) *Cato Vid* Salmas *in Solin* 42

Prætĕrquàm adv *Beside, saving, except, but only, otherwise than, unless, besides that, or what* Aqua præterquam capiti, etiam stomacho prodest, *Cels* Verbum unum præterquam quod te rogo, faxis, cave, *Ter Andr* 4, 4, 14

Prætĕrrādo, ĕre, si, sum *To scrape, or rake* Præterradit vox fauces, *Lucr* 4, 531

Prætervectio, onis f verb *A passage, or sailing by* Prætervectione omnium, qui ultrò citróque navigant, *Cic Verr* 5, 66

Prætervectus, a, um part *Passed, or sailed by, or beyond* Prætervectas Apolloniam Dyrrhachiumque naves viderant, *Cæs B C* 3, 30 Met Scopulos prætervecta videtur oratio mea, *I have explained and run through the most difficult points*, Cic pro Cœl 21

Prætervĕhens, tis part (1) *Passing by* (2) *Riding, or sailing by* (1) Prætervehens tribunitia subsellia, *Suet Cæs* 8 Velabrum prætervehens, *carried in a chariot, or litter*, Id ibid 37 (2) Prætervehens equo, *Liv* 22, 49 Ut prætervehenti classis naves adoriretur, *Id*

Prætervĕho, ĕre, xi, ctum unde

Prætervĕhor, i, ctus pass *To be carried in a coach, litter, on horseback, or by sea* Literis prætervehentur oram Italiæ, *Cic* Altera die Apolloniam prætervehuntur, *Cæs B C* 3, 26 Vix prætervehor ostia saxo Pantagiæ, *I sailed by*, Vir Æn 3,688 Met Ei succedo orationi, quæ non prætervecta sit aures vestras, sed in animis omnium penitus insederit, *hath not slipped through but sunk deep into*, Cic pro C Balb 1

Prætervertendus, a, um part *To be spoken of before* Neque habes aliquid quod huic sermoni prætervertendum putes, *Cic de Div* 1,6 ubi al leg prævertendum

Prætervertо, ĕre act Eundem solem lumen his ortum contrario prætervertebat occursu, *be turned upon, or against*, Plin 2,71 ubi al prævertebat

Prætervŏlo, āre *To fly by, or through, to sail by* Quum fulgens pluma prætervolat ales, *Cic* Hasta prætervolat aures, *Sil* 10,114 Lacum prætervolat ales, *Claud B Get* 321 Met ✱ Hæc quo proposita non prætervolant, sed ita dilatant, ut, *do not lightly touch upon*, Cic Acad Q 4,1 Fugit eos, & prætervolat numerus, *slipp th out of their mind*, Id Orat 58

Prætexendus, a, um part *To be spread before* Ad prætexenda piscibus retia, *Plin* 16,

Prætexens, tis part *Colouring, overspreading* (2) Met *Pretending* (1) Prætexens picta ferrugine cœlum mutat ter arcus, *Tib* 1, 1, 4 (2) Ubicunque ipsi essent, prætexentes esse rem publicam, *Vell Paterc* 2, 62

Prætexo, ĕre, xui, xtum act (1) *To border, edge, or fringe, to cover, surround, or incompass* (2) Met *To cover, to colour, cloke, or excuse* (3) *To set in order, or compose* (1) Prætexit arundine ripas Mincius, *Vir Ecl* 7, 1 Littora curva prætexunt puppes, *Id Ecl* 6, 5 Qui montes omnes eas gentes prætexunt, *Plin* 6, 15 (2) Hoc prætexit nomine culpam, *Vir Æn* 4,172 Novis prætexere funera sacris, *Id Æn* 4, 500 *Hi pall*, i e prætexere novâ sacra funeri Prætexere cupiditatem triumphi, *Cic in Pison* 24 (3) Quod in his voluminibus auctorum nomina prætexui, *have narrated them in order*, Plin lib 1 præf

Prætexor, i pass (1) *To be spread, or covered* (2) *To be incompassed, or set in order before* (1) Germania Danubio prætexitur, *Tac Germ* 42,2 (2) In Sibyllinis ex primo versu cujusque sententiæ primis literis illius sententiæ carmen omne prætexitur, *Cic de Div* 2, 54 Postibus præt *to be placed before the doors*, Plin Paneg 52

Prætexta æ f *scil* toga [illegible] Erat enim toga alba purpureo limbo prætexta Item [illegible] pellantur quæ [illegible] es Romanæ con[illegible] nent scriptis Fest ubi Pr[illegible] pro prætextatæ, *Scal* Erant & prætextæ inter fabulæ spec[illegible] nat (1) ═ *A white robe reaching down to the ancles, garded with purple, worn by the chief magistrates as a mark of dignity of honour, also by senators on solemn festivals, by masters of corporations, and also priests* (2) *Afterwards worn by children till seventeen years of age* (3) *Also a kind of play wherein they represented persons of honour and quality, as togata was of common men* [illegible] persons (1) Consularis prætexta [illegible] *Paterc* 2, 65 Ædiles cum toga prætexta, *Cic Verr* 5, [illegible] Prætextam super tunicas ho[illegible] quoque sumunt, *Non* [illegible] (2) Puerorum amo[illegible] cum ipsa prætexta po[illegible] Ei pueri igitur pupil[illegible] prætextam *Id Verr* 1, [illegible] prætexta ad talos, [illegible] ( ) ⁂ Etiam prætextam [illegible] Gallum Cornelium [illegible] ad *Cic* Prætexta [illegible] *a mourning habit worn at* [illegible] ☞ *De origine & prætextæ vid* Macrob Sa[illegible] 1, 6

Prætextatus, a, um part (1) *Wearing a long white robe garded with purple*, as magistrates, [illegible] and noblemens children [illegible] to do (2) *Filthy, ribaldrous* (1) [illegible] magistratus curulibus [illegible] prætextati, *Liv* Urbem præ[illegible] & [illegible] coronatus intra[illegible] *Tib* 17 Prætextati tri[illegible] filii, *Cic* pro *Mur* 5 [illegible] (2) Prætextatum [illegible] veteres appell ab eo [illegible] prætextis sit nefas obscœno [illegible] vel quod nubentibus de[illegible] prætextis a multitudine pu[illegible] obscœna acclamaretur *Fest* [illegible] *Suet Vesp* 22 [illegible] sermo, *Fest* ☞ *Sed* [illegible] *parum satisfaciat* [illegible] *simpl* pre[illegible] *esse ea, quibus ali*[illegible] *vel prætextæ debet* [illegible] *quomodo obscœnis* [illegible] Honos sit auribus, *præ*[illegible] *fuit*?

Prætextum, i n (1) *A border*, [illegible] (2) *A pre*[illegible] ( ) *An ornament, the same* [illegible] (1) *Plin* 12, 9 (2) [illegible] civilium armorum [illegible] *Suet J Cæs* 30 (3) [illegible] amittet exercitum, sed [illegible] pulcherrimum reipub præ[illegible] optimates uno prælio pro[illegible] *Sen Ep* 71

Prætextus, a, um part (1) [illegible] *bordered, edged* (2) [illegible] (3) *Pretended* (1) His[illegible] prætextis purpurâ tu[illegible] *Liv* (2) Præ[illegible] domus, *Ov Fast* 4, [illegible] (3) *Cic Catil* 2, 2

Prætextus, ûs m verb (1) *A pretence, a colour, a cloke* (2) [illegible] *scription* (1) Omnium ini[illegible] hoc prætextu de[illegible] *Suet Tib* 28 (2) Maxi[illegible] operuit prætextu titu[illegible] imaginum suarum amplifica[illegible] *Val Max* 4, 4, 1

Prætimeo, ere, ui *To fear* [illegible] Sibi prætimet, *Plaut* *Amph prol* 29

Prætingo, *unde*

Prætinctus, a, um part *Dipped*, or *sprinkled beforehand* Se[illegible] prætincta veneno, *Ov Met*

Prætor, oris m [*a* præeundo, [illegible] quod populo præiret, [illegible] dictus qui præiret jure & [illegible] præesse, ut fit ge[illegible] qui præest, *Liv*] (1) In [illegible] after the exclusion of [illegible] *the consul* was so called, [illegible] kingly power, both for [illegible] military affairs (2) Af[illegible] the consuls being imploy[illegible] in war, there was an [illegible] constituted with power to [illegible] matters of law between citi[illegible] citizen, called *prætor ur*[illegible] whom Cicero often calls [illegible] *Romanus*, like our lord [illegible] and because there was a [illegible] company of strangers at Rome, another was appointed to judge cases between them, called therefore *peregrinus*, like our sheriff of Middlesex (3) At last, as more provinces came in, and causes increased, there were eight prætors made, and so continued till Julius Cæsar made them ten (4) *An imperator*, or *general* (5) At last it came to signify *any governour*, or *chief magistrate* (6) *A propretor*, or *lieutenant-general* (7) *A proconsul* (8) *A lord chief justice, a lord president, with judges under him to try causes, and himself to give sentence* (1) Idem ducebantur consules & prætores, quod præirent populo prætores, quod consulerent senatui consules, *Varr* Imm & Juvenal s *tempore promiscuus harum vocum usus fuit*, Prætorem etenim eundem vocat, Sat 10 v 36 *quinmox*, v 41 Consulem *appellat* (2) *Vid* Onufrium Comment in lib 1 Fastorum ad A U 388 & Lips in 1 lib Annal Taciti (3) *Vid* Pomponium de Orig juris L & Lips in 1 lib Annal Tac (4) In re militari prætor dictus, qui præiret exercitui, *Varr L L* 4, 16 (5) Veteres omnem magistratum, cui pareat exercitus, prætorem appellaverunt, *Ascon* (6) *Liv* (7) Alieno prætori, qui Siciliam obtinebat, de omnibus rebus præcipit, *Hirt B Afr* c 2 conf *Cic Ep* 13 (8) Prætores urbani jurati debent optimum quemque in selectos judices referre, *Cic* pro *Cluent* 43 Prætor ærarius, *a lord treasurer*, *Tac Ann* 1, 75, 2

Prætoriānus, a, um adj *Of*, or *belonging to*, or *attending on the pretor* Prætoriani milites, *the general's own guard*, Plin 6, 29 & Tac Hist 2, 44, 5 Prætorianæ cohortes, *the main guard*, Suet Tib 37

Prætorītius, a, um adj *id quod* prætorius *Of*, or *belonging to the pretor, the lord mayor*, or *lord chief justice* Prætoritia corona, *Mart* 8, 33

Prætorium, ii n (1) *The general's tent* (2) *The king's pavilion* (3) *A place, or court where causes were heard, and judgement given by the pretor, mayor*, or *lord chief justice*, or *any other chief magistrate, the judgement hall* (4) Also *any nobleman's seat*, or *manour house in the country, a place* or *hall* (5) *The dignity of a pretor* (6) *A palace*, or *court* (7) Met *The pretorian bands* (1) Quercus prætorio imminebat, *Liv* 3 (2) *Just* 2, 11 (3) Impetrat suis, ut candelabrum illud in prætorium deferent, *Cic Verr* 4, 28 (4) Alternas servant prætoria ripas, *Stat Sylv* 1, 3 Ampla & operosa prætoria gravabatur, *Suet Aug* 72 (5) Prætorium Africæ, Galliarum, Italiæ, *&c* passim in *Cod* (6) Sedet ad prætoria regis, *Juv* 10, 161 Prætorium dimittere, *Liv* 37, 5 (7) Antium coloniam deduxit, adscriptis veteranis e prætorio, *Suet Ner* 9

Prætōrius, a, um adj *Of*, or *belonging to the pretor*, or *chief officer* Navis prætoria, *an admiral*, or *flag ship*, Liv 29, 2, Cohors prætoria, *the general's guard*, Cic Catil 2, 11 Vir prætorius, *one who hath been pretor*, Id Domus prætoria, *Id Verr* 5, 56

Prætorqueo, ere, si Prætorquete injuriæ collum, *break its neck* Plaut Rud 3, 2, 12

Prætortus, a, um part *Writhed very much* Prætorto capite & recurvato, *Col* 3, 18

|| Prætorridus, a, um adj *Very hot, scorching* Prætorridæ æstas, *Calphurn Ecl* 2, 80

Prætrĕpĭdans, tis part *Panting with earnest desire* Mens prætrepidans avet vagari, *Catull* 44, 7

Prætrepidus, a, um adj *In great disorder*, or *fright* = Prætrepidus, atque etiam obnoxius vixit, *Suet Tib* 63 Lætari prætrepidum cor, *Pers* 2, 54

Prætrunco, āre act *To cut off* Prætruncavit tribus tergoribus glandia, *Plaut Capt* 4, 4, 7

Prætruncor, āri, ātus pass *To be cut off* Nonne tibi istam prætruncari linguam falsiloquam jubes? *Plaut Mil* 2, 3, 47

Prætumidus, a, um adj *Very much swelled* Prætumido quatieoat corda furore, *Claud in Ruf* 1, 225

Prætūra, æ f *The pretorship, the office*, or *dignity, of a pretor* Præturæ jurisdictio, *Cic* pro *Flacc* 3 Præturâ se abdicare, *Id Cat* 3, 6

Prævălens, tis part (1) *Prevailing* (2) Adj *Very strong* (1) Prævalentis populi vires, *Liv* in *Præf* op (2) Ipsum prævalens equus vehebat, *Curt* 7, 7, 36 § Corpore prævalens, *Paterc* 2, 108

|| Prævalentia, æ f *Prevalence*, or *force*, Paul

Prævăleo, ere (1) *To prevail* (2) *To be better*, or *of more value*, or *worth* (3) *To excel*, or *exceed* (1) Prævalebant jam fa[illegible] consilius, *Vell Pat* 2, 118 In quo illa mixtura prævaluit, *Plin* 34, 2 (2) *Plin* 6, 10 (3) Vulturium prævalent nigri, *Plin* 10 6 Arcu prævalere, *Stat Achill* 2, 122 Virtute semper prævalet sapientia, *Phædr* 1, 13, 13

Prævălesco, ĕre incept *To grow too strong* Antequam ex toto prævalescat arbor, *Col* 5, 6

Prævălĭdè adv *Over strongly*, or *stoutly*, Plin 17, 14

Prævălĭdus, a, um part *Very strong* Prævalidus juvenis, *Liv* 3, 4 Prævalidæ legiones, *Paterc* 2, 69 Prævalida tellus, *too strong*, or *rank, too hearty*, Vir Geor 2, 253

|| Prævallo, āre act *To fortify before* Ut sævum gentibus unnem domibus prævallet amœnis, *Claud Cons Stil* 2, 189 ✝ Præsepio

Prævallor, āri pass *To be fortified before* Imperat pontem adversus hostem prævallari, *Hirt B Alex* 19

Prævārĭcātio, onis f verb (1) *Prevarication, collusion, foul play in pleading, playing booty* (2) *A transgression of the law* (1) *Cic Part Or* 36 Prævaricatio est transire dicenda, prævaricatio etiam cursim & breviter attingere quæ sunt inculcanda, infirmanda, repetenda, *Plin Epist* 1, 20 (2) *Vulg Int* ✝ Declinatio a lege

Prævārĭcātor, ōris m verb [prævaricatores à prætergrediendo sunt vocati, *Fest* qui in contrariis causis, quasi varie esse positus videtur, *Cic Part Or* 36 qui veritato, qui diversum partem adjuvat, proditâ causâ suâ, *Ulp*] (1) *A betrayer of his client's cause, a sham, a false dealer, a shuffler, a waster for bonds* Jam vereor P C n, quod turpissimum est, prævaricatorem mihi apposuisse videar, *Cic Philipp* 2, 11

✝ Prævaricatus, a, um part *Transgressed*, Aug

Prævārĭcor, āri, ātus sum dep [ductum in alteram partem varicor pede, *M*] (1) *To make a balk in plowing, to go crooked* (2) Met *To prevaricate, to dodge, to boggle, to prim, to play foul play*, or *fast and loose, to be Jack on both sides, to shuffle and cut, to make shew to do a thing and do clean contrary, to work by collusion in pleading, to betray one's cause to his adversary* (1) Arator, nisi incurvus, prævaricatur, inde translatum hoc crimen in forum, *Plin* 18, 19 (2) ⁂ Non defendere, sed prævaricari accusatori videbatur, *Cic* pro *Cluent* 21

|| Prævārus, a, um adj *Very irregular pulse*, Apul p 819 ✝ Varius

Prævectus, a, um part [*a* præveho] *Carried*, or *riding before* Equites Romani prævecti per obliqua campi, *Liv* 9, 35 Equo prævectus, *Sil* 7, 117

|| Prævelans, tis part *Covering, adorning* Sextas Getica prævelans fronde secures, *Claud* 6 *Cons Hon* 647 ✝ Prætexens

|| Prævelo, āre *unde*

Prævelātūrus, a, um part *That will cover*, or *hide* Flammea sollicitum prævelatura pudorem, *Claud Rapt Pros* 2, 325 ✝ Velaturus

Prævelox, ōcis adj *Very swift* Prævelocibus camelis fugientes, *Plin* 11, 31

Prævĕniens, tis part *Coming before* = Præveniens & antematutinum exoriens, Luciferi nomen accipit, *Plin* per tmesin Præque diem veniens, *Vir Ecl* 8, 17

Prævĕnio, ire, entum act (1) *To come before* (2) *To prevent* (1) Prævenerat non fama solum, sed nuncius etiam, *Liv* 24, 21 Pinus & picea præveniunt germinationem quindecim fere diebus, *bud first*, Plin 16, 26 (2) Ut beneficio præveniret desiderium plebis, *Liv* 8, 16

Prævĕnior, pass *To be prevented* In eo ipso sacramento vexillis inferioris Germaniæ præventus erat, *Tac Hist* 1, 53, 3

|| Præventio, onis f verb *Prevention*, Quint ✝ Anticipatio

|| Præventores pl *A company of soldiers sent before to prevent the enemy*, Amm Marcell ✝ Antecursores, *Cæs*

Præventus, a, um part *Prevented, anticipated* Quæ ipsa avisset, perfidiâ clientis sui, facere præventum, *Sall B J* [illegible]

Prævērbium, ii n [quod verbo præponitur] *A preposition*, or *adverb, put before a verb*, as Excessit, recessit, abscessit, decessit, decessit, concessit, *Varr L L* 5, 5 Præpositionem vocat *Cicero*, *Topic* 11

Prævĕrno, āre act *When the spring beginneth too early*, Plin 18, 26

Prævĕrro, ere act *To brush*, or *sweep before* Præverrunt latas veste jacente vias, *Ov Amor* 3, 13, 24

Prævertendus, a, um part (1) *To be prevented* (2) *To be esteemed more, to be taken care of* (1) Huic rei prævertendum existimavit, *Cæs B G* 7, 33 (2) Aliud tibi prævertendum duxit, *Liv*

Præverto, ere, ti, sum act (1) *To get before*, or *overrun, to out run, to outstrip* (2) *To do*, or *go about a thing before another, to be beforehand with* (3) *To preposess*, or *preoccupy* (4) *To prevent* (5) *To prefer*, or *set before, to outweigh* (6) *To restrain, to call back* (1) Prævertere vestigia cervæ, *Catull* 6[illegible], 341 [illegible] cursu pedum ventos, *Vir Æn* [illegible] equo, *to outstride them*, *Id Æn* 12, 345 (2) Punicum Romano prævertisset bellum, *Liv* [illegible] beneficio prævertetent desiderium plenis, *Id* = Neque pratrio [illegible] ampamentum, neque preverto poculum, *take it before my time*, [illegible] *it is given me*, Plaut Mil 3, 1, 50 (3) Vino tentat prævertere amore jampridem tendere animos, *Vir Æn* 1, 725 (4) Silius animum [illegible] damnationem voluntario fine prævertit, *Tac Ann* 4, 19, 3 (5) Ne me uxorem præverti sive dicant præ republica, *Plaut Amph* 1, 2, 30 § Nulla igitur res [illegible] religione, quæ tantum utilitatem prævertere, *Cic Offic* 3, 28, 8 (6) Herum prævertit metus, *Plaut Amph* 5, 1, 17

Prævertor, [illegible] (1) *To be done first*, or *before any other thing* (2) *To be turned out* ( ) *To be prevented or [illegible]* ( ) Certum est mihi [illegible] prævortier, *Plaut Capt* 5, 4, 29 § Prævortor hoc certum est his rebus omnibus, *Id Cist* 5, 8 (2) Fores crepuit, [illegible] prævorteretur foras, *Plaut* (3) *Id* Prævertemus, [illegible]

Prævertor [illegible] (1) *To outrun*, or *outstrip* (2) *To do a thing before another* (3) *To turn*, or *turn back*, *to return* (4) *To anticipate* (1) Volucrem [illegible] prævertitur Hebrum, *Vir Æn* 1, 321 (2) Concti non consules omnibus [illegible] prævertit proficiscuntur, *Liv* (3) [illegible] prævertor domum, *Plaut* [illegible] prævertamur, *Hor Sat* 1, [illegible] Nunc tempus est ad epistolas [illegible] prævert, *Liv* (4) Si quid dictum est per jocum, non æquum est id te serio prævortier, *to wrest the meaning*, Plaut Amph 3, 2, 40

Prævictus, a, um part *Forbidden before* Sil 13, 155

Prævideo, ēre, di, sum (1) *To see before* (2) Met *To foresee* (3) *To provide beforehand* (1) Herus est, neque præviderant, *Ter Andr* 1, 2, 12 (2) Animus prævidet futura, *Cic de Div* 1, 30 (3) Videt magno se fore in periculo, nisi quid prævidisset, *Nep Hannib* 9

|| Prævincio, *unde*

Prævinctus, a, um part *Bound before*, Gell 19, 2

Præviso, ēre *To go before to see* Ter ap Lit Rect proviso

Prævisus, a, um part (1) *Foreseen* (2) Met *Premeditated* (1) Prævisos in qua timet hostium cultros, *Ov Met* 15, 135 (2) ✠ Tu me non tantum prævisa, sed subita expedire docuisti, *Quint*

Prævitio, āre *To corrupt*, *infect*, or *poison beforehand* = Hunc gurgitem, qua prævitiat, pertentemsque venenis inquinat, *Ov Met* 14, 56

Prævius, a, um adj *That goeth before*, *that leadeth the way* Ego prævius ibo, *Ov A Am* 2, 5 Prævia agmina, *marching before*, *Stat Sylv* 2, 1, 175

Prævolito, āre, *vid* part

Præumbrans, tis *Overshadowing*, *obscuring* In quantum præumbrante imperatoris fastigio datur, *Tac Ann* 14, 47, 1

Prævolans, tis part *Flying before*, Cic N D 2, 49

Prævolo, āre *To fly first* or *before* Ut prævolet mihi quo tu velis, *Plaut Mil* 1, 1, 41

† Prævorto, ere, *pro* præverto, *Plaut* *Vid* Præverto

Præustus, a, um part [a præuro] *Burnt before*, *burnt at the point* Præusta & præacuta materia, *Cæs B G* 6, 22 Præustæ sudes, *Id B G* 5, 39 Stipites ab summo præacuti & præusti, *Id B G* 7, 7

Prait adv *Even as*, *like as*, *in comparison of* Ludi in jocum [illegible] dices fuisse illum alterum, præut hujus rabies quæ dabit, *Ter Eun* 2, 3 9

* Pragmaticon, ci n *Some state affair*, or *business of state*, Cic Attic 14, [illegible] interdum Bud

Pragmaticus, a, um adj [a πραγμα] (1) *Belonging to business*, *particularly to state affairs* (2) *Skilful in law*, or *managing any business* (1) *Vid* Pragmaticon (2) Sed quia, ut video, pragmatici homines omnibus historicis præceptis, versibus denique cavere jubent, & vetant credere, *Cic Attic* 2, 20

Pragmaticus, i m (1) *A practitioner in the law*, *a pettifogger*, *a solicitor* (2) Pragmatici, *prompters*, who in pleading sat behind, and upon occasion instructed the pleaders, telling them what the law, and the meaning of the law was (1) *Mart* 12, 7 (2) Si contigit aureus unus, inde cadunt partes ex fœdere pragmaticorum, *Juv* 7, 123

* Prasinnion, ii n *A precious stone in the Indies very black and bright*, Plin 37, 10 = Morion, *Id ibid*

Pramnium vinum *A generous black wine*, *growing in Smyrna*, Plin 14, 4

Prandens, tis part *Dining* Prandens in finibus, *Plin* 28, 5

Prandeo, ēre, di, sum [qu ἀπὸ τοῦ] cibum meridianum capio, *merenda*, *Al* [illegible] Dor [illegible] mane edo] *To dine*, *to take one's dinner* Cum [illegible] consilio facto neminem pransisse, *Cic Fam* 7, 30 Sed hic rex cum aceto pransurus est atque sale, *Plaut Rud* 4, 2, 22 Si pranderet olus patienter, *Hor Epist* 1, 17, 13

Pranadellum, i n dim *A small dinner*, *a breakfast* = Prandicula antiqui dicebant, quæ nunc jentacula, *Fest*

Prandiolum, i n dim *A breakfast*, *Fest*

Prandium, ii n [a prandeo, quæ ex πρὸ & ἔνδιον, i e cibus meridianus] *A dinner*, *a repast*, *a refreshment at noon* Ad prandium vocati, *Cic pro Mur* 34 Caninum prandium, *a dry feast without wine*, Plaut ✠ Cœna apud [illegible] diceb quod nunc est prandium, *vespertina* (vesperna, Non) quam nunc cœnam appellant *Fest*

Pransito, āre freq [a prandeo] *To dine often* Qui pollentam pransitant, *Plaut Asin* 1, 1, 18

Pransor, oris m verb *He that is at dinner*, or *is bidden to dinner* Bonum anteponam prandium pransoribus, *Plaut Men* 2, 2, 2

Pransorius, a, um adj *Of or belonging to*, or *to be used at dinner* Pransorium candelabrum, *Quint* 6, 3

Pransus, a, um part *Having dined*, Hor Sat 6, 127

Prasinatus, a, um adj *Of a green colour* Ostiarius prasinatus, *clothed in green*, Petron c 28

|| Prasiniani plur *Those that sided with the green coat party*, Jul Capit † Prasinæ factionis fautores

Prasinus, a, um adj [πράσινος, a πράσον porrum, qu porraceus] *Green like leeks* Prasinus color, *Plin* Prasina toga, *Mart* 10, 29 Prasina factio, *the green coats*, *that part in the Circus which went in the green livery*, Suet Calig 55 Prasinus agitator, *a rider*, or *charioteer of that party*, *Id* Prasinus lapis λίθος [illegible] πράσινος, שהם *The onyx stone*, Bibl

* Prasion n omnium vel prasion appellant non [illegible] *A kind of herb perhaps horehound*, or *a sort of origan*, Plin 20, 17

Prasius lapis [a porri colore dict] *A kind of green stone*, Plin 37, 8

* Prasoides [porraceo colore dict] *A stone of the colour of leeks*, *a kind of topaz*, Plin 37, 8

* Prason, i n [a porrum] *A kind of seaweed*, *green as a leek*, Plin 13, 25

Pratensis, e adj *Of*, or *belonging to a meadow* Pratensis fungus, *Col* 6, 3 Flores pratenses, *that grow in a meadow*, Plin 21, 8 Pratensibus fungis, *Hor Sat* 2, 4, 20

Pratulum, i n dim *A little meadow* In pratulo considimus *Cic de Cl Orat* 6

Pratum, i n [a Dor [illegible], pro [illegible] area [illegible] horti, *live sgr*, vel fort a פרה fructificavit, ut Varro, Columella, & Plinius quod protinus esset paratum (ei volunt] *A meadow*, or *leasow*, *pasture ground*, *a green field*, *a green*, or *common* Viriditas pratorum, *Cic de Sen* 16 ✠ Segetibus & pratis et silvis, *Id ibid* 15 Neptunia prata, *the green and smooth surface of the sea*, *Cic in Orat*

Pratus, a, um adj *pro* parvus, *Litt ex Luci* sed q

Pravè adv ius, comp issim, sup (1) *Crookedly*, *irregularly* (2) *Naughtily*, *sorrily*, *lewdly* (1) Solers ingenio & prave fecundus, *Tac Ann* 1, 53 (2) ✠ Recte facta sola in bonis actionibus ponens prave, ad est, peccata in malis, *Cic Acad Q* 1, 10 Pravissime fuerit, *Sall in Fragm*

|| Pravicors, dis adj [i e pravus corde] *Bibl* ✝ Pravo corde præditus

Pravitas, ātis f (1) *Crookedness*, *deformity*, *misshapenness* (2) Met *Naughtiness*, *pravity* (1) Pravitas membrorum, distortio, deformitas, *Cic Tusc* 4, 13 Corporis pravitates [illegible], *Id de Leg* 1, 24 (2) Pravitas animi, *Cic Parad* 3

Pravus, a, um or comp issimus, sup [a προς, præ et, vel [illegible] transgredior] (1) *Crooked*, *not straight* (2) *Misshapen*, *deformed* (3) *Wicked*, *lewd*, *naughty* (4) *Obstinate*, *wilful*, or perhaps more rightly *erroneous*, *apt to be mistaken* (5) *Slothful*, *lazy* (1) ✠ Interesse oportet, ut inter rectum & pravum, sic inter verum & falsum *Cic Acad* 4, 11 Quo pravius nihil esse possit, *Id Tusc* 3, 32 Pravissima consuetudinis regula, *Id de Cl Orat* 74 Talis pravis fultus, *Hor Sat* 1, 3, 48 pro obvare naso, *Id A P* 36 Prava regula, *Lucr* 4, 516 (2) = Jumenta prava atque deformia, *Cæs B G* 4, 2 (3) ✠ Pravus & callidus bonos & modestos anteibat, *Tac Hist* 1, 97, 6 (4) ✠ Piso vir integer, sed pravus, & cui placebat pro constantia rigor *Sen de Ira*, 1, 16 (5) ✠ Vir, prout animum in tenderat, pravus aut industrius eadem, *Tac Hist* 1, 49, 6

* Praxis, eos f [illegible] usus, *Cic*

Precandus, a, um part *To be intreated* Precanda Moresta, *Vir Ann* 4, 7, 5

Precans, tis part *Praying*, *begging*, *desiring* Dextra precans, *Vir Æn* 12, 930

Precario adv (1) *In a precarious*, or *intreaty*, *on request* (2) *At another's will*, or *pleasure* (1) = Precario & [illegible] (2) Precario [illegible] esse, *Curt* 9, 2, 4 [illegible] regnare, *Aur Vict* [illegible]

Precarius, a, um adj (1) *Granted to one upon intreaty*, *while so long as pleaseth the giver*, *and no longer* (2) *Precarious*, *at another's will and pleasure* (1) *Ulp* (2) Al [illegible] precarium, *Liv* [illegible] 8, 12 victus, *Id* [illegible] libertas, *Liv* [illegible] *Id Hist* 10

Precatio, onis f verb *A praying*, or *intreating*, *Cic pro Mur* [illegible]

Precator, oris m verb *A petitioner*, *a suitor*, *an intercessor*, *a spokesman*, *an advocate*, Ter Phorm 1, 2, 80

|| Precatrix, icis f [illegible] *A she petitioner*, *a spokeswoman*, Afran

Precaturus, a, um part *About to pray* Precaprecaturæ [illegible] vina minus, *Ov Fast* [illegible]

Precatus, a, um part *Having prayed* or *wished* Multa ita precatus Atridis, *Hor Sat* 2, 3, [illegible]

Precatus, ûs m (1) *A request* (2) *An imprecation* (1) [illegible] des, oro, precatus nescit [illegible] *Stat Theb* 8, 232 (2) Met to [illegible] pacem auferre regis, *Stat Sylv* 5, 2, 87

|| Preciositas, ātis f *Preciousness*, *dearness*, *value*, [illegible] Apul ✝ Caritas

Preciosus, a, um *Dear*, *precious* *Vid* Pretiosus

Preces, ci, cem, ce [qu [illegible] precor] plur preces, um, [illegible] precor] (1) *A suit*, [illegible] (2) *A prayer*, *supplication* or *intercession*, [illegible] (3) *A curse* (1) ✠ Non modo non cum magna prece, sed ne [illegible] scripsit, *Cic Attic* 11, 15 = Si prece & obsecratione humili [illegible], *Cic de Inv* 1, 16 ✠ Æthiopum numinum nos soccitos neque in precibus, neque in [illegible], neque in votis *Cic N D* 1, 14 Nihil loci relictum est precibus, *Ter Andr* [illegible] (2) Omnibus precibus ne effatus Ambiorigem, *Cæs B G* 6, 30 Improbus urget iratus precibus, *Hor Sat* 2, 6, 30

* Precium *The price* or *value* of a thing *Vid* Pretium

Precius, a, um adj [qu præcoqua, *Serv* vel precio, quod cara essent, *Al*] *That bring forth ripe grapes before other vines* Preciæ vites, *Vir Geor* 2, 95

Precor, ari dep [a ברך benedixit, geniculando precatus est, *Avin* vel fort a πρό, pr cor, procor, id ut benus [illegible]] (1) *To pray*, *supplicate* or *beg of God good or bad* (2) *To wish*, or *desire*, *to petition*, *to intercede*, or *make suit for*, *beseech*, or *crave of men* (1) = Precari, implorare, & venerari deos, ut urbem defendant, *Cic Catil* 2, 12 Bonis preces bene precatus sum, *Cato*, 134 = Deos precentur & supplicent, *Liv* § Precari ad deos, *Id*

Id pro aliquo, *Id* (2) = Precor, quæso, & obtestor vos, *Cic* pro Dom 57 = Hæc de vobis expetivi, hæc optavi, hæc precatus sum, *Id* in *Pison* 20 ¥ Sæpè prior mortem, mortem quoque deprecor idem, *Ov* ex *Pont* 1, 2, 59 Diu precari, *Tib* 2, 6, 29 mal, *Cic* Mala vel malè precari alicui, *to curse one, to wish hurt unto him*, Cic Benè precari alicui, *to wish him well*, Quint Deos precari, *Cic* numina sancta, *to worship them by prayer*, Vir Venam precari, *Id*

✝ Precula, æ f dim [à preces] *A little prayer, or orison*, Sisen

Prehendendus, a, um part *To be taken*, or *spoken with* Syrus est prehendendus atque adhortandus mihi, *Ter Heaut* 3, 1, 89

Prehendo ere, di, sum act [vel corr pro præhendo, vel per Epenth *pro* prendo, *ut* vehemens *pro* vemens] (1) *To take* (2) *To take, or lay hold of* (3) *To grasp* (4) Meton *To intreat a favour* (5) *To catch*, or *surprise* (1) Arundinem prehende viridem, *Cato* Quod ternis digitis prehenderit summis, *Plin* (2) Cæsar ejus dextram prehendit, consolatur, *Cæs B G* 1, 20 (3) An ipse rosæ quantum manus una prehendat, *Ov de Med fac* 9 (4) *Vid* Ter Heaut 5, 1, 89 & ibi Guiet (5) Quem mendacii prehendit manifesto modo, *Plaut Bacch* 4, 4, 75

Prehensio, ōnis f verb (1) *A catching*, or *laying hold of* (2) *An engine, a crane, or screw* rather (1) In magistratu habent alii vocationem, alii prehensionem, *Varr* ap *Gell* 13, 12 (2) Rursus alii prehensione ad ædificandum sibi cum expediebant *Cæs B C* 2, 9

Prehenso, āre freq [à prehendo] *To catch at a thing often, to take hold, to solicit* Prehensare manum alicujus, *Tac Ann* 14 10, 2

Prehensus, a, um part (1) *Taken hold of* (2) *Caught, surprised taken* (1) Dextrâ prehensum continuit *Vir Æn* 2, 592 (2) Servus sit prehensus in cuniculo, *Hist B Hisp* 20. Specula orti, prehensi servi tres, *Id ibid*

Prelum, i n [à premendo, contr pro premulum, quippe prelum trabs est, quo uva premitur,] (1) *A press wherewith grapes or other fruits, are pressed after they are trodden* (2) *Any other sort of pressing machine used by paper-makers, coiners &c* (1) Vina fundunda [illegible] Falernis, *Prop* 4, 6, (2) *Plin* 13, 12 *Claud* in *Epithal Pallad* v 100 *Mart* Ep 1, 2, 46

Premendus, a, um part (1) *To be pressed* (2) *To be concealed* (3) *To be insisted on, to be urged* (1) *Vid* Premo, n 1 (2) Non premendum odium, *Plin* (3) Hoc premendum est etiam argumentum, *Cic*

Premens, tis part (1) *Pressing*, *keeping in* (2) *Chasing, following close, or hard upon the chase* (3) *Planting, setting* (1) Sulcum premens volvit sub naribus ignem, *Vir Geor* 2, 85 (2) Spumantis apri cursum clamore premens *Vir Æn* 1, 328 (3) Lilia verbenasque premens, *Vir Geor* 4, 131

Premo, ĕre, essi, ssum act [à primo, vel *quasi* per imum trudo, *al* βάρος, pondus] (1) *To press, weigh, or sink down* (2) ✠ *To stick down in the ground, to set, or plant* (3) *To oppress* (4) *To sit, stand, or ly upon* (5) *To overpower, to overlay* (6) *To keep under, or in subjection* (7) *To grieve, or afflict* (8) *To excel, to exceed, to surpass* (9) *To depreciate, undervalue, or disparage* (10) Also *to squeeze to strain* (11) Met *To force, compel, or constrain* (12) A military term, *to charge home, to push*, whence in disputes *to pinch, to put one to a* non plus, *to gravel* (13) *To lay the stress upon, to inculcate, to insist upon* (14) *To importune, to be earnest with, to desire greatly* (15) *To persist, or continue* (16) *To reel, to cry out against* (17) Also *to come near, or close to* (18) *To pursue, to follow the chase, to drive on* (19) Also *to prune, crop, or lop* (20) *To stanch, or stop* (21) *To bruise* (22) *To straiten, block up, or hem in* (23) *To curb, to bridle, to rein, to restrain, or prohibit* (24) *To cover, to hide* (25) Met *To dissemble, suppress, or conceal* (26) ✠ *To keep up, not to publish* (1) = Copia nimborum urget, & è supero premit, *Lucr* 6, 511 (2) Lilia verbenasque premere, *Vir Geor* 4, 131 virgultā per agros, *Id Geor* 2,346 aratra, *to plow them*, Id *Æn* 10,78 sulcum, *to make it*, Id ibid 296 (3) Premeret cum serior ætas, *Tib.* 1, 4, 33 (4) De vivo pressere sedilia saxo, *Ov Met* 5, 317 Dum male optatos nondum premis inscius axes, *Id Met* 2, 148 ¶ Premere vestigia alicujus, *to imitate*, Tac Ann 2, 14, 6 Pressit caput pedibus, *Prop* 1, 1, 4 (5) Pompeiani nostros ex loco superiore premebant, *Cæs B C* 1, 45 Premit arva pelagus, *overfloweth them*, Vir *Æn* 1, 250 (6) Carthago magnâ ditione premit Ausoniam, *Vir Æn* 10, 54 (7) Populum tristis eventus premit, *Phædr* 4, 5, 10 Desiderio rerum omnium *aliquem* premere, *Cic* urbem servitio, *Vir Æn* 1, 289 (8) Facta premunt annos, *Ov Met* 7, 449 = Quantùm Latonia nymphas virgo premit, quantumque egomet Nereidas exto, *Stat Sylv* 1, 2, 115 (9) Famam carminum *Lucani* premebat Nero, *Tac Ann* 15, 49, 3 ✠ Laudo, *Hor Ep* 1, 19, 36 (10) Factores olei in vectibus prement, *Cato R R* 66 Unguentarii tantum cortices Arabicæ glandis premunt, *Plin* 12, 21 Manu latâ pendentia nubila pressit, *Ov Met* 1, 268 Premere vites prelo, *Col* ✠ caseum, *to make it*, Id collum laqueo, *to hang, to throttle*, Hor ✠ dentes in vite, *to set his teeth in*, Ov anguem, *to tread on it*, Vir mulierem, *to ly with her*, Suet mammam, *to suck it*, Plin morsu, *to bite*, Lucr grana ore, *to chew, or eat them*, Ov silentia, *Sil* vocem, *to be silent*, Vir (11) Quæ necessitas eum tanta premebat, ut, *&c* ? Cic pro S Rosc 34 (12) Premam te, cùm ex te causas uniuscujusque rei exquisivero, *Cic de Div* 2, 20 (13) Cum Castam accusârem, nihil magis pressi quam quod, *&c* Plin Jun Premere causam testibus, *to run, or bear it down by evidence*, Cic (14) Ad exeundum aliquem premere, *Nep Ages* 6 (15) Dictis tamen ille repugnat, propositumque premit, *Ov Met* 2, 104 *sed var codd* (16) Præcipuè vero presserunt eum, *Ciceronem*, qui videri Atticorum imitatores concupiebant, *Quint interp Bad* (17) = ✠ Rectius vives, neque semper altum urgendo, neque nimium premendo littus iniquum, *Hor Od* 2, 10 (18) Spumantis apri cursum clamore premere, *Vir Æn* 1, 328 ¶ diei Tauros, *Id Geor* 3, 41 ✠ Hac fugerent Graii, premeret Trojana juventus, *Vir Æn* 1, 471 (19) = Tales luxuriem premit, & contenta tuentur passim brachia compescit, *Ov Met* 14, 629 (20) Servi obligant brachia, premunt sanguinem, *he is stopt*, Tac Ann 15, 64, 1 (21) Invitum premit ab ædibus, *Varr* (22) Uno tempore obsidione & oppugnatione eos premere cœpit, *Cic* Ingentique urbem obsidione premebat, *Vir Æn* 8, 647 (23) ✠ Et premere, & laxas sciret dare jussus habenas, *Vir Æn* 1, 67 = Imperio premit, & vinclis & carcere frænat, *Id Æn* 1, 58 (24) Canitiem galeâ premimus, *Vir Æn* 9, 612 Fluentem fronde premit crinem, *tieth it up*, Id *Æn* 4, 148 (25) = ✠ Satin' cohiberet, ac premeret sensus suos Tiberius, an promeret, *Tac Ann* 1, 11, 3 ✠ Spem vultu simulat, premit altum corde dolorem, *Vir Æn* 1, 213 (26) Nonum in annum aliquid premere, *Hor A P* 388

Premor, i pass (1) *To be weighed down, to be pressed, or oppressed* (2) *To be pinched* (3) Met *Overborne, pressed, or insisted on, to be urged, to be importuned, &c* (1) Premuntur nubila accumulata, *Lucr* 6, 517 Quamvis lapidibus premeretur cæteris urbs, *was paved*, Vir Ecl 1, 35 (2) Quibus illa premetur per noctem digitis ? *Juv* 4, 221 (3) Premitur ratione animus, *Pers* 5, 39 Hoc premendum est argumentum, *Cic* Cum ad exeundum premeretur, *Nep Ages* 6 *de cæteris vid* Premo

Prendendus, a, um part *To be laid hold of* Brachia prendenda natanti, *Ov ex Pont* 2, 6, 13

Prendo, ĕre, di & didi, sum act [contr ex prehendo *vel* præhendo, *al* simplex, pro quo prehendo, ut vehemens pro vemens] (1) *To take* (2) *To lay hold of* (1) Arundinem prende tibi viridem, *Cato R R* 160 Id manu prende dextrâ, *Id ibid* Fert lethum cuicunque viro, quem prendidit ictus, *Sil* 15, 632 (2) Fugientia prendere poma, *Ov Epist* 18, 181 Cavo volitantia prendere saxo carmina, *Vir Æn* 3, 450 Italiæ fugientis prendimus oras, *we touch*, Id *Æn* 6, 61 Quem prendere cursu non poterat, *come up with*, Id *Æn* 12, 775 Quam prendimus arcem, *secure ourselves in*, Id *Æn* 2, 322 Prendere oculorum lumine innumerabilia, *Lucr* 4, 1136 Prendere amicum, *to accost him in order to get his voto*, Plin Epist 2, 9

Prensandus, a, um part *To be laid hold of*, Liv

Prensans, tis part *Catching hold of, catching at* Prensantem uncis manibus capita aspera montis, *Vir Æn* 6, 360 Prensantem umbras, *Id Geor* 4, 501

Prensatio, ōnis f verb *A soliciting*, or *canvassing*, Cic Attic 1, 1

Prenso, are freq vel desid [à prendo, prensum, *i e* prendere cupio] (1) *To lay hold of* (2) *To catch one by the sleeve, to solicite and apply to one in begging his vote for a place* (1) Prensant fastigia dextris, *Vir Æn* 2, 444 (2) Nos initium prensandi facere cogitabamus, *Cic Att* 1, 1

Prensūrus, a, um part [à prendo] *About to take hold of* Mo- vi Thesea prensuras semisupina manus, *Ov Epist* 10, 10

Prensus, a, um part *Laid hold of, catched* Prensa ab homine mustela, *Phædr* 1, 22, 1

° Presbyter, ĕri m (1) *An elder, an ancient, an honourable person* (2) *A priest, a presbyter* (1) Ex usu Græcorum ✝ Lat Major natu (2) Ex usu Eccles ✠ Hodiè presbyter, crapulosus ✝ Lat Sacerdos,

✝ Presbyterātus, ûs, m *The order of priesthood, the presbytership*, Eccles

Presbyterium, ii n *An eldership, a presbytery*, Ambr

Pressandus, a, um part *To be squeezed, or pressed* Pressanda manibus ubera, *Ov Met* 15, 472

Pressans, tis part (1) *Squeezing* (2) *Pressing* (1) E nova pressantes inquinet uva pedes, *Prop* 4, 17, 18 (2) *Lucr* 1, 110

Pressātus, a, um part *Treading upon, oppressed, burdened, overloaded*, Quint ap Litt

Pressius, adv ius, comp *Briefly, distinctly, in few words, closely* = Pressè & angustè definire, *Cic Or* 33 ✠ Abundanter, in pressè, *Quint* Mihi placet agi subtilius & pressius, *Id* = Pressius & adstrictius scribere, *Plin* 2, 18

✝ Pressim adv *Closely*, Apul Met 2 ✝ Pressè

Presso, āre freq [à premo] (1) *To press hard, or often, to squeeze* (2) *To load, to burden* (1) Frustra pressabimus ubera palmis, *Vir Ecl* 3, 99 (2) Quin tardis huc cruminam pressatum herum *Plaut Asin* 3, 3, 71

Pressor, āri, ātus pass *To be pressed hard*, Plaut Asin 3, 3, 71

Pressōrius, a, um adj *Belonging to pressing* Pressorium vas, *Col* 12, 18

Pressūra, æ f *A squeezing, a pressing* Post primam pressuram vinaceorum *Col* 12, 36

Pressus, a, um part [à premo] (1) *Weighed down* (2) *Pressed, or squeezed* (3) *Overcharged, loaded* (4) *Imprinted, marked* (5) *Stifled, allayed, hushed, or concealed* (6) *Oppressed, distressed* (7) *Closed, shut, stopped* (8) Adj or, comp *Close, compact, short, compendious, pithy, sinewy, nervous, sententious* (9) *Low* (10) *Steady, firm, sure, stable* (1) Pressa gravitate suâ tellus, *Ov Met* 1, 30 Pressa vina, *Hor Epod* 13, 9 musta, *Tib* 1, 5, 24 Pressæ labant sub gurgite turres, *Ov Met* 1, 290 (2) Pressus manu caseus, *Col* Ranæ, pulli, vituli pede pressi, *Hor Sat* 2, 3, 314 Pressa balanus capillis, *Id Od* 3, 29, 4 (3) Onere armorum pressi milites, *Cæs B G* 4, 24 (4) Æternâ res ea pressa notâ, *Ov* (5) Pressus sub corde dolor, *Stat* Clamor pressus gravitate regentis, *Ov Met* 1, 207 (6) Pressa malo navis, Hor Od 1, 14, 10 Pressus gravitate soporis, *Ov Met* 15, 21 mentem formidine, *Vir Æn* 2, 47 (7) Presso obmutuit ore, *Vir Æn* 6, 155 (8) = Vis in orationibus pressior & circumscriptior & adductior, *Plin Ep* 1, 16 Pressus sermo, *Plin* 7, 9 ✠ Pressi, non luxurians oratio, *Id* ✠ Oratores parum pressi & nimis redundantes, *Id* (9) Pressa vallis, *Grat* (10) Vestigia presso haud tenuit titubata solo, *Vir Æn* 5, 332 *Vid* Premo

Pressus, ûs m verb [à premo] (1) *A squeezing* (2) *A pressing* (3) *A closing, or drawing together* (1) *Cels* ap *Litt* (2) Pressu & sono oris facile vincat, *Cic* de de *Orat* 3, 11 Depulit pressum omnem ponderis, *Id Tusc* 2, 23 (3) Pressu duplici palmarum continet anguem, *Cic N D* 2, 42 ☞ *In cæteris casibus vix invenitur*

* Prester, ēris m [a πρήθω incendo, inflammo] (1) *A venomous serpent, whose sting causeth a deadly thirst* (2) *A tempest, or whirlwind, scorching and blasting where it goeth* (3) *A pillar of fire falling into the sea with a whirlwind* (1) Distendens ora spumantia prester, *Luc* 9, 725 (2) *Sen* (3) *Lucr* 6, 423, vid *Plin* 2, 48

Pretiosè, ius, comp adv *Costly, richly, splendidly* Vasa pretiosè celata, *Cic de Inv* 2, 40 Pretiosius sepeliri, *Curt* 10, 1, 32

|| Pretiositas, ātis f *Preciousness*, Macrob Sat 7, 13

Pretiōsus, a, um adj or, comp ssimus, sup [a pretium] (1) *Costly, of great price and value, dear, sumptuous* (2) *Precious, excellent* (1) Operam emere pretio pretioso velim, *Plaut Epid* 1, 2, 17 ✱ Non minor voluptas percipitur ex rebus vilissimis quam ex pretiosissimis, *Cic de Fin* 2, 28 (2) ✱ Subiit argentea proles auro deterior, fulvo pretiosior ære, *Ov Met* 1, 115 Ingenium pretiosius auro, *Id Amor* 3, 8, 3

Pretium, ii n [qu περάτιον, id quod τῷ πρατῆ, i venditori, datur, *Salm*] (1) *The price given for a thing that is bought* (2) *A reward, an hire, a fee, a bribe* (3) In a bad sense (4) *Esteem, value, worth, honour* (5) It is also taken for *operæ pretium, worth the while* (1) Agrum meliorem, neque pretii melioris, nemo habet, *Ter Heaut* 1, 1, 12 Quibus pretiis hic porci veneunt? *Plaut Men* 2, 2, 15 (2) Nunquam avarè statui pretium arti meæ, *Ter Heaut prol* 48 Pretio capiuntur avaræ, *Tib* 3, 1, 7 = Pretio & mercede duci, *Cic Offic* 2, 6 (3) Et peccare nefas aut pretium est mori, *Hor Od* 3, 24, 24 (4) Pudebatque libertatis majus esse apud fœminas, quam apud viros, pretium, *Curt* 8, 2, 28 (5) Germanico pretium fuit convertere agmen, *Tac Ann* 1, 57, 5

† Prex inus plur preces *A prayer*

† Pri, pro præ ant *Fest* unde prior sed præ erat a πρό, pri sive pris a πρίν

* Priapiscus [a priapo, ut satyriscus, a satyrus] *An unnatural erection*, Med *Lat* Tentigo

* Priāpus, i m Vireo bibit ille Priapo, *Juv* 2, 95 i e in vitreum penem, quos appellant drillopotas, *Vet Schol* Vid Propr

Pridem adv prius, comp primum, sup qu prius die, *Cæl* [a ᾗ, i ve pris, au pri & dem, ut ab is idem] *Lately, some while since, long ago* Non pridem, *not long since*, Ter Heaut 2, 1, 17 Quam pridem? *how long ago?* Cic pro S Rosc 3 Prius disce, quid sit vivere, *Ter Heaut* 5, 2, 18

Pridiānus, a, um adj Pridianus cibus, *eaten the day before*, Juvet Calig 58 Pridiana opsonia, *dressed the day before*, Id Tib 34 Gallinea, *dressed the day before*, Plin 28, 19

Pridiè adv [ex præ vel pri, & die, qu priori die] *On the day before* Pridiè ejus diei, *Cic Att* 11, 20 Usque ad pridie Nonas Maias, *Id Att* 2, 8 Ex ante pridie Idus Septembres, *Plin* 11, 16

Primæ, arum, *scil* partes *The precedence, or preeminence* Primas deferre, dare, concedere alicui, *Cic* Primas tenere, *to be most eminent*, Id *de Cl Orat* 90

Primævus, a, um adj [i e ævo primus] (1) *Elder, born first* (2) *Flourishing, in the flower of one's age* (3) *Juvenile, youthful* (1) Quorum primævus Helenor, *Vir Æn* 9, 545 Gnatus primævus, *Catull* 62, 401 (2) Pueri & primævo flore juventus, *Vir Æn* 7, 162 (3) Fidens primævo corpore Clausus, *Vir Æn* 10, 345

Primānus, ni (1) *The lieutenant that appointed wages to the first regiment* (2) Primani, *the soldiers of the first legion* (1) *Fest* (2) Primani aquilam sustulere *Tac Hist* 2, 43

Primārius, a, um adj *Chief, excellent, extraordinary, that surpasseth others, principal, primary* Primarius vir, *Cic* pro *Flacc* 27 adolescens, *Sulp* ad *Cic Fam* 4, 5 Primaria fœmina, *of the first rank, or quality*, Cic Verr 1, 58 Conditio primaria, *Plaut Stich* 1, 2, 82 Primarius locus, *chief, principal*, Cic *de Fin* 2, 15

|| Primas, ātis c g *A magistrate, or chief person in a city, a primate* Primatis civitatis filii cadaver, *Apul Met* 2, p 56 † Princeps, *Cic*

Primātus, ūs m (1) *The chief place, the highest estate, primacy* (2) *Preeminence* (1) Primatum mutavit Cæsar, *Plin* 1, 12 (2) Alii dant primatum bonis pratis, *Varr R R* 1, 7

|| Primicerius, ii m [a primus, & κηρός, i e potestas, qu primi cherius, *Don* vel simplicius a primus, ut *cerius* sit terminatio] *The chief person in any place, or office* Primicerius domesticorum, *Amm Marcell* 18, 3 Primicerius martyrum, *St Stephen the protomartyr*, Aug Primicerius sacri cubiculi, *the lord high chamberlain*, Cod Primicerius præfectorum prætorio, *the captain of the guards*, Veget Primicerius scriniorum, *the master of the rolls*, Cod Primicerius fabricæ, *the surveyor-general*, Id

Primigenia, æ f (1) *The title of the eldest child in inheritance* (2) *A cognomen of the goddess Fortune* (1) Primigenia rerum, *Arn* 26, 10 (2) *Cic de L L* 2, 11

Primigenius, a, um adj *Natural, original, first in its kind, primitive* His initus primigenia semina dedit natura, *Varr R R* 1, 40 *de galbulis cupressi* Dicam de primigenia pecuaria, *of cattle fit to be kept for breed*, Id Primigenia dicuntur verba, ut *lego, scribo, sto, sedeo*, & cætera, quæ non sunt ab aliquo verbo, sed suas habent radices, *Varr L L* 5 ✱ Verba declinata, *Id* Primigenius sulcus dicitur, qui in condenda nova urbe, tauro & vacca designationis causâ imprimitur, *Fest*

Primigenus, a, um adj *That is the first* Post diem primigenum maris & terræ, *their birthday*, Lucr 2, 1105

Primipăra, æ f *She that is delivered of her first child*, Plin 8, 47 Primiparis minores fœtūs, *Id* 8, 47 *de ovibus*

Primipilāris, e adj (1) *Of, or belonging to the captain of the vaunt-guard* (2) Subst Also *one who himself had been eldest captain* (1) *Suet Tib* 37 (2) *Quint* 6, 3

|| Primipilarius, ii m *He who hath been eldest captain*, Spart † Primipilaris, *Quint*

|| Primipilum, i n annona quæ datur primi pili centurionibus, ut inter milites distribuatur, *Cod*

Primipilus, i m qui primum pilum, *i e* ordinem, ducit, primi pili centurio, *Veget* Primus centurio, *Liv* (1) *A captain of the vaunt guard* (2) *The eldest captain of the regiment*, or *the captain lieutenant of the colonel's own company, who had the charge of the standard, and the command of forty men* (3) Also *the vaunt guard itself, where the standard was* (1) *Cic* pro *C Balb* 15 (2) *Veget* (3) Erat primipilus summus ordo inter pedites legionarios, nam in legione tria peditum genera erant, hastati, principes, triarii, & in singulis deni centuriones, his nominibus, primus hastatus, secundus hastatus, tertius usque ad decimum, primus princeps secundus, & similiter, in triariis, omnium fortissimus, alia ratio, non enim dicebant primus triarius, sed primipilus, aut primipili centurio, priscis autem temporibus primus centurio, *Manut*

† Primiscrinius *The master of the rolls*, Dig

† Primitèr adv *First*, Non Pomp & Lucil † Primò, primum

Primitiæ, arum f *sc* fruges (1) *The first-fruits of the year, that were offered to the gods* (2) Met *The first attempt, essay, &c* (1) Frugum primitiæ, *Ov Metam* 8, 274 Prædicti auctores primitias vitis resecare censuērunt, *its first shoots*, Col 4, 10 Metallorum primitiæ, *Tac Hist* 4, 53, 5 (2) Operum primitiæ, *Stat Theb* 2, 742 Armorum, *Id*

Primitius, a, um adj (1) *Of the first production*, (2) or *magnitude* (1) Vid Primitiæ Quod primum & principale in aliqua re est, *Pompon* (2) Ecce rapit mediis flagrantem Rhœtus ab aris primitium torrem, *Ov Met* 12, 271

Primitīvus, a, um adj [a primitus] (1) *The first, or earliest* (2) *Primitive, from which others of the same kind are derived* (1) His primitivis floribus illectæ avidè vescuntur post hybernam famem, *Col* 9, 13 (2) Primitiva verba, *Prisc* † Primigenia, *Varr*

† Primitùs adv [a primum, ut simitu a simul] *Lucil*

Primĭtùs adv *At the first, first of all, first*, Varr R R 1, 31

Primò adv *First, at the first, at first sight*, Ter Eun 5, 6, 10

Primodùm adv *pro* primo *At the first*, Plaut Capt 1, 2, 57 *sed var codd*

Primogĕnĭtus, a, um adj *First born* Plin 11, 40 *sed var codd*

Primopilus, i m *id quod* primipilus, *Grut Inscr* p 349 n 4

† Primoplastus vox hybr *The first man, Adam*, Ecclef

† Primordialis, e adj ad primordium pertinens, *original*, Amm † Primus, primigenius, Tert

Primordium, ii n *The beginning, the rise, or original* A Jove musarum primordia, *Cic de Legg* 2, 3 Primordia rerum, *Lucr* 1, 50 mundi, *Ov Met* 15, 67 Si a primordio urbis res P R perscripserim, *Liv*

Primōres, um pl m (1) *The nobles or gentry, the chief men of a place* (2) *Officers of an army* (1) Primores patrum, *Liv* populi, *Hor Sat* 2, 1, 69 (2) ✱ Primoribus magis quam militibus commeatus erant, *Liv* 1, 57

Primōris gen absque nom adj [qu comp a primus prior, primorior, ut a proximus proximior] in plur Primores, primorum, *&c The first, the foremost* Primores dentes, *the fore teeth*, Plin 11, 37 Primori in acie versabantur, *in the front*, Tac Hist 3, 1 Primoribus ex elementis, *of its first principles*, Lucr 6, 1007 Primores imbres, *that fall first*, Varr *Met* Quæ isti rhetores ne primoribus quidem labris attigissent, *had not so much as slightly, or superficially touched*, Cic p Cæl 12 Qui primoribus labris gustassent genus hoc vitæ, & extremis, ut dicitur, digitis attigissent, *had been slightly acquainted with*, Id de Orat 1, 1,

|| Primula veris *A primrose*, Jun

Primulùm adv *First, immediately*, Ter Adelph 2, 1, 2

Primŭlus, a, um dim *The very first* Primulo diluculo, *early at break of day*, Plaut Amph 2, 1, 5

Primum adv *First, first and foremost, in the first place, the first time* ✱ Ut primum illam vidi, nunquam vidi postea, *Plaut* ✱ Primum, deinde, novissimè, *Cic Fam* 10, 24 ✱ Primum, deinde, postremò, *Id pro Sulla* 15 ✱ Primum ac genere belli, deinde magnitudine, tum ex imperio, *Id Ep ad Quint fratrem* 1 ✱ Primùm, deinde, tum, postremò, *Id* In enumerationibus longioribus liberior est ordo, ut Caritas generis humani sensim serpit foras, cognationibus primum, tum affinitatibus, deinde amicitiis, post vicinitatibus, tum civibus, deinde totius complexu generis humani, *Id*

Primus, a, um superl [prior, prior, primus, ut πρό, πρότερος, πρῶτος] (1) *First* (2) *Best, chief, prime, excelling* (3) Prima pl *The first principles of things* (4) *The beginning* (5) *The van of an army* (1) Prima duo capita epistolæ tuæ, *Cic Fam* 7, 8 Duo primis minantur extis, prominent secundis, *Id* ✱ Postremam navem piratæ primam adoriebantur, *Id* Primis labris gustare, *slightly, superficially, perfunctorily*, Id Primo quoque die, *Id* Primo quoque tempore, *the first opportunity*, Liv Quoi primum ad agitum daret adpetenti, *Cat* In prima fabula, *Ter Adelph prol* 9 *i e* in prima parte fabulæ, *Don* Primo mane, *Cic* Primo diluculo, *Suet* 15 (2) = Prima & summa habentur utilia, *Cic* Qui iste apud te primus, *your first favourite*, Ter Eun 1, 2, 10 Qui esse primos se omnium rerum volunt, *Id ibid* 2, 2, 17 Primam dices, si videris, *most surpassing for beauty*, Id ibid 2, 3, 19 Prima virorum, *the chief of men*, Lucr 1, 87 (3) *Lucr* 1, 1068 (4) *Cic Att* 11, 7 (5) *Curt* 5, 3, 9

Princeps, ĭpis c g prope adj (1) *First* (2) *Original, primitive* (3) *Chief, principal* (4) Subst *A prince, or princess, an emperor, a chief, a general, a commander, a governour, or ruler* (5) *An author, an encourager, a promoter* (6) *A ringleader* (7) *A company in the middle rank of a legion* (8) Also *soldiers in that rank* (9) Princeps juventutis, *a title of the emperors sons* (1) ✱ In fuga reftremus, in periculo princeps *Cic* ✱ Dies imperii princeps, emus, *Tac Ann* 1, 9, 1 Quæ p̄, ci ita is cal imitatem P R natali ea principes pœnas per-solvi, *Cæs B G* 1 Exordium princeps omnium esse debet, *Cic de Inv* 1, 14 (2) Qualitatum alia sunt principes, alia ex iis ortæ, *Cic* (3) Quem principem se putat, *Cic* principum locum tenere, *Suet* ... (4) Sit piger ad pœnas princeps, *Ov ex Pont* 1, 2, 12. A principe Cæsare, *Hor Od* 1, 1 Divum princeps *Juno*, *Ov Fast* 6, 37 Civitatis principes populi, *Cic* Quam magnam est in dubiis personam tueri principis! *Id Philipp* 8, 10 Principes terrarum populus Romanus, *Id* ib (5) Principes legis A-grariæ P Rullus, *Cic* ingenii & doctrinæ, *Id* libertatis defend n-dæ *Id* (6) = Princeps atque architectus sceleris, *Cic* = Princeps ..., & concitator belli, *Hirt* ap *Cæs B G* 8, 38 (7) Centurio ... octavum principem duxit, *Cic* (8) ✱ Hastati dicti qui primi hastis pugnabant, pilani qui pilis, principes qui gladiis pugnabant, *Varr L L* 4 (9) *Vir Æn* 1, 3 ✱ 12, 41, 2 Nihil itoque frequentius in numis ... principalibus

Principalis, e ... *The superior, ruling part of the soul*, *Sen*

Principalis, e, adj [a princeps, ...] (1) *Principal, or chief* (2) *Belonging to princes*, ... (3) *Princely* (1) Principalia ... *Arabia* thus & myrrha, *Plin* 12, 13 Principalis & perfecta causa, *Cic de Fato*, 18 (2) ✱ Pœnitentiam simulans, ... principalium rerum privatis copiam faceret, *Suet Calig* 40 (3) ✱ Nullo principali paratu, sed ... egestate conspicuus, *Tac Hist* ... 59

|| Principalitas, atis f *Principality, chiefdom*, Macrob Somn Scip 1, ... ✝ Dominatus, principatus, imperium, *Vett*

Principaliter adv (1) *Princely, as becometh a prince* (2) *Principally, chiefly* (1) Principaliter ... *Plin Paneg* 47 (2) ... ✝ Imprimis, primo loco, ... *Cic*

Principatus, us m (1) *Princely excellency, sovereignty, ... lordship, rule, pre-eminence, the chief, or principal part* (2) *The chief power, or government* (3) *The beginning* (4) *A form of government, as opposed to monarchy* (1) Principatum ... *Cic Offic* 2, 19 (2) Divi Augusti principatu obiit, ... Principatus est ipsius *Id* 11, 5 (3) ✱ Sempernæ ... nullus, ab aliquo tamen ... principatu ortus, *Cic de Univ* ... (4) ✱ Speciem principatus ... formam convertere, *Cic* ... 22 ✱ Diversa natura ... & principatus, *Plin* ... 45

Principialis, e adj [a principium] (1) *Having a beginning* (2) *Original* (3) *Belonging to the prince* (1) Terræ fuisse principiali ... tempus, *Lucr* 5, ... (2) Omnis, sensus quæ mulcet, ... juvatque, haud sine principiali aliquo lævore creata *Lucr* 2, 423 (3) ✱ Principalium rerum privatis copiam fecit *Suet Cal* 30

Principio adv *First of all, first and foremost, in the first place* Te obsecro, principio, ut ne ducas, *Ter Andr* 2, 1, 28

Principium, ii n [a princeps, princip̄s] (1) *A beginning, an entrance, a proem, or preface* (2) *A race, or pedigree* (3) *Also a maxim, an axiom, a principle, or rule* (4) *An antecedent* (5) *An original* (6) In plur principia *Principles of which a thing is made and consisteth* (7) *The centre of an army* (9) *The soldiers in the centre of an army* (9) *Principality, or power* (1) ✱ Quid est cujus principium aliquod sit, nihil sit extremum? *Cic N D* 1, 8 ✱ Nec principium habet, nec finem, *Id de Sen* 21 ✱ Neque principium invenio, neque exitum, *Id pro Cæl* 23 Neque quod principium inveniam ad placandum ... *Ter Heaut* 5, 1, ... ✱ Talia principia in omni genere dicendi sunt, exitus ipsis & producti esse debent, *Cic de Orat* 2, 5, (2) Recordatus Teucros a sanguine Teucri ducere principium, *Ov Met* 13, 706 (3) Naturæ principiis parere debemus, *Cic Offic* 3, 12 (4) ✱ Postestis igitur principiis negare, cum extrema conceditis? *Cic* (5) Censensum omnium unum est naturale principium, *Cic* (6) Ex albis principiis, non alba, *Lucr* 2, 78, (7) ✱ Nec in circulis modo fremere, sed jam in principiis ac prætorio in ... num sermones continui, *Liv* (8) Ab tergo erant ... in quos post principia integris ordinibus tuto receptus fui, *Liv* Hic ego eo post principia, *Ter Eun* 4, 7, 11 (7) *Tert* ✝ Principatus, *Vett*

✝ Principor, āri, atus pass *To rule*, Bibl ✝ Principem præstare, regnare, *Vett*

Prior, us, comp [a pri, sive pris, quod a πρίν, vel prā] (1) *The former* (2) *The better, more preferable, more excellent* (3) Priora *The fore-parts* (4) Priores *subst par es The preeminence* (1) ✱ Priori posterius non jungitur, *Cic Acad Q* 4, 14 Priori astitit, *the former former*, Id Fam 1, 9 (2) Artibus in dubio est hæc sit, an illa prior, *Ov* Color puniceæ flore prior rosæ, *Hor Od* 4, 10, 4 (3) ✱ Venæ in priora & terga discurrunt, *Plin* 11, 37 (4) Primas, etsi utrique pr otes, tamen illi alio deferunt, *Cic de Cl Orat* 21

Priores, um m subst *ir* majores *Ancestors*, Plin jun It ... *Ic* partes, quod aliquando ... exprimuntur, *Ter Eun* 2, 2, 71 *the preeminence*

|| Priorsum adv *Before our face*, Macrob Sat 7, 9 ✝ Antrorsum, *Vett*

Priscè adv (1) *After the manner of old time* (2) *Roughly, harshly* (1) *Cic* (2) = ✱ Graviter, severe, ac prisce agere, ac remissè ac leniter & urbane, *Cic pro Cæl* 11

Priscus, a, um adj [a prius, vel *ab ant* pris] *Old, antient, former, of old time, out of use, old fashioned* = Inusitata & prisca verba sunt in propriis, nisi quod raro utimur, *Cic Orat* 80 Verborum prisca vetustas, *Id de Or* 1, 4 Prisca gens mortalium, *Hor Epod* 2, 2 ✱ Concedit prisca moneta novæ, *Ov Fast* 1, 222

* Prisma, *vel* atis n scobs [a πρίω, serro, seco] figura quædam solida ap Geometras *A prism*

✝ Pristinalis, e *Col* 7, 9 *rest* pristinalis

✝ Pristini, *&c* dies pristini, & pristinè dixerunt olim eodem modo *Gell* 10, 24

Pristinus, a, um adj [a prius, *qu* priustinus, *Fest* vel *ab* ant pris, ut a cras, crastinus] *Antient, accustomed, wonted, former, first* In odiis resident mores pristini, *Plaut Truc prol* = Vetus consuetudo fori, & pristinus mos judiciorum, *Cic pro Mil* 21

* Pristis, is f [ἀπὸ τῦ πρίζειν τὰ κύματα, à secandis fluctibus, *Serv*] Per Metath Pistris, *&* pistrix, *Juv* (1) *A kind of whale-fish of wonderful length, which cutteth the waves as he goeth* (2) *A long and narrow ship, or galley, fashioned like that fish* (1) Pristes ducenum cubitorum, *Plin* 9, 3 In pristin desinit alvus, *Vir Æn* 10, 211 (2) Velocem agit pristin, *Vir Æn* 5, 116 Lembo pristesque paraverat, *Liv* 35, 26

Privandus, a, um part *To be deprived of* Statuit testes sui scel in vita esse privandos, *to be murdered*, Cic

Privans, tis part *Privative* Sunt alia contraria, quæ privantia licet appellemus Latine, Græci appellantur στερητικά, *Cic Top* 11

|| Privatio, a, um adj Privandi vim habens, *Gell* ✝ Privans, *Cic*

Privatim adv (1) *Privately, as a private man, apart, or by him, or itself, in private* (2) *Particularly, specially* (1) ✱ Eloquentia & privatim & publice homines abutuntur, *Cic de Inv* 1, 4 (2) Lictores habent in urbe in Capitolio privatim, *Cæs B G* 1, 6 *sed var codd*

Privatio, onis f verb *A taking away, or withdrawing, want, lack, or being without, a privation* Omni privatione doloris putat Epicurus terminari summam voluptatem, *Cic de F n* 1, 11

|| Privativus, a, um adj *Privative, that noteth taking away, or the want of a thing*, Gell 5, 12

Privatus, a, um part (1) *Bereft, or deprived, that hath any thing taken from him* (2) *Void of, freed from* (1) Ego & domi privatus sum, & perii, *Plaut Truc* 2, 7, 5 (2) Patria privatus, *Cic* l o *Rab Post* 9 Privatus lumine, *Ov ex Pont* 1, 1, 52 Cunctis privatus doloribus ægris, *without them*, Lucr 3, 918 Privata dolore omni, privata periclis, *void of, remote from*, Id 1, 60

Privatus, a, um adj [a privus, *i e* proprius] (1) *Private, a man own, particular, peculiar* (2) *Secret, obscure* (3) Subst *A private person, that is not in office* (1) ✱ Si republica non possis frui, stultum est nolle privati, *Cic Fam* 4, 9 ✱ Ut communibus utatur pro communibus, privatis ut suis, *Id Offic* 1, 7 ✱ Privatus illis census erat brevis, commune magnum, *Hor Od* 2, 15, 13 (2) Privato liceat delituisse loco, *Ov Trist* ... 1, 80 (3) ✱ Quod privatus a populo petit, aut populus a privato, *Cic*, ✱ Hic qui his imperator nunc privatus est! *Plaut Capt* 1, 2, 63 ✱ In fortuna quæritur, pecuniosus sit an tenuis, privatus, an cum potestate, *Cic de Inv* 1, 25 ✱ Qui privati plus possent, quam ipsi magistratus, *Cæs B G* 1, 18 Privati, judices, *subalterns, lower, inferior*, *Tac Ann* 14, 28, 2 Comes rei privatæ, *the keeper of the privy purse, or the gatherer of the fee-farms*, Jul Capit ...

✝ Priverus, a, um adj ✝ Priveras mulieres privatas dicebant *Fest*

Privigna, æ f *A daughter in law to the second husband, or wife*, Cic Att 13, 20

Privignus, ni m [a Gr πρό-γονος] *A son in law, a stepson* Nubere in privignorum funus, *Cic pro Cluent* 66 Carentes matre privigni, *Hor Od* 3, 24, 18

Privignus, a, um part *Privigni proles, born, or begotten in a former marriage*, Col 10, 163

|| Privilegiarius, a, um adj *A privileged man, he that hath a privilege, or liberty granted him*, Dig L 10 de pactis ✝ Privilegio donatus, *Vett*

Privilegium, ii n [priva lex, *i e* singularis de privo aliquo, *i e* uno homine] (1) *A private, or particular law, or proviso, an act of impeachment, an attainder* (2) *A privilege, a preeminence, or prerogative above others, a special grant* (1) Vetant XII Tabb leges privis hominibus irrogari, id enim est privilegium, *Cic pro Domo*, 17 (2) Quidam privilegii parentibus concessi sunt, *Sen*

Privo, are act [a privus, *qu* privum facio] (1) *To take away, to deprive, to bereave* (2) *To save, or free from* (1) = Spoliat nos judicio, privat approbatione, omnibus orbat sensibus, *Cic Acad Q* 4, 19 Privare aliquem oculis, *to put out his eyes*, Id ibid 4, 11 communi luce, *Id pro S Rosc* 22 spiritu, *Pater* 2, 87 (2) Quærendum igitur quemadmodum a gritudine privemus eum, qui ita d cat, *Cic*

Privor, āri, atus pass (1) *To be exempted from, to be freed, saved, or eased of* (2) *To be deprived* (1) ✱ Non hac exceptione unus afficitur beneficio, sed privatur injuria, *Cic contr Rull* 1, 4 (2) Pamphilamne hac urbe privari sinas? *Ter Phorm* 3, 2, ...

Prius adv comp [a prior] (1) *Before, sooner* (2) *Rather* (1) Prius orto sole, *before sunrising*, Hor Epist 2, 1, 112 Nihil prius faciendum mihi putavi, quam ut, *&c* Cic Attic 4, 14 (2) Omnia prius arbitratus sum fore, quam ut, *&c* Cic confer Cæs B G ...

Priusquam adv *Before that*, Cic Philipp 1, 4

Privus, a, um adj [de etymo incert] (1) *Particular, single, singular, several* (2) *Proper and peculiar to himself* (3) || *Void, empty, bereft* (1) Vox in privis quoniam ... dividit nares, *Lucr* 4, 5... Privos ... tapulas habeas ... *for to other uses*, Cato, 26 (2) Turdus, sive aliud privum dabitur tibi, *Hor Sat* ..., 5, 11 (3) || Privi veræ rationis, *void of reason*, Apul de Deo Socr p 668

Pro prep [a Gr πρὸ, vel ex πρόμαχος, propugnator] (1) *For, in account of, in place of, or recompense* (2) *For, in favour of* (3) *For, instead of* (4) *At, the manner of* (5) *According to* (6) *For, as* (7) *Before, in place* (8) *In a place, with respect to* (9) *In comparison of* (10) *By reason of, on account of* (1) Minas viginti pro ambobus dedi, *Ter Eun* 1, 2, 89 Pro vapulando abs te mercedem petam, *Id* (2) ✱ Hoc non pro me sed contra me est potius, *Cic de Orat* 3, 20 (3) Ego pro te molam, *Ter Andr* 1, 2, 29 Tibi Marcelli sit una pro patibulo fuit *Cic Verr* 4, 41 (4) Genus pro cive, *Cic pro Arch* 5 Pro se non loqueris, *Plaut Men* 2, 2, ... Profectus pro profuso, *Nep* (5) Videndum est, ut cuique pro dignitate tribuatur, *Cic Offic* 1, 14 (6) Pro rupto fœdus haben, *Liv* (7) Pro æde Castoris sedens, *Cic* ... Pro ... si a a de Orat 3, 11 Depellit pressum omnem ponderis *Id Tusc* 4, 23 (2) Pressu duplici palmarum con ine anguem, *Cic N D* 2, 42 ☞ *In cæteris casibus non invenitur*

* Prester, eris m [a πρήθω incendo, inflammo] (1) *A venomous serpent, whose sting causeth a deadly thirst* (2) *A tempest, or whirlwind, forming and blasting where it bloweth* (3) *A pillar of fire falling into the sea with a whirlwind* (1) Distendens ora sp ... prester, *Luc* 9, 7-5 (2) *Sen* (3) *Lucr* 6, 423 *Id* *Plin* 2, 48

Pretiose, ius, comp adv *Costly, richly, splendidly* Vasa pretiose celata, *Cic* ... *Juv* 2, 40 Pretiosius sepeliri, *Curt* 10, 1, 32

|| Pretiositas, atis f *Preciousness*, Microp Sat ..., 13

Pretiosus, a, um adj or, comp ssimus, sup [a pretium] (1) *Costly, of great price and value, dear, sumptuous* (2) *Precious, excellent* (1) Operam ... pretio pretiosiorem, *Plaut Epid* 1, 2, 17 ✕ Non minus vectigas percipitur ex rebus vilissimis quam ex pretiosissimis, *Cic de Fin* 2, 28 (2) ✕ Sub ... argentea proles ... deterior, fulvo pretiosior ære, *Ov Met* 1, 115 Ingenium ... pretiosius auro, *Id Amor* 3, 8, ...

Pretium, ii n [a qu ...] id quod ... venditur ... (1) *The price given for a thing that is bought* (2) *A reward, an hire, a fee, a bribe* (3) *In a bad sense* (4) *Esteem, value, worth, honour* (5) It is also taken for *operæ pretium, worth the while* (1) Agrum ... meliorem, neque pretii meliores, nemo habet, *Ter Heaut* 1, 1, 12 Quibus pretiis hæc potest venundari? *Plaut Men* 2, 2, 15 (2) Nunquam ... statui pretium ... *Ter Heaut prol* 48 Pretio capiuntur avaræ, *Tib* 2, 1, 7 = Pretio & mercede duci, *Cic Offic* 2, 6 (3) Et pereant ... nefas aut pretium est mori, *Hor Od* 3, 24, 24 (4) Plebatque libertatis majus ... apud feminas, quam apud viros, pretium, *Curt* 8, 2, 28 (5) Germanico pretium fuit convertere agmen *Tac Ann* 1, 5, 5

‡ Prævenius, pr præcedens *Jf ras*

‡ Pri, pro præ ant *F* ... unde prior ... sed pri erat a πρό, pri, ...

* Priapiscus [a πριαπος, ut satyriscus ...] *An unnatural erection*, Med *Lat* ... tentigo

* Priapus, i m ... vero hirtus ... Priapo, *Juv* 2, 95 ... in vi... penem, quos appellant ... *Schol* ... *vid* Propr

Pridem adv prius, comp primum sup qu ... prius ... *Cal* [a ... ut ...] *Lately, some while since, long ago* Non pridem, *not long since*, *Ter Heaut* 2, 1, 17 Quam pridem? *how long ago?* *Cic pro S Rosc* ... Prius dixit ... qui... fit vivere *Ter Heaut* 5, 2, 18

Pridianus, a, um adj Pridianus cibus, *eaten the day before*, ... Pridiana ... *of the day before*, Id ... *usedthe day before*, *Plin* 28, 19

Pridie adv [ex pre vel pri, & d ... qu prior die] *On the day before* Pridie ejus diei, *Cic Att* 11, 20 Usque ad pridie Non Mai..s, *Id Att* 2, 8 Ex ante pridie Idus Septembres, *Plin* 11, 16

Prima, ōrum, scil partes *The precedence, or preeminence* Primas deferre, dare, concedere alicui, *Cic* Primas tenere, *to be most eminent*, *Id de Cl Orat* 90

Primævus, a, um adj [ex ævo primus] (1) *Elder, born first* (2) *Flourishing, in the flower of one's age* (3) *Juvenile, youthful* (1) Quorum primævus Helenor, *Vir Æn* 9, 545 Gnatus primævus, *Catull* 6..., 421 (2) Pueri & primævo flore juventus, *Vir Æn* ..., 162 (3) Fidens primævo corpore Clausus, *Vir Æn* 10, 45

Primanus, ni (1) *The lieutenant that appointed wages to the first regiment* (2) Primani, *the soldiers of the first legion* (1) ... (2) Primani aquilam ... *Tac Hist* ..., 43

Primarius, a, um adj *Chief, excellent, extraordinary, that surpasseth others, principal, primary* Primarius vir, *Cic pro ...* adolescens, *Id* ... *Cic Fam* 4 5 Primaria femina, *of the first rank, or quality*, *Cic Verr* 1, 58 Conlibertus primaria, *Plaut Stich* 1, 2, 82 Primarius locus, *chief, principal*, *Cic de Fin* ..., 15

|| Primas, ātis c g *A magistrate, or chief person in a city, a primate* Primatis civitatis ... *Apul Met* 2, p 56 ✝ Princeps, *Cic*

Primatus, ûs m (1) *The chief place, the highest estate, primacy* (2) *Preeminence* (1) Primatum mutavit Cæsii, *Plin* 1..., 12 (2) Ali ... primatum bonis ... tis, *Varr R R* 1, 7

|| Primicerius, ii m [primus, & κηρος, i e potestas, qu ... primicherius, *Don* vel simplicius primus, ut cerius sit terminatio] *The chief person in any place, or office* Primicerius domesticorum, *Amm Marcell* 18 Primicerius martyrum, *St Stephen the protomartyr*, Aug Primicerius sacri cubiculi, *the lord high chamberlain*, Cod Primicerius præfectorum prætorio, *the captain of the guards*, Veget Primicerius scriniorum, *the master of the rolls*, Cod Primicerius fabricæ, *the surveyor-general*, Id

Primigenia, æ f (1) *The title of the eldest child in inner tance* (2) *A cognomen of the goddess Fortuna* (1) Primigenia rerum, *Amm* 26, 10 (2) *Cic de L L* 2, 11

Primigenius, a, um adj *Natural, original, first in its kind, primitive* Hi initus primigenia femina dedit natura, *Varr R R* 1, 40 de galbulis expressi Dicam ... primigenia pecuaria, *of cattle fit to be kept for breed*, *Id* Primigenia dicuntur verba ut lego, scribo, sto, sedeo, & cætera, quæ non sunt ab aliquo verbo, sed suas habent radices *Varr L L* 5 ✕ Vid declinata *Id* Primigenius sulcus dicitur, qui in condenda nova urbe, tauro & vacca ... significationis causa imprimitur, *Fest*

Primigenus, a, um adj *That is the first* Post dem primigenum maris & terræ, *their birth day*, Lucr 2, 1105

Primipăra, æ f *She that is delivered of her first child*, Plin 8, 47 Primiparis minores fœtus, *Id* 8, 47 *de ovibus*

Primipilaris, e adj (1) *Of, or belonging to the captain of the vaunt-guard* (2) Subst Also *one who himself had been eldest captain* (1) *Suet Tib* 37 (2) *Quint* 6, 3

|| Primipilarius, ii m *He who hath been eldest captain*, Spart

✝ Primipilaris, *Quint*

|| Primipilum, i n Annona quæ datur primi pili centurionibus, ut in et milites distribuatur, *Cod*

Primipilus, i m qui primum pilum, i e ordinem, ducit, primi pili centurio, *Fest* Primus centurio, *Liv* (1) *A captain of the vaunt guard* (2) *The eldest captain of the regiment, or the captain lieutenant of the colonel's own company, who had the charge of the standard, and the command of forty men* (3) Also *the vaunt guard itself, where the standard was* (1) *Cic pro C Balb* 15 (2) *Veget* (3) Erat primipilus summus ordo inter pedites legionarios, nam in legione tria peditum genera erant, hastati, principes, triarii, & in singulis demi centurionis, his nominibus, primus hastatus, secundus hastatus, tertius usque ad decimum, primus princeps secundus, & similiter in triariis, omnium fortissimis, illa ratio, non enim dicebant primum triarium, sed primipilum, aut primipili centurionem, triarios autem temporibus primus centurio, *Minut*

⊦ Primiscrinius *The master of the rolls*, Dig

✝ Primitias adv *First*, Non ex Pomp & Lucil ⊦ Primo, primum

Primitiæ, arum f sc fruges (1) *The first-fruits of the year that were offered to the gods* (2) Met *The first attempt, essay, &c* (1) Frugum primitiæ, *Ov Metam* 8, 273 Tradicti auctores primitias vitis resecare consuerunt, *its first shoots*, *Col* 4, 10 Metalorum primitiæ, *Tac Hist* 4, 53 (2) Operum primitiæ, *Stat Theb* 2, 742 ... *Id*

Primitius, a, um adj (1) *Of the first production*, (2) or *magnitude* (1) *Vid* Primitiæ Quod primum & principale in aliqua re est, *Sipont* (2) Ecce rapit medius flagrantem Rhœtus ab aris primitum torrem, *Ov Met* 12, 271

Primitivus, a, um adj [a primus] (1) *The first, or earliest* (2) *Primitive, from which others of the same kind are derived* (1) His primitivis floribus illectæ avidæ vescuntur post hybernum famem, *Col* 9, 13 (2) Primitiva verba, *Prisc* ✝ Primigenia, *Varr*

✝ Primitus adv [a primum, ut funditus a fundus] *Lucil*

Primitùs adv *At the first, first of all, first*, Varr R R 1, 31

Primo adv *First, at the first, at first sight*, Ter Eun 5, 6, 10

Primodum adv *pro* primo *At the first*, Plaut Capt 1, 2 57 *sed var codd*

Primogenitus, a, um adj *First born* Plin 11, 40 *sed var codd*

Primopilus, i m *id quod* primipilus, *Grut Inscr* p 249 n 4

✝ Primoplastus vox hybr *The first man, Adam*, Eccles

✝ Primordialis, e adj ad primordium pertinens, *original*, Amm ✝ Primus, primigenius, Tert

Primordium, ii n *The beginning, the rise, or original* A Jove musarum primordia, *Cic de Legg* 2, 3 Primordia rerum, *Lucr* 1, 50 mundi, *Ov Met* 15, 67 Sub primordio urbis res P R prospera, *Liv*

Primores, um pl m (1) *The nobles or gentry, the chief men of a place* (2) *Officers of an army* (1) Primores patrum, *Liv* populi, *Hor Sat* 2, 1, 69 (2) ✕ Primoribus magis quam militibus commotatus erant, *Tac* 1, 5

Primoris gen abl ... prim ... [qu comp ... primus ... ut ... proximus proximior] *In the first, the foremost* Primores dentes, *the fore-teeth*, *Plin* 11, ... Primori in acie versari, *in the front*, *Tac Hist* ..., ... Primoribus ex elementis, *of his first principles*, *Lucr* 6 1067 ... tres umbres, *that ... first* ... At Quæ tibi ... primoribus quidem labris ... *had not so much as ... superficially touched*, *Cic* ... Cæl 12 Qui primoribus ... ferens ... & ... *had been ... ed with*, *Id de Orat* 1, 1..

|| Primum ... ... *Jun*

Primulum ... *First, ... at ...*, Ter Adelph ..., 1, 2

Primulus, a, um ... *first* Primulo diluculo, ... *break of day*, Plaut Amph ...

Primum adv *First, first of all, foremost, in the first place, the first time* ✕ Ut primum ... vidi, nunquam vidi postea *Plaut* ... ✝ Primum, deinde, novissime ... *Fam* 10, 24 ✕ Primum deinde, postremo, *Id* ... num ... gen ... magnitudine, ... *Id* ... quam ipsa ... ✝ Primum, deinde ... postremo, *Id* ... *In ... gior lus interior est ...* ut ... tas generis humani ... formis, cognitionibus ... primum, tum affinitatibus, deinde amicitiis, post ... vicinitatibus, tum civibus, deinde totius complexu generis humani, *Id*

Primus, a, um superl ... prior, primus, ut ... πρωτος ... (1) *First* (2) *Best, chief, prime, excelling* (3) Primi, *The first principles of things* (4) *The beginning* (5) *The van of an army* (1) Prima duo ... epistolæ tuæ *Cic Fam* ... primis mun... promittu... secundis, *Id* ✕ Postremum ... vem pirata primum adoriens ... *Id* Primis labris gustare ... *lightly, superficially, perfunctorily*, *Id* Primo quoque die *Id* Primo quoque tempore, *the first opportunity*, Liv Quod primum ... gratum daret adpeten..., *Catull* In prima fabula, *Ter Adelph prol* 9 ... in primi par..., *Don* Primo mane, *Cic* ... Primo diluculo, *Suet* ... 15 (2) = Prima & ... habentur utilia, *Cic* Quam ... apud te primus, *your chief favourite*, Ter Eun 1, 2, 10 ... esse primos se omnium rerum volunt, *Id ibid* 2, 2, 17 Primum dices, ... *most ... for beauty*, Id ibid 3, 5 19 ... ma vitiorum, *the chief* ... Lucr 1, 87 (3) *Lucr* 1 1068 (4) *Cic Att* 11, 7 (5) *Curt* ...

Princeps, ĭpis c g ... (1) *First* (2) *Original, primitive* (3) *Chief, principal* (4) Subst *A prince, or prime* ... *emperor, a chief, a governour, a commander, a governour* ... (5) *An author, an inventer, a promoter* (6) *A ringleader* (7) *A company, in the middle rank of a legion* ... *soldiers in that rank* (9) Princeps juventutis *a title of the emperors sons* (1) ✕ In ... pri ... tremus in periculo ... ✕ Dies imperii princeps ...

premus, Id Ann 1, 9, 1 Quæ ... calamitatem P R ... princeps pœnæ pe... B G 1 Exordium ... omnium esse debet, Cic ... 14 (2) Qualitatum alia principia ... Cic ... principem ... tenere, Suet ... (4) Sit piger ad pœnas ... Pont 1, 2, 12, ... Hor Od 1, ... Dux tum princeps Juno, ... 6, 7 Civitatis principes ... Cic Quam magnum ... personam tueri ... Id Philipp 8, 10 Principes ... populus Romanus ... (5) Principes leges ... Rullus, Cic ... & ... Id libertatis defend... (6) = Princeps atque ... Cic = Princeps ... & conservator ... Hist ... B G 8, 8 (7) Cic ... ostivum principem ... (9) A Hastati ... hastis pugnabant, ... principes qui gladiis ... L L 4, (9) ... 12, 1, 2 ... frequentius in ...

Principalis ... The superior, ... part of the soul, ...

Principalis, e adj [à princeps, ...] (1) Principal, or chief, ... belonging to princes, ... (1) ... in Arabia thus & ... 12, 1 Principalis ... Cic de Fato, ... (2) Pœna ... Suet Calig ... princeps ... conspicuus, Tac ...

‖ Principalitas, atis f Principality, lordom, Macrob Somn ... ✝ Dominatus, ... Vett

Principaliter adv (1) Princely, as becometh a prince (2) Principally, chiefly (1) Principaliter, Plin Paneg 47 ... ✝ Imprimis, primo loco, Cic

Principatus, us m (1) Principality, excellency, sovereignty, rule, preeminence, chief, or principal ... (2) The chief power, or government (3) The beginning ... form of government, as opposed to monarchy (1) Principatum aliquem ... Cic Offic 2, 19 ... Principatus est ... (2) ✝ Semperne ... mundus, an ab aliquo ... principio ortus, Cic de Univ ... (3) ✝ Speciem principatus ... formam convertere, ... 22 ✝ Diversa natura ... & principatus, Plin ...

Principialis, e adj [à principium] (1) Having a beginning, ... (2) Belonging to ... (1) Terræ tuisse principiale tempus, Lucr 5, ... Omnis, ... aliquo lævore creata ... Lucr 2, 4, 3 (3) ✝ Principialis ... in privatis copiam facere, ... Cal 30

Principio adv First of all, first ... in the first place ... principio ut ne du... Andr 2, 1, 28

Principium, ii n [à princeps, ...] (1) A beginning, an entrance, a proem, or preface (2) A race, or pedigree (3) Also a maxim, an axiom, a principle, or rule (4) An antecedent (5) An original (6) In plur principia Principles of which a thing is made and consisteth (7) The centre of an army (9) The soldiers in the centre of an army (9) Principality, or power (1) ✝ Quod est cujus principium aliquod sit, nihil sit extremum? Cic N D 1, 8 ✝ Nec principium habet, nec finem, Id de Sen 21 ✝ Neque principium in ... neque exitum, Id pro Cal 2, ... neque quod principium inveniam ad placandum ... Ter Heaut 5, 4, 1 ✝ Tarda principia in omni genere ... producere ... Cic de Orat 2, 5, ... Recordo Teucros ... principium ... Ov Met 1, ... (2) Natura principiis ... Cic ... 12 (3) ✝ Potestis igitur principia negare, cum extrema conceditis? Cic (5) ... Cic (6) ... principiis, non alio, Lucr ... (7) ✝ Nec ... principia, ... in unum ... Liv (8) Ab tergo erant ... post principia ... Liv Hic ego ... post principia, Ter Eun 4, 7, 11 (9) Ter ✝ Principatus, Vett

‖ Principor, ari, ... pass To rule, Boet ✝ Principem ... regnare, Vett

Prior, us, comp [à pri, sive prius, quod ... vel præ] (1) The former (2) The better, more preferable, more excellent (3) Priora The for-parts (4) Priores partes The preeminence (1) ✝ Prior post prius non jungitur, Cic Acad Q 4, 14 Prius ... the former ... Id Fam 1, 9 (2) Artibus ... dubio est hæc sit, ... prior, Ov ... color ... flore prior rosæ, Hor Od ... 16, 4 (3) ✝ Venter priora & terga discurrunt, Plin 11, 37 (4) Primas, etsi utrique ... tamen Lælio deferunt, Cic de Cl Orat 21

Priores, um m subst ... majores Ancestors, Plin jun ... partes, quod aliquando ... exprimitur, Ter Lun 2, 2, 71 the preeminence

‖ Priorsum adv Before our face, Macrob Sat 7, 9 ✝ Antrorsum, Vett

Prisce adv (1) After the manner of old time (2) Roughly, harshly (1) Cic (2) = ✝ Graviter, severe, ac prisce agere, an remisse ac leniter & urbane, Cic pro Cal 14

Priscus, a, um adj [à prius, vel ab ant ...] Old, ancient, former, of old time, out of use, old fashioned = Inusitata & prisca ... sunt in propriis, nisi quod raro utimur, Cic Orat 80 Verborum prisca vetustas, Id de Or 1, 4 Prisca gens mortalium, Hor Epod 2, 2 ✝ Concedit prisca ... Ov Fast 1, 222

* Prisma, ... figura quædam solida ap Geometras A prism

✝ Pristinalis, e Col 7, 9 ... pristinalis

✝ Pristini, &c dies pristinis & pristinæ dixerunt olim eodem modo, Gell 10, 24

Pristinus, a, um adj [à prius, ... vel ab ante, ... ut cras, crastinus] Antient, accustomed, wonted, former, first In odiis residet mores pristini, Plaut Truc prol ... = Vetus consuetudo fori, & pristinus mos judiciorum, Cic pro Mil 21

* Pristis, is f [...] ... secundis fluctibus, Serv] Per Metath Pistris, & pistrix, scrib (1) A kind of whale fish of wonderful length, which cutteth the waves as he goeth (2) A long and narrow ship, or galley, fashioned like that fish (1) Pristes ducenum cubitorum, Plin 9, 3 In pristin desinit alvus, ... 10, 211 (2) Velocem agit pristin, Vir ... 5, 116 Tembo pristis que prævertat, Liv ... 6

Privandus, a, um part To be deprived of Statuit testes sui sceleris ... esse privandos, to be murdered, Cic

Privans, tis part Privative Sunt alia contraria, quæ privantia licet appellemus Latine, Græci appellantia ..., Cic Top 11

‖ Privaticus, a, um adj Privandi vim habens, Gell ✝ Privans, Cic

Privatim adv (1) Privately, as a private man, apart, or by him, or itself, in private (2) Particularly, specially (1) ✝ Eloquentia & privatim & publice hominis ..., Cic de Inv 1, 4 (2) Lictores habent in urbe in Capitolio privatim, Cæs B G 1, 6 ...

Privatio, onis f verb A taking away, a withdrawing, want, lack, or doing without, a privation Omni privatione doloris putat Epicurus terminari summam voluptatem, Cic de Fin 1, 11

‖ Privativus, a, um adj Privative, that noteth taking away, or the want of a thing, Gell 5, 12

Privatus, a, um part (1) Bereft, or deprived, that hath any thing taken from him (2) Void of, free from (1) Pro & donis privatus sum, & perii, Plaut Truc 2, 7, 5 (2) Patria privatus, Cic pro Rab Post 9 Privatus lumine, Ov ex Pont 1, 1, 52 Cunctis privatu' doloribus ægris, without them, Lucr 3, 918 Privata dolore omni privata periclis, void of, remote from, Id 1, 60

Privatus, a, um adj [à privus, ... proprius] (1) Private, a man's own, particular, peculiar (2) Subst A private person, that is not in office (1) ✝ Si republica non possis frui, stultum est nolle privata, Cic Fam 4, 9 ✝ Ut communibus utatur pro communibus, privatis ut suis, Id Offic 1, 7 ✝ Privatus illis census erat brevis, commune magnum, Hor Od 2, 15, 13 (2) Privato licet delituisse loco, Ov Trist 3, 1, 80 (2) ✝ Quod privatus à populo petit, aut populus à privato, Cic ✝ Hic qualis imperator nunc privatus est? Plaut Capt 1, 2, 6 ✝ In fortuna quæritur, pecuniosus sit, an tenuis, privatus, an cum potestate, Cic de Inv 1, 25 ✝ Qui privati plus possint, quam ipsi magistratus Cæs B G 1, 18 Privati ... ces, subalterns, lower, inferior, Tac Ann 14, 28, 2 Comes ... privato, the keeper of the privy purse, or the gatherer of the fee-farms, Jul Capit

✝ Priverus, a, um adj ✝ Priveras mulieres privatas dicebant, Fest

Privigna, æ f A daughter in law to the second husband, or wife, Cic Att 13, 20

Privignus, ni m [à Gr ...] A son in law, a stepson Nubere in privignorum funus, Cic pro Cluent 66 Carentes matre privignis, Hor Od 3, 24, 18

Privignus, a, um part Privigni proles, born, or begotten in a former marriage, Col 10, 163

‖ Privilegiarius, a, um adj A privileged man, he that hath a privilege, or liberty granted him, Dig L 10 de pactis ✝ Privilegio donatus, Vett

Privilegium, ii n [priva lex, i e singulis de privo aliquo, i e uno homine] (1) A private, or particular law, or proviso, an act of impeachment, an attainder (2) A privilege, a preeminence, or prerogative above others, a special grant (1) Vetant XII Tabb leges privis hominibus irrogari, id enim est privilegium, Cic pro Domo, 17 (2) Quæ de privilegiis parentibus concessis sunt, Sen

Privo, are act [à privus qu privum facio] (1) To take away, to deprive, to bereave (2) To ... or free from (1) = Spoliat ... judicio, privat approbatione, omni ... orbat ... Cic Acad Q 4, 19 Privare aliquem oculis, to put out his eyes, Id ibid 4, 11 communi luce, Id pro S Rosc 22 ... Pater 2, 87 (2) Quæ ... tendum igitur quemadmodum ... gratitudine privemus eum, ... dicit, Cic

Privor, ari, atus pass (1) To be exempted from, to be freed, avoid or cleared of (2) To be deprived (1) ✝ Non hac exceptione unus afficitur beneficio, sed privatur injuria, Cic contr Rull 1, 4 (2) Pamphilamne hic ut ... privari sines? Ter Phorm ...

Prius adv comp [à prio] (1) Before, sooner (2) Rather (1) Prius orto sole, before sunrising Hor Epist 2, 1, 112 Nihil prius faciendum mihi putavi, quam ut, &c Cic Attic 4, 14 (2) Omnes prius arbitratus sum fore, quam ut, &c Cic confer Cæs B C ...

Priusquam adv Before that, Cic Philipp 1, 4

Privus, a, um adj [de ... in] (1) Particular, singular, several (2) Proper and peculiar to himself (3) ... empty, bereft (1) Vox in privis ... dividi ... Lucr 4, ... Privis ... for no other use, ... Turdus, ... privum ... Hor Sat ... (3) Priva ... no ... reason, ... Deo Socr p 669

Pro prep [à Gr ...] (1) For, on account of, as a price or recompense (2) For, in favour of (3) For, instead of (4) At, the manner of (5) According to (6) For, as (7) Before in place (8) In a place, with respect to (9) In comparison of (10) By reason of, on account of (1) Minas viginti pro ambobus dedi, Ter Eun 1, 2, 89 Pro ... mercedem petam, Id (2) ✝ Hoc non pro me sed contra me est potius, Cic de Orat ... (3) Pro te ... Ter Andr 1 2 29 ... Marcelli statua pro patibulo fuit Cic Verr 4, 41 (4) Gens ... pro cive, Cic pro Arch 5 Pro ... loqueris, Plaut Men 2 2 ... Profectus pro profuse, Nep (5) Videndum est, ut cui que pro ... tribuatur Cic Offic 1, 14 (6) Pro rupto fœdus habent ... (7) Pro æde Castoris ... Præ...

n hu I ro templis, *Id* Pro tribuna-li, *Id Fam* 3, 8 (8) Hæc e pro largestu nunciata, *Cic* Pro con cione laudati sunt, *Liv* Consili- um pro re ac tempore capperat, *Cic* Pro re nata, *as occasion serveth*, Id Pro meo, tuo, suo, &c jure, *of right* Pro sua quisque facil tate, *to every one's power*, Id Pro virili parte, *to one's power*, Id (9) Vereor, ne parum tibi pro eo, quod te habeo, red liderim, *Cic* (10) Pro mea cupiditate ... tia ... ... Quam ... ... *In com-* ... ... pro ... ... ut pro rio, *aliq* ... ... o-cu u

Pro ... proh interj admira-tis, ... dolentis & indignantis Pro dolor, *L*... Pro curia in e-... more! *Hor Od* ... Pro ... ... hominum fidem! *O strange! O wonderful!* Ter He-... 1, 1, 9 Pro sancte Jupiter, *good God!* Cic Philipp ..., 13

* Proagogium, ii n *Pimping, or playing the pimp, procuring* ... ... proagogia, *Suet Ner* 28 ... prælagogia, ... *forte*

|| Proavita, æ f *A great grandfather's sister, the great aunt*, Cajus

Proavitor ... m *The chief author, or ancestor*, Suet Claud 24

Proavia, æ f *A great grand-mother*, Suet Cal 10

Proavitus, a, um adj (1) *Per-taining to ancestors, or the great grandfather* (2) *Ancient* (1) R gna proavita, *Ov Met* 13,416 ... *Stat Sylv* 4, 4, 8, (2) Pro-avita insignia pugnæ, *Sil* 5, 79

|| Proavunculus, i m *A great grandmother's brother*, Cajus

Proavus, vi m [ex pro, ... avus, qu prope avum, ...] *The father of a grandfa-ther, a great grandfather*, Cic pro Cœl 14

|| Proba, æ f *Money given or allowance of an horse of ser-vice*, Cod

Probabilis, e adj or, comp (1) *Allowable, or to be liked* (2) *Provable, that may be proved, likely, or like to be true* (1) Probabilis orator, *Nep Cat* 3 Probabilior, *Cic* de Orat 2, 26 (2) Nihil est tam incredibile, quod non dicendo fiat probabile, *Cic Parad* 1

Probabilitas, atis f *Probabili-ty, likelihood* Fallere probabili-tate captiosâ, *Cic de Fin* 3, 21

Probabiliter adv (1) *Probably, likely* (2) *With applause, or liking* (1) Ex quo potest proba-biliter consequi, *Cic* (2) Consu-latus probabiliter gestus, *Paterc* 2, 46 Probabilius, *Val Max* 2, 8 2

Probandus, a, um part *To be tried, approved, or made good* Quem locum probandæ tuæ virtu-tis expectas? *Cæs B G* 5, 43 ※ Ita probanda & improbanda dis cernent, *Quint*

Probans, tis part (1) *Allow-ing, approving, liking* (2) *Shew-ing, manifesting, demonstrating* (1) Tove non probante, *Her Od* 1, 2, 20 (2) Turpem aperto pig-nore errorem probans, *Phædr* 5, 5, 37

* Probaticus, a, um [... ...] *Of sheep* Probatica piscina, *a pond at Jerusalem, where sheep were washed, which were to be sacrificed*, Vulg Int Lat Ovilaris, ad ovem pertinens

Probatio, onis f verb (1) *A trial, or essay* (2) *A proof or demonstration* (1) Athletarum probation, *Cic Offic* 1, 40 (2) Prout ... futura est ..., *Cic Verr* 1, 51

* Probaton, i n *A sheep*, Plin ..., 2 *Lat* Ovis

Probator, oris m verb *An approver, or praiser* Qui int ... est ... ... fœ..., & proba-torem *Cic Philipp* 2, 12

Probatus, a, um part & adj or, comp issimus, sup (1) *Tried, proved, assayed* (2) *Well liked of* (1) ... ... *Cic* *Cl Orat* 76 (2) Probatior pri-... ... patrum juvenis, *Liv* 2, 8 = ... probitior *Id* = Homines spectati & pro-bati, *Cic de Orat* 1 27 Proba-tissima femina, *Id* p ... *Cæcin* 4

Probe adv [a probus] issime, sup (1) *Well, readily* (2) *Fitly* (3) *Very much* (1) Probe meminu, *Cic de Orat* 2, 50 tenco, *Id* Pro-bissime, *Ter* ... 1, ..., 65 (2) Oculus non est probe affectus ad suum munus fungendum *Cic T sc* 3, 7 (3) Probe appotus, *Plaut Amph* 1, 1, 126 ... aliquem ... ... *to cheat one rarely*, Id Pseud 2, 2, 9

Probeat *pro* prohibeat, *Lucr* 1, 976 *ubi al* pens, prohibeat

Probitas, atis f *Goodness, ho-nesty, virtue, probity, good na-ture* = Virtus, probitas, inte-gritas, in candidato requiri solet, *Cic* pro *Planc* 25

† Probiter adv *Varr* † Probe, *Cic*

* Problema, atis n () *A con-jectural proposition, having an interrogation annexed* (2) *A preparative rule to eloquence* (1) *Cic Attic* 13, 28 sed Græcis literis (2) *Suet* de *Cl Gramm* 4, 5

* Problematicus, a, um adj *Belonging to a problem*, Ap ... centiores

Probo, āre act [a probus] (1) *To prove, to make good, or make out* (2) *To approve, to allow, or like of* (3) *To approve to, or cause to be approved by another* (4) *To put in proof, to try, or es-say* (5) *To esteem, account, or judge of* (6) *To judge best to be done* (7) *To chuse, to desire* (1) = Satis erit planum facere at-que probare, *Lucr* 2, 93 Car-neades nullam unquam rem de-fendit, quam non probârit, *Cic de Orat* 2, 39 Probaeo Verrem contra leges pecuniam fecisse, *Id Verr* 1, 4 = Tabulis censorum firmabo & probabo, *Id de Har Resp* 14 (2) = Et laudo vehe-menter, & probo, *Cic Fam* 7, 1 (3) Auribus puris scripta probare, *Prop* 2, 13, 12 Libros, ut spero, tibi valdè probabo, *Cic Attic* 4, 13 (4) Probare boves, *Col* am-cos, *Ov* (5) Ex eorum ingenio ingenium horum probant, *Plaut Trin* 4, 3, 41 (6) Cæsar maximè probabat mare transire, & Pom-peium sequi, *Cæs B C* 1, 29 (7) Sive tu Lucina probas vocari, *Hor Carm Secul* 15

Probor, ari, atus, pass (1) *To be proved* (2) *To be approved, &c* (1) Culpa ex facili, quamvis manifesta, non probatur, *Ov Am* 2, 2, 55 (2) Neque populo neque cuiquam bono probatur, *Cic Fam* 10, 17

* Proboscis, idis f [ex pro, & βόσκω, pasco, *Eust*] *An elephant's trunk* Elephantus multem probos-cide circumdat, *Hirt B Afric* 84 *Lat* Elephanti manus, *Plin*

Probrosus, a, um adj or, comp || issimus, sup *Shameful, reproach-ful, ignominious* Probrosi mer-men, *Cic* pro *Font* 1. Probrosa ruina, *Hor Od* ..., 9 Probrosa mol ties, *Plin* 28, 8 Quo nihil probrosius duco, *Plin* 22, 6 Pro-brosissima ..., *Tert*

Probrum, i n ... etym incert (1) *Disgrace* (2) *A re-proachful, disgraceful, dishonest act, as incest, adultery* (3) *Vil-lany, wickedness, any lewd, or detestable action* (4) *Contume-ly, reproach, shame, disgrace, foul language* (1) Probrum cor-poris, *Tac Ann* 6, 24 (2) Probri insimulabit uxorem *Plaut Amph* ..., 15 (3) = Turis probris fla-gitiisque, *Cic* ※ Non modo nul-lum ... objectum, sed etiam laudem illustrans meam, *Id pro Domo* 29 (4) = Probris maledic-tisque vexare aliquem, *Cic* pro *Flacc* 16 Ingerunt probra, *Liv* Paupertas probro haberi cœpit, *Sall B Catil* 12, 1

Probus, a, um adj or, comp issi-mus, sup [qu ... prohibus, quod ... ... prohibeant, *Fest*] (1) *Honest, virtuous, modest, good* (2) *Current, sufficient, sound, good, stout* (3) *Choice, fine, sump-tuous* (4) *Opportune, fit, season-able* (5) *Skilful, expert, cunning* (1) = Probo, & fideli, & fido a-mico, *Plaut Trin* 4 ... = Na-tus, & pudens, & probus filius, *Cic Verr* 3, 69 ※ Poëta peccat, cum probam orationem adfingit improbo, *Id Orat* 22 Pulsus est modestior rex, & probior, & integrior, *Id Att* 10, 6 HOMI-NIS PROBISSIMI, *Inscript* ap *Grut* p ..., n 5 (2) Argentum probum, *Plaut Pers* ..., 57 & *Liv* 32, 2 navigium, *Cic* clava proba, *Plaut Rud* ..., 5, 10 Pro ba merx, *Id* ... ..., *Id* (3) Vestus probus, *Plaut Most* 3, 2, 41 Probus hic conger frigidus, *Id Mil* 2, 1, 165 (4) Proba oc-casio, *Plaut Curc* 5, 1, 2 (5) Ar-tificem probum, *Ter Phorm* 2, 1, 29 Illic est ad ... res probus quas quæritas, *Plaut Pœn* 3, 3, 67

Procacitas, atis f [a procax] (1) *Malapertness, sauciness, wantonness, lasciviousness* (2) *Drollery, buffoonry* (1) Proca-citate linguæ vitæ sordes non elu-untur, *Orat in Sall* 1 (2) Ludit qui stolidâ procacitate, *Mart* 1, 42, fin

Procaciter adv ... comp issi-mus, sup *Malapertly, wantonly, saucily* Procaciter ortus ... ..., *Curt* 8, 1, 32 Stipendium procaci-us flagitare, *Liv* 28, 24 Proca-cissime illudere, *Curt* 8, 1, 24

Procastria pl n ... *Id* Proces-tria, *Fest*

Procax, ācis adj or, comp issi-mus, sup [a procando, ... pos-cendo, *Cic* ap *Non* unde proca-ces meretrices ab assiduè poscen-do, *Fest*] (1) *Saucy, bold, ma-lapert, pert* (2) *Also brisk, fro-licksome* (3) *Wanton, lustful* (1) Meretrix procax, *Cic* pro *Cœl* 0 lingua, *Sall B G* 16, 4 Procacis-sima ingenia, *Tac Hist* 2, 87, 2. (2) Vernas procaces pasco lautis dapibus, *Hor Sat* 2, 6, 66 (3) Procacior in feminas, *Col* 7, 3

Procedens, tis part () *Marching forward* (2) *Proceeding, ad-vancing* (1) Paulatim leniterque procedens, *Hirt B* ... (2) Tempus procedens mitiga ... dolorem, *length of time*, Cic *Tusc* 3, 22 ¶ Tempore procedente, *in time, in the process of time*, ...

Proceditur imp ... pass Lente & paulatim proceditur, crebroque ... subsistit, *they march on, and ...* ... *Cæs B C* 1, ... ultra moenia tamen procedum est, *they proceed no further*, ...

Procedo, ere, ssi, ssum n. (1) *To proceed, to go, or pass forth* (2) *To march on* (3) *To ... forth, to go or come along* (4) ... (5) ... *To ... ...* (6) *To go forward, to prosper* (7) *Succeed* (1) Procedere ... ta ... *Cic Attic* 16, 9 ... quantum ... *Id* ... *Cæs B G* 8 § castris, *Id B* ... 16 ... castris, *Cæs B G* ... toto, *Cic Verr* 5 ... ... tiones, *Cæs B G* 5, 4 ... ..., *Plaut* in publicum, *Cic* Pro... ... ... *Id* 1, 20, 2 In plures ... ... *come into the crowd ...* ... *foremost*, Plin ..., 8 (2) ... ... multitudo ... ... *Cæs B G* 8, 19 (3) ... ... cum purpurea veste, ... *Cic de Div* 1, 52 ... ... procedere ... ... 58 (4) § Ut ... ... procederent ... ... meruerunt, *Liv* (5) ... ... procedunt, *Col de Arb* ... (6) ※ An hoc ... ... processerit, non ... ... *Lepp* 5, 18 (7) Cui ... ... corporis aut virtute animi, ... milius ... magis procederet, *Sall B C* 1 Voluptas, si res procedit lepide, *Plaut* Meditor esse ... bilis, & bene procedit, *Ter Adelph* 5, 6, 8 Cum parum procede-... inceptum, *Liv*

* Proceleusmaticus pes [quod ob celeritatem celeusma ... ..., ...] *A foot of four syllables, as pelagius*, Gram

Procella, æ f [vis vento ... cum pluvia, dict quod omnia pro cellat, i e moveat, *Serv*] (1) *A great tempest, or storm of wind and rain, especially on the ...* (2) *Also a bustle or mutiny, a trouble in the state* (1) ... vagi & ruentes torrentium more, si fecerunt ... rupere nubem ..., cellam gignunt, quæ ... Græcis ... catur ..., *Plin* 2, 48 ... ... mare inæquales procellæ *Hor Od* 2, 9, ... (2) = Tu procella patriæ, turbo, & tempestas pacis, *Cic* pro *Domo*, 53

Procello, ere, cul, ... porro sive longe cello ... ... *throw, to beat down* ... ... sus turbo proculerit *Pl n* ... 66 *sed al leg* percule ... ... ceilunt procumbunt, *Fest*

Procellosus, a, um adj *Stormy, boisterous, roaring* Ver pro-... *Liv* 40, 2 Procellosi ... *Ov Ep* 2, 10

|| Procellulus ... ... procer... *Somewhat tall*, Lamor ‡ A ... quam o procerior

|| Procer ... [... ... ... nens, prominens, qui primas ... net, Æol ... ..., per Sync ... ..., procer, vel à procerus, quod ... ...] *A great man, a noble ... a peer* Agnosco procerem, *Juv* 8, 26 R ... ... singul ... ... *in plur*

Procer s,

Procerum, i n [de ... *id fece*] (1) *The head man of a* ... *or corporation*, ... *officers, to* ... (2) Also *the heads* ... *that is with* ... *supporters that* ... (1) Proceres ... Audi bam nos ... Procères ... (2) ...

Procerus ... *Tall*, ... Procerus ... Proceritas & bre ... in oratione, *Cic* ...

... comp ex pro ... Pin ...

... a, um ... *somewhat tall, or long*, ...

... adv ... comp ... (1) ... *proper* (2) ... procerè *Catull* ... Procerissima ... oculus *Cic* ... (2) Post ... numerus, effertur ... *Lucr* 5, 658 Pro ... passus, *large* ... 8,5

... f verb [pro ... *A proceeding, or pas* ... (2) *A procession* ... editus magis ... processio ... *Cic* pro *L Manil* 9 ... processus (2) ...

Processus, us m verb (1) *A progress, going forward*, ... (2) *A success*, or ... (1) Tanto processu effi ... olare, non excut ... *Cic* de *Cl Orat* 8 ... uos & quasi processus di ... cognoscere, *Id ibid* ... (2) In ... imperii ... pro ... invidia, *Sen*

Procestrium, ii n [dict quod ... ante castra sit ... (1) *A sort of fortification ... before a camp* (2) *An anti ... for the prince's guard* ... dicuntur, quo pro ... *Fest* ... is pro ... dixisse extra por ... (2) Post hinc cubiculum ... æstivum, ... hybernum, *Plin Ep* ... cum procœtone ...

... *A clerk, or* ... *a quick and* ... Alcat ... manu,

... tis part (1) *Falling* (2) *Waterish, or very full* (1) Ut glandem in ali ... occidentem ... *Plin* 16, 5 (2) Proci ... *Plin* 24, 12

Procidentia, um pl n *The fall ... out of its place*, ... fundament, womb, &c ... procidentia sedis vul ... *Plin* 20, 1 & 24, 11

Procidentia, æ f *A falling of a thing out of its place* ... est procidentia vul ... 2, 29 Radix ... & sedis procidentias, *Id* ... Oculorum procidentia, ... *inflammation breaking out ... with such a force as ... from their place*, ... *Cels* 6, 6

Procido, ĕre, di, casum n [ex pro, & cado] *To fall down, flat* ... ries cum fragore ingenti

proci erant, *Liv* Impulsi cupressus euro procidit late, *Hor Od* 4, 6, 11 ... pus ... cum armis procidit ante pro ... *Liv* ... In corpus ... procidit, *Stat Theb* 9, ...

Procinctus, a, um adj *That fall eth, or is apt to fall down out of its place* ... procidua, *Plin* ...

† Procieo, ere, ivi, itum act *To call forth*, ... *Fest* ...

Procinctus, um part *Pre pared, ready, set in array* ... *a fleet ready to ... in fight*, ... Procinctae ... *Gell* ... Procinctum ... *a lot ... will fight before* ... *Dig*

Procinctus, us m [a procingor] (1) *The state of an army being ready to give battle, the battle array* (2) *Me Readiness* (1) Cornibus ... in procinctu, *Plin* 8, 45 (2) Hæc in pro ... *Ov Ep ex Ponto*, 1, 8, 10 In procinctu stare, *to be in readiness*, *Quint* 12, 9

Procingo, ĕre, xi, ctum unde part Procinctus, *to prepare to make ready*, *Fest*

† Procito, āre [ex pro, & cito, ...] *To call often*, *Fest*

† Procitus, a, um part [ex pro, & cieo] ... *void, disannulled* Procitum testamentum, veluti pro vocatum, ... irritum, ... ruptum, *Fest*

Proclamans, tis part *Crying out*, *Liv* 1, 26

Proclamatio, onis f verb *A crying out*, or *cry*, *Quint*

Proclamator, oris m verb (1) *A crier, a proclaimer* (2) *A bawler, a pettifogger* (1) *Cic* de *Orat* 1, 46 (2) = Non causidicum nescio quem, neque proclamatorem, aut rabulam ... *Cic* de *Orat* 1, 46

Proclamo, āre (1) *To cry out, to proclaim* (2) *To declaim, to plead a cause* (1) Defensum ... proclamant, ... fidem implorant *Cic Verr* 5, 2 (2) Proclamare ... hominibus, ... *Liv* 1, 22

Proclinatio, onis f verb *A bending, or leaning forward* Proclinatio ... *Vitruv* 5, 12

Proclinatus, a, um part *Bending downwards, inclining forwards, sinking* Ca ... montis proclinatur ad mare, *Vitruv* 2, ... domus proclinata, *Ov Trist* 2, 84 *Met* Adjuvat rem proclinatam Convictolitanis *the ruinous, or sinking posture of affairs*, *Cæs B G* 7, 42

Proclino, āre *To stoop, hang, or bend forward* Proclinare ... littora, *Ov Amor* 2, 11, 9

Proclinor, ari pass *To be hung, or bent downward* Earum ... tamen sunt ... quam in partem proclinantur, *Col* 7, 10

Proclive, is n *The brow of an hill, or the over hanging of a cliff* Per proclive, *Col*

† Proclive & procliviter olim adv *Gell* 20, 2, ‡ Facile

Proclivis, e adj & proclivus, a, um or, comp [ex pro, & clivus] (1) *Down hill, leading, or hanging downward* (2) *Inclined, subject to, flippant* (3) *Easy to be done* (1) Asta, ut descendam jam nunc in proclivi, *Plaut* Solum stabuli oportet esse proclivum, ut facile possit everri, *Varr R R* 2, 2 Zephirus proclivas

... unda, *Catull* 64, 270 (2) Proclivi res ... alii ad alios morbos *Cic Tusc* 4, 31 Proclivis ... *Sil* 13, 585 (3) Jam hoc ... in proclivi, quam ... do pluit, *Plaut Capt* 2, 2 ... Id ... in proclivi ... *Ter Andr* ...

Proclivitas, atis f *Inclination, or disposition to a thing* ‡ Facilitas in ... proclivitas in ... *Cic Tusc* 4, 12

Proclivius adv comp *Easily, readily, or currently* Pro ... *Gell* 1, 16 Ve ... proclivius ... & celeritate syllabarum, *Cic in Orat* 57

Proclivus, a, um *Steep* ... *proclivis*

Proco, are [ex ... quod ... ut ... olim ... poscitur a proco ... to demand, or ask malapertly, to dally, or play the wanton, *Varr L L* 6, 5

Procor, ari dep [procari ... poscere ... (1) *To woo, to demand* (2) Also *to flatter and sooth* (1) ... 6, 5 (2) *Sen* ...

† Procœtium, ii n *A little chamber next to the master's, where the masters, or servants lay, a porch, entry, or lobby before a chamber, an anti chamber*, *Jun* ‡ Excubitorium

Procœton, onis m locus ante cubiculum pro custodibus corporis ... cubant *A porch, or entry before one come to a chamber, an anti room, a lobby* Post hanc cubiculum cum procœtone, altitudine æstivum, munimentis hybernum, *Plin Ep* 2, 17

Proconsul, ulis m [ex pro, & consul, qui pro consule, cum consulari potestate in provinciam missus] (1) *A proconsul, one that was sent with an extraordinary power of a consul, into any province to govern* (2) *A lord deputy, a president, a lieutenant* (1) T Manilius proconsul, *Cæs B G* 3, 20 & alibi (2) *Sub imperatoribus*, ... Lips ... *Tac Ann* 2

Proconsularis, re *Of, or belonging to a proconsul, or consul's deputy*, Proconsulare imperium, *Tac Ann* 1, 14, 3

Proconsulatus, ûs m *A proconsulship the office, or dignity of a proconsulate, or lieutenancy* Ad proconsulatum usque ... pratura, *Plin* 13, 22

† Procrago, xi n Detortum verbum a κράζω, ... *To shout out aloud* Delirantes procraxe ... runtur, *Lucr* 5, 11

Procrastinatio, onis f verb *A delaying, or putting off from day to day* = In rebus gerendis ... & procrastinatio odiosa est, *Cic Philipp* 6, 7

Procrastinatus, a, um part *Deferred, delayed* = Si ... non tardata & procrastinata essent, *Cic* ad *Brut* 1 *Epist* a *Germ rep* ...

Procrastino, āre *To delay, to prolong, to defer, to drive off from day to day* = Rem differre, ac procrastinare cœperunt, *Cic pro S Rosc* 9

Procreatio, onis f verb *A begetting, procreation* Procreatio liberorum, *Cic Tusc* 1, 14

Procreator, oris m verb (1) *A creator, a maker* (2) *A father* (1) Procreator mundi deus, *Cic de Univ* 8 (2) ‡ A procreatoribus nati diliguntur, *Cic* de *Fin* 1 vid & eund ibid 4, 7

Procreatrix, icis f verb *A mother* = Artium procreatrix & parens, *Cic de Orat* 1, 3

Procreatus, a, um part *Begotten, born* = Non magis ... causa, ... esse natum, quam ... um, *Cic ant* ...

Procreo, āre act (1) *To procreate, beget, to* ... (2) *To produce* ... (1) ... ex alio, ... *Cic* ... (2) *A fol* ... *Cic* ... (1) ...

Procreor, ari, atus pass (1) *To be procreated* (2) *To be* ... (1) Ut ... procreati ... (2) ... periculum procrea ... amicis, *Cic* ... 2, 22

Procresco, ĕre, evi ... n *To grow up* Non poterit ... procrescere, ... *Lucr* 2, 46

† Procubitor, oris m verb *He that keepeth watch and ward without the camp* Procubitor ... φρουρός, *Gloss* vet ‡ Excubitor

Procubo, are, itum n *To lie over* Speluncaque tegant, & saxea procubet umbra, *Virg Geor* 3, 145

Procudendus, a, um part (1) *To be sharpened* (2) Met *To be fashioned and framed* (1) *Lucr* 5, 1264 (2) *Cic de Orat* 3, ...

Procudo, ĕre, di, sum act (1) *To beat, stamp, or strike a thing to make it longer, less, or thinner, to hammer out, to sharpen* (2) Met *To beget, bring forth, or produce* (3) *To coin, devise, or invent* (1) Quamvis in acu ... & tenuia posse mucronum duci fastigia procudendo, *Lucr* 5, 1264 Durum procudit arator vomeris obtusi dentem, *Virg Geor* 1, 261 *Met* Ira quæ procudit enses, *Hor Od* 4, 15, 4 (2) Seclâ propagando procudere, *Lucr* 5, 854 Igne procudunt ignem, *Id* 2, 1114 (3) Procudam hinc multos dolos, *Plaut Pseud* 2, 2, 20

Procudor, i pass (1) *To be beat, stamped, &c* (2) Met *To be invented, or produced* (1) *Vid* Procudo (2) Nec nova vivendo procuditur ulla voluptas, *Lucr* ... 1094

Procul adv [qu porro ab oculis, ... procul ... hinc procul, ut ... simul] (1) F ... *far off, a loof, far from, a great way off* (2) Also *near* (1) ‡ Non procul, sed hic, *Cic* ‡ An procul, an coram, *Tac Ann* 15, 36 § Procul hoste, *Liv* patria, ... muros, ... Procul est, ut credere possis, *it is far from credible*, *Lucr* 3, 854 Procul errare, *to be much in the wrong*, *Sall B Jug* (2) Sera procul tantum capiti delapsa jacebant, *Virg Ecl* 6, 16 Est procul in pelago saxum, *Id Æn* 5, 124 & *Gloss* vet Procul ... πόρρω, ...

Proculcatio, onis f verb (1) *A trampling on* (2) Met *A treading under foot, a trampling* (1) Aquam ... proculcatione, *Plin* 8, 18 (2) = Regno ... ruina & proculcatio, *Sen*

Proculcatus, a, um part *Trampled on* Proculcatus sue ... duro pede, *Phædr* 1, 2, 10

Proculco, are act [ex pro, & calco] (1) *To tread down, or trample upon* (2) Met *To contemn, or despise* (1) Pedibus virum tam n oc leat equinis, *Ov Met* 1, 1 Q or recubavit 1, 5, rt 6, 5, 16 N n n inutilis excepitu, so (2) = Qui tot i procumvit, ic v a b i projecit, *Sen Thel* leu Pr 11

Procultor, ari, ātus pass *To* *roam, or trample on* Dum pecibus legum n procul cantu, *Col*

|| Pŏculdubio adv *Without doubt, undoubtedly*, Suet Ner 3 *Sed dicas* pro il dubio, *i e* dubio ✝ Sine dubio, *Cic*

✝ Procŭlus, i m *a* procul *born when his father is at great way off* or *beyond Sea* qui cedant ideo dictos, quia patribus fent us, qu oculi progressi etate nati sunt, *Fest*

Prŏcumbens, tis part (1) *Bending downwards* (2) *Falling down* (1) Taxi, ecumbens, *Luc* 4, 41 (2) Ficus procumbens rimaubitum, *Pater* 2, 16

Procumbo, ĕre, ubui, ĭtum n (1) *To lye down flat, to lie along* (2) *To lean, or rest himself upon* (3) *To be lowered* is coin is (4) *To die in battle, to be slain* (5) *To bend, or bend down towards the ground* (6) *To turn, or fall down* (7) *To fall* (8) *To ply the oar* (1) Feris vit ocuturi cecitur *Liv* 1 Interim toto procumbere vultu, *Ov Met* 14, 81 *Ita* procumbit, *Ov Met* 1, 375 *Ita*, *Id Fn* 5, 481 (2) Procumbere ad arborem, *Plin* 8, 16 (3) Frumenta ubiucerant frumenta imbribus, *C f B G* 6, 42 (4) Quinque minus celebres noft a procubuere manu *Ov Met* 1, 262 *Met* Res postquam procubuere mea, *were ruined*, *Ov Trist* 2 (5) *Plin* 16, 6 (6) Lecta super habitantes aliquando procumbunt, *Quint* 2, 1 & *Met* Domus ipsa in dominum procubuit caput, *Ov ex Pont* 1, 10 (7) Portiodam loco mal densitus agger pondere sup istantium in fossam procubuit, *Liv* (8) Olli certamine summo procumbunt, *Vir Æn* 5, 198

Procurandus, a, um part *To be expiated, expiated by sacrifice* In menforis interpretandis procurandis, in haruspicum disciplina, *Cic Div* 1, 2 Sacra procuranda, *Nep Them* 2

Procurans, tis part (1) *Procuring, perusing* (2) *Looking to, or ruling* (3) *Atoning, expiating* (1) Sibi his procurans tin patern, *Sil* 6, (2) *Ipul Met* 9, (3) *Vid* Procuro

Prŏcŭrātio, ōnis f verb (1) *The administration and doing of a thing, an office, or charge* (2) *The atoning, or appeasing of the gods by sacrifice* (3) *The protectorat, or protectorship in the prince's nonage* (1) Negotii procuratio, *Cic* pro *Sext* Reipub non solum cura, sed quedam etiam procuratio multis officiis constructum tenetur, *Id Acad* 1, Sunt qui nullam habere censent terum humanarum procurationem deos, *Id N D* 1, (2) Scriptum multis est, iram terre motus factus esset ut sue plene procuratione, *Cic de Div* 1, (3) Amici in eo propter eram etatis in procuratione erant regni, *Cæs B C* 3, 104

Procūrātiuncula, æ f dim *A small procurement*, Sen Ep 31

Procurator, ōris m verb (1) *A proctor, a proxy, a factor, an attorney, one that acts in another man's affairs, or he that hath the charge of a thing com-*

mitted to him (2) *A bailiff, or steward, one that is set over any affair* (3) *A governour of a country under a prince* (4) *A lord protector, or governour in the nonage of a young prince* (1) = Is legitime procurator dicitur, qui omnium negotiorum aliquando genero, cujus præpositus negotio, pen dominus, & ullum minus viciniis, *Cic* pro *Cæcin* 20 ✝ Nihil interest utrum per procuratorem agas, an per teipsum, *Id Att* 4, 15 (2) Procuratore villicus, *Col* apum, *Id* Ruinam, *Varr* Procuratores, *an officer like our* *Barons of the exchequer*, *Suet* *Claud* 12 Procuratores, *undertakers of funerals*, *Id Vesp* 19 *of triumphs*, *Id Cal* 47 (3) Procuratores regni in parte Cataris, *Cæs B C* 3, 112 præscribitur ictiarum præfectis & procuratoribus, ut Corbulonis pareant, *Ta Ann* 15, 25 (4) *Vid Cæs B C* 3, 101

|| Procūrātōrius, a, um adj *Of, or belonging to a proctor, or like office* Procuratorium nomen, *Ulp*

Prŏcūrātrix, icis f verb *A protectress, a governess* *Met* = Sapientia omnis hominis custos & procuratrix, *Cic de Fin* 4, 7

Prŏcūro, āre act [pro alquo curo] primarily *to look into, or solicit another man's business, to see to the affairs of another man* (2) *To govern, or manage* (3) *Simply to take care of, to see to* (4) *To cure, to heal* (5) *To atone, to expiate, to avert the ill omen of* (1) Is procurat rationes negotiaque Dionysii nostri, *Cic Fam* 12, 24 (2) Procurare provinciam, *Plin* (3) Corpora procurate viri, *Vir Æn* 9, 158 (4) Procuravi ocimoque & urtica, *Catul* 42, 15 *ubi al* recuravi (5) Illi sacrificia publica pro vita procurant, *Cæs B G* 6, 15 Portenta procurare *Cic*

Procūror, āri, atus pass *To be expiated, or purged by sacrifice, &c* Hæc prodigia hostiis majoribus procurata sunt, *Liv* *Vid* Procuro

Procurrens, tis part (1) *Running, or lying out at length* (2) *Running forth before the rest* (1) Procurrentes ab urbe trepidos intra mœnia compulit, *Liv* (2) Infelix saxi in procurrentibus hæsit, *Vir Æn* 5, 204

Procurro, ĕre, ri, sum (1) *To run forth, or abroad* (2) *To run, or lye out in length* (3) *To sally out or the charge* (4) *To pass over* (1) Matres familias in publicum procurrunt, *Liv* 34, (2) Terra tribus scopulis vastum procurrit in æquor, *jutteth out*, *Ov Fast* 4 419 (3) *Cæs B C*, 9, (4) Via spatium procurrere, *Ov*

Procursans, tis part *Running out, or sallying forth* Liv

Procursatio onis f verb *A running out to skirmish, a sallying* Procursationes inter murum & vallum siebant, *Liv* 5, 19

Prŏcursātōres *Forerunners in battle, light horsemen*, *Liv* 42, 64

Prŏcursātur impers *They sally out* Ibi per dies aliquot in stationibus procursaretur, *Liv* 7, 2

Prŏcursio, ōnis f verb (1) *A digression* (2) *A running, or lying out in length* (1) *Quint* 4, (2) *Quint* 11,

Prŏcurso, āre freq *To run out often, to skirmish, or fight, to make sallies* Procursare statio nibus *Liv* 27, 2

Procursor, ōris m verb *A*

runner out, or forth, Litt ex Sall

Prŏcursus, ûs m (1) *A sally* (2) *A career, a gallop* (3) *A lying out in length* (4) *A fetching of a career in leaping, Met an advance* (1) = Tumultuario prælio ac procursu magis militum, quam ex præparato, aut jussu imperatorum, *Liv* 22, 41 (2) Magno fremitu procursuque agebat viros, *Stat Theb* 9, 25 (3) Procursus angustus, *Plin* 5, 10 (4) = Initia procursusque virtutibus patefecimus, *Val Max* 3, 2, 1 *interp Bud*

Prŏcurvus, a, um adj *Very crooked*, Vir Geor 2, 421

✝ Procum patricium, ant procerum, *i e* principem, *Fest*

Prŏcus, i m [a procando, *i e* poscendo, *Fest*] *A wooer, or suiter to have a woman in marriage* Proci ignoti, *Cic de Cl Orat* 96 Inimeri tribus luxuriosa proci, *Ov Epist* 1, 88

✱ Procyon, ōnis m προκύων anteanis dict quod canis ortum præveniebat, *Cic*] *A star going before the dog star* — Procyon oritur Idibus, *Jul* Canicula, *&* Sirius 7 Cal Aug *Col* 11 2

Prŏdambulo, āre n *To walk forth, or abroad*, Ter Adelph 5, 1,

Prodegeris, perdideris, consumpseris *Fest Vid* Prodigo, n 2

Proditus, a, um part (1) *To be nominated, or put up* (2) *To be handed down, to be transmitted* (1) Iter eo die fuit Miloni Lanuvium ad flaminem prodendum, *Cic* pro *Milon* 10 (2) Prodo Gloria proden la libri nostri, *Cic ad Q fr* 1, 5

Prŏdeo, ire, ivi vel ii, itum [ex pro, & eo, d interfer o] *To go, or come forth, to go out of doors, to come abroad, to march forth, to go, or come out* § Pro lire utero matris, *Ov* in funus, *Ter* ex portu, *Cæs* aliquem, *Plin* obviam alicui, *Cic*

Prodico, ĕre, xi, ctum *To fix, or appoint* (2) *To prolong, to adjourn* (1) Tribunus ei diem prodixit *Varr L L* 5, 7 (2) Adeo obstupefecit plebem, ut diem ipsi tuæ voluntate prodicerent, *Liv* 2, 61

Prŏdicor pass *To be adjourned or prorogued* Sibi placere recipi ea in crastinum, denique collegis prodici, *Liv interp Fest*

Prodictator ōris m *One who supplied the dictator's place upon extraordinary occasions* Populus prodictatorem elegit, *Q Fabium Maximum*, *Liv* 22 8

Prŏdictus, a, um part (1) *Peremptorily fixed, or the appointed day of appearance in law* (2) *Adjourned, put off* (1) Ne, nisi prodicta die, quis accusetur, *Cic* pro *Domo*, 7 (2) Omnibus in noctem perductis prodicta dies est, *Liv* Cum prodicta dies venit *Id* 2, 61

Prŏdige hest æ, a veteribus dicebantur, quæ toto consumebant ut igne, unde homines luxuriosi prodigi dicti sunt, *Fest*

|| Prŏdigālitas, ātis f *Prodigality* ✝ Profusio, effusio, *Cic*

Prŏdigaliter adv *Prodigally*, Col *ap* Litt *sed non invenio*

Prodigè adv *Wastefully, lavishly, unthriftily* Prodige vivere, *Cic Philipp* 11, 6

Prŏdigendus, a, um part *To be driven forth*, Varr

Prŏdigentia, æ f *Wastefulness, unthriftiness, lavishing*, Tac 1, 4 Prodigentia opum, *Id* 6, 14, 1

Prŏdigiālis, e adj *Of, or belonging to prodigies* Iovi prodigiali comprecati, *Plaut* 2, 2, 107 Prodigiales tes, *Claud de Rapt*

Prŏdigiāliter adv *Wonderfully*, *Col* & *Hor A Poet* 29

✝ Prŏdigiātor, ōris m *A soothsayer who foretells by signs of prodigies*, or *prodigies* Prodigiatores, haruspices, prodigiorum interpretes, *Fest*

Prodigiōsè adv *Monstrously, strangely*, Plin 11,

Prŏdigiōsus, a, um adj *Prodigious, contrary to the course of nature, monstrous* ✝ Itoros Prodigiosi fœtus, *Plin* 2, 50 partus, *Id* 11, 6, corpora *Quint* mendacia, *Ov* 6, 1 Fides prodigiosa, *mighty great*, *Juv* 13, 6

✝ Prodigitas, ātis f *Lavishness, wastefulness, prodigality*, ✝ Profusio

Prŏdigium, ii n [a prodicendo *Cic* quod prodicunt, vel porrigo, *i e* longe ago] *A thing monstrous and unnatural, a prodigy* ✝ Hæc non mirabilia sunt, sed prodigia similia cit, quod Icam *Cic* pro *Ligar* 4 *Met* de homine, = A Clodio in portento prodigio ue reip *Cic in* *Pison* 4

Prŏdigo, ĕre, ēgi, actum [ex pro, *i e* porro & ago, porro ago] (1) *To drive forth* (2) *To lay out, or lavish, to squander away* (1) Admissuras cum faciunt, prodigunt in lutosos limites, *Varr R R* 2 4 *de suibus* (2) Ita eo si quid prodigeris, profecto en ti licent, nisi peperens, *Plaut Aul* 2, 9, 10

Prŏdigus, a, um [a prodigendo] (1) *Prodigal, lavish, unthrifty, wasteful, riotous* (2) *Liberal, free, bountiful* (3) *Excessive, immoderate* (1) Duo genera largorum, quorum alteri prodigi dicuntur, alteri liberales, *Cic Off* 2, 16 (2) Prodiga tellus alimenta suggerit, *Ov Met* 15, 81 (3) = In honoribus decernendis nimii & tanquam prodigi, *Cic* ad *Brut* 15

✝ Prodispero, āre *Prodisperare* nuptum, *to give one a look from up Plaut Rud* 2, 7, 21 *leg* prosolvere, ciere, movere, *&c*

Prŏdĭtio, ōnis f verb (1) *A discovery* (2) *Disloyalty, treachery* (3) *A prolonging* (1) canorum proditio, *Plin* (2) = Multorum in nos perfidiam, insidias, proditionem notamus, *Cic Fam* 5, 12 (3) Te proditione em mittibus, cum proditionem non haberent *Cato*

Prŏdĭtor, ōris m verb (1) *A traytor, a betrayer* (2) *A discoverer* (1) Ea de re de conservatoribus patriæ, quæ etiam de proditoribus, *Cic* 12, 3 Proditor uit de... falsus meæ, *Id post redit* 4 (2) Risus proditor puellæ, *Hor Od* 1, 9,

Prŏdĭtrix, icis f *She that betrayeth, or betrayeth*, Prul Paut 1 11

Proditur impers *They report* Proditum non proditur reverentur *Cic* pro *Muren*

Proditur, & proditum est impers *It is reported given out, or set down in writing* Pro *Cic de Cl Or* 1 tum est memoriæ, *Cic de Cl Or* 1

Prŏdĭtus, a, um part (1) *Betrayed, discovered, delivered, uttered, declared* (2) *Recorded* (3) *Written, recorded* (4) *Put out* (1) Prodita die, qua de judicium fit futurum, *Cic pro D* 17

(2) = Ego proditus, inductus, conjectus in fraudem, Cic Att (3) Cic Memoria proditum, delivered down by tradition, Cæs B G 5, 12 (4) Ex ... corpus imbecillioris ... 2, 6, 2 ... pushed the same way, ...

† ... [a prodeundo, qu ...] Prodius ant pro ... longius, nearer, Non ex ...

Prōdo, ĕre, didi, ditum [ex pro & do, i e porrigo, ...] (1) To deliver, bring, or hand down (2) To prolong, ... put off (3) To transmit by writing, or tradition (4) ... discover, or show (5) To declare, or pronounce publicly (6) To yield, or surrender (7) To betray (8) To desert, forsake (1) Genus alto a sanguine Teucri prodere, Vir ... (2) Ut aliquot dies ... protelat, Ter Andr 2, 1, 1, (3) ... tissime coluerunt, & ... prodiderunt, Cic pro ... (4) = Tibi nos prodi ... confitemur cistellam ha- ... Plaut Cist 4, 2, 76 (5) Nos ne ... populi interregem prodi ..., Liv 5, 31 (6) Antequam ... prodeerent hostibus, Sall (7) = Hinc non solum in periculis non defendi, sed etiam prodidi, ... Phoc 2 ✶ Amici mei ... me deseruerunt, partim ... unt, Cic Q fr 1, 3 (8) = Tho' ... non alemus puerum? prodimus, quæso, potius? Ter ... 4, 50 Conjugium prode ... Vir An 4, 431

Prōdor, i, itus sum pass (1) To be betrayed, or given up (2) To be discovered, or made known (3) To be deserted, or abandoned (4) To be transmitted by writing, tradition, &c (5) To be nominated, or publicly declared (1) Hosti proditur imperium vestrum, Sall (2) Uteri manifesta ... proditur, Ov Fast 2, 172 (3) Unius ob iram prodimur, ... En 1, 256 Qui ... vetero ... pro li volunt, Cic Philipp ... (4) Sacra ... prodenda ... Cic de Legib 2, 19 (5) In ... regem prodi patricio necesse est, Cic pro Domo, 14

Prōdoceo, ēre, ui, ctum act To teach openly Hæc Janus summus ... prodocet, Hor Ep 1, ..., 55 ¶ Hoc uno loco reper & ... alit legunt

Prodrŏmus, i m (1) A forerunner, an harbinger, a preparer of the way (2) Also a sort of figs (3) ... wind that bloweth eight ... before the rising of the dog-star (1) Pompeiani prodromi, ... 1, 9 (2) Plin 16, 26 ... 1, 2 & Plin 18, 28

Prōdūcendus, a, um part (1) ... drawn, or brought forward (2) To be advanced (3) To be ... (1) Captivos ad mu- ... producendos curaverat, Cæs ... Unus testis est produ- ... Cic pro Rosc Com 14 (2) ... quod dubitamus quin per ... producendus sit, ... frater ejus productus fu- ... Claud 4 Vid Produco, ... (3) ✶ Jam reprimendum ... quam producendum puto ... umen, Varr

Prōdūco, ĕre, xi, ĕre, ctum (1) To bring out (2) To produce, or bring out (3) To continue, or draw out in length (4) To defer, put off to delay (5) To bring out to battle (6) To accompany, to go part of the way (7) To beget, or bear children (8) To educate, breed, or bring up (9) To follow, as at a funeral (10) To prostitute (11) To draw forward (12) Met To enjoy, or delude (13) To promote, to advance, or dignify (14) To carry to market (1) Penatibus ... liquidis ... producere ..., Mart 9, 74 (2) Testes ... producere, Cic Verr 5 Vid & Producendus, n 1 (3) Sermonem in multam noctem producere, Cic Somn Scip 1 (4) Optimum ducebant rem in hyemem producere, ... B G 4, 30 (5) Antonius in aciem suis copias produxit, Galba C Fam 10, 30 (6) Sanis ... SY Oh! quem ego produxi, Ter Adelph ..., 3, 48 (7) ... ex ingenio suo ... producit ..., Ter Adelph 3, 2, 16 Primus ... Latiæ producere ..., Sil 1, 112 (8) Audientem dicto, mater, produxi istum filium, Plaut Asin 2 1, 40 (9) Nec tua funera, mater, produxi, Vir Æn 9, 48 (10) ... porro filiorum turpi ... producere turpem, Juv 6, 2... (11) ✶ Bos, qui procurrentem ... ahit, & cunctantem producat, Col 6, 2 (12) = Nisi me lactasses amantem, & vana spe produceres, Ter Andr 4, 1, 24 (13) ✶ Nisi ... mattrimonio patris non produceret, ... abjiceret, Sen ... Producendus, n ... (14) Omnes servos & ancillas produxi, & vendidi, Ter H eaut 1, 1, 9...

Prōducor, i, ctus sum pass (1) To be brought out (2) To be brought forward (3) To be advanced (4) To be bred, educated, or formed (5) To be prostituted (1) Ubi sunt isti, quos jussi produci foras? Plaut Capt 2, 2, 2 (2) Multâ curâ producuntur sata ad segetem, Sen (3) Vid Producendus, n 2 (4) Nihil ab hoc pravum, aut perversum produci posse putant, Cic pro Rosc Com 9 (5) Vid Produco, n 10

Prōductè adv ius, comp At length ✶ In his productè dicitur, in cæteris ... Cic Orat ... 8 = Syllaba productius pronunciata ... Gell 4, 17

|| Productilis, e That which is made out at length by beating, Gloss vet ✝ Ductilis, Plin

Prōductio, ōnis f verb (1) A lengthning, a prolonging, or delaying (2) A pronouncing long (3) The lengthning a word either by preposition, or termination (1) Opportunitas non fit major productione temporis, Cic de Fin 3, 14 (2) ✶ Contractione brevius, productione longius, Cic de Orat 3, 50 (3) = Productio verbi, Cic Top 8 pro qua Grammatici elementum vel incrementum dicunt

† Productor ōris m verb A bawd, a pimp or pander, a procurer, Vet Gloss ✝ Leno, Class

Prōductus, a, um part & adj or, comp issimus, sup (1) Brought forth (2) Persuaded, induced (3) Prolonged, drawn out at length (4) Forwarded (5) Advanced, promoted (6) Brought up, educated (7) Prostituted (8) Long, of a good length (1) In concionem productus, Cic post red in Sen 6 (2) Nullâ sponsione ad hoc productus, Plin ..., 5 (3) = Dolores longinquitate producti vehementius torquent, Cic Tusc 5, 40 = Syllaba producta et quæ longa, Id de Orat 3, 47 (4) Productus studio, & viribus ultro, facile procurras, ... (5) Ad magna & honorata munera ... maxima suffragatione productus, Cic ... Vid & pro ucendus (6) Epicure noster, ex hara producte, non ex schola, Cic in Pison 16 ... producte sit patri, Plaut Bacch ..., 5 (7) Pu- ... Petron 25 (8) = ✝ Sarmentis ... longior productior que magis habilis est, quam brevis, aut etiam quadratus, Col 8, 12 ... & productum ... vitis flagellum, Id ..., 10

† Prōdux, ūcis Tert ut tradux ✝ Id quod producitur

Prœbia, ōrium n pl [a prohibendo, quod mala prohibeant, Fest] Remedies against mischiefs to come, Varr Vid Præbia

† Prœlium ant & ap Plaut prœlium Ash rmish Rect prælium, q v.

|| Prœtium dict quod Prœti filiæ hac radice ... insania liberatæ sunt, Black hellebore, bears-foot, Jun

Prŏfānātio, ōnis f verb Profanation, the unhallowing any thing that was sacred, Plin 16, 4 ¶ Sed melioris libri non agnoscunt

Prŏfānātus, a, um part Profaned, unhallowed Profanatas inspectare terras, Sta Syl ..., 2

Prŏfāno, āre act [pro fanum facio] (1) To profane, to turn holy things to a common use, to unhallow, to pollute (2) Met To expose, to discover (3) To publish, or divulge (1) Liv ..., ... ✝ Tangendo sacra profanas, Ov Ep 7, 129 (2) Femina pudorem profanant, Curt 5, 1, 38 (3) Apul Met 5, p 152

Prŏfānum, i n A place before, or joining to a temple, Litt ex Varr

Prŏfānus, a, um [ex pro, & fanum, i e procul a fano, Donat quod ante fanum, i e conjunctum fano, Varr] (1) Profane, ungodly, irreligious, wicked, &c (2) Not consecrated, unhallowed (3) Common, ordinary, vulgar (4) Not initiated in the holy rites, not cleansed, or purged by sacrifice (1) ✶ Monet arcanis oculos removere profanos, Ov Met 6, 256 Profana mens, Id ... 2, 8, 2 Profanus princeps, Tac Ann 14, ... de Ner (2) ✶ Sacrum, profanum, publicum, privatum habent, Plaut Trin 2, 2, 8 ✶ Mista erat flammæ flamma profana piæ, Ov Fast 6, 440 ✝ Loca sacra & religiosa profana habere, Cic de Har Resp 5 ¶ Profana verba, unlucky, ominous, Tac Ann 4, 70 (3) = Tegmina profana, & usu polluta, Tac Ann 1, 57, 6 (4) Procul, o, procul este, profani, conclamat vates, Vir Æn 6, 258

Prŏfāris, tur, tus, ri [ab inus profor] To speak out Dido vultum demissa profatur, Vir Æn 1, 564 Mente læta profatur, Sil

Prŏfātum, i n [a profari] A general proposition, or rule in any science, or art, an axiom, a principle, or maxim, Gell 16, 8 ex Varr

Prŏfātus, a, um part Said, spoken ✶ Quanquam sint a me multa profata, multa tamen restant, Lucr 6, 80

Prŏfātus, ūs m The act of speaking, a speaking out aloud Effræno nimbos æquare profatu, Stat Sylv 5, 3, 103 Vid & Gell 18, 11 R occ

Prŏfectio, ōnis f verb A voyage, a departing, a going forth, a journey ✶ Exponam vobis breviter consilium & profectionis & reversionis meæ, Cic Philipp 1, 1 ✶ Si hæc profectio est, non fuga, ... 2, 8

|| Prŏfectitius, a, um part Allowed, or given by parents to their children Dos profectitia, Ulp

Prŏfectò adv [al pro facto, i e cum profectu & re ...] (1) Effectually, really (2) Indeed, truly, doubtless, surely, certainly (1) Id te orare jussit ut profecto ut faceres, Plaut Curc ..., 55 (2) Non est ita, judices, non est profectò, Cic pro Flacc 42

Prŏfectūrus, a, um part [a proficio] That will profit, or do good Non profecturis litora a bubus aras, Ov Ep 5, 116

Prŏfectus, a, um part [a proficiscor] (1) That is gone, or departed, that hath set forward on his journey, or voyage (2) Proceeding (3) Coming of, sprung from (1) Ex Asia Romam versus profectus Cic Classe Chersonesum profectus, Nep Milt 1 (2) = Nervi, sicut venæ, & arteriæ, a corde tractæ & profectæ in corpus omne ducuntur, Cic N D 2, 55 (3) Nep Con 3

Prŏfectus, a, um part [a proficior] Profited, advantaged Suis & ad laudem & ad utilitatem profectum arbitratus, Cæs B G ..., 1...

Prŏfectus, ūs m verb [a proficio] (1) Profit, advantage, increase (2) Progress (3) Sufficiency (1) = Minimum ... minimumque profectûs medelis habet, Tac in Orat 4..., 1 (2) Ab illo profectu viribus ... tum valuit, ut, &c Liv (3) ... majores in literis profectus ... munitio, Quint Inst 1, 2 ... Sine profectu, in vain, to no purpose, Ov Met 9, 50

Prŏfĕrendus, a, um part (1) To be brought forth (2) To be told abroad, to be made public (3) To be carried on, or made larger (1) Findendi scapi, & in ... lem proferendi, Col ..., 1 (2) ✶ Nihil geratur, quod foras proferendum sit, Cic pro Cœl 23 ✶ Custodienda & proferenda orat ... arbitrium sit tuum, Id Att 15 ... (3) Quo quæque ordine pronuncianda, ... proferenda sit, Quint Inst 6, 4

Prŏfĕro, ferre, tŭli, latum act (1) To set forward, to thrust, or hold out (2) To produce, or bring out (3) To bring, or take out (4) To shew, or manifest (5) To confer, or bestow (6) To utter, or pronounce (7) To tell, publish, or make known (8) To enlarge, extend, or draw out (9) To prolong (10) To allege, cite, or quote (1) ¶ Unde pedem proferre pudor vetat, to advance, Hor A Poet 135 Ne linguam in ... fendo proferat, Plaut Asin 4, ..., 50 Caput proferre, Ov (2) In dicendo excellentes vix paucos proferre possumus, Cic de Orat 1, 2 Proferam testes, proferam legiros, Id pro C Balb 18 (3) Pateram proferto foras, Plaut Amph 2, 2, 138 ✶ Telum, quod latebat, protulit, Nep Datam ... (4) Hæret animo tuo gaudium, quod tunc oculi protulisti, Plin Pan ... 85 (5) Habent unum aut prompendi aut proferendi beneficiorum, Cic pro Mur 34 (6) Sive meditata, sive subita proferret, Plin jun (7) Si quid est peccatum ... nobis, profe..., Ter Hec 2, 2, 1 ... = Judicia communis exitii indagavi, patefeci, protuli, *Cic pro Mil* 57 = Commemorabo, & in medium proferam, *Id Verr* 4, 52 = A-perire & proferre, *Id Acad* 4 ¶ Proferre se, *to exert, or make himself known*, Sen Epist 52 (8) Tota nocte mum ones proferunt, *Cels* = Sapientia jubet proferre opus, *Cic* ¶ Proferre gradum, *to make haste*, Plaut Menæch (9) Silium aliquot dies profer, dum p ohcifcar aliquo, n videam, *Ter Andr* 1, 29 (10) Postulavit ut legem, cui lege tecerit, proferat, *Cic de* 2 Fabricios auctores proferre, *Id de Orat* 2, 1

Proferor, ferri pass (1) *To be carried forward, to be advanced* (2) *To be spoken*, or *declared* (3) *To be produced* (1) In tantum munitiones proferuntur, *Hirt B Alex* 1 ( ) vis aliquid a nobis politius, perfectius proferri? *Cic de Orat* 1, 2 ( ) Veris in teneris posse nt proferrier, *Lucr* 1, 208 *de cæt vid* Profero

Professio, onis f verb (1) *Open confession*, or *acknowledgment, a plain owning*, or *reporting* (2) *Open holding*, or *profession* (3) *A profession, faculty*, or *habit* (5) *A promise, a purpose*, or *undertaking* (1) = Ingenui professio, & professio, *Cic Verr* 3, *vid Cic und* Fam 16, 21 Meretricium professio apud ædilem, *Tac Ann* 2, 85, 2 ( ) Magicæ artis m professio, *Curt* 8 (4) *Cic de* 1, 6 (5) Nos memoriæ professionis, universum imaginem principatus ejus oculis animisque subjecimus, *Vell Paterc* 2, 89

Professor, oris m verb [a profiteor] *A professor, a public reader in the schools*, Suet de Ill 9 = Discip næ doctor, ... harum liberalium magister, *Il*

Professorius, a, um adj *Of, or belonging to professors*, or *public readers* Lingua professoria, *Tac Ann* 1, 1, 5

Professus, a, um part (1) *Act That hath professed, and told open,* (2) *That hath professed*, or *pretended* (3) *Pass Owned, confessed, avowed* (1) *Ov* P onto (2) Professus grandia turget, *Hor A Poet* 27 (3) Futurum culpa, professa facit, *Ov Amor* 3, 14 6 ¶ Ex professo, *avowedly*, Val Max 4 1, 8

Profestus, a, um [qu procul a festo] (1) *Not holy, a common working day* (2) *A vigil, an holiday even* (1) Festo die si quid prodegeris, profesto egere liceat, *Plaut Aul* 2, 8, 10 Fe... us, *Plin* ... *Hor* (2) *Hor* ... *Litt*

Proficiens, tis part *Doing*, *when good, helping* Verba non proficientia, *Ov Trist* 1, 2, 13

Proficio, ere, eci, ectum [ex pro, & facio] (1) *To profit, to advance, to do good, to prevail, or help much in a thing* ( ) *To be good, wholesome*, or *medicinal* ( ) *To proceed*, or *go forward* (1) Nihil tamen proficio, *Cic Att* 8, 9 = Res ubi plurimum proficere & valere possint, collocari debent, *Id de Cl Orat* 57 Ad ferendum dolorem proficit, *Id* (2) Hæmatites proficit in oculorum lacrymis, *Plin* 36, 20 ad ... hædi, *Id* Con ra ... bri ... genarum, *Id* 31, 11 (5) Proficit ad bonitatem, *Plin* 33, 3

Proficiscens, tis part *Going to*, or *departing from* Arpinum proficiscens hanc epistolam exaravi, *Cic Att* 15, 1

† Proficisco, *Plaut Mil* 4, 8, 19 *Obsol pro*

Proficiscor, i, ectus sum dep [porro iter facio, a pronio] (1) *To come, or go, to depart, to take a journey*, or *voyage* a little, or *great way* (2) *To march* (3) *To sail* as a ship (4) *To go on in a speech, &c* (5) *To arise, flow, or spring from* (1) Quid causæ est, quin hinc in pistrinum rectâ proficiscar via? *Ter Andr* 2, 4, 21 Etsi poteram remanere, proficiscor tamen hinc, *Cic Attic* 13, 26 § Ire iubent proficisci Cyprum, *Ter Adelph* 2, 2, 16 § Ad doctis proficisci cogor Athenis, *Prop* 3, 21, 1 § de Formiano, *Cic* ex hoc loco, *Id* in exilium, *Id* ... *Id* obviam, *to meet*, *Id* (2) In Persas proficisci, & regem adoriri, *Nep Agel* 4 (3) Salvius Ostiam vesperi navi profectus erat, *Cic ad Q fr* 3, 2 (4) Nunc proficiscar ut ad reliqua, *Cic Verr* 5 (5) Pythagorei ex numeris proficisci volunt omnia, *Cic Acad* 4 Proficisci a parente non potuerunt patris, *Nep Att* 9

Profiteor impers *Much good is done* Quod scribis de potentia nostra nihil proficisse posse nonnihil ut in an is mihi, profecturum est, *Cic Fam* 12, 2

Profindo, ere, idi, fissum act *To break up, or tear, to cleave*, Stat Theb 10, 512 *Sed al exempl leg* profringunt

Profitendus, a, um part (1) *To be owned*, or *professed* (2) *To be promised* (1) Tardiores id sententiam profitendam, *Cic N D* 1, 2, (2) Tanta, tamque mul a profitenda non censeo, *Cic de Orat* 1

Profitens tis part *Professing, declaring* Cic Bruto, 15

Profiteor fessus, eri dep [ex pro, & fateor, publice fateor] (1) *To declare openly, freely, to acknowledge, to own* (2) *To promise, to shew openly* ( ) *To promise, to offer* (4) *To profess, to be a professor* (5) *To give in an account of lands or goods, so as to have them recorded*, or *registred* (6) *To list for a soldier* (1) ¶ Quod ... liberi ... confiteri ut non solum fateri, se profiteri videatur, *Cic pro Cæcin* 9 = præ se ferre, *Id pro Rabir* 5 (2) Quis negat hoc, aut quis profiteri inquam, *Plaut Capt* 3, 1, 20 (3) = Profiteor & polliceor tibi singulare meum studium, *Cic Fam* 5, 8 (4) Impudentia est profiteri, quod non possis implere, *Cic pro Cluent* 18 ¶ Profiteri & non posse satisfacere, *Id pro Planc* 25 Profiteri philosophiam, *Cic in Pison* Absol Qui omnes, qui profiterentur audiro, ... de quoque ... scribam, *Plin Epist* 2, 18, (5) ... decemviros, ... mancipium, auri, coronar, profiterentur, *Cic in Rull* 2, 22 (6) Ubi quis dixit sese item fore, qui si qui velint, profiterentur, *Cæs B G* 6 22

Proflans, tis part *Breathing, bubbling, or casting out* Sanguineos proflans pectore rivos, *Stat Theb* 11, 266

Proflatus, us m verb *A breeze, a blast, a puff*, Col 5, 9

Proflatus, a, um part (1) *Melted* (2) *Snuffed*, or *blowed* (1) Massa proflata, *Plin* 34, 9 (2) Proflatis naribus, *Apul Met* 7, p 218

Profligandus, a, um part *To be routed*, Sil 11 400

Profligator, oris m verb *A spendthrift*, or *he that squandreth all away* = Habebatur non ganeo, & profligator, ut plerique ... ted erudito luxu, *Tac Ann* 16, 18

Profligatus, a, um part issimus, sup (1) *Cut down* (2) *Put to flight, ruined* ( ) *Far advanced, near being finished* (4) *Profligate, debauched* (1) Mœrore profligatus & afflictus, *Cic in Catil* 2, 1 (2) Profligatis equitibus, *Cæs B G* 6, 1, (3) Prime commissum bellum secundo profligatum, tertio vero confectum est, *Flor* 2, 15, 2 Profligato bello ac pene sublato, renovatum bellum gerere conamur, *Cic Fam* 12, 30 *Met* = Profligata jam hæc, & pene ad exitum dedu est quæstio, *Id Tusc* 5, 6 (4) Nunquam in hos profligatorum hominum mp ... objecissem, *Cic pro Arch Poeta* 6 = Profligatissimus omnium mortalium ac perditissimus, *Id in Verr* 2, 26 ¶ In *afflicta igitur est Gellii* ... *hunc* ... *exprimi oportere negatis, cum el gant Omnis cuique scriptor ita protulerat, frustraque Tullium Ciceroni committere laborat*

Profligo, are act [ex pro, & fligo, mutata conjug] (1) *To rout, or put to flight, to ruin, or undo* (2) Also *to dispatch*, or *bring towards an end* (1) An pœnitet vos quod eiusdem hostium advenientes primo in petu profligaverim *Cæs B C* 2 Decut deo ipsos ... hum ma ... committere, ac profligare bellum, nos autem commissum ac profligatum conficere, *Liv* 21, 40 (2) Profligave at bellum Judaicum Vespasianus, oppugnat one Hierosolymorum reliqua, *Tac Hist* 2, 4

† Profligo, are [e multum ... *Col* ex *Col* ...

Proflo, are act (1) *To blow, or breathe out, to puff* (2) Also *to melt as metal* (1) Toto proflabat pectore somnum, *he snored*, *Vir Æn* 9 326 (2) *Plin* 34, 9

Proflor, ari, atus pass *To be melted*, Plin 34 9

Profluens, tis part five adj (1) *Flowing*, or *running as a river* (2) *Met Fluent* (1) ... locis aquam profluentem, & eam ... *Cic* ... (2) Loquacita ... perennis ac profluens, *Cic de Orat* 3, 48

Profluens tis m *A running water, a current, a brook* Dum ... in quem conjectus, in profluentem deferretur, *Cic de Inv* 2, 50

Profluenter adv ... co..., *Plentifully, streamingly, flowingly, prosperously* ... Ergo omnia profluenter, ... prosp ... beate, *Cic Tusc* 5, 18 Splendidius ac perfluenter ... exequebatur, *Gell* 14 1

Profluentia, æ f *Fluency, abundance* Oratoriam vim in tamanis quæ ... profluentia loquendi, *Cic Part Or* 23

Profluo, ere, xi, xum n (1) *To run down, to flow out, to stream, to trickle down, to gush out* (2) *To spring, or take a rise* (1) ... lacus emissus ad mare profluat, *Cic de Div* 1, 44 Profluunt lacrymæ ab oculis, *Col* 6, 7 Profluit sanguis e vulnere, *Plin* *Met* Cujus o e melle dulcior profluebat oratio, *Cic ad Q fr* ... (2) Ab his fontibus profluxi ad ... famam, *Cic pro Cæl* 3

Profluvium, ii n *A flux, a bloody flux, a looseness*, or *issue, a gushing, or streaming out* Profluvium laborare, *Cels* Profluvium sanguinis, *Plin* ... & *Suet Aug* 98

Profluus, a, um adj *That floweth continually* Profluus ... *Plin* 19, ... Profluus ... *Col* 8, 17

Profore inf ... *To profit, to avail, to be profitable* Quæ nocuere ... *Hor Ep* 1, 8, 11

† Profringo, ere *To break, to plow* ... *Stat Theb* 10, 1..

Profugio, ere, fugi n (1) *To fly, to run away* (2) Act *By flying away to leave*, or *forsake* (1) Cum ... profugit aliquo ... *Ter Adelph* 3, 3, 51 (2) ... den uno ... *Curt* 10, 2, 2

Profugium, ii n *A place of refuge, whereunto one fleeth, or resorteth for succour, a retreat, a sanctuary* = ... perfugium ... supplicium est ... profugium, ... supplicii, *Cic pro C* ... 1

Profugus, a, um adj (1) *Fleeing, or driven away* (2) *A fled runnagate, a fugitive*, or *runaway* (1) Trojani profugi sedibus incertis vagabantur, *Sall B Catil* 6 Hannibal profugus a patria, *Liv* Classis profuga, *Met* 13, 627 (2) Servi a domini profugi, *Plin* 6, 29

Profunditus, a, um part [pro fundo] *Founded*, or *grounded*, Plaut Mil 3, 3, 43

Profunde adv ius, comp *Deeply, profoundly* Quo quis acrius in bibendo profundius nares mergit, *Plin* 2 42 *de equo*

Profundendus, a, um part *To be uttering, sending forth* In profundenda voce omne corpus intenditur, *Cic Tusc* 2, 2

|| Profunditas, atis f *Depth, deepness* Corporum ... longitudo, ... *Macrob Somn Scip* 1, 5

† Profundum, *Cic*

Profundo, ere, udi, usum act (1) *To pour out* ( ) *To spend extravagantly, to lavish, to squander away* (3) *To shoot out* a tree doth its branches (4) *Also to nourish, or foster* (1) Aquam ... plorat, ... profun ... *Plaut Aul* 2, ... Lacrymas profundere, *to shed tears*, *Cic* ... *Pont* 17 ... vitam, *to lose it* ... fic 1, 24 vires anim ... *to exert them*, *Id Attic* 1, 1 ( ) = Profundere, perdare, *Ter Adelph* ... 1 2, 51 (3) ... *Col* 5, 5 ( ) ... nus membra profudit, *Lucr* 4 61

Profundum, i n (1) *A gulf, a bottomless pit, the deep, the sea* (2) *Met Obscurity, darkness* (1) Fusa ... *Sil* 10, 501 Gelidum profundum, *Ov Epist* 18, 89 vastum, *Sil* ... 246 ... liquidum, ... (2) Natura veritatem in profundo abstrusit, *Cic Acad Q* 4, 10

Profundus, a, um adj or comp ... simus sup [procul a fundo, ... jus fundus est procul a superficie quod altum est & fundum longe habet] (1) *Deep* ( ) *High* ( ) *Long* (4) *Met Insatiable* (5) *Great, large, inexhaustible* & *Empty* (1) Mare profundum & immensum

... *Cic* pro *Planc* 6 ✠ ... Profundissimus gu- ... pro *Sext* 4. (2) Cœlum ... *Æn* 1, 62 Pro- ... do, *Liv* (3) Numidic ... profundioribus, *Solin* ... pro unda, *Suet* de *Intell* ... A ... profunda, *Sall* ... contundendi omnia ... *Cic* 2, 125 (5) Ruit ... Pindarus ore, *Hor Od* ... (.) Nec pudet profundo ... reverti velle, *Curt* 10, 2,

† Profundus, i m *The belly*, ... *Plaut Capt* 1, 2, 79

Profusè adv ius, issimè, sup (1) *Disorderly, in a huddle, confusedly* (2) *Riotously* (3) *Exceedingly* (1) Obiti ... suis tenden ibus in ca ... 10, 6 (2) Profusissime ... dies festos, *Suet Aug* (3) Profusius quæstui ... que ... deditus *Sall B Catil* 1, 5

Profusio, onis f verb [a pro ...] (1) *A loosness* (2) *A ... lavish spending* (1) ... *Cels* 2, 7 (2) Inh... profusiones, *Litt*

|| Profusor, oris m verb [qui ... fundit] *A prodigal waster* ... *Tertull* ✝ Prodigus

Profusus, um part (1) *Pouring, flowing, running, gushing, or streaming out* (2) *Hanging down in length, ... * (3) *Wasteful prodigal, ... Prodigal lavish* (4) *... moderate* (1) ... profusus in morte, *Cic* ... 9. Mulier hæc profu... septimum mensem ... 11 ... Ex lacu profu..., *Id* 5, 9 (2) Bonis ... cedit profusi usque ad ... *Varr R R* 2, 7 Profusior ... *Sillad* 4, 1, (3) = Quis ... profusus ac perditus nepos sic ... fuisset? *Cic* pro *Quint* ... Com ... cum profusissi... extendebat, *Suet Tit* ... (4) = ✠ Ipsum genus ... non profusum, nec immo... sed ingenuum & face... esse debet, *Cic Offic* 1, 29

Profuturus, a, um part *That will profit, or do good*, Cic ✠ Non profutura, sed exitiosa inci... *Tac Ann* 16, 26

Progemmo, āre, *inde* part

Progemmatus, a, um part *To ...*, or *bud*, Col 4, 27

Progener, ri m Progener nep... maritus, cujus correlatum ... socer, *i e* socer magnus, ... *husband, the husband ... grand-daughter*, also *the ... in law's father* (1) Progene... neptis suæ virum, ... (2) *Suet Aug* 19, 1 *Tac* ... 5 9

Progeneratio, ōnis f verb *An ingendring, or bringing forth*, *Plin* 8, 35

Progenero, āre act *To ingender, or bring forth, to beget, to ...* Non imbellem feroces progenerant aquilæ columbam, *Hor* ...

Progeneror, āri, itus pass *To be ... got, or bred* Progenerantur ... *Plin* 10, ...

Progenies, ei f [*a* progigno] *Progeny, or offspring*, (1) ... (2) inanimate (1) Progeniem suam usque ab avo atque ... memoriter proferre, *Ter* ... 2, 3, 41 = At esse propius ... & divina progenie, *Cic* ... 1, 12 (2) Sunt ipsa duo ... unius ... progenies, *Col* 3, 9

† Progenium, *pro* progenies, *Non ex Pacuv*

Progenitor, ōris m verb [*a* progigno] *A progenitor, a grand father, an ancestor* Progenitore Tonanti satus, *Ov Met* 11, 319

Progermino, āre *To branch out, to bourgeon, to sprout* Antequam turculus progerminet, *Col* 4, 10

Progĕro, ĕre, ssi, stum act *To carry forth, or far off, to throw out* Defuncti progerunt formicæ, *Plin* 11, 18 Progerere o... ... Penitu ... ... bus stabulis ... ... progestum, non ... ... referre, *Col* 1, 6

Progeror, i pass *To be carried out* Urcei, quibus oleum progeritur, *Col* 12, 50

|| Progestans, tis part *Carrying before* Sim... ... ... progestans nucleos, *Apul Met* 6, p 20 Præferens, *Litt*

Progigno, ere, enui, itum act *To get, or bring forth, to breed* Qui ... ... progenuit, ex ... hoc est nominatus, *Cic Offic* ... Terra parens illam progenuit, *Vir Æn* 4, 180 Te sævæ progenuere feræ, *Ov Ep* ..., 38

Progignor, i pass *To be begotten, or produced* Neque ... ... est, neque progignitur *Cic* Plaut *Truc* 4, 1, 1 In ... ... carum rerum, quæ ex his progignuntur *Cic de Div* 1, 56

† Prognare adv *Plainly, openly*, Fest ✝ Aperte, plan

Prognāriter adv *Boldly, hardily, bravely, justly*, Plaut Pers 4, 3, 29 *al leg* prognaviter

Prognatus, a, um part [*ex* pro, ... gnatus, *Cic*] (1) *Begotten, born, descended of a stock* (2) *Growing* (3) Prognati, subst *children* (1) § Tantalo prognatus, *Cic Tusc* 3, 12 ... genere, *Plaut* ... & *Hor* (2) Prognatæ vertice Peliaco pinus, *Catull* 62, 1 (3) Parentes, patria, & prognati tutantur, servantur, *Plaut Amph* 2, 2, 20

* Prognōsis f *Prescience, or foreknowledge*, Isid ✝ Præsagitio, *Cic*

† Prognostico, āre *To prognosticate*, Isid

Prognostica, orum n pl [*ex* προγνωστικά] *Tokens, or signs of something to come, prognostics* Pluvias metuo, si prognostica nostra vera sunt, ranæ enim ῥητορεύουσι, *Cic Attic* 15, 16

* Programma, ătis n Scriptura ob oculos posita pro foribus, *a proclamation, or edict, set up in public places*, Cassiod ✝ Edictum, *Vett*

Progrediens, tis part *Advancing, proceeding, marching forward* Natura est ignis artificio sus ad gignendum progrediens, *Cic N D* 2, 22

Progrĕdior, ĕris, di & diri [*ex* pro, & gradior] (1) *To come, or go forth, out, on, or forward, to march on, or along* (2) Met *To advance, to proceed* (1) Progreditur cum corona & lampade meus socerus, *Plaut Cas* 4, 2, 17 Paulum progrediri senem, *Id ibid* 5, 1, 9 Ipse cum equitibus sexcentis magnis itineribus progreditur, *Cæs B G* 2, 19 ✠ Ut regredi quam progredi mallem, *Cic Off* 1, 10. (2) = In virtute procedere & progredi, *Cic de Fin* 4, 23 = Ne calamitas longius serpat, atque progrediatur, *Cic* antequam iret in exil 6

Progressio, ōnis f verb *A going forward, a progress, an advance* ✠ Ab his initiis profecti, omnium virtutum & originem & progressionem persecuti sunt, *Cic de Fin* 4, 7

Progressūrus, a, um part *About to proceed*, Cic

Progressus, a, um part (1) *Having gone forward* (2) *Having passed over, or beyond* (3) *Descended from* (1) Persp... revertere, reverti multo ... progressum, *Cic de Div* 1 (2) Pueri jam paululum ætate progressi, *Cic de Senect* 10 (3) Ex hac domo progressa ... *Cic pro Cæl* 24

Progressus, ûs m verb (1) *A going forward* (2) Met *A progress, an advance, a proficiency, an improvement* (1) ✠ Nihil erat, quod in omni æternitate progressus & regressus reliquosque motus constantes & ratos conservat, *Cic N D* 2, 20 ✠ reditu, *Id Attic* 11, 5 (2) = Homo causas rerum videt, earumque progressus, & quasi antecessiones, non ignorat, *Cic Offic* 1, 4

* Progymnasma, ătis n *Lat* Præexercitatio *An essay, or prior exercise* ✝ Horum ... antiquis orator hus quatuor declam colligit Aph honius ... ... Fabula, Narratum, Chreia, & Sententia, Fictio, Firma ... communis locus, & Laus, Comina, Confert, Fictio, Descriptio, Thesis, atque Indictio Legum

Proh, *vel* prō interj indignantis, ut admirantis *A notes ... in an outcry, oh, or ah!* Liv 2, 14 & Cic Philipp 2, 13

Prohedri *The chief magistrates, to whom the rest gave place in sitting*, Bud *La* Præfectos

Prohibens, tis part *To be ... or kept under* Prohibens ... est maxime ira in puniendo, *Cic Offic* 1, 26

Prohibens, tis part *Hindring, blowing against one* ✠ Magis nen prohibitis quam approbans, *Liv* 1, 46

Prohibeo, ere, ui, itum act [*ex* pro, & habeo] (1) *To prohibit, forbid, let, or hinder, to stop or stay, not to suffer, to keep out, or away, to debar* (2) *To defend* (3) *To quell, or keep under* (1) § Prohibere aditum alicui, vel aliquem aditu, *Cic* § vim ab aliquo, *Id* § Helvetios itinere, *Cæs* § adire, *Cic* § loqui, *Ov* (2) Prohibere virginem impetu, *Cic de Clar Or* 96 § ab injuria, *Sall B Jug* (3) Omnes Catilinæ motus prohibebit, *Cic Catil* 2, 1.

Prohibeor, eri pass *To be hindred, to be restrained*, &c = Cum a prætore prohiberentur, a quæstoribus impedirentur, *Cic in Verr* 4 = Nulla vi retineri, nullo periculo prohiberi, *Id ib*

Prohibessis, & essit, *pro* prohibueris, prohibuerit Id, te quæso ut prohibessis, *Plaut Aul* 4, 2, 4 Id te Jupiter prohibessit, *Id Pseud* 1, 1, 12 *sic* Luci cohibessit, 2, 415

Prohibitio, ōnis f verb *A prohibition, a restraining* Prohibitio sceleris, *Quint* 9, 2

|| Prohibitor, ōris m verb *A forbidder*, Apul *de* Deo Socr p 695 ✠ Adhortator

Prohibitorius, a, um *That forbiddeth, or hindreth* Interdictum prohibitorium, *an injunction to stop proceedings*, Ulp

Prohibitus, a, um part *Hindered, forbidden* Cibo tectoque prohibitus, *Cic in Verr* 5, 24

|| Prohinc, *ficut* proinde *Wherefore, whereupon*, Apul Met 3, p 78 ✝ Eo, ideo

|| Projecta, ōrum n [*qu* porro jacta] *Part of a house, or building out, jutting further than the rest, as bay windows, &c*, ... *JCC* ✝ Projectura, *Vitr*

Projectio, ōnis f verb [a projicio] *A throwing out, or stretching forth* ✠ Brachii projectio in contentionibus, contractio in remissis, *Cic Orat* 18

Projectitius, a, um part *Cast out, exposed, as an infant flung away*, ... *Plaut Cist* ... 8

Projecto, āre freq [*ex* pro, & jacto] *To cast, or throw forth, to expose* Projectare aliquem probris, *Plaut Bacch* ..., 38 *abs* ... *al* ... *lect*

Projectorium, ... n *A swingle*, Litt *ex* Col

Projectura, æ f *The jutting, or leaning out in a building, the coping, or water table of a wall*, Vitr 2, 8

Projectus, a, um part & adj or, comp, issimus, sup (1) *Thrown, or cast forth, or away, cast down* (2) Expos... as a child (3) *Stretched out, or extended out in length* (4) *Thrown, or cast to* (5) *Lying down along* (6) *Prostrate* (7) *Abandoned, forsaken, laid aside* (8) *Slighted, made of little value, or account* (9) *Servile, mean* (10) *Inclined, prone, given, or bent to* (11) *Swagging, or hanging down* (12) *Jutting out* (1) Ex naufragio tabula projectus, *Cic Philipp* 12 8 (2) Parvulam puellam projectam suscepit, *Plaut Cistell* 1, 2, 5 (3) Cherronesus ob ... gemu, scuto projecto ... impetum excipere hostium cocuit, *Nep* ... (4) ... Pro, & ... cum ... ... *Cic* in *Arat* (4) Cibum projectum odoratus *Hor Epod* 6 10 (5) Viridi projectus in antro, *Vir Ecl* 1, 76 (6) Matresfamilias projectæ ad pedes suorum *Cæs B G* ... 26 (7) Projecto lucis amore, ... lus, &c *Sil* (8) Civibus jam projecta ... ... auctoritas, *Tac Ann* 1, 4, (9) = Vultus ... ... projectus & degener, *Tac Hist* ..., 65, 5 (10) Projectus ad audendum, *Cic Verr* 3, 1 Projectissima ad libidinem gens, *Tac Hist* 5, 5 3 (11) Projectior venter, *Suet Tit* 3 (12) Projecta saxa Pachyni, *Vir Æn* 3, 699

Projectus, ûs m verb *The casting out of a thing, the jutting, or leaning out*, Plin 17, 12

Projĭcio, ĕre, eci, ectum act [*ex* pro, & jacio] (1) *To throw, or fling forth, or away* (2) Met *To throw out* (3) *To throw upon* (4) *To prostrate* (5) *To throw down* (6) *To cast off, to reject, to slight and neglect, or disregard* (7) *To expose a child* (1) Projicere arma jubet, *Cæs B C* 3, 98 (2) § Projicere ex urbe, *Cic* § in forum, *Liv* § ad pedes, *Cæs* = Lætari mihi videtur quod tantam pestem evomuerit, forasque projecerit, *Cic Catil* 2, 1 Lacrymas projicere, *to weep*, Hut B Alex 24 = Profundere, *Id* Projicere ampullas, *to speak big words*, Hor A Poet 97 (3) Super exanimem sese projecit amicum, *Vir Æn* 9 444 (4) Sese Cæsari ad pedes projecerunt, *Cæs B G* 1, 31 (5) Geminos immani pondere cestus projecit, *Vir Æn* 5, 402 (6) Patriam virtutem projicere, *Cæs B G* 2, 15 Se projicere, *to be cast down, or discouraged*, Cic (7) ✠ Ergo eum projeci, alia mulier sustulit, *Plaut Cist* 2, 3, 75

Projicior, i pass *To be cast out, to put out*, Met *to be exposed*, &c Vid Projicio, & Projectus

Pronde adv [ex pro inde, ut deinde] *Therefore, for that cause, thereupon* Proinde face, puer, te ut lies, *Ter Andr* 2, 4, 5

Proinde adv (1) *Therefore, for that cause* (2) *Just so, all one as if* (1) Proinde bono animo es, *Cic Attic* 1, 6 (2) § Sed hæc facta proinde, ut proloquor, *Plaut Amph* 2, 2, 125 uti, Cic de Inv 2 ita, Id Proinde expiscare, quasi non nôsses, *Ter Phorm* 2, 3, 5

Prolabor, is, psus dep (1) *To slide, slip, or fall* (2) *To fall, or tumble down* (3) *To digress, or to pass* (4) *To incline to,* (5) *To decline, or degenerate* (1) Serpens prolabitur, *Cic N D* (2) Cum ædes Iovis etusiæ atque incuria collecta prolaberetur, *Nep Attic* (3) Non me prævertit me longius præ ipsum esse quam ... Cic (4) Libertè ad istam opinionem tecum prolaberer, *Cic de Legib* 1, 20 (5) ✝ Juventutem ... prolapsa est, ... opibus refrenanda atque coercenda, *Cic de Div* 2, 2

Prolapsio, ōnis f verb *A fall, or slip* = Via lubrica, qua ingredi sine casu, aut prolapsione vix possis, *Cic pro Cal* 17

Prolapsus, a, um part (1) *Fallen, slipt* (2) Met *Fallen from virtue, loose, dissolute* (1) Prolapsi ceciderit, *Liv* Prolapsus Hylas, *Prop* 1, 20, 47 equus, *Id* 4, 1, 64 (2) ✝ Prolapsa juventus refrenanda & coercenda, *Cic de Div* 2, 2

Prolatandus, a, um part *To be delayed, or put off* Prolatandis comitiis, *Liv*

Prolatatio, ōnis f verb *A delaying, a deferring, or prolonging* Prolatatio inimica victoriæ, *Tac Hist* 2, 82, 3

Prolatatus, a, um part *Delayed, enlarged, deferred, prolonged* Prolatatum bellum, *Tac Ann* 1, 4, 4

Prolatio, ōnis f verb [a profero] (1) *An enlarging* (2) Met *A producing, or bringing* (3) Also *a delaying, a prolonging, a deferring* (1) Auspicies ... dent prolation m finium porenda, *Liv* ... (2) Ex majorum ... *Cic Orat* 4 (3) Quantum vis prolationum, *Plaut Mil* 2, 2, 98

Prolato, are act (1) *To dilate, or make larger* (2) *To prolong, or lengthen* (3) Also *to defer, or put off* (1) Prolatare agros, *Tac Hist* 4, 8, 5 (2) Vid Prolatatus (3) Diem ... *Tac Ann* 6, 26

Prolatus, a, um part [a profero] (1) *Brought forth* (2) *Shewed, told, spoken, spread abroad, reported, rehearsed* (3) *Delayed, prolonged* (4) Also *moved, thrust* (1) Frumentum, quod ... fuerat, prolatum, *Liv* (2) Multa sunt ex historiis prolata omnia, *Cic de Div* 2, 66 (3) Prolatum consilium, *Tac Ann* 4, 57, 1 (4) Caliga prolatus ab ira, *Liv* 2, 40

Prolecto, are freq [a prolicio] (1) *To allure, cajole, entice, or wheedle* (2) *To challenge, to begin first* (1) Privati egentes benignitate prolectat, *Cic pro Flacc* 8 (2) Etiam ultro me prolectas probris, *Plaut Bacch* 3, 6, 8

* Prolegomena, ... *A preface, a preamble*

* Prolepsis, s f [ἀπὸ τοῦ προλαμβάνειν] h e a præsumendo (1) *An anticipation, a forethought* (2) *A figure whereby we prevent and answer an objection beforehand, a preoccupation* (3) Also *a figure in which the whole proceedeth, and the parts follow* Ut duæ aquilæ volaverunt, hæc ab oriente, illa ab occidente (1) Quæ gens non habet sine doctrina anticipationem quandam deorum, quam πρόληψιν vocat Epicurus, *Cic N D* 1, 16 (2) *Rutil alii que Rhet* (3) *Gramm Lat* Præoccupatio, prænotio

Proleptĭcus, a, um adj Ad anticipationem pertinens προληπτικὸς, *M*

Proles, is f [ab oleo, i e cresco, quasi pro-oles, ut a sub, & oleo, suboles] (1) *A race, stock, progeny, descent, or generation* (2) *A child* (3) Also *the young of any creature, a brood, a breed* (4) *An age* (5) *A shoot of a tree* (6) Also *the testicles* (1) Futurorum hominum proles, *Cic Somn Scip* — Felix Roma prole virum, *Vir Æn* 6, 784 (2) Achilles Thetidis proles, *Sil* (3) Volucrum proles, *Ov* caprarum, *Col* equorum, *Lucr* (4) Ferrea proles exorta repente est, *Cic N D* 2, 63 ex poet (5) Proles tarde crescentis olivæ, *Vir Geor* 2, 3 (6) || Prolium ... quod nos verecundius proles dicimus, *Arnob* ✝ Testes *Vett*

✝ Proletaneus, *id quod* Proletarius, *Fest*

Proletarius, a, um adj [a proles] *Of a poor and mean condition, poor, vulgar, beggarly* Proletarii dicti quod rarò admodum ... conscriberentur, sed procreandæ prolis gratia in urbe linquerentur, *Non* vid & *Gell* 16, 10 § Proletarius sermo, i e vilis & plebeius, *common, ordinary discourse*, *Plaut Mil* 2, 1, 157

Prolibo, are act *To taste before, to pour out in sacrifice* Aquas prolibant novo hausto, *Plin* 14, 19

Prolibor, ari *To be poured out in sacrifice*, Plin 35, 12

Proliceo, ere, ui, [pro liqueo], proliquo *To melt down*, Varr

Prolicio, ere, exi, ectum act *To induce, or draw along, to entice or allure* Flos veteris vini ... prolicit pro foribus, *Plaut Curc* 1, 2, 2 R occ

|| Proliquatus, a, um part *Issuing forth*, Apul Apol p 316

|| Prolitas *Issue, progeny* Generosi prolitas, *Apul* ✝ Proles

Prolixe adv ius, comp *Liberally, frankly, freely, largely, sumptuously* = Non solum fecit, sed etiam prolixe cumulateque fecit *Cic pro Flacc* 36 = Accipit hominem nihil nemo melius prorsus neque prolixius, *Ter Eun* 5, 9, 52

✝ Prolixitudo, inis f *Pacuv* ap *Non*

|| Prolixitas, atis f *Liberality, largeness, bounty* ✝ Liberalitas ...

Prolixo, are *To make long* Monendum ... ut prolixe ... incrementum, *Col* 11, 24

Prolixus, a, um, or, comp [ex pro, & laxus] (1) *Big, large, that is, in some high, tall* (2) *Free, propense, bountiful, kind* (3) *Swift, speedy* (4) ... (1) Barba prolixa, *Vir Ecl* 8, 34 — Prolixo, nec exili corpore erat, *Suet Claud* 30 ... (3) ... *Varr R R* 1, 9 Femina prolixior, *Plin* 10, 10 (4) Interest nostra, Plancum hoc animo libentius prolixeque facere,

Cic sub Ep Attic 15, 16 (3) Non tam prolixo provolat ictu, *Lucr* 4, 128 *interpr Steph* Prolixum tempus, *Col* (4) *Sipont & Litt* sed gratis

* Prologium, ii n Proloquium, *Fest* *A prologue, or preface, a preamble*, Pacuv *id quod*

* Prologus, i m (1) *A speech beforehand, a preface, a prologue* (2) Also *he that speaketh the prologue* (1) Prologos scribere, *Ter Andr prol* 5 (2) ✝ Oratorem voluit esse me, non Prologum, *Ter Heaut prol* 11

|| Prolongo, are *To defer, to delay, to prolong*, Plin 13, 3 ✝ Ubi aliam prorogant, quod rectius

|| Prolongor, ari, atus pass *To be prolonged*, Sen de Benef 5, 17 ✝ *Ubi rectius* prorogatur

Proloquium, ii n *A proposition, maxim, axiom, or aphorism* Proloquium est sententia, in qua nihil desideratur, *Varr* ap *Gell* 16, 8

Proloquor, i, quutus sum dep (1) *To speak out, or at length, to tell a long story, to speak freely what one thinketh, to declare, to utter* (2) Also *to prejudge that which one is about to say* (1) Nam quid ego apud te proloqui paream? Ego illum vidi, *Plaut Epid* 2, 4, 28 Non potuit cogitata proloqui, *Ter Phorm* 1, 5, 53 (2) Quam rem oratum huc veni, proloquar, *Plaut Prol Amph*

Prolubium, ii n [ex lubet] (1) *A delight, a desire, an appetite, will, or pleasure* (2) Also *frankness, and an humour of bounty* (1) Feros & immanes ... prolubium audiendi subit, *Gell* 16, 19 (2) Quod prolubium, quæ istæc subita est largitas? *Ter Adelph* 5, 9, 28 *ubi tamen al* prolusium

|| Prludium, ii n *A flourish, a preamble, an essay, or proof before a matter, a preparative*, Gell 5, 10 *vid* & Cic Philipp ... *sed mal codd* ✝ Prolusio, *Cic*

Proludo, ere, si, sum *To flourish, as musicians or fencers do, before they play in good earnest, to prove, or essay what one can do, before he come to the thing, to begin, or commence* Sparsa ad pugnam proludit arena, *Vir Geor* 3, 234 & *Æn* 12, 106 de tone Jurgia proludunt, sed mox & pocula torques saucius, *Juv* 5, 26

✝ Prolugeo, ere *To mourn and lament beyond the usual time*, *Fest*

Proluo, ere, ui, utum act [ex pro, & luo, pro lavo, a Gr λούω] (1) *To wash much, or long, to rinse, to scour* (2) *To wet, imbibe, or moisten* (3) *To bathe, or soke to drench or souse* (1) Impetus aquarum proluit errans, *Col* 2, 18, 5 (2) Cruor fauces proluit pectora, *Stat Theb* 8 712 (3) Pleno se proluit auro, *Vir Æn* 1 743 Proluere opes, *to lavish away his estate*, Fac ap Lit certe ap Gell 2, 24 pecuniam proluere leg

Prolusio, onis f verb [a proludo] *An essay or flourish, a proof or trial*, Cic Verr 1, 14

Proluitus, a, um part *Soaked, soused, or drenched* Multa prolutus vappa nauta atque viator, *Hor Sat* 1, 5, 16

Proluvies, ei f [a proluendo] (1) *Filth washed off from any thing, offscouring* (2) Also *the looseness of the belly* (1) Veris proluvies, *Vir Æn* 3, 217 (2) Alvi proluvies, *Col* 12, 28

Proluvium, ii n (1) *A shedding of water in great abundance*, *fit is washed from any thing*, M also *Prodigality, or wasteful spending* = Quod proluvium quæ istæc subita est largitas *Ter Adelph* 5, 9, 28 *ubi tamen* ... al legit prolubium, & ... interpretatur Proluvium ... *a lask, or scouring*, ... ✝ Proluvies, *Col*

Prolyta, æ m [... λύτης] ... rum antecessor ... *A licentiate of the laws, one that hath studied in the law five years*, Justinian *vid* Hotoman de verb juris

|| Promano, are *To go, or spread abroad*, Sen S *d aliter emend. diximus libri* ✝ Emano

|| Promatertera, æ f est soror proaviæ, i e superior matertera *The great grandam's sister, great aunt*, Cajus

Promercalis, e adj *That is to be sold, set to sale* Res promercales, *Col* 1, 8 Forum promercale, *the place where old clothes, lumber, and frippery is to be sold*, Jun Officinas promercalium vestium exercere, *to keep a broker's shop*, Suet *de* Ill Gramm 23 Aurum promercale ternis millibus nummûm in libras, *to pay for so much*, Suet Cæs 54

|| Promercium, ii n *Whatever is set aside to be sold*, Hoc ...

|| Promercor, ari, atus sum dep *To buy at the first hand in order to sell again by retale* ✝ Præmercor, *Plaut* & *Plin*

Promerens, tis par *Deserving*, Ter Adelph 4, 5, 47

Promereo, ere, ui, itum, & promereor, itus sum dep (1) *To deserve well, or ill* (2) *To oblige* (3) *To conceive, or do* (4) *To be committed* (1) Verum enim quando bene promeruit, fiat, *Ter Adelph* 2, 1, 4 Is suo beneficio promeritus est, se ut ames, *Cic de Petit Cons* ... Levius pænam quam promeruisset, *Cic de I* 2, 28 § Promereri principem, *Plin Paneg* 62 § de ... *Plaut* (2) *Vulg Int* (3) ✝ Non conveniat, cum ego ad promerendum officium tam fuerim expeditus, vos ad referendam gratiam esse tardiores, *Cic anteq iret in exil* 2 (4) Postquam malum promeritum est, metuunt, *Plaut* ... 3, 6, 24

Promeritum, i n (1) *A desert* (2) *A good turn, a courtesy, an obligation* (1) Tuum promeritum est, ut faciam, *Plaut Mil* ... (2) Majus est in nos vestrum promeritum, *Cic post Redit* 4 Contra promerita in nos universa, *L postquam in Senat red* 1

Promico, are n (1) *To hur out, or appear at a distance* (2) *To start out* (1) *Nev ap Non* 1, 229 (2) *Amm*

Prominens, tis part & adj or, comp (1) *Prominent, puffed up, swollen* (2) *Standing out* (1) Prominentes venæ, *Mart* 5, 4 (2) Prom nentior cauda, *Plin* 10, ...

Prominentia, æ f (1) *The jutting of a thing out, or over, a prominence* (2) *A promontory, or rock hanging over the sea* (1) *Vitruv* 6, 11 (2) *Solin* c 2 ✝ Promontorium, *Vett*

Promineo, ere, ui n [ex pro, & mineo, ant] (1) *To jut, or shoot out, to appear, or show itself from far, to lean, bend, or stretch out* (2) *To hang over* (1) Dentes elephanto qui prominent, *Plin* 11, 37 (2) Prominent in jonum collis, *Ov Met* 13, 778 Prominere in fronte ... *Plin* ... cætera acie, *Liv*

|| Promino,

|| Promino, are *To lead forth, as they do cattle to watering* Jumenta ad lacum prominabat, *Apul Met* 9, p 295 ✝ Ago, compino, [illegible]

|| P[illegible]nulus, a, um dim [a pron[illegible]] *somewhat standing out*, [illegible] Cap

✝ [illegible]omiscam *Promiscuously*, [illegible], Plaut Pseud 4, 5, 11 ✝ Promiscue

|| [illegible]sceo, & promisceor pass *To mix together*, [illegible] crob Somn [illegible] 6 ✝ Commisceo

Promiscuè adv *Confusedly, one with another, promiscuously, in common, riffraff, without any order* Promiscuè in flumin[illegible] perluuntur, *Cæs B G* 6, [illegible] ig um promiscuè omni[illegible] [illegible]ist *Liv* 1, 4 = Promiscuè communiter datam, *Cic* [illegible] ✱ Promiscuè toto, [illegible] pars à frui parte, mal [illegible] in *Rull* 2, 31

P[illegible]uus, a, um [à pro, & [illegible]] (1) *Promiscuous, confused, mingled* (2) Also *common, general, ordinary* (3) *Reciprocal, mutual* (4) Promiscuum genus, *the epicene gender* (1) Connubia promiscua, *Liv* 4, 2 (2) Omnia, quæ culta ante fuerant, in [illegible] usu facta, *Plin* 14, 1 = [illegible], & promiscua de[illegible] 6, 8 (3) Ope[illegible] uam dare, *Plaut Rud* [illegible] (4) = Nec statim dil[illegible] [illegible]bo, qui promiscua, quæ [illegible] dicuntur, invenirer, [illegible] 1

✝ P[illegible] adv *Copiously*, at [illegible] ✝ Copiose

Pro[illegible]o ōnis f verb *A pro[illegible]* [illegible] auxilii, *Cic Fam* [illegible] provinciæ, *Id Att* 8, 9

P[illegible]missor, oris m verb *A promiser, a boaster of what he* [illegible] Quid dignum tanto feret hic promissor hiatu? *Hor A Poet* 138

P[illegible]ssum, i n *A promise, a* [illegible] Servire promissa, *Cic Off* [illegible], *Id Fam* 12, 29 [illegible] omissis, *Id Q frat* [illegible] = Manere promissis, & ser[illegible] *Vir Æn* 2, 160 ✱ [illegible] minus promissa, *Tac* [illegible] 4

P[illegible]ssus, a, um part (1) *Pro[illegible]* (2) Adj *Growing, hanging down long* [illegible] *ging* (1) Promissa fides, [illegible] 4, 5, 2 = Donum Jovi [illegible] promissum, *Cic* [illegible] (2) Promissa barba [illegible] effigie ant speciem o[illegible] *Liv* [illegible] (3) Promisso ven[illegible]

[illegible] ittere, misi, ssum act [i e [illegible] pro significatione [illegible] longum, & mitto, pro[illegible] pono, porricior, i n [illegible] longum mittens [illegible]] (1) *To stint,* [illegible] (2) *To spread, or* [illegible] (3) *To let grow in length* [illegible] *promise, to engage* (5) [illegible] *to go, to make an* [illegible] (6) *To threaten* (1) [illegible] promittere, *Hirt* ap [illegible] 8, 9 *al* permittere, [illegible] *ut opinor* (2) Gallia [illegible] nostris litoribus [illegible] promissa, *Mela* 1, 3 (3) [illegible] barbam promittere, [illegible] (4) = Illud vobis pro[illegible] [illegible] cæ spondeo, *Cic* [illegible] 2 = Ita esse tibi pro[illegible] confirmo, *Id Fam* 1, 3, [illegible] Di faxint ut ea faciat, quæ [illegible] *Id Att* 6 16 ✱ Vix [illegible] prom feram præstare, [illegible] *Fam* 18, 3 ✱ Dii pri[illegible] [illegible] certè promittunt secundis, *Id* de *Div* 2, 17 (5) Ad cœnam alio promisi foras, *Plaut Stich* 4, 2, 16 Tum, cum ille dubitaret, quod ad fratrem promiserat, ego, inquit Julius, pro utroque respondeo, sic faciemus *Cic* de *Orat* 2, 7 (6) Satis scitè promittit tibi, *Ter Heaut* 4, 4, 6 Promisit ultorem, *Vir Æn* 2, 96 *ubi vid Serv*

Promo, ĕre, psi, ptum act [*ex* pro, & emo, *i e* sumo *antiq Perot a* premendo] (1) *To draw out, to bring forth* (2) *To draw, as wine out of a vessel* (3) *To utter and tell to disclose, or uncover, to lay open* (1) Cum ex ærario pecuniam prompsisset, atque adnumerasset, *Cic Verr* 3, 84 Promere libros ex bibliotheca *Id* de *Fin* 3, 2 ✱ Repono, *vid* Repono ✱ Sol promit, & celat diem, *Hor Carm Secul* v 10 ✥ Promere se, *to come out*, Vir Æn 2, 260 (2) Prompsisti tu illi vinum? *Plaut Mil* 3, 2, 16 (3) Ut non auderem, percunctanti quin promam omnia, *Plaut Asin* 1, 1, 11 ¶ Promere gemitus, *to fetch a groan*, Mart 10, 80

Promor, i pass *To be taken, or brought out, to be explained, or related* ✱ Curandum, ubi quid quæ reponatur, ut, ubi opus sit, promatur, *Col* 12, 2 Cum justis aliorum voluminibus promantur, *Paterc* 2, 48

Prōmŏneo, *vid quod* præmoneo *Lit* ex *Cic* ad *Attic*

✝ Prōmonstra, prodigia, *Fest*

Promontōrium, ii n [mons in mare prominens, *q d* promonitorium] *An hill lying out as an elbow of land into the sea, a promontory, or cape* Aliqua promontoria, aut prærupta saxa tenuisse dicuntur, *Cic Verr* 5, 56 Promontorium flectere, *to double a point*, Id

|| Prōmōtio, ōnis f verb *Promotion, preferment*, Firm ✝ Dignitas

Promotus, a, um part (1) *Moved forward, set forth* (2) Met *Promoted, advanced* (1) Promota classis *Stat Achill* 1, 444 (2) § Promotus ad amplissimas procurationes, *Plin Epist* 7, 31, [illegible] in amplio[illegible]m gradum, *Suet Oth* 1

Promŏveo, ēre, ōvi, ōtum act [illegible] (1) *To go, or move forward* (2) Met *To advance or promote* (3) *To inlarge, or extend* (4) *To prolong, put off, or defer* (5) Also *to prevail, or do good* (1) ✝ Move vero ocius te, nutrix *S* Moveo *C* Video, at nihil promoves, *Ter Eun* 5, 2, 4 (2) *Vid* Promotus, n 2 (3) Roma nisi immensum vires promôsset in orbem, *i e* promovisset, *Ov Amor* 2, 9, 15 (4) Quantum huic promoveo nuptias *Ter Andr* 4, 2, 28 (5) Abibo hinc, præsens quando promoveo parum, *Ter Hec* 4, 4, 81

✝ Promptārius, a, um part *Plaut Vid* Promptuarius

Promptè adv ius, comp ssimè, sup *Promptly, easily, readily, forthwith, by and by* Homines non modò promptè, sed etiam largè & honorificè promittunt sibi volunt *Q Cic* de *Petit Cons* 11 Morbi promptius sanantur, *Cels* = paratior, *Cic* Promptissimè adesse alicui, *Plin Ep* 4, 17

|| Promptitudo, inis f *Readiness, quickness* ✝ Alacritas, propensio, promptus animus, *Cic*

Prompto, āre freq [*a* promo] *To bring forth, or disclose often* Siquidem supremi promptes thesauros Jovis, *Plaut Pseud* 2, 2, 33

Promptu monopt in abl (1) *Manifest, or apparent* (2) *Readiness, or at hand* (1) ✱ Hæc in promptu fuerint, nunc interiora videamus, *Cic* de *Div* 2, 60 = Cum illa pateant, in promptuque sint omnibus, *Id* de *Orat* 1, 6 ✱ Hæc non recondita ratione cernitur, sed est in promptu, *Id Offic* 1, 27 (2) ✱ Non hæsitans respondebo, sed ea dicam, quæ sunt in promptu, *Cic Acad* 1, 2

Promptuārium, ii n [ex quo aliquid promitur] *A storehouse, a buttery, or pantry*, Cato R R 11

Promptuārius, a, um part [ex quo aliquid promitur] *That from whence any thing is brought, or taken* Promptuaria cella, *a cellar, spense, or buttery, a store room*, Plaut Amph 1, 1, 4

Promptus, a, um part & adj [a promo] (1) *Drawn, or brought forth, taken out* (2) Adj or, comp issimus, sup *Prompt, ready, easy, quick, bold* (3) *Bent, propense, and inclined to* (4) Also *clear, evident, manifest, open* (1) ✱ Aliud clausum in pectore, aliud promptum in lingua habere, *Sall B Cat* 10 (2) = Facilis & prompta responsio, *Cic* de *Orat* 1, 56 Haud quisquam manu promptior erat, *Liv* 2, 56 (3) Promptum ad asperiora ingenium Druso erat, *Tac Ann* 1, 29, 6 Promptissimi in latrocinia, *Flor* 4, 12 § Promptus libertati, aut ad mortem animus, *Tac Ann* 4, 46, 4 (4) = ✱ Altera occulta & quasi involuta, altera prompta & aperta, *Cic* de *Fin* 1, 9

Promulgātio, ōnis f verb *A proclaiming, or publishing, a promulgation* Illæ leges nullâ promulgatione latæ sunt, antequam scriptæ, *Cic Philipp* 1, 10

Promulgātus, a, um part (1) *Published, or proclaimed* (2) Also *detected* (1) *Cic Philipp* 1, 10 & de *Legib* 3, 4 (2) Duabus conjurationibus promulgatis, *Suet Ner* 36 *ubi al* provulgatis, *al* pervulgatis

Prōmulgo, āre act *q n To noise abroad, to publish, to proclaim, to divulge* Cato legem promulgavit de imperio Lentuli abrogando, *Cic Q fr* 2, 3

|| Promulsidaria vasa, quibus promulsis continetur, *Pompon*

Promulsis, idis f [potio mulso condita] (1) *A sweet and pleasant kind of drink tempered with new wine, metheglin* (2) || Also *a platter, or charger* (1) *Cic Fam* 9, 10 (2) || *Tert*

Promus, i m [*a* promendo] *A steward, or clerk of the kitchen, one that hath the keeping of a storehouse, a yeoman of the larder* = Condus, promus sum, procurator peni, *Plaut Pseud* 2, 2, 14 Promis & cellariis interveniente, *Col* 12, 3 It adj Promus fructus, *Col* 3, 2 Promi pueri, *Id* Proma cella, *Tert*

Promuscis, idis f *The snout, or trunk of an elephant*, Plin 8, 7 *ubi tamen ex vett exempl fidelius* proboscis, *q v*

* Pronaos, *vel* pronaus [à προναος, *a* προ & ναος, templum] *The porch of a church, or of a place, or great hall* Partes pronai ad antas parietum procurrunt, *Vitruv* 3, 4

Prōnecto, ĕre, xi, *vel* xui, xum act *To knit on, to tye, or fasten one thing to another in length, as links of a chain*, *Stat Sylv*, 4, 3, 145

Pronĕpos, ōtis m [nepotis filius] *A nephew's son, a great grandchild* ✱ Q tui pronepos scripsit ad patris mei nepotem, *Cic Attic* 16 Jovis pronepos Thyestes, *Id Tusc* 2

Pronep[illegible]is, is f *A niece's daughter* Nulla proneptis manet, *Pers* 6, 52

Prōnĭtas, tātis f *Inclination, readiness, proneness, aptness, a bent* Pronitas natura ad malum, *Sen Pater* 1 1 Controv R occ ✝ Proclivitas, propensio, *Cic*

|| Pronius adv comp *More easily*, Amm 30, 29

Pronōmen, inis n [dict quod nomini præponatur, *rect* quod pro nomine ponatur] *A pronoun* Nomina Romulus, Remus, pronomina, *hic, hæc*, Varr L L [illegible], 2

|| Prōnōminalis, e *Of, or belonging to a pronoun* Pronominalis constructio, *Prisc*

Prōnōminatio, ōnis f verb *A circumlocution of a proper name, a figure in rhetoric*, Ad Heren 4, 31

|| Prōnōminor, āri [*i e* per nomen significor] *Prisc*

Pronuba, æ f *sc* mulier, est enim prop adj [*ex* pro, & nubo, dict eo quod nubentibus præest] (1) *A bridemaid* (2) Also *the goddess of marriage*, a title of Juno (1) Pronuba Tisiphone thalamis ululavit in illis, *Ov Ep* 2, 117 Bellona, *Vir Æn* 7, 319 (2) *Vir Æn* 4, 166

Prōnŭbus, a, um part *Of, or belonging to marriage* Pronubus annulus, *a wedding ring*, Ap JCC Pronuba nox, *Claud 4 Cons Hon* 642 flamma, *Id* de *Rapt Pros* 1, 1, 1

Pronubus, i m *The brideman that leadeth the bride to the church*, Lampr

|| Prōnunciābilis, e adj *Which may be expressed* Pronunciabilis oratio, *a proposition in logic*, Apul de Hab Doct Plat p 6, 1 ✝ Enunciatum, enunciatio, *Cic*

Prōnunciātio, ōnis f verb (1) *A pronunciation, or utterance of speech, a speaking out, or delivery of a speech*, &c (2) *A proclamation, a publication* (3) *A judicial sentence* (4) *A single word* (5) *A proposition, a principle, a maxim* (1) Pronunciatio est ex rerum & verborum dignitate vocis & corporis moderatio, *Cic* de *Inv* 1, 7 (2) *Cæs B C* 2, 25 (3) Lege & pronunciatione nondum condemnatus, *Cic* pro *Cluent* 20 (4) Illa pars calliditatis egregia Græca pronunciatione strategemata vocantur, *Val Max* 7, 4, 1 (5) Omnis pronunciatio aut vera, aut falsa est, *Cic* de *Fato*, 10 *ubi tamen al* enunciatio, *fortè rect*

Prōnunciātor, ōris m verb *A reporter and publisher, an historian, an utterer, or deliverer* Thucydides pronunciator sincerus & grandis etiam fuit, *Cic* de *Clar Orat* 83

Prōnunciātum, i n *A proposition, a maxim, or axiom* Omne pronunciatum est aut verum, aut falsum, *Cic Tusc* 1, 7

Prōnunciātur impers *It is said publicly*, Plin 16, 4

Pronunciātus, a, um part *Pronounced, uttered* Versus pronunciatus, *Cic Parad* 2, 2

|| Pronunciatus, us m verb *A pronouncing, utterance, or delivery*, Gell 16, 8 ✝ Pronunciatio, *Cic*

Prōnuncio, āre act [*ex* pro, *i e* palàm, & nuncio] (1) *To speak, or tell in plain, or express words* (2) *To pronounce, to say by heart, to rehearse, to deliver a poem,*

speech

n ch, or part in a play, &c. (3) *To utter, to declare, to publish* (4) *To pronounce publickly* (5) *To ...* (6) *To speak, or tell a thing* (7) *To judge, or give sentence* (8) *To proclaim* (1) ... (2) Pronunciare multos versus, *Cic de Orat* 1, 61 ... ad extremum agere, & pronunciare, *Id de Orat* 2, 19 ... in scena pronunciavit, *Plin* 7, 48 (3) Quæ indigna & intolerabilia videntur, ea pro merito ex animi mei sententia, ... pronuncio, *Cic pro Rosc Amer* (4) Nummos in tribu pronunciare, *Cic Att* 1, 11 (5) Seditionem ... pronunciant os prætores, *Liv* 1 4 (6) ... qui fuit, ... cujusvis est pronunciare, ... (7) Cato in judicio ... pronunciavit, ... nunciando rem eam sciret, & non pronunciasset, emptori damnum præstari oportere, *Cic Offic* 3, 16 (8) Præcones ... voce pronunciant *Cic Fam* 5, 12 ¶ *All forth* ... nunio

Pronūpĕ adv *Very lately a little while ago*, Plaut Trin 2, 4 ... R occ

Prōnūrus, ūs f *A grandson's wife* Ov Ep 17, 206

Prōnus, a, um or comp ... ssimu, sup [ex πρὸ vox antiq] (1) *Having the face downward, from ... bending forward stooping downward* (2) Met *Inclining, bent* (3) *Also ready open* ... (4) *Quickly passing, or falling away, headlong* (5) *... at hand* (1) ✠ Virorum cadavera supina fluitant, feminarum prona, *Plin* 7, 17 ✠ Motus corporis pronus, obliquus, supinus, *Cic de Div* 1, 5 Pecora natura prona finxit, *Sall* Proni in verbera pendent aurigæ, Vir Æn 5, 147 (2) = Commodior, & ad utilitates publicas pronior, *Suet Tib* ... § In obsequium plus æquo pronus, *Hor Ep* 1, 18, 10 § Pronus paci, *Val Flacc* (3) § Pronissimus ad indulgentias, *Capitol* ... viam monstravit tramite prono, *Juv* 6, 36 = Pronum & facile ..., *Juv* 13, 75 Obtrectatio & ... pronis auribus accipiuntur, *Tac Hist* 1, 1, 4 = Pronum magis in aperto erat, *Id* (4) Anni pronus, *Hor A Poet* 60 Dies prona, *Stat Theb* 2, 41 aqua, *Vir G* 1, 9 548 (5) Ventis vocatis ... petit maria, *Vir Æn* 5, 212 ... ¶ Ego potius ... cursu expono, ... In aliud ... in alia ... 1, 70

* Procœconomia, æ f Figura ... familiaris, *Vir Æn* 1, 230 ... Pulchra procœconomia ... Dispositio

Prooemior, ari dep *To begin an oration, to make an entrance, proem, to preface* ✠ Procœ... aperte, narrat aperte, *Plin* 1, p 2, 3

Prooemium, i n [ἐκ πρὸ, ante, & οἶμος, via, ... ante ingressum ... ponitur] (1) *A preface, a proem* (2) Met *The first entrance, the prelude* (1) His libris novum ... *Cic Attic* ... (2) Miseræ cognosce prooemia rixæ *Juv* ... 288

Prōpāgandus, a, um part *To be propagated* Religio propaganda est, *Cic de Div* 2, 72

Prōpāgātio, ōnis f verb (1) *A planting, as of young vines* (2) *Propagation, prolonging, extending* (1) Propagationum tria sunt genera, *Col de Arb* 7, 1 (2) = Quæ propagatio & soboles origo est rerum publicarum, *Cic Offic* 1, 17 Vitæ in qua nihil ... propagatio miserrimi temporis, *Id Fam* 5, 15

Prōpāgātor, ōris m verb *An enlarger, an increaser* Propagator provinciæ, *Cic Attic* 8, de Pompeio

Prōpāgātus, a, um part *Enlarged, increased, multiplied, spread abroad* Propagata memoria, *Cic* ... Octav

✝ Propāges, is f *A long row*, Non ex Pacuv ✝ Propago, ... ries

Prōpāgo, inis f [ex πρὸ, & ... a, unde pago, pango] (1) *An old vine-stock cut down and set deep into the earth, that many imp may spring, or grow from it, a ... or slip, a shoot, or plant of a vine or any tree, a layer of a flower* (2) Met *A race, stock, lineage, or breed* (1) Propagine vites respondent melius, *Vir Geor* 2, 63, vid & *Cato R R* 32 (2) Clarorum virorum propagines, *Nep Attic* 25 Propago catulorum, *Lucr* 4, 995

Prōpāgo, āre act [ex pro, & ant pago, unde pango] (1) *Properly to cut down an old vine, that of it many young may be planted* (2) *To spread* as a tree doth at top, *to make to spread* (3) Met *To propagate, to multiply and increase* (4) *To dilate, to extend, to enlarge, to spread* (5) *To prolong, or make continue, to keep and maintain* (1) Vitem propagare in sulcos, *Cato*, 42 (2) *Vir* Propagari, n 2 (3) Cum ipse sui generis initium ac nominis ab se gigni & propagari vellet, hominum potentissimorum ... suscepit, *Cic Verr* 5, 70 (4) Urbis terminos propagare *Tac Ann* 12, 2, 3 religionem, *Cic* (5) Victa ferino vitam propagare, *Cic de Inv* 1, 2 aucupio sagittarum, *Id de Fin* 5, 11

Prōpāgor, āri, ātus pass (1) *To be increased, or multiplied* (2) *To be spread* (3) *To be prolonged* (1) Ex quibus plura bona propagentur, *Cic Top* 2, 18 (2) ✠ Vera gloria radices agit, atque etiam propagatur, *Cic Offic* 2, 12 (3) Propagari sibi commeatum deliberabat, *Suet Claud* 29

Propōla, æ m [qui merces propalam, quasi ante pilum, vendit] *A retailer of any commodity*, Cic in Pison 27 ubi al propolæ, q v

Propalàm adv *Openly, in the sight and view of all the world* Rapio propalam, *Plaut Epid* 1, 1, 10 Signis propalam collocatis, *Cic de Orat* 1, 35 ✠ Primo clam, dein propalam, *Suet* ✠ Alii propalam, alii per occultum, *Tac Ann* 6, 6

|| Propalatus, a, um part *Made manifest, laid open*, Vulg interp ✝ Expositus

|| Propansus, a, um part *Spread abroad, or stretched forth* Propansis utrinque pinnis, *Apul Met* 6, p 186 ✝ Passus

|| Propassus, a, um part [ex propando] *Spread wide open* ✝ Passus

Prŏpātruus, i m *A great grandfather's brother, or great uncle by the father's side*, Dig

Propatulus, a, um part *Wide open, broad, spread* = In aperto & propatulo loco, *Cic Verr* 4, 49 In propatulo, *openly, in the sight of all men abroad in the open air*, Col ¶ Pudicitiam in propatulo habere, *unguarded*, Sall B Catil 12, 3

Prŏpe præp [ex pro vel præ, ...] *Nigh, near to, by, hard by, almost* ✠ Ut non solum prope me, sed plane mecum habitare posses, *Cic Fam* 7, 24 § Prope ripam, *Id* § A domo, *Id in Pison* c 11

Prŏpe adv (1) *Near, at hand* (2) *Nigh, almost, in a manner, well near, hard by* (1) ✠ Prope intueri ... procul spectare, *Cic de S nect* 14 (2) Annos prope quinquaginta, *Cic* Prope erat ut, *it lacked but little* Liv ... v Propius & Proxime, *suis locis*

Propĕdiem adv [quasi prope est dies, al quasi prope accedens ad diem] *Shortly, after a while, within few days, or a short time, ere it be long* Propediem te videbo, *Cic Fam* 15, 6

Prōpello, ĕre, uli, ulsum act (1) *To drive, or put away, forth, or out* (2) *To push, or thrust forward, or back* (3) *To repulse, to keep off* (4) *To constrain, or force* (5) *To move* (1) Uno in tergo ... reliquos paullum propellit, *Cæs B G* 5, 42 Pecus pastum propellere, *Liv* (2) Navem remis propellere, *Cic Tusc* 4, 5 Cum ventum erit ad versuram, in priorem partem jugum propellat, *Col* 2, 2 (3) Impetum inimicorum propellere, *Cic* antiq ... injurias hominum, *Col* ... 12 (4) *Sect Aug* 70 (5) ... anima, cum ... percussa est, ... corpus propellit, & ictus, *Lucr* ... 161

Propĕmŏdum adv *Almost, in a manner, well near* Propemodum manere in instituto meo videor, *Cic Div in Verr* 2

* Propempticon [sc carmen, ex προπέμπω, præmitto] *A poem sent to a friend wishing him a good journey* Propempticon Metio Celeri, *Stat Sylv* 3, 2 lemm

Propendens, is part *Hanging downward* Canis villaticus demissis aut propendentibus auribus, *Col* 7, 12, 4

Propendeo, ēre, di, sum n (1) *To hang down heavier on the fore part, to over-weigh* (2) *To lean, stoop, or bow forward* (3) *To incline, to come to* (1) Tantum propendere illam bonorum animi lancem, ut terram & maria deprimat, *Cic Tusc* 5, 17 (2) ✠ Quando minus adducta sunt ad trabem, nec propendens, nec dependens, *Plaut Asin* 2, 2, 39 (3) = Si sua sponte, quo impellimus, inclinant, atque propendent, accipio quod datur, *Cic de Orat* 2, 44

Prŏpendo, ĕre, di, sum act *To consider and weigh a thing thoroughly and diligently*, Quint

|| Propendulus, a, um *ut* Propendulum crinem, *dangling, or hanging down before* ✝ Promissus, Apul

Propensè adv *Favourably, with good will, readily*, Lent ap Cic Fam 12, 15

Propensio, ōnis f verb *Inclination of mind, readiness* Propensio ad summum bonum, *Cic de Fin* 4, 17

|| Propensitas, atis f *Inclination, readiness, towardness* ✝ Propensio, *Cic*

Propensus, a, um part & adj or, comp issimus, sup (1) *Hanging down, weighty* (2) Met *Inclined, propense, ready, or prone* (1) = Meis opulentiis non fiet ramento gravior, aut propensior *Plaut Bacch* 3, 4, 15 (2) Propensissima civitatum voluntate confecit, *Hirt B Alex* 26 = Ut alius ad alium morbum proclivior, sic alius ad alia vitia propensior, *Cic Tusc* 4, 37

Prŏpĕrandus, a, um part *To be made haste with, to be hastened, to be sped* ... ✠ Multa properanda ... mittere ... *Geor* 1, 259 Nunc nunc properandus & acri fingendus sine fine rota, *Pers* ...

Prŏpĕrans, tis part *Hasting, running in haste* Properans ... sist ... terra, *Ov Fast* 1, 505 = Ille properans festinansque, *Cic Philipp* 9, 3

Prŏpĕranter adv *Hastily*, comp ✝ ... ssime, *Lucr* 5, 301 Properantius beneficium ... mutuum reddere, *Sall B Jug* 96 ✝ Cod Theod Properantissime, *Ov Fast* 4, 673

Prŏpĕrantia, æ f *Making haste* Sall B Jug 36, & Tac Ann 12, 20

✝ Prŏpĕrātim adv *Hastily*, Gell 12, 15 ex Sisenna ✝ Temere

Prŏpĕrātio, ōnis f verb *A hastening* Sed propere ... merum quidnam inter est, *Cic Fam* 5 12

Prŏpĕrātò adv *Quickly, hastily, speedily* Necminus ... to Narcissus ad mortem agitur, *Tac Ann* 13, 1, 4

Prŏpĕrātus, a, um part *Hastened, done in haste* ... properatus, *Quint* 10, ... Properato opus est, *we had need make haste*, Cic *pro Mil* 18

Prŏpĕrātus, ūs m verb *A hastening*, Gell 10 11

Prŏpĕre adv *Speedily, in haste, inconsiderately, without advertion* Ancillas huc traduce propere, *Ter Heaut* 4, 2, 2 ... Ut propere, ... subito, ut celere, *Plaut Curc* 2, 3, 4 ✠ Propere hoc non placide decet, *Id Mil* 2, 2, 65

✝ Prŏpĕriter adv *Hastily*, Cell ap Non 11, 65 Amita Venus properiter abiit, *Auson Parent* 27, 1 ✝ Propere

Prŏpĕro, āre act & n (1) Act *To do, or get speedily, or quickly* (2) Neut *To make speed to go apace, to hie, to do a thing in haste, to dispatch* (1) Pecuniam hæredi properare, *Hor Od* 4, 62 Mortem properare per vulnera, *Vir Æn* 9, 401 ✠ Quicquid ... quodque mature transigit, ... properat, qui multa simul incipit, neque perficit, festinat, *Cato ap Gell* 16, 14 (2) Properare in ... *Plaut* ✠ Venit tempus & quidem celeriter, & sive retractabis, sive properabis, *Cic Tusc* 1, 76 Serius aut citius sedem properamus ad unam, *Ov Met* 10, 33

Prŏpĕror, āri, ātus pass *To be hastened, or done in haste* ... vellere lanæ cui properabantur, *Hor Epod* 12, 21 Hæc inter pueros varie properantur, *Juv* 264

Prŏpĕrus, a, um adj *Quick, hasty, swift, speedy, that goeth or goeth in post haste* Pede properus, *Catull* 63, 34 § Properus iræ, *Tac Ann* 11, 26 R occ

✝ Propes, edis Funis quo pes veli alligatur, *Isid* *The ... wherewith the foot of the sail is tied*, Turpil

Propexus, a, um *Combed, or hanging down, long* Barba propexa, *Ov Fast* 1, 259

Prophano, & prophanus, vid Profano, profanus

* Prophēta, æ vel prophetes, æ m [a προφημί, prædico] *A prophet, he that telleth of things before they come to pass, also a poet*, Macrob

Prophetia, æ f *A prophecy, or revelation*, Bibl ✝ Vaticinium

Prophēticus, a, um adj *Belonging*

tis to a prophet, prophetical Prima incipatus ore qui propheti-co Emanuel est, Prud Cath ,179

* Prophetis, idis vel prophetissa, æ f A prophetess, Eccl

* Prophetizo, are To prophesy, Eccl Lat Vaticinor

|| Prophe o, are To prophesy, to tell of things to come Docet, instruit, prophetat, Prud Perist 13, 101 Lat Vaticinor

* Prophylactice, es f That part of physic that preventeth, and preserveth from diseases, Med

Prophylacticus, a, um Prophylacticum medicamentum, preventive physic, Jun Lat Venienti morbo occurrens

||Propilo, āre act & propilor, ari, atus sum dep To sharpen at the point, also to fling, or throw a dart, &c Amm

Propinatio, ōnis f verb A drinking to one, a bidding of one drink, Sen Epist 8

Propinator, ōris m verb. A drinker, or beginner to one in the cup, Ovidio tribuitur, A Am 1, 587 ubi rectius procurator

Propino, āre [primâ communi, i e præbibo (1) To drink to one, a quaff (2) To drink one's health, or in remembrance of (3) To spoil (1) Propino magnum poculum, ille ebibit, Plaut Curc , ,&c Hac propinavit Bitiæ pulcherrima Dido in patera, Mart 8,6 (2) Propino tibi salutem plenis faucibus, Plaut Stich 3, 2,16 Quando propinavit Virro tibi Juv 5,127 Propino, inquit Socrates, hoc pulchro Critiæ, qui in eum fuerat teterrimus, Cic Tusc 1,40 (3) Hunc deridendum vobis propino, Ter Eun 5,9, 57

Propinque adv Hard by, at hand, nigh Adest propinquè, Plaut Tri c 2,7, 21

Propinquitas, tātis f (1) Nighness, neighbourhood (2) Also kindred by blood, or alliance (1) ✱ Propinquitas & longinquitas, Cic de Invent 1, 26 (2) ✱ ... cæteros aut affinitate aliqua sibi, aut propinquitate conjunctos, Suet Ner 36 = Si pietate propinquitas colitur, qui affinem prodit, impius sit, necesse est, Cic pro Quint 6

Propinquo, āre To approach, to draw near § Scopulo propinquare Vir Æn 5,185

Propinquus, a, um adj ior, comp [a prope] (1) Neighbouring, near at hand (2) Also ... of kin, allied (3) Near, ... import, or significancy, ... ing (1) = Propinquæ ... provinciæ, Cic Philipp 11, 1 Propinquius exilium ... Ov Trist 4, 4, 51 ✱ In ... os, in propinquos, in ... in suos irruebat Clodius, Cic pro Mil 28 (2) ✱ Propinqui ... sunt quam alieni, Cic ... A ic 6 (3) ✱ = Aliud ... non contrarium est ... appositum & propinquum, & ... tamen ... est, Cic de Invent 1, 57

Propior, ius, comp [a prope] (1) Nearer, nigher (2) More ... (3) Also more favourable (4) More nearly related (1) Tunica pallio propior, Plaut Trin ... Indis propior Oceano, Vir ... 122 (2) Faciem tauri propior, Vir Geor 3, 58 Cato ... propior diis, quam hominibus, Paterc 2 35 (3) ✱ Odit ... propior Saturnia Turno, Ov Trist 1, 2, 7 (4) = Sanguine ... propior fuit, Ov Met ... a, 568

|| Propitiabilis, e. adj (1) Soon appeased (2) Also that is apt to appease (1) Tert (2) Enn ap Non

Propitians, tis part Appeasing, atoning, favouring, Curt 4, 13

Propitiatio, ōnis f verb A sacrifice to appease God's anger, an atonement, a propitiation = Expiationes propitiationesque prodigiorum, Sen Q Nat 2, 38 ubi al procurationesque

|| Propitiator, ōris m verb A sacrificer, an appeaser, Hier ✝ Procurator

|| Propitiatorium, ii n The propitiatory, or mercy-seat, a place of atonement, Bibl

|| Propitiatorius, a, um part Propitiatory, expiatory, Eccl

Propitiatus, a, um part Atoned, appeased, reconciled Propitiato multùm deo, Suet Vesp 7

Propitio, āre act To appease, to atone, to pacify Ut Venerem propitiem, Plaut Pœn 1, 2, 120 Solicitudinem animi propitiare, Plin 28, 2

Propitior, āri, ātus pass To be atoned, &c Carmen, quo propitiari Jovem credunt, Curt 4,7,24

Propitius, a, um [a prope, sic præsentes pro propitiis dicimus, Voss] Kind, favourable, merciful, gentle, tender ✱ Hunc ego deos propitios, plerique autem iratos putant, Cic pro Cæl 18 ✱ Fortuna, quæ nobis infesta est fuit aliquando propitia, Id ad Octav = benignus, Plaut Pers 4, 4, 34

Propiùs adv comp [a prope] (1) Near, or not far off (2) More favourable (1) Propiùs vero est verisimilius, Liv (2) Propius res aspice nostras, Vir Æn 1, 526

* Proplasma, ătis n A mold, or pattern to make vessels of earth, or other work by ✱ Arcesilai proplasmata pluris venire solita ipsis artificibus, quam aliorum opera, Plin 35, 12

* Proplastice, es f The art of making molds, or forms wherein any thing is cast, or formed, Plin 35, 12

* Propnigeum, ei n [a πρὸ, ante, & πνιγεύς, furnus] (1) The mouth of an oven, or furnace, also a place in an hothouse, in which fire being inclosed, casteth forth heat (2) Also an extinguisher (1) Plin Ep 2,17 (2) Vitruv 5,11 ubi vide & præfurnium

Propola, æ m [ἀ Gr προπώλης] A retailer, a forestaller, a regrater, an haberdasher of small wares, one that buyeth at the best hand, to the end he may sell the dearer, a chandler, a pedler, Plaut Aul 3, 5, 58 Pistor domi nullus, nulla cella, panis & vinum a propola, atque de cupa, Cic in Pison 27 ubi tamen edd prisca propola Vid Turneb Advers 1, 1

* Propolis, is f (1) The suburbs of the city (2) Bee-glew (1) Ap Græcos Latinè Suburbia, orum, Cic (2) Varr R R 3, 16 & Plin 11, 7

* Propoma, atis n The first draught, a whet of spiced wines, Pallad Febr 32

Propōno, ĕre, sui, situm act (1) To propound, or propose (2) To set out to view, to set up, to set before one, to offer, proffer, or present (3) To proclaim, publish, or set abroad (4) To set out, or expose to sale (5) To say, or affirm (6) To appoint (7) To promise, or give out (1) Illa sequor, quæ paulò ante proposui, Cic Fam 1, 9 (2) Explicare vestem, & proponere argentum, Cic de Orat 1, 35 (3) Proponere legem in publicum, Cic (4) Nullum non opsonii genus proponere, Suet Ner 15 auctionem, Quint ✱ Quis talem proponere piscem, aut emere audebat? Juv 4, 46 (5) Neque esse crudele incidere corpora, quod plerique proponunt, Cels in Præf (6) Mortem omnibus naturа proposuit, Cic Philipp 4, 5 (7) Proponere congiarium, Suet Ner 7

Propōnor, i, pŏsitus pass To be propounded, proposed, &c Cic Catil 4, 1

Propŏrrò adv Furthermore, moreover, further and further, Lucr 2, 978 & alibi non semel, vix tamen apud alios rep

Propŏrtio, ōnis f verb [ex pro, & portio] Proportion, measure, comparison Civitates proportione in provincias describere, Cic pro Flacc = comparatio, Id de Univ 4

|| Proportionatus, a, um part Proportioned, Firm 4, 13 ✝ Æquus, Cic

Propŏsitio, ōnis f verb [a propono] (1) A proposal, design, or way (2) A proposition, a thesis, a subject (1) = Vitæ propositio & cogitatio, Cic Tusc 5, 18 (2) Propositio, quid sit dicturus, & ab eo, quod est dictum, sejunctio, Cic de Orat 3, 53

Propŏsitum, i n A purpose, a meaning, an intent, an aim, or end, a resolution Ad nuncium a proposito aversus, Liv 2 = Cato semper in proposito susceptoque consilio permansit, Cic de Offic 1, 31 Ad propositum venire, Nep Præf in fin

Propŏsitum est impers I am purposed Cum sit his propositum non perturbare animos, Cic Orat 19

Propŏsitus, a, um part (1) Set abroad, or open to view (2) Exposed (3) Purposed, intended, designed (4) Proposed, set before (1) Neque proposito argento, neque tabulis & signis propalam collocatis, Cic de Orat 1, 35 (2) Omnibus fortunæ telis proposita est vita nostra, Cic Fam 5, 16 (3) Injuriis ab aliquo propositis resistere, Cic Fam 1, 5 = Ex itinere proposito & jam constituto reverti, Id de Div 1, 15 (4) Exemplum propositum ad imitandum, Cic pro Muræna, 31

Proprætor, ōris m A lieutenant sent to govern a province with the authority of a pretor, a lord justice, Cic de Prov Cons 7

✝ Propriāssit, id est, proprium fecerit, Fest qu a proprio, are

Propriè adv Properly, particularly, conveniently, fitly, suitably ✱ Promiscuè toto, quam propriè parvâ frui parte malletis, Cic contr Rull 2, 31 = Quod honestum propriè vereque dicitur, Id Offic 3, 3 ✱ Neque senatus publicè, neque ullus ordo propriè, Id pro Sext 16

|| Proprietarius, ii m He to whom the property of a thing doth belong, a proprietor, or owner, Dig ✝ Dominus

Proprietas, ātis f (1) A property, nature, or quality (2) The right of a thing, propriety (3) The species in a definition (1) Terræ proprietas cœlique, Liv 38, 17 (2) ✱ Si non proprietatis est quæstio, sed tantum possessionis, Quint (3) ✱ Definitio declaratur genere, & proprietate quâdam, Cic Part Orat 12

✝ Proprio, āre, & proprior, āri, ātus pass To appropriate, Fest ✝ Proprium facio

✝ Propritim adv Properly Quid? genus humanum propritim de quibus factum 'st? Lucr 2, 974 ✝ Propriè

Proprius, a, um [a prope, quod prope sit, quod quis possidet, Sip] (1) Peculiar, particular, special, private (2) Proper, fit, genuine (3) Also perpetual, firm, steady (1) Voluptates deorum propriæ sunt, Ter Andr 5, 5, 4 ✱ Id quidem non proprium est senectutis vitium, sed commune valetudinis, Cic de Senect 11 ✱ Amittit meritò proprium, qui alienum appetit, Phædr 1, 4, 1 (2) Qui proprio nomine perduellis erat, is hostis vocatur, Cic Offic 1, 12 ✱ Translatum verbum pro proprio significans ... est, Quint 8, 6 Huic verbo fideliter proprium est domicilium in officio, Cic Ep ad Ter 16, 17 (3) Nihilne esse proprium cuiquam? Ter Andr 4, 2 ubi vid Donat Propria hæc mihi munera faxis, Hor Sat 2, 6, 5 = Si perenne & proprium manere potuisset, Cic post Redit 4

Propter præp [a prope] (1) For, long of, by reason of, for one's sake (2) Also near to, hard by, by the side (1) Legibus non propter metum paret, Cic Parad 6 Propter anni tempus, Id Attic 8, 19 Virtus ex se, & propter se, expetenda est, Cic de Fin 2, 26 (2) Propter est spelunca quædam, Cic Verr 4, 48 Propter viam, Plaut Rud 1, 2, 62 v locum sacrificium enim Herculis fuit intelligitur, & mox Propterviа auspicia

Propterea adv i e propter ea Therefore, for that cause Propterea quod serviebas liberaliter, Ter Andr 1, 1, 11

✝ Propterviа auspicia, & propterviam sacrificium Herculi factum proficiscendi gratiâ A sacrifice made to Hercules by them that were to take a journey, which was all to be eat up, Cato

* Proptosis A disease when the eyes fall out of their place, or the membrane of the eye called uvea, by rupture falleth through the cornea, Cels 6, 6, 8

Propudiosus, a, um Shameful, or shameless, past shame, Plaut Stich 2, 2, 10

Propudium, ii n [qu procul, a pudore] (1) Disgrace, shame, dishonour (2) Met A paltry baggage, or harlot (1) Propudium illud & portentum, Cic Philipp 14, (2) Jam audes etiam servos spernere propudium? Plaut Pœn 1, 2, 60 id plane quod Græcorum κάθαρμα

Propugnaculum, li n A fortress, a blockhouse, a bulwark, a rampart Propugnaculum oppositum barbaris, Nep Themist 7

Propugnātio, ōnis f verb A defending, or fighting for a thing = Propugnatio ac defensio dignitatis, Cic Fam 1, 7

Propugnātor, ōris m verb A defender, a champion Locus propugnatoribus vacuus, Cæs B G 7, 25 = Defensor & quasi propugnator patrimonii sui, Cic de Orat 1, 57

Propugno, āre [i e pugno pro] To fight, or contend for, to defend, or maintain ✱ Non oppugnare commoda patriæ, verum propugnare, Cic § pro salute alicujus Id Fam 11, 17 § nugis, Hor Epist 1, 18, 16

Propulsans,

Propulsans, tis part *Driving away, thrusting off* Propulsans tam in, Catt 9, Clypeo incidentia ela propulsans, *Id* 9, 91

Propulsio, ōnis f verb *A driving, or thrusting away*, Propulsio periculi, *Cic* pro Sull 2, 1

Propulsātor, ōris m verb *A driver away*, Propulsatores odio infestu, *Val Max* 7, 8, 7

Propulsātio, ōnis f verb *A putting off*, Paul ap Lit

Propulso, āre freq [a propello] *To put, or keep off, to drive away, to fetch at a distance, to ward off* Bellum mœnibus propulsare, *Liv* ✠ Inimicus inferre, aut propulsare, *Cæs B G* 6, 14

|| Propulsātor, a, um *Expelling, driving, or causing to come forth* Propulsoria facultas, *Gorrh* quam expultricem *Cicero vocat*

Propulsus, a, um part [a propello] *Chased away, thrust forward* Propulsa cruore flumina, *Luc* 7, 789

Propulsus, ûs m verb *A driving away, a chasing forward* Ventum propulsu suo concitare, *Sen N Q* 5, 14

Propylæum, i n [ex πρὸ, ante, & πύλη, porta] *A porch of a temple, or great hall, a gate house* Pericles tantam pecuniam in propylæa illa præclara conjecit, *Cic de Off* 2, 17

Proquæstor, oris m verb *A deputy, or vice-treasurer*. Cic passim *Elegantior usus* proquæstore, ✝ Cn legatos pro quæstore fuit, *Cic Verr* 1, 15

Prora, æ f [πρῷρα, quasi πρόορα, quod ante cernatur] *The fore deck, or castle of a ship, the prow* ✠ Prora & puppis, *all in all*, Cic Prov ap *Cic Fam* 16, 24

Prorepens, tis part *Creeping forth* Prorepentes undique parm…, *Col* 4, 17

Prorepo, ēre, psi, ptum n *To creep along, to steal forward by little and little, to grow, or come forth* Cum prorepserunt primis animalia terris, *Hor Sat* 1, 3, 99 Prorepere in luxuriem, *to grow and spread apace*, *Col* 5, 5

Prorēta, æ m [a Gr πρωρεύς … & πρῷρα, qui in prora navim regit] *The ruler, or guider of the ship or deck, the pilot, or the steersman, or rather the boatswain* ✝ Si tu proreta isti navi es, ego gubernator ero, *if you are the cap, I will be the button*, Prov ap *Plaut Rud* 4, 3, 75

Proreus m [a prora] *The steersman, the pilot*, *Ov Met* 3, 6…

|| Prorex, gis m *A viceroy, a lord lieutenant*, JCC ✝ Regis vicarius

Proriga *A groom of the stable*, *Fest* 8, 42 *al scrib* perorigа & pirriga

Proripio, ēre, ui, eptum act [ex pro, & rapio] (1) *To take away by force, to snatch, to hurry, or drag along* (2) Proripere se, *to flit away* (3) *To get away, or take one's heels* (1) Ne viris cursus incautus & lycæus proripere, *Hor Od* 1, 8, 10 (2) Quo nunc se proripit ille, *Virg Ecl* 3, 19 (3) Se foras proripere, *Cæs B C* 2, 12

Proripior, i pass *To be dragged away* … hominem repente … foro medio … delegari, *Cic Verr* 5, 62

Proritio, āre [ex pro, & cieo, lis, vel a irrito quasi unde irrito] (1) *To provoke, to stir up, to move, or stir up, to egg on* (2) Also to lure, or invite (1) *Plin* 26, 8 (2) *Col* 1, 2, 10 & 3, 2

Prorogatio, ōnis f verb (1) *A driving off, a prolonging* (2) *A prorogation, or continuance* (1) Prorogatio temporis, Manil, *Cic* pro Milon 2 (2) Prorogatio imperii non ante in uno facta, *Liv* 8, 26

Prorogatus, a, um part Prorogatus, a fortuna, *the effects of which all things may be delayed, but not quite taken away*, Sen Q N 2, 47

|| Prorogator, ōris m verb qui prorogat (1) *A prolonger* (2) *A forward* (1) *Sal* (2) *Ap inferior's ecclesiastical writers* ✝ Dispensator

Prorogo, āre act (1) *To defer, or put off* (2) *To prolong, adjourn, continue, or prolong* (1) Ipse diem, nisi quid tu prorogas, *Cic Att* 13, 14 Proroga e paucos dies animi, *Id Philipp* 2, 29 Prorogare alicui sumptus, *to bear his charges*, Ulp (2) Imperium alicui prorogare, *Cic Philipp* … provincias, *Id* … ætatem, *Plin* … nam, *Plin* …

Prorogor, … ătus pass *To be deferred, or continued*, *Cic Verr* 1, 38

Prorsum adv [a prorsus, sc rectus] (1) *Straight, straight along, directly* (2) *At all* (1) Simulato quam est, prorsum in navem, *Plaut Pers* 4, 5, 5 ✠ Et transverso, *Id Trin* 4, 1, 45 (2) Verum prorsum nullum intelligo, *Cic de Orat* 2, 14 *Sed al leg* prorsus ✠ Rursum prorsum cursare, *to and fro, forward and backward*, *Ter Hecyr* 3, 1, 35

Prorsus adv [qu porro versus el qs proversum] *Altogether, entirely, throughout, by all means, quite and clean, utterly, wholly, verily, surely, in any wise, always, generally, well and truly* Nihil prorsus, *nothing at all*, Cic Prorsus obitus tuus mei, *Ter Eun* 2, 3, 14

Prorsus, a, um part *Right, or straight* ✠ Non prorsus, verum ex transverso cedit, quasi cancer olet, *Plaut Pseud* 4, 1, 45 ✠ Prorsa & vorsa facundia, *eloquence used pro and con*, *Apul Florid* 8, p 818 Prorsi limites appell in agrorum mensuris, qui ad orientem directi sunt, *Fest*

Prōrumpo, ĕre, upi, ptum n (1) *To break forth, or burst out* (2) *To break, or discharge before it, to force a passage* (3) Act *To send forth, to cast out* (1) Densos prorumpit in hostes, *Vir Æn* 10, 379 (2) Sub oppidi murum magnus fons prorumpebat, *Hirt ap Cæs B G* 8, 41 (3) Ætna atrum prorumpit nubem, *Vir Æn* 3, 572

Proruo, ĕre, ui, utum act (1) *To cast, drive, or beat down violently, to overthrow* (2) Neut *To tumble over and over* (1) Terræ motus montes lapsi … proruit, *Liv* 22, 5, … Albani fundamentis proruerunt, *Id* 26, 1… Proruere se foras, *to rush out of doors*, *Ter Eun* 3, 5, 51 (2) Ipsa … moles & … proruit, *Id* … caput, *Id ibid*

Prorutus, a, um part (1) *Burst, broken down* (2) Also *flowing swiftly, running violently* (3) Met *Heady and desperate* Proruptæ munitiones, *Cæs B G* … *sub fin* (2) Mare proruptum, *Vir Æn* 1, 250 (3) Prorupta audacia, *Cic pro Rosc* 24

Prorutus, a, um part *Flung down, overthrown, trodden down* Gramina proruta, *Stat Theb* 4, 819 Proruta vallum, *Liv* 4, 29 & *Pater* 2, 6…

Prosa, æ f … oratio, est enim adj [a prorsa, quod vett prorsus dicerent rursus, pro prosis prorsis, pro prorsum prosum] (1) *Prose, that which is not in verse* (2) Also *a sort of hymns so called* (1) ✠ Vis forensis pedestri modo … fit eloquentia decus, *Plin* … In prosa quædam recepta … Stat … 1, 10 Prosa oratio, *Stat* … *Aug* 85 (2) Dea qua recto partum præest *Vid* Propr

Prosaicus, a, um *Written in prose*, *Plin* 7, 56

Prosapia, æ f [a pro, & sapio, ant … dissimilo] *A descent in blood, a race, a progeny, a stock, a lineage, a pedigree, a family* … Cedo mihi prosapiam … ... *Plaut Curc* … 2

✝ Prosapies *Idem*, Non

* Prosapodosis *Grammatica figura est*, … *redditionem* … cum sel duabus … ✠ *Quint* … 9, 3

✝ Prosatus, a, um *Descended, begotten* Prosatus … Sitius

* Proscenium, ii n Locus ante scenam … ubi pulpitum exstructum erat, quo actores fabulas … proferunt (1) *The place before the scene, or of which the players came* (2) Also *the scaffold, or stage itself, on which they acted* (1) Scortum exoletum ne quis in proscenio sedeat, *Plaut Pœn Prol* 17 (2) Ineunt proscenia ludi, *Vir Geor* 2, 381 ☞ *Hoc vocabulum tanquam insulsum notat Fabius in reritio Antiquum, sane, Cic* …

* Proschematismus … figura, cum aliquid in fine additur ut … pro …

Proscindo, ĕre, idi, scissum act (1) *To cut, or break up ground* (2) *To plow* (3) *To cut, or hew down* (4) Met *To defame, to taunt, to revile* (1) Terram cum primum arant, proscindere appellant, *Varr R R* 1, 29 (2) Juvencis vandis terram proscindere, *Vir Geor* 2, 237 fratris, *Lucr* 5, 210 *Met* Æquor rostro carina proscidit, *Catull* 62, 12 (3) Quercum ferro proscindere, *Luc* 3, 434 (4) hunc fœdissimo convicio ceram proscinderunt, *Suet Aug* 13

Proscissio, onis f verb *A cutting up, or breaking up of land*, *Col* 6, 2

Proscissum, i n *Ground first broken up and tilled*, *Col* 2, 2

Proscissus, a, um part (1) *Cut, or slashed* (2) *Plowed, tilled, broken up* (1) Pectus proscissum vulnere, *Stat Theb* 10, 439 (2) Æquora prosc… *Geor* 1, 100

Proscribo, ĕre, psi, ptum act (1) *To post up, or write, to publish any thing to be sold* (2) *To ban, to proscribe, or outlaw one, to sequester his goods, and seize his estate* (1) Auctionem in Gallia se Narbone facturum proscripsit *Cic* pro *Quint* 4 ✠ Non possum eo tempore, quo proscripsi se venderre, *Id ibid* ✠ Ille proscripsi ædes, … Id Off 3, 1, (2) Quæro quid sit … proscribere, Velitis jubeatis ut M Tullius in civitate … sit, bonaque ejus ut mea sint? Cic pro Domo 17

Proscriptio, ōnis f verb *A proscription, outlawry, banishment, a confiscation, or sequestration of goods, an … thing put up to public sale* Cum de … & de bonis … *Cic* pro …

Proscriptor, ōris m … *a banisher, a … claimer of …*

Proscriptŭrio, … *To have a mind, or long to proscribe*, … *Cic* …

✠ Scriptura … scripturit, *Cic Att* … *This word is formed* … *verbs in* urio …

Proscriptus, a, um part (1) … *or posted up to be … lished in writing* (2) *Outlawed, banished* (1) ✠ Possessiones venales ac proscriptas … do, *Cic* … quam in … *Id* … (2) Proscriptorum … vitalis revocatus, *Pater* 2, 4

Proseco, are *To cut off, to … give, to sacrifice to* … Fortis prosecare, *Liv* 5, 2

Prosecro, are *Verbum* … cum pecu are *To* … *Lucr* 4, 27

✝ Prosecta, æ f *Non ex Lat* ✝ Prosectum

Prosectum, i n [prosecando] *That which is cut off, the … of beasts to be … the … of …* Impe… *Ov Fast* 6, 6…

Prosectus, a, um part *Cut off, slashed, sliced, gashed* Prosecta cerebro lavi, *Luc* 6, 7…

|| Prosectus, ûs m *A cutting, or gashing*, Apul Met 8…

Prosecutor, oris m verb *He that followeth, a … tendant*, Ap JCC

Prosedа, æ f [… sedeo] … stabula sedeat … *A strumpet, a common whore, that sitteth in the street to invite passengers* … *Plaut Pœn* 1, 2, 54

Prosedamum, i n … cum vocab … *An unapt … generation in rams, goats, or other beasts, by over-much labour*, … 26, 10

* Proselytus, i m … *A proselyte or stranger … ed to our religion*, *Bib Lat* advena

Prosĕminatus, a, um … *Sown, or scattered about* Pro… in … familia, *Cic de Or* … 6

Prosemino, āre act *To sow all over, to scatter about on this side and that* Solertia, quæ post … in tegulis proseminare ostreas, *Cic in Orat* 4

Prŏsĕquendus, a, um part (1) *To be attended* (2) *Also … re … hd* (1) *Tac* (2) … 49

Prŏsĕquens, tis part (1) *Following* (2) *Waiting on, …* (1) Qui … suum … prosequens, obsectatus … *Hirt B Alex* 16 (2) … officia prosequentium, *Suet C*… 71

Prŏsĕquor, i, cutus dep (1) *To follow after, to pursue, …* (2) *To accompany …* … *with, to wait upon, or …* (3) Met *To follow … or imitate* (4) *To describe, treat, … course of* (1) Longius prosequi … veritus quod … interest … *Cæs B G* 5, 50 (2) ✝ Dum … sequor, ac domum reduco, … II, 25 Prosequi … *Vir* 7, 22 Prosequi … more, *to love* … Cic … Liv [illegible] beneficiis, officiis, *to oblige*, [illegible] *kindness*, Cic [illegible] or *chide*, Id gra [illegible] *to honour one's memory*, [illegible] (3) = Cotta prosequebatur, [illegible] antiquitatem, [illegible] paterna versu prosequar [illegible] rat omem [illegible] prosequi, *Plin Epist* [illegible]

Prorepens, tis part *Creeping*, [illegible] me prorepen- [illegible] *Plaut Asin* [illegible] 105

[illegible] pfi, ptum n (1) [illegible] or *crawl along* (2) [illegible] *by little and little* (1) [illegible] proreptens (2) Hæc herba [illegible] prorepit, *Plin*

Proseucha, æ & proseuche, es (1) *An oratory*, or *place of* [illegible] (2) Met *A place where* [illegible] *their alms of them* [illegible] (1) Locus Judæo [illegible] *Schol in Juv* [illegible] quaro proseucha [illegible]

† P[illegible] προσφέρω ✝ Prof [illegible] Non ex Lucil

|| [illegible] [a proficiendo, i e [illegible] *Phil* ✝ Profecta, *Luc*

† Prolicies, ei Proliciem usui [illegible] pro profectis, id est, pro [illegible] quæ aris inferuntur, [illegible] *Non*

† [illegible] m *A chop of the meat* [illegible] ✝ Profecta, *Or*

† [illegible] are, & part prolicor [illegible] seco] *To cut*, or *chop* [illegible] Plaut Pœn 2, 8, 1 ✝

[illegible] ire, ui, ivi & ii, ultum [illegible] salio] (1) *To skip out*, [illegible] (2) *To sally forth*, [illegible] (3) *To shoot out* (4) [illegible] *its bounds, to sally*, [illegible] (1) § Prosilire stra- [illegible] *Flacc* 1, 310 § a sede, ex [illegible] culo, *Liv* § in campos, [illegible] amicum castigatum innoxi- [illegible] *Tim* 1, 2, 179 *absol* [illegible] properans prosilit? *Ter* [illegible] 8, 6 (2) Prosilient aci s, [illegible] (3) Quem frutices in [illegible] non prosiliunt, *Col* 7, [illegible] Natura vaga prosiliet fræ- [illegible] *Hor Sat* 2, 7, 74

|| Prosistens, tis part *Standing* [illegible] Met 11, p 389 ✝ Ex- [illegible]

† [illegible] tum, [illegible] propostum, [illegible] um, *Fest*

[illegible] lambanomenos, i e [illegible] *note in the gamut*, [illegible] 5, 4

[illegible] er, eri m Qui & socer [illegible] dicitur, est uxoris mea [illegible] ego vero sum illius proge- [illegible] *wife's father's father* [illegible] ex Nereus prosocer ille ve- [illegible] *Ep* 10, 74

[illegible] *A wife's grand-* [illegible] *Modest*

[illegible] dia, æ f [illegible] accentus, [illegible] accino] *The rule of* [illegible] or *pronouncing sylla-* [illegible] whether long, or shor [illegible] tionem *vocat* Gell [illegible] 6

[illegible] *Lat* agnomina- [illegible] quas ex similitudine ali- [illegible] *ut* Inceptio est amen- [illegible] amantium, *Ter Andr* [illegible] Quin 9, 3 Verberó- [illegible] quam mittis? *PY* [illegible] eadem fust bus, *Plaut* [illegible]

[illegible] f i e personata [illegible] *or great but*, Cœ[illegible]

Prosopopœia, æ f persone [illegible] πρόσωπον, persona, & [illegible] facio vel fingo] *Feigning*

of a person, or *thing*, *to speak*, *vid* Quint Inst 11, 1

Prospectans, tis part *Looking*, *or peeping forth* Jam prospec- [illegible] antibus aliis, *Stat Sylv* 5, 1, 124 Prospectans litore Thetia ceden- tem, *Catull* 65, 52

|| Prospectè adv *Advisedly*, *considerately*, Tert ✝ Caute, con- siderate

|| Prospectātor, oris m verb *A foreseer, a guardian*, Lit ex Apul ✝ Tutor

Prospecto, are freq [a prospi- cio] *To behold afar off*, *to look often upon*, *to view*, *or take a view* Pars ex fenestris prospec- tant, *Liv* 24, 21 Inten i prœ[illegible] m prospectavant *Sall B Jug* 6[illegible]

Prospectus ûs m verb (1) *A sight afar off* (2) *A prospect*, or *view* (3) Also, id quod aspec- tus, *sight* (1) Sterilis hinc pro- spectus usque ad ultimam partem, *Plaut Mil* 3, 1, 10 Sepibus in- terjectis prospectus impediebatur, *Cæs B G* 2, 22 (2) Prospectu in urbem agrumque capto, deos pre- catus regiones ab oriente ad occa- sum determinavit, *Liv* 1 (3) In prospectum P R produxit, *Cic Verr* 1, 47

Prospĕculor, ari, ātus sum dep (1) *To look afar off* (2) *To scout* (1) Multitudo e muris adventum regis & imperatoris prospeculaba- tur, *Liv* 33, 1 (2) Ab urbe pro- speculatum mittere, *Liv* 3, 43

Prosper, & prosperus, a, um ior, comp rimus sup [a προσφέρω, i e conducibilis, utilis] (1) *Lucky, happy, prosperous, suc- cessful, favourable, giving pro- sperity* (2) Also *entire, unspot- ted* (1) Exitus prosper, *Cic Att* 9 ✱ Prospera adversaque for- tuna *Id N D* 3, 37 = Prospe- rus & salutaris ille fulgor stella, quæ Jovis appellatur, *Id Somn Scip* 4 Prosperius fatum, *Ov Fast* 2, 614 Prosperrimus even- tus, *Paterc* 2, 12 Prosperrimum bellum, *Id ibid* 69 (2) Prospera populi & mintum fama *fuit* Ru- fus, *Tac Ann* 14, 51, 5

|| Prospĕrātus, a, um part *Made propitious* ✝ Propitius factus

Prospĕrè adv ius, comp rime, sup *Fortunately, prosperously, luckily* Prosperè res eveni- unt *Cic N D* 2, 66 Arundo pro- sperius loco resoluto, quam denso deponitur, *Col* 4, 32 Omnia ge- runtur prosperrime, *Paterc* 2, 97

Prŏspergo, ĕre, si, sum act *To spread*, or *sprinkle abroad*, *to be- sprinkle*, Tac Ann 15, 44

Prŏspĕrĭtas atis f *Good suc- cess, good fortune, prosperity, good luck* = Commoditatem pro- speritatemque vitæ a diis habemus, *Cic N D* 3, 36 = Improborum prosperitates secundæque res, *Id ibid* 3, 36

Prŏspĕro, āre (1) *To bestow freely, to indulge* (2) *To suc- ceed, to give success, to make pro- sperous* (1) § Amico meo pro- sperabo, *Plaut Pers* 2, 3, 11 § Hanc veniam tibi minus gravatè prospero, *Id Casin* 5, 4, 26 Dii, deæque, vos precor, uti P R vic- toriam prosperetis, *Liv* 8, 9 (2) § Deos precatus uti cœpta prospe- rarent, *Tac Hist* 4, 53, 4

Prŏspersus, a, um part *Be- sprinkled*, Tac Ann 11, 44, 2

Prŏspĕrus, a, um = Prosperus & salutaris fulgor, *Cic Somn Scip* 4 *Vid* Prosper

Prospheromena medicis dicta quæ esu potuque in ra corpus ad- mittuntur, *Cœl* 9, 15

|| Prospicientèr adv *Circum- spectly*, *adv sedly warily*, *with good foresight and consideration*, Gell 2, 29 ✝ Caute, considerate

Prospicientia, æ f *Providence, foresight, care* Ut vacuum metu P R nostra vigilia & prospicien- tia redderemus, *Cic Philipp* 1, 7 *ibi al* providentia, *pr perperam* R tamen *Cic*

Prospicio, ĕre, exi, ectum act (1) *To view*, *to have*, *or take a view of* (2) *To foresee* (3) *To look*, or *take care of* (4) Also, simply, *to see*, or *look* (1) § Facile erat ex superioribus locis prospi- cere in urbem, *Cæs B C* 2, 5 § Pro- spicere ab[illegible], *Id* § ex [illegible] *Cic* § ad al[illegible], *Quint* § per umbram, *Liv* (2) Istuc est sapere, non quod ante pedes modo videre, sed etiam illa quæ futura sunt pro- spicere, *Ter Adelph* [illegible] § Tal[illegible] ex [illegible] sua Annibal prospexerat animo, *Liv* § Pro- spicere in posterum, *Cic* (3) Tibi prospexi & stultitiæ tuæ, *Ter H[illegible]* 5, 2, 8 = Vos quod ad fa- mam vestram pertinet prospicite atque consulite, *Cic* (4) Parum oculi prospiciunt, *Ter Phorm* 5, 1, 8 *vid* & *Plaut Curc* 2, [illegible] 58

|| Prospicuè adv *Providently, carefully*, Apul Met 1, p 29 ✝ Caute, circumspectè

Prospicuus, a, um part *Fair to see to*, or *which may be seen afar off*, *attentive*, *watchful* Prospicui puerorum cultu atque forma greges, *Sen Ep* 111

|| Prospīro, āre *To breathe afar off*, *to transpire*, *to breathe out*, Apul Apol p 485 ✝ Spiro

Prostans, tis part (1) *Stand- ing*, or *jutting out* (2) Also *pro- stituting for hire* (1) Anguli prostantes, *Lucr* 2, 428 (2) Spo- liator pupilli prostantis, *Juv* 1, 47

* Prosternidium n *A petrel for an horse*, Col 21, 21 *Lat* Pectorale

Prosterno, ĕre, strāvi, strātum act (1) *To overthrow*, *cast*, *beat or strike down*, *to bear down before it*, *to hew*, or *cut down* (2) *To lay flat*, *to prostrate* (3) *To lay along* (4) *To strew*, or *spread* (5) *To prostitute* (6) *To humble*, or *demean* (1) = Hirtius hostes prostravit, fudit, occidit, *Cic Philipp* 14, 10 = Prosternunt acies, proterunt armatos, *Paus* 8, 9 Silvam pro- sternere, *Ov Metam* 8, 776 (2) Circa viam corpora omnium ege- na prostraverunt, *Liv* [illegible] Corpora magnanimo satis est prostrasse leo- ni, *Ov Trist* 3, 5, 33 § Se ad pe- des alicujus prosternere, *Cic Phi- lipp* 3, 18 (3) Omnem viridem superficiem intorquere, & in ter- ram prosternere conveniet, *Col* 11, 3 (4) Flores prosternere, *Stat Sylv* 5, 1, 257 (5) Prosternere pudi- citiam alicui, *Suet Neron* 29 *sed al* prostituit *Vid* Prostratus, n [illegible] (6) = Sic te abjicies, atque pro- sternes? *Cic Parad* 1, 4

Prosternor, i pass *To be thrown down*, &c *Quint*

* Prosthaphæresis, is f *The dif- ference of the true and equal mo- tion*, Astron *Latinè* Æquatio

* Prosthesis, is f *A figure when a letter*, or *syllable*, *is ad- ded to the beginning of a word*, *as* Gnatus *pro* natus, tetuli *pro* tuli

† Prostibilis [a prostando] *An whore* ✝ Pro seq

Prostĭbŭla, æ f quæ prostat, ve- nalem habens pudorem [a verbo antiq prostibo, i e prostare, *Al*] *A common strumpet*, *an whore*, *a lewd baggage that sitteth in the streets*, Plaut Astrab Fragm at

Prostĭbŭlum, i n [a prosto, quod ibi meretrices prostarent] (1) † *A brothel house*, or *stews* (2) *A common prostitute* (3) *Ip- ol of anc* [illegible] ✝ Lustrum, lupanar, fornix (2) Bellum & pudicum vero postulo prostibulum, *Plaut Aul* 2, 4, 6

Prostĭtŭo, ĕre, ui, utum act [ex pro, & statuo] *To prostitute*, *to set open to every one that com- eth* Meretrix quæ se toto corpo- re prostituit, *Catull* 107, 8

|| Prostituta, æ f *A prostitute*, *a common harlot*, *an whore*, Ulp ✝ Scortum

Prostĭtūtus, a, um part *Prosti- tuted*, *made common* = Nero lu- panaribus atque prostitutis manda- vit inquisitionem, *Plin* [illegible] 0, 2

Prosto, are, iti, itum n (1) *To stand out*, *to jut* (2) *To stand to be hired*, or *sold* (3) *To be made public* (4) Also, as an har- lot, *to be common in trade*, *to be hired of all comers for money* (1) *Vid* Prostans (2) An nostri in notuit illa libellus Siccra, inge- nio prostitit ille meo, *Ov* [illegible] 3, 12, 8 (3) Amicitiæ venerabile no- men prostat, *Ov ex Pont* 2, 3, 20 (4) Ad circum jussa prostare pu- ellæ, *Juv* 3, 65

Prostrātus, a, um part [a pro- sterno] (1) *Prostrate*, *lying flat* (2) *Overthrown*, *destroyed* (3) *Prostituted* (1) Prostrati in gra- mine molli, *Lucr* 2, 29 (2) = Virtus afflicta & prostrata, *Cic de Orat* 2, 5 (3) Prostrata regi pu- dicitia, *Suet Cæs* 2

* Prostylos f habens columnas ante *An house*, or *building with pillars in the front*, Vitruv 3, 1

Prŏsŭbĭgo, ĕre, egi, actum act (1) *To throw*, or *cast up* (2) *To hammer*, or *work*, as a smith doth, *to stamp and beat* (1) Sus pede prosubigit terram, *Virg Geor* 3, 256 (2) Fulmina Cyclops prosubigit, *Val Flacc* 4, 288

|| Prŏsŭbulæ, arum f *The knags that stick out of the hart's horns near the forehead*, *brow- antlers*, Jun

† Prosum adv ant *pro* pror- sum, *ut* susum *pro* sursum

Prōsum, des, fui, desse [ex pro & sum] (1) *To do good to*, *to pro- fit*, *to be profitable to*, *to avail* (2) *To be good*, *to be medicinal* (1) ✱ Non profuit, sed nocuit, *Cic pro Cæl* 31 ✱ Neque illis prosis, & tu pereas, *Ter Eun* 5, 5, 23 Literæ, quæ ad virtutem nihil pro- sunt, *Sall* (2) § Putant eam con- tra araneorum ictus prodesse, *Plin* 37, 10 § articulorum dolori, *Id* § adversus scorpiones, *Id* § Prodes- se in commune, *Quint* 6, 1

† Prōsūmia, æ f [protumia, ant q qu portumia ex Græco [illegible]] *A small ship*, *a little bark*, *a ferry boat*, *a spy*, or *ketch* ✝ Lembus

† Prosus adv *Straightway*, *altogether* ✝ Prorsus

* Protăsis, is f [a προτείνω, quod inter cætera significat, Disputan- dum propono sive in dubium re- voco] (1) *A proposition* (2) Also *the first part of a play* (3) *The former part of an exordium*, or *even period* (1) *Vid* Apul de Syllogism Categ (2) ✱ Pro- logus, Protasis, Epitasis, Catastro- phe, *Donat in Prol Ter* (3) *Ap Rhett*

* Prŏtătĭcus, a, um part Prota- tica persona, *a person which is brought in the beginning*, or *pro- tasis of a comedy*, *to lay open the argument*, *and appeareth no more*, Donat

|| Prōtectio, ōnis f *A defense, a protection*, Tert ✝ Conservatio

|| Prōtector, ōris m verb (1) *A defender, a protector* (2) *One of the emperour's guard, a partizan* (1) Firm ✝ Servator (2) Protectores domestici, *squires of the body to the emperour*, Spart ✝ Satellites

Prōtectum, i n [a protegendo, i e porro tegendo, vel tectum prominens] *A gallery in a building made out farther than the wall of the house, a jetty*, Cic Top 4

Prŏtectus, a, um part (1) *Covered* (2) Item adj or, comp *Safe, secure* (1) Imitatus ... protectus humeros, Ov Met 2, 6,5 (2) Sapiens est omni ... protectior, Cic Philipp ...

|| Protectum, i n verb *A covering, as of a roof*, Sen ... ✝ Protectum

Prŏtegens, tis part *Covering, overshadowing*, Plin 1, 1

Prŏtĕgo, ĕre, xi, ctum act (1) *To cover* (2) Met *To protect, or defend* (3) *To jut out* (1) Amo to *make out a jutty in building, that standeth out farther, and beyond the other* (1) Ad umbram fertis protegere, Plin 10 ... (2) = Propositum defendo & protegere, Cic ... ill 19 (3) Parietem ... Quint Declam 9 (3) Cic Topic 11

Protegor, i pass *To be covered*, &c Plin 9 8

Protelatus, a, um part *Thrust away* Prima protelatus, Turpil ap Non

Prōtelo, are act [ex Gr ...] (1) *To drive, or thrust away, to put, or reject, or drive back, to vex, to trouble* (2) Also *to defer, to protract the time, to prolong* (1) Nec te ... suis ... dictis protelet, Ter Phorm ... (2) Dig

Prŏtelo adv *Readily, immediately, inconsistently* Citum ...

Prōtelum, i n [...] *longe*] (1) *Continual pushing, or thrusting forward* (2) Also *an help, advantage, or encouragement* (1) Protelo ... continuato, Lucr 2, 531 (2) Delectatio protelum ... descendum, Varr ap Non Protelo ducere, Lucil ... uno ... nisu, Scal

Prōtendens, tis part *Stretching out, shewing, or holding forth* Protendens brachia, Catull 6..., 10 & Vir Æn 5, 377 ... um protendens, Tac Hist 3, 68

Prōtendo, ĕre, di, sum & tum act (1) *To stretch forth, or out* (2) *To defer, or put off* (3) *To extend, or spread abroad* (1) Vid Protendens § Prolongas hastas protendere, Tac Ann 2, 21, 1 (2) ... in Januarium mensem, Cic Fam 10, 26 (3) Famam alicujus protendere, Claud Prob 1, 8

Prōtendor, i pass *To be stretched out*, &c Plin 11, 43

Protensus, a, um part *Stretched, or held out at length*, vid Protentus

|| Prōtensio, ōnis f verb *A proposition in logic*, Apul de Doct Plat princip ✝ Enunciatio, Cic

Prōtentus, a, um part (1) *Stretched forth, held out at length* (2) Adj or, comp *Wide, extended* (1) Pecestemo protentus in octo, Vir Geor 1, 171 Pro... hastis, Tac Ann 14, 37, 2 (2) Phoebus lucis in exortum protentior, Avien Perieg 128

Protĕnus adv [ex pro, i e porro, & tenus, i e longe ...] *Afar off, a far, a great way hence* ... protenus ... Vir Ecl 1, 1 Vid Protinus, utroque enim modo scrib vid ... Non ... Vir Ec 8 ... Burm ad Sulp ... Anim ... T 2,68

|| Protermino, are act *To extend the limits, or bounds*, Apul Met 9, p 206 ✝ Profero, produco ...

Prōtĕro, ĕre, trivi, tritum act (1) *To trample* (2) *To squeeze, to crush to pieces* (3) *To wear away, to bruise out* (1) = Prosternunt ... proterunt ..., Plin 8, 9 Ego te, ... cruciatus ... protinam, Plaut Truc 2, 2, 1, (2) Uhinus ... ... Tib 8, 548 (3) Ver proterit aestas, Hor Od 4, 7, ...

Prŏterreo, ēre, ui, itum act *To fright, or scare* ... Ter Heaut ...

Prŏterve adv ius, comp || issime, ... *Frowardly, snappishly, saucily, wantonly, impudently* (1) Proterve ... Ter Hec ..., 5, 5. Incere aut ... Ov ... Am 1, 1, 9 In nostram religionem ... Aur (2) ... Ter Heaut 4, 4, 1

|| Prŏtervĭtas, æ f (1) *Sauciness, wantonness* (2) Also *a kind of sacrifice, where they burnt what they could not eat* (1) C... ... agitat cum ... Aulon Edyll ... 1 2 ... Perperus, Steph hinc versus ... Lucr ... *in sacrificio errepisse videtur* ✝ Proterviutas (2) ☞ *Sic perperam legitur* Macrob Sat 2, ... & ex eo Steph ... *in hostros suos inserunt, ... inscriptionibus in his sunt, quo loco legi debet* propter viam ... apud Plaut Propter viam ... prandium, Fest 1, 2, 62 *ubi vid* Turnebus *vid* & Fest *atque ibi* Scal

Prŏtervĭtas, ātis f *Crossness, frowardness, peevishness, coyness, wantonness* ... grata protervitas, Hor Od 1, 19, 7

Prŏterviter adv *Sawcily*, Enn ap Non

Prŏtervus, a, um part [ex pro, & torvus] (1) *Sawcy, froward, malapert, boyish, rude, boisterous, rugged* (2) *Wanton* (1) Ne ineptus, ne protervus videar, Ter Heaut ..., 16 (2) Juvenes protervi, Hor Od 1, 25 2

|| Prŏtestans, tis part *Protesting, Ann.*

|| Prŏtestatio, ōnis f verb *A protestation, an open declaring of one's mind, a protest*, Alciat

|| Prŏtestor, ari, atus sum dep *To protest, or declare against a thing, also to beseech*, Aum

✝ Prothyme adv [ex Gr ...] *Cheerfully, lovingly*, Plaut Pseud 5, 1, 2 ✝ Alacriter

* Prothymia, æ f *Good-will, kindness* = Vides benignitatem hominum, ut perique & prothymiæ, Pl ut Stich 4, 2, 5 Lat Animi promptio

* Prothyrides, um f pl & in sing prothyris *The coins, or corners of a wall, the cross-beam, or cross-thwart rafters*, Vitruv 4, 6

* Prothyrum, i n *A porch at the outward door of an house, a pale, or rail to keep off horses, or carts from the door*, Vitruv 6 10 ✝ Prothyrum vestibulum primum ... atrium ædium, prospicuum in ... bus vel templi, vel regiæ, Bud

✝ Protinam adv antiq pro protinus *Forthwith*, Plau Curc 2, 3, 84 & Bacch 3, 1, 7 Protinam ... protinus, & significat continuitatem, Varr L L 6, 6

Prōtĭnus, vel protenus [ex pro, & tenus] adv loci & temporis (1) *Right forward, further on, at a distance, before one* (2) *Straightway, presently* (3) *At the first instantly, at the same time* (4) ... (5) ... (6) *Therefore, by consequence* (7) *Inseparably, indirectly* (1) ✝ Præcipue ut pergeret protinus, quod ... Cic de Div 1, 21 Capellas protinus ... Vir Ecl 1, 1 (2) Postquam ... est, ... Curt ... 2, 9 (3) Alii ... protinus ..., Lucr ... Cic ... protinus ... Plin 16 25 (4) Protinus ... Geor 4, 1 ... vid & Hor 1, 18 (5) ... Sed forte co... nota a primo nominem refe... (5) Lacu protinus ... Nilo ... Plin 5, 9 (6) Nec protinus non ... Quint 2, 22 ✝ Protinus temporis, ... Caper ... *sane* ... *agnoscenda est* (7) ... loci ... ferunt, ... protinus utrique ... Vir Æn ..., 416 vid & Id 9, 337

* Prōtocollum, i n [... gluten, quo chartæ foliant conglutinari, ... gluten ... tabulas ... scribebetur] *The upper part of the leaf of a book, bearing out above the rest, wherein the name, or title is written*, Pancirol vid Salm in Hist Aug

Protocomium, i n [...] *id est*, primum membrum vel primi membrana] *That which is first briefly noted, to be afterwards amended, and further inlarged, a rough draught*, Hermol

Protocomium, ii n *The hair next the face*, Veg 2, 11

Prōtŏllo, ĕre (1) *To advance, or put forward* (2) *To defer, or prolong* (1) = Manum is protollit, ... profer ..., Plaut Pseud 2, 2, 72 (2) Fam pro olle... ... tines, Lucr 5, 1 ... Pro... mortem mihi, Plaut Casin 2 8, 11

Protollor, i, litu sum *To be prolonged, or continued* Neque ... craft num protollo, Plaut Cas 3, 5, 43

* Protomartyr, ris *The first witness, or martyr, such as was Abel in the old testament, St Stephen in the new*, Eccl

Prŏtŏno, āre *To thunder, or make a great noise, to speak fiercely* Sed tali protonat ira, Val Flacc ..., 205

|| Protonotarius, rii m *A chief scribe, or secretary, a protonotary*, R cent

* Protoplastus, i m *Our first father Adam*, Eccl ✝ Parens humani generis

* Protŏtomus, a, um part Prototomi caules, *Sprouts* Sed jam pro ... tomos tempus decidere caules, Col 10, 369

* Prōtŏtŏmus, mi m subst *A sprout* Prototomi rudes, Mart 10, 48, 16

* Prototypon, i n *The first copy, or original* Lat Primum exemplar

* Prototypus, a, um i e primitivus *Of the first pattern, primitive, original*

Protractus, a, um part *Drawn out, prolonged* ... Al ... ... Sil 16, 84

|| Protractus, ... *porting* ... , ...

|| Protraho, ... *To ... from one to another* ... ✝ ...

Protraho, ĕre, xi, ctum act (1) *To draw along, to ... by hand and foot* ... (2) *To drag forth, or out* ... (3) *To tract, defer, or prolong out time* (4) *To aggravate* ... protraxit, Liv ... (2) ... protraho ... In ... protraho ... ... Sed Domit ... Protrahere mortem ... Sen Herc fur 420 ... ... Val Max 1, 5, 8 ...

Protrahor, i, tractus pass (1) *To be drawn out* ... (2) *To be prolonged* ... Comam ... protrahi ... Cic ... in ... Liv 28, 2 ... (2) ... ... veteranorum ... ...

* Protrepticon, i n *An hortatory discourse*, Stat Syl ..., Auson Edyl ...

* Protrepticus, a, um *Hortatory*, Symmac 1, ...

|| Protrimentum, i n *A ... minced small, an hash*, Apul ... 8, in fin

Protrītus, a, um part [a protero] (1) *Trodden under foot, ... ed* (2) *Beaten, mouled* (1) ... tritum & corruptum numen um, Liv 31, 26 (2) Prot... nostrum ... acies, Tac Hist 2, 26, 1

* Prōtrŏpum, i n *al* pro... *The first new wine, that runneth out to the trough without pressing*, Plin 14, 9 Lat the Lix... vinum *vocare* Col 12, ... Bud

Prōtrūdo, ĕre, si, sum act *To thrust forward, to thrust one's body* Qui protrudit ... dium, dare principium motionis, Cic de Fato, 19

Protrudor, i pass *To be thrust forward* = Moles protrudi ... atque moveri, Lucr 4, 59...

Prōūbĕro, ... *To ... or bloom*, Col ap Litt ... Solin Polyh c 47

Protŭrbo, āre act *To thrust out by force, to thrust, or ... from one* Missilibus ... propulsare hostem, Liv 5, 47 ... perturbare ... ... caicibus, *to kick him away*, Co 6, ...

Protŭrbor, āri, ātus pass *To be thrust out* Extra tecta proturbantur, Col 5, 15

|| Protutela, æ f *Vicegu... ardianship*, Ulp

* Protypum, i n *An exemplar, or pattern, an image, or ... thereof molds are made, in all things of metal, or earth* ... ✝ Primus personas tegularum ... ... imponi ... ... ter in ita prototypa vocavit, postea idem ... fecit, Plin ... & ...

Prŏvectus, a, um part (1) *Carried along* (2) ... or, comp (1) *Carried along* (2) Met *Advanced, promoted* ... Lu... (1) Provectus equo, Livi... (2) Studio rusticarum rerum pro... vectus,

, Cic de Senect Quorum ut in ultimum usque spiritum provexit prudentia, Id ibid 9 Non admodum grandis natu, at in aetate provectior, Id

... is tis part Ad ancig ... gaudio provehente, Liv

... o, ēre, ... ctum act (1) ... on, to carry, or convey ... (2) To expose, ... (3) To advance, ... to prefer (1) ⚹ Prosperum, ... provexit ... Plin Ep ... (2) Vi ... unquam in periculum ... & sine ... dio, ... Cic pro ... (3) ... provexit in ... Plin Ep 10,6 = Studium fovet provehit, Id ... pass (1) To be carried ... Met to be transported ... too far (1) Quo ... (2) But ... enim id ... est huic epistolae, Cic

... e, ... entum n ... forth, to increase (2) ..., to come into the world ..., to be produced, to ... or chance (4) To come to come to good (1) In ... provenit novo modo, ... 1, 5,155 (2) Ut studium, ... sic studia hilaritate ... Plin Ep 8, 19 (3) ... animal provenit, ... Provenit sativa myrtus ... Carmina proveniunt animo ... sereno, Ov Trist 1, (4) Nec quid proventurum ... Cic It impers Ni proventum est nequiter, I had ill luck, Plaut Men

... entus, ûs m verb (1) Increase, profit, or income, (2) Abundance, or store ... good success (1) Proventum ... Plin 10, 12 Onerosos proventu, Vir Geor 2, (2) ... proventus, ... (3) Superioris temporis ... Caes B C 2, 8

... bialis, e Proverbial ... bialis, Gell 2, 22

... um ... A proverb, ... an old saying Tritum ... proverbium, Cic Offic

... us, a, um part Right ... Transversus, non provorsus, ... L L 6, 5

... Wisely, advisedly, circumspectly, with ... carefully, Plin 10,

... s, part & adj or, ... Provident, wise, = Homo acutus & multum ... Cic Fam 6,6 ... Id Fam 3, 1 ... Prudently, ... Cic N D ...

... a, f (1) Foresight, ... (2) Providence (1) ... Cic de ... (2) Providentia deorum ... administratur, Cic

... e, di, sum act ante (1) To foresee (2) To provide, to look after, to take order for, to make ... (3) To prevent, to pro... (1) Animo jam pro-

videro, Liv 31, 1 (2) = Vigilare & providere reipublicae, Cic = Omnibus rebus curare & providere, Id ⚹ Non solum videre, sed etiam providere, Id = Providere ante & praecavere, Id § Providere rei frumentariae, vel rei frumentariae, Caes § Providere in posterum aliquid contra aliquem, Cic (3) Providere impendentia, nisi providentis Cic Catil 4, 2

Provideor, eri pass (1) To be foreseen (2) To be provided for, (3) or against (1) = Hoc ante praecautum atque provisum est, non ut ... Cic Attic 2,1 (2) Frumentum in hyeme in provinciam non erit Cic B C 5,29 (3) Nec providerim nobis provenisse, quicquid provideri potest, provide, Cic Attic 5, 11

Providus, a, um (1) Foreseeing (2) Provident circumspect, careful, wise, wary (3) ... (4) Providing for, careful for (1) Mens providi ... rerum futurarum, Cic de Div 2, 5, (2) = Parum nuntiam & cauti, providique, Cic pro S Rosc 40 = Homo animal providum, sagax, Cic Id de Leg 1,7 (3) = Consultrix & provida utilitatum, Cic N D 2, 22 Multorum providus Ulysses, Hor Ep 1 2,19

Provincia, ae f [ex pro, & vinco Provincia dicta quod populus Romanus eas provincias ... vicit, Fest] (1) A province, or out-country, governed by a deputy, or lieutenant (2) The government thereof (3) Met A task, or undertaking (1) Sicilia omnium prima provincia est appellata, Cic in Verr 2, 1 (2) = Cum aliquantum ex provinciae atque ex imperio laudis accesserit, Cic Fam 1, 7 (3) Dare provinciam, vel negotium alicui, Cic Verr 4, 23 Provinciam duram suscipere, Ter Phorm 1, 2, 22

Provincialis, e (1) Of, or belonging to a province (2) Also a foreigner, or provincial, such as were all under the Roman government, except those of Italy (1) ⚹ Italicus es an provincialis? Plin Epist 9, 23, 2 (2) Provincialium hominum omnes, praeter Italos appellabantur, Col 5, 4 Comes provincialis, a landgrave Provincialis delectus, Cic Fam 15, 1, 11

|| Provincialis, is m A provincial, the chief of his order among the popish friars + Princeps fratrum

Provinciatim adv From country to country, province by province ... Suet Aug 49, 1

Provindemia, ae f A bright star on the right shoulder of Virgo, Vitruv 9, 6 At ... provindemia or, quod Proclo Graece ... est ...

Provisio, ōnis f verb Foresight, provision a providing, a purveying = Animi provisio, & praeparatio, Cic Tusc ... 14 = In communi ... cautio ... provisio, Id ... Attic 21, 9

Proviso, ēre, ... Ta go, or come forth to ... Proviso quid agant, Ter Andr 5, 5, 1

Provisor, ōris m verb (1) A foreseer (2) A purveyor, or provider of things aforehand (1) Insuerunt dominationum provisor, Tac Ann 12, 4 (2) Utilium tardus provisor, Hor A P 164

Provisum est impers Provision is made, care is taken = A me praecautum & provisum est, Cic Attic 2, 1

Provisus, a, um part (1) Foreseen, considered of aforehand, seen afar off (2) Provided for, (3) or against (1) Sive ... provisa expectata ... vetera ... Cic Tusc 3, 13 = Comparata, ... expolitu, Id ⚹ Cum ... Cic ... (2) Plurima in multos annos provisa, Id ... (3) Quae ... consilio provisa sunt Cic ... 22 ⚹ Neo-...

Provisus, us m verb (1) Foreseeing (2) A providing, or taking care for, etc (3) Providence (1) Provisu ... hiberna ... Tac Ann 1, 27 (2) Nullo ... Tac Ann 15, 8 ... Provisu, Id 12, ... (3) Providentia ... Tac Ann 12, 6 ...

Provivo, ēre, ... To survive, or live longer Agrippina provixere, Tac Ann 6, 25 ...

Provocans, tis part Challenging, provoking ... provocantes ... Paterc 2, 118

Provocatio, ōnis f verb (1) A challenge, a defiance (2) Also an appeal (1) Ex provocatione ... Plin ... (2) Sine ... provocatione, provocatione certato, Liv 1, 26

Provocator, ōris m verb A challenger, an appealer Cic pro Sext 6,

Provocatorius, a, um adj Of, or belonging to challenging, or to them that have challenged, Gell 2, 11

Provocatus, a, um part (1) Moved, incited (2) Challenged, provoked, netled (1) ⚹ Quo me cum ... non solum ... me provocatus, sed ... sua sponte de ... communicare ... Cic Fam 1, (2) Provocatus cum Gallo Torquatus depugnabat, Cic de Fin 2, 22

Provoco, āre act (1) To call forth, to incite, to move (2) To challenge, to defy, (3) To vie with (4) To appeal (1) Speculare, ut ubi illic prodeat me provoces, Plaut Mil 4, 2, 29 ⚹ Non times lera, nec provoca, Plin ... (2) Provocare alterium injuriā, Paterc 2, 118 (3) Pinx ... & neronudum, eaque picturi naturam ipsam provocavit, Plin 35, 10 ⚹ In amore respondere illis, Cic ad ... 1 Cursibus auras provocare, Vir Geor 2, 194 (4) = Ire ... plebis appello, & provoco ad populum, Liv 8, 33

Provolo, āre n (1) To fly a way, to fly out (2) Met To run with all speed, to make haste (1) Unis ... apes provolant, si dies mitis futurus, Plin 11, 12 (2) Infensis hastis provolant duo Fab ... Liv 2, 46

Provolvens, tis part (1) Rolling, or tumbling down Ingentia saxa in ... provolventibus barbaris, Curt 8, 11, 13

Provolvo, ēre, vi, ūtum act (1) To roll or tumble (2) Met To throw off, to cast off or disregard (1) Hunc in mediam viam provolvam, Ter Andr ... 5 Provolvere se ad genua, to fall down at one's feet, Curt ... 12 11 (2) = Sperne fidem, provolve deos, mendacia vincant, Prop 4, 2, 2

Provolvor, i pass To be tumbled down, Liv 24, 11

Provolutus, a, um part (1) Falling down, prostrate (2) Hang-

ing forth, as the fundament (1) Genibus ejus provolutus, Tac Ann 12, 28, ... Regina provoluta ad pedes Caesaris, Flor 4, 11 (2) ...

Proxeno ... To consort, ... to ... join ...

+ Provocatio ... quo l ... nocte ... factum, ...

Provorsus, a, um ... Straight forward ... Plaut ... L L 6, 5

Prorsus adv ... according as, Cic Attic 11, ... &

Proxulso, ... To ... Sic ... 6

+ Prox, bona vox, ... probi vox

Proxeneta, ae m A broker, ... a ... twixt man and man, an officer of address, ... Sen Ep 119 ... Mart 10,

|| Proxenetaticum ... Prolage, ...

|| Proximatus, ... m ... nearest, priority, or the first place ... Cod ... Vicinity, primates

Proxime adv ... (1) Next or ... as night as may be (2) Also first of all (1) § ... Cic Fam ... Pos ... rum, Id Attic ... 115 § Proxime Hispaniam Mauri sunt, Sall B Jug 19, 5 (2) ⚹ In nostro ... proxime locatur Syriacum, mox Gallicum, tertio loco Creticum, Plin 12, ...

Proximitas, ātis f (1) Nearness, nighness in kindred, or neighbourhood (2) Likeness, resemblance (1) ⚹ Hic tesit mento, ... proximitate ... Quint 5, 6 ⚹ Damno est multi proximitas, ... Ov ... 10 ... Reus nimia proximitatis, Id de Nuce, 56 (2) ... proximitate ... Ov de A Am 2, 662

Proximo, āre To come near, to approach, to be next Capiti Equi proximat Aquarii dextra Cic N D 2, 44 ... posteriores usi sunt, ... judicio

Proximo adv Next, last, Cic Attic 1, 16

Proximum, in n The next place In proximo, hard by, Cic Lamus ad nos, ibi proximum est, ubi mores, Ter Eun 2, 5, 64

Proximus, a, um sup [a prope, propior, unde propissimus, ... propiimus, dicit ... pro quo proximus] ... (1) Nearest, next last (2) ... neighbour, a friend, a kinsman (1) Proximus sum egomet mihi, Ter Andr ... 12 § Proximus Pom... Cic Attic 1, 11 § Proximus ... a postremo, the last one, ... Cic Orat 64 Proxima ... post, ... Proxim ... Plaut ... Ut ... omni ... Cic Ep ... (2) ... proximo ... Quint

Prudens adj ... [contr ex providens] ... (1) Foreseeing, prudent, wise (2) Knowing, on purpose (3) Cunning, expert, skilful, ... (1) ⚹ Plus intelligo quam ... quam prudens bona, Plaut Capt Prol 45 = Prudens, sciens, vivus, videnque pereo, Ter Eun 1, 1, ...

1, 2, 27 (2) ⁜ Meminerant nimium [illegible] quam satis prudentem [illegible], *Cic* Ad consilia prudens, *Id* in jure civ [illegible] de *Am* 2 Ingenio prudentior, *Cic* pro *Cluent* 18 (3) Adulandi gens prudentissima, *Juv* 3, 86 ‖ Circumspectissimus ac prudentissimus vir, *Suet Tib* 21

Prudenter adv [illegible], comp issime, sup *Sagaciously, sagely, wisely*, *advisedly* Multa prudenter provisa, *Cic* de *Amic* 2 Prudentius se gerere, *Augustus ap Suet* ‖ Mundi natura prudentissime ac facundissime exprompsit, *Val Max* 3, 3

Prudentia, æ f (1) *A natural quickness, or foreseeing of things, and an habit of acting accordingly* (2) *Knowledge, skill, understanding* (3) *Wisdom, providence, discretion* (1) Id Cic de Offic [illegible] & conferenda ibid 3, [illegible] ⁜ Confessus est non [illegible] medicum prudentia, verum stupore vulgi [illegible] nobilem, *Plin* 1, [illegible] Prudentia cum juris civilis tum rei militaris, *Nep* [illegible] (2) [illegible] *Cic Offic* 1, 42 Oratorum [illegible] moderatrix est [illegible] prudentia, *Id* in *Orat* (3) ‖ Sapientis est providere, ex quo [illegible] appellata prudentia, *Cic* in *Orat* ⁜ Temeritas est florentis ætatis, prudentia senescentis, *Cic* de *Sen* 6

Pruina, æ f [a peruren o, quod fruges perurit] [illegible] pruina, [illegible] mature [illegible] *A frost* or *hoar frost*, *or rime* Neque [illegible] pruinæque concrescere, *Cic* N D 2, 10 Pruinas [illegible] perferre, *Id Catil* 2, 10

Pruinosus, a, um (1) *Frosty*, or *like to frost* (2) *Cold, chill* [illegible] (1) ‖ Frigidæ & pruinosæ regiones, *Col* (2) Sola pruinosa [illegible] pannis, *Petron* c 8

Pruna, æ f [a perurendo, quod perurit] *A burning, or live coal*, *a brand* ⁜ Pruna ardens, [illegible] ⁜ Nunquam ad flammam [illegible] prunam, *Cels*

Prunum, i n *A plum*, or *damson* [illegible] Prunum cereum, *a wax plum*, *Virg* [illegible] Prunum [illegible], *Plin* 15, 15

Prunus, i f *A plum tree* [illegible] quæ fert [illegible] *A plum tree* Prunus [illegible], *Col* [illegible]

‖ Pruniginosus, a, um part *Full of the itch*, *itchy*, Cælius JC

Prurigo, inis f *Itching, tickling, an itch* Alperacutis, & [illegible] prurigo, *Cels* 5, [illegible]

Prurio, ire, ivi, itum n [a perurio, quod peruro] (1) *To itch* (2) Me. *To itch, to please* (3) *I have a desire to do a thing* (1) [illegible] prurit, *Plaut* [illegible] (2) Lex hæc carminibus data est, [illegible] ut possint [illegible], *Mart* 1, 36 & *Catul* 15, 9 (3) Prurire in pugnam, *Mart* 5, 10

Pruriens, tis m verb *An itching*, *Plin* [illegible]

* Prymnesius palus [a πρύμνα, puppis] ad quem funis nauticus religatur, quem nunc tonsillam vocant *A post to which a ship is fastened by the cable*, Fest

* Prytaneum, ei n [πρυτανεῖον] *A hall where the chief magistrates of Greece, where those that had well deserved of their country were maintained at the publick charge, where also the sacred fire was kept, a council house* [illegible] quod in [illegible] n Prytaneo publice præbebatur, *Cic* de *Orat* 1, 54 Cyzici in Prytaneum, id est, pene tale urbis, ubi publice quibus is honos datus est, vescuntur, [illegible] aurea mensa unius posita, *Liv*

* Prytanis m [illegible] magistratum gero] *The president or chief of the council*, *a magistrate in Greece*, much the same as *Curio* among the Romans, such as were the fifty at Athens, that made their council of state, *Sen* de Tranquil

PSE

* Psallo, ere n *To sing, or play on an instrument* Psallere & saltare [illegible] doctius [illegible], *Hor Ep* 2, 1, 33 Psallebat jucunde, *Suet Tit* 3 Doctus psallere, *Sil B Cat* 25, 2 *Lat* Cano, canto

* Psalteria, æ m *A singer to the harp*, Suet Domit 4 Re [illegible] Psalteria ☞ Dubis [illegible] Athenæum, [illegible]

* Psaltria, æ m [illegible] *A psalmist*, *a maker of psalms, or hymns*, Hier

* Psalmodia, ærum m *Those that sing psalms on both sides the choir*, Aug

* Psalmodia, æ f *A singing and playing together on a instrument, a singing of psalms*, Eccl

* Psalmus, mi m *A song*, or *hymn*, *a psalm*, Eccl

Psalterium, ii n (1) *An instrument of music like an harp, but more pleasant, a psaltery*, or *lute* (2) *Also the psalter*, or *psalms of David* (3) *A small song, or speech, a libel* (1) Cic de Harusp Resp 11 Sed ad lectionem [illegible] convenit (2) *Eccles* (3) ap *JC*

* Psaltes, æ m *A singing man, or organ-player*, Sidon *Lat* Cantor

Psaltria, æ f *A singing woman, a minstrel*, Eccl *Lat* Fidicina

Psammites *A kind of mortar stone* [illegible], *Plin* 36, 22

* Psecas, ădis f (1) *A drop of rain* (2) *Also a dressing maid* (3) *A nymph of Diana's train* (1) [illegible] (2) ap *Juv* 6, 490 (3) *Ovid*

* Psegma, ătis n *Powder beaten from brass melted, gold, sand, or ear*, *Plin* [illegible] *Lat* Ramentum

Psephisma, ătis n [ψήφισμα, calculus quo suffragium ferebatur in comitiis] *A decree, statute, or law, an ordinance* Sic ut expressa ista præcunt psephismata, [illegible] pro *Flac* 6 *Lat* Consultum, decretum, scitum, censura, rogatio, examen *Cic* [illegible]

* Pseudacorus, *Yellow water-flag*, Jun *Lat* Iris lutea

Pseudanchusa, æ f *Wild bugloss, or creeping bugloss*, Plin 22, 20

* Pseudisodomum *A kind of building where the walls are made of stone of unequal thickness*, *Plin* 36, 22 & *Vitruv* 2, 8 *Lat* Inæqualiter structum

Pseudobunion, ii n *Herb St Barbara, or wintercresses*, *Plin* 24, 19

Pseudodecumanum, pyri genus,

quum falsum decumanum, *Plin* 15, 15

* Pseudodictamnum i n *Bastard dittany*, *Plin* 26, 9 *Lat* Falsum dictamnum

* Pseudodipteros ædes tanquam falso duas alas habentes] *A building that counterfeiteth a double row of pillars*, Vitruv 3, 1

* Pseudographia, æ f *A false or counterfeit writing, a kind of sport which schoolboys used*, Quint 1, 10

* Pseudolus, i m [quasi ψεύδουλος] *The cheat*, a play in Plautus

* Pseudomartyr, yris m *A false witness*, Eccl

* Pseudomenon, i n Cic [illegible], or [illegible], Jun *Lat* Falsum [illegible]

* Pseudomenos, i m *A sophistical argument, a captious conclusion, a fallacy in reasoning*, *Cic Acad* 4, 48 *Lat* Mentiens, *syllogismus*

* Pseudomoly, n *Bastard moly*, or [illegible], Med

* Pseudonarcissus, i m *The yellow daffodil, or crow-bells*, Jun

* Pseudonardus, f *Spike*, *Plin* 12, 12 *Lat* Falsa nardus

* Pseudonymus, a, um *He that hath a counterfeit name*

* Pseudopenterum, *a sort of building having wings, or columns jutting out oddly*, Vitruv

† Pseudoporticus f *A false porch*, Vitruv *Lat* Falsa porticus

* Pseudoprophēta, æ m *A false prophet* *Lat* Propheta mendax

* Pseudosphecs, ecis f *A kind of wasp flying alone* Pseudosphecem vocant vespam, quæ singularis volitat, *Plin* 30, 1

* Pseudothyrum, i n *A postern gate, a back door* ⁜ Non janua recepit, [illegible] pseudothyro intromisit [illegible] *Cic post* [illegible] 6

Pseudourbana ædificia *Houses in the country built like city houses*, Vitruv 6, 8

† Pseudulus, Apol to Varroni [illegible]

† Psidrĭceum, *Cels* [illegible] Psydracium

* Psila pl f *Hessian tapestry* [illegible] *Plin* [illegible] *tapestry*, *without nap*, Lucil ⁜ Amphitapæ, [illegible]

* Psilocitharista, æ m *An harper, or one that playeth on the harp, and doth not sing to it*, Suet Dom 4 *al* leg Psilocitharista, *Id ibid*

⁜ Chorocitharista, *Id ibid*

* Psilothrum, i n *Medicamentum depilatorium*, a ψιλὸω, nudo] (1) *An ointment to take away hair* (2) *Also the white vine* (1) *Mart* 6, 93 (2) *Plin* 23, 1

* Psimmythium, thii n *Ceruss*, or *white lead*, *Plin* 34, 18 *Lat* Cerussa

Psithium uvæ genus [illegible] Psithia vite *A kind of vine*, *Plin* 14, 8

* Psitta, æ f *Plin* [illegible] piscis piani genus, quem nos passerem vocamus *A fish called a plaise*, *Plin* 9, 16

* Psittacinus, a, um *Of, or like a parrot, or green*, as Psittacinum colorum, *of a green colour*, or *popinjay*, Scrib Larg Compos 27

Psittacus, ci m [ψιττακός] ψιττακὸς *A parrot*, or *popinjay* Psittacus Eoïs imitatrix ales ab Indis, *Ov Amor* 2, 6, 1 Humanas sermones imitator, psittace, linguæ, *Stat Sylv* 2, 4, 2

* Psorcicus, a, um [ex ψώρα, [illegible] & ἄγω] *Theod Prisc* *Lat* Cui [illegible]

* Psōra, æ f *Scurviness, scabbedness, mangeness, the wild scab*, Plin 20, 1

* Psoricus, a, um *Scurvy, mangy* Psoricum medicamentum, *Scrib Larg Comp* 32 & a [illegible] psoricum *Cels* 6, 6

* Psorophthalmia, æ f *Scurviness of the eyebrows, with an itch*, *Plin* [illegible]

* Psychomachia, æ f *Psychomachia A war between the soul and the body*, Ambr

* Psychomanteum ei n [ex ψυχή anima, & μαντεία, divinatio] *A place where necromancers call up spirits*, *Cic* D[illegible] 1, 58 & *Tusc* 1, 48

* Psychrotrophon, i n [illegible] quod locis potissimum gelidis nascatur *The herb called betony*, Plin 25, 8

* Psychrolutes, æ m [ψυχρολούτης] [illegible] qui ψυχρῷ λουτρῷ [illegible] *He that is used to bathe in cold water* Sen Ep 53 al leg psychrolutes [illegible]

* Psydracion, ii n [ψυδράκιον] *A swelling and rising in the skin, like to a blister or burden, with moist matter* Cels 5, 28

* Psyllion, ii n *The herb flea-wort, or psellium*, Plin 25, 11

Psythia, æ f *A kind of grape whereof the best passum is made* Pasio psythia utilior, *Virg Geor* 2, 93

Psythium passum, *Sc* ab eius [illegible] uva psythia, *Plin* 14, 9

Psythius, a, um *Belonging to that grape* Græculæ vites [illegible] Mareoticæ, Phasiæ, Psythiæ, *Col* 3, 2 Psythium passum, *Plin* 14, 9

Pte syllabica adjectio [illegible] vel [illegible], contr [illegible] ut [illegible] pro [illegible] *A syllable added to the ablative case of pronouns possessives*, as meopte, mepte, suopte, suapte

* Pterelas, æ m *Swift, or fleet, a dog's name*, Ov Met 3, 212

* Pteris f *Fern*, or *brake the herb osmund*, Plin 27, 9 *Lat* Filix

Pternix *The stalk of the herb cactos* *Plin* 21, 16

* Pterōma, ătis n [illegible] *the two rows of pillars or wings, towards on both sides of a church or other great building*, Vitruv 3, 2

* Pteron, i n [illegible] Supra pteron Pyramus [illegible] continens *The wing of a building*, Plin 36, 12

* Pteroti calices *Eared cups*, Plin 36, 26

Pterygium, ii n (1) *A skin growing from the corner of the eye, the pin and web in the eye* (2) *Also the going away of the skin from the nail with great pain, or rather the swelling of the flesh over the nail* (3) *Also a fault in the beryl stone* (1) *Cels* 7, 7, 5 (2) *Plin* 23, 1 *Plin*

* Ptisana, æ f [πτισάνη, vel πτίσσω, tundo, & decortico] *Ptisane*, that is to say barley unhusked, and sodden in water, *barley-broth*, Plin 18, 7

Ptisanarium, ii n Ptisanarium oryzæ, *rice-milk, frumenty*, or, as others, *the vessel wherein barley is boiled, or pounded*, Horat Sat 2, 3, 155

* Ptochotrophium, ii n [πτωχός, pauper & τρέφω, nutrio] *An hospital, a spittal*, Dig

* Ptyas,

[illegible] f *An adder*, or *a green colour, drawing* [illegible] gola, Plin 28, 7

P an e U

[illegible] part *Ripe* [illegible] or *young* H hæ [illegible] *Æra* 4, 514 rosa, *Id* [illegible] *de puben To* [illegible] *of age, to grow* [illegible] pubuerit,

[illegible] vel pubes adj [illegible] *twelve or fourteen* [illegible] *full grown* Pube [illegible] 1, 5 Puberta [illegible] Puberi [illegible]

[illegible] f (1) *R* [illegible] (2) *The coming out of* [illegible] (1) [illegible] Sign de [illegible] & pubert [illegible] Pubertas [illegible] Modest [illegible] *Proœm*

[illegible] f (1) *The privy parts,* [illegible] *company of youth* [illegible] (1) [illegible] pro *Albone,*

[illegible] *Of* [illegible] *years* [illegible] fuit, quin arma [illegible] (1) *Sprout* [illegible] (2) *Grow-* [illegible] (1) [illegible] *Stat Sylv* 5, 2, 11 (2)

[illegible] ĕre incep [a pubeo] [illegible] *to grow* [illegible] *to flourish* [illegible] *to begin to* [illegible] (1) Lætæ vites [illegible] *Cic Tusc* 1, [illegible] fruges pubescunt, [illegible] (2) Prata pubes-[illegible] *Trist* 3, 12, 7 [illegible] cum pubesceret æ-[illegible] 2, 91

[illegible] pro puero, *Prisc* [illegible] nec in compos impu-

[illegible] a f *sc* mulier *An*

[illegible] a, um adj Mulier [illegible] 2, 4 & [illegible] m [illegible] publico, [illegible] vectigalia redi-[illegible] *a farmer of* [illegible] equitum Rom or [illegible] firmamentum [illegible] ordine con-[illegible] pro *Planc* 9 [illegible] alibi ap Cic [illegible] *apud Judæos tar* [illegible] *Romanos esse adro*

[illegible] f verb *A* [illegible] *of goods,* [illegible] *to open sale* [illegible] bonorum propo-[illegible] pro *Planc* 41

[illegible] (1) *Publicly, in* [illegible] *sight of the* [illegible] *in the name, or* [illegible] *commonwealth* (2) [illegible] *the public wealth* [illegible] *public account, at the* [illegible] *charge, or cost of the* [illegible] *community* (1) [illegible] gesta atque commissa, [illegible] 39 ✠ Ne-

que meus adventus labori aut sumptui, neque publice, neque privatim fuit, *Cic* (2) Custos publice est nunc, *Ter Eun* 2, 2, 59 (3) Haud cito mali quid ortum ex hoc sit publice, *Ter Adelph* [illegible], 89 (4) Navi æ ubertate publice præfuit, *Cic Verr* 1 6

Publicĭtus adv (1) *With public charge* (2) *By common advice or council* (1) Hos tuo publicitus accipi, *Plaut* [illegible] ph 4, 2, 7 (2) *Ter Phorm* 5, 85 ¶ Publicitus interest, *it concerneth the public*, Gell 6, 11

Publicĭus, a, um part *Public*, or *belonging to the public* [illegible] publicum, *Ov Fast* 5, 294 Ædiles publicii, *Fest*

Publĭco, are act [i e publicum facio] (1) *To publish, or make public* (2) *To make known, or divulge abroad, to cause to be* [illegible] (3) *To confiscate* (4) *To prostitute* (1) Librum, ut [illegible] publicaveris, exhibebo, *Plin Ep* 4, 27 (2) Matrimonii [illegible] publicare *Just* 1, 7 se, *to make his parts known*, Suet Ner 12 (3) Publicare bona illi cujus, *Nep Hannib* 7 ✠ Privata publicare, publica liberare, *Cic de Leg Agr* 2, 1 (4) Ita, quæ corpus publicit vulgo suum, *Plaut Bacch* 4, 8 22

Publĭcor, ari, atus pass *To be published, confiscated* &c Bona prætereo publicari jubeo, *Cic Catil* 4, [illegible]

|| Publĭcŏla, æ m [qu & poplicola] *A popular person, one who courteth the people*

Publĭcum, i n (1) *The public, or any common place* (2) Also *tribute or public revenue* (3) Also *the public good* (1) In publico esse non audet, includit se domi, *Cic Verr* 5, 35 = Non foro solum omni de die vi[illegible], sed propè luce ac publico carere, *Id* (2) Ut publicanis satisfaciant, præsertim publicis male redemptis, *Cic ad Q frat* 1, 1 (3) In publicum consulere, *Tac Ann* 3, 38, 4

Publĭcus, a, um adj [i e populicus, *quasi* populicus, & per Sync poplicus] (1) *Public, common, belonging to the people* (2) *Open, manifest* (3) *General, formal, complemental* (1) Via publica, *Plaut Curc* 1, 1, 35 Jus publicum, *Cic* bonum, *Plaut* (2) Fiet adulter publicus *Juv* 10, 11 ✠ Publicum, commune, singulare, *genus in distributione* (3) Et mihi blanditias dixi, dominumque vocavit, & quæ præterea publica verba sonant, *Ov Amor* 2, 7, 11 *Legitur etiam* publicus, *casu vocandi*, Liv 8 ✠ Privatus

Publĭcus, i m *An officer who took care of cleansing the public ways, a scavenger*, Plaut Truc 1, 2, [illegible] *Hunc* ædilem plebis *vocat* Ov Fast 5, 285

Pucinæ uvæ *Black grapes of Friuli* Omnium nigerrimæ, *Plin* 14, [illegible] *sed Harduinus leg* picina

Pucinum vinum *Pucine wine*, so called from the town Pucinum, *Vid Propr Plin* 14, 6

|| Pudesio factus *To be ashamed*, Gell 15, 17 ✝ Pudere, *Cic*

|| Pudenda n pl quod libidinis nos maximè pudeat *The privy parts* ✝ Verenda

|| Pudendum, i n *The privy member of a man, or woman* ✝ Virile, locus

Pudendus, a, um part *Shameful, that one is to be ashamed of* Magis esset pudendum, si in sententia permaneres *Cic Tusc* 2, 5 Dictu pudenda, *things that men should not for shame speak of*, Quint 1, 2

Pudens, tis part & adj or, comp ssimus, sup *Shamefaced, bashful, modest* ✠ Tamen impudentiæ suæ pudentem exitum qua[illegible] videt [illegible], *Cic Verr* 1, 1 = Ni[illegible] in congressum, nihil modestium, nihil pudens, nihil pudicum, *Id Phil pp* 2, 11 Quo pudentior, aut melior esset, *Id Verr* 3, 68 ✠ Si doctis vide re [illegible], petulantive pudenti, *Ov A Am* 1, 6[illegible] = Pudentissima lectissimaque femina, *Cic Verr* 1, 37

Pudenter adv ius, comp issime, sup *Shamefacedly, bashfully, fairly, modestly* Dixit, sumunt pudenter, aut [illegible], *Hor Epist* 1, 1[illegible] Pudentius quam Lucius noster *Cic Att* 1 2 Pudentissime noc petierat, *Id Att* 16, 15

Pudeo, ere, ui n *To be ashamed* [illegible] nam pudeo, *Plaut Cas* 5, 2, Non te hæc pudent? *Ter Adelph* 4, 7, 36 ✠ Facilius fertur [illegible] quod pudet, quam illud quod [illegible], *Id Pœna* 1, 3, 47

|| Pudesco, ĕre incept [à pudeo] *To begin to be ashamed*, Prud [illegible] 2, 26

Pudet puduit vel puditum est impers *To be ashamed* Pudet, quod prius non puditum unquam [illegible], *Cic* ✠ Sunt homines, quos infamiæ suæ neque pudeat, neque tædeat, *Cic Act in Verr* 12 ✠ Ita tris me quidem piget pudetque *Ter Adelph* 3, [illegible] ✠ Me non solum piget stultitiæ meæ, sed etiam pudet, *Cic* pro *Domo*, 11 ✠ *Pudet verecundiæ est, piget pœnitentiæ, pudere ad dedecus, pigere* ad dolorem refertur, *Donat*

Pudibundus, a, um part (1) *Shamefaced, bashful, modest* (2) Also *to be ashamed of* (3) *Ruddy* (1) Matrona pudibunda, *Hor A P* 233 (2) Pars nostri pudibunda, *Ov Amor* 3, 7, 69 (3) Exoritur pudibunda dies, *Stat Theb* 5, 296

Pudice adv ius, comp *Chastely, honestly* = Bene & pudice doctum & eductum ingenium, *Ter Andr* 1, 5, 39 Ubi pudicius continentur liberi, quam sub oculis parentum? *Plin Ep* 4, 13, 4

Pudicitia, æ f (1) *Chastity, modesty* (2) Also *virginity*, or *maidenhead* (3) *The goddess of this virtue* (1) ✠ Hinc pugnat pudicitia, illinc stuprum, *Cic Catil* 2, 11 Non parcere suæ, neque alienæ pudicitiæ, *Id* pro *C Rab* 3 ✠ Utrum expugnare pudicitiam, an explere libidinem vi detur? *Id* pro *Cœl* 20 ✠ Lis est cum forma magna pudicitiæ, *Ov Ep* 16, 288 (2) Casta pudicitiam servat domus, *Vir Geor* 2, 524 ✠ Leges quasdam sanxit de adulteriis, & de pudicitia, *Suet Aug* 35 *ubi vid* Torrent (3) *Hujus imago frequens in matronarum. in pur nummis occurrit*

|| Pudicitĕr adv comp *More modestly, or chastely*, Apul Apol p 419 *sed al leg* pudicius ✝ Pudicius, *Plin jun*

Pudicus, a, um adj [à pudeo] or, comp issimus, sup *Honest, chaste, shamefaced, modest* A me pudica est, quasi soror, *Plaut Curc* 1, 1, 51 Matrona pudicior, *Ov in Ibin*, 349 Femina pudicissima, *Plin* 7, 35

Pudor, ōris m [à pudeo] (1) *Abstinence from sodomy, shamefacedness, bashfulness, modesty, chastity, virginity, a maidenhead* (2) *Fame, reputation* (3) *Shame, disgrace* (4) *Sheepishness* (1) ✠ Ex hac parte pudor pugnat, illinc petulantia, *Cic Catil* 2, 11

2) = Dones famam pudorémque defuncti sui scripere, *Plin Ep* 2, [illegible] (3) ✠ Amicitia, quæ sibi gloriæ non pudori sit, *Liv* 34, 58 (4) Singultim pauca locutus infans namque pudor prohibebat plura referre, *Hor Sat* 1, 6, 56

✝ Pudoricolor, *Nev* ap *Gell* 19, [illegible] ✝ Rubens, purpureus

Puella, æ f dim [ab antiq puera, ut puellus à puer] (1) *A little girl a damsel, a wench, a maid, a young woman, a nymph* (2) *A married woman* (3) *A widow* (1) In tu[illegible] legitima dicitur esse puella, *Cic Att* 6 1, 5 Dryade puellæ, *Vir* (2) Laudantes tuero puellæ, *Hor Od* [illegible], 2 (3) Orphi[illegible] tuten es intelligere puellis? *Stat Sylv* 1, 2, 16

Puellaris, re *Proper to girls and wenches, childish, girlish* Tum ætate, tum puellari, præsertim mea, comparan[illegible], *Quint* lib 6 *proœm* [illegible] Puellaris animi, *Ov Fast* 4, [illegible]

Puellarĭter adv *Childishly, like a girl*, Plin Ep 8, 10, 1

Puellasco ĕre *To wax wanton and nice like a young girl to grow young again* Etiam veteres puellascunt, *Varr* ap *Non* [illegible]

Puellŭla, æ f dim [à dim puella] *A little maid, a little pretty girl, a little moppet* Societate puellularum, *Catull* 55, 9

Puellus, i m dim [à puer] *A little boy, or child*, Lucr [illegible]

Puer, ĕri m [a [illegible], Dor [illegible], unde vett. Rom Marcipor, Publipor, &c *pro* Marcipuer, Publipuer, *Scal*] (1) *A child, one between a child, and a young man* (2) *A title by way of flattery, as we say, child* (3) *Familiarity, or kindness, as we say, my boy, my lad, come boys be merry* (4) *A boy, a servant* (5) Also *a son* (6) *A pathic* (1) ✠ Famem facilius tert adolescens quam puer, *Cels* ✠ O nec adhuc juvenis, nec jam puer, utilis ætas, *Ov Ep* 15, 9 Improvida ætas puerorum, *Lucr* 1, 938 Trojæ ludum edidit, majoru n minorumve puerorum delectu, *Suet Aug* 43 (2) *Sic Virg in Culice*, 36 alloquitur Augustum. Sancte puer, *vid* & Catullum, 62, 95 (3) Ne, pueri, ne tanta animis assuescite bella, *Vir Æn* 6, 832 Pascite, ut ante, boves, pueri, *Id Ecl* 1, 46 Cogite oves, pueri, *Id Ecl* 3 98 Claudite jam rivos, pueri *Ibid ult* (4) Puerum conveni Chremis, *Ter Andr* 2, 2, 31 Pueri tui mihi literas attulerunt, *Cic Attic* 2, 7 (5) Dixit eum filium suum esse, qui angues vicerit alterum tuum esse dixit puerum, *Plaut Amph* 5, 1, 72 [illegible] *Pueri ant utriusque generis erat, ut*, Cereris Proserpina puer, *Nev* (6) Ad pueros ire melius, *Plaut Truc* 1, 2, 48

Puera, æ f [à puerus] *A damsel, a girl, a young woman* Properate vivere pueræ, *Varr* conf *Suet Cal* 8 *Vid* Puerperium

Puerasco, ĕre incept *To play the child, or act like a boy*, Suet Cal 7

Puerilis, e adj (1) *Of, or belonging to a child* (2) *Childish, silly, weak* (1) Ætas puerilis, *Cic* pro *Arch Poet* 2 At men puerile, *Vir Æn* 5, 548 (2) ✠ Acta ea res est animo virili, consilio puerili, *Cic Att* 14, 23 conf *Ter Andr* 2, 6, 18

Puerilitas, ātis f (1) *A child's age* (2) *Childishness, silliness* (1) Vix dum annos puerilitatis egressus greffus, *Val Max* 5, 4, 2 (2) ✱ Adde non pueritia in nobis, …, …ol gravius est, puerilitas emanet, *Sen Ep* 4

Pueriliter adv *Childishly, like a boy* Res to a ficta est pueriliter, *Cic de Fin* 1, 6 Facere pueriliter, *Id Acad* Q 4, 11 consectari, *Id ibid* 17

Pueritia, æ f (1) *Childhood* (2) Also *chastity* (1) A Quì citius adolescentiæ senectus, quam pueritiæ adolescentia obrepit? *Cic de Senect* 2 (2) Ea erat matronæ simplicitas, & pueritia, *Varr*

|| Puerities, ei f *Idem*, Auson …

Puerpĕra, æ f [quæ puerum vel puellam peperit] *A woman that lieth in childbed, a woman lately delivered, a woman in the straw* Quid opus facto esse puerperæ, *Ter Andr* 3, 2, 10

Puerperium, ii n (1) *The time of a woman's travailing with child, childbed, a woman's delivery* (2) Also *the babe, or child delivered* (1) Puerperio ægra, *Plaut Truc* 2, 5, 11 *Met* Quo … ima tellus omnia vice velut … quodam puerperio læta, … (2) = Qualicunque partu … prium vocitu, quod antiqui … puellas, pueras, sicut & pueros, puellos dicebant, *Suet Cal* 8 … ferebant cruda puerperia, *Stat Theb* 1, 280

Puerpĕrus, a, um adj *Bearing children, helping a woman to be delivered* Verba puerpera dixit *Lucina*, Ov Met 10, 511

Puertia, æ f *pro* pueritia, …

Puerŭla, æ f dim *A little girl*, Litt ex Plaut

Puerŭlus, i m dim *A little boy, or child* Omnium artium puerulis, *Cic pro R Amer* 41

† Puerus, i m *A boy, a child, or serving man* Puere, pulta, *Plaut Asin* 2, 3, 2 Cedo, puere, sinum, *Id Curc* 1, 1, 75

Pugil, ĭlis c g [a pugna, *Varr* vel potius a Gr πύξ] *A champion, a fighter at fisty cuffs, a gladiator* Pugiles certibus contundendo ingemiscunt quidem, *Cic Tusc* 2, 17 Si quis habitior paulo est, pugilem esse aiunt, *Ter Eun* 2, 3, 23

|| Pugilans, tis part *Fighting with fists*, Tiro Poll ✝ Pugnis, vel cæstibus certans

Pugilātio, ōnis f verb *The exercise of champions fighting at fisty cuffs* Certationes cursu, & pugilatione, *Cic de Legib* 2, 15

Pugilātus, ûs m verb [pugilum certamen] *The exercise of a champion* Pugilatum incipere, *Plaut Capt* 4, 2, 1… Pugilatu se exercere, *Id Bacch* 3, 3, 24

Pugilĭcē adv *Mightily, stoutly, strongly, champion like* = Pugilicè atque athleticè valet, *Plaut Epid* 1, 1, 18

Pugillar, & pugillare, aris n *A table book* Bipatens pugillar, *Auson* 146, 3 Reddere pugillaria, *Catull* 40, 5

Pugillares, ium pl n [dicti quod pugillo comprehendantur, vel a pangendo, quod stylo in his ungendo scribere, *Varr*] *A pair of writing, or note tables* Quin pugillares resignis, & aliquid scribas, *Plin Epist* 7, 9, 16

Pugillaria pl n *Idem*, Catull … Pugillar

Pugillaris, re adj *Filling the hand, an handful, or as big as one's fist* Pugillares testiculi, *Juv* 11, 156

† Pugillaris, is f *A writing table* ✝ Tabula cerea

Pugillatōrius, a, um part *Of fencing, or champions, that is stricken with the fist* Pugillatorius follis, *a wind-ball which they used to smite with their fist*, Plaut Rud 3, 4, 16

|| Pugillo, are, *scrib & pugilo To fight after the manner of champions, to fight with fists*, unde

|| Pugillor, ari dep *To fight, to contend in masteries* Primoribus in me pugillatur unguibus, *Apul Met* 7, p 221

Pugillum, li n & pugillus, i m dim [a pugnus] *A little fist, an handful* Semen cum farris pugillo coctum, *Plin* 20, 22 Pugillus, δράξ, *Gloss Vet*

|| Pugilo, are *To fight after the manner of champions*, Apul ✝ Pugilatu se exercere, *Plaut*

|| Pugilor, ari dep *To fight at fisty-cuffs*, Cod ✝ Pugilatu certare

Pūgio, ōnis f [quod eo punctum pugnatur, *Fest*] *A dagger, a skean, a stiletto, a poinard* Stillantem præ se pugionem tulit, *Cic Philipp* 2, 1… Plumbeus pugio, *a weak argument*, Cic de Fin 4, 18 || A pugione … *dagger-bearer, a sword bearer before a prince*, Lampr

Pūgiuncŭlus, i m dim *A little, or short dagger, a poinado, or poniard, a stiletto* Hispaniensis pugiunculus, *Cic Orat* 67

Pugna, æ f [dict a pugnus, quod pugnis certabant, ante usum ferri, *Donat*] (1) *A fight, battle, skirmish, or fray* (2) *Trouble, disturbance* (1) = Res ad manus & ad pugnam veniebat, *Cic in Verr* 5, 11 (2) Auscultâ pugnam, quam voluit dare, *Plaut Bacch* 2, 3, 39

Pugnācĭtas, ātis f *A desire, or inclination to fight, or contend, quarrelsomness*, Plin 10, 33 Pugnacitas argumentorum, *Quint* 4, 3

Pugnācĭter adv ius, comp issimè, sup *With downright blows, contentiously, stubbornly, obstinately, stiffly, eagerly* = Sidera collectum aerem hicce ilevi non pugnaciter, nec asper, feriunt, *Sen N Q* 1, 2 In illa disputatione pugnacius locutus es, *Id ibid* 3, 36 Sententiam, quam adamas, pugnacissimè defendis, *Cic Acad* 4, …

Pugnācŭlum, i n *A bulwark, or fortress*, Plaut Mil 2, 2, 63

Pugnans, tis part & adj (1) *Fighting* (2) *Striving, contrary* (1) Vincetur femina pugnans, *Ov Fast* 2, 801 (2) = Pugnantia & contraria studiis, *contrary, or contradictory ways, or methods*, Cic de Fin 1, 18

Pugnātor, ōris m verb *A fighter* Fortissimus quisque pugnator esse desierat, *Liv* 24, 15

Pugnātōrius, a, um *Of, or belonging to a fighter* Pugnatoriis armis batuebat, *Suet Calig* 54

Pugnātur imperf (1) *They fight* (2) Met *They labour to effect, or bring to pass* (1) Pugnatum est, ut iterùs non posset, *Galb Cic Fam* 10, 10 (2) Hoc tempore pugnatur, ut ad summum opimam prædam damnatio Sexti Roscii accedat, *Cic pro Rosc Amer* 3

Pugnātus, a, um part *Fought* Pugna pugnata, *Cic pro Mur* 22 bella, *Hor Od* 3, 19

Pugnax, ācis adj or, comp issimus, sup (1) *Warlike, fighting* (2) Met *Opposite, contrary* (3) *Eager, vehement, violent* (4) *Contentious, quarrelsome, stubborn* (1) Centurio pugnax, & facetiosus, *Cic Philipp* 8 Pugnacissimus quisque, *Tac Hist* 4, 60, 5 (2) || Ignis aquæ pugnax, *Ov Met* 1, 432 (3) Oratio pugnacior, *Cic de Clar Orat* 31 (4) Nimis pugnax contra senatorem pop Rom esse noluit, *Cic in Pison* 28, in fin

Pugneus, a, um *Of the fist* ✝ … mersis in ore tibi erit mergi gneis, *my fists shall glean your teeth for you*, Plaut Rud 3, 4, 58

† Pugni ius *With the fist*, Non ex Cæc ✝ Pugnis

Pugno, are n [a pugnus, quod illo primum pugnabant] (1) *To fight* (2) *To dispute, or quarrel* (3) *To labour, to struggle, or endeavour* (4) *To oppose, to strive against, to disagree, to be contrary, to thwart* (1) ✱ Quom pugnabant maxime, ego fugiebam maxumè, *Plaut Amph* 1, 1, 44 § Pugnare pugnam, *Id Amph* 1, 1, 9 prælia, *Hor Od* 4, 9 § pro domino canem, *Plin* 8, 40 § adversus … *Id ibid* § cum hoste, *Cic Fam* 21 § in hostem, *Liv* (2) Pugnant Stoici cum Peripateticis, *Cic de Fin* …, 21 (3) = Illud pugnes, & enitere, *Cic Fam* 2, 10 ✱ Hic pugnes licet, non repugnabo *Id Acad* 4, 18 *Argus* pugnat molles evincere somnos, *Ov Met* 1, 685 Videtur Epicurus de diis immortalibus non magnopere pugnare, *Cic N D* 3, 1 (4) Cum illorum vita magnopere pugnat oratio, *Cic Tusc* 2, 4 Pugnem in adversis nobilissimorum hominum voluntates? *Id pro C Cornel* 1

Pugnus, i m [a πυξ, vel a πυγμη, a punctione i e percussione] (1) *The fist* (2) Meton *A thump, knock, or blow* (1) Comprimere digitos, pugnumque facere, *Cic Orat* 32 Pugnis cædere, *Hor Sat* 1, 2, 66 contundere, *Plaut Bacch* 3, 3, 46 conscindere, *to box, or wherret one*, Cic Verr 3, 2… (2) = Pugiles pugnos & plagas ferre possunt, *Cic de Clar Orat* 69

Pulchellus, a um dim [a pulcher] *Somewhat fair, neat, curious, or pretty* Pulchellus puer, *Cic de Orat* 2, 65 Pulchellæ statuæ, *Id Fam* 7, 23, 7 *Scrib & sine aspiratione* pulcellus

Pulcher, a, um adj or comp rimus, sup [cujus multis modis vexatur etymon, alii ex mente Varronis, pulcer, qu policer, al a πολυχρως Gr multimanus, fortis, nam Romani, qui omnia ponebant in fortitudine, eum demum formosum putabant, qui esset fortis, *Scal*] (1) *Stout, valiant* (2) *Fair, beautiful, well favoured* (3) *Fine, gay, splendid, clever, excellent, good* (4) *Glorious, renowned, honourable* (5) *Pleasant, delightful* (6) *Stately, magnificent* (7) *Fortunate, happy* (1) Satus Hercule pulchro pulcher Aventinus, *Vir Æn* 7, 65… (2) Genæ pulchræ, *Hor Od* 4, 13, 8 Juvenum pulcherrimus, *Ov Met* …, 55 = Insigni & pulchra facie filius, *Phædr* 3, 8, 2 ✱ Vultu pulchro magis quam venusto, *Suet Ner* 51 (3) ✱ Pulchrum ornatum turpes mores pejus cœno collinunt, *Plaut Most* 1, 3, 133 Non videor vidisse postes pulchriores, *Id ibid* 3, 2, 135 (4) Pulchrum mori succurrit in armis, *Vir Æn* …, 17 Pulchram petunt per vulnera mortem, *Vir Geor* 4, 218 (5) Ubi quid potest esse aspectu pulchrius? *Cic de Senect* 15 (6) Rerum facta est pulcherrima Roma, *Vir Geor* 2, 534 (7) = Ne pulchrum se & beatum putaret, *Cic pro Mur* 12 *Scrib & pulcer sine aspiratione*

† Pulchralis, e adj *Fine, dainty*, Fest ex Enn Pulchralia, *Fest* … Cato ✝ B…

Pulchrè adv ius, comp errimè, sup (1) *Stoutly, bravely* (2) *Finely, abundantly* (3) *Rarely, … very well, in a good, … ironical sense* (4) *Wisely, prudently* (1) Pulcherrimè … tum in adversum, *Cic Fam* 4, 5 (2) Neque ego … chiris, *Plaut Aul* …, 1, 6 (3) Pulchrè vides, … ar … instructa ad perniciem *Ter Heaut* 3, 1, 40 … *Id Eun* 4, 5, 2 Mihi pulchrè est, *it is well for me*, Cic N D 1, 41 = Ac… tum pulchrè & … *Plaut Pers* 1, 2, 101 (4) … pulchrè, nunquam … *Ter Eun* 2, …, 8, … interpr Donato = Pulchrè … & sapienter, *Id ibid* 3, 1, …

† Pulchritās, ātis f … *Non ex Cæc* ✝ Pulchritudo

Pulchritūdo, ĭnis f (1) *Fairness, beauty, comeliness* (2) Met *Splendour, brightness* (1) Pulchritudo corporis aptâ compositione membrorum movet oculos, *Cic Offic* 1, 28 Excellens Mulieris formæ pulchritudo, *Id de Inv* … (2) Honestum pulchritudine … cieque laudabile est, *Cic de Fin* 2, 15 = Quis non miretur in dotem pulchritudinemque … *Id Offic* 2, 10

† Pulciaceum, *id quod* pulegium, *Augustus ap Suet in* … 87 *al scrib* pulleiaceum

Pulēium, ii n [quod eius flos incensus pulices necet, ut ori…] *The herb commonly called pennyroyal, pudding grass, or puliol royal*, Plin 20, 14 *ut &*

Pūlegium, ii n *id quod prec &*

Pūleium, ii n & puleium, i n Quadrima nigra corona puleii, *Mart* 12, 32, 19 Pulegium … idum florescit ipso brumali die, *Cic de Div* 2, 14 vid & *Col* 12, 7

Pūlex, icis m [quod ex pulvere generetur vel nutriatur] (1) *A flea* (2) Also *a little insect that feedeth on potherbs* (1) Pulice, vel si quid pulice sordidius, *Mart* 14, 83 (2) Pulex inepnus lacessat dente ozyma, *Col* 10, …

|| Pulicāria, æ f *The herb fleawort, or fleabane*, Ruell

|| Pulicāris, e adj *Of a flea* Pulicaris herba *fleawort, or fleabane*, Jun

Pulicōsus, a, um *Full of fleas, troubled with fleas* Pulicosa canis, *Col* 7, 13

Pullāceus, a, um adj *Of a dark brown colour*, Litt ex Suet *sed q*

Pullārius, a, um adj [ad pueros vel pullos pertinens] *Pertaining to young boys, or poultry* Pulla ria feles, *Auson* …, 5 Pullaria manus, *Plaut ap Fest*

Pullārius, ii m (1) *A keeper, or breeder of chickens, … or* … *terer* (2) Also one that divined *by the feeding of chickens* (3) It may be used for *one that keeps the young of any kind* (4) *A lover of boys* (1) Attuim in Caius … nam pullos is, qui ex eo nomina… tur pullarius, *Cic de Div* 2, … (2) Auspicia secunda esse pullarius nunciat, *Liv* 9, 14 (3) Pullarius, πουλλοκόμος, *Gloss Vet* (4) Pullarius, παιδεραστής, *Gloss Vet*

Pullaster, tri m *A young cockerel, or a little dwarf cock*, Varr R R 3, 9

Pullastra, …

[illegible] f *A young man*, [illegible] *a little grig man*, Varr [illegible] *al leg* pull-tra [illegible] *An hitching*, [illegible] *ing up of young chickens* [illegible] [illegible] nen putant bo- [illegible] Col 8, 5

P[illegible], um [illegible] (1) *Clad* [illegible] *apparel* (2) [illegible] (1) Quis [illegible] [illegible] pulli [illegible] *coll* (2) [illegible] [illegible] Quint 6, 4

[illegible] *To grow, or spring* [illegible] *chicken*, [illegible] 4, 21 *sed li por*

[illegible] pull[illegible], æ f *an* [illegible] *young* [illegible]

[illegible] *A brood* [illegible] *risky colour*, Plin 8, 4[illegible] [illegible] *Of*, or *be-* [illegible] *to a colt*, or *any other* [illegible] dentes jacer, Plin [illegible]

[illegible] f *Hatching*, or [illegible] *of chick is forth-* [illegible] *a brood of young* [illegible] jam confirma[illegible] eit [illegible] Col 8, 9

[illegible] *To spring and bud*, [illegible] do [illegible] [illegible] germine silva [illegible] Stat 5, 20 [illegible] *To bu-* [illegible] *sprout out, bud*, or [illegible] palmite vitis [illegible] R [illegible], 21

[illegible] (1) *To spring*, or [illegible] (2) Met *To grow*, or (1) Sylva pullulat ab [illegible] 2, 7 (2) Pulli [illegible] luxuria, Nep in Ca-

Pul[illegible], i m dim [ex pullus] *a sprout of a vine*, or *other* [illegible] (2) Also *a young colt*, [illegible] (1) Plin 17, 10 (2) [illegible] pullulum, Apul [illegible] 59 *Scoptice de asina*

[illegible] m [ex puellus] [illegible] (1) *The young of* [illegible], *a chicken*, or *any* [illegible], *a foal*, &c (2) *A* [illegible] *or shoot of a tree* [illegible] *a bur[illegible]sh* (4) [illegible] *endearment* (1) Pulli [illegible] hirundinis co- [illegible] Plin [illegible] Plin [illegible] ab arbore, [illegible] & Plin 7, 10 (5) [illegible] pullum, & nu- [illegible] vocabant, Suet

[illegible] um part [illegible] (1) *Black*, *russet* [illegible] *Belonging t* [illegible] *mourning* (1) Pu[illegible] [illegible] hirundinis [illegible] [illegible] ad [illegible] [illegible] Plin 1, 2, 64 [illegible] = Niger, *Serv* [illegible]

[illegible] *Of belonging* [illegible] Pul- [illegible] 12

[illegible] n (1) *Chop-* [illegible] *potting* or *broth*, [illegible] *water gruel* (2) [illegible] [illegible] (2) Pulmen-[illegible] [illegible] 59 (2) Qui pulmen- [illegible] 185 Pul- [illegible] quoque fistula,

Phædr 3, 7, 25

Pulmentum, i n [quod ex pulte fiebat] (1) *Pottage, gruel* (2) *Stewed meat* (1) Nimium pulmen o magis utor unctiusculo, Plaut Pseud 1, 2, 8 (2) Pulmentum [illegible] Plaut Aul 2, [illegible] Liu [illegible] tune, tri- [illegible] in singuli quem [illegible] pulmenta necesse est, Hor Sat 2, [illegible] Cons[illegible]t pinter pulmenta [illegible] empto, Id Ep 1, 19, 48

Pulmo, onis m [ex pulsu] *The lungs*, or *lights* [illegible] aspera arteria ad pulmon[illegible] Cic N D 2, 54 Pulmo [illegible] [illegible] ad- [illegible], Plin 11, 37 Pulmones [illegible] *long worm*, Offic [illegible] Pulmo [illegible] *well as pr[illegible]* [illegible]

Pulmonaria, æ f *Sa[illegible] of J-* [illegible] *Jerusalem cowslips* [illegible] Plin

Pulmonarius, a, um adj *I- cated in the lungs, rotten* Ovis [illegible] pulmonaria, Col 7, 5

Pulmoneus, a, um part (1) *Of, or like the lungs* (2) *Swelling as the lungs* (1) Pulmonea poma, quod pulmonis instar frondis tumentis, Plin 15, 14 (2) Pulmonea pedes, *swollen feet* Plaut Ep 5, 1, [illegible] Pulmoneum [illegible] *to* [illegible] *ones heart up*, Il Rul 2, 6, 2

||Pulmunculus, m dim *A little ven*, [illegible] *anything r[illegible] m* [illegible] *it*, Scrib

Pulpa, æ f [dict quod pulpe mista vel batur] (1) *The pulp, the fleshy part, or brawn of any meat, a piece of flesh without bone* (2) *Also the pith of wood, or timber* (1) Donnius excel[illegible] [illegible] ducere pulpa, Pers 2, 63 (2) In [illegible] arundam arborum carnibus pulpæ [illegible] sunt, Plin 16, 38 Arborem in pulpam cædere, *to cut a tree into planks*, Plin

Pulpamentum, i n [ex pulpa] *The fleshy venison of an hare*, [illegible] &c *a delicate dish of meat finely seasoned*, *a dainty bit* Non prætorio pulpamen tum, Plaut Mil 3, 1, 10. Lepus tute es, & pulpamentum quæris, Ter Eun 3, 1, 36 Ego [illegible] occido, sed alter [illegible] pulpamento, *I beat the bush, another catcheth the hare*. D[illegible] Diocl[illegible] *apposite in* [illegible]

Pulpitum, i n [qu publicum, Perot] (1) *The higher part of the stage, where the poets recited* (2) *A scaffold* (3) Synecd *The stage, pulpit, or desk to speak orations in* (1) = Circum pulpita nostra & steriles cathedras [illegible] sola crepant, Mart 1, 77, [illegible] vid Vitruv 5, 6 Pulpitum [illegible] Gloss vet (2) Ludi[illegible] scena & pulpito digna, Plin Ep 4, 25, 4 Tandem [illegible] ad pulpita notum exodium, Juv 2, 174 (3) Remoto pulpito [illegible] solitus, Suet Gramm 4 Cramma- [illegible] tribus, & pulpita, [illegible], Hor Ep 1, 19, 40

Pulpo, [illegible] Vultur pulpat, *i e* pulpam [illegible] cibum poscit, vel a sono *To cry, as the vulture doth when hungry, for flesh* Vultur pulpare proditur, Aud Philomel, ver 27

Puls, tis f [a Gr πόλτος, quod a Celt pols] *A kind of meat that the antients did use, made of meal, water, honey, or cheese and eggs sodden together* *it may be used for water gruel, hasty pudding, pap, panado, or the like* De victu antiquissima puls, Varr L L 4 Romanis olim pro

pan fuit puls, Plin 18, 8 [illegible] puls Punica, *vid* Caton, 85

||Pulsabulum, i *A knocker*, *a thing to knock with*, Apul Flor [illegible] p 791

Pulsatus, a, um part *To be beaten, thumped, or stamped upon* [illegible] [illegible] caput, Juv 5, 11 [illegible] pulsandi pede tibe [illegible], Hor Od [illegible]

Pulsatio, onis f verb (1) *Beating, striking* (2) *Casting, throwing* (1) [illegible] *plying on* [illegible] 5, 62 (2) Nec [illegible] [illegible] Cic [illegible] 5, 13

||Pulsatilis, e adj *That beateth* Venæ pulsatiles, *the arteries, or pulses*, Med ✝ Pulsus [illegible]

Pulsatio, onis f verb *A knocking at the time, or thumping* Pul[illegible] [illegible], Liv 51, 39

Pulsator, oris m verb *One that knocketh, or striketh* Cithara pulsator, *player, or touch er of the lute*, Val Flacc 5, 694

Pulsatus, a, um part (1) *Beaten, dashed against, stamped on* (2) *Pounded, bray[illegible]* (3) *Violated, injured offended* (4) *Called in question, impeached, charged* (1) Pulsatæ fluctibus arbores, Plin 12, 9 Campus pulsatus equis, Ov Met 6, 219 (2) Pulsatum in [illegible], Plin 19, 8 (3) Pulsatos infecto fœdere divos, Vir Æn 2, 286 (4) Senator pulsatu [illegible] Cic pro Cæl 8

Pulso, are freq [a pello] (1) *To beat, to strike, to thump, to bang, to batter* (2) *To knock at* (3) *To play on an instrument* (4) *To trouble, to sue at law* (5) *To vex, or grieve* (6) *To act upon, to affect* (1) Pueri tunc me pulsaverunt, Ad Herenn 4, 10 (2) Pulsare ostium, Plaut Amph 1, 1, 292 [illegible], Id (3) Jam eadem digitis jam pectine pulsat eburno, [illegible] Æn 6, 647 (4) Ulp (5) Meum pectus pulsant, Plaut Ep 4, 1, 3 (6) *Vid* Pulsor

Pulsor, aris, atus pass *To be beaten, battered*, Met *to be moved*, or *acted upon*, &c = Victus pulsari amos, & verberari, Cic Verr 3, 26 Murus pulsetur ab hoste, Ov ex Pont 3, 14, 28 = Censemus dormientium animo per semetipsos in somniando moveri, an externa & adventitia visione pulsari? Cic de Div 2, 58

Pulsus, a, um part [a pello] (1) *Driven away, banished* (2) *Beaten, forced* (3) *Played on, or struck* (1) Pulsus patriâ, Nep [illegible] 6 (2) Unda pulsa remis, Cic Acad 2 (3) Nervi in fidibus [illegible] motu digitorum pulsi, Cic de Orat 3, 57

Pulsus, us m verb [a pello] *A beating, stamping on*, or *thumping* Pulsu pedum tremit excita tellus, Vir Æn 7, 722 Pulsus arteriarum, Plin 2, 97 venarum, *the pulse*, Id 11, 37

Pultarium, ii n [a pulte] (1) *A pottinger*, or *small pan* (2) Also *a skillet wherein childrens pap is made* (1) Plin 7, 53 (2) Palad [illegible]

Pultarius, ii m [ex pulte] *A pottage dish, a pottinger, a pipkin, or posnet to make gruel in* In [illegible] condi uvas, Col 12, 43 Vid & Cels 2, 17

Pulticula, æ f dim [a puls] *Pottage, gruel, pap, panado* Ex frumento cocta pulticula, Col 8, 11 ✝ Pultifagus *Vid* Pultiphagus

||Pultifacus, a, um adj *Wherewith gruel, or frumenty is made*, Auson in Technop

* Pultiphagonides m pl Pul tiphagi [illegible], Plaut [illegible] prol 54

Pultiphagus [illegible] n [qui pultem vorat] *A great devourer of pottage or pap, a gruel eater*, as [illegible] Carthaginians, or *Romans*, Pl[illegible] Most [illegible] 142 *Vid* Puls

Pulto are, pro pulso *To beat, to knock often*, i e *to knock at* [illegible] foot D[illegible] pulta[illegible] [illegible], Id Heaut 2, 31

✝ Pulver[illegible] [illegible]

|| Pulverculum, [illegible] (1) *A kind of [illegible] ants that [illegible]* (2) Also *a* [illegible] (1) [illegible] 1, 15 (2) *Vid* Script Gren [illegible]

Pulveratio, onis f verb (1) *A dissolving into dust, or powdering, an harrowing, or breaking of clods* (2) [illegible] *fine earth* [illegible] about vines (1) Col 11, 2 & 4, 29 (2) [illegible]

Pulvereus, a, um adj (1) *Of dust* (2) [illegible] *dusty* (3) Also *as small as dust* (1) Nube pulverea, Vir Æn 8, 59 (2) Pulvereum solum, Ov Met [illegible] (3) Farina pulverea, *fine* [illegible], Ov Med fac 61

Pulvero, are n (1) *To be [illegible] ed or covered with* [illegible] (2) Act *To turn into* [illegible] *lay over with dust* [illegible] (1) Nec lo hoc [illegible] [illegible], Plaut [illegible] Geo[illegible] 18, 12 (2) Nimium [illegible] pulverem [illegible] Calp Sic 5, 87 (3) *Vid* Pulveror

Pulveror, aris pass *To be covered with dust, or made into fine* [illegible] Priusquam vineæ pulverentur Col 11, 2

Pulverulentus, a, um part *Full of dust, dusty* Pulverulent[illegible] Cic Att 5, 14 præmia militiæ, [illegible] Amor 1, 15

Pulvillus, i m dim [illegible] *A little cushion, or pillow* [illegible] [illegible] Scrib pulvillus, Hor [illegible] Pist 8, 15

Pulvinar, aris n [ex pluma, vel pelluite] quia [illegible] [illegible] a pelus, [illegible] quod [illegible] lutaceo scorto] (1) *A bed, a pillow, a cushion*, [illegible] *a bed* (2) *A pallet* [illegible] *which they laid, and expos[illegible] the images of their gods, in* [illegible] *temples* (3) Also *the* [illegible] *self* (1) Pulvinar geniale, [illegible] 6, 47 (2) Divum pulvinar in [illegible] [illegible] flaminem Cic Philipp [illegible] (3) Ad omnia pulvinaria [illegible] decreta [illegible] Cic Cat [illegible] 10

Pulvinarium, ii n [illegible] quod pulvinar? (1) *The shrine of an image, or the place whereon it lay* (2) *A dock for ships* (1) Cor[illegible] [illegible] Junonis devolvitur, atque in ipso pulvinario consedit, Liv [illegible] 62 (2) Sub [illegible] navem in pulvinario, Plaut Casin 3, 3, 27

Pulvinatus, a, um part *Bolstered, or made like a pillow, or cushion*, Vitruv 1, 2

Pulvinulus, i m dim *A little cushion* [illegible] *a bed in a garden, a little bank, or ridge of ground* Col [illegible] Arb c 10

Pulvinus, i m (1) *A cushion* (2) *A pillow, bolster, a bed* (3) Also *a ridge of land between two furrows* (4) *A* [illegible] *or base [illegible] of gravel* [illegible] *a mass* [illegible] *a wall, a mole, or jutty* [illegible] [illegible] (5) [illegible] *wall wrought with mortar and [illegible]* (1) Crassum [illegible] nos popoten [illegible] omne [illegible], Cic de Orat [illegible] [illegible] pulvino, [illegible] corteo pulvino, Col 8, 2 [illegible] n jus pulvinus erat rosa fartus, Cic Verr 5, 11 (3) Col 11, 3 & Plin 1, 4 (4) Serv in Virg Æn 10, 43 (5) Vitruv 5, 12

Pulvis, ĕris m *in* vel f Pro Pert [de etym parum constat] (1) *Dust, powder* (2) *The ore, or sand of metal* (3) Met on *place of exercise, the lists* (1) Multus erat in calceis pulvis, Cic de Inv 1, 30 Quum ince... Prop 2, 13, 35 ¶ E... pulvis, *the sand wherein mathematicians draw their lines,* Cic N D 2, 18 ✝ Pulvis coctus, ... Stat Sylv 4, 5, 53 *Met* In ... nostro pulvere curiat equus, *on his own ground,* Met celebrate *his own country stories,* Quint Inst 2, 360 ¶ Citra pulverem, *without trouble,* Gell (2) Stringere venas ferventis massæ crudo de pulvere, Perf 2, 67 (3) Domitant in pulvere currus, Vir Æn 7, 163

✝ Pulvis, ... m *Dust,* Pulvis Erythræi numerum subducere, Catull 57, 206

Pulvisculus, i m & pulvisculum, Hieron dim [a pulvis] *Fine powder, small dust* Rem auferre cum pulvisculo, *to sweep dust and all, to leave nothing,* Plaut in Prol Truc v 15 Converret hic me totum cum pulvisculo, *he'll brush me, coat for me, he'll beat me to atoms,* Id Rud 2, 6, 6

Pumex, ĭcis m & aliq f [dict quod sp ma densitate concretus fiat, Isid] (1) *A pumice stone,* used to smooth paper, and rub hair off one's body (2) Also *a stone eaten with age* (1) Pumex non aque est aridus atque hic est senex, Plaut Aul 2, 4, 18 Libellus arida pumice expolitus, Catull prœf 2 (2) ✝ In crebro in pumice pasto vestigavit apes, Vir Æn 12, 587

|| Pumĭcatio, ōnis f verb *A polishing with pumice,* Papin JC

Pumĭcātus, a, um part *Made smooth with a pumice, polished,* Plin Ep 2, 11

Pumĭceus, a, um adj (1) *Of, or belonging to a pumice* (2) *Dry as a pumice* (1) Antra pumicea, Stat Sylv 2, 1, 141 (2) Oculi pumicei, Plaut Pseud 1, 1, 73

|| Pumĭco, are Pumice polio *To make smooth with a pumice, to polish,* Apul Apol p 409 *Adj* ... ex Tib 3, 1, 10 *sed ibi* pumex *rect leg*

✝ Pumĭcor, ... ātus pass Scabor, subvellor, desquamor, pumicor, ornor, Lucil ap Non 2, 202

Pumicōsus, a, um or, comp *Full of pumice, or like a pumice, full of pores, or holes* = Terra exesa & pumicosa, Plin 17, 5 = Quarum pumicosius, spongiæque ... simile, Id 22, 8

Pumilio, ōnis m *sex* puero & homulo constatum fuit pumilio, *Jul Scal* Pumilio Græcum quoque est ... quod est idem ac ... Jos Scal] *any thing of little size, of stature, a dwarf, a dandiprat* Pumiliones aves, Col 8, 2 Pumilionum genus non ... Plin 10, 56 *de gallinis* Pumilio *in homine* Si solum spectes hominis caput, Hectora credas, si faciem spectes, Astinnacta putes, Mart 14, 212

✝ Pumilus, ii m *A dwarf* Suet Aug 8 *Sed libb MSS* ... *Torrent* ... pumilos

Pumilio, & pumilo, ōnis m *A dwarf,* Stat Sylv 1, 6, 57 Parvorum, pumilio, Lucr 4, 1156

Pumilus a, um || or, comp qu pugmilus [a πυγμη, unde & pygmæus] *Little, low, dwarfish* Pumilos & distortos, ut lusus ... naturæ, malique ominis, abhorrebat, Suet Aug 83 || Minimum corpore ... Apul Met 5, p 145

✝ Puncta, æ f ... qui punctim ... ut ... (1) *A thrust, or one, to stick or stab* (2) *Also a print ... by howitz, bailiff* (1) Veg 1, 12 (2) *Front ib 2*

✝ Punctatio, ... f *A slight skirmish, or fight,* Cato ap ... ✝ Levis pugna

Punctim adv *Pointingly, formerly, with a prick* Punctim petere, *to make a thrust, or pass at one* ✝ Punctim magis quam cæsim petunt hostem, Liv 22, 46

Punctio, ōnis f verb *A pricking, or stinging, a stitch,* Plin 25, 13 Cels 5, 8

Punctiuncŭla, æ f dim *A little prick with a needle, or pin,* Sen de Beata vita, 1, 15 & Ep 5

|| Puncto, are *To point,* Prisc ✝ Dispungo, *Cic*

|| Punctō adv *In a moment,* Apul ✝ Statim, *Lett*

Punctum, i n [a pungo] (1) *A prick, or point* (2) *The least portion of a thing that can be, a mathematical point* (3) Punctum temporis, *a moment or minute* (4) *The principal point, or chief proposition in an argument* (5) *A vote, or suffrage* (6) *Also a point in the tables* (1) Oculi suffusi junci puncto, Plin 8, 50 (2) Punctum est quod magnitudinem nullam habet, Cic Acad 2, 4, 36 (3) Die dico? imo hori, atque etiam puncto temporis eodem, Cic pro Sext 24 (4) Puncta argumentorum Cic de Orat 2, 41 (5) Quot puncta in eo tribu tuleris, Cic pro Planc 22 (6) Quadringenis in punctum LLS alearum lusit, Suet Ner 30 ¶ Omne tulit punctum, *he carrieth the bell,* Hor A Poet 343

Punctūra, æ f *A pricking* Puncturis in cute puncte minutes scripti Veg 2, 5 conf Cels 8, 10

Punctus, a, um part [a pungor] (1) *Pricked, instructed* (2) || *Also pricked, or chosen by the ruler's own hand to a place,* as our sheriffs are by the king (1) Vulnus quod acu punctum videretur, Cic pro Mil 24 (2) Panciroll

Punctus, i m *A quot* punctum *A point, or prick* Non aliud est terra in universo quam mundi punctus, Plin 2, 68

Punctus ūs m *A pricking, or sticking* Oculis punctu eruti, Plin 29, 6

Pungens, tis part *Pricking,* Plin 25, 6

Pungo, ĕre, pupugi, punxi, & ant pĕpŭgi, Gell 7, 9 ... [... M ... figo, unde ... pugo, hinc pungo] (1) *To prick, or sting* (2) Met *To gall, to trouble, or vex and disquiet* (1) Pungere aliquem gladio, Cic pro Sext 10 Aspis cum pupugerit, Varr (2) = Scrupulus me dies noctesque stimulat, ac pungit, Cic pro S Rosc 2

|| Pūnicans, tis part *Ruddy, or reddening* Pariunt ... modum floris modori porrectos caliculos modice punicantes, Apul Met 4, p 105 ✝ Rubens, puniceus

Pūnicānus, a, um adj *Of Carthage, or made after that fashion* Fenestræ punicanæ, Varr R R 3, 7 Lectuli punicani, Cic pro Mur 26

Pūnĭceus, a, um part (1) *Of Carthage* (2) *Of a red colour, a light red, scarlet* (3) *Yellow* (1) Qui ... Romano turpe putavit, ... duce Puniceo pertulit, Ov in Ibin, 28 (2) Puniceis invecta rotis Aurora Vir Æn 12, 77 ... punicea coriis, Plaut Rud 1, 2, 61 *lunuis in ambiguo* (3) Puniceus crocus, Ov Fast 5, 318 Pomum Punicum, *a pomegranate,* Id Met 5, 536

|| Pūnico, are, ... part pun... [a puniceo colore] *To look red as in blushing,* Apul ... ✝ Rubeo

Punicum, i n *sc* malum *A pomegranate,* Pallad It genus ... *a sweet cake,* Fest p 38

Pūnicus, a, um ... [a Pœni] (1) *Of Africk, or Carthage* (2) Met *Treacherous, deceitful, nigh dous* (3) *Red, scarlet colour* (1) Punica regna, Vir Æn 1, 3... (2) Ego comperior illum Punica fide egisse, Sall B Jug 108, 3 (3) Punica sub lento cortice grana rubent, Ov ex Ponto, 4, 15, 8

Puniendus, a, um part *To be punished* Facinus puniendum, Cic pro Mil 7

Pūnio, ire, ivi, itum act [a pœna, quasi pœnio] *To punish, to chastise* Prona... est in puniendo, Cic Offic 1, 25 Punire capite, *to behead,* Pandect

Pūnior, iri, pass & dep (1) *To be punished* (2) *To punish* (1) Ego puniar ipsa, Ov Met 9, 578 (2) Ut punire licere, Cic Philipp 8, ... crudelius punitus es, Id pro Mil 13 *ad quem locum notat* Quint *quod antiqui & punio, & punior in eadem significatione dixerint* Inst 9, 3 Punitus sum funestum prædonem, Apul ... Non c 7 n 27

Pūnitio, ōnis f verb *A punishing,* Val Max 8, 1, 1 *quam vocem miror Litt fugisse*

Punitor, ōris m verb *A punisher, or chastiser* = At fuit ultor injuriæ, punitor doloris sui, Cic pro Mil 13

Pūnītus, a, um part *Punished* Punitus sponte sua reus, Cic de Inv 2, 27 Severe mig s quam in ... punitus, Val Max 8, 1, 1

Pūpa, æ f [a pupus] (1) *A young wench, or girl, a damsel, or lass* (2) *A puppet, a baby,* such as girls played with while little, and being grown big, gave to Venus (1) ✝ Pupam se dicit Gellia, cum sit anus Mart 4, 20 (2) Veneri donatæ a virgine pupæ, Pers 2, 70 *scrib* & puppa, *unde nos puppy,* & *puppet*

Pupilla, æ f [a pupa, pupula, pupilla, quod intuentibus similitudo pupæ redditur, Isid] (1) *A damsel under age, an orphan, or girl that hath no mother alive, and is under ward* (2) *The ball, apple, or sight of the eye* (1) Iste infinitis pupillæ fortunas patrimonii ademit, Cic Verr 1, 58 (2) Media oculorum cernunt fenestra ... pupilla Plin 11, 37

✝ Pupillaria n *Boys games,* Litt ex Plaut

Pupillāris e adj *Of, or belonging to a pupil, or ward* Pecuniæ pupillares, Liv 24, 18, Pupillares anni, Plin 7, 18

Pūpillo, āre [a sono] *To cry like a peacock,* Auct Phil ... 26

Pūpillus, i m dim [a pupus] *A fatherless man child within age, and under ward, a pupil, an orphan* Pupillum fraudare qui in tutelam pervenit, Cic pro Rosc Com 6 Pupillum ... inam, quem proximus hæres impello, ex pungam, Pers 2, 12

Puppis, is f ... qui ... ergo in puppe ... (1) *The hinder part of a ship, the stern, the poop* (2) *The whole ship* (3) *the governing of a state* ... Nave, omnis, quæ non ... carinæ ... puppis ... 2, 20 (2) ... (3) ✝ Sed ... tenebris ... locum ...

Pupula, æ f dim [a pupa] *The apple of the eye* ... Plaut ... Cic ...

Pupulus, i m dim (1) *A little boy* (2) *A baby, a puppet* (1) Deprendi modo pupulum, Catul 54, 5 (2) *Arnob*

Pupus, i m [qu ... valde puer] (1) *A boy,* *a babe, or baby* (2) || *A puppet, or image like a child* (3) *A word of endearment* ... (1) ... tem pascere pupum, ... Non (2) Gloss (3) = ... pullum, & pupum & ... cabam, Suet Cal 1

Purè adv ius, comp ... (1) *Cleanly* ... (2) *Sincerely* (3) ... *without alloy* (4) *Correctly* Vasi pura eluere Plaut ... Splendent Pario marmore purius, Hor Od 1, 19, 6 (2) Purè & castè deos venerere, Cic N D 1, 2 ¶ Purè ... *chastely to forbear* ... Asin 4, 1, 61 (3) = ... emendate loqui ... de Opt gen Orat 2 ... describere, Sidon

Purgabilis, e adj *That may easily cleansed,* Pan 15, ...

Purgāmen, inis n (1) *That coming off a thing that is cleansed, offscouring* (2) *A purgation, expiation, or atonement* Purgamina Vestæ in mare ... Ov Fast 6, 713 (2) Omne nefas omnemque mali purgamina causam ... esse credebant nostri ... Ov Fast 2, 35

Purgamentum, i n *Offscouring, filth, dung, rubbish* Stercorum ... quod nova purgamenta recipiat, Col 1, 6 Purgamenta hortorum, *Liv Arn* ... ¶ Purgamenta servorum, *worst of servants,* Curt 6, 11 Quod purgamentum noctis calcatis, aut cadaver Petron ... *ubi vid interpr*

Purgandus, a, um part *To be purged,* Me ... Quando defensor purgandis criminibus ... fuisset ... Cic pro Cluent ...

Purgans, tis part *Purging, cleansing* ... dixissem purgantes pectora succos, Ov ... fo, 4, 53

Purgātio, ōnis f verb (1) *A scouring, or cleansing* (2) *A purge* (3) Met *A clearing, or excuse* (4) *Women's courses* ... Ea pinguefacit, quæ ... Plin 15, 44 (2) ... Cic N D ... (3) ... quid peccat ... hæc purgatio, Ter Heaut ... (4) ...

|| Purgātor, ōris m verb *A cleanser, or render* ... purgator ferarum, Apul ... cloacarum, Firm ...

|| Purgatorium, ii n ... *a purgatory,* Symmach Ep 6, 64

|| Purgatōrius, a um adj *Purging*

...ng to purging Purgatoriæ ... alter Somn Scip 1, 8 ... 1, Celſ.

Purgo, ... part ... dady or, ... up (1) Cleanſed ... from (3) Met ... (1) Morbi miror pu... Hor Sat 2, 2, 2 ... purgatiſſima, ... Pers 2, 5 (3) In ... argumentis, purga... Non c 205

Purgo, are freq To purge ... in ... rumbi homines ... ſcent, ... purgi... 4, 10, 2

... act [... pu m a ... vel ... pus, puris, ... (1) To ... the clean to ... (2) To clear, to put a ... (3) To purge ... (5) To remedy, or cure ... to excuſe, to clear one ... (6) To expiate, ... (1) ... Somnium ... & ... mente pu... Tuſc 5, 23 ... to ſcrape, or ... (3) Ire... guttula ... purgat, ... (4) Palumbes laur... um faſtidium purgant, ... (5) — Serves ... lpſos ... que purgo, Cic ... § Purgare ... Cic Fam 3, 10, 21 § ... (6) Nefas purgare ... 11, 119

... tis part Purifying, ... Se purificantes, Plin

... atio, onis f verb (1) ... a cleanſing, a ſcour... the virgin (1) ... ſpecia ... omnibus adhibetur, ... (2) Fut

Purifico, are To cleanſe, or ... to purify, Illam ... quum ... conub tu ... ſe, Suet Aug 94 ... pro puriſſima an ...

Puritas, atis f Purity, clean... funere ... debere, Pallad ...

... adv (1) Purely, clean ... religiouſly, innocently ... puritèr, ... (2) Si vitam puriter egi, ... 19

Purpura, æ f (1) The purple ... whereof purple colour ... (2) Meton Purple co... a purple garment, a ... (3) Also the digni... magiſtrate, or office (1) ... (2) Qui nitent un... fulgent purpura, Cic ... Purpura vendit cauſ... 7, 1, 5 (3) Tot fuere ... Mari purpura de ... 1, 17

Purpurans, antis part Looking ... purple ruddy, blood-red ... ſo re purpurantes, ... 10, p ...

Purpurascens, ... um adj Of, or ... purple, or a purpl... ... offic ...

Purpurasco, ere To grow of ... blue colour ... n eſt purpureus, purpu... Acad ap Non 2, 717

Purpuratus, a, um adj ... (2) Subſt A ... a courtier (1) Purpu... rius, Cic Catil 4, 6 ... mimitte purpu... Cic Tuſc 1, 43

Purpureus, a, um adj (1) Of purple, purple coloured (2) Red (3) Glowing, bluſhing (4) Shining, of what colour ſoever (5) Attired, Met ... (6) Alſo arrayed in purple (1) Amictus purpureus, Vir Æn 3, 405 Pallium purpureum, Cic Verr 5, 12 (2) Ignis purpureus, Stat Achill 1, 16 (3) Pudor purpureus, Ov Amor 1, 3, 14 (4) Mare purpureum, Vir Æn ... Purpurei olores, Hor Od 4, 1, 10 Nix purpurea, All ... (5) Aug... tus purpureo bibit ore nectar, Hor Od 3, 3, 12 ſic ad ... ſumul ... ora reſpiciens (6) Purpurei metuunt tyranni, Hor Od 1, 35, 12

Purpuriſſatus, a, um part Painted with red complexion, Plaut Truc 2, 2, 35

Purpuriſſo, are To paint the face ruddy Vid Purpuriſſatus

Purpuriſſum, i n Plin & Purpuriſſu, Hieron Ep 10 A lively ruddy colour Floridi colores cinnabaris, chryſocolla, purpuriſſum, Plin 35, 6

Purpuro, are (1) To be of a purple, or deep red colour, (2) or to make purple colour (1) Quando ventus mare cæruleum criſpicans nitefacit, id pu purare dicunt poetæ, Gell 18, 11 (2) ... frondes purpurat auro, Col 10 101

Purpuroponcilos A kind of marble, Plin 36, 8 al leg pyropœcilos

Purulente adv Corruptly, filthily, as it were full of matter, or ſnivel, Plin Proœm 1 23

Purulentus, a, um adj [a pure, ut ſan... nienus] Full of matter and corruption, mattery Ulcus purulentum, Plin 20, 2 Carcei ... purulentu eſt Cato, 157

Purum, i n ſubſt ſc cœlum The clear open air Dieſpiter per purum tonantes egit equos, Hor Od 1, 34, 7 Laxis per purum immiſſus habenis, Vir Geor 2, 364

Purus, a, um or, comp ſſimus, ſup [ab Heb פאר Avon ... nis, qui omnium purior] (1) Pure, clean fine, fair (2) Tranſparent (3) Even, ſmooth, open (4) Plain, unwrought (5) Sacred, holy, religious (6) Pure, unmixed (7) Met Upright, innocent (8) Fit, proper, pertinent (9) Void, free (10) Alſo entire, or abſolute, without any reſtriction, condition, or exception (11) Fit for ſacrifice (1) Puræ rivus aquæ, Hor Od 3, 16, 29 ⁂ = Aer purus, & tenuis, non craſſus, & concretus, Cic N D 2 15 (2) Electro purior amnis, Vir Geor 3, 522 (3) = Purus & patens campus, Liv ... (4) Argenti vaſcula puri, Juv 10, 19 Toga pura, Plin 8, 48 (5) Pura veſtimenta, ... 1, 24 Pura cum veſte venite, & manibus puris, Tibull 2, 1, 13 = Religioſus, Cic (6) Puriſſima mella, Vir Geor 4, 16 (7) = Bonus quis & purus ... manibus, Hor Sat 1, 4, 71 = Pura atque integra mens, Cic ... 22 (8) Non ſatis eſt puris verſum perſcribere verbis, Hor Sat 1, 4, 54 (9) = Quæ eſt domus ab iſta religionis ſuſpicione tam vacua atque pura? Cic de Haruſp Reſp 6 ⁂ Purum eſt vitio tibi, cum tumidum eſt, cor? Hor Sat 2, 3, 213 (10) ⁂ Is qui agit, judicium purum poſtulat, ille quicunque agitur, exceptionem addi ait oportere, Cic de Inv 2, 20 (11) Suis fœtus ſacrificio die quinto ... eſt, pecoris die octavo, bovis, triceſimo, Plin 8, 51

Pus, ūris n pl pura [a Gr πύος] (1) Matter, corruption, quitter, matter that cometh out of a ſore (2) Met Railing, ſevere raillery (1) Pus medium eſt quo minus eſt, quo craſſius, quo albidius, Celſ 5 26 ⁂ Sanies, ... (2) Hor Sat ...

† Puſa pro puella ant Varr L L 6, ... ex Papin

|| Puſillanimis, e adj qui ſt pu... animi Faint hearted, meanſpirited, cowardly, Claud Mam... 1, 20 † Puſillanimis homo, Cic

|| Puſillanimitas, atis f Faint-heartedneſs, cowardlineſs, Lact † Debilitatio & abjectio animi, Cic

|| Puſillanimiter adv Cowardly, faintheartedly, Recen † Abjecte, timide, ignave, Cic

|| Puſillitas, atis f Littleneſs, Tert † Parvitas

Puſillus, a, um adj [a pu... parvulus ... puſilluſ ...] (1) Weak, cowardly ſmall, petty (2) Short (1) = Te ia ... non ne ... educ... atque puſillos, Juv 15, 70 Animus puſillus, a faint heart, Hor Sat 1, 4, 17 (2) Puſilla epiſtola, Cic Brut ... Vila puſilla, Cic Fam 12, 20, 1

Pūſio, onis m [... puer, ... puſus, q ... pro pupus] A little child, a boy, a lad, a bardaſh, a catamite Qui tecum ſemper puſo cum majore ſorore cubitat, Cic pro Cal 15 ... & Juv 6, 33

|| Pūſiola, æ f A little girl a moppet Iſti ... pondia ... puſiola, Prud Peri ... 3, 20

Puſtula, æ f [ab ... & puſula] (1) A puſh, bliſter little wheal, bladder, or blain (2) Alſo a ſmall pock (3) Alſo St Antony's fire (1) Puſtulæ lividæ ſunt, aut pallidæ, aut nigræ, Celſ 5, 28, 15 (2) Celſ 2, 6, & 6, 6 Pl... 20, 1, & 21, 7 (3) Col 7, 5

Puſtulatus, a, um part That with bliſters, wheals, or puſhes, bliſtered Puſtulatum argentum, plate emboſſed, or chaſed, Mart 7, 85 Alſo very pure and well fined ſilver, Suet Ner 44

Puſtuloſus, a, um adj Full of bliſters, puſhes, or wheals Ulcus in locum puſtuloſum ſerpit, Celſ 5, 26, 31

Puſula, æ f [a pus, quia pus continet, ... quod puſtula] (1) A little bladder, or puſh, that riſeth in bread when it is baked (2) Alſo a diſeaſe called St Antony's fire (1) Steph (2) Col 7, 5

Puſuloſus, a, um adj Full of bliſters, or that hath the afore ſaid diſeaſe of wildfire Pecus puſuloſum, Col 7, 5

† Putus, i m ant A child, a boy Vere puſus tu, tua amica ſenex ſit, Varr ex Papinio † Puerulus, pusio

Puta adv [ab imperativo verbi puto] Suppoſe, or imagine, that is to ſay, to wit, for inſtance, Celſ 5, 26

Puta, æ f [a Gr ..., vel ab Hebr פות pudendum mu...] A little girl, Serv ex Hor Sat 2, 2, 216 ubi alii putum

Putāmen, inis n [a puto ... quia putari & reſcindi ſolet] (1) A ſhell of a nut, or other thing (2) Alſo that which is cut from any thing (1) Juglandium putamina, Cic Tuſc 5, 20 ⁂ Nucleum amiſi, reliquit pignori putamina, Plaut Capt 2, 4, 123 Putamina ovorum, Plin 7, 2 teſtudinum, Id 9, 11 (2) Non

Putans, tis part Conſidering, or caſting with himſelf, revolving Veſtis ... preſſit, mulam ... Vir Æn 6, 332

Putatio, onis f verb A ... ing, or lopping of trees Arborum putatio, ... vitium, Col 4, ...

|| Putatitius, ... In general, ... or ... † Spe ...

|| P... ... Inſer...

Putator, oris m ... A lopper, or pruner of ... ... diſer Arborum putator, Col 4, 24 Putator a ... Varr conf & Vir ... 2, 28

Putatorius, a, um adj Of, or belonging to pruning of trees Vinitor putatorius, ... Falx putatoria, Id 1, 43

Putatus, a, um part (1) Cut dreſſed (2) ... (3) ... Met ... (1) Putata vitis, Pall ap ... (2) Putatum ... Pall ap ... (3) Ratio putata, ... ap Fest

Puteal, is n [ex puteus] (1) The cover of a well, or pit (2) Alſo a place in Rome where it was a ſeat of juſtice, a tribunal, or court like our common pleas (1) Puteal ſupra impoſitum, Cic Div 1, 17 (2) Roſcius orabat ... ad puteal cras, Hor Sat 2, 6, 35

Putealis, e Of, or belonging to a pit, or well Unda putealis, Ov in Ib 389 Aqua, Col 1, 5

Puteānus, a, um adj Of a well, Plin 1, 9 & Col 12, 6

Putearius, ii m A digger of pits, or wells, Plin 31, 3

Puteo, ere, ui n (1) To have a very ill ſavour, to ſtink (2) To be naſtous (1) Puteres ... Hor Ep 1, 19, 11 (2) Puteres ... rhombusque recens, Hor Sat 2 2, 42

Puteoli, orum [ab aquæ calidæ putore, ... a ſimili puteorum] Places of ſulphureous water, vid Varr L L 4, 5

Puteſco, ere To grow rank, to ſtink Olea puteſcet, Cato, 3, & Varr R R 1, 54

† Puteum, i n id quod puteus, Non ex Varr

Puteus, i m [a Gr ... quod potum ſignif Varr] A well or pit Haurire aquam de jugi puteo, Cic N D 2, 9 † Puteos ac potius fontes habet, Plin Epiſt 2, 1, 25

Puticuli, m pl [a puteis ... ad ſepelienda cadavera ... um, vel quod ibi putreſcebant cadavera, &c] Places without the city where the common people were buried, Feſt & Varr

Putide adv ius, comp Rankly, formally, with too much affectation Qui nec inepte dicunt, nec odioſe, nec putide, &c Cic Cl Orat 82 Nolo exprimi litteras putidius, Id de Orat 3, 11

Putidiuſculus, a, um dim [... putidior] Somewhat unpleaſant, a little affected, too formal, Cic Fam ... 5

Putidulus, a, um dim [a putidus] Somewhat rank, or affected, or out Altera ridicula eſt altera putidula, Mart 4, 20

Putidus, a, um adj or, comp [a puteo] (1) Stinking, of an ill ſavour, ſtale and rank, naſty, rotten, unſound, Met mad (2) Affected, unpleaſant (1) Mœchæ putidæ, Catull 40, 11 palus, Id 18, 10 Putidus fungus, Plaut Bacch 4, 7, 2 Putidius cerebrum, Hor Sat 2, 3, 75 (2) † Ne aut obſcurum eſſet, aut nimis putidum,

Off 1, ... = Spero hæc vo... & putida videri, Id de Orat 3, 1...

Pu... lla, æ f ... [a puta] A little tiny girl, Scal ex Hor Sa... ubi vulgo pusilla

Pu... m ... A manniken, a dwarf, Plaut Asin 3, ... 104

† Putis, ... Rotten, Lucr ... ...

... pro putesco ... rotten, to stink, Cic N D 2, 63

Puto, āre ... parum ... purgo, Ca... arbores ... putes facit] (1) To prune, to lop, or dress vines, &c. (2) To make even, clear, adjust, or cast up accounts (3) Also to think, consider, or ponder (4) To think, suppose, or esteem (5) To determine (6) Puto, or, ... puto, elegantly ... way of ... (1) ... vitem ... Col 4, 10 ... Item ... (2) ... ... Puta... ... Cic Attic 4, 11 (3) ... (4) ... (5) Pro nihilo putare, to make no account of, ... Magni putare, to set much by, Quint (5) ... (6) Sole ... oportunt ... Hoc ... ... puto, ... est ... ...

Putor, āri ... pass (1) To be pruned, or trimmed (2) To be reckoned, or cleared (3) To be esteemed or held (1) ... (2) Putatur ... Plaut Aul 5, 5... (3) ... civis ... de Att ... 2

Putor, oris m verb [a puteo] A stink or ill savour D... steriles ... putorem ... Cato...

Pu... m [a putore, qu... ...] A ... let, a ... ... ap Litt unde ...

Putredo, inis f Rottenness, corruption, ... a putredine ... Pont 1, 69 sed al leg ... Plin 20, 20

Putrefacio, ... (1) To make rotten, to cause to putrefy (2) To dissolve (3) ... Plaut ... humor putrefacit depo... ... Col ... (3) ... putrefaci... Liv 21, 37

|| Putrefactio, onis f verb Putrefaction, corruption, Med ‡ Corruptio, Cic

Putrefactus, a, um part Putrefied, rotten, Luc ... 957

Putresco, ... To be corrupted ... putredo ... Pallad Febr tit 10

Putresco ... To rot, or be rotten ... Hor ... Plaut ... 2, 6

Putreo, ēre neut (1) To grow rotten, to wax rotten, to ... (2) To ... hollow, as land ... and not down (1) ... putrescant, Cic Tusc ...

(2) Locum toti hyeme putrescere ... Col 2, 11

Putridus, a, um adj Rotten corrupt Dentes putridi, Cic in ... Memoria putrida, Luc 2, 141

Putris, e adj (1) Rotten, filthy, ... stark naught (2) ... (1) Putris navis, ... port 2, 25, ... Putres mammæ, Hor Epod 8, 7 Gleba putris, light loose mould, Virg Geor 1, 44 (2) Putres oculi, Hor Od 1, 36, 17

Putror, ōris m [a puteo] Rottenness Putorem nacta tellus, Lucr 2, 8...

Putus, a, um adj ... ssimus, ... a puro, ... Fest ... Pure, purged, tried, pared, without mixture = A ... putum, Gell 6, 5 = Putus putus sycophanta, ... a stark rogue, a ... Plaut ... Putissimæ orationes, most genuine, ... Cic Att ...

Putus, i m ... a boy, ... puer ... Virg Catal ...

P ante Y

* Pycnocomon ... herba ... Plin 26, 8

* Pycnitis, ... A sort of bush ...

* Pycnoticus, a, um Pycnotica medicamenta ... Med

* Pycta, æ ... (1) A boxer, a ... prize player, a champion (2) Also a fighting cock, or cock of the game (1) Laudem ... Phædr ... (2) Gallinaceus pyctes, Col 8, 2

* Pyctacium, ii n (1) A table wherein the names of things were written ... a little roll, a label or paper ... a short writing ... or cloth (1) ... (2) ... Vid ...

Pittacium

|| Pygmalius adj ... certamen, a match at fisty-cuffs, Firm ‡ Pugilatus certamen

|| Pygmæ ... idem quod ... Firm

Pygmachus ... A fighter at hands ... Pugil

Pyga ... The buttocks, or breech ... pyga, ... Hor Sat 1, 2, ...

* Pygargus, i m ... (1) A beast like a fallow deer, a roe-deer, or perhaps a ... (2) A buzzard, or rather a ring-tail (1) Plin 8, 53 (2) Plin 10, 3

* Pygmæus, a, um adj Small, little, dwarfish Pygmæus bella... Juv ... 168 Pygmæa virgo, Id 6, ... De Pygmæis subst Vid Plin ...

* Pyla, æ f A gate, a port, the strait passage betwixt hills ... Iter ... per Thermopylas, Cic Att 5, 20 Lat Fauces

* Pylorus ... m ... janitor The nether orifice, or mouth of the stomach, the maw gut, Med

Pyra, æ f An heap of wood made for the burning of a dead body, a funeral pile, a bonfire Innumeras struxere pyras, Virg Æn 11, 204

* Pyrallis ... f [dict quod ex igne provenit] Ignaria Gaza A fly ... in the fire ... a kind of ... or other fowl, &c Plin 10, 74 ... Vid Pyrausta

Pyrama A gum or resin dropping from the tree ... Plin 12, 2... Rect Phyrama

|| Pyramea arbor The mulberry tree under which Pyramus ... Thisbe ... himself, ... Servius ...

Pyramidatus, a, um adj Made sharp ... with a square bottom ... and sharp towards the top ... Cic N D ... cod

* Pyramis, idis f ... [...] ... constructio ... in acutum ... forma ... pyramid, a great ... or stone, or ... &c broad ... square at bottom, upward small and sharp, a ... a spire, a ... Min globi ... cylindri ... pyramidis ... Cic N D 1, 10 ... Plin 36, 12 ... Ann 2, 61

|| Pyratum ... [pro ...] Perry, Hor ... Pyrrum

* Pyrausta, æ m [ex ... uro] A fire-fly, Plin 11, 36

* Pyren, enis m The kernel or stone of fruit, as olives, grapes, cherries, ... Lat Nucleus

Pyrethrum ... herba ... gustu ... igneus] Bertram, wild or bastard pellitory, having a root which is very burning and hot, Cels 5, 4, & ... Ov ... 2, 118

Pyrgus, i m [...] ... turris, ... (1) A tower, or ... (2) A dice-box to fling the dice out (1) ... (2) Mart ... Hor Sat 2, 7 ... Turricula Mart ... Juv ...

* Pyrisitis, ... f A precious stone of a black colour, which with rubbing burneth the fingers, Plin ap Litt

* Pyrites, æ m [dict quod ... accepturum ...] A marcasite, or fire-stone, of which there are several sorts, any of which ... fire may be struck ... stone, ... Plin ... Turneb Advers 6, 6

* Pyritis, ... f A precious stone which held hard burneth the fingers, Plin ap Litt

* Pyrrhocorax, acis m dict [a colore rostri igneo] A crow like a Cornish chough, having red feet and a red bill Fort Pyrrhocorax, Plin 10, 48

* Pyrois ... [ab igneo colore dict] (1) The star of Mars (2) Also one of the horses of the Sun (1) ... & rutilus pyrois, Col 10, 290 (2) Ov Met 2, 153

* Pyropæcilos ... [...] quod ... ignei coloris ... varieque ... A kind of stone with variety of red spots, Plin 36, 8

* Pyropus, i m [flammæ colorem referens] (1) A carbuncle of a fiery redness, an opal (2) Also a mixture of metal, whereof three parts are brass, and one gold (1) Flammas imitante pyropo, Ov Met 2, 2 ... pyropo, Prop 4, 11 ... Plin ... 48

* Pyrotticum medicamentum ... caustic, ... Cels

* Pyrrhicha, æ f A ... dancing in armour, ... said to have been invented by Pyrrhus the son of Achilles ... or, as others, by one Pyrrhicus ... Pyrrhichas ... Cels ... Plin ... 5 & ... Gell ... Gen Dier 6, 10

* Pyrrhicharius, ii m ... Pyrrhica, a dancer in armour, ... Ulp

Pyrrhichius ... [dict a Pyrrhicha ...] vi ... pedis ... hic ... est ... A foot consisting of two short syllables, as mare, ... it is so called ... the most ... used in the Pyrrhic dance, Quint 9, ...

* Pyrrhocorax ... chough, Plin ...

* Pyrrhopœcilos [...] ... maculatum ... of marble ... ... adapted to the sun, ... Plin 36, 8 = Syenites, Id

Pyrum, i n A pear, ... Vid Pirum

Pyrus, i f A pear-tree, ... Pirus

* Pythaules, æ m ... qui pythia cantat ... a ... pithaules perper ... Sen Ep 6...

Pythicus ... n ... of Apollo killing the serpent Python, Plin 35, 9

Pythicus, a, um part Belonging to Apollo, oracular Vetus pythicus, Amm Veridica ... divinationis præcurrit, Val ... 8, 10

* Python, onis m Cicer ... a ... fando ... ut puto ... ... putrefacio ... ex terræ putredine ortus ... (1) A serpent so called ... (2) Also a prophet ... spirit, or a prophet that is possessed with such a spirit (1) ... Pront (2) ... Delphica ...

|| Pythonicus, a, um ... possessed with a spirit of prophesy, Bud

|| Pythonissa, æ f mulier Pythonis, ... בעלת אוב ... Delphicam Pythonem ... A woman possessed with a prophesying spirit, Vulg Inter

* Pytisma, ... n ... A spirting out of wine ... the teeth when we taste it, or a throwing out of the bottom of the cup on the floor Quod ... culis & pytismatis effundit ... Juv 11, 173 ... adnotarunt

* Pyxacantha, æ f [...] ... cubitalibus ramis ... ... barberry tree, boxthorn ...

* Pyxidātus, a, um adj ... a box with a lid, ...

Pyxidicula, æ f A little box that medicines are put in, a gallipot, Cels 6, 3 ...

* Pyxis, idis f [dict ...] ... buxo ... quæ ... A box, properly made of box ... also an apothecary's galli... Mart 9, 38 Plin ... Pyxis nautica, a mariner's compass, Ap recentiores

Q, q, Latin, *Q*, *q*, Ital. 𝔔, 𝔮, black Engliſh. Concerning the origin, power, and uſe of this letter, the antient Latin writers have derived various opinions to the modern critics. Some of them took it to be ſuperfluous, and therefore probably were unconcerned about it, how or whence it came into their alphabet. Of this number were *Nigidius Figulus* and *Licinius Calvus*, who refuſed to uſe it at all. Some uſed *c* for it indifferently, and writ *pecunia*, *loquntur*, *liqum*, and at other times *pecunia*, *locuntur*, *alicum*. *Voſſ. de bing.* de Vet. Rom. Script. Hence ſome learned moderns finding many words of this kind, others again judging it to be no letter, but only a combined note of *cu*, muſt conſequently have ſuppoſed vulgar cuſtom, and a ſhorter way of writing, to have introduced it into the alphabet. Of this number was *Pompeius Feſtus*, and long before him *Ennius*, who writ ſometimes *cuando*, and ſometimes *quando*. And indeed cuſtom at this day allows to write *cocus*, *hircus*, *cum*, *car*, *cotidie*, and many others, or *coquus*, *hirquus*, *quum*, &c. promiſcuouſly. From ſuch examples, and the frequent changes of each of theſe into the other, as in *quo*, *cuſtum*, *liqui*, *lictum*, &c. which is no more than an ordinary permutation in letters of the ſame organ, eſpecially in mutes of the ſame rank, ſome have not only affirmed Q to be CV combined as aforeſaid, but ſhewed us the ſeparate parts in this figure C~ Theſe writ ſometimes, *qis*, *qæ*, *qid*, or *cis*, *cæ*, *cuid*, which *Voſſius* approved. *Quintilian* on the contrary takes the figure of this letter as well as the power, from K, and ſeems to think both letters ſuperfluous. As to the figure, 'tis juſt as probable as the former, and as to its power, nothing can be proved from that known pun of *Tully*, *Ex quoque tibi jure favebo*, becauſe *Donatus* having informed us that in *Cicero*'s time *quoquus* was writ, it is more probable that he pronounced that word *quoque* than *coque*. My arguments for this conjecture are chiefly from *Fabius* himſelf, who tells us (*Lib.* XII, 10.) this letter made ſyllables harſh, which ſurely cannot well agree to the ſound of *k*. Beſides, he ſaith in the ſame place, that Q had a ſound unknown to the Greeks (which certainly it had, and for that reaſon not adopted into their alphabet, of which more below) which evidently proves the Romans ſounded it not as *k*, but very probably as we do. But what neither the antient writers nor the modern were aware of, hath not eſcaped the ſagacity of the learned Dr *Littleton*, who has deduced the figure, name, and power of this letter from ק. For as from the Hebrew *Caph*, the Greeks made *Kappa*, ſo from *koph*, *koppa*, but finding they had no occaſion for it in their alphabet, gave it however a place among their numerals, calling it *Κόππα ἐπίσημον*. For the ſame reaſon alſo, *Vau*, not being admitted as a letter, found place as a numeral, by the name of Βαῦ ἐπίσημον. On the very ſame account, *tzade*, or *zade*, or as we call it *zad*, was denied the favour of being a letter, but aſſigned a proper place in their numbers. This proceeding may plainly be accounted for from the genius of both languages. The Hebrew being harſher, made uſe of four letters in each rank of the mutes, namely, two medials in each order, the ſound of the one ſo differing from its neighbour, as the firſt from the laſt. the two medials in the firſt order were ב and ו, or B and V, in the ſecond ג and ק, or G and Q. In the third ד and צ, or D and Z. But the ſmoother tongue of the Greeks refuſing the latter in each order, made them amends ſuitable to their rank, placing the firſt in their units, the ſecond in their tens, and the third in their hundreds. But to proceed, the old Romans, whoſe language was perhaps not much ſofter than the Hebrew, though they framed their alphabet from the Greek, found themſelves obliged to reſtore theſe numeral marks to the dignity they had enjoyed in the mother alphabet. And thus from Βαῦ, or which is the ſame, the Æolian digamma Ϝ made their F, that people alone of all the Greeks having learned that ſound, and from the Greek Κόππα their Q. This letter, I obſerve, the Latins muſt have ſounded *qkoppa*, if the opinion of ſeveral antient and modern critics may be allowed, who affirm this letter to be taken in purely for the ſake of its V, to give it a broader ſound, as it is very probable the original ק had in Hebrew to diſtinguiſh it from כ, whence the Greeks had their Κάππα, and mediately the Latins their K. From the third ἐπίσημον, Σάνπι, which, as before noted, was the Hebrew *tſade*, or as we call it, *zad*, their *z* was taken, not from the Greek Ζῆτα, for here I am forced to recede from the learned doctor, becauſe the Latin *z* hath a very hard ſound, as the dental צ hath, whereas the Greek ζῆτα was ſo ſoft, that *Fabius* tells us, the Roman orators were obliged to borrow from them ſometimes, to avoid uſing their own barbarous *z*, that is the Hebrew צ, which the Greeks had not, *Lib.* XII, 10. and in the ſame place will ſcarce allow ו, that is, F, to have an humane ſound, which ſurely is ſofter than צ, and the opinion he had of our Q I have ſhewn before. Hence 'tis evident, that the Latin *z* is not the Greek ζ, and that the orator diſlikes as letters all the three 'Επισήμους: and the doctor confeſſes the figure of Z comes nearer צ, and the ſmall *z* nearer to the final ץ, than to the Greek ζ. But to return to our Q. The figure of Q is eaſily made from C|, by ſhutting the ſemicircle, and obliquating the perpendicular line, and Ϙ *quoppa*, differs not at all from the Hebrew ק, when, in compliance to the weſtern way of writing, it is turned to the right Thus at length the figure, name, and power of this letter are ſettled. But whereas the learned doctor roundly affirms the Greeks had formerly this letter, I cannot here but avow my diſſent, ſince it neither appears among the Cadmean letters, nor thoſe ſince invented, whether neceſſary or compendiary beſides, he owns the Greeks did not want it. Yea, *Quintilian* farther obſerves, that they could not pronounce it, and is angry that ſo broad and harſh a ſound ſhould be taken into the Latin alphabet, which ſo embaſed the Roman, when compared with the Greek elocution. I ſhould next ſhew its mutual intercourſe with its ſiſter mutes, but I have already made the longeſt preface to one of the ſhorteſt letters, and therefore ſhall only obſerve, that the reſemblance and ſound of this mute is nearer to that of her medial ſiſter G, than to C or K her other ſiſters For G takes V after her before a vowel, in the ſame ſyllable ſometimes, as in *lingua*, *extinguo*, &c as Q doth always which *v*, whether it be a vowel or a conſonant, or neither, as *Donatus* and others have thought, I had better inquire in that letter than here Q in the notes of the antients, Quintus, *or* Quintius, Quint. Quintilius, Quaeſ Quæſtor, Q B V Quod bene vertat; Q.S.S.S Quæ ſupra ſcripta ſunt; Q.M Quintus Mutius, vel Quomodo

Qu ante A

QUA adv [ex abl quâ, *ſc* viâ, parte, ratione] (1) *Which way* (2) *By what method*, or *way* (3) *On what place* (4) *As far as* (5) Alſo *conſidered as* (6) Qua-qua, *both—and* (1) Quo minùs ei liceat vagari, qua velit, *Cic de Or* 1, 16 (2) Qua facere id poſſis, noſtram nunc accipe mentem, *Vir Æn* 1, 680 (3) Si viſum, qua plauſtra agi facilè poſſunt, *Varr* conf *Ov Met* 1, 299 (4) Quà terra patet, fera regnat Erinnys, *Ov Met* 1, 241 (5) Non quà filius alicujus, ſed quà homo æſtimatur, *Paul JC* (6) Qua mares, quà feminas conſectans, *Plaut Mil* 1, 3, 20

Quâcunquè adv *Which way ſoever, by what place ſoever, whitherſoever* Quacunque nos movemus, *Cic Attic* 15, 18 Quacunque velint vagari, permittitur, *Id in Rull* 2, 13

Quadantenùs adv [*i e* quâdam parte tenus] *After a ſort, in part, in ſome meaſure* Quadantenus rubens, *Plin* 26, 10 Quadantenùs dicere, *Id* 37 *in Proœm*

Quadra, æ f [à quatuor, *pro* quatra, *t* in *d* converſo] (1) *A ſquare* (2) *A ſquare trencher* (3) *A ſquare piece* of bread, cheeſe, *&c* (4) *The ſquare at the bottom of a pillar* (1) Patulis nec parcere quadris, *Vir Æn* 7, 115 (2) Aliena vivere quadrâ, *Juv* 5, 2 (3) Nec te liba juvant, ſectæ nec quadra placentæ, *Mart* 3, 77, 3 caſei, *Id* (4) *Vitruv* 2, 3

||Quâdrâgenârius, a, um adj *Of forty*, or *forty years old*, Arnob ✝ Annorum quadraginta

Quadrâgêni, a, a *Forty* Columnæ ſeſtertiis quadragenis millibus locatæ, *Cic Verr* 1, 56 Quadragena annua, *forty thouſand ſeſterces a year*, Suet *de Ill Gramm* 23

Quadrâgeſima, æ f (1) *The fortieth part*, or *penny* to be paid to the government (2) ||*The time of lent*, from our Saviour's forty days faſt (1) *Suet Veſp* 1 (2) || *Ap Eccleſ ſcript*

Quadrâgêſimâlis, e adj *Of*, or *belonging to the fortieth*, or *to lent*, Bud

Quadrâgêſimus, a, um [à quadrageni] *The fortieth*, Tac Ann 1, 64, 5

Quadrâgiès adv *Forty times* Seſtertium ter & quadragies, *Cic pro Flacc* 12

Quadraginta ind plur [*ex* quatuor, & ginta, flexionis paragoge, ut Græcis *κοντα* in *τεσσαράκοντα*] *Forty* Quadraginta arvi jugera, *Catull* 112, 2

Quadrandus, a, um part *To be ſquared*, or *fitted* Quadrandæ orationis induſtria, *Cic Orat* 56

Quadrangulâris, e adj *Four cornered, quadrangular* Quadrangularis agri forma, *Col*

Quadrangulus, a, um adj *Four cornered, ſquare* Quadrangula figura, *Plin* 13, 22

Quadrans, tis part *Agreeing*, Cic

Quadrâns, tis m [*ex* part] (1) *A Roman coin, the fourth part of an as*, near *our halfpenny*, made of braſs *or* lead, with the picture of a ſhip or float on it, whence called *quadrans ratitus* (2) Or becauſe it was *the waterman's fare* (3) It was alſo *the price of bathing*, publicly paid to the keeper of the bagnio (4) *The fourth part*, or *quarter* of any number, weight, *or* meaſure (1) = Quadrans ante triuncis vocatus, à tribus unciis, *Plin* 33, 3 *Mart* 3, 7 conf 10, 74 (2) *Varr ex Lucil* (3) Quadrante lavatum Rex ibis, *Hor Sat* 1, 3, 137 vid & *Juv* 6, 45 (4) *Col* 4, 2, 7 ¶ Quadrans operæ, *the fourth part of a day's work*, Col 2, 4 Quadrans vini, *half a pint*, or *a jill of wine*, Celſ 1, 4 Hæres ex quadrante, *an heir of the fourth part of the eſtate*, Ulp

Quadrantal, is n (1) *A figure ſquare every way*, like dice (2) Alſo *a veſſel*, the ſame that *amphora*, containing of our meaſure *nine gallons* (1) *Gell* 1, 20 (2) Modica eſt, capit quadrantal, *Plaut Curc* 1, 2, 14

Quadrantâlis, e *Four fingers*, or *three inches thick*, &c *Plin* 13, 15

Quadrantâria, æ f *A common harlot that will be hired for a farthing*, Quint 8, 6

Quadrantarius, a, um adj *Belonging to*, or *bought for a farthing* Cur ornaretur quadrantaria res? *Sen Ep* 86 [al 87] *De balneo publico loq*

Quâdrârius, a, um adj *That is made fourſquare* Vaſa quadraria, *Cato*, 18

||Quâdrâtârius, ii m *A ſtone-cutter, a ſquarer of marble*, Sidon ✝ Lapicida

Quâdrâtûra, æ f *The ſquaring of any thing*, Hygin *de Limit Goeſ* p 206

Quadrâtus, a, um part & adj (1) *Squared, fourſquare* (2) *Well ſet, well made and faſhioned* (1) Capitolium ſaxo quadrato ſubſtructum eſt, *Liv* 6, 5 ✳ Mutat quadrata rotundis, *Hor Ep* 1, 1, 100 (2) Quadrati boves, *Col* 6, 1 Corpus quadratum habitiſſimum eſt, neque gracile, neque obeſum, *Celſ* 2, 1 Quadratæ literæ, *great*, or *capital letters*, Petron c 29 Agmen quadratum, *a battalion ſet in cloſe array*, Cic Att 2, 42

Quadricen, æ, a *Forty*, Varr R R 2

Quadrîceps, ipitis adj *Having four heads*, or *tops*, Varr

Quadrîdens, tis adj [quatuor habens dentes] *That hath four teeth*, or *tines*, Cato, c 10

Quadriennium, ii n *The ſpace of four years* Quadriennio ante mortem, *Cic de Opt gen Orat* 7

Quadrîfâriàm adv *After four ſorts, four ways, in four parts* Quadrifariam diviſo exercitu, *Liv* 4, 22 diſpertiri, *Varr*

||Quadrîfârìter adv *Four manner of ways*, Paul ✝ Quadrifariàm, *Liv*

Quadrîfîdus, a, um [quod in quatuor partes findi poteſt] (1) *Cleft in four parts* (2) Alſo *dividing the year into four parts* (1) Quadrifidæ ſude, *Vir Geor* 2, 25 (2) Quadrifidus labor, *Claud Conſ Prob & Olyb* 268

Quadrîfluvius, a, um adj *Running in four veins*, Vitruv 2, 9

Quadrîfôris, re [quatuor habens fores] *Having four holes*, or *doors*, Plin 11, 21

Quâdrîfrons, tis [quatuor frontes habens] *Four fronted*, an epithet of Janus, *Cato*

Quâdriga, æ f quod quatuor equis regebatur [*qu* quadrijuga *vel* quadrijuga, *ex* quatuor, & jugum] (1) *A team of horſes* (2) *A cart*, or *chariot drawn with four horſes* (3) It is applied alſo *to other things that are four of a ſort* (1) Metium in diverſa quadrigæ diſtulerant, *Vir Æn* 8, 642 (2) Minervam quadrigarum inventricem ferunt, *Cic N D* 3, 23 (3) Quadriga initiorum, locus & corpus, tempus & actio, *Varr L L* 4, 1

Quâdrigârius, a, um adj *Of*, or *belonging to a chariot*, or *a charioteer* Habitus quadrigarius, *Suet Cal* 19

Quâdrigârius, ii m [qui regit quadrigam] *A coachman, a charioteer*, Varr R R 2, 7 & Arnob lib 2, p 70 ✝ In munere gladiator, in victoriâ quadrigarius, *Aſcon*

Quâdrigâtus, a, um adj *Having the ſtamp of a chariot on it* Quadrigati nummi, denarii, *or* quinarii *chiefly*, Liv 22, 52

Quâdrigĕminus, a, um [quater geminus, *τετράδυμος*] *Four double* Quadrigemina cornicula, *Plin* 8, 23

Quâdrîgenârius, a, um adj *Containing forty, of forty*, Liv 7, 7

Quadrigeni, æ, a. *Forty*, Varr

Quâdrigula dim [à quadriga] *A little chariot*, Cic *de Fato*, & Plin 34, 8

Quadrijugis, ge (1) *Of*, or *belonging to a chariot with four horſes* (2) Subſt *Four horſes drawing in a chariot, and harneſſed together* (1) Equi quadrijuges, *Vir Æn* 10, 571 (2) *Ov Met* 1, 168 *ubi al* quadrijugi

Quadrijugus, a, um adj *Drawn with four horſes* Currus quadrijugus, *Vir Æn* 12, 162

Quadrilâterus, a, um *That hath four ſides*, Geom

Quadrilibris, re *That weigheth four pounds* Quadrilibris aula auro onuſta, *Plaut Aul* 5, 1

Quadrimânus, a, um & quadrimanis, e *That hath four hands* Jul Obſeq *de Prodig* c 111

Quadrimâtus, ûs m verb [à quadrimus] *The age of four years* Nullum extra quadrimatum utile eſt, *Plin* 19, 11 conf & *Col* 7, 9

Quadrimeſtris, e adj [quatuor menſium] *Of four months* Conſulatus quadrimeſtris, *Suet Ner* 14

Quadrimulus, a, um *Almoſt four years old* Altera quinquennis, altera quadrimula periit, *Plaut in Pœn Prol* 85

Quadrimus, a, um [*qu* quadriannus, *Scal*] *Of the age of four years, four years old* Perdidi puerum quadrimum, *Plaut Capt* 5, 102 Merum quadrimum, *Hor Od* 1, 9, 7

Quadringenârius, a, um [à quadringenus] *That containeth four hundred men* Cohortes quadringenariæ, *Cic Att* 6, 1 Quadringenariæ octo cohortes, *Liv* 7, 7

Quadringeni,

Quadringeni, & quadringeni, quadringenteni, & quadraceni, æ, a [ex quatuor, & centum] *Four hundred* Tricenis & quadringenis millibus LLS *Varr* conf. *Liv* 8, 11

Quadringentēsimus, a, um *The four hundredth* A U quadringentesimo, *Liv* 5, 45

Quadringenti, æ, a *Four hundred* Anni quadringenti, *Cic* in Pison 5 Quinque tabernæ quadringenta parant, *Juv* 1, 106 i e ccc sestertes Carpenta quadringenta, *Liv* 23, 38

Quadringenties adv [quater centies] *Four hundred times* Sestertium quadringenties, *four hundred millions*, Cic Verr 2, 0

Quadrīnus, a, um adj *Four, belonging to four*, quadrinis diebus, *Pl n* ... Quadrīna tempoum vi... *the four seasons of the year*, ... Doct Plat p 582 Quadrīnæ ... febris, *a quartane* ... n 7, 50

Quadripartitò adv *Divided into four parts*, Litt ex Pl n

† Quadripartītio, ōnis f *A division into four parts* Ret Quadripartitio, *Varr*

Quadripartitus, a, um part *Divided into four parts*, al scrib quadripertitus Commutationes ... quadripartitæ, *Cic Tusc* ... 8

† Quadrīrēmes ... † Quadrupes

Quadrirēmis is f *A galley with four banks of oars* Egreditur Cen ... quadriremi Cleomene è portu, *Cic Verr* 5, 33

Quadrivialis, e adj *Consisting of four ways*, Mart ap Litt

Quadrivium, ii n *A place where four ways meet, or that hath four turnings, or partings*, ... Carfax in Oxford Medio quadrivio *Juv* 1, 64 In quadriviis, & angiportis, *Catull* 56, 4

Quadro, āre [in quadrum redigo, item congruo (in quadrum convenio)] (1) *To square, or make square* (2) Neut *To agree, to fit right, to be perfect, to hit even, to suit, to be meet, or fit* (1) Populum & abietem quadrare *Col* 11, 2 (2) = Conjunctionem verborum numerosè cadere, & quadrare & perfici volumus, *Cic Orat* 3, 44 Hoc ad multa quadrat, *this serveth for many purposes*, Id Attic ... 17

Quadror, āri, ātus pass *To be squared*, &c *Col* 11, 2

|| Quadrula, æ f *A little square*, Solin c 50

Quadrum, di n [a quatuor] *A figure four square, a quarry of glass* Perticæ colentur in quadrum, *Col* 8, ... *Met* In quadrum redigere, *to square, or set in handsome order*, Cic Orat 61

Quadrupĕdans, tis part [quatuor pedibus gradiens] *That goeth on four feet, prancing, galloping* Quadrupedans cantherius, *Plaut Capt* 1, 2, 54 Quadrupedante putrem sonitu quatit ungula campum, *Vir Æn* 8, 596

|| Quadrupĕdus a, um part *Going on four feet* Quadrupedo gradu repians, *creeping on all four* Amm † Quadrupedans, *Vir*

Quadrŭpes, ĕdis adj [quatuor pedes habens] (1) *Having four feet, going on all four* (2) *Tied hand and feet* (1) Dum certum ... in orbem quadrupedes currus, *Ov Met* 6, 226 Infans quadrupes, *creeping on all four* (2) Bestiarum more quadrupedes in caveam coercuit, *Suet Cal* 27 ¶ Quadrupedem constringere, *to tye one neck and heels, to fagot him*, Ter Andr 5, 2, 25

Quadrupes, ĕdis m *An horse*, Item in fem & in neut gen *Any beast, or cattle* Animosus quadrupes *Ov Metam* 2, 84 Vasta quadrupes, *Cic N D* 2, 44 Majora quadrupeda signari debent, *Col* 11, 2

Quadruplator, ōris m verb [quadruplatores dicti, quod deferrent publica crimina, quorum convicti damnabantur *quadrupli*, quòd quartam partem ex damnatorum bonis consequerentur, Pæd *Ascon* it in genere qui *quadruplum* caperent, aut darent, *Sen*] (1) *A public informer, or promoter, who accused a man of some crime, especially of unreasonable usury, and had the fourth part of the criminal's fine or estate* (2) *Also a giver, or receiver of four fold* (3) *One who for a small gift seeketh a much greater* (1) *Vid* Liv 3, 72 Cic Verr 2 7 Quadruplatores ... delatores criminum publicorum, ... quartam de proscriptorum bonis, quos detulerant, assequebantur, *Ascon* in *Div Verr* p 26 (2) *Vid* Voss Lexic Etym p 424 (3) *Sen* de Ben ...

Quadruplex, ĭcis adj *Fourfold* Pecuniam quadruplicem abs te auferam, *Plaut Curc* 5, 2, 21

|| Quadruplicatio, ōnis f verb *The taking of a thing four times*, Ulp

Quadruplicātò adv *Four times so much, four times again* Emptis quadruplicatò vin is, *Plin* 14 4

Quadruplico, āre act *To make four times so much as it was, to multiply four times* Lucris quadruplicavit rem meam, *Plaut Stich* 3, 1, 4

Quadruplò adv *Four times as much* Quadruplò condemnari, *Cic Verr* 2, 13

Quadruplor, āri [delator fio, & ex bonis damnati quartam partem accipio] (1) *To inform against a man to have the fourth part of his goods* (2) Pass *To be condemned to make fourfold restitution* (1) = Neque quadruplari me volo, neque enim decet sine meo periculo abire aliena ereptum bona, *Plaut Pers* 1, 2, 10 (2) *Ap Jurisc*

Quadruplum, i n *Four times so much, four times multiplied, four-fold* Dare in quadruplum, *Cic Verr* 3, 13

Quadruplus, a, um adj *Quadruple, fourfold, four times as much* Post id ego manum in te injiciam quadrupli, *Plaut Truc* 4 2, 49 Consueverat Tiberius quadruplam strenam dare, *Suet Tib* 34

Quadrurbs, is f [ex quatuor, & urbs, ut quadrivium] *Four cities of Attica so called* Meurs or, ap Fest *Athens itself*, as having been made up of four cities joined together in one

Quadrus a, um [a quatuor] *Four-square*, JCC

Quærendus, a, um part (1) *To be sought, or looked for* (2) *To be considered* (3) *To be gotten* (1) *Sen* in *Herc Oet* 3 (2) *Vid* Quæro, n 6 (3) Quærenda pecunia, *Hor Ep* 1, 1, 53

Quærens, tis par (1) *Asking* (2) *Seeking, endeavouring*, &c (1) *Vir Æn* 1, 374 (2) Quærens fallere noctem, *Ov Epist* 1, 9 *de cæt vid* Quæro

Quærĭtans, tis part *Getting painfully* Telâ victum quæritans, *Ter Andr* 1, 1, 48

Quærĭto, āre freq [a quæro] *To search, or inquire diligently, to seek, or look for* Si me senserit eum quæritare, *Ter Adelph* 5, 5, 9

Quærĭtur impers *It is questioned, or debated, inquisition is made* Cujus de morte tanquam de ceremoniis violatis quæritur, *Cic* pro *Milon* 22

Quæro, ĕre, sivi, situm act [a ... vocat, quærimus ... proprie voce, deinde opera] (1) *To ask, seek, or inquire* (2) *To seek, or look for* (3) *To make inquisition* (4) *To purchase, gain, or get* (5) *To go about, to assay, or endeavour* (6) *To dispute, reason, or debate, to question* (7) *To conquer* (8) *To excite, or provoke* (1) = Scrutatus sum, quæ potui, & quæsivi omnia, *Cic Verr* 2, 74 (2) = Ubi quæram? ubi investigem? quem percontor? *Ter Eun* 2, 3, 3 ※ Poeta quærit quod nusquam est gentium, reperit tamen, *Plaut Pseud* 1, 4, 9 (3) § Quærere de pecuniis repetundis, *Cic Act* in *Verr* 9 § de morte alicujus, *Id* § per tormenta, *to rack*, *Id* (4) Honestè rem quærunt mercaturis faciendis, *Cic Parad* 6 (5) Quærebant taciti noster ubi esset amor, *Ov Epist* 3, 12 (6) Nec tam quærendum dolor malum ne sit, quam, &c Cic (7) Dextrâ cum quæreret urbes, *Prop* 3, 18, 5 (8) Situm quærere, *Cic Philipp* 5

Quæror, i pass (1) *To be sought, or asked for, to be inquired into* (2) *To be gotten* (3) *To be examined by rack, or otherwise* (1) Tempus profectionis quæritur, *Cæs B C* 1, 67 (2) Victoria quærebatur, *Liv* (3) Majores nostri in dominum de servo quæri noluerunt, *Cic* pro *Mil* 22

† Quæsens, tis part [a quæso] *Praying, asking* Nautis mali quæsentibus vitam, *Enn* † Quærens

|| Quæstio, onis f verb actio quærentis *A search, an examination, an inquiry* Quæstioni Cupidinis intenta, *Apul Met* 5, p 166 † Percontatio, inquisitio

† Quæsīto, āre freq [a quæso] *To seek frequently after*, Prisc † Quærito

Quæsītor, oris m verb [a quæro, qu & quæstor, quòd de publico crimine quæreret] (1) *An inquisitor, or examiner of capital offenses* (2) *A judge* (1) Tormenta regit quæstor, *Cic* pro *Sulla*, 28 (2) Quæsitor Minos urnam movet, *Vir Æn* 6, 432 = Judex *Id ibid*

Quæsītum, ti n (1) *A question, a demand, a thing asked* (2) *A thing gotten, or obtained* (1) Accipe quæsiti causam, *Ov Met* 4, 495 (2) Quæsitique tenax & qui quæsita reservant, *Ov Met* 7, 657

Quæsītūrus, a, um part *About to inquire, or make inquisition* Quæsiturus de pecuniis repetundis, *Cic Act* in *Verr* 9

Quæsītus, a, um part & adj or, comp ssimus, sup (1) *Inquired into, asked, demanded* (2) *Sought for* (3) *Gotten, obtained* (4) *Affected, not natural* (5) *Studied, exquisite* (1) *Vid* Quæstum, n 1 (2) Saxa per humum quæsita, *Juv* 15, 63 (3) Uti ... ante quæsitis sapiens, *Hor Sat* 1, 1 38 (4) ※ Quæsitâ comitate manifestam defectionem tegebat, *Tac Ann* 6, 50 (5) Reos quæsitissimis pœnis affecit, *Tac Ann* 6, 4, Quæsitior adulatio, *Id ibid* 12, 26

Quæsitus, us m verb [a quæro] *A seeking, or asking*, Plin 51, 9

Quæso defect pict quæsum is, int quæsere, quæso, quæsis, quæsit, quasi, quæsunt vel secundum Priscianum, quæsivi, quæsitum (1) *To seek, to get* (2) *To beseech, to desire, to pray, or intreat* (1) *Vid* Quæsens (2) *Absol* Tac, quæso, qui ego sum, esse te, *Cic Fam* 7, 23 = Non divum pacem votis adit, & prece quæsit, *Lucr* 5, 1228 Cum non ... quæsivit, ut ... tati concederet Mamerci, *Sall* in *Fragm Ep* § Deos quæso, *Ter Andr* 3, 2, 7 § = A te peto & quæso, *Cic Fam* 5, 4 Mirum est me ut redeam, te opere tanto quæsere, *Plaut Bacch* 2, 2, 1

Quæsticulus i m dim [a quæstus] *Small gain, little profit*, Cic de Div 2, 15

Quæstio, ōnis f verb [a quæro, vet Sync pro quæsitio] (1) *A searching, an inquiring* (2) *A doubt, a matter in debate, a case in law* (3) *Also a query, or examination by torture* (1) Quæstio est appetitio cognitionis, *Cic Acad Q* 4, 8 ¶ Quæstioni esse alicui, *to be out of the way, to be to seek*, Plaut Pseud 2, 2, 68 (2) = Res quæcunque in disceptationem, quæstionemque vocatur, *Cic de Or* 2, 72. (3) = Quæstione nobis servorum & tormenta nobis minitatur, *Cic* pro *Sulla*, 28 Fieri in equuleo quæstio est, jur s, i judicio, *Id* pro *Mil* 22

|| Quæstionārius ii m *An examiner, or inquisitor, one that tortureth or racketh people to make them confess* Schol Juv

Quæstiuncŭla, æ f dim [a quæstio] *A little, or small question, or doubt* Quæstiunculis te faciebam attentiorem, *Cic Fam* 9, 16

Quæstor, ōris m [cont ex quæsitor, dict quòd inquirendis & conservandis pecuniæ causâ creatus esset] (1) *Anciently a judge in capital matters*, the same as *quæsitor* (2) *A treasurer of the common treasure, or of wars, also the receiver of tributes, the paymaster of any legion, or of the army in any of the provinces* (1) Quæstores parricidii, XII *Tabb ap Pompon* (2) Prætorem quæstori suo parentis loco esse oportet, *Cic Div* in *Cæcil* 19 Cæsar singulis legionibus singulos legatos, & quæstorem præfecit, *Cæs B G* 1, 52 Hæc erat prima administratio senatoris, quæstorem fieri, & in provinciis curam gerere pecuniæ publicæ in usus diversos eroganda, *Ascon* ☞ De his, eorumque officiis *vid* Cassiodor *in variis locis, & Sigon De antiq jure Prov* l 2 c 2, 3

Quæstōrium, ii n (1) *The exchequer* (2) Also *the questor's tent in the camp* (1) Thessalonicam me, in quæstoriumque, perduxit, *Cic* pro *Planc* 41 (2) Captum quæstorium, quæstorque ibi Pansa occisus, *Liv* 10, 32

Quæstōrius, ii m *He that hath been treasurer*, Cic Philipp 13, 14

Quæstōrius, a, um part (1) *Of, or belonging to the questor* (2) *That hath been of that office, or dignity* (1) Quæstoria ornamenta, *Suet Claud* 28 (2) Vir quæstorius, *Cic Attic* 13, 20

Quæstuārius, a, um part *He that exerciseth a trade, or way to gain thereby*, Sen de Benef 6, 2

Quæstuōsus, a, um or, comp ssimus, sup (1) *Gainful, profitable, whereof much gain cometh* (2) Also *studious, or desirous of much*

much lucre (1) Quæstuosa mercatura fructuosa aratio dicitur, *Cic Tusc* 5, 31 = Annus uberrimus, quæstuosissimusque, *Id Act in Verr* 14 Venio jam ad sumptuosum, relinquo illum quæstuosum, *Id Parad* 6, 3 Benignitas quæstuosior, *Liv* 39, 25 (2) Dummodò eam des, quæ sit quæstuosa, quæ alat corporis corpore, *Plaut Mil* 2, 1, 150

Quæstūra, æ f *The office of a treasurer, questor, or chamberlain*, Cic passim

Quæstus, ûs † quæsti *vel* quæstuis, *Non* m [quod quærendo comparatur] (1) *Gain, profit, lucre, advantage* (2) *A trade, a way of getting one's living, or getting money* (1) = Adulciendi aut vendendi quæstu & lucro ducuntur, *Cic Tusc* 5, 3 = Sui quæstus aut commodi causâ, *Id pro S Rosc* 38 (2) = De artificiis & quæstibus, qui liberales habendi, qui sordidi sunt, hæc fere accepimus *Cic Offic* 1, 42

Quālĭbet adv *Which way you will, any way* Qualibet perambula ædes *Plaut Most* 2, 2, 122

Quālis, e [a q n, ut a vir vialis, &c] (1) *What manner, of what kind, what sort, or fashion such as, like as, what manner of, or what* (2) *After talis, as* (3) *It is also elegantly used in similies for qualiter, like as* (1) Nulla gens est, quæ non, etiamsi ignoret qualem deum habere deceat, tamen habendum sciat, *Cic de Legg* 1, 8 = Qualem te gentibus præstitisti, similem in civium dedi[t]ione præstites, *Id* Quales in repub principes essent, tales reliquos solere esse cives, *Cic* (2) Si quis est talis quales esse omnes oporteret, *Id* Tale tuum carmen—quale sopor fessis in gramine, quale, &c *Vir Ecl* 5, 46 (3) Qualis in Eurotæ ripis exercet Diana choros, *Vir Æn* 1, 502

Quālĭscunque, lecunque *Such as it is, of what sort soever it be, whatsoever* Qualemcunque locum sequimur, *Cic Fam* 4, 8

Quālislĭbet *What sort soever, whatsoever, what you will* Formæ literarum vel aureæ, vel qualeslibet, *Cic N D* 2, 37 *sed scribi potest divisè*

|| Quālisquālis *Be it what it will, any manner, or kind of*, Ulp ✝ Qualiscunque

Quālĭtas, ātis f [à qualis] *A quality, a manner, sort, fashion, condition, or nature* Qualitates appellavi quas Græci ποιότητας vocant, quod ipsum non est vulgi verbum, sed philosophorum, *Cic Acad Q* 1, 7 Qualitas cujusque rei cognoscenda est, *Col* 11, 1

Quālĭter adv *Like as, after what manner, so as* Maximè refert, villa qualiter ædificetur, *Col R R* 1, 4 vid & *Tib* 4, 1, 84

Quālĭtercunque adv *Howsoever, after what sort, fashion, or manner soever* Qualitercunque situm, *Col* 11, 3

Quālubet adv *Any way* Qualubet esse notus optas? *Catull* 38, 6 *sed scrib divisè*

Quālus, i m *Vir* & qualum, i n *Cato* [a Gr καλαθος, per Sync V] (1) *A frail, or twig basket out of which wine runneth when it is pressed, a cullender* (2) *Also a coop, or basket that hens lay in* (3) *A tray that labourers carry morter in, to serve tilers, or plaisterers* (4) *A basket, or hamper that women put their spindles and bottoms of thread in* (1) = In spisso vimine qualos, colaque prælorum fumosis diripe tectis, *Vir Geor* 2, 241 Qualla fataria, *Cato*, c 11 Qualus ηθμος, δαλιστης, *Gloss Phil* (2) Qualus ligneus, *Col* 9, 15 (3) *Ulp* (4) Tibi qualum Cythereæ puer ales aufert, *Hor Od* 3, 12, 4

Quam conj *vel* adv [ab acc quam, ut qua adv ab abl] (1) *How* (2) *how? how!* (3) Tam—quam, *as well—as*, ☞ whereof the former is sometimes omitted (4) Quam—tam, *the more—the more* (5) Quam mox? *how soon? how long till?* (6) *Then, or than after comparison* (7) *Very, very much, very greatly* (8) *After, after that* (9) *As much as, as long as* (10) Prius—quam, & quam—prius, *before* (11) *Rather than* (1) Tu optimus es testis, quam fuerim occupatus, *Cic* (2) Labascit uno verbo victus, quàm cito? *Ter Eun* 1, 2, 98 Quam timeo quorsum evadas! *Id Andr* 1, 1, 100 ¶ Quam vellem! *how I could have wished!* Id ibid 2, 1, 26 (3) Parmenonis tam scio hanc esse technam, quam me vivere, *Ter Eun* 5, 4, 51 De Catilina quam brevissimè poteris, paucis dicam, *Cic* (4) Quam acerbissima olea erit, tam optimum oleum erit, *Cato* Quam quisque pessimè fecit tam maxime tutus est, *Sall B Jug* 34 (5) Quam mox cocta erit cœna? *Plaut Stich* 4, 1, 28 (6) Nihil libentius facio, quam scribo, *Cic* Nihil magis desideratur, quam quod, &c Id Contra ficis quam pollicitus es, *Id* (7) Rejecit se in eum flens quàm familiariter, *Ter Andr* 1, 1, 109 Quàm maxima possum voce, *Cic pro Domo*, 36 An est quod malim, quam te quam doctissimum videri? *Id* Ut quàm maximas, quam primùm, quam sæpissimè, gratias agat, *Id Fam* 1, 6 (8) Anno 301 quam condita Roma fuit, *Liv* 3, 33 Septimo die quam profectus erat, *Id* Posterâ die quam illa acta erant, *Id* ☞ *Aliqui Livianum idioma esse dicunt, sed non est, sic enim* Plaut Vidua vivam, quam tuos mores perferam, *Men* 5, 1, 26 Cicero, Fam 16, 21 Tabellarii venerunt post diem XLVI quàm discesserant, *Suet Claud* 17 Sexto, quam profectus erat, mense, domum rediit *Vid & Nep Arist* 3, ult (9) Turbent porrò quam velint, *Ter Hec* 3, 4, 12 (10) *Vir Geor* 1, 50 *Prop* 2, 18, 10 Hellenism (11) Usus est opera Pomponii simplici virtute merentis, quam captantis gloriam, *Paterc* 2, 129

✝ Quamde *Then, or than*, Lucr 1, 641 & Fest ex Enn ✝ Quam

Quamdiu adv temp (1) *How long?* (2) *As long as, whilst, or during the time, until* (1) § Quamdiu furor iste tuus nos eludet? *Cic Catil* 1, 1 Ego tamdiu requiesco, quamdiu ad te scribo, *Cic Attic* 9, 3 (2) § Disces quamdiu voles, tamdiu autem velle debebis, &c Cic Offic 1, 1

Quamdudùm adv *How long since, or ago?* Quamdudùm tu advenisti? *Plaut Asin* 2, 4, 43

Quamlĭbet adv (1) *As you will* (2) *Although, albeit* (1) Finditur in quamlibet tenues crustas, *Plin* 36, 22 (2) *Solin* c 9

Quāmobrēm adv [ob quam rem] (1) *Wherefore, for what cause, why?* (2) *For which cause*, sine interrog (1) Quamobrem tandem non satisfacit? *Cic de Fin* 1, 5 (2) Multa mihi veniebant in mentem, quamobrèm ita putarem, *Cic Fam* 3, 10.

Quamplurĭmus, a, um *Very much, or many* Suum quamplurimo venditurus, *Cic Offic* 3, 12,

Quampridèm adv *How long since, or ago?* Quæso quampridem hoc nomen in adversaria retulisti *Cic pro Rosc Com* 3 *sed scribi potest divisè*

Quamprimum adv *Very shortly, by and by, as soon as may be* Has ad te literas quamprimum perferri vellem, *Cic Fam* 7, 6

Quamvis conj (1) *Albeit, although* (2) *Very much, greatly, never so* (1) ✠ Res gessit quamvis reipub calamitosas, tamen magnas, *C* (2) Quamvis sordidi res & invenusta, *Catull* 12, 5 Quamvis sublime debent, *such as are never so high*, Phædr 1, 29, 1

Quamdiu adv *How long? as long as* Vid Quamdiu

Quandō adv temp (1) *When?* (2) *When indef when, at what time as* (3) *Since, or seeing that* (1) Quando istud erit? *Ter Heaut* 2, 2, 9 Quando gentium? *In Suppos Plaut Amph* 60 (2) Veniat quandò volet, *Plaut* (3) Scribo, quando te id video desiderare, *Cic Fam* 5, 20 Quando hæc te cura remordet, *Vir Æn* 1, 265

Quandōcunquè adv *Whensoever, at what time soever, one time, or other* Quandocunque gens *Græcorum* suas literas dabit, omnia corrumpet, *Plin* 29, 1 Quandocunque—tum, &c Cic Somn Scip 7

Quandōquè adv (1) *One time or other* (2) *Whensoever* (3) *After some time, in time* (1) Astu a commoror, quoad ille quandoquè veniat, *Cic Fam* 6, 18 (2) Indignor quandoque bonus dormitat Homerus, *Hor A P* 359 (3) Scire quid quandoquè deceat prudentiæ est, *Cic nisi forte quandoquè scribi debeat, i e & quando* Et tu Galba quandoquè gustabis imperium, *Tac Ann* 6 20

Quandōquĭdem conj *Forasmuch as, seeing that, because, whereas* Tu te posse dicito, quandoquidem potes, *Cic & per tmesin* Quando tu quidem in prælio mihi adfuisti, *Id in Verr* 3, 80 *ex vet formula*

Quanquàm adv *How long ago?* Vid Quamdudum

Quanquam conj [ex quam geminato] *Although, albeit, howbeit* ✠ Omnia jucunda quanquam sensu corporis judicentur, ad animum referuntur tamen, *Cic Tusc* 5, 33 ✠ Quanquam—sed, *Id* Quanquam illam cupio abducere—verum tamen, &c Terent Eun 1, 2, 92

Quanti gen [à quantus] (1) *As much, after tanti, as* (2) *Of how great consequence* (3) *For how much? at what rate?* (4) Quanti, quanti, *at what rate soever* (1) Nec hoc tanti laboris est, quanti videtur, *Cic de Orat* 3, 49 (2) Quanti est sapere! *what a great matter, what a brave thing it is!* Ter Eun 4, 7, 21 (3) Emit? perii hercle, quanti? PA Viginti minis, *Ter Eun* 5, 5, 14 (4) Quanti, quanti, bene emitur quod necesse est, *be the price never so great*, Cic Attic 12, 29

Quantillum adv *How little?* Quantillum sitis? *Plaut Curc* 1, 2, 14 Quantillùm sitit anus? PH Modica est, capit quadrantal, *Id Curc* 1, 2, 15

Quantillus, a, um dim [à quantulus] *How very little, or how small?* Quantillo argento te conduxit? *Plaut Pseud* 4, 7, 95

|| Quantispei *How little, or as little a while, as long as*, Solin ✝ Quanto tempore

Quantĭtas, ātis f [à quantus] *Quantity, bigness, extent* Quantitas humoris, *Plin* 17, 24

Quanto adv cum comp *By how much* Quanto diutius abest, magis cupio tanto, *the longer*, Ter Heaut 3, 1, 5

Quantŏpĕrè adv quanto opere (1) *How greatly* (2) *As greatly* (1) Dici non potest quantopere gaudeam, *Cic Attic* 1, 6 (2) Neque tantoperè deliderabam, quantoperè delector, *Cic de Orat* 1, 35

Quantŭlum, li n (1) *How little, or much* (2) *As much, or as* (1) Nescio quantulum attulerit, verum haud permultum attulit, *Plaut Bacch* 2, 3, 86 (2) Quantulum judicare possemus, ostendimus, *Cic Verr* [illegible]

Quantŭlumcunque n *How little soever* Sed quicquid est in his libris, quantulum cunque videbitur, *Cic*

Quantŭlus, a, um dim [à quantus] *How little, or as little or much as* Sol nobis quantulus videtur? *Cic Acad* 4 Id quantulum est? *Id de Legib* 2, 1[illegible]

Quantŭluscunque dim *How little soever, never so little, or much* Quantulacumque facultas mea, *Cic de Orat* 1, 20 Quantulumcumque aquæ aut ciborum insit pedibus everritur, *Col* 8, [illegible]

|| Quantŭluslĭbet *As little as may be, how little soever*, Ulp

Quantum, ti n *How much, how great, so much as* Quantum est? *what an advantage it is* Plaut Quantum peditum erat, *all the foot*, Tac Hist 4, 37, 6 Quantum ad, *as touching, or concerning*, Plin Jun Quantum tibi ardent opus, *to your power*, Ter

Quantum adv *As far as, as much as, how or as* Quantùm intellexi senis sententiam de nuptiis, *Ter Andr* 1, 3, 2 Quantùm potest, *as soon as you can*, Id Quantùm maximum, *so far as possible*, Plin Jun Quantùm plurimum salsæ aquæ, *Col* Immane quantum, *how vastly*, Hor Od 1, 27, 6

Quantumcunque adv *How much soever, as much as* Debeo quantumcunquè possum in eo laborare, *Cic de Fin* 1, 4

Quantumvis conj (1) *Albeit, although, never so much, as much as you will, however* (2) *Very* (1) Ille catus, quantumvis rusticus ibit, *Hor Ep* 2, 2, 39 (2) Eloquentiæ plurimùm attendit, quantumvis facundus & promptus, *Suet Claud* 21

Quantus, a, um [à quam, pro quamtus] (1) *How great, how much* (2) *How great, how much* (3) *As much, or as great as* (4) *How fine, how precious* (5) *How many* (1) Pecunia quanta sit ostendit, *Cic* (2) Quantæ occasiones, quam præclaræ fuerunt! *Cic* Quanta est gula, quæ sibi totos ponit apros? *Juv* 1, 1, 40 (3) Pecuniam acciperent, quantam vellent, *Cic* (4) Jaces indigno quanta res loco, *Phædr* 3, 12, de margarita loq (5) Currum perit millia quanta tibi! *Prop* 1, 5, 10

Quantuscunque, tacunque, tumcumque *How great, or little soever* Quorum bona quanticunque erant, statim suis comitibus compotoribusque descripsit, *Cic Philipp* 5, 8 Ego is sum, quantuscunque sum, *Id Orat* 5, 28

Quantuslibet.

Quantulibet, ălibet, umlibet *How great soever, never so great* Quantolibet ordine dignus, *Ov Met* 6,669 Suppurationes quantalibet sanat, *Plin* 20, 6 Gloria quantalibet quid erit, si gloria tantum est? *Juv* 7, 81

Quantiuncus, *pro* quantus, *Litt ex Hor*

Quantusquantus *How great soever, all over* Quantusquantus, nil nisi sapientia es, *Ter Adelph* Quam umquantum ad eum ... *Plaut Pers* 3, 4, 28

Quantusvis, ăvis, umvis *As great as it is, how great soever, ... great* Quantivis pretii ... *worth gold*, Ter Andr 5, ... Quantasvis magnas copias ... Germanorum sustineri posse ..., Cæs B G 5, 28

Quasi is conj *Vid* Quamvis

Quapropter adv *vel* conj [propter quam] (1) *Wherefore, why?* (2) *For which reason* (1) Non est opus pater CH Quapropter? *Trin Plaut* 1, 2, 14 (2) Non est ... illi dare quaprop ei quo... ... est opus, *Ter Adelph* ..., 2, ...

Quaqua adv *On what part ..., what way soever* Quaqua tangit, omne amburit, *Plaut ...* 5, ..., 9

Quaquăversum, & quaquaversus adv *On every side, every way* ... quaquaversum dimittere, *Cæs B G* 3, 23 Quaquaversus pedes quinque, *Cic Philipp* 9, 7 ... quoquoversus

Quare adv [qua re] (1) *Wherefore, why?* (2) *For which reason* (3) *To the end that* (1) Quare istud egisti? *Cic* (2) Quare agite, ô juvenes, tectis succedite nostris, *Vir Æn* 1, 6 ... (3) Omnia feci, quare perditis resisteremus, *Cic Fam* 10, 21

Quartadecumanus, ni m *scil* miles (1) *A soldier of the fourteenth legion* (2) *Also those that would keep the passover on the fourteenth day of the moon, in the month of March* (1) *Tac Hist.* 11, 2 *sed in castig libb* quartadecumani Quartadecuma legio, *the fourteenth*, Tac Ann 1, 70, ... 14, 34 *nec non sæpe alibi* ...

Quartāna, æ f *sc* febris *A quartan ague* In quartanam conversa est vis morbi, *Cic Fam* 16, 11, 1 Quartana implicari, *Liv* 41, ... quartana, *Hor Sat* 1, ...

Quartanārius, a, um adj *Of a fourth, or fourth part* Quartanaria tabula, quæ quartam jugeri ... quartam conficiet, *Pallad* ... 11

Quartani, *scil* milites *Soldiers of the fourth legion*, Tac Hist 4, 7

Quartinus, a, um part *Of, or belonging to the fourth* Quartana ..., *Plin* 7, 50

|| Quartarium, ii n *A quarter, the fourth part*, Vitruv 40, 7

Quartarius, ii m *The fourth part of a thing, particularly of a congius, or gallon, a quart* Quartarius vini, *Liv* 5, 37 mel- ..., *Col* 1, 5 sulphuris, *Cato*, 95 Quartata verba *Words spoken ..., that every fourth can be heard*, Cato *ap* Litt

Quarticeps adj *Having four heads, or the fourth head or hill of Rome*, Varr

Quarto, *scil* loco adv *Fourthly, in the fourth place, or the fourth time*, Liv *vid* Gell 10, 1

Quartum adv *sc* tempus *The fourth time* T Quintio quartum consule, *Liv* 3, 66

|| Quatuumviri *Four officers chosen to convey new colonies to their plantations*, Alex *ab* Alex 3, 16

Quartus, a, um adj [à quatuor] *The fourth* Quartus pater, *the great grandfather's father*, Vir Æn 10, 619 Hora quarta, *ten a clock*, Id Geor 3, 327

Quartusdecimus, a, um *The fourteenth*, Tac Ann 1, 70 & Plin 2, 59

Quasi adv [ex quam, & si, ut ex ὡς & εἰ, ὡσεὶ] (1) *As if* (2) *As it were* (3) *In a manner* (4) *As* (5) *As though* (6) *Almost, or about, near upon* (7) *Of the same import, to the same purpose* (1) Stultior ego, quasi nesciam vos velle, *Plaut Amph Prol* 57 (2) Quasi solstitialis herba paulisper fui, *Plaut Pseud* 1, 1, 36 (3) Quasi uxorem me sibi habebat, *Plaut Truc* 2, 4, 38 (4) § Ita vita est hominum, quasi cum ludas tesseris, *Ter Adelph* 4, 7, 21 § Eduxit mira magna industria, quasi si esset ex se nata, *Plaut Cas Prol* 46 (5) Quasi tu dicas me te velle argento circumducere, *Plaut Pseud* 2, 2, 39 (6) Quasi talenta ad quindecim coegi, *Ter Heaut* 1, 1, 9... (7) Permitto servo quasi testamentum facere, ut legitima custodio, *Plin Ep* 8, 16

Quasillaria, æ f *A basket-wench, one that getteth her living by carding and spinning, a spinster, a slave tied to her basket* Convocat omnes quasillarias, *Petron Sat* c 132

Quasillum, i n *Prisc* & quasillus, i m *Cato*, c 133 dim [à qualus, vel potius quasius, quasilli] (1) *A work basket, hamper, or pannier, the basket in which women slaves kept their spinning work* (2) Meton *The slave herself* (1) Graviora rependit iniquis pensa quasillis, *Prop* 4, 7, 41 (2) Hujus domi inter quasilla pendebatur aurum, *Cic Philipp* 3, 4 ✠ Pressum quasillo scortum, *i e* quasillaria, *Tib* 4, 10, 3

Quassabilis, e adj *To be shaken* Quassabile ferro molimen, *Luc* 6, 22

† Quassapennus, a, um [quod quassis agitur pennis] Epitheton anatis *Flapping its wings*, Varr

Quassandus, a, um part *To be shaken, tossed, or brandished* Quassanda hasta manu, *Ov A Am* 1, 697

Quassans, tis part *Shaking, &c* Quassanti capite incedit, *Plaut Asin* 2, 3, 2...

Quassatio, ōnis f verb *A shaking, or shattering* Capitum quassatio, excitans flammam, *Liv* 22, 17

Quassātus, a, um part (1) *Shattered, weather-beaten, shaken, bruised* (2) Meton *Afflicted* (1) § Quassata classis ventis, *Vir Æn* 1, 551 Quassata vasa, *Lucr* 3, 435 (2) Quassata respublica, *Cic* pro *Marcell* 8

Quasso, āre freq [à quatio] (1) *To shake much* (2) Met *To endanger, to shatter* (1) Quid quassas caput? *Plaut Trin* 5, 2, 45 Me frequens tinis quassavit, *Catull* 42, 14 (2) Quassare domum, *Ov Trist* 2, 83

Quassus a, um part [à quatior] (1) *Shaken* (2) *Bruised, battered* (3) *Weather beaten* (1) Argutatio lecti quassa, *Catull* 6, 11 (2) Quassa nula, *Plaut Curc* ..., 1, 26 (3) Rates quassæ, *Hor Od.* 1, 1, 18

Quassus, ûs m verb *A shaking, or shogging*, Attrectatu & quassu sævum amplificatis dolorem, *Cic Tusc* 2, 21 ex *Pacuv*

Quatefăcio, ĕre, eci, ctum [facio quatere] *To make to shake* Quatefeci Antonium, *Cic* ad *Brutum Ep* 10. R occ

Quatenus præp [*sc* quâ parte tenus] (1) *So far forth as* (2) *How long* (3) *How far* (4) Conj *Forasmuch as, seeing that* (1) Quatenus de religione dicebat— assensum Bibulo est, *Cic Fam* 1, 2 (2) Quibus auspiciis istos fasces augur acciperem? quatenus haberem? cui traderem? *Cic Philipp* 14, 5 (3) Videamus quatenus amor in amicitia progredi debeat, *Cic* de *Amic* 11 (4) Quatenus aliquid ex omissis peto, necesse, &c Paterc 2, 48 Quatenus, heu nefas! virtutem incolumem odimus, *Hor Od* 3, 24, 30 *ubi vid vet Schol* ☞ *Sed in hac notione Fest vult scribi* quatinus *cum quo consentiunt & alii*

Quater adv (1) *Four times* (2) Indefin *Very often* (1) Sinistra manu sola quater pugnavit, *Plin* 7, 28 (2) O mihi felicem terque quaterque diem! *Tib* ..., 3, 26

Quaterdĕciès adv *Forty times*, Cic Verr 1, 39

Quaterdēni, æ, a *Forty, four time ten* Anni quaterdeni, *Ov* ex *Ponto*, 3, 2, 50

Quaternārius, a, um part *Of four* Quaternarii scrobes, *four foot wide*, Col 11, 2

Quaternarius, ii m *The number of four* Numerus quaternarius, *Plin* 28, 6

Quaterni, æ, a Distrib *sed ut cætera id genus pro cardinali fere usurpatur* *Four, by four, four together, four* Quaternis diebus latent, *Plin* 8, 36 Quaternûm jugerum balæna, *Id* 9, 3 Quaterna millia *Liv* ..., 5 *sed al* quatuor

|| Quaternio, ōnis m *The number of four, a quater at dice, or cards*, *Jun* analog *ut* ternio, *a file of four soldiers*, τετράδιον

|| Quaternitas, ātis f *A quaternity*, Pompon Læt ita dict *ut* Trinitas

Quatinus conj *Insomuch as, to the end that* *Vid* Quatenus, n 4

Quatio, ĕre, ssi, ssum act (1) *To shake* (2) *To brandish, to wag* (3) *To shatter, to batter* (4) *To make one shiver* (5) *To thrust* (1) Cum equus magna vi caput quateret, *Liv* (2) Quatit improbus hastam, *Vir Æn* 11, 767 (3) Mœnia quatere arietum pulsu, *Curt* 4, 3, 13 (4) Horror membra quatit, *Vir Æn* 3, 30 (5) *Vid* Quatior, n 2

Quatior, i pass (1) *To be shaken* (2) *To be shoved, or cast out* (1) Tonitru quatiuntur cærula cœli, *Lucr* 6, 95 (2) Homo quatietur cum dono foras, *Ter Eun* 2, 3, 66

Quatriduo adv *In, or within four days space* Quatriduo, quo hæc gesta sunt, *Cic* pro *S Rosc* 7

Quatriduum, ii n *The space of four days*, Cic Attic 4, 2 & Liv 3, 3

Quatuor post quattuor plur indecl *Vir* *Four*, passim QUATUOR VIRIS ET DECURIONIBUS [*sc* Fregellanis] Inscr pt *Cic Ep Fam* 10, 76

Quatuordecies adv *Fourteen times*, Plin 3, 7

Quatuordĕcim plur indecl *Fourteen* Per quatuordecim annos, *Plin* 2, 14 *Abs* Quatuordecim, *the fourteen rows of seats wherein the equestrians sat in the theatre*, Suet Aug 40

Quatuorvirātus, ûs m *The office of four ruling together*, Asin Poll. *ap* Cic. Fam Ep 10, 32

Quatuorviri orum m *Four men in office together, surveyors of the highways at Rome*, Cic Fam 10, 76

† Quaxo, are *To cry like a frog*, Fest ✝ Coaxo

Qu ante E

Que conj [à Gr enclitica, κε] (1) *And* (2) *Also* (3) Que- -que, *both—and* (4) Sometimes it hath the force of the Greek τε, γε, δε, and by the poets elegantly used in enumeration (5) *For seeing that, forasmuch as* (6) *Or* (7) *A syllabical addition* (1) Ego arma contra deos, arasque, & focos tuli, *Cic Philipp* 2, 29 (2) Quique optimè dicunt, quique id faciunt, *Cic* de *Orat* 1, 26 (3) Perque nives alium perque horrida castra secuta est, *Vir Ecl* 10, 23 (4) Deiphobumque, Helenumque, & Polydamanta sub armis, *Prop* 3, 1, 29 Una Eurusque, Notusque ruunt, creberque procellis Africus, *Vir Æn* 1, 89 (5) Non nobis solum nati sumus, ortusque nostri partem patria vendicat, partem amici, *Cic Offic* 1, 7 (6) Qui referret uri virgis, ferroque necari, *Hor Sat* 2, 7, 57 *vid* & Vir Æn 2, 37 & *ibi* Serv (7) *Ut* quisque, quandoque, &c

Queis dat & abl plur à qui, *pro* quibus, *Vir Æn* 1, 95

Queiscum, *as* quibuscum *With whom* Coturnices dantur queis cum lusitent, *Plaut Capt* 5, 4, 6

Quemadmŏdum adv [ad quem modum] (1) *After what sort, or manner, how* (2) *By what means? how?* (3) *Like as, even as* (1) Semper providi, quemadmodum salvi esse possemus, *Cic Catil* 3, 1 (2) Tu me tibi facere potis es sempiternum S Quemadmodum? *Plaut Pers* 1, 1, 36 (3) Ut quemadmodum in se quisque, sic in amicum sit animatus, *Cic*

Queo, ivi, itum *To be able, to may, or can* Non queo scribere, *Cic* Non quit sentire dolorem, *Lucr* 3, 646 Quod cernere non quis, *Id* 1, 75... Nec frigora quimus usurpare oculis, *Id* 1, 301 Sol non quierit reddere calidum, *Id* 6, 855 Non quiverint præsentire, *Id* 5, 1341 Dispertisse, neque in fructum convertere quisse, *Id* 5, 1 ...

† Queor, iri, itus sum *To may, or can* Forma in tenebris nosci non quita est, *Ter Hec* 4, 1, 57 Dum suppleri summa queatur, *Lucret* 1, 1044

† Querarium, ii n *A costard*, Litt ex Plaut

† Quercĕrus, a, um, *vel* querquerus *Quaking, or quivering for cold*, Fest ✝ Rigens, horrens

Quercetum, ti n *A grove of oaks, a forest* Querceta Gargani laborant, *Hor Od* 2, 9, 7

Querceus, a, um *Of oak* Quercea corona, *Serv* & *Aur Vict* 4, 3, 9 ✝ Quernus

Quercicus, a, um *Of an oak*, Suet Cal 19

|| Quercula, æ f *Oak of Jerusalem* Quercula minor, *germander* Quia folia habet similia quercûs, *Jun*

Querculānus, a, um *Of oak* Querculanus mons, *an hill in Rome*, Plin 16, 10 *Leg* & querquetulanus

Quercus, ûs f [incertæ admodum originis] *An oak* Quercus glandifera, *Cic* de *Leg.* 1 valida, *Vir Æn* 4, 441

Querēla, æ f [à queror] (1) *A complaint*, chiefly among friends (2) *Lament-*

much lucre (5) Quæstuosa mercatura fructuosa ratio dicitur, *Cic Tusc* 5, 31 = Annus uberrimus, quæstuosissimusque, *Id Act in Verr* 14 Venio jam ad sumptuosum, relinquo illum quæstuosum, *Id Parad* 6, 3 Benignitas quæstuosa, *Liv* 39, 25 (5) Dummodo doceat des, quæ sit quæstuosa, quæ alat corpus corpore, *Plaut Mil* 3, 1, 150

Quæstura, æ f *The office of a treasurer, quæstor, or chamberlain*, Cic passim

Quæstus, ûs f [quæsitus vel quæstus, non ut vulgo a quærendo compositum] (1) *Gain, profit, lucre, advantage* (2) *A trade, a way of getting one's living, or getting money* (1) = Alii nec emendi aut vendendi quæstu & lucro ducuntur, *Cic Tusc* 5, 3 = Sui quæstus aut commodi causa, *Id pro S Rosc* 38 (2) = De artificiis & quæstibus, qui liberales habendi, qui sordidi sunt, hæc fere accepimus *Cic Offic* 1, 42

Qualibet adv *Which way you will, any way* Qualibet perambulant ædes, *Plaut Most* 2, 2, 12

Qualis, e [a quis, ut a vir, viralis, &c] (1) *What, whether, of what kind, what sort, or fashion, such as, like as, what manner of, or what* (2) *After talis, as* (3) It is also elegantly used in similes for *qualiter, like as* (1) Nulla gens est, quæ non, etiamsi ignoret qualem deum habere deceat, tamen habendum sciat, *Cic de Legg* 1, 8 = Qualem te gen... præstitisti, similem in civium deditione præstites, *Id* Quales in repub principes essent, tales reliquos solere esse cives, *Cic* (2) Si quis est talis, quales esse omnes oporteret, *Id* Tale tuum carmen --quale sopor fessis in gramine, quale, &c *Vir Ecl* 5, 46 (3) Qualis in Eurotæ ripis aut per juga Cynthi exercet Diana choros, *Vir Æn* 1, 502

Qualiscunque, lecunque *Such as it is, of what sort soever it be, whatsoever* Qualemcunque locum sequimur, *Cic Fam* 1, 8

Qualislibet *What sort soever, whatsoever, what you will* Formæ literarum vel aureæ, vel qualeslibet, *Cic N D* 2, 37 *sed scribi potest divise*

|| Qualisqualis *Be it what it will, any manner, or kind of*, Ulp ‡ Qualiscunque

Qualitas, ātis f [a qualis] *A quality, a manner, sort, fashion, condition, or nature* Qualitates appellavi quas Græci ποιότητας vocant, quod ipsum non est vulgi verbum, sed philosophorum, *Cic Acad* Q 1 7 Qualitas cujusque rei considerandi est, *Col* 11, 1

Quāliter adv *Like as, after what manner, so as* Maximè refert, villa qualiter ædificetur, *Col R R* 1, 4 *Vid & Tib* 4, 1, 84

Quāliter cunque adv *Howsoever, after what sort, fashion, or manner soever* Qualitercunque situm, *Col* 11, 3

Qualubet adv *Any way* Qualubet esse notus optas? *Catull* 38, 6 *sed scrib divise*

Qualus, i m *Var.* & qualum, i n *Cato* [a Gr κάλαθος, per Sync *Voss*] (1) *A frail, or twig basket out of which wine runneth when it is pressed, a cullender* (2) *Also a coop, or basket that hens lay in* (3) *A tray that labourers carry morter in, to serve tilers, or plaisterers* (4) *A basket, or hamper that women put their spindles and bottoms of thread in* (1) = In spisso vimine qualos, colaque prælorum fumosis diripe tectis, *Vir Geor* 2, 241 Quala sataria, *Cato*, c 11 Qualus ταλαρος, δικτυστης, *Gloss Phil* (2) Qualus saligneus, *Col* 8, 15 (3) *Ulp* (4) Tibi qualum Cythereæ puer ales aufert, *Hor Od* 3, 12, 4

Quam conj vel adv [ab acc quam, ut qua adv ab abl] (1) *How* (2) *How! how!* (3) Tam--quam, *as well--as*, ☞ *whereof the former is sometimes omitted* (4) Quam--tam, *the more--the more* (5) Quam mox? *how soon? how long till?* (6) *Than, or than after comparison* (7) *Very, very much, very greatly* (8) *After, after that* (9) *As much as, as long as* (10) Prius--quam, & quam--prius, *before* (11) *Rather than* (1) Tu optimus es testis, quam fuerim occupatus, *Cic* (2) Labascit uno verbo victus, quam cito? *Ter Eun* 1, 2, 98 Quam timeo quorsum evadas! *Id Andr* 1, 1, 100 ¶ Quam vellem! *how I could have wished!* *Id* 2, 1, 6 (3) Pamphilum tam scio hanc esse technam, quam me vivere, *Ter Eun* 4, 4, 51 De Catilina quam breviter potero, paucis dicam, *Sall* (4) Quam acerrimum oleum erit, tam optimum oleum erit, *Cato* Quam quisque pessime fecit, tam maxime tutus est, *Sall B J* c 31 (5) Quam mox coctum est prandium? *Plaut Stich* 4, 1, 28 (6) Nihil libentius facio, quam scribo, *Cic* Nihil magis desideratur, quam quod, &c *Id* Contra facis quam pollicitus es, *Id* (7) Rejecit se in eum flens quam familiariter, *Ter Andr* 1, 1, 109 Quam maxima possum voce, *Cic pro Domo*, 56 An est quod malim, quam te quam doctissimum videre? *Id* Ut quàm maximas, quam primum, quam sæpissime, gratias agat, *Id Fam* 13, 6 (8) Anno 301 quam condita Roma fuit, *Liv* 3, 33 Septimo die quam profectus erat, *Id* Postera die quam illa acta erant, *Id* ☞ *Aliqui Latinum idioma esse dicunt, sed non est, sic enim* Plaut Viduam vivam, quam tuos mores perferam, *Mer* 5, 1, 26 Cicero, Fam 16, 21 Tabellarii venerunt post diem XLVI quam discesserant, *Suet Claud* 17 Sexto, quam profectus erat, mense, domum rediit *Vid & Nep* Aristid 3, ult (9) Turbent porrò quam velint, *Ter Hec* 3, 4, 12 (10) *Vir Geor* 1, 50 *Prop* 2, 18, 10 Hellenism (11) Usus est opera Pomponii simplici virtute merentis, quam captantis gloriam, *Paterc* 2, 129

† Quamde *Then, or than*, Lucr 1, 641 & Fest ex Enn ‡ Quam

Quamdiu adv temp (1) *How long?* (2) *As long as, whilst, or during the time, until* (1) § Quamdiu furor iste tuus nos eludet? *Cic Catil* 1, 1 Ego tamdiu requiesco, quam diu ad te scribo, *Cic Attic* 9, 3 (2) § Disces quamdiu voles, tamdiu autem velle debebis, &c *Cic Offic* 1, 1

Quamdudum adv *How long since, or ago?* Quamdudum tu advenisti? *Plaut Asin* 2, 4, 43

Quamlibet adv (1) *As you will* (2) *Although, albeit* (1) Finditur in quamlibet tenues crustas, *Plin* 36, 22 (2) *Solin* c 9

Quāmobrēm adv [ob quam rem] (1) *Wherefore, for what cause, why?* (2) *For which cause*, sine interrog (1) Quamobrem tandem non satisfacit? *Cic de Fin* 1, 5 (2) Multa mihi veniebant in mentem, quamobrèm ita putarem, *Cic Fam* 3, 10

Quamplurimus, a, um *Very much, or many* Suum quamplurimo venditurus, *Cic Offic* 3, 12

Quampridèm adv *How long since, or ago?* Quæso quampridem hoc nomen in adversaria retulisti *Cic pro Rosc Com* 3 *sed scribi potest divise*

Quamprimum adv *Very shortly, by and by, as soon as may be* Has ad te literas quamprimum perferri vellem, *Cic Fam* 2, 6

Quamvis conj (1) *Albeit, although* (2) *Very much, greatly, never so--* (1) ✠ Res gestæ quamvis reipub calamitosæ, tamen magnæ, *Cic* (2) Quamvis sordidi ries & invenustæ, *Catull* 12, 5 Quamvis sublime debent *such as are never so high*, Phædr 1, 29, 1

Quamdiu adv *How long? as long as* Vid Quamdiu

Quandò adv temp (1) *When?* (2) *When indef when, at what time as* (3) *Since, or seeing that* (1) Quando istud erit? *Ter Heaut* 2, 2, 9 Quando gentium? *In Suppos Plaut Amph* 60 (2) Veniat quando volet, *Plaut* (3) Scribo, quandò te id video desiderare *Cic Fam* 5, 20 Quando hæc te cura remordet, *Vir Æn* 1, 265

Quandōcunque adv *When ever, at what time soever, one time, or other* Quandocunque gens Græcorum suas literas dabit, omnia corrumpet, *Plin* 29, 1 Quandocunque--tum, &c Cic Somn Scip 7

Quandōquè adv (1) *One time or other* (2) *Whensoever* (3) *After some time, in time* (1) Asturæ commoror, quoad ille quandoque veniat, *Cic Fam* 6, 19 (2) Indignor quandoque bonus dormitat Homerus, *Hor A P* 359 (3) Scire quid quandoque deceat prudentia est, *Cic nisi fortè quandoque scribi debeat, i e* & quando Et tu Galba quandoque gustabis imperium, *Tac Ann* 6 20

Quandōquidem conj *Forasmuch as, seeing that, because, whereas* Tu te posse dicito, quandoquidem potes, *Cic* & *per tmesin* Quando tu quidem in prælio mihi adfuisti, *Id in Verr* 3, 80 *ex vet formula*

Quandudum adv *How long ago?* Vid Quamdudum

Quanquam conj [ex quam geminato] *Although, albeit, howbeit* ✠ Omnia jucunda quanquam sensu corporis judicentur, ad animum referuntur tamen, *Cic Tusc* 5, 33 ✠ Quanquam--sed, *Id* Quanquam illam cupio abducere--veruntamen, &c Teren Eun 1, 2, 92

Quanti gen [a quantus] (1) *As much, after tanti, as* (2) *Of how great consequence* (3) *For how much? at what rate?* (4) Quanti, quanti, *at what rate soever* (1) Nec hoc tanti laboris est, quanti videtur, *Cic de Orat* 3, 49 (2) Quanti est sapere! *what a great matter, what a brave thing it is!* Ter Eun 4, 7, 21 (3) Emit? perii hercle, quanti? *PA* Viginti minis, *Ter Eun* 5, 5, 14 (4) Quanti, quanti, bene emitur quod necesse est, *be the price never so great*, Cic Attic 12, 29

Quantillum adv *How little?* Quantillum sitis? *Plaut Curc* 1, 2, 14 Quantillum sitit anus? *PH* Modica est, capit quadrantal, *Id Curc* 1, 2, 15

Quantillus, a, um dim [a quantulus] *How very little, or how small?* Quantillo argento te conduxit? *Plaut Pseud* 4, 7, 95

|| Quantisper *How little, or as little awhile, as long as*, Solin ‡ Quanto tempore

Quantitas, ātis f [a quantus] *Quantity, bigness, extent* Quantitas humoris, *Plin* 1, 24

Quanto adv cum comp *By how much* Quanto diutius abest, magis cupio tanto, *the longer*, Ter Heaut 3, 1, 15

Quantōpĕrè adv [quanto opere] (1) *How greatly* (2) *A greatly* (1) Dici non potest quantopere gaudeam, *Cic Attic* 13, 6 (2) Neque tantopere *cf* deram, quantopere delector, *Cic de Orat* 1, 35

Quantulum, li n (1) *How little, or much* (2) *As much as far as* (1) Nescio quantulum tibi sit, verum haud permultum attulit, *Plaut Bacch* 2, 3, 86 (2) Quantulum judicare possemus, cognovimus, *Cic Verr* ... lib

Quantulumcunque n *How little soever* Sed quicquid erit in his horis, quantulumcunque vivitur, *Cic*

Quantulus, a, um dim [a quantus] *How little, or as little or much as* Sol nobis quantulus videtur? *Cic Acad* 4 Id quantulum est *Id de Legg* ... 1,

Quantuluscunque dim *How little soever, never so little or much* Quantulacunque est facultas mea, *Cic de Orat* 1, 30 Quantulumcunque aquæ in cibo ... insit pedibus evehatur, *Col* 8, 3

|| Quantuluslibet *As little as may be, how little soever*, Ulp

Quantum, ti n *How much, how great, so much as* Quantum est? *what an advantage it is* Plaut Quantum peditum erat, *all the foot*, Tac Hist 4, 33, 6 Quantum ad *as touching, or concerning*, Plin jun Quantum tua ceciderit opus, *to your power*, Id

Quantum adv *As far as, as much as, how or as* Quantum intellexi senis sententiam de nuptiis, *Ter Andr* 1, 3, 2 Quantum potest, *as soon as you can*, Id Quantum maximum, *so far as possible*, Plin jun Quantum plurimum salsæ aquæ, *Col* Immanem quantum, *how vastly*, Hor Od 27, 6

Quantumcunque adv *How much soever, as much as* Debeo quantumcunque possum in eo laborare, *Cic de Fin* 1, 4

Quantumvis conj (1) *Albeit, although, never so much, as much as you will, however* (2) *Very* (1) Ille catus, quantumvis rusticus ibit, *Hor Ep* 2, 2, 39 (2) Eloquentiæ plurimum attendit, quantumvis facundus & promptus, *Suet Claud* 21

Quantus, a, um [a quam, pro quamtus] (1) *How great, how much* (2) *How great, how much* (3) *As much, or as great as* (4) *How fine, how precious* (5) *How many* (1) Pecunia quanta sit ostendit, *Cic* (2) Quantæ occasiones, quam præclaræ fuerunt! *Cic* Quanta est gula, quæ sibi totos ponit apros? *Juv* 1, 140 (3) Pecuniam acceperent, quantam voluerint, *Cic* (4) Jaces indigno quanta res loco, *Phædr* 3, 1, 5 (5) Quantum pereunt margarita loq (5) ... perit millia quanta tibi! *Prop* 1, 5, 10

Quantuscunque, tacunque, tumcunque *How great, or little soever* Quorum bona quantacunque erant, statim suis comitibus compotoribusque descripsit, *Cic Philipp* 5, 8 Ego is sum, *Id Orat* ... quantuscunque sum, 8

Quan u.l ve

Quantulibet, ălibet, umlibet *How great soever, never so great* Quantalibet ordine dignus, *Ov* [illegible] 6 660 Suppurationes quantalibet fanat, *Plin* 20, 6 Gloria quantalibet quid erit, si gloria tantum est? *Juv* 7, 81

Quantuine, *pro* quantus, *Litt* [illegible]

Quantusquantus *How great soever* Quantusquantus, nihil [illegible] sapientia es, *Ter Adelph* [illegible] Quantumquantum ad eum [illegible], *Plaut Pan* 3, 4, 28

Quantusvis, avis, umvis *As great* [illegible], *how great soever*, [illegible] Quantivis pretii [illegible] *worth gold*, Ter Andr 5, [illegible] Quantisvis magnis copiis [illegible] Germanorum sustineri posse [illegible], Cæs B G 5, 28

Quatenus conj *Vid* Quamvis

Quapropter adv *vel* [propter quæ] *Wherefore*, *why?* [illegible] *which reason* (1) Non [illegible] pater *CH* Quapropter? *Ter* [illegible] 1, 2, 14 (2) Non est [illegible] quapropter quo[illegible] celato est opus, *Ter* [illegible] 2, 44

Qua [illegible] adv *On what part* [illegible], *what way soever* Qua[illegible], omne amb[illegible], *Plaut* [illegible] 5, 2, 9

Quaquaversum, & quaquaversus [illegible] *every side, every way* [illegible] quaquaversum dimittere, *Cæs B G* 3, 23 Quaquaversus [illegible] de quinque, *Cic Philipp* 9, 7 *sed al leg* quoquoversus

Quare adv [qua re] (1) *Wherefore*, *why?* (2) *For which reason* (3) *To the end that* (1) Quare istud rogasti? *Cic* (2) Quare agite, o juvenes, [illegible] succedite [illegible], *Vir Æn* 1, 621 (3) [illegible], quare perditis resistemus [illegible], *Cic Fam* 10, 21

Quartadecumanus, a, um m *scil* [illegible] (1) *A soldier of the fourteenth legion* (2) *Also those that would keep the passover on the fourteenth day of the moon, in the month of March* (1) *Tac Hist* [illegible] *in castig libb* quartadecumani Quartadecuma legio, *the fourteenth*, Tac Ann 1, 70, [illegible] 3 *nec non sæpe alibi* [illegible]

Quartana, æ f *sc* febris *A quartan ague* In quartanam conversa est vis morbi, *Cic Fam* 16, 11 Quartana implicitus, *Liv* 41, [illegible] quartana, *Hor Sat* 1, [illegible]

Quartanarius, a, um adj *Of a fourth*, or *fourth part* Quartanaria tabula, quæ quartam jugeri partem quadrata conficiet, *Pallad* [illegible] *Tit* 11

Quartani, *scil* milites *Soldiers of the fourth legion*, Tac Hist 4, [illegible]

Quartanus, a, um part *Of*, or *belonging to the fourth* Quartana [illegible], *Plin* 7, 50

|| Quartarium, ii n *A quarter*, *the fourth part*, Vitruv 40, 7

Quartarius, ii m *The fourth part of any thing*, *particularly of a congius*, or *gallon*, *a quart* Quartarius vini, *Liv* 5, 47 mel[illegible], *Col* [illegible] 5 sulphuris *Cato*, 95

Quarti [illegible] verba *Words spoken [illegible] that every fourth can be heard*, Cato *ap* Litt

Quarticeps adj *Having four heads*, or *the fourth head or hill of [illegible]one*, Varr

Quarto, *scil* loco adv *Fourthly*, *in the fourth place*, or *the fourth time*, Liv *vid* Gell 10, 1

Quartum adv *sc* tempus *The fourth time* T Quintio quartum consule, *Liv* 3, 66

|| Quartumviri *Four officers chosen to convey new colonies to their plantations*, Alex *ab* Alex 5, 16

Quartus, a, um adj [à quatuor] *The fourth* Quartus pater, *the great grandfather's father*, Vir Æn 10, 619 Hora quarta, *ten a-clock*, Id Geor 3, 327

Quartusdecimus, a, um *The fourteenth*, Tac Ann 1, 70 & Plin 2, 59

Quasi adv [ex quam, & si, ut ex ὡς & εἰ, ὡσεί] (1) *As if* (2) *As it were* (3) *In a manner* (4) *As* (5) *As though* (6) *Almost*, or *about*, *near upon* (7) *Of the same import*, *to the same purpose* (1) Stultior ego, quasi nesciam vos velle, *Plaut Amph Prol* 57 (2) Quasi solstitialis herba paulisper fui, *Plaut Pseud* 1, 1, 36 (3) Quasi uxorem me tibi habebat, *Plaut Truc* 2, 4, 38 (4) § Ita vita est hominum, quasi cum ludas tesseris *Ter Adelph* 4, 7, 21 § Educavit magna industria, quasi si esset ex se nata, *Plaut Cas Prol* 46 (5) Quasi tu dicas me te velle argento circumducere, *Plaut Pseud* 2, 2, 39 (6) Quasi talenta ad quindecim coegi, *Ter Heaut* 1, 1, 93 (7) Permitto servo quasi testamentum facere, ut legitima custodio, *Plin Ep* 8, 16

Quasillaria, æ f *A basket-wench*, *one that getteth her living by carding and spinning*, *a spinster*, *a slave tied to her basket* Convocat omnes quasillarias, *Petron Sat* c 132

Quasillum, i n *Prisc* & quasillus, i m *Cato*, c 133 dim [à qualus, vel potius à qualo, quasili] (1) *A wicker basket*, *hamper*, or *pannier*, *the basket in which women slaves kept their spinning work* (2) Meton *The slave herself* (1) Gravior rependit iniquis pensa quasillis, *Prop* 4, 7, 41 (2) Hujus domi inter quasilla pendebatur aurum, *Cic Philipp* 3, 4 ✠ Pensum quasillo scortum, *i e* quasillarium, *Tib* 4, 10, 3

Quassabilis, e adj *To be shaken* Quassabile ferro molimen, *Luc* 6, 22

† Quassipennus, a, um [quod quassis agitur pennis] Epitheton anatis *Flapping its wings*, Varr

Quassandus, a, um part *To be shaken*, *tossed*, or *brandished* Quassanda hasta manu, *Ov A Am* 1, 697

Quassans, tis part *Shaking*, &c Quassanti capite incedit, *Plaut Asin* 2, 3, 23

Quassatio, ōnis f verb *A shaking*, or *shattering* Capitum quassatio, excitans flammam, *Liv* 22, 17

Quassātus, a, um part (1) *Shattered*, *weather-beaten*, *shaken*, *bruised* (2) Meton *Afflicted* (1) § Quassata classis ventis, *Vir Æn* 1, 551 Quassata vasa, *Lucr* 3, 435 (2) Quassata respublica, *Cic pro Marcell* 8

Quasso, āre freq [à quatio] (1) *To shake much* (2) Met *To endanger*, *to shatter* (1) Quid quassas caput? *Plaut Trin* 5, 2, 45 Me frequens tussis quassavit, *Catull* 42, 14 (2) Quassare domum, *Ov Trist* 2, 83.

Quassus a, um part [à quatior] (1) *Shaken* (2) *Bruised*, *battered* (3) *Weather beaten.* (1) Argutatio lecti quassa, *Catull* 6, 11 (2) Quassa aula, *Plaut Curc* 3, 1, 26 (3) Rates quassæ, *Hor Od.* 1, 1, 18

Quassus, ûs m verb *A shaking*, or *jogging*, Attrectatu & quassu sævum amplificatis dolorem, *Cic Tusc* 2, 21 ex *Pacuv*

Quatefacio, ĕre, ēci, ctum [facio quatere] *To make to shake* Quatefeci Antonium, *Cic* ad *Brutum Ep* 10 P occ.

Quātenus præp [*sc* quâ parte tenus] (1) *So far forth as* (2) *How long* (3) *How far* (4) Conj *Forasmuch as*, *seeing that* (1) Quatenus de religione dicebat—assensum Bibulo est, *Cic Fam.* 1, 2 (2) Quibus auspiciis istos fasces augur acciperem? quatenus haberem? cui traderem? *Cic Philipp* 13, 5 (3) Videamus quatenus amor in amicitia progredi debeat, *Cic de Amic* 11 (4) Quatenus aliquid ex omissis peto, noteris, &c Pa[illegible] 2, 68 Quatenus, heu nefas! virtutem incolumem odimus, *Hor Od* 3, 24, 30 *ubi vid vet Schol* ☞ *Sed in hac notione Fest vult scribi* quatinus *cum quo consentiunt & alii*

Quater adv (1) *Four times* (2) Indefin *Very often* (1) Sinistra manu sola quater pugnavit, *Plin* 7, 28 (2) O mihi felicem terque quaterque diem! *Tib* 3, 3, 26

Quaterdĕcies adv *Forty times*, Cic Verr 1, 39

Quaterdēni, æ, a *Forty*, *four times ten* Anni quaterdeni, *Ov ex Ponto*, 3, 2, 50

Quaternarius, a, um part *Of four* Quaternarii scrobes, *four foot wide*, Col 11, 2

Quaternarius, ii m *The number of four* Numerus quaternarius, *Plin* 28, 6

Quaterni, æ, a Distrib *sed ut* cætera id genus pro cardinali ferè usurpatur *Four*, *by four*, *four together*, *four* Quaternis diebus latent, *Plin* 8, 36 Quaternûm jugerum balænæ, *Id* 9, 3 Quaterna millia, *Liv* 2, 5 *sed al* quatuor

|| Quaternio, ōnis m *The number of four*, *a quater at dice*, or *cards*, *Jun* analog *ut* ternio, *a file of four soldiers*, τετράδιον

|| Quaternitas, atis f *A quaternity*, Pompon Læt ita dict *ut* Trinitas

Quatinus conj *Insomuch as*, *to the end that* Vid Quatenus, n 4

Quatio, ĕre, † ssi, ssum act (1) *To shake* (2) *To brandish*, *to wag* (3) *To shatter*, *to batter* (4) *To make one shiver* (5) *To thrust* (1) Cum equus magna vi caput quateret, *Liv* (2) Quatit improbus hastam, *Vir Æn* 11, 767 (3) Mœnia quatere arietum pulsu, *Curt* 4, 3, 13 (4) Horror membra quatit, *Vir Æn* 3, 30 (5) *Vid* Quatior, n 2

Quatior, i pass (1) *To be shaken* (2) *To be shoved*, or *cast out* (1) Fonti u[illegible] quatiuntur carula cœli, *Lucr* 6, 95 (2) Homo quatietur cum dono foras, *Ter Eun* 2, 3, 66

Quatriduo adv *In*, or *within four days space* Quatriduo, quo hæc gesta sunt, *Cic pro S Rosc* 7

Quatriduum, ii n *The space of four days*, Cic Attic 4, 2 & Liv 3, 3

Quatuor post quattuor plur indecl *Vir Four*, passim QUATUOR VIRIS ET DECURIONIBUS [*sc* Fregellanis] Inscrip. *Cic Ep Fam* 10, 6

Quatuordecies adv *Fourteen times*, Plin 3 7

Quatuordecim plur indecl *Fourteen* Per quatuordecim annos, *Plin* 2, 14 *Abs* Quatuordecim, *the fourteen rows of seats wherein the equestrians sat in the theatre*, Suet Aug 40

Quatuorvirātus, us m *The office of four ruling together*, Asin Poll *ap* Cic. Fam Ep 10, 32

Quatuorviri orum m *Four men in office together*, *surveyors of the highways at Rome*, Cic Fam 10, 76

† Quaxo, are *To cry like a frog*, Fest ✝ Coaxo

Qu ante E

Que conj [à Gr enclitica, καὶ] (1) *And* (2) *Also* (3) Que—que, *both*—*and* (4) Sometimes it hath the force of the Greek τε, τε, τε, and by the poets elegantly used in enumeration (5) *For seeing that*, *forasmuch as* (6) *Or* (7) A syllabical addition (1) Ego arma contra deos, arasque, & focos tuli, *Cic Philipp* 2, 29 (2) Quique optimè dicunt, quique id faciunt, *Cic de Orat* 1, 26 (3) Perque nives altum perque horrida castra secuta est, *Vir Ecl* 10, 23 (4) Deiphobumque, Helenumque, & Polydamanta sub armis, *Prop* 3, 1, 29 Una Eurusque, Notusque ruunt, creberque procellis Africus, *Vir Æn* 1, 99 (5) Non nobis solum nati sumus, ortusque nostri partem patria vendicat, partem amici, *Cic Offic* 1, 7 (6) Quid refert uri virgis ferrove necari, *Hor Sat* 2, 7, 57 *vid* & Vir Æn 2, 37 & *ibi* Serv (7) *Ut* quisque, quandoque, *&c*

Queis dat & abl plur à qui, *pro* quibus, *Vir Æn* 1, 95

Queiscum, *as* quibuscum *With whom* Coturnices dantur queis cum lusitent, *Plaut Capt* 5, 4, 6

Quemadmŏdŭm adv [ad quem modum] (1) *After what sort*, or *manner*, *how* (2) *By what means?* *how?* (3) *Like as*, *even as* (1) Semper providi, quemadmodum salvi esse possemus, *Cic Catil* [illegible] (2) Tu me tibi facere potis es sempiternum? S Quemadmodum? *Plaut Pers* 1, 1, 36 (3) Ut quemadmodum in se quisque, sic in amicum sit animatus, *Cic*

Queo, ivi, itum *To be able*, *to may*, or *can* Non queo scribere, *Cic* Non quit sentire dolorem, *Lucr* 3, 646 Quod cernere non quis, *Id* 1, 752 Nec frigora quimus usurpare oculis, *Id* 1, 301 Sol non quierit reddere calidum, *Id* 6, 855 Non quiverint præsentire, *Id* 5, 1, 41 Dispertisse, neque in fructum convertere quisse, *Id* 5, 1[illegible]

‡ Queor, iri, itus sum *To may*, or *can* Forma in tenebris nosci non quita est, *Ter Hec* 4, 1, 57 Dum supplicii summa queatur, *Lucret* 1, 1044

‡ Queranium, ii n *A costard*, Litt ex Plaut

† Querquerus, a, um, *vel* querquera *Quaking*, or *quivering for cold*, Fest ✝ Rigens, horrens

Quercetum, ti n *A grove of oaks*, *a forest* Querceta Gargani laborant, *Hor Od* 2, 9, 7

Querceus, a, um *Of oak* Quercea corona, *Suet* & *Aur Vict* 4, 3, 9 ✝ Quernus

Quercicus, a, um *Of an oak*, Suet Cal 19

|| Quercula, æ f *Oak of Jerusalem* Quercula minor, *germander* Quia folia habet similia quercinis, *Jun*

Querculanus, a, um *Of oak* Querculanus mons, *an hill in Rome*, Plin 16, 10 *Leg* & querquetulanus

Quercus, ûs f [incertæ admodum originis] *An oak* Quercus glandifera, *Cic de Leg.* 1 valida, *Vir Æn* 4, 441

Querēla, æ f [à queror] (1) *A complaint*, chiefly among friends (2) *Lament-*

) r inertine, wa ling (,) A wil ting, complaining, &c. (ꝺ) § Cui sunt inaudi ... Deiotaro querela ... officio ... Cic pro Deiot

(2) Vetustis ... nocte ... inutile ... ( ) Dulces ... querelas fundit, Lucr ... Querela ... Difficili nugis ... loves ... querelas ... Æn 8, 215 ... Id

Quer... part Complaining ... Dis dona ... ducens, Ir

Querul..., a, um adj (1) Complaining, or apt to moan (2) Apt to complain (1) De ... plico ... magna & queri... ( ) Querulanda ... s, 58

Querimonia, æ f A complaint, a making of moan Romæ querimonia ... injuriis ... Cic Verr 5, 57 Mihi divinius ... querimoniis ... Hor Od 1, 13, 19

Querulans, tis part [ab inusit. ... or] Complaining ... Tac ... 16 sub fin

Quernus, a, um Of oak ... Col 6 ... glans, Cat , 5 = Quernus

Quernus, a, um Of an oak, oaken Quernæ glandes, Vir Georg 1, 305

Queror, questus sum dep [ex כרה ... doleo] (1) To complain, to lament, to bewail, or make moan (2) Also to warble, chirp, or sing (1) § Aut ... per literas Milonem meum queri per ... meum, Cic Attic 5,8 § Queri de ... Cic § ... Id Ego meas queror ... Plaut (2) Querulum ... Hor Epod 2,26

Querquedula, æ f [a querquedula ... cujus ... querquedula, unde ... dim] A water fowl ... Varr R R

|| Querquera, æ f The cold, or shaking fit of an ague, Ap ... 162 + Horror

|| Querquerus, a, um [a querquero, ... quod ... tremor] Querquera febris, ... cold, chill Querquerus ... Gell 20, 1 + Horrens

|| Querquerus ... Al ... A cold fit of an ague + tremor

Querquetulanus, a, um [a querquetum] ... a gate of Rome ... that had a grove of oaks hard by ... in hill of Rome, called after ... oaks growing on it, Tac Ann 4, 65, 1

Querquetum, i n A grove of oaks ... quercetum ... Varr R R 1,16,6 = Quercetum

Querulus, a, um [a queror, ut ... tremulus] (1) Full of complaints, querulous (2) Croaking, croaking (3) ... warbling, musical (5) Loud, shrill (1) Nunquam ... dolores ... querula est, Curt ... (2) Querulas ... Ov Fast 2,642 (5) Querula

rana, Col 10, ... (3) Cum ... tulas ... chordis, Ov ... 5, 559 (5) Sub cantu querulæ ... tibiæ, Hor Od ..., 6

Questus, a, um part That hath complained Lib ... Ebibit ... questus, Ov Am ...

Questus, ûs m A complaint, a moan, a lamentation = Qui questus, qui mœror ... pro Quint 30 ... & questus ... Sil 16,

† Queveis dat plu [a qui Varr corrup ... puto pro quibus]

QUAM I

Qui, quæ, quod pron (1) Who, (& in obliquis whom.) which, that (2) Who? what? (3) What an one, what kind of person (4) Because, seeing that (5) For that (6) For ... (7) ... (8) In that, ... in which, by which, wherewith, ... quinque ... (9) Whether (10) Lest, or ... all (1) Mis ... qui hoc dicere, Cic (2) Qui nominat ... Ter Qui ... Plaut ... (3) Eandem agnoscit ... quinam, Ter Nescis, qui vir siet, Id Adelph 3,5 (4) Peccasse mihi videor, qui ... discesserim, Cic (5) O ... habeam ... Ter Non sum tam ... qui Jovem ... dicam, Cic (6) Illum ... putis, qui ... Cic (8) ... qui pauci sunt, Cic ... Plaut Amph 1, ... Nil le ... Plaut ... Arph 5 28 (9) ... & mulla ... plures esset, Phædr 4, 2, (10) Pertundere ... solet ... spernere, Ter Heaut 2, 3, 12

Qui adv [ex abl qui pro quo, quâ, quo] (1) How, by what means (2) Cum ... (3) Why (1) Efficere, qui ... Ter Andr 1, ... (2) Qui scis ... Scio, Ter Andr 2,2,15 De... qui ... possumus intelligere? Cic Qui potest esse ... Id Attic ..., 11 (3) Non potest ... Qui halet, &c Ter Andr 5, 4, 5 Hinc Anglicè why

Quia conj cum indic & subj [vel à pron qui, vel ab H ...] Because, for as much as, for that Quia natura mutari non potest, idcirco, &c Cic ☞ H s redditur ... quia ... quoniam ... ideo, quia ... vel quia ... quia, &c

Quianam Why, wherefore pray you? Quianam ... Plaut Quianam sententia vobis versa retro? Virg Æn 10,6 Heu! quianam ... Id ... 5, 13

Quin [conj quin] Is it because? Quin ... Virg ... 5, 558 Serv exp ...

Quicquam ... [e quid & quam] Any thing ... Cic de Orat 1

Quicque ... n [...] Every thing, any thing In ... interpretando ... quicque pertineat, Cic Tum suo quicque ... conditur, Col 12, 7

Quicquid Whatsoever Quicquid præter spem evenit, id omne in lucro est deputandum Ter Phorm 2, 1, ... Unum quicquid, pro unum quidque, any thing, every thing, Lucr 5, 1,57

Quicum, pro cum quo (1) With whom (2) With whom? (3) With which (1) Quicum res tibi est, peregrinus est, Ter Eun 4, 6, 2 (2) Quicum loquitur ... Ter Heaut 1, 2, 4 (3) Hic est annulus, quicum ... ta, Ter Heaut 4,1,2

Quicunque, quæcunque, quodcunque (1) Whosoever, whatsoever, every one (2) For quilicunque, how great soever (3) For quanticunque, how great soever (1) Quicunque is est, ei me profiteor inimicum, ap Cic Fam ... Quacunque ... de genere ... Id de Orat 1 Et ... Quæ me cunque ... terræ, ... Æn 1, ... Quem ... Hor Od 1, 16, 2 (2) O ... modo sum, aut ... Cic (3) Quæcunque ... Romano dignitas ... Cic ... 2

Quid n substantive posit (1) What? (2) Quid? quod, per Ellipsin What shall we say besides? (3) For quails what sort of (4) Quid ita? ... (5) Quid ... Form ... ægre ... what meaneth all this stir? (5) Quid multa? what need of many words? (6) Indefinite pro aliquid, any thing (7) Why? (8) How? (9) How many? how great? (1) Quid facerent ... ? Cic Quid rei est tibi cum illa? what have you to do? Ter Quid ... est? what meaneth that Plaut Quid ætatis? how old? Id Quid ... how it standeth affected, what his mind is, Id (2) Quid? ... vera sunt, ... Cic Acad 4 (3) Quæso, quid hominis es? Ter Quid mulieris uxorem habes? Id Hec ... Quid istud? ... certum est facere facias, Ter Eun ... Quid istud? ... video ... Id Heaut 5, 5, 9 (5) Gravet ... Quid multa ... Sicubi quid feci, ... placet, Ter Andr ... Ter Quid ita non? Id (8) Quid ... Cic (9) ... Ter ... Quid ... Cic Tusc 1, 41

Quidam, quædam, quoddam, & quiddam [ex qui & dam paragogico, ex ... certè] Some certain person, or thing one, such an one Quidam ex philosophis, Cic Acad ... Quædam ... Id Quiddam divinum, Id Acad 1, 9 ... quoddam gladiatorum, Suet Claud ... Non omnia, quædam pro ... facienda, Quint 15, 10

Quidem adv [ex quiddam] (1) Truly, indeed (2) Yea, also (3) An intensive particle noting certainty (4) At least, however (5) For the adversative quidem, but (1) Dolo, & mirifice quidem, Cic Attic 2, 19 (2) Audio ... legione, & eo quidem ... fratrem expectat, Cic (3) Ego quid ne quid ... quod extremum est, Cic Attic 2 16 (4) Spero me tibi causam probasse, cupio quidem certè, Cic (5) Phocion apud Philippum regem ... quidem ... apud Polysperchontem jussus est dicere, Nep Phoc ☞ Eleganter usurpatur cum his particulis certè profectò Nunc quidam profectò, Cic ☞ Accipitur ab his ferè particulis at, sed, verum, tamen, veruntamen

Quidnam n (1) What, but ... what matter ... (2) What, ... (1) ... Quid istuc nam monstri est? Ter (2) Rev ... quinam Chærea ... rerum gerat, Ter Eun ..., 4

Quidni adv quare ... non ... Why not? Adeone ad eum ... Ter Andr 2,1,17

Quidpiam, ... Something, any thing Num ... ? Ter Andr 2, 6, 7

Quidque, vel quicque ... Every thing ... conditur, Col 12, ... Qu...

Quidquid ... Whatsoever as much as ... Ter Heaut 5,2,8

Quidvis ... Whatever, thou wilt, any thing ... perpeti malle, Cic Verr 5, 8

Quidum adv ... Hor ... Lum 2,2,42 ...

Quies, etis f [a ...] (1) Rest, ease, quietness, vacation, or deliverance from labour and trouble (2) Peaceful leisure (3) Calm, still weather, respit (4) Inaction, want of action (5) A private life (6) Sleep, a dream (7) In plur quietes Resting places, ... (1) Mors laborum ... quies, Cic ... (2) Laurus ... Plin ... Scu... opus est, ... quiete, Liv ... (3) ... frigus, calore ... 2, 364 (4) ☿ Sub ... nec labor ullus erit, ... 12, 6 Joco uti illo quidem licet, sed sicut somno & quietibus cæteris, Cic Offic 1, 29 ... etiam si ... Suet Tib ... Quæ ... Refert ... vigilia, ... juvenem, &c Cic ... Dum ... death ... (7) Ferarum ... venient ... quietes, Lucr 1, 406

† Quies adj 3 gen Jamque ejus mentem fortuna fecerat quietem, quiet, Næv Hinc n compescere quies, &c quies ... † Quietus.

Quiescat ... To be at quiet, Ter Andr 4,2,8

Quiesco, ere, evi ... [qu... quies, quod κεῖμαι, jaceo, cubo] (1) To be quiet, to do nothing, to leave off (2) To rest, sleep, to take rest, to refresh himself (3) To be calm, or still (4) To hold one's peace, and make no more words (5) To be allayed, or abated (6) To be quiet, to permit, or let alone (7) Also to cause to be quiet (8) To be neuter, not to meddle (1) Sine cura quiesce, Cic pro Rosc Amer 2 ☿ Sanum hominem oportet quiescere, et sic quentius ... exercere, Cels ... Quod si quiessem, nihil evenisset mali, Ter Andr ..., 4, 5 = ... quiescent ... intelligere, Id in quædam sub ... 22 (2) Eo quum veni ... quiescebat, Cic ( ) ... equora, Vir Æn 7, 6 (3) ... esse, ... interloquere Ter Heaut 4, 5, 13 (5) ... febris ... evenit, tamen ... Cels (6) Fest ... efficiem, ... aliorum ... consulum ... pro Planc ... (7) Quiesce ... Plaut ... tuas laudes populi ... Sen Herc Oet 15,86 ... requiesco Requiem flumina cursus, Vir Ecl 8, 4 (8) Interdum certamina

… annuum præmia, qui quieverant, occupabant, *Curt* 10, 8, 16

Quiētè adv ius, comp issime, sup *Quietly, peaceably, easily, contentedly* Quiete & pure & eleganter acta ætas, *Cic de Sen* 5 ‖ Quietius tranquilliusque bellaturis, *Liv* 27, 14 Nostri quietissime receperunt, *Cæs B C* 3, 46

† Quieto, are act & quietor ari *To make quiet*, Prisc ✝ Quiesco, tranquillo

Quietorium, ii n *A vault for them in the dead*, Vet Inscr ✝ Conditorium

Quietus, a, um part *That lie at peace* Videmur quievisse, nisi essemus lacessiti, *Cic de Orat* 2, 56

Quiētus, a, um adj & part or, comp issimus, sup (1) *Quiet, at rest, still, at leisure, undisturbed, free from care and trouble* (2) *Tractable* (3) *Calm, still* (4) *Peaceable, unambitious* (5) *Contented, unconcerned* (1) ✕ Quietum reddam, ne sursum deorsum cursites, *Ter Eun* 2, 2, 45 (2) Boum, demptis testiculis, fiunt quietiores, *Varr R R* 2, 7 (3) Here quieto ipsa columba, *Vir Æn* 5, 216 Diluvies quietos irritat amnes, *Hor Od* 3, 29, 40 (4) Num omnibus videri Diodorum … hominem quietissimum, &c *Cic Verr* … 19 Epaminondas … tus fuit, *Nep Pelop* 4 (5) ✕ Hoc ego loco, soluto & quieto sim animo, &c, quorsum recidat responsum tuum, non magnopere laboro *Cic pro Rosc Com* 15

Quilibet, quælibet, quodlibet (1) *Whosoever will* (2) *It makes no matter who, any one, whether it be, or it be* (1) Quilibet alter agat currus *Ov Met* 2, 388 Ars quælibet, *Hor Ep* 2, 2, 7 Nomen quodlibet, *Id Sat* 1, 2, 126 Quidlibet audendi potestas, *Id A P* 10 (2) ✕ Apud majores admirabatur peritus, nunc quilibet, *Cic de Div* 2, 34

Quīmātus, ūs m (spatium quinque annorum) *The age of five years* Robur boum in quimatu, *Plin* 8, 45

Quin adv & conj [per Apoc pro quine, ex qui *i e* quomodo, & ne *i e* non It *pro* qui non] (1) *Why not?* (2) *Post negat yum, but, but that* (3) *Pro* quinetiam, *yea, and more than that* (4) *Yet, for all that* (5) *Therefore* (6) *Nay but* (1) Quin tu urges occasionem istam? *Cic Fam* 7, 8 Quin tu huc advolas? *Id* (2) Nemo est quin (*i e* qui non) m… *Cic Fam* 6, 1 Facere non possum quin (*i e* quod non) ad te mittam *Id Att* 12, 26 (3) Ego … jam te nec hortor, nec rogo ut domum redeas, quin hinc ipse … cupio, *Cic Fam* 7, 30 (4) Minimè, quin effectum dabo, *Ter Eun* 2, 1, 6 (5) Quin tu uno verbo dic, quid est quod me velis? *Ter Andr princ* (6) Quid dicam quam causam afferam? *S* Quin nolo mentiare, atque, ita ut res habet, narrato, *Ter Heaut* …

Quinārius, a, um *Containing five* Quinariæ fistulæ, *of five foot*, Plin 31, 6

Quinārius, ii m [quòd quinos asses valet] *Of five, also a Roman silver coin, of the value of five asses*, Varr de L L 4, 36 ☞ Victoriatum, Cic Plin Quint vocant hunc nummulum, quoniam … alter imaginem in aversa parte … habet

Quinavicenaria lex *A law in … forbidding to lend money to a man under twenty five*

years of age, during his father's life, Plaut Pseud 1, 3, 69 ☞ *Legem Lætoriam intelligit*

† Quincenti, æ, a *pro* quingenti dixere vett *Fest*

Quincunciālis, e adj (1) *Of five inches* (2) *Ordered by the quincunx* (1) Herba quincuncialis, *Plin* 27, 11 (2) Quincuncialis ordinum ratio, *Plin* 17, 10

Quincunx adj Quincunces usura, *usury of five in the hundred*, Ap JCC

Quincunx, cis subst m (1) *Five ounces* (2) *Five inches* (3) Also *a measure, half a pint*, or hemina (4) *An interest at five per cent* (5) *A row, or rank in this figure* V, or as a five in cards (1) Uncia remota de quincunce, *Hor A P* 327 (2) *Plin* (3) Te conviva leget, mixto quincunce, *Mart* 2, 1 *his nip perlin* (4) Nummos nutrire quincunce modesto, *Pers* 5, 149 (5) Arborum directi in quincuncem ordines, *Cic de Senect* 17

Quincŭpĕdal, is n vel *ut al* quincupeda, æ f rectius ad analog *τῶ* decempeda *A measure, or rule of five foot long*, Mart 14, 92 *in lemmate*

Quincuplex, icis *Five double, or fivefold* Quincuplex cera, *Mart* 14, 4

‖ Quincuplus, a, um *Idem*, Litt *unde non dicit*

‖ Quincussis, is m *Five pound weight*, Litt *ex* Apul

Quindĕciès adv *Fifteen times*, Cic Verr 2, 25

Quindĕcim adj indecl pl [ex quinque, & decem] *Fifteen* Miles dedit quindecim minas, *Plaut Pseud* 1, 1, 51

Quindĕcimvir, ri m *One of the fifteen magistrates that were jointly in office for the ordering of religious affairs*, ap Cic Fam 8, 4 They had in Rome the charge also of the Sibylline oracles They were only by the institution of Tarquin two, and called *duumviri*, afterwards, in the year of Rome 388, they increased to ten, and from thence called *decemviri*, afterwards fifteen, in the year 675, from which they were called *quindecimviri*, which name they retained, even when afterwards increased to forty

Quindecimvirālis, e *Belonging to that college* Sacerdotium quindecimvirale, *Tac Ann* 11, 11, 3

Quindēnus, a, um *Fifteen*, Distrib pro Card Quindenæ hastæ, *Plaut Most* 2, 1, 11 Quindena agri jugera, *Liv* 35, 40

Quinĕtiam conj *Moreover, furthermore, besides, yea farther, moreover* Harum ego sermone non movebar, quinetiam leviter me putabam, *Cic Fam* 3, 6 & 7, 1

Quingĕnārius, a, um [ex quingeni] *In weight, number, or age, of five hundred*, Plin 33, 11

Quingēni, æ, a *pro* quingenti *Five hundred*, Cic Attic 16, 8

‖ Quingenteni, æ, a *Five hundred*, Amm ✝ Quingeni

Quingentēsimus, a, um *The five hundredth*, Plin 15, 1

Quingenti, æ, a [ex quinque, & centum] *Five hundred* Quingentis emptus drachmis, *Hor Sat* 2, 7, 43 Mille & quingenta pondo, *Liv* 23, 28

Quingentiès adv *Cic* [qu quincenties] *Five hundred times*, Cic Verr 2, 58

Quingentilibrālis, e adj *Weighing five hundred pounds*, Cic *ap* Litt

Quini, æ, a Distrib pro Card *Five* Quina millia peditum, *Liv* 8, 8 Quinæ syllabæ, *Quint Inst Orat* 94

Quinĭmo conj [ex quin, & imo] *Yea, and what is more, nay rather* Ops opulenta illius avia … Quinimo mater quidem, *Plaut Cist* 2, 1, 38 *ubi Grev omittit* quin, conf *Cic Att* 1, 13

‖ Quinio, onis f [ex quinus] *The number of five*, Hier ✝ Numerus quinarius, *Plin*

† Quinitco, quexi, *unde* conquinisco *To nod, or shake the head* ✝ Nuo

Quinquāgenārius, a, um (1) *Fifty years old* (2) *Containing fifty* (1) *Cato* (2) Urna quinquagenaria, *Cato*, c 13 Grex quinquagenarius equarum, *Varr R R* 2, 10 Quinquagenaria fistula, *Vitruv* 8, 7

Quinquāgeni, æ, a pl *Of fifty, fifty* Quinquageni anni, *Plin* 8, 56 conf *Cic Verr* 3, 28

Quinquagies adv *Fifty times*, Col 5, 2

Quinquāgēsima, *sc* pars *The fiftieth part, a kind of tribute*, *Cic Verr* 3, 49

Quinquāgēsimus, a, um *The fiftieth* Quinquagesimus annus, *Plin* 8, 2

Quinquāgiès adv *Fifty times*, Plin 2, 108 *vid* & Col 5, 2

Quinquāginta adj indecl pl *Fifty* Quinquaginta millia pondo argenti, *Liv* 33, 28 Quinquaginta famulæ, *Vir Æn* 1, 701 thalami, *Id ib* 2, 503 ora, *Id ib* 10, 566

Quinquatria, ōrum & ium n *Ov* & quinquatriæ, arum f *Diomed* & quinquatrus, uum f [quòd quinque diebus post idus celebrabantur] *A feast in honour of Minerva kept on the fifth day after the ides of March, whence it had its name*, Fest or as *Ov because it lasted five days together* There was also another called the lesser, on the ides of June *vid* Fast Causam tuam egi quinquatribus, *Cic Fam* 12, 25 Molestæ quinquatruus afferebantur, *Id ib* 2, 12

Quinque adj indecl plur [a Gr πέντε, Æol πέμπε, Dor πέντε, τ vel π in κ mutato] *Five*, Cic N D 1, 8

Quinquefŏlium, ii n *An herb called five-leaf grass, cinquefoil*, Plin 25, 9 & Cels 6, 9

Quinquelibrālis, e adj *Of five pounds weight* Quinquelibrale pondus, *Col* 3, 15

Quinquĕmestris, stre, adj [quod quinque mensium ætatem habet] *Five months old* Quinquemestribus pullis factis, *Varr R R* 2, 7

Quinquennālis, e adj (1) *Lasting five years* (2) *That cometh to pass every fifth year* (1) Quinquennalis censura, *Liv* 4, 24 & 9, 33 (2) Quinquennalis celebritas ludorum *Cic de Orat* 3, 32

Quinquennis, ne adj (1) *Five years old* (2) *Of five years* (1) Quinquennis altera, altera quadrimula, *Plaut Pœn Prol* 85 Quinquennie vinum, *Hor Sat* 2, 8, 42 (2) Quinquennis Olympias, *Ov ex Ponto*, 4, 6, 5

Quinquennium, ii n *The space of five years* Magistratum per quinquennium habento *ce sores*, Cic de Legib 3, 3 ex XII Tabb ☞ Tria cum quinquennia fecit, *when fifteen years of age*, Ov Met 4, 292

Quinquĕpartītò adv *In five parts*, Plin 25, 6

Quinquĕpartitus, *vel* quinquepertitus, a, um *Divided into five parts* Quinquepartita argumentatio, *Cic de Inv* 1, 34

Quinquĕplico, āre *To continue five years*, Tac Ann 2, 36, 5 *In meo libro leg* Quinquiplicari magistratus, R occ ✝ Prorogare in annum quintum

Quinqueprimi quinque viri, qui in aliquo ordine (ut in senatu) sunt primi, *i e* primarii, principes *The five first men in any body, as in the senate*, *Cic Verr* 3, 28

Quinquĕrĕmis, is f *A galley with five oars in a seat* Certos homines in quinqueremi mittit, *Cic Verr* 4, 46 conf eund *ac Orat* 1, 38

Quinquertium, ii n & quinquertius m [qu quinque artium lusus] *The five principal games in the olympics, viz hurling the quoit, running, leaping, throwing the dart, and wrestling, to which the Romans added swimming, and riding*, Fest

† Quinquertio, ōnis m *He that playeth these five prizes*, Liv Andron *ap* Fest

‖ Quinquessis, is m *i e* quinque asses, *Prisc ex Apul*

Quinquĕvir, viri m *One of the five that are in like office and authority*, Liv 6, 21 & 1, 21

Quinquĕvirātus, ûs m *The office of the five in like authority*, Cic Att 9, 2 & de Prov Conf 17

Quinquies adv *Five times* Hic, me defendente, quinquiès absolutus est, *Cic Philipp* 11, 5 Quinquies quinque, *Cato*, 156

Quinquiplico, āre *Vid* Quinqueplico

Quintadĕcimāni, *scil* milites *Soldiers of the fifteenth legion*, Tac Hist 3, 22

Quintāni pl m *scil* milites *Soldiers of the fifth legion*, Tac Hist 4, 36, 2

Quintanis adv *ut* alternis *At every fifth stake, or place* Quintanis semitare, *Plin* 17, 22

Quintānus, a, um *The fifth in order* Quintana porta, *Liv* 41, 2

Quintārius, a, um *sc* limes *Of the fifth*, Vitruv 3, 1

Quinticeps, ipis adj *The fifth head, or part*, Varr

Quintīlis, is m *sc* mensis dictus quod quintus fuit a Martio *The month of July, for they began the year in March* Volo mente quintili in Græciam, *Cic Attic* 14, 7

‖ Quintò adv *Fifthly* Ex analogia pendet

Quintùm adv *The fifth time* Maximus quintum consul, *Liv* 27, 6

‖ Quintuplex, icis adj *Fivefold* Ex usu recent & analogia pendet ✝ Quincuplex, *Mart*

Quintus, a, um *pro* quinctus [à quinque] *The fifth* Quintus mensis *July*, Liv …, 7 Quintam lunam, *Vir Geor* 1, 277

Quintusdĕcimus, a, um *The fifteenth*, Plin 9, 51

‖ Quintussis *Five pounds weight*, Bud ✝ Quinque librarum

Quinus, a, um distrib (1) *Five by five* (2) Also *five* (1) Græci stipati, quini in lectulis, *Cic in Pison* 27 (2) *Vid* Quini

Quipŏte (*i e* qui potest?) adv *How is it possible? how can that be?* Pers 1, 56

Quippe adv [ex quid] (1) *For, because, forasmuch as* (2) *As one, as being, to wit, that is to say* (3) *Surely, yea* (1) Hi militibus nihil reliqui victis fecere, quippe secundæ res sapientium animos fatigant, *Sall B Catil* 11 (2) Sol Democrito magnus videtur, quippe homini erudito, *Cic de Fin* 1, 6 (3) Recte dicere te [illegible] stituisse? quippè; quid enim facilius est? *Cic* pro *Cæcin* 19

Quippini adv *Why not* Me ct uccinne esse censes? *N* Quippini? *Plaut Bacch* 4, 7, 41

† Quiqui, *pro* quisquis *Whosoever*, Plaut Aul 2, 10, 45

Quirinalia, um n *Fest* Festa Quirini *Feasts sacred to Romulus* *Vid* Propr

Quiris, is f *A spear*, or *javelin* Hasta quiris priscis est dicta Sabinis, *Ov Fast* 2, 477 *scrib* & curis

Quiris, itis *A citizen of Rome* Quibus una Quiritem vertigo faci, *Pers* 5, 75 *Vid* Quirites

Quiritans, tis part [idem Quiritium implorans] *Crying out for help* Nulla vox quiritantium inter stupra exaudiri poterat, *Liv* 39, 8

Quiritatio, onis f verb *A crying, a wailing, a calling for help* Fuga comitum & quiritatio facta, *Liv* 33, 28

Quiritatus, ûs m verb [à quiritor, *q d* Quiritor, ut sit Quiritium civitas] *A wailing, a mourning cry, a complaint*, or *cry for aid and succour* Lamentabiles quiritatus, *Val Max* 9, 2, n 1 = Audiebas ululatus feminarum, quiritatus infantium *Plin Ep* 6, 20, 14

Quirites, um & ium m pl Romani, *Fest* [à Curibus Sabinorum oppido] *The citizens*, or *commons of Rome*, as opposed to the soldiers Jus Quiritium, *Cic* pro *Cæcin* Mobilium turba Quiritium, *Hor Od* 1, 1, 7 Una voce, qua Quirites eos pro militibus appellârit, tam facile flexit *decumanos*, Suet Cæs 70

Quirito, are (1) *To cry*, or *call for succour and help of the Romans* (2) *To grunt like an hog* (1) Si modo est sinus non quiritet, *Quint* 3, 8 (2) *Aud Philom* vers 55 ✠ *Quiritare* urbanorum, *jubilare* rusticorum, *Varr*

Quis, quæ, quid; cujus, cui; olim tam fem quam masc [à τίς, Dor in κ mutato] (1) *Who? which?* (2) *Pro* qualis, *what kind*, or *manner of* (3) *Pro* aliquis, *some one* (4) *Whether?* (5) *Either* (1) Quis me vult? *Ter Andr* 5, 3, 1 Quis ea est, quam vis ducere uxorem? *Plaut Aul* 2, 1, 48 *pro* quænam (2) Quis videor? *C* Miser, æque atque ego, *Ter Andr* 2, 4, 19 (3) Tum mihi nescio quis in aurem insusurravit, *Plin jun* (4) Quæsivit quis major esset, *Phædr* 1, 21 (5) Ne quis sexus à laude cessaret, *Flor* 1, 10, 7

Quisnam, quænam, quodnam [ex quis, & nam particula] (1) *Who? which? what?* (2) *What?* (1) Quisnam homo est? *Ter Andr* 5, 6, 1 (2) Delphini quonam modo audiant, mirum, *Plin* 11, 37

Quispiam, quæpiam, quodpiam, vel quidpiam [ex quis, & piam particula] (1) *Some body*, or *thing* (2) Also *a certain person* (1) Pecuniam si cuipiam fortuna ademit, *Cic* pro *Quint* 15 Erat puella in osculando quidpiam impudicior, *somewhat, a little*, Plaut Curc 1, 1, 52 Aliquid quodpiam membrum, *Cic Tusc* 3, 9 *ubi tamen* Gron aliquodpiam (2) Erat nobiscum homo quispiam sane doctus, *Gell* 3, 1

Quisquam, cujusquam *Any one, any body*, or *thing* Tetrior tyrannus quam quisquam superiorum, *Cic Verr* 4, 55 An hoc dubitabit quisquam omnium? *Id Fam* 8, 22 Quicquam tu putas ista fuisse? *Id Attic* 9, 44 Quisquam unus, *any one man*, Liv 1, 2 Leg & quisquam, *fem* Neque illarum quisquam te novit, neque scit qui sies, *Ter Eun* 2, 3, 82 Nostrarum nunquam quisquam vidit, *Id ibid* 4, 3, 11

Quisque, quæque, quodque [ex quis, & que syll adject] (1) *Every man, every one, every thing* (2) *Whosoever, whatsoever* (3) *Each of two* (1) Quid ad te quisque necessariorum scribat, nescio, *Cic Fam* 1, 9 Quid quemque cuique præstare oporteat, *Id Offic* 3, 17 (2) Spolies, laceres quemque nacta sis, *Ter Hec* 1, 1, 8 Si verò non quisque loquitur, orator est, *Quint* (3) Cum duo fures pecuniam abstulerunt, si paratim quadruplum quisque, an duplum debeat, *Quint* 7, 5 R occ in hâc notione

‖ Quisquilia, æ f *unt Fest* ex Nævio

Quisquiliæ, arum f plur [ab Hebr קשׁ] (1) *The sweepings of an house, the chats and whitlings of wood, all small sticks, leaves, or sprigs that fall from trees, all things that are of no value*, or *estimation, riff-raff* (2) Also *naughty, vile persons, the refuse and rascality of people* (1) Quisquiliæ volantes, *Cæcil* ap *Fest* (2) Omitto jam Numerium, Serranum, Ælium, quisquilias seditionis Clodianæ, *tools, understrappers*, Cic *pro* Sest 43

‖ Quisquilinta vestis *A scarlet gown*, or *garment*, Jun *à seq*

Quisquilium, ii n *The scarlet berry, the same with alkermes*, Plin 16, 8 *al leg* cusculium

Quisquis m & f (1) *Whosoever, whatsoever* (2) *Any one* (1) Quisquis est ille, si modò est aliquis, *Cic* de *Cl Orat* 73 Satis pro imperio, quisquis es, *Ter Phorm* 1, 4, 19 (2) Quocunque in loco quisquis est, *Cic Fam Ep* 6, 1 *ubi vid* Manut

† Quitur, *ant pro* quit Et quitus sum *pro* quivi, *vel* potui, *Apul* [à queo] Forma non quita est nosci in tenebris, *Ter Hec* 4, 1, 57

Quitus, a, um part [à queor] *Ter Vid* Quitur

Quivis, quævis, quidvis, *vel* quodvis *Whosoever, any one* Quivis ut perspicere possit, *Cic* pro *Quint* 27 Quidvis pati malle, quam, *Id Verr* 2, 18 Poëmatum quodvis est diversum à cæteris, *Id de Opt gen Orat* 1 *in abl* quivis Abs quivis homine beneficium accipere gaudeas, *Ter Adelph* 2, 3, 1

Qu ante O

Quò adv & conj ad locum (1) *Whither? to what place?* (2) With a comp *By how much* (3) *That, to the end that* (4) *Because* (5) *For which cause, for which reason* (6) *To what end*, or *purpose?* (1) Quò te agis? *Ter Andr* 4, 2, 25 Quo gentium fugiam? *Plaut* (2) Quò difficilius, hoc gravius, *Cic* (3) Quò facilius probares - idcirco, &c *Cic* (4) Non quò illa Lælii si quicquam dulcius, sed multo tamen venustior, quam, &c *Cic de Clar Orat* Non quò haberem quid scriberem, sed ut, &c *Id* (5) Quò æquior sum Pamphilo, *Ter Andr* 2, 5, 18 (6) Quò mihi fortunæ, si non conceditur uti *Hor Ep* 1, 5, 12

Quoad adv (1) *As long as, whilst* (2) *How long? how soon?* (3) *As much as, as far as* (4) *As to, with respect to* (1) Quousque? inquies, quoad erit integrum, *Cic Attic* 15, 23 To this particle *ejus* is emphatically joined Non prætermittes, quoad ejus facere poteris, ad me scribere, *Id ibid* 11, 12 (2) Quoad expectatis senem vestrum? *Ter Phorm* 1, 1, 98 (3) Quoad potuit, restitit, *Cic* de *S nect* 4 (4) Hæc triplicia esse debent, quoad sexum, multitudinem, casum *Varr L L* 7, 23 Excusavit quod stipendium serius quoad diem præstaret, *Liv* 42, 6

Quoadusque adv *As long as, so far as*, Suet Jul Cæs 11

Quòcircà conj *Wherefore, therefore* Quocircà bene apud majores nostros senatus decrevit, *Cic* de *Div* 1, 41

Quòcum, *pro* cum quo *With whom*, Cic Fam 4, 1

Quocunque adv *Whithersoever, what way soever* Pedes quocunque ferent, *Hor Epod* 16, 21 Et per tmesin Quo me cunque vocant terræ, *Vir Æn* 1, 61

Quod, cujus pron (1) *Which thing, that which, all that* (2) *For which, on which account* (1) Militum quod habebant, *what soldiers they had*, Cic Quod castrorum, *all the camp*, Tac Quod floris, quod roboris habuit, *all the prime, all the strength*, Liv (2) Revortar namque est quod visam domum, *Plaut Aul* 2, 2, 6 Quod ad me attinet, *as for my part*, Cic

Quòd, *pro* quoad *So far as, as much as* Munus nostrum ornato verbis, quod poteris, *Ter Eun* 2, 1, 8 Ille, quod in se fuit, accuratum habuit, *Plaut Bacch* 3, 6, 21

Quòd conj (1) *That* (2) *Because* (3) *As* (4) *Forasmuch as, whereas, in that* (5) Also *since* (1) Benè facis, quod me adjuvas, *Cic* de *Fin* 3, 4 (2) Si ulla unquam apud te mea commendatio valuit, quod scio multas valuisse plurimum, hæc ut valeat, rogo, *Cic* Scio filius quod amet meus, *Plaut* (3) Mihi quod defendissem, leniter succensuit, *Cic* (4) Sane quod tibi nunc vir videatur esse, hic nebulo magnus est, *Ter Eun* 4, 7, 15 Filium tuum quod redimere se ait, id neutiquam placet, *Plaut Capt* 3, 4, 54 (5) Tertius hic dies est, quod audivi, *Plin jun*

Quòdammodò, adv. *After a certain fashion, after a sort, in a manner* Propter virtutem eos etiam, quos nunquam vidimus, quodammodò diligimus, *Cic* de *Amic* 8

Quodcunque pron *Whatsoever, all—that* Quodcunque militum contrahere potes, *Cic Attic* 1 8

Quodpiam, cujuspiam [à quispiam] *Any thing*, or *something* Aliquod quodpiam membrum, *some certain member*, or *part*, Cic Tusc 3, 9

Quodvis, cujusvis pron *Any thing, what one will*, Cic de Opt gen Orat 1

† Quoi ant *pro* cui sic quojusque *pro* cujusque, quoique *pro* cuique, quoiquam *pro* cuiquam, ap *Cic* de *Legib* It queis *pro* quibus dat plur *ut* quoi *pro* quibus, abl pl Fugitant omnes hanc provinciam quoi obtigerat, *Plaut Capt* 1, 2, 54

† Quojus, a, um *Whose?* Nescio quoja vox ad aurem mihi advolavit, *Plaut Mercat* 5, 2, 22

† Quòm ant *pro* quum, *i e* quando

Quominus adv Ne pater per me stetisse credat, quominus hæ fierent nuptiæ, *that—not*, Ter Andr 4, 2, 17

Quomodò adv (1) *After which fashion*, or *manner* (2) *How, by what means* (3) *How!* (4) *How?* (5) *As* (1) Ita me consulem fecistis, quomodò pauci in hac civitate facti sint, *Cic in Rull* 2, 1 (2) Miror quomodò tam ineptum quicquam potuit tibi venire in mentem, *Ter Hec* 5, 3, 2 (3) Si quisquam, ille sapiens fuit, quomodò (ut nunc omittam) mortem sui tulit! *Cic* (4) Quomodò tibi res se habet? *Plaut* (5) Quomodò nunc est, pedem ubi ponat non habet, *Cic Attic* 13, 2

Quòmodòcunque adv *Howsoever, any how* Quomodocunque res se habet, poterit, &c *Cic Fam* 1 14

Quòmodònam adv *i e* quonam modo? *How I pray?* Quomodonam, mi frater, de nostris versibus Cæsar? *Cic* ad *Q fratr* 2, 16

Quònam adv [id quem locum] *To what place, whither?* Quo tu te agis? *C* Quonam, nisi domum? *Plaut Trin* Quonam nostri tua cura recessit? *what is become of?* Vir Æn 2, 595

Quondam adv temporis [quodam, *i e* quodam tempore, olim] (1) *In time past, formerly, heretofore* (2) *Sometimes* (3) Also *in time to come* (4) *When once, whensoever* (1) Fuit ista quondam in repub virtus, *Cic Catil* 1, 1 (2) Quondam etiam victis redit in præcordia virtus, *Vir Æn* 2, 367 (3) Quondam tua dicere facta tempus erit, *Vir* (4) Rupto ceu quondam turbine venti, *Vir Æn* 2, 416

Quòniam conj [ex quia, & nam, vel ex quom *pro* quum, & jam, ut etiam, ex et & jam,]] (1) *Since that, forasmuch as* (2) *Because* (1) Quoniam ambo nos delusistis, datisne argentum? *Plaut Asin* 3, 3, 121 (2) *Ter Andr* 1, 5, 15

Quòpiàm adv *Into some place, any whither* Iturane Thais quopiam es? *Ter Eun* 2, 2, 9

Quòquam adv *Any whither* Quoquam si accessisti, *Cic Verr* 2, 21

Quòque conj [qu ex gemino que] (1) *Also* (2) *Truly, verily, really* (1) Id tu fum si negant, laudo id quoque, *Ter Eun* (2) Tu quoque perparce nimium, *Ter Andr* 2, 6, 24

Quòquò adv, ad locum *To ward what part soever, whithersoever* Quoquò hinc asportata est gentium, *Plaut Mercat* 5, 2, 17 Quoquò terrarum asportabitur, *Ter Phorm* 3, 3, 16

Quòquòmodò adv *i e* quoquo modo *Howsoever, after what sort and manner soever, in a wise, howsoever it be* Quoquo modò quidem se res habet, *Cic Fam.* 1, 5 Stet hæc urbs præclara, quoquomodò mecum de me egerit, *Id* pro *Mil* 34 *Rect scrib* divise

Quòquòversùm, & quoquoversus adv ad locum *Every way, on every side* In pedes C quadratos ... p X quoquoversùm, *Cato*, 15 Pedes triginta quoquoversùs designes, *Cic* Quoquoversus quatuor pedum spatia, *Col* 5, *sub fin*

Quorsùm adv, ad locum [*i e* quò versum, *Prisc*] (1) *Whither, which way, toward what place, or side, on what side* (2) *To what end, intent*, or *purpose* (1) Nescio neque unde eam, neque quorsùm eam, *Ter Eun* 2, 2, 1 (2) Quam timeo quorsùm evadas! *Ter Andr* 1, 1, 100 Quorsum isthuc? *Id*

Quorsus adv (1) *To which side, to what issue* (2) *The same as* (1) Suades ut in his locis sim, quoad audiamus hæc, quæ commota sunt, quorsus evadant, *Cic Attic* 16, 15 (2) It ad me lubens C Istud quidem quorsus asinus cædit calcibus, *Plaut Pan* 1, 1 sc *the backward way*

Quot indecl plur [ex Gr πόσα, pro πόσα, hinc ποτα, & cum Apostropho πόσ'] (1) *How many, so many as* (2) *How many?* (3) *Every* (1) Quot homines, tot sententiæ, *Ter Phorm* 2, 4, 14 (2) Quot sunt? *SC* Totidem quot ego & tu sumus, *Plaut Rud* 2, 7, (3) Quot calendis vos meministis petere demensum cibum, *Plaut Stich* 1, 2, 3 ☞ *Ubi forte rect scrib conjunctim*

Quotannis adv [i e quotquot erant anni, *Prisc*] *Every year, year by year, yearly* Omnes Siculi ex censu quotannis tributa conferunt, *Cic Verr* 4, 5.

Quotcalendis *The first day of every month*, Plaut Stich 1, 2, 3

Quotcunque ind plur *How many soever*, Manil 4, 315

Quotenus, æ, a *How many, to what number* Nescio quo enorum jugerum, *Cic Attic* 12, 33 R occ

Quotidiana n pl *Observations, or notes gathered in reading of authors*, Cal sc scripta

Quotidiano adv *Every day, day by day* Quotidiano in forum mille hominum descenderent, *Cic de Repub* 6 *Vid* Parei Lexic crit p 1055 ✝ Quotidie

Quotidianus, a, um (1) *Daily, that happeneth every day* (2) *Ordinary, common* (1) Quotidianus sermo, *Cic Fam* 1, 2 Quotidianæ epistolæ, *Id Att* 1 8 Audire aliquid de te non solum, ultra um, sed etiam quotidianum est, *Id ad Brut* 16 (2) Tædet harum quotidianarum formarum, *Ter Eun* 2, 3, 6 *ubi* Donatus, *Levium & usitatarum, est quippe contrarium* Nova figura oris

Quotidie adv [quoto die, *vel* quot diebus, *id est*, singulis] *Every day, day by day, daily* ✝ Quotidie vel potius in singulos dies breviores ad te literas mitto, *Cic Attic* 5, 7 *scrib & cotidie*, & cottidie

✝ Quotidio, are *Ter i e* continuo, are *To continue daily*

✝ Quotiens ant *pro* quoties, *Prisc*

Quoties adv [quot vicibus] (1) *As many times, as often as* (2) *How often?* (3) *When* (1) Quoties quæque cohors procurrerat, magnus hostium numerus cadebat, *Cæs B G* 5, 34 (2) Quoties vis dictum? *Plaut Amph* 4, 1 (3) Quoties astra ignea surgunt, *Vir Æn* 4, 351

Quotiescunque adv *So many times as, as often as* Is quotiescunque me viderit, ingemiscet, *Cic pro Sext* 69

Quotlibet indecl pl *How many soever*, Litt, ex Plin

Quotmensibus (ut quotannis) *Monthly, every month*, Vitruv 10, 7 Cato, c 44 R occ ✝ Singulis mensibus, *Cic*

Quotquot indecl pl *As many as, how many soever* Si duæ leges, si plures, si quotquot essent, *Cic de Inv* 2, 49 Quotquot eunt dies, *Hor Od* 2, 14, 5

Quotumus, a, um dim [à quotus] *How many?* Quotumo die? *on what day?* Plaut Pseud 4, 7, 77 Quotumæ ædes? *how many houses off?* Id ibid 4, 2, 7

‖ Quotuplex, icis adj *How many fold, or of how many sorts?* Quotuplex ποσαπλάσιος, Onom vet

Quotus, a, um [a quot] *Of what in number, order, place, or quantity, with or without an interrog* Quotus erit iste denarius, qui non sit deferendus? *Cic Verr* 3, 94 Hora quota est? *Hor Sat* 2, 6, 44 Scire velim chartis pretium quotus arroget annus, *Id Ep* 2, 1, 48 Dic quotus & quanti cupias cœnare, *Mart* 14, 217 Ista tuæ, Cæsar, quota pars spectatur arenæ? *Id* 5, 66

Quotuscunque, acunque, umcunque *What person is there never so little* Quotuscunque est qui, mors cum appropinquet, non exalbescat metu! *Cic de Fin* 5, 11 Moverit è votis pars quotacunque deo, *Tib* 2, 6, ult

Quotusquisque *What one among many? how few?* Quotusquisque famam effugere potest in tam maledica civitate! *Cic pro Cœl* 16 Quotusquisque philosophorum invenitur, qui sit ita moratus? *Cic Tusc* 2, 4 ☞ *Eleganter partibus inseritur particula* enim Quotus enim quisque est, qui teneat artem numerorum, atque modorum? *Id de Orat* 3, 50 Quota enim quæque res evenit prædicta ab istis? *Id de Div* 2, 24 & *ita sæpe*

Quovis adv ad locum *Whither, or to what place thou wilt, any whither* Abeat quovis gentium, *Ter Heaut* 5, 1, 55

Quousque adv [usque quo?] (1) *Till what time? how long?* (2) *How far?* (3) *Until* (1) *Cic Catil* 1, 1 (2) Quousque tandem ignorabimus vires nostras? *Liv* (3) *Eutrop* 9, 12

Qu ante U

Quum adv temp quo tempore *scrib &* cum *usitatius When Conj since, whereas, forasmuch as, seeing*, Plaut Capt 5, 1, 2

✝ Quumprimum adv *As soon as ever*, Vir *ap* Litt ✝ Cum primum

✝ Quur ant *pro* ✝ cur *Wherefore, why?*

R, r, Greek Ῥ, ρ, Hebr. ר *Resch*, from ריש *an head*, which the figure in some sort represents, an Syriac ריא *Roe*, from which the Greek Ῥ *Rhô*. From this letter the learned *Littleton* is of opinion that the Latins, whether by mistake or design, took the figure of their R, as also the smaller r, by curtailing the larger, and that after they had inserted the Hebrew ק, and considered that the figure of the Greek *rhô* was the very same with their P, for distinction, an appendage or tail was by them added to it. But undoubtedly he is mistaken in this part of his conjecture For we are certain from their monuments still remaining, that the most antient Greeks had both Ῥ and R in their alphabet: witness the Baudelotian monument, and the pillars of *Herodes Atticus*, that famous critic and antiquary, *vid Grut Inscript* p. 27, where we find this form *R* at least seven times, to omit what both *Pliny* and *Tacitus* acquaint us, that the figure of the Latin letters was almost the same with that of the antient Greeks It seems more probable to me, that the Latins observing the Greeks to have two characters for one sound, which they had not in the rest, *viz* Ῥ and R, took the former of them into their alphabet for their P, judging this figure most significant of the power of half the B, as P is. This easy conjecture if none hath made before me, must have happened by not observing the antient Greeks had R as well as P to characterize their *rhô*. This letter, R, is in the alphabet put last of all her sister liquids, undeservedly, being indeed τῶν ἡμιφώνων γενναιότατον, as *Dionysius Halicarnass.* calleth it, and might pretend to the first place, since, though not fully, yet more of it may be sounded without a vowel than any of the rest Add to this, that in the Greek tongue it makes a syllable pure, and takes before it an aspiration: both which privileges belong to vowels Whether the aspiration ought to be sounded before or after this letter, is not agreed on. reason, and the custom of the Æolians, who prefixed sometimes ↄ and sometimes β before it, makes for the former opinion, and the use of the Latins, who write *rhamnus, rhetor, rhinoceros, rhombus*, &c. may seem to countenance the latter. But I observe that in words of Greek extraction the Latins often neglected this aspiration, as in *radix, rigeo, rosa*, and in other words at pleasure either omitted or inserted it, as in *raphanus* and *rhaphanus, rompheа*, or *rhomphæa*. The Hebrews gave this letter the right of a guttural, never doubling it at all, and indeed this sound is formed in the upper part of the throat, but so as vibrated by a quaver of the tongue and allision on the teeth, it makes a sound like the grinning of a dog, whence it is called the canine letter: but the Romans, on the contrary, gave it so soft and lisping a sound, that in writing they sometimes omitted it, calling the *Etrusci Thusci*, or *Tusci*, and especially before *s*, thus *Ennius* writ *prosus, rusus*, for *prorsus, rursus* which is less to be wondered at, because the most antient Latins doubled not their consonants Yea, the sound of this lisped *r* was so near that of its neighbour *s*, that they writ *asa casmen, Papysii*, for *ara, carmen, Papyri*, and we find the termination *os*, as well as *or*, in good writers still, as particularly in the prince of poets *arbos* and *honos* frequently occur, and *labos, vapos*, &c in others. But the soft sound of this letter is in nothing more plain, than its interposition to hinder the collision of two vowels, as if it had been little more than a breathing, as in *murex, muris*, from μύαξ, μυός But to proceed Though the grammarians call all the liquids immutables, they are often changed reciprocally into one another, and to say nothing of the rest here, this has not only an intercourse with the sisterhood, but often with several of the mutes First with her sister *l*, as from *puer, puer*, *puella*, so from κανθήλιος is made *cantherius*; and as *caluius* was antiently writ for *cæruleus*, so on the contrary *latiaris* for *latialis* With her sister *m* the instances are more rare, but common enough with *n* for as from δῶρον and πλήρης, are *donum* and *plenus*, so from μόνος Æol μένος, and from μόνα, are *merus* and *mora* In some words *r* or *n* are writ indifferently, as in *areus* or *aneus* I will instance as briefly as I can the intercourse of this liquid with some of the mutes with *c*, as *priscus* from παῦρος, with *d*, *corium* from κώδιον, *meridies* for *medidies*, *querquedula* for *querquerula*, from *querquerus*, and antiently *ar* in many words was used for *ad*, as in *arlabi, arfinis, arvorsus*, for *adlabi*, &c with *g*, as from ἄγνη *agni*, so *seges* from *serere*. This letter by poets is used in describing motion, noise, indignation, or violence, *Vid Voss* Inst Orat 4, 2 R in the notes of the antients, R. *or* Ro. *signifies* Roma; R C. Romana civitas, R G.C Rei gerendæ causa, R F.E.D Recte factum, & dictum; RGF Regis filius; R.P. Res publica, *or* Romani principes, R R R F F F Res Romana ruet ferro, fame, flamma

R ante A

RAB Bibl *Master* Lat Præceptor

Rabboni, i m *A Rabbi*, an *Hebrew* *doctor* Lat Præceptor

Rabboni Syr *Master*, Bibl

Rabdūchus, i m *A serjeant*, or *beadle*, a *verger* Lat Lictor

† Rabia [illegible] pro rabies, [illegible]

Rabiōsè adv *Outrageously*, *madly*, [illegible] Omnia [illegible] accipere, *Cic* [illegible] R occ

Rabidus, a, um adj [a rabio] (1) [illegible] as a dog (2) *Met* [illegible] *outrageous*, [illegible] (1) Rabidus [illegible] [illegible] 29, 5 (2) Rabidos [illegible] [illegible] *Cic* de [illegible] Rabidus [illegible] *Catull* [illegible] 8 [illegible] rabidum [illegible] [illegible], *Stat* [illegible] 8, [illegible]

Rabies, ei f [a rapio] (1) *Fury*, [illegible], as of dogs (2) *Outrageous fierceness* (3) Also [illegible] (1) Utilissimè [illegible] ejus qui in rabie [illegible] concerit [illegible] *Plin* 29, 5 [illegible] & [illegible] 496 (2) = Hecubam [illegible] propter animi acerbitatem & rabiem [illegible] esse conversam, *Cic* *Tusc* [illegible] 26 [illegible] Rabies edendi, *unsatiable greediness*, Vir Æn 9, 69 (3) Sparge [illegible] rabiem draconis, *Sen*

† Rabio, ire *To be mad*, *to rage*, or *rave*, Non [illegible] conjug rabio Quid rabis? [illegible] ap [illegible] 1, 186

Rabiōsè adv *Furiously*, *madly*, *ragingly*, in a *rage*, *fury*, or *madness* = Iracundè & rabiosè [illegible] aliquid *Cic* *Tusc* [illegible]

Rabiosŭlus, a, um dim *Mad*, [illegible] Cic Ep Fam [illegible], 16

Rabiōsus, a, um adj (1) *Mad*, as a dog (2) *Full of rage*, as of a man distracted, *frantic* (3) *Outrageous*, *angry*, *in great rage* (1) Canis rabiosa, *Hor* Ep [illegible], 75 [illegible] Rabiosi tempora signi, *the dog days*, [illegible] Sat 1, 6, 126 (2) Hic homo rabiosus habitus est in Aulide *Plaut* Capt 3, 4 15 (3) Jurgia rabiosa, *Sen* *Herc fur* [illegible]

† Rabo, ĕre *To rave*, or *be mad* Quid oculis visa est rabere ardentibus, *Cic de Div* 1, 31 *ex vet poet*

† Rabo, ōnis *pro* arrhabo Prænestinos imitatus, qui *con* am dicebant pro *ciconiam*, dixit *Plautus*, faciens [illegible], [illegible] jocatur, *Truc* [illegible] 2, 23

Rabŭla, æ m [ab Hebr רוב contendere, litigare] (1) *A wrangling fellow*, *a wrangler*, *a brawler*, [illegible], *a pettifogger* (2) *A wrangling orator* (1) = Non [illegible] dicum nescio quem, neque proclamatorem, aut rabulam conquirimus, *Cic* de Orat 1, 202 (2) *Litt* ex *Hor* sed locum non inveni, imò ne ipsam quidem vocem

Rabuscula [illegible], [illegible] rabuscula [illegible], musculi colore ad ravum declinante *A kind of vine bearing a tawny grape*, Plin 14, 2

Racemārius, a, um *One that beareth this sort*, *bunches of grapes*, or *berries*, Col [illegible], 18

|| Racemātio, ōnis f verb *Gleaning of grapes* Post vindemiam racematio superstes, *Tert*

Racemātus, a, um *Hung with clusters*, or *bunches of grapes*, or *berries*, Plin 18, [illegible]

✠ Racemifer, ra, rum *That beareth clusters of grapes* or *berries* Bacche racemiferos hederis redimite capillos, *Ov* *Fast* 6, 48 Racemifera uvæ, *Id* *Met* [illegible] 666

Racemor, ari dep *To glean up after the vintage*, *Met* to *pick what others have scattered*, or *left*, Varr R R [illegible], 9

Racemōsus, a, um *Very full of clusters* Flos racemosus, *Plin* 13, 6 Pomum palmæ [illegible] racemosum *Id* *ibid* 4 Racemosissimus *Plin* 1[illegible], 3

Racēmus, i m [[illegible] ramus, vel a radendo, *Perot* al a [illegible], [illegible], acinus] *A bunch*, or *cluster of grapes*, *of berries*, *and such like* [illegible] Liventibus uva racemis, *Prop* 4, 2, 1[illegible] ✠ Hederæ est minor acinus, & sparsior racemus, *Plin* 16, 34

* Racha indecl Bibl [vox indignationis, *Aug* id quod Gr [illegible], *Hier* [illegible] absque cerebro, *ab* Hebr ריק vacuus, al רקק spuere, qu [illegible]] *An Hebrew word of contempt and disdain*, *shallow brain'd sorry fellow*

Rādendus, a, um part *To be scraped*, or *rased out* Nomen Pisonis radendum fastis censuit, *Tac* *Ann* [illegible] 8

Rādens, tis part (1) *Scraping* (2) *Gliding along* (1) [illegible] radens *Stat* *Theb* 5, 525 (2) Radentia flumina ripas odunt, *Liv* 5, [illegible]57

Radians, tis part *Glittering*, *glistering*, *shining* Aquarius radians, *Cic* in *Arat* Arma radiantia, *Vir* *Æn* 8, 616 Toga radians *Claud* *Hon* *Conf* 6, 371

Rădiātio, ōnis f verb *A casting forth bright beams*, or *rays*, *glittering*, *shining*, *brightness* Tanta marmoris radiatio est, *Plin* 36, 5

Rădiātus, a, um part (1) *Shining*, *glittering* [illegible] *the rays* (2) Also *set about with spokes* (1) Sol radiatus [illegible] *Cic* *Acad* 4, 41 Radiatum caput, *Plin* *Paneg* 52, 1 Radiata corona, *such as we see in several of the coins of the Roman emperors*, Suet Aug 9[illegible], 9 (2) Axis sustinet rotam radiatam, *Varr* R R 3, 5

|| Radicālis, e *Of the root*, *radical*, *inbred* Humorum radicale, *the natural moisture*, Jun *Medicis* [illegible] *andum*

Rădicātus, a, um part *Rooted*, *that hath taken root* Radicata semina autumno serito, *Col* de *Arbor* 20

Rădicesco, ĕre *To begin to take root*, Sen Ep 86, *fin* R occ

Rādicĭtus adv (1) *By the roots* (2) *From the root*, or *up to the very root* (3) *Met* *Utterly*, *quite and clean* (1) Herbas omnes malas radicitus effodito, *Cato*, c 51 (2) Rem concidunt radicitus in virgas palmares, *Varr* (3) Cupiditas tollenda est radicitus, *Cic* de *Fin* 2, 9 ✠ Malefacta vestra reperi radicitus, non radicitus quidem hercle, sed eradicitus, *Plaut* *Most* 5, 1, 6

Rādicor, āri, ātus pass *To take root*, *to be rooted* Cæpa & alium non nisi in rectum radicantur, *Plin* 19, 6 Mergi mox [illegible] dicuntur, *Col* 4, 2

Radicōsus, a, um *Full of roots* Radicosa hederarum [illegible], *Plin* 16, [illegible]

Radicŭla, æ f dim [a radix] (1) *A little root* (2) *The herb sopewood*, good to wash wool withal (3) Also *a radish* (1) *Col* 15, 2 (2) *Plin* 19, [illegible] (3) *Cels* 2, 18

Rădio, āre neut (1) *To spread*, *or cast forth beams and rays* (2) *To glitter*, *or glister* (1) Argenti bifores radiabant lumine valvæ, *Ov* *Met* 2, 4 (2) [illegible] radiabat in armis, *Prop* [illegible]

Radior, āri dep *To shine*, *or glitter* Gemmis galeæ radiantur & auro, *Ov* ex *Pont* 2, [illegible]

Rădiŏlus, i m dim *A small shuttle*, *a little long olive*, *Col* 12, 47

Radiōsus, a, um adj *Full of rays*, *shining*, *glittering*, *bright* Radiosus esse sol superabar ex [illegible], *Plaut* *Stich* 2, 3, 4 R occ

Rădius, ii, m [[illegible] ῥάβδος, virga, *Scal*] (1) *A beam of the sun*, *or other bright star*, *a ray* (2) *The brightness of the eyes* (3) *A rod*, or *staff that geometricians and astronomers use*, *a Jacob's staff* (4) *The spokes*, *or the fellies of a wheel* (5) *A weaver's shuttle*, *whereby he throweth yarn into the web* (6) *A strike*, or *strickle*, *which they use in measuring of corn* (7) *The yoke-stick*, *pin*, or *peg* (8) Also *the lesser bone of the arm*, *bet*[illegible] tween the elbow and the wrist, and the bigger bone of the shank (9) The weapon of a certain fish, proceeding from it, being like a rod, a sharp (10) Also a sort of olive (11) The penis (1) Solis radius, Cic de Fin 5, 24 Sy- radii, Ov (4) Cujus ex ocu- radii noctu micantes cernun- tur, Plin conf & Gell 5, 16 (5) Hominem homunculum a pulvere & radio excitabo, Cic Tusc 5, 23 Ad mensam, cœli meatus de- scripsit radio, vid Vir Ecl 3, ( ) Radios trivere rotis, Vir Geor 2, 444 Radiorum argente- orum, Ov Met 2, 108 (5) Ex- cussi manibus radii, revoluta que pensa, Vir Æn 9, 476 (6) Di nos ... gaudia sine radio cumu lant, Jun (8) Cels ( ) Pastinaca latrocinatur radio, transfigentes radio, quod ... figens, Plin 9, 42 ( ) Oculi & radius meliis ad ... in liquorem stringi- ... 5, 8, 3 (11) Cal Aurel ...

Radix, icis f [à radendo ter- ram, ... ex ῥαδ ξ, est enim ramo ... terior] (1) A root, par- ticularly a radish (2) The root, or ground of any thing, Met the ... or principal of any ..., a primitive word in He- brew ( ) Also the foot, or bot- tom of a hill (1) Videmus ea, ... gignit, corticibus & ra- dicibus valide servari, Cic Tusc 5, ... = raphanus, Varr L L 21 Radix dulcis, licorice, Jun Radix Pontica, rhubarb, Cels ... radix linguæ, Ov Met ... 557 Virtus est una altissimis defixa radicibus, Cic Philipp 4, ... ¶ Agere radices, Id facere, ... capere, Id to take root = ... habet fundamentum & ra- dices, Brut in Attic 10, 13 ( ) In radice palati, Cic arteq ... 10 Radices montis, ... F C ..., 85

Rado, ĕre, si, sum act [à ῥάσσω, ..., scindo] (1) To shave (2) To ... pe, or scratch up, to rub ... (1) Radere caput, Suet ... (2) Corvus radebat pe- ... eiram, Plaut Aul 4, 3, 2 ¶ Radere aures, to grate them, ... Sat ..., 107 ¶ Radere litto- ra, ... ft along, Vir Æn 7, 10 ... n, to scrape it out to can ... c Ann 3, 17, 8 Vid Ra- dens

Radŏr, ... pass To be shaved, &c ... consisted (1) Primus omni- um ... quotidie instituit Africa- nus, Plin 7, 59 (2) Vid Rado, ...

Radŭla, æ f [à radendo] An ... it to shave with, or to ... off old pitch, that new ... laid on, Col 12 18 Also a grater for bread, spice, &c ... a joiner's plane to smooth ... with, Radula ξυστρα, O- ...

Radulānus, a, um Radulana ... radula educitur e dolus That is shaven, or scraped off ... any thing, Plin 14, 14

Raia, æ f Plin [Celt Rai] A fish called a ray, or skate, Plin 9, 24 Raia clavata, a thorn- back, Jun interpr

Ralla, æ f Plin [à rado] id ... ralum, al ... rulla

Rallum, i n [à radendo] The ... wherewith the ploughman ... putteth the earth from ... share, a paddle-staff, Plin 18, 19

† Rallus, a, um dim [à rarus] R... a tunica, a thin fine garment, a rail, Plaut Epid 2, 2, 46 Non interp Sed vet Gloss ζωστήρ, cingulum ⁜ Spissus, Plaut loc cit

Rāmāle, lis n A shared, or dead bough cut from a tree Ra- male vetus vegrandi subere coc- tum, Pers 1, 97 Ramalia fagi, Id 5, 59

Ramenta, æ f id quod ramen tum, Plaut Bacch 3, 4, 2 Nun- quam hinc hodie ramenta fies for- tunatior, not a chip the richer, Id Rud 4, 3, 77

Rāmentum, ti n [à radendo] A little piece scraped from gold, silver, marble, or any other thing, a chip, a shaving, or fil- ing, pin-dust, or saw-dust Patri omne aurum cum ramento reddi- di, Plaut Bacch 4, 4, 29 Ramen- ta ferri, Col 4, 29 fluminum, Plin 3, 4 scil arenæ minutulæ pares

Rāmeus, a, um Of, or be- longing to a bough or branch Ramea fragmenta, Vir Geor 4, 30

Ramex, icis m [à similitudine descendentis rami, ut hernia ab ἔρνος, ramus] (1) A pectoral vein (2) Burstenness, a rupture, the swelling of the cods by the guts falling into them (3) Ano- ther disease, affecting, as it should seem, the exterior part of the scrotum (4) Also a rail, or bar set overthwart a pale, or gate (1) Tua causâ rupi ramices, jam- dudum sputo sanguinem, Plaut Mercat 1, 2, 27 Interpr Pareo, quem adi Lex crit p 1056 (2) Jacet exiguus cum ramice nervus, Juv Sat 10, 205 (3) Cels 7, 22 (4) Ramices, qui exitus ferarum obserent, Col 9, 1

Rāmicosus, a, um Bursten, Plin 30, 15

Ramnes, etis m A gentleman of Rome, Propert 4, 1, 31 Vid Propr Serib & Rhamnes

Ramōsus, a, um or, comp ssi- mus, sup Full of boughs, or branches Arbor ramosa, Lucr 5, 1095 cornua cervi, Vir Ecl 7, 30 Ramosior frutex, Plin 26, 10 Ramosissimum curalium, Id 32, 2

Ramulōsus, a, um Full of lit- tle boughs, or sprigs, Plin 16, 24

Rāmulus, i m dim (1) A lit- tle branch, or bough (2) A shoot (1) Cic de Div 1, 55 (2) Suet Galb 1 ubi vid Casaub

Ramus, i m [ab ἔρνος, pri Aphær] (1) A bough, a branch, an arm of a tree (2) Also an arm, or branch of the sea or of a mountain (3) ⁜ A pole (4) ‖ Meton A penis (1) Ramum ar- boris defringere, Cic pro Cæcin ... = Arbor ramos & bracnia tendens, Vir Geor 2, 296 (2) Plin 6, 27 (3) Prop 3, 13, 27 (4) ‖ Turpiter affixo pudent quem visere ramo Prud adv Symmach 115 de Priapo

Rāmusculus, i m dim A small branch, or a little bough Fe- ridi ferula ramusculus, Plin 20, 23

Rāna, æ f [ab Hebr רנן vo- ciferavit, vel a ran, Celt id] (1) A general word for all kinds of frogs and toads, a frog, a toad, a padock, a ruddock (2) Also a push, or swelling in the tongue of beasts (3) Rana piscatrix, a fish of the sea called a frogfish (1) Veterem in limo ranæ cecinere querelam, Vir Geor 1, 378 Rana quam rubetam vocant, Plin 11, 53 (2) Col 6, 8 (3) Plin 9, 42

Ranceo, ere unde manet part rancens [à putris, corrumpere] To be mouldy, musty, stale and fusty, to have an hautgut, to be rank Cadaveri rancenti jam viscere vei- mes exspirant, Luc 3, 719

‖ Rancesco, ĕre incept To grow stale and fusty Arnob 1 ⁜ Mucesco, Plin

Rancide adv Mustily, nastily, so as to turn one's stomach, Gell 18, 11

Rancĭdŭlus, a, um dim (1) Somewhat rank, mouldy, stinking (2) Met Putid, unpleasant (1) Rancidula gallina, Juv 11, 135 (2) Rancidulum quiddam balba de nare locutus, Pers 1, 33

Rancĭdus, a, um adj or, comp [à ranceo] (1) Musty, rank, stale, rammish (2) Unpleasant (3) Met Nasty, mean, pitiful (1) Rancidus aper, Hor Sat 2, ... 89 Rancidum oleum, rank oil (2) Venena rancido aspectu, Plin 22, 25 (3) Nam quid rancidius quam, &c Juv 6, 184

Ranco, āre To make a noise like a tiger, Auct Philom vers 49

Rancor, ōris m [à ranceo] olei propriè vitium, quod rancor voc (1) Mustiness, or mouldi- ness, staleness, rankness, a tang, an hautgust (2) ‖ Malice, spite, rancor (1) Oleum rancore cor- rumpere, Pallad 1, 20 (2) Hie- ron Ep 66, ad Ruff ⁜ Malevo- lentia, acerbitas animi

Rānuncŭlus, i m dim [à rana] (1) A little, or young frog, a tadpole (2) Also a kind of flow- er so called crow foot, or golden knap, or butterflower (1) Ra nunculus viridis, Cic Div 1, 19 qui & per jocum Ulubrensis sta vocat, quod sibi obloquerentur, Fam 1, 7, 18 (2) Plin 25, 13

Rāpa, æ f [etym incert] The rape root Rapæ semina, Col 11, 3

Rāpācia, ōrum n pl The tender leaves of rape, Plin 18, 13 ubi al leg rapicii

† Rapācĭdæ, ārum m Raven- ers, ravenous, or greedy fellows, robbers, Plaut Aul 2, 7, 8 cudit ad formam patronymicorum

Rapācĭtas, ātis f Robbery, pil- ling and polling, extortion Quis in rapacitate avarior? Cic pro Cal 6

Rapax, ācis adj or, comp ssi- mus, sup [à rapio] (1) Raven- ous, devouring (2) Very desirous of any thing (3) Rapacious, covetous (1) Ignis rapax, Ov Met 8, 843 Unda rapacis, Id ibid 8, 552 (2) = Nihil est ap- petentius similium sui, nihil rapa- cius quam natura, Cic de Amic 14 (3) Procura orum rapacissimus quisque, Suet Vesp 16

Raphănīnus, a, um Of the radish Raphaninum oleum, Plin 2, 4

* Rāphanis, idis f A kind of flower-de-luce, Plin 21, 7

Raphănus, i m [ῥάφανος, τὸ ῥᾳδίως φαίνεσθαι] tertia in die a satio- ne prodit, & e terra erumpit, Suid] A radish root, Plin 20, 4 = radix, Varr L L 21

Rapicia, ōrum n pl The ten- der leaves of rapes, Plin Vid Rapacii

Rapicius, a, um Of a rape root, or turnip Coles rapicii, Cato, 35 Semen rapicium, Id 134

Rapide adv ius Violently, swiftly, hastily Rapide ferri, Cic Orat 37 Rapidius contracto quod erat militum, Tac Hist 4, 71, 6

Rapĭdĭtas, ātis f Swiftness, hastiness, quickness Rapiditas fluminis, Cæs B C 1, 62

Rapĭdus, a, um or, comp ssi- mus, sup [à rapio] (1) Swift rapid, violent (2) Met Hot, ve hement (3) Ravenous (4) Bois- terous, tempestuous (1) Rapida velocius aura, Ov Metam 3, 209 Rapidissimum flumen, Cæs B C 1, 50 (2) Rapida flammæ patiens Ov Metam ..., 123 Met Ora- tionem rapidam coercere, Cic de Fin 2, 1 (3) Feræ rapidæ, Ov Ep 11, 111 (4) Turbo rapidus, Lucr 6, 638 Mare rapidum, Id 1, 721 Rapidior unda, Curt 4 9, 18

Rapiendus, a, um part (1) To be snatched hastily (2) To be taken by force (1) Sportula turbæ rapienda togatæ, Juv 1, 96 (2) ⁜ Non enim sunt voto, sed rapienda manu, Ov Fast 6, 446

Rapiens, tis part Snatching, pillaging, &c Hor Od 3, 3, 52

Rapina, æ f [à rapio] Ravine, rapine, robbery, pillage, taking by force ⁜ Sequuntur largitio nem rapinæ, Cic Offic 2, 15 ⁜ Præda vincentium, rapina petu- lantium

Rapina, æ f [à rapum] A bed of rapes, or a place sowed with them, a field sowed with turnips, Cato, 35 & Col 11, 2

† Rapinator, ōris m [qui rapi- nas facit] A pillager, a ravisher, Lucil ap Non 2, 468 † Rapto

Rapio, ĕre, ui, ptum act [ab ἁρπάω, unde ἁρπάζω, per Metath] (1) To pull, take, or carry by vio- lence, haste, or fury (2) To plun- der (3) To hale, drag, or hurry (4) To ravish (5) To carry off, as death (1) Illum in præ- ceps prono rapit alveus amne, Vir Geor 1, 203 I, pedes quo te rapiunt, & auræ, Hor Od 3, 11, 49 Arma velit, poscatque simul, rapiatque juventus, Vir Æn 7, 240 Sublimem hunc in io rape, quantum potes, Ter Andr 5, 2, 20 (2) = Spes rapiendi atque prædandi occæcat animos, Cic Philipp 4, 4 (3) Ad prætorem te rapiam, Plaut Aul 4, 10, 30 (4) Rapere virgines, Plin 15, 29 (5) Improvisa lethi vis rapuit, ra- pietque gentes, Hor Od 2, 13, 20 Liberum dolores quam celerrime rapiunt, Cels 2, 1 ¶ Rapere in admiration m, to make one ad mire, Cic in invidiam, to make him odious, Id in crucem, to hang him, Ter Rape aliquid in pe- jorem partem, to misconstrue, or take it in the worst sense, Ter = Traho, Cic

Rapior, i pass To be dragged, or haled, to be carried off, as by death &c Ad tortorem rapi, Cic Tusc 5, 5 Met Cupiditate prædæ rapi, Id in Pison 24 Mu lier gravi in ejusmodi casu rapi po- test, Cels

‖ Rapio, onis m A seizer, a robber, Pomp † Rap or

Rapistrum, Gerard dict quod folia sint rapis similia Wild mus- tard, carlock Col 9, 4

† Rapo, ōnis m A ravisher, a robber, an extortioner, Varr ap Non 1, 108 † Raptor

Raptātus, a, um part (1) Hur ried, dragged (2) Ravished (1) Raptatus bigis, Vir Æn 2, 27- (2) Dissipati liberi, raptata conjux, Cic pro Sext 69

Raptim adv Hastily, swiftly, in haste, by snatches Hæc scripsi raptim, Cic Att 2, 9 = Aguntur omnia raptim, atque turbate, Cæs B C 1, 5

Raptio, ōnis f verb A vio- lent taking of any person, a snatching, or catching a ravish- ing, Ter Adelph 3, 3, 2

Rapto, āre freq [a rapio] (1) *To drag about, to take by violence* (2) *To hurry away* (1) Ter circum Iliacos raptaverat Hectora muros Achill 3, *Vir Æn* 1, 487 Uxor mea, quam vexavistis, raptavistis, *&c* Cic *pro Domo*, 23 (2) Ut legiones huc illuc raptarēt, *Hirt B Afr* 3

Raptor, ari pass *To be dragged* Vili Hectorem quadrijugo curru raptarier, *Cic Tusc* 1, 44

Raptor, ōris m verb (1) *A seizer, or taker away by force* (2) *A robber* (1) Raptores panis & peni, *Plaut Trin* 2, 1, 23 (2) Raj or milvius, *Phædr* 1, ult

Raptum, ti n *A thing taken away violently, a prize, or booty, robbery* § Rapto vivere necessitas coegit, *Liv* 7, 25 de rapto, *Ov Trist* 5, 10, 16 ex rapto, *Id Met* 1, 144

|| Raptura, æ f *Ravishment, or taking away by force*, Plin 11, 14, 5 *Sed hi castigat libri habent captura* Dub *auct*

Raptus, a, um part (1) *Snatched, carried off suddenly, carried away by force* (2) *Plundered* (3) *Ravished* (4) Met *Transported, carried away* (5) *Pulled off, or out* (6) Per Euphem *Dead* (1) Rapta ossa ab ore canis, *Hor Epod* 5, 23 Raptus a diis Ganymedes, *Cic Tusc* 1, 26 (2) Rapta ad litora vertere prædas, *Vir Æn* 1, 532 (3) Rapta virginitas, *Ov Met* 8, 851 (4) Raptus amore cæco, *Ov Fast* 2, 762 (5) Cui rapti filei altera lingua? *Ov Met* 6, 6, 2 (6) Qualis post Orphea raptum adstitit, *Stat Sylv* 5, 3, 16

Raptus, us m verb *A ravishing, or deflouring of a woman against her consent, or will, a rape* Raptus virginis, *Cic Verr* 2, 48 Raptus metitur corde futuros, *Claud de Rapt*, *Pros* 12 || Raptus nervorum, *the cramp*, Auctor ✝ Contractio nervorum, spasmus

Rāpulum, li n dim *A little rape, or turnip*, Hor Sat 2, 8, 8

Rapum, i n (1) *A rape, a turnip, or navew* (2) *Also an excrescence coming from the root of trees* (1) Rapa locis humidis lætantur, *Col* 2, 10 Rapa in eum jacta sunt, *Suet Vesp* 4 Rapum porcinum, *sow bread, or swinebread*, Jun Rapum sylvestre, *rampions*, Gerard (2) *Sen Ep* 87

Rāpunculus li m dim *A wild rape*, Plin ap Litt ex Steph *qui nullum auct laudat*

Rārē adv ius, comp ssime, sup (1) *Thinly* (2) *Seldome, not often* (1) Nisi rarè conseritur, vanum, & minimum fructum facit, *Col* 2, 9 (2) Pisces rare capitur, *Plaut Rud* 4, 3, 56 ☞ *Sed hanc vocem in hac saltem notione rejicit* Varro, L L 8, *ap* Gell 2, 25 Cæteræ rarius tondentur *Plin* 17, 27 Rarissimè accidere, *Col* 5, 5

Rārefăcio, ere, eci, ctum *To make thin, or scant, to rarify* Rarefacit sol terram calido miscente vapore, *Lucr* 6, 870

Rārefactus, a um part *Made thin, rarified*, Lucr 2, 1139

Rārefio, eri, factus *To be rarified*, Lucr 1, 649

✝ Rārenter adv *Seldome* Dato rarenter bibere, *Cato*, 103

Rārescens, tis part *Waxing thinner* Umbræ rarescentes, *Stat Theb* 1, 344

Rāresco, ĕre (1) *To wax few, or small in number, to grow thin, to dwindle away* (2) *To grow clear* (1) Operam dabit, ni emotuis arboribus rarescit arbustum, *Col* 5, 6 Rarescit multo lavatus vomere mūrs, *Sil* 17, 4-5 (2) Tenebræ profundæ rarescunt, *Stat Theb* 11, 71

Rāripilus, a, um *Thin haired* Pecus raripilum, *Col Præfat* lib 1

Rāritas, ātis f (1) *Scantiness, thinness, fewness, rarity, scarceness* (2) *Spongyness, hollowness, lavity* (1) ✠ Modo multitudo conferta inest, modo raritas, *Plin* 2, 18 Cicadæ non nascuntur in raritate arborum, *Plin* 11, 27 (2) Raritas in pulmonibus, *Cic N D* 2, 55

Rārĭtūdo, inis f *Thinness, lightness, hollowness* Mediocri raritudine optima est vitibus terra, *Col de Arb* 3 conf *Varr L L* 4, 29

Rāro adv [a rarus] *Rarely, seldome*, Cic *pro Rosc Amer* 1, = Insolenter, *Id* Rarius, & rarissime, *vid in* Rar

Rārus, a, um adj [ex ἀραιός] or, comp ssimus, sup (1) *Thin, not thick grown, or set* (2) *Seldome seen, unusual, rare, scarce, seldome found* (2) Also *excellent* (4) *Subtil, thin, scarcely perceived* (1) Retia rara, *Vir Æn* 4 131 Raræ arbores, *Nep Milt* 5 Acies rarior, *Tac Hist* 3, 25 (2) Optimum quidque rarissimum est, *Cic de Fin* 2, 25 = Rarum ac prope insolitum est, *Plin jun* ✠ Rarum, & haud vulgare, *Cic* ✠ Honores quondam rari, nunc effusi, *Nep Milt* 6 Sunt tamen & doctæ rarissima turba puellæ, *Ov A Am* 2, 281 (3) Rara quidem facie, sed rarior arte canendi, *Ov Met* 14, 337 (4) Rarus aer, *Lucret* 3, 345 Rara non fracto vestigia pulvere pendent, *Stat Theb* 6, 640

Rāsilis, le [a rado, rasi] *That is, or may be shaven, polished, planed, made smooth, or scraped* Rasile buxum, *Vir Geor* 2, 449 argentum, *Paterc* 2, 56

Rāsis [dict quòd indurata fit, quasi rasilis] *A kind of hard pitch, which was beat to powder and put in medicines*, Col 12, 20

Rāsito, āre freq [a rado] *To shave, or scrape often*, Suet Oth 12 & Gell 3, 4

|| Rāsor, ōris m verb [a rado] (1) *A scraper, a barber, a shaver, a fuller, a cloth-worker, a sheer-man* (2) Also *a fidler, a gut-scraper* (1) Litt ex analogia sola, desideratur enim idon auct (2) *Fest*

|| Rāsōrius, a, um *Belonging to shaving, or scraping* Rasorius culter, *a rasour*, Calep ✝ Tonsorius culter, *Cic*

Rastellum, li n dim [a seq] (1) *A little harrow, or rake* (2) Also *a kind of spade to dig with* (1) De pratis stipulam rastellis eradi, *Varr R R* 1, 49 (2) Rastello humum effodere, *Suet Ner* 19

Rastrum, tri n plur rastri, *Ter vel* rastra, *Juv* [a radendo terram] (1) *A rake, an harrow, a drag to beat clots with* (2) *Also an instrument to weed corn, and to rid away earth from vines* (1) Frangere glebas rastris, *Vir Geor* 1, 94 Rastra & sarcula coquere, *Juv* 15, 166 (2) Rastros quadridentes duos, *Cato*, 10, 31 Adunci vulnera aratri, rastrorumque fero, *Ov Met* 2, 287 *inducens Tellurem loquentem*

Rāsūra, æ f (1) *A shaving, or scraping* (2) *The scrapings, or chips* (1) *Col* 4, 29 (2) Rasura eboris, *Veg* ✝ Scobs eburnea, *Scrib Larg Compos* 16

Rasus, a, um part [a rador] (1) *Scraped, pilled, shaven, made smooth, or clean* (2) *Scraped out* (3) *Polished and smoothed* (1) Terra rasa squamis serpentis, *Ov Met* 3, 75 Raiæ hastilia virgæ, *Vir Geor* 2, 358 (2) In cera rasa in extremo margine, *Ov Am* 1, 11, 22 (3) Liber ratus lima, *Ov ex Pont* 2, 4, 17

|| Rata, æ f *A rate, or proportion*, Capit ✝ Pars, portio

Rătiāria, *vel* ratiara navicula, *Veget* [a ratis] *A boat called a lighter, a barge*, Gell 10, 25

Rătiārius, ii m [a ratis] *A bargeman, or lighterman*, Dig leg 50

|| Rătificātio, ōnis f verb *A confirmation, or ratifying*, Ap recent ✝ Confirmatio

|| Rătifico, are [ratum facio] *To confirm, ratify, or establish*, Ap recent ✝ Certum facio, *Plin jun*

Rătio, ōnis f [a reor, ratus, vel pot a Celt ræson] (1) *Reason* (2) *Respect, consideration, regard* (3) *A cause* (4) *A design, or purpose* (5) *A way, or means, a manner* (6) *A condition, terms proposed* (7) *A reckoning, or account*, Met *an affair, or business* (8) *Purport, meaning* (9) *A cause, or suit in law* (1) Ratio, quasi quædam lux, lumenque vitæ, *Cic Acad* 4, 8 (2) Pecuniæ quærendæ non solum ratio est, sed etiam collocandæ quæ sumptus suppeditet, *Cic Offic* 2, 12 Ducere rationem salutis suæ, *Id Fam* 3, 9 (3) Nulla est ratio amittere hujusmodi occasionem, *Cic pro Cæcin* 5 = Num parva causa, aut parva ratio est? *Ter Eun* 3, 5, 27 (4) Pompeii insequendi rationem omittit, *Cæs B C* 1, 30 (5) Ego vobis rationem ostendam, quâ tanta ista mala effugiatis, *Sall B Catil* 41 = Tua ratio existimetur acuta, meum consilium necessarium, *Cic* (6) Negat se ullâ aliâ ratione facturum, *Cic* (7) Ratio accepti, atque expensi inter nos convenit, *Plaut Most* 1, 3, 146 Villicus rationem cum domino sæpe putet, *Cato*, 5 Met Semper ita vivamus, ut rationem nobis reddendam arbitremur, *Cic* ¶ Habere rationem cum aliquo, *to have to do with*, Id (8) Duæ epistolæ in eandem rationem scriptæ, *Cic Att* 1, 9 (9) Bona ratio consligit cum perdita, *Cic Catil* 2, 11

Rătiōcĭnātio, onis f verb *A debating of a matter, an arguing, reasoning, or disputing* Ratiocinatio est diligens & considerata faciendi aliquid, aut non faciendi excogitatio, *Cic de Inv* 2, 5

Rătiōcĭnātīvus, a, um *Belonging to reasoning, or debating of a matter in argument*, Cic *de Inv* 1, 1.

Rătiōcĭnātor, ōris m verb *A reasoner, a caster of accounts, an auditor, an accountant* Diligens ratiocinator calculo posito videt, *&c* Col 1, 3 Met Ut boni ratiocinatores officiorum esse possimus, *Cic Offic* 1, 18

Rătiōcĭnium, ii n *A reasoning, or dispute, a reckoning, or account*, Col 5, 1, in fin

Rătiōcĭnor, āri, ātus sum dep (1) *To cast account, to account, or reckon* (2) *To reason, to consider* (1) Ratiocinando quid cujusque officii sit, *Cic Tusc* 1, 2 (2) Quo pacto cum illis occipiam, id ratiocinor, *Plaut Stich* 1,

|| Rătiōnābĭlis, e *Reasonable* Optima & rationabilis lo io, *Apul de Doctr Plat* p 598

|| Rătiōnābĭlĭter adv *Reasonably*, Apul *de Doctr Plat* p 598 ✝ Probabiliter

|| Rationale, lis n *The breast plate of the high priest among the Jews*, dict quòd instituerēt rationes eos, qui de rebus obscuris Deum per faciem locum interrogabant

Rătiōnālis, le adj (1) *Reasonable, endued with reason* (2) *Rational, grounded on reason* (3) *Logical, proving by argument* (1) Animal rationale, *&c* ✝ Ratione præditum, *Cic* (2) ✠ Medicina dividitur in rationalem, & empyricam, *Cels* 1 (3) ✝ Quædam rationalia moralibus immixta sunt, *Sen Ep* 102 Philosophia rationalis, *logic*, Id Ep 8

|| Rătiōnālis, is m *id quod* procurator Rationales Cæsaris, *the emperor's receivers*, Lamp ✝ A rationibus, procurator

Rătiōnārium, ii n *A book of accounts, a register*, Suet Aug 28

Rătiōnārius, a, um *Of, or belonging to an account, or reckoning*, Dig

|| Rătiōnārius, ii m *He that keepeth a book of reckoning, an auditor, an accountant*, Amm 18, 5

|| Rătiōnātor m *An accountant*, Ulp ✝ A rationibus

Rătis, is f (1) *Pieces of timber pinned together, a float or raft* (2) *Also a boat, a lighter, a frigat* (3) ✝ Meton *A ship* (1) ✠ Cum aut ratibus aut navibus conarentur accedere, *Cic Verr* 5, 2 (2) Ratem conto subigere, *Vir Æn* 6, 302 vid & *Varr L L* 6, 2 (3) Ratibus exitus portū tenebatur, *Cic Attic* 9, 14 Excelsæ rates, *Sil* 17, 62

✝ Ratitus, quadrans *Money having the figure of a ship stamped on it*, Fest ✝ Ratis effigie percussus

Rătiuncŭla, æ f dim (1) *A small reason* (2) *A little reckoning, or account* (1) Concludunt ratiunculis Stoici, *Cic Tusc* 2, 12 Leves ratiunculæ, *Id ib* 4, 19 (2) Erat ei de ratiuncula apud me tel quum paxillulum, *Ter Phorm* 1, 1, 2

Rătus, a, um part & adj [a reor] (1) Act *Judging, thinking, supposing, deeming* (2) Pass *Established, ratified, confirmed, allowed* (3) Adj *Authentic, good in law, constant and firm, steady* (1) Ratus rem tantam fore magnis copiis venturum, *Nep Dion*, 5 (2) Ista non solum rata mihi erunt, sed etiam grata, *Cic* ✠ Testamentum aut ruptum aut ratum, *Id de Orat* 1, 38 (3) ✠ Trib natus ratus est, nihil est quod irritum ex actis Cæsaris esse possit, *Cic de Prov Cons* 19 = Illud certum, ratum, firmum, fixum esse, *Cic* & *Acad* 4, 46 = Astrorum rati & immutabiles cursus, *Id N D* 2, 37 ¶ Rato tempore, *at a time prefixed*, Cic ¶ Pro rata parte, *Cæs B C* 1, 17 Pro rata portione, *Cic Somn Scip* 5, 1 & alibi Pro rata, *in proportion*, Id 4, 40 & JCC passim ✝ Ratisfirmus, *Fest*

Rauca, æ f [ex colore ravo] *A worm that breedeth in the root of an oak*, Plin 17, 19 *forte* ✝ eruca

|| Raucedo, inis f *Hoarseness*, Isid ✝ Raucitas, *Plin*

|| Rauceo,

|| Rauceo, ere, ui *To be hoarse*, Lit ex Cic gratis ✝ Irraucesco

Raucesco, ĕre incept *To grow hoarse*, *unde* irraucesco

✝ Rauceo, ire, i, sum neut *To be hoarse*, Lucil ✝ Irraucesco

Raucisŏnus, a, um (1) *Hoarse sounding*, or *that maketh an hoarse noise* (2) *Roaring* (1) Raucisoni cantus, *Lucr* 5, 1083, bombi, *Catull* 58, 263 (2) Raucisoni leones, *Prud Cath* 4, 58

Raucitas, atis f *Hoarseness*, *a hoarse sound* Raucitas tubarum, *Plin* 10, 6 In raucitatibus, *Id*

Raucus, a, um [à βρόγχος, ...] (1) *Hoarse*, ... (2) *Unpleasant*, *disagreeable* (1) Nos raucos saepe ... audiri video, *Cic de Orat* 1, 61 (2) *Vid* Barth ad Stat Sylv p 2 6

✝ Raudera, um n ant *pro* ruderà, & raudus, sing *pro* rudus *Rubbish*

✝ Raudus, rōdus, *vel* rūdus, Fest ex Acc [à rudis, & imperfectus] *Rude*, *imperfect* It is used for *unpolished brass*, *and* rugged stones Æs raudus dictum, ...

Rauduscularia porta *The brazen gate*, *v* Varr *L L* ... In raudus ... duscularia quod olim æra raudera dicebantur, *Val Max* 5 6,

Raudusculum, *sive* rudusculum *Unwrought brass*, or *money* De raudusculo quod scribis, *Cic Att* 4 8

Rāvidus, a, um [à ravus] *Yellowish tawny*, or *brown* Ravidi oculi, *Col* 8, 2

✝ Ravillæ, *vel* ravillæ [à ravis oculis, quemadmodum à cæsiis cæsulæ] *People of dark tawny eyes*, Fest

Ravio, ire [ad ravim clamare] *to rave*, *to cry till one be hoarse*, Ravit, *i e* raucè loquitur, *Lucil*, Nego, & negando ravio, *Plaut* ... 5, 33

Ravis, is f [à voce ravi] *Hoarseness*, *soreness of throat with overmuch bawling* Si quid poscamus, ad ravim poscamus, *Plaut Aul* 2, 5, 10 Raucam ravim, *Id ap Non* 2, 730

✝ Ravistellus dim [ravi co... appellantur, qui sunt inter ... & cæsios, quos Plautus appellat *ravistellos*, al *ravicellos*, ... *raviastellos*, Fest.] *Gray-eyed partly*, *and partly yellow*

✝ Rausurus, a, um part *That will speak hoarse*, Lucil *ap* Prisc ... 414

Ravus, a, um [qu à raucus, ...] (1) *Dull*, *blunt*, *hoarse* (2) *Of a middle colour between yellow and gray*, or as some *a tawny going off towards a black* (1) Rava vox, *Fest* (2) Rava lupa, *Hor Od* 3, 27

R ante E

Re præp inseparabilis [à retro, per Apoc *Prisc*] In comp sign ... ut, respicio, *to look back*, ... ut repuerasco, *to grow a child again*, contra, ut reluctor, *to struggle against*, super, ut redundo, *to overflow*, longe, ut removeo, *to put away at distance*, ... ut retego, *to uncover* Ante vocales & *h* interponitur *d*, ... redimo, redeo, redimo, redo... ... aliquando intendit, ... ut ... macresco, aliq nihil mutat, ... supinus, resupinus

|| Reactio f verb philos *i e* ... actio patientis, quâ patiens resistit agenti

|| Readopto, āre *To adopt again*, Ap JCC

Reædifico, āre act (1) *To build again* (2) Met *To repair*, or *make good*, *to re edify*, or *confirm* (1) Adhæret à Lexicogr ex *Liv* 5, 5, *sed de lectione non convenit* (2) *Cic Attic* 6, 1 *sed suspectus est locus*

|| Realis, e adj [à res] *Real*, *not in show*, *in deed*, *ad philosophos ablegandum* ✝ Verus, ad usum pertinens, *&c*

Reapse [ex re, & eapse] *In very deed*, *in truth* Reapse expertâ intelligo, *Plaut Truc* 4, 2, 41 Formidolosa reapse nulla sunt *Cic de Div* 1, 37 & per tmesin Re tamen apse, *Lucr* Et tu tacas, reapse intelligo, *Plaut Truc* 4, 3, 40

Reassūmo, ere, psi *To take up again* Autumno reassumi t, *Plin Ep* 5, 6 *sed al* reumi nt *Dub auct*

Reātus, ûs m [status rei] *A supposed guilt*, or *guiltiness*, *the state of a person arraigned*, Mart 2, 24, 1 Quint 8, 3

Rebellans, tis part *Rebelling*, &c Bellum adversus rebellantes Æquos gestum est, *Liv* 19, 9

Rebellātio, ōnis f verb *A rebelling* Commoti ad rebellationem Trinobantes, *Tac Ann* 14, 31, 3 Rebellationibus crebris torpere, *Val Max* 7, 4, 1 ✝ Rebellium, *Liv* Rebellio, *Cæs* Perduellium, & perduellio, *Cic*

Rebellātor, ōris m verb *He that rebelleth*, *a rebel*, *a revolter*, Ex analogia fiq

Rebellātrix, icis f *A she rebel* Rebellatrix provincia, *Liv* 40, 35 germania, *Ov Trist* 3, 12, 47

Rebellatūrus, a, um part *About to rebel* Mox gravius rebellaturus, *Liv* ..., 12

Rebellio, ōnis f *A rebellion*, *a revolt*, *an insurrection* Rebellio facta post obsidionem, *Cæs B G* 3, 10

Rebellis, e adj (1) *Making war afresh* (2) *Rebellious*, *rebelling* (1) Cedet Iulus agris, nec post arma ulla rebelles Æneadæ referent, *Vir Æn* 12, 185 (2) Rebellis amor, *Ov Rem Am* 246. regio, *Curt* 8, 1, 35 flamma, *Stat Theb* 1, 35

Rebellium, ii n *A rebellion* ⁜ Pacatos ad rebellium incitare, *Liv* 42, 21

Rĕbello, āre neut (1) *To wage war again* (2) *To rebel*, *to revolt*, *to rise up against* (3) Met *To wax sore*, *to break out again* (1) *Liv* 3, 12 (2) ⁜ Volsci ferocior gens ad rebellandum, quam ad bellandum, *Liv* 7, 27 Si plures rebellare cœpissent, *Id* (3) Creditis et rebellare, quæ curantur vitia ? *Plin* 21, 20 & 25, 13

✝ Rebīto, ĕre [ex re, & ant beto *vel* bito] *To return*, *to come again*, Plaut Capt 2, 2, 20, & 49

Rĕboo, āre neut [à re, & boo] *To bellow*, *to sound*, or *ring again*, *to echo* Reboant silvæ, *Vir Geor* 3, 223 tympana, *Catull* 61, 21

|| Rĕbullio, ire act (1) *To give up the ghost*, or *last breath* (2) Neut *To boil up*, or *work*, as wine or strong drink doth, *to be upon the fret* (1) Spiritum rebullire, *Apul Met* 1, p 21 ✝ Animam efflare (2) *Litt* sed fine auct ✝ Ferveo

Recalcĭtro, āre neut *To kick*, or *strike with the heel*, *to wince*, Hor Sat 2, 1, 20 *vix alibi*

Rĕcalco, āre *To tread down again* Humum recalcare, *Col* 2, 2

Recaleo, ere, ui neut *To be hot again* Recalent Tyberina fluenta sanguine, *Vir Æn* 12, 35 *R oc*

Recalesco, ĕre, ui incept *To wax hot again* Corpora motu & exercitatione recalescunt, *Cic N D* 2, 10

Recalfacio, ere, eci, actum *To make warm*, or *hot again*, Ov Met 8, 444 *vix alibi*

Recalvaster, tri m dim [à re calvus] *Somewhat bald* ⁜ Comatum & crispum malis quam recalvastrum, *Sen Ep* 66

Recalvus, a, um *Bald behind*, or rather *afore* Ecquem recalvum ac silonem senem ? *Plaut Rud* 2, 2, 11

Recandens, tis part *Shining*, *very white*, Plin 3, 9

Recandeo, ēre, ui (1) *To be hot*, or *white again* (2) Met *To be pale* (1) Percussa recanduit unda, *Ov Met* 4, 530 (2) Irrecanduit, *Ov Met* 3, 707 ☞ *Nisi forte malis a* recandesco, *quod non invenio*

Rĕcano, is, ĕre *To sing*, or *sound again*, *to sound a retreat*; also *to foul*, or *call*, *as a partridge doth after her mate* Ut recanat revocetque, *Plin* 10, 33, *extr*

|| Recantātio, ōnis f verb *A recantation*, Erasm ✝ Palinodia, *Cic*

Recantātus, a, um part (1) *Recanted*, *unsaid* (2) *Inchanted*, or *charmed away* (3) Also *disinchanted* (1) Recantatis opprobriis, *Hor Od* 1, 16, fin (2) Nulla recantatas deponent pectora curas, *Ov Rem Am* 1, 259 (3) Ap *Litt vid seq*

Recanto, āre freq (1) *To sing*, or *chant over again*, *to sing after another*, *to echo back* (2) *To disinchant* (3) *To recant*, or *unsay a thing* (1) Carmen quod recantat Echo, *Mart* 2, 86 (2) Non pauci serpentes ipsos recantari credunt, *Plin* 28, 2 *interpr Steph* (3) *Vid* Recantatus, *n* 1

|| Recapitulor, āri dep *To recapitulate*, Tert ✝ Capita rerum summatim perscribere, *Cic*

Recasūrus, a, um part [à recido] *About to fall back* Id puto ad nihilum recasurum, *Cic Att* 4, 16

|| Recavus, a, um *Hollow and arched upwards*, as the roof of the mouth, *Prud Psychom* 42, ✝ Cavus

✝ Reccido, *pro* recido Reccidere ad nihilum, *Lucr* 1, 857 *ut metri causa leg aliqui perperam certè*, *cum re in multis verbis sit commun quant*

Recēdens, tis part (1) *Departing*, *withdrawing* (2) *Remote*, *lying at a distance* (1) ⁜ Multa ferunt anni venientes commoda secum, multa recedentes adimunt, *Hor A P* 176. (2) Longius recedentia possidebat, *Curt* 4, 1

Recēdo, ĕre, ssi, ssum neut [re rò cedo] (1) *To retire*, or *withdraw* (2) *To retreat*, *to go back*, *to give ground* (3) Met *To go from*, *to recede*, *to depart from*, *to quit* (4) *To leave off*, *to cease* (5) *To differ from*, *to be altered* (6) *To return to go back* (7) *To be parted*, *disjoined*, or *separated* (8) *To be at a distance* (9) *To shrink*, or *go down* (10) *To depart* (11) *To ebb* (1) ⁜ Stellæ errantes tum abeunt, tum recedunt, tum antecedunt, tum subsequuntur, *Cic N D* 2, 20 Proin tu ab isthoc procul recedas, *Plaut Capt* 3, 4, 19 ⁜ accedere, *Cic* (2) Recedere ab hoste, *Ov* ex *Ponto*, ... Venus recessit, *Id* (3) Neque a ... charitate patriæ ... recedere, *Nep Alcib* 8 (4) Victoria constituta, ab armis recessimus, *Cic* pro *Rosc Amer* 6 (5) ⁜ Nomen hostis a peregrino recessit, & proprie in eo qui arma contra ... remanet, *Cic Offic* 1, 12 (6) Albinus A ... fratre in castris propraetore relicto, Romam recessit, *Sall B Jug* 41 *sed variant codd* (7) In illis ossibus sæpe fragmentum a fragmento recedit, *Cels* 8, 7 Recessit caput a cervice, *Id Ep* 16, 153 (8) Parentis domus recessit, *Vir Æn* 2, 300 Liber prospectus oculorum etiam quæ procul recessere permittitur, *Curt* 4, 9, 10 (9) Venter recessit, *Plin Ep* 3, 6, 2 (10) Recede de medio, per illam transigam, *Cic* pro *S Rosc* 38 Recedere e vita, *to dye*, *Id Tusc* 4, 17 ab oculis, *to disappear*, Plin Ep 2, 1 (11) ⁜ Æstus maritimi multum accedentes & recedentes, *Cic N D* 2, 5

✝ Recellicunes *sive* recellicunes ... meretoria meretrices, *Litt ex Plaut*

Rĕcello, ĕre, ui, reclino, *ut*, excello, in altum tollo, *Fest* (1) *To bend*, or *thrust back* (2) *To thrust*, or *push down* (3) Neut *To swag down*, or *fall back* (1) Totum corporis pondus in postremos poplites recello, *Apul Met* 7, p 226 (2) *Liv* 24, 34 (3) ⁜ Incidunt in terra, retroque recellit, *Lucr* 6, 572

Recens adj [etym incert] or, comp ssimus, sup (1) *New*, *fresh*, *newly* or *lately made*, or *done*, *new come* (2) *Fresh*, *not tired* (3) *Near*, *not far removed* (1) ⁜ Omnis conglutinatio recens ægre, inveterata facile divellitur, *Cic de Senect* 20 Alius ab recenti est in dolore, *Ad Herenn* 2, 7 Recentissima tua est epistola, eal dati, *Cic Attic* 8, 23 Recens re, *presently*, *immediately*, Plaut Trin 4, ..., 8 Pullus à partu recens, *a colt newly foaled*, Varr (2) ⁜ Integri & recentes defatigatis successerunt, *Cæs B G* 5, 16 ⁜ In equum recentem ex fesso transultare, *Liv* 2..., 19 (3) Homerus recens ab illorum ætate fuit, *Cic N D* 3, 5

Recens adv *Freshly*, *lately*, *newly*, *of late* Puerum recens natum reperire, *Plaut Cist* 1, 2, 17 Sole recens orto, *Vir Geor* ..., 156 Recens dives, *Ov Am* 3, 8, 9

Recenseo, ēre, ui, sum & situm act (1) *To muster* (2) *To view*, *to survey* (3) *To count*, or *tell over* (4) *To rehearse*, *to recite* (1) Inter hæc recenset exercitum, militem instruit, *Liv* 1, 16 (2) Recensuit captivos, quot cujusque populi essent, *Liv* (3) Custos numerum porcorum recenseat, *Col* 7, 9 (4) Fortia gesta recense, *Ov Ep* 9, 105

Recensio, ōnis f verb *A mustering of men*, *a view*, *a survey in order to levying of taxes*, *after giving their corn* Memoria recensionis publicis tabulis impressa, *Cic* pro *Mil* 27 Ne qui novi cœtus recensionis causa moveri possent, *Suet Cæs* 41, 6

Recensus, a, um [à verbo antiquo recenso] *Reviewed*, *numbered*, *reckoned up*, Suet Cæs 41 Prisci recensus evexit sæculi fastis, *Claud in Eutrop* 2, 60

Recenter adv [à recens] ssime, sup *Lately*, *newly* Turdi ... duntur recenter capti, *Pallad* 1, 26 Quum recens ... stercorato solo, *Plin* 18, 2..., ✝ Recens

|| Recentor,

† Recentor, āri pass *To be made new again*, or *appear fresh* Aldicassit Phœbus, & recentatur, *Mattius ap Gell* 15, 25 † Recens fio

† Recepso, *pro* recepero, *Catull* 7, 12

Receptāculum li n (1) *A receptacle, a place to receive*, or *keep things in* (2) *A storehouse* (3) *A place of refuge, a retreat, a shelter* (1) Alvus cibi potionisque est receptaculum, *Cic N D* 2, 54 = Corpus est quasi vas, aut aliquod animi receptaculum, *Id Tusc* 1, 22 Receptaculum aquæ, *Vitruv* 8, 7 (2) Illud ibi oppidum receptaculum prædæ, *Cic Verr* 5, 2 (3) § Receptaculum classibus, *Cic Verr* 2, 2 ad detrectandam militiam, *Cæs B G* 7, 14 Fugientibus receptaculum Macedonia erat, *Liv* 41, 23

Receptātor, ōris m verb *A receiver*, or *harbourer of thieves* = Latronum occultator & receptator locus, *Cic pro Mil* 19

Receptio, ōnis f verb *A receiving*, or *harbouring, reception* Quid tibi hic receptio ad te est meum virum? *Plaut Asin* 5, 2, 70 *i e Quid tu recipis?*

† Receptitius, a, um Receptitius servus, *a servant sold, returned by the buyer for some discovered fault, bad, good for nothing*, Cato *ap* Gell 17, 6

Recepto, āre freq [à recipio] (1) *To receive, or take often, to betake* (2) *To draw*, or *pull out* (1) Quo in tectum te receptes? *Ter Heaut* 5, 2, 15 (2) Hastam receptat ossibus hærentem, *Vir Æn* 10, 383

Receptor, ōris m verb (1) *A receiver, or taker* (2) *One that receiveth and harboureth thieves, and keepeth their counsel* (1) Prædarum receptor, *Tac Ann* 4, 23 (2) Pessimum genus est receptorum, *JCC*

Receptrix, īcis f verb *She that receiveth*, &c Messana furtorum receptrix, *Cic Verr* 5, 62

Receptum ti n *A thing that one hath undertaken to do, an engagement, a promise* = Satis est factum promisso ac recepto nostro, *Cic Verr* 5, 53

Receptum est impers *It is a thing allowed, approved, and commonly practised*, Plin 28, 2

Receptus, a, um part (1) *Received, or taken in, entertained* (2) *Common, approved and allowed* (3) *Recovered, regained* (1) Ex magnis inimicis receptum in gratiam, *Cic pro Rab* (2) Tingitur aurum prætentis fontibus de ea receptum est, *Plin* 28, 2 Receptus mos est, *Liv* (3) SIGNIS RECEPTIS, *Nummus Augusti obvius* Cyprus recepta sine bello, *Flor* 3, 9, 1

Receptus, ūs m verb (1) *A place of refuge*, or *shelter* (2) *A retreat as in battle, a retiring* (1) Animadvertit nullum illi tum receptum Antonium habere, nisi in his partibus, *ap Cic Fam* 10, 1 (2) = Receptui signum aut revocationem a bello audire, *Cic Philipp* 13, 7 & *Met* A misitis canere receptui, *to sound a retreat*, *Id Tusc* 3, 15

Recessim adv *Giving back, going backward by way of retreat*, Plaut Amph 5, 1, & Cas 2, 8, 7

Recessio, ōnis f *A recoil, or going back* Vertorum recessiones, *Vitruv* 1, 6

|| Recessior us comp [rec ssus, a um] *More retired* Scena recessior, *Vitruv* 5, 8

Recessurus, a, um part *About to retire*, or *go away*, Ov *in Ibin*, 237

Recessus, ūs m (1) *A retreating, a retiring* (2) *A recess, or place of retirement* (3) *The inside* (4) *An aversion* (1) Recessum primis ultimi non dabant, *Cæs B G* 5, 42 ✱ Accessus, & recessus maris, *Cic de Div* 2, 14 lunæ, *Id ibid* 2, 45 (2) = Mihi solitudo, & recessus provincia est, *Cic Att* 12, 25 = latebra, *Id* (3) ✱ Grammatica plus habet in recessu, quam fronte promittit, *Quint* 1, 4 Recessus oris, *the hollowness of the mouth*, Id oculorum, *Plin* 8, 33 (4) ✱ Bestiis natura dedit cum quodam appetitu accessum ad res salutares, a pestiferis recessum, *Cic N D* 2, 12

Rechamus, i m [ἀπὸ τοῦ ῥύχω, *i e* scissura, *Cæl* per quam orbiculi instruuntur] *A truckle, or pully, used to draw things up of water*, perhaps not unlike the swepe our brewers use, *Vitruv* 10, 2

Recidendus, a, um part *To be cut, or chopped off* Immedicabile vulnus ense recidendum, *Ov Met* 1, 191

|| Recidivatio, ōnis f verb *A relapse into sickness again*, Medicis condonandum

Recidivus, a, um [à recido, ut à cado, cadivus] (1) *Falling back again, relapsing* (2) || Also *that is set up again after it was fallen* (1) Febris recidiva, *Plin* 30, 11 Recidivus annus, *Tert* (2) *Serv*

Recido, ĕre, di, āsum act [ex re, & cado] (1) *To fall back, to recoil* (2) Met *To light, or fall upon* (3) *To come to* (1) Rimulum adductum, cum remissus esset, in oculum suum recidisse, *Cic de Div* 1, 54 (2) Ista maledictis non abstinet oris, quæ in eum dupliciter recidunt, *Cic ad Brut* 17 (3) Recidere incassum, *Col* ad nihilum, *Cic Orat* 70

Recīdo, ĕre, idi, isum [ex re, & cædo] act (1) *To cut off, to pare* (2) *To shave, to take away* (3) *To cut down* (1) Ambitiosa recidet ornamenta, *Hor A Poet* 447 (2) Hirsutam recidere barbam, *Ov Met* 13, 766 (3) Recidere pontem, *Curt* 4, 16, 7

Recīdor, i pass (1) *To be cut off, or away* (2) Met *coerced, punished* (1) Ungues palumbium reciduntur, *Plin* 10, 25 (2) Supplicio culpa reciditur, *Hor Od* 3, 24, 34

Recinctus, a, um part *Ungirded, unbuckled, unlaced, untied* Vestis recincta, *Vir Æn* 4, 518 tunica, *Ov Amor* 3, 1, 51

Recingo, ĕre, xi, ctum act *To ungird, unlace, unbuckle, or loose* Tunicas recingunt, *Ov Metam* 1, 398

Recingor, i pass *To be loosed, untied*, &c Sumptum recingitur anguem, *Ov Met* 4, 511

† Recinĭatus, a, um *Clad in a recinium, or going in that garb with a lappet of his coat flung back* Reciniati mimi plan pedes dicti, *Fest*

Recinium n [dict quod laciniam ejus retrorsum rejiceren- qu reicinium] *A square mantle so called from the manner of wearing it, for that the fore lappet was thrown back again*, Varr L L 4, 30

Recino, ĕre, u entum act *To sound, or ring again, to repeat* = In vocious nostrorum oratorum recinit quiddam, & resonat urbanitatis, *Cic de Cl. Orat.* 46 Hæc recinunt juvenes dictata, senesque, *Hor Ep* 1, 1, 55

† Reciperātio *Reprisal*, Fest

|| Recuperatio, *Cic*

† Reciperator antiq *id quod* recuperator

† Recipĭo, āre *To refresh* Se quiete reciperare, *Varr* † Recupero, *Cic*

Recipio, ĕre, ēpi, ptum act (1) *To receive*, or *take again* (2) *To recover* (3) *To promise* (4) *To betake* (5) *To recover and get again* (6) *To win, to seize*, or *make himself master of* a place (7) *To admit of, to suffer, permit*, or *allow* (8) *To entertain, or harbour* (9) *To undertake* (10) *To reserve to himself*, or *to his own use* in bargaining (1) ✱ Recipiunt arma, quæ per pactionem tradiderunt, *Liv* (2) Heri ouas epistolas a te recepi, *Cic* ¶ Pœnas ab aliquo recipere, *to be revenged on*, Vir (3) = Tibi spondeo, in meque recipio, *Cic Fam* 1, 17 = Quæ tibi promitto ac recipio, *Id Ib* 13, 10 Ad me recipio, faciet, *I will be engaged, I will warrant*, Ter Heaut 5, 5, 12 (4) § In montem se recipere, *Cæs B G* 1, 25 se domum, *to return*, Plaut = se, & pedem referre, *to retreat*, *Cæl* se ad frugem, *to grow better*, Cic se ad ingenium suum, *to his old wont*, Plaut (5) ✱ Romanus res amissas recepit, *Liv* 3, 63 ✱ Civitates, quæ defecerant, recipiebat, *Hirt B Alex* 44 Medio ex hoste recipere, *Vir Æn* 6, 111 ¶ Recipere se, *Cic* mentem, *Vir*, animum, *Ter to come to himself again, to pull up a good heart* (6) Labienus paucis post diebus civitatem recipit, *Cæs B G* 6, 7 (7) Res cunctationem non recipit, *Liv* 7, 14 Usus recepit, *Quint* (8) Nequis eum urbe, tecto, mensa, lare reciperet, *Liv* 26, 25 (9) Recepi causam Siciliæ, *Cic Verr* 2, 1 (10) Porticulum hoc recepit, cum ædes vendidit, *Plaut Trin* 1, 2, 152

Recipior, i pass (1) *To be received, allowed of*, &c (2) *To be entertained* (3) *To be taken, as by storm* (1) ✱ Ut illa vel recipi, vel respui videnti, *Quint* (2) Ab exercitu recipitur, prætorque fit, *Nep Alcib* 5 Recipi in cibum, *Plin* 22, 22 in mensas, *Id* 10, 26 (3) Quantum aut ruinis dejicitur, aut per vim recipitur loci, in tantum munitiones proferuntur *Hirt B Alex* 1

Recīprocans, tis part *Ebbing, or going back*, Plin 9, 5

|| Recīprocātĭ circ ili *Returning to the same again, diurnally or annually revolving*, Prud Pe-rist 10, 574

Recīprocātio, ōnis f verb *A going back, a returning to a place from whence one is come*, Plin 11, 24 Reciprocatio æstus, *the ebbing of the sea*, Id 8, 42

† Recīprocicornis, ne [dict à reciprocis cornibus] *A ram with horns turning backward and forward again*, Liber ap Tert *de pallio*

Recīprŏco, āre act [à recipiendo, *Varr* Reciprocare, pro ultro citroque poscere usi sunt ab iqui, quia procare est poscere, *ei instr* to] (1) *To fetch back to the same place from whence it came, to draw in* (2) *To draw up and down* (3) *To return back, to ebb, or fall as the sea doth after flowing* (1) ✱ Cum jam spiritum intercluderet, nec reciprocare animam sineret, *Liv* 21, 58 (2) Quasi tollenonem aut pilum reciprocas plana via, *Plaut Fragm lin* 9 (3) Reciprocare cœpit mare magno tractu, aquis in suum fontem recurrentibus, *Curt* 9, 9, 20 Fretum statis temporibus reciprocat, *Liv* 28, 6

Recīprŏcor, āri, ātus pass (1) *To depend one upon another by mutual consequence, to inferreach other* (2) *To ebb and flow* (3) Met *To be pushed forward, or pass on* (1) Siquidem ista sic reciprocantur ut si divinatio sit, dii sint, & si dii, sit divinatio, *Cic de Div* 1, 6 (2) Oceanus reciprocatur, *Plin* 4, 1 (3) Triremis in adversum æstum reciprocari non potest, *Liv* 28, 6

Recīprŏcus, a, um [à red au cum le proterm redit...] profectum est] (1) *Reciprocal, going, or flowing backward, or forward, ebbing and flowing* (2) *Reciprocal*, or *mutual* (1) Reciprocum mare, *Plin* 5, 4 amnis, Id 9, 57 (2) Reciprocos spiritus motus agit, *Sen Herc fur* 1, 0 Qui jacente reciprocus ludis fasio, *Id Agam.* 419

Recisāmentum, i n *A little piece cut from something, a paring, a shaving* Coronarium æs æruginem contrahit, nec famen in acetum additis, *Plin* 34, 11

Recīsio, onis f verb *A cutting off, a paring, a chopping off* Omnis *rosa* recisione & ustione proficit, *Plin* 21, 4

Recīsūrus, a um part *That will cut off* Recisurus falce, *Hor Sat* 1, 3, 122

Recīsus, a, um part [a recidor] (1) *Cut, or chopped off, stocked up* (2) *Killed, or put to the sword* (3) *Short, brief, compendious* (1) Recisos portare fustes, *Hor Od* 3, 6, 40 Recisæ columnæ, *Id ibid* 2, 18, 1 Laurus a stirpe recisa, *Claud Rapt Pros* 76 (2) Coloni ense recisi, *Luc* (3) Hoc me in operis justi materiam n dum tam recisi digne exprimi potest, *Paterc* 2, 89

Recītātio, onis f verb *A rehearsal, or recital, a reading over aloud* Literarum recitatio, *Cic pro Domo*, 9

Recītātor, ōris m verb *A reciter, a rehearser, a reader* Recitator scripti, *Cic de Inv* 1, 47

Recitatrix, icis f verb *She that reciteth*, Litt ex Apul

Recītātus, a, um part *Rehearsed, declared, read over* Testamento recitatus heres, *Cic pro Cæcin* 19

Recīto, āre act (1) *To call over again* (2) *To read out aloud that others may hear* (3) *To rehearse, to say by heart*, or *without book* (4) *To recite a performance in order to be set approved, or corrected by friends before the publication thereof* (1) M L & C Claud senatum recitarunt, *Liv* 29 37 (2) Recita tabellas clare, *Plaut Pers* 4, (3) *Id* Schulting not ad *Prof* Controv lib 1 Sen edit Græv (4) *Plin Epist* 1, 13, in fine

Reclāmans, tis part *Gainsaying*, Cic

Reclāmātio, ōnis f verb *A reclaiming, a crying against, or a gainsaying*, Cic Philipp 4,

|| Reclamator m verb *A gainsayer*, Lexicogr ex Apul

Reclāmatum est impers *It was opposed, or gainsayed* Ab universo senatu reclamatum est, *Cic pro Domo*, 4

Reclāmitātio, onis f verb *A gainsaying*, Quin

Reclāmito, are freq *To cry*...

rich against, to gainsay often § Reclamitat istiusmodi suspicionibus ipsa natura, *Cic* pro *Rosc*

Reclāmo, āre neut (1) *To cry, or vote against, to deny with a loud voice, to gainsay* (2) *To answer with an echo, to ring again* (1) ‖ Legiones Antonii proclamarunt, *Cic Philipp* 5,8 ✶ Mirum qua intentione, quibus clamoribus omnia excepe nt, qui modò reclamabant, *Plin Ep* 9,13, 8 (2) Plangoribus ‖ va r clamant, *Sta Theb* 3,120 Sco pulis illisa reclamant æquora, *Vir Geor* 3, 261

Reclāmor, āri pass *To be voted against,* &c *Plin Epist* 9,13,7

‖ Reclinātor, m verb *He that leaneth*, Dig ✝ Qui reclinat

‖ Reclinatōrium, ii n *A place leaning downward,* or rather *a couch, or place to lean on*, Papin

Reclinātus, a, um part *Lying along*, Hor Od 2, 3, 7

Reclinis, ne *Leaning, or lying on* Tac Ann 13,16,5 Gramine florco reclinis, *Mart* 9, 91 ... *Stat Sylv* 1,2,161

Reclīno, āre neut (1) *To lend, stretch forth* (2) *To unbend, disengage* (3) *To lean, to lye upon* (1) Cepheus caput atque ... palmasque reclinat, *Cic* in *Arat* 417 (2) Nullum à labore me reclinat otium, *Hor Epod* 17,24 (3) Onus imperii in eum reclinat, *Sen* ad *Marciam*, 2

‖ Reclīnus, a, um *Vopisc* ✝ Reclinis

Reclīvis, ve [ex re, & clivus] *Bending backward, lying along* ... campo ad solem reclivi, *Pallad* 1, 6 Tabulæ reclives, *Id* 7, 2

‖ Reclīvus, a, um *Idem*, Vopisc

Reclūdens, tis part *Opening, setting open* Virtus recludens cœlum, *Hor Od* 3, 2, 21

Reclūdo, ĕre, si, sum act [ex re, & claudo, *vel* ant cludo] (1) *To open, to unbar, to unlock* (2) *To reveal, disclose, discover* (1) = Heus, reclude, heus, Tranio, ... aperis? *Plaut Most* 4, 2, 19 Portas recludere, *Prop* 3, 10, ... ¶ Recludere ensem, *to draw* ... *Vir Æn* 4, 646 (2) Ebrietas ... recludit, *Hor Ep* 1, 5, 16 ... arcanum occulta recludere, *Stat Achill* 1, 498

Reclūdor, i pass *To be opened, discovered*, &c ✶ Eò ægrius ... recludi quæ premeret, *Tac Ann* 4, 71 ✠ Recluditur tellus ... unco, *is digged*, Vir Geor

Reclūsio, ōnis f verb *An opening*, ... ex Vitr

Reclūsus, a, um part (1) *Opened, set wide open* (2) *Discovered, revealed, disclosed* (1) Domus reclusa, *Hor Ep* 2, 1, 103 (2) ✶ Occulta pecunia reclusa ... *Tac Ann* 16, 32, 4

Recoctus, a, um part (1) *Sodden again, often boiled* (2) *Forged anew, refined, purified* (3) Also *well practised and exercised* (1) Passum recoctum, *Stat Sylv* 4, 9, 38 (2) Ferrum recoctum *Flor* 3,20, 6 (3) Recoctus scriba ex quinqueviro, *Hor Sat* 2,5,55 Recocto seni ... non videm, *Catull* 52, 5

Recōgitans, tis part *Reflecting, thinking himself* = Sæpè ... tractare ac recogitare, ... in *Pr* *f*

‖ Recōgitātio, ōnis f verb *An thinking*, Hier ✝ Cogitatio

Recōgito, āre (1) *To think, consider again* (2) *To recall,* *to reflect* (1) Videris de nominibus Pomponianis in otio recogitâsse, *Cic* *Q fr* 2, 2 (2) Homunculi, quanti sunt, cum recogito! *Plaut Capt Prol* 51, vid & quod *Stich* 2, 1, 29

Rĕcognĭtio, ōnis f verb (1) *A revising, a reviewing,* or *overlooking* (2) *A reflection, a calling to remembrance* (1) Frequens recognitio nec impunitatis spem, nec peccandi locum, præbet, *Col* 11, 1 Per recognitionem consulis ager ille recuperatus in publicum fuit, *Liv* 42, 19 (2) Qui tamen istius animus est in recognitione scelerum suorum, *Cic Verr* 4, 50 Recognitio sui, *Sen de Ira*, 3, 36

Recognĭtus, a, um part *Recognized, reviewed* = Omnia summâ curâ recognita & collata, *Cic Verr* 2, 77

Rĕcognosco, ĕre, ōvi, itum act (1) *To call, or bring into remembrance, to understand, or perceive* (2) *To recognise, or acknowledge* (3) *To review, to look over, to correct,* or *amend* (4) *To muster over* (5) Also *to take an inventory of things* (1) ✶ Non videtur hæc multitudo cognoscere ex me causam voluisse, sed ea, quæ scit, mecum recognoscere, *Cic Att* in *Verr* 7 ✶ Non tam illa discere, quam reminiscendo recognoscere, *Id Tusc* 1,24 de ἀναμνήσει Platonica loquens Recognosce mecum superiorem illam noctem, *Id Catil* 1, 4 (2) Amorem in me tuum in literis recognovi, *Cassius Cic Fam* 12,12 (3) Recognoscere leges P R *Cic Fam* 12, 11 decretum, *Id* (4) Recognoscere equitum turmas, *Suet Aug* 37 decurias judicum, *Id ibid* 29 (5) Supellectilem Darii, & omnem pecuniam recognovit, *Curt* 5, 1, 23

Recognoscor, i, itus sum *To be known, to be owned again* Quanquam non alienum fuit personas quasdam a vobis recognosci, *Cic Philipp* 6, 6

Recŏlendus, a, um part *To be gone over, or practised again* Ad artes recolendas, *Cic* de *Orat* 1, 1 Tempus ad studia recolenda sumere, *Id* pro *Arch* 6

Recolligens, tis part *Gathering again, recovering*, Plin 20,5

Recolligo, ĕre, ēgi, ctum act (1) *To gather up again* (2) *To recollect* (3) Met *To recover, and get up again* (4) *To reconcile* (1) *Vid* Recolligor (2) Post ... actionem meam, utcunque potui, recollegi, multa addidi, *Plin Jun* (3) Æger se recolligit, *Plin* 24, 6 (4) *Vid* Recolligor, n 2

Recolligor, i, ectus sum (1) *To be gathered up* (2) *To be reconciled* (1) Ut, quæ nata sunt, ova recolligantur, *Col* 8, 5 (2) Quod scribis, etiam si cujus animus in te esset offensior, à me recolligi oportere, &c *Cic Att* 1, 5

Recŏlo, ĕre, ui, ultum act (1) *To till, or dress again* (2) *To bring into remembrance, to call to mind, to reflect upon* (3) *To furbish, restore, refresh, or adorn* (4) *To cultivate, exercise and polish* (1) Inven saltem in part recultus (2) Quæ si tecum recolis, æquiore animo mortis, *Cic* ... 1, 20 (3) Quo exemplo Lepidus avitum decus recoluit, *Tac Ann* 3, 72, 2 Metalla etiam & vetera intermissa recoluit, *Liv* 39, 24 (4) Ingenia meditatione recolere, *Plin Epist* 7, 9, 7

Recŏlor, i pass *To be cultivated anew*, Plin Epist 7, 9, 7 *Vid* Recolo

Recomminiscor, i dep *To invent anew, to consider again*, Plaut Trin 4, 2, 70 R occ

‖ Recompono, ĕre, sui, itum act *To compose, or set together again, to make up anew*, Ulp ✝ Denuò compono

Recompositus, a, um part *Composed, or set in order anew* Ponrecompositas in statione comas, *Ov Am* 1, 7, 68

✝ Reconciliassere, *Plaut Capt* 3, 2, 65 *i e* Reconciliaturum esse, *Meurs* leg reconciliassere

Reconciliātio, ōnis f verb (1) *A reobtaining, a procuring again, a regaining* (2 Absol *A reconciliation, a making of friends* (1) Reconciliatio gratiæ, & concordiæ, *Cic Attic* 9, 10 (2) Irridebatur hæc illius reconciliatio, *Cic* pro *Cluent* 36

Reconciliātor, ōris m verb *A peace-maker, a reconciler* Reconciliator pacis, *Liv* 35, 45

‖ Reconciliātrix, icis f *She that reconcileth*, Cod

Reconciliātus, a, um part *Regained, recovered, reconciled* Timuit ne reconciliata gratia fides infirmior esset, *Cic* pro *Mil* 8 Videbatur nobis se natus reconciliata voluntas, *Id* de *Fin* 1, 2

Reconcilio, āre act (1) *To reobtain, to recover* (2) *To restore* (3) *To re-establish* (4) *To reconcile, to make friends* (1) ✶ Reconciliare existimationem judiciorum amissam, *Cic Act* in *Verr* 1 (2) Si hujus reconciliasso in libertatem filium, *Plaut Capt* 3,4,44 (3) Reconciliare pacem, *Liv* 42, 46 (4) = Reducere, reconciliare, restituere aliquem in gratiam, *Cic* de *Prov Cons* 9 Hæc oratio regem reconciliavit Annibali, *Liv* 35, 19 Reconciliare æmulas civitates, *Plin jun*

Reconcilior, āri, ātus pass *To be recovered, reconciled*, &c *Cic* pro *Domo*, 50, & alibi

Reconcinno, āre act *To set together again, to vamp up, to refit, to repair* ✶ Tribus locis ædifico, reliqua reconcinno, *Cic Q frat* 2, 5

Reconcinnor, āri, ātus pass (1) *To be made up, to be made good* (2) *To be vampt up, or repaired* (1) Diuturni laboris detrimentum solertiâ & virtute militum benè reconcinnatur, *Cæs B G* 2, 15 (2) Ad Phrygionem pallam referri, ut reconcinnetur, *Plaut Men* 2, 3, 73

Reconditus, a, um part & adj or, comp (1) *Hidden, covered, laid up, close, secret* (2) *Abstruse, deep, profound* (3) *Reserved, close, i e not affecting public company* (1) = ✶ Statuerunt se nihil tam clausum, neque tam reconditum posse habere, quod non istius cupiditati apertissimum, promptissimumque esset, *Cic Verr* 4, 19 Angulus reconditus, *Id Verr* 3, 89 (2) = Literæ interiores, & reconditæ, *Cic N D* 3, 16 ✶ A me ea quæ in promptu erant, dicta sunt, a Lucullo autem reconditiora desidero, *Cic Acad* 4, 4 (3) Vixit incultè, atque horridè, naturâ tristi, & recondita fuit, *Cic* pro *Quint* 18 ¶ Reconditæ voces, *words grown out of use, such as antiquaries delight in*, Suet Aug 86

Recondo, ĕre, didi, ditum act (1) *To close, to shut* (2) *To hide, to lay up, to hoard* (3) *To spout out* (1) ✶ Ad nomen Thisbes oculos in morte gravatos Pyramus erexit, visâque recondidit illâ, *Ov Met* 4, 146 ¶ Caput strato recondere, *to lay it down*, Id Met 11, 649 (2) Nummos, aurumque recondere, *Hor Sat* 2, 3, 109 Recondere vina, *Col* ¶ Recondere gladium, *to put it up*, *Cic* ... Inv 2, 4 ✶ Educere, *Id Ibid* (3) Cum subitò Triton ore recondit aquam, *Prop* 2, 32, 16

Recondūco, ĕre, xi, ctum act (1) *To hire again, to renew lease* (2) Also *to carry to and fro, or up and down* (1) *Ap JCC* (2) Vicinarum provinciarum copias reconducere, *Quint De lam* 12

Reconflo, āre unde pass reconflor *To melt again, to forge,* Met *to make anew*, Lucr 4,915

Recoquendus, a, um part *To be boiled over again*, Met *to be instructed, or polished anew* = Dare se magistris ut formandum ac velut recoquendum, *Quint* 12,6

Recŏquo, ĕre, xi, ctum act (1) *To boil, or seethe again* (2) *To vamp up, or furbish* (3) Met *To polish, to instruct* (1) Neque ... quis tanquam Peliam recoxerit, *Cic de Senect* 23 (2) Spiculi ... in recoxit, *Luc* 7, 148 (3) *Vid* Recoquendus

Recordandus, a, um part *To be remembred* Simihi ne ad ea quæ sunt recordanda & cogitanda quidquam relinquitur temporis, *Cic* pro *Sulla* 9

Recordans, tis part *Calling to mind* Valdè timebam, recordans tuæ transmissionis, *Cic Att* 4, 17

Recordātio, ōnis f verb *A calling to mind, or remembrance* = Patris clarissimi recordatio, & memoria, *Cic de Orat* 1, 5.

✝ Recordo, are *Quadrig ap. Non* ✝ pro

Recordor, āri dep [*qu* iterum cordi do, vel cum effectu cordis reminiscor] *To call to mind, to remember* Socrates disputavit discere nihil aliud esse, quam recordari, *Cic Tusc* 1, 24 § Hujus meriti in me recordor, *Id.* pro *Planc* 28 § Recordor tua consilia, *Id Att* 8, 16 Operæ pretium est diligentiam majorum recordari, *Id*

Recorrigo, ĕre, rexi, ctum *To redress, to amend again, to correct anew* Recorrigere animum, *Sen Ep* 50

Recrastĭno, āre [*qu* in crastinum rejicio] *To delay, to put off from time to time* Recrastinare minimè utile, *Plin* 17, 14

Recrastinor, āri, ātus pass *To be put off, or delayed* Propter quæ recrastinari non debet, *Col* 2, 21

Recreandus, a, um *To be refreshed, or restored* Recreandæ carnes ossibus nudis, *Plin* 34, 15

Recreans, tis part *Refreshing, or restoring* Recreans membra olei liquor, *Plin* 12, 1

Recreatio, ōnis f verb *A restoring, or comforting, a recovery from sickness* ✶ Ab ægritudine recreationi efficax in cibo, *Plin* 22, 22

Recreātus, a, um part (1) *Refreshed, relieved* (2) *Cured, recovered, got up again, revived* (1) ✶ Diruta urbes ... creatæ, *Cic* ad *Q fr* ... afflictus, perculsus, *Id* = ✶ Ut ... non ... neque restitutus ... oppressusque P R *Id* pro ... 47 (2) ... *Cic de Inv* 2, 51 è morbo, *Id* ... *Quir post red*

‖ Recrementĭtius, a, um ut Panis recrementitius, *bran-bread, horse-bread*, Jun

Recrementum, i n [al inuſ recerno, ut excrementum, ab excerno] *The refuſe of any thing* Recrementa farris, *coarſe bran*, Plin 18, 16 plumbi, *the droſs*, Celſ 6, 8

Recreo, āre act [qu iterum creo] (1) *To bring to life again, to recover* (2) *To refreſh, to comfort* (3) *To repair, to ſet up again, to recruit* (1) Eumenes Craterum ſemivivum recreare ſtuduit, Nep Eum 4, extr (2) = Conſpectus veſter reficit & recreat mentem meam, Cic pro Planc 1 = Se colligit, & recreavit, Id Tuſc 1, 24 (3) Met ✠ = Afflictam & perditam provinciam erigere & recreare, Cic Verr 3, 91 Quum Siciliam recreare conſtituiſſent, Nep Timol 1

Recreor, āri, ātus paſſ *To be recovered, refreſhed, &c* § E morbo recreari, Cic ad Quir poſt redit 1 § Arbor æſtiva recreatur aura, Hor Od 1, 22, 18 Recreatur acies oculorum, Plin 3, 5

Recrĕpo, are n *To tinkle, ring, or ſound again* Cava cymbala recrepant, Catull 61, 29

Recreſcens, part *Growing up again* Fracte, mutiles, nomini Scipionum, velut accisis recreſcentia ſtirpibus, Liv 26, 41

Recreſco, ere, vi, tum n (1) *To grow, ſpring, or ſprout up again* (2) *To be renewed* (1) Nec praeciſi offa recreſcunt, Plin 11, 37 (2) ✠ Luna quater latuit, toto quater orbe recrevit, Ov Ep 2, 5

Recrūdeſcens, tis part *Growing freſh again, bleeding again, breaking out anew* Seditio recrudeſcens, Liv 6, 18

Recrudeſco, ere, ui incept (1) *To grow raw and ſore again, to rankle* (2) *To wax new, to begin afreſh* (1) ✠ Hoc tam gravi vulnere, etiam ea, quæ conſanuiſſe videbantur, recrudeſcunt, Cic Fam 4, 6 (2) Recrudeſcit pugna, Liv 10, 19 Recrudeſcit amor, Sen Ep 69

Recta adv [ſc via] *Straightway, right on, ſtraight forward* Recta conſequor, Ter Hec 3, 3, 12 Recta a porta domum meam venit, Cic Fam 9, 19

|| Rectangulus, a, um *Right-angled*, Geom

Recte adv ius, comp ſſime, ſup (1) *Directly* (2) *Well, aright, rightly, not amiſs, deſervedly, rightfully, with good reaſon, good, in good caſe* (3) *Patiently, becomingly, fitly, handſomely* (4) *Virtuouſly, honourably* (5) *Safely* (6) *Well in health* (7) *In due form*, Vox augur (8) *In anſwers, well, very well, as of granting a thing* (9) *Nothing, in anſwer* (10) *Nothing elſe*, Formula reſpondens rogantibus *numquid vis?* (1) ✠ Hoc eſt quod provincias recomiſcare, quæ recte, quæ oblique ferantur, Cic de Fin 1, 6 (2) = Recte de me augurabaris, bene enim tibi cognitus ſum, Cic Attic 9, 19 Bonus eſt, noſter eſt, recte dabit, Ter Adelph 5, 9, 28 Rectiſſime animadverterc, Cic de Legg 2, 5 ✠ Hæc ſunt, ſeu recte ſeu perverſe facta ſunt, Plaut Trin 1, 2, 146 ¶ Recte canere, *more plentifully*, Plaut Merc 4, 4, ult (3) Moleſtias, quas habet amor, recte ferre, Ter Eun 1, 1, 13 (4) ✠ Neque recte, aut turpiter factum celari poterat, Cæſ B G 7, 80 (5) Literas recte dare, Cic Fam Ep 1, 7 Rectius vives neque ſemper altum urgendo, Hor Od 2, 10 Si ille Romam venerit, recte domi eſſe poteſt, Cic Fam 14, 14 (6) ✠ Curaſſe ante ſcirem ei recte eſſe, quam non belle fuiſſe, Cic Attic (7) ✠ Augures interrogabat, rectene lata eſſent, illi vitio lata eſſe dicebant, Cic de Haruſp Reſp 23 = Recte ac dapſile cœnare, Suet Veſp 19 *abſ tamen*, recte & dapſili *rectius leg* (8) ✠ Tum quod dem, recte, eſt, nam *nunc eſſe* religio eſt dicere, Ter Heaut 2, 1, 16 (9) Quid triſtis? R Recte equidem, Ter Heaut 3, 2, 7 Quid tu es tam triſtis? P Recte, mater, Id Hecyr 3, 2, 20 (10) Rogo numquid velit? Recte, inquit, Ter Eun 2, 2, 50

Recticaulis, is *Growing with a ſtalk ſtraight upward*, Litt e Plin

|| Rectilineus, a, um *Made of ſtraight lines* ‡ Rectis lineis

Rectio, onis f verb [a rego] *A governing, or ruling, governance, management* Rerum publicarum rectio, Cic de Fin 5, 4

|| Rectitūdo, inis f *Rightneſs, evenneſs, uprightneſs*, Aggen Urb

Rector, ōris m verb (1) *A governour, a ruler, a rector* (2) *A maſter, a guardian* (1) Rector reipublicæ, Cic de Orat 1, 48 = Rector & moderator, & tanquam architectus tanti operis, Cic N D 2, 35 ✠ Non dominationem, & ſervos, ſed rectorem, & cives cogitare, Tac Ann 12, 11 (2) Rectores juvenis, Tac Ann 1, 24, 3 Rector navis, *a pilot, or ſteerſman*, Cic de Fin 4, 22 elephanti, Curt 8, 14, 35

Rectrix, icis f *A governeſs* Anima rectrix membrorum, Col 3, 10

Rectum, ēti n (1) *A right line* (2) Met *Honeſty, integrity, virtue, wiſdom* (1) ✠ Non agit in rectum, ſed in orbem curvat (iter) Ov Met 2, 715 (2) = Sine lege fidem, rectumque colebat, Ov Met 1, 90 ✠ Curvo dignoſcere rectum, Hor Ep 2, 2, 44 Mens conſcia recti, Vir Æn 1, 608 Nullo thure litabis, hæreat in ſtultis brevis & ſemuncia recti, Perſ 5, 121

Rectus, a, um part [a rego] *Ruled, or governed* Exercitus providentia ducis rectus, Paterc 2, 115 Rectus ad ingenium bonum, Plaut Bacch 2, 3, 8

Rectus, a, um adj or, comp ſſimus, ſup (1) *Straight, or upright* (2) *Right forward, directly, ſtraight, without turning* (3) *Unbiaſſed, juſt, upright* (4) *Honeſt, plain, good* (1) ✠ Lux recta, aut obliqua, Lucr 2, 799 Longa trabe rectior, Ov Met 3, 78 ¶ Cœna recta, *a ſet, and full ſupper in kind*, Suet Aug 74 ✠ Sportula, Suet Dom 7 (2) ✠ Melior ambulatio recta quam flexuoſa, Celſ Recta platea ſurſum, Ter Adelph 4, 2, 44 (3) = Scaurus ſapiens & rectus homo, Cic (4) = Quæ ſunt recta & ſimplicia laudantur, Cic Offic 1, 36 Ratio recte honeſtæque vitæ, Quint in Proœm 1 1 Ea maxime conducunt, quæ ſunt rectiſſima, Cic Fam 5, 29

Recŭbans, tis part *Lying all along* Recubans molliter in hortis, Cic de Orat 2, 17

Recŭbitus, us m *A lying at eaſe, a ſitting at the table, a rebound, or glance*, Plin 24, 13

Recŭbo, ui itum neut (1) *To lie down again* (2) *To lie along to loll* (1) ✠ Perterritus ſomno ſurrexit, poſtea recubuit, Cic de Div 1, 27 (2) Sub qua nunc recubas arbore, virga fuit, Ov A Am 2, 342

Recūdo, ĕre, di, ſum act *To hammer, or forge anew, to ſtamp new, as in coin* Vetera metalla recudunt, Varr

|| Recula, æ f dim [a res] *A matter of no weight, a little, or ſmall thing, a mean eſtate*, Don

Rĕcultus, a, um part [a recolor] *Laboured, tilled, ploughed, manured, or dreſſed anew* Humus recult a, Ov Met 5, 647 R occ

Recumbo, ĕre, ui, itum neut (1) *To lean, or loll upon* (2) *To lie flat* (3) *To lie as on the ſide of an hill* (4) *With us to ſit at table, or meat* (1) Cervix humero recumbit, Ov Met 10, 195 (2) Miratur turres medio recumbere luco, Ov Met 7, 539 (3) Jugera pauca Martialis longo Janiculi jugo recumbunt, Mart 4, 64 (4) = Sedebat Nerva cum paucis, Vejento proximus, atque etiam in ſinu recumbebat Plin Ep 4, 37

Recŭpĕratio, ōnis f verb *A recovery of a thing loſt, or taken away, a reſcuing, a repriſal* Recuperatio libertatis, Cic Philipp 10, 10

Recupĕrātor, ōris m verb (1) *A recoverer, one that recovereth a thing from an enemy* (2) *A commiſſioner, or judge appointed by the pretor to examine private matters* (3) *A judge delegate* (1) Recuperator urbis, Tac Ann 2, 52, 5 (2) Poſtquam prætor recuperatores dedit, Cic Verr 3, 11 Me ad recuperatores modo damnavit, Plaut Rud 5, 1, 2 (3) Interpr Bud

Recupĕratorius, a, um *Belonging to recovery, or to judges delegate* Recuperatorium judicium, Cic de Inv 2, 20

|| Recŭpĕrātrix, icis f *She that recovereth*, Ap JCC

Recŭpĕro, are act [a recipere, unde & ant recipero, a reci, vel recu, & paro] *To recover, to reſcue, to get again, to regain* Si quando Pompeius rempubl recuperabit, Cic Attic 8, 2 Erepta recuperare, Id pro Mur 25 ✠ Recuperare quæ prius amiſſa, Liv

† Rĕcŭpio, ĕre, ivi, itum *To deſire earneſtly, over and over*, Litt ex Plaut † Percupio

Rĕcūrātor, ōris m verb *He that cureth again*, Celſ ap Litt

Rĕcūrātus, a, um part *Finely, and workman-like dreſſed* Quæ non eſſet ita recurata charta manus amphitheatrica, Plin 13, 12

Rĕcūro, are act (1) *To do a thing diligently, to take good heed of it* (2) *To cure, or recover one from ſickneſs* (1) Vid Recuratus (2) Me recuravi ocimo & urtica, Catull 42, 15

Rĕcurrens, tis part *Running, or haſtening back*, Vir Æn 7, 100

Rĕcurro, ĕre, ri, ſum neut (1) *To come running again, to run back, or make ſpeed again* (2) *To have recourſe to, to recur* (1) Puero, quem ad me ſtatim juſſi recurrere, da epiſtolam, Cic Att 1, 12 § Ad initium recurrit luna, *it is new moon*, Cic N D 2, 19 (2) Ad mores naturæ recurrit damnatos, Juv 13, 239

Rĕcurſo, are freq *To run often back, or again, to return* ¶ Recurſat hoc animo, *it cometh oft in my mind, or I cannot forget it*, Tac Hiſt 2, 78 Sub noctem cura recurſat, Vir Æn 1, 666

Rĕcurſus, us m verb *A returning, a recourſe, a retreat* Ut ſub unum ad mœnia urbis recurſus pateret, Liv 26, 42

Rĕcurvātus, a, um part *Made crooked, or made to bend backward, crooked, winding* = Materia torta & recurvata, Col 3, 18

Rĕcurvĭtas, ātis f *A bending backward*, Litt ex Col

Rĕcurvo, āre act *To bow, or bend back, to crooken, or make crooked* Cladoſ in ſeſſa recurvant vulnera, Stat Theb 3, 58 conf Col 5, 10

Recurvor, āri, ātus paſſ *To be bent back* Radix corona recurvatur, Col 5, 10

Rĕcurvus, a, um *Crooked, bowed, bent back* Cornu recurvum, Ov Pont Am 10 vid & Col 3, 18

Rĕcūſans, tis part *Refuſing, rejecting* ✠ Rogatus & recuſans hæc ſcripſi, Cic Orat 10

Rĕcūſatio, onis f verb (1) *A refuſal* (2) *Alſo a defence, or excuſe* (1) ✠ Omnes ſine recuſatione, immo etiam cum ſtudio nominabant, Cic Philipp 4 = Sine recuſatione, ac ſine ulla mora negotium ſuſceperunt, Id Catil 3, 2 (2) ✠ Neque hæc tua recuſatio confeſſio ſit captæ pecuniæ, ſed laboris, & periculi declinatio, Cic pro Cluent 5

Rĕcūſo, are act [a re, i e contra, & cauſa, qu cauſam oppono, vel retro cauſor] (1) *To refuſe, to deny, to ſay nay* (2) *To make his defence, or excuſe* (1) = Non recuſo, non abnuo, Cic pro Mil 36 ✠ Populum Rom diſciptatorem non modo non recuſo ſed etiam depoſco, Id pro Flacc 38 ✠ Mihi quicquid accedit, ne recuſanti quidem, e enim non modo repugnanti, Cic Parad 2 (2) Tum etiam Galba recuſat pro ſeſe, Cic de Cl Orat

Rĕcuſſus, a, um part [a recutio] *Shaken, or ſtricken to and fro* Utero recuſſo ingemuere cavæ cavernæ, Vir Æn 2, 52

Rĕcuſſus, ûs m *A ſtriking back, a jerk or fling, or fetching near for a leap*, Plin 8, 5

|| Recutio, ĕre [unde part recuſſus] *To beat, or ſtrike back, to reverberate, or ſtrike again*, Aug ‡ Repercutio

Recutitus, a, um [i e cute nudatus, per Synecd ſpeciei, i e cui cutis a glande reſecta eſt] (1) *Circumciſed* (2) *Alſo having the ſkin worn off, or new grown again* (1) Recutita ſabbata, Perſ 5, 184 i e recutitorum, inguina, Mart 7, 29 (2) Rupta recutita colla mulæ, Mart 9, 58

† Redabſolvo, ĕre, vi, ūtum act *To diſcharge, or diſpatch*, Plaut Curc 3, 84 *ſed al leg* ted abſolvam † Reſolvo

Rĕdactus, a, um part [a redigor] (1) *Reduced, brought, driven, forced* (2) *Raiſed, as money by ſale, &c* (1) § Hem quo redactus ſum! Ter Eun 2, 2, § In id loci redactus, Id Phorm 5, 8, 8 § In poteſtatem aliculus redactus, Cæſ B G 2, 34 (2) Qui ſi pecunia petita eſt, ſi redacta, Cic pro Flacc 36

|| Redactus, us m *Profit, or gain in ſelling*, Dig † Quæſtus, Cic

Rĕdambŭlo, āre neut *To walk back, or return again* Bene ambula, & redambula, Plaut Capt 4, 2, 120

Rĕdămo, āre *To love him that loveth us, to love mutually* Animus virtute præditus qui vel amare, vel, ut ita dicam, redamare poſſit, Cic de Amic 14 ☞ Hic innuere videtur ſibi non placere hanc vocem

† Redantruo, *vel* redamptruo, [ex re, & antruo, vel amtruo, o in qui u cantu pro redeo, en] (1) *To turn, or turn a-gain* (2) *To tumble, and shew tricks* (1) *Non* (2) Præsul ut ...tat, inde & vulgus redamp ... Lucil

Redardesco, ere incept *To burn, or be in a flame again* ... redardescet, ... modo ... Ov de Rem Am 7,4

Redarguo, ĕre, ui, ūtum act *To confute, or convince* (2) *To controll, or disprove, to blame, or prove* (1) Improborum pro... redarguunt in omnem ... Cic N D 2, 36 (2) ... reprehendendo redarguere con... Cic in Part Orat 9 Re... mentiam, *Id* pro Clu-...

|| Redargūtio, ōnis f verb *A confutation, conjuration, disproof, proof*, Boet || Confutatio ...

Redauspico, āre *To begin a-gain* unde

Redauspicor, āri, ātus pass *To be begun anew, in a luck, or un-luck* Nunc intelligo redauspicandum esse in catenas denuo, ... Capt 3, 5, 109

Reddendus, a, um part (1) *To be restored* (2) *To be reckoned, counted* (1) Omnium ... ratio reddenda est, Cic ... (2) Xenophon in ... reddendus, Quint

† Reddibo, *pro* reddam, *Plaut* ... 1, 41

Redditio, ōnis f verb *A ... in rhetoric, the applying ... comparison, vid* Quint 8, 3 ...

|| Redditivus, a, um *Redditive, that which answereth an interrogative*, Gramm

Redditūrus, a, um part *About to restore*, Catull 40, 4

Redditus, a, um (1) *Yielded, given again* (2) *Delivered, given in* (1) Mors naturæ debita pro patria reddita est, *Cic Att* 1, 41, 2 (2) Serius redditæ sunt ... meæ, *Cic Attic* 9, 11

† Redditus, ūs m *Revenue, ... rest ferh* reditus, *q v*

Reddo, idi, ĕre, redditum (1) *To render, to restore, to give again* (2) *To deliver a thing sent* (3) *To give* (4) *To render, to recompense* (5) *To order, to put into the place, to re-... * (6) *To relate, recount, de-... draw, or tell* (7) *To pay* ... *repeat, or say over, as a ...* (8) *To make, or cause to ...* (9) *To turn, or translate ... language into another* (10) *To produce, bear, or yield* (11) *To resemble, or be like* (1) Reddidit, quā dedi ejus filio, Cic Attic 10, 13 ✱ Mutuum aliquis, & vicissim reddere, *Id de* ... 1 ✠ Hesiodus eādem mensura reddere jubet, qua acceperis, *Id Offic* 1, 15 ¶ Reddere animum *Ter* ... *Cic post red in* ... *to return, to cheer* Reddere ..., *Cic* pro *Planc* 37 ... *to ...*, Vir Geor ... 495 ... literas mihi ab ... *Cic Attic* 3, 13 (2) Ver... accepit & pe... significationem, *Cels* ... plura accipit, qui ... *Publ Syr* ‡ Sumere ... reddere ... Pers 5, 1, 10 (5) ✱ Tem... confringit tegulas, ibi do... diligens reddere ... *Plaut Most* 1, 2, 29 (6) ... de Cæsare, & redde quæ re... *Cic de Clar Orat* 74 (7)

Reddere hoc, non perdere herus jussit, *Plaut Pseud* 2, 2, 47 (8) Sic iterat voces, et puerum ... credas dictata magistro reddere, *Hor Ep* 1, 18, 14 (9) Uxore ... reddere, *Lucr* ... Reddere aliquem ... *Cic* ... *to accomplish*, *to* ... Plaut Omnem locum ex ... similium, *Cic* ... studiorum, *Ov* ¶ Reddere urinam, *to make water*, Plin ... *to ...*, *to balance*, ... (10) Cum ea, quæ legeram Græce, Latine redderem, *Cic de Orat* 1, 4 ... bum ... reddere, *Hor A P* 18 ... (11) ✱ ... bus tum ... *Plaut Trin* 2, 4, 125 (12) ... Mattum ... reddere ... *Plin* ... Quæ ... *Lucr* 6, 812

Reddor, i pass *To be rendred, offered* in facrifice, *&c* Suet Aug ...

✠ Redduco *To bring back* &c Crebra redducunt ... curas *cenes*, Lucr 4, 990 *Sub ...* ... *literam, compound...* ... *multis saltem so ibis dub... quant*

Redemptio, ōnis f verb [a re... dimo] (1) *A redemption, or ransoming* (2) *Also the taking a thing by great, the farming of customs* (3) *Also the buying off a thing* (1) Aurum pro redemptione pueri allatum, *Val Max* 4, 3, 1 (2) *Vid* Redemptor, n ... & Redimo (3) Publicanos temeritate redemptionis pene ... *Cic de Prov Conf* 5 (4) Redemptio est hujus judicii facta grandi pecunia, *Cic Act in Verr* 6

‡ Redemptito, are freq [a freq] (1) *To ransome* (2) *Also to requite, or recompense* (1) *Plaut* ap *Litt* (2) Malefacta beneficiis redemptitare, *Cato*

Redemptor, āri pass freq *To be redeemed* A propinquis redemp... *Tac Hist* ... 34, 4 *vix alibi occ*

Redemptor, ōris m verb (1) *A redeemer, a deliverer, a ransomer* (2) *An undertaker of work by great* (3) *A farmer of customs* (1) *Bibl* (2) Redemptor qui columnam conduxerit faciendam, *Cic de Div* 2, 21 (3) Redemptor silvæ, pontis, vectigalium, *In Pandect* Redemptor ... farum, *a pettifogger*, Ulp

Redemptūra, æ f *The taking of a lease, the farming of customs, &c* Redempturis augere patrimonia, *Liv* 23, 48

Redemptus, a, um part (1) *Redeemed, ransomed* (2) *Met Recovered* (1) Pretio redemptus, *Vir Æn* 9, 213 (2) Monstrum nulla virtute redemptum a vitiis, *Juv* 4, 2

Redeo, ivi & ii, ire, itum neu [ex re, & eo] (1) *To return to come back, or again* (2) *To come to, to come, or fall to* (1) Redeamus domum, *Cic* § ✱ Itque reditque viam toties, *Vir Æn* 6, 122 § Redire ad navem, *Plaut* § de bello *Cic* § in viam, *Ter And* 1, 2, 19 (2) In memoriam redire, *Ter Phorm* 5, 2, 19 *to remember* ¶ Ad ingenium redire, *to come to his old wont*, Id Adelph 1, 1, 46 Ut ad me redeam, ut ad rem redeam, *to come to the point*, Cic Fam 11, 4 Redire in gratiam cum aliquo *to come in one's favour again*, Ter Phorm 5, 9, 42 Redire in ordinem, *to rally*, Liv Redit mihi res ad restim, *I may go hang myself*, Ter Phorm 4, 4, 5 Redit ad

te hereditas, *the estate cometh to you*, Id Hec 1, 2, 97

Redhibeo, ēre, ui, itum act [ex re, & habeo] (1) *To return a thing one hath bought for some fault and turn it on his hands that sold it* (2) *To take a thing ... that was bought* (3) *To restore* (1) Si mala ... tam forent ædes, nobis istas redhibere haud liceret, *Plaut Most* ..., 11, (2) Dixit ... non placere, *Plaut Merc* 2, 3, ... (3) ... tibi ... redhibebo, *Plaut*

Redhibeor, ēri pass *To be returned on ones hands* In mancipio vendendo ... dicendum fuit ... redhibere mancipium jure civili, *Cic Offic* 3, 23

Redhibitio, ōnis f verb *The returning of a thing to him that sold it* Quint 8, ...

|| Redhibitor, ōris m verb *He that returneth a thing to him that sold it*, Ulp

|| Redhibitōrius, a, um *Pertaining to the returning upon one's hands a thing bought* Redhibitoria actio, qua venditor cogitur restituere pretium, & retro quod tradiderat, accipere, *Pompon*

Redhibitum ... prop dic quod redditum est, cum qui dedit idem rursum coactus est habere id, quod ante habuit, *Fest*

† Redhostio, ire [ex re, & hostire, quod leg ap *Non* 2 740 ex *Plaut*] *id est*, æquare] *Redhostire*, referre gratiam, *to requite a courtesy to return like for like*, Fest

Rediens, euntis part *Returning, coming, or going back* Annus rediens, *Hor Od* 3, 8, 9 Phœbus, *Id Od* 3, ... ult Luna, *the new moon*, Ov Met 10, 479

Redigo, ere, ēgi, actum act [ex re, & ago] (1) *To bring back again* (2) *To constrain, or compel to return, to drive, or force back* (3) *To gather, or heap together, to amass* (1) Transfugam Capuam redigere, *Liv* 26, 12 Redigere in memoriam, *to refresh one's memory*, Ter Phorm 2, 3, 36 Redigunt ... in suam jura boves, *Ov Fast* 3, 26 (2) § Civitates in deditionem redegit, *Liv* Sub imperium redige..., *Cæs B G* 5 ... mancipium, *Tac* ... fusum fugatumque hostem in castra redigunt, *Liv* 21, 9 (3) Ex pretio rerum venditarum aliquantum pecuniæ redigere, *Liv*

Redigor, i pass *To be brought again, to be reduced*, Liv 21, 15

Redimendus, a, um part *To be redeemed, &c* Pretio redimen... fustem, *Ov Ep* ..., 59

Redimiculum, i n [ex redimio] (1) *The attire, or ornament of a woman's or priest's head, or neck* (2) *Also an headlace, or fillet, an headband, a knot* (1) Hæc civitas mulieri redimiculum præbeat, hæc in collum, hæc in crines, *Cic Verr* 3, 33 Auræ leves ... redimiculi ... pectore pendent, *Ov Met* 10, 265 (2) Habent redimicula mitræ, *Vir Æn* 9, 616

Redimio, ire, ivi, itum [ex re, & emio, *id est*, orno, *Scal*] *To crown, to encompass, to environ, or encircle* Mitra redimire capillos, *Ov Ep* 9 ... crinem ... *Stat* frontem coronā, *Mart* 9, 74

Redimior, iri pass *To be crowned, to be encircled* Sertis redimiri jubebis & rosā? *Cic Tusc* 3, 18

Redimitus, a, um part (1) *Crowned, encircled* (2) *Compassed about, beset* (1) Redimitus tem-

pora quercu, *Vir Geor* 1, 349 auro, *Id* ... Terra quibusdam mitibus ... nitis & circundata cingulis, *Cic Somn Scip* 6 ... *Catull* 61, ...

|| Redimita, æ m *Abinding ... about, an apparelling, or trimming of the head*, Scal

Redimo, ĕre, ēmi, emptum act [ex re, & emo] (1) *To redeem, ransome, rescue or recover* (2) *To ..., ..., purchase, or pro...* (3) *To ...* (4) *... or by the great* (5) *To ... to farm, por ...* (6) *To recompense, or make amends for* (1) ✠ Domitianum ... Antonius, redimere, *Cic* ... 1, 5 Redimere ... quam ... *Ter* ... 1, ... (2) Ego tibi ... tanto pluris ..., quam vos ... *Plaut Men* 4, ... 6 ✱ Qui ... redimunt, ... *Cic Offic* 1, 42 ... *Cic* ... 5 (5) Qui pecunia ... censoribus redemisse, *Cic de Clar Or* ... 2 (6) *Ap JC* ... Redemptor (6) Non ... culpam vider ... *Plancus Senat* ap *Cic Fam* 10, 8

Redintegro, āre, āvi, ātum [ex re, & integro] *Begun afresh, renewed, set on foot anew* Redintegratum ... *Liv* 8, ... ubi tamen al leg redintegrata ...

Redintegratio, ōnis f verb *A renewing, a beginning afresh* Ejusdem verbi redintegratio, *Ad Herenn* 4, 28 Redintegratione conjunctionis animos vulnerare, *Cic antiq* ...

Redintegratus, a, um part *Renewed afresh, recruited* Nostri redintegratis viribus acrius impugnare cœperunt, *Cæs B G* 3, 26

Redintegro, are act (1) *To refresh, to renew, to make anew* (2) *To use again* (1) Redintegrare animum, *Cæs B G* 2, 25 conf *Tac Ann* 4, 3..., vires, *to gather up his strength*, *Cæs B G* ... bellum, *to set it on foot again*, Cic Fam 11, 9 (2) In ... pretatio est, quæ non ... redintegrat verbum, sed commu..., *Ad Herenn* 4, 28

Redintegror, āri, ātus pass *To be renewed* Redintegratio ..., *Tac Ann* 1, 21, ...

Redipiscor, i, eptus sum dep [ex re, & adipiscor, vel apiscor] *To recover, or get again*, Plaut Trin 4, 3, 15

Reditio, ōnis f verb *A returning, a coming again, or back* Celeritas reditionis, ... *Liv* ... Domum reditionis ... *Cæs B G* 1, 5

Redito, are freq [a redeo] *To return to and again*, Lit ... Plaut

Reditur, reditum est *It is returned* Ad ... tur, *Plaut Rud* 4, ... 79 In ... bem reditum, *Cic* Domum reditum est, *Liv*

Reditūrus, a, um part [a redeo] *That will come again, about to return* Dies non rediturus, *Prop* 2, 15, 24 fluminis, *Id* ... 19, 5 ... *Ov Met* 7, 664

Reditus, us m verb (1) *A return, a coming again* (2) *An income, or revenue, rent, or yearly profit* (1) ✱ Quam vallis me reditu, vel potius reversione mea lætatus? *Cic Attic* 16, 7 ✱ Quo ... porro noster ... reditus ... *Cic* ✱ Inter professionem reditumque Syllæ, *Id de Cl Orat* 6 ✱ Reversio, *quod vid* ✱ Neque ...

in h ustem a itus, neque 11 curam re ius *Id* ¶ R citus in p in, *a reconciliation*, Id A rc ..., gra œ, *Id* (.) Re nu præ o n, *Plin* 1-,1 pecun a, *Nep Attic* 13

† Redivia, æ f *A agnail*, or *whitlow*, Plin 28, 4 *redi* re via, *quod v*

† Redivius n m ed re viendo, q. lo v ndo, quod carnem animal u 1 ductu retal a] *A kind of worm which* ... Col 6, 2 ...

Rediv ... a, um [quod re ...] (.) *Renewed again*, *restored afresh* (.) *Of old materials, from the* ... (1) Bo ... *Id* ... Nam nunc ... *Juv* 6, 362 ... (.) ...

Rhedo, onis m *A ... lazy ... upon his back*, Auson ... 85

Redolens, tis part (1) *Smelling* ( ) *Smelling sweet* (1) ... eft ... *Phil* ... 25 (.) In ... olen ia ... h, 6 5

Rĕdŏleo ui, ēre itum (1) *To ... a smell*, or *scent* (.) *To smell of a thing* (1) Redolent thymo fragrantia mella, *Vir Geor* 4, 169 (2) Recole ... vinum *Cic* ... atorem, *Col* 12, 18 virus, *Plin* An iquitatem redolet, *Cic* de *Cl Orat* 21

Redŏmitus a, um part *Tamed again*, *conquered* ... = Perditi cives recomiti & victi, *Cic* pro *Sulla* 1

Redōno, are act *To give again*, *to restore*, *to forgive* Quis te redonavit Quiritem dus patriis? *Hor Od* 2, ... Iras alicui redonare, *Id Od* ...

Redordior, iris, itus sum dep (1) *To unweave*, or *pull the threads out of a web* (2) *To begin* (1) ¥ Geminus ... bor redordiendi ... texendi, *Plin* 6, 17 (2) *Plin* 11 22

Rĕdormio, ire, ivi, itum ... *To sleep again*, Plin Ep 9, ...

Redormitatio, onis f *vid* & *seq*

Rĕdormitio, ōnis f verb *A falling asleep again* In redormitione vana esse visa prope ... *Plin* 10, 75 *abs al* redormitatio

Reducendus, a, um part *To be brought*, *or carried back* Hunc Fabricius reducendum curavit, ad Pyrrhum, *Cic Offic* 3, 22

Rĕdūcens, tis part *Reducing*, *drawing back* Corpus ob sum ... *Plin* 24, 8 ... reducens, *opening*, *or disclosing the white bosom*, Catull 55, 11

Rĕdūco, ĕre, xi, ctum act (1) *To bring*, *or lead back* (2) *To bring safe again* ( ) *To restore* (.) ... *restrain*, *or limit* (.) Also *to* ... or *appease* (.) *To remit* (1) ¶ Aliquem in cubiculum admittere, & educere, *Cic Philipp* 8, 10 ... al seducere = Libertatem revocare & reducere *Plin Pa* ... 8 R duce e legiones in hiberna *Paterc* 2 ... ¶ Re ... ere in memoriam, *to call to mind*, *Cic de Inv* 1, ... (2) Ex ercitum ... liberatum reduxit incolumem, *Nep Epam* 7

( ) Memoriam educere aliquem ad tium em, *Cic* ad *Att* 7 (4) = Reducere ... & frenis re primere, *Sen* (5) ... *Æn* 2, 18 *interpr Serv* (6) *vid* Reductus n 3

Rĕdŭctor, oris *To be led*, *or carried back*, *to be brought*, &c Philo ... in carcerem ... *Att* 4, 6 Vox reduci ... in quendam sonum aequabi ... *Herenn* 4, 12

Reductio, onis f verb *A bringing*, *or leading back again* ... *Fin* 1, ¥ Dimissiones & reductiones ... 5, 10, nn *de lan* ...

Reductor, oris m verb *A bringer back*, *a restorer* ... in urbem ... = ... *Ep* ...

Reductus, a, um ... comp (1) *Brought back* ... (2) *Restored* ... *drawn back* (.) ... *Att* 9, 15 (.) In ... reductus, *Cic pro Cluent* 36 ... & ... *Hor Ep* 1, 18, 9 (4) ... in reducta valle ... *Hor Od* ... reductionem, ... *Quint* 1 ...

|| Reĕdĕficatus, a, um part *Made fore again*, *renewed again* Redificatum prorsus dolore, *Apul Met* 5, p 151

Rĕulcĕro, are act [ex re, & ulcus] *To make sore again*, *to renew a wound*, *to open a sore afresh* *Vid* Reulceror

Reulceror, āri, atus pass *To be made sore again* Reulceratur cutis, *Col* 7, 5

Reduncus, a, um [ex re, & uncus] *Crooked*, *bowed*, or *bent back*, or *inward* Rostrum reduncum, *Ov Met* 12, 562 ¥ Alias adunca, alias redunca, *Plin* 11, 37

Redundans, tis part *Abounding*, *too copious*, *overflowing*, *redundant*, *luxuriant* = Is redundantes nos & superfluentes juvenili quadam dicendi ... *Cic de Cl Orat* 91

Redundanter adv *Superfluously*, *abundantly*, Plin Ep 1, 20, 21

Redundantia, æ f *Excessiveness*, *superfluity*, *overflowing*, *luxuriancy* Juvenilis redundantia, *Cic Orat* 1, 30

Rĕdundātio, ōnis f verb *Too much abounding* Redundatio stomach, *the overturning of the stomach*, Plin 7, 6 *conf* eund 11, 37

Rĕdundātus, a, um part *That is run over* Redundatas flumine ... aquas, *Ov Trist* 3, 10, 52

Redundo, āre neu [ex re, & unda] ( ) *To rise above the banks*, *to overflow*, *or run over* (2) *To abound*, *to have*, or *be too* ... (.) *To be guilty*, or *crop* ... (.) Met *To redound* (1) ... Alb ... *Cic de Div* 1, 4 (2) ¥ Neque ... quidquam decet, neque red in ... *Orat* 2, 19 § Tuus deus non digito uno redundat, sed capite, collo, &c *Id N D* 1, 35 Redundat ... *Id Tusc* 4 ... Neque praetermittatur, neque redundet *Id Orat* 33 § Quod redundat de questu, *Id Verr* 3, 66 (.) *Plin Paneg* 63 (4) § Infamia redundat ad omnes, *Cic* ... 21 ... invidia mihi in post ... *Id Catil* 1, 12 In me commissi ... na redundet *Ov Fast* 6, 451

|| Reduplicatio, onis f verb *A redoubling*, Cod † Duplicatio, *Sen*

|| Reduplico, are act *To redouble*, Cod † Duplico, *Cic* conduplico, *Ter*

Redŭresco, ui incept *To grow hard again* Ferrum reduresc ... *Vitruv* 1, 4

Reduvia, æ f [a reducere, ...] *The looseness and clefts of the skin about the root of the nails* Reduvias ... lana ex ... frigid... *Plin* 2..., 2 Reduviæ ... *the looseness of the skin after a whipping*, Titin Reduviæ ... rum, *the fragments of shells of* ... Solin Cum capiti med ... curas, *when one complaineth of lesser evils*, *neglecting the greater*, Prov ap Cic pro S Rosc 41

|| Reduvĭŏsus, a, um ant *Full of chips and rags*, *rugged*, *rough*, Vid Sal in Solin

Redux, ŭcis c g [a reduco] (1) *Brought*, or *returned back again*, or *that is come home safe* ... *found from exile*, or *travel* (.) Also *returning* (1) Tu me ... in patriam ... *Ter* ... 2, 4, 18 (2) § Non ... 8, 5

† Refacio, ĕre *To repair*, or *make new*, Plaut Truc 4, 4, 24 ... re facere rectus

Refectio, onis f verb [a reficio] (1) *A recruiting*, *a repairing*, or *mending of a thing that is worn and decayed* (2) *A refection*, *a refreshment*, or *recreation* (2) *A repast*, *a taking of meat and drink* (1) Capitolii refectio, *Suet Cæs* 15, 1 Com ... habent in refectionibus ... magnam, *Vitruv* 6, ... (2) = Tempora ad quietem refectionemque nobis data, *Quint* 10, 3 (.) Refectio ciborum, *Cels*

Refector, ōris m verb *A maker of a thing new again*, *a furbisher*, *a repairer*, *or mender* Colossi refector, *Suet Vesp* 18

|| Refectorium, ii n *A place in monasteries*, or *colleges*, *where the company dine and sup together*, *a refectory*, *an hall*, Jun † Prytaneum

Refectus, a, um part [a reficior] (1) *Made again*, *created anew* (2) *Repaired*, *restored* (3) *Refreshed* (4) *Fresh*, *not weary* (1) Tribuni plebis iidem refecti, *Liv* ..., 21 (2) Cognomen ... opibus cuisque refectus, *Hor Ep* 2, 2, 1 6 (.) Nec aut ... refectus, *Curt* ..., 5, 16 Refectus ab ... mari ... *Liv* 21, ... 6 (4) ¥ Refecti cum ... fatigatis certamen ... erant, *Curt* 5 1..., 1

Rĕfectus ūs m verb *A refreshing*, *a repast*, *a repairing*, or *recruiting*, Plin 18, ...

Refellens, tis part *Disproving* ... memoria ... refellente, *Cic de Orat* 2, 2

Refello, ĕre, li act [ex re, & fallo] *To refel*, *to prove false*, *to disprove*, *to confute* = Refellere & coarguere ... alicuius, *Cic pro Lig* 5 ¥ Approbo *Quint*

Refellor, i pass *To be disproved*, or *confuted* ... ut eorum ... refellamur oratio, *Cic de Fin* 2, 25

Refervo, ere, ui neut *To grow cool* Referverat oratio, *Cic de Clar Orat* 9.

Rĕfercio, ire, rsi, rtum act (1) *To fill*, *to stuff* (2) *To cram to put in a small room* (1) Heracleotes puerilibus fabulis refercit li-

bros, *Cic N D* 1, 1... Refer... aures hominum ... *Id* ... *Philipp* 14 (2) = ... quæ contraxit, & perangustè refercit, in oratione sua, dein ... explicet, *Cic de Orat* 1, 35

|| Referendarius *An officer that made answer to petitions*, *and of the emperor's pleasure therein*, Ap JCC

Rĕfĕrio, ire act (1) *To strike again* (2) *To strike back*, *to reflect* (1) Me ... non ... *Ter* ... *Adelph* ..., 2, ... conf *Plaut Asin* 2, 2, 108 ( ) *Vid* Referior

Referior, iri pass *To be reflected* Opposita sp culo referitur imagine Phœbus, *Ov Met* 4, 349

Rĕfĕro, fers, tuli, latum act [a re, & fero] (1) *To bring*, or *force again*, *to carry back* (.) Also *To bring* (.) *To report*, *rehearse*, *relate*, *or tell* (.) *To answer*, *to reply* (5) *To refer to one's consideration*, *to move* ... council, senate, &c (6) *To propose*, or *move* (.) *To write*, or *set down* (8) *To betake*, or apply (9) *To turn*, or *convert* (10) *To be like*, *to resemble* (11) *To reduce* (12) *To render*, or *return*, *to be even with* (.) *To imitate*, *to follow the steps of* (13) *To count*, *or reckon* (15) *To bring in*, *to yield*, *to produce* (16) *To transfer upon another*, *impute* (1) Fœtum capellæ ... referunt, *Tib* ... 22 ... goribus sub tectum ... *Col* 11, 3 ¶ Pedem referre, *to give ground*, *to flee*, *Cæs B C* ... (2) Cives referte opem, & restringite, *Cic* ex poeta Romam ... rum se referre, *Id* (3) ¥ § Misit qui rumores exciperent, & ad se ferrent, *Cic* pro *Deiot* 9 Facta referre, *Hor* pugnas, *Ov* ... voces, *Vir* (4) Ille refert, O lux, &c Ov Met 2, 35 (5) Quæ ... qua de re ad Crassum re ... *Cic* ... sapientes referre aliquid, *Id* Referre ad senatum de legatis mittendis *Liv* 2, 39 (6) § ... ulus de solenni religione ... *Cic* ad *Qu* ... 5 (7) § Referre in codicem, *Cic* pro *Rosc* ... in commentarium *Id Attic* ... In Deos, Cœlum & Terram refert Heraclides, *Id N D* 1, 13 Referre in numerum deorum, *Id N D* 1, 12 § inter dives, *to canonize*, Eutrop ..., 20 ¶ § Referre acceptum alicui aliquid, *to impute*, or *charge it upon him*, *to thank him for it* ☞ both in a good and bad sense *Cic* (8) = Retulit me ad ea studia quæ diu in ... revocat, *Cic* ... (9) ... dis retulit in melius *Vir Æn* 11, 426 (10) Quicquid conceptum est p... ernum & avitum retulit colorem *Col* Referre parentem ore *Vir Æn* 4, 65 ¶ § Referre ... nos mores ad suos, *to shape* ... *by his own*, Nep Epam 1 (11) Ad finem aliquem referre omne, *Cic de Orat* 1, 5.. (.) ... ego ... ab egesta ... si auctem referre gratiam ... quam po es, *Plaut* ... Nunc referam gratiam, ... idem ... *Ter Eun* 2, 3, 93 (13) Tum non ... nus mores patris quam ... referebat, *Plin Epist* 5, 16, 9 (14) Laudere oves ... n ... referre, *Vir Ecl* 6, 8.. (15) = Majores quæstus ... tiquis retulere, quam nunc præbent ver... *Col* 2, 4 (16) Ego ... refero, si non ... ex eo loco ... ... us, *Cic* Alius in ... culpam referebat, *Curt* 4, 3, ...

Referor,

Referor, i pass *To be brought back*, &c *Cic Offic* 1, 10

Refert, retulit impers priore producta [comp ex nomine res, & verbo fero] Refert *quanti* ita res *fert ut*, mea refert, i e Ita res est fert, *vel potius* Meâ refert *ratione ut Plautus loquitur*, *it concerneth*, or *importeth* § Parvi refert, *it little concerneth*, *Cic pro* Manil 7 § Verum tuâ refert nihil, *that maketh no matter to you*, *Ter Hec* 4, 3 12 Quid refert? *to what purpose is it? what matter is it?* Cic Philipp 2, 11

Refertus, a, um part & adj or, comp issimus, sup [a refercior] *Replenished*, *full*, *well furnished*, *stuffed*, *crammed* = Formula sic parte plena ac referta, *Cic* = Referta & locuples domus, *Id de Orat* 1, 45 § Literæ refertæ omni officio, diligentiâ, suavitate, *Id ad Q frat* 2, 15 § Referto prædonum mari navigare, *Id pro* Rab *Post* 8 Refertius erit ærarium P R quam unquam fuit, *Id Verr* 3, 87 Theatrum celebritate refertissimum, *Id ad Q frat* 2, 1

Refervens, tis part [ex ferveo] (1) *Boiling hot* (2) Met *Flagrant*, *rash* (1) Terebinthina in igne referventi, *Plin* 16, 12 (2) Refervens crimen, *Cic pro* Cæl Com 6

Referveo, ēre, vi neut (1) *To be passing hot* (2) Also *to be cold again* (1) *Vid* Refervens (2) *Vid* Referbeo

Refervesco, ĕre incept *To begin to grow hot again* Sanguis referveſcere videretur, *Cic de Div*

† Refervina faba, *Plin Vid* Remi

Refibulo, are act *To unbuckle*, *to unlace*, *to unclasp*, Mart 9, 28

Reficiendus, a, um part *To be repaired*, *to be refitted* ⁂ Naves ædificandas, veteresque reficiendas curavit, *Cæs B G* 5, 5, 1

Reficio, ĕre, eci, ectum [ex re, & facio] (1) *To repair*, *amend*, *or make anew* (2) *To renew*, *to fill up to make* (3) *To inspirit*, *to refresh* (4) *To cure*, or *recover* (1) Muros ex sua re fimi... reficere coactus est, *Nep Tim* 4 Ædes, quæ vitium fecerent reficere, *Cic Topic* 3 Rates quassas reficere, *to refit them*, *Hor Od* 1, 1 testamentum, *to make a new will*, or *at least alter the will*, Ulp (2) Reficere copias suas, *Cæs B C* 3, 87 tribum, *Cic pro Planc* 18 (3) = Recreat me & reficit Cn Pompeii consilium, *Cic Attic* 2 = Milites ex nocturno labore sese reficere jussit, *Cæs* (4) Tyronis reficiendi spes est in D Curio, *Cic Attic* 7, 3 Ego hic cogito commorari, quoad me reficiam nam & corpus & vires mihi, *Id Fam* 7, 26

Reficior, i pass (1) *To be set to be done* (2) *To be made up* (3) *To be refreshed*, *relieved* &c (4) *To be made good*, *to be made to answer* (1) *Vid* Reficio Locus an opus quod ex mea pecunia reficiatur ego me refecturum esse dico, *Cic Verr* 3, 54 (2) Nunquam eris dives, antequam ex tuis possessionibus tantum reficiatur, ut ex eo tueri sex legiones possis *Cic Parad* 6 (3) Tantum cibi & potionis adhibendum, ut reficiantur vires, non opprimantur, *Cic de Senect* 11, 9 (4) ⁂ Nemo fanus debet sumptum facere in culturam, nisi videt non aliter posse refici, *Col*

Refigendus, a, um part *To be fastened anew*, *vid seq*

Refigo, ĕre, xi, xum act (1) *To fasten anew* (2) *To pluck down what is fastened*, *to cancel* (3) Met *To abrogate*, or *disannul* (1) = Sive prope truncum defigitur palus, pedali tamen spatio refigendus est, *Col* 4, 16 (2) Sub duce qui templis Parthorum signa refixit, *Hor Ep* 1, 18, 56 (3) ⁂ Fixit leges pretio, atque refixit, *Vir Æn* 6, 622

Refixus, a, um part *Unloosed*, *taken away* Refixa cœlo devocare sidera, *Hor Epod* 17, 5 Clypeus refixus, *Id Od* 1, 28, 11

Reflagito, āre *To importune*, *to beg instantly* Circumsistite eam & reflagitate, *Catull* 40, 6

Reflans, tis part *Blowing contrary*, or *back again* Sin autem reflantibus velis rejiciemur, *Cic Tusc* 1, 49

Reflatus, us m verb [a reflo] *A contrary blast*, or *wind*, *a blowing contrary* Naves delatæ in Uticam reflatu, *Cic Attic* 12, 2

Reflectens, tis part *Turning back*, &c *Catull* 4, 10

Reflecto, ĕre, xi, xum act (1) *To turn back*, *to bend*, *to bow back*, or *again* (2) Met *To stay one from doing of a thing* (3) *To cause to reflect*, or *consider* (1) Canum degeneres caudam sub alvum reflectunt, *Plin* 11, 50 Caput reflectere, *Catull* 43, 10 oculos, *Ov Met* 7, 341 pedem, *Catull* 62, 112 (2) = Neque illum misericordia repressit, neque reflexit, *Ter Adelph* 3, 2, 9 ⁂ Incitare aut reflectere mentes, *Cic* (3) = § Animum revocare & reflectere ad aliquid, *Cic pro Sulla*, 16

Reflexus, a, um part *Turned*, or *bowed back* Cervice reflexâ, *Stat Achill* 1, 382 ⁂ Masculis elephantorum dentes reflexi, feminis recti atque proni, *Plin* 11, 37

Reflo, are (1) *To blow contrary*, *to blow back again*, or *against* (2) Met *To thwart*, or *cross one* (1) Etsi Etesiæ valdè reflaverint, *Cic Attic* 6, 7 (2) Cum fortuna reflavit, affligimur, *Cic Offic* 2, 6, 2

Reflor, ari, ātus pass *To be breathed out again* ⁂ Aer ducitur, atque reflatur, *Lucr* 4, 936

Refloreo, ēre, ui neut *To flourish*, or *spring again*, Plin 18, 16

Reflorescens, tis part *Flourishing again* Juventa reflorescens, *Sil* 15, 71

Refloresco, ĕre incept *To begin to flourish*, or *blossom again*, Plin 18, 16

Refluens, tis part *Flowing back* Refluens Tybris, *Vir Æn* 8, 87

Refluo, ĕre, xi xum neut *To flow again*, *to flow back*, *to ebb* Nilus cum refluit campis, *Vir Æn* 9, 32

Refluus, a, um *Which floweth*, *that ebbeth and floweth* Refluum mare, *Plin* 2, 97

|| Refluxus, ûs m *The ebb when the tide abateth*, Litt sine auct ✝ Recessus

|| Refocillator, oris m verb *A comforter*, Lex cogit ex Apul

Refocillatus, a, um part *Refreshed* Paucis diebus ægrum refocillatus decess..., *Plin Epist* 3, 14

Refocillo, āre [ex re & focillo] *To comfort*, *to refresh*, *to cherish and make much of one* Lugentem... remedus refocillare, *Sen de Benef* 3, 7

Refodio, ĕre di, ssum act *To dig out of the earth*, *to dig over anew* Radices omnes refodiat, *Col* 2, 2 conf *Plin* 2, 6

Refodior, i pass *To be digged over again* Illud de integro refodi deberet, *Col R R* 4, 32

Reformandus, a, um part *To be made new*, Quint 12, 6

Reformatio, onis f verb *A renewing*, *a reformation* Morum reformatio, *Sen Epist* 58 ✝ Renovatio, *Cic*

Reformator, ōris m verb *A reformer*, or *renewer* = Literarum renascentium reductor & reformator, *Plin Ep* 8, 12, 1

|| Reformatrix, icis f verb *A she reformer*, Digest

Reformatus, a, um part *Reformed*, *made anew* Reformatus primos in annos, *Ov Met* 9, 399

Reformidans, tis part *Greatly fearing* Vulgi reprehensionem reformidans, *Cic de Fin* 3, 2

Reformidatio, ōnis f verb *Great fear*, or *dread* ⁂ Orator in suasione sibi proponit aut spem, aut reformidationem deliberantis, *Cic Part Orat* 4

Reformido, are act *To fear much*, or *dread greatly*, *to stand in awe of* Bellum involutum pacis nomine reformido, *Cic Phil* 7, 19 Membra fluenti reformidant tactum, *Ov ex Pont* 2, 7, 13

Reformo, āre act *To reform*, *to renew*, *to new mould*, or *shape*, *to put in a new dress*, *to make better* Dum quod fuit ante reformet, *Ov Met* 11, 254 = Mores parens reformet, & corrigat, *Plin Paneg* 53 conf *Sen Epist* 94

Refossus, a, um part *Digged up* Refossas radices comburere, *Col* 3, 11

Refōtus, a, um *Cherished again*, Suet Ner 27

Refōveo, ēre, vi, tum act (1) *To cherish*, or *revive again*, *to refresh*, or *relieve again* (2) *To renew*, or *put in as good a state as it was* (1) Corpus refoventque foventque, *Ov Met* 8, 536 Membra quiete refovere, *Sil* 2, 637 (2) ⁂ Disciplinam castrorum lapsam refovisti, *Plin Paneg* 18

Refōveor, eri pass *To be renewed* Modicâ stercoratione terra refoveatur, *Col* 2, 1, 6

Refractariolus, a, um dim *Somewhat stubborn*, or *unruly* Refractariolum dicendi genus, *Cic Attic* 2, 1

Refractarius, a, um [a refringo] *Self willed*, *wilful*, *froward*, *rebellious*, *stubborn*, *obstinate*, *refractory*, *unruly*, Sen Epist, 73 = Contumax, *Id ibid* Equus refractarius, *an headstrong*, *unruly*, *restive horse*, Litt ex Plaut

|| Refractio, onis f verb *A reflection*, *a refraction* = Refractio, seu repercussio luminis, *Dig*

Refractum, i n *A ground broken up*, or *laid fallow*, Litt ex Plin

Refractus, a, um part [a refringor] *Broken*, *weakned* Refracta videntur omnia convexi..., *Lucr* 4, 442 Aquilo Zephyris refractus, *Stat Sylv* 4, 5, 8 Claustris pulsis refractis, *Plin Ep* 2, 14, 4

Refrenandus, a, um part *To be curbed* or *held in*, Met *to be restrained* = Juventus refrenanda & coercenda est, *Cic de Div* 1, 9

Refrenatio, onis f verb *A bridling*, Met *a checking*, *curbing*, or *holding in* Refrenatio doloris, *Sen de Ira*, 3, 15

Refrenatus, a, um part *Bridled*, *holden back*, Met *stayed*, *restrained* Religione refrenatus, *Lucr* 5, 115

Refreno, are act [ex re, & freno] *To bridle*, or *curb*, *to keep in*, or *check* § = Refrenat aquas obliquaque flumina sistit, *Ov Epist* 6, 87, § ⁂ Refrenare glo... juvenes, non incitare, *Cic pro Cæl* 1 ... linguam, *Hor Od* 3, 4, 2

Refrenor, ari, tus pass *To be bridled* &c *Val Max* 4, 7, 8

Refrigatus, a, um part *Gainsaid* Refrigatus gloriæ suæ, *Curt* 9, 5, 21

Refrigor, ari, ātus sum dep [ex re, & frigo, quod est tentare, fricare forte a refringo nam & fringo ant frigo, quo sensu refractarius, dic] *To resist*, *to be against*, *gainsay*, or *deny*, *to vote against*, *to cross*, or *thwart* § Ne refragari homini amicissimo videar, *Cic Philipp* 11, 9 Sic cetera non refragantur, *Plin Epist* 5, 19, 5

|| Refricatio, onis f verb *A galling*, or *rubbing up*, Aug

Refrico, āre, ui, ctum act (1) *To rub hard*, or *again* (2) Met *To rub up*, *to renew*, *to rehearse something unpleasing* (3) *To torment*, *to pain* (1) Id omne ita fricito, & refricato denuo, *Cato*, 87 (2) Refricare obductam cicatricem, *to rub up an old sore*, *Cic in Rull* 2, 2 memoriam, *Id Philipp* 3, 7 (3) Crebro refricat lippitudo, *Cic Attic* 10, 17

Refricor, ari pass *To be renewed*, &c Refricatur admonitu amor, *Ov Rem Am* 729

Refrigeo, ere, xi *To cool again*, *to wax cold* *Vid* Refrigesco

Refrigeratio onis f verb *A refreshing*, *a cooling* Refrigeratio in æstate, *Cic de Senect* 14 Corpora a refrigerationibus solidantur, *Vitruv* 1, 4

Refrigerator ōris m verb *A cooler*, or *refresher*, *vid* Refrigeratrix

Refrigeratorius, a, um *Cooling refreshing* Refrigeratoria vis *Plin* 22, 22

Refrigeratrix, icis f verb *She that refresheth* Lactuca naturâ est refrigeratrix, *Plin* 19, 8

Refrigeratus, a, um part (1) *Cooled* (2) *Abated*, *slacked*, *refreshed*, *diminished*, *allayed* (1) = Refrigerato & extincto calore occidimus ipsi, *Cic N D* 2, 9 (2) Refrigerato jam sermone hominum, *Cic Fam* 3, 8 ⁂ Membra partim ardentia, partim refrigerata, *Cic N D* 1, 10

|| Refrigerium, ii n *Refreshment*, Tert ✝ Refrigeratio, *Cic*

Refrigero, are act (1) *To cool*, *to chill* (2) *To refresh*, *to comfort* (3) Met *To diminish*, or *asswage*, *to daunt*, *to dishearten* or *blank one*, *to take one off* (1) ⁂ Stella Saturni refrigerat, Martis incendit, *Cic N D* 2, 46 Me frigus Dalmaticum etiam hîc refrigeravit, *Id Fam* 5, 10 (2) Inclusâ sua membra refrigerat undâ *Ov Met* 13, 903 (3) Refrigerare testem, *Quint* 5, 7

Refrigeror, ari, ātus pass *To be cooled*, &c ⁂ Ubi potest ista ætas calescere, aut umbris aquisve refrigerari salubrius? *Cic de Senect* 16

Refrigesco, ĕre, xi incept (1) *To grow cold*, *to begin to be cool* (2) Met *To be less vehement and earnest*, *to begin to cease* (1) Ubi vinum refrixerit, in dolium infundito, *Cato*, conf *Col* 2, 16 Cor post tela educta refrixit, *Ov Met* 12, 422 (2) ⁂ Calumnia recenti, nunc in causâ refrixit, *Cic pro Planc* 23 Res in expedita bello refrixerit, *Id Attic* 1, 19

Refringo, ĕre, egi, actum act (1) *To*

(1) To break open (2) To reveal (3) To reject, or reflect (4) To weaken, or abate, to allay, to refresh to blunt, or dull (1) Refringere carcerem, *Liv.* 6, [illegible] Cels. [illegible] omnes [illegible] virgo, *Claud.* 6r. 50 [illegible] Refringere [illegible] gloriam [illegible] *Prop.* [illegible]

Refringor, [illegible] pass *To be broken,* &c. *Plin.* 2 50

Refrīvus, a, um [illegible] *Refrivus* [illegible]

|| Refrīgĕo, ēre, [illegible] (1) *To* [illegible] (2) [illegible] (3) *To refuse,* &c. (1) [illegible] (2) [illegible] *Nep.* [illegible] (2) = Re[illegible] *Cic.* [illegible] *pro Dejot.* 11 [illegible] Orpheu, *Ov. Met.* 10 [illegible] (5) Nec [illegible] Lesbouum [illegible] *Hor. Od.* 1, 1, 35 [illegible]

Refŭgĭum, ii n [illegible] refuge, [illegible] = Non enim portus & refugium [illegible] *Off.* 2, 8

Refŭgus, a, um *Flying back,* [illegible] instantibus [illegible] Mare refugum, *Stat. Theb.* 12, 6, 4

Refulgens, [illegible] *Glittering,* [illegible] *Plin.* 1, 15 [illegible] *Liv.* 8

|| Refulgentĭa, æ f *A glittering* [illegible] 15, 1 Sil. + Fulgor,

Refulgĕo, ēre, si neut (1) *To* [illegible] *brightness, to* [illegible] *to glitter* (2) *Met.* [illegible] *upon* (1) Refulget luce [illegible] *Lucr.* 2 359 Re[illegible] *Æn.* 1, 406 (2) Quod [illegible] refulsit [illegible] *Pers. Prol.* 12

|| Refulgĭdus, a, um *Shining, glittering,* [illegible] Apul. + [illegible]

Refundens, tis part *Pouring back, returning* [illegible] *Sen. Hippol.* [illegible]

Refundo, ĕre, ūdi, ūsum act (1) *To pour back* (2) *To melt, to* [illegible] (3) *To return, or send back* (4) *To pour forth* (5) *To* [illegible] (1) Æquor [illegible] *Ov. Met.* 11, 38 (2) = Glaciem refundit, [illegible] *Plin.* [illegible] (4) Refundimus [illegible] copia, *Plin. Paneg.* 21 [illegible] *Prop.* 2, 20, [illegible] *Stat. Theb.* 4, [illegible] (4) [illegible] & omnis æther [illegible] & rursum tra[illegible] *Cic. N. D.* 2, 46 (5) [illegible] + Revolvo, *Plaut.*

Refundor, i, pass *To be poured* [illegible] &c. Unda refunditur, *Stat.*

Refusē adv unde comp refus-

ius *Abundantly, largely, plentifully* In [illegible] refusius egesta humus [illegible] *Col.* [illegible]

|| Refūsio, ōnis f verb *A pouring back* Refusio humoris, [illegible]

|| Refutio, [illegible] *To* [illegible] *Agric.*

Refūsus, a, um par (1) *Poured* [illegible] (2) *Poured* [illegible] *again, or rather* [illegible] (1) Nen[illegible] *Plin.* [illegible] (2) [illegible] extremum [illegible] *Æn.* [illegible] 25 [illegible] & *Sil.* 17 [illegible]

Refutandus, a, um par *To be* [illegible] *or kept* [illegible] Ipsis genus [illegible] *Prop.* [illegible]

Refūtātio, ōnis f verb *A confutation* [illegible] *Cic. Top.* [illegible]

Refūtātus, a, um part *Refuted* [illegible] *Prop.* [illegible]

Refūtātus, ūs m verb *A confutation* [illegible] vincere illum, *Lucr.* 3, 524 R[illegible]

Refūto, āre act [ex re, & fu[illegible]] [illegible] *To refute, to disprove, to convince, or confound by reason, to reject* (2) *To coerce, or* [illegible] (1) + Neitra [illegible] refutare, *Cic. de Orat.* 2, 19 (2) [illegible] Refutandus

Refūtor, āri, ātus pass *To be confuted,* &c. *Cic. Tusc.* 2, 22

|| Rĕgālĭa, um pl n *Royalties, [illegible] of honour granted by the king,* [illegible] *robes, &c used at the coronation,* Ap. JCC + Regum insignia

† Rĕgālĭŏlus, i m [illegible] ex avium, qui ideo *regaviolus,* Gl. βασιλίσκος, τρόχιλος] *A bird of yellow colour, between which and the eagle is continual hostility,* some take it for the [illegible] *Suet. Cæs.* 81 [illegible]

Rēgālis, le, or comp *Royal, or kingly, princely, like a king* Omnes regales, *Cic.* [illegible] *Fr.* 2, 21 Rex regum regalior, *Plaut. Capt.* 4, 2, [illegible] Virgo regalis, *Ov.* [illegible] 1, 6 97

Rēgālĭter adv *Kingly, royally, majestically* Sacrificio regaliter confecto, *Liv.* [illegible] 51 Precibus [illegible] minas regaliter addit, *Ov. Met.* 2, [illegible]

Regĕlo, āre act *To thaw that which is frozen* [illegible] Zephyris [illegible] gelavi, *Col.* 1, 5 conf & *Varr. R. R.* 1, 5[illegible]

Rĕgĕlor, āri pass *To be thawed,* Col. 2, 16 [illegible] *Sen. Ep.* 6[illegible]

Rĕgĕno, ĕre [illegible] neut *To grow again* [illegible] *Stat. Theb.* 5, [illegible]

Rĕgĕnĭtus, a, um part *To be ruled or governed,* Cic. Att. 10, 6

|| Rĕgĕnĕrātio, ōnis f verb *A new birth,* Eccl. + Generatio nova

|| Rĕgĕnĕrātor, ōris m verb *He that begets* [illegible] *new,* Eccl. + Novi generis auctor

Rĕgĕnĕro, āre act (1) *To resemble some ancestor* (2) || *To regenerate, or beget again* (1) Ipse avum regeneravit Æthiopum, *Plin.* [illegible] (2) Eccles. + Denuo formare, regigno

Reg[illegible] āri, ātus pass *To be produced again, to come again* Naves & [illegible] *Plin.* [illegible] 11

† Regĕrendārius, i m *An officer that files letters, petitions,* [illegible] Ap. JCC

Rĕgestĭo, ōnis f verb *A* [illegible] *again,* Plin. 17, 20 [illegible]

Rĕgermĭno, āre neut [ex re, & germen] *To burgeon again, to* [illegible] *to grow again,* Plin. 15, 33

Rĕgĕro, ĕre, ssi, stum (1) *To* [illegible] *to throw, or fling* [illegible] (2) *To* [illegible] *to* [illegible] (3) Met *To* [illegible] (4) *To* [illegible] *down, or put in writing* [illegible] (1) In acervum [illegible] *Col.* 2, [illegible] (2) Rege[illegible] *Sen. Hippol.* [illegible] *Plin. Ep.* 1, [illegible] (4) [illegible] commentarios [illegible] regerere, [illegible]

Rĕgestum, i n [illegible] *Earth cast up* [illegible] (2) *Regestum* [illegible] (1) Humus [illegible] *Col.* [illegible] (2) Quæ in regestis [illegible] *Cod. Theod.* + Commentarius

Rĕgestus, a, um part (1) *Cast, or thrown up again* (2) *Commented* (1) Tellure regestâ obruere, *Ov. Met.* 11, 198 (2) Regesta [illegible] *Apul.* + Re[illegible] *Plin.*

Rēgia, æ f sc domus (1) *The palace, or house of a prince, a king's court* (2) *A sort of* [illegible] (1) Regia cœli, *Ov.* [illegible] *Æn.* 7, 210 [illegible] *Ov.* [illegible] *Id.* (2) *Col.* 8, [illegible] & 12, 47

Rēgĭē adv *Royally, pompously, magnificently, kingly, princely* Regie statuere, *Cic. Verr.* 3, [illegible] Regie polita [illegible] *Varr.*

Rēgĭfĭcē adv *Kingly,* [illegible] Ebore instructa regifice, *Cic. Tusc.* 5, 19 ex *pœta* Regifice extructis celebrant convivia [illegible] *Sil.* 11, 273

Rēgĭfĭcus, a, um *Royal, princely, sumptuous, magnificent* [illegible] parata regifico luxu, [illegible] *Æn.* 6, 605 [illegible] *Flacc.* 2, 6[illegible]

Rēgĭfŭgĭum, ii n [illegible] Tarquinius Rom[illegible] profugit [illegible] *Kal. Mart. Fast.* [illegible] fugiat

Rĕgigno, ĕre [illegible] *To engender, or beget again,* Lucr.

Rĕgignor, i pass *To be engendred or produced anew* Regigni consumpta membra [illegible] *Lucr.* 5, 25

† Rēgilla, æ f dim [illegible] regia [illegible] *a* [illegible] *robe,* [illegible] *a* [illegible] *woman's garment, when* [illegible] *the day* [illegible] Fest

Rĕgĭmen, ĭnis n [ex rego] (1) *Government,* [illegible] *or* [illegible] (2) [illegible] (1) Regimen totius [illegible] *Apul.* [illegible] *Liv.* [illegible] In quo consilium vitæ regimenque locatum est, *Lucr.* 3, 95 (2) Frangitur [illegible] frangitur & regimen, *Ov. Met.* 11, 55[illegible]

Rēgīna, æ f (1) *A queen, a great lady, or mistress, the governess of a province* (2) *A* [illegible] *or great woman* (1) Re-

gina Juno, *Cic.* [illegible] *Ill* [illegible] Omnium regina [illegible] *de Orat.* [illegible] *Cic.* [illegible] 28

Rĕgĭo, ōnis f [ex rego] [illegible] (1) [illegible] (5) [illegible] (6) [illegible] (9) [illegible] *in a straight line* [illegible] *Cic.* [illegible] (2) Quæ [illegible] & [illegible] *Cic.* [illegible] *Æn.* [illegible] (5) Luto Regiones [illegible] *Cic. de Div.* 1, [illegible] Regiones [illegible] *N. D.* 2, [illegible] (2) = Nonne [illegible] contraria [illegible] *Cic.* [illegible] (8) Ut cum duo [illegible] *de Fato,* 9 (5) + Non solum regiones, sed etiam urbes [illegible] *Nep. Timol.* 2

|| Rĕgĭōnātim adv *Country by country, or according to countries,* Apul. *de Mundo,* p. [illegible] + Secundum regiones

|| Rĕgĭōnārĭus, a, um adj *Of, or belonging to a region, or country,* Front

Rĕgĭōnātim adv [per singulas regiones] *From quarter to quarter, ward by ward* Regionatim [illegible] descripserunt, *Liv.* [illegible] Commercia regionatim [illegible] *Id.* 45, 30

|| Rĕgistrārius, ii m *A register, or he that keeps in a register,* Ulp + po[illegible] Regesterum

|| Rĕgistrum, i n [illegible] *In* [illegible] ex memoriæ causa [illegible] in [illegible] obvia esse [illegible] *Bud.* *Ar*[illegible] *a notebook* = Regestum *Bud.* quod rest + Commentarius [illegible] memorialis

+ Rĕgĭo, āre freq [ex rego] *To govern often,* Varr. R. R. 1, 5[illegible]

Rēgĭus, a, um [illegible] (1) *Of a king* (2) *Royal,* [illegible] *princely, like a king* (1) [illegible] civibus superbia regia, [illegible] *Regis Tarquinii* [illegible] *Cic.* [illegible] spiritus [illegible] (2) Regius [illegible]

Reglūtĭnātĭo, ōnis f *A* [illegible] *gluing,* Lib ex Pli

Reglūtĭno, āre act (1) *To* [illegible] *to let loose* (2) *To glue* Me[illegible] (2) = Jus [illegible] reglutina & remitte, *Catull.* [illegible] (2) [illegible] Reglutina[illegible]

Reglutinor, āri, atus pass (1) *To be unglued* (2) *To be glued* (1) Lexicogr ex Col (2) ... plagā collum di... s coibit ac reglutina... Petit 10, 8-3

Regl...osus, a, um *Very glu...* Plin 11, 15

Regnandus, a, um part *To be ...* Si unquam regnandam ... Albam, Vir Æn 6, 770

Regnātor, ōris m verb (1) *A ..., a king, lord,* ... (2) *A possessor, or* ... (1) Regnator Olympi, ... 558 populorum, Hor ... (2) Regnator agelli, ... 10, 61

Regnātrix, cis f verb adject *... that ruleth, a governess, a ... mistress, a queen regent* ... domus, *the imperial* ... Tac Ann 1, 4, 4

... imperii *They reign,* ... Per centum ... annos, *kings shall go-* ... Æn 1, 276

Regnātus, a, um part *Govern-* ... Terra ... regnata Lycur- ... 3, 14

Regno, āre neut [a regn, Celt ...] (1) *To reign, to be a king* ... *bear rule and sway, to ob-* ... *tain a mastery, to beat a* ... *great stroke* (...) Ab- ... *ones self, to ... as* ... *pleaseth* (1) § Regnare in ... Terr 2, 5 § per urbes, ... 295 ... cui oppido, ... 4, 5 Mithridates al ... regnat, Id pro L ... (2) Equitum centuri... quibus regnas, Cic Fam ... (...) Vivo & regno, simul ... Hor Ep 1, 10, 8

Regnor, āri pass *To be ruled,* ... *governed* In cæteris gentibus, ... regnantur, Tac Ann 1, 54

Regnum, n (1) *A realm,* ... (2) *One's own pos* ... (...) *A dominion, rule, or* ... (...) *A metropo-* ... (1) Municipium est regnum ap ... judicatus, Cic pro Domo, ... (...) ... hic in tuo regno esse ... non tulissem, ... in Tuscu-..., Cic de Or 1, 10 In Pu- ... regna renavigare, Id Att ... & Vir Ecl 1, 70 (3) ... vini sortiti talis, *to cast ... who shall be king of good ... or master of the feast,* ... Od 1, 4, 18 (4) ... Æn

Rego, ĕre, xi, ctum act [ex רעה pasco ... nam rex est ... & pasto regis ov...s] (1) ... *to govern* (2) *To ...* ... (3) *To hold* ... *to keep down* (4) *To* ... *to admonish* (1) Regi- ... Vir Ecl ... (2) Auriga sedens equos re- ... 15, 28 Iter rexit ... Prop 2, 11, 9 An- ... qui nisi paret, impe- ... Ep 1, 2, 61 (3) Papil- ... fasci...um regar, Ov ... 1, 503 ... (4) ✠ Non mul ... peccas, te regere ... pro ... 8

Regor, i pass (1) *To be go-* ... *or ruled* (2) *To be guid-* ... *ed* (3) *To be bound-* ... (1) Mundus regi- ... deorum, Cic de Fin ... (...) Remo regentur ... rates, ... 1, 2 (3) Litt ex Poet

† Regredio, is *Regredere, re* ... Non ex Enn

Regredior, i, ssus sum dep *To ..., to go back* ✠ Regredi quam progredi malle, Cic Offic 1, 10 § Regredi ab ostio, Plaut Aul 1, 1, 7 ¶ In memoriam regredi, *to bethink himself,* Id Capt 5, 2, 26

Regressio, ōnis f *A return-ing, a figure in rhetoric* ... dicitur Græce, nostri regressi-onem vocant, Quint 9, 3

Regressus, ûs m verb *A re-turn, a going back, or returning* ✠ Nihil erat, quod in omni æter-nitate conservet progressus & re-gressus, Cic N D 2, 20 ✠ Egres-sus & regressus, Col 9, 9

Regŭla, æ f [norma qua lineæ dirigun...ur, ... regis, ... quod quantitas prima ostendit] (1) *A rule, a square, a ...* (2) *A stick wherewith any thing is holden right* (...) Also *a cer-tain pannier of osiers to put olives in* (...) *An instrument used in bonesetting* (5) *A pattern, an example* (1) Dairegulis in ... Græci ... & ... nus, Col ... (2) Col 6, ... 6, 26 (3) Col 12, 52 (4) Cels 6, 10 (5) = Norma, ... & præscriptio naturæ, Cic Acad 4, 46

Regulāris, re *Made according to rule, regular, straight,* Ap recent † Regulæ congruens, Cic Æs regulare, Plin 34, 8 quod ... sequitur malleis, *malleable brass that will endure the hammer* = Ductile

|| Regulāriter adv *Regularly, by rule,* Ulp † Recte ad nor-mam, Vett

|| Regulātum adv *Idem,* Diom

Regulus, i m dim [a rex] (1) *A prince, a duke or earl, a lord, a viceroy, a petty king* (2) *A nobleman, or courtier* (3) *A serpent, a cockatrice, a basilisk* (4) *Also a bird called a wren* (1) Pœnus ... Afric... regu-los jussit adire, Liv 27 4 conf & Plin 18, 3, sub fin (2) Bibl (3) Vulg † Basiliscus (4) Vid Prin re,

Regustandus, a, um part *To be tasted again,* Cic Attic 4, 16

|| Regustātio, ōnis f *A se-cond tasting,* Apc ap Litt

Regusto, āre act (1) *To taste over again, to consider* (2) Met *To read over again* (1) Bibam suam regusto, ... de Provid 3 (2) Crebro regusto tuas literas, Cic Att 12, 13, fin Laudationem alicujus regustare, Id ibid 49, in fin

Regyro, āre *To wheel about, to turn round* Bellum in Hispa-niam regyravit, Flor ... 2 ... Locus ex Varr ... ille ... du-tius est

Rehālo, āre *To breathe back again* Terra humorem ... re-halat, Lucr 6, 522

Rejicio, ... per Sync pro re-jicio *To drive back,* ut, a flu-mine reice capellas, Vir Ecl 3, 96 † Reiculus, Non ... Rejiculus

Rejectaneus, a um *Refused, not chosen* ✠ Illa non appello mala, sed rejectanea, Cic de Fin ... 26

Rejectio, ōnis f verb (1) *A ... ting, or casting up* (2) *A casting off, or away, a reject-ing, or refusing* (1) Rejectio sanguinis, a ..., Plin 25, 12 & 26, 8 (2) ✠ Sive postliminio, sive exilio, sive rejectione hujus civi-tatis, Cic pro L Balbo, 12 Jud-icum, Id Div in Verr 6 ✠ Se-lectio, Id

Rejecto, āre freq (1) *To vo-mit, to cast up* (2) *To cast back, to resound, to re echo* (1) Cruo-rem ore rejectare, ... Æn 5, 470 (2) Montes rejectant vocem, Lucr 2, 330

Rejector, āri pass Litt ex Apul

Rejectūrus, a, um part *About to cast off, or back, to refuse,* Ov Met 5, 512

Rejectus, a, um part (1) *Cast, or thrown back* (2) *Driven back* (3) *Cast off, forsaken* (4) *Remitted or sent back* (5) *Re-fused, disliked* (6) *Deferred, or put off* (1) Capillus circum ca-put rejectus negligenter, Ter Heaut 2, 3, 49 (2) Naves tempes-tate rejectæ, Cæs B G 5, 5 (3) Rejecta mater amicum impuri filii sequebatur, Cic Philipp 2, 24 (4) Conquesti ad senatum, rejecti ad consules, Liv 9, ... (5) ✠ Hæc quidem potiora ... hæc ... rejecta dicere licebit, Cic de Fin ... (...) ... Quin idem ... rejecti sumus, Cic Att 1, 3

Rejectus, ûs m *A vomiting, a casting up* Rejectus cibi non erit ... Cels 4 2

Rejiciendus, a, um part *To be cast back, rejected,* &c Cic de Legg 1, 2

Rejicio, ĕre, ēci, ctum act [ex re, & jacio] (1) *To cast, or fling back* (2) *To cast away* (3) *To drive back, or chase away* (4) *To turn, or shake off* (5) *To vo-mit, or cast up* (6) *To reject* (7) *To refer* (8) *To neglect, or slight* (9) *To defer, delay, or put off till another time* (1) Suis imperavit, ne quod omnino telum in hostes rejicerent, Cæs B G 1, 46 (2) Si quis erit qui te e gremio rejiciat suo, Ov Trist 1, 1, 66 (3) Pascentes a flumine reice capellas, ... Ecl 3, 96 Hostem ab aliquo loco rejicere, Cic Fam 2 10 Quorum ferrum rejici in campo, Id pro Mur 37 (4) Si alea illa magis instabit, forsitan nos rejiciat, Ter Phorm 4, 5, 5 (5) Exaspera... faucibus pulvere, sanguinem rejecit, Plin Epist 8, 1, 2 (6) = Rejicere a se & as-pernari, Cic pro S Rosc 53 = Ubi plus mali quam boni reperio, id totum abjudico atque rejicio, Id de Orat 2, 24 ✠ Deligere bona, & rejicere contraria, Id de Legg 1, 23 (7) Sed ne lis ea-dem legas, ad ipsum te epistolam rejicio, Cic Attic 9, 15 Rejicere causam ad senatum, Liv 2, 13 (8) Pinœtius Astrologorum præ-dicta rejecit, Cic de Div 2, 42 vid & Rejicior, n 3 (9) = Mitto hæc, & in aliud tempus re-jicio Cic vid & Rejicior, n 4

Rejicior, i pass (1) *To be thrown back* (2) Met *To be driven back* (3) *To be rejected* (4) *To be deferred,* &c (1) Ut fores extra aperirentur, & januæ in publicum rejicerentur, Plin 36, 15 (2) Cum processissem rejec-tus sum austro vehementi, Cic Attic 1, 6 Reflantibus ventis re-jici, Id Tusc 1, 49 (3) = Refu-tetur & rejiciatur clamor, Cic Tusc 2, 23 (4) Reliqua in men-sem Januarium rejicientur, Cic Q fratr 2, 1, fin

Rejiculus, al reiculus, a, um [quod ab omnibus rejicitur] (1) *Thrown away, little worth, re-fuse, vile, base, poor, not worth keeping* (2) Met *Fruitless, idle* (1) Rejiculæ oves sunt alienandæ, Varr R R 2, 1 Venalat boves vitulos, armenta rejicula, Cic Ca to, 2, 4 (2) Dispunge & recense vitæ tuæ dies, videbis paucos ad-modum & rejiculos apud te rese-disse, Sen de Brev vitæ, c 8

Reipsa *In very deed,* Cic pas-sim ... potest scribi divis.

|| Reiterātio, ōnis f verb *A repeating of a thing, a doing, or saying it again* Utque excide-runt celebre reiterationi nimentur, Quint ... 2 ... † ...

|| Reitĕrātor, ōris m verb *He that repeateth,* Litt ...

|| Reitĕro, are *To do, or say a thing again, to iterate* † Itero, repeto

Relābor, i, psus dep *To slide, or fall back again* In in..., for-mose, relabere ..., Ov Epist 15, 95 ... In Aristippi furtim præcepta relabor, Hor Ep 1, 1, 19

Relanguĕo, ēre, ui *To be very feeble and faint* Moribunda re-languit ore, Ov Met 6, ...

Relanguesco, ĕre incept *To grow faint, or feeble, to languish, or abate* = Luxuria in mores ... languescere, ... remitti vir-tutem existimabant, Liv 35, 45 ... Cæs B G 2, 15, † = Remit-..., Id

Relapsus, a, um part *Fallen or sunk down again,* Ov Met 10, 57

Relātio, ōnis f verb [a ref ro] (1) *A relation, a telling* (2) *A report to the senate* (3) Relatio criminis, (4) *The relation one thing beareth to another, as a master to a scholar* (5) *A retribution* (1) Quis audivit relationem ... Cic in Pison 13 (2) Relationem Cæsar ad senatum non remisit, Plin jun (3) Relatio criminis est, cum reo juste factum dicitur, quod alius ante injuria lacesserit, Cic de Inv 1, 11 (4) Ap Dia-lect (5) Meritorum relatio, Quint 4, 1 gratiæ, Sen de Benef 5, 11

Relātīvus, a, um *Relative, that hath relation, or is refer-red to something,* Gram vocab

Relātor, ōris m verb *A re-hearser, a reporter, a teller,* Brut ad Cic sub Ep Attic 8, 15

|| Relātōria, ... *Acquit-tances, bills, or bonds* JCC

Relātus, a, um part (1) *Brought back again* (2) *Shewed, report-ed, told, related* (3) *Done in re-turn, returned* (4) *Set down, entred, recorded* (1) His nummis relatus amplificatur sonus Cic de N D 2, 57 de auribus loq (2) Cum relatum legent quis in usicum Cic Nep in Præf Res gesta ... partim relat, Id de Reg 1 (3) ✠ In meritis non suscepæ, sed relatæ, Cic pro M Scaur (4) Judicium in publicas tabulas rela-tum, Cic pro Sulla, 15

Relātus, ûs m verb *A rela-tion, or report* Relatu virtutum opus est, Tac Hist 1, 30 Digna relatu, Ov Met 4 794

Relaxātio, ōnis f verb *A re-leasing, a refreshing, a recreat-ing, a setting at liberty, re-freshment, diversion* ... O fructus est non contentio animi sed relaxatio, Cic de Orat ... 5 conf cum Id de Fin 2, 26

Relaxātor m verb *He that easeth,* Digest

Relaxo, āre act (1) *To loo-se, or set at large, to relax, to free, or discharge* (2) Met *To undo, to unloose the reins* (3) *To recreate, refresh, divert, or di-vertise* (4) *To make free, as a ...* (5) Neut *To ..., or as-swage* (1) ✠ Cum se corporis vinculis relaxaverint Cic de Sen 22 (2) ✠ Præter indulgens quic-quid ego adstrinxi, ille relaxat, Cic

Cic Attic 10 6 (3) ✝ = Quæro non quibus redeo intendam animum, sed quibus relaxem, & remittam, *Cic* (4) An dominum ignoras, nec quem antiqua relaxat? *Perf* 5,125 (5) = Longus dolor levis dat enim inter alia, & relaxat, *Cic de Fin* 2,22

Relaxor, ari, atus pass (1) *To be made loose, or soluble* (2) *To be released, or respited* (1) ✠ Alvus tum adstringitur, tum relaxatur *Cic N D* 2, 54 Relaxari animus, *Cic Philipp* 2, 16 (2) Ut relaxarentur animi, *Id de Orat* 1

Relaxus, a, um *Very loose* Relaxa humo radix, *Col* 11,3

Relectus, a, um part *Read over again* Scripta relecta, *Ov de Rem Am* 716

Relegatio, onis f verb *A banishing, a sending away, or confining to some far country* ✝ Eximium & relegatio crimen, *Liv* 3, 10 = Tamen ne hæc a terra & rusticana vita relegatio atque amandatio appellaretur? *Cic pro Sext Rosc* 16

|| Relegator, oris m verb *He that banisheth* Di ✝ Qui relegit

Relegatus, a, um part (1) *Ordered to withdraw from the city* (2) *sent away, confined to some certain place* (3) Met *Removed, separated from* (4) *Transferred, transmitted* (5) *sent away* (1) Ipsum a Gabinio consul relegatus fuit, *Cic Fam* 11, 16 *Vid* Relego, n 2 (2) ✠ Relegatus, non exul dicor, *Ov Trist* 2, 137 (3) Non ita terris gens relegata ultimis, *Cic ex Sophoc Tusc* 2, 8 (4) Invidia communis potentia in illum relegata, *Paterc* 2, 44 (5) In aliam insula relegatus exercitus, *Tac Agric* 15

Relegens, tis part (1) *Reading again* (2) *Sailing again by the same coasts, &c* (1) Quæ, relegente me, solebas raptim scribere, *Mart* 2,6 (2) Relegens erranti retrorsum littora, *Vir Æn* 3, 690

Relego, āre act (1) *To send away far, to remove out of the way* (2) *To banish, to confine to a place* (3) *To refer* (4) *To transfer* (1) = Filium ab hominibus relegavit, & ruri habitare jussit, *Cic Offic* 3, 31 Tauros in solis relegant pascua, *Vir Georg* 3, 212 (2) Lamiam in concione relegavit, edixitque ut ab urbe abesset millia passuum ducenta, *Cic post Red in Sen* 12 (3) Non ego in plebisque eorum fidem meam obtringam, ponasque ad auctores relegabo, *Plin* 7, 10 (4) Fortunæ invidiam in auctorem relegabat, *Paterc* 2,64

Relĕgo, ĕre, ēgi, ectum act (1) *To read over again* (2) *To gather again* (3) *To go back* (1) Religiosi dicti ex relegendo, *Cic N D* 2, 28 Scripta carie relegas, *Ov de Rem Am* 717 (2) ✝ Omnem relegit Idibus pecuniam, quærit Calendis ponere, *Hor Epod* 2, 69 (3) Culpatum relegebat iter, *Stat Achill* 1, 2

Relĕgor, i pass *To be read again*, Plin

Relentesco, ĕre incep *To wax soft and limber, to relent* Nec tamen extentesce repulsus amor, *Ov Amor* 1, 8, 76 R occ

|| Relevātio, onis f verb *A relieving*, Litt ex Apul ✝ Relaxatio, *Cic*

Relevātus, a, um part *Eased, delivered, &c* § Mens relevata cura, *Ov Trist* 1, 10,12 = Recreatus, *Cic*

Relĕvo, āre act (1) *To lift up again* (2) *To relieve, to comfort* (3) *To ease, or make light* (4) *To diminish, to lessen* (5) *To deliver, free, or discharge, to cure* (1) § E terra corpus relevare, *Ov Met* 9, 318 (2) Famem cœli numina relevare, *Ov Met* 1, 11, (3) ¶ Relevare sitim, *to quench thirst*, Id ibid 4, 54 (4) ✠ Illi animum relevabis, quæ curâ & misericordia tabescit, *Ter Adelph* 4, 7, 11 (5) ✠ Laborem studiumque intendere & relevare, *Plin* Epist, 19 (5) Relevare aliquem morbis, *Cic de Div* 2,2

Relĕvor, ari, ātus pass *To be lifted up, Met relieved, eased*, &c Non est in medico semper relevetur æger, *Ov ex Ponto*, 1, 3, 17

Relictio, ōnis f verb [a relinquo] *A forsaking, a leaving, an abandoning* Desperatio & relictio reipublicæ, *Cic Attic* 16, 7

Relictus, a, um part (1) *Left behind* (2) *Laid aside, left undone* (3) Met *Given over, lost, abandoned* (4) *Remaining, continued* (1) Postea a tergo relicti, *Vir Æn* 2, 454 Nunnam tu hic relictus custos? *Ter Eun* 2, 2, 55 (2) Relictis rebus omnibus, *Ter Heaut* 4, 7,12 conf & eund *Eun* 1,2,86 (3) = § Solus, inops, expes, letho pœnæque relictus, *Ov Met* 14, 217 ¶ § Relictus ab omni honestate, *lost to all sense of honour*, *Cic pro C Rab* 8 (4) Mihi tantummodo vita relicta est, *Ov ex Pont* 4, 16

|| Relictus, ûs m *A leaving*, Gell 3, 1 ✝ Relictio, *Cic*

|| Religāmen, inis n *A bond, or tie, a caul*, Prud Psych 359. ✝ Ligamen, *Col*

Religātio, onis f verb *A tying, or binding fast* Religatio vitium, *Cic de Senect* 15

Religātus, a, um part *Tied, bound hard, fastened, tethered* Nodo religatus brachia *Tibull* 1,8 Religatis manibus post tergum, *Paterc* 2,1 Religatos ritè videbat carpere gramen equos, *Vir Æn* 9, 352 *Met* Somno religata agmina, *fast asleep*, Claud 6 Conf Hon 572

|| Religens, tis part *Godly, pious, holy, religious, devout*, Gell 4,9 ✝ Religiosus, *Cic*

Religio, ōnis f [a religando, Serv quod mentem religet, à relegendo, i e diligenter retractando, *Cic*] (1) *Religion, piety, devotion, godliness, the worship of God* (2) *A form of worship, a liturgy, a rite, or ceremony* (3) *Adread, a reverential care and fear* (4) *A sign, token, or prognostic* (5) *A doubt, a scruple of conscience* (6) *Sincerity, faithfulness, justice* (7) *Superstition*, (8) *An oath* (1) Religio Deorum cultu pio continetur, *Cic N D* 1, 42 = Cultus Deorum, sanctimonia, *Id* ✠ Religionem superstitio imitatur *Id in Part* 25 = Pietas, sanctitas, religio Deorum numini tribuenda sunt, *Id N D* 1, 2 (2) In religionibus suscipiendis caput est interpretari quæ voluntas sit deorum, *Cic pro Domo*, 41 Ne inexplicabiles religiones in rempub inducerentur, *Id Philipp* 1, 6 (3) Tum maximè religionem & pietatem versari in animis, cum rebus divinis operam damus, *Cic de Legg* 2, 11 (4) Mira sæpenitas cum tranquillitate oriebatur In religionem ea res apud Pœnos versa est *Liv* 26, 11 (5) Religio oblata est ei, *Cic Fam* 10, 12 Dignus es cum tua religione odio, nodum in scirpo quæris,

Ter Andr 5, 4, 38 ¶ Religio est, *I scruple, I am afraid*, Id *Heaut* 1,2, 54 (6) = Sum a miratus fidem tuam, & in consilio dando religionem, *Cic Fam* 11, 29 (7) Gravi sub religione oppressa vita *Lucr* 1, 64 (8) *Nep Dion*, 8, sub fin

Religiōsè adv ius, comp ssimè, sup (1) *Religiously, devoutly* (2) *Carefully, superstitiously, scrupulously, nicely* (3) *conscientiously, with a good conscience* (1) Templum Junonis religiosissimè colebant, *Cic de Inv* 2 (2) Pe religiosius custodire, *Plin jun* conf & eund *Paneg* 65 (2) Religiose & sine ambitione commendare, *Cic Fam* 13, 17, 5 (3) Religiosè testimonium dicere, *Cic* promittere, *Nep Attic* 15

|| Religiositas, atis f *Religiousness, devoutness*, Apul de Dogm Plat p 602 ✝ Religio

Religiōsus, a, um or, comp ssimus, sup (1) *Consecrated, set part for religion* (2) *Religious, devout* (3) *Timorous, scrupulous, conscientious* (4) *Sacred, awful* (5) *Superstitious, silly* (6) *Unfortunate, unlucky* (1) Fanum religiosissimum, *Cic Verr* 4, 44 (2) Religiosorum defin v ap *Cic N D* 2, 28 = Sanctus, integer, religiosus, *Id* Religiosiores agricolæ, *Col* 11, sub fin Sacra religiosissima, *Paterc* 2, 45 (3) = Cautior, religiosiorque, *Plin* 29, 1 (4) = Quod tres pontifices statuissent, id semper omnibus, sanctum, augustum, & religiosum visum est, *Cic de Har Resp* 6 (5) Ut stulta & miseræ omnes sumus religiosæ, *Ter Heaut* 4, 1, 37 (6) Navos in facie tondere religiosum haben multi, *Plin* 28, 4

Religo, āre act *To tie hard, to bind, or make fast* § Funem religare in stipite, *Ov Fast* 4, 331 § Religare unco funiculo, *Col* 7, 10 § classem littore, *Ov* § ab aggere, *Vir* § ad majores ramos, *Col Met* Religare aliquid religione, *to consecrate it to an holy use*, Cic pro Domo, 47 *sed al* obligare

Relino, ĕre, evi, ivi, itum *To open that which is stopped, to set abroach, to tap* Relevi dolia omnia, *Ter Heaut* 3, 1, 51 Relinere epistolam, *to break it open*, Cic Attic 1 8

Relinquens part *Leaving*, &c Relinquens mœnia, *Catull* 22, 3

Relinquitur impers *It remaineth* Mihi ne ut dubitem quidem relinquitur, *Cic Acad* 4 Relinquebatur, ut longius ab agmine legionum discedi Cæsar pateretur, *Cæs B G* 5, 18

Relinquo, ĕre, iqui, ictum act (1) *To leave behind* (2) *To forsake* (3) *To relinquish, to quit, to give over* (1) Hæredem testamento reliquit hunc, *Cic de Or* 2, 30 (2) = Reliquit deseruitque me, *Plaut Most* 1, 3,45 Infecta sacra relinquunt, *Ov Met* 6, 202 (3) Relinquere vitam, lucem, *Vir* animam, *Ter to dy* Relinquere in medio, *to leave undetermined*, Cic Acad 1, 10

Relinquor, i pass *To be left*, &c ✠ = Non admittur his civitas, sed ab his relinquitur, atque deponitur, *Cic pro Cæcin* 34

Reliqua, ōrum n *The remains of a reckoning, arrears of debt* Angit me ratio reliquorum meorum, *Cic Attic* 16, 3 De ratiuncula reliquum pauxillulum, *Ter Phorm* 1, 1 Colonorum reliqua minuit, *Plin Ep* 3, 19

|| Reliquātio, ōnis f verb *Arrearage, or being behind in pay-*

ment, Ap JC ✝ Reliqua, orum

|| Reliquātor, oris m verb *He that is behind in payment, or in arrearage*, Ap JCC

|| Reliquatrix f *She that is in arrear*, Litt ✝ Quæ reliqua habet

|| Reliquia, æ f Converritorem pridianæ reliquiæ pulv sculum, *A pul Apol* p 409

Reliquiæ, arum f & in freq reliquia, orum n [quæ ex re relicta sunt] (1) *The remainder, rest, or remnant* (2) *Relicks, orts, leavings* (3) Also *the ashes, or bones of the dead* (4) *Footsteps or impressions* (1) Reliquias hostium Brutus persequitur, *Cic Brut* 2, cl i, *Liv* 2, 56 ✝ Apedibus tibi reliqua erunt, *Plaut Mil* 1, 1, 54 *ex fide MSS* (2) Ut fruaris reliquiis, quæ sunt foris, *Phædr* 1, 22 Reliquiæ cœnarum, *Cic Fam* 9, 16 (3) Ossa, & reliquias matrimenit, *Suet Domit* 8 (4) Reliquia rerum moventur in animis, de quibus vigilantes cogitavimus, *Cic de Div* 2, 67

Reliquor, ari *To be behind, in arrearage, or in the payment of any sum of money*, Ulp

Reliquum, i n *A remnant, an arrear* Reliqua mea Camillus scribit se accepisse, *Cic Att* 5, 1

Reliquus, a, um [qui relictus est] *The rest, that which remaineth, that is behind or to come, the remain, the residue, the other* Reliquum est, *it remaineth*, Cic Fam 7, 32 Reliqui nihil est ei, *he hath nothing left*, Id de reliquo, *as for the rest*, Id Fam 12, 29 & 16,12 In reliquum, *henceforward*, Id Fam 10, 7 Nihil reliqui facere, *to leave nothing undone*, Nep A. 21 = ✠ Non de reliqua & inerata gloria laboramus, sed de pr ta dimicamus, *Cic pro Q fr* 1, 1

|| Relitteo, ere & relitesco [a re, & lateo] *To ly hid behind, or against*, Bud

Relicuus, a, um, *pro* reliquus, per Diæres metri causâ, *Lucr* 4, 973

☩ Relligio, *pro* religio, per E penth *Ap Poet*

|| Reloco, are *To let out, to hire again*, Ulp

Relucens, tis part *Shining bright*, Plin 16, 8

Reluceo, ēre, xi neut *To shine again, to be very light, or bright, to glister, or glitter* Sigea igni freta lata relucent, *Vir Æn* 2, 312 Vestis fulgore reluxit, *Ov Met* 11, 617 Dies reluxit cæco, *he recovered his sight*, Tac Hist 4, 81, 7

Reluctans, tis part *Struggling* Dracones reluctantes, *Hor Od* 4, 4, 11 Femina verecundâ reluctans, *Curt* 6,2,6

Reluctātus, a, um part (1) Act *Struggling against* (2) Pass *Struggled against* (1) Diu precibus reluctatum ægre vice runt, *Curt* 8, 2,11 (2) Penè reluctatis iterum pugnantia rebus, *Claud Rapt Pros* 1, 42

Reluctor, āri dep *To struggle, to wrestle against* Sum equidem reluctatus, *Quint Proœm* 1

|| Relūmino, are *To enlighten again, to restore one his sight*, Tert ✝ Visum reddo

|| Reluo, ĕre *To pay again that which was borrowed, to fetch some a gage or pawn*, Fest ex Cæcil ✝ Rependo, re pignero

|| Remacĕro, āre *To make lean again*, Bud ✝ Iterum macero

Remacresco, ĕre, ui incep *To wax very lean* Crura longitudine

...udine remacruerunt, *Suet* Do- *m* 18

|| Remadeo, ēre *To be wet a gain*, Fest ✝ Iterum madeo

Remaledico, ĕre, xi, *unde* pass maledicor *To speak ill for ill, to return ill language* ✱ Non oportere maledici senatoribus, remaledici civile fasque esse, *Suet* ...

|| Remancipo, are *To sell again any thing to him who first sold it us, or to put again into the hands, of whom we bought it, to return it to him*, Boëth *vid & Liv*

Remancipor, āri, ātus pass *To be sold again*, Ap JCC

|| Remandatum est Pyrrho à senatu *The senate sent him word again*, Eutrop 2, 13 ✝ Renunciatum est

|| Remando, āre *To command over and over, to remand*, Bibl ✝ Iterum mando

Remando, ĕre, di, sum act (1) *To chew over again, to chew the cud* (2) Met *To ponder* (1) Pontici mures simili modo remandunt, *Plin* 10, 73 (2) Lecta sæpe remandere, *Quint* 11, 2

Remanens, tis part *Remaining, continuing* Species remanente Coronæ, *Ov Met* 8, 181

Remaneo ēre, si, sum neut *To tarry behind, to continue, to remain, to tarry still, to abide* Animi remanet post mortem, *Cic Tusc* 1, 12 = Manet in vita cum mens animusque remansit, *Lucr* ... Remanet amicus in rebus duris, *Ov Trist* 1, 8, 23

Remano, āre *To turn, or flow back again* Retro remanat materies ... *Lucr* 5, 270 & 6, ...

Remansio, ōnis f verb [à remaneo] *An abiding, or tarrying behind, a remaining* Tuam remansionem etiam atque etiam probo, *Cic Q fratr* 3, 1

|| Remeābilis, le adj *That may return again*, Prud Apoth 1054 ✝ Remeabilis *ap Vir*

|| Remeāculum, li n *A returning, or place of retreat*, Apul Met 6, p 175 ✝ Recessus

Remeans, tis part *Returning, going back again* Remeans ... a, *Tac Ann* 1, 3, 4

|| Remeātus, ûs m verb *A returning from banishment*, Mar ... ✝ Reditus

|| Remediabilis, e *Medicinal, curable*, Sen Epist 95

|| Remediālis, le *Medicinal*, Macrob Sat 7, *extr* ✝ Medicinalis *Cels*

|| Remediātio, ōnis f *A remedying, or healing*, Scrib Larg ... 1 ✝ Medicatio

|| Remediātus, a, um part *Cured, healed*, Scrib Larg in Epist ... ✝ Curatus, sanatus, *tutus*

|| Remedio, āre *To cure*, or ... Scrib Larg Comp. 11, & ... ✝ *Tutus* curo, sano, medeor

Remēdior, āri, ā us sum dep ... *fonder*, or *meditate again*, ...

Remedium, ii n [à re, & medeor] *A medicine, a remedy, a* ... ✱ Graviora quædam sunt remedia periculis, *Publ Syr* = ... nullo remedio atque alleva... *Cic* pro *Sulla*, 23 ✱ ma... *Cels* quod vide *Met* ✱ ... remedium huic malo inveni, *Ter Andr* 3, 1, 10

Remeligo, inis f [dict quòd ... remoratur remos Remeligines & remoræ à morando ... *Fest* qu remorago, *Lamp*... à re, & ant mello, ...

remoror, *Scal*] (1) *A fish which cleaving to the keel of a ship stayeth it* (2) *A let, or stop* (1) *Litt* ex *Plin* (2) *Litt* ex *Plaut*

|| Rememŏrātio f verb *Remembrance*, Bibl ✝ Memoria

|| Rememŏror, ari dep *To call to remembrance, to remember*, Bibl ✝ Recordor

Remensus, a, um part [à remetior] (1) *Having measured again* (2) *Having gone over again* (3) Pass *Being passed over again* (1) Sua vina remensus, *Mart* 6, 89 (2) Iter remensus, *Stat Theb* 2, 324 (3) Pelago remenso, *Vir Æn* 2, 181

Remeo, are neut *To return, or come back again* Remeabo audacter, *Plaut Asin* 1, 3, 75 Remeare, *Cic N D* 2, 46

Remetior, iri, ensus dep (1) *To measure over again* (2) *To go over again* (3) Met *Also to remember and consider* (4) Pass *To be meted to one again* (1) Remetiri vina, *Mart* 6, 89 ¶ Frumentum pecunia, *to pay for it*, Quint Declam 12 (2) Triginta fuere stadia, quæ remensi sunt, *Curt* 3, 5 (3) Facta & dicta remetiri, *Sen* de Ira, 3, 36 (4) *Litt* ex *Bibl*

Remex, igis m *A waterman, he that roweth in a galley, or boat, a rower* ✱ Remiges ex provincia institui, nautas, gubernatoresque comparari, jubet, *Cæs B G* 3, 9 Arbitrabar sustineri remos, cum inhibere essent remiges jussi, *Cic Attic* 13, 21

Remigatio, ōnis f verb *A rowing with oars* Motus remigationis conveniens navem ad puppim, *Cic Att* 13, 21

|| Remigātor, ōris m verb *He that roweth, a rower*, Sid

|| Remigrātio, ōnis f *A returning*, Apoll

Remigium, ii n (1) *A rowing of a ship, or boat* (2) *A company of rowers* (3) ✝ *The flying* of birds in the air (1) Qui adverso flumine lembum remigiis subigit, *Vir Geor* 1, 202 ¶ Suo remigio rem gerere, *to steer his own course, to do as one pleaseth*, Plaut Mil 3, 1, 152 (2) Remigium supplet, *Vir Æn* 3, 471 (3) Volat ille per aera magnum remigio alarum, *Vir Æn* 1, 305

Remigo, āre [remos *vel* remis ago] *To row*, Cic Tusc 4, 4, sub fin & Attic 13, 21 Remigare Romam, *Liv* 6, 4

Remigro, āre neut *To return, to come again, to go back* § Remigrare in domum nostram, *Cic Tusc* 1, 49 Ad argumentum remigrare, *Plaut Pœn prol* 47

|| Remillus, a, um [à re instar remi, qui in aqua repandus & reflexus videtur] *A thing crooked and broad like an oar*, Fest ✝ Repandus

Reminiscens, tis part *Remembring, calling to mind* Reminiscentes aliorum casus, *Cic* pro *Ligar* 12

|| Reminiscentia, æ f *Remembrance of that which was once before in the mind* Sic Tertull reddidit Ἀνάμνησιν Socraticam, ✝ *quam Cic*, recordationem *vertit*

Reminiscor, ci, car pret [ex re, & meniscor, *i e* memini, cum ea quæ mens tenuit, cogitando, & cogitando repetuntur, *Varr*] *To remember, to call to mind, or remembrance* § Reminisci veteris incommodi, *Cæs B G* 1 § = Res innumerabiles reminisci, & recordari, *Cic* de *Sen* 21 Tempus

illud reminiscitur mœrens, *Ov Trist* 5, 4, 31

|| Remipes, ĕdis [remo seu pede instructus, lembi epitheton, *Auson Mosell* 201 *ut* natis, *Al*] *Flat footed, like the broad part of an oar* ✝ Repandus

Remisceo, ēre, ui act *To mingle, or shuffle together* Sic veris falsa remiscet, *Hor A P* 151

|| Remissa, æ f *Forgiveness, remission, pardon*, Cypr ✝ Remissio

Remissārius, a, um *That may be thrust back* Remissarius vectis, *Cato*, 1, 19

Remissè adv ius, comp (1) *Slackly, remissly, faintly* (2) *Humbly, in a low stile* (3) *Gently, civilly* (4) *Merrily, jocosely* (1) ✱ Nervosius disserere, non remissius dicere, *Cic Offic* 3, 29 (2) = ✱ Agere versum leniter, remissè, non tortuosè, *Cic* de *Or* 3, 26 Quis unquam res tristes remissè tractārit? *Id* (3) = ✱ Remissè, leniter, urbane, agere cum aliquo, non graviter, severè, priscè, *Cic* pro *Cal* 14 (4) ✱ Remissè quid vel serio agentem Claudium multa dehonestabant, *Suet Claud* 30

Remissio, ōnis f verb (1) *A letting fall* (2) *An abating, or slackening* (3) *Rest, recreation, diversisement* (4) *Remissness, indolence, negligence* (5) *Forgiveness, remission* (1) ✱ Contentiones vocis, & remissiones, *Cic* de *Orat* 1, 61 = moderatio, *Id* (2) Remissio operis, *Varr* morbi senescentis, *Cic Fam* 7, 26 febris, *Cels* 3, 3 (3) ✱ Tempora curarum remissionumque divisa, *Tac Agric* 9, 3 (4) ✱ = Si humanitas appellanda est in acerbissima injuria remissio animi & dissolutio, *Cic Fam* 5, 2 ✱ Arcum intentio frangit, animum remissio, *Publ Syr* (5) Ex vi verbi remitto, *sed exemplum in casum quærere in prob aut*

|| Remissor m *He that forgiveth*, Dig

Remissūrus, a, um part *About to throw, or send back* Remissurus tractum de corpore telum, *Ov Met* 5, 95

Remissus, a, um part & adj or, comp ssimus, sup (1) *Sent back* (2) *Let go, falling back, giving way* (3) *Slacked, abated, moderate, small* (4) *Remiss, slow, backward* (5) *Easy, prone, propense* (6) *Low, poor, mean* (7) *Loose, sportful* (1) Prædixit ut ne prius legatos dimitterent, quam ipse esset remissus, *Nep Themist* 7 (2) Ramus remissus in oculum recidit, *Cic* de *Div* 1, 54 (3) = Loca temperata, & remissioribus frigoribus, *Cæs B G* 5 12 *Met* ✱ Exercitatio nunc remissior, nunc amplior, *Cels* Nihilo remissior militum ira, *Liv* 24, 39 (4) = In labore remissus nimis, parumque patiens, *Nep Iphicr* 3 = Remissus ac languidus animus, *Cæs B C* 1, 71 (5) Remississimo ad otium & ad omnem comitatem animo, *Suet Aug* 98 (6) Ne tamen omne meum credas opus esse remissum, sæpe dedi nostræ grandia vela rati, *Ov Trist* 2, 547 (7) Jupiter agitavit remissos cum Junone jocos, *Ov Met* 3, 319

Remitto, ĕre, isi, ssum act (1) *To send back* (2) *To throw back* (3) *To cast forth, to put forth* (4) *To cast off, to disclaim* (5) *To slack, to let loose* (6) *To assuage, or lessen* (7) Met *To ease, to refresh* (8) *To dispense with, to give up, not to insist upon* (9)

To leave (10) *To leave off* (11) *To abate, or make an abatement* (12) *To be less forward, to desist* (13) *To suffer, give way, or permit* (14) *To pardon, to forgive* (15) *To prolong, to defer* (16) *To pay* (17) *To refund, or give back* (18) *To reconvey, to let one have again* (19) *To refer a matter in dispute* (20) *To let fall* (21) *To let slip, to let pass* (22) *To quit an office, or post* (23) *To dissolve, or melt* (1) Persarum nobiles cum Xerxi remisit Pausaniæ, Nep Paus 2 ✱ Munera accipit frequens, remittit nunquam, *Plaut* ¶ Remittere nuncium uxori, *Cic Attic* 1, 13 repudium, *Ter Phorm* 5, 7, 35 *to divorce* (2) Cogebat jumenta exultare, & calces remittere, *Nep Eumen* 5 (3) De ventre remittit stamen, *Ov Met* 6, 144 (4) Opinionem comprehensam remittere, *Cic* pro *Cluent* 2 (5) Frena remittere equo, *Ov Trist* 1, 4, 1, ✱ Habenas adducere, non remittere, *Cic* de *Amic* 13 (6) Cum remiserant dolores pedum, *Cic* de *Clar Or* 34 *reciproco intellecto* (7) ✱ = Quæro non quibus intendam animum rebus, sed quibus remittam, ac relaxem, *Cic* (8) = Etiamsi quod mihi conceditur, id redd...o, ac remitto, *Cic* pro *Sulla*, 30 Rex legem se remittere dixit, *Curt* 6, 11, 1 (9) Pallidam Pirenen illis relinquo, quorum imagines lambunt hederæ sequaces, *Pers Prol* 6 (10) Flamma remittit, *Ov Fast* 2, 755 (11) Ex pecunia, quam quæsierat, remisit, *Cic* (12) Si cogites, remittas jam me onerare injuriis, *Ter Andr* 5, 1, 8 (13) = Tibi remitto, atque concedo, ut cum defendas, *Cic* pro *Planc* 31 ✱ Quod natura remittit, invida jura negant, *Ov Met* 10, 330 (14) = Supplicium, quo usurus eram in eum, quem cepissem, remitto tibi, & condono, *Cic Fam* 5, 10 (15) Navem imperare ex fœdere debuisti, remisisti in triennium, *Cic Verr* 4, 9 (16) Herus misit ut argentum remitterem, non perderem, *Plaut* (17) ✱ Iis, qui solverant, ejus quod solverant, decimam remisi, *Plin Epist* 8, 2, 7 (18) Omit ut istas ædes remittat sibi, *Plaut Most* 3, 2, 111 (19) Integram causam ad senatum remittit, *Tac Ann* 3 (20) ✝ Cum erexere aures, acerrimi auditus sunt, cum remisere, surdi, *Plin* 8, 32 (21) Nullum remittis tempus, neque te respicis, *Ter Heaut* 1, 1, 18 (22) = Provinciam remitto, exercitum depono, *Cic Philipp* 8 (23) ✱ Frigore mella cogit hyems, eademque calor liquefacta remittit, *Vir Geor* 4, 36

Remittor, i pass (1) *To be sent back* (2) *To be released, or given up*, &c (1) Naves inanes ex continente remittebantur, *Cæs B G* 5, 23 (2) Si per P R stipendium remittatur, *Cæs B G* 1, 44

Remōlior, iri, itus sum dep (1) *To put from his place, or tumble away by force* (2) Also *to begin, or design a thing anew* (1) Sæpe remoliri luctatur pondera terræ Typhœus, Ov Metam 5, 354 (2) Iterum instaurata capessens arma remolitur, *Sil* 1, 36

Remōlitus, a, um part (1) *Thrown off by strugling* (2) *Hindred, prevented* (1) Nec orbe si remolito queat ad supera victor numina Alcides vehi, *Sen Herc fur* 504 (2) = Inhibitus ac remolitus, *Suet Aug* 79 *ubi al* remollitus

Rĕmollēsco, ĕre incept (1) *To be soft* (2) Met *To grow soft, or effeminate* (3) Also *to relent, to yield* (1) Cum sole remollescit, *Ov Met* 10, 285 (2) = Eâ re ad laborem ferendum remollescere homines, atque effeminari arbitrantur, *Cæs B G* 4, 2 (3) = Precibus si numina justis victa remollescunt, si flectitur ira Deorum, *Ov Met* 1, 78

Rĕmollio, ire, ivi, itum act (1) *To soften* (2) Met *To effeminate* (1) *Vid* Remollesco (2) = Enervare & remollire artus, *Ov Met* 15, 296

Remollior, iri pass *To be softned* Nihil itaque impius in relatione, quam remolliri terra debet aqualiter, *Col* 2, 12

|| Remollītus, a, um part (1) *Made soft* (2) Met *Made calm, appeased* (1) Gr ina humore remollita, *Apul* de *Herb* c 3 (2) *Vid* Remollitus

|| Remōneo, ere act *To put one in mind again*, Lexicogr ex Apul ✝ Commonefacio, *Ci*

Rĕmŏra, æ f (1) *A delay, a let, stop* or *hindrance* (2) *A little fish that cleaveth to the keel of a ship and hindereth its sailing, a suckstone*, or *sea lamprey* (3) *An ominous bird* (1) = Quæ in rebus multis obstant remoramque faciunt, *Plaut Trin* 1, 1, 16 (2) *Plin* 32, 1 (3) *Vid* Scal in Conject ☞ *Hastamen remores vocat* Fest

Remŏrāmen, ĭnis n *A stop, let*, or *hindrance* ✱ Crescit rabies, remoraminaque ipsa nocebant, *Ov Met* 3, 567

Remŏrans, tis part *Stopping, staying* Fugiunt freno non remorante dies, *Ov Fast* 6, 772

|| Remŏrātio, ōnis f *A staying*, Dig ✝ Mora

|| Remŏrātor, ōris m verb *An hinderer, letter*, or *stopper*, Aug ✝ Morator, *Liv*

Remŏrātus, a, um part *Stayed, made to tarry* Calamitas remorata longius serpit, *Cic antequam iret in exil* 6 Remorata jactu pomi, *Ov Met* 10, 671

|| Remorbesco, ĕre incept *To fall sick again, to relapse*, Fest ✝ Recidere in morbum

Rĕmordeo, ĕre, di sum act (1) *To bite again* (2) Met *To chastise again, to revenge* (3) *To gnaw, vex*, or *grieve one, to cause remorse* (1) *Vid* Remorsurus (2) Vitia ultima cast gata remordent, *Juv* 2, 35 (3) Liber tatis desiderium remordet animos, *Liv* 8, 4 Præteritus admissa malis peccata remordent, *Lucr* 3, 839

Rĕmŏris, re adj *Unlucky, Remores* aves in auspicio dicuntur, quæ acturum aliquid remorari compellunt, *Fest*

Rĕmŏror, āri, ātus sum dep (1) *To tarry*, or *stay* (2) *To hinder, stay*, or *stop one* (1) Quid illæc nunc tam diu intus remoratur? *Plaut Cas* 4, 3, 7 (2) Remorari iter, *Ov Met* 11, 232 Ne vestrum remorer commodum, *Ter Andr* 4, 3, 24 Verba puellæ me remorantur, *Prop* 1, 6, 5

Rĕmorsūrus, a, um part *That will bite again* Quin me remorsurum petis? *Hor Epod* 6, 4

✝ Remōsse, *pro* removisse, *Lucret* 3, 69 *sed al* recesse

Remotè, *unde* comp remotius adv *Far off, farther off* ✱ Aliæ *stell* propius à terris, aliæ remotius eadem spatia conficiunt, *Cic N D* 1, 31

Rĕmōtio, ōnis f verb *A putting away*, or *aside, a removal* Remotio criminis, *Cic* de *Inv* 2, 29

Rĕmōtus, a, um part & adj or, comp ssimus, sup (1) *Removed, set*, or *taken away* (2) *Sent*, or *driven away* (3) *Set aside*, or *at distance, withdrawn* (4) *Discarded, turned*, or *cast off* (5) Adj *Remote, afar off, at distance* (1) Mensa remotæ, *Vir Æn* 1, 727 (2) Remotus atque ablegatus a r, *Cic Verr* 5, 31 (3) Ego hac a Chi, sogeno meâ sponte, remoto Sexto Roscio, quæro, *Cic* pro *S Rosc* 41 ¶ Remoto joco, *without jesting*, Id Fam 7, 11 Remotis arbitris, *privately*, Liv (4) Imberbis juvenis, tandem custode remoto, gaudet equis, *Hor A P* 161 (5) Si L byam remotis Gadibus jungas, *Hor Od* 2, 2, 10 *Met* A culpa remotus, *free from blame*, Cic *pro Mur* 35 A vulgari intelligentiâ remotiora, *Id* de *Inv* 2, 22 A pulsu ab impetu belli remotissimus, *farthest*, Id Attic 8, 3

Remŏvens, tis part *Removing, putting away* Ignes ipse suos nitrit, curâ removente soporem, *Ov Met* 6, 493

Rĕmŏveo, ēre, ōvi, ōtum act (1) *To remove, to withdraw* (2) *To drive away* (3) *To displace, to discard* (4) *To leave off, to lay aside, to quit* (5) *To estrange* (1) Aufer ostium prim am, remove, abi, *Plaut Mil* 3, 1, 166 Removeat præsidia ex iis locis, quæ occupavit, *Cic Fam* 16, 12 (2) Hamilcar hostes à muris Carthaginis removit, *Nep Ham* 2 (3) Lacedæmonii cum ab exercitu removerunt, *Nep Pelop* 1 Catonem Lentulus a legibus removit, *Cic* ad *Q fratr* 2, 5 (4) Hunc tu remove metum, *Liv* Ne opifices quidem se art bus suis removerunt, *Cic Orat* 1 (5) Quid sit, quod se à me removit, ii modò removit, ignoro, *Cic Fam* 4, 8

Rĕmŏveor, eri pass *To be removed*, &c = Levissimi sicerni arbitror oportere, atque ex oratione removeri, *Cic* de *Orat* 2, 76 *Vid* Removeo

Rĕmūgio, ire, ivi, itum neut (1) *To answer with lowing* (2) *To echo*, or *ring again* (3) *To make a great sound*, or *noise* (1) Ad mea verba remugis, *Ov Met* 1, 657 (2) Vox assensu nemorum ingeminata remugit, *Vir Geor* 3, 45 (3) Tympanum remugit, *Catull* 61, 29 antro Sibylla, *Vir Æn* 6, 99

Rĕmulceo, ēre act [à re, & mulceo] *To asswage, to appease, to pacify* Corda remulcere, *Stat Theb* 8, 93 minas, *Id ibid* Remulcere caudam, *to turn it backward*, Vir Æn 11, 812

|| Rĕmulco, āre [à Gr ῥυμουλκεῖν, quod ex ῥυμα funis & ἕλκω traho] *To tow*, or *draw a great ship*, or *barge, with another less vessel* Sisenna *ap* Non 1, 282 ✝ Remulco trahere

Rĕmulcum, ci n [remulcum, funis, quâ deligata navis trahitur vice remi, *Isid* al naviculam interp] *A tow barge, a cable*, or *rope to tow a ship along with, the rope which bargemen use to pull their barge along with against the tide* Remulco trahere navem, *Liv* 37, 24 abstrahere, *Cæs B C* 2, 23 abducere, *Id ibid* 3, 40

Rĕmūnĕrātio, ōnis f verb *A recompensing, a rewarding, a requital* Remuneratio benevolentiæ, *Cic Offic* 2, 20

|| Rĕmūnĕrātor m verb *A rewarder*, Sidon ✝ Qui remunerat

|| Rĕmūnĕrātrix f *She that rewardeth*, Aug ✝ Quæ beneficium rependit

Rĕmūnĕrātūrus, a, um part *About to requite*, Cæs B G 1, 44

Rĕmūnĕro, āre act & remuneror, āri dep *To reward, to requite, to recompense* Remunerari aliquem simili munere, *Cic Fam* 9, 8 præmio, *Cæs B G* 1, 44 Quibus officiis T Annii beneficia remunerabor? *Cic post red in senat* 12

Remūnio, ire act *To defend now to great strength*, Litt ex Cæs *sed* non invenio

Rĕmurmŭro, āre *To murmur against, to whyrle again* § Pinus nulli remurmurat auræ, *Stat* 5, 1, 75

✝ Remurus, remona, remurea, remuria, & remora, *Fest* *The place where Remus design'd the building of the city of Rome* Hinc Remurinus ager, *Fest* à Remo possessus

Remus, i m [a Gr ἐρετμός, *Idem*] *An oar to row with* Navigium factum sex remorum numero, *Cic Verr* 5, 28 ✤ Incumbere remis, *Vir Æn* 5, 15 insurgere, *Id Æn* 3, 560 Remos impellere, *to ply the oars*, Id Æn 4, 594 de ergere, *Cæs* abstergere, *Curt* *to snap asunder, to break them*, inhibere, *to hold water, to turn the vessel*, Cic Velis remisque, *with all speed possible*, Cic Tusc 3, 11 ¶ Ad remum dari, *to be set to the oar, and learn to row*, Liv 34, 6 ✤ Corporis remi, *pro* brachiis natantis, dixit *Ov Ep* 8, 215

Rĕmūtandus, a, um part *To be changed again*, or *new shifted*, Litt ex Tac *sed* v remuto

|| Rĕmūtātor, ōris m verb *He that changeth*, Litt ex Tac

Rĕmūto, āre act *To change again, to exchange*, or *barter* Vidit speciem orationis esse remutandam, *Tac Orat* 19, 2 *sed castigatiores libb* mutandam *habent*

Ren, rēnis m [a φρὴν, unde νεφροί v] *The kidneys*, or *reins* Ex renibus laborare, *Cic Tusc* 2, 25

|| Rĕnālis, le adj *Of*, or *belonging to the kidneys*, Apic

|| Rĕnancīscor, i *To get again*, Fest ✝ Reconcilio

Rĕnarro, āre act *To relate*, or *tell over again*, Vir Æn 3, 717

Rĕnascens, tis part *Rising again* Renascens annus, *the spring*, Plin 16, 25

|| Rĕnascĭbĭlĭtas f *The power of rising again, regeneration by baptism*, Aug ✝ Facultas renascendi

Rĕnascor, i, nātus dep (1) *To be born*, or *rise again* (2) *To spring*, or *come up again* (3) *To grow again* (4) Met *To come instead of, to succeed* (1) = Revixisse, aut renatum esse Scipionem dicere, *Liv* 26, 41 ✱ Principium extinctum nec ipsum ab alio renascetur, nec à se aliud creabit, *Cic Tusc* 1, 23 *vert ex Platone* ✱ obire, *Plin* (2) Lycus amnis alio renascitur ore, *Ov Met* 15, 274 (3) Qui mihi pennas inciderant, nolunt easdem renasci, *Cic Attic* 4, 2 (4) ✱ Ex-cisso illo malo, aliud illo pejus renascitur, *Brutus Cic Ep* 4

Rĕnātus, a, um part [à renascor] *Born, renewed, risen*, or *begun again* Renati dentes, *Plin* 11, 37 Renata urbs, *Liv* dies, *sen* Renatum bellum, *Liv* [illegible]

Rĕnāvigatio f verb *A sailing again*, Sidon quod tera potest cum habeat

Rĕnāvĭgo, āre *To sail back again*, Cic Attic 14, 16

Rĕnāvo, āre *To endeavour again* Renavabo operam, *Cic Attic* 7, 14 *Sed* Gronov *renovabo*

Rĕnīdens, tis part (1) *Shining, glistering* (2) Met *Laughing, smiling, smirking* (1) = Domus argento fulgens, auroque renidens, *Lucr* 2, 27 (2) Inque sinu juvenis, posita cervice, renidens, *Ov Met* 10, 558 *Vid* & Liv [illegible]

Rĕnīdeo, ēre, ui neut (1) *To shine, to be bright, to glister* (2) Met *To smile, to grin* (1) = Pura nocturno renidet luna mari, *Hor Od* 2, 5, 19 Non ebur neque aureum mea renidet in domo lacunar, *Id ibid* 2, 18, 2 (2) [illegible] fum vultu renidere, *Tac Ann* [illegible]

Rĕnīdesco, ēre incept *To grow bright*, or *shining* Ære renidescit tellus, *Lucr* 2, 328

Rĕnītens, tis part [à reniteo] *Shining, bright*, Plin 37, 6

Rĕnītens, tis part [à renitor] *Resisting, withstanding*, Liv 5, 49

Rĕnīteo, ēre, ui neut *unde* part renitens *To be very bright, to shine* *Vid* Renitens

Rĕnītor, i, sus & xus dep *To resist, to endeavour against, to thrust against* Si magis id renititur, *Cels* 5, 28

Renixus, ûs m verb *Resistance*, or *thrusting against, an effort* Ex renixu patet, *Cels* 5, 28

Rĕno, āre [ex re, & no] *To swim back again* Simul imis saxa renarint vadis levata, ne redire sit nefas, *Hor Epod* 16, 25 Nulla per Stygias umbra renavit aquas, *Ov* ad *Liv* 432

Rĕnōdans, tis part *Tying up in a knot* Puer longam renodans comam, *Hor Epod* 11, 28

Rĕnōdātus, a, um part *Knitted*, or *tied in a knot* Renodata pharetris, *Val Flacc* 5, 380

|| Rĕnōdis, e adj *Done up in tufts*, or *knots*, or *with silk tied up round* Capillus renodis, *Capitol* ✝ Renodatus

Rĕnōdo, āre act (1) *To undo*, or *unknit a knot* (2) Also *to knit fast, to tie a double knot* (1) *Vid* Renodans (2) *Gloss*

✤ Rĕnŏvāmen, ĭnis n *A repairing, a renewing, a change* Forma semel mota est, & in hoc renovamine mansit, *Ov Met* 8, 729

Rĕnŏvātio, ōnis f verb *A renewal* Usurpatio & renovatio doctrinæ, *Cic Fam* 11, 18

|| Rĕnŏvātor, ōris m verb *He that reneweth*, Aug ✝ Restitutor, *Cic*

Rĕnŏvātus, a, um part (1) *Nourished, fed* (2) *Renewed, rebuilt* (3) *Recultivated, ploughed second tilth* (4) *Raised anew, recruited* (1) = Vaporibus aluta, renovatæque, stellæ, *Cic N D* [illegible] 46 (2) Templum Honoris renovatum, *Cic N D* 2, 23 (3) Ager renovatus, gravidis canebat aristis, *Ov Met* 1, 110 (4) = Irritatæ ac renovatæ maximæ belli reliquiæ, *Cic* de *Prov Cons* 8

Rĕnŏvello, āre, *inde* pass renovellor *To renew, to plant, to set anew* Vinea renovelatur, *Col* de *Arb* 6

Rĕnŏvo, āre act (1) *To make*, or *build anew* (2) Met *To renew*,

new, to refresh (3) *To bring into use* (4) *To say over again, to begin again, to repeat* (5) *To new plow, or to till the second time* (1) Vid Renovatus, n 2 (2) ⁑ Amores veteres renovamus desidero, *Catull* 9,3 ⁑ Hæc, ne obsolescerent, renovabam legendo, *Cic Acad* 1, 3 (3) ⁑ Atheniensium vetus exemplum renovavi, *Cic Phil* pp 1, 1 (4) Renovabo quod modo initio dixi, *Cic* (5) Cum renovaverit bos, *Ov Met* 15, 125 Multa mei renovabant juga ... *Tib* 2, 5

Renovor, ari, atus pass *To be renewed, to be refreshed*, &c ... renovabantur acerbi, *Tib* 1, 2, 6, 41 = Animus delectatione audiendo aut admiratione ... aut risu renovatur, *Cic* ... 1, 17 Vid Renovo

|| Renudo, are *To make bare again*, Litt ex Quint certè Apul ... [illegible]

Renuens, tis part *Denying* Renuentes supercilius, *Cic* pro R Post 1 Oculo renuente negare *to deny by tipping the wink*, Ov Epist 17, 97

|| Renumeratio, onis f verb *A paying again of money*, Dig

|| Renumerator, oris m verb *He that payeth debts*, Cod ✝ Qui renumerat

Renumero, are *To pay back, to recount, or number again* Renumerare dotem huc, *Ter Hecyr* 3, 5, 52

Renumeror, ari, atus pass *To be paid back*, &c Cod

Renunciatio, onis f verb (1) *A reporting, or reporting* (2) *A declaring, a bearing witness* (3) *The deposition of one sworn*, (4) *Summons of an officer* (1) Renunciatio suffragiorum, *Cic* pro Planc 6 (2) Cæsio renunciat se dedisse, cognoscite renunciationem ex literis, *Cic Verr* 3, 39 (3) Ap JCC

|| Renunciator, oris m verb *He that declareth*, Tert ✝ Qui renunciat

Renunciatum est impers *News was brought*, Sulpicius Cic Fam ...

Renuncio, are act (1) *To bring word again* (2) *To advertise, or acquaint* (3) *To proclaim, or declare openly, to name to an office* (4) *To renounce, to disclaim, to protest against* (5) *To give over, and meddle no more with* (6) *To bid adieu* (7) *Also to command contrary* (1) § Imperavit ut omnes fores ædificii circumiret, & properè renunciaret, num eodem modo undique obsideretur, *Nep Hannib* 12 (2) § Hunc metuebam, ne meæ uxori renunciaret de palla. *Plaut Men* 3, 3, 67 (3) § Juravit etiam si fecisset Cos suffragiis populi tamen se eum non renunciaturum, *Paterc* 2, 92 (4) Sthenio insensus hospitium ei renunciat, *Cic Verr* 2, 36 (5) Civilibus officiis renunciabit, *Quint* 10, 7 (6) Non multum abfuit quin vitæ renunciaret, *Suet Galb* 11 (7) Litt ex Sen

Renuncior, iri, atur pass *To be told, declared*, &c Prætor ... imus centuriis cunctis renunciatum, *Cic* pro *L Manil* 1

Renuncius, ii m *He that carrieth tidings to and fro, a messenger, or goer on errands* Cantores, nunci, renuncii, *Plaut Trin* 2, 1, 23

|| Renunculus, i m dim *A small kidney*, Bibl ✝ Parvus ren

Renuo, ere, ui, utum (1) *To nod back with the head* (2) *To refuse, or deny* (1) ⁑ Renuis tu quod jubet alter, *Hor Ep* 2, 2, 63 (2) Nullum convivium renuere, *Cic* pro *Cœl* 11

Renuto, are freq *To nod back, or beckon from one, to refuse, to deny* Si quis corpus sentire renutat, *Lucr* 3, 351 Simulacra renutant, *Id* 4, 604

Renutus, ûs m *A beckoning, or nodding back, a denial, or refusal* ⁑ Nutu renutuque alicujus voto respondere, *Plin Ep* 1, 7, 2

Reor, eri, ratus dep [à res, ut sit id putare quod res est, *Perot*] *To suppose, judge, deem, or think, to imagine* In quibus virtutes esse remur, à natura ipsa diligere cogimur, *Cic Offic* 2, 9 Sum ratus esse feram, *Ov Met* 7, 841

|| Repagularis, re adj *Of, or belonging to the bar* Causidicus repagularis, *a barrister*, Ex Litt

Repagulum, li n [à repango, quia repangitur in utrumque postem] (1) *A rail, or bar, a turnpike, or barricado* (2) *The barriers in an horserace* (3) Met *A restraint, or hindrance* (1) Portæ repagula, *Ov Met* 14, 783 robusta, *Id Met* 5, 120. (2) Equi pedibus repagula pulsant, *Ov Met* 2, 155 (3) Omnia repagula juris, pudoris, & officii perfringere, *Cic Verr* 5, 15 ☞ Vix reperitur apud idoneos auctores in numero singulari

✝ Repandium, ii n *A divorcement*, Hier certè pro repudium

|| Repando, ere [ex re, & pando] *To open* Fores januæ repandit, *Apul Milef* 4

Repandus, a, um *Bowed, or bent backward, broad, or flat*, Plin 14, 22

Repango, ere egi & anxi, actum act *To set, or plant, to graff* Ibi semen ferulæ repangito, *Col* 5, 10

Repangor, i pass *To be planted*, Luci ap Litt

Reparabilis, le *That may be amended, recovered, repaired, or made new again, reparable* ⁑ Nulla reparabilis arte læsa pudicitia est, *Ov Epist* 5, 103 Reparabile damnum, *Id Amor* 1, 14, penult

Reparatio, onis f verb *A repairing, or reparation* Regni reparatio, *Sall B Jug* c 31

Reparator, oris m verb *A repairer, or restorer, one that new-maketh a thing* Immensi reparator maximus ævi, *Stat Sylv* 4, 1, 11

Reparatus, a, um part (1) *Recruited, raised* (2) *Put into the place, purchased* (1) Majores copiæ reparatæ, *Curt* 4, 9, 11 (2) Vina Syra reparata merce, *Hor Od* 1, 31, 12

Reparco, ere, si, sum (1) *To spare, to be over sparing* (2) Also *not to spare, or forbear* (1) Utinam rei item parsissem meæ, ut tu reparcis saviis, *Plaut Truc* 2, 4, 25 (2) Scilicet ex ulla facere id si parte reparcent, *Lucr* 1, 669

Reparo, are act [i e rursus paro] (1) *To repair, to rebuild* (2) *To recover, to regain* (3) *To create anew, to refresh* (4) *To make amends, to compensate.* (5) *To bring to his first estate, to restore* (1) Avitæ tecta reparare Trojæ, *Hor Od* 3, 3, 59 (2) ⁑ Perdere videbatur, quod alio prætore, eodem ex agro reparare posset, *Cic Verr* 2, 86 (3) Requies reparat vires, *Ov Ep* 4, 90 (4) Damna celeres reparant cœlestia lunæ, *Hor Od* 4, 7, 13 (5) = Quæ reparat, seseque reseminat ales, *Ov Met* 15, 392 *de phœnice*

Reparor, ari, atus pass *To be repaired, or made new, to be refreshed* ⁑ Quæ sunt vetustate sublapsa reparentur in melius, *Plin Jun* = Reparari labore, ac refici, *Id Paneg* 77

Repastinatio, onis f verb *A digging, or delving over again, a new digging about vines*, Cic de Senect 15 Col 2, 2

Repastino, are act & repastinor pass *To dig again about vines, to bring ground to better temper with oft digging and labouring*, Col 4, 2 & 3, 18

Repecto, ere, xi vel ui, xum act *To comb again* Stantesque repectit auri jubas, *Stat Theb* 6, 418

✝ || Repedo, are *To go, or step back, to return*, Lucil ap Non Pacuv ap Fest Item cadentis Latin scriptores, *Amm Juvenc Theod* &c

Repello, ere, puli, pulsum act (1) *To beat, drive, or thrust back* (2) *To repel, to oppose, to resist* (3) *To put, or turn away* (1) = Cum obsistere ac defendere conarentur, male multati clavis ac fustibus repelluntur, *Cic Verr* 4, 43 = Armis repellere, fugare, & avertere aliquem, *Id* pro *Cæcin* 12 (2) ⁑ Vim repellere, non inferre, *Cic* pro *Mil* 19 vim vi, *Id* pro *Sext* 17 (3) § Clodii furorem à cervicibus nostris repuli, *Cic* pro *Mil* 28

Repellor, i pass *To be driven back*, &c *Cic Offic* 1, 38 Vid Repello

Rependens, tis part *Weighing, putting in the scale* Fatis contraria fata rependens, *Vir Æn* 1, 243

Rependo, ere, di, sum act (1) *To pay, or weigh back in exchange* (2) Absol *To weigh* (3) *To pay, in a good, or bad sense* (4) *To compensate, or make amends for* (1) Rependere opobalsamum cum duplo argento, *Plin* 12, 25 caput alicujus auro, *Val Max* 9, 4, 3 (2) Graviora rependit iniquis pensa quasillis, *Prop* 4, 7, 41 (3) Præmia digna rependere, *Stat Theb* 9, 50 Pretium pro officiis, *Ov Amor* 2, 8, 31 pœnas sceleribus, *Sen Oedip* 1030 beneficia injuriis, *Val Max* 5, 3, extr 3 (4) Ingenio formæ damna rependo meæ, *Ov Ep* 15, 32

Rependor, i pass *To be weighed back*, Met *to be returned*, &c Neu grata facto nulla rependatur, *Ov Met* 2, 694

Repenetro, are *To pierce thorough again*, Litt ex Vitruv sed q

Repens, tis part (1) *Creeping* (2) Met *Low, vulgar* (1) Repens humi hedera, *Plin* 16, 34 (2) Sermones repentes per humum, *Hor Ep* 2, 1, 251

Repens, tis adj [à pœna, vergo, nam quò quid propendet, eò subitò fertur unde ex pœna in momento, *Voss*] *Sudden, hasty, unlooked for, unexpected, coming unawares* ⁑ Repens adventus hostium magis conturbat quam expectatus, *Cic Tusc* 3, 22 clades, *Liv* 22, 7 casus, *Id* 33, 2. bellum, *Id* 10, 7

|| Repensatio, onis f verb *A making of recompense*, Ap recent ✝ Compensatio, *Cic*

Repenso, are, freq [à rependo] *To render back, to recompense, or requite, in a good, or bad sense* Id incommodum repensant uvarum multitudine, *Col* 3, 2 Videtur bonum malis repensasse, *Paterc* 2, 12 Merita meritis repensare, *Sen de Ira*, 2, 32

Repensurus, a, um part [à rependo] *About to pay, or weigh again, back* Opimius consul auro id repensurum edixerat, *Val Max* 9, 4, 3

Repensus, a, um part [à rependo] (1) *Payed, or given again* (2) *Redeemed, ransomed* (1) Repensum aurum pro capite alicujus, *the weight in gold given for one's freedom*, Cic de Orat 2, 67 (2) Auro repensus miles, *Hor Od* 3, 5, 25

Repentè adv [à repens, i e subitus] *Suddenly, unawares unlooked for, all on a sudden* = Repentè, è vestigio ex homine factus est Verres, *Cic Div in Verr* 17 ⁑ Magis decere censent sapientes amicitias sensim dissuere, quam repente præcidere, *Id Offic* 1, 33

Repentino adv [ex repentino] *Lact On a sudden, suddenly* = Repente exortus sum, repentino occidi, *Plaut Pseud* 1, 1, 37

Repentinus, a, um [a repente] *Unlooked for, sudden, unawares* Mors repentina, *Cic* pro *Cluent* 62 = ¶ Ignoti homines & repentini, *upstarts*, Id de Cl Orat 69 = Omnia repentina, & nec-opinata graviora, *Cic Tusc* 3, 19 = improvisus, inexpectatus, *Id* ⁑ præparatus, *Id*

Repercussio, onis f verb *A repercussion, or reflection* Repercussio siderum, *Sen Q Nat* 19

Repercussus, a, um part (1) *Stricken, or beaten back, reflected* (2) *Reverberated, ringing again, re-echoed* (1) Sol repercussus, *Vir Æn* 8, 23 Imago repercussa, *Ov Met* 3, 434 (2) Repercussæ clamoribus valles, *Liv* 21

Repercussus, ûs m (1) *A striking back, or again, a reverberating* (2) *A reflection* (1) Repercussus ventorum, *Plin* 5, 9 (2) Repercussus solis, *Plin* 6, 23

Repercutio, ere, ti, ssum act (1) *To beat, or strike back* (2) Met *To invert, to turn against* (3) *To reflect* (4) *To dazzle* (5) *To repel* (1) ⁑ Est aliquid, quod hujus fontis excursum per momenta repercutiat? *Plin Epist* 4, 30, 8 Repercutere pilam, *Sen de Benef* 2, 17 (2) Aliena aut reprehendimus, aut refutamus, aut elevamus, aut repercutimus, aut eludimus, *Quint* 6, 3 (3) Vid Repercussus, a, um (4) Multa item nostram nimio repercutiunt, *Sen Epist* 115 (5) Repercutere fascinationes, *Plin* 28, 8

Reperiendus, a, um part *To be found* = Mihi ineunda est ratio, & reperienda via, quâ, &c Cic Verr 3, 46

Reperio, ire, peri, ertum act [ex re, & pario, nam repertum, *quasi* repartum, *Fest*] (1) *To find* (2) *To find out, or discover* (3) *To contrive, to devise* (4) *To get, to acquire* (1) Reperi, L Quid reperisti? S Non quod pueri in faba se reperisse clamitant, *Plaut Aul* 5, 1, 11 i e hilum ⁑ Requirens servus reperit quam projecerat, *Id Cistell Argum* 9 (2) Hoc non secus reperies, *Plaut Capt* 3, 4, 106 (3) Aliquid reperiret, fingeret fallaciam, *Ter Heaut* 3, 2, 22 = Æsopus materiam reperit, *Phædr* 1, 1 Si non placebit reperitote rectius, *Plaut Epid* 2, 2, 79 (4) Rem & gloriam armis belli reperit, *Ter Heaut* 1, 1, 60

⁑ Perdidisti

✠ Perdidisti & repperisti me, *Plaut Epid* 5, 1, 45

Reperior, iri *To be found*, &c Omnes oratoriæ virtutes in Catone reperientur, *Cic de Cl Orat* 17

Reperio, are *To find, to acquire, or get*, Varr R R 1 R occ

Repentitius, a, um *Found, or come by chance, a foundling* Repentitius civis, *Sall in Cic ubi ut opinor rect reptitius*

Repertor, oris m verb (1) *A finder, inventer, or deviser* (2) *A maker* (1) Repertor doctrinarum, *Lucr* 3, 1049 vitis, *Ov Fast* 2, 229 (2) Hominum rerumque, *Vir Æn* 12, 829

|| Repertorium, ii n *An inventory, a register*, Ap JCC + Recognitio bonorum, index

Repertum, ti n *An invention, or device* Grajo um obscura reperta, *Lucr* 1, 137

Repertus, a, um part *Found, found out* = Iu non inventa reperta luctus eras levior, *Ov Met* 1, 654 ☞ Hic aliqui referunt differentiam, nullam autem ego Repertus est ingratus *Plaut Pers* 5, 2, 59

Repetendus, a, um, & repetundus, *Sall* (1) *To be brought back, to be fetched* (2) *To be gone to again* (3) *Regaining, reobtaining* (4) *Repeated, done, or said again* (5) *Recollecting, reflecting* (1) Ad impedimenta repetenda, *Cæs B C* 3, 76 *Met* Altius repetenda ratio est, *Quint* 6, 2 (2) Terra nunquam repetenda, *Ov Met* 1, 24- (3) Nemors quidem in repetenda libertate fugienda, *Cic Philipp* 10, 10 (4) Nec repetenda dabat ... vulnera dextra, *Sil* 6, 320 (5) Eventis aliorum memoria repetendis, *Cic Fam* 3, 16

Repetitio, onis f verb (1) *A fetching back, a demanding again* (2) *A repetition, or rehearsal, a going over again* (1) Repetitio bonorum, *Flor* 3, 23 (2) Ejusdem verbi crebra repetitio, *Cic de Orat* 3, 54

Repetitor, oris m verb *A requirer, or demander of a thing again, a fetcher back* Nuptæ repetitor ademptæ, *Ov Ep* 8, 19

Repetitus, a, um part (1) *Fetched back* (2) Met *Begun again, renewed* (3) *Often struck at* (4) *Repeated, rehearsed, done, or said again* (1) Ecquæ femina est repetita per arma? *Ov Ep* 16, 341 (2) = Majorum consuetudo repetita, atque relata, *Cic Div in Verr* 22 (3) Exegit repetita per ilia ferrum, *Ov Met* 4, 734 (4) Repetita clades, *Claud de Bell Get* 284 Hæc poesis placuit semel, hæc decies repetita placebit, *Hor A P* 365 ¶ Repetita die cautionem interponere, *to antedate a bond*, Ulp

Repeto, ere, ivi vel ii, itum act (1) *To ask, or demand again* (2) *To fetch, seek, or recover, as by law* (3) *To return to, to make towards* (4) *To fetch back, or again* (5) *To go over again* (6) *To bring back, to reduce* (7) *To call for, to demand* (8) *To repeat, to rehearse* (9) *To revolve, to reflect upon* (10) *To strike, or thrust at again* (1) ✠ Quid querare, si repetit, cum vult, quæ dedit? *Cic Tusc* 1 ¶ § Repetere pœnas ab aliquo, *Id pro S Rosc* 24 (2) = Bona repetere, ac persequi lite, *Cic Verr* 3, 1, (3) Effusâ fugâ repetunt castra, *Liv* 31, 21 (4) Filium istinc melius est repetere, *Plaut Truc* 4, 3, 72 (5) Pampinationem licet eandem repetere, *Col* 4, 28 ¶ Repetere aliquid memoriâ, *to call to mind*, Cic alte, *to rip it up from the beginning*, Id (6) § Repetere urbes in servitutem, *Liv* ¶ reum, *to charge him afresh*, Ulp (7) § Licinius fructum a me repetere prope suo jure debet, *Cic pro Arch Poet* 1 (8) De annulis mentionem repetere, *Plin* 33, 1 (9) = Repetunt verba data æ sorores secum, inter seque volutant, *Ov Met* 1, 389 (10) Ibid Repetitus ...

Repetor, i pass *To be fetched back*, &c *Ter Andr* 1, 5, 1,

Repetundarum gen & repetundis abl *Bribery, extortion money unjustly taken in time of one's office* Nondum centum & decem anni sunt, quum de pecuniis repetundis a L Pisone lata est lex, *Cic Offic* 2, 21 In ... repetundarum, *Quint* 4, 2 Postulare aliquem repetundis, *Tac Ann* ... Crimina repetundarum, *Id Hist* 1, 77, 5 ☞ Non invenitur in aliis casibus

Repexus, a, um part *Combed again, smooth, trim, sleek* Comâ repexâ, *Ov* ... 151

|| Repignero, are *To redeem a pledge, or gage, to replevy*, Ulp

|| Repigratus, a, um part *Dulled, and not able to stir again* Repigratus fœtus, *Apul Met* 1, p 17 + Tardatus, Vett

|| Repigror, ari, atus pass *To be dulled* Dirum bestiarum repigratur impetus, *Apul Met* 8, p 247

† Repingo, ere [ex re, & pingo] *To fasten anew, or make again*, ... ex Varr + Repango

|| Repinsdo, ere, si sum act *To clap, or knock* Repinsdere ... *Apul Met* 6, p 199 + Pulso, Vett

Replendus, a, um part *To be filled again* His adjicitur, cum sunt repurganda vulnera aut replenda, ceratum, *Plin* 34, 15

Repleo, ere, vi, etum act (1) *To fill up, to replenish* (2) *To make a place ring again* (1) § Replere exhaustas domus *Cic de Prov Cons* 2 § corpora tosta carne, *Ov Met* 12, 156 (2) Gemitu tectum omne replebat, *Vir Æn* 2, 679

Repleor, eri pass *To be filled*, &c Lacte repletur femina quæ peperit, *Lucr* 5, 812 Vacuum quod fuit ante repletur, *Id* 1, 395

|| Repletio, onis f verb *A filling, or fulness*, Don + Expletio, *Cic*

Repletus, a, um part (1) *Replenished, filled* (2) Met *Abounding, accomplished* (1) = Referto foro, repletisque templis, *Cic pro Leg Man* 15 Terrore repletus, *Lucr* 5, 41 (2) Eruditione varia repletus, *Suet Aug* 89

Replicans, tis part (1) *Unfolding, turning inside out* (2) *Rehearsing* (1) Anguis membranam replicans, *Plin* 8, 27 (2) *Cic de Div* 1, 56

Replicatio, onis f verb (1) *An unfolding, a conversion* (2) *A reply* (1) *Cic N D* 1, 13 (2) *JCC* + Responsio, *Cic*

|| Replicator, oris m verb *He that replieth*, JCC

Replicatus, a, um part (1) *Unfolded* (2) *Turned back* (1) Replicata victimarum jecinora, *Suet Aug* 95 (2) Replicata cervix, *Plin* 34, 8

Replico, are, ui vel avi, itum vel atum (1) *To unfold, to display* (2) *To unfold, or bend back* (3) *To turn the inside outward, as a snake doth his skin in casting it* (4) *To turn over* (5) *To reply* (6) *To repeat, or say over the same thing* (1) Replica tricem atque extende, *Plaut* (2) Replicato surculos ad vitis caput, *Cato*, 4 (3) Vid Replicans (4) Replicare annalium memoriam *Cic de Leg* ..., 14 (5) Cum se ... replicasse ..., *Plin* (6) Ap *JCC*

Replicor, ari, atus pass *To be unfolded, turned back*, &c Cortex replicatur in rugas, *Plin* 17, 14

Replictus, a, um part *Unfolded, peeled off* ... bulborum tunica, *Stat Silv* 4, 9, 29 R occ

Replum, i n [a replendo, ... pars, quæ inter impages tabularum ...] *A part of a door, a door-cheek, or a leaf of a door*, Vitruv 4, ...

Replumbatio, onis f verb *An unsoldering*, Litt ex Plin

Replumbo, are act *unde* replumbor *To unsolder, or separate joints from lead* Argentum replumbatur, *Sen Q Nat* 4, 2

Repo, ere, psi, ptum neut ... [unde C ...] (1) *To creep, to crawl as serpents* (2) Met *To go softly* (3) *To run as roots run in the ground* (4) *To spread abroad as vines do* (1) Anguis repunt, *Plaut Amph* ... *in suppos* (2) In purpuris repere, *Quint* 1, 2 D *magnatum filiis* Millia tum pransi tria repsimus, *Hor Sat* 1, 5, 25 (3) Spatium radicibus, qua repant, lapides præbent, *Col* 1 8 (4) Ne vitis in alienum repat, *Col de Arb* 16, 1

Repolio, ire, ivi, itum act & repolior pass *To be refined again*, *Col* 2, 21

Repono, ere, posui, itum act (1) *To put, or set again* (2) *To lay on again, to serve up again* (3) *To lay down* (4) *To lay by* (5) *To rank, or number, to place* (6) *To rebuild, to repair, or set up* (7) *To repay, requite, or return* (8) *To lay up, to reserve* (9) *To pull back, to draw in* (10) *To be even with, to render like for like* (11) *To reserve, to keep close, to conceal* (12) *To rehearse again, to bring upon the stage* (13) *To reply, to retort* (14) *To lay aside, to lay down* (15) *To lay stress upon, to confide* (1) ✠ Insigne regium, quod ille de suo capite abjecerat, reposuit, *Cic pro Sext* 27 (2) Aris reponimus ignes *Vir Æn* 3, 231 Ligna reponere super foco, *Hor Od* 1, 9, 6 (3) Ut si pudor est, repone cœnam, *Mart* 2, 37 (4) Unguent ponere & capillum reponere, *Quint* (5) § Quid absurdius, quam homines jam morte deletos reponere in Deos? *Cic N D* 1, 15 (6) § Amissa urbi reponere, *Tac Ann* 16, 1, 6 pontes, *Id Ann* 1, 63, 6 statuas, *Id Hist* 1, 79, 2 (7) Des mihi nummos, quos continuo reponam, *Plaut Pers* 1, 1, 38 Hæc pro virginitate reponit *Vir Æn* 12, 878 (8) = Condere & reponere fructus, *Cic N D* 2, 62 Sic nos in sceptra reponis? *Vir Æn* 1, 257 (9) Vocem flectunt, & cervicem reponunt, *Quint* 4, 2 (10) Semper ego auditor tantum, nunquamne reponam? *Juv* 1, 1 (11) Optimum in præsentia statuit reponere odium, *Tac Agr* ... 39 (12) Honoratum si forte reponis Achillem, *Hor A P* 120 (13) Ne tibi ego idem reponam, cum veneris, *Cic Fam* 1, 9 (14) Hic victor cæstus artemque repono, *Vir Æn* 5, 484 (15) Plus reponere in ... quam in exercitu, *Tac Germ* ...

Reponor, i pass *To be laid aside, or up, to be reckoned*, &c Tela reponuntur, *Ov Met* ... ✠ Curandum ... reponatur, ut, ubi opus sit, ... *Col* 12, 2 In fabularum numerum reponantur, *Cic de Inv* 1, ...

|| Reportatio, onis f *A carrying back*, Dig

|| Reportator, oris m verb *He that carrieth back* ... + Qui reportat

Reportatus, a, um part (1) *Brought back* (2) *Restored, ... paid* (1) Cui ... reportatus, *Cic post red in Sen* 11 (2) + Quæ ... revulsa, ... reportata est, *Cic Verr* ...

Reporto, are act (1) *To bring, or carry again* (2) *To restore* (3) *To report* (4) *To get* (1) ... & venire ... reportare posset commode, *Col* ... 1 (2) Reportare ... *Cic Verr* ... (3) Nuncius ... ignota ... veste reportat ... misse viros, *Vir Æn* ..., 167 (4) Victoriam reportare, *Cic pro L Manil* ... laudem, *Id* ... L ...

Reposco, ere, poposci act (1) *To ask again that is one's own, to claim* (2) *To demand, or require* (1) + Foli ... reposcit, quæ dedit, *Publ Syr* (2) A ... rentas aures animumque reposco, *Lucr* 6, 920 § Reposcere Parthos signa, *Vir Æn* ..., 6... § ... quem ad supplicium, *Id* ... 1, 59

Reposcor, i pass *To be demanded again*, *Vir Æn* 12, 2

Repositorium, ii n *A side-board, to set things on at meal times, a storehouse, or place where things are laid up and kept, a cupboard, or counter, a warehouse, a wardrobe*, Plin ..., 2 & 33, 11

Repositus, a, um part (1) *Laid up, reserved, kept* (2) *Laid up again* (3) *Restored* (1) = Repositi & frigidi cibi, *Quint* ... 4 (2) Statuæ ... *Tac Ann* 3, 15 (3) Poppæa ... non repositus, *Tac Ann* ...

✠ Repostus, a, um part per Sync (1) *Laid up* (2) *Afar off, remote, at a distance* (1) Nec ... epulæ nocturnæ repostæ *Vir Geor* 2, 527 Telluræ repostus, *buried*, Id Æn 6, 655 (2) Terras ... terrare repostas, *Vir Æn* 3, 64

Repotia, orum n [quod in iis renovaretur potatio] *A feast or banquet on the morrow after the wedding day*, Interpr ... Ille repotia, natales, aliosve dierum festos albatus celebret, *Hor Sat* 2, 2, 60 conf *Gell* 2, 24

Repræsentatio, onis f verb (1) *A representation* (2) *A paying of ready money down in hand* (1) Cujus imago ... præsentatione exprimi ... quam, *Cic* Plin 9, 6 (2) *Cic* ... 12, 29 & *Fam* 16, 2, 2

|| Repræsentator, oris m verb *He that representeth*, Dig

Repræsentaturus, a, um part *About to pay down* Repræsentaturus mercedem, *Suet Cæs* 18

Repræsento, are act [re, & præsentem sisto] (1) *To represent, to resemble, or be like to* (2) *Lively to set forth, to shew, or present a thing, to lay before one* (3) *To do, or cause a thing to be done presently* (4) *To pay ready money* ...

in advance (1) Repræsentare spec em maris, Col 8, 17 (2) Memoriam ei repræsentare, Cic pro Sext 11 Virtutem moresque Catonis repræsentare, Hor Ep 1, 19, 1 (3) Tormenta quasi omnium repræsentabat, exigebatque coram, Suet Calig 34 Repræsentare le go, Suet Cal 16 ¶ Repræsentare, to be always ready, or upon call, Col 1, 8 (4) Cic 12, 25

Repræsentor, ari, atus pass To be presented immediately Ego consulis libenter obtulerim, si repræsentari morte meâ libertas civitatis possit, Cic Philipp 2, 40

Reprehendo, ere, di, sum act quasi retro prehendo (1) To catch again (2) To lay hold of, stop (3) To overtake (4) To reprehend, to reprove, to blame, to rebuke, to mislike, or find fault with (5) To recall, to check (6) To conceive, or understand (1) Eumpsum semel non ipse posset Jupiter reprehendere, Phædr 5, 8 (2) Quos ego quos iam reprehenderit in hostem, Liv (3) Quam possit nostros quisquam reprehendere cursus, Prop 2, 15, 5 (4) = Discessum meum quam reprehendere, & subaccusare voluisti, Cic pro Planc 35 (5) Me tamen ei di tamen, nequid de fratre ... dicerem, Ter Andr 4, 1, 14 (6) Non sic potest sensus reprehendere sese, Lucr 4, 500 ubi ... & reprehendere

Reprehendor, i pass To be blamed, &c = Si minimis rebus ... reprehenditur, calumniam ... coercetur, Cic Acad Q ... Reprehendi justius, Hor 2, 1, 96

Reprehensio, ōnis f verb A reprehending, blaming, or controlling, a reprehension = Culpæ reprehensio & stultitiæ vituperatio Cic Philipp 12, 10

Reprehenso, āre freq unde ... reprehenso To take hold of one, and pluck him back often, ... 4, 10

Reprehensor, ōris m verb A reprover, a controller Restat ... genus reprehensorum, Cic ... 4, 2

Reprehensus, a, um part (1) Caught again (2) Reproved (1) = Velut profugos & reprehensos ... reduxit, Suet Calig 4 ... Aufugero—si ero reprehensus, Plaut Bacch 2, 3, 130 (2) In eo ... reprehensa, Cic pro C ...

† Represaliæ, æ f & represaliæ, & represalia, Bud [ex repre...] A letter of mart, or reprisal, Ap JCC Clarigatio

Repressio ōnis f verb A repressing, Litt ex Sen

Repressor, ōris m verb A restrainer, curber, or holder in Repressor cædis, Cic pro Sext c

Repressus, a, um part (1) Stopped, hindred (2) Met Refrained, restrained, kept, or held in (1) Fuga, quæ parabatur, repressa, Tac ... 7, 25 (2) Furor ejus ... repressus, Cic Verr 4

Reprimendus, a, um part Made ... Producendus, n 3 q v

Reprimo ... ere essi, ssum act To keep within bounds (2) To ... n, to hinder, to hold in (3) To restrain, or repress (4) To ... b, to check (1) Fluvium ... reprimere, Cic de ... (2) = A præsenti supplicio le continuit P R & repressit, Cic Verr 5, 29 (5) = Impetus hostium retardare & reprimere, Cic pro L Manil 5 (4) Ter Heaut 1, 2, 25

Reprimor, i pass To be hindered, &c = Quod semel ... sum coerceri reprimique non potest, Cic de Fin 1, 1

|| Reprobatio, ōnis f verb A reproving, a disallowing, Aug † Improbatio

|| Reprobator, ōris m verb He that reproveth, Aug † Reprehensor, Cic

Reprobo, āre act To disallow, to reject, to reprove, to mislike ✠ Quod ipsa natura adsciscit voluptatem, & reprobat dolorem, Cic de Fin 1, 7

|| Reprobus, a, um Wicked, naught, reprobate, Eccl † Improbus, perditus

Repromissio, ōnis f verb A promising of one's self by promise, an engagement = Sine cautione & repromissione, &c Cic pro Q Rosc Com in fin

|| Repromissor, ōris m verb An engager, Dig

Repromittens, tis part Engaging himself by promise, Suet Tib ...

Repromitto, ere, isi, ssum act To bind himself by promise, or covenant, to engage ✠ § Hoc ... promitto, semperque præstabo, Cic ad Quir ... red 10

|| Repropitio, are To atone, Eccl † Propitio

Reptabundus, a, um Creeping, or crawling along Reptabundus me sequitur, Sen de Vita Beata, 12

Reptans, tis part Creeping along Reptans pectore, Stat Silv 2, 1, 98

Reptatio, ōnis f A creeping Per manus & genua reptatio, Quint 1, 12

Reptatus, a, um part Crept, or crawled over, or along, Stat Theb 5, 581

Reptatus, us m verb A creeping, or growing up Vites improbo reptatu atria complentes, Plin 14, 1

|| Reptilis le adj A, creeping thing, Sidon Ep st 8, 12 † Repens

Reptitius, a, um That creepeth in Reptitius civis, Sall in Cic ... al leg ... reptitius, q v

Repto, are freq [a repo] (1) To creep along, to dade, as children do when they learn to go (2) To go softly, or slowly like a snail (1) Plin 11, 29 (2) Silvas inter reptare salubres, Hor Ep 1, 4, 4

Repubesco, ere, ui incept To wax young and lusty again = Senectus nec repubescere, nec revirescere potest, Col 2, 8

Repudiandus, a, um part To be rejected, or abandoned Iracundia omnibus in rebus repudianda est, Cic Offic 1, 25

Repudiatio, ōnis f verb A refusal, a rejecting Repudiatio supplicium superbiam coarguit, Cic pro Muræna, 4

|| Repudiator m He that refuseth, Dig

Repudiatus, a, um part Rejected, refused, abandoned ... Repudiatus repetor, Ter Andr 1, 5, 14 = Eloquentia spreta & repudiata, Cic Orat 2

Repudio, āre act [a repudium] (1) To divorce, as a man his wife, or a woman her husband (2) To refuse, to abandon, to cast off (3) To reject and slight (1) Repudiare uxorem, Suet Cæs 1 maritum, Quint 7, 8 (2) ✠ Non, puto, repudiabis in honore, quem in periculo recepisti, Vatin Cic Fam 5, 9, 1 (3) ✠ Populus regem hanc flagitabat, illum repudiabat, Cic pro C Corn 1 = asperno, Id ✠ recipio, Id

Repudiosus, a, um To be divorced, or put away, scandalous infamous Repudiosæ nuptiæ, Plaut Pers 3, 1, 56

Repudium, ii n ... fit sin pudore (1) A bill sent to break off a marriage contract (2) A divorce, a putting away of one's wife (1) Iste repudium remisit avunculi causâ meâ, Plaut Aul 4, 10, 69 vid & Ter Phorm 5, 7, 35 (2) M Lepidus Apuleia uxori s ... post repudium obiit, Plin 7, 36 ☞ The bill of divorce was conceived in this form. Res tuas tibi habeto, Sigon

† Repuellasco, ere To wax nicer, Litt ex Plaut

Repuerasco, ere incept To grow a child again ✠ Ausim ... repuerascere, Plaut Merc 2, 2, 25 = Si quis Deus mihi largiatur ut repuerascam, & in cunis vagiam, Cic de Sen 23

Repugnans, tis part Resisting, contrary, withstanding = Contraria ... atque inter se repugnantia naturæ, Cic pro Cæl ... = Adversis & repugnantibus naturâ, Id Offic 1, 31 ✠ Consequentia & repugnantia, Id de Fin 1, 19

Repugnanter adv Contrarily, crossly, stubbornly, discontentedly, with regret ✠ Patienter accipere, non repugnanter, Cic de Am ... 25

Repugnantia, æ f Contrariety, repugnancy, opposition, resistance, contradiction Indux ... quæ videretur esse, non quæ esset, repugnantiam, Cic Offic 3, 7

|| Repugnator, ōris m verb An opposer, Amm † Repugnax

Repugnax, ācis adj Contradictious, cross, quarrelsome, contentious, Cic de Orat 1, 20 Sed ... al perpugnax facilius, Id

Repugno, āre neut (1) To repugn, to cross, thwart, or oppose stiffly (2) To oppose, resist, or defend against (3) To dissuade (1) § = Crudelitati ... repugnare & resistere, Cic pro Rabir 5 § in utramque partem, Ov § Inter se, Cic Tusc 3, 29 § contra veritatem, Id pro Q Rosc 17 circa ... aliquid, Quint Proœm ... Hic pugnes licet, nihil repugnabo, quin etiam concedam, Cic Acad 4, 57 ✠ Consules neque concedebant, neque valde repugnabant, Cic Fam 1, 2 ✠ recuso, quod vid (2) ✠ Non ego oppugnavi fratrem tuum sed fratri tuo repugnavi, Cic Fam 5, 2 (3) ✠ Cum id censuisse Cassius, Brutus repugnaverat &c Pa erc 2, 58

Repullulasco, ere incept To bud forth, to burgeon, and spring again Stirpes novellis frondibus repullulascunt, Col 4, 24

Repullulo, āre neut To bud, or sprout forth anew § Repullulare e radicibus, Plin 16, 44

Repulsa, æ f [a repello] A repulse, a foil, a denial Passa repulsam, Ov Met 2, 97 Accipere repulsam, Cic pro Planc 21 § repulsam ferre, to miss of a place at an election, Cic Orat 2, 70 Sine repulsâ fieri consul, Id pro Planc 21

Repulsator, ōris m A foiler, Plin ap Litt

|| Repulso, ōnis f verb A repulse, Valla † Repulsa, Vett

Repulso, āre freq [a repello, unde part repulsum] To drive, or beat back often, to re-echo, to resound § Colles clamore verba repulsant s, Lucr 4, 583

|| Repulsorium, um adj To repel, or put back, Amm Marc † Repellens

Repulsus, a, um part [repello] (1) Driven, or beaten back (2) Rejected, refused (3) Often stricken, or beaten upon (1) § Telum ... repulsum, ... 2, 535 Tellus remis repulsa, Ov Met 6, 512 (3) Multas ardor habebat jungere ... vana, multæ ... repulsæ, Ov Met 10, 82 (3) Æra repulsa sonant, Tibull 1, 3, 24

Repulsus, ūs m (1) A putting, or driving back (2) A putting again (3) A reflection, or reverberation (1) A repulse per vices ... , Plin 24, 8 (2) Vipera prægnans ... virus fundit, Plin 11, 37 (3) Crebro repulsu ... reddunt ... culorum ex æquore visum, Lucr 4, 105

Repulvero, are To powder a gain, or beat to powder again Litt ex Col sed non invenit

Repumicatio, ōnis f verb A polishing, or sleeking with the pumice, or sleeking, a polishing of the buds of trees and rough with the frost = Arborum repumicatio & quæ ... im pontur, Plin 17, 26

Repungo, ere, xi & pupugi, ctum act To prick, or goad again, Met to vex again, to do one a shrewd turn for another, Cic Fam 1, 9 R occ

Repurgans, tis part Cleansing, or taking away filth, scouring Os repurgans, Plin 8, 25

Repurgatio, onis f verb A purging, or cleansing, Litt ex Col

Repurgātus, a, um part Made serene, cleared Repurgato ... gebant ... cœlo Ov Met 5, 286 Serenitas cœli in ... mum ... repurgata, Sen Epist 66

Repurgo, āre act To make clean, to cleanse again, or diligently Repurgare humum, Ov de Nuce, 125 nomina, Plin 23, 4 nortum, Id 29, 10 iter, Liv

Repurgor, āri, atus pass To be cleansed Enecatur cyminum ab imo dorso, nisi ... repurgetur, Plin 19, 10 conf Curt 6, 6, 26

Reputatio, onis f verb Consideration, regard, Plin 10, 5

Reputo, āre (1) To think and think again, to consider, to impute (2) To cast and reckon up, to recount (1) § Eam rem ipsus secum ... reputavit ... Ter Andr 2, 6, 11 Quæ, non ... reputa, Liv conf ... 17, 335 (2) Item sumptum ... tuor repute, Ulp † Suppu o

Repuridus, a, um Rotten again, Litt ex Plin

Requies, ei & etis f (1) Rest, repose, quiet, ease (2) Refreshment (3) Respite, intermission (1) ✠ Requietem quærere ex ingenis occupationibus, Lucr ... Cic Fam 5, 14 conf & Cic Fin 5, 19 (2) Voluptas ... requies ... hominis ... (3) = Tempus inane peto, requiem, spatium que furori, Vir Æn 4, 433

Requiesco, ere, evi incept (1) To rest, to lye at rest (2) To sleep, to repose himself (3) To live at ease, to be at quiet (4) To rest, to acquiesce (5) To take a pleasure,

pleasure, or *satisfaction in* (6) *To ly fallow* (7) Act Also *to stay and make quiet*, *to stop*, or *cause to stop* (1) Puella defatigata petiit, ut requiesceret in sella, *Cic Div* 1, 46 (2) Requiescere longas noctes, *Tibull* 3, 7, 21 (3) = Ut requiescerem, curamque animi remitterem, reverebar, *Cic Verr* 4, 61 Vix ibi sedatis requierunt pectora curis, *Stat Theb* 12, 514 (4) Nullius consilio, aut lumine requiescunt, *Cic Attic* 1, 13 (5) In hac lectione Cicero requiescendum putat, *Quint* 10, 1 (6) Arva requiescunt mutatis fœtibus, *Vir Geor* 1, 82 (7) Jupiter Alcmenæ geminas requieverat arctos, *Prop* 2, 22, 25 Mutata suos requierunt flumina cursus, *Vir Ecl* 8, 4

† Requietio, ōnis f *Peace, rest, quietness*, Litt ex Plaut ‡ Requies

Requietus, a, um part & adj or, comp *Having rested and taken ease, that hath lain until it*, or *fallow* Requietus ager bene credita reddit, *Ov A Am* 2, 351 Requietior cura, *Col* 2, 1

Requisito, āre freq *To ask, seek*, or *inquire for a thing often*, Plin Most 4, 3, 11

Requiro, ĕre, sivi, situm act (1) *To seek again, to look for* (2) *To inquire, search, seek*, or *look for* (3) *To ask*, or *demand* (4) *To seek in vain, not to find* (5) *To stand in need of* (1) Vestigium requiro, qua aufugit mihi, *Plaut Cistell* 4, 2, 58 (2) § Ibo ac requiram fratrem, *Ter Adelph* 3, 4, ult § Juvenem oculis animoque requirit, *Ov Met* 4, 129 § Remedium ad rem aliquam requirere, *Cic* (3) Si quis requirit a te, rum, Romæ non sim, &c *Cic* Ex te requiro, *Id* (4) In quo majorum nostrorum sæpè requiro prudentiam, *Cic Parad* 8 (5) Vir ut honesto mixta nullam requirit voluptatem, *Cic* de *Fin* 1, 18

Requiror pass *To be sought, required*, &c *Cic Q fr* 1, 2

Requisitus, a, um part (1) *Sought for, demanded* (2) *Requisite, necessary* (1) Post requisitum, quale fulsum? *Cic Acad Q* 4, 24 (2) Requisita naturæ, *the needs of nature*, Sall per Periphrasin, vid Quint 8,6

Res, rei f [a ῥέζω, facio, ut sit idem quod ἔργον vel a ריש caput, i e summa, *Canin*] (1) *A thing*, a general name of things incorporeal, (2) and sometimes also corporeal (3) *A fact, a deed* (4) *An affair, a concern* (5) *A cause in law* (6) *A juncture*, or *present occasion* (7) *Ability, substance, circumstances* (8) *A purpose*, or *point in hand* (9) *A state, empire*, or *government* (10) Absol *The commonwealth* (11) *Any business, post*, or *employment* (12) *Money, wealth* (13) *Profit, advantage* (14) *An argument, a subject, matter treated of* (15) Per Euphem *Venery* (16) *Power, valour*, or perhaps *fortune*, or *success* (17) *A way, a manner* (18) *The universe, the world* (1) Res signatæ in mente, *Cic Tusc* 1, 25 commentitiæ, *Id Acad Q* 4, 40 abditæ & obscuræ, *Id ibid* 4, 10 ⁑ Non vocabulorum opificem, sed rerum inquisitorem decet esse sapientem, *Id* ¶ Res severæ, *business*, Nep Pelop 3 (2) Res, quæ gignuntur a terra, *Cic Acad Q* 1, (3) ⁑ Rerum auctores, non fabularum, *Cic N D* 3, 31 Nihil neque ante rem, neque præter rem, locuti sumus, *Ad Herenn* 4, 1 ⁑ Ut beneficium verbis initum re comprobes, *Ter Andr* 5, 1, 5 (4) Omnem rem scio, ut sit gesta, *Ter Hec* 3, 5, 18 (5) Aut ad populum, aut in jure, aut ad judicem res est, *Plaut* Rerum actus, *Suet Claud* 2, ¶ Quando res redierunt, *in term time*, Plaut Capt 1, 1, 18 Ubi res prolatæ sunt, *in the vacation*, Id ibid 1, 10 Rerum prolatio, *a putting off the term*, Cic Attic 7, 12 *Cicero tamen distinguere videtur inter* res & lis, pro *Murren* 12, fin (6) Pro re nata Antonii colloquium non est incommodum, *Cic Att* 14, 6 Ita rem nata am intelligo, *Plaut Cas* 2, 5, 5 (7) Duo talenta pro re nostra decrevi esse satis, *Ter Heaut* 5, 1, 68 ¶ Res secundæ, *prosperity*, Ter Phorm 2, 1, 11 adversæ, *adversity*, Cic Fam 4, 13 angustæ, *Hor Od* 1, 10, 5 arctæ, *straits*, Val Flacc ¶ Res tuas sibi habere, *a formula in divorcing a wife*, or *an husband* Si vir ab uxore divortit, uxori res suas sibi habere jubeto, eique claves adimito, *Lex XII Tabb* vid & *Plaut Amph* 3, 2, 47 (8) Omitte ista, & ad rem redi, *Ter Adelph* 2, 1, 31 (9) Postquam re Asiæ evertere visum superis, *Vir Æn* 3, 1 (10) Unus homo nobis cunctando restituit rem, *Ennius* ap *Cic* Rem populi tractas? *Pers* 4, 1 (11) Summa est hominis in communium municipii rem diligentia, *Cic* Tantumne est ab re tua otii tibi, aliena ut cures? *Ter Heaut* 1, 1, 23 Res pastoria, *Varr R R* 2, 1 rustica, *Id* militaris, *Cic* bellica, *Hor* (12) Posterius res inventa est, aurumque repertum, *Lucr* 5, 1112 Qui honeste rem quærunt mercaturis faciendis, *Cic Parad* 6 Vir haud magna cum re, sed fide plenus, *Ennius* ap *Cic* de *Senect* 1 ¶ Rem facere, *to get wealth*, Ter Adelph 2, 2, 12 struere, *Plaut* (13) In rem suam aliquid convertere, *Cic* pro *S Rosc* ¶ E re mea, tua, &c *to one's own advantage*, Ter ¶ Alicui rei esse, *to be good for something*, Id Adelph 3, 3, 4 Rei nulli esse, *good for nothing*, Plaut Stich 5, 4, 38 (14) Usus vetusto genere, sed rebus novis, *Phædr* 5, 1, 12 *vid & eundem*, 1, 27 Heroi res erat ista pedis, *Ov Fast* 2, 126 (15) Ego cum illo, cum quo rem habebam, hospite, abii huc, *Ter Eun* 1, 2, 39 (16) Res Romana erat superior, *Liv* (17) Jam reperi rem, quo pacto nec fur, nec socius sies, *Plaut Rud* 4, 3, 87 (18) Domina rerum *Roma*, Ov Met 15, 447 Aut Libyæ, aut Asiæ latus, aut pars tertia rerum, *Sil.* Pulcherrime rerum, *Ov Ep* 4, 125 ☞ *Eleganter hoc nomen*, ut χρῆμα ap Græcos, redundat, *ut*, res cibaria, *i e* cibus, *Plaut Capt* 4, 2, 1 uxoria, *i e* uxor, *Ter Andria*, 5, 1, 10 Res voluptatum, *Plaut Amph* 2, 2, 1 ¶ Phrases promiscuæ, Rem gerere, *to manage an affair*, chiefly in war, *Cic* Rei servire, *to be industrious*, Ter Malam rem metuere, *to be afraid of punishment*, Plaut Abire in malam rem, vel crucem, *Formula execrandi*, & per Euphemismum, Abi, quo dignus es, *Ter*

Resævio, ire, ivi neut *To rage and bluster anew* Ne mota resæviat ira, *Ov Trist* 1, 1, 103

Resalūtatio, ōnis f verb *A courteous speaking to him that speaketh to you, a resalutation*, Suet Ner 37

Resalūtātus, a, um part *Saluted again* ⁑ Cum omnes eum salutabant, constabat neminem esse resalutatum, *Cic Philipp* 2, 41

Resalūto, āre act *To salute one again* = Neminem resalutas, despicis omnes, *Mart* 4, 84

Resanesco, ere, ui neut *To return to one's right sense again, to recover one's senses* Animi resanuit ardor, *Ov Am* 1, 10, 9

Resarcio, ire, si, tum act (1) *To patch, to mend* (2) Met *To recompense*, or *make amends for* (1) *Vid* Resarcior (2) = Nec mox in tantum exuberat, ut & jacturam capitis amissi restituat, & quæstum resarciet, *Col* 1, 8 & 11, 1 Damna resarcire, *Cic* de *Fin* 1, 9

Resarcior, iri pass *To be mended* ⁑ = Fores effregit? restituentur Vestem discidit? resarcietur, *Ter Adelph* 1, 2, 41

Resarrio, ire, ivi, itum act unde part resarriens *To rake*, or *weed over again*, Plin 18, 20

Resartūrus a, um part *That will compensate*, or *make good*, Suet Claud 6

Rescindendus, a, um part (1) *To be cut down* (2) Met *To be made void* (1) Pontes rescindendos curare, *Cæs B G* 7, 35 (2) *Sen*

Rescindo, ĕre, idi, issum act (1) *To cut off* (2) *To cut*, or *break down* (3) *To break through, to open a passage* (4) *To retrench, to rip up, to break*, or *till up* (5) *To launce*, or *open a sore* (6) *To abolish, cancel*, or *make void, to repeal*, or *null an act*, or *law* (7) *To renew* (1) Quod falx reliquerit, vomis rescindat, *Col* 2, 14 (2) *Vid* Rescindor (3) Utinam quidem rescindere has quirem vias, *Sen Theb* 226 Rescindere pectora ferro, *Stat Theb* 11, 507 (4) Altè perfossam terram rescindere, *Col* 1, 2 (5) Siquis ferro poterit rescindere summum ulceris os, *Vir Geor* 3, 453 (6) Acta Antonii rescidistis, *Cic Philipp* 13, 3 = Ut injurias rescinderet, & irritas faceret, *Id* (7) ⁑ Quid me meminisse malorum cogis, & obductos annis rescindere luctus? *Ov Met* 12, 543

Rescindor, i pass (1) *To be cut*, or *broken down* (2) Met *To be made void* (1) Pontem rescindi jubet, *Cæs B G* 1 (2) ⁑ Mihi non videtur, quod sit factum legibus, rescindi posse, *Ter Phorm* 2, 4, 15

Rescio, ire, ivi *To hear and understand of a matter, to come to the knowledge of it* Ne rescirent Carthaginienses, *Liv* 29, 14 Rescivit Amphitruo rem omnem, *Plaut Amph* 1, 2, 29

Rescisco, ĕre *To come to know* Hi, quos par est resciscere, sciunt, *Ter Hec* 5, 4, 27 Cautio est ne id resciscat pater, *Id Andr* 2, 3, 26. Cum id resciverit, *Cic Offic* 3, 23

‖ Rescissio, ōnis f verb [a rescindo] *A cutting off*, Met *a revoking, disannulling*, or *making void*, Ulp ‡ Abolitio

‖ Rescissorius, a, um adj ut, Rescissoria actio, *an action to make void a thing*, Ulp

Rescissus, a, um part (1) *Cut down*, or *in sunder, cleft* (2) *Lanced, opened* (3) Met *Abolished, made void* (1) Pons rescissus, *Nep Milt* 3 Rescissum palatum, *Luc* 4, 328 (2) Rescissum vulnus, *Plin Epist* 7, 19, 9 (3) Gloria rescissa cunctis, *Claud* de *Bell Get* 585

Resciturus, a, um part *To come to the knowledge of* Inelugant adversarios rescituros de suo adventu, *Nep Eum* 8

Rescribo, ĕre, psi, ptum act (1) *To write back* (2) *To write over again*, in order to correct (3) *To pay money by bill* (4) *To write against* (1) ⁑ Quid de iis rebus Fonteius ad legatos suos scripsit, quid ad eum illi rescripserunt, cognoscite, *Cic* pro *Font* (2) Pollio Asinius existimat, *Cæsarem commentarios suos rescripturum*, & correcturum fuisse, *Suet Cæs* 56 (3) Dictaris quod tu nunquam rescribere possis, *Hor Sa* 2, 3, 76 *vid* & Rescribor, n 2 ¶ Rescribere legionem ad equum, *to put the foot on horseback*, Cæs B G 1, 42 (4) Cujus libris de orthographia rescripsit, non sine insectatione studiorum, morumque ejus, *Suet* de *Illustr Gram* 1

Rescribor, i pass (1) *To be writ back, to be answered*, & (2) *To be paid by bill* (1) Retulit ad senatum qua forma regum literis rescribi placeret, *Suet Tib* 30 (2) Argentum jussi jubeo rescribi, *Ter Phorm* 5, 7, 29

Rescriptum, ti n *The rescript* or *letter of an emperor*, or *prince, making answer to petitions*, or *other letters* Precatus per codicillos immiti rescripto venas resolvit, *Tac Ann* 6, 9, 3

Rescriptus, a, um part *Writ again, new chosen* Rescripta Bruto de Catone, *a work of Augustus so called*, Suet Aug 85 Cantus rescripti, *songs pricked and set down with musical notes*, Cic interp Turn Rescriptæ ex eodem milite novæ legiones, *Liv* 9, 10

† Resculpo ĕre, psi *To resemble*, or *express*, Prud Psych 5 ‡ Exprimo, *Vett*

Resĕcandus, a, um part (1) *To be cut down, to be reaped* (2) Met *To be cut off*, or *taken away, to be retrenched* (1) Seges resecanda falce, *Ov Ep* 1, 5 (2) ⁑ Hæc ita disputant, ut resecanda esse fateantur, evelli penitus dicant nec posse, nec opus esse, *Cic Tusc* 4, 20

Resĕcātio, ōnis f verb *A cutting*, or *paring*, Litt ex Cels

‖ Resĕcatior, us, comp *Shorter, more precise*, or *exact*, Litt ex Apul ✻ Prolixior, ‡ brevior, *Vett*

Resĕco, āre, ui, ctum act (1) *To pare, clip, cut off*, or *cut out* (2) *To take clean away* (3) Met *To sift too nicely, to examine too severely* (1) Resecare ungues, *Val Max* 3, 2, 15 § putrem de tergore, *Ov Met* 8 648 (2) Linguam resecare, *Ov in Ibin*, 439 (3) *Cic* de *Amicit* 5

Resĕcro, āre [ex re, i e contra, & sacro, resecrare, solvere religione] (1) *To pray contrary to that he desired before*, † *to take off a curse*, or *excommunication* (2) Also *to sacrifice again* (3) *To pray*, or *desire again* (1) Iidem sacerdotes resecrare sunt coacti, qui eum devoverant, *Nep Alcib* 6 (2) *Ann* (3) Obsecro te, resecro, operam hanc da mihi fidelem, *Plaut Pers* 1, 1, 49

Resectio, ōnis f verb [a reseco] *A paring* or *cutting* Vinea quæ ex resectione nata est, *Col* 4, 22

Resector ōris m *He that cutteth*, Litt ex Cels

Resectus,

Resectus, a, um part *Cut, or pared off, shreded, shaven off* Radices valle resecta, *Ov Met* 6, 641 Barba resecta, *Id Trist* 4, 10, 58

Resecūtus, a, um part [à resequor] *Following again, answering, replying* His est resecuta rogantem, *Ov Met* 8, 865

Reseda, æ f [dict quòd morbos sedaret] *An herb that dissolveth swellings and imposthumes, Jack* Reseda, morbos reseda, *Plin* 27, 12 i e mitiga

Resēdo, āre act *To appease, to allay,* Plin 27, 12

Resegmen, inis n [quòd à re aliquâ resecatur] *Any thing cut off, a paring, a chipping* Resegmina unguium, *Plin* 28, 1

Resēminatio, ōnis f verb *A sowing of seed again,* Col

Resēmino, āre act *To sow again, to breed of its own seed* = Una est quæ reparet, seque ipsa reseminet ales, *Ov Met* 15 392

Resēminor, āri, ātus pass *To be sown,* Litt ex Col

✠ Resĕquor, i, cutus dep unde par resecutus *To follow again, to say after another, to answer, to reply* Nereis his contra resecuta Crataeide natam, *Ov Met* 13, 749 *Vid* Resecutus

Resĕrandus, a, um part *To be unlocked* Res familiaris non ita reseranda, ut pateat omnibus, *Cic Offic* 2, 15 ✱ Claudenda, *Id ibid*

Resĕrans, tis part *Unlocking, Met disclosing* Hospitibus reserans secreta, *Val Flacc* 2, 438

Resĕrātus, a, um part *Opened, unlocked* Patent iterum reserato carcere postes, *Ov Amor* 3, 2, 77

Resĕro, āre act [cum amotâ serâ à januæ cardine patefiunt fores, *Fest*] (1) *To open, to unlock* (2) *To disclose, or discover* (3) *To set open* (1) ✱ Domus suas claudunt, aut reserant, *Plin* 10, 1 = Urbem reserare, & pandere portas, *Vir Æn* 12, 584 (2) Ora sacra reserabo, augustæ mentis, *Ov Met* 15, 145 (3) Ut reseret [illis, spargatque per æquora bellum], *Val* 2, 682

Resĕro, ĕre, evi, atum act *To sow, set, or plant again,* Col 3, 11

Resĕrvo, āre act (1) *To keep for time to come* (2) *To keep from another, to reserve* (3) *To keep alive* (1) Dii præsentis fraudis pœnas in diem reservant, *Cic* pro *Cœl* 24 (2) ✱ Usum loquendi populo concessi, scientiam mihi reservavi, *Cic Orat* 48 = Retineo, *Cæs B C* 1, 2 Quartam partem agri in pratum reservare, *Cato*, c 29 (3) *Vid* seq

Resĕrvor, āri, ātus pass *To be reserved,* &c Ex media morte reservatus, *Cic Catil* 4, 9 Præsenti sermoni reserventur cætera, *Id Q. fr* 2, 8

Rĕses, idis adj [à resideo, quia residet ignavus] (1) *Idle, slothful, lazy* (2) *Unaccustomed* (1) Timere patres residem in urbe plebem, *Liv* 2, 32 Reses aqua, *standing water,* Varr R R 3, 17 (2) = Resides animi, desuetaque corda, *Vir Æn* 1, 726

Resex, ĕcis m [à resecando] *The vine branch, which is cut and springeth again, and beareth more fruit than it did before,* Col 3, 10 & 4, 24 *Vid* Resideo

Residens, tis part *Sitting residing,* &c Residens in codice pellex, *Juv* 2, 57

Resideo, ēre, ēdi neut [ex re, & sedeo] (1) *To sit down* (2) *To rest, to sit still* (3) *To remain, or abide* (4) *To continue, to reside* (5) *To stick, or cleave to* (6) *To impend* (7) *To decline* (8) *To shrink, or sink down, to abate* (1) ✱ Residere, deinde spatiari, *Cic* pro *S Rosc* 21 (2) ¶ Residere esuriales ferias, *to sit idly, and fast,* Plaut Capt 3, 1, 8 (3) In corpore mortui nullus residet sensus, *Cic Tusc* 1, 43 (4) Ut nequas iam civitas residere in familiis arbitretur, *Cic Attic* 14, 14 (5) Cujus culpa in te residet, *Brut Cic* 16 (6) Periculum residebit, & erit inclusum penitus in venis, *Cic* in *Catil* 1, 13 (7) Si montes resedissent, amnes exaruissent, *Cic* in *Pison* 35 (8) Cum tumor animi resedisset, *Cic Tusc* 3, 12 Resident iræ, *Liv* 2, 29 Nisi malis à resido

Rĕsīdo, ĕre, sēdi (1) *To abide, or continue in a place* (2) *To sit down* (3) *To be asswaged, to be calm* (4) *To go back, to retreat* (5) *To fix, or settle his abode* (1) ✱ Viennensium vitia inter ipsos residunt, nostra late vagantur, *Plin Epist* 4, 22, 7 (2) Jungunt dextras mediisque residunt ædibus, *Vir Æn* 8, 467 (3) ✱ Dum motæ residant aquæ, *Ov Met* 9, 95 (4) ✱ Flumina prosiliunt, aut excæcata residunt, *Ov Met* 15, 272 Dum retrò residunt in partem, quæ peste caret, *Vir Æn* 9, 539 (5) ✱ Versans Siculisne resideret arvis, Italasne capesseret oras, *Vir Æn* 5, 702

Resĭduum, ii n *The rest, the remnant, that which is left in arrearages, the residue* ✱ Quid relatum, quid residuum sit, *Cic* de *Leg Agr* 2, 22

Resĭduus, a, um *The rest, the remnant, what is left, the residue, or remainder* Residuæ pecuniæ, *Cic* pro *Cluent* 34 = Residua & vetus simultas, *Liv*

‖ Resignatio, ōnis f verb *An opening, or resigning, a cancelling,* Ap ICC

Resignātus, a, um part *Opened,* &c Resignatæ literæ & inspectæ, *Plaut Trin* 3, 3, 65 Resignatum æs, *soldiers pay stopped by officers for negligent service in war,* Fest

Resigno, āre act (1) *To open what is sealed, to unseal* (2) *To close, or fasten up* (3) *To abolish, to annull, to cancel* (4) *To discover and declare* (5) *To resign, or surrender* (1) Resignare literas, *Plaut Vid* Resignatus testamenta, *Hor Ep* 1, 7, 9 (2) Dat somnos adimitque, & lumina morte resignat, *Vir Æn* 4, 244 *interpr Serv* ☞ *Sed hic omnino consulendus* Turnebus Advers 24, 26. *annon potius aperiendi notione sumi debeat hic locus* (3) Cum omnium tabularum fidem resignâsset, *Cic* pro *Arch* 5 (4) O vates venientia fata resigna, *Ov Fast* 6, 35 (5) ✱ Si celeres quatit Fortuna pennas, resigno quæ dedit, *Hor Od* 3, 29, 54

Resĭlio, ire, ui, & ivi & ii, ultum neut (1) *To leap, skip, or start back* (2) *To rebound, to recoil* (3) *To be obstinate* (4) *To shrink in, or grow lank* (5) *Not to stick to, not to be fixed upon* (6) *Also to go from his bargain* (1) Piratæ in aquas suas resiluerunt, *Flor* 3, 6 (2) A culmine tecti resilit grando, *Ov Met* 12, 480 (3) Quandoque resilit vulnus, & curare scalpello oportet, *Plin* (4) = Detracto mamma alumno suo sterilescit illico, ac resilit, *Plin* 11, 40 (5) Crimen ab hoc quasi scopulo resiluit, *Cic* pro *S Rosc* 29 (6) Emptori resilit venditor, meliore conditione oblatâ, *Ulp*

Rĕsīmus, a, um [ex re, & simus] *Having a camoise nose, crooked upward* Naribus resimis patulisque, *Col* 6, 1 Rostrum resimum, *Plin* 8, 25

Resīna, æ f [à Gr ῥητίνη, utrumque a Celt rousin] *Rosin, or the like gum, running out of trees,* Col 12, 20 Vitruv 2, 9

Rĕsīnāceus, a, um *Of rosin, or like to it,* Plin 24, 11

Resīnārius, a, um *Of, or belonging to rosin,* Litt ex Mart

Resīnatus, a, um (1) *Rosined, made, or mixt with rosin* (2) Met *Soft, effeminated, debauched* (1) ✱ Resinata bibis vina, Falerna fugis, *Mart* 3, 77 = Crapula, *Cels* q v (2) Resinata juventus, *Juv* 8, 114 i e resinâ lævigati in amatorum gratiam

‖ Resinifer, a, um *Bearing rosin* Arbor resinifera, *the rosin tree,* Jun

Resĭno, āre, sivi *To resign up* Audio te fundum hunc velle resinere, *ut* Lexica ex Cic sed loco perperam notato

Rēsīnōsus a, um ssimus, sup *Full of rosin, pitch, or gum, gummy, clammy* Medicamina resinosa, *Col* 12, 20 = Pinguissima, & resinosissima bacca, *Plin* 14, 7

Resipiens, tis part *Tasteing of* Vitis per se in vino picem resipiens, *Plin* 14, 1

Resĭpio, ĕre, pivi & pui neut [ex re, & sapio] (1) *To savour, or smell, to taste, or smack of* (2) Met *To be wise, to come to one's wits* (1) Resipit picem, *Plin* 32, 5 *Met* Laboravi ut absurda concinerent, insulsa resiperent, hiulca congruerent, *Auson Technop Præf* Intelligo te resipisse, *Ter Heaut* 4, 8, 3 pro resipuisse conf *Cic* pro *Sext* 38

Resipiscens, tis part *Coming to his senses again* Extractum sibi deficienti annulum mox resipiscens requisivit, *Suet Tib* 73

‖ Resipiscentia, æ f *Repentance* Μετάνοιαν nos possumus resipiscentiam dicere, *Lact Div Inst* 6, 24 ☞ *Hinc apparet hanc vocem Lactantii ætate modo cusam*

Resipisco, ĕre, ui (1) *To repent, or return to a right understanding* (2) *To come to his wits, or senses again, to recover* (1) Ne interveneris dum resipiscit, *Plaut Mil* 4, 8, 24 (2) *Suet Tib* 73

Resistens, tis part *Stopping, opposing, resisting* Fortissimè cum resistentibus confligere, *Hirt* ap *Cæs B G* 8, 29

Resistitur impers *It is withstood, it is cured, or remedied,* Plin 26, 13

Resisto, ĕre, stiti, stitum neut (1) *To stand up, or rise again* (2) *To stand still, to stay, to halt* (3) *To stop, as in speaking* (4) *To withstand, to resist, to hold against one* (5) Met *To be good against* (1) ✱ Nihil est unde lapsi resistamus, *Cic* pro *Muræn* 39 (2) Restitere Romani, tanquam cœlesti voce jussi, *Liv* 1 12 Dave adesdum, resiste, *Ter Andr* 2, 2, 7 (3) Incipit effari, mediaque in voce resistit, *Vir Æn* 4, 76 (4) § Cum legiones hostibus resisterent, *Cæs B G* 2, 22 § = Resistere, & repugnare contra veritatem, *Cic* pro *Q. Rosc* 17 *Absol* Adversus resistere, *Nep* (5) Cervus herbâ cinare venenatis pabulis resistit, *Plin* 8, 27

Resōlūbilis, le adj *Which may be resolved,* Litt ex Col certè ap *Prud Apoth* 514

Resolvens, tis part *Loosening, getting free from* Longèque resolvens aggere se ripæ, *Sil* 6, 281

Resolvo, ĕre, vi, utum act (1) *To loose, untye, unbind, or unguird* (2) *To open, or undo* (3) *To loosen, to make laxative* (4) *To make void* (5) *To mitigate, to relax* (6) *To discover, to explain* (7) *To pay back* (8) *To separate, divide, or put asunder* (9) *To abolish, to take off, or away* (10) *To dissolve, soften, or melt* (11) *To enfeeble, or weaken* (12) *To confute, to refute* (13) *To scatter, or dissipate* (14) *To acquit, or absolve* (15) *To resolve, or reduce* (1) ✱ Si quem dominus vinxerit, ne sine jussu patris familias resolvat, *Col* 11, 1 ✱ Cinctas resolvite vestes, *Ov Met* 1, 382 ✠ Vocem & ora resolvere, *to break silence,* Vir (2) Accipias literas resolvere, *Liv* epistolam *Sen Ep* 22 (3) ✱ Quid compressum corpus resolvat, quid solutum teneat, *Cels* (4) = Ante, pudor, quam te violo, aut tua jura resolvo, *Vir Æn* 4, 28 (5) Hiems curas resolvit, *Vir Geor* 1, 302 (6) Ipse dolos tecti, ambagesque resolvit *Vir Æn* 6, 29 (7) Si resolvi argentum cui debeo, *Plaut Men* 5, 5, 30 ¶ Una plaga resolvere, *to get off with one blow,* Plaut Amph 2, 2, 73 (8) *Litt* ex *Cels* (9) Vectigal & onera commerciorum resolvimus, *Tac Hist* 4, 65 (10) Aceti acerbitas visque margaritas in tabem resolvit, *Plin* 9, 35 Ignis aurum resolvit, *Lucr* 6, 966 (11) Poplites summittuntur viresque resolvunt, *Lucr* conf Resolutus, n 4 (12) Resolvere ex parte diversa dicta difficile erit, *Quint* 5, 13 (13) Diduxit humum fluctus, partesque resolvit in totidem, *Ov Met* 8, 587 (14) Te piacula nulla resolvent, *Hor Od* 1, 28, 34 (15) Resolvere in pulverem, *Col* 11, 2

Resolvor, i f verb *To be loosed, to dy, to be made void,* &c *Cic Vid* Resolvo

Resŏlūtio, ōnis f verb (1) *A loosing* (2) Met *A resolution* (1) Resolutio nervorum, *the palsy,* Cels 2, 1 ventris, *a lask, or looseness,* Id 2 6 alvi, *Id* 2, 7 ✱ adstrictio, *Id* (2) Resolutio sophismatis, *Gell* 18, 2

Resōlūturus, a, um part *About to pay,* Cic Philipp 14, c, ult *ubi al leg* persoluturum

Resōlūtus, a, um part & adj or, comp (1) *Unbound, loosed* (2) *Hanging down, dishevelled* (3) *Loose, not chaste* (4) *Enfeebled, enervated, weakned* (5) *Broken up, plowed, or digged* (6) *Dissolute, effeminate* (7) *Overflowed* (1) Resoluta vincla, *Sil* 6, 462 (2) Resoluta comas puella, Tib 1, 9, penult (3) ✱ Adstricta alios, alios resoluta alvus exercet, *Cels* (4) = Sic juvenum corpora fluxa, & resoluta sunt ut nihil mors mutatura videatur, *Col* 1, 1 (5) ✱ Ex his nihil non melius resolutâ humo, quam densâ provenit, *Col* Resoluta terra, *Ov Met* 15, 245 (6) Resolutus in luxus & otium, *Tac Ann* 4, 67, 4 Resolutior cinædo, *Mart* 10, 98, 2 (7) Resolutus Rhenus, *Suet Dom* 6

✠ Resŏnābilis, le adj *Ringing, yielding a sound again* Resonabilis Echo, *Ov Met* 3, 358

Rĕsŏnans,

Reſonans, tis part *Sounding, or ringing again with an echo, roaring* Scindunt reſonantia ſaxa montem, *Sil* 1, 372 Unda reſonante tunditur littus, *Catull* 11, 3 conf *Cic* Q *fr* 1, 1

Reſonantia, æ f *A ſounding again, an echo* Ubi non impediat reſonantia, *Vitruv* 5, 5

Reſonatur impers *A ringing ſound is made* In ſidibus tubæ reſonatur, aut cornu, *Cic N D* 2, 57

Reſŏno, āre, ui neut *To ſound, or ring again with an echo, to reſound* Reliquum ſe è poculo jecit, ut id reſonaret, *Cic Tuſc* 1, 40 § Reſonat clamoribus æther, *Vir Æn* 2, 226 § Reſonare doces Amaryllida ſylvas, *Id Ecl* 1, 5

Reſŏnus, a, um adj *That ſoundeth again, that maketh an echo, ringing, reſounding* Reſona voce, *Ov Met* 3, 496 Ictus reſonis, *Val Flacc* 1, 619 Reſonæ ripæ, *Sil* 6, 285

Reſorbens, tis part *Supping up* Pontus revoluta reſorbens æquora, *Vir Æn* 11, 627

Reſorbeo, ēre, ui *To ſwallow, or ſup again* ✠ Vomit totidem fluctus, totidemque reſorbet, *Ov Ep* 12, 125 Reſorbere lachrymas, *Stat Theb* 5, 624 vocem, *Plin* 10, 25

Reſpectans, tis part *Beholding* = Hæc ita prætereamus, ut tamen intuentes & reſpectantes relinquamus, *Cic pro Sext* 5

Reſpecto, āre freq [à reſpicio] (1) *To look back often* (2) *To have often regard to, to reſpect, or mind* (3) Met *To open, to gape* (1) Quid reſpectas? nihil periclì eſt, *Ter Adelph* 2, 1, 3 Obliquo oculo reſpectare aliquem, *Stat Theb* 3, 377 (2) Si qua pios reſpectant numina, *Vir Æn* 1, 627 (3) Janua lethi vaſto reſpectat hiatu, *Lucr* 5, 376

Reſpectus, us m verb [à reſpicio] (1) *A looking back* (2) *A ſight, a ſpectacle* (3) *A conſideration, regard, or reſpect* (1) Effuſe & ſine reſpectu effugere, *Liv* 2, 12 (2) Lugentibus miſerabilem reſpectum incendiorum fore, *Cic de Div* 1, 32 (3) Cum reſpectum ad ſenatum & bonos non haberet, *Cic Philipp* 5, 18 Occultæ muſicæ aiebat nullum eſſe reſpectum, *Suet Ner* 20 Tandem ſit veri reſpectus & æqui, *Mart* 11, 57, 11

Reſpergo, ĕre, ſi, ſum act *To beſprinkle, to daſh* Cum prætoris oculos prædonum remis reſpergerent, *Cic Verr* 5, 38 Sanguinanti dextram reſpergere, *Catull* 62, 20 reſpergo ærero, *Col* 6, 2

Reſperſio, ōnis f verb *A beſprinkling* Pigmentorum reſperſio, *Cic de Div* 2, 21 Sumptuoſa reſperſio, *Id de Legg* 2, 24

Reſperſus, a, um part *Beſprinkled* Sanguine ſimulacrum Veſtæ reſperſum, *Cic de Orat* 2, 3 Reſperſa menſa cruore, *Ibid* 1, 48

Reſperſus, us m *A ſprinkling, or daſhing* Aves reſperſu pinnarum hoſtem obcæcantes, *Plin* 10, 3

Reſpiciendus, a, um part *To be regarded* Quorum quiſque ſibi reſpiciendus erit, *Ov Am* 1, 8, 98

Reſpiciens, tis part *Looking back upon* Reſpiciens oculis pignora chara meis, *Ov Triſt* 1, 3, 60

Reſpicio, ĕre, exi, ectum act [ex re, & ſpecio] (1) *To look back upon* (2) Abſol *To look* (3) Met *To conſider, or mind, to regard, to reſpect* (4) *To favour* (5) Alſo *to belong, to appertain* (1) Vecors repentè conſtitit, deinde reſpexit, *Cic de Har Reſp* 1 (2) Tam longè retrò reſpicere non poſſunt, *Cic Tuſc* 5, 2 (3) Nullum remittis tempus, neque te reſpicis, *Ter Heaut* 1, 1, 18 (4) Tace, aliquis nos Deus reſpiciet, *Plaut Bacch* 4, 2, 24 Pietas reſpicit labores hominum, *Vir Æn* 5, 689 (5) § Summa imperii ad hunc Brutum reſpiciebat, *Cæſ B C* 3, 5

Reſpicior, i paſſ *To be looked back upon, to be regarded*, &c *Cic*

Reſpino, āre *To remove thorns*, Litt ex Col

Reſpiramen, inis n *The paſſage of the breath, the wind pipe* = Vitales vias & reſpiramina clauſit, *Ov Met* 2, 828

‖ Reſpiramentum, i n *A reſpiration*, Litt ex Apul ✝ Reſpiratio

Reſpīrātio, ōnis f verb (1) *A breathing, or fetching breath, a reſpiration* (2) *A venting of, exhalation, or ſteam* (1) = Intervalla, mora, reſpirationeſque in oratione delectant, *Cic de Orat* 1, 16 (2) Reſpiratio aquarum, *Cic N D* 2, 10

Reſpiratus, us m *The breathing back* Reſpiratu contrahunt, & dilatant ſe pulmones, *Cic N D* 2, 55 Sed Grat leg ſpiritu

Reſpiro, āre act & neut (1) *To take, or fetch breath, to breathe* (2) *To be refreſhed, or eaſed* (3) *To have ſome reſpite, to recover* (4) *To breathe forth and ſend out* (1) ✠ = Aſpera arteria excipit animam à pulmonibus, eandemque reſpirat & reddit, *Cic N D* 2, 54 (2) *Ter Heaut* 2, 2, 12 Sine reſpirare me, tibi ut reſpondeam, *Plaut Perſ* 3, 3, 12 ¶ § Reſpirare a metu, *to recover out of a fright*, Cic *pro Cluent* 70 (3) Si, armis poſitis, civitas reſpiraverit, *Cic Fam.* 6, 2 (4) Malignum aëra reſpirat pelago circumflua Neſis, *Stat Sylv* 2, 2, 78

Reſplendeo, ēre, ui neut *To ſhine bright, to glitter* Reſplendebat is veſtis, argentum, &c Cic de Fin 2, 8 *Sed Grut leg* reſpondeat Tremula infuſo reſplendent cærula Phœbo, *Sil* 12, 752

‖ Reſplendeſcentia, æ f *Brightneſs*, Aug ✝ Splendor

Reſpondens, tis part *Anſwering, reſounding*, Stat Achill 2, 171

Reſpondeo, ēre, di, ſum neut (1) *To anſwer, to reply* (2) *To re-echo* (3) *To agree, to act ſuitably, to correſpond* (4) *To appear, or anſwer when one is called* (5) *To give counſel to thoſe that aſk our advice* (6) *To ſucceed, to anſwer expectation* (7) *To ſtand, or be ſet right over againſt* (8) *To pay, or ſatisfy* (1) ✠ Aliud mihi reſpondes, ac rogo? *Ter Phorm.* 4, 4, 3 Si appellaſſes, reſpondiſſet nomine, *Plaut Trin* § Reſpondere ad quæſita, *Cic Philipp* 1, 1 § aliquis maledictis, *Ter Prol in Andr* 7 § de aliquo, *Cic Verr* 2, 5 § contra contumeliam inimici, *Id de Har Reſp* 8 § pro aliquo, *Id* § de aliqua re, *Id Acad* 4, 7 § aliquid in utramque partem, *Id Acad* 4 (2) Non canimus ſurdis, reſpondent omnia ſylvæ, *Vir Ecl* 10, 8 (3) § Scipio fortunæ virtutique in Africa reſpondit, *Paterc* 2, 4 § Quarta chorda ad ſeptimam reſpondet, *Varr* (4) Citatus accuſator, non reſpondit, *Cic* (5) Rutilius magnum munus de jure reſpondendi ſuſtinebat, *Cic* § Reſpondere jus civile publicè, *Plin* (6) ✠ Medicina ſæpius reſpondet, interdum tamen fallit, *Celſ* (7) Contra elata mari reſpondet Gnoſia tellus, *Vir Æn* 6, 23 (8) ✠ Ut ſæpe ut ii qui debent, non reſpondent ad tempus, *Cic Attic* 16, 2

Reſpondeor, ēri paſſ *To be anſwered*, &c ✠ Quæ conſuluntur, minimo periculo reſpondentur, *Cic pro Mur* 13

✝ Reſpondo, i, ĕre, ſum *To anſwer, to agree*, &c *Mart* 2, 4, 7 ſi ſana ſit lectio. Sic etiam magno quædam reſpondere mundo hæc natura facit, *Manil* 5, ſub finem

‖ Reſponſālis m *An officer like the pope's nuncio, ſent with ſpecial commiſſion from his prince*, Novel

Reſponſio, ōnis f verb *An anſwer, alſo agreeableneſs* Interpretatio indigna reſponſione, *Cic pro C Balb* 13 Reſponſione me accuſavit, *Id in Piſon* 23

Reſponſito, āre freq [à freq reſponſo] *To anſwer often, to give counſel in law* = Leges interpretari, & populo reſponſitare, *Cic de Legg* 1, 4

Reſponſo, āre freq [à reſpondeo] (1) *To anſwer* (2) *To anſwer ſaucily, to give croſs anſwers* (3) *To reſiſt, or oppoſe* (4) *To agree with, to ſuit with* (1) Neu quiſquam reſponſet, quando haſce ædes pultabit ſenex, *Plaut Moſt* 2, 1, 56 (2) § Numquis ſervorum deliquit? num ancillæ aut ſervi tibi reſponſant? *Plaut Menæch* 4, 2, 57 (3) § Virtus atque animus cœnis reſponſat opimis, *Hor Sat* 2, 7, 103 Reſponſare cupidinibus, *to deny himſelf*, Id ibid 7, 85 (4) Ne gallina malùm reſponſet dura palato, *Hor Sat* 2, 4, 18

Reſponſor, ōris m verb *A counſellor in the law*, Hor Ep 1, 16, 4, interpr Torr *a ſurety, a voucher*, al perperam

Reſponſum, i n (1) *An anſwer, a reply, a rejoinder* (2) *An oracle, a propheſy* (3) *An opinion of the learned in the law* (1) ✠ Sciat reſponſum non dictum eſſe, *Ter in Prol Eun* 6 Ex illius ad noſtra reſponſa reſponſis intelligentur, *Cic Attic* 7, 17 (2) Si qua Phryges præ ſe jactant reſponſa Deorum, *Vir Æn* 9, 134 Poſcens reſponſa ſacerdos, *Sil* 1, 121 (3) Reſponſa atque decreta juriſconſultorum, Cic *pro Muræn* 14

Reſponſūrus, a, um part *That will anſwer, that will match*, Hor Sat 2, 8, 66

Reſponſus, ūs m (1) *An anſwer* (2) *Proportion, a ſuitableneſs, ſuitableneſs, conformity, analogy* (1) ✠ Interrogatione, & reſponſu, *Dig* (2) Omnium linearum reſponſus, *Vitruv* 1, 2

Reſpublica, reipublicæ f [publica res] *A commonwealth, the weal-public, a ſtate*, paſſim Scrib contract reſp reip remp & R P *item diviſè* res publica

Reſpuendus, a, um part *To be refuſed*, Col 6, 2

Reſpuens, tis part *Refuſing, not ſuffering, or admitting* Tergus omne reſpuens vulnus, *invulnerabile*, Plin 8, 21

Reſpuo, ĕre, ui, utum act (1) *To ſpit out again* (2) *To daſh, or ſpout upon* (3) *Not to abide, to caſt, or throw back* (4) Met *To refuſe, to reject, to diſguſt, or diſlike, to ſlight* (1) Ab ore reſpuit liquorem, *Vitruv* 7, 4 (2) Magna vi tigna trabeſque reſpuit humor aquæ, *Lucr* 2, 197 (3) ✠ Reſpuere ſecures, *Plin* 1?, ? (4) ✠ Reſpuor (4) = Dicere aliquid quod omnium mentes aſpernentur & reſpuant, *Cic de Fato*

Reſpuor, i paſſ *To be caſt back, to be refuſed* Dens aſini reſpuitur per ſoli duritiam, *Col R R* 2, 4 Lumen per corpus tranſit, at imber reſpuitur, *Lucr* 2, 8? Cæſaris edicta reſpuentur, *C Attic* 7, 25

Reſtagnans, tis part *Overflowing* Lacus reſtagnans gurgite vaſto, *Sil* 5, 4

Reſtagnatio, ōnis f verb *An overflowing, or running over*, Plin 6, 28

Reſtagno, āre *To run over, to overflow, to ſtagnate* Mare ſuccedit longius, lateque in locus reſtagnat, *Cæſ B C* 2, 24

Reſtans, tis part (1) *Reſiſting* (2) *Remaining* (3) *Holding out in a ſiege* (1) Laminis reſtantibus adverſus pila, *Tac Ann* 3, 46, 6 § Æra cluſtris reſtantia, *Lucr* 2, 450 (2) Dona reſtantia flammis, *Vir Æn* 1, 683 (3) Validam urbem multos dies reſtantem pugnando vicit, *Sall in Fragm*

Reſtat imperſ *It remaineth*, Cic paſſim

‖ Reſtaurātio, ōnis f verb *A reſtoring, or repairing*, Ulp ✝ Reſtitutio, inſtauratio, *Cic*

‖ Reſtaurator, oris m verb *A reſtorer*, Ulp ✝ Reſtitutor

‖ Reſtauratus, a, um part *Repaired, made new*, Ulp ✝ Reſtitutus, inſtauratus

Reſtauro, āre act [à σταυ, unde σταυρὸς palus ligneus, σταυρῶ palum depango, verbum ex antiquo ruſticorum ævo, qui palis ſœpimenta, ſepta, aliaque reficiebant] *To reſtore, or make again, to repair, to revive, to rebuild, to recruit, to renew* Reſtaurare theatrum igne hauſtum, *Tac Ann* 3, 72 ✝ Inſtaurare, reficere, inſtituere, *Cic*

‖ Reſtiarius, ii m *A rope maker* Reſtiarius, σχοινοπλόκος, *Gloſſ Vet* ✠ *Reſtiarius* qui reſtes facit, *reſtio*, qui vendit, *Fro contra Popm*

Reſtibilis, le [à reſtando, quod reſtat novali quieſcente *Reſtibilis ager*, qui biennio continuo ſeritur farreo ſpico, id eſt ariſta, opponitur *Vervacto*, ſive *Novali*, Feſt] Reſtibilis ager, *which beareth every year, ſown, or tilled every year*, Col 2, 10 Reſtibilis ſeges, *corn that riſeth of the ſeed that was ſown the year before*, Plin 18, 17 arbor, *a tree that groweth and beareth again, after it was thought to be dead*, Id 16, 32

Reſticula, æ f dim *A little rope, or cord, a whip cord* Alligato id reſticula, *Cato*, 110 cen ſer & Varr R R 1, 41 & inſtru 10, 4

✝ Reſticulus, i m dim [à reſtis] *A little cord, or halter*, Ulp ✝ Funiculus, *Cic*

‖ Reſtillo, āre *To drop back again*, Prud adv Symm 2, 87

Reſtinctio, ōnis f verb *A quenching, a putting out, a ſlaking* Reſtinctio ſitis, *Cic de Fin* 2, 3

Reſtinctus, a, um part (1) *Quenched, put out* (2) *Stilled, allayed* (1) Reſtinctus ignis, *Cic Top* 12 (2) ✠ Non modò non reſtinctum [illegible] bellum, sed etiam in[illegible]ium, *Cic Fam* 11, 12

R[illegible]stinguo, ĕre, xi, ĉtum act [illegible], & stinguo] (1) *To quench, put out, to stanch, to qualify* [illegible] (2) Met *To pacify, to* [illegible] (3) *To destroy utterly* [illegible] m restinguunt aqui, *Plaut* [illegible] 4, 1, 16 ✳ Ardentes re[illegible] ipse favillas, *Stat Sylv* [illegible] Sitim re[illegible] *Lucil* 5, 47 (2) ✳ [illegible] incensum dabo, u[illegible] lacrymis si exstilla[illegible], *Ter Phorm* 5, 7, 82 (3) Ge[illegible] restinguere, *Plaut Trin* [illegible] Incendo, *Id ibid*

R[illegible], ĕris, [illegible] pass (1) *To be* [illegible] (2) *To be destroyed* (1) [illegible] n aquam conjectus con[illegible] tinguitur, & refrigeratur, [illegible] *Rosc* 6 (2) Animos [illegible] morte restin[illegible] dicunt, *Cic* pro *Sext*

R[illegible], ōnis m *A rope*, or [illegible] *beat with* [illegible] Plaut Most 4, 2, 2

R[illegible], ivi, āre, ātum [à re[illegible] *ob*stio, *ab* obsto] *To* [illegible] *every year*, Col 3, 61

R[illegible] *To environ again*, [illegible] Tac

R[illegible]itio, ōnis f verb *An* [illegible] *covenant upon ar*[illegible] *or terms, a reciprocal en*[illegible], *a counterbond* Reci[illegible] restipulationem clarius, [illegible] Q *Rosc* 13

|| Restipulator, ōris m verb [illegible] *layeth pledge to answer* [illegible], JCC ✝ Restipulatio[illegible] [illegible]ptor, *Cic*

[illegible]pulor, āri, ātus sum dep [illegible] *answer in the law, to* [illegible] *pledge, to answer to an*[illegible], *to engage mutually, to* [illegible] *into covenant* § Ex jur[illegible] [illegible] consilio & auctoritate [illegible] ab aliquo, *Cic* pro *Cæc* 12 *Restipulari* est ab [illegible] quid ante à nobis stipulan[illegible] [illegible]imus, vicissim aliquid sti[illegible]ari, *to take counter-security*, [illegible] Vid Leg 42 § 1 Dig

Restis, is f [à resto, ut à [illegible]sto, præstes, quòd ligata stare [illegible], *Perot* vel à רשת rete, [illegible] (1) *An halter*, or *cord*, [illegible] or *cable* (2) *The ends* [illegible], *by which one head is* [illegible] *to another*, or perhaps *some* [illegible] *tough weed, used in tying* [illegible] *together* (1) = Illinitur [illegible] nauticis veteribus funibus, vel [illegible] aliis restibus, *Col* 12, [illegible] P [illegible] tibi cape crassam, & [illegible], *Plaut Pers* 5, 2, 1 [illegible] restim redut, *the mat*[illegible] *desperate, I may go hang* [illegible], Ter Phorm 4, 3, 5 ¶ Resti [illegible] *to dance the hay*, [illegible] 7, 34 Κρέβαλα ἐκ [illegible] *tophy* (2) Allium potum [illegible] ius suis ad serpentum [illegible] *Plin* 20, 6 Calvæ restes al[illegible], *Mart* 12, 32, 20

R[illegible] neut (1) *To stay*, [illegible] *by the way* (2) *To* [illegible] *to struggle* (1) [illegible] ste, at etiam restitas? [illegible] 1, 1 (2) = Ita me [illegible] tanto retinendoque [illegible] *Plaut Capt*

R[illegible] f *She that re*[illegible] *in the china*, Plaut [illegible] 5

R[illegible]us, a, um part *To be* [illegible] Cæsaris imperio restitu[illegible], *Ov Ep* ex *Ponto*, 4, [illegible]

Restituo, ĕre, ui, ūtum act [ex [illegible] statuo] (1) *To put*, or *set again in his first state* (2) *To restore, render*, or *yield again* (3) *To repair, renew*, or *make good* (4) *To rally* (5) *To set in order, to set to rights* (6) Restituere se, *to recover, to revive* (7) *To pardon* (1) ✳ Tu rem impeditam & perditam restituas? *Ter Andr* 3, 5, 13 ✳ Prætor edixit, ut unde dejecisset, restitueret, *Cic* pro *Muræna*, 8 ✳ ejicio, *Id* pro *Mil* ✳ decido, *Id* (2) = Ut illam suis restituam ac reddam, *Ter Fin* 1, 2, 67 Laudata restituere, *Cæs B G* 3, 60 (2) ✳ Oppida vicosque, quos incenderant, restituere jussit, *Cæs B G* 1, 28 (4) Sæpe restituit inclinatam aciem, *Suet Cæs* 6. Tiannius aciem restituit, *Liv* 5, 18 prælium, *Id* 1 6 (5) Tu patas comas restituere, *Ov Fast* 3, 16 (6) = Apes, si concaluerunt, restituunt se, & revivescunt, *Varr R R* 3, 16 (7) ✳ Antonius Denticulam de alea condemnatum restituit, *Cic Philipp* 2, 2.

Restituor, i pass (1) *To be set up again* (2) *To come to themselves again*, as wine after a fret (3) *To be made good* (1) Senatus decrevit, ut Minerva, quam turbo dejecerat, restitueretur, *Cic Fam* 12, 25 (2) ✳ Vina ortu canis mutantur, posteaque restituuntur sibi, *Plin* 14, 18 (3) ✳ Fores effregit? restituentur, *Ter Adelph* 1, 2 *Vid* Restituo

Restitūtio, ōnis f verb *A restitution*, or *making good, a rebuilding* Restitutio fortunæ, *Cic Att* 4, 1 damnatorum, *Id de Leg Agrar* 2, 14 In restitutionem Palatinæ domûs, *Suet Aug* 57

Restitūtor, ōris m verb *A restorer* Lentulus restitutor salutis, *Cic* pro *Mil* 15

|| Restitūtōrius, a, um *Of*, or *belonging to restitution* Actio restitutoria, *Ulp*

Resto āre, stiti, *olim* avi, itum neut [ex re, & sto] (1) *To stay*, or *stand* (2) *To remain* (3) *To stand*, or *keep his ground* (4) Met *To stand in a thing, to face it out* (5) Also *to be far distant* (1) Hic nunc credit et me nic restitisse gratia, *Ter Andr* 2, 6, 2 (2) Si post Stygias aliquid restaverit undas, *Prop* 2, 34, 53 (3) Dum vincunt Danai, dum restat barbarus Hector, *Prop* 3, 8, 31 (4) In quâ re nunc tam confidenter restas, stulte, *Ter Heaut* 5, 3, 6 (5) *Litt* ex *Enn*

Restrictè adv ius, comp ssimè, sup (1) *Straitly, sparingly, pinchingly* (2) *Precisely, nicely, exactly* (1) = Cur iti tam parce, tamque restrictè faciunt, non intelligo, *Cic de Fin* 2, 13 Restrictius legendum dare, *Plin Ep* 5, 19 ✳ Quamvis illud plenissimè, illud restrictissimè feceris, *Id* 5, 8, 13 (2) Amicitia non observat restrictè, ne plus reddat, quam acceperit, *Cic de Amic* 16

✝ Restrictim adv *Closely*, Afran ✝ Restrictè

|| Restrictio, ōnis f verb *A restraint*, Dig

Restrictus, a, um part & adj or, comp [a restringo] (1) *Hard*, or *fast bound* (2) *Close, not full* (3) Met *Pinching, covetous, niggardly, hidebound* (4) Also *restrained, strait* (1) Restrictus membra catena, *Catull* 64, 295 (2) ✳ Usus est togis, neque restrictis, neque fusis, *Suet Aug* 73 Pedum digitos restrictiores habebat *Domitianus*, Suet Domit. 18 (3) § Natura ad largiendum restrictior, *Cic Fam* 3, 8 = tenax, *Id ibid* (4) ✳ Summum imperium non restrictum, nec perseverum volunt, *Tac Ann* 15, 48, 5

Restringo, ere, xi, ictum act (1) *To restrain, to bind* (2) *To stop*, or *stay* (3) *To loose*, or *unbind* (1) Omnes homines ad custodiam pecuniæ natura restrinxit, *Plin Epist* 1, 8, 9 Sumptus candidatorum fœdos illos & infames ambitus lege restrinxit, *Id Ep* 6, 19, 4 (2) Restringere nausiam, *Plin* 8, 27 (3) ✳ Saltem si non arriderent, dentes restringerent, *should show their teeth*, or *grin*, Plaut Capt 3, 1, 26

|| Resulco, āre act unde part resulcans *To plough again* Prærosa ulcera manibus resulcans diruet, *Prud Peristeph* 144

Resultans, tis part *Rebounding, re-echoing* Resultans sonus, *Plin* 11, 19

Resulto, āre freq [à resilio] (1) *To leap back, to rebound, to hop, skip*, or *leap* (2) *To resound*, or *echo* (1) Tela galeâ clypeoque resultant, *Vir Æn* 10, 330 (2) Pulsati colles clamore resultant, *Vir Æn* 5, 150 Vocis offensa resultat imago, *Id Geor* 4, 50

Resūmo, ĕre, psi, ptum act *To take up again, to resume* ✳ Invicem sumptas tabellas ponit, positasque resumit, *Ov Metam* 9, 524 Tela resumere, *Id Amor* 2, 1, 21 somnum, *Suet Aug* 78

|| Resumptio, ōnis f verb *A taking again*, Aug

Resumptus, a, um part *Recovered again* Specie cœleste resumptâ, *Ov Metam*. 15, 743 conf ejusd 4, 665

Resuo, ĕre, ui, ūtum act unde part resutus [ex re, priv & suo] *To rip and undo that which is sewed, to unstitch* Tunica ex utraque parte resuta ad pedes ejus decidit, *Suet Aug* 94

Resupinatus, a, um part *Lying on his back, effeminate* Resupinati cessantia tympana Galli, *Juv* 8, 176 conf *Cels* 2, 7 & *Vitruv* 10, 3

Resupino, āre act (1) *To turn upward, to lay one on his back* (2) Met *To turn upside down, to search into* (1) Regem umbone resupinat, *Liv* 4, 19 (2) Aulam resupinat amici, *Juv* 3, 112

Resupinus, a, um (1) *Turned with the belly upward, lying along on his back* (2) *Effeminate* (1) Jacuit resupinus humi, *Ov Met* 4 121 Humi jacentes resupini, *Plin* 7, 2 (2) *Quint* 5, 12

Resurgens, tis part *Rising up again, growing again, renewing* Resurgentes herba, *Ov Am* 2, 16, 9 Resurgens sævit amor, *Vir Æn* 4, 531

Resurgo, ere, rexi, ctum neut (1) *To rise again, to be renewed* (2) *To rise*, or *flourish again* (3) Met *To recover*, or *become better* (1) ✳ Victa tamen vinces, eversaque Troja resurges, *Ov Fast* 1, 523 (2) Arundo cæsa fecundius resurgit, *Plin* 16, 36 (3) Resurgunt res Romana contra spem, *Liv* 23, 45

|| Resurrectio, ōnis f verb *A rising again, a resurrection*, Eccles ✝ Reditus ad vitam

|| Resuscitatio, ōnis f verb *A raising up again*, Aug ✝ Revocatio ad vitam

Resuscito, āre act *To raise, or set up again, to revive, to awake* ✳ Pontam resuscitat iram, *Ov Met* 8, 474

Resūtus, a, um part *Ripped, unstitched*, Suet Aug 94

Rĕtæ, arum f [a retibus, quòd prætereuntes naves retineant, & quasi irretiant] *Trees growing on the banks of rivers*, or *in the chanels*, Gell 11, 17

|| Retalio, āre unde retalior pass *To retaliate*, or *do like for like*, Gell 20, 1 ✝ Par pari refero

Retardatio, ōnis f verb *A letting, stopping*, or *hindering* = Unde igitur ucest bellum, nisi retardatione & morâ? *Cic Philipp* 5, 11

Retardatus, a, um part *Hindered, stopped, stayed* = Impetus hostium repressos intelligunt, & retardatos, *Cic* pro *Leg Manil* 5 Mulierum menses retardati, *Plin* 21, 21

Retardo, āre act *To hinder, let, stop*, or *stay, to retard* = Boves fortiter retinere, & retardare, *Col* 1, 2 = Impedire & retardare impetum, *Cic Philipp* 10, 5 ✳ Incito, *Id*

Retardor, āri, ātus pass *To be hindered* ✳ Stellarum motus tum incitantur, tum retardantur, *Cic N D* 2, 40

|| Retaxo, āre act *To check, blame*, or *tax one*, Suet Vesp 13 vix uti ✝ Redarguo

Rēte, is n [à retinendis piscibus, vel a רשת *Id*] *A net*, also *a snare*, or *trap* Retia rara, plagæ, &c *Vir Æn* 4, 131 Non rete tenditur accipitri, neque milvio, *Ter Phorm* 2, 2, 16 Rete jaculum, *a casting-net, a flote*, or *flew-net*, Plaut Asin 1, 1, 87

Retectus, a, um part (1) *Discovered* (2) Also *close covered* (1) Res luce retectæ, *Vir Æn* 9, 461 conf ejusdem 12, 374 (2) Retectis paulisper pedibus conquiescebat, *Suet Aug* 78 *interpr Casaub*

Retĕgens, tis part *Discovering* Lucifer retegens diem, *Ov Met* 8, 1

Retĕgo, ĕre, xi, ctum act (1) *To lay open* (2) *To disclose, to reveal* (1) Retegere pectus, *Ov Met* 13, 459 (2) Cæcum domus scelus omne retexit, *Vir Æn* 1, 360

Retĕgor, i, ctus pass *To be opened*, &c Si retegantur scrinia mœchæ, *Juv* 6, 277

Retendo, ere, di, sum *To unbend, to slacken* Lentos retendit arcus, *Ov Met* 2, 419

Retentatus, a, um part *Oft n assayed*, or *tried* Retentatis precibus frustra, *Ov Met* 14, 8.

Retentio, ōnis f verb *A retaining*, or *keeping back, retention* (2) Met *Withholding*, or *deterring* (1) Retentio aurigæ, *Cic Att* 13, 21 (2) Assensionis retentio, *Cic Acad* 4, 25

Retento, āre act [ex re, & tento] *To try again, to re-attempt*, or *essay* Tum dulcia verba intermissa retentat, *Ov Metam* 1, 746 Studium retentare, *Id Trist* 5, 12, 51

Retento, āre freq [à retineo] *To hold back, to stop* Cum retentas? *Plaut Asin* 3, 3, 1 Frena retentare, *Ov Am* 2, 9, 30

Retentor, āri, ātus pass *To be tried again*, Ov *Vid* Retentatus

Retentus, a, um part [à retendo] *Unbent* Arcus retentus, *Ov Met* 3, 166

Retentus, a, um part [a retineo] *Kept*, or *detained, retained, held in, stayed* Injuria retentorum equitum, *Cæs B G* 3, 10

Retentus, ûs m verb *An holding back, an holding fast* Dextra vivos vices imitata recentius, *Claud in Rufin* 2, 438

Retěro, ěre unde past retero *To rub, or fret again*, Col R occ

Rětexo, ěre, xui, xtum act (1) *To unweave, untwist, unwind, or unravel* (2) Met *To do or learn a thing over again* (3) *To renew, to turn round again, to recall* (1) Telas inter extis retexere, *Stat* 8, 3, 5, 9 (2) Orationem meam retexo, *Cic Philipp* 2, 13 § Penelopes telam retexere, *Id Acad* 4, 29 ( ) Novi tribuni retexunt decreta, *Cic Fam* 11, 14 Retexere injurias, *Id*

Retexor, i pass *To be gone over again* Idem retexitur orbis, *Ov Met* 15, 249

Retextus, a, um part *Unwoven, unwound, discovered* Tela retexta dolo nocturno, *Ov Am.* 3, 9, 30

Rethino, ire *To open*, Varr ap Non & Marcel 4, 30

Retiārius, ii m [dict quod reti pugnaret, quo secutore sive mirmillonem implicaret] *A fencer that went with a net to cast over his adversary* ✱ Mirmillo retiarium consequebatur, *Quint* 6, 3 ✱ Retiarii secutoribus succubuerant, *Suet Cal* 30

Rěticendus, a, um part *Not to be spoken of* Multa reticenda lingua modestâ, *Ov Ep* 15, 6.

Rěticentia, æ f (1) *An holding one's peace, a concealing, or keeping counsel* (2) Particularly *the concealing the faults of a thing sold* fide bona (1) ✱ Ex locutione, ex reticentia, *Cic Offic* 1, 41 (2) Etiam reticentiæ pœna est a jurisconsultis constituta, *Cic* 3, 16

Rěticeo, ēre, ui act [ex re, & taceo] *To hold one's peace, to say nothing, to conceal, to speak never a word* ✱ Quicquid est, tace me ut sciam, ne reticee, *Ter Heaut* 1, 1, 32 ✱ Nihil neque temere dicere, nec astutè reticere, debeo, *Cic ad Q frat* 1, 2 Reticere aliquid, *vel* de re aliqua, *Cic* = Celo, nego, *Id* ✱ Patefacio, *Id* ✱ Non id est celare quicquid reticeas, *Cic Offic* 3, 13

Rětĭculatus, a, um *Made like a net, or lattice* Reticulatæ fenestræ, *lattice windows*, Varr R R 3, 7

Rěticulum, li n dim [à rete] (1) *A little net, or casting net* (2) *A cawl of network for a woman's head* (3) *A net, or little bag of lawn, with little holes, and filled with roses for a nosegay* (4) Also *a sierce, or little sieve, a boulter* (5) *A twig basket made like a net, to carry meat and other things in* (6) ‖ *A purse like a net, to hold, or keep money in* (7) *A racket to play withal at tennis* (8) *Lattice-work to part rooms, or for windows* (1) Demissa reticulis in mari pilæ, *Plin* 31, 6 (2) Reticulum comis implet, *Juv* 2, 96 (3) *Cic Verr* 5, 2 (4) *Col* 1, 51 (5) Reticulum panis vehere humero, *Hor Sat* 1, 1, 47 vid & *Juv* 12, 60 (6) ‖ *Jun* (7) Reticulo pila leves fundantur aperto, *Ov A Am* 3, 361 (8) Sacraria in templis reticulo æneo olim sepiebantur, *Varr ap Fest* vid Reticulatus

Rětĭcŭlus, i m (1) *A basket of oziers, a little net* (2) *A lattice* (1) *Plin* 11, 14 (2) Pro pariete reticuli è nervis sunt, ut perspici in sylva possit, *Varr R R* 3, 5

‖ Rětiformis, me adj *In form, or manner of a net*, Med ✝ Retus ad formam

‖ Rětina, æ f *One of the coats, or tunicles of the eye, like a net*, Med

Rětĭnācŭlum, li n *Any manner of thing wherewith another is stayed, and holden back, a string, or tye, a stay, the cable of an anchor, or anchor rope, the halser of a ship, the rein of a bridle* Amerina parant lentæ retinacula viti, *Virg Georg* 1, 265, Retinacula puppis, *Ov Met* 15 695 Validis retinaculis religare, *Liv* 21, 28

Rětinendus, a, um part *To be kept, or held* Lugendi est quidam modus retinendus, *Cic Offic* 1, 29

Rětinens, tis part & adj ssimus, sup *Keeping, holding fast* § Juris sui dignitatisque retinens, *Cic Q fr* 1, 2 Proprietatum retinentissimus, *Gell* 10, 20

Rětinentia, æ f (1) *An holding together, a frame* (2) Met *A keeping, holding, or retaining in memory* (1) Interrupta semel cum sit retinentia nostri, *Lucr* 3, 863 *ubi al* repetentia nostra (2) Actarum retinentia rerum *Lucr* 3, 675

Rětineo, ēre, ui, entum act (1) *To hold, or keep back, or in* (2) Met *To restrain, or govern* (3) *To retain, or preserve* (4) Absol *to hold* (5) *To hold fast, to remember, to keep in remembrance* (6) *To hold one up that he fall not* (7) *To keep and maintain* (8) *To keep to himself, to purloin* (9) *To delight* (10) *To forbear* (1) Nisi jam profecti sunt, retinebis homines, *Cic Attic* 12, 14 ✱ Nec fræna remittit, nec retinere valet, *Ov Met* 2, 102 (2) Pudore & liberalitate liberos retinere satius esse credo, quam metu, *Ter Adelph* 1, 1, 32 (3) ✱ Si senectus jus suum retinet, si nemini emancipata est, *Cic de Senect* 11 (4) Sinistrâ manu retinebat arcum, *Cic Verr* 4, 34 (5) Memoriâ retinere, *Cic* pro *S Rosc* 12 (6) Ah! retine me, obsecro *Ter Heaut* 2, 4, 25 (7) Summos viros cum infimis pari jure retinere, *Cic Offic* 2, 12 (8) = Pecuniam acceptam homine judicii retinere, & supprimere, *Cic* pro *Cluent* 26 (9) Ordo annalium mediocriter nos retinet, *Cic Fam* 5, 12. (10) Non retinet lacrymas *Ov Met* 1, 647

Rětineor, eri pass (1) *To be retained* (2) *To be held fast* (3) *To be restrained, or hindered* (1) Amore patriæ retineri, *Ov Trist* 1, 3, 49 (2) = Custodiri retineri, & servari, *Cic Verr* 5 (3) Non facilè esuriens posita retinebere mensa, *Ov de Rem Am* 631

Rětingo, ěre act *To dip, or dye again* Vinum myrtite retingemus, *Pallad* 13, 2

Retinnio, ire *To ring again*, Litt ex Mart

‖ Rětiŏlum, li n *A little net, a cawl*, Apul Met 8, p 256 ✝ Reticulum

✝ Retis, is m *De genere nihil statuo* *A net* Albo rete aliena oppugnant bona, *Plaut Perf* 1, 2, 22 Ubi demisi retem atque hamum, quicquid adhæsit extraho, *Id Rud* 4, 3, 45

Reto, āre *Retare flumina, i e* purgare *Retæ* enim arbores sunt, quæ aut ex ripis fluminum eminent, aut in alveis eorum extant [a retibus, quòd prætereuntes naves irretiant, & retardent, *Gell* 11, 17 Fort rect *rete* purgare, quo everrebantur virgulta] *To scowre rivers from rest or twigs that grow within the banks, or otherwise choke the chanel, by falling down into it*, Hæc ex Litt

Rětondeo, ēre, di, sum unde part retonsus *To clip, or shear* Seges retonsa, *Plin* 18, 17

Rětŏno, āre neut *To make a great noise, to sound, to thunder again* Fœce cuncta mugienti fremitu loca retonent, *Catull* 61, 82

Rětorquens, tis part *Turning back* Terga retorquens, *Virg Æn* 8, 460

Rětorqueo, ēre, si, tum act (1) *To writhe back* (2) *To turn, or cast back* (3) *To bandy, or toss to and fro* (4) *To untwist, or unwreathe* (5) *To bend, or turn one from his purpose* (6) ‖ *To retort* (7) *To reflect* (1) Nec alligator retorqueat sarmentum, sed tantum inflexum devinciat, *Col* 4 (2) § Retorquere oculos ad urbem, *Cic Catil* 1, 1 (3) Non fune quis me facilè retraxerit, & tanquam pilam retorserit, *Cic de Senect* 8, ☞ *Sed al* melius tanquam Peliam recoxerit (4) ✱ Telas retorquere, rursusque texere, *Plin* 11, 22 (5) *Litt ex Quint* (6) ‖ § Retorquere crimen in aliquem, *Ulp* (7) Animum retorquere ad præterita, *Sen de Benef* 3, 3

Rětorqueor, eri pass (1) *To be turned back, to be retorted* (2) *To be turned round, to be wheeled about* (1) Pondus retorquetur sub terrâ, *Plin* 17, 10. (2) Ubi retorqueri agmen ad dextram conspexerunt, *Cæs B C* 1, 69

Rětorreo, ēre act *To scorch and dry up*, Litt ex Col

Rětorresco, ěre incept *To grow dry with parching heat* Sata retorrescunt, *Col* 2, 3

Rětorridè adv *As it were burned with the sun, or dry with heat, scorchingly* Herba retorridè nata, *Plin* 17, 5

Rětorrĭdus, a, um (1) *Very dry, parched with heat, burned, scorched, shrivelled, wrinkled with age, wainscot-complexioned* = Detritus, *Sen* (2) *That hath often escaped the trap* (1) Prata retorrida, *Varr R R* 1, 9 myrtus, *Plin* 15, 29 (2) Mus retorridus, *Phædr* 4, 1

‖ Rětorsio, ōnis f verb *A writhing, or wresting back*, Litt ex Apul

Rětortus, a, um part [à retorqueor] *Turned, writhed, or wrested back* Cervices retortæ, *Plin* ... brachia, *Hor Od* 3, 5, 22 conf *Col* 8, 17

Rětostus, a, um part *Toasted, parched, scorched*, Plin 13, 4

Retractans, tis part (1) *Headstrong, resty, struggling, and drawing back* (2) Met *Reflecting, revolving* (1) = Retractantem juvencum calcitrosumque facit, *Col* 2, 2 (2) = Sæpe mecum retractans, & recogitans, *Col Præf* 1 1

Retractātio, ōnis f verb (1) *A retraction, a revoking of one's opinion* (2) *Refusal, tergiversation, boggling, delay* (1) Sine retractatione libere ducere, *Col* (2) = Conficies, & quidem sine ulla dubitatione, & retractatione, *Cic* 13, 25

Retractātus, a, um part & adj or, comp *Corrected, amended, revised, perused* Materia rursus a me retractata, *Quint* 2, 4 Σύνταγμα ad te retractatius misi, *Cic Attic* 16, 3

Retracto āre act (1) *To drag, or pull back* (2) *To handle, or touch again*, (3) *To treat of again* (4) *To peruse and look over* (5) *To dress, vamp up, and order afresh* (6) *To repair and make new* (7) *To retract, to recant and unsay* (8) *To correct, or amend* (9) Neut *To draw back, to hang an arse, to boggle, or foggle* (10) *To consider and bethink himself* (1) Quid tu, malum! nam me retractas? *Plaut* ... *al* retrahis, vid locum in Retraho (2) Neve retractando nondum coeuntia rumpam vulnera, *Ov Trist* 4, 4, 41 (3) Materiam candem retractare, *Quint* 1, 4 (4) = Quæ ad cultum Deorum pertinent retractare & tanquam relegere, *Cic N D* 2, 28 (5) Retractare pedamenta, partemque eorum putres dedolare, *Col* 4 26 (6) Retractare longitudines, *Trajan* ap *Plin* 10, 11 (7) = Nihil est quod dicta retractent ignavi Æneadæ, nec, quæ pepigere, recusent, *Virg Æn* 12, 12 (8) Ego magnas & graves causas, has destino retractare, *Plin* ad *Capit Ep* 5, 8 (9) ✱ Sive retractabis, sive properabis, moriendum est, *Cic Tusc* 1, 31 (10) vid Retractans, n 2

Retractor, āri, ātus pass (1) *To be revised* (2) *To be made void, or null, &c* (1) Omnia hæc placent, si retractentur, *Plin Ep* 1, 16 (2) *Traj* ad *Plin* 10 11 ✱ In irritum vindicari, *Id ibid*

Retractus, a, um part [à retrahor] & adj or, comp (1) *Drawn, or pulled back* (2) *Taken, seized, and brought back* (3) Also *far removed* (1) ✱ In mœstus redit, ut retractus, non reversus videretur, *Cic Philipp* 4 (2) § Ex fuga retractus, *Sall B C* 48 ex itinere, *Cic* (3) Hispanis retractiora mari munierat, *Liv* 3..9 Retractius paucubiculum, *Plin Epist* 2, 17, 6 Emporium in intimo sinu Corinthiaco retractum, *Id* 26, 1

‖ Retrādo, ere, didi, ditum *To deliver back*, Pompon ✝ Reddo

Retrāho, ěre, xi, ctum act (1) *To draw, or pull back* (2) *To withdraw* (3) *To recover again* (4) *To restore, to preserve* (1) Cave sis malo, quid tu, malum nam me retrahis? *Plaut Rud* 4, 3, 8 ✱ Quo fata trahunt, retrahuntque sequamur, *Virg Æn* 5, 709 (2) ✝ Interdum in convivio eum in cœdum ab eo se retrahere *Cel* 1, 1 (3) Ab ictu se retrahere, *Ov Met* 5, 87 Retraham ad me fugitivum hoc argentum tandem, *Ter Heaut* 4, 1, 11 (4) Thebas ab interitu retraxit Epaminondas, *Nep*

Retrectans, tis part *Drawing back*, Col 2, 2 vid Retractans

Retrĭbuo, ěre, ui, ūtum act *To render again, or give again, to recompense, to restore, to repay* Fidei conducit in loco debitum retribuere, *Cic anteq iret in ex* ... 1 Pecuniam acceptam populo retribui, *Liv* 5, 41.

Retrĭbuor, i pass *To be rendred back*, Liv.

‖ Retrĭbūtio, ōnis f verb *A recompensing, a retribution*, Aug ✝ Compensatio, *Cic*

‖ Retrĭbūtor, ōris m verb *A recompenser, or repairer*, Hier ✝ Qui retribuit

Retrimentum, ti n. [à retero] (1) *The dross, scraping, or filing of metal, the refuse of any thing* (2) *The dregs of any thing* (3) Also *any excrement, or skum* (1) Litt & ita suadet etymon ... (2) Retrimentum olei, *Varr R R* 2, 64. Retrimentum plumbi, *Cels*

Cels 5, 15 (3) Vid *Macrob Sat* 7, 1

Retritus, a, um part *Over worn, threadbare, rubbed and worn with*, Litt ex Catullo, *sed* ... *quaeritur*

† Retritus, f ... fl ... qu ... rigatrix, Pero ... *to thin two, or three* ... *Rome, wherewith the* ... *were watered*, Cato ap

Retro adv *Behind, back, backward*, ... *Before, or in* ... (2) Also contrariwise, *on the contrary part* (1) ... = ... protenus, ... & a tergo fieri, non ... *Cic de Div* 1, 24 (2) ... *Fp* 10, ... (3) *Litt ex*

Retroactus, a, um part *Turned back again*, ... Retroactus Dictus ... Anapæstus, *Quint* 1, 1

Retro-go, ere, egi, actum act ... *to throw back* Quos ... honores ... retroegit, ... Ordinem retroagere, ... *the wrong end*, Quint

Retrocedo, ere, ssi, ssum unde ... cedens *To go, or give back, to retire, to recoil* Pede retrocedentes, *Liv* 8, 8 *po* ...

† Retrocessio, onis f verb *A back*, Boet ✠ Recessus

|| Retrocessus, ûs m *A going back* Apul de Doct Plat ✠ Recessus

Retroductus, a, um part retrocta ... quinque ditta, Luci

Retroduco, ere, xi, ctum act *To draw, or draw backward* Ne ... rursus retroducere, *Vitr* 10, 6 in fin

|| Retroductio f verb *A drawing back*, Marcell ✠ Re...

Retrofluo, ire, xi, itum neut *To glide back to its return*, Plin 2, 16 nisi ... debeat divis

Retrofero, ferre, tuli act *To bring, or carry back again*, Ci... *Litt* ... *Sen in Declam*

Retrogradior, i, essus *To recoil, go back, to go backward* ... ret ... gradit ... in pascendo, ... 8, 15 *sed rect scrib divise*

|| Retrogradis, de adj *idem* ... retrogradus Retrogradi fu... domo facesso, *Apul* ... p 122

Retrogradus, a, um *Going back, retrograde* Mercurius in Futuro retrogradus, *Plin* ... Jupiter, *Sen N Q* 7, 5

Retrogredior, i, ssus *To go backward* Vid Retrogradior

Retrorego, ere *To sail back, or by* Curva littora retro..., *Quint sed rect opinor di...*

Retrorsum adv *Backward* Porta ... retrorsum Hannibalis mi..., *Hor Od* 4, 8, 15 ✠ adversum, *Id Ep* 1, 1, 75

Retrorsus adv *Backward* Ce... impellit retrorsus in æquo... um, *Sil* 11, 513

Retrorsus, a, um [retro versus] *Turned backward* Retrorsa ma..., *Plin* 26, 9

† Retrosecus adv *Backward, the hinder part of the head*, ex Tac

|| Retroversus, a, um *Turned the wrong end foremost*, Solin ✠ ...rsus

Retrudo, ere, si, sum act *To*

thrust back Quasi retruderet me hominum vis invitum, *Plaut E pid* 2, 2, 61

Retrusus, a, um part (1) *Hidden* (2) Met *Abstruse, difficult* (1) = Simulacra Deorum jacent in tenebris ac rusi aque ... (2) Hac sunt in medio philosophiæ penitus retrusa, *Cic Orat* 1, 19

Retundo, ere, tudi, tusum act (1) *To blunt, or dull, to turn the edge of a thing* (2) Met *To quell, allay, repress, or silence* (1) Gladios distrietos retudimus, *Cic Cat* 1, 3, 1 Ferrum retundere jugulis, *Luc* 6, 161 *Met* Argumentum afferunt, quod aseris retundat, *Plin* 16, 40 (2) Improbitatem alicujus retundere, *Quint* 6, 1 Quo facto retudit sermones, *Cic Fam* 8, 6

Retunsus, a, um part *Quelled* Plagis retunsus, *Plaut Pseud* 1, 2, 26

† Retûro, are act *To open, or unstop*, Varr ap Non 2, 149 ✠ Obturo ✠ Aperio

Retusio, onis f verb *A dulling, or blunting*, Litt ex Cels

Retusus, a, um part (1) *Blunted, dulled, quelled* (2) Adject *Dull, blunt* (1) ✠ Retusum & crassum ferramentum, *Col* 4, 24 *Met* Rebusque retusis fidis ducoris tenant retetenda mentes, *Sil* 16, 21 (2) ✠ Aliæ aeromm partes acuta gignunt ingenia, aliæ retusa, *Cic de Div* 1, 36

Revaleo, ere, ui *To recover health, to be well again*, Gell 16, 12

Revalesco, ere, ui incept *To grow well again, to recover his health* Ne tamen ignores op... qua revalescere possum, *Ov Ep* 21, 231

Revanesco, ere incept unde revanuit *To vanish away again* Animi revanuit ardor, *Ov Amor* 2, 9, 29

Revectus, a, um part *Brought, or carried back again* Revectus consul in curia, *Liv* 2, 47 § ad mare, *Paterc* 2, 16 § in Italiam, *Id* 2, 24

Reveho, ere, xi, ctum act (1) *To bring, or carry back again* (2) *To import* (1) Telas ad Graios revexit, *Ov Met* 13, 402 Nec matet domum carula te revehet, *Hor Epod* 13, 2 (2) Ex Syria revehunt styracem, *Plin* 12, 17

Revehor, i pass *To be carried back* § Ne quis inde reveheretur ad prælium, *Liv* 3, 70 Revehi equo, *Id* 34, 15 ¶ Ad superiorem ætatem revehi, *to go back in discourse to the former age*, Cic de Clar Orat 63

|| Revelatio, onis f verb *A revealing*, Hier

|| Revelator, oris m verb *A revealer*, Hier

Revelatus, a, um part *Discovered, unveiled* Ore revelato, *Ov Fast* 6, 619

Revello, ere, li, & ulsi, vulsum act (1) *To pluck, pull, or tear up, off, out, or away* (2) *To plow, or break up* (3) *To extirpate* (1) Nec prius illam crucem, quæ ad portam fixa est, revellistis, *Cic Verr* 4, 11 § Revellere claustra portarum, *Liv* 5, 21 Acies evellunt signa, *Id* Pellem *leum* revellat, nec patiatur corpori adhærere, *Col* 2, 3 § Titulum charta de fronte revellere, *Ov ex Pont* 4, 13, 7 (2) ✠ Prima Ceres curvo dente revellit humum, *Ov Am* 3, 10, 14 (3) § Revellere aliquid ex omni memoria, *Cic Philipp* 13

Revellor, i pass *To be pulled down*, &c Tabulam, in qua nomina civium incisa erant, revelli jussit, *Cic Fam* 1, 6

|| Revelo, are act *To disclose, reveal, open, and discover* Non leg nisi in part revelatus ✠ Retego, patefacio

Revenio, ire, veni, ventum neut *To come again, to return* § Cum miles domum revenisset, *Cic de Or* 1, 38 § Revenire in gratiam, *Plaut Stich* 3, 1, 8

Reventur, tum est impers *To be come again, or be restored* Si reventum est in gratiam, *if they are reconciled*, Plaut Amph 3, 2, 59

Revera adv *In very deed, truly, verily, in good earnest* Hoc cum revera ita sit, *Cic Att* 3, 23 *item separatim* Vero ille reus erat, re quidem vera & periculo, *Id* pro *Cluent* 19

Reverbero, are act *To strike, or beat back again, to reverberate*, Sen de Clem 2, 5 & in pass *Curt* 3, 3, 7

|| Reverendissimus, a, um sup *Most reverend*, Lucl

Reverendus, a, um part *To be reverenced and honoured, reverend, awful* Nox reverenda specie tenebrarum, *Ov in Ibin*, 75

Reverens, tis part & adj or, comp ssimus, sup (1) *Revering, fearing* (2) *Reverent, respectful, full of regard, devoted to* (1) Dicam non reverens assentandi suspicionem, *Cic de Orat* 2, 28 (2) § Probus & reverentissimus mei, *Plin Ep* 18, 10 § Non illi reverentior ulli Deorum, *Ov Met* 1, 323

Reverenter adv ius, comp ssime, sup *With respect, reverence, reverently, awfully, devoutly* = Reverenter & fideliter colere amicos, *Plin Ep* 7, 31 Quæ quidem reverentius fuerat reservari, *Id Paneg* 25, 1 Ceremoniarum veteres & præceptas reverentissime colunt, *Suet Aug* 91 Reverentissime alloquebatur judices, *Id Ner* 23, 6

Reverentia, æ f (1) *Regard, respect* (2) *Reverence, awe* (3) *Fear, concern for* (1) Adhibenda est reverentia quædam adversus homines, *Cic Offic* 1, 28 (2) Qui terror potuit efficere, quod reverentia tui efficit? *Plin Jun* (3) Adit reverentia vero, *Ov Epist* 5, 11 Maxima debetur puero reverentia, *Juv* 14, 47

Revereor, eri, itus dep (1) *To stand in awe of, to fear* (2) *To revere, to have in reverence* (1) Ne revereatur, quo minus redeat domum, *Ter Hec* 4, 4, 8 Non simultatem meam revereri saltem? non pudere? *Id Phorm* 2, 1, 3 (2) = Aliqua dignitate antecedentes reveremur & colimus, *Cic de Inv* 2, 22

Reverturus, a, um part *That will stand in awe of* Adventum tuum ambos scio reverituros, *Ter Hec* 3, 1, 10

Reveritus, a, um part *Standing in awe, or ashamed of, regarding* Non reverita cœtum virorum evocavit virum e curia, regemque primo appellavit, *Liv* 1 Regis vicem reveritus, *Curt* 3, 12, 17

Reverro, ere act *To sweep back, or to sweep over again* ✠ Reverram, hercle, hoc, quo 1 converri modo, *Plaut Stich* 2, 2, 64

Reversio, & reversio, onis f verb *A coming back again* ✠ Quam valde ille reditu, vel potius reversione mea latatus est?

Cic Att 16, 7 ✠ Expositam consilium & profectionis & reversionis meæ, *Id Philipp* 1, 1 Reversionem ad terram faciunt, *they turn again*, Plaut Bacch 2, 3, 62 = Reversio & motus ferrum, *a par ...*, Cic N D 2, 1

Reversurus, a, um part *About to return, or to turn back*, Ov Met 11, 453

Revertens, tis part (1) *Turning over*, & Met *revolving, reflecting* (2) *Returning* (1) = Dubitans, circumspectans, hærens multa adversa reverens, *Cic Tusc* 1, 20 (2) Sera revertens nocte domum, *Vir Geor* 1, 192

|| Reverticulum, li n *A return, or revolution*, Apul Met 3, p 81 ✠ Reversio

Reverto, ere, ti, sum act (1) *To turn back, to tumble over*, Met *to revolve* (2) *To return, or come again* (1) *Vid* Revertens, n 1 (2) Ipse reverti Formias, *Cic Attic* 8, 3 ✠ Multi egressi nunquam domum revertere, *Id Tusc* 5, 37

Revertor, i, sus dep *To return, to come back, or again* ✠ Unde decesseris cum honore, cum ignominia reverti, *Cic pro Mur* 41 § In gratiam cum aliquo reverti, *to become friends again with one*, Sen Mac 16

|| Revestio, ire *To clothe again*, Litt ex Apul

|| Revictus, a, um part [a revincor] *Convinced*, Gell 6, 2 ✠ Victus, convictus

Revictus, a, um part [a revincor] *Forced, subdued*, Lucr 1, 58

Revideo, ere, di *To go back to see* Nunc ad herum revidebo, *Plaut Truc* 2, 2, 65

Revigeo, ere, & revigesco, ere incept *To flourish again* Multa secula post reviguit Pythagoreorum nomen, *Cic Tusc* 1, 16 § *leg* Non 9, 12 *al autem* ... vigu...

Revilesco, ere, ui incept *To become vile, and of no account* Virtutis periculum non est, ne admota oculis revilescat, *Sen de Tranq* 1

Revinciens, tis part *Binding* Mentem amore revinciens, *Catull* 59, 33

Revincio, ire, xi, ctum act *To tie, or bind, to gird* Latus ense revincit, *Prop* 3, 14, 11

Revincior, iri pass *To be bound fast* Trabes introrsus revinciuntur, *Cæs B G* 6, 23

Revinco, ere, vici, ictum act *To convince, to disprove, to confute* Revincere crimen verbis, *Liv* 6, 26

Revincor, i pass *To be convicted* Neque suo, neque ... corum judicio revincetur, *Cic ...* Arch 6

Revinctus, a, um part (1) *Bound fast* (2) *Incircled, surrounded* (1) Ecce manus juvenem interea post terga revinctum, *Vir Æn* 2, 57 (2) Templum velebus niveis & festa fronde revinctum, *Vir Æn* 4, 459

Revirescens, tis part *Taking heart again* Revirescens pignore laudis, *Sil* 8, 227

Reviresco, ere, ui incept (1) *To become, or wax green again, to revive* (2) *To be young again* (3) *To take heart again* (1) = Si terra vetustas revirescere nec repubescere possit, *Col* ... 1 (2) Arte suum pueriliter ... re posse putem, *Ov Met* 7 305 (3) = Librem ... aliquid ... & ad ... revirescere, *Cic de Prov Cons* 1

Revisito, āre freq *To visit*, or *go to see again*, Plin 18, 3

Reviso, ĕre, si, sum (1) *To return, or come again to see* (2) *To visit, to pay a visit* (3) *To return* (1) Reviso quid agant, *Ter Andr* 2, 4, 1 (2) Tu nos aliquando revise, *Cic Attic* 1, 19 (3) = Inde redit rabies eadem, & furor ille revisit *Lucr* 4, 1110

Revivisco, ĕre, revixi, ctum incept [ex re, & vivisco, i e vivo] (1) *To recover life* (2) Met. *To revive again, to grow, or come up again* (1) ✠ Deficiens ad tua verba revixi, *Ov Epist e Pont* 1, 2, 8 (2) = Ut simul cum rep revivicat, & recreetur, *Cic Fam* 6, 10

* Reuma, ătis n *The ebbing and flowing of the sea*, Veg *Vid* Rheuma *Lat* Æstus

Reunctor, ōris m verb *A servant, or attendant of a physician, or chirurgeon, that anointed them which used wrestling and such other exercises*, Plin 29, 1 *Litt interpr*

Reungo, ĕre *To anoint again*, Litt ex Cels

Revocabilis, le adj (1) *That may be recalled* (2) Also *that may be recompensed* (1) Fatorum nulli revocabile carmen, *Prop* ... 31 Revocabile telum non fuit, *Ov Metam* 6, 264 (2) Claud *Eutr* 2, 488

Revocāmen, inis n *A recall, or calling back* Accipio revocamen, *Ov Fast* 1, 561

Revocandus, a, um part *To be called back* Ad artem & ad præcepta esse revocanda, *Cic de Orat* 2, 11

Revŏcans, tis part *Calling back*, &c Omen revocantis abesto, *Ov Epist* 13, 15

Revocātio, ōnis f verb *A recalling, or calling back* = Receptui signum, aut revocationem à bello audire non possumus, *Cic Philipp* 13, 7

Revocātus, a, um part *Recalled, called back*, Cic. in Rull 3, 1 § Revocatus à morte, *Vir Æn* 5, 47

Revŏco, āre act (1) *To recall, to call back* (2) *To bring, or reduce* (3) *To reassume, or begin anew* (4) *To call in, to call for* (5) *To refer, judge, or try* (6) *To withdraw* (7) *To revoke, recant, or unsay* (8) *To invite again* (1) Candida quamvis milies puella euntem revocet, *&c* ... 9 (2) = Ut libertatem revocas, ac reducas, *Plin Paneg* 78. ¶ Gradum revocare, *to bring back*, Vir *Æn* 6, 128 (3) Studia intermissa revocare, ... 1, 1 (4) = Pecuniam revocare à privatis & exigere ... cœpi, *Plin jur* (5) Ad ... exempla me revocas? *Cic.* Ad sententiam omnia revocare, *Id.* ... *Fin* 2, 15 ¶ Revocare se, *to change his mind*, Id Acad 4, 17 (6) § A cupiditate revocare, *Cic.* pro *Cluent* 5. à turpissimo consilio, *Id.* (7) *Litt.* ex *Sen qui vocalium ... monstrasset* (8) ✠ Vulpes ciconiam prior invitavit, ciconia vulpem revocavit, *Phædr.* 1, 26.

Revŏcor, āri, ātus pass *To be recalled, reduced*, &c Optimum visum est consulem ex Sicilia revocari, *Liv* 27, 4. Hæc ratione explicari & ad naturam revocari facile possunt, *Cic.* de *Div* 2, 70.

† Revŏlito, are freq *To fly often back*, Litt ex Europ

Revŏlo, are neut (1) *To fly back again* (2) Met *To hasten*

(1) ✠ Aves advolant & revolant, *Varr* conf *Cic N D* 2, 49 (2) His auditis, revolat ad patrem Cæsar, *Paterc* 2, 120

Revolūbilis, le adj *That may be rolled, or tumbled back again* Sisyphe, cui tradas revolubile pondus, habebis, *Ov* in *Ibin*, 191

Revolvo, ĕre, vi, ūtum act (1) *To roll, or tumble over, or back again, to turn over* (2) *To go over again* (3) Met *To undergo, to suffer* (4) *To revolve, to reflect upon* (5) *To peruse again* (1) Geminum ductum revolvit in partem superiorem, *Col* 8, 17 (2) ✠ Iter omne fallacis iterum revolvere, *Vir Æn* 9, 391 (3) Revolvere casus Iliacos da Teucris, *Vir Æn* 10, 62 (4) Quid ego hæc ingrata revolvo? *Vir. Æn* 2, 100 (5) Tuas adversus te origines revolvam, *Liv* 34, 5 *sc* Catonis.

Revolvor, i pass (1) *To be rolled, tumbled, or brought back* (2) *To revolt* (1) Omnia ad communes rerum & generum summas revolventur, *Cic de Orat* 2, 31 (2) In eandem vitam te revolutum video esse, *Ter Hec* 4, 4, 69 Ad irritum revolvi, *to come to nought*, Tac. Hist 2, 26, 2.

† Revolus, li m *A pedlar*, Litt ex Col

|| Revolūtio, ōnis f verb *A revolution, or whirling round*, Aug † Circuitus, ambitus, *Cic*

Revolūtus, a, um. part (1) *Tumbled, brought, or turned back again* (2) *Wound off* (3) *Returning* (1) Equo suffosso revolutus, *Vir. Æn* 11, 671. Femina in veterem fato revoluta figuram, *Id* 6, 449 (2) Excussi manibus radii, revolutaque pensa, *Vir Æn* 9, 476 (3) Revolutus ad dispensationem inopiæ, *&c.* Liv. 4, 12.

Revŏmens, tis. part *Vomiting up again* Salsos rident revomentem pectore fluctus, *Vir. Æn.* 5, 182. Revomentes æquora nautæ, *Sil* 10, 326. *Met.* Spectavimus contorta è fundo revomentem transtra Charybdim, *Id* 2, 308.

Revŏmo, ĕre, ui, itum act. *To vomit, spew, or cast up again, to disgorge.* Dracones auream pluviam excitam revomunt, *Plin.* 10, 72.

Reus, a, um adj [à res, i. e. qui rem, i. e litem, causam habet seu litem] (1) *Arraigned, impleaded.* (2) *Guilty.* (3) *Obliged to perform, obnoxious.* (1) Reos appello non eos modo, qui arguuntur, sed omnes, quorum de re disceptatur, *Cic.* de *Or.* 2, 43 ✠ Inter damnatos magis quam inter reos, *Tac Ann.* 16, 14. Reus rei capitalis, *tried for his life*, Cic. Verr 2, 39 injuriarum, *sued upon an action of trespass*, Quint de pecuniis repetundis, *impeached for bribery*, Cic. satisdandi, *bound to find sureties*, Ulp. majestatis, *tried for treason*, Suet. (2) Leges, quæ de civium reorum supplicio latæ sunt, *Cic. Catil.* 1, 11. *sed var codd.* (3) Taurum constituam ante aras voti reus, *Vir. Æn.* 5, 237.

Reus, i. m subst. (1) *The defendant in a process, he that is accused, or sued.* (2) Also *a surety, one bound for another* (1) ✠ Quis erat petitor? Fannius; quis reus? Fannius, *Cic.* (2) Reus stipulando, & reus promittendo, *dicitur*, *vid.* Fest. p. 408.

Revulsio, ōnis. f. verb. [à revello] *A pulling up, a plucking away, or back, revulsion.* Unius schedæ revulsio, *Plin.* 13, 12.

Revulsus, a, um part *Pulled off, plucked, or torn up, or away* Nisi sepulsis revulsis interiori non potest, *Cic. Philipp* 5, 4. = Effracta & revulsa janua, *Id* Caput à cervice revulsum, *Vir. Æn.* 4, 523

Rex, regis m [à regendo] (1) *A king, under which also a queen is included* (2) Rex ... *the king of Persia* (3) *A prince of the blood.* (4) Also *a ruler, or governour, a chief, a great man.* (5) *A tutor, or pedagogue.* (6) *A great, or rich man.* (7) *A patron.* (8) *A titular, or nominal king, a chief governour.* (9) *A tyrant.* (1) Ad Ptolemæum Cleopatramque reges legati missi sunt, *Liv.* 27, 4 (2) Rex semper maximas mihi agebat *gratias*, Ter Eun 3, 1, 7 In Asiam ad regem militatum abiit, *Id Heaut* 1, 1, 65 Sic *ap* Nepotem, & *alios sæpè.* (3) Cum maximè vellet pro communi amico atque arbitro controversias regum componere, *Cæs B C* 3, 107 *sc Ptolemæi liberos qui de regno disceptabant.* (4) Regem me esse oportuit, *Ter Phorm* 1, 2, 20. interpr *Donato* (5) Memor ætæ non alio rege puertiæ, *Hor Od.* 1, 36, 8 ☞ *Alii ad morem puerorum colludentium* Βασιλίνδαν, *ac quo alibi Flaccus*, pueri ludentes, *rex eris*, aiunt, *quibus tamen non assentior.* (6) Regibus hic mos est, ubi equos mercantur, opertos inspiciunt, *Hor Sat.* 1, 2, 86. (7) = Fructus amicitiæ magnæ cibus, imputat hunc rex, *Juv* 5, 14. (8) Lacedæmonii duos semper habebant reges, nomine magis quam imperio, *Nep. Ages.* 1. Prætor factus est *Hannibal* postquam rex fuerat, *Nep. Hannib* 7. ¶ Reges ærarii, *the managers of the treasury*, Cic. in Rull. 2, 6. ¶ Rex vini, *the king of good fellows, the master of the revels*, Hor. (9) Impunè quidlibet facere, id est, regem esse, *Sall. B. Jug.* 36.

R ante H.

† Rhā indecl. *Amm.* 22, 8. & rhacoma, *Plin.* 27, 12. [à Rha fluvio, juxta quem crescit supra Pontum] *Rhubarb, a kind of dockroot.* = Radix Pontica, *Cels.*

* Rhabdos, i. f. *A meteor like to a straight wand*, Apul. *de Mundo*, p 727.

* Rhabdūchus, i. m. [qui ῥάβδον ἔχει, virgam fert] *A serjeant of the mace, a verger.* Lat. Lictor.

Rhăcinus, i. m [à colore uvæ nigræ] *A fish of a brown dun colour*, Plin. 32, 8 & Ov. in Halieuticis

Rhacōma, æ. f. *A kind of herb that cometh from beyond Pontus.* Ruell. *taketh it to be the same with* Rha Ponticum, *Plin.* 27, 12.

* Rhădine, es. f. *A nice, tender, or dainty girl*, Litt. ex Lucr.

* Rhăgas, ădis. f. *Aug.* plur. rhagades, um. f & rhagadia, orum n. *Plin.* 24, 10. ῥαγάδες [à ῥήγνυμι, quod signif. abrumpo] *Chaps and clefts in the hands, or feet*, &c. *chilblains*, also *the piles*, Litt.

* Rhagion, ii. n. [dict. ab acini parvi similitudine, quod ῥαγίον appell.] *A little venomous spider, with very short feet*, Plin. 29, 4

* Rhagoides [ῥαγοειδὴς, sc. χιτών] *The third coat that compasseth the eye, wherein is the hole by which one see*, Cels. 7, 7. *Lat.* Uvea, iris.

Rhamnus, ni. m. *A white bramble, called rhamn, or Christ's thorn, buckthorn, the rheinberry bush*, Plin 24, 3

Rhăphănis, ĭdis f *A kind of ... a pestilent, or venomous spider in Africa* *Vid.* Raphanus

† Rhăpnius, ii m ... quem Galli *rhaphium* vocabant *A beast in shape like a wolf, speckled like a libbard*, Plin 8, 19

* Rhapsōdia, æ. f [ex ῥάπτω, suo, & ᾠδή, cantus] carmen, & propriè de carminibus Homericis, quæ cum antè dissipata essent, conjectaque, à Pisistrato in Rhapsodias seu libros digesta sunt, *Cic* de *Orat* 3, 34 *a rhapsody, or book of Homer's poems* Verùm Homeri recitit ex secunda rhapsodia, *Nep Dion* 6

* Rhectæ, ārum m pl [à ῥήσσω, rumpo] *Earthquakes causing the ground to break open*, Apul. de Mundo, p 730.

Rhēda, æ f *A chariot, coach, calash, or caroach.* Hanc epistolam dictavi sedens in rheda *Cic Att* 5, 17. Capsus rhedæ, *the coach-box*, Vitruv.

Rhedārius, a, um *Of, or serving for a cart, chariot, or coach* Rhedarius mulus, *Varr* R R 2, 17

Rhedārius, ii m *A carter, charioteer, or coachman* Adversus rhedarium occidunt, *Cic* pro *Mil.* 10.

Rhēno, ōnis. m. [villosum humerorum & pectoris velamen vocab ex Græcis sumptum, quia oves ῥῆνας appell. vel à ῥέω, pellis, vel à Rheno fl. quòd Rheni populi his uterentur, *Isid*] *A thick garment furred, or made of skins, covering the shoulders and the breast*, which the ancient Romains were wont to wear in the wars; *a cassock, or just au corps, made of skins.* Vestes de pellibus rhenones vocantur, *Serv* ex *Sall.* Germani parvis rhenonum pellibus utuntur, *Cæs B. G.* 6, 21

* Rheon. n. *Rhubarb*, Jun.

Rhētor, ŏris. m. [à ῥέω, dico] *A rhetorician, or rhetoric master.* Rhetores dicendi præcepta tradunt, *Cic.* de *Orat* 1, 18 Cicero noster, dum ego adsum, non cessavit apud rhetorem, *Id. Quid distant* rhetor, sophista, & orator, *vid* Marium Victorinum

Rhetŏrica, ōrum n. *sc* præcepta. *Books, or precepts of rhetoric*, Cic. de Fato, 2.

Rhetŏrica, æ, *vel* rhetorice, es. f *sc*. τέχνη. *Rhetoric, oratory, the art of speaking handsomely* Rhetoricam palmæ, dialecticam pugno similem dicebat, quod latius loquerentur rhetores, dialectici compressius, *Cic* de *Fin.* 2, 6.

Rhetŏrice adv. *Rhetorically, like an orator.* ✠ Rhetoricè nos disputare, quam dialecticè *Cic. de Fin.* 2, 6.

† Rhetŏrico, āre. rhetoricari, pro rhetoricatus es, *Non.*

|| Rhetŏricor, ari. *To play the rhetorician, to speak like an orator, to rhetoricate*, Tert. † Rhetoricè disputare, *Cic.*

* Rhetorĭkōteros [i. e magis rhetor, vel magis oratorius] *More orator-like, more eloquent*, Cic. ad Orat. 3. ad morem Lucil.

Rhetŏrĭcus, a, um. *Of, or belonging to rhetoric, rhetorical.* More rhetorico loqui. *Cic.* de *Orat* 1, 29. Ars rhetorica, *Quint* 3, 1.

Rhetŏrĭcus, ci. m. *sc.* liber. *A book of rhetoric*, Quint. 3, 1.

Rhetorĭscus, i. m. dim. [à rhetor] *A little, or young orator*, Gell 17, 20.

† Rhetorisso, āre, i Rhetoricè loquor, *Non* ex *Pompon*

* Rhetra,

* Rhetra, æ f lex [a ῥῆτ, loqu] The oracle of Apollo, also the laws of Lycurgus, held as oracles, Anm

* Rheumatismus, n [a ῥέω, fluo] A rheum, a catarrh, a distillation of humours, Med. ✝ Rheumatismus, Plin Also the ebbing or flowing of the sea, or tide, Veget

Rheumaticus, a, um adj. Rheumatic, that is troubled with rheum, Plin 29, 6

✝ Rheumatizo, āre. To run with humours, Theod Prisc

* Rheumatismus, mi. m A rheum, the disease of the rheum, a rheumatism = Rheumatismos Græci fluxiones vocant, Plin 22, 17 Clans resistit rheumatismis, Id 24, 3

Rhœnia, æ. f herba proprio nomine Onochiles dicta, Plin. 22, 1

✝ ‖Rhibes pl. Raspices, corinths, Jun

Rhina, æ. f [ῥίνη, i e. lima, ob cutis asperitatem] A skate, Plin ult = squatus, Id ib.

* Rhinŏcĕros, ōtis. m [ex ῥὶν, nasus, & κέρας, cornu] (1) A rhinocerot, a beast enemy to the elephant, having an horn in his snout bending upwards, sometimes taken for the unicorn (2) Also a vessel with a long spout, out of which oil was dropped upon the people as they bathed. (3) Also one who is gag-toothed (1) Plin 8, 20 (2) Magno cum rhinocerote lavari, Juv 7, 130 & Mart 4, 52 (3) Lucil. ... rhinocerotis nasus, a turning up the nose in scoffing and censuring, Mart 1, 4

* Rhinochisia, æ. herbæ genus ... narium inclinatio, V Cod al leg rhinochisa, Plin.

Rhizagra, æ f A surgeon's instrument to draw out a splinter, bone, or tooth, Cels 7, 12.

* Rhizias, æ m [a ῥίζα, radix] The juice of the root laserpitium, Plin 19, 3.

* Rhizotomus Gr [qui ῥίζας τέμνει] A gatherer of roots, also a kind of ires, Plin 21, 7

Rhobigus, i Vid. Robigus in Propr

* Rhodinus, a, um Lat Rosaceus Of, or belonging to roses, made of roses = Rhodinum oleum Plin 15, 7 unguentum, Id

* Rhodites, æ m. A precious stone of rose colour, Plin 37, 11.

* Rhododaphne, es f [ex δάφνη, laurus, & ῥόδον, rosa] A shrub having a flower like a rose, and leaves like the laurel, or bay, Plin 24, 11

* Rhododendros, i f & rhododendron, i n Plin. 16, 20. [q. d rosa arborescens] (1) A tree with leaves like an almond-tree, but greater, called an oleander, or rather a shrub that groweth to a man's heighth in Switzerland, with purple flowers like roses, the same as rhododaphne (1) = Rhododendros ne nomen quidem apud nos invenit Latinum, rhododaphnen vocant, aut nerium, Plin 24, 11 interpr. Coop.

* Rhodora, æ f [a rosario flore dicta] An herb that hath a leaf like a nettle, and a flower like a rose, Plin 24, 19

* Rhoicus, a, um [a ῥόος, fluxus] Fluid Medici rhoicis utuntur ... confusa, Plin. 24, 11

* Rhoiscus, i m. ῥοΐσκος, corpus, ... ad ῥόας, i e. mali punici similitudinem factus.

* Rhoites, æ m [a ῥοιά, malum Punicum] Pomegranate wine, Plin 14, 16

* Rhomboides adj [i e rhombi formam habens] A geometrical diamond figure, with unequal sides, as rhombus is with equal, Geom Also a fish so called, Gesn

Rhombus, bi m [ἀπὸ τοῦ ῥέμβειν, i e volvendo] (1) A figure of four equal but not right-angled sides, like a quarry of glass (2) Also a spinning-wheel, reel, whirl, or turn (3) A kind of rolling instrument, which witches used to fetch the moon out of heaven. (4) A fish called a byrt, or turbot (5) ‖ Also the points of the mariner's compass, a rhumb (1) Ap Geometras (2) Ov. Fast 2, 575 interpr Fabr & Litt (3) Deficiunt & magico torti sub carmine rhombi, Prop 2, 28, 35 (4) Non me juverint rhombus aut scari, Hor Epod. 2, 50 Spatium admirabile rhombi, Juv 4, 39 (5) Ex usu hodierno

Rhomphæa, æ f A kind of Thracian long sword, a two-handed sword, or arming sword, a tuck Thracas rhomphææ impediebant, Liv 31, 39 ☞ Val Flacc mediam licenter corripit, Arg 6, 98 ut & alii, sed recentiores, scil Scrib. romphea

‖ Rhomphæalis, le. adj. Belonging to a long-sword, Prud.

* Rhonchisso, āre. To snort, or rout in the sleep, Lexicogr. ex Plaut. Lat Sterto.

Rhonchus, chi m A snorting, or snoring, Met mocking, a scoff, a flout, a jeer, Mart 1, 4

✝ Rhophalicus vel ius, a, um. i e clavaris [a ῥόπαλον, clava, M] Rhophalicus versus, Gramm is est qui a monasyllaba voce incipiens gradatim crescit, & ῥόπαλον, i e. Herculis clavam imitatur, ab angusto & tenui in latitudinem desinens, Mar. Plot ut, Ὦ μάκαρ Ἀτρείδη μοιρηγενὲς ὀλβιόδαιμον Et illud, Spes deus æternæ stationis conciliator, Ex Litt

* Rhopalon, i n [a ῥόπαλον, clava, quod radicem habeat clavæ similem] A water-lily, called nenuphar, Plin 25, 7

* Rhus, i m & f Lat Fluxus. A bushy shrub called sumack, leather-sumack, curriers-sumack, with the leaves whereof skins and hides are dressed and tanned, Plin 24, 11 &

* Rhus, i n The seed of the shrub of that name Rhus Syriacum. Plin 24, 14 Cels 6, 11

* Rhyas, ădis f ῥυάς, oculorum fluxio [ex ῥέω, ῥύω, fluo] Est & piscis, quem lacam vocant item imbecilla viris, quæ & ψέως The disease of the eyes, waterings, or weeping continually, Cels 7, 7, 4

* Rhyparographus, phi m. [qui ῥυπαρὰ, i e sordida & humilia γράφει, i e. pingit] A painter of trifles, or mean things, Plin 35, 10.

* Rhythmicus, a, um Of rhyme, made in rhyme, or meeter, rhythmical Rhythmica musicæ pars, Isidor

Rhythmicus, i m A rhymer, or rhyming poet, rhyme-doggrel, a ballad-maker. Nec sunt hæc rhythmicorum ac musicorum acerrima norma dirigenda, Cic de Orat 3, 49.

* Rhythmus, i m [a Cel rime] Meeter, rhyme, number, or harmony in speaking ✻ Rhythmi, id est, numeri, spatio temporum constant, metra etiam ordine, Quint 9, 4 ubi lege plura Venarum rhythmus, proportion, Vitruv 1, 1

* Rhytion, tii n [genus vasis] A vessel, or cup like an half-moon, Mart 2, 35 De hoc vase vide Athenæum lib. 10, cap 13 & 11 cap 1, 5 [illegible]

R [illegible]

‖Ribes Red goo[illegible]rries, bastard corinths, comm[illegible] ribes, Offic

Rica, æ. f [a ritu, quod Romano ritu cum sacrificium feminæ faciunt, capita velant, Varr pot a ῥῆγος, i e cingulum, Hesych quod sit muliebre cingulum capitis, Fest. vel id quod ricinium, Id] (1) A woman's hood, a little cloke, or mantle, that women used to cover their heads withal in sacrificing (2) Also a kerchief (1) Plaut Epid. 2, 2, 48 (2) Varr L L 4, 29

‖ Riciniatus, a, um Clad in such a cloke, or mantle Riciniati, mimi planipedes, Fest Riciniatus Jupiter, Arnob

Ricinium, ii n id quod ricinum [a rica, idque fort a reicio, i e. rejicio, pro reica dict] A short woman's cloke Ricinus & vinculis purpuræ, Cic de Legg 2, 23 conf Varr L L 4, 30

Ricinum, i n & ricinus, i m Serv Ricinum est omne vestimentum quadratum, Fest. cujus partem mediam retrorsum jaciebant, Varr [dict ab eo, quod post tergum rejicitur, Serv] A cloke of which they threw part over their shoulder, any garment four-square, a close hood, Litt ex Cic

Ricinus, i [qu ex re, & canis, quod canum aures infestet, Isid.] (1) A vermin called a tyke, that annoyeth sundry kinds of beasts, as dogs, sheep, &c (2) Also an herb in Egypt called palma Christi, which hath a seed like a tyke (1) Ricini & pulices, Varr R R 2, 9 Ricini, qui boum feminibus inhærent, eximantur, Col 6, 2 Ricini ovibus non erunt molesti, Cato, 97 (2) Plin 15, 7.

‖ Ricto, āre To make a noise, properly as libards do, Spart

Rictum, ti n id quod rictus Mollia ricta tremunt duros nudantia dentes, Lucr 5, 1063 Inhorrebat rictum, Id 6, 1193

Rictus, ūs. m verb [a ringo, rinxi, rictum] (1) A grinning, or scornful opening the mouth in laughing, threatning, grinning, or gnarring as dogs (2) Also the mouth, a jaw, or chap. (1) Risu diducere rictum auditoris, Hor. Sat 1, 10, 7. vid Quint 1, 11 Usque eo ut rictus ejus, ac mentum paulo sit attritius, Cic Verr. 4, 43 de Herculis statua Torva canino latravit rictu, Juv. 10, 272. (2) Flexibiles rictus quadrupedis, Ov ad Pison Rictus columbæ, a pigeon's bill, Plin Rictus ad aures dehiscens, a wide sparrow mouth, Plin. 8, 21

✝ Ricula, æ f dim [a rica] parvum ricinum, i e palliolum ad usum capitis, Fest.

Ridendus, a, um part To be laughed at Ridenda poëmata, Juv 10, 124

Ridens, tis part Laughing, smiling, Catull 49, 5

Rideo, ēre, si, sum neut vel act. [de etymo parum constat] (1) To laugh at (2) To mock, scorn, or scoff (3) Also to smile (4) ✝ To look pleasant, to shine and glitter (1) = Ridere convivæ, cachinnari ipse Apronius, Cic Verr 3, 25 ✻ Quod rideas magis est, quam quod lamenteris, Plaut Merc 5, 1, 4 ¶ Ridere γελᾶν Σαρδόνιον, far from the heart, Cic Fam 7, 25 (2) § Rideo hunc, primum ait se scire, is solus nescit omnia, Ter Adelph 4, 2, 9 Et mecum lusos ridet multa Deos, Ov Am 3, 3, 20. (3) Fortuna ridet vultu sereno, Ov Tryst 1, 4, 27 § Risit pater optimus olli, Vir Æn 5, 358 (4) § De viridi riserunt lilia prato, Petron c 127 Omnia nunc rident, Vir. Ecl. 7, 55 Domus argento ridet, Hor Od 4, 11, 6

Ridibundus, a, um Inclined to laughing, waggish Illam ridibundam atque hilaram huc adduxit, Plaut Epid 3, 3, 32

Ridica, æ f [quod fulciendo radicis vicem obtinet] A strong prop, particularly of a vine Ridicas querneas sive oleagineas findere, Col. 11, 2 Robur & materies pro ridica, Cato, 17

Ridicula, æ f dim A little stake, or fork, Sen N Q 1, 3

Ridicularia n plur Jests, or things to be laughed at Huc animum adverte, atque aufer ridicularia, Plaut Asin 2, 2, 64

Ridicularius, a, um Ridiculous Nimis ridicularius fuit, Gell 4, 20

Ridiculè adv Ridiculously, simply, by way of droll, pleasantly = Non modo acutè, sed etiam ridiculè ac facetè, Cic de Orat 1, 57 ✻ Ridiculè magis quam verè dictum, Phædr 5, 4, 5

✝ Ridiculosus, a, um unde ssimus, sup Ridiculous, jocose Parasiti ridiculosissimi, Plaut Stich 2, 2, 64 ✝ Multum ridendus, tutius dixeris

Ridiculum, li n (1) A jest, a joke. (2) A silly business (1) ✻ Aut per ridiculum aut severè dicere, Cic Offic 1, 37 Subobscœno ridiculo non utendum oratori, Id Orat 26 (2) Ridiculum est nunc de Verre me dicere, cum de Pisone Frugi dixerim, Cic

Ridiculus, a, um ssimus, sup (1) Merry, jocose (2) Ridiculous, silly, to be laughed at (3) That will make one laugh, that maketh sport, a droll (1) Solet jocari mecum sæpè illo more, namque ridiculus est, ubi uxor non adest, Plaut Menæch 2, 2, 43 Quando adbibero, adludiabo, tum sum ridiculissimus, Id Stich 2, 2, 58. (2) Hoc postulatum de statuis, ridiculum esse videatur ei, qui rem, sententiamque non perspiciat, Cic Verr 4. (3) Jocos ridiculos vendo, agite, licemini, Plaut, Stich 1, 3, 68 Dico unum ridiculum dictum de dictis melioribus, Id Capt. 3, 1, 22 Subst Ita juventus jam ridiculos inopesque ab se segregat, parasites, Id Capt 3, 1, 10

Rigans, tis part Wetting, bedewing Indigno teneras imbre rigante genas, Ov A. Am 1, 532

Rigātio, ōnis f A watering, moistening, or wetting Sin sicco loco seri non debuerint, quo rigationem ministrari non expediat, &c Col 11, 3

Rigātor, ōris m. verb He that watereth, Litt ex Col cert posteriores, Tert Aug

‖ Rigatrix, icis f She that bedeweth, or sprinkleth, Aug.

Rigens, tis part (1) Frozen with cold, hard (2) Stiff, stark, staring. (3) Stiff, standing on end: (1) Omnia rigentia gelu, Liv 21, 32 (2) Membra rigentia, Luc 2, 25 Rigentes oculi, Plin 11, 37 (3) Palla rigens signis, & auro, Vir Æn 1, 652

Rigeo, ēre, ui neut (1) To be very cold, or chill, to be frozen. (2) To

(2) *To* [illegible] *or on end to stare* [illegible] *) To* [illegible] (2) [illegible] Quod [illegible]

[illegible]

Ringens, [illegible] Rig [illegible] non potest, [illegible]

Rigidus, a, um [illegible] (2) *Stiff* [illegible] (2) R [illegible] Col [illegible] *Col* 8, [illegible] = Rig [illegible] = Sen [illegible] Mi [illegible] rigida, [illegible] 48 (5) In [illegible] (6) Unge [illegible] Leo [illegible]

Rigo, [illegible] *To* [illegible] (1) Fluvius [illegible] 4, 6

Rigo, āre, [illegible] *To* [illegible] Semina [illegible] Col 5 [illegible] Ov Fast [illegible]

[illegible] rigor, (1) [illegible] (2) [illegible] (5) [illegible] (7) [illegible] Certis pestifer calor [illegible] horis, [illegible] rigor, [illegible] (2) Ferri rigo [illegible] Geor 1, 142 [illegible] Col 2, 1 [illegible] (1) = Nocuit an[illegible] rigor, & nimia severitas, *Tac Hist* 1, 18 (6) *Frost* [illegible]

† Rigōrātus, a, um *Made stiff, or hard*, Plin [illegible] *hardened*

Riguum, ui, n *A watering* [illegible] Rigua [illegible] vaporibus [illegible] Pl 17, 27

Rĭguus, a, um (1) *Moist, wet, waterish* (2) *That watereth*, (3) *or is watered* (1) [illegible] Alterum pratum est siccaneum, alterum riguum, *Col* 2, 17 (2) Amnes rigui, *Vir Geor* 2, 485 (3) Hortus riguus, *Ov* [illegible] 8, 6[illegible]

Rima, æ f *A rift, cleft, or clap of wood or stone, where it is not close joined, a chink, a cranny* Non ego tu ruinâ perit, qui rimam time, *Publ Syr* Invenire rimam, *to find a hole to creep out at*, Plaut Curc 4, 2, 24 Agere rimas, *to cleave, clap or chink*, Ov Met 2, 211 Plenus rimarum esse, *to be a blab of*

one's tongue, Ter Eun 1, 2, 25 Nec [illegible] *spring* [illegible] Æn 1, 12[illegible]

|| Rim[illegible], a, um [illegible]

[illegible] *To* [illegible]

[illegible] (1) Rimari [illegible] *Cic* [illegible] (2) [illegible] 8, 1[illegible]

Rimōsus, a, um *Full of clefts and chinks*, [illegible] = Quicquid [illegible] *Prop* 2, [illegible] Rimosior, *Gell* 17, 11

Rimula, æ f dim *A little, or small clift* Nepai [illegible] *Col* 8, [illegible]

Ringo, ĕre, [illegible] *Col* [illegible]

Ringor, 1, [illegible] *To grin, or show the teeth as a dog doth, to wry the mouth* [illegible] *angry, to fret, or chafe with himself, to* [illegible] Dum [illegible] quod placeat, [illegible] ridicas, *Ter Phorm* 2, 2, [illegible]

Ripa, æ f [illegible] impetus [illegible] *Abank of a river* (2) *Also the sea shore* (1) Tybris ripas [illegible] Flumen [illegible] difficilem coercere, *Cic de Cl Orat* 51 [illegible] Flumina pro [illegible] fluunt, *Ov Met* 1, 42 (2) Thynni, [illegible] *Plin* 9, 15 Columella [illegible] 1, 5

|| Riparienses, [illegible] Riparienses legiones, *Cod* Riparum castris [illegible] *soldiers that were to guard the frontiers of the empire, lying the banks of the river* [illegible] Aurelianum, [illegible] Cassiod

Ripārius, a, um *Of, or belonging to the banks* Riparia [illegible] *Plin* [illegible]

Ripula, æ f dim *A little water bank*, Cic Attic 15, 16

Riscus, ci m [illegible] *a coffer, covered, a trunk* (2) *Also* [illegible] (3) *A press for clothes* (1) Unguenta est [illegible] *Ter Eun* 4, 6, 16 [illegible] (2) [illegible] (3) [illegible]

|| Risĭbilis, le *adj Which can laugh* Beit ap Litt † Aptus ad risum

Risio, ōnis f verb [a rideo] *A laughing, a subject of laughter* = Quot [illegible] risiones [illegible] ques jocos? *Plaut Stich* 5, 2, 10 [illegible]

Risor ōris m verb *A laugher, a mocker*, Hor A Poet 225

Risus, ûs m verb [a rideo] *Laughter, laughing* Risum vix tenebam, *Cic de Cl Orat* Mi[illegible] risus edere, *Id* [illegible] 2, 10 Risum movere, *Id Att* 6, 3 captare, *Hor Sat* 1, 4, 83 facere, *Cic*

[illegible] 4 = Unde [illegible] diluescere [illegible] *Lucr* 5, 1[illegible]

Rite adv [illegible] (2) *Rightly* [illegible] (1) [illegible] *form, and* [illegible] (1) R [illegible] *Cic D* [illegible] Perpetuum [illegible] (2) = Lege & [illegible] cognita, *Plin* [illegible] successit bonis, *Id Paneg* [illegible] cestes [illegible]

Ritus, [illegible] *Sat Theb* 11, 28[illegible]

Ritualis, le adj *Of, or belonging to customs, rites, or ceremonies* [illegible] Ritualis Hetr[illegible] libri, *Cic de Div* 1, 33 [illegible]

Ritus, ûs [illegible] (1) [illegible] (2) [illegible] (1) = Morem ri[illegible] 12, 8, 6 Ex patriis ritibus op[illegible] lunto, *Leg* [illegible] 2, 9 Ritus feminæ [illegible] *Plin* 7, 8 (3) [illegible] *Curt* 5, 2, 19

Rivālis, le [a rivus] (1) *Of, or belonging to a river* (2) *Such as dwell by running waters* [illegible] *parted by a brook, as* [illegible] *therefore were called* rivales (1) Rivalis alecula, *Col* 8, 15 (2) Nego [illegible] quod ex forte de aquæ ductu cum rivalibus, aut cum communi pariete cum vicino aput [illegible] est, *Gell* [illegible]

Rivālis, is m [rivus [illegible] unum amorem derivantes, No[illegible] & bestiis, quæ [illegible] cum ex eodem rivulo haustum [illegible] convenire [illegible] rivales dicuntur, quorum agros rivus aquæ [illegible] interfluat [illegible] eos [illegible] *Cal*] (1) *A rival, one who loveth the same party as another doth*, (2) *One that seeth with another* (1) = Est eadem mecum [illegible] rivales sumus, *Plaut Stich* 3, 1, [illegible] Rivalis [illegible] Rivales Divorum, Claudius, [illegible] *Juv* 6 115 [illegible] rivalibus, *Id* 12, 125

Rivālĭtas, ātis f *Rivalship* [illegible] æmulatio [illegible] rivalitati [illegible] est, *Cic Tusc* 4, 26

|| Rivālus, m [illegible] *River by river, by particular streams*, Macrob Sat [illegible] 12

† Rivinus, *ad quod* rivalis, *Plaut Asin* [illegible] 6

Rivŭlus, [illegible] (1) *A little brook, a rill* (2) Met *A consequence, an effect* (1) Almonis usque perenni s rivulum, *Prud Peristeph* 10, 16[illegible] (2) [illegible] Tardi ingenii est rivulos consectari, fontes rerum non videre, *Cic de Orat* 2, 27 [illegible] A fontibus potius haurire, quam rivulos consectari, *Id Acad* [illegible] 1, 2

Rivus, i m [ab Heb [illegible]]

A brook, a river, a stream of water with a gentle current — Rivorum [illegible] *Col* [illegible] 8 [illegible]

[illegible]

Rixa, æ f *A brawl, a chiding* [illegible] (1) [illegible] Sanguinea rixa, *Hor Od* [illegible] Rixa est, ubi [illegible] = [illegible] *Cic* [illegible] *Id* Fin 9 22

Rixātus, [illegible] *quarrelling*, Plin 18, 2

† Rixatrix [illegible]

Rixātio, ōnis f verb *A brawling, a chiding*, [illegible]

Rixātor, ōris m verb *A brawler, a wrangler*, Quin 11, 1

Rixor, āri, ātus sum dep (1) *To scold, to brawl* (2) *To strive* [illegible] (1) [illegible] Rixa, [illegible] (2) [illegible] cum modo, *Cic* [illegible] § de l. na cap [illegible] *a thing*, Hor Epist 1 [illegible]

Rixantur herbæ, *Varr* [illegible]

Rixōsus, a, um *Quarrelsome, apt to fight, full of brawling, or quarrelling*, Col 8, 2

R ante O

Robīgalia, um n [illegible] *to the god Robigus, to deprecate blast* [illegible] It was kept the 25th of April [illegible] Plin 18, 29 & [illegible]

† Robīgo, ĭnis f [illegible] *corn*, [illegible] Scelera [illegible] *Ov Fast* 1, 6[illegible] R [illegible]

|| Robŏrārium, ii n [illegible] quod robore [illegible] *park, a warren, a place* [illegible] *Ce* [illegible] 2, 40

Robŏreus, a, um *Made of oak* [illegible] *such like strong* [illegible] Roboreis axibus compingitur [illegible] *Col* [illegible] 19 Roboreus pons, *Ov* [illegible] 62[illegible] Pila roborea, *ancient* [illegible] Vindic

Roborŏ, āre *act To strengthen, or make strong* Cato [illegible] suam perpetua constantia ro[illegible] vit, *Cic Offic* 1, 31

Robor, or, āri, ātus *pass To be strengthened, or confirmed* [illegible] hæc auctoritate tua roborentur, *Cic Fam* 12, 10

Robur, ŏris n [illegible] plur mas robi [illegible] venas habet, inde robur & [illegible] valentes & boni [illegible] busti [illegible] (1) *Oak, full* [illegible] *est kind* [illegible] (2) Met *Strength of* [illegible] *or of any thing* [illegible] *Courage, or stout* [illegible] *ness to endure* [illegible] (4) *Also a stocks, or like place* [illegible] *prison* (1) = Cuneis [illegible] scinditur, *Vir Æn* 6, 181 Ro[illegible] quercus [illegible] pariter cum robore [illegible] *Met* 3, 91 Robur & ma[illegible] Cato [illegible] Robur [illegible]

... the Trojan horse, Vir Æn 2, 260 ... ro cum, a club, Ov Met 12, ... (2) Si satis ætas is, ac roboris pateret, Cic pro S Rosc 51 ... ingens animoso robore ... Ov Met 8, ... Arbor ... robora flagellari, ... At rna terri robora, ... Æn ..., 610 Robur ... Lucr 5, 681 = Robur & firmamenti ... accessionis, Cic pro ... Experti roboris hercule, O Met am 15, 202 (2) = Q... um in cujus animo est robore ... nervorum, Cic Fam 6 ... Invictum pectore robur, ... (3) Ut in carcere Scipio in ... & in dolore & in tenebris ... irat, Liv 38, 59, fin Vetera ... nitices, robur, pix, lamina ..., Lucr 3, 1030

Roboreus, a, um Of an oak ... robur ... acorns, oak... Col 9, 1

† ... a, um ... strong, or red of colour ... icum robum, red wheat, Col ... Bos robus, Fest

‖ Robus n materia, quæ robi ... coloris ... habet, ... quod robur

Robusteus, a, um Strong like ... oak, oaken Robu... materies, Varr Pars robu... configatur, ... rus, a, um [= robur, vel ... comp ... simus, sup (1) ... oak (2) Hale, lusty ... sturdy (3) Strong, (5) Yielding a strong ... (1) Robustus catcer, ... 5, 3, 14 codex, Id ... Se ... robustus, & valens, ... 2, 31 § Robustus in ... Id § ad incursum, ... ( ) Hæc robustioris impro... sum, Cic Phil pp 2, 25 ... Robustissimum opp dum, Flor ... Robustissimæ ... Col (1) Robusti ... Celf 2, 18

Rodens, tis part Gnawing, ... 2, 27

Rodo, ĕre, si, sum act [... (1) To gnaw (2) To gnash ... or wear away (4) ... To ... or spoil all of ... ungues, Hor Sat ... (2) Quid dentem dente ... rodere? Mart 1, 2 (3) ... na rodunt ripas, Lucr 5, 257 (2) = More hominum invident, ... rodunt, in circulis vel ... Cic pro C Balb 26 ... Theonino rodere, Prov ... Chiliadas

Rodor, i pass To be gnawed, ... or worn away Roditur ... rubigine ferrum, Ov ex P 1, 71

† Rodus, a, um Ride, un... Saxum rodum, A ... ambum rodum, Lucil ...

Rogalis, le adj [à rogus] Of, ... belonging to a funeral Flammo ... Ov Amor 3, 9, 41 Ig... Stat Theb 1, 112

‖ Rogamentum, i n A proposition to be granted, Apul de ... p 6, 6 † Rogatio,

Rogandus, a, um part (1) To be asked (2) To be chosen, &c ... rogando petam, Ov ... = Rogandi sunt, ... Cic Tusc ... (2) Consulibus ro... Cic de Div 1

Rogans, tis part Asking, de..., intreating Mota est ... rogantis, Ov Met 7, 169

Rogātio, ōnis f verb (1) A ... interrogation, a de... a desire, or request (2)

the propounding of a bill to pass the people ... (1) ⅌ Rogationi finitima est percontatio, Cic de Orat 3, 52 (2) Promulgatur rogatio ne ... Cic pro Sest 10 quod cum leges promulgarentur ... gus, populum interrogaret, i.e. interrogaret magistratus, Velitis, ... Quod ... Quod ... respondisset, Uti rogas, ... erat, Fest

Rogatiuncula, æ f dim A little ... question, a motion in ... a parliament bill, Cic pro Domo, 20

Rogātor, ōris m verb (1) A ... demander, a asker, a requester, a beggar (2) The speaker of parliament, the chairman of a committee (1) ⅌ Hæc epistola non ... rogatoris, Cic Att 16, 1 (2) Aruspices responderunt, non esse justum comitiorum rogatorem, Cic N D 2, 4

‖ Rogātrix f verb She that asketh, or desireth, Sidon † Quæ rogat

Rogātus, a, um part (1) Asked, desired, intreated (2) Courted, wooed (3) Made, ordered, established (1) ⅌ Rogatus de Cybea, ... memoria quid respondeit, Cic Verr 4, 8 (2) Pudens ... gaudent esse rogata, Ov A Am 1, 345 (3) Hæc lex jure rogata est, Cic pro Domo, 19 vid & Rogatio

Rogātus, ûs m verb ( ) A desire, a suit (2) A question (1) Rogatu meo impetravit, Cic Fam 13, 36 (2) ⅌ Ad rogatum alicui non respondere, Cic pro Flacco, 4

Rogitans, tis part Asking, inquiring Multa super Priamo rogitans, Vir Æn 1, 754

Rogitātio, ōnis f verb An often intreating, beseeching, asking, or demanding, craving, or begging (2) A statute, an order of the commons (1) Ex analogia ... clafficos ignoro (2) Rogitationes plurimas propter vos populus scivit, quas vos rogitas rumpitis, Plaut Curc 4, 2, 23

‖ Rogitator ōris m He that asketh often, Aug † Rogator

Rogito, āre freq (1) To desire, to beg to intreat (2) To invite (3) To inquire (1) Patiem ... rogat ut sui missa ... tur, Plin (2) Ego esse rogitare ad cœnam ut veniat? Ter Eun 2, 2, 35 (3) = Rogitare oportet prius & percontarier ... adsit ... ne adsit, quem advocat, Plaut Cas 3, 3, 8

Rŏgo, āre act [etym incert] (1) To beg, crave, or desire, intreat, or request (2) To demand (3) To inquire (4) To borrow (5) To propose a law in the senate, to bring in a bill (1) Molestum est verbum, onerosum, & vultu demisso dicendum, rogo, Sen. de Ben 2, 2 § Aquam de proximo rogare, Plaut § aliquem aliquid, Cic Fam 12, 27 § ab aliquo aliquid, Plaut § ad significandum, Plin jun in advocationem, Id § ne quid, Cic ut veniret, Ter (2) ⅌ Rogatu pervenisset ne Argentum? dixit pervenisse, Cic § ⅌ Respondeto ad ea, quæ de te ipso rogaro, Cic ¶ Roget quis, a form in anticipating, or obviating an objection, Ter (3) Bonam ... rogare, Sen Ep. 10 ... Id (4) † Malo emere quam rogare, Cic Verr 4, 6 Rogare insipientia vasa, Id (5) ⅌ L Icilius ... rogavit, & plebs scivit, Liv 3, 54

Leges perniciosas rogare, Cic ... Rogatio, n 2 ¶ Rogare sacramento militem, to swear a soldier, or give him his oath to be true and faithful, Liv

Rŏgus, i m [... aut ..., ... quod è fissis lignis ... structus, ...] A great pile wherein dead bodies were burned, a funeral pile Age, quam mox incendo rogum, Plaut Men 1, 2, 11 Extruerus Cyri rogus, Cic de Fin 3 extr

Romphæa f Nebriss & penult brevi, Romphæa, Val Flacc ... & framea A two hand sword, ... Rhomphæa

Ronchus, i m, ... Rhonchus

Rōrālis, le [à ros, roris] Of dew, that may be sprinkled like dew, dewy Aqui roralis, Ov Fast 4-28 vi alibi, & Lu quo dem al rorata leg

Rōrans, tis part Bedewing, dropping like dew Pocula minuta & rorantia, Cic de S... 1

‖ Rorārius, a, um Wet, ... Rorarium vinum, quod rorariis dabatur, Fest item substantive

Rorārius, ii m [dict ... quod qui ... committebant ... quod ante rorat quam pluit, ... I L (, Fest Non] The light-armed soldiers who made the first skirmish, q d dew-beaters Rorarii in noves ... fictisque, Liv 8, 8 ferentarii, Id

Rōrātio, ōnis f verb (1) A falling of dew, a fault in vines, when the chief grapes fall, and the residue are very small, a blasting of grapes when newly knit (2) To deprecate which the Floralia were instituted, A U C 516 (1) = Siderationis genus est in ... deflorescentibus roratio, Plin 17, 24 (2) Plin 29, 5

Rorātus, a, um part Bedewed, wet with dew, that is sprinkled like dew, dewy Rosæ roratæ, Ov ex Pont 2, 1, 37

Rorescens tis part Wet with dew, Plin 18, ... sed var cod

Roresco, ĕre incept To be wet with dew, to be dewy Tellus in liquidas rorescit aquas, Ov Met 15, 246

† Rŏridus, a, um Dewy, moist, Luc ex Lucr † Rorans

‡ Rōrifer, a, um That maketh, or bringeth dew Rorifera biga, Stat Theb 1, 338 aurora, Sen Hippol 11 umbra, Lucr 6, 864

‡ Rōrifluus, a, um Rore fluens, Poet vet ap Turneb

Rōro, āre act [à ros] (1) To drop, and fall down like dew, to mizzle, or drizzle (2) To bedew, to besprinkle (1) Mulsi ... pergine rorare, Ov Met 5, 68 Rorabant sanguine vepres, Vir Æn 8, 645 Rorate ... cruore, Sil 10, 262 Item imperf ap Col 11, 2

Rōror, āri, ātus pass To be bedewed Oculi lacrimis rorantur, Ov Ep 15, 97

Rōrŭlentus, a, um Full of dew, dewy Cavendum ne quam materiam doles, neu cædis nisi siccam, neu gelidam, neu rorulentam, Cato, 37 Ror ... ilentæ baccæ, Col 12, 28

Ros, rōris m [... רסס ...] Dew (2) Any liquor (3) Ros marinus, rosemary ( ) Ros in tenera ... gratissimus herbæ, Vir Ecl 8, 15 (2) Stillavit roribus arbor, Luc 7, 838 Sanguinei rores, Sil 14, 487 Ros ..., nurses-milk, Vir (3) Coronas marino, ... deos, Hor Od 3, 23, 15

Rŏsa, æ f [... ros, ...] (1) A rose (2) A compliment to a sweetheart (3) Also oil of roses (1) Cum rosam viderit, ... (2) Rosa mea, Plaut Bacch 1, 1, 50 (3) Neque ... stillare paulum rosæ, Cell ... Rosa Damascena, the white rose, purpurea, Milesia, the red rose, Plin plena pudoris, col Prænestina, the sweet, or bastard musk rose, Plin Rosa Batavia sive Hollandica, the great Provence rose, Gerard

Rŏsāceum, ei n sc oleum Oil of roses, Plin 21, 25

Rŏsāceus, a, um Of, or belonging to roses Oleum rosaceum, Plin 20, corona, Id 21, ...

Rŏsārium, ii n (1) A rosier, a garden, or bed of roses, a place where roses grow (2) ‖ A rosary, or mass with the prayers to the ... (1) Rosarium ... Col 11, 2 ... Ov ... 5, 2, 23 (2) Eccles

Rŏsārius, a, um adj Of roses, Suet Nero, 2

‖ Rŏsātum, ti n Wine made of roses infused, Lampr

‖ Rŏsātus, i m sc nummus An English coin of sixteen shillings and eight pence, a rose-noble, now worth ... but the double ones are now chiefly called by that name

Rŏscidus, a, um [à ros] Wet, or moist with dew, dewy, Roscida mala, Vir Ecl 8, 37 mel... la, Id ... 1, 30

‖ Rosŏla, æ, um dim [à rosus] Litt ex Prud

Rŏsētum, ti n A garden of roses, a place planted with roses, a bed of roses Punica quantum ... rosetis, Vir Ecl 5, 17

Rŏseus, a, um (1) Of roses (2) The colour of a rose, fair, red, rosy (1) Convivium ... de Rapt Pros 85 (2) ... purpureo lucent colore, ... seo, Plin 14, 1 ... fulsit, like the white rose, Vir Æn 1, 406 Rubor roseus, like the red rose, Ov Amor ... Labella rosea, ... 8, 1

Rōsio, ōnis f verb ... A gnawing, ... biting, ... or griping Rosiones ... Plin 21, 6

Rosmărinus, m m vel rosmarinum n & dict ... marinus [dict quia ipsa ... in ... littore ... appr... vel fort quia rore marino ... Rosemary Frequens ... menti ... majoris ... ut ro marinus, Cic Plin 9, 4 = Quidam Libanotidem, nomine ... marinum appellant, Plin 19, 12 Coronare rore marino Deos, Hor Od 3, 23, 14

Rosmăris, is f pot divisim ros maris, id quod rosmarinus, vel ros marinus, a rosemary tree, Ov Art Am 3, 690

Rostellum li n dim [à rostrum] A little bill, beak, or snout Attendendum est ... rostellis ... percudere, Col 8, 5

Rostra, ōrum n (1) Properly beaks of birds, &c (2) Metonym The place of common pleas at Rome, wherein was a pulpit, trimmed with stems or forefronts of the ships of the Antiates, out of which place they were wont to make orations to the people (1) Vid Rostrum (2) Naves Antiatium partim in navalia Romæ subductæ, partim incensæ rostri... quo...

que carum, suggestum in foro extructum adornari placuit, rostraque id templum appellatum, *Liv* 8, 14

Rostrātus, a, um *Beaked, or snouted, that hath a bill, beak, or snout, that hath a stem* Rostratæ naves, *ships with sterns shod, or pointed with iron, or brass*, Cic a. Inv 2, 2 Rostratæ pelles, *muzzles* Amm Rostrata corona, *a garland given to a captain for a victory at sea*, Plin 4 columna, *a pillar adorned with the beaks of ships* Suet Gro ... & ... Tertent ... exhibet

Rostro, are act unde part rostrans Plin 18, 9 ... Rostrum impingo, *Bud To strike with the beak, or point*

Rostrum, tri n [a rodo, rodrum, ut rastrum, a rado] (1) *The beak, bill, or nib of a bird* (2) *The snout of a fish or beast* (3) *A ...* (4) *The stem, or beak of a ship* (1) Corneo rostro aves, Cic N D 2, 56 (2) Canes ... rostro, ... Tragelaphorum rostrum, ... Cic de Div 1, 15 caprarum, Varr (3) Rostrum hominis ..., Plaut Men ... 1, 1, 1 (4) E... ferst æque ... prima rostris, *Virg Æn* 5, 2..

Rota, æ f [quod ... Isid] Cel ... (1) *A wheel* (2) *A ... of torture* ... (3) ... (4) ... great ... (1) Pro ... me ... ego hunc vel hunc voltar, *Plaut Capt* ... Rota Fortunæ, *Cic in Pison* 10 (2) In ... putatur ... cere in rotam, id est tormenti genus quiddam apud Græcos, bene ... vitam non escendere, *Cic Tusc* 5, 9 (3) Greges caprarum, quas Latine rotas appellant, *Varr R R* 2, 1 (4) *Plin* ..., 11

|| Rotābĭlis, le adj *Which may be turned round, or wheeled about* Amm + Versatilis

|| Rotālis, le adj *Of, or belonging to a wheel, or having wheels*, Capit + Rotis instructus

Rotans, tis part *Wheeling, turning round* Sordidum flammæ trepidant rotantes vertice fumum, *Hor Od* 4, 11, 11

|| Rotārius, ii m *A wheelwright*, Huf

|| Rotātĭlis, le *Swift, or whirling* Rotatiles trochæi, *Prud* ... *Peristeph* 8 + Versatilis.

|| Rotātim adv *Like a wheel*, Apul Met 10, p 3.. + Instar rotæ.

Rotātio, ōnis f verb *A wheeling about* Per rotationem circinini, Vitruv 10 8

Rotātor, ōris m verb *A whirler, or turner round, one who beginneth, and putteth any thing about in company* Balistarium rotator Euan, *Stat Sylv* 2, 7, ..

Rotātus, a, um part *Turned, or whirled round, whirled about* Cervix rotata, *Ov in Ibin* ... Sermo rotatus, *a round quick discourse*, Juv 6, 448

Roto, āre act (1) *To turn a thing round like a wheel to twirl, or whirl about* (2) *To brandish* (3) *To shake, or toss* (1) Learchum per auras more rotat fundæ, *Ov Met* 4, 518 Venti rotant turbinem, *Lucr* 6, 201 (2) Fulmineum rotat ensem, *Vir Æn* 9, 441 (3) Aper rotat ore canes, *Ov A Am* 2, 374

Rotŭla, æ f dim *A little wheel, or reel* Argentarii ... foro abeunt, quam in cursu rotula circumvortitur, *Plaut Pers* 2, 3, 58 Possunt ... majoribus rotulæ tubuli, *Col* 11, ... Rotula ingens, *the wheel-barrow, the patibulum*, Med

Rotundātio, ōnis f verb *A turning, or making round*, Vitruv 1, 6

Rotundātus, a, um part *Made round* Solis orbis cum a ... quadam ... fuerit ... arcus conspectus est, *Patric* 2, 59

Rotunde adv ius, comp (1) *Roundly* (2) Met *Aptly, elegantly, completely, roundly* (1) ... ro undius, *Cic de Univers* (2) = Apte & rotunde, *Cic de Fin* 4, ..

Rotunditas, ātis f *Roundness*, Rotundi... as terræ, Plin 9, 50 theatri, Vitruv 5, 3

Rotundo, āre act & pass rotundor (1) *To make round, to round* (2) *To pile up on a round heap, to make up* (1) Rotundare ad circinum, Vitruv 10, 11 (2) Mille talenta rotundentur, Hor Ep 1 6, 34

Rotundus, a, um or, comp simus, sup [a rota] (1) *Round, circular* (2) *Quick, nimble, polite* (3) *Complete, neat, fine, handsome* (1) Stellæ globosæ & rotundæ, *Cic Somn Scip* 3 Rotundiores stellæ, *Plin* 19, 5 Rotundissima ova, *Col* 8, 5 (2) Graiis dedit ore rotundo musa loqui, *Hor A Poet* 323 (2) *Cic in Orat* 5

R ante U

|| Rubecŭla, æ [a rubeo colore pectoris] *A Robin red-breast*, Jun

|| Rubēdo, inis f *Redness* + Rubor

Rubefăcio, ĕre, eci, ectum [ex erubere facio] *To make red*, to make one blush Rubefecit sanguine setas, *Ov Met* 8, 383 Aclanalia tum rubefecerat ora sororum, *Sil* 16, 527

Rubefactus, a, um part *Made red* Rubefacta sanguine tellus, *Ov Met* 1, ..4

Rubelliānus, a, um Rubellianæ vites, *vines of red-coloured wood*, Col 3, 2

Rubellio, ōnis m [a rubeo colore] *A fish called a rochet, a roach*, Plin 32, 10.

Rubellus, a, um dim [a ruber] *Somewhat red* Rubellæ vites, *vines, the wood whereof is red*, Plin 14, 2. Rubellum vinum, *claret wine*, Mart 1, 104.

Rubens, tis part & adj or, comp (1) *Red, of a ruddy colour* (2) *Blushing* (1) Ferrum rubens igne, *Ov Met* 12, 276 Superficies locustarum maris rubentior, *Plin* 9, 6 (2) Nupta rubens dulce pudore, *Stat*

Rubeo, ēre, ui neut (1) *To be red* (2) *To blush, to redden* (1) Sanguineis nectis rubent myrteta baccis, *Vir Geor* 2, 430 (2) Rubeo, mihi crede sed jam scripserim, delere nolim, *Cic Att* 15, 4

Ruber, bra, brum or, comp rimus, sup [ab ἐρυθρός] *Red, of a deep, full, and sad yellow colour, ruddy* Ruber humor, *Lucr* 4, 1044 Colorem mutant rubriore pilo, *Plin* 10, 63 Nitrum quam rubrerimum, *Cels* 5, 18, 21 Uva ruberrima, *Scrib Larg Comp* 49

Rubesco, ĕre incept *To wax or begin to be red, to redden*

Rubescebat Aurora, *Vir Æn* 5, 521

Rubēta, æ f [dict quod in rubis, seu veprĭbus vivat, *Plin* 32, 5 al a rubeo colore] (1) *A toad that is somewhat red, a land toad that keepeth about hedges, a ruddock* (2) *A poison drawn from it* (1) Ranæ rubetæ quarum & in terra & in humore vita, *Plin* 8 31 (2) Molle Calenum porrectura, viro, miscet sitiente, rubetam, *Juv* 1, 70

Rubetārius, ii m *A kind of hawk, called a* ... *harrier*, ... Aret

Rubetum, ti n *A bushy close full of brambles, or a place where many rushes grow* In duris hærent ... mora rubetis, *Ov Met* 1, 105

Rubeus, a, um [a rubeo] *Red, ruddy* Color rubeus, *Col* 6, 1

Rubeus, a, um [a rubus, vel a Rubis Campanie urbis, *Serv*] *Bushy, or belonging to bushes* Rubea virga, *Vir Geor* 1, 266

Rubia, æ f Rubia tinctorum, *an herb called goss-grass, or clivers madder, wherewith they use to colour skins, or dye wool*, Plin 24, 11 || Rubia sylvestris, *the herb called woodroof*

|| Rubicilla, æ f *The bird called a bulfinch, a coalrail, a red start*, Jun

Rubicundŭlus, a, um dim *Somewhat red, or ruddy* Illa venit rubicundula totum œnophorum sitiens, *Juv* 6, 424

Rubicundus, a, um or, comp [a rubeo] *Ruddy, blood red, very red* Acutis oculis, ore rubicundo, *Plaut Pseud* 4, 7, 118 Rubicundus color, *Col* 8, 2 Hinnus in non est quam mulus corpore, plerumque rubicundior, *Varr R R* 1, 9 ... Rubicunda Ceres, *ripe corn*, *Vir Geor* 1, 297 Rubicundior, *Cels* 5, 28

Rubĭdus, a, um [a rubeo] (1) *Of a deep red colour* (2) *Reddish, swarthy red, brownish* (3) *Also rough, or rugged* (4) *Bread redded in the oven, and scorched, rather rough bread twice baked, bisket* (1) Rubidus est rufus atrior, & nigrore multo inustus, *sic* Gronov è MSS leg ap *Gell* 2, 26 (2) Rubidæ appellantur ... ampullæ & rugosæ, *Fest* (3) Torreo me pro pane rubido, *Plaut Casin* 2, 5, 2 (4) *F ft Ind interpr*

Rubigalia, ōrum n *quæ & robigalia* *Feasts instituted by Numa in honour of the god Robigus, for the preserving of corn from blasting*, and kept on the 25th day of April, vid *Varr L L* 5, 3 & *R R* 1, 1 item *Plin* 18, 29

|| Rubigino, āre act unde part *To rust* Rubiginat ... gladius, *Apul Florid* p 808 + Rubigine obducor

Rūbĭgĭnōsus, a, um (1) *Rusty, foul* (2) Met *envious, spiteful* (1) Rubiginosa strigil, *Plaut Stich* 1, 3, 77 (2) Rubiginosis cunctis dentibus rodit, *Mart* 5, 29

Rūbīgo, inis f [a rubeo, seu rubido colore] (1) *Blasting of corn and trees, mildew* (2) *Rust, rustiness of iron, or brass* (2) *Foulness* (1) Sterilem rubiginem non sentiet seges, *Hor Od.* 3, 23, 7. Rubigo maxima segetum pestis, *Plin* 18, 17 (2) Exesa inveniet scabra rubigine pila, *Vir. Geor.* 1, 495 (3) Livent rubigine dentes, *Ov Met* 2, 776

|| Rūbīnus, i m gemma, quia rubet ut sanguis dict *Bott.* *A ruby*

Rubor, ōris m [a rubeo] (1) *Redness* (2) *Blushing, shamefacedness, modesty* (1) ... traxerunt tenuem percussa ruborem, *Ov Met* 4, 482 ... pores, *purple*, Vir Geor ... (2) Virgineum suffunde ore ruborem, *Vir Geor* 1, ... Candore niveo mixtus rubor, *Ov* ... 3, 423 Quando recepit ejectum semel attrita de fronte ruborem, *Juv* 13, 242

Rubrīca, æ f [a rubro colore] (1) *Red earth* (2) *Vermilion, red lead, red oaker*, ... *wherewith they mark their sheep, or which ... mark the ... lines or title ...* (3) *The title, or ... called a law-book*, so called because indexes or titles were written in red letters, *a rubric* (4) *Also a kind of ... worm, or red tetter* (1) ... rubrica, Varro (2) *De generibus rubricæ*, ... Plin 35, 6 (3) ... verabit, *Pers* 5, ... ad album & rubricam ... fulerunt, *sic* prætor ... & leges, *Quint* 12, 3 (4) *Litt* ... non ...

Rubricātus, a, um part *Coloured with red, or marked with rubrick, or red oaker* ... *Petron* c 45 Rubrica linea, *a carpenter's line*, Cerru

Rubrīco, are act [rubrum ... facio] *To colour red*, also *to mark out with ... rubric*, Litt ex Claud ... Rubricatus

Rubricōsus, a, um *Full of ... red oaker* Rubricosus ager, *Cato*, 34 conf *Col* 2 16

|| Rubrus, a, um ... *quod ruber* Soli...

Rubus, bi m vel f [dict quod virgulta ejus rubeant, *Perot* vel quod mora rubra fera] *A bramble, a bush, the blackberry bush* Seu virides rubum dimovere ... certæ, *Hor Od* 1, 23, 6 Horrentes rubi, *Vir* ... *Ov* ... A... omnibus ferulas, alternis ... con... tas habere, *Col* 11, ... Rubus Idæus, *the raspberry tree*, ... Rubus caninus, *the wild eglantine*, Offic

|| Ructāmen, inis n *A belching*, Prud Hamart 466 + Ructus

Ructans, tis part *Belching* Confer ... ructan... ... Cic Tusc 5, 34

Ructātio, ōnis f verb *A belching*, Litt ex Cels

Ructātrix, icis f verb *She that belcheth, or breaketh wind* Metor Ructatrix mentha, *causing one to belch*, Mart 10, 48, ..

Ructātus, a, um part *That is belched out, or cast up* ... cet mero ructatos ore cruores, *Sil* 15, 432

Ructĭtātio, ōnis f verb *An often belching, or breaking of wind*, Litt ex Cels

Ructito, āre freq *To belch often*, Col 8, 6

Ructo, āre neut *[ab ἐρεύγω]* *To break wind upwards, to* ... Pergin' in os ructare mihi? *Plaut Pseud* 5, 2, 9 ... ructare ... pe esse, ... vomui, ... Crudum ructare, *to* ... *forare*, Cels 1, 3

Ructo, ari, atus sum dep. *To belch out* § Aves ... ructor, *quas* mihi appellas ... *R R* 3, 2. Sublimes versus ructatur, *to write hastily, carelessly and incorrectly*, Hor A Poet ..

Ructuōsus, a, um *That belcheth much, or smelleth of belch* Spiritus ructuosus, *Quint* 4, 2 sub fin

Ructus,

Ructus, ūs m *A belch, belching, or breaking of wind upwards* Cruditatis signa sunt crebri ructus, *Cel* 6, 6 conf *Cels*

[illegible]ōsus, a, um [a rudus] *with or full of rubbish* [illegible] in rudecto, & rudecoso [illegible] *Cato*, 25 *Sit tasting* [illegible] [illegible] rudera

[illegible] part (1) *Braying* [illegible] (1) [illegible] rudens, *Ov* [illegible] (2) [illegible] rudentes, [illegible] [illegible] rudens, *Id* [illegible] 8,

[illegible] m vel f [quod] [illegible] agitatur, quasi ruere [illegible], *Vet* [illegible], or *piece of a ship* In [illegible] *Catull* [illegible], dum [illegible] tio [illegible] trahis comp[illegible] co, [illegible]

† R[illegible] [re ru[illegible]] *The [illegible] right* [illegible] *scales*, Pa[illegible] *Varr*

R[illegible]rinus a, um *Belonging* [illegible], *or gravel*, Apu[illegible] S

[illegible]o, ōnis f verb *A* [illegible] *a pavement with* [illegible] *col kept* [illegible] Primum [illegible] ruderatione, [illegible] [illegible] in verb *He that* [illegible], *or [illegible]*, Liv [illegible]

R[illegible]ātus, a, um part [illegible] [illegible] *fired with* [illegible] [illegible] causeways are [illegible] ruderatum agrum amat, [illegible]

[illegible] āre [rudus in [illegible]] [illegible] *To lay on old* [illegible] *stone, or rubble*, and [illegible] *make a floor of rubbish* [illegible] Saxis rud[illegible] [illegible]

[illegible] tum, ti n *A piece where* [illegible] *or rubble with*, [illegible] *it adjoining*

[illegible]rius, ii m [rudis, [illegible] rude donatus] (1) *He* [illegible] *discharged from sword* [illegible] (2) *Also a hireling, or* [illegible] [illegible], *a* [illegible] [illegible] (1) Rudiarius [illegible] revocatis, *Suet Tib* (2) Rudiarii sunt, qui ru[illegible] nova saga ponunt, *Fest*

R[illegible]la, æ f dim [a rudis] [illegible], *slice, or ladle where* [illegible] *wherewith boiled* [illegible] [illegible] [illegible] periculo, *Col* 12, [illegible] *Pli*[illegible] 18 & *Cato*, c

R[illegible]mentum, ti n [qu[illegible] ve[illegible]io, prima disciplina, quæ [illegible] [illegible]] (1) *The first* [illegible] *instruction, a rudiment* [illegible] *principle* (2) *A begin*[illegible] (3) *The first trial of skill* [illegible] *apprenticeship, or fresh* [illegible] (1) = Rudimenta & in[illegible] [illegible], *Cic in Sall* Ru[illegible] [illegible] dicendi, *Quint* 2, 1 (2) [illegible] rudimen in patriæ [illegible] [illegible], *Ov* [illegible] 5, 57 (3) [illegible] rudimen[illegible], *Cic* Pl[illegible] [illegible] (4) Rudimenta m[illegible] [illegible] *Sil* 5, 2, 9 (5) Ru[illegible] [illegible] adolescen[illegible] bello po[illegible] [illegible] 1, 11

[illegible] [illegible] [a raudis, sive] [illegible] virga imposita] (1) [illegible] (2) *Unwrought* (3) [illegible] *ignorant, unskilful*, [illegible] *not exercised, or trained* [illegible] (4) *Unacquainted*, [illegible] *experienced, that is to* [illegible] *learned* (6) *Rustic*,

clownish, simple (1) Terram rudem proscindere, *Varr R R* 1, 27 (2) Argentum rude, *Cic* (3) = § Verres non provinciæ rudis erat, & tyro *Cic Verr* 2, 6 § = Orator nullam [illegible] tyro, [illegible] rudis [illegible] [illegible] [illegible] [illegible] *Ov* [illegible] (4) = § Rudis [illegible] partis & [illegible], *Ov Ep* [illegible] (5) [illegible] Puer [illegible] crudi[illegible] [illegible] [illegible] [illegible] [illegible] [illegible] (6) = Rudis & Græcis [illegible] us artes, *Juv* [illegible]

Rudis, is f [illegible] [illegible] virga [illegible] & [illegible] [illegible] (1) *A* [illegible] *to stir* [illegible] *things with* [illegible] (2) *A* [illegible] *for* [illegible] *with* (3) *A* [illegible], or [illegible] [illegible] *to* [illegible] *prize-fighters*, [illegible] [illegible] *discharge* [illegible] *from that* [illegible] (1) Coquito, vel [illegible] [illegible] [illegible] [illegible] (2) [illegible] ro, non rudibus dimicare [illegible] *de Orat* [illegible] (3) Tam bonus gladiator rudem tam cito accepit? *Cic* [illegible] 2, 29 Donatus rude, [illegible] [illegible], *Ho*[illegible] *Ep* 1, 1, 2

|| Rud[illegible] [illegible] [illegible] [illegible] Lie[illegible] [illegible] [illegible], *Apul* [illegible] p 8[illegible] ‡ Impe[illegible]

|| Rudītus, ūs m verb *The braying of an ass* Audio rudītum, *Apul Met* 8, p 26[illegible]

Rudo, ere, di[illegible] [illegible], *Apul* neut [Verbum [illegible] ex sono vocis, qui [illegible] asinus, vel funes [illegible], qui hinc rudentes dicti, *Fest*] (1) *To bray like an ass* (2) *To* [illegible] (1) Rudit ad scabram turpis [illegible] molam, *Ov* [illegible] 3, 250 Arcadiæ pecuaria rudere credas, *Pers* 3, 9 ☞ *Sol is Per*[illegible] [illegible] [illegible] *pronunciation* [illegible] [illegible] (2) Ita Rudens, n 2

|| Rudor, ōris m *A roaring, or hollow noise*, Apul de Mundo, p [illegible]

Rudus, ĕris n olim rodus [a rudis, vel a ruendo, vel a rudus, [illegible] impositum] (1) Rudus vetus, *rubbish, or rubble of old ruinous houses fallen to the ground, sherds and pieces of stone broken and scattered* also *an unpolished stone* (2) Rudus novum, *new rubbish coming of the hewing of stones*, &c (3) *Unwrought brass* (1) Ruderi accipiendo destinat paludes, *Tac Ann* 15, [illegible] Ruderibus ossis [illegible] sepulcra [illegible], *Ratil Num* (2) [illegible], 11 (3) Æs rudus dictum, *Varr L L* 5 vid & rodus ap *Fest*

Rūduscŭlum dim [a rudus, scil æs infectum] *Fest* [illegible] & *Varr L L* 5, 34

Ruens, tis part (1) *Falling, tumbling, ready to fall* (2) *Rushing, or running hastily* (3) *Also falling to decay* (1) Ruente in futura, *Sil* 11, 2, 4 (2) Nescit vestra ruens ira referre pedem, *Prop* 2, 15, 44 (3) Ruentis imperi[illegible], *Hor Od* 1, 2, 6

Rufĕsco, ere incep [a rufus] *To wax, or become somewhat red* Mulli ex nigro rufescit, *Plin* 10, 28 *al* rufescit

Rūfo, are act unde pass rufor *To make red* Rufatur capillus, *Plin* 15, 22

Rūfŭli, ōrum m [appell tribuni militum, non a populo, sed a Consule, aut ab Imperatore facti, *Liv* quod de eorum jure Rutilius Rufus legem tulit, hi postea Rutili appell *Fest*] *Those captains so called, who were*

made by the consul, or general, without the consent of the people

Rūfŭlus, a, um dim [a rufus] *Reddish, somewhat red*, [illegible] Caput [illegible] rufulo, *Plaut* [illegible] 2, [illegible]

Rufus, a, um or, comp [illegible] (1) *Red*, [illegible] (2) [illegible] *red*, [illegible] [illegible] (1) [illegible] Romani [illegible] [illegible] [illegible] [illegible] [illegible], *Liv* [illegible] [illegible] [illegible] [illegible] Sugo [illegible] [illegible] [illegible] 18 [illegible] [illegible] colorem [illegible] [illegible] 5, 1, (2) Si [illegible] argentinus, *Ter* [illegible]

Rūga, æ f [a Gr [illegible]] [illegible] quod rugæ [illegible] [illegible] (1) *A* [illegible], *a plait*, [illegible] (2) [illegible] *a furrow* (3) [illegible] (1) Præter [illegible] vestes & rugas & sinus [illegible] [illegible] 8 (2) Non cri[illegible] n, non rugas [illegible] [illegible] Johann *Sec* [illegible] 18 (3) [illegible] [illegible] [illegible] ex rugis? *Plin Epist* [illegible]

Rugātus, a, um part *Wrinkled*, [illegible], *crumpled, puckered, or* [illegible], Plin 9 [illegible]

Rugio, ire, ii, ītum neut [nomen [illegible], a sono] *To roar like a lion, to bellow* Rugiunt leones, *Aut Phil* [illegible]9

|| Rugītus, ūs m verb *A roaring of lions, a great cry or a rumbling, or croaking of the guts* Apud recentiores

Rūgo, āre [a ruga] *To have wrinkles, or plaits* Vide pallium, ut rugat, *Plaut Cas* 2, [illegible] Rugam trahere, *Posteriores*

Rūgōsus, a, um or, comp (1) *Rough, furrowed* (2) *Full of wrinkles, crumples, or plaits* (3) *Withered, furrowed* (1) Folli rugosa, *Plin* [illegible] acinis, *Col* 13, [illegible] (2) Rugosa vestis, *Plin* (3) Rugosior frons, *Mart* 3, 93, 4 [illegible] rugosior, *Claud Eutrop* 1, 111

Ruidus, a, um [a ruo, [illegible] cado, vel asperitate, qu ruvidus, sive rubidus] (1) *Not well baked, rough in eating* (2) *Rough, not planed* (1) *Fest* ex *Plaut* (2) Major pars Italiæ ruido utitur pilo, *Plin* 18, 10 *interpr Hermol* ※ Præferratus, *Id*

Ruīna, æ f [a ruendo] (1) *The fall of an house, temple* &c (2) *Ruine, downfal, undoing, destruction* (3) *Death* (4) *Danger* (1) Securos dormire jubet, pendente ruina, *Juv* 3, 196 (2) Tecta non levi instecta ruina, *Hor Od* 2, 19, 15 Incident ruinæ capitibus nostris, *Liv* 21, 10 Fortunarum ruina, *Cic Catil* 1, 6 [illegible] *Ov* (3) Prodigium in nostro [illegible] Neronis principis ruina factum, *Plin* 17, 25 (4) Capur ruinæ subdere, *Curt* 5, 10, 9 Ruinam dare, *Liv* facere, *Hor to fall down* ☞ Ruina cœli, *a storm or tempest, thunder*, *Vir Æn* 1, 132

Ruinōsus, a, um (1) *Ready to fall, ruinous, in decay* (2) *Pulled down, destroyed* (1) = Ædes male materiatæ, ruinosæ, *Cic Offic* 3, 1[illegible] (2) Ruinosas occulit herba domos, *Ov Ep* 1, 56

Ruitūrus, a, um [a ruo] *Ready to fall, like to decay* Aut petis, aut urges ruiturum, Sisyphe, saxum, *Ov Met* [illegible], 460

Rulla, æ f dim [a runa quod est teli genus latâ cuspide, *Enn*] *The iron to the plowman's staff, wherewith he cleanseth the coulter, a paddle-staff*, Plin 18, 19

Rūma, æ f [a [illegible], traho, quod sugendo trahitur] (1) *A* [illegible], *teat, or pap* (2) Also *the* [illegible] *of beasts* (1) *Varr R R* 2, [illegible] (2) *Serv*

† Rumbotinus [illegible] [illegible] [illegible] [illegible], *Plin* [illegible] [illegible]

Rūmen, ĭnis n [illegible] [illegible] [illegible] [illegible] [illegible] [illegible] (1) *The* [illegible] (2) *The* [illegible], [illegible] *a part of the throat* (3) *The* [illegible] *the paunch* (4) [illegible] (1) *Non* [illegible] (2) [illegible] (3) Ego [illegible] parvi [illegible], dum [illegible] [illegible], *Pompon* ap *Non* 1, 64 (4) Luna in natibus pro[illegible] rumen, *Pl*[illegible] 5, 18

† Rūmĭ[illegible] tum ti n [illegible] [illegible] *A* [illegible] [illegible] [illegible] *Fest*

Rūmex, ĭcis m [a rumo, [illegible] [illegible] [illegible] [illegible]] (1) *The herb called sorrel, green sauce*, [illegible] (2) *Also a* [illegible] *like a* [illegible] (1) Hoc *lapathi genus* in [illegible] rumex dicitur, *Plin* 19, 12 (2) [illegible], [illegible] rumices portantur, *Lucil* ap *Fest* [illegible] & *Gell* 10, 25

Rumia, vel Rumina, dea ruminarum, *Varr R R* 2, 11

† Rūmĭfĕro, āre *To spread a good name, or report, to blaze abroad* Quam cives rumiferent probam, *Plaut* [illegible] 2, 2, [illegible] [illegible] *lect* [illegible] [illegible] *al* rumificant ‡ Prædico

Rumifico, āre *To report* Vid Rumifero

† Rūmĭgĕrātio f verb *A spreading of reports abroad*, Litt ex Plaut ‡ Prædicatio

† Rūmĭgĕror, āri dep *To raise, or spread reports abroad*, *Fest*

|| Rūmĭgĕrŭlus, li *A talebearer, a newsmonger*, Amm

Rūmĭgestr[illegible] [illegible] rumicestri, [illegible] [illegible] [illegible] *A kind of weapon*, vid *Gell* 10, 25 & *Lucil ap Fest*

Rūmĭnālis, le *Of, or belonging to chewing the cud* Ruminalis ficus [quod sub ea inventi est lupa infantibus, *Romulo ac Remo*, præbens rumen, [illegible] mammam, *Plin* 15, 18] *The tree under which the wolf gave suck to Romulus and Remus*, Liv 1, 4 = Romula, *Ov* Ruminales hostiæ, *sacrifices of those beasts that chew the cud*, Plin, 8, 51 [illegible] Ruminus

Rūmĭnātio, ōnis f verb (1) *A chewing of the cud* (2) Met *A calling to remembrance, or considering and meditating on a thing* (1) Quibus neque dentes utrinque, nec ruminatio, *Plin* 11, [illegible] (2) Ruminatio quotidiana, *Cic Attic* 2, 12

Rūmĭnātor m verb *He that cheweth the cud*, Litt ex Plin

Rūmĭnātrix, icis f *She that cheweth the cud*, Litt ex Col

Rūmĭno, āre act *To chew over again* § Propter quæ bos neque ruminat, neque lingua se detergèt, *Col* 6, 6.

Rūmĭnor, āri, ātus sum dep [a rumine, [illegible] cibum [illegible] rumine in os evoco] *To chew the cud as neats do*, Met *to meditate and think upon a thing* Non modo absens quicquam de te cogitabit æquius, sed etiam ruminor ur humanitatem tuam, *Varr* ap *Non* 2, 746

Rūmĭnus, a, um [illegible], Ficus rumina, *the fig-tree, under which the*

the she wolf suckled Romulus and Remus = Quæ vocatur rumina nunc ficus, Romula ficus erat, *Ov Fast* 2, 412

† Rumis, is f *A teat, or dug* Ant quo vocabulo mamma rumis, ut opinor, *Varr R R* 2, 1

† Rumito, are *To spread a rumour*, Næv ap Fest † Vulgo, prædico

Rumor, ōris m [à ruendo, quod citò, & celeriter in omnes partes ruat] (1) *A bruit, rumour, common fame, talk* (2) *A flim flam tale, a story* (3) *A reputation*, good, or bad (4) Also *a stream, or course of water* (1) Meum natum rumor est amare, *Ter And* 1, 1, 15 = Rumoribus & audit omnibus permoti, *Cæs B G* 4, 5 (2) Rumor fine auctore, *Cic Fam* 12,9 (3) Non tu is depulsi dictis quin rumori serviam, *Plaut Trin* 2, 2, 14 Rumore malo flagrare, *Hor Sat* 1, 4, 125 (4) *Poet vet* ap *Cic de Div* 1 Iter inceptum celerant rumore secundo, *with the tide*, *Virg Æn* 8, 90

† Rumpia, æ f *A kind of Thracian weapon*, Gell ex Enn *vid* Romphea

Rumpo, ĕre, rūpi, ruptum act (1) *To break* (2) *To burst* (3) *To tear, or wear* (4) *To break off, to dissolve* (5) *To rend, or tear, to marr, or spoil, to snag* (6) *To afflict* (7) *To infringe, to violate* (8) *Also to beat* (1) Catenis vincula rumpere, *Cic Catil* 4 4 (2) Rumpere ut Gran dis ut exiguum bos ranam ruperat, *Mart* 10, 79 (3) Rupi me currendo tua causa, *Plaut Merc* 1, 2, 27 Hyperb (4) Gratia con jurata rumpere nuptias, *Hor Od* 1, 15, 7 *Vid* Rumpor, n 2 (5) Tunicas rumpere, *Virg Geor* 2, 75 eap nos, *Ov Met* 10 vestes, *Id* (6) *Vid* Rumpor, n 3 (7) Induciarum fidem rumpere, *Liv* 1 9 = Lade negligere, violare, rumpere, *Cic* pro *C Balbo*, 5 jus gentium, *Liv* (8) *Lip*

Rumpor, i pass (1) *To be burst* (2) *To be broken off, or dissolved* (3) *To be sore grieved, or troubled* (1) Ista, quæ inflata sunt, rumpuntur, *Cic* in Latin 4 Rumperetur Codro, *Virg Ecl* 7, 2 (2) Consilia agitando rumpi menti, *Cic de Or* 1, 57 (3) Ego malis, quibus an rumpor, ne moveor quidem, *Cic* ...

Rumpotinus locus in... potinus con ... *Cic* ...

Rumpotinus, a, um [ex quibus ... ran ... ad arbores ... together, ...]

Rumpus, i m [... rado, quod ad arbore rumpere ... traducitur, *Branches whereby one tree is brought to another, and tied together*, *Varr R R* 1, ... *a vine branch*, Coop ...

Rūnculus, i m dim [...] *A little heart, a runcer, or sport, an ...* Rumusculos populares aucupans *Cic* pro *Cluent* 39 conf & rud and *Attic* 2, 5

† Runa, æ f ... rumarid, Enn [...] *A kind of weapon with a broad point, a javelin*, Fest

|| Runatus, a, um *Armed with a javelin*, Enn ap Fest

Runcatio, ōnis f verb *A weeding* Frequenter exigunt sarritionem, & runcationem, *Col* 2,9

Runcātor, ōris m verb *A weeder* Oportebit intelligi nullam operam postulare runcatoris, *Col* 11, 3

Runcina, æ f [à Gr ῥυκάνη, *Varr*] (1) *A large saw, to saw timber* (2) *Also a plane that joiners use* (1) *Plin* 16, 42 interpr *Hermol* (2) *Col* 8, 4 & *Varr L L* 5

Runcino, āre act [a runcina, *Varr*] *To smooth with a plane*, *Varr L L* 5, sub fin

Runco, are act [a ruo, re eruo, *bis ic* runco, runco] *To weed* Runcare triticum, *Col* 11, 2 segetem, *to cleanse it from weeds*, *Plin* 18, 21

Runco, ōnis m *A weeding hook*, Pallad R R 1, 3

Runcor, āri pass *To be weeded* Per ferias potuisse spinas runcari, *Cat R R* 2

Ruo, ĕre, rui, ruitum & rutum [ab ῥέω, fluo, ruo, ... *Ognom*] neut (1) *To fall, to fall down* (2) *To rush, to run headlong, to break out with violence* (3) *To be ruined* (4) *To come in all haste* (5) *To come to loss, to be cheated, or mistaken in a bargain* (6) Act *To precipitate, to hurry* (7) *To throw, or tumble* (8) *To level, or pull down* (9) *To bring together, to cause to send forth* (1) = Ruere illa non possunt, ut hæc non concidant, *Cic* pro *L Manil* 7 Ruit alto à culmine Troja, *Virg Æn* 2, 290 Quid si cœlum ruit, *Prov* *If the sky fall we shall catch larks*, Ter Heaut 4, 3, 41 ✻ Ruere in pejus, *to grow worse and worse*, Vir Geor 1, 200 (2) § Amnes ruunt de montibus, *Virg Æn* 4, 164 Nox ruit, *Id Æn* 6, 539 Ne ferre quidem ita ruunt, & turbantur, *Cic de Fin* 1, 10 § Immani tur bine venti, quà data porta, ruunt, *Vir Æn* 1, 87 *Met* § Gens humana ruit per vetitum nefas, *Hor Od* 1, 3, 26 (3) Bonos viros ... quæ, etiamsi ruant, *Cic Att* 7, 7 Ruit fides ubi jam melior fortuna ruit, *Sen Herc Oet* (4) Illum ruere nunciant, jam jamque adesse, *Cic Attic* 7, 19 (5) Si hoc non ... emptorem ... ruere, *Cic* Cic *Off* 3 (6) Vide ne quid imprudens ruas, *Ter Heaut* 2, 3, 128 (7) Cæteros ruerem, agerem, raperem, tunderem, prosternerem, *Ter Adelph* 3, 2, 21 = Cedentem turba que ruitque, *Ov Met* 12, 1 (8) Nimbus ruet omnia late, *Vir Æn* 12, 454 (9) Cumulos ruit præpingus arenæ, *Id Geor* 1, 105 Ignis ruit ... ad cœlum piceâ crassus caligine nubem, *Id Geor* 2, 308

Rūpes, is f [à rumpo, rupi] *A rock, or hill, a steep hill, an ... downhill* ✻ Ex magnis rupibus nactus planiciem, *Cæs B C* 1, 70

Rūpex, ĭcis m [rupices, à rupibus, sive rupibus rustici dicti, ut & petrones à petris, ob duritiem] ... *Lucil* ap *Fest* ... *A country clown, a boor, a rustick, a bumkin* = Veteres non usque adeo rupices & agrestes fuerunt, *Gell* 1, 9

Rupicapra, æ f [q. rupium capra] *A wild goat* Rupica pris adunca cornua, *Plin* 11, 37

† Rūpicones, m pl *Id quod* rupices *Boors, clowns*, Apul Florid 1, p 772 † Agrestes

|| Rūpina, æ f *A craggy, or stony ground*, Apul Florid 10, p 782

† Rupit ant *pro* ruperit *Si membrum rupsit*, XII Tabb ap *Fest*

Ruptio, ōnis f verb (1) *A breach, a battery in law* (2) *Also a rupture* (1) Lex Aquilia eas ruptiones, quæ damna dant, persequitur, *Ulp* (2) *Not. omedices cordinanda*

Ruptor, ōris m verb [à rumpo] *A breaker*, Met *an infringer* Ruptor fœderis, *Liv* 4, 19 induciarum, *Id* 8, 39

|| Ruptura, æ f *A rupture, a bursting*, Med † Hernia, ramex

Ruptus, a, um part [à rumpor] (1) *Broken* (2) *Torn, rent* (3) *Burst* (4) *Bursten bellied* (5) *Interrupted* (6) *Made void* (7) *Infringed, violated* (1) Aggeres rupti, *Vir Æn* 2, 496 (2) Comæ rupta, *Ov Epist* 15, 114 *ub al* scissis (3) Pustula rupta lædit teneras manus, *Tib* 2, 4, 10 (4) Convulsis & ruptis cum sale & oleo, *Plin* 20, 6 (5) Rupta singultu verba, *Ov Rem Am* 598 (6) ✝ Testamentum ruptum, aut ratum, *Cic de Orat* 1, 38 (7) Ruptum fœdus, *Liv* 9, 1

Rurālis, le *Of, or belonging to the country, rustical, rural* Falces non assimili formâ ruralium falcium, *Cæs B G* 3, 14 *ubi al* marinarum *sed metaphoristes certist*, γεωργικῶν δρεπάνων

|| Rurātio, ōnis f verb *Country business*, Apul non simel † Rusticatio, *Col*

✻ Ruricŏla, æ c g vel pot omn g ut patet exemplis allatis (1) *One living in the country* (2) *Tilling, or manuring the ground* (1) Ruricolæ Umbri, *Sil* 8, 447 *Sed in* ruricolæ cepere Phryges, *Ov Metam* 11, 91 (2) Immemor est, nec frugum muneris dignus, qui potuit ruricolam bovem mactare tuum, *Ov Met* 15, 124 Aratrum ruricola, *Id Trist* 3, 6, 1

✻ Rurigĕna, æ c g *Born in the country* Rurigenæ pavere feram, *Ov Met* 7, 765

Rūro, āre, & ruror, āri (1) *To dwell in the country* (2) *To do country work* (1) Dum ruri rurant homines, *Plaut Capt* 1, 1, 16 (2) Dum in agro studiosus ruror *Varr* ap *Non* 2, 751

Rursum adv [*qu* reversum] (1) *On the contrary part* (2) *Backward* (1) Inimicitiæ, induciæ, bellum, pax rursum, *Ter Eun* 1, 1, 16 Quicquid dicunt laudo, id rursum si negant, nego, *Id ibid* 2, 2, 20 (2) ✝ Rursum prorsum cursari, *backward and forward, to and fro*, Ter Hecyr 3, 1, 35

Rursus adv *id quod* rursum (1) *Again* (2) *On the other side* (3) *A second time* (4) Rursus prorsus, *backward and forward* (5) It is often redundant (1) *Vir Æn* 2, 655 (2) Quem casum neque ambitiose, neque per lamenta rursus ac mœrorem muliebriter tulit, *Tac Agric* 29 5 *vid* & *Curt* 7, 2, 9 (3) *Suet Aug* 17 (4) *Vid* Rursum (5) Revertor rursus denuo Carthaginem, *Plaut Pœn Prol* 79 Intra paucos dies rursus repetita Bithynia, *Suet Cæs* 2 Revocata seculi rursus, *Claud* in *Ruf* 1, 357

Rus, rūris n [ab ἄρουρα, rus, rura] (1) *The country, or a place without the city* (2) *A country house, or farm, where husbandry is exercised* (3) *A boor, a rustic* (4) *Rusticity, unpoliteness* (1) ✝ Remotus ab aula inambitiosi colebat rura, *Ov Met* 11, 765 ✝ Rus ex urbe, tanquam ex vinculis, evolare, *Cic* de Or 2, 6 (2) Habet animi relaxandi causa rus amœnum, & suburbanum, *Cic* pro *S Rosc* 46 (3) *Plaut Truc* 2, 2, 14 (4) = Annales pleni ruris, & inficetiarum, *Catull* 34, 19

Ruscārius, a, um *Of, or belonging to the shrub* ruscum, *Varr* & *Cato*, 11

|| Ruscĕus, a, um Ruseus color, qui e viridi rutilus est, aut flavus, *a tawny colour*, Cato

|| Rusculum, li n *A little farm in the country*, Gell 19, 9 † Rus parvum

Ruscum, ci n & ruscus m *A rough prickled shrub, whereof they made brushes, or besoms, butcher's broom, knee holm, prickly withe* Horridior rusco, *Vir Ecl* 7, 42 Sepes horrida rusco, *Col* 12, 7 Ruscum χαμαιδάφνη, κνεώρον, ὀξυμυρσίνη, *Gloss* ... Ruscus sylvestris, *the holly, or holm-tree*, Jun Hinc Angl ...

† Ruspans, tis part *Searching* Ruspantes silvas, *Acc* ap Non

† Ruspor, āri dep *To scrape as a dog, or root in the ground as a pig doth, to search diligently* Acc ap Non 2, 744 Also *to cut*, Apul

Russātus, a, um *Clad in red dyed coloured clothes* Russata auriga, *Plin* 7, 53 Russata factio, *those that wore a red livery*, in script antiq

|| Russulus, a, um dim *Red, or of carnation colour*, Jul Cap

Russus, a, um vel russeus [russum, vel ruscum, ... re, quo color is conciliabitur] *Flesh or carnat on colour, a kind of red* Mulieres russâ facie, *Cato* ap *Fest* Russam defricare gingivam, *Catull* 37, 19 Lucernis que vela, *Lucr* 4, 73 Tunica vestitus russea, *Petron* c 28 ✝ De hoc colore *vid* Scalig Exercit 325 Sect 13 & Filium in Varron Conject

Rusticānus, a, um *Of the country, loutish, clownish*, rustical Vita rusticana, *Cic* pro *S Rosc* 15 Vir rusticanus, *Id T* ...

Rusticārius, a, um *Of, or belonging to the country, or country folk* Falces rusticariæ, *Varr R R* 1, 22

Rusticātim adv *Country like, rustically, clownishly*, Pompon vet poeta, ap Non 2, 7...

Rusticātio, ōnis f verb (1) *A dwelling in the country* (2) *A doing of country work* (1) Militiæ, peregrinationes, rusticationes, &c Cic de Amic ... (2) In rusticatione antiquissima est ratio pascendi, *Col* 6, in Præf

Rustice adv ius, comp *Country like, rustically, rudely, clownishly, boorishly* Rustice facere, *Cic Attic* 12, 36 Rusticius toga defluit, *Hor Sat* 1, 3, 31

Rusticitas, ātis f (1) *The country way, or mode, plainness* (2) *Rusticity, clownishness, rudeness, foolish bashfulness* (3) *Chastness* (1) Carmina aspera sed mira rusticitate, leges, *Pallad* ✝ Agrippa vir rusticitati, quam deliciis propior, *Plin* ... (2) Rusticitas non pudor ille fuit *Ov A Am* 1, 672 (3) Trux aurum rusticitate, *Mart* ✝ Urbanitate cor trariа est rusticitas, *Quint* 6,

Rusticor, āri, ātus sum dep (1) *To dwell in the country, to be in the country* (2) *To do country work* (1) Studia pernoctant nobiscum, peregrinantur, rusticantur, *Cic* pro *Arch* 7 (2) ✝ Vel rusticari, vel navigare, vel etiam alio genere negotiari necesse erat, *Col in Proœm* 1 12

Rustica

Rusticola, æ f *ſc* avis *A rail*, or as others *a woodcock*, Mart 13, 76 in lemmate Rusticula minor, *a ſnipe*, or *ſnite*, Jun

Rusticulus, a, um [à rus] *Of the country*, *homely*, *ruſtic*, or *rural*, *plain*, *rude*, *ſimple* Rusticulus libellus, *Mart* 10, 19

Rusticulus, li m dim [à rusticus] *A countryman* Senſit ruſticulus non incautus, *Cic* pro Sext 38

Rusticus, a, um adj [à rus] or, comp (1) *Pertaining to the country* (2) *Plain*, *ſimple*, *homebred* (3) *Ill-bred*, *rude* (1) Vita hæc rustica parſimoniæ, diligentia, & juſtitiæ magiſtra eſt, *Cic* pro *S Roſc* 27 (2) Rustica ſum, dum non oblita pudoris, *Ov Ep* 17, 12 Simus hoc titulo ruſticiore contenti, *Sen Ep* 88 (3) In ruſticis moribus ejuſmodi maleficia gignuntur, *Cic* pro *S Roſc* Addidit obſcœnis convicia ruſtica dictis, *Ov Met* 14, 522

Rusticus, ci m (1) *A husbandman*, *a yeoman*, *a boor*, *an hind*, *a clown*, *a carl*, *a churl*, *a peaſant* (2) *An ignorant*, or *unpoliſhed perſon* (1) Acer ruſticus, *Hor* Rusticus es, Corydon, *Virg* (2) *Mart* 14 46, & 58

† Rusus adv ant pro ruſus, *Again* ✝ Proſus ruſus, *forward and backward*, Lin

Rūta, æ f [ῥυτὴ, à ῥύω, libero, quòd à morbis liberet] *The herb rue*, *herbgrace* Acuentes lumina rutæ, *Ov de Rem Amor* 801 ¶ In rutæ folium conjici, *Prov to be confined in a narrow compaſs*, Petron c 58 Ruta ſylveſtris, *great St John's wort*

Rūta, ōrum n pl [apud J C ruta dicuntur arena, creta, & non dum in opus converſa] *All things digged out of the ground*, as ſtone, ſand, gravel, chalk, wood, lead, or coals, *&c* *moveable goods* Ruta cæſa, *Ulp* dic quæ venditor poſſeſſionis, uſus ſui gratiâ concidit, ruendóque contraxit, *Feſt* *those things which he that ſelleth an houſe or eſtate*, *reſerveth out of the bargain for his own uſe* = Ne in rutis quidem & cæſis, *Cic* i e nullâ in parte, *never a whit*, *nothing at all* Ex Lit

Rūtābŭlum, li n [à ruo, rutum] (1) *A maukin*, *a cole-rake to make clean an oven* (2) *A ſlice* (3) *A penis* (1) *Feſt* (2) Rutabulo ligneo agitare, *Col* 12, 20 conf & 12, 18, & 51 (3) *Næv*

‖ Rūtāceus, a, um *Of rue* Oleum rutaceum, *Plin Valer* 2, 28

Rūtātus, a, um *Made*, or *pickled with rue*, or *herbgrace*, or *mingled with it* Muſtum rutatum, *new wine turned with rue*, *Mart* 19, 8 Rutatum vinum, *Plin* 19, 8

Rūtellum, i n dim [à rutrum] *A little mattock*, *a corn-ſcoop*, or *ſhovel*, *a ſtrike*, or *ſtrickleſs* Modium ſecum atque rutellum unum adfert, *Luc* l ap *Non* 1, 66

Rŭtilandus, a, um part *To be made of a ſhining colour* Rutilandi capilli, *Plin* 28, 12

Rŭtilātus, a, um part *Made bright and ſhining like gold* Rutilatus crinis, *Tac Hiſt* 4, 61 Comæ promiſſa & rutilatæ, *Liv* 38, 17

Rŭtilesco, ĕre incept *To grow ſomewhat ruddy* ✝ Candidi lepores, liqueſcente nive, rutileſcunt, *Plin* 8, 55

Rŭtili, tribuni militum, à conſule creati, ſic à Rutilio Rufo dicti, *Feſt*

Rŭtilo, are neut (1) *To ſhine*, or *glitter*, *to look red* (2) Act *To make to ſhine* or *glitter like gold*, *to make bright yellow* (1) Arma rutilare vident, *Vir Æn* 8, 529 Auroram rutilare procul cerno, *Att* ap *Varr* (2) Rutilare comam, *Suet Cal* 47

Rŭtilus, a, um [qu rufulus, Rutilum rufum ſign *Feſt*] (1) *Very red* (2) *Alſo ſhining bright* (3) *Red haired*, *carrot pated* (1) ✝ Paleæ ex rutilo albicantes, *Col* 8, 2 vid & *Gell* 2, 26 (2) = ✝ Capillus nigro rutilis, ceriquè ſimilior, *Suet Ner* 1 (3) = Mulieres valdè ruſæ rutilæ dictæ, *Varr L L* 6, 5

Rutrum, i n [à rutum, rutum, *Varr* quòd eo arena eruitur, *Feſt*] *An instrument wherewith ſand or ſuch like is digged out*, *a mattock*, *a ſpade*, *a ſhovel*, *a pickax*, *alſo an inſtrument wherewith ſand is mingled and beaten with lime*, *to make morter withal*, vid *Feſt* It *al quod hoſtorium*, *a ſtrickle*, C *Vid Liv* 28, 45 & *Plin* 36, 23

† Rutuba, æ f *Rutubam veteres turbationem appellabant* [à ruo] *A tumult*, *trouble*, or *diſorder*, *Non ex Varr*

Rūtŭla, æ f dim [ex ruta herba] *Small rue*, *Cic Fam* 9, 22

Rūtus, a, um part [à ruo] *Thrown down*, *digged up* Ruta & cæſa, *Ulp* Vid Ruta

S The Latin capital is taken with very little or no variation from the antient Greek alphabet, and is at leaſt of as great antiquity, as that of the Scythian bow (Σ), and from this drawn into a ſmaller form is made s, which is uſed only as a final both in Greek and Latin, except in the compendiary note ϛ for στ The Greeks have another, but leſs antient figure of this letter, viz C, from which the ſmaller initial and medial C is ſometimes uſed. The Scythian bow is taken from the Phenician alphabet without variation, as that is from the Hebrew ש *ſin*, by drawing it in a jacent, inſtead of an erect form. Hence the Dorians, who perhaps immediately received it from the Hebrews, as *Herodotus* and *Pindar* acquaint us, called this letter σὰν *ſan*, though the Ionians called it σίγμα *ſigma*, from the Chaldean סמכא *ſimcha*, by tranſpoſing the ſecond and third letters: which opinion is made more probable by the ſmall form of the Greek *ſigma* σ, being no other than the Hebrew ס turned to the right hand in compliſance to the weſtern way of writing But there are ſtrong reaſons to think ס *ſamech* only a ſecondary letter, ſubſtituted for ש *ſin*, the better to diſtinguiſh it from ש *ſchin*, wherein they had done wiſely, provided they had exterminated ש *ſin*, which now ſeems ſupernumerary, becauſe both theſe letters ש and ס, have one and the ſame ſound, as appeareth from the Ephraimitiſh pronunciation of *Shibboleth*. And hence we may account for the different Greek names of this letter, *ſan* being ſo called from *ſin*, before *ſamech* was introduced; and *ſigma* from *ſamech*, after ſuch introduction. But to proceed. the Greeks admit this letter into no claſs in the diſtribution of their alphabet, whether in honour to it, as being inveſted with a deſpotic power peculiar to itſelf, or in diſhonour, looking upon it only as a ſubſtitute and attendant on the reſt, is uncertain, but I ſhould think the latter, ſince its ſervile offices are ſo very many in declining their nouns, and conjugating their verbs more eſpecially. For in all future tenſes of verbs baryton, and all the tenſes derived from thence, with their participles in every conjugation, voice, and mode, this letter is ſervile, being explicit, implicit, or potential, in them all And this ſervile uſe probably may have been the reaſon why ſome among the Greeks have accounted it only an aſpiration; in which number was *Plato* the philoſopher, who calls it the breathing letter. And indeed we find both the Greek ſpirits changed into this letter into the lenis, as in ἔιμι *ſum*, ὀπὸς *ſuccus*, the aſpirate more frequently, as in ἅλς *ſal*, ἓξ *ſex*, ἑπτὰ *ſeptem* This may likewiſe have occaſioned the neglect of it by the Romans in taking words from the Greeks, as in *tego*, *fallo*, from στέγω, σφάλλω, and ſometimes in derivatives of their own, as in *pumex* from *ſpuma*. Certain it is that ſome learned men among the Greeks avoided a frequent uſe of it. *Plato* and *Eubulus*, two comic poets, made ſport in the theatre with this verſe of *Euripides*, Ἔσωσά σ' ὡς ἴσασιν Ἑλλήνων ὅσοι. Yet *Pindar* was ſo unjuſtly ſevere, that he writ ſeveral odes without it: and the whole Spartan nation preferred

preferred the canine snarl of 'P to the serpentine hiss of *s*. The Romans also melted it so much, especially in the end of words, as scarcely to be heard; insomuch that even in writing before the interrogative *ne*, the comic poets neglect it, as in *audin'? credin'? dabin'?* for *audisne*, &c. and *Virgil* avoided ending a word with this letter, and beginning the following word with the same, as, *Despectus tibi sum, nec qui sum, quæris Alexi*, orators also forbid this in their compositions. Yea the antient poets, in imitation of the Greeks, when they pleased, cut it off in the end of a word before a short, and sometimes a long syllable in the following word, as is manifest in that of *Ennius*, *Egregiè cordatus homo catu' Æli' Sextus*. And not only *Ennius*, *Nævius*, and *Pacuvius* do this, but *Catullus*, and even *Cicero* hath not altogether denied himself this liberty. But though in general this sound may seem to have been unpleasant to both nations, it has without doubt in its proper place its particular graces, and the most that is said against it regards chiefly its too frequent, or improper use. The Latins, in making some Greek words denizons of Rome, prefix this letter, as in *scribo*, *smaragdus*, *stella*, from γράφω, μάραγδος, τέλλω, and even *st* antiently, as in *stlitem*, *stlocum*, in words of their own tongue. Sometimes they interpose it, as in *discus*, *musca*, from δίκω, μυῖα. The Greeks also in Latin names of men ending in *a* add this letter, as, Νυμᾶς, Φιμβρίας, for *Numa*, *Fimbria*. In *Tully*'s time, and a while after, this letter was doubled, as in *caussa*, *cassus*, for *causa*, *casus*, v. *Quint.* 1, 7. In conjugating Latin verbs, it is substituted for almost all the consonants, as in *arsi* from *ardeo*, *tersi* from *tergeo*, *vexi* for *vecsi*, from *veho*, *vulsi* from *vello*, *pressi* from *premo*, *posui* from *pono*, *repsi* from *repo*, *torsi* from *torqueo*, *ussi* from *uro*, *versum* from *verto*, as grammarians observe, but this to me seems not so much a substitution, as a servile formative power given it in Latin, as, I have observed before, it had in the Greek tongue. This semivowel, for so the Latins seem to acknowledge it, by prefixing *e* as they do before the other liquids, admitteth after it of the mutes *c*, *p*, *q*, *t* as in *scapha*, *spes*, *squalor*, *stadium*, but none of the liquids, except *m*, and that chiefly, if not only, in words derived from the Greek tongue. Concerning the intercourse between this, and its neighbour *R*, see that letter. S. in proper names, *is read* Sextus, SP. Spurius. In appellatives, S A Secundum artem, SC. Senatusconsultum, S. P Q R Senatus populusque Romanus, S S.S. Stratum super stratum, S V B E. E Q V. Si vales bene est, ego quoque valeo, a form used in *Cicero*'s time, in the beginning of letters.

S ante A

|| SAbaia, æ f *A sort of small beer, or ale*, Amm 26, 8 *quæ & sabaium*, *Hier* 6, 19

|| Sabaiarius, ii m *A small beer drinker, or brewer*, Amm loc cit

† Sabanum, i n [Rabbinis, סבן] *A towel, or like linen cloth used to be warmed, and to rub and cover those that come newly out of the bath, a napkin, or handkerchief* Congestis in nundit num sabanis in sinus, *Pal ad Jul tit* — Σάβανον, sabanum, linteum, *Gloss*

* Sabaoth plur indecl Domi nus Sabaoth, צבאות i e exercituum *The Lord of hosts*, Bibl

Sabbătarius, a, um *Of, or belonging to the sabbath*, Sidon

Sabbatarius, ii m *A sabbatarian, one that keeps the sabbath day, a Jew* Jejun a sabbatariorum, *Mart* 4, 4

Sabbaticus, a, um *Keeping the sabbath* Sabbaticus rivus in Judæa qui sabbatis omnibus siccatur, *Plin* 31, 2 ita & *Joseph* 7, 24

|| Sabbatismus, i m *The keeping of the sabbath*, Aug

|| Sabbatizo, are *To observe, or keep the sabbath*, Tert

Sabbătum, ti n [vox Hebræa, שבת i e quies, cessatio ab opere] (1) *The sabbath, the Jews sabbath day, the day of the rest the seventh day from the creation*, or as others understand it, *the great day of the passover*, because from Tisri (our September) whence the Jews reckon their year, to their Nisan (about the middle of our April) near which time that feast was kept, is about thirty weeks (2) Also *the days of the week* (1) Sabbata recutita, *Pers* 5, 184 Sabbata tricesima, *the new moons, sacred among the Jews*, Hor Sat 1, 9, 69 (2) Τῇ μιᾷ τῶν σαββάτων, prima sabbatorum. *Joann* 20, 1 *Sunday* Sic secunda deinceps ad septimam, quod proprie sabbatum vocabant Judæi

Săbellica brassica [à Sabellis, ubi nascitur] *Crumpled, or jagged colewort*, Litt ex Plin Sabellicus sus, *Vir Geor* 3, 255

Săbina, æ f sc herba [à Sabinis] *The herb sabin*, whereof there are two kinds, one with leaves like the tamarisk, the other like the cypress tree, *Col* 6, 4 *Plin* 17, 13

Sĭbina, æ f *A weapon of the Illyrians like an hunting-pole, or boar-spear*, Enn ap Fest

|| Sabucus, i f *Seren Sammon* idem quod sambucus, *quod v*

Săbulētum, i n *A gravel-pit* Nascitur in sabuletis, *Plin* —, 8

Săbŭlo, ōnis m (1) *Gross sand, or gravel* (2) Also *a player upon a certain musical instrument* (1) Arena, sabulo, argilla, *Varr R R* 1, 9 Sabulonem humidum respuit, *Col* 4, 33 (2) *Vid* Scal Conject in Varr pag 121

Săbŭlōsus, a, um *Gravelly, sandy* Solum sabulosum, *Col* 2, 9 conf & *Plin* 5, 14 & *Vitruv* 2, 3

Săbŭlum, li n [à ψάθυρος, vel ψάμμος] (1) *Fine gravel*, such as we lay walks with (2) Also *a kind of viol, or guittar, or such like musical instrument* (1) *Plin* 17, 4 (2) *Apul* in *Flor* si vera lectio

Săburra, æ f [à sabulo *Perot* rect à sabr, Celt *Id*] *Ballast, or lastage*, wherewith ships are poised, to make them go upright, which was properly gravel, *or* sand Onerariæ naves saburra gravatæ, *Liv* 37, 14

Saburralis, e *Made of sand* Saburralis sacoma, *Vitruv* 9, 9

Săburrātus, a, um par *Loaded with gravel, ballasted*, Me *stuffed, crammed with good cheer* Mulieres ub saburratæ sumus, largiloquæ extemplo sumus, *Plaut Cist* 1, 2, 2

Săburro, āre act *To load with gravel, to ballast* a ship, *Plin* 18, 35

Săcal Ægyptia lingua *electrum* sign quod ex radiis solis nascitur, *Plin* 37, 2

|| Saccaria, æ f [sc ars à saccus] *Trafficking, or selling of sacks, or bags*, Apul Met 1

Saccarius, a, um *Carrying sacks of corn, or other commodity* Navis saccaria, *Quint* 8, 2

|| Saccarius, ii m (1) *A sack bearer* (2) Also *a sack-maker* (1) *Pand* l 1 49 § *De contr* ... (2) Saccarius, σακκοπλόκος, *Gloss cet*

Saccātus, a, um part (1) *That is put in a bag* (2) *Strained through a bag* (1) ✝ Non saccata aqua lavabatur, sed sæpe tu bida, *Sen Ep* 86 (2) Totius humorem saccatum ut corpori fundan, *Lucr* 4, 1022 *i e* urinam *Hunc quoque hic imitatur* Seren Sammon

|| Saccellus, li m dim *A little bag, or satchel*, Veg

Sacchărum, i n [vox Arab סכר ab Hebr שכר potus inebrians, quod ex cannis Indicis succum dulcem ad potum exprimerent] *Sugar*, a kind of honey found in reeds, of a gummy substance then, but now a juice of canes or reeds, boiled, and baked white and hard Saccharum & Arabia fert, sed laudatius India, *Plin* 12, 8 ✝ Dulces in arundine succi, *Luc* 3, 237 *i e* saccharum

Saccĭpērium, ii m comp [ex sacco, & pera] *A satchel, a bag, a scrip, a pouch, a sack, a cloke bag, a wallet*, Plaut Rud 2, 6, 64

Sacco, āre *i e* per saccum colo, unde pass saccor *To strain through a bag* Cæcuba saccentur, *Mart* 2, 40

|| Sacculārius, ii m (1) *A cutpurse, a pickpocket, an errant cheat, a juggler, or gypsy, who conjure h peoples money out of their pockets* (2) *A robber of the common treasure* (3) Also *a treasurer for what is given to any monastery, hospital, or the poor, an almoner* (1) *Ulp* ✝ Crumenisecа (2) *Ascon* = Peculator (3) Præfectus sacculis, *Eccles*

Sacculus, li m dim (1) *A little sack, bag, pouch, or purse, satchel* (2) Also *the poor's box, or stock of charity* (1) Partus ararearum [illegible] sacculus, *Catull* 1, 8 Pleno cum sacculus ære turget, *Juv* 14, 138 (2) *Eccleſ*

Saccus, ci m [ab Hebr שק [illegible] vocab pleraſque ſi non omnes linguas permeavit] (1) *A ſack, a large ſcrip* (2) *A money bag* (3) *A ſtrainer* (1) Extra portum tergeminum ire ad ſaccum licet, *go a begging,* or *limping* (2) Congeſtis undique ſaccis indormis inhians, *Hor Sat* 1, 1, 70 (3) In ſparteis ſaccis percolat, *Col* 12, 17 Saccus nivarius, *a ſnow bag to cool wine with,* Lemma [illegible] *Mart* 14, 104

|| Saccllanus, i m *A chaplain,* [illegible]

Sacellum, i n dim [a ſacrum] [illegible] dus ſacratus (1) *A chapel, a little temple,* or *church* (2) *Alſo the churchyard,* or *conſecrated ground walled in* (1) Exire in ſacellum omnis cauſâ, *Cic de Div* 1, 46 Modicum ſacellum Jovi poſuit, *Tac Hiſt* [illegible] (2) *Feſt*

Sacer, cra, crum, rrimus, ſup [a זבח mundus, סגור clauſus, vel זכר cordari] (1) *Sacred, holy, divine* (2) *Solemn, awful* (3) *Conſecrated, devoted* (4) *Inſtituted, eſtabliſhed* (5) *Rueful, to be dearly paid for, of ſad conſequence* (6) Alſo *curſed, deteſtable, horrible, damnable* (7) An epithet given to princes, as being God's vicegerents (8) Sacer ignis, *St Anthony's fire,* and other *diſeaſes* (1) = Signa ſacra & religioſa, *Cic de Legib* 3, 13 ✠ Miſcebis ſacra profanis, *Hor Ep* 1, 16, [illegible] § Effigies ſacræ divûm, *V r* [illegible], 148 Jura ſacerrima lecti, *Ov Ep* 9, 159 Mens ſacra, *Id* [illegible] 6, 6 (2) Sacer horror, *Claud* [illegible] 4 Sacer efferat raptar[illegible] pavor, *Val Flacc* 1, 798 (3) § Sacra Deo ſylva, *Ov Faſt* [illegible] Dies ſacer Dianæ, *Horat Od* [illegible], 12, 20 § Illa inſula eorum Deorum ſacra putatur, *Cic* (4) Morientibus oculos operire, rurſus in rogo patefacere Quiritium magno ritu ſacrum eſt, *Plin* [illegible] (5) Remi ſacer nepotibus [illegible], *Hor Epod* 5, ult (6) = [illegible] ſtabilis, & ſacer eſto, *Hor Sat* [illegible], 101 = Ego ſum malus, ego [illegible] ſacer, ſceleſtus, *Plaut Bacch.* [illegible] 6, 14 Iſte ſervus ſacerrimus eſt, *Id Aul* 4, 3, 67 (7) Occupatio [illegible] *Tiberii* ſacras *dixit quidam,* [illegible] *Tib* 27 *qui tamen recuſavit,* [illegible] *vero Cæſares ſua omnia, domos, cubicula, ſcrinia,* [illegible] *omitatum, ſed & ſacrum ſta*[illegible] *voluere* (8) Per membra ſacer cum diditur ignis, *Lucr* [illegible] ☞ *De hujus morbi* [illegible] *vid Plin qui multa nul*[illegible] *de iis differt* Sacra [illegible] *ſo called from where* [illegible] *was made betwixt* [illegible] *and Tatius,* or *becauſe* [illegible] *went that was at the* [illegible] *of each month to ſacrifice,* [illegible] *Sat* 1, 9, 1

Sacerdos, ōtis c g [a ſacer, qui [illegible] præeſt & ea adminiſtrat, *q i* [illegible], *Iſid*] (1) *A prieſt* [illegible], *a miniſter of a* [illegible] (2) *An augur* (1) Hoc [illegible] ſacerdotem maximum crea[illegible], *Cic* [illegible] 2, 52 ✠ [illegible] Cereris, a quo illius [illegible], proba æ in hieres, *Id* [illegible] (2) Illo die, quo ſacerdotem nominare, *Plin* [illegible] Ita enim ipſi inter[illegible] 4, 8 *vid* & ſacerdo[illegible] ☞ *Varii generis ſacer* [illegible] Diales, Martiales, [illegible], Sa[illegible], Pontifices Minores, Reges ſacrorum, Galli, *&c* ✤ Phœbi ſacerdos, *a poet,* *Ov Am* 3, 8, 23

Sacerdōtālis, le adj *Of,* or *belonging to prieſts,* or *prieſthood* Sacerdotales ludi, *Plin Ep* 7, 24 Virgines ſacerdotales, *the veſtal virgins,* *Liv* 1, 5

|| Sacerdotiſſa, æ f *A prieſteſs, a veſtal virgin,* or *nun,* *Gell* 10, 15 ſed lect incert ✝ Sacerdos

Sacerdōtium, ii n (1) *The ſtate,* or *office of a prieſt, a prieſthood* (2) *A prebend, a benefice, a parſonage* (1) Sacerdotium inire, *Cic pro Domo,* 52 Virgo Veſtalis ſanctiſſimo ſacerdotio prædita, *Id ibid* 53 (2) Tum hic bonus augur eo ſacerdotio ſe præditum eſſe dixit, *Cic Philipp* 2, 32 Sacerdotium gentile vel gentilitium, *an impropriation, an advowſon,* Jun

Sacerdotŭla, æ f dim *A prieſteſs* Capital ſacerdotulæ in capite ſolent habere, *Varr L L* 4, 29

* Sacodios, ii f *A precious ſtone of a violet colour, a kind of amethyſt,* *Plin* 37, 9

* Sacōma, ătis n [i e æquipondium] *That which is put in the ſcales to make even weight, counterpoiſe, likeneſs of weight, full,* or *juſt weight,* *Vitruv* 9, 9 *interpr Bud*

Sacon *A violet colour,* *Plin ap Litt*

✝ Sacopēnum, ni n *Vid* Agapenon

Sacra, ōrum n plur *Holy rites,* or *myſteries of religion, ſolemnities, divine ſervice* Initiari ſacris, *to be in holy orders,* *Quint* 1, 2

|| Sacramentālis, le adj *Of,* or *belonging to a ſacrament, ſacramental* ✝ Ad ſacramentum ſpectans

Sacrāmentum, i n [quod ſacratur fide interpoſitâ, *Feſt*] (1) *A gage in money laid down in court by both parties that went to law,* which was returned to him who had the verdict on his ſide, but forfeited by him that was caſt to the exchequer, to be laid out in *ſacris rebus,* and therefore ſo called (2) *An oath,* as being a very ſacred thing (3) *Any thing done by virtue of an oath* (4) More particularly *the oath taken by ſoldiers to be true to their country and general* (5) Hence tranſlated elegantly by Chriſtian writers to ſignify *baptiſm,* and *the eucharist,* as being two ſolemn oaths, or engagements into which they enter to Chriſt, the captain of their faith, by which they are diſtinguiſhed from all other religions (6) In a larger acceptation, *any myſtery,* or *thing appertaining to divine worſhip* (7) *Any force,* or *conſtraint to undertake a war* (8) Meton *A ſoldier* (1) *Vid Varr L L* 4, 16 ſub fin adde & *Feſt* Contendere ſacramento, *Cic de Orat* 1, 42 (2) Non ego perfidum dixi ſacramentum, *Hor Od* 2, 17, 10 (3) *Vid Flor* 2, 10, 2 & 3, 18, 9 *It* 4, 12, 24 (4) Obſecrare cœpit milites, ne primi ſacramenti memoriam deponerent, *Cæſ B C* 3, 27 (5) Marem & fœminam ad ſacramentum baptiſmatis & euchariſtiæ admittens, *Tert adv Marc* 4, 34 Vocati ſumus ad militiam Dei vivi jam tunc, cum in ſacramenti verba reſpondimus, *Id ad Martyr* 3 (6) Sacrificium neceſſariis ſacramentis præparatur, *Zeno Veron* Sacramenta munerum, à magis oblata, *Hieron* Velum ſciſſum eſt, & omnia legis ſacramenta prodita ſunt, *Id* Mediationis ſacramentum, *Fulgent* (7) Juvenes adulterio, velut ſacramento, addicti, *Sen* [illegible] *Frev vit* 5, 6 (8) Alia emolumenta notemus ſacramentorum, *Juv* 16, 36

Sacrandus, a, um part (1) *To be eſtabliſhed,* or *ratified* (2) *To be accurſed,* or *deteſted* (1) Sanctiones ſacrandæ ſunt, aut genere ipſo, aut, *&c* *Cic pro Balbo,* 14 (2) *Liv* 2, 8 *Vid* Sacro

Sacrarium, ii n (1) *The place wherein holy things are laid, a ſextry, a veſtry* (2) Alſo *a chapel, an oratory,* or *cloſet, appointed for divine worſhip* (1) = Sacrarium & receptaculum Romanorum ſacrorum, *Liv* 7, 20 (2) Sacrarium Bonæ Deæ, *Cic pro Mil* 31

|| Sacratio, ōnis f verb *A conſecrating,* *Macrob Sat* 3, 7 ✝ Conſecratio

Sacrātus, a, um part & adj or, comp ſſimus, ſup (1) *Conſecrated, hallowed,* or *devoted to God* (2) *Sacred, enacted* (1) § Tibi ſacratum ſors mea rupit opus, *Ov Triſt* 2, 552 (2) Nihil habent Druidæ viſco ſacratius, *Plin* 16, 44 Nullum numen ſacratius, *Sil* 8, 229 Numen illis gentibus ſacratiſſimum, *Plin* 33, 4 Sacratæ leges, *Liv* 2, 54

Sacrĭcŏla, æ c g [qui vel quæ ſacra colit] *A ſacrificer, a prieſt* Turba ſacricolarum immiſtus, *Tac Hiſt* 3, 74, 1

|| Sacrifacio, ĕre *To ſacrifice,* or *purge by ſacrifice,* *Hier* ✝ Rem divinam facio, *Veit*

✤ Sacrifer, a, um *That carrieth ſacred things* Rates ſacriferæ, *Ov Faſt* 4, 252

Sacrifex, ĭcis m [qui ſacra facit] *A prieſt,* *Vett Inſcript*

Sacrificalis, le *Belonging to a prieſt,* or *to ſacrifice* Apparatus ſacrificalis, *Tac Ann* 2, 69, 2

Sacrificatio, ōnis f verb *A ſacrificing* In Deâ Veſta omnis & precatio, & ſacrificatio extrema eſt, *Cic N D* 2, 27

|| Sacrificatus, ûs m [actio ſacrificandi] *A ſacrificing* Nullum pecus ſacrificatui habere, *Apul Met* 7, p 215

Sacrificium, ii n (1) *A ſacrifice* (2) || *The whole Chriſtian religion* at firſt ſo called, afterwards *the eucharist* (1) Præbere hoſtias ad ſacrificium, *Cic de Inv* 2 ✠ Neque Druides habent, qui rebus divinis præſint, neque ſacrificiis, *Cæſ B G* 6, 20 (2) *Vid Lact* & *Cypr*

Sacrifico, are *To ſacrifice* Genio ſuo quando ſacrificat, Samiis vaſis utitur, *Plaut Capt* 2, 2, 40 Suem ſacrificare, *Ov Faſt* 4, 414 ✠ Tum me faciat Jupiter ut ſemper ſacrificem, neque unquam litem, *Plaut Pœn* 2, 1, 42

Sacrificor, āri, ātus paſſ *To be ſacrificed,* [illegible] *to ſacrifice,* vid *Varr L L* 8, 61 ☞ *Quid intereſt inter* ſacrifico [illegible] *to do cebit* Non

Sacrificulus, li m (1) *The maſter of the ſacrifices, a maſs-prieſt* (2) *A deſpicable prieſt* (1) Rex ſacrificulus, *Liv* (2) Inter ſacrificulos vanæ ſuperſtitionis, *Suet Dom* 1. conf *Liv* 39, 8

Sacrificus, a, um *That is uſed in ſacrifice,* or *ſerveth thereto* Aræ ſacrificæ, *Val Flacc* 8, 245 Dies ſacrifici, *Ov Metam* 13, 550 Veſtis ſacrifica, *Sil* 3, 27

Sacrificus, ci m [qui ſacra facit] *He that offereth ſacrifice, a prieſt* ✤ Des mihi ſacrificos cultuſque igniſque arǎs, *Ov Met* 13, 550

Sacrilĕgium, ii n (1) *Sacrilege, theft,* or *taking of things out of an holy place* (2) *Goods ſo ſtolen* (3) Alſo *any deteſtable,* or *heinous offence* (1) In ſodalitium ſacrilegii alicujus abire, *Cic in Sall* 5 (2) Diſcedere onuſtus ſacrilegio, *Phædr* 4, 10, 3 (3) *Quint* 5, 14

Sacrilĕgus, a, um adj ſſimus, ſup [qui ſacra legit, *i e* furatur] (1) *Sacrilegious, guilty of ſacrilege* (2) *Wicked, ungodly, profane* (3) Subſt *A church robber* (1) Sacrilego pœna eſt, neque ei ſoli, qui ſacrum abſtulerit, ſed &, *&c* *Cic de Legib* 2, 16 (2) Lingua ſacrilega, *Ov de Rem Amor* 367 Exi fano, natum quantum eſt, ſacrilegiſſime, *Plaut Rud* 3, [illegible] (3) Minor ex ac ſacrilegus, *Juv* 13, 150

✝ Sacrima n plur *Feſt Vid* Sacrimum

Sacrimum *ſc* vinum [quia ſacrum] *New wine which they ſacrificed to Bacchus at his feaſts* *Feſt*

Sacris, re [ant *pro* ſacer, *Feſt*] *Pure, holy, ſacred, fit for holy uſes* Porci ſacres, *pigs fit for ſacrifice at ten days old,* *Plaut Men* 2, 2, 16 *vid* & *Varr R R* 2, 1, & 4

|| Sacriſta, æ m [ſacrorum cuſtos] *He that keepeth holy things,* *Eccl*

✝ Sacrium, ii n *Amber* in the Scythians language, *Plin* 37, 2

Sacro, āre act [*i e* ſacrum facio] (1) *To conſecrate* (2) *To dedicate,* or *devote* (3) *To make honourable and reverend* (4) *To immortalize,* or *deify, to canonize* (5) Alſo *to accurſe as a deteſt, to outlaw, to excommunicate* (6) *To ſolemnize, to ratify* (1) Aras ſacrare, *Vir Æn* 5, 48 (2) Quod patriæ vocis ſtudiis nobiſque ſacrâſti, *ap Cic Div* 2, 1[illegible] (3) Parentum conditionem ſacravimus, quia expediebat liberos tolli, *Sen de Benef* [illegible], 11 (4) Condidit hic natæ cineres, nomenque ſacravit, *Mart* 1, 115, 3 (5) Sacrare cum bonis caput ejus, qui regni occupandi conſilia iniſſet, *Liv* 2, 8 (6) Sacrare leges, *Liv*

Sacror, āri paſſ *To be canonized,* &c *Ov Faſt* 1, 5, 5

Sacroſanctus, a, um [ex ſacer, & ſanctus] *Sacred, inviolable, that may not be injured,* or *violated on pain of death* Poſſeſſiones ſacroſanctæ, *Cic in Catil* [illegible] Sacroſancta poteſtas, *the tribuneſhip,* *Liv* 29, 20

Sacrum, cri n (1) *Any thing dedicated to the gods* (2) *An holy rite,* or *myſtery* (3) *Any ſolemn act* (4) *A feſtival* (5) *A ſacrifice* (6) *The beaſt ſacrificed* (7) *Religion in general* (8) *A conſecrated place* (1) *Vid Macrob Sat* 1, 16 Sacrum ſacrove commendatum qui clepſerit [illegible] parricida eſto, *Cic de Legib* 2, 9 ex XII Tabb (2) Ne [illegible] de ſacrorum religione [illegible], *Cic de Legib* 2 De ſacris autem hæc ſit una ſententia, ut conſerventur, *&c* *Id ib* 19 (3) [illegible] ſacra, *Tac Ann* 1, 42, [illegible] menſæ, *Id* 15, 52, 2 [illegible], *Quint* 1, 7 (4) Solenne ſacrum luſtri Troici, *Sen Troad.* [illegible] annua ſacra, *Vir Geor* 1, 338 anniverſaria, *Cic Attic* 1, 13 (5) Sacra Dionææ matri, diviſque ferebam, *Vir Æn* 3, 19 Sacra Jovi Stygio, *Id Æn* 4, 638 (6) Eam ſacro fit, r quodam sine corde, *Suet* Cri m ( ) Non est sanctius sa- ... eisdem quam studiis initiari, ... (8) P JC = ædicula, *It* In ... facium & saxum stare, *to be in great danger, or jeopardy*, Plaut Capt 3, 4, 84

Sæculum, n ... *Vid* Secul in

Sæpe adv ius, comp ssime, *Oftentimes, many times, more than once, or twice* Et ficis sæpe, & sæpius mihi ... deos, *Cic Attic* 9, 5 ✠ Interdum ... potius nimium sæpe, *Cic* Sæpius experiri, *Stil B J* 62

Sæpenumero, adv *Oftentimes, many a time, very often* Sæpenumero sum cum eo, *Cic Fam* 16, 21

Sæpicule adv dim [à sæpe] *Ever and anon, every now and then* Sæpicule peccas, *Plaut Cas* 3, 5, 53 ... haust *Apul* qui ... ...

† Sæpissimus, ..., im sup [ab ... oft, *most frequent* Sæpissimo rogatu, ... Sæpissi nam ... *Prisc*

Sæpiuscule adv dim *Somewhat often, ...* ... *Plaut* adduct in ...

Sævidicus, a, um *That speaketh cruel rigorous words* Ne ... iratus sævidicis protelet, *Ter Phorm* 1, 4, 36 al sævidictis

Sævio, ire, ivi & ii, itum neut [... furere] (1) *To rage, to take sharply* (2) *To be violent* (3) *To be fierce and cruel* (1) ... sævit magna sacerdos, *Vir Æn* 6, 54 (2) Sævit amor ... *Vir Æn* 4, 532 § Dolor ... erepto amore, *Prop* 2, 8, 36 (3) § Flagellis sævire, *Juv* ... § Sævire in tergum alicujus, *Liv* 2, 45

|| Sævitas, f *Hastiness, fierceness*, Firm ✝ Sævitia

Sæviter adv ius, comp ssime, ... (1) *Fiercely, boisterously* (2) *Outrageously, violently* (1) ... Magis ... sæviter blandiri ... *Plaut Pseud* 5, ... (2) ✠ Primum prudentes aut sævius, aut etiam lenius agendo, *Col* 11, 1 Quoniam loci æstate ... *Id* 1, 4

Sævitia, æ f (1) *Cruelty, fierceness, tyranny* (2) *Severe chiding* (1) Nimiæ mos est sævitiæ pere ... morti, *Luc* 2, 180 ✠ Quantum sævitia glisceret, ... *Tac Ann* 6, ... ✝ misericordia, *Id* 16, 22 (2) ✝ In ... aut sævitiam aut ... proponet orator, *Cic Part Orat* 4 Non tamen ausus eram ... turbæ quietem ... metuens jurgia sævitiæ, *Prop* 1, 3 18 ¶ Sævitia annonæ, *dearth of victuals*, *Tac Ann* 2, 87

|| Sævities, ei f *Idem*, Apul Met 6 p 190 ✝ Sævitia

|| Sævitudo, inis f *Outrageousness*, Arm ✝ Sævitia

Sævum est impers *They exercise rage, or cruelty*, Paterc 2, 74

Sævus, a, um or, comp ssimus, sup [... lupus, ... furere] (1) *Fierce, cruel, stern, fell* (2) *Outrageous, blustering, boisterous, furious* (3) *Angry, displeased* (4) *Great, extreme* both in a good, and bad sense (5) *Strong, mighty, valiant, puissant* (1) Verbera sæva, ... *Georg* 2, 252 Ara Mæotidis sævior, *Juv* 15, 115 A sævissimo regum trucidatus *Curt* 10, 5 § = Tyrannus sævissimus & violentissimus in suos, *Liv* (2) Undique venti erumpunt sævi, existunt turbines, *Cic de Orat* 3, 39 ex *Pacuv* (3) Sævæ memorem Junonis ob iram, *Vir Æn* 1, 8 *Sed Serv ad seq* ... § Sævus ambobus Achilles, *Id Æn* 2, 462 (4) Camillum sæva paupertas tulit, *Hor Od* 1, 12, 42 ... circumitte ... *Vir Æn* 2, 559 Indu ... sævis stola, *Enn* (5) § Maternis sævus in armis, *Vir Æn* 12, 107

Saga, æ *sc* mulier f [à sagire, i e sentire acute] (1) *A subtil, or wise woman* (2) *A witch, a sorceress, a hag* (1) Sagire, ... unde sagæ anus, quia multa scire volunt, *Cic de Div* 1, 31 (2) = Quæ saga, quis te solvere Thessalis magus venenis poterit? *Hor Od* 1, 27, 21

† Saga, æ f *Enn Vid* Sagum

Sagacitas, atis f (1) *Quickness of any sense*, especially *of scent*, or *smelling* (2) *A sharpness of wit, a quickness of spirit, sagacity, subtilty, shrewdness* (1) Narium sagacitas, *Cic N D* 2, 63 *Vid* Sagax (2) Ea erat sagacitate, ut ... non posset, *Nep Alcib* 5

Sagaciter adv ius, comp ssime, sup (1) *Quickly smelling* (2) *Met Shrewdly, subtilly* (1) Si canes adventantem sagaciter ... *Col* 7, 12 Sagacius odorari quam canis ..., *Hor Epod* 12, 4 (2) Odoror quam sagacissime possum, quid sentiant, *Cic de Orat* 2, 44

Sagapenon, i n (1) *A kind of medicinal herb* (2) *A gum like armoniac* (1) *Plin* 19, 8 (2) *Plin* 12, 25 & 20, 18

|| Sagaria, æ f *sc* negotiatio *The trade of making and selling cloaks and jackets for soldiers*, Dig

Sagarius, ii m *sc* mercator *A seller of soldiers cloaks*, *Varr vid* Grut Inscript p 650, n 2

Sagatus, a, um *Apparelled in a soldier's cloke* Cras sagati prodeamus, *Cic Phil* pp 14, 1

Sagax, acis adj or, comp ssimus, sup [à sagio, i e acute sentio] (1) *Quick-scented* (2) *Synecd Quick of any sense*, as hearing, sight, scent, taste (3) *Met Sagacious, subtile, sage, shrewd, cunning, apprehensive, smart, witty* (1) Canem esse quidem ... oportet, sagax nasum habet, *Plaut Curc* 1, 2, 17 Canibus sagacior anser, *Ov Met* 11, 599 (2) Sagax oculorum acies, *Stat Theb* 10, 598 Mutum palatum in gustu sagacissimum, *Plin* 8, 37 (3) Homines mentem habent, ut ita dicam, sagacem, quæ & causas rerum, & consecutiones videat, *Cic de Fin* 2, 14 § Sagax ad pericula perspicienda, *Planc ad Cic Epist Fam* 10, 23

Sagda, æ f *A green stone among the Chaldees, which sticketh fast to the keels of ships, and there is found*, Plin 37, 10

* Sagena, æ f [i e verriculum] *A sweep-net, wherout the fish cannot get, a drag-net, a weel, a sein*, Manil 5, 678

† Sagestre n *A thick coarse garment*, Luc l Operimentum crassum, ut ... erat ... pannus, *interpr Turneb al leg* segestre

Sagina, æ f [à σάγμα, *Id*] (1) *Meat wherewith any thing is crammed, or fatted* (2) *A stuffing, any kind of meat, belly-timber* (2) *Fatness, grossness* (4) *Also a coop, or place to fat things in, a frank* (1) Est facilis avium sagina, *Col* 8, 14 (2) ✠ Multitudinem non auctoritate, sed sagina tenebat, *Cic pro Flacc* 7 ¶ Saginam cædite, *chew your mast, exercise your grinders*, *Plaut Most* 1, 1, 62 (3) Saginam corporis ex nimia luxu ... contraxit, *Just* 21, 2, 1 *vet Gloss* Sagina ... (4) Herus meus se in saginam conjecit, *Plaut Trin* 3 2, 96

Saginamentum, ti *al* saginentum, ti n *Fatness, or grossness*, Litt ex Col

Saginandus, a, um part *To be crammed, fatted* Hordeo equus saginandus, *Col* 6, 27

Saginarium, ii n *A place wherein creatures are fatted, a stall, stye, pen*, or *coop*, *Varr R R* 3, 10

Saginatio, onis f verb *A fatting, or putting up of beasts*, or *fowls to feed*, Plin 8, 51

Saginatus, a um part *Fatted, crammed* Saginatus porcus, *Prop* 4, 1, 23 bos, *Varr* conf *Curt* 9, 7, 16

Sagino, are act (1) *To make fat* (2) *To pamper* (1) Ea herba fœni vice saginat jumenta, *Col* 6, 38 (2) Saginare exquisitis e... *Plin* 9, 25

Saginor, ari pass *To be fattered, Met to be glutted* Saginari sanguine civium, *Cic pro Sext* 6

Sagio, ire, ivi, itum *To have a quick sense, to perceive quickly, to foresee, or guess at, to smell out* = Sagire, sentire acute est, *Cic de Div* 1, 31 *Vid* Saga

Sagitta, æ f [cujus etymon varie disputatur] (1) *An arrow, shaft, or dart, a bolt* (2) *A long shoot and twig of a vine, or other tree, that is left in the pruning* (3) *Also a sign in the firmament* (4) *A certain herb growing in the water, adders tongue* (5) *The feathers of an arrow* (6) *A launcer, or fleam wherewith the blood is drawn from labouring beasts* (1) Sagittæ pendebant ab humero, *Cic Verr* 4, 34 Nervo impulsa sagitta, *Vir Æn* 12, 856 (2) Sagittam rustici vocant novissimam partem surculi, *Col* 3, 17 (3) *Plin* 18, 26 (4) *Plin* 21, 12 = pistana, *Id ibid* (5) *Jun* (6) *Litt*, sed unde non dicit

|| Sagittalis, le adj *Of, or belonging to an arrow* Inde sagittalis futura, *the seam on the top of the head*, Jun

|| Sagittaria, æ f *An herb called the water archer, or arrow-head*, Gerard

Sagittarius, a, um *Of, or belonging to arrows, that of which arrows are made* Calamus sagittarius, *Plin* 16, 36

Sagittarius, ii m (1) *An archer, a shooter, a bowman* (2) *A person's coin, which was also called darics* (3) *One of the twelve signs, sagittary* (1) Cretas sagittarios mittit *Cæs B G* 2, 7 (2) Vid *Plutarch Apophth atque ibi sagittarium Agesil dictum* (3) Cum luna est in sagittario, *Plin* 17, 24

Sagittatus, a, um part *Stricken with an arrow* Sagittata fumina, *killing, wounding kisses*, *Plaut Trin* 2, 1, 16

✠ Sagittifer, a, um *That beareth, or weareth arrows* Sagittiferi amores, *Stat Sylv* 3, 2, 121 Parthi, *Catull* 11, 6 Pecus sagittifera, *the porcupine*, Claud Eidyll Hystr 78 Pharetræ sagittiferæ, *Stat Achill* 1, 416

✠ Sagittipotens, tis *That can do much by shooting, a cunning archer, the sign sagittary*, Cic n Arat ... Ed Gron

Sagitto, are *To shoot in a bow* Just 41, 2, 6 & Curt 7, 5, 42

|| Sagittula, æ f dim *A little dart*, Apul Met 10, p 348

* Sagma, atis n [à στρώννυμι, ...] *A packsaddle, a sumpter*, Bud *Dic* & sagma, æ ... Veg Rei Veterin 2, 59

|| Sagmarius, a, um [ad sagmam pertinens] (1) *A packhorse, a sumpter-horse* (2) *Also a ... employed in carrying the soldiers luggage* (1) Equus sagmarius, *Lampr Elagab* (2) Veg ... *Milit* 2, 10

Sagmen, inis n [verbena, herbæ, quas legati pop Rom ... solebant, ne quis eos violaret Marcian dicta quia ex loco sancto ... secabantur (al ... sagmina, *Fest* vel à sanciendo quasi sancimina] (1) *The herb vervain* (2) *Also grass plucked up from the altar with its earth, which ambassadors of Rome wore on their heads, or carried in their hands, that people might not injure them* (1) Vid *Liv* 1, 24 Sagmen ... *Gloss* ... Jus sacratum Jovis jurandum sagmine, *Næv ap Fest*

Sagulatus, a, um *That weareth a short cassock*, Suet Vit 11

Sagulum, i n dim *A little cloke, or cassock worn over armour* Sagula rejecerunt, *Cic in Pison* 23 Sagulo gregali amictus, *Liv* 7, 34 conf & *Vir Æn* 8, 660 à seq

Sagum, i n [vocab Gallicum, *Varr* Quin & inter Germanos vestes primas tenet, ap *Tac Germ* 17, 1 unde ad Græc & Lat fluxit] (1) *A soldier's coat, cloke, or cassock, worn also by boors and others, to keep them warm* (2) *Also a kind of blanket* (3) *A cloth to cover bottles withal* (1) ✠ Ad saga ire, & redire ad togas, *Cic Philipp* ... 1 vid & *Col* 1, 8 (2) Ibis ab excusso missus ad astra sago, *It is a blanket*, Mart 1, 4, 8 *id* & Suet Oth 2 (3) *Col* 11, 1 conf & *Casaub* ad *Lamprid*

Sagus, a, um [quia sitis ... *Acro* ... sagus] *Knowing, presaging, divining* Nunc sagus adfatur aves, *Stat Achill* 1, 519 Sagi clangores, *Id Theb* 8, ...

† Sagus, i m *Afran* ✝ ... quod Sagum

Sal, salis m & rar n [à Gr ἅλς, aspiratione in ... grante in s] (1) *Salt* (2) *Sense, parts, wisdom* (3) *Mirth, wit, pleasant talk* (4) Sales plur *Jests, quibbles, drolleries, railleries, pretty conceits* (5) *Beauty, neatness* (6) *A ... sea* (7) *Also a fault in ... and other gems* (1) Multi modii salis simul edendi, ut amicitiæ munus expletum sit, *Cic de Am* ... Caro salibus aspersa, *Col* 7 8 Ubi salem nec fossilium, nec marinum habuerit, *Varr* ... *Col* 6 33 ☞ De ... sil, *Col* 6 33 ... (2) Tu ... salis, *vid Plin* 31, ... (3) ... *Eun* 2, 1, 10 *interpr* ... ✠ Homo qui plurimum ... & ... habet, & fel ... *Plin Ep* 3, 21, 1 ✝ Non sal, sed natura ... detur, *Cic* = Scipio omnes sale & facetiis superabat, *Cic de Cl* ... *Orat* 64 Urbani sales, *Id Fam* 9, 15 (4) = Ridens jocus, & sales protervi, *Stat Sylv* 1, 6, 6 (5) ... Testum plus salis quam ... habebat, *Nep Att* c 13 (6) ... ne salis placidi vultum, ... quietos ignorare jubes *Vir Æn* 5, 848

848 Ipsus ante pedes fluctus salis alludebant, *Catull* 62,67 (7) *Plin* 37, 2

Salacia, æ f [dea quam puta bant salum ciere, *i e* movere, *Fest*] (1) *The goddess of the sea* (2) *The retiring of the wave,* or *surge from the shore, into the sea* (1) Salacia Ἀμφιτρίτη, Nonius, *Gloss* Oceanus & Salacia cœli satu terræque conceptu generati, *Cic de Univ* 1 (2) ✱ Venilia unda quæ ad littus venit, Salacia quæ ad salum redit, *Varr L L* 4, 10

Salacitas, ātis f *Lechery, wantonness* Passeri minimum vitæ, cui salacitas par, *Plin* 10, 36

Salacon, ōnis m [de αλω vid *Steph & Hesych*] *A great boast who being extremely poor, would fain be thought very rich,* *Cic Fam* 5, 24

Salamandra, æ f *A salamander,* in shape like a lizard, full of spots, that being in the fire certain times is not burned, nor hurt *Plin* 10, 67

† Salapusius, ii m *ut quidam legunt ap Catull qu ex sal & pusio* pusio plenus sale & mordacitate *Rect* Salapu ium

Salaputium, ii n [*Catull* 51, 5 ap Sen à salaputa, quæ caurum tacem sign puto, ποσθη, ...] *A princock, a wag-wanton* ... salopygium ...

Salar, aris m [piscis à sale, vel salendo, dict] *A young salmon, or salmon peel, a kind of trout* Purpureis salar stellatus tergore guttis, *Auson Eid* 10, 88

|| Salarius, ii m *He to whom a stipend is paid, a pensioner,* Up

† Salaris, re adj *Pleasant, merry and witty,* Litt ex Plaut ...

Salarium, ii n [à sale stipendium militare, dict quod nihil sit magis necessarium quam sal] *A stipend, wages given to servants, a salary, a pension* (2) *An allowance, a daily maintenance in meat* (1) Sal honorium militiæque interponitur, salaria inde dicta, *Plin* 31, 7 (2) *Mart* 3, 7

Salarius, a, um *Of, or belonging to salt* Vectigal ex annona salaria, *Liv* 29, 37 Salaria via, quod per eam in Sabinos *sal à mari* portari consueverat, *the salt way,* and Plin 31, 7

Salarius, ii m *A seller of salt, or salt meats, a salter* Viles puer salariorum, *Mart* 1, 42, 8

|| Salata, orum n *Sallets,* Jun

Salax, ācis adj or, comp ssimus, sup [*a* salio, quatenus est, ἐπιβαίνω, ὀχεύω, vel à sale, quod fæcunda facit ...] (1) *Apt to leap, lecherous, lustful, wanton* (2) Also *provocative, or stirring to lust* (1) Sitque salax agnus ... cupiatque femina conjux reddi, *Ov Fast* 4, 771 Si essent salaces ... plus jecoris habuissent, *Lact de Opif* 14 Oportet mares ... quam salacissimos esse, *Col* 7, 9 (2) Erucæ salaces, *Ov de Rem* 799

† Sale, is n unde contr sal n Cœruleum spumat sale, conferta pisum, *the sea,* Enn *ap Prisc*

Salebra, æ f [à saltu] (1) *A rough, or rugged place* (2) Met *A difficulty* (1) Luna ministrat ... demonstrant astra salebras, *Ap* ... 16, 15 Qui quentur salebras, & acerbum frigus, *Hor Ep* 1, 17, 53 (2) Hæret in salebra, *Cic de Fin* 5, 28 *Sed sæpius in plur occurrit*

|| Salebratim adv *Roughly, ruggedly, by rough places,* Sid † Per loca salebrosa

|| Salebritas, atis f *Unevenness, roughness, ruggedness,* Apul Met 6, p 186

Salebrosus, a, um (1) *Rough, cumbersome, uneven, hobbling, rugged, up hill and down hill* (2) Met *Crabbed, difficult, uneven* (1) Litt ex Cic (2) Salebrosa oratio, *Quint* 11, 2

Sales, ium pl [à sal] *Repartees, jests, smart or witty sayings,* Cic *Vid* Sal

Salgama, ōrum n [à sale] *Powdered meats, sallets, or fruits kept in brine, or pickle,* Col 10, 117

Salgamārius, ii m *He who keepeth, or selleth powdered meats, or things pickled,* Col 12, 54 & *iter* 44

|| Salgamum, mi n unde in plur salgama, *Col*

Salii m plur [forte à saliendo] *A kind of birds which are great breeders, heathcocks,* ut Litt Plin 10, 52

Saliāris, re adj (1) *Pertaining to the Salians* (2) *Like the Salian priests, sumptuous* (1) Saliare carmen, *sung by the Salian priests,* Hor (2) Saliaris dapes, *a princely banquet,* Hor Od 1, 37, 2 Saliarem in morem epulari, *to fare like a prince,* Cic Att 5, 9

|| Saliatus, ûs m *The sacerdotal dignity of the Salii,* Capitol

Salicastrum, tri n *A kind of wild vine running upon willow trees, an osier, or withy,* Plin 23, 1

Salicetum, ti n [contr salicetum] *A place planted with willows,* Varr *Vid* Salictum

Salictarius, a, um Lupulus salictarius, *a kind of hops that grow in a willow ground,* or *climb up by the willows,* Plin 21, 5

Salictarius, ii m [*qui* salictum curat] *He who taketh care of a willow ground,* Cato, c 11

Salictum [contr *pro* salicetum] (1) *A grove of willows, a willow ground* (2) *The willows themselves* (1) Amœna salicta, Enn ap *Cic Div* 1, 20 conf & *Liv* 25, 17 Densis salictis obsessa palus, *Ov Met* 11, 363 (2) Salictum cædito, glubito, arcteque adligato, *Cato,* c 33

|| Salicus, a, um ad Salios, *id est,* Francos pertin unde Salica lex, quæ Francorum orientalium est propria *Rebuff* dict ait ab initio legis, *Si aliqua,* &c *A law by which males were only to inherit*

Saliens, tis part (1) *Leaping, dancing* (2) *Purling, or bubbling up* (3) *Beating, panting, throbbing* (1) Ipse rotis saliens juga deseris, *Vir Æn* 10, 594 Salientes ducere pisces, *Ov Met* 3, 587 (2) Dulcis aquæ saliente sitim restinguere rivo, *Vir Ecl* 5, 47 (3) Pectora tangebam trepido salientia motu, *Ov Met* 8, 606

Saliens, tis m *The cock, pipe, or spout of a conduit, or fountain,* out of which the water gusheth out Villam habere piscina, & salientibus additis, *Cic ad Q fratr* 3, 1 conf & *Vitruv* 8, 7 = Silanus, *Cels*

Saligneus, a, um *Of willow* Clava salignea, *Col* 6, 2 conf & eund 7, 10 & 9, 15

Salignus, a, um *Of, or belonging to willow,* or *withy* Fustis salignus, *Hor Sat* 1, 5, 22

Salii m pl [*a* saliendo, quod ancilia per urbem gestantes salire soliti essent, *Varr*] *The priests of Mars,* who went dancing along the streets in their processions *De borum institutione, vid Liv* 1, 20

Salillum, li n dim [à sal ium] *A little saltcellar* Culus purior salillo, *Catull* 21, 19

Salina, æ f *A saltpit, a place where salt is made* Salinis mag na vis ex proximis erat salinis eo congesta, *Cæs B C* 2, 37 Possessio salinarum, *Cic Fam* 7, 32

Salinator, ōris m *A saltmaker, a salter* Hinc cognomen M Livii, vid *Liv* 29, 37

Salinum, i n *A saltcellar* Ut salinum patellamque Deorum causâ habere possint, *Liv* 26, 36 Vivitur parvo bene cui paternum splendet in mensa tenui salinum, *Hor Od* 2, 16

Salio, ire, ui, ii & ivi, saltum neut [*ab* ἅλλω, vel ἅλλομαι, *Id* ut ab ἄλλος, alius] (1) *To leap, or jump* (2) *To dance* (3) *To skip, or hop* (4) *To rebound, to pelt down* (5) *To spring, or shoot out* (6) *To pant and beat* (7) Act *To leap, or cover,* as an horse doth a mare, *to tread,* as the cock doth the hen, or any other male bird doth his female (1) § Salire de muro, *Liv* 25, 24 § saxo, *Plaut Trin* 2, 1, 31 Salire solet mutilatæ cauda colubræ, *Ov Met* 6, 559 (2) Ad strepitum tibicinæ salire, *Hor Ep* 1, 14, 26 Unctos salire (*al* saluere) per utres, *Vir Geor* 2, 384 (3) Saliunt aliquæ aves, ut passeres, *Plin* 10, 38 (4) Grando salit in tectis, *Vir Geor* 1,449 (5) § Arbusta saliunt e terra, *Lucr* 1, 188 (6) Jam horret corpus, cor salit, *Plaut Cist* 2, ... 9 Cor ... salit *Pers* 3, 111 (7) Cum equus, matrem ut saliret, adduci non posset, *Varr R R* 2, 7, 8 Anseres saliunt fere in aqua, *Id ibid* ..., 10

Salior, iri pass *To be leaped,* as an ewe by a ram, &c Varr R R 2, 2

Salio, ire, ivi, itum act [à sale] *To season with salt* Diligenter sal..., *Col* 12, 53

Salior, iri pass *To be salted* Pisces, qui sordidi, saliuntur, *Cels* 2, 18

|| Salisatio, ōnis f *A panting, a throbbing* Sa... saltatio, παλμός, *Gloss vet*

Salisubsulus, li m [*qui* salius subsiliens] (1) *A morris-dancer, one who danceth and capereth to music* (2) *A name of Mars,* or as others *Hercules* (1) In quo vel salisubsuli sacra suscipiuntur, *Catull* 18, 6 (2) Pro imperio sic Salisubsulus vestro excubet, *Pacuv*

|| Salitio, ōnis f verb Salitio equorum, *mounting, or leaping on horseback,* Veg de Re Mil 1, 18

|| Salitor, ōris m [à sal] *He that gathereth the tribute of salt,* or as others, *one who ransacketh the sea for pearl* = Muriclegulus, *Vet Int sed hodie alter leg*

Salitura, æ f *A powdering, or salting, a seasoning with salt,* Col 12, 21

Salitus, a, um part [à salio] (1) *Salted* (2) *Pickled* (1) Salitus thynnus, *Col* 6, 32 (2) Salita oliva, *Pallad Oct tit* 10

Saliva, æ f [quod fere salis saporem habeat, *Isid*] (1) *Spittle, slaver* (2) Sometimes *juice, moisture* (3) *Any water that droppeth* (4) *A jelly,* or *slime that falleth,* &c (5) *The taste, gust,* or *relish that any drink,* or *meat giveth* (1) A te sudor abest, abest saliva, *Catull* 21, 16 Longam manantia labra salivam, *Juv* 6, 62 (2) Purpuræ conchæ diebus quinquagenis vivunt salivâ suâ, *Plin* 9, 36 (3) Purificant lacrymationum salivis, *Plin* 11, ... (4) Sive ea cœli sudor, sive quædam siderum saliva, *Plin* 11, 12 (5) Sua cuique vino saliva innocentissima, *Plin* 23, 1 Solers sudorum non se ... *Pers* 6, 24 Salivam movere, *to make one's mouth water,* Sen Epist 79

Salivandus, a, um part *To be cured by a drench* Salivandum ægrotum pecus, *Col* 6, 5 Equus salivandus, *Id* 6, 37

|| Salivaria, æ f *An oilstone, or herbs whetstone besmeared with spittle,* Jun

Salivarius, a, um *Clammy, of the consistence of spittle, pertaining to spittle* Lentor salivarius, *Plin* 9, 15

Salivarius, ii m *He that giveth drenches to horses, or other beasts,* Litt ex Varr

|| Salivatio, ōnis f verb *A defluxion of rheum into the mouth, salivation, fluxing,* Cal Aurel 3, 2 † Saliva profluvio

Salivatum, ti n *A drench given to an horse, or other sick beast* Salivatum farinæ hordei ... *Col* 6, 10 *ubi al leg* salivatum

Salivātus, a, um *Salivated, or drenched* as cattle are, *Litt ex Col*

Saliunca, æ f [à salio] herba à terra statim ... *A kind of spike, or lavender,* Vir Ecl 5, 17

|| Saliuncula, æ f dim *Litt unde non dicit*

Salivo, are (1) *To spit ... or make spittle,* ... *foam, to slaver* (2) ... *a drink to horses or other beasts, to drench* (1) *Plin* ..., 36 (2) ...

Salivosus, a, ... *full of spittle* ... *Plin* ..., 8 ... Apul Apol p ...

|| Salivum, ... *He that* ... *Sal* ... *priest, or* ... *habit,* Fest

Salivum, i n *Spittle,* ... Plin

Salix, icis f [à saliendo, i e crescendi celeritate dicta, *Serv*] *A willow, or sallow tree, or withy, an osier,* Vir Ec ..., 83 Salix Amerina gracili virgam, & rutilam gerit, *Col R R* 4, 30

Salliendus, a, um part *To be salted* Pecora saliendi, *Col* 7, 7 *sed al* saliendi

† Sallio, ire ivi, itum act [sale condio] *To salt, to powder,* or *corn with salt,* Sisen *Vid* Salio

† Sallo, ere, li, sum act *To salt, to powder, to pickle,* Sall ap Prisc *vid & Varr L L* ..., 22

† Salmacidus, a, um *Plin* 31, 3 [ex salsus, vel ἅλμη, & acidus quod & salsum est & acidum, ut ὀξάλμη, *Dict* i e acidi muria, *Ruell* acetum salsum, *Hermol al* con *pro* salmacidus, exuguis] *Salt, or that hath the savour of salt* al accipiunt pro molli & effeminato, à *Salmacis* fons, cujus aquas qui bibisset vitio impudicitiæ mollesceret, *Fest* Salmacida spolia sine sanguine & sudore, *Enn Rect* Salmacida spolia ☞ *Hæc ex Litt sed neque* de

de lectione, neque inter interpr hujus vocab satis convenit

Salmo, ōnis m [à saliendo nam agilitate saltus [illegible] præ[illegible] tum concedendi] *A salmon*, Plin 9, 18

Salnitrum, *vel potius* salnitrum, [illegible] *Saltpetre, whereof gunpowder is made*, Plin 31, 10

Salopygium [illegible] salopugium [illegible] [illegible] quod [illegible] qui d[illegible] [illegible] instri in dicendo [illegible] *A wagtail, a noted [illegible]*, Catull 51, 5 *Vid* Salapu[illegible]

Salpa, æ f *Stockfish* Salpæ [illegible], Plin 9, 18 [illegible]

[illegible] *A trumpeter* ✝ *Lat* Tu[illegible]

|| Salpūga, æ f *A poysonous [illegible]*, Plin [illegible] *quomodo [illegible]*

|| Salsāmen, ĭnis n plur Sal[illegible], pr *[illegible]*, Arnob ‖ Salsamenta

Salsamentārius, a, um *Of or belonging to pickle, saltfish, or any other salting, or to a saltmonger* Vas salsamentarium, Col [illegible] Cadus salsamentarius, Plin [illegible]

Salsamentārius, ii m *He that [illegible] saltfish, a fishmonger* Salsamentarius, *Ad Herenn* 4, 54

Salsāmentum, ti n *All salt meat, [illegible]* Salsamenta [illegible] prol [illegible] *Ad Iph* [illegible], 26 cont *Cell* [illegible], 18

Salsē [illegible] comp [illegible], sup [illegible] *pleasantly*, [illegible] dicere, *Quint* 6, 3 [illegible] *Cic de Orat* 2, 68 Sal[illegible] *Id de Orat* 2, 51

|| Salsicium n [*quod salsum sit*] [illegible] *A sausage, or pudding* [illegible]

[illegible]

[illegible] mis insulso, ab [illegible] liquida, [illegible] *Plin* [illegible]

[illegible] *That hath power over the salt sea* An [illegible] Neptune, *Plaut Trin* [illegible], 1

Salsitūdo, inis f [à salsus] *Salt[ness]*, [illegible] Vitruv [illegible]

|| Salsiuscŭlus, a, um dim *Somewhat salt* Ebriet salsiuscula qua[illegible] *with drinking [illegible]*, Aug Conf 8, 3

Salsūgo, inis f *Pickle, or brine*, Litt ex Plaut

Salsūgo, inis f *A salt [illegible] at the bottom of saltpits and [illegible]*, Plin [illegible] a Salsilago

Salsūra, æ f *A salting, seasoning, or powdering, brine, or pickle* [illegible] *Cels* 2, 5

Salsus, a, um adj ex part [illegible] or, comp ssimus, sup (1) *Salted, or salt* (2) Met *Merry, witty, [illegible], smart* (1) ✠ Vinum salsum vel dulce *Cels* 2, 29 Fluctus salsi, *Plaut Trin* 3, 1, 2 [illegible] *Id* 1, 1, 6 Sal[illegible] marina aqua [illegible], *Plin* 31, 6 (2) Sal [illegible] *Id* 31, 6 (2) Sal [illegible] sales, *Cic Fam* 9, 15 ‖ Ex insulso salsum feci, *Plaut Rud* 2, 6, 22 *[illegible]*

Saltābundus, a, um *In a dancing [illegible]* Saltabundi canebant, quæ nunc stantes canunt, *Gell* [illegible], 2

Saltātio, ōnis f verb *A dancing, or leaping*, Cic *pro* Mur 6 ✠ Actio histrionis est, saltatio saltatoris, *Id de Fin* 3, 7

|| Saltatiuncŭla, æ f dim *A little dance*, Vopisc Aurel

Saltātor, ōris m verb *A dancer, vaulter, or jumper* Saltatorem appellat Murenam Cato, *Cic pro Mur* 6

|| Saltātōrie adv *In dancing manner, dancer like* Saltatorie procurrens, *Apul Met* 10, p 345 ✝ Saltatoris more

Saltātōrius, a, um *Of, or belonging to dancing, vaulting, &c* Orbis saltatorius, *the dancing of the rounds, or the [illegible], [illegible]*, Cic in Pison 10

Saltatrīcŭla, æ f dim *A little dancing girl* No[illegible] saltatriculam, *Gell* 1, 5

Saltātrix, īcis f *A woman dancer* Ex populi est adiu cum saltatrice tenere, *Cic in Pis* 8

‖ Saltātūra, æ f *A dancing*, Litt ex Plaut

Saltātus, a, um part *Danced* Saltata poemata, *Ov Trist* 5, 7, 25

Saltātus, us m *A dancing, a dance* Per urbem ire, carmina canere cum tripudiis, solennique saltatu, *Liv* 1, 20

Saltem conj [*quasi* salutem, *non* vero *vexatu*] (1) *At least* (2) *Also, or [illegible]* (1) [illegible] mihi hunc dolorem, aut minue saltem, *Cic Att* 9, 4 (2) Nec vero saltem is, [illegible] ad evitanda vitia [illegible] [illegible] [illegible] in [illegible] *At [illegible] aurea Latinitatis [illegible] plurimi [illegible]*

|| Saltim adv [*i e* per saltus] *By leaps, or jumps*, Litt

Saltito, are freq *To leap, jump or dance often*, Quint 9, 4

Salto, āre neut [à salio, salito] *To dance, jump, hop, or leap* Nemo ferè saltat sobrius, nisi insanit, *Cic pro Muren* 6 Ipse nudus in convivio saltabat, *Id in Pison* 10 § Saltare cyclopa, *Hor Sat* 1, 5, 63

Saltor, āri, atus pass *To be [illegible]* Carmina saltantur [illegible], *Ov Trist* 5, 7, 25

|| Saltuāris, re *Dancing to the stroke of an instrument, or of or belonging to dancing* Saltuares insulæ, *Plin* 2, 25 quæ [illegible] *Choreusæ*

Saltuārius, ii m *A forester, a verderer, a ranger, a keeper of a forest, park, or wood*, Pomp IC

|| Saltuātim adv [*i e* per saltus] *By leaps, or skips, leaping from one thing to another*, Sisen ap Gell 9 4

Saltuōsus, a, um *Full of woods, or forests*, Liv 27, 12 Sal[illegible] regio, *Nep Datam* 4

Saltūra, æ f *A leaping, or dancing*, Litt ex Plaut

Saltus, ūs m Non m [à [illegible]] *[illegible]*, [illegible] locus [illegible] in qua [illegible] *A forest, a thick wood, a thicket, a lawn in a park* (2) Natura [illegible] (3) [à salio] *A leap, [illegible] or skip* (1) [illegible] *Cic* [illegible] 6, 4 [illegible] montium saltus, *Vir Ecl* 6, 56 (2) *Plaut Cas* 5, 2 & *Curc* 1, 1, 56 [illegible] Grut (3) Non excursione nec saltu uteretur, sed consilio, ratione, *&c* Cic de Sen 6 Saltu præceps sese in fluvium dedit, *Vir Æn* 9, 815 Saltu [illegible] movere, *Ov Met* 6, 65

|| Saltavella, æ f *A vein between the little finger and the ring-finger*, Med

|| Salvātio, ōnis f *Salvation*, Eccl

|| Salvātor, ōris f verb *A Saviour*, Eccles ☞ *Græcum [illegible] interpretatur Tullius [illegible] tor, qua tamen interpretatione minime [illegible], uno voce ub[illegible] Latino exprimi non posse [illegible] Tacitus pro eo [illegible] [illegible] [illegible]*, Ann [illegible] 2 *item* liberatorus, *Ibid* 15, 5 *sed utroque conjuncta* [illegible] [illegible] *non posse* [illegible] *latinum est*

Salūber, hæc salubris, hoc salubre, & hic & hæc salubris, & hoc salubre [à salus, quod præstet [illegible]] or, comp [illegible], sup (1) *Healthful, wholesome* (2) Met *Good, profitable, useful, advantageous* (1) Fluvius salubre, *Vir Geor* 1, 2 [illegible] Aura salubris, *Ov A Am* 3, [illegible] [illegible] Qui saluberrimi, ubi fructuosi [illegible] *R R* 1, 2 (2) Defuncta morbis corpora salubriora esse cœpere, *Liv* [illegible] 8 *[illegible]* [illegible] 1, 41 (3) Senem [illegible] reipub saluberrimum, *Cic pro* [illegible] Saluberrimæ conditiones, *Paterc* 2, 48

Salūbrĭtas, ātis f (1) *Wholesomeness, healthfulness* (2) Met *Clearness, soundness* (1) Mutatio locorum propter salubritatem, *Hirt ap Cic B G* 8, 15 (2) Omnem salubritatem Atticæ dictionis, *Cic de Clar Or* 13

Salūbrĭter adv ius, comp errimè, sup (1) *Healthfully, wholesomely* (2) *Profitably* (3) Met *Safely* (1) Ubi potes refrigerari salubriter, *Cic de Senect* 16 (2) Oculorum medicamentis aconitum miscetur saluberrimè, *Plin* 27, 3 (3) Et trahi bellum salubriter, & maturè perfici potest, *Liv* 3, 6 Salubriter lata leges, *Paterc* 2, 89

Salve verb defect [à salvus] *unde* salveo, salve, salveto, plur salvete, salvetote, salvere [*ex Heb* שלום] (1) *God save you, a form of saluting at meeting* (2) *At parting, farewel, adieu* (3) *To people sneezing* (1) ✠ Salve 87 Satis est mihi tuæ salutis, nihil moror [illegible] [illegible] malum, quam esse tua salute salvos, *Plaut Trin* 2, 2, 4 Salvebis à Cicerone meo, *my son commendeth, or remembreth himself unto you*, Cic Att 6, 2 Dionysium velim salvere jubeas, *commend me to him, or present my service*, Id (2) Vale atque salve, *Plaut Capt* [illegible], 5, 86 Salve æternum mihi, maxime Palla, æternumque vale, *Vir Æn* 11, 97 (3) *Petr Arb* c 98

Salvē adv *Well, in health*, Apul Met 1, sub fin ✝ Sane

Salveo, ere *To be safe and sound, to be well, or in good health*, Plaut *Vid* Salve

Salvia, æ f [à salvando, quod [illegible] præstet] *The herb sage*, Plin 26, 6

Salviātum, ti n *A potion or drench made with sage*, Col 6 [illegible]

|| Salvifico, are *To save*, Vet Interp ✝ Salvum facio

|| Salvificus, a, um *Saving*, Eccles

|| Salvio, are act *To give one a drench, or potion of sage*, Col 6 2[illegible] *pro* salvio, q [illegible]

Salum n [à Gr σάλος, *Idem*] (1) *The sea, the salt sea* (2) Also Met *a tossing, or wavering* (1) Spumante salo sit sonitus, *Vir Æn* 2, 209 (2) Salum mentis, *Apul*

|| Salvo, are act *To save, to preserve, to keep*, Eccles *Nec [illegible] Cic [illegible], sed opt codd servare*

Salus, ūtis f [*ab Hebr* שלוה tranquillitas] (1) *Health of body, or mind* (2) *Life* (3) *Safety* (4) *Remedy, help, or [illegible]* (5) *A greeting, commendation, or [illegible] salutation, or wishing health* (6) Also *a bidding adieu, a [illegible]* (1) [illegible] *[illegible]* (1) Ægrotus [illegible] ab Hippocrate petens salutem [illegible] [illegible] ✠ Medicis [illegible] [illegible] sed ad necem uti [illegible] *Cic de [illegible]* [illegible] *Rep* 11 (3) Salutem [illegible] [illegible] in tua [illegible], *Cic Pison* 2 (4) Unica [illegible] [illegible] [illegible] (5) Salutem dicito [illegible] & [illegible] *Plaut Capt* 2, [illegible] [illegible] maxim qui [illegible] salute [illegible] *Id* (6) Ego vero mihi in [illegible] tem & foro dicam, & curiæ, [illegible] vanque tecum, *Cic Fam* 7, [illegible] (7) Ipsis, si cupiant, Salus servare prorsus illos non potest *Ter Ad Iph* 4, 7, 43 ☞ *Hujus [illegible] sæpe occurrit in veterum Numismatis*

* Salus, i m *Lin* [à Gr [illegible]] *id quod* salum

Salūtans, tis part *Saluting* Ambitio salutantium *Tac de Or* 29, 5 [illegible] *Ov Met* 5, 96

Salūtāris, re adj or, comp (1) *Wholesome, healthful* (2) [illegible] (3) *Good, useful* (1) ✠ [illegible] natura dedit accessum [illegible] salutares, [illegible] [illegible], *Cic N D* 2, 12 ‖ Salutaris & [illegible] calor, *Id ibid* 10 (2) Nihil remedia tam movent dolorem quam quæ sunt salutaria, *Cic ad Oct* 17 (3) Nihil est nobis [illegible] [illegible], *Cic N D* 3, 6 Salutare consilium, *Id Fam* 6, 6 Traditio literarum mihi salutaris fuit, *Id de Cl Or* 4 ‖ Civis lenebeu[illegible] & salutaris, *Id pro Milon* 8 § Salutaris digitus *vel* index, *the forefinger*, Suet Aug 80 *quo [illegible] salutarent*, G, [illegible] *vel quo, ori admoto, silentium [illegible], quasi nihil ad salutem [illegible]*, Alex ab Alex Salutaris litera, *the letter A, a note of absolution*, Cic *pro Mil* 6

Salūtārĭter adv (1) *Wholesomely, medicinally, healthfully, with success* (2) Met *Advantageously* Remedium salutariter [illegible] vino, *Plin* 28, 9 (2) Quibus nimis quemadmodum salutariter uterentur, non reperiebant, *Cic de Cl Orat* 2

Salūtātio, ōnis f verb *A saluting, or greeting, good morrow, or good even, a salutation, a paying respect* Quis te [illegible] quis ullo honore, quis denique communi salutatione dignum putat? *Cic in Pison* 40

Salūtātor, ōris m verb *A saluter* ✠ Deductorum officium quod majus est quam salutatorum, *Q Cic de Pet Cons* 9

Salūtātōrium, ii n *The place, or office of master of ceremonies to a prince*, Sen de Const Sap 14

Salūtātōrius, a, um *Belonging to saluting* Cubile salutatorium, *a chamber of presence*, Plin 15, 11

Salūtātrix, īcis f *A saluter* Salutatrix turba, *Juv* 5, 21

Salūtātus, a, um part (1) *Saluted* (2) *Visited* (3) *Taken leave of* (1) Esse salutatum vult te mea litera primum, *Ov ex Pont* 2, 7, 1 (2) Salutato crepitat Concordia nido, *Juv* 1, 116 (3) Diu relinquendi esse [illegible] tempus in omne mihi, *Ov Trist* 1, [illegible], 34

✠ Salūtĭfer,

Salūtĭfer, a, um *Bringing health, or safety, wholsome, healthful* Da mihi salutiferam opem, *Ov Ep* 20, 184

Salūtĭger, ĕra, ĕrum *One who carrieth commendations to and fro*, Apul *de Deo Socr* p

Salūtĭgĕrŭlus, a, um *He that carrieth commendations from one person, a gentleman-usher*, Plaut Aul 3, 5, 28

Sălūto, āre, act [a salutem do, vel salus] (1) *To salute*, *to greet*, *to bid good morrow, or good even* (2) *To send commendations* (3) *To pay respect, to honour, or worship* (4) *To bid farewel, to take his leave* (1) Illam salutavi, postea jussi valere, *Cic Att* 4, 2 = Salutare benigne, comiter appellare unumquemque, *Id Philipp* 13, 2 (2) Demus te nostra tot salutat, *Cic Att* 4, 12 Vade, liber, verbisque meis loca grata saluta, *Ov Trist* 1, 1, 15 (3) Multis dum precibus Jovem salutat, *Mart* 12, 78 (4) = Tu in saluto te, familiaris, priusquam eo, conservi, conservæque omnes, valete ac vivite, *Plaut* 4, 10, 29

Sălūtor, āri, ātus pass (1) *To be saluted* (2) *To be called* (3) *To be served, and not cut off* (1) Vinc salutari sicut Sejanus, hunc totundem, &c *Juv* 10, (2) Cui ego poeta salutor [illegible] *Pers* 9 (3) *Litt unde non sit*

Salvus, a, um [a salus, quod [illegible] שׁלו tranquillus] (1) *Safe, sound* (2) *Well, in good health* (1) Salvus sum, si hæc vera sint, *Ter Andr* 5, 6 9 [illegible] dom, *Cic Fam* [illegible] = Ornamenta salva & integra, [illegible] (2) Te salvum venisse gaudeo, *Cic Attic* 5, 20 Salvus sis, *God save you*, *Ter Andr* 5, [illegible] Salva res est, *All is well*, *Plaut* 5, 6, 8 Salvo jure, *saving the right*, *Cic Fam* 13, 7

Sambūca, æ f [ab Heb סבכא [illegible] *Dan* 3, 5] (1) *An instrument of musick, taken for a harp, or sackbut* (2) *An engine of war to scale the walls of a town*, or to [illegible] (1) *Litt ex* 6, 1 (2) [illegible] *Athen* 14, 8 & 14, 4 21 *Il Periti* Sambucam citius [illegible] *hac parte nonnulli, alii a prima parte putant, utrobique referas, eodem* [illegible] *quod* [illegible] *non potest*

Sambūceus, a, um *Of, or belonging to an elder tree* Sam[illegible] *Plin* 29, 4

Sambucetum n *A place where elder trees grow*, Litt ex Plin [illegible]

Sambūcĭna, æ f *A woman that playeth on a dulcimer, or harp*, Plaut Stich 2 57

Sambūcistrĭa, æ f mulier sambucæ [illegible] *the harper*, o [illegible] *player*, Liv 39, 6

Sambūcus, ci f [illeg] quod ex [illegible] sambuca, i e instrum[entum] [illegible] *Id*] *An alder tree* Plin 24, 8

Samĕra, æ f *The seed of an elm* Nemo jam serit ex semine [illegible] ex sobolibus, *Col* 5, 6

Samia, æ subst Placentas & Samias, [illegible] ex *Tert a sort of* [illegible] also *a whetstone*, because [illegible] so good in the isle of Samos, G ex *Non*

|| Sămiātus, a, um part *Sharpned, whetted* Ferramenta samiata, *Vopisc* ✝ Acutus

|| Samio, āre act [quod in Samo hoc genus [illegible] pollent] *To whet, or make sharp*, Non ✝ Acuo

Samiŏlus, a, um dim [a Samius] *Made of earth* Nos nostro Samiolo poterio bibimus, tamen vivimus, *Plaut Stich* 5, 5, 12

Samium, ii n *An earthen pot*, such as were made in the isle Samos, or of the Samian earth Quum si imperia pontificum Diis immortalibus grata sine Samio, *Cic ap Non*

Samius, a, um (1) *Of Samos*, *v Prop* Meton *earthen* (2) Also *sharp* (1) Samii vasi, *Cic pro Muræna*, 36 Samius lapis, *a stone by its and white, good to polish gold*, Plin 36, 21 (2) *Non*

Samnites, um m pl *A kind of fencers, or swordplayers of Campania*, so called from their dress, *Cic de Orat* 2, 80

Samŏlus, li m *The marsh worts, fen berries*, used in magical cures, *Plin* 24, 11

Samothrāces *The Roman household gods, vid* Macrob Sat 3, 4 the same as *Dii potes*, Varr L L 4, 10 But Juvenal seemeth to distinguish them, where he says, *Jurat licet & Samothracum & nostrorum aras*, Sat 3, 144 Their names in various countries are described by *Varro* in the cited place

Sămŏthrăcia *A kind of precious stone of Samothrace, black of colour, and light as wood*, Plin 37, 10

Sampsa, æ f *The stone, or kernel of an olive, or, as some, the flesh of it squeezed in the mill*, Col 12, 49

Sampsūchĭnus, a, um *Made of marjoram*, Plin 21, 22

Sampsūchus, chi f [a σαμψ & ψυχὴ, quod sanat animam, i e olore suo reficit] *The herb call ed sweet marjoram* = Sampsuchum sive amaracum Cypro laudatissimum, *Plin* 21, 22 vid & *Col* 10, 178

Sānābĭlis, le adj or, comp *That may be heal d* Vulnus sanabile, *Ov Rem Am* 101 Quisquis dolor deorsum tendit, sanabilior, *Cels* 2, 8)(Aut sanior domum redeat, aut sanabilior, *Sen Ep* 108

Sānātio, ōnis f verb *An healing, or curing* Corporum sanatio, *Cic Tusc* 3, 3 = medicina, [illegible] malorum, *Id Tusc* 4, 15

Sancītes um m pl Idem jus esto sanctis, quod forctibus, *Legg XII Tabb Those who after a re volt came in and reconciled them selves again*, Fest *qu* sanati, i e nem e sanati, *Idem jus*, &c

Sancio, ire, ivi & xi, itum & ctum act [a sanguis, quod fuso sanguine hostiæ aliquid sanciretur, *ut*] (1) *To make sacred, to consecrate* (2) *To establish, to confirm* (3) *To enact* (4) *To forbid by ordinance, or law* (5) Also *to dedicate* (1) Sanguine Hannibalis sanciam Romanum fœdus, *Liv* Utrum augurem populus libentius sanciet, Pompeium an Antonium? *Cic Attic* 2, 12 (2) Consuetudo necessitudinem eorum sanxit, *Nep Attic* 19 Regnum Herodi ab Antonio datum, Augustus victor sancivit, *Tac* ¶ Fidem dextra sancire, *to plight his troth*, Liv 1 1 (3) Legem senatus de ambitu sancivit, *Cic pro Planc* 18 (4) Sanxit edicto, ne quis, &c *Cic pro Flacco*, 28 ¶ Capite sancire, *to make it capital, to punish with death*, Id Attic 10, 1 (5) § Carmina sancire alicui, *Stat Sylv* 3, [illegible]

Sancior, iri pass *To be established*, &c Hæc jud[icia] [illegible] legibus sanciuntur, *Cæs B G* 1, 9

Sancitur, sancitum est impers *It is made sacred, or solemn, it is ordained* Quod Athenis exsecrationibus publicis sancitum est, *Cic Offic* 3, 1

Sancitus, a, um part *Ordained, established, confirmed by law, ratified* Quod per populum plebemve est sancitum, *Cic* pro *Balbo*, 15

|| Sancitus, ūs m *A confirmation, a decree*, Tert ✝ Sanctio, confirmatio, decretum

Sanctè adv ius, comp ssimè, sup (1) *Holily, devoutly* (2) *Firmly, certainly* (3) *Inviolably, religiously, solemnly* (1) = Pie sancteque naturam excellentem colere, *Cic N D* 1, 20 (2) = Sanctius & multo certa ratione magis quam Pythia, quæ tripode e Phœbi lauroque profatur, *Lucr* 1, 740 & 5, 112 (3) Quæ promitt is sanctissimè observare, *Cic* Sanctè adjurat non posse, &c *Ter Hecyr* 2, 2, 26

|| Sanctificātio, ōnis f verb *An hallowing, or sanctifying*, Eccles

|| Sanctificātor m verb *A sanctifier*, Eccles

✝ Sanctificium, ii n *A sanctuary, an holy place*, Vulg Int

|| Sanctifico, āre act *To sanctify, to hallow*, Eccles ✝ Sanctum esse jubere

✝ Sanctilŏquus, a, um *Speaking divinely*, Prud Apoth 1002

Sanctĭmōnia, æ f (1) *Holiness, devoutness* (2) *Honesty, integrity* (3) *Chastity* (1) = Mentes quæ ex hominum vita ad deorum religionem sanctimoniamque demigrarunt, *Cic* pro *C Rabir* 10 (2) = Habere domum clausam pudori & sanctimoniæ, *Cic* pro *Quint* 30 (3) Femina, nobilitate, puerperiis, sanctimonia insignis, *Tac Ann* 12, 6

|| Sanctĭmōniālis, le adj *Pertaining to holiness*, subst f *a nun, an holy virgin*, Aug

Sanctio, ōnis f verb (1) *A ratification, or confirmation* (2) *A decree, an ordinance established with a penalty, a penal statute* (1) Sanctio fœderis, *Cic* pro *C Balb* 16 *A* Plus valet sanctio permissione, *Id* (2) Sanctiones sacratæ sunt aut genere ipso, aut obtestatione & consecratione legis, aut pœna, *Cic* pro *C Balb* 14

Sanctĭtas, ātis f (1) *Sanctity, devotion, honour paid to the Divines* (2) *Reverence paid either to the gods, or men* (3) *Uprightness, innocence, integrity* (4) *Continency* (5) *Chastity* (1) Vid *Cic Top* c 23, extr (2) = Pietas, sanctitas, religio, quæ omnia purè & castè deorum numini tribuenda sunt, *Cic N D* 1, 3 Mecum deorum & hominum sanctitates omnes afuerunt, *Cic post red in senat* 33 (3) *Lysander* magna sanctitate bellum gessit, *Nep Lys* 4 (4) *Flor* 2, 6, 40 (5) Ancillæ perstiterunt sanctitatem dominæ tueri, *Tac Ann* 14, 60.

Sanctĭtūdo, inis f Quadrig *vid Gell* 17, 2 ✝ Sanctitas, *Cic*

Sanctor, ōris m verb || *Sanctor ordainer, an establisher* Sanctor legum, *Tac Ann* 3, 26, 5 R occ

|| Sanctuārium, ii n *An holy place, a sanctuary, a church, a chapel*, Eccl Also *a closet, or the like room for the keeping of any rarities, or things of concern, our exchequer, the roll*, &c ✝ Locus sanctus, separatus

Sanctus, a, um part [a supin sanctum, adj ex part a sagminibus, *Dig*] or, comp ssimus, sup (1) *Ratified, established, ordained* (2) *Holy, pious, devout, sacred, inviolable, firm* (3) *Awful, reverend* (4) *Honest, upright* (5) *Divine, heavenly* (6) *Chaste, innocent* (7) *Solemn, formal* (1) Ambitio jam more sancta est, *Plaut Trin* [illegible] De provocatione lex diligentius sancita est, *Liv* (2) Vinculum sanctiori cujusdam necessitudinis, *Cic Fam* 13, 17 Hospitem sanctum habent, *Cæs B G* 6, 22 = Firmissimum & sanctissimum testimonium, *Id* pro *Rosc Com* 15 (3))(Vobis ita dii, neque sacri, neque sancti sunt, *Liv* 3, 19 = Natura sanctus, & religiosus homo, *Cic* (4) Nihil tam sanctum & sincerum, *Cic* (5) Sanctius animal, mentisque capacius alta, *Ov Met* 1, 76 (6) Sanctos licet horridi mores tradiderit domus, *Juv* 10, 298 Simul adspicit filium sanctamque uxorem dormientem cubiculo, *Phædr* 3, 11 (7) Occidunt me, dum nimis sanctas nuptias student facere, *Ter Adelph* 5, 7, 1

Sandăliārius vicus, *vel* sandaliarium, *Gell* 18, 4 *A street in Rome where pantofles were made* Apollo Sandaliarius, *Suet Aug* 57 ubi vid *Torrent*

Sandăligĕrŭla *Maid-servants carrying their mistresses pantofles, or pattens*, Plaut Trin [illegible] 1, 22

Sandăligĕrŭlus, a, um *That weareth slippers, or carrieth slippers, or pantofles*, Plaut Aul 3, 5, 28

Sandălis, idis f in plur sandalides [a similitudine sandalii dicti] *A kind of palm, or date tree*, Plin 13, 4

Sandălium, ii n [a Syr סנדל i e calceus tenuis] (1) *A sandal, a shoe, a shoe-sole, a slipper, or pantofle* (2) Also *a kind of wheat* (1) Utinam tibi commitigari videam sandalio caput, *Ter Eun* 5, 8, 4 (2) *Plin* 18, 7

Sandălum, i n [sandalo simile] *Red-bearded French wheat*, which they call *brance*, or *bran*, Plin 18, 7

Sandăpĭla, æ f [a sandano, *i e* pannis, quo operi bantur corpora mortuorum, *Pap* q d σανδάπιλα, *i e* tabula sive affer [illegible] sive loculi, in quo cadavera portabantur, *Salm*] *A bier, a coffin to bear the dead bodies of the poorer sort, or such as were executed* Cadaver ejus populari sandapila per vespillones exportatum, *Suet Dom* 17 conf & *Juv* 8, 175 = [illegible] *Hor* [illegible] *Mart*

|| Sandăpĭlārius, ii m & sandapilo, onis *A bearer, or sexton, one that carrieth the dead bodies of the poor to burial*, Sidon Ep 2, 8

|| Sandăpĭlo, ōnis m *Id* Sandapilo, νεκροθάπτης, *Gloss vet*

Sandărăca, æ f (1) *A bright red colour used by painters, and found in mines of gold and silver*, some call it *red arsenick* (2) Another kind thereof, made of ceruse burned (3) Also the same as *cerinthe* (1) Sandaraca invenitur in auri argentique [illegible]

metallis, *Plin* 34, 18 (2) *Vitruv* 7, 12 (3) *Plin* 11, 7

Sandarăcĭnus, a, um *Mixed with a bright colour*, Plin 35, 6

† Sandaracinus, a, um *Of a red, or yellow colour* Næ ap Fest

Sandaresos *A kind of gem*, Plin 37, 7

Sandastros, sandaresos, & sandarachon ... *A stone in India like green oil*, in no reckoning, *Plin* 37, 7

Sandastros, i f [a σανδάξ, vel à Sanda, flumio Indico, ubi nascitur] *A kind of burning stone, called also garamantes, with gold drops in the body of it*, Plin 37, 7

Sandyx, ȳcis, & sandix, icis f & m [...] baphum, coccinum (1) *A kind of red, or purple colour made of ceruse and rudd burned together*, *Petisred*, or *orpiment* (2) *Also herb*, or *plant* (1) Cerussa, si torreatur, æqua parte rubricæ admixta, sandycem facit, *Plin* 35, 6 Pingendo ... ce sud ... a, *Plin* ... In ... dum Lib co sucantur sandice ... pinnæ, *Grat Cyn* 86 Itaque ... vel ex sanguine metu, *Prop* 2, 25, 45 (2) Quamquam ... madver ... herbam id esse, ... ersit, Sponte ... pascentes vestiet agnos, *Plin ubi supra*

Sane, adv ... comp [a sanus, ... sanus, ubi ... fuciatate, aut sanus, inde pon ... pro recte & vere, *Becm*] (1) *Discreetly, modestly* (2) *Truly, certainly, verily, indeed* (3) *Fully, altogether, wholly* (4) *Greatly, much* (5) *In permitting, well, be it so* (6) *By way of iron*, (1) ... Bonum est pauxillum amare sane, insane non bonum est, *Plaut Circ* 1, 1, 2 Non ego sanius bacchabor Edonis, *Hor Od* 2, 7, fin (2) Tuos ... tuus homo sane nequam, *Cic Att* 1, 14 (3) Mihi turpe ... quin, & quod non didici, sane nescire fateri, *Hor A Poet* 418 ... *At si pingis* ... *Rem haud ... difficilem, Cic ... Senect* Sane ... *Id* (5) Tuerit ... noster ... pœnas, *giant ... Quint* (6) Lectulos ... cunctos dedi, ubi poteris vos ... Recte sane, *Ter Adelph* ... 2, 49

Sanĕo, ēre, sancept *To make whole, to heal a wound*. Aperta incisa neque coit, neque sanescit, *Cels* 2, 10 conf *Col* 6, 7 Ulcera difficile sanescunt, *Plin* 17, ...

Sangenos *A jewel of the opal kind*, Plin 37, 6 vox Indica = pœderos, *Id*

Sanguālis avis, ... vel sanqualis, ... Hardu ... ex MSS [quæ in sangs ... cavitu ... eia est, *Fest*] *An osprey*, Plin 10, 7 conf *Liv* 41, 13

† Sanguen ... n *Blood* Sanguen ... *Lucr* 1, 8... conf & ... ap *Cic* de *Fin* 5, 11 ✝ Sanguis

Sanguĭcŭlus, i m *The blood of a goat or hog made into meat*, perhaps *a blood pudding*, Plin 28, 14

Sanguinālis *Of, or belonging to blood* Herba sanguinalis, quam Græci ... vocant, *Cels* 2, 33 herba sanguinalis, quæ & sanguinaria, *a knot-grass*, or *swines-grass*, *bloodwort*, or *wallwort*, Plin 2... conf *Col* 6, 13

Sanguĭnans, tis part *Cruel, bloody, dropping with blood* Sanguinans eloquentia, *Tac Dial* de Orat 12, 3 Mulier sanguinantes ad judices porrigit lacertos, *Quint Decl* 10

Sanguĭnārius, a, um *Cruel, bloodthirsty, sanguinary, delighted in shedding of blood* Sanguinarius homo, *Sen de Clem* 1, 12 juventus, *Cic Attic* 2, 22 ¶ Sanguinaria herba, *bloodwort, good to stanch blood*, Col 7, 5

|| Sanguinēum, i n *The place where bloodwort groweth*, R e Plin *sed non nis*

Sanguĭnĕus, a, um (1) *Bloody, of blood* (2) *Blood-shedding* (3) *Red, sanguine or of blood, colour*, also (4) or *belonging to the cornel tree*, which is called *sanguineus frutex*, because the bark of it is of a blood-red colour, *Plin* (1) Guttæ sanguineæ, *Ov Met* 2, 360 Mora sanguinea, *Virg Ecl* 6, 22 (2) Rixa sanguinea, *Hor Od* 1, 27, 4 (3) Color sanguineus, *Plin* 14, ...

Sanguĭno, āre, ... act (1) *To bleed, to run with blood* (2) *To be as red as blood* (3) Act *To bloody*, or *make bloody* (1) *Quint Declam* 10, 12 (2) *Apul Met* 5, p 15... (3) *Bibl*

Sanguĭnolentus, a, um *Bloody* Sanguinolenta palma, *Ad Heren* 4, 39 ... color vere sanguinolentus erat, *Ov Amor* 1, 12, 12

Sanguis, ĭnis m [for ... quod ... coccum seu purpurei coloris, sic nil ... constat] (1) *Blood* (2) ✝ Ana og *Sap, juice* (3) ✝ *Life* (4) Met *Vigour, force, strength* (5) *Death, murder, slaughter, bloodshed* (6) *Life* (7) *Kindred, stock, parentage, race, lineal ascent* (1) Venosus sanguis utiliter effunditur, *Cels* 2, 10 (2) Nemo sanguis deced ... & herbis, *Mart* 5, 2, 2 (3) Bacchæus sanguis, *Stat Theb* 1, 320 (4) Amittere omnem succum, & sanguinem civitatis, *Cic Attic* 4, 16 (5) Plus ibi sanguinis, quam in ipsa dimicatione factum, *Liv* 1 2 (6) Ne judicio iniquo exsorbeatur sanguis tuus, *Cic de Orat* 1, 52 (7) Magnam potest ... ternus maternusque sanguis, *Cic* pro *S Rosc* 24 Hortamur fari quo sanguine cretus, *Virg Æn* 2, 74

Sanguĭsūga, æ f *An horse-leech, or bloodsucker* Sanguisuga ... *Plin* 32, 7 conf & *Cels* 5, 27, 16

|| Sanicŭla, æ f [a sanando ... ceribus] *The herb sanicle*, or *sanicle*, Ruell

Sănies, ei f [quod ex sanguine corrupto nascitur, *Isid*] (1) *Matter coming out of a putrified sore, corrupt, or filthy blood* (2) *A tincture, or dye* (3) *Poison* (4) *Dregs, or grounds* (1) Sanguis omnibus notus est, sanies est ... hoc, ... crassi, & glutinosi, & coloris ... pus crassissimum & ... mque ... & sanguine & sanie, *Cels* 5, 26, 19 (2) Rursus mergitur carm ... ta, ... colore ... cob bat sanem, *Plin* ... 28 (3) Serpens ... *Met* ... 494 = ... bum, *Cic* (4) Amurca est ... sanies, *Plin* 15, 3

Sănĭōsus, a, um *Full of corrupt blood, or matter* Saniosi partus, *Plin* 7, 15

Sanĭtas, ātis f (1) *Health, soundness of body*, (2) *of mind, wit, and memory, one's right wits* (1) Vitium in osse pectoris vix veram sanitatem reddit, *Cels* 8, 2 (2) = Suum quemque scelus de sanitate ac mente de urbat, *Cic in Pison* 20 Quibus ad sanitatem redeundi ... ertas ... est, *Id Fam* 12, 10

† Sanĭter adv *Advisedly*, Afran *ap Non* ✝ Sane

|| Sānĭtŭdo, inis f *Healthiness* Lit ex Plau ✝ Sanitas

Sanna, æ f [ab Hebr verbo ... acuere, ... dens, ... aculeata oratio, cujusmodi sanna, *Casaub*] *A mocking by grimaces, mows, &c a flout, a frump, a gibe, a scoff* Perfica ... occurrite sannæ, *Pers* 1, 62

Sannio, ōnis m [qui sannam facit] *A fool in a play, a jester, a mimic, a buffoon* Quid potest esse tam ridiculum, quam sannio est? ore, vultu, imitandis moribus, voce, denique corpore ridetur ipso, *Cic de Orat* 2, 61

Sano, āre act *To heal, or cure* ✝ Amoris vulnus idem qui sanat, facit, *Publ Syr* ✝ Levare dolorem suum posset, si minus sanare, *Cic Fam* 9, 16 ✝ exulcero

† Sanquālis, is f *A kind of eagle called the osprey*, Plin 10, 7 Vid Sanguālis

Sansa, æ f *Vid* Sampsa

Sansūcus i f *Marjoram*, Plin *Vid* Sampsuchus

|| Santălum, i n *al scr* santalum [vox Indica] *A kind of tree, saunders*, Ruell

Santerna, æ f [quasi sana interna, ...] *Solder wherewith gold is soldered, borax*, Plin 34, 12 ... 3 5

Santonica, æ f [sc herba, à Santonibus, Galliæ pop.] *A kind of French wormwood*, Plin 27, 7

Sanus, a, um or, comp ssimus, sup [... inserto n] (1) *Whole, healthful, wholesome, sound, in health, in good state of body* (2) *Sound of memory, well in his wits, in his right mind, well advised* (3) *Sober* (4) *Wise, knowing* (1) Sanus ex morbo, *Cato* c 158 Non nisi sanissimo dari debet cibus, *Cels* 3, 4 (2) = Satin sanus es & sobrius? *Ter Heaut* 4, 3, 29 (3) ✝ Bacchari inter sanos vinolentus videtur, *Cic Or* 28 (4) ✝ Qui ad philosophorum scholas venit, aut sanior domum redeat, aut sanabilior, *in the way to be cured, Sen Epist* 108 = Cæsar habebat indicis Sullæ exercitus, confidentius ad eam oppido eloquentia sanissimo, *Paterc* 2, 25

Sapa æ f [al ... succus, est enim & ... succus] (1) *Wine sodden, new wine boiled away to a third part* (2) Also *the sap of trees* (1) *Varr R R* 3, 14, fin Lac novum potes purpureumque sapam, *Ov Fast* 4, 778 (2) *Pall* ... 11

Saperda, æ m [vox Pontica] (1) *A sorry fish that cometh from Pontus, or the Black sea* (2) Also *a subtil, or witty fellow* (1) Saperdas advehe Ponto, *Pers* 5, 134 (2) Omnes vicemur nobilis ... bellum, & festivi saperdæ, cum ... mus copria, *sic leg Lips* (... scurræ) *vel ceterae* (... pulti) *sic leg Jun* ... *Varronis locum ap Non* c 2 n 823

|| Sapĭnātor, is ... *A vein running above the inner ankle towards the great toe*, Med

|| Sapĭdus, a, um or, comp issimus, sup *Well relished, or tasted, savoury* Sapidum jus, *Apic* 9, 10 Avem sapidiorem facies, *Id* 6, 6 Tucetum perquam sapidissimum, *Apul Met* 2, p 42

Sapiens adj ex part or, comp ssimus, sup (1) *Wise, well advised, discreet* (2) *Judicious, critical* (1) Misera mors sapienti non potest accidere, *Cic Catil* 4 2 Sera & sapientior ætas, *Ov Art Am* 1, 65 ✝ Homo meo judicio stultus, suo valde sapiens *Cic de Orat* 1 Unum accepimus Apollinis oraculo sapientissimum judicatum, *Id de Amic* (2) *Sapiens opinis, Hor Sat* 1, 3 ... ad con ... jecturam, *Cic* Sapiens arbor ... *mulberry tree*, Jun ✝ sapiens in contemplandis rebus, *prudens in agendis*

Sapienter adv ius, comp ... sup *Wisely, discreetly, advisedly* = Sapienter & considerate cere aliquid, *Cic Philipp* ... Cupere temere, *Id* Nemo est ... tibi suadere sapientius possit ... so, *Id Fam.* 2, 7 Servius sapienter perfecit, *Id de Cl Or* ...

Sapientia, æ f (1) *A reason, or gift* (2) *Wisdom* (3) *The knowledge of things divine and humane* (1) ✝ De fumo ... sapientia de mare ... *Poeta de perna* conf *Ter* ... 3, 3, 73 (2) Ratio perfecta ... natur rite sapientia, *Cic de Leg* 1, 7 (3) Magna quidem ... quæ dat præcepta libellis ... for una sapientia, *Juv* ... Thrasyllus mathem ... sapientiæ professor, *Suet Tib* 14

† Sapientipŏtens, tis ... *in wisdom, that by his wisdom is able to do much*, Enn ✝ sapientia consilio ...

Sapina, æ f *A kind of fruit*, Plin *Rect* Sapinus

Sapĭnea, æ f *The lower part of the fir tree*, Vitr 2, 9 ✝ Sapinum ... Plin

Sapineus, a, um *Of or belonging to a fir tree* Nuces sapineæ, *Col* 12, 6

Sapinos *A kind of amethyst or jasper stone*, Plin 37, ...

Sapinus, i f species quædam pinus [q d sapiens pinus] (1) *A kind of pine, or fir tree, good for shipping* (2) Also *the part of a fir tree that hath no knots, so called* (1) *Plin* ... *Plin* 16, 39 *ubi al leg* sapina

Sapio, ĕre, ivi & ui neut ... ab Hebr שפה labium, quo gustamus] (1) *To savour, smell, or taste of, to have a smell of* (2) Act *To relish, or know the taste of* (3) *To know, to find out* (4) *To be wise* (1) ... sequitur ut ... non sapit ... *Cic de Fin* 2, ... (2) ... *Cic* ... Laudanti ... chilum sapiunt, *Plin* ... Qui sibi semitam non ... monstrant viam, *Cic* ... 3 ex *Poeta vet* ... rem meam sapio, *Plaut* ... periculo alieno sapit, *Plaut* ... 4, ..., 40

Sapium *A kind of pitch tree*, Plin 16, 1...

Sapo, ōnis m [Gallorum ... tum] *Sope*, Plin 2...

|| Sapōnāria, æ f *The herb sopewort*, Offic

Sapor, ōris m [a sapio] (1) *A taste, a savour, or smack, relish, and taste* (2) Met ... *Ratler* (1) ✝ Qui non oderem ... non tactu, non sapore capiatur, *Cic pro Cæl* ... fin ... acerrimus, sapor asperrimus, *Plin* 15, 28 (2) Placent ... ta ridicule dicentem Granius ... ruerat nescio cum ... lo, *Cic de Cl Or* ...

Sapōrātus, a, um part *Relished, sauced, seasoned, savoury, delicious* ... *Plin* ... ✝ ... *leg debere corte ait* T...

Sapphicum carmen, ... Sappho ... inventum, ... pue usurpatum *A sapphic* ... Musa Sapphica, *Catull* ...

Sappho ...

Sapphirinus, a, um *Of, or belonging to a sapphire*, Plin 37, 9

Sapphirus, ri f *A precious stone called a sapphire*, Plin 37, 9

Sappinus, i f *Vid* Sapinus

* Saprophago, is = Corrupta & sordida edere σαπρὰ φαγεῖν, *Mart* 3, 77

* Sapros, *sc* τυρός *A sort of rotten cheese made with salt, wine, and services, mixed together, given to ease the patient in the pain of the cholic*, Plin 28, 9

Sapum, i n *A kind of pitch from the pine* Rectius sapa, *q v*

† Sapsa, *pro* ipsa & sc ipsa, *Enn*

Sarabara n pl [Heb ap Dan סרבלין] fluxa & sinuosa vestimenta, *Isid* Græcis ἀναξυρίς Chaldæis *sarabalia*, Gallis *bracca*] *A kind of vest, or sidecoat, which the Medes and Babylonians used, which reached down to the [heels]*

Saracum *Vid* Sarracum

* Sarcasmus, mi m [a carnibus ... super frusto carnis hirnientibus] *A bitter taunt, or scoff*, ... Hesperiam metire jacens, ... 12, 360

|| Sarcia, æ f [ἀ σὰρξ, caro] *Grossness, fatness, fleshiness*, Litt ... ut ‡ Crassities

|| Sarcimen, inis n [a sarcio] *A seam, patch, or stitch, a soldering* Tenui sarcimine summas ... aequamas, *Apul Met* ... 18

Sarcina æ f [a sarcio] (1) *A truss, pack, or fardel, a bundle of baggage* (2) *Also goods, or stuff packt up* (3) *Also a burden, load, or charge* (4) *The fruit in the womb* (1) = Magnitude sarcinarum & impedimentorum relicta *Cæs B G* 3, 76 ¶ Sarcinam alicui imponere, *to saddle him, to cheat him*, Plaut Most 2, 1, 8 Sarcinas colligere *to march with bag and baggage*, Liv (2) Jacent relictæ sine hærede sarcinæ, ... 4, 49 ex *Quint* (3) Non ... ium classi sarcina magna tu ... *Ep* 5, 68 (4) Sarcina matris ... *her first child*, Ov Met ... 4 conf *Phædr* 3, 15

Sarcinarius, a, um Sarcinaria jumenta, *beasts of burden, pack-horses*, Cæs B C 1, 81

Sarcinator, ōris m *A botcher, or mender of old garments* Petunt ... lanones, sarcinatores petunt, Plaut *Aul* 3, 5, 41

† Sarcinatrix, icis f *A she ... her that mendeth old clothes*, ... *ap* Non 1, 276

Sarcinatus, a, um part *Laden with packs, burdened* Viden' homines sarcinatos consequi? Plaut *Pœn* 5, 2, 19

|| Sarcino, āre *To load, or pack* Sarcino, σκευάζω, *Gloss*

|| Sarcinōsus, a, um *Weighty, burdensome*, Apul Met 8, p 247 ... c ... or, *Priap* 79, 4 ‡ Gravis

Sarcinŭla, æ f dim [a sarcina] (1) *A little pack, or fardel, stuff* (2) *A bag of money, or goods, moveables* (1) Aptus sarcinulis & ... Catull 26, 2 (2) Colligere sarcinulas, *i e* res tuas tibi habe, *pack up, and be gone*, Juv 6, 146

Sarcio, ire, si, tum act [qu ... , curo laceras vestes] (1) ... *to mend, to patch* (2) ... *to make good* (3) *Also to make amends, to recompense* (1) Sarcire fa ... is dolium, *Cato*, (2) Non videor mihi sarcire ... mentis, quin totæ perpetuo ... Plaut *Most* 1, 2, 67 (3) ... mporis usuram magnitu... officiorum sarcire, *Cic Fam* 3, 1

Sarcior, iri pass *To be mended, &c* Fragmenta sarciri nullo modo queunt, *Plin* 37, 2

* Sarcion, ii n [a σὰρξ, est enim velati carnosi quædam vena gemmarum] *A fault in precious stones, especially the emerald, a kind of fleshiness*, Plin 37, 5

* Sarcites, æ m *A precious stone that looketh like beef*, Plin 37, 10

Sarcŏcolla, æ f [σαρκὸς κόλλα, dict a glutinandis carnibus, *i e* vulneribus] *A gum of a tree in Persia like the powder of incense, a kind of balsam good for the closing of wounds*, Plin 24, 14

Sarcŏphăgus, i m [lapis Assius σαρκοφάγος, quia σάρκα φάγει carnes edit, *i e* consumit] (1) *A stone so called, because dead bodies being inclosed therein consume and waste away, bones and all, except the teeth, within forty days* (2) *Also a grave, a tomb, a sepulchre* (1) *Plin* 2, 96 & 38, 9 (2) Sarcophago contentus, *Juv* 10, 172

Sarculātio, onis f verb *A weeding, a raking*, Plin 18, 21

Sarculo, āre act unde pass sarculor *To rake, or weed up with a rake, or like instrument* Plantæ sarculari debent, *Col R R* 5 conf & *Pallad* 2, 9

Sarcŭlum, li n & sarculus, i m [a sarriendo, *qu* sarriculum, *Varr*] (1) *A weeding-hook, or rake, a hough, or like instrument* (2) *A spade* (1) Sarcula octo, palas quatuor, *Cato*, c 10 Cui nihil dum sit jus & sarculos abstulerit, *Lucil* ap *Cic de Fin* 2 *sed de lect non constat* (2) Findere agros sarculo, *Hor Od* 1, 1, 11 Sine bove montanæ gentes sarculis arant, *Plin*

Sarda æ f (1) *A red stone of the colour of flesh, a cornelian* (2) *The name of a fish, perhaps a sprat, or pilchard* (3) *A kind of onion* (1) *Plin* 17, 7 (2) *Col* 8, 17 (3) *Plin* 19, 6

* Sardachates [ex Sarda & Achates] *A kind of agate*, Plin 37, 10

Sardianus, a, um *Of Sardis* Sardiani balani, *Plin* 15, 23

Sardina, æ f *A kind of fish called a sardel, or serdin*, Col 8, ult *ubi melius liber* sardinia

Sardius lapis [quia in Sardinia laudatissimus nascitur] *A kind of onyx of a black colour*, called a *carneol*, Plin

Sardous, a, um & sardonius, a, um *Of Sardinia* Sardoa herba, *Vir Ecl* 7, 41 *an herb like smallage*, growing in Sardinia, which being bitten causeth great laughing and grinning, whereupon followeth death Sardonius risus, *a forced laughter*, when in outward appearance one seemeth well pleased, but at his heart is discontented Ridere γέλωτα σαρδόνιον, *Prov ap Cic ad Fam* 7, 25

Sardŏnychātus, a, um *Adorned, or set with sardonyx stones* Lucet sardonychata manus, *Mart* 2, 29

* Sardŏnyches, æ m (1) *A sardonyx* (2) Meton *A ring with a seal of that stone* (1) Densi radiant testudine tota sardonyches, *Juv* 6, 381 (2) Conducta Paulus agebat sardonyche, *Juv* 7, 144 ☞ *In his locis al* sardonychus

* Sardŏnyx, ychis f [ex Sarda, & ὄνυξ, unguis] *A precious stone partly of the colour of a man's nail, and partly of a cornelian colour*, Plin 37, 6

Sargus, i m *A sort of fish*, Plin 9, 17

* Sari n indecl *A kind of herb growing about the river Nile, having an hard root which served smiths instead of coal*, Plin 13, 23

|| Sario, ōnis m *A salmon trout*, Auson *al leg* fario

Sarissa, æ f *A long spear, or pike which the Macedonians used*, Liv 9, 19 conf *Ov Met* 12, 466

Sarissŏphŏri m pl *Soldiers armed with the sarissa*, *Liv* 36, 18 & *Curt* 4, 15, 13

Sarmen, ini n [a sarpo] *A twig, or lopping of a tree*, Plaut Most 5, 1, 65

Sarmentitius, a, um (1) *Of, or belonging to twigs, or branches*. (2) *An epithet, or nickname given to the antient Christians* (1) Cinis sarmentitius, *Col* 6, 26 (2) Licet nunc sarmentitios & semaxios appelletis, quia ad stipitem dimidii axis revincti, sarmentorum ambitu exurimur, *Tert Apol* 50

Sarmentōsus, a, um *Full of twigs, or branches*, Plin 25, 11

Sarmentum, ti n [a sarpo, sarpere nam antiqui pro purgare dicebant, *Fest*] (1) *A twig, or spray of any tree, a cutting a vine for propagation* (2) *The little bush whereon the grapes hang on clusters* (1) Sarmentorum amputatio, *Varr R R* 1, 4 (2) Nova sarmenta culturâ excitantur, *Cic de Orat* 2, 21 Sarmentum uvæ, *Plin* 2., 1

† Sarpo, ere ant psi, ptum [ex ἅρπη, falx, ἁρπῶ, falx utor, *Jos Scal* vel a σαίρω, purgo, verro] *To prune, lop, or cut off superfluous branches, to dress vines*, Fest ‡ Puto, premo, *Var*

† Sarptus, a, um part *Lopped, pruned, or cut off* Sarpta vinea, putata, *i e* pura facta, *Fest* Sarpta vites, *Id*

Sarrācum, ci n [*qu* sarracum, a σάρρακον, ἅμαξα, *Poll*] *A waggon, or wain to carry timber, or the like* Cum tibi tota cognatio in sarraco advehatur, *Cic* ap *Quint* 8 3 conf *Vitruv* 10, 1 ♃ Pigri sarraca Bootæ, *Charles's-wain*, Juv 5, 23 *Vid* Soracum

Sarrānus color [a Sarra] *Purple colour*, Jun conf *Juv* 10, 38

Sarrio, & sario, ire, ivi, & sarrui, itum [a σαίρω vel σαρόω, purgo verro] (1) *To weed corn with an hook, to rake, to harrow* (2) *To cut, or prune vines* (1) Fabam sarrire tenuem non expedit, *Col* Ne ante sarrueris, quam asparagus natus erit, ne in sariendo radices lædas *Cato*, 161 ♄ Semper occant priusquam sariunt rustici, *Plaut Capt* 3, 5, 5 (2) Ex *Litt*

Sarritio ōnis f verb *A weeding corn with an hook, an houghing* Sumtugenda deinde est sarritio runcatio, *Varr R R* 2 12 conf *Col* 11, 2

Sarritor, ōris m verb (1) *An hougher, raker, or harrower* (2) *A botcher, or mender of clothes* (1) *Varr R R* 2, 1, conf & *Col* ... 1, 29 (2) *Non*

Sarritura, æ f *A weeding* Sarritura frumentorum, *Col* 1, 26

Sartāgo, inis [ex שרת ... Bochart] (1) *A frying-pan* (2) Sartago loquendi, *a farrago of bombastical discourse* (1) Terebinthina in sartagine refervent ... 26, 11 conf & *Juv* 10, 6. (2) *Pers* 1 80

|| Sartē adv *Wholly, entirely*, Fest ... Pierius

Sartor, ōris m verb [a sarcio] *A tailor, a botcher, a mender of old garments, a cobler*, Met *a contriver*, Plaut Capt 2, 5, ... ☞ Quod vocab ibid detorquetur ad notionem sequentem

† Sartor, ōris m verb [a sarrio] *An harrower, an hower*, of corn, peas, &c *a cutter of vines*, Non

|| Sartōrium, ii n *A cobler's shop*, Litt ex Vitruv

|| Sartrix, icis f verb *A woman taylor, or botcher*, Front

Sartūra, æ f [ex sarritura] (1) *A weeding, a raking, or harrowing* (2) [ex sarcio] *A mending, or patching* (1) *Plin* (2) Jugo, si non opus erit nova sartura, recentia vincula inserantur, *Col* 4, 26

Sartus, a, um part [a sarcio] (1) *Patched up, stitched together* (2) *Amended, repaired* (1) Scinduntur tunicæ sartæ, *Juv* 3, 254 & *Met* ... gratia nequicquam coit & rescinditur, *Hor Ep* 1, 3 ... (2) Sartus tectus, *Cic Verr* 1, 50 Sarta tecta, *opera publica quæ locantur ut integra præstentur, ædes, mœnia, &c* Exigere sarta tecta, locare, conducere, tradere, habere, præstare, *buildings kept in sufficient reparation*, Cic

† Sas, *pro* suas, *vel* ipsas, *sam pro* suam *vel* ipsam, *let Enn Pacuv* &c dixere

Sat adv [a satis] per Apoc *Enough, sufficient, right well* § Sat feci officium, *Ter Phorm* 4, 5, 12 § Sat diu, *Cic Att* ... Sat cito, si sat bene, *Cato* § Sat erit mihi, *i e* sufficiet, *Prop* 2, 29, 33 § Testium sat est, *there witness sufficient, or there are witnesses enow*, Cic de Fin 2, ... Sat habeo, *I am content*, *Ter Andr* 4, 2, 22

Săta, ōrum n [a sero] (1) *Corn sown, or standing, corn fields* (2) *Blades of corn* (1) Æther pluvia ingenti sata læta diluit, *Vir Geor* 1, 325 (2) Cum primum sulcos æquant sata, *Vir Geor* 1, 113

Satăgens, tis part *Being busy, or earnest, bestirring himself*, Gell 9, 11

Satăgeus, i m *One that hath, or maketh enough to do, more busy than needeth* Istos satageos, ... sibi molestos describunt ... *Sen Ep* 98

Satăgito, āre freq Nunc ... sat tute tuarum rerum, *Plaut Bacch* 4, 3, 2. per tmesin

Sătăgo ēre, ēgi [ex sat, & ago] *To be busy about a thing, to be in great care about it, to have enough to do, to bustle and keep a pudder, to overdo, to over ...* ♓ Afer venuste Manlium Suram in agendo discursantem, ... manus, ... tantem, &c non agere, sed *satagere*, dixit Quin 6, 3 § Is rerum suarum satagit, *Ter Heaut* 2, 1, 13 § Dele alicui satagere, *Gell* 9, 11

Satan, & satanas, æ m *An adversary, the devil, Satan*, Bibl Lat Adversarius

Satelles, itis m [a Syr סטר ...] Al quod circa latera ... sint, id quod ant ... qui lateri, *Varr*] (1) *A lifeguardman or yeoman of the guard, an halberdman, a partisan* (2) *Also an officer, a serjeant, a follower, an attendant, an upholder, or a defender* (1) Aurum per medios ire satellites amat, *Hor Od* 3, 16 9 (2) = Manlius audaciæ satelles atque administer suæ, *Cic Cat* 1, 3 ♃ Jovis pennata satelles, *i e* aquila, *ap Cic de Div* 1, 47 ♃ noctis, *i e* Hesperus, *ap Cic* ...

|| Satellitium, ii n *A guard*, Ap recent

Satias, ātis f [à satietas, per Sync] *A glut, weariness, plentifulness* Ubi satias cœpit fieri, commuto locum, *Ter Eun* 5, 6, 3 Festus satiate videndi, *Lucr* 2, 1036 Ad satiatem terra ferarum nunc etiam iacet, *Id* 5, 40

Satiatè adv *Sufficiently* Ignis & aeris habendo satiate, humoris temperatè, *Vitruv* 2, 9

Satiatus, a, um part *Satisfied, having enough, glutted, cloyed, sated* Satiato Antonio, pœna ... *Paterc* 2, 64 § Satiatus somno, *Liv* 2, 65 ludo, *Hor Od* 1, 2, 37 § sanguinis, *Sil* 4, 437

Satietas, ... f *Satisfaction* Nec finis satietas, *Sil* 4, 110 *al* satias

Satietas, ātis f *Satiety, a glut, a belly-full, weariness, loathsomeness* = Hæc res multum adfert hominibus satietatis ac fastidii, *Cic pro Mur* ... ♃ Desiderium me tenet urbis, satietas autem provinciæ, *Id* ♃ Mortalibus naturam rerum satietas est, ... *Plin* 12, 17

Satin, pro satisne *Well enough?* Satin' salva? *Is res, is al well?* *Liv* 1 ... *Formula in occursu* ... Satin' ... tibi placet? *Ter Eun* 5, 1, 12 ...

Satio, āre act [à satis ...] *To satiate, or satisfy, to cloy, to sate, or fade, to glut* Satiat ... modius cibi turtures, *Col* 8, 9 Oculos satiemus amore, *Prop* 2, 15, 23 = Explere cupiditates, satiare odium, *Cic Part Or* 1, 2 § = Pascere satiique meo tua pectora luctu, *Ov Met* 6, 281

Satior, āri, ātus pass *To be wearied, to be cloyed* Legendo non possis satiari, *Cic* = Nunquam expletur, neque satiatur cupiditatis ... *Id Part Orat* 1

Satio, ōnis f verb [à sero] *A sowing of seed, a planting* Vere tibi satio est, *Vir Geor* 1, 215 ... *Col* 2, 8

Satira, æ f ... *A satire, a poem* Vid Satura

Satis adj omn gen ant ut po... adv or comp [ab ...] *Enough, as much as one needeth, or a sufficiently, sufficient, ... sufficiently enough, well enough* § Dedi satis superque pœnarum, *Hor Epod* 17, 19 § Satis verba facta sunt, *Plaut Trin* 2, 1 27 ¶ Satis habere, *to be satisfied*, ... Ep ... 8 Terra optima, & opere satior, *Plin* 17, 5 Vincere satius est quam vinci, *Cic Attic* ..., 1

|| Satisacceptio, ōnis f *A taking to security, or sufficient sureties*, Ap JCC

|| Satisacceptor, ōris m verb *He that taketh sufficient surety*, Ulp

Satisaccipio, ere, ... ceptum *To take sufficient surety, or bail* ... judicio parum ... *Cic pro Quint* 13 *Satisdatur* ...

Satisdatio, ōnis f verb *A putting in sufficient security for performance* ... Sunt aliquot satisdationes ... mancipum, *Cic Att* 5, 1

Satisdatum, ... n *A bond with ... payment of money, or performance of covenants, a recognisance* Hoc, quod satisdato ... peto a te ut solutum relinquas, *Cic Attic* 16, 6

Satisdo, ... datum act *To give sufficient sureties for performance of covenants* Satisdet damni infecti, *sc* nomine, *let him put in surety to pay the damage that he hath not satisfied for*, Cic Verr 2, 56 *Leg & passive* Satis dotur fide mea, *let my word*, or *honour be engaged*, Id Sen ..., Fam 1, 28

Satisfacio, ĕre, feci (1) *To satisfy, to discharge, to perform, to give* (2) *To give satisfaction* (3) *To pay, or discharge a debt any way, to own the fault and be sorry for it* (4) *To confess a chance and beg pardon* (1) § Officio suo satisfacere, *Cic de Div* 1, 1 In defendendo moroso homini cumulate saepe satisfecimus, *Id Q fratr* 2, 2 (2) Existimationi hominum satisfacere, *Cic in Verr* ..., 58 ... per tmesin Faciam tamen satis tibi, *Id* Varro satis mihi fecit, *Id Attic* 2, 21 (3) § Satisfacere alicui in pecunia, *Cæl ... Cic Ep Fam* 8, 12 § pecuniam, *Cato* § de injuriis, *Cæs* § Satisfacere fidei, *to make good his word*, Plin Jun (4) Nil in te scripsi, Bithynice, credere non vis & jurare jubes, malo satisfacere, *Mart* 12, 80 vid & *Suet Claud* 38 & ... *Catull*

Satisfactio, ōnis f verb (1) *A satisfaction, an excusing one's self* (2) *An amends, a reparation, or satisfaction* (1) Hic tu etiam me ... nec satisfactionem meam accepis, *Cic Att* 4, 6 (2) Luitur homicidium certo armentorum & pecorum numero, recipitque satisfactionem tota domus, *Tac Germ* 21

Satisfit, eri, factum impers *To be satisfied* Vide quomodo satisfiat ei, cui scis me satisfieri velle, *Cic Fam* 1, 6 per tmesin Satis officio meo factum esse videtur, *Id*

|| Satispræstatio, ōnis f *A putting in security*, Corn Cap

|| Satispræsto, āre *To be bound with surety for payment of money, or performance of covenant*, Corn Cap

Satius *Better* Vid Satis

Sativus, a, um [à sero] *That is, or may be sown, set, or planted* Sativa myrtus, *Plin* 15, 7 agrestis, *Id* Sativum tempus, *a time fit to sow, or plant in*, Plin 19, 8

Sator, ōris m verb [à sero] (1) *A sower, or planter* (2) ... *A father, a creator, a begetter* (1) Silvestria *vocantur* ad quæ sator non accessit, *Varr* Sator oleæ, *Plin* (2) Hominum sator atque Deorum, *Vir Æn* 1, 258 = Omnium rerum pater & sator mundus, *Cic N D* 2, 34

Satorius, a, um *Of, or belonging to a sower, or to seed*, Col 2, 9

Satrapa, æ m *vel* satrapes, || & satraps [vox Persica pl אחשדרפנים ... *quasi* ... שומר אפי ...] *A great ruler, a peer of the realm, a lord lieutenant of a county, a bassa, a president of a country, a governour* Σατράπης, satrapa, *Vet Gloss* Mardonius satrapes regius, *Nep Paus* 1 Mirratus cessare incendia satraps, *Alc*... Quisque suet sub rege satraps, *Sidon*

Satrapia, *vel* peia, æ f *A province, a country, a dutchy* Mirmum satrapia Babyloniæ donat, *Curt* 5, 1, 44 ... *Herodot* præfecturas *Plin*

† Satullo, āre *To fill, or glut*, Varr ✝ Satio

† Satullus, a, um dim [à satur] *Full fed* § Ut agni satulli fiant lacte, *Varr R R* 2, 2

Satum, i n [à sero] (1) *A thing that is sowed, or planted* (2) *The blade of corn on the ground, standing corn* (3) *Also an Hebrew measure, about eighteen quarts* (1) ♃ Multâ curâ producuntur sata ad segetem, *Sen* In omnibus satis fructibusque terræ, *Quint* 8, 5 (2) Animos tollent sata, *Vir Geor* 2, 350 Dare stragem satis, & ruinas arborious, *Id Æn* 12, 454 (3) *Bibl*

Satur, ra, rum [à satio, *vel* satis, *Perot*] or, comp (1) *Full fed, that hath his belly full, satiated, glutted* (2) *Fertile, or plentiful* (3) *A full, or deep colour* (1) Cum satura atque ebria es, puer ut sit satur, facito, *Ter Hecyr* 5, 2, 3 § Satur anseris extis, *Pers* 6, 71 § Quò saturior lacte agnus celeriter confirmetur, *Col* 7, 4 (2) Saturi petito longinqua Tarenti, *Vir Geor* 2, 197 Turba vernarum saturi bona signa coloni, *Tib* 2, 1, 23 (3) Purpura in hoc saturiorque, *Sen N Q* 1, 5 Satur color, *Plin* 37, 10 & *Vir Geor* 4, 335

Satura, æ f [à diversarum rerum saturitate, *Diom.*] (1) *A dish full of divers sorts of first fruits, which they offered to Ceres* (2) *Also an hotchpotch, or gallimawfry, an olla podrida* (3) *A pregnant law with several clauses, or branches* (4) *Hence poems without method, and of various arguments, were called satira, or satire* (1) Lanx referta multis variisque primitus sacris Cereris inferebatur, & a copia, & saturitate rei, satura vocabatur, *Diom* ... (2) *Varr ap Diomed* ubi supra (3) Satura, quæ uno rogatu multa comprehendit, *Fest* Satura, Νόμος πολλὰ περὶ ἑνὸς, *Gloss vet* (4) *Vid* Satyra

Saturatus, a, um part or, comp (1) *Filled, satisfied, glutted, cloyed, sated, gorged* (2) *Full, of a deep colour* (1) = Expletus & saturatus, *Cic Verr* 3, 42 § Cæde saturati leones, *Ov Met* 10, 541 Homines saturati honoribus, *Cic pro Planc* 8 (2) Saturatior color, *Plin* 21, 8

Satureia, æ f & satureium, i n [forte *quasi* saporeia, ob magnum usum in condiendo, unde & apud nos nomen habet, vel à satyris, quia ad salacitatem prodest] *Savoury* Satureia dicta in condimentario genere, *Plin* 19, 8 = Thymbra, cunila, *Id ib* Sunt qui præcipiunt herbas satureia nocentes sumere, *Ov Art Am* 2, 415

Satureia pl n *Idem* Improba nec prosunt jam satureia tibi, *Mart* 3, 75

Saturio, ōnis m *A stretch-gut, an over-eater* ♃ Esurio venio, non saturio, *Plaut Pers* 1, 3, 23 nempe *ex sua ipsius fabrica*

Saturitas, ātis f (1) *Excess, fulness, plenteousness* (2) *Also dung, ordure* (3) *Also the gods of parasites* (1) = Saturitas & copia rerum omnium, *Cic* (2) Foris saturitatem ... *Plin* 10, 3 (3) Ita me amabit sancta Saturitas, *Plaut Capt* 4, 2, 97 *Ex ipsius fabrica*

Saturnalia, ium n pl *The feasts of Saturn, kept with jollity in the month of December*, which was observed at first but on one day, afterwards seven, afterwards three Concerning the difference in time of the observation of this feast, see *Macrob Saturn* 1, 10 But the womens Saturnalia, or *Matronalia*, were on the first of March Scis, puto, vestra jam venire Saturnalia Martis Calendis, *Vet Poetæ Epigram*

Saturnalitius, a, um *Belonging to that feast* Saturnalitia nuces, *given, as other presents usually were, at that feast*, Mart 5, 31

Saturnus, ni m *Saturn*, a star so called, one of the seven planets ♃ Saturnum gravem nostro Jove frangimus, *Pers* 5, 50 Saturni dens curvus, *a sickle*, *Vir Geor* 2, 406

Saturnius pes, *id quod* palimbaccius *A foot in verse* - - ∪ as virtute

Saturo, āre act (1) *To fill, to glut, to cram, to sate, or cloy* (2) *To suffice, to be sufficient for* (1) Saturare famem epulis, *Claud Eutr* ... *Met* Saturavi ... & scelus proditorum, *Cic pro Domo*, 17 (2) Vide *Juv* 14, 166 & deinceps

Saturor, āri, ātus pass *To be filled, glutted*, &c Nec cytiso saturantur apes, nec fronde capellæ, *Vir Ecl* 10, 30

Satus, a, um part [à sero] (1) *Planted, sown* (2) *Begotten, descended, sprung* (1) ... sata, *Vir Geor* 2, 176 Messes ... *Id Ecl* 8, 99 (2) = Non forte sati & creati sumus, *Cic Tusc* 1, 49 § Divinâ stirpe satus, *Liv*

Satus, ûs m verb (1) *A planting, a sowing, a setting to grow* (2) *Generation, seed, stock* (1) Quid ego vitium ortus, satus, incrementa, commemorem *Cic de Sen* 15 Satum seminis dederit nemo, *Cato* (2) = Ex hominum pecudumve conceptu & satu, *Cic de Div* 1, 42

Satyra, æ f [qui cum Græci vocali scribunt, deducunt à satyris, quod in hoc genere carminis res ridiculæ pudendæque scribantur, quemadmodum proferri à satyris solent] *A satyr*, a kind of poetry rebuking vice sharply, and not regarding persons, *a lampoon* Sunt quibus in satyra videar nimis acer, *Hor Sat* 2, 1, 1 *Vid* Satura, & satura, *nec enim satis convenit inter doctos de scriptione*

* Satyriasmus, mi m [à saty...] *A continual pruriency to venery*, Med

* Satyriasis, is f *Idem*

Satyrice adv *Sharply, and with reproach, satyrically*, Lex unde ignoro

Satyricus, a, um *Of, or belonging to satyrs, or satyrists, satyrical* ♃ Tragico more, aut comico, seu satyrico, *Vitruv* 7, 5 Satyrica signa, *Plin* 19, 4

Satyrion, & satyrium, ii n [à satyris, dict quos in venerem putres fingunt] *The herb ragwort, priestspintle* Ubique omnes vide... bantur mihi satyrion bibisse, *Petron* c 8

Satyrus, i m [Hebr שעירים quia pilosi, ... bro, quod vett Gr ... appell *Macrob*] *A kind of beast like a wild man, a satyr*, Plin 7, 2 Capripedes satyri, *Hor Od* 2 19, 4

Sauciatio, ōnis f verb *A wounding, an hurting* Sauciatio quæreretur, cum fugam factam esse constaret? *Cic pro Cæcin* 15

Sauciatus, a, um part *Wounded, hurt, maimed*, &c *Col* 11, 1 *Vid* Saucio

Saucio, āre act (1) *To wound, hurt, cut, or gash* (2) *To strike* (3) *Met To violate, to hurt* (1) = Ser ... nonnulli vulnerati ... se Rubrius ... *Verr* 1, 26 (2) Vites ... *Col* 4, 5 (3) Facta & famam lacerare, *Plaut Bacch* 1, 1, ...

Saucius, a, um [de etymo parum constat] (1) *Wounded, hurt* (2) *Cut* (3) *Drunk* (4) *Emasculated, disabled, enfeebled* (5) *Melted, dissolved* (6) *Greatly vexed* (1) ✱ Nemo occisus est, neque saucius, *Cic* (2) Trabs securi saucia, *Ov* Saucia vomeribus tellus, *Id Met* 1,102 (3) Quid dicat nescit saucia Terpsichore, *Mart* 3,68 Galli hesterno mero saucii, *Just* 24,8 (4) Saucia vomero, *Mart* 4, 66 (5) Glacies saucia incerto sole, *Ov Met* 168 (6) Animo saucius, *Cic*

Savillum, *vel* suavillum, i n dim [a savium, *i e* suavium] (1) *A little kiss* (2) Also *a kind of cake* (1) Ex vi analogiæ (2) *Cato R R* 84

† Savium n *A kiss*, Plaut *Vid* Suavium

* Saurion n *A kind of mustard*, Plin 19,8

Saurites, æ m *A stone that is found in the belly of a green lizard, cut asunder with a reed*, Plin 37, 10

Saurix, icis f *quæ & sorix A kind of a night-bird, assigned by soothsayers to Saturn*, Mart

Sauroctŏnos, ni m [ex σαυρ© & κτείνω] *One of Praxiteles his pieces, a boy shooting a lizard*, Plin 34,8 Mart 14, 172 *in lemmate*

Saxatilis m *The name of a sea fish, a groundling, a kind of gudgeon* Viridis squamis, parvo saxatilis ore, *Ov Halieut* 109

Saxatilis, le adj *That is, or breedeth among rocks and stones* Aves saxatiles, *Varr R R* 3,7 Pisces, *Col* 8,16 & *Plin* 9,15

Saxetanus, a, um *Idem* Saxetani ... *Mart* 7,77

Saxetum, ti n *A place full of rocks and stones* Quod est tam asperum saxetum, in quo agricolarum cultus non elaboret? *Cic in Rull* 2, 25

Saxeus, a, um (1) *Of stone* (2) Met *Stony, obdurate, hard hearted* (1) Saxea moles, *Ov Met* 12,283 (2) = Saxeus, ferreus ... *Plin Ep* 2,3

† Saxificus, a um *That turneth into stone* Saxinca ora Medusæ, *Ov in Ib n*, 554 Saxifica Medusa, *Luc* 9, 670

Saxifraga, æ f [dict quod saxa frangit] *The herb saxifrage, that breaketh the stone in the body* Mattniol & seq

Saxifragum, i n *The herb* ... Calculosi corpore mire ... angitque, qua de causa potius quam quod in saxis nascitur, saxifragum appellatum, *Plin* ...

† Saxifragus, a, um *That breaketh stones, or is broken against them* Saxifragæ undæ, *Cic Orat* ,42 *ex poeta*

† Saxigenus, a, um *Engendered of, or proceeding from a rock*, Prud Cath 5,7

Saxosus, a, um *Full of stones, rocks, stony* Saxosi montes, ... *Geor* 2, 111 turres, *Messal* ...

Saxulum, li n dim *A little rock or stone* Ithaca in asperrimis saxulis affixa, *Cic* de *Orat* 1, ...

Saxum, i n [vox Tusca, *Scal*] (1) *A great stone* (2) *A rock* (3) Also *a kind of earth that groweth by steeping* (1) Ex ... uncia saxum in crura ... incidit, *Cic* de *Fato*, 3 (2) Qui ... praecipitavit pejus perit, quam si saxo saliat, *Plaut Trin* 2,1,31 Mitis in apricis coquitur vindemia saxis, *Vir Geor* 2, 522 (3) *Litt ex Plin* ¶ Stare inter sacrum & saxum, *Prov To be in a present danger, as at pit's brink*, &c *Plaut Capt* 3, 4, 84

S ante C

Scabellum, li n dim [a scamnum] (1) *A footstool, or low seat* (2) *A kind of instrument, perhaps castanets* (1) ✱ Quia in ... scansione scandebant in lectum non altum, *scabell, ... in* ... *scamnum*, Varr L L 4, 35 (2) Scabella concrepant, aulæum tollitur, *Cic* p o *Cæl* 27 Magno tibiarum, & scabellorum crepitu prosiluit, *Suet Cal* 54

Scaber, bra, brum or, comp [a scabo] (1) *Scabby* (2) *Rough, rugged, uneven* (3) *Filthy, dirty, nasty* (4) *Furred over, scaly* (1) Oves non fient scabræ, & lanæ plus habebunt, *Cato*, c 96 (2) Scabra rubigine exesa pila, *Vir Geor* 1,495 = Lapis horridior scabriorque, *Plin* 33, 6 (3) Pectus illuvie scabrum, *Cic Tusc* ... 12 *ex poeta* (4) *Suet Aug* 79

Scaber, ri m *A smith's buttress, wherewith he pareth horses hoofs*, Litt ex Vitruv

|| Scabidus, a, um *Scabby, mangy*, Hier ✝ Scabiosus

Scabies, ei f [a scabo] (1) *A scab, a scall, a gall, or fret, the mange, murrain*, &c (2) Met *A tickling, or itching desire* (1) Mala quem scabies aut morbus regius urget, *Hor A P* 453 Vetusta scabie levis canis, *Juv* 8,34 Turpis oves tentat scabies, *Vir Geor* 3, 441 Totus grex unius porci scabie cadit, *Juv* 2,80 (2) = Scabies & contagio lucri, *Horat Ep* 1,12,14

Scabellum, *five* scabillum, i n *A footstool* Scamnum in cubiculo unum, scabilla tria, *Cato*, c 10

|| Scabinus, ni m *A sheriff of a town, a clerk of the market, a surveyor of buildings, a scavenger* Litt sine auct

|| Scabiosa, æ f *The herb scabious*, Offic

Scabiosus, a, um *Scabby, mangy, itchy, scurvy, paltry, naughty*, Plin 29,2 & Pers 2, 13

Scabitudo, inis f *Roughness*, Met *harshness* Omnem scabitudinem animo delere, *Petron* 99

Scabo, ere, i [a σκάπτω, sut sic σκάφω, fodio] *To scratch, to claw* Scabere caput, *Hor Sat* 1, 10, 71

Scabratus, a, um *Made rough, or rugged*, Col 4, 24

Scabre adv *Roughly, frowningly*, Litt ex Varr

|| Scabredo, inis f *Roughness, ruggedness*, Hier ✝ Scabrities

† Scabreo, ere *To rub* ex Pacuv ✝ Scaber sum

Scabres, is *vel* ei f [a scaber] (1) *Roughness, ruggedness* (2) *Nastiness, filthiness* (1) Crystallus infestatur scabre, *Plin* (2) = Ager propter squale, scabreque, illuvie, & vastitudine, *Varr* ap *Non* 2, 761

Scabrities, æ f (1) *Scabbiness, murrain* (2) *Roughness, ruggedness, rustiness, filthiness* (1) *Id* Scabrities (2) Scabrities genarum, *Plin* 21, suo fin unguium, *Id* 8 9

Scabrities, ei f (1) *Scabbiness* (2) *Roughness* (1) Scabritiem pecorum tollere potest succus viridis cicutæ, *Col* 7, 5 (2) Scabrities linguæ in febre, *Cels*

|| Scabro, ōnis m [a denium scabritie] *A sloven who never washeth his mouth, nor cleanseth his teeth*, Ulp

Scabrōsus, a, um *Rusty, rough, filthy* Ungues scabrosi, *Plin* 20, 21 *Sed Harduin leg* scabros *In veniuntur saltem ap recent* Ossa scabrosa, *Veg Veter* 4,27

Scabrum, i n *Roughness, ruggedness*, Plin 37, 2

|| Scaccarium, ii n *The court of exchequer*, Camd ✝ Fiscus

Scæna, vett imitati Æoles, qui pro σκηνη σκαναν dicunt, *Prisc Vid* Scena

Scæptrum vett *Vid* Sceptrum

Scæva, æ f [a σκαιός, inserto digamma] (1) *The left hand* (2) *A sign*, good or bad (1) Scæva est sinistra, quod quæ sinistra sunt bona auspicia existimantur, *Varr L L* 6, 5 (2) Bona scæva, *Plaut Pseud* 4,7,39 mala, *Fest*

|| Scævola, æ m [qui scæva, i e sinistrâ manu utitur pro dextra, cujus dim scævola] *A lefthanded man, one who useth his left hand instead of his right*, Up

Scævitas, ātis f *Unluckiness, perverseness*, Col *teste* Litt certe *Apul Met* 9, p 276

Scævus, a, um [a Gr σκαιός, scævum, bonum, quòd quæ sinistra sunt, bona auspicia existimantur, *Varr*] (1) *Left, sinister, not right* (2) *Good, or lucky* (3) *Unlucky, untoward* (4) *Foolish, silly* (1) Manus scæva, *Varr* (2) Quod dixi scævum bonum omen est, *Varr* (3) Scævi ominis mulier, *an unlucky woman, who hath buried one husband already*, Apul Apol p 5,7 (4) = Scævus profecto, & cæcus animi forem, *Gell* 12,1,...

Scala, æ, *vel* scalæ, arum pl [a Gr σχάλις, vel Hebr סלם Canin] (1) *A ladder, a pair of stairs, greeses* (2) || Also *the gamut, or scale in music* (1) In scalarum tenebris se abdere, *Cic* pro *Mil* 15 Applicare scalas pariett, *Liv* 26 44 Scalas unas, *Cato*, 13 (2) *Musici* ... septem discrimina vocum, *Vir*

Scalaris, re adj *Of a ladder* Scalaris forma, *a leaning one way, in ladderwise*, Vitruv ... *Subst* Dirigere scalaria, *Vitruv* 5,6

* Scalenus, a, um *A figure the three sides whereof are unequal*, Hermol

Scalmus, mi m (1) *A round piece of wood, whereat the oars hung by a loop of leather* (2) Synecd *A boat* (1) Navicula duorum scalmorum, *Cic* de *Orat* 1, 38 (2) Scalmum nullum vidit, *Cic Offic* 3, 14

Scalpellum n dim [a scalprum] *A little knife, a launcet used in letting blood* Cum finæ parti scalpellum adhibetur, *Cic* pro *Sest* 65

Scalpellus, i m dim [a scalper] *Idem*. Si nervum scalpellus attigit, *Cels* 2,10

Scalper, ri m [a scalpo] *A launcet, any kind of iron instrument to make an incision, or to cut, to shave, or pare with* Scalper excisorius, *Cels* 8, 3

Scalpo, ĕre, psi, p um act (1) *To scratch, to scrape, to claw, to rake* (2) *To engrave, to carve* (1) Scalpere terram unguibus, *Hor Sat* 1, 8, 26 caput digito, *Juv* 9, 133 (2) Scalpere gemmam, *Dion*. Nostri memorem sepulcro scalpe querelam, *Hor Od* 3, 11, fin *al* sculpe

Scalpratus, a, um *Made in fashion of a graving tool* Scalpratum ferramentum, *Col* 9,15

Scalprum, pri n [a scalpo] *A graving tool, an instrument wherewith a thing is scraped* Scalprum librarium, *a penknife*, Suet Vitell 2,6 sutorium, *a paring knife*, Hor Sat 2, 3, 106 fabrile, *a carpenter's chipping ax*, Liv 27, 49 chirurgicum, *a launcet*, Cels

Scalptor, ōris m verb *A graver, a cutter in metal, a scratcher, an etcher*, Plin 37, 4

Scalptorium, i n *An instrument made in the form of an hand, to scratch those parts of the body with the hand could not reach*, Mart 14,83

Scalptura, æ f *A graving or carving in metal or stone, a cutting*, Plin 37, 7 & Vitruv 4, 1, fin

Scalpturātus, a, um *Graven, carved, wrought* Pavimentum scalpturatum, *Plin* 36, 25

Scalpturio, ire, ivi *To begin, or be ready to scratch, or claw* Occœpit ibi *gallus* scalpurire ungulis, *Plaut Aul* 3, 4, 8 *ubi al* scalpturire

|| Scalptūro, are *To engrave* Hinc scalpturatus, *q v*

Scalptus, a, um part [a scalpo] *Engraved, carved, wrought, or graven, cut with a graving tool* ✱ Infabrè scalptum, aut fusum durus, *Hor Sat* 2, 3, 22 al sculpt m Ex saxo scalptus, *Cic Acad* Q 4, 31

Scalpium, i n *A little chisel*, R ex Vitruv

|| Scalpurio, ire, ivi *To scratch, to scrape*, Non ✝ Scalpturio

Scambus, a, um *Bowlegged, that goeth shambling, or shovelling* Otho fuisse traditur male pedatus, scambusque, *Suet Oth* cap ult = Σκάμβ©, scaurus, vaigus, *Gloss* vet

Scamillum, li n dim & scamellum [a scamnum] *A footstool a little bench*, Vitruv 10,15

Scamillus, i m *Idem*, Vitruv 3, 3

* Scamma, ătis n (1) *The pit of the stage, where the wrestlers played their prizes* (2) Also *the wrestling itself* (1) Descendimus egressus, *Hier* (2) Ipsius vester vos spiritu unxit, & ... scamma produxit, *Tert* ad *Martyr* c 3

Scammonia, *vel* ea, æ f & scammonion [σκαμμωνία, so ho, quia in ... facit acrimonia sua, unde & *merdia* Latinè dic *Isid*] *An herb of many uses in physic, scammony* Vid *Cels* 5,6 *Plin* 24,15 Quid scammonia ad purgandum possit, *Cic* de *Div* 1, 10

Scammonites, æ m *The juice of scammony*, Plin 14,16

Scammonium, i n *The juice of the root of scammony*, Plin 24,15

Scamnatus, a, um [qu per scamna divisus] Scamnatus ager ... *field running in length from east to west, as strigatus was from north to south*, ap Geomet scr pt

† Scamnellum, i n dim [a scamnum] *Prisc*

Scamnum, i n [a scandendo, *Varr*, al a Gr σκιμποδιον, vel σκίμπους] (1) *A pair of steps to go up to a bed* (2) *A bench, or form* (3) Also *a balk untilled between two furrows* (4) *Boughs of trees which by the ... climb ...* (1) Quia sunt lecti scansione scandebant in lectum non altum, *scabellum*, in altiorem, *scamnum*, Varr L L 4, ... (2) Ante focos olim scamnis ...

[illegible] mos erit, *Ov.* [illegible] (4) [illegible]

* Scandalum [illegible]

Scandalum, i n *A ferrel, a trembling [illegible] of Fire*, Ecc

Scandendus, a, um part *To be climbed*, or [illegible] Scandenda est [illegible] Prop 2, 18, 24

Scandiana mala [illegible] *A kind of apple*, [illegible], Col 5, 10

* Scandix, icis f *Shepherd's needle*, [illegible] herb *Plin* 21, 15

Scando, ere, di, sum [illegible] *(1) To climb, to climb up (2) To scan* [illegible] (1) [illegible] foros [illegible], *Cic de Sen* 6 (2) *Gram*

Scansio [illegible]

Scansilis [illegible]

Scandulaca [illegible]

[illegible] *Id*

|| Scansorius, a [illegible] *Vet* [illegible]

Scantianus [illegible]

Scapha [illegible]

[illegible]

in ur armis, *Juv* 6, 263 *interpr* [illegible] (2) Vid *Turnel* [illegible]

Scaphula, æ f *A small boat, or wherry*, Vitruv 5, 7

Scaphus, i m *The hollow of any thing*, Vitruv 9, 9

Scaptensula, æ f [illegible] *A metal or Macedon where metal was digged*, Lucr 6, 810

Scapula, æ f [illegible] *the shoulder blade, the shoulders* Mirabar [illegible] *Plaut Asin* 2, 2, 49

Scapulans, re adj *Of, or belonging to the shoulder-blades*

Scapularis [illegible]

Scapus, i m [illegible] שבט [illegible] *(1) The stalk* [illegible] *(2) The shaft, or [illegible] (3) The shaft of a pillar* [illegible] (4) *The* [illegible] (5) [illegible] (6) [illegible]

Scarabæus, i m [illegible] *The beetle* [illegible] *Plin* 11, 28

* Scarabæus [illegible]

Scarificatio, onis f verb (1) *A cutting* [illegible]

Scarifico [illegible] (2) *Col* 6, 12 con

Scarificatus, a, um part [illegible] Scarifica æ ging

Scarifico, are [illegible]

Scarus [illegible]

Scatebra [illegible]

† Scarpo [illegible]

Scarus [illegible] *Plin* 9, 17 & Scarus principatus hodie, *Id* 32, uit

feedeth on herbs, and cheweth the cud like a beast, of an excellent taste, a scar, or char, so called in Cumberland Nunc [illegible] *Plin* 9, 17

Scatebra, æ f [locus unde scatet aqua] (1) *The bubbling, or springing of water out of a spring* (2) [illegible] Scatebris arentia temperat arva, *Vir Geor* 1, 110

† Scatebro, are *To abound* [illegible] † Scateo, ere [illegible]

Scateo, ere [illegible] שטף [illegible] *(1) To run, or bubble out, as water out of a narrow place (2) To be plentiful, to be full, to abound* (1) [illegible] *Plaut Aul* 2, 6, 22 (2) [illegible] *Col* 6, 16 Terra ferarum scatet, *Lucr* 5, 41

|| Scatesco, [illegible] *To begin to flow*, Litt ex Orel

Scatinia lex [illegible]

† Scato, ere [illegible] quod scateo = Largissimum fontem [illegible] erumpere [illegible], *Lucr* 5, 597 [illegible]

|| Scaturiens [illegible] *Abundance*, Pecor

Scaturiginosus, a, um *Full of springs, or sources, that is fetched, or runs forth* [illegible] Terra [illegible] *Col* 5, 8

Scaturigo, inis f [a scaturio] *A spring, the rising up of water, a source*, Col 3, 1

Scaturio, ire, ivi [a scateo] *To bubble out, to gush out, to run over, or out* [illegible] Solum quod [illegible] *Col* 2 [illegible]

Scaurus, i m [illegible] *that hath great* [illegible] *Hor Sat* 1, 3, 48 [illegible]

* Scazon, ontis m [illegible] *A kind of Iambic verse, that hath a spondee in the last foot*, as [illegible] in Persius his prologue

Scelerate adv [illegible] *Wickedly, lewdly, cruelly* [illegible] *Cic* [illegible] Sceleratissime [illegible]

Sceleratus, a, um part et adj comp [illegible] *(1) Defiled, polluted (2) Ungodly, wicked* [illegible] (3) *Naughty* [illegible] (4) [illegible] *to which* [illegible] (5) [illegible] (6) Campus [illegible] *Liv* 8, 15 [illegible] = Homini post homines natos [illegible] *Cic* [illegible] Ego [illegible] *Id* [illegible] 18 [illegible] *Fast* 6, 439 = Vox inhumana &

scelerata, *Cic de Fin* [illegible] (2) [illegible] non [illegible] *Trist* 1, 2, 100 Ego [illegible] *Met* 11, 781 (4) [illegible] scelerata cum [illegible] 2, 28 Sceleratum frigus, *Geor* 2, 256 (5) *For a* [illegible] *the gate* [illegible] *Flor* 1, 12, 2

|| Scelerissimus [illegible] *D g* † Scelus

Scelero, are, act [a scelus] *To pollute, or defile* [illegible] Parcite [illegible] manus [illegible] *Æn* [illegible] vos [illegible] parentes [illegible]

Sceleroso adv [illegible] *Perot*

Scelerosus, a, um [illegible] *rogue* [illegible] = Ubi ego illum [illegible] *Ter Eun* [illegible] *Lucr* 1, 83

Scelestè adv [illegible] *wickedly* = Quæ [illegible] facta [illegible] 25 Sceleste suspicar, *Cic* [illegible] 6, 1

Scelestus, a, um or, comp [illegible] mus sup [a scelus] (1) [illegible] *gracious* [illegible] (2) *Unhappy* [illegible] (1) = Facinus [illegible] *Cic pro S Rosc* [illegible] *Plaut* [illegible] 2, 1, 2 Scelestior [illegible] (2) = Ille [illegible] *Plaut* [illegible]

* Sceletos, i m [illegible] *A skeleton* [illegible] *Med*

Scelus, eris n [illegible] Homo [illegible] & magnus [illegible]

Scelus [illegible] *perhaps* [illegible]

Scelus, eris [illegible] Hebr [illegible] (1) *A* [illegible] (2) [illegible] *and* [illegible] *a drawing* [illegible] (3) Infestum scelus & [illegible] *pro Cluent* 66 = [illegible] & ribus contaminatus [illegible] = [illegible] & flagitia facere [illegible] = Contaminatum & [illegible] — Scelus [illegible] (2) Ego [illegible] *Ov Trist* [illegible] (3) [illegible] *Cic* 6, 1

† Scena, æ f [illegible]

Scena, æ f [illegible] (1) *A* [illegible] *drawing* [illegible] *A scene* [illegible] *where* [illegible] *of a* [illegible] (4) [illegible] *or state* (1) [illegible] *Ov A A* [illegible]

[illegible] spectacula armatum, *Ov A Am.* ¶ Scenæ servire, *to* [illegible] Cic ad B ut (2) *Passim* [illegible] minus in [illegible] sunt, at certe cum sint pro-[illegible]antur, *Cic* pro *Planc* 1. S[illegible] [illegible]s, le *Of, or belonging* [illegible] *stage* Scenæ species [illegible] *Lucr* [illegible]

[illegible] & scenaticus, *ad qu d* [illegible] *Varr* ap. *Non* 2, 822

Scenic[illegible] *Lice players on* [illegible] *ge*, Quint 6, 1

Scenicus, a, um *Of, or belong-*[illegible] *a scaffold, or stage*, or *to* [illegible] *comedies* Artifices sceni-[illegible] m tantur affectus, *Cic Offic* 1, 1

Scenicus, ci m *A player of* [illegible], or *interludes upon the* [illegible] *as an actor upon a stage* [illegible] tavit operam inter sce-[illegible] *Suet Ner* 21

* Scenographia, æ f *The re-*[illegible] *of a scene, the* [illegible] *of an whole house, front,* [illegible] *all, all* [illegible] *Orthog-*[illegible] frons recta, *Ichno-*[illegible] area, *Sciographia* [illegible] tecti deformatio, *Sil*

* Scenopegia, æ f [illegible] *The feast* [illegible] *tabernacles*, kept by the Jews [illegible] memory of their travels [illegible] the wilderness, where [illegible] ed forty years together in [illegible]

† Scensa, *pro* cœna Sabini *A* [illegible] *supper*, Fest

Sceptrus, ni m *A scafish so* [illegible], Plin [illegible], 11

* Sceptica, æ f [ἀπὸ τοῦ σκέπτε-σθαι] considerare, speculari] *The sceptic philosophy*, whose original [illegible] from the academic

Scepticus, a, um *A sceptic,* [illegible] *in philosophy, vid* Gell 11, 5

* Sceptos, i m *A kind of light-*[illegible] *thing on the ground with* [illegible] *force, also a meteor fall-ing out of the clouds*, Apul *de Mundo*, p 726

† Sceptrifer, a, um *That bear* [illegible] *a sceptre*, or *mace* Manus [illegible], *Ov Fast* 6, 480 pal-[illegible] 14.

† Sceptriger, a um *Bearing a* [illegible] Sceptrigero cum rege, [illegible] 244

Sceptrum, tri n [quod ipsum [illegible]] (1) *A prince's* [illegible] *sceptre, a mace, a con-*[illegible] (2) Meton [illegible] (1) Sedens cum pur-[illegible] & sceptro, *Cic* pro *Sext* 26 (2) = Sceptra loci, rerum que ca-[illegible], *Ov Met* 6, 677 [illegible] in sceptra regonis [illegible]

Sceptruchus, vel sceptrucus, [illegible] *One holding, or bearing* [illegible], *Tac Ann* 6, 3[illegible]

† Scheteria [σχετήριον, Hes] [illegible] *the ship where they* [illegible] Plaut Asin 16 *ad leg* casterna

Scheda, æ f [σχέδη, quæ σχίδη, [illegible]] *A sheet, or piece of paper, or parchment, a scroll*, [illegible] Exterere ut scheda ne qua [illegible] *Cic Att* 1, 20 vid & [illegible] 5, ut Excutere omnes [illegible] *Quint* 1, 8

* Schedia, æ f [σχεδιάζω] *A ship made suddenly* [illegible], *a raft with planks* [illegible] *beams pinned together to carry goods on after a wrack at* [illegible], Fest *Lat* Rates

* Schediasma, ătis n *Waste* [illegible], *also any thing done* [illegible], [illegible] *ex* Crass

* Schedĭcus, a, um *Done sud-denly, or in haste, extemporary*, Apul Florid p 846 † Extempo-raneus

* Schedion, ii n *A bridge made in haste for a time*, Bud

* Schedium, ii n *An exten-porary poem made in haste, with-out any care, or pains*, Auson † Poema subitum & incontitum, Fest

Schedŭla, æ f dim *A little scroll, a leaf of paper, a bill, a schedule*, Cic ad Fam 15, 16

* Schema, ătis n [habitus, a σχέω, i e ἔχω, habeo] It figura [illegible] *A scheme, an habit, a figure* Græci qual[illegible] quo gestus orationis σχήματα appellant, *Cic Orat* 25

Schema, æ f (1) *A fashion, or posture* (2) Also *an habit, dress, or garb, a livery* (1) Ex-emplar impetratæ schema, *Suet Tib* 4, (2) Quo[illegible] hoc pro-cessi cum servili schema, *Plaut Amph prol* 117

† Schematum, i n *id quod* schema, *Prisc*

* Schildeus *A scafish*, R *ex* Plin

Schibboleth Hebr שבלת *i e* spica, dic ergo *Schibboleth*, & dixit *Sibboleth*, Jud 12, 6 *An ear of corn*

* Schida, ōrum n [a σχίζω, findo] *Chips that carpenters make, splinters of wood*, Vitruv 2, 1

* Schidius, a, um *Cleft, split* Tadæ schidiæ, *Vitruv* 2, 1

* Schisma, ătis n [σχίσμα, i e scissura, a σχίζω, scindo] *A rent, a division in the church, schism*, Eccles

† Schismătico, āre *To divide, or sever*, R *ex* Dion

Schismătĭcus, a, um adj *Schis-matical* Quomodo distinguitur ab *hæretico*, vid *Aug de Fide*, c 10

* Schiston i n [*sc* γάλα, *i e* fissum lac] *The curds of milk, wild curds, when the whey parts from the milk*, Plin 28, 9

* Schistos, i f *A stone of a saffron colour, easy to be cleft in to thin plates*, Plin 23, 4 & 36, 20

Schistum, i n (1) *A kind of alum* (2) Also *a kind of onion* (1) Concreti aluminis unum ge-nus schistum appellant Græci, in capillamenta quædam cani scentis dehiscens, *Plin* 35, 15 (2) *Plin* 19, 6

* Schistus, a, um Schista ova, *when they are all yolk, after three days sitting*, Plin 29, 3

Schœnĭcŭla, æ f *al* schœnicola [*qu* olens schœnum, *i e* un-guentum a schœno factum, *Voss*] *A common painted, or dawbed whore*, Plaut *Vid* Scal Conject *in Varr* p [illegible] *Vid* Scœnicula

* Schœnŏbătes, a, m *A dan-cer upon ropes, a tumbler*, Juv 3, [illegible] † Funambulus

* Schœnobatica, æ f *sc* ars *The art of dancing upon ropes*, Cæl *ad* Cic Epist Fam 8, 1

* Schœnobatĭcus, a, um *Be-longing to one that danceth upon a rope*, R *ex* Cels

* Schœnoprăsum, i n *q d* jun-ceum porrum, *porret*, or *civet*, Dod

Schœnos, i m (1) *A bulrush* (2) Particularly *that used to per-fume wine, oil, and other things* (3) *A rope*, properly *made of bul-rushes* (4) *A measure of land*, which some make four miles, some five, some seven and an half (1) Hi schœni atque aliæ arundi-nes sunt nobis quasitu & cultu, *Plaut* (2) Odores vino apti sunt iris, [illegible] Græcum, schœnum, *Col* 12, 20, & 52 (3) [illegible] (4) Vid *Plin* 12, 14 & *Herodot* 2

Schœnus, i n *id* schœno fac-tum, quod erat pessimi generis, *Fest* *a cheap sorry ointment made of sweet rushes, which whores used to dawb them elves with* Ne unguenti naris schœ-no delibutas, *Plaut Pœn* 1, 2, 55

Schŏla, æ f [*a* σχολή, otium, li terarum *puta*] (1) *A school*, or *college* (2) Also *the sect and opinion of any of the philosophers* (3) *A disputation*, or *dispu-tation*, *an exercise at school* (4) *A place to stand and look about one in the bath* (5) *A gallery, or piazza wherein people used to meet for diverse* (6) *Books of rules of several sects* (1) Ho-minem ludicris d schola, atque [illegible] & literis Græcis e-ditum *Cic de Orat* 1, 22 (2) = Clamabunt, credo, omnia gymna-sia, atque omnes philosophorum scholæ, sua hæc esse omnia p o-[illegible], *Cic de Orat* 1, 13 (3) Ver-tes te ad alteram scholam, disse-res de triumpho, *Cic in Pison* 25 (4) *Vitruv* 5, 10 (5) *Plin* (6) *Ap JCC* & *mediæ ætatis scriptores*, *de* quibus operæ est legere quæ congessit Hen Vales *ad* Ammian 1 1,

* Schŏlarcha, æ m *A school-master*, Hulf

|| Schŏlāris, re adj *Belonging to school*, Hier † Ad scholam pertinens

|| Schŏlāris, is m *A scholar, a student* † Studiosus linguarum, artium, philosophiæ, *&c*

Schŏlasticus, a, um (1) *Of, or belonging to a scholar, or school, scholastical, scholar like, eloquent, well spoken* (2) *One who goeth to school* (1) Scholasticæ contro-versiæ, *Quint* 14, 2 (2) *Plin Ep* 3, 2

Schŏlasticus, ci m (1) *A plead-er of feigned controversies* (2) *A true-bred, or thorough paced scholar, an excellent orator* (3) Also *an advocate, or proctor, a pleader* (1) *Plin jun* 3, 2 (2) *Sulp Sev* (3) *Ap JCC*

* Scholiastes, æ m *A schol-ast, commentator, or expositor*, usu fit Latinum voc

† Schŏlĭcus, a, um *Scholastic, trifling*, Gell [illegible], 1 & Aurbus scholicæ dape[illegible], *Varr* ap *Non*

* Schŏlium, ii n & Scholion [σχόλιον, glossema, interpretamen tum, *a* σχολή, *i e* docti in scho-lastica, *vel* quod in schola soleat tradi] *A gloss, a compendious exposition, a short comment*, Cic Att 16, 7 *sed Græcis characteris*

Sciathum, i n *A kind of drug, or size that maketh gold-solder take colour*, R *ex* Plin

* Sciagraphia, æ f [*ex* σκιά, umbra, & γράφω, scribo] *A plat-form, or description of the whole frame, the first rude draught of a thing, a profile* Sciagraphia fron-tis & laterum abscedentium adum-bratio, *Vitruv* 1, 2

* Sciamachia, æ f [*ex* σκιά, umbra, & μάχη, pugna] (1) *A counterfeit fighting* (2) *A pri-vate scholastic exercise* (1) *Gell* 13, 22 *Latine* umbratilis pugna, *qualem describit* Ver *An* 5, 563 & *deinceps* † Ventilatio, *Juv* (2) *Elegantur Lu* [illegible] *Ju-venalis*, 7, 173 ✕ Ad pugnam qui rhetor ca descendit ab umbra

Sciathēras, æ m *The pin of a dial, that which with its shadow sheweth the hours*, Vitruv 1, 6 *Lat* Index [illegible] umbræ, *vertente* [illegible]

Sciathericus, a, um Sciatheri-cum horologium, *a sundial set on a wall*, Plin 2, 76 = Solari um, *Cic*

* Sciatica, æ f *A disease in the hips* Med *Vid* Ischias

|| Sciaticus, a, um *Troubled with the sciatica*, or *hip gout*, Veg † Ischiacus

Scibilis, le adj *That may be known*, Lat *ea* Plaut fieq ap Philosophos

† Scibitur *It shall be known*, Plaut Capt 4, 2, 5

† Scibo, *pro* sciam, *Ter Eun* 4, 5 52

Scibones *A sort of weapons*, Gell 10, 20

Sciens, is part & adj or, comp ssimus, sup (1) *Knowing, wit-ting* (2) *Devious skilful* (3) *For the nonce* (1) Faciam te sci en tem quicquid h[illegible] fecero, *make you acquainted*, *Ter Heaut* 4, 7, hn (2) Quis Pompeio scientior unquam? *Cic* pro *l Man* 1 10 Regendæ reipub scientissimus, *Id de Orat* 1, 19 Sciens citharæ, *Hor* (5) Nugatur sciens, *Plaut* = Ne te sciens prudensque eo de-mittas, unde exitum vides nullum esse, *Id*

Scienter adv ius, comp ssime, sup (1) *Knowingly, skilfully* (2) *Wittingly, on set purpose* (1) = Peritè & scienter dicere, *Cic de Orat* 2, 2 Id scientius aggerem cuniculis subtrahebant, *Cæs B G* 7, 22 (2) Scientissime Etruria de cœlo tacta animadvertit, *Cic de Div* 1, 41

Scientia, æ f (1) *A knowing, or knowledge* (2) *Science, skill* (1) ✕ Non scientia comprehende-re, sed conjectura prose[illegible], *Cels* ✕ Futurorum malorum ignoratio utilior est quam scientia, *Cic de Div* 2, 9 (2) = Cognitione na-turæ, & scientia beati sumus, *Cic in Orat* Medicinæ scient[illegible], *Id Fam* 4, 5 artium, *Id* [illegible] 2 = Magorum disciplina & sc[illegible], *Id*

Scilicet adv [*i e* scire [illegible]] (1) *You may be sure* (2) [illegible] *I warrant you* (3) *Truly*, [illegible] [illegible], *yea marry* (4) *To* [illegible] *say, to wit, what* [illegible] (1) Sed [illegible] tum exorant, quam esse aff[illegible] *CL* Scilicet facturum me esse, *Ter Heaut* 2, 3, 117 vid & *Ad* [illegible], 8 & 5, 1 (2) Scilicet is superis la-bor est, *&* *Var Æn* 4, 379 Id populus curat scilicet, *Ter Andr* 2, 1, 14 (3) Tam ego homo sum, quam tu *Al* Scilicet, ita res est, *Plaut Asin* 2, 4, 85 (4) Vide m, obsecro quem? [illegible] Hunc scili-cet, *Ter Eun* 4, 4, 9

Scilla, æ f *A kind of herb called the sea onion*, or *sea leek*, *a squill*, also *a shrimp, a prawn*, Plin 19, 5 *Vid* Squilla

Scillinus, a, um *Of, or belong-ing to the sea onion*, or *wh* [illegible] *it is steeped* Acetum scillinum, *Plin* 2[illegible], 2 † Squilla

Scillites, æ m *Steeped, or sea-soned with sea onion* Scillites acetum, [illegible] *of squills*, Pl[illegible] Vinum scill[illegible], *Col* 12, 33

Scilliticus, a um *Infused with squills* Plin 2[illegible], 2

|| Scill[illegible], a, um *Made of squills*, A[illegible] *Ep* 4, 67

* Scimpŏdion, ii n [σκιμπόδιον, *i e* [illegible]] *A little couch, bench, or low bed to ly on, that held but one at table* *Lat* Lec-tulus

S ... pro scisne? *Do you know?* Plaut ... ap Comic

Scineus, i n [Gr ... , corr. Scincus] *A kind of land crocodile, or newt about the river Nile*, Plin 8, 25

Scindens, tis part (1) *Cutting, slitting.* (2) Met *Dividing, distributing* (1) Vena scinden ... corpus ... Sil 1, 12 (2) Scindens ... Theodori, Juv 7, 177 ...

Scindo, ere, scidi, scissum, ... [ab σχίζω, ... σχίζω, inserto n, scindo] (1) *To cut, or slit*, or *rend, to tear, or pull in pieces* (2) *To cut, or break off* (3) *To divide* (4) *To cut off, to destroy utterly, or break open* (5) *To till, to plow* (6) *To renew, to renew* (1) Scindere latus flagello, Ov in Ibin, 183 ¶ Scindere ... *to be earnest with one to stay*, Cic A ... 13, 23 (2) Scindit Atropos annos, Stat Sylv ... 1, 8 Comam scindere, Cic ... (3) Mare scindit terras, Luc In binas scindi se sese unda reducta, Vir Æn 1, 165 Scidit se studium, Quint (4) Scindunt præcones per gemum Plaut Bacch 4, 9, 10 (5) Solum scindere, Vir Geor 2, 399 humum, Ov (6) Nolo commemorare, ne scindam ipse dolorem meum, Cic Attic 15

Scindor, i, ssus pass (1) *To be cut* (2) *To be cleft* (3) *To be divided* (4) *To be interrupted* (1) Hanc epistolam cur non scindi velim, causa nulla est, Cic Fam 5, 20, ult (2) Cuneis robur fissile scinditur, Vir Æn 6, 182 (3) Scinditur studia in contraria vulgus, Vir Æn 2, 39 (4) ... fletu scinditur ur, Ov Ep ex Ponto, 3, 1 Vid Scindo

Scindula, æ f [a scindo, vel a Græc σχινδαλμός ... ξύλου, Aristoph Schol] *A shingle, or lath to cover houses with; a kind of tile*, Vitruv scrib & scandula, q v

|| Scindulatus, ... adj *Covered with shingles, or scindules*, Apul a scindula, q v

Scintilla, æ f [igniculus prope ... quæ ... scintillat ... Gr ... qu ...] (1) *A spark of fire, a sparkle* (2) Met *A remnant, or relique* (1) Silicis scintillam excudit Achates, Vir Æn 1, 178 (2) Scintilla belli, Cic ... arteq ... 6

Scintillatio, ōnis f verb *A sparkling*, Plin 20, 9

Scintillo, are neut *To sparkle* ... testa ardente viderent scintillare oleum, Vir Geor 1, 392 Ut ... Plin ... 2, 17

Scintillula, æ f dim *A little spark*, Met *a rudiment, the first dawning* Scintillulæ virtutum in pueris videntur, Cic de Fin 5, 15

|| Sciniphes, iphis m pl *Sciniphes* [כנים Exod 8] *al* ... *al* cimphes, *al* scinipes, Gr σκνῖπες, *A kind of gnat*, Sulp

Scio, ivi, itum ... [ab ... quod ab ... imaginari, videre, M ...] (1) *To know by himself, or information* (2) *To be skilful in.* (3) *To ordain, to order, decree, or appoint* (1) ✠ Obl ... quod ... interdum expect ... Pull ... ¶ ✠ Tu, ... fa ... quod scis, ... Ter Eun 4, 4, 55 ¶ Q ... hunc scito scire me ex hoc, Plaut ... 2, 2, 47 (2) Scire Græce, ... Latine, *Id* ... auctore Donato ... modo ... tribus, Ter § Omnes

linguas scit, Plaut Scire tuum, pro scientia tua, nempe more Græco, Pers 1, 27 (3) Litt ex Liv ☞ Scibam in imperfecto, & scibo in fut sæpe occ ap comic & interdum alios

Scior, iri pass *To be known*, &c = Nihil certum sciri, nihil plane cognosci & percipi posse, Cic de Orat 1, 51

* Sciographia, æ f *A description of the whole frame of a building, with the conveyance of every room*, Hermol scrib & scigraphia, q v

Sciolus, a, um dim [a scius] *One who thinketh he knoweth more than he doth, a sciolist, a smatterer in any knowledge*, Litt ex Plaut certe Front 15, 6

* Sciomantia, æ f *The calling up of ghosts by magic*, Comm Hor

* Sciŏpŏdes, um m pl *People of Ethiopia, who in hot weather cover themselves with the shade of their feet*, Litt ex Plin

* Sciothericon pot sciathericer, sc horologium [a σκιά, & θηράω, indago] *A sundial*, Plin 2, 76 De ratione conficiendi sciothèrica, vid Vitru 1, 6

* Sciothericus, a, um *Id* Sciathericus

Scipio, ōnis m [a σκήπτω, innitor] (1) *A walking-staff, a cudgel, a crutch* (2) *Also the stalk of a grape* (1) Quem, pol, ego jam hoc scipione, Plaut Amph 1 ... 22 ☞ *Ab hac notione Scipionum gens* (2) Col de Arb c 8

* Scirŏma, ătis n *The hardness of any thing*, as liver, &c Plin 2, 8 Rect scirroma

* Sciron, ōnis m *The northwest wind peculiar to the Athenians*, Plin 2, 47

Scirpea, æ f *A dung-pot, or basket made with rods and rushes*, Ov Fast 6, 680 *ubi al* sirpea, vid & Varr L L 4, 31

Scirpetum, i n *A rush bed*, Litt ex Plin

Scirpeus, a, um *Of, or belonging to bulrushes*, Ov Vid Scirpea

Scirpices m *Instruments made with teeth like a saw, which being drawn with oxen, pluck up by the roots flags and great weeds growing in meadows*, R ex Col

Scirpicula, æ f *A little hook wherewith rushes are cut, also used in pruning of vines*, Cato, 11

Scirpiculum, i n *A basket, or hamper of rushes, or twigs* Vimine textum scirpiculum, Col 10, 30 Scirpiculis ferre rosam, Prop 4, 2, 40

Scirpiculus, i m *A little bulrush, a little weel of bulrushes*, Varr R R ... 2

Scirpo, are unde pass *To bind, or wind with bulrushes or other like things* = Scirpea una virgis ... , id est, scirpando co... ligatur, Varr L L 4, 31

Scirpula ... *A kind of vine*, Plin 14, ... & Col 3, 2

Scirpus, i m [*id quod* sirpus, inserto c, *a* scirpo, ligo vincio, colligando implico] *A rush without a knot, a bulrush used for mats, wicks of candles, &c* Plin 16, 8 ¶ Nodum in scirpo quærere, *to stumble upon plain ground*, Prov ap Lun ... Terent

* Scirrhoma, ătis n [a σκιρ..., induro] *Hardness in the liver*, Plin 25, 8

* Scirrophorion, ōnis m Gr ... σκιρροφοριών, mensis qui *Lat* dicitur *Maius*

Scirrus, i m *An hard swelling in the skin*, Cels & Plin 7, 15

Sciscitor, āri dep [*quasi* freq a scisco] (1) *To inquire, demand, or ask* (2) *To be informed* (1) Epicuri sciscitabar ex Velleio sententiam, Cic N D 1, 7 Mathematicum sciscitatus est quis cum maneret exitus, Suet Domit 15 (2) Quicquid est procul hinc licet, quid sit, sciscitari, Ter Eun 3, 4, 10

Scisco, ēre, ivi, itum [a scio] (1) *To inquire* (2) *To determine, ordain, or decree, to vote, to give his voice, or suffrage, to make a law* (1) Accurro, ut sciscam quid velit, Plaut Amph 5, 1, 17 (2) ✠ Quæ sciscerct plebs, aut quæ populus juberet, Cic Rogationes plurimas propter vos populus scivit, Plaut Curc 4, 2, 23

Scissa in ano *Clefts, chaps about the fundament*, Litt ex Cels

Scissilis, le adj [a scindo] *That may be cut, or cleft* Alumen scissile, Cels 6, 11

|| Scissio, ōnis f verb *A cutting, &c* Macrob Som.n Scip 6, 29

Scissor, ōris m verb *A cutter of meat, a carver*, Petron Arb c 36, 5

Scissura, æ f *A cut, a cleft, a rent, or chap, a notch, the parting of a stream* Pennæ in tectis omnibus sine scissura, Plin 11, 28

Scissus, a, um part [a scindor] (1) *Cut, rent, torn* (2) *Parted, divided* (3) *Broken, bruised* (1) Scissa comam, Vir Æn 10, 478 Scissa gaudens Discordia palla, *Id* Æn 8, 02 (2) Viscera diversis scissa ferantur equis, Ov in Ibin, 280 (3) Scissum illumen sparga tur, Col 6, 13

Scissus, ûs m *A cutting, cleaving, renting, or tearing* Scissu materiæ defatigatus, Varr

Scitamentum, i n [a scitum] ... lium] (1) *A kind of meat of a pleasant taste* (2) Met Also *a grace in discourse* (1) Aliquid scitamentorum de foro obsonari, Plaut Men ech 1, 3, 26 (2) Gell 18, 8

Scitans, tis part *Asking* Causam viæ scitantibus infit, Ov Met 2, 511

|| Scitator, ōris m verb *A searcher, or inquirer*, Amm 18, 9 ✠ Percontator

Scitè adv ius, comp ssime, sup *Cunningly, trimly, daintily, bravely, prettily* Nimium scite scitus es, Plaut Cas 3, 1, 8 || Scitius arbitrari, Gell 4, 1 || Scitissimè discursus obire, Apul Met 9 ✠ Commode, venuste, literatè, Cic

Scito, are ant *id quod* scitor

Scitor, ari [a scio, scitum] *To ask, inquire, or demand things secret and unknown* § Scitare aliquid ab aliquo, Hor Epist 1, 7, 60 § ex aliquo Plaut = Ardemus scitari & quærere causas, Vir Æn 2, 105

Scitu abl qui solus restat *By an order, or decree* Neque scitu jussu neque populi scitu, ap Cic Attico, 4, 2

|| Scitule adv *Wittily, finely*, Apul Met 7 ✠ Scite

Scitulus, a, um dim [a scitus] *Pretty, neat, trim, gallant, brave, fine* Forma scitula atque ætatula, Plaut Rud 4, 1, 2

Scitum, i n [a scisco] *An ordinance, a statute, a decree, a sentence, properly of the commons* ✠ Volumen ex senatus consulto, & scito plebis prorogatum imperium est, Liv ... 22

Sciturus, a, um part [a scio] *About to know* Superbe respondisse, nisi incendio deleteret brevi sciturum, quis ipse esset, Curt ... 1, 16

Scitus, a, um [a scio] or, comp ssimus, sup (1) *Knowing, skilful, wise* (2) *Prudent* (3) *Cunning, crafty, waggish* (4) *Courteous, civil* (5) *Pleasant, agreeable* (6) *Gallant, jolly, goodly* (7) *Also fair, beautiful* (1) Non sum scitior, quæ hos rogem, Plaut Cistell 4, 2, 12 Nessus idit, membrisque valens scitusque vadorum, Ov Met 9, 108 (2) Scitum est periculum ex aliis facere tibi quod ex usu siet, Ter Heaut 1, 2, 36 (3) Scitus sycophanta, Plaut Amph 1, 2, 8 (4) Nullum scitum te scitius est, Plaut Casin 3, 1, 11 (5) Oratio optima, & scitissima, VENI illo ad cœnam, Plaut Stich 1, 3, 31 (6) Scitus puer natus est Pamphilo, Ter Andr 3, 1, 6 (7) Muliercula forma scitioris, Lamp in Commodo

Sciūrus, i m [Gr σκίουρος, ... τῆς σκιᾶς τῆς οὐρᾶς, ab umbra caudæ] *A squirrel*, Plin 8, 38

Scius, a, m *Skilful* § Scius omnium artificio, Hyg n Fab 9 Mulieres plus scire, Petron c ...

* Sclerōsis, is f *An hard tumour, or swelling of the spleen*, Marcel

* Sclodia, æ f [humile plostellum] *A sledge*, Turn

|| Sclop ... um, i n [a scloppo, sive sc... , quem edit, cum displodatur] *A musket, or gun, a pot gun*, Jun

Scloppus, i m *al* sclop s, *vel* stloppus [vox ficti ... sono] (1) *A sound made with puffing of the cheeks* (2) || *Also an harquebuss, an hand gun, a pistol, or snaphaunce, a pop gun* (1) Nec scloppo tumidas intendis rumpere buccas, Pers 5, 13 (2) Ap hodiernos

Scobina, æ f [a scobe, Varr] (1) *A graver that bows rs ... to shave bows withal, a file wherewith roughness is made smooth* (2) || *Also scrapings or filings* (1) Scobina fabri, Plin 11, 37 (2) Litt unde non dicit

Scobs, scobis f [ant in recto scobis, qu scabis, qui scobinando deteritur] *Any manner of powder, or dust that cometh of sawing, filing, or boring, sawdust, pin dust* Scobs eliminata, Plin ... ult Eburnea scobis, Col ... Cum sint is inferioris paris, concogn ta est, Cels 8, 2

✠ Scœlum *pro* Cœlum, Salm in Maur

✠ Scœna *pro* cœna, Salm in Maur

✠ Scœnicula, æ f [ut fit ... quod cœnicula, e lut ... im tatione Sab no um qui ... num *pro* cœnum, unde scœnicu lus, a, um, ut *ab* annus, annicu lus ... vel a schœno vulgari unguento, Varr L L 6, ... *A harlot* ... Plaut ... Schœnicula

✠ Scœnum *pro* cœnum, Salm in Maur

* Scolecia, æ f [a vermiculorum specie dict ... σκωλήξ, vermis] *A kind of rust, or canker, copper verdigrease*, Plin 34, 12

* Scolecion, ii n *A kind of scarlet worm*, Plin 24, 4

Scolius, a, um Scolium carmen *an epithalamium* Scolia ... a scolio, citharæ genere ... *as amphibrachys, ten ...*

* Scolopax, ācis (1) *A woodcock, a snite* (2) *Also the ... , or snite* (1) Arist Hyst Anim 9, 8 (2) Gesn

* Scolopen ... di

* Scolopendra, æ f [a σκόλοψ, i e palus præacutus, five χάραξ, quoniam gestat qu. σκόλοπα ἐν τῇ ἕδρᾳ, i e corniculum seu palum in extremo] (1) A venomous insect of eight feet, with a peeked tail (2) Also a certain fish that casteth out his bowels, until the hook wherewith he is taken, be out, which being done he sucketh them up again (1) Theophr 7, 11 (2) Plin 9, 43 & 32, 11

|| Scolopendria, æ f Harts-tongue, Offic

* Scolopendrium, ii n [à foliorum incisuris referentibus scolopendræ pedes, Diosc] A kind of herb called ceterach, or stone-wort, fingerfern, miltwort, Apul de herb 4, 47 & 56, 92. = Asplenium

* Scolymos, i m [quòd spinis sit σκόλυς, asper] An artichoke, Plin 22, 22

Scombrus, & scomber, bri m (1) A kind of fish called an herring by some, by others called mackrel, a kind of tunny (2) A dolt, or simpleton. (1) Laudatissimi scomber, salpa, sparus, &c. Plin 31, 11 Vid & omnino eund m, 31, 8 Hesperius scombri temperat ova liquor, the choicest garum, or pickle Mart 13, 40 (2) Litt ex Plaut

* Scomma, ătis n [ex ἔσκωμμαι, præt pass a σκώπτω] A scoff, a mock, a jeer, a flout, Macrob Sat 7, 3 Lat Cavillum

Scopa, æ f A beesom, Bibl Scopa regia, butchers broom, milfoil, Plin 25, 5

Scopæ, ārum f [à scobe, quod iis scobem verrimus, Perot] (1) A broom, beesom, or brush to sweep houses withal (2) Also the crops of herbs, or trees, in handfuls (3) Wisps of straw, &c for soldiers to shoot, or fling at (1) Munditias volo fieri, hic, ferte huc scopas, Plaut Stich 2, 3, 2 Scopis verrere, Petron. 34 (2) Plin 24, 15 (3) G. ex Veg

|| Scoparius, ii m He that sweepeth the house, Ulp. ✝ Qui scopis verrit

|| Scopētum, i n A broomfield, or the place where broom groweth, Alex ab Alex.

Scopio, ōnis m [à scoparum similit] A cluster, or bunch of grapes with the stalks, Cato, c 11, = Scipio, Col

|| Scopo, āre act To sweep, or make clean Et scopabam spiritum meum, Psal 77, 7 Hugo, al leg scopebam ✝ Purgo

* Scops, is f [a σκώπτω, quod gestious ridiculis aucupis saltationes eorum imitantis capiantur, n si potius, quod ait Athenæus, l 9 ipsum σκώπτω ab hac ave dicatur] A kind of night-birds, Hom or dotterels, Aristot ☞ De hac ave omnino vide doctissimam reverendi, & mihi amicissimi viri Edm Chishull in Del Tesoro Britannico, dissertationem

✝ Scoptula aperta, opera, Cal al scapula operta [a scapula, vel scopulus] The shoulder-blades Rectius meus liber, ni fallor, scutula aperta, Cels 8, 1

Scopula, æ f dim A little beesom, a brush that painters, or pargeters use, a scrubbing brush, Cato, 26 Col 12, 18

Scopulosus, a, um (1) Full of rocks, or shelves. (2) Met Difficult, dangerous (1) = Scopulosa & abrupta loca, Plin 6, 18 (2) Intelligo quam scopuloso difficilique loco verser, Cic Div in Verr 11

Scopŭlus, i m [à σκοπέω, quòd inde procul σκοπεῖν prospicere possumus, Hesych] (1) An high rock, a shelf in the sea (2) Danger (3) Dim à scopus, a mark to shoot at (1) Æneas scopulum conscendit, Vir Æn 1, 184 Tei scopuli clamorem inter cava saxa dedere, Id Æn 3, 566 ⚜ Met Ire ad scopulum, to perish, Liv ⚜ Gestare scopulos in corde, to be hardhearted, Ov Met 7, 33 (2) Navem ad scopulos appellere, Cic, pro Rabir 9 (3) Suet. Dom. 19

* Scŏpus, pi m [a σκέπτομαι, dispicio, considero] (1) A mark, butt, or prick that men shoot at, the white (2) Met An end, design, aim, or purpose, a scope (1) Græc. tantum, Ἐπέχε νῦν σκοπῷ τόξον, Pind. vid tamen scopulus, n. 3 (2) Neutri σκοπὸς est ille, ut beati simus, Cic Att 8, 10 Propositum Græci σκοπὸν vocant, Macrob ¶ Scopus uvæ, the bush, stalks that grapes be on in clusters, Varr Sed al leg scapus

|| Scorbūtus, i m A disease called the scurvy, Med

✝ Scordălus, a, um [i e ferox, Gl Isid al à σκῶρ, stercus, ut sign sordidus, al qu scorodalus, à σκόροδον, allium, qui allium obolet, ut loq Plaut] (1) Nasty, rank, rammish, stinking of garlick (2) Huffish, vapouring, swaggering (1) Eumolpum excludo, redditoque scordalo vice, &c Petron c 95 interpr Isid Tullius Cimber & nimius erat in vino, & scordalus, Sen Ep 83 = Ingenium scordalum & ferox, Suet Aug 65 Cod Salm (2) Scordalus, homo alliatus, & illuvie squaloréque fœdus, sordidus, impurus, Gloss Petronianæ

✝ Scordiscarius, ii m A sadler, Gl Phil ✝ Ephippiarius

* Scordion, ii n [ἀπὸ τοῦ σκορόδου, ab allio, cujus odorem refert & acrimoniam] An herb called water germander, Plin 26, 8

Scōria, æ f [à σκῶρ, stercus, qu sit ferri stercus, ut voc Scrib Larg] (1) Dross, the refuse of metal tried by the fire (2) Also misery (1) Quæ è catino jacta tur spurcitia, in omni metallo vocatur scoria, Plin 33, 4 (2) = Sordibus & scoria patiar tabescere tali, Vir in Cir v 249 ubi vel contra etym corripit primam, vel dissyllab vocem facit

Scorpæna, æ f A kind of fish, Plin. 32, ult

|| Scorpidion, ii n dim A little engine to shoot poisoned arrows, or darts with, Amm

Scorpio, ōnis m & scorpius, i m (1) A scorpion having seven feet, and striketh with his tail (2) One of the twelve signs of the zodiac (3) A seafish (4) An herb like a scorpion's tail, good against the sting of that venomous creature (5) Also an engine, a kind of cross-bow to shoot small envenomed arrows, or darts (6) A whip, or scourge, having plummets of lead at the end of the cords (7) Also an heap of stones set up for a meer, or boundary (1) Scorpionis cauda semper in ictu est, Plin 11, 25 Metuendus acumine caudæ scorpius, Ov Fast 4, 163 (2) Sese emergens ostendit scorpius alte, Cic in Arat 317 Sol ingreditur Scorpium 14 Cal Novembris, Col Cum sit Luna in Leone, Scorpione, &c Plin 17, 24. (3) Plin 32, 11. (4) Plin 22, 15 & 16, 27 (5) Scorpione transjectus concidit, Cæs B G 7, 25 (6) Plin 7, 56 (7) Sicul Flacc edit Gœs p 4, & 6

|| Scorpionārius, ii m He that shooteth in a cross-bow, ex analog, Jun

Scorpionius, a, um Of, or belonging to a scorpion, Plin 20, 1

* Scorpites, æ m A precious stone of the colour, or shape of a scorpion, Plin 37, 11

* Scorpiuron, ri n al scorpiurus [herba sic dict quòd scorpii caudæ similis] An herb having seeds, flowers, or leaves like a scorpion's tail, and is good against their stingings, scorpion-wort, Plin 22, 21.

Scorpius, ii m Vid Scorpio

Scortator, ōris m verb An whoremonger, a wencher, an hunter of harlots Scortatorum cohors, Cic Catil 2, 11

|| Scortātus, ûs m Whoring, Apul Met 5, sub fin

Scortea f [sc vestis] A leather cloke used by travellers to keep off the rain, such as postilions now use Scortea, δερματοχιτὼν, Vet Gloss Ad subitas nunquam scortea desit aquas, Mart. 14, 130

✝ Scortes The cods of a man, or beast, or the skin of the cods, Fest

Scorteum [sc vestimentum] A leather coat, or cloke ⁑ Quid expectas ut homines ad penulas discurrerent, aut ad scortea? Sen Q. N 4, 6

Scorteus, a, um Made of hides, or skins of leather Scorteum pulvinum subjicere, Cels 8, 12 Scorteum fascinum inserere alicui, Petron c 138

Scortillum, i n A little, or young whore, a miss, Catull 10, 3

Scortor, āri dep To go a whoring, to haunt brothels, to wench, Ter Heaut 1, 2, 32

Scortum, i n [cujus etym multùm vexatur] (1) Properly the hide, or skin of a beast (2) An harlot, a common whore, a drab, a bona roba (1) Fest Scorta humecta, raw, or wet hides, Amm (2) Clodius secum semper scorta, semper exoletos, semper lupas ducebat, Cic pro Mil 21

Scotia, æ f The roundel in the bottom of a pillar, Vitruv 4, 3

* Scotōma, ătis n [a σκότος, tenebræ] A giddiness, or dizziness, dazzling the sight, a vertigo, a swimming in the head Lat Vertigo

* Scotomāticus, a, um He that is troubled with a giddiness, staggering, or swimming in the head, dizzy Quibus subitæ vertigines observantur, quos σκοτωματικοὺς Græci dicunt, Scrib Larg Compos 6

✝ Scraceo, ere [vox a sono screantis] To hauk, to spit, Scal

Scractia, æ f [a scrateo, i e χρέμπτομαι, screo, Jos Scal] A despicable baggage, Varr al scrancia, scranctia, & scracia

Scrapta, æ f id quod scractia

Scraptia, æ f A drab, or quean, Plaut id quod scractia

✝ Screa, orum n plur an [quæ quis screat] Tough phlegm, clots of spittle which we fetch up with coughing, Fest

Screabilis, le That may be spitted out, Litt ex Plin

Screātio, ōnis f verb Hemming, or hauking, Litt ex Plaut

Screātor, ōris m verb An hauker, or hemmer, Plaut Mil 3, 1, 52

Screātus, ûs m A spitting, hauking, or hemming, Ter Heaut 2, 3, 132

Screo, āre [ab Hebr. ירק A-ven] To reach in spitting, to hauk, Plaut Curc 1, 2, 22.

Scriba, æ m. [scribæ, librarii, qui rationes publicas scribunt in tabulis, Fest] (1) A writer, an amanuensis (2) A scribe, a secretary, a town-clerk (1) Possem de singulis ad te rebus scribere, si M Tullius scriba meus adesset, Cic Ruso, Fam 5, 20 (2) Scribæ Prætorii, Censorii, Pontificales, Ædilitii, Quæstorii, Augustales, &c apud idoneos auctores ☞ De hoc ordine vid Cic in Verrem, 3, 79 conf & Nep Eumene, c 1 Scriba publicus, a public notary, Cic in Verr

✝ Scribātus, us m A secretaryship, or clerkship, Cod ✝ Scribæ munus

✝ Scribillo, āre act [à scribo] To scribble, Varr

Scriblita, æ f [a scribo, quòd notis quibusdam signata, & quasi scripta esset, Turneb] A tart, a wafer, Mart 3, 17 al scrib striblita, & streblita, Cato, 78

Scriblitarius, ii m A maker of tarts, Afran. ap Non

Scribo, ĕre, psi, ptum act [a γράφω, præposito s, ut à γλύφω, sculpo] (1) To write (2) To compose, or make a speech, book, &c. (3) To describe (4) To institute, to appoint (5) Also to paint, to limn, or draw (1) § Scribo re sua manu, bene, velociter, officiosè, pluribus, § ad aliquem, Ciceroniana sunt Scribere milites, to list them, Plaut supplementum militibus, to recruit them, Cic dicam alicui, to enter his action, Id nummos, to give a bill of exchange, Plaut notis, to write shorthand, Quint vento & aqua, to forget, Catull (2) Orationes scribere, Cic poemata, Hor ⁑ Melius putant se posse dicere quam scribere, Cic de Clar. Orat (3) Qui magis licet currentes servos scribere? Ter Prol Eun 36 (4) Solon Atheniensium leges scripsit, Cic pro Rosc Am 25 ¶ Scribere aliquem hæredem, to make him his heir, Id Offic 3, 23 (5) Scripsit & Apollinem & Dianam & matrem Deûm, Plin 35, 10

Scribor, i pass To be writ, &c Cic de Div 1, 54

|| Scribo, ōnis m A secretary, Anastas ✝ Scriba

|| Scriniarius, ii m A master, or clerk of the rolls, Salm ex vet Inscript

Scrinium, ii n [qu secernium, locus in quo secernuntur pretiosa & secreta] (1) A casket, a coffer, &c wherein jewels or other secret things are kept (2) An escritore, desk, or cupboard, a case to put books, or paper in, a skreen, or shrine (1) Plin 7, 29 (2) Librariorum scrinia, Catull 14, 18 Compilare scrinia alicujus, Hor Sat 1, 1, ult retegere Juv Scrinii magister, the master of the rolls, Lampr

|| Scriplum, i n. vet codd pro scriptulum A scruple, the 24th part of an ounce Drachma scriplum si adjecero fiet sextula, Fann de Pond Scriplum, γράμμα, σταθμὸς, Vet Gloss Vid Scriptulum

Scriptilis, le That may be written Litera est initium scriptilis vocis, Vel Long

Scriptio, ōnis f verb (1) The act of writing (2) The exercise of writing (3) A stile, a composition. (1) Lippitudo impedit scriptionem meam, Cic Att 10 19 (2) Nulla res tantum ad dicendum proficit, quam scriptio, Cic de Cl Orat (3) Controversia scriptionis genere

Scin' pro scisne? *Do you know?* Pacuv, ap Comic

Scincus, i m [Gr σκίγκος, corr stincus] *A kind of land crocodile, or newt about the river Nile*, Plin 8, 25

Scindens, tis part (1) *Cutting, slashing* (2) Met *Dividing, distributing* (1) Vento [illegible] scinden [illegible], Sil 1, (2) Scindens [illegible] Theodori, *Juv* 7, 177 ‡ *Scaching rhetoric*

Scindo, ĕre, scidi, ✝ sciscidi, scissum [Gr σχίζω, inserto n, scindo] (1) *To cut, to slit, or rend, to tear, or pull in pieces* (2) *To cut, or break off* (3) *To divide* (4) *To cut off to destroy utterly, or break open* (5) *To till, to plow* (6) *To renew, to renew* (1) Scindere latus flagello, *Ov in Ibin*, 185 ¶ Scindere penulam, *to be earnest with one to stay*, Cic Attic 13, 33 (2) Scindit Atropos annos, *Stat Sylv* 3, 3, 128 Com[illegible] scinditur, *Cic* (3) Mare scindit terras, *Luc* In [illegible] scinditur [illegible] sese unda reducta, *Virg Æn* 1, 165 Scindit se studium, *Quint* (4) Scindit [illegible] Pergamum, *Plaut Bacch* 4, 9, 1 (5) Solum scindere, *Virg Geor* 2, 399 humum, *Ov* (6) Nolo commemorare, ne scindam ipse dolorem meum, *Cic* [illegible] 5

Scindor, scissus pass (1) *To be cut* (2) *To be cleft* (3) *To be divided* (4) *To be interrupted* (1) Hanc epistolam cui [illegible] scindi velim, causa nulla est, *Cic Fam* 5, 20, ult (2) Cuneis [illegible] fissile scinditur, *Virg Æn* 6, 182 (3) Scinditur studia in contraria vulgus, *Virg Æn* 2, 39 (4) Verba fletu scinduntur, *Ov Ep ex Ponto*, 3, 1 [illegible] Scindo

Scindula, æ f [a scindo, vel a Græc σχινδαλμός, [illegible] [illegible]] *A shingle, or a lath to cover houses with instead of tile*, Vitruv *scrib* & Scandula, *q v*

|| Scindulárius [illegible] *Cover'd with shingles, or scindles*, Apul [illegible]

Scintilla, æ f [igniculus procurrens [illegible] quasi scintilla [illegible]] (1) *A spark of fire, a sparkle* (2) Met *A remnant, or relique* (1) Silicis scintillam excudit Achates, *Virg* [illegible] 1, 1 9 (2) Scintilla belli, *Cic* [illegible] 6

Scintillatio, onis f verb *A sparkling*, Plin 20, 9

Scintillo, āre neut *To sparkle* [illegible] testa ardente viderent scintillare oleum, *Virg Geor* 1, 392 Ut scintillant oculi! *Plaut Men* 5, 2,

Scintillula, æ f dim *A little spark*, Met *a rudiment, the first dawning* Scintillulas virtutum [illegible] videmus, *Cic de Fin* 5, 15

|| Sciniphes, [illegible] [illegible] Exod 8 [illegible] *al* [illegible] *al* cinifes, *al* scinipes, Gr σκνῖπες *A kind of gnat*, Scap

Scio, ivi, itum act [ab ἴσημι, [illegible] Mercer quod ab [illegible] imaginari, videre, [illegible]] (1) *To know by himself, or information* (2) *To be skilful in* (3) *To ordain, to order, decree, or appoint* (1) ✠ Obliviscer quod [illegible] interdum expedit, *Publ Syr* [illegible] Tu, [illegible] quod scis, [illegible] *Ter Eun* 4, 4, 55 § Qua [illegible] totum me ex hoc, *Plaut* [illegible] 2, 2, 17 (2) Scire Græce, [illegible] Latine, *Id* [illegible] *perhaps in*, [illegible] Donato [illegible] [illegible] *Ter* § Omnes

linguas scit, *Plaut* Scire tuum, *profecto nihil [illegible] more* Græco, *Pers* 1, 27 (3) *Litt ex Liv* ☞ Sciebam in imperfecto, & *sciebo* in fut sæp. occ ap comic & interdum alios

Scior, iri pass *To be known*, &c = [illegible] certum sciri, nihil plane cognosci & percipi posse, *Cic de Orat* 1, 51

* Sciagraphia, æ f *A description of the whole frame of a building, with the conveyance of every room*, Hermol *scrib* & Sciagraphia, *q v*

Sciolus, a, um dim [a scius] *One who thinketh he knoweth more than he doth, a sciolist, a smatterer in any knowledge*, Litt ex Plaut cert Front 1, 6

* Sciomantia, æ f *The calling up of ghosts by magic*, Comm Hor

* Sciŏpŏdes, um m pl *People of Ethiopia, who in hot weather cover themselves with the shade of their feet*, Litt ex Plin

* Sciothericon pot sciathericon, *seu* horologium [a σκιά, & θηράω, indago] *A sundial*, Plin 2, 76 De ratione conficiendi sciotherica, *vid* Vitruv 1, 6

* Sciothericus, a um *Id* Sciathericus

Scipio, ōnis m [a σκῆπτον, innitor] (1) *A walking-staff, a cudgel, a crutch* (2) Also *the stalk of a grape* (1) Quem, pol, ego [illegible] hoc scipione, *Plaut Amph* 1, [illegible] ☞ Ab hac notione Scipionum gens (2) Col de Arb c 8

* Scirōma, ătis n *The hardness of any thing*, as liver, &c Plin 25, 8 *Rect* scirroma

* Sciron, ōnis m *The north west wind peculiar to the Athenians*, Plin 2, 47

Scirpea, æ f *A dung pot, or basket made with twigs and rushes*, Ov Fast 6, 680 *ubi al* sirpea, *vid* & Varr L L 4, 31

Scirpetum, i n *A rush bed*, [illegible] ex Plin

Scirpeus, a, um *Of or belonging to bulrushes*, Ov *Vid* Scirpea

Scirpices m *Instruments made with teeth like a saw, which being drawn with oxen, pluck up by the roots flags and great weeds growing in meadows*, R ex Col

Scirpicula, æ f *A little hook wherewith rushes are cut, also used in pruning of vines*, Cato 11

Scirpiculum li n *A basket, or hamper of rushes, or twigs* Vimine textum scirpiculum, *Col* 10, 3[illegible] Scirpiculis ferre rosam, *Prop* 4, 2, 40

Scirpiculus, i m *A little bulrush, a little weel of bulrushes*, Varr R R [illegible], 2

Scirpo, are unde pass *To bind, or wind with bulrushes or other like things* = Scirpea [illegible] [illegible] id est, scirpando colligatur, *Varr L L* 4, 31

Scirpula *A kind of vine*, Plin 14, 3 & Col 3, 2

Scirpus, i m [id quod sirpus, interto c, a scirpo, ligo vincio, colligo, nodo implico] *A rush without a knot, a bulrush used for nets, weeks of candles*, &c Plin 16, 3[illegible] ¶ Nodum in scirpo quærere, *to stumble upon plain ground*, Prov ap Enn & Terent

* Scirrhoma, ătis n [[illegible] σκιρρόω, induro] *Hardness in the liver*, Plin 25, 8

* Scirrophŏrion, ōnis m Gaza, σκιροφοριών, mensis qui Lat dictus *Maius*

Scirrus, i m *An hard swelling in the skin*, Cels & Plin 7, 15

Sciscitor, ari dep [qu freq a scisco] (1) *To enquire, demand, or ask* (2) *To be informed* (1) Epicuri sciscitabar ex Velleio sententiam, *Cic N D* 1, 7 Mathematicum sciscitatus est quis eum maneret exitus, *Suet Domit* 15 (2) Quicquid est procul hinc licet quid sit, sciscitari, *Ter Eun* 3, 4 10

Scisco, ĕre, ivi, itum [a scio] (1) *To inquire* (2) *To determine, ordain, or decree, to vote, to give his voice, or suffrage, to make a law* (1) Accurrō, ut sciscam quid velit, *Plaut Amph* 5, 1, 17 (2) ✠ Quæ sciscerent plebs, aut quæ populus juberet, *Cic* Rogationes plurimas propter vos populus scivit, *Plaut Curc* 4, 2, 23

Scissa in ano *Clefts, chaps about the fundament*, Litt ex Cels

Scissĭlis, le adj [a scindo] *That may be cut, or cleft* Alumen scissile, *Cels* 6, 11

|| Scissio, onis f verb *A cutting*, &c *Macrob Somn Scip* 6, 25

Scissor, ōris m verb *A cutter up of meat, a carver*, Petron Arb c 36, 5

Scissūra, æ f *A cut, a cleft, a rent, or chop, a notch, the parting of a stream* Penna in tectis omnibus sine scissura, *Plin* 11, 38

Scissus, a, um part [a scindor] (1) *Cut, rent, torn* (2) *Parted, divided* (3) *Broken, bruised* (1) Scissa comam, *Vir Æn* 10, [illegible] Scissa gaudens Discordia palla, *Id Æn* 8, 702 (2) Vix in hybernis scissa feruntur equis, *Ov in Ibin*, 200 (3) Scissum alumen purgatur, *Col* 6, 13

Scissus, ûs m *A cutting, cleaving, renting, or tearing* Scissu materiæ colligatus, *Varr*

Scitamentum, i n [a scitum] (1) *A kind of meat of a pleasant taste* (2) Met *Also a grace in discourse* (1) Aliquid scitamentorum de foro obsonium, *Plaut Menæch* 1, 3, 26 (2) *Gell* 18, 8

Scitans, tis part *Asking* Capum [illegible] scitatious [illegible], *Ov Met* 2, 511

|| Scitator, ōris m verb *A searcher, or inquirer*, Amm 18, 9 ✝ Percontator

Scitè adv ius, comp ssime, sup *Cunningly, trimly, daintily, bravely, prettily* Nimium scite scitus es, *Plaut Cas* [illegible], 1, 8 || Scitius [illegible], *Gell* 4, 11 || Scitissimè discursus [illegible], *Apul Met* 9 ✝ Commode, venustè, literatè, *Cic*

Scito, are ant *id quod* scitor

Scitor, ari [a scio, scitum] *To ask, inquire, or demand things secret and unknown* § Scitare aliquid ab aliquo, *Hor Epist* 1, 7, 60 § Ex [illegible] *Plaut* = Ardemus scitari & quærere causas, *Vir Æn* 2, 105

Scitu abl qui solus refert *By an order, or decree* Neque senatus jussu, neque populi scitu, *ap Cic Attico*, 4, 2

|| Scitulè adv *Wittily, finely*, Apul Met 7 ✝ Scitè

Scitulus, a, um dim [a scitus] *Pretty, neat, trim gallant, brave, fine* Forma scitula atque [illegible], *Plaut Rud* 4, 1, 2

Scitum, i n [a scisco] *An ordinance, a statute, a decree, a sentence, properly of the commons* ✠ Nominatio ex senatus consulto, & scito plebis prorogatum in perpetuum est, *Liv* 10, 22

Scitūrus, a, um part [a scio] *About to know* Superbe respondisse, nisi incepto desisteret, [illegible] sciturum, quis ipse esset, *Curt* [illegible], 1, 16

Scitus, a, um [a scio] [illegible], comp ssimus, sup (1) *Knowing, skilful, wise* (2) *Prudent* (3) *Cunning, crafty, waggish* (4) *Courteous, civil* (5) *Pleasant, agreeable* (6) *Gallant, jolly, good* (7) Also *fair, beautiful* (1) Non [illegible] scitior, quæ hos rogem, *Plaut Cytell* 4, 2 12 Nessus [illegible], membrisque valens scitusque vadorum, *Ov Met* 9, 108 (2) Scitum est periculum ex aliis facere tibi quod ex usu siet, *Ter Heaut* 1, 2, 6 (3) Scitus sycophanta, *Plaut Amph* 1, 2, 8 (4) Nullum scitum [illegible] scitius est, *Plaut Casin* [illegible], 1, 11 (5) Oratio optima, & scitissima, VENI illo ad cœnam, *Plaut Stich* 1, 3, 31 (6) Scitus puer natus est Pamphilo, *Ter Andr* 3, 1, 6 (7) Muliercula formæ scitioris, *Lampr* in *Commodo*

Sciurus, i m [Gr σκίουρος, [illegible] τῆς σκιᾶς τῆς οὐρᾶς, ab umbra caudæ] *A squirrel*, Plin 8, 38

Scius, a, m *Skilful* § Scius omni artificio, *Hyg* [illegible] Mulieres plus scia, *Petron* [illegible]

* Scirrhosis, is f *An hard tumour, or swelling of the spleen*, Macer

* Scloppa, æ f [umile [illegible]] *A sledge*, Jun

|| Sclopetum, i n [a sclopo, sive [illegible], quem edit, cùm disploditur] *A musket, or gun, a fire gun*, Jun

Scloppus, i m *vel* sclops, *rect* stloppus [vox ficta [illegible]] (1) *A sound made in puffing of the cheeks* (2) || Also *an harquebus, an handgun, a pistol, a petronel, a boy's pop gun* (1) Nec scloppo tumidas [illegible] [illegible] buccas, *Pers* 5, 13 (2) Ap [illegible] hernos

Scobina, æ f [a scobe, [illegible]] (1) *A graver that bowyers use to shave bows withal, a rasp wherewith roughness is made smooth* (2) || Also *scrapings or filings* (1) Scobina fibri, *Plin* 11, 37 (2) *Litt* unde non dicit

Scobs, scobis f [[illegible] scobis, qu scabis, quia scabendo detergitur] *Any manner of powder, or dust that cometh of sawing, filing, or boring, saw dust* [illegible] Scobs eburnea, *Plin* [illegible] Eburnea scobis, *Col* 7, 10 Cum sanitas inferioris partis cognita est, *Cels* 8,

✝ Scœlum *pro* Cœlum, Sa[illegible] *Meurs*

✝ Scœna *pro* cœna, Sabin *Meurs*

✝ Scœnicula, æ f [[illegible] quod cœnicula, [illegible] [illegible] [illegible] Sabino[illegible] [illegible] num *pro* cœnum, unde scœnic[illegible] lus, a, um, ut *ab* [illegible], [illegible] lus vel *a* schœno vulgari unguento, *Varr L L* [illegible] [illegible] *Plaut* [illegible] Schœnicula

✝ Scœnum *pro* cœnum, Sab[illegible] *Meurs*

* Scolecia, æ f [a vermiculorum specie dict a σκώληξ, [illegible]] *A kind of rust, or canker of copper, verdigrease*, Plin 34, 1[illegible]

* Scolecion, ii n *A kind of scarlet worm*, Plin 24, 4

Scolius, a, um Scolium carmen *an epithalamium* Scolius [illegible] [illegible] σκολιός, citharæ genere [illegible] [illegible] *as amphibrachys*, ten ntar, *Diom*

* Scŏlŏpax, ăcis (1) *A wood cock, a snite* (2) Also [illegible] [illegible], or *a snite* (1) *Arist hist anim* 9, 8 (2) *Gell*

* Scolopendra,

* Scŏlŏpendra, æ f [a σκόλοψ, i e palus præacutus, ſive χάραξ, quoniam geſtat qu. σκόλοπα ἐν τῇ οὐρᾷ, i e corniculum ſeu palum in extremo] (1) *A venomous inſect of eight feet, with a peeked tail* (2) Alſo *a certain fiſh that caſteth out his bowels, until the hook wherewith he is taken, be out which being done he ſucketh them up again* (1) Theophr 7, 1 (2) Plin 9, 43 & 32, 11

|| Scŏlŏpendria, æ f *Hartstongue*, Offic

Scŏlŏpendrium, ii n [à foliorum inciſuris referentibus ſcolopendriæ pedes, Dioſc] *A kind of herb called ceterach, or ſtonewort, fingerfern miltwort*, Apul de herb 4, 47 & 56, 92. = Aſplenium

* Scolymos, i m [quòd ſpinis ſit σκόλιος, aſper] *An artichoke*, Plin 20, 22

Scombrus, & ſcomber, bri m (1) *A kind of fiſh called an herring by ſome, by others called ſkirel, a kind of tunny* (2) *A dolt or ſimpleton* (1) Laudatiſſimi ſcomber, ſalpa, ſparus, &c. Plin 31, 11 *Vid* & omnino eundem, 31, 8 Heſperius ſcombri temperat ova liquor, *the choiceſt garum, or pickle* Mart 13, 40 (2) Litt ex *Plaut*

* Scomma, ătis n [ex σκώπτομαι, præt paſſ a σκώπτω] *A ſcoff, a mock, a jeer, a flout*, Macrob Sat 7, 3 *Lat* Cavillum

Scopa, æ f *A beeſom*, Bibl Scopa regia, *butchers-broom*, *milfoil* Plin 25, 5

Scopæ, ārum f [à ſcobe, quod ea ſcobem verrimus, *Perot*] (1) *A broom, beeſom, or bruſh* to ſweep houſes withal (2) A ſoin *crops of herbs, or trees, in handfuls* (3) *Wiſps of ſtraw,* &c *for ſoldiers to ſhoot, or fling at* (1) Munditias volo fieri hic, ferte huc ſcopas, *Plaut Stich* 2, 2, 25 Scopis verrere, *Petron.* 34 (2) *Plin* 21, 15 (3) G ex Veg

|| Scoparius, ii m *He that ſweepeth the houſe*, Ulp ✝ Qui ſcopis verrit

|| Scopetum, i n *A broomfield, or the place where broom groweth*, Alex ab Alex

Scopio, ōnis m [à ſcoparum ſimilit] *A cluſter, or bunch of grapes with the ſtalks*, Cato, c 11 = Scipio, *Col*

|| Scopo, āre act *To ſweep, or make clean* Et ſcopabam ſpiritum meum, *Pſal* 77, 7 Hugo *al leg* ſcopebam ✝ Purgo

* Scops, is f [a σκώπτω, quod geſtibus ridiculis aucupis ſaltationes eorum imitantis capiantur, ut ſi potius, quod ait Athenæus, l 9 ipſum σκώπτω ab hac ave dicitur] *A kind of night-birds*, Hom or *dotterels*, Ariſtot ☞ *De hac ave omnino vide doctiſſimam reverendi, & mihi amiciſſimi viri Edm Chiſhull in* Del Teſoro Britannico, *diſſertationem*

✝ Scoptula aperta, operta, *Cal al* ſcapula operta [a ſcapula, *vel* ſcopulus] *The ſhoulder-blades Recte meus liber, ni fallor*, ſcutula operta, *Celſ* 8, 1

Scopula, æ f dim *A little beeſom, a bruſh that painters, or plaiſterers uſe, a ſcrubbing bruſh*, Cato, 26 Col 12, 18

Scŏpulōſus, a, um (1) *Full of rocks, or ſhelves* (2) Met *Difficult, dangerous* (1) = Scopuloſa & abrupta loca, *Plin* 6, 18 (2) Intelligo quam ſcopuloſo difficilique loco verſer, *Cic Div in Cæcil* 11

Scŏpŭlus, i m [à σκοπέω, quòd inde procul σκοπεῖν proſpicere poſſumus, *Heſych*] (1) *An high rock, a ſhelf in the ſea* (2) *Danger* (3) Dim à ſcopus, *a mark to ſhoot at* (1) Æneas ſcopulum conſcendit, *Vir Æn* 1, 184 Ter ſcopuli clamorem inter cava ſaxa dedere, *Id Æn* 3, 566 ⚜ *Met* Ire ad ſcopulum, *to periſh*, Liv ⚜ Geſtare ſcopulos in corde, *to be hardhearted*, Ov Met 7, 33 (2) Navem ad ſcopulos appellere, *Cic*, pro *Rabir* 9 (3) *Suet Dom* 19

* Scŏpus, i m [à σκέπτομαι, diſpicio, conſidero] (1) *A mark, butt, or prick that men ſhoot at, the white* (2) Met *An end, deſign, aim, or purpoſe, a ſcope* (1) Græce tantum, Ἐπέχε νῦν σκοπῷ τόξον, *Pind vid tamen* ſcopulus, n 3 (2) Neutri σκοπὸς eſt ille, ut beati ſimus, *Cic Att* 8, 10 Propontum Græci σκοπὸν vocant, *Macrob* ¶ Scopus uvæ, *the buſhy ſtalks that grapes be on in cluſters*, Varr *S-d al leg* ſcapus

|| Scorbūtus, i m *A diſeaſe called the ſcurvy*, Med

✝ Scordalus, a, um [i e ferox, *Gl Iſid* al à σκῶρ, ſtercus, ut ſign ſordidus, al qu ſcorodalus, à σκορόδου, allium, qui allium obolet, ut loq *Plaut*] (1) *Naſty, rank, rammiſh, ſtinking of garlick* (2) *Huffiſh, vapouring, ſwaggering* (1) Eumolpum excludo, redditóque ſcordalo vice, &c Petron c 95 *interpr Iſid* Tullius Cimber & nimius erat in vino, & ſcordalus, *Sen Ep* 83 = Ingenium ſcordalum & ferox, *Suet Aug* 65 Cod Sam (2) Scordalus, homo alliatus, & illuvie ſqualoreque fœdus, ſordidus, impurus, *Gloſſ Petronianæ*

✝ Scordiſcarius, ii m *A ſadler*, Gl Phil ✝ Ephippiarius

* Scordion, ii n [ἀπὸ τοῦ σκορόδου, ab allio, cujus odorem refert & acrimoniam] *An herb called water germander*, Plin 26, 8

Scōria, æ f [a σκῶρ, ſtercus, qu ſit ferri ſtercus, ut voc *Scrib Larg*] (1) *Droſs, the refuſe of metal tried by the fire* (2) Alſo *naſtery* (1) Quæ è catino jactatur ſpurcitia, in omni metallo vocitur ſcoria, *Plin* 33, 4 (2) = Sordibus & ſcoria patiar tabeſcere tali, *Vir in Cir* v 249 *ubi vel contra etym corripit primam, vel diſſyllab vocem facit*

Scorpæna, æ f *A kind of fiſh*, Plin 32, ult

|| Scorpidion ii n dim *A little engine to ſhoot poiſoned arrows, or darts with*, Amm

Scorpio, ōnis m & ſcorpius, ii m (1) *A ſcorpion* having ſeven feet, and ſtriketh with his tail (2) *One of the twelve ſigns of the zodiac* (3) *A ſeafiſh* (4) *An herb like a ſcorpion's tail*, good againſt the ſting of that venomous creature (5) Alſo *an engine, a kind of croſs-bow to ſhoot ſmall envenomed arrows*, or *darts* (6) *A whip, or ſcourge having plummets of lead at the end of the cords* (7) Alſo *an heap of ſtones ſet up for a meer, or boundary* (1) Scorpionis cauda ſemper in ictu eſt, *Plin* 11, 25 Metuendus acumine caudæ ſcorpius, *Ov Faſt* 4, 163 (2) Seſe emergens oſtendit ſcorpius alte, *Cic* in *Arat* 317 Sol ingreditur Scorpium 14 Cal Novembris, *Col* Cum ſit Luna in Leone, Scorpione, &c Plin 17, 24 (3) *Plin.* 32, 11. (4) *Plin.* 22, 15 & 16, 27 (5) Scorpione tranſjectus concidit, *Cæſ B G* 7, 25 (6) *Plin* 7, 56 (7) *Sicul Flacc edit Gœſ* p 3, & 6

|| Scorpionārius, ii m *He that ſhooteth in a croſs bow*, ex analog, *Jun*

Scorpionius, a, um *Of, or belonging to a ſcorpion*, Plin 20, 1

* Scorpites, æ m *A precious ſtone of the colour, or ſhape of a ſcorpion*, Plin 37, 11

* Scorpiuron, ri n *al* ſcorpiurus [herba ſic dict quòd ſcorpii caudæ ſimilis] *An herb having ſeeds, flowers, or leaves like a ſcorpion's tail*, and is good againſt their ſtingings, *ſcorpion-wort*, Plin 22, 21

Scorpius, ii m *Vid* Scorpio

Scortātor, ōris m verb *An whoremonger, a wencher, an hunter of harlots* Scortatorum cohors, *Cic Catil* 2, 11

|| Scortātus, us m *Whoring*, Apul Met 5, ſub fin

Scortea f [ſc veſtis] *A leather cloke uſed by travellers to keep off the rain*, ſuch as poſtilions now uſe Scortea, δερματο-χιτών, *Vet Gloſſ* Ad ſubitas nunquam ſcortea deſit aquas, *Mart* 14, 130

✝ Scortes *The cods of a man, or beaſt, or the ſkin of the cods*, Feſt

Scorteum [ſc veſtimentum] *A leather coat, or cloke* ⚹ Quid expectas ut homines ad penulas diſcurrerent, aut ad ſcortea? *Sen Q N* 4, 6

Scorteus, a, um *Made of hides, or ſkins of leather* Scorteum pulvinum ſubjicere, *Celſ* 8, 12 Scorteum faſcinum inſerere alicui, *Petron* c 138

Scortillum, i n *A little, or young whore, a miſs*, Catull 10, 3

Scortor, āri dep *To go a whoring, to haunt brothels, to wench*, Ter Heaut 1, 2, 32

Scortum, i n [cujus etym multùm vexatur] (1) Properly *the hide, or ſkin of a beaſt* (2) *An harlot, a common whore, a drab, a* bona roba (1) *Feſt* Scorta humecta, *raw, or wet hides*, Amm (2) Clodius ſecum ſemper ſcorta, ſemper exoletos, ſemper lupas ducebat, *Cic* pro *Mil* 21

Scotia, æ f *The rundel in the bottom of a pillar*, Vitruv 4, 3

* Scŏtōma, ătis n [a σκότος, tenebræ] *A giddineſs, or dizzineſs, dazzling the ſight, a vertigo, a ſwimming in the head* Lat Vertigo

* Scŏtōmătĭcus, a, um *He that is troubled with a giddineſs, ſtaggering, or ſwimming in the head, dizzy* Quibus ſubitæ vertigines obſervantur, quos σκοτωματικοὺς Græci dicunt, *Scrib Larg Compoſ* 6

✝ Scraceo, ēre [vox a ſono ſcreantis] *To hawk, to ſpit*, Scal

Scractia, æ f [a ſcrateo, i e χρέμπτομαι, ſcreo, *Joſ Scal*] *A deſpicable baggage*, Varr *al* ſcrancia, ſcranctia, & ſcracia

Scrapta, æ f *id quod* ſcractia

Scraptia, æ f *A drab, or quean*, Plaut *id quod* ſcractia

✝ Screa, orum n plur an [quæ quis ſcreat] *Tough phlegm, clots of ſpittle which we fetch up with coughing*, Feſt

Screabilis, le *That may be ſpitted out*, Litt ex Plin

Screātio, ōnis f verb *Hemming, or hawking*, Litt ex Plaut

Screātor, ōris m verb *An hawker, or hemmer*, Plaut Mil 3, 1, 52

Screatus, ūs m *A ſpitting, hawking, or hemming*, Ter Heaut 2, 3, 132

Screo, āre [ab Hebr. ירק *A ven*] *To reach in ſpitting, to hawk*, Plaut Curc 1, 2, 22

Scrība, æ m [ſcribæ, librarii, qui rationes publicas ſcribunt in tabulis, *Feſt*] (1) *A writer, an amanuenſis* (2) *A ſcribe, a ſecretary, a town-clerk* (1) Poſſem de ſingulis ad te rebus ſcribere, ſi M Tullius ſcriba meus adeſſet, *Cic Ruſo, Fam* 5, 20 (2) Scribæ Prætorii, Cenſorii, Pontificales, Ædilitii, Quæſtorii, Auguſtales, &c *apud id ævi auctores* ☞ *De hoc ordine vid Cic in* Verrem, 3, 79 *conf* & Nep Eumene, c 1 Scriba publicus, *a publick notary*, Cic *in* Verr

✝ Scribātus, us m *A ſecretaryſhip, or clerkſhip*, Cod ✝ Scribæ munus

✝ Scribillo, āre act [à ſcribo] *To ſcribble*, Varr

Scriblita, æ f [a ſcribo, quòd notis quibuſdam ſignata, & quaſi ſcripta eſſet, *Turneb*] *A tart, a wafer* Mart 3, 17 *al* ſcrib ſtriblita & ſtreblita, Cato, 78

Scriblitarius, ii m *A maker of tarts*, Afran *ap* Non

Scribo, ĕre, pſi, ptum act [a γράφω, præpoſito ſ, ut à γλύφω, ſculpo] (1) *To write* (2) *To compoſe, or make a ſpeech, book, &c* (3) *To deſcribe* (4) *To inſtitute, to appoint* (5) Alſo *to paint, to limn, or draw* (1) § Scribere ſuâ manu, benè, velociter, officioſè, pluribus, § ad aliquem, *Ciceroniana ſunt* Scribere milites, *to liſt them*, Plaut ſupplementum militibus, *to recruit them*, Cic dicam alicui, *to enter his action*, Id nummos, *to give a bill of exchange*, Plaut notis, *to write ſhorthand*, Quint vento & aquâ, *to forget*, Catull (2) Orationes ſcribere, *Cic* poëmata, *Hor* ⚹ Meliùs putant ſe poſſe dicere quam ſcribere, *Cic* de *Clar Orat* (3) Qui magis licet curiones ſei vos ſcribere? *Ter Prol Eun* 36 (4) Solon Athenienſium leges ſcripſit, *Cic* pro *Roſc Am* 25 ¶ Scribere aliquem hæredem, *to make him his heir*, Id Offic 3, 73 (5) Scripſit & Apollinem & Dianam & matrem Deûm, *Plin* 35, 10

Scribor, i paſſ *To be writ*, &c *Cic de Div* 1, 54

|| Scribo, ōnis m *A ſecretary*, Anaſtaſ ✝ Scriba

|| Scriniarius, ii m *A maſter, or clerk of the rolls*, Sam ex vett Inſcript

Scrinium, ii n [qu ſecernium, locus in quo ſecernuntur pretioſa & ſecreta] (1) *A casket, a coffer*, &c wherein jewels or other ſecret things are kept (2) *An eſcritore, deſk, or cupboard, a caſe to put books, or paper in, a ſkreen, or ſhrine* (1) *Plin* 7, 29 (2) Librariorum ſcrinia, *Catull* 14, 18 Compilare ſcrinia alicujus, *Hor Sat* 1, 1, ult retegere *Juv* Scrinii magiſter, *the maſter of the rolls*, Lampr

|| Scriplum, i n. vet codd *pro* ſcriptulum *A ſcruple*, the 24th part of an ounce Drachmæ ſcripulum ſi adjecero fiet ſextula, *Fann de Pond* Scriplum, γράμμα, σταθμός, *Vet Gloſſ Vid* Scriptulum

Scriptilis, le *That may be written* Litera eſt initium ſcriptilis vocis *Vel Long*

Scriptio ōnis f verb (1) *The act of writing* (2) *The exerciſe of writing* (3) *A ſtile, a compoſition.* (1) Lippitudo impedit ſcriptionem meam, *Cic Att* 10, 19 (2) Nulla res tantum ad dicendum proficit, quàm ſcriptio, *Cic de Cl Orat* (3) Controverſia ſcriptionis genere

genere nata, *Cic* Philosophæ scriptiones, *Id Tusc* 5, ult

Scriptito, āre freq *To write often, or much* ✠ Hæc ad me scribas velim, vel etiam scriptites, *Cic Att* 7, 12

† Scriptlum, i n per Sync *pro* scriptulum, *Charis*

Scripto, āre freq *pro* script to *To write often* Aut ego lecto, aut scripto, quod me tacitum juvet, ungor olivo, *Hor Sat* 1, 6, 12 ☞ *At si legas,* Aut ego, scripto aut lecto, quod me taci um juvet, ungor olivo, *disparent hæc verba, in participia migrantia, junt que abl casus absol pos*

Scriptor, oris m verb (1) *A clerk, a scrivener* (2) *A writer, a maker of a book, an author* (1) Domestica um ut um scriptoris, *Cic Fam* 2, 4 (2) Scriptores Græci & Latini, *Cic Attic* 12, 19 ¶ Legum scriptor, *a law-maker,* Id *pro* Domo, 18

Scriptōrius, a, um *Of, belonging, or serving to writing* Calamus scriptorius, *Cels* 5, 28, 12 Scriptorium atramentum, *Id* 6, 4 *sed al* sutorium

Scriptŭlum, i n *The third part of a dram, a scruple, the twentyfourth part of an ounce,* Varr *Dic & scrip lum, & scripulum, & scriplum*

Scriptum, i n (1) *A thing written, a writing* (2) *A letter* (3) *A work, a book, a poem* (4) *A clerkship* (1) De scripto dicere, *Cic Fam* 10, 13 Moris erat quinquam præsentem scripto adire, *Tac* 1 5 (2) De bueram scripto certior esse tuo, *Ov Ep* 6, 4 (3) Optima scripta Græcorum, *Hor Epist* 2, 1, 28 Ex Nævianis scriptis intelligi potest, *Cic de Cl Orat* 15

Scriptūra, æ f [*a* scribo] (1) *A writing* (2) *The writing, or making of a book* (3) *The stile, or manner of writing of any author* (4) *An inscription* (5) Also *the fee that forest-men take for cattle that grase and are fed in the forest* (6) *The tribute paid to the public for grasing of cattle in common pastures,* which was set down in books of account *the revenue of public duties let to farm.* (1) Diuturna ctorum scriptura, *Tac Ann* ., 3, 2 (2) Hæc non recipit enarranda hic scripturæ modus, *Paterc* 2, 52 Peliquum scripturæ consumetur in exemplis, *Ad Herenn* (3) = Fabulæ tenui oratione, & scripturâ levi, *Ter Phorm Prol* 5 (4) Sinua ætatem scripturâ indicat, *Paterc* 2, 61 (5) *Plaut Truc* 1, 2, 40 (6) Terentius in portu, & scriptura Asiæ operas dedit, *Cic Attic* 11, 10

‖ Scripturārius, a, um *Of, or belonging to a writing, a register, a record* Scripturarius ager, *a public pasture let to farm,* F st

Scripturarius, ii m *A clerk that writeth books of accounts for bailiffs, the chief clerk of auditors or receivers,* particularly *he who took account of cattle that grased in common pastures, and received the rents of them for the public use,* Non ex Lucil *interpr Bud*

‖ Scripturio, ire, ivi *To have a desire, or to begin to write,* Sidon Epist 7, 18

Scriptus, a um part (1) *Written* (2) *Painted* (3) *Appointed* (1) Scripta ad eum mandata reminit n, *Cæs B C* 1, 10 (2) *Plin Vid* Scribo, n 5 (3) Scriptum proferre diem, *Sen Herc fur* 190

Scriptus, ûs m verb *A writing, the office of a secretary, or clerk,* Gell 6, 9

† Scripŭlum. n unde scriplum, *pro* scriptulum, omisso *t* *A scruple in weight,* Charis *Vid* Scriptulum

† Scrito, are *Scritare* ab eo, qui sistit ægre, *Varr* ubi *Scal* leg *stritare,* *a* terendo, tritare, & *s,* præpos antiquo more, stritare *To halt, to limp,* Ex Litt

Scrobiculus, i m dim *A little ditch, or furrow,* Col 4, 15

Scrobs, is f & scrŏbis, is d g *A ditch, dike, furrow, or slough* Scrobis fieri debet latus, *Col* 5, 6 Profundos scrobes fieri, *Id* 4, 1 Contenti bipedaneâ scrobe, *Id ibid*

Scrōfa, æ f [quod gaudent scrobes facere, *V*] (1) *An old sow that hath had pigs more than once* (2) *The sirname of a Roman family* (1) Scrofa in sua quæque hara, *Varr R R* 2, 4 Scrofa fœcundior alba, *Juv* 6, 176 (2) Tremellius Scrofa *De diversa cujus cognominis ratione,* vid *Varr R R* 2, 4 & *Macrob Saturn* 1, 6, fin

Scrōfipascus, i m *A feeder of old swine, a swineherd,* Plaut Capt 4, 2, 27

Scrōfula, æ f dim (1) *A little pig* (2) *The king's evil, a wen in the throat* (1) *Litt* ex *Plin* (2) *Cels* 5, 28 *dict quod sues præcipuè hoc morbo vexantur*

‖ Scrōfulāria, æ f [dict quod ejus usu scrofæ delectantur] *The herb blind nettle, pilewort, or figwort,* Jun

Scrōtum, i n [per Metath à scortum, *i e* pellis] (1) *An old shoe, or a leather bag* (2) *The cod wherein the stones are* (1) *Cujac* (2) *Cels* 7, 19

Scrupĕdus, a, um *That goeth hardly, or with pain, shambling,* vid Varr L L 6, 3 & Gell 3, ..

Scrūpeus, a, um [*a* scrupus] (1) *Of, or belonging to little stones* (2) Also *coarse, sharp* (1) Spelunca scrupea, *Vir Æn* 6, 238 (2) Scrupeus victus, *Litt* ex *Plaut* sed addubito

Scrupi, orum m *Chess-play* Scruporum duodecim lusus, *the game of draughts,* Quint 11, 2

Scrūposus, a, um (1) *Full of little gravel stones, rugged* (2) *Difficult, scrupulous* (1) Meus victus scruposam comment viam, *Plaut Capt* 1, 2, 82 (2) Ratio scruposa, *Lucr* 4, 526

Scrūpŭlaris, re *Of, or belonging to the third part of a dram,* Plin 23, 8

Scrūpŭlātim adv. *By retale, by piecemeal,* Plin 22, 24

Scrūpŭlose adv ius, comp ssime, sup *Scrupulously, difficultly, curiously, exactly, exquisitely,* Minus scrupulosè probantur, *Col* 9, 8 Scrupulosius tractabo ventos, *Plin* 2, 46 Scrupulosissimè requirere, *Col Præf operis*

Scrūpŭlōsĭtas, atis f *Scrupulosity, anxiety niceness, exactness,* Col 11, 1, in fin

Scrūpŭlōsus, a, um or, comp ssimus, sup (1) *Full of little gravel stones* (2) Met *Scrupulous, curious, full of doubts* (3) *Nice, precise* (1) Scrupulosæ cotes, *Cic Tusc* 4, 14 Suum pabulo *carti* ne gignuntur, scrupulosa cornici intra nucleos ruminatione, *Plin* 15, 23 (2) Miraris quod tot volumina, multaque in his tam scrupulosa, homo occupatus absolverit? *Plin Ep* 3, 5, 7 Scrupulosissimo cultu, insolentissimo spretu Deos negligere, *Apul de Deo Socr* p. 668 (3) Ventorum paulo scrupulosior observatio, *Plin* 18, 35

Scrūpŭlum, i n (1) *The third part of a dram, a scruple* (2) Also *a measure of land of an hundred foot square* (1) Neque argenti scrupulum est ullum, *Cic Att* 4, 16. Quinque marathri scrupula, *Ov de Med fac* 92 *al* scrypula, *corr* (2) *Col R R* 1, 1

Scrūpŭlus, i m dim [*a* scrupus] (1) *A little hard stone falling sometimes into a man's shoe, and troubling him in travelling* (2) *A doubt, difficulty, trouble, a scruple* (3) *A scruple* in weight, *the third part of a dram, and twentyfourth of an ounce* (4) Also *a measure of ground containing an hundred foot square,* that is, ten in breadth, and as many in length (1) *Analogicè, sed desideratur auctor* (2) = Injectus est hominibus scrupulus, & quædam dubitatio, *Cic* pro *Cluent* 28 (3) Eadem gens nullum ante scrupulum argenti habuit, *Val Max* 4, 4, 9 (4) *Varr* 1, 10 & *Col* 1, 1

Scrūpus, i m (1) *A little sharp stone, a piece of stone, a chalk-stone* (2) *A chess man, a table man, a draught-man* (3) Met *A doubt, a doubtful, hard, or dark question, a riddle, a nice ticklish point* (1) Scrupus sola crebei iniqua asperat, *Avien* (2) Duodecim scrupis ludere, *Cic Orat* 1, 50 *Sed MSS* scriptis In lusu duodecim scruporum, *Quint* 11, 2 (3) *Gell* 12, 6

Scrūta, ōrum n [*qu* scrota *vel* scorta] *Old garments, frippery, lumber, old trash, or trumpery, broken stuff that is almost past using,* also *little images made in paste* Vilia vendens scruta, *Hor Ep* 1, 7, 65 *ubi vid Torrentium*

Scrūtans, tis part *Searching* Scrutantes ferro abdita terrai, *Lucr* 6, 809

Scrūtārius, ii m *A seller of old stuff, trash, or trumpery, a broker* Scruta ut vendat scrutarius laudat, *Lucil* ap *Gell* 3, 13

‖ Scrūtārius, a, um *Of, or belonging to frippery, or brokage* Scrutariam facere, *sc* artem, *Apul Met* 4, p 110

Scrūtātio, ōnis f verb *A searching, an enquiry, or research,* Sen *de* Vita beat 13

Scrūtātor, ōris m (1) *A searcher,* particularly *of such as come before princes* (2) *A diligent seeker, a rummager* (1) *Suet Claud* 35 (2) Pelagi scrutator Eoi, *Stat Sylv* 3, 3, 32 *a fisher, or diver* Scrutator pallidus auri, *a digger of a gold mine,* Luc 4, 298

† Scrūtillus *The belly of a swine stuffed, or farced,* Fest

‖ Scrūtĭnium, i n *A search, a scrutiny, a research* Apul Met 9, sub fin ✝ Inquisitio, investigatio, *Cic*

† Scruto, āre ant *Non id qu*

Scrūtor, āri, ātus sum dep [*a* scrutis *q d* scruta eruere] (1) *To seek, to search diligently, to trace out, to follow by the track, or scent,* as hounds do (2) *To examine, to sift* (3) *To pry into* (1) *Vid* Non 7, 6 Ἐρευνῶ scruto, rimor, *Vet Gloss* = Scrutatur vestigia domini, atque persequitur canis, *Plin* 8, 40 (2) = Non te excutio, non scrutor, *Cic* pro *Rosc Amer* 34 (3) Arcanum nec tu scrutaberis ullius unquam, *Hor Ep.* 1, 18, 37

‖ Sculna, æ m *A judge, or arbitrator, he who keepeth stakes, or judgeth of a wager,* Varr *sed inter sordida reposuit hanc vocem P Lavinius, teste* Gell 20, 11 ✝ Sequester

Sculpendus, a, um part *To be ingraved, or carved,* Plin 36, 4 *Vid* Scalpo

Sculpo, ĕre, psi, ptum [à γλύφω] *To carve* in stone, *to grave* in metal Marmore sculpendo innotescere, *Plin* 36, 1 Sculpere ebur mirâ arte, *Ov Met* 10, 249

Sculponea, æ f [à sculpo, calceus ex solido ligno excu ptus & excavatus] (1) *A wooden shoe, a patten, a shabot, a kind of shoe that servants wore* (2) *A whirlbat* (1) Sculponeas bonas alternis annis dare oportet, *Cato,* 59 (2) *Fulg* Vid *Doux.* in *Plaut Cas* 2, 8, 59

Sculpōneātus, a, um *Wearing wooden shoes, clogs, or pattens,* Varr *ap* Non 2, 731

‖ Sculptile, is n *A carved, or graven image,* Jun

Sculptilis, le adj *That is carved, or graven* Opus sculptile, *Ov ex Pont* 4, 9, 28

Sculptor, ōris m verb *A graver, a carver,* Plin 20, 13

Sculptūra, æ f *A graving, a carving, sculpture,* Plin 16, 11 & Vitruv 4, 6

Sculptus, a, um part *Graven, carved* E saxo sculptus, *Cic Acad* 4, 31 Animalia sculpta, *Luc* 3, 224

Scurra, æ c g [à שקר *Aram q d* falsiloquus *vel* vaniloquus] (1) *A scoffer, a saucy jester, a buffoon* (2) Also *a wit a virtuoso* (3) *A mimic, a droll* (1) Quoniam frequentissimè usus est jocis, & nocentissimos sæpe hoc dicendi genere tutatus est, scurra ab inimicis suis est dictus, *Cic* pro *Quint* Epicurus Socratem scurram Atticum esse dicebat, *Id N D* 1, 34 (2) *Hunc ad amussim descripsit* Plaut Trin 1, 2, 161 & *que deinceps* (3) Scurra dignunnit prior, movetq, plausus, *Phædr* 5, 5

Scurrans, tis part *Acting the part of a scoffer, or jester* Scurrantis speciem metues præbere professus amicum, *Hor Ep* 1, 18, 2 vid & *Cæs B C* 1, 39

Scurrīlis, le *Scurrilous, buffoon like* Jocus scurrilis, *Cic de Orat* 2, 57

Scurrīlĭtas, ātis f *Scurrility, pleasantry, buffoonry, drollery, raillery* Fœda & insulsa scurrilitas, *Auct Dial de Orat* c 22

Scurrīlĭter adv *Buffoon like, with raillery* Ludere scurriliter, *Plin Ep* 2, 25, 5

Scurror, āri dep *To play the scoffer, jester, or buffoon* Scurror ego ipse mihi, *Hor Ep* 1, 17, 19

Scurrŭla, æ m dim *A wag, a little droll,* Apul Met 10, p 2..

Scūta, æ f [*a* scuti figura] *A dish,* Luci

Scūtale, is n *The string, or leather of a sling, or dart* Triplex scutale, crebris su ibus durum, *Liv* 38, 29

‖ Scūtālis, le *Buckler like,* Med

Scutārius, a, um *Of, belonging, or serving for shields, or targets,* Vitruv 2, 11

Scūtārius, ii m (1) *A maker of bucklers, shields, or targets* (2) Also *a soldier armed with a shield* (3) *An horseman with a shield,*

shield; attending as the emperor's guard, an esquire (1) Plaut Epid 1, 1, 35 (2) Suet Aug 56 ( ) Amm

Scūtātus, a, um Armed with a buckler, or target, Liv 28, 2

Scūtella, æ f dim [à scutula vel scutra, rect à scu ll, Celt] A kind of dish, or platter, a saucer, or plate trencher Demus scutellam dulciculæ potionis, Cic Tusc 3, 19

Scūtica, æ f. [à σκυτ@, corium, quòd ex pelle facta, qu σκυτικη, vel ab Hebr שוט Idem] ( ) A scourge, or whip made of leather thongs, a switch (2) Meton The print of jerks, or lashes, (1) ✱ Nec scuticâ dignum horribili sectere flagello, Hor Sat 1, 3, 117 (2) ✱ Rubet ille flagellis, hic scuticâ, Juv 6, 479

|| Scūtiformis, me adj Of the fashion of a shield, Med

Scūtigĕrŭlus, i m A page, or cutrel bearing his master's shield, or buckler, an esquire at arms, Plaut Cas 2, 3, 44

† Scutŭlus, a, um Thin, lean, slender, nothing but skin and bone, Fest

† Scutiscum, ci n A small dish, Cato, c 10 C leg scutrīscum

Scutra, æ f [qu scutiformis] A chaffer to warm water in Benè ut in scutris concaleant, Plaut Pers 1, 3 8

Scutŭla, æ f [à scuti forma] (1) A little dish, a saucer, any thing of the shape of a target (2) A round little piece of bark cut off trees when they are grafted (3) A cobweb (4) A kind of serpent (5) The hole for sight in a cross bow, or such like engine (6) Also a little piece of stone, or marble inlaid in tessellate pavements, cut scutcheon wise, or like lozenges (7) A roller used in the launching, or drawing of ships (1) Mart 11, 32 (2) Plin 17, 16 (3) Sipont (4) Sipont (5) Vitruv (6) Vitruv 7, 1 (7) Cæs B C 3, 40 quib 2, 10 phalangas vocat

Scutŭlātus, a, um [quod quibusdam orbibus, qu scutulis distinguitur] Wound and wrought in the form of a scutcheon, or target, wrought in needlework Scutulatum rete, a cobweb, Plin 11, 24 Scutulatus color, dapple-gray, or watchet colour, Pallad 4, 1 Scutulata vestis, & absol scutula, a garment of silk, wherein are wrought round figures like cobwebs, Plin 8, 48 Juv 2, 97

Scūtŭlum, i n dim (1) A little shield, or scutcheon (2) A figure in that form (1) Cic N D 1, 29 (2) Scutulis vestes dividere instituit Gallia, Plin 8, 48 Scutulis operta, the shoulder-blades, Cels 8, 1

Scūtum, i n [à σκύτ@, pellis, ex qua fiebat, vel quâ saltem obtegebatur] (1) A buckler, shield, target, or scutcheon (2) Also the form of a plaster spread upon leather, &c cut scutcheon-wise, to be applied to the stomach (3) A defense, a defender (1) ✱ Latini scuta pro clypeis fecere, Liv 8, 8 De forma scutorum vid eundem, 9, 40. Ignavus miles & timidus, scuto abjecto, fugit, Cic Scutis, qualibus Trojam pugnatum est, continebantur imagines, Plin 35, 3 Ad scutum, faceth to the left, Ælian (2) Offic (3) ✱ Scuto magis quam gladio plebi opus est, Liv 3, 53 Scutum imperii Fabium cunctatorem vocatum refert Florus, 2, 6, 27 ✱ ut contra Marcellum ensem Posid ap Plutarch

* Scybălum, i n Dung, ordure, properly dogs meat, Theod Prisc

Scylla, æ f [à σκύλλειν, vexare, vel à σκύλαξ, catulus] (1) A gulf, or dangerous place in the Sicilian sea (2) Also a kind of shell-fish, a prawn, lobster, or some such shellfish (3) A bird so called (1) Vid Vir Ecl 6, 74 & dein ceps, & ibi Servium Vorax Scylla, Catull rapax, Ov (2) Plin 32, ult & 9, 42 ☞ Dicitur etiam ab eodem ut & à Cic & Hor squilla (3) Plin 37, 10

Scyllētum, i n A place where prawns are taken, Litt ex Cic

* Scymnus, i m A lion's whelp, or lioncel Catuli pantherarum scymnique leonum, Lucr 5, 1035

* Scyphus, i m A large jug, or bowl to drink out of Natis in usum lætitiæ scyphis pugnare Thracum est, Hor Od 1, 27, 1 Nec bella fuerunt, faginus astabat cum scyphus ante dapes, Tibull 1, 10, 8 ☞ Et sane grammatici Græce de rustico poculo intelligunt

Scyrīcum, i n [à Scyro insula] Bluish colour, or light watchet al corr syricum vel siricum, Plin 35, 7

* Scytăla, æ f scytale, es f (1) Some take it for a field mouse, some an ermine, others a shrew (2) A serpent that hath a back of a wonderful glistering colour (3) A little round staff used by the Lacedemonians for sending private orders to their general, wrapping the paper or parchment about it, and then writing, which none but he could read by folding it in the same manner about his staff, which was of the same bigness (1) Mus araneus, quam Græci σκυτάλην vocant, Col 6, 17 ubi tamen meus liber habet μυγαλην Legitur & ap Plin 32, 5 ubi tamen μυγαλὴ legi debet (2) Scytale exuvias positura suas, Luc 9, 720 (3) Legatos ad Pausaniam cum scytala miserunt, Nep Paus 3 Vid Plutarch in Lysand & Thucyd schol quibus addas Gell 17, 9

✱ Scytălŏsăgittĭpellĭger [Hercules fic dict quòd σκυτάλην, i e clavam, & sagittas, & pellem, sc leonis gestaret] Tert de pallio

* Scythĭca, æ f & scythice, es f Sweet root, or liquorish, Plin 25, 8 & 26, 5

Scythĭcus, a, um Scythica mustela, a sable, a martin, Jun

* Scythis, idis f A kind of precious stone, Mart

S ante E

Sē accus [à sui] Himself, herself, itself, themselves, passim

Sē ipræpos insep aliq valet seorsim, ut in segrego, separo, aliq dimidium, ut in selibra, semodius, contr pro semi, aliq sex, ut sedecim, sedigitus, semestris

Sebāceus, a, um Made of tallow, Col ap Litt

Sebāceum, i m A tallow candle Vid Sevaceum

|| Sebālis, le adj Sebalis fax, a tallow torch, Amm

|| Sēbo, āre act To dip in tallow, as they that make candles do Vid Sevo

Sebōsus, a, um adj Tallowish, or full of tallow Vid Sevosus,

Sebum, i n Tallow, or suet Vid. Sevum.

|| Sĕcābĭlis, le adj That may be cut, Auson 1, 7

Sĕcāle, is n [à seco; Perot rect à Celt segal] Ry, Plin 18, 16

Sĕcālĭcus, a, um Of ry Secalicus panis, Ry bread, Plin ap Litt sed non invenio

Sĕcāmentum, i n A cut, or chop, a shred, or chip, any thing that is cut off, Plin 16, 10

Sĕcārĭus, a, um That wherein shreds are put Sportæ secariæ, baskets to put chips, or shreds in, Cato, 11

Sĕcātĭo, ōnis f verb A cutting, Litt ex Cels

|| Sĕcātor, ōris m verb He that cutteth, Aug ✝ Sector

Sĕcātūrus, a, um About, or that will, or ought to cut, Col 5, 9

Sēcēdo, ĕre, ssi, ssum neut [ex se, i e seorsum, & cedo] To go apart, to withdraw, or retire, to step aside, or retreat = Secedant improbi, secernant se a bonis, Cic Catil 1, ult § Secedere de via, Plaut Curc 2, 3, 2. § in hortos, Ov Trist 4, 8, 28 § ad stylum, Quint § a lusu, Prop 1, 10, 9

|| Sēcernĭcŭlum, i n A sieve, or searce, a boulter, Offic ✝ Cribrum

Sēcerno, ĕre, crevi, etum act [ex se, i e separatim, & cerno] (1) To put asunder, or apart, to sever (2) To separate one from another (3) To distinguish (1) Secernere arietes bimestri tempore, Varr (2) Vid Secedo (3) Dedit natura sensum & belluis, ut secernant pestifera à salutaribus, Cic N D 2, 47 § Secernere voluptatem a bono, Id § publica privatis, Hor A Poet 397

Sēcespĭta, æ f [à secando, dict] A long knife which the priests used at their sacrifices, Suet Tib 25 Descriptio ejus petenda à Festo, & a Servio ad Vir Æn 4, 262 Forma quoque sæpe occ in numismatis

Sēcessĭo, ōnis f verb (1) A going aside, a retiring, or withdrawing (2) A revolt, a mutiny (1) Secessio subscriptorum, i e sociorum litis, Cic pro Muræn 24 (2) Detrectatæ pugnæ memores secessionem paulo ante fecerunt, Liv conf Cæs B C 1, 20

✝ Secessiones, narrationes, Fest M leg sectiones, ab ant seco, dico

Sēcessus, us m verb (1) A departure (2) A retirement, a retreat (3) An house of office, privy, or jakes (1) In secessu avium, noctuæ paucis diebus latere traduntur, Plin 10, 29 (2) = Carmina secessum scribentis & otia quærunt, Ov ✱ Ille meus in urbe, ille in secessu contubernalis, Plin Ep 2, 13 (3) Bibl

Sĕcius adv comp [à secus] Less Vid. Secus

Sēclūdo, ĕre, si, sum act [ex se, pro seorsim, & cludo vel claudo] (1) To shut apart, to part (2) To shut out, to seclude (1) Munitione flumen à monte seclusit, Cæs B C 3, 97 (2) = Sol ve corde metum, secludite curas, Vir Æn 1, 566 ¶ Vitam corpore secludere, to kill one, Plaut Rud 1, 4, 1

✱ Sĕclum, i n per Sync pro seculum An age, Lucr & cæt poetæ Vid Seculum

Seclūsōrĭum, ii n A place where any thing is shut up apart from others, a coop, Varr R R 3, 5

Seclūsus, a, um part Shut up apart from others, situate by itself A communi luce seclusus, Cic Verr 5, 9 Nemus seclusum in valle reducta, Vir Æn 6, 704

Sĕco, āre, ui, ctum, & secatum act (1) To cut, to carve (2) To cut off, or asunder (3) To mow (4) To rend, or tear (5) To part, or divide (6) To gnaw (7) Also to decide, or determine (8) To walk (1) Caput cultrum, seca digitum vel aurem, Plaut Merc 2, 2, 38 Ramum secuit, Col 5, 9 (2) Insperante populo, collum secuit hominis, Cic (3) Pabulum secare, Cæs B G 6, 14 (4) Hirsuti vepres secant corpora, Vir Geor 3, 444 (5) Id totum secuit in duas partes, Cic (6) Postes termes secat, Plaut Most 3, 2, 140 ✱ Secuit Lucilius urbem, Pers 1, 114 (7) Hor Sat 1, 10, 15 vid & secor, n 2 (8) Amethystinatus media qui secat septa, Mart 2, 57

Secor, ari pass (1) To be cut (2) Met To be decided (1) Marius, cum secaretur, vetuit se alligari, Cic Tusc 2, 22 (2) Bono viro judice multæ magnæque lites secantur, Hor Ep 1, 16 42 In cæteris notionibus, vid Seco

✝ Sĕco, ĕre ant vel sequo [ab ἕπω, dico, ut à λιπω, liquo, unde in comp insequo] To say, to mention, Fest

✝ Secordia, pro socordia, Fest

Secors [ex se, i e sine, & corde, Fest] Vid Socors

|| Sec tarium, i n A council chamber, a consistory, Cod a judgement place, or judicial court, Cassiod Also a secret place remote from company, Apul de Mundo, p 728

|| Secretārius, ii m A secretary, Jun ✝ Ab epistolis, scriba

|| Secrete adv Secretly, Hier ✝ Secretò

|| Secrētim adv Idem, Amm ✝ Secretò

Sēcrētĭo, ōnis f verb A separating, or setting apart from others, a dividing = Interitus est quasi discessus, secretio & diremptus earum partium, Cic Tusc 1, 29

Secretò adv ius, comp Secretly, in secret, apart, privily, in a corner Secretò collocuti sumus, Cic Attic 7, 8 ✱ Hæc palam, & secretò narrantur, Id Fam 8 1 = Mirum quid solus secum secretò ille agat, Plaut Amph 3, 2 73 Pleonism = Ut secretius secum natum, & sine arbitro interficeret Just 21, 4 vid & Col 11, 2

|| Secretor, ōris m verb He that secreteth, Marcell ✝ Qui secernit

Sēcrētum, i n [à secerno] (1) A place secret, or apart from company, a retirement (2) A secret, a mystery (3) A private audience (1) Animus secretum suum sanctus faciat, Sen Ep 11 Rhodi secretum, Tac Ann 4, 57, 3 (2) Oratio animi secreta detegit, Quint 11, 1 (3) Secretum petenti non nisi adhibito filio Druso dedit, Suet Tib 26 ¶ A secretis, of the privy council, Cassiod

Sēcrētus, a, um or, comp ssimus, sup part & adj [a secerno] (1) Separated, severed (2) Secret, privy, private (3) Solitary, remote, far off (1) = Nihil est quod dicere possis ab omni corpore sejunctum, secretumque esse ab inani, Lucr 1, 432 (2) Loco celebri, an secreto dicas, interest plurimum, Cic de Legib Libertus ex secretioribus ministris missus ad Agricolam, Tac Agric 39 (3) Secretissimæ pabulationes, Col 9, 4

Secta, æ f [à seco, ut à Gr. σχίσμα; vel à sector] vocab. αἵρεσις (1) *A way, an opinion* (2) *A sect, a kind of people of a different profession* (3) *A party, or faction* (1) = Sectam & instituta aliquorum persequi, *Cic Verr* 5,70 = Quæ tibi secta vitæ, quod hominum genus placeat? *Plin Paneg* 15 = ratio, *Cic pro Cæl* 17 (2) = Philosophorum sectæ, familiæ, disciplinæ, *Cic* = hæreses, *Id* Generosa Christi secta nobilitat viros, *Prud in Roman.* 125 (3) Cæsaris sectam, atque imperium secutus, *Cic* vid & *Suet Aug* 12

|| Sectaculum, i n *A race, or pedigree* Unde natalium sectacula provenirent, *Apul Met* 5, p 155 ✝ Progenies

Sectarius, a, um [à sequor] *That which others follow* Vervex sectarius, *a bellweather*, Plaut Capt 4, 2, 40 *of a sect*, Eccl

Sectator, ōris m verb *A follower, one that imitateth another, or doth like him*, Cic *pro* Muren 34

Sectatrix, icis f *A she follower* ✝ Consectatrix, *Cic*

Sectilis, le [à seco, sectum] *That is, or may easily be cut, cleaved, or taken asunder* ✱ Serrabilis, an sectilia, *Plin* 16, 43 Sectile porrum, *Juv* 3, 293 ebur, *Ov Med Fac* 10

Sectio, ōnis f verb [à seco] (1) *A cutting, or dividing, a cutting out, as of leather for shoes* (2) *The confiscation, or forfeiture of one's goods* (3) Also *that which is forfeited and taken to the king's use* (4) Also *that which is taken in prey at the winning and sacking of a town* (1) G ex *Suet* (2) *Cic Philipp* 2, 29 (3) *Cæs B G* 2, 33 (4) *Cic de Inv* 1, 45

Sectivus, a, um *That is often cut* Porrum sectivum, *Juv* 14, 133 it *Plin* 19, 6

Secto, āre *idem quod* sector *To chase, or hunt*, G ex Sil *sed non invenio*

Sector, āri freq [à sequor] (1) *To follow, to attend, or wait upon* (2) *To hunt, or chase, to run after* (3) *To attempt, to follow after, to imitate and do like another* (1) Prætorem circum omnia fora sectabatur, *Cic Verr.* 2, 70 (2) Sectari apros, *Vir Ecl* 3, 75 (3) Levia sectantem nervi deficiunt, *Hor A P* 26

Sector, ōris m verb [à seco vel sequor, *Cic* sectores, & qui secant, & qui empta sua persequuntur, *Fest*] (1) *A cutter, a cut-purse* (2) Also *a sequestrator, one who buyeth confiscated, or forfeited goods, or estates, and selleth them again for gain, a committee-man, an informer* (3) *A seller of any thing* (1) Sector zonarius, *Plaut. Trin* 4, 2, 20 (2) Sector, hoc est, qui bonorum Roscii emptor, atque possessor est, *Cic* pro *S. Rosc* 36 (3) Sector favoris ipse sui populus, *Luc* 1, 178

Sectrix, icis f verb *A she sequestrator* Metella proscriptionum sectrix, *Plin* 36, 15

Sectūra, æ f *A cutting, a shredding* De sectura gemmarum id *Plin* 17, 17 & 37, 8 Secturæ ærariæ, *veins of brass ore*, *Cæs B G* 3, 21

Sectūrus, a, um part *About to cut*, Col 5, 9

Sectus, a, um part (1) *Cut* (2) *Chopped, shred* (3) *Pared* (4) *Parted, divided* (5) *Torn, or cut, mangled* (1) Pellis secta, *Ov Fast.* 2, 31. (2) Herbæ sectæ, *Hor Sat* 2, 4, 67 (3) Unguis sectus, *Hor Epist* 1, 1, 104 (4) Secto via limite quadret, *Vir. Geor* 2, 278 (5) Hydra secto corpore firmior, *Hor Od.* 4, 4, 61

Secubitus, ūs m verb *A lying apart, a lying alone by himself*, Catull 62, 380

Secubo, āre, ui, itum neut [ex se, *i e* seorsim, & cubo] *To lie apart, asunder, alone, or by one's self*, Catull 59, 105 Prop 2, 15, 41

Secula, æ f *A scythe wherewith hay is mown, a sickle, or hook* Falces in Campania seculæ a secando, *Varr L L* 4, 31.

Secularis, re (1) *Of, or belonging to this world, or life, secular* (2) Also *of, or belonging to the space of an hundred years, that is done, or renewed once every hundredth year* (1) Eccl (2) Carmen seculare pro imperii Rom incolumitate, *a poem sung by boys and girls, at the secular plays*, Lemma Hor. Ludi seculares, *Suet Aug* 3

Seculum, i n [à seco, sectum, seculum, tractus enim ille certis temporum præscriptionibus secabitur in partes] (1) What certain time it denoteth properly is hard to be known It seemeth in the natural sense to denote *the time of a man's life* from his birth to his death, in a civil, *a determined number of years*, which among the Romans was 100, 105, or at most 110 (2) *An age, a lesser space of time* (3) Also *a kind of breed in living creatures* (4) Meton. *People of the age* (5) *The world* (1) *Vid* Censorinum de Die Nat c 17 & Varr L L 5, 2 (2) Aurea sub illo rege fuerunt secula, *Vir Æn* 8, 324 (3) Secula hominum, ferarum, bucera, scriptorum, *Lucret expressurus Græcorum* γένεα, *ut videtur* (4) Fœcunda culpæ secula, *Hor Od* 3, 6, 17 (5) Everso missus succurrere sæclo, *Vir Geor.* 1, 500 In luxuriem fluens seculum, *Flor* 4, 12

Secum [ex se, & cum] *With himself, or with themselves*, passim

Secunda pl n *Prosperity* In tuis secundis me respice, *Ter Andr* 5, 6, 11

Secundæ, ārum f *sc* partes [quòd nascentem infantem sequantur] (1) *The skin wherein the child, or other young animal is wrapped in the womb, the afterbirth, or burden* (2) Also *the second, or next place* (1) *Plin* 20, 22 *Cels* 7, 29 (2) *Sen.*

Secundāni secundæ legiones milites, *sicut* primani primæ, *Liv* 34, 15 & 41, 3

Secundans, tis part *Making prosperous, favouring*, Tac Ann 2, 24, 2

Secundani, orum m *Soldiers of the second legion*, Litt ex Liv

Secundarium, ii n. *The coarser meal, whereof houshold bread is made*, Litt ex Plin

Secundarius, a, um (1) *Of the second sort* (2) *Of the second class* (1) Secundarius panis, *Suet Aug* 76. Passum secundarium, *wine of the second pressing*, Plin 4, 9 (2) Arrius, qui fuit M Crassi quasi secundarius, *Cic de Cl Orat* 69 *sed variant codd*

Secundè adv *Luckily, prosperously, fortunately* Quod hæc res secundè processerat, *Cato ap Gell* 7, 3

|| Secundicerius, ii m [qui secundus scribitur in cera sive cerata tabula] *The second principal officer*, Cod ✝ In cera secundus, qui secundas impler

Secundiformis, e [à figura secundarum] Secundiformis tunica, *the skin that wrappeth the brains*, Med

Secundò adv (1) *The second time* (2) *In the second place, secondly* (1) ✱ Semel hominem alloquutus fueram, an secundò redeundum esset? *Cic* (2) ✱ Equidem primùm, ut honore dignus essem, maximè semper laboravi, secundò, ut existimarer, tertium, &c *Cic pro Planc* 20

Secundo, āre act. [secundum facio, *i e* prosperum] (1) *To make prosperous, to favour, to second* (2) Also *to obey* (3) *To accommodate, to suit* (1) § Di nostra incepta secundent, *Vir Æn* 7, 259. § Tempus ei rei secundat, *Plaut Rud* 4, 2, 3 (2) *Ter Adelph* 5, 9, 37 *interpr Donato* (3) Tempus ei rei secundes, *Plaut, Trin* 4, 3, 3

Secundor, āri pass *To be favoured*, Sen

Secundum præp serviens accus. [à sequendo] (1) *Nigh, or near, hard by* (2) *Next after, or to* (3) *In* (4) *On one's side, for* (5) *According to* (6) *Concerning, or about* (1) Quid illuc est hominum secundum litus? *Plaut* (2) Ille ita est secundum te, & liberos nostros, ut pene par, *Cic Q fratr* 3, 1. In actione secundum vocem vultus valet, *Id* (3) Secundum quietem, *Cic de Div* 1, 24 (4) Prætor secundum me litem dedit, *vid Cic Attic.* 4, 2 (5) Secundum facta & virtutes tuas, *Ter. Eun* 5, 9, 60 (6) Ut secundum ea deliberetis, *Sall B Jug.*

Secundus, a, um [*qu* sequundus, à sequendo, quia sequitur primum] or, comp ssimus, sup. (1) *Second* (2) *Next*, but inferior (3) *Next* in the same rank (4) *Following, accompanying* (5) *Prosperous, favourable, lucky* (1) Prima sequentem honestum est in secundis tertiisque consistere, *Quint ad scenam respiciens*. (2) § Secundus à rege, *Hirt.* § nulli virtute, *Vir Æn* 11, 441, § ad regium principatum, *Cic* ✱ Hæc fuit altera persona Thebis, sed tamen secunda, ita ut proxima esset Epaminondæ, *Nep Pelop* 4 (3) ✱ Non viget Jovi quicquam simile aut secundum, proximos illi tamen occupavit Pallas honores, *Hor Od* 1, 12, 18 ✱ Aliud est proximum esse, aliud secundum, *Quint* 10, 1. Mensa secunda, *the desert, the sweetmeats*, &c *Cic Attic* 14, 6. Nep. *Agesil* 8 (4) Etesiæ sole secundo flant, *Nigid ap Gell* 2, 22 (5) ✱ Conon inconsideratior in secunda, quam adversa fortuna, *Nep Con* 5 Secundiore prælio, *Cæs B G* 2, 9 Leges secundissimæ plebi, *Liv* 8, 12. Secundum remediis tempus, *Cels* 3, 18. ¶ Amni secundo, *down stream*, Vir Geor 3, 447 Secundis avibus, *luckily*, Liv 6, 12.

Secūrè adv ius, comp *Quietly, safely, securely* Securè continere aliquid, *Paterc* 2, 129 Securius divites erimus, si scierimus quam non sit grave pauperes esse, *Sen Epist* 18 conf. *Quint* 6, 3 & *Just* 5, 9

Secūricula, æ f dim [à securis] (1) *A little ax* (2) *A swallow's tail in carpenters work* (1) Securicula ancipes, *Plaut Rud* 4, 4, 114 (2) *Vitruv* 10, 27.

Secūriclatus, a, um *ut* Securiclati cardines, *Vitruv.* 1 10. *al leg* securidati

✝ Secūrifer, a, um [à securis, & fero] *That beareth an ax, or hatchet*, Ov Met 12, 460

✝ Secūriger, a, um [à securis, & gero] *That carrieth an ax, or hatchet.* Securigera caterva, *Val. Flacc.* 5, 138

Secūris, is f [à seco] *An ax, or hatchet* Securi cervices subjicere, *Cic in Pison* 34 Romanos partim securi percussit, partim in vinculis necavit, *Id* Securis Amazonia, *a pole-ax*, Ov Ep ex Pont 3, 1, 95 ¶ Securim injicere alicui, *to throw a rub in his way*, Cic, *quod* Plaut *pilum injicere*.

Secūritas, ātis f. (1) *Security, quietness, assurance, safety* (2) *An acquittance* (3) Also *carelessness, want of care* (1) Nos beatam vitam in animi securitate ponimus, *Cic N D* 1, 20 = Ut tranquillitas animi adit & securitas, *Id* = Vacuitas ægritudinis, *Id* (2) *Cod* (3) *In plur* = Somno & securitatibus jamdudum vinum profuit, *Plin* 23, 1.

Secūrus, a, um, or, comp, ssimus, sup [ex se, *i.e.* seorsim, & cura] (1) *Secure, safe, quiet* (2) *Careless, fearless, unconcerned* (1) Si Africanæ legiones venient, securos vos reddent, *Cic Fam* 10, 24 § Securior ab hostibus, *Liv* 9, 22 ✱ Nunquam apud vos verba feci, aut pro vobis sollicitior, aut pro me securior, *Tac Hist.* 4, 58, 1 Securissimus, *Quint* (2) § In [ταυτολογίας] vitium sæpè incidit Cicero, securus tam parvæ observationis, *Quint* § Securus de bello, *Liv* 36, 41

Secùs adv comp secius *vel* sequius. (1) *Otherwise* (2) *Amiss* (1) Nisi quid tua secus sententia est, *Plaut Epid* 2, 2, 96 Nemo dicet secus, *Cic* Tamen propositum nihilo secius peregit, *Nep Attic* 22 (2) Rectè an secus nihil ad nos, *Cic in Pison* 28 *Vid* Suet Tit 5. ¶ *Observandum tamen secùs & secius quantitate discrepare, qua causa, a sero deducit Serv, sententiam suam Accii verbis suffulciens* Si fortè pauld quam veniam secius, *i e* serius

Secus præp *Serv Acc id. quod* secundùm *By, or nigh to* Secus viam, *Quint sed novum & sordidum hunc usum pronunciat Charisius*

✝ Secus n ant. *pro* sexus Virile ac muliebre secus, *Sal ap Charis.* || Puerile secus, *Auson*

Secūtor, m verb. [à sequor] (1) *A follower, or attendant* (2) || Also *one who succeedeth a dead man* (3) Also *one of the sword players* (1) Secutor ἀκόλουθος, *Gloss vet* (2) *Apul.* (3) Cum Graccho jussus pugnare secutor, *Juv.* 8, 210 = mirmillo

Secutuleia, æ f [a sequendo, ut locuteleia à loquendo] *A woman that followeth a man up and down*, Petron c 81

Secūtūrus, a, um, part *About to follow* Quæque secuturam religent post terga phaselon, *Stat Sylv* 3, 2, 31.

Secūtus, a, um part [à sequor] (1) *That hath followed.* (2) *Trusting, depending, or relying on* (1) ✱ Partim castra secuti sunt, partim domi remanserunt, *Nep Attic* 7. (2) Secutus amicitiam populi Romani, *Cæs*

Sed, conj. (1) *But.* (2) *But also.* (3) *However* (1) Hem, sed mane, *Ter.* (2) Non interfuit solum, sed præfuit, *Cic Fam* 1, 8. (3) Sed & nostrorum gloriam pertendimus, *Cic.* Sed autem, *yea but*, Plaut. Sed enim, *but, truly*, Vir

Sēdātè adv ius, comp *Quietly, stilly*,

stilly, calmly, patiently = Sedatè placideque loqui, *Cic Orat* 27 = Sedatè constanterque ferre, *Id* Sedatius, *Amm* 25, 285

Sedatio, ōnis f verb *An appeasing, asswaging, qualifying, or quieting, a stillness, a calm* Sedatio perturbationum animi, *Cic Offic* 1, 27

Sedator, ōris m *He that appeaseth*, Litt ex Stat *certè* Arnob

Sedatus, a, um part (1) *Appeased, quieted* (2) *Smooth, still* (3) Adj or, comp. *Sober, sedate* (4) *Considerate* (1) Sic bellum, quod susceperat, sedatum, *Nep* *Dat* 8 (2) Sedati amnes, *Val Fl* 9, 20 (3) Animo sedatiore sentire, *Cic Attic* 8, 3 (4) ✱ Oderunt sedatum celeres, *Hor Ep* 1, 18, 90

Sedecula, æ f dim *A little seat*, Cic Attic 4, 9

Sedens, tis part *Sitting, resting*, &c Sedens lectica, *pro* Plin, *Tacit* 10, 48, 9

Sedentarius, a, um *That sitteth or usually, that worketh sitting, sedentary* Sedentariæ rusticæ, alteris opera non est, *Col* 12, 3

Sedentarius, ii m *He that worketh at his trade sitting*, as taylors, shoemakers, &c Plaut

Sedeo, ere, sēdi, ssum neut [ab ἕζω, sut secund ἕζω, Ion ἑδέω, ἑδῶ, & mutatâ *asp* in *s* quod sæpe amat] (1) *To sit* (2) *To tarry, abide, stay, remain, or continue, to stick fast* (3) *To be set, or placed* (4) *To light and rest upon* (5) *To sit abrood* (6) *To sit in judgement* (7) *To sit still, to loiter, to be idle* (8) *To sit handsomely, or fit one as a garment* (9) *To sit down before a place, to besiege* (10) *To settle in a place, to live* (11) *To be, or lie upon* (12) *To be situate in a low place* (1) ✱ Si non ubi sedeas locus est, at est ubi ambules, *Plaut Capt Prol* v 12 § Ad latus alicujus sedere, *Cic* § in sella, *Liv* in equo, *to ride*, Cic § apud aliquem, *Plaut* § super caput, *Quint* § supra leonem, *Plin* § post aliquem, *Hor* (2) Nives diutinæ sedent, *Plin* § Fixum immotumque animo sedere, *Vir Æn* 4, 15 (3) Ingens cœna sedet, *Juv* 2, 119 (4) Super Menenii caput sedit corvus, *Quint* (5) Polypus femina in ovis sedet, *Plin* 9, 51 (6) Judex inter illos sedet simius, *Phædr* 1, 10 (7) An sedere oportuit domi virginem tam grandem? *Ter Adelph* 4, 5, 8 (8) Ita sedet melius toga, *Quint* 11 3 *Met* § Expeditus quam bene humeris tuis sederet imperium, *Plin Paneg* 10 (9) Sedendo expugnaturum se urbem spem Porsena habebat, *Liv.* 2, 12 (10) Reliquiæ Gallorum in media Asiæ parte sedebant, *Flor.* 2, 11 (11) Memor illius escæ, quæ simplex olim bene sederit, *sate well upon the stomach*, Hor Sat 2, 2, 72 (12) Campo Nola sedet, *Sil* 12, 162

Sedes, is f [à Gr ἕδος, sedes] (1) *A seat, or place to sit on* (2) Met *A place* (3) *An abode, or dwelling place, a mansion* (4) ἕδρασμα, *the foundation* (5) *A base, or foundation* (6) Also *a sepulchre* (7) *The quarters where soldiers lie* (8) *A point in the tables, the acquest* (1) Omnes in iis sedibus, quæ erant sub platano, consedisse dicebat, *Cic de Orat* 1, 7 (2) Neque verba sedem habebunt, si rem subtraxeris, *Cic de Orat* 3, 8 Animi sedes est in cerebro, *Id* *Tusc.* 1, 9 Reponere ossa in sedem suam, *Cels* 8, 10 (3) = Summo imperio domicilium ac sedem præbere, *Cic de Prov Cons* 14 (4) Lacrymæ sedis vitiis prodest, *Plin* 24, 7 Sedes procidua, *Id* 21, 20 (5) Rempub in sua sede sistere, *Aug ap Suet* 28 (6) ✠ Sedibus ut saltem placidis in morte quiescam, *Vir Æn* 6, 371 (7) *Vegit* (8) *Jun*

Sedicula, æ f *A little seat*, Varr *Vid* Sedecula

|| Sediculum *A little seat*, Paul *ap* Litt ✝ Sedecula

Sedigitus, ti m [à sex, & digitus] *He that hath six fingers on one hand*, Plin 11, 43

Sēdile, is n (1) *A seat, a bench, a settle, or stool* (2) *A roost for birds, a pearch* (1) Vivo sedilia saxo, *Vir Æn* 1, 171 (2) Avium sedilia, *Varr R R* 3, 5

Sedimentum, i n [à sedendo] *That which sinketh down to the bottom, the grounds, or dregs, a sediment*, Plin 26, 10

Seditio, ōnis f [ex se, i e seorsim, & itio] (1) *A mutiny* (2) *Sedition, discord, debate, strife* (3) *The stormy raging of the sea* (1) Magno in populo coorta seditio, *Vir Æn* 1, 153 = discordia, *Cic* Seditionem concire, *Liv* 4, 48 & 52 concitare, *Cic* pro *Mur* 39 extinguere, *Id Attic* 5 11 movere, *Suet* ✠ Seditionem facit lien, *my heart panteth*, Plaut Merc 1, 2, 14 (2) Filiam dare in seditionem, *Ter Andr* 5, 1, 11 (3) Seditio maris, *Stat Theb* 9, 142

Sēditiosè adv ius, comp ssimè, sup *Contentiously, seditiously* Seditiosè interrogari, *Cic* pro *Mil* 3 Seditiosius agere, *Tac Hist* 5, 12, 3 Seditiosissimè dicere, *Cic Attic* 2, 21

Sēditiōsus, a, um ssimus, sup *Seditious, factious, mutinous, tumultuous, troublesome* = Seditiosus & turbulentus civis, *Cic de Orat* 2, 11 Seditiosissimus homo, *Val Max* 3, 8, 3 conf & *Tac* 1, 44, 3

Sēdo, āre act [à sedeo, sedi, i e sedere facio] (1) *To allay, or mitigate* (2) *To ease, to rest, to asswage* (3) *To stint, or quiet, to calm, or still* (1) Sitim sedare, *Lucr* 4, 848 flammam, *Prop* 3, 7, 5, pulverem, *Phædr* 2, 5, 18 (2) Lassitudinem militum sedare, *Nep Eum* 9. (3) ✱ Aliquem motum dicendo sedare, vel excitare, *Cic de Or* 1 ✱ incendo, *Id* ✱ Tanta mala sedavi, vel potius, sustuli, *Id*

Sēdor, āri, ātus pass *To be eased, allayed, or calmed*, Sall B Catil 15

Sēdūco, ĕre, xi, ctum act [ex se, & duco] (1) *To lead aside, or apart* (2) *To separate, or divide* (3) *To seduce, to mislead, to deceive, or beguile* (1) Pamphilus me solum seducit foris, *Ter Hec.* 1, 2, 69 (2) § Et cum frigida mors animâ seduxerit artus, *Vir Æn* 4, 385 (3) Ap Eccles scriptt ✝ Dictis ducere, corruptelarum illecebris irretire, *Cic*

Sedūcor, i pass *To be led aside*, &c *Liv*

Sēductio, ōnis f verb (1) *A leading aside, or apart* (2) || Met *A deceiving* (1) = Seductiones testium, secessionem subscriptorum animadvertebam, *Cic* pro *Mur.* 24 (2) *Eccles* ✝ Deceptio

|| Sēductor, ōris m verb *A seducer, or corrupter*, Aug. ✝ Deceptor

|| Seductrix, icis f verb *She that deceiveth*, Aug ✝ Corruptela

Seductus, a, um part & adj or, comp (1) *Led apart, taken aside, or away* (2) *Remote, or at a distance* (1) Singulos deinde separatim, Lælium ac Masinissam seducto, obtestatur, *Liv* 30, 5 Animi habent proprium quiddam, & a corpore seductum, *Sen Ep* 117 A turba seductior, *Pers* 6, 42 (2) Suos manes, seductâ tellure, videbit, *Ov Met* 6, 406

Seductus, ûs m verb *A void place from company, a retreat, or withdrawing place* Hominum maximæ in seductu actiones sunt, *Sen de Tranq* 31 recessus, *Liv* solitudo, recessus, *Cic*

Sedulè adv *Diligently, carefully*, Col 9, 9 R occ Sedulò freq

Sēdulitas, ātis f (1) *Carefulness, diligence, earnestness* (2) *Too great exactness, an overdoing a thing* (1) Sylla sedulitatem mali poetæ duxit aliquo tamen præmio dignum, *Cic* pro *Arch* 10 (2) Sedulitas, stultè quem diligit, urget, *Hor Ep* 2, 1, 260

Sedulò adv (1) *Honestly, plainly* (2) *Carefully, faithfully* (1) Ego sedulò hunc dixisse credo, *Ter Phorm* 2, 4, 13 (2) Aurum custodivi sedulò, *Plaut Aul* 4, 5, 14 ¶ Sedulò facere, *a form in excusing*, vid *Plaut Merc* 2, 3, 126 & ibi *Gronov*

Sedŭlus, a, um adj (1) *Honest* (2) *Careful, diligent, painful* (1) ✱ Eloquentes videbare, non sedulos velle conquirere, *Cic de Clar Orat* (2) Sedula mus, *Tib* 1, 3, 84

Sedum, i n [a semper sedendo, *Perot*] *Houseleek, or sengreen*, Col 11, 3 Plin 18, 17

✠ Segrego, ĕre, ssi [i e seorsim gero] *To lay aside*, Litt ex Stat

Seges, ĕtis f [a serendo, *Fest*] (1) *Land tilled and sown, or ready to be sown* (2) Meton *Standing corn, a crop* (3) *A cornfield* (4) *Any thing sowed like corn* (5) Catachr *A multitude, a stock* (6) Meton *An harvest, a reward* (7) *A soil or plot* (1) Seges dicitur, quod aratum satum est, *Varr* Illa seges respondet votis agricolæ, quæ bis solem, bis frigora sensit, *Vir Geor* 1, 47 Astrum quo segetes gauderent frugibus, *Vir Ecl* 9, 48 (2) ✱ Hic segetes veniunt, illic felicius uvæ, *Vir Geor* 1, 54 (3) Sternuntur segetes, *Ov* & *Cæs B, G* 35 (4) Urit lini campum seges, *Vir Geor* 1, 77 Quod leguminum segetibus fruticat, *Col* 2, 14 (5) ✠ Ferrea clorum seges, *Vir Æn* 3, 45 ✠ clypeati, *Ov Metam* 3, 110 (6) Seges ac materia gloriæ, *Cic* pro *Mil* 14 (7) Prima paretur arboribus seges, *Vir Geor* 2, 267

Segesta, æ f Dea segetum, *Plin al.* segetia, eadem quæ *Messa*, Tert

Segestre, is n [à στέγαστρον, quod à στέγω, tego, *Varr*] *Straw laid in an horselitter, or coach, a mat*, also *a surplicr, any thing to pack up merchandise in, paper, or other stuff wherein tradesmen wrap up their several wares*, vid Varr L L 4, 35 & Lucil *ap* Non 1, 5 Involucris chartarum segestriumque usu hæc prælere, *Plin* 13, 12

✝ Segestrum, i n *A straw bed, mat, pallat, or basket*, Varr de Vit P R

|| Segetālis, is f *Swordgrass*, Jun

✝ Segisterium, ii n *Draff, hogs-wash, swill*, Col *ap* Litt

Segmen, ĭnis n [qu secmen, à seco] *A little piece, or paring cut off from any thing, a shred, a slice, a chop*, vid Plin 15, 12 & Gell 10, 5

|| Segmentarius, ii m *An embroiderer, or worker of garments with fine ornaments, or cloth of gold*, Prob = Phrygio, *Plaut*

Segmentātus, a, um (1) *Made up of divers pieces, or colours* as some, or as others *slashed, pinked, embroidered, flowered* (2) Also *he that weareth garments so wrought* (1) Segmentatis cunis dormire, *Juv* 6, 89 *ubi vid interpp* (2) *Mart* 6, 74 *ubi alii* semitactus, *alii* semitatus, *alii* silent *ita ut nihil de hac notione constet*

Segmentum, i n [à seco, segmen] (1) *A paring, shred, or piece cut off from something* (2) Also *a collar, or ouch about a woman's neck, a necklace of pearl* (3) Also *a border, guard, or parsle about a garment* (4) Segmenta mundi, *the parts of the world divided by lines, circles or parallels* (1) *Plin* 6, 6 (2) *Juv* 2, 124 *interpr Serv* *Sed forte in proxima notione quis malit* (3) *Valer Max* 5, 2, 1 Quid de veste loquar? nec vos segmenta requiro, *Ov de A Am* 3, 169 (4) *Plin* 6, 34, extr

✠ Segnipes, ĕdis *Going slowly, slow-footed, or slow-paced*, Juv 8, 67

Segnis, e [ex se, i e sine, & ignis, i e vita, *Serv*] ior, comp || ssimus, sup (1) *Dull, heavy, slothful, slow, lazy* (2) *Cowardly, fearful* (3) *Barren, unfruitful* (1) ✱ Laudat promptos, segniores castigat, *Cæs B C* 1, 3 ✱ Bonus tantum segnior fit, ubi negligas, at malus improbior, *Sall B J* 36 § Segnior ad imperandum, *Cic* pro *Font* 3 = Probus puer ab illo segni & jacente plurimum aberit, *Quint* § Segnis occasionum, *Tac Ann* 16, 14 (2) Agite, juvenes, capite ferrum, aut haurite poculum, si segnior mors juvat, *Liv* Lana segnissimi corporis excrementum, *Apul Apol* p 465 (3) Horret segnis in agris carduus, *Vir Geor* 1, 151 interp Serv

✝ Segnĭtas, ātis f *Slowness, dulness, sluggishness, sloth, laziness*, Acc *ap* Non 2, 808 ✝ Segnities

Segniter adv ius, comp || ssime, sup *Negligently, slothfully, dreamingly, with delay, coldly* Segniter omnia agere, *Liv* 2, 58 Segniter hæ voces acceptæ, *Tac Ann* 11, 26 Comitia nihilo segnius perficiunt, *Liv* 7, 18 Segnissimè torpere, *Cassiod*

Segnitia, æ & segnities, ei f *Sloth, laziness, barrenness* ✱ Nihil loci est segnitiæ, neque socordiæ, *Ter Andr* 1, 3, 1 = Cis segnius segnitiem hominum & inertiam, *Cic de Orat* 1, 41

Segregandus, a, um part *To be severed, or separated* Segreganda est à me mater, aut uxor, *Ter Hec* 3, 5, 30

|| Segregatio, ōnis f verb *A laying apart*, Tert ✝ Separatio

|| Segregator, ōris m verb *He that separateth*, Tert ✝ Qui segregat

Segregātus, a, um part *Separated, parted*, Cic Tusc 5, 25

Segrego, āre act [ex grex, qu seorsim à grege ago] (1) *To take out of the flock* (2) *To sever, separate, alienate, or put away* (1) Exemplum desidero, quod tamen forte ap rei rusticæ scriptores inv

inv. (2) = § Te obtestor ne abs te hanc segreges, neu deseras, Ter And 1, 5, 56 ¶ Segrega te, monco, Prete to your self, Plaut Pan 1, 2, 136 § Segregare ab se culpam, Id Trin 1, 2, 4 § aliquem à numero civium, Cic pro Arch 2 § e senatu, Plaut Most 5, 1, 9 § Virtutem à summo bono segregare, Cic de Fin 2, 9

Segregor, āri pass To be separated § A numero civium segregari, Cic = Sejungi, seque gregari, Lucr 1, 453 per tmesin

|| Segrĕgus, a, um Retired from company, or living apart, Recent ✝ Seductus

Segrex, ĕgis c g [ex se, & grex] Severed from the flock, or company, solitary Segregem vitam, Sen de Benef 4, 18 ✝ Solitarius, Cic

Segullum, i n [ab Hebr סגלה segulla, peculium] A kind of earth, or mark on the top of ground, that discovereth a vein of gold beneath Aurum qui quærunt, ante omnia segullum tollunt, Plin 33, 4

Seja Dea sationis, ab ant seio, sevi, vid Plin 18, 2

* Seiriasis, is f An inflammation in the head, Litt ex Cels

|| Sejugatio, ōnis f A separation, Aug ✝ Separatio, sejunctio

Sejugātus, a, um part Parted, severed, separated, Cic Div 1, 32

|| Sejuges pl [ex se, & jugum] (1) Unyoked (2) Parted (1) Fest (2) ✝ Sejuges gentes ad unum morem conjugare, Solin ✝ conjugus, Plin ✝ Separatus, sejunctus

Sejugi, sive sejuges, sc equi [ex sex, & jugum] Six horses in a team, or coach, Plin 34, 5 Liv 38, 35

Sejugo, āre act [ex se, & jugo] To unyoke, to uncouple, to sever, or separate, to put apart Vid Sejugatus

Sejunctè adv Severally, Litt ex Plaut

Sejunctim adv Severally, Litt ex Col

Sejunctio, ōnis f verb A separating, or putting asunder ✝ Sejunctio & reditus ad propositum, Cic de Orat 3, 53

|| Sejunctor, ōris m verb He that parteth asunder, Aug ✝ Qui sejungit

Sejunctus, a, um part Put asunder ✝ Si hoc toto tempore, quo sejuncti fuimus, & una, & Romæ fuissemus, Cic Fam 1, 9 = Sejunctum, & secretum à corpore, Lucr 1, 452 = § Semota & sejuncta natura divûm à rebus nostris, Id ibid 59 ✝ A lege sejunctum, & cum vestra severitate conjunctum, Cic pro Cæl 30

Sejungendus, a, um part To be put apart Sejungendus ex numero civium, Cic in Vatin 10

Sejungo, ĕre, xi, ctum act [ex se, & jungo] To disjoin, to separate, sever, or part and put asunder Fortunam nemo ab inconstantia sejunget, Cic N D 3, 24

Sejungor, i pass To be separated Dummodo ista tua privata sit calamitas, & a republica periculo sejungatur, Cic Catil 1, 9

Selāgo, ĭnis f [ex se, & lego, quòd certo ritu seligeretur] An herb like savin, much used by the Druids for all eye sores, hedge hyssop, Plin 24, 11

* Selah, vel sela [i e סלה diapsalma, Jun & Drus] A note of music used especially in the psalms, some take it for a note of observation, some for a kind of pause, some for the lifting up of the voice

Selecti m pl Special officers in Rome so called, Plin 35, 2

Selectio, ōnis f verb [à seligo] A culling, or choosing out, a laying apart by itself Selectio rerum, Cic de Fin 3, 9

Selector, ōris m verb He that chooseth out, Litt ex Plin ✝ Electo, Ad Herenn

Selectus, a, um part Chosen out from among others, and laid apart, culled, choice, select Selecti judices, Cic pro Cluent 43 Selectæ brevésque sententiæ, Id N D 1, 30

* Selenĭăcus, a, um Mad, or lunatic, Trall Lat Cerritus, lymphatus

* Selenites, æ m A stone as is said in Arabia, wherein is a white, which decreaseth and increaseth with the moon, Plin 37, 10

Selenitium A kind of ivy, Plin 16, 34

Selenūsium, i n A sort of excellent wheat, Plin 18, 7

Selibra, æ f [ex semi, & libra] Half a pound, six ounces Selibra farris, Col 12, 20 & Mart 4, 46

Seligo, ĕre, ēgi, ctum act [ex se, & lego] To choose out, to pick, and lay aside, to cull Omnia expende & seliget, Cic de Orat 15 ✝ Seligere quæ secundum naturam sunt, quæ contra rejicere, Id de Fin 3, 9

Sellĭquastrum, i n [à sedendo] A stool to sit on, Varr L L 4, 28

Sella, æ f [à sedendo] (1) A seat, a chair (2) A bench (3) A saddle (1) Datin' ipse sellam, ubi assidat cito, Plaut ¶ Duabus sellis sedere, Prov to hold with the hare and run with the hound, Sen Contr 2, 18 Sella familiarica, a closestool, Varr R R 1, 13 v Scal Conject p 198 (2) Qui ordo ad prætoris sellam, prætore isto, solitus sit convenire, Cic Verr 3, 46 Sella curulis, a chair of state, Id Verr 5, 14 Sella gestatoria, a sedan, Suet Nerv 26 (3) Sella aurea, Prop 4, 11 Vid Veget de Re veterin 1, 56

Sellaria, æ f (1) A place wherein were forms and stools for men to sit on, an hall to meet in (2) An apartment for secret lust (1) Violentia in sellariis domus aureæ disposita, Plin 34, 8 (2) Sellariam excogitavit, sedem arcanarum libidinum, Suet Tib 43

Sellāriŏlus, a, um Belonging to sitting Sellariola Popina, a tippling house, where people sit and keep company together, such as our coffee-houses are, Mart 5, 71

Sellŭla, æ f dim [à sella] A little seat, Tac Hist 3, 65

Sellulārius, a, um Sedentary Sellularius quæstus, gains got by sedentary arts, Gell 3, 1

Sellulārius, ii m [à sellula] That worketh at his trade sitting Opificum vulgus, & sellularii, Liv 8, 20

|| Semaxius tunica molestâ indutus, Tert quòd אצי semissali alligaretur, V

Sembella, æ f [qu semilibella] Half a pound, also a small coin, Varr L L 4, 36

Sĕmel adv [à simile, vel à simul, qu simel, i e una, non divisim, Becm] (1) Once (2) Never but once (3) Once for all (4) All together, all at once (5) At length (1) Satis semel fuim deceptus, Plaut Capt 3, 5, 90 ✝ Semel atque iterum, Cic pro Font 8 (2) Semel ait se in vita pertimuisse, tum cum à me reus factus est, Cic (3) Cum facile exorari Cæsar, tum semel exorari soles, Cic pro Dejot 3 (4) Denique ut semel omnia complectar, Quint (5) Ut verò semel attingam primordia rerum, Mar Vict

Sēmen, ĭnis n [à sero, sevi, sevimen, semen, ut à novi, novimen, nomen] (1) Seed, a corn, or grain, a kernel (2) A graff, or set, an imp, a slip, a cion (3) A breed, or race, a quality (4) An original, rise, or cause (5) Also a kind of corn called spelt (1) Terra semen sparsum excipit, Cic de Senect 15 Semina stirpium ac arborum, Id ibid (2) Ne ferro lædc retuso semina, Vir Geor 2, 302 (3) Tullia regio semine orta, Liv 1, 47 = Virtus quæ propria est Romani generis ac seminis, Cic in Rull conf Suet Cal 25 Natura sequitur semina quisque sua, Prop 3, 8 (4) Hujus luctuosissimi belli semen fuisti, Cic Philipp 2, 23 = Virtutum igniculi & semina, Id (5) Litt ex Plin

|| Sĕmentātio, ōnis f verb A bringing forth seed, Hier ✝ Seminatio

Sĕmentātūrus, a, um part That will grow to seed Herbæ sementaturæ, Plin 18, 28

Sĕmentīcus, a, um That may be sown, Plin 18, 7

Sĕmentīnus, a, um Belonging, or lasting to seedtime Sementina pyra, Cato, c 7

Sementis, is f (1) A sowing (2) Seed time (3) Also corn sown (1) ✝ Sementes maximas facere, Cæs B G 1 Ut sementim feceris, ita & metes, Cic de Or 2, 65 (2) Prima sementis rariùs serere permittit, novissima spissiùs postulat, Col 2, 9 (3) In sementes forte consederat tempestiviores, Gell 2, 29

Sĕmentīvus, a, um adj Belonging to winter, seed time ✝ Sementiva sint, triticum, &c Verna vero, milium, panicum, Plin 18, 7 Sementivæ feriæ, Varr L L 5, 3 & R R 1, 2 al sementinæ Sementiva dies, a feast after seed time, on no stated day, Ov Fast 1, 658 & deinceps

Sĕmento, āre To bring forth seed, to run up to seed, hinc sementaturus, q v

Sĕmentum, i n Seed sown, seed-time, the act of sowing, Litt ex Varr sed quære

Semermus, a, um adj Unarmed, Tac 1, 68, 4 & 3, 45, 30

Sĕmestris, re [quòd est sex mensium, q semenstris, ut pro semimestris] (1) Of six months, or half a year (2) || Also of half the month (1) Semestris dictatura, Liv 9, 34 Semestre regnum, Cic Attic 10, 8 (2) Semestris luna, the full moon in the middle of the month, Apul Met 11, p 361

Sĕmēsus, a, um [ex semi, & edo] Half eaten Ossa semesa, Vir Æn 8, 297 Pisces semesi, Hor Sat 1, 3, 81

Semet accus à suimet [ex se, & met syllabica adjectione] Himself, herself, themselves, Hor Sat 1, 6, 78

Sēmi [à Gr ἡμι, quod similiter usurp in comp ut, semibos, semicaper, semianimus] Half

Sĕmiăcerbus, a, um adj [ex semi, & acerbus] Semiacerbæ uvæ, Pallad Sept Tit 13

|| Semiadăpertilis, le adj Half shut, al leg semiadopertulus, half open, Litt ex Apul

Semiagrestis, e adj Half wild, half clownish, Aur Vict. 3, 39

Sĕmiambustus, a, um Half burned about, scorched, or singed Semiambustum cadaver, Suet Cal 59

|| Semiămictus, a, um Half clothed Humi sedebat scissili palliastro semiamictus, Apul Met 1, p 11

|| Sĕmiampŭtātus, a, um Half cut off, Apul Met 1, p 8 ✝ Semiputatus

Sĕmiănĭmis, me & semianimus, a, um [ex semi, & animus] Half dead, in a swoon Cum semianimis de templo elatus esset, Nep Pausan 5 Corpus semianimum, Liv 28, 23

Semiăpertus, a, um Half open Semiapertis portarum foribus, Liv 26, 39

Semiassus, a, um [ex semi, & assus] Half roasted, or broiled Reliquia semiassi regis, Cic Tusc 1, 44 ex poeta

Semiatrātus, a, um Wearing half black, in half mourning, Varr ap Non 2, 298

Semibarbărus, a, um Half a barbarian, Suet Cæs 76

✤ Sēmibos, ŏvis m [ex semi, & bos] That is half an ox, Ov Fast 4, 7, 18

|| Sēmicānus, a, um Half gray Comæ semicanæ, Apul Met 9, p 298

Sēmicanālicŭlus, i m The exterior hollowness of a pillar, Vitruv 4, 3

✤ Sēmicaper, ri That is half goat Pan semicaper, Ov Met 14, 515

|| Semicentussis, is Half an hundred, or fifty pounds weight, Litt ex Prud ✝ Dimidiatus centussis

Sēmicinctium A woman's, or tradesman's apron, Mart 14, 153 in lemmate

Sēmicinctōrium, ii n An apron that cometh half way about one, Liv ap Litt sed non invenī

|| Sēmicingo, ĕre, xi To half gird, Litt ex R sed amplian dum

Semicircŭlāris, re Of the form of an half circle, half round, Col 5, 2

Sēmicircŭlātus, a, um Of an half round, Cels 7, 26

Semicircŭlus, i m Half a circle, a semicircle, Cic Tusc 5, 23 conf Col 5, 2

|| Semiclausus, a, um Half shut, or closed Ore semiclauso balbutiens, Apul Met 10, p 25

Semicoctus, a, um Half boiled, or sodden, parboiled Ordeum semicoctum, Col 8, 5 conf Plin 18, 11

|| Sēmiconspicuus, a, um Half conspicuous, Apul Met 3, p

Semicrĕmātus, a, um Half burnt Membra semicremata, Ov Ibis, 634 thura, Mart 11, 55

Semicrĕmus, a, um Half burned Semicremus stipes, Ov Met 12, 287

Sēmicrūdus, a, um Half raw Lupini semicrudi conteruntur, Col 6, 25

Semicubitālis, le Half a cubit long Bipalme spiculum hastili semicubitali infixum erat, Liv 42, 65

Semicŭbĭtus, i m Half a cubit, Litt ex Vitr

✤ Semideus, i m A demy god, Ov Met 1, 192 & alibi

|| Sēmidiămĕter, tri m Half th-

the diameter, a right line drawn from the centre to the circumference, Geometris condonandum

Semidigitalis, e Half a finger's length, or breadth, Vitruv 10, 22

Semidoctus, a, um A smatterer, half learned, Cic de Orat , 42

|| Semidolium, ii n A vessel containing half a tun, a pipe, Med Gr

Semiermis, me [ex semi, & arma] Half armed Ex agrestium semiermi turba, Liv 30, 28 vid & 25, 19

Semifactus, a, um Half made Semi acta opera, Tac Ann 15, 73

Semifastigium, ii n Half the top of an house, Vitruv 7, 5

Semifer, & semiferus, a, um [ex semi, & ferus] Half beast, or half wild Semifer Centaurus, Ov Met 2, 633 Semiferæ hominum species, Lucr 2, 701

Semiformis, me [ex semi, & forma] (1) Semicircular (2) Half formed, or shaped (1) Semiformis lunæ species, Col 4, 25 (2) Semiformes pulli, Id 8, 5

Semifultus, a, um Half underset, or stayed up Subsellio semiful us extremo, sitting but upon one buttock, Mart 5, 14

Semifunium, i n An half rope, Cato, 135

Semigermanus, a, um Half a German, Liv 21, 38

Semigræcus, a, um Half a Greek, Varr R R 1, 2

Semigravis, ve Half asleep, drowsy, or heavy with wine Magna pars semigraves potantes, Liv 25, 24

Semigro, are neut To depart and go to another place Reprehendi'tis a patre quod semigravit, Cic pro Cal 7

Semihians, tis Half open, or gaping half way Semihiante labello ridet, Catull 59, 220 Semihiantes idhuc compressit labias, Apul Met 10, p 343

Semihomo, inis (1) Half man (2) Also the root of the mandrake (1) Semihomo Cacus, Vir Æn 8, 194 (2) Semihominis mandragoræ flores, Col 10, princ

Semihora, æ Half an hour Intra semihora curriculum egisti, Cic pro C Rab 3

Semiinanis, ne adj Half empty, half full, as the moon in the first quarter Luna in triquetro semi nanni ambitur orbe, Plin 2, 19 al leg seminanis

Semimacerum, i n Half an acre of land, Col 5, 1

✝ Semilacer, a, um Half torn, Ov Met 7, 344

Semilautus, a, um Half washed, Catull 52, 2 Sed Scal aliter, vid Semiplotus

Semiliber, a, um Half free Semiliberi saltem simus, Cic Att 13, 31 conf Col 5, 1

Semilixa, æ m Half a drudge, scullion, or slave Statorius semilixa, Liv 30, 28

Semimadidus, a, um Half wet Ager ex guis nimbis semimadidus, Col 4

Semimarinus, a, um Belonging partly to the sea, and partly to the land Scyllæ semimarinus corpo a, Lucr 5, 890

Semimas, aris c g (1) An eunuch, any creature, or beast gelded (2) An hermaphrodite (1) Semimares capri, Varr R R 3, 9 oves, Ov Fast 1, 588 (2) An e omnia abon mati semimares, Liv 12 ✝ vir, Ov Met 4, &c.

Semimetopium, ii n Half the metopium, Vitruv 4, 3

|| Semiminima, æ f A crotchet, Music

|| Semimitra, æ f An ornament for the head, a small coif, Ulp

|| Semimodius Half a bushel, Jun ✝ Semodius, Juv

Semimortuus, a, um Half dead Membra semimortua, Catull 51, 15

Seminalis, le adj That belongeth to sowing, or seed Frumentum seminale, Col 11, 2 ✠ Seminale membrum, in Priap

Seminanis, e Half void, or empty, Plin 2, 18 Vid Semiinanis

Seminarium, ii n (1) A seedplot, a seminary, a place where plants are set to be removed, a nursery, or nurse-garden, a tree whereof plants, or graffs are taken (2) Met The first original, or chief cause of any business (1) Quod si quis ex seminario, id est, stirpitus arborem transtulerit, &c Lege 9 § 6 Dig de Usufruct (2) = Principium urbis, & quasi seminarium reipub Cic Offic 1, 17 triumphorum, Id in Pison 40 senatus, Liv 42, 61

Seminatio, onis f verb The act of sowing, or breeding Ad semina ionem onagrus idoneus, Varr R R 2, 6

Seminator, oris m verb (1) A sower, a maker, an effecter (2) An author, or procurer of something (1) = Omnium rerum seminator & sator, & educator & altor est mundus, Cic N D 2, 34 (2) Seminator omnium malorum, Cic N D 3, 26

Seminatus, a, um part Begotten, or conceived Decumo post mense nascitur puer, quam seminatus, Plaut Amph 1, 2, 20

Seminex, ecis Half dead, or half slain Seminecem aliquem domum remittere, Liv 23, 15 Artus semineces, Ov Metam 1, 228 oculi, Id

Seminium, ii n (1) Seed of all kinds (2) Meton A race, kind, or flock, a breed (1) Non hic verres suo seminio quanquam im pertiturus est, Plaut Mil 4, 2, 68 (2) Certa suo semine seminioque vis leonum crescit, Lucr 3, 746 Quo sint seminio pecudes quærendum, Col 2, 1

Semino, are act [ɔ semen] (1) To sow (2) To breed (1) Non seminare antequam occiderint Vergiliæ, Col 2, 8 (2) Seminare mulierum genus, Col 6, 36

Seminor, ari, atus pass To be sown, or bred Null us agricolæ cultu stirps tam diu urna, quam poetæ versu seminari potest, Cic de Legg 1, 1

Seminosus, a, um Abounding with seed, Priap 51, 17

Seminudus, a, um Half naked Consules prope seminudi sub jugum missi, Liv Rex prope seminudus fugiens, Id 24, 40

Semiobrutus, a, um Half overwhelmed, Apul Met 9, p 271

Semiorbis, is m Half the globe, or world, Sen N Q 1, 8

Semipaganus, a, um Half a rustic, or clown, Pers Prol 6

Semipedalis, le Half a foot square, or in height, &c Col 11, 3 Vitruv 10, 19

Semipedaneus, a, um Of half a foot Semipedanea terra, Col 4, 1

Semiperfectus, a, um Half finished, Suet Calig 21

Semipes, edis m (1) Having but half a foot, or leg (2) The measure of half a foot (1) Plaut Pers, ... 2, 150 (2) Varr 3, 8, 1 & Col 3, 19

Semiphalarica, æ f A weapon, half a phalarica, q d an half-pike, Gell 10, 25

Semipiscina, æ f An half fishpond, Varr R R 1, 13

Semiplacentinus, a, um Half a Placentine, or half pleasant, Cic in Pison 1 jocose

Semiplenus, a, um Half full Decem naves semiplenæ, Cic Verr 5, 25

✝ Semiplotus, a, um Short, fat Semiplota crura, Catull 52, 2 ex Scal lect & interp al semilauta leg q v

Semiputatus, a, um Half cut, or pruned Semiputata vitis, Vir Ecl 2, 70

Semiquinarius, a, um Semiquinaria divisio, cæsura genus, cum post duos pedes relinquitur syllaba partem orationis terminans, sic dict quod constat ex duobus pedibus & semisse, quod est dimidium 5 pedum, ut, Arma virumque cano, Cal

Semirasus, a, um Half shaven, or scraped, Catull 57, 5

Semireductus, a, um Half retired, turned on one side with an half face Venus pubem protegitur lævâ semireducta manu, Ov A Am 2, 614

Semirefectus, a, um Half refitted, or repaired Classis semirefecta, Ov Epist 7, 176

|| Semirotundum, i n subst An half-round, Apul Met 11, p 366 ✝ Hemisphærium

|| Semirotundus, a, um Oval, Apul Met 5, p 143

Semirutus, a, um [ex semi, & ruo] Half destroyed, or cast down ✠ Plus negotii fuit cum semiruta Carthagine, quam integra, Flor 2, 15 Semirutis tectis, Luc 1, 24 Urbs semiruta, Liv 5, 49

Semis indecl [ab ἡμισυ] Half Ionicæ columnæ octo semis diametros crassitudinis constituerunt, Vitruv 4, 1 Latus pedes duos semis, Vitruv 5, 1

Semis, issis m [ex semi, & as] Half a pound, a quincunx, half the as Ut, remissis semissibus & trientibus, quinta prope pars vectigalium tolleretur, Cic pro Sext 25

✝ Semisenex, senis Half an old man, Plaut Mil 3, 1, 51 Sed de lectione non constat

Semisepultus, a, um Half buried Ossa semisepulta, Ov Epist 1, 55

Semisiccus, a, um adj Half dry Vellendi sunt thalli adhuc semisicci, Pallad Febr 24

Semisiclicus, i m Half a shekel, a dram, or groat, Litt ex Pallad

Semisomnis, e & semisomnus, a, um Half asleep and half awake Semisomni spectabant, Cic Fam 7, 1, 3 Cum is etiam tum semisomnis stuperet, Cic Verr 5, 36 Ex convivio prope semisomnus raptus sum, Liv 40, 5

|| Semisonans, tis adj Half sounding Semisonantes literæ, the liquids, Apul de Mundo, p 752 ✝ Semivocalis

Semisopitus, a, um Half fallen asleep Pars semisopitos hostes cædunt, Liv 35, 29 cl ente Grev sed Gronov semisomnos ✝ Adjicitur etiam ex Ovid sed nullam inter quantitatem tertiæ syllabæ, in quibus loc s legendum videtur semisup nus

|| Semissalis, e Usury at six in the hundred, Ap JCC

|| Semissalis, e Belonging to half the whole Usura semissalis, JCC Vid Semissis

|| Semissiarius, a, um Hæres ex semissiarius, qui est hæres ex semisse, Hottom ✝ Hæres ex semisse

Semissis, is Half a pound weight, six ounces, the half of any thing Semissis patrimonii, Quint Semisse usuris, Col ... 3

✝ Semissium usura, Id the two hundredth part of the principal month

Semissis, e adj Of small value, good for little Homo semissis, Cic Fam 5, 10, 3

Semisupinus, a, um Half with the face upward Cum jacet in dextrum semisupina latus, Ov Am 3, 788

Semita, æ f [qu semi iter, quia anguste ibant, Varr] (1) A narrow way, a footpath, an alley, in a city (2) A way (1) Ego porro illius semitam feci viam, Phædr 3, prol 39 ¶ De via in semitam degredi, to leave the right for the wrong, Plaut Cas 3, 5, 40 ¶ In rectam redire semitam, to come to rights, Idem Cas 2, 8, 43 (2) = Intelligo is hanc pecuniam quâ via modo visa est exire ab ipso, eadem semitâ revertisse, Cic Verr 2, 23

Semitales Dii [Lares publici, quod in semitis statuerentur dicti Compitales & Viales, eadem de causa] The public Lares, Auct Priap

Semitarius, a, um adj Of a path way, or that haunteth path ways Semitarii mœchi, common whores, Catull 35, 16 ✠ Diva scorta, Hor Od 2, 11, 21

✝ Semitatim adv From one part to another, by path-ways Semitatim fugit, atque effugit, Titin ap Charis

Semitatus, a, um Divided as it were into paths, Mart 6, 74

|| Semitectus, a, um (1) Half covered (2) Armed by halfs (1) Apul Met 4, 120 (2) Ann

Semitertiana, sc febris A kind of ague mixed of a tertian and a quotidian, Cels 3, 8

Semito, are To make paths, to divide into paths, or lanes, Plin 17, 22

|| Semitonium, ii n An half tone, Boet

Semitritus, a, um [ex semi, & tero] Half brayed, or pounded, half bruised, threshed by halves Semitrita frumenta, Col 1, 6

Semivietus, a, um Half withered, Semiviete uvæ, Col 12, 16

Semivir, i m Half man, an eunuch, one of Cybele's priests, Juv 6, 512 Cum semiviro comitatu, Vir Æn 4, 215

Semivivus, a, um Half alive Pueri Sibulum semivivum reliquerunt, Cic Attic 7 2

✝ Semiuncia, æ f Vid Semuncia

Semivocalis, le adj Half sounding Semivocale instrumentum, Varr R R 1, 17

Semiustulandus, a, um To be half burned Suet Tib 75

Semiustulatus, a, um Half burned, roasted, broiled, or scorched Cadaver infelicissimis lignis semiustulatum, Cic pro Mil 13

Semiustus, a, um Half burned, Cic Attic 2, 91 Corpus semiustum fulmine, Vir Æn 11, 618

Semizonarius, ii m A maker, or seller of aprons, or kirtles, Plaut Aul 3, 5, 37

Semo, onis m [q d semihomo, ut nemo, q ne homo] A god of the lower rank, such as Priapus, Vertumnus, &c were, vid Ov Fast 6, 214 Also Janus so called, quod semi o mani Ang ... Fugent ac vocitus in

Sēmodiālis, le Semodialis placenta, *as big as half a bushel*, Cato, 76

Semŏdius, ii m *Half a bushel* Semodius scobis, *Juv* 14, 67 conf *Col* 11, 2

|| Sēmōtē adv *Aside, apart*, Ap recent ✝ Seorsim

Sēmōtus, a, um part *Put a-far, removed* = Semota a rebus nostris sejunctaque, *Lucr* 1, 59

Sēmŏvendus, a, um part *To be removed* Strato ab ea disciplina omnino semovendus est, *Cic Acad* 2, 1, 6

Sēmŏveo, ēre, vi ōtum act [seorsum moveo *To remove, or put aside, to withdraw, to put away*] Discipulum [illegible] abs te semove, *Plaut Asin* 1, 3, 74 = Segrego, *Cic* de *Har Resp*

Semper adv temp [ex [illegible], unde [illegible] continuo] *Always, continually, from time to time, for ever* Recte semper ego has non pes fugi, *Ter Andr* 4, 5, 27 Semper honos nomenque tuum laudesque manebunt, *Vir Æn* 1, 613

Semperlenitas, ātis *f A customed gentleness, or mildness*, Ter Andr 1, 2, 4 *sic Donat* [illegible]

Sempervīvum, i n *The herb house-leek, sengreen, or aygreen*, Plin 25, 13

✝ Sempiternē, & sempiterno adv *For ever, everlastingly*, Solin ✝ Semper

Sempiternus, a, um [qu semper æternus] *Endless, perpetual, continual, everlasting* Quod semper movetur sempiternum est, *Cic Tusc* 1, 23

Sēmuncia, æ f *Half an ounce, half the twelfth part, the twenty fourth part of a pound*, Cic pro Cæcin 6 ¶ Brevis semuncia recti, *a dram of sense*, Pers 5, 121 Terræ semuncia, *a plat of ground thirty foot broad, and forty long*, Varro

Semunciālis, e &

Semunciārius, a, um *Of, or belonging to half an ounce* Semunciales [illegible], *Plin* [illegible] Semunciarium fœnus, *Liv* 8, 27

Semustus, a, um pro semiustus *Half burned* Semustum vulnere corpus, *Vir Æn* 5, 5[illegible]

Sena æ f *Sena, an herb that purgeth melancholy*, Veg

Sĕnācŭlum, i n *A council house, or chamber, the senate, or parliament house* Senaculum vocatum ubi senatus, aut ubi seniores consisterent, *Varr L L* 4, 32

Senāriŏlus, i m Senariolis versus, *trimeter verses of six feet*, Cic Tusc 5, 23

Sēnārius, a, um [a seni, i e sex] *That containeth six, or belonging to the number of six* Versus senarius, *Phædr prol* 1 1 v 3

Senātor, ōris m [a senectute, vel seni, *Fest*] *A Roman senator, a parliament man*, of which number Romulus chose only an hundred, who were also called patres from their age, but afterwards for age and wisdom (when the number was increased) wealth and faction created this order ☞ Note, such as enjoyed the dignity in the provinces, were called *Decuriones* and *Buleutæ* Senatori tria jussa sunt, ut adsit, nam gravitatem res habet, cum ordo frequens est, ut loco dicat, id est, rogatus, ut modo, ne sit infinitus, *Cic* de *Legib* 3 *Vid* Sigon de Ant q jure civium Rom 2 & Bernegg ad Suet Aug 35

Sĕnātōrius, a, um *Of, or belonging to a senator* Senatorius ordo, *Cic* pro *Flacco*, 18 Senatorium nomen, *Id Verr* 2, 9

Sĕnātus, ūs m (& ti, *Plaut Epid* 2, 2, 5 & ipse *Cic* non semel) [a sene, qu a constat ex senioribus, ut γερουσία, Græc] (1) *A senate, or chief council, a parliament* (2) *A place where the senate, or council is holden, the bench of aldermen* (3) *A meeting in the senate, a consultation about any affair* (1) Consilium, ratio, sententia nisi essent in senibus, non summum consilium majores vestri appellassent senatum, *Cic* de *Sen* 6 Senati decretum, [illegible] (2) Monet ut [illegible] in senatum accederem, qui [illegible] tum feceritem, *Cic* (3) [illegible] datus est Tyriis senatus, frequens, *Cal* [illegible] *Cic Fam* 8, 5 Priusquam his *Rom* legatis, senatus daretur, navem conscendit Hannibal, *Nep Hann* 7 ¶ Senatum edicere *to call the house by order, or proclamation*, Cic cogere, *to assemble it*, Id Fam 5, 2 Misso, *vel* dimisso senatu, *after its rising*, Id Legere in senatum aliquem, *to make him a senator*, Id Venire in senatum, *to be a senator*, Id pro Flacco, 18 Movere senatu aliquem, *to turn him out, to degrade him*, Id pro Cluent 43 *Met* Senatum vocare in consilium, *to advise with one's self* Plaut Epid 1, 2, 5

Sĕnātusconsultum ti n [sententia vel consultum senatus] *An act, ordinance, or decree of the senate, an act of parliament, an order of the house*, Passim ap idoneos scriptores ☞ *Observandum hæc vocem sæpe ab auct & ferè semper in numismatis notari* S C

Sĕnĕcio, ōnis m [a senex, ut a Græcis de eadem causa ἠριγέρων] (1) *An herb growing on walls and tiles with gray down like old mens hair, groundsel* (2) *A sirname of a Roman family* (1) *Plin* 25, 13 (2) Tullius Senecio, Claudius Senecio, *Tac*

Sĕnecta, æ f (1) *Old age* (2) Also *the skin of an adder, locust, or crabfish*, which they cast in the spring time, *a slough* (1) Hoc in senecta deputo miserrimum, sentire ea ætate esse odiosum alteri, *Cic* de *Senect* 8 *qui tamen ipse ex ore utitur* senectus ✱ Frustra cum ad senectam ventum, repetas adolescentiam, *Publ Syr* (2) *Plin* 20, 23

Sĕnectus, ūtis f (1) *Old age* (2) *Gravity* (3) *Severity* (4) *The skin, or slough of a serpent* (1) ✱ Temeritas est florentis ætatis, prudentia senectutis, *Cic* de *Senect* 6 (2) Plena literatæ senectutis oratio, *Cic* de *Clar Or* 76 (3) Dum virent genua, & decet, obducta solvatur fronte senectus *Hor Epod* 13, 57 (4) *Plin* 29 6

Sĕnectus, a, um part [senesco] *Old, aged, withered, decrepit* Senecta ætate & me memorias malum, *Plaut Amph* 4, 2, 13 Quem senecta ætate ludos facias, *Id Aul* 2, 3, 75 Senecta membra, *Lucr* 2, 773

Sĕneo, ēre, ui neut *To be old* Recondita senet quiete, *Catull* 4, 26 Avus Augusti tranquillissime senuit, *Suet Aug* 2 R occ

|| Seneschallus, i m *A steward, a lord marshal*, Erasm

Sĕnescens, tis part (1) *Waxing old* (2) Met *Wearing away, decreasing, abating* (1) Equus senescens, *Hor Epist* 1, 1, 8 hyems, *Cic* N D 2, 19 (2) Remissio morbi senescentis, *Cic Fam.* 7, 26

Sĕnesco, ēre, ui incept [a seneo] (1) *To wax old, to grow in age.* (2) Met *To decay*, or *wear away* (3) *To lessen*, or *be less violent* (1) Sensim & sine sensu senescit ætas, *Cic* de *Senect* 11 (2) Laus oratorum senescit, *Cic Tusc* 2, 2 (3) Multa cædis cæde senescit pugna, *Liv* 5, 21

Sĕnex, is, (& iis, *Plaut*) c g [qu semineus, i e semin ortuus, *Varr*] (1) *An old man*, or *woman* (2) Adj comp senior, *old, withered, wrinkled* (1) Proverbium monet maturè fieri senem, si diu velis esse senex, *Cic* de *Sen* 10 (2) Senes autumni, *Mart* 3, 58, 7 Senex memoria, *Cic* pro *Sext* 9 Fama maturæ senioris ævi, *Sen Hippol* 4 Seniores anni, *Ov Met* 15, 470

Sēni, æ, a distrib [a sex] (1) *By sixes, each six* (2) Card pro *Distrib Six* (1) Senos viros singuli currus vehebant, *Curt* 8, 14, 2 (2) Pueri annorum senûm, *Cic Verr* 2, 49 Singulorum pondo senûm, *Scrib Larg Comp* 1, 2

|| Seniculus, i m *A man well stricken in years, a little old fellow* Denionitro senculum in angulo sedentem, *Apul Met* 1 p 32 ✝ Senium, *Ter*

Sĕnīlis, e [a sene] *Of, or belonging to age*, or *old folks* ✱ Judicio senili adolescens, *Cic* pro *Sext* 52

Sĕnīlĭter adv *Like an old man* Tremere seniliter, *Quint* 1, 11

Sēnio, ōnis m [a sex] *The number of six, the six point, or the sice cast of the dice* Quid dexter senio ferret scire erat in votis, damnosa canicula quantum raderet, *Pers* 3, 48 ☞ *Sed cum tali quatuor tantum latera haberent, in illis senio quaternionem designare volunt aliqui, vid* Beroald in Suet Aug

|| Sĕnior m subst *A lord of the manour, a seignior, a landlord*, Feud

Sĕnium, ii n [sene, *Fest*] (1) *Old age* (2) Also *trouble, discontent, weariness* (3) *Peevishness, moroseness* (4) Me on *A withered old churl* (5) Lunæ senium, *the latter part of the wain of the moon* (1) Omni morbo senioque carere, *Cic* de *Univ* 5 (2) = Luget senatus, mœret equester ordo, tota civitas confecta senio est, *Cic* pro *Mil* 8 (3) Inhumanæ senium depone Camœnæ, *Hor Ep* 1, 18, 47 (4) Ut illum Di, deæque senium perdant, *Ter Eun* 2, 3, 10 per Synthesin (5) *Plin* 7, 48

|| Sensibilis, e *That may be felt, or perceived, sensible* Sensibilis auditu, *Vitruv* 5, 2

|| Sensibilitas, ātis f *A feeling, or perceiving, sensibleness*, Ap recent ✝ Sensus

Sensĭcŭlus, i m dim [a sensu] *A little sense, or feeling, a slight argument* Sensiculi corrupti, *Quint* 8, 5

☞ Sensifer, a, um *That causeth feeling, or sense* Lucr 3, 273

|| Sensificus, a, um *That causeth sense, or feeling* Macrob Saturn 7 9 ✝ Sensifer

Sensilis, e adj *Sensible, or that may be perceived by the senses* Lucr 2, 887

Sensim adv [a sentio, sensum] *Leisurely, by little and little by degrees* = Sensim erit peneteruntque facienda mutatio, *Cic Offic* 1, 33 = moderate, *Id* ✱ Amicitias magis decet sensim diluere, quam repente præscindere, *Id*, *ibid* Sensim crescere, *Plin* 5, 9

|| Sensitivus, a, um *Sensitive, having sense* Philosophi condonandum ✝ Sensu præditus

|| Sensuālis, e adj *Sensual belonging to sense*, Eccl ✝ Ad sensus pertinens

Sensum, i n *That which one conceiveth in his mind, a thought, or meaning* Exprimere dicendo sensa possumus, *Cic* de *Orat* 1, 8 Sensa mentis, & consilia verbis explicare, *Id* de *Orat* 3, 14 ☞ *An occurrit in singulari nunc incertus sum*

Sensūrus, a, um part *That will be sensible of* Fit animus certè vestros sensurus honores, *Ov Met* 1, 287

Sensus, a, um *That which is known by sense*, Litt ex Varr

Sensus, ūs m [a sentiendo] (1) *Sense* (2) *Meaning* (3) *Thought, reason* (4) *Humour, way* (5) *Judgement, understanding* (6) *Reason* (7) *Capacity* (1) Quod neque oculis, neque auribus, neque ullo sensu percipi potest, *Cic Orat* 2 ✱ Species dei percipitur cogitatione, non sensu, *L N D* 1, 37 Remota a sensibus nostris natura deûm, *Lucr* 5, 149 (2) Sensus testamenti, *Phædr* 4, 4, 19 (3) Sensibus hæc imis, res est non parva, reponas, *Vir Ecl* 2, 14 (4) Illius sensum pulchrè calleo, *Ter Adelph* 4, 1, 17 Omnes illius sensus cognitos habeo, nihil est illi reipub charius, *Cic* (5) Sensibus celebris, verbis rudis, *Paterc* 2, 9 (6) Curas acerbas sensibus gubernare, *Motius ap Gell* 15, 25 Pars optima nostri sensus, *Juv* 15, 133 Sensum a cœlesti demissum traximus arce, *Id ib* 146 (7) Oratio ad vulgarem popularemque sensum accommodata, *Cic* de *Orat* 1, 25

Sententia, æ f [qu sententia, a sentio] (1) *Opinion, mind* (2) *Judgment, deliberation, advice* (3) *A resolution* (4) *Mind, desire, wish, will* (5) *A sense, or signification* (6) *Design, purpose* (7) *A sentence in writing, or speaking* (8) *The sentence of a judge* (9) *A decree, a vote* (10) *A witty, or wise saying* (1) Sapiunt mea quidem sententia, *Ter Phorm* 2, 2, 21 (2) = Consilio, ratione, & sententia uti, *Cic* de *Sen* 6 Nihil faciam nisi de sententia tua, *Id Att* 7, 5 (3) Sic stat sententia, *Ov Met* 1, 24 (4) = Feliciter, & ex mea sententia rempub gessimus, *Cic Fam* 2, Ex animi sui sententia uxorem habere, *Id* Quod modo propositum, non est sententia, *Juv* 8, 125 (5) Cum verbum potest in duas plures sententias accipi, *Ad Herenn* 4, 67 fin (6) Sin aliter de hac re est sententia, respondeat mihi, *Ter Adelph* 4, 5, 5 (7) *Vid* Nep Pausan 1 & Dion 6 (8) *Vid* Nep Phoc 3 & Lysand 4 (9) Lepidus omnium sententiis hostis judicatus est, *Cic Fam* 12, 10 (10) Sententiæ, quas [illegible] appellatis, *Quint* 8 [illegible] & Cic N D 1, [illegible] Sententiæ philosophorum, *Id in Orat*

Sententiŏla, æ f dim *A little, or short sentence*, Cic Philipp 3, 9

Sententiōsē adv *With many good sentences, or sayings, sententiously* Sæpe etiam sententiosè ridicula dicuntur, *Cic* de *Orat* 2, 71 Sententiose loqui, *Ad Herenn* 4, 52

Sententiōsus, a, um *Full of pithy sentences, sententious* Genus

nus or ionis sententiosum, *Cic* Cic Orat 95

Senticetum, i n [a sentis] *A place where many brambles grow, a place full of briers*, Plaut Capt 4, 2, 80

† Senticosus, a, um *Full of briers* Met *rough, perplexed* Senticosa verba, *Afran ap Fest*

† A cei

Sentina, æ f (1) *A sink, the pump of a ship* (2) Met *The rascality, or rascality* (1) Milites sentinam exhaurire & tempestatis & sentinæ vitiis, *Cæs B C* 3, 28 (2) ✠ De sentina, non de optimorum civium genere loqui, *Cic* in *Rull*

|| Sentino, are *To pump out water, to labour hard to rid himself of mischief*, Cæcil ap Fest

+ Sentinare

Sentio, is, si, sum act [a σοινίειν, sentio, ut &c sensus] (1) *To discern by the senses, to be sensible of* (2) *To think, to resolve* (3) *To suppose or deem* (4) *To perceive, feel, or understand* (5) *To be of an opinion* (1) Sentire sonorem, *Lucr* 4, 220 colorem, *Id* (2) § De istis rebus vestri quid sentit senex? *Plaut Mil* (3) § Sentire male de *to have an ill opinion of*, Quint 2, 2 (4) Sentio ipse quid cum istiusmodi me officium minus *Trin* 3, 2, 13 (5) § Sentire ab aliquo, *Plaut Rud* 4, 6 § Haud mecum sentit, *Ter* 2, 1, 24

Sentior, iri pass *To be felt*, &c Sentitur sedulitate labor, *Ov*

Sentis, is m [ab Hebr שׁגן ... צנים spinæ] (1) *A briar, bramble, a thorn* (2) *a brier, a blackberry bush* (1) ... meus victus fane est ... *Plaut Capt* ... Sentes per canicula ... *Col* 6, 3 (2) Quam ... vocant κυνόσβατον, nos sentem appellamus, *Col* 11, 3

Sentisco, ere incept *To begin to feel, to perceive, to have some sense of* Lucr 3, 394 & 4, 587

Sentus, a, um [*i e* horridus, spinosus obsitus] (1) *Rough, overgrown* (2) *Tattered, shabby* (1) Loca senta situ, *Vir* 6, 462 Extirpare sentos vepres, *Prud* (2) = Video sentum, squalidum, *Ter Eun* 2, 2, 5

Seorsim adv *idem quod* seorsus

Seorsum [ex secus & versum] adv (1) *Apart, asunder, from another* (2) Also *specially, particularly* (1) Tradit in ... omne sunt, sed seorsum ... *Liv* 22, 52 § Seorsum a te sentio, *I am not of thy opinion*, Plaut Capt 3, 5, 52 Omnibus gratiam habeo & seorsum tibi præterea, *Ter Adelph* 5, 14

Seorsus adv *Apart*, Plaut ... 5, 2, 27 Seorsus odores nasci ... *Lucr* 4, 497

|| Seorsus, a, um *Distinct, put apart, separated* Nunc qui ... video tracta e seorsi ... *Maur*

† Separ, aris *Separate, unlike* ... in abla sing ut, ... *Stat Theb* 4, 481

Separabilis, e *Easy to be severed* ... Nec animum corporis separabilem esse, *Cic Tusc* 1,

Separatim adv ... comp (1) *severally* (2) *In particular* (1) ✠ Pauris est conjuncta ... separatim sæpe ... *Cic*

(2) Separatius quædam adjungere, *Cic de Inv* 2, 51 sub fin

Separatio, onis f verb *A separating, separation, a setting apart, a putting one from another* Facti separatio, *Cic de Inv* 2, 18

|| Separator, oris m verb *He that parteth asunder* Separator, χωριστής, *Gloss vet*

Separatus, a, um part (1) *Put apart one from another, separated, severed* (2) *Private, particular, not common* (3) *Distinct* (1) Virtus propriis separata etiam ... utilitate, laudabilis, *Cic Tusc* 4, 15 (2) = Privati ac separati agri apud eos nihil est, *Cæs B G* 4, 1 (3) Separatum quoddam est extra assumptionem approbatio, *Cic de Inv*

|| Separatus, ûs m *Separation, or distance* Parum separatus, *Apul Florid* p 791 ✝ Separatio

Separo, are act [ex se, & paro] (1) *To sever, separate, part, divide, put asunder, or one from another* (2) *To distinguish, or put a difference* (1) § Separare ... *Cic* ... (2) ... perpetuis ... separ ... *Cic Fam* 5, 12

Separor, ari pass *To be separated, or distinguished* Cogitatione magis quam re separari, *Cic Offic* 1, 27

Sepelibilis, le *Burialle, that may be buried* Facito, ut facias stultitiam sepelibilem, *Plaut Cist* 1, 1, 64

Sepelio, ire, ivi, pultum act [à שׁפל humilem esse, Al ut sit humi loco condere] (1) *To bury, to lay in the earth to inter* (2) Met *To make to be forgotten* (3) *To overwhelm* (1) § Hominem mortuum in urbe ne sepelito, *Cic de Legg* 2, 23 ex XII *Tabb* (2) Cuncta tuus sepelivit amor, *Prop* 2, 1, 9 (3) § Sepelire se vino, & epulis, *Sen Ep* 12

Sepelior, iri, ultus pass *To be buried*, Lucr 5, 991

† Sepelitus, a, um part *Buried*, Cato *ap* Prisc ✝ Sepultus

Sepes, is f [à סב circumdare] *An hedge, fence, inclosure, or mound* Loca sylvestribus sepibus densa, *Cic N D* 1, 42 *ex poeta* Segeti prætendere sepem, *Vir Geor* 1, 270 Sepes viva, *a quickset hedge*, Col 11, 3

|| Sepes, edis adj *Having six feet* Sepedes populi, *i e* formica, *Apul Met* 6, p 185

Sepia, æ f [σηπία, quod atrum cruorem instar atramenti prorsum quum effundens, ... madvertit, piscatoribus ... sepi at] (1) *A fish called a cuttle*, whose blood is black ... (2) Whence *sepia* is taken for *ink* (1) ... fugâ ... sepia ... occultatione tutantur, atramenti effusione sepia, torpore torpedines, *Cic N D* 2, 50 conf *Plin* 15 (2) Nigra quod infusa vanescat sepia lympha, *Pers* 3, 13

Sepicula, æ f dim *A little hedge* ... ex Col certe *Apul Met* 8, p 251

|| Sepimen, inis n *An hedge, an inclosure*, Apul Florid 1 p 758 ✝ Sepes, septum

Sepimentum, i n *An hedge, a pale, mound, or inclosure* Sepimentum obsitum spinis, *a thorn hedge, or of bushes*, Varr R R 1, 14 ligneum, *a fence of stakes, posts and rails, or of pales*, Id militare, *a rampire*, Id fabrile, *a stone, or brick wall*, Id

Sepio, ire, ivi *vel* psi, itum *vel* ptum act [à sepes] (1) *To inclose, to hedge in, or mound, to fence, to guard, to beset, or environ, to block up, to hem in* (2) *To cover, to secure, to shelter* (1) = Vallo & fossâ circumdedit, castrisque maximis sepsit, *Cic* ... 15, 4 Sepire villam militibus, *Tac Ann* 15, 60, 6 ... excubiis, *Id* ... 15 57, ... (2) Venus obscuro gradientes ... sepsit, *Vir Æn* 1, 415 ... Nulla est lex, qua non ipsi ... sepsit, *Cic Orat* 1, 56

Sepior, iri pass *To be hedged*, Met *to be inclosed* Oculi ... ex ... partibus sepiuntur, *Cic N D* 2, 57

Sepiola, æ f dim [ex sepia] *A little cuttlefish* Sepiolæ lepidæ, *Plaut Cas* 2, 8, 57

|| Sepium, ii n *A cuttle bone*, which goldsmiths use, *Jun* ✝ Sepiæ testa, *Col*

Seplasia, æ f *A place in Capua where perfumes were sold, an apothecary's, or perfumer's shop* Cic in Pison 11 ... Plin 34, 11

Seplasia, orum n pl *A market-place at Capua where perfumes and sweet ointments were sold*, Varr

Seplasiarius, ii m *A seller of sweet powders, ointments, &c also a gallant who goeth powdered and perfumed*, Lampr Heliog ... ubi vid *Casaub*

|| Seplasium, ii n *A kind of sweet ointments, perfumes, powders and paints*, Marcell Empir de Med

Seponendus, a, um part *To be laid apart*, Liv 1, 5

Sepono, ere, sui, situm act [ex se, i e seorsum, & pono] (1) *To lay apart, to reserve* (2) *To distinguish, or put a difference between* (3) *To send away to a remote place* (1) Pecuniam ad ædificationem templi seposuit, *Liv* 1, 55 (2) Inurbanum lepido seponere dicto, *Hor A Poet* 273 (3) Suspectum in provinciam ... legionis seposuit, *Tac Hist* 1, 13, 5

Seponor, i pass *To be laid apart* Seorsum ... tela seponebantur, *Cic*

|| Sepositio, onis f verb *A putting apart*, Ulp ✝ Separatio, *Cic*

|| Sepositor, oris m verb *He that layeth aside*, Aug ✝ Qui seponit

Sepositus, a, um part (1) *Put apart, laid by* (2) *Far out of the way* (1) Sepositum ciceri, *Hor* = Quod celari opus erit, habeant sepositum ac reconditum, *Cic Verr* 4, 10 (2) Quam sepositâ est, quæ gens tam barbara? *Mart de Spect* 3

Seps, sepis m [à σήπω, putreo, quod quicquid momordit, resolvitur in putredinem] (1) *A venomous serpent, or eft*, upon whose stroke or biting, the flesh and very bones rot (2) Also *an hornfretter, an horn worm* (3) Also *a kind of worm named* millepeda (1) Fabricus seps, *Luc* 9, 726 (2) *Jun* (3) G ex *Plin*

Septa, orum n plur [a sepio] (1) *A place of exercise in Rome called* Campus Martius (2) Also *a place in that field, railed about, out of which people gave their voices*, called also *Ovilia* (1) *Stat Sylv* 4, 6, 2 (2) Vid *Sen. de Ira*, 6 7

Septangulus, a, um *Having seven angles*, Geom

Septem adj plur indecl *Seven*, ἑπτά

September, bris, bre *vel* hic & hæc Septembris, & hoc Septembre *Of, or belonging to September* Horæ Septembres, *Hor Ep* 1, 16, 16

September, bris m subst [à septem] *The ninth September, the seventh from March*

† Septemfluus, a, um [ex septem, & fluo] *Divided into seven branches, or streams, running in seven chanels* Septemflua flumina Nili, *Ov Met* 15, 53

† Septemgeminus, a, um *Seven fold, divided, or seven fold* Septemgeminus Nilus, *Catull* 11, 7 Septemgemino Roma jugo, *Stat Sylv* 1, 1, 6

Septempedalis, le *Seven foot long, or belonging to seven feet* ... septempedalis *Plaut Curc* 3, 1, 61

Septemplex, icis [ex septem, & plico] *Seven fold, covered with seven hides, or skins* Clypei septemplex, *Vir Æn* 12, 925

Septemvir, iri m [e numero virorum, qui eo magistratu fungebantur] (1) *One of the seven magistrates, or governours, who ordered plantations, and the sharing of lands among the planters* (2) Septemviri epulones, *seven priests, who took care of ordering the feasts of their gods* (1) ... septemviri ... *Cic Att* 25, 15 Septemviri ... *Id* (2) *Liv* 2, ... & *Plin Ep* 1, 8

Septemviralis, le *Of, or belonging to seven officers* Septemvirale judicium, *Liv* 24, 45

Septemviratus, ûs m *The authority of seven governours*, *Cic Philipp* 2, 38

Septenarius, a, um *Of, or belonging to seven, containing the number of seven* Septenaria synthesis, *seven suits of cloths*, Mart 4, 46, 15

Septenarius, ii m *The number of seven, a verse of seven feet* Cum tam bonos Septenarios fundat ad tibiam, *Cic Tusc* 1 44

Septendecim indecl *Seventeen*, Cic contra Rull 2, 7

Septeni, æ, a *Seven* Septeni ... soles ... redisse ... *Cic Somn Scip* 2

Septennis, e [e septem, & annis] *Of seven years space* Puer septennis, *seven years old*, Plaut Bacch 3, 3, 37 *al* septennii

|| Septennium, ii n *The space of seven years*, analogice dicitur

Septentrio, onis m [septem stella, quæ triones, *i e* boves, dic] *The north part of the world, the north coast, pole, or wind, the seven stars, or charles's wain* ✠ Sol infectit cursum tum ad septentriones, tum ad meridiem, *Cic N D* 2, 19 Gens septem subjecta trioni, *Vir Geor* 3, 381 *partic sejun* Acer septentrio ortus, *Liv* 26, 45

Septentrionalis, le adj Ventus septentrionalis *Plin* 9, 17 circulus, *Varr L L* 8, 18

Septentrionarius, a, um adj *Of, or belonging to the north* Septentrionarius ventus, *Gell* 2, 22

† Septicolli, le [urbis Romæ epitheton, a septem collium numero impositum, quorum nomina erant *Capitolinus, Palatinus, Quirinalis, Aventinus, Calius, Viminalis, & Esquilinus*] *That is built, or placed upon seven hills* Septicollis arx, *Prud Peristeph* 10 412

* Septicus, a, um [σηπτικός habens putrefaciendi] *Putrefactive, that maketh rotten, or ripe, as matter in a sore*, Plin 28, 9 & ... 18

Septies adv *Seven times*, Liv 28, 6

† Septifāriam adv *By seven different ways, in seven parts*, Non 2, 779

|| Septifarius, a, um *Of seven diverse sorts, or ways*, Donat

† Septifluus, a, um *Having seven channels*, Petron c 135 al vestifluus

|| Septifolium, ii n [a septem foliis] *Setfoil, tormentil, showel*, Gerard

|| Septiformis, e *Seven fold, or of seven forms, or shapes*, Hil

|| Septimana, æ f [quod in ea sint septem manæ, i e luces, Isid] pot simpl ex septimanus] *A week* † Hebdomas

Septimanus, a, um (1) *Of the seventh* [...], or *eighteenth* (2) || Also (of a child) *that comes into the world at seven months end* (1) Be erre septimanorum co on a, Plin 34 (2) Mart Capell

Septimatrus, uum pl f *The fifth day after the ides of March*, Varr L L Quinquatrus

Septimontialis, le *Belonging to the feast septimontium* Septimontiale sacrum, Suet Dom 4

Septimontium n *A feast, or wake kept in December upon all the seven hills at Rome*, Varr L L 5, 3 = Agonalia

Septimum adv *The seventh time* Marius septimum consul, Cic N D 3

Septimus, a, um *The seventh* Septimus dies, Cic Septima æstas, Vir Æn 1, fin

Septingenarius, a, um *Of seven hundred*, Varr R R 2, 10

Septingentesimus, a, um *The seven hundredth*, Liv in Præf operis

Septingenti, æ, a *Seven hundred* Septingentorum annorum memoriam, Cic Or 34 Militum septingentorum prandium, Liv 2, 20

Septingenties adv *Seven hundred times*, Plin 6, 15

Septio, onis f *A wall, dam, or mound* Inter septientes fun- [...] to [...], Vitruv 5, 12

Septuagenarius, a, um *Of, or containing seventy, or seventy years old*, Col

Septuagenus, a, um *The seventieth* Plin 24, 10 & Col 5 2

Septuagesimus, a, um *The seventieth* Cic usu'd septuagesimum [...] C N D 1, 2 || Septuagesima Dominica, *the third Sunday before Lent*, Eccl

Septuagies adv *Seventy times*, Col 5, 2

Septuaginta ind indecl (1) *Seventy* (2) Also *the Septuagint* [...], the seventy interpreters of the Bible, who were in truth seventy two, to wit, six of every tribe (1) Centum septuaginta oratores, Cic Verr 2, 52 (2) Eccles

Septuennis, e adj *Seven years old*, Plaut Bacch 3, 3, 7

Septum, i n [a sepio] (1) *Any place fenced in, hedged, or inclosed* (2) *A fold of sheep* (3) *An hedge, or fence* (4) Also *a lock in a river to turn the stream, a flood gate, or water stop* (1) In septa villa habere [...], Varr R R 1, 11 De fumo & septis, [...] (2) Quum ex multa meis ex [...] (4) De [...] *Varr* R R 1, 14 [...] (5) Lip ¶ Septa transversum, *the midriff*, Cels 5, 26

Septunciālis, le *Of seven ounces, or seven parts of any whole*, Col 2, 10 al septimuncialis

Septunx, cis f (1) *Seven parts of any whole measure, or sum*, as half and one twelfth of an acre, half and one twelfth of a denarius (2) Also *a measure of seven drinking cups* (1) Col 5, 1 Liv 5, 24 (2) Mart 8 51

† Septuōse adv *Obscurely, darkly*, Liv Andron ap Non † Obscure

|| Septuplex, icis adj *Seven fold*, Bud ex Auson

|| Septuplus, a, um *Seven times so much*, Dig

Septus, a, um part [a sepior] *Inclosed, fenced* [...] *be set* Philosophiæ præsidiis septus, Cic Fam 16, 23 [...] Plin Paneg 49 Per fundum septum facere [...], Paul [...]

|| Sestertius [...] *Seven pounds weight*, Bud

Sepulchrālis, e *Of or belonging to a tomb, or sepulchre* Fax [...], Ov Ep [...], 120 Ara sepulchralis, Id [...] 8, 480

Sepulchrētum, i n *A church yard, a burying place*, Catul 57, 2

Sepulchrum, i n [a sepelio, quasi sepulturum] *A grave, a tomb, a sepulchre* Sepulchrum [...] sanctiora vetustate, Cic Philipp 9, 6 Scribitur etiam sepulcrum ☞ De sepulcrorum religione vid Cic de Legg 2, 22

Sepultūra, æ f [a sepelio] (1) *Burial, interment, a laying in the ground* (2) *The act of burying* (1) Locum sepulturæ intra urbem ut darent [...] non potuit, Sulp Cic Epist Fam 4, 12 (2) = Aliquid de humatione, & sepultura dicendum existimo, Cic Tusc 1, 43 Mos sepultura, Lucr 6, 1276 ¶ In sepulta sepultura *when all the funeral rites are not performed*, Cic Philipp 1, 2

Sepultus, a, um part [a sepelior] (1) *Buried, interred* (2) *Covered over* (3) *Drowned, as it were dead, without motion* (4) *Utterly undone and ruined* (5) *Quite finished, extinct* (1) Sepulchrum prope oppidum, in quo est sepultus, Nep Timoth 10 (2) Pelis super ossibus una [...] sordidaque [...], Lucr 6,1266 (3) Urbs sepulta ruina, Tac Hist [...] 35 (4) Lemni habuit aliam [...] C Nullus sum P [...] sepultus sum Ter Phorm 5, 7, [...] *Don* [...] *not it, nempe sepultum est, plus* [...] *quam nullum est* (5) = Sepultum & sopitum bellum, Cic pro Leg Manil 11 = Inimici beni civium, sepulta externa, Paterc 2 89

Sēpum, i n [a σήπω] *Tallow, or suet*, Non al scrib sebum, al sevum

Sequax, ācis adj [a sequor] or comp (1) *Following after, seeking after* (2) *Flexible, pliant* (3) *Clammy, that will stick to one's fingers like birdlime* (4) Also *climbing, or spreading every way* (1) Cum fondi [...] sylvestres [...] carpetque sequaces [...], Vir Geor 2, 374 (2) Lino sequaces Mart [...] Non est [...] terra [...] sequacior, Plin 16, 26 = Flexibiles, & [...] sequaces fumus, Plin [...] neg 45 (3) = Bitum minum sequax & lenta [...], Plin 7, 15 (4) Quorum imagines lambunt hederæ sequaces, Pers in Prol

|| Sequēla, æ f (1) *A sequel, a consequence, a conclusion* (2) *A train or retinue of followers* (1) Gell 6 1 † Consecutio, sequentia (2) Arn

Sequens, tis part *Following, pursuing* Extremam rationem belli sequens, Cæs B C 3, 44

|| Sequentia, æ f (1) *A sequence, or consequence* (2) Also *that part of service in which the people answer the priest* (1) Front de Aquæduct † Consequentia (2) Eccles

Sequester, tris, [...] *h e & hæc sequestris, & hoc sequestre* [...] *sequendo, quod eius utrique* [...] *judicium & fidem sequuntur*, Fest] *Indifferent to both parties, belonging to umpirage, mediation, or reconcilement* Sequestre [...] gum, Palm ex Pl [...] dicit in

Sequester, a, um *Idem* Pax [...] Stat [...]

Sequester, tri [...] (1) *A mediator, or umpire between two parties* (2) *A solicitor of a process, an attorney, or proctor* (3) *A briber, or corrupter* (4) Also *a broker, a procurer* (1) Pacis sequestrem mittere, Sil 6, 347 Sic sequestro data est mihi, Plaut Merc [...] 6 vid & Vidul Fragm 6 (3) [...] 12 8 (3) Quo sequestre in [...] judice corrumpendo dicitur esse usus Cic pro Cluent 8 (4) Cic Verr 2, 44

|| Sequestra, æ f *A female procurer* Sequestra stupri, *a bawd*, Apul Met 9, p 283 † Lena

|| Sequestrārius, a, um *Pertaining to arbitration* Actio sequestraria, *an action that lieth against him that refuseth to deliver that which was intrusted into his hands*, Ap JCC

|| Sequestrātio, onis f verb *A sequestration*, Ap JCC

|| Sequestrātor, ōris m *He that putteth a thing into another man's hand, either willingly or by order of a superior*, Ap JCC

||Sequestrātorium, ii n *A place of trust, or for to lay up things in, and keep them again* Tert † Conditorium

Sequestrātus, a, um part *Sequestred, or laid aside*, Pomp [...] & Macrob Sat 7, 11

Sequestrō adv [...] pecuniam sequestro [...] in manibus [...] sequestris, donec sententia [...] fieri [...] esse debent Gell [...] C tonem, 20 11] *To put it to arbitration, or deposit it in the hands of a third person* ¶ Nisi pars [...] ad arbitrum [...], aut sequestro ponitur, Plaut Rud [...], 3 79

Sequestro, āre act (1) *To sequester, to put into a third person's hand, to deposit, or intrust a thing to be kept* (2) Also *to sever, or put asunder* (1) Tert (2) Cato ap Litt

Sequestror, āri pass *To be deposited*, &c Dig

||Sequestrum, i n *Arbitration* Pecuniam in sequestro ponere apud aliquem, *to leave it in his hands as a party indifferent*, Modest

Sequior, ius, comp [a secus] *Worse* [...] *worser* [...] Sexus, Apul Met 7, p 212 ♓ melior, Stat ♓ fing, Lip

Sequitur, imperf *It followeth*, r [...] *consequent*, Cic Fam 5, 5

Sequius, pro secus (1) *Otherwise* (2) Also *worse, unhandsomely* (1) Liv (2) Sen de Benef 6, 4 Vid Secus

Sĕquor, i, utus dep [ex ἕπομαι, π in q verso, Varr] (1) *To follow* (2) *To hunt, or chase* (3) Met *To pursue, go after, ensue, seek for, or endeavour to attain* (4) Also *to obey* (5) *To believe, or trust to* (6) *To love, to delight in* (7) *To speak* (1) — Fulius interea præcedit, itaque [...] Ter Andr 1, [...] 101 § Sequi [...] patrem non passibus æquis, Vir Æn 2, 724 § Cum ipso [...] secuta, Plaut Mil 4, 6, 5 (2) Sequi feras, Ov Met 2, 439 (3) — Non [...] quicquam [...] assequi non potes, Cic [...] ♓ Quæ sequi, & quæ vitare, Pers 5, 107 (4) Nemo concessit [...] tar amicum patriæ bellum inferentem sequi, Cic Sequi [...] rum, ut parentem veteri, [...] Ep 5, 15 (5) § V [...] sequi, Liv Lites sequi, *to go to law*, Ter Andr 4, 5, 16 (6) [...] feras quæ [...], Varr R R 1, [...] Sequi [...] aliquid, *to* [...], Pr [...] 1, 5 (7) Scyllam Nisi [...] est Dulichias vexasse rates, [...] Ecl 6, 74

Sequutor, ōris m verb *A follower, also he that fighteth against and pursueth the retiarius* Vid Secutor

Sequūtus, a, um part [a sequor] *Following*, Plaut Vid Secutus

Sera, æ f [quod foribus ammota serātur, i e inseritur, five [...] figitur, al à σειρά, *catena*, vel à שׁער porta] *A lock, a bar, a bolt* Dura sera, Tib [...] 6 Excute poste seram, Ov Amor 1, 6, 24

Seraphim plur m [a שׂרף ussit, שׂרפים qu igniti, flammantes, clari] *An order of angels, the seraphim*, Voc Heb

* Serapias, adis f [a Serapide deo Ægypti] *An herb called dog-stones, or ragwort*, Plin 26, 10

Serārius, ii m [a sera] *A locksmith*, Litt ex Vir [...]

Serārius, a, um [a serum] *Of whey, fed with whey*, Litt ex Caton

Serātus, a, um part *Locked*, Litt ex Vitruv

Serēnātor, ōris m [Serenator Jovis] *Causer of fair and clear weather*, Apul de Mundo, [...]

Serēnātus, a, um part *Appeased, cleared* Serenatis axe [...] 12 6 [...] Olympus, [...] Serenato Phœbo dom [...] Id 5, 181

Serendus, a, um part *To be sown* Serenda arva Ith [...]

Serēnitas, ātis f *Fair and clear weather, quietness, calm* Serenitas, pro tranquillitate cœli, Cic de Div 2, 45 ♓ Vim imbrium & [...] gis quam sereni [...] ofien [...] Col 7 1, fin

Serēno, āre act *To make clear and lightsome, to clear up* Vultu quo cœlum tempestatesque [...] Vir Æn 1, 259

Serēnum, i n *Fair weather* [...] Liquido & puro sereno Suet [...] 95 Aperta serena [...] Geor 1 [...]

Serēnus, a, um, or, comp [...] mus, sup (1) *Clear and fair, without clouds, or rain, bright, serene, dry* (2) Met *Blithe, cheerful, calm* (1) Cœlum serenum, Cic [...] ver, [...] Cœlo sereno [...] Mart 4, 64, 6 (2) = Frons tranquilla & serena, Cic Tusc [...] 15 Serenissimi principes, Bart Adv Lib 14, 6

Seresco, ĕre [a serum] *To wax fair and dry* [...] Vestes uvescunt, eædem dispansæ in sole serescunt, Lucr 1, [...] R [...]

Sereco, ĕre [a serum] *To turn into whey* ♓ Omne lac in go [...] spissatur, igne serescit, Plin [...] R occ

Serga, æ f [a quodam Sergio [...]

[illegible] *A kind of olive*, Col 5, 8 [illegible] t r 18

[illegible], orum n *Matters of* [illegible], *serious affairs, grave* [illegible] ✠ Cum aliquo joca, se conferre, *Cic* de Fin 2, 26 [illegible] q[illegible]ramus seria ludo, [illegible] 226

[illegible] סיר olla] *A* [illegible] *ful, a butt, jar, or pot* ✠ [illegible] ssure oportet aut in dolio, [illegible], *Cato* Argenti seria, [illegible] *De hujus vasis for-* [illegible] Varr R R 3, 2 *&* Col 18

S[illegible], æ f *sc* vestis *A silken,* [illegible] *cotton, or muslin gar-* [illegible] Nec dentes aliter quam se- [illegible] reponas, *Mart* 9, 38

S[illegible], æ f *A silk woman,* [illegible] Suet *sed q*

[illegible] textor *A silk,* [illegible] *or muslin weaver, a work-* [illegible] *silk*, Firm

S[illegible], a, um *Clothed in* [illegible] *muslin* In publicum pro- [illegible] *Suet Cal* 52

S[illegible] [à σηρες, lana- [illegible] mittunt, *Isid*] *Silk,* [illegible] *muslin*, Prop 1, 14 22 [illegible] (proprie) est ex arbo [illegible] *Byssus* ex lino, *Bomby-* [illegible] ex verme

S[illegible], a, um *That is made of* [illegible] *silk*, or rather *muslin* [illegible], *Stat Sylv* 3, 4, 89 [illegible] ericos jacere pulvillos, *Hor* [illegible] 8, 15

S[illegible], ei f [a sero, *i e* necto] (1) *An order, a concatenation, a* [illegible], *a train, a continuance* (2) *A row* (3) *An issue*, or *de-* [illegible] *kindred* (1) = Continu- [illegible] reruum, *Cic N D* 1, [illegible] = Ordo seriesque causarum, [illegible] 1, 55 = Series & con- [illegible], *Quint* (2) Se- [illegible], *Plin* 7, 16 (3) Nec [illegible] hac series in causa prosit, *Met* 13, 29

S[illegible] adv [a serius] *In ear-* [illegible], *seriously* Rem agere serio, [illegible] 3, 25 Misit porro orare, ut [illegible], serio, *Ter Eun* 3, 3, 22

S[illegible], a dim [a seria] *A* [illegible] *jutt*, or *jar* Seriolæ vete- [illegible] deradere limum, *Pers*

S[illegible]um, ii n [à Serispho in- [illegible] *A kind of sea wormwood,* [illegible] 9 *&* 32, 9

S[illegible], is f *Cichory*, or *endive,* [illegible] 10 Genus intybi quod [illegible] appellant, *Col* 8, 14

S[illegible]us, a, um [à ferendo, *i e* [illegible], *Perot*] *Serious, grave, earnest, of importance*, or *weight* = [illegible] Ludo uti & joco licet, sed [illegible] cum gravibus seriisque rebus [illegible], *Cic Offic* 1, 29 = [illegible], *Plaut* ✠ Tiberius ludi- [illegible] permiscere solitus, *Tac* [illegible] 6, 2

S[illegible]mo, ōnis m [à serendo, [illegible] quos serit, *Varr*] (1) *Common discourse, talk* (2) *A rumor, report*, or *bruit* (3) [illegible] *style*, such as is used in [illegible] (4) *A speech*, or [illegible] (1) Multa inter sese [illegible] sermone serebant, *Vir Æn* [illegible] = In sermonibus collocu- [illegible] nostris, *Cic Fam* 1, 9 [illegible] o potius quam sermo est, (2) Sermo est tota Asia dissi- [illegible], Pompeium *&c* Cic *pro* [illegible] 6 = Res in ore atque in [illegible] omnium, *Id Philipp* 10, [illegible] Non, si quis scribat, uti nos, [illegible] propiora, putes hunc esse [illegible], *Horat Sat* 1, 4, 42 ✠ [illegible] sententiis sententiæ rhetorum [illegible] sermonis, *Cic Off* 1, ✠ Neque numerosa esse, ut

poëma, neque extra numerum, ut sermo vulgi est, debet oratio, *Id Orat* 195 (4) Sermo Græcus, *Quint* 1, 1 Latinus, *Id ibid*

Sermōcinans, tis part *Discours-ing* Psittaci sermocinantes, *Plin* 10, 42

Sermōcinātio, ōnis f verb *Talk, communication, a figure in rhe-toric*, Ad Herenn 4, 43, *&* 52 *Quint* 9, 2

Sermōcinātor, ōris m verb *A discourser*, Lit ex Fac *sed q* h nc amen

Sermōcinatrix, icis f verb. *She that discourseth*, or *instructeth to discourse*, Quint 3, 4 *sed præ-fatus veniam*

Sermōcinātūrus, a, um part *A bout to talk*, or *discourse* Liben-ter ait se esse facturum, & se cum isto diligenter sermocinaturum, *Cic Verr* 1, 52

Sermōcinor, ari dep *To talk, to commune, to discourse, to par-ly* Sermocinari cum aliquo, *Cic Verr* 1, 52

† Sermōnor, ari *To talk, to discourse* ✠ Sermonari rusticius videtur, sed rectius *sermocinari* crebrius est, sed corruptius, *Gell* 17, 2

Sermunculus, i m dim [à ser-mo] *A little discourse*, or *talk, tittle tattle* Urbani malevolo-rum sermunculi, *Cic* pro *Dejot* 12 Sermunculum omnem aut re-strinxerit, aut sedarit, *Id Att* 13, 10

Sĕro, āre act *&* seror pass [a sera] *To lock*, or *shut*, Col 6, 38 *sed var codd*

Serò adv [à serus] ius, comp ssime, sup *Late, in the evening, too late* Serò allata est epistola, *Cic* Ad mysteria biduo serius ve-neram, *Id* Ut quam serissime e-jus profectio cognosceretur, *Cæs B C* 3, 75 ✠ Convivia & serius inibat, & maturius relinquebat, *Suet Aug* 74

Sĕro, ĕre, sevi, sātum act [à זרע vel זרה] (1) *To sow* (2) *To plant* (3) Also *to beget* (4) *To spread abroad, to disseminate, to raise* (1) Plerique non serunt frumenta, sed vescuntur carnibus, *Cæs B G* 5, 14 (2) Serit arbores quæ alteri seculo prosint, *Cic* de *Senect* (3) In particip pass *vid* Satus (4) Serere aliquid occultis sermonibus, *Liv* 7, 39 Crimina in senatum apud plebem serere, *Id* Qui, si nihil est litium, lites serunt, *Plaut Pæn* 3, 2, 10

Sĕror, i pass *To be sown*, or *planted*, Col *Met* Mihi isthic nec seritur, nec metitur, *Plaut E-pid* 2, 2, 80

Sero, ĕre, serui, sertum act [ab εἴρω, ἔρω, necto] (1) *To lay in order, to knit, plait*, or *wreathe* (2) *To join* (1) *Vid* Sertus (2) *Met* Serere colloquia, *Liv* 24, 31 sermones, *Plaut Curc* 1, 3, 37

|| Sĕrōsus, a, um *Full of whey* Lac serosum, *butter-milk*, Jun

Sĕrōtinus, a, um adj [à sero] *That is in the evening, late-ward* ✠ Festinata sementis sæpe decepit, serotina semper, *Plin* 18, 14

Serpens, tis part *Creeping, going forward spreading abroad by little and little* Vitis serpens, *Cic* de *Sen* 15 malum, *Id Catil* 4, 3 sacer ignis, *Lucr* 6, 660

Serpens, tis m *&* f [à serpen-do] (1) *A serpent, any creeping vermine*, as a snake, an adder, *&c* (2) *A dragon* (3) *A louse* (1) Quædam serpentes ortæ extra aquam, simul atque niti possunt, aquam persequuntur, *Cic N D* 2, 48 (2) Erat ei, *Tiberio*, in ob-lectamentis serpens draco, *Suet Tib* 72 Cæruleus serpens, *Ov Met* [illegible] (3) *Plin* 8, 51

Serpentaria, æ f *The herb dragon wort*, Apul c 5

✠ Serpentigĕna, æ c g *En-gendered, or bred of a serpent*, Ov Met 7, 212 *Heinsius à ttn* serpentiges

✠ Serpentiger, a, um *That beareth a serpent* Serpentigeri gigantes, *Ov Trist* 4, 7, 17 S d Serpentipedes, dis, *having dragon's feet*, habent MSS meliores notæ *Ita* Macrob Sat 1, 20

Serpentīnus, a, um *Of*, or *be-longing to a serpent*, Just Ser-pentinum oris ulcus, *a tetter*, or *ring worm*, Cels

Serpentipes *Vid* Serpentigeri

† Serperāster, i m *An hang-er on, one who creepeth about, and raketh the country* De ser-perastris cohortis meæ, *Ci Att* 7, 3 al l g cerberastris

Serperastra, ōrum n [à serpen-do, serpunt enim magis pueri, quam gradiuntur] *Bands, swathes, or splints to bind children's knees when they learn to go, to keep their legs straight*, Varr L L 8, 5

* Serphus, i m *A kind of vermine like an ant*, Gratian

|| Serpīgo, inis f *A tetter*, Litt *inde nos dicit* ✝ Herpes

Serpo, ĕre, psi, tum neut [à Gr ἕρπω] (1) *To creep, to slide on the belly*, as serpents do (2) *Met To spread itself* (3) *To proceed by little and little* (4) *To augment*, or *increase* (1) ✠ Alia animalia gradiendo, alia ser-pendo ad pastum accedunt, *Cic N D* 2, 47 § Vipera serpit hu-mi, *Ov* ex *Pont* 2, 2, 102 (2) Serpit hedera, *Vir Ecl* 8, 13 ul-cus, *Cels* 6, 18 rumor, *Cic* pro *Mur* 21 (3) = Si consuetudo serpere & prodire cœperit, *Cic* in *Verr* 1 (4) Flamma serpit, *Lucr Met* Altius cura serpit, *Plin* 14, 11 § In immensum ser-pere, *Cic N D* 3

† Serpula, æ [illegible] quam nos *ser-pentem* dicimus, *Fest*

Serpyllum, i n [à serpendo] *A kind of wild*, or *running be-tony, wild thyme*, Vir Ecl 2, 10 *&* Cels 5, 11

Serra, æ f [à secando, *qu* se-carra] (1) *A saw* (2) *An in-strument of torture by drawing of oxen* (3) Also *a certain fish* (4) *The van of an army set saw-wise* (1) Item serra præcidito, *Col* de *Arb* 9 ¶ Ducere serram, aptam potius, *sed* Scal Conject *in Varr* p 240 *to quarrel*, or *dispute*, Varr R R 3, 6 recipro-care, *Tert* (2) *Steph* unde non dicit (3) *Plin* 32, 11 (4) *Gell*

Serrabilis, e *That may be cut with a saw*, Plin 16, 43

Serrācŭlum, i n dim [à serra] *The part of a ship which guideth it, the stern*, or, as some, *a pole to steer it*, Dig Serraculum, [illegible], *Gloss vet*

Serrantia rostra absol *pro* ser-rata, *vel* quæ serrare possint, *in-struments with teeth*, Is 41, 15

|| Serrarius, ii m *A sawyer of wood*, or *timber*, Jun *ex an-alogia*

Serrāta, æ f [à serrato folio rum textura] *An herb called germander*, or *English treacle*, Plin 24, 15

Serrātim adv *Like a saw, in manner of a saw*, Vitruv 6, 11

Serrātula, æ f dim *Betony, saw wort*, Plin 25, 8

Serrātūra, æ f *A sawing*, Pallad 3, 17

Serrātus a, um part *Sawed, made after the fashion of a saw, having the edges jagged* Num-mi serrati, *notched like a saw to prevent its being counterfeited, milled money*, Tac Germ 5, 7 [illegible] serrato [illegible], *Plin* 25, 6

Serro, are act *To saw* Arbo-[illegible] ramos, *Sil* 6, 184 *ex ante* *Steph al* servavit

Serror, ari, atu pass *To be sawed* Materia ne pars dedolan-tur & serrantur, [illegible] 2, 25

Serrula, æ f dim [à serra] *A little saw, an hand-saw*, Cic *pro* Cluent 64

Serta, æ f *iden. quod* sertum (1) *A chaplet* (2) *A line*, [illegible] *rope* (3) Serta Campanica, *the herb melilot* (1) Præp[illegible] missæ in pocula [illegible], *Prop* 2, 33, 37 Serta crinium, *a truss*, or *lock of hair*, Scal (2) *Tib* 2, 5, 97 Pilid in *Martio* ¶ Ser-tam ducere, *to be a partner, to join with one in dancing in a ring*, *vid* Varr R R 2, 6 *& ibi* Scal Conject p 240 = restim ductare, *Ter Adelph* 4, 7, 34 = tortum ducere funem, *Hor* (3) *Cato*, 107

† Serrarius vertex, *R ex Plaut* corr *pro* sectarius

† Sertor, ōris m verb [à se-rendo, *Fest*] qui [illegible], vel [illegible] aliquem in libertatem [illegible] Adsertor

Sertŭla Campana, quæ *&* serta Campanica, *Cato*, 107 [dict quod circa Nolam Campaniæ urbem laudatissima proveniat] *The me-lilot*, or *claver*, Cels 5, 11 Plin 21, 9

Sertum, i n *sc* strophium, est enim particip [à sero, necto] (1) *A garland of flowers, a wreath, chaplet, posy*, or *nosegay* (2) Serta, *flowers of which it is made* (1) Sertis redimiti, *Cic Catil* 2, 5 Serta capiti delapsa, *Vir Ecl* 6, 16 (2) Serta mihi Phillis legeret, *Vir Ecl* 10, 41

Sertus, a, um part (1) *Plait ed, twisted, wreathed, interwo-ven* (2) *Set with flowers* as in a garland (1) *April Met* 10, p 249 ✠ Solutus, *Id* (2) *Luc* 10, 164

Serva, æ f *sc* mulier *A wo-man servant* Matre serva natu[illegible], *Flor* 1, 6

Servābilis, e *That can be pre-served* Caput nulli servabile, *Ov Trist* 4, 5 21

|| Servāculum, i n [à ser[illegible]] (1) *A little haven for ships to ride in* (2) *The stern of a ship*, or *helm*, or, as some, *the anchor* (1) *Ulp* (2) [illegible], *Gloss al leg* ferraculum

Servandus, a, um part (1) *De-livered*, or *preserved* (2) *Watch-ed* (3) *To be observed*, or *kept inviolable* (1) Carmina levi ser-vanda cupresso, *Hor A Poet* 332 (2) Pomaria servanda draconi, *Ov Met* 4, 646 (3) Officia etiam adversus inimicos servanda, *Cic Offic* 1, 11

Servans, tis part *&* adj ssimus, sup (1) *Keeping, preserving, saving* (2) *Keeping, not chang-ing* (3) *Minding, observing* (4) *Waiting, expecting* (5) *Watch ful* (1) Vinum in vetustatem servans, *Col* (2) Superus insti-tum servans, *Cæs B C* 3, 8, (3) = Justissimus & servantissimus æ-qui, *Vir Æn* 2, 427 (4) Atria servantem postico falle clientem, *Hor Ep* 1, 5, ult (5) Vincere a-rundinibus servantia lumina ten-tat, *Ov Met* 1, 684 Hesperidum mala servans, *Luc* 5, 33

† Servasso antiq *pro* servavero

 || Ser[illegible]tio,

‖ Servitio [illegible] *A* [illegible] † Conf. [illegible]

Servitor [illegible]

Servitus [illegible]

[illegible]

Servitūdo, ĭnis f. [illegible] *bondage, slavery* [illegible]

Servitus [illegible]

Servus [illegible] *A servant, a ward* [illegible] Quid tu? [illegible]

[illegible] *Plaut* [illegible] ferres [illegible] *Pal.* [illegible] *a pimp* [illegible]

Sesama [illegible] *to grain* [illegible] *Plin.* 18, 10 [illegible] & tacte papaver & [illegible] *Plaut. Pan.* [illegible] clamo [illegible]

Sescuminus [illegible] *Of, or* [illegible] *Plin.* [illegible]

* Sesamo [illegible] *Plin.* [illegible] 25

Sesamum [illegible] *a good* [illegible]

† Sesuma is [illegible] recur. qui [illegible]

Sescunx [illegible] *Col.* [illegible] 2 confound [illegible]

Sesc[illegible] *Plin.* [illegible]

Sescuplum [illegible] & [illegible] *Plin.* [illegible]

* Seseli is [illegible] *Plin.* [illegible]

Sesquialter, a, um [illegible] *and a half* [illegible] *Cic. Orat.* 50

Sesquihora [illegible] *A* [illegible] *an half* [illegible] *Veg.*

Sesquijugerum [illegible] *Plin.* [illegible] 18

Sesquilibra [illegible] *Col.* [illegible]

Sesquimensis [illegible] *Var. R. R.* 1, 27

Sesquiocta[illegible] *Col.* 12, [illegible]

Sesquiopus [illegible] *task or work and a half* [illegible]

Sesquipedānĕus, a, um *A foot and a half long*, *Vitruv.* 2, 8 *Plin.* 17, 20 Sesquipedalia verba, *great*

[illegible] *long words*, [illegible] *Poet.* 97

Sesquipedāneus, a, um [illegible] *foot and a half*, *Plin.* [illegible]

Sesquiplex [illegible] *Var. R. R.* [illegible] 10

Sesquiplaga [illegible] *more than a* [illegible]

Sesquitertius [illegible] *Cic.* [illegible] *Orat.* [illegible]

Sessibulum [illegible]

Sessilis [illegible] *Plin.* [illegible]

Sessio, ōnis f. [illegible] *Cic.* [illegible]

Sessito, āre [illegible] *Cic.* [illegible]

Sessor [illegible] *Hor. Ep.* 2, 2 [illegible]

Sestertius [illegible]

Sestertium [illegible] *Col.* [illegible] *Hor. Ep.* 1, 7, 80 & 2, 2 [illegible]

…ne sive sort o vilis ri ab sect, … (4) Setertio vel los cula … Sest Aug 33 ubi al gestro

Sestertius, ii m [ex semis, & … qui tertium tertius vel semis … Denotabis enim & iis … tertius est … tertius … quos a tes & finit … erat, uti d ar is decim … decem … prout Gi … Dupondius autem num … peri duas LL … Sestertius nummus … per duas LL & S … nunc IIS … ex de tribus assibus … A sesterce, a coin … of a denier, or two … and an half, i e two pounds … a coin and an half, marked … LLS i e two LL standing … pounds and the S for … half a pound, which afterwards, by turning the two LL … was thus … HS … minu … millia sestertium, … centena sestertia … millia … sestertium, Sic … HS … cen … Sest = Nummus D … Scal … Bu… rum … Gio … Sestert s & Wat … … ap … dis rat … Sestertius … A … called from Sestius Col … Sestiana, & tap tana … Sestiana … Sest cont ap … pro … rum … Sex … Col]

Seta, æ f [a … Hebr שער saum] (1) A … or big rough hair (2) … on A fishing line (1) Gl… us et equina aptus, Cic … Setæ leonis, Id Quis … mihi compungit herba … Col 5, 2, 40 (2) Mart … ha sucula, at urbe Setab … optimum linum, Plin … a … handkerchief of fine lawn, … ck, Catull 12, 14 &

|| Setaceus, a, um. Of bristles … cribrum, a sieve made … hair to range corn, meal, … Ex setis aptum

Setania, æ f. A kind of onion, Plin 19, 6

Setanium, ii n (1) A medlar … Coarse ordinary food (1) … 15, 20 (2) Non enim possit militares pueri Setanio … Plaut Truc 5, 1, 16 Sed … Var Lect 9, 13 al leg …

Setanius, a, um [a σῆτες, Ionic, Doricè σᾶτες, Attic τῆτες] This year, of this spring, of … months growing Setanius … bread made of such corn, Plin Setania cepa, an onion of … growth, Id Setanium … a medlar, Id 15, 20

Setiger, era, um (1) That … or hath bristles on his … (2) Subst A boar (1) … Setiger, Ov Æn 12, 170 … Theb 8, 532 (2) Nisi … inter opacas sylvas, … 8, 376 Metuendus setiger … Mart 15, 93

Setim A tree like white-thorn, which never rotteth, of which the wooden work of the tabernacle was made, Bibl

Setinum vinum [a Setia, Campaniæ urbe] A very generous wine, Plin 14, 6 Cum Setinum ardebit in auro, Juv 10, 27

Setōsus, a, um Rough, hairy, full of bristles ⁑ Anne certe ut … pecus, alter setosum, Col … of Apes … Virg … 9 Setosum pectus, Ger … 8

Setula, æ f dim A little bristle, Litt ex Mart Reg Sutton … Arnob 1 7

Seu conj disjunctiva [contr ex sive, ut neu ex neve] Either, or Seu pedibus, seu remis ibis, Prop 1 … Seu rectè, seu perperam, Cic pro Cæcin 24

|| Severcum, ii n A tallow candle, Apul Met 4, p 7 Pric edit

Severctus, a, um Carried, a … aside Cur tua … præscripto severcta est pagina gyro? Prop … 21

Severhe, ere, ext To carry … Litt ex Ov

Severbo, … pass Litt ex Stat

Severè adv … comp ssimè, sup (1) Gravely, sternly (2) Sharply, strictly, to the utmost, without favour (1) = Civiliter & severè voluptatem accendit … tono, Cic de Fin 2 Severissimè … Id pro … Con 15 (2) = … b… severitas … increpabit, Gell 19, 5

Severiana pyra [a Severo … tore dict] Plin 15, 15 al … nina

Sevēritas, atis f (1) Gravity, sternness (2) Severity, … harshness (1) ⁑ Severitatem in senectute probo, acerbitatem nullo modo, Cic de Sen 18 Ne blanditias … severitas, Id ⁑ … severitas … Tac (2) ⁑ Ita adhiben … est mansuetudo & clementia, ut reip causa adhibeatur severitas, Cic Offic 1, 25 ⁑ = Atticus comitas non sine severitate erat, neque gravitas sine facilitate Nep Attic 15 ⁑ moderatio, Tac 15, 49 (3) Unguentum severitas, Plin 13,

† Sevēriter adv id quod severè, Titinn ap Non || item Apul † Severè

† Sevēritudo, inis id qu severitas Illi caperat frons severitudine, Plaut Epid 5, 1, 3 || & Apul † Severitas

Sēvērus, a, um or, comp ssimus, sup [qu secus, i e juxta verus, vel qu satis verus, Isid vel a σεβ μαι, veneror, ut sit id quod Gr σεμνός, Non] (1) Serious, sober (2) Stale (3) Exact, impartial (4) Severe, harsh, crabbed, sharp (5) Terrible, frightful (6) Demure, coy (1) ⁑ = Opinor quod ego dixi per jocum, id eventurum & severum, & serium, ut hæc inveniantur ejus filia, Plaut Pan 5, 3, 50 (2) Severum Falernum, Hor Od 1, 27, 9 (3) Cujus legis severi custodes requiruntur, Cic Familia ad judicandum severissima, Id (4) Si pœna paulo severior fuerit, Sall B C 50 (5) Arma severa Eumenidum, Vir Æn 6, 374 Voluisti isthuc severum facere, sic te … Plaut Cist 3, … 15 (6) Severa virginitas, Ov Met 3, 254

|| Sevir, iri m (1) One of the chief of the equestrians, six in all, one to each decury, a captain of a regiment of horse (2) Also this was the name of a civil magistrate superintendent over his brethren (1) Capitol in vita

M Aur Ant c 6 | Herm Hug de militi equestri, c 2 (2) SEVIR IVRI DICVNDO, C, SEVIR VRBANVS in antiq L pidibus non rarò occ Qui & AVGVSTALIS, qui tamen in militaris fuerit, N L

Sevo, are To grease, or dip in tallow Sevare candelas, Col 2, ult

Sevor, ari pass To be tallowed, Col

Sēvŏco, āre act (1) To call apart, or aside from another (2) To separate, to withdraw, to sever (1) § Sevocabo herum, -Me … Plaut … 5, 25 (2) § Sevocare animum a contagione corporum, Cic de Div 1, 50

Sevocor, ari, atus pass To be separated Cum interesset in Caelar, tum te … Trebonio … mus sevocatis, Cic Philipp 2 14

Sevosus, a, um Full of tallow, or suet, greasy Sevosi coni… ris medulla, Plin 11, 37

* Seutlomalache, es f The herb spinach, or spinage, Jun …

Sevum, i n quod … cum, & sepum … [a sue, qu suevum, quod plus pinguedinis hoc animal habet] Tallow, suet ⁑ Quæ … in his quæ ruminant, eadem sevi est, Plin 28, 9 Sevum hircinum, Col 6, 12

Sex adj indecl [a Gi ἕξ, quod ab Hebr שש] Six in number Sex menses cum Antiocho fui, Cic de Cl Orat 91

Sexagenarius, a, um Of, or concerning sixty, sixty years of age, Suet Claud 2…

Sexageni, æ, a (1) Sixty, or threescore apiece (2) Sixty (1) SEXAGENOS DENARIOS PLEBI DEDIT, Inscript vet ap Grut p 251 (2) Sexageni milites, Liv 8, 8

Sexagesimus, a, um The sixtieth, Cic Attic 5, 1

Sexagies adv Threescore times Sexagies sestertium, Cic Philipp 2, 18

Sexaginta pl indecl [a Gr ἑξήκοντα] Sixty, or threescore Annos sexaginta natus es, Ter Heaut 1, 1, 10

Sexangulus, a, um Six cornered, Plin 37, 9

Sexatrius, uum pl The sixth day after the ides of March, Varr Lat Quinquatrius

|| Sexcenarius, a, um Of, or concerning six hundred, Bud ex analogia

Sexcēni, æ, a [ex sex, & centum] (1) Six hundred (2) An infinite number, a great many (1) Singula jugera vinetorum sexcenas urnas præbuisse, Col 3, 3 Ciceronis etiam nonnulli … buunt (2) Ap Varr & Col

Sexcentenni, æ, a Six hundred Sexcenteni nummi, Cic Verr 5, 25

Sexcentesimus, a, um The six hundredth, Plin 8, 7

Sexcenti, æ, a [ex sex, & centum] Six hundred, also an infinite number Belli periculum, militum improbitas, sexcenta præterea alia, Cic Attic 6 4 Venio ad epistolas tuas, quas ego sexcentas uno tempore accepi, Id Attic 7, 2

Sexcenties adv Six hundred times, indefin Cic Att 4, 16

† Sexcentiplagus, i m [qui sexcentas plagas accepit] He that receiveth six hundred stripes Ex fabrica Plautina, Capt 3, 5, 68

Sexdĕcies adv Sixteen times, Plin 6, 29

Sexdecim indecl Sixteen, Ter Eun 3, 3, 20

Sexennalis, e … Of every sixth year, Litt ex Plin

Sexennis, e That is six years old Inde susceptus fero sexennis Plaut … 2, 80

Sexennium, ii n [ex sex, & annus] The space, or age of six years Sexennium natu, Cic Phil … 5,

Sexies adv Six times, Cic … Sexies consul, Paterc 2, 15

Sexignani m pl Soldiers of the sixth legion, or of six ensigns Plin 4, 19

Sextans, tis m … [sex stans] (1) The weight of two ounces the sixth part of a pound, or a pound weight (2) Also a measure of two cyathi, two parts of twelve (3) A sixth part of an … of … (1) Extulit … plebs sextantibus collatis in singula capita, Liv (2) Ponere sextantes … decunces, Mart 12, 28 (3) Col 5, 1

Sextantalis, e Two thumbs broad, thick, or deep Fusus ex … Plin … 6

Sextantarius, a, um Of the weight of two ounces &c Asse sextantario, Plin …

Sextariolus, i … A small pint, Suet … Hor …

Sextarius, ii m [quod sexta pars congii, Isid] A … sure … containing … a pint and a half, to wit, twenty four ounces, though it is accounted but eight een or twenty ounces According to the former reckoning, it is two pounds Troy weight, or a pound and half Avoirdupois, we may use it for a quart, as being the nearest to it Vini sextarius, Hor A Poet 74

Sextiana pyra vel mala [a Sextio quodam sic dict] A certain kind of pears, or apples of marvellous round heads, Col 12, 1, scrib & Sestiana

Sextilis m [dict quod sex … sit a Martio mensis] The month of August, the sixth beginning at March Sextilem totum mendax desideror, Hor Ep 1, 7, 2 It idem tilis mensis, Id … 11, 19

Sextula, æ f (1) The sixth part of an ounce, that is, a drachm and a scruple (2) A measure of land, whereof 72 make an acre, 400 foot (1) Heres ex duabus sextulis, Cic pro Cæc 6 (2) Col 5, 1

Sextum adv The sixth time Sextum consul, Cic in Pison 9

|| Sextuplus, a, um Six times so much, Hulf ex analogia

Sextus, a, um (1) The sixth (2) Sextus casus, the ablative case (1) Passim (2) Sextus casus Latinis proprius, Varr L L 9

|| Sextussis Six pounds weight, Bud ex analogia

Sexus, ûs m & sexus, i n [a secus, … alter, quod alter … habeant mas & femina, unde & secus ant … sexus] A sex Sexus virile, Plaut Rud 1, 5, 19 Sexus utrumque, Varr Virile & muliebre sexus, Tac Hist 5, 13, 5 Certis signis comprehendere licet quem sexum generaverit, Col 6, 24 Adolescens ambiguo sexu, Liv 27, 11

S ante I

Si conj [a Gi εἰ] (1) If (2) Seeing that, since (3) Although (4) O that, or would to god (5) Si minus, if not (6) Whether or no (7) Si Diis placet, a form in … p… on, *passion, or disdain* (8) It is elegantly omitted (9) *As soon as* (10) *Whether* (1) Si tempus est ullum jure hominis necandi, *Cic* pro *Milon* 4 § Si me audies, *Id*) Si id facias, *Id* (2) Si te in germani fratri dilexi loco, *Ter Andr* 1, 5, 57 (3) Redeam non, si me obsecret, *Ter Eun* 1, 1, 4 (4) Si nunc se nobis ille aureus arbore ramus ostendat, *Vir Æn* 6, 187 (5) Si minus hominum tu iam timuisset, at illam ipsam nostram taceique nuptiales, *Cic* pro *Cluent* 6 (6) Vitam, si dolor est, *Ter Heaut* 1, 1, 118 Illa mihi teneat, si nostri mutua cura est, *Tib* 3, 1, 19 (7) Vide ut otiosus sit, si quis placet, *Ter Eun* 5, 3, 10 (8) Dare denegaris, nisi ad illud ulciscor, *Ter Heaut* 3, 1, 78 Ad calcum jusseris, ibit, *Juv* 3, 78 (9) Afferetur, si a foro ipsius redierit *Plaut Aul* 2, 6, 7 (10) Si nimio ambulare foris, si intus overt, *Plaut Capt* 1, 2, 5

Sibi dativ [à ἑ, i n, a σφ ιν σφισ] *To, or for himself, herself, itself, or themselves*, passim

|| Sibilātor, ōris m verb *He that hisseth, or whistleth*, Litt ex Apul ✝ Qui sibilat

Sibilo, are [à σιφλόω, i e ignominia afficio *Sip*] (1) *To hiss* (2) Met *To hiss at one in contempt* (1) Serpens sibilat ore, *Vir Æn* 11, 754 (2) ✱ Populus me sibilat, at mihi plaudo ipse domi *Hor Sat* 1, 1, 66

Sibilor, āri pass *To be hissed at*, Sen

Sibilum, i n (1) *A whistling, or piping* (2) *An hissing* (3) *A growling* (1) Senserunt toti pastoria sibila montes, *Ov Met* 13, 785 (2) Dedit vibrata sibila lingua, *Ov Met* 15, 684 (3) Cerberus O pheo lenivit sibila cantu, *Juv* 9, 646

Sibilus, a, um adj *That hisseth, hissing* Sibila ora, *Vir Æn* 2, 211 colla, *Id ib* 5, 277

Sibilus, i m [à Gr σιφλ@] (1) *A whistling* (2) *An hiss* (3) Also *the soft blowing of winds* (4) *A creaking, or squeaking* (5) Also *piping* (6) Also *a kind of serpent*, id qui regulus (1) Sibilo signum dare, *Liv* 25 (2) Tum ut clamoribus & sibilis conflictantur, *Cic Att* 2, 18 ✱ plausus, *Id* (3) Venientis sibilus austri *Vir Ecl* 5 82 (4) Sibilus rudentum, *Cic Fam* 9, (5) *Ind* Sibilum, n 1 (6) *Isid*

Sibimet, *id quod* sibi, *Cic*

Sibylla, æ f [q σιου βυλλη, i e Διὸς βουλή, dei consilium] *A prophetess*, *a sibyl* *Ind* Propr

Sibyllinus, a, um adj *Of a sibyl, or prophetess* Sibyllini libri, *Cic* Verr 4, 49 versus, *Id de Div* 1, 2

‡ Sibynam voc Illyrici telum venabulo simile, *Fest* ex *Enn* σιβύνη, ὅπλα ἐν ὅπλοις παραπλήσιον, *Hesych* Scrib & sibina

Sic adv [ab Hebr איכה quod idem, *Scal*] (1) *So, thus, according to, or after this fashion* (2) *Insomuch* (3) For *tam* (4) A particle of affirming, *even so, yes* (5) Of conditional wishing (6) *So much, so greatly* (1) ✱ Sive sic est, sive illo modo, *Cic de Div* 2, 58 ✱ Aliter, sic, aliis sic, *Id de Legib* 1, 17 Sic sic, *so so*, *Ter Heaut* 3, 2, 12 Sic sum, *neither better, nor worse*, Cic Fam 8, 4 (2) Hujus præfectura plena est virorum fortissimorum, sic ut nulla tota Italia frequentior, *Cic* pro *Planc* 8 (3) Literas Græcas sic avide arripuit, quasi diuturnam sitim explere cupiens, *Cic* de *Senect* 8 (4) Phanium relictam solam ass G Sic, *Ter Phorm* 2, 1, 3 (5) *Vid* Vir Ecl 10, 4 & Hor Sat 2, 5, 300 (6) Pomponium sic amo, ut alterum fratrem, *Cic*

Sica, æ f [à secando, *qu* seca] *A short sword, a pocket dagger, a poniard, a stiletto, a skean* Jam tibi extorta est sica ista de manibus, *Cic Catil* 1, 6

Sicaria, æ f *A wallet to put victuals in*, R ex Plaut *Ind* q

Sicārius, ii m *An assassin, a bully, or private murderer, a ruffian, a bravo, a cutthroat* Cum prætor quæstionem inter sicarios exercuisset, *Cic* de *Fin* 2, 16

Siccāneus, a, um *Dry of nature, that hath no springs to water it* ✱ Differunt æstate, si irriguus est hortus, si siccaneus, autumno, *Col* 11, 3 ✱ Pascua rigua, nec unquam siccanea, *Id* 6, 27

Siccans, tis part *Drying* Aspicit siccantem sole capillos, *Ov Met* 11, 770

Siccānus, a, um *Dry, without water*, Plin 16, 17 *sed forte ibi legendum* siccaneus

Siccātio, ōnis f verb *A drying*, Plin 31, 15

Siccātus, a, um part *Dried up, dried* Fontes siccat, *Ov Met* 13, 690

Sicce adv pro sic, *addit particulæ, ut* hicce pro hic *After this manner, thus* Non licet te sicce, placide, bellam belle tangere, *Plaut Rud* 2, 4, 12 *qui alibi etiam utitur*

Siccè adv (1) *Drily* (2) Met *Jejunely*, or rather *firmly, strongly* (1) Pecudes siccè stabulari convenit, *Col* 6, 12 (2) Siccè dicere, *Cic de Opt gen Orat* 4 ✱ ample, *Id ibid*

Siccesco, ĕre incept *To dry, to grow dry*, Col 22, 28 & Cels 7, 7, 15 Vitruv 2, 2

|| Siccificus, a, um *Drying, or that hath power to dry*, Macrob

Siccine adv interrog [ex hic, & ne] *It is so even so, or so indeed?* Siccine agis? *Ter Eun* 4, 7, 34

Siccitas, ātis f (1) *Driness* (2) *Drought, dry weather* (3) Also *firmness, or fastness, toughness, strength* (1) Siccitas regionis, *Col* 2, 4 (2) ✱ In Nomentano agro siccitate lutum fieri, imbre pulverem, *Cic* Frumentum propter siccitates angustius provenerat, *Cæs B G* 5, 24, (3) Summa in eo est corporis siccitas, *Cic* de *Senect* *interpr* *Non* & *Met* Siccitas orationis, *Id N D* 2, 1

Siccitūdo, inis f *Driness*, Litt ex Col

Sicco, āre act (1) *To dry, or make dry, to wipe off* (2) Also *to exercise* (3) *To suck, or drink up* (1) Ille paludes siccare voluit, *Cic* (2) *Non* (3) Capreoli siccant ubera ovis, *Vir Ecl* 2, 42 Siccat inæquales calices conviva solutus, *Hor Sat* 2, 6, 68

Siccor, āri, ātus pass *To be dried* In sole siccari, *Plin* 12, 13

Siccocŭlus, a, um adj *That hath dry eyes* Genus nostrum semper siccoculum fuit, *Plaut Pseud* 1, 1, 75

Siccŭlus, a, um dim *Somewhat dry, dryish*, Litt ex Varr

Siccum, i n *Dry ground*, Vir Geor 1, 430

Siccus, a, um or, comp ssimus, sup [à צחה aridus, *M* vel à σαυνὸς, ξηρὸς Syracusis, *Hesych*] (1) *Dry, withered, without moisture, or juice* (2) *Thirsty* (3) Also *sober* (4) *Hungry* (5) Met *Without redundancy, close, nervous* (1) ✱ Sicco limosum pabulum præferemus, *Col* 7, 9 Siccior uva, *Cels* 2, 8 Hordeum siccissimum, *Col* 2, 12 Marina in sicco linquunt fulicæ, *on dry land*, Vir Geor 1, 362 Sicca mors, *a natural death*, Juv 10, 113 Sicca luna, *the wain*, Prop 2, 17, 15 = quam & sitientem Cato vocat, c 29 (2) Qui tibi sermonem, sicca, sum somna, potionum affert, *Plaut Curc* 1, 2, 22 (3) ✱ Vinolentorum visa imbecilliora, quam siccorum, *Cic Acad Q* 4, 27 = Præter alios meum virum fui rara a siccum, frugi, continentem, *Plaut Asin* 5, 2, 7 ✱ Dicimus siccu, dicimus uvidi, *Hor Od* 4, 5, 39 (4) Accedes siccus ad unctum, *Hor Epist* 1, 17, 12 (5) Nihil erat in ejus, *Cotta*, orationibus nisi sincerum, nihil nisi siccum atque sobrium, *Cic de Clar Orat* 55

Sicelica, æ f [à Σικελικ, i e Siculis] *An herb growing much in vineyards*, Plin

* Sicelion, ii n *Idem*, Plin 25, 11

Sicĕra, æ f [σίκερα, quod à שכרא, שכר potus inebrians] *All manner of strong drink except wine* Οἶνον καὶ σίκερα οὐ μὴ πίη, *Luc* 1, 15 de Joanne

Sicileo, ere, ui, *id quod* Sicilio

✝ Sicilia, æ f & sicilium, ii n *A knife, a rasor*, Fest

✝ Sicilices [à sicilando, *i e* secando] *The broad heads of javelins*, Fest ex Enn

Sicilicissito, āre *To come from Sicily, to speak like the Sicilians* Hoc argumentum Græcissat, tamen non Atticissat, sed Sicilicissitat, *Plaut Prol Men*

Sicilicŭla, æ f dim [à Sicilio, *ut* secula, à secando] *A kind of little knife, a play-thing for children*, Plaut Rud 4, 4, 125

Sicilicum, i n *vel* sicilicus [à scilicendo, *i e* secando dict quod semunciam secet, sive sicilicat, *Fest*] (1) *The fourth part of an ounce, two drams* (2) Also *a measure of ground twenty foot broad and thirty long, that is, a plat containing six hundred feet* (1) *Plin* 33, 15 & *Vitruv* 10, 17 (2) *Col* 5, 1

Siciliendus, a, um part *To be cut, or mowed again*, Varr R R 1, 49

✝ Sicilimentum, i n [à Sicilio] *An after-math, or grass that is cut, or mown again, after it was cut before*, Cato R R 5

Sicilio, ire, ivi, itum [*qu* secuilio, à seco] *To mow again what was not well cut before*, Plin 18 28 Varr R R 1, 49

* Sicilisso, are Sicilissat, *al leg* Sicilissitat, & sicilicissitat *To speak the language of Sicily, or like a Sicilian*, Plaut Men.prol 12

‡ Sicimina, um pl n *A kind of tree in Palestine*, but after Hierom, *a kind of briar bearing berries*

‡ Sicinnista, æ m [à Gr σικιννις] *He that singeth and danceth together*, Gell 20, 2 ex Accio

✝ Sicinnium, ii n [σικιννις ἀπὸ τοῦ σείεσθαι καὶ κινεῖσθαι, *Hesych*] *A kind of old-fashioned dance, when they sing and danced together*, Acc ap Gell 20, 2

Siclus, i m [*id quod* Gr σίκλος] *A kind of Jewish coin, a sicle*, in silver, worth about two shillings and sixpence, in gold, about fifteen shillings, *Bibl*

Sicubi adv [*i e* si quis, & ubi, ut *ab* aliquis, alicubi] *Wheresoever, if in any place, if at any time* Consilii si creare, (...) pugna signior esset, *Liv* Sicubi eum societas hominum coperat, *Ter Eun* 5, 1, 13 Sicubi quercus tendit ramos, *Vir Geor* 3, 332

Sicula, æ f dim [à sica] (1) *A little knife, a penknife* (2) *A dagger, a tuck* (3) *A sickle, scythe* (4) Membrum virile (1) Sicula, σμιλη χειρουργικη, *Gloss* (2) *Plaut* (3) *Varr L L* 4, 31 (4) Languidior tenera cui pendens sicula beta, *Catull* 68, 21

Sicunde adv [*i e* si alicunde] *If from any place* Sicunde potest, erueris, *Cic Attic* 1, 20

Sicut adv (1) *As* (2) *As even* (3) *As well as* (4) *Like as, such as* (5) *Just as, in the manner as* (1) Prava perunt Athenis, sicut dixi, *Plaut Rud* 1, 4, 61 (2) Sicut tuum vis unicum gnatum, &c *Plaut Asin* 1, 1, 1 *Formula* (3) Cum jam ibi Asia, sicut uni cuique sua domus, nota esse debet, *Cic* (4) *Plaut Bacch* 4, 6, 20 (5) Sicut erat sparsis furial cæde capillis prosilit, *Ov Met* 6, 657

Sicuti adv *Just as*, &c ✱ Sicut Clinas, sicuti res omnes est [?] prodita, *Sall*

Sicyonius, a, um [ad Sicyonem, urbem Peloponnesi, pertinens Sicyona, *Fest* ex *Lucil* σικυων, τα sc ὑποδηματα, *Hesych*] *A kind of neat fine womens shoes* Calceus Sicyonius, *Litt* ex *Lucr*

* Side, es f *A pomegranate tree* also *a pomegranate*, Litt ex Matt

Sidens, tis part *Falling down, sinking*, Plin 10, 54

Sidĕrālis, le *Of, or belonging to the stars, or planets*, Plin 6, 26 & 7, 49

Sidĕrātio, ōnis f verb (1) *Blasting in trees with an eastern wind, or with great heat and drought*, as in the dog-days (2) Also *a taking* or *benumbing*, when one is suddenly deprived of the use of his limbs, and of all sense, *a being planet-struck* (1) *Plin* 27, 24 (2) *Plin* ubi sup

Sidĕrātus, a, um part *Blasted planet-struck, taken, benumbed* Sideratis urina pulli asinini prodesse dicitur, *Plin* 28, 10

Sidĕreus, a, um (1) *Of, or like stars, starry, shining bright* (2) *High, heavenly* (1) Sidereus arcus, *the rainbow*, Col 10, 289 Lucidus æthra siderea polus, *Vir Æn* 3, 586 (2) Hic ubi sidereus propius videt astra colossus, *Mart de Spectac* 1, 2, 1

* Sidĕrion, ii n [quod omnia vulnera σιδήρῳ, ferro, illata sanat] *A kind of herb that healeth all cuts and gashes*, Plin 26, 14 = Heraclium, *Id*

Sidĕrites, æ m [à ferri splendore] (1) *A precious stone like iron, a kind of diamond* (2) *A loadstone that draweth iron* (1) *Plin* 37, 10 (2) *Plin* 37, 4

* Sidĕritis idis f [id est similitudine ferri] (1) *An herb call ed wall-sage, or iron-sage, growing on tiles and old walls, iron wort* (2) Also *a loadstone that draweth iron* (1) *Plin* 25, 17 (2) *Plin* 37, 4

Sidĕro, āre act unde

Sidĕror, āri, ātus pass *To be blasted with lightning or wind, &c to be mildewed, to be planet struck*, Plin 9 16

* Sideropœcilos [à σίδηρ@, ferrum, & ποικίλ@, varius] *A precious*

cious stone like iron, with many and sundry spots, Plin 37, 10

Sido, ĕre, edi, & sdi, ſeſſum [a ſedeo] (1) *To perch, to light as birds do* (2) *To settle, sink, or go to the bottom* (1) Geminæ ſuper arbore ſidunt columba, Vir Æn 6, 203 (2) Submerſa ſidere rites, *Claud 4 Conſ Honor* 627 ... pris ſiderit, aqua n eliquabitur, *Col* 12, 24 ⊬ Ejuſdem ponderis ... ſidere, ... *Plin* ... 102 Liquere ad una vaſis, *Id*

Sidus, ĕris n [a ſido, quod ſidera occidentia in mare ſi ſidere videntur, vel *ab* εἶδος, forma, ... quod ſit figura cœleſtis vel a סדר ordo significat n ordines ſtellarum] (1) *A star, particularly the sun and moon, a constellation* (2) *A sign in heaven, ruling of man, star* (3) *Climate* (4) Also *a time of the year* (5) Also *a blast* (6) Met *An honour, glory, renown* (7) A word used in courtſhip, or flattery, (1) Inclinato ſidere, *Plin* 7, 60 Cutum mundi ſidus, *Sen* Circuitus ſolis & lunæ cæterorumque ſiderum, *Cic N D* 2, 162 (2) Sidus piſcis ... quoſ, *Vir Geor* 4, 234 (3) = Terræ gentes non telis magis, quam ... ſuo cœlo, ſuo ſidere armantur, *Plin Pang* 12 (4) Sidus hyemis, *Flor* (5) Afflantur illi ſidere, *Plin* 2, 41 (6) O ſidus Fabiæ, Maxime, gentis ades, *Ov ex Pont* 3, 3, 2 (7) Super fruſta nomina, SIDUS, & PULLUM, & PUPPUM, & ALUMNUM appellare, *Suet Calig* 13

† Siem, ſies, ſiet, *pro* ſim, ſis, ſit, *Plaut* paſſim

† Sifilatores, *a* vet dicebantur ſibilatores, *Non*

† Sifilo, are ant *Non pro* ſibilo

Sigillaria, um n pl [dict quod ... ſigilla, *i e* parva ſigna miſſa ... amicis, *Auſon*] (1) *A kind of fair after the feasts of Saturn, lasting seven days, whereon little images, puppets, babies and such like were given for ...ings* (2) *The images or fa... there sold* (3) Also *the ... of a street in Rome, where ... toys were made, or sold* (1) Quadraginta ... cos in Saturnalibus & Sigillaria mittere, *Suet ...* c 5 (2) Ego ſum Felicio, ... ſigillaria afferre *Sen* ... (3) Argenteum effiſum ... ſigillaria vena, *Suet Claud* 16

Sigillaris, e adj *Of, or belonging to a seal, or mark, or to the images beforenamed* Sigillaria ... *puppets, babies for children to play with*, Stet

|| Sigillaritius annulus *A seal-ring that hath an image upon it*, Vopisc ‡ Signatorius

Sigillatim adv [qu ſingillatim, ...] *Severally, particularly, one after another, or one by one* ⊬ Sigillatim potius quam ... dicere, *Cic Verr* 5, 55

|| Sigillatio, onis f verb *A ...* Ap recent

|| Sigillator, oris m verb. *He ... ſealeth*, D g

Sigillatus, a, um part (1) *That hath little marks set, or wrought* (2) ... Sigillata, *a kind of ... earth ... Lemnos* (1) ... ſigillata, *Cic Att* 1, 10 ... ſigillata, *Id Verr* 4, 14 (2) ... *Species hujus recenſet ... Prus*

|| Sigillolum, i n dim ex dim *A little image*, Arnob ‡ Sigillum parvulum

Sigillo, are act *To set a little image on a thing, to emboss* Lex

minus impura eſt, ne filii parentibus luce ſigillent oculos, *Varr ap Non* 2, 785 ☞ *Sed melioribus Nonii codd ctiam opt membranis* ſugillent *Tutius igitur* ſignare *dicas Vid* Sigillatus

Sigillum, i n dim [a ſignum] (1) *A little image graven, or molten* (2) *A seal, or print, a signet, a medal* (1) Appoſuit patellam, in qua ſigilla erant egregia, *Cic Verr* 4, 22 (2) Imprimere ſigilla annulo, *Cic Acad Q* 4, 26

|| Siglæ, orum n pl [contr *pro* ſigillis, Gr σημεῖα, il *qui* ſingulæ *sive* ſingulæ, quod ſingularia litteræ voces totas notarent] *Notes, breviatures, ciphers, letters set for words, characters, shorthand* ‡ Notæ

* Sigma, ătis n [dict a ſimilit literæ Græcæ Σ, quæ ſuperioribus temporibus eam figuram habuit, quam C Latina] *A table in fashion like a halfmoon, which held commonly seven people* Septem ſigma capit ſex ſumus, adde Lupum *Mart* 10, 48, 6

|| Signaculum, i n *A seal, the print of a seal*, Ulp ‡ Signum

Signandus, a, um part *To be noted, marked, or signed*, Prop 3, 20, 15

Signans, tis part *Noting, marking* Stella ſignans viam, *Vir Æn* 2, 697 Gentes notis ſignantes corpora, *Plin* 6, 4

|| Signanter adv *Remarkably, emphatically, significantly*, Hier ‡ Significanter

|| Signarius, ii m *An ensign, an ancient*, Veg ‡ Signifer

Signatè adv *Expressly, significantly, distinctly* = Signatè & propriè loqui, *Gell.* 2, 6 Signatius, *Tert* ‡ Significanter

Signatio, ōnis f verb *A sealing, marking, or noting* Ætatum ſignatio, *Auctor Dial* de Orat 16, 6

Signator, ōris m verb *A sealer, or signer of contracts, wills, &c a witness that setteth to his mark* = Teſtes ſignatoreſque falſos commodare, *Sall B C* 16 Signatores falsò, *Juv* 1, 67 Veniet cum ſignatoribus auſpex, *Id* 10, 336

Signatorius, a, um *That is used, or serveth to seal with* Annulus ſignatorius *a seal ring, a signet*, Val Max 8, 14, 4

Signatūra, æ *An ensealing, a signature* Tabulæ vacuæ ſignaturis, *Suet Ner* 17

Signātus, a, um part (1) *Marked* (2) *Sealed, signed* (3) *Stamped, coined* (4) *Signified* (1) Cicatrix ſignata in ſtirpe, *Vir Geor* 2, 379 Signati dicuntur Tirones, puncti ... ipsi, *marked for war service in the hand*, Veg ... 6 Signatum pectore nomen, *Ov Epist* 3 66 (2) Pars æſtivi acce ſignati, *Juv* 1, 132 Signata epiſtola, *Nep Pelop* , (3) = Argentum factum atque ſignatum, *Cic Verr* 5, 25 & *L* 3 31, 52 (4) Quanquam omnis locutio oratio eſt, tamen unius oratoris locutio hoc proprio ſignata nomine eſt, *Cic Orat* 19

|| Signifaxio, ĕre *To make an image* ‡ Significo

Signifer, a, um *Embossed, wrought, or carved with figures, or images on it* Signifer orbis, *the zodiac, or circle wherein the twelve signs are*, Vitruv 6, 1 crater, *Val Flacc* 1, 337 Puppis ſignifera, *the admiral*, Luc 3, 553

Signifer, ĕri m (1) *An ancient, ensign, or cornet, a standard-bearer, one who carrieth the colours* (2) Also *the zodiac* (3) Met *A principal, a leader* (1) Signifero interfecto, *Cæſ B G* 25 (2) Propter obliquitatem ſignif..., *Plin* 2, 10 *sc* circuli (3) = Qui cauſæ noſtræ duces, & quaſi ſigniferi fuiſſent, *Cic pro Planc* 30

|| Signifex, icis m *A maker of images*, Apul de Deo Socrat p 698 ‡ Signorum faber

Significandus, a, um part *To be intimated, or signified* Res ſignificanda per geſtum, *Ov Trist* 5, 10, 6 ⊬ Declarandus

Significans, tis part & adj or, comp ſſimus, sup (1) *Signifying, making known* (2) *Significant* (1) Litteræ breves, ſed benevolentiam ſignificantes, *Cic* (2) = Dilucida ſignificanſque deſcriptio, *Quint* 9, 2 Nomen aut verbum translatum proprio ſignificantius eſt, *Id* 8, 6 Significantiſſimum vocabulum, *Gell* 1, 15

Significanter adv ius, comp *Plainly, significantly, evidently, expressly, intelligibly, clearly*, Sen Controv 5, 20 Aliquid ſignificanter defendere, *Cic Fam* 4, 12

Significantia, æ f *Signification, or significancy* Verborum ſignificantia, *Quint* 10, 1 ‡ Significatio

Significātio, ōnis f verb (1) *An advertisement, a sign, or token* (2) *A signification* (1) ⊬ Geſtus ſententiam non demonſtratione, ſed ſignificatione declarans, *Cic de Orat* 3, 59 (2) *Cic pro L Manil* 3

|| Significātivus, a, um *That doth signify* Appellatio vel ſignificativa, *Ulp*

Significātus, ûs m *A declaring, or betokening, a prognostic*, Plin 18, 25 Tempeſtatum ſignificatus poſt futuros ante pronunciare, *Vitruv* 9, 7

Significo, āre [ſignum, *i e* notam, facio] (1) *To give notice, or warning* (2) *To signify, intimate, give a sign, or advertise, to give notice of, or make one acquainted with* (1) Cum ſignificantur in Capitolio, ut ſignificent, ſi fures venerint, *Cic pro S Rosc* 20 (2) = Hoc mihi ſignificaſſe & annuiſſe viſus eſt, *Cic Verr* 3, 91 ⊬ Non ſignificate, ſed etiam declarare *Id Fam* 5, 1,

Significor, āri, ātus paſſ *To be discovered, or signified* Omnes futura ſignificari cenſent, *Cic de Div* 1, 1 Res verbis ſignificantur, *Id*

|| Significus, i m *id quod* ſignifex, *Litt ex Apul*

Signīnus, a, um [*a* Signinis Italiæ pop quorum opp Signia] Opera ſignina, *a kind of plaister ing made with sherds and tiles beaten to powder, and tempered together with morter, plaister of Paris, or terrace*, Plin 35, 12 Vitruv 2, 4 Signinum rivus, *i e* ex teſtis ſigninis factus, *Ulp* Signinum vinum, *Celſ* Signina pyra, *wine, or pears of that country*, Id 2, 24 & Juv 11, 73

⁂ Signitenens, tis adj *A standard-bearer*, Varr ſignifer *vocab uſitatius*

Signo, āre act (1) *To mark out* (2) *To seal* (3) *To grave* (4) *To coin, to stamp* (5) *To write, or declare* (6) *To signalize* (7) Also *to signify, or show by sign, or token* (8) *To pretend* (9) *To design, or pourtray* (1) Humum ſignavit limite menſor, *Ov Met* 1, 136 (2) Signare epiſtolam, *Nep in Lysandr* 5 (3) Carmine ſaxum ſignare, *Ov Met* 2, 326 (4) Æs, argentum, aurum publicè ſignanto, *Cic de Leg* 3, 3 *ex XII Tabb* (5) Rem ea mini ſigno, *Vir Æn* 3, 287 Vetus dictum carmine ſignavit, *Col* 1, 3 (6) Signare diem honore celebri, *Ov Fast* 5, 474 (7) Eccam locum ſignat, ubi ea excidit, *Plaut Cist* 4, 2, 28 (8) Meretricem depinit, ſignat tamen verbis eam ſe non amare, *Plaut* (9) *Litt ex Varr*

Signor, āri, ātus paſſ *To be marked, coined, &c* Cum ſignaretur argentum Apollonio, *Cic Fam* 1, 29

Signum, i n [a ſeco, *inde &* ſegmen, ut *a* lego, lignum, à tego, tignum] (1) *A mark, or sign* (2) *A seal* (3) Met *A token* (4) *A sign as of a public house, or shop* (5) *A graven, painted, or molten image, a figure of a thing* (6) *A badge, or cognizance* (7) *A standard, ensign, a banner, streamer, or flag* (8) *A signal, a watchword* (9) *A prodigy, a token, or warning of things to come* (10) *A sign in the zodiac* (11) *A point, or prick* (1) Imprimere ſignum pecori, *Vir Geor* 1, 263 = notæ, *Cic* (2) Tabula ſignis hominum nobilium conſignata, *Cic in Verr* 1 Neque annulo ... chirographo, neque ſigno, *Id Attic* 2 20 (3) Signa tibi dico, tu condita mente teneto, *Vir Æn* 3, 388 *Met* ⊕ Signa Epicuri, *his writings*, Luci Doloris ſigna, *Cic de Orat* 2, 45 Pudoris ſignum, *Ter Andr* 5, 3, 7 ☞ Signa ad ſaturem, *a prognostic of recovery*, Id Andr 3, 2, 2 (4) Tabernæ erant circa forum, ac ſcutum illud ſigni gratiâ poſitum, *Quint* 4, 6, 4 (5) Lapis aſpicere ..., nunc nobile ſignum, *Ov de A Am* 3, 223 Ubi tollunt ſeſe ... aulæi theatris, ſurgere ſigna ſolent, *Id Met* 3, 112 Aſpera ſignis pocula, *Vir Æn* 9, 263 (6) ⊬ Is quidem ſigno, non nomine, di... cornua fronte gerit, *Ov Met* 15, 595 (7) Signa militaria, *Cic Catil* 2, 6 Signorum collatio, *Id de Orat* 1, 48 Signa conferre, *to engage, or join battle*, Id *in P... fon* 21 (8) Et bello teſſera ſignum, *Vir Æn* 7 637 In eo ... ſignum expectant, *Id ibid* 5 1 7 Signum petenti PRIAPUM in VENEREM dare, *Suet Cal* 56 (9) Equus ejus concidit, o ... nec ſigno, ut peritis videbatur, ne committeret prælium, *Cic de Div* 1, 35 (10) = Signa, ſideraque cœleſtia *Cic N D* 1, 13 Cum ſol duodena peregit ſigna, *Ov Met* 618 Si ... ſignis ... no Leonis, *Cic de D ...* (11) *Geom*

Sil, ilis n [vox peregrina] (1) *A kind of earth, yellow in colour, which being burnt maketh vermilion or red for painters, also a kind of oker* (2) Also *a ... the same as ...* aquatium (1) Sil Atticum, *Vitruv* 7, 14 (2) *Ap ...* 5

† Sila, æ f ant *An h... Vid* Silis

Silaceus, a, um [a Sil] *Of yellow colour*, Plin 35, 6 Silacei ... maceique ...

Silanus, m ... Arab ... fluxus aquæ, *M ... A conduit pipe, a wild figure, or stone image at fountains, through which the water ran* ... Provoluti corpora ſilano ad ... rum ſtrigore ..., *Lucr* 6, 1263 Confert ad omnium Silanus vetus cadens, *Celſ* , 10 = Salicns

† Siliſum

† Silurum, [illegible] quod [illegible] con- [illegible]

Silus [illegible]

Silena [illegible] = Simus [illegible]

Silentium [illegible] nomen (1) [illegible] (2) Silenti [illegible] noctibus Plin 18, 28 [illegible] Hor [illegible] 2, 10 [illegible]

Silentium [illegible]

Silicernium [illegible] [epulum fu- nebre, [illegible] mortuis [illegible]

Siliceus [illegible]

Siligo [illegible]

Siliqua [illegible] (1) The [illegible] (2) Vivit siliqua & pane secundo, Hor Epist 2, 1, 123 (3) [illegible] 5, 10 = Ceration, permum, [illegible] (4) Plin 15, 24 (5) Se- [illegible] siliqua aliquis [illegible] tribuunt scrupulos, [illegible] (6) [illegible] 2, 11

|| Siliqua, [illegible] Capers, Jun

Siliquastrum, [illegible] n [quod siliquae simile est] [illegible] Plin 11, 1- [illegible] 20, 17

Siliquor, [illegible] pass [siliquas [illegible] to be in- [illegible] Plin [illegible]

Siliquosus, a, um [illegible] Husks, [illegible] of husks, or [illegible], Litt ex Col

* Sillicernibus, [illegible] or [illegible] Gell [illegible]

Sillus, i m [illegible] Gell [illegible]

Silo, onis m [illegible] qui p[illegible] nomen habet [illegible] [illegible] vel qui est naso in summ[illegible] sursum, [illegible] (1) [illegible] (2) [illegible] (3) [illegible] (1) Le- [illegible] (2) Vel [illegible] (3) [illegible] Sil

* Silphium, ii n [illegible] of the [illegible], Plin 18, 10

Silva, æ f [illegible] quod [illegible] de- [illegible] ducerum [illegible] sed non est necesse, ut [illegible] universe ant [illegible] contemnimus [illegible] [illegible] cum [illegible] Græcam [illegible] [illegible] (1) [illegible], or [illegible] (2) [illegible] (3) [illegible] (4) And probably of [illegible] (5) [illegible] (6) [illegible] matter brought together (7) [illegible] (1) [illegible] Pecora [illegible] homines [illegible] [illegible] compellebat Cæs B G 5, 19 [illegible] multitudo den- [illegible] Cic [illegible] 12, 15 (2) Sub [illegible] silva, [illegible] Virg [illegible] 1, 15 (3) Silvarum [illegible] pressos propa- [illegible] expectant, Virg Geor [illegible] 26 (4) [illegible] silva co- [illegible] 9, 12 (5) Arms [illegible] [illegible], Ov Met 7, 242 (6) Silva rerum, & [illegible] comparanda est, Cic [illegible] Orat [illegible] 26 (7) Atque decur- [illegible] per materiem & sequentes [illegible] tempore [illegible] hanc silvam vocant, [illegible] 10, 3

Silvaticus, a, um Of, or be- longing to a wood [illegible] C to R R 8 [illegible] Plin [illegible]

Silvesco, ere incept To wax [illegible] to grow thick [illegible] [illegible] Col [illegible] Cic de Senect 15

Silvester, hæc silvestris, [illegible] hic & hæc silvestris, & hoc silvestre [illegible] (1) [illegible], or [illegible] (2) [illegible] in the country [illegible] (3) [illegible] (1) [illegible] silvestria [illegible] (2) Silvestris [illegible] omni tardiora, [illegible] 10, 2 Sil- vestres uni, [illegible] (3) Silvestres homines, Hor [illegible] Silvestrem [illegible] meditar, Virg Ecl 1, 2

† Silvicola, æ comm [illegible] Prop [illegible]

* Silvicultrix, icis f [illegible] colo] [illegible] Catull 63 [illegible]

† Silvifragus, a, um [illegible] Silvifraga fla- [illegible] 1, 2, 6

Silvigena, a, um [illegible] [illegible] P [illegible]

Silvosus, a, um [illegible] Silvas [illegible] 2

Silvula, æ f dim [illegible] A little coppice, or grove [illegible] silvula occuperetur, Col 8, 15

Silurus, i m [illegible] Plin 9, 15

Silus [illegible] Plin 11, [illegible]

Sima, æ f [illegible] Vitruv [illegible]

† Simbella, æ f [illegible] sembella [illegible] Varr [illegible] Non [illegible]

Simia, æ f [quod [illegible] [illegible] naribus, [illegible] (1) [illegible] (2) [illegible] (1) Simia [illegible] [illegible] turpissima bestia [illegible] Cic N D 1, 35 [illegible] Plin 11, 44 (3) [illegible] Stoicorum simia, rusticus, [illegible]

Simia[illegible], æ f [contr pro [illegible] [illegible] Non poteris [illegible] docens in moribus, [illegible] 1, 10

|| Similiceus panis [illegible] Jun

Similagineus, a, um [illegible] Plin similagineus, [illegible] Lp 119 [illegible]

Similago, inis f [illegible]

¥ Similago, inis [illegible] quod [illegible] Plin 18, 10

Similamen, inis n [illegible] [illegible] Ov [illegible] similamen quod [illegible]

|| Similaris, e [in similes partes divisibilis, ut caro, os, vena, [illegible] teria, nervus, [illegible] Of [illegible] ture, or parts, Med † Simplex

Similis, e [a [illegible] simulacrum] or comp [illegible] sup (1) [illegible] (2) or [illegible] (3) or [illegible] (1) [illegible] (2) [illegible] similis, [illegible] 1, 5 [illegible] [illegible] est, [illegible] 5, 9, 8 Pallor [illegible] Ov Met 11, 417 (2) [illegible] Ter Eun 3, 2 [illegible] Cic [illegible] (3) [illegible] Similis pavor [illegible] bello [illegible] Liv 6, 28 [illegible] Similes sunt [illegible] loquerentur, Id

† Simitas

|| Similitas, ātis *Likeness, similitude*, Lucil *ap* Non & Vitruv 2, 9 ✝ Similitudo

Similiter adv ius, sup *In like manner, likewise, similarly*, or *greatly* § Similiter his iis se ponit pariunt, *Plin* Similiter facis ac si me roges, *Cic N D* Simillimè atque in illa lege, [illegible] 1, 4

Similitudo, inis f (1) *Likeness, resemblance* (2) *A similitude, a comparison* (1) § Est quædam homini cum Deo similitudo, *Cic* de *Leg* 1, 8 Morum similitudo, *Id* [illegible] *Plin* 8, 7 (2) Similitudines quæ ducuntur ex brutis animalibus, *Quint* 5, 11

Simio, are act *To be like, to ape*, Marcell Emp & Aur Victor, 1, 21 *sed longè aliter* illi[illegible]

Simiolus, i m dim [a simius] *A little ape, one who apeth another*, Cic [illegible] 7, 2

✝ Simitu, *pro* simul *Together*, Plaut Ampl 2, 1, 84

Simius, ii m (1) *An ape* (2) *A mimic* (1) Calvus cantare nihil nisi Calvum ... simius iste ... *Mart* 1, 202 (2) *Hor Sat* 1, 10, 18

Simo, ōnis m [a simus] *That is flat without nostrils, that hath a flat nose upward*, a name they use to give to dolphins, *Plin*

✝ Simo, are *To make flat*, or *dull*, Lucil *ap* Non 2, 771

|| Simonia, æ f [a Simone Mago, qui eam Eccl ... ambitu vocatum cum quis ecclesiasticas functiones, quæ Dei dona sunt, redimit eum] *Simony*, Eccl ✝ Sacrorum nundinatio

|| Simoniacus, a, um *Simoniacal*, Eccl ✝ Ad nundinationem sacrorum pertinens

Simplāris, e, *vel* simplarius, a, um (1) *Belonging to that which is but one, simple, single* (2) *Arma simplaria, so called, because they that wear it have but one allowance* (1) Simplariæ venditiones, *Ulp* (2) *Veg* 2, 7 ✝ Duplaria

Simplex, icis adj [sine plica] ior, comp issimus, sup (1) *Simple, single, of one sort, without any thing in it, uncompounded, unmixed* (2) *Right forward, straight, direct* (3) *Downright, sincere, honest, without deceit* (4) *Homely, or homespun* (5) *Silly, foolish, simple* (1) ✱ Animi natura simplex est, nec habet in se quidquam admistum, *Cic* de *Senect* 21 ✱ Vitiis res ut nocuit hominum credulis, memor illius escæ, quæ simplex olim tibi sederit, *Hor Sat* 2, 2, 73 ✱ Duplex quæ ex argumento facta est simplex, *Ter Heaut prol* 6 ═ Commodi & simplices, *Cic A*-*cad Q* 1, 7 ¶ Simplex mors, *death without torture*, Suet (2) ═ Flexuosum iter auris habet, ne quid intrare possit, si simplex & directum pateret, *Cic N D* 2, 57 (3) Simplicissimâ mente & [illegible] *Petron* c 101 Omnia [illegible] dicimus, id est, fidelia, simplicia, constantia, *Cic* Quanto simplicis beneficium acceptum [illegible] *Sen* Simplex nobilitas, [illegible] cave, *Ov Fast* 2, 226 (5) Rara simplicia, *Plin* 12, 1 ✱ O virum simplicem, qui nos nihil celat! [illegible] sapientem, qui serviendum necessitati putet, *Cic Or* 58 Simplicis utimur commoditate, *Cic Or Ep* 17, 176

Simplicitas, ātis f (1) *Plainness of manners, simplicity, singleness, plain dealing, downright honesty* (2) Also *silliness* (1)

Sine crimine mores, nudaque simplicitas, purpureusque pudor, *Ov Amor* 1, 3, 13 (2) Mira simplicitate fugiunt, *Ov Trist* 1, 3, 1

Simpliciter adv ius, comp issimè, sup (1) *Simply, purely, sincerely, without relation to any other thing* (2) *Nakedly, without setting off* (3) *Plainly, frankly* (1) ✱ Aut simpliciter quæritur, aut comparatè, *Cic Top* 22 ═ Simpliciter, & ex sua vi considerare, *Id* de *Inv* 2, 53 (2) ═ Simpliciter breviterque dicere, *Cic Offic* 2, 9 ═ Simpliciter, sine ulla exornatione, *Id* de *Inv* 2, 3 (3) ═ Amice, & simpliciter reprehendere, *Plin Ep* 5, 3 ═ Simplicius & antiquius permutatione mercium uti, *Tac Germ* 5, 6 Ego & tu simplicissimè inter nos loquimur, *Id Hist* 1, 15, 1

✝ Simplicitus, *pro* simpliciter, *Non* ex *Plaut Merc* 2, 4, 13

✝ Simplō adv *Simply, by one sort*, Fest || Simpliciter

✝ Simplōna, æ f *A dice king gallip*, Plau *test* Fest *sed non in eis*

✝ Simplones, um [il m [*qu* simul epulones] *They which eat and drink together*, Fulgent ex Sutrio

|| Simpludiaria funera sunt, in quibus simpludia adhibentur *Single sports of dancers, or tumblers*, Fest

Simplus, a, um [a sine, & plus, *al*] *Single in number, one only* Licet simplum solvere trecentos Philippo, *Plaut Pan fe ult* ✱ Duplo, aut sit a pacti, simplo, *Varr R R* 2, 10

✝ Simpulatrices [a simpulo] mulieres rebus divinis deditæ, *Fest*

Simpulum, i n [*ab* Heb ספל insicto *n*, *Jos Scal*] *An earthen chalice, or cup, used in sacrifice before gold and silver were in esteem* Varro taketh it for *a cruet with a pipe to drop out wine*, L L 4, 26 Excitare fluctus in simpulo, *Cic de Legg* 3, 16 ☞ *Hujus formam passim in nummis antiquis videre licet*

|| Simpuviatrix quæ porrigit simpuvium, *Interpr Juv*

Simpuvium, ii n [*q* simbuvium, a simul, & bua, potus] *An earthen vessel used of old in divine service*, Juv 6, 342 *ubi al* simpulum, & sympinium

Simul adv [a simile, ut facul, a facile quod similes simul congregantur] (1) *Together, in company* (2) *At the same time* (3) *All under one, at once* (4) *Without ac, as soon as* (5) *Also with ac*, atque, *or* ut (6) Simul—simul, *no sooner—than* (7) Also *both—and* (8) *Moreover* (1) Dummodo simul simus, *Cic Fam* 9, 1 (2) Arbores cum luna simul senescunt, *Cic de Div* 2, 14 (3) Demonstravi hoc illi, simul & illi ostendi, *Cic Att* 1, 1 Duas res simul nunc agere decretum est mihi, *Plaut Merc prol incuut* (4) [illegible] in eritum simul pomifer autumnus fruges effuderit, *Hor Od* 4, 7, 9 (5) Simul ac se ipse commovit, atque id se revocavit, *Cic Acad Q* 4, 16 Simul atque hostis superatus esset, *Id* Simul ut experrecti sumus, *Id Acad Q* 4, 16 (6) Simul spernebant, simul metuebant, *Liv* (7) Simul terræ, simul mari bellum impellere, *Tac Agric* 25 (8) Simul illud nesciebat, *Cic* pro *C Balb* 25

Simulacrum, i n [a simulo] (1) *The proportion of any thing, a resemblance, a representation, a figure* (2) *A phantom, a ghost* (3) *A picture, or statue* (4) *A trace, a footstep, a show* (1) ═ Statuæ & imagines non animorum simulacra sunt, sed corporum, *Cic* pro *Arch Poet* 12 Pugnæ simulacra, *mock fights*, Vir *An* 5, 585 conf & *Liv* 26, 52 (2) Simulacra videt volitantia, *Vir An* 7, 89 ═ Simulacrum atque umbra Creusæ, *Id An* 2, 772 (3) Zeuxis Helenæ simulacrum pinxit, *Cic* de *Inv* 2, 1 Muliebre simulacrum è marmore, *Id* pro *Domo*, 43 (4) ═ Nec indicium, nec omninò simulacrum aliquod, aut vestigium civitatis, *Id Fam* 10, 1

✱ Simulamen, inis n *An image, resemblance, or representation*, Ov Met 10, 727

Simulans, tis part & adj or, comp (1) *Resembling* (2) *Feigning, counterfeiting, mimicking, imitating* (1) Ars Alexandri vultum simulantia, *Hor Epist* 2, 1, 241 (2) Hos rumor, simulans ex vinculis effugisse, *Nep Paus* 2, 2 Fingere se simulans, ... tur, *Cic* Non fuit in terris vocum simulantior ales, *Ov Am* 2, 6, 23 *sed MSS* simulatior, & *Heins* simulacrior

Simulatè adv *Counterfeitly, feignedly, with a pretence only, dissemblingly, hypocritically* ✱ Sive ex animo id fit, sive simulatè, *Cic N D* 2, ult ═ Fictè, aut simulatè, loqui, *Id Q frat* 1, 10

Simulatio, ōnis f verb *A counterfeiting, a dissembling, a colour, pretence, or disguise* Per simulationem amicitiæ me turpissime prodiderunt, *Cic* ad *Quir* post red 9 ✱ Ex omni vita simulatio dissimulatioque tollenda est, *Id Offic* 3, 15 ✱ Simulatione contra Pompeium & Cæsarem, animo pro Cæsare stetit, *Paterc* 2, 48, 1

Simulator, ōris m verb *A feigner, or counterfeiter, a dissembler, an hypocrite*, Cic *ad Q frat* 1, 2

Simulatrix, icis f *A she dissembler, a witch, an hag*, Stat *Theb* 1, 551

Simulatus, a, um part *Feigned, dissembled, counterfeited, pretended* Pseudophilippus è mendacio simulatæ originis, *Paterc* 1, 11 Non simulatum quicquam potest esse diuturnum, *Cic Offic* 2, 12

✝ Simulo, e antiq *pro* simile

Simulo, are act [a similis *pro* similis] (1) *To make like* (2) *To seem, to resemble* (3) *To feign, counterfeit, set a countenance, or face on a thing* (4) *To take the form of, to make as if* (5) *To dissemble, or play the hypocrite* (1) Et fortasse cupressum scis simulare, *Hor A P* 20 (2) ✱ Non es quod simulas, *Hor Sat* 2, 7, 56 (3) Solon, quo rep prodesset, furere simulavit, *Cic Offic* 1, 30 Simulabo quasi non noverim, *Plaut Curc* 3, 21 (4) *Juno* simulavit anum, *Ov Metam* 3, 275 (5) Simulat his se rebus considere, sed video quid agat, *Cic*

Simultas, ātis f *Privy grudge, displeasure, secret hatred, dissembled malice* Huic simultas cum Curione intercedebat, *Cæs B C* 3, 25 Simultates, quas mecum habuit, deposuit, *Cic* pro *Planc* 31

✝ Simulter adv *pro* similiter, *Plaut Pseud* 1, 3, 149

Simulus, a, um [a simus] *Somewhat flat-nosed*, Lucr 4, 1162 Mart 5, 63

Simus, a, um [qui pressis est naribus, *Serv*] *Flat-nosed* Sima capella, *Vir Ecl* 10, 7 Simâ naris homo, Mart 6, 39, 8

Sin conj [ex si, & ne abjecto, & aspirati si vero, vel a Gr [illegible]] *But if, otherwise, if not* Si poterit, &c sin planè non poterit, &c Cic Fam 15, 11

Sināpi, n indecl & sinapis, is f *Mustard seed* Sinapi atque coriandrum ... *Col* 11, 3 Sinapi Pythagoras principatum ... *Plin* 20, 22 Sede ... sinapi ... *Plaut Pseud* 3, 2, 28 ... sinapi, *Col* 10, 122

Sinapinus, a, um adj *Belonging to mustard* Mola sinapina, *a mustard quern*, Jun

|| Sinapismus, m *A salve made of mustard, to raise blisters, or wheals upon the skin*, Jun

|| Sinapizo, are *To do over with mustard*, Veg 2, 6 ✝ Sinapi illinere

Sincērè adv ius, comp (1) *Purely, intirely* (2) *Sincerely, plainly, without deceit* (1) ... *Col* 11, ... (2) ... nihil puto sincere locutum, *Cic Attic* 3, 15 Sincerius, *Gell* 1, 3

Sinceritas, ātis f *Clearness, integrity, uprightness, neatness, sincerity*, Plin 31, 7 Sinceritas ligni, *Col* 4, 26

|| Sinceriter adv *Sincerely*, Gell 13, 16

Sincērus, a, um or, comp issimus, sup [ex sine, & cera ut mel purum dic quod cera non est permixtum] (1) *Sincere, without mixture, neat, pure* (2) *Whole, or intire* (3) *Open, free, ingenuous, plain, downright* (1) ✱ Ex amphora primum, quod est sincerissimum, effluit, gravissimum quodque & turbidum subsidit, *Sen Epist* 108 Sincerum est nisi vas, quodcunque infundis, acescit, *Hor Ep* 1, 2, 54 (2) ═ M Curium sanum tectum, ut aiunt, ab omni molestia sincerum, incorruptumque conserves, *Cic Fam* 13, 50 Porci sacres sinceri, *that never went to boar*, Plaut Men 2, 2, 16 (3) Sincerâ fide agere, *Liv* 29, ═ Nihil est sanctum atque sincerum in civitate, *Cic* pro *Quint* 2 ═ ✱ Secerni possunt fucata, & simulata a sinceris atque veris, *Id* de *Amic* 25 Vas fusum sincerior, *Gell* 18, 10

✝ Sincina [ex sine, & cano] *When one singeth alone*, Fest

Sinciput, itis n [*q* semi caput, *Ploc* vel a scindendo, *q* scinciput, *Pacut*] (1) *The forepart, or perhaps half of the head* (2) Also *an hog's cheek, sowse* (1) ✱ Sinciput anterior, occiput posterior pars capitis, *Cornutus* in *Pers* ¶ Non tibi sanum est sinciput, *you are not in your senses*, Plaut Menæch 5, 2, 41 (2) Sincipita verrina interdicit, *Plin* 8, 51 Fissa fumosum sinciput aure, *Pers* 6, 70

✱ Sindon, ōnis f [ab Heb סדין unde Angl *sattin*] *Fine linen, a cambrick, lawn, tiffany*, &c Non hesterna sindone tutus erit, *Mart* 4, 19

Sine præp [ex si, & ne *Perot*] *Without* Homo sine re, sine fide, sine spe, sine fortunis, &c Cic *pro Cæl* 32 ¶ Sine censura ... *so as to need no allowance*, Hor Sat 1, 4, 120 ✱ Non esse tecum vivere nec sine te, *Mart*

|| Singillo, ōnis m [...] *A kind of single garment without lining*, Treb Pol

Singillatim adv [a singulus] *Particularly, one by one* ✱ Civitas non singillatim, sed previncus totis dabatur, *Cic Philipp* 2, 56

|| Singulārie, *pro* singulariter *Charis ex Cic*

Singulāris, e (1) *Single, one alone, one and no more* (2) *Singular, peculiar, extraordinary, matchless, unparalleled,* either in a good, *or* bad sense (3) Also *apart,* or *by itself* (1) Democritus effectus auget ejus, qui singularis natus sit, *Plin* 28, 10 Singularis potentia, *a monarchy,* Nep Dion 9 (2) = Singularis & eximia virtus, *Cic* pro *Leg Manil* 1 ✳ Non vulgare, sed singulare maleficium, *Id* (3) Locus in edito singularis, *Suet Aug* 72

|| Singulāritas, ātis f *Singularity, excellency,* Scal

Singulāriter adv (1) *Singly, in the singular number* (2) *Singularly, particularly, passingly, above all others, only* (1) ✳ De pluribus singulariter, *Quint* 9, 3 (2) Quem singulariter dilexi, *Cic Verr* 2, 47

Singulārius, a, um *Single, one by one* Litera singulariæ, *Gell* 17, 9 Indito his catenas singularias, *Plaut Capt* 1, 2, 2

|| Singularius, ii m *A short-hand writer, one who writeth by cyphers, a single letter,* or *character for a word,* Cujac ✝ Qui notis excipit

Singulātim adv *Every thing by itself, particularly, one by one* Singulatim unicuique respondere *Cic Div* in *Verr* 15

|| Singulātor, ōris m eques solitarius, qui uno equo servit, *Scal* in *Manil* ✳ Desultor

Singultans, tis part *Sobbing* Truncum relinquit sanguine singultantem, *Vir Æn* 9, 333 Singultantia verba moliri, *Stat Sylv* 5, 5, 26

Singultātus, a, um part *Delivered with sobs* Singultatis oscula mista sonis, *Ov Trist* 3, 5, 16

Singultiens, tis part (1) *Yexing, hickuping, sobbing* (2) *Clucking* (1) *Plin* 23, 1 (2) Singultientem matrem sequuntur pulli, *Col* 8, 11

Singultim adv *With sobs, sobbingly* Ut veni coram, singultim pauca locutus, &c Hor Sat 1, 6, 56

Singultio, ire, ivi, tum neut *To yex, to sob, to hickup, to cluck as a brooding hen doth* *Vid* Singultien

Singulto, āre freq (1) *To yex, or sob often* (2) Also *to gasp up* (1) *Vid* Singultans (2) Trepidas in limine vitæ singultant animas, *Stat Theb* 3, 260

Singultus, ûs m [*qu* singulatus, *i e* singula verba vocis interruptio] (1) *The yexing, or hickup* (2) *A sobbing* (3) *A clucking of hens with chickens* (1) Crebris quasi singultibus sistunt quod effundunt, *Plin jun* (2) Multis lacrymis & fletum cum singultu videre potuisti, *Cic* pro *Planc* 31 (3) Pulli sequentes nutricis singultus *Col* 8, 11

Singŭlus, a, um [*ab Hebr* סגלה peculium, *i e* quicquid peculiare est & singulare] (1) *Every, each one, every several,* or *by itself, one by one* (2) *Single, alone* (3) *One only* (1) Singulum video vestigium, *Plaut Cist* 4, 2, 31 ✳ Binæ *provinciæ* decretæ singulo, *Liv* 42, 1 ✳ Vobis singulis & egi, & agam gratiam universis, *Cic post q in senat ven* ✳ Non modo plures, sed ne singuli quidem possint accedere, *Id* in *Verr* ult 51 (2) Quod est miserrimum, nunquam sumus singuli, *Sen N Q præf* 4 (3) Ut binos pro singulis collegas haberet, *Suet Aug* 37

Sinister, ra, um ior, comp imus, sup [*qu* sine astris, *a* Gr ἀριστερός] (1) *That is on the left hand* (2) *Unlucky, unfortunate* (3) *Untoward, aukward* (4) Also *lucky and prosperous,* in soothsaying (1) Sinister cubitus, *Ov ex Pont* 3, 3, 11 Sinistra pars murorum, *Vir Æn* 9, 468 Sinistrum cornu, *Liv* Cor in pectore sub sinisteriore mamma positum, *Cels* 4, 1 Sinistimum auspicium, *Prisc* ✳ Dextimum (2) = Diis iratis natus genioque sinistro, *Pers* 4, 27 (3) Sinistra liberalitas, *Catull* 27, 15 diligentia, *Plin jun* ✝ Fidei sinister, *perfidious,* or *faithless,* Sil (4) Fulmen sinistrum optimum auspicium habemus, *Cic* i e nos Romani habemus, *nam Græcis dextrum melius*

Sinistĕritas, ātis f *Untowardness, aukwardness, unluckiness,* Plin Ep 9, 5 R occ

Sinistrā adv [*a* parte sinistra] *On the left hand* ✳ Supra, infrà, dextrà, sinistrà, ante, post, *Cic Acad* 4, 40

Sinistra, æ f *sc* manus *The left hand, the part toward the left hand* ✳ Cur a dextra corvus, a sinistra cornix faciat ratum? *Cic* de *Div* 1, 39

Sinistrè adv *Unluckily, unfortunately, aukwardly* Acceptum sinistrè, *Hor A Poet* 452 conf & *Tac Hist* 1, 73

Sinistrorsum, & sinistrorsus adv *Toward,* or *on the left hand,* or *side* ✳ Ille sinistrorsum, hic dextrorsum abit, *Hor Sat* 2, 3, 50 Hinc se flectit sinistrorsus, *Cæs B G* 6, 24

Sino, ĕre, sivi, tum act (1) *To suffer, to permit* (2) *To give one leave to do* a thing, or *let one do it* (1) = Non feram, non patiar, non sinam, *Cic Catil* 1, 5 Tu eam virginem esse non sivisti, *Id* pro *Domo,* 34 (2) Vin' vocem? CL Sine, nolo, si occupata est, *Plaut Cas* 3, 2, 14 Sine fores sic, abi, nolo aperiri, *Id*

Sinōpicus, a, um *Of,* or *belonging to sinoper,* or *ruddle,* Vitruv 7, 7 Minium sinopicum, *Cels* 5, 6

* Sinōpis, idis f *A red stone commonly called sinoper,* or *ruddle* Sinopis inventa est primum in Ponto, inde nomen à Sinope urbe, *Plin* 35, 6 = Terra Pontica, *Id*

|| Sinuāmen, inis n *An hollowness,* or *bending* Riparum sinuamina, *turnings,* or *reaches in rivers,* Prud Peristeph 7, 54 ✝ Sinus

|| Sinuātio, ōnis f verb *A bending,* or *bowing,* Ap poster

Sinuātus, a, um part *Crooked, bent, gathered round* Sinuatus in arcus, *Ov Met* 4, 51

Sinum, i n *vel potius* sinus, i m [*a* sinu, ob concavitatis similitud *Varr*] *A bowl to drink wine,* or *milk in, a milkpail* Sinorum & capidarum species, *Varr* Ein hic cum vino sinus fertur? *Plaut Curc* 1, 1, 82 Sinum lactis te expectare sit est, *Vir Ecl* 7, 33

Sinuo, āre act [*a* sinus] (1) *To turn,* or *wind in the form of a serpent, to bend,* or *bow, to wind round* (2) *To make hollow,* as in a *fistula,* or such like sore (1) Sinuat immensa volumine terga, *Vir Æn* 2, 208 Sinuare arcum, *Ov Met* 8, 30 (2) *Cels* 4, 1 & 7, 2

Sinuor, āri pass *To be wound,* or *bent* Serpens sinuatur in arcus, *Ov Met* 3, 42 Sinuantur cornua lunæ, *Id ibid* 682

Sinuosè adv unde sinuosius comp *Intricately* ✳ Dicam ego indoctius, ut aiunt, & apertius, quæ fuisse dicturum puto sinuosius atque solertius, *Gell* 12 5

Sinuōsus, a, um (1) *That hath many turnings, windings,* or *bendings* (2) *Crooked* (3) *Plaited* (4) *Inmost, inward* (1) Sinuosa draconum membra, *Claud Rapt Pros* 1, 179 Vela sinuosa, *Prop* 4, 1, 25 (2) Arcus sinuosus, *Ov Amor* 1, 1, 23 (3) Vestis sinuosa, *Ov Met* 5, 68 (4) Te sinuoso in pectore fixi, *Pers* 5, 27

Sinus, ûs m [de etymo incert] (1) *The bosom,* all within the compass of the breast and arms, all above the girdle, Valla (2) De sinu esse, *a confident, a bosom friend* (3) *The part of the gown above the girdle which used to be very wide* (4) Met *Compass, reach, power* (5) *A secret place to lay up,* or *hide any thing in* (6) *The inner part of any thing* (7) *The palm of the hand* (8) *The hole, hollow,* or *bottom of an imposthume* (9) *The breast, the heart* (10) *Protection, defense* (11) *The hollow of any thing,* particularly *of the eye* (12) *The bosom,* or *gulf of the sea* (13) *A winding, a spire, a ringlet* (14) *A bay, a creek* (15) *The sail of a ship filled with wind* (16) *The bow of a net* (1) = Iste vero sit in sinu, complexuque meo, *Cic Fam* 14, 4 = gremium (2) *Cic Catil* 2, 10 (3) Nodo sinus collecta fluentes, *Vir Æn* 1, 324 Romanus, sinu ex toga facto, Hic, inquit, vobis bellum atque pacem portamus, *Liv* (4) Cæsar mihi in sinu est, neque discingor, *Cic* ad *Q fratr* 2, 13 (5) Abditis pecuniis per occultos aut ambitiosos sinus, *Tac Hist* 2, 92 (6) = Intra mœnia, atque in sinu urbis sunt hostes, *Sall B Catil* 56 (7) Sinus manuum homini datur, ut sumpta melius possit continere, *Lact* (8) *Litt* ex *Cels* (9) Attoniti micuere sinus, *Ov Ep* 1, 45 (10) Confugit in sinum tuum concussa resp ib *Plin Paneg* 6 Tamquam omnis respublica in Vespasiani sinum cessisset, *Tac Hist* 3, 69 (11) Angustus in ipso fit nodo sinus, *Vir Geor* 2, 76 Sinum lacrymis implevit obortis, *Id Æn* 4, 30 (12) Circumstetit unda, accepitque sinu vasto, *Vir Geor* 4, 362 Persicus sinus, *Plin* (13) Tardos trahit colubra sinus ultimus orbes, *Vir Geor* 3, 424 Ut fieret torto flexilis orbe sinus, *Ov Am* 1, 14, 26 (14) Est sinus curvos modicè falcatus in arcus, *Ov Met* 11, 229 (15) Obliquat sinus in ventum, *Vir Æn* 5, 16 Met Totos pande sinus, *Juv* 1, 150 (16) Mitti venatio debet dentis Erythræi, jam removete sinus, *Mart* 13, 100

* Sion n [*a* σείειν, dic nam excutiendi vim nactum est, utpote quod renibus calculos emolliat, urinam & menses exigat, *Ruell*] *An herb called water parsley,* Plin 26, 22

Siparium, ii n [*à* sipo, are dict quòd velandi causâ obsipparetur, *i e* objiceretur] *A curtain,* or *veil drawn, when the players come upon the stage* Piso cum Græcis jam in orchestra helluatur, an ea post siparium solebat, *Cic* de *Prov Cons* 6 Vocem, Damasippe, locâsti sipario, *Juv* 8, 186

Sipho, & sipo, onis σίφων (1) *A tube,* or *hollow body, a funnel,* or *tunnel, a syringe, a catheter* (2) *An instrument serving to cast up water to quench fire, a water squirt* (3) *A water cock, a faucet* (1) Optimum est siphonibus dulcia liquamina immittere, *Col* 9, 14 (2) *Jun* ex *Hesych* (3) *Aqua* terræ pondere expressa siphonum modo emicat, *Plin* 2, 65

|| Siphra, æ f [*a* ספר numerus, quòd suppleat locum numeri, cùm per se nihil sit] *A cypher, a nought,* Arithm

Siphuncŭlus, i m dim (1) *A little cock,* or *tap* (2) Also *a potgun made of elder,* or *such like* (1) Siphunculi plures miscent jucundissimum murmur, *Plin Epist* 5, 6 (2) *Litt* ex *Plaut*

* Siphylis f *The French pox,* Jun

✝ Sipo, āre [*a* σίφων, unde σίφων, sipho *vel* fistula, quæ aquam sipat, *i e* jacit & spargit] *To sprinkle, to scatter abroad,* Vir *Fest* in *Prosapia* ✝ Spargo

Siquandò adv *If at any time* Siquando opus esset, *Cic* de *Clar Orat* 93 *scrib & distincte*

Siquĭdem conj [ex si, & quidem] (1) *If so be* (2) *Forasmuch as* (1) O fortunatam rempublicam, siquidem hanc sentinam ejecerit, *Cic Catil* 2, 3 (2) Tua industria præclarè ponitur, siquidem id egisti, ut ego delectarer, *Cic Attic* 6, 1 *scrib & disjunctè*

Siquis, qua, quod, & quid *If any one,* Cic atque alii passim

✝ Siræpa, æ f *A syrup,* or *pickle of olives,* Jun ex Col

✝ Sirempse [*qu* similis re ipsa] *The same, all alike, of the like nature* Sirempse legem jussit esse Jupiter, *al* sirempse in lege, *Plaut Prol Amph* 73

* Siren, ēnis f [*a* שיר cecinit, nam suavitate cantûs sui tenebant prætereunte navigantes] (1) *A mermaid* (2) *A fabulous bird in India* (3) Met *Music, melody* (4) *A young drone bee* (5) *A thin transparent garment* (1) Quæ de Sirenum cantibus Homerus finxerit, *Cic* de *Fin* 5, 18 Vitanda est improba siren desidia, *Hor Sat* 2, 3, 14 (2) *Plin* 10, 49 (3) Nullam sirena flagellis comparat, *Juv* 14, 19 (4) *Litt* unde non dicit ex Italin credo, Chiliad (5) *Suid*

* Siriasis, is f (1) *A disease in children, proceeding of the inflammation of the brain* (2) *A fault in trees, when by excessive heat they are scorched and burnt* (1) *Plin* 20, 15 & 7, 1 *Latine* Adustio, & distillatio infantium, *Id* (2) *Litt*

✝ Siris, *pro* siveris [*a* sino] *Plaut Bacch* 3, 3, 19

Sirius m [*a* τὸ τῷ σειριάειν, *vel à* siccando] *The dog-star* Torrens sitientes Sirius Indos, *Vir Geor* 4, 425

Sirius, a, um adj *Pertaining to the dog-star, sultry* Sirius ardor, *Vir Æn* 10, 273 & *Col* 10

Sirpātus a, um part *Bound, hooped* Sirpata dolia, *Varr L L* 4, 31

Sirpe, is n [*à* Gr σίλφιον aut σίλφι, planta, cujus succus laserpitium, *qu* lac sirpitium] *A plant growing in Cyrene, yielding out of the stem an odoriferous liquor,* Plaut Rud 3, 2, 16

Sirpea, æ f (1) *A mat made of bulrushes,* or *twigs* (2) Also *a basket made of the same* (3) *A*

A fisher's weel, or *bow-net of rushes* (1) In plaustro sirpea lata fuit, *Ov Fast* 6, 680 (2) Sirpea quæ vi gis sirpatur, *Cato*, 10 (3) *vid* Sirpicula, & *Scalig in loc* ( ) *lautiuum ib est Scrib &* ... [illegible]

... icin, æ f dim [à sirpus] (1) *A twig basket* (2) *A kind of pruning hook* (1) *Plaut Capt* ... ( ) *Cato*, 11 *al scrib* ... [illegible]

Sirpiculum, i n *A twig basket* ... *id* Scirpiculum

Sirpiculi, i m dim *A weel of twigs*, *Varr R R* 2, 2

Sirpo, āre act [à sirpus] *To bind, to plait with rushes*, or *twigs*, unde

Sirpor, āris, ātus pass *To be bound* ... *Varr L L* 4, 31

Sirpus, i m *A twig, rush*, ... *like, of which mats are* ... *also a mat itself*, *Varr L* ... *A weel to catch fish*, ... Also *a riddle*, or *puzzling question*, *Gell* Vid Scirpus

S ... i m [σίσυμβριον, a שׂרב ...] *Sirup*, *al* syrupus

... *five* fribus i m *A* ... *in the ground to keep corn*, ... *Col* 1, 6

Sis, ... pro si vis [particula ... ad imperium leniendum, ... *If thou wilt*, *Ap Comicos* & mix me post verb imperandi

Siser, æ f *Heath* Plin 11, 16

Siser, ... *vid quod sisser*

Siser, eris n & m *The skirret root, the white carrot*, or *yellow parsnip* Siser erraticum ... *Plin* 20, 5 Ne ... [illegible] edendo continuaret, *Id ibid*

† Sispes, *pro* sospes, antiq *Fest*

† Sistarcia, æ f *A knapsack* & ... Panis deficit in sistarciis nos-... *Sam* 9, ... *sed incerta est lectio*

Sisto, ĕre, stiti, statum neut & act [ex ἱστάω] (1) *To set*, or *be made to stand* (2) *To continue* ( ) *To stand still* (4) *To settle* ( ) *To retain*, or *keep back*, *to stop* (6) *To place*, *to set up* (7) *To have one forth-coming* (8) *To quench* (1) Qui mihi obsistit, ... sistet in via, *Plaut Curc* ... 8 (2) Negat rempub sistere posse, ... *Cic Verr* 3, 96 (3) ... *D Siste A* Omitti me, *Plaut* (4) Sistere rempub in ... sede, *Suet Aug* 28 (5) Amnes sistere, *Vir Geor* 1, 472 ... sanguinem, *Id Æn* 6, 465 sanguinem, *Liv* legiones ferociter ... sitientes, *Id* ... alvum, *Plin* 23, 1 (6) Sistebas capite cadum, *Plaut Aul* 3, 2, 36 *turned it upside down* Apud Palatium effigies eo... *Tac Ann* 15, 72, 2 (7) Promissimus carnufici talentum ... aut isthunc hodie sistere, *Plaut Rud* 3, 4, 73 ⁜ Ubi ... qui me libello Venerio ... ecce, me sisto, ades con... *Plaut Curc* 1, 3, 6 § Sisto ego tibi me, & mihi con ra itidem, ut sistas, suadeo, *Id* ¶ Sistere vadimonium, *to appear to his recognizance*, *Cic pro Quint* 8 (8) ⁜ Qui potus dubium est sistat, alatve ... *Ov ex Ponto*, 3, 1, 18

Sistor, i pass *To be stopped* ... ion potest, *Plaut Trin* 3, 2, 94

Sistrātus, ūs m *The playing on a timbrel*, *Litt ex Mart*

Sistrātus, a, um *Bearing a timbrel* Sistrata turba, *Mart* 12, 29

Sistrum, i n [σεῖστρον, ἀπὸ τοῦ σείειν, quatiendo, eo quod concussum argutum sonorumque edebat tinnitum] *An instrument used by the Egyptians in battle instead of a trumpet, a brasen*, or *iron timbrel*, much like to the kettle drum ⁜ Romanam tubam crepitanti pellere sistro, *Prop* 3, 10, 43 ¶ *Species ejus obvia est passim in nummis antiquis*

|| Sisura, æ f *A garment made of sheepskins with the wooll on*, Amm ⁜ Vestis pellicea

* Sisymbrium, ii n *Water-mint, spearmint, balsammint*, Ov Fast 4, 869 conf *Plin* 19, 8 Aquaticum sisymbrium, *watercresses*, Jun

* Sisyrinchion, ii n [dict quod ex divisis pellibus, Gr σισύρα, confert] *A kind of great onion*, Plin 19, 6

Sitānius, a, um [qu σῖτος ...] *Of*, or *belonging to a kind of wheat that groweth in the space of three months* Sitanius panis, *bread made of such wheat*, Plin 22, 25

* Sitarchia, æ f *The office of providing corn and victual sufficient*, Apul p 864 *Lat* Annonæ præfectura

Sitella, æ f dim [à situla] (1) *A little bucket*, or *water pot* (2) *A little pot*, with or without water, *wherein lots were thrown*, *a ballot box* (1) *Vet Gloss* sitella, ὑδρία (2) Sitella allata est, ut sortirentur, *Liv* 25, ... Apponi hic sitellam, sortes ... mihi, *Plaut Cas* 2, 6 ... *in quam sortium ... vide* ... *Salm de sortitione*

† Siticen, inis c g *He that did blow the trumpet* or *sing to a pipe when men were buried*, Gell 20, 2 *ubi recte* sicinnista

Siticulōsus, a, um (1) *Causing thirst* (2) Also *thirsty*, *barren*, *dry* (1) Melimela & cætera dulcia siticulosa sunt, *Plin* 23, 6 (2) Siticulosa loca, *Col de Arb* 16, 1 ... perviridus, *Id R R* 3, 11

Sitiens, tis part & adj (1) *Thirsty*, *dry* ( ) *Parched* (3) *Desirous*, *covetous* (1) Ad portam sitiens pervenit, *Cic in Pison* 25 (2) ⁜ Gaudet palma riguis, anno sitienti, *Plin* 13, 4 ⁜ Melius palustribus agris quam sitientibus, *Col* ¶ Luna sitiens, *Cato R R* 29 *the dark quarter* (3) Voluptatis sitiens, *Cic Tusc* 5 6

Sitienter adv *Desirously*, *greedily*, *earnestly* Sitienter appetere, *Cic Tusc* 4 17

Sitio, ire, ivi, itum act [forte ... bibit] (1) *To be thirsty* (2) *To be parched*, *to be dry* (3) Also *to desire and covet earnestly* (1) ⁜ Furio hercle atque adeo haud sitio, *Plaut Cas* 4, 2, 4 (2) Vino moriens sitit aëris herba, *Vir Ecl* 7, 57 Ipsi fontes jam sitiunt, *Cic ad Q fr* 3, 1 (3) ⁜ Nec honores sitio, nec desidero gloriam, *Cic Q fr* 3, 5

Sitior, i pass *To be thirsted after*, or *desired* Sitiuntur aquæ, *Ov Fast* 1, 216

Sitis, is f [ab Hebr שְׁתִיָּה potus, potio] (1) *Thirst* (2) *Drowth*, or *dryness* (3) Also *an eager desire of any thing* (1) Cum cibo & potione fames sitisque depulsa est, *Cic de Fin* 1, 11 Arenti sitis torret arva canis, *Tib* 1, 4, 42 (3) Cupiditatis sitis, *Cic Parist Orat*

|| Sititor, oris m verb *One that thirsteth after*, Apul Met 1, p. 6 † Qui sitit

Sitōnes, æ m *An officer to provide corn, a purveyor*, God *Lat* Frumentarius

Sittybus, i m *The cover of a book*, or *leather strings to a book*, Cic Attic 4, 5 *al* sittyba

Sitŭla, æ f [à sitiendo, dict quod aquam sitiat] (1) *A bucket to draw water in* (2) Also *a little vessel wherein lots were put to decide controversies* (1) Situlam cepero, illi puteo animam omnem intertraxero, *Plaut Amphit* 2, 2, 39 (2) Situla huc tecum afferto cum aqua, *Plaut Cas* 2, 4, 17 *ubi al* sitellam

Sitŭlus, i m (1) *A water pot*, *a pail*, or *bucket to carry water in* (2) *A chamberpot* (1) Situlus aquarius, *Cato R R* 10 conf *Vitruv* 10, 9 (2) *Cujac ex Paul*

Sitūrus, a, um ... [à sino] *That will suffer* Cato concionatus est, comitia haberi non siturum, *Cic Q fr* 2, 6

Situs, a, um part [à sino It qu positus, vel ab H b שׁית vel a sero ... situs, vel ab Hebr ...] (1) *Suffered*, *permitted* (2) *Situate* ( ) *Set*, *placed* (4) *Founded*, *builded* (5) *Consisting* (6) *Buried*, *interred* ( ) Per senatus auctoritatem non est situs, *Cic pro Sest* 44 (2) Locus in media insula situs, *Cic Verr* 4, 48 (3) ... divini ... siti est, *Cic N D* 2, 1 (4) Ubi nunc Fortuna ... ædes sit, *Cic de Div* 2, 41 (5) In officio colendo sita est vitæ honestas omnis, *Cic Offic* 1, ... (6) ⁜ Siti dicuntur hi, qui conditi sunt, *Cic de Leg* ... 2, 2...

Situs, ûs m (1) *The standing of any place*, *a site*, or *situation* ( ) *A posture*, or *position* (3) *A territory*, or *quarter of a country* (4) Also *filthiness gathered of moisture for lack of use*, or *cleansing* (5) *Hoariness*, *mouldiness*, *vinewedness* (6) *Moss*, or *mossiness*, *filthiness for lack of husbandry* (7) *Nastiness*, *slovenliness*, or *sluttishness* (8) *Rust*, *canker* (1) Terræ situs, forma, circumscriptio, *Cic Tusc* 1, 20 (2) Figura situsque membrorum, *Cic N D* 2, 61 (3) *Plin ap Litt* (4) Indigna est pigro forma perire situ, *Ov Amor* 2, ... Loca senta situ, *Vir Æn* 6, 462 (5) Pessimum crocum, quod situm redolet, *Plin* 21, 6 (6) ⁜ Muscus ... vitium situ & veterno macerat, *Col* Rigido situ resecta ... terra, *Ov Trist* 2, 10, 70 (7) Fœda situ macies, *Luc* 6, 516 (8) Militis in tenebris occupat arma situs, *Tib* 1, 10 52 Detergere situm ferro, *Sil* 7, 534

Sive, conj [ex si, & ve] (1) *Or*, *either* (2) *Or if* (3) *Sive—sive*, *whether—or whether* (4) *Or even* (1) Discessus, sive potius, turpissima fuga, *Cic Attic* 8, 3 (2) Dehinc postulo, sive æquum est, te oro, *Ter Andr* 1, 2, 19 (3) Sive sic est, sive illo modo, *Cic de Div* 2, 58 (4) Frigas animum ac resistas, sive etiam occurras negotiis, *Cic Q fr* 1, 1, 1

Sium n [dict quia ab aquis σείεται, *id est* quatitur] *Water parsley*, *yellow watercresses*, *bellrags*, Plin 22, 22 & 26, 8 interpr Jun

S ante M

Smaragdĭnus, a, um *Like to an emerald*, *very green* Emplastrum smaragdinum, *Cels* 5, 19, 4

* Smaragdites, æ m *A kind of marble like emerald*, Plin 37, 5

* Smaragdus, i m [ὰ σμαραγδώ, λάμπω, luceo] *A precious stone called an emerald*, also *a green stone*, *which very much comforteth the eyes* Grandes viridi cum luce smaragdi, *Lucr* 4, 1120 conf *Plin* 37, 5 *Prop* 2, 13, 43

* Smaris, idis f *A kind of small sea fish*, *an anchove*, Plin 32, 10 ⁜ Mena candida, *Gesn*

* Smecticus, a, um *That is good to scour with* Vis smectica, *Plin* 20, 4

* Smegma, tis n [ἀπὸ τοῦ σμήχω, *i e* abstergere] *Sope*, or *any thing that scoureth*, *a wash ball*, Plin 2..., ult

Smegmaticus, a, um *Soapy*, or *that is good for scouring*, *dict* ... Medicamenta smegmatica *Plin* 21, 7 *si sana lectio*, & *non potius* smectica *legendum*

* Smilax, ĭcis f *A yew tree*, *vid* Plin 16, 10 11 & 17, 35 & *Dioscor* 4, 8. & σμῖλαξ κηπαία, 2, 276 Also *an herb having leaves like ivy with berries*, and a *white flower*, it smelleth like a lily, and runneth upon it ... and there be divers kinds of it Levis smilax, *ropeweed*, or *withy wind*, Jun Smilax hortensis, *French beans*, *Id*

|| Smilium, ii n [ὰ σμίλη ...] *A shoemaker's paring knife*, or *cutting knife*, also *a chirurgeon's knife to cut wounds*, Jun

* Smiris, idis f smyris, ... *A stone that glasiers cut their glass, and jewellers polish their jewels with*, Diosc

* Smyrna, æ f *Myrrh*, Lucr 2, 50, *ubi al* odor myrrhæ

* Smyrnium n [... dict quod myrrhæ odorem referat] *Lovage*, or *parsley of Macedon*, *alexander* ⁜ Melanthium, ... album quod medici vocant smyrnium, *Cato*, 102 ... & *Plin* 19, 12

* Smyrus, i m *A kind of fish*, Plin 32, 11

S ante O

Sŏbŏles, is f [ex sub, & ol o, ... cresco, unde ... *suboles*] (1) *A shoot*, or *young branch* (2) *Issue*, *progeny*, *offspring* (3) *The young of any thing* (1) ⁜ Nemo jam serit ex ... fimeris, sed ex sobolibus, *Col* 5, 6 (2) ⁜ Quæ propagatio & soboles origo est ... rum publicarum, *Cic Offic* 1, 17 (3) Ne novæ soboles diffugiant, *Col de apibus*

Sŏbŏlesco, ĕre incept *To increase and multiply*, *to grow up*, *to increase a stock*, or *lineage*, Liv 29, 3

Sobrie adv (1) *Soberly*, *temperately* (2) *Wisely*, *advisedly*, *carefully* (1) ⁜ ⁜ Intelligemus quam sit turpe diffluere luxuria & delicate ac molliter vivere, quamque honestum parce, continenter, severe, sobrie, *Cic Offic* 1, 30 (2) ⁜ Cauto est opus, ut hoc sobrie, sine que arbitris, accurate hoc agatur, docte, & diligenter, *Plaut Capt* 2, 1, 29

Sobrietas, ātis f (1) *Sobriety*, *soberness* (2) *Gravity* (1) Fortissima virtus sobrietas, *Prud Psych* 345 (2) Tristis sobrietas removenda paulisper, *Sen de Tranq an* c ult ⁜ Gravitas, severitas

Sobrina, æ f *A she cousin-german*, Plaut Pœn 5, 2, 108

Sobrinus, i m [*qu* sororinus] (1) *A cousin-german*, *a mother's sister's child* (2) Per Synecd *Any kinsman* (1) Conjunctiones consobrinorum sobrinorumque, *Cic Offic* 1, 17 (2) Eho tu sobrinum tuum non noras? *Ter Phorm* 2, 3, 37 *Hunc enim paulo supra cognatum dixerat*

Sobrius, a, um [ὰ Gr σ φρων] (1) *Sober*, *temperate* (2) *In one's senses* (3) *Sensible*, *well advised* ed (4) Where little wine is drunk, or where no wine is made (…) ✝ Vinolenti quæ fiunt, non ea cum approbatione fiunt, quâ sola, *Cic Acad* 4, 17 (2) Tu, pol, homo, non es sobrius, *Ter Andr* …, 39 (3) = Homines sanis frugi, & sobrii, *Cic Verr* 3, 27 = De industria, etiam prodam, & sapiens, & sobrium, *Plaut Pers* 4, 5. (…) Qui casta Cereri diu negata reddit jugera, sobri asque …, *Stat Syl* …, 3, 12

✝ Soceriguium, ii n … of service of …, *Just*

Soccatus, a, um *Wearing socks, or startups*, Sen de Benef 2, 12

Socculus, i m dim *A little sock, or startup*, S … Vi…

Soccus, ci m [al Hebr …] … *… of shoes, sandals, or socks worn by Roman women*, (…) also by comic actors, because the persons generally were Greeks who wore such, as actors of tragedy used the buskins (1) *Suet Cal* 5. (…) *A Hinc socci cepere pedem, grandesque cothurni, Scil carmen, Hor A Poet* 80

Socer, eri m [a Gr …] *A wife's father, a father in law*, Cic … *Socer magnus, a wife's grandfather*

✝ Socerus, i m … Plau Cat …, 18

Socia, æ f (1) *A companion, a mate, or partner, a female* (2) *A helper, an assistant* (1) = Participes communes, sicut regni Juno, *Cic Acad* … = P… est comes, … eloquentia, *Id de Cl Orat* 45

Sociabilis, e adj *Easily joined together* (…) *To be joined* (1) … glutino, *Plin* 16, … (…) Sociabilis consortio, *Liv* …, 9

Socialis, e (1) *Of, or belonging to allies, fellows, confederates, or friends* (…) *Also impertinent or pertaining to marriage* (1) Socialis exercitus, *Liv* 26, 5 Fœdus sociale, *Id* bellum, *civil war*, Juv (2) Tibi auctor … sociale carmen nolis, *Ov Ep* 12, 139 … socialis, *Id Fast* 2, …

Socialitas, tis f *Fellowship, company*, Plin Paneg 19

Socialiter adv *Like fellows, fellow like, or in way of society*, Hor A Poet 258

Sociandus, a, um part *To be joined, or applied to*, Hor Od 4, …

Socians, tis part *Joining, coupling, fitting*, Carmina sociantis …, *Ov Met* 11, 5

Sociator, oris m verb *He that joineth*, Lit … Stat

Sociatrix, icis f verb *She that coupleth or uniteth* Sociatrix … *Val Flacc* 5, 499

Sociatus, a, um part (…) *Partaker, or … among several companions* (2) *Also joined, or coupled* (1) Sociatis partibus … *Met* 9, 5, 6 (…) Fœdere … *Ibid* …, 15

✝ Sociennus, i m Socius … *A fellow, or companion*, Plau Aul 4, 4, 2

Societas, atis f (1) *Partnership, either in good or evil* (2) *… society, company* (1) … ad vitam … societas … homine … *Cic* pro … *Rosc* … (…) = … Societas hominum conjunctioque, *Cic Offic* 1, 5

Socio, are act (1) *To couple, join, or fit* (2) *To join* (3) *To … or confederate* (4) *To participate, to be a partner*

of (5) *To entertain, or make welcome* (6) *To impart, to communicate* (1) § Juvencas sociate … apposito aratro, *Stat Theb* 1, 132 (…) ✝ Cæteram ex rerum usu sociare, partitive, *Tac Ann* 15, 6 = Sociare dilig … cum scientia, *Col* 2, … dextras, *Sil* 11, 148 (3) = Conjurare, aut facinoribus sociari, *Liv* 39, 13 (4) Unus erat cui quo sociare cubilia vellem, *Ov Met* … 10, 635 (5) § Urbe, domo, socias nos, *Vir Æn* 1, 604 (6) = Intima secum consilia, & varias sociabant pectore curas, *Val Flacc* 5, 280 § Gaudia sociare cum aliquo, *Tib* 3, 5, 7

Socior, ari, atus pass *To be joined in partnership*, Liv *Vid* Socio, n 3

✝ Sociofraudus adj *A faithless fellow, a deceiver of his friend*, Plaut Pseud 1, 5, 128

Socius, a, um [a sequor, qui … sequitur] (1) *Helping, or taking part, that is a companion* (…) *Of, or belonging to allies, confederate* (3) *That which is in common betwixt two, or more partners, parents, or kinsfolks* (1) Post orationem multis omnibus generibus socius, ac patre par, *Cic de Orat* 1, 16 (2) Socia agmina, *Vir Æn* 2, 371 (3) Socius honor, *Ov Met* 13, 959 Socia regna, *Stat* ✝ Particeps, qui certam habet partem, socius, qui indivise agit, *Ascon*

Socius, ii m (1) *A companion, an intimate* (2) *An ally, or confederate* (3) *A fellow soldier, a companion in arms* (4) *An accomplice* (1) ✝ Quo adjutore usus est? quo socio? quo conscio? *Cic* pro *Cal* 20 = Video inservire & socium esse in negotiis, *Ter Heaut* …, 1, 9 (2) = Socii atque amici populi Romani, *Cæs B G* 1, 4 *vid & Cic Verr* 4, 60 (3) *Vir Æn* 1, 202 (4) § Socius ad malam rem, *Plaut Asin* 2, 2, 22 § culpæ, *Cic Attic* 11, 14

Socordia, æ f & secordia, *Fest* (1) *Want of thought* (2) *Dulness, indolence, carelessness, sottishness* (1) ✝ Nihil loci est segnitiæ, neque socordiæ *Ter Andr* 1, 3, 1 *ubi Donat* Socordia *ad considerandum, segnitia ad agendum* ✝ Languescet industria, intendetur socordia, *Tac Ann* 2 (2) Si quem socordiæ argueret, illud … habebat filio suo Claudio, *Suet Claud* 3

Socorditer adv *Indolently, comp slothfully, sluggishly, carelessly* Ab Albanis socordius res acta, *Liv* 1, 22 Hostem successu rerum socordius agentem invadunt, *Tac Hist* 2, 15, 1

Socors, dis adj or comp ssimus sup [qu secors, sine corde] (1) *Senseless, careless, regardless* (…) *Without understanding* (1) § Nolim cæterarum rerum te socordem eodem modo, *Ter Adelph* 4, 6… Tiberius callidior, Cajus pericu… … Claudius socordior, Nero impurior, *Sidon* (2) Apud socordissimos Scythas Anacharsis sapiens natus est, *Apul Apol* p 444 § Futuri socors, *Tac Hist* 3, 31, 2

Socrus, ûs f [a socer] *A wife's, or husband's mother, a mother in law* Terræ Caputum … *Clod* … socru, *Cic Att* 9, 4 Magna socrus, *the wife's grandmother*, Fest

Sodalis, is c g [sodales dicti … sedales, quod una sederent & esitent] (1) *A companion, a fellow at meals, or pastimes* (2) *One of a company, college, society,*

of fraternity (3) *A chrony, a comrade* (4) *A partaker* (1) Chari sodales, *Hor Od* 1, 36, 5 (2) Addi a sodalium Augustalium sacerdotio, *Tac Ann* 1, 54 (3) Nulli te facias nimis sodalem, gaudebis minus, & minus dolebis, *Mart* 12, 34 (4) Ille quoque sodalis fuit istius in hoc morbo & cupiditate, *Cic Verr* 3, 30

Sodalitas, atis f *A fellowship, society, fraternity, or brotherhood, a company of men in any trade, or profession* Sodalitates, me quæstore, constitutæ sunt, *Cic de Senect* 13

‖ Sodaliter adv *In fellowship, or fellow like*, Dig ✝ Sodalitatis more

Sodalitium, ii n *A company, a corporation, a fraternity* Lex Licinia de sodalitiis, *Cic* pro *Planc* 15

‖ Sodalitius, a, um adj *Belonging to a fellowship, or society* Amm

Sodes interj Pro si audes *I pray thee now, I beseech thee*, Ter Cic alib

Sol, solis m [quod solus apparet, cæteris sideribus suo fulgore obscuratis, *Cic* Sabinum autem esse vocab *ait Varr*] (1) *The sun* (2) Meton *The heat, or beams of the sun* (3) ✝ *A day* (4) ✝ *A climate, a region* (1) ✝ Lux alia solis, & lychnorum, *Cic* pro *Cæl* 28 = Solis astrorum obitus … principatum, *Cic N D* 2, 19 (2) Si quis exustus in sole est, *&c* Cels 1, … Qualis perusta solibus pernicis uxor Apuli, *Hor Epod.* 2, 41 (3) Tres cæca caligine soles incertos erramus, *Vir Æn* 3, 203 Soles melius nitent, *Hor Od* 4, 5, 8 (4) Quid terras alio calentes sole mutamus? *Hor Od* 2, 16, 18

‖ Solabilis, e *Which may be comforted*, Apoll ✝ Consolabilis

Solamen, inis n *Comfort, solace, relief, ease*, Vir Æn 3, 661 ☞ Solatium *ap oratores freq usurpatur*

Solandus, a, um part *To be comforted* Solandus cum simul ipse fores, *Ov Trist* 5, …, 42

Solanum, i n [a sole] *An herb called nightshade, or banewort*, Cels 6, 17 conf *Plin* 27, 13 Vesicarium solanum, *winter cherry, or alkekengi*, Jun

Solaris, e [a sol] *Of, or belonging to the sun* Lumen solare, *Ov Trist* 5, 9, 37 Herba solaris, *the turnsole, or sun flower*, Cels 5, 27

Solarium, ii n [a sole, quod horæ ad solem conspiciuntur, *Varr*] (1) *A sundial* (2) *The sollar in an house, a terrace, or gallery where they walk to sun themselves* (3) *A sunny wall* (1) Cell 3, 3 De inventore *vid* Plin 7, 60 (4) Neque solarium, neque hortum, nisi per impluvium, *Plaut Mil* 2, 3, 69 (…) *Macrob*

‖ Solarium n [a solo, quod pro solo penditur] *Ground-rent, a pension, or tribute paid for the soil, or for an house that standeth upon public land*, Ulp

‖ Solatio, onis f verb *Comforting, consolation*, Litt ex Col … ✝ Solatium, solamen

Solatiolum, i n dim *A little comfort, or ease* Solatiolum doloris, *Catull.* 2, 7

Solatium, ii n (1) *Comfort, consolation, solace* (2) *Help, succour, or relief* (1) = Hæc sunt solatia, hæc fomenta dolorum, *Cic Tusc* 2, 24 = Oblectamenta & solatia servitutis, *Id*

Verr …, 60 (2) = Hæc studia rebus adversis perfugium ac solatium præbent, *Cic* pro *Arch Poet* 7

Solator, oris m verb *A comforter*, Tib 1, 3, 15 Stat Syl …, …, 5, 40

‖ Solatrix, icis f verb *She that comforteth*, Boet

✝ Solatum [genus morbi, dict a sole, ut aurigo ab auro] *A rising of pushes, or freckles in the skin by the heat of the sun*, Fest

Solatus, a, um [solati, sole correpti, i cut sideratio quæ sidere] *Sunburnt, freckled, or pimpled with the heat of the sun, also sunned, or that hath got the headach with the heat of the sun*, Plin 29, 6

‖ Soldanella, æ f *Bindweed*, Jun

‖ Soldarii, qui & soldurii *vid* Sol lurius

Soldum, per Sync *pro* solidum (1) *The whole* (…) *The substantial part* (1) *Mart* 4, 37, 4 (2) ✝ Inane abscindere soldo, *Hor Sat* 1, 2, 113

Soldurius, ii m *A man sworn and devoted to his friend, to partake of his good and ill fortunes, a retainer to a great person, or one of his clan* Cum sexcentis devotis quos illi, *Galli*, soldurios appellant, *Cæs B G* 3, 22

Solea, æ f [quod solo pedis subjicitur] (1) *A kind of pantofle, sandal, or slipper covering only the sole of the foot, and fastned with laces*, the same with the Grecian κρηπῖδες, worn by women, and sometimes men, but only within doors, for it was scandalous to wear them without (2) *Also an instrument used in making of oil* (3) *A kind of fish called a sole* (4) *Also a shoe, as of an horse, mule*, *&c* (1) Soleæ muliebres, *Cic de Harusp Resp* 21 *vid* Gell 13, 20 Tum soleas poscit *Nasidienus*, Hor Sat 2, 8, 77 Solea lignea, *a patten*, Plin (2) *Col* 12, 50 (3) Limosa regio planum educat piscem, veluti soleam, rhombum, passerem, *Col* 8, 16 conf *Plin* 9, 20 (4) Jumentis soleas ex auro induere, *Plin* 33, 11 Solea ferrea, *Catull* 16, 26 Soleæ mularum, *Suet Ner* 30, 7

‖ Solearis, re adj Thermarum cella solearis, *M ex Spart forte rect* soliaris

Solearius, ii m *A pattenmaker, a maker of horseshoes, a shoemaker, a cordwainer*, Plaut Aul 3, 5, 40

Soleatus, a, um *Wearing sandals, or soles at the bottoms of his feet* Stetit soleatus prætor, P R pallio purpureo, tunicaque talari, *Cic Verr* 5, 33

Solemnis, e [ex solus, & annus pro annus] *Solenn vid* Solennis

‖ Solemnizo, are act *To make a custom, to solemnize*, Aa recent ✝ Quotannis celebro

✝ Solen, ênis m [σωλήν, i e canalis, a canalis longitudine] *A kind of sea fish, a muscle*, Plin 32, 11 = Aulos, donax, onyx, dactylus

Solenne, is n *vel* sollenne, *vel* solemne [quod solum in anno, *vel* quotannis fieri consuevit *al ex* soleo, & anno] (1) *A solemn rite, a feast yearly kept, an anniversary* (2) *An usual custom* (1) Solenne ex Arcadia allatum, *Liv* 1, 5 Varius solennia ludis, *Vir Æn* 5, 605 (2) Nostrum illud solenne servemus, *Cic Attic* 7, 6 ¶ Solennia insanire, *to be mad r und r a vulgar error*, Hor Ep 1, 101

Solennis, e [ex solus, & annus, ut triennis, &c] (1) *Annual, yearly, used*, or *done every year at a certain time, settled, appointed* (2) *Accustomed* (1) = Annua vota solennesque pompæ, *Vir Æn* 5, 53 Dapes solennes, *Id Æn* 3, 301 *ubi vid Serv* = ter solenne, legitimum, necessarium *Cic* pro *Mil* 10 Dies cujusque solennes non prius frequentare desit *Augustus*, quam grandi natu, *Suet Aug* 53 (2) Nostrum illud solenne servemus, ut ne quem unquam teris dimittamus, *Cic Attic* ,6 ⁜ Nova nobis, aliis gentibus solennia, *Tac Ann* 12, 6

Solennitas, ātis f *A solemnity* Dierum solennitates, *Gell* 2, 24

Solenniter adv *Ordinarily, solemnly* Omnibus solenniter peract *Liv* 5, 46

† Solennitus *Idem*, Lucil ap Non

Solens, tis part *Accustomed, used, wonted, according to one's custom* = Mendacium i dixero, solen meo more fecero, *Plaut Amph* 1, 1, 42 = Lucens facero ut solens, *Id Cas* 5, 1, 11

Soleo, ēre, itus, & ātus sum (1) *To be accustomed*, or *wont, to* (2) Per Ellipf ε φιλιας ενεκα, *to lie with* (1) Qui potiture solitus est patera aurea, *Plaut Amphit* 1, 1, 263 Neque præsidiis si fuerit, compositis, *Prisc* 1 10 ex *Sall* (2) = Viris cum suis prædicant nos solere, suas pellices esse aiunt, *Plaut Cist* 1, 1, 39

Solers adj [ex solus, & ars, *q* totus ars, ut Græcis Ὁλο & τεχν *vel pot* sollers, qui sollam, *i e* totam & integram artem novit] or, comp ssimus, sup (1) *Learned in arts, dextrous, clever* (2) *Shrewd, wily, close, cunning* (3) *Quick, sharp* (4) *Watchful, diligent* (1) Fac periculum in literis, fac in palæstra, in musicis,—solertem dabo, *Ter Eun* 3, 2, 25 = Solers, & subtilis descriptio partium corporis, *Cic N D* 2, 47 = Acutum, versutum, & solers, *Id* = Quo quisque est solertior & ingeniosior, &c *Id pro Q Rosc* 11 (2) Sullæ sollertissimus omnium factus est, *Sall B J* 101 *Vid* Solertia Non ulli animalium in maleficio stultitia solertior, *Plin* 8, 36 *De ursis loquens* (3) Solerti auditu animal, *Plin* (4) Solertiorem custodiam praebet anser quam canis, *Col* 8, 13

Solerter adv [a solers] ius, ssime, sup (1) *Sharply, cunningly, shrewdly* (2) *Craftily, cunningly* (3) *Diligently* (1) Nec ullo solertius alter exprimit vestis, *Ov Met* 11, 653 (2) Tu omnium lineamenta solertissime ... his, *Cic Verr* 4, 41 (3) Rationum ... imitata res ad vitam ... solerter consecuta est, *Cic Leg* 1 9

Solertia, æ f solleitia, æ f (1) ... *of wit, sharpness, a ... shrewdness* (2) *Craftiness, subtilty, policy, cunning* (1) ⁜ Dixit mihi ... se non modo diligentiam sed etiam solertiam ejus, ... fient ... & de ... *Cic de Senect* 17 = ma... *Id* = In venatu solertia & sagacitas præcipua est, *Plin* ... Fragrant nemorum solertia ... *pref* 1 7 (2) In omni re ... gendi est talis solertia, ... *Offic* 1, 11

Solitum est imp *The custom, it is wont*, Cic *pro* Cluent 5,

|| Solaris, re adj Cella solaris, locus in Thermis, *the room in a bath, where the bathing tubs stand*, Spart

Sollicitandus, a, um part (1) *To be moved*, or *stirred up* (2) *To be raised* as in tub lion (1) = Sollicitanda tamen tellus, pulvisque movendus, *Vir Geor* 2, 418 (2) Ad sollicitandos pastores Apuliæ est attributus, *Cic Catil* 3,6

Sollicitans, tis part *Troubling*, Ov Trist 4, 8, 6

Sollicitātio, ōnis f verb *A soliciting, enticing*, or *moving to do a thing* Nuptiarum sollicitatio, *Ter Andr* 1, 5 26

Sollicitātor, ōris m verb *A solicitor, an egger on, an enticer*, or *mover to a thing*, *Sen Controv* 15, 216

Sollicitè adv ius, comp ssimè, sup (1) *Carefully, diligently* (2) *Heavily, pensively* (1) Sollicitius adhibere discrimina, *Quint* 2, 15 Minimum est de tuo sollicitissime agit, *Sen* conf & *Suet Claud* 18 (2) Qui mihi sollicite nostra lugeatis, *Ov ex Pont* 4, 6, 44 *al* sollicite

Sollicito, āre act [*id est*, solum citare, *Met* loco vel sententia moveie] (1) *To stir*, or *dig up* properly the ground (2) *Met To disquiet, to trouble, to disturb, to make solicitous* (3) *To solicit, to provoke*, or *be earnest with one, to importune, to press, to be urgent, to entice one to do a thing* (4) *To sue*, or *pray for* (5) *To allure* (1) Tenet in ferro sollicitavit humum, *Tib* 1, 7, 30 *vid* & sollicitandus Stamina docto pollice sollicitat, *playeth upon*, Ov Met 11, 70 Remis sollicitare aquas, *to row*, Claud de Rapt Pros 1, præf forem *to open it*, Ov Amor 3, 1, 50 *ubi al* ... (2) = Multa sunt, quæ me sollicitant, angunque, *Cic Attic* 1, 15 = Quæ semper animum sollicitant, semperque excruciant, *Id* de *Fin* 1, 16 (3) Ad venenum dandum spe & pretio sollicitare cœpit, *Cic* pro *Cluent* 16 (4) Sollicitare pacem, *Liv* votis numina, *Tib* 3, 4, 53 (5) Sollicitare ad fugas, *Plin* 8, 23

Sollicitor, āri, ātus pass *To be moved, solicited*, &c *Cic Catil* ; *Vid* Sollicito

Sollicitūdo, ĭnis f (1) *Carking care, pensiveness, trouble, anguish of mind, solicitude, disquiet, deep concern* (2) *Vexation, anger* (1) = Sollicitudo est ægritudo cum cogitatione, *Cic Tusc* 4, 8 (2) = Præ sollicitudine ac stomacho multa scribere non possum, *Brutus Cicerone*, 13

Sollicitus, a, um & *part* sollicitus, or, comp ssimus, sup (1) *Raised up* (2) Met *Doubtful, anxious* (3) *Fearful, troubled* (4) *Careful* (5) *Busy, employed* (6) *Cross unhappy* (1) Sollicitus motus, *Lucr* 1, 344 Sollicitum mare, *Vir Geor* 4, 262 (2) Curis sollicita suspicione, suspensa me..., *Cic* in *Rull* 1, 8 = Antea sollicitus sum, & angebar, quo uti consilio possem, *Id* (3) ⁜ Nunquam apud vos verba feci, aut pro vobis sollicitior, aut pro me securior, *Tac Hist* 4, 58 (4) Nos circa lites sollicitiores ac ridiculi videmur, *Quint* 7, 2 (5) Omnes ... habui sollicitos, *Ter Heaut* 3, 1, 52 (6) ⁜ Sollicitum aliquid lætis intervenit, *Ov Met* 7, 45, ¶ Sollicitissimus, *Sen* de *Brev Vit* ...

|| Solĭdāgo, ĭnis f *The herb comfrey, consound*, or *wall wort*, Jun

Solidandus, a, um part *To be bound, cemented*, or *made firm* Area cretâ solidanda tenaci, *Vir Geor* 1, 179

Solĭdātio, ōnis f verb *A binding, a soldering*, or *fastning*, Vitruv 7, 1

|| Soldatrix, icis f verb *She that strengthneth* Soldatrix ossium infantium, Offilago Dea, *Arnob*

Solĭdātus, a, um part *Strengthned*, &c Fauces solidata veneno, *Luc* 8, 691

Solidatus, i m [a solido quem meretur, *M*] *A soldier in pay*, whence the French *souldat*, Veg

Solĭdè adv ius, comp (1) *Solidly* (2) *Substantially, really* (3) *Perfectly, fully, with a witness* (1) Aqua solidius concreta, *Gell* 19, 5 (2) Solidè gaudere gaudium, *Ter Andr* 5, 5, 8 (3) Id solidè scio, *Plaut Trin* 4, 2, 8 Hic homo solidè sycophanta est, *Id ibid* 4, 2, 47

Solidesco, ēre incept *To close* as a wound doth, *to wax sound and whole*, Plin 11, 37

Solĭdĭpes, ĕdis adj *Whole foot* ... as horses Contra ... rum solipedam *Plin* 10, 65

Solĭdĭtas, ātis f *Solidity, firmness, wholeness* Atomorum soliditas, *Cic* de *Fin* 1, 6

Solĭdo, āre act (1) *To make firm, to consolidate, to piece* (2) *To strengthen* (3) *To close a wound* (4) *To plaister walls*, hunc to solder, or soader (1) Lardum elixum solidat ossa fracta, *Plin* 28, 16 (2) Stomachum titubantem solidare, *Pallad Febr* ... 31 (3) *Celf* (4) Solidare muros, *Tac Ann* 15, 43

Solidor, āri, ātus pass (1) *To be made whole and firm.* (2) *To be bound*, or *cemented* (1) = Boum nervos solidari, rursusque jungi, affirmaie, *Plin* 24,16 (2) *Vid* Solidandus

Solĭdum, i n *The whole, the full* Solidum suum cuique solvere, *Cic* pro *Rab Posth* 17

Solĭdus, a, um or, comp ssimus, sup [ex Osco sollus *vel* solus, *id est*, totus, *Varr* vel a solum, ut sit quod Gr ἐστεὸς, solo firmiter fixum] (1) *Substantial, material* (2) *Solid, not hollow nor superficial, massy* (3) *Sound, firm* (4) *Whole, entire* (5) *Hard, stiff* (6) *Full and perfect* (1) Nihil tangi potest, quod caret solido, *Cic* de *Univ* 4 (2) Statua solida ex auro Philippeo, *Plaut Curc* 3, 70 Solidissima tellus, *Ov Met* 15, 262 ⁜ Duæ formæ præstantes sunt, ex solidis globus, ex planis circulus, *Cic N D* 2, 18 Solidior caseus, *Col* 7, 8 (3) Solidum corpus, & succi plenum, *Ter Eun* 2, 3, 26 Vires solidæ, *Vir Æn* 2 639 (4) Desunt dies solido anno, *Liv* (5) Ferrum solidum, *Ov Met* 15, 810 (6) Gaudium solidum, *Ter Andr* 4, 1, 23 infortunium, *Plaut Merc prol* 21

|| Solĭdus, i m [*sc* nummus] *An entire*, or *whole piece of gold coin*, near the value of *our old noble*, or *sfur royal*, now it is taken for *a shilling*, Lampr

⁜ Sōlifer, a, um *Carrying the sun*, as the zodiac doth Solifera plaga, *the torrid zone*, or, as others, *the ecliptic line*, Sen Herc Oet 159

Sōliferreum, i n [*qu* totum ferreum, quod sit ex solo ferro, *F*] *A weapon*, or *dart of massy iron*, Liv 34, 14

† Sōlifŭga, æ f [quod solem fugiat] *A venomous ant in Sar-dinia*, Plin 22, 25 *Rect* solipuga, *quod v*

⁜ Sōligena, æ c g *Begotten of the sun*, Val Flacc 5, 317

|| Sōlĭlŏquium, ii n *A soliloquy*, or *meditating with one's self*, Aug

Sōlĭpuga, æ [quod in solis ardore maxime pungit] *A venomous pismire*, or *fly*, that in the heat of the sun stingeth most vehemently, *Plin* 29, 4 *scrib* & solifuga, & salpuga, & solipunga

Sōlistĭmum tripudium [quod solum, *i e* terram, pavieb t] *A kind of augury, when the chickens eating greedily, the corn which was given them fell to the ground out of their bill, and rebounded again*, Cic Fin 6, 6 & Liv 10, 40

Sōlĭtārius, a, um [a solus] (1) *Alone* (2) *Solitary, without company, private, retired* (1) ⁜ Solitaria non potest virtus ad summa pervenire, sed socia, & conjuncta cum altera, *Cic de Amic* 22 Natura solitarium nihil amat, *Id de Am* ... (2) = Homo solitarius, atque in agro vitam degens, *Cic Off* 2, 11

Sōlĭtaurilia, um n [ab Osco sollus, *i e* totus & solidus, *F*] *Sacrifices of a bull, not castrated beasts*, or as others *sterile es of three things of sunary kinds*, ... a bull, a ram, a boar, *Liv* 8, 10 *al leg* suovetaurilia, *q v*

Sōlĭtūdo, ĭnis f [a solus] (1) *A being alone*, or *assisted by few* (2) *Solitude* (3) *A desert*, or *wilderness* (4) *A retirement, a recess* (1) *Nep Tor* ... (2) *Ter Adelph* 2, 2, 5 Ex singulari duplex, ne potest is solitudine vel morâ corrumperetur, *Flor* 1, 9, 2 Tribus comitantibus, id repente solitudinis erat, *Tac Ann* 11, 32 (2) Erit ab oratoribus quæ jam in foro solitudo, *Cic de Cl Orat* 6. Solitudo aute ... *Ter Andr* 2, 2, 25 (3) Solitudines vastæ, *Paterc* 2, 55 (4) Solitudine male utitur lugens, ... *Sen Epist* 10 ⁜ Me hæc solitudo minus stimulat quam ista celebritas, *Cic Attic* 12 ...

Sŏlĭtus, a, um [a soleo] *Wont, accustomed usual, ordinary* ... si solitæ quidquam virtutis adesset, *Vir Æn* 11, 415 Sol rubet solito magis, *Liv* 25, 7

Sōlĭvăgus, a, um [qui solus vagatur] *Wandring up and down alone, and flying company, solitary* ⁜ Bestiæ partim solivagæ, partim congregatæ, *Cic Tusc* 5, 13

Sŏlium, ii n (1) *A seat of state, a throne, a seat royal* (2) *A vessel*, or *tub in a bath to wash*, or *bathe in* (3) *A vat*, or *tun, a wine vessel* (4) *A sepulchre*, or *coffin wherein the dead body lieth* (1) Rex paventis exiluit è solio, *Liv* (2) Intrare, & descendere in solium, & mel o oleo ungi, *Celf* ... (3) Bibituri, quæ ... *Cic* ... *Pison* 27 (4) Defunctos ... fictilibus soliis condi maluere, *Plin* 35, 12 ... dolus *Sed*, solium in quo corpus jacebat, *Curt* 10 1 2

Sollemnis, *vel* sollennis *Vid* Solennis

Solers *Vid* Solers

⁜ Solicito *Vid* Sollicito

† Sollum Osco totum & solidum sign *id quod Gr* ὅλον

Solo, āre act [loc in ... desertum & solum ... do] (1) *To make desolate, to lay waste and destroy* (2) ... *To dig in tr...* (1) Stat *Theb* 5, 148 (2) *Plin* *Vid* Solitus

* Solœcismus, i m (1) Properly a speaking Greek, as those of Soli or Soli, a city of Cilicia, (2) Whence it is used to signify an incongruity of speech against grammar rules, a solecism (1) Itert (2) Solœcismus est, cum verbum pluribus consentit, ... non accommodatur *Ad Herenn* 4, 12 & *Quint* 1, 5 & *Gell* 5, 20 & conf ... 5, 9 Cicero ... non erubesce solœcismum, sciens fecit, credo, nesciens *Sen Ep* 95 Lat Stabigo, ... *Gell* 5, 20

* Solœcismo, are *To speak improperly*, Diso

* Solœcum *A solecism*, Gell 5, 20

Sōlor, āri, dep (1) *To comfort, to solace, to ... to cheer up* (2) *to relieve, to help* (3) *To assuage, to satisfy* (1) Adlocutione solari ... *Catull* 36, 5 (2) ... solari, (3) ... famem ... solari *Vir Geor* 1, 159

† Solox ... adj [a solus, ...] Pecus solox, *a sheep un shorn*, Fest ap Fest

† Solox, ōcis f *Coarse wooll*, ... *Gloss*

Solpŭga, æ f *A venomous pismire*, Plin 8, 29 Qui calente tum metuat solpugam, ... *Luc* 9, 810 ... solipuga *Ita* Salpuga

‖ Solsequium, ii n [a sequendo solem] *The marigold, or turnsole, the sunflower*, Jun

Solstitiālis, e adj (1) *Of or belonging to the solstice, or time when the sun is farthest from the equator* (2) Also *that which continueth but a little time* (1) Solstitialis ... *the tropic of cancer in summer and capricorn in winter*, Liv 5, 6 ... (2) Solstitialis morbus, *Plaut Trin* 2, 4, 143. Quasi solstitialis herba, paulisper fui, *Id Pseud* 1, 1, 36

Solstĭtium, ii n [id est, solis statio, cum sistere vel stare videtur] (1) *The solstice of summer, or winter*, this the shortest day in the year, about the twelfth of December, that the longest day about the twelfth of June (2) It is often taken for midsummer, and the winter solstice *bruma*, or *hyems* ( ) Notwithstanding ... *brumale solstitium* (3) Synecd *Summer* (5) *Scorching heat* (1) *Plin* 19, 6 (2) ✠ Cœlum movetur a bruma ad solstitium, *Varr L L* 5, 2 Et mox Cum venit *sol* in medium spatium inter brumam & solstitium, *Id ibid* ✠ In luna cursu & bruma quædam & solstitii similitudo, *Cic N D* 2, 19 (3) *Col* 9, 16 (4) ✠ Humida solstitia, atque hyeme orate serenas, agricolæ, *Vir Geor* 1, 100 (5) Solstitium pecori defendite, *Vir Ecl* 7, 47

‖ Sŏlūbĭlis, e adj (1) *Which may be unloosed* (2) *Which may be dissolved* (3) *Which doth dissolve* (1) Dextra solubilis, *Prud Apoth* 514 (2) Mundus Deo solubilis est, *Min Fel* c 34 (3) Elementa solubilia, *Prud Ham* 505 † Dissolubilis, *Cic*

Sŏlum, i n [a soliditate, vel ... סלה calcare] (1) *That which sustaineth, or beareth any thing on it* (2) *The ground or soil* (3) *The surface of any thing* (4) *A bottom, a floor or pavement* (5) *The sole of a foot* (6) *The sole of a shoe* (7) ✠ Cereale solum, *a trencher of bread* (1) Solum fundi, *Varr* Solum potest unicuique rei quod subjacet, *Serv* (2) Præter agri solum nihil fuit, *Cæs B G* 1, 17 Solum exile & macrum, *Cic in Rull* 2, 25 Patriæ solum omnibus charum, *Id* ... *To his mean sola* ... gubernantur *Id antiq* ... *Res soli*, *an ... fixt to the premises*, JCC ¶ Vertere solum, *to run one's country*, *Cic pro Dom* 30 (3) ✠ Astra tenent cœleste solum, *Ov Met* 1, 73 (4) Fossæ solum, *Cæs B G* 7, 73 (5) Mihi calceamentum solum ... *Cic Tusc* 5, 32 (6) Mordere luto putre vetustæ solum, *Mart* 9, 74 (7) Cereale solum pomis agrestibus augent, *Vir Æn* 7, 111

Sōlum adv *Only, alone* De una re solum dissident, in cæteris congruunt, *Cic de Legg* 1, 20 § Non solum,—etiam, *Id* § Non solum,—sed etiam, *Id* § Quam solum—non, *Id*

Sōlummŏdo adv *Idem*. Una solummodo Zenonis statua, *Plin* 34, 8 *& al. alios posteriores*, *antiquiores omnes* ... solummodò

Solvo, ere, vi, ūtum act [ex se, simul, & λύω, ... vel a λύω ... ut in *socors*) (luo, solvo] (1) *To loose or unloose, to untie* (2) *To resolve, explain, or answer* (3) *To release, to discharge, to acquit, to deliver or free, to set at liberty* (4) *To make lax* (5) *To melt, or thaw* (6) *To enfeeble, to make languid* (7) *To pay* (8) *To weigh anchor, to put to sea* (1) Solvunt ... *Ov* ... 4, 551 ✠ Religio, *Id ib* Segnes nodum solvere Gratiæ, *Hor Od* 1, 30 ... 22 ¶ Solvere zonam, *to deflower*, *Catull* 65, 28 ... solvere ... *to ...* Plaut (2) Captiosa argumenta ... *Cic de Fin* 1, ... nodos juris & legum ænigmata, *Juv* 8, 50 (3) Solvere ... ergastula, *Brut Cic* § Solvere corda metu, *Vir Æn* 1, 566 Ego vos solvi curis cæteris, *Ter Hec* 2, 1, 35 Solvere fidem, *to violate his promise*, *Ter* ... 4, 1, 19 ... epistolam, *to break it open*, *Nep Hannib* 11 Obsidionem solvere, *to raise a siege*, Liv 27, 28 ¶ pudorem, *to violate it*, *Vir* ... *to help ... with him*, *Cic* (4) ... immallus ventrem solvit, *Col* conf *Plin* 14, 18 (5) *Ov Met* 8, 555 ¶ lacrymas, *to dissolve into tears*, Stat Achill 2, 255 (6) ✠ Rarus cor ... corpus excitat, frequens solvit, *Cels* 1, 1 (7) ✠ Præterea Lorat, ut tibi quod debet ab Egnatio solvat, *Cic Att* ... 18 ¶ Votum solvere, *to discharge it*, Suet ¶ Esse solvendo, *to have wherewith to pay*, *Cic Attic* 13, 10 (8) Agamemnon solvere imperat, adversa vi, *Cic de Div* 1, 16 *ex poeta* Nos eo die cœnati solvimus, *Id Fam* 16, 9

Solvor, i pass *To be loosed, paid*, &c *Cic pro Quint* 7

Sōlus, a, um gen ius (& olim soli, æ, i *Ter*) [a Gr ὅλος, totus] (1) *Alone, only* (2) *Solitary, desert* (3) *Unaccompanied* (1) § Solus ex omnibus, *Cic de Orat* 2, 8 § inter omnes, *Id* § spatium, *Plin* ... 51 Obtruncato duobus solis ictibus, *Plaut* Mihi sone ridiculo sunt, *Ter Eun* 5, 7, 3 ✠ alter (2) Deportari in solas terras, *Ter Phorm* 5, 7, 85 Quum in locis solis mœstus errares, *Cic de Div* 1, 29 (3) Sedibus solum ex eris deserere, *Sen Med* 119

Sŏlūtē adv ius, comp (1) *Freely, at liberty* (2) *Wantonly, heedlessly, remisly* (1) = Animus somno relaxatus solutè movetur, ac liberè, *Cic de Div* 2, 48 Quo solutius lasciviret, *Tac Ann* 13, 47 *de Nerone* (2) = Solutius negligentiusque compositum, *Sen* = Tam solutè egit, tam leniter, tam oscitanter, *Cic de Cl Orat* 60

Sŏlūtĭlis, e *That is easily loosed, or undone* Solutilis navis, *Suet Nero*, 34

Sŏlūtio, ōnis f verb [a solvo] (1) *A loosing* (2) *A releasing, or discharging* (3) *A paying of money* (4) *A restoring, or giving up* (1) Linguæ solutio, vocis sonus, *Cic de Orat* 1, 25 (2) Solutionis verbo satisfactionem quoque omnem accipiendam placet, *Ulp de verb signif* (3) Solutione impedita, fides concidit, *Cic pro Leg Manil* (4) Fides nulla esse potest, nisi erit necessaria solutio rerum creditarum, *Cic Offic* 2, 24

‖ Sŏlūtor, ōris m verb *He that pays it, or discharges it*, Dig ✝ Qui solvit

Sŏlūtūrus, a, um part *About to pay* Partem dimidiam inde Roscio me soluturum spondeo, *Cic pro Q Rosc*

Sŏlūtus, a, um part [a solvor] It ... or, comp ssimus, sup (1) *Loosed, unloosed, untied, unbound* (2) Met ... *Paid* ... (3) *Acquitted* (4) *Unsealed, opened* (5) *Annulled, abrogated* (6) *Dispensed with* (7) *Done, performed* (8) *Delivered, freed from* (9) *Dissolved, broken up* (10) *Released, discharged* (11) *Unmoored, or launched* (12) *Unconfined, unrestrained, not tied up* (13) *Unguarded, indiscreet* (14) *Confused, huddled without order* (15) *Calm*, Met *composed, quiet* (16) *Ready, fluent, prompt, in a good sense* (17) *Also very pert, glib, flippant, in a bad sense* (18) *Easy, not intricate* (19) *Loose, not costive* (20) Met *Melted, thawed* (21) *Inclined, drenched* (22) *Made soft, effeminate* (23) *Loose, not hard* (24) Prædia soluta, *a freehold estate* (25) *Free, unrestrained, arbitrary, at full liberty to act* (1) Solutum ... pugionem porrigens, *Suet Vitell* 15 (2) Ex qua pensione major pars est soluta, *Cic Att* ... 24 (3) = Culpa liberatus & crimine nefario solutus, *Cic pro S Rosc* 49 (4) Soluta epistola nihil in ea repperi, *Nep Hannib* 11 (5) His legibus solutis resp stare non potest, *Cic* (6) Si qui virtutis causa soluti legibus consecrati sunt, *Cic* (7) § Justa soluta funeri, *Sen* (8) = Soluti cupiditatibus, liberi a delictis, *Cic in Rull* 1, 9 = Senatus cura belli solutus, & populus otiosus, *Plin* 22, 4 (9) Cœtu soluto discedunt *Ov Met* 12, 898 (10) § Famuli soluti operum, *Hor Od* 3, 17, ult Solutus amori, *ranging, unlawful*, Stat Jure jurando solutus, *Cic Offic* 1, 13 (11) Male soluta navis exit alite, *Hor Epod* 10, 1 (12) ✠ Majorem habent vim apta quam soluta, *Cic Orat* 68 = ✠ Oratio nunc vincta atque contexta, alii soluta, *Quint* 9, 4 ✠ alligata, *Cic* ✠ juncta, *Quint* ✠ Quique canent vincto pede, quique soluto, *in verse, or prose*, Tib 4, 1, 36 (13) = Dicta & facta solutiora, & quandam negligentiam præferentia, *Tac Ann* 16, 18, 2 (14) = ✠ Spectandi confusissimum ac solutissimum morem correxit, ordinavitque, *Suet Aug* 44 (15) Solutum æquor, *Stat* = Animo soluto liberòque esse, *Cic Verr* 2, 65 (16) = In dicendo solutus & expeditus, *Cic* ✠ Genus dicendi solutum, non vacuum, *Id* = Solutissimus in dicendo & acutissimus, *Id de Cl Orat* 78 (17) Fabula in dicendo solutissimus, *Cic* (18) Quo mea ratio facilior & solutior esse potest, *Cic* (19) Alvo soluta, *Suet Vesp* ult (20) ... verno sole solutus, *Ov Trist* 3, 12, 27 Flores, quem terra ... soluta, *Hor Od* 1, 4, 10 (21) Somno vinoque soluti procubuere, *Vir Æn* 9, 189 ¶ Somno solutu, *fast asleep*, Liv ¶ morte, *dead*, *Ov* (22) Luxu solutus, *Cic* (23) Solutior scrobs terra, *Col* 5, ... ✠ Soli pingues, vel macri, solutæ, vel spissi, *Id* (24) ✠ Soluta meliore in causa sunt, quam obligata, *Cic* (25) Quorum, in regno ... fuerat, *Liv* Si ... mihi omnia solutissima, tamen ... resp nostra ... *Cic Fam* 1, 9 ✠ Solutum ... existimarem, alteri maledicere ... liberum ... dare, *Cic in Cat* 6

Somnians, tis part *Dreaming*

Somnĭātor, ōris m verb *A dreamer*, Sen Contr 3, 22

Somniātŭrus, a, um part *Going to dream*, Plin 24, ...

Somniculōsè adv *Drowsily, sleepily, sluggishly* Somniculosè aliquid agere, *Plaut Capt* ... 1, 51

Somniculōsus, a, um (1) *Sleepy, drowsy, dronish, sluggish, slothful* (2) *Making drowsy, causing sleep* (1) Quæ vita ... non senectus ... iners ... *Cic de Sen* 11 (2) Aspis somniculosa, *Sisen*

Somnĭfer, a, um *Bringing, or causing sleep* Venena somnifera, *Ov Met* 9, 697 Vis somnifera ... papavere, *Plin* 18, 15 ...

Somnĭfĭcus, a, um *Making* ... Medicamen somnificum, *Plin* 37, 10

Somnĭo, āre (1) *To dream* (2) *To dream of* (3) *To fansy, or vainly imagine* (1) Si ea dormientes agerent, quæ somniarent, *Cic de Div* 2, 59 (2) Dies ... tique me somnies, *Ter Eun* 1, 2, 114 (3) Nunquam non ... in pituas somnium, *Col* 1, 8 ✠ A ... vigilans somniat, *Phil* ...

Somniōsus, a, um *Full of dreams, troubled with dreams*, Plin 20, 19 *si modo locus sit sinus* ✝ Somnus affectus, vexatus

Somnium, ii n [a somnus] (1) *A vision in one's sleep, a dream* (2) Also *an idle story, silly fancy, a whim* (1) Admonitio in somnis, *Cic Acad Q* 4, 17 Conjector somniorum, *Id de Div* ... (2) De argento somnium mox, cras redi, *Ter Ad Iph* 2, 1, 50

‖ Somnŏlentus, a, um *Sleepy, drowsy*, Apul Met 1, sub finem ✝ Somniculosus

Somnus, i m [a Gr ὕπνος, deinde sompnus somnus, ut a *dam* ... damnum, ... dampnum] (1) *Sleep, rest, quietness* (2) Meton *Night* (3) ... *calm* (4) *Sloth, laziness* (1) Mortis imago & simulacrum est somnus, *Cic Tusc* 1, 38 ... somnum, *Id Att* 8, 1 videre, ... *to sleep* Virgâ somnos dat, adimitque, *Vir Æn* 4, 244 ... ferreus somnus, *death*, Id *Æn* 10, 745 (2) ✠ Libra die somnique pares

pares ubi fecerit horas, *Vir Geor* 1, 208 (3) Pigro torpebant æquora somno, *Stat Sylv* 3, 2, 73 (4) Per I aliam somno & luxu pudendus incesserat, *Tac Hist* 2, 90, 1.

* Somphos, i m *A kind of wild gourd*, Plin 20, 3

Sonabilis, e *That soundeth shrill*, or *loud* Sistrum sonabile, *Ov Met* 9, 783

Sonandus, a, um part *To be celebrated*, or *spoken of* Ore magno sonandus, *Vir Geor* 3, 294

Sonans, tis part & adj or, comp (1) *Buzzing, humming* (2) *Sounding* (3) *Speaking* (4) *Whistling* (5) *Jingling* (6) *Roaring* (7) *Murmuring, purling* (8) *Resounding, re-echoing* (9) *Loud* (10) *Playing on music* (11) *Twanging* (1) Alvus acui in sonans, *Vir Geor* 4, 149 (2) Populi sonantes, *Vir Æn* 1, 204 (3) Nec mortale sonans, *Vir Geor* 1, 3 (4) Auræ sonantes, *Vir Æn* 11, 863 (5) Sonantia frena, *Ov Met* 2, 121 (6) Rauca sonans amnis, *Vir Æn* 9, 125 (7) Sonans aqua, *Ov Fast* 6, (8) Excipit ille ictus galeâ que sonantes, *Ov Met* 12, 5 (9) = Magis nimis ubi erat, & sonantior erat, *Plin Ep* 2, 3, 13 (10) Plenius sonans auro, *Hor Od* 2, 13, 26 (11) Ostentans autem pariter arcum sonantem, *Vir Æn* 5, 521

† Sonatio, onis f *non* sonitio *Vall*

Sonax, acis *Sounding loud* Cornua Tritoni sonaci inspirare, *Ov Met* 1, 133

Sonchos, i m & sonchus *An herb called sowthistle, wild, or hare lettuce*, Plin 22, 22

Sonipes, edis m *A courser, an horse, or steed, a palfrey*, Vir *Æn* 4, 135

† Soniti, *pro* sonitus, *Non*

Sonitus, ûs m (1) *A sound* (2) *A noise* (3) *A clashing* (4) *A crackling* (5) *A creaking* (6) *A beating, or thumping* (7) *A rack, or clap* (1) Sonans sonitus, *Lucr* 1, 826 Sonitus tubæ, *ad Herenn* 4, 15 (2) Quis cum tumultuoso sonitu me excivit foras? *Plaut Trin* 5, 2, 52 (3) Sonitus armorum, *Vir Geor* 1, 474 (4) Ingentem sonitum dedit *Vir Geor* 2, 306 (5) Sonitum fecere fores, *Plaut Mil* 4, 8, 6 (6) Sonitus plangoris, *Ov Met* 3, 498 (7) Velut æthero gementi sonitu, *Sen Med* 24

Sonivius, a, um adj *Making a noise, sounding*, Cic Fam 6, 6

Sono, are, ui, itum neut [a sonus] (1) *To make a noise* of any kind, *to sound* (2) *To resound* (3) *To ring* (4) *To clatter, or patter* (5) *To signify, or mean* (6) *To warble* (7) *To play* on an instrument (8) *To praise* (9) *To sound like* (1) Cuja vox auribus meis procul? *Plaut Curc* 1, 1, 18 (2) Fœmineo clamore sonant domus, *Ov Met* 12, 226 Resonent carmina, *Vir Ecl* 5, (3) Sonuit tinnitibus ensis, *Ov Met* 5, 204 (4) Toto sonuerunt æthere nimbi, *Vir Æn* 9, 11 (5) Non intelligere quid sonat hæc vox *voluptas*, *Cic de Fin* 2, 2 (6) Dulce sonent tenui gutture carmen aves, *Tib* 1, 3, 60 (7) Tenent varios, quamvis diversa sonarent, concordare modos, *Ov Met* 10, 1, 6 (8) *Vid* Sonandus (9) Nec vox hominem sonat *Vir Æn* 1, 332

Sono, ĕre *To sound*, &c Sonere aures, *Lucr* 3, 157

† Sonor, ōris m *A great sound, or rattling, rustling, crackling, rumbling noise* Summæ sonorem dant silvæ, *Vir Geor* 3, 199 Plenæ sonoribus aures, *Lucr* 6, 1183 *vid* & *Vir Æn* 1, 462 nec non, *Tac* 1, 65 & 14, 36

|| Sonōre adv *Aloud, loudly* = Clare ac sonore oscitavit, *Gell* 4, 20

Sonōrinus, a, um [- sonor] *Noisy* Levisomna meas sonorinis imagines adstitui, *Varr in Prometheo*

Sono itas, ātis *Loudness*, Varr *ap* Litt

Sonorus, a, um (1) *Loud, roaring, making a great noise* (2) *Shrill, musical* (1) Tempestates sonoræ, *Vir Æn* 1, 57 (2) Cithara sonora, *Tib* 3, 4, 69

Sons, tis adj [sontos, ab σίντης, a σίνω, noceo] (1) *Guilty, criminal, faulty* (2) Subst *An offender* (1) Sontes condemnant reos, *Plaut Capt* 3, 1, 16 Sontem animam dare, *Vir Æn* 10, 854 ¶ Du sentes, *mis hiero is*, *Stat Theb* 5, 610 (2) Sontes punire, *Cic Offic* 1, 24

Sonticus, a, um [- sons] (1) *Noisome, hurtful* (2) *The falling sickness, or any disease which proveth an hindrance, and giveth a just excuse to business* (1) Sonticus morbus, *Plin* 26, 11 (2) Sontica causa, *Tibull* 1, 8, 51

Sonus, i m [ab Hebr שאון] (1) *A sound* (2) *A noise* (3) *A word* (4) *A clap, an applause* (5) *A noise, a note, a tune* (1) Sonus pronunciandi, *Cic de Orat* 1, 42 (2) Quid repens adfert sonus? *Sen Med* 971 (3) Blandis sonis ... *Ov Epist* 16, 258 (4) Iterum sonum crepuit populus, *Hor Od* 2, 17, 26 (5) Sonus summus, medius, imus, *Plin* 10, 29

* Sophia, æ f (1) *Wisdom* (2) Also *the herb flixwort, lasiwort* (1) = Nec quisquam sophiam sapientia quæ perhibetur, *Enn ap Fest* ☞ *Receptam tamen ap Latinos hanc vocem approbat Sen Ep* 89 *Legitur & ap* Mart 1, 112 (2) *Jun*

* Sophisma, ătis n *A crafty, or deceitful argument, a piece of sophistry* Contorta & aculeata sophismata, *Cic Acad* 4, 24 = Cavillatio, captio, *Sen*

* Sophista, *vel* sophistes, æ m (1) *Any learned man*, chiefly *a philosopher* at first was so called (2) Afterwards *a sophister, a pretender to learning, a prating caviller* (3) *An orator* (1) Abderites Prot goras sophistes temporibus illis maximus, *Cic N D* 1, 23 Isocrates multique alii qui sun nominati sophistæ, *Id Orat* 11 (2) Sophistæ appellantur, qui aut ostentationis aut quæstus causâ philosophantur, *Cic Acad Q* 4, 24 (3) Sophista ... lingue callens, *Gell* 17, 5

* Sophistica, & sophistice, es f *Sophistry*, Ap recent † Ars cavillatoria

* Sophisticus, a, um *Sophistical, deceitful*, Gell 7, 3 † Fallax, captiosus

* Sophōs, adv *Wisely, excellent well! ho brave!* a word used in acclamations to orators or poets, when they did the public exercises *Sum & pro nomine indecl ut*, Grande sophos, *Mart* 1, 5, 37 *Lat* Pulchrè, benè, rectè

* Sophos, i m *A wise man, a scholar* Te sophos omnis amat, *Mart* 7, 31, 4

* Sophronisterium, ii n *A place to keep frantic people in, a bedlam, a bridewel*

Sophus, i *A wise man* Lælius sophus ille, *Lucil ap Cic* Victor sophus, *Phædr* 3, 14 Factus periculo gubernator sophus, *Id* 4, 16

Sōpio, ire, ii, ivi, itum act *To cast asleep, to set at rest* Nec me sopierit somnus, *Tib* 3, 4, 19 Vino oneratos sopiunt, *Liv* Custodemque rudem somni sopistis, *lulled asleep*, Ov Met 7, 213

Sōpior, iri pass (1) *To be cast asleep* (2) *To be stunned* (1) *Vir Æn* 1, 684 (2) Impactus imo ita est saxo, ut sopiretur, *Liv* 8, 6

Sōpitus, a, um part (1) *Brought, or laid to sleep* (2) Also *sound, or fast asleep* (3) *Covered, raked* (4) *Stunned, astonished* (1) Cantibus mag cis sopitus anguis, *Col* 10, 367 (2) Sopitus quiete, *Lucr* 3, 1051 (3) Sopito, suscitat ignes, *Vir Æn* 5, 743 (4) Sopitus vulnere rex, *Liv* 1, 41

Sōpor, ōris m [ab ὕπαρ, *Scal*] (1) *A sound, deep, or dead sleep* (2) *An hypnotic, or sleepy dose* (3) *A drowsy sickness* (4) *Sloth, laziness* (1) ✻ Suavi sopore devinxit membra somnus, *Lucr* 4, 445 ✕ Modus servandus, ne somnus sopor fiat, *Plin* 21, 18 (2) Patri soporem medicos dare coegit, *Nep Dion* 2, 5 (3) *Litt* ex *Ov* (4) = Noli nobis languorem & soporem nimium exprobrare, *Declam in Sall*

Sōpōrātus, a, um part (1) *Fast asleep* (2) *Soked in* (3) *Mitigated, appeased* (1) Aquatilia quiete soporata, *Plin* 10, 75 (2) Soporatus vi Stygia ramus, *Vir Æn* 5, 855 Offa melle soporata, *Id Æn* 6, 420 (3) ✕ Recruduit soporatus dolor, *Curt* 7, 1, 7

Sōpōrifer, a, um *That bringeth sleep, that causeth sleep* Soporiferum papaver, *Vir Æn* 4, 486 Amygdalis vis inest soporifera, *Plin* 9, 12

Sōpōro, āre act *To cast into a deep sleep* Opium mentem soporat, *Scrib Larg Compos* 180 Infusos angues nimia ultra soporant, *Stat Theb* 11, 94

Sōpōror, ari *To be cast into a deep sleep*, Plin 28, 8 & Cels 2, 2

Sōpōrus, a, um *Sleepy, drowsy, dashed* Locus noctis soporæ, *Vir Æn* 6, 390 conf *Luc* 2 236

Sōrăcum, i n (1) *A basket, or such like thing to carry clothes in* (2) Also *to put books in*, the same as *sarracum* (1) *Fest* (2) *Plaut Pers* 2, 3, 59

Sorbeo, ēre, ui, *vel* psi, ptum act [ab Arab שרב bibit] (1) *To sup* as one doth an egg (2) *To suck in, to drink up* (3) Also *to waste, or consume* (1) ✻ Simul flare sorbereque haud factu facile est, *Plaut Most* 3, 2, 104 Sorbere ova, *Plin* 7, 53 (2) Terra arida sorbet cœlestes aquas, *Ov de A Aman* 2, 352 (3) Sitis sorbet ora, *Stat Theb* 3, 329 Sorbent præcordia flammæ, *Ov Met* 9, 172 Sorbere odia aliculus & etiam concoquere, *Cic Q fratr* 3, 9 *Per Catachr* Sorbet dormiens, *Plaut Mil* 3, 2, 6

Sorbeor, ēri pass *To be supped*, &c Sorbentur flumina, *Ov Met* 1, 40

Sorbilis, e *Which may be supped up* Ovum molle vel sorbile, *Cels* 2, 26 Sorbiles cibi, *spoonmeat*, Col 8, 17

Sorbillans, tis part *Sipping* Cyathos sorbillans, *Ter Adelph* 2, 4, 53

Sorbillo, āre *unde* part sorbillans *To sip often* Relictum sorbillat dulciter, *Apul Met* 2, p 51

Sorbillum, i n *Pottage, or other liquid meat made to sup up, spoon-meat*, Met *sobbing*, Plaut Pœn 1, 2, 185

Sorbitio, ōnis f verb *A potion, broth, any supping stuff* Sorbitio oryzæ, *Cels* cicutæ, *a draught of poison*, Pers 4, 2 *de Socrate*

Sorbum, i n [quòd ejus succum sorbere solent] *The sorb apple, or the fruit of the service tree, a service berry*, Varr R R 1, 59 & alibi

Sorbus, i f *The service tree*, Col 5, 10 & Cels 2, 30

† Sordecŭla, æ f dim *A little filth, or filthiness*, Marc Emp & Plaut *ap* Litt

Sordeo, ēre, ui neut (1) *To be filthy, dirty, or nasty* (2) *To be nothing esteemed, or set by* (1) Iter sordet, *Stat Sylv* 3, 1, 100 toga, *Sen* (2) = Sordere suis, & contemni ab eis, *Liv* 4, 25

Sordes, is f [à σορδέω ...] (1) *Filth, dirt, nastiness, scurf* (2) *The sweepings of houses and chanels* (3) *The rabble, rascality, or mobility* (4) *Niggardliness, stinginess, penuriousness* (5) Also *the sad and rueful state and garb of those that were accused and in danger of the law*, who went in a nasty dress (1) In medio oculo parum sordis est, *Plaut Pœn* 1, 2, 101 *al* sordet Sordes aurium, *Cic* = Pelli ulceribus tetris prope jam sordique sepulta, *Lucr* 6, 1269 (2) *Vid* n 3 (3) = Apud sordem urbis & fæcem, *Cic Attic* 1, 16 (4) Sepulcrum permissum arbitrio sine sordibus extrue, *Hor Sat* 2, 3, 105 Cogit puerum minimas discere sordes, *Juv* 14, 121 (5) Jacere in sordibus, *Cic Fam* 14, 2

Sordesco, ĕre incep *To grow dirty, filthy, or nasty* Ubi manibus sordescere vulgi cœperis, *Hor Ep* 1, 20, 11

Sordidātus, a, um part (1) *Wearing shabby clothes* (2) *Clad in sorry, or dirty clothes, with their hair untrimmed*, as arraigned people were wont to go (1) ✻ Quanquam ego sum sordidatus, frugi tamen sum, *Plaut Asin* 2, 4, 90 Sum hanc quam dicit sordidatam, & sordidam? *Ter Heaut* 2, 2, 56 (2) Postquam sordidatum reum viderunt, *Liv* ✕ Nec minus laribus quum te semper sordidum, quam si paulisper sordidatum videre, *Cic in Pison* extr

Sordidè adv ius, comp ssime, sup (1) *Filthily* (2) *Meanly, poorly* (3) *Dirtily, niggardly* (1) Sordidissime per plateas incessit, *Lampr de Elagab* (2) = Sordidius & abjectius nati, *Dial de Orat* 8, (3) Sordide proconsulatum gesserit, *Plin Ep* 3, 9

Sordido, āre *To make filthy, to put on, in shabby clothes*, Aug Part pass *soli in legitur ap antiquos* † Inquinare

Sordidŭlus, a, um dim *Somewhat slovenly, sluttish, filthy or nasty* Servus sordidulus, *Plaut Pœn* 1, 2, 58 Toga sordidula, *Juv* 3, 149

Sordĭdus, a, um or comp ssimus, sup [à sordeo] (1) *Filthy, nasty, shabby* (2) *Sluttish, foul* (3) *Putrified, corrupt* (4) *Mean, poor* (5) *Despicable, base, contemptible, servile* (6) *Niggardly, sordid* (7) *Coarse, not fine* (1) Sæpe est etiam sub sordido pallio sapientia, *Cæcil ap Cic* ... *Tusc*

I' Sc 2, 2° ¶ Vestis sordida *mourning*, Liv (2) Sordida mappa, *Hor Ep* 1, 5, 22 ( ) Caput sordidum alo, *Sen Herc fur* 185 *Met* Nihil illo contemptius sordidius *Cic ad Q frat* 2, 10 (4) = Sordida rura, atque humiles habitare casas, *Vir Ecl* 2, 29 ¶ Sordida oratio, *vulgar*, Quint 8, 3 (5) = Illiberales & sordidi quæstus mercenariorum, *Cic Off* 1, 42 ✱ Loco non humili ortum, sed cum sordidis loc *Liv* 22, 26 = Homo infimus & sordidissimus, *Cic pro Planc* 1 (6) Sordidi hominis causa beneficium veneebant, *Cic* (7) Sordidus homo *I know I'm a wretched beast*, Plaut Asin 1, 2, 26

† Sorditūdo, inis f *Filthiness, nastiness, rustiness*, Plaut Pœn 5, 5, 10 † Sordes

Sorex, icis m [a Gr ὕραξ Id] *A rat, a field mouse* Vites a soricibus aut muribus infestantur, *Col de Arbor* 15 Egomet meo indicio miser, quasi sorex, hodie perii, *Ter Eun* 5, 7, 23

Sōricīnus, a, um *Pertaining to a rat* Soricina nænia, *the cry the rat maketh in the trap*, Soricinæ præ As o ners, *a rat's ... pricit full of holes by the trap when it taketh him*, Plaut Bacch 4, 8, 48

Soricina vestis *A garment of changeable silk, or of bleached stuff*, Plin 8, 48 *Sed al* soriculita, & so ... *sed* ... *cer tu ... quam signifi cet* o

* Sōrites, æ m [Græc σωρείτης, cumulatus, quod sign acervum, ... appell] *A kind of argument or ... fallacy, in a manner heaping up many propositions together one upon another*, used chiefly by the Stoics Vitiosi sunt Soritæ, *Cic Acad* 2, 49 Soritem, si necesse sit, Latino verbo liceat ... *alem* appellare, sed nihil o pus est, *Id Div* 2, 4 *que* ... *etiam* ... Acad Quæst 2, 16 *acervum* vocat Pers ult ult

Sōrix, icis & Saurix f [a Gr σαῦρος, quæ & ... χαλκεύς] *A kind of bird sacred to Saturn*, Litt ex Plin

Sŏror, ōris f [cujus etym vexatiss] (1) *A sister* (2) Also *very like unto, or of the same kindred* (1) Passim ( ) Sorores arbores, *Plin* 12, 1 Sodices, *Mart* 11 148

Sŏrorcŭla, æ f dim [a soror] *A little sister* Germana mea Sororcula, *Plaut in Fragm*

Sŏrorians part Sororians virgo, *a young maid whose breasts begin to grow*, Plau in Fragm

Sŏrōriantes mammæ *Breasts round and plump*, Plin 31, 6

Sŏrōrĭcīda, æ c g *A murderer of his own sister*, Cic pro Domo 10

† Sŏrōriculum, & sororcula Vid Sororcula

Sŏrōrio, are, & sororior ari *To be round and plump as maidens breasts are* Pupulæ primitiæ sororiabant, *Plaut in Fragm Frivol* Sororiare puellarum mammæ dicuntur, cum primum tumescunt, ut Fraterculare puerorum, F ...

Sŏrōrius, a, um *Of, or belonging to a sister* Sororis stupris infamis *Cic pro Sext* ... Sororium tigillum, appell locus sacer in honorem Junonis, quem Horatius de ... erit causa sororis a se interfecta, ob suam expiationem, *Fest*

† Sorracus, i m *vel* sorracum, & sorraca, *Fest Vid* Soracum

Sors, tis f [a σορός, quod res ... latias definit] (1) *Lot, chance, fortune, hazard* (2) *A lot made of wood, gold, or other matter* (3) *Destiny, fate* (4) *A change, or office, state, condition, sort, or manner of life* (5) *An issue, or offspring* (6) *A kind, or sort* (7) *Designation, appointment* (8) *Stock whereto others have a share* (9) *Money borrowed, or laid out to usury* (10) *An oracle, or billet, whereon the answers of the gods were writ* (1) = ✱ Quid sors est? Idem prope modum quod micare, quod talos jacere, quod tesseras, quibus in rebus temeritas & casus, non ratio & consilium valet, *Cic de Div* 2, 41 (2) Num ita aut populnea sors aut abiegna est tua? *Plaut Cas* 2, 6, 32 Dejectam æream sortem accepit galea, *Liv* ... *Suet Tib* 15 ( ) = Hæc finis Priami fatorum, hic exitus illum sorte tulit, *Vir Æn* 2, 555 (4) Qui placet alterius, sua nimirum est odio sors, *Hor Ep* 1, 14, 11 Ultimæ sortis homo, *Suet Aug* 19 (5) Voveo ut matrem pariens, onerosior altera sors est, *Ov Met* 9, 675 (6) Saturni sors ego prima fui, *Junonis verba ap Ov Fast* 6, 30 ( ) Nec vero hæc sine sorte datæ, sine judice sedes, *Vir Æn* 6, 431 (8) Puer in nullam sortem bonorum natus, *Liv* 1, 34 (9) ✱ Et sors & fœnus tritum est, *Plaut Most* 3, 1, 121 (10) = Nequicquam divûm numen, sortesque fatigant *Lucr* 4, 123 Auxilium per sacras quærere sortes, *Ov Met* 1, 68 Mox Deus est, sortemque dedit, *Id ibid* 1, 380

Sortè adv *Haply, by hap, or lot*, Litt ex Plaut

Sorti abl a sors *By chance, or lot*, Vir Geor 4, 165 *sic* capiti pro capite, *Id ibid* 6, 16

|| Sortiarius, ii m *A diviner by lots, a sorcerer*, Eccl † Sortilegus

Sorticŭla, æ f dim *A little lot, a scrowl whereon the lot, or tale thereof is written* Sorticula in urnam demissa, *Suet Ner* 21

Sortilegium, ii n *A lottery, also a divination by lots, sorcery*, Plin 28, 4 in lemmate

Sortilegus, i m [a legenda sorte] (1) *A sorcerer* (2) *A charmer* (3) *A figure flinger, or diviner* (1) *Cic* de Div 1, 58 (2) Vid *Plin* 28, 4 (3) Sortilegi Delphi, *Hor de Poet* 219

† Sortio, ire *To cast lots* Cum venerint censores, inter se sortiant, *Varr ap Non* Tibi permitto, tute sorti, *Plaut Cas* 2, 6, 4

Sortior, iri pass dep (1) *To cast, or draw lots* (2) *To take, or have any thing given by lots, or chance* (3) *To chance to get, or obtain* (4) *To order, or appoint another in the place* (1) Si nihil impetrare potero, saltem sortiar, *Plaut Cas* 2, 4, 19 § Conjiciam sortes in sitellam, & sortiar tibi & Chalino, *Id ibid* 2, 5 24 ✱ Hoc est non considerare, sed quasi sortiri quid dicas, *Cic N D* 1, 25 (2) Pariter laborem sortiti, *Vir Æn* 8, 445 vices, *Id Æn* ... 6, 61 Sortiri magistratum, *Cic* ( ) Sortiri amicum, *Hor Sat* 1, 6, 52 (4) Sobolem armento sortire quotannis, *Vir Geor* 3, 71

† Sortis, *pro* sors Vide ne qua inest aqua sortis sub aqua, *Plaut Cas* 2, 6, 28

Sortitio, ōnis f verb *A choosing by lots, a casting of lots* Sortitio provinciarum, *Cic Philipp* 3, 10

Sortitò adv (1) *By lot, or chance* (2) *By destiny* (1) Lex in annos singulos Jovis sacerdotem sortito capi jubebat, *Cic Verr* 2, 51 In decimum quemque militem sortito animadvertebatur, *Liv* (2) Lupis & agnis sortito obtigit discordia, *Hor Epod* 4, 1

Sortitor, ōris m verb *A caster of lots* Iniqua ferus sortitor urnæ, *Sen Troad* 982

Sortitus a, um part (1) *Which casteth lots, or which hath gotten by lot* (2) Pass *Given, or appointed by fate, or destiny* (1) Omnis per muros legio sortita periclum excubat, *Vir Æn* 9, 174 Pariter laborem sortiti *Id Æn* 8 445 vices, *Id* (2) Primus non ultima Trojæ tempora sortitus, *Ov Met* 11, 758

Sortitus, ûs m verb *A casting of lots* Plurimus de rebus uno sortitu retulisti, *Cic pro Domo*, 19 Sortitus non pertulit ullos, *Vir Æn* 3, 323

† Sos, *pro* eos, *vel* suos, *Fest* ... sis *pro* suis, ergo sus, a, um, *pro* suus

Sospes, itis c g [a σώζω servo, *Fest*] (1) *Safe and sound, whole, prosperous* (2) Also *giving health* (1) = In portu salvum & sospitem vidi, *Plaut Capt* 4, 2, 93 § Navis sospes ab ignibus, *Hor Od* 1, 37, 13 = Sospes & superstes, *Plaut Asin* 1, 1, 2 (2) *Enn*

Sospita, æ f *She that giveth health, or preserveth*, a title of Juno, *Cic de D N* 1, 2

Sospitālis, le *Causing health, preserving, or delivering from danger* Qui tibi sospitalis fuit, *Plaut Pseud* 1 3, 18

Sospĭtātor, ōris m verb *A preserver, or keeper in safety*, a title of Jupiter JOVI SOSPITATORI, *in aversa parte nummi Get ap* Vaillant Tom 1, 123

|| Sospitatrix dea *Isis*, Apul Met 11

Sospito, are act [*i e* sospitem facio] *To keep in health, to preserve from danger, to bless, prosper, or save* Uti volens propitius suam semper sospitet progeniem, *Liv* 1, 16 Sospites bona ope gentem, *Catull* 32, 24

Sospitor, ari pass *To be saved or preserved* Sis herum tuis factis sospitari, *Plaut Asin* 3, 3, 93

* Sostrum, i n *A physician's fee for curing of a patient*, Jun

† Sotadei, *i e* Cinædi, *Cal Rhod*

Sotadeum, *vel* sotadicum carmen [a Sotade Cretensi Maronita, qui primus cœpit κιναιδολογεῖν] So idem impuris pueris an ovenaa, *Quint* 1, 8

* Sōter, ēris m [*i e* salvator] *He that giveth health, or safety, a saviour, preserver, or deliverer*, a title given by the Greeks to their most eminent preservers ✱ Non solum patronum istius insulæ, sed etiam Soterem inscriptum vidi Hoc quantum est! Ita magnum, ut uno Latino verbo exprimi non possit Soter est qui salutem dedit, *Cic Verr* 2, 63

Sōtēria, orum n *Presents sent by friends to those who had escaped sickness, or danger, to gratulate their recovery, or rather the sacrifices vowed to the gods on that account* Quoties surgis soteria poscis amicos, *Mart* 12, 56 Vid Gevart in Stat Sylv 1, 4

Sōteria, æ f *Salvation*, also *good friday*, Jun

S ante P

† Spāco canis Persis *A bitch in the Persian language*, *Just* 1, 4

Spădiceus color *A light red, a lusty gallant colour*, in an horse *a bright bay, or chesnut brown*, Jun ... pr

* Spadix, icis m (1) Properly *the branch of a palm, or date tree* (2) Also *the colour of the fruit of that tree* (3) Hence it is taken for *a scarlet, or light red colour* (4) Also *an instrument of music used among the Phœnicians* (1) *Gell* 2, 9 (2) = Et rutilus & spadix Phœnicei synonyma sunt, *Gell* 2, 26 (3) ✱ Honesti spadices, glaucique color deterrimus albis, *Vir Geor* 3, 81 (4) *Quint* 1, 10

Spadix adj *Of a bay colour or light red* = Phœniceus, *Gell* 3, 9 badius, *Isid*

Spădo, ōnis m [a Gr σπάδων, ἀπὸ τοῦ σπᾶσθαι τὰ μέρη αὐτοῦ] (1) *A gelding, be it man, or beast, but properly he that hath lost his virility by disease or accident, or that is frigid by nature* (2) Also *a branch of a tree which beareth no fruit* (1) Histrionum & spadonum greges, *Tac Hist* 2, 71 vid & *Plin* 11, ... vid & *Forr ad Leg* 128 Dig ... V S (2) *Col* ... 10

|| Spădōnātus, ûs m *A being gelded*, Tert

Spădōnius, a, um *Gelded, barren* Spadonia laurus, *a kind of barren bay tree*, Plin 15, 30

* Spagiricus, a, um *Chymical*, Med

* Spagirus, i m [ex σπάω, & ἀγείρω] *An alchymist*, Med

|| Spānus, a, um [fort per aphær *pro* Hispanus] Spanus color, *brown, swarthy, like a Spaniard, or Moor*, Jun

Spargus, i m *id quod* asparagus. *The plant so called*, Varr

* Spargănion, ii n *Sedge, or swordgrass*, Jun *burweed*, Ger ... Lat Fasciola

Spargendus, a, um part *To be scattered*, Luc 5, 694

Spargens, tis part *Scattering, sprinkling* Spargens fimet *Cic pro S Rosc* 18

Spargo, ĕre, si, sum act [a σπαράσσω, fut secund σπαρῶ, discerpo] (1) *To strew, or throw about* (2) *To sow* (3) *To sprinkle or bedew* (4) *To spread abroad* (5) *To carry about, to spoil* (1) Spargere nummos de rostris, *Cic* ... arenam pedibus, *Vir Ecl* 3, 87 flores, *Id Æn* 6, 884 (2) Semina spargere, *Ov Met* 5, 646 (3) Spargere corpus aquâ, *Vir Æn* 6, 636 Ora lacrymis, *Lucr* 2, 976 (4) Sparserat e toto passim campo, *Liv* ... Solis equi spargere diem, *Sil* 5, 56 (5) Fama sparserat nomen per urbes, *Ov Metam* 8, 267 = Jam tum omnia spargere, & disseminare videbar, *Cic pro Arch Poet* 12

Spargor, i pass (1) *To be scattered, &c* (2) *To be sprinkled* (1) Comæ sparguntur per caput, *Ov* Ara avet immolato spargier agno, *Hor Od* 4, 11, 8

Sparsim adv *Here and there, up and down* Sparsim contorta cantores, *Plin* 36, 7

Sparsio, ōnis f verb (1) *A sprinkling, particularly of saffron water upon the theatre, out of some spouts, or pipes* (2) *A flinging of money or other things among the people in public joy* (1) *Stat Sylv* 1, 6, 66 (2) *Papin*

Sparsivus,

Sparsivus, a, um *Thrown to and fro* Sparsiva pila exerceri, *Petr Satyr* c 27 *ubi al* spartina, *al* prasina

Sparsus, a, um part & adj or, comp (1) *Scattered* (2) *Spread abroad, dispersed* (3) *Sprinkled* (4) *Speckled* (5) *Wide, broad* (1) Arena sparsa, *Vir Geor* 3, 234 (2) Graves de te rumores sparsi, *Cic* pro *Dejot* 9. (3) Humus sparsa rore, *Ov Fast* 1, 312 Sale humanitatis sparsa h tera, *Cic Att* 1, 13 (4) Sparsa pelles albo, *Vir Ecl* 2, 41 (5) Sp ore mulier, *Ter Heaut* 5, 5, 18 Hedera minor acinus, & sp or racemus, *Plin* 16, 34

Spartarium, ii n *A broom-field, or close*, Plin 16, 34, & 11, 8

Spartarius, a, um Spartaria dictur Carthago, i Sparti provincia, *Plin* 31, 8

Spartéoli m pl [a funibus quorum multus usus in restinguendis incendiis, vel à Sparteis tunicis, quibus erant amicti, vel genere calceamentorum, quorum solae è sparto, *Casaub*] *Certain watchmen that watched the city for fear of fire*, Suet

Sparteus, a, um *Of broom*, Col 1, 6

* Spartopolios *A kind of grisled precious stone*, Plin 37, 11

Spartum, i n *A kind of Spanish broom*, whereof they used to make bands to tye vines, or cables and ropes for ships Vis magna sparti ad rem nauticam congesta ab Asdrubale, *Liv* 22, 20

Sparulus, i m *A sea fish*, the English name whereof is uncertain Et super aurata sparulus rutilce refulgens, *Ov Halieut*

Sparum, i n [sparta minimi generis jacula, a spargendo dicta Sparum missile, à piscibus similitudine, qui spari vocantur, *Serv* ex *Varr*] (1) *A kind of dart*, or *lance used in war* (2) *A brown bill* (1) ... horum pilorumque multitudo deprehendebatur, *Cic* pro *Mil* 14 Sparo eminus percussus, *Nep* E- 9 (2) *Interpr Jun* Hinc ... *a spear*

Sparus, i m (1) *A kind of ...* (2) Also *a small dart* (1) *Plin* 32, 11 (2) Agrestis manus armat sparus, *Vir Æn* 11, 682

* Spasmus, i m [σπασμὸς, contractio, à σπάω, traho] *A disease called the cramp*, which is a shrinking or plucking of the sinews, *Plin* 20, 22 & 30, 12 Distentio nervorum, *Cels* 2, 1

Spasticus, a, um *Troubled with the cramp*, Plin 21, 19 & 22, 8

Spatalium, i n *A woman's bracelet* Plin 13, 15

* ... s m [σπα...] *A ...* Petron c 2.

* ... dep [a σπατα-...] ... delicias ago] *To ...*, or *play the wanton*

... æ f [σπάθη ἀπὸ τοῦ ..., stringendo, vel σπάω, ...] (1) *A two handed, or broad sword* (2) *A slice to ... meat, a ..., a ...* (3) *A spatula than chi...geons use* (4) *The branch of a palm tree, on which the dates ...* (5) *A little which weavers use to knock the threads together* (1) *Apul* ex *Veget* (2) ... 2, 7 (3) *Cels* 8, 15 (4) ... 16, 26 (5) *Sen Epist* 91

Spathalium, ii n *The branch of a date tree*, Mart 13, 27 in lemmate

|| Spatharius, a, um adj *Belonging to a sword* Spatharia fabrica, *a cutler's shop, or forge where swords are made*, Not Imp

* Spathe, es f *A kind of tree resembling the palm tree*, Plin 12, 28

Spathula, æ f dim *A broad slice to spread salve, or such like*, Cels 8, 15

Spatians, tis part *Spreading abroad, stretching out, straying, wandring* Per totam spatiatus Ægyptum, *Plin* 5, 9 Spatiata littore curvo conjux, *Ov Fast* 3, 469

Spatiator, ōris m verb *A wanderer, a strayer abroad, a stragler*, Cato ap Fest

Spatiatus, a, um part *Having walked, or strayed abroad*, Ov Fast 3, 469

Spatior, ari dep (1) *To walk abroad, to travel, to wander, to go up and down, to fetch a compass* (2) Met *To discourse largely* (1) Ut palæstricè spatiari in xysto liceat *Cic de Opt gen Orat* 3 § Spatiatur ad aras, *Vir Æn* 4, 62 (2) *Litt* non cit auct

|| Spatiositas, atis f *Breadth*, Sidon Epist 2, 2

Spatiosè adv ius, comp *Spaciously, largely, widely* Spatiosè nasci, *Plin* 25, 8 Spatiosius exigis ignes, Phœbe, *Prop* 3, 19, 11

Spatiōsus, a, um or, comp ssimus, sup (1) *Wide, large, spacious, broad, ample* (2) *Great, huge, tall* (3) Also *long, or of long continuance* (1) ✱ Neque spatiosiora quam decem pedum, neque contractiora quam quatuor, *Col* 5, 5 Spatiosissima sedes, *Plin Paneg* 36 (2) Necat morsu spatiosum vipera taurum, *Ov Rem. Am* 451 Andromache visa est spatiosior æquo, *Id Am* 2, 645 (3) Ævum spatiosum, *Ov Met* 8, 529 bellum, *Id ib* 12, 206

Spatium, ii n [a στάδιον, Æol σπάδιον, spatium] (1) *A space of ground, or time* (2) Properly *a stage, or bound in racing* (3) *Time* (4) *A certain time, a continuance, a duration* (5) *Length* (6) *Delay* (7) *A voyage, or journey* (8) *The measure, or quantity in a foot, or metre* (9) Also *the largeness of any thing* (1) In spatio decurrere, *Nep Eum* 5, 5 (2) Sicut fortis equus spatio qui sæpe supremo vicit Olympia, *Enn ap Cic de Sen* 5 Toto quantum foro spatium est, *Liv* (3) Sumamus spatium ad cogitandum, *Cic de Fin* 4, 1 deliberandi, *Id Offic* 1, 33 (4) Biennii spatium, *Cic Qu fr* 1, 1, 11 temporis, *Id pro Arch* 1 vitæ, *Id ibid* 11 (5) Neve via spatium te teneat, *Ov Met* 8, 794 (6) Ut ira spatium daretur, *Liv* 8, 32 (7) Immensum spatiis confecimus æquor, *Vir Geor* 2, 541 (8) Trochæus est eodem spatio, quo choræus, *Cic Orat* 57 (9) Spatium hominis à vestigio ad verticem, *Plin* 7, 17 Rhombi spatium, *Juv* 4, 39

|| Spatula, æ f Spatula palmarum, *a branch of a palm tree* Hier Spatula fœtida, *stinking gladwin*, Jun = Xiphion

Spatulæ, arum f [a patendo, qu patulæ, vel a spathula] *The shoulder blades*, Litt ex Cels

Speciālis, e *Proper, particular, special* ✱ Genus generale & genera specialia, *Sen Ep* 98

Speciāliter adv *Particularly, specially*, Cels 5, 24 & Col 3, 9 ✱ generatim

Speciatim adv *Especially, particularly* Legem speciatim de salute mea promulgavit, *Cic post redit* 8

Species, ei f [a specio] (1) *A form, figure, fashion, or shape* (2) *A sight, or object presented to the sight* (3) *A likeness, or representation* (4) *An outward shew, or appearance* (5) *Colour, or pretence* (6) *A vision, or sight, a spectre* (7) *An image, picture, or statue* (8) *An example, a specimen, an instance* (9) *The quality, or nature of a thing* (10) Also *a particular sort, a kind of things under a general head* (11) *Sight, or view* (12) || *All kind of spice, a drug* (13) || *Corn, or fruit* (14) || *A piece of money* (15) || *A garment, or apparel* (16) || *Any sort of meat* (17) *A controversy* (1) = Species & figura humana, *Cic* pro *S Rosc* 22 Specie lepida mulier, *Plaut Rud* 2, 4, 2 Promissi barba & capilli efferaverant speciem oris, *Liv* 2, 23 (2) Non tulit hanc speciem furiata mente Chorœbus, *Vir Æn* 2, 407 (3) = Speciem ac formam similem gerit ejus imago, *Lucr* 4, 49 (4) = Moveri falsâ visione, & specie doloris, *Cic Tusc* 2, 18 Prætextu speciem alienæ fungendæ vicis suas opes firmavit, *Liv* ✱ Securitas specie blanda, reipsa repudianda, *Cic de Amicit* 13 (6) Non prius hostem cessit insequi, quam species barbaræ mulieris humanâ amplior, victorem tendere ultra sermone Latino prohibuisset, *Suet Claud* 1 Sibi quoque eandem speciem aliquot jam noctibus observari retulit, *Id ib* 37 Species Homeri, *Lucr* 1, 125 (7) Ex ære species vetus, ap *Cic Dr* 1, 12 Fit aurigæ species Vertumnus, *Prop* 4 2, 35 (8) hanc speciem libertatis esse, si omnibus, quod quisque vellet, legibus experiri liceret, *Nep Timol* sub fin (9) *Liv* 35, 49 (10) ✱ Cum genere idem sit, fit aliud, quod quadam parte & specie differt, *Cic de Inv* 1, 21 ✱ in universum, *Tac Germ* 5 (11) Luna potest majus lumen convertere nobis ad speciem, *Lucret* 5, 704 (12) Cum vis et specierum vis omne corpus inficiat, *Pallad Octob tit* 14 (13) *Arcad* (14) *Litt* ex *Macrob* (15) *Capit* (16) *Lampr* (17) *Dig*

|| Specificè adv *Particularly, especially, specifically*, Philos ‡ Signate, definite

|| Specifico, are [ex species, & facio] *To specify*, Philos ‡ Designo

|| Specificus, a, um *Particular, special, specifical*, Philos ‡ Definitus

Specillum, i n dim [a speculum] (1) *A little looking-glass* (2) *A chirurgeon's instrument to search wounds, and ulcers, a probe* (3) *An instrument for eye-salve to anoint the eyes with* (1) *Varr L L* 5, 8 (2) Aurium foramen specillo tentandum est, *Cels* 7, 8 (3) Quo oculos inungimus, quibus specimus, specillum, *Varr L L* 5, 8

Specimen, inis n [a specio] (1) *A proof, trial, essay, token, instance* (2) *A model, pattern, or shew* (1) = Specimen dare, & periculum sui facere, *Cic Divin* in *Verr* 8 (2) Specimen virtutis ci... nate ex optima quaque natura, *Cic Tusc* 1, 14 Fffe aliquibus specimen, *Id de Legg* 3, 3

Specio, ĕre, xi, ctum act & specior pass [σκέπτω, σκοπέω, per Metath a שָׁקַף] *To see, to behold, to regard, to view* Quod in auguriis augures dicunt avem specere, *Varr* Vos epulo postquam spexit, *Enn* ap *Varr L L* 5 Nunc specimen specitur, nunc certamen cernitur, *Plaut Cas* 2, 1, 2

Speciōsè adv ius, comp ssimè, sup (1) *Trimly, finely, gaily* (2) *Gallantly, splendidly* (1) Copias, quam speciosissime potuit, instruxit, *Hirt B Afr* 48 = E quum speciosius instratus equus quam uxor vestita, *Liv* ... (2) Africani ... *Val Max* 5, 1, 6

Speciōsus, a, um or, comp ssimus, sup (1) *Goodly to see, beautiful, sightly, fair, plump* (2) *Plausible, specious* (1) = Dignitate motus fit illustre & speciosum quod dicitur, *Cic* Speciosissima classis fabrica ..., *Petron* 2, 9 Speciosa quæro pascere tigres, *Hor Od* 3, 27, 56 (2) Revera has speciosas causas habes, *Cic Att* 16, 7 Aliorum speciosiora primo adspectu consilia ... visa, *Liv* 28, 40

Specis, *pro* speciebus, *Litt* ex *Plaut*

Specito, are freq [a specio] *To view, or behold often* Aliquem specitatum ducere, *Plaut Cist* 1, 1, 92 *sed alii* spectatum

Speclum, i n [a specio] *A probe* Picuv

Spectabilis, le (1) *That may be seen, or beheld, visible* (2) *Considerable, notable, remarkable* (3) *Worthy to be taken notice of and regarded goodly, graceful* (1) Spectabile corpus, *Ov Trist* 3, 8, 35 (2) = Victoria pulchra & spectabilis, *Tac Agric* 34, 4 (3) Spectabilis heros, & veteris retinens etiamnum pignora formæ, *Ov Met* 7, 496

Spectābundus, a, um adj *Looking about*, Ap Lexicogr *sed q*

Spectāculum, i n (1) *A thing to be seen and looked on, a spectacle* (2) *A public sight, or shew a pageant* (3) *A scaffold, or place where they sat to behold* (4) Also *a beholder* (1) Rerum cœlestium spectaculum ad hominem solum pertinet, *Cic N D* 2, 56 Spectaculum luctuosum, *Id Philipp* 10, 4 (2) Spectaculum apparatissimum, *Cic Philipp* 1 c ult *Sed sæpius plurali*, ludicra spectacula, *Cic* (3) Exoritur ventus turbo; spectacula ibi ruunt, *Plaut Curc* 5, 2, 17 Loca ubi spectacula sibi quisque facerent, fori appellati, *Liv* 1, 35 (4) *G* ex *Ov*

Spectamen, inis n *A proof, essay, or trial*, Plaut Men 5, 6, 1

Spectandus, a, um part (1) *To be looked upon* (2) *Worthy to be looked on, comely* (3) *To be minded, or heeded* (1) Certamina spectanda ..., *Hor Sat* 1, 10, 39 (2) § Oculis nigris spectandus, *Hor A P* 37 (3) Spectandum, ne cuiquam annulum det, neque roget, *Plaut Asin* 4, 1, 33

Spectans, tis part *Looking, tending* Domum spectans, & ... fuerit reditum cupiens, *Cic pro L gr* 1

Spectātè adv *unde* spectatissimè, sup *Notably, remarkably, bravely to the sight* Quintus ... tissime florent, palmam est celerrimè maturescere, *Plin* 21, 1

* Spectatio, ōnis f verb (1) *A viewing, or beholding* (2) *A trial, or proof* (1) Qua ...

nicis moribus per machinationem ad ſpectationem populo comparantur, *Vitruv præf lib* 10 (2) Deductiones habeant pro ſpectatione & collybo, *Cic Verr* 3, 71

Spectātivus, a, um *Belonging to ſpeculation, ſpeculative, contemplative*, Quint 3, 5 ✠ activus, *Id*

Spectātor, ōris m verb (1) *A beholder, a looker on* (2) *A gazer, a ſpectator* (3) *A conſiderer, a contemplator* (4) *A critic, a judge* (1) Inepti iarum alicujus teſtis & ſpectator, *Cic de Orat* 1, 24 (2) Spectatores, clare plaudite, *Plaut Men ult* (3) Spectator cœleſtium, *Cic N D* 2, 56 (4) Elegans ſpectator formarum, *Ter Eun* 3, 5, 18 Spectator auri, *a goldfiner* or *refiner*, Jun

Spectatrix, icis f *She that beholdeth* Turba ſpectatrix ſcelerum, *Luc* 3, 129 conf *Ov Epiſt* 18, 94

Spectātur impers *It is ſeen*, Plin 10, 70

Spectātus, a, um part & adj or, comp ſſimus, ſup (1) *Looked, picked, or culled out* (2) *Openly ſeen, beheld*, or *acted*, of a play (3) *Well tried, approved, fair and goodly* (4) *Choiſe, excellent* (1) = Vidi lecta diu, & multo ſpectata labore degenerare tamen, *Vir Geor* 1, 198 (2) Fabula, quæ poſci vult, & ſpectata reponi, *Hor A Poet* 190 (3) ✠ Durior eſt conditio ſpectatæ virtutis quam incognitæ, *Brut ad Cic* = Virtus nobilitata & ſpectata, *Id* = Fides cognita & ſpectata, *Id* (4) = Vir honeſtus & ſpectatus, *Cic* Quo non ſpectatior alter, *Sil* 1, 440 Spectatiſſima femina, *Cic pro S Roſc* 50

† Spectile n [quod in ſue ſit obvium ſpectui, *Feſt*] *The fleſhy parts of a ſow beneath her middle, without bones*, Plaut Fragm Carb 2 *Corr leg* ſpecile *Dalec leg ut adj* ſumen ſpectile

Spectio, ōnis f verb *A looking into the entrails of beaſts, or the feeding or flying of fowls, to divine thereby* Et quod in augurns diſtributum eſt, qui ſpectionem habeant, qui non habent, *Varr L L* 5

Specto, āre act [à ſpecio, ſpectum] (1) *To behold, look upon, view*, or *eye a thing* (2) *To judge of* (3) *To conſider, to regard* (4) *To prove*, or *try* (5) *To approve, to reſpect* (6) *To attend, to mind* (7) *To concern, belong*, or *appertain to* (8) *To tend*, or *drive to ſome end* (9) Alſo *to ly towards* (1) = Age, me huc aſpice S Specto, *Plaut Amph* 2, 2, 117 § = Ad me ſpecta, cornicem ut conſpicere poſſis, *Id Moſt* 3, 2 149 = Videre & ſpectare aliquid, *Cic Tuſc* 1, 19 (2) Virum non ex oratione ſed moribus ſpectare, *Cic in Sall* (3) § Ad ſuam gloriam magis quam ad cujuſpiam ſalutem ſpectare, *Cic pro Sext* 16 (4) In dubiis homines ſpectare periclis convenit, *Lucr* 3, 55 (5) Vir bonus, omne forum quem ſpectat, *Hor Epiſt* 1, 16 57 (6) Juvenes magna ſpectare debent, *Cic Offic* 2, 13 (7) = Beneficia quæ ad ſingulos ſpectant, & ad univerſos pertinent, *Cic* (8) Conſilium ejus ad bellum ſpectat, *Cic Att* 15, 4 Spectat res ad interregnum, *Cic Q fr* 1 2 (9) § Spectat ad orientem *Plin* 6, 17

Spector, āri, ātus paſſ *To be ſeen, regarded, tried*, &c Ex majore parte unamquamque rem appellari ſpectarique dicunt, *Cic Tuſc* 5, 8

Spectŏr, ōris m *A prover*, Lat ex Liv

Spectrum, i n [à ſpecio, ſpectum] *An idea, or form of a thing repreſented in the intellect* Quæ Democritus εἴδωλα, hic ſpectra nominat, *Cic ad Caſſ Epiſt Fam* 15, 16 = Phantaſia, *Id*

† Spectus, ûs m *Sight*, Pacuv ✝ Adſpectus

Spĕcŭla, æ f [à ſpecio, de qua ſc proſpicimus, *Varr*] (1) *A proſpect from the ſummit of any place, wherein things are ſpied afar off, and every way* (2) *A tower, or beacon* (1) Ex ſpecula proſpectare tempeſtatem futuram, *Cic Fam* 4, 3 Præceps aerii ſpecula de montis in undas deferar, *Vir Ecl* 8, 59 (2) Ipſe in Ciſſeo ed to monte ſpeculam poſuit, *Liv* ¶ In ſpeculis eſſe, *to watch an opportunity*, Cic *pro* Dejot 8

Spēcŭla, æ f dim [à ſpes] *Little, or ſmall hope*, Cic Fam Ep 2, 16

Spĕcŭlābundus, a, um (1) *Looking about, eſpying* (2) Alſo *a diligently beholding, contemplating* (1) Speculabundus ex altiſſima rupe ſigna, *Suet Tib* 65 (2) *Tac Hiſt* 4, 50, 5

|| Spĕcŭlāmen, ĭnis n *Sight*, Prud Apoth 20 ✝ Conſpectus

Spĕcŭlāre, & per Apoc ſpecular, aris (1) *A window, or caſement, chiefly of a tranſparent ſtone* (2) *Any cover made thereof* (1) Lapis vitri modo tranſlucidus, quo utuntur pro ſpecularibus, *Plin* 36, 22 Clauſo latis ſpecularibus antro, *Juv* 4, 21 (2) Cucurbita & cucumeres ſpecularibus integi debebunt, *Col* 11, 3

Spĕcŭlāris, e adj [à ſpeculum] (1) *Any thing whereby one may ſee the better, belonging to windows, or ſpectacles* (2) Alſo *belonging to a beacon, or watch-tower* (1) Specularis lapis, *a ſtone clear like glaſs, cut into ſmall thin panes, and in old time uſed for glaſs*, Plin 21, 13 (2) Specularem ſignificationem invenit Sinon, *Plin* 7, 56

|| Spĕcŭlārius, ii m [à ſpeculum] *He that maketh ſpectacles, looking glaſſes, or glaſs windows, a glaſier*, Ulp

|| Spĕcŭlārius, a, um [à ſpecula] Excubitor ſpecularius, *a centinel*, Jun

|| Spĕcŭlātio, ōnis f verb *A diſcovery, an obſervation*, Amm ✝ Exploratio

|| Spĕcŭlātīvus, a, um adj *Contemplative, ſpeculative*, Phil ✝ Spectativus, *Quint*

Spĕcŭlātor, ōris m verb (1) *A beholder, a viewer* (2) Met *a ſearcher, an obſerver* (3) *A ſpy in wars, a ſcout, watch*, or *centinel* (1) Diligentia mea ſpeculatorem reformidat, *Cic Div in Cæcil* 16 Tumulo ſpeculator ab alto, *Ov Triſt* 3, 9, 11 (2) = Phyſicus ſpeculator venatorque naturæ, *Cic N D* 1, 30 (3) Undique ſpeculatores citò ſeſe oſtendunt, quâ re hoſtis adeſſe intelligitur, *Sall B J* 106 Speculator, quem mittimus ante, ut reſpiciat quæ volumus, *Varr L L* 5, 8

Spĕcŭlātōrius, a, um *Belonging to eſpial* Navis ſpeculatoria, *a brigandine, a foiſt, a bark for eſpial, a ketch*, Cæſ B G 4, 26 & Liv 30, 10 caliga, *Suet Calig* 52

Spĕcŭlātrix, icis f verb *She that watcheth, or ſpieth* Furiæ deæ ſunt ſpeculatrices, credo, & vindices ſceleris, *Cic N D* 3, 18

Spĕcŭlātus, a, um [à ſpeculum] *Lined with looking-glaſſes* Speculatum cubiculum, *Auct vitæ Horatianæ*

Spĕcŭlātu monopt *By watch, by an buſh* Feles occulto ſpeculatu in muſculos exiliunt, *Plin* 10, 73 *An reperitur in aliis caſibus, neſcio*

Spĕcŭlor, āri dep [à ſpecula] (1) *To watch* as in an high tower (2) *To ſcout* (3) *To eſpy, to conſider diligently to obſerve* (4) *To ſearch, to behold and gaze upon, to contemplate* (5) *To watch, or wait* ſome event (1) Ex edito quidam ſpeculantur, *Plin* 31, 3 (2) Qui ſpeculandi gratiâ eſſent remiſſi, *Hirt ap Cæſ B G* 8, 14 (3) Quo mox furtum veniat, ſpeculatur loca magis, *Plaut Rud* 1, 2, 23 (4) Ortus & obitus ſignorum ſpeculari, *Vir Geor* 1, 257 (5) Fortunam partium ſpeculabantur, *Tac Ann* 1, 31

Spĕcŭlum, i n [à ſpecio, quod in eo ſpecimus imaginem] *A looking glaſs, a mirrour* Speculum in cathedra matris ut poſitum fuit, forte inſpexerunt, *Phædr* 3, 8, 4 conf & *Ter Adelph* 3, 3, 61

Specus, ûs m f & n [à ſpecio, ſpecus, locus ex quo deſpicitur, *Ulp*] *A den cave, or lurking place* Eſt ſpecus in medio denſus, *Ov Metam* 3, 29 Specus ultima, *Sil* non adeunda feræ, *Ov Faſt* 4, 495 Inviſum cœlo ſpecus, *Id* horrendum, *Vir Æn* 7, 568

Spēlæum, i n *A den, a cave* Inter ſpelæa ferarum, *Vir Ecl* 10, 52

|| Spelta, æ f *A kind of wheat in Italy and Flanders, called ſpelt*, Offic

Spēlunca, æ f [à Gr σπήλυγξ, in accuſ σπήλυγγα] *A cave, an hole in a rock, a grot, or den*, Cic Verr 4, 48

Spērābilis, e *That may be hoped for* Salus vitæ ſperabilis, *Plaut Capt* 3, 3, 3

Spērans, tis part *Looking for, expecting* Quartanam ſperantibus ægris, *Juv* 4, 57

Spērātus, a, um part (1) *Looked for, expected* (2) *A ſuiter* (3) Sperata, *a miſtreſs, a bride* (1) Laborare de ſperata gloria, *Cic Qu fr* 1, 1 Ea res fruſtrà ſperata, *Sall B J* 86 (2) Curre, & nuncia venire, & mecum ſperatum adduce, *Afran ap Non ubi tamen Scal* ſperatam meam *leg* (3) Hercules centaurum occidit, & ſperatam ſuam abduxit, *Hyg Fab* 33 *ſc* ſponſam

* Sperma, ătis n *Natural ſeed whereof things be ingendred, ſperm, the ſpawn, or milt in fiſhes*, Jun Sperma ceti, *a medicine made of a certain kind of whale*, Offic *Lat* Semen

Spernax, ācis adj [à ſperno] *Slighting, or undervaluing* § Viri mortis ſpernaces, *Sil* 8, 465

Spernendus, a, um part *To be deſpiſed* Ne ſim ſpernenda futuris, exemplo caveo, *Ov Met* 10, 684

Sperno, ĕre, ſprēvi, tum act [de etym incert] (1) *To diſdain, or deſpiſe, to make no account of, to ſlight, to ſcorn* (2) *To ſeparate* (1) = Hæc commoda noli ſpernere, nec putare parvi, *Catull* 21, 25 = Non ſprevit, & pro nihilo putavit, *Cic Philipp* 13, 10 (2) Jus & æquum ſe à malis ſpernit procul, *Enn ap Non*

Spernor, ſpretus ſum, ſperni paſſ *To be ſlighted* = Sperni, & pro nihilo putari, *Cic Philipp* 13 ✠ Veritas auſpiciorum ſpreta eſt, ſpecies tantum retenta, *Cic N D* 2, 3

Spēro, āre act [ab Hebr שבר *Idem vocab mediæ ſign*] (1) *To hope, to truſt* (2) *To look for, to expect* either good, *or* evil (3) *To rejoice* (4) *To hope in* (1) Spero fore, ut contingat id nobis, *Cic* ✠ deſpero, *Id* metuo, *Hor* ✠ Ego & ſperarem prudentia tua fretus, &, ut conſiderem, ſecutum tuæ literæ, *Id Fam* 12, 18 (2) = Quid de hoc ſperare aut expectare nos oportebat? *Cic* Si potui tantum ſperare dolorem, & perferre potero, *Vir Æn* 4, 419 Sperate deos memores fandi & nefandi, *Id Æn* 1, 547 (3) Sperabam jam defervisse adoleſcentiam, *Ter Adelph* 1, 2, 71 *interp Don* (4) = Diis ſum fretus, deos ſperabimus, *Plaut Caſ* 2, 5, 38.

Spes, ei f [antiq ſperes, à ſpero] *Looking for* any thing, good *or* bad, (1) but more frequently in a good ſenſe, *hope*, as oppoſed to fear (2) *Expectation* (3) Meton *Joy* (1) Spem pretio non emo, *Prov ap Ter Adelph* 2, 2, 11 Habere aliquam ſpem de repub *Cic Fam* 2, 5 ✠ Alternat ſpéſque timorque fidem, *Ov Epiſt* 6, 38 Spes eſt expectatio boni, *Cic Tuſc* 4, 37 (2) Id bellum ſpe omnium ſerius fuit, *Liv* 2, 3, princ Spem mentita ſeges, *Hor Ep* 1, 7, 87 (3) ✠ Spem vultu ſimulat, premit altum corde dolorem, *Vir Æn* 1 213 *interpr Serv*

* Speuſticus, a, um [ex σπεύδω, feſtino] Panis ſpeuſticus, *bread baked in haſte upon the hearth*, Plin 18, 11

* Sphăcĕlus, i m *A diſeaſe when any part is mortified, a rottenneſs of the bones*, Med

* Sphacelismus, i m *The gangreening of any part*, alſo *the blaſting of trees*, Med

Sphæra, æ f *A ſphere, globe, circle, bowl, or rundle, any thing that is round*, Cic N D 2, 18 = Globus

Sphærālis, e *Of, or like a ſphere*, Macrob Sat 7, 9 & Somn Scip 1, 16

† Sphærica, æ f *A kind of cake made of divers round pieces*, Cato, 82 *al* ſphærit.

|| Sphæricus, a, um *Round as a ſphere*, Iſid ✝ Rotundus

* Sphæriſta, æ m *A tennis player*, Sidon

Sphæriſterium, ii n [à σφαῖρα, unde σφαιρίζω, pilâ ludo] *A round place in a bain where people exerciſed at ball*, and may be uſed for *a tennis court, a bowling alley, a bowling green*, or *any ſuch place*, Plin Ep 2, 17 & 5, 6

* Sphærita, æ f [*ſcil* placentæ genus, quæ ſphæras ſeu globulos habet, qui in ſolo ejus componebantur, *Turneb*] *Cato*, 82 *Vid* Sphærica

* Sphæroides adj *Round like a ſphere* Schema ſphæroides, *Vitruv* 8, 6

* Sphæromachia, æ f *Playing at tennis, handball, or bowls* Sed & ſphæromachias ſpectamus, & pilaris luſio admittitur, *Stat Præf* 1 4 *Silv* & *Sen Epiſt* 80

* Sphærŭla, æ f dim [à ſphæra] *A little globe, or ſphere*, Aug

* Sphragitides, um f pl [*i e* jugulares, *ſc* venæ, à σφαγή, jugulus] *Two great veins appearing* on

on each side of the throat, and nourishing all the parts of the neck and head, Cels 4, 1 sed Gr ecis elementis

* Sphincter, eris m [ὰ σφίγγω, stringo] The round compassing muscle of the straight gut, serving to keep in the excrements, Medic

Sphingium, ii n A monkey, Litt ex Plin sed quære

* Sphinx, gis & gos f [ἀπὸ τοῦ σφίγγειν, quod loquebatur ἐσφιγμένα ῥήματα, quibus homines ita stringebat, ut expedire se non possint] (1) A beast like an ape, a monkey, a marmoset (2) Also a monstrous witch, or hag of Thebes, that put forth riddles, and killed those passengers who could not unriddle them (1) Vid Plin 8, 21 (2) Sphinx volucris pennis, pedibus fera, fronte puella, Auson Vid Propr

* Sphondylus, i m A kind of shell fish, Col 8, 16

* Sphragis, idis f [σφραγὶς Lat Sigillum Terra Lemnia signata] (1) A kind of the best ruddle, or vermilion (2) Also a precious stone green, but not transparent, which is good for sealing (1) Cels 5, 20, & 26 (2) Plin 37, 8

* Sphragitis A drying, or cicatrizing plaster of vermilion, Prud Peristeph 10, 1076

* Sphyræna, æ f [ὰ σφύρα, malleus, unde Gazæ malleolus] A fish so called Sphyræna rostro similis, Plin 32, 11 Lat Sudis dic

Spica, æ f [ὰ στάχυς, Æolicè σπάχυς, spica] (1) An ear of corn (2) A clove of garlick (3) A sign in heaven, to wit, a bright star in the left hand of Virgo (1) Seges spicis uberibus & crebris, Cic de Fin 5, 30 Spica in ordeo & tritico tria habet continentia, granum, glumam, aristam, & etiam primitùs spica cum oritur, vaginam, Varr R R 1, 48 vid locum (2) Col 11, 3 & Cato, c 71 (3) Virginis sinistra fulget spica manu, Cæs Germanicus Spica mutila, an ear of corn without the beard, Jun Spica Cilissa, the saffron flower, Ov in Ibin, 200, sed al terra Spica Celtica, a kind of moss called wolves claw, Offic Spica nardi, lavender spike spikenard, Jun Hinc Angl a spike

|| Spicātum, i n sc unguentum [a spica] An excellent ointment called spikenard, or oil of spike, Marcell Emp

Spicātus, a, um (1) Eared as corn (2) Also picked, spiked, or made sharp at the point (3) A paving, or laying of bricks, or tiles edge-long (1) Plin 21 17 ( ) Pavimentum spicatum, Vitruv ( ) Vitruv 7, 1 ubi vid Baldi Lex p 115

Spiceus, a, um Of, or belonging to ears of corn Corona spicea, Hor Carm Secul 30 conf Vir Geor 1, 314

✠ Spicifer, a, um Bearing ears of corn Ora spicifera, Sil 15, 405 Dea, Manil Astron 2, 442, i e Ceres

Spicilegium, ii n Gleaning, or leasing of corn, or gathering ears of corn Messe facta, spicilegium venire oportet, Varr, R R 1, 53

Spicilegus, i m [qui spicas legit] A gleaner of corn, a leaser, Litt ex Col sed quære

† Spicio, ĕre antiq idem quod specio, Plaut Mil 3, 1, 100.

Spico, āre & pass spicor [spicas facio, spicis instruo, acuo] (1) To shoot out as an ear of corn doth (2) To make picked like an ear of corn, to spike, or point, and make sharp at the end (1) Quam longa exigui spicant hastilia dentes? Gratius, v 118 (2) Plin 18, 7

Spicŭla, æ f dim A dart, Litt ex Col sed quære

Spicŭlātor, ōris m An archer, or spearman of the guard, a partisan, or halberdier Ut speculatores cum lanceis circumstarent, Suet Claud 35 conf Tac Hist 1, 24, 3

Spicŭlo, āre To make any thing sharp at the point Telum quo spiculavit ingenio? Plin 11, 2

Spicŭlum, i n [a similitudine spicæ, vel quod sit spicatum] (1) A dart, an halbard, a javelin (2) An arrow, or shaft (3) The head of a dart, or javelin (4) The sting of a bee, or wasp (5) || The spade in cards (1) Lenta spicula contorquent lacertis, Vir Æn 7, 164 (2) Spicula converso fugientia dirigit arcu, Vir Æn 11, 654 (3) Epaminondas sibi avelli jubet spiculum, posteaquam percontanti dictum est clypeum esse salvum, Cic Fam 5, 12 Nepos enim ferrum vocat, quod ex hastili in corpore remanserat, Epam 9 Hastarum spicula, Liv (4) Spicula exacuunt rostris, Vir Geor 4, 74 Defigunt spicula crabrones nudo vertice, Ov Fast 3, 754 (5) Jun

Spicum, i n An ear of corn, Cic de Senect 15 & Varr ap Non

|| Spicus, i m [a στάχυς, Æol σπάχυς] An ear of corn, Serv

Spina, æ f (1) A thorn, a prickle (2) A prickle, or bristle of an hedgehog, the quill of the porcupine, the fin of a fish, &c (3) A sting (4) A pin (5) The chine bone of the back (6) Met A quiddity, or subtilty, a nice, or difficult point (7) Spina sacra, the rump (1) Carduus, & spinis surgit paliurus acutis, Vir Ecl 5, 39 Spina acida, the barberry bush, Jun Spina acuta, the white thorn, or hawthorn, Id Spina alba vel regia, the wild artichoke, or lady's thistle, Id Spina appendix, the goosberry bush, Plin Spina fullonia, the teazle, Id (2) Vid Plin 9, 12 37, 2 8, 35 & 59, 4 ✠ Animantes aliæ villis vestitæ, aliæ spinis hirsutæ, Cic N D 2, 47 (3) Plin 8, 35 (4) Omnibus sagum, fibulâ, aut, si desit, spinâ consertum, Tac Germ 17, interpr Litt cui tamen non possum accedere (5) Spina lumbis jungitur ossea, sed tereti structurâ, per media foramina a cerebro medullâ descendente, Plin 11, 37 (6) Peripatetici spinas partiendi, & definiendi præmittunt, Cic Tusc 4 (7) Vid

|| Spinacea, æ f The herb spinage, Jun

Spinālis, e Pertaining to the back bone Spinalis medulla, the marrow, or pith of the back bone, Macrob Sat 7, 9

Spinea, æ f A kind of vine Spioniam alii spineam vocant, Plin 14, 2

Spineola, æ f & spinea A kind of rose with small leaves, Plin 21, 4

Spinetum, i n A place where thorns, or briars grow, a bush of thorns Occultant spineta lacertos, Vir Ecl. 2, 9

Spineus, a, um Of, or belonging to thorns, bushes, or brambles, thorny, bushy Vincula spinea, Ov Met 2, 789

✠ Spinifer, a, um Bearing thorns, or prickles, prickly, or thorny Spiniferam subter caudam Pistricis adhæsit, Cic in Arat 178

✠ Spinigĕna, a c g Sprung up of a thorn, Litt ex Col

✠ Spiniger, a, um id quod spinifer Spinigeris stirpibus hirtus ager, Prud Hippol 115

Spinōsus, a, um or, comp ||ssimus, sup (1) Full of thorns, or prickles, thorny, prickly (2) Met Difficult, crabbed, obscure (1) Spinosa loca, Varr R R 2, 3 (2) Dialectici spinosiora multa pepererunt, Cic Or 32 || = Nodosissimæ & spinosissimæ disciplinæ, Aug

Spinther, ēris n vel spinter [a Græc σφιγτήρ, Æol σφιντήρ, annulus] A buckle, or clasp, a bracelet Jubeas spinther novum reconcinnarier, Plaut Men 3, 3, 4

Spintriæ, repertores monstrosi concubitûs [a σφίγγειν, quod quasi συνεσφιγμένοι se incestarent, vel à σπινθήρ, strictura ignis, M] Suet Tib 43

Spinturnicium, ii n An ill-favoured creature, in the same sense as pithecium, monkey-faced, or some such thing, Plaut Mil 4, 1, 42

Spinturnix, icis f [ex σπινθήρ, scintilla, & ὄρνις, avis, i e avis incendiaria (ut Plin vocat) Σπινθαρὶς dict quod carbonem ex rogo, aut ex altari, in ædes inferret, Fest] (1) A bird which used to come to the altar, and carrying away a burning coal as a token for ill luck, or burning to the house where it lighted (2) A four footed beast, with wings like the sphinx (1) Plin 10, 13 (2) Salm ex An.

Spinu indecl id quod spinus, Varr

|| Spinula, æ f dim [a spina] A little thorn, Arnob

Spinŭlentus, a, um adj Full of thorns, Litt ex Vitr sed q

Spinus, i f (m si Prisciano & Servio fides) A sloe tree, a bullace tree, a black thorn Spinos pruna ferentes, Vir Geor 4, 145

* Spionia, a f vel qu spinea A kind of vine, bearing large grapes, though not very many, Col 3, 2

Spionicus, a, um Of that vine, Col 4, ult

Spira, æ f (1) A roundle, or circle, a turning, a winding compass (2) A fold of a serpent (3) A coil of a cable (4) A wreath, band, or twisted lace (5) A cracknel, or simnel, made like a trendle, or written like a rope (6) Also a woman's attire for the head, tied and fastned behind, called a chapter (7) Also a round knob, or knur of a tree (8) Also a curl, or frizled hair (9) The square of a pillar below, that may serve to sit upon (10) A band, or multitude of people (1) Ignea crinita & spiræ modo intorta, Plin 2, 25 (2) Vir Æn 2, 217 (3) Fest interpr (4) Juv 8, 208 (5) Quomodo fiat, vid Catonem, 77 (6) Litt ex Lucil (7) Publicum omnium vitium vocant spiras, ubi convolvêre se vena atque nodi, Plin 16, 39 (8) Plin 9, 35 (9) In Ephesiæ Dianæ æde primum columnis spiræ subditæ, Plin 36, 23 (10) Spiris legionibus nexunt, Enn ap Fest

Spirabilis, e (1) That whereby we breathe and live (2) Living, that which breatheth (1) = Animabilis spirabilisque natura, Cic N D 2, 36 de aere (2) Sive illi sint animales, id est, spirabiles, Cic N D 2, 6

Spirācŭlum, i n A breathing hole, or vent, a cave, or hole which breatheth out air, Vir Æn 7, 568

* Spiræa, æ f A kind of shrub, Litt ex Plin

* Spiræon, i n [dict quod sit flexile, a σπεῖρα] A kind of herb for garlands, Plin 21, 9 al leg spireon

Spiræus, a, um [à spira] Pliable, flexible, Varr

Spirāmen, inis n (1) A breathing hole, or passage of breath (2) A vent, a chimney, or funnel (1) Spiramina naris adunca, Luc 2, 183 (2) Reficit spiramina fessi ignis, Stat Theb 12, 268

Spirāmentum, i n (1) A vent, a pore (2) A breathing time, an interval (1) = Calor vias, & cæca relaxat spiramenta, Vir Geor 1, 90 Circuml to spiramento caminis, Plin 34, 10 ✠ Spiramentum animæ, the lungs, or lights, or the windpipe, Vir Æn 9, 850 (2) = ✠ Domitianus non jam per intervalla ac spiramenta temporum, sed continuo & velut uno ictu rempub exhausit, Tac Agric 44, 6

Spirans, tis part (1) Breathing, or casting out a breath (2) Smelling, savouring (3) Living (4) Done to the life of statues (5) Panting (1) Spirantes flammam Chimæra, Lucr 2, 704 (2) Graviter spirantis copia thymbræ, Vir Geor 4, 31 (3) = Imponere bustum in caput vivi, & jam spirantis, Cic pro Domo, 52 (4) Æra spirantia, Vir Æn 6, 847 signa, Id Geor 3, 34 (5) Spirantia consulit exta, Vir Æn 4, 64

Spirātor, oris m verb He that breatheth, Rid ex Quint sed quære

Spirillum, i n [dict quod sit tanquam spira sub mento capræ] A goat's beard, Fest al leg stirillum

Spiritālis, e (1) Belonging to air, or breath (2) || Living, breathing, spiritual (1) Spiritale machinæ genus est, cum spiritus impressionibus impulsus, & plagæ atque organicæ exprimuntur, Vitru 10, 1 (2) Spiritali lacte pecus irriges, Prud Peristh 10, 14

|| Spiritualis, e Spiritual, or belonging to the spirit and soul, Eccl

|| Spirituāliter adv Spiritually, Hier

Spiritus, us m [a spirando] (1) Breathing (2) Air (3) Wind (4) A savour, or smell (5) A stench, vapour, or steam (6) Life (7) Spirit (8) Soul (9) A sound (10) The mind, or the affections thereof, ambition, courage, haughtiness, &c (1) = Cum jam spiritum intercluderet, nec reciprocare animam sineret, Liv (2) Spiritum Græci nostrique eodem vocabulo aera appellant, Plin 2, 5 (3) Præstat diligere stationi mentis, vel certe pracidi spiritus diem, Col 22, 19 (4) Quum spiritus unguenti suaves diffugit in auras, Lucr 2, 223 (5) Mortiferum spiritum exhalare, Plin 2, 93 (6) ✠ Potius semel stitius, quam sub acerbissimi carnificis arbitrio spiritum ducere, Liv Spiritum finire, to dy, Tac Ann 15, 51 (7) ✠ Sanguis per venas in omne corpus diffunditur, & spiritus per arterias, Cic (8) ✠ Dissociatio spiritus corporisque, Tac Ann 16, 34 (9) Graviorem spiritum reddit tibia, Quint 1, 11 (10) Latius regnes avidum domando in [illegible] mquam, *Cic* Hor Od 2, 10 Nobilitas vestra dis[illegible] ritus cupiditis *Curt* 5, 8, [illegible] Arrovidus [illegible] spiritus, [illegible] arrogantiam [illegible] ut [illegible] videre ur, *Gell* B [illegible] 3

Spiro, [illegible] [illegible] pulsatus [illegible] (1) [illegible] (2) [illegible] (3) *To smell* (5) *To exhale*, or [illegible] (7) *To live* (8) *To [illegible]* (9) *To aspire to* (1) *To [illegible]* [illegible] *to* [illegible] [illegible] *to* [illegible] (1) Spirant [illegible] *Pin* [illegible] spirare quietem [illegible] (2) [illegible] (3) Q [illegible] [illegible] *Lucr* [illegible] (4) [illegible] Divinum odorem [illegible] [illegible] spirant odorem [illegible] *Stat* [illegible] *to smell* (5) [illegible] odorem [illegible] *Col* 1, 6 (6) Quae [illegible] *Cic* [illegible] Quod [illegible] *Prop* 24 (8) [illegible] *Stat* [illegible] (9) [illegible] *Sen Thyest* 504

Spirula, a, f dim [illegible] *The [illegible] of a pillar, a little round [illegible]*

Spissamentum, [illegible] n (1) [illegible] *thing put to* [illegible] *to make thick*, [illegible] (2) Also [illegible] *or stop holes with* [illegible] (1) Firmo [illegible] opus est, *Sen Epist* 91 (2) *Col* 12, 46

Spissatio, onis f verb *A thickening* [illegible] *Sen* [illegible]

Spissatus, a, um part *Thickened*, *Ov Met* [illegible]

Spisse, adv [illegible] comp (1) *Thickly, closely* [illegible] (1) [illegible] *Col* [illegible] Prima semen is [illegible] ( ) = Spisse [illegible] pervenire, *Cic de Clar Or* [illegible]

Spissescens, tis part *Growing thick*, *Cels* [illegible]

Spissesco, ere incep *To wax thick* [illegible] *Lucr* 6 [illegible]

Spissigradus, a, um [illegible] sup [illegible] *One that goeth slowly* [illegible] *Lut* ex *Plin* Spissigradissimus [illegible]

Spissitas, atis f *Thickness* [illegible] *Plin* 18, [illegible] *Vitr* 2, 9

Spissitudo, inis f *Thickness* [illegible] habet spissitudinem, *Sen* [illegible] *Cap* 26

Spisso, are act *To make thick* [illegible] Spissat [illegible] corpus [illegible] *stoppeth the pores* *Cels* 2, 1

Spissor, ari pass *To be thickened* Omne lac igne spissatur, *Plin* 11, 41

Spissus, a, um part or, comp issimus, sup [illegible] (1) *Thick, close* (2) *Firm, hard, solid* (4) [illegible] *together, crowded* (5) *Slow or long* (6) [illegible] (1) Amomum [illegible] *Ov Ep* [illegible] Spissus [illegible] *Plin* semen, *Col* Spissimus, *Col* 2, 2 ⁂ solutior, *Id* [illegible] (2) ⁂ Deus liquidum spisso

secrevit ab aere caelum, *Ov Met* 1, 2 ( ) Spississimi [illegible] omni materia [illegible] tenus, *Plin* 16, 40 ( ) Spissus [illegible] *Hor Ep* 1, 41 (5) = Omnia [illegible] spissa [illegible] *Cic Att* 10, 18 Spissum [illegible] verbum [illegible] (6)

Spithama, [illegible]

* Spithama, a, f *A span*, [illegible] *length from the thumb's end to the end of the little finger*, *Plin* 7, 2

* Spithamaeus, a, um *Of*, or *belonging to the measure of a span*, *Plin* 7, 2 *Lat* Dodrantalis

Splanchnon, [illegible] *a* m [illegible] *[illegible] that [illegible] a youth roasting the inwards of a beast [illegible]*, *Plin* 22, [illegible] 34, 8

* Splenetius [illegible] *Splenetic*, [illegible] Splenis dolori [illegible] *Col* [illegible] *Petu* [illegible] *Pers* 1, 12

Splendens, tis part [illegible] or, comp (1) *Glittering, shining* (2) *Illustrious, renowned, illustrious* (1) Splendens Pario marmore purius, *Hor Od* 1, 19, 6 Splendentior [illegible] (2) Auctores habeo in equestri ordine splendentes *Plin* 9, [illegible]

Splendeo, ere [illegible] [illegible] (1) *To shine or glister* (2) Me [illegible] (1) Argentum [illegible] *Hor Od* 2, 2, 4 (2) = Virtus [illegible] in tenebris, [illegible] per [illegible] *Cic pro Sext* 28

Splendesco, ere incept (1) *To begin to glitter and shine, to wax clear, and bright* (2) Also *to have a good grace, or look graceful* (1) Vomer attritus [illegible] splendescit, *Vir Geor* 1, 46 Corpora splendescunt succo olivi, *Ov Met* 10, 177 (2) Canorum illud in voce splendescit [illegible] quo [illegible] in senectute, *Cic de Sen* [illegible]

Splendide, adv ius, comp issime, sup *Clearly, gracefully, gaily, [illegible], [illegible]* = Ornate & splendide dicere, *Cic Offic* 1, 1 = Splendidius atque honestius [illegible] gerere, *Id* [illegible] 24 = Magnifice & splendide ornare convivium, *Cic pro Quint* 6 Splendidissime, *Val Max* 6, 1, 5 Uni perjurum fuit in parentem splendide [illegible] *Hor Od* 3, 11, 4

‖ Splendifico, are act *To brighten, or make bright*, *Apul Apol* p 563

Splendidulus, a, um dim *Somewhat bright and fine*, *Lut* ex *Plaut*

Splendidus, a, um or, comp issimus, sup [a splendeo] (1) *Bright, clear, shining, glittering* (2) *Famous, noble* (3) *Gorgeous, gay, splendid, gallant, stately* (4) *Neat, fine, gentle* (5) *Grave, majestic* (1) Fons splendidior vitro, *Hor Od* 3, 13, 1 (2) = Splendidissimus & ornatissimus vir, *Cic pro Flacc* 20 ( ) Pallia splendida [illegible] croco, *Ov Ep* 21, 162 (4) ⁂ Atticus splendidus, non sumptuosus, omni diligentia munditiem affectabat, *Nep Attic* 13 ⁂ Ut eum splendidum & hilarum potius, quam luxuriosum aut desidem diceres, *Paterc* 2, 105 (5) Splendida Minois arbitria, *Hor Od* 4, 7, 21

Splendor, oris m [a splendeo] (1) *Brightness, light, splendor, beauty* (2) *The gloss, varnish, or*

lustring of a colour ( ) [illegible] (3) *Gallantry* [illegible] (5) *Honour, renown, glory* (1) Clypei splendor clarior quam solis radii, *Plaut Aul* 1, 1, 1 In splendorem aliquid dare, *to rub, or make it bright*, *Id Asin* 2, 4, 20 (2) ⁂ Splendor in [illegible] [illegible] [illegible] quam [illegible] splendor, *Plin* 37, 2 (3) Claus [illegible] purpurae, *Lucr* 2, [illegible] (1) [illegible] *Alcibiades* Athenienses splendor [illegible] natus [illegible] omnes Athenienses splendore [illegible] superavit, *Nep Alc* 11 (5) = Homines honestis, & summo splendore praediti, *Cic pro Cluent* 60

Spleneticus, a, um *That is sick of the spleen, or hath a great spleen, splenetic*, *Plin* 20 19

Splenium, ii, n *A long plaister, or patch upon it* [illegible] splenium [illegible] *Mart* 10, 22

Splenicus, a, um *Pertaining to the spleen* Splenicis [illegible] pomum [illegible] aceto, *Plin* [illegible]

Splenium, ii n [illegible] (1) *A long plaister, or cloth to lay to the* [illegible] *that is sick of the spleen* (2) *A patch upon the face, or* [illegible] (3) Also *the herb called spleenwort, miltwaste* (1) *Fil Pol* ( ) *Mart* 2, 29, ult (3) *Plin* 25, 5

Splenosus, a, um *Full of spleen*, or *having a great spleen*, *Lut* ex [illegible]

Spodium, ii n [illegible] *The cinders* [illegible] *after the melting of* [illegible] *the soot* [illegible] *of the trying of* [illegible], & [illegible] *Plin* 34, 10 *Cels* 5, 18 & 6, 6

Spoliandus, a, um part *To be spoiled, or robbed*, *Sen Neron* 40

Spolians, tis part *Spoiling, robbing*, *Ov Met* 14, 440

Spoliarium, ii n *A place near the stage where sword-fencers, either slain or grievously wounded, were stripped* ⁂ Nunquid aliquem tam cupidum vitae putas, ut jugulari in spoliario quam arena malit? *Sen Epist* 93, cont *Plin Paneg* 36

Spoliatio, onis f verb *A robbing, spoiling, pillaging, or plundering* Avaritia ne fierent in quidem spoliatione abstinuit, *Liv* 29 8

Spoliator, oris m verb *A spoiler, pillager, robber, or plunderer* Spoliator monumentorum, *Cic Verr* 4, 36

Spoliatrix, icis f *She that spoileth, or pillageth* Tunc Venerem illam tuam spoliatricem spoliare ornamentis? *Cic pro Cael* 21

Spoliatus, a, um part or, comp *Bereft, robbed, plundered* Corpus spoliatum lumine, *Vir Æn* 12, 935 Magistri spoliati navis, *Id* Nihil illo regno spoliatius, nihil rege egentius, *Cic Att* 6, 1

Spolio, are act (1) *To bereave* (2) *To take the spoil, to plunder* (3) *To take away, to deprive of* (1) Victum spoliare, *Ov* (2) Fana sociorum spoliare, *Cic pro Sylla*, 25 = Argento aliquem depeculari, & spoliare, *Id Verr* 4, 17 (3) Spoliare terram lumine, *Lucr* 4, 378

Spolior, ari, atus pass *To be spoiled, deprived, robbed, &c* Est gravius spoliari fortunis, quam non augeri dignitate, *Cic pro Planc* 9

Spolium, ii n [a σκῦλον, spolium, κ in p mutato] (1) *Spoil taken from the enemy, a booty* (2) *Any prey, or pillage* (3)

The skin of a beast (4) *The cast skin, or slough of a snake, or adder* (1) = Victores [illegible] spolia [illegible] *Vir Æn* [illegible] Clarum spolium, *Cic pro Leg* [illegible] n 18 Opima spolia, *Liv* [illegible] [illegible] Spolium tegens [illegible] [illegible] *Lest Hutrid* [illegible] (2) [illegible] *Cic pro* [illegible] ( ) Spolia [illegible] *Lucr* 5, 95 [illegible] *Ov Ep* 11 (4) Serpentum [illegible]

Sponda, æ f [a sponeo] (1) *A bed-stead, or the side of a bed* (2) Metaph *A bier, or couch* (1) Impositis lecto sponda [illegible] *Ov Met* 8 656 ⁂ [illegible] sponda [illegible] *Mart* [illegible] *old seat* (2) Aulis [illegible] [illegible] superbis aurea [illegible] *Vir Æn* 1, 702 ¶ Orciniana sponda, [illegible] *to carry the dead on*, *Mart* 10, 5, 9

Spondæus, pes [σπονδεῖος, [illegible]] σπονδή, libamen, quod in sacrificiis & libationibus eo maxime uterentur] *A foot consisting of two long syllables*, *Cic Orat* 64

Spondaulium, ii n [illegible] [illegible] spondaulum [a spondeo pede [illegible]] *An hymn consisting of spondees, sung to the piper while the fat of the sacrifice was burning*, *Cic de Orat* 2 46

‖ Spondaulæ, m pl *Organ players, with* [illegible] *Jun*

Spondens, tis part *Promising, assuring* Sydera nil placidam spondentia, *Ov* in *Ibi*, 215

Spondeo, ere, spopondi, sum, [illegible] sponsum [a sponte, *Fest* [illegible] sponte [illegible] pro mittat, *Varr*] (1) *To promise freely* (2) *To undertake, or be surety for another, to engage, to assure* (3) *To betroth, to espouse* (1) = Promitto vobis & recipio & spondeo, *Cic pro Cæl* 32 = Spondeo, in meque recipio, *Id Fam* 1, 17 ⁂ solvo, dependo, *Id* (2) = Magis illum pro quo spospondi, quam me, obligavi, *Cic ad Brut* 18 (3) Spondes' tuam gnatam uxorem mihi? *CH* Spondeo, *Plaut Trin* 5, 2, 33

* Spondēon, sive sponsæum, n *A chalice, or vessel wherein they offered drink offerings, a sacrificing dish* Sacerdos de fonte petitum spondeo libat, *Apul Met* 11, p 385 *Lat* Capedo, capedun cula

* Spondylis, is f *A kind of serpent*, *Plin* 27, 13

Spondylion, ii n *An herb of the ferula kind, cow parsnip*, *Plin* 12, 26

Spondylus, i m (1) *A knuckle, or turning joint of the chine, or back bone* (2) *A joint in all kind of beast, bird, or fish* (3) *The head of the artichoke thistle* (4) *A whirl of a spindle* (5) Also *the hard white in an oyster* (6) *A kind of shell fish* (7) Also *a brass counter, used in giving of votes at Athens* (1) *Cels* 8 18 (2) *Mart* 7, 19 (3) *Plin* (4) *Plin* 20, 4 (5) *Plin* 32, 6 (6) *Plin* 32, ult (7) *Poll* [illegible]

Spongia, æ f (1) *One of the living plants, a sponge, or that wherewith any thing is wiped* (2) Also *the root of sperage clustered, growing close together* (3) Also *a stone found in sponges, called tecolithus* (1) In pulmonibus inest assimulis spongiis mollitudo, *Cic N D* 2, 55 Tergendis us sponsa mensis undis, *Mart* vid *Suet Aug* & *quæ* adnotavit Dec um generibus, vid *Pl* 9, 45 (2) *Col* 11, & *Pallad Feb* tit 1 () *Pl* 6, 19

Spongiola, æ f (1) *A little sponge* (2) *A little root of asparagus* (3) *Also a spongy ball* (1) Ex analog dimin () *Columella*, 11, (3) *Plin*

Spongiosus, a, um *Spongy, like a sponge full of small holes, porous, light, or puffy*, Plin 11,

* Spongites, æ m *A stone found in sponges*, Plin 37, 10

† Sponte, tis f Sponte ablativi casus cui rectus est spons, a spondeo, sponsum] *Accord* tis Sponte is

Sponsa, æ f [quæ sponsa fuit sponso] *A woman espoused, a bride, or new married woman, a spouse* Sua cuique sponsa, mihi mea, *Cic Att* 1, 20

Sponsalia, orum n pl (1) *Espousals, the contract, or betrothing of a man, or woman before their marriage* (2) Also *a marriage gift* (1) Sponsaliorum dies, *Suet Aug* 5, (2) Sponsalia cui stipulantur dedi, *Cic* ad *Q fr* 2, 3

|| Sponsalitius, a, um Sponsalitius, *belonging to marriage*, Cod Inst

Sponsio, onis f verb (1) *A promise* (2) *A wager* (3) *A vow* (4) *A wager at law, when both parties by consent laid down each a sum of money to engage their standing to trial, the issue whereof was, that he who was cast in his suit lost his money* (1) = Sponsio appellatur omnis stipulatio promissioq; *Paul de verb signif* (2) Spectent juvenes, quos clamor & audax sponsio decet, *Juv* 11, 200 (3) Voti sponsio, quo obligamur Deo, *Cic* de *Leg* 2, 16 (4) P Rulleius Q Apronium sponsione lacessivit, ni Apronius dictitare, te sibi in decumis esse socium, *Cic Verr* 3, 5

|| Sponso, are *To affiance, espouse, or betroth, to promise in marriage, to contract*, Paul JC

Sponsor, oris m verb (1) *A surety, or engager* (2) *An affiancer, or betrother* (3) *He who in law bindeth himself to stand trial* (1) Tulliola tuum munusculum flagitat, & me sponsorem appellat, *Cic Attic* 3, 6 (2) = Qui mihi conjugii sponsor & obses erat, *Ov Ep* 2, 34 (3) = Nullum stetit vadimonium sine Attico, sponsor hic omnium rerum fuit, *Nep Att* 9, 4

Sponsum, i n *A promise* Ex sponso egit, *Cic* pro *Quint* 9

Sponsus, a, um part *Affianced, promised, betrothed, engaged* Quantum ab hac accipio, quæ sponsa est mihi, *Ter Phorm*, 4, 3, 5

Sponsus, i m [a spondeo, cui spondetur sponsa] (1) *A bridegroom, or new married man* (2) *A wooer, a suiter* (1) Sponsi nomen appellem vocans, *Cic* de — 6 ※ Ut mea se sponsi fallit imagine conjux, *Ov Met* 5, 29 (2) Sponsi Penelopes, *Hor Ep* 1, 2, 28

Sponsus, us m *A bond, or obligation*, &c Fraudator nomen cum locat sponsu improbo, *Phædr* 1, 17, 1

|| Spontalis, e *Voluntary* Spontalis sobrietas, *Apul Met* 11, sub fin

Spontaneus, a, um *Voluntary, free, of his own accord*, Plin 28, 1 = Voluntarius, *Cic*

Sponte ablat & spontis gen *Of himself, or of his own free will* Sponte sua, *of his own accord, freely, willingly, naturally*, Cic Phil pp 5, 5 Spontis sui homo, *at his own disposal*, Col 1, 1 Alia est sativa, altera fortuito, *Col* 9, 4

Sponte adv *Naturally, voluntarily of his own accord, for its own sake* ※ Sponte, vel necessitate, incertum, *Tac A* 6, ※ Sponte, aut impulsu aliorum, *Id* 11, 15

Sporta, æ f [a σπυρὶς nec σπυρίδα, sporta] *A basket, a pannier, a hand-basket* Immutis cibos sportis dunt coan, *Still inter Frgm* Sportis inclusæ pendent nes, *Col* 8, 7

Sportella, æ f dim ex dim (1) *A little basket, or pannier* (2) *The fine is Sportula*, n 2 (1) In sportellam submittere, *Apic* 6, 9 (2) Dedicendæ tibi sunt sportella, *Cic Fam.* 9, 20

Sportula, æ f (1) *A little pannier, or basket* (2) *A small supper distributed by lords to their clients that waited on them* (3) *Also wont, eighteen pence half penny farthing, instead of a supper* (4) *Also gifts bestowed on any public occasion* (5) *A gift, or gratuity in money bestowed upon captains* (6) *Also a counsellor's, or servant's fee* (1) Qui incedunt suffarcinati cum libris, cum sportulis, *Plaut Curc* 2, 3, 10 (2) Nonne vides quanto celebretur sportula fumo? *Juv* 3, 249 (3) ※ Pollicitis est nobis sportula, recta data est, *Mart* 8, 50 vid *Suet Claud* 21, & *Ner* 16 Summus honor finito computat anno sportula quid referat, *Juv* 1, 118 (4) *Plin Ep* 10, 117 vid & *Dempster ad Cos ippin*, p 206 (5) *Cod* (6) *Ap JCC*

Spretio, onis f verb *A slighting, scorning, or disdaining* In spretionem Romanorum sermonis trahebant compositos, *Liv* 40, 5 *sed var codd*

Spretor, oris m verb [a sperno] *A despiser, scorner, disdainer, or slighter* Spretor Deorum, *Ov Met* 8, 613

Spretus, a, um part *Set nought by, despised, slighted* ※ Veritas auspiciorum spreta est, species tantum retenta, *Cic N D* 2, 3

Spuma, æ f [a spuo] *Foam, froth* Salis spumas ære ruebant, *Vir Æn* 1, 39 Argenti spuma, *litharge*, Plin 33, 6 ¶ Agere spumas, *to foam*, Lucr 3, 488

|| Spumabundus, a, um *Frothing, or foaming* Faciem tuam spumabundus conspuisse, *Apul Apol* p 478

Spumans, tis part *Foaming, being in a foam frothing* Pocula spumantia lacte, *Vir Ecl* 5, 67

Spumatorium, ii n *A scummer to take off the scum*, Litt ex Vitruv

Spumatus, a, um part *Covered with foam, or frothe* Saxa cana salis niveo spumata liquore, *Cic de Div.* 1, 7 ex poeta

Spumatus, us m verb *A foaming, being of a frothe* Anguis abundat spumatu, *Stat Sylv* 1, 4, 103

Spumesco, ere incept *To begin to foam, to frothe* Spumescunt æquora remis, *Ov Epist* 2, 87

Spumeus, a, um (1) *Frothy, foamy* (2) *Having the colour of, or resembling foam* (1) Spumea unda, *Vir Æn* 10, 212 (2) Spumeus color, *Plin* 15, 18

|| Spumidus, a, um *Frothy* Crinius & purpureus moi, *Apul Apol* p 485 ✝ Spumeus

✝ Spumifer, a, um *Bearing foam, or froth* Illi spumiferos glomerant a pectore fluctus, *Stat Ach* 1, 59

※ Spumiger, a, um *That foameth, or casteth out froth and foam* Sus spumiger, *Lucr* 5, 58,

Spumo, are (1) *To foam, to gather into foam, or froth* (2) *Also to work, or ferment and fret as wine doth* (1) Aspergine salsa spumant cautes, *Vir Æn* 3, 534 (2) Plenis spumat vindemia labris, *Vir Geor* 2, 6

Spumosus, a, um or, comp *Full of foam, froth, or scum, foamy, frothy* Littora spumosa, *Catull* 64, 121 Addit quo sua spumosior incitat undas, *Claud Honor Co s* 6, 158

Spuo, ere, ui, utum [a πτύω, in comp ἐμπτύω, spuo, vel puo, *Perot*] *To spit, to spawl* § Terram sputit ore viator aridus, *Tib Col* 4, 97 § Spuere in sinum *Plin* 28, 4 Hinc Angl *to spew*

Spurcatus, a, um part *Defiled* Senectus spurcata impuris moribus, *Catull* 105, 2

Spurce adv ius, comp ssime, sup (1) *Dirtily, filthily* (2) Met *Villainously, basely* (1) ※ Sur quamvis spurce versetur, mundissimum cubile desiderat, *Col* 7, 9 extr (2) = Dicere in aliquem spurce, & impie, *Cic Philipp* 2, 38 Græci nos dictitant barbaros, & spurcius nos quam alios Opicos appellatione fœdant, *Cato ap Plin* 29, 1 Spurcissime perscribit, *Cic Attic* 11, 13

Spurcidicus, a, um *Speaking bawdy and filthy talk, ribaldrous* Spurcidici versus, *Plaut Capt prol* 56

Spurcitia, æ & spurcities, ei f (1) *Filthiness, nastiness* (2) *Filth, dross* (3) Met *Baseness, villainy* (1) Spumam, & omnem spurcitiam eximere, *Col* 12, 17 (2) = Spurcitia in omni metallo scoria appellatur, *Plin* 33, 4 (3) = Stuperbia, spurcities, ac petulantia quantas efficiunt clades? *Lucr* 5, 48

Spurco, are *To defile, dirty, or beeray* Juppiter incesta spurcavit labe Lacænas, *Prudent* in *Symm* 1, 60

Spurcor, ari dep Spurcatur nasum odore illutibili, *Plaut Men* 1, 2, 57 ☞ Quo tamen loco exponi potest passive

Spurcus, a, um or, comp issimus, sup [a spuo, *Perot* ut sit dignus, in quem despuas] (1) *Filthy, dirty* (2) *Ribaldrous, bawdy* (3) *Sorry, rascally* (4) *Cruel, bloody, dishonest* (1) ※ Habere cognitum, spurcus & siccus ager quid recuset, *Col præf operis* Si quid est urinæ spurcius, *Gell* 17, 19 (2) ※ Spurca nox, *Plaut Asin* 4, 1, 62 ※ pura, *Id* (3) Spurcissimus heluo, *Cic pro Domo*, 10 Spurcior lingua, *Ibid* 18 (4) Vid *Non* c 4 n 425

✝ Spurium, ii n [pudendum muliebre, ἀπὸ τῆς σπορᾶς, τὸ αἰδοῖον] *Apul*

Spurius, a, um [a σπόρος, quasi σποράδην, conceptus, qui σπορίους, *Plut* quod vet mulierum naturam *Spurium* vocarent, quippe qui patre incerto esset, unde & in ipso prænomine pro *Spurius*, divisis literis S P scripserunt, q d sine patre, *Steph*] (1) *Born of a common woman, one who knoweth not who is his father, bastardly, base born* (2) *Counterfeit, spurious, supposititious* (1) Quin tu eos qui tum certo patre, spurii appellantur *Ap* ✝ Nothus, *Ovid* (2) Poeta, et vetus, tui sui orum ille nati *Vetum* ... *Sapient* *fr* ✝ A nul crinus

|| Sputamen, inis n *Spittle, frothy spittle* Humectam sacro sputamine terram contrectans digitis, *Prud Apoth* 676 ✝ Sputum

✝ Sputatilica, *vox* ... *Worthy to be spit at*, Cic ... *Orat* 11

Sputator, oris m verb *A spitter, or spawler* Munde spitator, se cator sum, *Plaut Mil* 3, 1, 52

Sputisma, atis n *Spittle, a thing spit out of the mouth*, Vitruv 7, 1 R occ ✝ Sputum

Sputo, are [a spuo] *To spit often, to be wray with spittle, to sputter, to spew* Sanguinem sputare, *Plaut Merc* 1, 2, 27

Sputor, i pass *To be spit at* Istu qui sputatur, morbus, *Plaut Capt* 3, 4, 18

Sputum, i n (1) *Spittle* (2) *Also a thin plate, or varnish like gold leaf* (1) Vide Lac ... percensere uenta ... *Pl p* 3, 5, 66 Sputum edere, *to spit*, *Cels* 1, 8 (2) *Litt*

|| Sputus, us m *A spitting* Cum plurimo sputu & tussi ... jugi, *Cæl Au Tard* 1, 1

S ante Q.

Squalens, tis part (1) *Daubed* (2) *Done, or laid all over* (1) Squalens barba, *Vir Æn* 2, 277 (2) Auro squalens lorica, *Vir Æn* 12, 87

|| Squalentia, æ f *Filthiness, uncleanness*, Tert ✝ Squalor

Squaleo, ere, ui neut [incert etym] (1) *To be filthy, or dirty, nasty and sluttish, to be foul* (2) Metron *To be in mourning* (3) *To be full of weeds and foul for want of husbandry* (1) Mihi supellex squalet, atque ædes meæ, *Plaut Pers* 4, 8, 2 (2) = Squalent municipia, afflictantur coloniæ, *Cic* pro *Milon* 8 (3) Squalent abductis arva colonis, *Vir Geor* 1, 507

Squalide adv unde ius, comp *Illfavouredly, dirtily, nastily, sluttishly* ※ Dicitis vos squalidius, illorum vides quam nitent oratio, *Cic* de *Fin* 4, 3

|| Squaliditas, atis f *Nastiness*, Amm ✝ Squalor

Squalidus, a, um adj or, comp [a squaleo] (1) *Filthy, nasty, slovenly, greasy, sluttish* (2) *Foul, illfavoured* (3) *Loathsome* (4) *Uncultivated, over run with weeds* (5) *Unpleasant, rugged* (1) = Video senium, squalidum, &c *Ter Eun* 2, 2, 5 (2) = Squalidi atque deformes, *Quint* (3) Squalidius orbi fide pectora carcer habet, *Ov Amor* 2, 2, 42 (4) Squalidus ager, *Let auct de limit* (5) *Lucr* 2, 468 ※ Quæ sua sponte squalidiora sunt, adhibendus erit in his quidam orationis nitor, *Cic Orat* 32

Squalleo, *&c* Vid Squaleo

Squalor, oris m (1) *Filthiness, sluttishness, nastiness, greasiness* (2) *Roughness, ruggedness, unevenness* (3) *Also the sorrowful and mourning estate of those that be arraigned, or accused, or otherwise in heaviness for themselves, or their friends* (1) Vestis squalore obsita, *Liv* 2, 23 = ※ Non [illegible] plenus [illegible]

Sta[illegible] [illegible] Squali-

Sta[illegible] [illegible]

Sq[illegible] Squamea angu[illegible]

[illegible] Squamea [illegible]

[illegible] & [illegible] Dubitamo

[illegible] Squamo[illegible]

[illegible]

[illegible], pars & una cuod a, *Plaut* [illegible] 58

[illegible] (1) [illegible] (2) [illegible] (1) Sem [illegible] pedem [illegible] Alter itaud re tempus [illegible]

[illegible] comp [illegible] Matrimoni [illegible] & certum, *Cic Phil* [illegible] 2, 18 = robustus, [illegible] [illegible] Non [illegible]

[illegible] in agricolis maxime [illegible] Cato in [illegible] (2) [illegible] Ad [illegible] Bonum permanens, [illegible] & [illegible] 5, 1

[illegible] (1) Denium [illegible] Quid [illegible]

Stabilis, [illegible] part (1) [illegible] mobilia, [illegible] (2) [illegible]

|| Stabilitas, tis [illegible] Permanens

|| [illegible]

[illegible] quicunque [illegible] (1) [illegible] (2) Also [illegible] (1) [illegible] (2) [illegible] Tabularum [illegible]

[illegible] verb [illegible]

[illegible] Alienum [illegible] Centum in fontus itabulum [illegible] 6, 286

[illegible] (1) Pecu[illegible]

[illegible] (1) [illegible] (2) [illegible] (3) [illegible] (4) [illegible] (5) [illegible] (6) In [illegible] (1) [illegible] (2) [illegible] (3) [illegible] (4) Stabulum [illegible] (5) = [illegible]

& [illegible] A stabulis nunc pro[illegible] 2, 5, 58 (1) [illegible] (8) Nec [illegible] habeam [illegible] 2, 50 (9) Nec [illegible] nec quo [illegible] stabulum [illegible] (10) *Hac* [illegible] Cum Cæsarem Nicomedis stabulum [illegible]

[illegible] *Baje* [illegible]

* Stacte, es, & stacte, æ, f [illegible] distillando, [illegible] Mel [illegible] 12, 15 [illegible] 2, 8, 6

[illegible] stadium [illegible] Stadi[illegible] in itadiis [illegible] exercebant [illegible]

* Stadiodromus, i m (1) [illegible] (2) [illegible] (1) [illegible] (2) [illegible] (3) [illegible] 54, 8

Stadium, ii n [Gr [illegible] quod [illegible] quod Hercules [illegible] (1) [illegible] (2) [illegible] (3) [illegible] (1) [illegible] Nec [illegible] Gymna[illegible] Græca, [illegible] more in stadio [illegible] spectaverit, [illegible]

Stagnans, tis par [illegible] Nunc effluit [illegible] stagnatione, [illegible] Aqua stagnans, [illegible]

Stagnatus, a, um part [illegible] stagnata [illegible] Neque [illegible] stagnata pa[illegible] 10, 11

Stagno, are, neut (1) [illegible] (2) [illegible] (1) [illegible] (2) Ante [illegible] Tiberis [illegible] *Tac Ann* 1, 76, 1

Stagnum, i n [a Gr [illegible] (1) [illegible] (1) [illegible] (2) [illegible] In molem [illegible] 58 (2) [illegible]

* Stagonias, æ m [illegible]

* Stalagmias, æ m [illegible] Plin [illegible]

S[illegible] gium, ii n [illegible]

† Stamen [illegible] Ainso † Stamen m

Stamen, inis n [a Gr [illegible] (1) [illegible] (2) [illegible] (3) [illegible] (4) [illegible] (5) [illegible] (6) [illegible] (1) Rence [illegible] operoso stamine [illegible] (2) [illegible] (3) [illegible] (4) [illegible] (5) Odo [illegible] (6) Quibus [illegible] 16, 8

Stamineus, a, um [illegible] Vena staminea, [illegible] 16

|| Staminarius, a, um [illegible]

|| Stannarius, [illegible]

Stanneus, a, um [illegible]

Stannum, i n [illegible] Stannum [illegible] æres [illegible]

Stans, tis part [illegible] (1) [illegible] (2) [illegible] (3) [illegible] (4) [illegible] (5) [illegible]

|| Stapes [illegible]

* Staphis [illegible]

* Staphylinus [illegible]

* Staphylodendron [illegible] Plin 16, 1[illegible]

* Staphyle [illegible]

† Stapia [illegible]

Stat [illegible] 2, 150

[illegible]

males, *keeping their ground*, ... 9, 19 Stataria pugna, *a fight where every one standeth to it*, ... Stataria comœdia, *a play that hath been acted with applause*, or *a quiet play, that hath ...* ... Statarii actores ... Cic Statariæ ... *Statari excubiæ, watch*, Liv milites, ... 19 *garrison soldiers*

Statera, æ f ... *steelyard* ... Stater ... *a piece of ... sixteen shillings four pence* ... Jun

Statera, æ f [ab ...] (1) *A goldsmith's*, or ... *Troy weight* (2) ... *of silver vessel*, or ... (1) ✠ Non aut ... statera sed populi trutina examinare ... de Orat 2, 38 (2) ... = Tympanum, magis, ...

Statices f (1) *Au... proportionably* (2) *The art of ... weights* ... 26, 8 (2) Vid Gesp ... *Circus Maximus* ...

Staticulum, i n (1) *A kind of ... an horse* ... (2) Also *an image*, or ... (1) Plin 34, 17 (2) Ever..., & communicatus statuæ, Tert

Staticulus, i m *A kind of ... the brawls* ... Plaut ... & Cic ap Macr ... adv primâ longâ ... *Still, or the spot, stock* ... *Plaut* ... 120

Statim adv primâ brevi [a sto, ... stando in loco, quomodo ... in loco die] ... *forthwith, and instantly, straightway* ... Nec ... statim rem ... *Amph* 1, 1, 81 § Statim, ut statim, *as soon as*, ...

Statio, onis f verb [a sto] (1) *A station, a standing, or lighting* (2) *A standing, duration* ... (3) *A ... or road for ships to ride* (4) *A post, or station* (5) ... *place where people ... to hear matters decided* ... *place where idle people ... to meet and tell figures* ... (7) *A ...* (8) *A centry, or guard* (9) *The place ... in the tables* (10) *A ...* (1) Quæ manent ... navis, et præ ... re, *Lucr* 4, 389 Statio ... *Virg Æn* 5, 128 (2) Fuit statio longissima strt one ... successores quam ... (3) Sinus ... Statio ... portus omnes timens, ... statio pro portu ... 2, ... (4) Ut ... paterna succederet, *Pa...* (5) *Epist* ... conv... hermæ, statio ... theatrum, *Plin* 11, 3 ... 13 (7) *Suet Nero* ... in portis castro... erant *Cæs B G* ... (8) *Tert* ... (9) *Jun*

Statiōnālis, e *That standeth as it were in a station, without stirring*, Plin 2, 15 de stellis

Statiōnārius, a, um *Stationary, appointed to keep ... a city, ... in a garrison* Miles stationarius, Ulp

|| Stationārius, ii m *A ... soldier, a ...* Ulp || Also *a stationer, or bookseller* ↓ Librarius

Stativa, orum n [sc castra] *A standing camp abiding still ... where any army ... quarters, a leaguer* Q Servilius in agro Romano stat... habuit, *Liv* ... *Cic in R* ... 15

Stativus, a, um (1) *Pitched, or set, as a pitched camp belonging to a camp, or leaguer* (2) Also *standing, not moving* (1) Præsidium stativum, *Cic* Stativa castra, *Id Verr* 5, 12 (2) Stativæ aquæ, *Varr* ap Non

Stator, ōris m verb [a sto, statum] (1) *A gaoler, or keeper of a prison, ... watch, a ...* (2) *A serjeant, pursuivant, or messenger, ... always ready ... the person ... officer ... at command, a summoner, or one who citeth people to appear* (1) Jam primum stator ... libidinosus, *Plin* ... Scil (2) Ut ad te statores & lictores ... mitterem, *Cic Fam* 2, 19

Stator, ōris m verb [a sto] *A name of Jupiter* Cum Jovem Statorem dicimus, non intelligi volumus, solutem ... esse tutelam, *Cic de Fin* 3, 20 = Jovem illum optimum & maximum ... & Tonantem & Statorem ... (ut historici tradiderunt) ... quod post votum susceptum acies Romanorum fugientium, sed quod stant beneficio ejus omnia, stator, stabilitorque est, *Sen de Benef* ...

Statua, æ f [a statu, vel a statuo] (1) *An image of metal, wood, or stone, a statue, or standing image* (2) *An image of the just proportion of the person it representeth* (1) ✈ Statuæ & imagines, non animorum simulacra, sed corporum, *Cic pro Arch Poet* 12 Statua ... *C ...* 79 ... (2) Paulus statu..., *Jun*

Stătuāria, æ f [sc ars] *The art of graving images* ... mater statuariæ, *Plin* 35, 12

|| Stătuarium, ii n *A roodloft*, Eccl

Stătuārius, a, um *Of, or belonging to statues* Statuariam ... num tradituj contulisse, *Plin* 34, 8

Stătuārius, ii m *A carver, or maker of statues, a statuary, or stone-cutter*, Quint 5, 12

Statuliber, i m *He that is made free by will upon certain conditions* De statulibero ... *Fest*

|| Statum est imperf ... *if they appear not*, Ulp

Statūmen, inis n [a statuo] (1) *A buttress, or support, &c a stake, fork, or prop to stay up a thing* (2) *The foot stock, or foot oak of ships* (3) *The coat of ...* (1) Vehementior bus statuminibus impedare, *Col* 4, 16 (2) *Cæs B C* 1, 5... (3) *Vitruv* 7, 1

Statūminātio, ōnis f verb *A paving, or laying a solid foundation*, Vitruv 7, 1

Statūmino, are act (1) *To prop up, to underset, to make sure, to stake, or shore up any thing* (2)

To floor (1) Vineam statuminare, *Plin* 17, 22 (2) Os fossæ lapidibus, *Plin* 18, 6

Statūminor ari pass *To be propped up, or floored*, Plin 18, 6

Statunculum, i n *A small statue*, Petron c 50

Statuo, ere, ui, utum act (1) *To set, or place* (2) *To set up, to build, to erect* (3) *To appoint, or assign* (4) *To ordain, or decree* (5) *To resolve, or conclude* (6) *To ... judge* ... (7) *To offer, present, or dedicate* (1) Capite primum in terram statuerem, *Plaut* ¶ Statue ... navem, *to bring ...*, Id Bacch 2, 3, 5 (2) Illi Syracusis statuam ... statuerunt, *Cic Verr* 2, 20 Urbem præclaram statui, *Virg Æn* 4, 655 (3) Locum colloquio statuere, *Liv* 28, 35 (4) Statuere, ne ... *Creta provincia*, *Cic* = Statuere, & decernere aliquid, *Id* (5) Ita statuit ut non ... *Cic Verr* ... (6) Diviniaeus Cæsarem ... ne quid gravius in fratrem statueret, *Cæs B G* 1, 19 (7) ... antearas ... fronte ... neum, *Virg Æn* 9, 627

Statur imperf *It is stood* Quid agitur? ... Statur, *Ter Eun* 2, 2, 40

Statura, æ f [a sto, statum] (1) *Bigness, or height of body, stature* (2) *Proportion, ... port* ... (1) ... fuerit, qua statura, *Cic Philipp* 2, 10 (2) Arborum staturæ, *Col* 5, 5

Status, a, um part & adj [a sisto, statim, vel a sto ...] (1) *Set, appointed, settled, fixed, certain* ... (2) *Well proportioned* (1) Status dies, *Cic Off* 2, 12 Stati siderum cursus, *Id* = Solenne & statum sacrificium, *Id* (2) Stata forma, *Enn*

Status, ûs m [a sto] (1) *A standing* (2) *The form, fashion, or gesture of the body* (3) *A posture, ...* (4) *The size of body* (5) *The temper, or constitution* (6) *A state, circumstance, or condition* (7) Among orators, *the principal point, state, or issue of the case* (8) *Command, rule, government* (9) Also *the full age of man, that is, twentyfive years* (1) ... Status, incessus, sessio, accubitus, *Cic* (2) Quem ... hujus, & statum *Plaut Amph* 1, 1, 110 (3) Artifices his statibus in scenis ponendis utebantur, *Nep Chabr* 1 Status est circa ornatum, & habitum vestis, insignium & armorum, *Isidor* ¶ In statu esse, *to be upon his guard*, Plaut (5) Status ... longior, Col ... (6) Nihil semper suo statu manet, *Cic* (7) Refutatio accusationis, in qua est depulsio criminis, Græce στάσις, Latinè *status* ... *Cic* ... quem in *Part Orat* ... cognitionem ... (8) Nullum ... bonus ... qui ... erat idoneus, *Paterc* 2, ... (9) *Ing*

Statūtio, ōnis f verb *A setting, or placing* Una statutio ... *Vitruv* 10, ... sub fin

Statūtum, i n (1) *Resolution* (2) *A decree, statute, ordinance, an act of parliament* (1) Neque statuta quid ... habere potuisti *Cic Fam* 12, 24 (2) *Lut* ex *Cic* sed ub non ...

Statūtus, a, um part [a statuor] (1) *Placed, set up* (2) *Ordained, appointed, solemn, established* (3) *Determined, resolved* (1) Ut autem crebris statutis ... lis, *Varr R R* ... 14 (2) Statut... *Cic* ... 29 Statuto ... *Cic de Har* ... *Resp* 15 (3) ... loco statutum quid ... *Cic* ... 2

* Stegastra ... tego] *A deck of a ship, the hatches* ... *Plaut* ... Bacch 2, 3, 44 = Con... *Gell*

* Steganus, a, um *Covered* ... *Plin* ...

* Stela, æ f [στήλη, ... column] *A square, or flat-faced pillar, set up for a memorial, with ... inscription, ... set up ... the highway, a ...* Plin 6, 28 ... Stela ... columna rotunda, *Non*

* Stelis f *A kind of ... upon the fir tree*, Plin 16, ...

Stella, æ f [...] (1) *A star* (2) *A constellation* ... (3) *The star ...* (1) Stellæ errantes, *Cic N D* 2, ... *Luc* 9, 12 ... fixæ, *Ov Met* 2, 205 Stella ... *Cic de D* 2, 6 (2) Stella ... *Ov Arat* 2, 16, 4 (3) ...

Stellans, tis part (1) *Starry, or set with stars* (2) *Sparkling, twinkling, or glittering* ... (1) Olympus stellans, *Cic de Div* 1, 11 (2) Stellans gemma, *Ov Met* 1, ...

Stellaris, e *Of, or belonging to stars, starry* Anima ... stellaris esse ... *Macr Somn Scip* 1, 14 Stellaris herba, *the herb woodroof, or woodrowel* G

Stellatio f verb *A ...* ... Plin

|| Stellatura, æ f [a stella] *A certain gain which the prince had out of the soldiers ... and allowances, or as some others, the allowance ... the price that was appointed to soldiers and captains for ... days* Veget

Stellatus, a, um part (1) *Set full of stars* (2) Also *full of sparks* (3) *Marked with spots, like stars* (4) *Sparkling, glittering* (1) Stellatus Cepheus, *Cic Tusc* 5, 3 (2) Stellatus Argus, *Ov Met* 1, 664 (3) Stellatum animal lacerta figura stellatum, *Plin* 11, ... (4) Ensis stellatus iaspide, *Virg Æn* 4, 261

Stellifer, era, um *That beareth, or hath stars on it, starry* Circulum stelliferum, *Cic de Somn Scip* 5

Stelliger, a, um *Starry* Polus stelliger, *Stat Th b* 12, 565

† Stellimicans ... *Shining with stars, as the signs of the zodiac do* Signis stellimicantibus, *Varr*

Stellio, onis m [a stella, quod ... varius stellatus corpora guttis, *Ov*] (1) *An insect, eft, or newt, a creature ... like a lizard, having spots on his back like stars* (2) Met *A knave, a rascal, a wag* (1) Vid *Plin* 8, 31 & 11 26 (2) Stellio, καλαβώτης, ... *Gloss* ...

Stellionatus, ûs m [... stellionis natura ... quo nullum animal fraudulentius homini inv... *Plin* 30, 10] *All kind of cozenage, or knavish practice in bargaining, as the mortgaging or selling of a thing twice, ... brass money for silver, receiving a debt when it hath been before payed* Cc Ulp & al JCC

Stello, āre *To glister, or shine like*

like stars, *und.* Stellans, & Stellor, ari pass *To be marked as it were with stars* Hyadum & numero & dignitione stellantur, *Germ.* Plin 37, 8

Stellula, æ f dim [a stella] *A little star*, Litt ex Vit. *sed q*

* Stemma, atis n [a στέφω, coronare] (1) *A garland, crown, wreath, or chaplet* (2) *A stemm, or pedigree, the lineage of one's ancestors* (3) *A noble act, or atchievement* (4) Also *an inscription upon a stone* (1) Viri sacris stemmatibus coronentur, Firm 3, 8 ✝ Infula, corona (2) *Suet Galba*, 2 Totum regni Persei stemma percensent, *Sen* vid & *Plin* 35, 2 (3) *Mart Spect* 16 *ubi tamen alii* schemata, *al* stigmata *alunt* (4) Trita saxorum stemmata delet herus, *Mart* 10, 56, 6 *al* cutem *leg* servorum stigmata

* Stenocoriasis, is f [ex στενὸς, angustus, & κόρη, pupula] *A disease of the eye, when the apple, or sight is contracted, or wrinkled* Ver 2, 16

Stephanitæ vites [*h e* coronariæ, nempe quæ per strumina calamorum materis ligatis, in orbiculos gyrosque flectuntur] *Vines tied to their stakes made round like garlands*, Col 3, 2

* Stephanitis, idis f *A kind of vine whose leaves running among the grapes make wreaths, or garlands* Coronatio naturalium stephanitis, *Plin* 14 3

* Stephanomeli *An herb of a yellow colour much used in chaplets*, Plin 26, 1

* Stephanopolis f [ex στέφανος, & πωλέω, vendo] *A woman that selleth garlands*, Plin 35, 11

* Stephanoplocos, i c g [ex στέφανος, & πλέκω, plico] *A garland maker*, Plin 35, 11

Stercorarium, ii n *A dunghil*, Litt ex Col *sed q* ✝ Sterquilinium, *Col*

Stercorarius, a, um *Of, or belonging to dung* Crates stercoraria, *Varr R R* 1, 22

Stercoratio, onis f verb *A dunging*, Col 2, 1, sub fin

Stercoratus, a, um part & adj ssimus, sup *Dunged, mucked* Ager stercoratus *Plin* 18, 23 Loco lætè stercoratissimo, *Col* 11, 2

Stercoreus, a, um *Of dung, smelling of dung* = Impudens stercoreus, plenus conjurii, *Plaut Mil* 2 1, 12

Stercoro, āre act [a stercus] *To dung, to lay compost, or muck on ground* Colere & stercorare agrum, *Cic de S* 1 15

Stercoror, ari pass *To be dunged*, Plin 17, 9

Stercorōsus, a, um ssimus, sup *Full of dung, growing in dunghills* Aqua stercorosa Col 8, 3 = Omnium immundissimi stercorosi unquæ, *Var R R* 2, 26 Locus stercorossissimus, *Cato*, 47

Sterculius Sterculius, & Sterculinus *The son of Faunus, who first found out the way of dunging land*, ut Lac 1, 20 *Plin* 17, 9 & *Macrob* S t 1, 7

Stercus, oris n [ab extergendo, quod extersum sit, *Perot*] *Dung, muck, soil, compost, a sirreverence* In plaustrum conjectus, & supra stercus injectum *Cic de Div* 1, 27 Quid tum stercore... communem finem illius, *Suet Vitell* ... Stercus commune, *Jur* 1, 4

* Stereobates, æ m vel Stereobata *The pattern of a pillar, whereon the base is set, the ground work on which the pillar standeth*, Vitruv 3, 3

* Stereometria æ f [a στερεὸς, solidus, & μετρέω, metior] *The measure of solid bodies*, Cœl Lat Solidorum dimensio

* Sterigethron, i n *The herb sengreen, as used in love-potions*, Plin 27, 13

✝ Stericula, æ f dim [a steira, Gr στεῖρα, corr pro hystericula] Julia porcæ virginis, *i e* sterilis, *qu* stericula, quomodo scrib in *Petron Fragm Trag* al leg *sericula*, ficedula, rusticola

Sterilesco, ĕre incept *To grow, or become barren* Fruges tactæ sterilescunt, *Plin* 7, 15

Sterilis, e, dim or, comp [a στεῖρα, ant sterilus] (1) *That cannot get, or bear young* (2) *Barren, fruitless* (3) *Addle* (4) Also *rotting, or making barren* (5) *Yielding, or bringing nothing* (6) *Void of, clear of, without* (1) Pubescit homo solus, quod nisi contingat, sterilis in gignendo est, seu masculus, seu fœmina, *Plin* 11, 39 (2) Steriles exurit Sirius agros, *Vir Æn* 3, 141 Arbores steriliores, *Plin* 16, 12 (3) Sterilia ova, *Plin* 10, 54 (4) Non sterilem seges rubiginem sentiet, *Hor Od* 3, 23, 6 (5) Sterilis manus, *Plaut Truc* 1, 2, 3 (6) § Sterilis veri, *Pers* 5, 75 § Nullum tempus sterile beneficio, *Plin Paneg* 56 Sterilis hinc profectus ad ultimam plateam, *no body to be seen*, Plaut Mil 3, 1, 15

Sterilitas, ātis f (1) *Unfruitfulness, barrenness* (2) Also *dearth, or scarcity* (1) ✡ Quæ sit vel sterilitas agrorum, vel fertilitas futura, *Cic de Div* 1, 57 (2) Sterilitas annonæ, *Col* 2, 10

Steriliter adv *Barrenly*, Litt ex Col

✝ Sterilus, a, um adj antiq *pro* sterilis Sonitu sterila, *Lucr* 2, 844

Sternax, ācis adj [qui sternit sessorem] *Casting, or throwing* Equus sternax, *Vir Æn* 12, 364

Sterno, ĕre, strāvi, ātum act [a Gr στορέννυω, *id*] (1) *To spread, or cover, to strow* (2) *To abate, or make calm* (3) *To lay down, to prostrate* (4) *To throw, or strike down, to lay flat along* (5) *To pave* (6) *To dispirit* (1) Vestes sternere, *Ov* § Sternere humum floribus, *vel* flores humi, *Cic* § Triticum manipulis sternere subter humum, *Vir Geor* 3, 298 Sternere littus alga, *Hor Od* 3, 17, 12 § Sternere arenā moribundum, *Ov Met* 10, 716 ¶ Sternere lectos, *to spread, or cover the couches*, or in our phrase *the table*, Ter Heaut 1, 1, 73 equum, *to harness or accoutre him*, Liv 28, 14 (2) Fessi vigiliis sternunt corpora, *Liv* 27, 4 (3) Placidi straverunt æquora venti, *Vir Æn* 5, 763 (4) Pronus a fronte capillis stravit humi pronum, *Ov Met* 2, 417 Turbam invadite, ac sternite omnia ferro, *Liv* 24, 38 (5) Sternere viam, *Liv* (6) Mortalia corda per gentes humilis stravit pavor. *Vir Geor* 1, 331

Sternor, i pass *To be thrown down destroyed, killed, calmed* &c Sternuntur segetes, *Ov Met* 1, 272 Sternitur Arcadiæ proles sternuntur Etrusci, *Vir Æn* 10 429 ✡ Stygiā modo nigrior unda sternitur interdum, *Ov Met* 11, 501

Sternuens tis part *Sneezing* Sternuentes salutare *Plin* 28, 2

✝ Sternumentum, i n [a sternuo] Vett IC *id quod* sternutamentum, *Plin* 25, 5

Sternuo, ĕre, ui, ūtum neut [a Gr πταρνυσθαι, *id*] *To sneeze*

Argutum sternuit omen Amor, *Prop* 2, 3, 24 Sternuisse a coitu abortivum, *Plin* 7, 6 Donec sternuat ovis, *Col* Amor sinistra, ut ante dextra, sternuit approbatione, *Catull* 43, 9

Sternūtamentum, i n (1) *Neesing, or sneesing* (2) Also *something to make one sneese, snuff, or snush* (1) Pedis offensio, & abruptio corrigiæ, & sternutamenta erunt observanda, *Cic de Div* 2, 40 (2) *Plin* 25, 13

Sternūtātio, onis f *Sneesing* Invitare sternutationem, *Scrib Larg Compos* 10

‖ Sternūtātorius, a, um *Of sneesing* Sternutatorium medicamentum, *sneesing powder, snuff*, Jun ✝ Sternutamentum

Sternūto, are freq [a sternuo] *To sneese often* Gyton continuo ita sternutavit, ut grabbatum concuteret, ad quem mox Eumolpus conversus, salvere Gytona jubet, *Petron* c 98

Sterquilinium, ii n [*qu* sterculinium, *i e* stercoris receptaculum] (1) *A dunghill, a lay-stall, a mixon* (2) Meton *A stinking fellow* (1) *Col* 1, 6 (2) *Ter Phorm* 3, 2, 41 & *Plaut Pers* 3, 3, 3

Stertens, tis part *Snoring*, Cic de Div 2, 63

Sterto, ĕre, ui neut [a strepitu stertentis confictum] *To snort, or snore in sleeping* Stertit noctesque & dies, *Ter Eun* 5, 9 49

* Stibadium, ii n [a στιβάς, torulus ex herbis, seu gramine, vel frondibus] *A bed of herbs, rushes, leaves, &c a half round couch, which they used to set about their round tables, whereas before they had three beds*, Serv *A green bank to sit upon, an arbour, or summer house*, Plin Jun 5, 6 Sigma vocat *M q v*

Stibinus, a, um Lapides onychinos & quasi stibinos, 1 *Chron* 2 *i e* stibio similes

Stibium n *A stone found in silver mines, good for the eyes, antimony*, also *black lead, a kind of colouring stuff which women covet to make them blackbrowed*, Cels 6, 6 n 12, 16, 27

✝ Stica, æ f *A coat, or peel of an onion or an head, or clove of garlick* Vulgo leg *spica*, profertur autem se script *Cat & Col*

* Sticte, es f *Pied coat, or patch*, a dog's name, *Ov Metam* 3, 217

* Stigma, ătis n [στίγμα, a στίζω, notā inscribo] signum quod inuritur] (1) *A mark, or brand, chiefly on the forehead of fugitives*, (2) and sometimes *others* (3) Met *Reproach, infamy* (1) Stigmate puncti, *Petron* c 105 Stigmate dignus, *Juv* 10, 183 (2) Vid *Barth Advers* lib 43 c 25 (3) A Catullo versiculis de Mamurra sibi perpetua stigmata imposita non dissimulaverat, *Suet Cæs* 5

* Stigmatias, æ m *A slave, a branded rogue* O miserum, qui fideliorem & barbarum, & stigmatiam putaret, quam conjugem! *Cic Off* 2, 7 *ubi al* stigmaticum Lat Literatus, *Plaut* notis compunctus, *Cic* notis inscriptus, *Suet* Stigmosus *Plin*

Stigmaticus, a, um [a stigma] Vid Stigmatias

‖ Stigmo, āre *To set or mark on, to brand* Quæcunque parte corporis servens notā stigmatet, *Prud Perist* 10, 1080 ✝ Stigmate noto

Stigmōsus, a, um [a stigma] *Full of marks, or brands, infamous* Stigmosus cicatricibus, *Plin Epist* 1, 5, 2 Dicta in calvos, stigmososque jaculari, *Petron* c

Stigo, āre [a στίζω, pungo] *To prick, to stir forward* Στιγεῖν, *O tomalt zet* ✝ Inst

Stilbon, ontis m [στίλβων, a στίλβω, splendeo] *The planet Mercury*, Cic N D 2, 20

Stilla, æ f [a stiria, *Fest* vel a σταλάζω, quod idem ac στάζω] *A drop* Stilla olei, *Pl* ... Stilla stat, gutta cadit, *Corn Fr*

Stillans, tis part *Dropping wet* Stillantem pugionem tenebant, *Cic Philipp* 2, 12 () Sanguine stillans, *Ov Fast* 2 8..

Stillarium, ii n [unde stillare ...] (1) *A penthouse* (2) ... *over-measure, or vantage* (1) *Litt ex Vitruv* (2) *Litt ex* ...

Stillātim adv *By drops*, Varr L L 4, 5 = Guttatim

Stillātio, ōnis f verb *A dropping*, non habeo qui defendam, extra analogiam

Stillatitius, a, um *That droppeth* Resina stillatitia, *Plin* 16, 11

Stillativus, a, um adj *Dropping* Stillativum mel, *Pl... Iter* 1, 18

Stillātus, a, um part *Dropped, or coming out by drops* Stillatæ sole rigescunt de ramis electra novis, *Ov Met* 2, 364

Stillātus, ūs m *A dropping*, Litt ex Ov

Stillicidium, ii n [ex stilla, & cado, per quod stillatim cadit, Varr] *The dropping of the eaves of an house, a little gutter, or sink* Stillicidi casus lapidem cavat, *Lucr* 1, 314 Stillicidiorum jura, *Cic de Orat* 1, 38

Stillo, āre neut & act [a σταλάζω] *To drop, or trickle down* (2) *To whisper in his ear* (1) Cum multo stillaret penula nimbo, *Juv* 3, 122 § Stillavit amicis ex oculis rorem, *Hor A Poet* 4.. § Pluminis d es stillat, *Stat Theb* 3, 537 (2) Cum facilem stillavit in aurem exiguum de natura patriaque veneno, *Juv* 3, 122

Stilus, i m [a στίζω, pungo] *Sic enim melo scribere ...* ... columna, & hic *instrumentum* Vid Stylus

Stimmi indecl n *Antimony*, Plin 22, 6

‖ Stimulidea, quæ stimulat ad libidinem, *Schol Juv*

Stimulātio, onis f verb *A pricking, or putting forward*, Plin 25, 2

Stimulātor, ōris m verb (1) *A pricker, or putter forward* (2) Met *An encourager, or provoker* (1) ✝ Multi boum stimulatores ... arator es, *vid Chil* (2) = Seditionis stimulator & concitator, *Cic pro Domo*, 5 *sed ed Gronov* instimulator

Stimulatrix, icis f verb *She that incenseth, or setteth forward*, Plaut Most 1, 2, 62

Stimulātus, a, um part (1) *Pricked forward* (2) *Provoked, set on, incensed, enraged* (1) *Deest exemplum prop ...* (2) Jurgia stimulata vino ... *Ov A Am* 1, 591

Stimulatus, ūs m *A provoking, or stirring up*, Litt ex Plin *sed non dicit*

Stimuleus, a, um *Pricking, smarting, stinging done with pricking rods* Supplicium stimuleum, *Plaut Mil* 2, 6, 51

Stimulo, āre act (1) *To prick, to goad* (2) Met *To incense, to enrage*, urge, *to stir up, to egg on, to* () *to torment*, or *vex, to gnaw* (1) Durius stimulabat in pore curium, *Sil* 16, 366 (2) = Nec tamen quidem, quæ mihi stimulant lectis, curam eorum stimulare potest, *Liv* = inciro, *Id* () = Scrupulus cum anis, noctes stimulat ac pungit, *Cic* pro *note* 2

Stimulor, ari, atus pass *To be pricked, tormented, &c* = Incitor, citior, agior, stimulor, versor in amoris otam misce, *Plaut* 1, 4

Stimulum, i n *id quod* stimulus Stimulum in manu est, 5, 2, 112

Stimulus, i m [ε στιγμο, st g per Sync stimulus] (1) *A prick, a goad* (2) *A sting* () *whip*, or *spur* (4) *Any thing that moveth forward*, as love, rage, love, envy (5) *An incitement*, or *inducement*, as in (1) Si stimulos pugnis, manibus plus doles, *Plaut* 4, 2, 55 Si fustem cepero, stimulum in manum, *Id Aul* 1, 9 (2) Stimulos in pectore condidit, *Ov Met* 1, 726 = Stimulo & verbere fuit, *Ov* 1, 99 ✻ lorum, *Id* ✻ furenti concutit, & stimulos pectore vertit Apollo, *Vir* 6, 101 Dominus non lenis stimulos, *Hor Sat* 94 (4) *Ov Ep ex Pont* 1, 1, = morsus, *Id ib* Stimulus amoris, *Cic Tusc* 2, 27 amoris, *Geor* 3, 210 laudis, *Sil* 16, *Luc* 2, 24 (5) = Nec iræ, stimulosque illi vi, *Cic* pro *Rosc*

✝ Stingo, *vel* stinguo, ere, xi, [ε στιζω, fut secund stingo, interpos *n*, ut *a* jungo, ζευγω, jungo, fingo] *To put out light, to* quench Humor non diturnidolum imbris stingui possit, *Liv* 7, 1081 Stinguo stingo, punxi *Extinguo*, re 10

Stinguor, i pass & stinguor *To be quenched* Stinguuntur radiis, *Prisc*

Stipa, æ f [a stipando, quod] *Tow, or hurds to stop the chinks in ships*, Serv

Stipans, tis part *Surrounding, guarding* Magna juventus stipante caterva, *Vir Æn*

Stipatio, onis f verb (1) *A surrounding or guarding* (2) *A crowding or thwacking of things to* (1) = Concursatio, stipatio greges hominum *Cic* pro (2) Aggressionum et stipatum situ (itio, *Quint* 5

Stipator, oris m verb [a stipe, quod tredis nomine acciperet] (1) *An attendant*, or *one that guards of the body the* (2) *One that layeth in goods as are to be carried* (1) *a shower of goods* (1) *catch* stipatoribus suis, *Cic in Ver* 3, 26 Stipatoribus, *Id* pro *Domo*, 5 = ministe, *Id* (2) *Serv*

Stipatus, a, um part (1) *Guarded, attended*, as princes are (2) Also *standing, crowded, thronged* (1) Stipatus gladiorum manu, *Paterc* 2, 58 (2) *Liv* 25, 18 Stipatus, *Plin Epist* 6, 22, 4 *Pertaining to*, or *belonging to wages* Stipendiarius

Stipendiarium, ii n [a stipendium] *An ordinary kind of tax*, or *tribute*, *Cic ap Litt*

Stipendiarius, a, um (1) *Tributary, that payeth tribute* (2) *He that taketh wages, an hireling* (1) Habere civitates stipendiarias, *Cæs B G* 1, 30 ✻ Vectigalis stipendiariusque P R *Liv* 21, 41 Socii vectigales aut stipendiarii, *Cic Verr* 2, 60 ☞ Ex *sententia S Pet Var lect* 2, 1 *al den putant* vectig & stip (2) Dux stipendiario Thrace miles, *Flor* 2, 20

Stipendior, ari act *unde* stipendior pass *To take into pay, to entertain into service for pay* § Reg sexcentena millia stipendiantur, *Plin* 6, 19

Stipendiosus, a, um *Serving for wages, having been long a soldier* Veg 2, 23

Stipendium, ii n [a stipe pendendo, *Id*] (1) *Wages*, or *pay for soldiers, a stipend*, or *salary, hire, pay* (2) *A campaign* (3) Also *tribute* (4) *A subsidy to a prince* (5) *A penalty, a mulct*, or *fine* (1) Stipendia mereri, *to be a soldier, to bear arms*, *Cic* *pro* Cœl — facere pedibus, *to serve on foot, to be a footsoldier*, *Liv* 2, 21 (2) Stipendia prima fecit, *Nep* Placitum missionem dari vicena stipendia meritis, *Tac Ann* 2, 36 *Met* Functus omnibus vitæ humanæ stipendiis, *Sci* (3) Quadringentis et stipendium inc impositum, *Suet Cæs* 25 *Hoc ipsum exponens* *Eutrop* tributum *vocat* 6, 14, 5 (4) *Pompon* (5) Quæ finis aut quod me manet stipendium? *Hor Epod* 17, 37

Stipes, itis m [a στυπ⊚, *Id*] (1) *A log set fast in the ground* (2) *A club* (3) *A stake for a mear*, or *landmark* (4) *A trunk of a tree* (5) *A firebrand*, or *billet* (6) Also *a senseless fellow, a blockhead* (1) Sudes stipitesque præacutos defigit, *Cæs B G* 1, 27 (2) Nodosis stipes *Ov Epist* 10, 101 (3) Stipes defixus in agris, *Tib* 1, 1 (4) *Prop* 4, 2, 59 (5) *Ov* in *Ibin*, 602 (6) = Quæ sunt dicta in stultum, caudex, stipes, asinus, *Ter Heaut* 5, 1, 4

Stipo, are act [a στειβω, calco, densum facio, *Scal*] (1) *To fill up close* (2) *To stuff, thwack*, or *cram* (3) *To compass, or environ* (4) *To attend upon, to guard* (1) Liquentia mella stipant apes, *Vir Æn* 1, 436 (2) Non in area ponebant eas, sed in angusta cella stipabant, quo minus loci occuparet, *Varr R R* 1, 4 (3) Sentum stipare *Cic Phil* — (4) = Apes circumstant fremitu denso, stipantque frequentes, *Vir Geor* 4, 216

Stipor, ari pass *To be crowded, or environed*, &c Tydea circum omne fusum bisque vingue stipantur, *Stat Theb* 2, 366 Non ut stipatis frequentia, stipati simus, *Cic* pro *Mil* 1

✝ Stips, is m *ant id quod* stipes

Stips, is f [a stipando, *Varr*] (1) *A piece of money, the same with the as*, (2) *given to beggars*, (3) *when in the soldiers it is being paid in a piece, the being in a chest, received it by weight, and this, the piece money was called* stipendium (4) Also *money offered to the gods* (5) *Hirelings wages* (6) *Profit, gain* (1) Quod Suet Aug 57 stipem elephanto porrigere, *id* Quint & Macrob *esse dare* *dicerent* (2) = Stipem quotannis die certo emendicabat a populo, cavam manum

præbens porrigentibus præbens, *Suet Aug* 91 *Ter Geo* stipem, *Ovid* (3) *Vid Varr L L* 4, 16 (4) Dies cum in thesauros stipem dant, stipem dicam, *Verr* *Vid Lips ad Tac p* 37 (5) Parva stipe opes quærere, *Ov Fast* 4, 350 Mercenariæ stipis ancilla, *Plin* 10, 63 (6) Pecuniæ pristiones non minimam ex ono stipem conferunt, *Col* 8, 1

* Stipticus, *rect* stypticus, a, um [ε στυφω, obturo] *Binding, styptic, restringent*, *Plin* 2, 15 *Lat* Restringens

Stipula, æ f [a stipa] (1) *Holm, straw to thatch with, the husk that closeth in the straw* (2) *Stubble*, or *straw left in the field after the corn is reaped* (3) Me on *A shepherd's pipe made of such straws* (1) Ardentes stipulæ crepitantis acervi, *Ov Fast* 4, 781 (2) Meridie ipso faciam stipulam ut colligat, *Ter Adelph* 5, 3, 62 (3) Miserum stipulam disperdere carmen, *Vir Ecl* 3, 27

Stipularis, e adj *Belonging to stubble, of stubble, fed with stubble* Stipularis anser, *Quint*

Stipulatio, onis f verb [a stipulor] (1) *A covenanting*, or *demanding of terms, in order to agreement* (2) *A stipulation, a bargain, promise, covenant*, or *obligation to pay money*, or *perform a thing that is required* (1) Stipulationum aut judiciorum formulæ, *Cic de Legib* 1, 4 (2) Pecunia, quæ ex stipulatione debetur, *Cic de Legib* 2, 21 ☞ *De variis stipulationum formulis consule JCC*

Stipulatiuncula, æ f dim *A small bargain* Decipi a verbis stipulatiuncula, *Cic de Or* 1, 38

Stipulator, oris m verb *He that bindeth another, a person faithful in the forms of contracts, whose business was to see right fraud was on either side*, *Cic pro Quint* 18 *Suet Vitell* 14

Stipulatum monopt *By covenant* Jovi stipulatum, *Plin* 7 41 *sed Hard lege* adstipulatu Sipria plegati nostri primus, *Quint* *L cl* 12 *P* with 1

Stipulor, ari verb com m Prisc [a stipe, *Varr* & *Fest* quod stipem, *i e* pecuniam (ferendum vett appell) potueret creditor, modo spondere, quod erat stipulari & restipulari] (1) *To ask and demand such and such terms for a thing to be given*, or *done by the ordinary words of the law* (2) Pass *To be required*, or *tied by another to make a contract with him*, (3) *To make a bargain by asking*, or *offering* (1) *Vid Varr R R* 2, 3 ✝ spondeo, *Col* Nullum periculum est quod sciam, stipulantier, ut concepsti verba, VIGINTI MINAS DARIN Ballio, DABUNTUR, *Plaut Pseud* 4, 6 14 ☞ *Ibi vetustam in formulam exiguere* stipulatio *he promissio*, *sat certis* (2) § Stipulor, abs te, *Plaut* () Laconia lex vetat minorem 25 annis stipulari, *Suet* Scorta exoriri, quidque stipulari solent, *Plaut Curc* 4, 1, 12

✝ Stipulum [stipe, *Prisc*] quæ stipulum, *arerum dicat* stipo, *Ibi* *Firm, solid* Firmum, solidum

Stiria, æ f (1) *A drop of ice, or ice hanging at the eaves of houses, an icicle* (2) *Catchr A drop of snivel hanging at one's nose* (1) Stiria horrida induruit impexis barbis, *Vir Geor* 3, 366 (2) Turpis ab inviso pendebat stiria naso, *Mart* 7, 36, 5

✝ Stiricidium, ii n [ex stiria & cado] *The dropping of ice hanging with icicles* | Stillicidium, *Cic*

Stirpitus, a, um *Rooted*, Litt ex *P n*

Stirpesco, ere incept [a stirps] *To spring up, to grow to a stem*, or *stalk* ✻ Stirpescere & intumere, *Plin* 19, 8

✝ Stirpis, is f *ant pro* stirps, *Stat*

Stirpitus adv [a stirps] *By the roots, utterly, root and branch* Stirpitus errorem exigere, *Cic Tusc* ult

Stirps, is f (1) *The root, stem, stock* or *stalk of a tree*, or *plant* (2) *The lower part, the bottom* (3) *The ground, the foundation* (4) *A stock*, or *kindred, race, lineage, issue* (1) Ammorio igni in stirpes traxit, *Vir Geor* 2, 379 Deposita stirpes valido solo, *Col* 3, 5 (2) A stirpe pedes temo protentus in octo, *Vir Geor* 1, 171 (2) Stirps quæstionis, *Cic de Fin* 4, 2 (4) Neque illi nuic defuit, quam generosa stirps, *Nep* *Num* 1 Stirps ab iis ex novo matrimonio, *Liv* 1 1

Stiva, æ f *The plow tail, or handle* Innitens stivæ pene rectus arator oculis, *Col* 1, 9 *cum Vir Geor* 1, 174 Stivæ innixus arator, *Ov Met* 8, 218

Stlata, æ f *A broad ship, or boat, an hulk, a pirate ship, a float, boy, or flat boat*, vid *Gell* 10, ult *Auson Ep* 22, 31

Stlatarius, a, um [stlata] *Of, or belonging to a boat*, or *ship, brought by shipping, foreign, merchandise* Stlataria purpura... 7

✝ Stlembus *slow and heavy*, *Lucil ap Fest* ann ad

✝ Stlis *pro* lis, unde Stlitibus judicandis *Fest*

✝ Stlocus, pro locus *ant Fest*

Stloppus, i m *Stloppus*, *sc The sound that one maketh with the breath in puffing his cheeks*, &c *Pers* 5, 13

Sto, stas, steti, statum neut [στάω, στῶ] (1) *To stand* (2) *To stand still, not to move* (3) *To stand upright* to be (4) *To stand in array* (5) *To last, to endure*, or *abide, to continue, to persevere*, or *hold on* (6) *To be fixed*, or *resolved* (7) *To stand up to*, or *agree to, to acquiesce, stand to, to be determined* (8) *To cost, to be at a price* (9) *To be certain* (10) *To stand to make good* (11) *To take part with*, or *against* (12) *To be* ... *to consist of* (13) *To be placed in* (14) *To be in* ... *to be in favour* (15) ... *to be prosperous* (16) *To stand* ... *to be overthrown, to be erected* (17) *To stand in, to cost* (18) ... *fixed* ... (1) Centurionis ex eo, ... stant Lictores ... ante ... *Cic* Stant omnes ... *Sit Cal* ... Stant ... *Hor Sat* 2, ... *Id* (2) Neque ... quo ... aut ... stant ... *Plaut Amph* 1, 1, ... (3) Stetere coma, *Vir Æn* 2, 774 Stant ... pulvere crines, *Stat Theb* ... (4) ... *Prop* ... 4, Dum ... acies, mult in ... *Quint* (5) Si ... stetens, *Liv* ... nudius

...cetera ita gratia tacit, ... 4, 5,8 = Trojanæ nunc ... 5, Pr ... que arx ... 5, Il Æn 2,56 Met Qui ... ... Ter Eun ... 1,18 ... Stare in ... quod est ... oportet, ... Anehus potius stare ... Sit ... 9, 1 (8) Si nt ... Prop 3, 3 2 ... Stare rei ... to be lov of one, Ter And 2, 4, 0 ( ) ... ventis it ret ... Lal 2, 6 ... Tranquilum in mare dicitur, cum levite commovetur, nec in unam partem inclinatur Itaque h legeris, Lur placidum, &c ut supra ... non stare, si succutiatur leviter, & mei tranquillum, quia nec huc nec illuc impetum capit, ... (10) Stare pacio, Iis conditionibus, Cic Att ...15 decreto senatus, Cæs B G 6, 13 (11) § Stare ab aliquo, Cic in Rull 1, 43 § cum aliquo, Id in Rull 2, 48 § pro aliquo, Quint (12) ⅌ Securus cadat, an recto stet fibula talo, Hor Ep 2, 1, 176 (13) Omnis in Ascanio chari stat cura parentis, Vir Æn 1, 650 (14) Periculum vitæ meæ stet ... Plaut Capt 3, 5, 82 (15) Quod steterat multis in carcere fornicis annis, Juv 10, 229 (16) ... ager sentibus, Gell ... noster ... cælum, Vir Æn 12, 408 (17) ... Achivis ... Juv 3, 50 conf & Hor Sat 1, 2, 112 (18) = Interea ... fiat valco stare, aut novi civilia jura, Hor Sat 19, 39

* Stoa f [στοά] A gallery, porch, or portico, Cell

* Stœbe, es f [ἡ στοιβή] An herb that groweth in watry grounds, knapweed, Plin 22, 11

* Stœchas, adis f [dict à Stœchadibus insulis] A flower called ... or cotton weed, French lavender, Plin 27, 12

Stoicus, a, um Of, or belonging to a stoic, stoical Libelli Stoici, Hor Epod 8, 15 Dogma a stoica, Juv 1, 121

Stoicè adv Like a stoic = Agis mecum austerè, & stoicè, Cic pro Mur 36

Stola, æ f [παρὰ τὸ στέλλεσθαι, ab induendo] (1) A long robe down to the heels, gathered and plaited thick, a matron's gown, a cymar, or justacore (2) Also in some nations it was worn by men (1) ... Sumpsisti virilem togam, quam statim muliebrem stolam reddidisti, Cic Philipp 2 18 Non illa liga os impediat crines, nec stola longa pedes, Tib 1, 1, 68 ... cum ... Mart 3, 9, 4 (2) Velaticus ... stola, Enr ... Tib pha

Stolatus, a, um [à stola] Wearing a long robe with a train, matron like Stolata mulier, a lady of quality, Vitruv 1, 1 ... Stolata, Hor Sat 1, 2, 82

Stolidè adv ... comp Foolishly, simply, sottishly Id non pro nihilum magis stolide, quam stolide creditum, Liv 25, 19 Stolidius erumpentes, Am m 19, 8

Stoliditas, ātis f Dulness blockishness Apud homines paris stoliditatis, Phr 4, 12

Stolidus, a, um or, comp ssimus, sup [a stolo stoloni similis, sc inutilis est] Dull, heavy, foolish, doltish, sottish Numen ... saxum, Plaut ... tandem ... stolidius, Ter ... 5, 1, 12 O vitam ... Ov Met 13, 774

Stolo, onis m [στόλων] (1) A shoot, twig, or scion, springing out of the root, or side of the stock, an useless sucker, a water shoot (2) Also a fool, or blockhead (1) ... R R 1, 2 ( ) Auson

* Stomacace, es f ... A ... of the mouth, rankness of ... so that the teeth fall out, the ... Plin ... 3

Stomachabundus, a, um Angry, fretting, surly, sullen, dogged, Gell 1, 8

Stomachans, tis part Fretting, fuming, Cic Attic 4, 16

Stomachicum, i n A medicine good to open the stomach, Celf

Stomachicus, a, um That is sick in the stomach, that cannot keep the meat that he hath taken, Plin 20, 9 & 25, 5

Stomachor, āri dep To be angry, vexed, or displeased, or moved, to be in a great fume, to fret, fret, or chafe § Id in cum stomacharer Ter Lun 2, 3, 52 Stomacharer si quid asperius dixerim, Cic N D 1, 33

Stomachosè adv unde ius, comp Angrily, peevishly, in a fret Rescripsi & stomachosius, Cic Attic 10, 5

Stomachosus, a, um or, comp (1) Fretful, peevish, stomachful (2) Making fretful, choleric, or angry (1) Stomachosiores litt ... Cic ... 11 Acumen versutum, & salers, sed sæpè stomachosum, Id (2) Me quidem valde movent stomachosi, & quasi subnotosa ridicula, Cic de Or 2, 69

Stomăchus, chi m [ὁ στόμαχος, ἀπὸ τοῦ στόματος, & χέω, quod cibum ab inferiore orificio ad intestina transfundit] (1) The meat pipe, whereby the meat goeth down into the ventricle (2) Synecd The stomach (3) Also indignation, choler, passion (4) Also humour, mind, fancy, will, pleasure, or appetite (1) Linguam ad radices ejus hærens stomachus excipit, Cic N D 1, 54 ⅌ Summum gulæ fauces vocantur, extremum stomachus, Plin 11, 36 (2) Jejunus stomachus raro vulgaria temnit, Hor Sat 2, 2, 38 ¶ Stomacho laborare, to have a pain at his stomach, Cels 1, 8 (3) ⅌ Ille mihi risum magis quam stomachum movere solet, Cic Attic 6, 3 (4) Ludi apparatissimi, sed non tui stomachi, Cic Fam 7, 1 ¶ Stomacho suo vivere, to live as he listeth, after his own humour, Plin

* Stomalgia f A pain, or soreness in the mouth Lat Oris dolor

* Stomatice, es f That which healeth sores in the mouth Medicamentum, quod stomatice vocatur, utilissimum oris vitiis, Plin 23, 6

Stomaticus, a, um Having a sore, swelling, or canker in the mouth Hujus flos stomaticis datur, Plin 24 14

* Stŏmōma, atis n A kind of scales, or powder coming from brass in heating, Plin 34, 11

* Storax, icis m A sweet incense, or gum so called, Vir in Cir 168 Rect styrax, q v

Storea, æ f [ἀπὸ τοῦ στορέειν, à sternendo, quia humi sternitur] Any thing spread on the ground, a mat, Liv 30, ... sub fin

† Storeo, āre To make mats, Litt ex Plaut

† Storia Cæs in MS pro storea

Straba, æ f She that is squint eyed, or hath a cast with her eye Siqua straba est, Veneri similis, si rava, Minervæ, Ov Art Am 2, 659 ... Heins

Strabo, ōnis m [à στρέφω, torqueo] Goggle eyed, one who looketh asquint ⅌ Ecquos Deos, si non strabones, at pætulos esse arbitramur? Cic N D 1, 29

Strabus, a, um adj Squint eyed ⅌ Non hæc res de Venere pæta, strabam facit ... Prisc

Strages, is f [à sterno, stravi] (1) A felling, or cutting down to the ground, properly of trees, a laying flat (2) A slaughter, a discomfiture, a multitude of men slain, a carnage, defeat, or overthrow, a rout of an army, havock ( ) A great ruine and fall, as of houses, temples, &c (1) ⅌ Clades ... surculorum detritio, calamitas ... strages strataque ... Scal Quod tamen non est perpetuum Nemorum strages, Sil 3, 205 ⅌ Nimbus dat stragem satis, Vir Æn 12, 454 (2) Per vicos late stragem dederc, Liv 8, 30 ( ) = Strages cædesque hominibus, Cic de Div 1, 12

Stragula, æ f sc vestis [à sterno, stratum] Any outmost garment, any kind of furniture spread on the ground, bed, table, or walls, as carpets, hangings, a counterpane, a coverlet, an horse-cloth, Cic Verr 1, 10 Liv 34, 7 Mart 14, 148

Stragulum, i n sc vestimentum [a sternendo] (1) Any covering, a blanket (2) An housing for an horse ( ) The upper garment (1) Quicquid insternebant, a sternendo stragulum appellabant, Varr Nec stragula picta soporem, nec sonitus placidæ ducere possit aquæ, Tib 1, 2, 79 Textile stragulum, Cic Tusc 5, 21 (2) Stragula succincti venator sume veredi, Mart 14, 86 (3) Ulp

Strāmen, inis n [à sterno, stravi, stratum, quod sternitur] (1) A spreading, any thing spread, as flowers, &c (2) Straw, litter (1) Agreste stramen, Vir Æn 11, 67 (2) Tecta stramine casa, Ov Met 5, 447

Stramentitius, a, um adj Made of straw, Petron c 63

Stramentārius, a, um Belonging to corn Stramentariæ falces, Cato R R 10

Strāmentum, i n Straw, stubble Stramenta arida tectis injiciunt, Liv 25, 39. Stramentis incubare, Hor Sat 2, 3, 117 Stramenta stantia in segete relinquere, Varr R R 1, 50

Strāmĭneus, a, um Of, or belonging to straw, thatched, or made with straw Casæ stramineæ, Ov A Am 2, 9, 18 conf Prop 2, 13, 20

Strangulans part Choking, Plin 2, 45

Strangŭlatio, ōnis f verb A choking, strangling, throttling, stifling, stopping, Plin 20, 15

Strangulatus, ûs m Vulvæ strangulatus, a disease in women called the mother, Plin 7, 7

Strangŭlo, āre, act [à στραγγαλόω] (1) To choke, to throttle, to stifle, to strangle (2) Met To pinch, to make one a miser (1) Nobilem hospitem comprehendit & strangulavit, Cœl Cic Fam 8, 15 (2) Plures nimia congesta pecunia cura strangulat, Juv 10, 12

Strangŭlor, āri pass To be choked Prætor lactis haustu uno pilo strangulatus est, Plin 7, 7, 1

Stranguria, æ f [στραγγουρία ἡ κατὰ σταγόνας τοῦ οὔρου ἔκκρισις] ... urinæ per guttas excretio] The strangury, or making of water in great pain, and very hardly, the strangullion Forticulum ... in torminibus & in stranguria ... præbet, Cic Tusc 2, 19 Lat Difficultas urinæ, Cels Lotium sub stillum, Cato

* Strătēgēma, ătis n [ὁ στρατηγέω, exercitum duco] A piece of policy in war Rufius ... stratagemate percussit Vestorium, Cic Att 5, 2 vid Val Max de stratagematis, 7, 4 Lat Callida inventio, Nep Eum 5

† Strateia, & strativolæ ... meretrices, à Plauto, quia ... nant, Gell 3, 3

* Strategia, æ f A command, generalship, a government of soldiers, a lieutenancy, or shire of a country = Dividitur in præfecturas, quas ii strategias vocant, Plin 6, 9

* Strategus, i m [ὁ στρατηγός, exercitus, & ἄγω, duco] (1) A captain general of an army, a chieftain, or lieutenant (2) Met The master, or ruler of a feast (1) Nec strategus, nec tyrannus quisquam, Plaut Curc 2, 3, 6 (2) Strategum te facio huic convivio, Plaut Stich 5, 4, 20

* Stratiōtes, æ m Milfoil, living without a root, and swimming above the water, good for healing of all wounds made with iron, Plin 24, 18 qui & folium mutare vocat, quod sanet brevi vulnera

* Stratioticon n Milfoil, Apul = Achilla

* Stratiōticus, a, um adj Pertaining to soldiers, soldier like Stratioticus nuncius, Plaut Pseud 2, 2, 9

|| Strātor, ōris m verb He that saddleth, bridleth, and holdeth the horse for his master to get up, a yeoman of the stirrup to a prince, a querry, or groom of the stable, Amm 30, 5 ⅌ Qui sternit equum

Strātum, i n [à sterno] (1) A couch, or bed to lie on ( ) Any thing that is strowed and that is laid on a bed, as rug, coverlet, counterpane (3) An horse cloth, housing, harness, or saddle (4) Also a paved street (1) Quæ neque molli strato, neque silentio accersita, Liv (2) Lecti mollia strata, Lucr 4, 847 Picta strata, Ov Met 8, 33 (3) Frenos & strata equorum Pelethronium invenisse ferunt, Plin 7, 56 (4) Virum strata, causeways, ... viæ stratæ, Hellen Vir Æn 1, 426

Strātūra, æ f [à sterno] Paving of causeways, or highways Stratura viarum, Suet Claud 24

Strātus, a, um part [à sterno] (1) Strowed, scattered (2) Laid upon (3) Laid along, flat, prostrate (4) Calmed, quieted (5) Paved (6) Overthrown (1) Strata jacent passim sua quæque sub arbore poma, Vir Ecl 7, 54 Stratus membra, laid along, Hor Od 1, 1, 22 (2) Strato super discumbitur ostro, Vir Æn 1, ... (3) ⅌ Nos sibi ad pedes stratos ne sublevabat quidem, &c Cic Att 10, 4 (4) Strata unda, Ov Ep 7, 49 Stratum æquor, Vir Ecl 9, 57 (5) Strata via, Liv 8, 15 (6) Dardania stratus dextra, Vir Æn 10, 326

Strātus, ûs m (1) A strowing, or laying (2) The saddle, housing, and accoutrements of an horse (1) Stramentum à stratu quod

quod substernitur pecori, *Varr R R* 1, 50 (2) *Solin* c 57

‡ Strelligo, inis f [a στρέβλος, tortus] *A solecism* Vid Striblig.

Streblita, æ f [a στρεβλὸς, tortus, unde & Angl *a tart*] *Vid* Scriblita

Strena, æ f [a στρῆνος, luxus, licia, *Lust*] *A new year's gift, or present* Edixit & strenam ne quis … anno si receptui um, *Suet Cal* 42 *vid* … *Casaub Scrib &* … strenua

Strenue adv ssime, sup (1) *Stoutly, boldly* (2) *Readily, quickly* (1) Domus … nostri m ædificatur strenue, *Cic* ad Q *fratr* 2, 2 Strenuissime vincere, *Eutrop* 9, 13 (2) … curtic in Pyræum, *Plaut* … 4, 4, 11 ‖ Magis strenue, quam commode navigavi, *Cic Att* … 16, 6

Strenuitas, ātis f *Valiantness, stoutness, nimbleness, activity, …* Strenuitas antiqua manet, *Ov Met* 9, 320

Strenuus, a, um or, comp ssimus, sup [a στρηνής …] *Hardy, … (1) Brisk, stout, brave, … (2) Active, ready, quick, nimble, strenuous* (1) Ex agricolis & viri fortissimi, & milites strenuissimi gignuntur, *Cato* in *Præf* ‡ Strenuiori deterior … … suas pugnas, de … … *Plaut Epid* 3, 4, (2) ‖ Celeriter isti & redisti, … cognosceret te … strenuum, *Cic Philipp* … ‖ Populi … damno … improbi sunt usui, *Plaut* … 4, 7, 28

‖ Strepērus, a, um *Jarring*, … Ap recent ‡ Strepitans

Strepitans, tis part *Rustling, rattling, clattering, clashing* Strepitantes alæ, *Sil* 2, 2, 17 Strepitantia arma, *Sil* 9, 280

‡ Strepito … in gen *pro* strepitus, *Fest*

Strĕpito, āre freq [a strepo] *To make a great noise, to make a great stir, to bustle*, Vir Geor 1, 41

Strĕpitus, ūs m (1) *A noise made by the hands, or feet*, (2) *by brooks, or rivers* (3) *A creaking, or screaking* (4) *A … or hurlyburly* (5) *The … or company that followeth great man* (6) *A tune, or sound* (1) Neu strepitu terrete … *Tib* 2, 2, 37 ‖ Non strepitu, … maximo clamore … R ostendit voluntatem, *Cic* … *Verr* 15 (2) Fluminum strepitus, *Cic de Legib* 1, 6 (3) Raucum strepitu janua, *Hor Od* … Valvarum strepitus, *Id Sat* 2, 6, 112 (4) Constitit … strepitumque exterritus hausit, *Vir* … *Æn* 6, 559 (5) Toto fortunæ … strepitu *aliquem* circumstare, *Quint Declam* 1, (6) Dulcis … strepitus aureæ testudinis, *Horat* … 4, 3, 18

Strĕpo, ĕre, ui, itum neut [a … verbo, a sono] (1) *To make a noise, to bustle* (2) *To … (3) To mutter, to murmur* (…) *To ring* (1) Murmure strepitu campus, *Vir Æn* 6, 709 Cum … cœpissent intra … strepere, *Cic* (2) Rauco strepuerunt cornua cantu, *Vir Æn* 8, 2 (3) § Hæc cum sub ipso vallo portisque streperent, *Liv* (4) Strepunt aures … clamoribus, *Liv* 22, 14

‡ Strepsiceros, ōtis m *A kind of … or goat with wrinkled horns*, Plin 8, 53

Stria, æ f [a stringendo, *Per* ut sit id quod striga] (1) *A chamfering, chanelling, or making hollow, a groove, furrow, or gutter in carpenters, or masons work, or rather a rabate, a crease* (2) *Also the crease of an herb* (1) *Vitruv* 4, 3 (2) *Ruell*

Striātūra, æ f *Chamfering, chanelling, rabates, small furrows, or creases made in stone, or timber*, Vitruv 4, 3 *vid Bald Lex* c

Striātus, a, um *Chamfered, chanelled, wrought inward with a winding* Striatæ columnæ, *Plin* 21, 5 conf *Vitruv* 4, 3 Striatæ cortinæ, *a plaited, or folded curtain*, Jun Striata frons, *Apul Met* 10, p 317 … … *cipcrati*

Striblīgo, inis f *al* Stribiligo [a στρέβλος, curvus, a tortuose orationis pravitate & versura, *Gell*] *A fault in speaking, or writing, called solecism, or incongruity*, vid *Gell* 5, 20

* Striblita, æ f [στρεβλίτης, a στρεβλὸς, quod in circuitu restis in modum torqueretur] *A tart, or kind of cake twisted about like a rope, jumbols*, Cato R R 8 *Vid* Scriblita

Striblitarius, ii m *A maker or seller of such cakes*, Afran

Stricte adv [a stringo] ius, comp ssime, sup (1) *Closely, tightly* (2) *Lightly, not so much* (3) Met *Briefly, shortly* (4) *Rigidly, strictly, severely* (1) Flacis ventrem strictissime … *Gell* 16, … (2) … Post bonam vindemiam stricte … post exiguam latius, *Pallad* 1, 6 (3) *Vid* Strictim, n 2 (4) Observare stricte, ne plus reddat quam acceperit, *Cic de Amic* 16

Strictim adv (1) *Closely* (2) *Briefly, slightly, by the by* (1) ‖ Strictim attondere, an per pectinem, *Plaut Capt* 2, 18, (2) ‖ = Ea quæ copiosissime dici possunt, breviter & me strictimque dicuntur, *Cic* ¶ Strictim exercitum ducere, *Plaut* ‡ passim, *Il*

‡ Strictipellæ [qua stringunt pellem, i e cutem & rugas in facie extendunt] *Painted whores*, Plaut *al leg* Stritabillæ

Strictivus, a, um *Gathered, or cropped with the hand*, Cato

‡ Strictivellæ, *pro* Strictipellæ, quæ strictim evellunt pilos, *Varr* ap *Non*

Strictor, ōris m verb *A cropper, a gatherer of fruit*, Cato R R 144

Strictūra, æ f [a stringo, strictum] (1) *A stricture* (2) Also *a spark that flieth from a piece of metal, when being red-hot it is wrought and beaten*, as commonly explained, (3) but rather *iron ore, a plate, pig, or bar of iron* (1) Supercilia ad malorum stricturam currentia, *Petron* c 126 *ubi al* scriptum (2) Stricturæ chalybum, *Vir Æn* 8, 421 (3) *Plin* 34, 14

Strictus, a, um part & adj or, comp ssimus, sup [a stringo] (1) *Gathered, or beaten off* (2) *Cut asunder* (3) *Drawn out* (4) *Close, concise, narrow* (1) Folia ex arboribus stricta, *Cæs B C* 3, 58 (2) Stricti nervi, *Luc* (3) Stricto gladio insequi aliquem, *Cic Philipp* 2, 9 (4) Est artis strictissimi janua nostri, *Ov Rem Am* 23… ‖ Strictior Calvus, numerosior Asinius, *Dial* de *Orat* 25, 6

Stridens, tis part (1) *Making a noise, roaring* (2) *Creaking, screaking* (3) *Clapping, &c* (1) Horrendum stridens bellua, *Vir Æn* 6, 288 procella, *Id* (2) Serræ stridentis horror, *Lucr* 2, 410 (3) Alis stridentibus ludunt cygni, *Vir Æn* 1, 401

Strīdeo, ēre, & strīdo, ĕre … [a sono fict] (1) *To crack* (2) *To creak, to shriek* (3) *To make a whizzing, to hiss* (4) *To roar* (5) *To buzz, to hum* (6) *To howl* (1) Quum strident funes, gubernacula gemunt, *Cic* … Plin Epist 9, 26, 4 (2) Cardo foribus stridens … *Vir Æn* 1, 453 (3) Merum fetum … igne strident, *Ov Trist* 5, 5, 12 (4) Sylvæ strident, *Vir Æn* 2, 418 (5) Boum … visceribus toto stridunt apes utero, *Vir Geor* 4, 556 *Al* … Strident … *to whisper*, Hor Sat 2, 8, 8 (6) Stridet Cerberus, *Tib* 1, 3, 72

Stridor, ōris m [a strideo] (1) *A noise, a crashing* (2) *A screaking* (3) *The creaking of a door* (4) *The whistling of wind* (5) *The grunting of a boar* (6) *The hissing of a serpent* (7) *An hissing, or whizzing* (1) ‡ Insequitur clamorque virum stridorque rudentum, *Vir Æn* 1, 80 (2) Stridor serratum, cum acuitur, *Cic Tusc* 5, 40 (3) Janua, quæ verso stridorem … *Ov Met* 11 608 (4) Aquilonis stridor, *Cic Tusc* 1, 28 (5) Latos stridore per … spuma fluit, *Ov Met* 8, 287 (6) Movit linguam stridore bisulcam, *Ov Met* 9, 65 (7) *Ov Met* 12, 276

Stridŭlus, a, um (1) *Creaking* (2) *Crackling* (3) *Noisy, clamorous* (1) Plaustra stridula, *Ov Trist* 3, 12, 30 (2) … stridula fumo, *Ov Met* 10, 6 (3) Stridula convicia, *Ov* … *Pison* …

Striga, æ f [a stringo, *pro* stringa] (1) *A ridge land, or single furrow drawn at length in plowing, a row or rank of things laid in length* (2) *A team, or train of horses* (3) Also *such a place, or distance of the troops where the horses stopped, and were rubbed down* (4) Also *a piece of ground more long than broad* (1) *Col* 2, 19 (2) *Hygin* (3) *Charis* (4) *Ap Grom scripst*

Strigātus, a, um *More long than broad by half* ‖ Strigatus ager, *a field that ran in length from north to south*, Aggen *frontwest to east*, scamnatus, Aggen

Strigil, *sed sæpius* strigilis, is f [a stringo, quod eo equi, & in balneis homines stringuntur] (1) *An horsecomb, a currycomb*, also *a scraper or flesh brush* (2) *An instrument used in bathing, to rub filth and sweat from their bodies* (3) Also *cloths, or napkins wherewith the wrestlers found or wiped themselves after their exercise* (4) *A little piece of fine gold found in mines* (5) Also *a small tube, or syringe* (6) *A crease in chamfered work* (7) Some take it for *a kind of long … in the cited places* (1) Fabula strigile raduntur, *Col* 6, 31 (2) I, puer, & strigiles Crispini ad balnea defer, *Pers* 5, 126 (3) *Plin* 31, 11 (4) *Plin* 33, 3 (5) *Cels* 6, 7, 1 (6) *Vitruv* 4, 4 (7) … strigili … ampulla aut strigilis accedat, *Cic de Fin* 4, 12 *Plaut Pers* 1, 3, 44

‖ Strigilecula, æ f dim *A little currycomb*, Apul Florid p 777 ‡ Parva strigilis

Strigium ii n [fort a stringendo] *A kind of Spanish garment*, Litt ex Plaut

Strigmentum, i n [a stringendo] (1) *A scraping, that which is rubbed off* (2) *Scouring, lees, or dregs of oil, scrap of … wrestlers bodies* (1) … *Plin* 9, 51 (2) … … strigmentis gymnasiorum … collegenti … *Plin* … 1, …

‡ Strigo, āre … *Fest*

Strigo, āre *To breathe, or rest in work, to stop or stand still as oxen sometimes do at … in the middle of a furrow, to stop, as horses do in march or travel, to halt and to be rubbed down, when they come … strigam*, Litt ex *Prop* … *sed non invenit, certe Phædrus*, ‖ Namque … strigandum, & ubi currendum est, … o, …

‡ Strigo, ōnis, *vel* strigor, ōris m [Strigores densarum … um homines, quod inter … … … sunt, *Fest*] *Strong and well compact man*, Plaut Bacch 2, 3, 46 *al* … interpr Salm

Strigōsus, a, um or, comp ssimus, sup [a stringendo … quod … stringat, *id est*, … *Lean, lank, … thin* (2) *Nothing but skin and bone, hidebound, as cattle sometimes are* (3) Met *Slow, … … … barren* (3) Also *lean, … … empty* (1) ‖ = Pecuniosus … strigosus … … … … … sectatur, nec … … & … … *Col* 7, 11 = … … pabuletur corpora … strigosum … ris, & non strigosissima corporis, *Id* 7, 6 (2) Scio … … notavit & strigosiores equos, *Liv* 27, 47 (3) *Lucil* (4) … … est certe strigosior, *Cic de Cl Or* 64

Stringendus, a, um part *To … bound, or tied up*, Cic Offic … … *al leg* adstringendus

Stringo, ĕre, nxi, ictum act (1) *To grasp, or hold fast* (2) *To … hard, or close, to truss up, to bind* (3) *To bring into a … or … (4) Met To … up on, to affect deeply* (5) *To thin the boughs of trees, to lop, or cut* (6) *To make naked, or bare* (7) Met *To spend, or waste* (8) Met *To touch lightly, brush, or graze upon* (9) *To couch briefly, to relate concisely* (10) *To … … in order to gather* (1) … … quid manu stringere, … Dente … … *Ov Met* 11, 776 (2) = Cruentum … … … … stringere, *Vir Geor* 1, 317 (…) Stringere venas fervente … … de pulvere *Pers* … (4) Animum patriæ stringit … *Vir Æn* 9, 294 (5) = … stringe comas, … … … *Vir Geor* … (6) … … … … *Vir Æn* 10, 477 (7) … … *Hor Sat* 1, 2, 8 (8) … … tus … & … … stringat … … *Vir Æn* 5, 16… … … … … stringit … *Ov Met* 1, … 6 … … … … stringit … *Vir Æn* … … 577 (9) = Præstis … stringere … … carum ab origine … …

me is, brevi̇eique anti̇qua revel vans, *Sil* 10, 18 (10) Quernas glandes um [illegible] temp [illegible]

Stringo, [illegible] *To be bound*, [illegible]

Stringor, [illegible]

[illegible] (1) *To* [illegible] *to* [illegible]

[illegible] *Plin* [illegible]

† S[illegible] [illegible] *quod* [illegible]

† S[illegible] *pro* [illegible]

† Stro[illegible] *pro* Trito, [illegible] Scal

[illegible] *pro* stringo [illegible]

St[illegible] (1) *The arts* [illegible] *pine tree, a* [illegible] (1) *Plin* (2) *Matth* ex [illegible] *Plin* 2, 48

[illegible] *Plin* 12, 17

Str[illegible] *thing* [illegible]

Strombus, [illegible] m *A shellfish of* [illegible]

Stro[illegible] *A kind of* [illegible] *Plin* [illegible]

[illegible] *or fetch* [illegible] strophum, [illegible] *Plin Epist* [illegible] strophium est, [illegible] *Ascont* [illegible]

[illegible] *He that* [illegible] *or garlands*, Plaut Aul [illegible]

[illegible] *A little* [illegible] *chaplet, a little* [illegible] *or forget*, Plin [illegible]

Stro[illegible]mium, [illegible] (1) *A gar-* [illegible] *pro* [illegible] (1) Vid *Plin* [illegible] (2) Strophiolis [illegible] *Catull* 58, 65

[illegible] *the griping of the* [illegible] *Cels* [illegible]

[illegible] *Troubled* [illegible] Veg † Co-

[illegible] m *A strap of lea-* [illegible] strophos strophis [illegible] 10 8

[illegible] *Hesych* [illegible] *An* [illegible] *a crown, a mitre,* [illegible] *a slight chaplet,*

or *garland, a wreath*. Tenuio- [illegible] utebantur antiqui, stropos appellantes, unde nata stro phiola, *Plin* 21, 2

Structilis, e *Made* or *built* [illegible] *or pieces* [illegible] *Col* 11, [illegible] Structile [illegible] *Mart* [illegible]

Structio, onis f [illegible] *Building* [illegible] *Plin* [illegible]

Structor, ōris m [illegible] (1) *A builder, mason, or carpen-* [illegible] &c (2) *A* [illegible] *or ma-* [illegible] (3) [illegible] *that* [illegible] (4) *A car-* [illegible] (1) In [illegible] ventres agebatur [illegible] *Cic* [illegible] (2) Structores nostri [illegible] profectionem [illegible] dederunt, *Cic* [illegible] (3) [illegible] structo [illegible] *Petron* c 35 (4) Qui [illegible] non egeant ferro structoris [illegible] *Mart* 10, 48, 15

Structura, ae f (1) *A build-* [illegible] *a fitting in* [illegible] (2) *A compos-* [illegible] (1) Cameram structura antiquae, [illegible] (2) [illegible] verborum structura, *Cic* de *Opt gen Orat* 2 carminis, *Ov ex Pont* 4, 15, 1

Structus, a, um part (1) *Set in good array* (2) *Built, made* (3) *Piled up* (4) *Laid up pri-* [illegible] (5) *Compacted, disposed, or- dered* (1) Structi utrinque sta- bant *Liv* (2) Templa saxo structa [illegible] (3) Structos [illegible] *Sil* [illegible] (4) *A* [illegible] Tiberium structas [illegible] insidias, *Tac* 2, 65, hin (5) = Eloquentia composita & quasi structa, & nexa verbis, *Cic Orat* 41

Strues, is f [*a* struo] (1) *A pile, or heap of any thing, as wood, stones, bricks, &c* (2) *Also a certain cake which the* [illegible] *offered to their gods a* [illegible] *heaped up* [illegible] (1) Strues lignorum, *Liv* [illegible] *Curt* [illegible] saxorum, *Curt* [illegible] 2, 9 uvarum, *Plin* 14, [illegible] Jano struem commovero, *Cato* 134 (2) Hæc adolet flammis cum strue farra suis, *Ov Fast* 1, 276

† Strufertarii m pl *They who brought sacrifices and cakes to be offered, also they that did certain sacrifices to the trees that were burnt with lightning* De [illegible] *Fest*

† Struix, icis f [omnium rerum extructio, *a* struo, *Fest*] *An heap, or pile of many things to-* [illegible] Struices patinariæ, *Plaut* [illegible] 1, 1, 26 Struices saxeæ, *Liv ap Fest* malorum, *Nev* † Strues

Struma, æ f [*a* στρῶμα, quod [illegible]] (1) *A wen, or swelling in the neck, or arm- holes, a botch, a strophulous hi-* [illegible] *some take it to be the king's evil* (2) *Also a bunch on the back* (1) Struma est tumor, in quo subter concreta quædam ex pure & sanguine, quasi glandulæ, oriuntur, *Cels* 5, 28, 7 (2) Strumæ externa quædam in tergo [illegible] *Cels* Vatinii strumam [illegible] [illegible] *Cic Att* 2, 9 ¶ Struma civitatis, *the botch, or pest of the state*, *Cic pro Sext* 65

|| Strumaticus, a, um *Troubled with a struma*, *Firm* † Strumosus

Strūmea, *sc* herba [quod mederetur strumis, vel quod strumosam radicem habeat, *Ruell*] *An herb wherewith beggars make their flesh raw, pilewort*, Plin 2[illegible], 15 ubi [illegible] leg struma

Strumosus, a, um (1) *Having a wen, or swelling* (2) *Met* (1) *Juv* 10, 309 (2) Strumosi [illegible] sub angua fungus mitten dus, *Col* 7, 10

Struo, ere, xi, ctum act [illegible] [illegible], sterno] (1) *To pile up, to raise high* (2) *Met To place, to order* (3) *To build* (4) *To put in array* (5) *To make, prepare, or get ready* (6) *To con- trive, design, or devise, to forge* (7) *To wish, or procure* (1) Struere ad sydera montes, *Ov Met* 1, 15 Ordine, non acervatim, [illegible] pyram agentem *Liv An* 6, 215 (2) = Collocationis est componere, & struere verba sic, ut, *&c Cic de Orat* 3, 4 (3) Sepulcri in [illegible] suis domos, *Hor Od* 2, 18, 18 ¶ Struere co mam, *Petr* [illegible] *To* [illegible] ædifica re caput, *to dress it high* (4) Ne struere audeant aciem, *Vir Æn* 9 42 (5) Struere fercula, *Col Praef* [illegible] 5 epulas, *Tac* 15, 55, 4 venenum, [illegible] *An* 1, [illegible] (6) = Struere & moliri aliquid, *Cic pro Cluent* 64 mendacium, *Liv* 2, [illegible] insidias, *Ov Met* 1, 198 (7) Struere odium in aliquem, *Cic de Orat* 2, 51 § crimen [illegible] *Id*

Strūpus, [illegible] (1) *A crown, garland, or wreath put on the heads of images in the temples* (2) *Also a string, or thong to tie the oar to* (1) *Fest* (2) Remos jussit ad cari strupis, *Liv* Hinc Angl *a strap, a stirrup*

† Strutheum, in mimis præcipue vocant obscœnam partem virilem, [illegible], passeris, *Fest* † Penis

Struthea, *al* struthia mala *Quince pears, or pear quinces*, Plin 15, 11 *Subst* Struthea colutheaque appara, *Plaut Pers* 1, 3, 7

|| Struthio, ōnis m *An ostrich, or estrich*, Capitol *pro*

Struthiocămelus, i m [*a* στρουθὸς, passer, [illegible], &c [illegible]] avicamelus, *Scal* quod colli & crurum longitudine similis sit camelo, *Gell* *An ostrich*, Plin 10, 1, & 52

Struthomela, [illegible] n pl *A little sort of quinces*, Litt ex Plin

Struthium, ii n *Fullers herb*, *Cels* 5, 21, 8 = Saponaria, lanaria

* Strychnus *an herb which maketh men mad that drink of it* Plin 28, 11 & 27, 8

Studeo, ere, ui neut [*a* [illegible], festino, sit secund [illegible], Ion [illegible], Dor [illegible]] (1) *To study, to apply the mind to, to care for a thing, to mind it, to give one's self to it, to desire it, to endeavour and labour, affect, or covet to do, or get it, to fancy, or like, to favour, or bear good will and affection to one* (2) *To be a student* (3) *To take care of, to provide for* (4) *To favour* (1) Dum studeo verba [illegible] nolis, *Ter Eun* 5, 5, 8 § Studere laudi, pecuniæ imperio, *Cic* § aliud, *Ter Andr* 1, 1, [illegible] § in aliquid, *Quint* § in rem aliquam, *Gell* 11, 2 § novis rebus, *to rebel, to disturb the state*, Liv (2) Tunc cum studerem, habebatur bonus declamator, *Sen Contro* 2, 10 Computavimus annos, non quibus studuimus, sed quibus viximus, *Quint* 10, 2 (3) = § Pa-

rentem hanc ere, qui te nec [illegible] nec studeat sibi, *Cic N D* [illegible] *poeta* (4) § Studuit Catilinæ Cœlius, *Cic pro Cœl* 11, 5

Studiose adv [illegible] *The* [illegible] *or endeavour* [illegible] Non enim [illegible] vinciis, sed nomini studiose [illegible] *Flor* [illegible] 10

Studiose adv ius, comp [illegible] sup (1) *Heedfully* [illegible] *carefully* (2) *Earnestly* [illegible] (3) *Affectionately* (1) = Studiose diligenterque [illegible] [illegible] *Cic Att* 16, 16 Amici studiosius, *Nep* [illegible] 3 (2) [illegible] [illegible], *Cic Offic* 3, 28 Cong[illegible] omni studio [illegible] *Id* [illegible] ludere, *Id* [illegible] Mater [illegible] accepi [illegible] studio omnia docere, *Ter Eun* 1, 2, [illegible]

Studiōsus, a, um or, comp [illegible] mus, sup (1) *Diligent, careful, earnest* [illegible] *Envious, eager* [illegible] *Regard- ful* (4) Subst *A student* [illegible] (5) *A lover* [illegible] (1) = Homo [illegible] studiosus, & diligens, *Cic* [illegible] (2) § Studiosus venandi, [illegible] (3) § Studiosior in [illegible] *Id Fam* 5 19 (4) = Quem existimationis meæ studiosissimum, cupidissimum [illegible] cognovi, *Cic Verr* 2, [illegible] (4) Studiosorum illorum studiosis, *Cic* [illegible] *Opt gen Orat* 5 (5) [illegible] optimi, & tui studiosissimi, *Cic Cœcin* Studiosi Catonis, *Nep Cat* 3

Studium, ii n [*a* studeo] (1) *An earnest endeavour after any thing, good, or bad* (2) *Study* (3) *An* [illegible] (4) *Care, concern, regard* (5) *Purpose, design* (6) *Inclination, temper* [illegible] (7) *Delight, or pleasure* (8) *Favour, good will, respect, regard, opinion* (9) *Exercise, practice, employ* (1) Studium est animi assidua & vehemens ad aliquam rem applicata magna cum voluptate occupatio, ut philosophiæ, geometriæ, *&c* *Cic de Inv* 1, 25 = Studia cupiditatisque honoris ambitionisque, *Id* = Non omnes eadem placitatate ac studio in pra[illegible] utebantur, *Cels* [illegible] Studium cognoscendæ virtutis, *Cic* = Is vitia, quæ a natura habebat, studio atque artificio quodam malitiæ condivit, *Cic* pro *Cluent* 26 (2) Græci otio, studioque abundantes, *Cic de Orat* 1, 6 = Pabulum studii atque doctrinæ, *Id de Sen* 14 ¶ Totius vel hujus studii, vel artificii, vel facultatis disputatio, *Id in Orat* 1 (3) = Studia & artes a Græcis tradita, *Cic* [illegible] *fratr* 1, 1 (4) = Studium tuum curaque de [illegible] mea, *Cic ad Fam* 15 (5) = Quo quisque animo, vel studio fecerit, non erat unum est, *Cic Offic* 1, 15 (6) Fratri diffimili studio est inde ab adolescentia, *Ter Adelph* 1, 1 16 = In hoc est omnis vis amicitiæ, voluntatum, studiorum, sententiarum consensio, *Cic de Am* 4 ✳ Studium populi, non judicium *Cic pro Planc* 4 (7) Florens studiis ignobilis oti, *Vir Geor* [illegible] 564 (8) Tua erga me officia [illegible] [illegible] tui suavissimi studii, *Cic Att* 7, 1[illegible] (9) Hinc [illegible] [illegible] studio vitam, [illegible] absente exegeri, *Ter Heaut* 2, 2, 29

Stulte adv ius, comp [illegible] sup *Foolishly, unwisely, madly* [illegible] *conceit* = Agere omnia stulte & inepte, *Cic Att* 7, 10 Stultius *Cels pr* [illegible] Hæc credebantur stultissime, *Cic N D* 2, 28

✠ Stultiloquentia,

Stultiloquentia, æ f *Foolish speech, talk, or babling*, Plaut Trin 1, 2, 185

Stultiloquium, ii n *Foolish babling*, Plaut Mil 2, 3, 25

Stultiloquus, a, um *One that talketh, or talketh foolishly* ... stultiloque, *Plaut Pers* ...

Stultitia, æ f (1) *Folly, foolishness* (2) A sot or name ... *madness* (1) Pretium ob stultitiam fero, *Ter Andr* 3, 5, 4 ... Non omnis error stultitia est, *Cic* ... 2, 13 (2) Vid *Plaut Aul* 4, ... 22 & *Myst* 5, 2, ...

Stultividus, a, um *One that ... that which is not to be seen* Vox ex fabrica ... *Mil* 2, ..., 64

|| Stultulus, a, um dim *Silly, ... sottish, somewhat simple, a ...* Litt ex Apul

Stultus, a, um or, comp ssimus, ... [stolidus, per Sync stoltus, ... stultus, ... & sane stolidus, stolo] (1) *Foolish, unwise, ... sottish, unadvised* ... *A fool, a simpleton, a ... sot* (1) Stultum im... quod ne ... Hic homines prorsum ... insanos fiunt, *Ter Eun* ... Ego stultum me esse ... fatuum non opinor, ... stultissimo, ... *great fool in nature*, Plaut ... 2, 26 (2) Stulta ... omnia, *Cic Fam* 9, 22. ... stultorum more molesti, ... 66, 157

Stupa, æ f *vel* stuppa, *vel* stypa [στύπη, στύππη, στυππεῖον] ... *coarse part of flax, tow, ... ockam, to caulk ships with* ... & malleolos ... stupas pice parari jubet, ... vid & *Suet Ner* 38 ... sub robore vivit stupa vo... ... fumum, *Vir Æn* 5 ... *Scrib. item* & stuppa

Stuparius, a, um *Of, or belonging, or serving to dress, or beat ... or hards withal* Malleus stuparius, *Plin* 19, 1

Stupefacio, ere, eci, actum [ex stupeo & facio] *To astonish, to surprise, to stupify, to stound, or ...* Privatos luctus stupefacit publicus pavor, *Liv* 5, 39

Stupefactus, a, um part *Astonished* Stupefacti dicentem intuentur, *Cic* de *Orat* 3, 14

Stupefio, eri *To be abashed, or daunted, to be set on edge*, of the ... Ut nostro stupeant Cynthia ... *Prop* 2, 1, 57

Stupens, tis part *Surprised, astonished*, &c Illis carminibus stupens aures demittit bellua centiceps, *Hor Od* 2, 13, 33 Vinum ... *palled dead wine, that has lost its strength*, Plin 14, 21

Stupeo, ere, ui neut [a στυφω, ...] (1) *To be stupefied, to be ... less* (2) *To be astonished, to ... or be surprised* (3) *To ... dazzled* ... (5) *To falter* (1) ... mus lassus, cum confectus, stu... *Ter Andr* 2, 1, 5 (2) Non ... terræ stupet lucescere ... *Ecl* 6, 37 § Veneno ... stupuit, *Juv* 4, 120 ... Hic stupet attonitus rostris, ... 2, 508 = Hunc capit ... stupet Albius ... *Sat* 1, 4, 8 (4) Cum ... fulgoribus, ... 2, 2, 5 (5) Verba stu... ignivo palato, *Ov Am* 6, 17

Stupesco, ere incept *Idem* A... admirentur, stupescat, *Cic* ... 3, 26 ex poeta

Stupeus, *vel* stuppeus, a, um *Of hards, or tow* Stupea vincula, *ropes*, ... *Æn* 2, 236 Stuppea manu flammam spargitur, *Id Æn* 8, 694 Stupea ... pupis, *cables*, *Ov Met* 14 547

Stupiditas, ... f *A benumbing, stupidity, dulness, blockishness* Incredibilem stupiditatem hominis cognoscite, *Cic Philipp* 2, 32

Stupidus, a, um [a stupeo] (1) *Dismayed, astonished, amazed* (2) *Taken up, in a brown study* (3) *Stupid, simple, dull, senseless, blockish* (1) = Mihi ... timeo, stupida & ... animo ... *Plaut Pan* 5, ..., 80 Omnes timore stupidi obmutuerunt, *Ad Herenn* ... 52 (2) Populus studio stupidus in funambulo animum occuparat, *Ter Hecyr prol* (3) = Stupidus & bardus *Cic de Fato*, 5

Stupor, oris m [a stupeo] (1) *Senselessness, dulness* (2) *Heaviness, dazling, dimness* (3) *Astonishment, amazement* (4) Meton *A dull heavy fellow* (1) Qui sensus stupore suavitatem cibi non sentit, *Cic Philipp* 2, 55 = torpor, *Ov Met* ... Quod cum ... non ..., stuporem potius quam virtutem putarem, *Cic* pro *Domo*, 56 (2) Oculos stupor urget inertes, ... *Geor* 3, 523 (3) Admiratio in stupore, *Cic* (4) Iste meus stupor nihil audit, nihil videt, *Catull* 18, 20

Stuppa, æ f *Vid* Stupa

Stuprator, onis m verb *A deflowering, a ravishing*, Litt ex Plaut

Stuprator, oris m verb *A ravisher, an whoremaster* ... ultu territus haud stuprator, *Sen Hippol* 897

Stupratus, a, um part (1) *Ravished, deflowred* (2) *Buggered, abused* (1) Stuprata per vim Lucretia à regis filio, *Cic de Fin* 2, 20 (2) Simillimi feminis mares, stuprati, & constupratores, *Liv* 39, 15

† Stupre adv *Basely, shamefully*, Fest ✝ Turpiter, foede

Stupro, are act [a stuprum] (1) *To deflower, or ravish a woman* (2) *To commit adultery* (1) ✱ Filiam meam quis integram stupravit, *Plaut Truc* 4, ..., 47 (2) Ingenuas matresfamilias stupravi, *Cic Fam* 3, 10

Stupror, ari, atus pass *To be deflowered, to be ravished* Virginius interfecit filiam, ne stupraretur, *Cic de Fin* 5, 22

Stuprosus, a, um *Given to whoring, naughty, lewd* Stuprosa mens, *Val Max* 6, 1, 8

Stuprum, i n [a στυπω, tentigine laboro, *Aristoph*] (1) *A deflowering a virgin, or widow* (2) *A rape* (3) Also *adultery* (4) *Incest* (5) Also *reproach, shame, disgrace* (1) ✱ Stupra dico, & corruptelas, & adulteria, incesta denique, *Cic Tusc* 4, 35 ✱ Fit stuprum cum virgine, vel vidua, adulterium cum nupta, *Papin Leg* 6 1 *Dig ad leg Julian de adulterio, sed sæpe alter, ut in seq patet* (2) Lucretia oblatum stuprum voluntaria morte luit, *Cic de Fin* 5 21 (3) Non fit habet conjugem ... in stuprum, *Cic N D* ..., 27 Macronis uxorem sollicitavit ad stuprum, *Suet Cal* 12 (4) Clodius cum sorore germana nefarium stuprum fecit, *Cic pro Mil* 27 (5) Pe... malvolunt, quam cum stupro redire ad suos populares, *Fest* ex *Nev*

|| Sturio, onis m *quasi* Sturio *A sturgeon*, Jun = Silurus, *Auson* turso, *Plin*

Sturnus, i m *A bird called a starling, or stare*, Plin 10, 42

Stygius, a, um [ex τῷ στυγεῖν, quod non solum *odisse*, sed *metuere* & contristari significat] (1) *Belonging to hell, infernal* (2) *Poisonous* (1) Stygium regem videre trementem Tartari, *Col* 10, 64 (2) Halitu exit ore niger Stygio, *Ov Met* 3, 76

Stylobata, æ, *vel* stylobates, æ m [ex στυλος, ... βαίνω, columnis ...] (1) *The foot of a pillar, or that whereon it stands, a pedestal* (2) Also a trough of timber to convey water into a ... (1) ✱ Ab epistylio ad stylobatam, *Varr R R* 3, 5 (2) Aqua cum intra stylobatas venit ... *R R* 1, 13

Stylus, i m [a στυλος, proprie columna] *A style, or pin to write with upon wax tables, also a character, or manner of writing, a pillar*, Pan Also a peg, or pin, to set a dial, *Col* ... Stilus

* Stymma, atis n [στυμμα, ἀπὸ τῆ στυφειν, a stringendo *vel* condensando] *The gross, or thick matter of any ointment, the gross, or thick substance, or dregs remaining after squeezing, or straining*, Plin 1, ..., ... ✱ Hypnum, ...

* Stypteria, æ f [... στυφω, quia valde astringit] *Allum*, Ulp

* Stypticus, a, um [ἀπὸ τῆ στυφειν, stringendo] *Astringent, binding, styptic*, Plin 24, 13 *Lat* Restringens

* Styrax, acis m & f *A sweet gum called storax*, from a tree of the same name, whereof there are two kinds, one called *storax calamites* because it was brought out of Syria in reeds, and that is the right storax, by *Virg* called *Idæ ...* in Ciri, 168 but *Plin* 25, 12 denieth it to grow there, the other mixed with more liquor is called also *stillatitia*, or liquid storax

Sua ante U

Suada, æ f [a suadeo] *The goddess of eloquence, or persuasion* ... quam Græci ... vocant, hanc Suadam appellavit Ennius *Cic de Cl Orat* 15

Suadela, æ f (1) *Fair speech, persuasion* (2) *The same as* Suada (1) Perducebam illam ad me suadela mea, *Plaut* ... 2, 3, ..4 (2) At bene nummatum decorant Suadela, Venusque, *Hor Ep* 1, 6, 38

Suadens, tis part *Persuading* Ut pelago suadente etiam ... cula solvas, *Ov Ep* ..., 55

Suadeo, ere, si, sum act [ab ἡδω, delecto, sic secundum ... ion ἀδεῖν, suadeo] (1) *To persuade one by fair means* (2) *To advise, or counsel, to put one in mind* (1) ✱ Nunquam destitit suadere, orare, usque ideo donec perpulit *Ter Andr* 4, 1, 38 ✱ Illi ... cui ne suadere quidem ausus essem, *Cic Philipp* 2, 11 ... Non solum ut essem legatus suasit, sed etiam oravit, *Id de Prov Cons* ... ✱ Rogare ... suaderéque, *Liv* 2, 2 ✱ Ille qui non suadet, vetat, *Plaut Trin* 3, 2, 46 *al leg* consuadet = Hæc ego ... ut horter, & suadeam, *Cic Fam* 3, 4 § Suadere pacem, *Id* ... § de pace, *Quint* 3, 8 ✱ Modo quod suadet, ... nor, ... *Plaut Cist* 2, 1, 10 (2) Suadent cadentia sydera somnos, *Vir Æn* 2, 9

Suadetur *It is advised* Mi... nus placet, magis quod suadetur, *Plaut Trin* 3, 2, 4...

Suadus, a, um *Tending to persuade, ... for ... suasive* ... Suadus ... *Stat Theb* ..., 45...

† Suaden ... [n ...] Vox Scythica *A kind of yellow amber*, Plin 37, 2

Sua ... [cum syllabica adjectione met] Suamet vi, *by its own force*, Plin

Suapte [pro sua] ablat [... cum adject pte] *Of his, or her own accord, or motion* Suapte ... genere capiunt genus, *Plaut Mil* ... 5, 1, 9 Suapte vagari ... *Lucr* 1, 1010 *al al* lu...

Suarius, ii m *A swineherd*, Plin 8, 51

Suasio, onis f verb *Counsel, advice* Suasio ..., *Cic* ... *Cluent* 51 Præcepta de suasionibus, *Id de Orat* 2, 81

Suasor, oris m verb *A counseller, an adviser* = Suasor & impulsor, & ipso actor ... electionis meæ, *Cic Attic* 16, 7 ... Auctor ... tuum ... *Suet* ... suasorem dicere ... *Suet* ... 27

Suasoria, æ f Oratio *A persuasive* Qui ... *Petron* ... c 6

Suasorius, a, um *Of, or belonging to exhortation, or persuasion* Munus suasorium, *Quint* 3, 8 ... cons ...

† Suasum [color appel. qui fit ex stillicidio fumoso in vestimento albo] *A smoaky, or dun colour*, Fest ex Plaut Truc 2, 2, 16 *al* insuasum

Suasus, us m *al* ... ✱ ... vel suasum ... quid, *Ulp*

† Suatim adv *Like a swine*, Nigid *ap* Non 14, 190 ✝ ... more

|| Suavitio, onis f verb *A kissing, or bulling*, Gell 16, ... *al leg* suavi...

|| Suavitor, oris m verb *A kisser, one that kisseth sweetly*, Ap recent

Suaviduleis, a, um *Pleasant merry, pretty conceited* Suavi ... versu, *Lucr* 4 181

Suavillum, i n *A kind of cake*, Cato, 84 *al* ...

* Suaviloquens, tis adj *Pleasant in speech* Suaviloquenti ore Cethegus, ... *Cic Orat* 1, ... *poeta* Suaviloquens carmen, *Lucr* 1, ...

Suaviloquentia, æ f *Sweet, or pleasant speech* ... suaviloquentiam alicui, *Cic de Cl Orat* 15

|| Suaviloquium, ii n *Idem* Aug

Suaviloquus, a, um *Fair spoken, courteous* Suaviloqua versus, *Lucr* 2, 528

|| Suavio, are *To kiss*, ... Non

Suavior, ... *To kiss, or cull* ... cupio absentem suaviari, ... 16, 3

Suavio, onis m *A ... to a ... hs, a ...* Litt ex Cic

Suaviolum, i n dim [a suavium] *A little kiss, a ... heart, a lover* Suaviolum dulci dulcius ambrosia, *Catull* ..., 2

Suavis, e, or, comp ssimus, sup [ab ἡδυς] (1) *Sweet* ... (2) *Pleasant* ... *delightful* (1) ✱ Mustum ... dum suave est, seu ... dulce, *Macrob Sat* 7, ... suavis

... Quod fua... alis ... amarum ... Suavius ... Amor ... fuavissimus, *Plaut* ... 45

Suavitas ... f *Pleasantness, sweetness* ... Odor fuavitas, *Plin* ... Suavitas oris ... Ostrum ... *Plaut* ... 7, 15

Suaviter adv ... comp *Sweetly, pleasantly, delightfully*, Cic ... Orat ... = Jucunde ... Suaviter ... *Cic*

Suavitudo, inis f *Sweetness, ...* Plin ... Suav... ✝ Suavitas

Suavium, & suavium, n [a suavitate] (1) *A kiss* (2) *a sweetheart, a dear, a darling* (3) *A lip* (1) Savia super ... *Plaut Pseud* 4, 1, 28 Suavia ... proprie ... *Prop* 2, 2, ... (2) Meum suavium ... *Ter Eun* 3, 2, 3 (3) Labiis dum ductant eum, ... jorem partem ... suis, *Plaut Mil* 2, 1, 16

Sub prep [ex ὑπό] ☞ Sub ... *ad locum, accusativo ... quando in loco, ablativo, Plaut* ... quod tamen non est perpetuum ut ex exemplis ... *patet, in compositis modo diminutionem, ut subtristis, modo ... ut subrepo, aliquando sursum, ut surrigo* ... *b in f quando ... sequuntur, vel g, vel m, vel p, vel r, incipiunt ea quibus componitur* (1) *Under* (2) *About, near* (3) *Next after, a little before* (4) *At the point of* (5) *In* (6) *Under the power of* (7) *For* ... (1) § Sub vestimentis, *Plaut Epid* 2, 2, 12 § Sub terra tabernas ... *Cic* ... *App* 2, 9 arms, *Virg Geor* 2, 116 ... conspectum, *upon condition* (2) § Sub lucis ortum, *Liv* 27, 15 noctem, *Hor Od* 1, 9, 19 § Sub excessu Tiberii, *Suet Neron* 5 (3) Sub eas ... tit. *Cic* (4) Sub adventum, *Liv* 27, 15 adventu, *Flor* (5) Sub dio ... locus, *Varr* Sub ... templo, *Liv* ... Sub manu ... *Suet* (6) Sub domina ... turpis, *Hor Epist* 1, 2, 25 (7) Tanto sub oculis accepto detrimento *Cæs B* ... 1, 71

Subabsurde adv *Somewhat absurdly* Subabsurda ... *Cic de Orat* 2, 68

Subabsurdus, a, um *Somewhat absurd*, or *awkward* Subabsurdum ... *Cic de Orat* ...

Subaccuso, are *Somewhat to blame*, or *find fault with* = D ... te accusare vo... *Cic pro Plan* ...

Subacetus, um part *To be* ... *somewhat blamed* ... *Cic Attic* 16,

Subacidulus, a, um *A little sowrish*, Litt ex Catone 108 ... *a fidele* ...

Subacidus, a, um *Somewhat sowre*, or *sharp* S. subacidum ... *durabit*, *Cato* 108 ✝ Eis ... dulce ... non subacidus, odore ... *Plin* 12, 25

|| Subactarius ... [a subigendo] *A currier*, or *dresser*, Jun ✝ Coriarius, *Plin*

Subactio, onis f verb [a subigo] *Kneading, working*, or *dressing*, Litt ex Cic *sed quære*

Bre... subacti ... in tec... terio ... ad ... *Plaut* 2, 4

|| Subactor, oris m verb *A ... gouer*, Lampr ✝ Cinædus

Subactus, a, um part (1) *Conquered, subdued, brought under* (2) *Well tilled, cultivated* ... (3) *Constrained, forced* (4) *Kneaded, wrought with the hands*, ... *exercised, practised* (1) = ✝ In ... subactus, ... *P R* ... est, *Cic pro S Rosc* 4 = Galli subactique ... *Plin* ... (2) = Subactum ... humus, *Cic de Sen* 17 (3) Multitudine ... subactus, *Liv* ... 6, 16, 4 (4) = ... ad quædam ... 42, 52

Subactus, ûs m *A working*, or *kneading dough* Optimum ... subacti ... *Plin* 18, 7 ☞ *Ista ref in illo cafe*

|| Subadjuva, æ m *An under-helper*, or *assistant*, Not Imp

Subadmoveo, ere *To put gently*, *to*, Col 6, 36

Subæger, ra, um *Somewhat sick*, Litt ex Cels

Subagrestis ... *Rurally, softly*, Litt ex Lucr

Subæratus, a, um *That is brass within, and gold or ther metal without*, as brass money ... subæratum mendosum ... *Pers* 5, 106

Subagitatio, onis f verb Sensu obscœno *Plaut Capt Epil* 2

Subagitatrix, icis f (1) *She that grateth*, or *grieveth* (2) *Sensu obsc* (1) *Petr* ... (2) *Plaut Pers* 2, 2, 45 ...

Subagito, are *To grope, to ... to lie with one*, ... *a woman*, Ter Heaut 3, 3, 6

Subagrestis, e *Somewhat rude, a little clownish, or country like* = Sermo subagrestis quidam, & plane subrusticus, *Cic* de Cl Or ...

Subalbicans, tis part *A little whitish*, Varr R R ... 9

Subalbico, are *To be somewhat white*, Varr R R ...

Subalbidus, a, um adj *Somewhat white* Pustula subalbida, *Cels* 5, 28, 15

Subalbus, a, um *Idem*, Litt ex Luc

Subalpinus, a, um *Under the Alps* Montes subalpini, *Plin* 25,

|| Subalternatim adv *Successively, by turns* ✝ Alternis vicibus

|| Subalternatio, onis f verb *Succession by turns* ✝ Alternatio

Subalternator, m verb *He that succeedeth in course*, Boet ✝ Successor

|| Subalterno, are *To succeed by turns*, Pseud Ov ✝ Alternis superiorem esse & inferiorem

|| Subamare *To be somewhat bitterish*, Seren

Subamarus, a, um *Somewhat bitterish* ✝ Alios dulcia, alios subamara delectant, *Cic de Fato*, 4 ... subamara ... re... *Id de Inv* 1, 1...

Subaquilus, a, um [ex sub, & aquila] ... colore aquilo] *Somewhat brown of colour* Corpus subaquilum, *Plaut Rud* 2, 4, 9

Subaratio, onis f verb *An earing, or plowing*, Litt ex Plin

Subarator, oris m verb *A plower under*, or *below*, Plin 17, 24

Subarescens, tis part *Being somewhat dry*, Vitruv 7, 3

Subaresco, ere *To be somewhat dry*, Vitruv

|| Subarguo, ere *To plead softly, to be somewhat short*, Macrob ✝ Acute dicere

Subargutulus, a, um *Somewhat shrill, somewhat subtil*, Gell 15, 36

Subaride adv *Somewhat drily*, Litt ex Gell

Subaro, are act & subaror pass *To ear, or plow up*, Plin 16, 27

Subarrogans, tis adj *High minded, somewhat proud and stately*, vix legitur, sed

Subarroganter adv *Somewhat proudly* Vereor ne subarroganter faciam, si dixero, *Cic Acad* 4, 36

Subasper, a, um adj *Somewhat sharp*, Cels 5, 28

Subassentiens, tis part *Yielding or agreeing unto* Subassentiens ... *Quint* 11, 3

Subater, ra, rum *Somewhat black*, Litt ex Plaut

Subbasilicanus ... *A fellow's going to the road, a lounging*, Plin 8, 51

Subbatus, ... m verb. ... Plin ap Litt

|| Subaudio, ire, ivi act *To understand a word that is left out*, Ascon Ped ✝ In ... go

Subauditio, f verb *An hearkning*, or *hearing*, Boet

Subauscultator, m verb *A listener*, or *marker*, Quin...

Subausculto, are *To listen, to harken, to eaves drop*, Cic Fam 10, 18 ✝ palam ... Id

Subausterus, a, um adj *Somewhat tart*, ... ✝ Vinum ... austerum ... *Cels* ... 6, 5, sub fin ... & ... 6, 8

|| Subbalbe adv *Somewhat mufflingly, stammeringly*, or *stutteringly*, Spart

Subballio, fictum nomen *An under bawd* Tune es Ballio? imo Subballio sum, *Plaut Pseud* 2, 2, 13

Subbasilicanus, i m [quod sic ... subbasilicis spatietur] *One who walketh in piazzas and courts to ... an exchange walker*, Plaut Cap 4, 2, 35 = Subrostranus, *Cæl Cic Fam* 8, 1

Subbibo, ere *To drink a little, to tipple, to get a cup* ✝ Sive subbibit, ... caret temeto, *Plaut Truc* 4, 2, 59

Subblandior, iris, itus *To flatter a little, to fawn upon, to wheedle* Meretricium est viris alienis subblandirier, *Plaut Casin* 3, 2, 22

Subcæruleus, a, um *Bluish*, Cels 6, 5, sub fin

Subcæsius, a, um *Somewhat blue, or azure*, Litt ex Cels

Subcandidus, a, um *Somewhat white*, Plin 27, 8

Subcavus, a, um *Hollow underneath* Loca subcava terræ, *Lucr* 6, 556 conf Caton 152

Subcenturio, onis m *A petty captain, a lieutenant*, Liv 8, 8

Subcernicululum, i *A ranging sieve, a fine boulter*, Litt ex Plin

Subcerno, ere *To range meal, to dress it in a boulter*, Plin 18, 11

✝ Subcilles, *Fest* *Rect* Subsilles

|| Subcineritius, a, um *Baked under the ashes* Panis subcineritius, *Bibl*

Subcingo, ere act *To fortify*, or *fence, to an engird*, Cic Ver 5, 56 ... *Plaut* 5, 7

Subcingulum, n *A bracing girdle, a belt, a cingle* Ab Hippolyta subcingulum ... Hercules ... magis ... abstulit ... *Plaut Men* 1, 3, 17

Subcoactus, a, um *Bound fast, or wrought under foot*, ... which kind of stuff the soldiers had their coats made, to ... *Litt ex* ... *B* ...

Subcœno, are *To make a light supper, to under sup*, Quint 6, ...

Subcontumeliose adv *Somewhat reproachfully*, or *spitefully*, Cic Attic 2, 7

Subcontumeliosus, a, um *Somewhat reproachful, spiteful*, or ... *affronting*, ex ...

Subcrispus, a, um *Somewhat curled, or frizzled*, Cic Ver ... 44 Varr R R 2, 5

Subcrudesco, ere incept *To wax raw*, Litt ex Cels

Subcrudus, a, um (1) *Half raw, parboiled* (2) *Not ripe* (1) Brassica subcruda, *Cels* 2, 29 (2) Ulcus subcrudum ... *accendum*, *Cels* 6, 13

Subcruentus, a, um *Somewhat bloody*, Cels 4, 18

✝ Subcubonetum, pro ... *Non ex Titul to*

Subcuneatus, a, um *Form'd somewhat like a wedge* Subcuneati postes, *Vitruv* 6, ...

|| Subcurvus, a, um *Somewhat crooked, or stooping*, Amm

Subcustos, odis m *An under keeper* Quia Sceledrus domi hunc subcustodem foris ... *Plaut Mil* 3, 2, 54

Subdebilis, e *Somewhat weak*, Suet Vesp 17

Subdebilitatus, a, um *Somewhat weakned*, Cic Attic 11, 4

|| Subdecanus, i m *A subdean*, Eccl

Subdeficiens, tis *Somewhat fainting* Hic ... adhuc ... subdeficiens, vix proximis ... dixerit, *Curt* 7, ...

|| Subdiaconatus, ûs m *A subdeaconship*, Eccl

|| Subdiaconus, i m *A subdeacon*, Eccl

|| Subdiale, is n *A place open, a gallery to walk in, without any covering*, Jun

Subdialis, e [quod sub dio est] *Abroad in the air, without house, open* Subdiale ... *a terrace-walk*, Plin ... 15 Subdiales inambulationes, ...

Subdifficilis, e *Somewhat difficult* Quæstio ... *Cic de Sen* 19

Subdiffido, ere *To mistrust a little* Subdiffidere ... *Cic Attic* 15, 20

|| Subdistinctio, onis f *A subdistinction*, Diom ✝ Media distinctio

|| Subdistinguo, ere, xi, ctum *To make a subdistinction*, Ascon in Cic

Subdititius, a, um [a subdo] *That is not who, or what it pretendeth to be, put, or laid in the place, or room of another, a changeling, counterfeit, forged, false, forged* Libri subditi, ... *forged*, *falsely father'd upon an author*, Quint ... Subditiius ... *Plaut Pseud* 2, 4, 62

Subditivus, a, um *Put in the place of another, counterfeit, supposititious* De ... subdi... ... est, *Plaut Amph* 1, 2, 25 Subditivum apud ... *Suet Ner* ...

✝ Subdo,

† Subdito, āre freq *To minister, or give* Subditat stimulum præsens vis periclı, *Lucr* 6,602

Subditus, a, um part [à subdo] (1) *Put under* (2) *Put in the place of another, counterfeit, substitious* (1) Aquæ effervescunt, subditis ignibus, *C ∻ N D* 2, 10 (2) Subditum se suspicatur, *Ter Heaut* 5 3, 11

Subdiu adv interdiu *In the day time* Subdiu sol hic agit perpetuum diem, *Plaut Most* 3,2,79

|| Subdivale, is n [pars ædium, quæ sub divo est] *An open court, a place of an house uncovered*, B bl

|| Subdivalis, e adj *In the open air*, Amm

Subdo, ĕre, ĭdi, ĭtum act [ex sub, & do] (1) *To put under, to prop up* (2) *To lay down, to throw down* (3) *To put in the place of another, to substitute* (4) *To supply, to furnish with* (5) *To accuse falsely* (6) *To set before* (7) *To forge, to counterfeit* (1) ✠ Ignem subdito, ubi bullavit vinum, ignem subducito, *Cato* § Furcas vitibus subdere, *Plin* 14, 1 calcar equo, *Ov de Art Am* 1,732 *to spur him* Met stimulos muliebri animo, *to incite*, *Liv* 6, 34 (2) Omnes subdam sub solum, *Plaut Curc* 2, 3, 18 (3) Hic filium subdebat vicini, *Plaut Merc* Ut meum tergum stultitiæ tuæ subdas succidaneum, *Id Epid* 1, 2, 37 (4) Si cui honores subdere spiritus potuerunt, *Liv* 1 7 (5) Utque mos vulgo, quam vis falsis reum subdere, *Tac Ann* 1, 39, 2 (6) Oculorum subdere visui, *Lucr* 5, 102 (7) Fabianus subdidit testamentum, *Tac Ann* 14, 40

Subdŏceo, ēre, ui, ctum act unde pass subdoceor *To teach somewhat, or now and then* Ciceronem nostros meo potius labore subdoceri, quam me alium uis magistrum quærere, *Cic Attic* 8, 4

|| Subdoctor, oris m verb *An under teacher, an usher*, Auson Profess 22 ✝ Hypodidascalus

Subdoctus, a, um *Somewhat learned, an indifferent scholar*, Quint

Subdŏlè adv *Cunningly, deceitfully, craftily* = Subdolè & versutè aliquid invenire in causis, *Cic de Clar Orat* 9

Subdŏlus, a, um [ex sub, & dolus] *Full of deceits and wiles, deceitful, crafty, sly, cunning* Pellacia subdola, *Lucr* 2, 559 lingua, *Ov A Am* 1, 598 Mendacia subdola, *Plaut Capt* 3, 3, 5

Subdŏmo, are *To tame*, unde

Subdŏmor, āri pass Sic isti solent superbi subdomari, *Plaut Asin* 3, 3, 112.

Subdor, i pass *To be put under*, Met *To be suggested, to be charged upon*, or *with* Majestatis crimina subdebantur, *Tac Ann* 3, 67, 4

|| Subdubitator m verb *He that feareth to doubt*, Aug ✝ Qui sub lubitat

Subdubito, āre n *To be half in doubt, to be at a little stand* Iam dico meum, antea subdubitabam, *Cic Attic* 14, 15 vid & *Fam* 2, 13

Subdūco, ĕre, xi, ctum act (1) *To take, or draw away, to withdraw, to remove* (2) *To steal, to filch, to convey away privily* (3) *To hold, or draw back* (4) *To reckon, to count, to cast an account* (1) ✠ Ignem subdito, ubi bullavit vinum, subducito, *Cato* § Quos præsenti periculo subducit, *Patere* 2, 72 ¶ Subducere navem, *to bring it ashore*, *Vir Æn* 1, 577 (2) § Quum dormisset ei subduco annulum, *Plaut Curc* 2, 3, 81 Subduxit mappas quatuor Hermogenis, *Mart* 12, 29 (3) Subducito sursum animam quam plurimum poteris, in triduo polypus excidet, *Cato*, 157 ¶ Subducere supercilia, *to knit the brows, to frown*, Sen B 1, 1 (4) Syderum meantium subducet numerum prius, *Catull* 59, 207 Addunt, subducunt, ad nummum convenit, *Cic Att* 5, ult Subducere rationes, *Plaut Capt* 1, 2, 89 ratiunculam, *Id* to cast it up, conf *Ter Adelph* 5, 4, 1

Subdūcor, i pass *To be withdrawn*, &c *Vir Ecl* 3,6

Subductārius, a, um *That wherewith any thing is drawn, or lifted up* Funis subductarius, *the rope of a crane*, Cato R R 1, 68

Subductio, onis f verb (1) *A drawing, or bringing up, an haling ashore* (2) *A deduction, or allowance, a rebatement* (1) Subductiones navium, *Vitr* 10, 5 & *Cæs B G* 5, 1 (2) *Cic de Orat* 2, 40

|| Subductor, oris m verb *He that withdraweth*, Dig ✝ Qui subducit

Subductus, a, um part (1) *Taken away, conveyed away, withdrawn* (2) *Stolen away* (3) *Tucked up* (4) *Brought ashore* (5) *Cast up*, as in accounts (1) Ne collapsa ruant subductis tecta columnis, *Juv* 8, 77 (2) Subducta viatica plorat, *Hor Ep* 1, 17, 54 Ignis ætherei domo subductus, *Id Od* 1, 3, 30 (3) Tunicis subductis facetus, *Hor Sat* 1, 2, 26 ✠ demissis, *Id ibid* (4) Naves subductæ ad reficiendum, *Hirt B Hisp* 40 (5) Rationibus subductis summam feci cogitationum mearum, *Cic Fam* 1, 9

Subdulcesco, ĕre incept *To wax sweetish*, Litt ex Cels

Subdulcis, e *Sweetish, somewhat sweet*, Plin 26, 8

Subdūrātio, ōnis f verb *A little hardning*, Litt ex Col *sed q*

|| Subdūrātor, ōris m verb *He that hardneth*, Veg ap Litt

Subdūrus, a, um *Somewhat hard*, Cic Pet Conf 12

Subĕdo, ĕre, ēdi, ēsum act *To eat, or wear away underneath*, as water doth the foot of a stone wall E scopulo, quem rauca subederat unda, decidit in pontum, *Ov Met* 11, 783

Subeo, ire, ivi *vel* ii, itum (1) *To go under*, (2) or *into*. (3) *To mount, climb, or go up* (4) *To arise, spring, or grow up* (5) *To come in place of, to succeed* (6) *To undertake* (7) *To come into, to possess* (8) *To come in one's mind* (9) *To answer* (10) *To undergo, to sustain, to hazard* (11) *To interpose* (12) Also *to invade, seize on, or assail* (13) *To come gently, or leisurely* (1) Pars ingenti subiere feretro, *Vir Æn* 6, 222 Quum asellus dorso subiit onus, *Hor Sat* 1, 9, 20 § Subire duro labori, *Tib* 1, 4, 41 (2) § Tecta subire, *Vir Æn* 3, 83 § Animæ corpora subeunt, *Lucr* 3, 736 (3) Mirum maximè adversis quidem funibus subire leones, *&c* Plin 8, 3 (4) Area creta solidandi tenaci, ne subeant herbæ, *Vir Geor* 1, 170 (5) Optima quæque dies miseris mortalibus ævi prima fugit, subeunt morbi, tristisque senectus, *Vir Geor* 3, 67 (6) § In domini subeat partes literi, *Ov Ep* ex *Pont* 4, 9, 7 (7) Animum subibat spes, *Liv* Animos religio subit, *Plin* 5, 1 (8) § Subit cogitatio, *Liv* 36, 20 § mirari *Plin* cari genitoris imago, *Vir Æn* 2, 560 (9) Subit ille loquentem talibus, *Claud Paneg* 8 (10) Infamiam sempiternam subire, *Cic Q. fratr* 3, 1 notam turpitudinis, *Id in Pison* 18 vindemiatorum aleam, *Col* 3, 20 (11) Æneas subit mucronem, ipsumque morando sustinuit, *Vir Æn* 10, 798 (12) Timor subit animum *Liv* 29, 16 § Clamabis, capiti vina subisse meo, *Prop* 4, 2, 30 *al* subesse (13) Pone subit conjux, *Vir Æn* 2, 724

Subeor, iri pass *To be undergone* = Inimicitiæ sunt? subeantur, labores? suscipiantur, *Cic Verr* 5, 1

Sūber, ĕris n [à subeo, quod mergi nequit, sed subit, *Scal*] *A kind of oak, the cork tree, cork* vid *Plin* 16, 8 & *Col* 4, 26

Sūbereus, a, um *Of cork*, Litt ex Col *sed q*

† Suberies, ei f [à suber] *A kind of tree whereout is taken the strongest and best swimming cork*, Fest ex Lucil

Subērigo, ĕre *To raise up* Isthmon curvatâ subriuere subergit undâ, *Sil* 15, 155 R occ

Subĕro, āre *unde* part suberans *To wander*, or *run under* Fluvii, qui Italis montibus suberrant, *Claud Cons Prob & Olyb* 254

Subeundus, a, um part Met *To be undermined*, or *come beyond* = Fallendus est judex, & variis artibus subeundus, *Quint* 4, 5

Subex, icis f (1) *Any thing put under* (2) *A stirrup* (3) *An iron-dog, or andiron* (1) Desin subices humidas, *Enn ap Gell* 4, 17 (2) *Bud* (3) Subex focarius, *Jun*

† Subfamulaneus [ex sub, & fa'] *One that is maintained by a servant*, Plin 7, 40 *sed incerta est lectio*

Subfervefacio, ĕre, feci, factum *To be made warm* Vulgò nec subfervefaciunt, *Plin* 18, 11

Subfervefactus, a, um part *Made somewhat hot*, Plin 12, 26 & 20, 9

Subfervefio, ĕri, factus *To be made somewhat hot* In aqua subfervefieri, *Plin* 30, 6

Subfervidus, a, um *Somewhat hot*, Litt ex Cels

|| Subfibulatus, a, um part *Clasped underneath*, Veg

Subfibulo, āre *To clasp, or ty*, Litt ex Stat

† Subfibulum, i [à sub, & fibula] *A white vest foursquare and long, which the vestal virgins wore on their heads, and was clasped*, Fest

Subflāvus, a, um *Somewhat yellowish*, Suet Aug 79.

Subfrigidè adv *Somewhat coldly*, Gell 2, 9

|| Subfrigidus, a, um *Somewhat cold*, Amm 17, 9 ✝ Frigidulus, *Catull*

Subfundo, ĕre act *To make ashamed*, or *blush*, Ter *Vid* Suffundo

Subfuscus, a, um *Somewhat brown*, Tac Agric 12, 9

Subgrandis, e *Somewhat large, pretty big*, Cic *ad Q. fratr* 3, 1

Subgrăvis, e *Somewhat grievous, or unpleasant*, Plin 27, 9

Subgrunda, æ f [à sub, & grunda, *q v*] *The eaves of an house which keep the walls from rain, a penthouse*, Varr R R 3, 3

Subgrundātio, ōnis f *The making of house-eaves*, Vitruv 4, 2

Subgrundia, orum n *The eaves of an house*, Plin 25, ult Sect 10.

† Subgutto, are *To drop often*, Litt ex Plin

Subhæreo, ii sum neut *To cleave, or stick* Cartilago ubi subhæsit, ipsa sedes docet, *Cels* 5, 28 conf *Val Max* 6, 3, 10

Subhastor, āri pass *To be sold in port-sale, under a pike*, or *pole that was set up for that purpose*, Solin c 10 ✝ Sub hasta venire

Subhorride adv *Somewhat roughly and hideously*, Litt ex Gell ✝ Horridius

Subhorridus, a, um *Somewhat undrest, a little rough and overgrown with hair* = Qui illum subhorridum atque incultum videbant, *Cic pro Sext* 9

Subhumidus, a, um *Somewhat moist, moistish*, Cels 3, 6 ✠ Persiccus, *Cels q v*

Subjăcens, tis part *Underlying* Subjacens terra, *Col* 4, 1

Subjaceo, ēre, ui neut *To be subject, to be beneath, to be situate at the foot* Tusci Apennino subjacent, *Plin Ep* 5, 6

Subjacto, āre freq *unde* pass Subjactor [à subjicio] *To cast up aloft*, as corn is when it is fanned, *Varr R R* 1, 52

† Subicularies [à sq subicio, & aries] *A ram for an expiatory victim*, Fest

† Subicio, ĕre [*unde* subex *pro* subjicio] *Upon any high offence, as murder, to bring a ram, and sacrifice it for expiation*, as it was also appointed by Numa in his laws Subicere arietem est dare arietem, qui pro se agatur, cædatur, *Fest*

† Subicito, & subigito, āre *To company, or have to do often with a woman*, Plaut ✝ Subagito

† Subicŭlum, i n [dict quod semper flagris subjicitur, vel potius quod flagrum ipsum subigat, *Gruter*] *A whipping post, one so callous as to be too hard for rods*, Plaut Pers 3, 3, 14.

† Subidus, a, um *unde* insubidus, in comp [a subus, vel à subando] *Swinish, nasty, filthy*, Gell 19, 9 *al leg* sabidus, *qu* sapidus, *i e* prudens & sciens, à sapio

Subiecta, æ f [pars illa bas machinæ, quæ hæret solo, & machinam totam sustinet] *The basis, or bottom that holdeth the whole engine, the carriage of an ordnance*, Vitruv 10, 15

Subjectè adv *Humbly*, sup Submissively = Hæc demississimè atque subjectissimè exponit, *Cæs B C* 1, 84

Subjectio, ōnis f verb (1) *A casting, putting, or laying of a thing before* (2) *A subjoining, or annexing* (3) *A bringing in of forged writings, an imposing* (1) Rerum sub aspectum subjectio, *Cic de Orat* 3, 53 (2) Quod confirmatur subjectione rationis, *Ad Herenn* 4, 17 (3) Subjectione testamentorum contaminati, *Liv* 39, 18

|| Subjectivus, a, um *Belonging to the subject of a proposition*, Apul de Hab Doct Plat p 641 ✝ Quod subjici debet

Subjecto, are freq (1) *To throw up* (2) *To put under* (1) Subjectat manus, *Ov Met* 4, 359 (2) Subjectare

... c ftum los iuftfo, *Horat* ...

Subjector, oris m verb *A putter of a thing for another, counterfeiter, or forger* Sub... tem teftamentorum, *Cic Catil* ...

|| Subjectum, n *A subject*, ...

Subjectus, a, um part & adj ... comp (1) *Put, or lying under* (2) *Set, or laid to* (3) *Contained, comprized, contained ... under* (4) *Liable to* (5) *In subjection, subject, in danger to* (6) *A to deliver* (1) Intra ... ui cum ... uget, *Ov Met* ... Pedibus subjecta ... *Lucr* 1, 79 (2) ... *Cic Cat* 3, ... (3) Verborum ... *Cic ...* Orat 1, 12 Qua pars subjecta ... *Id Offic* 1, ... (4) Subjecta sub varios casus virtus, ... Subjectior invidiæ, ... 2, 6, 4 (5) Nulli na... *Cic* ... In ... *ad Herenn* (6) ... *Plin Paneg* 9

Subjectu ... *Putting, or putting under*, ... 26, 15

Subjiciens, ... part *Coming* ... fubeunte ...

† Subjugatio, onis f *Subjection* ... Capt ... 2

Subjugatus ... pro sub... *Plaut Pers* 2, 2, 5

Subjicio, ... *pro* subjicio, ... 91

Subjicio, ... jectum act [ex ...] (1) *To bring under* ... (2) ... (3) *To place* ... *to ... or stamp* (6) ... (7) *To dig, or cast* ... (8) ... *or stroke* (9) ... Dimidi a partem ... folus in ... [illegible] ... *Plaut* ... B ... *Ter* ... *Cic* ... (3) Bove ... flo ... *Ov* ... (5) ... morta... (6) Gallium ... Cæsarem, ... *Id* ... (7) Scrob... (8) ...

Subjicior, pass *To be forced, to ... placed, &c* Quod ... tamen ... [illegible] ...

Subigo, ... (1) *To* ... (2) *To* ... *to put be-fore* ... (3) ... (4) ... (5) ... *to put into the place of* (6) ... (7) ... *to lift up* (8) ... (9) ... (10) ... (11) ... (1) ... *Plin* ... Stercu... pulvino fupe... *Serv* ... *to plow it*, *Col* ... *to press* ... *Col* ... 9 ¶ brach a pari la, *to put it on*, *Ov* ¶ fatum pedibus, *to contemn it*, *Vir* ... faces alicui, *to inflame, or incite*, *Cic* (4) § Subjicere te imperio ... *Cic Off* 2, 6 Cervicem fecuri subjicere, *Id* (3) Totam villam oculis fubjicere, *Plin Jun* ... Nem, *Cic* ... dicendo oculis, *Id* (4) Si mem ... dictum ... Subjicit ... ratio haud fallax, ... Quod mens fua sponte ... *Liv* (5) Subjecit ... quos ex ... adduxerat, fuppeditque legiones, *Liv* (6) Subjicere teftamenta, *Cic Philipp* 14, ... (7) § Vix pauca furenti subjicio, *Vir Æn* 3, 314 (8) § Demuit, pavidumque ... subjecit, ... Quantum ... novo viridis ... fubjicit alnus, ... 10, 74 (9) Negligentem ... unum ... exemplum subjiciemus, *Col* 5, 10 (10) Nec tibi subjicere ... Amor, *Prop* 1, 7, 20 (11) Subjicere teftes, *Quint* ... & *Suet Nero* 35 (12) Reliquias ... fubjecit, & vendi... tavit, *Suet Cal* 38

Subjicior, i pass *To be put under, to be subjected, &c* Sub... Metellus ab ... Cæsa... qui hanc rem distrahat, *Cæs B C* 1, ... Subjicitur oculis, *Liv* 3, 19

Subimpetro, are unde part ... *To be obtained by intreaty*, ... Ann 4

Subimpudens, ... *Somewhat impudent, or over bold*, *Cic Fam* ... 17

Subinde adv *Forthwith, or anon, every now and then, afterward*, *Liv* ... Subinde, ...

Subintelligo, ... *To* ... *Valer*

Subinanis, ... *Somewhat empty, ... of no great weight*, *Cic Att* 2, 1

Subinde adv [ex sub, & inde] (1) *Upon which, thereupon* (2) *Also after that, afterward* (3) *Oftentimes, now and then, ever and anon* (4) *Presently, soon after* (1) *Suet* ... (2) ... Petere ... 1, ... *Suet* ... 9

|| Subinfero, ere *To bring in underhand*, *Bibl*

Subinfluo, ere *To flow in, or under* Aliæ aquæ subinfluunt terras, *Sen N Q* ...

Subinfulsus, a, um *Somewhat filly, or dull having no great grace* Est ... fatuum ... eft, *Cic* ... *Opt gen Or* ...

Subintelligo, ... ectum *To understand ... somewhat, or a little*, ... *Son*

|| Subintro, are *To enter, or go in*, *Aug* ...

|| Subintroeo, ire *To come in* ... *Bibl*

Subinvideo, ... fum *To envy one a little* § Subinvideo tibi, *Cic Fam* 7, 10

Subinvisus, a, um *Somewhat envied, or to be envied*, ... *Plin*

Subinvitus, a, um *Somewhat invited, or ...* ... *Cic* ...

Subinvito, are *To invite one in a manner* Quod ... epistola ... *Cic Fam* ...

Subinvitus, a, um *Somewhat unwilling, or against his will*, ... *Plaut*

Subirascor, i, ātus dep *To be half angry, or displeased* ... fit s clemens ... in disputando, ... subirasci, *Cic Fin* 2, 1

Subirate adv *Somewhat angrily*, *Litt ex Gell*

Subirātus, a, um part *Somewhat angry* Homo subiratus, *Cic de Orat* 1, 16

† Subis, is f [a ... ab illa contumeliosa injuria dict] *A bird which breaketh the eagle's eggs, a spight*, *Plin* 19, 19 *Rect* subis

Subitaneus, a, um *Hasty, sudden* Subitaneus imber, *Col* 1, 6 ... *N Q* 7, 22

Subitarius, a, um (1) *Speedy, done, or made on a sudden* (2) *Suddenly raised* (1) Subitaria ædificia, *Tac Ann* 15, 39, 2 (2) Subitariæ legiones, *Liv* 31, 2

Subito adv *Hastily, suddenly, upon a sudden* Subito in febrim incidit, *Cic Fam* 14, 8 = Improviso, *Id* ... properans ... *Plaut* pro... pere, *Id*

Subiturus, a, um part *About to suffer, or undergo* Eundem casum subiturus, *Cæs B C* 3, 13

Subitus, a, um [a subeo, quod subit, ... ingreditur etiam antequam animadvertas] *Hasty, unlooked for, sudden* Subitus imber, *Ov Fast* 4, 385 Subita lætitia, *Ad Herenn* 1, 8 Subita flammæ, *Ov Ibis*, 19 ⚹ Sive me ... fubita proferret, *Plin Epist* 1, 16, 2 ✝ Tu me non tantum prævisa, sed subita expedire docuisti *Tac Ann* 15, 55

|| Subjugalis, e ... jumentum *An ass*, *Pl* ...

|| Subjugans, ... *Accustomed to the yoke* Duo con... subjuga ... *Prud Perist* 10, 35

Subjugatio, onis f verb *A subduing, or taming*, *Litt ex Col*

||Subjugator, oris m verb *A tamer, a subduer*, *Apul de Doct Plat* p ... ✝ Domitor

|| Subjugatus, a, um part *Put or placed under the yoke, or gallows*, *Veg* ✝ Sub jugum missus

Subjugis, e *Accustomed to the yoke, or to draw*, *Cato*, 63

Subjugium, ii n *A thong, or band wherewith a yoke is fastened to the beast's neck*, *Cato*, 63 *C Vitruv* ... 9

|| Subjugo, are act *To subdue, to bring under the yoke*, *Claud Cons Hon Sext* 249 ✝ Domo, vinco

|| Subjunctivus, a, um *Subjunctive, that joineth under, that subjoineth*, *Gramm*

Subjunctus, a, um part (1) *Set, or put upon* (2) *Met subjoined, added* (1) Brachia subjuncta ... certis, *Ov* ... (2) Video in haruspicum responsis hæc esse subjuncta, *Cic de Harusp Resp* 1

Subjungo, ere, xi, ctum act (1) *To join, to harness* (2) *To subdue, to subject* (3) *To bring under, or subdue* (1) Currus subjungere tigres, ... *Ecl* 5, 29 (2) *Plin Ep* 7, ult (3) Munimus urbes ... imperium P R subjungit, *Cic* ...

Sublabor, i, psus *To slip away privily, to fall, or slide under, to fall down and decay by little and little, to ebb* Memoria sublabitur, *Sen de Ira*, 3, 10 *Vid* Sublapsus

† Sublabro, are [ex sub, & labrum] *To put meat into one's mouth*, *Non* ap *Non* 2, ...

Sublapsus, a, um part *Slipt, or fallen down*, *Vir Geor* 1, 199 & *Æn* 2, 169

Sublate adv ius, comp (1) *In a lofty strain, in the sublime* (2) *Haughtily, proudly, loftily* (1) = Sublate ampleque dicere, *Cic de Clar Or* ... 55 (2) Nimium quam de me dixi sublatius, *Cic pro Domo* 36

Sublāteo, ere, ui *To lie hid underneath*, ... *R R* 1, 18

Sublatio, onis f verb (1) *A lifting up* (2) *A taking away* (1) Sublatio animi, *Cic* ... 4 (2) Sublatio judicii, ...

Sublatus, a, um part [a ...] (1) *Taken away, removed* (2) *Had* (3) *Abroad* (4) *Lifted up, set up, hoisted up* ... *ed, taken up* (5) *Puffed up, proud* (6) *Educated* ... bet fublata reponi poculi *Æn* 8, 175 Sublatam ex ... virtutem quærimus invidi, *Hor Od* 3, 24, 32 = Bellum ... Pompeii fublatum itque ... *Cic pro Leg Manil* ... (2) ... lato ex ... filio Druso, *Suet* ... 7 (3) Veteres leges ... sublata, *Cic de Orat* 1, 58 (4) Manibus ad cœlum ... *Hor Sat* 2, 5, 97 Ignis ... specula sublatus, *Cic Verr* 5, 36 § In ... cem fublatus, *Id Verr* 1, 5 ... Sublatis anchoris, *having weighed anchor* Cæs B G 4, ... more fublato, *setting up a shout, shouting*, *Id* (5) Victoria ... tus Ambiorix, *Cæs B G* 5 Mens hominum rebus fubla... cundis, *Liv Æn* 10, 502 (6) ... ita me genitor bellis assuetus ... latum erudit, *Vir Æn* 9, 20

Sublecto, are [ex sub, & ...] *To decoy, or stroke, to cheat or fool one* Ut fublecto os ... *I stroked him how I fooled him* *Plaut Mil* 4, 2, 74

Sublectus, a, um part (1) *Gathered, (2) Stolen, kidnapped* (3) *Cozened*, & qui ... *Varr L L* ... (2) ... hic feles virginalis ... ros parentibus fublectos ... *Plaut Rud* 3, 4, 31

Sublego, are *To substitute, or appoint in one's room, to accept*, *Justinian*

Sublego, ere, egi, ectum act (1) *To read slightly and cursorily* (2) *To steal, and privily convey away* (3) *To pick up softly* (4) *Also to choose* (1) *Gell* ... (2) Puer ... netu fublegit quod ... jaceret inutile, *Hor* ... 2, 8, 12 (2) § Quæ fublegi tacitus tibi carmina, *Vir Ecl* 9, 21 ¶ Sermonem fublegere, *to overhear it*, *Plaut Mil* 4, 2, 98 & ... (4) In demortui locum fublegere, *Liv* 23, 2

Sublestus, a, um or comp ... mus, sup [sublesta, infirma & ... num *Fest*] Sublestum est ... fimolum, ... ex sub, & lesti, ... *Eust* ... (1) *Faint, crazed, deceived, weak* (2) *Mean, of no esteem, or account of no worth, or value* (1) Sublestissimum ... num, *Plaut* ... *Fest* ... *Id* ... 1, 20

Sublevandus, a, um part *To be lifted up, succoured, &c* ... periculis fublevando ... imperitiam, *Cic pro Mur* ...

Sublevans, tis part *Lifting, or holding up* Inter ... nus ... num extinctus eft, *Suet* ... par 24

|| Sublevatio, onis f verb *A helping, or assisting*, *Dig*

Sublevatus, a, um part (1) *Lifted up* (2) *Relieved, eased* (1) Ab ... sublevatus murum ... scendit, *Cæs B G* 7, 47 (2) ⚹ Depuis

D mi is est a cæteris, à Socrate unus, *Cic Tusc* 4, 37

Sublevo, āre act (1) *To lift, hold up* (2) Met *To help, or succour* (3) *To ease, or lessen* (1) Quianos id strātos ne sublevit et item, *Hirt* 10, 4 (2) ✕ = Si quo hæc casi continerunt, erigere subleare non possunt, *Cic* non minus ne stu tia illius quam volit in pro ortis, *Ges nd*, 9 (3) Ut minimum onem sublevaret, *Cæs B G* 6,

Sublevor, āri pass *To be lifted up, eased,* &c Sublevantu *Cic* pro *Sull* 2, 27

Sublica, æ f [de origine vari] (1) *Piles driven into water for the making, or bases of bridges* (2) *A prop, stake, post, or other like thing to bear, or keep up, a pile driven into the ground for building* (1) B G 4, 17 *Vid* Sublices) Muro per se satis alto subjectis validis sublicis pro solo usus est, *Liv* 23, 37

|| Sublices, um f pl *id* m ἐμποτεμῶ τὴν γέφυραν ὑπὸ βα- ... , *Gloss vet*

Sublicius, a, um [ex sublicis, vel ... factus] *Made of piles, or posts* Sublicius pons, *a great timber bridge*, Liv 1, 33

|| Sublido, ĕre act [à sub, & ...] *To bite softly, or underneath* Murmur sublidit voce minuri, *Prud Apoth* 848

Subligaculum, i n [a subligo] *A pair of breeches, or long hose, drawers, galligaskins, trowses* ... subligaculo prodeat ... *Cic Offic* 1, 35

Subligar, aris n [a subligo] *A ... or trowse without nether-stock, worn both by men and women, a truss* Si pudor est, ... fer subligar in faciem, *Mart* ... Subligar Acci, *Juv* 6, 70

Subligatio, ōnis f verb *A binding*, Pallad 1, 6

|| Subligatūra, æ f *The wearing of a truss* Subligaturā procurare hernias, *Theod Prisc*

Subligātus, a, um part *In a truss*, Mart 7, 66

Subligo, āre act *To undergird, to under-ty, to ty, or hang at* Humeris Tegeæum subligat ensem, *Vir Æn* 8, 459

Subligor, āri pass *To be bound under*, &c *Col*

Sublimatus, a, um part *Lifted up, raised high* Granaria sublimata, *Vitruv* 6 9

Sublime adv *Up aloft on high* ... sublime fertur *Cic N D* 2, 39 ... Ex colori nihil interest humine an sublime putrescat, *Ap* ... 1, 43

Sublimen, inis n *The hanse, or lintel, the upper door-post* ... teritur dominæ sublimine ... *Prop* 2, 25, 17 *uti leg* ... *rect opinor*, sub limine ... ✝ Supercilium nare

Sublimis, e [*qu* supra limum] ... comp ||issimus, f.p (1) *Lofty, high, that is above us* (2) *Fig upright tall and large* (1) ... sublime centum columnis *Vir Æn* 7, 170 Sublimis ... *Juv* 11, 24 (2) = ... es ingrediantur sublimes, ... capitibus, *Col* ✕ Armentis sublimibus insignis Mevinia it, ... parvis, *Id* 3, 8 Sublime, *on high, aloft*, Cic N D 2, 56 Sublimem aliquem ... re, *to hoist him up*, Ter ... 5, 2, 20

Sublimitas, ātis f *Height, highness, loftiness*, Plin 19, 5 = ... a, altitudo

Sublimius, us, comp adv *Higher, or higher*, ... Sublimius volitare, *Col* 8, 11 Sublimius ... levavit, *Stat Silv* 2, 6, 75

✝ Sublimo, are act (1) *To set on high, to extoll* (2) *To sublimate* (1) *Enn ap Non & Cato ap Fest* (2) *Med*

✝ Sublimus, a, um *pro* sublimis Per mare ac terras sublimaque cœli, *Lucr* 1, 341

✝ Sublingio, ōnis m [a sublingendo dictus] *An under scullion, or lick dish* Jam nec quo ... stus est coqui sublingio *Plaut Pseud* 3, 2, 103

Sublinitus, a, um *Besmeared, &* Met *coated, cozened* Sublinitum est os custodi mulieris, *Plaut Mil* 2, 1, 75

Sublino, ĕre ... *(1) To anoint, or besmear a little, to grease* (2) *To lay a ground colour* (3) Met *To deceive and mock one* (1) Sublinere m... am, *Cato* (2) Hac minium sublinunt, *Plin* 35, 6 (3) Fides sublevit mihi os penissime, *Plaut Aul* 4, 6, 2 *Tractum a genere ludi, quo dormientibus ora pinguntur*, Non

Sublitus, a, um part [a sublino] (1) *Smeared, or anointed* (2) Met *Fooled, ridiculed* (1) § Sublitum umbilico *Cels* (2) Tibi os est sublitum, *Plaut Epid* 2, 4, 55

Sublivens, tis part *Somewhat black and blue*, Litt ex Stat

Sublivesco, ĕre incept *To wax black and blue*, Litt ex Cels

Sublividus, a, um *Somewhat black and blue* Pustula sublividæ, *Cels* 5, 28

Sublucanus, a, um *About day spring, that is a little before day light*, Plin 11, 12

Subluceo, ēre, uxi neut *To give a little light, to shine somewhat, to glimmer* Qualis sublucent fugientē crepuscula Phœbo, *Ov* ... *mor* 1, 5, 5 conf *Plin* 9, 36

|| Sublucidus, a, um ... *Somewhat light*, Apul ✝ Sublucens

✝ Sublūco, āre *To underthread boughs, that the light may come under the trees*, Fest

✝ Sublunis nox *A clear moonshiny night*, Litt ex Hor ✝ Sublustris

Subluo, ĕre, ui, ūtum act *To wash, or rinse, to bathe* § Sublavere ... aqua calida, *Cels* 4, 12 conf *Col* 6, 32 & *Cels B G* ... 69

Subluor, i pass *To be rinsed*, Col 6 2

Sublūridus, a, um *Somewhat wan and pale* Cicatrix sublurida *Plaut Amph* 4, 1, 54

Sublustris, e [ex sub, & lustro, ut illustris, Perot] *That hath some light glimmering* Nocte sublustri, *Hor Od* 3, 27, 31 conf *Liv* 5, 47

Sublūtus, a, um *Somewhat washed, fouled, foxed* Zone, quid solum subluto podice perdis? *Mart* 2 42

Subluvies, ei f (1) *Filth, ordure* (2) *Also a disease in sheeps feet between the claws, the foul* (1) Vir subluvie cœnosā lutosa, *Apul Met* 9, p 275 (2) Subluvies & intertrigo pecc liquidā cruentur, *Col* 7, 5

Subnano, āre *To flow softly*, Vitruv 8, 1

Submergo, ĕre, si, sum act *To drown, or sink under water, to overwhelm, to dip or plunge*, Vir Æn 1, 44 conf *Cic N D* 2, 44

Submergor, ... pass *To be drowned* ... *Cic* de D ...

Submersus ... *drowned* ... Submersio ... *Liv*

|| Submersio ... *A drowning* ... Submersio ...

|| Submersus ... *He that ... drowned* ...

Submersus, a, um ... *drowned* ... Plaut ...

Submetior ... *Paid* ...

Subministratio, ōnis f verb *Under ... , Dig*

Subministrator, ōris m verb *He that furnisheth, or supplieth*, Sen Ep 115

Subministro, āre act *To do service to one, to furnish, or supply one with* § Subministrare ... continuum alicui, *Cic* pro ... ; lia, *Cæs B G* ... 20 ... *Col* 24

Submisse adv ius, comp (1) *With a low voice, softly* (2) *Lowly, humbly* (1) ✕ Submissius primo dicere, deinde preli... *Cic de Orat* 2, 53 ✕ contenti *Id* Qui breviter & submisse dicunt, ... ; non ... , *Id* (2) ✕ Quanto sumus superiores, tanto nos submissius geramus, *Cic Off* 1, 26

Submissim adv *Softly*, Suet Aug 74

Submissio, ōnis f verb *A making low, a lowering, softness of speech* ✕ Par ... contentio nec ... in ... , nec submissio ... *Cic Orat* c 25 ✕ Ex contentione vocis, ex submissione, *Id Off* 1, 41

Submissus, a, um part & adj ... comp (1) *Sent down* (2) *Let down, or hanging down* (3) *Lowered, or made low* (4) *Low, calmly, ... not loud, gentle* (5) *Humble, ... minded* (6) *Base, mean, pitiful* (1) Subm ... e castris ... , *Cic* (2) Sutum ... inferioribus ... , *Liv* 1, 4 (3) = Humiles submissique vertice postes, *Ov* ... 8, 638 ✕ Stantibus primis, secundis submissioribus, postremis etiam genu nixis, *Liv* 41 9 (4) Submissa voce agere, tantum ut judex ... , *Cic* pro *Flacc* 28 Submissum genus dicendi, *Quint* 11, 1 ✕ concitatum, *Id* = Lenior & submissior oratio, *Id* conf *Liv* ... (5) Sol ... lapides passi inter initia, ... submissis generibus non possunt, *Plin* 11, 48 (6) ✕ = Is nihil habet amplum, nihil excelsum, nihil non submissum atque populare, *Cic* ✕ = Neque submissum & ... , neque se efferentem velle vivere, *Id* = fractus, abjectus, *Id*

Submitto, ĕre, si, issum act (1) *To send privily, or underhand, to suborn* (2) *To put in place of another* (3) *To plant, or set in the ground* (4) *To keep for breed, of cattle* (5) *To let grow* (6) *To bow, or bend* (7) *To hold, or hang down* (8) *To humble, to submit, to lay down* (9) *To yield, to give the preference* (10) *To lower, or make*

... (1) ... *Cic* ... (2) Q ... (3) ... *Col* ... Submitte ... *Cels* ... pudo ... *Plin* 23, 1

Submittor, i pass *To be sent privily*, Suet *To be suffered to grow*, Col ... 5

Submōlestē adv *Somewhat ... *, *Cic Att* ... 1

Submolestus, a, um *Somewhat troublesome or grievous*, Cic Att ...

Submoneo, ēre, ui, itum act *To warn one underhand, to put in mind to take advantage, to prompt* Submonuit Parmeno ... *Ter Eun* 5, 4, 2

Submoneor, eri pass *To be warned*, Plin Ep 2, 1

|| Submordeo ... act *To bite softly, or a little*, Litt ex Apul

Submordeor, eri pass *Stat* ap Litt

Submōrōsus, a, um *Somewhat froward, peevish, or cross* = Me valde ubi movent stomachos, & quasi submorosi ridicula, *Cic de Orat* 2, 69

Submōtor, ōris m verb *One that putteth aside, or maketh room* Submotor aditus, *a beadle, or usher of the hall*, Litt 45, 29

Submōtus, a, um part (1) *Removed out of the way* (2) *Driven back* (3) *Sent away, dismissed* (1) *Nep Epamin* ult (2) Alios longe submotos arcet arena, *Vir Æn* 6, 316 (3) Submota concione, *Cic* pro *Flacc* 7

Submŏveo, ēre, ovi, ōtum act (1) *To remove, or carry far off* (2) *To drive, or beat it off the place* (3) *To cause to make way, or room* (4) *To discharge one of his office* (5) *To keep out* (6) *To part one from another* (1) § Dii submoveant ... suo *Ov Met* 8 ... (2) D ... reliquos ... , *Cæs B G* 7, 45 (3) I, lictor, submove turbam, *Liv* 3, 48 ✕ ... cipes luco, submovet ... nefas, *Ov* ... 2, 140 (4) § Submovere aliquem a negotiatione, *Col* 1, 7 (5) Submovere populum oppositā, ... *Am* 3, 14, 10 (6) Germanum ab Italia submovent, *Plin* 3 19

Submŏveor, eri pass *To be removed*, &c Submoveri ... & Italia, *Suet Claud* 2 *Vid* Submoveo

Submovetur impers *Way, or room is made*, Sen Epist 94

Subnascens, tis part *Growing under, or after*, Plin 12, 2

Subnascor, i, atus dep *To grow or spring up under, or after, to*

Ima ⁊ præced pendet ✝ Matu rescen, e ⁊ n

Subiare, are *To swim under*) P ⁊ iutn ⁊ undâ in mbro-um ⁊ n ex ⁊ ⁊ ⁊, 3 *l* 13,402

Subnatens, ⁊ ⁊, tis *Swimming, floating* Aue ⁊ n etens ex citæ cingul ⁊ minnæ, *Vir Æn* 1, 46

Subnecto, ere, xu, xum act (1) *To bind to fasten* (2) *To join to, to subscribe* (1) Subnect t ⁊ fibula vestem *Vir Æn* 5, 313 (2) § Invent om judicium subre ⁊ te, *unt* 5

Subnector, i pass *To be bound, or fastened* &c Crinem subnectitur auro, *Val Flacc* 2, 103

Subnego, are act *Half to deny, or to deny in a manner* Quod ⁊ ti prope subnegâr im, *Cic Fam* 7, 1)

‖ Subnervo, âre *To cut sinews, to hamstring one*, Apul Apol p 524 ✝ Suffragino

Subnexus a, um [a subnector] *Knit or tied underneath* Co m n subnexus, *Stat Sylv* 5, 3, 115

Subniger, ra, um *Somewhat black, blackish* Subnigri oculi, *Plaut Merc* 2, 4, 55 Subnigra pust ⁊ ⁊, *Cels* 5, 26, 31

Subnitor, i, nixus dep *To lean or rest, against a thing, to lean, rely upon, to trust to, ⁊* ex ⁊ in ⁊ q

Subnixus, a, um [a subnitor] (1) *Underpropped* (2) *Bolstered up* (3) *Trusting to, relying upon* (1) Decing h ⁊ ⁊ ⁊ cali ver icibus ex utraque par ⁊ ⁊ n x *Cic Somn* ⁊ *ip* 6 (2) *Ægrina* solio ⁊ lnixa ⁊ resedit, *Vir Æn* 1, 510 (3) = Subnixus, & fidens innocentiæ animus, *Liv* 4, 4 ¶ Subnixus alis, *with arms akimbow*, Plaut P ⁊ s ⁊, 5, 6

Subnodo, âre act & subnodor pass *To make a knot underneath*, Varr

‖ Subnotatio, ōnis f verb *A subscribing* Dig ✝ Subscriptio

Subnoto, âre act *To note, or mark to take notice of to one's* ⁊ Vultu, digitove subnotare *Mart* 6, 82 F non sobria verba subnotat ⁊ *Id* 1, 28 Subno ⁊ ⁊ los, *Plin Epist* 1, 10, 9

Subnuba, æ f *A secondwife* Tecti subnuba nostri, *Ov Epist* 6 153

Subnubilus, a, um *Somewhat cloudy* Nox subnubila, *Cæs B C* 3, 54

Subo, âre [a sus ut us dict cum libidinem appet int, vel exercent] (1) *To grunt as the sow doth to go to boar* (2) *In obscene* (1) ⁊ ⁊ (2) Subanto ten a cuoi ia, ⁊ cta ⁊ t ⁊ m pir, *Hor Epod* 12 11

‖ Subobscœnè adv *Somewhat filthily*, ⁊ t ex Apul

Subobscœnus, a, um part *Somewhat filthy* Subobscœno ridiculo non ⁊ endum oratori, *Cic Orat* 26

Subobscurè adv *Somewhat obscurely*, Gell 3, 14

Subobscurus, a, um adj *Somewhat obscure, dark, or hard to be understood*, Cic de Cl ⁊ 7

Subodiosus, a, um *Somewhat impertinent, scarce to be endured*, Cic Att 1 5

‖ Subolfacior, i dep *To perceive somewhat, to smell out, or scent a thing, to have an inkling of it* Ann ✝ Subolet mihi, Plaut

Suboffendo, ere, di, sum act *To offend, or displease a little*, Cic Q Fratr 2, 8

Suboleo, ere, ui, itum neut (1) *To savour, or smell a little* (2) *To ⁊ somewhat the savour of a thing* (2) *To suspect, or mistrust* (1) Corrumpitur jam cœna ⁊ ⁊ Hem, subolet, is vide eloph ex *Plaut Pseud* ⁊, 2, 102 *Sed ab ⁊* subo ⁊ ⁊ vide (2) Subolet ⁊ ⁊ quod ego mach nor, *Plaut Cas* 2, 3, 5)

Soboles, is f [ex sub, & oleo, *i e* cresco] (1) *A young shoot which groweth out of the roots, or stocks of trees* (2) *Also the hair that groweth on the head* (3) *An offspring, a breed* (1) Materia, quam inseveris, sobolem habebis, præcidito, *Col de Arb* 26 (2) Ante aures nodo sobolibus intorta demittebantur sex cincinnuli, *Varr* (3) Ne nova sub oles apium effugiant, *Col* *Met* = Hæc propago & suboles origo est rerum p b *Cic Offic* 1, 17 *Vid* Soboles, *quomodo alii scribunt*

Subolescens, tis part *Growing up*, Liv 29, 3

Subōriens, tis part *Arising, new springing up*, Plin 2, 95

Subōrior, iri, ortus *To arise, or grow up* Ex infinito suboriri copia posse, *Lucr* 1, 10 5

‖ Subornatio, onis f verb *A suborning*, Dig

Subornatus, a, um part (1) *Adorned, decked* (2) *Prepared, instructed* (3) *Suborned* (1) In militum cultum subornati, *Sen Benef* 3, 28 (2) Vides hominem non eruditum, nec ulla præ ⁊ ⁊ contra mortem atque dolorem subornatum, *Sen Epist* 24 (3) = Confessus est a se accusatores esse instructos, & subornatos, *Cic in Vatin* 1

Suborno, âre act (1) *To send one privily, or underhand what to do, or say with instructions* (2) *To suborn* (3) *To set forth, and honour one* (1) Dominus a dium suum cum am sollicitandum ad militem subornat, *Plaut Mil* arg 14 (2) Falsum subornavit testem Roscius Cluvium, *Cic pro Q Rosc* 17 (3) Nescis nos, qui stamus in acie, subornes, *Cic Fin.* 10, 2,

Subortus, us m *The rising, as of sun, moon, and stars*, Litt ex *Lucr* sed q certè *Manil. Astr* 5, 326

Subpætulus, a, um dim [a pætus] Oculi subpætuli, *having a little cast*, Varr

Subpallesco, ere incept *To wax pale*, Litt ex Cels

Subpallide ad *Somewhat pale*, Enn

Subpallidus, a, um *Somewhat pale*, Cels 2, 4

Subpar, aris *Of equal age* ✝ Suppar

‖ Subpateo, ere neut *To lie open beneath*, Apul Met 8 p 252

Subpeditus, a, um part *Cut in the hough, or underneath* At ⁊ nus sul ⁊ ⁊ a securi, *Catull* 17, 18

✝ Subpenno, âre [a præced part] *To hough, or hamstring one* Scal ✝ Suffragino *Vid* Suppenno

Subpinguis, e adj *Somewhat fat, fattish* Cels 6, 4

Subpræfectus, i m *An under-officer, controller, or magistrate*, Litt ex Inscr *sed q*

Subpudet, ere *To be a little ashamed* Credo te subpudere, quum, *&c* Cic Cassio Epist Fam 15 16

Subputidus, a, um *Somewhat stinking, or stinking, over-kept, having an haut gôut* Extructa men ⁊ ⁊ ⁊ ⁊ ca subputrancida, *Cic in Pison* 27

Subraucus, a, um *A little hoarse* Vox subrauca, *Cic de Cl Orat* 38

Subrectus, a, um part [a subrigo] *Set upright by degrees, half upright* Subrecti ⁊ spis, *Sil* 10 25

Subrefectus, a, um part [a subreficio] *Somewhat refreshed*, Paterc 2, 123

Subremigans, tis part (1) *Sailing, or rowing* (2) *Met Carrying forward* (1) Cæteris subremigan ⁊ ⁊ chus, *Plin* 9, 29 (2) ✝ Duce luxu ⁊, subremigante, seu potius ⁊ hem ⁊ nequitia, *Curp Flacc* ⁊ 20

Subremigo, are n ⁊ *To row, or help with rowing* Laeva subremigat undis, *Vir Æn* 10, 227

‖ Subrenalis, e *Behind the reins of the back* Subrenalis morbus, Veg

Subrepens, tis part *Creeping, or stealing along* Apollo ⁊ ⁊ d in subrepent lacerta, *Plin* 34, 8

Subrepo, ere, psi, ptum (1) *To creep along* (2) *To creep from under* (3) *Met To steal softly, unawares, or by little and little* (1) *Vid* Subrepens (2) Emergebant subito, cum sub tabulis subrepserant, *Cic* pro *Sest* 59 (3) § Subrepsit hæc appena io p ⁊ ⁊ im, *Plin* 21, 2 Subrepsit mi, *Catull* 75, 3 Ætas iners subrepit, *Tib* 1, 1, 85

Subreptio, ōnis f verb [a subrepo] *A stealing away*, Plin *ap* Litt *certe* Lege 2, Cod *de* Legib

Subreptitius a um *Taken away by stealth, stolen* Puer subreptitius, *Plaut prol Menæch* 41 Subreptitius amor, *Id Curc* 1, 3, 49

Subreptito, âre freq [a subrepo] *To creep, or crawl along*, Cato ap Gell 10, 13

Subreptus, a, um part *Stolen secretly* Parma subrepta, *Cic Philipp* 14, 4

Subridens, tis part *Smiling upon* Olli subridens, *Vir Æn* 1, 258 Ira mistâ subridens, *Id ib* 10 742

Subrideo, ere, si, sum neut *To smile, to snicker, or simper, to smirk* Subrisit veterator, *Cic pro Q Rosc* 8 Limis subrisit ocellis *Ov Amor* 3, 1, 33

Subridiculè adv *Somewhat ridiculously, with some pleasantry*, Cic de Orat 2, 61

Subrigens, tis part *Lifting up*, Plin 9, 29

Subrigo, ere, exi, ectum act [subtus, *i e* interne, rego, *i e* ⁊ rigo] *To lift, or raise up to prick up his ears* Tot subrigit aures, *Vir Æn* 4, 183 Subrigit cristam, *Plin* 10, 29

Subriguo, âre act *To water, or bedew*, Litt ex Col

Subriguus, a, um *Somewhat wet, wettish, oozy* = Humidus aut subriguus locus, *Plin* 17 18

Subringor, i *To fret a little* Hi subringentur, qui villam me moleste ferunt habere, *Cic Attic* 1, 5

Subripio ere, ui, eptum act (1) *To steal privily, to take away by stealth* (2) *To prevent, or intercept* (1) Hanc ⁊ ⁊ pal ⁊ m subripui, *Plaut Asin* 5, 2, 35 (2) *Vid Seq n* 2

Subripior, i, eptus sum pass (1) *To be stolen away* (2) *To be prevented, to be intercepted* (1) In eâ re caveat diligenter, ne quid olei subripiatur, *Cato, &c* ✝ Vi tus ⁊ ⁊ ⁊ ⁊ ⁊ ⁊ potest, *Cic Parad* 6 (2) Bonum commium subripitur sæpissime, *Plaut Mil* ⁊ 1, 8

Subrogo, âre act (1) *To substitute, to put in the place of* (2) *To add to* (1) § Subrogare in collegam, *Cic* ad *Brut* 5 § Qui collegam non subrogavit ⁊ ⁊ ⁊ m Bruti *Liv* (2) Subrogare ⁊ ⁊ legi, *Aug* ap *Suet*

Subrostrani, ⁊ m *One that used to sit or walk about the place, in the place to enquire news*, Cic Epist Fam 8, 1 *al* sub ⁊ ⁊ ⁊ ⁊

Subrotatus, a, um *Mounted on wheels* Aries subrotatus, *Vitruv* 10 19

Subrotundus, a, um *Somewhat roundish*, Cels 5, 28

Subrubeo, ere, ui neut *To be of a blushing red* Plena pi ⁊ ⁊ o subrubet uva mero, *Ov Art Am.* 2, 16

Subruber, a, um *Somewhat red* Pus carnis subrubrum, *C* 5, 28 n 8 urina, *Id* 2, 4

Subrubicundus, a, um *Somewhat red, ruddy* Ulcus subrubicun um, *Cels* 5, 6 ⁊ ⁊ ⁊ subrubicun us, *Sen* ⁊ ⁊

Subrufus a, um *Somewhat red reddish* Gemma subrufo colore *Plin* 37, 10 adde *Vitruv* 8

Subrumo, âre ⁊ [a sub & rumi] *To put to the dug, to put a lamb or calf to another, than when his own has not milk enough for him*, Col 12, 3

Subrumor, ari pass *To be put to the dug*, &c *Col* 7, 4

Subrumus, a, um [qu ⁊ ⁊ ⁊ n ⁊ *i e* sub mamma] di ⁊ ⁊ est *A sucking lamb* Agni ⁊ ⁊ ⁊ *Varr R R* 2, 11 = Lactentes *Id ib*

Subruncinator Deus quif ⁊ ⁊ ⁊ ⁊ rationi præerat, *Serv* ex *Fab Pictore*

Subruncivi limites, in agris ⁊ ti, octo pedes lati, per quos ⁊ ⁊ tus patebat vicinis ad subruncandum, *vide* Grom scriptores

Subruo ere, ui, utum act (1) *To cast, or tumble down, to overthrow* (2) *To undermine* (3) Met *To undo and ruin* (1) Pc ⁊ is succedunt, murumque subruunt, *Cæs B G* 2, 6 (2) Subruta mœnia cuniculo *Liv* 21, 11 (3) Muneribus subruit reges, *Hor Od* 3, 16, 14

Subruor, i pass *To be destroyed* Natura omnis subruitur, *Lucret* 4 864

Subruptus, a, um part *Broken underneath, hollowed, worn away* Litt ex Hirt

‖ Subrusticè adv *Somewhat rustically*, Gell Præf 1 ⁊

Subrusticus, a, um *Somewhat rustical, lowmish* = Cotta ⁊ nabat contrarium Catulo su ⁊ greste quid ⁊ ⁊ planeque subrusticum, *Cic de Clar Or* 74 Pudor pæne subrusticus, *Id Fam* 5, 12

Subrutilus, a, um *Yellowish ruddy, bright, golden colour* Subrutilum folium, *Plin* 1⁊, ⁊ Capillus subrutilus, *Suet Dom* ⁊

Subrutus, a, um part ⁊ ⁊ *mined, overthrown* Subruta ⁊ ⁊ culo mœnia, *Liv* 21 11

Subsalsus, a, um *Somewhat salt saltish*, Plin 21 29

‖ Subscalpo, are *To scrape, or clap under*, Dig ✝ Sub ⁊ ⁊

‖ Subsannio, are act *To laugh to scorn*, Gloss ⁊ ✝ Sann ⁊ ⁊ cilio

Subscrinium ⁊, um ⁊ ⁊ ⁊ ⁊ ⁊ ⁊ ⁊ ⁊ ⁊ ⁊ ⁊ ⁊ ⁊ ⁊ ⁊ ⁊ ⁊ 2, 2, 10 ⁊ ⁊ ⁊ ⁊ ⁊

Subscindo, ere act *To cut a little, or underneath*, Litt ex Col

Subscribo, ere, psi, ptum act (1) *To write under* (2) *To subscribe his name to an instrument* (3) *To write, note, or register* (4) *To join, or take part with another in a suit of law* (5) *To agree with one to approve* (6) *To aid, or help, to favour* (7) *To set a prefer at the end of an epistle* (1) Subscribere quidam Bruti statuæ UTINAM VIVERES, *Suet Cæs* 80 Exemplum literarum Cæsaris subscripsi, *Litt* 9 16 (2) *Id* Sylm de modo usurarum 11 (3) Numerum aratorum quotannis apud magistratus subscribere, *Cic Verr* 3, 5 (4) § Agrippæ Capito subscripsit in Cassium, *Paterc* 2, 69 (5) ... precor, magni subscribite Cæsaris ira, *Ov Trist* 2, 3 (6) ... voto fortuna subscripserit, *Col* 1 2 Tuo desiderio subscripsi, *Plin* (7) *Suet Tib* 2

Subscribor, i pass *To be written under*, &c Pater urbium subscriptus, *Hor Od* 4, 24, 28

Subscriptio, onis f verb (1) *A subscription, a writing underneath* (2) *A registring* (3) *A joining with one in an action against another* (4) *Verses at the close of a petition* (1) Imperator per epistolam & subscriptionem statuit, ... (2) — Subscriptio ac professio ... *Cic Verr* 3, 47 (3) ... qui subscriptionem sibi postularent, utcunque vos de latronem ... *Cic Div in Verr* 15 (4) *Suet Tib* 32

Subscriptor, oris m verb (1) *A subscriber, or favourer* (2) *A prompter to a pleader* (1) = Subscriptores, probatoresque ... verbi habemus, *Gell* 5, 21 (2) Omnino nihil accusatore ... subscriptoribus quæ ejus intantus, *Cic ad Q. fratr* 3, 4

Subscus, ūdis f *A fastening of boards, or timber together*, called by the joiners *a swallow*, or *dovetail* Subscudes ligneas ... *Cato*, 18 Subscus ferrea, *a trampion*, Vitruv 10, 10

Subsecivus, a, um [a subseco, ... subsecatur] *Cut off from the principal, stolen, spared, or borrowed from other affairs, or business, done at leisure times* Tempus subsecivum, *spare time*, *Cic de Legg* 1 3 Subsecivæ operæ, *Id de Orat* 2, 89 Subsecivi agri, *lands which in the common division, as barren or marshy, were not measured out, either for ... occupied by persons at pleasure* Subsiciva, *parcels of land less than two hundred acres left after the division*, Suet Domit 9 ... *Litt* 299 *al scrib* subsicivus, ... recisivus

Subseco, are, ui, ctum act *To cut under, or a little, to pare, to cut down, to mow* Non ungues ferro subsecuisse licet, *Ov Fast* 6, 230 conf *Varr R R* 1, 50 & *Cels* 7, 7

Subsecor, ari pass *To be cut under*, &c ✠ Quæ velluntur ... non subsecantur, *Plin* 18 17

Subsectus, a, um part *Altogether cut or under cut*, Varr R R ... *Col* 2, 9

|| Subsecundarius, a, um *That is next after one, that busi... over or at leisure hours* ... *temporis, spare times of leisure*, Gell 20, ... Subsicivus

Subsedeo, ere, edi *To sink down*, Litt ex Plin ✝ Subsideo, Subd ...

Subsellium, ii n [ex sub, & sella, ut subsipere, quod non plane sapit, sic quod non plane sit sella, *subsellium* dictum, *Varr*] (1) *A bench, or seat, particularly that whereon they sat in the theatre to behold plays* (2) Subsellii, *seats in the forum, where the judges sat publicly, in an uncovered place*, as also *those concerned in causes* (3) *A session* (4) Meton *Judges themselves upon the bench* (1) Facto decreto patrum, ut primus subselliorum ordo vacaret senatoribus, *Suet Aug* 44 ¶ Imi subsellii vir, *a mean person*, Plaut Stich 3, 2, 33 (2) ✠ Rem ab subselliis in rostra detulit, *Cic* pro *Cluent* Petunt uti subsellia in Basilicam transferrentur, ut omnis ejus eloquentia continenti tecto parietibusque ... detur, *Quint* 10, 5 (3) Longi subsellii judicatio est, *Cic Fam* ... (4) Sextilianе, bibis quantum subsellia quinque, *Mart* 1, 27

Subsentio, ire, si, sum act *To perceive somewhat, to have some inkling of a matter, to surmise* Etsi subsensi id quoque illos ibi esse, *Ter Heaut* 3, 1, 62

Subsequens, tis part *Next following* Plin 11, 29

Subsequor, i, utus dep (1) *To follow forthwith, or hard by, to come after* (2) *To second a thing* (3) *To speak in the praise of* (4) *To imitate, to emulate* (1) Ipse cum legionibus subsequi, *Planc ad Cic Epist Fam* 10, 15 (2) Omnes hos motus subsequi debet gestus, *Cic de Orat* 3, 59 (3) Mirifice suo sermone subsecutus est humanitatem literarum literarum *Cic Fam* ... 1 (4) = Te imitari, te subsequi student, *Plin Paneg* 84

|| Subsericus, a, um *Of half silk, the other half*, that is, the warp, *of some other meaner stuff*, Lampr Elagab 26 ✠ Holosericus

Subsero, ere, sevi, situm act *To sow, or set under, or after*, Col 4 15

Subservio, ire, ivi, itum neut *To serve to be subject to, to second, to humour a thing* Viros subservire sibi postulant, ... *Plaut Men* 5, ... 16 Subservire orationi alicujus, *Ter Andr* 4, 3 20

|| Subsessa, æ f [ex sub, & sedeo] *An ambuscado or ambush* Veget ✝ Insidiæ, hostium doli

Subsessor, oris m verb (1) *A lier in wait one in ambush* (2) Met *One that lieth perdue or hath any secret design* (1) Subsessores vocantur, qui occisuri aliquem delitescunt, *Serv* ad *Æn* 11, 268 (2) Subsessores alienorum matrimoniorum, *Val Max* 2, 1 5

Subsicivus, a um *Id* quod Subsecivus, & succisivus, *varie enim scribitur*

Subsidens, tis part *Sinking, or bowing down* Poplite subsidens, *Vir Æn* 12, 491

Subsidentia, æ f *The settling, or sediment of liquors at the bottom* Aquarum subsidentia, *Vitruv* 8, ...

Subsideo, ere, ēdi, essum neut (1) *To rest or settle at the bottom* (2) *To rest, stay, or remain* (3) *To tarry behind* (4) *To lie in wait for one, to lie in ambush* (1) ✠ Ut quicquid fæcis subsiderit, exagitet, & in summum reducent, *Col* 12, 17 (2) Struma pecuniam subsidere apud se non oporteret, *Plin Epist* 4, 12, 2 (3) Alii ... in castris subsiderent, ... *Cæs B G* 6, ... 5 (4) ... *Æn* 11, 268 Mihi ... sylvas subsidere insidiis jussit, *Liv* 1, 14

Subsidiarius, a, um *That is given, or sent to the aid of another, auxiliary* Cohors subsidiaria, *Liv* 9, 27 & 30, ... Subsidiarius palmes, *a branch left to supply the stock*, Col 4, 24 = ... præcidaneus, *Id*

Subsidior, ari *To stand by, ready to help if need be, to relieve* Qui longius subsidiari conueverant, ... fugerunt, *Hirt ap Cæs B G* 8, 13

Subsidium, ii n (1) *Aid, help, succour*, chiefly in war (2) *Refuge, rescue* (3) *Support, or stay of a family* (1) Subsidium deerat, quando milites subsidebant in extrema acie, ... bentique aciei succurrebant, quod genus militum constabat ex iis, qui meruerant stipendia, locum tamen retinebant in exercitu, quæ erat tertia acies Triariorum, *Fest* ex *Plaut* Pompeius quintam legionem subsidio suis duxit, *Cæs B C* 3, 69 (2) = In ... illustriæ subsidia, atque instrumenta virtutis, *Cic Catil* 2, 5 (3) *Suet Cal* 12

Subsido, ere, edi, essum neut (1) *To settle, or sink down, to descend to the bottom* (2) *To settle, or abide* (3) *To stop, or stay* (4) *To stint, or slake* (5) Also *to invade* (6) *To cower down upon, to couple* (1) ✠ Ex amphora primum quod est sinceritissimum effluit, gravissimum quodque ... subsidit, *Sen* (2) = Commisso corpore tantum subsident Teucri, *Vir Æn* 12, 8 5 (3) Subsedi in via, dum hæc perscriberem, *Cic Attic* 5, 16 ✠ ... onsurgo, *Liv* proficiscor, *Cic* (4) Impetus dicendi subsidit, *Quintil* ... 8 (5) Subsidere regni pariatas *Luc* 5, 226 (6) § Juvenci tigres subsidere cervis, *Hor Epod* 16, 31 vid & *Lucr* 4, 1191

Subsiduus, a, um *Sinking to the bottom* Subsiduæ fæces, *Grat Cyneg* 474

Subsignani milites *Soldiers serving under their colours* Subsignano milite media firmare, *Tac Hist* 4, 33 vid & eund *ibid* 1, 70, 5

|| Subsignatio, onis f verb *A signing, or setting one's hand and seal to* Ap JCC

|| Subsignator, oris m verb *He that signeth, or setteth his hand to*, Dig ... tamen Scal de modo usurarum, 11

Subsigno, are act *To write under, to confirm with his sign manual, to sign, or seal* Subsignare apud ærarium, *Cic* pro *Flac* 2

Subsilio, ire, ii & ivi ultum neut (1) *To hop, leap, or skip a little* (2) *To spring up* (1) Ignes subsiliunt ad tecta domorum, *Lucr* 2, 191 (2) *Plaut Curc* 1, ... 191

|| Subsilles *Little plates that were used in sacrificing*, Fest al ... subsillis, al ... ullas, ... piarum conficis ... one

Subsimilis, e *Somewhat like, or resembling* M ... illo ... *Cels* 5, 26, 11

Subsimus, a, um *Somewhat snub, or flat nosed* Pecudes mitis compressis, subsimique, *Varr R R* 2, 5

Subsipio, ere neut *Not to be wise, not to have a perfect taste*, ... *L* 4, 8

Subsistentia, æ f *Subsistence, the bottom, or settlement*, Litt ex Gell

Subsisto, ere, stiti, stitum neut (1) *To stand still* (2) *To abide, or stay* (3) *To stop* (4) *To resist, to withstand* (5) *To help, bear, or maintain* (6) *To doubt, or be somewhat at a stand* (1) Adductis ... subsistit ... *Vir Æn* 12, 6 2 (2) *Pl* ... 8 (3) Tiberi ... unda *Vir Æn* 8, 87 Subsistit procellas bal... *Plin* 12, 25 (4) Quo prælio ... *Cæs B G* 1, 17 Nec clypeo juvenis subsistere tantum, nec dextra ... *Vir Æn* 9 806 (5) Non ... Varronis thesauros ... subsistere sumptui ... *Brutus Cic Fam* 11, 1 (6) Quantum ad filium ... in servo vero subsistimus *Up*

Subsolanus, i m quod subsolanus nasci videtur *An east wind*, Plin 2 47 ✠ Favonius, *Id*

Subsortior, iri, itus dep *To choose by lot after others have chosen, or to choose by lot in one's room to succeed*, Cic Act in Verr 10 *Id* Subsortitu

Subsortitio, onis f ... *A choosing by lot to fill up the place of those that were ... or ... aside*, Cic Verr 1 ... ullo ... Asconium conf *Suet Cæs* ...

|| Subsortitor, oris m verb *He that draweth lots in the second place* Dig

Substitutus, a, um part *Chosen, or substituted in the place of another*, Cic pro Cluent 15

Substantia, æ f ... substando, ... quia per se substet (1) *The substance, or matter* (2) *Goods, estate, wealth* (1) Substantiam omnis orationis ... pacem, *Quint* ... vocat, *Cic* (2) Pat... bonorum substantia, ... *Cent R* 10 2 ... filio relinquerem *Quint* ... *proœm sic etiam loquuntur Jcc* = ... opes, ... *Cic*

Substantivus, a, um *That may stand by itself* ... Grammaticis con... *Plin*

Substernens, tis part *Laying, or putting under* S... brachia collo, *Catull* 6... 3 2

Substerno, ere, stravi, stratum (1) *To strew, or ... under ... in the bottom* (2) Met *To ... to ... under* (1) ... am substernito ovibus ... cont ... (2) ... corporis ... *Cic de ...*

Substerno, ... *to put under* ...

Substillum, ... *The dropping ... a fall ... mist* ... — ...

Substituo, ere, ui, utum ... *To put in the place* ... *Plin* 10 51

Substitutio, onis f verb ... *in the place of* ...

|| Substitutio, onis f ... *A putting into the place of another*, Pa... JC | Suppositio, *Cic*

... R ... || ...

|| Subst... Pro-... a conditional ... ion, Gen ...

|| Substituto, ... He ... in one's ... Dig ... Cal... ut

Substitutus, a, um part Put into another's place, Cic de Div 2, ...

|| Substitutus ... A ... al, ... Luc ... Venus

Subst... are, ... um neut To stand ... to ... up, ... ground, ... Metus, ... Ter ... 5, 11 Pun... subit ... non ... timo-... Cels ... o

|| Subtr... To be ... ang ... Nominal ... chet

Subst... under ... neath Sa... Varr ... 10

... Idem ... ca ... or

Substr..., a, um part [a ... Laid ... , o strow a Sub... Plin 17 6

Sub... Appl ... Plin 24, 9 ... 8, ...

|| Subst... part To ... a litt... Amil ... 5, p 158

Sub... ... (1) Point ... (2) Placed up ... (3) Small, ... (1) ... tectos confic..., Col 2 ... (2) P... est ... Plin ... Ven... restriction, Col 6 20 ... Feris subst... supped ICO. ... Ov ... 216

Substringens, ... tying, or tribing up Comas ... Luc 3, 281

Substringo, ere, xi, ictum act (1) To tie, ... (2) To ... (3) To repress, or restrain (4) To contract to bring into less compass (1) Boves substringere, Col ... (2) Festinant ... Mart ... (3) Oculos ... substringit ... Ter 6, ... 2 (4) Orationem ... & effusa substringi ... 11, 5

Substringor, i pass To be bound underneath, &c Ter

Substructio, onis f verb (1) ... ground-... of an house, ... ing of ... (2) A pile of building (1) Substructiones ... C P C ... Immensa ... Cic ... (2) Litt ex Plin

Substr... That ... Vitruv

Substructum, i n A foundation Substructum ... Vitruv ...

Substructus, a, um part Built, ... Liv 6, 4

Substruo, ere, xi, ctum act To ... a foundation ... Inter ... fundamentum, ... Mart ... parentes substruere, ... 1, 2, 10

Substr..., ... part To ... Contra ... quadri... substruct..., Liv 6, 4

Subsultim ... By jumps, or leaps Spiritus ... Suet Aug 8

Subsulto, ... To leap, ... leap, or caper ... Sub

... Plaut ... Subsultim ... Id C Sin ... 10

Subsulto, ... To leap, leap, or ... Litt ex Li

Subtumeo, ... (1) To ... to ... (2) To be mean (3) To lurk privately (4) Sub ... (5) ... (1) § Sub ... tecto ... Plin (2) ... comp... futurest, Cic ... (3) ... fuerit ... sub ... (4) ... Aliqui in hac re ... Cic de Fin 5, 10 (5) Litt ex Plaut

Subsuo, ere, ... um act To sew, or stitch ... Non ... it ... stitus ...

Subsurdus, a, um ... hard of ... which is ... no noise at all, Quint 11, ...

Sub..., a, um part Under ... wrought stitched ... Subsut..., Hor Sat ... 2, 29 ... plate ...

|| Subtel, ... quod ... The hollow of the foot, the palm of the hand, Sipont

Subt..., a, um adj Somewhat ... Litt ex Vitr

Subtegmen, ... The thread in weaving called the woof, Plin ... Subtemen

Subtego, ere, xi, ctum act To cover a little, or secretly, Vitruv 9, 6

Subtegulaneus, a, um Pavimentum subtegulaneum, a tile pavement, laid with tiles, Plin ... Subdialis

|| Subt..., ... A crupper of a horse, Ho ...

Subtemen, ... The thread in weaving called the woof Possint tu subtemen ... Plaut Merc ... Inseritur medium radiis subtemen ... Ov Met 6, 65

Subtendo, ere, di, tum & sum act To ... Subtentus, non enim aliter inveni

|| Subtensa, sc chorda The line drawn under the arch of a circle, Geom

Subtento, are To assay, or try underhand, to under-grope Advenis huc subtentatum, Plaut Truc 2, ... 51 sed alii aliter leg

Subtentus, a, um Corded Lectos ... subtentos, Cato, 10

Subtenuis, e Somewhat slender, thin, or small Juba coutu ... subtenuibus ... Varr R R 2, 7

Subtep... Somewhat warm, lukewarmly, Litt ex Plin

Subter, prap [a sub, ut ...] Under § Subter ... Stat Theb ... § Rhaeteo subter litore, Catull 6... 7

Subter, adv The nether part, underneath Omnia haec quae supra & subter unum esse dixerunt, Cic de Orat ... 3

Subtercutaneus, ... part Running under, Vitruv ... 6

|| Subtercutaneus, a, um That which is under the skin Morbus subtercutaneus, the dropsy, ... Aqua intercus, Cic

|| Subterdi..., adv In the day time, Lamp ... Interdiu

Subterduco, ere, xi, ctum act To steal away privily, to withdraw § Sub... tempus ... Plaut Mil 2, 3, 72

|| Subterductio, ... To steal away, Fig ... under ... To ... or flow under Torrente ... Plin 8, 10

Subterfugio, ere, fugi, itum act (1) To slip, or get away privily to ... the slip (2) ... (1) § Liv ... (2) ... Cic ... 2

|| Subter..., ... An ... a subterfuge, a shift, Macrob ... Effugium

Subterfluo, ere To pour upon, Lact 2, 8

Subtermeo, ere To cast upon, Pall ... 8

Subterfluens, tis part Sliding under Quandoquidem subterfluens rostro ..., Ter 50, 25

Subterlabor, i, psus, dep To slip, run, or flow underneath § Cum fluctus ... Sicanos, Vir Ecl 10 4

Subterlino, ere act To ... it, or besmear underneath ... subterlinere, Plin 28, ...

Subterlinor, i pass To be anointed under, Litt ex Cels

Subtermeo, are To run, or pass under Pontes subtermeantes, Claud in Apon ... 11

Subtero, ere, trivi, itum act (1) To bruise, to pound, to break in pieces (2) To fret, or gall (1) Dum cum ... & exiguo melle subtero, Col 12, 5 (2) Boves subterunt pedes, Cato, ...

|| Subterpe...neum, ... A foot stool, ... Scabellum

Subterpendens, tis part Hanging under Subterpendentia mala, Pallad Mart 10

Subterraneus, a, um That is under ground ... animal subterraneum, Plin 9, 57 Subterraneum ergastulum, Col 1, 6

Subterratorium, ... A dibble to set herbs with in a garden, Litt ex Varr sed q

|| Subterrenus, a, um Beneath, or under the ground, Litt ex A pul ... Subterraneus

Subterreo, ere act Somewhat to affright, or cause to fear, Plaut ap Litt

|| Subterr..., a, um Under ground ... Subterraneus

Subterrextendo, ... um unde pass subtereundor To wear ... below Annulus ... subtere..., Lucr 1 313

Subtervolo, are, vi, tum To fly under ... subtervolat ... Stat Theb 3, ...

Subtexo, ere, ui, tum act (1) To weave ... to join to ... to apply (2) Also to cover, or hide (1) ... officiis curam ... Col 11, 1 Singulis corporum morbis remedia subtexemus, Plin 25, 11 (2) Caelum subtexere fumo, Lucr ...

Subtexor, i pass To be covered Caelum subtexitur umbris, Stat ...

Subtilis, e adj [ex sub, & tela, ... quia ... longius ... or, comp ... issimus, sup (1) Fine spun, small, thin (2) Of ... parts, ... (3) Witty, ... (4) Nice, exact (1) ... subtile, Lucr ... 86 ... corpora, Id

... 176 (2) ... Lucr ... 85 ... (3) ... Cic de Orat 48 (4) Vir maxime ... Cic de Orat ... = Acutissimum & ... Id ... genus ... subtile & ... Id ... Hoc sub ... Col 8, 16

Subtilitas, atis f (1) Fineness, ... Also subtlety, sharpness, ... acuteness, ... Plin ... (2) ... Lam 4 4

Subtiliter, adv ... comp ... sup (1) Neatly, finely, curiously, exactly (2) Subtilly, sharply (3) Also slenderly, meanly (1) Subtiliter connex... Lucr ... Subtilissime sunt omnia perpolita, Cic pro Balbo, 2 ... pingui Minerva, sed subtilius ... Id ... Amic ... vivum ... Id ibid ... Cic Orat 4 ... Litt ex Quint

Subtimeo, ... To be half afraid, Cic Philipp ...

Subtondeo, ere, ... To clip, or shear underneath, Litt ex Col

|| Subtractio, onis f verb A withdrawing, subtracting, or abating in accounts, subtraction, Apul ... Detractio

Subtractus, a, um part With drawn, taken away Subtractus ... Plin 8, 57

Subtraho, ere, xi, ctum act (1) To take away, to subtract (2) To diminish (3) To keep from (4) To draw out, ... (5) To withdraw (1) Materiam ... subtrahere, Cic pro Domo, 5 = adimere, Id (2) ... cibum ... & verbera adhibendo ... (3) Furtum morbo ... subtraxit, Liv 8, 20 (4) Repente ... interlum ... Suet ... 65 (5) § ... curia, Cic ad Q frat 2, 10 ... Ter An 6, 65

Subtrahor, i pass To be taken away, &c Ov in Ibin, 421

Subtristis, e Somewhat heavy, sad, or melancholy Subtristis visus est esse aliquantulum mihi, Ter Andr 2, 6, 16

Subtritus, a, um part [a sub tero] Worn underneath, somewhat broken Sub... ad ... ungulae, Plaut ...

Subtundo, ere, tudi, tusum act To beat or smite underneath, ... in ... pass subtusus ...

Subturpiculus, a, um A little poor and base Subturpicula ... Cic Att 4, 5

Subturpis, e Somewhat filthy, or base Cic de Orat 2, 66

Subtus, adv [a sub, ut ab ...] Under, underneath, Lucr 6, 8 5 ... 1, 1060

Subtusus, a, um part [a subtundo] Beaten, mauled, pounded ... teneras subtusa genas, Tib 1, ... 57

Subvades Under-sureties, Gell 16, 10

Subucula, ae f [forma dum quasi subusa, quod a subuo, pro subduo, ut exuo, pro exduo] (1) A shirt, or smock, a shift, a ... coat (2) Also a kind of cake offered to the gods (1) Si forte subucula pexae trita subest tunicae, [illegible], *Hor Ep* 1, 1, 95 [illegible] *Fest*

Subcinctus, a, um adj *Wearing a shirt*, &c *Cic* ap *Quint* 8, [illegible]

Subvectio, ōnis f verb *A conveying, or carrying* Frumenti subvectio, *Liv* 4, 8 conf *Cæs B G* 7, 10

Subvecto, āre freq *To carry, or convey often* Subvectare corpora cymbâ, *Vir Æn* 6, 303

|| Subvector, ōris m verb *A conveyer, or carrier*, Dig ✝ Qui subvehit

Subvectus, a, um part *Carried up, conveyed* Subvecta per [illegible] cursu, *Ov Met* 8, 791

Subvectus, ûs m *A conveying, or carrying* Commeatuum subvectu pauci progressi, *Tac Ann* 15, 7

Subveho, ĕre, xi, ctum act *To carry up, to convey in a ship, or boat, to bring up* Subvehi in altitudinem, *Plin* 36, 12 conf *Liv* 9 15

Subvehor, i pass *To be conveyed*, &c Subvehi flumine adverso *to be rowed against the tide*, [illegible] 24, 40

Subvĕnio, īre, ēni, entum neut *To help, to relieve, to succour* — Subveni mihi, atque adjuva, *Plaut Aul* 2, 8, 24 Subvenit homini jam collum in laqueum inserenti, *Cic Verr* 4, 17 = Subveni patriæ, opitulare collegæ, *Id* [illegible] *Fam* 10, 10

Subvĕnitur impers pass *There is help, or relief* Huic rei subventum est, *Id Attic* 1, 1[illegible]

Subventaneus, a, um adj [ex sub, & ventus] *Windy, or of the wind*, also *addle*, Litt ex Plin Subventanea ova, *addle eggs* = Zephyria, hypenemia *Vid* Erasm [illegible]

Subvento, āre freq [à subvenio] *To come and assist one* Spes una, obsecro, subventa mihi, *Plaut Rud* 1, 4, 11 R occ

Subventurus, a, um part *That shall help* Si subventuros auferat unda deos, *Ov Amor* 2, 16, 28

Subventus, ûs m *A coming upon suddenly*, Litt ex Plaut

Subverbustus, a, um [à verber & ustus, ut ab arbor arbustum, ut fit id quod verbero] *A rogue, a slave that is often cudgelled, or beaten*, Plaut Fragm 2, 21

|| Subverecundus, a, um adj *Somewhat shamefaced, or bashful*, Ster

Subvĕreor, eri, itus dep *To fear somewhat*, also *to reverence* Venit mihi in mentem subvereri interdum, *Cic Fam* 4, 10

Subversio, ōnis f verb *An overthrowing, ruine, destruction*, L ex Lv *sed q* certe *Armob* ✝ Eversio, *Cic*

Subverso, āre freq [à subverto] inde part subversandus *To subvert, or overthrow, to throw, or turn upside down*, Plaut Curc 4, 1 23

Subversor, ōris m verb *He that overturneth* ⁜ Legum auctor idem ac subversor, *Tac Ann* [illegible], 8 ✝ Eversor, *Cic*

Subversus, a, um part *Overthrown, turned upside down* Subversa cremataque hiberna, *Tac* [illegible], 61, 7 Subversa jacebat pristina majestas, *Lucr* 5, 1135

Subverto, ĕre, ti, sum act (1) *To turn over, or upside down* (2) *To undo, to overthrow, to subvert* (3) Also *to cast one away by false accusation* (1) Qui lupinum stercorandi agri causâ ferit, [illegible] subvertit, *Col* 11, 2 (2) Decretum consulis subvertere, *Sal B Catil* 1, 1 [illegible] Florentes privignos per occultum subvertere *Tac Ann* 4, 71, 6

Subvertor, i pass *To be undone*, *Tac Ann* 4, 17, 5

Subvesperus, i m *The west south-west wind*, Vitr 1, 6

Subvexus, a, um *Bowed up ward like an arched roof* Omnia fastigio leni subvexa, *Liv* 25, 37 ⁜ [illegible]vexus

|| Subvietus, a, um *Somewhat limber*, D [illegible] ✝ Aliquantulum vietus

Subviridis, e *Somewhat green of colour, greenish*, Plin 25, [illegible] & 37, 10 conf *Cels* [illegible], 23

Subula, æ f [à suendo, quasi subula, *Perot*] (1) *A bodkin that cordwainers use, a cobler's awl* (2) Also *the horn of a young deer, or pricket without tines, or knags* (1) Quod tibi tribuit subula, sica rapit, *Mart* [illegible], 16, 2 conf *Col* 6, 5 (2) *Jun* *Vid* Subulo, n 2

Subularis, e *Belonging to a cordwainer, cobler, or shoemaker* Subularе filum, *Vitruv*

Subulcus, i m [dict à subus, i e suibus, ut a bubus, bubulcus] *A swin-herd* ⁜ Porculatoris & subulci diversa professio, *Col* in *Pref* 1 1

Subulo, ōnis m [ab Hebr שבל spica, & Meton σ[illegible], fistula, sicut ex אביב spica dicta Ambubaiæ, αὐλητρίδες, *Voss*] (1) *A piper, one who playeth on a fife, flute, or flagellet* (2) *An hart called a spitter, having young horns without knags, or tines* (1) Subulo finitimas propter astabat aquas, *Enn* ap *Varr L L* 6, 3 interpr Festo (2) Lusit natura in animalium armis, sparsit hæc in ramos, ut cervorum, aliis simplicia *cornua* tribuit ut in eodem genere subulonibus ex argumento dictis, *Plin* 11, 37

|| Subūnio, onis f *A note of union, or of accent* Donat

Subvŏlito, āre freq *To fly a little upward*, Litt ex Ov *sed q*

Subvŏlo, āre neut *To fly away a little, to fly upward, or aloft* Subvolare in cœlestem locum, *Cic Tusc* 1, 17

Subvolvo, ĕre, vi, ūtum act *To tumble, or roll up* Manibus subvolvere saxa, *Vir Æn* 1, 428

Suburbana, ōrum n *The suburbs, houses, or villages near the city*, Cic Verr 1, 20

Suburbanitas, atis f *The neighbourhood of the suburbs to the city, nearness to the city* Suburbanitas provinciæ, *Cic Verr* 2, 3

Suburbanum, i n *An house without the walls of the city, a summerhouse a little way out of town* In hortis, aut suburbanis suis, *Cic* pro *Rabir* 10

Suburbanus, a, um [qui est sub urbe] *Near, or about the city, in the suburbs* Fundus suburbanus, *Cic* ad *Q. frat* 2, 1 ager, *Id de Div* 2, 22

Suburbium ii n *The suburbs of a city* Qui terminalibus nuper in suburbium ire ausus non fui, *Cic Philipp* 12, 10

Suburgeo, ēre, si act *Somewhat, or closely to thrust, or put forward* Dum proram ad saxa suburget, *Vir Æn* 5, 202

Suburo, ĕre, ssi, stum act *To burn somewhat, or a little, to scorch* Solitus est crura suburere nuce ardente, *Suet Aug* 68

Suburra, *vic is Romæ*, vid Propr

Subuvidus, a, um adj *Somewhat moist*, R ex Plin *sed q*

|| Subvulsus, a, um part [illegible] subvulsus, Pl [illegible] *pulled*, Gell 7, 12 ✝ Vulsus

Subvulturius, a, um [à vultur] *Somewhat resembling a vulture, of the colour of the feathers of a vulture, blackish, or swarthy like a vulture* Corpus subvulturium, illud quidem subaquilum vel potius dicere, *Plaut Rud* 2, [illegible] al leg subvolturium, *quod id m* [illegible]

Succedaneus, a, um *That cometh in the place of another* Ut meum tergum stultitia tuæ subdas succedaneum, *Plaut Epid* [illegible] ubi al succidaneum Succedaneus [illegible], solutionis, *Col* culpæ, periculi, *Ulp* *that is to answer another man's loss*

Succeditur impers *It is succeeded*, Cic [illegible] Successum Minerva indoluit, *Ov Met* 2, 788

Succēdo, ere, ssi, ssum neut (1) *To approach, or come to* (2) *To go, or come into* (3) *To be next, to follow, or come after* (4) *To come under* (5) *To succeed, to come in the place of another* (6) *To go well forward, to have good success, to prosper and come to pass and effect, to thrive, to speed well, to hit right* (7) *To chance, or happen* (8) Also *to be like, or resemble* (1) § Quem ut succedere muris Marcell [illegible] vidit, *Liv* 2[illegible], 44 § Cum murum hostium successisset, *Sall* [illegible] *Fragm* § *Mart* Ad honorem succede[illegible], *Lucret* 5, 1274 (2) Tectum, quod imbris vitandi causâ succederet, nullum habebat, *Cic* pro *Domo*, 44 § Nostris succede penatibus, hospes, *Vir Æn* 8, 123 (3) § Ad alteram partem succedunt Ubii, *Cæs B G* 4, [illegible] (4) § = Omnia sub acumen stili subeant & succedant necesse est, *Cic de Or* 1, 33 Succedere umbræ, *Vir Geor* 3, 464 (5) § Nihil semper floret, ætas succedit ætati, *Cic Philipp* 11, 15 § Succedere in pugnam, *Liv* (6) Hac non successit, alia aggrediemur via, *Ter Andr* 4, 1, 46 § Lepidè sub manus succedit negotium, *Plaut Mil* 3, 2, 59 (7) Si successerit mente alienari, *Cic* Plin 28, 8 (8) Æsopi fabellæ fabulis nutricularum proxime succedunt, *Quint*

Succendo, ĕre, di, sum act [ex sub, & cando] *To burn, to inflame, to set on fire, to kindle* § Flamma crines succendit, *Luc* 6, 179 Classica cantu succedunt, *Id ibid* 166 *Vid* Succensus

Succendor, i pass *To be set on fire* Succenditur aut fulminibus, *Luc* 2, 269

Succenseo, ēre, ui neut [à succendeo, succensum, *i e* ira succensum esse, *V*] *To be angry with one* = Dii hominibus irasci & succensere consuerunt, *Cic* pro *Q Rosc* 16 Id nunc succenses mihi, *Ter Phorm* 2, 1, 79

|| Succensio, ōnis f verb *A burning*, Amm

Succensus, a, um part (1) *Set on fire, kindled, burned* (2) Met *Inflamed with any passion* (1) Ignibus succensis torreri, *Cic* in *Pison* 18 (2) Ira succensus, *Sil* 1, 167 amore, *Ov* [illegible] 15, 167

|| Succentivus, a, um [à succino] *Belonging to the base tune*, Musc

|| Succentor, ōris m verb *He that singeth after others*, Aug

Succenturiatus, a, um part *That is set in the place of one who is dead, or absent, or faileth in his business*, Met *kept for a reserve* Ego hic ero succenturiatus, *Ter Phorm* 1, 4, ult *ubi vid* Donat

Succenturio, āre [a sub, & centurio, (1) [illegible] *the number of the [illegible] of that which lacketh, or is wanting, to recruit* (2) Met *To put in the room of* (1) Succenturiare exercitum [illegible] gratia supplere, *Fest* (2) [illegible] quæ amplior succenturietur, *Gell* 15, 8

|| Succentus, [illegible] m *The base in a song* Musc

Succēs[illegible] f [Sterc [illegible] quod [illegible] succedit [illegible] excrementum [illegible] *stercus*, Fitin *ab* [illegible]

Succerno, ere, crevi, cretum act *To range, or sift with a sieve, to sift* Plin 18, 11 *Vid* Succerno

Successa, orum n pl *Successes, good fortune* [illegible] successis bonis, *Plaut* [illegible]

Successio, ōnis f verb (1) *Coming in the place of another, succession* (2) *Success* (1) In Antonii locum successio [illegible], *Cic* ad *Brut* 1 (2) Omnium [illegible] successio prospera [illegible] *Cic* [illegible] *rara* [illegible] Successit [illegible] *It hath happened*, Plin 28, 8

|| Successive adv *Successively*, Spart ✝ Per [illegible] deinceps

Successor, ōris m verb *He that followeth, or cometh in another's place, a successor* ✝ Cum successori nummi [illegible] institutis provinciam, *Cic* pro *Flacc* 14

|| Successorius, a, um *Pertaining to succession*, Ap [illegible]

Successum est impers *It hath succeeded*, [illegible] *succeeded him*, Cic [illegible]

Successus, a, um part *Made fortunate, or successful* Cum omnia meâ causâ velles mihi successa, *Cic Fam* 16, 21

Successus, ûs m [à succedo] *Issue, or success generally, good prosperity, good luck* Gaudere multo successu, *Liv* Exultans successu, *Vir Æn* 2, 386 = Eventus, *Plin* Careat successibus opto, quisquis ab eventu facta notanda putat, *Ov Ep* 2, 86 Metellus dimicavit vario successu, *Eutrop* 6, 1

Succida, æ f *sc* lana [à succus] *New shorn wooll, unwashed and greasy*, Col 6, 13 Cels 2, 22

Succidaneus, a, um [quod succiditur, *i e* post cæditur] (1) *Slain in the second place, when the former sacrifice did not appease the gods* (2) Also *that succeedeth, or cometh after another, or in its stead* (1) Succidaneа hostia dicebatur, [illegible] secundo loco cædebatur, quæ [illegible] succideretur dicta, *Fest* Quia [illegible] *succidendo*, non [illegible] dictum putant, *Id* (2) [illegible] succidaneum, *Plaut* [illegible] Succidaneus

Succidia, æ f [à suibus cædendis, rect fortè à succido, unde succidaneum, quod inde secundo [illegible], *Varr*] (1) *A [illegible], or flitch of bacon* (2) *A [illegible]* (3) *The desert* (1) S[illegible] carnario suspendere, *Varr L L* [illegible] (2) [illegible] (3) Hortum agricolæ succidiam alteram appellant, *Cic de Sen* 16

Succīdo, ĕre, di, sum act [ex sub, & cædo] (1) *To cut down, to fell trees* (2) *To mow corn* (1) Primam [illegible] prima falce succidit, *Ov Met* 7, 227 [illegible] vulneribus succidit in [illegible] fractis, *Id Fast* 4, 231 Succidere frumenta, *Cæs B G* 4, 19 (2) Succidere Cererem, *Vir* [illegible] *Vid* Succidor

S[illegible] part *The brown*, or [illegible] *in* [illegible] Geor [illegible]

[illegible] cĭdo, cĭdi, cāsum neut [illegible] *To fall under*, *to fall down*, *to [illegible]* Cum [illegible] Plaut Circ 2, [illegible] & Liv [illegible],15

Succīdus, um [illegible] *or full of* [illegible] *juice* [illegible] Plin [illegible] Succid[illegible] *greasy wool* [illegible] *it was not [illegible]* R R 2, [illegible] *to prepare wool for the thing* [illegible]

Succĭduus, a, um *ready to fall*, *faltering*, *bowing* [illegible] Succiduo [illegible] Ov Ep [illegible]

Succinctè adv *Briefly*, *compendiously*, Litt ex Plin

|| Succinctĭm [illegible] Do[illegible] Brevit[illegible]

|| Succinct[illegible] a, um *girt*, or *laced [illegible]*, Apul Met 2, p 4

Succingo, [illegible] part *ready* or [illegible] (1) *Girt [illegible]* [illegible] Succinct[illegible] Ov Fast 4, 41 [illegible] Juv 4, 52 [illegible] Liv [illegible] Cic in Rull 2, [illegible] Plin 16, [illegible] (5) Multi [illegible] Hor Sat [illegible]

[illegible] *Of*, or *be*[illegible] Succincto [illegible]

Succ[illegible] cum act (1) [illegible] *to tuck* (2) [illegible] (1) [illegible] succingere, [illegible] Quod [illegible] Cic [illegible] 5,

Succ[illegible] *To be girded* [illegible] Illa [illegible] Ov Met 1, [illegible]

Succingŭlum, i n *A sword-girdle*, *a truss* Vid Subcing[illegible]

Succĭno, [illegible] neut [ex sub, & cano] *To sing after another*, *to [illegible]* [illegible] Hor Ep 1, [illegible]

Succĭnum, i n [illegible] succus arboris [illegible] *Amber yellow or white*, *also the gum of [illegible] the* [illegible] Plin 37, [illegible] & ib 2, [illegible] & Juv [illegible] 5, 6

Succĭn[illegible], a, um *Of*, or *belonging to amber* [illegible] Succini [illegible]

|| Succisa, æ f [illegible] *herb called devils bit*, Offic

Succīsīvus [illegible] *A slip*, or [illegible] Ap Grom [illegible]

Succīsīvus, a, um [quod [illegible] & detrahitur] *That is cut off*, *drawn*, or *secured from* [illegible] *spare*, or *lei[sure] time* Cic de Legg 1, 3 Succi[sivæ] operæ, *things done at spare*

times, Id de Orat 2, 89 [illegible]

Succīsus, a, um part *Cut down*, [illegible] Ag[illegible] frumentis succisi, Cæs B [illegible]

Succiso[illegible] Luc [illegible] Quo[illegible] & [illegible] fem[illegible] runt, Liv 2, 51

Succlāmātio, onis f verb *Shouting*, *or shouting*, Liv 40 36 [illegible]

Succlāmātum est [illegible] impers *They gave a shout*, or *hum* [illegible]

Succlāmo, [illegible] *Cried out against*, [illegible] Succ[illegible] *Quint Declam* 10

Succlāmo, āre act *To cry out* [illegible] *approbation*, or *dislike*, *to give a shout*, *to shout*, *to* [illegible] Virginio vociferanti [illegible] Liv [illegible]

Succollans, is part *Bearing on his shoulders* [illegible] lantibus in castra delatus est, Suet Claud 10

Succollātio, onis f verb *A carrying on the shoulders*, Litt ex Suet sed q

Succollātus, a, um part *Born upon the shoulders of men*, Suet Oth 6

Succollo, are act [ex sub, & collum, in co[illegible]] *To bear up a thing upon one's shoulders*, *to carry on one's back* Apes regem suum fessum [illegible] succollant, Varr R R [illegible], 16

Succōsus, a, um adj or, comp *Full of juice and moisture*, *juicy*, *sappy* Succosum cælum, Col 2 17 Succosior liber arboris, Id [illegible], 29

Succresco, ĕre, crēvi, crētum neut *To grow under*, *to spring and grow up*, *to grow or wax* Ve[illegible] succrescit [illegible], Cic de Orat [illegible], 61 Succrescere gloriæ [illegible] Liv 10,1[illegible]

Succrētus, a, um part [à succerno] *Ranged*, *or bolted* Calx cribro succreta, Cato, 18

† Succrotillus, a, um [ex sub, & crotillus, qu curtulus, a curtus, M] *A small and shrill voice* Succrotilla vox, Titin ap Fest sed non constat de lectione

Succŭba, æ c g [à succubando] *An adulterer*, or *adulteress* Succuba lecti, Ov Epist 6, 153 ubi tamen Heins mavult [illegible] nuba Sed vett Gloss succuba, [illegible] Florulentus succuba, Prud Peristeph 10, 192 de Adonide

|| Succubitanus, a, um *Fit*, or *made to ly under one's elbow to lean upon*, Treb Poll Succubitana pu[illegible], a Succubi, Africæ oppido, Cal Rhod

Succūdo, ĕre, di, sum act *To forge* § Loricas succuderunt Galli [illegible] ferro, Varr L L 4, 24

|| Succŭlentus, a, um *Full of juice*, *well liking*, or *in good plight*, *plump* Lumen non succulentis influens obtutibus, Prud Per[illegible] 10, 433 Succulentum corpus, Paulin † Succi plenum, Ter

Succumbo, ĕre, ui, itum neut [ex sub, & cumbo] (1) *To couch*, or *crouch* (2) *To ly with* (3) *To lie*, or *fall under*, *to faint*, *to [illegible]*, *fall*, or *succumb* (1) On[illegible] succumbit [illegible] Liv [illegible] (2) § Ante nuptias [illegible] Varr [illegible], 10 (3) [illegible] Cic Tusc 2, [illegible] est viro dedecus [illegible] succumbere dolori [illegible] Id de Fin [illegible], 25

Succurro, ĕre, ri, sum neut [ex sub, & curro] (1) *To come into one's mind*, or *remembrance* (2) *To [illegible] the cause of*, *to come* (3) *To help*, *aid*, or *succour* to [illegible] (1) Ut quicquid succurrit [illegible] Cic Attic 14,[illegible] (2) § Succurrit [illegible] Plin 17, 1[illegible] (3) [illegible] in patria, & suc[illegible] communi saluti, Cic pro [illegible]

Succursum est impers *They [illegible]*, or *relieved* Liv [illegible], 58

Succus, i m [à sugo] *Juice*, or *moisture* [illegible] *sap* (2) Also *generally all manner of juice*, *broth* (3) Met *savour*, or *strength* (1) Corpus [illegible], & succi plenum Ter Eun 2, [illegible], 25 Poma succos oblita priores degenerant, Vir Geor 2, 5[illegible] (2) A boris succus, Plin 14, [illegible] (3) Succus hordei, Plin 8, [illegible] in puris, Id [illegible], 36 (4) Succus civitatis, Cic Attic 4, 16

|| Succussārius, a m [à succusso] *A trotter*, or *jolter*, *a trotting horse* ‡ Qui tolutim succussat

|| Succussātio, ōnis f verb *The jogging*, or *trotting of an horse* Ex analogia, opinor, sola

Succussātor, onis m verb *A trotter* Succussatoris tardi ra[illegible]que caballi, Lucil ap Non 1, 55

Succussio, onis f verb *A jogging* [à succutio] *A shaking*, or *jogging* Succussio est, cum terra quatitur, & sursum & deorsum movetur, Sen Q Nat 6, 21

Succusso, āre freq [à succutio] *To shake* or *jog*, as a trotting horse doth, *to trot*, *to jog*, or *joggle*, *to jolt* Ne vulnus succusset gressus, tarde ingrediminı, Acci[us] ap Non 1, 55

Succussor, ōris m verb *A trotter* Sonipes succussor nullus sequetur, Lucil ap Non 1, 55

Succussus, ūs m *Trotting*, *jogging*, *shaking*, *jolting* ⁜ Pede tenimitte, ne succussu arripiat majorem dolorem, Poeta ap Cic Tusc 2, 21

Succutāneus, a, um *Under the skin*, Victor al leg subtercutaneus, q v

Succŭtio, ĕre, ssi, ssum act *To shake*, *to jog*, as an hard trotting horse doth, *hinc*

Succŭtior, i pass *To be jogged* Succutitur alte currus, Ov Met 2, 166

Sucerda, æ f [primâ brevi, qu sus merda] *Swines dung*, Lucil al scrib succerda

Suctus, us m verb [à sugo] *A sucking*, or *licking* Tactu ipso levant percussos, suctuque modico, Plin 28, 3 *Vix invenitur nisi in ablativo*

Sŭcŭla, æ f dim. [à sus] (1) *A little sow* (2) Also *a part of the engine called a crane*, *serving to lift up*, or *let down any thing of weight*, *a windlace*, or *the overthwart bar turned with leavers*, *full of holes like sows bags* (3) *A kind of under-garment* (1) Quin tu [illegible] cum suculis, & cum porculis, Plaut Rud 4, 4, 1[illegible] (2) Porculum in media sucula facite, Cato, 19 vid & Vitruv 10, [illegible] & seq (3) Plaut Rud 4, 4, 125 [illegible]

Sŭcŭlæ, arum f pl [ex imperitia sic dictæ, nam cum Græci [illegible] appellârint [illegible] Lat tanquam [illegible] a suibus dixere suculas] *The seven stars called the Hyades*, *so call'd by the ignorant Romans* Hyadas nostri imperitè suculas vocant, quasi à subus essent, non ab im-

bribus, nominatæ, Cic N D 2, 4[illegible]

|| Sūculus, i m dim [à sus] *A little boar pig*, *a jack*, [illegible] Justin[illegible]

Sudābundus, a, um *Sweating*, *all in a sweat* Ludos tu[illegible] [illegible] relinquit, Lucan P[illegible] ad Pisonem, 1[illegible]7

|| S[illegible] [illegible] um n [à sudo] *Toil and anguish*, *wheals*, Jun

Sudans tis part (1) *Sweating* (2) *Dropping wet* (1) C[illegible] Lucr [illegible] 6 8 (2) Vites autumno [illegible] Lucr 1, 176

|| Sudariŏlum, i n dim *A little handkerchief*, *a muckender* Apul Apol p 491

Sudārium, ii n *A napkin*, *handkerchief*, Suet Ner 2[illegible] Su[illegible] Sætaba, Catull 12, 14

Sudātio, ōnis f verb (1) *A sweating* (2) Meton *A bagnio*, *an hothouse* (1) Corpora suda[illegible] exinanita, Sen Ep 86 (2) C[illegible] camerata sudatio, Vitruv 5 11

Sudātor, oris m verb *One that sweateth*, *a great sweater*, Plin 23, 1

Sudātōrium, ii n *An hothouse* to *sweat in* Sicci vaporis sudatorium, Sen Ep 51

Sudātōrius, a, um *That bringeth*, or *belongeth to sweating* Sudatoria unctio, Plaut Stich 2, 1, 73

Sudātrix, icis f *Sweating*, *apt to sweat*, or *to cause sweat* femin Sudatrix toga, Mart 12, 18, 5

Sudātus, a, um part (1) *Be sweated*, *sweating out* (2) *Also taken much pains about* (1) Vigilanda noctes, & in [illegible] veste durandum, Quin [illegible] (2) Labor sudatus, Stat Theb 5, 18[illegible] Fibula sudata, Claud de Rapt Pros 2, 16

Sudes, is f (1) *A thick stake* (2) *A pile driven into the ground in fortifications*, &c (3) *A spear burned at the end*, or *barbed with iron* (4) *A waterman's pole* (5) *A wooden sword which soldiers practised at a post*, *a quintin pole* (6) [illegible] *a fin of a fish* (7) *A setting in planting* (1) Vastæ sudes, [illegible] molares, Stat Theb 5, [illegible]86 (2) Ibi sudes [illegible] præacutæ defigit, Cæs B C 1, 27 (3) Sudis obustâ, ingemuit [illegible] dem [illegible] revellit, Ov [illegible] 12, 299 (4) ⁜ Ferratas sudes & acutâ cuspide con[illegible], Vir Æn 5, 208 (5) Litt ex Veg (6) Cernis erectas in terga sudes, Juv 4, 127 (7) Obruere arvo quadrifidas sudes & acuto robore vallos, Vir Geor 2, 25

|| Sudĭcŭlum i n [parva sudes] *A kind of whip* Fest

Sudis, is f [illegible] similitudine sudis] *A kind of long fish called a guard fish*, or *sword-fish*, Plin 32, 11

Sūdo, āre act & neut [ex [illegible], vel ex [illegible]] (1) *To sweat*, *to be in a sweat* (2) *To drop with*, *to drip* (3) *sweat out*, *to steam forth* (4) *To labour*, *toil*, or *take pains to* *have enough to do* (1) [illegible] tu sula, [illegible] Rud 2, 7, 24 Dixit [illegible] sudare, Cic de Orat 2, 55 ⁜ Su[illegible] [illegible] & alsit, Hor A Poet [illegible] (2) § Signa [illegible] sudabunt [illegible] Ir 27, 4 Humor sudant [illegible] Luc 6, 2[illegible] Craticula sudet [illegible] la, Mart 14, 221 (3) Duræ quercus sudabunt roscida mella, Vir Ecl 4, 30 (4) § Hic [illegible] tas as sudabit *Vir Geor* 3, 203 ‖ ... illes me sudare laborantem, quo ... qua mihi tuenda ... *Cic Fam* 2, 1. Pro communibus commodis sudare, *Id* ...

Sudor, ōris m [*a* sudo] (1) ... (2) Motion *Labour pains*, ... (3) *Moisture* ... (1) Nec sanguis, nec sudor ... pore fluit, *Cic de Div* 2, ... Stilus ... per artus, ... (2) Stilus ille ... *Cic de Or* ... labor *Id* (3) Her ... manavit sudore, *Cic Div* 1, 4

Sudum, n ... sudum, ... *fair weather* ... *clouds, fair weather* ... Pergimus villam, dum ... *Plaut Rud* 1, 2, 35 ... in libro, si est sudum, *Cic* ... 16, 8

Sudus, a, um adj [*qu* ... sine & udus, *Fest*] *Fair without clouds, clear* Apes ... ser sudum, *Vir Geor* 4, 77

Sueo, ēre, suevi, suetum *To use, to be wont* Nec vices ... suemus, *Lucr* 1, 302 Has ... stellas hyadas ... ecitare sue ... Poeta ap *Cic N D* 2, ...

Suesco, ēre incept [*a* sueo] (1) *To use*, or *accustom* (2) *To be wont*, or *accustomed* (1) A te ... quod suevi, peto, me defendas, ... *Fam* 25 8 § Suescere ... disciplina, *Tac Ann* 2, 52 ... § Drusus in Illyricum missus est, ut suesceret militiae, *Tac Ann* 2 44, 1

Suetus, a, um part [*a* suesco] (1) *Accustomed*, *wont* (2) *Usually had* (1) Suetae suis ... *Cic Att* 6, 2 Caestibus ... Eryx in proelia suetus ferre ... *Vir Æn* 5, 402 (2) *Tac* ... 15, 12, 2

Sufes, etis m *vel* suffes [*ab* ... שופט judex] *A consul, or dictator, a chief magistrate* Sufetes eorum, qui summus est Poenis magistratus, ad colloquium ... *Liv* 27, 27 *conf & cun* ... 30, 7

Suffarcinatus, a, um *Stuffed up, having one's lap full* Qui ... incedunt suffarcinati cum libris *Plaut Curc* 2, 3, 10 *al* subfarcinatus Cantharum vidi suffarcinatum, *Ter Andr* 4, 4, 31

Suffarraneus, a, um *That carrieth meal, or flower any where to sell*, Plin 7, 43 *Sz conject de* ...

‖ Suffectura, æ f [*a* sufficio] *A putting in the place of another* Tertull ✝ Substitutio

Suffecturus, a, um part [*a* sufficio] *About to put in the place of another*, Stat Sylv 1, 1, 50

Suffectus, a, um part [*a* sufficio] *Put, or chosen in the place of another* In Appii locum suffectus, ap *Cic Fam* 5, 10 conf *Liv* ... Met *covered* Maculis suffecta genas, *spotted*, *Val Flacc* ... 105

Suffero, erre, sustuli, sublatum act [*ex* sub, & fero] (1) *To take upon, to undertake* (2) *To bear*, ... or *suffer* (3) *To carry away* (4) *To take away, to demolish* (5) *To pronounce* (1) At ... Plus oneris sustuli, quam ferre possum, *Cic* pro *Rosc Am* 4 (2) ... pietatis poenas, si ita diis ... placet, sufferamus, *Cic* pro *Flacc* ... *Servius Ciceroni* (3) ... ipsosque nefasque sustulit, *Ov Met* 2 506 (4) Avaricum ... XL millibus propugnantium sustulit, *Flor* 3, 10, 23 (5) Vesta ... tibi: ille sustulit ... *Phaedr* ...

Sufficienter adv *Th... as one* ..., Litt ex Suet *sed ex dubia lectione*, *v seq*

Suffertus, a, um part [*a* suffercio] (1) *Stuffed, filled* (2) *Full and strong* (1) Nubes suffertae ... sole, *Sen N Q* 1, 5 (2) Aliqui ... suffertis tinnire, *Suet Ner* 20 *ubi al* suffertum

Suffervefacio, ĕre, feci, actum *To make to seeth, or to be somewhat hot*, Plin 18, 11 *Vid* Subfervefacio

‖ Suffervefactorium, i n *A crafer, a chafing dish*, Bud

Suffervefactus, a, um part *Heated a little* *Vid* Subfervefactus

Suffervĕfio, eri, factus sum *To be made somewhat hot*, Plin *Vid* Subfervefio

Suffervĕo, ēre, ui *To be somewhat hot, to simmer*, Plin *Vid* Subferveo

Suffes, etis m *Vid* Sufes

Suffibulatus, ... m verb *An undu...*, Litt ex Plaut

Suffibulo, are, act *To buckle, or button under*, Litt ex Stat

Suffibulum, i n *A garment which the vestal virgins wore upon their heads at sacrifice*, Fest *vid* Varr L L 5, 3

Sufficiens, tis part *vel* adj *Sufficient, answerable, suitable* Non sufficientibus viribus, *Liv* § Compages corporis animi vigori sufficiens, *Paterc* 2, 127

‖ Sufficienter adv *Sufficiently*, Pallad ✝ Abunde, satis

‖ Sufficientia, æ f *Sufficiency*, Salv ‖ Quod satis est

Sufficio, ĕre, eci, ectum neut & act [ex sub, & facio] (1) *To be sufficient, able to do, or bear any thing* (2) *To suffice, to be sufficient or enough* (3) *To substitute, choose, or put in the place of another* (4) *To supply, or furnish with* (5) *Also to dye, or stain, to infect* (1) Sufficere laboribus *Plin jun* § Non sufficit umbo ictibus, *Vir Æn* 9, 810 (2) § Sufficit hic mons alimentis hominum, *Liv* 29, 31 (3) Aliam ex alia generando suffice prolem, *Vir Geor* 3, 65 (4) Ipse pater Danais animos viresque secundas sufficit, *Vir Æn* 2, 617 (5) Insane me medicamentis sufficiunt, *Cic* ap *Non* *Vid* Suffectus

Sufficior, i pass *To be substituted*, &c Nam ne sufficiatur consul, non timent, *Cic* pro *Mur* ... 28

Suffiendus, a, um part *To be perfumed* Cella Lonis odoratus suffienda, *Col* 12, 18

Suffigo, ĕre, xi, xum act [ex sub, & figo] (1) *To fasten, or nail* (2) *To stick, or prick in* (1) § Suffigere aliquem cruci, *Cic in Pison* 18 ... cruce, *Hor Sat* 1, 2, 91 *to crucify him* Aureis clavis suffigere crepidas, *Plin* 3... (2) § Novos stimulos suffixit dolori, *Sen Theb* seu *Phaniss* 306

Suffimen, inis n *A perfume, a fumigation, any thing which laid upon the coals maketh a sweet smell* I, pete virginea, populus, suffimen ab ara, *Ov Fast* 4, 731

Suffimentum, i n *A perfuming, a perfume offered to the gods at vintage time* Sine suffimentis expiari, *Cic de Legg* 1, 14

Suffindo, ĕre ... [*ex* sub, & findo] *To cleave under*, Litt ex Plin

Suffio, ire, ivi, itum act [*ex* sub, & fio, *i e* θύω] *To perfume* ... Suffire vineas, *Plin* 17, 28 Quemcunque lecum ... e puella, suf... *Prop* 4, 3, 58

Suffitor, iri pass *To be perfumed* Alternis myrrha suffiri, *Plin* 4, 21

‖ Suffiscus, i m [*a* ...] *The cod of a ram, of which was made a purse to keep money in*, Fest

Suffitio, ōnis f verb *A fuming, a fumigation* ... & ... suffitione ... vere, *Plin* 25, 2 *vid* & *Cels* 5, 6

Suffitor, ōris m verb ... *fumer ... that maketh perfume* Puer ... *Plin* 34, 8

Suffitus, a, um part *Perfumed, burned and smoked* Suffita apes, *Col* 9, 1...

Suffitus, us m verb *A perfuming*, *Plin* 13, 1... & 35, 15

Suffixus, a, um part [*a* suffigo] *Fastened, set, or stuck upon, hanged* ... suffixum ... *Luc* 684 ... & Gaonum ... cruci ... *Cic in Pison* 18

Sufflamen, inis n ... *a* ... *that which is put into the wheel to stop it, lest the cart be overthrown* ... *the trigger* (2) Met ... *or delay* (1) ... multo sufflamine consul, *Juv* 8, 148 (2) Nec res ... longo sufflamine litis, *Juv* 16, 50

Sufflaminandus, a, um part *To be stopt with a trigger, scotched* Rota sufflaminanda, *Sen Apoth Claud* sub fin

Sufflamino, are act [*a* sufflamen] *To stay, or hold wheels back with the trigger, to scotch* Vix inv... nit in prae... praeceps

Sufflans, tis part *Puffing, blowing* Puerum sufflantem languidos ignes fecit, *Plin* 34 8

Sufflatio, ōnis f verb *A blowing, or puffing up*, Plin 9, 7

Sufflatus, a, um part *Puffed up*, Met Sufflata oratio, *bombast* Ad Herenn (2) Met *Proud, naughty* (3) *Swollen with rage* (1) Sufflatae cutis distentu, *Plin* 8, 38 (2) Neque auro, aut genere, aut multiplici scientia sufflatus, *Varr ap Non* 1, 227 (3) Sufflatus ille huc veniet *Pl Drup*... tum ... *Plaut Bacch* 4, 2 21

Sufflatus, us m *idem quod* sufflatio Monstrum ... sufflatu ... *Sen de Clem* 1, 24

Sufflavus, a, um *Somewhat yellow, yellowish*, Suet Aug 79

Sufflo, are act [ex sub, & flo] (1) *To blow up* (2) *To puff up* (3) *To whisper in one's ears* (1) Sufflare ignem, *Plin* 34 9 (2) § Sufflare buccas, *Plaut Stich* 5, 4, 42 § Bucca ... *Mart* ... (3) Nescio quid se sufflavit uxori suae, *Plaut Cas* 3, 5, 19

Suffocatio, ōnis f verb *A choking, stifling, strangling, suffocation* Plin 20, 5

‖ Suffocatus, a, um part *Almost choked, or throttled*, Aristor

Suffoco, are act [ex sub & faux, faucis, ...] (1) *To throttle, to stop the breath, to strangle, to choke, or throttle* (2) Met *To cause to perish* (1) Gallum ... *Cic pro Mur* ... (2) Suffocat ... & ... *Cic* ...

Suffoco, are act [*ex* ...] *To perfume, to burn frankincense* ... locum ex ... suffocet, & ... mina te git aqua, *Prop* 4, 9, 58 *ubi vid* ... *alii* ... *leg*

Suffodio, ĕre, ōdi, ossum act (1) *To dig under, to undermine* (2) *To thrust through* (1) ... suffodit, & caespites excitet, *Col* 2, 18 Suffodere montem, *Plin* 3, 15 (2) ... suos ... *Caes B G* 4, 12

Suffodior, i ... *To be dug* ...

Suffossio, ōnis f verb ...

Suffossus, a, um part *Undermined, hollow* (2) ... (3) *Destroyed, cast down* (1) Suffossi montes, *Paterc* 2, ... ‖ Alex ... est ... suffossis ... habet, ad Numpernatores, *Hirt B Alex* 5 (3) Suffossis equis, *Caes B G* 4, 12 (3) ... suffossa ... *Cic de Harusp Resp*

‖ Suffraganeus, i m ... *suffragan, a bishop under another bishop*, Fulk ...

Suffragans, tis part (1) *Voting, or giving his voice* (2) *Advising, or furthering* (1) Suffragantibus ... (2) ... *Cic Fam* 10, 5

Suffragatio, ōnis f verb *A giving of one's voice at an election* ... Nihil ... suffragatio ... *Plaut Cic Epist Fam* 10, ... Militaris ... suffragatio ... *Id*

Suffragator, ōris m verb *One that helps in with his vote, or good word at an election, or that ... one who gets other voters ... or vote for one* ... suffragatorum ... est obscurior, *Cic pro Mur* 7

Suffragatorius, a, um *Of, or belonging to him that helpeth with his good word at the time of an election* ... suffragatoria ... amicitia, *Q Cic de Pet Cons* ...

Suffragino, āre act *To hew the houghs, to hough, or hock one*, Litt ex Cic

Suffraginosus, a, um *That is diseased in the houghs, or pasterns, that hath the ... or spavin* Equus suffraginosus *Col* 6 ...

Suffragium, i n [*a* suffragor] (1) *A vote, or suffrage, a voice at an election* (2) *Also favour, assistance* (1) Ferre suffragium, *to give his vote*, *Cic pro Domo*, 18 (2) Studio & suffragio suo mu... nere viam ad beneficium, *Cic in Rull* 2, 7

Suffrago, inis f [*a* suffringo, quia sub ... frangitur ...] (1) *The joint of the hinder leg of a beast, called the hough*, sometimes *the pastern* (2) *The young sprig at the root of a vine, a sucker* (1) ... priores & deinde suffragines, *Col* 6 15 (2) ‖ Sobolem ... ex suffragine ... vocant, *Col* 4, 24

Suffragor, ... [*a* suffragiis ... imprimis ... quibus ... colligi ... sustinet ...] (1) *To give his vote in one's favour* (2) *To give his voice, or good word* (3) *To favour and help* (1) Convenerant non ... suffragari ... causa P Sestii ... (2) ‖ Mihi videris fratrem laudando suffragari tibi *Cic de Leg* [illegible] () Vide [illegible] *la* [illegible] fulturnatione [illegible], *Pl* [illegible]

Suffrio, [illegible] vi, [illegible] () *To wither* [illegible] (2) [illegible]

[illegible] *To break* [illegible] fuffri- [illegible] 12, 25

Suffringo, ĕre, [illegible], [illegible] act *To break in the middle, to break underneath* [illegible] fuffringam talos [illegible], *Plaut Truc* 2, 8, 8

Suffringor, i pass *To be broken* Homini [illegible] talos fuffringi [illegible] *Plaut* [illegible] 4, 15

Suffrio, [illegible] act *To crumble a thing underneath fiall, to break in small pieces,* Col 12, 28 *fi fava [illegible]*

† Suffuerit, *pro* fub eodem tecto fuerit, *Fest* antiq

Suffugio, ĕre, [illegible], gitum act & n (1) *To fly away privily, to shun* (2) *Not to admit of* (1) Suffugere in tecta coegit, *Liv* 24, 46 (2) Natura Deum [illegible] fuffugit, & ictum, *Lucr* 5, 151

Suffugium, ii n *A place of refuge, or shelter* = Suffugium hyemi & receptaculum frugibus, *Tac Germ* 16 [illegible] *Sil* 1, 508

Suffulcio, [illegible] tum act (1) *To bear, or bear up, to under prop* (2) *Met To strengthen* (1) Columnam [illegible] fuffulcit fuo, *Plaut Mil* 2, 51 (2) Capitur cibus, ut fuffulciat artus, *Lucr* 4, 8[illegible]

Suffulcrum, i n *A prop, or under-prop,* Litt ex Vitruv

Suffultus, a, um part *Under-propped, stayed up* Porticus fuffulta columnis, *Lucr* 4, 429

Suffumigatio, ōnis f verb *A suffumigation,* Litt ex Cels

Suffumigo, āre act *To make smoke underneath, or a suffumigation,* Cels 3, 27 & 6, 6 [illegible] & Varr R R 3, 16

Suffumigor, āri, ātus pass *To be suffumigated* In tabulatum, quod fuffumigatur, reponunt, *Col* 12, 12

Suffundātus a, um *Laid under, as the foundation is at the bottom of a thing,* Varr *ap* Non 1, 2 6

Suffundo, ĕre, udi, fum act (1) *To pour down, or upon* (2) *To spread over* (3) *To supply* (1) Suffundere aquam, *Plaut Curc* 1, 3, 3 (2) Suffundere ore rubo rem, *Vir Geor* 1, 430 (3) Ut cibo fuffundamus vires ad fœturam, *Varr R R* 2, 8

Suffundor, i pass (1) *To be poured in* (2) *To be overspread* (3) *To be bloodshot* (1) = Influxa adeps in fauces dimittitur, merumque in os fuffunditur, *Col* 6, 38 (2) Suffundi rubore, *Sen de Benef* 2, 1 maculis, *Stat Theb* 11, 121 (3) Imbecilles oculos effe fuas, qui ad alienam lippitudinem fuffunduntur, *Sen de Clem* 2, 6

Suffūror, āri dep *To steal privily, to pilfer* = Suffuror, fuppilo, de præda prædam capio, *Plaut Truc* 2, 7, 15

Suffūfio, ōnis f verb (1) *A spreading abroad, or pouring upon* (2) Also *a pin and web in*

the eye, a cataract (1) Suffufio [illegible], *Plin* 22, 2[illegible] (2) *Cels* 6, 6 [illegible] 4 15 & 21, 20 & 29, 6

Suffūfor, ōris m verb *He that [illegible]* [illegible] *Poet*

Suffūfus, a, um part [a fuffundor] (1) *Sprinkled, bedewed, or wetted* (2) *Overspread* (3) *Mixed with* (1) Lacrimis oculos fuffufa nitentes, *Vir Æn* 1, 232 Oculi fanguine fuffufi, *bloodshot,* [illegible] 10 5 (2) Audient rubor fuffufa genis, *Liv* 20, 15 (3) [illegible] fuffufa [illegible], *Ov Trist* 1, 565

† Sūgo, ĕre (unde in comp ex gebo, *Plaut*) antiq *pro* fugo

Suggĕro, ĕre, ffi, ftum act [ex fub, & gero] (1) *Properly to raise with wood, board, &c* (2) *Met To find, allow, or supply one, to yield, or afford* (3) *To put in mind, to suggest, to prompt* (4) Also *to choose in one's place* (5) *To offer, to add, to subjoin* (6) *To insert, to put in* (1) *Vid* Suggestum, n 1, & 2 (2) Cui tu [illegible] tamprius fuggeris? *Ter Adelph* 1, 1, 37 Alimenta fuggerit tellus, *Ov Met* 15, 82 § Alteri menfam [illegible] nam fuggerere, *Plaut Men* 1, [illegible] 29 (3) ‡ Si memo[illegible] forte defecerit, tuum est, ut fuggeras, *Cic de Fin* 2, 14 (4) Bitto flatim Horatium fuggerunt, *Liv* 2, 8 (5) Singulis cauforum generibus argumentorum copiam fuggerunt, *Cic de Orat* 2, 27 (6) Amongum [illegible] explicatur, cum ea verba, quæ defunt, fuggesta funt, *Cic de Orat* 2, 2[illegible]

Suggestor, i, fugg ftus *To be put in, or,* Vir *Æn* [illegible]

|| Suggestio, ōnis f verb *A prompting, a putting in mind, an inserting, a suggestion,* Dig

Suggestum, i n & fuggestus, ûs m [quod constat ex fuggesta, *i e* congesta, materia] (1) *Any place raised above another* (2) *A chair, a pulpit where orations or sermons were made, a reading desk* (3) *A suggestion* (1) Ex fuggesto [illegible] prorfeunt anates in stagnum, *Varr R R* 3, 5 (2) Rostris navium Antiatium fuggestum in foro adornari placuit, *Liv* 8, 14 Suggestus, fuggestum, βῆμα, *Gloss vet* *Met* Suggestus comæ, *a woman's tower,* Stat Sylv 1, 2, 113 Labrum in fuggestu inter dolia habeto, *Cato,* 154 Cum in communibus fuggestis consisteret non auderet, concionari ex turri alta folebat, *Cic Tusc* 5, 20 (3) *ap JCC*

Suggestus, a, um part (1) *Heaped or raised up* (2) *Added, inserted* (1) Suggesta cæspite coronat humo, *Prop* 4, 4 8 (2) Verba, quæ defunt, fuggesta funt, *Cic de Orat* 2, 26

Suggillo, āre, &c *Vid* Sugillo

Suggrĕdior, i, fsus dep *To come by stealth, or privily to one, to surprise on* Caffis qui barbarorum propius fuggrediebantur, *Tac Ann* 15, 11, 2 R occ

Suggressus, a, um part *Creeping along, stealing upon* Suggreffus propius hostes, *Tac Ann* 14, 37 1

Suggrunda, æ f *The eaves of an house* Vid Subgrunda

|| Suggrundārium, ii n *The place where infants were buried, that had not lived forty days,* Fulgent

Suggrundātio, ōnis f verb *The making eaves to an house,* Vitruv *Vid* Subgrundatio.

Suggrundia, orum n *The penthouse, the eaves of an house,* Varr *Vid* Subgrundia

Sūgillatio, ōnis f verb (1) *A mark in the face, black or blue, made with a stroke, a black, or blue spot, eye* (2) Also *a slander, a taunt, a jeer, a flout* (1) *Plin* 22, [illegible] (2) Non fine fugillatione confulum *Liv* [illegible], 14

|| Sugillator, ōris m verb *He that taunteth, or jeereth,* Lexicogr ex Macrob [Irrifor, derifor

Sūgillātum, i n *A black eye,* Litt e Plin Sugillatio, ns popris *Cc*

Sugillatus, a, um part (1) *Beaten black and blue* (2) Also *defamed, slandered, mocked* (1) Cicatrices recens cum melle fugillata emendat, *Plin* [illegible], 6 Suffit [illegible] oculi fugillationes, *Id* [illegible], 9 (2) = Vitâ fugillati, repulfi, & rifui habiti *Liv* [illegible]

Sugillo, āre act & fu gillo (1) *To make black, or blue spots in the face with beating, to give one a black eye, to buffet one* (2) *Met To defame* (3) *To flout, or jeer, to taunt, or reproach* (4) *To stop, or shut up* (1) *Plin* [illegible], 9 (2) = Si ramenta lectio non [illegible] vel fudorem non fugillet, *Ulp* (3) *Vid* Sugillatus, n 2 (4) *Varr ap Non*

Sūgillor, āri pass *To be beaten, defamed, &c* Sen *Epist* 1[illegible]

Sūgo, ĕre, xi, ctum act (1) *To suck* (2) *Met To take in* (1) [illegible] Ani animalia [illegible] cibum fugunt, alia carpunt, alia vorant, alia mandunt, *Cic N D* 2, 47 (2) Pene cum lacte nutricis errorem fuxiffe videamur, *Cic Tusc* 3, 1

S[illegible] gen pronom [a Gr [illegible]] *Of himself, of herself, of itself, of themselves* Ut & fui, & Metrodori memor fis, *Cic de Fin* 2, 31 Natura est benigna fui *H* Nihil malo, quam & me mei fimilem effe, & illos fui, *Id* ‡ *Met when added to it, the syllaba* met, *as* fuimet ipsis corporibus dimicare, *Liv* [illegible], 9

Suile, is n *A swine's cote, the place where they lie, a stye,* Varr ‡ Porculator frequenter fuile converrat, & fupius haras, *Col* 7, 9

Suillus, a, um dim [a fuinus] *Of, or belonging to swine* Grex fuillus, *Liv* 22, 10 Suillum pecus, *Col* 7, 9 & *Varr R R* 2, 4 Suilla caro, *pork,* Cels [illegible], 18

† Suinus, a, um *Cf, or belonging to swine* Suina caro, *Varr R R* 2, 4 *sed meliores libri* fuilla

|| Sulcāmen, inis n *A furrow,* Apul Met 6, p 174 ‡ Sulcus

Sulcandus, a, um part *To be furrowed, &c* Sulcandas qui prævius edocet undas, *Claud* in *Eutrop* 2, 426

|| Sulcatim adv *In furrows, furrow by furrow,* Pomp

|| Sulcatio, ōnis f verb *A plowing, earing, or tilling, a furrowing,* Vitr ‡ Sulcus

Sulcātor, ōris m verb (1) *One that maketh furrows, a plowman* (2) Met *A rower, a ferryman* (1) Leontini fulcator campi, *Prud* in *Symm* 2, 939 (2) ✠ Nigri fulcator Averni, *Stat Theb* 11, 588 *i e* Charon, ponti, *Sil* 7, 364 ✠ Lateris fulcator opaci fultur, *trenching his sides to come at his liver,* Claud de Rapt Proserp 340

Sulcātus, a, um part (1) *Made in furrows, trenched* (2) *Rowed over* (1) Sulcata arva, *Col* 2, 19 rura, *Luc* 1, 168 (2) Æquora fulcata, *Sen Agam* 440

Sulco, āre act (1) *To cast up*

in furrows, or trenches, to furrow, or till furrows (2) *To till, to plow* (3) *To make a track, to rut* (5) *To rake* [illegible] *full of furrows* (1) [illegible] latiores, *Col* 11, 2 (2) [illegible] um[illegible] fulcabimus [illegible], *T* [illegible] 2, [illegible], 85 (3) Longa fulcant [illegible], *Vir Æn* 5, 1[illegible] Pectora [illegible] rugis, *Prop* [illegible] (5) Cutem rugis fulcare, *O* [illegible], 276

S[illegible]or, āri pass *To be cast up in furrows, &c* [illegible] fulcantur, *C* 11, 2

Sulcatus, i m [illegible] *A little furrow,* Col *de Arb* 30

Sulcus, i m [ex Hebr [illegible]] (1) *A furrow, a trench* (2) *Tilth, or plowing of the ground* (3) *A ditch* (4) *A stream of light* (5) Also *the privy part of a female* (1) Quadrati vomere fuum [illegible] facere, [illegible] vecaret, *Varr* Vitem [illegible] mitte e fulco, *Vir Geor* 2, [illegible] (2) Spiffius folum quam [illegible] fulco fert melius est, *Plin* 18, 20 In pulvere fulcos ducere, *Prov* *to labour in vain,* Juv 7, 48 () Puis aptare locum tecto, & concludere fulco, *Vir Æn* 1, [illegible] (4) Longo limite fulcus dat lucem, *Vir Æn* 2, 697 (5) *Lucr* 4, 1[illegible] = Ne obtufior ufus fit genitali arvo, & fulcos oblimet inertes, *Vir Geor* 3, 136

Sulfur, uris n *Vid* Sulphur

† Sullaturio, ire *To have a mind to do as he did, i e Sylla* turio Vox ficta à *Cic Att* 9, 10

Sulphur, uris n [q [illegible]] *Brimstone, sulphur* [illegible] (1) *Brimstone, sulphur* (2) *A thunderbolt* (1) De calido fulphure fumat aqua, *Ov Art Am* 1, 256 (2) Ilex fulphure difcuffa facro, *Pers* 2, 25

Sulphurata, æ f *A place where brimstone is made, or boiled,* Litt ex Plin *certe* Digest

Sulphurārius, ii m *A maker, or worker of brimstone,* Litt ex Plin

Sulphurātio, ōnis f verb *A dressing with brimstone,* S[illegible] *N Q* [illegible], 15

Sulphurātum, i n *A match made with brimstone* Sulphurata fractis permutat vitreis, *Mart* 1, 42

Sulphurātus, a, um part *Dressed, or smoked with brimstone* Merx fulphurata, *matches,* Mart Sulphurati fontes, *Vitruv* 8, 3 Sulphurata lana, *Cels* 4, 5

Sulphureus, a, um (1) *Of, belonging to mixed with, or of the colour or smell of brimstone* (2) *Sulphureous* (1) Sulphureis ardet fornacibus Ætna, *Ov Metam* 15, 340 (2) Color fulphureus, *Plin* 35, 6 odor, *Id* 36, 19

Sulphurōsus, a, um *Sulphureous,* Vitruv 8, 2

|| Sultanus, i m [ab Hebr שלט dominari, שלטון dominatio, dominium] *A ruler, a sultan, the grand signior, or the great Turk so called* ‡ Dominus

Sultis, *pro* fi vultis, *if you will,* Plaut Stich 1, 2, 8

Sum, es, est, fui, esse [a Gr εἰμι, *Prisc* ἐμμί, Dor fort ab ἔσομαι fut nam ant esum *pro* fum dicebat] (1) *To subsist, to have a substance, to be material* (2) *To be* (3) *To be in company, to converse, or eat together* (4) *To be alive, to live* (5) *To lead one's life* (6) Esse cum aliquo, *to have to* to do, to be acquainted with (7) To be able, or capable (8) Est cur--- quare---quapropter --- quod - quin---quamobrem, there is cause (9) Est, there is a time, place, person, cause, thing, duty, office, part, way, manner, value, worth, cure, remedy, property (10) Est impers To be meet, or fit, to suit with, to be proper (11) Est ut for potest ut, It may, or can be (12) To have, to consist of (13) Est, with an infinitive verb, may, might (14) To be thought, or supposed (15) To name (16) Esto, be it so, suppose it be (1) ※ Altera est definitio illarum rerum, quæ sunt, altera earum, quæ intelliguntur, Cic Top 5 (2) § Non sum qualis eram, Hor Od 4, 1, 3 § Tecum ornamento, & sibi honori erit, Cic § majore impedimento est, Id Attic 10, ult In Tusculano cere sum libenter, Cic ¶ Nullus sum, I am undone, Plaut Most 2, 1, 41 (3) = Si essetis strenuique nobiscum, Cic de har Resp 12 Dionysia hic sunt, hodie ne sis, volo, Ter Heaut 1, 1, 110 (4) Dum ero, non angar unquam re cum omni vicem culpâ, Cic ¶ Benè esse, to live well, to indulge himself, Id Male esse, to live poorly, Ter ¶ Rectè esse apud aliquem, to be well in health, Cic ¶ Esse apud se, to be in his senses, Ter (5) Sed cum in se suam quisque redibit domum, nullus erit illo pacto, ut in officiant, Plaut (6) Si mihi tantis esset tecum, quam cum omnibus tuis, Cic (7) Est oneri ferendo, Liv 2, 9 Ad præcepta illi non est ætas, Cic (8) Ap Cic (9) Est, cum non est satius, Cic Est quando te ulciscar, Plaut Ut est ubi tegumenta perpendere solent, Cic Est, cui dem, Id Est, ut ipse molestè ferat, Id Verum consideres, ut sit, Id Est, tool visam domum, Plaut Aul , , 26 § Boni judicis est facere conjecturam, Cic Verr 4, 15 Menum non est meum, Ter Heaut 5, , 8 Cum in Sicilia HS duobus tritici modius esset, Cic Argentum quanti est sumito, Ter Ad 5, 9, 20 § Est ad alvum crudum, & ad lateris dolorem, Cels, 125 § Pecus est Melibœi, Virg (11) Non est inter patrem & filium ulla re comparationem fieri, Val Max 1, 7, 2 Velim ut signa & cætera, quæ nostri studii, & tuæ prudentia videbuntur esse, quamprimum mittas, Cic (11) Non est ut copia major ab Jove donari possit tibi, Hor Ep 1, 12, 2 Non est ut credere possis, Lucr , 495 (12) Trochæus eodem spatio est, quo choræus, Cic Orat (13) Nec non & Tityon cernere erat, Vir Æn 6, 595 Iam quo is plus haurire est, Hor Sat , , 79 (14) Mihi quidem tu jam eras mortuus, quia non te visitabam, Plaut Pers 1, 1, 20 (15) In um maximi, Cic § Mirifico im te studio, Id Fam 14, 3 § Est cum telo, Id cum imperio, Id § Est hodie in bonis, i e in possessionem bonorum, Id (16) Esto, at certo concedes, Ter , , 3, 3, 10

† Sum, pro cum, Fest ex Enn

Sumen, inis n [a sus, sumen, ... suis abdomen, vel ex Hebr ... pingue] (1) The paps, or ..., or udder of a sow, a meat ... of the hinder teats of a sow, ... from her the day after she ... farrowed, and powdered with salt (2) A titbit, or choice bit (3) Also a woman's teats (1) Quanta labes larido? quanta sumini absumedo? Plaut Capt 4, 3, 3 Calidum scis ponere sumen, Pers 1, 53 (2) Cæsar Vopiscus dixit campos Roseæ Italiæ esse sumen, Varr R R 1, 7, extr (3) Lucil ap Non 6, 54

|| Suminatus, a, um Sus suminata, a sow that hath newly farrowed, Lampr ‡ Enixus

Summa, æ [sc res subit ex adj summus] (1) A sum of money (2) The principal and chief point of a matter (3) The sum, or conclusion of an whole discourse, or business (4) The main, the whole, the stress, the upshot (5) Consummation, perfection, accomplishment, height, or pitch (6) The principal place, or authority (1) ※ Non refert parva nomina in codices? imo omnes summas, Cic pro Q Rosc 1 Summa summarum, the sum total, Plaut Truc 1, 1, 4 ¶ Actor summarum, a general receiver, or accountant, Suet Dom 11 (2) Si tantummodo summas attigero, Nep Pelop 1 (3) Ad summam sapiens uno minor est Jove, dives, &c Hor Ep 1, 1, 106 (4) A Propositi vitæ ejus summam, species per partes exequar, Suet Aug 9 Summa reipub in hujus periculo tentatur, Cic (5) ※ Habent omnia initium, incrementum, summam, Quint In Veneris tabula summam sibi ponit Apelles, Prop 3, 9, 11 (6) Solus summam hic habet apud nos, Plaut Truc 4, 2, 15

Summānālia Great cakes, such as are used at bridals and other festivals, Fest

Summāno, āre To snatch, or hale away greedily, to take what is another man's, to steal, Plaut Curc 3, 1, 46

Summānus [qu summus manium, Mart Capell] Pluto so called, Cic de Div 1, 10

Summānus, a, um Fulgur summanum, κεραυνὸς ... νυκτέριος, Gloss Vet

Summārium, ii n An abridgment, an epitome, a summary Breviarium olim, cum Latinè loqueremur, summarium vocabatur, Sen Ep 39 ineunte

Summārius a, um Chief, or principal above another, Steph ex Cic Att 10, 1 sed incerta est lectio

Summas, ātis com gen undè plur summates, um The chief persons of a city, the peers in a realm, grandees lords and ladies Deliciæ summatum virûm, Plaut Pseud 1, 2, 90 Summates matronæ, Id Cist 1, 1, 27

Summātim adv (1) By the tops, or highest parts. (2) Compendiously, in short, summarily, briefly (1) Summatim vitis truncum ablaqueare, Col de Arb 6, 2 (2) = Breviter summatimque percurrere, Varr R R 2 præf ※ Si summatim, non particulatim narrabimus, Ad Herenn 1, 9

Summātus, ûs m Chief rule, sovereignty, supremacy = Imperium sibi cùm ac summatum quisque petebat, Lucr 5, 1141

Summè adv Highly, mightily, very greatly, as much as is possible to be, to the uttermost Petere ab aliquo, & summè contendere, Cic pro Quint 24 Summè in omnes officiosus est, Id Verr 1, 24

Summergo, ĕre, si, sum To duck, to plunge Vid Submergo

Summissè adv ius, comp Softly, lowly, humbly Vid Submissè

Summissim adv Low, softly Summissim fabulantes, Suet Aug 74

Summissio, ōnis f verb A letting down, a lowering Summissio vocis, Cic Offic 1, 41 Vid Submissio

Summissus, a, um Vid Submissus

|| Summĭtas, ātis f Height, or highness, the top Summitas vitis, Pallad 1, 11 ‡ Fastigium

Summitto, ĕre, si, ssum act [ex sub, & mitto] To send underhand, to substitute, or put another in one's place, to let down, to lower, to let grow at length, to yoke, to abate, &c Vid Submitto

Summo, āre, unde comp consummo To sum up

Summœnianus, a, um Under the walls Summœnianæ uxores, whores that lived in the suburbs, common whores, whores of the stews, Mart 3, 82, 2

Summœnium, ii n A place under the walls, where the whores plied, Idem ex Mart

Summŏneo, ēre, ui, itum act To prompt Vid Submoneo

Summŏpere adv [i e summo opere] Very much, mightily, mainly Quæ summopere vitanda oportebit, Cic de Inv 1, 18 Et per tmesin Cum puerorum formas summo hic opere miratur, Id de Inv 2, 1 sed vet codd

Summŏveo, ēre, vi, tum act To remove, or put out of the way, to withdraw Vid Submoveo

Summŭla, æ f dim [a summa] A little sum, &c Minutis summulas distribuit flentibus servulis, Sen Ep 77

Summum, i n The top, the whole, the sum, the pitch, or height Alexander buculam in summo columnæ collocavit, Cic de Div 1, 24 ※ Initio movendus est judex, & in summo impellendus, Quint ad summum, Cic pro Mil 5 summum, Cels in sum, at most

Summus, a, um [contr ex supremus, ut imus ab infimus] (1) Highest (2) Greatest, chief (3) Extreme, principal, exceeding great, passing (4) Singular, very excellent, sovereign (5) Very deep (6) The last, the furthest (1) In summa sacra via, Cic ※ profundus, Id Fin 2, 14 (2) ‡ Fecit me a summo infimum, Plaut Capt 2, 2, 55 ※ Potius summa, quam humilia consequi, Cic ※ A summis, mediis, infimis, hoc idem fit, Cic Philipp 1, 15 ¶ Summa res, the commonwealth, Id (3) Homo summæ senectutis, Cic ap Non 4, 400 Summum studium literarum, Id (4) = Summus atque perfectus imperator, Cic Summus & singularis vir, Id (5) Hæc res apud summum puteum geritur, Plaut Mil 4, 4, 16 (6) Venit summa dies, & ineluctabile tempus, Vir Æn 2, 324 ※ Primo firmum aliquid ponendum est, summo firmissimum, imbecilliora medio Quint

‡ Summussus, murmurator [vel ex sub, & musso, vel pro submissus] A mutterer, murmurer, or whisperer, Fest ‡ Susurrans

Summuto, āre act To change one for another, to substitute Verba summutare pro verbis Cic Orat 27 Vid Submuto

Sūmo, ĕre, psi, ptum act (1) To take (2) To receive (3) To draw (4) To borrow (5) For redimo, to take work by the great (6) To undertake, or engage for (7) To get, or procure (8) To lay out, to bestow (9) To spend merrily, to pass pleasantly (10) To choose (11) To buy (12) To presume, to venture (13) To pretend, assume, or arrogate (14) To challenge, or demand (15) To grant a proposition, or postulate, to take for granted (1) Sumere fustem, Plaut Amph 1, 1, 202 ※ Dixit sumas, ne ... an rapias, Hor Ep 1, 17, 41 (2) ※ Improbus est homo, qui beneficium scit sumere, reddere nescit, Plaut Pers 5, 1, 10 ¶ Sumere pœnas, Vir Æn 2, 103 supplicium de aliquo, Ter Andr 3, 5, 17 (3) Sumere aquam ex puteo, Plaut Mil 2, 6, 70 (4) Non ratio, verum argentum deerat Dum sumeret aliunde, Ter Phorm 2, 1, 69 (5) Sumere opera publica, Cic (6) § Non unum tibi sumo pro Capitone apud Cæsarem, quin ... Cic (7) Sumpsimus ... & aliunde mutuari ... Cic Att 11, 13 Aut Sumere ... inimicitias alicujus, to get his ill will, Id (8) In mari usque si quid sumas, sumptus est, Plaut Mil 3, 1, 79 § Operam sumere ad rem aliquam, Id ... Ter ... Id (9) Ego atque herus minor hunc diem sumpsimus prothyme, Plaut Pseud 5, 1, 2 Otium ad potandum ... habeam, nam aliquot hosti nam dies, Ter Phorm 5, 5, 4 = capere, ... sumere, ... condere, comburere ... Vett (10) Flavius noster sumpsit te judicem, Cic (11) Tanti tu ista quatuor aut quinque signa sumpsisti, Cic Fam 7, 23 (12) § Hoc mihi sumpsi, ut a te peterem, Cic Att 16, 16 (13) = Mihi non sumo tantum, neque arrogo, Cic pro Planc 1 (14) Id mihi pro meo jure sumo, Cic Orat 2, 72 (15) = ※ Sed cum bis sumpsit quod voluit, id tamen assumit, quod concedi nullo modo potest, Cic de Div 2, 53 ※ Quæ sumunt, ut concludant id quod volunt, Id Acad 4, 13 Lib ergo Unde datum hoc sumis tot subducte rebus? Pers 5, 124

Sūmor, i pass To be taken, spent, &c Colloquendi tempus sumitur, Nep Dat 10

† Sumpti in gen pro sumptûs, Cato

Sumptĭfăcio, ĕre, eci, actum To spend, to be at cost, Plaut Cas 2, 7, 2

Sumptio, ōnis f verb [a sumo] A taking, an assumption Directa ... sumptione, Cic de Div 2, 53 sc ... dialect ... vertens

Sumptĭto, āre freq [a sumo] To take often Elleborum sæpius sumptitaverunt, Plin 25, 5

Sumptuārius, a, um Of, or belonging to expenses Ratio sumptuaria, Cic Att 13, 47 Sumptuaria lex, a sumptuary law, to restrain excess of charge in diet, or habit, Id Fam 7, 26

Sumptuōsè adv ius, comp Costly, sumptuously, prodigal, wastefully Vos convivia lauta sumptuosè de die agitis, Catull 45, 5 Sumptuosè ... & ... Cic Catil 2, 9

Sumptuōsus, a, um [a sumptus] or comp issimus sup Sumptuous, costly, prodigal, wasteful, ... = Magnificè, & sumptuosè ... Ter Heaut 2, 1, 15 Ludi sumptuosiores, Cic ad Q fratr 2, 8 Cœna sumptuosissima, Sen Controv 4 Porticus sumptuosi ... operis, Suet Ner ...

Sumptūrus, a, um part *That will take*, &c Quod post diem tertium medicamentum sumpturus esset, ægre ferens, *Curt* 3, 6, 3 Of cula sumpturus, *Ov Fast* 3, 691

Sumptus, a, um part [*a* sumor] *Taken, undertaken*, &c Sumpta virilis toga, *Cic de Sen* 1 Altè sump a querela, *Lucr* 4, 1175

Sumptus, ûs (& ti, *Cato*) m (1) *A taking* as of food (2) *Charge, expense, cost, costliness* (1) Sumptus escæ, *Vig* (2) Facere sumptus in rem aliquam, *Cic Verr* 4 10 ✠ Necesse est facere sumptum, qui quærit lucrum, *Plaut Asin* 1, 3, 65 Cu tu his tebis sump tus iii ge is' *Ter Adelph* 1, 1, Eo sumpti opus est, *Cato*, 22 = Sumptum & impensam facere in cul ira, *Varr R R* 2

Sunc, *i e* Sunat, *Fucil* depimit, *Non* 2 fino, vel *ab Hebr*

Suo, ĕre, sui, sutum act [*a* σύω, unde in comp ἀσσύω, pro καταύω, Att κατασύω, *e* ῥάπτω, *Hesf*] (1) *To sew, stitch, join, or tack together* (2) Met *To work, or procure* (1) Tegumenta corporum fuere, *Cic N D* 2, (2) Mutuo lenonem, ne quid suo suat capiti, *Ter Phorm* 3, 2, 6

Suopte in tu *After his own pleasure*, Cic Tusc 1, 17 Suopte ingenio, *of his own proper inclination*, Liv 1, 25 & Tac Hist 2, 63, 5

Suovetaurīlia, um n [*ex* sue, ove, & tau o] *A sacrifice of a swine, a sheep, and a bull together*, Liv 8, 10 *al leg* solitaurilia

Sŭpellectĭcārius, ii m *A slave, or bondman which is accountable for castle, or houshold-stuff*, Petron 35

Supellectĭlis, e *ut unde in plur* supellectilia *Of, or belonging to houshold goods*

‖ Supellectĭlis, is f *Houshold goods, furniture*, Ulp ✝ Supellex

Supellex, ectĭlis f caret plurali [*ex* super, & lectus, ut initio censeo ea ut ea, quæ super lectos, vel ...iculares, vel discubitorios, poni solerent, postea latius significatione propagata, *Turneb* vel potius super, & pellis, quòd sub pellibus intiquitus locaren ut quæ utui forent, *Iabco JC*] *Houshold stuff, or implements, furniture, all things moveable within the house* = In instrumento ac supellectili numerari *Cic Verr* 4, 44 *Met* Amicos parare optimam vitæ supellectilem, *Id de Amic* 15 Supellex verborum, *Id Orat* 24

Sŭper prep [*ex* ὑπέρ] (1) *Upon* (2) *Beyond* (3) *Above* (4) *More than, upwards of* (5) *Beside, over, after* (6) *At the time, over* (7) *Also, of, or concerning* (8) *For, with regard to* (1) Demetrius super terræ tumulum noluit quid statui, nisi columellam, *Cic de Legg* 2, 26 Geminis ... *Vir Æn* 6, 2?? (2) Super Garamantas & Indos proferet imperium, *Vir Æn* 6, 79? (3) Nocte super media, *Id ib* 9, 61 (5) Olibrius ... subsellio secundo ... *Suet Aug* 43 (4) ... erant super mille, *Suet* ... 25 (5) Punicum exercitum super morbum etiam fames afficit, *Liv* 28 46 Super bellum annoni premebat, *Id* (6) Pocula inimicos super vinum & epulas so ... ex ... esse electum, *over a glass of wine*, Curt 8, 4, 30 super mensam debellaturus Alexandrum, *Id* 7, 4, 8 ¶ Super somnum servus, *a chamberlain*, Litt *ex* Curt 6, 11, 3 *sed ibi legitur* ad somnum (7) § Quid nuncius super anu? *Plaut Cist* 4, 1, 8 Hac super re scribam ad te, *Cic* § Juxta mecum rem tenes super Lucrionis filium, *Plaut Aul* 4, 7, 2 (8) § Nec super ipse sua molitur laude laborem, *Vir Æn* 4, 233

Super adv (1) *Above* (2) *From on high* (3) *More, greater* (4) *Moreover* (5) *Super quam quod, over and beside that* (1) ✠ Hinc atque hinc, super subterque premor angustiis, *Plaut* (2) Et super è vallo prospectant Troes, *Vir Æn* 9, 167 (3) Pœnas dedit usque superque quam satis est, *Hor Sat* 1, 2, 65 (4) Cui neque apud Danaos usquam locus, & super ipsi Dardanidæ infensi pœnas cum sanguine poscunt, *Vir Æn* 2, 72 (5) Adverso rumore fuit, super quam quod male pugnaverit, *Liv*

✝ Supera, *pro* supra adv & prep Quod supera est, *Lucr* 4, 204 Supera bellum Thebanum, *Id* 5, 327 Supera tibi paulo ostendimus ante, *Id* 1, 430

✠ Sŭpĕra, orum n *sc* loca *Heaven, the sky, places above* Supera alta tenentes, *Vir Æn* 6, 787

Sŭpĕrābĭlis, e *That may be overcome, passed, or climbed over* Mediocribus scalis superabilis, *Liv* 25, 23 Nulli superabilis, *Ov Trist* 5, 8, 21

‖ Sŭpĕrăbundantia, æ f *A superabundance*, Aug ✝ Abundantia

✝ Sŭpĕrăbundo, āre n *To be superfluous, to be over and above, to superabound*, Ulp ✝ Abundo

Supĕraccommŏdo, āre act *To fit, or set above* Superaccommodare ferulis, *Cels* 8, 10

Sŭpĕrădditum, i n *A surplusage, or vantage*, Dig ✝ Auctarium

Superaddĭtus, a, um part *Set, or put over* Laurus superaddita busto, *Prop* 2, 13, 33

Sŭperaddo, ĕre, didi, ditum act *To add moreover, to super add, to set, or inscribe upon* Tumulo facite superaddite versus, *Vir Ecl* 5, 43 Tumulo superaddere carmen, *Id ibid* 5, 43

Sŭpĕradjĭcio, ĕre, jeci, jectum *To super add, to put over and above* Superadjicies calcem, *Pallad R R* tit 17

Superadjĭcior, i, ectus pass *To be superadded* Superadjicitur his hac conditura, *Apic* 7, 4

‖ Superadnexus, a, um part *Tied aloft, or above*, Capitol ✝ Super adnexus

Superadornatus, a, um *Adorned above* Sen N Q 4, 2

‖ Sŭpĕrădultus, a, um *That hath passed the flower of his age, superannuated, overgrown*, Bibl ✝ Exoletus

Superaggĕro, āre *unde* pass superaggeror *To heap over and above* Humus, quæ fuerat egesta, superaggeratur, *Col* 12, 44

‖ Superagnata tunica *The utmost coat of the eyes*, Medic

‖ Superalligātio f verb *A binding over*, Dig

Superalligo āre act *To bind over, or upon*, Plin 30, 6

Sŭpĕralligor, āri *To be bound upon*, Cels

‖ Sŭperāmentum, i n *A surplusage, or remainder, the overplus*, Ulp ✝ Reliquum

Sŭpĕrans, tis part & adj or, comp (1) *Exceeding* (2) *Surpassing, excellent* (3) *Prevailing, overcoming* (4) *Remaining* (1) Superans nonum annum cadus, *Hor Od* 4, 11, 1 (2) Forma superante juvencæ, *Vir Æn* 8, 207 (3) Superante Pæno, *Hor Od* 1, 12, 8 Superantior ignis, *Lucr* 5, 395 (4) Multa die superante accelit, *Liv* 29, 7

Sŭpĕrannātus, a, um *The age past*, Gl ex Lucr 3, 672 *sed rect divisè* super interacta

Supĕrātio, ōnis f verb *An access, a conquest* Contrariorum superatio, *Vitruv Præf* 1 3

Sŭpĕrātor, ōris m verb *A vanquisher, an overcomer* Populi superator Etrusci, *Ov Fast* 1, 641

Sŭpĕrātrix, icis f *She that overcometh*, Litt ex Ov *sed q*

Supĕrattollo, ĕre *To lift up, or over*, Litt *ex* Plaut Cas 4, 4, 1 *sed rectius divisè*

Supĕrātus, a, um part (1) *Vanquished, surmounted* (2) *Conquered* (3) Also *performed, fulfilled* (1) Superatis difficultatibus, *Paterc* 2, 120 (2) Superatæ classes, *Paterc* 2, 84 (3) Superata sunt tele, ... jussa noverca, *Ov Met* 8, 15

Sŭperbè adv ius, comp issime, sup *Haughtily, proudly, loftily, stately* Superbè responsum reddere, *Liv* 1, 33 Superbius aliquem appellare, *Cic* pro L g *Manil* 5 Cujus idem tu superbissimè decreta & preces repudiasti, *Cic* in *Pison* 27

Sŭperbia, æ f [*a* superbus] (1) *Pride, insolence, arrogance* (2) In a good sense, *state, grandeur, bigness, nobleness* (3) In fruits, *harshness, sourness, able to dull the edge of a knife*, saith Littleton, but they seem to be so called on account of their being ripe before others (1) ✠ Magnitudinem animi superbia imitatur in animis extollendis, *Cic Partit Orat* 2 = Illa tua singularis superbia, insolentia, contumacia, *Id Verr* 4, 41 = Superbiam, fastidium, arrogantiam fugiamus, *Id Offic* 1, 26 (2) Sume superbiam quæsitam meritis, *Hor Od* 3, ult Secundas fortunas decent superbiæ, *Plaut Stich* 2, 1, 28 (3) Tandem causa in piri ... vatur superbiæ cognomine, *Plin* 15, 15 *vid Hard in locum*, qui explicat *muscate pears* Conf & *Gell* 5, 10

Sŭperbĭbo, ĕre, bi, itum *To drink after, or upon another thing* § Superbibere aquam ebrietati, *Plin* 23, 1

✠ Superbificus, a, um *That doth a thing proudly, or that maketh one proud* Superbifica manus, *Sen Herc Fur* 59

Sŭperbĭlŏquentia, æ f *Arrogant and proud speaking* = Omnium impotentiam & superbiloquentiam, *Cic Tusc* 4, 16

Sŭperbĭlŏquium, ii n *Proud speaking*, Litt *ex* Plin

Sŭperbio, ire, ivi, itum n [*a* superbus] (1) *To be proud, or go stately* (2) *To brag, glory, or vaunt* (3) *To be famous, to be ennobled* (4) *To scorn, to disdain* (1) Equæ comantes superbiunt, *Plin* 10, 63 Forma nuta superbit avis, *Ov de Med Fac* 34 (2) Nomine avi superbire, *Ov Met* 11, 218 (3) Phlegræis silvis superbit exuviis, *Claud de Rapt Pros* 3, 337 (4) Spoliare superbit Oenides, *Stat Theb* 7, 568

✝ Superbiter adv *Proudly*, Nævius ap Non ✝ Superbè

✝ Superbōsus, a, um adj *Disdainful, or full of disdain*, Fest ✝ Superbia plenus

Sŭperbus, a, um or, comp issimus, sup [*a* Gr ὑπερβίος, quomodo usus ... ius, ex ὑπὲρ, & βία, vis] (1) *Brave, noble, excellent* (2) *Stately, lofty* (3) *Proud, scornful, disdainful, high-minded* (4) *Rich, costly* (5) *Nice, squeamish* (6) *In fruits, ripe before others* (1) = Porsinnæ rex, belloque superbus, *Vir Æn* 1, 25 Superba virtute & factis animæ, *Sil* 10, 573 (2) Postes auro spoliisque superbi, *Vir Æn* 2, 504 (3) Superbiorem pecunia facit, *Cic Fam* 7, 12 Superbissima familia, *Liv* 2, 56 (4) = Munus ... um, & ... f. ... *Lucr* 5, 1136 (5) ... vina fastidia cœnæ vix ... tangentis male singula ... *Hor Sat* 2, 6, 87 (6) ... *Plin* 15, 3 ...

Superbia, n 3

Sŭpercalco, āre act *To lay over with lime* Tabulatum ... percalcato, *Col* 12, 29

Sŭpercalcor, ari pass *To be laid over with lime*, Litt *ex* Stat

Sŭpercerno, ĕre, crevi, tum *To sift, or range upon*, unde

Supercernor, i pass Terra cribris supercernitur, *Plin* 17, 10

Supercĭdo, ĕre, di, casum n *To fall upon*, Col 4, 9 in part præs

Supercilĭōsus, a, um *Sour in countenance, supercilious, censorious*, Sen Epist 123 = Tristis, severus, morosus, superbus

Sŭpercilium, ii n [Supercilium dicitur, quod supra cilium sit, id est, integumentum oculi ... *Fest*] (1) *A brow, or eyebrow, the ridge of hair above the eyelids* (2) Meton *Majesty, severity, gravity* (3) *Pride, haughtiness, a stately look* (4) *The top, height, or highest part, the ridge, or edge of an hill, a promontory* (1) Supercilia hominis & pariter, & alternè mobilia, in iis pars animi, negamus, innuimus, superbia alicubi conceptaculum, sed hic sedem habet, *Plin* 11, 37 Superciliorum remissio aut contractio mœstitiam, hilaritatem ... *Cic Offic* 1, 41 (2) Terrarum omnium pone supercilium, *Mart* 1, 5 (3) Sed forma, sed ætas digna supercilio, *Juv* 5, 62 Si cum magnis virtutibus adfers grande supercilium, *Id* 6, 168 (4) *L* 27, 10 Supercilium excelsum ... *Hirt B Afr* 58 Marc longo supercilio inflexum, *Mela*, ... Supercilium osti, *the head of a door*, Vitruv 4, 6

Supercláudo, ĕre, si, sum *To shut, or close in*, Litt *ex* Liv

‖ Supercœlestis, e *Above the heavens*, Eccles condonandum

Supercontĕgo, ĕre, xi, ctum *To cover over*, unde

Sŭpercontĕgor, i pass Rem ... tunicis sup ... contegitur, *Gell*

Supercorruo ĕre, ui n *To fall down upon* Super ingens ... g m, quam ipse fecerat, co ... *Val Max* 3, 2, 23 *per tmesin, et quibusdam placet*

Sŭpercresco, ĕre n *To over grow* Si carcinoma nimium supercrevit, *Cels* 5, 28 n 2

Sŭpercubātio, ōnis f verb *A lying upon*, Litt *ex* Varr

Sŭpercubo, āre n *To lie, or sleep upon* Ut grex supercubet, *Col* 7, 4

Supercurro, ĕre n *To overrun, to surpass, to be better, or more worth* Ager, quod vectigal large supercurrit, commune invenit, *Plin Epist* 7, 18, 3

Sŭperdīco, ĕre, xi ctum act *To say moreover, to add in speaking*

ing of words, Cic de Legib 2, 21

Superdo, dĕdi, ătum act unde sup dandus part *To lay, or put upon*, Cels 7, 2

Superdūco, ĕre, xi, ctum act *To bring besides that he hath brought already* § Quidam filio superduxit novercam, *Quint*

Supĕrēlătus, a, um *Very high above*, Lucr 5, 701 *sed rect as divisè* super edita

Superĕdo, ĕre act *To eat besides, or over and above* Si racemem betæ in pruna tostam superederint, *Plin* 19, 6

Supĕrēgĕro, ssi act *To send up, or make to appear* Quippe ubi non unquam Titan superegerit ortus, *where the sun never riseth*, Tib 4, 1, 157 *sed potest esse* superago

‖ Supereminĕo, are n *To excell, pass, or surmount*, Dig ✝ Supero

‖ Supĕrēmĭnentia, æ f *A prerogative, or excellency*, Dig ✝ Præcellentia, eminentia

Supĕremĭnens, tis part *Appearing above* Supereminens extra aquam, *Plin* 26, 8

Supĕrēmĭneo, ēre, ui *To be higher, or above others, to appear above* § Supereminet omnes, *Vir Æn* 1, 505 § Supereminet extra aquam, *Plin* 26, 8 Olivæ permantur, & jus supereminĕat, *Col* 12, 47

Supĕremŏrior, i dep *To dy upon*, Plin 10, 1

Supĕrēnăto, āre *To swim clear over*, Luc 4, 1-3

Supereo, ire *To go over* Qui docuit superire lacunas, *Lucr* 3, 1044 *ubi al* super ire *divisè*

Supĕrērŏgātio, ōnis f verb *A giving more than is required*, Aug *Huic voci, cum necessaria videatur, venia, opinor, danda est*

Supĕrērŏgātor, ōris m verb *He that giveth more than he needeth*, Aug

Supĕrērŏgo, āre act *To spend over and above*, Bibl

Supĕrērŏgor, āri, ātus pass *To be spent over and above*, Hier

✝ Supĕrescit, *sign* supererit, Fest

Superest impers *It remaineth* Victo superest ut tueri se possit, *Quint*

Supĕrēvŏlo, āre *To fly clear over*, Luc 3, 299 *sed al* sitib at-...

‖ Supĕrexcurro, ĕre n *To run out at large, to spread, or grow out of the compass of one's own ground*, Ulp ✝ Excurro

‖ Supĕrexcŭtio, ĕre act *To take out a thing at large*, Dig ✝ Excutio

Supĕrfĕro, ferre, tuli act *To bear, or lift over*, Plin 32, 0

Supĕrfĭciārius, a, um *Superficial, belonging to the outside of a thing* Mathematica superficiaria est, *Sen Epist* 88 Superficiariæ ædes, *an house built upon another man's ground, for which a quit rent, or ground-rent is paid* ...ius Tuberculum superficiarium, *a wheal, or pimple*, Jun

Supĕrfĭciārius, ii m *He who hath built an house on another man's ground, and payeth a quit-rent for it*, Ulp

Supĕrfĭcies, ei f [ex super, & facies] (1) *The outside, the uppermost part of any thing, a surface* (2) Also *a plot of ground to build upon* (1) Longitudo superficiem corporum solam ampliat, *Plin* 11, 48 (2) Aream præclaram habebimus, superficiem con-

sules ex SC æstimabunt, *Cic Attic* 7, 1

Supĕrfio, ĕri *To remain, to be over and above, to be left, or to spare* Custodire quæ superfieri possunt, *Col* 12, 1 Vocem te ad cœnam, si superfiat locus, *Plaut Stich* 4, 2, 12

Supĕrflŭreo, ēre n *To flower after*, Litt ex Col

Supĕrflōresco, ĕre, ui incept unde superflorescens, tis part *To bud, or spring over again, to bring forth other fresh flowers after the fading of the first* Cucumis floret, sibi ipsi superflorescens, *Plin* 19, 5

Supĕrflue adv *Superfluously*, Ap recent

Supĕrflŭens, tis part *Overflowing, over and above, enough and to spare* Superfluens copia succi, *Pallad Febr tit* 11 pecunia, *Sen de Vit Beat* 1, 11 = redundans, *Cic*

Supĕrflŭĭtas, ātis f *More than need, superfluity, overplus* Superfluitate pampinorum atria replere, *Plin* 14, 1

Supĕrflŭo, ĕre, xi, xum n *To run over, to overflow, to abound, to be over...*, Plin 36, 15 conf *Cic de Cl Orat* 91

Supĕrflŭum, ii n *Surplusage, the overplus*, Litt ex Plin

Supĕrflŭus, a, um *Running over, overflowing* § Flumina campis superflua, *Plin Paneg* 82

Supĕrfœtātio, ōnis f verb *A conceiving after the first young*, Litt ex Plin

Supĕrfœto, āre *After the first young to conceive another*, Plin 10, 63

Supĕrfulgeo, ēre n unde part superfulgens *To shine, or glitter over, or above* § Templa superfulges, *Stat Sylv* 1, 1, 33 *ubi al* supersurges

Supĕrfundens, tis part *Pouring, or spreading out, or all over* Superfundens se lætitia, *Liv* 5, 7

Supĕrfundo, ĕre, ūdi, sum act *To pour, or cast upon, or over* Oleum superfundito, *Col* 12, 57 Macedonum virtus superfudit se in Asiam, *Liv* 45, 9

Supĕrfundor, i pass *To be covered over*, Sen N Q 6, 24

Supĕrfūsus, a, um part *Overflowing, poured upon, spread abroad* Superfuso aceto, *Col* Superfusa lymphæ, *Ov Met* 2, 459 Superfusa gens montibus, *a people dwelling scatteringly on the mountains*, Plin 6, 13 Superfusi hostes, *Liv* 29, 49

Supĕrfŭtūrus, a, um part [a supersum] *That shall remain* Hominis anima superfutura, *Plin* 11, 53

‖ Supergaudeo, ēre *To rejoice over one*, Hier ✝ Gaudere de aliquo

Supergĕro, ĕre, ssi, stum act *To cast, or heap upon* Terram supergerere, *Col* 11, 3

Supergestus, a, um part *Heaped, or cast upon*, Col 11, 3

Supergrĕdior, i, ssus dep (1) *To go upon, or over* (2) Met *To surpass, or excell* (1) Abortum facit illitus, aut si omnino prægnans supergrediatur, *Plin* 28, 7 (2) § Hortorum magnificentia principem supergredi, *Tac Ann* 14, 52, 2

Supergressus, a, um part (1) *Going over, or upon* (2) Met *surmounting, excelling* (1) *Plin* 8, 50, 2 (2) § Ex mare opima, atque omnem laudem supergressa, *Quint*

‖ Supĕrhăbeo, ēre act *To slight, scorn, or despise*, Litt ex Gell ✝ Despicio

‖ Supĕrhŭmĕrāle, is n *An hood, or such like thing worn on the shoulder*, Vulg in exp ☞ Epomis

Supĕri, ōrum m plur (1) *They that are above* (2) ☞ *The gods* (3) *They that be living upon earth* (1) § Si deorsum comederint, si quid coxerint, superi incœnati sunt, & cœnati inferi, *Plaut Aul* 2, 7, 6 (2) Precari superos, *Vir Æn* 5, 529 ☞ Leg & superus in sing ✕ Inferus an superus tibi fert Deus funera Ulysses? *Liv Andron* (3) *Litt ex Sil*

Supĕrjăceo, ēre *To lye upon*, Cels 8, 9

Supĕrjăcio, ĕre, jeci, jectum act (1) *To cast, or lay upon* (2) Met *To add, or say moreover* (1) *Vid* Superjicior (2) Superjecere quidam augendo fidem, *Liv* 10, 30

Supĕrjăcior, i pass *To be thrown upon* Delapsa folia superjaciebantur, *Col* 2, 1

Supĕrjactūrus, a, um *About to cast upon* Superjacturus se rogo, *Val Max* 1, 8, extern 10

Supĕrjacto, āre *To cast, or fling over, or beyond, to leap over, to overshoot*, Plin 9, 15

Supĕrjectio, ōnis f verb *A casting upon*, Met *an hyperbole, or hyperbolical expression, an overshooting* Fmentiens superjectio, *Quint* 8, ult

Supĕrjectus, & superjactus, a, um part *Cast upon* Ora superjecta humo, *Liv* 22, 51 Superjecta tunica, *Cels* 7, 13 Superjacta ut solido feruntur, *Tac Hist* 5, 6, 6

Supĕrjectus, ūs m *A casting upon, a leaping, or covering, as an horse doth a mare*, *Col* 6, 36

Supĕrjĭcio, ĕre, jeci, jectum act *To cast, or lay upon*, Met *to add, or say moreover* Superjecere quidam augendo fidem, *Liv* 10, 30

Supĕrillĭgatus, a, um part *Tied, or bound upon* Betæ foliis superilligatis, *Plin* 29, 3

Supĕrillĭgo, āre act *To ty, or bind upon, or over* Quidam recentem *linum canum* superilligant, *Plin* 30, 6 *ubi al* superalligant

Supĕrillĭgor, āri pass *To be tyed, or bound upon*, Litt ex Catone

Supĕrillĭno, ĕre act *To smear, or anoint all over, or upon* Totum corpus superillinere, *Cels* 3, 19

Supĕrillĭtus, a, um part *Anointed over* Superillito butyro, *Plin* 30, 12 conf *Cels* 6, 18

Supĕrimpendens, tis part *Hanging over* Tempe sylvæ tegunt superimpendentes, *Cat ill* 62, 286

Supĕrimpōnendus, a, um part *To be put, or laid upon* Superimponenda sunt cataplasmata, *Cels* 3, 10

Supĕrimpōno, ĕre, sui, situm act *To put, or lay upon, to charge moreover, to overlay* Vimineos qualos superimponunt, *Col* 8, 3

Supĕrimpŏsĭtus, a, um part (1) *Put upon* (2) *Laid, or charged upon* (1) Superimposito linteolo, *Plin* 31, 9 (2) Stipendio superimposito, *Liv* 21, 1

Supĕrincendo, ĕre, i, sum act *To inflame more* Hunc superincendit Venus, *Val Flacc* 2, 1-6

Supĕrincĭdo, ĕre, cidi neut unde part superincidens *To fall upon* Ruina superincidentium virorum, *Liv* 23, 15 Ne plaga superincidentem cœlestem aquam contineat, *Col* 4, 9 *ubi al* superradantem

Supĕrincresco, ĕre neut *To grow over, or upon*, Cels 6, 10

Supĕrincumbens, tis part *Lying upon*, Luc 9, 9-6 conf *Liv* 22, 51 & *Ov Epist* 11, 57

Supĕrincumbo, ĕre *To lye upon* Non superincubui, *Ov Epist* 11, 117

‖ Supĕrincurvātus, a, um *Bowing, or lying down upon*, Apul Met 9, p 273 ✝ Incurvus

‖ Supĕrindīco, ĕre, xi, ctum act *To denounce and signify moreover*, Ulp ✝ Superdico

Supĕrindūco, ĕre, xi, ctum act *To cover, or lay upon* *Vid* Superinductus

‖ Supĕrinductio, ōnis f verb *An interlining, a blotting out and putting in anew*, Ulp

‖ Supĕrinductor, ōris m verb *He that bringeth moreover*, Cod

Supĕrinductus, a, um part *Drawn over, laid upon* Dusim pedum terra superinducta, *Plin* 15, 17 Superinducti corporis species, *Quint* 5, 8

Supĕrindŭo, ĕre, ui, ūtum act *To put on, as one doth a garment* Penulam obsoleti coloris superinduit, *Suet Ner* 48

Supĕrindūtus, a, um part *Clothed with one thing upon another*, Litt ex Stat

Supĕrinfundo, ĕre, fudi, sum *To pour upon*, Cels 8, 4

Supĕringĕro, ĕre, ssi, stum act *To cast, or heap upon* Urceis acervos leguminum superingerunt, *Plin* 18, 30, sub fin conf & *Tib* 4, 1, 157

Supĕringestus, a, um *Cast upon*, Litt ex Sil

Supĕrinjectus, a, um part *Cast over, or upon* Superinjecta terra, *Ov Fast* 5, 533 Superinjectis quis latet æde togis? *Id Fast* 6, 570

Supĕrinjĭcio, ĕre, ĕci, ctum act *To cast, or lay over, or upon* Quo superinjecit textum rude sedula Baucis, *Ov Met* 8, 640 conf & *Cels* 7, 13

Supĕrinjĭcior, i pass *To be cast, or laid over, or upon*, Plin 17, 9

Supĕrinsterno, ĕre, ravi, tum *To strew, or cover over with*, Liv 30, 10 *sed al leg* superstravit *Vide* Supersterno

Supĕrinstillo, āre *To pour, or drop down upon* Olei modicum superinstillabis, *Apic R C* 4, 2

Supĕrinstrŭo, ĕre, xi, ctum *To raise upon*, unde part superinstructus *Col* 9, 7

Supĕrintĕgo, ĕre, xi, ctum act *To cover over*, unde passivum

Supĕrintĕgor, i *To be covered over*, Plin 18, 6

Supĕrintŏno, āre, ui neut *To thunder from above* Dat tellus gemitum, & clypeum superintonat ingens, *Vir Æn* 9, 709, *legente & interpretante Serv al divisè leg & aliter interpr*

Supĕrinunctus, a, um part *Besmeared over*, Cels 6, 6

Supĕrinundātio, ōnis f verb *An overflowing*, Litt ex Plin *sed q*

‖ Supĕrinundor, ari pass *To be overflown*, Tert ✝ Inundor

Supĕrinungo, ĕre, xi, ctum act *To anoint, or smear over*, Cels *Vid* Superinunctus

Supĕrinungor, i pass *To be anointed or smeared over*, Cels 7, 7

Supĕrior, us, gen ōris (1) *That is above, higher* (2) *Former, older* (1) Domus superior, *Cic Attic*

attic 12, 10 Dicere de superiore loco, *Id Verr* 2, 42 via & *Ov* 1, 6 (2) Superior ætas, *Cic de Sen* 18 Superior Dionysius Dionis sororem habuit in matrimonio, *Nep Dion* 1

Superiores [illegible] m pl [illegible] (1) *Varr* [illegible] Inter [illegible] & [illegible] & inferioribus, & [illegible] *Cic de Or* [illegible]

Supernumerarius, [illegible] *Suet Claud* [illegible]

[illegible]

Superbitus [illegible] (1) [illegible] (2) [illegible] (1) Superbi [illegible] tatem [illegible] perans [illegible] tatem [illegible] mutuenon [illegible] ( ) [illegible] inopia [illegible] pen [illegible] cetoris superlationem [illegible]

Sup[illegible]ativus [illegible] *Superla-* [illegible] Gramm [illegible]

Superbitus, a, um part [i e superbe ortus] (1) *Borne, or lifted up* (2) *Gre tly au pr* [illegible] (1) Sinistrum pedem superbitum [illegible] salem esse [illegible] ( ) [illegible] & superbia verba, [illegible]

Superliminare, is n *The tran[som] or lintel of a door* Plin [illegible] = Limen superum, *Plaut* [illegible]

Superlino, ere, ivi, [illegible] um act *To* [illegible] *or besmear* [illegible] Superlitus

Superlitus, a, um part *Sme[ared] upon, or over* Visco superlitus [illegible] *Plin* 22, 2

Supermando, ere act *To* [illegible], *or chew* [illegible], *or after another thing*, *Plin* 1, 6

Supermeo, are neut *To run, pass, or leap over* Quæ [illegible] supermeant [illegible] *Plin* [illegible] 10

|| Supermergo, ere, [illegible] act *To* [illegible], *Dr* ✝ Obruo

Supermineo, are neut *To ex[ceed]* [illegible] Bi[illegible] supermi[illegible] *Bi* [illegible] 22 Te[illegible] supermineant [illegible]

|| Supernatans, [illegible] part *Swimming* [illegible] *Cels* [illegible] supernatante [illegible]

Supernas, atis adj *Th[at is]* [illegible] ✝ Romæ [illegible] supernati præferuntur, *Plin* 16, 9 [illegible] 2, 10

Supernatans, tis part *Floating*, *or swimming at top* Supernatans [illegible] *Plin* [illegible], 15

Supernato, are neut *To swim upon, or at top, to float* [illegible] *Cels* [illegible] 9 Quod supernatat [illegible] *Plin* 28, 9

Supernatus, a, um [ex super, & natus] *Grown after, or upon* [illegible] *Plin* 10, 3

Superne adv *From above from high, aloft, on the top* Album [illegible] alienum superne, *Hor Od* 2, 20, 11 Inguinis super[illegible] *Sen de Clem* 1, [illegible]

Superno, are [illegible] *to float*, *Gell* [illegible]

Supernumerarius, a, um *Sup[er]numerary*, *Veg* [illegible]

Supernus, a, um [ex super] *High, that is on high* [illegible] *Plin* [illegible] 13, 19 [illegible]

[illegible] *To go, to* [illegible] (1) *To* [illegible] (2) *To* [illegible] (5) Alio [illegible] (1) Vix [illegible] *L* [illegible] mentes, & humanæ [illegible] (2) [illegible] Ne [illegible] *R* [illegible] *L* [illegible] (2) Sup[illegible] Annum [illegible] *P* [illegible] ( ) Dominium [illegible] (5) ✝ In dividenda genera & [illegible] *Cic de Orat* 1, 19 ✝ [illegible] (6) = ✝ Superesse & vincere [illegible] ubi erat [illegible] *Liv* [illegible] § Cipera [illegible]

Superobruo, ere act *To* [illegible] ✝ *Cæs* [illegible] *B G* 6, 2

Superobruo, ere act *To over [whelm]*, *or to cover* [illegible] § Supe obrui [illegible]

|| Superobrutus, a, um part *Over-* [illegible] Hei [illegible] superobruta [illegible] ✝ Obrutus

|| Superpellicium, ii n *A surplice*, *Eccl*

Superpendeo, ere neut *To hang over* part superpendens *To hang over* [illegible] *L* [illegible]

Superpingo, ere, xi act *To* [illegible] *over, or upon* [illegible] *Plin*

Superponderans, [illegible] part *Lib* [illegible]

Superpondero, are act *To* [illegible] *Lib ex Col*

||Superpondium [illegible] *A* [illegible] *weight*, Apul Me [illegible]

Superpono, ere, sui, itum act *To put over, to set, lay, or put upon* § Superponere villam [illegible] *Col* 1, 5 § Humeris [illegible] Iberi ora superpositurus *Sil* 16, 42

Superponor, i pass *To be laid upon* Medicamentis superponi, *Plin* 29, 2

Superpositus, a, um part *Set, or laid upon* Ales levavi super positum humano capiti decus, *Liv* Superposita membra levare manu, *Ov Ep* 21, 190

Superquam adv *ut* præterquam *Over and above that* Superquam quod male pugnaverat, *Liv* [illegible]

Superrado, ere, si, sum act *To [s]crape upon, to scrape the upper part*, unde participium

Superrasus, a, um *Scraped over*, *Plin* 22, 2

Superscandens, tis part *Climbing upon or over* Superscandens vigilum strata somno corpora milites, offenso scuto præbuit sonitum, *Liv* 7, 36

Superscando, ere, di, sum *To climb upon, to scamper over* Super superscandant fastes [illegible] usque [illegible] *Col* 11, 3

Superscribor, i pass *Litt ex Suet* [illegible]

Superscribo, ere act *To write upon, or over, to superscribe* [illegible] observerunt, & [illegible] superscripserunt, *Gell* 20, 6 ✝ Inscribo

Superscriptus, a, um part *Writ on, or* [illegible] & mulct [illegible] *Suet* [illegible]

Supersedens, [illegible] um part *To* [illegible] *Non* [illegible] supersedendum [illegible] *Hor* [illegible] 2, 15

Supersedeo, [illegible] part [illegible] Equi Romani [illegible] supersedens [illegible] *Suet Ner* [illegible]

Supersedeo, [illegible] (1) *To* [illegible] (2) *To* [illegible] (1) § Supersedentes [illegible] *Liv* [illegible] (2) Supersede [illegible] *Cic* Pugnæ supersede [illegible] loqui, *Liv* [illegible]

Supersedendum [illegible] Inutile [illegible] supersedendum [illegible] *Cic de Inv* 1, 20

Superseminatus, [illegible] part *Sown* [illegible] *Lib* [illegible] 811

Supersideo, tis part *To sit, or* [illegible] Ubi [illegible] superstiden [illegible] ostendit, *Col* [illegible], 8

Supersiliens, tis part *Leaping upon* Ne teres [illegible] superstitem velut [illegible] *Col* 9, [illegible]

Supersilio, ire [ex super, & salio] *To leap upon, or leap upon*, *Col* [illegible] Supe [illegible]

Superspargo, vel superspergo, ere, si, sum act *To besprinkle, or cast upon, to cover* § Sale quæ conduntur superspargere, *Cato*, 55

Superspergor, i pass *To be [sprinkled] over*, *Litt ex Stat*

Superstagno, are neut *To over flow* Amnis in lacus deductus superstagnat, *Tac Ann* 1, 79

Superstans, tis part *Standing upon, or over* § Cætus superstans [illegible] adventu, *Liv* 10, 28 Superstantes [illegible] *Tac Hist* 2, 8, 6

Supersterno ere, stravi, stratum act *To strew, or cover over, to lay over* Tabulas superstravi, [illegible] pervius in totum [illegible] esset, *Liv* 20, 10

Supersternor, i pass *To be strewed over* [illegible] supersternuntur, *Col* 1, 6 *vid* [illegible] superstratus

Superstes, itis adj [quod superstat, i e superest] (1) *Living after another, [surviving]* (2) [illegible] *Sen* [illegible] (4) [illegible] (1) ✝ Mater [illegible] per multa vulnera fratres, quæque superstitibus, *Ov Met* 3, 126 § Multi superstites bellorum infamiam laqueo finierunt, *Tac Germ* 6, 9 (2) § Uni viro tuo sis superstes, *Plaut C[ist]* 4, 4, 2 ✝ Me ex inceto fama superstes erit, *Ov Trist* [illegible] 50 ✝ Post mea manurum fama superstes opus, *Id Am* 3, 15, 20 ✝ Defuncta uxore, liberis tamen superstitibus, *Quint* (3) § Superstes toti convivio, *Sen Ep* 94 (4) Superstitem [illegible] rumque [illegible] nus, ne [illegible], *Plaut*

Superstitio, onis f [vid Cic N D 2, 28 & adversantem [illegible]

Lact nt Inst Div [illegible] 9 de hujus [illegible] (1) *Superstition* [illegible] Sometimes it seems to be used in a good sense ( ) *Pr* [illegible] (1) [illegible] *Id* [illegible] 2, 60 Sup[illegible] *L* [illegible] *N D* [illegible] ( ) Superstitio [illegible] *Cic* [illegible] 6

Superstitiose adv (1) *Superstitiously* [illegible] (2) [illegible] (1) = Superstitiose [illegible] *Cic* *N D* [illegible] *Id* [illegible]

Superstitiosus, a, um (1) [illegible] *ous* (2) [illegible] (1) *Or to one* [illegible] ✝ [illegible] sit nomen [illegible] *Cic N D* 2, 28 (2) [illegible] quendam [illegible] num esse superstitiosum [illegible] oportere, *Cic pro Dom* [illegible] ( ) Superstitiosi [illegible] *Cic de Div* 2, 31 (2) [illegible] 2, & *Amph* 1, 1, 16

Superstito, are neut [illegible] superstito] (1) *To save alive* [illegible], *to preserve, or continue* (2) *Ac[t]* *To preserve, or keep safe* (1) § [illegible] mihi superstit, suppe[illegible] perstite, *Plaut Pers* [illegible] ( ) = Regnum nostrum ut sit [illegible] superstitione, *Enn ap Ac*

Supersto, are neut *To stand upon, to remain* *Liv* Superstans

Superstratus, a, um part *Strewed over* Super stratis Gallorum cumulis, *Liv* 10, 29

Superstruo, ere xi, ctum act *To build upon* Neque tum [illegible] bus lignum compertum [illegible] struxit, *Tac Ann* 4, 62, [illegible] fundamenta fideliter jeceris, quicquid superstruxeris, corruet, *Quint* 1, 4

Supersum, esse, fui (1) *To abound, to be superfluous, or* [illegible] (2) *To remain, to be left* (3) *To be* [illegible] (4) *To survive, or to be* [illegible] *others* (5) *To excel* (6) *To serve, or get the better* [illegible] (7) *To assist, as a patron his client in law* (1) ✝ Satis est, & [illegible] *Plaut* [illegible] quindent [illegible] ægre est, [illegible] superest, dolet, *Ter Phorm* 1, 2, 10 (2) § Dum [illegible] superest [illegible] *Cic de Orat* 2, 24 (3) ✝ [illegible] superest, non [illegible] *Cic* [illegible] (4) § Sicut tum [illegible] cum gnatum tuo superesse [illegible] *Plaut* [illegible] 1, 1 § Super[illegible] *Pollio Cic* (5) [illegible] superfuit, *Cic* (5) § Ne blando nequeat superesse [illegible] *Virg Geor* 3, 127 (7) *Suet Aug* 56

Supersurgo, ere *To rise* [illegible] *Stat Sylv* 1, 1, 3 [illegible] *as al* [illegible] surges

Supertego, ere, xi, ctum act *To cover above* Nihilo minus congestu culmorum & frondium supertegimus, *Col* 9, [illegible]

Supervacaneus, a, um (1) *Needless* (2) *That which is done above ordinary, at spare hours* (3) *Not at present re[quisite]*

[illegible] (1) = In partibus corporis [illegible] mihil [illegible] est, *Cic N D* [illegible] (2) [illegible] superveniens [illegible], *Cic* [illegible] 16 (3) *Cato*, 12

‖ Superpositio [illegible] (1) *To be* [illegible] (2) *To be* [illegible] (3) Verto [illegible] supe fluere & supervacit- [illegible] 1, 2

‖ Superfluo, adv *In vain*, [illegible], Ulp ✝ Inaniter

Superstitiosus, a, um (1) [illegible] (2) Hoc [illegible] supe vacuum habeo, *Pl* [illegible] Metus habere supervacuos, *Ov Pont* 2, 7, 6 (2) *Litt ex*

Supervidens, tis part *Climb-*[illegible]

Supervado, ere, [illegible], um neut (1) [illegible] or *go* [illegible] (2) *Met To surpass*, [illegible] (1) Ruinas muri supervadit, *Liv* 32, 24 (2) Omnes [illegible] supervadere, *Sil BJ*

‖ Supervacuo, are *To be surety* [illegible] Dig ✝ Vado

Supervagor, ari *To run out*, [illegible] *than* [illegible] *to spread, or grow above* [illegible] [illegible] Ne vinea supervagetur, *Col* 4, 21

Superveho, ere, xi, ctum act *To carry up upon*, unde

Supervehor, i pass *To be carried up* Supervehi montem, *Catull* 4, 47

Supervenio, ire eniventum neut (1) *To come unlooked for, to surprise* (2) *To come upon sudden* (3) *To come upon, or after* [illegible] *thing* (4) *To rise, or grow up above* (5) *To leap upon*, as the male doth the female (1) Grata superveniet, quæ non [illegible] hora, *Hor Epist* 1, 4, 14 (2) Munientibus Marcellus supervenit, *Liv* (3) Ulcus supervenit, *Cels* 5, 28 (4) Si vitis [illegible] jugum, *Col* 4, (5) Taurus juvencam superveniat, *Col* 6, 24 [illegible] matrem [illegible], *Id* 7, 6

Superventus, ûs m verb *A coming upon suddenly, a surprisal, or unexpected arrival*, [illegible] 25, 2 [illegible] *legitur* [illegible]

Supervestio, ire, ivi, itum act *To cover, or clothe over* Folus [illegible] vestiens, *Plin* 16, 33 [illegible] semper vestiens

‖ Supervestitus, a, um part *Covered over*, Litt ex Apul

Supervivens, tis part *Overliving* Ipse mihi supervivens, *Apul Met* 1, p 22

Supervivo, ere, xi *To outlive*, [illegible] § Percussorum non [illegible] triennio amplius supervixit, *Suet Cæs* 89 Triginta annis gloriæ suæ supervixit, *Plin Ep* [illegible] Expectationi superfuit & supervixit, *Fr* 2, 2, 14

Superurgeo, ere, si, ctum act *To press over*, unde

Superurgeor, i pass *To be pressed over* Collyrio oculi lippientes superurgentur, *Cels* 7, 7 [illegible] *Sc* [illegible] *Ling* 4, 29

Supervolans, tis part *Flying over* Supervolantes alites, *Plin* 8, 14 Conscipiunt & supervolantium [illegible] perdices, *Id* 10, 32

Supervolito, are freq *To fly over often* Infelix sua tecta supervolitaverit alis, *Vir Ecl* 6, 81

Supervolo, are neut *To fly over* Totum supervolat orbem, *Ov Met* 4, 6[illegible]

Supervolvo, ere act *To roll, or tumble over*, legitur in

Supervolutus, a, um part *Rolled over*, Col 11, 3, 2[illegible]

Superurgeo, ere, [illegible] superurgens tis part *Pressing hard* [illegible] superurgente, [illegible] 2, 23, [illegible]

Superus, a, um [a super] (1) *Above*, *the upper* (2) *Heavenly* (1) Lumen superum atque inferum, *Litt*, *Cic Met* 5, 1 [illegible] Mare superum, *the Adriatic*, *Plaut* ✠ Tyrrhenum, *Sc* Græci (2) = Supera, & cæleste [illegible] *Cic* [illegible]

Supinatus, a, um part (1) *Lying upright*, *turned up*, *holden up in the air* (2) *Upright as a* [illegible] *bellowing back* (1) Glebas supinatas, *Vir Geor* 2, 261 Os supinatum, *Stat Theb* 5, 525 (2) Supinatum cornu, *Stat Theb* 5, 80

Supine adverb *Negligently*, *wretchlessly* Beneficium supine accipere, *Sen de Benef* 2, 21

Supinitas, atis f *Negligence*, *supineness*, *carelessness*, Quint 11, 3

Supino, are (1) *To lay upright*, *or the belly upward* (2) *To lift up*, *holding the* [illegible] *up to the* [illegible] (3) Also *to be proud* [illegible] (1) Præcipitat suspensum, & terga supinat, *Stat Theb* 6, 768 Corpori prona supinat incumbens, *Id Theb* 1, 28 (2) Nasum nidore supinor, *Hor Sat* 2, 7, 38 (3) Quid te tanopere supinat? *Sen de Benef* 2, 13

Supinum, i n [de cujus etymo magnæ lites inter Grammaticos] *A part of a verb*, or as some *a participial verb*, *ad Grammat*

Supinus, a, um [ab ant supus, *Fest* [illegible] sub] or, comp (1) *Held up*, *lifted up* (2) *Upward*, *with the face upward*, *flat*, *along*, *lying on the back* (3) *Steep*, *or situate on an hill side* (4) *Met Idle and wretchless*, *negligent*, *supine* (5) *Proud*, *stately* (1) Supinas manus ad cœlum tendentes, *Liv* ✠ Motus corporis pronus, obliquus, supinus, *Cic de Div* 1, 55 (2) Quid nunc sit, ita sursum in cœlum conspicis? *Plaut Cist* 2, 3, 78 ✠ Cubat in faciem, mox deinde supinus, *Juv* 3, 280 (3) Tibur supinum, *Hor Od* 3, 4, 23 (4) Animus supinus, *Catull* 18, 25 Mæcenas, *Juv* 1, 66 Supina auris, *Mart* 6, 42 Supinitas deliciæ, *Id Set* [illegible], *Id* 3, 6 (5) Italo honore supinus, *Pers* 1, 129

✝ Supo, are Supat, jacit, *Fest* ergo [illegible] *quod* [illegible] *unde* dissipo

Suppactus, a, um part [a suppingor] *Stuck*, *or fastened under*, [illegible], *or spared*, as Aroes are Auro habet soccis suppactum solum, *Plaut Bacch* 2, 3, 98

Supppalpor, ari dep *Gently to stroke*, *Met to wheedle* Occœpit ejus matri suppalparier, *Plaut Mil* 2, 1, 29

Suppar, aris adj [ex sub, & par, i e ferè par] *Almost equal*, *or even* Huic ætati suppares Alcibiades, Critias, Theramenes, *Cic de Clar Or* 7

Supparasitor, ari dep (1) *To hang, or hang on*, *to sponge in company* (2) *To flatter*, *to court for*, *to pimp* (1) Hic ubi supparasitatur semper, primus ad cibum vocatur, *Plaut Mil* 2, 3, 77 (2) Supparasitabor patri, *Plaut Amph* 1, 3, 17

Supparum, i n & supparus, i m [olim non tam velum quam supplementum veli signif præter [illegible] tommis, ideoque supra velum & antennam expansum, dict quòd [illegible] parum patteret, *Turneb*] (1) *A linen upper vesture*, *a* [illegible] *of linen* (2) *The upper-most part of the sail*, *a top sail*, *a flag*, *a streamer* (1) In [illegible] supparum, [illegible] Non [illegible] 20 Humeris harentia [illegible] supparum [illegible] cingunt angusti [illegible], *Luc* 2, 361 *vid Fest* (2) Obliquat lævo pede carbasa, summaque [illegible] extendit suppara velis, *Stat Syl* 2, 2, 27

‖ Suppedaneum n *A footstool*, [illegible] ✝ Scabellum pedum

Suppeditatio, onis f verb *A giving*, *or finding of things that one lacketh*, *a supplying*, *or furnishing of one* Quid ergo vita? [illegible] suppeditatio bonorum, nullo malorum interventu, *Cic N D* 1, 40

‖ Suppeditator, oris m verb *He that supplieth*, *or furnisheth*, Aug ✝ Qui suppeditat

Suppeditatus, a, um *Furnished*, *or supplied with*, Cic Verr 2, 2

Suppedito, are act & neut [quasi suppedo, i e fulcio, vel submittendo pedes] (1) *Properly to prop*, *or stay up* (2) *Met To supply*, *aid*, *or strengthen*, *to find and furnish with*, *to supply with*, *to afford* (3) Also *to subdue*, *to overcome and vanquish*, *to tread under*, *to supplant* (4) *To be sufficient*, *to suffice*, *or serve turn* (5) *For* suppeto (1) *Plane notio* [illegible] *occurrit exempl* (2) § Si illi pergam suppeditare sumptus, *Ter Heaut* 5, 1, 57 § Siculi frumentum suppeditant, *Cic Verr* 2, 2 (3) *Litt ex Cic* [illegible] *quidem nonnullus to locum Cerne* [illegible] *Lit ript* = Mors omnia calcat, suppeditat, rapit, vid *Reines in Varr* p 503 (4) § Parare ea, quæ suppeditant ad victum, *Cic Offic* 1, 4 (5) § In hoc campo facile suppeditat ornatori apparatus, ornatusque dicendi, *Cic de Orat* 70

Suppeditor, ari dep (1) *To supply*, *or afford* (2) Pass *To be supplied* (1) De Petulcrino nomine, quòd mihi suppeditatus es, gratissimum est, *Cic Att* 14, 18 (2) Si rem frumentariam sibi ex provinciis suppeditari vellet, *Cic Att* 8 1

Suppedo, ere *To foist*, *to smother a fart*, *to fizzel* Suppedere flagitium est, *Cic Fam* 9, 22

‖ Suppellectilarius, a, um *Belonging to household stuff*, Dig

Suppernatus, a, um part *Houghed*, *cut under*, Catull 17, 18 *Vid* Subpernatus

Superno, are act *To cut one's houghs*, *to hamstring one*, Fest

Suppetiæ, f pl acc suppetias diptoton [à suppeto, quas scil petimus dari nobis, *Becm ex Val*] *Aid*, *help*, *succour*, *supplies* = Auxilia mihi & suppetiæ sunt domi, *Plaut Epid* 5, 1, 52 Suppetias venire alicui, *Hirt B Afr* 5 ferre, *Plaut Rud* 3, 2, 10

‖ Suppetiatus, ûs m *Help*, *aid*, *or succour* Proclamare suppetiatum, *to cry out for help*, Apul Met 1, p 22 ✝ Suppetiæ

Suppetior, ari dep *To aid*, *or help* Suppetiari misermmo feni, *Apul Met* 8, p 252 ✝ Suppetias alicui ferre

Suppeto, ere act [ex sub, & peto, *i e* latenter & per fraudem peto, *Dig*] (1) *To ask privily and craftily* (2) *To be sufficient to serve turn* (3) *To help* (4) *To be* (1) *Ulp* (2) Pauperis non est, cui rerum suppetit usus, *Hor Ep* 1, 12, 4 (3) Ad nugandum primum suppetunt, *C* [illegible] *Pert Or* 1[illegible] (4) Deos oro ut vitæ tuæ superstes suppetat, *Plaut Trin* 1, 2, [illegible] Dictis facta [illegible] *as good as his word* [illegible] *as he* [illegible], *Plaut* [illegible] 1, 1, 31 [illegible] *terms* [illegible] plerunque [illegible], [illegible] suppeditat, suppeditant, cit, fun

‖ Suppilatio f verb *A pilfering*, *or pilfering*, Dig ✝ Compilatio

‖ Suppilator, oris m verb *A pilferer*, *a thief*, Dig ✝ Fur, spoliator

✝ Suppilatus, a, um, part *Robbed*, Cæcil ap Non ✝ Spoliatus

Suppilo are act *To steal craftily*, *or underhand*, *to pilfer*, *to purloin* § Suppilat mihi aurum, *Plaut Men* 5, 2, 5[illegible] = Suffuror, suppilo, de præda prædam capio, *Id Truc* 2, 7, 15

Suppingor, i pass [ex sub, & pango] *To be fastened under* § Fulmentas jube eam suppingi soccis, *Plaut Trin* [illegible]

‖ Supplantator, oris m verb *A supplanter*, Hier ✝ Qui supplantat

Supplanto, are act [à planta pedis] (1) *To supplant*, *to trip up one's heels* (2) *To suppress* (1) Qui stadium currit, supplantare eum, quicum certet, aut manu depellere, nullo modo debet, *Cic Offic* 3, 10 (2) [illegible] supplantat verba palato, *Pers* 1, 35

Supplanto, are [ex sub, & planto] *To plant underneath*, *to underplant*, Col de Arb [illegible]

Supplantor, ari pass *To have his heels tripped up*, &c *Sen Epist* 13

Supplementum, i n [à suppleo] *That maketh up*, *or supplieth what is wanting*, *a supply*, *a filling up*, *a supplement*, *a recruit* Supplementum legionum, *Cic Fam* [illegible], 3

Suppleo, ere, evi, etum act [ex sub, & pleo] (1) *To fill up* (2) *To make up that which lacketh*, *to supply*, *to fill the place of him that lacketh*, *to recruit* (3) [illegible] *to* [illegible] *one to speak* [illegible] *in* [illegible] *answer* (1) Vulneratus plevit lacrymis, *Ov Met* 4, 1[illegible] (2) Si fœtura gregem suppleverit, *Vir Ecl* 7, 36 Supplere legiones, *Liv* 29, 24 (3) Suppl [illegible] quis, & privatim dici [illegible], *Cic pro Flacco*, 17

Suppleor, eri, etus pass *To be filled up*, *supplied*, &c Adjutoque cruore supplentur sanguine venæ, *Ov Met* 7, 291

Supplex, icis adj [ex sub, & plico, qui manibus genibusque plicatis orat] *Humbly intreating*, *suppliant*, *that doth the thing kneeling*, *or prostrate*, *a petitioner* Supplex ad pedes jacuit, *Cic anteq iret in exil* 11 § Qui deliquit, supplex est omnibus, *Plaut Bacch* 4, 9, 101 § Supplex pro aliquo, *Cic in Pison* 32 [illegible] [illegible] supplices, *petitions*, *requests* Mart 8, 31

‖ Supplicamentum, i n *That wherewith one maketh supplication*, *supplication*, *or intreaty* Apul Met 11, p 383 ✝ Supplicatio

Supplicans, tis part *Humbly intreating*, *suppliant* [illegible] hæc aderit tibi supplicans ultro, *Ter Eun* 4, 7, 41

✝ Supplicassis,

† Supplicassis, *pro* supplicaveris, *Plaut Asin* 2, 4, 61

Supplicatio, ōnis f verb (1) *Supplication, prayer, request, intreaty* (2) *Also a solemn procession, a publick fast, a thanksgiving* (1) Prodigiorum averruncandorum causâ supplicationes in omnibus senatus decrevit, *Liv* 10, 23 = Supplicatio & obsecratio, *Id* 27, 11 (2) His rebus gestis, ex literis Cæsaris dierum XX supplicatio à senatu decreta est, *Cæs B G* 2, sub fin

Supplicatur impers *Prayer is made,* Plin 15, 1

Suppliciter adv [à supplex] *With bended knees, in manner of supplication, humbly* Suppliciter posito procubuere genu, *Ov Fast* 2, 438 = Suppliciter ac demissè agere gratias, *Cic* ad *Brut* 16 ✱ Postulare mediocriter potius quam suppliciter, *Liv* 2, 23

Supplicium, ii n [à supplicando] (1) *A supplication, a prayer, an atonement* (2) *Sacrifice, a general procession* (3) *That which was offered in sacrifice* (4) *Publick punishment,* and sometimes *private* (1) = Non votis neque suppliciis muliebribus Deorum auxilia parantur, *Sall B C* 52 Tantos ad victimas, atque ad Deorum supplicia servant, *Varr R R* 2, 5 Suppliciis utrisque fatigare Deos, *Liv* 27, 50 (2) Ob feliciter acta Diis supplicia decernere, *Sall B J* 55 (3) Quidam in victimas faciunt, & servant ad deorum supplicia, *Varr* (4) ✱ Non ubi cunque pœna et am supplicium est Nomen hoc est publicæ animadversionis, *Quint Declam* p 272 Te ultro accusabis, & ei dabis supplicium, *Ter Eun* 1, 1, 24 vid & *Andr* 5, 3, 22 § Supplicium de al quo sumere, *to punish him* Paterc 2, 42 § Dare aliquem ad supplicium, *Nep Pausan* ult

Supplico, āre neut [à supplex, *ex sub, & plico, i e* deorsum plico, in genua procidens oro] (1) *To beg on one's knees, to pray, to make an humble request, to supplicate, to beseech* (2) *To make an oblation* (3) *Also to make a solemn procession* (1) Volo hic in fano supplicare, *Plaut Curc* 2, 41 Lari familiari pro copia supplicare, *Id Aul* 1, 2, 24 = Pronunciare & tractonimo atque humili supplicare cuiquam, *Cic* pro *Planc* 20 ✱ Noctu ad eum venire domum, rogare, supplicare, *Id* orare, impiorare iis, em usurpantur, *mitius autem fortius* (2) Ea mihi quo vinere aut thure, aut vino, aut aliqui semper supplica, *Plaut Aul* in *prol* 24 conf *Suet Aug* 35 & *Sen* de *Ira*, 3 18 (3) *Liv* ex S Il

Supplodo, ĕre, si sum *To stamp on the ground, to make a noise with the foot* Pedem nemo in illo judicio supplosit, *Cic* de *Or* 1, 5

Supplosio, ōnis f verb *A stamping, or noise made with the feet* Supplosio pedis, *Cic* de *Cl Or* 1, 4

Suppœnitet, uit impers *It somewhat, or half repenteth,* Cic Att 7, 14

Suppōno, ĕre, sui, situm act (1) *To put, set, or lay under* (2) *To substitute, or put into the place of another* (3) *To add, or write* (4) *To put a false for a true, to counterfeit, to forge* (5) *To subject, to expose* (1) § Anatum ova gallinis supponere, *Cic* N D 2, 48 § sub cratim, *Plaut Pœn* 5, 2, 65 § colla oneri, *Ov Rem Am* 1, 1 § prælo aliquid, *Col* 12, 47 ✠ falcem aristis, *to reap,* Vir Geor 1, 348 ¶ se alicui, *to put under his care, or conduct,* Pers 5, 36 ✠ Tumulo supponere, *to bury,* Ov Trist 3, 3, 68 (2) § Hieras causam omnem suscipit, & criminibus illis pro rege se supponit reum, *Cic* pro *Dejot* 15 = Subjicere, *Id* (3) Supposuit exemplum epistolæ Domitii, *Cic Att* 8, 6 (4) Qui referam illi sacrilego gratiam, qui hunc supposuit nobis? *Ter Eun* 5, 3, 3 Testamenta amicorum non expectas, at ipse supponis *Cic Parad* 6 (5) Cum Venus & Juno Pallasque in vallibus Ida corpora judicio supposuere meo *Ov Ep* 16 *quos tamen versus suppo is multi existimant*

Suppōnor, i pass *To be put,* or *substituted,* &c In his rebus operæ nostræ vicaria, fide amicorum, supponitur, *Cic* pro *S Rosc* 39

Supporto, are act *To convey, bring, or carry privily, to support* Navibus aliquid supportare, *Cic Fam* 12, 12

Supportor, āri pass *To be carried, or conveyed,* &c Omnia in Samo hiacum supportari jussit, *Nep Attic* 11 Omnia hinc in castra supporta antur, *Liv* 41, 1

Suppositio, ōnis f verb (1) *A putting, or setting under* (2) *A putting of a child or any other thing in the place of another, a changing, or forging* (1) Ipsa ovorum suppositio per hos fere dies commodissima, *Col* 8, 51 (2) *Plaut Truc* 2, 4, 82 & *C* 1 tell 1, 2, 25

Suppositĭtius, a, um adj (1) *Substituted, or set in the place of another* (2) *Adulterate, not genuine, or natural* (1) Hermes suppositicius sibi ipsi, *Mart* 5, 25 8 (2) Mater suppositicia, *Varr R R* 2, 8 *de equa astro sub-jecta*

‖ Suppositōrium, ii n *A suppository,* Medic ✝ Collyrium, *Col*

‖ Suppositorius, a, um *Cella suppositoria, a cell beneath,* Vopisc ✝ Infernus

Suppositurus, a, um part *About to put under,* &c Cervicem polo suppositurus Atlas, *Ov F* 5, 180

Suppŏsĭtus, a, um part (1) *Put, or set under, or in* (2) *Put in the place of another, suborned* (2) *False, not real* (1) Vertice supposito por abantem cacumine, *Ov Met* 2, 212 (2) Ille ... facilè eum, ou nel e ... esse simulabat, *Cic Verr* 5, 27 Mater suppos... *Vir Æn* ... 282

Suppostor, & suppostrix verb [*pro* suppositor, & suppositrix] *He, or she that privily conveyeth another man's child to one as his own,* Plaut Truc 4, 2, 50

Suppostus, a, um contr *pro* suppositus, *Vir Æn* 6, 24

Suppressio, ōnis f verb *A suppressing, a keeping back, or concealing* Suppressio ... embezzling ... *Cic* pro *Cluent* ... Suppressio nocturna, *the night-mare,* Plin 2..., 10 = Incubus, ephialtes

Suppressius adv comp *More secretly, or close,* Gell 12, 11 ✝ Pressius

Suppressus, a, um part & adj or, comp (1) *Kept back, or down, suppressed* (2) *Hid, sunk, drowned, bulged* (3) *Hid, concealed* (4) *Short, soft, low* (5) *Costive* (1) Pars vocis in medio suppressa sono est, *Ov Met* 5, 193 (2) Multæ naves suppressæ, multæ captæ, *Just* 2, 9 (3) Suppressi candidatorum nummi, *Cic* pro *Cluent* 27 (4) Erit ut voce, sic etiam oratione suppressior, *Cic Orat* 25 (5) Venter suppressus parum reddit, *Cels* 1, 3

Supprimo, ĕre, essi, ssum act [*ex* sub, *&* premo] (1) *To keep under, or down* (2) *To put a stop, or check to* (3) *To retain, and not restore a thing* (4) *To surcharge, or over-burden* (5) *To defer, put off, or stay* (1) Supprimere iram ... Liv 44, ... dolorem, nec pati manare longius, *Cic Tusc* 3, 31 (2) Cæsar hostem insequentem suppressit, *Cæs B C* 1, 45 (3) Capit consilium, ut pecuniam judicibus polliceatur, deinde eam supprimat, *Cic* pro *Cluent* 26 (4) Supprimere animum cibis, *Plin* 11, 5... (5) = Iter supprimunt, copiasque in castris continent, *Cæs B C* 1, 66

Supprimor, i pass (1) *To be kept in, to be hid, or kept close* (2) *To be clogged, kept down,* &c (1) *Liv* (2) Animus supprimitur cibis, *Plin* 11, 37 *de cæt eod* Supprimo

Suppromo, ĕre psi, ptum act *To draw out* Ego, tu cœleste, qui illi suppromis, *Plaut Mil* 3, 2, 12 *al* suppromus es

Suppromus, i m *An under-butler, a tapster, a skinker* ✱ Bono suppromo & promo cella creditur, *Plaut Mil* 3, 2, 24

Suppudet, ere, uit impers *To be somewhat, or half ashamed,* Cic Fam 15, 16 *Ind* Subpudet

Suppullulasco, ĕre incept *To send forth new branches from trees, to sprout anew,* Litt ex Pallad

Suppurātio, ōnis f verb *An suppuration, or gathering to matter* Suppuratio mel ūs ferro rescinditur, quam medicamento, *Col* 6, 11 conf *Cels* 2, 7 & 5, 2...

Suppuratōrius, a, um *Making a sore to matter, bringing to an head* Suppuratoria medicamenta, *Plin* 28, 4

Suppurātum, i n *A thing that is grown to matter, an imposthume,* Plin 20, 4

Suppurātus, a um *Suppurated, come to an head,* Sen Ep st 81 & Plin 22, 25

Suppuro, āre neut [*ex* sub, *&* pus] *To breed filth as a sore doth, to matter, to suppurate, to rankle, or fester* Si fanguis suppuraverit, *Col* 6, 12

Suppuror, āri pass *To be suppurated,* &c *Cels* 5, 18

Supputatio, ōnis f verb *A counting,* Vitruv 3, 1

Supputator, oris m verb *He that pruneth, or reckoneth,* Litt ex Col

Supputatōrius, a, um adj *That cutteth, or pruneth,* Litt ex Plin

Supputo, are act (1) *To prune, cut, or lop trees* (2) *To reckon, or count* (1) *Plin* 17, 10 (2) Supputare rationem, *Plaut Cas* 2, 2, 25 *at leg Steph sed alii* puto

Supra præp [à super, supera, an id] (1) *Above* (2) *Superior to* (3) *More than* (4) *Upon* (1) § Mare supra terram est, *Cic* N D 2, 45 (2) Po entia, quæ supra leges esse velit, *Brut Attic* (3) Supra tres cyathos, *Hor Od* 3, 19, 15 (4) Insidere quempiam supra stercus, *Cic* de *Div* 1, 27

Supra adv [à superus, *pro* superi] (1) *Above, aloft, on high* (2) *Before* (3) *Beyond, more* (1) ✱ Omnia hæc quæ supra & subter sunt, *Cic* de *Or* 3, 5 (2) Illa polliceor, quæ supra scripsi, *Cic Fam* 6, 10 (3) Nihil supra, *Ter Eun* 2, 1, 37

Suprādictus, a, um *Spoken of, or said before, foresaid,* Plin 10, 63

Suprāpositus, a, um *Set, or put before,* Cels *sed rect* ...

Suprascando, ĕre, i, sum *To climb, or get over* Cum fines suprascendit, *Liv* 1, 32

Suprascriptus, a, um *Above written, or written before,* Cic pro *Client* 54 *sed divisè rect*

Suprema, ōrum n pl (1) *One's latter days* (2) *One's last will and testament* (3) *Also the relicks, or remains of one that is dead,* as ceres, bones, ashes, &c (1) *Plin* (2) *Tac Ann* 4, 44, 5 (3) *Modest Amm*

Suprēmo adv *Highest, or last of all* Homeris anima exitura supremo, & sola ex omnibus super futura, *Plin* 11, 53

Suprēmum adv *Last of all* Omnes supremum congemuit, *Vir Æn* 2, 630.

Suprēmus a, um superl [à superus, comp pro superrimus] (1) *Highest of all* (2) *Last, latter, uttermost, or utmost* (3) *Great est* (1) Montes suprem... *Vir Geor* 4, 460 (2) Supremus ... dies, *Cic Tusc* 1, 29 ✠ Sole supremo, *at the sun's going down,* Hor Ep 1, 5, 3 (3) Supremus Jupiter, *Ter Adelph* 2, 1, 4.

Sura, æ f [unde incertum] (1) *The calf of the leg* (2) Synecd *The whole leg from the knee to the ankle* (3) *Also a bone, a bus-kin* (1) Teretes suras integer laudo, *Hor Od* 2, 4, 22 (2) Purpureo altè suras vincire cothurno, *Vir Æn* 1, 341 (3) Grandes magna ad subsellia suræ, *Juv* 16, 14

Surculāceus, a, um *Like a set, graff, or young sprig* Surcula cea durita *Plin* 19, ...

Surculāris, e *That bringeth forth young shoots, or sprigs* Terra surcularis, *Col* 3, 11

Surculārius, a, um (1) *Of, belonging to, or set with sprigs, or graffs* (2) *A grasshopper that feedeth upon shoots, or sprigs, or that appeareth upon their first springing* (1) Ager surcularius, *Varr R R* 1, 2 (2) Surcularia cicada, *Plin* 11, 26

Surcŭlo, āre *To cut off shoots, or sprigs from trees, to prune trees,* al leg sarculo *Plin*

Surculor, āri pass *To be pruned* Plantæ surculari debent, *Col* 5, 9

Surculōsè adv *From shoot to shoot, one sprig or set after another* Surculosè arescere, *Plin* 18, 16

Surculōsus, a, um *Full of shoots, slips, or sprigs* Surculosæ radices, *Plin* 18, 7 Rami surculosi, *Id* 19, 15

Surcŭlus, i m dim [à surus, an Hebr ...] *A ramus surgens* ... *A shoot, set, or slip, a scion, graff, young twig, a branch, a sprig* Da mihi ex ista arbore, quos seram, surculos, *Cic* de *Orat* 2, 69

Surdaster, a, um adj *Half or somewhat deaf, thick of hearing, deafish* ✝ Erat surdaster M Crassus, sed aliud molestius, quod male audiebat, *Cic Tusc* 5, 40

Surdè adv *Deafly,* Afran ap Charis

‖ Surdesco,

|| Surdesco, ĕre incept *To be, or wax deaf*, Eugen Toiet ✝ Surdus fio

Surditas, ātis f *Deafness, thickness of hearing* In surditate qui nam est mali? *Cic Tusc* 5,40

Surdus, a, um or, comp [de etymo non constat] (1) *Deaf, thick of hearing* (2) *As deaf as deaf, hearing to no purpose* (3) *That will not hear, inexorable, insensible* (4) It is said of things inanimate, *senseless* (5) *That is not heard* (6) *Admitting no sound, or echo* (7) *Unheard of, ignoble* (8) *Undistinguished by the eye, imperceptible* (9) *Silent* (10) It is also transferred to the other senses, as to the taste, *without taste, or smell, tasteless, flat, insipid* (11) To the eye, *dark, darkish* (1) = Mulier non sit surda, atque hæc haud erit, *Plaut Cas* 5,3,12 (2) In illis linguis, quæ non intelligimus, surdi profectò sumus, *Cic Tusc* 5,40 (3) Surdi veritatis, 10 (4) Surdior æquoribus, *Ov Met* 14, 804 Surdi fluctus, *Hor Epist* 18, 211 Surdæ fores, *Tib Amor* 1,6,54 (5) Surda vota condidit Ionio, *Pers* 6, 23 (6) Nec est locus surdus, sed ut in eo vox quam clarissimè vagari possit, *Vitruv* 5,3 (7) = Quanta auctoritas debeatur surdis, hoc est, ignobilibus herbis, perhibebitur, *Plin* 22,2 = Illi sine luce genus, surdumque parentum nomen, *Sil* 4,4? (8) Ærei ponuntur clypei, argenteæ facies, surdo figurarum discrimine, *Plin* 35,2 (9) Nulla enim surda posteritas, quæ non et cælum vos debitis laudibus ferat, *Curt* 5,8,10 = Omnia surda tacent, *Prop* 4, 3, 53 (10) Spiramentum surdum, *Pers* 6, 35 (11) Surdus fit color, qui improbatur etiam dilutior, *Plin* 37, 5

|| Surena *A title of dignity among the Persians, next the king*, Amm

Surgens, tis part. *A rising, arising, growing*, &c Nec tibi Vespero surgente decedunt amores, *Hor Od* 2,9,11 Surgentis Phœbi orbis, *Val Flacc* 3, 437

Surgitur impers *They rise* Surgitur in somnos, *Val Flacc* 5, 5

Surgo, ĕre, exi, ectum n [surrigo, erigo] (1) *To arise, to get up* (2) *To be erected* (3) *To appear* (4) *To grow, or increase in heighth* (5) *To grow, or spring* (6) *To ascend, or go up* (7) *To begin* (8) Act *To raise, or lift up* (1) ✱ Ego surrexi, qui non sum cum iis qui sedent comparandus, *Cic* pro *S Rosc* 1 § Surgere è lecto, *Ter Adelph* 4, 1, 4 § a mensa, *Plaut Stich* 1, 3, 62 § è lectulo, *Cic Off* 3, 21 § ad munia, *Hor Sat* 2, 2, 81 § solio aureo, *Vir Æn* 11, 116 cubitu, *Cato* § de toro, *Prop* 2, 26, 24 § ad dicendum, *Cic* pro *S Rosc* 1 § in arma, *Sil* ✱ Semel cecidi sciens, ut honestissime surgere possem, *Cic Epp* 12, 10 (2) Aræ surgunt sedibus, *Sil* 7,747 Aurora surgit, *Vir Geor* 1 447 (3) Astra surgunt, *Vir Æn* 4, 352 (4) Frutex surgit, *Col* 6, 3 (5) Seges surgunt, *Lucr* 1,253 *Met* animo sententia, *Vir Æn* 1,586 (6) Sæpius ignis surgit ab *Ov* ex *Pont* 4, 9 Limina gradibus, *Vir Æn* 1, 452 (7) Pugna aspera surgit, *Vir Æn* 11 635 (8) § = Lumbos surgite, extollite, *Plaut Epid* Grex

||Surio, ire [à sus, antiq in gen sueris] *To grunt like a boar after the sow* ✱ Surit sus mas, subat femina, *Scal*

Surpiculus, i m dim [à sirpus, vel scirpus] *A basket, a pannier, an hamper* Vid Sirpiculus, sic enim rect scrib

✝ Surpite, *pro* surripite, & surpuerat, *pro* surripuerat, *Hor Sat* 2, 3, 28 & *Od* 4, 13, 20

|| Surrectio, ōnis f verb *An arising*, Arator in Act Apost

Surrectus, a, um part *Lifted up, raised up, set upright*, Col 7, 3 Mucrone surrecto, *Liv* 7, 10

✝ Surrego, ĕre ant *pro* surgo, *Fest*

✝ Surremit sumpsit, *Fest* ab antiq surrimo

✝ Surrempsit, sustulerit, *Fest* à surrimo

Surrēpitur impers *They creep in privily*, Quint

Surrēpo, ĕre, psi neut *To creep in unawares, or by little and little, to steal, or run away privily* Vid Subrepo

Surreptio, ōnis f verb *A stealing*, Plaut *ap* Litt

Surreptitius, a, um *Stolen away, surreptitious, got by stealth*, Plaut *Vid* Subreptitius

Surreptus, a, um part *Stolen, or taken away*, Cic *Vid.* Subreptus

✝ Surrēxe, *pro* surrexisse, *Hor Sat* 1, 9, 73

Surrĭgo, ĕre, exi, ectum act [ex sub, & rego] *To raise up, to prick up, to lift on high*, Vir *Vid* Subrigo

Surrĭgor, i pass *To be raised, or lifted up*, Vir *Vid* Subrigor

Surripiendus, a, um part *To be withdrawn* Crimina sunt oculis surripienda patris, *Ov Epist* 11, 66

Surrĭpio, ĕre, ui, eptum act [ex sub, & rapio] (1) *To steal, or take away privily, to filch, or pilfer* (2) *To prevent, to intercept, to anticipate* (1) Egon' patri surripere possim quicquam tam cauto seni? *Plaut Pseud* 1, 3, 56 (2) *Vid* Surripior, n 2

Surrĭpior, i pass (1) *To be stolen* (2) *To be anticipated* (1) *Vid* Surripio (2) Bonum consultum surripitur sæpissimè, *Plaut Mil* 3, 1, 8

|| Surrogātio, ōnis f verb *An appointing in one's room, a putting in place, or room of another* Surrogatione, τῇ ἀντικαταστάσει, *Gloss vet.*

|| Surrogātor, ōris m verb *He that substituteth one in a place*, Ap ICC ✝ Qui subrogat

|| Surrŏgātus, i m *A surrogate*, Eccl

Surrŏgo, āre act *To put in place of another, to substitute, or surrogate* Vid Subrogo

Sursum adv & sursus vorsus [ex su, sive sus, & versum] *Upward, up* ✱ Qui colunt deorsum, magis æstate laborant, qui sursum, magis hyeme, *Varr R R* 1, 6 *ubi al* ✝ Susum & deosum, conf *Cic N D* 2, 33 ✱ Vicia sursum vorsum serpit, ad scapum lupini, *Varr R R* 1, 32 Sursus enim versus gignuntur, *Lucr* 2, 188

Surus, i m [à Gr ὅρος, limen, terminus, qui palis solet notari, *M*] *A stake, a bough, a sprig, a palisade*, Enn *al* surcus *leg & inde ducunt* surculus

Sus, suis olim sueris m & f [à Gr ὗς, σῦς] *A swine, an hog, a boar, a sow a pig* ✱ Volutatio in luto est suum requies, ut lavatio hominum, *Varr R R* 2, 4 Vulnificus sus, *Ov Met* 8, 359 Suis albæ omine, *Prop* 4, 1, 35 ¶ Docebo sus, ut aiunt, oratorem illum, *Cic* de *Orat* 2, 57 *Prov in illos, qui doctiorem docere volunt, plene enim esset*, Sus Minervam, *vid Chil*

✝ Sus, sa, sum antiq *pro* suus, sua, suum, etiam *pro* is, *unde* so *pro* suo, sa *pro* sua, sos *pro* suos

Sus adv in comp sign sursum, vel contr [à susum, *pro* sursum, vel à sub, suas, sus, ut *ab* ab, abs, asporto, *ab* ob, obs, ostendo] *Upward, above* Susque deque ferre, *not to care, or regard*, Cic Att 14, 6 conf Plaut *Amph* 3, 2, 5

Susceptio, ōnis f verb *A taking of a thing in hand, an undertaking* Susceptio prima, *Cic* de *Fin* 3, 9 Laborum dolorumque susceptio, *Id Acad Q* 1, 6

Susceptor, ōris m (1) *An undertaker* (2) Also *he that hireth others* (3) *A receiver of tribute in the Roman provinces* (4) *A godfather* (1) *Justin* (2) *Ulp* (3) *Cod* (4) *Eccles*

Susceptum, i n *An enterprise, or undertaking* Suscepta magna labore crescunt difficili, *Ov Met* 11, 200

Susceptūrus, a, um part *About to undertake*, &c Tantumne laborem, tantas inimicitias, tot hominum, suscepturus es? *Cic Verr* 5, 70

Susceptus, a, um part (1) *Enterprised, undertaken* (2) *Received, allowed* (3) Also *begotten, born* (1) Bellum susceptum, *Cic* pro *Sulla*, 9 negotium, *Id* pro *Quint* 24 Vota tua propter suscepta salutem, *entred into*, Prop 2, 9, 25 ✱ Vota suscepta, & exsoluta, *Tac Ann* 15, 23 (2) Ne susceptas publicè religiones disputatio talis extinguat, *Cic* (3) = Qui à parentibus suscepti educatique sunt, *Cic Verr* 5, 47

✝ Suscio, ire [ex sub *vel* sus, & scio] *To know, to surmise*, Plaut

Suscipiendus, a, um part *To be undertaken* Sacra solennia suscipienda, *Lucr* 5, 1162

Suscĭpio, ĕre, ēpi ptum act [ex sub *vel* sus, & capio] (1) *To take, or lift up* (2) Met *To undertake, to undergo* (3) *To take upon him* (4) *To commit* (5) *To have, make, or get* (6) *To beget* (7) *To answer* (8) *To usurp* (9) *To conceive* (10) *To counterfeit* (1) Famulæ suscipiunt collapsa membra, *Vir Æn* 4, 391 (2) Pericula, labores, dolorem etiam optimus quisque pro patria, & pro suis suscipit, *Cic* de *Fin* 1, 7 Pœnam nullam pro illo scelere suscepit, *Id* (3) ✱ Possumus personam petitoris suscipere, accusatoris deponere, *Cic* pro *Quint* 13 (4) Miserior est, qui suscipit scelus, quam is qui alterius facinus subire cogitur, *Cic Philipp* 11, 4 (5) Qui Antonium suscipere inimicum pro repub non dubitavit, *Cic* ad *Brut* 17 (6) Susceperas liberos non solum tibi, sed etiam patriæ, *Cic Verr* 3, 69 (7) ✱ Suscipit Anchises, *Vir Æn* 6, 723 (8) Suscipere personam viri boni, *Cic* (9) Commune odium contra regem susceperant, *Nep Dat* 10 (10) Suscipit Anchises, *Vir Æn* 6, 723 Suscipit stolo, *Varr R R* 1, 2

Suscĭpior, i pass *To be undertaken*, &c ¶ Suscipi in lucem, *to be born*, Cic de Har Resp 27

Suscitābŭlum, i n *A stirring up, or provocation, an incitement*, Meton *an inciter, a raiser* Phonascus adsum vocis suscitabulum, *Varr* ap *Non* 2, 826

|| Suscitātio, ōnis f verb *A stirring up*, Aug ✝ Concitatio

Suscĭto, āre act [ex sus, i e sursum, & cito] (1) *To call one from sleep, to awake* (2) Met *To kindle, or quicken, to provoke, to exhort* (3) *To stir up, to rouse* (1) § Suscitare è somno, *Cic Tusc* 4, 19 (2) Sopitos suscitat ignes, *Vir Æn* 5, 743 (3) = Æneas acuit Martem, & se suscitat iris, *Vir Æn* 12, 108 Suscita istum, *Plaut Most* 2, 1, 25

Susīnum, i n [*ab Hebr* שושן lilium] *Oil, or ointment made of lilies*, Plin 13, 1 conf *Cels* 5, 21

|| Suspectātus, a, um *Suspected*, Apul Met 4, p 156 ✝ Suspectus

Suspectio, ōnis f verb *Suspicion, or suspecting, mistrusting*, Ter Andr 3, 2, 21 *ubi tamen al* suspicio

Suspecto, āre freq [à suspicio] (1) *To behold, or look up often* (2) *To look down, or see beneath* (3) *To suspect, or mistrust* (1) Oculis suspectare astra, *Mart* (2) *Plin* 8, 16 (3) Et quidam scelus uxoris spectabant, *Tac Ann* 1, 5, 1

Suspectus, a, um or, comp ssimus, sup part & adj (1) *Seen aloft* (2) Met *Suspected, mistrusted* (1) Substerni utile est in locis suspectis, *Plin* 27, 9 (2) = In vita tyrannorum omnia sunt suspecta atque solicita, *Cic* de *Am* 15 Regibus boni quam mali suspectiores sunt, *Sall B Catil* 7 § Suspectissimum quemque sibi ad pœnam deposcere, *Suet Tit* 6 § Suspectus criminum capitalium, *Tac Ann* 2, 60, 2 § super scelere, *Sall B J* 74 § aliqua re, *A Vict* de *Vir illustr* 46, 2

Suspectus, us m (1) *A looking, or beholding upward* (2) *A looking betwixt us and the light* (3) Also *heighth* (4) *Admiration, esteem* (1) *Plin* 37, 9 (2) ✱ Laus ei summa, nigricans aspectu, idemque suspectu refulgens, *Plin* 9, 38 Cœli suspectus, *Vir Æn* 6, 579 (3) Turris erat vasto suspectu, *Vir Æn* 9, 530 (4) Nimius sui suspectus, *Sen* de *Benef* 2, 26 Intravit mentes suspectus honorum, *Ov Fast* 5, 31

Suspendens, tis part *Holding in suspense and doubt* Senatum precantem callidà cunctatione suspendens, *Suet Tib* 24

Suspendeo, ĕre neut *To be hanged over, or on high*, Col 4, 26 *ubi al.leg* suppendeo

Suspendiōsus, a, um *That is hanged on a gallows*, Plin 28, 4

Suspendium, ii n *An hanging* Ad suspendium adigere, *Plaut Aul* 1, 1, 11

Suspendo, ĕre, di, sum (1) *To hang up, or upon* (2) Also *to delay, to defer, or put off* (3) *To stop, to check, to restrain* (4) *To keep one in suspense and doubt* (1) Suspendere vestimenta Deo maris, *Hor Od* 1, 5, 15 § ex cervice, *Plin* § Suspendere se de arbore, *Cic* de *Orat* 2, 69 § se ficu, *Quint* 6, 3 § aliquem arbori infelici, *Cic* pro *Rabir* 4 § in furcas, *Ulp* § Tignis nidum suspendit hirundo, *Vir Geor* 4, 307 § Suspendere littora vomere, *to plow*, Stat ¶ naso adunco aliquem, *to flout*, Hor Sat 1, 6, 5 ædificium, *to arch it*, Cic *Vid* Suspendor, n 2 (2) Medio responso rem suspenderunt, *Liv* 39, 29 (3) Fluxiones oculorum suspendit, *Plin* 28, 7 (4) Senatum ambiguis responsis suspendere, *Suet Tib* 24

Tib 24 al quem expectatione, Plin Ep 2, 20 3

Suspendor, i pass (1) *To be hanged upon, to be underpropped* (2) *To be arched*, &c (1) Infantum remediis ex cervice suspenduntur, *Plin* 11, 28 (2) Ita ædificatum, ut suspendi non posset, *Cic Topic* c 3

Suspensio, ōnis f verb (1) *An arching, or vaulting* (2) Met *Doubt, uncertainty of mind, suspense* (1) Flamma pervagabitur sub suspensione, *Vitruv* 5, 10 (2) Exercitus suspensione animi commovebatur, *Hirt B Afr* 48 *sed rectius, puto*, suspensiore animo

Suspensūra, æ f *An hanging up* Suspensuræ caldariorum ita sunt faciendæ, *Vitruv* 5, 10 conf *Sen Epist* 90

Suspensus, a, um part & adj or, comp ssimus, sup (1) *Hanged up, hanging by* (2) *Arched, vaulted* (3) Met *Erect, attentive* (4) *Uncertain, doubtful, fearful, unresolved, hanging in doubt*, or *in suspense* (5) *Hollow and light* (1) § Suspensa mento corpora, *Hor Epod* 5, 36 § Suspensus reste, manibus se demisit, *Liv* (2) Suspensa saxis rupes, *Vir Æn* 8, 190 (3) Suspensis auribus aliquid bibere, *Prop* 3, 6, 8 (4) = Vultus incertus & suspensus, *Cic* pro *Cluent* 19 = Animus suspensus, & solicitus, *Cic Attic* 2, 18 § Suspensus animi, *Liv* 8, 13 Suspensior animus, *Hirt B Afr* 48 Suspensus somnus, *a slumber, an unquiet sleep*, Cic Tusc 1, 44 Gradu suspenso ire, *to go softly*, or *on tiptoes*, Ter Phorm 5, 6, 27 (5) Suspensâ manu aliquid facere, *Plin Epist* 6, 12, 1 Neque parum refert suspensissimum esse pastinatum, &, si fieri possit, vestigio quoque inviolatum, *Col* 3, 13, 6 *vid & eundem*, 11, 3, 27

Suspicans, tis part *Suspecting, mistrusting* Nihil suspicans mali, *Ter Andr* 1, 1, 89

Suspicax, ācis adj *Suspicious, jealous, mistrustful* Animus suspicax, *Tac Ann* 1, 13, 4

Suspiciendus, a, um part (1) *To be looked upon*, or *beheld* (2) *To be admired* (1) Suspicienda est figura capitis, atque ardor oculorum, *Cic N D* 2, 42 (2) = Æterna aliqua natura suspicienda admirandaque hominum generi, *Cic de Div* 2, 72

Suspiciens, tis part (1) *Looking up* (2) *Suspecting* (1) *Lucret* 1, 36 (2) *Sall B J* 73

Suspicio, ĕre, exi, ectum act [ex sub vel sus, & specio] (1) *To look up* (2) Met *To honour, to admire, to be in love with* (3) Also *to suspect* (1) § Astra suspicere *Cic Tusc* 1, 25 cœlum, *Id N D* 2, 18 § in cœlum, *Id Somn Scip* 1 (2) = Eloquentiam, quam suspicerent omnes, quam admirarentur, *&c* Cic Orat 28 (3) Bomilcar suspectus regi, & ipse eum suspiciens, *&c* Sall B J 72

Suspicio, ōnis f verb (1) *Mistrust, suspicion* (2) *Opinion* (1) Omnes in culpa, ac suspicione ponentis, *Cic* pro *Cluent* 45 (2) Suspicio nulla Deorum, *Cic N D* 1, 23

Suspiciōsè adv ius, comp *Suspiciously, mistrustfully* Non modo non crediderunt, sed ne suspiciose quidem, *Cic* pro *Dejot* 6 Suspiciose ac criminose aliquid dicere, *Id* pro *S Rosc* 28 Suspiciose aut criminosius dicere, *Cic de Cl Orat* 34

Suspiciōsus, a, um ssimus, sup (1) *Full of suspicion, suspicious, mistrustful, jealous* (2) *Dangerous, and much to be feared* (3) *Skittish, and apt to start* (1) = Te conscientia timidum suspiciosumque faciebat, *Cic Verr* 5, 29 Civitas maledica & suspiciosa, *Cic* pro *Flacco*, 28 (2) Suspiciosissimum tempus, *Cic Fam* 1, 7 negotium, *Id* pro *Flacco*, 3 (3) Suspiciosæ mulæ sanguis detrahitur, *Col* 6, 38 *ubi rectius, puto*, suspiriosæ

✝ Suspico, āre *idem quod* suspicor, *Plaut Men* 5, 9, 22.

Suspicor, āri dep [à suspicio, ut a conspicio, conspicor] *To suspect*, or *mistrust, to guess*, or *imagine, to surmise* Valde suspicor fore, *Cic Fam* 1, 6 ⁜ Scribe non modo, si quid scies, sed etiam si quid suspicabere, *Cic Attic* 7, 12.

Suspirandus, a, um part *To be sighed*, or *panted after*, Stat Theb 4, 40

Suspirans, tis part *Sighing* Curis sumptus suspirantibus, *Cic de Div* 1, 21 *ex poeta*

Suspīratio, ōnis f verb *A sighing*, or *breathing* Inde illa nobilis M Ciceronis suspiratio O te felicem, M Porci, à quo rem improbam petere nemo audet, *Plin in Præf*

Suspirātus, a, um part *Breathed after* Quid suspiratos magno discrimine nautis Ledæos fratres referam? *Sil* 15, 82

Suspirātus, ûs m verb *A sighing* Quem nemo prætei nos philosophos aspicere sine suspiratu posset, *Cic Att* 1, 18 Suspiratibus haustis, *Ov. Met* 14, 129 *Vix legitur nisi in ablat casu*

Suspiriōsè adv *Difficultly breathing* Suspiriosè laborantibus ovibus auriculæ ferro rescindendæ, *Col* 7, 6.

Suspiriōsus, a, um *Fetching breath painfully, breathing short, broken-winded, pursy, phthisical, asthmatical*, Plin 23, 7 = anhelator, *Id ibid* Suspiriosa mula, *Col* 6, 38

Suspirītus, ûs m *Shortness of breath* Enicato suspiritus, vix suffero anhelitum, *Plaut Merc* 1, 2, 4

Suspirium, ii n (1) *A short breathing, the phthisic*, or *asthma* (2) *A sigh* (1) Crebrum suspirium tumore palati facit, *Col* 6, 14 (2) Traxit ex imo ventre suspirium, *Plaut Truc* 2, 7, 41 Sine cura, sine suspirio, *Cic Tusc* 5, 34

Suspiro, āre neut (1) *To sigh* (2) Act *To breathe out* (3) *To pant after, to aspire, to desire fervently* (1) Aut jocare liberè, aut suspirare familiariter, *Cic Att* 1, 18 Suspirabo plus sexcenties in die, *Plaut Men* 5, 4, 8 = Ingemit, & tacito suspirat pectore, *Ov Epist* 21, 201 (2) Persides arcanum suspiravere calorem, *Luc* (3) § Alios jam nunc suspirat amores, *Tib* 4, 5, 3 = Hanc cupit, hanc optat, sola suspirat in illa, *Ov Fast* 1, 417 Suspirat ad honores, *Val Flacc* 4, 502

Susque deque habere, *not to be concerned about, not to care which end goeth foremost, to slight* ⁜ Me susque deque habiturum putat, *Plaut Amph* 3, 2, 5 De Octavio susque deque fero, *Cic Att* 14, 6

Sussilio, ire n *To leap up*, Plaut *Vid* Subsilio

Sussulto, are *To jump, to caper*, Plaut *Vid* Subsulto

Susinus, a, um *Made of lilies* Susinum unguentum, *Cels* 5, 21 *alter* susinum, *q. v*

Sustendo, ĕre, di act *To stretch*, or *lay under* Sustendere insidias alicui, *to lay snares for one*, Litt ex Sall *sed q*

Sustentacŭlum, i n *That which beareth up*, or *sustaineth, an appuy, a prop*, Met *a stay*, or *support* = Victoriæ sanitas, sustentaculum, columen, *Tac Hist* 2, 28, 3 *nusquam, puto, alibi ap idoneum auctorem*

Sustentātio, ōnis f verb (1) *A sustaining, a bearing*, or *a staying up* (2) *A forbearance, a delay* (1) *Deest exemplum, sed jubet analogia* (2) ⁜ = Utrum statim fieri necesse sit, utrum habeat aliquam moram & sustentationem, *Cic de Inv* 2, 49

Sustentātor, ōris m verb *He that helpeth*, Litt ex Quint

Sustentatum est *scil* ab illis imperf *They withstood*, or *held out, they bore the brunt*, Cæs B G 2, 6

Sustentātus, a, um part. *Borne up, upheld* Sustentata ruet moles, & machina mundi, *Lucr* 5, 97

|| Sustentātus, us m *A sustaining, a bearing*, or *holding up* ⁜ Levia sustentatui, gravia demorsui, *Apul Apol* p 439 ✝ Sustentatio

Sustento, āre freq [a sustineo] (1) *To sustain*, or *bear up, to uphold* (2) *To endure, suffer*, or *abide patiently* (3) *To feed find*, or *maintain* (4) *To aid, defend, help*, or *comfort* (5) Also *to defer, to delay* (6) Intrans *To hold out*, or *rub on* (1) Sustentarem molem, *Lucr* 5, 97 *Met* Sustenta te, ut potes, *bear up*, Cic Fam 14, 4 (2) Laborem spe otii sustentant, *Sall Orat de rep ordin* Hostes sustentare, *Vir Æn* 11, 873 (3) = Alit illas *mulieres*, solus omnem familiam sustentat, *Ter Adelph* 3, 4, 36 Ex meis angustiis illius sustento tenuitatem, *Cic Fam* 16, 21 Consulares inopes quingenis sestertiis annuis sustentavit, *Suet Vespas* 17 (4) Terentiam sustentes tuis officiis, *Cic* = tueri, *Id* (5) Sustenta rem, dum Nero veniat, *Cic Fam* 13, 64 *Vid* Sustentor, n 3 (6) Valuistin' bene? P Sustentavi seduld, *Plaut Stich* 3, 2, 14 *al* sustentatum 'st

Sustentor, āri pass (1) *To be held up* (2) *To be assisted* (3) *To be deferred*, &c (1) *Vid* Sustentatus (2) Cato à Crasso sustentatur, *Cic Q fratr* 2, 3 (3) Ædificationem arcam ad tuum adventum sustentari placebat, *Cic Q fratr* 2, 7

Sustinendus, a, um part *To be supported, undergone*, &c Ut levis sit labor defensori sustinendus, *Cic anteq iret in exil* 2

Sustinens, tis part *Supporting*, &c Ne illo quidem adminiculo sustinente, *Curt* 8, 2, 39

Sustineo, ēre, ui, entum act [ex sub vel sus, & teneo] (1) *To hold*, or *stay up, to support* (2) Met *To provide for, to maintain* (3) *To protect, to shelter* (4) *To bear with* (5) *To stand under, to carry, to bear* (6) *To bear*, as the female doth the male (7) *To take up, to seize* (8) *To bear, suffer*, or *undergo* (9) *To defend*, or *make good* (10) *To withstand*, or *oppose* (11) *To suffer*, or *permit* (12) *To be equal, to make good, to answer, to satisfy* (13) *To bear*, or *represent* (14) *To be able* (15) *To curb, stop*, or *keep in* (16) *To suspend* (17) *To put a stop to, to resist* (18) *To dare, to have the impudence* (19) *To put off, to defer.* (20) Absol *To wait*, or *have patience* (1) Vineæ sine adminiculis se ipsæ sustinent, *Plin* 12, 25 Sustinere artus baculo, *Ov. Met* 5, 27 (2) Hic patriam parvosque nepotes sustinet, *Vir Geor* 2, 514 (3) Apuleium tu tua auctoritate sustine ac debes, *Brut Cic.* 7 (4) Parvi habillum sustine patientiâ, *Phædr* 4, 6 (5) Atlas humeris candentem sustinet axem, *Ov Met* 2, 297 *Met* Rempub cervicibus sustinere, *Cic* pro *Domo*, 56 (6) Sustinet immundum sima capella marem, *Ov A Am* 2, 486 (7) Serpens, quam regia sustinet ales, sublimemque rapit, *Ov Met* 4 362 (8) Nihil esse mali quod non & sustineam & expectem, *Cic Att* 11, 11 — Pœnam subire, & sustinere, *Id* pro *Domo*, 38 Casus fortuitos magno animo sustinere, *Col* 1, 3 (9) Philo ea sustinere vix poterat, quæ contra Academicorum pertinaciam dicebantur, *Cic Acad Q.* 4, 6 (10) Non posse sustinere concursum omnium philosophorum, *Cic Acad Q.* 4, 22 (11) Tua fides & officium non sustinet, ut contra eum arma feras, *Cic* (12) = Ut quam expectationem tui concitâsti, hanc sustinere, ac tueri possis, *Cic Curioni Epist Fam* 2, 1 (13) Tres personas sustineo, meam, adversarii, judicis, *Cic de Orat* 2, 24 (14) Quia singulis *valetudinariis* consulere non sustinent, ad communia confugiunt, *Cels* (15) Ego, ut agitator callidus, equos sustinebo, *Cic Acad* 4, 29 Obstupui, sustinuique gradum, *Ov Fast* 6, 398 (16) ⁜ Sustinere assensionem, ne præcipitet, *Cic Acad Q.* 4, 21 (17) Absens hominum sermones facilius sustinebis, *Cic Cassio Epist Fam* 15, 14 (18) Sustinuit scribere mihi, se quidem gratulari, quod in numerum deorum receptus essem, cæterum, *&c* Curt 6, 9, 18 (19) Rem in noctem sustinuēre, *Liv* 5, 45 (20) = Expectes, & sustineas, Auguste, necesse est, nam tibi quod solvat non habet arca Jovis, *Mart* 9, 4

Sustĭneor, ēri pass *To be held up, sustained*, &c Pateræ coronæque simul dcrorum porrectis manibus sustinebantur, *Cic N D* 3, 34 Meretriculæ munificentiâ sustinebatur, *Liv* 39, 9

Sustollens, tis part *Lifting up* Sustollens signa parenti, *Catull* 62, 210

Sustollo, ĕre, tŭli, sublatum act [ex sus, antiq vel susum, *i e* sursum, & tollo] (1) *To lift up* (2) *To take away*, or *make away with* (3) *To carry.* (4) *To destroy utterly* (5) *To ravish* (6) *To nourish, educate*, or *bring up* (1) ⁜ Hoc amiculum sustolle saltem *SI* Sine trahi, cum egomet trahor, *Plaut Cist* 1, 2, 117 Quis negat Æneæ magna de stirpe Neronem? (2) Sustulit hic matrem, (3) sustulit ille patrem, ap *Suet Neron* 39 (4) Sustollet, herclè, has ædes totas, *Plaut Mil.* 2, 3, 39 (5) Eum vidi herilem filiam nostram sustollere, *Plaut. Cist* 2, 3, 8 (6) Ex eadem sustulit liberos, *Cic Philipp* 1, 10

Sustollor, i pass *To be lifted up*, Sid

Sustuli præt [à suffero, sustollo, tollo] *quæ vide*

✝ Susum, *pro* sursum, *Cato*

|| Susurrāmen, inis n *A whispering*, or *muttering* Magicum susurramen, *Apul Met* 1, p 6 ✝ Susurratio

Susurrans, tis part *Whispering*, Vir Geor 4,260 *al* susurrant

Susurratio, onis f verb *A whispering, a muttering*, Cœl *ad* Cic Fam 8, 1

|| Susurrâtor, oris m verb *A whisperer*, Litt *ex* Apul

Susurratur impers *It is whispered, or privately talked* Tac

Susurro, âre neut *To whisper, to speak softly, to mutter* Secum, et murmurat, Mart 2, 44, 6 Aut susurrare, *Ov Metam* 3, ... Vaga fama susurrat, *Id Ep* ...

Susurror, âri pass *To be whispered about* Susurrari audio civem hanc esse Atticam, *Ter Andr* 4, ...

|| Susurro, onis m *A whisperer, a murmurer behind one's back, a carry-tale*, or *makebate*, ... 7, 5

Susurrum, i n *A whisper* ... lingua refert audita susurra, *Ov Met* 7,825 *Vid* Susurrus, a, um

Susurrus, i m [*a* Gr ψιθυρίζω] (1) *A whisper* (2) *A soft still noise*, as of bees, trees, *&c* (1) Blandos audire susurros, *Prop* 1, 11,13 Tenui jugulos aperire susurro, *Juv* 4, 110 (2) Sepes sæpe levi somnum suadebit inire susurro, *Vir Ecl* 1, 56

Susurrus, a, um *That whispereth*, or *maketh a soft noise* Procum adit, linguaque refert audita susurra, *Ov Met* 7, 825 *nisi forte sit a* susurrum, i n *ut alii volunt*

† Susus, *pro* sursus, *Fest*

Sisymbrium, ii n *A kind of herb Vid* Sisymbrium

Sûtela, æ f [*a* suo, dolosæ astutiæ sutelæ *a* similitudine suentium dictæ *Fest*] *Guile, craft, subtilty, a crafty deceit, a cunning fetch* Ob sutelas tuas te morti dabo, *Plaut Capt* 3, 5, 35 = consutos dolos *alibi vocat*

† Sutelocaptr otrica, æ m [*ex* sutela, captio, trica] *A wrangling sophister*, Litt *ex* Sen

|| Suterina, *vel* suterna, æ f *A shoemaker's shop, a cobler's stall*, Litt *ex* Apul ↓ Sutrina

Sûtilis, e [*a* suo] *That is sewed, stitched, or patched* Tempori sutilibus cinguntur tota coronis, *Ov Fast* 5, 335 ⁜ pactilis, *Plin* 21 3, 5 Sutilis cymba, *Vir Æn* 6, 414

Sûtor, ôris m verb [*a* suo] *A sewer, a shoemaker, a stitcher, a cobler* Quasi claudus sutor domi sedet totos dies, *Plaut Aul* 1, 1, 34 Id sutores & zonarii conclamarunt, *Cic* pro *Flacc* 7

Sûtorius, a, um *Of, or belonging to a stitcher*, or *shoemaker* Atramento sutorio absolutus, *by* ... *Cic Fam* 9,21

|| Sutriballus, i m *A botcher, or cobler*, Interpr Juv

Sutrina, æ f *sc* taberna *A cobler's, or shoemaker's shop, a tailor's shop, or the trade of such* ... sumptus frugum alimentis sutrinis ... ceris, strictisque rubis vixere, *Liv* 2, ... 0

Sutrinum, i n *The shoemaker's trade* Sutrinum a sapientibus inventum dicitur, *Sen Ep* 90

Sutrinus, a, um *Belonging to a shoemaker*, or *taylor* Tabernæ sutrinæ alumnus, *Tac Ann* 15,34

Suturium ire *To be ready with all his provision*, Prov *vid* Fest

Sûtûra, æ f [*a* suo] (1) *A seam, stitch, or joining together* (2) *Also a suture, or joining of the bones in the head* (3) *The stitching of a wound where the lips are joined* (1) Scutulæ crepidis suturis duratum, *Liv* 38, 29 (2) Raro calvaria solida sine suturis est, *Celf* 8, 1 (3) Sutura oras jungit, *Celf* 5, 26

Sutus, a, um part [*a* suo] *Sewed, seamed, stitched, fastned together* ⁜ Tegumenta corporum vel texta vel suta, *Cic N D* 2, 60

Suus, a, um pronom [*a* gen sui, vel *ab* ἑὸς, ut *a* τεὸς, tuus] (1) *His* (2) *Hers* (3) *His*, or *her own* (4) *Theirs*, or *their own* (5) *Favourable, on one's interest*, or *party* (6) *Domesticks, relations, countrymen* (7) *Proper, due, lawful* (8) *Particular, peculiar* (9) *What one hath*, or *is possessed of* (1) Animus Hortensii dignus & ipso & majoribus suis, *Cic Philipp* 10, 6 ¶ Suus fructus est, *made free*, Plaut Men 5, 7, 55 Suus esse, *to be well in his wits*, Ulp (2) Minervam interemisse patrem dicitur virginitatem suam violare conantem, *Cic N D* 3,23 (3) = Suis eum certis propriisque criminibus accusabo, *Cic Verr* 1, 16 ¶ Sua mors, *natural*, Suet Cæs 89 Suus cuique mos, *every one hath his way*, Ter Phorm 2,3, (*al* 4) 14 ¶ Suam cuique sponsam, mihi meam, *every one to his fansy*, Prov *ap Cic* Attic 14, 20 (4) Lege collegii sui non tenebantur, *Cic Att* ... 16 (5) Utebatur Alphenus populo sane suo, *Cic pro Quint* 7 Vota suos habuere Deos, *Ov Met* 4, 373 Inter lætitiam plebis & suorum fugam, *Sall B J* 44 (6) Cruentus in suos, neque enim filium verberare dubitavit, *Flor* 1, 7, 6 Non erat vi consecutus tyrannidem, sed suorum voluntate, *Nep Milt* ult (7) ⁜ Primum ante tempus, iterum suo sibi tempore factus est consul, *Cic de Amic* 3 (8) Mulso constant suæ dotes, *Plin* 22, 24 (9) Ariarathes, pedem suum ubi ponat, non habet, *Cic Attic* 13, 2

Suusmet *His*, or *their own*, Tac Ann 3, 66, 5

S ante Y

* Syagros, i m (1) *A wild boar* (2) Syagri, *certain date trees* (1) Ap Græc (2) *Plin* 13, 4

* Sybaris, is f [*a* Sybaritis pop] *A delicate*, or *wanton living*, Litt *ex* Lib *sed q*

Sybariticus, a, um [*a* Sybaritis populis] *Delicate, effeminate, wanton, costly*, Mart 12, 97

* Sybaritis, idis f *A book treating of leudness and abominable lasciviousness*, writ by Hemitheon a Sybarite, *Ov Trist* 2,417

* Sybarizo, are delicias, & genio indulgere, *ut* Sybaritæ, *Aug*

* Sybotes, æ m *A swineherd*, Manil

* Sycaminum, i n [*qu* σύκων ἀμίνων, nempe ob saporis præstantiam, quod ficubus sapiunt melius] *A mulberry*, Cels 5,18

Sycaminus, i f Græci morum sycaminum appellant *A mulberry fig tree*, Celf 3,18

* Sycites, æ m [*a* fici colore dicta] *A precious stone in colour like a fig*, Plin 37, 1

Sycomorus, i f [*ex* σύκον, ficus, & μορέα, morus, *qu* fatuam ficum dixeris, *Ulp*] *A sycomore, a great tree like a fig tree* It may be called *the mulberry fig tree* = Morosycos, *Celf* 3, 18 & 5, 18

* Sycon, i n *A fig*, Mart 5, 39 *Lat* Ficus

Sycophanta, æ m [*ab* τὸ τὰ σῦκα φαίνειν, *i e* a ficuum delatione, de cujus ratione vide *Fest* & *Athenæum*, 3, 2] (1) *A false accuser, a sycophant, a bearer of tales, an informer, a telltale, a trepanner* (2) *A pettyfogger, a wrestler of the law, a knave* (3) *A wheedler, a cajoler* (4) *A knight of the post, a cheat* (1) Vid *Erasm Chiliades* Ὁ ορῶν τὰς ... ἀπὸ ..., συκοφαντεῖν ... *Menand* ap *Stob* (2) Clamitent me sycophantam hæreditates persequi, *Ter Andr* 4, 5, 20 (3) Nimis iratus est sycophanti, qui meus quidem sit pater, ob servitute quam blandè mulieri palpabitur, *Plaut Amph* 1, 3, 8 = Sycophantæ & palpatores plurimi in urbe hac habitant, *Id Men ech* 2, 1, 35 (4) *Plaut Trin* 4, 1, 86

* Sycophantia, æ f *False dealing, deceit, a false accusation, a slanderous information* Ut ... diuntur docte in sycophantiam *Plaut Pœn* 3, 3, 41 = Dolus, astutia, *Id*

Sycophantice adv *Like a sycophant*, Litt *ex* Plaut

Sycophantiose adv *Knavishly, slanderously*, Plaut Pseud 4,7,113

* Sycophantisso, are *To accuse, or slander falsly, to deal deceitfully*, Plaut *ap* Litt *sed q*

Sycophantor, âri *To play the sycophant* Hoc me ætatis sycophantari pudet, *to cheat*, Plaut Trin 3, 3, 57

* Sycosis, is f [similitudine ficus] *A disease in the fundament, making a wart like a fig*, Celf 6, 3

Syderalis, e *Of, or belonging to the stars* Syderalis scientia, *astrology, or astronomy*, Plin 6,26

Syderatio, onis f verb *Blasting of trees with great heat, &c Plin* 17, 24 *Vid* Sideratio

Syderatus, a, um part *Blasted, planetstruck, taken, benumbed*, Plin 28, 16 *Vid* Sideratus

Sydereus, a, um *Of, or belonging to the stars, or planets, starry, decked with stars, heavenly, lofty, high*, Ov Fast 4, 941 *Vid* Sidereus

Syderor, âri pass *To be blasted, or planet-struck*, Plin 9, 16 *Vid* Sideror

Sydus, eris n *A star, a sign, or constellation of stars Vid* Sidus

Syllaba, æ f [συλλαβὴ, *a* συλλαμβάνειν, *i e* comprehendere] *A syllable* Syllaba brevior, aut longior, *Cic Parad* 3, extr ⁜ Verba distorques, & syllabas digeris, *Sen Ep* 2 48

Syllabatim adv *By syllables, syllable by syllable* Cum Stoicus sapiens syllabatim tibi ista dixerit, *Cic Acad Q* 4, 38

Syllabicus, a, um *Pertaining to syllables*, Gramm ↓ Secundum syllabas

* Syllabus, i m *An index of the words*, or *chief heads of a book, a table* Indices vos Græci συλλάβους appellatis, *Cic Att* 4, 4 *ubi al* σιλλύβους, *al* σιττύβους malunt

Syllaceus, a, um *Purple colour*, Vitruv 7, 5 *Vid* Silaceus

Syllaturio, ire, ivi, itum [Sylla dictatore] *To have a desire to do as Sylla did, i e to banish and murder men* = Ita syllaturit animus & proscripturit diu, *Cic Att* 9, 10

Syllepsis, is f *A grammatical figure, where one is put for many, and many for one Lat* Conceptio

Syllogismus, i m [*ἀπὸ τοῦ* συλλογίζειν, *i e* ratiocinari, rationum collectio] *A syllogism*, a kind of argument *or* reasoning, *Quint* 3, 6 *Vid* Dialecticos *Lat* Complexio, conclusio, *Cic* connexio, *Quint*

Syllogisticus, a, um *Belonging to disputation, syllogistical* Cicero syllogismum syllogismum cum enunciativum appellat, *Quint* 5, 10

Sylva, æ f [*a* Gr ὕλη, *Idem*] *A wood*, or *forest* Subit aspera sylva, ... *Vid* Silva, *sic enim omnis aut quatas scriptitis videtur*

Sylvânus, i m *The god of the woods Vid* Propr

Sylvaticus, a, um *Of*, or *belonging to a wood* Falx sylvatica, *an hedging bill*, or *bill to lop trees*, Cato *Vid* Silvaticus

Sylvesco, ere incept *To wax wild, to grow thick and bushy Vid* Silvesco

Sylvester, hæc stris, hoc stre, & hic & hæc sylvestris, & hoc sylvestre, or, comp [*a* sylva] *Of a wood*, or *forest, full of trees*, or *wood, woody*, also *wild, savage, rude, homely, of the field*, or *country*, Cic N D 1, 42 *Vid* Silvester

Sylvicola, æ c g *A dweller in a wood, a woodman, a forester*, Prop 3, 13, 34

⁑ Sylvicultrix, icis f [*ex* sylva, & colo] *Living in the wood* Cerva sylvicultrix, *Catull* 61, 72

⁑ Sylvifragus, a, um *That breaketh woods*, Lucr 1, 276

Sylviger, a, um *Bearing woods*, Plin 31, 3

Sylvosus, a, um *Full of trees*, or *woods, woody*, Plin 12, 5

Sylvula, æ f dim *A little forest*, or *wood, a copse* Totus locus sylvulis occupatur, *Col* 8 15

Symbola, æ f [συμβολὴ *i e* collatio] *A shot*, or *club, one's share in a reckoning*, Cic de Orat 2, 57 *Met* Sine meo sumptu paratæ sunt scapulis symbolæ, *Plaut Epid* 1, 1,22

|| Symbolicus, a, um [ad symbolum pertinens] *Symbolical, mysterious, figurative*, Theol Hinc

Symbolice adv *Darkly, covertly* = Operte atque symbolice, *Gell* 4, 11

Symbolum, i n & symbolus, i m [σύμβολον, *a* συμβάλλειν, simul jacere, conferre] (1) *A sign*, or *badge to know one by, a cognisance, a watchword* (2) *A token given in contracts instead of a bill*, or *bond* (3) *Any thing given by way of token to prevent a cheat* (4) *A ring* (5) *A short and acute sentence, an apophthegm* (6) *A passport* (7) *A symbol*, or *sign in the sacrament* (8) Also *a creed* (1) Τὰ τῶν στρατοπέδων συμβολα, *Herod* (2) Homini ostendit symbolum, quod tute dederas, *Plaut Bacch* 2, 3, 29 (3) *Plaut Pseud* 2, 2, 52 (3) *Plin* 33, 1, 5 (5) *Talia sunt*, Nequid nimis, Te stim lente, *&c* Pythagoræ symbola, *vid* Chiliad (6) *Bud* (7) *Eccles* (8) *Eccles* ↓ *De duab poster notionibus vid Voss* de tribus symbolis, c 9 & *seqq*

Symmetria, æ f *Due proportion of each thing to another in respect of the whole, symmetry* Symmetria est ex ipsius operis membris conveniens consensus, *Vitruv* 1, 2 *Lat* Congruentia, æqualitas, consensus partium

* Symmetrum, i n *A proportion* Symmetra dissona, *disproportions*, Prud

* Symmista, æ m *A secretary*, or *one of the privy council, a fellow priest* Liberi patris symmista, *Apul Apol* p 494

|| Sympathia,

* Sympathia [illegible] sympathy [illegible]

[illegible]

Symphonia [illegible]

Symphoniacus [illegible]

* Symphytum [illegible]

Sympinum [illegible]

* Symplegma [illegible] (1) [illegible] (2) Plina & [illegible] Lat. Complexus

* Symplecticus [illegible] Lat. Complexus

Sympinum [illegible]

* Symposium [illegible]

* Symptoma [illegible]

* Synagoge [illegible] congregatio [illegible]

* Synalœpha [illegible]

* Synaloephe [illegible]

* Synaphia [illegible]

* Synarthrosis [illegible]

[illegible] together, an [illegible]

Synchronismus [illegible]

Syncope [illegible]

Syncrisis [illegible]

Syndicus [illegible]

* Syndrome [illegible]

* Synecdoche [illegible] Quint. [illegible]

Synemmenon [illegible]

Synephebi [illegible]

Syngrapha [illegible] Syngraphum, [illegible] a writing or deed under the hands of both parties, an obligation, bill, or bond between two, or more (2) An indenture, articles of agreement (3) A pass or passport, a safe-conduct (1) [illegible]

gem, [illegible] habuerit [illegible] sibi solvat, [illegible] per syngrapham [illegible] (2) [illegible]

* Synodus [illegible]

Synodalis [illegible]

* Synœcium [illegible]

* Synœciosis [illegible] Cod. Theod. Lat. Co[illegible]

Synœcia [illegible] contrary [illegible]

* Synonyma [illegible] Quint. [illegible] Lat. Contubernium

* Synonymia, æ f. A figure [illegible] the same [illegible] Prisc.

* Synonymus, a, um [ex σὺν & ὄνομα, nomen] [illegible]

* Synopsis [illegible] f. [ex [illegible] video] An [illegible] a brief [illegible] Lat. Conspectus

* Syntagma, atis n. [illegible] componere & ordinare] A treatise or large discourse upon a subject Lat. Compositio

* Syntaxis, eos f. [illegible] componere & ordinare] Construction, or order of construction, syntax, Prisc. Lat. Ordo [illegible]

* Syntecticus [illegible] Deep in a consumption, Plin. 22, 23 & 29 [illegible]

Syntexis [illegible] f. [illegible]

[illegible] A deep consumption [illegible] Plin. [illegible] Lat. Colliquatio

Synthesis [illegible] Lat. [illegible]

Synthema [illegible] Vers. [illegible]

Synthesis [illegible] (1) [illegible] (2) [illegible] (3) [illegible] (4) [illegible] (5) Synthesis [illegible]

Syntonum [illegible]

† Sympis, æ f. (1) [illegible] (2) [illegible]

Syriacus [illegible] Flor. [illegible]

Syriacus [illegible] Col. [illegible]

Syrinx [illegible]

* Syringes [illegible]

Syringium [illegible]

Syrinx [illegible] (1) [illegible] (2) [illegible]

* Syrma, atis n. [illegible] (1) A train of a gown [illegible] (2) [illegible]

(2) Longum Thyeſtæ ſyrma, *Juv.* 8, 228

Syrmæa, æ f *A meat made of fat and honey*, the prize of one exerciſe amongſt the Spartans, *Cæl Rhod*

Syrmaticus, a, um Syrmaticum animal, *a foundered jade, that ſeems to draw his legs after him*, Veg de Re vet

Syrtis, is f [ἀπὸ τοῦ σύρειν, trahere, i e tractus] *A quickſand, or a ſhelf in the ſea, the drift of ſand and gravel* Vitheſe ſyrtes, *Virg Æn* 1, 150 Syrtibus *Hor Od* 1 22, 5 Syrtim patrimonii, ſcopulum libentius dixerim, *Cic* *Orat* 3, 41

* Syrtites, æ m [quod in litore Syrtium reperitur] *A precious ſtone found in the ſands on the African ſhore*, *Plin* 37, 10 *a kind of ſapphire*, Marbod

Syrupus i m [a Arab שראב potio] *A ſyrup* Lat Sirupus

† Syrus, i m *A criſe, or vault* Syros vocant barbari circa Cauconium, quos ſi tolerari ſcondunt ut, nil qui detolerint, inde non poſſint, in quo ſi ſtercorum fragmentum, *Curt* 7, 4, 23 *Rec* ſirus, q v

† Syſimbrium *Watercreſſes*, Varr *Rect* ſiſymbrium q v

* Syſſitia, orum n *The feaſts of companies in their halls*, Strabo l 15 *Lat* Convictus

* Syſſitetæra, idis f [ex σύσσιτος, conviva, & ἑταῖρος, ſocius] *An herb of good fellowſhip, cauſing mirth, or merriment*, Plin 24 17

* Syſtema, atis n [ex σύστημα] *The compaſs of a ſong a ſyſtem, the body of a ſcience*, Jun

* Syſtole, es f (1) *A figure of proſodia, whereby a long ſyllable is made ſhort* (2) *A contraction of the heart and pulſe, after every gulp of blood* (1) *Gramm* (2) *Med*

Syſtylos, i m & f & ſyſtylon, i n *A certain ſpace between two pillars* Syſtylos eſt in qua duarum columnarum craſſitudo in intercolumnio poterit collocari *Vitruv* 3, 2

* Syzeugmenon [ex σὺν, & ζεύγνυμι, jungo] *B, fa, b, mi*, Muſic

* Syzygia, æ f [ex σὺν, & ζυγὸν, jugum] (1) *The pairs of nerves that come from the brain to the reſt of the body ſo called* (2) *The conjunction of the moon with the ſun* (3) Alſo *the coupling of different feet together in verſe* (1) *Med* (2) *Aſtron* (3) *Gramm*

T Latin and Engliſh, whereof the former took its figure without any variation from the Greek capital, the latter, with a very ſmall difference, from the leſſer Greek character of moſt common uſe. They have indeed another ſmall *t*, but rejected by the Latins, in this form Ϯ, which ſeems rather ornamental than neceſſary, being chiefly uſed in conjunction with the other ſmall τ And as the Latins from the Greeks, ſo the Greeks borrowed theirs from the antient Hebrew, namely the Samaritan character of the ſame form, ſave that the tranſverſe plank lay not quite on the top of the erect ſtulp, but acroſs it a little lower, thus, +. which very form is retained ſtill in the ſmaller form of the Latin, and other cognate languages, in which figure alſo it was worn on the foreheads of the primitive Chriſtians This letter is called by the Hebrews ת *tau*, which ſignifieth an extremity or bound, becauſe it is the laſt in their alphabet as alſo the laſt conſonant in the Cadmean, and indeed properly the laſt in the more modern Greek , for φ and χ, which follow, are not properly letters, but notes expreſſive of two letters, and of no uſe in the times of the firſt alphabet, the former being then writ by ΠΗ or ΒΗ, the latter by ΚΗ or ΓΗ which may alſo be ſaid of ψ, the compendiary note of ΠΣ, ΒΣ, and ΦΣ. In the Latin alphabet only x and z ſtand after it, the former an abbreviature of ΚΣ, ΓΣ, or ΧΣ , the latter of ΤΣ, ΔΣ, or ΘΣ, as will be ſhewed more fully in the diſſertation upon thoſe two letters To proceed , this letter hath the firſt place in the third rank of the mutes, which admit of changes into, and perform mutual offices for, one another These changes are indeed moſt frequent in the ſame rank, becauſe neareſt in ſound to each other. *Ex gr* in the firſt rank *p* is only a ſofter *b*, and *b* an harder *p*, as in *ſcribo, ſcripſi, ſcriptum* , *nubo, nupſi, nuptum* in the ſecond order *c* a ſofter *g*, and *g* an harder *c*, as in *tego, texi, tectum* , *jungo, junxi, junctum* , which changes are plainly made only for the better ſound, the harder mute before a vowel paſſing into the ſofter before a conſonant, as is likewiſe done in the firſt and ſecond conjugation of the Greeks, as in λείβω, λείπσω, λέγω, λέξω In this third order, indeed, these changes in forming tenſes are not frequent in either of theſe languages, but in derivations of Latin words from Greek ſuch a reciprocation is very common , thus, as from βατῶ and κάδω are derived *vado* and *cado*, ſo *vice verſâ* from ἔνδον and μύθος are made *intus* and *mutus* The ſame is obſerved in Latin derivatives from primitives of the ſame . thus, as from *madeo* and *video* are made *matula* and *vitium* , and as in compoſition, for the more eaſy ſound, *d* before *t* is conſtantly changed into *t*, as in *attendo attento*, and their derivatives, ſo alſo from *mentior* and *quatuor* come *mendax* and *quadra* · and we may add, that our Engliſh tongue ſometimes ſoftens the Latin *d* into this letter, as in *at, it, what*, from *ad, id, quid* But as all the orders have a mutual commerce with one another, this letter, though leſs frequently, and her ſiſters of the firſt and ſecond order, correſpond for as *terebra* is from τέρετρον, ſo *tuſſis* from βήσσω, as *proceres* from πρότεροι, ſo *beſtia* from βόσκημα Nor do theſe mutual offices between this mute and the ſiſterhood, hinder her good correſpondence with two of the liquids, *l* and *n*. For as *mitis* is from μείλιχος, ſo *volo, are*, from πετάω, πτῶ , as *cultello* from κόλτω ſo *pinus* from πίτυς And there is the ſame agreement between this letter and the ſolitary *ſ* in words of Greek extraction, where the civilities are only mutual ; for as *nauſea* is from ναυτία, ſo *myrtus* from μυρσίνη ; but in words purely Greek, *t* ſo far intruded into the property of her neighbour, that ſhe was forced to bring her writ of ejectment before the tribunal of the vowels, with a deſign to hang T on her own gibbet, as *Lucian* jocoſely ſays , but being nonſuited by the prevailing power of the Athenian eloquence, meditated revenge, and made repriſals by the help of a barbarous nation, who, though they left *t* in poſſeſſion, gave her power away to *ſ*, in more inſtances, both in her own and the conquered Roman dominions, than she could pretend her neighbour had invaded her right, *viz.* that whereever *t* came before the third vowel, another vowel following, *s*, under very few restrictions, should take her power. And the grammarians, who ought to have opposed this usurpation, confirmed it, and well it was for the Greek tongue, that the Goths understood nothing of it, and the grammarians of that time very little, for how absurd had it been to have read *αἰσία, ὠσίον,* for *αἰτία, ὠτίον,* &c which would seem equally absurd in Latin, if we did not submit to a barbarous prescription. But to proceed, this mute admits after it in the beginning of pure Latin words of the liquids very seldom any other but *r.* The antients indeed in a few words beginning with *l*, prefixed *st*, as in *stlites stlocum*, for *lites, locum*, &c. which now is obsolete. But in Greek words not only *l*, but *m* follow *t*, as in *Tlepolemus, tmesis.* In the beginning it takes before it in Greek words *c* and *p*, as in *Ctesippus, Ptelon*, as also in the middle of Latin words, in different syllables, as in *factus, captus*, as not only the dividing such words requires, but reason, for *fac* and *cap* are radical, but *tus* servile terminations. T. a significant note, Titus, Titus, Tullius, TAB. Tabularius; TAB P.H.C Tabularius provinciæ Hispaniæ citerioris, TAR Tarquinius, TI Tiberius, TI F Tiberii filius TI L. Tiberii libertus, TI. N. Tiberii nepos T. I. AV P. V D. Tempore judicem arbitrumve postulat ut det TM Tantum, TM P. Terminum posuit; TM. DD Terminum dedicavit, *or* dedicante, *or* Thermæ dedicatæ; TR. Trans, tribunus, TR. M. *or* MIL. Tribunus militum, TR PL DES Tribunus plebis designatus, TR AER Tribuni ærarii, TRV. CAP. Triumviri capitales, TRV. MON. Triumviri monetales; T P *or* TRIB. POT Tribunicia potestate, TVL. Tullius, TVL. H Tullus Hostilius.

T ante A

|| TAbăcum, i n [al in fol. i Tabaco, ubi co piose provenit, vocatur & *Nicotiana*, a Nicotio inventore, qui primus eam ex India ad nos adduxit Indi sua lingua *petel* vocant] *Tobacco*, *an herb that groweth in the West Indies, and is now almost all the world over smoaked in pipes, but unknown to, or neglected by the antients*

Tābanus, i m [dict a tabe, quod corpora tabeat, i e grac. s] *An ox fly, a gadbee, a breeze, a dun-fly* Vaccas æstate tabani concitare solent, *Varr R* R 2, 5 conf *Plin* 11, 28

Tabefăcio, ĕre, unde pass. tabefio *To be rotted, or wasted away*, Solin c 8 Prudent Cathem 10, 19

Tabella, æ f dim [a tabula] (1) *A table to write on, a tablet, or little table* (2) *A picture* (3) *A painter's board or cloth* (4) *A letter* (5) *A book* (6) *A bill, bond, will, contract, &c* (7) *A little billet in which the people brought their suffrages* (1) Rasis tabellis infusa cera, *Ov A Am* 1, 437 (2) Exedria volo tabellis ornare, *Cic Fam* 7, 23 (3) O qualis facies, & quali digna tabella! *Juv* 10, 157 (4) Has tabellas dare me jussit, *Plaut Curc* 3, 52 (5) Doctæ periere tabellæ, *Prop* 3, 23, 1 (6) *Juv* 12, 125 Sonitus falsas signare tabulas in templis, *Id* 8, 142 Legitima signata & juncta tabellis *Id* 6, 195 (7) ⁂ Meis comitiis non tabellam vindicem tacitæ libertatis, sed vocem vivam tulistis, *Cic contr Rull* 2, 2

Tăbellaria, ii m, ibus n plur *An instrument of torture made of several little boards*, Litt ex Sen

Tabellārius, a, um (1) *Belonging to tables* (2) *An advice frigat, a packet boat* (1) Lex tabellaria ab L Cassio ferebatur Cic ☞ De his, quatuor enim fuerunt, Gabinia, Cassia, Papyria, Cælia, vid Cic de LL 15, 16 Orat pro Sextio, 58 & Sall Or 2 ad Cæsarem, 18 & Plin Ep 3, 20 & 4, 25 (2) Sen Ep 77

Tabellārius, ii m (1) *A letter carrier* (2) || *An auditor, a keeper of a register, a scrivener, or common notary* (1) Alteram epistolam tabellarius T Vibii attulit, *Cic Brut Epist Fam* 11, 12 (2) *Sidon & al recent*

Tăbellio, ōnis m [tabellio scribit tabellas, & in specie publicas eaidemque custod, *Pap*] *A scrivener, or notary, a public register, also a carrier of letters*, Justin

Tabens, tis part *Wasting away, pining* Sale tabentes artus, *Vir Æn* 1, 177

Tabeo, ēre, ui neut *To consume, or pine away, to wear, or waste away to corrupt, rot, perish, or decay* Corpora tabent *Ov Met* 7, 541

Tăberna, æ f [a trabibus quibus clauditur aut contegitur, *Ulp*] *Any house made of boards, a tradesman's shop, or warehouse* Tabernæ mihi duo corruerunt, *Cic Attic* 14, 9 Crassipedis ambulatio ablata, hort, tabernæ plurimæ, *Cic Id Fam* 2, 7 Nec pigeat dominum monstra e taberna, *sc* unguentariæ, *Juv* 2, 42 Taberna libraria, *a bookseller's, or stationer's shop*, Cic Attic 2, 21 diversoria, *Plaut Men* 2, 3 81 *Also* taberna, *a tavern, or inn* ¶ Tabernam claudere, *Cic* pro Domo, 21 exercere, *Vitruv* 2, 8

Tăbernacŭlum, i n [quod tabernæ in modum fit tabulis contectum] *A little shop made of boards, a tent, pavilion, or tabernacle* Tabernaculum in aliquo loco ponere, *Cic Verr* 5, 33 Non mihi in tabernaculo, sed ex Theophrasti umbraculis, *Id* de Cl Orat 9

Tăbernārius, a, um *Of, or belonging to shops, or taverns* Tabernaria comœdiæ, *acted in booths*, Steph

Tăbernārius, ii m (1) *A tavern man, vintner or shopkeeper* (2) *A tavern haunter* (1) Opifices & tabernarios quid est negotii concitare? *Cic* pro *Flacc* 9 confer eund *Fam* 8, 6 (2) *Litt ex Ter* *sed q*

Tābes, is f (1) *A consumption, a wasting of the body, an atrophy, a cachexy, a pining away, a phthisic* (2) *Corruption, gore blood, the matter that cometh from a wound* (3) *Poison, infection* (4) *The rotting and mouldering of trees* (1) De tabe & speciebus ejus, *vid* Cels 3, 22 Ægritudo habet tabem, cruciatum, &c *Cic Tusc* 3, 13 Cæca tabe liquefactæ medullæ, *Ov Met* 9, 175 (2) Tabes sanguinis, *Liv* 50, 34 (3) Undantem tabem torquet serpens, *Sil* 17, 451 *Met* Tabes plerosque civium animos invaserat, *Sall* (4) ⁂ Tabes cum invaserit arborem, aut uredo, vel flatus regionis alicujus, &c Plin 17, 24

Tābesco, ĕre incept *To melt, or dissolve, to consume, to pine, rot or waste away* Tabescit calore, *Cic N D* 2, 10 Tabescere otio, *Id Att* 2, 14 dolore, *Ter Adelph* 4, 3, 12 = Macesco, consenesco & tabesco miser, *Plaut Capt* 1, 2, 31

Tābĭdŭlus a, um dim [a seq] *Pining, consuming, wasting* Tabidula viscera, *Vir Cir*, v 18.

Tābĭdus, a, um [a tabeo] (1) *Consumptive, decayed* (2) *Consuming, pining away, wasting* (3) *Melted* (1) Tabidum corpus, *Cels* (2) Lues tabida, *Vir Æn* 3, 137 (3) In tabida nive volutabantur jumenta, *Liv* 21, 36

† Tābĭfĭcābĭlis, e *That may be corrupted, or brought into a consumption*, Non ex Acc † Tabi obnoxius

Tābĭfĭcus, a, um (1) *Causing a consumption, pining, or rotting away* (2) *Contagious, poisonous* (1) Terram elephanti edere tabificum est, nisi sæpius mandant, *Plin* 8, 10 *Met* Ægritudo & metus tabificæ mentis perturbationes sunt, quoniam habent inferunt *Cic Tusc* 4, 16 (2) Saniem tabificam expirat serpens, *Sil* 6, 276

⁂ Tābĭflŭus, a, um *Flowing with corrupt matter*, Prud Apoth 891

Tābĭtūdo, inis f *A wasting away* Ad tabitudinem redacti, *Plin* 22, 25

Tablīnum, i n [qu tabulinum, quod ibi tabulas rationum habebant, vel quod ex tabulis erat fabricatum] (1) *Any office of records, a register* (2) *A summer parlour made of boards* (1) *Vitruv* 4, 4 Tabularium vocat Cic N D 3, 30 (2) *Plin* 35, 2

Tăbŭla, æ f [de etymo non comperti] (1) *A board or plank* (2) *A table* (3) *A thin plate or sheet* (4) *A picture* (5) *A writing table, a book of account, a journal* (6) *A register or record* (7) *An instrument, or deed in law, a will, bill, or bond* (8) *A pedigree* (9) *A pair of tables* (10) *A map* (1) Venæ tabularum sæpius hiscunt, *Lucr* 6, 1068 Laceras nuper tabulas in littore vidi, *Ov Met* 10, 4-9 *Met* Hæc una tabula ne ex hoc naufragio deleatur, *Cic Att* 4, 16 (2) Ad tabulam decumbere *Varr R R* 3, 5 (3) Nomen Germanici plumbeis tabulis inscriptum, *Tac Ann* 2 69, Tabula ærea, *Paterc* 2, 25 (4) Tabula picta, *Cic de Cl Orat* Apelleæ tabulæ, *Prop* 1 2, 22 (5) Ne epistola quidem fit in tabulis, nec cera a areo tabula, *Plaut Pseud* 4, 1, 28 Ex suis tabulis causam dicere, *to by his own carter*, Cic Tabulæ accepti, & expensi *a ledger book*, Id pro Q Rosc 1 ☞ Tabulæ literariæ speciem cum capitulo formâ est quadrata, *Varr R R* 2, 5 (6) Fortes tabulas anteire vetustas, *Prop* 3, 1, 24 (7) Signatæ tabulæ, ... *Juv* 2, 110 Solo tabulas implevi. Haster lecerto, *Id* 2, 58 (9) Quis fructus generis tabula jactare capaci Corvinum? *Juv* 8 7 (9) Sequitur puer cum tabula terebinthina & crystallinis tesseris, *Petron* 3, 2 Nec enim loculis comitantibus itur ad casum tabulæ, *Juv* 1, 89 (10) Cogor & è tabula pictos ediscere mundos, *Prop* 4, 3, 37

Tăbŭlāris, e. *Whereof plates may be made*, Plin 34, 9

Tăbŭlārium i n *A place where registers, or evidences are kept, the chancery, or exchequer office, the rolls kept in the*

the court of Libertas, *Cic* pro C Rab 3

Tabularius, ii m *A scrivener, a public notary, a collector, a keeper of accounts,* Tac Ann 14, 50, 2 & Sen Epist 88

Tabulatim adv *Board by board, distinguished by planks,* Pallad 1, 9

Tabulatio, ōnis f verb (1) *A joining, or closing of boards, a boarding, flooring, or making with boards* (2) *A boarded floor in building made of boards, a ceiling* (1) *Cæs B C* 2, 9 (2) *Vitruv* 5, 5

Tabulator, oris m verb *He that cleaveth, a joiner,* Litt ex Vitruv *sed q*

Tabulatum, i n (1) *A story in a building, a scaffold, a stage, a room of an house* (2) *A spreading bough in a tree* (3) *A deck of a ship* (4) *An hayloft* (1) Catarractis balistisque per omnia tabulata dispositis, *Liv* 21, 11 Tabulata tibi jam tertia fumant *Juv* 3, 199 (2) Summas sequi tabulata per ulmos, *Vir Geor* 2, 361 v & *Col* 5, 6 (3) Pedibus pulsant tabulata frequentes, *Val Flacc* 8 … conf *und* 3, 465 (4) *Villa* amicicia non videt arida in tabulato, *Varr R R* 3, 2

Tabulatus, a, um *Boarded, planked, made of boards,* Plin Ep … 17

Tabulo, āre act *To board a floor, or other place, to make a thing of boards,* leg solum in part & comp

Tabum, i n (1) *Corrupt, filthy, black gore foul blood* (2) *A poisonous quality, poison* (1) Atro membra fluentia tabo, *Vir Æn* 3, 626 (2) Infecit pabula tabo, *Vir Geor* 3, 481

Tacendus, a, um part *Not to be spoken of* ✠ Enuntiabo quod semper tacui, & semper tacendum putavi, *Cic* de Orat 1, 26 = Æstuat occultis animus semperque tacendis, *Juv* 3, 50

Tacens tis part (1) *Silent* (2) *Still, quiet, without noise* (1) Neque loquens es, neque tacens unquam bonus, *Plaut Rud* … (2) Tumuit insanum mare tacente vento, *Sen Medea*, 766 Tacens fluvius, *Id Herc fur* 713

Taceo ēre, ui, itum neut [ab Hebr שתק *Idem qu* staceo] (1) *To hold his peace, to keep silence, to say nothing, not speak a word* (2) *To be still, hush, or still* (3) *To make signs, shew, or token* (4) *Not to mention, to keep secret* (1) Aliud est celare, aliud tacere, *Cic Offic* 3, 52 *vid loc in* § Tacent, satis laudant, *Ter Eun* 3, 2, § De rebus, & in rebus tacere, *Cic* (2) Tacet omnis ager, *Vir Æn* 4, 525 = Pectora dolore tacent, … *Ov Ep* 15, 218 (3) Non oculi tacuere tui conscriptaque vino mensa, *Ov Amor* 2, 5, 17 (4) *Tid* Tacendus = Quæ vera audivi, taceo & contineo, *Ter Eun* 1, 2, …

Taceor, eri pass *Not to be mentioned, or spoken of* In me … Mutus tacetur amor, *Ov Am* 2 19 …

Tacite adv (1) *Without speaking a word, without noise, silently, tacitly* (2) *Insensibly* (1) Matronæ tacite spectent, tacite rideant, *Plaut Pœn prol* 3- (2) Tacite surgit tibi lutea pellis, *Pers* 95

Tacitis adv *Idem,* Cic Verr 2, … *sed variant cod*

Tacitum, i n *A secret* Qui soleat ebrius fieri non dari tacitum, *Sen Ep* 84

Tacitum est imperf *Never a word was spoken* = Ignotum est, tacitum est, *Ter Adelph* 3, 1, 28

Taciturnitas, ātis f (1) *Taciturnity, silence* (2) *Secrecy, keeping of counsel* (1) Taciturnitas imitatur confessionem, *Cic de Inv* … 52 (2) Opus est fide, & taciturnitate, *Ter Andr* 1, 1, princ

Taciturnus, a, um or, comp ssimus, sup *Silent, quiet, still, of few words, close, reserved, that maketh no noise* Ripa taciturna, *Hor Od* 1, 29, 24 obstinatio, *Nep Attic* 22 Statua taciturnior, *Hor Ep* 2, 2, 83 *Sed tibi alter* taciturnis Ostium taciturnissimum, *Plaut Curc* 1, 1, 20 Raro movetur gradibus

Tacitus, a, um part & adj [a taceo] (1) *Not speaking, saying nothing* (2) *Soft, quiet still* (3) *Mute, dumb* (4) *Not spoken of, not mentioned* (5) Pass *Kept secret, or close* (1) Tacita bona est semper mulier, quam loquens, *Plaut Rud* 4, 4, 70 (2) Murmur tacitum, *Ov Metam* 6, 203 Nox tacita, *Id Met* 9, 473 (3) Pisces taciti, *Ov Met* 4, 50 (4) Quis te, magne Cato, tacitum, aut te, Cosse, relinquat *Vir Æn* 6, 841 (5) = ✠ Tacitæ magis & occultæ inimicitiæ timendæ sunt quam apertæ, *Cic Verr* 5, 71 § Luna tacita, *the new moon,* Vir Æn 2, 255

Tactici, orum m *They whose office is to set an army in array, the leaders in the artillery ground,* Veg

Tacticus, a, um [a τασσω, ordino] *Tactical, or belonging to martial array* ✝ Ad ordinem militarem spectans

Tactilis, e adj *Tangible, to be touched* Tactile nil nobis quod sit contingere debet, *Lucr* 5, 152

Tactio, ōnis f verb [a tango] *A touching, or medaling with* ✠ Voluptas oculorum, tactionum, odorationum, & saporum, *Cic Tusc* 4, 9 Quid tibi meam tactio est? *why do you touch her?* Plaut Aul 4, 10, 14

Tacturus, a, um part *About to touch* § De præda mea teruncium non tacturus est quisquam, *Cic Fam* 2, 17

Tactus, a, um part [a tangor] (1) *Touched* (2) *Besmeared* (3) *Smitten, stricken, blasted* (4) Met *Hinted at, just mentioned* (5) *Moved* (6) *Inspired* (1) = Te dejectum debeo intelligere, etiamsi tactus non fueris, *Cic* pro *Cæc* 13 (2) Ovis tacta sulphure, *Ov Fast* 4, 740 (3) Vis fulminis tacta, *Plin* 14, 19 De cœlo tactus, *Vir Ecl* 1, 17 (4) Genus illud, quod a Crasso actum est *Cic de Orat* 2, 10 (5) Tactus cupidine laudis, *Ov Trist* 4, 5, 11 (6) Spiritu divino tactus, *Liv* 5, 22

Tactus, ûs m (1) *The sense of touching, or feeling* (2) *A touch* (1) ✠ Qui non odore ullo, non tactu, non sapore capiuntur, *Cic* pro *Cœl* 1… (2) Mollis tactus affi… liens is aquæ, *Ov Fast* 5, 612

Tæda, æ f [a G δαΐς … in acc] *A torch* Vid Teda

Tædet, ebat, uit, vel tæsum est [fort ex …] *It irketh, it wearieth, I am weary* Et tædet & amore ardeo, *Ter Eun* 1, 1, 27 § Tædet nos vitæ, *Cic Att* 5, 16 Tædebat omnium, *Ter Adelph* 1, 2, 71 Sermonis tæsum est, *Plaut Most* 1, 4, 5

✝ Tædifer, a, um *Bearing a torch* Per tædiferæ mystica sacra Deæ, *the rites of Cybele,* Ov Ep 2, 42

Tædium, ii n (1) *Weariness, irksomeness* (2) *A loathsome smell* (3) In plur *Vermin that breed about us* (1) Cepit eum tædium belli, *Liv* 8, 2 Nec tædia cœpti ulla mei capiam, *Ov Met* 9, 615 ✠ Res altera tædium laboris, altera satietatem parit, *Quint* 2, 2 (2) Tædium alio halitu, ut cepis, *Plin* 19, 6 (3) L… unde non dicit

✝ Tædiosus, a, um *Wearisome, tedious, loathsome, queasy stomached, that will not eat,* Fest ✝ Fastidiosus

Tænia, æ f [fascia extensa, a τείνω, tendo, al ab Hebr אטן] (1) *A ribband, an headband, fillet, or bandlace to tye up the hair with* (2) *A wreath at the top of a pillar, a rose, or border* (3) *A long vein as of white cliffs along the sea side* (4) *Also a kind of long narrow sea fish* (5) *Also a belly worm,* (6) *or grave worm* (7) *Also a pair of traces to draw by* (1) Longæ tæniæ vittæ, *Vir Æn* 7, 352 (2) *Vitruv* 4, 2 (3) *Plin* 3, 5, *prif* (4) *Plin* 32, 7 (5) *Med* (6) *Ser Samm* (7) *G ex Apul*

✝ Tæniacæ, sunt oblongæ offæ, a figura dictæ, eo modo quo portulaca, pastinaca, *Varr*

Tæniola, æ f dim *A little ribband, or fillet,* Col 11, 3

✝ Tæpocon, appellarunt Græci genus scribendi deorsum versus, ut nunc dextrorsum scribimus, *Fest Mart leg* retrorsum, *dextque* … תהפוך invertes

Tagax adj [a tago, i e tango] *A felon on a man's finger* Levis, libidinosus, tagax, *Cic Att* 6, 3 *vid & Fest*

✝ Tago, ere ait [a θιγω] *To touch,* Fest

Talaria, um n pl [a talus] (1) *Shoes which Mercury and others, as the poets feign, did wear with wings* (2) *Also the parts about the ankles* (1) Mercurius pedibus talaria nectit, *Vir Æn* 4, 239 Minerva pinnarum talaria affigunt, *Cic N D* 3, 23 Pedes Perseo vincti talaribus, *Cic Arat* … 24 (2) Qui morbus ubi talaria cœpit intendere, necesse est podagram fieri, *Sen Ep* 53

Talaris, e *That cometh down to the ankles, also of, or belonging to the ankles,* Cic Catil 2, 10

Talarius, a, um *Of, or belonging to dice, or huckle bones* Ludus talarius, *Cic Offic* 1, 42 & *Attic* 1, 16

Talassio, ōnis … *Vid* Thalassio

Talea, æ f [a θαλλια, quod & θαλλος & … a tali similitudine, *Perot*] (1) *A stock set in the ground to graff on, a graff, or slip* (2) *A billet, or stake* (3) Taleæ ferreæ, *pieces of iron, paid by weight among the ancient Britons instead of money* (4) *A tally* (5) *Also a block, or roller to tumble off from the wall down upon scalers* (1) Taleæ pronus … recisæ, *Col* 4, 33 & *Varr R R* 1, 40 Talea oleagina, *Cato,* 45 … *Col* (2) *Cæs B G* 7, 73 (3) *Cæs B G* 5, 12 (4) *Litt ex Plaut* (5) *Veget*

Talentum, i n *A talent, a sum of money,* in different places of different value, therefore the talent mentioned by Plautus in his *Mostell* 3, 1 is of Athens, the scene being manifestly laid there, and therefore no more than so Attic *minæ* But that which he speaketh of in *Rudens* was double the sum, namely 120, because an Egyptian talent is there meant, the scene of that play being laid at Cyrene, which belonged to Egypt *Vid Gronov de pecun vett* Patrimonii mille talenta, *Hor Sat* 2, 3, 226

Taleola, æ f dim *A short stock to graff on,* Col 5, 17 & 12, 15

Talla, æ f (Scal leg talla) *The blade of an onion, or chibbol,* Fest

Talio, ōnis f [a talis] *Like for like, or a requital of an injury, or hurt in the same kind,* Ex XII Tabb … Verrius ap Fest Sylla veritus talionem, *Plin* 7, 54

|| Talior, āri pass *To be cut, or hewed,* Perot

Talipedo, āre *To go on the pastern, to go as one drawing his feet after him for faintness, or weariness* Cujus particip *ap Lucr* Tum quasi talipedans primum consurgit, 3, 505

Talis, e (1) *Such like* (2) *Thus,* plur *these* (1) § Ut ipse talis, qualem se ipse optaret, videretur, *Cic de Or* 1, 19 § Talis ut talis … talis atque, *Id* (2) Tali modo custodiæ libertatis, *Nep Timon* 2 Mori is pro talibus, *Vir Æn* 1, 78

Taliter adv *After such a manner, in such sort,* Mart 5, 7, 3

Talitrum, i n [a talo, quod tago fit] *A fillip with one's finger, or nail,* Suet Tib 68

Talmud n [תלמוד a למד disce] disciplina, doctrina, … *Two books so called by the Jews* The Jerusalem talmud was written by R Jochanam in the third of …, the Babylonian was writ in Babylon, and of greater esteem than the former *Lat Pandectæ* … rerum Judaicarum *dici possunt*

Talpa, æ m & f [a … τυφλη, & Dor …] *A mole, want, a mouldwarp* Quid … pam? num desiderate lumen putas? *Cic Acad* 4, 25

Talpana, æ f … vitis … *of vine,* Plin 14, 3

Talus, i m dim [… paxillus, palus] (1) *The pastern of a beast* (2) *A bone of four sides to play with, a die* (1) Purpurea … talos demissa, *Cic* pro *Cluent* 40 ✠ Talos … pulcher … *Hor Ep* 2, 2, 4 (2) *Plin* 11, 6 (3) Talum ita jacere, ut cadat … *Cic de Fin* 3, 16 Talorum ducere jactus ut sciat, *Ov Art Am* 3, 353 *the play at cockal,* … tessera, *Mart* 14, 14 …

Tam adv (1) Also … *so much* (2) In comparison … reddit quam, & … *much, as well* (1) Q… nota me nominat? *Plaut* … 5, 27 Tam … *Amph* 2, 4, 10 (2) Tam ego homo sum, quam tu *Pl* … *Asin* 2, 4, 83 § Tam mihi … erit, quam quod gravissimum, *Cic* § Parmenonis tam scio hanc esse cantam, quam me vivere, *Ter Eun* 4, 4, 51 § Quam quisque pessime fecit, tam maxime tutus est *Sall B Jug* 31 § Tam continuisset, quam potest, *Plaut* … 5, 9, 4 § Tam a me pudor est, quam foror sit, *Id Curc* 1, 1, 51 § Quis est tam demens, quin sentiat? *Cic* ☞ *Aliquando* præcedit quam, *reddit* tam, *vid* Lucr 1, 537

✝ Tama, æ f *A swelling of the feet by overmuch walking,* Lucil ap Fest

Tamarice,

Tamarix, icis f [...] tamarix, [...] [illegible] quod [...] [illegible] *Ml*] A [...] *tamarisk*, Plin 13,[...] & Luc 9,917

|| Tamarindus, i m [ab A ab *tamar* [...]] *A fruit of India like green damascenes*, good against choler, *Jun*

Tamariscus, idem quod tamarix, *Cels*

Tamdiu adv *So long, so long* [...] Fam 2,1 [...] Tandiu

† Tame pro tam ant Fest

Tamen conj (1) *Notwithstanding, nevertheless, for all that* (2) *However, but so as* (3) For tamen (4) Si tamen *for si* mo[...] (5) Sometimes redundant (1) § Quicquid lubet, fiunt, tamen hæc loquar, *Plaut* § Tametsi--- tamen, *Cic* § [...] tamen, *Cic* [...] tamen, *Id* Quanquam--- tamen, *Id* Licet--- tamen, *Id* [...] tamen, *Ov* § Tamen [...] non dicemus *Cic Fin* 9,19 (2) Quo potero tamen, tamen ut [...] *Ter Hecyr* 3,4, (3) Ita [...] hominem, [...] tamen? *Plaut* (4) Liberiegitur [...] *Plin Ep* [...] (5) [...] *Plaut Capt* 2, 3, & 44 & *Ter Andr* 1,1,67

Tametsi conj [ex tamen, & etsi] *Although, notwithstanding* Sed tametsi [...] scripsi, quæ [...] oportere, *Cic* [...] 4, ult cont & *eund ibid* 5, 17 *jurib & di ise*

Tamen [...] conj [ex tamen etsi] (1) *Albeit, although* (2) *Yet, notwithstanding* (1) Obtundis, [...] intelligo, *Ter Andr* 2, 2, [...] Non crederem, tametsi vulgo audirem, *Cic* (2) Tametsi hoc [...] est, *Ter Andr* 5, 3,25 [...] ---tamen Tametsi causa [...] tamen eum postulat, [...] præteribo, *Cic* pro [...]

Tamnus [...] *A sort of wild* [...] Cels 5,18 conf *Plin* 25, [...]

† Tamno, āre ant [manifeste] al Hebr טמא *To defile* † Contam[ino]

Tamna [...] um, *Plin* 23, 30 [...] *inquit* Litt *sed invenire* [...], *forte corruptè pro tami-[...]*

† Tamnus, *idem quod* ampelos [...] *Jun* apud *Plin* 21, 15 *cor-[...] legitur* tanum, *vid* Harduin [...]

|| Tanacetum, i n [à Gr [...]] *Tansey*, an herb, *Jun*

Tandem adv [ex tam, & dem] (1) *At length, at the last* (2) *When all is done, when all comes to all, I pray you* (3) It is sometimes an ornamental expletive (1) Vix tandem sensi stolidus, *Ter Andr* 2,1,12 Tandem [...] litteræ redditæ, *Cic Tir* [...] 16, 9 (2) Cæcina [...] noluit tandem, an non po[...] cedere? *Cic* pro *Cæcina* (3) Vid *Ter Phorm* 2,1,1 & *Hec* 5,2,1 & *Cic* pro *Mil* 20

Tandiu adv [ex tam, & diu] *So long, so long time* § Corpus [...] gaudet, dum [...] voluptatem *Cic Tusc* 5 33 § Tandiu [...] *Ter* 2,27 § Vixit [...] quam licuit benè vivere, [...] *Cic Orat* 2 Tandiu---donec *Cels* 12 6

Tangendus, a, um part *To be touched, to be attempted*, Horat *Carm* 1, 24

Tangens, tis part *Touching* A quis cub to stantem prope angens inquie, *Hor Sat* 2, 5, 42

|| Tangibilis, e. adj *Which may be touched*, Luc *ap* Litt *sed perperam* † Tactilis, *Lucr* quod Litt omisit

Tango, ĕre, tĕtĭgi, tactum act [ab an iq tago, quod à θιγω] (1) *To touch* (2) *To lay hands on* (3) *To meddle with* (4) *To besmear, or daub* (5) *To be near, to be hard by* (6) *To come to, to arrive at* (7) *To strike, to beat* (8) *To blast* (9) *To press hard upon, or push forward* (10) *To move* (11) *To assay, to attempt* (12) *To rally, banter, or play upon* (13) *To cheat, or put upon* (1) Tangere & tangi, nisi corpus, nulla potest res, *Lucr* 1, 305 ¶ Rem acu tangere, *to hit the nail on the head*, Prov *ap* Plaut Rud 5, 2, 19 ¶ *Alet* ulcus, *to renew one's sorrow*, Ter Phorm 4, 4, 9 ¶ cœlum, *to be very happy*, Auson ¶ calicem, *to have his dose, to be drunk*, Plaut Mil 3, 2, 10 (2) Tango aras, *Vir Æn* 12,201 (3) Matronam nullam ego tango, *Hor Sat* 1, 2, 54 (4) *Pallad Jan tit* 16 vid & *Gronov* ad *Sen Ep* 86 (5) Villa tangit viam, *Cic* pro *Mil* 19 (6) Si à me tetigit nuncius, *Plaut Bacch* 3, 3, 3 Tetigit vox aures meas, *Id Rud* 1, 4,14 (7) Sublimi flagello tange Chloen, *Hor Od* 3,26, ult (8) *Vid* Tactus part (9) Infelix Dido, nunc te fata impia tangunt, *Vir Æn* 4, 596 (10) Mentem mortalia tangunt, *Vir Æn* 1, 466 Minæ modicè me tangunt, *Cic Attic* 2,19 (11) Aversis utinam tetigissem carmina musis, *Ov Am* 3, 12, 17 (12) Quo pacto Rhodium tetigerim in convivio nunquid tibi dixi? *Ter Eun* 3, 1, 30 (13) Si neminem alium potero, tuum tangam patrem, *Plaut Pseud* 1, 1, 118 Tetigit te triginta minis, *Id Epid* 5,2,40

Tangor, i, pass *To be touched*, &c Tangi odore, *Plin* 17, 24

† Tanos, *vel* tanus (1) *An ill sort of emerald* (2) Also *briony, or wild vine* (1) *Plin* 37, 5 (2) *Plin* 21, 15 *Vid* Tamnus

Tanquam adv [ex tam quam] (1) *As well as* (2) *As it were, as if* (3) *As* (1) Semis nostri fratrem majorem nostin'? D Tanquam te, *Ter Phorm* 1, 2, 15 (2) Gloria virtutem tanquam umbra sequitur, *Cic Tusc* 3, 45 Apud eum sic fui, tanquam domi meæ, *Id* (3) De Dolabella suadeo videas, tanquam si tua res agatur, *Cic Fam* 2, 16, sub fin

|| Tantillulus, a, um dim Tantillulum animalis, *so little and silly a creature*, Apul Met 2, p 59

Tantillum adv *So little, never so little* Si tantillum peccassis, *Plaut Rud* 4, 4, 106

Tantillus, a, um dim [à tantulus] *So little and small, very little, littletiny* Quem ego modò puerum tantillum in manibus gestavi meis, *Ter. Adelph* 4, 2,25 ✱ Tantilla tanta verba funditat? *Plaut Pœn* 1, 2, 62

Tantisper adv *So long as, in the mean time* Tantisper dum effervescit hæc gratulatio, *Cic Fam* 9, 2 Dum id rescitum iri credit, tantisper cavet, *Ter. Adelph* 1, 1, 45

Tantò adv *So much, by so much* Tantò magis dabit, *Ter Andr* 4, 5, 35

Tantŏpĕrè adv [*i e* tanto opere] *So much, so greatly, or earnestly* Ah! ne sævi tantopere, *Ter Andr* 5, 2, 27

Tantillum adv *A little, never so little* ✱ Non modo tantum, sed ne tantulum quidem præteriens, *Cic Attic* 15 ult

Tantŭlus, a, um dim [à tantus] *So little, so small, never so little* Tantula epistola, *Cic Attic* 1, 14 Malum tantulum, *Id*

Tantum adv quantitatis (1) *So much, so many* (2) *Only, alone* (3) *No more* (1) Tantum ego mihi confido, *Plaut Cic Ep Fam* 10, 18 Tantum & plus etiam, *Id* Tantum capacidai um in ædibus, *Plaut Aul* 2, 7, 8 (2) Nunquid est quod dicas aliud de illo? E Tantùm quod sciam, *Plaut* (3) Nomen tantum virtutis usurpas, quid ipsa valeat ignoras, *Cic Parad* 2 Tantùm abest ut agat, *so far is he from doing it*, *Cic* Tantùm non, *well near, almost, in a manner, within a very little*, Liv. 34, 29 & 37,29 ¶ Tantùm quod, *scarcely, not quite*, Suet Aug 63 & *ipse* Cic Fam 7, 23

Tantummodò adv *Only*, Ter Phorm 1, 2, 92

Tantundem gen tantidem [ex tantum, & parag dem] *Even so much, all one, the same thing* Tantundem Cæpioni soiutum est, *Cic* ✱ *fr* 1, 3 Tantundem argenti, quantum miles debuit, *Plaut Pseud* 4, 7, 64 Ob malefacta hæc tantidem emptam postulat sibi tradier, *Ter Adelph* 2, 1, 45

Tantus, a, um [à tam, ut quam, quantus] (1) *So much, so great, so many* (2) *So small* (3) *So worthy, noble, or skilful* (1) Tantamne inesse animo inscitiam? *Ter Heaut* 4, 1, 17 (2) Aut non erit istic bellum, aut tantum erit, ut vos, aut successores sustinere possint, *Cic Fam* 8, 10. (3) Miseret tui me, qui hunc tantum hominem facias inimicum tibi, *Ter Eun* 4, 7, 32 Est tanti, *it is worth the while*, Cic Tantus natu, *so old*, Plaut Bacch 1, 2, 16 Tribus tantis minus, *three times less*, Id

* Taos *A stone like a peacock*, Plin 37, 11 Lat Pavo

* Tapes, ētis m *Tapestry, or clothes which are wrought with pictures of diverse colours*, Vir Æn 9, 358

Tapēte, is n *Idem*, Plaut Stich 2, 2, 54

Tapētum, i n *id quod* tapes, *Vir Æn* 7, 277

Taphiusius *A kind of eagle stone*, Plin 36, 21

* Tapīnōsis, is f q d *humiliatior* Figura est, seu potius vitium orationis, cum rei dignitas verborum humilitate deprimitur, ταπεινὸν enim humile signif *Rhet*

Tapsos, i f *A kind of herb*, Luc 9, 922. = Verbascum, *Solin*

† Tāpula [à tapula, *i e* tabula] *A law made for feasts*, Valer & Lucil *ap* Fest *al* tapulla *vel* tappula

† Tarandus Scythicus cervus, *a beast in its head and horns like a stag, in other parts like a bull*, Plin. 8, 34

Tarantŭla *A kind of venomous spider* Tarantulâ icti tarantati dicuntur, & fidibus, tibiis, aut tympanis curantur, *Alex. ab Alex* Vid *Matthiol* in *Dioscor*

Tarătantara [vox ficta à sono tubæ] *A sound of the trumpet*, Serv *ex Enn*

* Tarchon *Taraccon, or garden dragon*, Jun

|| Tarda, æ f *sc* avis [dict à tardo volatu] *A bustard*, Nemes

Tardans, tis part *Lingering, tarrying* Gelidus tardante senectâ sanguis hebet, *Vir Æn.* 5, 395

Tardatus, a, um part *Hindered, stayed* Hæc tardata diu species, *Cic* de *Div* 1, 12 *ex poeta* = procrastinatus, *Id*

Tardè adv ius, comp issimè, sup *Slowly, late* Tardè ire, *Cic Attic* 3, 7 Tardiùs ingredi, *Id Tusc* 1, 21 Tardiùs ne perferre, *Id Fam* 2, 9 ✱ ocyus, *Id Top* 4 ✱ Alibi tardius, alibi maturius, *Plin* ✱ Citius tardiusve, *Sen* & *Q* 2, 59

Tardesco, ĕre incept *To grow slow, or lither* Tardescit lingua, madet mens, *Lucr* 3,478

† Tardigradus, a, um *Slow paced* Tardigrada quadrupes, *Cic* de *Div* 2, 64 *ex poeta*

† Tardiloquus, a, um *Slow spoken, drawling* Tardiloquum te esse jubeo, *Sen Ep* 40, sub fin

† Tardipes, ĕdis adj *Slow footed, limping, halting* Tardipes Deus, *i. e.* Vulcanus, *Catul* 37, 7

Tarditas, ātis f (1) *Slowness* (2) *Dulness, heaviness* (1) ✱ Celeritati tarditas contraria est, *Cic Topic* 12 ✱ Celeritates, tarditatesque declarare, *Id* ✱ Cursu corrigere tarditatem, *Id* *Q frat* 2, 14 ✱ festinatio, *Id* = Mora, cunctatio, procrastinatio, *Id* (2) = Tarditas & gravitas in sensibus, *Cic* in *Orat* 68 = Stupor, stultitia, *Id*

† Tardities, ei f. *Slowness*, Acc *ap* Non 2, 866 ✝ Tarditas

† Tarditudo, inis f *Slowness* = Podagrosi estis, & vicistis cochleam tarditudine, *Plaut Pœn* 3,1,29 ✝ Tarditas

Tardiuscule adv *Somewhat slowly*, Litt *ex* Plaut

Tardiusculus, a, um *Somewhat slow, heavy, or dull of apprehension* Est ille Chinæ servus tardiusculus, *Ter Heaut* 3, 2, 4

Tardo, āre act (1) *To stop, to stay* (2) Absol *To make long a coming, to delay* (1) ✱ Impedire profectionem, aut certè tardare, *Cic Fam* 7, 5 (2) = Antè tardare, & commorari te melius esset tibi, *Cic* ad *Brut* 18.

Tardor, āri, ātus. pass *To be stopped*, &c. Minus tardabitur cursus animorum, *Cic Tusc* 1, 31

Tardus, a, um or, comp issimus, sup [fort *ab* Hebr טרד assiduum esse] (1) *Slow, slack, tardy* (2) *Dull, heavy, stupid, lumpish* (3) *Thick, gross* (4) *Unprepared* (5) Also *lasting, or seeming to be* (1) ✱ Formosus, an deformis, velox, an tardus sit, *Cic* de *Invent* 1, 24. Tardior ad referendam gratiam, *Id* ante q [...] in [...] ✱ remissior, *Id* Tardissimi piscium, *Plin* 9, 42 (2) = Fatuus est, insulsus, tardus, stertit noctesque & dies, *Ter Eun* 5, 9, 49 = Quidam nimium indociles, tardique sunt, *Cic N D* 1, 5 (3) Stupa vomens tardum fumum, *Vir Æn* 5, 682 (4) Quies tarda & contraria bellum inchoaturo, *Tac Agric* 18 (5) Quæ tardis mora noctibus obstit, *Vir Geor* 2, 482 Tardi menses, *Id. ib* 1, 32 ¶ Tardum est dictu, verum, &c *it is hard to say, it requireth some time to resolve*, Plin 23. 1

* Targum *The Chaldee paraphrase of the old testament* ✝ Interpretatio

Tarmes, itis m. [à τείρω consumo, in præt pass τέτερμαι] (1) *A worm that eateth flesh, a magot* (2) *A worm in timber* (1) *Fest* (2) Postes tarmes secat, *Plaut Most*, 3, 2, 143 conf *Vitruv* 2, 9.

† Tartăreus, a, um *Of hell, hellish, terrible, strong* Tartareus

custos, sc Cerberus, *Vir Æn* 6, 395 Deus, *Ov Trist* 1, 8, 31 Da Tartarei regina barathri quod cupiam vidisse nefas, *Stat Theb* 1, 85

† Tartărinus, a, um *Fearful, terrible, hellish*, Varr L L 6, 3

|| Tartarum, i n *Tartar, the hard crust, or gravelly stuff that sticketh to the inside of wine vessels*, Jun † Fæx vini ulta

Tartarus, i m plur tartara n *A deep place in hell, or hell itself*, Vir Æn 6, 547 Impia lethi Tartara, *Id Geor* 4, 482

Tascomum, ii n [à loco Tasco dict] *A white clay, or marble, whereof goldsmiths pots, wherein they melted their metal, were made*, Plin 33, 4

Tata, æ f [à τεττα] *A dad, or daddy*, as young children use to call their fathers, *Mart* 1, 101 Item interj admirantis *ut* babæ papæ, *Plaut Stich* 5, 5, 30 & *Trin* 1, 1, 18

Taura, æ f [à Taurus, dict quod nihilo magis pariat quam taurus] *A barren cow* = Quæ sterilis est vacca, taura appellatur, *Varr R R* 2, 5 conf *Col* 6, 22

Taurea, æ f [*sc* scutica, taurino corio facta] *A leather whip, or scourge*, or perhaps *a bull's pizzle* Taurea punit crimen, *Juv* 6, 491

Taureus, a, um *Of, or belonging to a bull* Terga taurea, *drums, or tabrets made of bulls hides*, Ov Fast 4, 342

✠ Tauricornis, e *With horns like a bull* Saltat tonantem tauricornem ludius, *Prud Perist* 10, 222

✠ Taurifer, a, um *Which breedeth bulls* Campi tauriferi, *Luc* 1, 473

Tauriformis, e *Like a bull, in fashion of a bull*. Tauriformis Aufidus, *Hor Od* 4, 14, 26

Taurilia, orum n *Roman games*, Liv 39, 22

Taurinus, a, um *Of, or belonging to a bull* Taurinus sanguis, *Catull* 64, 24 Taurinum tergum, *Vir Æn* 1, 372

Taurius, a, um Tauri ludi, *plays consecrated to the infernal gods*, Fest Taurium æs, quod in ludos tauricos consumitur, *Id*

Taurus, i m [ab Hebr שור Chald תור] (1) *A bull, a strong ox* (2) *An instrument of torture in fashion of a bull* (3) *One of the twelve signs* (4) *A bird having a voice much like a bull, a bittern*, or as others *a bittern* (5) *The root of a tree* (6) *A bull fly, or hornet* (1) Græci olim tauros Ἰταλοὺς vocabant, *Col* 6, *Præf* Fumans sub vomere taurus, *Vir Geor* 3, 515 (2) Nobilis Taurus, quem Phalaris habuisse dicitur, *Cic* in *Verr* 2, 33 (3) Candidus auratis aperit cum cornibus annum Taurus, *Vir Geor* 1, 217 (4) *Plin* 10, 42 (5) *Quint* 8, 2 (6) *Plin* 30, 3

* Tautologia, æ f *A repeating of one and the selfsame thing over and over, tautology*, Gramm Lat Ejusdem verbi, aut sermonis iteratio, *Quint* 8, 3 *Exemplum ejus vide ap* Vir Æn. 1, 550

Tax n [ab ant tago, τάξ] *A clap, a jerk, the sound of a stroke with a whip* Tax, tax tergo meo erit, non curo, *Plaut Pers* 2, 3, 12

Taxa, æ f *A kind of bay tree*, Litt ex Plin

Taxatio, onis f verb *A setting of a tax, or subsidy, a sessing, taxing, or rating*, Plin 13, 15 & 9, 35 Intra pecuniam versabitur taxatio, *Sen de Ben* 3, 10.

Taxător, ōris m verb *A taxer, a rebuker, a finder of faults*, also *an assesser, a rater, or prayser of goods*, Fest

Taxeus, a, um *Of, or belonging to yew, or to the yew tree* Silva taxea, *Stat Sylv* 5, 5, 29

Taxillus, i m dim [à talus, vel pot *ab* inus tago, taxi, taxillus, hinc talus, ut *a* pago inus paxillus, & inde palus] (1) *A small die* (2) Also *a pile in building* (1) *Cic Orat* 45 (2) *Vitruv* 10, 13

† Taxim adv *Softly, leisurely, gently, by little and little*, Pomp ap Non † Sensim

Taxo, are freq [*ab* ant tago, *i e* tango] (1) *To touch often, or closely* (2) *To tax, or rate* (3) Also *to reprove, rebuke, or twit* (1) ✕ Taxatur crebrius pressiusque est, quam tangere, *Macrob Sat* 6, 7 (2) Talentum Atticum XVI M taxat Varro, *Plin* 35, 11 (3) Taxare cognomine superbiæ, *Plin* 15, 15

Taxus, i f [forte à τόξον, quod ex ea arcus & sagittas faciebant] *The yew, or yew tree*, Plin 16, 10 Si fugiant examina taxos, *Vir Ecl* 9, 30.

T ante E

† Te syllabica adjectio ut apud Gr τε, tute, tete, *&c*

Techna, æ f *A craft, wile, subtilty, trick, shift, reach, or fetch* Falli te sinas technis per servulum, *Ter Heaut* 3, 1, 62

* Technici, orum m pl *Teachers of arts*, Quint 2, 13

* Technicus, a, um *Artificial, cunning* Lat Artificialis, solers

* Technopægnion, i n *A book of Ausonius so called*

* Technophyon, i n *A setting forth of arts, or tricks*, Suet Aug 72

Technōsus, a, um *Crafty, wily, cunning, full of tricks*, Litt ex Plaut *sed non inv*

* Tecolithus, i f *A stone like an olive stone*, called *the stone of India*, good against the colic and the stone, *Plin* 36, 19

Tecte adv ius, comp *Covertly, closely* ✕ Ab illo aperte, tecte quod est datum, libenter accepi, *Cic Att* 1, 11 ✕ Tectius, non suo nomine, *Id Fam* 9, 22

* Tectonicus, a, um *Belonging to a builder* Tectonicæ formæ, *Auson Mosell* 299

Tector, ōris m verb [à tego] *A pargetter, a plaisterer* Villa quam neque pictor, neque tector vidit unquam, *adeo non* est polita opere tectorio, *Varr R R* 3, 2 conf *Vitruv* 7, 10

Tectōriŏlum, i n dim *A little plaister, parget, or rough-cast* Bella tectoriola, *Cic Fam* 9, 22

Tectorium, ii n (1) *The plaister, parget, or rough cast of a wall* (2) *A white-wash, or paste laid over the face* (2) *Dissimulation, flattery, glozing* (1) Tectorium vetus in illis columnis deletum est, & novum inductum, *Cic Verr* 1, 55 Colores udo tectorio inducti, *Vitruv* 7, 3 (2) ✕ Tandem aperit vultum, & tectoria prima reponit, *Juv* 6, 466 (3) Pictæ tectori linguæ, *Pers* 5, 25

Tectorius, a, um *Of, or belonging to pargetting, washing, whiteliming, or plaisterers work* Vid Tector Tectorius penicillus, *a pargetter's brush*, Plaut Mil 1, 1, 18 *Sed de vera lectione non convenit* Conf *Plin* 36, 22

Tectum, i n [*a* tego, quia tegit vel tegitur] (1) *The roof, ridge, or covering of an house* (2) *An house* (1) Firma tecta in domiciliis habere, *Cic de Clar Or* 73 Tecta domorum, *Vir Æn* 2, 445 (2) Romanus publica privataque tecta omnia adæquat solo, *Liv* 1, 29 Cæca tecta, *a labyrinth*, Ov Met 8, 158 ✠ Pinea tecta, *ships*, Id Ibid 14, 530

Tectum [genus ovium sic dict quod operimentis tegeretur] *A sort of sheep which were covered with skins to preserve their wooll from soiling and tearing, by reason of its fineness*, Plin 8, 47

Tectūrus, a, um part *That will cover* Arbor tectura corpus duorum, *Ov Met* 4, 159

Tectus, a, um part & adj or, comp ssimus, sup [à tegor] (1) *Covered* (2) Met *Hid, cloked, kept close* (3) *Close, reserved* (4) *Protected, secured* (1) Antrum tectum arboribus, *Ov Met* 12, 212 (2) = Adversa ejus tecta tacitaque apud omnes fient, *Ter Hec* 3, 3, 28 (3) = Tectior & occultior cupiditas, *Cic pro S Rosc* 36 Tectissimus in dicendo, *Id Orat* 2, 73 (3) = ✕ Is qui occultus, & tectus dicitur, tantum abest, ut se indicet, *&c* Cic *de* Fin 2, 17 (4) Majores nostri leges ac jura tecta esse voluerunt, *Cic de Orat* 1, 59

Tecum *pro* cum te *With thee* Dum tecum nupta sit, *Plaut Trin* 1, 2, 20.

Teda, æ f (1) *A tree so called* (2) *The middle, or heart of the pine tree*, (3) And because when it groweth fat and sappy it burneth like a torch, Meton *A torch* (4) *A wedding* (5) *A song at a wedding* (1) *Plin* 16, 10 (2) Si sit latissima teda, *Juv* 12, 59 Fissurum cuneo tedæ pineæ adigito, *Col* 5, 10, 12 (3) Pelle humum pedibus, manu pineam quate tedam, *Catull* 59, 15 (4) = Si non pertæsum thalami tedæque fuisset, *Vir Æn* 4, 18 (5) Concinit tedas geminus Cupido, *Sen Oedip* 500

✠ Tedifer, a, um *Bearing a torch* Tediferæ mystica sacra Deæ, *Ov Epist* 2, 42 *sc* Cereris

Tegendus, a, um part *To be covered*, Met *to be kept secret* ✕ Facta tegenda loqui, *Tib* 1, 9, 28

Tegens, tis part *Covering, &c* Bis rejecti armis, respectant terga tegentes, *Vir Æn* 11, 630

Teges, ĕtis f [*a* tegendo] (1) *A mat made of leaves, or rushes* (2) *A coarse rug* (1) Palmeæ tegetes, *Col* 5, 5 canneæ, *Id* 12, 50 (2) Quo sit mea turi senectus a tegete & baculo, *Juv* 9 140 ✕ Palatino tegetem præferre cubili, *Id* 6, 117

Tegeticula, æ f dim *A little mat* Tegeticulæ cannobinæ, *Col* 8, 9 conf *Varr R R* 2, 11

Tegillum, i n dim [à tegulum] *A little covering, an hood*, Plaut Rud 2, 7, 18

Tegimen, inis n *Any covering, a cover, a garment, clothing, a coverlet* Tegimen direpti leon pellis erat, *Ov Met* 3, 52 Ille tegumenque removit, & posuit pennas, *Id ibid* 1, 674

Tegmen, inis n (1) *Any sort of covering* (2) ✠ *An hide of a beast* (3) *A covert, a shade* (1) Mihi amictui est Scythicum tegmen, *Cic Tusc* 5, 32 (2) Fulvum tegmen lupæ, *Vir Æn* 1, 279 Cruda tegmina boum, *Stat* (3) Sub tegmine fagi, *Vir Ecl* 1, 1

Tegmentum, i n *A covering a case*, Plin Val 1 2, 30

Tĕgo, ĕre, xi, ctum act [à Gr στέγω, *idem*] (1) *To cover* (2) *To hide, cloke, keep close, or secret* (3) *To dissemble* (4) *To defend, to preserve* (1) Caput texit galea, *Prop* 4, 3, 44 (2) = Tegere ac velare cupiditatem suam, *Cic* in *Pison* 24 (3) Vultu dolorem tegere, *Cic Verr* 2, 8 (4) ✕ Arma alii ad tegendum, alia ad nocendum, *Cic* pro *Cæcina*, 21 = tueri, *Id*

Tĕgor, i pass *To be covered, hid, &c* Jussit fronde tegi sylvas, *Ov Met* 1, 44 Etenim animus ejus vultu, flagitiis parietibus tegebantur, *Cic* pro *Sext* 9

Tegula, æ f [quod tegat ædes] (1) *A tile* (2) *The roof of an house* (1) Tempestas venit, confringit tegulas imbricesque, *Plaut Most* 1, 2, 28 (2) Per alienas tegulas venire clanculum, *Ter Eun* 3, 5, 40.

|| Tegulāneus, a, um Tegulaneum tectum, *a tiled roof*, Jun

|| Tegularius, ii m [*a* tegula] *A tiler, a tile-maker*, Gloss Gr Lat † Figulus

Tegulum, i n *A covering, thatch*, Plin 16, 36

Tegumen, inis & tegumentum, i n (1) *A covering, &c* (2) Met *A shelter* (1) Palpebræ oculorum tegumenta, *Cic N D* 2, 54 (2) Quod tegumen modo omnis exercitus fuerat, *Liv* 4, 39 conf eund 46, 2 *Cic* pro *Cæl* 20 *sed ibi al* integumenta

Tela, æ f [à texo, contr ex texela] (1) *A web of cloth* (2) *The loom to which the web is fastened* (3) Met *An enterprise, business, or undertaking* (1) Mulier telam desinit continuo, *Ter Heaut* 2, 3, 64 ¶ Penelopes telam retexere, *to do and undo*, Prov ex Cic Acad Q 4, 29 (2) *Litt* ex *Lucr* (3) Exorsa hæc tela est non male omnino mihi, *Plaut Bacch* 2, 3, 116.

Telămo, ōnis m [à τελαμών, sustineo] *A prop, or supporter, an image of a man in wood, or stone, that seemeth to bear up a building*, Vitruv 6, 10

Telephion, & telephium, ii n [à Telepho inventore] *Wild purslain*, Plin 27, 13

* Teleta, æ f *A religious ceremony* Apul p 294 *Lat* Ritus

Teliambus *An hexameter verse, whose last foot is an iambus, instead of a* spondæus, *Mar Vict*

* Telicardios *A precious stone like, or of the colour of, an heart*, Plin 37, 10

✠ Telifer, a, um *Carrying darts, arrows, or weapons* Puer telifer, *al* teliger, *Sen Herc Oet* 543

Telinus, a, um Telinum unguentum, *a kind of ointment, made amongst other things of fenugreec*, Plin 13, 1 *Vid* Telis

* Telios, numerus perfectus, *Auson*

* Telis, is f [*a* Telo insula] *Fenugreec*, Plin 13, 1

* Tellina, æ f *A kind of shellfish called a limpet*, Gesn interpr

Tellus, ūris f (1) *The goddess of the earth* (2) *The earth* (3) *Land, not sea* (4) *A country, a nation* (1) Terra Dea ipsa est, & ita habetur, quæ est enim alia Tellus nisi terra? *Cic N D* 3, 20 (2) Tellus neque movetur, & infima est, *Cic Somn Scip* 4 (3) Magno telluris amore egressi, *Vir Æn* 1, 175 (4) Mavortia tellus, *Vir Geor* 4, 462 Phocaica clarus tellure, *Ov Met* 2, 69

† Telo,

† Telo, are [ἀ τῆλε, procul] n- uf. u de protelo

† Telo, onis m *A long pole to fetch up water out of a pit, or well, a crane, a swipe*, Perot ✝ Tollo, tolleno

|| Telonium, ii n [ἀ τελ⊙, quod inter cætera vectigal [guif] *The custom house, a toll-booth*, Vulg Interp

* Telos n *An end* = Exitum ac telos habent proprium, *Petron arb Ci* etiam de *Fin* 3, 7 *sed Græcis* elementis

Telum, i n [ἀ τῆλε, procul, quòd longe mittatur, nisi fort. a Gr. κῆλ. v, *Idem*] (1) *Any thing that may be thrown with the hand, a dart, an arrow, a thunderbolt* (2) *A weapon to fight with, a sword* (3) *An ax* (4) *A ray of the sun* (5) Sensu obscœno (6) Also *a grievous pain, a stitch in the side* (1) Telum, quod cuiq, fors obtulerat, arripere, *Cic* jaculabile telum, *Ov Met* 7,680 Hunc eminus telis missis interfecerunt, *Nep Alcib* 10 Custos telorum pharetra, *Ov Met* 8, 321 Est aliud levius fulmen, tela sec nda vocant superi, *Id Met* 3, 305 (2) Comminus pugnans, telis hostium interfectus est, *Nep Chabr* 4 Telum vaginâ nudatum veste texit, *Nep Datam* 10 (3) Alter elatam securim in caput dejecit, relictoque in vulnere telo, *Cic* In 1, 40 (4) ✝ Lucida tela diei, *Lucr* 1,148 (5) *Mart* 11,79 (6) *Ser Samm*

Temerarius, a, um [a temere] (1) *Foolhardy, rash, unadvised, indiscreet, harebrain d* (2) *Without cause, insignificant* (1) ✕ Consilium temerarium magis quam audax, *Liv*. = Omnia temerar a & periculosa, *Cic* pro Cæcina, 12 (2) Quid hoc, quod picus ulmum tundit? non temerarium est, *Plaut Asin* 2, 1, 14

Temerator, ōris m verb *He that violateth, a defiler, a ravisher* Apollineæ temerator matris, *Stat Theb* 11, 12

Temeratus, a, um part *Violated, broken*, &c = Sepulcra majorum temerata ac violata, *Liv* 26, 13

Temerè adv. ius, comp (1) *Rashly, unadvisedly, giddily, at random, at all adventures* (2) *Easily without cause* (3) *Likely, or lightly* (4) *Without danger* (5) *Confusedly, in an huddle* (1) = In c enim non temere, nec casu, *Cic N D* 2,2 = Temerè & nullo consi io *Id de Invent* 1, = Inconsulte & temere dicere, *Id N D* 1, 16 = Temerè & imprudenter aliquid facere, *Cæs Cic inter Epist ad Attic* 10, 8, 9 = fortuitò, *Id* ✕ cautius, *Ter* provisè, *Tac Ann* 12, 39 Sed temerius iussse putemur, *Cic Tusc* 2, 8 (2) Nescio quid tristis est, non temere est, *Ter Heaut* 4,1, (3) Non temerè adversa casum reputat, quem fortuna nunquam decepit, *Liv* Hoc non temerè n s libertis suis deferebant, *Cic* (4) Rapidus fluvius est hic, non hàc temere transiri potest, *Plaut Bacch* 1, 1, 52 (5) Temerè ac sine arte, *Suet Aug* 49

Temeritas, ātis f *Rashness, unadvisedness, hastiness, temerity* Temeritas est florentis ætatis, prudentia senectutis, *Cic* de *Sen* 6 ✕ Nunquam temeritas cum sapientia commiscetur, *Id*. pro *Marcell* 2 = Multi mul a faciunt temeritate quadam, sine judicio vel modo, *Id Offic* 1, 15

† Temeriter *Rashly*, Acc *ap Non* 11, 54 ✝ Temerè

† Temeritudo f *Rashness*, Pacuv *ap* Non 2, 867 ✝ Temeritas

Temĕro, are act [a טמא polluere] (1) *To violate, or defile, to unhallow, or profane* (2) *To abuse carnally, to commit adultery* (1) = Sepulcra majorum temerare, ac violare, *Liv* 26, 13 Dapibus temerare nefandis corpora, *Ov Met* 15,75 (2) Juliam in matrimonio M Agrippæ temeraverat, *Tac Ann* 1, 53, 4

Temetum, i n voc priscum [Gr. το μεθυ, *al* quod teneat, *i e* *t* get mentem] *Strong wine* Cato ideo propinquos fœminis osculum dare jussit, ut scirent an temetum olerent, hoc tum vino nomen erat, *Plin* 14, 13 Vinum priscâ linguâ temetum appellabant, *Gell* 10, 23 *Utitur tamen* Hor Epist 2,2,163 Juv 15, 25 *aliique*

Temnendus, a, um *To be despised* Pars non temnenda decoris, *Ov Art Am* 3, 299

Temno, ĕre, psi, ptum act *To set little by, to contemn, to despise, to slight* Disci e justitiam moniti, & non temnere divos, *Vir Æn* 6, 620 Jejunus stomachus raro vulgaria temnit, *Hor Sat* 2, 2, 38

Temo, ōnis m (1) *The beam of the wain, or the draught tree whereon the yoke hangeth*, hence in English *a team* (2) Also *a stake, or pole laid overthwart* (3) *The helm of a ship* (4) *The north star, called Charles's wain* (5) Also *government* (1) Per temonem percurrere, *Cæs B G* 5, 33 Temo aureus, *Ov Met* 2, 107 (2) Stipites transversis sex temonibus, quasi vacerræ, inter se ligantur, *Col* 6, 19 (3) *Suet* (4) *Litt* ex *Stat* (5) *Litt* ex *Juv* sed q

Tempe n pl *Fields of pleasure*, properly valleys in Thessaly, *Vir Vid* Propr

Tempĕrāmentum, i n (1) *A moderation, a middle way, a mean* (2) *A tempering, or mixing* (3) *A government, a restraint* (4) *A temper, or constitution, a temperament* (1) Inventum est temperamentum, quo tenuiores cum principibus æquari se putarent, *Cic* de *Legg* 3, 10 (2) Hoc fere temperamentum ferrari, *Plin Epist* 6,29,6 (3) = Et fi nullâ aliâ re, modestia cer e & linguæ temperamento adolescens tenem vicero, *Liv* 28, 44 (4) *Fel* & *Litt* unde non dicunt Temperatio, *Cic*

Tempĕrandus, a, um part *To be tempered, ordered, regulated*, &c Censuit annonam macelli quotannis temperandam, *Suet Tib* 34

Tempĕrans, tis part & adj or, comp ssimus sup *Moderate, temperate, sober, forbearing, sparing* = Homo frugi ac temperans, *Ter Heaut* 3, 3, 19 = moderatus, *Cic* § Temperans rei, *Ter Phorm* 2, 1, 41 gaudii, *Plin jun* § Temperantior esse a cupidine imperii, *Liv* 26 22 Homo sanctissimus ac temperantissimus, *Cic* pro *Font* 13

Tempĕranter adv ius, comp *Moderately, temperately* Haberi temperanter, *Tac Ann* 4, 21, 2 Temperantius agere, *Cic Attic* 9, 2

Tempĕrantia, æ f *Moderation, temperance, soberness*, &c = Modestia vel temperantia moderatio est cupiditatum, rationi obediens, *Cic de Fin* 2, 19 Temperantia in victu, *Id Tusc* 5, 20

Tempĕrāte adv ius, comp *Moderately, temperately* Ubi temperate tepebit, *Cato*, 69 *Met* Ages, ut scribis, temperate, *Cic Attic* 12, 32 Temperatius, *Sen Ep* 18

Tempĕrātio, ōnis f verb (1) *A tempering, or mixing* (2) *A constitution, temper, or temperature* (3) *Ordering, or managing* (1) Æris temperatio, *Cic Verr* 4, 44. (2) Corporis temperatio fit, cum ea congruunt inter se, a quibus constamus, *Cic Tusc* 4, 13 (3) Temperatio reipub *Cic* de *Legg* 3, 5

Tempĕrātor, ōris m verb (1) *A temperer* (2) Met *A ruler, or governour* (1) Temperator varietatis, *Cic Or* 21 (2) *Sen* de *Vit Beat*

Temperātum est imperf *They did restrain, or forbear* § Templis Deûm temperatum est, *Liv* 1, 29

Tempĕrātūra, æ f (1) *Temperature, mixture of things, an alloy* (2) *A temper, or disposition* (1) Temperatura ferri, *Plin* 34, 15 mini, *Vitruv* 7, 9 (2) Temperatura a corporis, *Sen Ep* 11

Tempĕrātus, a, um part & adj or, comp ssimus, sup. (1) *Moderated, ordered, tempered, mixed* (2) *Moderate, temperate, without excess, keeping a mean* (3) *Mild, calm* (1) Ut lux hauli mistura & temperato repercussu non obstrepat, *Plin* 11, 37 *Met* = Oratio permista & temperata numeris, *Cic Orat* 57 (2) = Temperatum & æquabile genus dicendi, *Cic Offic* 1, 1 Hoc nec gravior exstiti quisquam, nec callidior, nec temperatior, *Id Orat* = ✕ Temperatæ suaves sunt argutiæ, immodicæ offendunt, *Phædr* 5, 5 (3) Temperatissimo anni tempore, *Varr R R* 2, 5

Tempĕries, ei f (1) *Temperateness in cold, or heat, a temper, a good moderation, or mean* (2) *A season, a time* (1) Ubi temperiem sumpsere humórque, calorque concipiunt, *Ov Met* 1, 430 Docta fruendi temperies, *Stat Sylv* 2,2,153 Temperies cœl, *Ov ex Pont* 2, 7, 71 (2) Sic judicatur anni temperies, alibi tardius, alibi maturius, *Plin* 18,25

Tempĕrius adv comp *More early*, Cic Fam 9, 16, sub fin R occ *usitatius* temporius

Tempĕro, are act [a tempore] (1) *To temper, mix, or mingle, to alloy* (2) *To order* (3) *To fix, or regulate* (4) *To rule, to govern* (5) *To forbear, to spare, to abstain, to refrain* (6) *To supple, to make soft* (7) *To be temperate, or use moderation* (1) § Ea cum tria sumpsisset, unam in speciem temperavit, *Cic* de *Univ* 7 § Aquam temperare ignibus, *Hor Od* 3, 19, 6 Conflare & temperare æs, *Plin* 7, 56 = Miscere & temperare inter se, *Cic Orat*, 197 *Met* Amara temperare risu, *Hor Od* 2, 16, 27 (2) O testudinis aureæ dulcem quæ strepitum, Pieri, temperas, *Hor Od* 4, 3, 18 (3) *Vid* Temperandus (4) Rempublicam majores nostri melioribus legibus temperarunt, *Cic Tusc* 1, 1 Temperare mundum, *Hor Od*. 1, 12, 16 orbem, *Ov Fast* 4, 91 ventos, *Id Epist* 10, 66 ora frenis, *Horat Od* 1, 8, 7 (5) Temperare sibi, *Cic Fam* 10, 7 vino, *Liv* 40, 14 ætati juvenum, *Plaut Truc* 1, 1, 41 cædibus, *Liv* 2, 16 à maleficio, *Ad Herenn* 2, 19 maledicere, *Plaut Pœn* 5, 2, 76 (6) = Molli que animos, & temperat iras, *Vir Æn* 1, 61 (7) § Isthoc probior es cum in amore temperes, *Plaut Epid* 1, 2, 8

Tempestas, ātis f [a tempus] (1) *Time, season, age* (2) *Weather, a fair, or good season* (3) *Tempest, or storm, boisterous weather*, be it rain, hail, or wind (4) Tempestates, *goddesses presiding over the weather* (5) Met Also *ruine, destruction, danger, or peril* (6) *A commotion in state* (1) Ea tempestate flos poetarum fuit, *Plaut Casin prol* 18 conf *Sall B J* 8 Multis ante tempestatibus, *Liv* (2) Nautæ tempestatem prætermittere noluerunt, *Cic Fam* 14, 4 Unde hæc tam clara repente tempestas? *Vir Æn* 9, 19. (3) Forte suâ Libycis tempestas appulit oris, *Vir Æn* 1, 381 (4) = Referendæ in Deos erunt Tempestates, quæ P R ritibus consecratæ sunt, ergo Imbres, Nimbi, Procellæ, Turbines Dii putandi, *Cic N D* 3,20 Tempestatibus agnam cædere deinde jubet, *Vir Æn* 5, 772 (5) = Pernicies & tempestas, barathrumque macelli, *Hor Ep* 1, 15, 31 (6) = Tu procella patriæ, turbo ac tempestas pacis, *Cic* pro *Domo*, 53

Tempestivè adv ius, comp *In season, in due and convenient time, seasonably, opportunely* Fructus tempestivè demetere, *Cic N D* 2, 62 Tempestivius comessari, *Hor Od* 4, 1, 11

Tempestivitas, ātis f *Season, or time convenient, seasonableness* Sua cuique parti ætatis tempestivitas est data, *Cic* de *Sen* 10

Tempestivus, a, um or, comp (1) *Seasonable, in due and convenient time and season, seasonable* (2) *Early, timely* (3) *Ripe for* (1) Nondum tempestivo ad navigandum mari, *Cic* pro *L Manil* 12. Ludum tempestivum pueris concedere, *Hor Ep* 2, 2, 142 (2) Nec ex his tempestivos fructus capere possumus, *Cic Offic* 2, 4 Ea cassita in semen es forte concesserat tempestiviores, *Gell* 2, 29 (3) § Desine matrem tempestiva sequi viro, *Hor Od* 1, 23, u t

|| Tempestuōsus, a, um *Tempestuous, stormy, boisterous*, S don Ep 4, 6 ✝ Procellosus

† Tempestus, a, um ant *pro* tempestivus, *Fest*

Templum i n [à templando, *i e* contemplando] (1) *A quarter of the heaven which in auguries was marked out with the lituus* (2) ✝ *Heaven* (3) *An heathen temple, a place consecrated to the service of their gods*, which was anciently an open place without a roof (4) *Any inclosed public place, a court*, because such places were consecrated (5) *An inner place, a recess* (6) Synec *An image, or statue in a temple* (1) Palatinum Romulus, Aventinum Remus ad inaugurandum templa capiunt, *Liv* 1, 7 Lucida cœli templa, *Lucr* 1, 1013 (2) Con remuit templum magnum Jovis omnipotentis, ap *Varr L L* 6 (3) Augurium templum, *Cic* in *Vatin* 49 sanctum & religiosum, *Id Verr* 4, 45 de marmore, *Vir Geor* 3, 13 (4) Curia est templum sanctitatis, amplitudinis, mentis, consilii publici *Cic* pro *Milon* 33 (5) Linguæ sudantia templa, *Lucr* 4, 628 mentis, *Id* 5, 104 (6) *Vir Æn* 4, 457

Tempŏra, um n (1) *The temples, or sides of the head* (2) Also *the head* (1) Temporibus geminis canebat sparsa senectus, *Vir Æn* 5, 416 (2) Limosâ tempora mersit aquâ, *Ov Ep* 9, 140. *Vid* Tempus

Tempŏrālis, e (1) *Lasting for a while, made for a certain time, temporal*,

temporal (2) *Inconstant* (3) Also *—s*, or *belonging to the temples* (1) Temporalibus laudibus decorare, *Tac Agric* 46, 2 (2) Græcorum sunt temporalia ingenia, *Curt* 4, 5, 11 *sed variant codd* [illegible] Temporarius (3) *Litt* gra[illegible] *sed* venæ temporales, *Veg* 2, 1[illegible]

|| Temporaneus, a, um *unde in* composit extemporaneus *Done for the time, belonging to time* ✝ Temporarius

Temporarius, a, um (1) *Temporary, lasting but for a season* (2) *Coming at a certain season* (3) *Inconstant, shuffling and complying with the times* (1) Temporarium & fluxum est, *Plin* [illegible] 91, [illegible] (2) *Plin* 16, 32 (3) Amici liberantes neque tempora[illegible] neque cautela, *Nep Attic* 11 Græcorum temporaria [illegible], *Curt* 4, 5, 11 *sed* Temporarius, n 2

Temporè adv *In time, at the time appointed, in season* [illegible] *Ter* 2, 5

Tempori adv *In good time, also early* Vigilare decet hominem, qui volt sua tempori conficere officia, *Plaut Pœn* 1, 2, 16

Temporius adv comp *Before, sooner than needeth, very early* Temporius rere, *Col* 9, [illegible] Modò surgis Eoo temporius cœlo, modò [illegible], *Ov Met* 4, 198

Temptor, oris m verb *A despiser, or contemner* Temptor Dominum, *Sen Agam* [illegible] *tamen al* contemptor

Tempus, ŏris, (olim [illegible]) n [illegible] *ex Scal*] (1) *Time* (2) *The state of things, convenience, or suitableness to the time present, a circumstance* (3) *A fixt, or certain time* (4) *Opportunity, season* (5) *An occasion, case, or affair* (6) *A [illegible] of time, an age* (7) *The power and authority that one hath at any time, when one is in greatest esteem* (8) *A season of the year* (9) *A clime* (10) [illegible] (11) *The temples of the head, or the head itself* (1) Tempus est id, quo nunc utimur, pars quædam æternitatis, cum alicujus annui, menstrui, diurni, nocturnive spatii certa significatione, *Cic de Inv* 1, 26 Sydere [illegible] ipsum est, quo [illegible] dicitur tempus, *Id de Univ* [illegible] (2) Ita omnino ponis tempori [illegible], & auctoritatis [illegible], *Cic pro Cluent* 50 Nunc [illegible] est mi, ut cupiam [illegible], *Ter Heaut* 4, 1, 54 (3) [illegible] us promissum [illegible], *Ter* [illegible] (4) Tempus [illegible], *Nep Alc* 8 [illegible] commodo, omnium mea [illegible], *Cicero pro Arch* 6 (6) [illegible], ut temporibus [illegible] *Cic de Clar Orat* [illegible] (8) Hyberno [illegible] *Hirt B Alex* 43 (9) [illegible] gis ad orientem, [illegible] tempus, [illegible] (10) *Manil* [illegible] (11) [illegible] dum tremulum [illegible], *Catull* 59, 162 [illegible] per tempus utrumque [illegible] *Æn* 9, 418 [illegible] *Sil* 12 41, [illegible] tempus dextrum, *Vitruv*

Temulenter adv *Drunkenly, sottishly* Ægyptias aves temulenter eructans, *Col* 8, 8

Temulentia, æ f *Drunkenness* Libidines docet temulentia, *Plin* 14, ult

Temulentus, a, um or, comp [à temeto] *Drunken, cupshot* Vox temulenta, *Cic post redit in senat* 6 || Temulentior, ap *Sidon Ep* 2, 13

✝ Tenacia, æ f (1) *An holding fast* (2) *Parsimony, stinginess* (1) *Non ex Enn* ✝ Tenacitas (2) *Non ex Afran* ✝ Parsimonia

Tenacitas, ātis f (1) *Holding fast, closeness* (2) *Met Niggardliness, stinginess* (1) Unguium tenacitas, *Cic N D* 2, 47 (2) *Liv* [illegible], 4

Tenaciter adv ||ius, comp ssime, sup *Fastly, stiffly, constantly* Animi seros tristis fortuna tenaciter urget? *Ov Ep* [illegible], 41 Dum tenacius omen apprehendit, *Val Max* 2, 1, 5 || Tenacissime, *Apul Met* 5, p 159

Tenax, ācis adj or comp ssimu sup [à teneo] (1) *That holdeth fast, tenacious, stiff, self-willed* (2) *Tough, clammy* (3) *Hard to be governed, headstrong, restive* (4) *Firm, strong, sure, retentive* (5) *Lasting* (6) *Also niggardly, sparing, covetous and stingy* (7) *Constant, persevering* (1) Vincla tenacia, *Vir Geor* [illegible], 412 Tenaciores armorum, *Suet Cæs* 67 (2) Mella tenacia, *Vir Geor* 4, 57 Bitumen tenax, *Ov Met* 9, (5) (3) = Equus [illegible] nax, & non parens frenis, *Liv* 29, 25 (4) Dummodo tenacissimæ [illegible] memoriæ, *Col* 1, 8 (5) Ira tenax ad extremum, *Ov ex Pont* 1, 9, 28 (6) = Restrictus, & tenax, *Cic pro Planc* 22 = Paterparcus, & tenax, *Id pro Cæl* 15 (7) § Iter, pravique tenax, *Vir Æn* 4, 188 propositi, *Hor Od* 3, 3, 1

✝ Tendax adj qui tentigine venereâ vel Priapismo afficitur, *Litt ex Plaut* [illegible]

Tendens, tis part *Stretching out, casting up* Tendens ad sidera palmas, *Vir Æn* 1, 97

Tendicula æ f [à tendo] *A tenterhook for the stretching of cloth* Vestimenta tendiculis d[illegible], *Sen N Q* 1, 3 *Met* = Verborum aucupia & literarum tendiculæ, *Cic pro Cæcin* 23

|| Tendines & tendŏnes m pl [à tendo] *The tendons, or tops of the muscles that fasten them to the bones*, Med

Tendo, ere, tĕtendi & tendi, [illegible] tum act [illegible] (1) *To stretch out, to extend* (2) *To spread* (3) *To pitch a camp* (4) *To lay a snare* (5) *To bend a bow* (6) *To go about, to endeavour* (7) *To present, to offer, or hold out* (8) *To go, to go forward, to march, or advance* (9) *To reach* (10) *To grow, or shoot* (11) *To aspire, to aim at* (12) *To tend, to make forward* (1) In reous Veneris [illegible] (1) § Tendunt vela noti, *Vir Æn* 3, 268 Qua plena rates [illegible] tenderant, *Sen Herc fur* 558 (2) § Ad legiones supplices manus tendunt, *Cæs B G* 2, 12 (3) Illic tendebat Ulysses, *Ov Ep* [illegible], 33 Ne quis intra castra tenderet, *Val Max* 2, 7, 15 (4) Tendere plagas, *Cic Offic* [illegible], 17 Nostro tenditur reti [illegible] *Prop* 2, 8, 37 Dolos tendere [illegible], *to lay a trap for*, *Hor Epod* [illegible], 33 (5) Acres tendunt arcus, *Vir Æn* 7, 164 (6) Manibus tendit divellere nodos, *Vir Æn* [illegible], 220 (7) Parvum patri tendebat Iulum, *Vir Æn* 2, 674 (8) Cursum direxit, quo tendebat, *Nep Milt* 1 § Iter tendebat ad naves, *Vir Æn* 1, 660 Postquam tendere ad se Romanas naves vidit, *Liv* (9) Tendit gula ad stomachum, *Plin* 12, 37 (10) Quæ pars palmitis sursum tendit [illegible] materiam sequente anno præbet, *Col* 5, 6, 24 (11) § Animus humanus ad [illegible] tiora, & non concessa, tendit, *Liv* [illegible], 13 (12) [illegible] tendit, *Plaut Pseud* 1, [illegible], 8[illegible] (12) Tendere quæ tremulum Pelian possit, *Mart* 6, 71

Tendor, i pass *To be stretched*, &c *Ter Phorm* 2, 2, 16

|| Tenebra, æ f *Darkness*, Lampr *pro*

Tenebræ, ārum f plur [illegible], unde [illegible], qu[illegible] densæ, [illegible]] (1) *Darkness, the dark, night* (2) Meton *A dark place* (3) *A prison* (4) *Met Obscurity, or [illegible] of condition* (5) *Difficulties, or things hard to be understood* (6) Also *death* (1) Radii solis discutiunt tenebras, *Lucr* 1, 1[illegible] 9 *Spl* splendor, *q v* (2) *Meton* Oramus, demonstres ubi sint tuæ tenebræ, *Catull* 5[illegible], 2 Quanti nunc [illegible] as unum conducis in annum, *Juv* [illegible], 225 (3) = In vincula & tenebras abripi jussit, *Cic Verr* 4, 10 (4) Tamquam obscuram è tenebris in lucem vocare, *Cic pro Dejot* 11 (5) Quæso quid agitur? mihi enim tenebræ sunt, *Cic Attic* 7, 1 (6) *Litt ex Plaut*

Tenebricosus, a, um ssimus, sup (1) *Very dark* (2) Met *Black, stormy* (1) Tu ex tenebricosi popinæ consilii extractus *Cic in Pison* 8 (2) Tenebricosissimum tempus, *Cic in Vatin* 5

|| Tenebricus, a, um *Dark, obscure* Tartarea tenebrica plaga, *Poeta ap Cic Tusc* 2, 9

Tenebrio, onis m [à tenebræ] *He that will not be seen abroad by day, a lurker, a crafty knave, a nightwalker*, *Varr ap Non* 1, 67

|| Tenebrōsè adv *Darkly*, Macrob ✝ Obscure

Tĕnebrōsus, a, um *Dark, or close* Palus tenebrosa, *Vir Æn* 6 107

Tenellulus, a, um dim ex dim *Very tender and dainty* Puella tenellulo delicatior hædo, *Catull* 18, 19

Tenellus, a, um dim [à tener] *Somewhat tender, young, and dainty*, Bellari & [illegible] cenerum, *Plaut Casin* 1, 1, 20 conf *Varr R R* 1, 41

Tenendus, a, um part (1) *To be held* (2) *To be lodged in* (3) *To be preserved*, &c (4) *To be kept in* (1) Dominæ vos colla tenenda dato, *Ov Lost* 18, 16, (2) Tenendæ super eam, & [illegible] omne tenendum, *Vir Geor* 2, [illegible] (3) Pacis mihi cura tenendæ fuit, *Ov Met* 11, 2[illegible] (4) Tenendus dolor est, *Cic Att* 12 37

Tenens, tis part *Holding*, &c Rupis tenens juga prima sinistra, *Ov Met* 4, 732

Tĕneo, ēre, ui, tum act [à τείνω, fut second [illegible], Ion τενέω, quoniam quæ arctè tenemus, quodammodo tendimus] (1) *To hold fast* (2) *To keep apart* (3) Locorum vocab *To seize, or apprehend* (4) *To imprison, to secure* (5) Me[illegible] *To find, to catch one in a fact* (6) *To bind, or keep in obedience* (7) Nautarum vocabulum *to hold on, to steer* (8) *To hold, or keep back* (9) *To arrive, or land at* (10) *To hold fast, steady, or immoveable* (11) Absol *To last, or continue* (12) Viatorum, *to come to, to reach a place* (13) *To track, or trace* (14) *To persist, to persevere* (15) Pastorum, *to house, or fold cattle* (16) *Met* [illegible], *to keep within bounds* (17) *Met* Absol *To be [illegible], to be cautious* (18) Satorum, *to take root* (19) *To grow* (20) *Met* Absol *To hold good, to be fixed, to be current, to be undoubted* (21) ¶ Manu [illegible] quid, *to be sure, or certain of* (22) *To keep, to detain one, willing, or unwilling* (23) Pro occupare, obtinere, *to have, to [illegible] upon or in* (24) Aurigarum, *to drive* (25) Met *To hold in, to curb, to check* (26) *To rule, or govern, to direct* (27) Fori & curiæ, *to convict a person* (28) *To win, or gain a cause in law* (29) *To carry a point in debate* (30) Medicorum, *to refringe, to bind, to make costive* (31) *To silence, to forbear, to refrain* (32) *To retard, stop, or hinder* (33) *To hold, or keep in suspense, to amuse* (34) *To please, to delight to entertain* (35) *To be applied, or followed* (36) *To hold up, to support* (37) *To keep up, or maintain* (38) Amantium, *to clasp, to embrace* (39) Militum, *to defend, to keep by force of arms* (40) *To block up, to besiege, to hem in* (41) *To take by [illegible]* (42) *To command, to lead in battle* (43) *To keep, to make good his post* (44) *To hold in with, or by the hand*, &c (45) *To contain* (46) *To dwell in, to inhabit* (47) *To possess* (48) Teneo, a formula *in giving, or taking* (49) *To perform* (50) *To practise, to follow an [illegible]* (51) *To accomplish* (52) *To have, or enjoy* (53) *To understand, to know, to be expert, or skilful in* (54) *To observe, or keep* (55) *To remember* (56) Scenicorum, *to [illegible], to represent* (57) Dum[illegible], *to hold an [illegible]* (58) ¶ Teneo [illegible] a formula [illegible] of one [illegible] expected, or desired (59) Teneri [illegible], *to [illegible] his [illegible]* (1) Carem lucrum [illegible] pulsi [illegible] tenet, *Ov Trist* 5, 9, 23 ¶ [illegible] furious tener, *to [illegible] danger both ways*, Pro [illegible] ap *Suet Tib* 25 *Met* ✱ Spem teneo, [illegible], *Plaut Merc* 2, 4 (2) [illegible] *Prop* [illegible] 22, 10 (3) [illegible], *Plaut* Quo [illegible], *Il Ad* 3, 2, 1 (4) [illegible] *Hor Ep* 1, 16, [illegible] (5) [illegible], *Plaut Tr* [illegible] *Ter* [illegible] 1, 2, 6 (6) ✝ Solvitur [illegible], quum [illegible] non tenent, *Cic Philipp* 11 (7) Vento [illegible] tenuit, *Cic* [illegible] 3, 34 (8) Eurus red[illegible] vela tenebat, *Ov Met* 7, 664 *kept them [illegible]* (9) Veno[illegible] Pyrenæi [illegible], *Liv* [illegible] conf *Tac Hist* 2, 9, 1 (10) [illegible] Palinurus tenebat sub astra, *Vir Æn* 5, [illegible] Tenuit [illegible], *Id Georg* 4, 4[illegible] (11) Im[illegible] *Liv* 2, 4 Romæ [illegible] noctes, [illegible] tenuit, *Id* (12) [illegible] Brundisium, non [illegible] *Cic Att* [illegible] 3, 4 (13) [illegible] Boeona, [illegible]

† Telo, are [a ἦλε, procul] in alti tollo, pro to

† Tolo, ōnis m *A long pole to pull up water out of a pit, or well, a crane, a swipe*, Fest † Tollo, tolleno

|| Telonium, ii n [a τελ@, quod inter cætera ve&igal signif] *The custom-house, a toll-booth*, Vulg Int p

* Telos n *An end* = Exitum ac telo habent proprium, *Petron vel Cic* ... *de Fin* 3, 7 *sed Græcis* elementis

Telum, i n [a τῆλε, procul, quod longe mittitur, nisi forte Ci κῆλα, Iacn] (1) *Any thing that may be thrown with the hand, a dart, an arrow, a thunderbolt* (2) *A weapon to fight with, a sword* (3) *An ax* (4) *A ray of the sun* (5) Sensu obscœno (6) Also *a grievous pain, a stitch in the side* (1) Telum, quod cuiq, fors obtulerit, arripere, *Cic* Jaculabile telum, *Ov Met* 7,680 Hunc cominus telis missis interfecerunt, *Nep Alcib* 10 Custos telorum pharetra, *Ov Met* 8, 321 Est aliud levius fulmen, tela secunda vocant superi, *Id Met* 3, 305 (2) Comminus pugnans, telis hostium interfectus est, *Nep Chabr* 4 Telum vagina nudatum veste texit, *Nep Datam* 10 (3) Alter utrum securim in caput dejecit, relictoque in vulnere telo, *&c* Liv 1, 40 (4) Lucida tela diei, *Lucr* 1,148 (5) *Mart* 11,79 (6) *Ser Samm*

Temerarius, a, um [a temere] (1) *Foolhardy, rash, unadvised, indiscreet, harebrained* (2) *Without cause, insignificant* (1) ✱ Consilium temerarium magis quam audax, *Liv* = Omnia temeraria & periculosa, *Cic* pro *Cæcina*, 12 (2) Quid hoc, quod picus ulmum tundit? non temerarium est, *Plaut Asin* 2, 1, 14

Temerātor, ōris m verb *He that violateth, a defiler, a ravisher* Apollineæ temerator matris, *Stat Theb* 11, 12

Temerātus, a, um part *Violated, broken, &c* = Sepulcra majorum temerata ac violata, *Liv* 26, 13

Temĕrè adv ius, comp (1) *Rashly, unadvisedly, giddily, at random, at all adventures* (2) *Easily without cause* (3) *Likely, or lightly* (4) *Without danger* (5) *Confusedly, in an huddle* (1) = Id evenit non temere, nec casu, *Cic N D* 2, 2 = Temere, ac nullo consilio, *Id de Invent* 1, 4 = Inconsulte & temere dicere, *Id N D* 1, 16 = Temere & imprudenter aliquid dicere, *Cæl* ... *Epist ad Attic* 10, 8, 9 = fortuito, *Id* ✱ cautius, *Ter* provisò, *Tac Ann* 12, 39 Sed temere jussisse putemur, *Cic Tusc* , 8 (2) Nescio quid tristis est non temere est, *Ter Heaut* 4, 1, 1 (3) Non temere adversa civium imputent, quam fortuna nunquam decepit, *Liv* Hoc non temerè nisi libertis suis deferebant, *Cic* (4) Rapidus fluvius est hic, non hic temere transiri potest, *Plaut Bacch* 1, 1, 52 (5) = Temerè ac sine arte *Suet Aug* 49

Temĕrĭtas, ātis f *Rashness, unadvisedness, hastiness, temerity* ✱ Temeritas est florentis ætatis, prudentia senectutis, *Cic de Sen* 6 ✱ Nunquam temeritas cum sapientia commiscetur, *Id* pro *Marcell* 2 = Multi multa faciunt temeritate quadam, sine judicio vel modo, *Id Offic* 1 15

† Temeriter *Rashly*, Acc ap Non 11, 54 ✝ Temerè

† Temeritudo f *Rashness*, Pacuv ap Non 2, 867 ✝ Temeritas

Temĕro, āre act [a טמא polluere] (1) *To violate, or defile, to unhallow, or profane* (2) *To abuse carnally, to commit adultery* (1) = Sepulcra majorum temerare, ac violare, *Liv* 26, 13 Dapibus temerare nefandis corpora, *Ov Met* 15,75 (2) Juliam in matrimonio M Agrippæ temeravit, *Tac Ann* 1, 53, 4

Temētum, i n voc priscum [a Gr ... μέθυ, al quod tenet ... lis temulentum] *Strong wine* Cato ideo propinquos feminis osculum dare jussit, ut scirent an temetum olerent, hoc tum vino nomen erat, *Plin* 14, 13 Vinum prisca lingua temetum appellabant, *Gell* 10, 23 Utitur tamen Hor Epist 2, 2, 163, Juv 15, 25 aliique

Temnendus, a, um *To be despised* Pars non temnenda decoris, *Ov Art Am* 3, 299

Temno, ĕre, psi, ptum act *To set little by, to contemn, to despise, to slight* Discite justitiam moniti, & non temnere divos *Vir Æn* 6, 620 Jejunus stomachus raro vulgaria temnit, *Hor Sat* 2, 2, 38

Temo, ōnis m (1) *The beam of the wain, or the draught tree whereon the yoke hangeth*, hence in English *a team* (2) Also *a stake, or pole laid overthwart* (3) *The helm of a ship* (4) *The north star, call'd Charles's wain* (5) Also *government* (1) Per temonem percurrere, *Cæs B G* 5, 33 Temo aureus, *Ov Met* 2, 107 (2) Stipites transversis sex temonibus, quasi vacerræ, inter se ligantur, *Col* 6, 19 (3) *Stat* (4) *Litt ex Stat* (5) *Litt ex Juv* sed q

Tempe n pl *Fields of pleasure*, properly valleys in Thessaly, *Vid* Propr

Tempĕrāmentum, i n (1) *A moderation, a middle way, a mean* (2) *A tempering, or mixing* (3) *A government, a restraint* (4) *A temper, or constitution, a temperament* (1) Inventum est temperamentum, quo tenuiores cum principibus æquari se putarent, *Cic de Legg* 3, 10 (2) Hoc fere temperamentum servavi, *Plin Epist* 6, 29, 6 (3) = Et sanitati in re, modestia certe & linguæ temperamento adolescens senem vicerio, *Liv* 2°, 14 (4) *Fab & Litt* unde non dicunt Temperatio, *Cic*

Temperandus, a, um part *To be tempered, ordered, regulated, &c* Censuit annonam macelli quotannis temperandam, *Suet Tib* 34

Tempĕrans, tis part & adj or, comp ssimus, sup *Moderate, temperate, sober, forbearing, sparing* = Homo frugi ac temperans, *Ter Heaut* 3, 2, 19 = moderatus, *Cic* § Temperans rei, *Ter Phorm* 2, 1, 41 gaudii, *Plin jun* § Temperantiores à cupidine imperii *Liv* 26 22 Homo sanctissimus ac temperantissimus, *Cic* pro *Font* 13

Tempĕranter adv ius, comp *Moderately, temperately* Haberi temperanter *Tac Ann* 4, 21, 2 Temperantius agere, *Cic Attic* 9, 2

Tempĕrantia, æ f *Moderation, temperance, soberness, &c* = Modestia vel temperantia moderatio est cupiditatum, rationi obediens, *Cic de Fin* 2, 19 Temperantia in victu, *Id Tusc* 5, 20

Temperāte adv ius, comp *Moderately, temperately* Ubi temperate tepebit, *Cato* 69 *Met* Ages, ut scribis, temperate, *Cic Attic* 12, 32 Temperatius, *Sen Ep* 18

Tempĕrātio, ōnis f verb (1) *A tempering, or mixing* (2) *A constitution, temper, or temperature* (3) *Ordering, or managing* (1) Æris temperatio, *Cic Verr* 4, 44 (2) Corporis temperatio fit, cum ea congruunt inter se, è quibus constamus, *Cic Tusc* 4, 13 (3) Temperatio reipub *Cic de Legg* 3, 5

Tempĕrātor, ōris m verb (1) *A temperer* (2) Met *A ruler or governour* (1) Temperator varietatis, *Cic Or* 21 (2) *Sen de Vit Beat*

Tempĕrātum est imperf *They did restrain, or forbear* § Templis Deum temperatum est, *Liv* 1, 29

Tempĕrātūra, æ f (1) *Temperature, a mixture of things, an alloy* (2) *A temper, or disposition* (1) Temperatura terræ, *Plin* 34, 15 mundi, *Vitruv* 1, 9 (2) Temperatura corporis, *Sen Ep* 11

Temperātus, a, um part & adj or, comp ssimus, sup (1) *Moderated, ordered, tempered, mixed* (2) *Moderate, temperate, without excess, keeping a mean* (3) *Mild, calm* (1) Ut lux habili mistura & temperato repercussu nen ... *Plin* 11, 37 *Met* = Oratio permista & temperata numeris, *Cic Orat* 57 (2) = Temperatum & æquabile genus dicendi, *Cic Offic* 1, 1 Hoc nec gravior extitit quisquam nec callidior, nec temperatior, *Id Orat* 7 ✱ Temperatæ suaves sunt argutiæ, immodicæ offendunt, *Phædr* 5, 5 (3) Temperatissimo anni tempore, *Varr R R* 2, 5

Tempĕries, ei f (1) *Temperateness in cold, or heat, a temper, a good moderation, or mean* (2) *A season, a time* (1) Ubi temperiem sumpsere humorque, caloreque concipiunt, *Ov Met* 1, 430 Docta fruenda temperies, *Stat Sylv* 2, 2, 153 Temperies cœli, *Ov ex Pont* 2, 7, 71 (2) Sic judicatur anni temperies, alibi ardius, alibi maturius, *Plin* 18, 25

Temperiùs adv comp *More early*, Cic Fam 9, 16, sub fin R occ *usitatius* temporius

Tempĕro, āre act [a tempore] (1) *To temper, mix, or mingle, to alloy* (2) *To order* (3) *To fix, or regulate* (4) *To rule, to govern* (5) *To forbear, to spare, to abstain, to refrain* (6) *To supple, to make soft* (7) *To be temperate, or use moderation* (1) § Ea cum tria sumpsisset, unam in speciem temperavit, *Cic de Univ* 7 § Aquam temperare ignibus, *Hor Od* 3, 19, 6 Conflare & temperare æs, *Plin* 7, 56 = Miscere & temperare inter se, *Cic Orat* 197 *Met* Amara temperare risu, *Hor Od* 2, 16, 27 (2) O testudinis aureæ dulcem quæ strepitum, Pieri, temperas, *Hor Od* 4, 3, 18 (3) *Vid* Temperandus (4) Rempublicam majores nostri melioribus legibus temperarunt, *Cic Tusc* 1, 1 Temperare mundum, *Hor Od* 1, 12, 16 orbem, *Ov Fast* 4, 91 ventos, *Id Epist* 10, 66 ora frenis, *Horat Od* 1, 8, 7 (5) Temperare sibi, *Cic Fam* 10, 7 vino, *Liv* 40, 14 ætati juvenum, *Plaut Truc* 1, 1, 41 cædibus, *Liv* 2, 16 a maleficio, *Ad Herenn* 2, 19 maledicere, *Plaut Pœn* 5, 2, 76 (6) = Mollitque animos, & temperat iras, *Vir Æn* 1, 61 (7) § Isthoc probior es, cum in amore temperes, *Plaut Epid* 1, 2, 8

Tempestas, ātis f [a tempus] (1) *Time, season, age* (2) *Weather, a fair, or good season* (3) *Tempest, or storm, boisterous weather, be it rain, hail, or wind* (4) Tempestates, *goddesses presiding over the weather* (5) Met Also *ruine, destruction, danger, or peril* (6) *A commotion in state* (1) Ea tempestate flos poetarum fuit, *Plaut Cas in prol* 18 conf *Sall B J* 8 Multis ante tempestatibus, *Liv* (2) Nautæ tempestatem prætermittere noluerunt, *Cic Fam* 14, 4 Unde hæc tam clara repente tempestas? *Vir Æn* 9, 19 (3) Forte sua Libycis tempestas appulit oris, *Vir Æn* 1, 381 (4) = Referenti ... in Deos etiam Tempestates, quæ P R ritibus consecratæ sunt, ergo Imbres, Nimbi, Procellæ, Turbines Dii putandi, *Cic N D* 3, 20 Tempestatibus agnam cædere deinde jubet, *Vir Æn* 5, 772 (5) = Perniciès & tempestas, barathrumque macelli, *Hor Ep* 1, 15, 31 (6) = Tu procella patriæ, turbo ac tempestas pacis, *Cic* pro *Domo*, 53

Tempestīvè adv ius, comp *In season, in due and convenient time, seasonably, opportunely* Fructus tempestivè demetere, *Cic N D* 2, 62 Tempestivius comessari, *Hor Od* 4, 1, 11

Tempestīvĭtas, ātis f *Season, or time convenient, seasonableness* Sua cuique parti ætatis tempestivitas est data, *Cic de Sen* 10

Tempestīvus, a, um or, comp (1) *Seasonable, in due and convenient time and season, seasonable* (2) *Early, timely* (3) *Ripe for* (1) Nondum tempestivo ad navigandum mari, *Cic* pro *L Manil* 12 Ludum tempestivum pueris concedere, *Hor Ep* 2, 2, 142 (2) Nec ex his tempestivos fructus capere possumus *Cic Offic* 2, 4 Ea cassita in sementes forte concesserat tempestiviores, *Gell* 2, 29 (3) § Desine matrem tempestiva sequi viro, *Hor Od* 1, 23, ult

|| Tempestuōsus, a, um *Tempestuous, stormy, boisterous*, Sidon Ep 4, 6 ✝ Procellosus

† Tempestus, a, um ant pro tempestivus, *Fest*

Templum, i n [à templando, i e contemplando] (1) *A quarter of the heaven which in auguries was marked out with the lituus* (2) ✝ *Heaven* (3) *An heathen temple, a place consecrated to the service of their gods*, which was anciently an open place without a roof (4) *Any inclosed public place, a court*, because such places were consecrated (5) *An inner place, a recess* (6) Synec *An image, or statue in a temple* (1) Palatinum Romulus, Aventinum Remus ad inaugurandum templa capiunt, *Liv* 1, 7 Lucida cœli templa, *Lucr* 1, 1015 (2) Contremuit templum magnum Jovis omnipotentis, ap *Varr L L* 6 (3) Augustum templum, *Cic in Vatin* 19 sanctum & religiosum, *Id Verr* 4, 45 de marmore, *Vir Geor* 3, 13 (4) Curia est templum sanctitatis, amplitudinis, mentis, consilii publici *Cic* pro *Milon* 33 (5) Linguæ sudantia templa, *Lucr* 4, 628 mentis, *Id* 5, 104 (6) *Vir Æn* 4, 457

Tempŏra, um n (1) *The temples, or sides of the head* (2) Also *the head* (1) Temporibus geminis canebat sparsa senectus, *Vir Æn* 5, 416 (2) Limosâ tempora mersit aquâ, *Ov Ep* 9, 140 *Vid* Tempus

Tempŏrālis, e (1) *Lasting for a while, made for a certain time, temporal*, t nporal (2) Inconftant (3) Alfo of, or belonging to the temples (1) Temporalibus laudibus decorare, Tac Agric 46, 2 (2) Græcorum funt temporaria ingenia, Curt 4, 5, 11 fed varia it codd ind Temporarius (3) Litt gratia, fed vena temporales, Veg 2, 16

|| Temporaneus, a, um unde in composit extemporaneus Done for a time, belonging to time ‡ Temporarius

Temporārius, a, um (1) Temporary, lasting but for a feafon (2) Coming at a certain feafon ( ) Inconftant, fhuffling and complying with the times (1) Lenocinium & fubitum eft, Plin Paneg 91, 7 (2) Plin 16, 30 ( ) A nec liberalitas neque temporaria fuit, neque callida, Nep Att 11 Græcorum temporaria ingenia, Curt 5, 5, 11 Var Temporaria, n 2

Tempŏre adv In time, at the time appointed, in feafon Sat is tempore fe ad comitia temporè venire ... Cic Att 2, 52

Temporī adv In good time, feafonably Vigilare decet hominem, qui volt fua tempori conficere officia, Plant Rud 4, 2, 16

Tempŏrius adv comp Before time, fooner than needeth, very early Temporius redire, Col 8, 6 ✕ Modo furgis Eoo temporius cœlo, modo feris mediis undis, Ov Met 4, 198

Temptor, oris m verb A defpifer, or contemner Temptor Deorum, Sen Agamemn Cas ibi ... nal contemptor

Tempus, ŏris (olim ŏris) n [a τέμνω, i divifione, eit enim quantitas difcreta Becm ex Scal] (1) Time (2) The ftate of time, a conveniency, or fuitablenefs to the time prefent, a circumftance ( ) A fixt, or certain time (4) Opportunity, feafon (5) An occafion, cafe, or affair (6) A fpace of time, an age (7) The fixt end authority that one hath at any time, when one is in greateft efteem (8) A feafon of the year (9) A clime (10) temperature (11) The temples of the head, or the head itfelf (1) Tempus eft id, quo nunc utimur, pars quædam æternitatis, cum alicujus annui, menftrui, diurni nocturnive fpatii certà fignificatione, Cic de Inv 1, 26 Sydereum errores ipfum eft, quod dicitur tempus, Id de Un ... ( ) Illa oratio potius temporis ... quam judicii, & auctoritatis ..., Cic pro Cluent 50 Nunc id tempus eft mi, ut cupiam filium, Ter Haut 4, 1, 54 (3) Ubi tempus promiffum ... perfici, Ter Andr 1, 1, (4) Tempus re, gerendi non dimifit, Nep Alcib 8 (5) Ab nullius umquam me tempore aut commodo, otium meum abftraxit, Cicero pro Arch ... 6 (6) Erat, ut temporibus ... de Clar Orat ( ) Multum in hac urbe poltorum obedire tempori, ... Cluent 69 (8) Hyberno ... B Alex 43 (9) ... Stant in ... ad orientem, ... tempus, ... R 2 2 (10) Manil ap ... ( ) ... dum tremulum ... omnibus annitis om... bus ... Catull 59, 162 ... per tempus utrum ... Vir Æn 9, 418 Tranfcur... tempus aliunde, Sil 12, 41, ... is tempus dextrum, Vitruv

Tĕmŭlenter adv Drunkenly, fottifhly Ægyptias aves temulenter eructans, Col 8, 8

Tēmŭlentia, æ f Drunkennefs Libidines docet temulentia, Plin 14, ult

Temŭlentus, a, um or, comp [a temeto] Drunken, cupfhot Vox temulenta, Cic poft redit in Senat 6 || Temulentior, ap S don Ep 2, 13

† Tĕnacia, æ f (1) An holding faft (2) Parfimony, ftinginefs (1) Non ex Enn † Tenacitas (2) Non ex Afran † Parfimonia

Tĕnācĭtas, ātis f (1) Holding faft, clofenefs (2) Met Niggardlinefs, ftinginefs (1) Unguium tenacitas, Cic N D 2, 47 (2) Liv 34, 4

Tĕnācĭter adv || ius, comp ffime, fup Faftly, ftiffly, conftantly An miferos triftis fortuna tenaciter urget? Ov Ep 3, 43 Dum tenacius orien apprehendit, Val Max 2, 4, 5 || Tenaciffime, Apul Met 5, p 159

Tĕnax, ācis adj or, comp ffimus, fup [a tenendo] (1) That holdeth faft, tenacious, ftiff, felf willed (2) Tough, clammy (3) Hard to be governed or adjudged, reftive (4) Firm, ftrong, fure, retentive (5) Lafting (6) Alfo niggardly, fparing, covetous and ftingy (7) Conftant, perfevering (1) Vinculi tenaci, Vir Geor 4, 412 Tenaciores armorum, Suet Cæf 67 (2) Melli tenaci, Vir Geor 4, 57 Bitumen tenax, Ov Met 9, 659 (3) = Equus e nax, & non parens frenis, Liv 39, 25 (4) Dummodo tenaciffimæ fit memoriæ, Col 1, 8 (5) Ira tenax ad extremum, Ov ex Pont 1, 9, 18 (6) = Reftrictus, & tenax, Cic pro Planc 22 = Parcus, & tenax, Id pro Cæl 15 (7) § Facti, pravique tenax, Vir Æn 4, 188 propofiti, Hor Od 3, 3, 1

† Tendax adj qui tentigine venereâ ... Priapifmo afficitur, Litt ex Plaut fed non inven

Tendens, tis part Stretching out, cafting up Tendens ad fidera palmas, Vir Æn 1, 97

Tendĭcŭla æ f [a tendo] A tenterhook for the ftretching of cloth Veftimenta tendiculis diducta, Sen N Q 1, 3 Met = Verborum aucupia & literarum tendiculæ, Cic pro Cæcin 23

|| Tendines, tendinum ŏnes m pl [a tendo] The tendons, or tops of the mufcles that faften them to the bones, Med

Tendo, ĕre, tĕtendi & tendi, fum & tum ĕct [a τείνω, tenor, τένω] (1) To ftretch out, to extend (2) To fpread (3) To pitch a camp (4) To lay a fnare (5) To bend a bow (6) To go about to endeavour (7) To prefent, to offer, or hold out (8) To go, to go forward, to march, to advance (9) To reach (10) To grow, or fhoot (11) To afpire, to aim at (12) To tend, to make forward (13) In rebus Venereis (1) § Tendunt vela noti, Vir Æn 3, 268 Qui plena rates carbafa tenderant, Sen Herc fur 558 (2) § Ad legatos fupplices manus tendunt, Cæf B G 2, 12 (3) Illic tendebat Ulyffes, Ov Ep 1, 35 Ne quis intra caftra tenderet, Val Max 2, 7, 15 (4) Tendere plagas, Cic Offic 3, 17 Noftro endifti retia lecto, Prop 3, 8, 37 Dolos tendere alicui, to lay a trap for, Hor Epod 2, 33 (5) Acies tendunt arcus, Vir Æn 7, 164 (6) Manibus tendit divellere nodos, Vir Æn 2, 220 (7) Parvum patri tendebat Iulum, Vir Æn 2, 674 (8) Curfum direxit, quo tendebat, Nep Milt 1 § Iter tendebat ad naves, Vir Æn 1, 660 Poftquam tendere ad fe Romanas naves vidit, Liv (9) Tendit gula ad ftomachum, Plin 12, 37 (10) Quà pars palmitis furfum tendit, ea materias fequente anno præbet, Col 5, 6, 24 (11) § Animus humanus ad altiora, & non conceffa, endit, Liv 4, 13 (12) Eo res tendit, Plaut Pfeud 1, 2, 87 (13) Tendere quæ remulum Pelion pofiet, Mart 6, 71

Tendor, i paff To be ftretched, &c Ter Phorm 2, 2, 16

|| Tenebra, a, f Darknefs, Lampr pro

Tenĕbræ, ārum f plur [a δνοφερὸς, unde δνοφερος, qu denebra, Canin] (1) Darknefs the dark, night (2) Meton a dark place (3) A prifon (4) Met Obfcurity, or meannefs of condition (5) Difficulties, or things hard to be underftood (6) Alfo death (1) Radii folis ... tenebras, Lucr 1, 149 ✕ fplendor, 9 2 (2) Meton Omnibus, demonftre ubi ... tenebras, C Tull 5, ... Quanti nunc ... tenebras unum con ... Juv 3, 225 (3) = In vincula & tenebras ... juffit, Cic Verr 4, 10 (4) ✕ Familiam obfcuram e tenebris in lucem ... Cic pro Dejot 11 (5) Quafo quid ... tenebræ funt, Cic Attic 7, 11 (6) Litt ex Plaut

Tenebricofus, a, um ffimus, fup (1) Very dark (2) Met Black, ftormy (1) ... ex tenebricofo ... conful ex ... tus, Cic in Pifon 8 (2) Tenebricofiffimum tempus Cic in Vatin 5

Tenebrĭcus, a, um Dark, obfcure Partes tenebrica plaga, Poeta ap Cic Tufc 2, 9

Tenebrio, onis m [a tenebræ] He that will not be feen abroad by day, a lurker, a crafty knave, a nightwalker, Varr ap Non 1, 67

|| Tenebrōsè adv Darkly, Macrob † Obfcure

Tenebrōfus, a, um Dark, or clofe Palus tenebrofa, Vir Æn 6, 107

Tenellulus, a, um dim ex dim Very tender and dainty Puella tenellulo delicatior hœdo, Catull 18, 19

Tĕnellus, a, um dim [a tener] Somewhat tender, young, and dainty Bellam & tenellam Cafinam defpexit, Plaut Cafin 1, 1, 26 conf Varr R R 1, 41

Tenendus, a, um part (1) To be held (2) To be hedged in (3) To be preferved, &c (4) To be kept in (1) Domine vobis colla tenenda dabo, Ov Epift 18, 164 (2) Texendæ fepes etiam, & pecus omne tenendum, Vir Geor 2, 371 (3) Precis mihi cura tenendæ fuit, Ov Met 11, 297 (4) Tenendus dolor eft, Cic Att 12, 37

Tenens, tis part Holding, &c Rupis tenens juga prima finiftri, Ov Met 4, 732

Tĕnĕo, ēre, ui, tum act [a τείνω, fut fecund τενῶ, Ion τείνω, quoniam quæ arcte tenemus, quodammodo tendimus] (1) To hold faft (2) To keep apart (3) To keep ... (3) To apprehend (4) To imprifon, to fecure (5) Met To find, to catch one in a fault (6) To bind, or keep in obedience (7) Nautarum vocabulum, to hold on, to fteer (8) To hold, or keep back (9) To arrive, or land at (10) To hold faft, fteady, or immoveable (11) Abfol To laft, or continue (12) Viatorum, to come to, to reach a place (13) To track, or trace (14) To perfift, to perfevere (15) Paftorum, to houfe, or fold cattle (16) Met Tenere fe, to keep within bounds (17) Met Abfol To be lofty, to be cautious (18) Satorum, to take root (19) To grow (20) Met Abfol To hold good, to be fixed, to be current, to be undoubted (21) ¶ Manu tenere quid, to be fure, or certain of, (22) To keep, to detain one, willing, or unwilling (23) For occupare, obtinere, to have, to be upon, or in (24) Aurigarum, to drive (25) Met To hold in, to curb, to check (26) To rule, to govern, to direct (27) Lon & cultus, to conftrain a perfon (28) To win, or gain a caufe in law (29) To carry a point and bate (30) Medicorum, to reftrange, to bind, to make coftive (31) To forbear, to refrain, to retard, ftop, or hinder (33) To hold, or keep in fufpenfe, to amufe (34) To pleafe, to delight, to entertain (35) To be approved, or followed (36) To hold up to fupport (37) To keep up, or ... retain (38) Animum, to clafp, to embrace (39) Militum, to defend, to keep by force of arms (40) To block up, to befiege, to hem in (41) To take by war (42) To command, to keep in battel (43) To keep, to make good his poft (44) To hold in with, or by the hand, &c (45) To contain (46) To dwell in, to inhabit (47) To poffefs (48) Teneo, a formula in giving, or taking (49) To perform (50) To practice, to follow an employment (51) To acco... (52) To have, or enjoy (53) To underftand, to know, to be expert or skilful in (54) To obtain, or keep (55) To ... (56) Scemico ..., to ... to reprefent (57) Difputan ..., to hold an opinion (58) ¶ Teneo te ? a formula ... of one long expected, or defired (59) Teneri, ought his living (1) Canem lucernam ... pula ... tenet, Ov Trift 5, ... 8 ¶ Lupum auribus tenere, to be in danger both ways, Prov ap Suet Tib 25 Met ✕ Spem teneo, falutem amifi, Plaut Merc 3, 4 5 (2) Cum ... quos medio vertice ... tenet Prop ..., 10 (3) ... tenui, ducite, Plin ... Quo fugis? ... nunc ... ted ... ten, ... 3, 2, 1 (4) Manet, & compedibus ... fub cuftode ... Hor. Ep 1, 16, ... (5) Mirum ... tam mendici, male te tenet, Plaut Truc ... Nam ... tenere ... Ter ... 1, 2, 6 (6) ✕ Solvitur legibus, quinquennes leges illum non tenent, Cic ... lipp 11 (7) Vento ... cun diffimo ... tenuit, Cic N D 2, 34 (8) Litus rediturum ... tenebit Ov Met 7, 664 kept them windbound (9) Vento ... Pygela portum ... tenuit, Liv ..., 11 conf Tac Hift 2, 9, 1 (10) Oculos Palinurus tenebat fub aftra, Vir Æn 5, 852 Tenuit inhians tria Cerberus ora, Id Geor 4, 48 (11) Imber continens per noctem totam tenuit Liv 2, 14 Romæ ... incendium per duas noctes, & diem unam tenuit Id (12) Illas partes tenere, ... Brundifium, non ... Cic Att ... 3, 4 (13) ✕ Tenui veftigium ... Boccha ..., ... ter illus [illegible] (24) Tenere cum [illegible] (25) [illegible] (26) Tenuit [illegible] impe[illegible] 2, 4 Tenet, Davi[illegible] te, *Hor Sat* [illegible] (27) [illegible] omnes [illegible] *Plaut Mer* [illegible] (28) = Si [illegible] com[illegible] & [illegible] *Col* 5, 6 (29) [illegible] cætera [illegible] (30) Tene[illegible] Apollo[illegible] *Liv* 8, 1 (31) = Cum in [illegible] mortis compe[illegible] & manu tenere diceret, *Cic Orat* 8 (32) Tum [illegible] me cum teneo, *Cic* [illegible] 15 Ma[illegible] agis, [illegible] teneo, *Hor Sat* 1, 9, 15 (33) [illegible] Tenent [illegible] pes [illegible] atque paludes, *Lucr* 5, [illegible] Parus tenet omnia [illegible] ime, *Tib* [illegible] 15 (24) Cur[illegible] nor [illegible] *Ov Met* [illegible] (25) Me[illegible] & [illegible] poe[illegible] (26) Teneo [illegible] *Ov Met* 5 [illegible] empu[illegible] *Fam* 1, [illegible] nox [illegible] (27) Te[illegible] est de [illegible] *Cic Q frat* 2, [illegible] Argumentis & [illegible] tene[illegible] *Id* Teneo furem, [illegible] non possi, *Id* (28) [illegible] Si recte [illegible] tene[illegible] Dio genes [illegible] tenere, *Id* [illegible] & [illegible] (29) [illegible] fuit, [illegible] annum [illegible] *Liv* 4, [illegible] (30) Id assumptum tene [illegible] Quid compri[illegible] quid [illegible] *Scrib Larg* (31) [illegible] cornu [illegible] *Hor Od* 1, 18, 13 Tenere [illegible] *Cic* [illegible] 8 [illegible] *Id* [illegible] 4 19 [illegible] (32) Si [illegible] tenet [illegible] Orphe[illegible] (33) Si [illegible] te[illegible] *Cic* [illegible] (34) Si non potens [illegible] populum te[illegible] *Cic* (35) [illegible] Ex duobus [illegible] Apulia, *Plin Jun* (6) [illegible] animarum, [illegible] & [illegible] *Id ibid* (37) [illegible] & [illegible] *Cic Fam* 4, [illegible] (38) [illegible] *Ov* [illegible] (39) [illegible] *Cæs B C* 1, 18 Ty[illegible] = Mat[illegible] & [illegible] (40) Onere [illegible] (41) [illegible] *Cic* [illegible] (42) = [illegible] Deorum pacem [illegible] (43) [illegible] Pax [illegible] teneo, *Id*

[illegible] *Plaut* [illegible] ne intell[illegible] macer[illegible] (45) Cœlum tenet om[illegible] *Cic N D* 2, 22 (46) [illegible] primum [illegible] *Nep* [illegible] Quæ [illegible] *Tir Geor* 4, 421 (47) ✱ Tenuit consilium & eorum [illegible] & eorum, [illegible] *Cic* Tenuit [illegible] Sextius [illegible] *Id* [illegible] (48) Eccam [illegible] *Plaut Truc* 2 6 50 Ten[illegible] *Id* (49) Quod [illegible] est tenere, *Cic Offic* [illegible] (50) Agri colendi [illegible] te[illegible] *Cic de Sen* [illegible] (51) [illegible] propositum tenere non po[illegible] alio [illegible] *Cic Cæs B C* [illegible] (52) Tenere in animo [illegible] civium, *Id* [illegible] quid [illegible] *Id* (53) ✝ Ignarum [illegible] *Plaut* [illegible] Teneo quid [illegible] hic re[illegible] *Id* [illegible] Jus [illegible] *Id Ad* [illegible] 1 (54) Gravitatem in congressu nostro tenui, quam debui, *Cic Attic* 8 Rationem juris æquitatemque tenere, *Id Q frat* (55) Dum [illegible] *Hor A Poet* [illegible] (56) De [illegible] *Cic de Orat* [illegible] (57) Iidem [illegible] tenent, [illegible] defendunt, [illegible] *Cic Parad* 1 (58) Tene [illegible] te, *Antiph*[illegible] maximi animo [illegible] meo? *Ter Heaut* 2, 3, ult Teneo te, quidem [illegible] *Petron* [illegible] (59) Improbus [illegible] se tenet, *Plaut Pseud* 4, 7, 9

Teneor, [illegible] pass *To be held, detained, supported,* &c [illegible] opere & labore [illegible] urbis tenere [illegible] *Liv* 6, 1 Tribus rebus animan[illegible] tenetur, *Cic N D* 2, [illegible]

Tener, [illegible] or, comp rimus, sup [illegible] (1) *Tender* (2) *Young* (3) *Pliant* (4) *Nice, dainty, delicate, effeminate* (5) *Gentle, soft, merciful* (1) Tener [illegible] *Juv* [illegible] Uva [illegible] *Pallad* conf [illegible] 18 (2) [illegible] *Id* ✱ Equos [illegible] *Cic de Amicit* 19 ¶ A teneris un[illegible] *from ones infancy*, *Id Fam* 1, 6 (3) Ramus tener[illegible] *Plin* [illegible] (4) Ne nimium te[illegible] *Hor A Poet* 246 (5) Teneriore animo [illegible] *Cic Fam* 5, [illegible] ✝ Durus, [illegible]

✝ Tenerasco [illegible] *To grow tender* [illegible] *Lucr* [illegible] 767

Tenere adv [illegible] *Tenderly, nicely* Tenere [illegible] *Pallad* 1, 6 Cor[illegible] *Plin* 2

Tenĕresco, [illegible] *To grow tender* *Plin* [illegible] *Cels* 6 6

Tenĕritas, [illegible] *Softness, tenderness* = In primo [illegible] *Cic* [illegible] Fin 5, 21 Te[illegible] Dearum, [illegible] *Id* [illegible]

Tenerĭter [illegible] *Tenderly*, *Plin* [illegible]

Tenĕritudo, [illegible] *Tenderness*, [illegible] *Varr R R* 1, 6

Tenesmus [illegible] *An itch of the* [illegible] *desire of going to* [illegible] *Scrib Larg Compos* 142 *Nep Attic* 21, [illegible] *Cels* [illegible] 18

Tenor, [illegible] [a teneo, [illegible]

teneo, *Quint* [illegible] (1) *A tenour, order, continuance, or constant course* (2) *Also the tone or accent of a word* (1) Uno [illegible] cendo fluit, *Cic Orat* [illegible] Tenor [illegible] est [illegible] *Ov Ep* [illegible] (2) Acu[illegible] tus gravis [illegible] *Quint* 1, 5

Tensa, æ f [illegible] [a tendo, [illegible] *A kind of waggon* [illegible] *thence*

‖ Tensio [illegible] *That which is stretched*, [illegible]

Tenso, [illegible] *tension* [illegible] *Scrib Larg Comp* 255 [illegible] *Cal*

Tensus, [illegible] part [a tendo, or] (1) *Stretched out, bent* [illegible] *ing outward* (2) *Met* [illegible] *loud* (1) Tensus ar[illegible] *Propert* [illegible] 1, 10 (2) Vox [illegible] hoc [illegible] & [illegible] or [illegible]

Tentabundus, a, um *Attempting, proving, trying* [illegible]

Tentāmen, [illegible] n *A proof, a trial, an essay, an attempt, or endeavour* Primis [illegible] tentamina [illegible] *Ov Met* [illegible] *Lit* [illegible]

Tentāmentum, [illegible] n *A proof, a trial* [illegible] *Virg Æn* 8, 1[illegible]

Tentandus, a, um part *To be tried, attempted, assayed* Tentanda [illegible] *Vir Geor* 2, 8

Tentans, [illegible] part (1) *Assaying, holding back* (2) *Afflicting* (1) Custodia solers omnia tentan[illegible] *Vir Geor* [illegible] 328 (2) Dolo[illegible] tentante [illegible] *Lucr* [illegible] 148

Tentātio, ōnis f verb (1) *A proof, an assaying, a temptation* (2) *An attack, a shock* (1) *Liv* 4 [illegible] Tentationem esse credens [illegible] *Id* 4, 42 (2) Morbi [illegible] *the tingling of a disease*, *Cic Attic* 10, 19

Tentātor, ōris m verb *A tempter, a prover, a trier, an assayer* Tentator Orion Dianæ, *Hor Od* 3, 4, 71

Tentātūrus, a, um part *About to try*, *Vir Æn* 4, [illegible]

Tentātus, a, um part (1) *Tried, tempted* (2) *Afflicted, plagued, vexed* (1) A multis [illegible] *Nep Cat* 2 (2) Domus tentata [illegible] *Cic pro Cæl* 22

Tentīgo, inis [a tendo, tentum] *A stiffness, or stretching*, *Hor Sat* 1, [illegible] & *Juv* 6, 158

‖ Tentipellium, [illegible] [a tentam [illegible]] (1) *A kind of iron* [illegible] *whereon leathers stretched* (2) *Also a medicine to stretch and smooth the skin* (1) *Afran ap Fest* (2) *Gloss Lat Græc*

Tento, āre freq [a teneo, or] [illegible] (1) *To feel, to assay, to touch* (2) *Met To prove, or try* (3) *To tempt* (4) *To seize, to attack* (5) *To disturb* [illegible] *to bring illness* (1) Fumen [illegible] frigidum ut vix [illegible] tare id possim, *Cic de Leg* [illegible] Tentare venas alicujus, *to feel his pulse*, *Suet Tib* [illegible] (2) = Ex[illegible] & tentando omnia, *Cic Brut* 16 = For[illegible] tentare & per[illegible] *Id Terr* [illegible] (3) Pyrrhus non virorum solum sed etiam mulierum animos donis tentavit, *Liv* [illegible] Judicium pecunia tentare, *Cic* (4) Non insita [illegible] tentare [illegible] *Prop* 2, 10, 21 Neque morbus, nec mors, nec usus tentare [illegible] tempore [illegible] *Lucr* 6, 1249

(5) Non [illegible] graves [illegible] pabula [illegible] *Vir Ecl* 1, 50 [illegible] num tenta[illegible] caput, *Pers* [illegible]

Tentor, [illegible] atus pass *To be tried, assayed,* &c Omnia tentan[illegible] tur, *Cæs B G* 7, 8[illegible] Animi [illegible] morbo non po[illegible] *Cic Tusc* [illegible]

[illegible] dim [illegible] *Hirt B Afr* [illegible]

Tentōrium, [illegible] [a tendo [illegible]] *a pavilion* Porta [illegible] *Ov Fast* [illegible]

‖ Tentorium [illegible] Tentoria [illegible]

Tentum, [illegible] *Cap* [illegible]

Tentus, a, um part [a [illegible]] *Stretched, bent* [illegible] *Hor Sat* 2, 5, [illegible] *Ov Fast* [illegible]

‖ [illegible] Instrumentum per[illegible] *Apul* [illegible]

Tenu[illegible] *Attenuating* [illegible], or *shred* [illegible] *Lit* [illegible]

Tenuātus, a, um part (1) *Made thin, or lean* (2) *Slender, that yet* [illegible] (1) Corpus [illegible] *Hor Sat* 2, 84 (2) Vox [illegible] *Ov Met* [illegible]

Tenuiculus, a, um dim [a tenuis] *Very little, or somewhat slender, thin or poor*, *Cic Fam* 9, 1[illegible]

Tenuis, e adj or comp issimus, sup [illegible] a teneo, [illegible] facile teneantur] (1) *Slender, thin* (2) *Lean* (3) *Small, little* (4) *Poor, mean, sorry* (5) *Base* (1) Tenue linum, *Cic* Tenuissimis corticibus, *Plin* [illegible] Fila [illegible] tenuia, *Lucr* [illegible] (2) ✱ Tenuioribus magis [illegible] pinguioribus magis [illegible] *Cels* (3) ✝ Non modo medico [illegible] sed etiam tenui [illegible] possumus, *Cic* [illegible] Non [illegible] tenuissimo [illegible] *Id pro Flacco*, 12 (4) ✝ Ab tenui [illegible] tantæ opes [illegible] gatæ, *Nep Pelop* 2 = [illegible] atque infirmus animus, *Cæs B G* 1 [illegible] (5) Quo tenuiores [illegible] cipibus [illegible] *Lege* [illegible] 10 Tenues [illegible] *Mart* 6 64, 17

Tenuĭtas, ātis f (1) *Thinness* (2) *Leanness* (3) *Slenderness* (4) *Poverty* (1) Lingua [illegible] tenuitatem [illegible] illa primum non est, [illegible] *Plin* 23, 9 (2) Quo[illegible] dam, valetudo modo bona [illegible] tenuitas ista delectat, *Cic de Cl Or* 16 (3) Cauda [illegible] tenuitatem desinens, *Plin* 8, [illegible] (4) = Ut possum ex meis angustiis [illegible] tenuitatem [illegible] *Cic Fam* 16, 20 (5) [illegible] rum & verborum tenuitas, *Cic* [illegible] *Fin* 2, 12

Tenuĭter adv [illegible] comp [illegible] (1) *Thinly* [illegible] (2) *Lightly* (3) [illegible] (4) *Poorly, slenderly* (1) [illegible] tenuissime [illegible] *Cels de Arb* [illegible] = [illegible] tationes tenuis & [illegible] illo [illegible] tractantur, *Cic* [illegible] 16 (4) Aluta tenuiter confe[illegible] *Cæs B G* [illegible] 10 (3) [illegible] mus tenuiter [illegible] *Cic* [illegible] *Orat* [illegible] (4) Tenuiter [illegible] *Ter* [illegible] 2, 2, 55

Tenuo, āre act (1) *To make small, thin, or slender* (2) *To make lean* (3) *To wear away* (1) Roriferæ [illegible] nubem [illegible] biga, *Stat Th* [illegible] 8 *Met* Magna modis [illegible] partis, *Hor Od* 3, 2, ult (2) Manicula jam tenuere, *Prop* 4, 7, 27 cura tenuant corpus, *Ov Met* 3, 5

Tenuor, āri pass *To be made thin, to be worn out* Vomer tenuatur ab usu, *Ov ex Pont* 2, 7, 4

Tenus, i s m [à τείνω, 1 ε, i e tendo, *Scal*] *A gin* Pendebat hodie ... tenus, *Plaut* 4, 6, 2

Tenus præp [à teneo, nam ... propinquum est, quasi tenetur] (1) *Up to, as far as* (1) Fæce tenus, *Hor* 1, 5, 27 Est quodam prodire tenus, si non datur ultra, *Id* 1, 1, 2 *Per tmesin* Hac Trojana tenus fuerit fortuna secuta, *Vir Æn* 6 62 § Crurum tenus, *Col* 3, 5 Pennis tenus ... git aeit, *Ov Met* 6, 258 Inguinibus tenus, *Cels* 1, 2 (2) Verbo tenus, *by word of mouth*, Cic Legg 3, 6 ¶ Cum accus rar Dorium tenus venit, *Flor* 3, 4, 6 ... tenus, *Val Flacc* 1, 538

Tepĕfăcio, ĕre, eci, actum *To warm, or make warm* Sol non tepefacit solum, sed etiam comburit, *Cic N D* 2, 15 ✶ Tepefacit frigida membra, *Catull* 66, Ferrum tepefecit in jugulo ..., *Hor Sat* 2, 3, 136

Tepĕfactus, a, um *Made warm* ... tepefactus mollitur, *Cic N D* 2, 10

Tepĕfio, ĕri *To be lukewarm* Mature tepefiunt, *Plin* 1, 6

Tepens, tis part *Warm, temperate* Zephyri tepentibus auris laxant arva sinus, *Vir Geor* 2, 330

Tĕpeo, ēre, ui neut [à Chald תפרא focus] *To be warm, or be hot* ✶ Lentibus lignis ... calescat, ubi temperate tepebit, tum cuminum indito, *Cato* Aura tepet, *Ov Trist* 3, 10, 7 Vespertina tepet regio, *Hor Sat* 1, 4, 30

Tĕpesco ĕre incept (1) *To grow warm, to ferment* (2) *To grow rough* (3) *To relent, to grow cold* (1) Aqua tepescit, *Ov ex Pont* 3, 4, 56 (2) Maria agitata ventis tepescunt, *Cic N D* 2, 10 (3) Paulatim cadit ira feros, mentesque tepescunt, *Luc* 4, 2..

* Tephrias, æ m [à colore cinereo] *A kind of marble of ash colour* Plin 36 ..

* Tephri... s f *A stone having the figure of a new moon*, Plin 37, 10

Tepidarium, ii n (1) *An hot bath, or basin, wherein they wash themselves in warm water* (2) *A vessel, or caldron wherein water is made hot* (1) ... (2) Vitruv 5, 10

Tepide ... ius, comp *Warmly* Si ... tepidius velis, *Plin* ... 5, 6, 25

Tepĭdo, are act *To warm or make warm*, Plin 17, 26 = Tepefacio

|| Tepidule adv *Somewhat warmly, or coolly*, Litt ex Gell

Tepidulus, a, um *Somewhat warm, or cool*, Litt ex Plin

Tepĭdus, a, um adj or, comp issimus, sup [à tepeo] (1) *Lukewarm, neither hot nor cold, between hot and cold* (2) *Hot* (3) *Met Cold and slack in business* (1) Tepidi favoni fœcunda aura, *Catull* 62, 283 Tepidior tempestas, *Varr R R* 3, 10 Tepidissimus, *Sen Marc* 17 (2) Conjux forsan tepidi despumat aheni, *Vir Geor* 1, 296 (3) Hic homo factus est tepidior, *Plaut*

Tĕpor, oris m *Warmth, warmness, or heat* Adventitius tepor, *Cic N D* 2, 10 Veris tepores, *Col* 2, 9 Jam ver egelidos refert tepores, *Catull* 44, 1

Tĕporatus, a, um part *Made somewhat warm* Fragmenta teporata, *Plin* 36, 26

|| Tĕpōro, are act *To make warm*, Dracon ✝ Tepefacio

Ter adv [à τρὶς, ut τρεῖς, tres] *Three times, thrice*, Cic *pro S Rosc* 16

Tĕrĕgis, i m *A little sea fish*, Plin 32, ult

Teramnos, i f *A kind of weeds*, Plin 18, 17

* Teraphim Bibl *Lat* Imagines, simulitudines, idola

Tercentēni, æ, a *Three hundred*, Mart 2, 1

Tercenti, æ, a *Three hundred*, Cic ap Nizol *sed* trecenti *ver or lectio*

Tercenties adv *Three hundred times*, Litt ex Catull 27 *ubi rect* trecenties

Tercentum indecl *Three hundred* Tercentum annos regnabitur, *Vir Æn* 1, 276

Terdecies *Thirty times*, Vitruv 9, 4

Terdēni, æ, a *Thirty, or thrice ten*, Vir Æn 8, 47 Mart 4, 37, 5 *ubi rect* terduceni

|| Terēbellum, i n dim [à terebrum] *A little auger, wimble, or piercer, a trepan*, Jun

|| Terebinthina, æ f (*sc* resina) *Turpentine*, Offic

Terebinthinus, a, um adj *Of, or belonging to the turpentine tree* Resina terebinthina, *Cels* 5, 26, fin

Terebinthizūsa æ f *A kind of jasper*, Plin 37, 8

Terĕbinthus, i f *The turpentine tree*, Plin 13, 6

Terĕbra, æ f [à τερέτρα, perforo] (1) *An auger, wimble, a piercer, also an instrument to grave in stones* (2) *A chirurgeon's trepan* (1) Terebra vitem pertundito, *Cato* 41 De terebra Gallica, vid *Col* 4, 29 (2) De forma, vid *Cels* 8, 3, princ

Terebrātio, ōnis f verb *A boring with a wimble, auger, or piercer, a piercing*, Col 4, 29 & Vitruv 9, 9

Terebrātus, a, um part *Pierced, bored, &c* Terebratum per rara foramina buxum, *Ov Fast* 6, 697

Terĕbro, āre act *To bore, or make an hole, to pierce* Telo lumen terebramus acuto, *Vir Æn* 3, 635 conf *Col* 5, 9

|| Terebrum, i n *A wimble, a piercer, a trepan*, Gloss ✝ Terebra

Terēdo inis f [à Gr τερηδών] (1) *A little worm in ships* (2) *A moth that fretteth garments* (3) Also *a worm breeding in ones hand* (1) *Plin* 16, 41 *Col* 4, 24 Vitruv 5, 12 ✝ tinea (2) *Plin* 8 49 (3) Litt ... is

Terĭtus, a, um part *To be worn, or often used*, Prop 3 ... 18 & 3, 18, 22

Tĕres, ĕtis adj or comp [à terendo quod quasi terendo rotundum sit] (1) *Long and round, taper as a reed or pillar* (2) *Met Smooth, even, fine, curious, quaint, clever* (3) *Accurate, exact* (1) Telum hastili tereti, *Liv* 25, 8 (2) Teres cervix, *Lucret* 1, 36 brachiolum, *Catull* 59, 181 puer, *Hor Epod* 11, fin (3) Habere aures tereteis, intelligensque judicium, *Cic de opt gen Or* 4 Ciceroni mollius teretiusque visum *freti* scribere quam *freto*, Gell 13, 20

Tergĕmĭnus, a, um (1) *Triple, three, threefold* (2) *Three born at one time of one mother* (1) Tergemina victoria, *Liv* 6, 1 Jus tergeminæ prolis, *i e* trium liberorum, *Stat Sylv* 4, 8, 21 ¶ Tergemini honores, *given in the theatre by the three orders, senatorian, equestrian, and plebeian*, Hor Od 1, 1, 8 (2) Tergemini dicuntur qui tres eodem partu editi sunt, *Plin* 7, 3

Tergeo, ere, si, sum act (1) *To make clean, to scour* (2) *To wipe* (1) Vasa aspera tergeat alter, *Juv* 14, 62 = Fossas veteres tergere & purgare, *Col* 2 22 (2) Lumina tersit manu, *Ov Met* 13, 132

Tergeor, eri pass *To be wiped, scoured, &c* Nunquam cessavimus lavari, aut fricari, aut tergeri, *Plaut Pan* 1, 2, 10

Terginus, a, um [à tergus] *Made of a beast's hide, of, or belonging to leather, or an hide* Vostium durius tergum non erit, quam terginum hoc meum, *Plaut Pseud* 1, 2, 21

Tergiversans, tis part *Shuffling, with reluctance, boggling*, Cic *pro* Flacc 20

Tergiversanter adv *Unwillingly, with reluctance* Tergiversanter pugnam inire, *Paterc* 1, 9, 3

Tergiversātio, ōnis f verb (1) *Boggling, unresolvedness* (2) Also *a nonsuit in law, when the plaintiff letteth his matter fall* (1) = Quid ergo erat ? mora & tergiversatio, *Cic* pro *Mil* 20 (2) *Ap JCC*

Tergiversātor, ōris m *A boggler, or delayer*, Lucil *ap* Gell 11, 7

Tergiversor, āri dep [*i e* tergum verto] (1) *To run and fight still* (2) *To boggle, to shuffle and cut* (3) *To leave off his action, to be nonsuited* (1) *Interp Non* (2) = An cunctor & tergiversor? *Cic Attic* 7, 12 § Tergiversari contra aliquem, *Id ibid* 7, 1 § in aliqua re, *Id* huc & illuc, *Id* pro *Q Rosc* 13 (3) *Mart Dig* 48 16

Tergo, ĕre, si, sum act *To wipe, to make clean, to scour* In familia qui tergunt qui ungunt, &c Cic Parad 5, 2

Tergŏro, āre act [à tergus] *To put on, or pluck off a skin, hide, or covering* Tergorare se luto, *to cover himself all over with dirt*, Plin 8, 52

Tergum, i n (1) *The back of a man, beast, or any other thing* (2) *An hide, a skin* (3) Also *a target, a buckler* (4) *The top, or ridge of an hill* (1) Inambulare manibus ad tergum rejectis, *Auct Cic Epist Fam* 16, 22 Tergo ... fustuarium ..., *Prop* 4, 10 ... Tergo ... *Vir Æn* 5, ... tuum, ... *Ov Met* 6, 1.. ... *Fast* .., 749 a tergo, *behind at his back, on the backside*, Cic pro *Marc* (2) Mercatique solum, facti de nomine Byrsam, taurino quantum possent circumdare tergo, *Vir Æn* 1, 372 ¶ Terga ... *tabors, or drums*, ... 63, 10 (3) Tergo decutit hastas, *Vir Æn* 10, 718 (4) Tergum collis, *Liv* 25, 15 glaucæ aquæ, *Claud Apon* 36

Tergus, ŏris, n *The skin, or hide of any beast* Durissimum elephantis dorso tergus, ventri molle, *Plin* 8, 10 conf *Prop* 2, 26, 6 & *Vir Æn* 1, 215

Teriōnes m pl [teriones, à terra, vel à terendo terram, *Varr*] *Oxen that plow the ground* ... Triones

|| Terjugus, a, um Terjuga mille, *three thousand*, Auson

✝ Termen, inis n [à Celticoter, & min, lapis] *Id quod* terminus Apud Accium non *terminus* dicitur, sed *termen*, Varr L L 4, 4

Termentarium, i n [ita vocatur ... ingum ..., nam vel ... & ... Græci vocant ..., *Scal*] *A linen cloth wherewith the body was covered*, Varr L L 4, 4

✝ Termentum i n *vel* trimentum, *idem quod* detrimentum, *Fest* ex *Plaut Bacch* 4, 9, 5 *ubi tamen* tormentum *legi sensus postulat*

Termes, ĭtis m [à τέρμα, finis, quod à fine seu extremitate arboris avehatur, nisi fortè per Metath à תמר palma] (1) *A bough, or twig of a tree, though some restrain it to the olive branch* (2) Also *a little worm feeding on flesh, or wood, a maggot, a gentle* (1) Nunquam fallentis termes olivæ, *Hor Epod* 16, 45 Termes ramus decerptus ex arbore, nec foliis repletus nec nimis glaber, *Fest* Termes ... descendat ... Sabæ ... , *Grat Cyneg* 132 (2) *Fest*

|| Terminabilis, e adj *That may be ended*, Ulp

Terminālia, um & orum n [à Terminus] *Feasts instituted to the god* Terminus, *and kept on the two and twentieth day of February by the order of Numa, though afterwards by the appointment of Varro solemnized on the last day of the month and year* Agna festis cæsa terminalibus, *Hor Epod* 2, 59 conf *Ov Fast* 2, 641

|| Terminālis, e adj *Of, belonging, or serving to bounds and limits* Lapis terminalis, *a meerstone, or landmark* Jun

Terminātio, ōnis f verb (1) *A bounding, or ending* (2) *A distinguishing, a fixing* (3) *A termination, the end, or conclusion of a discourse* (1) Rerum expetendarum terminatio, *Cic de Fin* 5, 10 (2) Versus inventus est terminatione aurium, *Cic Or* 55 (3) Quorum descriptus ordo aliis alia terminatione concluditur, *Cic Or* 59 Metra carminum ... pedes perducunt lectorem ... offensa ad summam scriptorum terminationem, *Vitruv præf* l 5

Terminātor, ōris m verb *He that setteth bounds, or limits*, Ap Grom scriptt

Terminātus a, um part (1) *Bounded* (2) *Ended* (1) Divitiæ parabiles & terminatæ, *Cic de Fin* 1, 12 (2) = Oratio clausa, & terminata, *Cic Orat* 59

Termino, are act (1) *To bound, to set bounds, or marches, to limit* (2) *To define* (3) *To end, or finish* (1) Illorum fines sicut ipsi dixerant, terminavit, *Cic Offic* 1, 10 Terminare ... possessionum, *Id* pro *Mil* 27 (2) Bona voluptate terminare, ... dolore, *Cic de Fin* 1, 11 (3) ... Terminor, n 2

Terminor, āri, ātus pass (1) *To be bounded* (2) *To be ended* (1) Stomachus ... extremo ... que intimo terminatur, *Cic N D* 2, 54 (2) ✶ Unde est orsa, in eodem terminetur oratio, *Cic pro Marcello*, 11

Terminus, i m [à Celt termen

q. v. unde Græc. τέρμα] (1) *A bound, limit,* or *meer,* parting one man's land from another, *a goal, a border* (2) *The end of a thing* (3) *A term* (4) *The god of bounds* (1) ✠ Est inter eos non de terminis, sed de tota possessione contentio, *Cic Acad* Q. 2, 13 (2) = Finis & terminus contentio nem, *Cic Fam* 6, ult (3) *in Logic* nec absurde, cum eo us vocet *Aristot* (4) *Ov Fast* 2, 641

† Termo, onis m *A bound, a limit,* Lat G τέρμων, *Fest* In genti vade t cursu, qua te lautu cino est, *Enn* ✠ Terminus

Ternarius, a, um *Of, or belonging to three* Col 11, 2

Terni, æ, a *Three* Hodie in ancem occupi tritinium, ternas scio *L* Quid ternas? *D* Ad deo, *Plaut Merc* 2, 2, 3 Cum communia terni, nihil hi terni dic u, tercumbini, of sceret um est, *Cic Fam* 9, 22 ☞ *Ut notandum Romanos ex Græc fo a sc. 1, intelligent nn, Cæs, futurt*

Ternidem, æ, a *Thrice each, Plin* 19, 26

Ternio, onis m *The number three*, Gell 1, 20 ✠ Numerus ternio, *Col*

Ternus, a, um *Three or three at three* Terno consurgunt ordine remi, *Vir Æn* 5, 120

Tero, ere, trivi, tritum act [a Gr. τείρω, τρίβω, τρύω, τερέω, *to rub, to bruise, to grind, to break, to crush, to stamp* (2) *To thresh, to pull in pieces* (3) *To wear* (4) *To waste* (5) *To spend* (5) *To use often* (6) *To digest,* or *concoct* (1) Amplexus a pera barba teri, *Til* 1, 8, 32 Qui te unt *frumentum,* priusquam trituerant, cuit ut exstinguant tuci, *Plaut Pseud* 2, 29 (2) Area terit fruge, *Vir Geor* 1, 298 § Terere in farinam, *Plin* 18 Mola terere, *to grind,* Id 36, 26 colores, *Id* 35, 10 (3) Radios trive e rotis, *Vir Geor* 2, 444 (4) = Terere tempus, *Liv* 21, 49 Sed omnibus teri potest terere *to pass,* or *put off the time in chat,* Id (5) hoc verbum satis tritum est uno sermone trivit mus, *Cic Acad* Q. 4, 6 (6) *Vid seq*

Teror, i pass *To be rubbed, bruised, worn, spent, digested* Iter tur tur terva in mortariis, *Plin* 12, 27 Ventis thrissimi territu, *Luci* 1, 10 Si cibus teri ur intus, is quaeren us est, qui facillime teri potest, *Cels* 1, 1

Terra, æ f [dicta ab eo, quod teritur ped bus, itaque terra in augurum libris scripta cum r, *Varr* Rect ter, *vel ter,* quomodo Celta vocant] (1) *The earth* (2) Terræ filius, *an obscure person* (2) *Also a province land, or country* (4) *An island* (5) *A field, ground* (6) *The world, the universe* (1) Globus, quæ dicitur terra, *Cic Somn Scip* 3 ✠ Aer, aqua, ignis, & terra, *Id Acad* 1, 7 ☞ ✠ A cœlo ad terram percontari, *to leave nothing unasked,* or *unexamined,* Plaut Perf 4, 4, 54 (2) Terræ filius nescio quis, *Cic Attic* 1, 8 conf *Liv* 1, 8 (3) ✠ Terra marique aliquem quærere, *Cic Fam* 5, 9 Iter terra petere, *Id* Terras alio sole calentes, *Hor Od* 2, 16, 18 (4) Quinque jacent terræ, *Ov Met* 8, 77 (5) Umbra terris fertilis uberibus, *Prop* 1, 22, 10 (6) Id amisisti, cui simile in terris nihil fuit, *Cic ad Brut* 9 ✠ Terra, *ut* humi, & in terram, *Stat Theb* 7, 755 ¶ Terram video, *I see land,* when he is towards the end of a troublesome business, *Id* de Sen 19

Terraceus, a, um *Of, or belonging to the earth* Hinc Angl *a terrace walk, quæ d* ambulacrum terraceum

Terræmotus, us m *An earthquake,* Cic Off 2, 4 *Rect* forte *divisis*

|| Terrānŏla, æ f [dict quod non in arboribus, sed in terra vertetur, *Feret*] *The bird called a bunting*

|| Terrefacio, ere, eci *To put in fear, to fray, to affright, to frighten,* Lat ex Vir *sed perperam,* ✠ Perterrefacio, *Lat*

Terrenum, i n *A field, land,* or *ground* Tria genera terrenum, *Col* 2, 2 Quicquid he eum terrenum obtinent, *Liv* 26, 15 ... *Plin* 2, 9

Terrenus, a, um (1) *Earthly,* or *earthy* (2) *Living on the earth* (3) *That is done on the earth* (4) *By land* (1) ✠ Humor mari in sive terrenus, *Cic N D* 2, 16 Corpus terrenum & concretum *Cic Tusc* 1, 20 (2) ✠ Terrenæ bestiæ in ... *Cic* ... *Plin* 9, 29 (3) Abstinere terrenis operibus, *Col* 11, 2 (4) Terrenum iter, *Plin* 6, 17 Via terrena, *a way that is not paved,* Ulp

Terreo, ere, ui, itum act [ortum a τρέω, timeo] (1) *To affright,* or *make afraid, to put in fear* (2) *To chase,* or *drive away* (3) Nec me ista terrent, quæ mihi a te ad mortem proponuntur, *Cic Fam* 2, 16 (2) Somnu terrebit aves, *Vir Geor* 1, 156 Volucres in vertice arundo terret fixa *Hor Sat* 1, 8, 7 *ubi Torrent plura adfert exempla*

Terreor, eri, pass *To be affrighted, &c* Hoste vicino terreor, *Ov* ex Pont 4, 8, 82 = Terreor admoneorque timore micat, *Id Fast* 3, 36

Terrestris, e (1) *Of or belonging to the earth,* or *land, living on the earth, earthly* (2) *By,* or *on land* (1) Animal terrestria, *Plin* 9, 1 Cœna terrestris, *a supper of herbs, roots, &c* *Plaut Capt* 1, 2, 86 Terrestris regio, *an inland country,* Cic (2) Iter terrestre, *Hirt B Alex* 25 præsidium, *Cic Verr* 5, 34 prœlium, *Nep Alcib* 5 ✠ navale, *Id ib*

Terreus, a, um *Of, or belonging to the earth, earthen* Terreum solum, *Col* 1, 6 *sed al e in plant* terrenum *habent* Erat planitie erat tumulus terreus satis grandis, *Cæs B G* 1, 43

Terribilis, e, or, comp *Dreadful, terrible, to be feared* § Mors terribilis est iis, quorum cum vita omnia extinguuntur, *Cic Parad* 2 § Terribiles visu formæ, *Vir Æn* 6, 277 Alia illis terribiliora afferebantur, *Liv* 4, 26 ✠ Bubulcus debet esse terribilior quam sævior, *Col* 1, 9

|| Terribiliter adv *Terribly,* Aug ✠ Atrociter

✠ Terricŏla, æ c g *A dweller on the land,* Poet

✝ Terricŭla, æ *A bugbear,* Lactant 1, 21 *ex* Lucil

|| Terricŭlamentum, i n *A spirit,* or *ghost, a bugbear, an apparition* Omnia sepulcrorum terriculamenta, *Apul Apol* p 508 ✠ Terriculum

Terricŭlum, i n *A thing that putteth one into a fright, a scarecrow, a bugbear,* Liv 5, 9 Nullis minis, nullis terriculis se motos esse dixerunt, Id 34, 11

✠ Terrifĭco, āre *To affrighten, to terrify* Cæci in nubibus ignes terrificant animos, *Vir Æn* 4, 210

✠ Terrificus, a, um *Dreadful, frightful, that maketh afraid* Terrifici vates, *Vir Æn* 5, 524 Terrifici capitis concussit cæsariem, *Ov Met* 1, 179

✠ Terrigĕna, æ c g *Born,* or *bred of the earth,* Cic de Div 2, 64 ex poeta Terrigenæ fratres, *Ov Epist* 12, 99

Terrigenus, a, um *Idem,* Cic

✠ Terriloquus, a, um *That speaketh terrible and frightful words* Vatum terriloquis victus dictis, *Lucr* 1, 103

Terrisonus, a, um *That soundeth terribly* Terrisonus strīdor, *Claud* ...

|| Terrĭtio, onis f verb *An affrighting, or putting in fear,* Ulp ✠ Consternatio

Territo, are freq *To put in fear,* or *dread* Me miserum territas, *Ter Eun* 4, 5, 22 Herum supplicio crucis territas terr tent, *Cæs B C* 1, 63

Territorium, i n [a terra] *A territory, the country lying within the bounds of a city, a district* Territorium coloniæ minuere, *Cic Phil* ... 2, 40 conf *Varr L L* 4, 4

Territus, a, um part *Affrighted, frightened, scared* Territos cælere, *Liv* 3, 22 Denunciatione qui territus, *Patic* 2, 80 Territus incipio vitus, *Ov Met* 4, 232

Terror, oris m [a terreo] *Fear, terror, dread* Terrore coactus judicavit, *Cic Offic* 2, 7 Mitos terrores ad me attulit, *Id Attic* 16, 8 Quod si tantus habet mentes & pectora terror, *Vir Æn* 1, 357 ✠ Terror est qui illis incitur, *metus* quem ha ent timentes, *Serv* *Sed* migrant auctores

Terrosus, a, um *Earthy, mixed with earth* Arena terrosa, *Vitruv* 2, 4

|| Terrulens, tis adj *Earthly,* Litt ex Prud ✠ Terrenus

|| Terrulent e, *or* terrulenter adv *After an earthly manner,* Litt ex Prud ✠ More terreno

|| Terrulentus, a, um *Earthly,* Plaut ... ... Prud ... 5 ... pr 2, 195 ✠ Terrenus, *Cic*

Tersus, a, um part & adj or, comp ssimus, sup (1) *Wiped* (2) *Clean, neat, pure* (1) Bene lautu, tersa, ornata, *Plaut Stich* 5, 5, 1 (2) = Mulo est tersior ac magis purus Horatius, *Quint* 10, 1 In omni vitæ colore tersissimus, *Stat Præf Sil* 1, 2

Tersus, us m *A scouring, wiping,* or *cleansing,* Apul Met 1, p 13 ✠ Purgatio

Tertia disjunctorum, *C, sol, fa, ut,* Jun *ex* Vitruv

Tertia excellentium, *F, fa, ut,* Jun

Tertiāna, æ f *sc* febris *A tertian ague,* Cels 3, 13

Tertiāni, orum m *Soldiers of the third regiment,* or *company,* Tac Ann 13, 38, 5

Tertiānus, a, um *Of, or belonging to the third day, &c.* Tertiana febris, *Cic N D* 3, 10

Tertiārium, ii n *A tierse, four ounces, a third of any thing,* Cato, 95 Tertiarium tecti, *Vitruv* 4, 7

Tertiārius, a, um *Of the third* Plumbum tertiarium, *having two parts black, and one white,* Plin 34, 17 conf *Vitruv* 3, 1

Tertiātio, onis f verb *The doing of a thing the third time* ✠ Non miseret iterationem, multo minus tertiationem cum prima pressura, *Col* 12, 50

Tertiātus, a, um *Done the third time,* or *in three parts* ✠ Iteratos esse, & deinde tertiatos oportet, *Col* 2, 12 Tertiati verba, *words not perfectly pronounced, but stammered out for fear,* Apul Met 5, p 158

✝ Terticeps *Three headed,* Litt ex Varr

Tertio, āre act [a tertius] *To labour, or till the ground the third time, to go over it the third time, to do any thing the third time,* Col 2, 4

Tertio adv *The third time, thrice,* Plaut Cist 2, 1, 50

Tertium adv *The third time, thrice* Iterum ac tertium, *Cic de Div* 2, 57 Tertium consul, *Liv* 3, 2

Tertius, a, um [a ter] *The third* Tertio quoque die, *Cic Tusc* 2, 10 Tertio loco, *Plin* 12, 12

Tertiusdecimus, a, um *The thirteenth,* Liv 27, 5

Tersus, a, um *Scoured, furbished* Atra tersa nitit galea, *Varr* ap Non ✠ Tersus

Teruncius, m [a tribus unciis] *A small coin of three ounces, a farthing, a doit* Teruncium addere Crœsi pecuniæ, *Cic de Fin* ... Teruncii non facere, *Plaut* ... *Capt* 3, 1, 17 *a threefold villain,* Plaut Bacch 4, 7, 15

Tesqua, n *A rough place,* Varr ✠ Tesqua

¶ Tescus, a, um *Rugged, craggy, desert, lonesome,* Acc ✠ Horridus, confragosus

Tesqua, orum n [a tuendis sacris, *Varr* vel a δάσεα umbrosa, *Scal*] (1) *Rough places which lie untilled, wood-grounds, places hard to come up to* (2) *Also shady places, whither the augures resorted to make their observations* (1) Deserta & inhospita tesqua, *Hor Ep* 2, 14, 19 (2) *Varr L L* 6, 2

Tessella, æ f dim [a tessera] *A small square stone, or piece of wood, &c with which men make chequer-work in tables, or boards* In balneo tessellis solum erat stratum, *Sen* Q *N* 6, 31 Hinc Angl *a tassel*

|| Tessellārium, ii n *Chequer-work,* Bud ✠ Tessellatum opus

Tessellātim adv *Chequerwise* Tessellatim concidere, *Apic* 4, 3 conf 7, 9

Tessellātus, a, um *Wrought in chequer work* Tessellata pavimenta, *Suet Cæs* 46

Tessĕra, æ f [a τέσσαρα, Ion pro τέσσαρα, quatuor, quod ex omni parte quadrata est ...] (1) *A square piece of any thing* (2) *A foursquare tile* (3) *A die to play with* (4) *Also a watchword, or signal to soldiers* (5) *A note, or mark, a ticket* (6) *A tally,* or *score* (1) Tessera, qua cubus vocatur, *Macrob Sat* 1, 5 (2) *Vitruv* (3) Ita vita est hominum, quasi cum ludas tesseris, *Ter Adelph* 4, 7, 21 ✠ Non sum talorum numero par tessera, *Mart* 14, 15 ☞ *Talis enim quatuor, tessera sex facies habet* Vid *Suet Aug* 71 *atque ibi Casaub* (4) Classica sonant, it bello tessera signum, *Vir Æn* 7, 637 conf *Liv* 7, 35 & *Sil Ital* 7, 348 ☞ *Aliquando inscripta fuit, aliquando ore tenus data, ut sub Sulla,* Apollo Delphicus, *sub Mario,* Lar Deus, *sub Cæsare,* Venus Genetrix (5) Una tessera

tessera pacis, altera belli, *Pomp* [illegible] tessera frumenti, *Juv* [illegible], 174 nummaria, *a bill of exchange*, Suet Aug 41 hospitalis, *which giveth a right to be entertained*, Plaut Pœn 5, 2, 87 ☞ V I *Tomasin de tesseris lib peculiar* (5) Suam uterque habet tesseram, [illegible] confert, *Plaut*

|| Tessarăcoste, es f *The forty days [illegible] [illegible] and holy [illegible], it may be taken also for lent, also the time of a woman's lying in, before she be [illegible] also a [illegible]*, Ex Litt

Tesserārius, ii m (1) *He that [illegible] or giveth a watchword* (2) *A dice-player* (1) *T* [illegible] *H[illegible]* 1, 25, 1 ( ) *Amm*

Tesserātus, a, um *Chequered, made in squares*, Litt ex Suet [illegible]

Tessĕrŭla, æ f dim (1) *A little small tile, or square stone in pavements* (2) *A little ticket to receive corn, a little score, or [illegible]* (1) Tesserulæ omnes arte [illegible] vermiculato, atque emblemate [illegible] [illegible], *Cic de Orat* 3, 43 ex *[illegible]* (2) Scabiosum tesserulā far possidet, *Pers* 5, 74

Testa, æ f [quasi tosta, quòd [illegible] testacea coquuntur sive torrentur] (1) *An earthen pot, or jar for wine, or any other liquor, a cask* (2) *A pot, potsherd, a tile* (3) *A kind of applause by the jingling of shells, perhaps like the Spanish castagnettes* (4) *A [illegible]* (5) Meton *A shell fish* (6) *A sprig, or piece of broken [illegible]* ( ) *Cement, chalk, or terras* (1) Fundit testa merum, *Tib* 1, 10, 50 Seu facilem, pia testa, geris somnum, *Hor Od* 3, 21, 4 Testa alta paretur, quæ tenuem [illegible] [illegible] spatiosum colligat orbem, *Juv* 4, 131 (2) Cerebrum testa ferit, [illegible] rimosa, & curta fenestris [illegible] cadunt, *Juv* 3, 2[illegible] Rupta [illegible] geni alia testa, *Id* 6, 515 conf *Vitruv* 7, 1 (3) Vid *Suet Ner* 20 conf & *Juv* 11, 170 *& quæ ibi [illegible] interpretes* (4) Testa [illegible] *Stephan ex Plaut* (5) Non omne mare est generosæ [illegible] testæ, *Hor Sat* 2, [illegible], 31 (6) *Col* 7, 12 (7) *Vitruv* 7, 1

|| Testābĭlis, e *That by the law may bear witness in court*, *C[illegible]* 6, 7 ✣ Qui testimonii jus habet

Testāceus, a, um (1) *Made of tile, brick, or earth baked* ( ) *[illegible] a shell* (1) *Plin Hist* 6, [illegible]5 Testaceum opus, *Id Epist* 10, 46, 2 (2) Testacea operimenta piscium, *Plin* 11, 37 pyra, *so called from their colour*, Id 15, 14 = Signina *Id* 11, 37

Testamentārius, a, um *Of, or belonging to a testament, or will*, Plin 35, 2 Lex testamentaria, *Cic Verr* 1, 42

Testāmentārius, ii m (1) *A [illegible], a notary, a writer of testaments and last wills* (2) *A forger, or falsifier of dead mens last wills* (1) *Ap JCC* (2) Neque enim de sicariis, veneficis, testamentariis, *&c* disserendum, *Cic Offic* [illegible], 18

Testāmentum, i n [à testando] *A testament, or last will* Testamentum ruptum, *Cic de Orat* 1, 38 ratum, *Id ibid* Subjector testamentorum, *Id Catil* 2, 4 ☞ *Testamentorum formulas vid ap* Manutium *in* Cic Offic 3, p 355 *& seqq*

Testans, tis part *Witnessing* Testante animo suo, *Cic in Sall* [illegible] Testans ingratos verba, *Ov Met* 11, 20

Testātio, ōnis f verb *A witnessing, or deposing* Fœderum ruptorum testatio, *Liv* 8, 6

|| Testāto adv *In presence of, or before witness, also with his will being made*, Paulus Dig 45, 14, 45

Testātor, ōris m *A testator, or he that maketh a will*, Suet Ner 11

Testātrix, īcis f *She that maketh a will*, Scæv Dig 29, 2, 58

Testātus, a, um part & adj or, comp issimus, sup ( ) *Calling to witness, swearing by* (2) *[illegible] Witnessed, attested, publicly known, avowed, avouched, approved, or allowed* ( ) *Sure, certain, manifest, evident* (1) [illegible] testatus fœderis ar[illegible], *[illegible]* [illegible] 1, [illegible] (2) [illegible] testatione [illegible] [illegible], *Cic Part Orat* [illegible] Amor testatus populo, *Ov Trist* 3, 6, 5 (3) = Res clara, testata, pervulgata, *Cic Verr* 2, 42 Ut res multorum oculis esse testata, *Id pro Cæl* [illegible] Testatissima mirabilia tum, *August[illegible]*

|| Testeus, a, um *Earthen, made of earth, baked, also shelly*, Macrob 7, 15 ✝ Testaceus

✝ Testĭculor, ari (1) *To put the male to the female* (2) Also *to call for, or produce witnesses* (1) *Fest* (2) Mihi quoque [illegible] testes *AM* Quin testis? *AL* Testes *AM* Quid testiculare? *Plaut Amph* 2, [illegible], [illegible] *[illegible] in ambiguo* ☞ *In ſt hinc notiori & [illegible], & [illegible], deest enim integritas, quæ vox exprimitur* Phædro, [illegible], 11, 5

Testĭcŭlus, i m dim [à testis, testiculi dicti quod testes sunt virilitatis] (1) *The stone of a man, or beast, the testicle* (2) Also *an herb, the same as satyrion*, quod radices habeat similes testiculis Testiculi pugillares, *Juv* 11, 156 arietini, *ad Herenn* 3, 29 (2) *Offic*

Testĭfĭcātio, ōnis f verb *A bearing of witness, a testifying* Officiorum erga aliquem testificatio, *Cic Fam* 1, 1 conf *Philipp* 9, 6

Testĭfĭcātus, a, um part (1) *A calling to witness, swearing by* (2) *Witnessed, testified* (1) Lingua præsentem testificata Deum, *Ov Ep* 21, 134 (2) Abs te [illegible] [illegible] testificata tua voluntas *Cic Attic* 1, 17

Testĭfĭcor, ari dep (1) *To bear witness, to aver, to testify* (2) *To call to witness* (1) Testificor me expertem fuisse belli, *Cic Attic* 8 9 (2) Testificari Deos hominesque, *Cæl Cic Epist Fam* 8, 16

|| Testĭmōnĭālis, e adj *Belonging to a witness, or testimony* Testimoniales literæ, *letters testimonial, a soldier's pass, or furlo*, Veg 2, 2

Testĭmōnium, ii n (1) *Witness, a testimony, an evidence* (2) *An indication, a token* (3) *A commendation* (1) Dicere testimonium de re aliqua, *Cic pro Sull* 30 contra aliquem, *Id N D* 3 34 (2) Mali morbi testimonium, *Cels* 2, 4 Tribuere testimonium virtutis alicujus, *Cic Philipp* 5 19

Testis, is c g [etym in obscuro] (1) *A witness, a giver of evidence* (2) *Met That is privy to a thing* (3) *A man's, or beast's stones* (1) Testis integer, *Cic de Fin* 1, 21 rei, *Id ad Quir post redit* 6 de re aliqua, *Id de Prov Cons* 18 (2) Facile, & pronum est superos contemnere testes, si mortalis idem nemo sciat, *Juv* 13, 75 (3) Execti testes, *Suet Neron* 28 Testes [illegible] [illegible] ad crura decidui, *Plin* 11, [illegible]

✝ Testĭvilĭtium, ii n *A thing of nought* Non ego istuc verbum emissem testivilitio, *Plaut Cas* 2, 5, 39 ☞ *Non convenit inter doctos de scriptione, scrib enim* [illegible] textivilitium, titivilitium, totivilitium

Testor, āri, ātus sum dep (1) *To bear witness, to attest, to aver, to avouch and affirm, to declare openly* (2) *To shew, or manifest* (3) *To call or take to witness* (4) *To conjure, or beseech* (5) Also *to make his last will and testament* (1) Testabitur adstantium me [illegible] Britannicum, *Tac Ann* 1, 14 ( ) Veneæ & [illegible] tremorem vim quandam incredibilem operis divini testantur, *Cic N D* [illegible], 55 Testari vaub[illegible] cantu, *Ov Met* 8, 28 (3) Mercuriu[illegible] [illegible] [illegible], id est Deos *Ter Hec* [illegible], 5, 26 (4) Id mi [illegible] testatus est, *Cic Philipp* 2, 1[illegible] (5) In memoria testando nepos [illegible] [illegible], *Liv* 1, 34

Testu n indecl [incerti [illegible]] testus, ûs, vel [illegible]] (1) *A dish, or platter* (2) *An oven* (1) Testuaceum, quod in testu calido coquebatur, *Varr L L* 4, 22 conf *Caton* 76 (2) Spumat testu [illegible] fus itque suo, *Ov Fast* 5, 510

Testuāceus, a, um *Of, or belonging to an earthen pot, boiled in an earthen pot, or baked on an earthen pan* Vid Testu

Testūdĭnātum, i n *A roof casting water, or bending down sideways like a tortoise shell*, Vitruv 2, 1

Testūdĭnātus, a, um *Hollow, or bowing like a vault or like a tortoise shell, vaulted, arched* Testudinatum tectum, *Col* 12, 15

Testūdĭneus, a, um (1) *Of, or belonging, or like to a tortoise, vaulted* (2) *Slow paced* (1) Testudineum hexaclinon, *Mart* 9, 60, 9 (2) Testudineum [illegible] gradibo gradum, *Plaut Aul* 1, 1, 10

Testūdo, inis [quod testa tegitur] (1) *A tortoise, or shell crab, a tortoise shell* (2) *A shell* (3) Meton *The belly of a lute, a lute, because like, or made of a tortoise's shell* (4) *The roof, or vault of an house* (5) *A warlike engine, or fence made of boards, covered over with raw hides, under which, as a penthouse, the besiegers of a town got up close to the walls* (6) *A target fence, when the foot held their shields over their heads, close together, to keep off the enemies arrows, &c* (1) *De diversis generibus vid* Plin 9, 10 per totum (2) *Litt ex Varr* (3) Testudo resonare septem callida nervis, *Her Od* 3, 11, 4 (4) Pulchra testudine postes, *Vir Geor* 2, 463 conf *Vitruv* 5, 1 (5) *Liv* 44, 9 vid locum (6) Vineis ac testudinibus constitutis, propius muros accessit, *Nep Milt* 7 conf *Liv* 10, 41

Testŭla, æ f dim [à testa] (1) *A little tile* (2) *A small shell, such as were used in ostracism by the Athenians* (1) *Col* 11, 2 *Liv* 25, 3 (2) Testularum suffragia, *Nep Them* 8

Testum, i n (1) *An earthen pan to fetch fire with* (2) *A cover for a pot or pan* (3) *A cuttle-bone* (1) Æreum testum, *Plin* 32, 7 (2) Catinum testo operito, *Cato*, 84 *sed alii* testu, *aut* [illegible] *legunt* (3) *Litt ex Col*

Testus, ûs f *A cover, or lid for a pot or pan* In foco calido sub testu coquito leniter, *Cato*, 5

|| Tetanus, i & tetus, i m *The [illegible] [illegible], or gout* ✝ = [illegible] [illegible]

* Tetanicus, a, um *That [illegible] apt to have the cramp, or [illegible]* Cels [illegible] *&* Plin [illegible], 10

* Tetanothrum, i n *A [illegible] [illegible] to take away wrinkles [illegible] to smooth the skin*, [illegible]

* Tetrao, [illegible] m *A [illegible] [illegible] [illegible] [illegible], [illegible] [illegible] [illegible]* [illegible] 4, [illegible] *Greek* [illegible]

* Tetrastichus, a, um *Of* [illegible] [illegible] Contenti [illegible] [illegible] [illegible] [illegible] [illegible] Quint [illegible]

* Tetartemŏrion, [illegible] *fourth part*, [illegible] *Lat* Quadrans

Tĕter, tra, trum or, comp [illegible], sup (1) *Foul, stinking, nasty* ( ) *[illegible]* ( ) *Hideous, black and dark* ( ) Also *[illegible] cruel [illegible]* (1) Odore teterrimo, *Lucr* 2, 415 [illegible] teterrima *stinking [illegible]* [illegible] Id 5, 9 (2) [illegible] [illegible] *[illegible]* 2, 1, [illegible] [illegible] pro C[illegible] 6 [illegible] [illegible] on *[illegible]* 12 ( ) Nox tetra [illegible] [illegible] tum, *Lucr* [illegible] [illegible] teterrima, *Cic* [illegible] 8, 15

* Tethalassomĕnus, a, um *Mixed [illegible] [illegible] [illegible] [illegible]* Tethalassomenum vinum, *Plin* 14, 8

✝ Tethea, æ f *A [illegible] [illegible] an oyster*, [illegible] [illegible]

* Tetrachordum, i n *An instrument of four strings* [illegible] [illegible] chordorum, *Vitruv* [illegible]

* Tetrachordus, a, um *Of four strings*, Vitruv 5 4

* Tetracōlon, i n *A kind of lyric stanza consisting of four verses, or lines*, Gramm

* Tetracōlus, a, um *Of four members or parts* *Lat* Quadrimembrium

* Tetradōron, i n *Four hands breadths long, or wide*, Vitruv [illegible], 31 *&* Plin 35, 14

* Tetradrachma, æ f *A Greek coin of the value of three denarii, eight to an ounce*, Cic [illegible] 1[illegible] 15 *&* Liv [illegible] 51

* Tetraetēris [illegible] f *Four years space*, Chron

* Tetragnăthium, i m *A kind of spider* Plin 29 4

* Tetragonismus, i m *The bringing of a figure to a quadrangle, or square*, Geom *Lat* Quadratura

* Tetragonus, a, um *Quadrangular, square*, Ap Geom

* Tetragrammus, a, um *Consisting of four lines* Geom

* Tetragrammăton, i n *A name of God so called because consisting of four letters*, [illegible] *the Jews not thinking it lawful to be pronounced*

* Tetrălix, f *A kind of herb, perhaps ling, or heath*, Plin [illegible]

* Tetrămĕtrum, i n *A verse consisting of four feet*, Gramm *Lat* Octonarium

Tetrans, tis m *A quarter, or fourth part of a circle, line &c* Tetrantes columnarum *Vitruv* 4, 2 medii, *Id* 4, 3 tertantibus, *Id* 10, 11

* Tetrăo, ōnis m *A bustard, or bistard*, Plin 10, 22 *&* Suet Calig 22

* Tetrăpharmăcum, i n *A plaster made up of four ingredients, wax, pitch, rosin, and tallow*, Cels 5, 28, 4

* Tetraph[illegible]

* Tetraphŏri, orum m pl τετράφοροι *Four men who jointly carry a burden*, Vitruv 10, 8.

* Tetraptōton, i n *A noun with four cases*, Ind

* Tetrarchĭa, æ m *The governour of the fourth part of a country, a tetrarch*, Cic pro Dejot 9 reges atque tetrarchas loquens, 1, 2, 12. ✠ Scribitur ... regibus, præfectis & ... Tac Ann 15, 25

* Tetrarchia, æ f *Such a lordship, or government*, Cic pro Dejot

* Tetras, ădis f *The number of four, the cater point in dice*, ...

* Tetrastichĕus f *A gallery with four ranks of pillars*, Treb ...

* Tetrastichon, i n τετράστιχον *A tetrastich, or epigram of four verses* Non inculse scribis tetrasticha, Mart 7, 84 1

Tetrastychos, m & f & on n ... *Having four rows* ... Vitruv 5, 2

Tetrasyllabus, a, um *Of four syllables*, Gramm

Tetrē, ... ius, comp. errime, *horribly, hideously* = Fœdè & impurè, Cic de Div

Tetricus, ... Laud Stil 135 = Senatum impurissimè ... violasti, Cic ... Domo, 59

† Tetrices, um f *Devices of water gardens*, Litt ex

... itas f *Crabbedness* ... decorus, ... Luc ad Pison 91 R occ

Tetricus, a, um [a teter] *Rude, rugged, severe, sowre, ... sullen, surly* = Tetricæ & tristis Sabinorum disciplina, Liv 1, 18 ✠ Pavonum educatio magis urbani patris familiæ, quam tetrici rustici curam poscit, Col 8, 11

† Tetritūdo, inis f *Crabbedness*, Acc † Tetricitas

* Tetrix, icis f *A kind of pleasant, bustard, or bistard*, Jun

† Tetro, are [a teter] *To defile, ... or make bitter*, Pacuv ap Non † Horrifico

* Tetrŏbŏlum, i n *A coin of four oboli, about four pence half-penny of our money*, Jun

* Tettigometra, æ f [a τέττιξ, cicada, & μήτρα, matrix] *The mother, or matrix of the grasshoppers, out of which they breed*, Plin 11 26

Tettigonia, æ f *A kind of ... grasshopper, or cricket*, Plin ...

... pro ... Ter Andr 4. ... 1.

* Teucrites, m *A kind of sweet ...* Plin 21, 18

* Teucrion, teucrium, ii n ... Teucro, qui eam invenisse dicitur, *An herb like germander, ... or wild germander, some ... for pimpernel*, Plin 25, 5.

* Teucrium ... idos f *Knotgrass*, & ... Plin 27, 12. = Polygonaton, ...

* ... on n *An herb cal...* Plin 21, 7

Texens, ... part *To be ...* ... texentem telas, Vir Geor ...

Texo, ere, ui, vel xi, xtum act. ... (1) *To weave, to ...* (2) *To make, to build.* (3) ... *or compose* (1) Telam ... Ter Heaut 2, 3, 44. Vestes ... Cic ... textis, ... Fiscellam texit hibisco, ... E. ... (2) Basilicam ... iisdem antiquis columnis,

Cic Att 4, 1 Naviga ex eadem papyro texunt, Plin 13, 11 Rates curtas, & lethi texit causam, Prop 2, 7, 29 Met Plagas ipsi contra se Stoici texuerunt, Cic Acad Q 4, 48 (3) Epistolas quotidianis erais texere solemus, Cic Fam 9, 21

Texta, æ f *An burlace, a filet*, Varr

Textile, is n *A thing woven, woven work* Regia textilia, Lucr 45, 15

Textilis, e *That is woven, or wrought, imbroidered, tissue, plaited* Textilis pictura, Cic Verr. 4, 1 umbra, Mart 12, 31 ✠ Nexilis in e fuit vestis quam textile tegmen, Lucr 5, 1349 ¶ Ventus textilis, *tiffany, lawn*, Petron 55

Textis, lit um, ii n *A thrum, a loose thread, or end in weaving of cloth*, Plaut Cas 2, 5, 39 † Textivilitium, & titivilitium

Textor, ōris m verb *A weaver, a plaiter; also an imbroiderer* Si pro fabro, aut pro textore emimus, Cic pro Plan 25 Textoris pectine percussæ lacernæ, Juv. 9, 30.

Textōrius, a, um *Of, or belonging to a weaver, or to weaving*, Sen Ep 113

Textrina, æ f (1) *A weaver's shop, or workhouse* (2) *The craft, or trade of weaving* (1) Nulla domus fuit, ubi ille non textrinam instituit, Cic Verr 4, 26 Textrina plumaria, *a feather shop*, Vitru 6, 1. (2) Plin 11. 24

Textrinum, i n (1) *A weaver's shop* (2) *A dock where ships are built* (1) Suet de illustr Gramm 23 (2) Enr

Textrix, icis f *A woman weaver, a spinster* Textrix operata Minervam cantat, Tib 2, 1, 65 Textrices, *the Fates*, Apul p 190

Textum, i n (1) *A web, a woof* (2) Met *The ordering, or framing of any thing, or matter* (3) *A coverlid for a pot, or pan* (1) Purpura mihi, pretiosaque texta dabuntur, Ov Ep 17, 223 Mirabile textum, Stat Theb 10, 56 illustre, Il sb 6, 366 (2) Dicendi textum tenue, Quint 9, 4 ✠ Vimineum textum, *a twig basket*, Mart 3, 58, 39 Clypei non enarrabile textum, Vir Æn 8, 625 (3) Sub textum subde paulisper, Cato, 84 sed alii testum legunt, q v

Textūra, æ f *A weaving, a texture* Tenuis textura, Lucr 3. 210. conf Prop 4, 5, 23

Textus, a, um part *Woven, platted, interwoven*, Vir Æn 5, 589

Textus, ûs m (1) *A weaving* (2) || *Also a text, or subject of a discourse* (1) Plin 9, 35 (2) Posteri scriptores † Argumentum.

T ante H

* Thălămēgos. *A pinnace of pleasure, a yacht, with a fair cabin for any great person to lodge in*, Suet Cæs 52 = Cubiculata navis, Sen.

Thălămus, i m. (1) *A bedchamber, or bedchamber where the husband and wife ly* (2) *Marriage* (3) *A beehive, or rather the holes of the combs where the bees ly* (1) Marmoreus thalamus, Vir. Æn. 4, 392. Thalamum neamus eundem, Ov Met 4, 328. (2) Expertem thalami vitam degere. Vir Æn 4, 550. (3) Postubi jam thalamis se composuere, Vir Geor 4, 189

* Thălassēgle *A kind of herb*, Plin 24, 17

* Thalassiarcha, æ m *An admiral* Lat Classis præfectus, Nep

* Thalassiarchia, æ f *The admiralship, or the office of the admiral* Lat Classis præfectura

* Thalassicus, a, um *Of, or belonging to the sea, of a blue colour like the sea waves, sea water colour* Palliolum habes ferrugineum; nam is color thalassicus, Plaut Mil 4, 4, 4.

* Thalassinus, a, um *Idem* Tenitur thalassina vestis, Lucr 4, 1120

Thalassio, ōnis, & thalassius *sive* thalasius, i m *A bridal song*, Liv 1, 9 Catull 59, 134 Mart 12, 42

* Thalassites, æ m θαλασσίτην vinum vocant, cum vasis suis in mare dejectum, ut præcocior fit vetustas, Plin 14, 8

Thalassius m *A marriage song* Vid Thalassio

* Thalassŏmĕli, itos. n. [ex θαλάσσα, & μέλι, mel] *A certain medly made of honey, rainwater, and seawater, to purge the stomach*, Plin 31, 6

|| Thalerus, i m *A dollar, a Dutch coin* Thalerus imperialis, *a rix dollar*

Thalictrum, vel thalitruum, i n *A kind of herb, all-heal, fluxwort, or laskwort*, Plin. 27, 13

* Thallus, i m [a θάλλω, vireo] (1) *The middle stalk of an onion* (2) *A green bough of an olive, or baytree* (3) *A strewing herb* (1) Col 11, 3 (2) Amyclæo spargens altaria thallo, Vir. in Ciris, 376 (3) Apul p 477

* Thapsia, æ f *A kind of herb*, Plin 13, 21

|| Thasia nux [a Thaso insula] *An almond*, Jun

* Theamedes, æ m *A stone of the contrary nature to the loadstone*, Plin 36, 16

* Theangelis, idis f [a θεός, & ἄγγελος, nuncius, quòd pota divinare faciat] *An herb used in magic*, Plin 24, 17

Theatrālis, e *Of, or belonging to a theatre* Theatrales consessus, Cic pro Sext 54. licentia, Suet Dom 8.

|| Theatricus, a, um. *Theatrical, of, or like the stage*, Aug. † Theatralis.

Theatridium, ii n dim. θεατρίδιον *A little theatre*, Varr. R R. 3, 5

Theatrum, i n [ἀπὸ τοῦ θεᾶσθαι, à spectando] (1) *A theatre, a place where plays and games were seen* (2) Meton *The spectators, or company of beholders* (3) *Any frequented place, a stage* (1) Tanquam è theatro exeamus, Cic de Fin. 1, 15. Fundamenta alta theatri, Vir Æn. 1, 431 (2) Theatra tota reclamant, Cic. de Orat. 3, 50. (3) Forum P R. fuit theatrum ingenii ejus, Cic. de Clar Or 2. Nullum theatrum virtuti conscientiâ majus est, Id Tusc. 2, 26

Thēca, æ f (1) *A sheath, a case* (2) *A box, a bag.* (3) *The hose, or husk of corn.* (1) Theca calamaria, Mart 14, 19 (2) nummaria, Cic. Att 4, 7 (3) grani, Varr. R R 1, 48

|| Thĕdo, *A lamprey*, Auson. † Muræna.

* Thelygŏnum, i n [ex θῆλυ, femina, & γένω, gigno] *An herb having berries like an olive, and is called the grace of god, infused in drink it maketh a woman conceive a girl*, Plin 27, 8

* Thelyphonon, i n *An herb the root whereof will kill scorpions*, Plin 25, 10.

Thelypteris, is f [ex θῆλυ, femina, & πτερίς, filix] *Sea fern, female fern*, Plin 27, 9

* Thĕma, ătis n [ἀπὸ τοῦ θέσθαι, à ponendo] (1) *A theme, an argument, a subject proposed to be written, or spoken of* (2) *An horoscope, or nativity* (3) *A primitive verb in Greek* (1) Positio = propositum, Cic Id ib (2) Tantum fiduciam sibi habuit, ut thema suum vulgaverit, Suet Aug 94 (3) Gramm

* Thematismus, i m *A placing, a putting, or setting*, Vitruv 1, 2

Thensa, æ f [ἀπὸ τοῦ θεοῖς, à re divina, alii al tensa, à tendo] *A chariot, or waggon wherein the images, or statues of their gods were carried* Omnes Dii, qui vehiculis thensarum solennes cœtus ludorum initis, Cic Verr. 5, 72

* Theŏgŏnia f *The generation of the gods*, a book of Hesiod's so called, Cic. N. D 1, 14. Lat Deorum origo, *vertente sp̄o*

* Theolŏgia, æ f *Divinity* Lat Sermo de Deo rebusque divinis

|| Theolŏgicus, a, um *Pertaining to divinity*, Amm

Theolŏgus, i, m *A divine* Soles multi à theologis proferuntur, Cic N D 3, 21.

* Theombrŏtios f *An herb which the kings of Persia used to take as a preservative*, Plin 24, 17

* Theŏrēma, ătis n *A speculation, a theorem, a geometrical proposition* Præcepta appello, quæ dicuntur Græcè θεωρήματα, Cic de Fato, 6

* Theorematicus, a, um *Belonging to a theorem*, Geom concedendum

* Theorematium, ii n dim *A little theorem*, Gell 1, 13

* Theoretice, es f *The art of theory, or speculation*, Quin certis spectativa, Sen. contemplativa

* Theoreticus, a, um *Belonging to contemplation*, Geom

* Theorea, æ f, [a θεωρέω, contemplor] *Contemplation, theory*, Cic Latinè vertit *contemplatio*, Att. 12, 6

* Therapeutice, es f *That part of physic which prescribeth the cure of diseases*, Med Lat Ars medendi

* Theriaca, *sive* theriace, es f [ἀπὸ τῶν θηρίων, à venenatis bestiis, sive quòd earum veneno adversetur, sive ex earum carnibus conficiatur] *Treacle, any remedy against poison*, Plin. 20, ult

* Theriacus, a, um. *Good against the biting of vipers, or other venomous beasts*. Pastilli qui theriaci vocantur à Græcis, Plin 29, 4.

* Therioma, ătis n. *A rage ing ulcer, or sore, the grand pox, a shanker*, Cels 5, 28, 3

* Therionarca f. [qu θηρίων νάρκη, stupor serpentium] *A shrub somewhat hairy, having a flower like a rose, it maketh serpents heavy, dull, and drowsy*, Plin 24, 17 & 25, 9.

* Theriotrophium, ii. n. [vivarium in quo θηρία τρέφεται, i. e feræ aluntur] *A park, or warren*, Varr. R. R. 3, 13

* Theristrum n *A fine thin veil, or garment for summer*, ... Isid 19, 25.

* Thermæ, ārum f *Hot baths*, Suet Calig 37 Mart 7, 33

† Thermæfico

† Thermefacio, ere [vox hybrida, ex θερμὸς, callidus, & facio] *To heat*, or *make hot* Extra thermefecerat, *Plaut Stich*, 1, 2, 97.

* Thermopolium, ii n θερμοπωλεῖον *A place where hot drinks were sold*, and may be used for *a coffee-house*, *a strongwater*, or *brandy shop*, Plaut Rud. 2, 6, 45

† Thermopoto, are *To drink hot*, or *warm drink* In thermopolio thermopotasti gutturem, *Plaut Trin* 4, 3, 6

Thermula, arum f dim *Little hot baths*, Mart 6, 42.

Theron m. [ὁ θήρα, venatio] *A dog's name*, *kill-buck*, Ov. Met 3, 211

Thesaurarius, a, um *Of*, or *belonging to treasure* Confige sagittis fures thesaurarios, *Plaut. Aul* 2, 8, 25

|| Thesaurarius, ii m *A treasurer*, Bud ‡ Quæstor, præfectus ærarii

* Thesaurizo, are act *To treasure up*, Vulg Int ‡ Thesaurum repono, *Quint* pecuniam condo, *Cic.*

|| Thesaurophylacium *The treasury* ‡ Ærarium.

Thesaurus, i m (1) *A treasury* (2) *An inward and secret place where things of value were deposited* (3) *Treasure*, *riches*, *wealth* (4) *Plenty*, *abundance*, of bad things (5) *The name of one of Menander's plays* (1) Θησαυρὸς ... *Plutarch*. Thesaurus publicus sub terra saxo quadrato septus, *Liv* 39, 50 Orchius thesaurus, *in Epitaphio ap Gell* 1, 24 (2) = Thesauros, ignotum argenti pondus & auri, *Vir Æn* 1, 363 (3) Vid *Plut* in vita *Philopœm* p 367 D (4) Thesauri mali, *Plaut Merc.* 1, 2, 51 fraudis, *Apul.* (5) *Ter Prol Eun* 12

Thesis, eos *vel* is f. *A general and indefinite question*, or *argument*, *a position*, Sen. Contov 1, proœm

* Thesmophoria, orum. n pl. *Feasts in honour of Ceres*, Plin. 24, 9

Thessa f. *A sea fish*, Plin 32, ult

* Theta n indecl *The name of one of the Greek letters*, also *a mark of condemnation to death*, as being the first letter of Θάνατος

Thiasus, i m. *A sort of dance* Vir Ecl. 5, 30 *Vid* Thyasus

Theum, i n *forte rect* thyeum, *q v*

* Thlasias, æ m cui testiculi fracti sunt *Dict & thladias*, *Ap JCC*

* Thlaspi n & thlaspion [dict ἀπὸ τοῦ θλᾶν, *i e* confringere, eo quod semen lenticulæ sit simile, sed fractum] *An herb called country mustard*, *wild senna*, Plin 27, 13

Thlasus, i m *ut al. scrib*, *sed perperam* *Vid* Thyasus

* Thlibias, æ m cui testiculi attriti sunt & contusi, *Justin*

Tholus m [à תלה suspendere, *sc* ubi dona suspendebantur, *M*] (1) *The centre*, or *knot of an arched*, or *vaulted roof*, called *a scutcheon* (2) Synecd *The roof itself of a temple*, or *church* (1) *Vitruv* 4, 7. & 8 (2) Mox dud ci curvo nulla subesse tholo, *Ov Fast*. 6, 296.

* Thomix, icis f. *A wreathe of hemp to make ropes with*, also *a cushion*, or *bolster to lay on the neck to keep it from hurt in carrying burdens*, Fest *a porter's knot*, or *stay*, Interpr Paulo

Thoraca, æ f *id quod* thorax, *Plin* ap *Litt*

Thoracatus, a, um *That is made to the breast* Effigies thoracata, *Plin* 37, 9 Thoracatus navarchus, *Id* 35, 10 *in bust*

* Thoracium n *The topsail*, or *the topmast sail*, Jun

Thorax, acis m (1) *The inward part of the breast* (2) *A stomacher* (3) *A breastplate*, or *corslet* (4) *A busto* (1) Thorax tussi obnoxius, *Cels* 5, 25 Thoracis pituitas purgare, *Plin* 20, 1 (2) Viridem thoraca jubebit adferri minimasque nuces, *Juv* 5, 143 (3) Thoraca simul cum pectore rupit, *Vir Æn* 10, 337 (4) *Vid* Thoracatus

* Thos, ois m *A kind of wolf rough in winter*, *bare in summer*, Plin 8, 34

Thous [à θοός, celer] *Swift*, a dog's name, *Ov Met* 3, 220

Thrascias, æ m [θρασκίας, *qu* θρακίας, ex Thracia] *The north-west wind*, *vid* Sen Q. Nat 5, 16 Plin 2, 47 & Vitruv 1, 6

Thraso, onis m [θράσων, ἀπὸ τῆς θρασύτητος, ab audacia dict] *A braggadocio*, *an huff*, *an hector*, *a blusterer*, *a bully*, Ter

* Thrauston, i n *One kind of the gum* ammoniacum, *Plin* 12, 23

Thrax, *vel* threx, cis m *A swordfencer* ⁂ Proculum Thraci, & mox hoplomacho comparavit, *Suet Cal* 35 ⁂ Thrax mirmilloni par, *Id Dom* 10.

Threcidica, orum *The sword-players arms*, Cic. Philipp 7, 6 Plin, 33, 9

Threnodia, æ f *A mourning song*, *the book of Lamentations*, Bibl

Threnus m *Lamentation*, *a lamentable verse*, or *song*, *a funeral song* Quid differt ab epicedio, vid *Voss Inst Or* 3.

* Thridax, acis f *The herb lettice* Thridax agria, *sparhawks herb*, *hawkweed*, Apul

* Thrips m [à τρίβω, tero] *A little worm breeding in timber*, *a mothe*, Plin 16, 41 *scrib.* & thryps [à θρύπτειν, terere] Mali thripes, mali ipes, *Prov. of two bad things proposed to one's choise*, *bad is the best*, *vid* Chiliad

* Thronus, i m *A throne*, *a royal seat*, *a chair of state*, Plin 35, 9. ‡ Solium

Thunnus m *Vid* Thynnus

|| Thurarius, ii m *He that prepareth*, or *selleth frankincense*, or *incense*, Tert

Thureus, a, um *Of*, or *belonging to frankincense* Thurea planta, *Col* 3, 8 virga, *Vir Geor* 1, 117

Thurianus, a, um Tomus thurianus, *a certain fish*, called also *xiphias*, *the swordfish*, or rather *a rand of fish*, Plin 32, ult

Thurianus, i [à thuria] *The fish called tunny*, Hor. *ap* Litt *sed q*

Thuribulum, i n [à thure] *A censer to burn incense in*, Cic Verr 4, 21

✠ Thuricremus, a, um *That burneth frankincense*. Thuricremæ aræ, *Vir. Æn* 4, 453 Foci thuricremi, *Ov Ep* 2, 18

Thurifer, a, um *That beareth*, or *bringeth forth frankincense* Sabæa thurifera, *Plin* 12, 14 Thuriferæ arenæ, *Vir Geor* 2, 139

✠ Thurilegus, a, um *That gathereth frankincense* Arabes thurilegi, *Ov Fast*. 4, 569

Thus, uris n [à Gr θύος, ἀπὸ τοῦ θύειν, *i e* odorem faciendo] *Frankincense*, *incense* Incendere thura & odores, *Cic Verr* 4, 35 Mittunt sua thura Sabæi, *Vir Geor* 1, 57 Thus terræ, *ground-pine*, Plin 24, 6

Thusculum, i n dim *A little piece of frankincense* Thusculum emi, *Plaut Aul* 2, 8, 15

Thya, æ f [à θύος, odor, odoramentum, *M*] *A kind of wild cypress tree*, *whose wood is very sweet and lasting*, *the life tree*, Prop. 3, 7, 49 & Plin 13, 16

Thyasus, i m [à θυάζειν, Orgia celebrare] *A chorus in honour of Bacchus* Thyasus repentè linguis trepidantibus ululat, *Catull* 61, 28 Baccho nemora avia matres insultant thyasis, *Vir Æn* 7, 581

Thyeum [à θύος, odor] *Frankincense*, Plin 37, 2

Thyinus, a, um Ligna thyina, *Almug wood*, 1 Reg 10 11, 12

* Thyitis, f [à θυία, mortarium] *A kind of very hard stone whereof mortars were made*, Litt *ex* Plin

Thymallus, *vel* thymalus [à flore, *i e* thymo, nomen habens] *A fish when newly taken smelling of thyme*, Ambros Hexem l 5

Thymbra, æ f *The herb savory*, Plin *int* Litt *Sed al videtur ex* Col 10, 233 Et satureia thymi referens thymbræque saporem

* Thymelæa, æ f *A kind of wild olive whereon groweth* granum gnidium, *Plin* 13, 21

* Thymele, es f *A pulpit*, or *stand on the stage*, *where mimics*, *upon the withdrawing of the actors*, *entertained the spectators with tricks*, according to Suidas, *whence perhaps the wife of Latinus was emphatically so called*, *of whom* Juv 1, 36 *and* Mart 1, 5 *make mention*

Thymelici, orum m pl *Mimics and jesters who acted the ridiculous parts*, Vitruv 5, 8

Thymelicus, a, um *Of*, or *belonging to mimics* Thymelicum choragium, *the players furniture*, Apul p 422

Thymianus, a, um *Of*, or *belonging to thyme*, *fed with thyme* Thymianæ oves, *Plaut Bacch* 5, 2, 11 *Forte* thymiamæ, *rect q* *thymum amantes per jocum cudent suo more scripsit*

* Thymiama, atis n [à θυμιᾶν, suffire, *qu* θυμοῦ ἴαμα, animæ medela, *Etym*] *A perfume*, *incense*, *a sweet gum*, Cels 5, 18.

Thyminus, a, um *Of*, or *belonging to thyme*, Col 6, 33

Thymion *vel* thymium, ii n *A kind of wart ragged at top like a thyme-leaf*, or as some say, *coloured like thyme-flower*, Cels 5, 28, 14 = Acrothymion, *Cels ibid*

Thymites m *Wine made with thyme*, Col 12, 35

Thymosus, a, um *Smelling of thyme* Mel thymosum, *Plin* 11, 5

Thymum n. [à θύω, ob fragrantiam] *The herb thyme*, or *time*, Vir Ecl 5, 77 Cels 5, 28

Thymus, i m *A wart* = Crudæ grossi verrucas & thymos, nitro farinaque additis, tollunt, *Plin* 23, 7 conf *Dioscor* 1, 185 *Male exponit Littleton*

Thynnus, i m [à תַּנִּין *Aven*] *A tunny fish*, Hor Sat 2, 5, 44 & Plin 9, 15

|| Thynus, i m [quòd in Thyas, *i e* Bithynia fiebant, *Salmas*] *A ting*, Ex Litt

✠ Thyrsiger, a, um. *One who beareth*, or *carrieth the spear called* thyrsus Thyrsiger-Lyæus, *Sen Med* 110 Thyrsigera India, *Id Hippol*. 753

Thyrsus, i m (1) *The young sprout*, *stalk*, or *stem of an herb*, *especially lettice* (2) Also *a spear wrapt about with ivy*, or *bay leaves*, *which they carried in their hands at Bacchus's feasts* (3) *A furious*, or *mad humour*, *such as Bacchus's company gadded with at those ceremonies* (1) Inventum omnes thyrsos vel folia lactucarum prorogare urceis conditos, *Plin* 19, 8 Thyrsi pampinei, *Claud* 4 *Cons Honor* 602 (2) Volitabat Iacchus cum thyrso satyrorum, *Catull* 62, 251 (3) Acri percussit thyrso laudis spes magna meum cor, *Lucr* 1, 922

† Thysus, i m [à θύειν, immolare, quod ab his cœpta est immolatio] *A swine*, Varr R. R 2, 4 = Sus, *Id*

T ante I

Tiara, æ f & tiaras, æ m [*ab* Hebr עטרה *corona*] *An ornament for the head*, *which those of Persia and Phrygia wore in old time*, *a turban*, *a shash* Tiarâ ornatum lepide condecora tuum, *Plaut Pers* 4, 2, 2 *Priamus* positâ tulit arma tiarâ, *Juv.* 10, 267 Sacer tiaras, *Vir Æn* 7, 247 ☞ *Ejus descriptionem accuratissimam videre licet ap* B Hieron Com in Dan c 3

Tiberium n *A kind of spotted gray marble*, Litt *ex* Plin *sed q*

Tibi dat à ti [à τεὶ, Dor τεὶ addito φι] *To*, *for*, or *by thee*, passim

Tibia, æ f [os cruris, sed etym valde incert] (1) *The shanks*, or *shinbone*, *the leg* (2) *A flute*, *a pipe*, or *flagellet* (1) Tibia cum femoris inferiore capite committitur, *Cels* 8, 1 (2) Si tibiæ inflatæ non referant sonum, &c Cic *de* Cl Orat 51

Tibiale, is n (1) *The nether stock*, or *knee hose*, *a stocking* (2) Also *a leg harness*, *a greave* (1) *Suet Aug* 82 (2) Si tibiale vel humerale miles alienavit castigari verberibus debet, *Paul JC de re mil*

Tibialis, e *Of*, or *belonging to legs*, or *to pipes*, *meet to make pipes of*, Plin 16, 36

† Tibiatim *Up to the shins*, Titin *ap* Fest in *Mulleos*, sed Scal leg *tibiatis*

Tibicen, inis m (1) *A piper*, or *player on a flute*, *a minstrel* (2) *A prop*, *shore*, *pillar*, *antic*, *pedestal*, *any thing that supporteth*, or *beareth up* (1) Tibicen sine tibiis canere non potest, *Cic* de *Orat* 2, 8. (2) Nos urbem incolimus tenui tibicine fultam, *Juv* 3, 193

Tibicina, æ f *A woman playing on a flute*, *shalm*, or *flagellet* Meretrix tibicina, *Hor Ep* 1, 14, 25 cont *Mart* 14, 64

|| Tibicinium, ii n *The art of playing on the flute*, or *of piping* In tibicinio apprimè nobilis, *Apul Florid* c 4 p 765

Tibilustria *A procession with trumpets* *Vid* Tubilustria

Tigillum, i n dim [à tignum] (1) *A little rafter*, *a beam* (2) Synecd *The funnel of a chimney* (1) Transmisso per viam tigillo, capite adoperto, velut sub jugum misit juvenem, *Liv* 1, 26 Compositis tigillis exiguam viridi fronde operire casam, *Tib* 2 1, 30 (2) De suo tigillo fumus si quâ exit foras, *Plaut Aul*, 2, 4, 22

Tignarius, a, um *Of*, or *belonging to rafters* Tignarius faber, *ker, a carpenter,* Cic de Clar Orat [illegible]

Tigno, āre act *unde* pass tignor [illegible] *To roof, or cover with rafters,* Litt ex Vitruv *tignatus* [illegible]

Tignum, i n [à tegendo, est enim trabs, cui tectum imponitur, *Perot*] (1) *A rafter of an house, a beam* (2) *Any timber, or wood used in building* [illegible] (1) Ignes celeri flamma degit [illegible] tigna, *Lucr* 2, 192. [illegible] Tigni una sesquipedalia [illegible] *Caes B G* 4, 17 (3) *Pl* ex *All* [illegible]

Tignus, i m. *Idem,* Litt ex Caes

Tigrinus, a, um *Of, or like a tiger, spotted, or grizzled as a tiger* [illegible] Tigrina mensae, *Plin* [illegible]

Tigris, idis *vel* is f [illegible] (1) *A tiger, a beast of strange swiftness, and very fierce* (2) Also [illegible] (1) Rabidae tigres [illegible] Tigris [illegible]

Tilia, ae f [illegible] ulmus] (1) *A lime, or linden tree* (2) [illegible] *between the bark and the tree* [illegible] (1) Tiliae [illegible]

Timeat [illegible] *Of, or belonging to the lime tree* [illegible] *beechship* or [illegible] Onus [illegible]

Timendus, a, um part [illegible] *to be feared,* [illegible] Cic Offic 2, 7

Timendus, a, um part *To be feared* [illegible] timenda, *Stat* [illegible]

Timens, tis part *Fearing* [illegible] Praeguntum eius [illegible] mens, *S II B G* [illegible] *Hist A* P 192 [illegible] receptui [illegible]

Timeo, ēre, ui [à timor, poena] (1) *To fear, dread, or apprehend* [illegible] (2) *To doubt* [illegible] timeo [illegible] nemo timeret [illegible] *Ter Andr* [illegible] *Ter Heaut* 2, 20 (2) Si [illegible] times olus omne [illegible] *Hor Ep* 1, 5 2.

Timeor, eri pass *To be feared* [illegible] Quae [illegible] *Sil* [illegible] 649 ✱ De [illegible]

|| Timesco, ēre incept *To grow fearful,* [illegible] ✝ Pertimesco.

Timide adv [illegible] comp [illegible] *fearfully, cowardly* [illegible] (1) = Omnia tremens [illegible] *Caes B G* [illegible] fecerunt, *Cic* (2) = Ne quid ab eo, ne quid timide

taceamus, *Cic Tusc* 2, 2. (3) = Dicere modice, & timide, *Cic* pro *Sulla*, 29 = pede entium, *Id* Timi [illegible] *Quint* 11, 1

Timiditas, ātis f (1) *Fearfulness, cowardice* (2) *Bashfulness* (3) *Carefulness* (1) ✱ Verecundiam timiditas imitatur, *Cic Partit Orat* 23. Cur ei bello propter timiditatem defuisti? *Id Philipp* 2, 29 Supplicium in bello timiditati militis propositum, *Id* pro *Cluent* 46 (2) = Tu pudore a dicendo, & timiditate quadam ingenui refugisti, *Cic* de *Or* 2, 3. (3) = Cautio mea & timiditas in causis, *Cic* de *Orat* 2, 74

|| Timidule adv *Somewhat fearfully,* Apul p 110

Timidulus, a, um dim *Somewhat fearful,* Litt ex Plaut

Timidus, a, um [à timeo] ior, comp issimus, sup. (1) *Fearful, timorous, cowardly, faintbearted* (2) *Bashful* (3) *Fearing, or reverencing* (4) *Provident, cautious* (1) Me timidum, nullius animi, nullius consilii esse confiteor, *Cic* pro *Sext* 16. = Timidus ac tremens, *Id* in *Pison* 30 = Ne imbelles timidique videamur, *Id Offic* 1, 24 Mors timidum quemque consequitur, *Curt* 4, 14, 25 ✱ In minimis rebus insolentior, in adversis timidior, *Cic* (2) ✱ Malim videri nimis timidus quam parum prudens, *Cic* pro *Marcell* 7 (3) = Aequi cultor, timidusque Deorum, *Ov Metam* 1, 322 (4) = Si quis est timidus in magnis periculosisque rebus, semperque magis adversos rerum exitus metuens, quam sperans secundos, is ego sum, *Cic Fam* 6, 14 Mater timidi flere non solet, *Adag* ap *Nep Thrasyb* 2

Timor, ōris m [à timeo] (1) *Fear* (2) *Cowardice, apprehension, jealousy, mistrust* (3) *Reverence* (4) *Awe* (5) *Superstition* (1) ✱ Amor misceri cum timore non potest, *Publ Syr.* = Timor, metus mali appropinquantis, *Cic Tusc* 4, 8 Mussabat tacito medicina timore, *Lucr* 6, 1177 ✱ Spes, *Cic* animus, *Id* (2) Degeneres animos timor arguit, *Virg Aen* 4, 13 (3) Munera suspensi plena timoris, *Ov Epist* 16, 84. (4) *Stygius torrens* timor & Deus Deorum, *Ov Met* 3, 291 (5) Primus in orbe Deos fecit timor, *Fragm. Petron*

✝ Tina, ae f [ab Hebr [illegible] corbis, *vel* [illegible] mulctrale] *A great bowl, whereof each was a rock a little,* Varr *ap* Non 15, [illegible] *Vid* Propr.

Tinea, ae f [quod tincta, quod procter colorem quasi tinguatur dea-tur, *Gell*] *A fish called a tench,* Aus *in* Mosell 125

Tinctilis, e *That which serveth for dying, or to dye with* Tinctile virus, *Ov Trist* 3, 10, 64

Tinctor, ōris m verb *A dyer,* Vitruv 7 14. *Male tamen inficer* [illegible] *Cic dicere.*

|| Tinctorius, a, um *Of, or belonging to dyers, cruel, bloody* Tinctoria mens, *Plin* [illegible] *Turneb Advers* 24, 42. ✝ Tinctilis.

Tinctūra, ae f *A dying, or a tincture, a colour, or dye,* [illegible] *ture,* Plin 21, 10 & 35, 9

Tinctūrus, a, um part. *About to dye,* [illegible] Sanguine tincturus cultros, *Ov Fast* 1, 321.

Tinctus, a, um part (1) *Dyed, stained* (2) *Dipped, soaked* (3) Met *Imbued, full of, abounding* (1) [illegible] tincta [illegible] *Aen* 1, 257. tunica sanguine, *Cic N. D* 3, 28 in aceto spongia,

Cic 8, 4 (2) *Eccles* (3) Tinctus literis, *Cic* de *Orat* 2, 20 Elegans iâ patris, *Id* de *Cl Orat* 58. Tincti aerugine versus, *Mart* 33, 5

Tinctus, ûs m *A dying, dipping, or imbruing* Croceo tinctu, *Plin* 10, 49

Tinea, ae f [quod teneat, & ea usque insideat, quoad erodat, *Isid*] (1) *A moth worm which eateth books, or clothes* (2) *A belly worm* (3) *A worm breeding in hives* (1) Tineas *liber* pasces taciturnus inertes, *Hor Epist* 1, 20, 12 Stragula vestis blattarum ac tinearum epulae, *Id Sat* 2, 3, 119 (2) Tineae intra hominem tricenum pedum *Plin* 11, 33 (3) *Col* 9, 14. *Virg Geor.* 4, 246

|| Tineāria, ae f *Mothwort, goldflower,* Dodon = Aurelia

Tineōsus, a, um *Full of moths, or worms* Tineosi favi, *Col* 9, 14. fin

Tingendus, a, um part *To be dipped* Comae tingendae in amnes, *Prop* 4, 4, 24

Tingens, tis part *Dying, colouring, dipping, a dyer* Id tingentium officinae ignorant, *Plin* 9, 38

Tingo, ēre, xi, ctum act. [à Gr τέγγω, βάπτω, χρωματίζω] (1) *To dye, colour, or stain* (2) *To sprinkle, to imbrue* (3) *To wash* (4) *To paint* (1) *Palled Offob* [illegible] 11 (2) Tinxit sanguine cultros, *Ov Met* 7, 599. (3) Corpus tingere sparsâ aquâ, *Ov Fast* 4, 790 ¶ Tingere aliquem poculis, *to fuddle him,* Hor Od, 4, 12, 23 (4) *Mart*

Tingor, i pass *To be anointed* Tingi nardo, *Mart* 2, 59.

✝ Tinguo, *pro* tingo, *Fest*

✝ Tinia *Wine pots,* Fest *Vid* Tina

Tinnimentum, i n *A ringing, or tinkling, a glowing, or tingling of the ears* Illud tinnimentum est auribus, *Plaut Rud* 3, 5, 26

Tinnio, ire, ivi, itum neut [verbum confictum ex sono] (1) *To ring and make a clear sound, as metal doth.* (2) *To prattle* (1) Tinnit aurum, argentum, *Varr R R* 3, 16 (2) ✱ Comprime te, uxor, nimium tinnis, *Plaut Cas* 2, 3, 32

Tinnitūrus, a, um part *About to pay, or sing,* Suet Ner 20.

Tinnitus, ûs m (1) *A ringing, or tinkling* (2) *A tingling* (1) Apes gaudent plausu, atque tinnitu aeris, *Plin* 11, 20. (2) Tinnitus aurium, *Plin* 28, 2.

Tinnulus, a, um (1) *That ringeth, or maketh a clear sound* (2) *Tinkling, shrill* (1) Aera tinnula, *Ov Met* 4, 393 Vox tinnula, *Catull* 59, 17 (2) *Quint.* 2, 3, 7.

Tinnunculus, i m [à vocis tinnitu] *A kestrel, or kastrel,* a kind of hawk, *Plin* 10, 37 *Col.* 8, 8 *scrib* & tintinunculus, & tinunculus.

Tintinnabulum, i n (1) *A little bell.* (2) Also *a dung cart, or such like,* so called for the screaking noise it made (1) Tintinnabulum tinnit *Plaut Trin.* 4, 2, 163 Ex aureo pendeant excepta catenis tintinnacula, *Plin* 36, 13. (2) *Litt* ex *Col* Tintinnabulum terrae, *meadow-beets,* or *winter green,* Litt ex Plin

Tintinnāculus, i m *He that maketh a ringing, he who beateth slaves till they tingle again, or from the noise of the jerks,* or perhaps *an hangman,*

or beadle, who used bells when they went to do execution, Plau Truc 4, 3, 8

Tintinnio, ire [à tinnio] *To ring like a bell, to ting,* Non.

Tintinno, āre, *vel* tintino, ar. *Idem* Tintinnant aures sonitu, *Catull* 49, 11 R occ

Tintinnunculus, i m *A kind of hawk called a kestrel,* or *kastrel,* Litt ex Col 8, 8 [illegible] liber habet tinnunculus

Tinus. *A kind of baytree, a laurustinus.* Et bicolor myrtus, & baccis caerula tinus, *Ov* [illegible] 10, 98

Tipulae, es, *vel* tippula, *vel* tipulla, ae f [illegible] enim sunt [illegible] *Hesych* [illegible] des, ubi tipulae versari solent] *A water-spinner with six feet, that runneth on the top of the water without sinking,* Plaut. Pers 2, 2, 62 *Vid.* locum; sapit enim proverbium

Tiro, ōnis m [quod se primum terit] *A freshman, an apprentice, a novice,* Tirones milites, *Cic Philipp* 11, 15 *Habi distinguit* à veteranus = Nulla in re tiro, ac rudis, *Id* pro *S Rosc.* 6 Exercitus tiro, *Liv* 21, 43

Tirocinium, ii. n [à tiro] (1) *The first entrance upon action, or learning, the rudiments of arms, or any art, study, or mystery, a novitiate, an apprenticeship* (2) *Ignorance, want of experience* (1) Tirocinium alicujus, congiario populo dato, celebrare, *Suet Tib* 54. Propter exercitus paucitatem, & tirocinium, *the fewness and rawness of his soldiers,* Hirt B Afr 31 Tirocinium ponere, & documentum eloquentiae dare, *Liv* 45, 37 (2) Tirocinio aetatis [illegible], *Declam in Sall*

✝ Tis, antiq. gen. a tu, *Plaut*

✝ Titan, is. m. *The sun, Vid* Propr

|| Tithymallus, i m [illegible] *Suid* *An herb called sealettice, wolfsmilk, or milk-thistle,* Col. 6, 15, *sed Graecis litt.* Lat Lactuca marina

|| Tithymālus, i m *Idem,* Plin 26, 8

✝ Titii, *vel* tītio *Wild pidgeons, which the soothsayers were wont to observe, Corn. Vid.* Teta, & Todi

Titillans *Tickling* Multitudinis levitatem voluptate quasi titillantes, *Cic Offic* 2, 18.

Titillātio, onis f verb *A tickling, a provoking.* ✱ Non est tanta voluptatum titillatio in senibus, sed nec desideratio quidem, *Cic de Senect* 14, 4

Titillātus, ûs. m. *Idem,* Plin 11, 37

Titillo, āre act [à τίλλω, geminatâ priori syllabâ, *i e* vellico, attrecto leviter, *Scal*] *To tickle, to provoke, to move pleasantly.* Voluptas, ut ita dicam, titillat sensus, *Cic* de *Fin* 1, 11 Ne vos titillet gloria, *Hor Sat.* 2, 3, 191

Titillor, āri pass *To be tickled.* Titillari voluptate, *Cic Tusc* 3, 20.

Titio, ōnis m [fort. ut à tede taeda, ita à [illegible], titio] *A firebrand quenched,* Cels 3, 17 & 5, 12. & Petron 22, 1

Titivillitium, ii n. [titivillitium nullius significationis est, ut apud Graecos βλίτυρι & σκινδαψός, *Fest* aut si sit forte melius, *qu* totillitium, à villus & totum, *i e* totum ne villi aut pili aestimandum] *A rotten thread, a thing of no value, good for nought* Non ego unus sui verbum eriusfem titubili10, ... 2, 5, 29

Titubans, tis part (1) *Stumbling, staggering, stammering, tottering* (2) Met *At a stand, uncertain what to do, wavering* (1) Ferulâ titubantes ebrius artus sustinet, *Ov Met* 4, 26 (2) Omnibus titubantibus, & de rebus summis desperantibus, *Nep Eum* 9

Titubanter adv *Stutteringly, staggeringly, waveringly, doubtfully, with uncertainty* Postulatis enim atque id titubanter & strictim, *Cic pro Cœl* 7 = incunctanter, *Ad Herenn* 4, 41

Titubantia, æ f *A stuttering, stammering, or missing in one's words* Linguæ titubantia, *Suet Claud* 30 oris, *Id Vitell* 6

Titubâtio, onis f. verb *Staggering, humming and hawing, being at no certainty* Metus, ... tia, titubatio, *Cic de Inv* = ... *Ad Herenn* 2, 8

Titubâtus, a, um part *Stumbling, tripping* Vestigia presso haud tenuit titubata solo, *Vir Æn* 5, 332

Titubo, āre neut [à τύπτω τέτυφα, titubo, impingo pedem Sed & qui linguâ offensant, ἄτυπι i attuppi dicti] (1) *To stagger, to reel* (2) *To hesitate, to be at a loss, to stammer, to trip, or slip in speaking* (1) Ille mero somnoque gravis titubare videtur, *Ov Fast* 3, 608 (2) Onerabo præceptis Simiam, ne quid titubet, *Plaut Pseud* 2, 4, 75 = pecco, offendo, *Cic*

Titulus, i m [de etym incertum] (1) *A title, the inscription of a work, or act* (2) Also *mark of dignity and honour* (3) *A monument, or remembrance* (4) *A cause, a pretence, or colour* (5) *A bill set upon a door* (6) *A mark set upon a vessel* (7) *The form of a vow* (1) Legerit titulum nomenque libelli, *Ov Rem Am* 1, 1 Primum ego officium scriptoris existimo, ut titulum suum legat, *Plin jun* Opera cujusque, manentibus titulis, restituit, *Suet Aug* 31 (2) Titulo res digna sepulcri, *Juv* 2, 29 Quid facilem titulum superando quæris inertes? *Ov Met* 10, 602 Laudis titulique cupido, *Juv* 10, 143 (3) Sustinere titulum consularis, *Cic in Pison* 9 (4) Memini ... quem titulum belli prætenderunt, *Liv* 37, 54 vid & *Suet Aug* (5) Philosophus legit titulum ..., *Plin jun* (6) *Juv* 5, 34 (7) Capita sua, titulo proposito, vovere, *Suet Calig* 14

* Tityrus, i m *A reed*, hence Virgil's shepherd (2) *A satyr, or wild man* (3) *An he goat* (4) *A beast ingendred of an ewe and an he goat* (5) *A kind of ape with a tail like a sheep* (1) *Hesych* (2) *Æl V Hist* 3, 40 (3) *Theocr Schol Idyll* 3, 2 (4) Tityrus ex ovibus oritur hircoque parente, *Fug Tolet carm* 22 (5) *Litt* sed unde non dicit

T ante M

* Tmēsis, is f *The dividing a word into two parts, as*, Are hos facias, *Varr*. i e arefacias Quod judicium sibi cunque erat, *C* *Lat* Sectio

T ante O

* Tŏcullio, onis m [ἐκ τοκυλλίων, fœneratorculus, ... fœnerator] *A little usurer*, Cic Attic ... *restituente Turnebo, al leg* ... *culio*

† Todeo, ... *To jet up and down like a wagtail*, R ex an tiq

† Tŏdi [à τυτθοί, i e parvi, M] *Little birds, titmice*, Fest

† Todillus, a, um dim [à todus, i e τυτθός, parvus] *Little, tiny* Todillis crusculis, *with spindle shanks*, Fest ex Plaut

Tŏfāceus, a, um *Of, or belonging to a sandstone* Margaritæ tofaceæ, *Plin* 17, 7 *vid* Tophus

Tŏga, æ f [à tego, ut pondus à pendo] (1) *A gown, a garment worn by the Romans*, of which there were several kinds From their infancy till their seventeenth year, when they came of age, they wore the (a) *toga prætexta*, from thence the (b) *virilis*, because then they might write Man Also (c) *libera*, because no longer under tutors, *or* pedagogues, (d) *pura*, because it had no purple guard, or fringe, as the *prætexta*, (e) *picta*, striped with purple, and worn in triumphs, (f) *palmata*, either because it was wove or imbroidered with palm branches, or worn by conquerers, the palm being the symbol of conquest, (g) *candida*, worn by candidates for any place or office, (h) *purpurea*, worn by kings, (i) *pulla*, worn for mourning, or in trials for capital matters, (2) Whence it is also taken for *the time of peace* (3) *Management of civil affairs* (4) *The attendance of a retainer upon his lord, in livery* (5) Meton *A client* (6) ✠ *A cover, or wrapper of any thing* (1) (a) Togam prætextam eripies pupillæ, *Cic Verr* 1, 44 (b) ⁑ Sumpsisti virilem togam, quam statim muliebrem stolam reddidisti, *Id Philipp* 2, 18 (c) Ante Deos libera sumpta toga, *Prop* 4, 1, 132 (d) Ego meo Ciceroni Arpini potissimum togam puram dedi, *Cic Attic* 9, 6 (e) *Liv* 30, 15 (f) Palmatæ ducem, sed cito, redde togæ, *Mart* 7, 2 (g) In candida toga bis repulsa notatus à populo, *Plin* 7, 34 (h) *Inter ornamenta regia recenset Liv* (i) In epulo cum toga pulla accumbere, *Cic in Vatin* 12 (2) *Cic de Orat* 3, 4 (3) In toga negotiisque versatur, *Plin Epist* 1, 22, 6 ⁑ Alium toga, sed non & arma honestârunt, *Id* Cedant arma togæ, concedat laurea linguæ, ap *Cic Offic* 1, 22 (4) Lis nunquam, toga rara, mens quieta, *Mart* 10, 47 (5) Quam fatuæ sunt tibi, Roma, togæ, *Mart* 10, 18 (6) *Mart* 13, 1 & 14, 84

Tŏgātārius, ii m *An actor of comedies*, Suet Aug 45 *ubi vid* Casaub

Tŏgātulus, a, um dim *A little gownman* Anteambulones & togatulos inter, *Mart* 10, 74.

Tŏgātus, a, um *Gowned, that weareth a gown* ⁑ Græculus judex, modo togatus, modo palliatus, *Cic Philipp* 5, 5 Gens togata, *the Roman nation*, Vir Æn 1, 281 opera, *the attendance of a client*, Mart 3, 46 turba, *a retinue*, Id 6, 48 Gallia, *that part beyond the Alps*, called also *citerior*, as the hither part *comata*, and *transalpina* ⁑ Seu qui prætextas, seu qui docuere togatas, *Hor A Poet* 288 ☞ *Propriè vero quas nos tragicocomœdias notat. Vid.* Sen Epist 7, extrem

Tŏgātus, i m *A Roman, or a client performing a visit to his patron, one attending in a gown, a liveryman* Caterva togatorum, *Cic pro S Rosc* ... Toga ... Cæsaris, *the emperor's serjeants*, Suet

Tŏgŭla, æ f dim *A little gown* Togulæ lictoribus ad portam præstò fuerunt, *Cic in Pison* 23 Togulam pluris emo, *Mart* 1, 26

Tŏlĕrābĭlis, e or, comp *Tolerable, indifferent, that may be endured, or borne with, that can bear, or endure* Omnia humana tolerabilia ducenda, *Cic ad Brut* 18 Nihil quicquam tolerabilius habeo quam solitudinem, *Id ibid* Annona tolerabilis & rerum aliarum suppeditatur, *Liv* 35, 44

Tŏlĕrābĭlĭter adv ius, comp *Tolerably, so as may be endured* Vinaceæ tolerabiliter pascunt, *Col* 8, 4 Tolerabilius desiderium ferre, *Cic Fam* 15, 20.

Tŏlĕrandus, a, um part *To be endured* § Injuriæ nobis sunt tolerandæ, *Cic Attic* 1, 17

Tŏlĕrans, tis part & adj or, comp issimus, sup (1) *Enduring, suffering* (2) *Patient* (3) *Supporting, maintaining* (1) § Piscium generi dulcis unda tolerantia, *Col* 8, 16 (2) Tolerantiora capessere, *Tac Ann* 12, 11 Tolerantissimus penuriæ asellus, Col 7, 1 (3) Per latrocinia ac rapinam tolerantes vitam, *Liv*

Tŏlĕranter adv ius, comp issime, sup *Patiently, constantly, with sufferance* Pati dolorem toleranter, *Cic Tusc*. 2, 18 Tolerantius poscere, *Plin* 8, 45

Tŏlĕrantia, æ f verb. *A bearing, patience, sufferance* Tolerantia rerum spernebat cunctas insuperata minas, *Corn Gall* 1, 33 conf & *Cic Parad* 4, 1

Tŏlĕrātio, ōnis f verb *An enduring, or suffering, toleration*, Cic de Fin 2, 29

Tŏlĕrātūrus, a, um part *About to bear, suffer, or undergo* Se facilius hiemem toleraturos putant, *Cic Catil* 2, 10

Tŏlĕrātus, a, um adj unde tolerātior, comp *More readily admitted, or encouraged*, Tac Ann 12, 11 vix alibi

Tŏlĕro, āre act [à tollo, sive tulo, unde tuli] (1) *To bear* (2) Met *To suffer, abide, endure, or tolerate* (3) *To sustain, maintain, keep, or find one* (1) Tauri ruentis in venerem tolerare pondus, *Hor Od* 2, 5, 4 (2) Una tecum bona malaque tolerabimus, *Ter Phorm* 3, 3, 23 Laborem militarem tolerare, *Cic*. = patior, *Id* (3) Tolerare sumptus alicujus, *Sall B Catil* 24 Vitam colo, *Vir Æn* 8, 409

Tollēno, ōnis. m [à tollendo, *Fest*] (1) *An engine to draw up water, that hath a great poise at the end, a swipe* (2) *A crane to lift up great weights, an engine of war* (1) E puteo tollenonum haustu rigare, *Plin* 19, 4 (2) *Liv* 24, 34 *Accuratam ejus descript vid ap* Veget 4, 21

† Tolles. *A swelling of the jaws*, Fest ‡ Tonsillæ

Tollo, ĕre, † tolli, cujus tamen loco venit *sustuli* a composito *sustollo* ap Gramm ut & sup *latum* & *sublatum* act (1) *To take up* (2) *To lift up, to raise* (3) *To take away, to remove* (4) *To bring up, to educate* (5) *To take along with* (6) *To defer, to put off* (1) § Tollere lapides de terra, *Cic*. pro *Cæcin* 21 § aliquem in collum, *Plaut* Aurum tollere, & sibi habere, *Liv* (2) Pileum, quem habuit, deripuit, eumque ad cœlum tollit, *Fragm Plaut* ⁑ Tollas ... altius tectum, non ut te despiciam, ... *Cic Met* Tollere animos, *to take heart*, Plaut Truc 2, 8, 10 animos alicui, *to hearten, to encourage*, Sall in Cic ... humo, *to gain preferment*, Vir risum, *Hor* cachinnum, *to laugh heartily*, Cic de Fato, 5 clamores horrendos, *to set up*, Vir gradum, *to walk apace*, Plaut oculos contra, *to oppose*, Luci laudibus aliquem, *highly to commend*, Cic Fam 15, 9 (3) = Jube illud demi, tolle hanc patinam, *Plaut Mil* ..., 164 = Detrahere, auferre, tollere, *Cic* ¶ Tollere inducias, *to break it*, Liv aliquem furto, *to kidnap him*, Vir § aliquem è medio, *Liv* 24, 6 § de medio, *to kill, to make away with*, Cic pro S Rosc 7 (4) Quod erit natum tollito, *Plaut Amph* 1, 3, 3 = Si quod peperissem, educarem, & tollerem, *Id Truc* 2, 4, 45 ☞ *Hæc forma loquendi hinc obtinuit, quòd infantes recens nati humi deponebantur, ex his quos pater voluit*, tollebat, vel *suscipiebat, utroque enim vocabulo in hac notione usi sunt veteres, quos autem noluit, pro scelus! neglexit, aut alicuspiam suscipiendos exposuit*. (5) Mea factum est insciâ verecundiâ, ut te proficiscens non tollerem, *Cic Q. fr* 2, 12. (6) Tollo ex hoc die in alium diem, *Plaut Pœn* 2, 52 citante Steph *al* extollo

Tollor, i, latus *vel* sublatus sum pass (1) *To be mounted, to be raised up* (2) *To be brought up* (3) *To be taken away* (1) Optavit ut in currum patris tolleretur, sublatus est, *Cic Offic* 3, 25 (2) Quod peperisset, jussit tolli, *Ter Andr* 3, 1, 6 (3) ⁑ Differtur, nunquam tollitur ullus amor, *Prop* 2, ... 8

Tollo, onis m & tollonus, i m *id quod* tolleno, *Plaut*

Tŏlūtāris, e adj *That ambleth, or paceth* Tolutaris equus, *Sen Ep* 87

Tolutarius, a, um *Idem*

† Tolutiloquentia, æ f *Voluble speaking*, Næv *ap* Non 1, 12 ‡ Volubilitas sermonis

Tŏlūtim adv [à tollendis pedibus, *Becm qu* volutim] *With an ambling pace, roundly, fast* Ut equiso doceat tolutim incedere, *Varr* Demam, hercle, jam de ordeo, tolutim ni badizas, *Plaut Asin* 3, 3, 116

Tŏmācīnæ, ārum f [ἀπὸ τοῦ τεμεῖν, i e τέμνειν, quod carnes & herbæ incisæ induntur] *Puddings made of hogs flesh, liverings, sausages*, Varr R R 2, 4

Tŏmāclum, i n *Mart* 1, 42 per Sync. *pro*

Tŏmācŭlum, i n *A kind of pudding, or sausage* Tomacula supra crateculam ferventia posita, *Petron* 31, 9 Candiduli divina tomacula porci, *Juv* 10, 355

Tomentum, i n [ἀπὸ τομῆς, i e sectione eorum quæ inculcabant culcitis, *Scal*] (1) *Locks clipped off wooll, shear-wooll, flocks*, used in stuffing of bed-ticks, cushions, &c (2) *Small marshy reeds strowed in the Circus for the ease of the poorer sort* (1) Tomentum è culcita mandere, *Suet Tib* 54, 3 (2) Tomentum concisa palus Circense vocatur, *Mart* 14, 160

* Tomex, *vel* tomix icis f *A cord, an hempen cord, or rope*, Fasciculos tomice palmeâ, aut junceâ ligato, *Col R R*. 12, 32 conf. *Vitruv* 7, 3

* Tonsilis, e, um *Cutting* Tomici dentes, *the fore teeth,* Cell 8, 1

Tonus, i m [à τοιός, pars] [illegible] *the [illegible] part of the [illegible]* [illegible] Septum quinti [illegible] conitat & tonsus [illegible], *Mart* [illegible]

Tonsus, tis [illegible] (1) *Shaving* (2) [illegible] *Shaver, clipper* (1) [illegible] to [illegible] Sen (2) [illegible] tortus [illegible] Tonsorem, *Juv* 1, 25

Tonsio, ōnis f verb *A shearing,* Sen [illegible] 12

Tondens, tis part (1) *Cutting* (2) *Grazing* [illegible] (1) Tondentibus [illegible], *Ecl* 1, 29 (2) [illegible] tondentes late camplum [illegible] 5, 8

Tondeo, ere, totondi, tonsum act (1) *To [illegible]* (2) *To [illegible]* (3) *To crop, as cattle* (4) *To [illegible]* (1) Virgines tondebant barbam, & capillum patris [illegible] Nonten [illegible] ergo [illegible] *Lucr* [illegible] (2) Tondent [illegible] [illegible] 2, 158 (3) Tenerum [illegible] tondent dume [illegible] [illegible] 1, 15 (4) [illegible] Tondeor

Tondeor, eri *To be [illegible]* [illegible] Attia [illegible] tondentur, [illegible] 5

✝ Tonetr [illegible] Non ✝ Ton[illegible]

✝ Ton[illegible] *[illegible]* tonamus [illegible]

[illegible] *Thundering, or [illegible]* [illegible] templa caeli, *Lucr* 1, 1096

Tonitru [illegible] [à tono] *Thunder* [illegible] *or [illegible]* [illegible] on ru, *Ov* [illegible]

[illegible] m *Thunder,* [illegible] Tonitrus [illegible] [illegible] interum, *Plin* 8, [illegible] gemitum [illegible] aequam [illegible] *Lucr* 6, 170

‖ Tonitruum, i n (1) *Thunder* (2) *[illegible] rumbling [illegible]* (1) Tonitruum [illegible] [illegible] *Lact* 2, 20 (2) [illegible] tonitruum, terra mugit, non Jove tonante, *Prob*

Tono, āre, ui, [illegible] um neut [à τόνος] (1) *To thunder* (2) *[illegible] terrible [illegible]* (3) *To [illegible]* (1) [illegible] Deus [illegible] coelum [illegible] (2) [illegible] ex [illegible] [illegible] tonas, [illegible] Verberibus tonas, [illegible] (3) Quando tu ore [illegible] Ter[illegible] [illegible] *Æn*

✝ Tonor [illegible] m *pro tenor* [illegible] Quint Inst 1, 5

To[illegible] [illegible] ferro, [illegible] [illegible] de [illegible] tonsa [illegible] [illegible] *Æn* [illegible] R[illegible] pectora tundere [illegible], *Sil* 12, 241

[illegible] *That is, or [illegible], [illegible], clipped, or* [illegible] Tonsile buxetum, *Mart* [illegible] Nemora tonsilia, *Plin* [illegible]

Tonsilla, æ f dim [à tonsa] (1) *A [illegible]* (2) Also *a [illegible] [illegible] with iron, put into the ground, to [illegible], or [illegible] by [illegible], in order,* [illegible] (1) E [illegible] (2) Fest

Tonsillæ, arum f (1) *The [illegible] of the [illegible]* (2) *[illegible] to [illegible] part, the [illegible], the [illegible]* (1) Si eminentes [illegible] utraque ex parte tonsillis [illegible] tingens, *Cic* N D 2, 54 (2) [illegible] contra tonsillas cum [illegible] mine, *Plin* 20, 14

Tonsito, are freq [à tondeo] [illegible] *To clip often* Oves ter [illegible] anno tonsitari, *Plin* [illegible] 2, 9 [illegible] emuri

Tonsor, ōris m verb *A barber, a clipper* Tonsori collum [illegible], *Cic* [illegible] 5, 20 Ad tonsorem ire dixit, *Plaut Asin* 2, 4, 14 Curtus inaequali tonsore capillos *Hor Epist* 1, 1, 94 Tonsor [illegible] ungues dempserat, *Plaut* [illegible]

Tonsorium, ii n *A barber's [illegible]*, Litt ex Vitruv ✝ Ton[illegible]

Tonsōrius, a, um *Of, or belonging to a barber* Culter tonsorius, [illegible], *Cic Off* [illegible]

Tonstricula, æ f dim [à tonstrix] *A [illegible] barber, a little [illegible]* Regiæ virgines, ut tonstriculæ, [illegible] Dionysii barbam *Cic* [illegible] 5, 20

Tonstrina, æ f *A barber's shop*, Ter Phorm 1, 2, 39

Tonstrix, icis f *A woman barber* Tonstricem suam [illegible] *Plaut* [illegible]

Tonsura, æ f (1) *A clipping, polling* (2) *[illegible], or [illegible]* (1) Nec male deformet [illegible] [illegible] capillos, *Ov* [illegible] 1, 517 (2) Tonsuræ [illegible] oves præparentur, *Col* 11, 2

Tonsus, a, um part *Shorn, clipped, polled, [illegible], [illegible], [illegible]* Lavæ oris, *Hor Od* [illegible] 14 Tonsæ foliis ex [illegible] cervix, [illegible] *Æn* 5, 774

Tonsus, ûs m *A shearing, or [illegible]*, Plaut Amph 1, 1, 288

* Tonus, i m [à τόνος, intentio [illegible], vocis extensio] (1) *A tone, a note, a tune, or [illegible]* (2) Also *the [illegible] between the earth and the [illegible]* (3) *The gloss, or varnish [illegible]* (1) *Mart* 9, 22 Lat Sonus, accentus, *Cic* (2) *Plin* 2, 20 (3) *Plin* 35, 5

* Toparcha, æ m *A lord of a manor, a lord lieutenant of a country,* Spart in Hadr ✝ Præfectus

Topazium, ii n *Plin* id quod

Topazius, ii m [à Topazo insula in mari rubro (quæ & Pyx & Opas & Topaz, [illegible]) [illegible] rect [illegible] Hebr פז [illegible] aurum [illegible] *A precious stone of the [illegible] of gold, called a topaz,* Plin 6, 29 & 37, 8

‖ Topazon [illegible] *A topaz* Pulchreque topazon, *Prud*

Tophāceus, a, um *Of, or belonging to a [illegible] stone* Margo tophacea, *Plin* 17, 6

Tophinus, a, um *Idem,* Suet Claud 2, 21

Tophus, i m [illegible] *[illegible], or gravel-stone that may easily be rubbed to crumbs* Arenosus tophus ineptus est ad serenda vineta, *Col* 2, 22 Scaber tophus, *Vir Geor* 2, 214

Topia, orum n pl *Certain figures [illegible] in the top of small trees to adorn a garden,* Vitruv 7, 5

Topiaria, æ f *The art of making [illegible], or pictures, with trees, or twigs and herbs cut out and plaited,* Cic ad Q fratr 3, 1

Topiarium, ii n [à τόπος, quomodo Græci appellant [illegible] quod in opere topiario frutices & [illegible] tenues, quæ varie torquentur, [illegible] flectuntur, usque dum animalium & [illegible] rerum similitudinem repræsentent, *topius,* [illegible] regari, [illegible]] *A [illegible] of trees, twigs, or herbs, figures made of herbs and twigs, an arbour, a bower, a [illegible],* Cic Q fratr 3, 1

Topiarius, a, um adj Arbuscula topiaria, *a tree twisted [illegible] overhead,* Litt ex Col

Topiarius, ii m *A gardener who maketh divers kinds of knots and devices in herbs as they grow, as in the likeness of men, birds, or beasts, also one who maketh arbours, or bowers* Topiarium [illegible] ita omnia convestit hedera, *Cic Q fratr* [illegible]

* Topica, ōrum n pl *Topics [illegible] treat of places of invention [illegible], Aristotle's eight books so called,* Cic Fam [illegible]

* Topice, es f [illegible] *The art of invention, or finding out places and arguments,* Cic Top 2

* Topicus, a, um *Topical, or belonging to invention,* Cic

Topium, ii n [à τόπος, locus, [illegible] res alligata fit loco, quo esse voluntus] *An arbour, or bower, &c a knot in a garden,* Vitruv 7, 5

* Topographia, æ f *The description of a place, topography,* Cic Attic 15, 16. *Lat* Locorum descriptio

* Topographus, i m *A describer of places, a topographer* Lat Locorum descriptor

✝ Topper [qu. toto opere] *Immediately, quickly, in all haste,* Non ap Fest ✝ Citissime

Torāl, & torāle, is n [à torus] *The furniture of a bed, or table, as sheets, blankets, coverlets, a counterpane, a tablecloth* Quod toro [illegible] toral dicitur, *Varr* ap Non Vid Casaub in Lampr Eligab 19 Turpe toral, *Hor Ep* 1, 5, 22 Torale quod ante torum est, *Varr L L* 3, 5

Torcular, vel torculāre, is n [à torquendo] *A press for wine, oil, or cider,* Col. 12, 50 Plin 18, 31

Torculārium, ii n *A press room* Servet diligenter cellam & torcularium *Col* 6, 6

Torculārius, a, um *Of, or belonging to a press* Lacus torcularius, *Col* 12, 18 Torcularia cella, *Id* 1, 6 Torcularia vasa, *Varr R R* 1, 22

Torculārius, ii m *A presser, or pressman* Multitudo baccæ torculariorum vincit laborem, *Col* 12, 50

Torculum, i n [à torqueo] *A press* Priusquam [illegible] torculis exprimantur, *Col* 12, 26 Ad otidem culeos unum sufficit torculum, *Plin* 18, 31

Torculus, i m *Idem,* Litt ex Plin

Torculus, a, um *Of, or belonging to a press* Vasa torcula, *Cato*, 1 Funis torculus, *Id* [illegible]

Tordylon, is n *The seed of the herb [illegible],* Plin [illegible], 19

Tordylon, i n *Plin* & tordylium, *Idem,* Dalec ex Plin

* Toreuma, ătis n *Plate chased, or engraven, any turned, or embossed work* Artis Phidiacæ toreuma clarum *Mart* [illegible] Toreuma a nova & pretiosa, *Cic* in *Verr* 4, 18

Toreumatum, i n *Idem,* Lut ex Cic ut & alii Lexicogr [illegible] *are [illegible], neque ego [illegible]*

* Toreuta, æ m *A turner, a graver, or chaser of metal,* Jur

* Toreutice, es f *The art of engraving, or embossing,* Plin 34, 8

Tormen, inis n *[illegible] to [illegible]* [illegible] tormina, um pl [à torquendo, quòd dolore torquentur in [illegible]] *The griping of the guts, the wringing of the [illegible], as in the wind colic* Fo[illegible] in torminibus & stranguria [illegible] præbere, *Cic Tusc* 2, 19 Torminum [illegible], *Col* 12, 7

Tormentum, i n [à tormen[illegible] quod à torqueo] (1) *The rope of a crane, or such like instrument to lift up timber, any rope* (2) *An engine to cast [illegible] or darts* (3) Also *any piece of ordnance, a cannon, or gun, [illegible] be expressed by this word* (4) Met *A pinching, or [illegible]* (5) *A torment, a racking* (1) *Cæs B C* 2, 9 & *Flor* 2, 15 (2) Fundis, tormentis, sagittis, hostes propellere, *Cæs B G* 4, 25 (3) Ex analogia [illegible] (4) Nasturtium nomen accepit a narium tormento, *Plin* 19, 8 (5) Servi tormentorum adducti in veritate manserunt, *Cic*, pro Cluent [illegible] Cum jam tortor, & tormenta ipsa essent defessa, *Id ibid.*

Tormina, um n *Vid* Tormen

Torminālis, e *Causing, or breeding the gripes* Sorba torminalia, *Cels* 2, 30.

Torminōsus, a, um *That is subject to the gripes, or the fretting of the guts* Di[illegible] gravedinosos quosdam, quosdam torminosos, *Cic Tusc* 4, 12.

✝ Tornimentum, i n *A running at tilt, justing, or [illegible] justs and tournaments,* [illegible] ✝ Decursio, decursus ludicrus

✝ Tornātilis, e [illegible] *Turned, or made with a turner's wheel* ✝ Torno factus

Tornator m. verb *A turner,* Vitruv ap Litt

Tornatus, a, um part *Turned, or made with a turner's wheel* Met Tornati versus, *Hor* [illegible] 441

Torno, āre act [à τορνεύω] *To turn, or work with the wheel,* as turners do, *to [illegible]* Ita tornavit, ut nihil efficì [illegible] dius posset, *Cic de Univ* 6

Tornor, āri pass *To be turned round* Tornari in vasa, *Plin* [illegible] 22

Tornus, i m [à Gr. τόρνος, quod à Celt turn, [illegible]] (1) *A wheel, a turn, or lathe that turners use to work things with* (2) Also *a graving tool* (1) Tornum Theodorus Samius invenit, *Plin* 7, 56 conf *Vitruv* 9, 4 (2) Torno facili superaddita vitis, *Vir Ecl* 3, 38 ¶ Angusto versus includere torno, *to make verses in a low strain,* Prop [illegible] 42

Torōsus, a, um or, comp [illegible] (1) *Brawny, [illegible], well [illegible], strong and lusty* (2) *[illegible] full of stems and branches* (1) Torosa cervix, *Col* 6, 1 (2) Torosior inula, *Plin* 19, 5

Torpedo, inis f (1) *[illegible]ness, idleness, laziness* (2) *A cramp-fish, which numbs the hands of those who touch it* (1) [illegible] Inertia, atque torpedo [illegible] detrimenti fecit, quam exercitus, Cato ap *Gell* 11, 2 (2) *Plin* [illegible]

Torpens, tis part *Numb,* [illegible]

Torpens metu, *Liv* 28, 29 Torpentibus memoriis, *Plin* 29, 4

Torpeo, ere, ui neut (1) *To be numb*, or *benumbed*, *to be stunned* (2) *To be slow*, *dull*, or *heavy and drowsy* (3) *To be in* extasy of wonder, delight, &c (4) *To faint*, or *languish* (1) Duro simillima saxo torpet, *Ov Met* 1, 540 Torpuerint dolore genæ, *Id. Epist* 10, 44 (2) § Nec torpere gravi passus sua regna veterno, *Vir Geor* 1, 124. Si consilia tua torpent, mea sequere, *Liv* 1, 41 (3) Pausiacâ torpes, insane, tabellâ, *Hor Sat* 2, 7, 95 (4) Neutro inclinata spe, torpebat vox, spiritusque, *Liv.* 1 1

Torpescens, tis. part *Growing numb*, or *heavy*, *faint* Torpescens feritas, *Plin* 8, 16.

Torpesco, ĕre incept (1) *To grow numb*, *heavy*, or *dull* (2) *To grow faint*, *listless*, *and sluggish* (3) *To tarnish and decay in colour* (1) Membra torpescunt gelu, *Sen Med* 927 (2) Ingenium incultu, atque socordiâ torpescere sinunt, *Sall B Jug* 2 (3) Margaritæ senectâ rugisque torpescunt, *Plin* 9, 35

Torpidè adv *Dully*, *slowly*, *drowsily*, Litt *ex* Gell *sed non invenio*

Torpidus, a, um *Slow*, *dull*, *sleepy*, *drowsy*, &c *Liv* 25, 38 & 22, 53.

Torpor, ōris m [à torpeo] *Numbness*, *stiffness*, *sleepiness*, *drowsiness*, *heaviness*, *dulness*, *laziness*, *listlessness* Torpore torpedines se tutantur, *Cic N D* 2, 50 Membra novus solvit formidine torpor, *Vir Æn* 12, 867 = stupor, *Liv* 9, 2.

† Torpōro, āre *To make senseless*, *drowsy*, *sleepy*, *to benumb*, Turpil ✝ Torpeo

Torquātus, a, um [à torquis] *That weareth a collar*, or *chain* Adfuit Alecto brevibus torquata colubris, *Ov Epist* 2, 119 Torquatus palumbus, *a ringdove*, *Mart* 13, 67 *in lemmate* Torquatæ columbæ guttura, *Prop* 4, 5, 63.

Torquens, tis. part *Wreathing*, *bending*, or *hurling* Torquens arenas, *Vir Geor* 3, 350. lumina, *Id Æn* 7, 448 hastile, *Id ibid* 9, 402.

Torqueo, ēre, si, tum & sum act (1) *To writhe*, or *wreathe*, *to twist* (2) *To wind*, or *whirl about* (3) *To bend*, or *bow*, *to turn about* (4) *To crisp and curl* (5) Meton *To order*, *to govern* (6) *To fling*, *hurl*, or *throw* (7) *To rack*, or *torture* (8) Met *To vex*, or *plague* (9) *To wrest*, *to pervert* (1) Torquere funem, *Prop* 4, 3, 21 collum, *Liv* 4, 53 os, *Cic Offic* 1, 36 orbes volubilibus nexibus, *Ov Met* 3, 42 (2) *Vir Æn* 1, 112 & 1, 121. (3) Torquere arcum, *Vir Geor.* 2, 448 *Met* = Versare suam naturam, atque huc, & illuc torquere & flectere, *Cic* pro *Cæl* 6 ¶ Torquere iter, *to step aside*, Stat. Theb 11, 313 fusos, *Plin* 28, 2. stamina, *to spin*, Ov Met 12, 479. (4) Torquere capillos ferro, *Ov Art. Am* 2, 304. (5) Cœlum & terras qui numine torquet, *Vir Æn* 4, 269 (6) Spicula torquere cornu, *Vir. Ecl.* 10, 59 saxum in hostem, *Id Æn* 12, 901 (7) Eculeo torquere aliquem, *Cic de Fin* 3, 13 (8) Futuri, atque impendentis doloris, torquet timor, *Cic* de *Fin* 2 Doloribus animi torqueri, *Id ibid* 1, 13 (9) Verbo ac litera jus torquere, *Cic* pro *Cæcina*, 27

Torqueor, eri pass *To be wrested*, &c Stulti malorum memoriâ torquentur, *Cic* de *Fin* 1, 17

Torques, & torquis, is m vel f [à torqueo] (1) *A collar*, or *chain to wear about one's neck* (2) *A garland*, or *chaplet of flowers*, *a wreathe* (3) *A ruff about a bird's neck* (1) Torquatus torquem hosti detraxit, *Cic de Fin* 1, 7 Collo decorus torquis, *Stat* aureus, *Quint* Torques aureæ, *Varr* (2) Nexis torquibus ornatæ aræ, *Vir Geor.* 4, 276 (3) Psittace torque miniato in cervice distincta, *Plin* 10, 42

Torrefăcio, ĕre, ēci, actum *To roast*, *parch*, or *scorch*, Col 2, 21 6, 7 & 12, 15

Torrefactus, a, um part *Parched*, *scorched*, *sunburnt*, Col 2, 21

Torrens, tis. part & adj or, comp. ssimus, sup. (1) *Toasting*, *roasting*, *parching* (2) *Hasty*, *violent*, *headlong*, *running in full stream like a land-flood*, *rapid*, *fluent* (3) *Sultry* (1) Sidera torrentia agros, *Hor Od* 3, 1, 31 (2) Torrentia flumina, *Vir Ecl* 7, 52 Sermo promptus, & Isæo torrentior, *Juv* 3, 74 Cum torrentissimus exit pontibus *Asopus*, Stat Theb 7, 316 *Met* Torrens dicendi copia, *Juv* 10, 9 (3) Cum torrentissimus axis incumbit terris, *Stat Sylv* 3, 1, 52

Torrens, tis m [amnis, *scil* à torreo, quia citò siccatur, vel quòd unda rapido impetu æstuet] *A stream coming down an hill*, *caused by water*, or *snow*, *a land-flood*, *a torrent*, *a stream.* Rapidus montano flumine torrens, *Vir Æn* 2, 305 *Met* Inanis torrens verborum, *Quint* 10, 7

Torrentiùs. adv comp *More violently* Torrentiùs amne hyberno, *Claud.* de *Rapt Pros* 2, 198.

Torreo, ēre, ui, ostum act (1) *To toast*, *roast*, or *broil* (2) *To bake* (3) *To parch*, or *scorch* (4) *To boil* (5) *To dry* (6) *To pinch*, or *nip* with cold (1) Subjiciunt verubus prunas, & viscera torrent, *Vir. Æn* 5, 103 (2) Torreto me pro pane rubido, hera, *Plaut Casin* 2, 5, 2 Sole cibum torrere, *Plin* 7, 2. (3) Torret sitis ora, *Prop* 4, 10, 21 Artus torrentur febribus, *Ov Epist* 21, 169 *Met* Torrere aliquem face mutuâ, *Hor Od* 3, 9, 13 (4) *Litt* ex *Plin* (5) Pisces sole torrere, *Plin* 7, 2 (6) Frigore torrere, *Steph* ex *Varr* vid & Torridus, n 4

Torreor, ēri pass *To be scorched*, &c Solis ardore torreri, *Cic Somn Scip* 6

Torresco, ĕre incept *To be broiled*, *roasted*, *dried*, either with the sun, or with the fire Torrescere flammis, *Lucr* 3, 903

✝ Torrĭdor, āri pass *To be burned*, &c *Accius* ✝ Torreor

Torridus, a, um (1) *Dry* (2) *Hot*, *sultry*, (3) *Parched*, *burned*, *scorched*, *torrid* (4) *Starved*, *shrivelled*, *shrunk up* with frost (1) Defectus aquarum circa torridos fontes, *Liv* 4, 30 (2) Æstas torrida, *Vir Ecl* 7, 48 Color torridus sole, *Plin* 12, 20 (3) Tellus torrida, *Lucr* 5, 1219 Aër torridus, *Prop* 3, 13 52 (4) Homo macie torridus, *Cic* pro *L Agrar.* 2, 34 membra gelu, *Liv* pecora frigore, *Id* 21, 32.

Torris, is m [à torreo] (1) *A firebrand* lighted, (2) *or* extinct (1) Torrem Chorinæus ab ara corripit, *Vir Æn* 12, 298 (2) Funereum torrem medios conjecit in ignes, *Ov Met* 8, 512.

Tortio, ōnis f verb [à torqueo] *A writhing*, or *wresting*, *a griping and wringing*, *a torturing*, or *racking* Tortiones stomachi, *Plin* 20, 17

Tortè adv *Crookedly*, *awry* Tortè penitusque remota, *Lucr* 4, 306

Tortilis, e *Wrested*, *wreathed*, *winding*, *writhen* Tortilis pampinus, *Plin* 9, 17 ansa, *Ov Ep* 16, 252 piscis, *Id Met* 15, 915 ¶ Placenta tortilis, *a tart*, or *cheesecake*, Jun

Tortivus, a, um *That is squeezed*, or *wrung out* Vinum tortivum, *pressed wine*, *wine of the last pressing*, Col 12, 36 conf *Caton R R* 23

† Torto, are freq [à torqueo] *To writhe*, or *wrest often*, Non

Tortor, āri, ātus pass *To be pained*, or *tormented* Recenti volnere tortari, *Lucr* 3, 661

Tortor, ōris m verb [à torqueo] (1) *An executioner*, *a torturer*, *a tormenter* (2) *A slinger*, or *thrower of stones* (3) *A name of Apollo* (1) Quid opus est tortore? *Cic* pro *Mil* 21 Si sapiens ad tortoris equuleum ire cogatur, *Id* de *Fin* 4, 12 = carnifex, *Id* (2) *Litt* ex *Amm* (3) Acclamatum est, Cæsarem esse Apollinem, sed Tortorem, *Suet Aug* 70 ¶ Equus tortor, *a trotting*, or *uneasy horse*, Non

† Tortum, i n [vox antiqua, quâ olim utebantur pro tormento, *Non*] *An engine to throw stones with*, Pacuv

‖ Tortuōse adv. *Crookedly*, *with windings and turnings*, Tert ✝ Torte

‖ Tortuōsitas, ātis f *Crookedness*, *wrythedness*, Tert. ✝ Tortura

Tortuōsus, a, um adj or, comp (1) *That windeth*, or *turneth many ways*, *crooked* (2) Also *full of torture*, or *pain* (3) *Intricate* (1) Tortuosus amnis, *Liv* 27, 47 (2) Tortuosior urina, *Plin* 21, 27 (3) Tortuosum dicendi genus, *Cic Acad* 4, 32

Tortūra, æ f [à torqueo, tortum] *A wreathing*, *writhing*, or *bowing back* Caput sarmenti torquendum non est,—quoniam tortura vexatio est, *Pallad R R* 3, 9

Tortus, a, um part (1) *Writhed*, *wrested*, *twisted* (2) *Crisped*, *curled*, *frizled* (3) *Tortured*, *tormented.* (1) Funes torti, *Vir Æn* 4, 575 Anguis tortus, *Ov Met* 2, 138 (2) Tortos non amo comas, *Mart* 4, 24 Tortus crinis, *Id Spectac* 3, 9 (3) Tortus verberibus, *Cic Topic* 20

Tortus, ûs m (1) *Crookedness*, *wriness* (2) *A bending*, *the gate of a serpent* (1) Tortu multiplici draco, *Cic Tusc* 2, 9 *ex poeta* (2) Longos fugiens dat corpore tortus, *Vir Æn* 5, 276

Torvè adv *Sowerly*, *sternly*, *crabbedly*, Plaut Amph 4, 2, 8 *Sed libb meliores legunt* stolide

Torvinus, a, um *id quod* torvus *Cruel in look*, *grim*, *stern*, Varr L L 4, 35

Torvitas, ātis f *Sowerness of look*, *lowring*, *frowning*, *sternness* Capitis torvitate terreri, *Plin* 7, 19 Torvitas vultûs, *Tac Hist* 2, 9, 4

Torviter adv *Frowningly*, *lowringly*, Non *ex* Pomp

Torŭlus, i m dim [à torus] (1) *A little rope*, *cord*, or *band wreathed* (2) *Ringlets of hair made up conically with golden grasshoppers*, *worn by the Athenians on their foretop*, *to denote they were born in their own land and of equal antiquity to it* (3) *A little bed* (4) *A woman's cawl* (5) *The wood of a tree next to the bark* (6) *The little brawny part in animals* (1) *Vid* Torus (2) Meo patri torulus inerit aureus sub petaso, *Plaut Prol Amph* 144 (3) *Vid* Torus (4) *Litt* ex *Varr* (5) Inutilis humor et fluxit per torulum, *Vitruv* 2, 9 (6) Terga pulposis torulis obesa, *Apul Met* 7, p 221

Tŏrus, i m [à τείρω τερῶ τετορα, ut sit quicquid rotundum, præcipue gramen, vel culmus tortus in funiculum, super quem antiqui stragula sternebant, vel forte à τόρος, funis, *n* in *r*, ut sæpè, migrante] (1) *Twisted grass*, or *straw*, *on which the antients laid their skins*, or *other furniture*, *for the convenience of sleeping*, or *sitting* (2) *A bed in a garden* (3) *A rope*, or *cord* (4) *A bedstead*, (5) *a bed laid upon it* (6) *Marriage* (7) *The thick and round circle of a pillar* (8) *The tuft in a garland* (9) *A wreathe of hair in fashion of a cone on the top of the head*, *which the Athenians adorned with a grasshopper*, *to shew they were* αὐτόχθονες, *that animal being supposed to be from the earth*, *without other generation* (10) *An ornament of a woman's head* (11) *A bunch*, or *knot in the stem*, or *body of a tree* (12) Tori, *the brawn*, *muscles*, or *fleshy parts in man*, or *beast* (13) *A protuberance*, or *swelling* as of the veins (1) Ex herba torta torus appellatus, *Varr* de vitâ P R Montana torum cum sterneret uxor frondibus & culmo vicinarumque ferarum pellibus, *Juv Sat* 6, princ Viridante toro consederat herbæ, *Vir Æn* 5, 388 Extruimus toros, dapibúsque epulamur opimis, *Id Æn* 3, 224 (2) *Litt* ex *Plin* (3) Vitis novella tribus toris ad arborem religetur, *Col* 5, 6 vid & *Cato*, 135 (4) Asper torus signis eburnis, *Stat Sylv* 3, 1, 38 (5) ✱ In medio torus est de mollibus ulvis impositus lecto, *Ov Met* 8, 685 Tori velamina, *Id Fast* 2, 343 (6) Legitimos sollicitasse toros, *Ov* ex *Pont* 3, 2, 50 (7) *Vitruv* teste *Litt* (8) Ut in corona tori, *Cic Orat* 21, 8 (9) Ex analogia τῦ torulus, *q v* (10) *Varr* ap *Litt* (11) *Litt* ex *Vir* (12) O terga! ô lacertorum tori, *Cic Tusc* 2, 8 *ex poeta* Leo gaudet comantes excutiens cervice toros, *Vir Æn* 12, 7 (13) *Cels.* 7, 18

Torvus, a, um or, comp ssimus, sup [*qu* tortivus, torvum, λοξόν, *Gloss* *i e* tortum] (1) *Sharp*, *sower*, *crabbed* (2) *Grim*, *stern* (1) Præter soli vitia, culturâ quoque torva fiunt vina, *Plin* 17, 22 ‖ Torvior, *Apul Florid* p 808 Torvissimus, *Arnob* 6, 196 (2) Optima torvæ forma bovis, *Vir Geor* 3, 51 Torva facies, *Col* 6, 20 Torvus visu, *Stat Theb* 11, 10

Tostus, a, um part [à torreor] *Parched*, *roasted*, *toasted*, *broiled*, *baked*, *scorched* Hordeum tostum, *Col* 12, 5 § Tostas æstu terit area fruges, *Vir. Geor* 1, 298 Viscera tosta taurorum, *Id Æn* 8, 180 *Vid* Torreo

Tot adj plur indecl [à Gr τόσ' pro τόσα] (1) *So many* (2) *Just so much* (1) Quot homines, tot causæ, *Cic* de *Orat* 2, 32 Quæ cum viderem tot vestigiis impressa,

impressa, ut, &c. Id Tot ... tales, Id pro ... 38 Tot ... tantæ res, Id (2) *Quam*

Totalis, e adj *Total, whole, entire*, Quint Declam ... ✝ Totus

|| Totaliter adv *Wholly, totally, entirely* Lict ✝ Penitus, prorsus

Totidem ... plur indecl [ex to, & dem ...] ... totidem ... vixerunt, *Cic* de *Div* ...

✝ Totiens adv *so quot*

Toties adv *So many times, so often* Ignoscas quod ad te scribo tam ... toties *Cic Att* ... Quoties dico, toties mihi ... *In pro* ... *Cirent* 19 Quoties ibis, toties magis placent ...

|| Totidem ... *together* Apul ✝ ...

Totus ... tot, vox ... *So great, so ...* D...tur summæ ... quot ...

Totus ... (1) *Whole* ... *entire* ... (2) ... *Ter Heaut* ... Re... tota nostra ... pro ... Totos ... (4) Leve est totum hoc ... Ex totis ... Totos ... nepotes, *Stat Theb* 1, 8

Toxicum ... venenum ...

T ante R

Trabalis, e ... Trabes ... *Ver* ...

Trabea ... *purple robe* ... (2) Meton ... trabea decorus ... Trabeatus ... *Litt* ...

Trabeatus ... Trabea ... Trabea ... *Ov Fast* ...

Trabs ... *beam* ... (1) ... (2) ... (3) ... (4) ... *Cic* ... Vastum ... (4) Eminens trabes ...

Plin 2, 26 q v (5) *Plin* ap *Litt*

* Trachali m pl *The upper part of the fish*, Fest

* Trachea, æ, ... trachia f *The windpipe*, Gell ... *Litt* Aspera arteria

Tractà, æ f [a traho, tractum] *A line, a thread, a piece, a lock of wool* ... *a piece of bread*, Cato ...

Tractatio ... *Locks of wool ready to be spun* ... Tibull 1, 3, 86

Tractabilis, e ... comp (1) *Tractable, that may be felt, or handled* (2) *Calm, manageable* (3) *Treated with, or managed* ... (1) Corporeum & aspectabile, itemque tractabile omne necesse est, esse ... *Cic* ... Sic tum pelagus tractabile ... (2) ... *Att* ... Era ... *Curt* ... Agrippa ... *Suet* ...

Tractabilitas, atis f *Fitness to be managed* ... Salix ... commodam ... tractabilitatem, *Vitruv* 2, 9

Tractandus ... part *To be handled, managed, treated*, &c ... *Tibull* 1, ...

Tractans, tis part *Handling* ... *Virg Georg* ... *Pers* ...

Tractatio, onis f verb (1) *A handling, an using* (2) *A treating, a writing, or speaking of* (1) Armorum tractatio, *Cic de Orat* ... (2) Materia ... verborum collocatione, *Cic* ...

Tractator, oris m verb *A handler*, Sen Ep 65

|| Tractatorius, a, um *Belonging to* ... Tractatorium diploma ... *by the emperor*, Cujac

Tractatrix, icis f verb *She that ... a light and nimble hand ... a shampooer*, Mart ...

Tractatus, a, um part (1) *Handled* (2) *Drawn* ... (3) ... (4) ... *Ter* ... *Litt* ... *Cic de Legg* ...

Tractatus, us m verb (1) *A handling* (2) *A treating* ... *Cic de Orat* ... *Plin* ...

Tractim adv (1) *Constantly* (2) *Without ceasing* ... (1) Tractim ... *Gell* ... Sen ... (2) ... tangere, ...

Tracto, are freq [a traho] (1) *To handle* (2) *To feel, or touch* (3) *To treat, manage, or govern* (4) *To use, to meddle with* (5) *To use, treat, or entertain* (6) *To treat, discourse, or write of* (1) Gustare, olfacere, tractare, audire, *Cic Tusc* ... (2) Ne quis eam tractet indignens, *Pl* ... Hæc arte tractabat virum, *Ter Heaut* ... Si quis recte aut commode tractaret, *Id* ... (4) Tractare fabri ... *Hor Ep* 2, 1, 116 Tractare ... *Juv* ... (5) Aliquem liberaliter tractare, *Cic* ... (6) Res ... tractare, *Cic de Orat* ...

Tractor ... *To be handled*, &c *Cic de Orat* ...

Tractorius, a, um ...

Tractorius, a, um *Serving to draw up* ...

Tractus, a, um part (1) *Drawn*, ... *pulled* ... (2) ... (3) ... (4) ... (1) Ægre per manus tractus, *Cæs* ... Quadrigis ... *Plin* ... Tractus in Achiva ... *Ov* ... (2) Lina tracta, *Tib* 1, 6, 80 (3) Tracti longis ... *Ov* ... (4) ...

Tractus, ûs m verb (1) *A trailing* (2) *A drawing in length* (3) *A place, a country* (4) *A region, a line, a road* (5) *A tract, or space* (6) *A space, or interval of time* (7) *A trace, or mark* (8) *draughts* ... (9) *A current* ... (1) Pinnatio ... *Cic* ... (2) Quam ... (3) ... *Cic pro Planc* ... (4) ... *Ov Met* ... (5) ... (6) ... (7) ... (8) ... (9) Tractus & declinatio ..., *Lucret* ...

Tradendus, a, um part *To be delivered*, &c Quibus non ... tradenda, *Cic de Orat* ...

Tradens, tis part *Delivering* ... *Sall Catil* ...

Traditio, onis f verb (1) *A delivering, or giving up* (2) *A tradition* ... (3) *A teaching* ... *Lucr* ...

Traditor, oris m verb (1) *A betrayer* (2) *A traitor* ... *Litt* ... ✝ Qui proditor ...

Traditur impers *It is reported, or written*, &c. Fama traditur ...

Traditurus, a, um part *About to deliver up* ... *Cic* pro ...

Traditus, a, um part (1) *Delivered, put into the hands* (2) *Surrendered* (3) *Traditional, handed down* (4) *Spoke, or writ of* (1) Adolescentia tradita ad ... militaris, *Cic* (2) Armis traditis, supplicio affici, *Cæs* ... (3) Cœpta sunt pure tradita ... *Ov Fast* 3, 280 (4) ... obscœnis tradita carminibus, *Prop.* 1, 16, 10.

Trado, ere, didi, itum act [ex trans, & do] (1) *To deliver, to give, or yield* (2) *To fix to in...* (3) *To deliver up, to surrender, to put into one's hands* (4) *To give from hand to hand* (5) *To teach, write, or set down* (6) *To commend* ... (7) *To betray* (1) ... Hominem in custodiam tradunt ... *Cic* ... Quæ ... cam trade memoriæ, *Cic* ... Qui se in Africa Cæsari tradere ..., *Cic Offic* 1, 31 (4) ... hominum memoriæ ..., *Cic Philipp* 13, 19 (5) Tradere elementa loquendi, *Cic* ... (6) Fallimur, & ... dam non dignum tradimus, *Hor Ep* 1, 18, 78 (7) Tradere causam adversariis, *Ter Phorm* ...

Trador, i pass *To be delivered*, &c. Earum rerum, quæ traduntur in arte, inscitia, *Cic de Orat* 1, ...

Traduco, ere, xi, ctum act [ex trans, & duco] (1) *To carry, bring, or convey from one place to another* (2) *To turn, convert, or change* (3) *To bring over to one's side, or party* (4) *To transplant, or take imps, or graft of a tree* (5) *To expose to public shame* (6) *To pass away as one doth the time* (7) *To transfer* (1) Traduc & maxime ... familiam omnem ad nos, *Ter* ... Populum Romanum traducere in animi ..., *Liv* ... (2) ... Omnem ... traduxit & convertit ... *Cic* ... (3) Hominem ... ad optima ..., *Cic* ... Adducere ... traducere ... (4) ... (5) ... *Liv* ... (6) Traducere ... *Sen Ep* 18, ... *Cic* ... (7) *Litt* ...

Traducor, i pass *To be brought over*, &c. Fluvius Euronymus ... magnus & vehemens ... ut ... traduci ... *Cic de Inv* ...

Traductio, onis f verb (1) *A carrying, or bringing over* (2) *A finding* ... (3) *A metaphor, or figure* ... (4) *A defaming, or exposing to open shame* (1) ... *Cic* pro *Sext* ... (2) Traductio temporis, *Cic de Div* ... Traductio, & immutatio ... *Cic Orat* ... (4) ... *Sen de Ira* ...

Traductor, oris m verb (1) *He that bringeth from one family to another* (2) *A ... hawker, or ...* (1) *Cic* ... (2) *Litt*

Traductus, a, um part (1) *Brought over* (2) *Passed over, led* (3) *Defamed publicly* (4) *Converted, turned* (1) Exarm... ...

[illegible] n [illegible] arbores traductis [illegible] [illegible], Var R R 1, 8 (2) O adolescentiam inductam elegan [illegible] pro Pl[illegible] ( ) Li[illegible] (4) Luci ab lætitia ad me[illegible]m traducti sunt, Cic de H[illegible] Resp 11

Traductus, m [illegible] [illegible] [illegible] propago [illegible] [illegible] [illegible] de S[illegible] R R 1, 8 [illegible] 5, 6 An anima [illegible] ex tradu[illegible]

* Trafax, [illegible] [à Gr [illegible]] A beam, a kind of dart, Enn [illegible] Tritax

* Tragacantha, [illegible] tragacanthe A tree which produceth gum [illegible], or as some buckthorn, [illegible] 12, 8 & 2[illegible], 4

Tragacanthum, i m Gum dragant, Cels 4, 6

Tragĕlăphus, i m [ex τράγος, hircus, & ἔλαφος, cervus] A beast with a beard and shaggy hair like a goat, but otherwise like a stag, a horsebuck, or goat-hart, Plin 8, 33

* Tragēmata, um n pl [à τρώγω, comedo] Banqueting dishes, [illegible]kets, conceits, sweetmeats, the desert at a feast, Macrob Sat [illegible] 8 conf Gell 1[illegible], 11 Lat Bellaria

Tragice adv Tragically ✻ Res comicas tragicè tractare, Cic de Orat 3, 8 Rhetoricè & tragicè ornare, Id de Clar Orat 11

Tragico-comœdia A tragi-comedy, a play that begins with tragically and endeth comically, Plaut Amph prol 58.

Tragicus, a, um (1) Tragical, belonging to tragedies (2) Acted [in] tragedies (1) Tragici cothurni, Hor Sat 1, 5, 64. (2) Tragicum [illegible], Liv 1, 4

Tragicus, i m (1) A maker, or writer of tragedies (2) Also the actor. (1) Ut ille ait tragicus, Sen Epist 49 (2) Liv 24, 24.

* Tragion, ii. n. & tragonis, is. f A shrub like a juniper, whose [illegible] [illegible] in autumn stink like a goat, Plin 27, 13

* Tragœdia, æ f [παρὰ τῦ τράγυ, [illegible] ᾠδῆς, quod primum ejus poëmatis præmium hircus esset, Hor de Arte, 220.] (1) A tragedy, or play wherein great persons are brought upon the stage, and the subject is full of trouble, and ends [illegible] in murders. &c (2) A stir, bustle, or disturbance. (1) Sophocles ad summam senectutem tragœdias fecit Cic de Sen 7 (2) Tragœdias excitare, Cic. pro Mil [illegible] Tragœdias agere in nugis, Id de Orat. 2, 51

Tragœdus, a, um Tragœdus vicus, a street in Rome so called, from tragedians inhabiting there, [illegible] Also a firname of Jupiter, who had a temple there, Suet Aug 5[illegible] ubi vid Torrent

Tragœdus, i m. A tragedian, or actor of tragedies Tragœdum in comœdiis admodum placere vidimus, Cic Orat 31

† Tragopānas, ădis f unde in [illegible] legimus tragopanadem A bird in Ethiopia, greater than [an] eagle, having horns like a goat P[li]n 10, 49

* Tragŏpōgon, ōnis m [ex τράγος hircus, & πώγων barba] The herb called goats-beard, Plin 21, [illegible] = Scandix Id ib

* Tragŏrigănum, i n. A sort [of] wild organy, or wort, Plin [illegible], 16

* Tragos, i m (1) An herb like [illegible] (2) [illegible] [illegible] [illegible] [illegible] [illegible] trumpets (4) Also [illegible] [illegible] [illegible] [illegible] rough sponge (5) A kind of corn hard of digestion (1) Plin [illegible], 1[illegible] = Scorpius, Id [illegible] (2) Plin 9, 45 ( ) [illegible] 11, [illegible] (4) Plin [illegible] 45 (5) Litt [illegible]

Trăgŭla, æ f [à trahendo, quod [illegible] [illegible] [illegible] [illegible], Scal ex Varr] (1) A [illegible] [illegible] barbed be[illegible] (2) Also a trammel, or drag-net (1) S[illegible] [illegible] femur tragulâ confixum e[illegible], Liv 24, 42 (2) Plin 16, 8 Met = Tragulam in te injicere [illegible], nescio quam fabricam fi[illegible], [illegible] Epist 5, 2, 25

Trăgŭlārii, orum m [qui tragulam telum gerunt ac jaciunt] Soldiers that shoot arrows out of cross-bows, Veg 2, 15

Trăgum, i n (1) A kind of [illegible] (2) Also a net called a [illegible] (1) Plin 18, 7 Cels 4, 6 (2) [illegible]

Tragus, i m A bulrush herb, a kind of sponge, &c Plin Vid Tragos

Trăha, æ f [à trahendo] A dray or sledge drawn without wheels, Col 2, 21

|| Trahārius, a, um Of, or belonging to a dray, Sidon

|| Trahārius, ii m A dray-man, Sidon

Trahax, ācis adj [à traho] Covetous, stingy, that draweth all things to him, Plaut Pers [illegible], 6

Trahea, æ f A cart, or dray, Vir Geor 1, 164

Trahendus, a, um part To be drawn, Met delayed, &c. Trahendi vero belli vix ullam esse rationem, dixit, Curt 3, 8, 8 Vid [illegible] notiones in Traho

Trahens, tis part Drawing Genua ægra trahens, Vir Æn. 5, 468. Vid cæt in Traho

Trăho, ĕre, xi, ctum act [fortè à δράσσω, prehendo, fut. secund δραχῶ, fut prim δράξω, traho, traxi, unde & Angl to drag] (1) To draw, to drag (2) ✤ To spin (3) To draw forth, or out of (4) To bring, to lead, as in triumph (5) To take, have, get, or learn (6) Neut To be propense, or inclined (7) To struggle, to strive for (8) To wrest, to force (9) To conjecture (10) To claim, to arrogate (11) To draw, or stretch out (12) To entice, or allure, to decoy, to stay, or attract (13) To delay, prolong, defer, put, or drive off (14) To suck, to drink, to snuff up (15) To contract (1) = Magnes ferrum ad se allicit & trahit, Cic de Div 1, 39 ✻ Ducunt volentem fata, nolentem trahunt, Sen Ep 107 ex Græco. (2) Trahunt purpuras clientæ, Hor Od 2, 18. (3) Gladium trahere visceribus suis, Mart 1, 14. ¶ Penitus suspiria trahere, to fetch a deep sigh, Ov Met 2, 753 (4) Trahit Cæsar feroces per sacrum clivum Sicambros, Hor Od 4, 2, 32 (5) Cum grana rubicundum traxerunt colorem, Col 2, 21 Cognomen ex contumeliâ trahere, Cic Philipp 3, 6 Aliquid talis ab uxore mima trahere, Id Philipp 2, 8 (6) Vulgus cupiens voluptatum, in eodem principes trahat, Tac Ann 14, 14, 4 (7) Flumen gignendo sale fecundum vi trahunt, Tac Ann 1[illegible], 57, 1 (8) Huc illuc trahere interpretationem, prout conduceret, Tac Hist [illegible], 3, 2 ¶ § Trahere in religionem aliquid, to scruple it, Liv (9) Cur abstinuerit spectaculo ipse, variè trahebant, Tac Ann 1, 76, 5 (10) Grajum [illegible] [illegible] [illegible] sibi quisque [illegible] [illegible] [illegible], Tac Ann [illegible] (11) Bolis perpetua ardens longiorem trahit limitem, Plin 1, 20 (12) Trahebat mentes, [illegible] [illegible] promittendo ægris, Plin 20, [illegible] Trahunt [illegible] [illegible] puellas, Ov [illegible] Am 1, [illegible] Cum fugam simulantes in planiciem saltibus circumjectam traxere, Tac Ann 2, 11, [illegible] (13) Obsidionem in adventum principis trahere, Liv [illegible] 28 (14) ✤ Hanc aquam traxi lubens, Plaut Rud 2, 5, 2 Pocula arente fauce trahere, Hor Epod 1[4], [illegible] ¶ Trahere aquam, to leak, Sen Odorem teste anus avidè traxit naribus, Phædr 3, 2, 4 (15) = Cum benè vir vultum traxit, rugasque coëgit, Ov Am 2, 2, 3.

Trăhor, i pass To be drawn, Met to be enticed, spun out, &c Sine trahi, cum egomet trahor, Plaut Curc 1, 1, 11. Si trahitur bellum, quid expectem? Cic Att 10, 7

Trahŭla, æ f dim [à traha] A little dray, or sled, Litt ex Varr

Trājectio, ōnis f verb (1) A passing, or ferrying over, a conveying, or carrying over (2) A transposing, displacing, or setting out of order (3) Also the shooting of a star (1) Trajectio Acherontis, Cic Tusc 1, 5 al transvectio (2) Trajectio verborum, Cic Orat 69 (3) Assyrii trajectiones, motusque stellarum observaverunt, Cic de Div 1, 1

|| Trajectitius, a, um Belonging to passage, carried over sea, transported Trajectitia pecunia, Dig Sors trajectitia, a ferryman's fare, Modest

Trājecto, āre freq To thrust through, to convey through, or over, Col teste Litt

Trajector, āri pass To be put through. Trajectatur acu, Cels 7, 14

Trājectūra, æ f A trajection, a different placing Trajectura mutulorum, Vitruv 4, 7

Trajectūrus, a, um part About to pass over Trajecturus Rhenum, Suet Tib 18

Trajectus, a, um. part (1) Thrust, or bored through. (2) Carried, or conveyed over (1) Pectora trajecta ferro, Vir Æn 1, 359 (2) Trajectus naviculâ in Africam, Cic post red ad Quir c 8 Antennis de navi in navem trajectis, Liv 30, 10

Trajectus, ûs m verb A passage over, a ferry In trajectu amnis submersus, Liv 1, 3 Brevissimus erat inde in Britanniam trajectus, Cæs B G 4, 21

Trajiciens, tis part Passing over Nando flumina trajiciens, Suet Cæs 57.

Trājĭcio, ĕre, ēci, ectum act [ex trans, & jacio] (1) To carry, to convey, bring, lead, sail, or pass over. (2) To strike, bore, or run through (3) To pour out of one vessel into another, to decant, Met to transpose (4) To fling, or cast over (5) Met To transfer, put off, or remit (1) § Trajicere copias fluvium, Liv 22, 45 agmen vado, Id § exercitum, Cæs B G 3, 29 Alpes §, Brut Cic 11, 9 malos & antennas, Liv 30, 10. (2) Hostem procurrentem trajicere, Cæs B G 5, 43 Per talos trajecit lorum, Curt 4, 6, 29 linguam arundine, Ov Met 11, 325 (3) Trajicere in alia vasa. Varr. R R 1, 64 Trajicere verba, Cic. Orat 69 (4) Si Hannibal murum jaculo trajecisset, Cic de Fin 4, 9. (5) Trajicere nego[tium] [illegible] [illegible] magistratus, Li[illegible]

Trajicior, i pass To be carried, or cast over, &c Paucos de custodia Germanos trajici, occulique trans Rhenum jussit, Suet Calig 45

Tralatio Vid Translatio

Tralātitius, a, um Transferred, transposed, also ordinary, common, mean, not worth the talking of Vid Translatitius

Tralātus, a, um part Carried over, Met translated, changed, Cic Vid Translatus

Tralŏquor, i To speak through, to recount Tuas impuritias traloqui nemo potest, Plaut Pers 3, 3, 7

Tralūceo, ēre [ex trans, & luceo] To shine through Tralucet imago è speculo in speculum, Lucret 4, 309

Tralucidus, a, um Clear, that may be seen through Vid Translucidus

Trāma, æ f [à trameando, quòd trameat frigus id genus vestimenti, Varr] (1) The woof in weaving (2) A garment made of fine cloth (3) Yarn (1) Pers 6, 73 (2) Varr (3) Tramæ putridæ, a rotten thread, good for nothing, Plaut Rud 5, 2, 37

Trāmeo, āre To pass over, or through, Lucr ap Litt Vid. Transmeo

Trāmes, ĭtis m [à trameando, quòd scil transversi scindant vias rectas, Scal] (1) A cross-way, an overthwart, or cross path (2) Also a lawn, or little dale in a forest (3) A wood (1) ✻ Egressus est non viis, sed tramitibus, Cic Philipp 13, 9 (2) Serv (3) Propert 3, 13, 44 interpr Scal

Tramissus, a, um part Passed over Tramisso freto, Tac Ann 6, 1

Tramitto, ĕre To send, or pass over Vid Transmitto

|| Tramŏsĕrĭcus, a, um Tramoserica vestis, a kind of drugget, the woof silk, and the warp of some other thread, Jun

Trānans, tis, part Gliding through Edam, quæ mobilitas ollis tranantibus auras reddita sit, Lucr 4, 178

Tranāto, āre To swim, or sail over Vid Transnato

Trāno, āre. act [ex trans, & no] (1) To swim, or sail over, to pass over, or through (2) Also to fly over. (3) To pierce through (1) Tranare Metaurum & Gangem, Cic Somn Scip 6 (2) Turbida tranat nubila, Vir Æn 4, 245 (3) Hasta tranavit viri pectus, Sil 13, 2[3]8

Trānor, āri, ātus pass To be swum, or passed over, Litt ex Ov

Tranquillātus, a, um Quieted settled Tranquillatis rebus Romanis, Nep Attic 4.

Tranquillè. adv ius, comp ssimè, sup Quietly, calmly, without trouble = Tranquillè placidèque vitam traducere, Cic Tusc 3, 11 Animus tranquillius inter divina mansurus, Sen. Ep 71 Tranquillissimè senuit, Suet Aug 2 = Leniter, Cic

Tranquillĭtas, ātis f (1) Tranquillity, quietness, calmness, stillness (2) A calm (1) = Locus quietis & tranquillitatis plenissimus, Cic de Orat 1, 1 = Otium & tranquillitas vitæ, Id pro Mur 27 (2) Bono gubernatore, ac tranquillitate, salvum pervenire, Cic Acad Q 4, 31

Tranquillo absol pro tranquillo tempore At a quiet time, in a calm season, Plin 9, 7, 3

Tranquillo, āre act (1) To make

[illegible] (2) [illegible] (1) [illegible] animos, [illegible] (2) [illegible] tranquillus grat[illegible], *Plaut* [illegible]

Tranquillor, [illegible] atus pass *To be* [illegible] Mare tranquillatur [illegible] 2, 6.

Tranquillum, i n *Fair and calm weather* Tranquillo quilibet gubernator est, *Sen Ep* 85 *Prov* [illegible] *Chil*

Tranquillus, a, um or, comp [illegible] [ex trans & quietus] (1) *Smooth, calm* (2) *Quiet, undisturbed, easy, settled, peaceable* (3) *Pleased, pacified, reconciled* (1) = Frons tranquilla & serena, *Cic Tusc* 3, 15 (2) = [illegible] liquido & tranquillo es, *Plaut Epid* [illegible] Plebem tranquillam [illegible] *Liv* 2, 6 ✱ Si [illegible] turbulent [illegible] tempus [illegible] tranquillitati mo[illegible], *Cic Pison* 15 (3) ✱ Si [illegible] tranquillum facere ex irato mihi, *Plaut Cist* 2, ult

Trans, præp [ā Gr. πέραν, π in [illegible] & [illegible] πέραν, [illegible] Compositis à Græca [illegible] loco fungitur, [illegible] [illegible], [illegible] trudo, [illegible] transgredior, [illegible] [illegible] in *tra* ante *d*, *ut* trado, trajicio, trano, & aliqui ante *l* & *m* *ut* tralatio, tramitto] *Over, from one place to another, beyond, on the other side* Trans mare venum asportet, *Plaut Merc* 2, 3, 19 § Trans Alpes usque transfertur, *Cic pro Quint* 2

Transabeo, ire *To go away beyond, or through*, *Stat Theb* [illegible] Æquora longè transabit, [illegible] F [illegible] 4, 510

‖ Transactio, ōnis f verb *An agreement, a finishing, a dispatching of a thing, a transaction*, Dig 2, 15, 7 ✝ Negotium

Transactor, ōris f. verb [à transigo] *A maker of agreements, a bargain-maker, a broker, an hucster, a manager, a dispatcher*, Cic Verr 2, 28

Transactum est impers *The matter is dispatched and concluded* De me jam transactum est, *Curt* 4, 10, [illegible]

Transactus, a, um part *Agreed upon, ended, dispatched* Re transacta convertam me domum, *Ter Adelph* 2, 4, 22 = Rebus transactis ac præteritis, *Cic Tusc* 4, [illegible]

Transadigo, ĕre, ēgi, actum act *To thrust, or strike through, to pierce* Juvenem transadigit costas, *Vir Æn* 12, 508 *nisi forte* [illegible], trans adigit costas, [illegible] adigit trans costas

Transalpinus, a, um [quod est trans Alpes situm] *Over, or beyond the Alps*, Cæs B G 7, 1

Transcendo, ĕre, di, sum act [ex scando] (1) *To go, or climb over* (2) *To exceed, to transcend, to surmount* (3) *To pass, or go along* (1) § Cum Asdrubal in Italiam transcendit, *Liv* 28, 42 (2) Pylias ævi transcendere metas, *Stat* Fines transcendere juris, *Lucr* 3, 60 Ab asinis ad boves transcendere, *Prov to be in an higher post*, Plaut Aul 2, 2, 57 (3) Transcendet hæc licentia in provincias, *Tac Hist* 1, 30, 6

Transcīdo, ĕre [à cædo] *To cut or tear with beating*, Plau Pers 4, 8, 1

Transcrībo, ĕre, psi, ptum act (1) *To write, or copy out, to transcribe* (2) *To plant in a* *stony* (3) *Also to transfer, pass away, or give his right to another* (1) Sociis transcripsit tabulas publicas, *Cic N D* 3, 30 Orticules suis manibus transcribere, *Ad Herenn* 4, 4 (2) Transcribunt urbi matres, *Vir Æn* 5, 750 (3) Transcribere fundum alicui, *Ulp*

Transcrībor, i, ptus pass *To be transcribed, transplanted*, &c In quod malum transcribor? *Sen Thyest* 1 Patiere tua Dardanus transcribi sceptra colonis? *Vir Æn* 7, 422

Transcriptio, ōnis f verb (1) *A writing, or copying out* (2) *Also an excuse, or colour, a pretence* (1) Ex analogia (2) *Quint Decl* 13

Transcriptus, a, um part *Transcribed, transferred* Testamentum in alias tabulas transcriptum, signis adulterinis obsignavit, *Cic pro Cluent* 14

Transcurro, ĕre, ri, sum act (1) *To run cross the way, to run in all haste* (2) *To run over, to go, or pass over quickly* (3) *To touch a thing by the bye* (1) Dum ego hinc transcurro ad forum, *Ter Eun* 4, 6, 25 (2) Pati æstatem transcurrere, *Plin Epist* 7, 2 (3) Transcurram subtiles nimium divisiones, *Quint* 4, 2

Transcursum est impers *They ran over quickly* In altera transcursum castra ab Romanis est, *Liv* 25, 39

Transcursus, ûs m verb *A running over quickly, a passing by* Nostri in transcursu ea attigere, *Plin* 18, 13 Acies transcursu elephantorum perturbata, *Liv* 27, 14

Transdo, ĕre *To give*, or *deliver up* Transdere aliquem in otium, *Ter Vid* Trado

Transdūco, ĕre, xi, ctum act *To lead over, to displace, and remove from one place to another, to traduce and slander, to transplant* Transducere ad se, *to attribute to himself*, Cic *Vid* Traduco

Transenna, æ f [à transeo, per quam aspectus transire potest, vel quia perticæ, ex quibus constat, se transeant mutuò] (1) *A cord stretched out to take birds, or beasts, a snare, a gin, a net, a pitfall, a trap-cage* (2) *A long window, or casement, any grate-work, a lattice before a window* (1) Ab transenna hic turdus lumbricum petit, *Plaut Bacch* 4, 6, 22 In ætate hominum plurimæ fiunt transennæ, ubi decipiuntur dolis, *Id Rud* 4, 7, 10 (2) Per transennam adspicere, *i e* obscure & obiter, *asseritur ex Cic. Orat* 1, 35 ☞ *Sed monent Pareus & Scioppius eam non esse lectionem ex MSS fide*

Transeo, ire, ivi, itum act (1) *To go, run, skip, or pass over, or beyond* (2) *To go through, to undergo* (3) *To run through one as a spear doth* (4) *To go, or pass beyond one, to overgo* (5) Met *To exceed, to surpass* (6) *To omit, to say nothing of* (7) *To go through* (8) *To pass over* (9) *To be digested* (1) § Campos pedibus transire, *Lucr* 4, 461 mare, *Cic Attic* 8, 16 Serpentem rota transiit, *Vir Æn* 5, 274 (2) Cui tantum in vita restet transire malorum, *Lucr* 5, 228 (3) Longo perlata tenore transit hasta duos, *Stat Theb* 12, 750 (4) Ego per hortum amicam transibo meam, *Plaut Stich* 2, 1, 33 (5) Appetitus, qui longius evagantur, fine dubio finem & modum transeun, Cic Off 1, 29 (6) Ut publicos genuum furores transeam, *Plin* 2, 68 Regem transiio Ponti, *Juv* 10, 273 (7) § Ova aceto macerata per annulum transeunt, *Plin* 10, 60 (8) Transeunt ætas quam cito, *i e* transibit, *Tib* 1, 4, 27 (9) Cibi qui difficillime transeunt, *Plin* Transire in mores, *to come into fashion, to grow customary*, Quint

Transeor, iri pass *To be passed over* Rhodanus nonnullis locis vado transitur, *Cæs B G* 1, 6

Transĕro, ĕre act *unde* transertus *To transplant, to ingraff*, Stat Sylv 2, 101

Transferendus, a, um part *To be brought over*, or *transplanted* An verborum volubilitas in nostrum sermonem transferenda? *Suet Aug* 86

Transfĕro, ferre, tuli, lātum act (1) *To carry*, or *bring from one place to another* (2) *To transplant* (3) *To transport, or carry beyond sea* (4) *To translate, or turn out of one language into another* (5) *To refer, or defer* (6) *To use metaphorically* (7) Met *To quote, or copy out* (8) *To transfer* (1) Cur non illam huc transferri jubes? *Ter Andr* 5, 4, 60 (2) § Semina transferre à terra in terram, *Varr R R* 1, 39 (3) Sigea littora transfert, *Ov Fast* 4, 279 *ubi al.* transit (4) § Transferre volumina Græca in linguam Latinam, *Plin* 18, 3 § authorem Græcum, *Quint* 10, 5 (5) Causam integram in proximum annum transferre, *Cæl Cic* (6) Verba transferre, *Cic.* (7) Versus in chartas verba transfertis mea, *Phædr Prol* 5 (8) Ibi culpam in te transferet, *Ter Andr* 2, 3, 5

Transfĕror, ferri pass *To be carried over, to be translated*, &c Semina transferuntur è terra in terram, *Varr R R* 1, 39 Mustum transfertur in vasa, *Col* 12, 21

Transfigo, ĕre, xi, xum act *To run through, to stab* Transfigere aliquem gladio, *Liv* 2, 46

Transfigūrātio, ōnis f verb *A change from one shape to another, transfiguration*, Plin 7, 55

Transfigūrātus, a, um part *Transformed, changed* Ædes Castoris & Pollucis in vestibulum transfigurata, *Suet Cal* 22

Transfigūro, āre act *To transform, or transfigure, to change out of one shape into another*, Suet Ner 28

Transfigūror, āri, ātus pass *To be transformed*, Plin 9, 31 Transfigurantur amygdalæ ex dulcioribus in amaras, *Id* 17, 24

Transfixus, a, um part *Stuck, or thrust through* Pectus transfixum, *Vir Æn* 1, 48 Transfixus femore, *Suet Cæs* 68

Transfluo, ĕre, xi, xum neut *To leak, or run out, to flow over, or through* Sanguine multis non transfluere transfossis evenit, *Plin* 11, 38

Transfŏdio, ĕre, ōdi, ssum act *To leap, strike, or thrust through* Transfodere latus, *Liv* 39, 42

‖ Transformatio, ōnis f verb *A transformation*, August *de Trin* 15, 8

Transformātus, a, um part *Changed, transformed*, Ov Met 14, 74

Transformis, e *That is transformed, or changed* Transformia corpora, *Ov Met* 8, 871 Ille suâ faciem transformis adulterat arte, *Id Fast* 1, 373

Transformo, āre act *To transform, to change from one shape to another* Omnia transformat sese in miracula rerum, *Vir Geor* 4, 441

Transformor, āri, ātus pass *To be transformed*, Ov Met 1, 654

Transfŏro, āre *To bore, or make an hole through*, Sen *de Benef* 2, 6

Transfrētātio, ōnis f *A passing over the sea*, Gell 10, 26

Transfrētātūrus, a, um part *About to pass over* Quo consules Pompeiusque confugerant, quamprimum transfretaturi, *Suet Cæs* 34

Transfrĕto, āre *To pass over the sea* Remis transfretare obstantia freta, *Plin Paneg* 81

Transfŭga, æ c g *A turn-coat, a revolter, a deserter*, Plin 29, 1 Hirt B Afr 74 Transfugæ externarum gentium, *Val Max* [illegible] 7, 13

Transfŭgio, ĕre, ūgi, ĭtum neut *To fly to the other side, to run away, to quit his own party and go to the enemy* Atta Clausus Romam transfugit, *Liv* 2, 16 Loricati octo ad Cæsarem transfugerunt, *Hirt B Hisp* [illegible] Ad hostes transfugere, *Plaut Epid* 1, 1, 28

Transfŭgium, ii n *A running away from his own side to the contrary part, a revolt*, Liv 22, 42

Transfūmo, āre *To smoke through*, Stat Theb 6, 397

Transfundo, ĕre, ūdi, ūsum act (1) *To pour out of one vessel into another* (2) Met *To transfuse, to transfer* (1) In alia vasa transfundere, *Col* 12, 12 (2) Amorem suum in alium transfundere, *Cic Philipp* 2, 31 suas laudes ad alium, *Id Att* 14, 17

Transfūsio, ōnis f verb *A pouring out of one vessel into another*, Plin 34, 18 & Cels præf

Transfūsus, a, um part *Poured out of one part, or vessel into another* Transfusus in arterias sanguis, *Cels præf* lib 1.

Transgrediendus, a, um part *To be passed over* Quæ erant transgredienda Cæsari, *Hirt B Afr* 50

Transgrĕdior, i, essus sum dep (1) *To pass, or go over* (2) *To transgress a law* (3) *To go by sea* (4) *To pass, surmount, or exceed, to out-go* (1) Cum pomœrium transgressus esset, *Cic de Div* 1, 17 montem, *Id Fam* 3, 8 (2) *Litt* unde non dicit, nec ego invenio (3) Vid *Gell* 10, 26 (4) *Plin* 7, 24

Transgressio, ōnis f verb (1) *A passing, or going over, or beyond* (2) *A figure in rhetoric* (1) Transgressio Gallorum, *Cic in Pison* 33 (2) *Cic Orat* 3, 54

‖ Transgressor, ōris m verb *An offender, a transgressor*, Eccles. ✝ Peccator

Transgressus, a, um part *That hath passed over*, &c Equites flumen transgressi, *Cæs B G* 2, 19 Hunc ex proximis unus jacentem transgressus, *Id B G* 7, 25 Transgressa annum nonagesimum, *Val Max* 2, 6, 8

Transgressus, ûs, *id quod* transgressio Furtim celeritate vitare prælium in transgressu conatus est, *Gell* 10, 26

Transjectio, ōnis f *A casting over, or through*, Cic Att 8, 15

Transjectus, a, um part [à transjicio, *pro* trajicio] *Laid cross, or overthwart*, Cic *ad Quint.* post redit 8 *Vid* Trajectus

Tranſiens, euntis part *Paſſing over* Tranſeuntes Rhenum navibus, *Cæſ B G* 6, 4

Tranſigo, ĕre, egi, actum act [a trans, & ago] (1) *To paſs, or thruſt through, to pierce* (2) *To conclude, to finiſh, agree, and make an end of a controverſy* (3) *To tranſact* buſineſs, *to diſpatch* (4) *To paſs* time (1) Tranſegit ſe ipſum mucro, *Sil* 4, 396 ſe ipſum gladio, *Tac Ann* 15, 57, 5 (2) Ne hanc inchoatam tranſigam comœdiam, *Plaut Amph* 2, 1, 8 Cum ſecum aliquid, quaſlibet, dummodo tolerabili, conditione, tranſigeret, *Cic* pro *Quint* 31 (3) Non roveriam tranſigere, *Cic Att* 1 4 = decidere, *Id* = expedire, *Id* = abſolvere, *Id* (4) Sicuti peregrinantes multi vitam tranſegere, *Sall B C* 2 *ſed nonnulli legunt* tranſiere

Tranſigor, i paſſ *To be tranſacted*, &c Quæ domi gerenda ſunt ea per Cæciliam tranſigantur, *Cic* pro *S Roſc* 51

Tranſilio, ire ivi, *vel* ui neut [a trans, & ſalio] (1) *To jump, or leap over, or beyond, to paſs over* (2) Met *To exceed* (3) *Not to ſpeak of, to pretermit* (1) Vulgatior fama eſt, ludibrio fratris Remum novos tranſiluiſſe muros, *Liv* 1, 7 Rates tranſiliunt vada, *Hor Od* 1, 18 7 Tranſiluit ad nos, *Plaut Truc* 2, 1, 38 Tranſilire ante pedes poſita, *Cic de Orat* 3, 40 (2) Ne quis modici tranſiliat munera Liberi, *Hor Od* 1, 18, 7 (3) Ne M Antonii unam pulcherrimam tranſiliat oratio, *Cic Philipp* 2, 33 = prætervehi, *Plin jun*

Tranſilis, e *That paſſeth or goeth over, more high than other*, *Plin* 17, 23

Tranſitio, onis f verb (1) *A paſſing over* (2) *A going from one to another, a revolting* (3) *A tranſition from one matter to another* (1) *Caſſius Cic Epiſt Fam* 12, 13 (2) Tranſitio ad hoſtes, *Liv* 1, 27 (3) *Ad Herenn* 1, 8 & 4, 26

Tranſitōrius, a, um *That one may paſs through*, Suet Ner 31

Tranſitur, itum eſt impers *He, we, they paſs over* A dignitate tranſitum eſt in honeſtatem, *Cic de Fin* 2, 14

Tranſitūrus, a, um part *About to paſs over* Neminem poſt-a belli inferendi cauſa in Britanniam tranſiturum confidebant, *Cæſ B G* 5, 30

Tranſitus, a, um part *That hath been paſſed over* Alpes integris ac vigentibus tranſitæ, *Liv* 21, 4

Tranſitus, ûs m verb *A paſſing, or going over from one place to another, a paſſage, a change, a tranſit* Foſſæ tranſitum ponticulo ligneo conjunxit, *Cic Tuſc* 5, 20 Tranſitus in alias figuras, *Plin* 11, 36 In tranſitu, *by the bye*, Quint 2, 11

‖ Tranſjungo, ĕre, xi, ctum act *To remove an ox, or an horſe from one part of the team to another*, Lip

‖ Tranſjungor, i paſſ *To be removed from one part of the team to another*, Litt ex Col certe Dig *ſt* 27, 1, 28

Tranſlābor, i, pſus *To ſlide, or run over*, Claud Eutr 1, 376

Tranſlatio, ōnis f verb [a transfero] (1) *A transferring, a removing from one to another* (2) *The uſing of a word in a leſs proper but more ſignificant notion* (3) Alſo *the tranſplanting of trees* (4) *An exception, or demurr in law* (1) Pecuniarum tranſlatio a juſtis dominis ad alienos, *Cic Off* 1, 14 criminis, *Id Verr* 4, 42 (2) Vid *Cic Or* 27 (3) *Col* 5, 5 Sic exculta arbuſcula habiles ſunt tranſlationi, *Id* (4) *Vid* Præſcriptio

‖ Tranſlātitie adv *Negligently, ſlightly, lightly*, Ulp ✝ Perfunctorie

Tranſlātitius, a, um (1) *Transferred, taken from others, taken out of others* (2) *Ordinary, mean, common* (1) = Vetus edictum tranſlatitiumque, *Cic Verr* 1, 44 ✱ Tranſlatitia veteres dixerunt non nova, nec nuper inventa, ſed aliunde tranſlata, *Aſc Ped* (2) *Britannicum Nero* tranſlatitio extulit funere, *Suet Ner* 33

Tranſlativus, a, um *id quod* tranſlatitius Tranſlativa conſtitutio, *Cic de Inv* 2, 19

Tranſlator, ōris m verb *He that doth convey from one place, or perſon to another* Tranſlator quæſturæ, *Cic Verr* 5, 58

Tranſlatus, a, um part (1) *Brought over, conveyed* (2) Met *Turned, changed* (3) *Tranſlated, metaphorical* (1) Puella in urbem Virginum tranſlata, *Liv* 1 (2) *Cic Attic* 16, 2 Vada tranſlato mutat fallacia curſu, *Sil* 3, 472 (3) *Cic* in *Orat* 27 ✱ Verba propria, *Id ib* cont *Quint* 8, 6

Tranſlego, ĕre, ēgi act *To read over*, Plaut Aſin 4, 1, 5

Tranſlūcens, tis part *Shining through*, Plin 36, 22

Tranſlūceo, ēre, xi neut *To ſhine through*, Plin 6, 17 In liquidis tranſlucet aquis, *Ov Met* 4, 354

Tranſlūcidus, a, um *Shining through, tranſparent*, Plin 36, 17 Elocutio tranſlucida, *Quint.* in *Proœm* 1 8

Tranſmārīnus, a, um *That cometh from, or is of the parts beyond ſea* Tranſmarina vectigalia, *Cic* in *Rull* 2, 29 conf eund *de Orat* 3, 33 & *Cæſ B G* 6, 24

Tranſmeans, tis part, *Paſſing over, or beyond* Tranſmeante ſole, *Plin* 30, 11

Tranſmeātio, ōnis f verb *A paſſing through*, Litt *ex* Celſ

Tranſmeo, āre *To paſs, or go beyond, or over*, Plin 10, 29 Grues, loca calidiora petentes, maria tranſmeant, *Cic N D* 2, 49 *Ita MSS ſed alii aliter leg*

‖ Tranſmigrātio, ōnis f verb *A departing from one place to dwell in another*, Prud Hamart 448 ✝ Demigratio, *Nep*

‖ Tranſmigrātor, oris m verb *He that changeth his place*, Aug ✝ Qui tranſmigrat

Tranſmigro, āre neut *To remove his dwelling, to go to dwell* Quam urbem quæſituri ſumus, quo tranſmigremus? *Liv* 5, ult

Tranſmiſſio, ōnis f verb *A paſſing, or ſending over, a paſſage*, Cic Attic 4, 17 & Philipp 1, 3

Tranſmiſſūrus, a, um part *About to paſs or ſend over* Ante puto tranſmiſſurum, quam poterit conveniri *Cic Att* 8, 11

Tranſmiſſus, ûs m *A paſſage*, Cæſ B G 5, 13

Tranſmiſſus, a, um part (1) *Sent, or paſſed over* (2) Met *Paſſed, ſpent* (1) Tranſmiſſæ claſſes, *Vir Æn* 3, 403 (2) *Stat Sylv* 1, 4, 124 *Scrib* & tranſmiſſus, *q v*

Tranſmittendus, a, um part *To be tranſmitted, or poſtponed* Quiſquam dubitabit, quin huic tantum bellum hoc tranſmittendum ſit? *Cic* pro *Leg Manil* 14 Omne meum tempus amicorum temporibus tranſmittendum putavi, *Id ib init*

Tranſmittens, tis part *Paſſing over*, &c Quæ vero ipſe pateretur, incredibili diſſimulatione tranſmittens, *Suet Calig* 10

Tranſmitto, ĕre, iſi, iſſum act (1) *To ſend over, to make over* (2) *To run through* (3) *To caſt, or throw over, or beyond* (4) *To paſs over* (5) Abſol *To paſs, or go over the ſea* (6) *To give paſſage, or let go through* (7) *To paſs, or ſpend time* (8) *To paſs over, or omit* (1) Orabit ultro accipias pecuniam, *mulierem* illam tranſmittas mihi, *Plaut Epid* 3, 4, 27 (2) Per os elephanto brachium tranſmittere, *Plaut Mil* 1, 1, 30 (3) Tranſmittere tectum lapide, *Plin* 28, 4 (4) Iberum Pœni tranſmiſerunt, *Liv* 21, 20 (5) Dyrrhachium hyeme tranſmittit, *Suet* Ab eo loco conſcendi, ut tranſmitterem, *Cic* (6) Tranſmittit literas papyrus, *Plin* 13, 12 (7) Tranſmittere tempus, *Plin Ep* 9, 6, 1 menſes, *Plin* 8, 25 ævum, *Stat Sylv* 1, 4, 124 § noctes opeiis, *Id Theb* 3, 278 (8) Haud fas, Bacche, tuos tacitum tranſmittere honores, *Stat*

Tranſmittor, i paſſ *To be tranſmitted, paſſed over*, &c Exercitus celeriter tranſmittitur, *Cæſ B G* 7, 61

Tranſmontānus, a, um *That dwelleth beyond the mountains*, Liv 39, 2.

Tranſmōtus, a, um part *Removed from one place to another* Tranſmotæ Syriā legiones, *Tac Ann* 13, 35, 1

Tranſmŏveo, ēre, ōvi, ōtum *To remove from one to another* Tranſmovere in ſe labore alieno partam gloriam, *Ter Eun* 3, 1, 10

Tranſmutans, tis part *Changing* Tranſmutans dextera lævis, *Lucr* 2, 487

Tranſmutātio, onis f verb *A tranſmutation, or change* = Immutatio & tranſmutatio literarum, *Quint* 1, 5

‖ Tranſmūtātor, ōris m verb *He that changeth*, Litt. *ex* Apul ✝ Qui tranſmutat

Tranſmuto, āre act *To chop and change* Fortuna tranſmutat incertos honores, *Hor Od* 3, 29, 51

Tranſnātans, tis part *Swimming over, or acroſs* Tranſnatans Vulturnum, *Plin.* 17, 1

Tranſnăto, āre *To ſwim over, or beyond.* Mago cum equitatu flumen tranſnatavit, *Liv* § E Tigri piſces in lacum non tranſnatant, *Plin* 6, 27

Tranſno, āre *To ſwim over* Tranſnare flumen, *Cæſ B C* 1, 48 *Vid* Trano

Tranſnōminātio, onis f *A changing of names*, Rhet ✝ Tranſlatio

Tranſnōmino, āre act. *To change one's name, to give one name for another*, Suet Gram 1, & Dom 13, 9

Tranſnūmĕro, āre. *To over number, or over reckon*, Ad Herenn 1, 4, 50

Tranſpădānus, a, um *Beyond the river Po* in Italy, *Cic Fam* 2, 17.

‖ Tranſpāreo, ēre neut *To appear through, to be tranſparent*, Bud ✝ Perluceo.

Tranſpectus, ûs m *A looking through, or beyond* Janua cum per ſe tranſpectum præbet apertum, *Lucr* 4, 273

Tranſpicio, ĕre act *To look through, or beyond*, Lact de Opif D 1, c 8

Tranſpicior, i paſſ *To be beheld through, or beyond* Foris quæ vere tranſpiciuntur, *Lucr* 4, 272

‖ Tranſpīrātio, ōnis f verb *Tranſpiration, or a breathing through the pores*, Med ✝ Spiratio, *Scrib Larg*

‖ Tranſpōno, ĕre, ſui, ſitum act *To tranſpoſe, or remove from one place to another*, Gell 6, 9 Juſt 23, 3 *Vid* Tranſpoſitus. ✝ Tranſmoveo

Tranſportātio, ōnis f verb *A carrying over, tranſportation*, Sen *ad* Helvid c 6

Tranſportatūrus, a, um *About to tranſport* Ille ſe ratibus equitem phalangemque tranſportaturum eſſe pronunciat, *Curt* 7, 8, 6

Tranſportandus, a, um part *To be carried over, to be tranſported* De pueris in Græciam tranſportandis cogitabam, *Cic Attic* 7, 16

Tranſporto, āre act (1) *To carry, or convey from one place to another, to tranſport* (2) Alſo *to baniſh, to ſend away into another country* (1) Milites navibus flumen tranſportat, *Cæſ B G* 2, 54 (2) Agrippam in dies amentiorem in inſulam tranſportavit, *Suet Aug.* 65

Tranſportor, āri, atus paſſ *To be carried over* Qui nuper in Galliam tranſportati eſſent, *Cæſ B G* 1, 37

Tranſpoſitio, onis f verb *A tranſpoſition*, Gramm

Tranſpŏſitus, a, um part *Tranſpoſed, removed*, Gell 12, 1

† Tranſquiētus, a, um *Very quiet, and well at reſt*, Plaut Merc 5, 2, 50 *ubi tamen alii aliter legunt*

Tranſrhenanus, a, um *Beyond the Rhine*, Cæſ B G 4, 16

Tranſsūtus, a, um part *Sowed, or ſtitched thorough*, G ex Ov *ſed non reperi* Vid Tranſuo

Tranſtiberinus, a, um *Beyond the Tiber*, Mart 1, 42

Tranſtillum, i n dim [a tranſtrum] *A little tranſom*, Vitruv 5, 12

† Tranſtineo, ēre act *To paſs through, or to have a way through*, alſo *to hold together*, Plaut Mil 2, 5, 58

Tranſtrum, i n [dict quòd in tranſverſo ſint, *qu* tranſverſim ſtantia, *Becm* ſimpl. *a* tranſeo, tranſitum, *unde* tranſtrum, *qu* tranſitrum, vel tranſtra, *qu* tranſtrata, *ex* trans, & ſterno] (1) *A ſeat, or bench where the rowers ſit in the ſhips, boats, or gallies* (2) Alſo *a tranſom, or beam going overthwart an houſe, a girder that holdeth the ſides of an houſe together* (1) Tibi cœna in tranſtro? *Perſ* 5, 147 Furit Vulcanus tranſtra per & remos, *Vir Æn* 5, 663 (2) *Vitruv* 2, 1 & 4, 2

‖ Tranſvāſo, āre *To pour out of one veſſel into another, to decant*, Jun ✝ Decapulo

Tranſvectio, ōnis f verb (1) *A carrying, or paſſing over* (2) *A ſolemn cavalcade on the fifteenth of July, in honour of Caſtor and Pollux, by whoſe means they had obtained a victory the ſame day at the lake Regillum. Herein the proceſſion was made from the temple of Mars, without the walls, by the Forum, near the temple of Caſtor; the horſemen wearing olive garlands, and adorned* i wi n the ... of ...) Ancito s, Cic ... Plin 15, 4 ... um part (1) ... (1) ... ... Sall B J 21 conf Tac Ann ... (2) = Abit, am & trans... Tac ( ) Ud Transveho, n 2 & Transvectio, n 2

Transveho, ĕre, xi, ctum act (1) To carry, convey, or pass ... (2) To ride ... as in a ... muster (1) Tac Ann 12, 31 ... (2) Suet Aug 38

Transvehor, i pass To be carried ... in or ... to ... himself, Val Max 2, 2, 9 Sall B J 28

|| Transvĕna, a, c g A stranger, one that came from beyond ... Tert ✝ Advena

Transverberātus, a, um part Struck through Transverberatus ... Tac Hist 1, 42, 2

Transverbĕro, are act To strike through Hasta ... transverberat ... Vir Æn 10, 336 ... Id ... 484 ... Id

|| Transversa, n pl Notes, or ... writ on the back side of ... Jun ✝ Adversaria

Transversè adv Transversè, askew, asquint, ... 8

Transversārium, ii n (1) ... (2) Also ... or board ... a transom ... (2) ... Vitruv

Transversārius, a, um That is ... Ligna transversaria ... B G 2, 15

Transversè adv Cross-wise, across In columnam lorae transversè ... 9, 9 ... transversè ... 5, 5

|| Transversio f verb A ... or across, a tra... Veg

Transversus, a, um adj ex part ... (1) Overthwart, cross-wise, traverse (2) Contrary, opposite, cross (3) Ill-placed, out of order (1) Iter ... Liv ... conf Sall ... (2) Quadrigis vehementem ... fortuna ... Cic de Clar Orat 97 (3) ... Transversos agi, ... Sall B Jug 17 Transversum digitum, ... Plaut ... Transversum agere ... ad ... F ... 4, 2

|| Transverto, ĕre, ti, act to ... turn away, ... or overthwart, Apul Apol p 531 ✝ Transversum ... Sil

Transultio, āre freq [à transilio] To caper over, to overleap, to ... In recentem ... transultare, Liv

Transumo, ĕre, psi, ptum act To take from one to another Bel... Stat Theb ... 292 vix alibi

Transumptio, ōnis f A taking from one to another, Quint 8, 6

Transumptivus, a, um Belonging to exchanging from one to another ... transumptivum, & transl... vocant ... Quint ... 6

Transuo, ĕre, ui, ūtum act To ... through, Cels ...

Transvolor, i pass To be flowed across, Col 6 5

Transvŏlans, tis part Flying over, or across, Plin 7, 12

Transvŏlĭto, are freq To fly over often, Lucr 1, 355

Transvŏlo, āre (1) To fly over, or across, or to the other side (2) Met To haste, to speed (3) To desert (1) Perdices non transvolant fines, Plin 10, 29 Transvolare vela navium, Id 9, 8 (2) Liv 2, 6, (3) Transvolaverunt ad hostes, Plaut Epid 1, 1, 33

* Trăpes, ētis m [à τρέπω, sive secundum τρέπω, verto] An oil-press, for the breaking of the olives, Cato, 18

Trapetum, i n Idem ✱ Oleo conficiendo molæ utiliores sunt, quam trapetum, Col 12, 50 Terituri Sicyonia bacca trapetis, Vir Geor 2, 519

Trapētus, i m Idem Orbes in veteres trapetos parare, Cato, 22

* Trapeza f [gu τετράπεζα, à quatuor pedibus] A banker's, or money changer's table,

* Trapezīta m An exchanger, or banker, Plaut Capt 1, 2, 90 Lat Argentarius

* Trăpezium, i n A quadrangle in geometry, Geom

* Trapezŏphŏron, i n A cupboard, a dresser, properly the foot of a table, which perhaps was some statue, Cic Fam 7, 23

Trāveho, ĕre, Varr Vid Transveho

✝ Trāvio, are [ex trans, & via] To pass over, to traverse, Lucr 6, 48 ... al travolat, al tr... meat

* Traulizo, āre To speak with much difficulty, to lisp, to stammer, to flutter, to huff Lat Balbutio, loqui nequeo

Travŏlo Vid Transvolo

Trebellicum vinum [à Trebanis, Italiæ populis] Plin 14, 16

Treceni, æ, a (1) Three hundred (2) Indefinitely, a great number (1) Treceni in singulis legionibus equites, Liv 8, 8 (2) Hor Od 2 14, 5

|| Trĕcentēnus, a, um The three hundredth, Amm ✝ Trecent

Trĕcenti, æ, a (1) Three hundred (2) Indefinitely, a great number (1) Trecentos opposuit hostibus, Cic de Fin 2, 30 (2) Trecentæ possunt causæ colligi, Plaut Mil 2, 2, 95

Trĕcenties adv Three hundred times Ducenties comesset, aut trecenties, Catull 27, 14

Trĕchĕdipna n plur [τρεχέδειπνα, vestimenta parasitica currentium ad cœnam, Cornut & Vet Schol] A kind of garment which sharpers wore, to run to other peoples suppers in, Juv 3, 67

✝ Trecto, āre, pro tracto, Litt ex Plaut

Tredĕcies adv Thirteen times, al exp thirty times, Cic Verr 3, 70

Tredĕcim plur indecl Thirteen Tredecim captis navibus, Liv 36, 45 conf Curt 10, 2, 30

Trĕmĕbundus, a, um or, comp Fearful, that trembleth much Manu tremebunda tetigit, Cic pro Domo, 52 Effœtæ tremebundior ubere porcæ, Col 10, 396 vix alibi

Trĕmĕfăcio, ere, ēci, ctum To make one tremble, or quake, to put in fear Lernam tremefecerat arcu, Vir Æn 6, 803 Totum nutu tremefecit Olympum, Vir Æn 9, 106

Trĕmĕfactus, a, um part (1) Shaken, wagged (2) Frighted, made to quake for fear (1) Tellus tremefacta, Vir Æn 10, 102 Folia tremefacta noto, Prop ... 9, 34 Met Tremefacta libertas, Cic Offic 2, 7 sed alii leg timefacta (2) Tremefacta pectora, Vir Æn 2, 228

Trĕmendus, a, um part To be startled at Oculos ita tremendos fecerat, Ov Met 2, 577 Tumultu tremendo ruens Jupiter, Hor Od 1, 16, 11

Trĕmisco, ĕre incept To begin to shake, to tremble, to quake § Sonitu tremiscunt ardua terrarum, Vir Æn 5, 694 § Sonitumque pedum vocemque tremisco, Id ib 3, 648

Trĕmo, ĕre, ui neut (1) To tremble, to shake (2) To quake for fear, to shiver for cold (1) Tremit horrida terra tumultu, Cic Orat 27 ex Enn (2) = Totus tremo horreoque, postquam aspexi hanc ... Accede ad ignem hunc, calesces plus satis, Ter Eun 1, 2, 5 Pro monstro est, quando, qui sudat, tremit, Plaut Asin 2, 2, 23

Trĕmor, ōris m (1) A trembling, quaking, or shaking (2) An earthquake (1) Quo tremore & pallore dixit? Cic pro Flacco, 4 Occultus tremor subitæ pestis, Sil Tremor stellarum, twinkling, Lucret 5, 587 (2) Tellus magno tremore omnia concutiens, Ov Met 2, 276

Trĕmŭlus, a, um (1) Trembling, quaking, shaking, twinkling, moving to and fro (2) That maketh one tremble, or quake (3) Warbling, quavering (1) Incurvus, tremulus, labiis demissis, Ter Eun 2, 3, 4 Arundo tremula, Ov Met 8, 217 Cometa tremulus, Cic de Div 1, 11 ex poeta (2) Tremulum fixo quatietur frigore corpus, Cic in Arat 69 (3) Cantu tremulo pota Cupidinem lentum sollicitas, Hor Od 4, 13, 5 Tremulo scalpuntur ubi in ima versu, Pers 1, 31

Trĕpĭdans, tis part Trembling, quivering, panting Trepidantia bello corda, Vir Geor 4, 60 Trepidante totâ civitate ad excipiendum Annibalem, Liv 25, 7

Trĕpĭdanter adv ius, comp Fearfully, with quaking and trembling Trepidanter effatus, Suet Neron 49 = Trepidantius timidiusque agere, Cæs B C 1, 19

|| Trĕpĭdārius equus A galloping horse, Veg

Trĕpĭdātio ōnis f verb Fear, trembling, Liv 2, 53 Injecta trepidatio est, Id 44, 28 Trepidatio nervorum, Sen de Ira, 2, 10

Trĕpĭdātur impers They tremble, they are in an uproar, Juv 3, 200

Trĕpĭdè adv Hastily, fearfully, tremblingly, Liv 22, 1

Trĕpĭdo, āre neut [à trepidus] (1) To tremble, to quake for fear, to be astonished, or amazed (2) To make haste for fear, to bustle, to keep a clutter (3) To be concerned, to be anxious, or solicitous (4) To pant (1) Quid est? quid trepidas? Ter Adelph 3, 2, 25 (2) Dum trepidant alæ, Vir Æn 4, 121 Ne trepidate meas, Teucri, defendere naves, Id Æn. 9, 114 (3) Ne trepides in usum poscentis ævi pauca, Hor Od, 2, 11, 4 (4) Trepidat formidine pectus, Ov Met 2, 66.

Trĕpĭdor, āri, ātus pass To be in fear, confusion, or uproar, Ter Hec 3, 1, 35

Trĕpĭdŭlus, a, um dim Somewhat afraid, Plaut Pers 4, 2, 3

Trĕpĭdus, a, um [ab inus trepeo, quod à τρέπω] (1) Fearful, trembling for fear, astonished (2) In great fear, or ... (2) ... uncertain (3) ... great fear (5) Swift, hasty (1) Exoritur trepidos inter discordia cives, Vir Æn 12, 583 (2) ... trepidi rerum suarum, Vir Æn ..., 730 (3) Trepida, & cœptis immanibus effera, Dido, Vir Æn 4, 642 (4) Consul ... periculis omnibus, ... trepidus, ... Liv 22, 5 conf ... 31 (5) Vir Æn 5, 616 ... Serv

|| Trĕpondo indecl The weight of three pounds, Quint 1, 5 ✝ Tria pondo

Tres, & hæc tria plur Three, Cic Att 10, 16 ¶ Te tribus verbis volo, a word with you, Plaut Trium literarum homo, ... fur Id Aul 2, 4 46

Tressis, is m (1) The weight, or value of three asses, or farthings (2) Adj Vile, pitiful, shabby, beggerly (1) Varr L L 4, 36 (2) Dama est, non tressis agaso, Pers 5, 76

Tresviri, id qui triumviri, C. Fam 7, 13

Triangŭlāris, e Three cornered, triangular Triangularis agri forma, Col 5, 2

Triangŭlum, i n A triangle, a figure that hath three corners, Cic de Div 2, 42

Triangŭlus, a, um Three cornered Triangulus ager, Col 5 2 Triangulâ formâ cutem excindere, Cels 7, 25

Triarii, orum m [dict quod tertio loco prælium inibant] Old soldiers that were set in the second place, after the vanguard and pikemen, that is, in the rear, as a reserve, and were to assist in case of hazard, Liv 8, 8 Ad triarios res rediit, Prov the business is come to the last push, vid Veg 1, 20

* Trias, ădis f The trey, or three Lat Numerus ternarius, Col

Tribacca, margarita, Indica Three oriental pearls in one, Petron c 55 si constaret de lectione

Tribas, adis f mulier nequissima, Phædr 4, 14

* Tribon, ōnis m [à τρίβω, tero] A threadbare cloke, the habit of a Cynic, Auson Lat Pallium tritum

* Tribrachus m A foot of three short syllables, as, lĕgĕrĕ, Gramm

Tribrachys, Idem, Quint 9, 4

Tribuarius, a, um Of, or belonging to a tribe, or ward Tribuarium crimen, Cic pro Planc 19 vix alibi

Tribuendus, a, um part To be granted, attributed, &c Nihil prorsus somnus tribuendum est, Cic de Div 2, 71

Tribuens, tis part Granting, or attributing Aurum Fabricius te tribuente, volet, Mart 11 6, 9

Tribula, æ f [à tero, tritu] A little cart, or dray made of rough boards, which they used before flails for the threshing of corn, Varr R R 1, 52 & Col 2, 21

Tribulārium, ii n A place where threshing instruments are kept, Litt ex Col

|| Tribulātio, onis f verb Anguish, or grief, tribulation, Hier ✝ Cruciatus, vexatio

Tribulis m (1) One of the same tribe, or ward, one of the same stock, or kindred (2) A plebeian (1) Estne hic hegio tribulis noster? Ter Adelph 3, 3, 85 (2) Hor Ep 1, 13, 15

Tribulo,

Tribŭlo, are [à tribula] (1) *To thraſh or beat out the corn with a flail, or cart, &c* (2) Met *To afflict, vex, oppreſs, &c* (1) Tribulato quotidie, *Cato*, 23 (2) *Eccleſ* ✝ Adfligere, vexare

Tribulum, i n *id quod* tribula, *Vir Geor* 1, 164

Tribŭlus, i m [à τρίβω, tero] (1) *A thiſtle, a bramble* (2) *Alſo a caltrop, or iron ſpike with four pricks, thrown where the enemies horſe is to come* (1) *Vir Geor* 1, 153 (2) *Veg* 3, 24

Tribūnal, ālis n [ſedes Tribuni] (1) *A tribunal, a judgment-ſeat, a ſeat in the Forum, built by Romulus in the form of an halfmoon, whence the extremities were called* cornua. (2) *Alſo a raiſed place in the camp, from which the general gave orders, or made his allocutions* (3) *Any judgement-ſeat* (1) In foro ante tribunal, *Cic* Prætor de ſella & tribunali pronunciat, *Id Verr* 2, 38 Judicis aſſidebat in cornu tribunalis, ne prætorem curuli depelleret, *Tac Ann* 1, 75 ☞ *De forma, vid* Vitruv 5, 1 (2) Vid *Turneb Adv* 12, 7 (3) Quæſtoris tribunal, *Suet Tib* 33 Aurelium, *Cic* pro *Domo*, 21 nummarium, *Sen* de *Benef* 1, 9

Tribūnālia, um n *High banks made of green turfs, raiſed one above another, to keep out the water from overflowing*, Litt ex Plin.

Tribūnātus, ûs m verb *The office and dignity of the tribune, the protectorſhip of the commons*, Cic de Orat 1, 7

Tribūnitius, a, um *Belonging to the tribunes* De tribunitia poteſtate taceo, *Cic de Legg* 3, 9

Tribūnus, i m [quòd tribubus præeſſent, vel earum ſuffragiis crearentur Instituti primum à Romulo fuerunt, deinde à Servio Tullo] (1) *A chief officer ſet over the three orders of the people* Afterwards the name was both more contracted, and more extended (2) Tribuni plebis, *keepers of the liberties of the people, againſt the incroachments of the ſenate* (3) Tribuni militum cum conſulari poteſtate, *who continued but a ſhort time* (4) Tribuni militum, *who had the command of a legion, ſix to each legion, and commanded by turns*, (5) Afterwards the *legatus legionis* ſeemeth to have commanded the legion in chief, and *tribunus* to ſignify *a colonel*, or *commander of a cohort* (6) Tribunus laticlavius, *one made tribune in order to be a ſenator* (7) Tribunus anguſticlavius, *of the equeſtrian, or probationer for that order* (8) Tribuni ærarii, *receivers general*, alſo, in later times, *tribuni provinciarum, chartariorum, matrimoniorum* (1) Vid *Dion Halic antiq* 2, 7 & 4, 18 (2) Vid *Liv* l 2, 33 & *Flor* 1, 23 (3) Vid *Tac Annal princ* & *Eutrop* 2 1 (4) Vid *Sigon* de *antiq jure Prov* & *Lipſ* de *milit Rom Dial* 9 (5) *Tac Hiſt* 2, 85 & 2, 41 (6) Vid *Suet Dom* 10 & ibi interpr (7) Vid *Suet Oth* 10 & *Caſaub ad ejuſdem Aug* c 38 (8) Horum mentio ap *Caſſiodorum*, quibus adde ap *Juſtinianum*, tribuni ſcholarum

Tribuo, ĕre, ui, ūtum act [à tribu, *qu* tributim] (1) *To give, grant, or beſtow* (2) *To pay regard* (3) *To attribute, to aſcribe, or impute* (4) *To diſtribute, to divide* (1) Suum cuique tribuere *Cic Offic* 1, 5 = Huic ipſi multum tribuit, & concedat neceſſe eſt, *Id de Orat* 1, 11 (2) § Illi uni tribui plurimum, *Cic Attic* 10, 1 (3) Pompeius 1 oc mihi tribuit, ut diceret, *Cic* *Cic Offic* 1, 22 ſub fin (4) In duas partes vim loquendi tribuere, *Cic* de *Cl Or* princ

Tribuor, i, utus paſſ *To be granted, attributed*, or *aſcribed* Nec teſtimonio fidem tribui convenerit, *Cic* pro *Sulla*, 3 Illi tribuebatur ignaviæ, *Id Fam* 2, 16

Tribus, ûs f [à tribus, *ſc* partibus, in quas ager Romanus primò diviſus erat, *Aſcon* vel quod tribus principio tres fuerunt, *ſc* Tatienſium, Ramnenſium, & Lucerum, *Varr* *Livio* tamen potiſſimum adſentior, qui lib 6 c 5 à *tributo* ducit] *A tribe*, or *ward*, of which they had in Rome thirty-five in all, though they were but three at firſt Tribu moveri, *to be turned out of his ward*, Cic pro Cluent 43

Tribūtārius, a, um. *Tributary, that payeth tribute* Liviæ pro quodam tributario Gallo roganti civitatem negavit, *Suet Aug* 40 conf *Plin* 12, 1

Tribūtim adv *From tribe to tribe, ward by ward* ⚹ Tributim, & centuriatim deſcriptis ordinibus, *Cic* pro *Planc* 7 conf *Liv* 3, 55

Tribūtio, ōnis f verb *A giving, a diſtributing, a dealing* Tributio æquabilis, *Cic N D* 1, 19

|| Tribūtor, ōris m verb *A giver*, or *diſtributer*, Litt ex Apul

|| Tribūtōrius, a, um *Of*, or *belonging to diſtribution*, or *dealing*, Dig

Tribūtum, i n [à tribubus, quòd ea pecunia, quæ à populo imperata erat, tributim à ſingulis, pro portione cenſûs, exigebatur] *Tribute, cuſtom, impoſt, money levied upon the people, a tax, tollage, or aſſeſſment to defray the public expenſes* ⚹ Quæſtor à menſa publica numerat, menſa aut ex vectigali, aut tributo, *Cic* pro *Flacco*, 19 ☞ *Quid diſtat* tributum à vectigali, *docet Petitus Var Lect* 2, 1 & *Lipſ* de *magn Rom* 2, 2

Tribūtūrus, a, um part *That will give* Dona tributurus, *Ov Met* 9, 402

✝ Tributus, i m *Tribute* Tributus quibus imperatus eſt, *Plaut Epid* 2, 2, 43 *& mox* Tributus major penditur vid *Gell* 13, 19

Tribūtus, a, um part [à tribuor] (1) *Given* (2) *Divided, diſtributed* (1) Plus attuliſti, quam tibi eſſet tributum a nobis, *Cic* de *Orat* 3, 36 (2) Omnis vis loquendi in duas tributa eſt partes, *Cic* de *Fin* 2, 6

Tribūtus, a, um [à tribus] *Of the tribes* Tributa comitia, *Cic* de *Legg* 3, 19

Tricæ, ārum f plur [à θρὶξ, τὴν τρίχα, trica] (1) *Hairs, or feathers wrapped about the feet of chickens, or pidgeons, which hinder their going* (2) Met *Any let, or impediment* (3) Alſo *trifles, gugaws, fooleries, toys* (1) *Interpr Non Marc* (2) Cujus virtus quomodo fert publicam cladem? quomodo domeſticas tricas? *Cic Attic* 10, 8 (3) Quin tu iſtas mittis tricas? *Plaut Moſt* 3, 1, 41 ☞ *In hac notione Plin deducit à cognomine vili Apuliæ oppidulo*, quem vide, l 3, 11

Tricātor, oris m verb *A toyer, a dallier*, R ex Mart *ſed q*

Tricēnarius, a, um *Of*, or *belonging to thirty* Vitis tricenaria, *a vine yielding thirty meaſures of wine*, Varr R R 1, 2 *vid* Plin 9, 3

Tricēni, æ, a *Thirty* Anguillæ tricenos pedes, *Plin* 9, 3 Triceni tauri, *Hor Od* 2, 14, 5

|| Tricennālis, e *Of thirty* Feſta tricennalia, *feaſts ſolemnized at every thirty years end*, Oroſ 7, 28

Tricenteni, æ, a *Three hundred*, Col 5, 2

Tricenties adv *Three hundred times*, Mart 3, 22

Triceps, itis adj *Having three heads*, or *threeheaded* Triceps apud inferos Cerberus, *Cic Tuſc* 1, 5 conf eund *Orat* 48

Tricesimus, a, um *The thirtieth* Triceſimo quoque die, *Cic Attic* 6, 6

Tricesſis, is m *The weight of thirty pounds*, Varr L L 4, 36

* Trichalcum, i n Τρίχαλκον *The fourth part of an* obolus, *Vitruv* 3, 1

* Trichias, æ m [ἀπὸ τῶν τριχῶν dict] *A kind of fiſh like a ſardine*, or *ſprot*, Plin 9, 51

Trichila, æ f *A covered walk made of vines*, or *the like, an arbour*, Col de Arb 388 *ubi vid Scal*

* Trichilum, i n [τρίχειλον, vas habens tria labia] *A veſſel with three ſpouts to pour water out of*, Col 10, 394

* Trichinus, a, um [τρίχινος, piloſus, ſpiſſus, ex pilis factus] *Hair, made of hair* Trichinum, tardum, & qu impeditum, vel ſiccum & ſine ſucco, ut ſunt capilli, qui Græcis τρίχες dicuntur, *Varr* ap *Non* c 2 n 864

* Trichitis, idis f [*ſcil.* στυπτηρία, aluminis genus in capillamenta quædam tenuia dehiſcens, a θρὶξ, pilus] *A ſort of alum*, Plin 35, 15

* Trichŏmănes, is m [ex θρὶξ, pilus, & μαίνομαι, furo, herba à luxurie capillitii appell] *An herb, by ſome called maiden-hair, goldylocks*, Plin 22, 21 & 27, 13

* Trichōrum, i n [ex τρὶς, & χῶρος, locus] *A building with three lodgings*, or *ſtories*, Stat Sylv 1, 3, 58 *ubi vid diſcrepantes interpr ſententias*

* Trichrus, i m *A precious ſtone found in Africa, of three colours, black at bottom, blood red in the middle, and white at top*, Plin 37, 10

Tricies adv [*qu* trigeſies] *Thirty times*, Cic in Verr 1, 38

Tricliniarches, æ m *The orderer of the* triclinium, *Petron* c 22

Tricliniaria, ōrum, *vel* ium n (*ſc* aulæa) [τὰ τοῦ τρικλινίου περιστρώματα] *The hangings of a dining room* Æſtiva tricliniaria, *Varr R R* 1, 13

Tricliniaris, e *Of*, or *belonging to a dining room* Tricliniares lecti, *Plin* 37, 2 Tricliniaria Babylonica, *Id* 8, 48

✠ Tricliniārium, ii n *A dining room*, Varr. R R 1, 13 ✝ Triclinium

Tricliniarius, a, um *Of the dining room* Quis facit mappas triclinarias non pares inter ſe? *Varr L L* 8, 33

Triclinium, ii n [ex τρεῖς, & κλίνη, lectus] (1) *The beds for the gueſts to ſit, or lean along upon, three on each* (2) *The dining room where they were ſet* (1) Ante Sullæ victoriam duo tantum triclinia Romæ fuerunt argentea, *Plin.* 33, 11 (2) Vix triclinium, ubi cœnaturus ipſe Cæſar eſſet, vacavit, *Cic Attic* 13, ult Vix Simonide limen egreſſo, triclinium illud ſuper convivas corruit, *Quint* 11, 2 *Quam cœnam hiſtoriam narrans Cicero conclave appellat* ⚹ Alia fori vis eſt, alia triclinii, *Cic* pro *Cæl* 28

|| Trico, onis m [à tricis, qui de tricis contendit] (1) *A trifler, a toyer, a baffler* (2) *A quarrelſome fellow, one who will let no body alone* (1) *Non* 1, 85 ✝ Nugator (2) *Cap tolin in Vero*, c 4 ✝ Vitilitigator

* Tricoccus, i m *vel* tricoccum, i n *A kind of medlars with three kernels*, Plin 2, 21

* Tricōlon, i n [τρίκωλον, carmen, *ex* τρὶς, ter, & κῶλον, membrum] *A ſtanza of three verſes*, Gramm

Tricŏlor, ōris. adj *Of three colours, ut,* unicolor, bicolor

Tricor, āri, ātus ſum dep [à tricæ] *To trifle and dally, to jeſt and toy, to baffle and ſhew tricks*, Cic Attic 15, 1,

✠ Tricorniger, a, um *With three horns, or tops*, as the Greek ✠, *Auſon*

Tricornis, e *Three horned* Boves tricornes, *Plin* 6, 21 conf eund 21, 1

✠ Tricorpor, ŏris adj *That hath three bodies*, Vir Æn 6, 289

Tricōſus, a, um *Full of tricks, filly, tawdry*, Lucil ap Gell 11, 7

✠ Tricuſpis, idis adj [quòd tres habet cuſpides] *That hath three points*, Ov Met 1, 330

* Tridacnus, a, um [τρίδακνος, *unde* tridacna, *ſc* oſtrea] *To be eaten at three bits*, Plin 32, 6

Tridens, tis m [quòd tres habeat dentes vel cuſpides] *Any tool, or inſtrument that hath three teeth, the trident*, or *ſceptre of the ſea gods* Thynni ne tridente quidem in eos ſæpius jacto territi, *Plin* 9, 15 Sævus Neptuni tridens, *Vir Æn* 1, 142 Sævit tridenti Nereus, *Id Æn* 2, 418

✠ Tridentifer, &

✠ Tridentiger, a, um *An epithet of Neptune for his three-forked ſceptre*, Ov. Met 8, 955 & 11, 202

✠ Tridentipŏtens, tis part [tridente potens] *Another epithet of Neptune*, Sil 15, 159

|| Triduānus, a, um *Of three days continuance* Munus gladiatorium triduani ſpectaculi pollicitus, *Apul Met* 10, p 335. ✝ Trium dierum

Triduum, ui n. [trium dierum ſpatium] *The ſpace of three days* Bidui, aut tridui eſt hæc ſollicitudo, *Ter Andr* 2, 6, 9

Triennis, e *Of three years ſpace*, Ex analog

Triennium, ii n [tres anni] *Three years ſpace* Triennio minor quam Antonius, *Cic de Clar Orat* 43

Triens, tis m [à tria, *ut* quadrans à quatuor] (1) *Four ounces, or inches, the third part of any thing* (2) *A ſmall coin, the third part of the* as (3) Alſo *a veſſel holding four cyathi, a jill.* (4) *A meaſure of land containing 9600 feet* (1) Liviæ teſtamento Dolabellam video, cum duobus cohæredibus, eſſe in triente, *Cic Att* 7, 8. (2) Infelix non habet quem porrigat ore trientem, *Juv* 3, 267 (3) Cum fuerit multis exacta trientibus hora, *Prop* 3, 10, 29 (4) Vid *Col.* 5, 1

Triental, ālis. n *A little veſſel*, the ſame as *triens* Calidum triental excutit è manibus, *Perſ* 3, 100.

Trientalis, e *Four inches thick, or broad &c* Materia trientalis, *a quarter, a rafter, a piece of timber four inches about*, Vitruv 10, 6

* Trierarchus, i m *The master, or captain of a gally, or ship with three oars, or three banks of oars*, Cic Verr 1, 20 *Lat* Triremis magister

* Trietericus, a, um *That is kept every third year* Trieterica orgia, Vir *Æn* 4, 281 Trieterica *abysl* Ov *Rem Am* 593 nox, Stat *Theb* 2, 661

* Trieteris, idis f [spatium τριῶν ἐτῶν, trium annorum] *The space of three years*, Mart 6, 38 & 7, 95 Stat Theb 2, 9

Trifariam adv *Three manner of ways* Trifariam adortus castra eorum venit, *Liv* 2, 22 Trifariam Romani muniebant, *Liv* 5, 26

Trifarius, a, um [quod tribus modis fieri possit] *Threefold, of three sorts*, Litt ex Liv *sed non invent*

* Trifaux, cis adj [tres fauces habens] *Having three mouths, or throats* Trifaux Cerberus, Vir *Æn* 6, 417

|| Trifix, ut & bifix [ex facie, quod tres habet facies, i e acies] *A dart, or quarry three cubits long*, Gell 10, 25

Trifer, *vel* triferus, a, um *That beareth fruit thrice a year* Vites triferæ, *Col* 5, 10

Trifidus, a, um [in tres partes fissus] *Cleft, or cloven into three parts* Trifida fumantia flammâ corpora, *Ov Met* 2, 325

Trifolium, ii n [a tribus foliis dict] *An herb called trefoil, or three-leaved grass*, Col 6, 17 & Plin 21, 9

♣ Triformis, e [tres habens formas] *That hath three forms, shapes, or fashions* Diva triformis, *Hor Od* 3, 22, 4

♣ Trifur, uris c g [ex τρὶς, & fur, nam τρὶς in comp augendi vim habet] *A notable thief* Non fur, sed trifur, *Plaut Aul* 4, 4, 6

Trifurcatus, a, um *Three forked*, Litt ex Col

Trifurcifer, a, um *An arrant rogue* Me vituperas? fur, etiam fur trifurcifer, *Plaut Aul* 2, 4, ult

Trifurcus, a, um *Three-forked, or three-folded* Trifurci surculi, *Col* 5, 11

|| Triga, æ f [*qu* triiuga, *vel* trijuga] *A cart drawn with three horses*, Dig

Trigarium, ii n [*a* triga] *The place where such chariots with three horses ran*, Plin 37, 13

Trigarius, ii m [*a* triga] *A carter, or charioteer that driveth with three horses*, Plin 28, 16

Trigemini, æ, a plur *Three children at a birth*, Col 7, 6 & Aur Vict 2, 4, 1

Trigeminus, a, um *Threefold* Trigeminus partus, *Col* 3, 10

Trigemmis, e adj [quod tres habet gemmas] *A plant having three buds upon it* Col 5, 19

Trigesies adv *Thirty times*, Vitruv 1, 6

Trigesimus, a, um *The thirtieth*, Cic de Sen 6

Triginta adj plur indecl *Thirty*, Cic pro Cluent 27

Trigla, æ f *The mullet fish*, Diph

* Triglites, æ m *A stone of the colour of the mullet fish*, Plin 37, 11

* Triglyphus, a, um [tres habens γλυφὰς, i e sculpturas] *unde*

* Triglyphus, i m *An hollow graving like three furrows, or gutters*, Vitruv 1, 2

* Trigon, ōnis m [*a* trigona, i e triquetra figura nomen habens] (1) *A ball-court in the bath, three-square* (2) *Also the ball itself with which they played* (3) *A fish with a round venomous tail*, otherwise called *pastinaca marina* (1) *Alex ab Al* (2) *Mart* 4, 19 (3) Vid Gronov ad *Plaut Capt* 4, 2, 71 ☞ *Formam & descriptionem ejus pete a* Matthiolo in l 2 Diosc c 19

Trigonālis, e *Three-cornered* Trigonalis pila, *a little ball that they exercised themselves with at bathing*, Mart 14, 46 in lemmate

* Trigonon i n *An herb used in garlands*, Plin 21, 9

* Trigonum, i n *ut* Trigonum igneum, *when the upper planets meet in a fiery sign*, Astron

* Trigōnus, a, um *That hath three corners*, Vitruv 9, 4

* Trigōnus, i m (1) *A triangle* (2) *A fish with a round tail, called also* pastinaca marina (1) *Manil* (2) *Plaut Capt* 4, 2, 71

Trilibris, e *Of three pounds weight*, Hor Sat 2, 2, 33

Trilinguis, e (1) *Having three tongues*, as serpents seem to have (2) *Skilled in three tongues* (1) Os trilingue *Cerberi*, Hor Od 2, 19, 31 (2) Siculi trilingues, *Apul Met* 11, p 364 *scil* Græca, Latina, Sicula ☞ *Hujusmodi auctoritates suffulcit analogia*

Trilix, icis adj [quod ex tribus constat liciis] *Tissue, made of three threads of diverse colours*, Vir Æn 3, 467

Trimadies, *i e* triennium, *Pompon*

* Trimacrus, *vel* trimacer, i m *A foot in verse of three long syllables*, Gramm

Trimātus, ûs m [*a* trimus] *Three years of age*, Col 8, 5

|| Trimembris, e adj *Of three members, or parts*, Gloss vet

Trimestris, e adj *Of three months time, of three months growth* Trimestres aves, *Plin* 10, 25 Trimestre triticum, *Id* 18, 7 Trimestris fructus, *Col* 2, 10 fitio, *Id* 2, 9

|| Trimetrius, a, um *Consisting of trimeter iambics*, Auson

* Trimeter, tra, trum, *hinc subst*

* Trimetrum, i n *A trimeter verse of three measures, an iambic of six feet* Spondæus in Acci nobilibus trimetris apparet rarus & Enni, *Hor A P* 259

Trimŏdia, æ f *A measure of three bushels*, Col 2, 9

Trimŏdium, ii n *Idem*, Plin 33, 1 Argumentum dimensum dabo, non modio, neque trimodio, *Plaut Menæch prol* 15

Trimŏdius, a, um *Containing three bushels the measure of three bushels* Corbulæ trimodiæ, *Col* 12, 15

Trimulus, a, um dim [*a* trimus] *Three years old* Trimulus patrem amisit, *Suet Ner* 6

Trimus, a, um [tres annos habens, *ut* bimus, binos] *Three years old* Oportet inire bimas, ut trimæ pariant, *Varr R R* 2, 5

Trinepos, ōtis m abnepotis filius, tertius *a* nepote *A great great grandchild, my great grandchild's son*, Paul JC

Trinitas, ātis f (1) *The number three* (2) *The Trinity* (1) *Pomp Let* (2) *Hier Ep* 61 ad *Pamm* 5

Trinoctiālis, e *Of, or belonging to three nights space*, Mart 12, 78

Trinoctium, ii n *Three nights space*, Val Max 2, 4, 5

Trinōdis, e [tres nodos habens] *That hath three knots, or joints* Clava trinodis, *Ov Ep* 4, 115

Trinundinum, ni n [quod trinas nundinas complecteretur] *The day of the third market, or fair, the space of seven and twenty days, which contain three fairs, or markets, there being a fair every ninth day*, Cic pro *Domo*, 16 *Scrib etiam* trinum nundinum, *pene & divise*, Cic Philipp 16, 11

Trinus, a, um [*a* tres] *Three, the third, three together* Reddidit trinas literas, *Cic Attic* 11, 17 Lunæ trinæ apparuere, *Plin* 2, 31 Dictaque trino juveni foro tonitrus, *Stat Sylv* 4, 9 Trinis catenis vinctus, *Cæs B G* 1, 53

† Trio, onis m [*qu* strio, *a* stria, quam facit arans, *Scal*] *A plow ox* Vid Triones

|| Triobolaris, e *Worth three halfpence, vile, pitiful* † Vilis, nihili

Triobŏlum, i n *Three halfpence* Negat se debere tibi triobolum, *Plaut Bacch* 2, 3, 26

Triones, um [βόες ἀροτῆρες, it sidus sic dict *a* simulit ἁμάξα, vel quod ita sitæ sint stellæ, ut trigona faciant, *Gell* 2, 21] (1) *Plowing oxen* (2) *Also a constellation of seven stars called Charles's wain, near the north pole* (3) *The north country* (1) *Varr L L* 6, 4 (2) *Cic N D* 2, 41 (3) ♣ Gens, qua non alios diffusior ulla, triones incoluit, *Claud Cons Hon* 2, 429

* Triophthalmus, i m *A precious stone that hath the figure of three eyes*, Plin 37, 11

* Triorches, æ m [quod τρεῖς ὄρχεις, i e tres testes habeat] (1) *A kind of hawk having three stones, a buzzard* (2) *A kind of herb, the same as satyrion, or* *testiculus minor* (1) *Plin* 10, 8 *Lat* Buteo (2) *Plin* 25, 6

Tripalis, e *Propped with three poles* Tripales vites diceb quæ tribus palis sustinebantur, *Varr*

Triparcus, a, um *Very sparing, niggardly*, Plaut Pers 2, 3, 14

Tripartitò, *vel* tripertitò adv *In three parts* Tribus dictæ primum a partitione populi tripartito divisi, quæ tamen nunc multiplicatæ pristinum nomen retinent, *Col* 5, 1 Bona dividit tripartito, *Cic Tusc* 5, 14 Urbem tripartito aggreditur, *Liv* 21, 7

Tripartitus, *vel* tripertitus, a, um part *Divided into three parts* Oratio tripartita, *Cic ad Quir post red* 7

† Tripatinum, i n [trium patinarum apparatus] *The last service of three several dishes*, Plin 35, 12

♣ Tripectŏrus, a, um *Thrice breasted, or that hath three breasts*, Lucr 5, 28

Tripedālis, e *Three foot long*, Liv 38, 21

Tripedāneus, a, um *Of three feet* Taleas tripedaneas concidito, *Cato*, 45 Altitudo tripedanea, *Col* 2, 2

Tripertitus, &c *Vid* Tripartitus

Tripes, ĕdis c g *That hath three feet, three-legged* Tripes mulus, *Liv* 40, 2 mensa, *Hor Sat* 1, 3, 13

♣ Triphallus Priapus [*a* φαλλὸς, veretrum, *i e* valdè vasatus] *Tib Carm Priap* 83, 6

♣ Tripictus, a, um [ter pictus] *Thrice written, or in three languages* I, scriba, tripictis digere versibus, *Prud Apoth* 381

Triplex, icis adj [quod est trium plicarum] *Triple, threefold* Plato triplicem finxit animam, *Cic Tusc* 1, 10 Æs triplex, *Hor Od* 1, 3, 9 Deæ triplices, *Ov Met* 2, 654

Triplicatio, onis f verb *A folding, or doing of a thing thrice, tripling, trebling, a surrejoinder*, Cajus JC

Triplicātus, a, um part *Tripled, or trebled*, Plin 7, 48

Triplices, um m [*sc* libelli vel codicilli] *Little tablets having three leaves, wherein matters of small importance were written* Misisti mihi munera bis senos triplices, *Mart* 7, 52

|| Triplicitas, ātis f *The being threefold, triplicity*, Astron

Tripliciter adv *Trebly, in three manner of ways* Commutabimus tripliciter, verbis, pronunciando, tractando, *Ad Herenn* 4, 42

Triplico, āre act *To triple, or treble, to do, or fold a thing three times*, Pendet à part triplicatus, *q v*

* Triplinthius, a, um *Of three bricks thick* Paries triplinthius, *Vitruv* 2, 8

|| Triplò adv *By thrice* † Tripliciter

Triplus, a, um *Triple, threefold, treble* Dupla & tripla intervalla explere, *Cic de Univ* 7

* Tripolium n *An herb called turbit, or as some blue daisy* Plin 26, 7 & Dioscor 4

* Triptōton, i n *A noun having but three cases, a triptot* Gramm

|| Tripudiātor, oris m verb *A dancer, or tripper*, Aug † Qui tripudiat

Tripŭdio, āre neut *To dance, to trip dancer like, to caper, to curvet*, unde Angl *to trip* = In funeribus reipub exultare & tripudiare, *Cic* pro *Sext* 41

Tripudium, ii n [aves, quia cum pascuntur, necesse est aliquid ex ore cadere, & terram pavire, *terripavium* primò, post *tripudium* dictum est, *Cic* de *Div* 2, 34 *qu* terripudium] (1) *A dancing, or tripping on the toe dancer like, a caper, or curvet, a skip, a trip* (2) *Also the rebounding of corn, &c being thrown to the chickens, by which the soothsayers made their divinations* (1) = Per urbem ire canentes carmina cum tripudiis, solennique saltatu jussit, *Liv* 1, 20 Citatis celerare tripudiis, *Catull* 61, 26 (2) *Vid* Solistimum

* Tripus, ŏdis m (1) *Any thing with three legs, a three footed stool* particularly *that from whence the inspired priestess gave answers and oracles* (2) *Tripods were also presented to the Greek heroes, as an emblem of steadiness and constancy* (1) Sanctius quam Pythia, quæ tripode ex Phœbi, lauroque profatur, *Lucret* 1, 740 (2) Donarem tripodas prœmia fortium Græcorum, *Hor Od* 4, 8, 3 Hinc Anglice *a trivet*

Triquetra, æ f *A triangle, or three-cornered figure*, Col R R 5, 1

Triquetrum, i n *A triangle*, Plin 2, 15

Triquetrus, a, um [*qu* triquadrus, *i e* quadratus in tres angulos] *Having three corners, triangular* Ager triquetrus, *Col* 5

Insula

... triquetra, Cels B C ... triquetra, Hor ... Sicula

Trirem..., is f sc navis [tres ... remorum ordines] A galley with three oars on each side, or rather, with three rows of oars one above another ... proximum litus ... Cels B G 2, 2, ... 5, 11

† Tris, pro tres, in acc ... unum ...

Trisago, Tri ... fore ex tris, ... propter multiplices ... The herb germander, ... the straight upright ... Plin 24, 15 ... trisago, Cels 8, ...

Triscurria, orum n ... ex tris ... & scurra, Pap] Great trifles, or buffooneries, Juv 8, ... al leg trascurria, à transcurrendo, cl triscurria, vid Voss Etym.

† Trisaeclisenex [...] qui ... unum saeclorum senex] That hath lived three ages, an epithet of Nestor, Naev

* Trispastum, i n A trowel, with which, when heated, they used to mark horses on the jaw-bone, Litt ex Col

* Trispastus, a, um [τρίσπαστος, ... & σπάω, traho, quod tribus orbiculis trahitur] Drawn, or pulled with three pullies, Vitruv 10 ...

Trisago, Plin Vid Trissago

Triste, adv ius comp Sorrowfully, sadly Triste pol ... non ... Ter Tristius ... adolescentes, Cic ... Sen 1 19

* Tristegus, a, um [τρίστεγος, tria habens tecta, ex τρίς, & στέγη, i e tectum] Built with three stories, or lofts one over another, Jun

Tristiculus, a, um dim Dumpish, somewhat sad, Cic de Div 1, 46

† Tristificus, a, um That maketh sad, saddening Tristificas voces Cic de Div 1, 7 ex poeta

Tristis, e ... comp Timu ... sup [... tumidus, ...] (1) Sad, heavy, melancholy, pensive, sorrowful, woful (2) Severe, grave, ... (3) Harsh, bitter (4) Rough, coarse (5) Angry, peevish (6) Cruel (7) Malicious, or unpleasant (8) Also with an ill will, against one's will (9) Unlucky, ominous (10) Dark, louring (1) ... Maius tristior Pers ... salute, ... Tal Max 2, 3, 1 = Quid tu es tristis? ... Ter Eun 2, 3 12 = Silentium ... & ... maestitia ... Liv Tristitiam ex ... solatium, Id 5, 51 (2) ... cum tristibus severe, cum remissis jucunde vivere, Cic pro Col 6 ... = Oderunt hilarem tristes, tristemque jocosi, Hor Ep 1, 18, 89 vid & Cels 2, 18 = Gravitatis ... illum tristem & plenum dignitatis sonum, Cic de Repub 6, 2 Tristis severitas ... vultu, & in verbis fides, Ter Andr 5, 2, 16 (3) ... tristes succos, Vir Geor 2, 126 ... tristia ... Ov Pont 3, 8, 15 Sapor tristis, Id Trist 4, 6, 12 ... tristitia ... Catull 96, 14 = amarus, Lucr 4, 6, 8 ... praedulcis, Id ib (4)

Tristium hiemantium imitor, Martial 1, 97 = Antiquitas tristis & impexa, Tac Dial de Orat ... (5) ... tristem, quoniam potestis ... Plaut Casin 2, 4, ... Nunc ego ... tristi, Hor Od 1, 16, 26 (7) ... tristia facta, ... mum ... (8) ... sensu torqueri ... 2, 247 (9) ... Eun 2, 1, 8 ... Od 2, 15, 11 ... Dt 2, 15 (10) ... Ov Art 6, ...

Tristitia, æ f (1) Sadness, heaviness, pensiveness &c (2) Moroseness, ... (3) Gravity (1) ... tristitia ... Cic ... Fam ... verbi tristitiam ... Cic Off 1, 12 ... (2) ... Hist 1, 28 ( ) = Homo tristis & severitate popularis, Cic de Cl Orat 25

‖ Tristities, ei Idem Tristities animi, Apul Met 4, p ...

‖ Tristitudo, inis f Idem, Litt ex Apul

‖ Tristor, ari dep To be sorrowful, or sad, Gloss ‡ Contristor, Cic

Trisulcus, a, um [tres habens sulcos, i e acies] Three pointed, or three forked Lingua micat ore trisulcis anguis, Vir Geor 3, 439 Tela trisulca Jovis, Ov Am 2, 5 52

Trisyllabus, a, um Of three syllables, trissyllable, Quin 9, 4

Tritavia, æ f One's great grandmother's great grandmother,

Tritavus, i m [ex τρίτος, & avus] That is a great grandfather's great grandfather Pater, avus, proavus, abavus, atavus, tritavus, Plaut Pers 1, 2, 5

* Trite, es f [τρίτη, tertia, sc chorda] Trite diezeugmenon, C, sol, fa, ut hyperbolaeon, F, fa, ut synemmenon, B, fa b, mi, Musc

* Trithales ... n [quod ter floreat in anno, ... floreo] An herb which floweth thrice a year, Plin ...

* Trithei ... m pl Certain heretics that held there were three distinct godheads in the trinity of persons, Eccl

Tritianus, a, um Tritiana brassica quod triplo major ... a kind of large colewort, Plin 19, 8

Triticeus, a, um Wheaten, of wheat Messis triticea, Vir Geor 1, 219 cont Ov Met 5, ...

Triticum, i n [quod tritum est ex spicis Varr L L ...] Wheat, Cic de Div 2, ... De his vid Plin 18, 7

* Triton, onis m (1) A weather ... (2) A sea fish, a kind of ... (3) A ... Plin ... Propr

Tritor, oris m (1) A grinder of a thing (2) He that rubbeth a thing (1) Plin 35, 11 (2) ... tritor, Plaut Pers 5, 2, 1...

Tritura, æ f A threshing, ... or grinding, Col 1, 16 ...

Triturator ... m A thresher, Litt ex Col

Trituro, are To thresh, Col ap ...

Trituror, ari ... pass Col ap Litt ... hujus mundi tri-

... homo ex ... Sidon Ep ...

Tritus, a, um part ... or, ... (1) Rubbed, ... ground (2) Worn, ... (3) Frequented (4) ... (1) Tritum ... Plin 7, 19 (2) ... Cic Vestis trita, Hor Epist 1, 19, ... = Usitatius ... Cic Acad 1 ... Cic Philipp ... Ov ... (4) ... Prop ...

Tritus, us m verb A rubbing, or grinding ... tu ... Cic N D 2, 9

Trivenefica, æ f A great witch, ... Plaut Aul ... 2, 8

Trivialis, e [ad trivium pertinens] Common, trivial, ordinary, homely = Sordide, & ... trivialis ... Suet de Cl Rhet 6 Carmen triviale Juv 7, 55

Triviatim adv By every three ways, Litt e Col

Trivium, ii n [ex tribus viis] A place where three ways meet, a place of common resort = In compitis & triviis ... Cic in Rull 1,

Trivius, a, um That hath three ways, Litt ex Mart

Triumphalia, um n pl The solemnities and ornaments of a triumph, Tac Ann 1, 72 Triumphalia ornamenta plene vocat Sue Aug 38

Triumphalis, e Of, or belonging to a triumph Triumphalis senex vir, one who hath triumphed, Cic ... Sall 8 habitus, Quint 10, ... currus, Plin 7, 26 porta, Cic in Pison ...

Triumphans, tis part Triumphing Scelere ... triumphantium ... Cic pro Muren 5 Triumphantium currus, Plin 28, 4 Triumphantium corpora ... sonant, Id ...

‖ Triumphator, oris m ... A triumpher, Apul Apol p 412 ‡ Qui triumphat

Triumphatus, a, um Triumphed over, led, or represented in triumph Triumphatae gentes, Vir Geor 3, 33 = Omnia superata & triumphata, Plin 5, ...

Triumphatus, us m verb A triumphing Ne triumphatu suo ... Plin ap Steph Har al ... locum indicant

Triumpho, are neut (1) To triumph for a conquest obtained (2) To rejoice greatly (1) Bis consul fuerat ... Cic Fin 2, 20 § De hostibus triumphare, Id Att 11, 8 (2) ... laetitia ... triumpho gaudio, Cel Ciceroni, fam Ep ... Attic 9 16 = exulto, laetor, Cic

Triumphus, i m [...] Triumph (1) A triumph ... in pomp, or ... upon the return of a general from the wars, for a considerable victory gained over an enemy not before conquered, wherein he in a golden chariot, wearing a golden crown on his head, preceded by the conquered captives with their spoils, ascended the Capitol to return thanks and make his oblation to Jupiter Capitolinus (2) A play at cards so called, trump (1) Differes de triumpho, Quid tandem habet iste currus? Quid

vincti ante currum duces? Quid simulacra oppidorum? Quid aurum? Quid argentum? Quid legati in equis & tribuni? Quid clamor militum? Quid totus ille pompa? Inania sunt ista, mihi ... ... oblectamenta pene puerorum ... in Pison 25 ... De his ... al ex Sigon (2) Lud Litt

Triumvir, iri m One of three officers that are in the like authority Triumviri per XXXV ... triumvirum ... 2, Triumviri mensarii, the three chief bankers, who took care of the public money, Liv ... the ... masters ... criminal ... Liv ... 14

Triumviralis, e Of, or belonging to such an officer ... Hor Epod 4, 11

Triumviratus, us m The office of three like authority ... Cic ... Liv 9, 46 Flor ...

Triumviri adv Three by three, Litt ex Col

Triuncis, is m [sc nummus, ...] ... of three ounces weight, Pr...

† Trivolum ... n ... A three ... Varr

Trixago, inis f The herb germander Vid Trissago

* Trochaeus i m ... quod celeritate sui motus volubiliter ... rota, ... Gr τροχαῖος ... (1) A foot in verse ... two syllables, the first long, and the latter short (2) ... (1) Trochaeus ... ratio ... choraeus, Cic ... Ora ... (2) Litt ex Quint

Trochaicus, a, um ... trocha ... Made of trochees, Gramm

* Trochilus, ... trochilus m [τροχίλος, ... τρέχω, curro] (1) A little bird called a wren (2) Another small bird, which getteth ... out of the crocodile's teeth when ... (3) A rounding in the juttings of pillars (1) Plin 8 25 (2) Cels ... (3) ... modo ... Col ... interpr Scal

Trochisculus, i m dim ... Litt ex Apul

* Trochiscus i m [τροχίσκος, parvus trochus, rotula] A trochisk, or round ball for physic, Cels 5, 17 ... Latine pastillus dici ait

Trochlea, æ f [Gr ... τροχαλία, Phil ...] A pully wherein a cord runneth to draw any thing ... a windlass, ... Vitruv 10 ... R ...

Trochulus, i m dim A little top, Plaut Prol Amph ... al torulus

† Trochum, i n A kind of ... ash ... Fest

Trochus, i m [τροχός, ...] (1) A top wherewith children play (2) Also a little ... of any thing (1) Hor ... (2) Litt ex Col

‖ Troctes, æ f [τρώκτης, ... comedo] A fish, ... & trach ... truttae

* Troglodyta, ... troglody ... [τρωγλοδύτης, qui ... & caverns ...] An hedge sparrow, ... Gesn

Troja, æ f [ludus ... quem vulgo Pyrrhicam appellant, Troja vocatur, Serv ... kind of sport, ci exercere ille certatus, or tour- nament, Tro..m ludere, to ride at tilt, Suet Cal 39 ℣ De in- stitutione, vid Vir Æn 5

Tropæum, i n [sic enim recte lerbi monet norat o, nam Græce τρόπαιον scrib] (1) *A spoil taken from enemies, a thing set up*, the invention of the Greeks, who yet fixed them on wood, not on metal or stone, to intimate thereby that enmity ought not to be immor- tal, see Diod Sc l 13, neither were they ever renewed, see *Plu- tarch* ... Rom p ... That ... very ... from ... (2) ... Hic ... Mace- ... Cic in Pison ... (2) Nova cantemus Augusti ... Hor Od 2, 19, 19

Tropeus, a, um [τροπαῖος ...] ... *Winds that blow contrarily after the ... from the ...*, Plin 2, 43

... æus, ei m ... *He that did ... turn, and ... back* ... Sut ...

... opeum

Tropica, ōrum n pl [τροπικά] ... *alterations*, ... Petron c 90

... adv *Figuratively*, ... Rhe

Tropicus, a, um [τροπικός] ... *Tropical*, ... Trop ci circuli, ... ad quos cum sol pervenit, τρέπεται, ... convertitur Tropicus Can- cri, ubi fit solstitium æstivum, tro- picus Capricorni ubi solstitium hy- emale *Ex Litt*

* Tropis, is f [τρόπις carina, à τρέπω, verto] (1) *The bottom, or keel of a ship* (2) Met *The dregs which they used in their baths, either to scour them with, or to procure vomit* (1) Tropis τὸ κα- ... τῆς νεὼς, *Hesych* (2) Mart 12, 84

* Tropologia, æ f *A treatise of tropes, or figures*, Rhet

Tropologicè adv *Figuratively spoken*, Rhet

Tropologicus, a, um *Speak- ing by tropes, or figures*, Rhet

* Tropus, i m [à τρέπω, con- verto] quòd sit verbi vel sermonis à propria significatione ad aliam cum virtute mutatio, *Quint* 8, 6 *A trope, or rhetorical way of speech* Lat Immutatio verbo- rum, *Cic*

Trossula, æ f *A delicate lass*, Litt ex Plaut

Trossulus, i m (1) *A well set fellow* (2) *A beau, a spruce gallant, a dapper fellow, a cer- tain knight* (1) Non (2) Pers 1, 82 ... *Senec* ... *Jaub*

Troxallis, idis f [à τρώγω, edo] *A cricket* Vid Tryxalis

Trua, æ f [à τρύω, tero] (1) *A little vessel to lade out wa- ter* (2) *A ladle of a pot* (1) Varr L L 4, 25 (2) Cocus ahe- num magnum, quando fervit, pau- lâ confutat truâ, *Titin* ap *Fest* & *Non*

Trucidarius, a, um *Murderous- ly minded, bloodthirsty*, Pomp Lat

Trucidatio, ōnis f verb *A cruel killing, or murdering* Ci- vium trucidatio, *Cic Philipp* 4, 5 Non jam pugna, sed trucidatio velut pecorum fieri, *Id* 28, 16

Trucido, āre act [*qu* truciter cædo] (1) *Cruelly to slay, to mur- der, to kill, to assassin, to massa- cre* (2) *Utterly to undo* (3) ✠ *To eat, to feed upon* (1) Quos iteros nostros trucidare voluerat, *Cic Catil* 1, 6 (2) Ignoro, tru- cidare, *Cic* pro *Cal* 18 (3) Ne- rum si pisces, si porrum & cæpe trucidas, *Hor Sat* 1, 12, 21

Trucidor, āris, atus pass *To be cruelly murdered* Met Trucidari sermonibus verbis, *Cic* de *Har Resp* Vid Trucido

Truculenter adv comp [...] *Cruelly, grimly, barbarously* Tru- culentius se gerebat quam cæteri, *Cic in Rull* 2, 5 Truculentissime ... *Quint* 6, 1

Truculentia, æ f *Boisterous- ness, cruelty, outrageousness* Tuam exspecto truculentiam, *Plaut Curc* 5, 2, 7

Truculentus, a, um or, comp ... mus, sup [à trux] (1) *Cruel, fierce, savage, barbarous* (2) *Clownish, rustic, illbred* (1) = Di boni, quàm teter incedebat, quam truculentus, quàm terribilis aspectu! *Cic* pro *Sext* 8 Fœta truculentior ursâ, *Ov Metam* 13, 803 = Facinus nefarium & trucu- lentissimum, *Ad Herenn* 4, 8 (2) = Ego ille agrestis, parcus, tris- tis, truculentus, *Ter Ad* 4, 5, 4, 12 = Truculentus & sylvestris, & vitæ nescius, *Sen Hyppolit* 461

Trudes, is f [à trudendo] *An instrument to thrust down things with, a waterman's pole to shove his boat off when he sticketh* Trudibus, aut furcis ingentem mo- lem prosternere, *Tac Ann* 3, 46 *ubi aliqui leg* sudibus, & *sane vix alibi reperitur*

Trudo, ĕre, si, sum act *To thrust, to push, to shove forward, to drive* Trudere aliquem in co- mitia, *Cic Attic* 1, 15 Fallacia alia aliam trudit, *Ter Andr* 4, 4, 40

Trudor, i, sus pass *To be thrust out of place* Trudi ad mortem, *Cic Tusc* 1, 29 Truditur dies die, *Hor Od* 2, 18, 15

† Trufa, *vel* trupha *Scurrili- ty, base words, or deeds*, G ex Arnob

Trulla, æ f dim [à trua, *qu* truvula] (1) *A vessel for vari- ous uses, broad and deep* (2) *A cup of earth, brass, &c to drink in* (3) *A mason's, or plaister- er's trowel to daub with* (4) *A pan to put fire in* (5) *A tray to set under a vessel, or to put meat in* (6) *A pisspot* (1) Cato, 10 (2) Potare Campanâ so- litus trullâ, *Horat Sat* 1, 3, 144 Trullas ligneas duas, *Cato*, 12 (3) Prima trullis frequentetur induc- tio, *Pallad* 1, tit 15 (4) *Liv* 37, 11 (5) *Varr L L* 4, 25 (6) *Litt ex Steph epigramma* Mar- tialis *interpretante*, Clinicus He- rodes trullam subduxerat ægro, 1, 9 Ep 97 *Pertinere potius vi- detur ad notionem secundam*

Trulleum, i n *A bowl, or ba- son to wash one's hands in*, Varr 1, 1 4, 25

Trullissatio, ōnis f verb *A laying on morter with a trowel*, Vitruv 7, 3

Trullisso, āre *To lay on plais- ter, or morter with a trowel*, Vitruv 5, 10 & 7, 2

Trullissor, āri pass *To be plais- tered, &c* Paries testâ cum calce trullissetur, *Vitruv* 5, 10

Truncatus, a, um part *Maimed, mangled* Manibus truncatus, *Claud B Get* 89

Trunco, āre act [à truncus] *To cut shorter, to cut in pieces, to maim, to chop off*, Val Flacc. 6, 568

Truncoc... us, a, um *Clogged, or that weareth a clog*, Litt ex Plaut

Trunculus, i m dim *A little block, or stub* ... Anseris trunculi, ... Cell Trunculi su- um *pigs pettytoes*, Id 2, 20

Truncus, a, um (1) *Cut short* (2) *Maimed, mangled* (3) *Imper- fect* (4) *Wanting, not having* (1) Trunca manum pinus regit, *Vir Æn* 3, 659 (2) Truncas in honesto vulnere nares, *Id Æn* 6, 497 (3) Trunca & turpia exta, *Liv* (4) § Animalia trunca pe- cum, *Vir Geor* 4, 310

Truncus, i m [*qu* truncatus, vel à Gr τρύχω, idem, *Hesych*] (1) *A stump, stock, or body of a tree without the boughs* (2) *A body without an head* (3) Met *A block, or stupid creature* (1) ✠ In arboribus truncus, rami, folia, *Cic* de *Orat* 3, 46 (2) Ja- cet ingens littore truncus, avul- sumque humeris caput, *Vir Æn* 2, 557 (3) Quî potest esse in e- jusmodi trunco sapientia? *Cic N D* 1, 30

† Truo, āre act unde in comp amtruo [à trua] *To stir, or keel the pot*, Fest p 257

† Truo, ōnis m quòd ei instar truæ ingluvies sub rostro perpen- det *A bittern, a long-snouted fellow*, Fest ex Cæcil

Trusatilis, e [à seq truso] *That may be turned, or driven about with a man's hand* Mola trusa- tilis, *an handmill*, Cato, 10 conf Gell 3, 3

Trusito, āre freq [à seq] *To thrust through* Inter cædem mu- lum ferro trusitans, *Phædr* 2, 8, 8.

Truso, āre freq [à trudo] *To thrust often*, obscœn, *Catull* 57, 6

Trutina, æ f [à Gr τρυτάνη] (1) *The hole in which the tongue of the scales moveth* (2) Synecd. *A pair of scales, or a great pair of balances, or weights* (3) Met *A diligent examining, or consi- dering, a good advice, or judge- ment* (1) Neve examen impro- bum in illa castiges trutina, *Pers* 1, 6 *ubi vet Schol* Trutina est foramen intra quod est lingu- la, de qua examinatio est (2) Varr L L 4, 36 (3) = Quæ non artificis, sed populari trutinâ examinantur, *Cic de Orat* 2, 38 Campana trutina, *a Roman ba- lance, Troy-weight*, Isid

Trutinor, āri dep *To weigh, or examine, to consider well and throughly of a thing* Exporrec- to trutinantur verba labello, *Pers* 3, 82

Trux, ŭcis adj [à Θρᾷξ, Thrax] (1) *Rough* (2) *Cruel, fierce, grim, savage* (1) Trux tractu herba *Plin* 22, 6 (2) = Horri- dus & trux tribunus, *Cic* in *Rull* 2, 25

* Tryblium, *vel* tryblion, ii n *A kind of vessel, a saucer*, Plaut Stich 5, 4, 9 & Varr L L 4, 25

* Trychnos, i f *Nightshade*, Plin 21, 31 *Lat.* Solanum

* Tryginon, i n [à τρύξ, fæx] *A kind of ink made of the dregs of wine*, Plin 35, 6

* Trygon, onis m *A kind of poisonous seafish*, Auson *Lat* Pastinaca

* Tryphera, *vel* truphera n pl [à τρυφερός, delicatus] *Gentle and easy caustics*, Scrib Larg

* Tryxalis, is f [τρυξαλίς, à τρύχω, attero, absumo] *A cric- ket*, Plin 30, 6 *alii scrib* trexa- lis, *al* truxalis

T ante U

Tu, tui, tibi pron [à Dor τυ] *Thou*, passim

Tute vox nectur Quæ (*sc* noctua) ... ... Plaut Men 4, 2, 20 Hinc e ... τυτά, noctua

Tuapte sponte *Of thine own accord* Plau ... 2, 3, 40

Tuatim adv *After thine own fashion, or custom* Jam tu ... tuatim facis, *Plaut Amph* 2, 1, 4 ... al ...

Tuba, æ f [à tubis, quos ... nunc ... appell tubicines sacro- rum, Varr] (1) *A trumpet* (2) Met *A trumpeter, a stirrer up, a fomenter* (3) Meton *Heroic poetry* (1) Ille arma misit cor- nua, tubas, falces ... *Cic* pro *Sulla*, 5 ✠ Non tuba directi, non æris cornua flexi, *Ov Met* 1, 98 (2) Tuba civilis belli, *Cic Fam* 6, 12 (3) ✠ Dum tua mul- torum vincat avena tubas, *Mart* 8, 3, 22

Tubarius, ii m *A trumpet maker*, Callistr JC

Tuber, ĕris n [à tumeo, *Isi* vel à ... umbilicus, locus ... tus, *Aven*] (1) *A puff growing in the ground like a mushroom, or toadstool* (2) Also *a bunch, as in a camel's back* (3) *A sore bump, a bile* (4) *A knob, or knot in a tree* (1) Tubera ter- ræ, *Juv* 11, 2 (2) Tubera bini cameli habent in dorso, *Plin* 8, 18 (3) Colaphis tuber est totum caput, *i e* tanquam tuber, *Ter Adelph* 2, 2, 37 (4) Reperitur & in alno tuber, *Plin* 16, 16

Tuber, ĕris f *A kind of tree bearing fruit of the same name*, Col 11, 2 & Plin 15, 14

Tuber, ĕris m *The fruit of the tuber tree* Oblatos tuberes jussit servare in crastinum, *Suet Dom* 10

Tuberculum, i n dim [à tu- ber] *A little swelling, or push, a pimple, or wheal* Plura alia tubercula oriuntur, *Celf* 2, 1 conf eund 6, 18

Tuberosissimus, a, um *Bump- ing out* Tuberosissima frons, *Pe- tron* c 15

Tubicen, ĭnis [*ex* tuba, & cano] *A trumpeter*, not only in war, but in funerals and plays, *Varr L L* 4, 16 ✠ Quoties pugnatur, & tubicines & cornicines simul ca- nunt, *Veg* vid etiam *Juv* 10, 214 Ad tubicines mittere, *Petron* c 129

Tubilustrium, ii n [*ex* tuba, & lustra] *A solemn time, when they went with trumpets, as it were in procession, about the country*, ... some, *Varr L L* 5, 3 & *Ov Fast* 5, 725

Tubulatus, a, um *Made hol- low like a pipe*, Plin 9, 36

Tubulus, i dim [à tubus] (1) *A little hollow pipe* (2) Also *the pipe, or funnel of a stove, or chimney* (1) *Varr R R* 1, 8 (2) *Paul JC*

Tuburcinor, *vel* tubuccinor, āri *To eat greedily, or as a child doth, to gobble, to cram, and stuff out the cheeks* Tuburcinari de suo, si quid domi est, *Plaut Pers* 1, 3, 43

Tubus, i m [à tumore, *Scal* à τύπος, quòd cavus] (1) *A con- duit pipe* (2) *The hole in the middle of the backbone, where the marrow lieth* (3) *Any hol- low body, a tube* (1) *Vitruv* 8, 7. & *Plin* 16, 42 (2) *Jun* (3) *Mart* 11, 62.

|| Tucetarius,

|| Tūcetārius m An haggas maker, Hulſ

Tūcetum, i n A kind of meat made of pork, or beef chopped, or other ſtuff, a ſauſage, an haggeſs, minced like pye-meat, mingled with ſuet, Perſ 2,43 ubi vid interpr tucetum ζωμός, παχύς, Gloſſ vet

† Tudernis A kind of wine, Lex Plin

Tūdes, itis, & tudis An hammer, a beetle Tudites malleos appellabant antiqui a tundendo, Feſt Fabriles operæ tudibus contundere maſſas feſtinant, Vir in Ætna, 561

Tūdicula, æ f dim [a tudes] (1) A little beetle to bruiſe the olives at the preſs (2) A ladle (3) A printing iron to mark with (4) Alſo a tool which dyers uſe in drawing their clothes which are to be died, and turning them in the water (1) Col ... (2) Steph (3) Steph (4) ...

Tūdiculo, āre [à tudicula] To pound, to bruiſe, to thump, beat, hammer out Cum bene ſerbuerit, tudiculabis, & mortario teres, Apic 5,2

Tūdito, āre freq [à tudes, itis] To labour, work, or ſtir, to thump, or beat with an hammer, &c Lucr 2,114 & 3,395

Tuendus, a, um part That is to be kept, defended, or maintained § Pacis mihi cura tuenda, Ov Met 11,297 ⁂ A quibus tuendus erat derelictus, Cic Fam ..., 9 Ad tuam dignitatem tuendam, Id

Tuens, tis part (1) Looking, beholding, viewing (2) Defending, keeping, maintaining, preſerving (1) Oculis tuens immitibus, Ov Met 6,621 Acerba tuens ſerpens, Lucr 5,34 (2) Ille cœlum atque terras tuens & regens Deus, Cic de Legib 2,4

Tueor, eri, tuitus, & tutus dep [... Canin] (1) To ſee, or behold, to look ſtedfaſtly (2) To defend (3) To be defended (4) To keep, or maintain (5) To uphold, to keep in repair (1) Tueor te, tenex, Varr L L 6,2 Talia dicentem averſa tuetur regina, Vir Æn 4,362. (2) = Tueri & conſervare, quod quis accepit, non poſſe, Cic pro Lege Manil 2. = defendere, ornare, Id Culpam pertinaciter tueri, culpa altera eſt, Quint 6,4 (3) Romani in bello ab his tuebantur, Varr R R 3,1 ſc ab act tueo, quod etiam nobis ſervavit vetus inſcriptio ap Fabrettum, ROGO PER SVPEROS QVI ESTIS, OSSA MEA TVEATIS, p 498 (4) = Antea alere majores copias poterant, nunc exiguas vix tueri poteſt, Cic pro Dejot 8 Scortum nobile non digno quæſtu ſe tuebatur, Liv 39,9 (5) Majora tecta & ædificamus pluris, & tuemur ſumptu majore, Varr R R 1,12 Met = Factum meum præſtare utrique omnes debent, Cic pro Sext 16.

Tūgŭriŏlum, i n dim A little cottage, a cabbin, Veg 2,26

Tūgŭrium, ii n [qu tegurium, à tegendo] (1) A cottage, an houſe in the country, a ſhepherd's cott, or ſhed, a lodge (2) ⁂ A kennel (1) Pauperis tuguri culmen, Vir Ecl 1,69 (2) Phædr 1,19

Tuitio, ōnis f verb A defending, ſafe-keeping, defenſe, tuition Tuitio ſui, Cic. Top 23

Tŭli præt [à tollo] Vid Fero

|| Tulipa, æ f qua & tulipia, tulipan, ... Tu... M... A kind of ... of various colours

Tullianum, i n [à Tullo rege] A place in the common priſon built by king Tullus, Varr L L 4,32

Tum adv [fortè ab artic præpoſ τὸν] (1) Then, at that time (2) Moreover, afterwards, in fine (1) Cic pro Cluent 64 ⁂ Tum eſt Cato locutus, nunc Lælius, Id Tum demum ſciam rectè monuiſſe, ſi tu caveris, then, and not before, Id (2) Tum Roſcius mihi multa confirmandi mei causâ dixit, Cic

Tum conj [poſt cum, vel poſt ſc.] And alſo Cum ſpe ſummâ, tum majore etiam animo, Cic ad Q fratr 1,2 Tum ſemper, tum in his ipſis rebus, Id

|| Tumba, æ f An hollow place in the ground, a tomb, a grave, a monument, Sipont ‡ Sepulcrum

Tŭmefăcio, ĕre, ēci, actum To make to ſwell, to puff up Extentam tumefecit humum, Ov Met 15,303

Tŭmefactus, a, um part (1) Made to ſwell, or ſwollen (2) Puffed up (1) Animos viriles corde tumefacto gerit, Sen Agamemn 958 (2) Ut noſtris tumefacta ſuperbiat Umbria libris, Prop 4,1,63

Tŭmens tis part (1) Swelling, ſwollen (2) Met Puft up, haughty (3) Angry (1) Pedes tumentes, Vir Æn 2,272 ſuris, Hor Epod 8,9 (2) Tumens ſucceſſu, Plin = Inflatus & tumens animus, Cic Tuſc 3,9 (3) ⁂ Quis ſimulis tumentem leniet? Stat Sylv 2,1,58

Tŭmeo, ēre, ui neut [à θυμέω, quod à θυμός, tumor, M] (1) To ſwell (2) To riſe, to overflow (3) To be puffed up, to wax proud, ſtately, and lofty (4) To increaſe, or burſt out (1) Corpus tumet omne veneno, Ov Met 3,33 Lumina fletu tument, Tib 1,8,68 (2) Tument negotia, Cic Attic 14,4. (3) = Animus ſapientis nunquam turgeſcit, nunquam tumet, Cic Tuſc 3,9 (4) Bella tument, Ov Ep 7,121

Tŭmeſcens, tis part Swelling, Met breaking out Bellum jampridem tumeſcens, Paterc 2,15.

Tŭmeſco, ĕre incept (1) To ſwell (2) Met To break, or burſt out (1) Freta ponti incipiunt agitata tumeſcere, Vir Geor 1,357 (2) Ille monet operta tumeſcere bella, Vir Geor 1,465

Tŭmex, icis f id quod tomex A rope, or cord, Col 12,32 ut aliqui leg

|| Tumicla, æ f dim A little cord of hemp, or baſte Me tumiclâ ſparteâ deligatum tradidit Philebo, Apul Met 8, p 258

Tŭmĭdè adv (1) Swellingly (2) Proudly, prancingly (1) Litt ex Apul (2) Ut tumidè incedis! Plaut Aſin 3,3,115 Meurſ ubi al Ut tu incedis!

Tŭmĭdŭlus, a, um Somewhat ſwollen, Litt ex Catull ſed q Complanator tumidulæ gingivulæ, Apul Apol p 409

Tŭmĭdus, a, um [à tumeo] or, comp ſſimus, ſup (1) Swollen, puffed up (2) Proud, lofty, haughty, ſtately (3) Fierce (4) Teſty haſty (1) = Membrum tumidum ac turgidum, Cic Tuſc 3,9 Tumidiores oculi, Celſ 2,6 (2) Succeſſu tumidus, Ov Metam 8,495 Eridani tumidiſſimus accola, Sil 11,25 (3) Vultus tumidi, & truces, ... Octav 109 (4) Iratus Chremes tumido delitigat ore, Hor A Poet 94

Tŭmor, ōris m [à tumeo] (1) A tumor, a lump, or bunch (2) Met Loftineſs, pride, haughtineſs, haughtineſs of ſpirit (3) Anger (4) The pinch, or criſis of a matter (1) Num manus recte affecta eſt, cum in tumore eſt? Cic Tuſc 3,9 (2) Gerere tumores mente, Luc 10,9, (3) = Tumor omnis & iræ conceſſere Deum, Vir Æn 8,40 (4) Ne deſerere viderer hunc rerum tumorem, Cic Attic 14,5

Tŭmŭlandus, a, um part To be intombed, Ov Met 8,710.

Tŭmŭlātio, ōnis f verb An intombing, Lexicogr ex Varr

Tŭmŭlātus, a, um part Intombed, buried Nobiliſſime tumulatus, Liv Epitom 54 Inque Tomitana jaceam tumulatus arena, Ov ex Pont 1,6,49

Tŭmŭlo, āre act To bury, to intomb, to interr Quam tumulavit alumnus, Ov Met 15,716

Tŭmŭlor, āri, ātus paſſ To be intombed Pater Corythi parvâ tumulatur arenâ, Ov Met 7,361

Tŭmŭlōſus, a, um Full of hillocks, or knaps, Sall B J 91

Tumultuans, tis part Making a tumult, or diſorder Tumultuans Britannia ob non redditos transfugas, Suet Claud 17 Tumultuantes & in furorem uſque præcipites, Id Cal 9

|| Tŭmultuāriè adv Tumultuouſly, haſtily, in a pudder, or hurry, all on a ſudden, Amm ‡ Tumultuose, Liv

|| Tumultuāriò adv Idem, Apul Met 4

Tŭmultuārius, a, um Done in haſte, or in an hurry, haſty, diſorderly Tumultuarium opus, Liv 6,29 Tumultuarius miles, Id 1,37 ſermo, Quint 10,7

Tŭmultuātio, ōnis f verb A buſtling, or hurrying, Liv 38,2

Tumultuātus, a, um Making a tumult Non diu tumultuatus ſtabuli januam effregit, Petron 79

Tŭmultuo, āre, id quod

Tŭmultuor, āri, ātus ſum dep (1) To make a tumult, or ſtir (2) To ſtorm, or trouble one's ſelf (3) Paſſ To be in an uproar, to hurry and buſtle (4) To mutiny (1) Quid ſit, mihi expedi, quod tumultues? Plaut Rud 3,2,15, & 24 Tumultuari ſine cauſa, Cic in Rull 2,37 (2) = Quid tumultuaris, ſoror, quid inſanis? Cic pro Cœl 15 (3) Neſcio quid hic tumultuari audio, miſera! Ter Hecyr 3,2,1 (4) Tumultuari Gallias comperit, Suet Galb 9

Tŭmultuōſè adv ius, comp ſſimè, ſup In an hurry Senatus tumultuosè vocatus, Liv 2,29 Tumultuoſius ad me illam ſuſpicionem pertulit, Cic Attic 15,17 Tumultuoſius in omnibus locis pervagari, Cæſ B G 7,45 Tumultuoſiſſimè aliquem aggredi, Cic Verr 2,14

Tŭmultuōſus, a, um or, comp ſſimus, ſup (1) Full of trouble, tumultuous, ſeditious, mutinous (2) Stormy, rough, and boiſterous (1) Quis homo tam tumultuoſo ſonitu me excivit foras? Plaut Trin 5,2,52. = ⁂ Ex ſeditioſa & tumultuoſa vita, ſe in ſtudium aliquod tradere quietum, Cic de Inv 1,3 Somnia per ſomnia tumultuoſi, Celſ 8,4 Italia tumultuoſior, Paterc 2,74 Quod tumultuoſiſſimum pugnæ erat parumper ſuſtinuit, Liv 2,10 (2) Mare tumultuoſum, Hor Od 3,1,25

Tŭmultus, ûs (& ant ti) m [qu tumor multus Feſt potius ſimpliciter à tumeo] (1) Tumult, trouble, broil, buſtle, hurly-burly (2) Sedition, inſurrection, uproar, or mutiny (3) Any irregular, or diſorderly action (1) In ædibus nil ornati, nil tumulti video, Ter Andr 2,2,28 (2) Poteſt eſſe bellum ſine tumultu, tumultus ſine bello eſſe non poteſt, Cic Philipp 8,1 (3) Vid Barth ad Stat Theb l 6 v 589

Tŭmŭlus, i m [à tumore terræ] (1) An hillock, a knap, tump, or heap of earth, any raiſed place (2) A tomb, grave, or ſepulchre (1) Ex urbe egreſſis tumulus, Vir Æn 2,713 Tumulis, proſpectuque delector, Cic Attic 14,13 Coacervatis cadaveribus ex tumulo tela conjicere, Cæſ B G 2,27 (2) Et tumulum facite, & tumulo ſuperaddite carmen, Vir Ecl 5,42 Componi eodem tumulo, Ov Met 4,157

Tunc adv temp (1) Then, at that time, de præterito (2) At that time, de futuro (1) Senectus auferebat eam viriditatem, in qua tunc erat Scipio, Cic de Am 3 ⁂ Erat tunc excuſatio, nunc nulla eſt, Id Philipp 7,5 (2) Ego tunc adero, quum, &c Plaut Tunc tua me infortunia lædent, Hor A Poet 103

Tundens tis part Knocking, beating Eandem incudem diem noctemque tundentes, Cic de Or 2,39 Tundens pectora palmis, Ov A Am 1,535

Tundo, ĕre, tŭtŭdi, tunſum act (1) To beat, ſmite, thump or bang (2) To bray, or beat in a mortar (3) To threſh (4) To play on (5) To weary, or dull by repeating often (1) Cor pectus tundit, Plaut Caſ 2,6,63 Converſo bacillo, oculos miſero tundere vehementiſſimè cœpit, Cic Verr 5,54 (2) Tundere allium, Col 2,21 (3) Vid Tunſus (4) Tundere tympana, Ov Faſt 4,183 rauca cymbala, Prop 3,17,36 (5) Pergin' aures tundere? Plaut Pœn 1,3,25.

Tundor, i, ſus paſſ To be ſmitten, &c Cum illi jacenti latera tunderentur, Cic Verr 5,54 Tunditur litus Eoâ undâ, Catull 11,4

Tŭnĭca, æ f [à tuendo corpore, Varr] (1) A man's waſtecoat, or jacket, a tunic, (a) worn alone by plebeians and ſervants, (b) white and plain, worn (c) by the better ſort of Romans under the toga, (d) as by the Greeks under the pallium, (e) the equites wore them with ſmall purple ſtuds, and the ſenators with larger, (f) antiently they had not ſleeves to them, whence ſuch as wore them with ſleeves, and long, were noted for effeminacy or luxury, becauſe women wore ſuch For the faſhion, ſee Jun de pictura vett l 2 c 8 (2) A woman's undergarment (3) A ſhift, a ſmock (4) A wrapper for wares (5) A peel or ſkin, a rind (6) A ſhort coat of mail (7) Alſo the bag of an impoſthume (8) The membrane, or coat of the eye (9) Tunica moleſta, a pitched coat to burn people in at the ſtake (1) Tunicam ejus à pectore abſcidit, Cic Verr 5,1 In tunica ſuſpicor eſſe virum, Prop 2,6,14 (a) Tunicatus popellus, Hor Ep 1,7,65 vid & Juv 3,171 ubi vid interpr (b) Sufficiunt tunicæ ſummis ædilibus albæ, Juv ubi ſupra (c) Tanaquil prima texuit rectam tunicam, quâ ſimul cum or exercise like our tilts, or tournaments Troja ludere, to ride at it, Suet Cal 19 ☞ De institutione, vid Virg Æn 5

Tropæum, i n [sic enim recte scribi monet notatio, nam Græce τρόπαιον scrib] (1) A spoil taken from an enemy, and hung up, the invention of the Greeks, who fixed them on wood, not on metal or stone, to intimate there with that enmity ought not to be immortal, see Diod Sc l ... were they ... Plutarch ... (2) ... Augusti ..., Hor Od 2, 9, 19

Tropaicus, a, um ... Win's that blow continually after the ... Plin ...

Tropeus ... i ... tropeum

Tropica ... orum n pl ... turnings, conversions, alterations, Petron c 88

Tropicè adv Figuratively, by a trope, or figure, Rhet

Tropicus, a, um ... circulus, Astron ad quos cum sol pervenit, rursus convertitur Tropicus Cancri, ubi fit solstitium æstivum, tropicus Capricorni ubi solstitium hyemale, Ex Litt

* Tropis, is f [τρόπις carina, a τρέπω, verto] (1) The bottom, or keel of a ship (2) Met The dregs which they used in their baths, either to scour them with, or to procure vomit (1) Tropis το κατώτατον τῆς νηός, Hesych (2) Mart 12, 83

* Tropologia, æ f A treatise of tropes, or figures, Rhet

Tropologicè adv Figuratively spoken, Rhet

* Tropologicus, a, um Speaking by tropes, or figures, Rhet

* Tropus, i m [a τρέπω, converto quod fit verbi vel sermonis a propria significatione ad aliam cum virtute mutatio, Quint 8, 6] A trope, or rhetorical way of speech Lat Immutatio verborum, Cic

Trossula, æ f A delicate lass, Litt ex Plaut

Trossulus, i m (1) A well set fellow (2) A beau, a spruce gallant, a dapper fellow, a carpet knight (1) Non (2) Pers 1, 82 ubi vid Casaub

Troxalis, idis f [a τρώγω, edo] A cricket Vid Tryxalis

Trua, æ f [a τρύω, tero] (1) A kind of vessel to lade out water ( ) A ladle of a pot (1) Varr L L 4, 25 (2) Cocus ahenum magnum, quando fervit, paula confutat trua, Titinn ap Fest & Non

Truculentus, a, um Murderously minded, bloodthirsty, Pomp Lat

Trucidatio, onis f verb A cruel killing, or murdering Civium trucidatio, Cic Philipp 4, 5 Non jam pugna, sed trucidatio velut pecorum fieri, Id 28, 16

Trucido, are act [qu truciter cædo] (1) Cruelly to slay, to murder, to kill, to assassin, to massacre. (2) Utterly to undo (3) To eat, to feed upon (1) Qui ... hostes nostros trucidare voluerunt, Cic Catil 1 6 (2) ... trucidare, Cic ... Cal 18 (3) ... ruin fi pisces, si porrum & cæpe trucidas, Hor Sat 1, 12, 21

Trucidor, ari, atus pass To be cruelly ... Met ... Cic de Har R ... Vid Trucido

Truculenter adv ... comp ... sup ... Cruelly, grimly, barbarously ... quam cæteri ... Cic ... 6, 1

Truculentia, æ f Boisterousness, cruelty, ... expecto ... Plaut Circ 2, 3, ...

Truculentus, a, um or, comp ... mus, sup [a trux] (1) Cruel, fierce, savage, barbarous (2) Clownish, rustic, illbred (1) = Dii boni, quam ... incedebat, quam truculentus, quam terribilis aspectu! Cic pro Sext 8 Fœta truculentior ursa, Ov Metam 13, 803 = Facinus nefarium & atrocissimum, Ad Herenn 4, 8 (2) = Ego illi agrestis, parcus, tristis, truculentus, Ter Adelph 5, 4, 12 = Truculentus & silvestre, Et vitæ in ... S ... Hippolyt 461

Trudes, is f [a trudendo] An instrument to thrust down things with, a waterman's pole to shove his boat off when he sticketh Trudibus ... mortem ... procurrere, Tac Ann 2, 46 ubi aliqui leg sudibus, & sane ... alibi reperitur

Trudo, ere, si, sum act To thrust, to push, to shove forward, to drive Trudere aliquem in comitium, Cic Attic 1, 15 Fallacia aliam aliam trudit, Ter Andr 4, 1, 40

Trudor, i, sus pass To be thrust out of place Trudi ad mortem, Cic Tusc 1, 29 Truditur dies die, Hor Od 2, 18, 15

† Trufa, vel trupha Scurrility, base words, or deeds, G ex Arnob

Trulla, æ f dim [a trua, qu truvula] (1) A vessel for various uses, broad and deep (2) A cup of earth, brass, &c to drink in (3) A mason's, or plasterer's trowel to dawb with (4) A pan to put fire in (5) A tray to set under a vessel, or to put meat in (6) A pispot (1) Cato, 10 (2) Potare Campana trulla, Horat Sat 1, 3, 144 Trullas ligneas duas, Cato, 13 (3) Prima trullis frequentetur inductio, Pallad 1, tit 15 (4) Liv 37, 11 (5) Varr L L 4, 25 (6) Litt ex Steph epigramma Martialis interpretante, Clinicus Herodes trullam subduxerat ægro, 1 9 Ep 97 Pertinere potius videtur ad notionem secundam

Trulleum, i n A bowl, or bason to wash one's hands in, Varr L L 4, 25

Trullissatio, onis f verb A laying on morter with a trowel, Vitruv 7, 3

Trullisso, are To lay on plaister, or morter with a trowel, Vitruv 5, 10, & 7, 2

Trullissor, ari pass To be plaistered, &c Paries testa cum calce trullissetur, Vitruv 5, 10

Truncatus a, um part Maimed, mangled Manibus truncatus, Claud B Get 89

Trunco, are act [a truncus] To cut shorter, to cut in pieces, to maim, to chop off, Val Flacc 6, 568

Truncor ... us ... Clogged, ... with a clog, Litt ex ...

Trunculus, i m dim A little stock, or stem ... truncus, ... Trunculi suum pigs pettitoes, Id 2 20

Truncus, a, um (1) Cut short (2) Maimed mangled (3) In perfect (4) Wanting, not having (1) Trunca manum pinus regit, Vir Æn ... 659 (2) Truncas inhonesto vulnere nares, Id Æn 6, ... ( ) Trunca & turpia exta, Id (4) § Animalia trunca pedum, Vir Geor 4, 310

Truncus, i m [qu truncatus, vel a Gr τρύχος, idem, Hesych] (1) A stump, stock, or body of a tree without the boughs (2) A body without an head (3) Met A block, or stupid creature (1) ... In ... truncus, ramis ... Cic de Orat ... 46 (2) Jacet ingens littore truncus, avulsumque humeris caput, Vir Æn 2, 557 (3) Quis potest esse in ... tam truncus? Cic N D ... c

† Truo, are act unde in comp amtruo [a trua] To stir, or keil the pot, Fest p 25

† Truo, onis m ... Quod ... truonis ... a long-snouted ... A bittern, a long-snouted fellow, Fest ex Cæcil

Trusatilis, e [a trusus] That may be turned, or driven about with an hand Mola trusatilis, an handmill, Cato, 10 conf Gell 3,

Trusito, are freq [a fiq] To thrust through Inter cædem mulum ferro trusitant, Phædr ..., 8

Truso, are freq [a trudo] To thrust often, obscœn , Catull 57, 6

Trutina, æ f [a Gr τρυτάνη] (1) The hole in which the tongue of the scales moveth (2) Synecd A pair of scales, or a great pair of balances, or weights (3) Met A diligent examining, or considering, a good advice, or judgement (1) Nec examen improbum in illa castiges trutina, Pers 1, princ ubi vet Schol Trutina est foramen intra quod est lingula, de qua examinatio est (2) Varr L L 4, 36 (3) = Quæ non aurificis, sed populari trutina examinantur, Cic de Orat 2, 38 Campana trutina, a Roman balance, Troy-weight, Ibid

Trutinor, ari dep To weigh, or examine to consider well and thoroughly of a thing Expo ... rec ... to trutinantur verba labello, Pers 3, 82

Trux, ucis adj [a Θρῆξ, Thrax] (1) Rough (2) Cruel, fierce, grim, savage (1) Trux tactu herba, Plin 22, 6 (2) = Horridus & trux tribunus, Cic in Rull 2, 25

* Trybium vel trybion, ii n A kind of vessel, a saucer, Plaut Stich 5, 4, 9 & Varr L L 4, 25

* Trychnos, i f Nightshade, Plin 21, 31 Lat Solanum

* Tryginon, i n [a τρύξ, fæx] A kind of ink made of the dregs of wine, Plin 35, 6

* Trygon, onis m A kind of poisonous fish, Auson Lat Pastinaca

* Tryphera, vel truphera n pl [a τρυφερός, delicatus] Gentle and easy caustics, Scrib Larg

* Tryxalis, is f [τρωξαλίς, a τρώγω, attero, absumo] A cricket, Plin 30, 6 alii scrib trexalis, al truxalis

T ante U

Tu, tu, e bi pron [a Dor τυ] Thou, passim

Tu tu vox nocturna Quæ (se noctuæ) u tu usque occinit Plaut Men 4, 2, 90 Hinc ... noctua

Tute ipse sponte Of thine own accord, Plaut ...

Tuatim adv After thine own fashion, or custom ... Plaut Amph 1, 1, 4 ...

Tuba, æ f [a tubo quod ... tubus ... canendo, ut tubus ... tubicen, ...] (1) A trumpet ( ) Met A trumpeter, a stirrer, a fomenter (3) Meton Heroic poetry (1) ... tuba, ... Cic ... Sulla, 5 ⁜ Non tuba directi, non æris cornua flexi, Ov Met 1, 98 (2) Tuba civilis belli, Cic Fam 6, 12 (3) ⁜ Dum tua ... torum vincat avena tubas, Mart 8, 3, 22

Tubarius, i m A trumpet maker, Call ...

Tuber, eris n [a tumeo, Id vel a ... umbi ... lo ... tus, Avec] (1) A puff rowing in the ground like a mushroom, or toadstool ( ) Also a bunch, as in a camel's back ( ) A swelling bump, a bile (4) A knob or knot in a tree (1) Tubera terræ, Juv ... 2 ( ) Tubera camelus habent in dorso, Plin 8, 18 (3) Colaphis tuber est totum caput, i e tanquam tuber, Ter Adelph 2, 2, 37 (4) Reperitur & in alno tuber, Plin 16, 16

Tuber, eris f A kind of tree bearing fruit of the same name, Col 11, 2 & Plin 15, 14

Tuber, eris m The fruit of the tuber tree Oblatos tuberes jussit servare in crastinum, Suet Dom 10

Tuberculum, i n dim [a tuber] A little swelling or push, a pimple, or wheal Plura alia tubercula oriuntur, Cels 2, 1 conf eund 1 6, 18

Tuberosissimus, a, um Bumping out Tuberosissimi frons, Petron c 15

Tubicen, inis [ex tuba, & cano] A trumpeter, not only in war, but in funerals and plays, Varr L L 4, 16 ⁜ Quoties pugnatur, & tubicines & cornicines simul canunt, Veg vid etiam Juv 10, 214 Ad tubicines mittere, Petron c 129

Tubilustrium, ii n [ex tuba & lustro] A solemn time, when they went with trumpets, as it were in procession, about the country, say some, Varr L L 5, 3 & Ov Fast 5, 725

Tubulatus, a, um Made hollow like a pipe, Plin 9, 36

Tubulus, i dim [a tubus] (1) A little hollow pipe (2) Also the pipe, or funnel of a stove, or chimney (1) Varr R R 3, 8 (2) Paul JC

Tuburcinor, vel tubuccinor, ari To eat greedily, or as a child doth, to gobble, to cram, and stuff out the cheeks Tuburcinari de suo, si quid domi est, Plaut Pers 1, 3, 42

Tubus, i m [a tumore, Scal a τύμβος, quod cavus] (1) A conduit-pipe (2) The hole in the middle of the backbone, where the marrow lieth (3) Any hollow body, a tube (1) Vitruv 8, 7 & Plin 16, 42 (2) Jun (3) Mart 11, 62

‖ Tuccetarius,

[illegible] An haggas [illegible]

Tuceum, n A kind of meat [illegible] of pork, or beef chopped, [illegible] or other stuff, [illegible] meat [illegible] with suet, Pers 2,43 [illegible] interpr tucetum [illegible]

† [illegible] A [illegible] swine, [illegible] Plin

Tudes, itis, & tudis An [illegible] a beetle [illegible] Fabri [illegible] massas fer [illegible] Aetna, 561

Tu[illegible] (1) [illegible] (2) A ladle (3) A printing iron to [illegible] (4) Also a [illegible] (1) Col (2) Stepn (3) Steph (4)

Tu[illegible] [illegible] To [illegible] with an hammer, &c 2,11 & 3,505

[illegible] That is left [illegible] Pers [illegible] mihi [illegible] Ov Met 11,23 [illegible] Cic [illegible] Ad tuam d[illegible] tuen [illegible]

[illegible] (1) Looking, [illegible] (2) [illegible] (1) Ov Met 6,[illegible] Luc 5,54 (2) [illegible] tuens & [illegible] Deus, [illegible] Legib 2,4

[illegible] (1) [illegible] to look, [illegible] (2) To defend (3) To be [illegible] (4) To keep, or maintain (5) To uphold, to keep in repair [illegible] Varr L L [illegible] dicentem [illegible] gina, Virg Aen 4,362 (2) = Tueri & conservare, quod [illegible] Cic [illegible] = defendere, [illegible] Id [illegible] pertinaciter tueri, culpa [illegible] Quint 6,4 (3) Romani [illegible] bello [illegible] tuebantur, Varr R R 3,1 [illegible] tueo, quod [illegible] nobis servavit vetus inscriptio [illegible] Fabrettum, ROGO PER SVPEROS QVI ESTIS, OSSA MEA TVEATIS, p 408 (4) = [illegible] alere majores copias poterat, nunc exiguas vix tueri potest, Cic pro Dejot 8 Scortum nobile non digno quaestu se tuebatur, Liv 39,9 (5) Majora tecta [illegible] ficamus pluris, & tuemur [illegible] majore, Varr R R 1,12 [illegible] = Factum meum praestare [illegible] omnes debent, Cic [illegible] 16

Tugurium, n dim A little cottage, a cabin, Veg 2,26

Tugurium, n [q tegurium, [illegible] tegendo] (1) A cottage, an hovel in the country, a shepherd's hut, or shed, a lodge (2) [illegible] (1) Pauperis tuguri [illegible] men, Virg Ecl 1,69 (2) Phaedr [illegible]

Tuitio, onis f verb A defending, safe-keeping defense, tuition Tuitio sui, Cic Top 23

Tui praet [a tuor] Vid Fero

|| Tum[illegible] [illegible]

Tum[illegible] [illegible] Lib 4,32

Tum adv [fort ab [illegible]] (1) Then, [illegible] (2) Moreover, afterwards, [illegible] (1) [illegible] pro Cluent [illegible] est Cato locutus, nunc [illegible] Id Tum demum [illegible] caveris, [illegible] then, and not before, Id (2) Tum [illegible] multi confirmandi [illegible] dixit, Cic

Tum conj [post cum, vel post se] And also Cum [illegible] tum majore etiam [illegible] Cic [illegible] tum [illegible] Id

|| Tumba, ae f An hollow place in the ground, a tomb, a grave, a monument, Sidon 4 Sepulcrum

Tumefacio, ere, [illegible] To make to swell, to puff up [illegible] tumefecit humum, Ov Met 15,[illegible]

Tumefactus, a, um part (1) Made to swell, or [illegible] (2) Puffed up (1) [illegible] Umbilicus [illegible]

Tumens, tis part (1) Swelling, swollen (2) Met Puft up, haughty (1) [illegible] Ov [illegible] (2) Tumens [illegible] Plin = Inflatus & tumens animus, Cic Tusc [illegible] Stat Sylv 2,1,58

Tumeo, ere, [illegible] (1) To swell (2) To rise, to overflow (3) To be puffed up, to wax proud, fat [illegible] and lofty (4) To increase, or burst [illegible] (1) Corpus tumet omne veneno, Ov [illegible] 33 Lumina fle[illegible] tumere, Tib 1,8,68 (2) Tument negotia, Cic Attic 14 4 (3) = Animus sapientis nunquam turgescit, nunquam tumet, Cic Tusc 3,9 (4) Bella tument, Ov Ep 7,121

Tumescens, tis part Swelling, Met [illegible] Bellum jam [illegible] tumescens, [illegible] 2 15

Tumesco, ere incept (1) To swell (2) Met To break, or burst out (1) Freta ponti incipiunt [illegible] tumescere, Virg Geor 1,357 (2) Ille monet opertia tumescere bella, Virg Geor 1,4[illegible]

Tumex, icis f d [illegible] tomex A rope, or cord, Col 12, [illegible]

|| Tumicla, ae f dim A little cord of hemp, or [illegible] tumicla [illegible] Philebo, Apul Met 8, p 258

Tumide adv (1) Swellingly (2) Proudly, pranceingly (1) [illegible] Apul (2) Ut tumide incedis! Plaut Asin [illegible] 115 Meus ubi [illegible] Ut tu incedis!

Tumidulus, a, um Somewhat swollen, [illegible] ex Catull sed q [illegible] Complura [illegible] gingivulae, Apul Apol [illegible]

Tumidus, a, um [a tumeo] or, comp [illegible] sup (1) Swollen, puffed up (2) Proud, lofty, haughty, stately (3) Fierce (4) Testy, hasty (1) = Membrum tumidum ac turgidum, Cic Tusc 3,9 Tumidiores oculi, Cels 2,6 (2) Successu tumidus, Ov Metam 8,495 Eridani tumidissimus accola, Sil

[illegible] (3) [illegible] tumidi, & tru[illegible] (4) Iratus [illegible] Hor [illegible]

[illegible] Lucr

Tumulo, [illegible] To bury, to intomb, to inter [illegible] Ov Met [illegible] 716

Tumulo[illegible] To be intombed [illegible] locks, or heaps [illegible]

Tumulo, [illegible] part [illegible] Making a tumult, or [illegible] Suet Claud [illegible]

|| Tumultuanter adv [illegible] A [illegible]

† Tumultuose, L[illegible]

Tumultuarius, a, um Done in haste, or in an hurry, [illegible] disorderly Tumultuarium opus, Liv 6,29 Tumultuarius miles, Id [illegible] sermo, Quint 10,[illegible]

Tumultuatio, onis f verb A bustling, or hurrying, Liv 38,2

Tumultuatus, a, um Making a tumult Non [illegible] tumultuatus [illegible] Petron 79

Tumultuo, [illegible]

Tumultuor, ari, atus sum dep (1) To make a tumult, or stir (2) To storm, or troul one's self (3) Pass To be in an uproar, to hurry and bustle (4) To [illegible] (1) Quid [illegible] mihi [illegible] tumultuas? Plaut Rud 3,2 15, & 24 Tumultuari [illegible] Cic in Rull 2,37 (2) = Quid tumultuaris, soror, quid insanis? Cic pro Coel 15 (3) Nescio quid hic tumultuari audio, [illegible] Hecyr 3,2,1 (4) [illegible] Galb 9

Tumultuose adv [illegible] comp [illegible] sup In an hurry [illegible] tumultuose vocatus, Liv 2,[illegible] Tumultuosius [illegible] Cic Attic 15,17 Tumultuosius in omnibus [illegible] Caes B G 7,45 Tumultuosissime [illegible] Cic Verr 2,14

Tumultuosus, a, um or, comp [illegible] sup (1) Full of trouble, tumultuous, seditious, mutinous (2) Stormy, [illegible] (1) Quis homo tam tumultuoso sonitu me excivit foras? Plaut Trin 5,2,52 = Ex seditiosa & tumultuosa vita [illegible] studium [illegible] quod tradere quietum, Cic de Inv 1,3 [illegible] Italia tumultuosior, Paterc [illegible] 4 Quod tumultuosissimum pugna erat [illegible] Liv 2,10 (2) Mare tumultuosum, Hor Od [illegible]

[illegible] (1) [illegible] (2) [illegible] (3) [illegible] Barth ad Stat [illegible]

Tumulus, i m [a tumore terrae] (1) An hillock, a knap, [illegible] a rais'd [illegible] (2) A tomb, grave, [illegible] (1) [illegible] Virg Ecl 5,4[illegible]

Tunc adv [illegible] (1) [illegible] that [illegible] tunc [illegible] Hor [illegible]

Tundo, ere, tutudi, tunsum act (1) To beat [illegible] (2) To bray, or [illegible] (3) To thresh (4) To ply on (5) To weary [illegible] Plaut [illegible] Convento baculo oculo misero tunderetur [illegible] Cic Verr 5,54 (2) [illegible] Col 2,2[illegible] (3) Id [illegible] (4) Tundere tympana, Ov [illegible] 418 [illegible] Prop [illegible] Pergin [illegible] tundere [illegible] Pal 1,[illegible]

Tundor, i, [illegible] pass To be [illegible] Cum [illegible] Cic Verr [illegible]

Tunica, ae f [a tunendo [illegible]] (1) [illegible] coat, or jacket a tunic, (2) [illegible] (b) white and plain, worn (c) [illegible] the better sort of Romans under the toga, (d) as by the Greeks [illegible] the pallium, (e) the equites wore them with small purple slaves, and the senators with larger, (f) anciently they had not sleeves to them, whence such as wore them with sleeves, and long, were [illegible] for effeminacy or luxury [illegible] women wore such [illegible] fashion, [illegible] Jun de pictu[illegible] (2) A woman's under garment (3) A [illegible] (4) A wrapper for [illegible] (5) [illegible] peel or skin (6) [illegible] short coat of mail (7) A [illegible] or membrane, or coat of the [illegible] (1) [illegible] to turn people in at to [illegible] (1) Tunicam ejus a pectore [illegible] Cic Verr 5,1 In tunica [illegible] Prop 2 [illegible] (a) Tunicatus popellus, Hor [illegible] 1 7,65 vid & Juv 3,[illegible] vid interpr (b) Sufficiunt [illegible] summis aedilibus albae, Juv ubi supra (c) Tunicam [illegible] tex[illegible] restam tunicam, quam [illegible] cum

cum toga pura tirones induebantur, ... in R, 10 (1) Tunica pallio pro ... est, Plaut Trin 5, 2, 30 (2) ... Ovid ... interpr ... Tunica ... It ... 94 (3) Vid ... Catil 2, ... Ter An ... interpr (4) Lucr ... omni ... tunic ... Ov ... Au ... tori ... tempierat pulchermis tunicas, ... in Ep 2, ... (5) Sc ... tur ... Ov D ... putor ... cum Idæis tui ... pone ... Prop 2 2 1. (4) Vo... combi ... (5) G ... Geor ... Juv ... ind ... (7) Colum ..., 6 ... (9) Ju 9, 5

... a, um (1) Coated ... or waste out (2) ... the peel, unpeeled (1) ... campestri tunica ... pro ... Tunicatus ... Ep 1, 7, 6, (2) ... um cum ... mordens cape, ...

Tunicula, æ f dim A very ... coat, ... ex Plau

... To ... with a ... to cloth Hæc ... docui, ... Varr ... Non 2, 8...

... pass To be ... without, &c Litt ex ...

Tuniculæ, æ f dim A little ... pellicle, ... the eye, ... 12 ... ad hanc ... Plaut Rud 2 ... 6, 05

Turbatus, a, um part ... (1) ... (2) Troubled (1) Tunsa pectora palmis, Vir Æn 1, 485 (2) ... Vir Geor ...

Tuopte ingenio ... Of your own head, Plaut Capt 2, 11

Turba, æ f ... Gr ... (1) A rout ... (2) Trouble ... (3) Also ... (1) Congregant ... turban ... 1, 15 F ... Pat ... & turbæ ... (2) Quod ... Ter ... = Rixa contentio Cic (3) ... 1, 5 Vul- ...

Turbamentum ... n Trouble, ... & exsta ... Orat ... Tac ...

Turbans, tis part Disordering, ... Sol ... Minerva ...

+ Turbassit, pro turbaverit, Cic ... Legg

Turbate adv With trouble and ... = Aeq ... B C 1, 5 ...

... adv With trouble ... Turna

Turbator, oris m verbo A troubler or disturber, a disquieter, a mutineer Turbator belli, ... 2 16 Vulgi turbatores, Id ...

|| Turbatrix, icis f A disturber, ... Tempestas placidæ urbanæ invida pacis, Prud Psych 66

Turbatur imperf There is a bustle, or hurly burly Usque adeo turbatur agris, Vir Ecl 1, 12 Nescio quid, absente nobis, turbatum est domi, Ter Eun 4, 2, 7

Turbatus, a, um part & adj or, comp Troubled, disturbed, disordered, ... Placare ... turbatos, Cic pro Planc 4 ... barus ex inopinato ... Turbatiore cœlo, ... 60

Turbela, æ f Trouble, ... Bacch ...

Turbella, æ f dim A little trouble, a bustle, ... market or fair ... Plaut Bacch 4, 9 1...

Turbide adv ius, comp ... troubled, seditiously ... & turbide ... Cic ... = ... & ... Tac Ann ... 8

|| Turbidulus, a, um dim Somewhat troublous ... Prud Apoth 208

Turbidus, a, um or, comp ... (1) Muddy, thick, foggy (2) Met Troublous, troublesome (3) Vexed angry (4) Haughty, proud (5) Menacing, terrible (1) = Turbida, & inquinata aqua, Cic ... 5, 24 = Imbre & ... cœlum, Plin Epist 8 ... + Tranquillus, Ct (2) Si quid fuisset cogitationum turbidiorum, Quint 3, 8 Turbidissima ... Cic Fam 6, 15, 5 (3) Turbidus lustra equo muros, Vir Æn 9, 5 (4) Animo ... turbidus ... Vir Æn 11, 6, 8 (5) ... turbidus infert, Vir Æn ...

Turbinatio, onis f verb The pointing of a thing broad above, and small beneath like a top Turbinatio pyri, Plin 15, 21

Turbinatus, a, um adj or, comp [a turbo, inis] or, comp Copped, made like a top, broad above, and small beneath Folliculi turbinatis, Plin 21, 31 Turbinatio pyris, Id 15, 15

Turbineus, a, um Of, or belonging to a storm, or a boisterous wind, whirling round Turbineus vertex, Ov Met 8, 5...

Turbo, are act [a turba] (1) To disorder, embroil, or confound (2) To trouble, or disturb (3) Absol To make a disturbance (1) = Omnia ... miscuit, Cic de Legg 3, ... (2) Res animos incognita turbat, Vir Æn 1, 519 (3) Adeo hominum ... turbare gesto, Plaut M ... 2, 21 Si ... turbet, Tac Ann ...

Turbor, ari, atus pass To be disordered, &c Mare ventorum vi agitatur atque turbatur, Cic pro Cluent 49 Vid Turbo

Turbo, inis m, ... turben, inis n [fort a τύρβη, inserto r ut trochus, quod in modum turbinis vertitur] (1) A whirling, or turning round (2) A whirlwind, a storm or boisterous wind (3) A whirlpool (4) The round, or winding of a serpent (5) A top, gigg, or ... to play with, a whirl-gigg (6) A wheel that ... (7) The ... or ball upon the top, or chapter of a pillar (8) A bird called a wryneck (9) A woodpecker, a specht (10) A fish called a wink, or winkle (11) A ... or ... a limbeck (12) Any thing that is broad above, and sharp beneath like a top (13) Met Fury, rage (14) Giddiness

danger (1) ... turbine ventorum, Tac ... 10, ... Turbo venti, Plaut ... 5, 2, 4 (2) = Omnia ... tumpum ... turbines, Cic de Orat ... (3) ... Stat Theb 4, ... (4) ... turbine ... Vir ... (5) ... verbere turbo, Vir Æn 7, 378 (6) Hor Epod ... (7) ... ex Plin (8) ... (9) ... (10) ... (11) ... Cava buccina ... (12) ... Ov Met ... (13) ... Ov ... 6, 28 (14) Me... ... 6, 1 9

|| Turbo, ... A little ... of ... Dolo... ... Apul Met 4, ...

Turbulente adv In an hurry, ... = Agere ... & turbulente, Cic pro ..., 54

Turbulenter adv ... nihil turbulenter, nihil temere ... Cic Fam 2, 16

|| Turbulento, are To trouble, to disturb Adeo me strepitu turbulentant, Apul Met 9, p ...8

+ Turbo

Turbulentus, a, um or, comp ... (1) Muddy (2) Met Troublesome, factious, mutinous, turbulent (1) Cur turbulentam mihi fecisti aquam? Phædr 1, 1 (2) ✠ Respicere, & minime turbulentæ, Cic Orat 6 Amnis turbulentior, Liv 2, 6 = Civis seditiosus, & turbulentus, Cic de Or ... 2, 11 ✠ Meum turbulentissimum ... tuo tranquillissimo præstat, Id in Pison 15

+ Turbystum A kind of dung that ... lying take ... Plin

Turda, æ f A thrush Sciens turdarum nosse ... Pers 6, 24 ... Casaub ...

Turdarium, ii n A place where thrushes are kept to be fatted, Varr R R 3, 5

+ Turdarius, ii m A caterer, or cook for ... birds, or turnpikes, Plaut Capt 1, 2 6 voc ... fictum, quasi esset nom ...

|| Turdulus, i m dim [a turdus] A sorry, ... fellow, Sen Ep 96 ... Muret al ...

Turdus, i m A little black-bird, or ... Varr R R 2, 10

Turdus, i m (1) A thrush, a throstle, an ouzel, or black bird (2) Also a ... among stones and rocks (1) ... macros dum turdos versas in igne, Hor Sat 1, 5, 72 (2) Col 10, 5, & Varr L L 4, 12

Tureus, a, um Belonging to frankincense, Col ... 8 Vid Thureus

Turgens, tis part Swelling, swollen Gem ... turgentia lumina, Prop 1 2, ...

Turgeo, ere, ... neut (1) To swell, to be big ... to puff up (2) ... To be angry at one, to be sullen ... (1) Læto turgent in palmite gemmæ, Vir Ecl 7, 48 Met = Oratio quæ turget & inflata est, Ad Herenn 4, 10 (2) ... turget ... nunc uxor domi Plaut Cas 2, 5, 17

Turgescens, tis part Swelling up, &c Turgescentibus virgultis, ... 8, 50

Turgesco, ere incept To swell up, to be bigger and wax big, to

... Oc mum pen... turgere ... Pers 5, 20

|| Turgide adv After a ... manner, ... ex Apul

Turgidulus, a, um dim Somewhat ... swollen up Lum ... Catull 3, 18

Turgidus, a, um (1) Swollen (2) Puffed up (1) = Membrum tumidum & turgidum, Cic Tusc ... Turgidus ..., Hor Od 2, 10, 25 ... turgidum, Id Od 1, ... (2) ... Hor ... 1

Turibulum, ... a censer, ... Vid Thuribulum, ...

Turio, onis m [a tyro, onis] The tendrils, or young branches of a tree ... turiones, Col 1, ...8

Turma, æ f A troop, a company of horsemen ... or more, Varr L L 4, 16 Cic Att 5, ... ✠ Turma equitum, centuria peditum, Liv

Turmale ... Wicked ... fremit, Stat Theb 4, 10

Turmales, ium m pl The ... the same troop, Liv 8, 7 & ...

Turmalis, e Of, or belonging to a troop, or troopers and horsemen Turmalis statua, Cic de Orat 2, 65 Turmalis ... tus, Stat Sylv 5, 2, 18

Turmatim adv By troops, or ... Vagantibus circa mœnia turmatim barbaris, Liv 5, ... Turmatim abibant, Id 28, ...

+ Turpe adv Filthily, Litt ex Plaut + Turpiter

|| Turpesco, ere To wax foul ... non dicit, ...

Turpiculus, a, um dim Somewhat filthy = Ioci in turpiculis & quasi deformibus ponitur, Cic de Orat 2, 61

Turpificatus, a, um Made filthy, fouled Quanta fœditas turpificati animi debet videri? Cic Off 3, 29

Turpilucricupidus, a, um ... of filthy, or dishonest gain, Plaut ... Trin 1, 2, 63

Turpis, e adj or, comp ... sup (1) Ugly, filthy, uneasy, foul (2) Deformed (3) Ill-favoured (4) Shameful, base, dishonourable (1) Scenis turpis Vir Geor ... 441 Vestitus Ter Phorm 1, ... Caput turpe sine crine, ... 2, 250 Turpissima pars corporis, Sall B J 90 (2) ✠ Habebat ... dam ... turpissimam, ... integri, & pulchri ... Phædr 3, 8, 2 Dente ... fieres vel uno turpior ... Hor Od 2, 8, 4 (3) Optima ... forma bovis, cui turpe caput, ... Geor 3, 51 (4) ✠ Turpis ... fama integri potior fuit, Sall B J 71 ✠ Cum esset proposita fuga urbis, aut gloriosa mors, Cic de Fin 2, 20 ✠ Non enim omnibus honesta, & turpia, ... in Pers = Fædus, sordidus, ... honestus, infamis Cic

Turpiter adv ius, comp ... sup (1) Shamefully (2) Ugly (3) Dishonestly, basely, ... honourably (1) Illi jaculere ... turpiter, Ov Met 4 18 ... Turpiter ... Hor A P ... ¶ Turpiter ... to come foully off, Ter Eun 2, ... 4 (2) ✠ Non ... quamerem, ... honeste non ... sint, turpiter ... Turpius ejicitur, quam non admittitur hospes, Ov Trist 5, 6, 1 = Turpissime, flagitiosissime ... dicender cedere, *Cic Div in Verr* 22 = Flagitiosè, nequiter *Id*

Turpitūdo, ĭnis f (1) *Dishonesty* (2) *Baseness, meanness* (3) *Ugliness* (1) = Vitiorum turpitudinem, & rerum obscœnitatem, *Cic de Orat* 2, 59 (2) Turpitudo generis opprobrio ... *Quint* (3) = Locus, ... ridiculi turpitudine, & deformitate quadam, continetur, *Cic de Orat* 2, 58

Turpo, āre act (1) *To defile, to bewray* (2) *To disfigure, to deface, to dishonour, or deal, disgrace* ... *Hor Od* 4, 13, 12

Turrio, ... *To be* ... Vide ... ris arrim sanguine ... *Cic Att* 2, 19 ex poet

Turricula, æ f dim ... (1) *A little tower* (2) *A box to throw dice out of* (1) ... 19 (2) *Mart* 14, 16 in ...

Turrifer, a, um *That beareth a tower* Turrifera corona, *Fast* 4, 219 Hetruſ autem ... turritas

† Turriger, a, um *Bearing towers* Urbes turrigeræ, *Vir Æn* ... 25

Turris, is f [a Gr τύρσις, idque a Syr tir, ab Hebr צור] (1) *A tower, or any thing like it, a turret* (2) *Any fortified place* (1) Locus turribus munitus, *Cic* ... *Pro Conj* 2 Turris ambulatoria, *a wooden turret, to go upon wheels used in besieging* ... *Cic Fam* 15, 4 ... & *Veg* 4, 17, 18 (2) *Stat Theb* ... 5

Turrītus, a, um (1) *Towered, turreted, or full of towers* (2) *Bearing a tower* (3) *That carrieth turrets on his back* (1) Mœnia turrita, *Ov Amor* 3, 8, ... (2) Turriti ſcopuli, *Vir Æn* 3, 536 (3) Elephanti turriti, *Plin* ...

Tursio, ōnis m *A fish like a dolphin, some take it for a turbot, others for a porpoiſe,* Plin 9 *Scrib etiam* thurſio, & thyrſio

Turtur, ŭris m [ab Hebr תור quo geminato fit tur tur] (1) *A bird called a turtle* (2) Alſo *a flat fish with a venomous tail, otherwise called* paſtinaca (1) Nec gemere aeria ceſſabit turtur ab ulmo, *Vir Ecl* 1, 59 (2) Vid *Harduin in Plin* 9, 18

Turtŭlla, æ f *vel ut al leg* Turturulus, i m *A coward, an hearted fellow,* Sen Ep 96

Turunda, æ f [a terendo, oſſa ... & ſubacta manibus] (1) *A pellet of bread, dough, or paste wherewith capons are crammed* (2) Alſo *a tent which chirurgeons put into wounds* (1) *Cato,* ... (2) Si fiſtula erit, turundam indito trudito, *Cato,* 157

Tus, tūris n *sic scrib Varr* ... *Serv* [quaſi a tuſis glebis ... *sed rect* θύος] *Vid* Thus

† Tuſcanicum n locus in ædibus cavatus, quem morem a Tuſcis Romani acceperunt, unde nomen, *Varr*

Tuſculum, i n *A little frankincense,* Plaut *Vid* Thuſculum

Tuſsĭcŭla, æ f dim [a tuſſis] *A little cough,* Plin Ep 9, 19 & *Celſ* 3, 22

|| Tuſſicŭlōſus, a, um *Subject to a cough,* Firm † Tuſſi laborans

|| Tuſſilāgĭnis, e Tuſſicularis herba, *coltsfoot* Cœl Aur

Tuſſĭlāgo, ĭnis f [dict quod ... unius ejus per arundinem hauſtus tuſſim, quantumvis veterem, ſanare dicitur] *An herb good for the cough, called folefoot, or coltsfoot* = Bechion, *Plin* 26, 6

Tuſſiens, tis part *Coughing, troubled with a cough* Suſpirioſis tuſſientibuſque jucundè medetur ... *Plin* ... ſub finem

Tuſſio, ire, ivi *To cough* Si tuſſire occœpit, ne ſe tuſſiat, *Cic* ... Plaut *Asin* 4, 1, 49 conf *Hor Sat* 2, 5 ... & *Plin* 27, 5

Tuſſis, is f [ab Hebr ...] *A cough* Abſtinuiſſes, *Ter Heaut* 2, 3, 132 conf ... & *Plin* 24, 8

Tūtātus, a, um part [a tutor] *Defended, kept, or ſtopped* ... *Vitruv* 2, 5

|| Tūtācŭlum, i n *A place of refuge, or safety* Fida ut turacula nudis ... parct, *Prud in Hymn* 2, 58 † Receptus

Tūtāmen, ĭnis n *A defence, a safeguard, or protection* Decus & tutamen in armis, *Vir Æn* 5, 262

Tūtāmentum, i n *Idem,* Liv 21 61

Tūtandus, a, um part *To be defended* ... ad tutandam rempublicam, *Cic Somn Scip* 3

Tūtānus [Roma tutor contra Hannibalem] *A name of Hercules,* Non

Tūtè adv *Safely,* Ad Herenn ... 6 *Vid* Tutò

Tutè pron comp *Thou, thyself, thou thy own self* ... Ut tute tibi defuiſſe videare, *Cic Fam* 1, 8, 3

Tūtēla, æ f [a tueor] (1) *Defense, protection* (2) *Maintenance, keeping* (3) *Wardship, guardianship, custody of a child in nonage* (4) *A fense, or hedge about a ground* (5) *The keeping of houses* ... (6) *A figure in the prow, or stern of a ship* (7) *A ...* (1) Rerum tutela mearum, *Hor Ep* 1, 1, 103 Tutela haud minor pacis, quam regni, *Liv* 1, 21 (2) Tutela pecudum, *Col* 9 *Præf* Terra vix ad tutelam recolentium ſufficit, *Sen Con sol ad Helv* 9 (3) Pupillus qui in tutelam venit, *Cic pro R Rosc* 6 (4) *Varr R R* 1, 14 (5) M Aufidius tutelæ Capitolii redemptor, *Plin* 35, 3 (6) Ut tutela navis exprimeretur, *Petron* c 105 Flava tutela Minervæ navis, *Ov Trist* 1, 9, 1 (7) Ita tutelam hujus loci habeam propitiam, *Petron* c 57 *hinc & Horatius,* O tutela præſens Italiæ, *Od* 4, 14, 43

|| Tutēlāris, e *Of, or belonging to a guardian, or to the custody of a ward* Tutelaris lex, *Dig* 12, ... Dii tutelares, *tutelar gods, guardian angels,* Macrob ... 9

Tūtēlārius, ii m *He that hath the custody, or keeping of goods in temples, or public houses, a warden,* Plin 34, 7

† Tūtĭlīna, *vel* tutilina, æ f *The goddeſs that had the tuition of corn,* Non

† Tūtĕmet *Thou thyself,* Lucr 1, 103

|| Tutia, æ f *Tutty,* Offic

Tūtò adv ius, comp ſſimè & tutiſſimò, ſup *Safely, ſecurely* = Tutò & ſine metu, *Cic Fin* 2, 26 Semina tutius in agris, quam in horreis ſervantur, *Pallad* Precor, ut poſſim tutius eſſe miſer, *Ov Trist* 5, 2, 78 Ubi vis tutius quam in meo regno eſſem, *Sall B Jug* 14, 11 Te hic tutiſſimè fore puto, *Cic Attic* 8, 12 Reſcripſi non me quærere ubi tutiſſimò eſſem, *Cic Attic* 8, 1

Tūto, āre act freq *To defend, to ſecure* Invoco vos, Lares viales, ut me bene tutetis, *Plaut Merc* 5, 2, 25

Tūtor, ari dep [a tueor] *To defend and keep ſafe* Genæ tutantur oculos, *Cic N D* 2, 57 Patris honeſtè parta indigentes tutari, *Ter Phorm* 5, 2, 5

Tūtor, oris m verb (1) *A tutor, patron, defender, or protector* (2) *He that hath the tuition of a ward, a guardian* (1) Patronus tuo honum, *Hor Epist* 2, 22 (2) Tutor liberis regis ſtatutus, *Id* 1, 3 ...

Tūtōrius, a, um *Of, or belonging to a guardian, or tutor* Mittitur qui tutorio nomine regnum pupilli administraret, *Justin* 30 ...

Tutulatus ... tutulo ... *Varr L L* 6, 3

Tutŭlus, i m [a tuendo capite] (1) *The top of the hair, wound with a purple lace on the crown of the head* used only by the high-prieſts wife, to diſtinguiſh her from other women (2) Alſo *a woman's roll* (3) *The peak, or tuft of a prieſt's cap* (4) Alſo *a tower* (1) *Vid Feſt* p 470 & *Fest* de Pallio, c 5 (2) *Varr L L* 6, 3 (3) *Varr L L* (4) Altiſſimum in urbe quod eſt, ea res tutiſſima tutulus appellitur, *Varr* ... *Sed in hac notione fortè prima producitur*

Tūtus, a, um [a tueor] or, comp ſſimus, ſup *Safe, out of danger, ſecure* § Tutus a perfidia, *Liv* 28, 44 § ad omnes ictus, *Id* 6, 32 § adverſus pericula venenorum, *Celſ* 5, 23, 3 Tutiora loca, *Liv* 2, 62 Portus tutiſſimus, *Cæſ B C* 3, 27 ¶ Mil tutæ mentis Oreſtes, *diſordered, diſtracted,* Hor Sat 2, 3, 133

Tuus, a, um [a tu] (1) *Thine* (2) *Thine own* (3) *Belonging to thee,* of a perſon, friend, ſervant, domeſtic, or thing (4) *Favourable, ſeaſonable* (1) Tuus pater, *Cic* Tua ſoror, *Id* Tuum ſtudium, *Cic* ¶ Tuum eſt, *it is your part,* Ter Andr 4, 1, 54 (2) Tuo tibi judicio eſt utendum, *Cic* (3) Tuus eſt Chremes, *nempe* amicus, *Ter Andr* 5, ult Tam longe à te tuis, *Cic Att* 4, 14 Bene illi volo facere, ſi tu non vis PH Nempe de tuo, *out of your own pocket then,* Plau Trin 2, 2, 46 (4) Poſtea quam noſtris teſtibus nos, quam horis tuis uti malle, vidiſti, *Cic Act* in Verr 1, 19 Tempore non tuo, *Mart* 10, 19

T ante Y

* Tylus, i m *An inſect under ſtones, or tiles, commonly called a cheeſlip, or ſow* = Cutio, aſellus, *Plin* 29, ult

* Tymbos, i m *A tomb, or funeral pile* = Buſtum nam id puto appellari Tymbon, τύμβος, *potius,* Cic de Legg 2, 26

* Tympanicus, a, um *That hath a tympany,* Plin 25, 5

* Tympaniſta, *vel* tympaniſtes, æ m *A drummer, a taberer* Strepitus cymbaliſtarum & tympaniſtarum, *Apul de Deo Socr* p 685

* Tympaniſtria, æ f *A woman playing on a timbrel,* Sidon Ep 1, 2

* Tympanites, æ m [quòd tympani ſonum referat, vel quod ſit tumor ad ſimilit tympani] *A tympany, or kind of dropſy, a riſing of wind,* Celſ 3, 21 *Lat* Aqua intercus

* Tympaniticus, a, um *Troubled with a tympany,* Plin 25, 5 *ubi al leg* tympanicus

* Tympanicus, a, um *Idem,* Veg 3, 27

* Tympanium *A jewel in the form of a tympanum,* Plin 9, 35

* Tympanizo, are *To play upon a drum, taber, or timbrel,* Suet Aug 68

* Tympanotriba, æ c g [qui tympanum τρίβει] *A drummer,* Met ... *an idle effeminate companion, like one of Cybele's drumming prieſts,* Plaut Truc 2, 7, ...

Tympanum, i n (1) *A tymbrel, taber or drum* (2) *A ... pits of a cartwheel, that be plain without ſpokes, the ... ing of a waggon, or cart* (3) Alſo *a water wheel* (4) *A pannel that is round here, and plain, or flat there, a ...* (5) *A certain diſh on of platters, or broad veſſels* (6) *The pannel of a pillar, or gate* (7) Alſo *a crane to lift up buildings* (8) *The great wheel of a crane wherewith they lift up any weight* (1) Tympana tenta tonant palmis, *Lucr* 2, 618 Rauca tympana *Ov in Ibin,* 456 (2) Hinc radios trivere rotis, hinc tympana plauſtris agricolæ, *Vir Geor* 2, 444 *interpr Serv* (3) *Vitruv* 10, 5 (4) *Litt ex Plin* (5) *Plin* 3, 11 (6) *Vitruv* 3, 3 & ... vid *Lexic Vitruv* p 19 (7) *Vitruv* (8) Manus uni multa ... trochleis & tympanis pondere magna commovet, *Lucr* 4, 903

☞ Typanum, *id quod* tympanum, *Catull* 61, 8, 9 *metri cauſa imitans Homerum, qui* τύπανον dixit

* Typha, æ f *Typh-wheat, a corn much like our rye,* Jun Typha aquatica, *water torch, cats-tail,* Offic

* Typhon, ōnis m [τύφω, fumum excito] *A violent whirlwind, an hurricane,* Gell 19, 1 *Lat* Vortex, *vertente* Plin 2, 48

* Typicè adv *Typically* † Ad ſimilitudinem

* Typicus, a, um *Typical, myſtical, figurative,* Sedul

* Typographia, æ f *Printing, a printing houſe, the printer's trade*

* Typographus, i m [τύπος γράφω, qui typis pingit] *A printer*

* Typus, i m [τύπος, a τύπτω, non a pulſando impreſſa] *A type, or figure, an example, a form, or likeneſs, a ſhadow of a thing, a pattern, mould, ſample, a print or type, or figure of a letter* Typos tibi mando, quos in tectorio atrioli poſſim includere, *Cic Attic* 1, 9

Tyrannicè adv *Cruelly, tyrannouſly, tyrant like* ☞ Quæ regeſſu potius tyrannicè ſtatuit, *Cic Verr* 3, 48

Tyrannicida, æ c g [qui tyrannum occidit] *The killer of a tyrant* Armodius & Ariſtogiton tyrannicidæ, *Plin* 7, 23

Tyrannicidium, ii n *A killing of a tyrant,* Plin 34, 8 Val Max 3, 3, 5

Tyrannicus, a, um *Tyrannous, cruel, tyrannical* = Quod iterum, crudele, nefarium, tyrannicum factum eſſe dicamus, *Ad Herenn* 2, 30 conf *Cic de Legg* 1, 15

* Tyrannis, idis f (1) *Supreme power, a government* (2) *Tyranny* (1) Timebatur, ne forte ... magni, qui elatus opibus tyrannidem concupiſceret, *Nep Alc* 7 (2) Propter Piſiſtratæ tyrannidem, *Nep Milt* 8 Ac veniis tyrannidem L Sullæ, *Sall Orat Lepid* Vivit tyrannis, tyrannus occidit, *Cic Attic* 14, 9

* Tyrannoctŏnus, ... m *A killer,*

[illegible] ... tyrant ... aemulatio [illegible] cesset nolit is tyrannus [illegible], *Cic.* Att. 14, 15

Tyrannus, i m [illegible] (1) In old time it was used [illegible] (2) *A* [illegible] (3) Pas[illegible] Tyran[illegible] [illegible] (2) Tene[illegible] [illegible] *Di*[illegible] [illegible] gun & [illegible] [illegible] 55

Tyrianthystus Amethysti color, Tyrianthusus purpura inebriatus *Plin.* 9, 4

Tyrianthinus, a, um *Of a light or violet purple colour,* Mart. 1, 54

Tyrius, a, um *Of the city Tyre,* [illegible] Tyrius to [illegible]

Tyro, onis m *A fresh water,* [illegible] *beginner, a novice, an apprentice* [illegible] [illegible]

Tyrocinium, i n *The first exercise in any thing, an apprentice*ship, *a first beginning, a lawyer's first calling to the bar,* also *rawness, want of experience, the first proof,* or *trial* Vid Tirocinium

* Tyrocnestis f [ex τυρὸς & κνά] *A grater for cheese, bread, spice,* &c *Fur* Lat Radula

* Tyrographus, a, um Embro-*dered with purple,* Lat ex Catullo *sed non invenio*

* Tyrotarichus m [ex τυρὸς, caseus, & τάριχος, salsamentum] *A kind of meat made of powder*ed *flesh and cheese,* or rather, as others, *old cheese full of mites,* Cic. Fam 9, 16 & Attic 4, 8

Tyrrhena vincula *Sandals tied on with purple lace,* Vir Æn 8, 458

Tyrsio, onis m *A porp*[illegible] Vid Tursio

Tyruncula, aris *A young bird not used to [illegible], or not yet well trained,* Col [illegible], 12

Tyrunculus, i m dim [illegible] *A very young soldier, [illegible] or beginner,* Plin Jun [illegible] runculus

V, the twentieth letter in the Latin alphabet, answers to the sixth Hebrew letter ו, and being conformable to that in power, is both a vowel and consonant, but as to its figure, it was, A. C. 306, or thereabout, thus varied, V, v, u, υ, according to Dr. *Bernard*, in his Literature of the learned world. In the Hebrew, indeed, the vowel points determine its sound, for they being under it make it a consonant, as in וָו וְלֹא וַשָּׁב *vau, velo, vashab*, but a vowel when over it, as in יוֹם, or in the middle, as in וּבְנֵי *ubene*. The Greeks admit only this latter use, as also our Saxon ancestors, who commonly substitute *f* in the place of v, as in ꝼıꝼ, ꝼeoꝼan, *five*, [illegible], as we find in very antient manuscripts, and sometimes *u*, as Leui *Levi*, which notwithstanding they sounded such words as we do now, otherwise no change of the figure had been made in after times. But though they gave this letter no place in their alphabet, they admitted it among their numerals, herein imitating the Greeks, who had made it a numeral only, calling it Βαῦ ἐπίσημον. To begin with the consonant: As to the figure, it is by some thought to be made from the Greek Υ, by cutting off the shank, though the great *Scaliger* supposed this was rather made from that, by adding the stem but it seems plain, the reason for this supposition, was his ascribing to the Farnesian monument an higher antiquity than he ought. As to his proof from AYΓVCTOC being found on a Greek coin, it is very weak; because all antiquaries know, that it was not unusual for the Greeks, after they came under the Roman power, to mix Latin letters among their own in coins and inscriptions, especially in Latin words. *Marius Victorinus* also is against him, and *Ausonius* expresly saith, *Cecropiis ignota viris ferale sonans* V. But though it be true that the Greeks had not the letter, yet it is plain that they, at least the Æolians, had the name, and gave it the same place as a numeral in their units, *viz.* 6, as it held in the mother alphabet, calling it Βαῦ ἐπίσημον, as likewise Κόππα (90) in their tens, and Σὰν πῖ (900) in their hundreds being the only three Hebrew letters ו, ק, צ, which they had no occasion for in their alphabet. Nor had they the name only, but the form also from the Hebrew ו, turning it to the right, and bowing its body, so that its appearance was somewhat like the contracted mark ϛ, which therefore is now used for it. To proceed, from the name and figure, which are only accidents, to its power, which is the essence of a letter: as it is now pronounced, I think corruptly, it is a mute of the first rank, being of a middle sound between *b* and *f* harder than the former, and softer than the latter, aspirating B, as Φ doth Π; and according to *Priscian* and *Donatus*, is no other than the Eolian digamma. But if digamma be the Latin F, as they will have it, and a different power make a different letter, as surely it doth, F and V are two different sounds, and consequently different letters. This is plain from our own tongue, for we neither sound nor write *knifes*, or *lifes*, though we do *knife* and *life*. I mean, as now pronounced, for it is very likely that before a vowel in the same syllable, both in the primitive and derivative tongues, it had the sound of our w in the same position, as in wall, wen, wine, worm, from *vallum*, *vena*, *vinum*, *vermis*, Vid *Scal Not* ad *Euseb.* & *Lips.* de *L.L. pronunciatione* Yea, in Latin words, after *g*, *q*, and *s*, we give it the sound of w, as in *lingua*, *sequor*, *suadeo*, where *v* is melted indeed into the vowel following, but strengthens the sound. That it is not purely a vowel, its resolution into a vowel frequently made by the poets, seems to evince, as in *soluit*, Catull. *sylua*, Hor. This consonant precedes any vowel in the beginning, middle, or end of words. It is easily changed into its sister mutes, *p* and *b* for as from *ovis opilio*, *dubius* qu. *duvius*, so from *verpus vervex*, from γλάφω *glubo*. Thus much may suffice for the name, figure, and sound of the consonant, in the antient Latin. We proceed to the sound of the vowel, as now distinct from the consonant, both in figure, and power. The inconvenience of expressing two different sounds by the same letter, was observed by *Claudius*

Cesar.

Cæsar, who endeavoured to remove it, by introducing Ⅎ the Æolian digamma instead of it, which in public records obtained a while. But a very useful, tho late, invention has applied an effectual remedy, by taking from the former the vocal, and from the latter the consonant power; so that now U is a vowel when it maketh a syllable alone, or cometh before a consonant in the same syllable and as such hath a mutual intercourse with all the vowels. For as from κύλιξ *calix*, from μυδάω *madeo*; so from κάπηλος *capulus*, from κραιπάλη *crapula*: as from ἴβυξ *ibex*, from ἑκυρὸς *socer*, so from νέφος *nubes*, from σκόπελος *scopulus*. As from φύω *fio*, from στύφω *stipo*, so from γλία *gluten*, from χάρις *carus* as from ἄγκυρα *anchora*, from νὺξ *nox*, so from φὼρ *fur*, from ἀμόργη *amurca*. As *silvit* dissolved is *soluit*, *silva silua*, so *nervus* from νεῦρον. Nor is it only related to the vowels, but to the diphthongs also Thus *fuscus* from φαιὸς, *curro* from κραίρω *lagena* comes from λάγυνον, ἀ לג *sextarius*. By this letter also sometimes the Greek ȣ is expressed in Latin, as *duplus* from διπλȣ̃ς, *Urania* from Οὐρανία, *u* being equipollent in sound to that diphthong, as *Terentianus Scaurus* has observed, saying, *Ou literis nostris vacat, quod hunc V compleat satis sonum*, which seems rather adapted to the vowel, than the consonant sound of this letter, according to the modern pronunciation. But if we admit, as was before hinted, that V in Latin was sounded as our W, the difference in sound is not so great. In gerunds and participles, this vowel was by the antients substituted for *e*; as, *ad faciundum*, *mis gerundus est*, as also in many adjectives of the superlative degree, this custom generally obtained till C. *Cæsar*'s time, when they first began to write by the middle vowel, *optimus*, *maximus*, for *optumus*, *maxumus*, as we learn from *Fabius*, l. 1, 7 Significant notes with the initial V V.A. Veterani assignati, VAL. Valerius, *or* Valerianus, VAT. Vates, *or* vatum, V.B. Viro bono; V.B.A. Viri boni arbitratu; V.B F. Vir bonæ fidei, V.C Vir consularis, clarus, *or* clarissimus, *also* usucapio, *or* urbis conditæ; V C.C F. Vale, conjux charissime, feliciter, V.D.D. Voto dedicatur, V DICT. Vir dictatorius; VET. Veteranus, VET. LEG IV. Veteranus legionis quartæ, V G. Verbi gratia, V I. Vir justus, VIC. Victor, victores, *or* victoria, VIR VE Virgo Vestalis, *or* virgines Vestales, VIX A. LIIX. Vixit annos 58, VL. Videlicet; VM Vestrum, VM E. Verum etiam, V. MM. S Votum meritum solvit, VOL. Volesus; V.MVN. Vice muneris, V.N. Quinto nonarum.

V ante A

VAcans, tis part (1) *Vacant, uninhabited* (2) *At leisure, that hath nothing to do* (3) *Void, free from, without* (1) Saltus longè lateque vacantes, *Vir Geor* 3, 477 (2) ⁑ Hoc mihi jucundissimum vacanti negotium fuit, *Cic Fam* 8, 3 (3) Custode vacans, *Ov Met* 2, 422. curis, *Luc* 5, 126 ¶ Vacantes milites, *Treb Poll*. tribuni, *supernumeraries*, Veg.

|| Vacanter adv *At leisure, with leisure enough, leisurely, idly, vainly, to no purpose*, Gell 1, 10 ✝ Otiosè = Inaniter

Vacat impers *I am at leisure* Si vacet annales nostrorum audire laborum, *Vir Æn* 1, 377 § Non vacat Jovi, *Ov Trist* 2, 216

✝ Vacātim adv *Leisurely*, Litt ex Plaut ✝ Otiosè

Vacātio, ōnis f verb *Vacation, leisure, exemption, immunity, dispensation, a discharge* Vacatio data est ab isto sumptûs, laboris, militiæ, rerum denique omnium, *Cic Verr* 4, 10

Vacca, æ f [ab Hebr בקר vel q boacca, ex bove] *A cow*, *Cic N D* 1, 27 Discernuntur in prima vitulus & vitula in secunda, juvencus & juvenca, in tertia & quarta, taurus & vacca, *Varr R R* 2, 5 Ubera lactea demittunt vaccæ, *Vir Geor* 2, 524

Vaccarius, ii m *A cow herd*, *Col ap Litt sed non invenit*

Vaccinium, ii n (1) *A blackberry*, as some *a bilberry, hurtleberries, a violet flower*, as others (2) *A shrub wherewith they died purple in France* (1) Et nigræ violæ sunt, & vaccinia nigra, *Vir Ecl* 2, 18 (2) *Plin* 16, 18 ☞ *Neque de hujus voc etymo, neque signif inter doctos satis convenit al scrib* vacinium

Vaccinus, a, um *Of, or belonging to a cow*. Lac vaccinum, *Plin* 24, 3

Vaccŭla, æ f dim *A little cow, an heifer* Vir sive potiùs Valer Cato in Diris, v 132

Vacēsco, ere *To be made, or become empty* Multus vacesit in medio locus, *Lucr* 6, 1003

Văcerra, æ f (1) *A rail of timber* (2) *A post, or tedder whereunto horses are tied in a stable* (3) *A cross fool, a mad coxcomb*. (1) *Col* 9, 1 (2) *Col* 6, 19 (3) Vecors, & malefica vacerra, Livius, vet poëta ap Fest *simili plane modo quo stupidum hominem* stipitem *vocat* Ter Heaut 5, 1, 4

Vācerrōsus, a, um *Doltish, simple*, Augustus *ap* Suet 87

Văcillans, tis part (1) *Waggling, waving* (2) *Wavering, unsteady* (3) *Stammering, staggering, faltering* (4) *Fainting, drooping* (1) Vacillans arbor, *Lucr* 5, 1095 Vacillantes literulæ, *writ with a shaking hand*, Cic Fam 16, 15 (2) Cum una legione, eaque vacillante, *Cic Philipp* 3, 12 (3) Testis vacillans, *Digest* 22, 5 (4) Ægrotat fama vacillans, *Lucr* 4, 1117

Văcillātio, onis f verb (1) *A waggling, or wavering* (2) *Looseness* (3) *Inconstancy, staggering* (1) Indecora est illa in dextram & sinistrum latus vacillatio, *Quint* 11, 3 (2) Vacillatio fœda, *Suet Claud* 21 (3) *Ex vi verbi*

Văcillo, āre neut [*qu* bacillo, dictum à senibus se baculo allevantibus, & sustinentibus scipione, *Non*] (1) *To move to and fro, to waggle* (2) *To stagger*, Met *to be like to fall* (1) Tabe membrorum artusque vacillant, *Lucr* 1, 806 (2) Vacillat ex vino, *Quint* 2, 9 ⁑ Justitia, vel jacet potius, *Cic* Vacillat peculium, *Plaut*

Văcivĭtas, ātis f (1) *Want, emptiness* (2) *Poverty* (1) Vacivitas cibi, *Plaut Casin* 2, 3 4 (2) Quantam cupiditatem hominibus injiciat vacivitas, non te fugit, *Brut Cic Fam.* 11, 10 *ubi aliqui* vacuitas *Sed hanc lectionem Græv ex MSS tuetur*

Văcivus, a, um (1) *Empty, void* (2) *Idle, at leisure* (1) Vacivæ ædes, *Plaut Casin* 3, 4, 6 (2) § Sine me vacivum tempus ne quod dem mihi laboris, *Ter Heaut* 1, 1, 38 Vacivæ manicæ, *hanging sleeves*, Salm

Vaco, āre [à בקק vacavit, *Aven*] (1) *To be empty, or void* (2) *To be free, or clear from a thing* (3) *To want, or have need* (4) *To be at leisure, to be idle and have nothing to do* (5) *To mind and study a thing, to be intent, to take pains about it* (1) Fac vacent ædes, *Plaut Casin* 3, 1, 7 Agri vacant, *Cæs B G* 4, 8 (2) § Locus vacat à custodibus, *Cæs B C* 3, 25 § molestiâ, curâ, negotio, *Cic* (3) ⁑ Domicilio studiorum cives vacant, peregrini fruuntur, *Cic de Orat* 3, 11 (4) Si ne tu quidem vacas, *Cic Fam* 12, 30 (5) § Vacare philosophiæ, *Cic* § in aliquod opus, *Ov ex Pont* 3 3, 36

Văcuĕfăcio, ere *To empty, to lay waste* Scyrum vacuefecit, *Nep Cim* 2

Văcuĕfactus, a, um part (1) *Emptied, left* (2) *Freed, delivered from* (1) Civibus novis bello vacuefactas possessiones divisit, *Nep Timol* 3 Subsellia vacuefacta, *Cic* (2) Hac erubescendâ sentinâ vacuefactus noster exercitus, *Val Max* 2, 7, 1

Vacuĭtas, ātis f (1) *Emptiness* (2) *Clearness, or freedom from a thing* (1) Intervenĭorum vacuitates occupare, *Vitruv* 2, 7 (2) Ipsâ liberatione, & vacuitate omnis molestiæ gaudemus, *Cic de Fin* 1, 11 Vacuitas dolorum, *Id ibid* 3, 25 ab angoribus, *Id Offic* 1, 21

Vacuo, āre *To empty, to make void, or empty* Elysium liceat si vacuare nemus, *Mart* 11, 6, 6

Vacuor, ārı pass *To be emptied* Sulcum erigi jubeat, sulcumque vacuari, *Col* 3, 13

Vacuum, ui n *Emptiness, a void place* Ne per vacuum Romano incurreret hostis, *Hor Sat* 2, 1, 37 ¶ In vacuum venire, *to come into an estate, for want of lawful heirs*, Id Sat 2, 5, 50. In vacuum pendere, *to have his goods exposed to public sale for nonpayment*, Suet Claud 9 *interpr Torrent*

Vacuus, a, um [à vaco] ssimus, *sup* (1) *Void, without a thing* (2) *At leisure, having nothing to do* (3) *At liberty, at freedom* (4) *Vain, insignificant, empty* (1) § Vacuus a periculo. *Cic Qu fr* 1, 3 § periculo, *Id Cat l* 4, 1 § virium, *Plaut Bacch* 1, 2, 46 Vacuus aër, *a free open air*, Vir Geor 3, 109 nummus, *money that lieth idle, and bringeth no interest*, Scæv Vacuum tempus, *spare time, leisure*, Luc 26 prædium, *an estate without an owner*,

owner, Cic pro S Rosc 9 Mulier vacua, *a widow*, Tac Ann [illegible] 2 (2) Animum vacuum ad [illegible] difficiles subeundas afferre, *Cic* [illegible] 1, 8 = Animo cœpi multo magis vacuo & soluto cogitare, *Id* ✱ occupatus, *Tac Hist* [illegible] 10 Dum sit vacuissima quæris, *Ov ex Ponto*, 1 141 ☞ [illegible] aliis gradibus movetur ( ) Ubi legibus exemtis [illegible] op [illegible] concupiscere vacuum fuit, *Tac Hist* 2, 8, 2 (3) Respubl [illegible] populus, vacua nomina sunt, *Tac Hist* 1, [illegible] sed al [illegible]

Vadatus, a, um part [a vador] (1) *Going under sureties* (2) *One requiring bail, a plaintiff* (1) Vadatus usque ad terminos ultimi spiritus, *Apul Met* 11, p 366 *Met* = Atque hinc nullo pacto possum, si velim, ita me vadatum amore vinctumque attines, *Plaut Bacch* 2, 2, 3 (2) Tunc respondere vadato debebat, *Hor Sat* 1, [illegible]

Vadens, tis part *Marching, moving* Ille ducem haud timidis vadentem passibus æquat, *Vir Æn* 6, 263

Vadimonium, ii n [a vadibus] *A promise, or bond for appearance before a judge at the day appointed, a recognisance, a day of appearance* Vadimonium deserere, *to make a default, not to appear in court, to forfeit his recognisance*, Cic pro Quint 14 obire, *Id ibid* 16 sistere, *Id ib* 8 *to appear to it*

† Vadis [illegible] per Sync [illegible]

Vado, ere, si, sum neut [a βαδω, unde βαδίζω] *To march, to move* § Ad eum postridie mane vadebam, *Cic Att* 4, 10 § Ardua per præceps gloria vadit iter, *Ov Trist* 4, 3, 74 = Nec jam jubet [illegible] vadit, *Ov Met* 3, 702 § Vadere in prælium, *Liv* [illegible] 63 per [illegible] castra, *Id* 26, 6 Ore fero Capricornus vadere pergit, *Cic in Arat* [illegible] hinc Ainsw *to wade, or* [illegible]

|| Vado, are *To wade, to wade over, to ford over*, Solin ‡ Per [illegible] transire, *Comm* vid *Prisc* [illegible]

Vador, ari (1) *To put in sureties for appearance, to give bail* (2) [illegible] *to, or defend a suit* (1) [illegible] Vadatus, n 2 (2) Debe[illegible] Quintium procurator [illegible] promittit, *Cic pro* [illegible]

Vadosus, a, um *Full of fords, or shallow places, full of shelves* [illegible] ostium portus, *Liv* [illegible] *Cæs B C* 1 25 Vadosum mare, *Vir Æn* 1, 7[illegible]8

Vadum, i n [dict quod per id [illegible] vadere licet, *Perot*] (1) *A ford, or shallow place in a river, where one may go over on foot* (2) *The sea* (3) *Also a bottom* (1) Pontem, qui a vado nuss[illegible] transitus erat, facere insti[illegible], *Liv* [illegible] 8, 18 ¶ Res est in vado, *to be in a safe place or out of danger*, Ter And 5, 2 4 Emer[illegible], *Cic pro Cæl* 21 (2) [illegible] hunt [illegible], *Hor Od* 1, [illegible] 21 Aut sunt [illegible] currente puppis, *Catull* 6[illegible], 6 (3) [illegible] piscis qui in vado, quam [illegible] vivit, *Cels* 2, 18 Hircum [illegible] hærentem vado, [illegible] 4, 8 12

Væ [illegible] dolentis, minantis, [illegible] (1) *Alas!* (2) *Woe* (3) *Fy upon* (1) Mantua, [illegible] miseræ nimium vicina Cremonæ, *Vir Ecl* 9, 28 (2) § Væ misero mihi, *Ter Andr* 5, 2, 4 (3) Væ ætati tuæ, *Plaut Capt* 4, 2, 105

Vaneo, ire *To be sold* Vid Veneo

Vafer, a, um or, comp errimus, sup [qu ve, i e valdè Afer, a calliditate Afrorum, al a βαφεύς, tinctor, vel βαφή, color fucatus, hinc dic vafri, quòd fucum faciunt, & alienum colorem rebus inducant] *Crafty, wily, cunning, sly* ✱ = Certè non aperti, non simplicis, non ingenui, *&c* versuti potius, obscuri, astuti, fallacis, malitiosi, callidi, veteratoris, vafri, *Cic Offic* 3, 15 Cavillentur vafrior licet, *Hier* Chrysippus Stoicorum somniorum vaferrimus interpres, *Cic N D* 1, 15

Vafrāmentum, i n *A subtil device, or trick, a wile, a cunning fetch, a quirk* Quantum imperium quam parvo interceptum est vaframento! *Val Max* 7, 3, ext 2 R occ

Vafrè adv *Cunningly, craftily* Nihil vafre nec malitiose facere conatus est, *Cic Verr* 2, 53

Vafritia, æ f *Craftiness, slyness, cunning* Non vacat mihi vafritiam meam experiri, *Sen Ep* 49

Vafrities, ei f *Wiliness, craft, subtilty*, Sen Ep 18

|| Vagābundus, a, um *That wandreth about, a vagabond* Profertur ex *Sen de Vit Beat* c 12 *sed ap poster script sæpe occ*

Vagans, tis part (1) *Wandring, roving, straggling* (2) *Rummaging* (3) Met *Spreading* (1) Aves passim vagantes, *Cic de Div* 2, 38 (2) Spartacum si qua potuit vagantem fallere testa, *Hor Od* [illegible], 14, in fin (3) Licentia vagans, *Hor Od* 4, 15, 10

Vagātio, ōnis f verb *A straying, straggling, strolling, or roving about* Præsidium vagationibus militum oppressum est, *Liv* 5, 8

Vagè adv *Wandringly, scatteringly, vagrantly, at random*, Ad Herenn 4, 2 = Vagè effusos per agros palatosque adortus, *Liv* 26, 39

Vāgiens, tis part *Crying like a young child* Audisse vocem pueri visus est vagientis, *Ter Hec* 4, 1, 2

Vagina, æ f (1) *A scabbard, a sheath, a case* (2) *The hose, or cod of corn* (3) Per Catachr *locus impudicus* (1) Gladium propter appositum è vagina eduxit, *Cic de Inv* 2, 4 Vaginæ unguium, *Plin* 8, 15 (2) Vagina frumenti, *Varr R R* 1, 48 (3) *Plaut Pseud* 4, 7, 85

Vaginarius, & vaginator m *A sheath maker*, Litt ex Vitruv

Vaginula, æ f dim *A little sheath, or scabbard, a little hose, or cod of corn*, Plin 18, 7

Vāgio, ire, ivi, itum neut [ex sono vocis, int ab ηχέω, sono, Dor ἀχέω, & prep digam Fαχέω] *To cry as a child, or infant* Vagiit in cunis, *Cic de Senect* 23 *Varro vagire tribuit hædis, & sæpe obvagire de illis dixit*, Plaut Pœn prol 31 *ut ille legisse vi[illegible] detur De leporibus Auct Philom & licenter corripit*

Vagito, are freq *To cry often, or squawl as children do* Cumque tibi vagitet tertius infans, *Stat Sylv* 4, 18, 35 *al* vagiret

Vagitus, ûs m verb (1) *The crying of young children* (2) *The screaming of a patient under the chirurgeon's hand* (1) = Natura hominem abjicit statim ad vagitus, & ploratus, *Plin in Pref lib* 7 (2) *Cels*

† Vāgo, āre *id quod* vagor Qua circum vicinos vagas, *Plaut Mil* 2, 5, 14 *ubi tamen al* vagaris

Vāgor, āri dep [qu ve, i e valde, vagor, i e agitor, *Becm*] (1) *To wander, to stray, or straggle, to go from side to side, to gad, or rove up and down* (2) Met *To fluctuate, to be unsteady* (3) *To digress* (1) Cum in agris homines bestiarum more vagarentur, *Cic de Inv* 2, [illegible] § Vagari terras, *Prop* 2, [illegible] 8, 19 foro, in urbe, per agros, *Cic* Vagamur egentes cum conjugibus & liberis, *Id Attic* 8, 2 = Vagari & volitare in foro, *Ad Herenn* 4, 39 (2) Animus vagatur errore, *Cic Offic* 2, 2 (3) = Eò fit ut errem, & vager latius, *Cic Acad* 4, 20

† Vāgor, ōris m *The cry, or squawling of children* Miscetur funere vagor, *Lucr* 2, 576 conf & *Enn* ap *Fest* ‡ Vagitus

† Vāgulātio, ōnis f [a vagio] *A complaining, or crying upon*, Fest ex XII Tabb

Vagus, a, um (1) *Wandring, roving, roving up and down, never standing still* (2) *Running at random, out of course* (3) *Unsteady, inconstant* (4) *Rambling, excursive* (1) Pecora vaga, *Catull* 61, 1[illegible] pes vagus, *Id* 61, 86 mercator, *Hor A P* 117 ✱ Lumina vaga noctis, *the stars*, Stat (2) Vagus & sinistrâ ripâ labitur amnis, *Hor Od* 1, 2, 18 Gressibus vagis lentus, *Mart* 2 [illegible] (3) = Fortuna vaga & volubilis, *Cic pro Mil* 2, 26 (4) ✱ Solutum quiddam sit, nec vagum tamen, ut ingredi libere, non ut licenter videatur errare, *Cic Orat* 77

Vah interject [ex Hebr האה] (1) *An interjection of admiring, hoida, bravely!* (2) *of rejoicing, O rare! rarely!* (3) *of abominating, out upon it* (1) Vah! *C* Quid mirare? *Plaut Curc* 3, [illegible]9 (2) Ducentis Philippis rem pepigi *N* Vah! salus mea, servasti me, *Plaut Bacch* 4, 8, [illegible]8 (3) Vah! leno iniqua non vult me loqui, *Ter Adelph* 2, 1, [illegible]3

Vaha interj *Ha, ha!* Plaut Casin 4, 4, 26

Valde adv [contr ex valide] iùs, comp (1) *Very much, greatly, earnestly* (2) Valdius, *much more* (1) § Quicquid vult, valdè vult, *Cic* § Valdè benè, *Id Fam* 1, 8 Valdè vehementer, *Id* § Valdè iniquus, *Id de Har Resp* 3 § Neque enim valde opinio est, *Id* § Valde quam pauci, *i e* paucissimi, *Id* (2) Fabula valdiùs oblectat populum, quam versus, *&c* Hor A P [illegible]21

Vale imperf [à valeo] *Farewell, adieu*, Cic Fam 16, 4

Valĕdico, ere *To bid farewell, or adieu, to take his leave of one* Idque quod ignoti faciunt valedicere saltem? *Ov Trist* 1, 7, 21 ☞ *Ubi e corripitur, unde conjunctè scripsisse poetam credere fas est Tutius tamen ex aliorum & ipsius etiam Nasonis exemplo aliis in locis diversè scribas*

Valens, tis part & adj or, comp ssimus, sup (1) *Strong, mighty, valiant* (2) *In good health* (3) *Of great force, prevalent, efficacious* (4) *Nourishing* (1) = Robustus & valens satelles, *Cic in Rull* 2, 21 Cum valentiore pugnare, *Id Fam* 5, 21 Valentissimis amicis sellam suam circumstantibus, *Suet Aug* 35 ✱ Ne infirmiores à valentioribus opprimantur, *Varr R R* 3, 16 (2) ✱ Puer undecimâ horâ valens, ante noctem mortuus, *Cic pro Cluent* 9 (3) Sativum silvestri ad omnes effectus valentius, *Plin* 20, 18 (4) Valentissimum cibum voco, in quo plurimum alimenti est, *Cels* 2, 18

Valenter adv ius, comp *Strongly, puissantly, valiantly* Ab imo præstructa valenter resistent, *Col* 1, 5 Valentius spirat Eurus, *Ov Met* 11, 481

† || Valentia, æ f *Puissance, might, power, strength* ✱ Sapientia gubernator navem torquet, non valentia, *Titin* ap *Non* Imbecillioris valentiæ est, *Boeth* 3 p 9, ‡ Vis, robur

Valentŭlus, a, um dim [a valens] *Somewhat strong, of some small force* Obsecro, ut valentula est! *Plaut Cas* 4, 4, 26

Valeo, ēre, ui, itum neut (1) *To be strong* (2) *To be in health, &* Met *to be easy in mind* (3) *To profit, to avail, to serve, or do good* (4) *To be of authority force, or power* (5) *To be in a state, good or bad* (6) *To be in force, to be put in execution* (7) *To tend* (8) *To signify, mean, or be as much as* (9) *To be worth* (10) *May, or can* (11) Vale, valeas, valebis, formula benè optantis, & interdum secus, in abitu (12) *Valeas, valeat, valeant*, imprecantis, *away with, out upon, fy upon* (1) Plus potest, qui plus valet, vir erat, plus valebat, vicit, *Plaut Truc* 4, 3, 38 (2) ✱ Non est vivere, sed valere, vita, *Mart* 6, 70, ult ✱ Facilè omnes, cum valemus, recta consilia ægrotis damus, *Ter Andr* 2, 1, 9 ¶ Ne valeam, si, *&c* formula imprecantis, *let me dy if*, Mart 2, 5 (3) Auctoritas tua plurimum apud me valet, *Cic Fam* 4 11 Preces valuere, *Ov Met* 18, 39 (4) = Res, ubi plurimum proficere, & valere possunt, collocari debent, *Cic de Cl Orat* 37 (5) Valeo rectè, & rem gero, *Cic* Mater oculis [illegible] [illegible], mecum venisset simul, *Plaut Mil* 4, 8, 8 ¶ Valere gratiâ apud aliquem, *to be in his favour*, Cic Fam 6, 6 auctoritate, *to influence him* Id (6) Ut lex valeret, efficit, *Nep Thras* 3 (7) Hoc eò valebat, ut, *&c* Nep Themist 4 (8) Hoc verbum quid valeat, non vident, *Cic Offic* 3, 9. Erat ei cognomen in pueritia Becco, id valet gallinacei rostrum, *Suet Vit* 18 (9) § Scrupulum valet sestertiis vicenis, *Plin* [illegible]3, [illegible] § Denarii dicti, quod denos æris valebant, *Varr L L* 5, 36 (10) Si quid in arte vales, *Mart* 2, 64, 6 (11) Mi frater, vale, *Cic Q fr* 2, 6 In hoc biduum, Thais, vale, *Ter Eun* 1, 2, 110 Phryx ridens, oculo, Valebis, inquit, *Mart* 6, [illegible]8 (12) Valeas habeas illam, quæ placet, *Ter Adelph* 4, 4, 13 Si talis est Deus, ut nulla hominum charitate teneatur, valeat, *Cic N D* 1, 9 Valeant, qui inter nos dissidium volunt, *Ter Andr* 4, 2, 1[illegible]

Valesco, ĕre incept *To wax strong, to grow, to get strength* Ætas recreata valescit, *Lucr* 1, 941 Bona consilia morâ valescunt, *Tac Hist* 1, 32, [illegible]

Valetūdinārium, ii n [locus in quo valetudo ægra curatur] *An infirmary, or hospital for sick folks* Si quis sauciatus in opere noxam ceperit, in valetudinarium deducatur, *Col* 11, 1 conf *Sen Epist* 2[illegible]

Valētūdinārius, a, um *Sickly, subject*

subject to sickness, often sick Qui ample valetudinarios nutriunt, *Cels præf lib* 1 conf *Sen* de *Ben* 1, 11 Medicus valetudinarius, *a physician who attendeth the sick, a physician of an hospital*, Callisti JC

Valetūdo, inis f *A constitution, a state of body*, or *mind*, either good *or* bad (1) *Health* (2) *Sickness, illness, pain, a disease* (3) *Bluntness, sauciness, petulancy* (4) *Frenzy, distraction* (1) Volupta i præponendæ sunt vires, valetudo, velocitas, *&c* Cic ¶ Regere valetudines principis, *to be the king's physician*, Tac Ann 6, 50, 3 (2) Instantis valetudinis signa complura sunt, *Cels præf* 1 2 = morbus, *N-p Hin* Scripseras te quodam valetudinis genere tentari, *Cic Attic* 11, 23 Nervorum valetudo, *the gout*, or *rheumatism*, Suet Vesp 7 oculorum, *Cic Famil* 14, 4 Et *in plur* Valetudines quasdam & anniversarias, & tempore certo recurrentes, experiebatur, *Suet Aug* 80 Valetudinibus fessi, *Tac Ann* 4, 50. (3) Valetudin mentis liberius dicax, *Suet Cæs* 49 (4) *Suet Cal* 50

✝ Valētur impers *It is well* = Quid agitur, ut valetur? *Plaut Pers* 2, 5, 8

✝ Valgia, æ f *The writhing of the mouth in mockery*, Litt ex Plaut

✝ Valgio, ire *To writhe the mouth in mockery*, Litt ex Plaut

Valgiter adv *With a wry mouth* Valgiter commovebat labia, *Petron* c 26

|| Valgium, ii n *A wry mouth*, Vulg C Barth Advers 37, 1

Valgus, a, um [qu falcus, *M*] *Bow-legged, having his legs bowed outward, bandy legged, shambling* ⚹ Aut varum, aut valgum, aut compernem, *Plaut Mil* 3, 1, 128 Valgum suavium, *a kiss with a wry, or poucht mouth*, Plaut Mil 2, 1, 16

Validè adv ius, comp ssimè, sup *Lustily, stoutly, strongly, much* Validè amare, *Plaut Pseud* 1, 3, 129 tonare, *Id Amph* 5, 1, 10 Hoc unum est, quo valeorem validius, *Phædr* 3, 11, 4 Molesti validius, *Id* 5, 5, ult Validissime alicui favere, *Cæl Cic Fam* 8, 2

Vāliditas, atis f *Might, power, lustiness*, Plaut *ap* Litt *sed q*

Validus, a, um adj [à valeo] or, comp ssimus, sup (1) *Sturdy, lusty, stout* (2) *Well in health, valid* (3) *Strong, well fortified* (4) *Furnished, provided* (5) *Stout, valiant* (6) *Brisk, active, lively* (7) *Great, much* Tam ad *animum, quam ad corpus refertur* (1) Ita quasi incudem me miserum octo homines validi cædant, *Plaut Amph* 1, 1, 7 (2) Omnia viceris si te validum videro, *Cic Tir Epist Fam* 16, 6 § Validus virium, *Tac Hist* 2, 19, 2 § ex morbo *Liv* 3, 13 § sufferre pondus, *Plin* 16, 42 (3) § Urbs valida muris, *Liv* 1, 15 Validissimum præsidium, *Plin Paneg* 9 (4) Apparet rem Romanam ducibus validiorem esse, quam exercitu *Liv* 62, 39 (5) Certamina valida, *Stat* Mente minus validus, quam corpore toto, *Hor Ep* 1, 8, 7 (6) Quorum & fides cognita, & ingenia validissima erant, *Sall B J* 110 (7) Plaga valida, *Lucr* 3, 819 Pondus validum, *Vir Geor* 3, 172 Rumor validus, *Tac Ann* 4, 10, 1

Vallāris, e *Of, or belonging to a trench*, or *bulwark* Corona vallaris, *given to him that first* *entered the enemies works*, Liv 10, 46

Vallātus, a, um part *Fenced, walled, intrenched, incompassed* Obsidione vallatus, *Cic de Legg* 2, 24 Janitoribus, *Id pro Muren* 24 Castra vallata, *Plin* 15, 18

✝ Vallēcula, *vel* vallicula, æ f dim *A little valley*, Fest p 272

Vallis, is f *vel* valles, *Serv* [a vallis, quod hinc atque illinc vallata sit] *A valley*, or *dale*, Cæs B G 3, 1 Saxosas inter decurrunt flumina valles, *Vir Ecl* 5, 84 ⚹ Prudentes agricolæ collem magis quam vallem stercorant, *Col* Alarum vallis, *the arm-hole*, or *arm pit*, Catull 67, 6

Vallo, āre act [vallum facio] (1) *To inclose, to trench about*, or *intrench* (2) Met *To fence*, or *fortify* (1) Vallare castra, *Hirt* (2) Castra relinquens vallarat monitis, *Sil* 7, 408

Vallum, i n [de etymo non liquet] (1) *A trench, a fence, a wall, a bulwark*, or *rampire with palisadoes* (2) [dim à vannus] *A van* (1) Castra vallo fossaque munire jubet, *Cæs B G* 1, 5 Munitæ sunt palpebræ tanquam vallo pilorum *Cic N D* 2, 57 (2) Vallum aristarum, *the beard in the ears of corn*, Cic de Sen 15 = Oportet è terra subjectari vallis, aut ventilabris, *Varr R R* 1, 51

Vallus, i m [à varus, *i e* baculus furcillatus & informis, *Scal*] (1) *A pallisado, a long spar of timber, a stake whereunto vines are bound* (2) *A stake*, or *post sharpned at one end, to be driven into the ground* (3) [It dim à vannus] *A little fan to winnow corn with* (4) *A trench*, or *rampart* (1) = Exacuunt alii vallos, furcasque bicornes, *Vir Geor* 1, 264 = Induere se acutissimis vallis, aut stimulis, *Cæs B G* 7, 73 ☞ *Vallorum descriptionem ad castrorum munitionem pete ex* Liv 33, 5 (2) = Non arces, non vallus erat, *Tib* 1, 10, 9 (3) *Vid* Vallum, *n* 2 Vallus pectinis, *the row of the comb teeth*, Ov Amor 1, 14, 15 (4) Vallus in altitudinem pedum X, *Cæs B C* 3, 63

Vălor, ōris m [a valeo] *Value*, or *price* Victoriati valore redimi potest, *Faber* ex *Plin* Hinc Angl *valour*

Valvæ, ārum f plur [à volvendo, *qu* volvæ, *Isid*] *Doors*, or *gates which shut and open on both sides, folding doors* In templo Herculis valvæ clausæ repagulis, *Cic de Div* 1, 34 Cui valvæ concordiæ non patent? *Id Phil pp* 2, 41 Sedere ad valvas alicujus, *Id Verr* 1, 23

Valvātus, a, um [à valvæ] *Having folding doors*, Vitruv 4, 6 *conf* & Varr L L 7, 11

Valvŭlus, i m [quod quasi valvis aperitur] *The shell*, or *coat of peas, beans*, &c Lentes valvulis exemptæ *Col* 6, 10

|| Vanè adv ius, comp ssimè, sup *Vainly*, Ap poster ✝ Inaniter, *Cic*

Vanellus, i m [dict quod alis instar vanni aut ventilabri commotis strepitum excitet, *qu* vannellus] *A lapwing*, Litt ex Jun

Vanesco, ĕre incept (1) *To vanish away* (2) *To come to nought* (1) Animi libes non vanescit, *Cic de Legg* 2, 10 (2) Cerere sterilem vanescit in herbam, *Ov Am* 3, 7, 31

Vanidicus, a, um *A vain talker, a liar*, Plaut Trin 2, 1, ult

Vāniloquentia, æ f *Vain talking, prittle prattle*, Liv 34, 24 & Plaut Rud 4, 1, 14

✝ Vāniloquitorus, i m *A vain speaker*, ex fabrica Plautina, Pers 4, 6, 20 *al leg* vaniloquidorus

Vāniloquus, a, um, *That talketh vainly* Is, ut plerique, quos opes regiæ alunt, vaniloquus, *Liv* 35, 48

Vānitas, ātis f (1) *Emptiness*, Met *vanity, boasting* (2) *Inconstancy* (3) *Falshood* (4) *Pride, ambition* (5) *Flattery* (1) Nec prosperitate rerum in vanitatem usus, *Tac Ann* 18, 9 = insolentia, *Suet Vitell* 12 (2) ⚹ Constantia, *Cic N D* 2, 21 (3) Ejus accusationis auctor vanitatis manifestus, *Tac Ann* 13, 23, 2 ⚹ Ut cedat veritas vanitati, *Cic Tusc* 3, 1 (4) *Flor* 4, 10, 2 (5) *Curt* 3, 2, 10

✝ Vānities, ei f *Idem*, Litt ex Apul

✝ Vānitūdo, inis f *Vanity, lying*, Plaut Capt 3, 1, 38 Pacuv *ap* Non 2, 886

Vanno, āre act *To fan*, or *winnow corn*, Varr It obscœno sensu, *Lucil*

Vannus, i m [quod eo vana, *i e* levia volant] (1) *A seed hopper* (2) *A van*, or *fan to winnow corn with* (1) *Col* 1, 21 Mystica vannus Iacchi, *Vir Geor* 1, 166 (2) Vannis expurgantur spica, *Col* 2, 21

✝ Vāno, āre *To beguile*, or *deceive*, Accius *ap* Non

Vānus, a, um adj or, comp ssimus, sup [de etymo non constat] (1) *Vain, empty* (2) *Useless, to no end* (3) *Foolish, trifling, silly* (4) *False, treacherous, lying* (1) Vanam & minutam spicam facit, *Col* 2, 9 Expectata seges vanis elusit aristis, *Vir Geor* 1, 226 (2) Ne vana urbis magnitudo esset, *Liv* 1, 8 (2) Si falsum, aut vanum aut fictum est, continuò palam est, *Ter Eun* 1, 2, 24 *ubi vid Donat* Incerta, eoque vaniora, *Liv* 3, 5 Sic libitum vano qui nos distinxit, Othoni, *Juv* 3, 159 (4) = Necesse est, & vanum se & perfidiosum esse fateatur *Cic pro Quint* 6 nos utinam vani, *Juv* 6, 637 *Magorum artes* generis vanissimi, *Plin* 28, 6

Vapidè adv *With an ill smack*, or *savour, dully, ill* Vapidè se habere, *Aug ap Suet* 87

Vapiditas, ātis f *Ill tastedness, mustiness*, Litt ex Plaut

Vapidus, a, um *Ill-tasted, musty, rotten, flat, dull, stinking* Vapidum pectus, *Pers* 5, 117 *Met* Vapida pix, *Id ib* 1 8 ⚹ Vinum vapidum, ut acetum fiat, *Col* 12, 5

Văpor ōris m [ab inusit vapeo, *i e* vappa] (1) *A vapour, an hot and moist exhalation a reaking*, or *steam* (2) *Heat, drought* (3) *Fire* (1) Stellæ, terræ, maris, aquarum, vaporibus aluntur, *Cic N D* 2 (2) Lentus carinis est vapor, *Vir Æn* 5, 683 Vapore fidum, *Hor Epod* 3, 15 Vaporibus omni quid operi lignis bibendi potestas danda est, *Col* 7, 3 (3) Aut flammo vapore, aut frigore omnia interire, *Varr*

Văporārium, ii n *A stew*, or *stove, a dry bath to sweat in* Vaporarium e quo ignis erumpit, *Cic ad Q fr* 3, 1

Văporātio, ōnis f verb *A reaking, steaming*, or *casting of vapours* Balnearum vaporatio, *Plin* 28, 4 Cum aqua duritia & coctu necesse est fieri vaporationem, & quandam quasi tenuissimam expirationem, *Gell* 19 5 Vaporatio ... aquarum, *Sen Q Nat* 6, 11

Văpōrātus, a, um part (1) *Exhaled, dried up with heat* (2) Also *hot, scorched* (1) ⚹ Plerique amnes æstate vaporatis, hieme frigidis nebulis caligant, *Col* 1, 5 (2) Glebæ solibus æstivis vaporatæ, *Col* 2, 16 *Met* Auris vaporata, *heated, delighted*, Pers 1, 126

⚹ Vaporifer, *vel* vaporiferus, a, um *That maketh*, or *stirreth up vapours*, or *steams* Vaporiferæ Baiæ, *Stat Theb* 3, 5, 96

Văpōro, āre neut & act (1) *To send out vapours, to evaporate, to smoke* (2) Met *To be scorched* (3) *To heat*, or *make warm with steam* (4) *To dry up* (5) *To perfume* (1) Aquæ vaporant & in mari ipso, *Plin* 32, 2 Alta etiam superum delubra vaporant, *Stat Theb* 5, 171 (2) Invidia ceu fulmine summa vaporant plerumque, *Lucr* 5, 1136 (3) *Col* 1, 5 (4) *Col* 1, 5 (5) Succedunt matres, & templum thure vaporant, *Vir Æn* 11, 481

Vapōror, āri, ātus pass (1) *To be heated* (2) *To be perfumed* (1) *Col* 1, 5 (2) *Plin* 28, 11

✝ Vapōrōsus, a, um *Full of vapours*, Litt ex Col *certè* Apul *non semel*

|| Vaporus, a, um [ad vaporem pertinens] Vaporus udor, *sultry heat*, Prud Peristeph 6, 115 ✝ Fervidus

Vapos, ōris m *Vapour* Permanat odos, frigusque vaposque, *Lucr* 6, 952 *Vid* Vapor

Vappa, æ f [à vapore, quod ejus vis omnis evaporavit] (1) *Palled wine that hath lost its strength, dead drink, poor stuff* (2) *A senseless fellow a spiritless, an idle companion* (1) Vid *Plin* 20 Multâ prolutus vappâ nauta *Hor Sat* 1, 5, 16 (2) = Fundius vappa famam timet, & nebulonis, *Hor Sat* 1, 2, 12

✝ Vappo m *A flying fowl* Litt ex Lucr *sed non invenit*

Vapulans, tis part *Being beaten* Ancillæ quoque eum ... vapulantem lacerunt, *Petron* ...

Vāpulāris, e adj *That is beaten, a beating stool*, Plaut Pers 1, 1, 22

Văpŭlo, āre neutro-pass [*al* Hebr אבל luget] *To be beaten scourged*, or *whipped* Mea ... vocis ne vice hic vapulem, qui hunc verberet, *Plaut Amph* 1, 1, 178 Vapula, *form. contem ...* *be whipt*, ... Plaut Asin ... *Met* Susurratio ... septimam legionem vapulasse, *Cic Fam* 8, 1 Omnium ... vapulare, *Id Attic* 2, 14

Vara, æ f [à bandi varu ... *a net-shore, ... forks whereon nets are set up* (2) *A rafter*, or *transom* (3) ... *pole*, or *mast* (4) *Red* ... or *specks in the face* (5) ...

... attollit retia varis ... *Luc* 4, 9 (2) *Vitruv* 10, 1 & *Col* 5, 9 ( ) *Plin ap Litt* *Vid* Vari (5) *Litt ex Cels* ... varor *app.*...

Vāri, ōrum m pl (1) *Pits*, or *marks made by the small pox*, or *meazles* (2) *Red pimples*, or *specks in the face* (1) *Plin* ..., 25 = maculæ, *Id* (2) Pen ... ept ... curat ... varos, lenticulas, & ... *Cels* 6, 5

Vāria, ārum f plur *A kind of streaked panther*, Plin 8, 17

Variantia, a, *f* ... Capes *that oft change colour*, Plin 1..., = Heloir, *Id*

Varians, tis part *Varying, changing* (2) *Of a various colour* or *shows* (3) *Changeable*, con tant, variable (4) Parting, separating (1) Genu humanum variante loquela, Lucr 5,72 (2) Variantibus adhuc & necdum utilis, Col 4, 10 (3) Exempla fortunæ variantis, Plin 7, 42 (4) Gemma variantis crinibus, Ov Am 1, 1

Variantia, æ f Variety, change ableness, variance, Variantia rerum, Lucr 1, 654

|| Variatim adv Variously, in diverse fashions, Gell 5, 14

Variatio, onis f verb A varying, or changing variation Sine variatione ulla, Liv 24, 9

Variatur imperf They differ Cum sententiis variaretur, Liv 2, 6 Variatum est prælius, Pater 2, 51

Variatus, a, um part (1) Varied, changed (2) Wrought diversely (1) Varietæ hominum sententiæ, Cic pro Mil 4 (2) § Vestis variata figuris, Catull 62, 50

|| Variicatus adv Straddlingly, Apul Met 1, p 21 sed alii l g varicus ✝ Varis tibiis

Varico, are neut To go straddling, to overpass carelesly, Quint 11, 3

Varicor, ari Idem, Quint

|| Varicolor, oris adj Of sundry colours ✝ Varius

Varicosus, a, um (1) Having large veins (2) Tropical (1) Varicosus centurio, Pers 5,189 (2) Varicosus fiet haruspex, Juv 6, 396

Varicula, æ f dim A little swollen vein, Cels 5, 26 n 32

Varicus, a, um Straddling, or taking long strides Illa ingentes varicus fert gradus, Ov A Am 3, 304

Varie adv Variously, in diverse manners, sometimes one way sometimes another Late & varie diffusa, Cic pro Sext 45 Varie mecum egerunt literæ tuæ, Id Fam Varie valere, sometimes better, sometimes worse, Plaut 1, 1, 15

|| Variegatus, a, um part Done with diverse colours, streaked Variegata miris variegatis, Apul Met 11, p 378 ✝ Variatus

|| Variego, are act To do with diverse colours Quæ alius ho sententius variegant, Auson in Prefat Id 13 ✝ Vario, distinguo

Varietas, atis f (1) Variety, diversity, difference (2) A vicissitude, or change (3) Mutability, inconstancy (4) Also a speck, or speck, as when one's skin is burnt at the fire (1) Varietas colorum proprie dicitur, Cic de Fin 2, 3 Varietas occurrit citharæ, Id Orat 52 (2) In tam varietate rerum mearum tu amantissimum cognovi, Cic Fam 1, 9 Varietas temporum, Id (4) Varietas atque infidelitas exercitus, Plin Cic Epist Fam 10,18 (4) Litt unde non dicit

Vario, are act (1) To draw with, or be of diverse colours, to vary, to streak (2) To vary, change, or alter (3) To diversify, chequer, or interlace (4) To speak or write differently (5) To differ, vary, or disagree, to alter, or change (1) Vid Cic de Fin 2, 3 Sol ubi nascentem maculis variaverit ortum, Vir Geor 1, 441 Cum primum baccæ variare cœperint, Col 12, 10 Variare virgis, Plaut Pœn prol 26 (2) = Vocem variare, & mutare, Cic in Orat 18 (3) Variare materiam multa jocorum, Mart 8 Pref (4) Si ea, quæ de Marcel li morte variant auctores, omnia exsequi velim, Liv 27, 29 (5) ✱ Non in his solùm, in quibus semper ita se habet, sed in iis quoque, in quibus variat, Cels = Dissideo, & variat sententia, Ov Met 15, 648 Græcorum exempla variant, Pl 1 12, 14

Varior, ari, atus pass To be diversified, embroidered, changed, &c Semina quæ variantur a-ça, Mart 8,28,18 Cum sententiis variaretur, Liv 22,60 Variari virgis, to be black and blue with beating, to be wheald with stripes, Plaut Pœn prol 26

|| Variolæ, arum f plur [se pustula, quibus cutis fit varia] Meazles, or small pocks, Vocab Med recent

Varius, a, um [à varus, quod vari inæquales nec universi sunt] (1) Changeable, of diverse colours, or fashions (2) Spotted, speckled, or freckled (3) Diverse, sundry, various (4) Inconstant (1) Varia veste exornatus, Ter Eun 4, 4, 16 Ubi uvæ variæ cœperint fieri, Cato, 33 (2) Lynces Bacchi variæ, Vir Geor 3, 264 (3) = Disputationes variæ, & diversæ, Cic de Orat 2, 16 = Sententiæ variæ & discrepantes, Id N D 1, 1 = Varium jus, & dissimile condicio, Id Verr 5, 19 (4) = Varium & mutabile semper femina, Vir Æn 4, 569

Varix, icis m [à varis, i e obtortus] A crooked vein swelling with melancholy, especially in the legs Vena intumescens in varicem convertitur, Cels 5, 26 Cum varices secabantur Mario, Cic Tusc 2 15

Varo, vel varro, onis m [à varis, qui sunt stipites non dolati, perduri ac enodes, Scal] A blockhead, a loggerhead Lucil Varrones, plur i e caculæ, soldiers pages

Varus, & varus, i m An hunter's fork, or stake to bear up nets and hayes, Luc 4, 439

Varus, a, um (1) Having crooked legs which bend inward, crooked, misshapen, scambling, uneven (2) Various, unlike (3) Open to embrace, or clasp (1) Canis cruribus varis, Varr R R 2, 9 ✱ Aut varus, aut valgus, aut compernis, Plaut Mil 3, 1, 128 (2) Geminos, horoscope, varo producis genio, Pers 6, 18 (3) Vari brachia, Mart 7, 31

Varus, i m [quia varum corpus facit, & inæquale] A spot, speckle, or fleck in the face, a small pock, meazle, or pimple, Cels 6, 5

Vas, vadis m [à vado vasi, quod vadit in discrimen pro altero, Varr] (1) A surety, or bail that undertaketh for another man in a criminal case, or action of trespass (2) Also a pledge, or hostage (1) Vas appellatus, qui pro altero vadimonium promittebat, Varr L L 5, 7 (2) Vadem te ad mortem tyranno dabis pro amico, Cic de Fin 2, 24

Vas, vasis n contr à vasum, unde in plur vasa, orum, is [à vescendo, quod in ea vescæ ponantur, unde vasculum quasi vesculum, Isid] (1) Any kind of vessel, or houshold goods, all kind of instruments for use (2) Vasa, in plur the testicles (1) Nihil relinquo in ædibus, nec vas, nec vestimentum, Ter Heaut 1, 1, 89 Vinarium vas, a cask, or pipe Cic Verr 4, 27 Samia vasa, earthen ware, Id pro Mur 36 = Corpus quasi vas est, aut aliquod animi receptaculum, Cic Tusc 1, 22 ¶ Vasa colligere, to pack up his awls, Cic Verr 4, 19 & Liv 21, 47 Vasa conclamare, to beat a march, Cæs B C 1, 66 (2) Plaut Pœn 4, 2, 41

Vasarium, ii n (1) A cupboard of plate, or other vessels (2) A room, or chamber wherein vessels to bathe, or wash in, were put (3) Also that provision of furniture, or money, &c which was allowed to a magistrate when he went into a province (4) Also an office of records and instruments (1) Plin 7, 49 (2) Vitruv 5, 10 (3) Cic in Pison 35 (4) Plaut ap Litt

Vascularius, ii m A workman that maketh any sort of vessels, Cic in Verr 4, 24

Vasculum, i n dim (1) A little vessel (2) A privy member (1) Plin 15, 28 (2) Petron Arb 24, 4

✝ Vascus, a, um, pro vastus, Fest

|| Vasellum n dim [à vasculum, A little vessel, Litt ex Marciob ✝ Vasculum

Vastans, tis part Ravaging, destroying Vastante regiones pro ximas Mithridate, Suet Cæs 4

Vastandus, a, um To be ravaged, or destroyed Ad vastandam eam regionem Perdicca cum expedita manu misso, Curt 9 1, 19

Vastatio, onis f verb A wasting, destroying, or laying waste Vastatio Romani agri, Liv 1 7 possessionum, Cic Catil 2, 9

Vastator, oris m verb A waster, a spoiler Aper vastator Arcadiæ, Ov Met 2, 192 Trojæ vastator Achilles, Stat Achill 2, 18

Vastatrix, icis f She that wasteth, or destroyeth Luxuria terrarum maris que vastatrix, Sen Epist 95

Vastatus, a, um part (1) Laid waste (2) Spoiled, bereaved (1) § Fana vastata tumultu impio, Hor Od 4 4, 47 (2) § Vastata urbs defensoribus suis, Liv 23, 30

Vaste adv ius, comp (1) Hugely, vastly, forcibly (2) Widely (1) = ✱ Non asperè, non vastè, non hiulce loqui, sed presse, & æquabiliter, & leniter, Cic de Or 3, 11 (2) Verba ne asperè concurrant, neve vastius diducantur, Cic de Orat 3 43

✝ Vasterna f An horselitter, Ascon Rect basterna

Vastesco, ere incept To lie, or grow waste Cultores boni non patiuntur terram stirpium asperitate vastescere, Cic ap Non 2,892 R occ

Vastificus, a, um That destroyeth, or layeth waste, Poeta ap Cic Tusc 2, 9

Vastitas, atis f (1) Hugeness, bigness, of vast extent (2) Excessiveness, strength (3) Destruction, desolation, ravage (1) Quis par in hac terra vastitate belluis progenerari neget? Col 3, 8 Vastitas scientiæ rusticæ Id 5, 1 (2) Vastitate odoris capita replentur, Plin 31, 6 Tædium muscarum tanta vastitas elephantis sentit, Id 8, 10 (3) = Audistis, &c quæ solitudo esset in agris, quæ vastitas, Cic Verr 4, 51 Inferre vastitatem tectis atque agris, Id de Har Resp 2

✝ Vastities, ei f (1) Hugeness (2) Ruine (1) Corporis vastities, Apul (2) Ibi distractio, discidium, vastities venit, Plaut Pseud 1, 1, 68 ✝ Vastitas

Vasto, are act (1) To waste, or destroy, to spoil, to lay waste, to ravage, to plunder, to make havock, or waste of (2) To vex, or torment (3) To bereave (1) Vastare omnia ferro & incendiis, Cic Catil 1, 1 = Locum vastare & diripere, Id ibid 4,6 (2) Ita conscientia mentem exagitatam vastabat, Sall (3) Vastare agros cultoribus, Vir Æn 8,8

Vastor, ari, atus pass To be ravaged, to be uninhabited Igni magis quam præda ager vastatur, Sall B J 57 Duæ partes orbis gelido vastantur frigore semper, Tibull 4, 1, 153

Vastus, a, um or, comp issimus, sup [fortè à vaco, Perot] (1) Waste, desolate, uninhabited, barren (2) Huge, big, wide, broad, large (3) Rude, clumsy, illfavored, Met gaping, unpleasant (4) Insatiable, outrageously covetous (1) = Ager vastus & desertus, Cic in Rull 2, 26 Vastus ab natura & humano cultu, Sall B J 48 ✱ æ incertus, Cic (2) Grave ri vastum vastior ipse sustulit Ægides, Ov Met 12, 236 Animum vastum, Vir Æn 3 431 Incendium vastissimum, Plin Ep 10, 52 = Vasta & hians oratio, Herenn 4, 12 (3) = Homo vastus atque fœdus, Cic de Orat 1 Hominis motu corporis vasti, atque agrestis, Id Orat 1, 25 (4) Vastus ejus animus immoderata, & nimis alta semper cupiebat, Sall B Catil 5

✝ Vasum, i n unde in plur vasa, orum A vessel Vasum argenteum, aheneum, Plaut Truc 1, 1, 33 ✝ Vas

Vates, is c g [Vates primum vates vocitos esse apud omnes fatis constat, à φατης, Scal] (1) A prophet, or prophetess (2) A poet, or poetess (3) An interpreter, or one well skilled in a profession (1) Bonus vates poteris esse, nam, quæ sunt futura, dicis, Plaut Mil 3, 3, 37 Sanctissima vates, Vir Æn 6, 65 = Fata fatidicorum & vatum, Cic de Legg 2, 8 ✱ Aruspices, augures, hariolii, vates, & conjectores, Id N D 1, 20 Vates miseræ mihi vera fuisti, Ov Epist 5,123 (3) Ex voluntate vatis maxime memorandi, se Virgilii, Col præf 1 10 (3) Q Scævola legum clarissimus, & certissimus vates, Val Max 8 12 Herophilus medicinæ vates, Plin 11, 37

Vaticinans, tis part Prophesying, &c Ov ex Ponto, 2, 1, 62

Vaticinatio, onis f verb A foretelling, prophesying, or soothsaying a prophecy Vaticinationes Sibyllinæ, Cic de Div 2, Multa declarantur vaticinationibus, multa somniis, multa portentis, Id N D 2, 65

Vaticinator, oris m verb A foreteller of things to come, a soothsayer Unde tamen vivit, vaticinator habet, Ov ex Pont 1, 1, 42

|| Vaticinatrix, icis f She that prophesieth, or prophetess, Pompon ✝ Vates

Vaticinium, ii n A prophecy, or foretelling, a presage Plena est vita his vaticiniis, sed non consensenda, cum sæpe falsa sunt, Plin 7, 52

Vaticinor, ari dep (1) To prophesy, divine, or foretell, to guess (2) Also to talk idly, or frantickly (1) Non multa secus possum vaticinari, tanta malorum impendet clades, Cic Attic 8 11 (2) = Qui hæc dicerent vaticinari, atque insanire dicebat, Cic pro Sext 10

Stat 10 Vetera vaticinamini, Plaut Pseud 1, 3, 129

Văticinus, & vaticinius, a, um [i e vates canens, vel qu fatidicus] Of, or belonging to prophesying, or to such as prophesy, prophetical Vaticinus liber, Liv 25, 1 furor, Ov Met 2, 640 ubi al fatidicos

Vatidicus, a, um Pro fatidicus A prophet, Litt ex Plin

Vatius, a, um Having legs bowing inward, bowlegged ✠ Sunt canes cruribus rectis, ac potius varis, quam vatiis, Varr R R 2, 9, cont Plin 11, 45

U ante B

Uber, ĕris n (ū) scrib & huber [al numeo uber, it a tumeo tuber] (1) A nipple, a teat (2) A pap, or udder (3) Fatness, or fruitfulness (4) The spout, or cock of a conduit (1) Puer uberi mammarum in somnis lactantia quærit, Lucr 5, 883 (2) Ubera lacte distenta, Vir Ecl 4, 21 (3) = Non divitis uber agri, Trojæque opulentia deerit, Vir Æn 7, 262 (4) Cassiodor

Uber adj ior, comp errimus, sup [a subst uber] (1) Fruitful, plentiful (2) Abundant, copious (1) Terris uberibus fertilis Umbria, Prop 1, 22, 10 Ager bene cultus nihil potest esse uberius, Cic de Senect 16 (2) Is quæstus nunc est multo uberrimus, Ter Eun 2, 2, 22 Orator uberrimus, Tac Ann 3, 31

Ubĕrius adv comp Vid Uberrime

Ubĕro, āre [ab uber] (1) To make plenteous and fruitful, to fatten (2) Neut To be fruitful and plenteous, to be abundant (1) Benignitas cœli terram ubera, Plin Paneg 32 (2) Nec ulla continuo biennio ubertat Col 5, 9

|| Ubĕrōsus, a, um Plentiful, Litt ex Gell ✝ Fertilis

Ubertas, ātis f (1) Fertility, fruitfulness (2) Met Abundance, plenty, store (1) Ubertas frugum, Liv 7, 2 terræ, Curt 8, 2 (2) Ubertas ingenii, Cic post redit 1 In tanta ubertate improborum, Id

Ubertim adv ius, comp errime, sup Plentifully, abundantly, copiously Ubertim lacrymas fundere, Catull 64, 17 = Uberius, & fusius aliquid disputare, Cic N D 2 Loci tractatus uberrime, Id de D 2,

|| Ubertus, a, um Abundant Magn ficus in Lyciâ & ubertus, Gell 7, 14 ✝ Fertilis

Ubi adv (1) [ab ὅπῃ] (1) Where, in what place (2) When (3) When (4) From whom, which, or whence (5) After that, as soon as (1) Ubi Æacidæ telo jacet Hector, Vir Æn 1 100 (2) ¶ Ubi gentium? ubi terrarum? in what part of the world? Cic Ubi loci? in what state, or condition? Plaut Ubi est frater? Ter Eun 5, 8, 20 (3) Ubi sermonem enio, ibi adscendo in quendam excelsum locum, Ter Adr 2, 2, 19 Thraso, ubi vis accede, ad eum et commodum, Id (4) Neque nobis præter te quisquam fuit, ubi nostrum jus tenere illos oblineremus, Cic pro Quint 9 Quot res celeres, ubi plenem perstiterit, in essem la[...] Ter Heaut 5, 1 4 (5) Ubi galbeorum cantum audivit Cic in Pis 27

Ubicunque, & Ubicunque adv (1) Wheresoever, in what place soever (2) Whensoever (1) Ubicunque erimus, te sistas, Cic Attic 3, 25 Illa ab hoc rapit ubicunque visum, Plin 10, 4 (2) Rem patris oblimare, ubicunque malum est, in any case, Hor Sat 1, 2, 62

Ubilibet adv Wheresoever you please Cibus ubilibet non defuturus, Sen de Tranq 1

Ubinam adv Where, or in what place? § Ubinam gentium sumus? Cic Cat 1, 4

Ubique adv (1) In every place, every where (2) Wheresoever (3) Universally, with regard to every thing (1) ✝ Quisquis ubique habitat, nusquam habitat, Mart 7, 72 (2) Lapidicinæ in eo fundo ubique essent, excepta fuerunt J vol Pandect (3) = Antibi abunde personam sitis est, non aliud, quod non ubique officit, civitate? Hor Sat 1, 2, 60

Ubiubi, pro ubicunque adv (1) Wheresoever, in what place soever (2) In any case, upon any condition (1) Ubiubi est, diu celari non potest, Ter Eu 2, 3, 4 (2) Nunc ubiubi regum celeri ut emissi, Liv 2, 2

Ubivis adv (1) Any where (2) In any matter, in any affair (1) Ubivis tutius, quam in meo regno, esse, Sall B J 5 (2) Ubivis facilius passus sim, quam in hac re me deludier, Ter Andr 1, 2, 32

U ante D

|| Udandus, a, um part To be moistened, or wetted, Macrob Sat 7, 12 ✝ Secandus

|| Udo, āre unde pass udor To wet Ne nimia udentur, Veg 3, 7 ✝ Madefio

Udo, ōnis m (ū) [ab udus, in ex ἴδος] A linen, or woollen sock, a garment to keep off cold, Mart 14, 140 in lemmate

Udus, a, um [contr ex uvidus] (ū) (1) Moist, wet, soaky (2) Also drunken, tippled, fuddled (1) Ver udum, Vir Geor 2, 2) palatum, Id ibid 88 (2) Popina udus aleator, Mart 5, 85, 5

V ante L

Ve enclitica particula, & disjunctiva [a ab vel, ve, sic al n ve, vel ex Hebr ו ve, id est, n, Gl Part] Or, either, passim

Ve particula inseparabilis, quæ modo intendit, ut vegrandis, vehemens, modo minuit, ut vecors, vesanus, vide Gell 5, 12

Vēcordia, æ f Madness, dotage, folly, rage, frenzy, senselessness In facie ejus vultuque vecordia erat, Sall B Cat 15, 5 Tanta vecordia innata cuiquam ut siet, Ter Andr 4, 1, 2

Vēcorditer adv Madly, frantickly, Litt ex Plaut ✝ Animo vecordi

Vēcors, dis adj [ex ve particulâ privativâ, & cor, cor, & fine] ior, comp issimus, sup Mad, foolish, doting, out of his wits, frantic ✠ Vox stolida & prope vecors Liv 33, 49 = O vecors & amens! Cic Vecordi et Virg 7 D illius vecordissimi ... a cu ... Cic de Domo, 55

Vectabilis, e adj That may be carried, ... on place to another, Sen Q N 25

Vectabulum, i n [a vecto, are] A waggon, cart, or chariot, Gell 20 1 ✝ Vehiculum

Vectārius, a, um [a veho] Of, or belonging to a chariot, coach, waggon, or other carriage Equus vectarius, a saddle nag, a pad-nag, a packhorse, Varr R R 2, 7

Vectātio, ōnis f verb A being borne, or carried, a riding, or going in a coach to take the air, going by water in a boat, or ship Gracilitas crurum paulatim repleta assiduâ equi vectatione, Suet Cal 3

Vectiārius, ii m [a vectis] He that turneth a winepress, or the like instrument, with leavers, Vitruv 6, 9

Vectibilis, e adj That is, or may be carried, Litt ex Sen Vid Vectabilis

|| Vecticularius, a, um [a vectibus quibus fures nocturni perfodiunt parietes] That breaketh down a place to rob Vecticularia vita, Cato ap Fest Item subst a breaker open of houses, Id ✝ Perfossor parietum

Vectigal, ālis n [quod pro vectura penditur] (1) A custom, properly of freight, a toll, or subsidy, a tax, or gabel (2) A revenue, an income (1) Neque ex portu, neque ex decimis, neque ex scriptura, vectigal conservari potest Cic pro Lege Manil 6 ☞ Quid distat vectigal a tributo, vid Lips de magnitud pop Rom 1, 2 & Petit Var Lect 2, 1 sæpe interdum confundunt hæc vocab auctores Lege cip 40 Calig ap Sueton (2) Non intelligunt homines quam magnum vectigal sit parsimonia, Cic Parad 6,

✝ Vectigaliorum, pro vectigalium, Suet Aug ... fine

Vectigalis, e adj That payeth taxes, or custom, tributary, Provinciæ vectigales, Cic in Pison 36 civitas, Id Verr 3, 74 ✠ immunis, Id ✠ Vectigalis, stipendiariique P R Liv 21, 41 Socii vectigales aut stipendiarii, Cic in Verr 60

Vectio, ōnis f verb (1) A carrying, or portage, a riding on horseback (2) Going in a ship (1) Quadrupedum vectiones, Cic N D 2, 60 (2) Secundum anaceg

Vectis, is m [a vehendo, quod super eos merces vehebantur] (1) A bar or spar of wood, a lever to lift, or bear with, a betty, or engine to force open a door (2) The latch of a door, which being drawn, the door openeth (3) A runner (1) Vectis, palus e ferro sive ligno grandior, Steph Partim vectibus levant, partim funibus subducunt, Liv Saxa vectibus promovere, Cæs B C 2, 11 Vectes & arcus oppositis foribus minaces, Hor Od 3, 26, 8 (2) Fan (3) Veg

|| Vectitātio, ōnis f verb An often carriage, Dig ✝ Vectio frequens

|| Vectito, āre freq [a vecto] To carry often, Gell 9, 6 ✝ Vecto

Vectīva, æ f [sc pecunia] Money paid for carriage, Litt ex Plin

Vecto, āre freq [a veho] To carry often Corpora vectare curru, Vir Æn 6, 391

Vector, āri pass To be carried ... minimum regis comi antium equis vectabantur, Curt 3, 3 22 ... non orum vecte urum ... Juv 4 6

Vector, ōris m verb [a veho] (1) A bearer, a carrier (2) A passenger in a ship (3) A waterman, a mariner (1) Silent vector asellus, Ov Fast 1 432 Fulminis vector aquila, Stat

(2) In navem filii mei malè permutatus vector imponor, Quint (3) Gl vet vector ναυβάτης Cedet & ipse mari vector, Vir Ecl 4, 38

Vectōrius, a, um Fit to carry, or serving for carriage Vectoria navigia, Cæs B G 5, 8 navicula, Suet Cæs 63

Vectūra, æ f (1) Carriage, portage (2) Money paid for carriage, bottom, or freight-money, a fare (1) Iis minus pro istis duobus, præter vecturam, dedi, Plaut Most 3, 2, 138 Alii idonei sunt ad rem mutandam, alii ad vecturam, Varr R R 2, 7 Vectura frumenti finitimis civitatibus descripsit Cæs B G 7, 4 Vet Gloss vectura, φόρτος, ναῦλον

Vectus, a, um part Conveyed, carried Multa per æquora vectus, Catull 98, 1 Apes vecta liquidum trans æthera, Vir Æn 7, 65

Vĕgeo, ēre neut (1) To be lusty and strong, or sound and whole (2) Act To make brisk or mettlesome, to refresh (3) To move, or stir up (1) = Vegeo, veget plurimum, Varr ap Non (2) Moderari equum frenis, dextraque vegere, Lucr 5, 1297 nisi malis in tertia notion Animos Venus veget voluptatibus, Pompon ap Non (3) Quæ est ita vegent motum signis, Lucr 5, ... Æquora salsa veges ingentibus ventis, Enn ap Non 2, 6

✝ Vegetus, ... adj Lively, brisk, Liv 21, 4, Sed Gronov & Crit ... legunt vigentiu

|| Vegetabilis, e [quod vegetari potest, ut plantæ] That which hath life, and groweth as herbs, plants, and trees, vegetable, philosoph voc Also comfortable, wholesome, Amm

|| Vegetandus, a, um part To be quickened, or enlivened Memoria vegetandæ causa contubernium recensere, Col 17, 2

|| Vegetamen, inis n Confort, cherishment, enlivening ... in statu ex proprio vegetamen in esse corporibus nostris, Prud Hamart 829 ✝ Fomentum

|| Vegetātio, ōnis f verb A refreshing, or quickening, a making strong and lively, a quickening, Apul Met ... ✝ ...

|| Vegetātīvus, a, um Vegetative, that quickeneth, Physicis relinquendum

Vegetātor, ōris m verb A quickner, or enlivener, Auson Qui vegetum facit

|| Vegeto, āre act To quicken or enliven, to make lively, brisk, quick, or strong, to make sound to refresh Animâ structum vegetave it Adam, Prud Hamart 846 ✝ Vegetum facio

Vegetātus, a, us part To be quickened, or enlivened, Lucr ...

Vegĕtus, a, um or, comp issimus sup (1) Quick, fresh, lively, lusty, sound (2) Firm, sound (1) Oculi vegeti, Suet Cæs 32 Mens vegeta, Cic Tusc 1, 17 Vegetior tauro est ... quam bovi, Col 6, 20 (2) Intervallum temporis vegetissimus e ... granis, Plin 18, 2

Vegrandis, e adj [ex ve, & grandis] (1) Great, and ill proportioned (2) Also lean, thin, meagre, lank, slim (1) Nunc ... is vegrandi grid, Plaut Vid Non 2 881 Rari ... vetus vegrandi subere coctum, Pers 1, 96 ... al pregrandi (2) Oves ... tosten concipiunt, sunt vegrandes & imbecillæ, Varr R R 2, 2

Vehi-

Veha, æ f [via, quâ aliquid vehitur] (1) *An highway for common carriage* (2) *A cart, or wagon* (1) Rustici viam veham appellant, *Varr R R* 1, 2. (2) Brevis veha vehiculum dicitur, *Varr L L* 4, 31

Vĕhĕmens, tis adj or, comp ssimus, sup [ex ve, particula intensiva, & mens, i mente vi, i e impetu, *Gell* he interponit unde dissyllabâ formâ utitur *Hor Ep* 2, 2, 120] (1) *Immoderate* (2) *Vehement, earnest, hasty, speedy* (3) *Fierce* (4) *Stout, firm, strong* (5) *Violent, unruly* (6) *Serviceable, effectual* (1) Vehemens operi, *Hor Ep* 1, 12, 5 Vehemens in utramque partem, aut largitate nimiâ, aut parsimoniâ, *Ter Heaut* 3, 1, 31 (2) = Oratio vehemens, & atrox, *Cic de Or* 2, 49 ✠ lenis, mansueta, *Id* Barbari vehementissimo cursu fugerunt, *Hirt ap Cæs B G* 8, 15 (3) Lupus vehemens, *Hor Ep* 2, 2, 28 (4) Vineæ vehementioribus statuminibus impedandæ est, *Col* 4, 16 Palus vehemens, *Id ib* 12 Vitis, *Id* .., 1 ✠ gracilis, *Ib* (5) = Vehemens, feroxque natura, *Cic in Vatin* 2 (6) = Pilum hastâ vehementius ictu missuque telum, *Liv* .., 19

Vĕhĕmenter adv ius, comp ssimè, sup (1) *Vehemently, eagerly* (2) *Mightily, exceedingly* (1) = Quæ vehementer aguntur, & animose fiunt, *Cic Tusc* 4, 2, ✠ Vehementer me agere fateor, iracunde nego, *Cic Philipp* 8, 5 Vehementius exterreri, *Cæs B C* 2, 4 (2) Ad agriculturam pertinet vehementer, *Varr* Vehementissimè ex concursu laborans, *Cæs B C* 2, 6

Vĕhĕmentia, æ f *Vehemency, earnestness, strongness, or rankness* Flos candidus cum vehementia odoris, *Plin* 13, 8

Vĕhens, tis part *Riding, or carried along*, Cic ac Clar Orat 97

Vehes, *vel* vehis, is f [plaustrum Oscorum linguâ, vel a vehendo] *A cart, or wain load of any thing, as of hay, dung, &c* Vehes stercoris, *Col* 11, 2 fœni, *Plin* 36, 15

Vehicŭlāris, e *Of, or pertaining to a cart, &c* Vocab dub auct

Vehicŭlarius, a, um *Idem*

|| Vehiculārius, ii m *A wagoner or carter*, Spart

Vehicŭlātio, onis f *A finding of carts, coaches, or wagons to carry the emperor's stuff, cart taking* VEHICULATIONE ITALIAE REMISSA, *Vet Num apud Spanheim*, p 800

Vehicŭlum, i n *A cart, wain, or wagon, a coach, or chariot, a general name of all things serving to carry, a vehicle* Vehiculum quo purgamenta hortorum eruuntur, *Tac Ann* 11, 32 Vehiculum camera tum, *an horse-litter*, *Ulp* trusatile, *a wheel barrow*, *Jun* triumphale, *a triumphal chariot*, Cic in Pison 25 meritorium, *a cart, or wagon*, Suet Calig 39 Argonautarum, *Cic N D* 2, 35 sc *the ship*

Vĕho, ĕre, xi, ctum act [ab ὀχέω, ὀχῶ, *II*] (1) *To carry any manner of ways, to convey by land, or by water* (2) Also *to be carried, to travel, or ride* (1) § Vehere fructus ex agris, *Liv* Ciboum ore vehit formica, *Ov A Am* 1, 94 Unà venit ra.. *Id Ep* 2, 6 § per freta, *Id Fast* 3, 868 § in equo, *Cic de Div* 2, 68 (2) § Harpocræ per urbem lecticâ vehendi jus tribuit, *Suet Claud* 28 *Vid* Vehens

Vĕhor, i, ctus *To be carried, &c* Tanquam ratis nostra vehitur oratio, *Cic Tusc* 1, 30

Vejentāna f *A precious stone found near Veii in Italy*, Plin 37, 10

Vel conj [ἢ & ἄλλο, aut aliud, *M*] (1) *Or* (2) *Vel---vel, either---or* (3) *Both---and* (4) *Particularly, especially* (5) *Even* (6) *Even as* (7) *At least* (8) *And* (1) *Vir Geor* 2, 48. (2) Vel adest, vel non, *Plaut* (3) Res rusticas vel fructus, vel oblectationis causâ invisere, *Cic* Nihil illo fuit excellentius vel in virtutibus, vel in vitiis, *Nep Alcib* 1 (4) Hujus victoria illius vel maxima fuit, quod, *&c* Nep Ages 4 (5) Ut vel perire maluerit, quam perdere omnia, *Cic* (6) Vid *Ter Hec* 1, 1, 3 *& ib. Donat* (7) Denique si nullo alio pacto, vel fœnere, *Ter Phorm* 2, 1, 71 (8) Pariter pietate vel armis egregius *Silvius Æneas*, Vir Æn 6, 769

Velabrensis, e adj [à velabrum] *Belonging to a place in Rome that had booths in it*, Mart 11, 53, 10

Velabrum, i n [quod velis transiretur, vel à vehendo, *Vet Schol in Hor de Arte Poet* Sed & *Varr L L* 4, 7 & *Ov Fast* 6, 400 & seq al quod sub velis oleum & similia venderentur] *A place in Rome, near mount Aventine, where they had shops and booths, to sell oil, cheese, and other things* Quà velabra suo stagnabant flumine, *Prop* 4, 10, 5 Quasi in velabro olearii, *Prov in eos qui ex compacto rem gerunt, quod fecerunt olearii in oleo vendendo*, Plaut Capt 3, 1, 29

Vĕlāmen, inis n (1) *A covering, a garment, veil, carpet, coverlet* (2) *The skin of a beast* (3) Also *the bag, skin, or bladder of any swelling, or imposthume* (1) Cunctæ velamina ponunt, *Ov Met* 2 640 Miseri velamina nautæ, *Vir Geor* 3, 313 (2) Eligunt feras, & detracta velamina spargunt maculis, *Tac Germ* 17 (3) *Cels* 7, 2

Vĕlāmentum, i n *A garment, a covering of any thing, a branch of olive tied with ribbands* Ramos oleæ ac velamenta alia supplicum porrigentes, *Liv* 24, 30 Oratores ad Romanos cum infulis & velamentis miserunt, *Id* Velamenta manu prætendens supplice, *Ov Met* 11. 279

Vĕlandus, a, um part *To be hidden, or covered* Velanda corporis, *the privy parts of the body*, Plin Epist 6, 24, 3 Scelus in scelere velandum est, *Sen Hippol* v 721

Vĕlāria, orum n *Sailcloths on the top of the theatre to keep out the weather* Pueros in le ad velaria raptos, *Juv* 4, 122

Vĕlāris, e adj *Pertaining to a veil, sail, or curtain*, Plin 13, 9

Vĕlātūra, a f *A transporting, or carrying* Velaturam facere, *to follow the trade of carrying goods, or passengers*, Varr R R 1, 2 & *L L* 4, 7

Vĕlātus, a, um part (1) *Covered* (2) *Clothed* (3) *Veiled* (4) *Decked, adorned* (1) Tempora coronâ velata, *Ov ex Ponto*, 4, 14, 55 (2) Velatus stolâ, *Hor Sat* 1, 2, 71 (3) Capite velato se devovere diis immortalibus, *Cic pro Domo*, 47 (4) Oratores velati ramis oleæ, *i e* velamenta ferentes, *Vir Æn* 11, 101 Velatis manibus orare, *i e* Thyrsos manibus prætendere, *Plaut Amph* 1, 1, 101

Vĕles, itis m [à volando, *qu* volites, *i e* volantes] *A soldier wearing light harness, a skirmisher, a dragoon* Gladiis à velitibus trucidabantur Hic miles tripedalem parmam habet, *&c* Liv 38, 21 Veles scurra, *a buffoon, or common jester*, Cic Fam 9, 20

Vĕlĭfer, a, um *That beareth, or carrieth sails* Non ego velifera tumidum mare findo carinâ, *Prop* 3, 9, 35 Huc ubi veliferam nautæ advertere carinam, *Ov Met* 15, 719

Vĕlĭfĭcātio, ōnis f verb *An hoising up, or making of sail, a voyage, or course*, *vid* Cic Lentulo Epist Fam 1, 9

Vĕlĭfĭcātus, a, um part (1) *Sailing* (2) *Sailed over* (1) Navis .. internos velificata lacus, *Prop* 2, 28, 40 (2) Creditur olim velificatus Athos, *Juv* 10, 174

Vĕlĭfĭco, āre act &

Vĕlĭfĭcor, āri, ātus sum dep [vela facio] (1) *To hoise up, or spread sails, to sail forth* (2) *To pass along by water* (3) Met *To seek, or endeavour after, to court any person, or thing* (1) Per summa æquorum velificant, *Plin* 9, 30 (2) Nauta per urbanas velificabat aquas, *Prop* 4, 10, 6 (3) Ne velificatus alicui dicaris, *Cic Fam* 8, 10 Velificari honori suo, *Id in Rull* 1, ult

Vĕlĭfĭcus, a, um *Performed with sails spread, or displayed*, Plin 13, 11

Vĕlĭtāris, e adj [a velites] *Belonging to light horsemen* Arma velitaria, *Sall B J* 105 Hasta velitaris, *a javelin used in skirmish, that one might fling from him like a dart*, Liv 26, 4 Velitaria arma, *Id* 38, 20

Vĕlĭtātim adv *By way of skirmish*, Gell 12, ult

Vĕlĭtātio, onis f verb *A skirmishing, a quarrelling, or bickering in words*, Plaut Rud 2, 11, 1 & Asin 2, 2, 41

Vĕlĭtor, ari dep *To skirmish, brawl, or bicker in words* Nescio quid vos velitati estis inter vos duces, *Plaut Men* 5, 2. 28

✠ Vĕlĭvŏlans, tis part *Running, and as it were flying with full sails*, Cic de Div 1, 31 ex poet

✠ Vĕlĭvŏlus, a, um (1) *That goeth*, (2) *or is gone upon with sails* (1) Rates velivolæ, *Ov ex Pont* 4, 16, 21 (2) Mare velivolum, *Vir Æn* 1, 228

† Vella, æ ant *pro* villa, *Varr*

Vellātūra, æ f *A carrying, or conveying* Velaturam facere, *Varr R R* 1, 2

Vellendus, a, um part *To be plucked up* ✠ Non decerpendus, sed radicitus vellendus, *Col* 11, 3

Vellens, tis part *Pulling, pinching, &c* *Ov Met* 8, 800

† Vellĭcātim adv *By plucks, or twitches, by girds*, Gell 12, 15 *alii* velitatim *leg*

Vellĭcātio, ōnis f verb (1) *A plucking, a twitching* (2) Met *a carping, or depraving* (1) ✠ Non tantum lacerationes, sed etiam vellicationes effugere, *Sen de Vit Beat* 5 (2) = Injurias, convicia, vellicationes contemnemus, *Sen de Ira*, 43

Vellĭcātus, ûs m verb *A plucking*, Plin 28, 6

Vellĭco, āre act [a vello] (1) *To pluck, lug, twitch, or pinch* (2) *To pull off hair, or feathers, to peck as a bird doth* (3) *To nip, carp, taunt, or rail at one* (1) Puer vellicari se à pædagogo respondit, *Quint* (2) Cornix volturios duo vellicat, *Plaut Most* 3, 2, 148 (3) = In conviviis rodunt, in circulis vellicant, *Cic pro C Balbo*, 26

Vello, ĕre, li, & vulsi, sum act [ab ἕλω, ἀφέλω, *M*] (1) *To pull, to pluck, to lug* (2) *To pinch, or gnaw* (3) *To pluck, to tear away* (1) Vellere herbas, *Col* 11, 3 emblemata ex patellis, *Cic Verr* 4, 24 Barbam tibi vellunt lascivi pueri, *treat you contemptuously*, Horat Sat 1, 3, 133 (2) Vellere herbas dentibus, *Ov Met* 8, 800 (3) § Postes e cardine vellere, *Vir Æn* 2, 480

Vellor, i pass *To be plucked up, to have the hair plucked up* § Arbos solo vellitur, *Vir Æn* 3, 27 *Absol* ✠ Cæsar non solum tondebatur, ac radebatur, sed vellebatur etiam, *Suet Cæs* 45

Vellumina, vellemina, velumina, *vel* vellumina, um n *Fleece wooll wound*, Varr R R 2, 11

Vellus, ĕris n [dict quod ante tonsuram inventam vellerentur lanæ, *Varr* al à velando, quod vellere velatur ovis, *Scal*] (1) *A fleece of wooll* (2) *A skin of a beast* (3) ✠ *The leaves of a tree* (4) ✠ *A thin bright cloud like a fleece* (1) Ovis auratæ vellus, *Ov Ep* 6, 2 Nivea vellera, *Vir Æn* 3, 459 (2) Velat maculoso vellere corpus, *Ov Met* 3, 197 (3) At simul induitur nostris sua vellera ramis, *Ov de Nuce* (4) Jam clarior aer, & par Phœbus aquis densas in vellera nubes sparserat, *Luc* 4, 123

Vēlo, āre act [a פלי] (1) *To cover, to veil, to hide* (2) *To clothe, to adorn* (3) *To bind, or tie, to muffle* (1) Scelus in scelere velare, *Sen Hippol* 721 (2) Corpus maculoso vellere velat, *Ov Met* 3, 197 (3) Velatis manibus orare, *Plaut Amph* 1, 1, 101 *ut aliqui exponunt* Forte rectius velamentum, i e *thyrsum tenentibus*, *vid* Velamentum

Vēlor, āri, ātus pass (1) *To be covered* (2) *To be clothed* (1) Populea fronde velari, *Vir Æn* 5, 134 (2) *Philoctetes* velatur que aliturque avibus, *Ov Met* 13, 53

Vĕlōcĭtas, ātis f *Swiftness, agility, nimbleness* Multa voluptati præponenda sunt, ut vires, valetudo, velocitas, pulchritudo, *Cic de Fin* 2 = Velocitas corporis celeritas appellatur, *Id Tusc* 4, 13 = Non velocitatibus, nec celeritate corporis res magnæ geruntur, *Id de Senect* 6

Vĕlōcĭter adv ius, comp ssimè, sup *Swiftly, speedily* Hanc videt, & visam patruus velociter aufert, *Ov Fast* 4, 445 Ruunt alii rapidâ velocius aurâ, *Id Met* .., 209 Velocissimè hostes refugiebant, *Cæs B G* 5, 35

Vĕlox, ōcis adj or, comp ssimus, sup [a volatu, *qu* volox] (1) *Swift, quick, nimble* (2) *Speedy, hasty, ready* (1) Cervi veloces, *Vir Æn* 5, 253 Nihil est velocius annis, *Ov Met* 10, 520 Velocissimi pedites, *Cæs B G* 1, 48 = Pernix (2) ✠ Sit piger ad pœnas princeps, ad præmia velox, *Ov ex Ponto*, 1, 2, 123

Vēlum, i n [contr a vexillum, à volatu, *Isid* à velleribus, quod ex lana fiat, *Varr*] (1) *A veil, curtain, or hanging* (2) *A sail* (1) Involucris tegitur, & quasi velis quibusdam obtenditur unius cujusque natura, *Cic Q fratr* 1, 1 Uxor, si quando recito, in proximo, mo, velo discreta, sedet, Plin Ep 7, 19 Niveis tentoria velis, Vir Æn 1, 473 (2) Plenis velis ostia subire, Vir Æn 5, 281 Utcunque est ventus, exin velum vertitur, Met i e tempori servio, Plaut Pæn 3, 5, 9 ¶ Facere vela, Cic dare, Vir to set sail ¶ Pandere vela, Cic Toti velis, Quint intendere, Vir to make all the sail one can, Met to launch out, to exert to the utmost Contrahere vela, Cic deducere, Ov trahere, Vir subducere, Sil to furl the sails, Met to draw to a conclusion Dare vela retrorsum, to steer contrary, Met to change one's mind, Hor

† Velumen, inis n Fleece-wool wound, Varr ‡ Vellus Vid Velamina

Velut adv [vel ut, i e & ut] (1) Like, like as (2) To wit, for example (1) Odium velut hæreditate relictum, Nep Hamilc 1 Velut succumbens victima ferro, Catull 62, 369 (2) Bestiæ, quæ gignuntur e terra, velut crocodili, &c Cic N D 2, 48

Velŭti adv Even as Veluti juvenca vitans onus indomita jugi Catull 61, 33

Vena, æ f [ab a fiora, in acc ...] (1) A vein (2) A pulse, or artery (3) The natural disposition, or humour of a man (4) A vein, or style of writing (5) A vein of the earth (6) The grain of wood (7) A vein of stone, metal, &c (8) The bubbling, or rising up of water (9) Membrum virile (1) ✠ Sanguis per venas in omne corpus diffunditur, & spiritus per arterias, Cic N D 2, 55 Pari modo, ✠ Inter hoc latent arteriæ, i e spiritus semitæ, his innatant venæ, i e sanguinis rivi, Plin 11, 37 ✠ Juncta est vena arteriis, his nervi, Cels 2, 10 ☞ Venarum & arteriarum differentia petenda est ex Gell 18, 10 sed sæpe confunduntur, ut in seq (2) Tentantia composita vidit nox currere venas, Pers 3, 91 Pulsus venarum, Plin 2, 97 (3) Venas hominum tenere, Cic de Orat 1, 52 (4) Vates cui non sit publica vena, Juv 7, 53 = Ego nec studium sine divite vena, nec rude quid prosit video ingenium, Hor A P 410 (5) Littora aquæ dulcis habent venas, Hirt B Alex 8 (6) Quarundam arborum carnibus venæ pulpæque sunt, Plin 16, 38 (7) Venis silicis abstrusus ignis, Vir Æn 6, 7 Æris, argenti, auri venas invenire, Cic N D 2, 60 ¶ Argentum venæ secundæ, of a worse alloy, Juv 9, 31 (8) Ne male fœcunda vena reciret aquæ, Ov Trist 3, 7, 16 (9) Incaluit quoties saucia vena mero, Mart 4, 66

Venābulum, i n [a venando] An hunting pole, an hunter's staff, a boar spear Bestia venabulo transverberatur, Cic Fam 7, 1 vid & Mart 14, 31

Venālis, e adj (1) To be sold, set to sale, venal (2) That will do what one would have him for money (3) Also a slave (1) Domus ... turpissimo mercatu omnia erant venalia, Cic Philipp 2, 2 (2) Venalis scriptor, Cic pro Do... 19 (3) Grex venalium, Suet de Cl Rhet 1

Venāliter adv Saleably, vendibly, in a venal manner, Sen de Ben 2, 11

|| Venālitiārius, ii m A seller of slaves, also an huckster, one who selleth by retale, an ...ener, ... ‡ Venalium mercator

Venālitium, ii n (1) A place where servants and slaves are sold (2) The company of slaves that are to be sold (1) Ulp (2) Erat venalitium titulis pictum, Petron 29, 2

Venālitius, a, um Pertaining to sale, or that which is bought and sold, set to sale, dealing in slaves Venalitii greges, Plin 35, 18 Venalitia familias cum urbe expulisset, Suet Aug 42

Venālitius, ii m One dealing in slaves Plurimi venalitii, mercatoresque, Cic de Orat 70

Vēnans, tis part (1) Hunting (2) Met Seeking (1) Venatrix metu venantûm territa fugit, Ov Met 2, 492 (2) Oculis venans viros, ogling, Phædr 4, 4

Venātĭcus, a, um [a venor] Pertaining to hunting Canis venaticus, an hound, or beagle to hunt with, Cic Verr 4, 1...

Vēnātio, ōnis f verb (1) An hunting, a chasing (2) Also venison, or beasts hunted (1) Qui venationum apparatu pecunias profundunt, Cic Offic 2, 16 (2) Boni succi sunt triticum, ..., caseus mollis omnis venatio, &c Cels 2, 20 Ex venatione lepus unam movet, Id 2, 21 vid & eundem 2, 26, & 28 Liv 35, 49 ☞ Male igitur hanc notionem posteriori bus tribuunt VIRI CLAR Ci sub Salm aliique, quam C Steph quoque ...

Vēnātor, ōris m verb (1) An hunter, an huntsman (2) Met A tracer, a ... er, an inquirer (1) Venatores in nive pernoctant, Cic Tusc 2, 17 (2) = Physicus, id est, speculator venatorque naturæ, Cic N D 1, 30 Venator adest nostris consiliis cum auritis plagis, Plaut Mil 3, 1, 14

Venātōrius, a, um Of, or belonging to hunting, or to an huntsman, Mart 14, 31 in lemmate Venatorium instrumentum, Plin Epist 2. 19, 3

Venātrix, icis f verb An huntress Humeris habilem suspenderat arcum venatrix, Vir Æn 1, 322 conf Ov Met 2, 451

Venātūra, æ f An hunting Venaturam oculis facere, Plaut Mil 4, 1, 43

Venātus, a, um part Having hunted In quibus es venatus jugis? Ov Met 2, 427

Vēnātus, ûs m (1) Hunting, or chasing (2) Fishing (1) Cic Tusc 5, 34 (2) Plaut Rud 4, 3, 31

Vendax, ācis adj A great seller, or that selleth gladly ✠ Patrem familias vendacem esse oportet, non emacem, Cato, 2

Vendendus, a, um part To be sold Consuetudo in bonis prædiis vendendis, Cic Verr 1, 51

Vendens, tis part Selling, Suet Aug 69

Vendĭbĭlis, e or, comp (1) Vendible, saleable, easy to be sold (2) Plausible, passable, that will go off (1) Fundus vendibilis, Hor Epist 1, 17, 47 Vendibiliorem agrum facium, Varr conf Cic de Fin 1, 4 (2) Oratio vendibilis, Cic de Amic 25 ✠ Illi bona res, huic vendibilis videbatur, Id Verr 1, 31

|| Vendĭcātio, ōnis f verb A claiming, or challenging, Ulp ‡ Vindicatio

|| Vendĭcātor, ōris m verb Litt ex Tac ut opinor Hist 1, 40, 4 ubi rect venditator, q v

Vendĭco, āre act To claim, to challenge a thing Vendicare aliquid sibi, Quint pro suo, Curt ☞ Hæc loca citat Litt quem tamen admonuisse oportuit, ab optimæ notæ criticis hoc verbum relegari, cum locum τῦ vindicare in corruptis MSS injustè sibi vindicet, aut saltem dubiæ esse auctoritatis

Vendĭtārius, a, um Desirous to be sold Linguam mihi quoque esse venditariam, Plaut Stich 1, 3, 105

Vendĭtātio, ōnis f verb A bragging, vaunting, boasting, or making a shew = A multis virtus contemnitur, & venditatio quædam atque ostentatio dicitur, Cic de Amic 23 Mihi laudabiliora videntur omnia, quæ sine venditatione & sine populo teste fiunt, Id Tusc 2, 26

Vendĭtātor, ōris m A bragger, or boaster ✠ Famæ nec incuriosus, nec venditator, Tac Ann 1, 49, 4

Vendĭtio, ōnis f verb A selling, or sale, a vent Venditio bonorum, Cic pro S Rosc 38

Vendĭto, āre freq [a vendo] (1) To desire to sell, or set to sale (2) To brag, or boast, to vaunt (3) Venditare se alicui, to insinuate himself (1) Atque ei sese, cui totus venierat, etiam, vobis inspectantibus, venditaret, Cic de Har Resp 1 Alii aliquid venditare, Catull 31, 8 (2) = Ingenium venditare, & memoriam ostentare, Ad Herenn 2, 30 (3) § Se plebi per aliquem venditare, Liv 3, 35 § Quomodo autem Cæsari se venditant? Cic Attic 8, 16

Vendĭtor, ōris m verb A seller ✠ Ut ne quid omnino, quod venditor nolit, emptor ignoret, Cic Offic 3, 12

Vendĭtrix, icis f She that selleth, Scæv Dig 18, 3

Vendĭtūrus, a, um part About to sell Bona venditurus, Hirt B Afr 90

Vendo, ĕre, didi, ditum act [contr a venundo, ex venum, & do] To sell, or set to sale ✠ Logos ridiculos vendo, agite, licemini, Plaut Stich 1, 3, 68 § Vendidit hic auro patriam, Vir Æn 6, 621

Vĕnēfica, æ f (1) A sorceress, she that poisoneth, a witch (2) Vocab in convicus (1) Barbara narratur venisse venefica tecum, Ov Ep 6, 19 (2) Ter Eun 5, 1, 9 Plaut Epid 2, 2, 37

Vĕnēfĭcium, ii n (1) Impoisoning (2) Sorcery, witchcraft (1) Locusta veneficii damnata, Tac Ann 12, 66, 3 (2) = Veneficiis & cantionibus Titiniæ factum, Cic Orat 60

† Vĕnēfĭco, āre To bewitch, Litt ex Plaut

Venēfĭcus, a, um Venomous, poisonous Veneficus aspectus, Plin 28, 2

Vĕnēfĭcus, i m (1) A sorcerer, an inchanter, a wisard, a necromancer, or magician (2) A poisoner (3) A cheater, an impostor (1) Cic Catil 2, 4 (2) Suet Aug 56 (3) Ter Eun 3, 3, 6

Vĕnēnārius, ii m A poisoner, one who maketh, or selleth poison, Suet Ner 33

Vĕnēnatus, a, um or, comp (1) Invenomed poisoned (2) Venomous, poisonous, infectious (1) Venenatis sagittis gravida pharetra, Hor Sat 1, 22, 3 (2) Nihil est venenatius, quam in mari pastinaca, Plin 32, 2

‡ Vĕnēnĭfer, a, um Bearing poison, venomous, Ov Met 3, 85

Vĕnēno, āre To invenom, to poison, Hor Ep 1, 14, 38 Ut spatium cœli quadam de parte venenet, Lucr 6, 820

Vĕnēnōsus, a, um Poisonous, venomous, Varr R R 1, 2 sed variant codd

Vĕnēnum, i n vocab med (1) Any medicine, good or bad, but more frequently the latter (2) Ointment, or paint (3) A dying (4) Also a medicine, or preparation to embalm a body (5) Witchcraft, sorcery (1) Qui venenum dicit, adjicere debet, utrum malum, an bonum, nam & medicamenta venena sunt, Cajus JC De verb signif 236 Sic Sall Venenis malis imbuta avaritia, B C 11 & Cicero, Qui venenum malum fecit, fecerit, pro Cluent 54 ✠ Quid loquar herbarum fibras medicante veneno tinctas, letiferi fudisse pericula succi? Prud Hamart 230 Omnia vestigia veneni in illius mortui corpore erant, Cic pro Cluent 10 (2) Cum domina positis sua collinat ora venenis, Ov Rem Am 351 (3) Assyrio fucatur lana veneno, Vir Geor 2, 465 vid & Hor Ep 2, 1, 107 (4) Infuso facies solidata veneno est, Luc 8, 691 (5) Memoriam venenis eripere, Cic Orat 37 Phœbe diris verborum obsessa venenis, Luc 8, 501

Vēneo, īre, ii, venum neu [ex venum, & eo, h e conventione in alium transeo] To be sold, or set to sale Olea pendens in fundo venafro venibit, Cato, 146 Venit vilissima rerum hic aqua, Hor Sat 1, 5, 92 Videamus ejus hominis bona quâ ratione venierint, Cic Ut familia ad ædem Cereris venum iret, Liv 2, 55

Venĕor, iri id quod vendor, Plaut ap Diomed

Vĕnĕrābĭlis, e adj or, comp Worshipful, venerable Ætate venerabilis, Liv 6, 24 Venerabilis vir miraculo literarum, Id Venerabilior Lare dives, Hor Sat 2, 5, 14

Vĕnĕrābundus, a, um In a reverent posture of worship Venerabundi templum inire, Liv 5, 22 conf & Suet Cal 15

Vĕnĕrandus, a, um part (1) To be reverenced, or worshipped (2) To be honoured (1) Veneranda Pales, Vir Geor 3, 294 = Venerandus & colendus, Cic in Rull 2, 35 (2) Venerandus amicus, Hor Ep 1, 18, 73

Vĕnĕrans, tis part n (1) Worshipping (2) Praying (1) § Supplici et venerans aram, Vir Æn 12, 220 (2) In medio foco defodit thesaurum, venerans me ut servarem sibi, Plaut Aul in prol 8

|| Vĕnĕranter adv Reverently, with worship, Litt ex Apul ‡ Reverenter, honorifice

Vĕnĕrātio, ōnis f verb Veneration, worship, honour reverence Habet venerationem justam quicquid excellit, Cic N D 1, 17

Vĕnĕrātor, ōris m verb A worshipper, a reverencer ✠ De Scipionis accusatore venerator est factus, Val Max 3, 7, 1, in fin Domûs vestræ venerator primis ab annis Ov ex Pont 2, 2, 1

Vĕnĕrātus, a, um part (1) Act Having worshipped (2) Pass Worshipped, reverenced (1) Fallaci veneratus numina cultu, Ov Met 5, 279 (2) Cujus dabit veneranda sacerdos, Vir Æn 3, 460

Vĕnĕreus, & ius, a, um [a Venere] (1) Belonging to Venus (2) Lecherous, venereal (1) Veneria sacerdos, Plaut Rud 2, 3, 20 ¶ Venerius jactus, a lucky cast, Cic de Div 2, 59 (2) Res venereæ, Nep Alcib ult voluptates, Cic Tusc 4, 32

Vĕneri

Venereæ plur *Shellfishes* Gra-ce Veneris, *Plin*

Veneris gemma *A kind of amethysts*, *Plin* 37, 2

† Venero, are *Plaut* id quod

Veneror, ari, atus sum dep [ve-nerari, à Venere, observantia pro-sequor ob venerem, i e venusta-tem, *Scal*] (1) *To adore, or wor-ship* (2) *To honour* (3) *To pray unto* (4) Pass *To be adored, or worshipped* (5) Obscœn (1) Ut venerem meam Lucinam, *Plaut Truc* 2, 5, 2. Augusti omnes sanctæque Deos venerari, *Cic N D* 3, 21 = Jo onoveo, vid *Nep Con* 3 (2) Venerari memoriam alicujus, *Tac* (3) Venus, vene-ror te ut omnes bonos miseri fien, *Plaut Rud* 5, 2, 62 (4) Vid Venerarius (5) *Hygin Fab* 15

Venetus, a, um (1) *Of Venice* (2) *Dyed in a Venice blue*, as the garments worn by common soldi-ers and seamen were (1) Quan-tum Hypanis veneto dissidet Eri-dano, *Prop* 1, 12, 4 (2) Conten-tu veneto duroque cucullo, *Juv* 3, 170 Veneta factio, *the comp-any of the blue, distinguished there-by from the other liveries worn by the charioteers in the Circus*, *Suet Vitell* 14 & *Mart* 14, 131 ¶ Venetum lutum, *a cerecloth to pull off the hair* Mart 3, 74

Venia, æ f (1) *Pardon, leave, or licence* (2) *Favour* (3) *Cour-tesy* (1) Impetrare ab aliquo ve-niam culpæ, *Cic pro Ligar* 1 Da veniam hanc mihi, *Ter Hec* 4, 2, 2 (2) Æquum postulat, da ve-niam, *Ter Andr* 5, 3, 30 (3) Vid *Nep Eum* 6

|| Venalis, e adj *Venial, par-donable*, Macrob Sat 7, 16

Veniculа, æ f *A kind of grape* Uva ollis aptissima, *Plin* 14, 2

Veniens, tis part (1) *Coming* (2) *To come, future* (1) Veniens in urbem, *Cic* ✠ Stulti nec vi-tare venientia possunt, nec ferre præsentia, *Cic N D* 1, 9 (2) ✠ Veniens ævum, *posterity*, Horat Od 3, 5 6

Venilia, æ f [a venio] *The flow of the sea, the wash, or rushing of the surge, or wave against the shore* ✠ Salacia, *Varr L L* 4, 10

Venio, ire, veni, ventum neut [ab inusit βάω, *Scal*] (1) *To come, to arrive* (2) *To go* (3) *To be* (4) *To accrue, to proceed* (5) *To chance, to happen, to come to pass* (6) *To spring, or grow* (1) ✠ Cum inimici nostri venire dicentur, tum in Epirum ibo, *Cic Fam* 14, 3 Multos in Africam venisse audio *Id Attic* 11, 7 § Cum consul Pisas navibus venisset, *Liv* Venire viam, *Cic* (2) Sci-pio cum collega adversus eum ve-nit, *Nep Hannib* 4 (3) Tu mihi cura, requies, tu medicina ve-nis, *Ov Trist* 4, 10, 118 Si usus venit, *Ter Heaut* 3, 2, 45 (4) Emolumentum mihi inde venit, *Cic pro Cluent* 19 (5) Ut mihi quicquid ago, lepidè omnia pro-sperèque veniunt, *Plaut Pseud* 2, 1 (6) Hic segetes, illic veniunt felicius uvæ, *Vir Geor* 1, 54 § Venire in mentem alicujus rei, *to call to mind*, Cic de Fin 5, 1

Ventur imperf *They come* Hac unâ spe in judicium venitur, *Cic Verr* 2, 29 Ut ventum est Tibulla, *Hor Sat* 2, 6, 33 Posse prius ad angustias veniri, quam sentirentur, *Cæs B C* 1, 67

Venor, ari, atus sum dep (1) *To hunt, to seek after* (2) *To get, or go about to get a thing craftily, or cautiously* (1) Canum alacri-tas in venando, *Cic N D* 2, 63 § Apros venari, *Vir Ecl* 10, 56 leporem canibus, *Id Geor* 3, 410 pisces, *Plin* 36, 1 ✠ viros oculis, *to ogle*, Phædr 3, 4, 4 (2) Ve-nari laudem, *Ad Herenn* 4, 3 viduas avaras, *Hor Ep* 1, 1, 77

Venosus, a, um or, comp (1) *Full of veins, or strings* (2) Met *Gouty, swollen, bloated, uneven* (1) Folia plantaginis venosa, *Plin* 24, 10 Sat vum ... m, quod est minus & venosus *Id* 20, 8 (2) Venosus liber Acci *Pers* 1, 6

Venter, tris m [ab ἔντερον, in-testinum, præponit o digamma] (1) *The belly, all the cavity from the diaphragm to the pubes* (2) Catachrest *Any swelling, or pro-tuberance like it* (3) *The stomach* (4) *The womb* (1) Venter abdo-mine tardus, *Juv* 4, 107 (2) Tu-mido ventre cucurbita, *Prop* 4, 2, 43 Crescit in ventrem cucumis, *Vir Geor* 4, 122 (3) Tu tui quo-tidiani victûs ventrem ad mercedem, *Plaut Capt* 4, 2, 75 Rabies im-proba ventris *Vir Æn* 2, 356 (4) Vexerat illa gravem maturo pon-dere ventrem, *Ov Met* 11, 311 ¶ Ventrem ferre, *to be with child*, Liv 1, 34 de vacca, *to be with calf* Col 6, 24 de sue, *to be with pig*, Varr R R 2, 4

✠ Ventigenus, a, um *Engen-dring winds, and bringing them forth* Ventigeni cratères, *Lucr* 6, 701

Ventilabrum, i m [a ventilo] *A fan to winnow withal*, Varr R R 1, 52 & Col 2, 10

Ventilatio, onis f verb *A fan-ning, or winnowing*, Plin 23, 1

Ventilator, oris m verb (1) *A fanner, or winnower* (2) *A jugler, an hocus pocus* (1) Pura sibi tunc eo pervenient, quo ven-tilator eam jaculabitur, *Col* 2, 10 (2) *Quint* 10, 7

Ventilo, are act (1) *To blow, to fan* (2) *To winnow* (3) *To flourish before fight* (4) *To can-vas, or sift a point* (5) Met *To blow the coals, to excite* (1) Cursu ventilare ignem, *Juv* 3, 253 aurum digitis sudantibus, *Id* 1, 28 ¶ Ventilare frigus, *to fan*, Mart 3, 82 (2) Ventilare frumentum, *Plin* 18, 30 (3) Quam stultum est, cum signum pugnæ acceperis, ventilare? *Sen Ep* 117 (4) Ven-tilare doctrinam, *Boeth* (5) *Cic pro Flacc* 23

† Ventio, onis f verb *A com-ing, an arrival* Quid tibi huc ventio est, *Plaut Truc* 2, 7, 61 ‡ Quid huc venisti?

Ventito, are freq (1) *To come often* (2) *To go often* (1) Dies fere nullus est quin hic Satyrus domum meam ventitet, *Cic Fam* 11, 27 (2) Missu Cæsaris ad Am-biorigem ventitare consueverat. *Cæs B G* 5, 27 Sæpius in agrum ventitare, *Plin* 18, 5

Ventosus, a, um or, comp ssi-mus, sup (1) *Windy, full of wind* (2) *Exposed to the wind* (3) Met *Light, or swift as the wind* (4) *Inconstant* (1) Ven-tosus aer, *Plin* 2, 18 dies, *Flor* 4, 3, 15 (2) Regio ventosissima, *Liv* 36, 43 Æquora ventosa, *Vir Geor* 1, 206 fornax, *Cato*, 38 Germania ventosior quà Pannoni-am adspicit, *Tac Germ* 4 (3) Equi ventosi, *Ov Fast* 4, 392 A-læ ventosæ, *Vir Æn* 12, 848 (4) Romæ Tibur amo ventosus, Ti-bure Romam, *Hor Ep* 1, 8, 12. Ventosissimus homo Lepidus, *Brut Cic Fam Epist* 11, 9

Ventrale, is n *An apron, or other garment for the belly*, Plin 8, 48

Ventricosus, a, um *Big bellied*, Plaut Asin 2, 3, 20 *ubi fortè rect* ventriosus

Ventriculus, i m dim (1) *The stomach* (2) *A little belly* (3) *The ventricle*, as of the heart (4) *The core in a botch, or bile that is broken* (1) Ventriculus receptaculum cibi est, &c. Cels 4, 1 (2) = Vacua & plana om-nia dicas infra ventriculum, *Juv* 7, 97 (3) *Cic N D* 2, 54 (4) *Litt ex Cels*

|| Ventrifluus, a, um [ex venter, & fluo] *Laxative, purging the belly* Ventrifluum medicamen-tum, *a purging medicine* Aur Tacit 1, 4 ‡ Purgans, *Cels*

Ventriloquus, a, um *One pos-sessed of a spirit that speaketh out of his belly*, Tert

Ventriosus, ventrosus, vel ven-truosus, a, um *sic enim diversè scrib* (1) *Gor-bellied* (2) *Round and prominent* (1) Vid Ventri-cosus, *Vet Gloss* ventriosus γα-στρώδης, γαστρων (2) Dolia ven-truosa & patula, *Plin* 14, 21

Ventulus, i m dim *A little wind* Cape hoc flabellum, & ventulum huic sic facito, *Ter Eun* 3, 5, 47

Venturus, a, um [a venio] (1) *Ready to come* (2) *Future*, &c (1) Venturus, cum magnis copiis, *Nep Dion* 5 (2) Præscia venturi vates, *Vir Æn* 6, 66 *Vid* Venio

Ventus, i m [ab ἀέτης venit, *Perot*] (1) *Wind* (2) *A storm, or tempest* (3) Met *Empty air, applause* (4) Ventus textilis, *tif-fany, lawn* (1) Aer effluens huc & illuc ventos efficit, *Cic N D* 2, 39 Utcunque in alto est ven-tus, exin velum vertitur, *as stand-eth the wind, my mill doth grind*, Prov Plaut Epid 1, 1, 47 & Pœn 3, 5, 9 ¶ Siciliam ventus dabat, *stood fair for*, Petron c 114 ✠ Tradere ventis, *to forget*, Hor Od 1, 26, 2 (2) Venti æquo-re fervido deprælantes, *Hor Od* 1, 9, 11 Venti posuere, *the storm ceased*, Vir Æn 7, 27 (3) Omnes intelligimus ventum quendam po-pularem esse quæsitum, *Cic pro Cluent* 47 (4) Æquum est indu-ere nuptam ventum textilem, *Pe-tron* 3, 3

Venucula, æ f *al* venicula, ve-nuncula, & venuncula [a Ve-nusia, oppido Apulorum] *A grape which being put in pots, keepeth a long time*, Col 3, 2

Venunculum, i n *sc* far *A kind of wheat*, Col 2, 3

Venula, æ f *A small vein* In oculis venulæ pallent, *Cels* 2, 6

Venum sup n verbi veneo, *vel*, ut alii, nomen *To be sold* Fa-milia ad ædem Cereris Liberi Li-beræque venum iret, *Liv* 3, 55 *Pro iis qui nomen putant facit Tac* qui veno exercere, *Ann* 13, 55, 5 & posita veno irritamenta luxus, dixit, *ibid* 14, 15, 2 *Quin & alia forma Apul* venui habere, *Met* 8

|| Venundatio, onis f verb *Selling, sale, vent* ‡ Venditio

Venundator, oris m verb *One that selleth, or setteth to sale*, Litt ex Mart

|| Venundo, are, edi, datum act [ex venum, & do, per contr ven-do] *To expose to sale, to sell* Capere, venundare pro commer-cio, *Tac Agr* 28, 5 Venundata Scylla, *Prop* 3, 19, 21 *sed fortè rectè in utroque loco divisè*, ve-num data, *ideòque* ‡ venum dare *tutius dices*

Venus, eris f [à veniendo, quòd ad omnes veniat] (1) *The goddess of love and beauty* (2) *Love* (3) *Lust* (4) *Venery* (5) Meton *A mistress, a sweetheart* (6) *A lustful woman* (7) *The morning star* (8) *A charm, a temptation* (9) *Comeliness, a grace in countenance, or beha-viour, becomingness* (10) *A cast, or chance at cockal play with four bones, when every one turn-eth up a several face* (11) *The chiefest and best cast of dice, when one throweth three sices* (1) *De hac Dea, & quotuplex fuerit, vid* Cic N D 3, 23 & Propr 4, Veneris mensis *April*, Ov Fast 1, 39 (2) Sancta Venus habitat in parvis tectis, *Sen Hippol* 211 (3) Veneris damnosa volupta, *Ov ex Pont* 1, 10, 33 Stimuli vene-ris, *Lucr* 4, 1208 (4) Tenerum in Venerem refugere, *Ov Met* 10, 80 = Venerem quam coitum di-cere magis decet, *Quint* Sus-pecta libido est, quæ venerem af-fectat sine viribus, *Juv* 10, 209 Taurus in venerem ruens, *Hor Od* 1, 16, 12 (5) Parta meæ Ve-neri sunt munera, *Vir Ecl* 3, 68 (6) Quid enim Venus ebria curat *Juv* 6, 299 (7) *Cic N D* 2, 20 = Lucifer, *Id* (8) Nescis quas habeat Veneris aliena pecunia? *Juv* 13, 34 (9) Muneribus Ve-neris potens, *Hor Od* 4, 10, 1 = Quoniam cum gratia quadam & ve-nere dicitur, *Quint* 6, 3 (10) *Vid Suet Aug* 71 conf *Mart* 14, 1, *atque ibi interpretes* (11) *Jun*

† Venus us m *Sale*, Litt ex Apul

Venustas, atis f (1) *Fairness, sightliness, comeliness* (2) *A grace and becomingness in speech and utterance* (3) *Felicity, good fortune* (1) ✠ Venustatem mu-liebrem dicere debemus, dignita-tem virilem, *Cic Offic* 1, 36 (2) Agere cum dignitate & venustate, *Cic de Orat* 1, 31 = Festivitas & venustas dicendi, *Id ib* 57 (3) = Quis me est fortunatior, ve-nustatisque adeo plenior? *Ter Hec* 5, 4, 8 *sc ex Veneris ultima no-tione*

Venustè adv ssimè, sup (1) *With a grace, handsomely, be-comingly* (2) *Happily, luckily* (1) Omnia venustissimè finxi, *Quint* 6, 3 (2) Illud mihi vide-tur perquam venustè cecidisse, *Cæl Cic Epist Fam* 8, 4

Venustulus, a, um dim *Some-what handsome, or comely, pret-ty* Oratio venustula, *Plaut Asin* 1, 3, 70

Venustus, a, um or, comp ssi-mus sup [a Venus, ut ab onus onustus] (1) *Comely, graceful, genteel* (2) *Fine, gallant, plea-sant* (3) *Happy, lucky* (1) Vul-tu adeo modesto, adeo venusto ut nihil supra, *Ter Andr* 1, 1, 93 ✠ Vultu pulchro magis, quam ve-nusto, *Suet Ver* 51 (2) = Sive faceti sunt sive fiunt narrante te, venustissima, *Cic Fam.* 15, 21 Ve-nustius quiddam, *Cic Orat* 22 (3) *Vid* Venustas, n 3 & invenustus.

Veprecula, æ dim [a vepres] *A little brier, or bramble* Illa ex vepreculis extracta nitedula, *Cic pro Sext* 33

Vepres, is m *A brier, or bram-ble* Septus & vestitus vepribus, *Cic Tusc* 5, 23 Vepre latens le-pus, *Ov Met* 5, 628 Hunc ve-prem manifestum est interimi non posse, nisi radicitus effodere velis, *Col* 11, 3

Vepretum, i n *A place full of briers, a bramble bush*, Col 4, 32

Ver, veris n [ab Æol βῆρ, ἔαρ] *The*

The spring time Primo vere, *Plin* 10, 29 Vere ineunte, *Cic* Vere novo, *Vir Geor* 1, 43 *ubi de divisione triplici quatuor anni temporum omnino lege Servium* ¶ Ver sacrum, *a kind of vow made by the antient inhabitants of Italy*, Liv 34, 44 *De quo vid Fest* p 473

|| Veracitas, atis f *A speaking of the truth, veracity* Ethicis tribuendum

† Verarulli m plur *Wizards, fortune-tellers, or astrologers* Nullis infensior quam vericulis & mathematicis, *sic legi vult* Scal *in* Suet Vitell 14 *sed al aliter*, vernaculis *defendit Gronov*

Veratrum, i n *An herb called hellebore* Nobis veratrum est acre venenum, *Lucr* 4, 644 Non hic est Ilia, Atti ebria veratro, *Pers* 1, 51 conf *Cels* 4, 2

Vĕrax, ācis adj *True of speech* Oraculum verax, *Cic* de *Div* 1, 19 Saga, *a witch*, or *wise woman*, Tibull 1, 2, 43 Veraces sensus, *Cic Acad* Q 4, 25

Verbālis, e adj *Belonging to a word*, or *coming of a word*, or *verb, verbal*, Gramm

Verbascum, i n *The petty mullien, wooll-blade, torchweed*, or *high taper, longwort*, Plin 25, 10

|| Verbātim adv *Word for word*, Erasm † Iisdem verbis

Verbēna, æ f [*qu* herbenæ, *Serv*] *The herb vervain*, but it is taken also for *all sacred leaves*, as laurel, olive, myrtle, rosemary, and other sweet herbs, used to adorn the altars Ex ara sume hinc verbenas tibi, *Ter Andr* 4, 4 5 *ubi vid* Donatum, *&* Serv *in* Vir Ecl 8, 65

Verbēnāca, æ f *The same as* verbena, *Plin* 25, 9

Verbēnarius, a, um *One carrying the* sagmina, *or* verbenæ, *Plin* 22, 2

Verbenātus, a, um *Crowned, and adorned with vervain and other sacred herbs*, as beasts for sacrifice were, *Suet Cal* 27

Verber, ĕris n (1) *A wand to beat with, a scourge, a whip* (2) *A stripe*, or *blow, a lash*, or *jerk* (3) *A stroke, blow*, or *bang* (4) *A blast of wind* (5) *A check, taunt*, or *reproach* (1) Illi instant verbere torto, *Vir Geor* 3, 106 Verberis ictu increpuit, *Ov Met* 14, 821 (2) Tibi parata erunt verba, huic homini verbera, *Ter Heaut* 2, 3, 115 Conscia mens surdo verbere cædit, occultum quatiente animo tortore flagellum, *Juv* 13, 195 (3) Verbere conversæ cessantes excitat hastæ, *Luc* 8, 577 Verbere torto surdæ Balearis, *Id* 1, 229 (4) Verberibus venti versant chartas, *Lucr* 6, 114 (5) Metuentes patruæ verbera linguæ, *Hor Od* 3, 12, 3

Verbĕrabilis, e *unde* issimus, sup *That may be beaten*, or *is worthy to be beaten*, Plaut Aul 4, 4, 6

Verbĕrātio, ōnis f verb *A beating*, or *striking, a reproof, reprimand*, or *check* Mirificam mihi verberationem cessationis epistola dedisti, *Q Cic Fam* 16, ult

Verbĕrātor, ōris m *A beater*, Litt *ex* Plin *certe* Prud Peristeph 9, 38

Verbĕrātus, a, um part (1) *Stricken, pelted, beaten, bang'd* (2) Met *Teized, stunned* (1) Vineæ verberatæ grandine, *Hor Od* 3, 1, 29 (2) Aures sermonibus verberatæ, *Tac Agric* 41, 4

Verbĕrātus, ûs m verb (1) *A beating, a dashing against* (2) Met *An impulse*, or *moving* Sic è sublimi verberatu dejecta aqua corripiat aera, *Plin* 31, 2 (2) Tuo verberatu ei omnes juravimus, *Curt* 7, 1, 29 ☞ *vix leg nisi in abl*

Verbereus, a, um *Worthy of beating, that deserveth beating*, or *to be well banged* Verbereum caput, *Plaut Pers* 2, 2, 2 Verberea statua, *one so hard with beating as to have lost all sense of it*, Id Capt 5, 1, 31

† Verberito, āre *To beat often*, Fest

Verbĕro, āre act [a verber] (1) *To whip* (2) *To beat, strike, bang*, or *batter* (3) Met *To rate and chide, to check*, or *reprove* (1) Cognitâ causâ aliquem verberare & necare, *Liv* 2, 41 (2) Noli, amabo, verberare lapidem, ne perdas manum, *Plaut Curc* 2, 3, 4 Verberare urbem tormentis, *Cic Philipp* 8, 7 (3) Verberavi te cogitationis tacito duntaxat convicio, *Cic Fam* 16, 26

Verbero, ōnis m *A person worthy to be beaten*, or *that is often beaten, a rogue*, or *rascal* Sum verna verbero, *Plaut Amph* 1, 1, 25

Verbĕror, āri, atus pass *To be whipped* = Verberari, & pulsari, *Cic Verr* 3, 26

|| ✱ Verbigĕna, æ m *Christ the word incarnate*, Prud Cath 3, 2

|| Verbigĕro, āre *To talk*, or *speak, to carry words about*, Apul Apol p 520 † Sermones cædere

Verbōse adv ius, comp *Copiously, with many words, at large* Satis verbose, sed quid postea? *Cic* pro *Mur* 12 Scripsi verbosius hæc, *Id Fam* 3, 15

Verbōsus, a, um or, comp issimus, sup *Full of words, talkative, verbose* Verbosa simulatio prudentiæ, *Cic* pro *Mur* 14 Epistola verbosior, *Id Attic* 8, 3 Locus verbosissimus, *Quint* 2, 4

|| Verbŭlum, i n dim *A little word*, Hier

Verbum, i n [quod aurem verberet, *Pap*] (1) *A word* (2) Verba, *words only, not realities* (3) *Talk, prating* (4) *A speech, a saying* (5) *A proverb*, or *old saw* (6) *A verb*, a part of speech (1) Verba sunt rerum notæ, *Cic Top* 8 ✱ Verborum & sententiarum ponderibus uti, *Cic Orat* 197 ✱ Aptare verba rebus, *Quint* (2) Verba isthæc sunt, *Terent Phorm* 3, 2, 32 = ineptiæ, *Cic* ✱ reipsa, *Nep Phoc* 3 ¶ Dare verba alicui, *to impose upon*, or *deceive him*, Ter Andr 1, 3, 6 = decipio, *Pers* 4, 44 (3) Si verbo assequi possem, istos ipsos ejicerem, qui hæc loquuntur, *Cic Catil* 2, 6 (4) Utinam istuc verbum ex animo & verè diceres, *potius quam te inimicum habeam*, Ter Eun 1, 2, 95 ¶ Verbi causâ *vel* gratiâ *for example*, Cic *de Fato*, 6 (5) Si verbum hoc cogitare vobis, *simul flare & sorbere haud factu facile est*, Plaut Most 3, 2, 104 ¶ Facere verba mortuo, *to talk to no purpose*, Ter Phorm 5, 8, 26 (6) Verbo sensum claudere, si compositio patiatur, optimum est, *Quint* 9, 4

† Vercŭlum dim [à ver] *My joy, my delight*, Plaut Cas 4, 4, 15

Verè adv ius, comp issimè, sup (1) *Indeed, verily, in truth* (2) *Justly* (1) Verè nihil potes dicere, *Cic* pro *S Rosc* 19 ✱ Majores nostri non fictè, & fallaciter populares, sed vere & sapienter fuerunt, *Cic* pro *Domo*, 27 ✱ Ὑπὲρ λίαν, sed verissimè loquor, *Id Attic* 5, 21 (2) Non verius singulis quam ab omnibus repetere officii fructum, *Cic* Neque vere, neque rectè adhuc fecisti unquam, *Plaut Capt* 5, 2, 7

Vĕrecunde adv ius, comp *Shamefacedly, bashfully, modestly* = Verecunde & modeste, *Cic* de *Fin* 2, 34 Verecundius de te scribere, *Id Fam* 5, 32 ✱ Vestri hæc verecundius recusant, illi fortius constantius, *Id*

Verecundia, æ f (1) *Bashfulness, shamefacedness, demureness, modesty* (2) *A reverent regard* (1) Custos virtutum omnium verecundia est, *Cic Part Orat* 23 Homo timidus, virginali verecundiâ, *Id* pro *Quint* 11 = Animal pudoris & verecundiæ particeps, *Id* de *Fin* 4, 7 (2) Plus vis potuit, quam voluntas patris, aut verecundia ætati, *Liv* 1, 7

Verecundor, āri dep *To be ashamed, to be bashful and modest* Verecundari neminem apud mensam decet, *Plaut Trin* 2, 4, 77

Vĕrecundus, a, um part or, comp [a vereor, qui veretur aliquid inhonestum facere] (1) *Shamefaced, bashful, modest, demure* (2) *Red, ruddy* (3) *Reverend, and honourably respected* (1) Innocentes & verecundi bene audiunt, *Cic* de *Legg* 1, 19 = Virgo casta, verecunda, incorrupta, *Id* in *Orat* 64 ✱ Impudens, *Id* Verecundior in postulando, *Id Philipp* 12, 5 In generibus nobilioribus verecundissimus *Pompeius*, Paterc 2, 73 Verecundum est dicere, *it is a shame to speak it* Quint 7, 2 (2) Fugit juventas & verecundus color, *Hor Epod* 17, 21 (3) *Litt* ex *Mart*

|| Verēdārius, ii m [qui veredos regit] *A messenger that rideth post, a postboy*, also *a post master, one who keepeth posthorses*, Jun

Vĕrēdus, i m [*ab* Hebr פרד mulus] *A posthorse, an hunting nag*, Mart 14, 86

Verenda, ōrum n [à vereor, corporis partes quæ sine verecundia nominari non possunt, ut, Græc τὰ αἰδοῖα] *The privy parts of a man, or woman*, *Plin Ep* 3, 14, 2 *&* *avunculus* 28, 15

Vĕrendus, a, um part *To be feared*, or *reverenced, reverend, awful* Majestas verenda, *Ov Met* 4, 540 Patres verendi, *Id* ex *Pont* 3, 1, 143 Ætate verendus, *Liv* 9, 7

Vĕrens, tis. part. *Fearing, dreading, reverencing* Me collegi, verens ne quid mihi ille iratus tibi noceret, *Cic Att* 15, 21 Verentes Deos, *Id* de *Sen* 22

Vĕreor, ēri, itus dep [ex ירא timuit, *Aven*] (1) *To reverence* (2) *To fear, to be in fear of, to dread, to stand in awe of* (3) Pass *To be feared* (1) ✱ Metuebant eum servi, verebantur liberi, *Cic* de *Senect* 11 ✱ Veremur vos, Romani, &c, si vultis, etiam timemus, sed plus veremur & timemus Deos, *Liv* ☞ *Sed non semper servant hoc discrimen auctores, ut in seqq patebit* (2) § Ego nonnihil veritus sum, Dave, abs te, *Ter Andr* 3, 4, 3 Reprehensionem vereri, *Cic Orat* 1 verbera, *Ov Epist* 20, 77 § navibus, *Cæs* § ut redderentur, *Cic Fam* 12, 19 § ne operam perdidisses, *Id* § ne non id facerem, *Ter Phorm* 5, 7, 8 § ut firma sint nuptiæ, *Id* § dicere, *Id* de aliquo, *Cic* (3) ✱ Parentum vita est vilis liberis, qui se metui quam vereri malunt, *Afran ap* *Gell* 15, 13 conf *Cic* de *Fin* 2, 13 *sed hæc notio rara est*

Vĕreticillum, *vel, ut al* veretriculum, *Petron* i n dim *a seq*

Vĕretrum, i n [à vereor, i e pars verenda] *A man's*, or *woman's privy part*, Suet Tib 62 Veretrum muliebre, *Aur Vict*

Vergens, tis part *Inclining, bending*, or *lying downward* Vergente jam die egressus in tentum, *Suet Oth* 11 Vergens annis, *growing in years*, Tac Ann 1, 19, 3 Nondum in noctem vergente die, *Sen Thyest* 789

Vergiliæ, ārum f plur [quòd vere exoriuntur] *The seven stars* Occidente sidere Vergiliarum, *Liv* 21, 35

Vergito āre freq *To swag much downward*, Plin *ap* Litt

Vergo, ĕre, si sum neut [à vergo, vel *qu* versus ago] (1) *To incline, to bend, ly*, or *look toward* (2) *To sink* (3) Act *To pour out* (1) § Vergit ad septentriones *Cæs B G* 4, 20 § in longitudinem, *Id* (2) Poema, si paulum a summo discessit, vergit ad imum, *Hor A Poet* 378 (3) § Ipsi sibi sæpe venenum vergebant, *Lucr* 5, 1008

Vergo, i pass (1) *To be bowed down* (2) *To be poured out* (1) Polus adversi calidus qua vergitur austri, *Luc* 1, 54 (2) Spumantes mero pateræ verguntur, *Stat Theb* 6, 211

|| Vĕridicè adv *Truly*, or *by way of soothsaying*, Amm † Verè, divinitùs

Vĕridico, āre *To speak truth*, Litt *ex* Catull

Vĕridicus, a, um *Speaking truth, divine* Accipe veridicum oraculum, *Catull* 64, 326 Veridicæ voces, *Cic* de *Div* 1, 45

|| Verilŏquium, ii n *The right interpretation, etymology*, or *true meaning of a word, a true speech*, or *report* ✱ Græci etymologiam vocant, id est, verbum ex verbo, *veriloquium*, nos autem novitatem verbi non satis apti, fugientes, genus hoc *notationem* appellamus, quia sunt verba rerum notæ, *Cic Top* 8

† Verimonia, æ f *Truth*, Plaut Truc 1, 2, 65 *sed meliores codd leg* querimonias † Veritas, verum

Verisimilis, e or, comp limus, sup [i e similis veri] *Likely, credible* Non est verisimile, *Cic* pro *S Rosc* 41 = Probabile, & quasi verisimile, *Id Acad* 4, 10 ✱ Cum verisimile, tam verum, *Col* 3, 9 ✱ Facit illud verisimile, quod mendacium est, *Plaut Pseud* 1, 4, 10 Id est verisimilius, quam quòd, *&c* Plin 15, 22 Verisimillimum quod est invenire, *Cic Tusc* 1, 4

Vĕrisimilitūdo, inis f *Likelihood*, or *probability*, also *the true likeness of a thing, life, nature* Verisimilitudinem ipsam sequi, *Cic Acad* Q 4, 33 Ea re, qua ducit verisimilitudo, *Sen* de *Benef* 4, 33

Vĕrĭtas, ātis f (1) *Truth, verity* (2) *The truth*, or *what is true* (1) O magna vis veritatis! *Cic* pro *Cœl* 26 ✱ Veritatis cultores, fraudis inimici, *Id Offic* 1, 30 (2) Ista veritas, etiamsi jucunda non est, mihi tamen grata est, *Cic Attic* 3, 24 Canachi signa rigidiora sunt quam ut imitentur veritatem, *Id* de *Clar Orat* 70

Verĭtus, a, um part [à vereor] *That*

That hath feared, or doubted, Ter Phorm 2, 2, 1

† Vervĕrbium, ii n [*i e* verum verbum] *A telling truth* Tu reperies, qui Philocratem sutores ververbio, Plaut Capt 3, 1, 26

Vermen, inis n unde vermina *The griping of the guts* Vermina sævi, Lucr 5, 995

Vermiculāris [*sc* herba, dict quod vermiculis ...] *Stone-crop, mouse-tail, wall pepper, country pepper, ... of the butter, Gr ... wormgrass*, Dod

Vermiculans, tis part *Breeding worms, worm-eaten, also creeping, or crawling like a worm*, Litt ex Plin

Vermiculāte adv Vermiculate inter se lapillis commissis, *like worms* Quin

Vermiculātio, ōnis f (1) *Worm-eating, or breeding of worms in plants, or trees* (2) Also *griping of the guts* (1) Pomum vermiculationi non obnoxium, Plin 17, 11 Communes arborum morbi, vermiculatio, sideratio, & dolor membrorum, Id ib 24 (2) Cels

Vermiculātus, a, um part (1) *Infested with worms* (2) *Inlaid, wrought with chequer-work, or with small pieces of diverse colours* (1) Vid Vermiculor (2) Emblemate vermiculatum, Lucil ap Cic de Orat 3, 43 Vermiculatæ crustæ, Plin 35, 1

Vermiculor, āri, ātus sum dep (1) *To breed, or bring forth worms, to be worm-eaten* (2) Also *to make chequer work* &c (1) Vermiculantur magis minusve quædam arbores, omnes tamen, &c Plin 17, 24 Vid Vermiculatus, n 2

Vermiculōsus, a, um *Full of worms, or grubs* Poma vermiculosa, Pallad Novemb 6

Vermĭcŭlus, i m dim (1) *A little worm, a grub* (2) *Cochineal* (1) Putrefacta per imbres vermiculos pariunt, Lucr 2, 899 (2) Isid Orig 19, 28

Vermĭcŭlus, a, um [à תולע vermis, & crocus] *Of scarlet colour* Vinum vermiculum, *red, or claret wine*, Litt ex Plin Far vermiculum, *red wheat*, Id ex Col *qui tamen neque loca dicit, neq; ego invenire potui*

Verminātio, ōnis f verb (1) *A breeding of worms, or bots*, properly in cattle, *wringing of the guts*, as if they were gnawn with worms (2) *Any acute, or pinching pain* (1) Verminationes jumentorum, Plin 28, 11 (2) Cerebri æstuantis verminationes, Sen Ep 95

Vermino, āre neut (1) *To be troubled with worms* (2) *To breed worms* (3) Met *To ake, prick, shoot, or pain one* (1) Dum pueri verminant, Cels (2) Fulmine icta intra paucos dies verminant, Sen Nat Q 2, 31 (3) Mart 14, 2

Verminor, āri, ātus pass (1) *To be griped in the guts, or wrung in the belly* (2) Dep *To pinch, to twitch* (1) Septimo mense verminari cœpit, partum putavit propinquum, Varr (2) Remedia podagræ meæ compono, contentus, si minus verminatur, Sen de Vit Beat 17, ult

Verminōsus, a, um *Full of worms, troubled with worms, worm-eaten* Verminosæ aures, Plin 20, 14 Verminosa fieri, Id 17, 10

Vermis, is m [ab ἕρπω, serpo, ειομαι] *A worm, a grub, a vermine* Videre licet vivos existere vermes stercore de tetro, Lucr 2, 870 cont Plin 18, 17

Verna, æ c g [vernæ, qui ex ancillis civium Romanorum vere nati, quod tempus anni naturale fœcunditatis est, Fest] (1) *A bondman, or bondwoman, one born in the house, a bondslave* (2) Also *the same with* vernaculus (1) Nutrix quæ vernas alit, Plaut Mil 3, 1, 104 conf Cic Fam 9, 15 Verna ministeriis ad nutus aptus heriles, Hor Ep 2, 2, 6 (2) Vernula, Mart 10, 30 equites, Id 1, 85 ✱ Vernæ tubera nascuntur, quid tibi cum Libycis? Id 13, 43

Vernăcŭlus, a, um [à verna] (1) *That is born in one's house, that belongeth to the country where one liveth, or where one was born, proper and peculiar to the country* (2) *Petulant, scoffing* (1) = Crimen domesticum, ac vernaculum, Cic Verr 3, 61 Vernaculi festivitas, Id Fam 9, 15 Vernaculi artifices, Liv 7, 2 = Uvæ peculiares & vernaculæ, Plin 2, 4 ✱ Volucres partim adventitiæ, partim vernaculæ, Varr R R 3, 5 (2) Milites vernacula urbanitate quidam spoliaverunt, discissis furtim balteis, *an accinctus foret*, rogitantes, Tac Hist 2, 88, 2

Vernacŭlus, i m (1) *An home-born servant* (2) *A rude scoffer* (1) Vernaculus meus mihi hæres erit, Prosp Aquit (2) Vernaculorum dicta, Mart 10, 3, 1

|| Vernālis, e *Of, or belonging to the spring*, Sedul & poster ♃ Vernus

Vernaliter *Like a bondslave, rudely, or, as others, soothingly, parasitically*, Hor Sat 2, 6, 108 *ubi al* verniliter

Vernātio, ōnis f [à verno] (1) *A renewing, or growing again* (2) *The old skin, or slough which the snake casteth off* (1) Membrana sive senectus anguium vernatione exuta claritatem facit, Plin 29, 6 (2) Vernatio anguium auribus purulentis prodest, Plin 32, 4

Vernīlis, e adj (1) *Fawning, servile* (2) *Like a slave, scoffing, saucy* (1) Quamvis odium Vitellius vernilibus blanditiis velaret, Tac Hist 2, 59 (2) Vernile dictum omnem invidiam in se vertit, Tac Hist 2, 82, 6

Vernīlitas, ātis (1) *Servile carriage, scurrility, sawcy language* (2) *An affected civility* (1) Vernilitas scurrilis, Quint 1, 11 (2) ✱ Sive levitas est, sive vernilitas, Sen Ep 95

Verniliter adv *Slavishly, slave like*, Sen de Benef 3, 11

† Vernisera [mensalia auguria ex rebus quæ in mensa accidunt] Plin 28, 2

|| Vernix, icis f [à verno tempore, quo fluere solet lacryma juniperi] *The gum of the juniper tree, varnish*, Dod

Vernō absol *In the spring time*, Plin 19, 3

Verno, āre neut [à vernus] (1) *To be verdant, to spring, or wax green*, as the earth (2) *To bud, or sprout out* (3) *To sing chearfully*, as birds do in the spring (4) *To swarm*, as bees do (5) *To cast his slough, and get a new skin*, as the snake doth (1) Vernat humus, Ov Met 7, 284 ager, Mart 9, 55 (2) Cum tibi vernarent dubia lanugine malæ, Mart 2, 61 (3) Loquax vernat avis, Ov Trist 3, 12, 8 (4) = Apes cum vernant, & exundant novis fœtibus, Col 9, 9 (5) Anguis nitidus vernat, Plin 8, 27

Vernŭla, æ c g dim *A little bondslave, or servant* ✱ Unus vernula, tres domini, Juv 14, 169 Si quis plorator collo tibi vernula pendet, Mart 14, 54 Vernul[illegible], *merry books, pleasant jests*, Id 5, 18, 1

Vernŭlus, a, um *Servile, flippant, petulant* O hominem acutum, & urbanitatis vernulæ fontem! Petron 24, 2

Vernus, a, um *Of, or belonging to the spring time* Vernum tempus, Cic Tusc 5, 13 Rosa verna, Prop 3, 5, 22 Sol vernus, Ov Trist 3, 12, 27

Vero conj discret (1) *But, nay rather, yea truly*, adv *indeed, truly* (2) Sometimes it is used in transitions (3) Sometimes in ironies, *forsooth* (4) In permitting, or granting (1) Cum te desiderio, fratrem solum desidero, ego vero suavitate propè fratrem, propè æqualem, obsequio filium, consilio parentem, Cic (2) Humanitatis vero, Cic N p Attic 16 (3) Egregiam vero laudem, &c Vir Æn 4, 93 Popularis vero tribunus plebis, custos defensorque juris & libertatis, Cic pro C Rabir 4 (4) Eho! laudas, qui heros fallunt? CH In loco, ego vero laudo, Ter Heaut 3, 2 26 ☞ *Sed hujusmodi particularum vis & elegantia assidua lectione discenda venit*

Verò adv pro vere *in principio sententiæ* Vero, puella, tibi concedo sedes meas, Cic

† Vero, āre neut *To speak the truth, to tell the truth, to soothsay*, as wizards and wise women do, Enn ap Gell 18, 2

|| Verones plumbei *Thin plates, or leaves of lead*, Aur Vict 3, 17, 4

Verpa, æ f *i e* penis Nihilo minore verpâ es fartus, Catull ad Memm ... vid & Mart 11, 47, 2

Verpus, a, um [à vertenda pelle, quæ mutilatur in circumcisione] *Circumcised, stripped bare* Delapsa est misero fibula, verpus erat, Mart 7, 81 & Catull 45

Verpus, i m [lumbrici genus, ab ἕρπω, serpo, Scal] (1) *A kind of worm* (2) Also *the middle finger* (3) *One circumcised, a Jew* (1) Vid Scal L L c 24 (2) *Habent lexica, hinc sane impudicus & infamis dic* (3) Quæsitum ad fontem solos deducere verpos, Juv 14, 104

Verrea, orum Vid Propr

Verrens, tis part *Sweeping, or scouring* Verrentes æquora venti, Lucr 5, 267

Verres, is m [à verrendo, Varr] *A boar pig* ✱ Scrofæ similes sint verribus, Col 7, 9 Verres obliquum meditans ictum, Hor Od 3, 22, 7 ✱ Castrati nomen mutant, atque è verribus dicuntur majales, Varr R R 2, 4

Verrĭculatus, a, um *Made like a drag-net* Multi falcibus verriculatis demetunt frumentum, Col 2, 21

Verrĭcŭlum, i n [quod per aquam verratur, *i e* trahitur, vel quo aliquid verritur] (1) *A sweep-net, a drag, or seine* (2) Also *a kind of javelin, or dart, three foot and an half in length* (1) Rete verriculum dicitur à verrere, Serv ad Vir Æn 1, 63 (2) Veget 2, 15

Verrīnus, a, um *Of, or belonging to a boar pig*, Plin 28, 10.

Verro, ĕre, ri, sum act [ab Hebr פרך emundare, vel ab ἐρύω, traho] (1) *To brush, scour or sweep, to make clean* (2) *To draw along, to rake* (1) Verre ædes, Plaut Merc 2, 3, 6 pavimentum, Juv 14, 60 (2) = Ferre secum verrereque per auras, Vir Æn 1, 63 ✱ Maria ... verrunt, Id Æn [illegible] Venti verrunt nubila, Lucr 1, 280

Verrūca, æ f [à verrendo, à verrunco, quod averruncari debeat] (1) *A wart* (2) *An hillock, a knap, an hill* (1) Omnium verrucas tollit, Plin 20, 12 conf Cels 2, 1 Met ✱ Qui, ne tuberibus propriis offendat amicum, postulat, ignoscat verrucis illius, Horat Sat 1, 3, 73 (2) Milites ad verrucam illam ire jubeas, Cato ap Gell 3, 7 *quem vide*

Verrūcāria, æ f [dict quod verrucas tollit] *The herb wart-wort, or turnsole*, Plin 22, 21

Verrūcōsus, a, um *Full of warts, lumps, or hillocks, uneven, rugged* Met Verrucosus orator, Cic de Clar Orat 34 Sunt quos curvus ... & verrucosa moretur Antiope, Pers 1, 77

Verrūcŭla, æ f dim *A little wart*, Col 7, 6 & Cels 5, 28

Verrunco, āre [à verro, vel al ἀναγυρω, forte à runco] *To change a thing for the better* Hæc bene verruncent populo, Poeta ap Cic de Div 1, 22 Liv 29, 27 ex formula antiq q v

Versābĭlis, e adj (1) *That may be turned and winded* (2) *Unstable, inconstant* (1) Omnem eruditionem tecto versabilem esse, Sen de Tranq c 11 (2) Versabilis fortuna, Curt 5, 8, 15

Versābundus, a, um *About to be turned*, Vitruv 9, 7 Versabundus turbo, Lucr 6, 437

Versans, tis part *Turning*, Met *ruling*, Cic N D 3, 39

Versātĭlis, e (1) *That turneth easily, or may be turned* (2) Met *Apt, or suitable to every thing* (1) Libramentum versatile, Plin 36, 15 Versatile templum mundi, Lucr 5, 1435 Versatilis mola, *an handmill*, Plin 36, 18 (2) Ingenium Catonis ad omnia versatile, Liv 39, 40

Versātio, ōnis f verb (1) *A turning, or winding* (2) *A change* (1) Versatio tornis oculi, Vitruv 9, 4 (2) In tanta rerum versatione, Sen de Tranq an 11

Versātus, a, um part (1) *Turned, tumbled* (2) *Stirred about* (3) Met *Experienced, practised, versed* in a business (4) *Managed, carried on* (1) Versato stamina fuso, Ov Epist 19, 37 Versata toro membra quiescunt, Juv 13, 218 (2) Quæ coxerat ære cavo viridi versata cicuta, Ov Met 4, 505 (3) = Homo & in aliis causis exercitatus, & in hac multum & sæpe versatus, Cic pro Quint 1 (4) Bellum magna varietate terra marique versatum, Cic pro Arch Poet 9

Versĭcŏlor, ōris m adj [colorem vertens] (1) *Changing colour* (2) *Of sundry colours* (1) Multum expirantem versicolori quadam & numerosa varietate spectari, proceres gulæ narrant, Plin 9, 17 conf Cic de Fin 3, 5 (2) Versicolor cauda pavonis, Plin 9, 17

Versĭcŏlōrus, a, um *Of changeable colours*, Litt ex Mart

Versĭcŭlus, i m dim *A little verse, a versicle, a line, or short sentence* in prose, or verse Tribusne versiculis his temporibus, Brute, ad me? Cic Brut 14 Hoc uno

uno versiculo, *Ne quid detrimenti respub caperet*, satis armati consules fuerunt, *Id* pro *Mil* 26 Ne siculi mollius currens, *Hor Sat* 1, 10, 58

Versificatio, ōnis f verb *A making of verses, a versifying* Tibi expetenti versificationis meæ gustum negare non sustinebam, *Sol* 11, princ ⁑ Prosa oratio, *Id ib* ⁑ Quem in poemate versificatio locum habet, eum in oratione compositio, *Quint* 9, 4

Versificator, ōris m verb *A versifier*, or *maker of verses* ⁑ Versificator quam poeta melior, *Quint Inst Or* 10, 1

Versifico, āre [versus facio] *To versify*, Quint 9, 4

Versio, ōnis f verb *A turning, a translating*, Litt ex Plin ‡ Interpretatio

Versipellis, e [a vertendo pellem] (1) *That changeth his skin*, or *form* (2) Met *Sly, wily* (1) Jupiter versipellem se facit, quando lubet, *Plaut Prol Amph* 123 Ne, ubi cap bus versipellis fiat, fœdè semper serviat, *Id Pers* 2, 2, 48 (2) Versipelles in maledictis habent, *Plin* 8, 22

Verso, āre freq [a verto] (1) *To turn often* (2) *To tumble up and down*, or *over and over* (3) *To stir about* (4) ✠ *To drive from place to place*, as shepherds do, *&c* (5) *To manage* (6) *To weigh, to consider* (7) *To perplex, teize*, or *fret* (1) Versare uvas ter in die per triduum, *Plin* 14, 8 Versare aliquem, *to towze*, or *tumble him*, Plaut Bacch 4, 5, 6 (2) Num Sisyphus versat saxum sudans nitendo, neque proficit hilum? *Cic Tusc* 1, 5 ex poeta ¶ *Met* Versare animum, *to apply it*, Vir Æn 4, 630 (3) Coquito versatoque crebro duabus rudibus, *Cato*, 79 ✠ Versare terram, *to plow it*, Vir Geor 1, 119 (4) Æthiopum versemus oves sub sydere Cancri, *Vir Ecl* 10, 68 Serv exponit *pascere* Versare boves, *Prop.* 3, 5, 35 (5) Mihi istum hominem vellem dari, ut ego illum versarem, *Plaut Most* 1, 1, 95 Versare dolos, *Vir Æn* 2, 62 pecunias, *Suet Galba*, 9 (6) Versate diu quid ferre recusent, quid valeant humeri, *Hor A Poet* 29 testes, *Quint* verba, *Cic to examine them thoroughly* (7) = Curæ quæ nunc te coquit, & versat, *Enn* ap *Cic* de *Senect* 1

Versor, āri, ātus sum dep (1) *To be turned* (2) *To be imployed*, or *exercised in a thing* (3) *To converse, to stay with one* (4) *To be* (1) Versutos appello, quorum celeriter mens versatur, *Cic N D* 3, 10 (2) In periculis amicorum versatur labor meus, *Cic* In forcida arte versari, *Id* (3) § Nobiscum versari diutius non potes, *Cic* (4) Inscitia multi versatur in vita, *Cic* § Versari alicui ante oculos, *Id* de *Fin* 2, 22 § in labiis primoribus, *Plaut Trin* 4, 2, 65 § In ore vulgi, *Cic Verr* 1, 16 § Intra mœnia, *Id post red in Sen* 5

Versōria, æ f *A cord to turn the sail to the wind side*, or *a stern to turn the ship* Huc secundus ventus est, cape modo versoriam, *Plaut Merc* 5, 2, 34

Versūra, æ f [a versando] (1) *A turning* (2) Also *the turning of oxen*, or *horses in the plough at the land's end* (3) *The corner of an house*, or *walk where people turn* (4) Versuram facere, *to take up money of one at a great interest, to pay a debt to another*, (5) or rather simply *to change one's creditor*, whether by paying a greater or lesser interest (1) Versura foliorum, *Varr R R* 1, 46 (2) Grumos ad versuram plerumque tractabant crates, *Col* 2, 18, 4 (3) *Vitruv* 3, 1 & 5, 6 (4) Vereor ne illud, quod tecum permutavi, versura mihi solvendum sit, *Cic Attic* 5, 15 ¶ *Met* Versura solves, *you will put yourself in a worse case, you will pay for all at last*, Ter Phorm 5, 2, 15 (5) Versura δανείου δανείου, *Gloss* Vid *Salm ad loc* Terent prov est

Versūrus, a, um part *About to turn*, or *move* Ne manum quidem versuros fuisse se fatentur, *Cic* de *Fin* 5, 31

Versus, a, um part [a vertor] (1) *Turned, changed* (2) *Overturned, ruined, abolished* (3) *Propense, inclined* (1) = Versa & mutata in pejorem partem sunt omnia, *Cic* pro *S Rosc* 36 (2) Verso civitatis statu, *Tac Ann* 1, 4, 1 = Leges abolitæ & funditus versæ, *Id ibid* 3, 36, 4 § Versus animi, *disturbed in mind*, Tac Hist 4, 84 *al* diversus (3) § Totus in Persicum versus prœi, *Liv* 40, 5

Versus, ûs m [a verto] (1) *A turning again at a land's end* (2) *A turning of the body round on the toe in dancing* (3) *A military line, a file* (4) *A rank, row*, or *series of trees* (5) *A line, even in prose* (6) ✠ *A superscription of a letter* (7) *A verse* (8) *A note*, or *tune* (9) Also *a square plat of ground, an hundred foot every way* (1) Alterius versibus obliquum tenere aratrum, *Col* 2, 2 (2) *Plaut* (3) *Veg* (4) Seras in versum distulit ulmos, *Vir Geor* 4, 144 Chimæram Diudnam pubes triplici versu impellunt, *Vir Æn* 5, 119 (5) *Nep Epam* 4 & *Suet Aug* 87 (6) Summus in margine versus adhæsit, *Ov Met* 9, 564 (7) ⁑ Versus orationis est vitium *Cic* 11 *Orat* Versus hexametri, *Id* de *Orat* 3 (8) Lusciniæ versus, quos imitentur, recipiunt, *Plin* 10, 29 (9) ⁑ In Hispania ulteriori metiuntur agros jugis, in Campania versibus, *Varr R R* 1, 10 *vid locum*

Versus prep [a verto] *Towards* § Ire Brundisium versus, *Cic Fam* 11, 27 § Ad meridiem versus, *Liv* 1, 18

Versus adv *Towards* Sursum versus, *upward*, Cic Orat 39 Deorsum versus, *Cato*, c 156

Versūtè adv ius, comp *Craftily, cunningly* = Versute & subtiliter dicere, *Cic Orat* 7 Versutius, quam mea consuetudo fert, *Id* pro *Cæcin* 29

‖ Versūtia, æ f *Wiliness, subtilty* Versutia in accusando, *Apul Apol* p 490 ✝ Astutia

✠ Versūtĭlŏquus, a, um *That talketh craftily*, Cic *de* Orat 3, 38 *e. poet*

Versūtus, a, um or, comp ssimus, sup [qui se in omnes species vertit] (1) *That turneth every way* (2) *Crafty, wily, cunning, shifting, quick-witted, ready* (1) Versutos eos appello, quorum celeriter mens versatur, *Cic N D* 3, 10 Versutiores quam rota figularis, *Plaut Epid* 3, 2, 35 (2) = Malitia est versuta & fallax ratio nocendi, *Cic N D* 3, 30 = Homo versutus & callidus, *Id ib* 3, 10 Germani in summa feritate versutissimi, *Paterc* 2, 118 Versutissimus Lacedæmoniorum Lysander, *Cic Offic* 1, 30

Vertăgus, i m [ex verto, & ago] *An hound that will hunt by himself, and bring home his game, a tumbler*, Mart 14, 200

Vertebra, æ f [a verto] *Any turning joint in the body, a joint in the back-bone*, Cels 8, 1

Vertebrātus, a, um [in vertebræ morem tornatus] *Made in form of a vertebra* Cervix e minutis vertebratisque orbiculatim ossibus flexilis, *Plin* 11, 37

Vertendus, a, um *To be turned* In usum publicum vertendæ pecuniæ, *Liv* ✠ Sidera apta vertendis remis, *for sailing*, Ov Vertendum solum, *to be changed*, Cic *pro* Domo, 30

Vertens, tis part *Turning about* Anno vertente, *at the end of the year*, Cic *pro* Quint 12

Vertex, *vel* vortex, icis m [a verto] (1) *A whirlwind* (2) *A whirlpool*, or *turning round of the water* (3) *The top*, or *crown of the head* (4) *The head itself* (5) *The top of any thing* (6) *A pole of the world* (1) = Venti vorticem faciunt, qui typhon vocatur, *Plin* 2, 48 Venti interdum vertice torto res corripiunt, *Lucr* 1, 294 (2) Volvit hic mea vortices, *Hor Od* 2, 9, 22 Rapidus vorat æquore vortex, *Vir Æn* 1, 121 *Met* Absorptus vortice amoris, *Catull* 66, 107 Vortices dolorum, *Cic Tusc* 2, 9 *ex poeta* (3) ⁑ Ab imis unguibus usque ad verticem, *Cic* pro *Q. Rosc* 7 (4) Vertice supposito portabant sacra canistris, *Ov Met* 2, 713 (5) Arcis vertex, *Lucr* 6, 750 montis, *Vir Æn* 5, 35 saxi, *Id ibid* 2, 308 (6) Hic vertex nobis semper sublimis, at illum sub pedibus Styx atra videt, *Vir Geor* 1, 242

‖ Vertibulum, i n *Any turning joint of the body*, Fest ✝ Vertebra

Verticillātus, a, um *Jointed together, apt to turn* Verticillatum scapularum os, *Cels* 8, 1

Verticillum n & verticillus, i m (1) *A little wharn*, or *whirl, an hinge*, or *axis* (2) *A pin*, or *peg of a musical instrument to set the strings high*, or *low* (1) *Med Gronov* (2) *Plin* 37, 2

Verticordius, a, um [a vertendo cor] *That turneth the heart*, Val Max 8, 15, 13

Verticōsus, a, um *That whirleth*, or *turneth round, full of whirlpits* Amnis verticosus, *Liv* 21, 5

Verticula, æ f & verticulum, i n [a vertendo, *Fest*] (1) *A screw for engines, a key in musical instruments, a whirl for a spindle* (2) Also *a joint in the back-bone* (1) *Vitruv* 10, 13 & *Med* ... (2) *Lucil* interp *Festo* Intestinorum verticula distentis cutibus apparent, *Cæl Aur* *Acut* 2, 1

Vertigo, inis f [a vertendo] (1) *A whirling*, or *turning round* (2) *A rolling, a change* (3) *The turning about sickness*, or *a disease of the head, when all things seem to turn round, giddiness, dizziness, swimming of the head* (1) Moles cœli rotata vertigine assidua, *Plin* 2, 3 O steriles veri quibus una Quiritem vertigo facit, *Pers* 5, 76 (2) Rerum vertigine attoniti, *Luc* 8, 16 (3) Oculorum vertigines, tenebræque, *Plin* 7, 6 Cum vertigine correpti concidunt, *Col* 7, 10

Vertĭtur impers *It is controverted*, or *debated* Vertebatur, utrum manerent in concilio Lacedæmonii, *Liv* 39, 48

Verto, ĕre, ti, sum act (1) *To turn* (2) *To transform* (3) *To change* (4) ✠ *To dye*, or *discolour* (5) *To overthrow, to cast down, to turn upside down* (6) *To dig*, or *cast up* (7) *To borrow of one to pay another* (8) *To impute* (9) *To translate* (10) *To be changed* or *altered* (11) *To happen, fall out*, or *prove* (1) Ora vertere huc & illuc, *Hor Epod* 4, 9 Equos ad mœnia vertunt, *Vir Æn* 11, 619 ¶ Quo se vertat nescire, *to be at a stand, not to know what to do*, or *say*, Cic Quint ... 5 § Vertere aliquem in fugam, *to put him to flight*, Liv ... § Stilum in tabulis, *to rase*, or *blot out*, Cic (2) Homines in alios vertere, *Plin* 8, 22 In Amphitryonis vertit sese imaginem, *Plaut Amph prol* 121 (3) Rempub in meliorem statum vertere, *Suet Aug* 2 (4) Puella vertit suas comas, *Prop* 2, 18, 28 (5) § Mœnia tibi ab imo vertere, *Vir Æn* 5, 810 *Met* Vertere omnia, *to ruine all* Cic ... Crateras vertere, *to drink, to tope*, Vir Æn 9, 165 (6) Quo sidere terram vertere conveniat *Vir Geor* 1, 2 (7) Vel qui ipsi vertant, vel qui alii subverserint, parabunt, *Plaut Curc* 4, 1, 20 (8) Romanos objicis mihi, & ea, quæ gloriæ esse debent, in crimen vertis, *Liv* 30, 15 (9) Verterunt poetæ nostri fabulas, *Cic de Fin* 1, ... (10) Primum terror vertere in plebem cœpit, *Liv* 3, 36 Et tota in solidam glaciem vertere lacunæ, *Vir Geor* ..., 365 (11) Quæ res tibi & tuæ gnatæ vertat bene, *form bene precandi*, Plaut Aul 1, 10, 58 Quæ quidem illi res vertat male, *form. male precandi*, Ter Adelph 2, 1, 37

Vertor, i pass *To be imployed*, or *conversant* Jam homo in mercatura vortitur, *the man is turned merchant*, Plaut Most 3, 1 109 Res vertitur in meo foro, *it is my business, I am concerned in it*, Id ibid 5, 1, 10 In seipsum vertitur, *he is all for himself*, Cic Salus mea in eo vertitur, *my safety dependeth upon it*, Liv

‖ Vertrahus, f *A kind of hound for deer and hare* Et pictam maculâ vertraham delige falsa, *Grat Cyneg* 204

Veru n indecl plur Veru, uum, ubus [a versando, *Varr* ... transitorio, *M*] (1) *A spit*, or *broach* (2) *A kind of dart used in war* (1) Pinguia in verubus verribus feret ... mus exta colurnis, *Vir Geor* 2, 396 (2) Pugnant mucrone veruque Sabello, *Vir Æn* 7, 665

Vervactum, i n [a vere actum, *i e* verno tempore aratum] *Land that hath been fallow, and is turned in the spring to be sown next year*, Varr R R 1, 44 & Col 11, 2

Veruculum, i n dim [a veru] *A little broach*, or *spit*, Plin 33, 6

Vervēceus, a, um *Like a wether* Ego ex hac statim ... voto erogitaste, meo minori quid ... factum filio, *Plaut Capt* 5, 1, 31 *sed meliores codd leg* verrea

‖ Vervecinus, a, um *Of*, or *pertaining to a wether*, Impr

Vervex, ecis m [a vespus, cui verpa excisa, *M*] *A wether sheep* Quo genere sacrificii Lar vervecibus fiat *Cic* de *Leg* 2, 22

Verŭina, æ f [a veru] *A long javelin, a spit*, or *broach* Plaut Bacch 4, 8, 16

‡ Verum, n *A spit*, Plaut *Vid* Veru

Vērum, i n (1) A thing that is true, the truth (2) Reaſon, juſtice (1) ✠ Mavis vituperari falſo, quam vero extolli, Plaut Moſt 1, 3, 22 ✠ Falſa vincere veris, Lucr 4, 48, Mordaci radere vero auriculas, Perſ 1, 107 (2) Metiri ſe quemque ſuo modulo ac pede verum eſt, Hor Ep 1, 7, ult = Æquum ac verum duxit, quod ipſi facere collibuiſſet, Cic in Sall

Verum conj (1) But, but yet (2) Just ſo, yes truly (1) Verum quaſi iſfuerim tamen ſimulabo, Plaut Amph 1, 1, 45 Verum enim, quando bene promeruit, fiat, Ter Adelph 2, 1, 4 Verum enimvero, id demum juvat, ſi quem, &c Id ibid. 2, , 2 (2) Comites ſecuti ſcilicet ſunt virginem? CH Verum, Ter Eun 2, 3, 55

Veruntamen conj [ex verum, & tamen] Nevertheleſs, notwithſtanding, but yet, howbeit, for all that Etſi mihi facta injuria eſt, veruntamen ibi ucchanc, Ter Phorm 2, 2, 60 Veruntamen multum in cauſis perſæpe lepore & facetiis profici vidi, Cic de Orat 54

Vērus, a, um or, comp ſſimus, ſup [ex ve particula intenſiva, & res, Perot q d verborum non inanis ſonitus, ſed ſolida res] (1) Real, true, right, juſt (2) Meet, fit (3) Alſo natural (1) ✠ Quas credis eſſe has, non ſunt veræ nuptiæ SO Cur ſimulas igitur? Ter Andr 1, 1, 20 = Perſpicere quid verum ſincerumque ſit, Cic Offic 1, 4 Vero verius quid ſit audi, Mart 8, 76 Cauſa veriſſima, Cic Acad 4, 4 (2) Neque verum eſſe, qui ſuos fines tueri non potuerunt, alienos invadere, Cæſ B G 4, 8 (3) Color verus, Ter Eun 2, 3, 26 ✠ Vid Mendax

Verūtum, i n [quod veru habet præfixum, Feſt] A weapon, or dart of three foot and an half long, Veg ſhort and narrow, headed with iron like a narrow ſpit, which ſome call a caſting dart, with a ſtring, Liv 10, 29 Luc 8, 681 & Cæſ B G 5, 44

Verūtus, a, um Armed with ſuch a dart Volſci veruti, Vir Geor 2, 168

Vēſānia, æ f Madneſs, fury, rage Ulyſſes, ſimulatâ veſaniâ, bovem cum equo junxit, Plin 35, 11

Veſānio, ire, ivi unde part veſaniens To be mad, to rage, to bluſter Veſaniente vento, Catull 2, 12

Veſānus, a, um [ex ve, particula intenſ & ſanus] (1) Vaſt, mighty (2) [ex ve, negat & ſanus] Sickly, cauſing ſickneſs (3) Mad, furious, cruel, outrageous (1) In mea veſanas habui diſpendia vires, Et valui pœnam fortis in ipſe meam, Ov Amor 1, 7, 25 (2) Stella veſani leonis, Hor Od 3, 29 19 (3) = Homo veſanus & furioſus, Cic pro Domo, 21

Veſcendus, a, um part To be eaten, Plin 21, 16

Veſcens, tis part Eating Equiti Romano avidius veſcenti patres ſuas miſit, Suet Cal 18

Veſcor, ſci dep [à βόσκω, Caninius] (1) To live upon (2) To eat (1) Omne, quo veſcuntur homines, eſt penus, Cic N D 2, 27 Dii nec eſcis aut potionibus veſcuntur, Id ib 2, 23 ſanguine, Vir Æn 3, 622 ✠ Veſci aurâ ætherea, Id Æn 3, 339 (2) § Veſcitur Æneas perpetui tergo bovis, Vir Æn 8, 182 § Veſci ex, Plin 9, 8 § ea quæ rapuere pedibus Id 10, 38 ¶ Veſcendo eſſe, to be fit to be eaten, Id 15, 18

† Veſculus, a, um dim Lean, or ill kept, Feſt ‡ Gracilis, malè curatus

Veſcus, a, um [ex ve, intenſiva particula, & eſca, quod edimus] (1) Any thing that may be eaten, good to eat (2) Eating, that doth eat (3) Little, ſmall, or lean (4) Alſo that hath no ſtomach (1) Veſcum papaver, Vir Geor 4, 131 (2) Veſco ſale ſaxa peredſi, Lucr 1, 322 (3) Corpore veſco fuit, ſed eximiis viribus, Plin 7, 10 (4) = Quam faſtidio ſum ac veſcum cum faſtidio edere, di vivere, Lucil incipi Feſt

Veſīca, æ f (1) A bladder (2) Met Rhodomontade, a ſwelling ſtile (3) Alſo the privy part of a woman (1) Veſica membrana conſtat, Plin 11, 37 Morbi veſicæ & viſcerum, Cic de Fin 2, 30 (2) A noſtris procul eſt omnis veſica libellis, Mart 4, 49, 7 (3) Optima ſummi nunc via proceſſus vetula veſica beata, Juv 1, 39

Veſicāria, æ f [quod habeat folliculos humanis veſicis ſimiles] The herb called alkakengy, or winter cherries, Plin 21, 31

Veſicātorium, i n [ſc medicamentum] A medicine which being applied to the ſkin cauſeth a bliſter, a cupping glaſs, Med

Veſicula, æ f dim A little bladder Inflata veſiculæ, Cic de Div 2, 14

Veſpa, æ f [a σφὴξ, Id] A waſp Veſpas videmus uti aculeis, Cic de Fin 5, 15

Veſper, ĕri m [ἕσπερος] (1) The evening ſtar (2) The evening (3) Meton The weſt, the weſtern parts of the world (4) A ſupper (1) Sera rubens accendit lumina veſper, Vir Geor 1, 251 Ab atro veſpere conſurgunt venti, Id Æn 5, 19 (2) Et jam diei veſper aderat, Sall B J 56 (3) = Veſper & occiduo quæ littora ſole tepeſcunt, Ov Met 1, 63 (4) Feſt

Veſper, a, um Of, or pertaining to the evening ✠ Horæ rigandi matutinæ atque veſperæ, Plin 19, 12 ✠ Matutinum tempus & veſperum, Steph ex eodem

Veſpĕra, æ f The evening Si accelerare volent ad veſperam, conſequentur, Cic Primâ veſperâ, Plaut Curc 1, 1, 4 Flexo in veſperam die, Tac Ann 1, 16, 5

Veſpĕraſcens, tis part Drawing towards evening Veſperaſcente die, Tac Ann 1, 65, 6 & Hiſt 2, 49, 5

Veſpĕraſcit impers It draweth towards evening Veſperaſcit, & non noverunt viam, Ter Heaut 2, 2, 7

‖ Veſpĕrat, ābat, āvit It is evening, or night, Gell 17, 8

Veſpĕrè, vel veſperi adv Late, at the end of the day, in the evening, Cic Att 11, 12 & 13, 47

‖ Veſperna, æ f [contr ex veſpertina] A ſupper, or evening meal, Feſt ex Plaut

Veſpertīlio, ōnis m [quòd veſperi volet] (1) A bat, or rere-mouſe (2) A nightwalker who dareth not appear by daylight for fear of arreſts (1) Volucrum animal parit veſpertilio tantum, cui membrana ceu pennæ, Plin 10, 61 Lucifuga veſpertilio, Grat Cyneg 402 (2) Ulp L 21 A de evict

Veſpertīnus, a, um Of, or that is done in the evening Veſpertina tempora, Cic N D 2, 20 Veſpertinis, ſc horis, Plin 30, 10 Regio veſpertina, the weſt country, Hor Sat 1, 4, 30

Veſperūgo, inis f [a veſper] The evening ſtar, Plaut Amph 1, 1, 119 Vitruv 9, 4

Veſperus, i m The evening ſtar Stella Veneris interdiu, noctu Veſperus circumeunt, &c Varr R R 5 Surgente veſpero, Hor Od 2, 9, 10

† Veſpices A place thick with buſhes, Paul ap Feſt ‡ Fruteta denſa

Veſpillo, ōnis m [a veſper, quia veſpertino tempore mortuos efferunt] He that carrieth out dead bodies in the night to be buried, a bearer Cadaver Domitiani populari ſandapila per veſpillones exportatum, Suet Dom 17 conf Mart 1, 31

Veſter, tra, um [a vos] Yours, Cic paſſim

Veſtiārium, ii n (1) A wardrobe, a cheſt, or preſs for apparel (2) Met Apparel itſelf (1) Veſtiarium contra tereoines amurca aſpergendum, Plin 15, 7 (2) Col 1, 8 ✠ Neque cibaria terere, neque veſtiaria, Dig

Veſtiārius, a, um Of, or belonging to garments Veſtiaria arca, a preſs to keep clothes in, Cato, 11

Veſtiārius, ii m (1) The yeoman of the robes, or he that keepeth the wardrobe (2) He that maketh, or ſelleth garments, a broker that ſelleth old clothes (1) Ulp (2) Leg 45 Dig de inſtitor act

Veſtĭbŭlum, i n [dict à Veſta, Ov Faſt 6, 303 eò quòd veſtiantur fores, Serv aut quòd aditum tecto veſtiat, Iſid Sed nullius vocis etym tam variè vexatur] (1) A porch, or entry to an houſe, (2) or other place (3) An entrance, or rudiment (1) Veſtibulum ædium, Cic de Orat 2, 79 templi, Id Verr 2 66 (2) Veſtibulum balnearum, Cic pro Cæl 26 curiæ & ſenatûs, Liv 2, 48 ſepulchri, Cic de Legib 2, 24 Siciliæ, Id Verr 5, 66 (3) = Veſtibula nimirum honeſta, aditusque ad cauſam facies illuſtres, Cic Orat 15

Veſticeps, ĭpis c g [ex veſtis, & capio, puer, qui jam veſtitur eſt pubertate] A ſtripling who beginneth to have hair on his face, Gell 5, 19

Veſticontŭbernium, ii n [de iis qui ſub eadem veſte cubant] A lying in the ſame bed, Petron Arb 11, 3

Veſtifluus, a, um Wearing looſe and wide garments, or abounding in garments, Petron 93, 3

Veſtīgans, tis part Tracing, ſearching out Veſtigans Turnum huc atque huc acies circumtulit, Vir Æn 12, 557

‖ Veſtīgātio, ōnis f verb A ſeeking, or hunting after, Apul Met 6, princip ‡ Inveſtigatio

Veſtīgātor, ōris m verb [a veſtigiis ferarum, quas indagatur, Varr] A tracer, or hunter, Col 9, 8 conf Sen de Ben 3, 27

Veſtīgium, ii n (1) A trace, or track (2) The print of a foot, a footſtep (3) The foot (4) A print, an impreſſion (5) Equi veſtigium, an horſeſhoe (6) The very minute, or point of time (7) A token, ſign, or mark of any thing (1) Falſa pedum primis veſtigia ponit in undis, Ov Met 2, 872 (2) Me veſtigia terrent, omnia te adverſum ſpectantia, nulla retrorſum, Hor Ep 1, 1, 74 (3) Veſtigia primi alba pedis, Vir Æn 5, 566 (4) Verrem in luto volutatum totius corporis veſtigiis invenimus, Cic Verr 4, 24 (5) Veſtigium excuſſum ungulâ equi, Plin 28, 20 (6) Ut urbs capta eodem veſtigio videretur, Cæſ B C 2, 7 conf Cic in Piſon 9 (7) = Cujus rei neque index, neque veſtigium aliquod, Cic ſceleris, Vir Ecl 4, 13 fraudis, Id ibid 31

Veſtīgo, āre act (1) To trace, to follow by the track, or ſcent (2) Met To ſearch diligently, to inquire into, or after (1) Jacens plus magis naribus eſcam, quam oculis, veſtigat, Col 8, 11 Veſtigare odore, Plin 8 18 de tigride (2) Dimiſit qui veſtigarent, Liv 22, 26

Veſtīmentum, i n [a veſtio] A garment, veſture, or veſtment, apparel, clothing, attire (1) ... os, & veſtimenta mutavit, Cic pro Mil 10 Unus veſtimentis lautus es, Id pro Flacc 20.

Veſtio, ire, ivi, itum act (1) To clothe, apparel, or array (2) To cover (3) To garniſh, or deck (1) ✠ Virtute veſtiat, tu virum deſpolies, Plaut Caſin 4, 4, 4 (2) Sepulcrum vepribus veſtire, Cic Tuſc 5, 23 (3) Parietes tabulis veſtire, Cic Vid Veſtior Sententias mollis & pellucida veſtiebat oratio, Id Orat 79

Veſtior, iri paſſ To be clothed, covered, or adorned Tabulis parietes templi veſtiebantur, Cic Verr 4, 54

Veſtĭplĭca, æ f [quæ plicat veſtes] A maiden that foldeth, or layeth up garments, a chambermaid, Quint Decl 363 fortè rect veſtiſpica

Veſtis, is f [a Gr ἐσθὴς, Id] (1) A garment, a veſt (2) All manner of clothes, bedclothes (3) The ſkin of a ſnake (4) A beard, or hair on the face (5) A nightcap (1) Veſtis talo defluxit ad imos, Vir Æn 1, 408 Veſtis pretioſa, Cic Philipp 2, 27 vilis, Ov Epiſt 13, 75 atra, Id Met 6, 568 (2) Levi veſte debet eſſe contectus, Celſ 3, 19 (3) Cum lubrica ſerpens exuit in ſpinis veſtem, Lucr 3, 614 conf eund 4, 59 (4) Impubibus molli veſte pubeſcit, Lucr 5, 672 ✠ Aurea cæſaries illis, atque aurea veſtis, Vir Æn 8, 659 interpr Serv (5) Bud ex Celſ

Veſtiſpĭcus, i m & veſtiſpica, æ f [dict quod veſtes inſpiciat] He, or ſhe that keepeth the apparel of their maſter, or miſtreſs, Varr L L 6, 2 & Plaut Trin 2, 1, 22

‖ Veſtītor, ōris m verb A taylor, a faſhioner, an appareller, Firm ‡ Qui veſtit

‖ Veſtītrix, icis f verb She that clotheth Pennæ veſtitrices, the coat-feathers of a bird, the leſſer feathers which cover, and as it were clothe a bird, Jun ‡ Quæ veſti

Veſtītus, a, um part ‖or, comp ſſimus, ſup (1) Clad, apparelled, clothed (2) Covered (3) Decked, adorned (1) Homines malè veſtiti, Cic in Piſon 25 § Venefica veſtita, aurata, ornata, Plaut Epid 2, 2, 38 Hercules neque unâ pelle veſtitior fuit, Apul Apol p 441 Ovium pecus veſtitiſſimum, tamen frigoris impatientiſſimum eſt, Col 7, 3 (2) Oculi veſtiti membranis, Cic N D 2 57 (3) Montes veſtiti ſylvis, Liv 32, 13 Ripæ veſtitæ gramine, Col 8, 15

Veſtītus, us m (1) Apparelling, apparel, clothing, raiment (2) A garment (3) Garniture (1) ✠ Deos novimus ornatu, ætate, veſtitu, Cic N D 1, 29 Victus

tus vestitusque necessarius, Id pro Quint 15 Vestitus agrestis, Nep Datam 3 (2) = Stagnum, vestitu in arbore suspenso, tranavit, quam vestem postea recepit, Plin 8, 22 (3) Concinnitas vestitu ornationis ornata, Cic de Clar Or 95

Vestias, ātis pron [a vester] Of your country, kindred, or stock, Litt ex Cic sed q certe Prisc

Vetans, tis part, Forbidding, Cic de Legg 2, 4 Quo initis, Danai, ventos audite vetantes, Ov Epist 1, 121

|| Vetatio, ōnis f verb A forbidding, Vulla, 1, 2 ✝ Interdictio, Cic

|| Vetatūrus, a, um part That will forbid, Vall ✝ Prohibiturus

✝ Veter Old, antient, Enn ✝ Vetus

Veteramentārius sutor A cobler, a botcher, Suet Vitell 2, 2

Veterānus, a, um (1) Old, skilful, that hath served long in a place, or office (2) Subst An old soldier, a veteran (1) Veterani tis, Col 1, 15 Veteranus hostis, Liv 21, 16 (2) ✱ Veteranum ac tironem militem opere assiduo corroboravit, Suet Galb 6 Augustus veteranos excivit paternos, Paterc 2, 61

Veterasco, ĕre incept To grow old Urina, quam sex mensibus passa fueris veterascere, Col 2, 15 utitur & Cels 3, 15

Veterātor, ōris m (1) One long practised, or exercised (2) A crafty knave, an old fox (1) L Cotta veterator habitus, sed C Lælius & P Africanus in primis eloquentes, Cic Favorinus in historiis veterator, Gell 3, 1 (2) Quidnam hic volt veterator sibi? Ter Andr 2, 6, 26

Veterātōriè adv Expertly, craftily = Acutè & veteratoriè dicere, Cic Orat 28

Veterātōrius, a, um Crafty, deceitful, tricking, sophistical Accurationem Macronis citius veteratoriam quam oratoriam diceres, Cic de Clar Orat 75 ✱ Nihil tectum, nihil veteratorium, omnia aperta, omnia perspicua reperientur, Id in Verr 1, 54

Veterārius, a, um Grown old Veteratus caseus, Scrib Larg Comp 140

Veterētum, i n Old fallow ground Septem jugera majores quæstus antiquis reddere, quam nobis præbent amplissima vetereta, Col 1, 3

Veterinārius, a, um Of, or belonging to beasts, or to an horse-leech, Col 7, 3

Veterinārius, ii m A farrier, an horse doctor, also he who letteth horses to hire, an hackney man, an horsecourser, Col 11, 1

Veterīnus, a, um [à vehendo, qu veheterinus, vel vecterinus] That beareth burdens, used in carriage, Luc 5, 863 Plin 8, 42

Veternōsè adv Drowsily, faintly Litt ex Plaut

Veternōsus, a, um ssimus, sup (1) Sick of the lethargy or sleepy disease (2) Drowsy, heavy, lazy, sluggish (3) Dropsical (4) Faint, feeble (1) Plin 6, 4 (2) = Hic est vetus, vietus, veternosus senex, Ter Eun 4, 4, 21 (3) Veternosus quam plurimum bibit, tam maxime sitit, Cato ap Gell 1, 15 (4) Veternosissimi artificii nodi, sc dialecticæ, Sen Ep 82

Veternum, i n The lethargy, Stat Theb 6, 94

|| Veternus, a, um Old, inveterate Corium veterna atque scabiosa macie, Apul Met 9, p 280 male exponit Litt

Veternus, i m [à veteribus, quod senibus potissimum contingit] (1) A drowsy disease, called the lethargy (2) Slothfulness, sluggishness, drowsiness, immoderate sleeping (3) Nastiness (1) Num cum veternus, aut aqua intercus, tenet? Plaut Menæch 5, 4, 3 (2) Ubi mirum in modum veterno pinguescunt, Plin 8, 36 Nec torpere diu passus sua regna veterno, Vir Geor 1, 124 (3) = Muscus vitium cauri situ & veterno macerat, Col 4, 24

Vetero, are To grow old, to continue long, to be chronical Ubi febres veteraverunt, Cels 3, 13

Vetitum, i n A thing forbidden Nitimur in vetitum, Ov Amor 3, 4, 17

Vetitus, a, um part Forbidden, unlawful Amor vetitus, Ov A Am 1, 28 § Alea vetita legibus, Hor Od 3, 24, 58 Adulterium vetitum, Ov ex Pont 3, 3, 57

Veto, āre, ui, itum (& āvi, ātum) [a vi, qu vim ne quid fiat adhibeo vel ab ē non, & ἐτον, missum, id est, permissum] (1) To forbid, to prohibit, to command a thing not to be done (2) Also to let, or hinder, to stop (3) VETO, when the tribune made use of his intercession, or negative voice (1) ✱ Qui aspernatur, compellit, qui consuadet, vetat, Plaut Trin 3, 2, 46 Mutari rubrica vetavit, Pers 5, 90 Aruspex vetuit ante brumam aliquid novi negotii accipere, Ter Phorm 4, 4, 28 ✱ Aut jubere, aut vetare aliquid, Cic ✱ Cum leges duos ex una familia non solum magistratus creari vetarent, sed etiam in senatu esse prohiberent, Cæs B G 7, 33 (2) Non me ulla vetabunt frigora Parthenios canibus circundare saltus, Vir Ecl 10, 56 (3) Faxo ne juvet vox ista VETO, Liv 6, 35

Vetor, āri, itus pass To be forbidden Vetor plura loqui, Ov Met 2, 657

Vetonica, æ f [a Vetonibus, Hispaniæ pop] The herb betony, Plin 25, 8 = Serratula

Vetula, æ f sc mulier An old woman, or wife Vetula turpis, Juv 6, 210

Vetulus, a, um dim [à vetus] Somewhat old, stale ✱ Teneros equos vetulis anteponere solemus, Cic de Am 19 Vetula arbor, Cic de Fin 5, 14 Vetulum vinum, Col 10, 41

Vetulus, i m An old man, Pers 1, 22

Vetus, ĕris n adj & antiq vēter, unde veterior, comp rimus, sup [ex vē, id est, valdè, & ætas, Gell] (1) Former, past (2) Old (3) That hath been, chronical, customary (4) Stale, musty, out of date, worn out (5) Of antient descent, noble (1) = Credendum est veteribus, & priscis, Cic de Univ 11 Veterum monumenta virorum, Vir Æn 3, 102 § Veterum Græcorum, Tac Ann 11, 14, 3 = ✱ Veterem atque antiquam rem novam ad vos perferam, Plaut Veterum malorum memor, Ov Met 13, 510 (2) = Veteres, & moris antiqui memores, Liv 42, 47 (3) = Vetus & usitatum, Cic de Orat 1, 37 Vetus est adagium, fames & mora bilem in nasum conciunt, Plaut Amph in Supp 40 § Rufus vetus operis & laboris Tac Ann 1, 20, 4 § regnandi, Id 6, 44, 1 § stipendiis, Id 2, 66, 4 (4) Calceos veteres vendere, Quint = Vetus, vietus, veternosus senex, Ter Eun 4, 4, 21 In veteres esto dura puellas senex, Tib 1, 8, 50 Senex veterior, Plaut Bacch 5, 2, 51 (5) ✱ Spectare homines veteres, & senes, & totius urbis gratia lubmixos, Tac Or 6

Vetustas, ātis f [a vetus] (1) Antiquity, antientness, oldness (2) A future continuance (3) Length of time, long old age (4) Old acquaintance (1) Exempla vetustatis oratori nota esse debent, Cic de Orat 1, 46 (2) Hæc mari videntur etiam habitura vetustatem, Cic Attic 14, 9 (3) Consumit saxa vetustas, Corn Gall Obstat mihi tarda vetustas, Ov Met 12, 182 (4) = Magna est vis vetustatis, & consuetudinis, Cic de Amic 19 Conjuncti vetustate, officiis, benevolentia, Id Fam 13, 32

Vetustè adv unde sup vetustissime Antiently, of a long time, or standing Vetustissimè in usu est, Plin 27, 7

Vetustesco, ĕre To grow old, antient, or stale Vina vetustescunt, Col 1, 6

Vetustus, a, um or, comp ssimus, sup Old, antient Vetustos mores pervertere, Nep Hann 3 Vetustiores scriptores, Liv 3, 23 Vetustius stercus, Col 2, 15 Vetustissimus quisque militum, Tac Hist 1, 23, 2 ✱ Quæ vetustissima nunc creduntur, nova fuere, Id Ann 11, 24, 10

✠ Vexāmen, inis n A vexation, Lucr 1, 341

Vexātio, ōnis f verb (1) A driving, or carrying hither and thither, a teazing, an harassing (2) Grief, trouble, torment, vexation (1) Utilius est citra corporis vexationem fame potius & siti cubitorem bovem emendare, Col 6, 2 Vexatio viæ, Id 1, 3 (2) Afflictatio est ægritudo cum vexatione corporis, Cic Tusc 4, 8 Met = Ad vexationem ignominiamque vitandam, Suet Tib 61

Vexātor, ōris m verb An harasser, a plaguer = Direptor & vexator urbis, Cic Philipp 3, 11

Vexātus, a, um part (1) Ruffled, disordered (2) Troubled, grieved, vexed, chafed (1) Comæ vexatæ, Ov Am 1, 14, 24 unda ingenti noto, Sen Herc fur 1090 vindemia nimbis, Mart 1, 57 (2) Vita vexata per multa pericula, Prop 2, 28, 15

Vexillārius, ii m (1) A standardbearer, an ensign, or auncient (2) A garrison soldier (1) Ordo sexagenos milites, duos centuriones, vexillarium unum, habebat, Liv 8, 8 Vexillarius Galbæ imaginem solo afflixit, Tac Hist 1, 41, 1 (2) Paterc 2, 110

Vexillātio, ōnis f A company of soldiers under one ensign, the horse, or cavalry, Suet Galb 25

Vexillum, i n [a veho, vexi, vexum, vexulum, vexillum, & fuga vastioris literæ velum] (1) A banner, standard, ensign, or flag, a streamer, the top gallant (2) Meton Soldiers under it (1) Vexillum proponendum, quod erat insigne, quum ad arma concurri oporteret, Cæs B G 2, 20 Met Vexilla submittere, to lower his topsail, Stat Sylv 4, 2, 4 (2) Accedunt pro vexilla tumultu, Stat Theb 12, 782

Vexo, āre freq [a veho] (1) To disturb, to move, to toss up and down (2) To vex, trouble, cumber, or disquiet (3) To teaze, or molest (4) Met To plague, or torment (1) Mare Caspium vexant inæquales procellæ, Hor Od 2, 9, 3 Vexat lutulenta balnea turba, Juv 7, 131 Dulichias vexasse rates, Vir Ecl 6, 76 ubi vid Serv (2) Regis provincias vexat, castella expugnat, Nep Datam. 9 (3) Noli vexare uxorem, quiescit, Juv 1, 126 (4) Solicitudo vexat impios, Cic de Legg 1, 14

Vexor, āri, ātus pass To be harassed, or infested = Qui fertur & raptatur, atque huc & illuc distrahitur, is vexari propriè dicitur, Gell 2, 6 Pestilentia vexari, Col 7, 7

V ante I

Via, æ antiq viās f [à vehendo, primum vehia, indè via, Varr] (1) A way, or passage, a broad street in a city, a causeway (2) A journey, or voyage (3) A passage, vein, or pore (4) A tract (5) An access (6) A manner, mean, or fashion, a rule, method, or course (1) ✱ Viam latiorem constitui latior octo pedibus, vel angustior potest, ut tamen eam latitudinem habeat, quâ vehiculum ire potest, aliòqui iter sit, non via, Paul JC Via militaris, Liv 4, 40 prætoria, Cic ✱ Qui sibi semitam non sapiunt, alteri monstrant viam, Cic de Div. 1, 58 ex poeta ✱ Ex errore in viam reducere, Plaut Pseud 2, 3, 2 ✱ Monstrare viam prono tramite, Lucr 6, 26 (2) Magna fuit subitæ justaque causa viæ, Ov Ep 17, 156 = Audita viæ causa, Non utile carpis, inquit, iter, Id Met 2, 549 (3) Per viarum omnes flexus in corpore qui sunt, Lucret 3, 585 (4) Æquoreæ viæ, Ov Epist 19, 160 Audacem pennis reperit ille viam, Id A Am 2, 22 (5) Via ad gloriam proxima, Cic de Offic 2, 12 (6) Non tam justitiæ quam litigandi tradunt vias, Cic de Legg 1, 6 = Habeo certam viam atque rationem, Id = Aliud est verba fundere, aliud ratione & arte distinguere, Id Via vitæ, Id in Rull 1, 9 colendi, Vir Geor 1, 122

Viālis, e Of, or belonging to the highway Lares viales, Plaut Merc 5, 2, 24

Viārius, a, um Of, or belonging to ways Viaria lex, a statute for repairing of highways, Cœl Cic Fam 8, 6

✝ Viāticātus, a, um Furnished with things necessary for a journey Cum inspicio marsupium, viaticati admodum æstive sumus, Plaut Men 2, 1, 30

✝ Viāticor, āri dep To provide necessaries for a journey, to be provided, Plaut ✝ Vid Viaticatus

|| Viāticŭlum, i n dim A small provision for a journey, also a little estate, or mean livelihood Viaticulum mihi corrasi, Apul Met 7, p 213

Viāticum, i n [quod pro via, sc in itinere, paratur] (1) All things necessary for a journey, as victuals, money, &c voyage provision (2) One's estate, or substance (1) Velim videas, & quid viatici, & quid instrumenti opus sit, Cic Attic 2, 31 Egentes & leves spe legationis & viatico publico, privatâ etiam benignitate, prolectat, Id pro Flacc 8 Sequere me, viaticum ut dem a trapezita tibi, Plaut Capt 2, 3, 89 (2) Luculli miles collecta viatica multis ærumnis perdiderat, Hor Ep 2, 2, 26

Ep 2, 2, 26 ... P ... e hinc ju- ... itque ... immo ... inter ... cim, ... 5, 5

...cus, a, um *Pertaining to ... or travelling, the ...* Viatica cœna, *a welcome ...*, Plaut Bacch ..., 61

Viator, oris m (1) *A travel-ler, a wayfaring man* (2) *A ... , or ... tor* (1) ... per ... Hor Sat 1, 5 (2) ... & Col in ... tores ... Ann ...

Viatorius, a, um *Of, or belonging to travelling, ... of travelling, ... portable* ... Vitruv 5, 9 *a portable dial*

Vibex, icis f ... Græci vocant ... unde vibices *A mark, or print of a stripe, or blow, black and blue, ... swelling ...* = Verberum ... & ... obliterare Plin ... Pers 4, 49 & Plaut Most ..., 11

Vibia, æ f *A pole, or stick laid across on forks, like ... at ball play* ... Scal ... Auson c 18

† Vibum, i n [a vivo, al ex ... amphibium, quod ...] *Any creature living on water and land both*, Litt ex Stat

Vibo, onis m [a vibro, extrito r, ... fulminis ictum] *The flower of the herb* Britannica, good against being thunderstruck Plin ..., 3

|| Vibrabilis, e adj *That may be shaken, or brandished* Auson

|| Vibramen, inis n *A brandishing, or shaking* Vibramen draconum, Apul Met 6, p 187 † Vibratio

Vibrandus, a, um part *To be shaken* ... cornus ... tentaria ... tib, Claud 4 Cons Hon 517

Vibrans, tis part (1) *Brandishing, shaking, wagging, quavering* (2) Met *Quick, bright, dazzling* (1) Tela vibrantia, Ov Met 8, 342 (2) Oratio vibrans, Cic pro Cluent 55 Attentio ..., breves, vibrantesque sententiæ, Quint 10, 1

Vibratus, a, um part or, comp (1) *Shaken* (2) *Brandished* (2) *Crisped, curled, frizled* (4) *Quavered* (1) Vid Vibro (2) Spicula vibrata, Ov Met 8, 374 Vibratius ... fulgor, Vir Æn 8, 524 (3) Vibrati calido ferro crines, Vir Æn 12, 99 Barba & capillo vibrato, Plin 2, 78 (4) Plin 10, 29 Vibratior, Auson Eid ll 21, 5

† Vibrissa, f *vel* vibrissi m plur [... in naso, dict quod his evulsis caput vibretur] *Hairs growing in the nostrils*, F st

† Vibrisso, are *To warble in singing, to shake the voice, to quaver, to trille*, Titinn ap Fest

Vibro, are act [ab ..., quod Ionibus est ferio, M] (1) *To shake a thing, to make a thing shake* (2) *To brandish* (3) *To dart, or throw, to hurl* (4) *To quaver as in notes* (5) *To frizzle, curl, or ruffle* (6) *To tremble, to quiver* (7) *To move nimbly* (1) Serpentes vibrant linguas, Vir (2) Samnitum prolusio, qui vibrant hastas ante pugnam, quibus in pugnando nihil utuntur, Cic de Orat 2, 80 (3) Jaculum vibrare excusso lacerto, Ov Ep 4 ... Iambos truces vibrare, Catull ..., 5 (4) Plin 10, 29 (5) Vid Vibratus, n 3 (6) Mare, qui ... collucet, albescit, & vibrat, Cic Acad ... 4, 33 (7) ... lucet tenebris, Valer ... 8, 62

Vibror, ... atus pass *To be shaken, to tremble, &c* Vid Vibro ... Sic mea vibrari pallentia membra videbis, Ov Ep 11, 77 ... vibrantur ... Id ibid 1, 79

Viburnum, i n [a vieo, ... ligando] *A shrub, some take it for a withy, others a wild vine* Lenta inter viburna cupressi, Vir Ecl 1, 26

Vicanus, i m *A villager, peasant, countryman, or boor* ... ille Vicanus, Cic pro Flacc ... Vicani, qui que ibi habitant, ex ... Liv ¶ Vicani ambubaiæ, *quacks, pretenders to an art, that strole up and down*, Cic ... Div 1, 58 ex Ennio

|| Vicaria, æ f *A deputyship, also a vicarage*, Vopisc

Vicaria, æ f *A vicar's office, that supplieth a place for another*

Vicarius, a, um [qui vicem alicujus gerit] *That is instead, or in place of another, that supplieth another's room* In hac operæ nostræ vicaria fides amicorum supponitur, Cic pro S Rosc 38 Vicarium verbum, *one word, or saying in lieu of another*, Plaut ... 1, ..., 34 Amor vicarius, *mutual love*, Hier Vicaria mors, *undergone for another*, Sen Controv ...

Vicarius, i m (1) *One who performeth the office, or place of another* (2) *A lieutenant* (1) Succedam ego vicarius tuo muneri, Cic Verr 4, 37 (2) Legit

Vicatim adv *In villages, or streets, street by street, village by village* Hominis vicatim conscribere, Cic pro Sext 14 conf Plin 6, 26

|| Vicecancellarius, i m [qui vicem gerit cancellarii] *A vice-chancellor*, Ap poster

|| Vicecomes, itis m *A sheriff, a viscount*, Ap poster

|| Vicedominus [qui domini vices in ... administrat, eique vicariam operam præstat] *A steward, a surrogate, one who manageth the affairs of a bishoprick under, or instead of the bishop canonist*

Vicennalia, um n pl *Solemn games and vows for twenty years*, Pomp Læt

Vicennarius, a, um *The twentieth* Lex ... quina vicenaria, *a law forbidding to make any contract under twenty five years of age*, Plaut Pseud 1, 3, 69 Vicenarii fistula, Vitruv 8, 7

Viceni, æ, a *Twenty* Vicena ampho..., Col 3, 3

|| Vicennium, ii n *The space of twenty years*, Ap ICC

Vices f pl *Turns, courses, changes* Vid Vicis

Vicesima, æ f sc pars *The twentieth part, paid as a tax of the twentieth penny*

Vicesimani m pl *Soldiers of the twentieth regiment, or legion*, Tac Ann 1, 64 Vid Lips ad Tac Ann 13 & Plin Paneg 37

Vicesimarius, a, um (1) *Of, or belonging to the twentieth part* (2) Also *a collector* (1) Aurum vicesimarium, *gold raised from the tax of the twentieth part*, Liv 27, 10 (2) Vicesimarius, εἰκοστώνης, ὁ τὰς εἰκοστὰς ..., Gloss Vet

|| Vicesimo, are Vicesimare milites, *to take, or execute every twentieth man*, ut decimare, V Capitol in Macrino

Vicesimus, a, um *The twentieth* Vid ad Quartus ...

Vicessis, is m [ex viginti ...] *The weight of twenty pounds, the number of twenty* ... Vicessis, Mart 12, 7, ut leg Salmas al vigessis

Vicia, æ f (1) *The pulse called a vetch*, or *tare* (2) Also *contrivance* (1) Flore ... læso pereunt viciæque fabæque, Ov Fast 5, 267 (2) Fest

Viciarium, ii n *A place sowed with vetches*, Col 11, 2

Viciarius, a, um *Of, or belonging to vetches* Cribrum viciarium, Col 8, 5

Vicies adv *Twenty times* Bis & vicies, Cic Attic 4, 2

Vicina, æ f *A she neighbour* Audiat vicina fenestra non habilis Lyco, Hor Od 3, 19, 24

Vicinalis, e *Of, or belonging to neighbours, or the neighbourhood* Vicinalis usus, Liv 21, 26

Vicinia, æ f [a vicus] (1) *Nearness of dwelling* (2) *The neighbourhood, vicinage* (3) *Likeness* (4) *Nearness* (1) Vicinia nostra Averni ... Cic Tusc 1, 16 (2) Funus egregie factum laude vicinia, Hor Sat 1, 5, 106 (3) Ad viciniam ... accedens aqua, Plin 31, 3 (4) Manu, tanta est vicinia, tango, Ov Ep 18, 179

Vicinitas, atis f (1) *The neighbourhood* (2) *The company of neighbours dwelling nigh one* (3) *Nearness, likeness* (1) Signum, quod erat notum vicinitati, buccina datur, Cic Verr 4, 44 (2) Vel virtus tua, vel vicinitas facit, ut te audacter moneam, Ter Heaut 1, 1, 4 (3) Multi non discernunt cyperon a cypiro, vicinitate nominis, Plin 21, 18

Vicinium, ii n *Neighbourhood* Versatur in vicinio invidia, Sen de Brev Vit 15 *si locus sanus sit, al* vicino

Vicinus, a, um or, comp (1) *Near, next to in place* (2) *Not far off in time* (3) *Very like* (1) Mantua vicina Cremonæ, Vir Ecl 9, 28 § Parti vicinior, Ov Fast 6, 275 (2) § Latona ad partum ... vicina, Cic Verr 1, 18 (3) = Vicina & finitima rhetoricæ dialectica, Cic Orat 32

Vicinus, i m [qui eundem vicum habitat] *A neighbour* Tribules & vicini mei, Cic pro S Rosc 16 Amicus est vicinus proximus, Id Att 2, 14

Vicis, vici, vicem, vice [ab inus nom vix] (1) *Change, course* (2) *Stead place* (2) *Office, part, or duty* (3) *A case, hap, fortune good, or bad* (5) Vices pl *attacks, or changes in war* (6) *A mutual recompence, good, or bad* (1) Quæ in temporibus annua vice intelliguntur, Plin 2, 39 Gratâ vice veris, Hor Od 1, 4, 1 (2) Præsedit spectaculis in Caii vicem, Suet in Claud 7 Fungi vice cotis, Hor A Poet 304 Vicem lunæ reddere, Plin 2, 8 (3) Ne sacra regiæ vicis desererentur, Liv 1, 20 Fungi alienâ vice, Id (4) Lentuli vicem minime dolemus, Cic Attic 4, 6 Menedemi vicem miseret me, Ter Heaut 4, 5, 1 Et suam, & aliorum vicem pertimescere, Cic pro Domo 4 (5) Vir Æn 2, 433 ubi vid Serv. (6) Gratiam meritis referre vicem ... nostris, Sen Herc fur prope fi

† Vicissatim adv Plaut Pœn prol 49 idem quod †

Vicissim adv [vice mutua] *By turns, one after another interchangeably, back again, in ... turn* ... Vos ... illo ... vicissim ... & ipsi illum vicissim ..., Cic Acad ... 4, 29 Quid possit ... vicissim experiamur, Ter Ecl ..., 28

† Vicissitas, a s f Accius id quod †

Vicissitudo, inis f (1) *An interchanging, a succeeding of one thing to another in its course* (2) *A vicissitude, change or variety* (1) Vicissitudines dierum & noctium, Cic de Legg 2, 7 = Ex ... in aliud vicissitudo ... mutatio, Id Tusc 5, 24 (2) = ... Actionis suavitatem, qui ... est vicissitudine varietate, & commutatione aptius, Cic de Orat ..., 6

|| Vicomagister, i m *A kind of constable, or master of the watch who guardeth the city by night*, Ap ICC

† Victis, pro victus, *quod vide*

Victima, æ f [Victima, quæ dextra cecidit victrice, vocatur, Ov] (1) *The beast killed in sacrifice for victory* (2) *A sacrifice, a victim* (1) Fluvius Fu... tis ita magnus & vehemens factus est, ut eo traduci victimæ nullo modo possent, Cic de Inv 2, 31 Maxima victima Taurus, Vir Geor 2, 146 (2) Consul se victimam reipub præbuit, Cic de Fin 2, 19

Victimarius, ii m (1) *He that selleth beasts for sacrifice* (2) *He that attended upon the priest at sacrifice, who bound the beast and got all things ready* (1) Plin 4 12 (2) Ignis a victimariis factus, Liv 40, 29 conf cum 41, 15

|| Victimo, are *To sacrifice* Hircum horricomem Marti victimant, Apul Met 7, p 216 † Immolo

Victito, are freq [a vivo, victum] *To live, to maintain himself* Ben libenter victitas Ter Eun 5, 9, 39 Victitabam volupe parsimonia & duri ... disciplinæ alius eram, Plaut Most 1, 2, 74 Ficis victitamus aridis, Id Rud 3, 4, 39

Victor, oris m verb [a vinco] (1) *A conqueror, a vanquisher* (2) Also *he that hath his desire and wish* (1) Mul a victori eorum arbitrio, per quos vicit, faciunda sunt, Cic Fam 4, 9 Victor exercitus, Plaut currus, Ov pes, Id Epist 16, 88 (2) Victor Si non incendia miscet, Vir Æn 2 329 *ubi vid Serv* Victor propositi Hor Ep 1, 12, 2

Victoria, æ f (1) *Victory, conquest* (2) *The goddess of victory* (1) Nihil ... tantum æque futurum victoriæ, quantum auferre calamitas posset, Suet Cæs 60 Victoria insolens & superba est Cic pro Marcello, 3 (2) Victoriæ simulacrum, Tac Ann 14, 32, 1

Victoriatus, i m sc nummus *A coin having the image of the goddess victory upon it, an half denarius*, Cic pro Font 5 Plin 26, 4

Victoriola, æ f dim (1) *Laurel of Alexandria, tongue-laurel* (2) *A little image representing victory* (1) Litt *sed unde non dicit* (2) Victoriolæ aureæ, Cic N D 3, 34

† Victoriosus, a, um ssimus, sup *That hath gotten many victories victorious*,

victorious, Cato ap Gell 4, 9
VICTORIOSUS CÆSAR, *in nummo Probè* ap *Spanheim* ✝ victoriis potens

Victrix, icis f [à victor] (1) *That vanquisheth* (2) It is also used as an adjective, with a substantive in the plural number (1) Mater victrix filia, non libidinis, *Cic* pro *Cluent* 5 (2) Victrici bella, *Stat Sylv* 5, 2, 150 arma, *Vir Æn* 3, 54

✝ Victus in gen pro victis, *hic olim enim tres civitatis nationes habebant Rom. ini, tertiam, secundam, & tertiam*

Victurus, a, um part [à vinco] *I will overcome* Nisi qui victum, victurum neminem, *Cic* Sall *Hipp* 3, 11

Victurus, a, um part [vivo] *That will live, continue, and be* Victuri cortice ex arbore, *Cæs B G* 2, 9 Victurus suavius, *Hor Sat* 1, 6 penult Quidnam victuri gignimur? *Pers* 3, 67

Victus, a, um part [à vinco] *Overcome vanquished cast, beaten, baffled disappointed of his hope* Victi populi, *Cic* pro *Font* 12 Prece victus, *Hor Epod* ✝ = Domitus, *quod vide*

Victus, ûs & ✝ victi m (1) *Sustenance, things necessary to live by* (2) *Sweet food, meat and drink* (1) Quotidiani victi ratio in me fuerat, *Plaut Capt* 4, 2, 75 (2) Victum lanis cuiusque quæritare, *Ter Andr* 1, 1, 48

Viculus, i m dim *A little street*, Liv 21, 33 *sed var codd*

Vicus, i m [ab οἶκος, domus, vel ab ἄγω, vinum] *A street, to wit, rows of houses, one close to another, with a way between* Dictus *sceleratus* a Tullia, *Ov Fast* 6 6o Vicus rusticus, *a village*, Cic

Videlicet adv [videre licet] (1) *To wit, that is to say* (2) *Ironically, forsooth, I warrant you* (1) Castè lex jubet adire Deos, animo videlicet, in quo sunt omnia, *Cic de Legib* 2, 10 (2) Tuus videlicet salutaris consilius, perniciosus meus, *Cic Pis Lipp* 2, 6

Viden, pro videsne *Do you see?* Ter Eun 2, 2, 4

Videndus, a, um part (1) *To be seen* (2) *To be taken care of* (1) Mater mihi si videndam ob u-, *Vir Æn* 2, 589 (2) Amici cognitores res est videnda, in tuto ut collocetur, *Ter Heaut* 4, 3, 11

Video, ère, di, sum act [ab εἴδω, *Idem* in fut sec in ἰδέω, Ion ἰδεῖν, & præfixo digamma, video] (1) *To see, look, or behold* (2) Vide, & viden', *a form in anger, or scorn* (3) Me vide, *a form in assuring* (4) Diem videre, *to live* (5) *To visit, and go to see* (6) *To perceive, or understand* (7) *To see to, to take heed* (8) *To have an eye to* (9) *To consider* (1) Certum, hisce oculis egomet vidi, *Ter Adelph* 3, 2, 31 ✝ Constitui ad te venire, ut & viderem te, & viderem, & cœnarem cum *Cic Fam* 9, 23 (2) Illud vide exemplum disciplinæ, *Ter Adelph* 5, 1, 4 Viden' quid orum, & cibus facit alienus? *Id Eun* 2, 2, 34 Vide, ut incedit, *Id* (3) Istuc ipsum nihil per cunctis, me vide, *I warrant you, take my word for it*, Ter Andr 2, 2, 11 (4) ✝ Sive diem videt, si te egit ur numo, *Ov Trist* 5, 4, 44 = Hinc prudens, sciens, vivus, videnisque pereo *Ter Andr* 1, 1, 28 Vivo, videntique funus duci-

tur, *Cic* pro *Quint* 15 *Hinc* & dictus lumine *pro mortuo*, *Vir Æn* 2, 85 ☞ *Hæc loquendi forma à Græco fonte fluxisse videtur*, sic enim, Ἐμεῦ ζῶντος καὶ ἐπὶ χθονὶ δερκομένοιο, dixit *Hom Il* 1, 88 (5) Propterea te video, *Cic Attic* 6, 2 Rogo mane videas Plancum, *Plin Ep* 1, 5 (6) Causas rerum videre, *Lucr* 1, 154 = Intelligere, *Cic* Animo homines mentis videntur, & audiendis quam sua, *Ter Heaut* 3, 1, 58 (7) Nisi vides, nisi sanis animos ora ambis, *Ter Andr* 2, 2, 36 Vini, quid agas, *Id Eun* 2, 1, 18 Fuisti omnia vide, & gubernata, *Cic* (8) Vile est corpus iis, qui magnam gloriam vident, *Liv* 2, 1 (9) Quam directè faciam, videant sapientes, *Cic de Amic* 2 = Videas etiam atque etiam, & considere quid agas, *Id Verr* 5, 68

Videor, eri pass (1) *To be seen* (2) *To seem* (1) Divis videbit permixtos heroas, & ipse videbitur illis, *Vir Ecl* 4 16 (2) Possunt, quia posse videntur, *Vir Æn* 5, 231 Videor videor, *methinks I see it*, Sc Adelph 3, 2, Visus sum ambulare, *methought I was walking*, Cic Acad Q 4, 15 Quid tibi videtur? *what think you?* Ter Andr 2, 1, Id mihi visus est dicere, *methought he said*, Ter Andr 1, 5, 20

Videtur, ebatur, sum est impers *It seemeth, it appeareth, it seemeth good* Si tibi videtur *if you please, if you think fit*, Cic Fam 14, 7 Videbitur, *care shall be taken*, Plaut Pers 2, 5, 10

Vidua, æ f sc mulier [a viduo, à vido, præfixo digam pro dividua] (1) *A woman without a man, whether she hath had no husband*, (2) *or never had one* (3) *or hath buried him, a widow* (1) Penelope tam diu sine suo caruit viro, *Plaut Stich* 1, 1, 2 (2) Virgines viduæ, *Sen Agam* v 157 (3) Avaris viduis & matri, *Hor Ep* 1, 1, 18

Viduatus, a, um part (1) *Not having* (2) *Deprived, bereaved of, destitute* (3) *Left all alone, made a widow* (1) At ranum quam viduata pruinis, *Vir Georg* 4 518 (2) Regni viduata luminis, *Sil* 3 6o (3) Ne Agrippina viduata morte Domitii, *Suet Galb* 5

|| Viduitas, us m *The state of widows, widowhood*, Tert ✝ Viduitas

✝ Viduertas, âtis f *i c calamitas* [dict quòd viduet bonis, *Fest*] = Mars pater, te precor, uti tu morbos, viduertatem, vastitudinem, calamitatemque prohibessis, *Cato* 141

Viduitas, âtis f (1) *Widowhood* (2) *Lack, or want* (1) In viduitate relicta filia, *Liv* 40, 4 = Viduitas ac solitudo, *Cic pro Cæcin* 5 (2) Viduitas opum, *Plaut Rud* 3, 3, 2

Vidulum n & vidulus, i m [quòd in viam detur, *M*] *A bag, a budget, a purse, or hawking bag, wherein travellers carry their money, or any other thing* In vidulo obsignatum marsupium, *Plaut Men* 5, 7, 47

Viduo, âre act [ab ant iduo, *i e* divido] (1) *To deprive, to bereave* (2) *To make one a widow, or leave alone* (1) Urbem viduare civibus, *Vir Æn* 8, 571 dextram ensi, *Sen Hipp* 866 (2) *Vid* Viduatus, n 3

Viduor, âri, atus pass *To be stripped, to be deprived of* Foliis viduantur ulmi, *Horat Od* 2, 9 8

Viduus, a, um [ab ant iduo, *i e* divido] *Bereft, deprived, left alone, void, destitute, or without* Melius peribimus, quam sine alteris vestrûm viduæ, vivemus, *Liv* 1, 13 *ubi* vidua maritos, orbæ parentes refpecit § Solum arbo is nudum, *Col* 2, 2 Plures viri sunt vidui, quam nunc mulieres, *widowers*, Plaut § Pectus viduum amoris, *Ov Am* 3, 10, 18 Vitis vidua *a vine that groweth by itself, without the support of a tree*, Catull 60, 49 Virgines viduæ, *unmarried maids*, Sen *Vid* Vidua Viduo jugulum ferit hasta irrita ligno, *Stat Theb* 2, 545 *h e* sine cuspide ferrei

Vieo, ere, evi, etum act [à Gr ἴεω, committo, vestio, jungo] (1) *To bind with twigs, to hoop* (2) *Also to bend, or tie up* (1) Hisce vimina, unde viendo quid texitur, *Varr R R* 2, (2) Viere Veneream corollam, *Enn* ap *Varr* l cit

Vietor, oris m vero [qui viet dolia] (1) *He that maketh baskets, or vessels of osier, to be covered with leather* (2) *A cooper who bindeth vessels with hoops* (1) Et vietorem, & piscatorem ... impure, postula, *Plaut Rud* 4, 3, 51 (2) Si vietori loca veris lacum curandum, *Ulp*

Vietus, a, um [à vieo, cujus media diu syllabam producit *Lucr*] *Corrupted, vietus Hor Epod* 12, 7 (1) *Bowing, or stooping for age* (2) *Wrinkled, or withered* (1) Vetus, vietus, veternosus senex, *Ter Eun* 4, 4, 21 (2) Vieta mala, *Varr R R* 1, 19 Vieta vitis aranea, *a cobweb*, Luci 3, 96

Vigens, tis part (1) *Fresh, flourishing* (2) *Brisk, active* (3) *Eminent, famous* (1) herbæ vigentes rore, *Lucr* 2, 361 (2) Homini mens dicta & genus, & vigens *Cic Fin* 2, 14 (2) Citharœdus vigens præter alios, *Suet Ner* 20

Vigeo, ère, ui, neut [e vigeo, Fest] (1) *To flourish, to wax, to grow* (2) *To live* (3) *To be strong, fresh, lively, or brisk* (4) *To be in force* (5) *To be much used, to be in vogue* (1) *To be esteemed* (1) Ea, quæ in terra stirpibus continentur, vivunt, & vigent, *Cic N D* 2, 33 *Vid* = Crescunt, & vigent, simul, *Tac Ann* 16, 22 (2) Omnium rerum, quæ natura vigent, similis finis, non idem, *Cic de Fin* 5, 9 = Animas post mortem sentit & viget, *Id* pro *Scat* 21 ✝ restingui, *Id ib* (3) Mures viget assiduo cantamine, *Tib* 1, 1, 88 = Nos animo vigemus magis, quam cum florebamus, *Cic Attic* 4, 3, sub fin (4) Gens fortis, cum Lycurgi leges vigebant, *Cic Tusc* 1, 42 (5) Apud quos venandi & equitandi laus viget, *Cic Tusc* 2 26 Et in nullam partem, Invidia & crimina ubi vigent, *Hor Sat* 1, 2, 61 (6) § Vigebant apud istam mulierem venusta, *Cic* pro *Cæl* 28 Vigebat violacea purpura, *Plin* 9, 29

Vigesco, ère incept *To grow brisk and active* Jam læti studio pedes vigescunt, *Catull* 44 8

Vigesima æ f sc pars *The twentieth part, a tribute of the twentieth penny* Plin Pan 37

Vigesimarius, a, um *Of, or belonging to the twentieth part* Vigesimarium aurum, *money raised from that tax*, Liv 27, 10 *Vid* Vicesimarium

Vigesimus, a, um *The twentieth*, Cic *Vid* Vicesimus, *q rect*

Vigessis, e [ex viginti, & assis] *That weigheth twenty pounds, that cost twenty asses* *Vid* Vicessis

Vigil, is adj omn gen [a vigeo, vigilis, & per Apoc vigil, vel ab ago, igilis, *Perot*] (1) *Watchful, waking, mindful* (2) *That keepeth awake* (3) *Attentive, mindful* (4) *That never goeth out, unextinguishable* (1) Canes vigiles, *Hor Od* 3, 16, 2 Custos vigil, *Ov A Am* 3, 612 (2) Cura vigiles *Ov Met* 1, 396 (3) Vigil aure bibere, *Stat Achill* 2, 119 (4) Ignis vigil, *Vir Æn* 4, 200 flammæ, *Ov Trist* 4, 5, 4 Lucernæ vigiles, *Hor Od* 3, 8, 14

Vigil, ilis m *A watchman, a sentinel* Clamor a vigilibus, simulque custodibus, tollitur, *Cic Verr* 4, 43

Vigilans, tis part & adj o, comp ssimus, sup (1) *Watchful* (2) *Heedful, vigilant, wary* (1) Oculi vigilantes, *Vir Æn* 5 438 ✝ Somnians videt, qua vigilans volunt, *Ter Andr* 5, 6, 8 (2) Nemo paratior, vigilantior, ad judicium venit, *Cic Act in Verr* 11 Consul animo vigilantissimus, Cæsii, *Trel Poll in Gall*

Vigilandus, a, um part *To be watched, to be past walking* Fletu nox vigilanda venit, *Tib* 1, 2, 78

Vigilans, tis part *Waking, being awake* Damno vigilans ... *Ov Met* 7, 635

Vigilanter adv ius, comp ssime, sup *Watchfully, diligently, warily, heedfully* Vigilanter se tenet, *Cic Fam* 15, 2 Tum multo vigilantius, *Id Somn Scip* 8 = Vehemen issime vigilantissimeq, vexatus, *Id* pro *Mur* 15

Vigilantia, æ f (1) *Watchfulness* (2) Met *Vigilancy, care, heed, diligence* (1) Erat summa vigilantia, *Plin Ep* 3, 5, 8 (2) Cæsar horribili vigilantia, *Cic Attic* 8, 9 Præter sua ... vigilantia pacem in Sicilia dicit fuisse, *Id Verr* 4, 21

Vigilarius, ii m *velut alii vigilarium, ii n* *A watcher, or watchman*, Sen Ep 58 *sed sana lectio*

|| Vigilate adv *Watchfully, heedfully* Vigilate ... tenere verbum non probum ... *Gell* 2, 14

|| Vigilatio, ōnis f *A waking*, Cœl Aur Tard 1, 4, 101

Vigilatur impers *Men wake*, Mart 12, 65

Vigilatus, a, um part (1) *Watched, spent in watching, or sitting up late* (2) *Made by sitting up* (1) Nox convivio vigilata *Tac Ann* 15, 20, 6 (2) Carmen vigilatum nocte, *Ov Fast* 4, 109

Vigilax, ācis adj [qui pastium vigilat, magister pecoris, *Varr R R* 1, 2] *Watchful wary, vigilant* Canes vigilaces, *Col* 7 12 prid *Id* 7, 2 ✝ Nec fruitur somno vigilacibus excita curis, *Ov Met* 2, 779

Vigilia, æ f (1) *A watching, or being awake* (2) *A watch by night, a sentry* (3) Vigiliæ, *night studies* (4) *A watch, or fourth part of the night* (5) Met *An office, or station wherein vigilance is required* (6) *The even before any feast* (7) *Vigilance and diligence* (1) Affecta labore & vigiliis corpora, *Liv* Lippitudo vel ossi propter vigilias, *Cic* (2) = Qui non fit ... orem, qui non vig lias misisti, *Tac Ann* 13, 35, 2 Manere in urbis vigiliis, *Cic*

Gic in Pison 7 (2) Cum non iudita sunt Demosthenis vigiliæ? *Cic Tusc* 4, 19 (4) Cum puer tuus ad me secunda ferè vigiliâ venisset, *Cic* Tertiâ ferè vigiliâ exacta, *Id Catil* 3, 2 ☞ *Quaternæ vigiliæ quarum singulæ trium horarum fuerunt, noctem ais p. scebant*, *vid* I pf de magnit Rom l 5 Dial 9 (5) Vigiliam suam alteri tradere, *Cic Brut E-pist Fam* 11, 24 (6) Cereris vigiliæ, *Plaut Aul* 4, 10, 65 (7) Vigiliâ fui vacuum metu aliquem reddere, *Cic Attic* 7, 19

Vigilo, āre neut (1) *To awake from sleep* (2) *To watch, to sit up all night* (3) Met *To be vigilant*, or *very diligent* (4) ✝ *To be in*, or *alive, to burn bright* as the fire (1) § Fessum de via, & qui ad multam noctem vigilâssem, arctior somnus complexus est, *Cic Somn Scip* 1 § De multa nocte vigilare, *Id Q fr* 2, 14 (2) ⁑ Qui isthic dormit? Callidates ¶ Callidates vigila C Vigilo, *Plaut Most* 2, 1, 26 (3) Vigilare decet hominem, qui vult sui tempore conficere officia, *Plaut Rud* 3, 6, 16 = Quirites, quantum potero excubabo, vigilaboque pro vobis, *Cic Phil* 6, 7 (4) Anne tacita vigil t face Troicus ignis? *Stat Syl* 1, 1, 5 ⁑ Sopi , *Vir Æn* 5, 74

Vigilor, āri, ātus pass *To be spent in watching* Noctes vigilantur amaræ, *Ov Ep* 12, 169

Viginti adj plur indecl [qu decem bis geniti, *Prob*] *Twenty*, *Cic de Orat* 3, 20

Vigintivirātus, ūs m *The office of twenty men of like authority*, Cic Attic 9, 2

Vigintiviri, orum m pl *Officers of Rome, twenty in number, who had like authority*, Cic Attic 2, 7

Vigor, ōris m [a vigeo] (1) *Strength, lustiness, mettle* (2) Met *Liveliness, vigour, briskness* (1) Vigor juventæ, *Liv* 1, 57 Cruc vigore asper equus, *Sil* Gratus in ore vigor, *Ov Met* 12, 297 (2) Animi vigor, *Ov Ep* 16, 51 ingenii, *Id Met* 8, 254

‖ Vigoratus, a, um part *Envigoured, enlivened* Hac opportunitate fallacia vigorati juvenis inductus, *Apul Met* 9, p 287

‖ Vileo, ēre *To be*, or *become vile*, or *of small price, to grow cheap* Vilco εὐτελίζομαι, *Onom* ✝ Evilesco, *Val Max*

‖ Vilifico, āre *To vilify*, or *make of no reputation*, Cic ap Litt sed q ✝

Vilipendo, ĕre, 1 *To vilify, to have in no esteem* Et amnum me vilipendit, *Plaut Truc* 2, 6, 5 *Potest tamen scribi divise*

Vilis, e or, comp ssimus, sup [a villo, i e re nihili, *unde & titivillitium*] (1) *Vile, of no value*, or *account, little worth*, or *set by* (2) *Cheap, of little price, at a low rate* (1) = Nihil tam vile, neque vulgare est, *Cic* pro *S Rosc* 26 ⁑ Non minor voluptas percipitur tam ex vilissimis rebus, quam ex pretiosissimis, *Id de Fin* 2, 28 ⁑ Si honos noster vilior fuisset, salutem certè charam putavi, *Id pro Flacc* 41 Vilis oratio, *Quint* 8, 3 ⁑ accurata, *Id ib* (2) Frumentum vilius, *Cic Verr* 3, 84 Vili domum vendere, *Mart* 12, 67, 10

Vilitas, ātis f (1) *Vileness, baseness, contempt* (2) *Cheapness* (1) Vilitas vulgati corporis, *Curt* 5, 1, 38 (2) ⁑ Causâ mam annonam nec opinata vilitas consecuta est, *Cic pro Dom* 6 Vilitas fructus nostros minuit, *Ter Phorm.* 5, 9, 21

Viliter adv ius, comp ssime, sup *Vilely basely, cheaply* Viliter semetipsum colere, *Apul Florid* 7, p 772 Vænire poteris intestinis vilius, *Plaut Curc* 2, 1, 28 Vilissime emitur, *Col* 2, 10 conf *Plin* 18, 6

✝ Vilito, āre *To make cheap*, or *of little esteem*, Non

Villa, æ f [a vicus, vicula, dim villa] *A manor house out of a city*, or *town*, Varr R R 3, 2 Properly *having a farmhouse*, or *homestall belonging to it* ⁑ Mutuo ne pro villa emam Ostiæ in littore Scianas ædes, *Id ib unde pote villæ describit* ⁑ Incendia non villarum modò, sed etiam vicorum, *Liv* 2, 62 ⁑ urbs, *Tib* 2, 3, 1 ⁑ oppidum, *Phædr* 3, 10 = rus, *Id ib*

‖ Villānus, i m [qui in villa habitat] *A farmer, a villager* ✝ Conditioni colonariæ addictus, *Bud* Hinc Angl *a villain*

Villāris, e *Of*, or *belonging to a village, farm*, or *country house* Villares gallinæ, *Plin* 10, 41

Villāticus, a, um *Idem* Canis villaticus, *an house dog*, Col 7, 12 Alites villaticæ, *tame fowl*, Plin 23, 1

Villica, æ f *A farmer's wife, a woman that keepeth a dairy*, or *house in the country* Asparagi, positos quos legit villica fuso, *Juv* 11, 65 conf *Col* 12, 1

Villicans, tis part *Performing the office of a bailiff*, Plin 18, 6

Villicātio, ōnis f verb *A bailiship*, or *stewardship*, *an hiring*, or *managing of a farm*, Col 11, 1

Villico, āre, & villicor, āri, ātus pass *To hire*, or *manage a farm*, *to follow husbandry*, *to live in the country* Vid Villicans Nondum etiam hic villicabar, *Pœdrin, Turpil ap Non* 2, 897

‖ Villico, ōnis m *Litt ex Apul* id quod

Villicus, i m (1) *An husband man, a farmer* (2) *The bailiff of the manor, a steward even in the city* (1) Villicus agri colendi causa constitutus, & appellatus à villa, *Varr R R* 1, 2 (2) *Cic de Orat* 1, 58 *Juv* 4, 195 Gloss vet villicus οἰκονόμος & Attonitæ urbis villicus, *Id* 4, 77 *falsò pro* præfectus

Villōsus, a, um or, comp ssimus, sup [a villus] (1) *Hairy, shaggy, rough* (2) *Woolly, downy* (3) *Full of small strings*, or *fibres* (4) *Rough, thickset* (5) *Made of frieze* (1) Ursæ pelles villosæ, *Ov Met* 12, 319 (2) Villosissimum animalium lepus, *Plin* 11, 37 (3) Radice villosâ arbor, *Plin* 12, 12 (4) Arbor folio villosior, *Plin* 16, 10 (5) Puellæ horrida villosâ corpora veste tegant, *Tib* 2, 3 62

Villula, æ f dim *A little farm*, or *manorplace* Circum villulas iter feci, *Cic Attic* 8, 9

Villum, i n dim [a vinum, ut ab unus, ullus] *Little*, or *small wine* Ut eo*r*mi*s*cam hoc vill, *Ter Adelph* 5, 2, 11 vix alibi occ

Villus, i m [a vellus, quod de lana primò dicatur] (1) *Wooll* (2) *Hair, a coarse shag hair* (3) *The hair*, or *nap in cloth* (1) Animantium aliæ villis vestitæ, *Cic N D* 2, 47 Udis aries in gurgite villis mersatur, *Vir Geor* 3, 446 (2) Dependet capiti atm mento villus, *Plin* 8, 50, (3) Tonsis mantelia villis, *Vir Æn* 1, 706

Vimen, inis n [a vieo] *An osier, a twig, a rod, a wicker* Viminibus rutis fenestræ fictæ, *Varr R R* 3, 9 Salices fœcundæ viminibus, *Vir Geor* 2, 416 Cypeus è viminibus, *Plin* 20 Vimine querno texere, *Vir Æn* 11 65

Vimentum, i n *id quod* vimen, *Tac Ann* 12, 16

Viminalia, um n *All trees and shrubs that bring forth twigs fit to bind*, or *wind* Salices viminales, *Plin* 17, 20 & *Col* 4, 30

Vimineus, a, um *Made of wickers, rods*, or *osiers* Quilus vimineus *Col* 8, 3 Viminea tegumenta, *Cæs B C* 2, 62

Vinācea, æ f *A grapestone* Vinaceæ humanæ, *Col de Arb* c 4

Vinacea, ōrum n *The kernels*, or *husks of grapes, grapestones*, also *the mother of the wine*, Col 11 2

Vinaceus, a, um *Of*, or *belonging to wine and grapes* Acinus vinaceus, *Cic de Senect* 15

Vināceus, i *sc* acinus *A grapestone*, Col 3 1

Vinālia, um n *Feasts at the first broaching*, or *tasting of their wine, in May and September*, Plin 18, 24

Vinālis, e Vinalia verba, *used at the wine*, Varr

Vinārium, ii n *A wine vessel, as an hogshead, pipe*, or *rundlet* Invertunt vinaria tota, *Hor Sat* 2, 8, 39

Vinārius, a, um *Of*, or *belonging to wine* Vinarius lacus, *Col* 12, 18 Cella vinaria, *Cic de Senect* 16 & *Col* 1, 6 Vas vinarium, *Cic Verr* 4, 27

Vinārius, ii m (1) *A vintner, a taverner, one that selleth wine* (2) *A drunkard, a great drinker of wine, a winebibber* (1) Vini, quæ heri vendidi vinario, *Plaut Asin* 2, 4, 30 (2) *Ulp*

Vinca, æ f [al vinca pervinca dict quòd obvia quaque sarmentis suis vincit] *Periwinkle*, Plin 21 11

Vinceus, a, um Potione vinceâ, ac laqueo onerabo gulam, *I will stretch my neck in an halter and hang myself*, Plaut Stich 4, 2, 56 *per jocum, qu* vinacia

Vincibilis, e (1) *Vincible, conquerable, easy to be vanquished*, or *overcome* (2) *Easy to be manured, tilled wrought*, or *laboured* (1) *Ter Phorm* 1, 4, 48 (2) ✝ Terra gravis, vix ullâ cultura vincibilis, *Col* 3, 12.

‖ Vincimen, inis n *A twig*, or *osier to bind a thing with*, Jun ✝ Vimen

Vincio, ire, xi, ctum act (1) *To bind*, or *tie up, to wrap* (2) *To hoop* (3) Met *To make sure* (4) *To drown and dull* (5) *To join, to connect* (1) § Suras vincire cothurno, *Vir Æn* 1, 341 § manus post terga, *Id ib* 11, 81 § fœnum in manipulos, *Col* 2, 19 § gutturia alicujus, *to strangle*, Ov Met 10, 22 (2) Dolia plumbo vincito, *Cato*, 39 (3) Locum vincire præsidiis, *Cic Attic* 7, 18 (4) Mentem vincire Lyæo, *Prop* 3, 5, 21 (5) Sententias graves & suaves reperiebant antiqui, sed eas non vinciebant, *Cic Orat* 50

Vinclum, i n *pro* vinculum Tenacia vincla, *Vir Geor* 4, 412

Vinco, ĕre, ici, ictum act (1) *To conquer, subdue*, or *overcome, to vanquish, worst*, or *get the better of* (2) *To obtain* (3) *To exceed, excel, surpass*, or *surmount, to outdo* (4) *To prevail*, or *take place* (5) *To prove*, or *make out* (6) *To digest*, or *concoct* (7) *To expel* (8) Vin mu, *a formula in rejoicing* (9) Vice is, *a formula when one is angry, and with difficulty granteth a thing* (1) Malo cum Pompeio vinci, quam cum istis vincere, *Cic Attic* 8, 7 = Mihi vivendum est cum illis, quos vici, ac subegi, *Id* = expugnare, *Id* (2) Cogni or si fuisset tuus, quod vicisset judicio, feriest tuum, *Cic pro Q Rosc* 18 (3) Asclepiades eloquentiâ vincebat ceteros medicos, *Cic de O rat* 1, 14 Cursu vincere cervum, *Plaut Pen* 3, 1, 7 (4) Sententia lenior vicit *Liv* (5) Vince argumentis, *Plaut* Vince deinde virum bonum fuisse Oppianicum, *Cic pro Cluent* 44 (6) *Vid* Vincor, n 3 (7) Fundalia noctem vincunt flammis, *Vir Æn* 1, 731 (8) Rumpan ur iniqui, vicimus *Prop* 1, 8, 28 Vicimus, ô socii, *Lucil* vid & *Ov Trist* 3, 9, 23 & *Metam* 6 513 (9) Vid *Ter Andr* 5, 2, 22 & ibi *Donat* Item *Suet Cæs* 1 & ib *Casaub* sc & Græci Nike d cunt

Vincor, i pass (1) *To be overcome* (2) *To be convinced* (3) *To be digested, to be concocted* (1) Vincere & vinci vultu eodem, *Liv* l 7 (2) Peccavi fateor, vincor, *Ter Heaut* 4, 1, 1 (3) Pervigilio præcipuè vincuntur cibi, *Plin* 11, 53

Vinctio, onis f *A binding, a conjunction in friendship* Si exemeris ex natura rerum benevolentiæ vinctionem *Cic de Amic* 7 *sed variant codd*

Vinctūra, æ f verb *A binding*, or *tying* Virga sequax ad vincturas, *Plin* 16, 37

Vinctus, a, um part (1) *Bound* (2) *Hard laced, girt* (3) Met *Constrained* (4) *Promised and assured* (5) Subst *A prisoner* (1) = Religatus vinctusque faxis, ap *Cic Tusc* 2, 10 = astrictus, *Id* (2) Matres student filias demissis humeris esse, & vincto pectore, ut graciles fient, *Ter Eun* 2, 3, 22 (3) *Hor Sat* 2, 7, 31 (4) Fides vincta, teste numine, *Ov Ep* 20 212 (5) *Plin Ep* 3, 16

Vinctus, ūs m *A binding, a bond*, or *girth* = Aut funiculo, aut vinctu, quod antiqui vocabant cestum, *Varr R R* 1, propius a fin

Vinculum, i n [a vincio] (1) *A bond* or *band, a ty, any thing that fasteneth*, or *tieth*, as fetters, cords, gives (2) *A garland* (3) *Imprisonment* (4) *A bond*, or *obligation wherein one is bound* (1) Genistæ palmitibus idonea præbent vincula, *Col* Vincula epistolæ laxavit, *unsealed it*, Nep Pauf 4 *Met* Vincula amicitiæ, *Lucr* 3, 83 benefici, *Cic pro Planc* 30 (2) Imposita capiti vincla venerando gere, *Sen Thy est* 543 (3) In vincula publica conjectus, *Nep Milt* 7 (4) Excusare laborem, & mercenaria vincla, *Hor Epist* 1, 7, 67

Vindemia, æ f [*qu* vindemia, *a* vino, vel vite demenda] (1) *The gathering of grapes to make wine, vintage* (2) *Wine* (3) *A gathering* of *fruits*, or *honey* (1) Spumat plenis vindemia labris, *Vir Geor* 2, 6 (2) Tua villa non videt vindemias in cella, *Varr R R* 3, 2 (3) Vindemia olivarum, *Plin* 15, 1 mellis, *Id* 2, 14 & *Col* 9, 15

Vindemialis, e *Of*, or *belonging*

ing to vintage Vindemiales fructus, *Suet Aug* 35

Vindemiātor, ōris m (1) *A vintager, or he that gathereth grapes to make wine* (2) *A star which appeareth the 26th day of August* (1) Commodius legitur fructus à vindemiatore, *Col* 4,17 Durus vindemiator & invictus, *Hor Sat* 1, 7, 30 ☞ *Ubi quadrisyllabam voc... fecit, nimpe... in unum contrahendo, quod non observans Steph* vindemiatoi *fecit* (2) VII KAL Sept Vindemiator apparet, *Col* 11, 2

Vindēmiātōrius, a, um *Of, or belonging to vintage* Vasa vindemiatoria, *Varr R R* 1, 2

Vindēmio, āre *To gather grapes, or ripe fruits in harvest*, Plin 14, 2 & 18, 31

Vindēmiōla, æ f dim *A little vintage*, Cic Attic 1, 10

✠ Vindemitor, ōris m (1) *A vintager* (2) *A star so called* (1) Carpebat raris serus vindemitor uvas, *Sen ex morte Claud* 8,45 (2) At non effugiet Vindemitor, *Ov Fast* 3, 407 *Vid* Vindemiator

Vindex, ĭcis c g [à Gr. ἐνδεικ..., id quod ἐνδ...] (1) *An avenger of wrongs, a rear... of grievances* (2) *An asserter of liberty, a defender* (3) *The patron of a book, or he to whom it is dedicated* (1) Furiæ vindices scelerum, *Cic N D* 3, 18 = Quis ultor & vindex constantior? *Col* 7, 12 (2) Tutela vindex libertatis, *Cic de Legib* 3, 17 conferenti de Orat 2, 48 (3) Indice non opus est nostris, nec indice, liuris, *Mart* 1,54

Vindicandus, a, um part *To be punished, preserved*, &c Talis improborum consensio omni supplicio est vindicanda, *Cic de Amic* 12

Vindĭcātio, ōnis f verb *An avenging, or punishing, a vindication*, Cic de Inv 2, 22

Vindiciæ, ārum f [a vindex] (1) *The assertion, or clearing a thing from controversy* (2) *A rejoinder in law, bringing in proofs and sureties* (1) Decernere vindicias secundum libertatem, *Liv* 3,47 (2) Non calumnia litium, non injustis vindiciis ac sacramentis fundos alienos petere, *Cic* pro *Mil* 27

Vindico, āre act (1) *To revenge, to avenge, or punish* (2) *To defend, deliver, or preserve* (3) *To claim, to challenge* (4) *To excuse* (5) *To restore* (6) *To maintain* (1) Scipionis nemo vindicaverat mortem *Cic* Omni supplicio vindicare, *Cic de Amic* 12 ... ditionem, *Id Fam* 1, 9 (2) Vindicare molestiâ, *Cic Q fr* 1, 4 (3) Nonnulla ab imperatore ..., plurima verò fortuna vindicat, *Nep Thrasyb* 1 (4) Turpitudo personæ ejus, in quem liberius invehimur, nos vindicabit, *Treb Cic Fam* 12, 16 (5) Vindicare libertatem Galliæ, *Cæs* (6) Rempub in libertatem vindicare, *Cic Fam* 10, 31

Vindicor, āri, ātus pass *To be avenged* &c Quin exitus rerum, non hominum consilia legibus vindicentur, *Cic* pro *Mil* 7

Vindicta, æ f [à vindico, nisi potius a Vindicius, *vid* n 4] (1) *Vengeance, punishment* (2) *Defence, maintenance* (3) *A rod which was laid on the head of a servant when he was made free* (4) *Liberty, or freedom itself* (1) Lento gradu ad vindictam sui procedit ira divina, *Val Max* 1, 1, ext 3 (2) Vindicta libertatis more stetit, *Paterc* 2, 64 (3) *Hor Sat* 2,7,76 (4) Vindictæ nomen à Vindicio tractum quidam putant, *Liv* 2, 5

Vinea, æ f [a vite, qu vitinea, vel à vino] (1) *A vine, or vineyard* (2) *An engine of war made of timber and hurdles, under which in assaults they came safely under the walls of a town, and so scaled them*, usually eight foot broad, seven high, sixteen long, *Veg* (1) Vinea pubescit, *Vir Geor* 2, 390 ⁂ Nimio vinearum studio negliguntur arva, *Suet Dom* 7 (2) Aggere, vineis, turribus, oppugnavi, *Cic Fam* 15, 4

Vineālis, e *Of, or belonging unto vines, or a vineyard* Limitatio terræ vinealis, *Col* 3, 12

Vineārius, a, um *Of a vineyard* Vinearios colles præcipitare, *Col.* 5, 6

Vinēticus, a, um *Idem*, Cato, 11 & Col 4, 1

Vinētum, i n [à vinea] *A vineyard* Ad eam non expedit instituere vineta, *Col* 3, 2 *Met* Ut vineta egomet cædam mea, *Hor Ep* 2, 1, 220 *Prov Vid* interpr

Vinibĭtor, ōris m *A drinker of wine, a winebibber*, Plin 15, 54 *nisi divisè malis*

Vinitor, ōris m *A vinedresser, a keeper of a vineyard, a gatherer of grapes*, Cic de Fin 5, 14 Vinitor opus odibit, *Col* 4, 24 ⁂ Separandi sunt arbores a vinitoribus, *Id* Maturæ vinitor uvæ, *Vir Ecl* 10, 36

Vinitorius, a, um *Of, or belonging to the keeping of a vineyard, or dressing of vines*, Col 4, 25

† Vinnŭlus, a, um *Vid* Vinulus

Vinŏlentia, æ f *Drunkenness*, Cic Top 20 & Tusc 4,11

Vinŏlentus, a, um (1) *Given to drinking of much wine, drunk* (2) *Also made with wine, winish* (1) Vinolentus mulierem illam compressit, *Ter Phorm* 5, 8, 28 Vinolentus furor, *Cic Acad* Q 4, 27 ⁂ Vinolentorum visa imbecilliora quam siccorum, *Cic Acad* Q 4, 27 ⁂ sobrius, *Id* (2) Vinolenta medicamina, *Cic in Pison* 6

Vinōsus, a, um or, comp ssimus, sup (1) *Having a smack and savour of wine* (2) *Given to drinking* (1) Sopor calidus ac vinosus, *Plin* 12, 13 Juncus vinosa mordacitatis ad linguam, *Id* 21, 18 Pomum succi vinosioris, *Suet Aug* 77 (2) Modice vinosi, *Liv* 41, 4 Æti... vinosior, *Ov Fast* 765 Quid opus est verbis? vinosissima est, *Plaut Curc* 1, 1, 79

† Vinŭlus, a, um *Delicate, dainty, nice, wanton, or as some think, drunk with wine*, Plaut Asin 1, 3, 70, *aliter id interpretes* ☞ *Scrib &* vinnulus *Issi*

Vinum, i n [à G οἶνος] (1) *Wine* (2) *A kind of drink* (3) *A banquet* (1) ⊢ Abstemius nphæ, vini pernicies, *Catull* 25 6 ⁂ Vinum vetustate edentulum, *mellow wine*, Plaut Pœn 3, 3, 87 meracius, *strong*, Cic N D 3, 31 fugiens, *flat, dead, beginning to sower*, Id Vina coronare *to fill brimmers in order to a libation, in imitation of the Greeks*, ... κρατῆρας ἐπιστέψαντο ποτοῖο, Hom. Vir Æn 1, 147 & Geor 2, 526 (2) Myrti baccis legere, ex his vinum exprimere, *Cels* 4, 18 (3) *Met* Vel heri in vino quam immodestus fuisti? *Ter Heaut* 3, 3, 6

† Viocurrus, *qu* viam currens *A lacquay*, Varr

† Viocurus, i m [qui vias curat] *A surveyor of the highways* ⊢ Ædilis

Viŏla, æ f [a via, ubi homines eunt, ita & ἴον, ab ἰέναι] (1) *A violet* (2) *A purple colour* (1) An tu in viola putabas, aut in rosa dicere? *Cic Tusc* 5, 26 *De violarum generibus vid* Plin 21, 6 (2) Tinctus violâ pallor amantium, *Hor Od* 3, 10, 14

Viŏlābĭlis, e (1) *That may be hurt, or wounded* (2) *That may be profaned* (1) Cor violabile telis, *Ov Ep* 15, 79 (2) Non violabile numen, *Vir Æn* 2, 154

Viŏlāceus, a, um *Of a violet colour, or like a violet*, Plin 9,39 & 25, 16

Viŏlandus, a, um part *To be broken, or transgressed* Fœdera violanda, *Tib* 1,9,2

Viŏlārium, ii n *A bank, or bed of violets*, Vir Geor 4, 32

Viŏlārius, ii m *He that dyeth violet colour* Violarii coloris infector, *Plaut Aul* 3, 6, 36

Viŏlātim adv *By way of violence, or abuse*, Litt ex Liv

Viŏlātio, ōnis f verb *A profaning, violating, wronging, or infringing* Violatio templi, *Plin* 29, 8 fidei, *Paterc* 2, 1 Sine violatione ullius rei incessit agmen, *Liv* 36, 20

Viŏlātor, ōris m verb *An abuser, a corrupter* = Ruptor fœderis humani, violatorque gentium juris, *Liv* 4, 19 Violator templi, *Ov ex Ponto*, 2, 2, 27

Viŏlātus, a, um part (1) *Hurt, forced* (2) *Deflowred* (3) *Profaned, abused* (4) *Dishonoured* (5) *Broken, infringed* (1) ⁂ Non solum violatus manu, sed vulneratus ferro, *Cic ante q in Sen ven* 3 (2) Violata virginitas, *Cic* (3) = Sacra polluta & violata, *Cic Verr* 5, 72 ⁂ Disce ea sincta credere, quæ à te violata sunt, *Liv* 1, 18 Violati numinis aræ, *Juv* 13, 219 (4) Violatum cubile, *Catull* (5) Pœna violati juris, *Cic de Legg* 2, 9

Viŏlātus, ūs m *An abuse*, Litt ex Mart *sed q*

Viŏlens, tis adj (1) *Violent, forcible* (2) *Swift, rapid* (3) *Vehement, earnest* (1) Postquam victo violens discessit ab hoste, *Hor Ep* 1,10, 37 (2) Qua violens obstrepit Aufidus, *Hor Od* 3, 30, 10 (3) = Nunc ferus, & violens, *Pers* 5,171

Viŏlenter adv ius comp ssimè, sup (1) *Forcibly, violently* (2) *Heinously* (3) *Cruelly* (1) Sacra ludorum violenter dirimere, *Liv* 5 1 Imber violentiùs fusus, *Curt* 8, 14, 4 Rivalem aries violentissime persequitur, *Col* 7, 3 (2) Patrem adolescentis facta hæc tolerare audio violenter, *Ter Phorm* 5, 1, 4 (3) Proconsulatum violenter gerere, *Plin Ep* 9, 3

Viŏlentia, æ f (1) *Force* (2) *Violence, rashness* (3) *Boisterousness, storminess* (4) *Cruelty, fierceness* (1) Opprimi impetu violentiæ, *Cic ante q ... in ... exil* 5 (2) = Novi hominis furorem, novi effrænatam violentiam, *Cic Philipp* 12,11 (3) Circius nulli ventorum violentiâ inferior, *Plin* 2, 47 (4) Eadem violentia vultu, *Ov Met* 1, 238

Viŏlentus, a um [à vis] or, comp ssimus, sup (1) *Forcible, ungovernable* (2) *Violent, fierce* (3) *Cruel, injurious* (4) *Rash headstrong* (5) *Boisterous, tempestuous* (6) *Angry, enraged* (1) Æris vi ... violentæ, *Lucr* 5, 1269 ⁂ Perागit violenta potestas, quod tranquilla nequit, *Claud Cons Mall* 239 (2) Quas res violentissimas natura genuit, earum moderationem nos soli habemus, *Cic N D* 2, 60 (3) Animis violentior æquo visa Dea est, *Ov Met* 3, 253 (4) = Quamvis sis, ut es, homo furens & violentus, *Cic Philipp* 2, 28 (5) Venti violenti, *Lucr* 5, 1225 Tempestates violentissimæ, *Cic* pro *Cluent* 49 (6) Multò Appio, quam Fabio violentior fuit, *Liv* 7, 59

Viŏlo, āre act [à vi] (1) *To force* (2) *To deflower* (3) *To transgress, or break, to violate* (4) *To spoil, defile, or sully* (5) *To cut, or fell down* (6) *To colour, to dye* (1) Hospites violare fas non putant, *Cæs B G* 6,22 Violare parentes, *Cic de Fin* 3, 9 ... ras Deûm, *Sil* 17, 11 (2) Parcite violare puellam, *Tib* 1, 6, 51 Virginitatem violare *Cic N D* 3, 23 (3) Violare amicitiam, *Cic* pro *Cluent* 42 ... *Ov Ep.* 7, 57 Ingenuum violant ... ra tophum, *Juv* ... 20 (4) Nubes violant serenum ... m mundi, *Lucr* ... 138 *Met* Violare existimationem alicujus, *Cic* pro *Quint* 22 (5) Silvam violare, *Ov* (6) Indum sanguineo si quis violaverit ostro ebur, *Vir Æn* 12, 67

Viŏlor, āri, ātus pass *To be hurt, broken, profaned* ... in ea re violari tu in existimationem, *Cic* pro *Quint* 2,

Vīpĕra, æ [quod vi pariat, cum matris interitu, al qu vivipara] (1) *A viper* (2) *In convicio* (1) Brevibus viperis implicata crines Canidia, *Hor Epod* 5, 15 (2) *Plaut Cas* 3, 5, 19

|| Vipĕrālis, f sc herba [quod valeat contra viperarum morsu] *Rue, herbgrace*, Apul de Herb 1 89

Vipĕreus, a, um *Of, or belonging to vipers* Vipereus crinis, *Vir Æn* 6, 281

|| Vipĕrīna, æ f sc herba [quæ in morsu viperarum prodest] *Wild burrage, or dragonwort*, Apul serpentaria, *Id* interpr Jun

Vipĕrīnus, a, um *id quod* vipereus Viperinus morsus, *Cic de Fin* 2, 29 *ex poeta* Viperina pellis, *Plin* 32,7 Viperinus sanguis, *Hor Od* 1, 8, 7

Vīpio, ōnis m *A young crane*, Plin 10, 49

Vir, viri m [a vi, quod ceteris præstat] (1) *A male, in respect of a female, whether in man or beast* (2) *A man, in respect of a child* (3) *A man, as opposed to a pathic* (4) *A man, having the courage, or sense of a man* (5) *An husband* (6) *Virility* (1) Vir natus quod rem feminarum tetigerit *Phædr* 3, 8, 11 ⁂ Viri heme, feminæ æstate, *Plin* 10 63 ✠ Vir gregis caper, *Vir Ecl* 7, 7 (2) ⁂ Hoc non modò in puero, sive adolescente, sed etiam in viro admiratione dignum est *Plin* (3) *Suet Vesp* 1, (4) At ... pernitias, virum te judico, *Ter Adelph* 4, 2, 25 ⁂ Tun' virum ... adeo hominem deputas esse? *Ter Hec* 4, 1, 9 ⁂ Metellus nemo nobilissimus atque omnium vir, *Cic post redit* 5 ¶ Vir virum legit, *when in marshalling an army, a soldier chooseth one to stand by him, in whose valour he most confideth*, Vir Æn 11, 632 (5) Thesibi generum firmum, & filiæ invenies virum, *Ter Andr* 5, 3, 40 ⁜ Imminet exitio vir conjugis, illa mariti, *Ov Met* 1, 146 (6) Ut relicta sibi sensit membra sine viro, *Catull* 61, 6

Vira, æ f *A woman, a manly woman*, Fest Viræ querquetulanæ, *i e* Hamadryades, *Scal* ☞ *Aliqui hanc vocem leg ap Plaut Amph* 182 *sed perperam*

Virago, inis f [quod ut vir agat] *A manlike female, an heroine* Ancilla virago, *Plaut Merc* 2, 3, 79 Belli metuenda virago, *Ov Met* 2, 765

Virbius, ii m [bis vir, *ex* vir, & βίος, vita, *qu* vir denuo vitalis] *One who hath lived twice*, as Hippolytus restored to life by Æsculapius, *Serv* ad *Vir Æn* 7, 762

Vircilla f pl [vel pro *virgulæ*, vel *qu viriculæ* ob virorem] *Thin rinds of the linden tree, betwixt the bark and the wood*, such as they make baring ropes of, *Plin*

Virectum, i n [*a* vireo] *Sic enim leg aliqui locum Vir infra cit in* viretum, *q v*

Virens, tis part (1) *Flourishing, green* (2) *Youthful* (1) Hedera virens, *Hor Od* 1, 25, 17 ⁜ aridus, *Id* silva, *Catull* 32, 10 gleba, *Juv* 12, 85 (2) Virens, & docta psallere Chia, *Hor Od* 4, 13, 6 ⁜ Donec virenti canities abest, *Id Od* 1, 9, 17

Vireo, ēre, ui neut (1) *To be green, to flourish* (2) *To be lusty, or strong* (3) *To shine, to sparkle* (1) ⁜ Alia semper virent, alia hieme nudata sunt, *Cic Tusc* 5, 13 (2) *Vid* Virens, n 2 (3) Viden' tu illi oculos virere? *Plaut Menæch* 5, 2, 76

Vireo, ōnis m [à viridi colore] *A Canary bird of a green colour, a greenfinch*, Plin 18, 29

Viresco, ĕre incept (1) *To wax green, to begin to flourish* (2) *To recover again* (1) Injussa virescunt gramina, *Vir Geor* 1, 55 Virescunt rami arboribus, *Lucr* 1, 253 (2) Ne de nihilo renata virescat copia rerum, *Lucret* 1, 675

† Viresco, ĕre [à vires] *To grow strong, or of force*, Non ✝ Cresco

Viretum, i n [à vireo] *A place full of green herbs, a green, a grass-plat* Amœna vireta fortunatorum nemorum, *Vir Æn* 6, 638 *ubi al* virectum

Virga, æ f [*qu* viriga, à virendo, ut θαλλός, à θάλλω] (1) *A twig, a young branch* (2) *A rod, whip, or scourge* (3) ✠ *Mercury's caduce, or wand* (4) *An obelisk, or note of something false, or obsolete*, thus † (5) *A strake* (6) *A man's yard* (1) Virgæ myrtea, *Cato*, 101 Arbuteis virgis texunt feretrum, *Vir Æn* 11, 65 Virgæ salices, *Ov* (2) Porcia lex virgas ab omnium civium Rom corpore amovit, *Cic* pro *Rabir* 4 (3) Permulcens medicatâ lumina virgâ, *Ov Met* 1, 716 (4) Solebant veteres grammatici versus censoriâ quadam virgâ notare, *Quint* 1, 4 (5) Taurus sign. tu medio inter cornua virgâ, *Ov A Am* 1, 291 (6) *Ap Med*

Virgātor, ōris m *A beater with a rod, a whipster, a beadle of a family*, Plaut Asin 2, 2, 19

Virgātus, a, um (1) *Made of twigs, or whips* (2) *Spotted, streaked, or striped* (3) *Beaten with a rod* (1) Vellera virgati custodiant calathisci, *Catull* 62, 319 (2) Virgata tigris, *Sil* 5, 148 Vestes virgatæ auro, *Id* 4, 155 Sagula virgata, *Vir Æn* 8, 660 (3) *Val Flacc* 2, 159 ut aliqui int

Virgētum, i n *A place where osiers, or rods grow*, Cic de Legg 2, 8

Virgeus, a, um *Of, or belonging to rods, twigs, osiers, small sticks*, &c Scopas facito virgeas, *Cato*, 152 Virgea flamma, *Vir Æn* 7, 463

† Virgidemia *Vid* Virgindemia

Virgifer, i m *He that carrieth a silver rod, or wand before an officer, or preacher, a verger*, Litt ex Liv *sed q*

|| Virginal, & virginale, is n [virginis natura verenda, *ut* feminal feminæ] In actum ab omni crimine virginal, *Prud Peristeph* 14, 8

Virginālis, e *Maidenly, virgin like, of, or belonging to a maid, or virgin* Virginalis habitus & vestitus, *Cic Verr* 4, 3 verecundia, *Id* pro *Quint* 11 modestia, *Id* de *Div* 1, 51 Feles virginalis, *a bawd*, Plaut Rud 3, 4, 43

Virginārius, a, um *Of a maid, or virgin* Scelesta feles virginaria, *Plaut Pers* 4, 9, 14

† Virgindēmia, æ f (1) *A gathering of osiers, twigs, or rods to make bands*, &c (2) Also *whipping harvest* (1) *Varr* interpr Non (2) Scapulæ metuunt virgindemiam, *Varr* Ulmea virgindemia, *Plaut Rud* 3, 2, 22 *jocose ad formam vindemiæ ludentes uterque*

|| Virginensis, e Si adest virginensis dea, ut virginis zona solvatur, *Aug*

Virgineus, a, um *Virgin like, of, or belonging to a virgin* Pudor virgineus, *Tib* 1, 4, 74 rubor, *Vir Geor* 1, 430 ✠ Volucres virgineæ, *harpyes*, Ov Met 7, 4

Virginitas, atis f *Chastity, virginity, maidenhead* Salva virginitas, *Ov Ep* 16, 160 Virginitatem violare, *Cic N D* 3, 23

Virgo, inis f [*a* virore ætatis] (1) *A virgin, or maid, a damsel* (2) *A daughter* (3) *A young married woman* (4) *A chaste person*, man or maid (5) It is also said of brutes, as a mare, &c (6) *One of the twelve signs*, Astræa (7) *A Roman aqueduct* so called (8) Met *Any thing that hath not been defiled, or meddled with* (1) Sororem tuam virginem esse non sivisti, *Cic* pro *Domo*, 34 ⁜ Virgo atque mulier erit nulla, quin mala sit, quæ præter sapiet quam placet parentibus, *Plaut Pers* 3, 1, 37 ⁜ Divortunt mores longe virgini ac lupæ, *Plaut Epid* 3, 2, 22 Virgo maxima, *the chief of the Vestal virgins*, Val Max (2) Si virgo amici nubilis propter paupertatem locari non posset, *Nep Epam* 3 (3) Ah! virgo infelix, quæ te dementia cepit? *Vir Ecl* 6, 47 (4) Virgines pueri, *Plaut Epid* 2, 2, 26 *sed variant codd* (5) Virgo equa, *Plin* 28, 9 ✠ (6) Vid *Ampel cap de XII signis* (7) *Stat Sylv* 1, 5, 26 vid & *Front de aqu* p mihi 101 *Mart* 5, 21 *Plin* 31, 3 (8) Virgo charta, *not yet published*, Mart 1, 67, 7 saliva, *fasting spittle*, Plin

Virgula, æ f dim *A little rod* Corona facta duabus virgulis oleagineis, *Nep Thrasyb* 4 Virgula divina, *when things succeed without our care, and fall as it were into our laps from heaven*, Cic Offic 1, 44

Virgŭlātus, a, um part *Stripped, straked*, as it were *with rods*, Plin 9, 33 *ubi al* virgata

Virgultum, i n [*a* virga, *qu* virguletum] *A company of young sprigs growing together out of the ground, a young set, or twig* Via in exclusi frondibus & virgultis, *Cic* pro *Cæl* 18 Quæcunque premes virgulta per agros sparge fimo pingui, *Vir Geor* 2, 347

Virguncula, æ f dim [*a* virgo] *A wench, a little girl, or young maid, a nodder*, Petron 18, 6 Curt 8, 4, 25 Juv 13, 40

Viria, *sive* viriola, æ f [ornamentum colli è gemmis viridibus] *A necklace, or, as some, a man's bracelet*, made of green precious stones, *Plin* 33, 3

† Viriātus, a, um [*a* vires] *Strong, lusty, put in heart, force, or strength*, Lucil *ap* Non ✝ Robustus

|| Viricŭlæ, ārum f dim [*a* vires] *Little, or small strength, or force, small substance, or means, weakness*, Litt ex Apul ✝ Exiguæ vires

Viriculum, i n (1) *A graving tool* (2) *A kind of dart* (1) *Plin* 35, 11 (2) *Cæl*

Viridans, tis adj *Verdant, green* Viridantes horti, *Col* 10, 2, Cingit viridanti tempora lauro, *Vir Æn* 5, 539

Viridārium, ii n [*a* viridis] (1) *A green place inclosed, wherein beasts and fowls are kept* (2) *A green garden, or place set with greens, a green* (1) *Plin* 18, 2 & *Phædr* 2, 5, 14 (2) *Suet Tib* 60

|| Viridārius, ii m *A gardener, a greenkeeper, a verderer in a forest*, Ulp ✝ Olitor

Viride adv ius, comp *Greenly*, Callais viride pallens, *Plin* 37, 8 Nihil smaragdis viridius viret, *Id* 17, 5

Viridia, æ f *A place set with green trees for pleasure*, Macrob ✝ Viretum

Viridia, um pl n (1) *Green walks* (2) *Green herbs* (1) Perambulante læta domino viridia, *Phædr* 2, 5, 14 *male* viridaria, *renuente metro*, vid & *Plin Ep* 5, 6 & *Sen* 2, 86 (2) *Col* 12, 57

Viridicatus, a, um *Made green, or fresh* Silva viridicata, *Cic* ad *Q fratr* 3, 12

Viridis, e adj [à vireo] or, comp timus, sup (1) *Green, sappy, moist* (2) Met *Youthful, flourishing* (3) *Fresh, hale, lusty, vigorous* (4) *Of a green colour* (1) ⁜ Neque perarĭdum, neque rursus viride fœnum colligatur, *Col* 2, 19 Viridissima pars corticis, *Col* 4, 22 = Viridia ligna & humida, *Cic Verr* 1, 17 (2) Istud opus viridem ætatem cum robore corporis desiderat, *Col Præf lib* 1 (3) Quadratilla octogesimo ætatis anno decessit, usque ad novissimam valetudinem viridis, *Plin Ep* 7, 24 (4) Color cæruleo, albidior, viridior, *Plin Ep* 8, 20 Viridissima gramine ripa, *Vir Geor* 3, 144 Viridissimi riparum vestitus *Cic*

Viriditas, ātis f (1) *Greenness* (2) Met *Vigour, lustiness, briskness* (1) Terra elicit herbescentem ex semine viriditatem, *Cic de Senect* 15 (2) Senectus, quamvis non sit gravis, tamen aufert eam ætatis viriditatem, *Cic de Amic* 3

Viridor, āri, atus pass *To be made green* Viridantur subnatis imo viridentur ab herbis, *Ov Halieut* 90

Virile, is n *sc* membrum *Plin* 20, 16

Virilis, e [à vir] *Of, or belonging to a man, stout, valiant, manly, of the male kind*, also *grave, pithy, substantial* Pro virili, *sc* parte, *to his utmost*, Cic ⁜ Humanus, *quod vide*

Virilitas, atis f (1) *Manliness, the privy parts of a man*, (2) *of other creature* (1) *Mart* 9, 7 (2) *Col* 6, 26, 2 de juvenco, *Plin* 23, 1, 0

Viriliter adv ius, comp *Valiantly, manly, manfully, like a man* = Quod viriliter, animoque magno fit, id dignum est viro, *Cic Offic* 1, 27 Virilius peccare, *Sen de Brev vit*

|| Virīōsus, a, um *Full of strength*, Apul It id quod virosus, *poisonous*, Gl

✠ Viripŏtens, tis *Marriageable, ripe for man*, Litt ex Plaut *sed q* certe tamen ap JCC

✠ Viripŏtens, tis *Mighty, strong*, Plaut Pers 2, 3, 1

† Viritānus ager, qui viritim, *vel ut al* virenti populo distribuitur, *Fest* Paul interpr

Viritim adv (1) *Man by man, from man to man* (2) *Man to man, single* (3) *From one to another* (1) Pecus viritim distribuit, *Cæs B G* 7, 71 conf *Cic Tusc* 3, 20 & *Liv* 42, 4 (2) Si quis viritim dimicare vellet, provocavit ad pugnam, *Curt* 7 c 4 n 33 (3) Rumor militis viritim sine auctore percrebuit, *Curt* 6, 2, 15 *sed var codd*

|| Viror, ōris m [à vireo] *Greenness*, Pallad 7, 12 ✝ Viriditas

|| Virōsus, a, um [à vir] *Desirous, or lusting after man, riggish, that loveth mens company* ⁜ Non modo vinosus, sed etiam virosus, *Gell* 7, 12 ✝ *i e* Pæderastes

Virōsus, a, um [à virus] (1) *Full of poison, venomous, of ill savour and taste* (2) *Hard, strong* (1) *Cato*, 157 (2) = Pisces autem virosique, *Cels* 2, 21 Virosa castorea, *Vir Geor* 1, 58

Virtus, ūtis f [à vi, ut *vocem*, ex Ἄρης, Mars, nam fortitudo antiquo maxima virtus] (1) *Every good*, whether of body, *or* mind, but most properly and usually *fortitude, valour, bravery* (2) *Force, strength, courage* (3) *Virtue*, divine or moral (4) *Care, good management* (5) *Value, worth* (6) *Merit, desert* (7) *Any good property, faculty, or affection* (8) *A goddess* so called and worshipped (1) ⁜ Non minus pietas suspicienda est quam virtus bellica, *Nep Ages* 4 vid *Cic Tusc* 2, 18 (2) ⁜ Virtute semper prævalet sapientia, *Phædr* 1, 13, 14 Feram animalia, si clausa teneas, virtutis obliviscuntur, *Tac Hist* 4, 64, 3 (3) Virtus est per se ipsa laudabilis, & sine qua nihil laudari potest, *Cic de Orat* 2, 84 vid & *Tac Agric* 4 Qui virtutibus his lenioribus erit ornatus, modestia, temperantia, justitia, &c *Cic Offic* 1, 15 (4) Virtute Deûm & majorum dives sum satis, *Plaut Aul* 2, 1, 44 (5) Imperatoris virtutem noveram, & vim militum, *Ter Eun* 4, 7, 8 (6) Secundum facta & virtutes tuas, *Ter Eun* 5, 8, 60 Ornatus esses ex tuis virtutibus, *Id Adelph* 2, 1, 22 (7) In sensibus est sua cuique virtus, *Cic de Fin* 5, 12 Sunt quidem hæ virtutes aliarum quoque partium *Quint* 4, 2 Omnes rectæ animi affectiones virtutes appellantur, *Cic Tusc* Q 2, 20 (8) *Hujus imago sub vario statu in numismatis antiq occurrit* Vid Propr

Virulentus,

Virulentus, a, um *Poisonous, venomous, virulent*, Gell 16, 11

Virus, i, o n in cæteris casibus non reperitur [a vi, est enim vocab ἰσῶν] (1) *A stinking, or rankish smell* (2) *The seed, or nature in animals* (3) *A nasty taste* (4) *Poison, venom* (5) *Bitterness, sharpness* (6) *The juice of the purple fish* (7) *A strong smell of spices, or perfumes* (1) Paludis noxium virus, *Col* 1, 5 marum, *Plin* 31, 10 Tetra primordia ut asperi, *Lucr* 2, 475 Odores suo contactos perdere virō, *Id ib* 85. (2) Inter se versando pisces mares & feminæ vitale aspergunt virus, *Plin* 9, 50 Lentum distillat ab inguine virus, *Vir Geor* 3, 281 = Hippomanes, *Id ib* (3) Stannum illitum æneis vasis compescit æruginis virus, *Plin* 34, 17 (4) Mortiferum in venas figens per vulnera virus, *Cic Arat* 436 (5) *Lucr* 2, 720 Aqua marina vetustate virus deponit, *Plin* 31, 8 Virus mali me dici, *Id* 34, 17 *Met* Virus acerbitatis suæ apud aliquem evomere, *Cic* de *Amic* 23 (6) *Plin* 9, 56 (7) Orine benignè virus odoriferis Arabum in oris, *Stat Sylv* 1, 4, 104

Vis, vis, vim, i f plur vires ct † vis virium, ibus [ab ἲς, ἶνος al à βία] (1) *Force, violence* (2) *Strength, might, power* (3) *Virtue, efficacy, energy* (4) *Signification, meaning, or importance* (5) *Care, industry* (6) *Abundance, plenty, multitude* (1) ✕ Vis consilii expers mole ruit sua, *Hor Od* 3, 4, 65 = Timidè descendunt, vi ac necessitate coacti, inviti, *Cic* pro *Quint* 16 ¶ Vim vitæ afferre, *to kill*, Id *pro Cæcin* 21 ✕ Vim adhibere pactioni, non voluntatem, *Id* ¶ Vis major cœli, *stormy weather*, Plin. ¶ Vim adferre mulieri, *to force, or ravish her*, Cic = Inimicorum vis & violentia, *Id* (2) ✕ Vine corporis, an virtute animi? *Sall B C* 1 ✕ Plus vis habet quam sanguinis, *Dial de corrupt Eloq* 26 Nostra vis omnis in corpore & animo sita est, *Sall B C* 1 = Quorum vis omnis viri usque in lingua sita est, *Cic* (3) = Multas vis possidet in se atque potestates, *Lucr* 2, 586 = Precatio in se magnam habet vim & religionem, *Cic* pro *Muræna*, 1 † Male assuetus ad omnes vis controversiarum, *Sall Fragm* 1 5, prinæ Vivida vis animi, *Lucr* 1, 73 (4) Æquitate in ellectâ, nihil ad rem pertinet, quæ verborum vis sit, ac nominum, *Cic* pro *Cluent* (5) Ni vis humana quotannis maxima quæque manu *semina* legeret, *Vir Geor* 1 198 (6) Vis auri & argenti, *Cic Tusc* 5, 32 frumenti *Liv* 29, 36 lacrymarum, *Cic Somn* Scip negotii, *Plaut Pœn* 1, 2, 1 Ingens vis hominum, *Liv* 8, 20

† Vis antiq *pro* vix, *Scal*

Viscatus, a, um part (1) *Dressed with birdlime, limed* (2) *Entangled with birdlime* (1) Virgæ viscatæ, *Varr R R* 3, 7 (2) Senatores utiliter viscatis effugit alis, *Ov A Am* 1, 391 Viscata munera *Plin Ep* 9, 30 = hamata, *Id ibid* beneficia, *given, or done with design to get greater*, Sen Ep 19

Viscĕra, um n plur *The bowels, intrails, or guts* Vid Viscus

† Viscĕrātim adv *By the bowels, or intrails, piece by piece*, Enn *ap* Non 2, 880

Viscĕrātio, ōnis f (1) *A dole, or distributing of raw flesh at the death of rich persons, or to gain the favour of the people* (2) *Good cheer* (1) Populo visceratio data in funere, *Liv* 8, 22 & 39, 46 vid & *Suet Cæs* 38 (2) *Sen Epist* 19

|| Viscĕro, āre, & viscĕror, āri [viscera & ... carnes crudas erogo] *To bowel, also to give a dole of raw flesh*, Sipont † Eviscero

Viscidus, a, um *Clammy, sticky, clingy, like birdlime* Acetum viscidum, *ropy vinegar*, Prisc 1, 2

Viscor, āri, atus pass [à viscus, i] *To be glued, to be stuck together* Hinc miseri viscantur labra mariti, *Juv* 6, 462

|| Viscōsus, a, um *Tough like birdlime, viscous*, Gloss † Glutinosus

Viscus, ĕris n [qu vescus, à vescendo, quia homines visceribus vescuntur, tanquam cibis delicatis] (1) *A bowel, or intrail, especially the chief, as heart, liver, lungs* (2) *All fleshy parts under the skin* (1) De pauxillis visceribus viscus gigni sanguenque creari, *Lucr* 1, 837 Hærentia viscere tela, *Ov Met* 6, 290 *Met* Viscera terræ, *the depth of the earth*, Id Met 1, 138 ☙ Spumantibus ardere visceribus, *to be in a rage*, Juv 13, 15 (2) Solida imponit taurorum viscera flammis, *Vir Æn* 6, 253 *ibi vid* Serv

Viscus, i m & viscum n [ab ἰξός, vel ἰσχύς, quia vis ei magna] (1) *A shrub growing in oak and ash trees, called misletoe, or misseldine* (2) *Birdlime, glue* (3) *The brawny part of the flesh* (1) *Plin* 16, 64 & *Vir Æn* 6, 205 (2) Viscum constat ex acinis, &c Plin 16, 44 *Met* Viscus merus vestra est blanditia, *Plaut Bacch* 1, 1, 16 (3) *Litt* ex *Apul*

Visendus, a, um part (1) *To be seen, or visited* (2) *To be wondred, and marvelled at, wonderful* (1) Me visendæ mitte sorori, *Ov Met* 6, 441 (2) Equum omni apparatu, ornatuque visendo, *Cic* in *Vatin* 13

Visibilis, e *That may see, or may be seen, visible*, Plin 11, 37 & 37, 54

Visio, ōnis f verb [à video] (1) Visio veri falsique communis, *Cic Acad Q* 4, 11 confer & eund de *Div* 2, 58 (2) = Quas phantasias Græci vocant, nos sane visiones, *Quint* 6, 2

|| Visitātio, ōnis f verb *A visiting, a visit, a visitation* Visitation in ficit tenuem extremæ rotundationis, *Vitruv* 9, 4 † Adventus

Visito, āre freq [à viso] *To come oft to see, to visit* Cum visitassem hominem Carneades, *Cic* de *Fin* 5, 31

Viso, ĕre si, sum freq [à video] (1) *To go to see* (2) *To come to see* (3) *To visit* (4) *To see* (5) *To survey* (1) Visam, si domi est, *Ter Eun* 5, 4, 1 & *Heaut* 1, 1, 118. § Visam ad forum, *id* (2) Id viso, tune an illi insaniunt, *Ter Andr* 3, 1 (3) Ne mittis visendi causâ quenquam, *Ter Hec* ... § Nostra illico it visere ad ... admisit nemo, *Id ibid* 1, 2, ... (4) Nunc huc ad Veneris fanum venio visere, *Plaut Rud* 1, 2, 6 (5) Ad visendas, ordinandasque provincias *Patere* 2, 95

Visor, i pass *To be visited, to be seen*, Cic

Visor, ōris m verb [à video] *A messenger sent out to take a view of a thing, a spy, a scout* Missis visoribus, per quos noscerent, an vera assererentur, *Tac Ann* 6, 2, 1 vix alibi

Visula, æ f *A kind of vine*, Col 3, 2

Visum, i n (1) *Any thing that is set before one to behold, a sight, or show* (2) *A portent, a prodigy* (3) *A vision, an apparition, a dream, a phantom* (1) *Prop* 2, 26 20 (2) Hoc visum nulli, non ipsi effata sorori, *Vir Æn* 4, 456 (3) Falsum avertite visum, *Tib* 3, 4, 3 Quam Græci φαντασίαν, nos visum appellamus, *Cic Acad Q* 1, 11

Visūrus, a, um part (1) *That shall, or is like to see* (2) *About to visit* (1) Si visurus eum vivo, *Vir Æn* 8, 576 (2) Magnos visurus amicos, *Juv* 6, 312

Visus, a, um part (1) *Beheld, seen* (2) *Perceived by any sense, or mind, thought of* (1) Visa est catulis cervа fidelibus, *Hor Od* 1, 1, 27 Visa correptus imagine formæ, *Ov Met* 3, 416 (2) Matris vox visa, *Ter Hec* 3, 1, 38 Pedum visa est via, *Id Phorm* 2, 1, 12 Creber ad aures visus adesse pedum sonitus, *Vir Æn* 2, 731

Visus, ûs m. [à video] (1) *The sense of sight* (2) *The eye* (3) *A view, a look* (4) *The thing seen, a vision, or sight* (5) *Appearance, or shew* (1) Visus oculorum obtutu continuo fatigatur *Quint* 1, 3 (2) ☙ Pascit amore avidos visus, *Lucr* 1, 37 ✕ Ad aures tardius res adveniunt, quam visum, *Id* 6, 165 (2) Torvus visus, *Stat* (4) Obstupuit visu Æneas, *Vir Æn* 5, 90 Nocturnus visus, *Tac Ann* 12, 13, 5 (5) *Cic N D* 1, 5

Vita, æ f [à vivendo, al à Gr βίοτη] (1) *Life* (2) ☙ Vitæ pl *Souls, ghosts* (3) *A manner of living* (4) *The ends, necessities, or advantages of life* (5) *Food, victuals* (6) *Conversation, the world* (7) *Experience* (8) *Duration, continuance* (9) Vox blandientis (1) ✕ Mors honesta sæp vitam quoque turpem exornat, *Cic* pro *Quint* 15 Non est vivere, sed valere vita, *Mart* 6, 05, fin (2) *Vir Geor* 4, 224 & *Æn* 6, 292 (3) Vitam mutare priorem, *Lucr* 5, 170 Inspicere tanquam in speculum vitas omnium, *Ter Adelph* 3, 3, 61 (4) Manus datæ, ut facere ad vitam possemus, quæ foret usu, *Lucr* 4, 829 (5) Mustela vitam reperit sibi, *Plaut Stich* 3, 2, 9 = victus, *Lucr* (6) Non foro solum omnia, deinde vita, sed prope luce ac publico carere, *Cic* (7) Qui ferre incommoda vitæ vita didicere magistra, *Juv* 13, 22 (8) Vita perpetua dignissima dicta, *Lucr* 5, 13 (9) Obsecro te, mea vita, *Cic Terentiæ* Frustra rumpam, mea vita, catenas, *Prop* 1, 6, 11 Sic Græci ζωὴ καὶ ψυχή, *Juv* 6, 194

Vitābilis, e *To be avoided*, Corn Gall 6, 9 Esset perpetuo sua quam vitabilis Ascra, *Ov* ex *Ponto*, 4 14, 31

Vitābundus, a, um *That escheweth a thing* Vitabundus castra hostium, *Liv* 25, 13 conf *Sall P Jug* 38

Vitālia, um n (1) *The lungs, heart, liver, or vitals* (2) *Preservatives of life* (1) Ferire vitalia, ac tueri sua athletæ, *Quint Inst Or* 5, 12 (2) ✕ Multa hominis sunt vitalia multi morbos inculunt, *Lucr* 6, 771 ✕ Mortifera, *Liv*

Vitālis, e (1) *Of life, vital, that hath life in it* (2) *That giveth, or preserveth life* (3) *Also likely to live* (1) Jupiter per quem vivimus vitale ævum, *Plaut Pœn* 5, 4, 14 (2) Sanguis vitalis, *Plin* 11, 45 aura, *Vir* = Salutaris & vitalis calor, *Cic N D* 2, 10 (3) O puer, ut sis vitalis, metuo, *Hor Sat* 2, 1, 61 Vita vitalis, *Enn ap Cic* ... tolerabilis Sic Græci βίος βιωτός

|| Vitālis, is f *sc* herba [quod vitam conservat] *The herb sengreen*, Apul

Vitālĭtas, ātis f *Life, liveliness*, Plin 11, 37

Vitalĭter adv *Lively, briskly, with life*, Lucr 5, 146

Vitatio, ōnis f verb *An avoiding, or shunning* Vitatio doloris, *Cic* de *Fin* 5, 7

Vitellianæ, *sc* tabellæ *A kind of writing*, Mart 2, 6, 6

|| Vitellinus, a, um *Of, or belonging to the yolk of an egg, or like to it*, Med

Vitellus, i m [à vita, quod ex eo vivat pullus, Perot] (1) *The yolk of an egg* (2) It dim à vitulus, *a young, or little calf* (1) Quatuor ovorum albus liquor, separatis vitellis, *Col* 6, 38 (2) *Plaut Asin* 3, 3, 77

Viteus, a, um [à vitis] (1) *Of, or belonging to a vine*, (2) *Also to wine* (1) Colliculus viteus, *Varr R R* 1, 31 (2) Pocula vitea, *Vir Geor* 3, 380

Vitex, icis f [à vico, flecto, quod sit vieta] *A kind of withy, or willow, commonly called Agnus castus*, in English, *parkleaves, Abraham's balm, chaste, or lamp-tree*, Plin 24, 9

Vitiandus, a, um part *To be defiled*, Suet Aug 71

Vitiarium, ii n [vitium seminarium] *A place planted, or set with young vines, a vineyard*, Cato, 40 & Col 1, 31

Vitiatio, ōnis f verb *A ravishing, deflowring, spoiling*, Sen Contr 5, 23 R occ

Vitiator, ōris m verb *A deflowrer, a ravisher of maids*, Sen Controv 3, 23

Vitiātus, a, um (1) *Deflowred, ravished, corrupted* (2) *Spoiled* (3) *Stained, or dyed* (1) Virgo vitiata, *Ter Eun* 4, 4, 37 (2) ✕ Illæsis vitiatis adde partes, *Ov Met* 2, 826 (3) *Litt* ex *Sil*

Vitĭcŏla, æ c g [qui colit vites] *That planteth, or dresseth vines*, Sil 7, 193

Vitĭcŭla, æ f dim (1) *A little vine* (2) *A tendrel, sprig, or branch* (1) Dum nec agellos singulorum, nec viticulas persequuntur, *Cic N D* 3, 35 (2) *Pallad* 1, 35 & *Plin* 24, 11

☙ Vitĭfer, a, um *That beareth vines* Vitifera regio, *Plin* 6, 10 Mons vitifer, *Sil* 4, 249

Vitĭgĕnus, a, um *Col* 12, 16 & Vitigenus *That cometh of a vine*, Plin 24, 1 Col 12, 6 & Lucr 5, 15

Vitĭlēna, æ f [à vitium, & lena] *A vast bawd*, Plaut Most 1, 3, 56

Vitilia um n *Twigs, or rods to bind vines withal*, Plin 24, 9

Vitiligo, ĭnis f *The leprosy, the morphew* Cels 5, 28

Vitĭlis, e [à vieo, qui vietur] (1) *Flexible, pliant, that may be wound up to bind, or tie with* (2) *Made of twigs, or wicker* (1) Cucullo a vaginis vitilibus, *Plin* 19, 5 (2) Vitilia navigia corio circumsuta, *Plin* 4, 16

Vitĭlĭtĭgātor, ōris m verb [vitiosus litigator] *A barreter, a pettyfogger, a corrupt accuser, a slanderer, wrangler, caviller, or quarreller, a mere base*, Ciceroni tribuit Litt sed qu cert cate, Plin ex Caton, Præf ope r

Vitio, āre act [a vitium] (1) *To spoil, corrupt, mar, infect*, or *taint* (2) *To deflower* (1) Con... vitiant artus, *Ov* ... 8, 5 Lanifica ... sanguine pulsus, *Pers* 6, ... Incestum vitiare, *Sil Vesp* ... (2) Puri his virginem vitiarit, *Ter Eun* 4, 3, 12

Vitiātus, part *To be corrupted, spoiled* &c Aura vitiata ..., *Ov Met* 7, 5, 8 Ita decent ... longis vitiatum ... *Ter* ...

Vitiose, adv ius, comp ssimè, sup (1) *Corruptly, ill, badly* (2) *Naughtily, faultily, viciously* (1) Vitiose se habet membrum, *Cic* ... recte conclusit, ... vitiose, minam ... *Id Acad Q* 4, 30 (2) ... vitiosius, *Cic de Senect* 8 Usurpari vitiosissime animadverto, *Col* 4 24

Vitiositas, ātis f *Viciousness, faultiness, naughtiness, lewdness, wickedness* ✱ Malitia certi cujusdam vitii nomen est, ... omnium, *Cic Tusc* 4, 15

Vitiōsus, a, um or, comp issimus, sup (1) *Rotten, wormeaten, perished* (2) *Sickly, crazy, full of distempers* (3) *Faulty, unskilful, full of errors* (4) *Made impious, inauspicious* (5) *Vicious, wicked, lewd* (1) Non ego nunc etiam vitiam tuam vitiosam nuces, *Plaut Mil* 2, 3, 45 Oves vitiosæ, *Col* 7, ... (2) ✱ Integer, non vitiosus ... divinatio est, *Cic de Div* 1, 38 (3) Præceptis ... ornator explicare potest, *Cic de Orat* 3, 26 (4) Vitiosus dictator, *Liv* consul, *made without, or against the auspices*, Cic Philipp 2, 3 ✱ ... creatus, *Id ibid Vid* Vitium, n 9 (5) = Vitiosi & flagitiosi vita, *Cic de Fin* 2, 28 Progenies vitiosior, *Hor Od* 3, 6, ult

Vitis, is f [quia lenta, a vieo, flecto] (1) *A vine* (2) *A centurion's rod* (1) Propagatio vitium, *Cic de Senect* 15 Lentæ te ... umbracula vites, *Vir Ecl* 9, 42 (2) Nodosam frangebat vertice vitem, *Juv* 8, 247 *vid* & *Plin* 14, 1, extr

✠ Vitisator, ōris m epithet Sabini, *vel ut al* Saturni] *A planter of vines* Vitisator curvam servans sub imagine falcem, *Vir Æn* 7, 179

Vitisco, ĕre *To grow to be a vine*, Calep ex Col de Arb *ubi nunc alitur leg*

Vitium, ii n [a vitupero, vel forte ab *aitia*, ut sit quicquid reprehendi vel incusari potest] *A fault, vice, pravity*, consisting in excess, or *defect of what ought to be*, as in the body, (1) *Deformity, a blemish* (2) *A fault* (3) *A defect, decay*, or *something amiss* (4) *Badness, superfluity* (5) *Corruption, infection* (6) *A maim, a sore in the mind* (7) ... *a rap* (8) *A fault, a crime*, (9) Particularly *in the omission*, or *contempt of the auspices*, or *other religious rites* (10) ... *an oversight* Quod vitium ... est per se ipsum, id eo ipso vitium nominatum puto, *Cic de Fin* 3, 12 (1) ✱ Morbum appello ... totius corporis corruptionem, ægrotationem, morbum cum imbecillitate, vitium, cum partes corporis ... inter se dissident, ex quo pravitas, membrorum distortio, deformitas, *Cic Tusc* 4, 13 Vetula ... vitia corporis fuco occultant, *Plaut Most* 1, 3, 118 (2) Venditorem ejus rei, quam vendat, vitia narrare, *Cic Offic* 3, 13 (3) Si nihil est in parietibus aut tecto vitii, *Cic Fam* 9, 15, ult Ædes vitium fecere, *have got a crack*, ... (4) Illis omne per ignem excoquitur vitium, *Vir Geor* 1, 88 (5) Vitio aeris moriens herba, *Vir Ecl* 7, 57 (6) Alitur vitium, crescitque tegendo, *Vir Geor* 3, 454 ✱ Vitia leviora sunt flagitiis, *Gell* 1, 2 (7) Vitium offerre mulieri, *to debauch her*, *Ter Hec* 3, 3, 2 (8) Qui vitia odit, homines odit, *Thrasea ap Plin Ep* 8, 22 (9) Vitio navigavit, *Cic de Div* 1, 16 Tabernaculum vitio cepit imprudens, *Id de Div* 1, 17 (10) ✱ Nemo fere est quin vitia acrius in dicente, quam recta videat, *Cic*

Vito, āre act *To shun*, or *avoid, to eschew, to beware of* Ipsi mortem fugâ vitaverint, *Cæs B G* 5, 20 Vitare oculos hominum, *Cic* § Infortunio, *Plaut Curc* 2, 3, 19 huic verbo, *Id Cist* 2, 2, 5 ✱ Quid vitarent, quid peterent, ambigui, *Tac Ann* 15, ...

Vitrarius, ii m *A glass-maker, a glasier, a worker in glass*, Sen Ep 90

Vitrea, orum n *Glasses, drinking-glasses, vessels made of glass*, Plin 12 19

‖ Vitreāmina, um n pl *Idem*, Paul

Vitreus, a, um (1) *Of*, or *belonging to glass, glassy, glassy green* (2) *Clear like glass, transparent* (3) *Brittle like glass* (1) Vitreæ ampullæ, *Plin* 20, 14 (2) *Plin* 9, 21 (3) Fortuna vitrea est, quæ cum maxime splendet, frangitur, *Publ Syr*

Vitriārius, ii m *A glasier, a glass maker*, Sen Ep 90 *Rectius* vitrarius

Vitricus, i m [qu vatricus, patricus, πατρῖκος, quòd patris loco sit] *A stepfather*, or *father in law*, Cic Attic 15, 12 & Philipp 2, 7

‖ Vitriōlum, i n [a vitri similitudine] *Vitriol, copperice*, Perot ✝ Atramentum sutorium

Vitrum, i n [fort a video, qu viritum & per Sync ... ith vitrum.] (1) *Glass* (2) *Woad* (1) Fons splendidior vitro *Hor Od* 3, 13, 1 (2) *Pomp Mela*

Vitta, æ f [dict quod ea pectus vinciatur instar vitis, agnitis, lisd] *A fillet*, or *headband wherewith priests, priestesses and poets*, as also *the altars and victims were dressed, a ribband, a garland* Nigra circundatur infula vitta, *Vir Geor* 3, 487 Alba neglectos coercet vitta capillos, *Ov Met* 2, 413 Cæruleis vittis stant mœstæ aræ, *Vir Æn* 3, 64 Velatus auro vittisque juvencus, *Id Æn* 5, 366

Vittātus, a, um *Bound with*, or *tied up in a fillet*, or *hairlace, dressed with ribbands* Vittati capilli, *Ov Ibis*, 77 Vittati sacerdos, *Juv* 4, 0 ... Virgo Vestalis, ..., *Plin* 7, ...

Vitula, æ f (1) *A cow calf* (2) *A young heifer* (1) *Vid* Vitulus (2) Cum faciam vitulâ, *Cic* *Vir Ecl* 3, 77

‖ Vitulans, tis part *Wantonly, rejoicing*, Fest ✝ Exultans

Vitulina, æ f *sc* caro, *Plaut Aul* 2, 8, 5 & Vitulinum, i n *Veal*, Nep Ages 8

Vitulinus, a, um *Of*, or *belonging to a calf* Caruncula vitulina, *Cic de Div* 2, 24 Assum vitulinum, *Id Fam* 9, 20

Vitulor, āri, ātus sum dep [a vitulus, *Varr* a vitta, *Non*] *To skip, leap*, or *frisk about like a young calf*, or rather *to rejoice*, or *congratulate*, Plaut Pers 2, 3, 1 *Sed al deducunt a vita*, *quæ inter alia sign* lubentiam, *cui notioni ut accedam lubentius, facit quantitas* Quin & Vitula, *dea hilaritatis*

Vitulus, i m [ab ant ἰταλὸς, *Id Varr R* 2, 2] (1) *A calf* (2) *A seal*, or *seacalf, the young of other things*, as, a colt, a young whale, a steer, or bullock, a young elephant (1) ✱ Discernuntur in prima ætate vitulus & vitula, in secunda juvencus & juvenca, in tertia taurus & vacca, *Varr R R* 2, 5 (2) *Plin* 8, 1 & 9, 6 *Vir Geor* 3, 164

Vituperābilis, e adj *Blameworthy, that may be blamed*, or *found fault with* Vituperabilis consulatus, *Cic de Legg* 2, 0

Vituperātio, ōnis f verb *A blaming*, or *finding fault with* ✝ Laudi potius quam vituperationi esse *Cic Attic* 14, 13 = reprehensio, *Id*

Vituperātor, ōris m verb *A blamer, a discommender*, or *reprover* Philosophiæ vituperatoribus nos respondimus, *Cic Tusc* 2, 1 In vituperatores meos siquando incidisses, *Cic Fam* 7, ...

‖ Vituperium, ii n *Rebuke, dispraise, blame*, Vocab R & pl ... suspectum, quod tamen Gruterus adserit *Cic de Legg* ..., *ubi al* vituperabilis ✝ *Tu tius* vituperatio

Vitupĕro, āre act *To blame, to rebuke*, or *discommend, to find fault with* Tuum consilium vituperare non audeo, *Cic pro Mur* 28 Cœlum vituperare, *Prov cum omnia optima taxentur*, Phædr 4, 6, 25

Vitupĕror, āri, ātus pass *To be discommended* ✱ Eho, mavis vituperari falsò, quam verò extolli *Plaut Most* 1, 3, 21

✝ Vitupĕrōnes, um m pl *Rebukers, finders of fault*, Gell 19, 7 ✝ Vituperatores

Vivācĭtas, ātis f (1) *Long life, vivacity* (2) *Growth* (1) Vivacitatem in annos decem prorogat, *Col* 11, 3 (2) *Col* 2, 2

‖ Vivācĭter adv ius, comp *Lively*, Lux ap Fest certè *Fulgent Mythol præf* p 22 Vivacius abdita soliers quærere, *Prud in Symmach* 2, 302

Vivārĭum, ii n *A place where wild beasts*, or *fishes are kept, a park, a warren, a stew*, or *fish pond* Vivarium ferarum, *Col* 9, 1 Piscis depastus vivaria Cæsaris, *Juv* 4, 51 conf *Plin* 9 54

✝ Vivātus, a, um *Enlivened, endued with life, lively* Vivati cernendi potestas, *Lucr* 3, 410 corporis atque animi potestas, *Id ib* 557, & 68 ✝ Vividus

Vivax, ācis adj or, comp ssimus, sup (1) *Long-lived* (2) *Lively, strong, lusty* (1) Cervus vivax, *Vir Ecl* 7, 30 ... annus, *Ov Met* 12, 519 = Virtus, expersque sepulchri, *Id ex Pont* 4, 8, 47 Vivacior hæres, *Hor Sat* 2, 2, 132 § senecta in pœnam, *Plin* 7, 50 Arbor vivacissima, *Col* 4, 32 (2) Equus regem vivacissimo cursu retulit, *Gell* 5, 2 Vivaci sententis pectora dextrâ, *Ov ad Pison*

Vivens, tis part (1) *Living, alive, lively* (2) *Dwelling, inhabiting* (3) *Unextinguished* (4) *That always runneth* (1) Pectore viventi eripuit fibras, *Ov Met* 15, 136 (2) § Vivens in urbe *Hor Sat* 1, 1, 12 § rure, *Id* (3) Corpus obruit favillâ vivente, *Ov Fast* 4, 553 (4) Fluvius vivens, *Stat Theb* 3, 517

Viverra, æ f [quòd vivit vel videt in terra, vel quod eivis major] *A ferret*, Plin 30, 6

Vivesco, ĕre (1) *To get life*, or *strength* (2) *To be of continuance* (1) Verbum adfixum cordi vivescit ut ignis *Lucr* 4, 1131 (2) = Ulcus vivescit, & inveterascit alendo, *Lucr* 4, 1061

Vivĭde adv ius, comp *Quickly*, or *lustily*, Gell 7, 3

Vĭvĭdus, a, um [a vivo] (1) *Lively, quick, brisk, mettlesome* (2) *Sharp* (1) Vivida vis, *Lucr* 1, 72 virtus, *Vir Æn* 5, 754 Vivida ingenia, *Val Max* 3, ..., ... (2) Odia vivida mulieris, *Tac Ann* 15, 49, 1

‖ Vivĭfĭco, āre *To quicken*, or *enliven* Theologis condonandum, ✝ Vivum facio

‖ Vivĭpărus, a, um *Bringing forth young ones alive*, Apul Apol p 46,

Vivĭrădix, icis f [vivam radicem habens] *A quickset*, Cic ... 3 Col 4, 16 conf & Cic de Sen 15

✝ Vivisco, ĕre incept *To begin to spring*, or *take root*, also *to be strong and lusty*, Plin 9, 51 *rect qu vid* Vivesco

Vivitur impers *They live, we live* § Vivitur ex rapto *Ov Met* 1, 444 § parvo bene, *Hor Od* 2, 16, 13

Vivo, ĕre, xi, ctum neut [a βιῶ, inserit digamma] (1) *To live, to have life, to be alive* (2) *To lead a life* (3) *To live of, upon*, or *by* (4) *To live well, merrily, and pleasantly* (5) *To be nourished and increased* (6) The imperative of this verb maketh *a formula in taking leave, whether in kindness, or disdain* (7) Met *To be kindled* (8) *To continue, remain*, or *last* (9) *To be* (10) Per Euphemismum, *vixisse* pro *mortuum esse* (11) Ita vivam, ne vivam, si vivo, *forms of vowing and protesting* (1) Nemo est tam senex, qui se annum non putet posse vivere, *Cic de Senect* 7 ¶ § Vivere in diem, *vel horam*, *to live from hand to mouth, without thought*, Id Philipp 2, 32 (2) § Moribus vivito antiquis, *Plaut Trin* 2, 2, 16 § In oculis civium vivere, *Cic Offic* 3, 1 § quietè & liberè, *Id* (3) Siliquis & pane secundo vivere, *Hor Ep* 2, 1, 123 (4) Vivamus, mea Lesbia, & amemus, *Catull* 5, 1 Mors aurem vellens Vivite, ait, venio, *Vir in Catalect* (5) = Vitium alitur vitque tegendo *Vir Geor* 3, 454 Illud mali nobis vivit, *Plaut Rud* 2, 4, 22 Odia improba vivunt, *Stat* (6) ¶ Vivite lætæ *farewel ye woods*, Vir Ecl 8, 58 Cum suis vivit, valeatque mœchis, *away with him, farewel he*, Catull 11, 17 (7) ✱ Si ignis vivit, tu exting ere extemplo, *Plaut Aul* 1, 2, 15 (8) Udo sub robore vivit stupa, *Vir Æn* 5, 682 (9) Quis is est? MY Benevolens vivit tibi, *a wellwisher of yours*, Plaut Bacch 3, 6, 24 vid & *Hor Ep* 1, 2, 26 (10) Vixisse nimio satius est, quam vivere, *Plaut Bacch* 1, 2, 4, (11) Sollicitat me, ita vivam, tua valetudo, *Cic Ep Fam* 16, 20 Ne vivam, si scio, *Id Att* 4, 16 Si vivo, *Ter Andr* 5, 2, 25

Vivor, i *To be lived* Nunc tertia vivitur ætas, *Ov Met* 12, 188

Vivus,

Vivus, a, um adj (1) *Living* (2) *Fresh, green* (3) *Natural, congenial* (4) Met *Quick, lively* (5) Vivum absol *The stock, the principal* (1) ✱ Nec vivus, nec mortuus sum, *Plaut Truc* 4, 2, 49 ¶ Ad vivum, *to the quick*, *Cic de Am* 5 (2) Viva sepes, *Col* 11, 3 (3) Saxum vivum, *Vir Æn* 1, 171 Vivi vultus, *Id Æn* 6,848 Lapis vivus, *Plin* 36, 19 & e ignitus Flumen vivum, *Vir Æn* 2, 719 Aqua viva, *running water*, *Varr R R* 1, 11 (4) = Scio qui me sit bi vivus & ingenuus animus, *Plin Ep* 8, 6 (5) ✱ Dat lucro, nihil detrahit de vivo, *Cic pro Flacc* 37

Vix adv [qu cum vi & difficultate, vel a vinco, vici] *Scarcely, hardly, with much ado, with difficulty* = Vix ægreque amatorculo invenimus, *Plaut Pan* 1, 2, 7 = Vix & cunctanter, *Stet Aug* 94 ✱ Vix, aut ne vix qui dem, *Cic* ✱ Vix, omnino non posse obrogari, *Id Att* 3, 25

U ante L

Ulcĕrātio, ōnis f verb *A breaking out into sores, or scabs* Oris gingivarumque ulceratio, *Plin* 34, 11 conf *Sen de Const* 6

Ulcerātus, a, um part *Broken out into sores* Ulcerosus serpentis morsus, *Cic de Fato*, 16

Ulcĕro, āre act (1) *To raise blisters, to exulcerate, or make full of sores* (2) Met *To wound* (1) Mantica cui lumbos onere ulceret, *Hor Sat* 1, 6, 106 conf *Plin* 28, 9 (2) Non ancilla tuum jecur ulceret ulla, *Hor Ep* 2, 18, 72

Ulcĕrōsus, a, um (1) *Full of sores or scabs, blistered* (2) *That maketh blisters* (1) Jecur ulcerosum, *Hor Od* 1, 25, 15 (2) *Plin* 11, 14

Ulciscor, i, ultus dep [ab ulcere, *Perot*] (1) *To take revenge on* (2) *To take revenge for* (3) ✝ *To be revenged* (1) Odi hominem & odero, ut nam ulcisci possem, *Cic Attic* 9, 14 Ego te ulciscar, faxis, ut ne impune in nos illuseris, *Ter Eun* 5, 7, 10 (2) Ulcisci eadem tempestate, *Vir Æn* 2, 576 (3) *Id* Nequeor

Ulcus, ĕris n [ab ἕλκος] (1) *A sore, ulcer, botch, or bile* (2) *A wound, or gash* (1) Ferro summum ulceris os rescindere *Vir Geor* 3, 454 *Met* Tangere ulcus, *to rub on a sore place*, *Ter Phorm* 4, 3, 9 (2) Intumescens corpus ulceribus, *Curt* 6, 11, 17

Ulcuscŭlum, i n dim *A little sore, or scab*, *Cels* 5, 28

Ulex, icis [ab uligine] *An herb like rosemary, that as with gold* to t, *Plin* 33, 4

Ūlīginōsus, a, um *Oozy, moist, wet, plashy, marshy* Uliginosus ager *Varr R R* 1, 6 conf *Col* 5, 7 & 11, 2

Ūligo inis f (ū) [ab uvi, quod non nisi aquam sign ut vult *Scal patet*, vel qu udigo, ab ul *Scal filius*] *The natural moisture of the earth, ooziness* Humus dulci uligine læta, *Vir Geor* 2, 184 conf *Varr R R* 1, 6

Ullus, a um gen ullius, & ✝ ullī dim [ab unus] *Any, any one* Negat prodesse ullam scientiam nullum, *Cic de Orat* 1, 59 Emptor nullus rei nemo, *Id Philipp* 2, 38 ☞ *Nunquam affirmat, sed aut negat aut interrogat* ✝ Potestas ulli coloris capiundi, *Plaut Truc* 2, 2, 8

‖ Ulmāria, æ f *Meadsweet, or medewort, goat's beard*, Offic

Ulmarium, ii n *A grove of elms*, *Plin* 17, 11

Ulmeus, a, um (1) *Of, or belonging to an elm* (2) *Also beaten with elm rods* (1) Virga ulmea, *Plaut Rud* 3, 2, 22 (2) *Plaut Asin* 2, 2, 96

✝ Ulmitrĭba, æ c g [vox hybrida, ex ulmus, & τρίβω, tundo] *One beaten with elm rods*, Plaut Pers 2, 4, 7

Ulmus, i f [dict quod ul ginosis locis & humidis melius proficit, *Isid*] *The elm tree* Vimina ulmi, *Col* 4, 1, Vites ulmis adjungere, *Vir Geor* 1, 2

Ulna, æ f [ἀ Gr ὠλένη] (1) *A man's arm* (2) *A cubit* (3) *An ell, an eln, the length of two arms stretched out* (1) Um ho mini ulnæ, *Plin* 11, 43 Puer tremula dormiens patris in ulna, *Catull* 18, 12 (2) *Litr* ex *S tet* (3) *Vir Ecl* 3, 105 interpr Serv *qui tamen addit rationem, ed Vir Geor* 3, 355 *solius c ulti eff rec tius, ut non quidem videtur, affirmat*

✝ Ulno, āre ant *To measure by ells*

Ulpĭcum, i n *Great, or wild garlick*, *Afri* an garlick, *Col* 11, 3 ✱ Puri ior allo up cone quam Romani temiges, *Plaut Pæn* 5, 5, 5

Ulterior, ius, comp [ab ultra, vel inusit ulter] (1) *Farther, on the farther side* (2) Also *that is past* (1) ✱ Citerior Hispania tecepta est, nec ulterior morum fecit, *Flor* 4, 2, 29 Ulterior ripa, *Liv* 42, 60 (2) ✝ Ulteriora mirari, præsentia sequi, *Tac Hist* 4, 8, 3

Ultĕrius adv *Farther, beyond any more, or longer* Abit ulterius, m o ique per æquora ponti fert prædam, *Ov Met* 2, 872

‖ Ultimĭ excellentium *A la, ne, re*, Jun

‖ Ultimè adv Ultimè affectus, *brought to the last cast*, Apul Met 1, p 14 ✝ pro

Ultimò adv *At the last*, Suet Neron 2

Ultimum adv *The last time*, Liv 1, 29 & Curt 5 12, 8

Ultĭmus, a, um sup [ab ultra] (1) *Last, utmost, the farthest, or farthermost* (2) *The first, the principal* (3) *Chiefest, greatest* (4) *Meanest, basest* (1) ✱ Tempus proximum, medium, ultimum, *Cic de Prov Cons* 18 ¶ In ultimis esse, *to be a dying*, Petron 61 ¶ Ultima pœna, *Plin Ep* 1, 11 Ultimum supplicium, *Curt* 6, 11 *death* (2) ✱ Ante in Gallia media fuit, quam in ultima timeretur, *Flor* 3, 10 Ab ultimo initio, *Ad Herenn* (3) = Quisum m m bonum, quo ultimum appellant, in mino pon unt, *Cic* (4) ✝ Se ex fier ferebat, cum esset ultimus *Stere* 1, 11 Ex ultima plebe esse *Cic* 6, 8, 10

Ultio, ōnis f verb *A revenging* Ultio serum est perditis ni xi hum *Liv* 31, 24

Ultor, ōris m verb [ab ulcisc or] *A revenger* Conjurationis investigator, atque ultor, *Cic pro Sylla* 30

Ultra præp [ab uls, ant] *Beyond, on the farther side* Ultra villam, *Cic* terminum, *Hor Od* 1, 22, 10 Ultra debitum somno urgeri, *Cels* 2, 4

Ultra adv (1) *Farther, besides, moreover more* (2) *Hereafter* (1) Si pro nihil a dicentur ne quid ultra requiratis, *Cic* (2) ✝ Lætus in præsens animus quod ultra est oderit curare, *Hor Od* 2, 16, 25

‖ Ultrāmundanus, a, um *Supercelestial, or heavenly*, Apul ✝ Cœlestis

Ultrix, icis f & n *That revengeth* Ultrix afflicta civitatis, *Cic pro Domo*, 43 sagitta, *Vir Æn* 11, 590 necessita, *Sil* 5, 656 Te ultrix ultricia, *Stat Theb* 10, 912 bella, *Sil* 2, 42

Ultro adv [ab ultra, vel qu vultro, a volendo] *Willingly, of his, or its own accord, voluntarily* Ubi te aspexerit, narrabit ultro, quid sese velis, *Plaut Pseud* 2, 4, 60 Ultro citróque, *to and fro, on one side and both*, *Liv* 25, 30

‖ Ultrōneus, a, um *Voluntary, done, or proffer d of one's own accord* ✱ Quid interest ad morem jussi simus, an ultronei *Sen N Q* 2, 59 ✝ Voluntarius

Ultrotributa n plur [quòd ab ipsis locatoribus ultro attribuerentur *Al*] (1) *A setting, or taking of publick work by the great* (2) *The expences and charges about such works* (1) *Liv* 39, 43 (2) *Sen de Benef* 4, 1

Ultum, īre *To revenge* Cum maxima cura ultum ire injurias festinat, *Sall B J* 1

Ultus, a, um part [ab ulciscor] *That hath revenged* Consules o nes gra iter ulta triumphaverunt, *Liv* 2, 17

Ultus, ūs m verb *Revenge*, *Lit* ex *Plin*

Ulva, æ f [ab uligine, *Al*] *Reet, or weed of the sea, sea grass, or weeds growing in pools and standing waters* Obscurus in ulva delitui, *Vir Æn* 2, 135

Ulŭla, æ f [ἀπὸ τοῦ ὀλολύζειν, i e ululando] *An owl, or howlet* ✱ Certent & cycnis ululæ, *Vir Ecl* 8, 55

‖ Ululābĭlis, e adj *Howling, yelling*, Apul ✝ Ululans

‖ Ululāmen, ĭnis n *An howling* Inepta turba clangens ululamina mittet, *Prud Cath* 10, 114 ✝ Ululatus

Ululans, tis part *Howling, shrieking* Lupi ululantes, *Vir Geor* 1, 486

Ululātus, a, um part (1) *Howling* (2) *Howled upon* (3) *Done with howling and crying* (1) Hecate trivii ululata, *Vir Æn* 4, 609 (2) Cedant vitreæ juga perfida Circes Dulichiis ululata lupis, *Stat Sylv* 1, 3, 86 (3) Præna ululata, *Stat*

Ululātus, ūs m verb (1) *An howling, or yelling* (2) *A shout by way of encouragement, or rejoicing* (3) *A crying or shrieking* (1) Canis mœstos edere ululatus *Plin* 8 11 (2) = Clamore & ululatu animos suorum confirmabant, *Cæs B G* 7, 80 Festis fremunt ululatibus agri, *Ov Met* 528 (3) Femineus ululatus, *Vir Æn* 4, 667

Ululo, āre neut [ab Gr ὀλολύζω, vel a Hebr הילל] (1) *To howl as a dog, or as a wolf doth* (2) *To set up a confused shout for joy* (3) *To shriek, or cry aloud* (4) Also *to ring with* (1) Canes ululant, *Vir Æn* 6, 257 (2) Latis ululate triumphis, *Luc* 6, 261 (3) Incet porta ululante dolore, dispersum vulgue *Sil* 6 56 (4) Ædes ululati runt plangoribus, *Vir Æn* 2, 488 *Liebus* ululaunt pe, *Sil*

U ante M

Umbella, æ f dim [ab umbra] (1) *A little shadow, or skreen fan, a bongrace* (2) *The round tuft or head of fennel or other herbs, where n the seed is* (3) *An umbrella* (1) *Juv* 9, 50 (2) *Plin* (3) *Litt*

‖ Umbellātus, a, um *Bos*... Clavi umbellati, *trash nails*, Jun

Umbo m [dict quod umbi a ner] *A mungrel creature, bred of a kind of goat and a sheep*, *Plin* 8, 49

Umbĭlīcālis, e *Of, or belonging to the navel*, Med ✝ Ad umbilicum spectans

Umbĭlīcātus, a, um *Made with a navel, or in fashion of a navel*, *Plin* 13, 4

Umbĭlīcus, i m [ab adj ὀμφάλιος, *Scal*] (1) *The navel* (2) *The middle of any thing* (3) *A little stone, round and smooth like a navel* (4) *A boss*, such as is set on the outside of books, or, as some, *the ends of the stick on which the book was rolled* (5) Also *a kind of writhen cockle, or shellfish wrinkled like a navel* (6) *The beazil of a ring* (7) *The little circle, in the midst whereof the dial-pin is fasten d* (1) Commune omnibus est umbilicum indecorè prominere, *Cels* 7, 14 (2) Dic ad umbilicum est dimidiatus mortuus, *Plaut Men* 1, 2, 5 Italiæ umbilicus *Plin* 3, 12 terrarum, *Cic de Div* 2, 56 ex porta (3) Lælium cum Scipione conchas & umbilicos ad Cajetam legere consuescebant, *Cic de Orat* 2, 6 (4) Novi libri, novi umbilici, *Catull* 2, 6 ¶ *Hinc*, In ceptos Iambos ad umbilicum adducere, *Hor* 1 e ad finem, *Epod* 16, 8 (5) *Sic aliqui interpr* loc *Cic* n 3 cit (6) *Plin* (7) *Plin* 18, 3

‖ Umbĭlīcæ, arum f [a secando umbilicum] *Midwives who cut the navel-strings of infants*, Med

Umbo, ōnis m [umbones, Græce quid it tinguam umbones, ὀμφαλοὺς Græci vocant quicquid ex tumidum est, & prominet, ut venter em ampullarum, *Varr L L* 24] (1) *The boss of a buckler, or shield* (2) *A buckler, or target* (3) *A knot in a precious stone rising like a boss, a knob* (4) *The tump, or knoll of an hill* (1) *Vari loco cit* (2) Nec sufficit umbo ictibus, *Vir Æn* 9, 810 (3) *Plin* 37, 6 (4) *Plin ap Litt* (5) Umbo montis, *Stat S* 3, 1, 110 Undisonæ quos circuit umbo Maleæ, *Id Achill* 1, 408

Umbra æ f [ἀπὸ τοῦ ὄμβρου, ab imbre, quod imbres obscurant solis lucem, *Isid*] (1) *A shadow, or shade* (2) *A cloud* (3) *A shady bough* (4) *An appearance* (5) *The shade in a picture* (6) *A phantasm* (7) *An uninvited guest, brought along by one that is invited* (8) *A kind of fish swimming very quickly and speedily, an umber* (1) ✱ Minor est extenta o... umbra, *Cels* Luna regione solis facta incurrit in umbram terræ, *Cic de Div* 2 6 Horrenti nemus umbra, *Vir Æn* 1, 169 (2) Venti timor ... *Ov F* 579 (3) Rura opaci ... mes umbras, *Vir Geor* 1, 157 (4) Qui ne umbram quidem ... viderit, *Cic Att* 7, 11 Umbra ... tas, *Plin* 35, 5 (5) Quam multa vident pictores in umbris & in eminentia, quæ nos non videmus? *Cic Acad Q* 4, 7 (6) Perculsum speciem quidem, mater... sed umbra simile nescio quid ... Sen Herc Oet 1 ... ☞ Hanc be v ad Vi ... locat spe ... *quo* ...

foris tantum, sicut ventris (7) *Hor Sat* 2, 8, 21 & *I Epist* 1, 5, 28 (8) ...

Umbr cŭlum, i n (1) *A place to sit on in a lower arbour, a booth* (2) *A thing to keep off the sun, as the ... one ... or the ... to shadow the face* ... (1) Lenæ texunt umbracula vites, *Tib Fol* 9, 42 conf *Col* ..., 10 (2) *Ov Art Am* ..., 20,

Umbratĭcŏla, æ c g [qui colit umbram, ... intra conum degit ignavus] *One who keepeth in in doors and playeth least in sight*, Plaut Truc 2, ..., 50

Umbratĭcus, a, um (1) *Slight, inconsiderable, sorry, worthless* (2) *Keeping at home, within doors, effeminate* (1) Si hic ... umbraticus ... *Plaut Circ* 4, 3, 24 (2) Umbraticus doctor, *Petron* 2, 4

Umbratĭlis, e (1) *Keeping private, out of sight, as it were in the shade, soft, lazy* (2) *Slight, by way of sport, or exercise* (1) = Vita umbratilis & delicata, *Cic Tusc* 2, 11 = Mons segnis, at ... umbratilis, *Col* 1, 2 (2) Exercitatio domestica, & umbratilis, *Cic de Orat* 1, 5,

Umbratus, a, um part *Shaded* ... umbrata gerunt civili tempora ... *Vir Æn* 6, 772 ✠ Um... ratus genis ... Stat Sylv ... tem, or ramis, *Id Theb* ..., 5, 5

Umbrĭfer, a, um *Making, or cast ... shadow* Ripes umbrifer ... *Varr R R* 2 8 Nemus ... ferum, *Vir Æn* 6, 473

Umbro, āre act *To shade, or ... shadow* Virgæ omnes, ne ... umbrent ... umbrad ... *Col* 5, 7

Umbror, āri, ātus pass *To be shaded* Montes umbrantur opaci, *Vir Æn* 5, 508

Umbrōsus, a, um or, comp ssimus, sup *Full of shade, shady* Arbor umbrosa, *Vir Geor* 2, 66 Ego locum æstate umbrosiorem vidi nunquam *Cic* ad *Q fratr* 3, 1 Ficus folium umbrosissimum, *Plin* 16, 26

U ante N

Una adv (ū) *Together, all at once, in company with, at the same time* Mulieres in Formiano esse vo ui, & una Cicerones, *Cic Fam* ..., 17 Qui una secum ... ph... fuerunt, *Id de Fin* 2, 31

† Unănĭmans, tis adj *Having the same mind united in affections* S... unanimans officium facere, *Plaut Truc* 2, 4, 81

Unănĭmus, a, (ū) [unius animi] *Of one mind, heart, or will, with one consent and accord, unanimous, loving* Venistine domum ad tuos penates, fratresque unanimes ... *Catull* 9, 4 *ubi al* ... mos Unanimem alloquitur male- ... sororem, *Vir Æn* 4, 8

Unănĭmĭtas, ātis f *Unanimity, agreement of mind and will* Nihil ... magis quam unanimitate ... *Liv* ..., 8

|| Unănĭmĭter adv *With one consent, accord, unanimously*, ... † Uno consensu, concorditer

Unănĭmus, a, um *Of one mind, ... one consent* Distinet unanimos, *Liv* 7, 21 Fratres unanimi, *Catull* 9, 4

|| Uncātus, a, um *Hooked, crooked*, *Col* Aurel

Uncia, æ f [a Gr ... ab unus, quæ una pars ex duodecim] (1) *The twelfth part of an whole, the twelfth part of a pound, an ounce* (2) *An inch, the twelfth part of a foot* (3) *The twelfth part of an acre*, 2400 *feet* (1) Neque pessumum ullam unciam hodie pondo cepi, *Plaut Rud* 4, 2, 8 (2) Quini pedes & unæ unciæ, *Veg* 1, 5 (3) *Col* 5, 1

Unciālis, e *Of, or belonging to an ounce, or inch, of an ounce weight, of an inch breadth length, or thickness* Asses unciales, *Plin* 33, 3 Uncialis altitudo, *Id* 18, 16 || Literæ unciales, *text letters*, Hier

Unciārius, a, um *Idem* Unciarium fœnus, *usury of one in the hundred*, Liv 7, 16 Unciaria stips, *the twelfth part of an as, as a peny with us is of a shilling*, *Plin* 34, 5 Unciariæ vites, *vines planted at the distance of the twelfth part of an acre*, Col 3, 2

Unciātim adv *Ounce by ounce, inch by inch, inch meal*, Ter Phorm 1, 1, 9 & Plin 28, 9

Uncĭnātus, a, um *Crooked, armed with hooks, or tenters*, Cic Acad Q 4, 38

|| Uncĭnŭlus, i m dim *A clasp set upon garments a little hook*, ... Jun † Fibula

Uncīnus, i m *A little instrument crooked at the end*, Pallad 4, 10 & Vitruv 5, 10

Unciŏla, æ f dim *A little ounce, or inch, a small pittance, one part in twelve*, Juv 1 40

Unctio, ōnis f verb *An anointing, unction*, Cic de Or 2, 5

Unctĭto, āre freq *To anoint often*, Plaut Most 1, 3, 117

Unctiuscŭlus, a, um dim *Somewhat fat, oily, greasy* Pulmentum magis unctiusculo, *Plaut Pseud* 1, 2, 85

Unctor, ōris m verb *An anointer*, Cic Fam 7, 25 & Mart 7, 31, 6

Unctōrius, a um, *vel, ut mali ... habent*

Unctuārius, a, um *Of, or belonging to anointing* Unctuarium hypocaustum, *Plin Ep* 2 17, 11

Unctum, i n (1) *The leaf, or fat of an hog, good for salves, or to fry meat* (2) *Fine fare, rich victuals* (1) *Litt ex Col* sed q (2) Si vero est, unctum rectè qui ponere possit, *Hor A P* 422 Cœnare sine uncto, *Pers* 6, 16

Unctūra, æ f *An anointing* Hæc præterea sunt in legibus de unctura, *Cic de Leg* 2, 24

Unctus, a, um part or, comp ssimus, sup (1) *Anointed* (2) *Greasy, oily* (3) *Wealthy, plentiful, copious* (1) Nudus, unctus, ebrius est concenatus *Cic Philipp* 2, 5 Cadit in unctum olera, *Hor Sat* 2, 2, 8, (2) Puer ... tractavit calicem manibus, *Hor Sat* 2, 4, 79 = Ubi ... contingit & ... unctius, *Id Ep* 1, 15, 44 ( ) Accedes siccus ad unctum, *Hor Epist* 1, 17, 12 Licet devorare patrimonium, *Catull* 26 23 Sic nos a fat benefi = Unctior splendidiorque consuetudo loquendi, *Cic de Clar* ... 20 Unctissimæ cœnæ, *Sidon Epist* 2, 9

|| Unctus, ūs m *An anointing* Quod unctum, quod ... *Apul Met* 1, p 1, † Unctio

Uncus, i m [a Gr ..., aduncum] (1) *A crook or hook a tenter* (2) *An anchor* (3) *A drag, or iron hook to drag traitors after execution about the streets* (1) Uncus infixus solo, *Col* 2, 18 Ferreus uncus, *Liv* 30, 10 (2) Navalis uncus, *Val Flacc* *Arg* 8, 298 Has inter ... legitur piger uncus arenis, *Id* 2, 428 (3) Uncus impactus est illi fugitivo, *Cic Philipp* 1, 2 Sejanus ducitur unco spectandus, *Juv* 10 66

Uncus, a, um *Crooked, hooked, bowed* Unci ungues, *Lucr* 5, 1 & *Plin* 11, 37 Uncæ manus, *grappling irons*, Sil 14, 322 ✠ Dens uncus, *a plowshare*, Vir Geor 2, 423 ✠ Retinaculum uncum, *an anchor*, Stat Sylv 3, 2, 32 ✠ Unca ara, *a fish hook*, Ov ex Pont 2, 7, 10

Unda, æ f (1) *A surge, a wave* (2) *Any water, or liquor* (3) Met *Trouble, bustle, or tempest* (4) *A throng crowd* (1) Incurri undarum sonat unda, *Ov Met* 11, 496 Nar albescentibus undis in Tibrim properans, *Sil* 8, 453 Unda aheni, *Vir Æn* 7, 466, (2) Fons niticus argenteus undis, *Ov Met* 3, 407 Undā prima prel, *Plin* 15, 1 ✠ Sic erat instabilis tellus, innabilis unda, *Ov Met* 1, 16 (3) Unda comitiorum, *Cic* pro *Planc* 6 ... rum, *Catull* 62, 62 ventorum, ... *Vir Geor* 2, 462 Nobis pro ... unda prior, *Ju* ...

|| Undăbundus, a, um *Casting up surges, or waves*, Gell 2, 30

Undans, tis part (1) *Flowing, rising in surges, or waves* (2) *Hanging, flagging, loose, or waving* (3) Met *Abounding* (1) Undanti in freto, *Cic N D* 2, 35 *ex poeta* Undans Ætna, *Vir Geor* 1, 472 (2) Undans chlamys, *Plaut Epid* 3, 3, 55 Undans vestis, *Val Flacc* 1, 822 (3) Cruris undans, *Val Flacc* 5, 304 Undantes mensæ, *Id* 3, 117

Undătim adv *Like waves, in fashion of waves*, Plin 13, 15 & 36, 7

Undātus, a, um *Made in fashion of waves, as watered silks, and the grain of wainscot* Undatum, imbricatum concharum genus, *Plin* 9, 33

Unde adv interrog & indefin [qu de uno loco, al ab ...] (1) *From whence* (2) *Wherewith, out of, or from which* (3) *Of whom, of what person, or persons* (4) *How, by what means* (1) Unde is? *Ter Eun* 2, 3, 13 Unde gentium? *from what part of the world?* Id Hecud 4, 2, 11 (2) Est dis gratia undè hæc fiant, *Ter Adelph* 1, 2, 41 (3) Eccum, unde ... hil us meus emit, *Plaut Mercator* hoc addebat, e prædonibus, undè emerit, & ... abreptam, *Ter Eun* 1, 2, 35 (4) Undè tam benè me nosti? *Hor Sat* 2, 3, 18 Nec erat undè studiosi scire possent *Cic*

Undĕcim, æ, a [ab undecim] *Eleven*, Plin 36, 8

Undĕcentēsĭmus, a, um *The ninetyninth*, Val Max 8 7, ext 11

Undĕcentum pl indecl [centum, ... dempto uno] *An hundred save one, ninetynine*, Plin 7, 60

Undĕcies adv *Eleven times*, Col 5, ... & Cic Verr 2, 7

Undĕcim plur indecl [ex uno, & decem] *Eleven*, Mart 2, 44, 8

Undĕcĭmus, a, um *The eleventh* Annus ab undecimo annus, *Vir E I* 8, 39

Undĕcĭrēmis, is f [navis undecim ... remorum ordines habens] *A galley having eleven oars on each bank, or rather eleven banks of oars*, Plin 26, 40

Undĕcunque adv *From what place, or part soever* Bellum undecunque cum Annibale consilibus man a um est, *Liv* ... gu nem undecunque ... *Plin* 27, 4 conf *Plin Paneg* ...

Undĕlibet adv *Whence thou wilt, out of any place* Litt fur ... inveniri, *Ad Herenn* 4, 50 conf ... 8, 10

Undēni, æ a [pet conti ex undeceni] *Eleven* Undenos decies p r annos, *Hor Carm Sæc* 21 Me ... undenos scit implevisse Decembres, *Id Epist* 1, 20, 27

Undeoctōginta plur indecl *Seventynine*, Hor Sat 2, 3 117

Undequadrăgies adv *Thirty nine times*, Plin 7, 25

Undequadrāgĭnta plur indecl *Thirty nine times*, Litt ex Liv

Undequinquāgēsĭmus, a, um *The fortyninth*, Cic de Leg Man 12

Undequinquāgĭnta, pl indecl *Fortynine*, Liv 37, 58

Undesexāgĭnta pl indecl *Fiftynine*, Plin 36, 15 & Liv 23, 46

Undetrīgēsĭmus, a, um *The twentyninth*, Liv 25, 36

Undevīcēni, æ, a *Nineteen*, Quint 1, 10

Undevīcēsĭmānus, i m Undevicesimani legionis milites, *a soldier of the nineteenth legion*, Hirt B Alex 57

Undevīcēsĭmus, *vel* undevigesimus, a, um *The nineteenth*, Cic de Sen 5

Undevīginti pl indec *Nineteen*, Cic de Cl Or ...

Undĭquāque adv ... *where, on every side* Litt ex Liv

Undĭque adv [ex unde & que] (1) *On every side, from all places, parts, or corners, round about* (2) *In all respects, perfectly* (1) Locus undique septus *Cic Verr* 5, 27 Flosculos undique carpere, *Id* pro *Sext* 56 (2) Naturà undique perfecta, & nihil requirens, *Cic de Fin* 5, 9

|| Undique-versum adv *On all sides* Cum vero omnis terras omnifariam & undique-versùm circumfluat, *Gell* 12, 1,

Undĭsŏnus, a, um (1) *Making a noise by the dashing of the sea* (2) *Roaring with waves* (1) Rupes undisona, *Stat Achill* 1, 198 (2) Undisonos prece adire Deos, *Prop* 3, 21, 18

Undo, āre neut & act [ab unda] (1) *To rise in surges, to roll as hot water doth* (2) *To spread, or diffuse itself, as fire &c* (3) *To abound* (4) *To overflow them and make them swim in blood* (1) *Vid* Undans (2) Flammis inter tabulata volutus ad cælum undabat vortex, *Vir Æn* 12 673 (3) = Undat equis, floretque viris, *Val Flacc* 1, 539 (4) ... Teucros undabit sanguine campos, *Stat Achill* 1, 86

Undōsus, a, um ior, comp issimus, sup *Full of surges, or waves* Æquor undosum, *Vir Æn* 4, 313 || Undosior, *Solin* || Undosissimus, *Aug*

Undŭla, æ f *A little wave*, Litt ex Cic sed q

Undŭlātus, a, um [quasi dim undula] *Made like waves, watered as stuffs are* Undulata toga, *Varr* vestis, *Plin* 8, 48

Unĕdo, ōnis m [dict quod plures una edi non possint, *Plin*] (1) *The fruit of the arbute, or strawberry tree*, so bitter and unpleasant that a man cannot eat past one at a time (2) Also *the tree* (1) *Plin* 15, 24 (2) Unedoni folia non decidunt, *Plin* 16, 21

Unĭsĕra, æ f *The smaller centaury*, Apul

Unetvicesimus The one and twentieth Unetvicesima legio, Tac Ann 1, 45

Unetvicesimanus miles A soldier of the twentyfirst legion, Tac Ann 1, 37

Ungo, vel unguo, ĕre, xi, ctum act To smear, to anoint, to be dawb, to perfume Pice liquida cornua unguito, Cato, 72 Qui tergent, qui ungunt, Cic

Unguor, i pass To be anointed, Cic Parad 5 Ungi ex cerussa, Cels 5, 28

|| Unguēdo, ĭnis f An ointment, Apul Met 3, p 91 ✝ Unguentum

Unguen, ĭnis n An ointment, any fat liquor, or juice Unguen ceti, Col 6, 32 Pingues unguine ceræ, Vir Geor 3, 450

Unguentāria, æ f (1) The art of making ointments (2) She that maketh, or selleth ointments (1) Unguentariam facere, sc artem, Plaut Pœn 1, 5, 89 (2) Unguentariam amare, sc mulierem, Plin 8, 5

Unguentārium, ii n Money exacted in the province for allowance of ointments and perfumes, Plin Epist 2, 11, 23

Unguentārius, a, um Of, belonging, or pertaining to ointments, or perfumes Unguentarium vas, Plin 36, 8 Unguentaria taberna, Suet Aug 4

Unguentārius, ii m He that maketh and selleth ointments and perfumes, a perfumer, Cic Offic 1, 42

Unguentātus, a, um Anointed with sweet ointments, perfumed Unguentatus maritus, Catull 62, 142 miles, Suet Cæs 67 Cincinnos tuos unguentatos usque ex cerebro expellam, Plaut Truc 2, 2, 33

Unguentum, i n [ab unguo] (1) Any sweet ointment, a perfume (2) A salve, an unguent (1) Non omnes possunt olere unguenta exotica, Plaut Most 1, 1, 41 Nitere unguentis, Cic Catil 2, 3 Perfricare caput unguento, Id Verr 3, 25 (2) Litt ex Plin sed q

Ungues [dict ob similitud unguium] A kind of shellfishes, muscles, Varr

Unguicŭlus, i m dim A tender soft nail Integritas unguiculorum omnium, Cic de Fin 5, 27 ¶ A teneris unguiculis, from his childhood, Id Fam 1, 6 ☩ Contempla usque ab unguiculo ad capillum summum, Plaut Epid 5, 1, 17

Unguinōsus, a, um, ut lo sor, comp Oily, fatty, unctuous Juglandes siccæ unguinosiores, Plin 23, 8 conf Cels 5, 26

Unguis is m [a Gr ὄνυξ, Idem] (1) A nail of the fingers, or toes in man, bird, or beast, a claw, a talon (2) The hoof of an ox, or cow (3) A disease in the eye called an haw (4) A little branch, or young shoot of a vine (5) The white in the leaf of a rose, whereby it is fastned to the knap (6) A white flake in the gum bdellium (7) A vintage-hook (1) Ungues simiæ imbricati sunt, hominibus lati, rapacibus unci, cæteris recti, Plin 11, 45 ☩ Ungula in quinos absumitur ungues, Ov Met 1, 742 ¶ Involare unguibus in aliquem, to tear his eyes out, Ter Eun 4, 3, 5 ¶ Medium unguem ostendere, to scorn one, Juv 10, 53 ¶ Homo ad unguem factus, an accomplished man, Hor Sat 1, 5, 32 ¶ Unguem latum non discedere, not an hair's breadth, not in the least, Cic Acad Q 4, 18 ¶ Vivos ungues rodere, to muse deeply, to beat one's brains, Hor Sat 1, 10, 71 ¶ Ex ungue leonem, to judge of the whole by a part, Prov Uncis unguibus timendæ volucres, Lucr 5, 32 (2) = Si sanguis in inferiore parte ungulæ est, extrema pars ipsius unguis ad vivum resecatur, Col 6, 12 (3) Cels 7, 7, 5 (4) Col 4, 12 (5) Plin 21, 10 (6) Plin 12, 9 (7) Col 12, 18

Ungŭla, æ f [ab unguis] (1) A nail, or claw (2) The hoof of an horse, or other beast (3) || A tormenting iron, wherewith the sides of malefactors were pinched, or burnt (1) Vid Unguis, n 1 Omnibus ungulis, tooth and nail, Cic Tusc 2, 24 Injicere ungulas argento, to lay hands upon it, Plaut Pseud 2, 2, 48 Occœpit gallus scalpurire ungulis, Id Aul 3, 4, 8 (2) Ungula bovis, Col 6, 15 Quatit ungula campum, Vir Æn 8, 596 (3) || Bisulca ungula, Prud Peristeph 1, 44 & 10, 73 ☞ Figuram dedit Bosius Roma subterr 2, 2

Ungŭlātus, a, um That hath foul, or great nails, Fest p 476

✝ Ungŭlum, i n A ring, a thimble = Annulum prisci ungulum vocabant postea & Græci, & nostri, symbolum, Plin 33, 1, 5

✝ Unguitus, i m A crook, or crooked staff, Fest p 477

✝ Uni, pro unius, Tacit Vid Unus

Unicălămus, a, um [unum habens calamum] That hath but one stem, or straw growing out of the root, Plin 18, 7

Unicaulis, e Having but one stalk, Plin 19, 10 & 20, 22

Unicè adv Singularly, effectually, entirely, dearly Unice cum tibi commendo, Cic Fam 13, 15 Unice securus, Hor Od 26, 5 Unice aliquem diligere, Cic Fam 5, 8 amare, Plaut Truc 1, 2, 91

Unicŏlor, ōris adj Of one colour Dulciores sunt & unicolores, Plin 32, 9 Totus plumeus, unicolor, Ov Met 11, 611

|| Unicolōrus, a, um Idem Sic animas cœli de fontibus unicoloris infundit natura solo, Prud Hamart 819 ✝ Unicolor

Unicornis, e adj Having but one horn, Plin 8, 21 & 11, 46

Unicornis, is An unicorn, a monoceros ✝ Monoceros, Plin 8, 21

Unicus, a, um (1) One alone (2) Notable, or excellent, chief (3) Dearly beloved (1) Unicus filius, Cic Philipp 9, 5 Unico gaudens mulier marito, Hor Od 3, 14, 5 (2) = Si egregiam pulchritudinem, aut unicam deformitatem eis attribuemus, Ad Herenn 3, 22 In quem illud elogium unicum valet, Cic de Sen 17 Unicum solatium in malis, Id Fam 4, 4 Unicus amicitiæ Romanæ cultor, Liv 25, 28 (3) Quid me, puer unice, fallis? Ov Met 5, 454

Unifōrmis, e adj [unius formæ] Uniform, all alike Sufficit, ut in corpore quiddam doceamus, Tac de Orat 32 1 = Uniusmodi

|| Uniformĭtas, ātis f One and the same fashion, uniformity, Macrob ✝ Unius forma

|| Uniformĭter adv All alike, uniformly, Diom

Unigĕna, æ c g An only-begotten, one alone Deus mundum unigenam procreavit, Cic de Univ 4 Unigena cultrix montis, Catull 62, 30.

|| Unigĕnitus, i m An only son, or one child without more, and only begotten, Bibl ✝ Unigenus

Unijŭgus, a, um [quod uno nititur jugo] Coupled, or yoked to one only Unijugæ vineæ, Plin 17, 22

Unimammia classia (i e classis) The army of the Amazons, Plaut Curc 3, 1, 75 per jocum

Unimănus, a, um That hath but one hand, Liv 35, 21

|| Unimŏdus, a, um Of one sort, or fashion, Apul de Habit doctr Plat p 599 ✝ Uniusmodi

Unio, ōnis m [ab unus, quod in conchis nulli duo reperiantur indiscreti, i e similes] (1) A pearl called an union, for that many being found in one shell, not any of them is like the other (2) An onion, or scallion (1) Plin 9, 35 Unionum conchæ, mother of pearl, Suet Ner 31 (2) Col 12, 10

|| Unio, ire, ivi act [unum facio] To unite, or make one, Theol & Philosoph condonandum, aut certe cadenti Latinitati adjudicandum

|| Unio, ōnis f [quod unum facit] Union, concord, agreement, the number of one, Theologorum vocab

Uniŏcŭlus, i m Having but one eye, Plaut Rest unoculus, q v

|| Unionitæ The Sabellians, a sort of heretics so called, Prud Apoth 1 8

✝ Uniosè adv Together, Pacuv ✝ Una

Unistirpis, e That hath but one stock, or root, Plin 16, 30

Unitas, ātis f [ab unus] (1) Unity, oneness, the uniting, or joining of two things, or more together (2) The likeness of two things, of which one cannot be discovered from another (3) Concord, agreement (4) || An unite in arithmetic (1) Utraque enim omnia in pice colliquescant, & unitas fiat Col 12, 22 Ubi facta est unitas eorum quæ miscentur, Cels 6, 6 (2) Unitas coloris, Col 7, 3 alvei, Plin 5, 9 foliorum, Id 22 Pueros ut geminos vendidit, tanta unitas erat Id 7, 12 (3) = Virtutes ibi esse debebunt, ubi consensus atque unitas erit, Sen de Vit Beat c 8 (4) Arith ✝ Monas

Uniter adv Together in one Uniter apti, Lucr 3, 858 Vis conjuncta a que uniter apta, Id 5, 559

|| Unĭtio, ōnis f verb An uniting, or joining together, Fulg ✝ Conjunctio

Unitus, a, um part United, or joined together, made one, Sen N Q 2, 2 Quitamen non probat

|| Univalvis, e Univalves conchæ shellfishes that have but one shell, Gesn

Universālis, e adj Belonging to all, common general, universal Universalis atque absoluta ratione, Ad Herenn 2, 24 ubi tamen Grut universa Certe tum dissimè postea usus fit Quint 7 ju hec fuit … dicamus quomodo possimus … universaliter, vel perpetuo 1, 2, 1

|| Universālĭtas, ātis f The universality, or generality, Philos

|| Universālĭter adv Universally Philos

Universè adv Generally, altogether universally ✝ = Quid ego sigillatim potius quam generatim atque universe loquar? Cic Verr 5, 55

|| Universim adv Idem, Gell 1, 7

Universĭtas, ātis f (1) The whole in general, the generality, or community (2) || An university (1) Universitas generis humani, Cic N D 2, 65 De universitate canonis nihil attinet plura dicere, Col in Præf, sub fin Universitas rerum, the universe, the world, Cic N D 1, 1 (2) Dig

Universus, a, um [q d omnis ad unum versum, i e sine ulla exceptione] Universal, the whole, all without exception, all together and in general, all at once Universus mundus, Cic Tusc 1, 28 ☩ Separatim semel, iterum cum universis, Id pro Domo, 52 ☩ Bonorum possessio spectatur, non in aliqua parte, sed in universis, Id pro Quint 29 ☩ Eadem sit utilitas uniuscujusque & universorum, Id ☩ Si singulis diebus … comprehendi magnum, quanto magis universis? Cic N D 5

|| Univiria, æ f A woman that hath had but one husband, Inscript ✝ Unico gaudens mulier marito, Hor

✝ Univiria An epithet given to Calpurnia, Treb Poll

|| Univŏcè adv Univocally, Philos

|| Univŏcus, a, um Univocal, that signifieth but one thing, Philos

Uniusmŏdi adj indecl [modi unius] Of one sort, or fashion, neverfailing, all alike Parentum injuriæ uniusmodi sunt ferme, Ter Heaut 1, 2, 31 = Materia semper est uniusmodi, sui que similis Cic de Univ 7

|| Uno, āre To unite, Ic ✝ Unum facio

Unocŭlus, i m Having but one eye, Plaut Curc 3, 22 Gell 3, 11

✝ Unōse adv Together, at once, Non ex Pacuv ✝ Simul, una

Unquam adv [q d uno quo is tempore] At any time, ever Ita sum affectus, ut nemo unquam, Cic Attic 3, 12 Unquam gentium, in all the world, Cic Tusc 3, 26

✝ Unversus, pro universus, Lucret 4, 263 sic metri lege correctis

Unus, a, um (ū) [ab ἕν] (1) One alone, only, the same (2) The first (3) The very same (4) No more but just (5) A certain one, some one (1) Sit tuus is, qui quivis unus cum senatu, Cic pro Cæcin 22 § Unus ex omnibus, Id Catil … Unis literis … scribam, Cic … 2, 7 … quidem, Hor Unus … a day, or two, … Cic Att 7, 9 Unus … quidem, Hor 2, 18 ¶ Ad unum, every one Omnes ad unum nobis sunt … Cic Fam 12, 1 … cum ipso die occisi sunt, Cic 4, 1, 33 (2) Quo uno & octogesimo anno mortuus est, Cic de Sen 5 Triplex … unus … tertia … (3) Uno tempore accidit Cæs B C 1, 15 … unus, Vir Geor 4, 184 (4) … literis, Plaut … 1, 2, 11 Nunc … mina, Id … 51 (5) Unus caprimulgus … fossor rursus videtur, Catull 22, 10 & Plaut Truc 1, 2, 32 & Bacch 2, 1, 30 Ov Met 6, 578 Suet

Suet Cæſ 31 ☞ *Hæc exempla contra Vellium faciunt, qui hanc notionem ſuſpectam habet*

Unuſquiſpiam *Some one*

Unuſquiſque, unaquæque, unumquodque *Every one, every* ⁜ Unum debet eſſe omnibus propoſitum, ut eadem ſit utilitas uniuſcujuſque & univerſorum, *Cic Off* 3, 6

V ante O

Vobiſcum [cum vobis] *With you* Nil mihi vobiſcum eſt, *Ov Epiſt* 2, 68

Vŏcabŭlum, i n [à voco] (1) *A name, or term, a word* (2) *A noun ſubſtantive, common or proper* (1) ⁜ Rebus non commutatis immutare vocabula, *Cic* de *Legg* 1, 1, (2) Jampridem nos vera rerum vocabula amiſimus, quia bona aliena largiri liberalitas, malarum rerum audacia fortitudo vocatur, *Sall B C* 5 Deligitur artifex, tali um vocabulo LOCUSTA, *Tac Ann* 12, 66

Vōcālis, e adj [voce magnâ ... dictus] or, comp ſſimus ſup (1) *Having a voice* (2) *Loud, making a noiſe* (3) *Well tuned, melodious* (1) ⁜ Athleta mutus inter ... accenſus vocalis evaſit, *Val Max* 1, 8, ext 4 (2) ... vocales ſunt ... tempeſtatis, *Plin* 18, 35 Vocalitas ... qui legeret ... *Plin Epiſt* 4, 7, 2 (3) Nunc ... vocales impellere pollice chordas precor, *Tib* 2, 5, 3 Vocalis Orpheus *Hor Od* 1, 12, 7 = Alia ... ſunt jucundiora & vocaliora, *Quint* 8, 3

Vōcālis, is f [quæ per ſe vocem ... it] *A vowel* Concurſus vocalium *Cic Orat* 23

Vōcālitas, ātis f *The ſweetneſs of ... ſo as to be heard and pleaſed* Vocalitas quæ ... in dicitur, *Quint* 1, 5

|| Vōcālĭter adv *Diſtinctly, aloud* Apul Met 1, p 29 ✝ Clarè

Vōcāmen, ĭnis n *The name of a thing* Proprium proferre vocamen, *Lucr* 2, 656 R occ

Vŏcandus, a, um part *That is to be called, or named* Neque enim vocandus hoſtis es, *Ov Met* 14, 245

Vŏcans, tis part *Calling.* Vocantem, *Ov Met* 2, 582

Vŏcātio, onis f. verb *A calling, a vocation, a bidding to dinner, or ſupper* Quærunt in trivus vocationes, *Catull* 48, 7

|| Vŏcātīvè adv *By calling, or in the vocative caſe,* Gell 13, 21

Vŏcātīvus, a, um *Of, or belonging to calling, vocative,* Priſc 5, 2

Vŏcātor, ōris m verb *An inviter, a caller,* Sen *de Ira,* 3, 37. Plin ..., 10 Suet Cæſ 39

Vŏcātus, a, um (1) *Called, ſummoned* (2) *Implored, deſired* (3) *Bidden, invited* (1) Tenuit ... vocatos, *Ov Met* 1, 167 (2) Vocatus atque non vocatus audit, *Hor Od* 2, 18, ult (3) Venit ad exiguas turba vocata dapes, *Ov F* ... 2, 562

Vŏcātus, ūs m (1) *A calling, or ſummoning* (2) *A call, or invitation* (1) Senatus frequens vocatu Druſi in curiam venit, *Cic* de *Orat* 3, 1 (2) Cœnare apud ... vocatu ipſius, *Suet Cal* 39 Nunquam fruſtrata vocatus haſta meos, *Vir Æn* 12, 95

Vōcĭfĕrans, tis part *Crying out aloud, braying, bawling*

Varrone indignante & vociferante, *Liv* 22, 41 Talia vociferans, *Vir Æn* 2, 679. Muliebriter vociferans, *Curt* 14, 6

Vōcĭfĕrātio, onis f verb (1) *A crying out* (2) *An exclamation, an outcry* (1) Ad muliebrem potius vociferationem, quam ad virilem dignitatem in dicendo accommodatum, *Ad Herenn* 3, 12 (2) Extant Catonis in cenſura vociferationes mulieribus Romanis in provinciis ſtatuas poni, *Plin* 34, 6

|| Vōcĭfĕrātor, ōris m verb *He that maketh an outcry, a proclaimer,* Joannes vociferator, *Tert* ✝ Prædicator

Vōcĭfĕrātus, ūs m *An outcry, a bawling,* Plin 10, 60

Vōcĭfĕro, āre neut & vociferor, āri dep (1) *To cry out aloud, to ſqueal* (2) *To crow as a cock* (1) Vociferari palam, *Cic Verr* 4, 18 (2) Galli gallinacei qui elati ſunt, & vociferant ſæpè, *Varr R R* 3, 9

Vŏcĭfĭcans, tis part *Naming, calling* Fucos vocificantes plures perſequuntur, apes etiam paucæ, *Varr R R* 3, 16

Vŏcĭfĭco, āre. *To name, to make known, to call* Inclytæ Demoſthenis orationes vocificant, *Gell* 9, 3 *ſi ſana ſit lectio*

Vŏcĭtātus, a, um *Called upon* Servius Romanus vocitatus, *Liv* 4, 61 Lipara antea Melogonis vocitata, *Plin* 3, 9

Vŏcĭto, āre freq [à voco] *To call often, to call* Has Græci ſtellas Hyadas vocitare ſuerunt, *Cic N D* 2, 43

Vŏcĭtor, āri, ātus paſſ *To be called often* Phalereus vocitatus eſt, *Cic* pro *Ral Poſt* 9

Vŏco, āre act [ab ... præpoſ digamma] (1) *To name* (2) *To call to one, to call for a thing.* (3) *To ſummon, to cite* (4) *To call upon, or invoke.* (5) *To provoke, to challenge* (6) *To admit* (7) *To reduce, to bring.* (8) *To bid, or invite* (1) Quo nos vocabis nomine? *ÆR.* Libertos, *Plaut Aſin* 3, 3, 62. Ego vocor Lyconides, *Id Aul* 4, 10, 49 (2) Æneas ſuos clamore vocabat, *Vir Æn* 12, 312 (3) Milo Clodium ad judicium bis vocavit, *Cic* pro *Mil* 15 ¶ Vocare aliquem ad verbum, *to keep him cloſe to the letter of the law,* Cic pro Cæcin. (4) § Auxilio vocare Deos, *Vir Æn* 5, 686 (5) *Apes* magnis vocant clamoribus hoſtem, *Vir Geor* 4, 76 (6) § Vocare aliquem in partem hæreditatis, *Cic* pro *Cæcin* 4 ad pileum, *Id* (7) Italiam ad exitium & vaſtitatem vocas, *Cic Catil* 1, 5 § In odium vocare, *Id* in dubium, *Id* (8) Hortenſium patris cauſâ vocavi ad cœnam, *Cic Att* 6, 3 Vocet convivam neminem, *Plaut Aſin* 4, 1, 23

Vŏcor, āri, ātus paſſ *To be called, invited,* &c Vocari in controverſiam, *Cic* de *Orat* 2, 72 § Qui ad eſum neque vocant, neque vocantur, *Plaut Men* 3, 1, 11 *Vid* Voco

Vŏcōnia, ōrum n [fort à cultore dict] *A kind of pears,* Plin 15, 15

Vōcŭla, æ f dim [à vox] *A little voice, a bruit, a report,* or *diſcourſe, a word* Falſæ voculæ, *Cic* de *Orat* 3 Vocula trajecta cavâ rimâ, *Prop* 1, 16, 27

|| Vōcŭlātio, ōnis, f *The accenting of a word,* Gell 13, 25

✝ Vŏetitiæ quædam naves ſic dictæ, *Gell.* 10, 25

Vŏla, æ f (1) *The hollow of the hand, the palm of the hand* (2) *The ſole of the foot* (1) Vola hominum tantum, &c Plin 11, 45 (2) ¶ Nec vola, nec veſtigium, *not the leaſt ſhadow,* Varr

✝ Volam, *pro* velim, Non ex Lucil

Vŏlans, tis part (1) *Flying* (2) ⁂ *Flying, or running ſwiftly.* (1) *Ov Met* 12, 16 ⁂ *Subſt* Volantes, *birds,* Vir Geor 3, 181 Æn 6, 728 & Ibid 239 (2) ⁂ Curru volans dat lora ſecundo, *Vir Æn* 1, 160

✝ Vŏlātica, æ f *ſc* mulier *A witch, an hag that flieth in the air,* Feſt

Vŏlātĭcus, a, um (1) *That flieth, or goeth away ſuddenly, flitting* (2) *Inconſtant* (1) An, obſecro, unquam ſunt homines volatici? *Plaut Pœr* 2, 1, 29 (2) = O Academiam volaticam, & ſui ſimilem, modò huc, modò illuc, &c Cic Attic 13, 25, = Volaticum eſſe & levem, *Sen Ep* 42.

Vŏlātĭlis, e adj (1) *That flieth, or can fly* (2) Met *Paſſing ſwiftly, flitting* (1) Volatilis puer, Cupido, *Ov* ... 2, 7, 27 (2) Ætas volatilis, *Ov Met* 10, 519.

Vŏlātūra, æ f *A flight,* Varr R R 3, 5 A volatura turtures farturæ deſtinantur, *Col* 8, 9

Vŏlātus, ūs m verb *A flying, or flight* Avium volatus, *Cic* de *Div* 1, 1 conf & eund *N D* 2, 6...

Vŏlēmum, i n [quòd impleat volam] *A warden, a great pear,* Vir Geor 2, 88 & Col 5, 10

Vŏlens, tis part (1) *Willing, ready, glad* (2) *Acceptable, welcome* (1) Fructus volentia rura ſponte tulere ſua, *Vir Geor* 2, 500. (2) § Volentia fuere plebi hæc & talia, *Tac* 15, 36. Volentia de ambobus acceperant, *Sall B J* 73

|| Vŏlenter adv *Willingly,* Apul Met 6, p 184.

✝ Vŏlentia, æ f *A willing, a being willing, the act of willing,* Sall B Jug 73, ... Uſitatum tamen eſt in compoſitis *benevolentia* & *malevolentia* ✝ Voluntas

Volgiolum, i n [à volvendo] *A roller, a thing to ſmooth the ground,* Plin 17, 10

⁂ Volgĭvăgus, a, um (1) *Wandring, ſtraggling, ſtroling up and down in common* (2) *Vulgar, common, whoriſh* (1) Volgivago more ferarum, *Lucr* 5, 930. (2) Venus volgivaga, *Lucr* 4, 1064 *i e* πάνδημος

Vŏlĭtans, tis part (1) *Flying,* (2) Met *Proudly, fluttering* (3) ⁂ Subſt *Any animal with wings.* (1) Fama volitans per urbes, *Vir Æn* 7, 104 (2) Eum regio habitu volitantem totâ acie cognovit, *Liv* 4, 19. (3) *Vir Geor* 3, 147

Vŏlĭto, āre freq [à volo] *To fly about, or up and down, to flutter* Infinita vis innumerabilium volitat atomorum, *Cic N D* 1, 20 *Met* Animi vacui curâ atque labore volitare cupiunt, *Id* Voces volitant per aures, *Lucr* 4, 222.

Vŏlo, āre neut (1) *To fly* (2) *To ſpeed by hurling, or throwing* (3) *To run, or go quickly, or in haſte* (1) Volare per aëra magnum remigio alarum, *Vir Æn* 1, 304 (2) Jam faces & ſaxa volant, *Vir Æn* 1, 154 Volat telorum vis, *Liv* 26, 44. (3) Ne me fruſtra illic expectet, vola, *Ter Hec* 3, 4, 24 ⁜ iter facere, *Cic Philipp* 10, 5 ⁂ Volare palmulis, five linteo, *to row,* or *ſail,* Catull 4, 5

Volo, vis, vult, velle, volui (1) *To be willing* (2) *To wiſh, to deſire* (3) *To mean, or deſign* (4) *To wiſh one well, to favour* (1) ⁜ Velim, nolim, quædam eſt tuenda ſententia, *Cic N D* 1, 7 Quod vis non duces, niſi illud, quod non vis, feres, *Plaut Trin* 5, 2, 35 Paucis te volo, *i e per compendium* te volo convenire, *Ter Andr. princ* Itidem, Quis me vult, *Id ibid* 5, 3, 1 (2) Volo, tibi hunc honorem Deos fortunare, *Cic Fam* 15, 7 nimis vellem, *Ter Eun* 4, 7, 16. (3) Quid voluisti? *Ter Heaut* 4, 1, 23, Quid vult concurſus ad amnem? *Vir Æn* 6, 318 Volo Arpinum, *per compendium, i e.* proficiſci, *Cic* (4) Plane volo his magiſtratibus, *Cic Attic* 6, 7 Regis cauſâ ii qui ſunt qui velint, *Id*

Vŏlo, ōnis m [qui voluntariè ſe ad militiam obtulerat] *A volunteer, a ſervant who in a ſcarcity of ſoldiers in the Punic war offered his ſervice* ⁜ Vetus miles tironi, liber voloni ſeſe exæquari ſineret, *Liv* 23, 35

Volſella, æ f [à vello, vulſum] (1) *An inſtrument to pluck up hair by the roots, tweezers* (2) *A chirurgeon's inſtrument to pluck out dead fleſh* (1) *Plaut Curc* 4, 4, 21. ⁜ ¶ Pugnare volſellis, non gladio, *to bring trifling arguments into diſpute,* Varr. L L 8, 26 (2) Ore volſellæ prehendere, *Celſ* 6, 18

Volſus, a, um *That hath his hair grubbed up by the roots with tweezers, ſmooth, ſleek.* Brachia volſa, *Mart.* *Vid.* Vulſus

Volt, *pro* vult, voltus, *pro* vultus, *Plaut ſæpe*

Volva, æ f [à valva] *That wherein a thing is wrapped,* as a yolk of an egg in the white, *&c the ſecundine.* Ipſum in volva ſeu in ovo eſt luteum, *Plin* 22, 22 Agni chordi, qui remanſerunt in volvis intimis, *Varr. R R* 2, 1

Vŏlūbĭlis e adj [à volva] (1) *That is, or may be eaſily turned, wound, or rolled* (2) *Gliding ſwift,* (3) *Voluble, fluent, having a round pronunciation* (4) Met *Inconſtant, mutable* (1) Cœlum volubile, *Cic* de *Univ* 6. Ille volubilibus ſquamoſos nexibus orbes torquet, *Ov Met* 3, 41 (2) Amnis volubilis, *Hor Ep.* 2, 2, 43 (3) Canorus orator & volubilis, *Cic* de *Clar Orat.* 27 (4) = Fortuna vaga & volubilis, *Cic* pro *Mil* 26.

|| Vŏlūbĭlis, is. f. *ſc* herba *Ropeweed, or weedbind,* Jun *vocatur* & convolvulus

Vŏlūbĭlĭtas, ātis. f (1) *Aptneſs to roll, or turn round, volubility* (2) Met *Inconſtancy.* (3) *A round delivery, or ready utterance* (1) Mundi volubilitas niſi in globoſâ forma eſſe non poſſet, *Cic N D* 2, 19 (2) Volubilitas fortunæ, *Cic* de *Div* 2, 6 (3) Sine plurimarum rerum ſcientia volubilitas verborum inanis & irridenda eſt, *Cic* de *Orat* 1, 5 Volubilitas linguæ, *Id.* pro *Planc* 25

Vŏlūbĭlĭter adv. *Rollingly, roundly, volubly* Numeroſè & volubiliter oratio funditur, *Cic* in *Orat* 62

Vŏlucer, cris m & f hoc cre [à volando] (1) *Winged, ſwift* (2) *Light, inconſtant, unſtable* (1) Tenera volucer cum matre Cupido, *Ov. Met* 9, 481 curſus, *Id* O nuncium volucrem! *Cic* pro *Quint* 25 Beſtia volucris, *Id Tuſc* 5, 13. = Genus dicendi verbis his volucre, & incitatum, Id de Clar Or 95 (2) O volucrem Fortunam! Cic pro Syll 32

Vŏlucra, æ f [dict quòd se involvit in pampinis] A worm that eateth vines, a vine-fretter, the devil's gold ring, Col de Arb 15 = Volvox, convolvulus

Vŏlucris, is f Any winged creature Volucres videmus fingere & construere nidos, Cic de Orat 2, 6 Volucres pictæ, Vir Geor 1, 243 Punctum volucris parvula, ut muscæ, Phædr 5, 3, 4

|| Vŏlucriter adv In all haste, or speedily, Amm ✝ Celeriter

|| Vŏlucrum, i n Volucrum majus, woodbind, or honeysuckle, Jun

Volvendus, a, um part (1) To be rolled over (2) Rolling (1) Triginta magnos volvendis mensibus orbes imperio explebit, Vir Æn 1, 273 (2) Volvenda dies, en! attulit ultro, Vir Æn 9, 7

Volvens, tis part (1) Turning, rolling (2) Met Throwing out (3) Pondering, revolving (1) Plaustra volventia, Vir Geor 1, 163 (2) Celeriter verba volvens, Cic de Cl Orat 70 (3) Æneas per noctem plurima volvens, Vir Æn 1, 309

Vŏlumen, inis n [à volvendo, & quatenus denotat librum, eo dicitur, quòd chartas vel membranas invicem inter se conglutinatas in bacillum volvebant, quod quidem bacillum umbilicum vocabant, quod in medio volumine inexplicato esset, ut umbilicus est media pars hominis, quod tamen explicato volumine extrema pars fuit, unde ad umbilicum deducere valet ad finem perducere, hinc factum ut suprà denotet omnia priùs, & infra omnia posteriùs] (1) A folding, a rolling (2) The folds of a snake, &c (3) A volume, a lesser part of a book, or books (4) A turning and winding (5) A wave (1) Volumina crurum, Vir Geor 3, 192 vinclorum, Id Æn 5, 408 fumi, Luc 3, 500 cœli, Ov Metam 2, 71 (2) Anguis septem ingens gyros, septena volumina traxit, Vir Æn 5, 85 Vinclorum volumina, Id ib 408 (3) Mutatæ ter quinque volumina formæ, Ov Trist 3, 14, 19 Libri tres in sex volumina propter amplitudinem divisa, Plin jun (4) Magna fortis humanæ volumina, Plin 19, 16 (5) Boreas decimo volumine pontum expulit in terras, Sil 14, 123

|| Vŏluntāriè, & vŏluntariò adv Voluntarily, willingly, of his own free will, or choice, Litt ex Cæs B C 3, 91 ut opinor, sed ibi voluntarii potius legendum Hyginus quidem habet, Fab 42

Vŏluntārius, a, um Voluntary, willing, that is of one's own accord Voluntaria mors, Liv 24, 5 missio, Suet Vitell 15 Voluntarii milites, Liv 31, 8 ✱ inviti, Id ib

Vŏluntas, ātis f [à volo] (1) Will, desire (2) Goodwill, affection (3) Sense, meaning (4) A will, or testament (1) Voluntas est, quæ quid cum ratione desiderat. Cic Tusc 4, 6 ✱ Vi, atque invitam, ingratiis, nisi voluntate ibis, rapiam domum, Plaut Mil 2, 5, 40 ✱ Quod jus cogit, id voluntate impetret, Ter Adelph 3, 4, 44 (2) Voluntas vestra si ad poetam accesserit, Ter. Phorm prol 30 ✱ Vos este boni, quoniam superis aversa voluntas, Vir. Æn 12, 647 (3) Voluntate legis se tuebitur, Quint = mens, Cic. (4) Voluntatem cujus interpretari, Phædr 4, 4, 31

Volvo, ĕre, vi, ūtum act [à Gr εἰλέω, præposito digamma] (1) To roll (2) To hurl, or tumble down. (3) To tumble up, or toss (4) To throw out (5) To consider, or weigh (1) Saxum ingens volvunt alii, Vir Æn 6, 616 Met Satis diu hoc saxum volvo, I tease myself long enough, Prov Ter Eun 5, 8, 55 (2) Saxa infesto volvebant pondere, Vir Æn 9, 512 (3) Venti volvunt mare, Vir Æn 1, 196 (4) Facilè soluteque verbis volvere sententias, Cic de Clar Orat 81 (5) Inanium rerum inanes volventes cogitationes, Liv 6, 28 Multa secum, quò jam inciderit, volvere, Id

Volvor, i pass To be rolled, &c Amnis præceps volvitur, Sil 17, 108 Volvuntur aquarum montes, Ov Trist 1, 2, 19 Verba quæ uno spiritu volvi possunt, Cic de Or 3, 47 Occepi denuò hoc modo volvi, to reel, or stagger, Plaut Pseud 5, 1, 31

Volvŭlus, i m [à volvo] A roller of timber to break clods of earth, and to make the ground smooth, Plin ap Litt

Volvox, ŏcis m [à volvo] A vine-fretter, a worm that feedeth upon vines, Plin 18, 18

✝ Volup' indecl Plaut Men 4, 3, 3 id quod

Vŏlupe n [qu ab inus. volupis, eodque à volo] A pleasant, or acceptable thing = Quia vos tranquillos video, gaudeo, & volupe est mihi, Plaut Amph 3, 3, 3 Venire salvum volupe est, Ter Phorm 4, 3, 5

✝ Vŏluptābĭlis, e Pleasurable, delightful, Plaut Epid 1, 1, 19 ✝ Delectabilis

|| Vŏluptāriè adv Pleasantly, or with pleasure and delight, Apul Met 3, p 91 ✝ Jucundè

Vŏluptārius, a, um (1) Given to pleasure, sensual, voluptuous (2) Pleasant, soft, bringing pleasure (1) Epicurus homo voluptarius, Cic Tusc 2, 7 (2) Disciplina voluptaria, Cic de Fin 1, 11 = mollis, delicatus, Id ib ✱ gravis, severus, Id Locus voluptarius, Sall B C 11

Vŏluptas, ātis f [à volupe, qu volupitas, ut à facilè facultas] (1) Pleasure, delight, solace, comfort (2) Sensuality, sensual, carnal pleasure (3) A sweetheart, a dear (1) ✱ Omne id, quo gaudemus, voluptas est, ut omne, quo offendimur, dolor, Cic de Fin 1, 11 = Ex cognitione juris lætitia, & voluptas, Id de Orat 1, 44 Pura voluptas literarum, Quint (2) In voluptatis regno virtus non potest consistere, Cic de Sen 12 ✱ Voluptas honestati est contraria, Id Offic 3, 33 Indigna homine docto voluptas, Id Offic 2, 1 malorum esca, Id. de Sen 13 ex Platone furtiva, inconcessa, Ov ✱ Vim magni doloris per voluptatem tuam condidisti in corpus, Plaut Truc. 2, 6, 39. (3) Quò introire metuas, mea voluptas? Plaut Truc 2, 4, 2 & sæpè alibi

|| Vŏluptĭfĭcus, a, um Making pleasure, or delight, Apul Florid 10, p 782 ✝ Voluptatem faciens

|| Vŏluptor, āri, ātus pass To take pleasure, or delight, Litt ex Apul ✝ Voluptatem capio

Vŏluptuōsus, a, um Voluptuous, given to pleasure. Voluptuosum est, Plin Ep 5, 19 utitur & Quint sed voluptarius Ciceronis est

Vŏlūta, æ f [à volvendo, quod fit orbem circumvoluta, ut Gr ἑλιξ, ab ἑλίσσω] A work of leaves writhen about the head, or chapiter of a pillar, drapery work, Vitruv 3, 3 & 7, 5

Vŏlūtābrum, i n [locus ubi sues volutantur] A place where swine and other beasts tumble, Vir Geor 3, 411

Vŏlūtābundus, a, um Wallowing, rolling, Cic de Rep ap Non 8, 64

Vŏlūtans, tis part (1) Rolling, falling down (2) Met. Pondering (1) Genibus volutans hærebat, Vir Æn 3, 607 (2) Solus, multa secum animo volutans, inambulavit, Liv 40, 8

Vŏlūtātim adv Rollingly, tumblingly, rollingly, Plaut Mil 2, 5, 40 Sed dubia est lectio

Vŏlūtātio, ōnis f verb. (1) A wallowing, or rolling (2) Tumbling, tossing (1) In luto volutatio grata est suibus, Plin 8, 51 (2) Nusquam residentis animi volutatio, Sen de Tranq 2

Vŏlūtātus, ûs m A rolling Pulverem volutatu colligere, Plin 10, 4.

Vŏlūtātus, a, um (1) Rolled, tumbled (2) Met Well versed (1) Veries in luto volutatus, Cic Verr 4, 24 (2) Ad Callisthenem & Philistum redeo, in quibus te video volutatum, Cic Q fr 2, 11

Vŏlūte adv Tumblingly, rollingly, Litt ex Plaut sed q

Vŏlūto, āre freq & Volutor, āri, ātus pass [à volvo] (1) To roll, to wallow, or toss (2) Met To think of, revolve, cast, and toss in one's mind (3) To discourse on, to contrive. (4) To be well versed in (1) In luto volutari, Cic Verr 4, 24 Quo arctius fretum volutatur, Curt 4, 2, 16 (2) Tacitus mecum ipse voluto, Vir Ecl. 9, 37 = Eam rem disputavi, & volutavi diu, Plaut Most 1, 2, 4 (3) § Has conditiones ipse in secreto volutavit cum amicis, Liv 34, 36 (4) In veteribus scriptis studiosè volutari, Cic de Orat 3, 10

Vŏlūtus, a, um part Tumbled, rolled, fallen out of, hurled Amnis per saxa volutus, Vir Geor 3, 521 Lacrymæ per ora volutæ, Id Curru volutus, Id Æn 10, 403 Lapis vacuum per inane volutus, Id Æn 10, 505 Vid Volvo

|| Vŏlūtus, ûs m verb A winding, or rolling, Apul Florid 10, p 782 ✝ Volutatio

Vŏmens, tis part Belching, breathing out, casting forth, &c Merum ore vomens, Ov Metam 12, 239 Stupa vomens tardum fumum, Vir Æn 5, 682 Vid Vomo

Vŏmer, & vomis, ĕris m [quòd terram vomat] (1) The coulter, or rather the plowshare (2) The penis, translatione modestâ, ut & sulcus pro natura muliebri (1) Aratrum circumducere, ejusque vomere portam penè perstringere, Cic Philipp 2, 40 Vomer obtusus Vir Geor 1 262 aduncus, Ov Fast 4, 927 Vomis & inflexi robur aratri, Vir Geor 1, 162 ☞ De generibus vomerum vid Plin 18, 18 (2) Lucr 4, 1267

Vomex, icis f A vomiting, Litt ex Plaut sed q

Vŏmica, æ f [quòd vomat saniem] An imposthume, Cels 2, 7 & 4, 8. Secare immaturam vomicam, Plaut Pers. 2, 5, 14 Met Persecare vomicam reip Vet Orat ap Quint 8, 6 qui tamen hanc translationem improbat Liquoris æterni vomica, quicksilver, Plin 33, 6

Vomicolus, a, um Subject to vomiting, Veg 1, 57

Vŏmĭcus, a, um Pertaining to vomiting Morbus vomicus, Sen Contr 2, 12

Vŏmis, ĕris m id qu Vomer Vid Vomer

Vŏmĭtio, ōnis f verb A vomiting, or spewing, Cic N D 2, 50 Concitare vomitiones, Plin 24, 18

Vŏmĭto, āre freq To vomit, to spew often Pecudes nausea correptæ vomitant, Col 7, 10. & Suet Vitell 13

Vŏmĭtor, ōris m A vomiter, a spewer, Plin 23, 1 & Sen Ep 88

Vŏmĭtōria, in spectaculis dict unde homines glomeratim ingredientes in sedilia se fundunt, Macrob Sat 6, 4

Vŏmĭtōrius, a, um That maketh one vomit Vomitorium medicamentum, Plin 21, 19

Vŏmĭtus, ûs m verb A vomiting, or vomit, Cels 1, 3 & Plin 20, 6

Vŏmo, ĕre, ui, ĭtum neut [ex ἐμέω, ἐμῶ, præpos digamma] (1) To vomit, or spew (2) To cast up (1) § In mensam vomere, Cic de Fin 2, 2 § In gremio suo, Id ✱ Cui ructare turpe esset, is vomit, Id Philipp 2, 25 (2) ✱ § Fluctus vomit & resorbet Sylla, Ov Ep 12, 125

Vŏmor, i pass To be vomited, or cast up Sanies vomitur, Plin 10, 67 Ab hora tertia bibebatur, ludebatur, vomebatur, Cic. Philipp 2, 41

Vopiscus, i m [si quem mater vi adipiscitur, i e cum difficultate acquirit, vel qui ope naturæ servatur, cui & opem fert, M] Of twins in a woman's body, that which cometh to perfect birth, Plin 7, 10

✝ Vopte, pro ipsivos, Cato ap Fest

Vŏrācĭtas, ātis f Gluttony, greediness, excessive eating, Plin 2, 107

Vŏrāgĭnōsus, a, um Full of bogs, or morasses = Palustre & voraginosum solum, Hirt B Hisp 29

Vŏrāgo, inis f [à vorando, quod incidentia vorat] (1) A swallow, or gulph, a whirlpool (2) A quagmire, or bog (3) Met A riotous spendthrift (1) Vastâ voragine æstuat gurges, Vir. Æn 6, 296 Met Vorago ventris, Ov Met 8, 843 (2) Ferream soleam tenaci voragine mula derelinquit, Catull 18, ult = Immobiles currus illuvie & voragine hærebant, Curt 8, 14, 4 (3) = Gurges & vorago patrimonii, Cic pro Sext 52

Vŏrātio, ōnis f verb. A devouring Mei sodales quærunt in trivio vorationes, Catull 45, ul ubi al vocationes, & vix sat alibi occ

|| Vŏrātor, m verb A devourer, Hieron ✝ Vorax

Vŏratrina, æ f A chap, or cleft in the earth upon some earthquake, a whirlpit, Litt ex Cic sed q ✝ Vorago

Vŏrax, ācis adj [à voro] or, comp Gluttonous, greedy, ravenous, voracious Venter vorax, Ov Met 15, 94 Turbâ voracior ipsâ, Id ib 8, 839 conf Catull 31, 4

Vŏro, āre act [à βορός, vorax] To devour, eat up, or eat greedily, to swallow ✱ Alia lambunt, sorbent, mandunt, vorant, Plin 10, 71 ¶ Met Vorare literas, to study hard, Cic Att 4 11 [illegible] *Fustis*, Catull 3, 27 ✝ Vorsum *pro* versum, vorsu- [illegible] *pro* verturi, & vortex, *pro* vertex

✝ Vorsus, ûs m [*pro* versus] [illegible] *the sound*, Plaut [illegible] 5, 2

Vo [illegible] m *Vid* Vetex Vor [illegible] Venus, quod [illegible] hominum corda vertere, [illegible] *Vid* Verticordia

Vos, vestrum, *vel* vestri, vobis [illegible] *You*, Cic passim Vosmet ipsi *Your own selves*, Plaut Capt 3, 5, 18

[illegible] Votivus, a, um *Belonging* [illegible] *or things devoted to some deity* [illegible] Stat [illegible] 4

✝ Votitus, a, um *Hindred by vow* Plin Hist 4, 1, 44 ✝ Voti [illegible]

Votus, a, um (1) *Promised by a vow, vowed* (2) || *That is, or hath been greatly desired* (1) [illegible] Hor Ep 1, 8, 11 (2) *Treb* Poll ✝ Gratum, ex voto

Votum, i n [a voveo] (1) *A vow, or promise made to God* (2) *The thing vowed* (3) *The thing prayed for* (4) *A desire* [illegible] (5) [illegible] *or* [illegible] (6) [illegible] (7) || Metonym [illegible] (1) Vota facere, Cic pro [illegible] 28 reddere [illegible] Votis obligare [illegible] Liv 21, 21 Vota exsolvere, [illegible] (2) = Stipant gravesque [illegible] *Petr* [illegible] 49 Votis immortalibus *Vir* Æn 3, 279 (3) Divos in vota vocare, *Vir* [illegible] 3, 234 (4) Nec votum nec animus deest conniciendi, *Suet* [illegible] Ad omnes votum fluente fortuna, *Quint* (5) = Quasi votorum, & promissorum tenere [illegible] *Cic Attic* 12, 19 (6) *Vir* [illegible] 10 Vota secunda, *Juv* [illegible] 2, 2 § 2. (7) Cu[illegible]

Votus, a, um part *Vowed* [illegible] vota & dedicata, *Cic* [illegible]

Voveo, ere, ovi, otum act (1) *To vow* (2) *To pray, or wish for* (1) Imperatores capita pro [illegible] voverunt, *Cic* [illegible] Vovere Libero caprum [illegible] (2) Quid voveat dulci nutricula majus alumno *Hor* Ep 1, 4, 8

Vox, vocis f [Vox dicit. convenit à voco, unde & obliqui [illegible] Prif] (1) *A voice* (2) [illegible] (3) [illegible] (4) [illegible] (5) [illegible] (6) *A sentence* (7) *A vote, or suffrage* (8) [illegible] (9) [illegible] (10) [illegible] *Plaut* [illegible] 2, 1, 49 [illegible] & fusca est, & plena [illegible] & [illegible] & contracta, & fusa, & dura, & flexibilis, [illegible] & obtusa, *Quint* 9, [illegible] (2) [illegible] vocem ceteres qua bucc[illegible] *Vir* Æn [illegible] Vocibus erecti ad conjus[illegible] *Or* [illegible] 3, 224 (3) [illegible] facetias, varietates vocum [illegible] modos, qui possit nescire [illegible] 2, [illegible] (4) Oblo[illegible] *ar* [illegible] septem, & terminarum [illegible] 6, 5, 6. (5) Non [illegible] quid sonet haec vox vo[illegible] *Cic* [illegible] *Fin* 2, 2 (6) [illegible] esse in hac voce [illegible] *Cic* Verr [illegible] *Cæs* B C 1, 2. *vid* &

Tac Hist 3, 85, 7 & Agr 45, 6 (7) Libo, veste mutatâ, circumire domos, orare adfines, vocem adversus pericula poscere, *Tac* Ann 2, 29, 1 (8) Inconditâ ac rudi voce aliquid componere, *Tac* Agr 3, 6 (9) Vocibus tedioforum bona ac mala existimare, *Tac* Hist 4, 7, 2 (10) Conversus expressisque Latinâ voce Menander, *Cic* in [illegible]

U ante P

Upilio, ônis *qui* & opilio, metri causâ, *M* [*qu* ovipilio, vel [illegible]] *A shepherd*, Vir Ecl 10, 19.

Upupa æ f [ab ἔποψ, in acc ἔποπα, ut à pu pu, *i e* voce quam edit, *Varr*] (1) *A bird called an houp, or, as some, a lapwing, a puet* (2) *A beetle, mattock, or like tool to dig stones in a quarry* (1) Upupa obscœna pastu avis, *Plin* 10, 29 = Epopo (2) Adveniunt lapidicinam upupa data est, *Plaut Capt* 5, 4, 7 *Sc ludens, quoniam illud instrumentum quodammodo referebat upupæ caput cum rostro*

U ante R

* Uræon, i n [ab οὐρά, cauda] *The tail piece of the tunny fish*, Plin 32, 11.

Uræus, a, um *Of, or belonging to the tail*, Plin 32, 11

* Uragus, i m *The lieutenant that bringeth up the rear*, Jun

* Uranoscopus, i m. [ab οὐρανός, cœlum, & σκοπέω, specto] *A fish that hath one eye in his head, and that so placed, that swimming he seemeth to look upward*, Plin 32, 7 = callionymus, *Id*

✝ Urbanatim adv. *Like a gentleman, citizen like*, Non 2, 747 ex Pomponio *pro*

Urbane adv ius, comp ssime, sup. (1) *Pleasantly* (2) *Cleverly* (3) *With a good grace, civilly, courteously* (1) ✳ = Utrumne me secum severe, & graviter, & priscè, an remissè, & leviter, & urbanè, *Cic* pro *Cæl* 14 = Ut à patre audiebam facetè, & urbanè Stoicos irridente, *Id* de *Fin* 1, 11 (2) Non potuit urbanius elabi, *Quint Instit Or* 2, 17 conf *Cic* pro *Cæl* 15 (3) Urbanissimè respondere, *Gell* 36, 5

Urbanicè, adv *Pro* urbanè, *Litt*. ex *Liv* sed q

|| Urbanicus, a, um. *Of, or belonging to a city*, Spart *in* Carac

Urbanitas, âtis. f (1) *A city life* (2) *Pleasantry* (3) *Courtesy, civility, civil behaviour, good manners* (4) *Merriment* (1) Tu modo desideria urbis & urbanitatis depone, *Cic Fam* 7, 6 (2) ✳ Maledictum, si petulantius jactatur, convitium, si facetius, urbanitas nominatur, *Cic* pro *Cæl* 3 vid *Quint*. 6, 3 (3) Vir urbanitate limatus, *Cic* N D 2, 29 (4) Dicerem urbanos, si senatum decerent urbanitas, *Plin* Ep 8, 6

Urbanus, a, um or, comp ssimus, sup (1) *Of, or belonging to a city, dwelling in a city* (2) Met *Polite, civil, courteous, genteel, pleasant, comely, seemly* (3) *Fine, knavish* (1) ✳ Rusticus urbanum murem mus paupere fertur accepisse cavo, *Hor* S 2, 6, 80 ✳ Urbanæ excubiæ, *Tac. Ann*. 1, 17. Opus urbanissimum, *Plin*. Ep 5, 6 (2) = Homo facetus etiam inducis sermonem facetum, & urbanum, *Cic*. pro *Domo*, 24 [illegible] Cicerones demum [illegible] videtur, *sic enim* [illegible] Te hominem non solum sapientem, verum etiam, ut nunc loquimur,

urbanum, *Cic* F m 3, 8 vid & *Quint* 8, 3 (3) ✳ Arbores quædam silvestres, quædam urbanores, *Plin* 16, 19

✝ Urbicapus m [qui capit urbes] *A winner of cities*, Plaut Mil 4, 2, 64

✝ Urbicremus, a, um *Burning the city* Urbicremæ nubes, *Prud*. Ham 726,

Urbicus, a, um *Of, or belonging to a city* Urbicum pecus, *Plaut per jocum*, Truc 2, 2, 14 *Sed non constat de ea lectione*. Annona urbica, *Suet Aug* 18, 2.

Urlina, æ f *A kind of weapon somewhat long*, Plaut Bacch 4, 8, 46

Urbo, are, & urbum, i *Vid* Urvo, urvum

Urbs, is f [de etym incert mihi tamen videtur deductum *ab* urvo, parte aratri, quo muri designabantur] (1) *A city, a walled town* (2) *Meton* Sometimes it is put for *civitas*, and denoteth *the inhabitants*. (3) Sometimes both *the city and inhabitants* (4) *The city of Rome* (1) = Domicilia conjuncta urbes dicimus, *Cic* pro *Sext* 42 = Pheræ, urbs Thessaliæ, in quo oppido, &c. *Cic* de *Div* 1, 25 ✳ Auctâ civitate magnitudine urbis, *Liv* 1, 45. ✳ In urbe civitas erecta expectatione stetit, *Id*. 3, 47 ✳ Non vici interfir, sed urbis, *Cic. Fam* 15, 4 ✳ Neque agri neque urbis odium me unquam percipit, *Ter. Eun* 5, 5, 2. (2) Invadunt urbem somno vinoque sepultam, *Vir Æn* 2, 265. (3) *Tac Hist* 1, 84, 7. (4) ✳ Urbs propriè est Roma, quum cætera dicuntur oppida, *Quint* 9, 2

✝ Urbum, *idem quod* urvum aratri curvatura; unde urbis nomen, nam urbare est aratro definire, *Varr L L*. 4, 27

Urceolaris herba [dict quòd suâ asperitate lavandis urceis fit maximè idonea] *An herb called feverfew*, or, after some, *pellitory of the wall*, Plin. 21, 17. = Vitrigo

Urceolus, i m dim. *A little water pitcher*, Col 12, 16

Urceus, i. m. [ab urna, *Perot ab* orca, ὑρχη, *Isid*] *A pitcher, a pot for water* Urceus aquarius, *Cato*, 13 fictilis, *Id ib* ✳ Amphora cœpit institui, currente rota cur urceus exit? *Hor. A P* 22. ☞ *Formam ex Tab antiq exhibet Mercurialis in arte Gymn* 1, 10.

Uredo, inis. f [ab urendo] (1) *The blasting of trees, or herbs* (2) *An itch, or burning in the skin* (3) *A pricking heat of lust* (1) Si uredo aut grando quippiam nocuit, *Cic N D* 3, 35 vid *Plin* 18, 28 & 31, 3 & *Col* 5, 20 (2) *Plin* 9, 45 (3) *Apul*. *Met* 4, p 134.

Urendus, a, um *To be burned* Urenda filix, *Hor Sat* 1, 3, 37

Urens, tis part *Burning*; also *killing vines, or other trees with browsing*, Vir Geor 2, 196

* Ureter, eris m [οὐρητήρ, ab οὐρεῖν, meire] *The pipe, or conduit by which the urine passeth from the reins to the bladder*, Celf 4, 1. *sed Græcis literis* Lat Meatus urinæ

* Urethra, æ f [ab οὐρεῖν] *A passage of the urine from the bladder to the end of the yard*, Med

Urgens, tis. part *Pressing, urging, urgent* Urgenti brachia victa dedi, *Prop* 4, 2, 12 Duris urgens in rebus egestas, *Vir*. *Geor* 1, 145 *Vid* Urgeo

Urgeo, ere, si, sum act [fortè

ab εἴργω, extremum agmen duco, unde sequens urgeo, *L tt*] (1) *To press on* (2) *To press down, to cover* (3) Met *To urge, to be earnest upon, to provoke* (4) *To push on, to hasten, to enforce, constrain, pursue, or follow* (5) *To vex, trouble, molest, or oppress* (6) *To aggravate* (1) Majore vi hostes urgent, *Sall B Jug* [illegible] (2) Vox urget diem, & dies noctem, *Hor Epod* 17, 25 (2) Ingentis pondere testæ urgere, *Vir Geor* 2, 351 (3) = Etiam atque etiam insto, atque urgeo, infector, posco, atque adeo flagito crimen, *Cic* pro *Planc* 19 ✳ Urgent & nihil remittunt, *Id* de *Fin* 4, 28 Urgere propositum, *Hor Sat* 2, 7, 6 (4) ✳ Urget turba, festinat Philegenes, *Cic Attic* 6, 2 (5) Febres magnæ urgent, *Celf* Morbus urget, *Cic de Fato*, 9 fortuna miseros *Or Ep* 3, 43 (6) ✳ Illud neque urli, neque levavi, *Cic* ad *Q. fratr* 3, 24.

Urgeor, eri pass (1) *To be pressed, &c* (2) *To be accused, charged* (1) Fame, ferróque urgeri, *Liv* dolore, *Celf* ab hoste, *Val Flacc* 8, 386 (2) § Optimus ille qui minimis ostiis urgetur, *Hor*. *Sat* 1, 3, 69 § Urgeri criminum, *Tac*. 6, 29.

Uria, æ f *A bird called a naff*, Litt. ex Plin

Urica, æ f [*ab* urendo] *An hurt coming to all manner of grain by too much moisture* Commune satorum omnium vitium urica est, *Plin* 18, 17.

Urigo, inis f [*ab* uro] (1) *Burning with a caustic* (2) || *The itch of lust* (1) Vehementior urigo, *Plin* 30, 22 (2) *Apul*. *Met* p 14 ✝ Tentigo

Urina, æ f [à Gr οὖρον] (1) *Piss, stale, water of a man, or beast, urine* (2) Urina genitalis, *the seed of generation* (1) Urinam ciere, citare, movere. item pellere, inhibere, tardare, supprimere, *Ap probos auctores* Reddere urinam, *to make water*, Plin 8, 16 (2) *Plin*. 8, 43

|| Urinalis, e. *Pertaining to urine, causing, or provoking urine*, Jun ✝ Urinam ciens, *Celf*

Urinarius, a, um *id quod* urinalis

Urinator, ôris m verb *A diver, or swimmer under water* Per urinatores omne *argentum* extractum est, *Liv* 44, 10

|| Urinatrix, icis f *A diver, a didapper, or ducker*, Gar.

Urino, are *act* & urinor, ari dep [ab urvo, *i e* curvatura aratri, quam urinantes imitari videntur, *Sip*.] *To duck under the water, and to spring up again, to dive*. Urinæ dictæ quod urinant, *Varr L L* 4 Sub aqua ranæ & phocæ urinantur, *Plin* 11, 37

Urinum ovum [ab οὖρος, ventus, quod vento impletum] *An adale egg, a wind-egg*, Plin 10, 58, & 60

Urion, *vel* urium, ii n [ab Urio oppido] *A kind of earth that miners avoid when they dig for gold*, Plin 33, 4

✝ Uritto, are, freq *To burn often* Calidum uritat malè, *Plaut Most* 3, 1, 81 *ubi al* urit

Urna, æ, f [dict. quòd in aqua haurienda urinat, *Varr L L* 4] (1) *A water pitcher* (2) *A measure of liquid things, containing four gallons*. (3) *A pot into which the names of those who were to be chosen by lot into office were put*, and may be used *for a ballot box*. (4) Also *a pot or coffin into which they used to* pu-

put the aſhes and bones of the dead, an urn (1) Tu, qui urnam habes, aquam ingere, *Plaut Pſeud* 1, 2, 24 (2) Liquidi non amplius urnâ, *Hor Sat* 1, 1, 55 ☞ Modius & ſemis faciunt urnam, urnæ duæ amphoram complent, *Regult* (3) Senatorum *cum* urnâ copiosè abſolvit, *Cic Q frat* 2, 6 (4) Cœlo tegitur qui non habet urnam, *Luc* 7, 819

Urnālis, e. *Of, or belonging to a pitcher, or pot, or that containeth the meaſure of an urn*, Cato, 13 & Plin 9, 30

Urnārium, ii n (1) *A board in a kitchen, whereon pots, or veſſels are ſet full of water* (2) *A place to ſet iron pots, pitchers, or like veſſels on, and may be uſed for a ſideboard in a dining room, to ſet cups, or glaſſes on* (1) *Varr L L* 4, 7 (2) *Alex ab Alex*

Urnārius, ii m *A potter*, Litt ex Col

Urnula, æ f dim *A little pot, or pitcher* Capedines ac fictiles, *Cic Parad* 1, 3

Uro, ĕre, ſſi, uſtum (ũ) act [ab Hebr אור ignis, vel a πῦρ, ignis, primo enim fuit *buro*, poſtea *uro*] (1) *To burn, parch, or ſet on fire* (2) *To light up* (3) *To gall, or pinch* (4) Met *To nip, or ſtarve, as cold* (5) *To boil* (6) Met *To grieve, teize, or vex.* (7) *To inflame with love* (1) Hominem mortuum in urbe ne ſepelito, neve urito, Ex XII *Tabb* ap *Cic* de *Legib* 2, 23 (2) Felicius urite tedas, *Prop* 3, 19, 25 (3) Urunt juga prima juvencos, *Ov* de *Rem Am* 2 5, Calceus minor uret pedem, *Hor Ep* 1, 10, 43 Urere aliquem virgis, *Id Sat* 2, 7, 58 loris, *to flog, or beat*, Id Ep 1, 16, 47 (4) Urunt montana nives, *Luc* 4, 52 vid & *Cic Tuſc* 2, 17 (5) Colchis urit ahena, *Prop* 2, 1, 54 (6) § Urebat populum nobilem ablatum mare, captæ inſulæ, *&c* Flor 2, 6 Urit Cythereïam atrox Juno, *Vir Æn* 1, 666 Te ut male urat, *Ter Eun* 3, 1, 47 (7) Deus crudelius urit invitos, *Tib* 1, 8, 7 Sulpicia, *Id* 4, 2, 11

Uror, i paſſ (1) *To be burnt* (2) *To be kindled* (3) *To be conſumed* (4) *To burn in love* (5) *To fret, and be grieved* (1) Uritur aliquis ardenti ferro, *Juv* 14, 22 Ejuſmodi frigus impendebat, ut periculum erat ne ædes ſuæ Appio urerentur, *Cic Q fratr* 2, 12, fin (2) Pectore uritur intimo flamma, *Catull* 59, 177 (3) Flamma Meleagros ab illa uritur, *Ov Met* 8, 516 (4) Uritur infelix Dido, *Vir Æn* 4, 68 (5) Quam magis id repeto, tam magis uror, *Plaut Bacch* 5 1, 5

Uropygium, ii n. [ab ὀρρός, oſſis ſacri extremum, & πυγή, nates] *The narroweſt and loweſt part of the chine, the rump.* Mart 2, 93

Urpex, icis m *An inſtrument of huſbandry like an harrow*, Cato, 10 vix alibi *occ* irpex *Mela*

Urruncum, i n [dict quòd imprimis uri ſolet] *The loweſt part of the ear of corn next the ſtalk*, Varr R R 1, 48 *vix alibi*.

Urſa, æ f [ab urſus] (1) *A ſhe bear* (2) *The greater and leſſer bear-ſtar* (1) Informia urſæ pariunt, *Plin* 10, 63 Villoſa urſa, *Ov Met* 13, 836 (2) Vid *Ov Met* 2, 507 = Septentriones

Urſinus, a, um *Of, or belonging to a bear.* Urſinus ſanguis, *Col de Arb* 15

Urſus, i m [qu orſus, quòd ore ſuo formet fœtus] *A he bear* Urſi conſpectos in montibus horrent urſos, *Ov Met* 2, 494 ☞ *Libycos & Numidicos urſos dignare leones vult Lipſius ſe opponit Salm Exercit Plin*

Urtica, æ f [herba cujus folia acriter urunt, i e pungunt] (1) *A nettle* (2) *A kind of ſhellfiſh* (3) *A tickling of letchery* (1) Herbis vivere & urticâ, *Hor Ep* 1, 12, 8 *De urticæ generibus vid* Plin 17, 10 *de medicinali virtute*, eundem 22, 13 (2) *Plin* 9, 45 (3) *Juv* 2, 128 & 11, 166.

Urticōſus, & urticinus, a, um *Full of nettles*, Litt ex Plin

Urvo, āre, āvi [id quod urbo, i e orbem facio] *To tumble round*, Feſt

Urus, i m [vocab Gallic] *A beaſt like a bull, but bigger in body, and very ſwift, a buffalo*, Cæſ B G 6, 27

Urvum, *vel* urbum, i. n *The crooked plow-tail*, Varr

† Urvus, *vel* urbus, a, um *Bending upward*, Scal

U ante S.

* Uſia, æ. f οὐσία *Subſtance, eſſence, being*, Quint

† Uſio, ōnis f verb [ab utor] *Uſe, an uſing*, Cato, 37 *Sc ev ap Gell* 4, 1 & *Varr* ap *Non* Ex poſter *Ulp Alfen* & *Arnob* ‡ Uſus

Uſitatè adv *Ordinarily, uſually, after the accuſtomed faſhion, cuſtomarily* Cur, cùm de re conveniat, non malimus uſitatè loqui? *Cic* de *Fin* 4, 26

Uſitātum eſt *It is a common cuſtom, it is a thing often uſed*, Cic in Verr

Uſitatus, a, um or, comp ſſimus, ſup *Uſual, ordinary, common* = Uſitatus & pervulgatus honos, *Cic Fam* 4, 13 ⚹ Non ſolum uſitatum, ſed & quotidianum, *Id* ad *Brut* 16 Uſitatior pars, *Gell* 15, 13 Uſitatiſſima verba, *Cic Orat* 25

|| Uſitor, āri freq [ab utor] *To uſe often*, Gell 10, 21 & 17, 1 ‡ Utor

Uſpiam adv [ex us, ab ὅπως, & piam] (1) *Any where, or in any other place* (2) *In any matter* (3) *Somewhere* (1) Si abſis uſpiam, *Ter Adelph* 1, 1, 3 ⚹ nuſquam, *Cic* de *Legg* (2) Num me expertus uſpiam? *Plaut Caſin* 4, 3, 14 (3) Non dubitabam quin te in iſtis locis uſpiam viſurus eſſet, *Cic Attic* 1, 17

Uſquàm adv [ex us, & quam] (1) *Any where, in any place* (2) *In any thing* (3) *To any place* (4) *At any time* (1) Quam crucem non auſus eſt uſquàm defigere, niſi apud eos, *Cic Verr* 4 ⚹ Quam non invenit uſquam, eſſe putat nuſquam, *Ov Met* 1, 586 (2) Neque iſthic, neque alibi uſquam erit in me mora, *Ter Andr* 2, 5, 9 (3) Nec verò uſquàm diſcedebam, *Cic Philipp* 1, 1 (4) Quaſi jam uſquam tibi ſint viginti minæ, *Ter Adelph* 2, 2, 15 *interpr Pareo, & Turnebo*

Uſque adv [ex us, & que, qu ἕως] (1) *Continually, alway, all along* (2) Uſque eò---ut, *ſo very much---that, ſo extremely* (3) Uſquè eò non,---ut, *ſo far from* (4) *As far as* (5) *Until* (6) Uſquè dum, *ſo long as* (7) *Even*, if not redundant (1) Juſtus amator perpetuat data, datque uſquè, *Plaut Pſeud* 1, 3, 73 (2) Quod Amerinis uſque adeò viſum eſt magnum, ut, *&c* Cic *pro* S Roſc 9 (3) Uſquè eò non fuit popularis, ut patrimonium ſolus comeſſet, *Cic* pro *P Sext* 51 (4) Uſque a maritimo Romam proficiſci, *Cic* pro *Cluent* 68 & *ſæpe* § Sacerdotes uſque Ennam profecti ſunt, *Id Verr* 4, 49 Quintus uſquè Puteolos venit, *Id Att* 15, 28 (5) Nec verò ſi quentia uſquè *plaudite* vivendum, *Cic* de *Sen* 19 *i e* uſquè ad *Plaudite* in tam lenis paſſus eſt animo uſquè adhuc, *Ter Andr* 1, 5, 27 (6) Uſquè dum tibi hunt, *Cic Verr* 3, 5 (7) Uſquè à cunabulis, *from the very cradle*, Plaut Pſeud 2, 4, 48 *ſed variant codd* Uſquè à pueris, *even from childhood*, Ter Adelph 5, 9, 5

Uſquequaque adv. (1) *All about, every where* (2) *In all reſpects, in all places, or things* (3) *Quite, altogether, continually, alway* (1) Mari, terraque uſquequaque illas quæritat, *Plaut Pæn prol* 105 (2) ⚹ Ne aut nuſquam, aut uſquequaque dicatur, *Cic de Inv* 2, 21 ⚹ An hoc uſquequaque aliter in vita, & non ex maxima parte de tota judicabis? *univerſally*, Cic de Fin 5, 30 = Aut undique religionem tolle, aut uſquequaque conſerva, *Id Philipp* 2, 43 (3) Nec tamen expers inſidiarum uſquequaque permanſit, *Suet Claud* 13, 1 Uſquequaque ſapere oportet, *Cic Fam* 7, 16

Uſquequo adv *Until that* Uſquequo id tertiam partem decoxeris, *Varr. R R* 1, 2 ☞ *Exemplum interrogandi non invenio*

Uſta, æ f *A ſort of colour made of ceruſs*, Vitruv 7, 11

Uſtio, ōnis f verb [ab uro] (1) *A burning* (2) *A ſearing, or burning with an hot iron, a cauterizing* (1) Sarmenta tibi uſtioni ſupererunt, *Cato*, 38 conf *Celſ* 5, 26 (2) Quædam uſtione ſanantur, *Plin* 34, 15

Uſtor, ōris m verb *He that burneth*, particularly *dead bodies* A ſemiraſo tundi uſtore, *Catull* 60, 5 vid & *Mart* 3, 93

Uſtricula, æ f dim *A woman barber, or that burneth away hair*, Litt ex Mart

† Uſtrigo, inis f *Blaſting, or blighting of corn, a burning in ſores*, Ambr ‡ Rubigo

Uſtrina, æ f [ab uro] (1) *A melting houſe for metal* (2) *A place where dead bodies are burnt* (1) *Plin* 36, 21 (2) *Feſt*

Uſtulandus, a, um part *To be burned, or ſeared* Scripta infelicibus uſtulanda lignis, *Catull* 33, 8

Uſtulātus, a, um part *Burnt* Pali uſtulati, *ſtakes burnt at the end to harden them*, Vitruv 5, ult

Uſtulo, āre [ab uro, uſtum] *To burn, or ſear a thing* Candenti ferro crines uſtulare, *Pacuv*

Uſtūra, æ f *A burning*, Litt ex Col

Uſtus, a, um part [ab uror] *Burned, ſcorched* Ignibus uſtus, *Ov Triſt* 3, 11, 53 aer ſiccis fervoribus, *Id Met* 1, 119 lignis funeris, *Prop* 3, 15, 46 Indus, *Id* 4, 3, 10

|| Uſualis, e *That ſerveth for our uſe*, Dig ‡ Utilis

† Uſualiter adv *Uſually*, Litt ex Plaut *ſed q*

|| Uſuarius, a, um *That ſerveth for our uſe, that we have the uſe of, but not the property*, Gell 4, 1

Uſuarius, ii m [ille cujus eſt uſus, qui rei uſum habet] *He that hath the uſe of a thing, but not the property*, Ap JCC

Uſucapio, ĕre, cēpi, captum *To make any thing his own through long poſſeſſion, to take as his own by preſcription of uſe* Nihil mortales à diis immortalibus uſucapere poſſunt, *Cic* de *Har Reſp* 14

Uſucaptio, & uſucapio, & uſulcaptio onis f *The enjoying of a thing by continuance of time, long poſſeſſion, or preſcription*, Cic *pro Cæcin*. 26

Uſufacio, ĕre, ēci, actum. *To hold by preſcription* Quojus nunc es? Tuus, nam pugnis uſufeciſti tuum, *Plaut Amph* 1, 1, 219

Uſufructuārius, ii m *He that hath the uſe and profit of a thing, but not the property, or right*, Ap JCC

Uſuſfructus, ûs m *Vid* Uſuſfructus

Uſūra, æ f [ab utor] (1) *Uſe, uſage, enjoyment of a thing* (2) *Uſury, or money given for the uſe of money, intereſt* (1) Uſuram diu, *Cic Fam* 6, 13 ¶ Alicuis uſuram eripere, *to deprive of life*, Cic *pro* Sull 32 (2) Pecuniam pro uſuris auferre, *Cic Verr* 3, 72 = fœnus, *Id* ⚹ ſors, *Id* ☞ *De generibus & modo uſurarum vid Salmaſii librum integrum* Quincunces uſuræ, *uſury of five in the hundred*, Scæv

Uſurārius, a, um (1) *Of which one hath the uſe* (2) *Pertaining to uſe, or uſury, that giveth, or taketh uſury* (1) Alcmenam uxorem cepit uſurariam, *Plaut Amph argum* 1, 3 Uſurarius puer, *Id Curc* 3, 12 (2) *Ap JCC* ‡ Fœnerator

Uſurpātio, ōnis f verb. (1) *Oft uſing, or practiſing* (2) *An interruption, or diſturbing of preſcription* (1) Conſolari ſe uſurpatione doctrinæ, *Cic* de *Cl Or* 71 Uſurpatio itineris inſoliti, *Liv* 4, 23 Vocis uſurpatione abſtinere, *Id* (2) *Ap JCC*

|| Uſurpātor, ōris m verb *An uſurper*, Ambroſ

Uſurpātus, a, um part (1) *Much and often uſed and diſcourſed of* (2) *Mentioned frequently* (3) *An interruption, or diſturbing of preſcription* (1) Conſolationes à ſapientiſſimis viris uſurpatæ, *Cic Fam* 5, 16 (2) Eſt hoc clarè uſurpatum a doctiſſimis, *Cic Parad* 5 (3) *Ap JCC*

Uſurpo, āre act (1) *To uſe often, or much*, whether word, or deed (2) Per compendium abſol *To ſee* (3) *To name often, to talk of* (4) *To call, to name* (5) *To uſurp, to take another's property* (6) *To diſturb preſcription by taking poſſeſſion* (7) *To do ſomething dicis causâ, by way of form, to keep up preſcription* (1) Officium quod ſemper uſurpavi, *Cic* de *Amic* 2 In omnibus factis & dictis uſurpamus, *Id* ¶ Uſurpare aliquid oculis, *to ſee*, Lucr 1, 302 ſenſibus, *to perceive*, Id 4, 972 regiones pedibus, *to travel them*, Plaut Trin 4, 2, 3, (2) Ut ego te uſurpem lubens! *Plaut Bacch* 1, 2, 41 (3) = Fratres inter ſe agnatoſque uſurpare atque appellare videmus, *Cic* de *Univ* 11 (4) *Lucr* 1, 55 = voco, appello, *Id ib vid etiam* uſurpor, n 2 (5) Peregrinæ conditionis homines vetuit uſurpare Romana nomina, *Suet Claud* 25 & *mox* Civitatem Romanam uſurpantes ſecuri percuſſit (6) *Litt* ex *Gell* (7) *Cic* in *Rullum*, & *Liv* 1 16.

Uſurpor, āri, ātus paſſ (1) *To be uſed* (2) *To be frequently called* (1) Appia, quæ antea ſlebatur, nunc crebrò uſurpatur, *Cic* pro *Mil.* 7 (2) C Lælius qui ſapiens uſurpatur, *Cic Offic* 2, 11 [illegible] (1) [illegible] (2) [illegible] ut Pir [illegible] 11, 102. [illegible] Ter. Heaut [illegible] (5) [illegible] (1) [illegible] non [illegible] [illegible] in magistro [illegible] (4) [illegible] Ut [illegible] (6) [illegible] volumno [illegible] [illegible] Ut [illegible] pugnans [illegible] Ut [illegible] Ut [illegible]

Ut, adv. [illegible] ut [illegible] (1) As, like [illegible] (2) [illegible] (3) Such as (5) [illegible] or without interrogation (7) by how much the more (8) As [illegible] (10) As [illegible] (11) [illegible] (12) As [illegible] (15) How [illegible] (16) [illegible] (17) [illegible] (18) As if, as if it [illegible] (19) For quantum, As far [illegible] (20) As well as. [illegible] That [illegible] to the end that [illegible] (23) That causal [illegible] (24) That [illegible] (25) In abrupt [illegible] put for an, or num, or [illegible] redundant (27) [illegible] (28) Ut, [illegible] not (29) Albeit, [illegible] (30) For [illegible] (1) In quo [illegible] Cic. [illegible] Ut optasti, ita est, [illegible] Id. [illegible] Plaut Amph 2, 4, 9. [illegible] as things are, as [illegible] Id ¶ Ut volo, as my heart's content, [illegible] Ut est, as it [illegible] Liv 6, [illegible] (5) [illegible] (6) [illegible] pa-

ter meus, Plaut Amph. Pr. 104 (7) Utcunque magis [illegible] tanto magis pateo, Plaut Mil. [illegible] 146 Ut quisque optimus Græce sciret, ita esse nequissimum, Cic de Orat 2 (8) Quibus ex malis ut te emerseris, Cic Ut me salutavit, [illegible] in Rom um profectus est, [illegible] = ex [illegible] 40, vid Tac. Ann 14, [illegible] (9) Neque pedem [illegible] ut hinc profectus sum, Plaut Amph 2, 2, 61 Ut uxorem duxit, Ter Hec 5, 1, 25 (10) Rus ut ibat, Plaut Ut numerabatur argentum, intervenit homo, Ter Heaut 3, [illegible] 52 Ut somno vincta [illegible] Ov Met 11, 2, 0. (11) [illegible] Cic (12) [illegible] Id Ut potest, Plaut [illegible] 5, 48 (13) Ut meæ res sese habent, Ter Phorm 5, [illegible] 1 In qua ut potui, (14) Ut multum, for the most part, Mart tamen hæc not [illegible] [illegible] repetitur, Ut ut est, [illegible] Cic. Fam 16, 18 [illegible] vid Plaut Amph 5, 1, 49 Ter. Heaut 1, 2, 26 (14) Ut vales? Plaut Mil [illegible] 2, 23 Ut valet? ut meminit nostri? Hor Ep 1, 3, 12 (15) = Scis quanta ut nunc habeam, & [illegible] ut tibi credam [illegible] Ter Eun 1, 2 [illegible] (16) O [illegible] Plaut Men 4, 2, 7 [illegible] Lentuli, qui [illegible] [illegible] victos? Cic (17) Satis multis, ut in tanta paucitate, interfectis, Liv Themistocles, ut apud nos, perantiquus, ut apud Athenienses, non ita sane vetus. Cic (18) In horis sæpe ducenos, ut magnum, versus dictabat, Hor Sat 1, 4, 9 (19) Næ, ut propediem, ut istum rem video, istius obsaturabere, Ter. Heaut 4, 8, 20 (20) Dicam ut potero, Cic (21) Piræei portus mœnibus circundatus, ut ipsam urbem dignitate æquipararet, Nep Them 6 Mihi quidem non est notum, ut quisque in Epirum proficiscatur, Cic. (22) Amens amansque ut ut animum offirmo meum, Plaut Merc. 1, 1, 81 (23) Ædificia, ut in multa pace, in urum edita, Tac Hist 3, 71, 5 (24) Quo factum est, ut brevi tempore illustraretur, Nep Themist 1 (25) Fuit disertus, ut imprimis dicendo valeret, Nep Alcib 1. Fuit & disertus, ut nemo Thebanus ei par esset, Id. Epam ☞ Rarior loquendi modus, omissis ideo, sic, &c. Et sane, Id 10, 2. Eruditus autem sic, ut nemo Thebanus magis. (26) Ego ut hæc mihi patiar fieri? Plaut. Truc 4, 2, 45. Egone indotatam uxorem ut patiar? Id. Trin 2, 2, 57. (27) Ego te ulciscar, ut ne impune in nos illuseris, Ter. Eun 5, 4, 20. Ut ne id videam misera effugi foras, Id. ib 23 Impetrant ut judicia ne fiant, Cic (28) Hic particulæ usus maximam partem valet post verba vereor, timeo, metuo, paveo, vid Ter Hec. 3, 4, 11. Andr. 5, 4, 11. Cæs. B G 1, 39. Ter. Andr. 2, 3, 12. ☞ ✱ Ut ne & ut non differunt, ut ne finem, ut non eventum potest, vid. Plaut Mil. 5, 1, 71 Cic. Fam. 5, 4 (29) Ut sit culpa in iis, non minor est in aliis, Cic. Ut sit magna, tamen certè lenta ira Deorum est, Juv. 13, 100. (30) Ut illum Di deæque perdant, Plaut Pers. 2, 4, 2? ☞ Sed hæc desse videtur precor, quæso, &c quæ aliqua [illegible] exprimuntur, vid. Plaut Cistell 2, 6, 37 & seqq

Utcunque, adv. (1) Howsoever, in what manner, or fashion [illegible] (2) Whenever (1) Utcunque ceciderit, Liv 2, 12 Bonus in bonis malus malis, utcunque [illegible], animum habent, Plaut Bacch 4, 4, 1. Utcunque in alto ventus est, ex illo velum vertitur, Id. Epid 1, 1, 4? (2) Hor Od 1, 17, 10

Utendus, a, um part. To be used Utendum accipere, to borrow for a time to use, Cic. Offic 1, 15

Utens, tis part. & adj or, comp Using, able to spend more ✱ Anteponantur ratione utentia rationis expertibus, Cic. Top 18. ✢ Utentior sane sit, honestior vero quomodo? Id Off 2, 20 [illegible] MSS quem sequitur Grouov

Utensile, is n subst An utensil, a tool, or implement, a vessel, any thing for use Quid, in Italia [illegible] non nascatur? Varr R R 1, 2 Collectis utensilibus apes devolant, Col [illegible] 5. Exutus omnibus utensilibus miles, Liv 2, 42 [illegible] ligonibus, rastris, qualis, &c. vid Veg 1, 24

Utensilis, e Whatsoever is necessary for our use, Cic in Oeconom 1

Uter, tra, trum (ŭ) [ex ἕτερος, [illegible]] Which, or whether of the two Harum duarum conditionum, utram malis, vid Ter Heaut 2, 2, 85

Uter, tris m (ŭ) (1) Any thing lightly blown up, or stuft, a bladder, or such like thing, in use in passing rivers (2) A bottle, a bag of leather made like a bottle. (1) Hispani, in utres vestimentis conjectis, flumen transnatant, Liv. ¶ Utribus incubare, [illegible] 21, 27 [illegible] Suet Cæs 57 se suspendere, Flor 3, 5. vehi, Curt 7, 5, 4 Super utres nare, Id. 7, 8, 6 (2) Indi medicamentum in utribus camelorum mittunt, Plin 12, 7 Ex coriis perustum utres uti fierent, curabat, Sall B Jug 66. ¶ Unctos salire per utres, to hop over skins of goats made in the fashion of bottles, and greased, that such as hopped on them might fall, cernui, whence these sports were called cernualia, though they seem to be only a part of the Liberalia, or feasts of Bacchus. This custom was invented to shew their hatred to the goats, for hurting their vines, Vir. Geor 2, 384

✢ Uter, teri m A womb, Cæcil ap. Non ✢ Uterus.

Utercŭlus, i m dim (1) A little bottle (2) Also a little womb, or cell. (3) The husk, or hull of seeds, a coat, or bud wherein young flowers are before they spread (1) Litt. ex Apul. (2) Uterculi apum, Plin 11, 12. (3) Flos ruptis constat uterculis, Plin 16, 25 ubi al. utriculis

Utercunque, utracunque, utrumcunque Whethersoever of the two. Utercunque vicerit, Cic Fam 6, 4, 4 Utracunque pars, Gell 5, 10, fin Utrumcunque sit, Quint. Inst 5 Praf

Uterinus, a, um. (1) Born of the same mother, or dam, that came both of one womb, or belly Frater uterinus, a brother by the mother's side, Justinian Instit de Bon poss. Leg 3 § 2.

Uterlibet, utralibet, utrumlibet Which of the two you please, Cic. pro Quint. 26.

Uternam, utranam, utrumnam (ŭ) Which of the two? Hor. Sat 2, 2 10?

Uterque, utraque, utrumque (1) Both the one and the other, both, each Uterque contemptus [illegible] rum, Cic Docte sermones utriusque linguæ, Hor Od 3, 8, 5 Uterque utrique est cordi, Ter Phorm 5, 3, 17 Exemplar utrique ab utrique verò devinciunt, Id Plaut. 2, 4, 14

Utervis, utravis, utrumvis. Either of the two, which of the two thou wilt Vestrum utervis, Cic de Sen 10 Utrumvis [illegible] laboriorem [illegible], Id Att [illegible], 3 ✱ Qui utrumvis fabulam recte noverit, ambas noverit, Ter. Andr prol 10

Utĕrus, i m & ✢ uterum, i n [ab uter, quod sit utris instar] (1) The matrix, or womb, the receptacle of seed (2) Meton A child in the mother's womb (3) A belly, or paunch. (1) = Feminis eadem omnia præterque vesicæ juxta illus utriculus, unde dictus uterus, quod alio nomine locos appellant, Plin 11, 37 ☞ Laxtamen ipse animæ uterum 8, 43 & balænarum, 9, 6 & Juv. 6, 126 vulvam mulierum, ut & 2, 32 dixit Crescebant uteri terræ radicibus apti, Lucr 5, 806 ¶ Utero ferre femina, Ov. Met. 10, 4 0 fœtum, Id ib. 8, 33 Uterum gerere, Gell. 2, 10. Utero conceptum habere, Valer Max 1, 7, 7 (2) Plin Ep 8, 11 (3) Manibus uterum celare, Ov Met 2, 45, Uterum ferunt armato milite complent, Vir Æn. 2, 20. Naves lato utero, Tac Ann 2, 6, 2

✢ Uterutrubi. adv. Uterutrubi accumbamus, whether of us shall sit higher, or lower, Litt. ex Plaut. sed q.

Uti adv [idem quod ut; ab ἔτι, quod, quia, &c.] (1) That (2) To the end that (3) Even as (1) Orare cum cœperunt, uti sui misereretur, Sall. B G 40, 4 (2) Cic. Philipp 8, ult (3) Uti vos mihi domi eritis, proinde ego ero foris, Ter. Hec 2, 1, 21

Utibilis, e. adj [ab utor] To be used, that may be used, useful, fit, necessary. Servi heris utibilis, Plaut Mil 4, 1, 2 Quid minus utibile fuit? Ter Phorm 4, 4, 9. Rarò occ

Utilis, e or, comp ssimus, sup (ŭ) [ab utor] (1) Useful, commodious, profitable, expedient, convenient (2) Good, wholesome. (3) Prosperous (1) § = Ea res vobis accommodata, atque utilis est, Cic in Rull. 2, 6 Consilium utilissimum, Id Fam 5, 9. Comes utilior, Juv. 4, 84. Quem hominem inveniemus ad eam rem utilem? Plaut Epid 2, 2, 105. (2) Cibus utilis ægro, Ov Trist. 3, 3, 9 = salutaris, Cic. (3) Ventis utilibus intrat urbem, Ov Met. 15, 630.

Utilitas, ātis. f (ŭ) (1) An using, or having the use of. (2) Commodity, profit, advantage, interest (3) Service. (1) Satin' ego oculis utilitatem obtineo sincerè, an parum? Plaut. Epid. 5, 1, 28. (2) ✢ Utilitatis eadem quæ honestatis est regula, Cic Offic 3, 18 ✱ Quæ sit utilitas, quæ opportunitas in homine considerare, Id. N. D. 1, 33. (3) Utilitatibus tuis possum carere, tuâ causâ primum vale, tum meâ, Cic Fam 16, 3.

Utiliter adv. ius, comp ssimè, sup Commodiously, profitably, serviceably § Utiliter ad hominum vitam fieri, Cic Offic 2, 5 Utilius starent etiam nunc mœnia Trojæ, Ov. Ep. 1, 67 Utilissime sternit, Plin. 16, 39 Stomachi dissoluti utilissime adjuvantur, Id. 20, 6

Utinam. adv. opt (ŭ) [ex uti, & nam]

num] *O that I would!* Utinam minus vitæ cupidus fuissem! *Cic Fam* 14, 4

Utique adv affirm. (1) *Then, therefore* (2) *Verily, surely, certainly, for certain* (3) *So* (4) *Moreover, over and above* (1) Utique, sive huic abiero, sive ero hic oppressus, ea manet opinio, *Cic Att* 9 (2) Quo die venies, utique cum tuis apud me sis, *Cic Att* 4, 4 (3) Si continentia virtus, utique & abstinentia, *Quint* (4) *Litt ex Val Max*

Utor, üti, ūsus dep [ab ὠθέω, utleo, unde ütor, & ousus, utor & usus] (1) *To have the use, or benefit of* (2) *To have, to enjoy.* (3) *To have, even what we would not.* (4) *To employ* (5) *To be conversant and familiar with one* (6) *To have to do with one* (7) *To content himself with* (8) *To shew himself to, to humour* (9) *To depend on* (10) Pass *To be used* (1) § Peditatu ad speciem duntaxat utitur, *Cæs B G* 3, 40. ‡ § Uti consilium, *Plaut Epid* 2, 2, 79 operam, *Id Pœn* 5, 2, 128 Vid & *Merch* 4, 2, 1 *Asin* 1, 3, 47 *Rud* 4, 7, 15 & alibi *Quæ Græcam constructio est Catoni familiaris* (2) = Commoda quibus utimur, lucem, qua fruimur, à Deo nobis dari videmus, *Cic pro S Rosc* 44 ☞ *Lisle tamen in fruor quiddam majus notat* (3) Invidiâ minore uti, *Plaut Aul* 3, 5, 8 Cum adversis ventis uteremur, *Cic Fam* 14, 5 (4) Bene armis, optimèque equis uti, *Cic pro Dejot.* 10 otio, *Id* (5) Lucius multum utitur Bruto, *Cic Att* 16, 5 Uti bonis viris, *Id* (6) Apage te, amor, non places, nihil te utor, *Plaut Trin* 2, 1, 25 (7) Quali igitur victu sapiens utetur? *Hor Sat* 2, 2, 63 Serviet æternùm, quia parvo nesciet uti, *Id Epist* 1, 10, 41 (8) Si sciret regibus uti, *Hor Epist* 1, 17, 14 ¶ Uti sese, *to indulge, or make much of himself,* Plaut Capt 4 4, 12 & Mil 3, 1, 83 (9) Commodius esse opinor duplici spe utier, *Ter Phorm* 4, 2, 13 (10) *Afran ap Gell* 15, 13, *nempe ab antiquo usu, quod leg ap* Catonem, 96.

Utpote adv [ex ut, & potis, utpote, i e possibile] *Because as, considering, inasmuch as,* Cic Attic 2, 24 & Philipp 5, 11

Utquid adv interrog *Why? for what? wherefore?* Cic Attic 7, 7

Utrārius, ii m *That carrieth water, &c in a bottle, or tankard, a tankardbearer,* Liv 44, 33

† Utrībi adv *In whether of the two places?* Nævi

|| Utricīda, æ, c g *He that quaffeth off bottles,* Apul Met. 3, 89

|| Utriculāris, e adj *Of, or like a bottle, budget, or bag* Utricularis tibia, *a bagpipe,* Jun

Utriculārius, ii m. *A bagpiper,* Suet Nero, 54

Utriculus, i m dim [ab uter] *A little bottle,* Plin 16, 25 & Cels 3, 27 *Vid* Uterculus

Utrindē adv *From both parties, or sides,* Lit t ex Cic

Utrinque adv (1) *On both sides, on both parts* (2) *By both persons* (1) Principes utrinque pugnam ciebant, *Liv* Binis utrinque fibulis in extrema parte distinebantur, *Cæs B G* 4, 17 (2) Utrinque est gravida, & ex viro, & ex summo Jove, *Plaut Amph Prol* 111

† Utrinquesĕcus adv [secus utramque partem] *On every part, on every side,* Lucr 4, 3

Utrò adv *Toward which part, or side, which way?* Id demum rectè subactum erit, ubi non intelligetur utrò vomer ierit, *Plin* 18, 19 Utrò me vertam, *Quint Declam* 9.

Utrōbique adv *On both sides and parts, on the one side and the other,* Liv 27, 40 Eadem veritas utrobique est, *Cic N D* 2, 31

Utrōlibet adv *Which part, or side you please,* Quint 1, 11

Utroque adv *To both sides, places, or parts,* Liv 8, 36 Gell 5, 12.

Utrubi adv *Whether of the two places? to which of the two?* Ulp.

Utrum adv. interrog [ab uter] (1) *Whether?* (2) Item dubitandi, *whether* (1) Utrum ea vestra, an nostra culpa est? *Cic Acad Q* 4, 29 Quid tu curas, utrum crudum, an coctum edim? *Plaut* 3, 2, 16 (2) Multum interest utrum laus imminuatur, an salus deseratur, *Cic Fam* 1, 7

Utut adv *Howsoever, in what manner, or fashion,* Ter Phorm 3, 1, 4 *Vid* Ut

U ante V & V ante U

Uva, æ f (ii) [ab uvore, i e humore, & latice intus concluso, *Varr*] (1) *A grape, a raisin* (2) *A cluster, a bunch* (3) *A vine* (4) *A berry* (5) ⚜ *A swarm of bees* (6) *A disease, the swelling of the uvula* (1) Peracerba gustatu uva, *Cic de Sen* 15 (2) Vix accidit, ut vitis excederet uvarum numerum duarum millium, *Col* 3, 3 Vid & n 5 (3) Turpes avibus prædam fert uva racemos, *Vir Geor* 2, 60 (4) Amomi uva in usu est, *Plin* 12, 13. (5) ⚜ Apes lentis uvam demittunt ramis, *Vir Geor* 4, 558 Examen apum longâ consedit uvâ, *Juv* 13, 68 *nempè quod totum examen in speciem unius uvæ dependeat,* Col 9, 9 (6) Vid *Cels* 6, 4 & *Plin* 20, 9

|| Uvea, *sc* membrana *The fourth thin membrane of the eye, called also chorion, secundina, and choriformis* It is the first that clotheth the optic sinew, *Vesling*

Uvĕo, ere (ii) neut *unde* uvens part *To be wet, or moist,* Sil 7, 651

Uvesco, ĕre incept. *To wax moist, or drink* Suspensæ in littore vestes uvescunt, *Lucr.* 1, 307

|| Uveus, a, um [quod ex uva fit] *Of a grape* Litt *unde non dicit*

Uvidŭlus, a, um dim (ii) *Wet, drenched* Uvidulus à fluctu, *Catull* 64, 63

Uvidus, a, um (ii) [ab uveo] (1) *Wet, moist* (2) *Soaked, moistened with liquor* (1) Cœli status uvidus, *Col* 7, 3, 3 Uvidum rete, *Plaut Rud* 4, 3, 5 Uvida vestimenta, *Hor. Od* 1, 5, ult (2) ✠ Dicimus integro sicci manè die, dicimus uvidi, cum sol oceano subest, *Hor Od* 4, 5, 38

⚜ Uvĭfer, a, um. (ii) *Bringing, or bearing grapes, or berries* Uviferæ glebæ, *Sil* 7, 263 Massicus uvifer, *Stat Sylv* 4, 3, 64

† Vulga, æ f [à volvo, *qu* volva, quòd viaticum involvat] *A bag, budget, scrip, or satchel, sometimes a woman's womb,* as Macer sibi, *Varr ap Non*

|| Vulgāgo, inis f [quòd vulgam, i e bulgam, seu ventrem agat, i e moveat] *Folesfoot, or asarabacca,* Macer ‡ Asarum, *Plin*

Vulgāris, e [à vulgus] (1) *Belonging to the common people* (2) *Vulgar, inartificial, common, ordinary* (3) *Much used* (4) *Vile, base, insignificant* (1) = Oratio ad vulgarem popularemque sensum accommodata, *Cic de Orat* 1, 23 (2) Qui, nullâ arte adhibitâ, vulgari sermone disputant, *Cic Acad Q* 1, 2 (3) Vulgare erat per auras arma jacere, *Plin* 8, 2, 1 ✠ Faciliane an difficilia, singularia erant, an vulgaria, *Cic* = rarus, *Phædr* (4) = Nihil tam vile neque tam vulgare est, cujus partem ullam reliquerint, *Cic pro S Rosc* 26

|| Vulgarĭtas, ātis f *The common manner of ordinary people, vulgarness,* Arnob ‡ Mores vulgi

Vulgārĭter adv *Commonly, vulgarly, after the common sort,* Cic Ep Fam. 1, 69 ☞ *Si parum constet de lectione hujus loci, Plinii auctoritate saltem stabit,* cum vid 8, 5 & 28, 14

|| Vulgārius, a, um *Common, vulgar,* Gell 12, 10 & 3, 16 ‡ Vulgaris

Vulgātor, ōris m verb *A publisher, divulger, telltale, or spreader of news* Taciti vulgator, *Ov Am* 3, 7, 51 *de Tantalo* Rar occ

Vulgātus, a, um part & adj or, comp. issimus, sup (1) *Published, divulged* (2) *Common, usual, ordinary* (3) *Prostituted* (1) Bella fama vulgata per orbem, *Vir Æn* 1, 461 Vulgatior fama est, *Liv* 1, 7 & 25, 17 *ubi al* vulgatior (2) Vulgatissima bacca, *Plin* 15, 30 Vulgatus cibus, *Plin* 13, 23 (3) Perdito amore vulgatissimæ meretricis furit, *Val Max* 3, 5, 3 conf *Suet Domit* 22

Vulgĭvăgus, a, um (1) *Wandering, or straggling among the people* (2) *Prostitute, common* (1) More ferarum vulgivago, *Lucret* 5, 930 (2) Venus vulgivaga, *Lucr* 4, 1064

Vulgo, āre act (1) *To noise about, to print, publish, or divulge* (2) *To disperse, or scatter* (3) *To make common, to prostitute* (1) ✠ Obductum verbis vulgare dolorem, *Vir Æn* 10, 64 Vulgare librum, *Quint in Proœm* 1 1 (2) Ministeria invicem, & contagio ipsa vulgabant morbos, *Liv* 25, 26 (3) Cui, me absente, corpus vulgavit suum, *Plaut ap Non* 2, 875

Vulgor, āri, ātus pass *To be published, &c* Non quod ego vulgari facinus per omnes velim, *Liv* 27, 28

Vulgò adv (1) *Commonly, ordinarily, abroad, every where, up and down* (2) *Publicly, openly, before all* (1) Vulgò hominum opinio socium me adscribit tuis laudibus, ap *Cic Att* 14, 17. ✠ Jam *superbum* clam mussitantes, vulgò tamen *regem Romanum* appellabant, *Liv* 1 1 = passim, *Id* (2) Neque ponere, neque vulgò ostendere ac proferre voluerunt, *Cic Verr* 5, 30

Vulgus, gi n & m. [à πολλος, *qu* πολλαχῶς, unde adv πολλαχῶς] (1) *The common people, the rude multitude, the rabble, or rascality, the folk* (2) *The herd* (1) Vulgum cunctum insanire docebo, *Hor Sat* 2, 3, 62 Odi profanum vulgus, *Id Od* 3, 1, 1 (2) Ne dira per incautum serpant contagia vulgus, *Vir Geor* 3, 469

Vulnĕrārius, a, um *Of, or belonging to wounds,* Plin 25, 4

Vulnerārius, ii m *He that cureth, or healeth wounds, a surgeon, or chirurgeon,* Plin 29, 1

Vulnerātio, onis f verb *A wounding, or hurting* Sine cæde, sine vulneratione, sine sanguine, *Cic pro Cæcin* 16

Vulnerātus, a, um part *Hurt, wounded* Vulneratus, & spoliatus, *Cic Att* 7, 9

Vulnĕro, are act (1) *To wound, or hurt* (2) ⚜ Met *To grate upon, to offend* (1) Gallis nostros vulnerabant, *Cæs B G* 1, 26. (2) Gravior nuncius vulnerat aures, *Vir Æn* 8, 582

Vulnĕror, āri, ātus pass (1) *To be wounded* (2) Met. *To be hurt* (1) Servi nonnulli vulnerantur, *Cic Verr* 1, 26 = saucior, *Id ib* (2) Fortunæ vulneror ictu, *Ov Ep ex Pont* 2, 7, 41

⚜ Vulnĭfer, a, um. *Making a wound,* Prud Psychom 17

⚜ Vulnĭfĭcus, a, um *That woundeth, or maketh wounds,* Vir Æn 8, 446 & Ov Met 8, 359

Vulnus, ĕris n (1) *A wound, bruise, or hurt* (2) *A sting, a prick, remorse* (3) ⚜ *The passion of love* (4) *A loss, a misfortune* (1) Æsculapius primus vulnus obligavisse dicitur, *Cic N D* 3, 22 *Met* Imponere vulnera reipublicæ, *Id* (2) Vulnus conscientiæ, *Cic Offic* 3, 21 (3) Regina vulnus alit venis, *Vir Æn* 4, 2 (4) *Nep Datam* 6

|| Vulnuscŭlum, i n dim *A little wound,* Ulp

Vulpanser, ĕris m *A bergander, a fowl of the kind of geese,* Litt *ex* Plin

Vulpĕcŭla, æ f dim *A little fox, a cub* ✠ Fraus quasi vulpeculæ, vis leonis videtur, *Cic Offic* 1, 13

Vulpes, is f [*qu* volpes, *ab* ἀλώπηξ] (1) *A fox* (2) *A sly, fox-like nature* (1) Tam facile quam vulpes pirum comest, *Prov Plaut Most* 3, 1, 22 *as easy as kiss your hand* Vulpes marinæ, *a kind of fishes called seafoxes,* Plin 9, 43 (2) Astutam vapido servas sub pectore vulpem, *Pers* 5, 117

|| Vulpicauda, æ f *The herb foxtail,* Jun

Vulpinor, āri *To play the fox, to deceive with crafty wiles,* Varr ap Non 1, 226

Vulpīnus, a, um (1) *Of a fox* (2) Met *Crafty, wily, subtil, sly* (1) Vulpini catuli, *Phædr* 1, 28, 3 (2) Vulpinus animus nequid moliatur mali, *Steph. ex Plaut.*

|| Vulpio, ōnis m *A man crafty as a fox, a vulpone,* Apul Apol. p 537 ‡ Vulpes

Vulsella, æ f *Cels* 6, 18 *Vid* Volsella

Vulsūra, æ f *A pulling, plucking, or tugging* ✠ Prius lanæ vulsura quam tonsura inventa, *Varr R R* 2, 11

Vulsus, a, um part [a vellor] (1) *Tugged, plucked, pulled* (2) *Drawn out* (1) *Quint* 1 8 *Proœm* (2) ✠ Non eget ingestis, sed vulsis corpore telis, *Luc* 6, 242

Vultĭcŭlus, i m dim [à vultus] *A little visage, or countenance,* Cic. Attic. 14, 20. vix alibi

† Vultorius, a, um *A certain chance at the dice,* Perot *Vid* Vulturius

† Vultum, i n *A face, a look* Volta parentum, *Lucret* 4, 1206 ‡ Vultus

Vultuōsus, a, um (1) *Of a sullen grim countenance, big looks, frowning.* (2) *Affected, or making many faces* (1) Ne quid ineptum, petum, ut ... [illegible] ... *Cic* ... 18 (2) ... tuor & ... *sunt* 11.

Vultur, ... vultu ... [illegible] *A vulture* ... Vultur ... [illegible] ...

V... *Bugle* ... *coloured* ... ultu ... *Plin* 30, 4 Vul ... *Id* 29 6

Vu... *A vulture* ... raptorum ... [illegible]

Vu... (1) *A vulture* ... *unluck* ... (1) ... *Plaut Cur* 2, 3, 78

V... [a vulturis vo-latu, ... altè resonat, vel ... vulturis ... *The northeast* ... *the southeast* ... *Plin* 2, 47 *Col* 11, 2, & *Gell* 2, 22

Vultus, ûs m [a volo, vis, vul, qui indicat quod vult] (1) *The look, countenance, or visage* ... (3) *An image, or* ... (4) *An appearance* (1) ... qui appellatur vultus, nullo in animante esse, præter hominem, potest, *Cic de Legg* 1, 9 Vultus ... nimis plerumque indicant, *Id de Orat* 2, 35 (2) Abdere vultus ... tenebris, *Ov de Rem. Am* 2, 588 (3) Vultibus consecrare, *Vopisc in Prob* 2, ... vid Casaub & Saln (4) Unus erat toto naturæ vultus in orbe, *Ov. Met.* 1, 6

Vulva, æ f [qu valva, à ... janua, ... volvo, quod fœtus in ea volvatur] (1) *The matrix, or womb*, chiefly in animals, (2) rarely in women (1) Agni chordi dicuntur, qui remanserunt in vulvis matris, *Varr R R* 2, 1 (2) ... Uterus

Vulvula, æ f *A kind of fish*, Litt ex Plin

Uvor, ōris m *Wet, humidity*, Varr L L 4, 21

|| Uvula, æ f dim [a similit uvæ dict] *A piece of flesh in the roof of the mouth, or the top of the throat so called*, Med

|| Uvularia, æ f *The herb horsetongue*, Jun

U ante X

Uxor, ōris f [quòd ingrediente novâ nuptâ in limen mariti postes adipe suillo ungerentur, vid *Plin* 28, 9] (1) *A wife* (2) *The she of beasts* (3) *A concubine* (1) Uxor justa, *Cic Tusc* 1, 35 placens *Hor Od* 2, 14, 21 ✠ Uxor capta virum puerósque ploret, *Hor* ¶ Uxori nubere, *to be under petticoat government, to be henpeckt*, Mart 8, 12 (2) Per *Catachr* Uxores olentis mariti, *Hor Od* 1, 17, 7 (3) Uxor invicti Jovis esse nescis? *Hor Od* 3, 27, 73

Uxorcula, æ f dim *A pretty little wife*, Plaut Cas 4, 4, 19

Uxorculo, are *To make a wife*. Mulieres uxorculavit, *Varr L L* 6, 3 ex antiqua Plauti fabula

Uxorium, ii n *A mulct, or forfeit paid for not marrying*, money exacted by way of fine of them that had no wives Uxorium pependisse dicitur, qui quòd uxorem non habuerit, æs populo dedit, *Fest* p. 478

Uxorius, a, um (1) *Of, or belonging to a wife, becoming, or befitting a wife* (2) *Fond of his wife, uxorious* (1) Abhorrens ab re uxoria, *Ter And* 5, 1, 10. Uxoria ornamenta, *Suet* Uxorium nomen, *Id Calig* 25 (2) Tu nunc uxorius urbem instruis, *Vir Æn* 4, 266 Uxorius amnis, *Hor Od* 1, 2, 20

X x Latin, Ξ ξ Greek This letter, though both in the alphabetical series and as a numeral, it answer to the Hebrew ס, denoting sixty in that tongue, as this doth in Greek, yet undoubtedly in power comes nearer the harder sound of ש, *schin*, which probably stood most antiently in this place, till it was usurped by the introduction of the secundary ס Neither hath it only the power, but the form of ש also, being made by erecting the plane or flat, and turning it to the right, to comply with the western way of writing The Hebrews call it *schin*, i e *a tooth*, from its dental figure, and if you prostrate ξ thus ω, you will perfectly see the teeth of a saw. The name Ξῖ also, as well as the power and sound, is taken from *schin*, by removing the last consonant, analogically to what the Greeks did in adopting other letters, or rather by anastrophe, *cs* for *sc*. For as from *nem* and *mim* are made νῦ, μῦ, so from *schin* is made ξῖ. The Latin letter takes its power, and name indeed, from the Greek, but its form is the same with the capital Greek X *Chi*, and is sometimes resolved into it, as in ακρόνυχος, quasi ἀκρὶ νὺξ, and from future tenses in ξω, and formed preter tenses in χα, as πλέξω πέπλεχα, λέξω λέλεχα. and that into this, the Attics saying δίξα and τεῖξα for δίχα and τεῖχα. It is a double consonant, compounded of the second order of the mutes κ, γ, χ, and the formative σ, as in πλέκω, πλέξω, λέγω, λέξω, ἔχω, ἕξω The antient Attics long used the single letters, writing πλέκσω, λέγσω, ἔχσω; and the antient Æolians never used this conjunction, as neither did the Romans universally: for *Nigidius Figulus*, who, next to *Varro*, was in greatest reputation for his learning, refused to use it at all, as *Gellius* acquainteth us. And *Fabius, Inst. Or.* I, 4. saith, they might have been without it. For all words might have been written as we find *apecs, grecs*. And *Cicero* telleth us, it was left out in many words to give them an easier sound; as in *ala, velum*, &c. for *axilla, vexillum*, &c. The later Athenians, on the other hand, used ξ instead of σ, especially in the beginning of words, as tempering the serpentine hiss of σ, which grated upon their ears, as I have shewn in my dissertation on this letter. And the Dorians also imitated them in the end of words, as in ὄρνιξ for ὄρνις, κλάξ for κλαΐς. This also they did in the futures, and first aorists of verbs baryton of the fourth conjugation as in καθίξω, ἐκάθιξα, for καθίσω ἐκάθισα, &c. On the other hand, the Latins sometimes substituted this letter for the Greek final ς, writing *pistrix* and *Ajax* for πίστρις and Αἴας. This double letter, in declining nouns, often loseth its *s*; as in *fax, facis, rex, regis; crux, crucis* In numerals it expresseth ten, whence in old Roman manuscripts it is used for *denarius*, and as such seems to be made of V and Λ joined, *i. e.* twice five. X. P. Decem pondo, *or* decem pedes, XV. Decemvir.

X ante A

✝ **X** Anthēnes [à ξανθὸς, flavus] *A precious stone of amber colour*, Plin 37, 10 al leg xanthenes.

* Xanthion, & xanthium, thi [à ξανθὸς, flavus] *The lesser clotburr, ditch-burr, louse-burr*, Plin 24, 19

* Xanthos. *A precious stone of a bright yellow colour, a kind of bloodstone*, Plin 37, 10

X ante E

Xeniolum, i n dim *A small present, or gift*, Apul Met. 2. p 45.

* Xenium, ii n [à ξένιον, hospes, dict quòd hospitibus dari solet] (1) *A present, gift, or token bestowed upon guests, or strangers* (2) *A present given to a foreign ambassador* (3) Also to others than strangers at parting (4) Also *a present sent to a friend* (5) *A lawyer's fee* (6) *A bribe to corrupt a judge* (1) Vid *Mart* 13, 3 (2) Vid *Vitruv* 6, 10 *Lat* Lautia (3) *Plin Ep* 6, 31 (4) *Hinc Mart epigrammata* 13 *libri* Xenia inscripsit (5) *Plin Ep* 5, 14 (6) Cur sine sunt manibus? capiunt ne xenia, *Alciat Emblem.* 144 ✝ Munera

* Xenodŏchium, vel eum, ii n *An*

an hospital for poor travellers, or strangers, an inn Lat Hospitium

* Xenodochus, m *An inn, a lodging,* Cod Lat Hospitium

* Xenoparochi, m pl *Officers appointed to provide wood, salt, &c for embassadors and strangers,* Dig L 50 T 4 l 18 § 10

* Xerampelinus, a, um *Amber colour, somewhat ruddy, or blood red, like the vine leaves in autumn, philemot colour,* Juv 6, 517

* Xerocollyrium, ii n *A dry plaister for sore eyes,* Marc Emp [illegible]

* Xerophagia, æ f *The eating of dry meat, a kind of Christian fast, also a diet used by wrestlers,* Tert adv Psy

* Xerophthalmia, æ f *A dry scratching of the eyes without hopping or swelling* Cels 6, 6, 29 *qu L* [illegible] aridam lippitudinem *reddit*

X ante I

* Xiphias, æ m [ξίφος, ensis] (1) *A swordfish, having a snout like a sword* (2) *A comet, or blazing star appearing like a sword, without any rays* (1) Plin 2, 2 (2) Plin 2, 25

* Xiphion, ii n *Stinking gladdon, spurgewort,* Plin 25, 11

|| Xiphomachæra, æ f [ξίφος, ensis, & μάχαιρα, gladius] *A two handed sword, an arming, or backsword,* Jun

X ante Y

Xylinum, i n [dict quod nascitur ex frutice, quem Græci dicunt ξύλον] *Bombast, cotton, fustian, a kind of wooll, or flax growing in little balls, which are the fruit of the tree* xylon, Plin 19, 1

Xylinus, a, um *Of, or belonging to cotton, or fustian,* Plin 19, 1

* Xylobalsamum, i n *The wood of the balsam tree,* Col 12, 51

* Xylocinnamon, i n *The wood of the cinnamon tree,* Plin 12, 19

* Xylon, i n *Cotton, bumbast, fustian, the cotton tree,* Plin 19, 1 = gossipium, Gell

|| Xylophagium n *Idem quod*

* Xylophagus, i m *A worm breeding under the bark of trees,* Lit ex Plin = Cossus, Lat

* Xyris, idis f *A kind of herb with sharp leaves,* Plin 21, 20

* Xystarches, vel xystarchus, i m *A master of a fencing, or wrestling school,* Tert

* Xysticus, i m [qui hastili vel spiculo ludit, quod Gr ξυστὸν dic vel pot qui in Xysto exercetur] *A wrestler, a champion exercising in piazzas, or galleries,* Suet Aug 45

† Xystios, i f [qu ξυστὸς, [illegible] *An ordinary stone* [illegible] *in Indies, of a jasper kind,* [illegible] 37, 9

Xystum, i n & Xystus, i m *A walking place, or alley* [illegible] *summer, or fair weather* [illegible] *where men used wrestling* [illegible] *other exercise in the* [illegible] *close walk to walk in* [illegible] *sun and rain,* Vid Vitruv [illegible] & 6, 1 Cic Attic 1, 3

Υ υ, a Greek vowel, the figure whereof *Palamedes* is said to have taken from the flight of cranes, according to *Philostratus*; but surely this must be a mistake as to *Palamedes*, because we find it in the Sigean monument still in being, graven when the Greeks had only the sixteen letters which *Cadmus* brought into Greece. The two horns, as the old epigram calleth them, or branches, as *Persius*, were chosen by *Pythagoras* to demonstrate the easy descent to vice on the left, and the difficult ascent to virtue on the right, from whence it is called his letter. The antient figure plainly shews, that the Latin V was taken from it, being exactly the same with it in figure. And perhaps V was antiently by the Latins substituted for it, as we see in many words, as in *cubus, duo, mus, sus, ruo,* &c. from κύβος, δύω, &c and this they did antiently in words that were afterwards writ by the y, as in *Musia, Suria,* for *Mysia, Syria* but the instances in these words are fewer. It is certain the Latin V had in many words a deeper sound than the Greek υ, and therefore not the same letter, but nearer to their ου; forasmuch as Βροῦτος, Ἰούνιος, were writ by the Greeks for *Brutus, Junius* yea the antient Latins writ *ou* for *u long,* as in *loumen, joure,* for *lumen, jure.* The Latins have no capital of this letter, because they do not want it: for the Greeks aspirate all words beginning with υ, but the Romans owning an aspiration for a letter, as indeed it is, and always was with them, prefix *h* before such words as they take, or borrow from them, and therefore are all marshalled under it. But the smaller y they have from the Greek Υ, by obliquating its stem, and use it in the middle and end of words, as in *Cayster, corymbus*, or end, as *myx, martyr*. Our mother tongue, in the beginning of words and syllables, admits it as a consonant as in *yarn, yest, yoke, unyoked*, but otherwise as a vowel.

Y ante E.

|| YErva, *vel* contrayerva *A root from Peru, it is alexipharmic,* Med

Y ante M

† Ymber, bris m *A showe of rain* Vid Imber.

Y ante U

† Yucca, æ f *A tree in the West Indies, of the root* [illegible] *they make their bread*

Ζ ζ Greek, Z z when borrowed by the Latin[illegible] express Greek words, ז Hebrew This letter is called a double consonant, whereof the Greeks have three, Ξ, Ψ, and Ζ the two former were of later invention, but this stood in the antient alphabet, as appears by the citation of *Pliny*, Lib. VII, c 56, out of *Aristotle*, notwithstanding the corrupt reading even in the best edition of *Pliny*, where Ξ is put for Ζ, and Ζ for Ξ, as the learned *Salmasius* observed, and after him the great *Spanhemius* This mistake seems purely to have been occasioned by the Roman librarians, who mistook the one for the other. The antient figure of this letter was [illegible], and by obliquating the perpendicular hath its present form. Its sound, now unknown, was between the Phenician *zain* and the Latin G; which, though late, took its original from thence. Hence G is sometimes changed into it, as in ὀλίζον, which the Ionians used for ὀλίγον, and φύζω for φύγω. So the Dorians writ ζεύω for ζεύγω. The Latins also used indifferently *zingiber* or *gingiber*, for the Arabian word writ by the Greeks ζιγγίβερι. That this letter had a very sweet sound, is certain from the authority of *Dion. Halicarnassus*, Περὶ [illegible] εὐσυνθέτως ὀνομάτων. And *Fabius* supposed that the Roman could never arrive at the sweetness of the Greek elocution, because it wanted *y* and *z*, which he calls the sweetest of all their letters, *Inst* [illegible] XII, c. 10. For which reason, one would think it could not have the sound of a double consonant. For if it were pronounced as the Æolians and Dorians writ σδ, or σδ, as in σδυγὸς for ζυγὸς, σδεὺς or [illegible] δεὺς for ζεὺς, τράπεσδα for τράπεζα, *&c* it must be very hard, especially when a consonant followed, as ζμερδνὸς, *smilaces*. Its Hebrew mother ז, is certainly a single consonant, as also in our English tongue, where we sometimes join two of them together, as *muzzle, puzzle, &c*. The [illegible] likewise often put *d* or *g* for this letter, as in *nidor*, from κνίζα; *harpago*, from ἁρπάζω. The [illegible] change it also into σ, as in the first future tense of the fourth conjugation, or rather [illegible] the formative σ, as in σώζω, σώσω. The Latins indeed often put *ss* for it, as in *patrisso*, [illegible] from πατρίζω, πτίζω; and sometimes also substitute *j*, as being near in sound to *g*, as in *jugum*, [illegible] ζυγὸς. In Greek numerals it noteth VII, though it be only the sixth letter, because ς is interposed in the numerical alphabet.

Z ante A

[illegible] ous, i m *The devil*, [illegible] ✝ Diabolus

[illegible] amia, æ f [ζημία, Dor pro ζημία, damnum] [illegible] *detriment, damage, or* [illegible] *turn*, Plaut Aul 2, 2, 20

[illegible] mia, f pl *Pine nuts that* [illegible] *upon a tree, and hurt o-* [illegible] *unless they be plucked off*, [illegible] 16, 26

[illegible] anthenis *A stone like amber*, [illegible] 37, 10 *Vid* Xanthenes

[illegible] parilia, vel *ut al* Sparta [illegible], *a kind of bindweed*

Z ante E

[illegible] æ f *Spelt*, after some [illegible] *barley, or beer corn*, Plin [illegible] Zea deglubita, *gurts, oatmeal groats* Jun

[illegible] darin, zedarii, zedum, zedua *Zedoary, a Chinese root like* [illegible], *but perfumed*, Diosc

[illegible] chvira mulier *A jealous* [illegible] *an*, Tert

[illegible] are *Bibl* id quod [illegible] lor, ari [a ζηλόω] *To have a zeal, or great desire to do a* [illegible], *to be zealous, to love passionately, to imitate diligently*, [illegible] *to envy*, Eccles ✝ Cupidè [illegible] æmulari

[illegible] lotes, æ m verb [à ζηλόω] [illegible] *zealot*, also *one who is jealous* [illegible] Bibl ✝ Æmulus

[illegible] otypia, æ f [ζ zelotypus] [illegible] *immoderate passion, jealousy* (2) *Fear lest another should* [illegible] *enjoy that he doth possess* [illegible] *I desire* (1) Nympha zelotypi[illegible] erga Herculem nata, *Plin* 25, [illegible] (2) *Cic Tusc* 4, 8

Zelotypus, a, um [qui ζήλῳ τυπεὶς, zelo perculsus] *Jealous*, Zelotypus Thymeles *Juv* 8, 197 [illegible] pa mœcha, *Id* 6, 277

[illegible] lus, i m (1) *A great de-* [illegible] *bath, zeal, ardent* [illegible] (2) *Emulation, envy* (1) [illegible] interpr Latinè, animi [illegible] (2) Scintilla odii, de so [illegible], *P ud Hamart* 188 Lat Æmulatio

[illegible] th [illegible] vocab Arab [illegible] *the firmament di-* [illegible] *head, where* [illegible] Nadir, *Astron*

[illegible] m *Of, or be-* [illegible] *western wind* [illegible] *eggs conceived* [illegible] *wind eggs, or* [illegible] 10, 16 *Juv &*

[illegible] phy[illegible] ζεφύρος, [illegible] *The west wind* [illegible]

Et [illegible] rique zephyrique tonat domus, *Vir Geor* 1, 371 = Favonius, *Gell* 2, 22

Zerna, æ f *A tetter, or ringworm*, Marcel, 2, 7

Zeros, *al* zetos [à ζερὸς pro ξερὸς, linea, ob albam & nigram transversam lineam] *A kind of crystal*, Plin 37, 9

Zeta, æ f [idem quod *diæta*, & illud ex hoc corruptum, Æol ζα pro δια posito, ἀπὸ τοῦ ζεῖν, quod est fervere, quod solem accipiat multiplicitar] *A room kept warm like a stove, a withdrawing chamber with pipes conveyed along in the walls, to receive from below either the cool air, or the heat of warm water*. In MSS Plin jun 1 2 Ep. 17 h 12, & 21 & l 5 Ep 6 n 20 *Vid* Diæta

Zetarii, *iidem qui* diætarii, *Paul*

Zetecula, æ f dim *A little close room, a closet*, Litt ex Plin jun

* Zeugites, æ m *A kind of canes, or reeds, which falconers used to catch birds with*, Plin 16, 36

* Zeugma, atis n *A figure whereby many clauses are joined with one verb*, Gramm

* Zeus, zei m [à Ζεὺς, i e Jupiter, dict quod Jovi sacer est] *A fish taken about Cales in Spain, black of colour, and very delicate, some call it a goldfish, a dorce*, Col 8, 16, Plin 9, 18 & 32, 11 = faber, *Id.*

Z ante I

|| Zibethum, i n *vel* zibetta [à זוב fluere, stillare, est enim sudor inter hujusce animalis testiculos concrescens] *Civet, a perfume like musk*, Schroed

Zingiber, ĕris n & zingiberi n & zingiberis f *Ginger*, Plin 12, 7 & Pallad 11, 20

Zizania, æ f &

* Zizanium, ii n *Darnel, or cockle growing amongst corn, ju-ry, ray* Frumentum zizaniæ, *Ambr* Zizania sunt filii nequam, *Vulg interpr Lat* Lolium

Zizyphum, phi n *A kind of fruit, called by apothecaries jujubes*, Plin 15, 14 & Pallad 5 tit 4, & 6 tit 6

* Zizyphus, i f *The jujub tree*, Col 9, 4 & Pallad 1 tit. 31

Z ante M

✝ Zmilaces [à σμίλη, scalpellum, eò quod radi queat, *Pl*] *A precious stone found in Euphrates, of a grey colour*, Plin 37, 10

Z ante O

|| Zobola, æ f *An ermin, or weezle, whose furr is that we call sable*, Agric de animal subt

* Zodiacus, i m [*ab* animalibus qui in eo figurantur] *The zodiac, a circle in heaven, in which are the twelve signs* *Lat* Orbis signifer, *Cic*

Zona, æ f (1) *A girdle* (2) *A purse on a girdle* (3) *A zone, or large space of earth, of which they reckon five, the two frigid zones under the poles, the two temperate ones without the tropics, and betwixt them, the torrid zone under the line* (4) *The shingles, a disease* (1) Zonâ cinctus acinacem suspendebat, *Curt* 3, 3, 18 Zonam solvere *Catull* 65, 28. recingere, *Ov Ep* 2, 116 *to devirginate* (2) Zonâ se aureorum plenâ circundedit, *Suet Vitell* 16 Zonam perdere, *to lose his money*, Hor Ep 2, 2, 40 (3) Ab zonis quinque petenda fides, *Prop* 4, 1, 108 (4) *Scrib Larg Comp* 63 = Herpes, *Id ibid*

Zonārius, a, um *Of, or belonging to a girdle, or purse* Sector zonarius, *a cutpurse*, Plaut Trin 4, 2, 20

Zonārius, ii m *A girdler, a girdle maker*, Cic *pro* Flacc c 7

Zonātim adv *Like a circle, around*, Lucil *ap* Non 2, 928

Zonula, æ f dim, *A little girdle* Zonulā solvunt sinus virgines, *Catull* 59, 53

* Zoophthalmon, i n [quòd oculum animalis referat] *Sengreen, or houseleek*, Plin 25, 15 = Sedum majus

* Zoophytum, i n [quod mediam naturam habet inter ζῶον animal, & φυτόν, i e plantam] *A thing that is partly like a living creature, partly like a plant, the sensible plant, a spunge*, Med

Zophorus, i m *A freeze, or border in pillars, or other works, set off with the shapes of several things graven upon it*, Vitruv 3, 3

Zopissa, æ f [*ab* Hebr זפת *id.*] *Pitch scraped off from ships, and tempered with wax and salt*, Plin 24, 7

* Zopyrum, *vel* on n *The herb puleal of the mountain, like garlick*, *Plin* 24, 15 = Clinopodion, cleonicion, *Id ib*

* Zoronysios *A precious stone which magicians made use of*, Plin 37, 10 *al leg* zoroniscos

* Zoster, ĕris m (1) *A kind of St Anthony's fire, the shingles* (2) *A sea shrub* (1) Ignis sacri plura sunt genera, inter quæ medium hominem ambiens, qui Zoster appellatur, & enecat, si cinxerit, *Plin* 26, 11, sub fin = zona, *Scrib Larg* (2) *Plin*, 13, 25

Z ante U

|| Zulapium, ii n *A julep*, Med

|| Zuma, æ f *Tech Poll Vid* Zyma

Zura f [Afrorum linguâ semen paliuri voc contra scorpiones efficacissimum] *A white-thorn berry*, Plin 24, 13

* Zuz indecl זוז *An Hebrew coin, whereof four made a shekel*, much about the Greek δραχμή, and Roman *denarius*, Bibl

Z ante Y

|| Zygæna, æ f [ἀπὸ τοῦ ζυγοῦ] *A kind of fish with his head lying across the rest of his body*, Gaza

Zygia, æ f [à ζυγὸς, jugum] *A tree of which they make yokes, a kind of maple*, Plin 16, 15 & Vitruv 2, 9

|| Zygia tibia f [à ζυγὸς, i e connubium] *A pipe whereon they played at weddings*, Apul Met 4, p 138

* Zygita, æ m *He which sate and rowed in the middle place*, Cœl Rhod

* Zygostasium, ii n *The office of the chief weigher*, Cod Theod Leg 1 De frum Alexandr

* Zygostata, æ m [qui ζυγῷ ἵστησι, i e librâ appendit] *A clerk of the market to see to weights*, Cod l ult *De ponderibus* *Lat* Libripens

* Zygostaticus, a, um Zygostatica libra, *a pound weight, averdupois, containing sixteen ounces*, Jun

* Zyma, æ f [à ζέω, ferveo] *A vessel to boil broth*, &c *in*, Apic 8, 1

* Zymites, m [à ζύμη, fermentum] *Leavened bread*, Cœl

* Zythepsa, æ m *A brewer*

Zythum, i n & zythus, i m [à ζέω] *Beer, or ale, drink made of corn* A drink used by the old Gauls, so called from the seething or boiling of it, whence also syder seemeth to have had its name others ascribe it to the Egyptians, it may be used for *ale*, or *beer*, since Suidas saith it was [illegible], *made of barley*, Plin 22, 25 conf Col. 10, 116

Rei antiquariæ ſtudioſis et benevolentibus S.

CUM faſti Romani non ſolum urbis olim principis orbis terrarum futuræ cunabula, mirandaque plane incrementa, civium priſcam virtutem, felicitatemque, eventa rerum memorabilia, temporum in annos, menſes, et dies, dierum in faſtos, nefaſtos, interciſos, et atros, diſtributionem, deorum nomina, et cultus ſingulares, ferias, ſacrificia, victimas, litationes, fana, delubra, aras, templa, vota, ædificata, conſecrata, feſta, ludos ſolennes, epulas, ſacrorum ritus et cæremonias, februa, parentationes, juſta, et in ſumma theologiam gentium pene univerſam, nec non victorias, illuſtrium virorum in rempub. merita egregia, fortium virtutem et res geſtas, leges, ſenatus conſulta, ſcita plebis, principum et imperatorum natales, aliaque multa, quæ ad civitatem regendam ornandamque pertinebant, ſignorum item ortus et occaſus, atque hæc omnia brevibus quaſi tabellis concluſa, contineant; horum recordationem neque vobis injucundam, neque aliis cognitionem inutilem ratus, ad hoc opus meum kalendarium vetus Romanum adjeci, reverendi doctique viri anteceſſoris mei exemplum ſecutus. In hoc tamen aliam ab illo inſtiti viam: Ille formam kalendarii veteris non dedit; ego literis majuſculis, et ſcripturæ compendiis, quibus kalendaria priſca ad hanc uſque diem adſervantur in tabulis et lapidibus exſcripta, dedi: ille nudos dedit faſtos; ego notis ex antiquis ſcriptoribus, vel recentiorum commentariis, quæ ad res ipſas, vel ad rerum certos dies deſignandos pertinere videbantur, illuſtratos. Quæ quidem notæ pleræque, ingenuum enim eſt profiteri per quem profeceris, quatenus ſemeſtre Naſonis (hei nobis! quis enim ſine dolore alterius ſemeſtris damnum commemorare poteſt?) doctiſſimum opus reſpiciunt, copioſiſſimis illis eruditiſſimi viri Car. Neapolis *debentur; quas tamen pro ratione brevitatis inſtitutæ contraxi. In poſterioribus ſex menſibus, ubi macrior erat ſeges, undecunque licebat excerpſi.*

Naſonis *faſtos ſemeſtres kalendario veteri ſubjeci, quo illorum ab hoc diſcrepantia melius appareret, deinde quo tironibus ad antiquitates et hiſtoriam Romanam patentior fieret aditus, cum brevibus his notis, et doctiſſimi viri, qui locupletiſſimos Indices ad auctores claſſicos attexuit, calendario faſtibus* Ovidianis *præmiſſo, adjuti eſſent. Dolet, profecto quidem perdolet, faſtos hos in ſcholis minus tritos quam cæteri poetæ libri; cum ſint omnium lectu digniſſimi, omnium doctiſſimi, omnium denique utiliſſimi.*

Alios dies faſtos ex kalendariis publici juris nuper factis addidiſſe licuit, ſed, unde deſumptis, cum ego neſcirem, neque illorum editores ipſi dicerent, ſuperſedi. Egone, cui in minimis credi non poſtulem, in rebus graviſſimis, quales ſunt annalium res et certa tempora, mea fide ſola, publice quicquam ut darem? peſſime certe illud libro concineret, cujus in appendiculis hoc kalendarium dedi, in quo quidem libro, ne ullum quidem vocabulum auctoritate ſua deſtitueretur, ſedulo cavi.

Cum menſium numerus Cæſareus *numero deorum conſentium reſponderet, ſingulos in ſingulorum deorum tutela eſſe voluerunt Romani, quas quidem tutelas* Kalendario Ruſtico *notatas in cujuſque menſis capite inde exſcripſi; et cum eadem de cauſa ſigna Zodiaci eorundem tutelæ ſupponerentur, atque ortus et occaſus eorum in kalendariis fiat frequens mentio, tutelas illas verſibus Manilianis conſtrictas hic apponere viſum eſt.*

Lanigerum Pallas, Taurum Citherea tuetur,
Formoſos Phœbus Geminos, Cylleniu' Cancrum,
Jupiter et cum matre Deûm regit ipſe Leonem,
Spiciferæ eſt Virgo Cereris, fabricátaque Libra
Vulcano, pugnax Mavorti Scorpius hæret,
Venantem Diana virum ſed partis equinæ,
Atque anguſta fovet Capricorni ſidera Veſta,
E Jovis adverſo Junonis Aquarius Aſtrum eſt,
Agnoſcitque ſuos Neptunus in æquore Piſces.

Horum et aliorum ſiderum ortus et occaſus, quorum in kalendario Romano duplicem uſum mire, ut omnia, deſcribit Maro, Geor. 1, 204, *ex Columella exſcripſi, cum in ſex menſibus primis a Naſone non docentur; et nonnunquam etiam ad convenientiam et diſcrepantiam inter ſe denotandam, ex Plinio Verum Columellam præcipue ſequi viſum eſt, quoniam ille ex profeſſo aſtrologiæ ſtuduit, libróſque contra aſtrologos compoſuit.*

Non eſt ut apud vos vetuſtatis peritos quicquam de faſtis dicam, aliquid tantum de eorum origine tangam, cum explicatio ex ſcriptoribus Romanis et recentiorum commentariis petenda ſit.

Numam ſecundum regem Romanorum pleraque, quæ in faſtos poſtea relata ſunt, inſtituiſſe, ſpeciatimque faſtos nefaſtoſque dies feciſſe, auctorem habemus Livium, Lib. 1, c 19. *Sed an in tabulas æneas inciſa, et in ærarium publicum condita fuerint, ante* xii Tabb. *confectionem, A. U C* CCCIV, *non perinde eſt certum. Poſt quem-quidem annum, pontifices, quibus ſolis ex Numæ inſtituto omnia, quæ ad leges, deorumque cæremonias et cultum pertinebant, credita a principio fuerant, faſtorum tabulam occultatam penes ſe ſervabant, ſpecie quidem honoris, ſed et fortaſſe lucri, ut dies agendi peterentur a paucis, et poſſe agi necne ſcirent pauci, quoniam faſtos vulgo non habebant. Tandem A. U. C.* CCCXLIX, *C Flavius Cn. F. ſcriba faſtos circa forum in albo propoſuit, ut quando lege agi poſſet, ſciretur. Hæc fere ex Cicerone pro* Muræna, *et Liv.* lib. 9, c ult. *Sed quid vos diutius teneam? Quicquid in hoc kalendario ſit a me peccatum, ut eſt humanum, humanitati veſtræ ignoſcendum et corrigendum relinquo, plurimaſque vobis in literarum bonarum decus et profectum calendas ex animo voveo.*

Menſes Romani in *calendas* (vel *kalendas*) *nonas*, et *idus* dividebant, ordinem vero retro numerandi exhibet ſequens calendarium Tempus etiam ſcriptis ſubſignabant hac formâ *kalendis, nonis, idibus Januariis, pridie, tertio die, quarto,* &c vel *ante diem tertium, quartum,* &c *kalendas, nonas, idus Januarias* vel *Januarii.* Genitivi autem *kalendarum, nonarum, iduum*, pro *kalendas nonas, idus*, raró apud ſcriptores optimos occurrunt Anno biſſextili tam diem vigeſimum quartum, quam vigeſimum quintum februarii ſubſignabant *ſexto* [*die ante*] *kalendas Martias.*

Ad calendarii compendiariam ſcripturam ſequentia obſervent Tirones

Quæ literis majuſculis ſcripta ſunt ſic notantur in kalendariis antiquis, literæ minores ad compendii explanationem pertinent K notat Calendæ a d. ante *vel* ad diem F Faſtus dies, nempe in quo prætori licet tria verba judiciaria *fari*, ſc DO, DICO, ADDICO, qui dies ſunt numero XXXVIII N Nefaſtus, in quo tria illa verba fari non licuit EN Endotercíſus dies, *i e* intercíſus, quod genus erat Deûm hominumque commune Ita dicti ſunt, aut quod intercedit Fas, aut quod intercíſum erat Nefas, nam in his inter cæſa et porrecta horæ erant Faſtæ, horæ diei reliquæ Nefaſtæ N P Nefaſtus primo, quibus diebus ante meridiem fari non licuit prætori F P Faſti primo, nempe prioribus contrarii Q. REX C F *i e.* Quando Rex (ſacrorum) comitiavit, Fas Q ST D F Quando ſtercus delatum eſt, Fas, quos dies v ſuis locis Hi omnes erant numero LXV Tertium genus notatum eſt C literâ, pro Comitialis dies, in quibus populus convenit ad ſuffragia ferenda. Hi dies, cum Comitia non haberentur, Faſti erant toti, cum haberentur, ſed non per totum diem, tunc ex parte Faſti Horum numerus erat CXXCIV, qui duobus generibus ſuperioribus additi faciunt CCXIIIC Cæteri omnes Nefaſti erant, non ita tamen ut in illis conciones habere, cauſas orare, et leges promulgare non liceret

JANUARIUS.

A *Jano* antiquissimo Italiæ rege nomen habet, *Ov. Fast* 1, 64 Numa enim, qui ad solis cursum annum direxit, postquam duos menses Romuli calendario addidisset, hunc illi honorem haberi voluit, quod Janum solem antiquitas crederet, vel quod Janus antiquissimus Italiæ rex fuisset. Utrunque vero mensem Martio præposuit, hunc, quod rebus civilibus et reip administrandæ intentior pacem bello potiorem, illum, quod lustrationibus et Deorum religionibus præcipue deditus, Deorum cultu nihil antiquius judicaret Alii à Janua deductum nomen existimant, quod sit mensium janua, sed hoc eodem redit, cum janua sit a Jano Mensis tamen Tutelam Junoni olim attributam fuisse, ut Dearum principi, ex calendario vetere rustico docemur, unde et reliquorum mensium Tutelæ sumuntur In calendariis Romuli et Cæsaris est xxxi dierum, Numæ xxix

1	Calendæ	K JAN F. Kalendæ Januarii Fastus. Hæ calendæ Junoni (1) sacræ, ut et reliquæ omnes Calendæ, *Ov* F 1, 55. Dies festus et auspicatus, *id ib* 65, *et seqq* Templa duo Jovi et Æsculapio (2) dicata, *id ib* 290, *et seqq* Hoc die ultro citroque munera passim strenæque missæ sunt, v. *Suet* in *Aug* 57, et eundem in *Tib* 34
2	iv Non vel ante Nonas	F. Fastus. Dies (3) inauspicatus, *id ib.* 58.
3	iii	C Comitialis. Cancri brachii occid *id ib* 311 M T Ciceronis natalis, *Cic Ep.* 5, 7 et *Gell* 15, 28 Vota pro salute principis suscepta, *Plutarch*
4	Pridie	C Lyra (4) pluviale signum exoritur, *Ov.* F 1, 315
5	Nonæ	NONæ F Dies (5) inauspic ut et reliquarum mensium nonæ, utpote sub nullius Dei tutela, *idem, ibid* 57
6	viii Id vel ante Id	F in omni mense dies ater, *id. ib.* 58
7	vii	C
8	vi	C
9	v	AGONalia Agonalia (6) quæ et prius Agonia, *id ib* 331. Delphin oritur heliace, *id ib* 457.
10	iv	ENdotercisus, *i e* intercisus Hiems (7) media, *id ib* 459
11	iii	CARmentalia. N. P. Carmentalia (8) *id ib* 462 Juturna (9) æde recepta, *id ib* 463
12	Pridie	C
13	Id.	EIDus N P *i e* nefastus primo. Jovi (10) albâ agnâ grandiori litatur, *id ib.* 56, et Arieie, *id ib* 588 Provinciæ (11) populo redditæ, *id ib* 589 Octavius salutatur (12) Augustus, *id ib* 590.
14	xix Kal	EN DIES VITIOSus EX S C Dies ater, vid supra Not 3
15	xviii	CAR sacra Carmentæ relata, *id ib* 618 Item Porrimæ (13) et Postvertæ, *id ib* 633.
16	xvii	C Concordiæ templum a Germanico datum, *id ib* 637, *& seqq* Sol in Aquarium transit, *Col* 11, 2, 4. Leo mane occipit oriri, *id ib*
17	xvi	C Sol a Capricorno in Aquarium (14) transit, *Ov.* F. 1, 651. Concordiæ templum a L Manlio in Gallia votum, *Liv* 22, 33, et 9, *ult.*
18	xv	C. Aquarius incipit oriri, *Col* 11, 2, 4.
19	xiv	C
20	xiii	C.
21	xii	C.
22	xi	C. Fidicula vespere occidit, *Col* 11, 2, 4
23	x	C Lyra penitùs occidit heliace, *Ov.* F 1, 654.
24	ix	C Stella (15) in pectore Leonis occidit, *id. ib.* 1, 655.
25	viii	C.
26	vii	C
27	vi	C Castori et Polluci (16) templum dicatum, *id ib.* 1, 705, *et seqq.*
28	v	C
29	iv	F.
30	iii	N Pacis (17) ara, *id ib* 710
31	Pridie	C

(1) Huic Deæ agnâ et porcâ litabant, *Macrob Sat* 1, 15 (2) In insula Tiberina circa A U C CDLXII, in urentis pestilentiæ remedium, v *Liv* 1, ult et *Epit* 11 *Val Max* 1, 8 (3) Dies Calendas, Nonas, Idus proximè sequentes inauspicati habebantur, *Ov Fast* 1, 55, *et seqq* vide et *Jo. Tzetzen*, Chil 10, *Hist* 30, (4) Sed Nonis, *Col* 11, 2, 14 (5) Hic dies maximè Augusto cavebatur, sed δυσφημίας causâ tantum, *Suet Aug* 91 Conventus etiam publici, *Macrob Sat* 1, 15 Nuptiæ quoque devitandæ, *id ib* (6) In his rex sacrificus in regia ove feminâ litabat, *Ov* F 1, 333 & 334, de diversis Agonaliorum etymis eundem pete ibidem Hæ Feriæ inter cæteras stativæ fuerunt, *Macrob Sat* 1, 16 (7) Nasoni adversatur Columella de R R lib 11, 2, 97, ubi ad prid Non Jan retulit (8) In *Calend Constant.* notatur hoc Festum *Dies Carmentarsiorum*, fuitque inter statos Dies, *Macrob Sat* 1, 16 (9) Ædes hæc ad Aquam virgineam posita fuit, consentientibus *Victore*, *Rufo*, & *Frontino* de Aquæduct Roman *Neap* (10) Statori, ex Fide *Calend Constant* Hinc Festum *Idulia* dictum, et Agna idulis, *Macrob Sat* 1, 15, ex *Varr* ut videtur (11) A U C DCCXXVI, *Neap* (12) Qui idem Romulus dictus fuisset, nisi affectati regni suspicionem dari vereretur, *Dio*, *lib* 53 (13) Harum prior, ab aliis *Prosa*, aliis *Prorsa*, sive *Anteverta*, de Nom posterioris apud omnes convenit *Porrima* dicta, quod præterita caneret, *Postverta*, quod futura, *Macrob Sat* 1, 7 (14) Ut et *Plinio*, sed *Ptolom* et *Col* 11, 2, 4 xvii (15) Sed *Col* 11, 2, 5, vi cal (16) In regione viii Fratribus Tiberio et Druso constituta, *Suet* in *Tib* c 20 (17) In regione urbis xiv

FEBRUARIUS.

Februarius mensis ita dictus, quod februa, i e piamina vel lustrationes Februo lustrationum Deo fierent, v *Serv* in *In Georg* 1, 1 43, et *Isidor* 5, 35, et *Ov Fast*. 2, 19 et 31, vel a Junone Februata, cui hujus mensis xv cal Mart sacra fie ant, quæ *Lupercalia* dicta sunt a Lupercis Panos sacerdotibus, quo die, uti discimus ex *Nos Fast* 2, 267, nudi discurrentes, nisi quod subligaculi habebant ex pelle capræ Junoni immolatæ detracta, mulieres lustrabant Hunc mensem Numa designatione primus ultimus anni mensis erat, uti eleganter docet Naso, *Qui sacer est imis manibus imus erat*, Fast 2, 5. Utque hic mensis annum, ita Terminus mensem terminabat, quinque diebus sequentibus intercalatis In tutela Neptuni In omnib. calendariis est xxviii dierum

1	Calendæ	K FEB N Kalendæ Februarii Nefastus Delubra Junoni (1) Sospitæ posita, *Ov F* 2, 56 Asyli (2) Lucus celebratur, *id ib* 67 Bidente Jovi ad penetrale Numæ (3) et in Capitolio litatur, *id. ib* 70 Graves pluviæ et nix (4) alta, *id ib* 2, 72
2	iv Non	N Lyra (5) occidit, *id ib* 76 Terga Leonis occ *id ib* 77
3	iii	N Occidit Delphin, *id ib* 79 Fidis tota, et Leo medius occidit, *Col* 11, 2, 14
4	Pridie	N
5	Nonæ	NONæ Junoni Februatæ, *Var L L* 5, 3 Octavius Pater (6) Patriæ salutatus, *Ov F* 2, 127 Aquarius humidus oritur, *id ib* 145 Aura a Zephyris mollior, *id ib* 148
6	viii Id	N Veris initium, *ἀνοιγνύς αὐθεντοῖς Παράπηγμα*
7	vii	C Tristo Sydus occidit, *Col* 11, 2, 15
8	vi	N Ferialia per dies undecim, *Ov F* 2, 567, 568 Favonii afflatus, *Plin* 15, 3.
9	v	N Veris (7) initium, *Ov F* 2, 150
10	iv	N
11	iii	N Aletophylacis pedes gemini oriuntur, *id ib* 154
12	Pridie	N
13	Idus	EIdus N P Faunalia, *id ib.* 193 Fabiorum (8) clades numero CCCVI à Vejentibus apud Cremeram ad internecionem facta, *id ib* 195 Sagittarius vespere occidit, *Col* 11, 2, 20
14	xvi	N Corvus, Anguis, et Crater (9) oriuntur, *Ov F* 2, 243, et *seqq* Crater vespere oritur, *Col* 11, 2, 20
15	xv	LVPERcalia N P Lupercalia (10) et (11) Faunalia, *Ov F* 2, 267, *et seqq* Flamina ventorum materiæ (12) incerta per sex dies, *id ib* 454, *et seqq*
16	xiv	Sol ( ) in Piscibus, *id ib* 458
17	xiii	QVIRInalia N P Quirinalia (13) *id ib* 475 Stultorum (14) Festum, *id ib* 513 (15) Fornacalia, *id ib* 527
18	xii	C Parentalium dies ultimus, *id ib* 533, 548, quæ et Feralia, *id ib* 569, 570. Anus Deæ (16) Tacitæ, *id ib* 572, seu Deæ Mutæ, 583, sacra facit
19	xi	C
20	x	C Leo desinit occidere, *Col* 11, 2, 21
21	ix	FERALia F Arcturus primâ nocte incipit oriri, *id ib*
22	viii	C Charistia (17) cognatorum, *Ov Fast* 2, 617 et *Kalend Constant* Sagitta crepusculo incipit oriri, *Col* 11, 2, 21
23	vii	TERMinalia N P Terminalia, (18) *Ov F* 2, 641 Hirundo conspicitur, *Col* 11, 2, 22.
24	vi	REGIFugium, (19) *Ov F* 2, 685 Hirundo veris prænuntia, *id ib* 583 ☞ Ab hoc die bis computatur mensis, et dies ipse Bissextus, vel Bissextilis, intercalaris, et embolimæus, superstitiose pro infausto habitus
25	v	C
26	iv	EN
27	iii	EQuiria N P Equiria (20) *id ib* 859.
28	Pridie	C

(1) Hæc Dea in Nummis antiquis scribitur *Sispita*, Spanhem de Usu et Præstantia Num p 8, quæ et *Lanuvina* in Nummis obvia (2) Alii legunt *Averni* (3) Sc ad Vestæ, ubi Numæ regia (4) Idem dicit *Columella R R* 11, 2, 14 (5) Occasum Fidis totius ad iii Non fert *Colum* 11, 2, 14 (6) A senatu populoque Romano, ex *Trist Cal Prænest* et ex *Monumento Sedirorum veteri* (7) *Plinius* autem 15, 3, et 2, 47 Id vi (8) Hæc clades accid. A U C CCLXXVI, coss I Menenio et C Horatio Pulvillo, *Dod l b* 12, qui numero rotundo tantum trecentos fuit, sed quod ad diem et mensem non convenit inter *Nasonem* et *Livium*, qui ad xv Cal Sextiles ponit, *Lib* 6, 1 (9) Nauori suffragatur *Columella* 11, 2, 20 (10) Lupercis dicti, quorum duobus Collegiis tertium addidit Cæsar, sc Julium, hæc aliquamdiu desueta restituit Augustus, *Suet in vita* 31 (11) De his vid *Plutarch in Romulo*, meminit horum etiam *Cicero Philip* 2, 24 (12) Eandem *ἀνακατάστασιν* faciunt Ægyptii (9) *Columellæ* die præcedente, 11, 2, 20 (13) Quirinalia, a Quirino vel Curino, quod i curis hasta, sic enim antiquissimi Sabini Martem vocabant, postea Romulum (14) Aliam a *Nasone* nominis rationem vid ap *Plutarch* in *Quæst Rom* (15) Hæc, Hæmina antiquus Scriptor, ap *Plin* 18, 2 *Farris torrendi Ferias* vocat, quas a Numa institutas ait (16) Hujus superstitionis auctor Numa, vid *Plutarch in vita* (17) In his Epulæ, quas *Charistiam* vocabant, fuerunt, *Val Max* 2, 1 (18) Ita dicta quod in his annum antiquum terminarint, cæteris quinque diebus mensis ultimi intercalatis, *Varr L L* 5 (19) Hoc evenit A U C CCXLIV, *Liv in fin lib* 1 (20) Hæc à Romulo instituta sunt in Campo Martio, vid *Varr L L* 5, 3 et *equiria* in Thesauro nostro

Hunc

MARTIUS.

Hunc mensem in Romuli Calendario primas obtinere non est mirum, cui enim rectiùs quam Patri suo, Patri æque, initium anni mensiumque et Calendas ipsas consecrare debuit? Nam, uti æquum fuit, *Martem ante omnes co luisse priores*, docet *Naso*, *Fast* 2, 39 Imo vel hinc apparet in Latio tam ante quam post urbem conditam Martem cultum fuisse, quamquam non eodem mensium ordine, Martius enim in Fastis antiquis erat Albanis, Aricinis, et Tusculanis ordine tertius, Fo ensibus et Pelignis quartus, Faliscis et Laurentibus quintus, Hernicis sextus, *A* qu colis decimus, *V Ov F* 3, 85, et *Censorin* de die natali Unde forte quis conjiciat communem Latii fuisse Deum, neque alia ratione Romanis proprium, quam quod Romuli patet crederetur Primum autem a Jove honorem Marti hi bebant, uti ex aliis, tum ex voto *Vell Paterculi* in hine operis patet

1	Calendæ	K MARciæ N P Matronalia (1) Marti sacra, *Ov F* 3, 170, 229, *et seqq* Lucinæ Templum sacr *id ib* 246 Ancilorum (2) Festum per tres dies, *id ib* 377 Nuptiæ differendæ, *id ib* 39. His ca endis, festis, utpote primo primi Calendarii Romani die, strenæ, xenia, et omnium generum mu nera mittebantur, non minus quam postea Januariis, *Tibull* 3, 1, *et seqq*
2	vi	F Vindemiator, Græcis, τρυγητὴρ, apparet *Col* 11, 2, 24
3	v	C Austrinus Piscis occidit, *Ov F* 3, 400, 401
4	iv	C
5	iii	C Arctophylacis sive Bootæ occasus, *id ib* 405 Vindemitor oritur, *id ib* 407
6	Pridie	N P Vestalia, *id ib* 417 Octavius (3) creatus Pontifex, *id ib* 420
7	Nonæ	NONæ F Vejovi (4) Templum sacratum, *id ib* 429 Pegasus oritur, *id ib* 450, et *Col* 11, 2 24
8	viii	F Coronæ ortus, *Ov F* 3, 459
9	vii	C
10	vi	C
11	v	C
12	iv	C
13	iii	EN Equiria altera (5) juxta Tiberim, *id ib* 519, et *Cal vet* B EQ NP vel in Monte Cœlio, *Ov Fast* 3, 522 Jovi Cultori ad Eidem *Cal Constant* Piscis Aquilonius definit oriri, *Col* 11, 2, 24
14	Pridie	N P Equiria altera *juxta Cal vet* Mamuralia, ad Eidem *Cal Constant* Argo navis exoritur, *Col* 11, 2, 24
15	Idus	EIDus N P Annæ Perennæ (6) Festum, *Ov F* 3, 523 Parricidium ( ) Cæsaris, *id ib* 697 Nepa incipit oriri, *Col* 11, 2, 30
16	xvii Cal Apr	F Scorpii pars prima oritur, *Ov F* 712 Argeorum Festa, *Var LL* 6, ... et *Fest* p 254 Pilia in honorem C Cæs Caug ex S C *Suet in vita*, cap 16 Nepa occid *Col* 11, 2, 3
17	xvi	LIBeralia N P Liberalia, *Ov F* 3, 713 Anus (8) vites hederâ cincta ad liba populo vocitat, *id ib* 726, 767 Toga (9) libera, *id ib* 771 et 781 Argeorum (10) Festa, *id ib* 791 Milvius (11) ad Arcton vergit, *id ib* 793 Sol in Arietem transit, *Col* 11, 2, 31
18	xv	C Sol in Ariete *Ov F* 3, 852 (al ix cal)
19	xiv	QUINquatrus N Minervæ (12) Capite delubrum, *id ib* 837 Quinquatrus (13) *id ib* 809, 810, quorum primus dies incruentus, *id ib* 811, reliqui gladiatorii, *id ib* 813
20	xiii	C
21	xii	C Ovidii Poetæ natalis, *ex vetusto codice Pomponii Læti, cujus Autographum est in bibliotheca Vatic* Equus occidit mane, *Col* 11, 2, 31
22	xi	N Æquinoctium vernum, *Ov F* 3, 878
23	x	TUBILustrium N P Quinquatruum dies ultimus, *id ib* 849 Tubilustrium (14) Minervæ, *id ib* 489 Aries incipit oriri, *Col* 11, 2, 31
24	ix	Q REX C F Quando Rex (15) comitiavit, Fas Hoc et sequente die Æquinoctium vernum, *id ib* 11, 2, 31, sed *Ov F* 3, 879 xi Cal Hilaria Matri juxta *Cal Constant*
25	viii	
26	vii	C
27	vi	N P HOC DIE CAESAR ALEXANDriam (16) RECEPIT Jano, Concordiæ, Saluti, Paci sacr *Ov Fast* 3, 881 (al iii Cal) Regifugium, *Fest* 401
28	v	C
29	iv	C.
30	iii	C
31	Pridie	C Dianæ in monte Aventino facr. *Ov F* 3 884 Matris Deum (17) lavatio

(1) Hinc *femineas* has Calendas vocat *Juv Sat* 9, 53 His etiam munuscula a matronis vicissim missa sunt, *Plaut Mil Glor* (2) In Nummis ferè hæc oblonga apparent, quæ à Saliis Martis sacerdotibus gestari vel moveri per urbem solebant, unde in *Cal Constant* scribitur ARMA ANCILIA MOVENT (3) A U C DCCXLI, *Dion Cassius lib* 54 Idem confirmat *vet Cal* in quo ante Nonas hæc legimus NP HOC DIE CÆSAR PONTIF MAX FACT EST (4) A Romulo inter Arcem et Capitolium in regione viii prope asylum ad augendam illius religionem, *P Vict* (5) Prima enim iii Cal (6) In hoc huic sacrificabant, ut annare et perennare commodè liceret, in hoc etiam festo matronæ cœnas servis apponebant, ut domini Saturnalibus, *Macrob Sat* 1, 12 (7) A U C DCCIX, juxta *Eutropium*, *lib* 7 Hic dies ater, decretumque ne unquam Senatus in eo haberetur, *Dio lib* 47 (8) Hederâ coronatæ Anus hoc festo cum libis et foculo pro emptore sacrificabant, *Varr LL* 5 (9) Ætatis decimo sexto, *interp Neap* decimo septimo, *interp Minut* (10) Hæc a Numa instituta sunt et pluribus urbis partibus celebrata, *Liv* 1, 21 *Varro* in ... partibus urbis disjuncta meminerat, *Lib LL* 4 (11) Uno die tardiorem facit *Plin* 18, 6 (12) Alii legunt *Captæ*, cujus rationem ibid legi (13) *Naso* 5 diebus ita dictos autumat recte omnino quod tenus per quinque dies nominis errore celebrato, sed unum diem hoc nomine designari quod post diem quintum Idus essent, docet *Varr LL lib* 5 (14) Tubilustria prima, altera enim x Cal Jun (15) Vide *Plutarch* in Quæstion Rom quæstione 63, ubi res fuse exponitur (16) Meminit *Hirt Bello Alex* (17) In parvo Almonis fluvio, *Ov Fast* 4, 337, et *Lucan* 1, 595

In

APRILIS.

In Romuli Calendario mensis anni secundus, Numæ et Cæsaris quartus, dictus est, ut aliqui volunt, ab Ἀφρὸς spuma, unde Ἀφροδίτη Venus spumea vel marina, cui quidem opinioni favere videtur *Flaccus, Carm* 4, 11, 15, quanquam notationem certiorem faciliorem que ipsum Latium suppeditat, nempe ut *Aprilis* quasi *Aperilis* ab *aperiendo*, quæ Varronis est sententia, dicatur, quæ ex eo confirmari videtur, quod reliquorum mensium vocabula omnia sunt originis Latinæ. Etsi non est diffitendum, *Varronem* L L 4, in antiquis literis affirmare se nomen Veneris nusquam invenisse, et ante illum, *Cincium* in libro *Fastorum*, nullam Veneris laudem, sicut cæterorum cœlestium, in Saliorum carminibus celebratam, scriptum reliquisse. Sed quomodocunque ea res se habet, Romuli saltem temporibus satis notam Venerem fuisse vel ex Calendario patet, ubi secundum locum possidet, ex Romuli consilio, ut primum quidem mensem a patre suo nominaret, secundum ab Ænea matre, ita ut hi potissimum anni principia servarent, à quibus esset Romani nominis origo, unde et Romulus Pater, et Venus Genetrix dicitur. Hæc fere ex *Macrobio*. Hujus tamen mensis sive virentem, sive Venereum honorem delibavit Nero imperator cognomentum à se accipere jubens, v *Tac Ann* 15, 74, et 16, 12, quo tamen cum ipso pereunte, pristinum nomen decusque rediit. In Veneris tutela est hic mensis, et in Romuli et Cæsaris Calendario xxx dierum, Numæ xxix.

1	Calendæ	K APR N Veneris festum, *Ov Fast.* 4, 129, *et seqq.* Fortuna (1) virili thure litatur, *id ib.* 149. Scorpios (2) occidit, *id ib* 164
2	iv	C Pleiadum (3) occasus, *id ib* 169
3	iii	C
4	Pridie	C LUDI MATRI MAGNÆ Megalesia (4) in honorem Cybeles, *id ib* 182
5	Nonæ	NON. LVDI Fortunæ (5) Publicæ in colle Quirinali, *id ib* 375 Orionis occasus, *id ib* 388
6	viii	N P LVDI Vergiliæ vespere occidunt *Col* 11, 2, 34
7	vii	N LUDI
8	vi	N LUDI, (6) *Ov F* 4, 377 Cæsar (7) Jugurtham superat *id ib* 380 Libræ (8) signum pluviale, *id ib* 380 Navis Castoris et Pollucis, *Col Co*
9	v	N LVDI
10	iv	N LUDI IN CIRCO Libra occidere incipit, *Col* 11, 2, 34
11	iii	N
12	Pridie	N LVDI CERERI Cereris (9) Ludi, *Ov Fast* 4, 393 Megalesia sive Megalensia, in quibus matri Ideæ in ædem Victoriæ delatæ lectisternium fiebat, *Liv* 29, 14 Sucula celatur, *Col* 11, 2, 35. Lyra occid *id ib* 11, 2, 36
13	Idus	EIDUS N P LVDI Jovi Victori (10) Templum dicatum, *Ov F* 4, 621 Atria (11) Libertati, *id ib* 624 Libra occidit, *Col* 11, 2, 35
14	xviii Cal Maii	N LVDI Cæsaris Victoria (12) Mutinensis, *Ov F* 4, 267.
15	xvii	FORDICIDIA N P LVDI Fordicidia, vel potius Fordicidia, q v in Thesaur. In his fordâ (13) Telluri litabatur, *id ib* 630, *et seqq*
16	xvi	N LVDI Augustus imperatoris (14) titulo insignitus, *id ib* 676
17	xv	N LVDI Hyadum (15) occasus, *id ib* 678 Sol in Taurum transit, *Col* 11, 2, 36.
18	xiv	N LUDI
19	xiii	CEREALIA N LVD IN CIRCO. *Ov Fast* 4, 680 Vulpium combustio, *id. ib.* 4, 681, *et seqq.* Cerealia iterum, *id ib* 711
20	xii	N Sol in Tauro, *id ib* 716
21	xi	PARILIA N P Palilia (16) seu Parilia, *id ib* 721, et *Cal. vet* Romæ natalis, *Ov F* 4, 806
22	x	N
23	ix	VINALIA. N P Vinalia (17) seu Veneris Festum, *id ib* 863, *et seqq* Jovis Festum, *id ib*
24	viii	C
25	vii	ROBIGALIA N P Ver (18) medium, *id ib* 902 Aries occidit, *id ib* 903. Canis (19) exoritus, *id ib* 904 Robigalia exta (20) canis et ovis facta, *id ib* 908
26	vi	F.
27	v	C Vesta (21) translata in ædes Palatinas, *id ib* 949, ubi et Apollinis templum, *id ib* 951.
28	iv	N P LVDI FLORALES Floralia nunc (22) incipiunt, *id ib* 945
29	iii	C LVDI Mane Capra exoritur, *Col* 11, 2, 37
30	Pridie	C LVDI Vestæ Palatinæ sacrum, *Ov Fast* 4, 949, 950. Canis se vespere celat, *Col* 11, 2, 37.

(1) Hujus ædes in orientali Tiberis parte, in qua simulachrum Servii Tullii velato tegitur capite, cujus rei caussam *Naso* pluribus disserit. (2) Cum *Majore* concordat *Columel* 11, 2, 24 (3) Alii illud *Nasonis*, *in spuunt humeros relevare paternos* de ortu intelligunt (4) V Thesaur *Livius* ut infra, prid Id ponit, in historico an poetæ potior fides? sed forte *Liv* ultimum ludorum diem designat, *Naso* primum (5) Hanc Fortunam esse diversam ab ea, quæ viii Cal Maias colitur apparet, quod licet ambæ *Publicæ* vocentur, hæc tantum PUBLICÆ, illa PRIMIGENIÆ cognomine notetur, utraque in colle Quirinali, quæ res dividias facit (6) Eundem diem notant *Cal vet* e *Constant* quinam autem hi ludi fuerint incertum (7) A U C DCCVII (8) Cum *Ovid* facit *Plin* 18, 26, his verbis, *Cæsari vi Id significatur Imber Libræ occasu* (9) Hos ludos dictator et magister equitum ex S C fecerunt, *Liv* 30, 39, in his albæ vestes sumpta, *Ov F* 4 620 (10) AQ Fabio, Maximo Rulliano Cos A U C CDLVIII in X urbis regione, *Liv* 10, 29 (11) Atrium Libertatis extructum ab Asinio Pollione memorat *Suetonius*, *Aug* 29; vel potius refectum, cum A U C DLXXXV in eo tabulas publicas signari solitas certum est ex *Liv lib* 43. (12) A U C DCCX Sed ductu C Pansæ, et A Hirtii. (13) Cum ex *Livio* 1, 13, pateat triginta fuisse curias, singulæ fordæ in singulis curiis immolabantur (14) Hoc prænomen adeptus est quinto consulatu, narrante *Dione*, qui incidit in A U C DCCXXIV (15) Consentit *Plinius* 18, 26, sed *Columel* 11, 2, 36, xiv (16) Palilia urbe esse antiquiora *Plutarchi* locus in Romulo, et *Tibull Eleg* 2, 5, aliquibus suadent (17) Hoc festum tam Veneri quam Jovi sacrum facit *Naso Varro* de *L L* 5, diserte negat, soli Jovi tribuens. Hinc duplicia fuisse conjectant viri docti, una Veneri, altera Jovi *Ovidius* certe scribit hunc diem esse Veneri sacrum, qui tamen idem esse Jovi. Fere tamen hæc priora Veneri tribuuntur, altera quæ sunt xiv Cal Sept quæ rustica et altera dicuntur, Jovi, non ita tamen, ut utraque Veneri non adscribantur (18) *Columellæ* 11, 2, 36, ipsis Palilibus (19) Vel, ut *Neapolis* emendat *effugit* (20) Rufi et lactentis, *Columel* (21) Cum Augustus pont max designatus palatium voluit domicilium, Vestam ad se transtulit, nempe à regione Urbis viii in X, cujus rationem reddit *Dio lib* 55, ἵν' ἐν τοῖς ἰδίοις ἅμα καὶ ἐν τοῖς κοινοῖς οἰκοίη (22) In *Cal Constant* prid

De

MAIUS.

De hujus mensis appellatione inter veteres scriptores parum convenit. Tres hujus vocabuli rationes adfert *Naso*, primam a *Majestate*, secundam a *Majoribus*, tertiam a *Maia* Mercurii matre, in principio *lib* 5, quarum primam, quam singularem esse opinor, infirmissimam judico. Nam qua tanta P R majestas, cum hoc nomen huic mensi primum imponeretur? Mensium etiam nomina non dedisse Romanos, sed a Latinis accepisse arbitratur *Varro*, et speciatim quidem hunc mensem a Tusculanis in Fastos Romanos transisse quosdam arbitratos narrat *Macrob Sat* 1, 12, cui etiam opinioni favet Festus, Maium mensem in compluribus civitatibus Latinis, ante urbem conditam existimans. Quin et ipse Naso non uno loco mensium nomina Urbe antiquiora esse innuit, ut quæ ad Martium præfati sumus. Postremam nominis causa Ovidio memorata, nempe Maii Vocabulum a Maia Mercurii matre sumptum fuisse eo præcipue argumento nititur, quod Maiæ his Calendis sub nomine Bonæ Deæ dedicatum esset templum, et filio suo Idibus, qui fuit ejus natalis. His rationibus assensum non negarem, nisi secundam nominis causam ab *Ovidio* ex *Fulvii Nobilioris* Fastis, quos in templo Herculis Musarum reposuit, sumptam intelligerem. Quibus quidem Fastis illa fere continentur: "Postquam Romulus populum in majores minoresque divisisset, quo alt[illegible] pars ar[illegible] "mis, altera consilio rempub tueretur, in honorem utriusque partis hunc Maium, sequentem Junium nominavit." Hic mensis quoque injuste nomine veteri exutus a Nerone, narrante Tacito *Ann* 16 12, 2 Claudius appellatus fuit, in honorem Claudii, sed brevi post, vindicis fictis, honore nominis pristini indutus fuit, in Tutela Apollinis erat hic mensis, et in Romuli, Numæ, et Cæsaris Calendariis xxxi dierum

1	Calendæ	K MAII N Exeunt (1) Floralia, *Ov Fast* 4, 947 Oleniæ Capellæ (2) Ortus, *id ib* 5, 113 Laribus (3) Præstitibus Ara posita, *id ib* 129 Bonæ (4) Deæ sacra, *id ib* 148
2	vi	F COMPitalia Argestes (5) flat, *Ov F* 5, 161 *Hyades* omnes (6) vesperi oriuntur, *id ib* 164
3	v	C Chiron (7) oritur, *Ov F* 5, 379 totus apparet, *Col* 11, 2, 39
4	iv	C
5	iii	C Lyra oritur (8) vesperi, *Ov F* 5, 416, item *Col* 11, 2, 40.
6	Pridie	C Scorpius medius occidit, *Ov F* 5, 418, et *Col* 11, 2, 39
7	Nonæ	NONæ N Vergiliarum ortus matutinus, *id ib*
8	viii	F Capella pluvialis *Plin* 18, 26
9	vii	LEMuria N Lemuria vel (9) Remuria in Triduum non continuum sed alternis (10) diebus, *Ov F* 5, 421, 479, 491
10	vi	C Vergiliæ totæ apparent, *Col* 11, 2, 40
11	v	LEMuria N Nuptiæ (11) inauspic *Ov. F* 5, 487, *et seqq* Lemuria media, Orionis occasus, *idem ibid* 493
12	iv	N P LVDi MARTis IN CIRCo Marti ultori vel (12) Bisultori, *id ib* 551, et 595 Ludi (13) in Circo, *id ib* 597
13	iii	Lemuriium dies ultimus Pleiades omnes oriuntur, *id ib* 599 Æstatis (14) initium, *id ib* 601
14	Prid Id	Tauri caput oritur, *id ib* 603. Scirpea (15) Simulachra Vestales de Ponte sublicio in Tiberim præcipitant, *id ib* 621
15	Idus	EIDus N P Mercurio (16) ædes e regione circi dicata, *idem ibid.* 669 Fidis mane exoritur, *Col* 11, 2, 43
16	xvii Cal Junii	F.
17	xvi	C
18	xv	C
19	xiv	C
20	xiii	C Sol in (17) Geminis, *Ov F* 5, 694, sed *Columellæ* 11, 2, 4, 3, die præcedente.
21	xii	AGONalia N P Agonalia (18) Jano, vel, ut alii, Vejovi sacra, *Ov F* 5, 721 Suculæ exoriuntur, *Col* 11, 2, 43
22	xi	N Canis Erigoneius exit, *Ov F* 5, 723 Arcturus hoc et proximo die mane occidit, *Col* 11, 2, 43
23	x	TVBilustrium. N P Vulcani Feriæ vel (19) Tubilustria, *Ov F* 5, 725.
24	ix	Q REX C F i e. Quando REX (sacrificus) comitiavit, Fas
25	viii	C FORTVNæ PVBLICæ PRImigeniæ IN COLLe, ex fragm *vet Kal* in quo prius hujus et seq mensis Fortunæ (20) Publicæ templum dicatum, *Ov. Fast* 5, 730 Aquilæ Rostrum oritur, *id. ib* 732 Hoc et sequente die Capra mane oritur, *Col* 11, 2, 38
26	vii	C Bootes occidit, *Ov F* 5, 733
27	vi	C Hyades (22) oriuntur, *id ib* 734
28	v	C
29	iv	C
30	iii	C. XXXI (23)
31	Pridie	C. MARS.

(1) Secundum *Cal Const* incipiunt prid Cal Maii, et exeunt v Non Maii (2) Jovis nutricis, Α ξ [illegible] *Arat* (3) Hos Romani *cubicularis*, Greci θεὺς [illegible] vocabant, quorum multi in antiquariorum cimeliarchiis adhuc servantur (4) Templum hujus fuit in regione Urbis xii, *Pub Victor* quod a Livia Augusti uxore restitutum fuit, *Ov F* 5, 157 (5) Hunc Latini *Corum* et *Caurum* vocabant, *Vitruv* 1, 6 (6) Mane autem, secundum *Col* 11, 2, 36, cum quo facit *Plinius* Has Romani, Etymo decepti, Suculas appellavere *Plin* 18, 26 (7) Cum quo consentit *Columella*, 11, 2, 39 (8) *Aetius*, cujus hæc sunt verba, Μηνὶ τῷ αὐτῷ [Μαίῳ] [illegible] (9) *Remuria* Romulo, postea ad molliendum sonum *Lemuria*, leni pro aspera substituta (10) Qui dies omnes nefasti (11) Ex Vulgi Sententia totus mensis, quin et *Plutarchi* diserte his verbis [illegible] ἐν τῷ Μαίῳ (12) Vide *Thesaur* et *Dion lib.* 56, in voce (13) In honorem, ut videtur, signorum a Parthis receptorum quotannis celebrati (14) Magna dividiæ inter auctores de hac re, nam *Columellæ*, 11, 2, 39, est vii Id *Ptolemæo* Idib alii aliis diebus (15) Numero, *Varroni*, 24, *Dioni*, 30, nec tantum vestales virgines, sed et prætores, pontifices, aliique mystæ præcipitasse docet *Halicarn* Alii ad ipsas Idus referunt, sed vir eruditus, qui locupletissimos Indices ad auctores classicos attexuit, sic locum hunc exponit, quem sequor (16) Circa A U C CCLVIII, *Liv* 2, 21 *Maiæ Mercurium creastis Idus*, Mart Epigr 12, 68. (17) Solem hoc die Geminos ingredi ex *Nasone* interpretor, cum Herculis labores 12 tantum respiciam, cui quidem sententiæ suffragatur *Cal vet* Alii ponunt xv totidem Herculis labores facientes, unde non dicunt. *Col* 11, 2, 43, ponit ad xiv (18) Iterata intellige, priora enim v Id Jan ubi nos vide (19) De his vide *Varronem L L* 5, 3 Lege etiam Not ad viii Cal April (20) Hoc templum Fortunæ Primigeniæ in colle Quirinali P Sempronius, se consule, vovit, A U C DXLIX quod tamen non nisi post Decennium dedicatum est, *Liv lib* 29, 36 (22) Sucularum ortus xi Cal Jun juxta *Col* 11, 2, 43 (23) Ex *Cal vet* fragmento, vel exsculpentis vel exscribentis vitio fictum arbitror, ut duo dies postremi mutarunt inter se sedes, e numerum dierum mensis hic solum designari, quoniam in ultimo mensis seq die invenio XXX, sed nihil statuo Nam si recte se res habeat, Mars hic ponitur prid qui in *Cal vet* in iv Non Junii invenitur

Junius,

JUNIUS.

Junius, menſis à *Junioribus*, Ov Faſt 5 78 ſic ut Majus à *Majoribus* nomen traxit, in tutela Mercurii poſuere veteres, *Cal vet Farneſ* ob id, opinor, quod ille Deus juvenili fere formâ exhibetur Cincius autem ap *Macrob Sat* I, 12 à *Junone* quaſi *Junonius*, quo nomine à priſcis Latinis dictum ait menſem, unde detritis literis *on* Junius emergit, cui quidem opinioni ex parte favet Naſo, qui ſic Junonem loquentem inducit, *Junius à noſtro nomine nomen habet*, Faſt 6, 26 Denique ſunt qui à Junio Bruto nomen deductum volunt, quod hic primus conſul auctorque libertatis Romanæ fuerit Hujus menſis nomen Junius Germanici vocabulo Neronis tempore mutatus fuit, ob hanc, ſi Diis placet, cauſam, " quia duo jam Torquati ob ſcelera interfecti infauſtum nomen Junium feciſſent, *Tac* 16, 12." Ex Romul et Cæſaris ordinatione xxx dierum, ex Numæ xxix.

1	Calendæ	K JUN N Carnæ (1) Deæ ſacr *Ov Faſt.* 6, 101 Junoni (2) Monetæ templum votivum in Capitolio, *id ib* 183 Marti et Tempeſtati ſacr. *id ib* 191, 192 Aquilæ (3) ortus, *id ib.* 196.
2	iv	F MARti (4) CARnæ. MONETæ Hyadum pluvialium ortus heliacus, *id ib.* 197
3	iii	C
4	Pridie	C. Bellonæ ædes, (5) Appio Claudio Cæco auctore, Tuſco bello ſacratæ, *id ib* 201
5	Nonæ	NONÆ Sanco (6) Semoni Fidio ædes Monte Quirinali dicatæ, *id ib.* 213, 218
6	viii Id	N
7	vii	N Arctophylacis occaſus heliacus, *id ib* 236, et *Col.* 11, 2, 45 Ludi piſcatorii in Campo juxta Tiberim, *Ov F* 6, 237, *et ſeqq*
8	vi	N MENTI IN CAPITolio Menti (7) Delubra vota, *id ib.* 241, 248, ut aliis viſum vii Iduum.
9	v	VESTA N FERIæ VESTAE. Veſta (8) ædes ſacra A U C XL, *id ib* 249, 257, 258 Virginibus culta, *id ib* 283 Vacini et Vacunales Foci, *id ib* 307 Aſelli coronati, *id ib* 311 Jovis Piſtoris Ara, *id ib* 350, *et ſeqq* Palladium (9) igni ereptum, *id ib* 453 D Jun Bruti de Gallæcis (10) victoria reportata, *id. ib* 461 Craſſi Clades, *id ib* 465
10	iv	N Delphinis (11) ortus, *id ib* 471
11	iii	MATRalia N Matralia ſeu Matri Matutæ ſacra, *id ib* 475, 479. Rutilii et Didii (12) cædes, *id ib.* 563, 568 Concordiæ (13) ædis a Livia dedicata, *id ib.* 637.
12	Pridie	N
13	Idus	EIDus. N Jovi (14) invicto templum dicatum, *id ib* 650. Quinquatrus (15) minores, *id ib* 651.
14	xviii Cal Julii	N
15	xvii	Quando STercus Delatum Fas Thyenes unius Hyadum ortus, *id ib.* 711 Veſtæ ædis Purgamina per Tiberim in mare delata, *id. ib* 713 Exeunt dies Nuptiis inauſpic *id ib* 234, 235
16	xvi	C Zephyrus (16) Nautis ſecundus, *id ib* 716 Orionis ortus coſmicus, *id ib.* 719
17	xv	C Delphin apparet, *id ib* 720 Volſci (17) et Æqui fugati, *id ib* 721.
18	xiv	C Sol tranſit in (18) Cancrum, *id ib* 727 Pallas in Aventina arce coli cœpta, *id ib.* 728
19	xiii	C MINERVAE IN AVENTINO, *Fraſt Kal vet.*
20	xii	C SVMMANo AD CIRCum MAXimum Templum Summano (19) datum, *idem ibid.* 731, et *Plin.* 2, 52 Ophiuchi (20) ortus, *Ov. F.* 6, 735
21	xi	C
22	x	C.
23	ix	C Flaminii contra Auſpicia pugnantis cædes, *id ib.* 765, 768
24	viii	C Syphax Maſiniſſæ (21) ſuperatus, et Haſdrubal cæſus, *id ib* 769, 770. Forti (22) Fortunæ ædis à Servio Tullio dicata, *id id* 773. Orionis Zona immergitur, *id ib* 787.
25	vii	C
26	vi	C Orionis Zona emergit, *id ib.* 788. Solſtitium (23) æſtivum, *id ib* 790.
27	v	C Laribus et Jovi Statori ædis a Romulo conſtituta, *id ib.* 791, 793.
28	iv	C Templum (24) Quirino poſitum, *id. ib* 796.
29	iii	F
30	Pridie	C. Ædis (25) Herculis Muſarum à Philippo reparata, *id. ib.* 800, 801.

(1) Hæc dea antiquis *Cardinea*, *Cardea*, et *Naſoni* etiam *Crane* dicta quam lardo et fabâ farre mixtâ placabant, *Ov Faſt* 6, 169, *et ſeqq* unde hæ Calendæ *Fabariæ* dictæ, *Macrob Sat* 1, 12 (2) Hanc ædem Manl Capitol huic deæ vovit Locus in arce huic deſtinatus ubi ædium dicti Manlii fuerat, *Liv* lib 7 (3) Huic ſuffragantur, *Plin* et *Columel* 11, 2, 45 (4) Sed Naſoni ipſis Calendis (5) Cum poeta conſentit *Liv* 10, 19 (6) Hunc deum σε λωωνυμεν M Cato in Originibus Sabi Filium dicit, unde Sabini originem traxere, ut *Sil Ital* aſſeri, *lib* 10, 422, *et ſeqq* Aliud à Naſone narrat Dionyſius *lib* nono, nempe Sp Poſtumium Coſ hanc ædem dedicâſſe, A U C CCXCVIII (7) Hoc delubrum T Otacilius vovit, *Liv* 22, 10 *fin* (8) Naſoni aſſentiuntur kalendaria (9) Contigit hoc incendium A U C DXII (10) A U C DCXVIII, unde Callaici cognomen adeptus eſt (11) Eodem etiam die *Col* 11, 2, 46, ſed veſpere (12) A U C DCLXIII (13) *Maritalis*, ut videtur, nam ſtatim ſubdit *quam caro præſtitit illa viro* (14) Cui Jovi? an Sponſori? an Latiali? nam *invicto* nec volâ nec veſtigium, forte *invicto* eſt Epitheton, non cognomen (15) Quinquatrus XIV cal Mart memoratæ majores eſſe videntur, hæ minores (16) Vetus parapegma XVI cal ponit (17) A U C CCCXXII (18) Neapoli XIII cal quod miror, ſane in eum diem ponit *Col* 11, 2, 49 (19) In urbis regione XI, conſentientibus Sexto Rufo et P Vict Huic deo nigrâ pecude ſacra fiunt (20) *Columellæ* 11, 2, 49 occaſus (21) Vide *Liv* 30, 12 (22) Tam huic quam fortunæ virili, uti prius vidimus ad cal Aprilis, templum dedit Servius Tullius, hoc quidem in Foro boario, illud in Oriente Tiberis, vid *Dionyſium*, *lib* 4 (23) Cum quo conſentit *Plin* 18, 20 (24) Nempe illud quod ſtatim poſt Julii Proculi relata ædificatum eſt, quodque poſtea ſeptuaginta ſex columnis ab Auguſto ornatum fuit, uti docet *Dio*, *lib* 54 (25) Hanc ædem in Circo Flaminio primum à Fulvio Nobiliore ex pecunia cenſoria ædificatam Marcius Philippus Auguſti vitricus reſtituit, porticumque adjunxit, vide *Suet in Aug* 29.

H.c

JULIUS.

Hic mensis ex ordine, quem a primis temporibus obtinuerit, *Quintilis* appellatus fuit, quod quidem nomen tenuit usque ad ann. urb. DCCIX, etsi a temporibus Numæ septimus fuisset. Quo quidem anno in honorem C Julii Cæsaris Dictatoris, qui a. d. iv Idus Quintiles natus fuit, transiit nomen Quintilis ex S. C. ad Julium, legem rogante M. Antonio, M Filio, et C Julio Coss. uti *Sigon.* ex illorum temporum historiis colligit. Sub tutela Jovis est hic mensis, et in omnibus calendariis Romanis xxxi dierum.

1	Calendæ	K. JULii N. Migratio ab una (1) in alteram domum.
2	vi Non.	N.
3	v	N.
4	iv	NP. Corona occidit mane, *Col.* 11, 2, 51.
5	iii	POPLIFugia (2) N P.
6	Pridie	N. LUDI (3) APOLLINares. Ædis Fortunæ muliebri dedicata, *Dion. Halic.* lib. viii. Cancer medius occidit, *Col* 11, 2, 51.
7	Nonæ (4)	N. LVDI
8	viii	N. (5) LVDI. Capricornus medius occidit, *Col.* 11, 2, 51.
9	vii	N LVDI. Cephei ortus vespertinus, *id. ib.*
10	vi	C LVDI Prodromi flare incipiunt, *id ib.*
11	v	C. LVDI
12	iv	N P LVDI C. Julii Cæsaris Natalis, *Macrob. Sat.* 1, 12. *Dion. lib.* 44
13	iii	C. LVDi IN CIRco.
14	Prid Id	C. * MERKedonius dies. Fortunæ muliebri (6) ædis dicata, *Liv* 2, 40.
15	Idus	EID N P. MERK. Transvectio equitum Rom *Liv. lib.* 9, *in fine*, et *Val. Max.* 2, 2, 9. Procyon oritur mane, *Col.* 11, 2, 52.
16	xvii	F. MERK.
17	xvi	C. MERK.
18	xv	C. MERK. Alliensis (7) dies.
19	xiv	LVCARia N P. MERK Lucaria (8) in luco Asyli celebrata, *Fest.*
20	xiii	C LVDI VICToriæ (9) CAESARis. Sol Leonem ingreditur, *Col.* 11, 2, 52.
21	xii	LVCARia LVDi.
22	xi	C. LVDI (10)
23	x	NEPTunalia LVDI.
24	ix	N. LVDI. Leonis in pectore clara stella exoritur, *Col.* 11, 2, 52.
25	viii	FVRRinalia N P. LVDI. Aquarius incipit occidere clare, *id. ib.*
26	vii	C. LVDI. Canicula apparet, *Col* 11, 2, 53.
27	vi	C. IN CIRCo Aquila exoritur, *id. ib*
28	v	C. IN CIRCo.
29	iv	C. IN CIRCo. Leonis in pectore claræ stellæ exoriuntur, *id. ib.*
30	iii	C IN CIRCo. Aquilæ occasus, *Col* 11, 2, 54.
31	Pridie	C.

(1) Vid *Cic Ep ad Q Frat* 5, 2, 3, et *Beroald comment ad Suet Tib cap.* 25 (2) De his vid *Plutarch in vit Romuli*, et *Pison* ap *Macrob Sat* 3, 2, qui tamen hæc Nonis evenisse autumat (3) His ludis bove aurato et capris duabus albis sacra fiebant Apollini, et Latonæ bove feminâ auratâ Populus stipe collatâ coronatus hos spectabat, *Liv* 25, 12, ubi de eorum institutione (4) Hæ Nonæ Caprotinæ dictæ sunt in honorem Junonis Caprotinæ, quæ dicta est à caprificu, sub qua matronæ ancillæque sacrificabant in memoriam signi ex caprificu per ancillas dati, hoc enim viso, ex consilio præcepto Romani hostes somno vinoque oppressos trucidantes patriam afflictam liberabant, *Plut in Camill Macrob. Sat.* 1, 11 (5) Hi Ludi videntur fieri in memoriam victoriæ à Tuscis reportatæ, propter ea quæ narrat *Piso* ap *Macrob Sat* 2, 2 * Vid *Mercedonius* in Thesauro nostro (6) A U C CLXIV (7) Hic dies omnium inauspicatissimus, duplici clade insignis fuit, Fabiorum ad Cremeram, *Liv* 2, 50, Legionum deinde ad fluvium Alliam, unde huic diei nomen, *Id* 6, 1, Meminit etiam funesti hujus diei *Cic Epist Attic* 5, 9 (8) Vide Vocab *Lucaria* in Thesauro (9) Meminit horum *Dio*, lib 45 et *Suet Aug* c 10, ubi v *Casaub* (10) Nempe ob vict CÆSAR erant enim aliquot dierum, quatuor minimum, ut ex *Dione* et *Appiano* apparet.

Hic

AUGUSTUS.

Hic mensis ante Cæsarem Dictatorem *Sextilis*, ab ordine quem tenebat in Romuli Kalendario, appellatus est, etiamsi, Januario et Februario a Numa præpositis, octavus esset Cessit primùm hæc appellatio in honorem Augusti, ex S C. et plebiscito Ipsius S. C verba, ut et plebiscita mentio extat ap *Macrob. Sat.* 1, 12, quod nomen ejus pr tulit Sextili dari, in quo primum consulatum iniisset, et plures victorias adeptus esset, quam sequenti Septembri, in quo natus es t, *Suet. in vita* 31. Hic mensis in Cereris tutela fuit, et in Numæ Calendario xxix, in Romuli et Cæsaris xxxi dierum.

1	Calendæ	AVG N SPEI AD FORVM HOLITORIVM, *Ex Frusto Kalend. bimest.* NATAL TI CLAVDII GERMANICI, *ex eodem.* Ludi Martis ob ædem Martis consecratam, *Dion. l* 60. Etesiæ flant, *Col.* 11, 2, 56.
2	iv Nonæ	C (1) FER. HOC DIE Caii CAESARis HISPaniensis (2) VICToria. Clades Cannensis, *Macrob. Sat* 1, 16
3	iii	C.
4	Prid Non	C Leo medius oritur, *Col* 11, 2, 57.
5	Nonæ	NONÆ F C *Kal. bimestre*, SALVTI IN COLLE QVIRINALE, *Id.*
6	viii Id.	F SACRIFICIVM PVBLICVM, *Kal. bim*
7	vii	C Aquarius medius occidit, *Col* 11, 2, 57.
8	vi	C SOLI INDIGITI IN COLLE QVIRINALE SACRIFICIVM PVBLICVM. *Kal bim.*
9	v	NP HOC DIE CÆSAR (3) HISPALIn VICIT
10	iv	C FERIÆ ARÆ OPIS ET CERERIS IN VICO IVGARIO CONSTITVTÆ SVNT, *Kalend. bimestre*
11	iii	C
12	Pridie	C HERCVLI MAGNO CVSTODI IN CIRCO FLAMINio, *Kal bim.* Fidis occidit mane, *Col.* 11, 2, 51
13	Idus	EIDVS N P DIANÆ (4) IN AVENTINO ET VORTVMNO IN LORETO (5) MAIORE, *Kal. bim* Delphini occasus, *Col* 11, 2, 57
14	xix	F
15	xviii	C
16	xvii	C
17	xvi	PORTumnalia, N P *Kal vet* PORTVNO (6) AD PONTEM ÆMILIum. IANO AD THEATRVM MARCELLI, *Kal bim.*
18	xv	C.
19	xiv	VINalia (7) altera F P *Kal. vet.* C. VIN. N P. VENERI AD CIRCVM MAXIMVM, *Kal, bim.*
20	xiii	C
21	xii	CONSualia N P *Kal vet* CONSO (8) IN AVENTINO SACRIFICIVM, *Kal. bim.*
22	xi	EN Vindemitor mane oritur, *Plin.* 18, 31.
23	x	VOLCanalia N P *Kal. vet.* VOLCAN N P. VOLCANO (9) IN CIRCO FLAMINIO.
24	ix	C Mundus (10) patet
25	viii	OPIConsivæ N P *Kal vet.* OPI (11) IN CAPITOLIO, *Kal. bim.*
26	vii	C Arcturus incipit occidere, *Col* 11, 2, 58.
27	vi	VOLTurnalia (12) N P
28	v	N P H D ARA VICTORIAE IN CVRIA (13) DEDICata est.
29	iv	F.
30	iii	F.
31	Pridie	C, *Kal vet.* PR . . NATalis (14) C. CÆSARIS GERMANICI, *Kal bim* Andromedæ ortus vespertinus, *Col* 11, 2, 59.

(1) Hic dies non notatur C comitialis, sed N nefastus in *kal bimestri*, nam dies post calendas, nonas, et idus habebantur nefasti, *Ov F* 1, 55 (2) HISPANIAM CITERIOREM VICIT, *kal bim* (3) Meminit victoriæ hujus urbis *Hirt Bel Hisp* et *Dio lib* 43 (4) Has quoque idus esse Dianæ natales clarè indicat *Martialis Ep* 12, 68 His etiam idibus emeriti canes venatici coronati et feriati sunt, *Stat Silv* (5) *Loretum* dixere veteres pro *Lauretum*, ut *Plostrum* pro *Plaustrum*, *Plotus* pro *Plautus*, &c (6) Ædis hoc die huic facta est in portu Tiberino, v *Thesaur* (7) Vinalia priora fuerunt ix kal Maii, de quibus v quæ notavimus (8) Consualia in honorem Neptuni equestris ludi facti fuerunt, *Liv* 1, 9 In his equos asinosque coronabant, et otiari sinebant, *Plutarch Quæst Rom* 48 (9) Horum meminit *Varr L L* 5, 3 (10) Hoc die sacrum Diti et Proserpinæ fiebat, ut et ii Non Octob et vii Id Novemb qui omnes apud veteres religiosi erant, *Varr* ap *Macrob Sat* 1, c 16 ☞ Aliqui de *mundo* Cereris, intelligunt, unde probant, nescire me fateor (11) Hanc deam *Romæ tutelarem* dixerunt, *Macrob Sat* 3, 9 (12) De Deo Volturno, vid *Festum* (13) Curia Julia hic intelligitur, quam utique Augustus in honorem patris sui dedicavit, *Dio lib* 51 Meminit etiam hujus Curiæ in qua Victoriæ simulacrum positum fuit, *Herodian lib* 7 (14) *Suet in vita*, cap 8

A numero

SEPTEMBRIS.

A numero loci, quem in Romuli Calendario tenuit, dictus est hic mensis, teste *Varrone*, qui omnes menses à Junio ad Decembrem usque à numero appellatos scribit, *L L 5* Plures imperatores post datum S C Julio et Augusto Cæsaribus *Quintilis* et *Sextilis* de suis Nominibus appellationis honorem proximi mensis hujus mirè ambiebant vocabulum Ti. quidem Cæsar, quod unum saltem in honorem cedit, a senatu oblatum modestè recusavit, *Suet in vita*, cap 26 Domitianus cum jam adulatione temporum Fasti fœdati fuerunt, uti discimus ex *Tacito*, *Hist* 4, 40 3, ex titulo Germanici ambitiosè assumpto *Germanicum*, *Macrob Sat* 1, 12, appellari voluit, qua quidem mensis appellatione fœdissime illi adblanditur *Mart Epig* 9, 2 Sed infausto hoc vocabulo statim à morte ejus ex omni ære et lap de eraso antiquum mensis nomen recepit Commodus deinde ex titulo suo *Herculem* appellari jussit, quod ipse pro Hercule Romano, uti docent monumenta, et nummi passim obvii, se venditabat, cum sciret paulo ante Antoninum Pium tam sibi quam conjugi Faustinæ ab hoc honore temperâsse Decretum enim fuerat à senatu, ut Septembris *Antoninus*, Octobris *Faustinus* appellaretur Tacitus denique honoris hujus avi dissimus, quod hoc mense tam natus quam factus Imperator fuerat, appellationem mensis hujus ad se rapuit, *Vopisc in vita*, sed brevi admodum retinuit, atque ita pristinum mensi servatum est nomen, quod etiamnum manet Septembris in tutela Vulcani positus est, et in Calendario Numæ est dierum xxix, Romuli et Cæsaris xxx

1	Calendæ	K SEPT. N.
2	iv Non	N HOC DIE FERiæ (1) NEPTunales. Arctûri exortus, *Col* 11, 2, 63.
3	iii	N P *Kal vet* N P FERIÆ, *Kal. bin.*
4	Pr. Non	C. LVDI (2) ROMANI.
5	Nonæ	NON. F. LVDi.
6	viii Id.	F. LVDI.
7	vii	C LVDI. Piscis Aquilonius desinit occidere, et Capra exoritur, *Col.* 11, 2, 63.
8	vi	C. LVDI.
9	v	C. LVDI.
10	iv	C. LVDI.
11	iii	C LVDI. Virgo exoritur, *Col* 11, 2, 63.
12	Prid. Id.	N LVDI Arcturus medius exoritur, *Plin.* 18, 32
13	Idus	EID N P. *Kal vet* EIDvs IOVI, *Kal. bin.* Clavus (3) pactus.
14	xviii Cal Octob	F. EQVORum (4) PROBatio.
15	xvii	C LVDi ROMani IN CIRCo.
16	xvi	C. IN CIRCo
17	xv	C IN CIRCo
18	xiv	C IN CIRCo Spica Virginis exoritur mane, *Col* 11, 2, 65, et *Plin* 18, 31.
19	xiii	C IN CIRCo. Solis in Libram transitus. Crater mane apparet, *Col.* 11, 2, 65.
20	xii	C. MERKedonius dies
21	xi	C. MERK Pisces occidunt, *Col.* 11, 2, 65. *Plin* 18, 31
22	x	C MERK. Argo navis occidit, *Col* 11, 2, 66
23	ix	N P MERK. Hoc die AUGUSTI (5) NATALIS. LVDI (6) CIRCenses. Centaurus incipit mane oriri, *Col* 11, 2, 66.
24	viii	C. FERIÆ, *Kal bin*
25	vii	C. VENERi (7) Genetrici, *Kal bin.* IN FORO CÆSARis *aliud Kal Fragm.* Hoc, et duobus diebus proximis æquinoctium autumnale, *Col.* 11, 2, 66
26	vi	C
27	v	C. Hœdi exoriuntur, *id ib*
28	iv	C. Virgo desinit oriri, *id. ib.*
29	iii	F.
30	Pridie	C

☞ *Hoc etiam mense, sed quo die incertum,* EPVLVM MINERVÆ *Kal Rusticum*

(1) Ita forte dictæ à victoria navali, quam ex M Antonio et Cleopatra reportavit Augustus, A U C DCCXXVI, *Dio lib* 51, an Neptunalia, quorum meminit *Varro L L* 5, 3, sint eadem, aqua hæret (2) Hos ludos primi reges Romani, sed Tarquinius Priscus opulentius instructiusque quam priores fecit, *Liv* 1, 35, *ubi de his plura* Post reges, consules, tandem post hos ædiles curules faciebant (3) A U C CCCXCII lex vetusta priscis literis verbisque scripta fuit, ut prætor maximus hoc die clavum pangat qui quidem clavus fixus fuit dextro lateri ædis Jovis Opt Max ea ex parte, qua Minervæ templum respicit, in notam numeri annorum, quia raræ eo tempore literæ fuerunt, ideoque hæc lex templo Minervæ dicata est, quia ab illa numerus inventus est, *Liv* 7, 3 (4) De equorum probatione mentio fit apud Val Maximum, 2, 2, 9, quæ verba glossam sapere nonnullis videntur, sin aliter, illa verba ad equitum trabeatorum transvectionem pertinent, uti ex serie loci apparet, quæ quidem transvectio fuit Idib Quintil, uti supra notavimus (5) *Suet in vita cap* 5, ut etiam nummi et marmora antiqua, quem tamen ὁ πάνυ Scal aliique hallucinatum putârunt, existimantes hujus natalem referendum ad xii vel xi cal Sextilis anni Pompiliani Sed vide omnino aureum Rubenii de hoc natali libellum, qui nodum, quomodo Capricornus sit Augusti Horoscopus, aliis inexplicabilem, dilucidè explicat (6) Ludi primum qui postea Circenses dicti sunt, in insula Tiberina celebrati fuerunt nullo certo loco, usque ad tempora Tarquinii Prisci, qui Circum, postea Maximum dictum, primus designavit, forosque, ubi patres equitésque spectarent divisit, vide *Liv* 1, 35. (7) Venus Genetrix ita dicta fuit ab Iulo Veneris nepote, unde Juliæ gentis origo, huic templum vovit Cæsar ante pugnam Pharsalicam, victoriaque potitus in foro suo posuit, et ei spolia de hostibus dedicavit, ut Thoracem de Margaritis Britannicis In hoc templo Augustus aneam Divo Cæsari statuam posuit cum stella crinita, quæ post mortem visa est, supra caput Hujus templi meminit *Tacitus*, *Annal* 16, 27 *Dio*, *lib* 43, et *Appian*, *lib* 2 *B Civil*

(5 * X 2) A numero,

OCTOBRIS.

A numero, quem in Romuli Kalendario tenebat, hic menſis nomen habet, quo tamen ambitio principum ſpoliatum ibat, et ſpoliabat quidem, ſed ad breve tempus, Domitianus, qui ex ſuo nomine, quoniam vigeſimo hujus menſis natus eſſet, appellari voluit, quo tamen interfecto, uti dixi in præcedente, priſtinum nomen brevi rediit, et poſtea Commodus, qui cum omnium menſium nomina transmutaret, ex ſuis agnominibus nova impoſiturus, hunc menſem *Invictum*, quod ipſe *Hercules Romanus* vocari voluit, appellabat, quanquam ſciret Antoninum Pium a tali honore tam ſibi quam conjugi Fauſtinæ temperaſſe, decretum enim fuerat a ſenatu, ut September *Antoninus* et hic *Fauſtinus* vocaretur, *Capitolinus in vita*. Hic menſis in tutela Martis fuit, et in omnibus Kalendariis xxxi dierum.

1	Calendæ	K OCTobris N.
2	vi Nonæ	F.
3	v	C.
4	iv	C Auriga occidit mane' Virgo deſinit occidere, *Col* 11, 2, 73
5	iii	C Mundus (1) patet. Corona incipit exoriri, *id. ib.*
6	Pridie	C. Hoedi oriuntur veſpere, *id. ib.* Aries medius occidit, *id. ib.*
7	Nonæ	NON. F
8	viii Id.	F. Coronæ clara ſtella exoritur, *Col.* 11, 2, 74.
9	vii	C
10	vi	C. Vergiliæ exoriuntur, *id. ib.*
11	v	MEDITRinalia (2) *Varr L. L.* 5, 3.
12	iv	(3) AVGVSTalia, N P.
13	iii	FONTinalia N P in (4) honorem Fontium obſervata, *Varr. L. L.* 5. Hoc, et ſequenti die Corona tota mane exoritur, *Col* 11, 2, 74.
14	Pridie	N P.
15	Idus	EIDus N P. October equus (5) Marti quotannis immolatus. Virgilii poetæ natalis, *Mart. Epig* 12, 68
16	xvii Cal Novem	F.
17	xvi	C.
18	xv	C.
19	xiv	ARMiluſtrium (6) N P.
20	xiii	C Sol in Nepam tranſit, *Col.* 11, 2, 77. Solis exortu hoc et ſequenti die Vergiliæ incipiunt occidere, *id. ib*
21	xii	C
22	xi	C Tauri Cauda occidit, *id. ib.*
23	x	C.
24	ix	C
25	viii	C. Centaurus exoriri mane deſinit, *id. ib.*
26	vii	C Nepæ Frons exoritur, *Col.* 11, 2, 78.
27	vi	C LVDi (7) VICToriæ
28	v	C LVDI. Vergiliæ occidunt, *id ib.*
29	iv	C LVDI Arcturus veſpere occidit, *id. ib.*
30	iii	C. LVDI. Hoc et ſequenti die Caſſiope incipit occidere, *id ib.*
31	Pridie	C LVDI.

☞ * Vertumnalia hoc menſe celebrata, *Varr. L. L.* 5, ſed quo die tacet.
* Hoc etiam menſe VINDEMIÆ SACRUM LIBERO *Kal. Ruſtic.*

(1) Vide quæ adnotavimus ad ix calendas Septembres (2) A *Meditrina*, quæ à *medendo* dicta eſt, quia hoc die ſolitum vinum novum et vetus libari et deguſtari medicamenti cauſâ, v. *Varr L L* 5, *ubi plura* (3) Auguſto domum redeunti, rebus in Sicilia, Græcia, Aſia, Syria, et Parthia compoſitis, decreta, *Dio lib* 54 ad annum urbis DCCXXXV Ludorum etiam Auguſtalium meminit *Plin lib* 7, 43 (4) Hoc die fontibus coronas jaciebant, et puteos coronabant, *Feſt* (5) De hoc ritu *Feſtum* conſule (6) Ab eo dictum, quod in armiluſtrio armati ſacra faciunt, niſi locus potius dictus ab his, *Varr L L* 5, 3 (7) Hic dies et quatuor ſequentes bello civili inſtituti à P Cornelio Sulla fuerunt, uti docet *Paterculus lib.* 2, 27, et *Aſconius Pædianus* 2 in *Verrem.*

A loco,

NOVEMBRIS.

A loco, quem in vetustissimo Romuli Kalendario tenebat, nomen retinet hic mensis, uti duo præcedentes, et qui consequitur, nulla principum ambitione vexatus, ut priores, nisi unius Commodi, qui *Exuperatorium* dici voluit. Sed hoc non perinde mirum est, cum vanissimus ille princeps cæterorum omnium mensium nomina tam diis quam imperatoribus honore exutis, mutaret, quo titulis et ambitioni suæ unice litaret, uti testatur *Ælius Lampridius in vita ejus*. In Dianæ tutela fuisse hunc mensem ex *Kalendario Rustico* discimus. Ex Romuli et Cæsaris ordinatione xxx dies habuit, Numæ xxix.

1	Calendæ	K. NOVembris N. Caput Tauri hoc die et postridie occidit, *Col.* xi, 2, 84.
2	iv Non.	F.
3	iii	F. Fidiculæ ortus, *Col.* xi, 2, 84.
4	Pridie	
5	Nonæ	NONæ F.
6	viii Id. vel postridie.	F. (1) LVDI. Tota Fidicula oritur, *id ib.*
7	vii	C. LVDI Mundus (2) patet. Stella clara Scorpionis exoritur, *id. ib.*
8	vi	C. LVDI. Vergiliæ mane occidunt, *id. ib.*
9	v	C LVDI.
10	iv	C LVDI.
11	iii	C LVDI Maria clauduntur, teste Vegetio, et aliis.
12	Prid. Id.	C LVDI
13	Idus	EIDus N P. EPVLæ (3) INDICTæ.
14	xviii Cal Decemb.	F. EQVORum PROBatio.
15	xvii	C LVDI PLEBeii (4) IN CIRCO.
16	xvi	C. IN CIRCo Tiberii Cæsaris Natalis, *Suet. in vit.* 5. Fidis exoritur, *Col.* xi, 2, 88.
17	xv	C. IN CIRCo. Sol in Sagittarium transit, *id. ib.* Suculæ mane exoriuntur, *id. ib.*
18	xiv	C. MERK.
19	xiii	C. MERK.
20	xii	C MERK.
21	xi	C
22	x	C. Lepus occidit mane, *Col.* xi, 2, 89.
23	ix	C.
24	viii	C.
25	vii	C Canicula occidit Solis ortu, *id. ib.*
26	vi	C.
27	v	C.
28	iv	C
29	iii	C.
30	Pridie	C Totæ Suculæ occidunt, *id. ib.*

(1) De his ludis vide quæ adnotavimus ad prid Non Septemb (2) Vide nostras notas ad ix cal Septembres (3) Harum epularum passim ap. *Livium* fit mentio, ut ap *Val Max* In honorem deorum factæ fuerunt in templis, ubi lecti diis quasi epulaturis strati fuerunt, unde *lectisternia* etiam frequenter dicta sunt (4) Ludi plebeii ob libertatem plebi post exactos reges recuperatam, aut reconciliationem plebis post secessum in montem Aventinum, uti ait *Ascon Act prima Ciceronis in Verrem*. Hos ædiles plebis edebant, uti docet *Livius* 29 ult.

Hic

DECEMBRIS.

Hic mensis a numero loci, quem in Romuli Calendario, uti tres præcedentes, dictus fuit, quemque sine ulla juris cessione perpetuo tenebat, extra quam quod brevi temporis intercapedine, imperante Commodo, *Amazonius* appellatus fuit, in honorem Martiæ concubinæ suæ, quam pictam in Amazone diligebat, propter quam et ipse Amazonio habitu in arenam Romanam procedere voluit, uti narrat *Ælius Lamprid. in vita.* Sed hoc nomen in vanissimi principis auribus lenocinium excogitatum, cum ipso pereunte periit, antiquumque mensi redditum est. In tutela Vestæ fuit hic mensis, et in Romuli Calendario xxx, Pompilii xxix, Cæsaris xxxi dierum.

1	Calendæ	K DEC. N. Fortunæ Muliebris (1) sacrificium.
2	iv Non.	
3	iii	
4	Pridie	
5	Nonæ	NONæ F. Faunalia vel (2) Fauni festum, *Hor. Carm.* 3, 16
6	viii Id vel postridie Non	C. Sagittarius medius occidit, *Col.* 11, 2, 95. Scorpius totus mane exoritur, *id. ib.*
7	vii	C. Aquilæ ortus matutinus, *id ib.*
8	vi	C. Horatii Flacci poetæ lyrici (3) natalis.
9	v	C.
10	iv	C
11	iii	AGON. N P (4)
12	Pridie	EN.
13	Idus	EID. N P. Scorpio totus mane exoritur, *Col* 11, 2, 94. Hoc (5) die, M. T. Cic. cædes.
14	xix Cal Januar. vel postrid Id	F.
15	xviii	CONSualia (6) N P
16	xvii	C
17	xvi	FERIÆ (7) SATURNales. Sol in Capricornum transit, *Col.* 11, 2.
18	xv	C
19	xiv	Opalia N P (8) *Macrob Sat* 1, 10.
20	xiii	C
21	xii	DIValia (9) N P
22	xi	C Feriæ (10) Laribus consecratæ
23	x	LARentalia *vel* Laurentinalia N P. Feriæ Jovis quæ appellantur (11) Laurentinalia, *id. ib.* Capræ occasus matutinus, *Col* 11, 2, 94
24	ix	C.
25	viii	C Juvenales (12) ludi.
26	vii	C
27	vi	C Delphinus incipit oriri mane, *Col* 11, 2, 94.
28	v	C.
29	iv	F. Aquilæ vespertinus occasus, *id ib.*
30	iii	F Canicula vespere occidit, *id. ib.*
31	Pridie	C

(1) Hoc prius peractum quam huic deæ templum extructum fuisset, quod ad prid Id Quintiles postea translatum fuit Valeria hujus deæ sacerdos ex S C decreta est, quod hæc mulieribus legationis ad M Coriolanum auctor fuisset, vid *Dionys Halicarnass lib* 8 *ubi plura* (2) Huic deo bis in anno sacra fiebant, ineunte vere, ut sementem servaret, et hoc die, cum jam conditæ essent omnes fruges Celebratum est festum hœdo et vino, *Hor loco citato*, in locis sylvestribus, *Varr L L* 6 (3) A U C DCLXXXIX, L Cotta et L Torquato Coss *Antiq scriptor vitæ ejus* (4) De his ludis vide v Idus Januar (5) A U C DCCXI (6) De his vide xii Kal Septembres (7) Saturnalia ex prima institutione fuerunt xiv Kal Januarias, postquam autem C Cæsar duos menses addidisset, hoc die cœpta sunt celebrari, *Macrob Sat* 1, 10, ubi lege de his plura Sigillaria, de quibus in fastis altum silentium, his adjecta septem dies publicæ lætitiæ complebant *Id* 1, 11 (8) Opalia Opi Saturni conjugi consecrata fuerunt, *Macrob Sat*, 1, 10. (9) Sc Divæ Angeronæ feriæ publicæ, cui in sacello Volupiæ sacra fiebant, *Macrob Sat* 1, 10, ubi de utriusque nominis etymo videre est, vide etiam ap *Plin* 3, 5, hujus deæ descriptionem (10) In his Æmilius Regillus prætor ædem laribus in Campo Martio curandam vovit, *Macrob loco jam citato* (11) De harum origine lege, si vacat, diversas fabulas, ap *eundem ibid* (12) Dicti *Juvenales*, quod in his quasi rejuvenesceret populus, Nerone imperante, a quo primum instituti fuerunt, cum barbam deponeret, in quibus non nobilitas cuiquam, non acti honores impedimento fuere, quo minus Græci, Latinive histrionis artem exercerent, usque ad gestus, modosque haud viriles, *Tac Hist* 14, 15, vid et *Suet. in Neronc* cap. 11, *ibique Torrentium*

O F

OF THE
ROMAN
COINS, WEIGHTS, and MEASURES.

THE *Romans* reckoned their money by *æs*, *asses*, *sestertii* or *nummi*, *denarii*, *solidi* or *aurei*, *pondo* or *libra*.

Æs, as it denoted a particular coin, was at first *libralis*, or of a pound weight, and, even when it was diminished, retained the name of *libella*. The first impress of this coin was a *Janus*, and on the reverse the *rostrum* of a ship.

As was divided into twelve parts, the names of whose divisions were these following: *uncia*, *sextans*, *quadrans*, *triens*, *quincunx*, *semis*, *septunx*, *bes*, *dodrans*, *dextans*, *deunx*.

Quadrans and *Teruncius* are used to signify the smallest brass coin after the reduction of the *as*, as the *sestertius* was the least of the silver coins.

The *as* was first reduced to two ounces, then to one ounce, and at last to half an ounce.

The *sestertius* was a silver coin, equal to the fourth part of a *denarius*.

Nummus, when mentioned as a piece of money, was the same with the *sestertius*. So *mille nummi*, *mille sestertii*, and *mille sestertii nummi* signify the same; as do likewise *mille nummûm*, *mille sestertiûm*, and *mille sestertiûm nummûm*.

Sestertium in the neutral gender signifies *mille sestertiûm nummorum*.

The marks of the *sestertius nummus* are IIS. LLS. HS H-S which characters denote 2½ *asses*.

In speaking of sums above a thousand, there is often a twofold *eclipsis*, sometimes of the word *sestertium*, or its mark, sometimes of the word *mille*, as in *Martial*, vi, 10. *Pauca Jovem nuper cum millia* (sestertia) *forte rogarem*, and vii, 9. *Septingenta* (millia) *Tito debet Lupus*. There is another double *eclipsis* to be observed when they use the numeral Adverbs; as *HS. bis & tricies in annos singulos Verri decernebatur, quod aratoribus solveret*, Cic. Verr iii, 70 where *centena millia* is understood, *scil* 3,200,000 *nummi sestertii*, or 3,200 *sestertia*. If the sum is to be reduced to *nummi sestertii*, then *centum* and *mille* both are understood, and that *decies* or 10 must be multiplied by 100,000. If you would reduce the sum to *sestertia*, the word *centum* being then understood, it must be multiplied only by 100. Thus *decies HS.* is 1,000,000 *nummi sestertii*, or 1000 *sestertia*.

Mille sestertii is only 1000 *nummi sestertii*, in *English* money 8 *l.* 1 *s.* 5 *d.* ½, which makes a *sestertium*.

Mille

Mille sestertia is 1000 times that sum, *viz.* 8072 *l.* 18 *s* 4 *d*

Millies HS. is 100,000 times that sum, or 807,291 *l.* 13 *s.* 4 *d*

When the numbers have a line over them, *centena milla* is understood, as in the case of the numeral Adverbs; thus HS $\overline{MC}$ signifies the same with *millies centies HS* that is 110,000,000 *nummi*, or 888,020 *l.* 16 *s* 8 *d.* whereas HS. MC. without the cross lines denote only 1100 *nummi*, or 8 *l* 17 *s* 7 *d* $\frac{1}{4}$.

When the numbers are distinguished by points in two or three different orders, the first towards the right hand signifies units, the second thousands, and the third hundred thousands; for instance, III. XII. DC HS denotes 300,000, 12000, and 600 HS in all making 312,600 *nummi*, in *English* money 5047 *l.* 3 *s* 9 *d*

Denarius was the chief silver coin among the *Romans*; in weight, at first, the seventh part of a *Roman* ounce, which, according to Dr *Arbuthnot*, consisted of 438 grains, and was equal to our *Avoirdupoise* ounce; upon which calculation an ounce of silver of that number of grains would be in value 4 *s.* 6 *d.* $\frac{1}{4}$.

The subdivisions of the *denarius* were the *quinarius*, or half, so called from its value of five *asses*; and likewise *victoriatus*, from the image of *Victory* sometimes impressed upon it; and the *sestertius*, which has been mentioned already.

The *pondo argenti* amongst the *Romans* is a sort of numeral expression of sums of money, and is different from the common *libra*, which consisted only of 84 *denarii*, or 96 drachms. The *pondo*, according to *Budæus*'s valuation, amounts to the value of an *Attic Mina*, or 3 *l* 4 *s.* 7 *d.* according to *Agricola*, to 3 *l.* 2 *s.*

CPSIA information can be obtained
at www.ICGtesting.com
Printed in the USA
LVOW04s0316270517
536054LV00007B/103/P

9 781170 972731